Burandt / Rojahn
Erbrecht

… Beck'sche Kurz-Kommentare

Band 65

Erbrecht

Herausgeber

Dr. Wolfgang Burandt
Rechtsanwalt in Hamburg
Honorarprofessor an der Nordakademie
– Hochschule der Wirtschaft –
Lehrbeauftragter an der Westfälischen
Wilhelms-Universität Münster

Dieter Rojahn
Vorsitzender Richter
am Oberlandesgericht a. D.
in München

3. Auflage 2019

Zitiervorschlag:
Burandt/Rojahn/*Bearbeiter* BGB § ... Rn. ...
Burandt/Rojahn/*Bearbeiter* RVG Rn. ...

www.beck.de

ISBN 978 3 406 72100 7

© 2019 Verlag C. H. BECK oHG,
Wilhelmstraße 9, 80801 München
Satz, Druck und Bindung: Druckerei C. H. Beck Nördlingen
(Adresse wie Verlag)
Umschlaggestaltung: Fotosatz Amann GmbH & Co.KG Memmingen

Gedruckt auf säurefreiem, alterungsbeständigem Papier
(hergestellt aus chlorfrei gebleichtem Zellstoff)

Die Autoren des Kommentars

Argiris Balomatis
Rechtsanwalt und Fachanwalt für Familienrecht in Tübingen

Dr. Attila Bangha-Szabo
Rechtsanwalt und Fachanwalt für Handels- und Gesellschaftsrecht in München

Christian Braun
Notar in Erlangen

Dr. Peter Bräutigam
Rechtsanwalt und Fachanwalt für IT-Recht
sowie Honorarprofessor an der Universität Passau

Dr. Wolfgang Burandt
Rechtsanwalt und Fachanwalt für Erbrecht und Fachanwalt für Familienrecht in Hamburg
Honorarprofessor an der Nordakademie – Hochschule der Wirtschaft –
sowie Lehrbeauftragter an der Westfälischen Wilhelms-Universität Münster

Ulrike Czubayko
Rechtsanwältin und Notarin in Flensburg
sowie Fachanwältin für Erbrecht und Fachanwältin für Familienrecht

Dr. Slavko Djordjevic
Außerordentlicher Professor an der Universität Kragujevac

Dr. Thomas Egerland
Notar in Limbach-Oberfrohna

Ursula Flechtner
Rechtsanwältin und Fachanwältin für Erbrecht in Nürnberg

Dr. Susanne Frank
Notarin in München

Susanne Franke
Rechtsanwältin und Fachanwältin für Erbrecht in Oldenburg

Walter Gierl
Richter am Oberlandesgericht München

Dr. Hellmut Götz
Rechtsanwalt, Steuerberater und Fachanwalt für Steuerrecht in Freiburg

Dr. Tamara Große-Boymann
Rechtsanwältin und Fachanwältin für Erbrecht in Brandenburg

Monika B. Hähn
Rechtsanwältin und Notarin
Fachanwältin für Erbrecht, Handels- und Gesellschaftsrecht und Familienrecht in Lübbecke

Dr. Heribert Heckschen
Notar in Dresden
sowie Honorarprofessor an der Technischen Universität Dresden

Dr. Jörn Heinemann
Notar in Neumarkt i. d. OPf.
sowie Lehrbeauftragter an der Friedrich-Alexander-Universität Erlangen-Nürnberg
und an der Technischen Hochschule Nürnberg

Autoren

Dr. Claus-Henrik Horn
Rechtsanwalt und Fachanwalt für Erbrecht in Düsseldorf
sowie Lehrbeauftragter an der Westfälischen Wilhelms-Universität Münster

Dr. Norbert Joachim
Rechtsanwalt und Fachanwalt für Erbrecht und Fachanwalt für Verkehrsrecht in Hannover
sowie Lehrbeauftragter an der Leibniz Universität Hannover

Dr. Ludwig Kroiß
Leitender Oberstaatsanwalt in Traunstein
sowie Honorarprofessor an der Universität Passau

Dr. Dietmar Kurze
Rechtsanwalt und Fachanwalt für Erbrecht in Berlin

Martin Lang
Rechtsanwalt und Fachanwalt für Erbrecht in München

Franz-Georg Lauck
Rechtsanwalt und Fachanwalt für Erbrecht in Dresden

Jürgen E. Milatz
Rechtsanwalt, Steuerberater und Fachanwalt für Steuerrecht in Hamburg

Dr. Oleg A. Mosgo
Rechtsanwalt in Moskau

Dr. Gabriele Müller-Engels
Rechtsanwältin und
Referatsleiterin für Erb- und Familienrecht am Deutschen Notarinstitut in Würzburg

Dr. Damian Wolfgang Najdecki
Notar in Weiden i. d. OPf.

Dr. Beate Paintner
Rechtsanwältin in Landshut

Dieter Rojahn
Vorsitzender Richter am Oberlandesgericht a. D. in München

Gerhard Ruby
Rechtsanwalt und Fachanwalt für Erbrecht in Villingen-Schwenningen

Ümit Savaş
Rechtsanwalt und Fachanwalt für Arbeitsrecht in Villingen-Schwenningen

Stefan Schmuck
Wissenschaftlicher Mitarbeiter in Passau

Herbert Schons
Rechtsanwalt und Notar in Duisburg

Dr. Bettina Schütz-Gärdén
Rechtsanwältin und Advokat (Schweden) in Malmö

Dr. Dennis Solomon
Professor an der Universität Passau

Finn Zwißler
Rechtsanwalt in München

Vorwort zur 3. Auflage

In den wenigen Jahren, die seit der Vorauflage verstrichen sind, ist im Erbrecht wiederum eine durchaus dynamische Entwicklung zu verzeichnen. Zur Europäischen Erbrechtsverordnung liegen nun erste Erfahrungen mit der Auslegung und Anwendung vor, die eine vertiefte Kommentierung erlauben. Zu berücksichtigen waren ferner die in der Folge der EuErbVO vom deutschen Gesetzgeber vorgenommenen Änderungen im nationalen Recht. Hier ist in erster Linie das IntErbRVG zu nennen, dessen Kernstück, das Europäische Nachlasszeugnis, in der vorliegenden Neuauflage kommentiert wird.

In diesem Zusammenhang hat der Gesetzgeber weitere Anpassungen vorgenommen, von denen viele, auch wenn sie nicht unmittelbar von der EuErbVO gefordert waren, einen Gleichklang zwischen Unionsrecht und nationalem Recht herstellen sollen. Beispielhaft genannt seien hier etwa die Neufassung der IPR-Vorschriften zum Erbrecht und der örtlichen Zuständigkeit der Nachlassgerichte, sowie die Neuregelung des Erbscheinsverfahrens unter Verlagerung vom BGB in das FamFG. Die Neuauflage trägt dem aktuellen Gesetzesstand ebenso Rechnung wie der bis zum Redaktionsschluss ergangenen Rechtsprechung.

Neu kommentiert wurden weitere für den Erbrechtler bedeutsame Vorschriften aus dem Vierten Buch des BGB und der Sozialhilferegress. Ausgeweitet wurde auch die Kommentierung erbrechtlicher Bestimmungen in Nebengesetzen, sowie das partikulare Anerben- und Höferecht. Schließlich freuen wir uns, den Lesern einen um sechs Länderberichte deutlich erweiterten Auslandsteil anbieten zu können: Neu hinzugekommen sind Darstellungen des Erbrechts in Norwegen, Schweden, Griechenland, Türkei, Russland und Weißrussland.

Der Kreis der Autoren hat sich erneut um ausgewiesene Praktiker und Fachleute ihres Gebietes vergrößert. Allen Autoren, die mit viel Engagement und Sachkunde an der Neuauflage mitgearbeitet haben, sagen wir großen Dank. Ein besonderer Dank gilt dem Lektor Dr. Thomas Schäfer im Beck Verlag und seinem Team für die tatkräftige, umsichtige und geduldige Betreuung bei der Fertigstellung der Neuauflage. Konstruktive Kritik und Anregungen aus dem Kreis unserer Leserschaft sind wie immer willkommen.

Hamburg/München im Oktober 2018

Prof. Dr. Wolfgang Burandt, Hamburg
info@prof-burandt.de

Dieter Rojahn
dsrojahn@gmx.de

Inhaltsverzeichnis

Bearbeiterverzeichnis XI
Abkürzungsverzeichnis XIII
Literaturverzeichnis XIX

I. Materielles Recht

10. BGB	Bürgerliches Gesetzbuch (Auszug) §§ 164–168, 172–175, 181, 311b, 328, 330–332, 516, 518, 528, 529, 662, 666, 667, 673, 675, 1371, 1586b, 1624, 1638 – 1640, 1643, 1803, 1822, 1901a–1901c, 1909, 1917, 1922–2385	1

II. Materielle Nebengesetze

12. GrdstVG	Grundstückverkehrsgesetz (Auszug) §§ 2, 13–17, 33	990
15. LPartG	Lebenspartnerschaftsgesetz (Auszug) § 10	1016
20. SGB XII	Sozialgesetzbuch XII (Auszug) § 102	1022
21. ApoG	Gesetz über das Apothekenwesen (Apothekengesetz) (Auszug) § 13	1025
22. PBefG	Personenbeförderungsgesetz (Auszug) § 19	1029
23. GastG	Gaststättengesetz (Auszug) § 10	1030
24. PStG	Personenstandsgesetz (Auszug) §§ 37, 64	1031
25. WaffG	Waffengesetz (Auszug) § 20	1033
26. BRAO	Bundesrechtsanwaltsordnung (Auszug) §§ 43a, 50, 55	1037
27. StBerG	Steuerberatungsgesetz (Auszug) §§ 57, 60, 70, 71	1045

III. Verfahrensrecht

30. FamFG	Gesetz über das Verfahren in Familiensachen und in den Angelegenheiten der freiwilligen Gerichtsbarkeit (Auszug) §§ 38–87, 95, 105, 342–373	1052
31. IntErbVG	Internationales Erbrechtsverfahrensgesetz (Auszug) §§ 33–44	1192
40. ZPO	Zivilprozessordnung (Auszug) §§ 27, 28, 254, 256	1209
50. InsO	Insolvenzordnung (Auszug) §§ 315–331	1216
60. BeurkG	Beurkundungsgesetz (Auszug) §§ 27–35	1233
65. BNotO	Bundesnotarordnung (Auszug) § 20	1252
70. GBO	Grundbuchordnung (Auszug) §§ 35, 36, 37, 51, 52 GBO	1255
75. VerschG	Verschollenheitsgesetz (Auszug) §§ 1–12	1270

Inhaltsverzeichnis

80. HöfeO	Höfeordnung	1283
85. LwVG	Gesetz über das gerichtliche Verfahren in Landwirtschaftssachen (Auszug) §§ 1, 2, 5, 9, 10, 14, 15, 18, 30, 32a, 33, 34, 36a, 40, 43–45	1295
86. BadHofGG	Badisches Gesetz, die geschlossenen Hofgüter betreffend	1304
87. BremHöfeG	Bremisches Höfegesetz	1313
88. HessLGO	Hessische Landgüterordnung	1323
89. HO-RhPf	Landesgesetz über die Höfeordnung	1331
90. WürttARG	Württembergisches Gesetz über das Anerbenrecht	1342
92. HeimG	Heimgesetz (Auszug) § 14	1350
	Landesheimgesetze	1355

IV. Vergütungs- und Kostenrecht

95. RVG	Rechtsanwaltsvergütungsgesetz (Systematische Darstellung)	1369
96. GNotKG	Gesetz über die Kosten der freiwilligen Gerichtsbarkeit für Gerichte und Notare (Systematische Darstellung)	1409

V. Europäisches und Internationales Erbrecht

100. EGBGB	Einführungsgesetz zum Bürgerlichen Gesetzbuche (Auszug) Art. 17b, 25, 26, 64, 235 §§ 1, 2; Art. 239	1430
110. EuErbVO	Europäische Erbrechtsverordnung (VO Nr. (EU) Nr. 650/2012)	1448
120. Länderberichte	England und Wales	1498
	Frankreich	1528
	Griechenland	1548
	Italien	1574
	Luxemburg	1588
	Montenegro	1605
	Norwegen	1620
	Österreich	1629
	Russland	1658
	Schweden	1673
	Schweiz	1691
	Serbien	1719
	Spanien	1743
	Türkei	1771
	USA	1796
	Weißrussland	1814

VI. Steuerrecht

150. ErbStG	Erbschaftsteuer- und Schenkungsteuergesetz	1822
170. EStG	Einkommensteuergesetz (Systematische Darstellung)	1940

Sachverzeichnis ... 1963

Im Einzelnen haben bearbeitet:

Agiris Balomatis	Länderbericht Griechenland
Dr. Attila Bangha-Szabo	§§ 315–331 InsO
Christian Braun	§§ 2265–2273 BGB
	§ 10 LPartG
Prof. Dr. Peter Bräutigam	nach § 1922 BGB
Prof. Dr. Wolfgang Burandt	§§ 2147–2196, 2274–2302 BGB
	EuErbVO (zusammen mit Stefan Schmuck)
Ulrike Czubayko	§§ 2064–2099 BGB
Prof. Dr. Slavko Djordjevic	Länderberichte Montenegro und Serbien
Dr. Thomas Egerland	§§ 27–35 BeurkG
	§ 20 BNotO
	§§ 35, 36, 37, 51, 52 GBO
	§§ 1–12 VerschG
	Art. 235 §§ 1, 2 EGBGB
Ursula Flechtner	§§ 1624, 2032–2063 BGB
Dr. Susanne Frank	Länderberichte Italien, Luxemburg, USA
Susanne Franke	Art. 17b, 25, 26 EGBGB
	Länderbericht Spanien
Walter Gierl	§§ 2018–2031, 2353–2370, 2371–2385 BGB
	§§ 342–373 FamFG
	§§ 27, 28 ZPO
Dr. Hellmut Götz	EStG – Systematische Darstellung
Dr. Tamara Große-Boymann	§§ 1371, 1922–1941, 2346–2352 BGB
Monika B. Hähn	§§ 1638–1640, 1643, 1803, 1822, 1909, 1917 BGB
	§ 13 ApoG, § 19 PBefG, § 10 GastG, § 37, 64 PStG, § 20 WaffG, §§ 43a, 50, 55 BRAO, §§ 57, 60, 70, 71 StBetrG
Prof. Dr. Heribert Heckschen	§§ 2197–2228 BGB
Dr. Jörn Heinemann	GNotKG – Systematische Darstellung
Dr. Claus-Henrik Horn	§§ 2303–2338 BGB
Dr. Norbert Joachim	§§ 1967–2017 BGB
Prof. Dr. Ludwig Kroiß	§§ 33–44 IntErbVG
	§§ 254, 256 ZPO
Dr. Dietmar Kurze	§§ 164–168, 172–175, 181, 662, 666, 667, 673, 1901a–1901c BGB
Martin Lang	§§ 2100–2146 BGB
Franz-Georg Lauck	§§ 2229–2264 BGB
	Länderbericht Frankreich
Jürgen E. Milatz	ErbStG
Dr. Oleg A. Mosgo	Länderberichte Russland und Weißrussland
Dr. Gabriele Müller-Engels	§§ 2339–2345 BGB
	HöfeO
	§ 14 HeimG, Landesheimgesetze
	Art. 239 EGBGB
Dr. Damin Wolfgang Najdecki	§§ 311b, 328, 330–332, 516, 518, 1942–1966
Dr. Beate Paintner	Länderbericht Norwegen
Dieter Rojahn	§§ 38–87, 95, 105 FamFG
Gerhard Ruby	§§ 2, 13–17, 33 GrdstVG
	§§ 1, 2, 5, 9, 10, 14, 15, 18, 30, 32a, 33, 34, 36a, 40, 43–45 LwVG
	Art. 64 EGBGB
	BadHofGG, BremHöfeG, HessLGO, HO-PhPf, Württ-ARG
Ümit Savaş	Länderbericht Türkei
Stefan Schmuck	EuErbVO (zusammen mit Prof. Dr. Wolfgang Burandt)
Herbert Schons	RVG – Systematische Darstellung
Dr. Bettina Schütz-Gärdén	Länderbericht Schweden
Prof. Dr. Dennis Solomon	Länderberichte England und Wales, Österreich, Schweiz
Finn Zwißler	§§ 528, 529 BGB
	§ 102 SGB XII

Abkürzungsverzeichnis

aA	anderer Ansicht
abl.	ablehnend
ABl	Amtsblatt
Abs.	Absatz
Abschn.	Abschnitt
abw.	abweichend
AcP	Archiv für die civilistische Praxis
aE.	am Ende
aF	alte Fassung
AG	Aktiengesellschaft, Amtsgericht, Ausführungsgesetz
AGB	Allgemeine Geschäftsbedingungen
AGBG	Gesetz zur Regelung des Rechts der Allgemeinen Geschäftsbedingungen
AktG	Aktiengesetz
ALB	Allgemeine Lebensversicherungs- Bedingungen
allg.M.	allgemeine Meinung
ALB	Allgemeine Bedingungen für Lebensversicherungen
ALR	Allgemeines Landrecht für die preußischen Staaten
Alt	Alternative
aM	anderer Meinung
AnfG	Anfechtungsgesetz
Anh	Anhang
Anl.	Anlage
Anm.	Anmerkung
AnwBl	Anwaltsblatt (Zeitschrift)
AO	Abgabenordnung
Art.	Artikel
AStG	Außensteuergesetz
Aufl.	Auflage
Az.	Aktenzeichen
BAFA	Bundesamt für Wirtschaft und Ausfuhrkontrolle
BAG	Bundesarbeitsgericht
BAGE	Amtliche Sammlung von Entscheidungen des Bundesarbeitsgerichtes
BAnz	Bundesanzeiger
BayObLG	Bayerisches Oberstes Landesgericht
BayObLGZ	Amtliche Sammlung von Entscheidungen des BayObLG in Zivilsachen
BayVBl	Bayerische Verwaltungsblätter
BB	Betriebs-Berater
Bd.	Band
bestr.	bestritten
betr.	betrifft; betreffend
BetrVG	Betriebsverfassungsgesetz
BeurkG	Beurkundungsgesetz
BewG	Bewertungsgesetz
BezG	Bezirksgericht
BFH	Bundesfinanzhof
BFHE	Sammlung der Entscheidungen des Bundesfinanzhofes
BFH/NV	Sammlung der nicht veröffentlichten Entscheidungen des Bundesfinanzhofes
BGB	Bürgerliches Gesetzbuch
BGBl	Bundesgesetzblatt
BGH	Bundesgerichtshof
BGHSt	Amtliche Sammlung von Entscheidungen des Bundesgerichtshofes in Strafsachen
BGHZ	Amtliche Sammlung von Entscheidungen des Bundesgerichtshofes in Zivilsachen
Bl.	Blatt
BMF	Bundesminister der Finanzen
BMJV	Bundesminister(ium) der Justiz und für Verbraucherschutz
BMWi	Bundesminister(ium) für Wirtschaft
BNotO	Bundesnotarordnung

Abkürzungsverzeichnis

BR-Drs.	Drucksache des Deutschen Bundesrates
BRAO	Bundesrechtsanwaltsordnung
BSG	Bundessozialgericht
BSHG	Bundessozialhilfegesetz
Bsp.	Beispiel
bspw.	beispielsweise
BStBl.	Bundessteuerblatt Teile I, II, III
BT	Bundestag
BT-Drs.	Drucksache des Deutschen Bundestages
BVerfG	Bundesverfassungsgericht
BVerfGE	Amtliche Sammlung der Entscheidungen des BVerfG
BVerwG	Bundesverwaltungsgericht
BVerwGE	Amtliche Sammlung der Entscheidungen des BVerwG
BWNotZ	Zeitschrift für das Notariat in Baden-Württemberg
bzgl.	bezüglich
bzw.	beziehungsweise
DB	Der Betrieb
DBA	Doppelbesteuerungsabkommen
DGVZ	Deutsche Gerichtsvollzieherzeitung
dh	das heißt
DNotZ	Deutsche Notar-Zeitschrift
DÖV	Die öffentliche Verwaltung
DRiZ	Deutsche Richterzeitung
Drs.	Drucksache
DStR	Deutsches Steuerrecht
DtZ	Deutsch-Deutsche Rechts-Zeitschrift
DVO	Durchführungsverordnung
DWiR/DZWiR	Deutsche Zeitschrift für Wirtschaftsrecht
EFG	Entscheidungen der Finanzgerichte
EG	Europäische Gemeinschaft; Einführungsgesetz
EGBGB	Einführungsgesetz zum BGB
Einf	Einführung
Einl	Einleitung
ErbbauRG	Erbbaurechtsgesetz
ErbbRVO	Verordnung über das Erbbaurecht
ErbSt	Erbschaftsteuer
ErbStG	Erbschaft- und Schenkungsteuergesetz
ErbStR	Erbschaftsteuer-Richtlinien
ErbStRG	Erbschaftsteuerreformgesetz
Erl.	Erlass
EStG	Einkommensteuergesetz
EStR	Einkommensteuerrichtlinien
EuErbVO	Europäische Erbrechtsverordnung
EuGH	Europäischer Gerichtshof
EWiR	Entscheidungen zum Wirtschaftsrecht, Loseblattsammlung
FamFG	Gesetz über das Verfahren in Familiensachen und in den Angelegenheiten der freiwilligen Gerichtsbarkeit
FamRZ	Zeitschrift für das gesamte Familienrecht
f./ff.	folgende
FG	Finanzgericht
FGG	Gesetz über die Angelegenheiten der freiwilligen Gerichtsbarkeit
FinMin	Finanzministerium
FinVw	Finanzverwaltung
Fn.	Fußnote
FR	Finanz-Rundschau
FS	Festschrift
FuR	Familie und Recht
GBO	Grundbuchordnung
GE	Das Grundeigentum
gem.	gemäß
GenG	Genossenschaftsgesetz
GewO	Gewerbeordnung
GewStG	Gewerbesteuergesetz

Abkürzungsverzeichnis

GG	Grundgesetz
ggf.	gegebenenfalls
GKG	Gerichtskostengesetz
GmbH	Gesellschaft mit beschränkter Haftung
GmbHG	Gesetz betreffend die Gesellschaften mit beschränkter Haftung
GrEStG	Grunderwerbsteuergesetz
GrStG	Grundsteuergesetz
GrdstVG	Gesetz über die Maßnahmen zur Verbesserung der Agrarstruktur und zur Sicherung land- und forstwirtschaftlicher Betriebe (Grundstückverkehrsgesetz)
GVBl.	Gesetz- und Verordnungsblatt
GVG	Gerichtsverfassungsgesetz
GVKostG	Gesetz über Kosten der Gerichtsvollzieher
GWB	Gesetz gegen Wettbewerbsbeschränkungen
HaftpflG	Haftpflichtgesetz
HausratsV	Hausratsverordnung
HausTWG	Gesetz über den Widerruf von Haustürgeschäften und ähnlichen Geschäften
HeimG	Heimgesetz
HFR	Höchstrichterliche Finanzrechtsprechung
HGB	Handelsgesetzbuch
hL	herrschende Lehre
hM	herrschende Meinung
HöfeO	Höfeordnung
Hs.	Halbsatz
Hrsg.	herausgegeben
HTÜ	Haager Testamentsformübereinkommen
idF	in der Fassung
idR	in der Regel
INF	Die Information über Steuer und Wirtschaft
insbes.	insbesondere
InsO	Insolvenzordnung
IPRax	Praxis des Internationalen Privat- und Verfahrensrechts
iR	im Rahmen
iSd	im Sinne des/der
IStR	Internationales Steuerrecht
iSv	im Sinne von
iÜ	im Übrigen
iVm	in Verbindung mit
IWB	Internationale Wirtschafts-Briefe
JFG	Jahrbuch für Entscheidungen in Angelegenheiten der freiwilligen Gerichtsbarkeit und des Grundbuchrechtes
JMBl	Justizministerialblatt
JR	Juristische Rundschau
JurBüro	Das juristische Büro
JuS	Juristische Schulung
Justiz	Die Justiz
JW	Juristische Wochenschrift
JZ	Juristen-Zeitung
Kap.	Kapitel
KG	Kammergericht, Kommanditgesellschaft
KGaA	Kommanditgesellschaft auf Aktien
Komm	Kommentar
KostO	Kostenordnung
KostRspr	Kosten-Rechtsprechung, Entscheidungssammlung
KreisG	Kreisgericht
KTS	Zeitschrift für Konkurs-, Treuhand- und Schiedsgerichtswesen
KWG	Kreditwesengesetz
Lit.	Literatur
LM	*Lindenmaier/Möhring*, Nachschlagewerk des BGH in Zivilsachen
LPartG	Lebenspartnerschaftsgesetz
LS	Leitsatz

Abkürzungsverzeichnis

LV	Lebensversicherung
LwVG	Gesetz über das gerichtliche Verfahren in Landwirtschaftssachen
m. abl. Anm.	mit ablehnender Anmerkung
MaBV	Makler- und Bauträgerverordnung
MAH	Münchener Anwaltshandbuch
MDR	Monatsschrift für Deutsches Recht
mE	meines Erachtens
mN	mit Nachweisen
MittRhNotK	Mitteilungen der Rheinischen Notar-Kammer
Mot	Motive zu dem Entwurf eines Bürgerlichen Gesetzbuches für das Deutsche Reich
MüKo	Münchener Kommentar
mwN	mit weiteren Nachweisen
MWSt	Mehrwertsteuer
m. zust. Anm.	mit zustimmender Anmerkung
NdsRpfl	Niedersächsische Rechtspflege
nF	neue Fassung
NJOZ	Neue Juristische Onlinezeitschrift
NJW	Neue Juristische Wochenschrift
NJW-FER	NJW-Entscheidungsdienst Familien- und Erbrecht
NJW-RR	NJW-Rechtsprechungs-Report Zivilrecht
NK-BGB	Nomos Kommentar BGB
Nr.	Nummer(n)
NWB	Neue Wirtschafts- Briefe für Steuer- und Wirtschaftsrecht
NZG	Neue Zeitschrift für Gesellschaftsrecht
og	oben genannte
OGHZ	Entscheidungen des Obersten Gerichtshofs für die Britische Zone in Zivilsachen
OHG	Offene Handelsgesellschaft
OLG	Oberlandesgericht
OLGZ	Rechtsprechung der Oberlandesgerichte in Zivilsachen
OVG	Oberverwaltungsgericht
OWi	Ordnungswidrigkeit
OWiG	Gesetz über Ordnungswidrigkeiten
p. a.	per annum
Prot	Protokolle der Kommission für die 2. Lesung des Entwurfs des BGB
PStG	Personenstandsgesetz
RabelsZ	Zeitschrift für ausländisches und internationales Privatrecht
RdL	Recht der Landwirtschaft
Rn.	Randnummer
RE	Rechtsentscheid
RG	Reichsgericht
RGBl.	Reichsgesetzblatt
RGZ	Entscheidungen des Reichsgerichtes in Zivilsachen
Rpfl, Rpfleger	Der Deutsche Rechtspfleger
RpflegerG	Rechtspflegergesetz
Rs.	Rechtssache
Rspr.	Rechtsprechung
RsprN	Rechtsprechungsnachweis(e)
RWS	Kommunikationsform Recht – Wirtschaft – Steuern
s.	siehe
S.	Satz, Seite
sa.	siehe auch
SeuffA	Seufferts Archiv für Entscheidungen der obersten Gerichte
s. o.	siehe oben
sog.	sogenannte(r)
StBerG	Steuerberatungsgesetz
StGB	Strafgesetzbuch
StPO	Strafprozessordnung
St. Rspr.	ständige Rechtsprechung
s. u.	siehe unten, siehe unter

Abkürzungsverzeichnis

TestG	Gesetz über die Errichtung von Testamenten und Erbverträgen
TestÜbk	Haager Testamentsübereinkommen
ua	unter anderem; und andere
uÄ	und Ähnliche(s)
UmwG	Umwandlungsgesetz
UntStFG	Unternehmenssteuer-Fortentwicklungsgesetz
Urt	Urteil
UWG	Gesetz gegen den unlauteren Wettbewerb
UStG	Umsatzsteuergesetz
usw.	und so weiter
uU	unter Umständen
UVR	Umsatz- und Verkehrsteuer-Recht
Verfg	Verfügung
VerschG	Verschollenheitsgesetz
VersAusglG	Versorgungsausgleichsgesetz
VG	Verwaltungsgericht
VGH	Verwaltungsgerichtshof
vgl.	vergleiche
VO	Verordnung
VOBl	Verordnungsblatt
Vor/Vorbem.	Vorbemerkung
VVG	Versicherungsvertragsgesetz
WEG	Gesetz über das Wohnungseigentum und das Dauerwohnrecht v. 15.3.1951, BGBl. I S. 175
WiStG	Wirtschaftsstrafgesetz
WM	Zeitschrift für Wirtschaft und Bankrecht, Wertpapiermitteilungen
WRP	Wettbewerb in Recht und Praxis
WuM	Wohnungswirtschaft und Mietrecht
zB	zum Beispiel
ZErb	Zeitschrift für die Steuer- und Erbrechtspraxis
ZEV	Zeitschrift für Erbrecht und Vermögensnachfolge
ZGB	Zivilgesetzbuch der ehem. DDR
Ziff.	Ziffer
ZIP	Zeitschrift für Wirtschaftsrecht und Insolvenzrecht
ZPO	Zivilprozessordnung
ZRP	Zeitschrift für Rechtspolitik
ZSEG	Gesetz über die Entschädigung von Zeugen und Sachverständigen
ZSW	Zeitschrift für das gesamte Sachverständigenwesen
zB	zum Beispiel
zT	zum Teil
ZVG	Zwangsversteigerungsgesetz
zZ	zur Zeit
zzgl.	zuzüglich

Literaturverzeichnis

AnwK RVG	Anwaltkommentar RVG (Hrsg. Schneider/Wolf), 8. Aufl. 2017
Armbrüster/Preuß/Renner	Beurkundungsgesetz und Dienstordnungen für Notarinnen und Notare, Kommentar, 7. Aufl. 2015
Bassenge/Roth	FamFG/RPflG, Kommentar, 12. Aufl. 2009
Bauer/von Oefele	Grundbuchordnung, Kommentar, 3. Aufl. 2013
BeckNotar-HdB	Beck'sches Notarhandbuch (Hrsg. Brambring/Jerschke), 6. Aufl. 2014
BeckFormB ErbR	Beck'sches Formularbuch Erbrecht (Hrsg. Brambring/Mutter), 3. Aufl. 2014
BeckOF ErbR	Beck'sche Onlineformulare Erbrecht (Hrsg. Horn)
BeckOGK BGB	Beck'scher Online-Großkommentar Zivilrecht (Hrsg. Gsell/Krüger/Lorenz/Reymann)
BeckOK BGB	Beck'scher Onlinekommentar BGB (Hrsg. Bamberger/Roth)
BeckOK FamFG	Beck'scher Onlinekommentar BGB (Hrsg. Hahne/Schlögel/Schlünder)
Bengel/Reimann TV-HdB	Handbuch der Testamentsvollstreckung (Hrsg. Bengel/Reimann), 6. Aufl. 2017
Bergmann/Ferid/Henrich IntEheR	Internationales Ehe- und Kindschaftsrecht mit Staatsangehörigkeitsrecht, Loseblatt Stand Mai 2018
BLAH ZPO	Baumbach/Lauterbach/Albers/Hartmann ZPO, 76. Aufl. 2018
Blümich	Kommentar zum EStG, KStG, GewStG, 141. Aufl. 2018 (März 2018)
Bonefeld/Kroiß/Tanck Erbprozess	Der Erbprozess, 5. Aufl. 2017
Bonefeld/Wachter FAErbR	Der Fachanwalt für Erbrecht, Das Handbuch zum Fachanwalt, 3. Aufl. 2014
Bumiller/Harders	FamFG Freiwillige Gerichtsbarkeit, Kommentar, 11. Aufl. 2015
Burandt/Leplow	Immobilien und Schenkung, 2001
Burandt	Beck'sches Mandatshandbuch, Erbrechtliche Unternehmensnachfolge, 2002
Burandt/Zacher-Röder	Unternehmertestament, 2. Aufl. 2012
Burandt/Eberhardt	Beratung im Erbrecht, 2. Aufl. 2006
Brox/Walker	Erbrecht, 27. Aufl. 2016
Crezelius	Unternehmenserbrecht, 2. Aufl. 2009
Crößmann/Gobert/Iffland/Mangels	Taschenkommentar zum Heimgesetz, 5. Aufl. 2002
Demharter	Grundbuchordnung, Kommentar, 31. Aufl. 2018
Ebenroth	Erbrecht, 1992
Erman/Westermann	Handkommentar zum Bürgerlichen Gesetzbuch, 15. Aufl. 2017
Ernst	Gesetz über das gerichtliche Verfahren in Landwirtschaftssachen, Kommentar, 8. Aufl. 2011
FAHdB ErbR	Handbuch des Fachanwalts Erbrecht (Hrsg. Frieser/Sarres/Stückemann/Tschichoflos), 6. Aufl. 2014
FAKomm ErbR	Fachanwaltskommentar Erbrecht (Hrsg. Frieser), 4. Aufl. 2013
FFDH IntErbR	Internationales Erbrecht (Hrsg. Ferid/Firsching/Dörner/Hausmann) 104. Aufl. Juni 2018
Faßbender/Hötzel/v. Jeinsen/Pikalo	Höfeordnung, Kommentar, 3. Aufl. 1994
Firsching/Graf NachlassR	Nachlassrecht, 10. Aufl. 2014
Flick/Piltz Int. Erbfall	Der internationale Erbfall, 2. Aufl. 2008
FJP	Erbschaftsteuer- und Schenkungsteuergesetz, Kommentar (Hrsg. Fischer/Pahlke/Wachter), 6. Aufl. 2017
FKInsO	Frankfurter Kommentar zur InsO (Hrsg. Wimmer), 9. Aufl. 2018
Frank/Wachter	Handbuch Immobilienrecht in Europa (Hrsg. Frank/Wachter), 2. Aufl. 2015
Gerold/Schmidt	Gerold/Schmidt, Rechtsanwaltsvergütungsgesetz, 23. Aufl. 2017
Gitter/Schmitt	Heimgesetz, Kommentar, Loseblatt Stand 2018
Gottwald	Pflichtteilsrecht, 2000

Literaturverzeichnis

Groll ErbR-HdB .... Praxis-Handbuch Erbrechtsberatung (Hrsg. Groll), 4. Aufl. 2015
Gürsching/Stenger .... Kommentar zum Bewertungsgesetz und Vermögensteuergesetz, Loseblatt Juli 2018
GForm FamFG .... Gesetzesformulare FamFG (Hrsg. Kroiß/Seiler), 2014
Gottwald PflichtteilsR .. Pflichtteilsrecht, 2000
Gursky/Lettmaier ErbR .... Erbrecht, 7. Aufl. 2018 (März 2018)

HK-PflichtteilsR .... Handkommentar Pflichtteilsrecht (Hrsg. Dauner-Lieb/Grziwotz/Hohmann-Dennhardt), 2010
Horn AnwForm Vorsorgevollmachten .... Anwaltsformulare Vorsorgevollmachten, (Hrsg. Horn)
Horn/Kroiß .... Testamentsauslegung, 2012

Joachim .... Erbenhaftung 4. Aufl. 2018
Joachim/Lange PflichtteilsR .... Pflichtteilsrecht, 3. Aufl. 2017
jurisPK-BGB .... juris-Praxiskommentar BGB (Hrsg. Herberger/Martinek/Rüßmann/Weth), 7. Aufl. 2014

Kerscher/Riedel/Lenz ... Pflichtteilsrecht in der anwaltlichen Praxis, 3. Aufl. 2002
Keidel .... Keidel (Hrsg.) FamFG, Kommentar, 19. Aufl. 2017
Kerscher/Krug/Spanke ErbR-Mandat .... Das erbrechtliche Mandat, 5. Aufl. 2014
Kipp/Coing .... Erbrecht, 14. Aufl. 1990
Krug/Rudolf/Kroiß .... Erbrecht, 5. Aufl. 2015
KRKB AnwaltForm ErbR .... Anwaltformulare Erbrecht (Hrsg. Kerscher/Rudolf/KroißBonefeld), 5. Aufl. 2015
Kroiß AnwForm Nachlassgerichtliches Verfahren .... Anwaltformulare Nachlassgerichtliches Verfahren, 2011
Kurze/Goertz BestattungR .... Bestattungsrecht, 2. Aufl. 2016
Kurze VorsorgeR .... Vorsorgerecht, 2017

Lange ErbR .... Erbrecht, 2. Aufl. 2017
Lange/Kuchinke ErbR Erbecht, 5. Aufl. 2001
Langenfeld .... Testamentsgestaltung, 5. Aufl. 2015
Leipold .... Erbrecht, 21. Aufl. 2016
LHFM WürzNotar-HdB .... Würzburger Notarhandbuch (Hrsg. Limmer/Hertel/Mayer), 5. Aufl. 2017
Lipp Vorsorgeverfügungen-HdB .... Handbuch Vorsorgeverfügungen (Hrsg. Lipp), 2009
Lüdtke-Handjery/v. Jeinsen .... Höfeordnung, Kommentar, 11. Aufl. 2015

MAH Erbrecht .... Münchener Anwaltshandbuch Erbrecht (Hrsg. Scherer), 5. Aufl. 2018
Mayer/Bonefeld TV ...... Testamentsvollstreckung (Hrsg. Mayer/Bonefeld/Wälzholz/Wachter), 4. Aufl. 2015
Mayer/Kroiß .... Rechtsanwaltsvergütungsgesetz, Kommentar, 7. Aufl. 2018
Meincke .... Erbschaftsteuer- und Schenkungsteuergesetz, Kommentar, 17. Aufl. 2018
Moench .... Erbschaftsteuer- und Schenkungsteuergesetz, Kommentar, Loseblatt Stand 2012
MPFormB ErbR .... Münchener Prozessformularbuch Erbrecht (Hrsg. Klinger), 4. Aufl. 2018
MSTB PflichtteilsR-HdB .... Pflichtteilsrechthandbuch (Hrsg. Mayer/Süß/Tanck/Bittler), 4. Aufl. 2017
MüKoBGB .... Münchener Kommentar zum BGB, 7. Aufl. 2017
MüKoFamFG .... Münchener Kommentar zum FamFG, 2. Aufl. 2013
MüKoHGB .... Münchener Kommentar zum HGB, 3. Aufl. 2013 f.
MüKoInsO .... Münchener Kommentar zur Insolvenzordnung, 3. Aufl. 2013 ff.
MüKoZPO .... Münchener Kommentar zur Zivilprozessordnung, 5. Aufl. 2016 ff.
Müller/Renner BetreuungsR .... Betreuungsrecht und Vorsorgeverfügungen in der Praxis, 5. Aufl. 2017
Muscheler ErbR .... Erbrecht, 2010
MVHdB VI BürgerlR II .... Münchener Vertragshandbuch, Band VI Bürgerliches Recht II, 6 Aufl. 2010

Literaturverzeichnis

Nieder/Kössinger	Testamentsgestaltung, 5. Aufl. 2015
NK-BGB	Nomos Kommentar BGB (Hrsg. Dauner-Lieb/Heidel/Ring), 2. Aufl. 2016
NK-NachfolgeR	Nomos Kommentar Nachfolgerecht (Hrsg. Kroiß/Horn/Solomon), 2015
Palandt	Bürgerliches Gesetzbuch, 77. Aufl. 2018
Pikalo/Bendel	Grundstücksverkehrsgesetz, Kommentar, 1963
Prütting/Helms	FamFG, Kommentar (Hrsg. Prütting/Helms), 4. Aufl. 2018
PWW	BGB Kommentar (Hrsg. Prütting/Wegen/Weinreich), 13. Aufl. 2018
Reimann/Bengel/ Mayer	Testament und Erbvertrag, 6. Aufl. 2015
RGRK	Das Bürgerliche Gesetzbuch, Kommentar (hrsg. von Mitgliedern des Bundesgerichtshofs), 12. Aufl. 1975–1999
Rißmann	Erbengemeinschaft, 2. Aufl. 2014
Schlitt/Müller Pflichtteils-HdB	Handbuch Pflichtteilsrecht (Hrsg. Schlitt/Müller), 2. Aufl. 2017
Schlüter/Röthel ErbR	Erbrecht, 17. Aufl. 2015
Schöner/Stöber GrundbuchR	Grundbuchrecht, 15. Aufl. 2012
Schotten/Schmellenkamp	Das Internationale Privatrecht in der notariellen Praxis, 3. Aufl. 2017
Schmidt	Einkommensteuergesetz, Kommentar, 37. Aufl. 2018
Schulz Nachlasspflegschaft-Hdb	Handbuch Nachlasspflegschaft, 2. Aufl. 2017
Seifart/v. Campenhausen StiftungsR-HdB	Handbuch Stitungsrecht (Hrsg. Seifart/v.Campenhausen/Richter), 4. Aufl. 2014
Soergel	Bürgerliches Gesetzbuch mit Einführungsgesetz und Nebengesetzen, 13. Aufl. 2000 ff.
Spiegelberger	Vermögensnachfolge, 2. Aufl. 2010
Staudinger	Bürgerliches Gesetzbuch Kommentar, 2015
Sudhoff GmbH & Co. KG	GmbH & Co. KG, 7. Aufl. 2015
Sudhoff Personengesellschaften	Personengesellschaften, 8. Aufl. 2005
Sudhoff Unternehmensnachfolge	Unternehmensnachfolge, 5. Aufl. 2005
Süß	Erbrecht in Europa, 3. Aufl. 2016
Süß/Ring EheR	Eherecht in Europa, 3. Aufl. 2017
Tanck/Krug AnwForm Testamente	Anwaltformulare Testamente, 5. Aufl. 2015
TGJ	Erbschaftsteuer- und Schenkungsteuergesetz (Hrsg. Troll/Gebel/Jülicher), Kommentar, Stand 55. Aufl. 2018
Thomas/Putzo	ZPO, Kommentar, 39. Aufl. 2018
Tiedtke	Erbschaftsteuer- und Schenkungsteuergesetz, Kommentar, 2009
Tipke/Kruse	Kommentar zur Abgabenordnung und Finanzgerichtsordnung, Loseblatt Stand 152. Aufl. 2018
Trimborn v. Landenberg	Vollmachten, 3. Auflage 2017
Winkler	Beurkundungsgesetz, 18. Aufl. 2017
Winkler TV	Der Testamentsvollstrecker, 22. Aufl. 2016
Wöhrmann Landw-ErbR	Landwirtschaftliches Erbrecht, 10. Aufl. 2012
Zimmermann TV	Testamentsvollstreckung, 4. Aufl. 2014
Zimmermann Vorsorge	Vorsorgevollmacht, Betreuungsverfügung, Patientenverfügung, 3. Aufl. 2017
Zöller	ZPO, Kommentar, 32. Aufl. 2018

Bürgerliches Gesetzbuch (BGB)

In der Fassung der Bekanntmachung vom 2.1.2002

(BGBl. I S. 42, ber. S. 2909 und BGBl. 2003 I S. 738)

Zuletzt geändert durch Art. 6 Gesetz zur Einführung einer zivilprozessualen Musterfeststellungsklage vom 12.7.2018 (BGBl. I 1151)

(Auszug)

Buch 1. Allgemeiner Teil (§§ 1–240)

Abschnitt 3. Rechtsgeschäfte

Titel 5. Vertretung und Vollmacht

Vorbemerkungen zu den §§ 164–181

1. Gegenstand der Kommentierung. Die Kommentierung ist auf die erbrechtlich relevanten Fragen der Vollmacht beschränkt. Diese betreffen insbes. die Vorsorgevollmacht. 1

2. Vollmacht und Testamentsvollstreckung. Das Amt des Testamentsvollstreckers beginnt mit der Annahme, § 2202. Bis nach dem Erbfall das Testamentsvollstreckerzeugnis vorliegt, kann es je nach Arbeitsweise des Nachlassgerichtes einige Zeit dauern. Unmittelbar nach dem Erbfall sind allerdings regelmäßig schon wichtige Angelegenheiten zu regeln, seien es die Bestattung oder die Haushaltsauflösung. Es ist deshalb allgemein anerkannt, dass zumindest für die Zeit zwischen dem Erbfall und der Amtsannahme bzw. der Erteilung des Testamentsvollstreckerzeugnisses vorgesorgt werden sollte (Bengel/Reimann TV-HdB/*Bengel/Dietz* Kap. 1 Rn. 35; *Mayer*/Bonefeld Testamentsvollstreckung § 15 Rn. 1; *Mensch* NotBZ 2013, 420). 2

Es ist sinnvoll, den Testamentsvollstrecker zu **bevollmächtigen.** Dies kann auch in der letztwilligen Verfügung geschehen, wobei aber Nachweisprobleme auftreten können (*Mayer*/Bonefeld Testamentsvollstreckung § 15 Rn. 6), oder durch eine separate Vollmacht. Soll eine Vollmacht erst ab dem Erbfall gültig sein (Nachw.: Sterbeurkunde), ist dies zu vermerken (vgl. *Michalski* WuM 1997, 658). Der Testamentsvollstrecker kann dann auch mittels der Vollmacht handeln, wobei er nicht den Beschränkungen unterliegt, die er bei der Ausübung des Testamentsvollstreckeramtes hätte (BGH NJW 1962, 1718). 3

Auf die Bevollmächtigung eines **Dritten** hat die Testamentsvollstreckung keinen Einfluss. Sie wird durch die Anordnung nicht beeinträchtigt (OLG München ErbR 2013, 33; ZEV 2012, 376 zur Vermächtniserfüllung durch den Begünstigten; LG Neuruppin MittBayNot 2004, 46 mwN; *Weichlich* MittBayNot 2013, 196; Bengel/Reimann TV-HdB/*Bengel/Dietz* Kap. 1 Rn. 36; *Mayer*/Bonefeld Testamentsvollstreckung § 15 Rn. 3). 4

Der Testamentsvollstrecker kann im Rahmen seiner Rechtsmacht Vollmachten **erteilen** und bestehende Vollmachten widerrufen (→ § 168 Rn. 16). Eine durch den Testamentsvollstrecker ausgestellte Generalvollmacht ist wirksam (*Mayer*/Bonefeld Testamentsvollstreckung § 15 Rn. 15). Er darf seine Aufgabe aber nicht komplett auf eine andere Person übertragen, §§ 2203, 2205. Die vom Testamentsvollstrecker erteilten Vollmachten enden mit der Beendigung der Testamentsvollstreckung insgesamt, aber nicht mit einem Wechsel der Person des Testamentsvollstreckers (*Mayer*/Bonefeld Testamentsvollstreckung § 15 Rn. 15). 5

3. Vollmacht und Nachlasspflegschaft. Die Anordnung einer Nachlasspflegschaft kann entfallen, wenn ein Bevollmächtigter die Angelegenheiten erledigt (KG ZEV 1999, 195; DNotI-Report 2013, 84; aber bei umfangreichem und schwierigem Nachlass OLG Karlsruhe FGPrax 2003, 229; insgesamt *Zimmer* ZEV 2013, 307 (311); *Everts* NJW 2010, 2318). 6

4. Vollmacht und Pflichtteil. Es kann für den Pflichtteilsberechtigten problematisch sein, wenn der Erbe auch Bevollmächtigter des Erblassers war. Der Pflichtteilsberechtigte hat im Gegensatz zum (Mit-)Erben die Schwierigkeit, nicht selbst nachforschen zu können. Er hat zwar einen Anspruch gegen den Erben auf Auskunft sowie auf Wertermittlung, aber weder ein Recht, die Vorlage von Belegen zu fordern, noch einen Rechenschaftsanspruch (→ § 2314 Rn. 27). Wenn der Erbe auch Bevollmächtigter war und vor dem Erbfall das Vermögen auf sich oder Dritte übertragen hat, wird das Nachlassverzeichnis fast leer sein. 7

Der Pflichtteilsberechtigte hat ein Recht, zu erfahren, ob Geld unrechtmäßig abgehoben wurde. Der Erbe muss in das Nachlassverzeichnis auch **Forderungen** des Erblassers aufnehmen, eventuell als unsi- 8 chere iSv § 2313. Wenn ein Bevollmächtigter Vermögen veruntreut hat, hatte der Erblasser einen Herausgabe- oder Ersatzanspruch gegen den Bevollmächtigten. Obwohl diese Forderung durch Konfusion erlischt, wenn der Erbe auch Bevollmächtigter war, muss sie in das Nachlassverzeichnis aufgenommen werden. Meint der Erbe, diese Ersatzansprüche seien ihm „erlassen" worden, würde dies eine ebenfalls anzugebende **Schenkung** darstellen. Es bestehen also Auskunftspflichten. Der Erbe hat aber noch mehr als sonst die Möglichkeit, Tatsachen zu verschleiern und sich notfalls später auf eine fahrlässige, rechtliche Unkenntnis zu berufen.

9   Sinnvoll ist es für den Pflichtteilsberechtigten, schon **zu Lebzeiten** des Vollmachtgebers eine **Kontrollbetreuung** anzuregen, § 1896 III (→ § 168 Rn. 10–12). Damit kann unter Umständen jedenfalls ein Vermögensstand dokumentiert werden. Allerdings darf eine Betreuung nicht zum Schutz eines Dritten, wie eines potentiellen Pflichtteilsberechtigten, sondern nur im Interesse des betroffenen Vollmachtgebers eingerichtet werden. Das kann gegeben sein, wenn sein Vermögen und seine Versorgung durch den Bevollmächtigten gefährdet werden.

§ 164 Wirkung der Erklärung des Vertreters

(1) ¹Eine Willenserklärung, die jemand innerhalb der ihm zustehenden Vertretungsmacht im Namen des Vertretenen abgibt, wirkt unmittelbar für und gegen den Vertretenen. ²Es macht keinen Unterschied, ob die Erklärung ausdrücklich im Namen des Vertretenen erfolgt oder ob die Umstände ergeben, dass sie in dessen Namen erfolgen soll.

(2) Tritt der Wille, in fremdem Namen zu handeln, nicht erkennbar hervor, so kommt der Mangel des Willens, im eigenen Namen zu handeln, nicht in Betracht.

(3) Die Vorschriften des Absatzes 1 finden entsprechende Anwendung, wenn eine gegenüber einem anderen abzugebende Willenserklärung dessen Vertreter gegenüber erfolgt.

1   **1. Normzweck.** Durch Vollmachten wird zugelassen, dass einer Person rechtliche Erklärungen zugerechnet werden, ohne dass sie diese persönlich geäußert oder entgegengenommen hat und ohne dass sie selbst anwesend ist. Dies ermöglicht einen **effektiven Rechtsverkehr**.

2   Vorsorgevollmachten dienen der Aufrechterhaltung der **Selbstbestimmung** für den Fall von alters- oder krankheitsbedingten Einschränkungen. Als Mittel der privaten Vorsorge sollen sie auch zur Entlastung der öffentlichen Kassen rechtliche Betreuungen gem. § 1896 entbehrlich machen (im Einzelnen: *Kurze* Vorsorgerecht § 1896 BGB).

3   Eine Vollmacht kann für den Vollmachtgeber und die Erben in vielerlei Hinsicht nützlich sein. Zu Lebzeiten wird der Vollmachtgeber im Vorsorgefall durch eine von ihm bestimmte Person vertreten und eine **Betreuung** grds. **entbehrlich** (§ 1896 III). Durch die Erben muss regelmäßig kein Erbschein beantragt und bezahlt werden. Die (Not-)Verwaltung und Abwicklung des Nachlasses werden wesentlich beschleunigt bzw. sogar erst ermöglicht. Die Grundbuchberichtigung kann erleichtert werden.

4   Die **Gestaltung** der Vorsorgevollmacht sollte mit anderen Vollmachten (zB bei einer Bank) und einer Patientenverfügung abgestimmt sein, für den Erbfall zudem mit der letztwilligen Verfügung und einer Bestattungsregelung.

5   Die Vollmacht birgt aber auch erhebliche **Gefahren**, wenn sie unbedacht erteilt oder verwandt wird. Dies gilt sowohl für den Vollmachtgeber zu Lebzeiten, der den Bevollmächtigten im Vorsorgefall meist nicht mehr überwachen und kontrollieren kann, als auch für die Erben, denen der Zugriff auf den Nachlass oder sogar der Nachlass selbst entzogen werden können (vgl. Trimborn v. Landenberg Vollmachten § 1 Rn. 4). Ersatzansprüche gegen den Bevollmächtigten sind regelmäßig nur sehr mühsam zu realisieren.

6   Die Vorsorgevollmacht kann schließlich für den Bevollmächtigten die sog. „**Vollmachtsfalle**" eröffnen: Unter Umständen ist er gegenüber dem Vollmachtgeber oder den (Mit-)Erben für einen langen Zeitraum rechenschafts- und im Einzelfall schadensersatzpflichtig (→ § 662 Rn. 19–25; → § 666 Rn. 4–6).

7   **2. Begriffe.** Eine Vollmacht, die zu Lebzeiten des Vollmachtgebers und auch danach wirken soll, wird „**transmortale Vollmacht**", also „Vollmacht über den Tod hinaus" (*Tschauner* Die postmortale Vollmacht S. 1) genannt (*Trapp* ZEV 1995, 314 (315)). Soll die Vollmacht erst nach dem Tod des Vollmachtgebers wirksam sein (RGZ 114, 351 (354)), handelt es sich um eine „postmortale Vollmacht", also „Vollmacht auf den Todesfall" (*Tschauner* Die postmortale Vollmacht S. 1; vgl. zudem *Papenmeier* Vollmachten S. 1; *Trapp* ZEV 1995, 314).

8   In der Praxis sind regelmäßig Vorsorge- oder Bankvollmachten relevant (*Ivo* ZErb 2006, 7 (9)). Der Begriff „**Vorsorgevollmacht**" ist relativ neu (der Vorläufer „Altersvorsorgevollmacht" stammt wohl von *Müller-Freienfels* FS Coing, 1982, Bd. II, 395 ff.; frühe Überlegungen *Gernhuber* FamRZ 1976, 189), wird aber inzwischen auch im BGB verwendet (§§ 1901a, 1901c, 1908f). Vorsorgevollmachten werden als „Schriftstücke, in denen der Betroffene eine andere Person mit der Wahrnehmung seiner Angelegenheiten bevollmächtigt hat" beschrieben, § 1901c II. Eine Vorsorgevollmacht wird grds. als Vollmacht für den Vorsorgefall verstanden, in dem der Vollmachtgeber seine Angelegenheiten ganz oder teilweise aufgrund von Alter oder Krankheit nicht mehr erledigen kann oder möchte und den dem Bevollmächtigten ermöglichen will. Aus der Bezeichnung in der Urkunde als „Vorsorgevollmacht" ergeben sich keine Einschränkungen der Vollmacht. Sie verdeutlicht vielmehr die rechtliche Einordnung als umfassende Bevollmächtigung. Entscheidend sind die in der Vollmacht enthaltenden Formulierungen (→ Rn. 33).

3. Bankvollmacht. Es kommt auf den Wortlaut der auf dem Formular der Bank erteilten Vollmacht an 9 (vgl. zudem Kurze/*Kurze* Vorsorgerecht § 164 BGB Rn. 63). Regelmäßig ist die Kontenauflösung nicht umfasst (BGH ZEV 2009, 306), aber Verfügungen bis zu einem minimalen Restbestand sind meist möglich. Oft gibt es eine transmortale und eine nicht-transmortale Version. Ob eine Befreiung von den Beschränkungen des § 181 enthalten ist und Online-Banking ermöglicht wird, ist dem Vollmachtstext zu entnehmen (zu Akzeptanzproblemen von Vollmachten im Bankverkehr aus formalen Gründen → § 167 Rn. 22–25). Bei Bankvollmachten handelt es sich um Außenvollmachten iSv § 167 I 2. Alt. Dies hat für die Bank den Vorteil, dass sie bis zu einem Widerruf ihr gegenüber auf den Bestand der Vollmacht vertrauen darf, § 170.

4. Grundgeschäft. Die Vollmacht ermöglicht dem Bevollmächtigten, den Vollmachtgeber wirksam zu 10 vertreten. Was er tun soll und darf und wie dies geschehen soll, ist davon rechtlich unabhängig („abstrakt") zu beurteilen, sog. **Abstraktionsprinzip** (BGH NJW 1992, 3237; zur Vollmacht eines Rechtsanwaltes NJW 1993, 1926; OLG Köln ZIP 1988, 1203; Papenmeier Vollmachten S. 2 ff.; Lipp Vorsorgeverfügungen-HdB/*Spalckhaver* § 8 Rn. 5–8). Dies richtet sich nach dem zugrundeliegenden Rechtsgeschäft, welches Grundgeschäft, Grundverhältnis, Innenverhältnis oÄ genannt wird. Bei der Vorsorgevollmacht handelt es sich regelmäßig um einen Auftragsvertrag gem. § 662 (→ § 662 Rn. 2–14). Da der Auftrag meistens nicht ausdrücklich ausgestaltet und den besonderen Anforderungen angepasst wird, gelten die gesetzlichen Regelungen, was als unangemessen empfunden werden kann.

5. Abgrenzung. Der **Bote** übermittelt lediglich eine fremde Willenserklärung und gibt keine eigene im 11 fremden Namen ab (BGH NJW 2008, 917 (918)). Eine ihm als Empfangsboten gegenüber abgegebene Willenserklärung ist erst zugegangen, wenn mit der Weiterleitung zu rechnen ist (§ 130). Bei Zeichnung „i. A." (bzw. „im Auftrag") ist auszulegen (BAG NJW 2008, 1243), wenn auch grds. von einer Botenstellung in Abgrenzung zu „i. V." (bzw. „in Vertretung") auszugehen ist (BGH FamRZ 2007, 1638; NJW 1988, 210). Sonstige, nicht rechtsgeschäftliche Tätigkeiten können **Realakte** (auf einen tatsächlichen Erfolg gerichtete Willenserklärungen, die kraft Gesetzes eine Rechtsfolge hervorbringen, Palandt/*Ellenberger* § 104 Rn. 9, wie der Besitzerwerb nach § 854 I) oder **Handlungen** (ein der Bewusstseinskontrolle und Willenslenkung unterliegendes, beherrschbares Verhalten, BGHZ 39, 103, wie bei § 823) sein, zB lediglich Begleitung bei Geldabhebungen (aber trotzdem Auftrags- oder Gefälligkeitsverhältnis möglich, → § 662 Rn. 3–6).

6. Zulässigkeit und Umfang. a) Grundsatz. Die rechtsgeschäftliche Vertretung ist **zulässig,** wenn sie 12 nicht ausnahmsweise unzulässig ist. Eine abschließende Aufzählung der möglichen Vertretungsbereiche ist daher nicht möglich, weshalb positiv nur auf Einzelfragen und ausführlicher auf Ausschlüsse der Vertretungsmöglichkeit eingegangen wird (vgl. zudem Kurze/*Kurze* Vorsorgerecht § 164 Rn. 25–44).

b) Vertretung über den Tod hinaus. Die Zulässigkeit der trans- und der postmortalen Vollmacht ist 13 inzwischen **unbestritten,** auch wenn es zu Überschneidungen und Spannungen zu erbrechtlichen Anordnungen und Instrumenten wie der Testamentsvollstreckung kommen kann (zu früheren Zweifeln RGZ 114, 351 (354); *Trapp* ZEV 1995, 314 (315)).

c) Höchstpersönliche Rechtsgeschäfte. Ist das Rechtsgeschäft ein höchstpersönliches, ist eine Stell- 14 vertretung **nicht möglich.** Höchstpersönlich sind zB die Eheschließung (§ 1311), die Begründung einer eingetragenen Lebenspartnerschaft (§ 1 I 1 LPartG), die Testamentserrichtung (§ 2064; nicht aber die Hinterlegung vgl. OLG München NJW-RR 2001, 1288), die Errichtung (§ 2274) und die Anfechtung (§ 2282 I 1) eines Erbvertrages sowie der Rücktritt von ihm (§ 2296), der Widerruf eines gemeinschaftlichen Testamentes (§§ 2271, 2296), die Teilnahme an politischen Wahlen (str. jedenfalls hinsichtlich der Vertretung Minderjähriger vgl. *Peschel-Gutzeit* NJW 1997, 2861), die Entbindung von der notariellen Verschwiegenheitspflicht (BGH DNotZ 2009, 876), die Organspende zu Lebzeiten (aus §§ 8ff. TPG zu schließen; zur Knochenmarkspende Minderjähriger vgl. § 8a TPG). Für die Entscheidung über eine Obduktion kann eine Vollmacht erteilt werden. Über eine Ablehnung kann sich zB die Staatsanwaltschaft grds. hinwegsetzen, §§ 87 ff. StPO (vgl. Kurze/Goertz/*Kurze,* Bestattungsrecht in der Praxis, 2. Aufl. 2016, § 4 Rn. 10–17). Die Ausschlagung einer Erbschaft muss nicht höchstpersönlich erfolgen (*Zimmer* ZEV 2013, 307).

d) Freiheit und Gesundheit. Es ist **möglich,** eine Vollmacht zu Entscheidungen über die eigene Frei- 15 heit oder Gesundheit sogar gegen den eigenen natürlichen Willen zu erteilen, § 1906 (ähnlich §§ 1901a, 1904, 1906a). Dazu sind lediglich besondere Form- und Verfahrensfragen zu beachten (→ § 167 Rn. 9).

Streitig soll sein, ob eine Bevollmächtigung in Angelegenheiten, welche die persönliche Freiheit außer- 16 halb der §§ 1904, 1906, 1906a betreffen, zulässig ist, wie zB die **Umgangsbestimmung** und die **Post- und Telefonkontrolle** (Zimmermann Vorsorgevollmacht Rn. 332; MüKoBGB/*Schwab* § 1896 Rn. 61). Eine Begrenzung durch den Gesetzgeber gibt es nicht. Da etwa die zwangsweise Unterbringung noch weitergehend ist, muss die Vertretung in diesen Angelegenheiten möglich sein. Allerdings kann durch Tätigkeiten des Bevollmächtigten erheblich in den persönlichen Bereich des Vertretenen eingegriffen werden, wenn etwa der Kontakt zu nahen Angehörigen unterbunden wird (was aber auch sachlich gerechtfertigt sein kann). Ob die Vollmacht diese Befugnis auch umfasst, ist nach hier vertretener Ansicht durch Auslegung zu ermitteln. Da meistens eine „alles" umfassende Vertretung gewünscht wird, ist grds. von der entsprechenden Befugnis auszugehen und das Gegenteil zu beweisen (zur Postentgegennahme DNotI-Report 2013, 148). Missbraucht der Bevollmächtigte diese Befugnis, ist eine (Kontroll-)Betreuung anzuordnen (so schon *Perau* MittRhNotK 1996, 285 (294)).

17 e) **Organspende.** Die Entscheidung über die Spende, Entnahme und Übertragung von Organen und Gewebe kann der Betroffene selbst treffen, § 3 TPG, oder die Entscheidung einer bestimmten Person übertragen, § 4 III TPG. Entsprechend dem Totenfürsorgerecht liegt eine **Verfügung** und keine Bevollmächtigung vor. Aus der Bezeichnung „Bevollmächtigter für Organspende" ist aber die Übertragung auszulegen. Liegt keine Erklärung des Betroffenen vor und hat er die Entscheidung nicht übertragen, entscheiden die nächsten Angehörigen nach Maßgabe der §§ 4, 1a Nr. 5 TPG (vgl. auch Kurze/Goertz/ *Kurze,* Bestattungsrecht in der Praxis, 2. Aufl. 2016, § 4 Rn. 18–26).

18 f) **Totenfürsorge.** Die „Bevollmächtigung" einer Person für die eigene Bestattung wird regelmäßig die **Übertragung** des Totenfürsorgerechts beinhalten, also die Berechtigung, über die Art und Weise der Bestattung zu entscheiden (Kurze/Goertz/*Kurze,* Bestattungsrecht in der Praxis, 2. Aufl. 2016, § 15 Rn. 17 f.). Dies kann formlos geschehen sowie in einer **Bestattungsverfügung** (Kurze/Goertz/*Kurze,* Bestattungsrecht in der Praxis, 2. Aufl. 2016, § 17 Rn. 21) oder Vorsorgevollmacht. Ohne ausdrückliche Anordnung ist in einer Vollmacht aber eine Übertragung des Totenfürsorgerechts nach hier vertretener Ansicht nicht enthalten, auch wenn sie über den Tod hinaus wirksam sein soll, da es sich um eine Verfügung handelt. Solange die Vollmacht nicht widerrufen wurde, kann der Bevollmächtigte die Bestattung aber regeln uns den entsprechenden Verträgen die Erben verpflichten, § 1968.

19 g) **Eidesstattliche Versicherung.** Die eidesstattliche Versicherung im **Erbscheinverfahren** ist eine Wissenserklärung (Zimmermann Vorsorgevollmacht Rn. 141), so dass jedenfalls eine rechtsgeschäftliche Stellvertretung nicht möglich ist (BayObLGZ 1961, 4 (10); aber zulässig als eigene OLG Celle ZErb 2018, 200). Weshalb dann aber eine Vertretung durch den Betreuer zulässig sein soll (Müller/Renner BetreuungsR/*Renner* Rn. 366; Zimmermann Vorsorgevollmacht Rn. 141), erschließt sich nicht, da auch dieser nicht das Wissen des Betreuten hat, vgl. auch § 478 ZPO. Bei der Vertretung einer juristischen Person ist dies anders, da diese per se kein eigenes Wissen haben kann, so dass die Vertretung bei der eidesstattlichen Versicherung durch die Organe (die sich wiederum in der Organisation vorhandene Kenntnisse zurechnen lassen müssen) systemkonform ist (BGH BB 1961, 190; *Brandi-Dohrn* GRUR 1999, 131). Im Erbscheinverfahren kann – und muss unter Umständen bei ordnungsgemäßer Ermessensausübung – die eidesstattliche Versicherung nach § 2356 II 2 erlassen werden (OLG München DNotZ 2007, 136; LG Kassel FamRZ 2010, 1016; *Litzenburger* ZEV 2004, 450). Nach hier vertretener Ansicht kann und muss sich das Gericht von zweierlei überzeugen: Der Antragsteller darf zum einen zur eigenen Eidesleistung nicht in der Lage sein (das gilt auch für die Betreuung), was durch eine ärztliche Bescheinigung, Augenschein oder (eigene) eidesstattliche Versicherung des Vertreters bewiesen werden könnte. Zum anderen sollte der Vertreter nicht aus eigenen Ermittlungen (zB in den Unterlagen des Vertretenen) und aus originär eigener Kenntnis Wissen haben oder – bzgl. der Ermittlung zu dem Wissen des Vertretenen – ohne weiteres haben können. Dies kann der Vertreter als eigene eidesstattliche Erklärung versichern. Eine auch rechtsgeschäftliche Stellvertretung ist damit möglich und eine Gesetzesänderung nicht notwendig (so aber *Litzenburger* ZEV 2004, 450). Entsprechend kann bei anderen eidesstattlichen Versicherungen wie des Erben bei der **Auskunft dem Pflichtteilsberechtigten** gem. §§ 2316, 260 II oder dem **Beauftragten** gegenüber dem Auftraggeber nach §§ 662, 666, 259 II, 260 II verfahren werden.

20 h) **Meldepflicht:** Die Erfüllung durch einen Bevollmächtigten ist zurzeit gem. § 11 VII Melderechtsrahmengesetz nur bei entsprechendem Landesgesetz und damit eigentlich nur in einzelnen Ländern möglich (Bayern, Mecklenburg-Vorpommern, Sachsen vgl. Lipp Vorsorgeverfügungen-HdB/*Lipp* § 3 Rn. 14), wird praktisch aber meist trotzdem akzeptiert. Das ab 1.5.2015 geltende Bundesmeldegesetz enthält erstaunlicherweise keine Regelung für den Bevollmächtigten, woraus sich nach hier vertretener Ansicht die Zulässigkeit der rechtsgeschäftlichen Stellvertretung ergibt.

21 i) **Steuerangelegenheiten.** Die Vertretung in Steuerangelegenheiten muss zT erforderlich sein, vgl. § 150 III 1 AO und sie ist offen zu legen (BGH BB 1998, 198).

22 j) **Zivilprozess.** Nach heutiger Rechtslage ist eine rechtsgeschäftliche Vertretung im Zivilprozess **zulässig**, § 51 III ZPO. Dies gilt auch für die Zwangsvollstreckung (Zimmermann Vorsorgevollmacht Rn. 332).

23 **7. Missbrauch.** Auch bei einem Missbrauch der Vollmacht durch den Bevollmächtigten ist die Vertretung **nur ausnahmsweise unwirksam.** Grundsätzlich trägt also auch bei der Vorsorgevollmacht der Vollmachtgeber das Risiko des Missbrauches der Vollmacht (BGH BGHZ 127, 239 = ZEV 1995, 189; BGHZ 113, 315 = NJW 1991, 1812; *Trapp* ZEV 1995, 314 (315)). Das ist eine häufig unterschätzte Gefahr bei Vorsorgevollmachten. Dem Vollmachtgeber wird mit dem Instrument der Vollmacht die erhebliche Erweiterung seiner rechtsgeschäftlichen Aktivitäten ermöglicht. Im Gegenzug dazu hat er das daraus resultierende Risiko zu tragen und der Rechtsverkehr einen Anspruch auf Schutz.

24 Ein Missbrauch wird angenommen, wenn „vom Bevollmächtigten getroffenen Vermögensverfügungen dem früher geäußerten Willen des Betroffenen widersprachen oder sie eine konkrete Gefahr für das Wohl der Betroffenen begründeten" (BGH NJW 2013, 1085).

25 Nur in **Ausnahmefällen** hat ein Missbrauch zur Folge, dass das getätigte Geschäft **unwirksam** ist. Es muss zusätzlich noch eine Komponente beim Geschäftspartner gegeben sein. Diese liegt vor, wenn er den Missbrauch kennt und mit dem Bevollmächtigten zusammen bewusst zum Nachteil des Vollmachtgebers handelt, sog. „**Kollusion**". Das Rechtsgeschäft verstößt gegen die guten Sitten und ist damit nichtig, § 138 (BGH NJW 2002, 1497; 1989, 24; Papenmeier Vollmachten S. 85 mwN).

Ist es für den Geschäftsgegner offensichtlich oder muss es offensichtlich sein, dass der Bevollmächtigte 26
zwar aufgrund der Vollmacht handeln *kann*, aber im Innenverhältnis nicht handeln *darf*, liegt ein **evidenter Missbrauch** vor. Die Hürden sind hoch: „Notwendig ist dabei eine massive Verdachtsmomente voraussetzende Evidenz des Missbrauchs." (BGHZ 127, 239 = NJW 1995, 250; vgl. zudem NJW 2006, 2776; 1999, 2883; 1994, 2082; NJW-RR 1992, 1135; NJW 1966, 1911; *Horn/Schabel* NJW 2012, 3473; *Zimmermann* BKR 2007, 231 f. mwN; *Werkmüller* ZEV 2001, 97 (100); krit. *Krampe* ZEV 1995, 189; *Schulz* NJW 1995, 3345). Auch einfache Nachforschungen können grds. nicht verlangt werden (vgl. *Bühler* FamRZ 2001, 1585).

Eine Überweisung des Bevollmächtigten vom Konto des Vollmachtgebers an sich selbst stellt noch 27
keine evident missbräuchliche Handlung dar. Auch das Ableben des Kontoinhabers ist kein Grund für den Geschäftsgegner, die transmortale Vollmacht anzuzweifeln zu müssen. Denkbar ist ein offensichtlich evidenter Missbrauch einer Vorsorgevollmacht **bspw.**, wenn der Bevollmächtigte mit der Vollmacht auch eine Regelung zum Grundverhältnis vorlegt, aus der eine Beschränkung zu genau einem solchen Geschäft hervorgeht.

Es liegt nach der einen Meinung beim evidenten Vollmachtsmissbrauch durch den Geschäftsgegner ein 28
Verstoß gegen die Grundsätze von Treu und Glauben vor, was den Anspruch des Geschäftsgegners gegen den Vollmachtgeber nicht entstehen lassen würde (vgl. allg. für Treu und Glauben, MüKoBGB/*Roth/Schubert* § 242 Rn. 78). Nach der anderen Meinung handelte der Bevollmächtigte gem. § 177 analog ohne Vertretungsmacht, so dass das Geschäft ebenfalls nicht wirksam zu Stande kam. Bei identischen **Rechtsfolgen** ist die Begründung zweitrangig, wenn auch der Weg über § 242 vorteilhafter erscheint: Es kann bei der Abwägung besser ein besonders sorgloses Vorgehen des Vollmachtgebers berücksichtigt werden. Der Vollmachtgeber hat gegen den Geschäftsgegner einen Anspruch auf Wiederherstellung des Zustandes, der ohne die rechtswidrige Handlung gegeben wäre. Das kann insbes. ein Schadensersatzanspruch gem. § 280 oder ein Anspruch nach § 812 sein, zB auf Wiederherstellung des ursprünglichen Kontostandes.

8. Untervollmacht. a) Grundsatz. Erteilt der Bevollmächtigte einem Dritten eine Vollmacht, den 29
Vollmachtgeber zu vertreten, ist dies eine Untervollmacht. Der Unterbevollmächtigte handelt grds. im Namen des Vollmachtgebers (BGH NJW-RR 2003, 51 (52)). Vertritt der Dritte den Vollmachtgeber direkt, geschieht dies auf der Grundlage einer eigenen Vollmacht, sog. „direkte Untervollmacht". Beruft sich der unterbevollmächtigte Dritte auf die Hauptvollmacht und gibt eine Erklärung im Namen des Hauptbevollmächtigten ab, wird dies „Durchgangsvertretung" genannt. Sie ist **zulässig**, schon weil sonst der Vertreter einer juristischen Person keine Vollmachten erteilen könnte (Papenmeier Vollmachten S. 69; *Bous* RNotZ, 2004, 483). Die Differenzierung ist wichtig, wenn es an einer Hauptvollmacht fehlt: Bei einer behaupteten direkten Untervollmacht haftet alleine der Unterbevollmächtigte, im anderen Fall auch der Hauptbevollmächtigte (BGH NJW 1977, 1535; 1960, 1565).

b) Befugnis. Ob die Hauptvollmacht auch die Befugnis umfasst, Untervollmachten zu erteilen, ist 30
durch Auslegung zu ermitteln. Dass bei einer Vorsorgevollmacht im Zweifel keine Unterbevollmächtigung erlaubt sein soll (Zimmermann Vorsorgevollmacht Rn. 110), ist nach hier vertretener Ansicht zu weit gegriffen. Untervollmachten an Personen, an die regelmäßig Vollmachten erteilt werden, sind in deren typischen Bereich als grds. zulässig anzusehen, wie an den Rechtsanwalt, Steuerberater und Hausverwalter. Eine vollständige Übertragung der Aufgaben aus der Vorsorgevollmacht oder großer Teile kann als zweifelhaft angesehen werden (zB Gesundheitsangelegenheiten; zu differenzieren bei der Vermögensverwaltung: eine Verwaltung von Anlagen in einem abgesprochenen Rahmen oder nach einer solchen Strategie kann zulässig sein). Ist die Hauptvollmacht aber ausdrücklich umfassend („zu allen Rechtsgeschäften"), so ist nach hier vertretener Ansicht auch eine **umfassende** Unterbevollmächtigung **möglich**. Eine Einschränkung muss deutlich gemacht werden.

c) Gestaltung. Bei der Gestaltung ist es sinnvoll, statt einer allgemeinen Befugnis zur Erteilung von 31
Untervollmachten (so aber *Walter* ZEV 2003, 449 (450, 452)) in der Vorsorgevollmacht die Unterbevollmächtigung für **einzelne Geschäfte** zu erlauben und gleichzeitig eine Ersatzbevollmächtigungsregelung zu treffen oder eine umfassende Unterbevollmächtigung nur für in der Urkunde benannte Personen zuzulassen (noch einschränkender Zimmermann Vorsorgevollmacht Rn. 112). So bleibt die Bestimmung des Bevollmächtigten bei dem Vollmachtgeber.

d) Legitimation. Der Unterbevollmächtigte wird zur Legitimation regelmäßig **beide Vollmachten** 32
vorlegen. Erteilt der Bevollmächtigte zum Zeitpunkt des Bestandes seiner Vollmacht dem Unterbevollmächtigten aber eine eigene Vollmacht zur direkten Vertretung des Vollmachtgebers, ist diese für sich wirksam, so dass grds. nur die Untervollmacht vorgelegt werden muss (nach *Renner* der Regelfall Müller/Renner BetreuungsR/*Renner* Rn. 316). Dass die Hauptvollmacht vorlag, kann bei einer notariellen Urkunde durch die Beifügung einer Abschrift bewiesen werden. Ist dies nicht geschehen (was praktisch häufig der Fall sein wird), kann der Geschäftsgegner die Untervollmacht ohne Hauptvollmacht zurückweisen.

9. Vertretung nach dem Erbfall. a) Grundsatz. Eine Vollmacht **gilt über den Tod** des Vollmachtge- 33
bers **hinaus**, wenn aus ihr ausnahmsweise nichts anderes hervorgeht. In einem ersten Schritt ist die Vollmacht auszulegen (BGH NJW 1969, 1245; Papenmeier Vollmachten S. 34 f.). Die Beschreibung als „Vorsorgevollmacht" gibt dabei nach hier vertretener Ansicht kein Ergebnis vor (falsch insofern OLG Hamm ZEV 2003, 470; im Einzelnen zur Auslegung: Kurze/*Kurze* Vorsorgerecht § 164 BGB Rn. 59–

61). Einerseits ist sie in erster Linie für den Vorsorgefall gedacht, also zur Versorgung des Vollmachtgebers, was nur zu Lebzeiten geschehen kann. Andererseits wird oft gewünscht, dass auch nach dem Erbfall Angelegenheiten geregelt werden können, unmittelbar für die Bestattung und für erste Sicherungsmaßnahmen sowie langfristig zur Nachlassabwicklung ohne Erbschein.

34 Ergibt die Auslegung kein Ergebnis, gilt im zweiten Schritt die gesetzliche Regelung. Für den Regelfall, bei dem als Grundverhältnis ein Auftrag oder ein Geschäftsbesorgungsvertrag vorliegt, ergeben die §§ 168 1, 672 1 den **Fortbestand** der Vollmacht (OLG Zweibrücken DNotZ 1983, 104 (105); *Keim* DNotZ 2008, 175; zur Schenkung BayObLG MittBayNot 1989, 308; zu steuerrechtlichen Folgen bei unentgeltlichen Zuwendungen vgl. *Wedemann* ZEV 2013, 581).

35 **b) Dritter als Bevollmächtigter.** Nach dem Tod des Vollmachtgebers vertritt der Bevollmächtigte den oder die Erben (unstr. BGHZ 87, 19 = NJW 1983, 1487 (1489)), jedenfalls wenn der Bevollmächtigte nicht selbst Erbe ist.

36 Nach dem Tod wird der Nachlass verpflichtet. Str. ist, ob **Verbindlichkeiten** zugleich Eigenschulden der Erben werden. Nach hier – mit der hM – vertretener Ansicht gibt es keine Besonderheiten zu sonstigen Nachlassverbindlichkeiten und der Erbe muss ggf. Haftungsbeschränkungsmaßnahmen in Anspruch nehmen bzw. ausschlagen. Seine Haftung ist daher auf den Nachlass **beschränkbar** (MüKoBGB/*Zimmermann* Vor § 2197 Rn. 14; *Ivo* ZErb 2006, 7). Zu einer Eigenverbindlichkeit des Erben kommt es nur, wenn er zustimmt (BGH NJW 1962, 1718; MüKoBGB/*Zimmermann* Vor § 2197 Rn. 14). Zwar können die Erben durch das Weiterhandeln eines Bevollmächtigten Nachlassverbindlichkeiten begründen, auch wenn es sich nicht um ordnungsgemäße Verwaltungsmaßnahmen handelt (daher billigt Papenmeier Vollmachten eine reine Nachlassverbindlichkeit nur bis zur Möglichkeit des Erben, die Vollmacht zu widerrufen, zu, S. 73–82 mwN zur Mindermeinung). Die Gläubiger sind aber gewarnt, da sie sich auf ein Vertretungsgeschäft einlassen.

37 **c) Alleinerbe.** Beim Alleinerben tritt die sog. „Konfusion" ein, die Vereinigung von Schuld und Forderung, durch welche die Vollmacht **erlischt** (hM, wie hier OLG Hamm DNotI-Report 2013, 70; OLG Stuttgart NJW 1947/48, 627; Bengel/Reimann TV-HdB/*Bengel/Reimann* Kap. 1 Rn. 51 ff.; Papenmeier Vollmachten S. 47 ff.; aA LG Bremen RPfleger 1993, 235; *Mensch* NotBZ 2013, 420 (421); Zimmermann Vorsorgevollmacht Rn. 267). Niemand kann sein eigener Vertreter sein. Ausnahmen gelten, wenn beim Alleinerben die Wirkungen der Gesamtrechtsnachfolge tatsächlich nicht eintreten: Nach hM gilt seine Vollmacht weiter, wenn eine andere Person als Testamentsvollstrecker eingesetzt ist, § 2211 (OLG München ErbR 2013, 33; *Muscheler* ZEV 2008, 213 (215 f.)) und wenn der Alleinerbe nur Vorerbe ist (Bengel/Reimann TV-HdB/*Bengel/Reimann* Kap. 1 Rn. 51b; *Kurze* ZErb 2008, 399 (404 f.)).

38 Es besteht aber weitgehend Einigkeit darüber, dass der Vollmacht für den Alleinerben eine **Legitimationswirkung** zukommt, die iErg deren Fortbestand bedeutet: Es ist logisch zwingend, dass ein bevollmächtigter Alleinerbe entweder aus seiner Stellung als Alleinerbe oder – wenn diese noch nicht nachzuweisen ist – als Bevollmächtigter zu Handlungen für den Nachlass berechtigt sein kann, „So-oder-So-Bevollmächtigter" (vgl. OLG München ErbR 2013, 33; LG Bremen RPfleger 1993, 235; *Weidlich* MittBayNot 2013, 196 (199); *Pamp* ErbR 2013, 194 (197); *Süß* ZEV 2008, 69 (72); *Trapp* ZEV 1995, 314 „gewohnheitsrechtlich"; Bengel/Reimann TV-HdB/*Bengel/Reimann* Kap. 1 Rn. 51a, als Auslegung der Erklärung, im eigenen Namen handeln zu wollen; anders – und falsch, weil Formerfordernisse keinen Selbstzweck haben und zwingende Logik nicht aushebeln können – OLG Hamm DNotI-Report 2013, 70). In der Praxis würden Vollmachten sonst entwertet, weil immer nachgewiesen werden müsste, dass der Vollmachtgeber noch lebt. Dass der Bevollmächtigte nicht Alleinerbe wird, kann zu Lebzeiten nicht festgestellt werden.

39 Weiß der Bevollmächtigte, dass er Alleinerbe ist, handelt aber unter Berufung auf die Vollmacht, **haftet** er grds. auch mit seinem eigenen Vermögen, denn die Vollmacht ist erloschen (so *Muscheler* ZEV 2008, 213 (216)). Etwas anderes kann nur angenommen werden, wenn die Behauptung der Stellvertretung als vertragliche Vereinbarung der Begrenzung der Haftung auf den Nachlass gesehen wird. Dem entspricht, wenn der Bevollmächtigte seine Alleinerbenstellung nicht kennt (Papenmeier Vollmachten S. 49).

40 **d) Erbengemeinschaft. aa) Grundsatz.** Nach der wohl hM zerfällt die Vollmacht nach dem Erbfall bei der Nachfolge durch eine Erbengemeinschaft in Vollmachten der einzelnen Miterben, aber beschränkt auf den Nachlass (MüKoBGB/*Zimmermann* Vor § 2197 Rn. 14). Dagegen spricht aber, dass Rechtsnachfolger des Erblassers die Erbengemeinschaft ist. Vollmachtgeber müsste nach dem Erbfall die Erbengemeinschaft insgesamt sein. Ein Zerfallen der Vollmacht in Einzelvollmachten würde dem Grundsatz der Universalsukzession widersprechen. Nach hier vertretener Ansicht besteht daher eine **einheitliche Vollmacht für die Erbengemeinschaft** weiter. Folgen hat dies zum einen für die Frage des Widerrufs (→ § 168 Rn. 18–21), zum anderen für die Haftung, insbes. wenn ein Miterbe Bevollmächtigter war.

41 **bb) Miterbe als Bevollmächtigter.** Wird der überwiegenden Meinung gefolgt, erlöscht die Vollmacht für den bevollmächtigten Miterben mit dem Erbfall durch Konfusion wie beim Alleinerben. Die von ihm auf der Grundlage der Vollmacht abgegebenen Erklärungen würden für seine Miterben eine Nachlassverbindlichkeit und für ihn eine Eigenverbindlichkeit entstehen lassen. Bei Maßnahmen der ordnungsgemäßen Verwaltung gewährt allerdings ein Mehrheitsbeschluss dem handelnden Miterben eine Vollmacht, die Erbengemeinschaft zu vertreten. Wenn die Erbengemeinschaft in diesen Fällen vertreten werden kann, sollte sie es auch durch eine Vollmacht des Erblassers werden können. Nach hier vertrete-

ner Meinung begründet die Erklärung eines vom Erblasser bevollmächtigten Miterben daher insgesamt eine **Nachlassverbindlichkeit**.

§ 165 Beschränkt geschäftsfähiger Vertreter

Die Wirksamkeit einer von oder gegenüber einem Vertreter abgegebenen Willenserklärung wird nicht dadurch beeinträchtigt, dass der Vertreter in der Geschäftsfähigkeit beschränkt ist.

§ 166 Willensmängel; Wissenszurechnung

(1) Soweit die rechtlichen Folgen einer Willenserklärung durch Willensmängel oder durch die Kenntnis oder das Kennenmüssen gewisser Umstände beeinflusst werden, kommt nicht die Person des Vertretenen, sondern die des Vertreters in Betracht.

(2) ¹Hat im Falle einer durch Rechtsgeschäft erteilten Vertretungsmacht (Vollmacht) der Vertreter nach bestimmten Weisungen des Vollmachtgebers gehandelt, so kann sich dieser in Ansehung solcher Umstände, die er selbst kannte, nicht auf die Unkenntnis des Vertreters berufen. ²Dasselbe gilt von Umständen, die der Vollmachtgeber kennen musste, sofern das Kennenmüssen der Kenntnis gleichsteht.

§ 167 Erteilung der Vollmacht

(1) Die Erteilung der Vollmacht erfolgt durch Erklärung gegenüber dem zu Bevollmächtigenden oder dem Dritten, dem gegenüber die Vertretung stattfinden soll.

(2) Die Erklärung bedarf nicht der Form, welche für das Rechtsgeschäft bestimmt ist, auf das sich die Vollmacht bezieht.

1. Wirksamkeit. Die Vollmacht ist eine **einseitige, empfangsbedürftige Willenserklärung** (Staudinger/*Schilken* Rn. 10, 12). Bei Erklärung gegenüber dem Bevollmächtigten wird von einer „Innenvollmacht", bei einer Erklärung gegenüber dem Geschäftspartner von einer „Außenvollmacht" gesprochen. 1

Es ist nicht notwendig, dass der Bevollmächtigte die Vollmacht ebenfalls unterzeichnet. Bestenfalls wird der Empfang der Willenserklärung dokumentiert. Im schlechteren Fall sorgt die Unterzeichnung für Probleme, weil ihr Zweck unklar ist (so auch Zimmermann Vorsorgevollmacht Rn. 55). Es kann mit ihr das Auftragsverhältnis bestätigt worden sein (→ § 662 Rn. 2–14), eine unverbindliche „moralische" Tätigkeitspflicht geschaffen oder eine Aufklärung des Bevollmächtigten über Risiken und Pflichten dokumentiert werden. 2

Behält der Vollmachtgeber die Vollmacht zunächst bei sich, weist den Bevollmächtigten an, sich die Vollmacht im Vorsorgefall zu nehmen, und ermöglicht ihm den Zugriff, geht sie dem Bevollmächtigten mit dessen Zugriff zu. Entsprechendes gilt, wenn dem Notar angewiesen wird, dem Bevollmächtigten auf dessen Anforderung Ausfertigungen zu erteilen. Eine zwischenzeitliche Geschäftsunfähigkeit des Vollmachtgebers schadet nicht, denn er hat die Voraussetzungen für den Zugang geschaffen (RGZ 170, 380 (382); OLG Köln NJW-RR 1992, 1357; vgl. auch §§ 130 II, 672). 3

2. Geschäftsfähigkeit. Bei der Erklärung der Vollmacht muss der Vollmachtgeber geschäftsfähig sein (§ 104). Die Vollmacht wird nicht unwirksam, wenn der Vollmachtgeber nach der Erteilung geschäftsunfähig wird, auch wenn dies nicht in der Vollmacht steht. 4

3. Bedingungen. Nach inzwischen allgemeiner Ansicht soll eine Vorsorgevollmacht im Außenverhältnis **ohne** Bedingung erteilt werden. Ein Bedingungseintritt wie „Betreuungsbedürftigkeit", „Geschäftsunfähigkeit", „wenn ich meine Angelegenheiten nicht mehr erledigen kann" oder „wenn der erstgenannte Bevollmächtigte wegfällt" ist in der Praxis nicht so nachzuweisen, dass der Geschäftspartner die Vollmacht akzeptieren muss (OLG Stuttgart NJOZ 2010, 2177; KG BtPrax 2010, 90; zur Untauglichkeit im Grundbuchverkehr OLG Köln ZEV 2007, 592; zu Problemen nach dem Tod des Vollmachtgebers OLG Koblenz ZEV 2007, 595). **Ältere Vollmachten** (meist von vor den Jahren 2004/05) enthalten oft noch solche Bedingungen, was sie entwerten kann (für damals zugrunde liegende Überlegungen s. zB *Müller* DNotZ 1997, 100). 5

Eine Verwendungsbedingung im **Innenverhältnis** (zB Unterstützungsbedürftigkeit oder Weisung des Vollmachtgebers) ist meist ohnehin aus dem (stillschweigend) geschlossenen Auftragsvertrag zu entnehmen. Nach hier vertretener Auffassung sollte eine solche Bedingung nicht in die Vollmacht aufgenommen werden. Das Außen- und Innenverhältnis sollten getrennt werden. Bei der Vollmachtsvorlage kann es beim Geschäftspartner sonst zu Irritationen und unbegründet aber nachvollziehbar zur Zurückweisung der Vollmacht kommen (OLG Stuttgart NJOZ 2010, 2177; OLG München RNotZ 2006, 426). 6

Auf **Aushändigungsbedingungen** nach einer Beurkundung sollte sich ein Notar höchstens sehr zurückhaltend einlassen, da er damit Verantwortung und ein Haftungsrisiko übernimmt. Denkbar ist, die Aushändigung einer Ausfertigung an den Bevollmächtigten an die Vorlage eines ärztlichen Attestes mit einem bestimmten Wortlaut zu knüpfen (so noch *Klie/Bauer* FPR 2004, 671 (672)). Die Formulierung ist aber schwer so zu fassen, dass sie präzise ist, kein aufwendiges und teures Gutachten erfordert sowie eine rechtzeitige Aushändigung ermöglicht (unpräzise „seine Angelegenheiten nicht mehr besorgen kann", 7 oft zu spät greifend „geschäftsunfähig"). Zudem muss später ein Arzt gefunden werden, der zu der Attesterstellung (mit den entsprechenden Haftungsrisiken für ihn und bei zweifelhafter Schweigepflichtsentbindung) bereit ist. Verzögerungen sind zu erwarten wie auch weitere Probleme bei Wegfall des avisierten Arztes oder Notars. Schließlich ist fraglich, ob die Vollmacht noch postmortal genutzt werden kann, weil an einen Gesundheitszustand angeknüpft wird (OLG Koblenz ZEV 2007, 595). Für den Notar fällt eine 0,5 Bearbeitungsgebühr nach Nr. 22200 Anm. Nr. 3 KV nach dem Wort der Vollmachtsurkunde (§ 113 I GNotKG) an (*Drummen/Wudy*, Gebührentabelle für Notare, 9. Aufl. 2016, 117).

8   **4. Form. a) Grundsatz.** Eine Vollmacht kann **formfrei** erteilt werden. Sie benötigt auch nicht die Form des Geschäfts, für das sie erteilt wird, Abs. 2. Das kann Missbrauch ermöglichen, wenn dadurch eine Beurkundung und die damit zusammenhängende Aufklärung des Vertretenen umgangen werden, zB beim Pflichtteilsverzicht. Eine Ausnahme besteht nur für unwiderrufliche Vollmachten, die der Form des Vertretungsgeschäfts bedürfen (BGH NJW 1979, 2306; 1952, 1210; OLG Brandenburg NZM 2010, 712 (714); Papenmeier Vollmachten S. 148). Eine Vorsorgevollmacht kann nicht unwiderruflich erteilt werden (→ § 168 Rn. 3).

9   **b) Schriftform.** Gerade für den Vorsorgefall ist schon aus Beweisgründen zumindest die Schriftform (§ 126) zu **empfehlen**. Für die Vertretung in bestimmten Bereichen ist die Schriftform vorgeschrieben, wobei für Vorsorgevollmachten besonders relevant sind: Einwilligung und Nichteinwilligung zu oder Widerruf von Einwilligung zu besonders erheblichen ärztlichen Maßnahmen, § 1904 V; Unterbringung und ärztliche Zwangsmaßnahmen im Rahmen einer Unterbringung, §§ 1906 f. Für den Fall, dass der Vollmachtgeber prozessunfähig wird, muss die Vollmacht schriftlich erteilt werden, § 51 III ZPO. Entsprechendes findet sich in Verfahrensvorschriften, vgl. §§ 80 I 1 ZPO, 11 FamFG, 14 I 3 VwVfG, 67 VI 1 VwGO (Papenmeier Vollmachten S. 153 mwN).

10 **c) Beglaubigung und Beurkundung. aa) Beglaubigung.** Es **genügt** (fast) immer die Beglaubigung, auch in Grundbuchangelegenheiten, § 29 I GBO (OLG München NJW-RR 2010, 747; LG Stuttgart ZEV 2008, 198; Zimmermann Vorsorgevollmacht Rn. 50; *Spanl* Rpfleger 2006, 455; *Michalski* WuM 1997, 658; zum Problem der Voreintragung bei § 39 GBO: *Milzer* DNotZ 2009, 325; NotBZ 2009, 482) und zur Anmeldung beim Handelsregister (§ 12 II HGB) sowie beim Vereinsregister (§ 77 analog). Einzige Ausnahme ist die gesetzgeberisch verunglückte Norm zum Abschluss von Verbraucherdarlehensverträgen, § 492 IV. Eine notarielle Beurkundung ist so gut wie immer notwendig, da die sonst erforderlichen Angaben können jedenfalls in eine Vorsorgevollmacht praktisch nicht aufgenommen werden. Allerdings kann für den Vorsorgefall auch auf die Befugnis zum Eingehen von Verbraucherdarlehensverträgen verzichtet werden: Soll der Bevollmächtigte sie wirklich zu Lasten des Vollmachtgebers abschließen dürfen? Wird das Kreditinstitut in diesen Fällen überhaupt ein solches Darlehen anbieten?

11 **bb) Notarielle Beglaubigung.** Bei der Beglaubigung wird bestätigt, dass die Unterschrift von der bezeichneten Person stammt, §§ 39, 40 BeurkG. Die Gebühr richtet sich nach Nr. 23100 KV GNotKG und liegt abhängig von dem Wert zwischen 20 und 70 EUR (früher nach § 45 KostO bis 130 EUR).

12 **cc) Beglaubigung durch Betreuungsbehörde.** Sie ist jedenfalls seit einer Gesetzesänderung eine „öffentliche" Beglaubigung, § 6 II 1 BtBG (BGBl. 2009 S. 1696) und **steht** der notariell beglaubigten Vollmacht damit **gleich,** kann also auch gegenüber dem **Grundbuchamt** und dem Handelsregister gebraucht werden (OLG Jena BeckRS 2014, 13726; OLG Karlsruhe ZErb 2015, 344; Zimmermann Vorsorgevollmacht Rn. 52; Müller/Renner BetreuungsR/*Renner* Rn. 712 ff.; früher str.). Sind solche Geschäfte zu erwarten, sollte zwar auch die notarielle Form empfohlen werden, solange diese Erkenntnis noch nicht überall durchgedrungen ist und daher durch die Auseinandersetzung mit einem unkundigen Amt Verzögerungen drohen (diese können aber nach hier vertretener Ansicht Schadensersatzansprüche auslösen). In § 2 II GmbHG wird für den Gesellschaftsvertrag die „notarielle" Form gefordert, so dass bei Unternehmern eine Beglaubigung durch die Betreuungsbehörde bis zu einer (sinnvollen) Gesetzesänderung nicht angezeigt ist (Papenmeier Vollmachten S. 146; für die Aktiengesellschaft vgl. § 23 I AktG).

13 Zuständig ist die Behörde im Bezirk des Betroffenen, § 3 BtBG. Die Beglaubigung kostet 10 EUR, § 6 V BtBG. Beglaubigt werden dürfen nur Vorsorgevollmachten und Betreuungsverfügungen (§ 6 II 1 BtBG), wobei eine enthaltene Patientenverfügung nach Sinn und Zweck der Regelung unschädlich ist (so auch DNotI-Report 2005, 121 (124)). Da es keine feste Definition gibt, sollte sie weit gefasst werden und es sollten nur Vollmachtsbeglaubigungen abgelehnt werden, die offensichtlich einen anderen Zweck verfolgen. Nimmt die Betreuungsbehörde an, dass der Vollmachtgeber geschäftsunfähig ist, so ist die Beglaubigung zu verweigern (§ 40 II, 4, 1 II BeurkG; DNotI-Report 2005, 121 (124)). Inhaltliche Prüfungspflichten bestehen nicht.

14 **dd) Beurkundung.** Auch bei der Beurkundung prüft der Notar die Identität des Vollmachtgebers. Er hat Belehrungspflichten, § 17 I BeurkG. Die Vollmacht wird – im Gegensatz zur Beglaubigung – vollständig verlesen. Die **Gebühr** betrug nach der **KostO** aufgrund der Wertbegrenzung auf 500.000 EUR (§ 41 IV) höchstens 430,50 EUR. Es war str., ob wegen des Eventualcharakters der Vollmacht von Vermögenswert gem. § 30 I KostO ein Abschlag von bis zu 50 % vorzunehmen war (vgl. zu den Regelungen nach der KostO Müller/Renner BetreuungsR/*Renner* Rn. 794–815, bes. Rn. 810 mwN). Nach dem **GNotKG** beträgt der Geschäftswert höchstens 1 Mio. EUR, § 98 IV GNotKG, dabei höchstens 50 % des Bruttovermögenswertes, §§ 98 III, 38 S. 1 GNotKG, wobei wegen des Eventualcharakters der Vollmacht auch ein höherer Abschlag als 50 % möglich sein soll (vgl. *Vossius* notar 2013, 383). Die 1,0 Gebühr nach Nr. 21200 KV beträgt mindestens 60 EUR. Bei einem Geschäftswert von bspw. 50.000 EUR

Erteilung der Vollmacht § 167 BGB 10

sind dies 165 EUR, bei 200.000 EUR sind es 435 EUR, bei 500.000 EUR ergeben sich 935 EUR und bei 1 Mio. EUR schließlich 1.735 EUR. Wird das Grundverhältnis (→ Vor §§ 662–675 Rn. 2, → § 662 Rn. 29 f.) unter Beteiligung des Bevollmächtigten mitbeurkundet, verdoppelt sich die Gebühr gem. Nr. 21100 KV auf 2,0 (*Drummen/Wudy*, Gebührentabelle für Notare, 9. Aufl. 2016, 117). Bleibt das Grundgeschäft einseitig, bleibt es auch bei der Gebühr von 1,0. Nach Vorb. 2.1 Abs. 2 Nr. 1 bzw. 2 KV ist die Übermittlung des Antrags an das **Vorsorgeregister** gebührenfrei, wobei die Auslagen ersetzt verlangt werden können, Nr. 32015 KV (*Drummen/Wudy*, Gebührentabelle für Notare, 9. Aufl. 2016, 117). **Betreuungs- und Patientenverfügung** haben ebenfalls den Gebührensatz von 1,0, Nr. 21200 KV. Diese beiden sind zueinander derselbe Beurkundungsgegenstand, § 109 II 1 Nr. 1 GNotKG, zu der Vorsorgevollmacht verschieden, § 110 Nr. 3 GNotKG. Für den Geschäftswert kann auf den Hilfswert von 5.000 EUR gem. § 36 III GNotKG zurückgegriffen oder nach den Umständen des Einzelfalles nach billigem Ermessen bestimmt werden.

ee) **Abwägung.** Um die Beantwortung der Frage nach der „richtigen" Form – Beglaubigung oder Beurkundung – herrscht große Uneinigkeit. 15

Wesentliche **Vorteile der Beglaubigung:** Jedenfalls die Beglaubigung bei der Betreuungsbehörde ist kostengünstiger. Bei der Beglaubigung kann der Vollmachtgeber den Text bestimmen und es wird ihm nicht – wie in der Praxis oft üblich – der (unter Umständen schlechtere) Standardtext des Notars aufgedrängt. Der Widerruf ist aufgrund der beschränkten Anzahl an Exemplaren einfacher sicherzustellen, wie auch die Missbrauchsgefahr geringer ist. 16

Wesentliche **Nachteile der Beglaubigung:** Geht das einzige Exemplar verloren, ist keine Vertretung mehr möglich. Bei einer Hinterlegung bei einer Bank oder der Übersendung zum Grundbuchamt oder bei der Erklärung eines einseitigen Rechtsgeschäfts verfügt der Bevollmächtigte nicht mehr über die Vollmacht (bei vielen Stellen wie einem Krankenhaus reicht aber regelmäßig die einmalige Vorlage des Originals und die Übergabe einer Kopie aus). 17

Wesentliche **Vorteile der Beurkundung:** Es können auch noch später weitere Ausfertigungen erstellt werden. Werden viele Personen bevollmächtigt, kann dies in einer Urkunde kostengünstiger geschehen. Als **Nachteile** können die im Vergleich zur Beglaubigung meistens höheren Kosten sowie die häufige Vorgabe eines Standardtextes durch den Notar gesehen werden. 18

Eine **Geschäftsfähigkeitsprüfung** findet nach hiesiger Erfahrung auch bei einer Beurkundung tatsächlich so gut wie nie statt. Der Notar besitzt – wenn er nicht gleichzeitig Neurologe oder Psychiater sein sollte – auch nicht die erforderliche Kompetenz. Der Notar ist auch nicht zu einer Prüfung (so aber Müller/Renner Betreuungs*R*/*Renner* Rn. 729) verpflichtet (Bamberger/Roth/*Litzenburger* BeurkG § 11 Rn. 2 f.), sondern muss nach § 11 BeurkG lediglich bei der Überzeugung vom Fehlen der Geschäftsfähigkeit die Beurkundung ablehnen (Abs. 1 S. 1) und Zweifel in der Urkunde festhalten (Abs. 1 S. 2). IErg muss der Notar bei der Beglaubigung aber gem. §§ 40 II, 4 BeurkG entsprechend handeln (str., wie hier Müller/Renner Betreuungs*R*/*Renner* Rn. 730; Tersteegen NJW 2007, 1717 (1720)). 19

Oft wird die **Beratung** durch einen Notar gem. § 17 I BeurkG als Vorteil der Beurkundung dargestellt. Dies ist nach hier vertretener Ansicht nicht zutreffend. Wenige, spezialisierte Notare beraten tatsächlich ausführlich und individuell. In zumindest einer Vielzahl von Fällen werden aber in einen Standardtext vom Vorzimmer lediglich die Daten eingefügt. Angesichts der Breite der notariellen Tätigkeit und der mit Blick auf den erforderlichen Beratungsaufwand im Vergleich zu anderen Geschäften überschaubaren Vergütung ist das sogar nachzuvollziehen. Der vermeintliche Beratungsvorteil wandelt sich daher durch nicht individuelle, unbegrenzte und damit missbrauchsanfällige Vollmachten in einen Nachteil. 20

Nach **hier vertretener Ansicht** ist zu differenzieren: Eine **Beglaubigung** ist jedenfalls dann **ausreichend,** wenn bei der Bevollmächtigung einer einzelnen Person überschaubares inländisches Vermögen ohne Immobilien- und Unternehmensanteile vorliegt, für Bankangelegenheiten dort direkt Vollmachten erteilt wurden und der Text fachgerecht ist. Dies ist durchaus häufig der Fall, gerade wenn die Vorsorgevollmacht im Zusammenhang mit einer Patientenverfügung erteilt wird. Bestehen auch Immobilien- oder Unternehmensbeteiligungen oder Auslandvermögen oder nicht bei allen Banken Vollmachten, ist **abzuwägen,** ob der Vollmachtgeber insoweit tatsächlich verfügen können soll oder muss bzw. im Zweifel für später besondere Mühen in Kauf zu nehmen hat. Die Beglaubigung kann also trotzdem ausreichen. Die **Beurkundung** ist **vorzuziehen,** wenn für mehrere Bevollmächtigte Ausfertigungen benötigt werden, und auch bei Einzelbevollmächtigungen, wenn weitere Ausfertigungen bspw. an das Grundbuchamt zu senden oder bei einer Bank zu hinterlegen sein werden. Jedenfalls im Vergleich zur notariellen Beglaubigung ist eine behauptete bessere Akzeptanz der Beurkundung im Rechtsverkehr aufgrund der (meist nicht stattfindenden) Prüfung der Geschäftsfähigkeit des Vollmachtgebers bei der Vollmachtserteilung sehr fraglich, da Dritte selten den Unterschied von Beurkundung und Beglaubigung (er)kennen. Durch eine auch optisch ansprechende Anfertigung der beglaubigten Vollmacht können diese sogar noch weiter egalisiert werden. Tatsächlich kann der Rechtsverkehr ohnehin so gut wie keine höhere Bestandsgewähr (→ Rn. 19). 21

d) **Forderung einer (bestimmten) Form durch den Geschäftsgegner.** Vollmachten haben Akzeptanzprobleme, die auch formaler Art sein können. Besonders **Banken** zeigen sich oft weder inhaltlich noch in der Bearbeitungsweise kooperativ. Es ist zu differenzieren, welche Form ein Geschäftsgegner fordern darf. 22

Als Grundsatz ist wegen der Vertragsfreiheit anzunehmen, dass sich außerhalb bestehender Vertragsverhältnisse und eines Kontrahierungszwangs ein Geschäftsgegner auf ein Vertretungsgeschäft **nicht** 23 einlassen muss. Auch bei einem bestehenden Vertragsverhältnis kann sich der Geschäftsgegner verweigern, wenn der angebliche Vertreter seine Vollmacht nicht nachweist (zu einseitigen Rechtsgeschäften § 180, zur Haftung des Vertreters ohne Vertretungsmacht § 179).

24 Unklar ist noch, welche **Form** der Vollmacht und welche Häufigkeit der Vorlage der Geschäftspartner fordern darf und welche er fordern muss, etwa die Bank bei der Entgegennahme eines Überweisungsauftrages, der Vermieter bei einer Kündigung und der Arzt bei der Weisung zur Durchsetzung einer Patientenverfügung.

25 Formal **ausreichend** sind jedenfalls Beurkundung und Beglaubigung (*Tersteegen* NJW 2007, 1717). Der Geschäftspartner muss die Vollmacht in den genannten Fällen (und bei einseitigen Rechtsgeschäften, § 180) grds. akzeptieren, weil er sich auf die Urheberschaft des Vollmachtgebers verlassen kann. Problematisch ist es, wenn trotzdem massive Zweifel an der Urheberschaft oder der Geschäftsfähigkeit des Vollmachtgebers bei Unterschriftsleistung vorliegen. Vor dem (unerkannt) Geschäftsunfähigen ist der Geschäftspartner nicht geschützt. Er darf nach hier vertretener Ansicht die durch den Bevollmächtigten geäußerte Willenserklärung unter den gleichen Voraussetzungen und mit den gleichen Konsequenzen zurückweisen, wie er es gegenüber dem Vollmachtgeber tun könnte.

26 Von der Rspr. ist ungeklärt, ob ein Geschäftspartner – insbes. eine Bank – in einer laufenden Geschäftsbeziehung auch nicht beurkundete und nicht beglaubigte, also **privatschriftliche Vollmachten** akzeptieren muss (in diese Richtung: LG Detmold ZEV 2015, 353). Für den Nachweis der Erbfolge sind AGB für unwirksam erklärt worden, nach denen der Nachweis durch ein eröffnetes Testament als nicht ausreichend angesehen werden kann (BGH WM 2013, 2166; DNotI-Report 2013, 174; zuvor schon in diese Richtung BGH ZEV 2005, 388; *Ivo* ZErb 2006, 7; *Keim* WM 2006, 753; *Starke* NJW 2005, 3184). Zu Vollmachten fehlt es allerdings regelmäßig an AGB, so dass auf allgemeine Regelungen zurückgegriffen werden muss.

27 Nach hier vertretener Ansicht darf und muss eine Bank auch eine privatschriftliche Vollmacht **grds. akzeptieren** (so auch LG Detmold ZEV 2015, 353). Sie entspricht einer Weisung des Kunden an die Bank. Diese akzeptiert die Bank auch sonst in privatschriftlicher Form ohne Anwesenheit des Kunden, namentlich bei Überweisungen. Die Unterschrift des Kunden ist hinterlegt. Bei größeren Summen wird diese verglichen und im Zweifel beim Kunden nachgefragt. In dieser Art kann und muss die Bank auch bei privatschriftlichen Vollmachten verfahren. Das bedeutet aber auch, dass eine Bank bei größeren Summen die Vollmacht zurückweisen darf, wenn Zweifel bestehen. Zwar könnte auch versucht werden, die Echtheit der Unterschrift durch Zeugen und Sachverständigengutachten zu beweisen. Bindend ist das aber erst nach einem Gerichtsprozess. Erweisen sich die angeblichen Beweise außergerichtlich als falsch, erleidet nicht der Vollmachtgeber einen Schaden sondern die Bank. Ersatz kann sie nur von dem angeblichen Bevollmächtigten und/oder dem Zeugen verlangen, was ins Leere gehen kann. Die Bank muss sich auf solche einseitig vorgetragenen Beweismittel nicht verlassen, so dass sie keinen praktikablen Weg bilden. IErg ist also eine **pauschale** Zurückweisung einer privatschriftlichen Vollmacht **unzulässig**, eine mit auch sonst zulässigen Motiven **begründete** aber **zulässig**.

28 **Inhaltlich** ist eine Bank zur Prüfung einer vorgelegten Vollmacht verpflichtet, ggf. durch die Rechtsabteilung. Eine pauschale Zurückweisung ist unzulässig (so auch LG Detmold ZEV 2015, 353). Die Bank muss es dem Kunden ermöglichen, sich auch durch eine Vollmacht, die nicht auf einem Bankformular erteilt wurde, vertreten zu lassen. Ggf. kann die Bank aufgrund des GeldwäscheG eine Legitimation des Vertreters verlangen.

29 Nach hier vertretener Ansicht muss die Vollmacht **nicht bei jeder Nutzung** vom Bevollmächtigten **vorgelegt** werden. Es genügt, wenn sie einmal im Original vorgelegt wurde (so auch Staudinger/*Schilken* § 172 Rn. 5 mwN; OLG Braunschweig OLGE 24, 279; vgl. zudem MüKoBGB/*Schramm* § 172 Rn. 8). Allerdings ist der Dritte in seinem guten Glauben nur beschränkt geschützt, § 173. Wenn ein Anlass besteht, am Fortbestand der Vollmacht zu zweifeln, kann daher die erneute Vorlage verlangt werden, etwa bei langer Zeit zwischen Vollmachtserteilung und -gebrauch (vgl. iE Staudinger/*Schilken* § 173 Rn. 2).

30 Bei der Beglaubigung besteht das Problem, dass Banken sich diese bei jeder Verfügung vorlegen lassen und ein Online-Banking nicht ermöglichen. Nach hier vertretener Ansicht müsste bei einer beglaubigten Vollmacht, die Unterbevollmächtigung erlaubt werden und von den Beschränkungen des § 181 befreit, die Möglichkeit bestehen, dass der Bevollmächtigte sich selbst eine Bankvollmacht erteilt. Diese **eigene Unterbevollmächtigung** erfolgt dann als direkte Bevollmächtigung durch den Vollmachtgeber. Auf den Bestand der Hauptvollmacht kommt es in der Folge nicht mehr an (vgl. zur „direkten Untervollmacht" → § 164 Rn. 29; Staudinger/*Schilken* § 172 Rn. 4), so dass die Bank auf den Bestand der bei ihr erteilten Vollmacht vertrauen darf und muss.

31 Eine privatschriftliche **Patientenverfügung** ist ausreichend und kann vom Arzt oÄ nicht aufgrund von **Zweifeln an der Echtheit** zurückgewiesen werden, wenn sie von dem Aussteller noch selbst (zB bei der Aufnahme in das Krankenhaus) oder von einem ausreichend Bevollmächtigten vorgelegt wurde. Der Arzt darf darauf vertrauen, dass der Bevollmächtigte die echte Patientenverfügung vorlegt, wenn es kein seltener Fall des evidenten Missbrauchs ist (→ § 164 Rn. 26). Entscheidend ist der **Vollmachtsnachweis** (→ § 164 Rn. 29). Der Vollmachtgeber hat eine Vertretungssituation geschaffen. Er muss sich Fehler des Bevollmächtigten zurechnen lassen und trägt für sie das Risiko. Ersatzansprüche gegen den Arzt kommen bei Weisungen und sonstigen Tätigkeiten des Bevollmächtigten nach hier vertretener Ansicht nur bei evidentem Missbrauch in Betracht.

32 Eine Patientenverfügung **ohne** beglaubigte oder beurkundete **Vollmacht** (in separaten Dokumenten oder in demselben Dokument) ist nach hier vertretener Ansicht ein Gestaltungsfehler. Der Arzt ist zur

Akzeptanz nicht verpflichtet, wenn er ihr nicht aus anderen Gründen vertrauen muss (zB Übergabe noch durch den Aussteller selbst oder frühere Äußerung des Ausstellers gegenüber dem Arzt, nach welcher die Vollmacht besteht). Ohne eine Vollmacht oder eine ähnliche Kompetenzzuweisung ist die Patientenverfügung allerdings ohnehin nicht umzusetzen, da es an einem Prüfer bzw. Ausdrucks- und Geltungsverschaffer fehlt (→ § 1901a Rn. 71–73; → § 1901b Rn. 71–73). Es ist dann zunächst ein **Betreuer** zu bestellen. Dieser muss sich ein Urteil über die Echtheit der Patientenverfügung bilden. Er trägt das Risiko. Seine Prüfungspflicht sollte aber nicht überspannt werden. Hat er zB die Patientenverfügung von einem Angehörigen und von Pflegeheimangestellten erhalten, welche die Urheberschaft kennen, darf auch der Betreuer grds. auf sie vertrauen. Das Ergebnis der Prüfung muss wiederum der Arzt akzeptieren, wenn kein Fall des evidenten Missbrauchs vorliegt.

§ 168 Erlöschen der Vollmacht

¹ Das Erlöschen der Vollmacht bestimmt sich nach dem ihrer Erteilung zugrunde liegenden Rechtsverhältnis. ² Die Vollmacht ist auch bei dem Fortbestehen des Rechtsverhältnisses widerruflich, sofern sich nicht aus diesem ein anderes ergibt. ³ Auf die Erklärung des Widerrufs findet die Vorschrift des § 167 Abs. 1 entsprechende Anwendung.

1. Erlöschen. Eine Vollmacht gilt unbegrenzt und auch über den Tod des Vollmachtgebers hinaus, wenn aus ihr selbst keine Begrenzung hervorgeht (→ § 164 Rn. 13) und sie nicht widerrufen wurde. 1

2. Widerruf. a) Ausschluss des Widerrufs des Vollmachtgebers zu Lebzeiten. Bei sachlich begrenzten Spezialvollmachten kann aus dem zugrunde liegenden Rechtsverhältnis heraus die Unwiderruflichkeit vereinbart werden. Dies gilt etwa, wenn der Bevollmächtigte einen Anspruch auf Vollzug eines Verpflichtungsgeschäfts hat (OLG Schleswig MDR 1963, 675; LG Itzehoe ZErb 2004, 273). 2

Bei Vorsorgevollmachten **kann** die Unwiderruflichkeit aufgrund von § 138 **nicht vereinbart** werden, wie es auch bei anderen Generalvollmachten nicht möglich ist. Eine den Vollmachtgeber umfassend „verdrängende" Vollmacht kann es nicht geben (BGH WM 1971, 956; BGHZ 3, 354 = NJW 1952, 178; vgl. auch Kurze/*Kurze* Vorsorgerecht § 168 BGB Rn. 16–18). Verständlich ist das Bedürfnis zu einem Selbstschutz vor späteren Erklärungen in einem Zustand, bei dem die Geschäftsfähigkeit zweifelhaft, aber nicht widerlegt ist, die zum Zeitpunkt der Vollmachtserteilung als unvernünftig angesehen werden. Dem kann weitgehend durch ein Schriftformerfordernis für den Widerruf oder muss später mit einer Begutachtung (→ Rn. 7) nachgekommen werden. Ein verbleibendes Risiko ist lebensimmanent und trägt auch sich unter Umständen ändernden Sichtweisen Rechnung. 3

b) Ausschluss des Widerrufs durch Dritte zu Lebzeiten des Vollmachtgebers. Einem **Bevollmächtigten** kann der Widerruf der Vorsorgevollmacht durch einen anderen Bevollmächtigten untersagt werden (*Bühler* BWNotZ 1990, 1 (3)). Dies ist eine Einschränkung der Vollmacht. Wird in der Vollmacht der Widerruf durch andere Bevollmächtigte ausgeschlossen, kann der Vollmachtgeber dies (durch direkten oder konkludenten Widerruf) später wieder ändern. 4

Einem durch das Betreuungsgericht eingesetzten (Kontroll-)**Betreuer** kann vom Vollmachtgeber ein Widerruf nicht (prophylaktisch) untersagt werden. Er leitet seine Rechtsmacht nicht vom Vollmachtgeber/Betreuten ab, der diese damit nicht einschränken kann. Eine solche Anordnung ist als beachtliche Willensäußerung des Betroffenen zu werten, nach welcher der Bevollmächtigte weitgehend unkontrolliert handeln kann und daher grds. keine (Kontroll-)Betreuung eingerichtet werden soll (ähnlich mit Bezug auf § 1896 Ia: BGH NJW-RR 2012, 773). Nimmt das Betreuungsgericht aber an, dass der Betroffene bei Kenntnis des eingetretenen Sachverhaltes anderes wünschen würde, kann er trotzdem eine (Kontroll-)Betreuung anordnen. 5

c) Ausschluss des Widerrufs für die Erben. Ob den Erben das Recht zum Widerruf vom Erblasser genommen werden kann, ist streitig (ausf. Papenmeier Vollmachten S. 115–120). Bei Testamentsgestaltungen wird allerdings zB empfohlen, dem Vermächtnisnehmer eine unwiderrufliche Vollmacht zur Erfüllung des Vermächtnisses zu erteilen (*Halding/Hoppenheit* RNotZ 2005, 311). Dagegen spricht, dass der Erblasser nur eine Position weitergeben kann, die er selbst innehat (BGH WM 1976, 1130). Konnte er keine Unwiderruflichkeit für sich herbeiführen, kann er es danach auch nicht für seine Erben. Zudem wird erheblich in die Rechtsstellung der Erben eingegriffen, was eigentlich der Testamentsvollstreckung vorbehalten ist (*Muscheler* Erbrecht Rn. 2807). Dafür spricht, dass die Erben ihre Rechtsposition vom Erblasser ableiten, dieser also bestimmen kann, wie weit jene geht. Die Erben können die Erbschaft ausschlagen (Papenmeier Vollmachten S. 115; *Trapp* ZEV 1995, 314). Es ist zu beachten, dass nach hier vertretener Ansicht der Bevollmächtigte die Interessen des neuen Auftraggebers – der Erben – zu berücksichtigen hat (→ §§ 662 Rn. 26–28) und bei einem pflichtwidrigen Handeln haftet. Widerruflich ist die Vollmacht jedenfalls analog § 2287, wenn sie Vertrags- oder Schlusserben beeinträchtigen würde. Es spricht aber iErg mehr für die Ansicht des BGH, welche eine **Unwiderruflichkeit** für die Erben **verneint**: Eine Rechtsnachfolge ist auch negativ nur soweit möglich, wie der Erblasser über das Recht verfügt. 6

d) Widerruf durch den Vollmachtgeber. Vorsorgevollmachten sind jedenfalls zu Lebzeiten durch den Vollmachtgeber immer widerruflich (zum Ausschluss in der Vollmacht → Rn. 3). Er muss geschäftsfähig (bzgl. Vermögen) bzw. einwilligungsfähig (bzgl. Gesundheit) sein (zur Geschäftsfähigkeit BayObLG FamRZ 2002, 1220; iErg weitgehend wie hier für den „nichtvermögensrechtlichen Teil" auf „natürliche 7

Einsichtsfähigkeit" abstellend Müller/Renner BetreuungsR/*Renner* Rn. 650). Bei zweifelhafter Geschäftsfähigkeit ist eine freiwillige Begutachtung des Vollmachtgebers sinnvoll. Verweigert er diese, kann ein Betreuungsverfahren angeregt werden, in dem die Geschäftsfähigkeit festgestellt werden soll: Ohne Geschäftsfähigkeit wäre der Widerruf unwirksam (§ 105 I) und das Betreuungsverfahren aufgrund der Vorsorgevollmacht als nicht erforderlich einzustellen (§ 1896 II 1). Sonst gilt der Widerruf als wirksam und es ist über eine Betreuung zu entscheiden, die trotz Geschäftsfähigkeit erforderlich sein kann. Wehrt sich der Vollmachtgeber gegen eine medizinische Behandlung, kann diese vom Bevollmächtigten ohne Genehmigung nicht zwangsweise durchgeführt werden, so dass ohnehin eine Kontrolle über das Betreuungsgericht gem. § 1906a erfolgt (vgl. Zimmermann Vorsorgevollmacht Rn. 227; *Kurze* ZErb 2018, 25).

8 e) **Widerruf zu Lebzeiten durch Dritte. aa) Bevollmächtigter.** Ein anderer Bevollmächtigter kann die Vollmacht widerrufen, wenn dies von seiner Vollmacht umfasst ist. Ist die Vollmacht unbeschränkt, ist nach hier vertretener Ansicht auch das Widerrufsrecht enthalten. Zwar kann es so zu einem „Wettlauf" um den Widerruf kommen, was oft auf einer schlechten Gestaltung basieren und nicht der Vorstellung des Vollmachtgebers entsprechen wird. Ein solcher Wille ist aber auch nicht ausgeschlossen und der Vollmachtgeber hätte diesen „Wettlauf" auch ausschließen können. Schließlich kann er beabsichtigt sein, um den Missbrauch durch zumindest einen Bevollmächtigten zu verhindern. Der andere wird ggf. beim Betreuungsgericht eine Betreuung zum Widerruf der Vollmacht oder zur Kontrolle des Bevollmächtigten anregen.

9 bb) **Betreuungsgericht.** In dringenden Fällen kann das Betreuungsgericht die Vollmacht widerrufen, §§ 1908i, 1848, aber nicht die Wirksamkeit „aussetzen" (LG München NJW-RR 2008, 812).

10 cc) **(Kontroll-)Betreuer.** Meist bestellt das Betreuungsgericht für den Widerruf einen Betreuer. Nach inzwischen vom BGH bestätigter Ansicht **muss** im Beschluss zu seiner Bestellung der Aufgabenbereich „Widerruf der Vollmacht" ausdrücklich **genannt werden** (BGH FGPrax 2016, 127; DNotZ 2015, 848; vgl. auch Kurze/*Kurze* Vorsorgerecht § 1896 BGB Rn. 49). Der Eingriff in das Selbstbestimmungsrecht des betroffenen Vollmachtgebers ist erheblich und nicht wieder rückgängig zu machen. Da die geschaffenen Fakten regelmäßig eine Betreuung erforderlich machen werden (es ist kein Vertreter mehr vorhanden), ist zudem ein Eigeninteresse des Betreuers wahrscheinlich.

11 Auch ein Betreuer mit „allen" **Aufgabenkreisen**, ohne Nennung des Vollmachtswiderrufs und bei dem auch aus der Beschlussbegründung diese Zuständigkeit nicht hervorgeht, darf nach die Vorsorgevollmacht **nicht** widerrufen (BGH FGPrax 2016, 127; DNotZ 2015, 848; zuvor schon: KG FGPrax 2007, 118; OLG Köln RNotZ 2001, 345; anders früher OLG Brandenburg FamRZ 2009, 912; BayObLG FamRZ 1994, 1550 [aber zur Kontrollbetreuung!]; Zimmermann Vorsorgevollmacht Rn. 237).

12 Im Übrigen hat ein **Kontrollbetreuer** nach § 1896 III die Aufgabe der „Geltendmachung von Rechten" nach § 1896 III. „Geltendmachung" ist das Einfordern von Pflichten, die meist aus einem Auftrag (§ 662) resultieren, wie Herausgabe (§ 667), Auskunft und Rechenschaft (§§ 666, 259, 260) und Schadensersatz wegen Pflichtverletzung (§§ 662, 280).

13 Bei einem **Vollmachtsmissbrauch** ist sofort ein „Vollbetreuer" zu bestellen, dem auch die Aufgabe der Vollmachtswiderrufs zugewiesen wird, und kein Kontrollbetreuer (BGH NJW 2011, 2135; BayObLG FGPrax 2003, 171; Müller/Renner BetreuungsR/*Renner* Rn. 676; *Mehler* MittBayNot 2000, 16; Kurze/ *Kurze* Vorsorgerecht § 1896 BGB Rn. 23).

14 Ein „Aussetzen der Wirksamkeit" der Vollmacht ist auch für den Betreuer nicht möglich (LG München NJW-RR 2008, 812; Zimmermann Vorsorgevollmacht Rn. 241). Denkbar ist aber, dass der Bevollmächtigte zusagt, die Vollmacht bis zur Klärung des Sachverhaltes nicht zu nutzen und die Urkunde vielleicht sogar vorübergehend aus der Hand zu geben, damit das Betreuungsgericht die grundsätzliche Eilbedürftigkeit eines Widerrufes verneint.

15 Der **Bevollmächtigte** hat keine eigene Beschwerdebefugnis gegen den Widerruf (dies ist ohnehin eine abgeschlossene Maßnahme des Betreuers) und auch nicht gegen die Bestellung eines (Kontroll-)Betreuers (KG NJW 2009, 1425; OLG Frankfurt a.M. FGPrax 2009, 67; AG Mannheim BeckRS 2012, 13280). Er sollte, wenn seine Vollmacht noch nicht widerrufen wurde, im Namen des betroffenen Vollmachtgebers Beschwerde gegen die Betreuerbestellung einlegen (BGH DNotZ 2015, 848; Kurze/*Kurze* Vorsorgerecht § 1896 BGB Rn. 55).

16 f) **Widerruf nach dem Erbfall durch Dritte.** Eine Vertretungsmacht können nach dem Erbfall zB **Testamentsvollstrecker** und **Nachlasspfleger** erhalten. Diese Personen sind befugt, (Vorsorge)vollmachten – auch zugunsten von Erben – zu widerrufen, da dies in ihrer Verwaltungsbefugnis (§§ 2205, 1960) enthalten ist (für den Testamentsvollstrecker Bengel/Reimann TV-HdB/*Bengel/Dietz* Kap. 1 Rn. 57; *Mayer*/Bonefeld Testamentsvollstreckung § 15 Rn. 13; *Rott/Kornau/Zimmermann*, Testamentsvollstreckung, 2. Aufl. 2012, § 4 Rn. 22; für den Nachlasspfleger BGH NJW 1995, 250; OLG Brandenburg BeckRS 2011, 16784; DNotI-Report 2013, 84), wenn nicht ausnahmsweise etwas anderes angeordnet wurde: Bei der Testamentsvollstreckung kann dies durch den Erblasser geschehen sein, beim Nachlasspfleger durch das Nachlassgericht.

17 g) **Widerruf nach dem Erbfall durch Erben.** Erben können die Vollmacht gegenüber Dritten widerrufen, wie es der Erblasser konnte, § 1922 (BGH NJW 1975, 382), wenn der Widerruf nicht ausgeschlossen wurde (→ Rn. 6). Auch die einem **Testamentsvollstrecker** erteilte Vollmacht kann widerrufen werden. Wurde die Erbeinsetzung unter die Bedingung gestellt, die Vollmacht nicht zu widerrufen, entfällt zwar die Erbenstellung, ist der Widerruf aber trotzdem wirksam. Dem Erben kann zur Auflage gemacht werden, die Vollmacht nicht zu widerrufen, was mit einer diesbezüglichen Testamentsvollstreckung abgesichert werden kann (*Mayer*/Bonefeld Testamentsvollstreckung § 15 Rn. 14 mwN; Bengel/Reimann TV-HdB/*Bengel/Dietz* Kap. 1 Rn. 59). Nach hier vertretener Ansicht hindert dies den Erben nicht daran, einen wirksamen (und auch nicht rückgängig zu machenden) Vollmachtswiderruf zu erklären. Die Auflage verpflichtet den Erben (→ § 1940 Rn. 1) und gibt dem Begünstigten einen schuldrechtlichen Anspruch, bewirkt aber keine unmittelbare Rechtsänderung (→ Vor §§ 2192–2196 Rn. 1). Es wäre sonst möglich, eine im Gesetz nicht vorgesehene Beschränkung des Erben zu schaffen, welche über die vorgesehene Testamentsvollstreckung (mit der Möglichkeit der Entlassung, § 2227) hinausgeht.

h) **Widerruf nach dem Erbfall durch Erbengemeinschaft.** Nach der überwiegenden Meinung hat **je-** 18 **der Miterbe für sich** das Recht zum Widerruf, sei es gegenüber einem bevollmächtigten Dritten oder Miterben. Die Vollmacht bleibt iÜ bestehen. Die Vertretungsmacht des Bevollmächtigten für die anderen Miterben wird dadurch nicht berührt (RG JW 1938, 1892 [ohne Begründung der Ansicht]; Palandt/ *Weidlich* Einf. § 2197 Rn. 13; Bamberger/Roth/*Valentin* § 168 Rn. 11; Staudinger/*Reimann* Vor §§ 2197 ff. Rn. 73; Müller/Renner BetreuungsR/*Renner* Rn. 696; Zimmermann Vorsorgevollmacht Rn. 266; *Mensch* NotBZ 2013, 420 (422, 424)). Eine wirksame Vertretung ist nur für diese weiter möglich. Der Bevollmächtigte kann nach dem Widerruf eines Miterben folglich nicht mehr über einzelne Nachlassgegenstände verfügen, sondern nur zusammen mit dem Miterben, der widerrufen hat (Palandt/ *Weidlich* Einf. § 2197 Rn. 13; Müller/Renner BetreuungsR/*Renner* Rn. 696). Der Widerruf ist damit auch keine Verwaltungsmaßnahme iSv § 2038 (jedenfalls für eine nach dem Erbfall erteilte Vollmacht BGHZ 30, 391 (397) = NJW 1959, 2114).

Die in der Kommentarliteratur vertretene Meinung beruht nach hier vertretener Ansicht zumindest 19 teilweise auf einem missverstandenen BGH-Urteil (weil auf eine *nach* dem Erbfall erteilte Vollmacht bezogen BGHZ 30, 391 (397) = NJW 1959, 2114) und ist iErg abzulehnen (ebenso Papenmeier Vollmachten S. 129–133; Eule Vollmacht S. 102–105; *Madaus* ZEV 2004, 448). Die **Erbengemeinschaft** muss eine Vollmacht des Erblassers widerrufen, nicht jeder einzelne Miterbe. Durch die Vollmacht wird nicht jeder Erbe direkt und einzeln verpflichtet, sondern der Nachlass, also die Erbengemeinschaft (→ § 164 Rn. 40). Da der Bevollmächtigte zur Verfügung allein über den Nachlass als gesamthänderisches Sondervermögen der Erbengemeinschaft berechtigt ist, kommt eine Repräsentation der einzelnen Miterben nicht in Betracht (Eule Vollmacht S. 102–105; *Madaus* ZEV 2004, 448).

Geht man von einer Widerrufsbefugnis der Erbengemeinschaft aus, kann der Widerruf eine Verwal- 20 tungsmaßnahme nach § 2038 (BGH FamRZ 1965, 267 (269)) oder eine Verfügung nach § 2040 sein. Auch wenn die Rechtsnatur der Vollmacht noch nicht geklärt ist (vgl. *Flume* AT II, 1979, § 45 II 1; Papenmeier Vollmachten S. 4–9; MüKoBGB/*Schramm* § 164 Rn. 69), spricht mehr dafür, dass sie nicht gegenstandsähnlich ist, so dass auch nicht über sie verfügt werden kann. Der Widerruf sollte daher als eine **Verwaltungsmaßnahme** gem. § 2038 angesehen werden (so auch *Madaus* ZEV 2004, 448 (449)). Dabei ist bei der Abstimmung über den Widerruf ein bevollmächtigter Miterbe ausgeschlossen, wie es auch bei Gesellschaftsbeschlüssen geschieht (*Kurze* ZErb 2008, 399 (408)).

Es kann auch eine notwendige Verwaltung gem. § 2038 I 2 gegeben sein, bei welcher ein Miterbe für 21 die gesamte Erbengemeinschaft handeln darf (so auch Eule Vollmacht S. 104; *Madaus* ZEV 2004, 448 (449)). Hat der Erblasser eine auf einen Einzelfall beschränkte, konkrete Vollmacht erteilt (das keine Vorsorgevollmacht), liegt dem auch ein bestimmtes Rechtsgeschäft des Erblassers zugrunde. Ist der „Widerruf" des Rechtsgeschäfts eine Notverwaltungsmaßnahme, ist es der Widerruf der Vollmacht auch. Vorsorgevollmachten sind dagegen regelmäßig abstrakte Generalvollmachten. Nach hier vertretener Ansicht müsste der Bevollmächtigte zwar nach den Interessen der Erbengemeinschaft handeln. Durch die Vorsorgevollmacht hat er aber ein Werkzeug zur Hand, mit dem er auch abweichend tätig werden kann. Die Gefahr des Missbrauchs ist der Vorsorgevollmacht immanent. Der Widerruf einer Vorsorgevollmacht ist daher meist eine **Notverwaltungsmaßnahme** gem. § 2038 I 2 Hs. 2 (ähnlich Papenmeier Vollmachten S. 137), die ein einzelner Erbe vornehmen kann.

3. Tod des Bevollmächtigten. Stirbt der Bevollmächtigte, führt dies gem. §§ 168, 673, 675 grds. zum 22 **Erlöschen** der Vollmacht. Sie kann im Einzelfall wirksam bleiben, wenn sie im Interesse des Bevollmächtigten erteilt wurde. Dies ist bei einer Auflassungsvollmacht zugunsten des Käufers denkbar (OLG Köln OLGZ 1969, 304 (306) mwN; OLG Schleswig MDR 1963, 675 f.).

4. Untervollmachten. Das Fortbestehen einer Unterbevollmächtigung hängt nur von der Hauptvoll- 23 macht ab, wenn der Vollmachtgeber nicht direkt vertreten wird (→ § 164 Rn. 29). Bei einer indirekten Bevollmächtigung erlischt die Untervollmacht mit dem Wegfall der Hauptvollmacht (*Bous* RNotZ 2004, 483). Sonst muss sie einzeln widerrufen werden (DNotI-Report 1998, 126). Dazu sind der Vollmachtgeber bzw. vertretungsbefugte Dritte oder seine Erben sowie – wenn seine Vollmacht noch besteht – grds. der Hauptbevollmächtigte berechtigt.

Aus dem zugrunde liegenden Rechtsverhältnis ist der Hauptbevollmächtigte nach hier vertretener An- 24 sicht verpflichtet, **Auskunft** über erteilte Untervollmachten zu geben. Der Unterbevollmächtigte ist wie der Hauptbevollmächtigte zur Urkundenherausgabe verpflichtet.

5. Praktische Durchführung. Der Widerruf ist eine **einseitige, empfangsbedürftige Willenserklä-** 25 **rung.** Sie ist gegenüber demjenigen zu erklären, dem die Vollmacht erteilt wurde, also meist dem **Bevollmächtigten,** im Einzelfall dem Dritten (§ 170). Eine Form ist nicht einzuhalten. Die Schriftform ist zu Beweiszwecken zu empfehlen (Zimmermann Vorsorgevollmacht Rn. 232). Der **Zugang** wird durch eine Zustellung durch den Gerichtsvollzieher sicher bewiesen (*Keilbach* DNotZ 2004, 751). Denkbar ist auch die direkte Übergabe oder ein Zur-Post-Geben eines Einwurf-Einschreibens (dessen Beweiswert eingeschränkt ist, wenn der Name des Zustellers vom Dienstleister nicht gespeichert wird) durch einen Zeugen, der den Inhalt kennt. Ein Einschreiben-Rückschein muss nicht angenommen werden und gibt dem Gegner eher Zeit. Ein Telefax gilt erst nach Ausdruck als zugegangen, so dass es jedenfalls bei Privaten nur in Verbindung mit einem nachfolgenden Kontrollanruf eines Zeugen sinnvoll ist (Trimborn v. Landenberg Vollmachten § 2 Rn. 49–54). Da der Bevollmächtigte mit der Vollmachtsurkunde noch wirksam vertreten kann (§ 171), sollte ein Widerruf (potentiellen) Geschäftspartnern wie Banken mitgeteilt werden, da die Wirkung des § 171 bei Kenntnis oder fahrlässiger Unkenntnis des Erklärungsempfängers ausgeschlossen ist, § 173. Ein Ersatz ist die (zeit- und kostenaufwendige) Kraftloserklärung nach § 176.

26 Nach Ansicht des BGH muss zB eine Bank nach dem Erbfall den Widerruf eines Erben, der sich (noch) nicht **legitimieren** kann (fehlender Erbschein), ignorieren und einer Weisung des Bevollmächtigten befolgen (BGH NJW 1995, 250). Das Abwarten eines Erbscheinverfahrens oder auch nur einer Testamentseröffnung kann vom Geschäftspartner nicht verlangt werden, da die Vollmacht gerade schnelles Handeln ermöglichen soll und der Erblasser dieses Risiko auch für seine Erben geschaffen hat. Ein schlichter Hinweis, Erbe zu sein, reicht nicht. Alleine die Testamentsvorlage genügt nicht, da es ein neueres Testament geben kann. Eine eröffnete notarielle letztwillige Verfügung ist ausreichend. Dass ein Widerruf daher regelmäßig zu spät kommen wird, ist im Hinblick auf den Zweck dieser Vollmachten hinzunehmen (MüKoBGB/*Schramm* § 168 Rn. 36). Da die Ansicht vertreten wird, der Bevollmächtigte sei nicht den Erben, sondern dem Erblasser verpflichtet (→ § 662 Rn. 26–28), muss sich ein evidenter Missbrauch (→ § 164 Rn. 26) des Bevollmächtigten nach dem Erbfall der Bank nicht in Bezug auf die Erben sondern auf die Interessen des Erblassers aufdrängen, was selten überzeugend darzulegen ist. Praktisch ist es allerdings häufig möglich, bei einer Bank trotzdem eine – rechtlich zweifelhafte – Kontensperrung zu erreichen (Trimborn v. Landenberg Vollmachten § 2 Rn. 62), wenn erhebliche Zweifel geweckt und Haftungsrisiken aufgezeigt werden können.

27 Die Vollmachtsurkunde ist herauszuverlangen und vom Bevollmächtigten **herauszugeben**, § 175. Widerruft nur einer von mehreren Bevollmächtigten, ist der teilweise Widerruf auf der Urkunde zu vermerken (→ § 175 Rn. 2).

28 Der Vertretene (etwa der Erbe des Vollmachtgebers) muss das Erlöschen einer einmal wirksam erteilten Vollmacht **beweisen**. Kommt es auf den Zeitpunkt des Erlöschens an, so soll derjenige die Beweislast tragen, der sich auf den wirksamen Abschluss beruft (Staudinger/*Schilken* Rn. 36).

…

§ 172 Vollmachtsurkunde

(1) **Der besonderen Mitteilung einer Bevollmächtigung durch den Vollmachtgeber steht es gleich, wenn dieser dem Vertreter eine Vollmachtsurkunde ausgehändigt hat und der Vertreter sie dem Dritten vorlegt.**

(2) **Die Vertretungsmacht bleibt bestehen, bis die Vollmachtsurkunde dem Vollmachtgeber zurückgegeben oder für kraftlos erklärt wird.**

1 **1. Normzweck.** Durch die Vollmachtsurkunde legitimiert sich der Bevollmächtigte. Nach einem Widerruf (§ 168) sollten der Vollmachtgeber oder der Erbe die Urkunde daher herausverlangen. Das kann auch mittels einer einstweiligen Verfügung geschehen (mit Muster Trimborn v. Landenberg Vollmachten § 2 Rn. 70).

2 **2. Gestaltung.** Von Standardmustern ist abzuraten. Bei der gegenseitigen Bevollmächtigung von Ehegatten, die schon lange verheiratet sind, ist meist eine unbegrenzte Bevollmächtigung sinnvoll. IÜ ist eine Beschränkung zB auf Gesundheitsangelegenheiten oder eine Herausnahme der Vertretungsbefugnis für bestimmte Geschäfte wie Immobilienverfügungen ebenso zu erwägen wie die Bevollmächtigung einer zweiten Person als Kontroll- oder **Unterstützungsbevollmächtigten** (so schon *Perau* MittRhNotK 1996, 285 (297)). Neben der Vollmacht sollte zudem – uU abgesehen von Ehegatten – das Innenverhältnis geregelt werden (→ § 662 Rn. 29).

3 **Mehrere Personen** können in einer Urkunde bevollmächtigt werden, wobei ohne eine notarielle Beurkundung an die beschränkte Anzahl von Exemplaren gedacht werden sollte. Der Widerruf gegenüber nur einem von mehreren Bevollmächtigten ist auch bei einer Urkunde möglich (→ § 175 Rn. 2), wenn auch eventuell umständlicher.

§ 173 Wirkungsdauer bei Kenntnis und fahrlässiger Unkenntnis

Die Vorschriften des § 170, des § 171 Abs. 2 und des § 172 Abs. 2 finden keine Anwendung, wenn der Dritte das Erlöschen der Vertretungsmacht bei der Vornahme des Rechtsgeschäfts kennt oder kennen muss.

§ 174 Einseitiges Rechtsgeschäft eines Bevollmächtigten

¹Ein einseitiges Rechtsgeschäft, das ein Bevollmächtigter einem anderen gegenüber vornimmt, ist unwirksam, wenn der Bevollmächtigte eine Vollmachtsurkunde nicht vorlegt und der andere das Rechtsgeschäft aus diesem Grunde unverzüglich zurückweist. ²Die Zurückweisung ist ausgeschlossen, wenn der Vollmachtgeber den anderen von der Bevollmächtigung in Kenntnis gesetzt hatte.

§ 175 Rückgabe der Vollmachtsurkunde

Nach dem Erlöschen der Vollmacht hat der Bevollmächtigte die Vollmachtsurkunde dem Vollmachtgeber zurückzugeben; ein Zurückbehaltungsrecht steht ihm nicht zu.

1. Rückgabe. Die Vollmachtsurkunde (Original und Ausfertigungen) ist auf Verlangen vom Bevollmächtigten herauszugeben. Aus dem zugrunde liegenden Auftragsverhältnis besteht ein Anspruch auf Auskunft, wie viele Originale und Kopien der Urkunde existieren. Nach einem Widerruf sind nach zutreffender Ansicht auch sämtliche ungekennzeichneten **Kopien** der Urkunde herauszugeben, damit die Missbrauchsgefahr gebannt wird (Palandt/*Ellenberger* Rn. 1; Staudinger/*Schilken* Rn. 4; MüKoBGB/*Schramm* § 175 Rn. 1 spricht lediglich von „Urschrift und etwaige Ausfertigungen", ohne Kopien zu erwähnen; aA BGH NJW 1988, 697; zu Kopien allg. Zimmermann Vorsorgevollmacht Rn. 244). Allerdings muss der Bevollmächtigte eine Möglichkeit haben, später seine frühere Bevollmächtigung zu belegen. Eine Fotokopie, die etwa durch einen Vermerk („Kopie, nicht zum Nachweis der Vollmacht bestimmt, Vollmacht ist erloschen") unbrauchbar gemacht wurde, darf er daher behalten. Eine Bestätigung der Rückgabe (Quittung) kann der Bevollmächtigte verlangen. Eine Hinterlegung kommt nicht in Betracht. Ein Zurückbehaltungsrecht hat er nicht, auch nicht ein Rechtsanwalt trotz § 50 BRAO (MüKoBGB/*Schramm* § 175 Rn. 5 mwN). Die Herausgabe kann auch mit einer **einstweiligen Verfügung** geltend gemacht werden (OLG Brandenburg BeckRS 2011, 16784; mit Muster Trimborn v. Landenberg Vollmachten § 2 Rn. 70).

2. Mehrere Bevollmächtigte/Vollmachtgeber. Wird davon ausgegangen, dass die Vollmacht nach dem Widerruf eines **Miterben** für die anderen fortbesteht, ist der Widerruf der Vollmacht durch einen Miterben auf der Vollmachtsurkunde zu **vermerken** (BGH NJW 1990, 507; ebenso zum teilweisen Widerruf durch einen Betreuer OLG München NJW-RR 2009, 1379). Es ist nicht ersichtlich, warum das nur durch einen Notar erfolgen sollte. Dies können auch der Miterbe bzw. sein anwaltlicher Vertreter in angemessener Form, also ohne die Urkunde über Gebühr zu beeinträchtigen. Bei notariell beurkundeten Vollmachten ist beim Notar die Zahl der Ausfertigungen zu erfragen. Ihm sollte auch mitgeteilt werden, dass keine weiteren Ausfertigungen – zumindest nicht ohne den Vermerk des Widerrufs durch den Miterben – erteilt werden sollen, da die Vollmacht (teilweise) widerrufen wurde (*Kurze* ZErb 2008, 399 (408); Papenmeier Vollmachten S. 162 f.).

§ 181 Insichgeschäft

Ein Vertreter kann, soweit nicht ein anderes ihm gestattet ist, im Namen des Vertretenen mit sich im eigenen Namen oder als Vertreter eines Dritten ein Rechtsgeschäft nicht vornehmen, es sei denn, dass das Rechtsgeschäft ausschließlich in der Erfüllung einer Verbindlichkeit besteht.

1. Normzweck. Zur Vornahme von Geschäften mit sich selbst einerseits und als Vertreter des Vollmachtgebers andererseits muss der Bevollmächtigte vom Verbot der Selbstkontrahierung nach § 181 befreit sein. Dies ist auch **formfrei** möglich, muss aber ggf. bewiesen werden. Mit dem grundsätzlichen Verbot soll einem Interessenkonflikt vorgebeugt werden (BGH NJW 1991, 691; BGHZ 51, 209 (215)).

2. Aufwendungen. Die Entnahme von Aufwendungen und auch einer Vergütung sind Erfüllungen von Verbindlichkeiten und bedürfen daher keiner Befreiung von den Beschränkungen des § 181, wenn für die Fälligkeit keine weiteren Voraussetzungen bestehen (Papenmeier Vollmachten S. 84). Auch ohne eine Befreiung darf zudem eine Bank bei einem **Überweisungsauftrag** auf ein Konto des Bevollmächtigten keine Einwände erheben, wenn sie nicht beurteilen kann, ob der Weisung eine (zulässige) Auslagenerstattung oder eine (unzulässige) Schenkung zugrunde liegt: Es handelt sich nur um einen Auftrag des Vollmachtgebers vertreten durch den Bevollmächtigten einerseits an die Bank andererseits (BGH NJW 2004, 2517).

3. Gestaltung. Bei der Gestaltung wird grds. zu Recht **Zurückhaltung** mit der Befreiung empfohlen (Zimmermann Vorsorgevollmacht Rn. 107; anders zB *Langenfeld* ZEV 2003, 449 (450); Lipp Vorsorgeverfügungen-HdB/*Spalckhaver* § 14 Rn. 178; tendenziell für eine Befreiung Müller/Renner BetreuungsR/*Renner* Rn. 301–304). Die Missbrauchsmöglichkeit erhöht sich. Allerdings sind auch sonst eine Umgehung mittels eines „Strohmannes" und Überweisungsaufträge mit dem Bevollmächtigten als Empfänger (→ Rn. 2) möglich. IErg hilft die Beibehaltung des Verbots der Selbstkontrahierung gegen einen gezielten Vollmachtsmissbrauch nur wenig. Besser – ggf. zusätzlich – sind Ausnahmen von der umfassenden Vertretungsmacht und die Aufnahme eines zweiten (Kontroll- oder Unterstützungs-)Bevollmächtigten.

Buch 2. Recht der Schuldverhältnisse (§§ 241–853)

Abschnitt 3. Schuldverhältnisse aus Verträgen

Titel 1. Begründung, Inhalt und Beendigung

Untertitel 1. Begründung

§ 311b Verträge über Grundstücke, das Vermögen und den Nachlass

(...)

(4) ¹Ein Vertrag über den Nachlass eines noch lebenden Dritten ist nichtig. ²Das Gleiche gilt von einem Vertrag über den Pflichtteil oder ein Vermächtnis aus dem Nachlass eines noch lebenden Dritten.

(5) ¹Absatz 4 gilt nicht für einen Vertrag, der unter künftigen gesetzlichen Erben über den gesetzlichen Erbteil oder den Pflichtteil eines von ihnen geschlossen wird. ²Ein solcher Vertrag bedarf der notariellen Beurkundung.

1. **Normzweck.** Die Vorschrift des § 311b IV u. V hatte vor der am 1.1.2002 in Kraft getretenen Schuldrechtsreform ihre Entsprechung in § 312 I u. II. Danach waren und sind weiterhin Verträge über den Nachlass eines noch lebenden Dritten sowie Verträge über den Pflichtteil oder das Vermächtnis aus dem Nachlass eines noch lebenden Dritten nichtig. Bei Verträgen im Sinne dieser Vorschrift hat sich die Bezeichnung „Erbschaftsvertrag" eingebürgert (BGH MittBayNot 1995, 142; *Limmer* DNotZ 1998, 927; MüKoBGB/*Krüger* Rn. 109; *v. Proff* ZEV 2013, 183 (184)).

2. Das Gesetz stuft Erbschaftsverträge als sittlich verwerflich ein, weil sie in den meisten Fällen zu einer leichtsinnigen Verschleuderung des Vermögens und zu einer Ausbeutung solchen Leichtsinns führen und somit als volkswirtschaftlich ungewünscht anzusehen sind (Mot. II S. 182 ff.; BGH NJW 1958, 705 (706); 1962, 1910 (1911); *Henssler* RNotZ 2010, 221 (223)). Zudem soll der Erblasser in gewisser Weise in seiner Testierfreiheit geschützt werden, denn die Kenntnis von einem derartigen Vertrag kann Einfluss auf seine Testierfreiheit nehmen (*Tiedemann* NJW 2000, 192; *Henssler* RNotZ 2010, 221 (223); *Schwarz* BWNotZ 1995, 139 (140)). Letztlich hat diese gesetzgeberische Haltung ihren Ursprung im römischen Recht (BGH NJW 1988, 2726 (2727); *Henssler* RNotZ 2010, 221 (223)). Ist im konkreten Fall ein Erbschaftsvertrag nicht sittlich verwerflich, kommt dennoch § 311b IV zur Anwendung, weil diese Norm trotz der Entstehungsgeschichte selbst nicht das Erfordernis der sittlichen Verwerflichkeit als Tatbestandsmerkmal verlangt (BGH NJW 1962, 1910 (1911)). Lediglich durch den Erbverzicht nach § 2346 oder den Zuwendungsverzicht nach § 2352 kann auf einen Nachlass vor dem Erbfall verzichtet werden, obgleich es sich dabei nicht um die Übertragung, sondern um einen Verzicht auf eine Rechtsposition handelt und diese Vereinbarung mit dem Erblasser direkt und nicht mit einem Dritten getroffen wird. Die Regelung ist sehr weitreichend, was den meisten Erben gar nicht bewusst ist (*Henssler* RNotZ 2010, 221 (224)).

3. Von der in § 311b IV angeordneten Nichtigkeit, hat der Gesetzgeber in § 311b V wiederum eine Ausnahme normiert. Erbschaftsverträge sind gem. § 311b IV nicht unwirksam, wenn sie unter künftigen gesetzlichen Erben über den gesetzlichen Erbteil oder den Pflichtteil eines von ihnen geschlossen werden und notariell beurkundet sind. Auf diese Weise soll die Möglichkeit für eine Erbauseinandersetzung bereits vor dem Entstehen der Erbengemeinschaft geschaffen werden.

4. Obgleich den Vorschriften des § 311b IV u. V im juristischen Alltag nur bedingt Beachtung zu Teil wird, ist der Anwendungsbereich weiterreichender, als dies auf den ersten Blick erkennbar ist, und kann per se oder wegen fehlender Form (§ 311b V 2) zur Nichtigkeit der Vereinbarung führen (*Kues* ZEV 2001, 13). Schließen bspw. Erblasser und zwei gesetzliche Erben einen Vertrag, wonach der Erblasser einen der Vertragspartner bindend zum Erben einsetzt und der andere gesetzliche Erbe einen Erbverzicht gegenüber dem Erblasser und dem weiteren Vertragspartner erklärt, handelt es sich nicht nur dogmatisch um einen Erbverzicht und Erbvertrag, sondern zugleich um einen Vertrag iSd § 311b V (BGH MittBayNot 1995, 142; OGHBrZ Köln NJW 1949, 666).

5. **2. Anwendungsbereich des § 311b IV.** Nach § 311b IV ist ein Vertrag über den Nachlass eines lebenden Dritten sowie der Vertrag über den Pflichtteil oder ein Vermächtnis aus dem Nachlass eines noch lebenden Dritten nichtig. Bei der Frage, ob der Dritte verstorben oder lebendig ist, kommt es lediglich auf die Vorstellung der Beteiligten an, so dass die irrtümliche Annahme des Versterbens den Vertrag nicht unwirksam werden lässt (*Henssler* RNotZ 2010, 221 (225)). Die Zustimmung des Dritten zu diesem Erbschaftsvertrag lässt die Nichtigkeit der Vereinbarung nicht entfallen, weil das Gesetz insofern keine Ausnahme vorsieht (BGH NJW 1962, 1910 (1911)). Ist ein Teil eines Vertrags aufgrund der vorliegenden Vorschrift nichtig, wird wohl gem. § 139 die Unwirksamkeit des gesamten Vertrages anzunehmen sein, falls die Regelung der Parteien nicht nach § 140 in eine zulässige Vereinbarung umgedeutet werden kann. Hat bspw. ein Kind seinen Erbteil, der diesem von den Eltern in einem gemeinschaftlichen

Testament zugewandt wurde, zu Lebzeiten der noch lebenden Mutter an die Geschwister abgetreten, verstößt dieser Vertrag gegen § 311b IV 1, kann aber unter Umständen in einen bedingten Erbverzicht umgedeutet werden (BGH NJW 1974, 43 (44)).

Von der Anwendung des § 311b IV ist die Regelung in § 2033 I, welche die Übertragung eines Erbteils 6 regelt, zu unterscheiden. Eine Verfügung nach § 2033 I ist vor dem Ableben des Erblassers ebenfalls nicht möglich, da der Erbteil erst mit dem Tod des Erblassers entsteht (BGH NJW 1988, 2726). Unabhängig von der Frage, inwiefern bei einem sog. „Berliner Testament" für den Schlusserben vor dem Tod des Letztversterbenden ein **Anwartschaftsrecht** besteht, scheidet eine Übertragung dieses Anwartschaftsrechts nach § 311b IV aus (BGH NJW 1962, 1910 (1911); *v. Proff* ZEV 2013, 183 (184)). Haben Eltern die Abfindung ihrer Kinder, die enterbt wurden, in einem „Berliner Testament" in Form von Vermächtnissen geregelt, sind Verträge der Kinder, die einer Neuregelung der Abfindung dienen, zu Lebzeiten des längerlebenden Elternteils nach § 311b IV nichtig (BGH NJW 1956, 1151 (1152)). In den Anwendungsbereich des § 311b IV fällt dabei auch die zu Lebzeiten eines Dritten getroffene Verpflichtung, wonach an den Vertragspartner in Natur oder dem Werte nach ein Bruchteil des Vermögenszuwachses abzuführen ist, der sich aus der Beerbung des Dritten ergibt (BGH NJW 1958, 705; *Henssler* RNotZ 2010, 221 (227); str.). Das gleiche gilt auch für Abfindungsvereinbarungen.

Die Vorschrift des § 311b IV betrifft zwar Verträge über den Nachlass oder über Bruchteile des Nach- 7 lasses, allerdings nicht Verträge über die Veräußerung einzelner **Gegenstände** aus dem künftigen Nachlass eines noch lebenden Dritten, da der Erbe nicht seinen künftigen Nachlass leichtfertig verschleudern können soll (BGH NJW 1958, 705 (706); OGHBrZ Köln NJW 1949, 623; *Limmer* DNotZ 1998, 927 (932); *Henssler* RNotZ 2010, 221 (226); *v. Proff* ZEV 2013, 183 (185)). Werden derart viele Gegenstände aus dem Nachlass im Wege des Erbschaftsvertrags übertragen, dass der Gesamtnachlass erschöpft ist (BGH DNotZ 1960, 382 (383); *Henssler* RNotZ 2010, 221 (226); aA *Kaufhold* ZEV 1996, 454, 456), ist allerdings Nichtigkeit nach § 311b IV anzunehmen, wobei der Zeitpunkt des Vertragsschlusses für die Beurteilung maßgeblich ist (Palandt/*Grüneberg* Kap. IV Rn. 71 mwN; MüKoBGB/*Krüger* Rn. 115). § 311b IV kommt ebenfalls nicht zur Anwendung, falls jemand einem Dritten verspricht, eine Rente nach dem Tod des Erblasser zu zahlen, die er nur aus dem Vermögen des Erblassers bedienen kann (BGH NJW 1958, 705 (706)). Bei einem Vertrag über einen Vermächtnisgegenstand kommt § 311b IV ebenfalls nicht zur Anwendung (*Limmer* DNotZ 1998, 927 (935); *Henssler* RNotZ 2010, 221 (228)). Diese Vorschrift betrifft nur Verträge über den Vermächtnisanspruch (vgl. ausführlich *Henssler* RNotZ 2010, 221 (228)).

Die Anwendung dieser Vorschrift kommt auch bei **Bürgschaftsverträgen** in Frage, wenn in dem 8 Bürgschaftsvertrag ein mittelloser Bürge seine Verpflichtung nur aus dem Grund übernommen hat, weil er eine Erbschaft in Aussicht hat, und dieser Hintergrund zugleich ausdrücklich Bestandteil der Bürgschaftsvereinbarung ist (ausf. *Tiedemann* NJW 2000, 192 ff.; *Kulke* ZEV 2000, 298 (303)). Die Anwendung muss insbesondere dann bei Bürgschaftsverträgen bejaht werden, wenn der Bürge als potenzieller Erbe der Bank eine Beteiligung am Nachlass, am Pflichtteil oder am Vermächtnis einräumt (*Kulke* ZEV 2000, 298 (303)). Gleiches gilt, wenn der Bürge sich verpflichtet, im Falle des Eintritts einer Bürgenhaftung seinen Erbteil, seinen Pflichtteil oder einen ihm zustehenden Vermächtnis oder einen bestimmten den Nachlass wertmäßig erschöpfenden Gegenstand zu verwerten, um seiner Bürgenhaftung zu genügen (*Kulke* ZEV 2000, 298 (304)).

Grundsätzlich betrifft der Anwendungsfall von § 311b IV u. V lediglich **schuldrechtliche Verträge** 9 (Palandt/*Grüneberg* Rn. 70). Als Rechtsfolge tritt dennoch die Nichtigkeit nicht nur des Verpflichtungs-, sondern auch eines Erfüllungsgeschäfts (Verfügungen) ein, sofern dieses überhaupt in Frage kommt, da dingliche Übertragungen vielfach erst mit dem Erbfall nach § 1922 in Betracht kommen (BGH NJW 1962, 1910 (1911); *Limmer* DNotZ 1998, 927 (932)). Grundsätzlich ist eine in dem Zusammenhang mit dem Abschluss eines Erbschaftsvertrags erteilte **Vollmacht** nicht unwirksam. Die Nichtigkeit einer Bevollmächtigung kann daraus resultieren, dass das der Vollmacht zugrunde liegende Auftragsverhältnis nach § 311b IV unwirksam ist oder die Vollmacht unwiderruflich erteilt wurde (MüKoBGB/*Krüger* Rn. 112).

3. Ausnahmevorschrift des § 311b V. In Abs. 5 ist eine Ausnahmevorschrift zu § 311b IV normiert. 10 Danach gilt die Regelung in § 311b IV nicht für einen Vertrag, der unter künftigen gesetzlichen Erben über den gesetzlichen Erbteil oder den Pflichtteil eines von ihnen geschlossen wird. Als Ausnahmevorschrift wäre § 311b V zwar grds. eng auszulegen (BGH NJW 1956, 1151 (1152)), wird jedoch in Wirklichkeit sehr weit interpretiert, so dass ebenfalls Ausgleichsvereinbarungen vor dem Tod des Erblassers unter Miterben der notariellen Beurkundung bedürfen, in welcher sie einen Ausgleich dafür treffen, wonach den einzelnen Miterben unterschiedlich wertvolle Gegenstände zugewandt werden (vgl. *Kues* ZEV 2001, 13 (14)). Damit soll die Erbauseinandersetzung unter künftigen Erben ermöglicht werden (*Limmer* DNotZ 1998, 927 (936)).

a) Künftige gesetzliche Erben. Das Tatbestandsmerkmal „künftige gesetzliche Erben" setzt nicht vor- 11 aus, dass die Vertragschließenden später tatsächlich Erben nach dem Erblasser werden, sondern verlangt lediglich, dass im Zeitpunkt des Vertragsschlusses sie in einem in §§ 1924 ff. bzw. § 10 LPartG bestimmten Verhältnis zum Erblasser stehen (BGH NJW 1956, 1151 (1152); MittBayNot 1995, 142 (143); *Limmer* DNotZ 1998, 927 (937); *Henssler* RNotZ 2010, 221 (232)). Letztlich können damit die entferntesten Verwandten, Ehegatten und sogar der Fiskus einen derartigen Vertrag abschließen (BGH NJW 1988, 2726 (2727)). In Abweichung von früheren Entscheidungen des Reichsgerichts hat der BGH entschieden, dass ein Erbschaftsvertrag nicht deshalb unwirksam ist, weil der Verpflichtende den gleich hohen Erbteil aufgrund testamentarischer Anordnung erhält (BGH NJW 1988, 2726; vgl. dazu auch *Limmer* DNotZ 1998, 927 (937)).

Hingegen ist die Vorschrift nicht auf Verträge zwischen dem Erbanwärter und dem Erblasser anwendbar, weil es sich dabei um Verträge der vorweggenommenen Erbfolge handelt (*Kues* ZEV 2001, 13 (14)). Bei derartigen Vereinbarungen sind die Regelungen in §§ 516 ff. vorrangig zu beachten.

12 **b) Gegenstand des Vertrags.** Als weitere Tatbestandsvoraussetzung muss der Vertrag den **gesetzlichen Erbteil** oder den **Pflichtteil eines von ihnen** zum Gegenstand haben. Schließen künftige Erben einen Vertrag gemäß § 311 V, wonach einer der Erben auf seine künftigen Pflichtteilsansprüche gegen Abfindungszahlung verzichtet, stellt dies eine freiwillige Zuwendung im Sinn des Erbschaft-und Schenkungsteuergesetzes dar (BFH MittBayNot 2001, 416; ZEV 2013, 523 (524); FG Münster ZEV 2011, 614 (615)). Auf Vermächtnisse ist die Ausnahmevorschrift des § 311b V nicht anzuwenden, da Vermächtnisse im Gegensatz zu dem Wortlaut in § 311b IV in Abs. 5 nicht genannt werden und auch für eine analoge Anwendung keine Regelungslücke ersichtlich ist (BGH NJW 1956, 1151; krit. MüKoBGB/*Krüger* Rn. 110).

13 **c) Formgebot.** Ein Vertrag iSd Abs. 5 bedarf gem. § 311b V 2 der **notariellen Beurkundung,** wobei diese wiederum nach § 127a bei einem gerichtlichen Vergleich durch die Aufnahme der Erklärungen in ein nach den Vorschriften der Zivilprozessordnung errichtetes Protokoll ersetzt wird. Das Erfordernis der notariellen Beurkundung soll in diesen doch stets komplexen Sachverhalten vor Übereilung schützen und die Möglichkeit angemessener sachkundiger Beratung gewährleisten (BGH NJW 1972, 1364 (1365); *Limmer* DNotZ 1998, 927 (938)). Auch Nebenabreden sind stets in die notarielle Urkunde aufzunehmen, ansonsten ist die Gesamtnichtigkeit aller Vereinbarungen mangels Beurkundung wahrscheinlich (BGH NJW 1995, 448; *Limmer* DNotZ 1998, 927 (940)). Das Formerfordernis gilt ferner für Vertragsvereinbarungen bzw. Erklärungen, bei denen der Erblasser dem Erbschaftsvertrag ausdrücklich zustimmt (BGH NJW 1995, 448). Eine Beurkundung eines Angebots, welches erst später angenommen wird, ist zulässig (*Henssler* RNotZ 2010, 221 (239)).

Wird das Formgebot nicht beachtet, tritt Nichtigkeit des Rechtsgeschäfts gem. § 125 S. 1 ein. Nur in extremen Ausnahmefällen kann einer Berufung auf die Formunwirksamkeit Treu und Glauben entgegenstehen (*v. Proff* ZEV 2013, 183 (186)). Unter Umständen ist eine Umdeutung von formnichtigen Verträgen jedoch möglich (Palandt/*Grüneberg* § 312 Rn. 75; BGH NJW 1974, 44).

...

Titel 3. Versprechen der Leistung an einen Dritten

§ 328 Vertrag zugunsten Dritter

(1) Durch Vertrag kann eine Leistung an einen Dritten mit der Wirkung bedungen werden, dass der Dritte unmittelbar das Recht erwirbt, die Leistung zu fordern.

(2) In Ermangelung einer besonderen Bestimmung ist aus den Umständen, insbesondere aus dem Zwecke des Vertrags, zu entnehmen, ob der Dritte das Recht erwerben, ob das Recht des Dritten sofort oder nur unter gewissen Voraussetzungen entstehen und ob den Vertragschließenden die Befugnis vorbehalten sein soll, das Recht des Dritten ohne dessen Zustimmung aufzuheben oder zu ändern.

1 **1. Normzweck/Allgemeines.** Gemäß der Regelung in § 328 eröffnet der Gesetzgeber Vertragsparteien die Möglichkeit, einen Vertrag zugunsten Dritter zu schließen, ohne dass Dritte den Vertrag selbst unterzeichnen oder Kenntnis von dieser Vereinbarung haben. Damit weicht das Bürgerliche Gesetzbuch von dem Grundsatz ab, wonach Ansprüche und Pflichten nur zwischen Vertragspartnern begründet werden können. Hingegen sind Verträge zu Lasten Dritter nicht zulässig, weil die Verpflichtung zu einer Leistung vom Verpflichtenden selbst, aber nicht höchstpersönlich, erklärt werden muss. Letztlich handelt es sich bei einem Vertrag zugunsten Dritter um keine gesonderte Vertragsform, wie bspw. bei Kauf-, Miet-, Leihverträge etc, sondern um eine besondere Ausgestaltung der Leistungspflichten in einem Dreiecksverhältnis.

2 Bei einem Vertrag zugunsten Dritter ist zwischen drei Personen bzw. Parteien zu differenzieren. Geschlossen wird der Vertrag zwischen dem **Versprechenden,** also dem Schuldner einer gewissen Leistung, und dem **Versprechensempfänger.** Die Besonderheit liegt darin, dass der Versprechende die Leistung, wie zB die Zahlung eines bestimmten Geldbetrags, nicht an den Versprechensempfänger zu erbringen hat, sondern an einen Dritten, den sog. **Begünstigten.** Letzterer ist aber nicht Vertragspartei und wirkt an der Ausgestaltung des Vertrages im Normalfall nicht mit. Der Begünstigte muss nicht einmal Kenntnis von dem Vertragswerk haben. Ferner muss der Dritte nicht schon bei Vertragsschluss im Einzelnen feststehen, sondern es reicht aus, wenn der begünstigte Dritte nachträglich bestimmbar ist (BGH NJW-RR 2008, 683 (684), ZEV 2013, 272 (274) = NJW 2013, 232 (234); NJW 2015, 1672 (1676)). Dritter kann auch ein Kind sein, dass erst durch künstliche Befruchtung gezeugt werden soll (BGH NJW 2015, 3434). Wird in einem Erbvertrag ein Vermächtnis zu Gunsten eines Dritten festgelegt, stellt dies keinen Vertrag zu Gunsten Dritter iSd § 328 dar, da von keinem Erbvertragsteil eine Verpflichtung eingegangen und für den Bedachten kein Forderungsrecht begründet wird (BGH NJW 1954, 633 (634); *Linnenbrink*

MittRhNotK 1992, 261 (264)). Mangels Bindung der Vertragschließenden gegenüber dem Vermächtnisnehmer, kann dieses jederzeit von beiden Vertragspartner aufgehoben werden. Mangels Forderungsrecht besteht somit beim Vermächtnisnehmer vor dem Ableben keine Forderung, so dass eine Sicherung des Vermächtnisses durch Eintragung einer Vormerkung nicht möglich ist (BGH NJW 1954, 633 (635)).

Im Rahmen erbrechtlicher Darstellung sowie der Vermögensvorsorge erhält der Vertrag zugunsten Dritter im Bereich der **Lebensversicherungen** und **Bankverträge** zugunsten Dritter erhebliche Bedeutung. In der Vereinbarung mit der Bank/Sparkasse oder der Versicherungsgesellschaft wird jemand als Bezugsberechtigter festgelegt. Dies eröffnet ihm einen Anspruch gegen die Versicherungsgesellschaft bzw. das Bankinstitut. Zugleich wird diese Zahlung einer testamentarischen Anordnung und der gesetzlichen Erbfolge entzogen. Zuwendungen im Wege eines Vertrages zugunsten Dritter unterliegen in gleicher Weise der Erbschaft- und Schenkungsteuer, wie direkte Schenkungen (vgl. ausf. *Gebel* ZEV 2000, 173 ff.).

2. Deckungsverhältnis. Das Deckungsverhältnis bezeichnet die Beziehung zwischen Versprechensempfänger und Versprechendem. Die Vertragspartner schließen eine Vereinbarung, die wiederum auf eine nicht beteiligte dritte Person rechtliche Auswirkungen haben soll. Letztlich wird im Deckungsverhältnis der Rechtsgrund für die Leistung begründet, so dass dieses Verhältnis zwischen den Vertragspartnern zugleich maßgeblich für die Anwendung von Formvorschriften ist. Die Frage, ob ein Vertrag zugunsten eines Dritten einer bestimmten Form bedarf, richtet sich folglich nach dem Rechtsverhältnis zwischen dem Schuldner und dem Versprechensempfänger, so dass es auf die Rechtsbeziehung zum Dritten in keiner Weise ankommt (BGH NJW 1970, 2157). Formvorschriften bezüglich des Valutaverhältnisses sind hingegen dafür ausschlaggebend, inwiefern der Dritte das Zugewendete behalten vermag.

Inwieweit der Dritte einen eigenen Anspruch auf Leistung erwerben soll, ist grds. dem Deckungsverhältnis zu entnehmen, also dem abgeschlossenen Vertrag. Diese Frage eines Leistungsanspruchs sollte grds. bei einer Vertragsgestaltung ausdrücklich berücksichtigt und geregelt werden. Letztlich entscheidet dabei in erster Linie der erkennbare Wille der Vertragsschließenden, wobei eine Vermutung für ein eigenes Forderungsrecht darin liegen kann, dass der Versprechensempfänger die Leistung ausschließlich im Interesse des Dritten verabredet (BGH NJW 1991, 2209). Enthält der Vertrag keine explizite Regelung, ist die Auslegungsregelung des § 328 II heranzuziehen. Danach ist den Umständen, insbes. dem Zweck des Vertrags, zu entnehmen, ob der Dritte das Recht erwerben, ob das Recht des Dritten sofort oder nur unter gewissen Voraussetzungen entstehen und ob den Vertragsschließenden die Befugnis vorbehalten sein soll, das Recht des Dritten ohne dessen Zustimmung aufzuheben oder zu ändern. Weitere Auslegungsregelungen sind in §§ 329 u. 330 statuiert. Soll dem Dritten ein eigener individuell durchsetzbarer Anspruch zustehen, spricht man vom **echten** Vertrag zugunsten Dritter (OLG München FGPrax 2017, 112; *Linnenbrink* MittRhNotK 1992, 261). Soll hingegen nur der Versprechensempfänger einen Anspruch auf Leistung gegen den Versprechenden haben, bezeichnet man dies als **unechten** Vertrag zugunsten Dritter (*Linnenbrink* MittRhNotK 1992, 261; *Nieder* BWNotZ 1996, 129 (133)).

3. Valutaverhältnis. Das Valutaverhältnis bezeichnet die Beziehung zwischen dem Versprechensempfänger und dem Begünstigten (Dritter). Dritte können dabei auch noch nicht gezeugte Personen, wie das ungeborene Kind (Nasciturus), sein (BGH DNotZ 1996, 778; OLG München NJW 2000, 1423). Ein Vertrag zugunsten Dritter kann insoweit für den Dritten nur einen schuldrechtlichen Anspruch begründen. Dingliche Verträge zugunsten Dritter, wie zB die unmittelbare Übereignung von Gegenständen oder die unmittelbare Bestellung von dinglichen Rechten im Grundbuch, sind folglich nicht möglich, da bei einer Zulässigkeit der Änderung der Rechtszuständigkeit ohne Mitwirkung des Dritten bei dinglichen Geschäft Rechtsunsicherheit entstehen würde (BGH NJW 1964, 1124 (1125); 1993, 2617; *Nieder* BWNotZ 1996, 129 (133)). Dem Valutaverhältnis ist der Rechtsgrund für die Drittleistung zu entnehmen, also die Leistung des Versprechensempfängers an den Begünstigten und diese Ebene entscheidet damit darüber, inwiefern der Dritte die Leistung behalten darf (BGH NJW 1984, 2156).

Zumeist liegt dem Valutaverhältnis eine **Schenkung** vom Versprechensempfänger an den Dritten zugrunde. Haben Eltern in einem Schenkungsvertrag die Übertragung von einer Immobilie auf eines ihrer Kinder festgelegt und zugleich bestimmt, dass der Erwerber eine Ausgleichszahlung an seine Geschwister vornehmen muss, stellt dies einen Vertrag zugunsten Dritter dar. Die Ausgleichszahlung ist in diesem Zusammenhang als Schenkung einer Forderung durch die Eltern an die Geschwister, also ihre weiteren Kinder, zu werten (BFH NJW 2003, 1207 (1208)). Damit sind für derartige Ausgleichszahlungen die Steuerfreibeträge nach dem Erbschaft- und Schenkungsteuergesetz von Schenkungen der Eltern an Kinder maßgeblich (BFH MittBayNot 1994, 67 (68)). Es liegt gerade keine Zuwendung unter Geschwistern vor. Die Festlegung einer Ausgleichszahlung stellt ein Angebot der Eltern auf Schenkung der Ausgleichszahlung nach §§ 130, 145, 516 dar, wobei die Annahme nicht ausdrücklich nach § 151 S. 1 erklärt werden muss (*Nieder* BWNotZ 1996, 129 (133)). Die Annahme kann aber auch vor Zugang des Angebots erklärt werden (OLG Schleswig NJOZ 2014, 616 (617)). Durch die Annahme der Ausgleichszahlung ist der Formmangel des Schenkungsvertrags nach § 518 II wieder geheilt (BGH NJW 1964, 1124 (1125); 1984, 2156). Die gleichen Ausführungen sind bei der Festlegung einer Bezugsberechtigung in einem Lebensversicherungsvertrag oder einem Sparvertrag mit einer Bank mit einer Auszahlung zugunsten des Bezugsberechtigten heranzuziehen. Die Übersendung von Versicherungsunterlagen und das Anfordern des Versicherungsscheins und der Sterbeurkunde durch den Versicherer beim Dritten führt dabei noch nicht zur Übermittlung eines Schenkungsangebots des Versicherungsnehmers (BGH NJW 2008, 2702 (2703)). Es bedarf eines förmlichen und ausdrücklich übermittelten Angebots (OLG Schleswig NJOZ 2014, 616 (618)). Es reicht nicht aus, dass der Berechtigte nur zufällig von diesem Angebot erfährt (OLG Schleswig NJOZ 2014, 616 (618)).

8   **4. Vollzugsverhältnis.** Als Vollzugsverhältnis ist die Rechtsbeziehung zwischen Versprechendem und dem Begünstigten (Dritter) zu verstehen. Bei dieser Konstellation handelt es sich lediglich um ein vertragsähnliches Rechtsverhältnis, ohne per se einen schuldrechtlichen Vertrag zu begründen (BGH NJW 2005, 3778). Der Dritte kann vom Versprechenden die Leistung fordern, sobald die Fälligkeit gegeben ist. Auch können Pflichtverletzungen aufgrund der vertragsähnlichen Rechtsbeziehung zu Ansprüchen nach § 311 II führen (BGH NJW 2005, 3778). Bspw. kann die Aufnahme einer Maklerklausel in Form eines Vertrags zugunsten Dritter ein vertragsähnliches Vertrauensverhältnis begründen, wonach der Makler den Käufer darüber informieren muss, dass der Verkäufer trotz anderweitiger Regelung im Kaufvertrag bestehende Mängel nicht aufdeckt (BGH NJW 2005, 3778 (3779)).

9   **5. Bereicherungsrechtliche Problemstellungen.** Problematisch und in der Rechtsliteratur umstritten gestaltet sich die Rechtslage, wenn der Versprechende eine Leistung vorgenommen hat und sich im Nachhinein herausstellt, dass die vertraglichen Vereinbarungen unwirksam waren. In diesen Fällen ist oft eine Rückabwicklung nach Bereicherungsrecht (§§ 812 ff.) notwendig. Für die Rückabwicklung ist maßgeblich, wer bereicherungsrechtlich als Leistender und wer als Leistungsempfänger zu qualifizieren ist (ausf. BGH NJW 1972, 864 (865)). Leistung ist eine bewusste und zweckgerichtete Vermehrung fremden Vermögens (BGH NJW 1964, 399). Bei der Betrachtung ist grds. auf den Willen der Parteien abzustellen. Divergieren die Vorstellungen der beteiligten Personen, ist anhand einer objektiven Betrachtungsweise aus der Sicht des Zuwendungsempfängers diese Frage zu beantworten (BGH NJW 1972, 864 (865)). Bei einem Vertrag zugunsten Dritter ist damit anhand des Einzelfalls und unter Berücksichtigung der maßgeblichen Leistung eine bereicherungsrechtliche Abwicklung vorzunehmen. Eine pauschalisierte Aussage kann hingegen nicht getroffen werden. Hat ein Verspechender auf Grund eines unwirksamen Vertrages mit dem Versprechungsempfänger den Gläubiger eines Dritten befriedigt, so hat der Versprechende einen Bereicherungsanspruch weder gegen den Gläubiger des Dritten noch gegen den Dritten, sondern nur gegen den Versprechungsempfänger (BGH NJW 1962, 1051).

10 **6. Einzelfälle.** Ist in einem notariellen Kaufvertrag über Grundbesitz eine **Maklerklausel** enthalten, kann diese Regelung einen Vertrag zugunsten Dritter, also des Maklers, begründen. Dies hängt letztlich von der Formulierung der Klausel ab. Soll die Klausel dem Inhalt nach einen unmittelbaren Anspruch des Maklers gegen den Käufer statuieren, liegt ein Vertrag zugunsten Dritter vor (BGH NJW 1998, 1552 (1553)). Mangels ausdrücklicher Regelung ist dies im Wege der Vertragsauslegung anzunehmen, wenn die Vertragspartner sich in dem Kaufvertrag gegenüber dem Makler der Zwangsvollstreckung in ihr Vermögen hinsichtlich der Provision unterwerfen. Vielfach ist die Klausel jedoch in notariellen Kaufverträgen lediglich als Bestätigung der Maklertätigkeit zu werten, ohne dass eine Vereinbarung iSd § 328 begründet wird. In keinem der genannten Fälle entsteht dadurch eine Verbraucher-Unternehmer-Konstellation (aA *Grziwotz* notar 2013, 3). Vielmehr ist die Beurteilung einer Vereinbarung, ob diese als „Unternehmer bzw. Verbrauchervertrag" zu werten ist, allein anhand der Vertragspartner, also Käufer und Verkäufer, vorzunehmen.

Hat der Ehemann in einem Vertrag mit der Ehefrau das Einverständnis zu einer heterologen Insemination gegeben, kann diese Vereinbarung im Hinblick auf mögliche Unterhaltspflichten als Vertrag zugunsten Dritter, also des Kindes, zu werten sein (BGH DNotZ 1996, 778).

Ein zwischen einem Reiseveranstalter und einer Fluggesellschaft abgeschlossener Vertrag kann als Vertrag zugunsten Dritter anzusehen sein und damit einen Anspruch auf Beförderung gegenüber der Fluggesellschaft begründen (BGH NJW 1985, 1457).

Eine Herstellergarantie kann durch Vertrag zugunsten Dritter zwischen Hersteller und Großhändler zugunsten des Endabnehmers weitergegeben werden (BGH NJW 1979, 2036 f.).

11 **7. Vertrag mit Schutzwirkung für Dritte.** Vom Vertrag zugunsten Dritter ist der Vertrag mit Schutzwirkung für Dritte zu unterscheiden. Durch die Schuldrechtsreform wurde dieses Rechtsinstitut in § 311 III 1 normiert (so auch *Kilian* NZV 2004, 489 (494); *Schwab* JuS 2002, 872 (873); *Zenner* NJW 2009, 1030; *Linnenbrink* MittRhNotK 1992, 261 (262)). Auf welcher Rechtsgrundlage das Rechtsinstitut basiert, ist in der Lit. teilweise umstritten, so dass Verträge mit Schutzwirkung für Dritte weiterhin zT auf Treu und Glauben und auf eine rechtsfortbildende gesetzliche Ausgestaltung von § 328 gestützt werden (ausf. MüKoBGB/*Gottwald* Rn. 110 f.). Da der Vertrag mit Schutzwirkung für Dritte im Rahmen einer erbrechtlichen Kommentierung keine Bedeutung spielt, wird von weitergehenden Darstellungen des Rechtsinstituts an dieser Stelle abgesehen.

12 **8. Vertrag zu Lasten Dritter.** Vom Vertrag zugunsten Dritter ist der Vertrag zu Lasten Dritter zu unterscheiden. Damit bezeichnet man eine Vereinbarung, in welcher zwei Vertragsparteien eine Regelung treffen, die zum Nachteil eines Dritten gereicht, bspw. seine Ansprüche oder Forderungen einschränkt. Das Bürgerliche Recht kennt einen derartigen Vertrag nicht. Auch ist dieser mit der Privatautonomie nicht vereinbar und in Folge dessen unzulässig (BVerfG NJW 1987, 827 (828); BGH NJW 1970, 2157; 1974, 96; Palandt/*Grüneberg* Einf. § 328 Rn. 10). Unwirksam ist danach beispielsweise eine Vereinbarung, wonach Eltern zu Lasten ihres Kindes eine Vereinbarung schließen, in der auf den Kindesunterhalt verzichtet wird. Möchten die Eltern einen Elternteil von der Verpflichtung auf Zahlung von Kindesunter-

halt befreien, muss der andere Elternteil sich zu einer Freistellung des Zahlungspflichtigen verpflichten. Hingegen ist ein Verzichtsvertrag über Kindesunterhalt nicht möglich.
...

§ 330 Auslegungsregel bei Leibrentenvertrag

¹Wird in einem Leibrentenvertrag die Zahlung einer Leibrente an einen Dritten vereinbart, ist im Zweifel anzunehmen, dass der Dritte unmittelbar das Recht erwerben soll, die Leistung zu fordern. ²Das Gleiche gilt, wenn bei einer unentgeltlichen Zuwendung dem Bedachten eine Leistung an einen Dritten auferlegt oder bei einer Vermögens- oder Gutsübernahme von dem Übernehmer eine Leistung an einen Dritten zum Zwecke der Abfindung versprochen wird.

§ 331 Leistung nach Todesfall

(1) Soll die Leistung an den Dritten nach dem Tode desjenigen erfolgen, welchem sie versprochen wird, so erwirbt der Dritte das Recht auf die Leistung im Zweifel mit dem Tode des Versprechensempfängers.

(2) Stirbt der Versprechensempfänger vor der Geburt des Dritten, so kann das Versprechen, an den Dritten zu leisten, nur dann noch aufgehoben oder geändert werden, wenn die Befugnis dazu vorbehalten worden ist.

1. Allgemeines. Die Vorschrift des § 330 beinhaltet eine besondere Auslegungsregel, die allerdings eines Gegenbeweises zugänglich ist (BGH GRUR 1974, 335). Danach soll gem. § 330 S. 1 im Zweifel ein Vertrag zugunsten Dritter vorliegen, wenn in einem Leibrentenvertrag die Zahlung einer Leibrente für einen Dritten festgelegt wird. S. 2 dieser Vorschrift stellt eine Vermutung für unentgeltliche Zuwendungen auf, bei welchen dem Bedachten eine Leistung an einen Dritten auferlegt wird, wie bei einer Schenkung oder einem Leihvertrag, oder für Vermögens- und Gutübernahmen, bei denen eine Leistung an einen Dritten vom Erwerber zum Zwecke der Abfindung versprochen wird. Früher umfasste die Norm zudem eine Vermutung für Lebensversicherungsverträge. Seit der Reform des Versicherungsvertragsgesetzes ist dafür eine ausdrückliche Regelung in § 159 VVG zu finden (vgl. Palandt/*Grüneberg* § 330 Rn. 1).

Die Vorschrift des § 331 I enthält eine Auslegungsregel für Verträge, bei welchen die Leistung an den Dritten erst nach Ableben des Versprechensempfängers erfolgen soll. Grundsätzlich sind Anordnungen von Zuwendungen, die nach dem Ableben einer Person zum Tragen kommen, in einer letztwilligen Verfügung von Todes wegen zu regeln. Als zulässig ist daneben allerdings anerkannt, dass man für den Fall des Todes Verpflichtungen bzw. Verfügungen treffen darf, deren Rechtswirksamkeit nach dem Tode hinausgeschoben werden (BGH NJW 1984, 46 (47)). Ob eine Verfügung von Todes wegen oder eine derartige vertragliche Vereinbarung vorliegt, ist durch Auslegung der Anordnung zu ermitteln. Inwiefern eine verschleierte Verfügung von Todes wegen oder eine lebzeitige Vereinbarung vorliegt, hängt wiederum von dem Umstand ab, ob der Versprechende mit dem Rechtsgeschäft schon zu seinen Lebzeiten vertragliche Rechte und Pflichten festlegen möchte, auch wenn diese erst nach seinem Ableben voll wirksam werden sollen, oder ob eine solche Wirkung erst nach dem Tod eintreten soll (BGH NJW 1953, 182 (183)). Zu einer derartigen Gestaltungsform gehört auch ein Vertrag zugunsten Dritter nach §§ 328, 331, bei dem der Dritte nach Ableben des Versprechensempfängers (Erblasser) einen unmittelbaren Anspruch gegen den Versprechenden erlangt (BGH NJW 1984, 480 (481)). Zu den bekanntesten Anwendungsfällen zählen die Lebensversicherungsverträge und Sparverträge, bei denen ein Dritter als Bezugsberechtigter bestimmt wird. Bei der Verfassung von testamentarischen Anordnungen ist zu beachten, dass eben derartige Vereinbarungen von der Verfügung von Todes wegen nicht erfasst werden bzw. in Widerspruch zu dieser stehen können.

Zudem wird in § 331 II eine besondere Auslegung für Fälle angeordnet, bei denen der Versprechensempfänger vor der Geburt des Dritten, also des Begünstigten verstirbt. Durch diese Vorschrift soll verhindert werden, dass die Erben des Versprechensempfängers zum Nachteil des Nasciturus nachteilige Vereinbarungen mit dem Versprechenden treffen. Letztlich steht diese Norm systematisch im Einklang mit der Regelung des § 1922 II.

2. Deckungsverhältnis. Ein Vertrag zugunsten Dritter auf den Todesfall setzt ein wirksam begründetes Deckungsverhältnis, also bspw. einen wirksamen Lebensversicherungsvertrag oder Bankvertrag, voraus. Auf ein Schenkungsversprechen, welches unter der Bedingung erteilt wird, der Beschenkte müsse den Schenker überleben, finden grds. gem. § 2301 I die Vorschriften über Verfügungen von Todes wegen Anwendung. Bei einem Vertrag zugunsten Dritter, den ein Versprechensempfänger mit einer Lebensversicherungsgesellschaft oder einem Bankinstitut mit der Maßgabe abschließt, dass ein Dritter einen Anspruch auf Auszahlung der Versicherung oder des Guthabens nach Ableben des Versprechensempfängers erwirbt, ist neben dem Valutaverhältnis insbes. das Deckungsverhältnis von Interesse. Das Deckungsverhältnis unterliegt dabei nicht dem Erbrecht, sondern dem Schuldrecht (BGH NJW 1984, 480 (481); diff. *Vollkommer* ZEV 2000, 10 (12)). Auf einen Lebensversicherungsvertrag oder vorstehend genannten Sparvertrag findet deshalb nach hM die Formvorschrift des § 2301 keine Anwendung (→ § 2301 Rn. 27; NJW 1984, 480 (481); NJW 2004, 767 (768); NJW 2008, 2702 (2703); OLG Köln NJW-RR 1995, 1224

(1224); OLG Oldenburg NJW-RR 1991, 26 (27)), selbst dann nicht, wenn es sich im Valutaverhältnis um eine unentgeltliche Zuwendung handelt (BGH NJW 1984, 480 (481); 2004, 767 (768) mwN). Zugleich stellt diese Vertragskonstruktion keine Umgehung von erbrechtlichen Vorschriften dar, da es sich gerade um einen schuldrechtlichen Vertrag handelt (*Gubitz* ZEV 2006, 333 (337)). Um eine auf den Tod befristete Schenkung unter Lebenden von einer Schenkung von Todes wegen abzugrenzen, kann eine Auslegung vielfach erforderlich sein (BGH NJW 1987, 840 (841)). Ist der Versprechensempfänger (Erblasser) aufgrund einer bindenden Verfügung gehindert, seine Verfügung von Todes wegen zu ändern und schließt deshalb mit einer Bank den Vertrag zugunsten Dritter auf den Todesfall, ist dieses Rechtsgeschäft nicht wegen einer Umgehung der erbrechtlichen Vorschriften unwirksam, kann aber einen Bereicherungsanspruch des Erben nach § 2287 begründen (BGH NJW 1976, 749 (751); OLG Frankfurt NJW-RR 1991, 1157 (1159)). Durch eine bloße Anweisung eines Bankkunden an seine Bank, nach seinem Ableben einen Betrag an einen Dritten auszuzahlen, kann ein Vertrag zugunsten Dritter geschlossen werden, falls der Bankkunde diesen Betrag nur für den Todesfall zuwenden wollte und dies zudem vom Willen der Bank umfasst ist (BGH NJW 1984, 480 (481)).

5 Das Recht des Versprechensempfängers, einen Bezugsberechtigten zu benennen oder die Bezugsberechtigung zu ändern, ist kein höchstpersönliches Recht des Versprechensempfängers, also bspw. bei einer Versicherung des Versicherungsnehmers (BGH NJW 1984, 2156). Leben Ehegatten im Güterstand der **Gütergemeinschaft** und wurde von ihnen nicht durch Ehevertrag ein Lebensversicherungsvertrag zum Vorbehaltsgut erklärt, fällt dieser in das Gesamtgut nach § 1416 I und unterliegt damit der gemeinschaftlichen Verwaltung durch beide Ehegatten (BGH NJW 1984, 2156 (2157)). Folglich kann der Versicherungsnehmer nicht ohne Zustimmung des Ehepartners die Bezugsberechtigung wirksam ändern. Eine Lebensversicherung, die ein im gesetzlichen Güterstand der Zugewinngemeinschaft lebender Ehegatte von einem ihm nahestehenden verstorbenen Dritten erhält, gehört zu seinem nach § 1374 II privilegierten Vermögen und unterliegt nicht dem Zugewinnausgleich (BGH DNotZ 1996, 465 (467) = NJW 1995, 3113 (3114)).

6 3. **Valutaverhältnis.** Das Valutaverhältnis beurteilt sich – wie auch das Deckungsverhältnis – bei den vorstehend genannten Lebensversicherungs- und Sparverträgen nicht nach erbrechtlichen Bestimmungen, sondern stellt sich zumeist als Schenkung iSd § 516 dar (*Wall* ZEV 2011, 3 (4)). Der Schenkungsvertrag wird zumeist dadurch begründet, dass der Versprechende (Versicherer, Bank) als Bote des Versprechensempfängers (Versicherungsnehmer, Kunde) dem Dritten (Bezugsberechtigten) aufgrund eines Auftragsverhältnisses das Angebot auf Abschluss eines Schenkungsvertrags unterbreitet (BGH NJW 1976, 749 (751)). Auf den Zugang der Annahmeerklärung wird gem § 151 S. 1 verzichtet. Dieser Schenkungsvertrag unterliegt grds. dem Formgebot des § 518 I. Eine Heilung tritt nach § 518 II mit Ableben des Versprechensempfängers ein, weil die Schenkung mit Entstehung der Forderung bewirkt ist (BGH NJW 1984, 480 (481); OLG Stuttgart NJW-RR 1990, 924 (925); krit. *Wall* ZEV 2011, 3 (6)). Zahlt der Versicherer oder die Bank nach dem Todesfall unmittelbar aus, ist das Angebot auf Schenkung in der Auszahlung und die Annahme der Schenkung in der Entgegennahme des Geldes zu sehen (BGH NJW 2008, 2702 (2703)). Dies bezieht sich sowohl auf die rechtliche Einordnung der im Valutaverhältnis begründeten Verhältnisse zwischen den Vertragspartnern als auch auf etwaige Anfechtungen (BGH NJW 2004, 767). § 120 ist nicht anzuwenden, wenn der dem Boten erteilte Auftrag vor Übermittlung der Erklärung an den Empfänger wirksam widerrufen wurde (BGH NJW 2008, 2702 (2704); *Nieder* BWNotZ 1996, 129 (133)). Ein Rechtsgrund zum Behalten des Bezugsrechts kann entfallen, wenn das Valutaverhältnis rückabgewickelt werden muss (BGH NJW 1995, 1082 (1084)).

7 Daneben können dieser Dreieckskonstruktion auch rechtsgeschäftliche entgeltliche Vereinbarungen oder ehebedingte Zuwendungen zugrunde liegen. Bei letzteren kommt § 2077 nicht zur Anwendung (BGH NJW 2004, 767 (768)). Hat der Versprechensempfänger einen Dritten bei einem Lebensversicherungsvertrag oder Bankguthaben als Bezugsberechtigten bestimmt, begründet dies für den Dritten keinen gesicherten Anspruch nach dem Anwartschaftsrecht, sondern lediglich eine „Chance" auf den Erwerb, so dass der Versprechensempfänger die Bezugsberechtigung jederzeit ändern kann (BGH NJW 1982, 1807 (1808)). Liegt dem Valutaverhältnis eine Schenkung zugrunde, kann mit dem Ableben des Versprechensempfängers der Dritte (Begünstigte) das Schenkungsangebot des Versprechensempfängers annehmen, wobei es keines Zugangs der Annahme bedarf (→ § 328 Rn. 7; → Rn. 6). Der Anspruch entsteht also erst mit Annahme durch den Dritten. Hat der Erbe gegenüber der Bank den vom Erblasser erteilten Auftrag widerrufen und übermittelt die Bank daher kein Schenkungsangebot, wird der Schenkungsvertrag nicht wirksam begründet (BGH NJW 1975, 382 (384); OLG Saarbrücken NJW-RR 2013, 74 (75)). Ein **Widerruf** durch die Erben scheidet jedoch aus, wenn im Deckungsverhältnis festgelegt wurde, dass die Bezugsberechtigung unwiderruflich ist (BGH NJW 2013, 232 (233); OLG Saarbrücken NJW-RR 2013, 74 (75)). Bei einer unwiderruflichen Bezugsberechtigung wird der Mangel der Form des § 518 I nur dann geheilt, wenn der Versicherungsnehmer mit der Versicherungsgesellschaft durch Übereinkunft die Unwiderruflichkeit mit dinglicher Wirkung herbeiführt oder eben die Bezugsberechtigung bis zu seinem Ableben nicht widerruft (BGH NJW 1975, 1360 (1361)). Letzteres ist jedenfalls zu empfehlen. Dadurch wird ein Wettlauf zwischen den Erben und den Dritten verhindert. Bei Lebensversicherungen und Sparverträgen kann der Versprechensempfänger durch die Ausübung seines Bezugsrechts einen Dritten (Begünstigten) festlegen, der für den Todesfall die Versicherungssumme erhält. Diese Bezugsberechtigung kann der Versprechensempfänger (Vertragspartner) jederzeit mit der Versicherungsgesellschaft ändern, falls nicht etwas anderes in dem Vertrag vereinbart wurde. Der Dritte erwirbt insoweit

durch Festlegung der Bezugsberechtigung keine gesicherte Position. Gem. § 332 kann die Änderung bzw. der Widerruf auch im Rahmen einer Verfügung von Todes wegen erfolgen.

Schwierig kann sich die Rechtslage bei Verträgen mit Banken darstellen, die **Sparkonten**, insbes. das 8 klassische Sparbuch, betreffen. Bei der Eröffnung eines Sparbuchs durch Eltern oder Großeltern für einen Abkömmling auf den Namen des Kindes wird der Abkömmling nicht unmittelbar Inhaber des Guthabens, wenn der Eltern- bzw. Großelternteil das Sparbuch vorerst behält (BGH NJW 1967, 101; *Bredemeyer* ZEV 2013, 483 (484)). Mangels anderer Anzeichen muss man von einem Willen des Erblassers (Versprechensempfängers) ausgehen müssen, noch weiterhin frei darüber verfügen zu dürfen. Einem derartigen Sparbuch kann allerdings eine wirksame Zuwendung auf den Todesfall nach § 311 zugrunde liegen, wenn sich aus dem Vertrag mit der Bank als Versprechenden ergibt, dass das Guthaben auf den Todesfall zugewendet werden soll und diese zugleich vom Vertragswillen des Versprechenden umfasst ist (BGH NJW 1967, 101 (102); 1984, 480). Auf die Auslegung von derartigen Verträgen als Vertrag zugunsten Dritter auf den Todesfall dürfen keine zu strengen Anforderungen gestellt werden (BGH NJW 1984, 480 (481)). Dass der Begünstigte erst nach dem Tod des Versprechensempfängers von dem Vertrag (durch die Bank) unterrichtet wird, ist dabei kein maßgebliches Kriterium, weil es auf die Kenntnis des Begünstigten von dem Vertrag für dessen Wirksamkeit nicht ankommt (BGH NJW 1976, 749). Hat jemand mit der Bank eine Vereinbarung geschlossen, wonach ein Dritter mit dem Todesfall alle Rechte aus einem Konto erwerben soll, steht ihm grds. das Guthaben des Kontos zu. Wurde vor dem Ableben vom Kontoinhaber Guthaben für einen Sparbrief verwendet und zugleich festgelegt, dass Zinsen und Kapital wiederum dem betreffenden Konto zugeschrieben werden soll, können dem Begünstigten auch die Rechte aus dem Sparbrief zustehen, falls nicht ausdrücklich etwas anderes geregelt wurde (OLG Köln NJWE-FER 1997, 16). Ebenfalls kann über eine derartige Konstruktion einem Dritten ein Wertpapierdepot zugewendet werden (BGH NJW 1964, 1124).

Ist bei einer Verfügung eines Sparguthabens zugunsten Dritter für den Todesfall bei der Unterzeichnung des Bankvertrags der Begünstigte mit anwesend und unterzeichnet diesen ebenfalls, wird neben dem Deckungsverhältnis zugleich ein Schenkungsvertrag zwischen Versprechensempfänger und Drittem geschlossen (OLG Düsseldorf NJW-RR 1996, 1329 (1330)). Dieser Schenkungsvertrag ist zwar ebenfalls formunwirksam, wird jedoch mit Ableben des Bankkunden nach § 518 II geheilt (*Bredemeyer* ZEV 2013, 483 (484); *Nieder* BWNotZ 1996, 129 (136)).

Bei einem **Bausparvertrag**, der für den Todesfall einen Dritten begünstigt, umfasst die schenkungs- 9 weise Zuwendung auch die Sparraten, die der Bausparer in der Erfüllung der ihm aus dem Bausparvertrag obliegenden Verpflichtungen eingezahlt hat (BGH NJW 1965, 1913).

Hat der Versprechensempfänger eine Bezugsberechtigung dergestalt getroffen, dass „der Ehegatte" 10 die Leistung aus dem Versicherungs- oder Bankvertrag erhalten soll, und lassen sich die Ehegatten scheiden, stellt sich die Frage, inwieweit die Bezugsberechtigung des geschiedenen Ehepartners fortbesteht. Die rechtliche Subsumtion ist noch schwieriger, wenn der Versicherungsnehmer vor Auszahlung eine neue Ehe eingegangen ist. Die Regelung in § 2077 kommt in diesen Fällen nicht zur Anwendung, weil in diesen Konstellationen nicht der Wille des Erblassers/Versicherungsnehmers maßgeblich ist, sondern es vielmehr darauf ankommt, was die Versicherungsgesellschaft als Vertragspartner aufgrund eines objektiven Empfängerhorizonts annehmen durfte (BGH NJW 1987, 3131; ZEV 2007, 387 (388)). Daher bedarf es einer Auslegung der Willenserklärung, also des gegenüber dem Versprechenden (Bank, Versicherungsgesellschaft) geäußerten Willens, wobei der Zeitpunkt der Festlegung des Bezugsberechtigten maßgeblich sein muss. Nachdem im Zeitpunkt der Willensäußerung in den meisten Fällen die Person gemeint war, welche zu diesem Zeitpunkt der Versprechensempfänger (Versicherungsnehmer, Bankkunden) verheiratet war, und die Vorschrift des § 2077 eben nicht angewendet werden kann, auch nicht analog, besteht trotz Scheidung die Bezugsberechtigung fort (BGH ZEV 2007, 387 (388)). Hat der Vertragspartner seinen Ehegatten, mit dem er im Zeitpunkt des Ablebens verheiratet ist, als Bezugsberechtigten festgelegt, dann ist dies eine auflösend bedingte Festlegung, selbst wenn diese als unwiderruflich bezeichnet wurde (BGH NJW 2013, 232 (233)). Der Auszahlung an den geschiedenen Ehegatten fehlt unter Umständen jedoch der Rechtsgrund bzw. die Geschäftsgrundlage, so dass eine Rückforderung aus bereicherungsrechtlichen Gründen möglich ist (BGH NJW 1987, 3131 (3132)). Obgleich im Hinblick auf Beweisprobleme und damit potentielle Streitigkeiten dringend davon abzuraten ist, kann als Bezugsberechtigter „der Lebensgefährte des Versicherungsnehmers" bestimmt werden (OLG Düsseldorf NJW-RR 1996, 1329).

Werden als Bezugsberechtigter „die **Kinder** des Versicherungsnehmers" benannt, ohne dass dies weiter 11 in der Vereinbarung konkretisiert wird, sind darunter leibliche und adoptierte sowie uneheliche Kinder zu verstehen.

4. Vollzugsverhältnis. Nach dem Ableben des Versprechensempfängers erhält der Dritte einen An- 12 spruch gegen den Versprechenden. Mit dem Tod des Versprechensempfängers erwirbt der Dritte den schuldrechtlichen Anspruch gegen den Verspechenden von selbst, also ohne weiteres Hinzutun (BGH NJW 1965, 1913 (1914)). Der Versprechende kann sich zu jeder Leistung verpflichten, solange diese ausreichend bestimmbar ist (Bamberger/Roth/*Janoschek* § 328 Rn. 15). Wurde die Bezugsberechtigung, beispielsweise bei einer Lebensversicherung vor Ableben des Versprechensempfängers wirksam widerrufen, hat der Dritte keinen wirksamen Anspruch erworben. Lediglich im Rahmen einer sog. „nachvertraglichen" Handlungspflicht kann dem Dritten nach Treu und Glauben ein Auskunftsanspruch gegen den Versprechenden über den Bestand der Bezugsberechtigung zustehen (BGH NJW 1982, 1807 (1808)).

13 Wurde die Bezugsberechtigung nicht widerrufen, hat der Dritte einen Anspruch auf Auszahlung der Lebensversicherungssumme oder des Guthabens bei der Bank. Hat der Versprechensempfänger (Erblasser) im Rahmen eines Vertrags zugunsten Dritter auf den Todesfall alle Rechte aus einem Konto auf einen Begünstigten übertragen, so erfasst dies auch die Inhaberschaft des Kontos, was wiederum dazu führt, dass ein Kontokorrentverhältnis auf den Dritten und nicht auf die Erben übergeht (OLG Hamm WM 1998, 2236). Hat der Versprechende (Kontoinhaber) nach dem Abschluss eines Vertrags zugunsten Dritter auf den Todesfall im Zustand der Geschäftsunfähigkeit das gesamte Guthaben von dem betreffenden Konto abgehoben und auf ein anderes ihm gehörendes Konto eingezahlt, steht dem Dritten weder ein bereicherungsrechtlicher Anspruch noch ein Recht auf Schadensersatz gegen die Erben zu, weil das Guthaben im Vermögen des Kontoinhabers blieb und die Hoffnung auf den Erwerb durch den Dritten nicht vom Bürgerlichen Gesetzbuch geschützt wird (OLG Frankfurt a. M. NJW-RR 1990, 968 (969)).

14 Stirbt der Begünstigte iSd § 331 vor Entstehen des Anspruchs aus dem Vertrag zugunsten Dritter, stellt sich die Frage, inwiefern ein Ersatzbegünstigter benannt wurde. Auf die Auslegungsregelung des **§ 2069** kann nicht direkt oder analog im Rahmen von derartigen Verträgen zugunsten Dritter abgestellt werden. Im Zweifel steht vielmehr das Recht auf Leistung dem Versprechensempfänger zu und fällt damit in dessen Nachlass, falls er keinen Ersatzbegünstigten vor seinem Ableben benennt (BGH NJW 1993, 2171 (2172)).

15 **5. Vermutungsregelung des Abs. 2.** Inwiefern der Dritte eine gesicherte Rechtsposition erlangt und damit Versprechensempfänger und Versprechende gehindert sind, seine Rechtsposition zu ändern, sollte sich grds. ausdrücklich aus dem Deckungsverhältnis ergeben. Fehlt eine explizite Regelung in dem abgeschlossenen Vertrag, kann auf die Vermutungsregel des § 328 II zurückgegriffen werden. Dabei ist grds. aus dem Zweck des Vertrags zu entnehmen, ob der Versprechensempfänger zusammen mit dem Versprechenden eine Änderung zu Lasten des Begünstigten vornehmen darf oder den Begünstigten sogar gänzlich ersetzen darf.

16 In einem Schenkungsvertrag, in dem für weichende Geschwister eine Ausgleichszahlung festgelegt wurde, wird eine Abänderung wohl in Ermangelung einer ausdrücklichen Regelung nicht möglich sein, insbes. dann, wenn die weichenden Geschwister im Zusammenhang mit der vorweggenommen Erbfolge einen Pflichtteilsverzicht abgegeben haben.

§ 332 Änderung durch Verfügung von Todes wegen bei Vorbehalt

Hat sich der Versprechensempfänger die Befugnis vorbehalten, ohne Zustimmung des Versprechenden an die Stelle des in dem Vertrag bezeichneten Dritten einen anderen zu setzen, so kann dies im Zweifel auch in einer Verfügung von Todes wegen geschehen.

1 **1. Normzweck.** Die Vorschrift des § 332 enthält im Rahmen von Verträgen zugunsten Dritter eine weitere Auslegungsregel, die insbes. bei Lebensversicherungsverträgen und Sparverträgen zugunsten Dritter von Bedeutung ist. Grundsätzlich sind Änderungen hinsichtlich der Personen des Begünstigten Fragen des Deckungsverhältnisses, so dass letztlich aufgrund vertraglicher Vereinbarung zwischen Versprechendem (Bank, Lebensversicherungsgesellschaft) und dem Versprechensempfänger die Dritte (Bezugsberechtigte) festgelegt wird und auf diese Weise auch wieder geändert wird. Inwiefern eine Änderung im Rahmen einer Verfügung von Todes wegen, also durch eine nicht empfangsbedürftige Willenserklärung, in Ermangelung einer ausdrücklichen Vertragsregelung möglich ist, behandelt die Vorschrift des § 332.

2 **2. Anwendungsbereich.** Da es sich bei § 332 um eine Auslegungsvorschrift handelt, kommt diese Norm lediglich dann zur Anwendung, falls keine ausdrückliche Vereinbarung über die Art der Widerrufsmöglichkeit getroffen wurde. Diese kann sich ausdrücklich nicht nur aus dem Vertrag, sondern auch aus den Allgemeinen Geschäftsbedingungen ergeben.

3 In Bezug auf **Versicherungsverträge** sind die Vorschriften des Gesetzes über den Versicherungsvertrag zu beachten, in welchen bspw. in § 159 VVG zwischen der widerruflichen und der unwiderruflichen Bezugsberechtigung differenziert wird. Insbesondere im Bereich der Lebensversicherung sind neben dem Gesetz über den Versicherungsvertrag die Allgemeinen Versicherungsbedingungen für Lebensversicherungen zu beachten. Danach wird vielfach für die Begründung und den Widerruf einer Bezugsberechtigung die Notwendigkeit einer schriftlichen Anzeige bei der Versicherungsgesellschaft bzw. beim Vorstand der Gesellschaft festgelegt (vgl. § 13 III ALB). Die Statuierung eines derartigen Erfordernisses ist durch die Aufnahme in die Allgemeinen Versicherungsbedingungen möglich. Eine ausdrückliche Regelung im Lebensversicherungsvertrag ist dabei nicht notwendig, weil diese Versicherungsklausel einer AGB-Kontrolle standhält und damit über die Versicherungsbedingungen auch Vertragsbestandteil wird (BGH 1981, 2245 (2246)). Enthält der Versicherungsvertrag eine derartige Klausel, kann der Versprechensempfänger zwar weiterhin durch Verfügung von Todes wegen die Bezugsberechtigung ändern, muss aber zugleich zu Lebzeiten dies der Versicherungsgesellschaft anzeigen. Eine Anzeige nach Ableben durch Übersendung einer Abschrift des Testaments ist nicht mehr möglich, weil § 130 II insoweit nicht zur Anwendung gelangt und der Bezugsberechtigte mit dem Ableben eine Position erworben hat, die ihm nicht mehr durch eine Änderungsverfügung entzogen werden kann (BGH DNotZ 1994, 377 (379)). Wurde der Widerruf unwirksam erklärt, ist dieser Widerruf jedoch dahingehend interpretierbar,

dass der Versprechende die Schenkung gegenüber dem Begünstigten nicht vornehmen wollte (Palandt/ *Grüneberg* Rn. 3 mwN).

Liegen keine derartigen Geschäftsbedingungen oder Vertragsregelungen vor, kommt die Vorschrift des § 332 vollumfänglich zur Anwendung. Hat der Versprechensempfänger in Unkenntnis einer Verfügung von Todes wegen, die eine Änderung der Bezugsberechtigung enthält, an den ursprünglichen Bezugsberechtigten die Leistung vorgenommen, greift die Regelung des § 407 zum Schutz des Versprechenden (Palandt/*Grüneberg* Rn. 1).

...

Abschnitt 8. Einzelne Schuldverhältnisse

Titel 4. Schenkung

§ 516 Begriff der Schenkung

(1) Eine Zuwendung, durch die jemand aus seinem Vermögen einen anderen bereichert, ist Schenkung, wenn beide Teile darüber einig sind, dass die Zuwendung unentgeltlich erfolgt.

(2) ¹Ist die Zuwendung ohne den Willen des anderen erfolgt, so kann ihn der Zuwendende unter Bestimmung einer angemessenen Frist zur Erklärung über die Annahme auffordern. ²Nach dem Ablauf der Frist gilt die Schenkung als angenommen, wenn nicht der andere sie vorher abgelehnt hat. ³Im Falle der Ablehnung kann die Herausgabe des Zugewendeten nach den Vorschriften über die Herausgabe einer ungerechtfertigten Bereicherung gefordert werden.

1. Allgemeines. Die Vorschrift des § 516 regelt umfassend den Begriff der Schenkung. Schenkung ist danach eine Zuwendung, durch die jemand aus seinem Vermögen einen anderen bereichert, wenn beide Vertragspartner darüber einig sind, dass die Zuwendung unentgeltlich erfolgt. Damit umfasst die Vorschrift die Handschenkung, die Übertragungen im Wege der vorweggenommenen Erbfolge, ehebedingte Zuwendungen sowie sonstige unentgeltliche Übertragungen. Aufgrund dieser Norm sind sog. **„Handschenkungen"** rechtsgültig und unterliegen nicht der Form des § 518. Schenkt jemand einer Personen bspw. einen Gegenstand und übereignet und übergibt ihn sofort (§ 929), liegt eine Handschenkung vor. Bei Handschenkungen erfolgt die Zuwendung entweder zeitlich vor oder gleichzeitig mit der getroffenen Schenkungsabrede, wohingegen beim Schenkungsversprechen die Vornahme der Zuwendung erst für einen Zeitraum versprochen wird, der nach der Schenkungsabrede liegt (*Nieder* BWNotZ 1996, 129 (130)). Eine Schenkung kann gem. § 525 auch unter einer Auflage erfolgen. Die Schenkung ist grds. von entgeltlichen Verträgen sowie sonstigen unentgeltlichen Verträgen, wie zB dem Leihvertrag oder sonstigen Gebrauchsüberlassungen für einen bestimmten Zeitraum, zu unterscheiden.

Teilweise werden Schenkungen unter den Begriff der vorweggenommenen Erbfolge bezeichnet. Unter **vorweggenommener Erbfolge** sind dabei solche Schenkungen zu verstehen, die ein Erblasser zu Lebzeiten an seine Erben macht. Sie richten sich aber nicht nach dem Erbrecht, sondern nach Rechtsgeschäften unter Lebenden (BGH MittRhNotK 1995, 172). Die Aussage in einem Vertrag, dass dieser aus Gründen der vorweggenommen Erbfolge geschlossen wird, führt nicht zwingend zur Unentgeltlichkeit, sondern ist vom Tatrichter zu würdigen (BGH MittRhNotK 1995, 172). Die Motive für lebzeitige Schenkungen können vielfältig sein. Neben der Intention der lebzeitigen Regelung der Erbfolge kann der Schutz vor dem Zugriff des Sozialhilfeträgers bei Pflegebedürftigkeit sowie das Ausnutzen von Freibeträgen nach dem Erbschaft- und Schenkungsteuergesetz das Hauptmotiv für eine Übertragung zu Lebzeiten sein. Bei Überlassungen an Abkömmlinge ist es ratsam, die Frage der Pflichtteilsanrechnung und der Ausgleichung unter Geschwistern im Rahmen der Überlassungsvereinbarung zu regeln. Der Bevollmächtigte einer Vorsorgevollmacht ist zu Schenkungen aus dem Vermögen des Vollmachtgebers berechtigt, sofern dies in der Vollmacht nicht ausdrücklich verboten wurde und auch keinen Missbrauch der Vollmacht darstellt (vgl. dazu auch *Müller* DNotZ 2015, 403 (409)).

2. Tatbestandsvoraussetzung einer Schenkung (Abs. 1). Eine Schenkung setzt eine Zuwendung voraus, die unentgeltlich ist und zu einer Bereicherung des Beschenkten führt.

a) Zuwendung. Gegenstand der Zuwendung können alle Sachen (bewegliche Gegenstände), Grundstücke, Erbbaurechte, Einräumung von Wohnungsrechten oder Nießbrauchsrechten, Forderungen, Gesellschafts- und Geschäftsanteile oder die Abgabe eines Schuldanerkenntnisses sein (vgl. zu Gesellschaftsanteilen *Werner* ZEV 2013, 66 (67)). Die Aufnahme als persönlich haftender Gesellschafter bei einer Kommanditgesellschaft ohne Erbringung einer Kapitaleinlage ist hingegen keine Schenkung (*Werner* ZEV 2013, 66 (67)). Die unentgeltliche Gebrauchsüberlassung von Wohn- oder Geschäftsräumen ist regelmäßig auch bei langer Vertragslaufzeit Leihe und selbst dann nicht formbedürftig, wenn das Recht des Verleihers zur Eigenbedarfskündigung vertraglich ausgeschlossen ist (BGH NJW 2016, 2652 (2654)). Dies stellt gerade keine Schenkung dar. Auch die Begründung eines Aneignungsrechts, wie bspw. eines Holzschlagerechts, kann Gegenstand einer Zuwendung sein (BGH ZEV 2006, 36). Daneben kann in einem Verzicht auf etwaige Ansprüche eine Zuwendung iSd § 516 liegen, wie zB in einem Verzicht auf einen Darlehensanspruch, auf ein Wohnungsrecht oder auf ein Nießbrauchsrecht (BGH NJW 2000, 728

(730); OLG Nürnberg ZEV 2014, 37 (38); OLG Köln NJW-RR 2017, 915). Der Verzicht auf ein wertlos gewordenes Wohnrecht erfüllt nicht den Begriff der Schenkung iSd § 1804 (BGH ZEV 2012, 371 (372)). Er stellt aber eine Schenkung iSd § 516 dar (OLG Nürnberg ZEV 2014, 37 (38)). Werden Leistungen aus dem Gesellschaftsvermögen an einzelne Gesellschafter, die im Hinblick auf die Mitgliedschaft erfolgen, versprochen, beruhen diese regelmäßig auch dann, wenn im Leistungszeitpunkt keine rechtliche Verpflichtung zur Erbringung der Leistung besteht, auf der gesellschaftsvertraglich verabredeten gemeinsamen Zweckverfolgung, an deren Erfolg der Gesellschafter teilhaben soll (BGH NZG 2013, 53 (55)). Der im Gesellschaftsverhältnis wurzelnde Leistungszweck steht der Annahme einer Schenkung entgegen (BGH NZG 2013, 53 (55)).

5   Ist Gegenstand der Zuwendung das **gesamte Vermögen**, ist § 311b III zwingend zu beachten. Eine Übertragung des gesamten Vermögens kann auch darin erblickt werden, dass eine Kapitalgesellschaft sämtliche Wirtschaftsgüter oder Beteiligungen an Tochterunternehmen an jemanden überträgt, so dass diese Vereinbarung zwar nicht nach § 516, aber nach § 311b III der notariellen Beurkundung bedarf.
Eine Zuwendung kann zudem in einem Unterlassen liegen, wenn bspw. innerhalb der Verjährungsfrist der Anspruch nicht geltend gemacht wird. Die Unterbeteiligung an einem Geschäftsanteil kann ebenfalls Gegenstand eines Schenkungsvertrags sein (BGH DNotZ 2012, 713 (714)).

6   **b) Unentgeltlichkeit.** Der Schenkungstatbestand setzt eine unentgeltliche Zuwendung voraus. Maßgeblicher Zeitpunkt für die Bestimmung der Unentgeltlichkeit ist derjenige des Vollzugs der Schenkung (BGH DNotZ 2001, 711 (712); ZEV 2002, 282). Schenker und Beschenkter müssen subjektiv darüber einig sein, dass die Schenkung unentgeltlich erfolgt, also eine objektive Gegenleistung (BGH ZEV 2002, 282 (283); OLG Hamm NJW-RR 1993, 1412). Ausnahmsweise kann die Begründung der Gütergemeinschaft als Zuwendung und als Schenkung gesehen werden, wenn die Ehegatten über die Unentgeltlichkeit einig sind und der Abschluss des Ehevertrags mit Vereinbarung der Gütergemeinschaft nicht den Hintergrund hat, das Vermögen der Ehegatten zum Zwecke der Verwirklichung der Ehe neu zu ordnen (BGH NJW 1992, 558ff.). Schwiegerelterliche Zuwendungen erfüllen auch dann sämtliche tatbestandlichen Voraussetzungen einer Schenkung, wenn sie um der Ehe des eigenen Kindes willen erfolgen (BGH NJW 2015, 690 (691)). Bei Scheitern der Ehe kann sich eine Rückforderung wegen Wegfalls der Geschäftsgrundlage ergeben (BGH NJW 2015, 690 (691); NJW 2016, 629 (630)). Da das Scheitern der Ehe des Kindes regelmäßig spätestens mit der Zustellung des Scheidungsantrags zum Ausdruck kommt, liegt die für den Beginn der regelmäßigen Verjährungsfrist erforderliche Kenntnis der Schwiegereltern jedenfalls dann vor, wenn sie von der Zustellung des Scheidungsantrags Kenntnis erlangt haben oder ohne grobe Fahrlässigkeit hätten erlangen müssen, so dass ab diesem Zeitpunkt die Verjährung für die Rückforderung beginnt (BGH NJW 2016, 629 (630)).

7   Grundsätzlich stellt die Aufnahme eines Gesellschafters in eine offene Handelsgesellschaft ohne Gegenleistung keine Schenkung dar, kann aber ausnahmsweise eine Schenkung begründen (BGH NJW 1981, 1956 (1957)). Wird jemand in Form einer Innengesellschaft an dem Gesellschaftsvermögen einer anderen Person beteiligt, bedarf der Abschluss des Gesellschaftsvertrags der notariellen Beurkundung nach § 518 (vgl. zur Heilungsmöglichkeit in engen Grenzen → § 518 Rn. 8).

8   Schwierig ist die Entgeltlichkeit bei „belohnenden Schenkungen" und „gemischten Schenkungen" zu ermitteln. Eine Einigung über die Unentgeltlichkeit der Schenkung setzt voraus, dass der Erwerber über den Gegenstand frei verfügen kann, noch dass der Beschenkte einseitig begünstigt wird (BGH NJW 2010, 371 (372)). Eine Entgeltlichkeit kann darin gesehen werden, dass für eine ursprünglich ohne rechtswirksamen Anspruch auf Entgelt erbrachte Leistung nachträglich eine Vergütung als Gegenleistung vereinbart wird (OLG Düsseldorf MittBayNot 1996, 203 (204)). Im Bürgerlichen Gesetzbuch ist ferner keine Vermutung zwischen nahen Verwandten für eine Unentgeltlichkeit zu finden. Lediglich im Rahmen der Vorschriften der § 865 II und § 1620 wird der Charakter einer Schenkung im Zweifel vermutet (OLG Düsseldorf MittBayNot 1996, 203 (205); BGH MittRhNotK 1995, 172 (173)). Wenn die maßgebliche subjektive Wertung der Vertragspartner davon ausgeht, dass Leistung und Gegenleistung nahezu identisch sind, liegt keine Schenkung mangels Entgeltlichkeit vor (BGH MittRhNotK 1995, 172).

9   **aa) Belohnende Schenkung.** Die belohnende Schenkung bezeichnet eine Schenkung, bei welcher der Zuwendende eine Handlung oder ein Unterlassen des Empfängers erwartet. Für diese gelten die Regelungen der §§ 516ff. Die belohnende Schenkung iSd § 516 ist von entgeltlichen, erfolgsabhängigen Zuwendungen (entgeltlicher Vertrag besonderer Art) und der Auslobung abzugrenzen. Eine **Auslobung** richtet sich nach § 657 und ist anzunehmen, wenn eine Belohnung für eine menschliche Tätigkeit, wie zB eine sportliche Leistung, ausgesetzt wird, wobei die Auslobung auch nur bestimmte Personen oder Berufskreise betreffen kann, sich aber nicht an einen geschlossenen und damit individuell abgegrenzten Personenkreis richten darf (OLG München NJW 1983, 759). Betrifft eine versprochene Leistung einen bestimmten Personenkreis, wie eine Schulklasse oder Sportmannschaft, ist zwischen einer belohnenden Schenkung und einem entgeltlichen Vertrag besonderer Art zu differenzieren. Einer belohnenden Schenkung liegt lediglich ein Handeln oder Unterlassen des Zuwendungsempfängers zugrunde (OLG Düsseldorf OLGZ 1978, 323 (324)). Diese behält den Charakter einer Schenkung (OLG München NJW 1983, 759). Ein entgeltlicher Vertrag setzt hingegen Leistung und Gegenleistung voraus, wobei die Gegenleistung keine Geldzahlung darstellen muss und auch einem Dritten gegenüber erbracht werden kann (OLG München NJW 1983, 759). Unentgeltlichkeit und damit eine Schenkung können nicht schon deshalb angenommen werden, da Leistung und Gegenleistung nicht äquivalent sind. Vielmehr erfordert dies eine Minderung des Vermögens auf Seiten des Zuwendenden (BGH NJW 1951, 268). Im Zweifel ist bei

einer nicht äquivalenten Gegenleistung von einer belohnenden oder gemischten Schenkung auszugehen, die zur Formbedürftigkeit führt. Dafür spricht auch der Schutz des Zuwendenden, der durch das Formgebot des § 518 gewährleistet werden soll. Verspricht ein Trainer bspw. für den Gewinn der Meisterschaft die Zahlung eines Betrags, kann dies als entgeltlicher Vertrag besonderer Art anzusehen sein und daher nicht als formbedürftige Schenkung (BGH DNotZ 2010, 49 (50)). Auf der anderen Seite kann das Versprechen einer Zahlung an eine Mannschaft bei Erhalt der Spielklasse eine Schenkung sein (OLG München NJW 1983, 759 (760)). Es kommt jeweils auf eine Einzelfallbetrachtung an.

bb) Gemischte Schenkungen. Gemischte Schenkungen setzen sich aus einem entgeltlichen und unentgeltlichen Anteil zusammen. Eine gemischte Schenkung ist gegeben, wenn der Erwerber durch einen Überschuss des Werts der Leistung verglichen mit einer Gegenleistung unter objektiver Betrachtung bereichert wird (BGH ZEV 2012, 110). Bei einer gemischten Schenkung müssen sich Schenker und Erwerber ferner darüber einig sein, dass ein Teil des Zugewandten nicht durch die vertragliche Gegenleistung abgegolten ist, sondern eben unentgeltlich zugewendet wird (BGH NJW 1972, 1709 (1710)). Letztlich muss bei einer gemischten Schenkung tatrichterlich gewürdigt werden, ob sich die Vertragspartner einer Wertdifferenz zwischen Leistung und Gegenleistung bewusst waren und diesen unentgeltlichen Charakter wollten (BGH ZEV 2012, 110 (111)). 10

Der vertraglichen Gestaltungsfreiheit der Vertragspartner über die Höhe von Leistung und Gegenleistung sind im Rahmen des Anwendungsbereichs des § 2325 sowie des Erbschaft- und Schenkungsteuergesetzes Grenzen gesetzt, so dass diese zur Vermeidung von unangenehmen Folgen nicht einfach unangemessen festgesetzt werden dürfen (BGH NJW 1972, 1709 (1710)). Eine gemischte Grundstücksschenkung wird dann anzunehmen sein, wenn ein Grundstück gegen Übernahme der Verbindlichkeiten überlassen wird und der Erwerber nicht nur die dingliche, sondern auch persönliche Haftung übernimmt und die entsprechenden Zahlungen leistet. Ebenfalls kann die Übergabe eines landwirtschaftlichen Betriebs, bei dem zahlreiche Gegenleistungen für den Übergeber vereinbart werden, als gemischte Schenkung angesehen werden. Eine Regel, wonach der Wert der Leistung mindestens das Doppelte der Gegenleistung betragen muss, ist nicht vorzugswürdig (BGH ZEV 2012, 110). Es kommt stets auf die Betrachtung im Einzelfall an. Derjenige, der sich auf eine gemischte Schenkung beruft, trägt in einem Gerichtsverfahren die Beweislast (BGH NJW 1981, 2458 (2459); ZEV 2013, 213 (215)). 11

c) Bereicherung des Beschenkten. Eine Schenkung im Sinne des § 516 erfordert eine Bereicherung des Erwerbers (OLG Köln NJW-RR 2017, 915). Diese kann in einer klassischen Mehrung des Vermögens als auch in einer Verringerung von Schulden oder Verbindlichkeiten, wie bei einem Schuldenerlass, liegen. Dabei muss der Wert der Leistung den Wert einer etwaigen Gegenleistung überwiegen (BGH ZEV 2012, 110 (111)). Zudem setzt die Schenkung im Gegenzug eine Verminderung des Vermögens beim Schenker voraus (BGH NJW 1982, 820). Schwierig kann sich die Abgrenzung bei der Gebrauchsüberlassung, insbes. der Überlassung von Grundbesitz, gestalten, weil darin sowohl eine Leihe als auch eine Schenkung liegen kann. Gebrauchsüberlassungen sowie Arbeits- und Dienstleistungen können zwar in den meisten Fällen dazu führen, dass keine Vermögensminderung beim Schenker eintritt und damit grds. keine Schenkung vorliegt, die Schenkung aber in der ersparten Vergütung oder in dem entgangenen Nutzen (Miete) zu sehen ist (BGH DNotZ 1988, 436 (437)). Die unentgeltliche Gebrauchsüberlassung von Wohn- oder Geschäftsräumen ist regelmäßig auch bei langer Vertragslaufzeit Leihe und selbst dann nicht formbedürftig, wenn das Recht des Verleihers zur Eigenbedarfskündigung vertraglich ausgeschlossen ist (BGH NJW 2016, 2652 (2654)). Die Absicht der Bereicherung ist nicht notwendig, so dass eine Schenkung auch bei selbstsüchtigen Motiven des Schenkers möglich ist (Palandt/*Weidenkaff* Rn. 6). Endgültige unentgeltliche Zuwendungen an Stiftungen sowie freie und gebundene Zuwendungen an Stiftungen sind ebenfalls Schenkungen, so dass § 2329 zur Anwendung gelangt (BGH DNotZ 2004, 475). 12

Schenkungen sind auch im Rahmen einer **Kettenschenkung** möglich. Danach schenkt eine Person einem Erwerber einen Gegenstand und dieser das Erhaltene wiederum an einen Dritten weiter. Wird eine Verpflichtung zur Weitergabe an den Enderwerber vereinbart, kann die Schenkung steuerlich als Zuwendung des ersten Schenkers an den Enderwerber anzusehen sein, weil die mittlere Person keine Bereicherung hat (BFH MittBayNot 1994, 174 (175)). Wird eine entsprechende Verpflichtung jedoch bei Abschluss des ersten Schenkungsvertrags nicht aufgenommen, so dass der Erwerber nicht zwingend die zweite Schenkung vorzunehmen hat, liegen zwei selbständige Schenkungsverträge vor. Auf die zeitliche Komponente kann es nicht ankommen, so dass zwei Schenkungen auch dann anzunehmen sind, falls die Schenkungsverträge im kurzen zeitlichen Abstand, also bspw. mit nachfolgenden Urkunden, geschlossen werden. 13

d) Unzulässige Schenkungen. Nicht jede Schenkung ist zulässig. In vielen Normen sind Schenkungsverbote statuiert. Gem. § 14 V **Heimgesetz** sind Schenkungen an den Träger des Heims bzw. an deren Mitarbeiter unzulässig, sofern diese seitens eines Heimbewohners erfolgen. Wird dagegen verstoßen, sind die Verfügungen nach § 134 nichtig (BVerfGE NJW 1998, 2964). Die Verfügung eines **Vorerben** über einen Erbschaftsgegenstand, die unentgeltlich oder zum Zwecke der Erfüllung eines von dem Vorerben erteilten Schenkungsversprechens erfolgt, ist gem. § 2113 unwirksam. Ausgenommen sind Schenkungen, durch die einer sittlichen Pflicht oder einer auf den Anstand zu nehmenden Rücksicht entsprochen wird. Der **Vormund** kann nicht in Vertretung des Mündels Schenkungen vornehmen (§ 1804). Das gleiche Verbot gilt für den **Pfleger** (§ 1915) sowie den **Betreuer**, jedoch kann der Betreuer in Ausnahmefällen im Namen des Betreuten Gelegenheitsgeschenke machen (§ 1908i II). Zu unentgeltlichen Verfügungen ist der **Testamentsvollstrecker** nur berechtigt, soweit sie einer sittlichen Pflicht oder einer auf den Anstand zu nehmenden Rücksicht entsprechen (§ 2205 S. 2). 14

Najdecki

15   **3. Abgrenzung von Ausstattung.** Die Schenkung ist von der **Ausstattung** nach § 1624 abzugrenzen, die dann vorliegt, wenn einem Kind mit Rücksicht auf seine Verheiratung oder auf die Erlangung einer selbständigen Lebensstellung zur Begründung oder zur Erhaltung der Wirtschaft oder der Lebensstellung von dem Vater oder der Mutter etwas zugewendet wird. Die Absicht des Elternteils ist dabei das zentrale Abgrenzungskriterium. Die Differenzierung zwischen Ausstattung und Schenkung hat rechtliche Folgen. Gem. § 1624 II wird hinsichtlich der Gewährleistung auf die Vorschriften der §§ 523, 524 verwiesen. Hingegen kommen die Privilegien des Schenkers nach §§ 521, 522, die Einrede des Notbedarfs nach § 519, die Rückforderung wegen Verarmung des Schenkers nach § 528 sowie der Widerruf nach § 530 nicht zur Anwendung. Bei dem Erwerber einer Ausstattung ist diese gem. § 1374 II dem Anfangsvermögen bei der Berechnung von Zugewinn zuzurechnen. Eine Ausstattung kann in den Anwendungsbereich des § 1375 II Nr. 1 fallen. Sie unterliegt nicht der Pflichtteilsergänzung nach § 2325. Trotz der rechtlich interessanten Unterschiede ist diese in der Praxis selten zu finden, da der Ausstattung primär keine anderen Motive zugrunde liegen dürfen. Sind andere Beweggründe bei den Vertragspartnern vorhanden, liegt folglich keine Ausstattung, sondern eine Schenkung vor.

16   **4. Vertragliche Rückforderungsrechte.** Bei Schenkungen aller Art und insbes. bei der Überlassung von Grundbesitz ist es sinnvoll und weit verbreitet, vertragliche Rückforderungsrechte zum Schutz des Veräußerers zu vereinbaren. Dabei wird vornehmlich ein Rückforderungsanspruch ausgelöst, wenn der Erwerber des Vertragsgegenstandes diesen ohne Zustimmung des Veräußerers veräußert oder belastet, der Erwerber vor dem Veräußerer verstirbt, über das Vermögen des Erwerbers das Insolvenzverfahren eingeleitet oder die Eröffnung eines solchen Verfahrens mangels Masse abgelehnt wird, die Zwangsversteigerung oder die Zwangsverwaltung über den Vertragsgegenstand oder einen Teil hiervon oder sonstige Zwangsvollstreckungsmaßnahmen in den Vertragsgegenstand angeordnet und nicht innerhalb von drei Monaten wieder aufgehoben werden. Teilweise behalten sich Eltern eine Rückforderung vor, falls ein Antrag auf Scheidung der Ehe des Erwerbers rechtshängig wird, es sei denn, dass der Gegenstand der Zuwendung beim Zugewinnausgleich aufgrund Ehevertrags in keiner Weise zu berücksichtigen ist, dh weder zum Anfangs- noch zum Endvermögen eines Ehegatten hinzugerechnet wird, und sich nicht im Gesamtgut der Ehegatten befindet. Natürlich ist es daneben zulässig, ein freies Rückforderungsrecht zu vereinbaren, das ohne die Angabe von Gründen vom Schenker ausgeübt werden darf. Bei überlassenem Grundbesitz kann dieser Rückforderungsanspruch durch die Eintragung einer Auflassungsvormerkung nach § 883 gesichert werden. Gem. § 29 I Nr. 1 ErbStG erlischt die Schenkungsteuer, soweit ein Geschenk wegen eines Rückforderungsrechts herauszugeben ist. Die Rückabwicklung aufgrund Rückforderungsrechts ist selbst steuerfrei und lässt rückwirkend eine mögliche Steuer entfallen (*Pauli* ZEV 2013, 289 (294)).

17   **a) Rückforderung für den Fall der Veräußerung.** Wird ein Rückforderungsrecht für den Fall einer Veräußerung des Grundbesitzes vereinbart, betrifft der Begriff „Veräußerung" das Verfügungsgeschäft, also nicht den Abschluss des Verpflichtungsgeschäfts. Unter Veräußerung ist ferner der Antrag auf Durchführung einer Teilungsversteigerung nach § 180 ZVG zu subsumieren (DNotI-Report 16/2011, 12 mwN). Wird ein Grundstück von einem Ehegatten (Alleineigentum) an Abkömmlinge schenkungsweise übertragen und soll ein Rückforderungsrecht vereinbart sowie durch eine Rückauflassungsvormerkung abgesichert werden, ist eine Bestellung in der Weise denkbar, dass beide Ehegatten als Gesamtgläubiger die Rückübertragung verlangen können (OLG Karlsruhe DNotZ 2013, 200 (202)). Bei Grundbesitz ist die Absicherung der Rückforderung durch die Eintragung einer Vormerkung iSd § 883 notwendig, da die vertragliche Vereinbarung eines Veräußerungsverbots lediglich relativ wirkt (§ 137) und sonst vom Erwerber durch vertragswidrige Verkäufe bzw. Belastungen ausgehebelt werden könnte. Obgleich der Rückübertragungsanspruch ein mehrfach bedingter Anspruch ist, ist dieser durch eine Vormerkung sicherbar. Dabei liegt auch keine Umgehung des § 137 vor (BGH NJW 1997, 861 (862); *Ellenbeck* MittRhNotK 1997, 42 (45)). Ein Verfügungsverbot nach § 137 verstößt nicht gegen die guten Sitten und ist nicht nach § 138 nichtig, selbst wenn es länger als 30 Jahre dauert (BGH MittBayNot 2013, 218 (219)). Auch wird es nach 30 Jahren nicht automatisch unwirksam. Etwaige sich aus dem Erbrecht ergebende Verbote und Befristungen lassen sich weder direkt noch analog auf diesen Fall transferieren (BGH MittBayNot 2013, 218 (219)). Im Hinblick auf die Sicherung des Familienvermögens kann auch dann nicht Sittenwidrigkeit angenommen werden, wenn der Erwerber ohne Einschränkung nur mit Zustimmung des Übernehmers verfügen darf. Etwas anderes kann aber bei der Übergabe eines Betriebs und zum Betrieb gehörenden Grundvermögens gegeben sein, wenn der Erwerber/Übernehmer nicht die Zustimmung zu einer mit den Grundsätzen ordnungsgemäßer Wirtschaft zu vereinbarenden und den Zweck des Verfügungsverbots nicht wesentlich gefährdenden Verfügung verlangen kann (BGH MittBayNot 2013, 218 (220)). Eine Veräußerung kann ferner darin zu sehen sein, dass der Erwerber das ihm mit einer Rückauflassungsvormerkung belastete Grundstück, welches zwangsversteigert wird, ersteigert (BGH NJW 1994, 3299). Wurde eine Gesellschaftsbeteiligung verschenkt und ein Rückforderungsrecht vorbehalten, können der Rückübertragung gesellschaftsrechtliche Hindernisse, wie die Notwendigkeit einer Zustimmung aller Gesellschafter, entgegenstehen.

18   **b) Rückforderung für den Fall der Insolvenz des Erwerbers oder der Zwangsvollstreckung.** Für den Fall der Insolvenz des Beschenkten oder die Zwangsvollstreckung durch Dritte in den Schenkungsgegenstand ist die Vereinbarung eines Rückforderungsrechts ebenfalls möglich. Der Schutz des Schenkers durch eine entsprechende Vereinbarung eines Rückforderungsrechts ist nicht nach § 134 nichtig, weil kein Verbotsgesetz eine entsprechende Vereinbarung untersagt (OLG Düsseldorf OLGZ 1984, 90

(92); *Ellenbeck* MittRhNotK 1997, 42 (46)). Zudem ist diese Vereinbarung nicht sittenwidrig nach § 138. Es besteht nämlich ein berechtigtes Interesse des Übergebers, sich bzw. den Vertragsgegenstand vor einer Insolvenz zu schützen. Folglich kann eine derartige Vereinbarung nicht nur bei Übertragungen von Grundbesitz, sondern auch bei der Abtretung von Geschäftsanteilen und Gesellschaftsanteilen vereinbart werden. Bei Grundbesitz kann dieser bedingte Rückübertragungsanspruch durch eine Vormerkung iSd § 883 gesichert werden (OLG Düsseldorf OLGZ 1984, 90). Bei Unternehmensbeteiligungen besteht bei der Schenkung lediglich die Möglichkeit, eine bedingte Rückabtretung für den Fall der Insolvenz unmittelbar im Überlassungsvertrag zu vereinbaren.

c) Zugriff Dritter auf das Rückforderungsrecht. Wurde in einem Schenkungsvertrag ein freies Rück- 19 forderungsrecht vereinbart, welches ohne Angabe von Gründen ausgeübt werden kann, ist dieses ähnlich einem Wiederkaufsrecht und Aneignungsrecht als unselbständiges Gestaltungsrecht pfändbar, da es aufgrund des unserem Rechtssystem zugrunde liegenden Rechtsprinzips der Gesamtvermögenshaftung kein pfändungsfreies Vermögen geben dürfe (vgl. §§ 851, 857 ZPO; BGH ZEV 2003, 293 (294); *Pauli* ZEV 2013, 289 (296)). Der Ausschluss der Abtretung im Schenkungsvertrag schützt nicht vor einer Pfändung, da gem. § 851 II ZPO die Pfändbarkeit nur bei einer gesetzlich ausgeschlossen Abtretbarkeit nicht zulässig ist. Wird das Rückübertragungsrecht als höchstpersönliches Recht deklariert, wird dadurch verhindert, dass aufgrund einer Vorsorgevollmacht oder sonstigen Generalvollmacht die Rückübertragung vorgenommen wird. Die Angabe von Gründen für die Rückübertragung ist sinnvoll. Dadurch wird eine willkürliche Rückforderung durch Dritte verhindert. Zugleich ist eine zeitliche Begrenzung für die Ausübung des Rückforderungsrechts nach Kenntnis des Rückforderungsgrundes von Vorteil, um Rechtssicherheit zu schaffen.

5. Ehebedingte Zuwendung. Die „ehebedingte oder unbenannte Zuwendung" ist ein Rechtsinstitut, 20 welches durch Rechtsfortbildung des BGH entstanden ist. Obgleich im Rahmen einer ehebedingten Zuwendung Vermögen unentgeltlich von einem Ehegatten auf den anderen übertragen wird, handelt es sich dabei nicht um eine Schenkung im engeren Sinn (BGH NJW 1982, 1093 (1094); 1983, 1611; ZEV 2006, 319).

Zwischen Ehegatten sind sowohl Schenkungen im klassischen Sinn als auch ehebedingte Zuwendun- 21 gen möglich. Letztlich kommt es bei der Übertragung auf die Motivation an. Die meisten Übertragungen unter Ehegatten sind allerdings als ehebedingte Zuwendungen zu qualifizieren, da diese Zuwendungen nicht vollständig unentgeltlich sind, sondern der ehelichen Lebensgemeinschaft dienen (BGH DNotZ 1991, 492 (493); ZEV 2014, 620 (621)). Übertragungen unter Ehegatten erfolgen um der Ehe willen und als Beitrag zur Verwirklichung, Ausgestaltung oder Sicherung der ehelichen Gemeinschaft und damit nicht unentgeltlich (BGH DNotZ 1991, 492 (493); MittBayNot 1993, 375 (376); ZEV 2014, 620 (621)). Ihnen liegt die Erwartung zugrunde – die tatrichterlich festgestellt werden muss – dass die Lebensgemeinschaft Bestand hat und beide Ehegatten die Früchte aus dem Zugewendeten ziehen können (BGH ZEV 2006, 319; OLG Schleswig RNotZ 2007, 350). Wie Schenkungen unterliegen Versprechen auf eine ehebedingte Zuwendung der Form des § 518 und müssen notariell beurkundet werden. Ein Widerruf von ehebedingten Zuwendungen erfolgt nicht nach §§ 530, 531, sondern nach den Regeln des Güterrechts oder des Wegfalls der Geschäftsgrundlage (BGH NJW 1983, 1611). Trotz ihres entgeltlichen Charakters sind diese wie unentgeltliche Schenkungen zu behandeln, wenn es zB um Fragen der Verfügung des Vorerben oder der Pflichtteilsergänzung geht (*Sandweg* NJW 1989, 1965 (1974)). Die dafür maßgeblichen Vorschriften stellen allein auf die unentgeltliche Übertragung ihrem Sinn und Zweck nach ab. Es würde bspw. dem Sinn und Zweck des § 2325 III entgegen laufen, falls durch eine ehebedingte Zuwendung diese Vorschrift nicht mehr anwendbar wäre und so die Pflichtteilsergänzungsansprüche umgangen werden könnten (aA *Morhard* NJW 1987, 1734 (1736), der allein auf die Entgeltlichkeit der ehebedingten Zuwendung abstellt). Trotz ihres besonderen Charakters unterliegen auch die ehebedingten Zuwendungen der Schenkungsteuer und werden nach allgemeinen Grundsätzen beurteilt (BFH MittBayNot 1994, 266).

Eine ehebedingte Zuwendung ist in der Weise möglich, als dass ein Ehegatte **einen Vertrag zugunsten** 22 **Dritter** mit einer Lebensversicherungsgesellschaft oder einem Bankinstitut dergestalt schließt, dass sein Ehepartner nach seinem Ableben die Versicherung oder ein bestimmtes Guthaben ausgezahlt bekommt. Auf derartige Zuwendungen kann die erbrechtliche Vorschrift des § 2077 weder direkt noch analog angewendet werden (BGH NJW 1995, 1082 (1084); 2004, 767 (768)), so dass bei einer Trennung bzw. Scheidung die Bezugsberechtigung ausdrücklich geändert werden muss. Bei einer Übertragung im Vorfeld und im Hinblick auf eine Scheidung wird wohl keine ehebedingte Zuwendung, sondern eine Schenkung dem Willen nach gegeben sein (OLG Schleswig RNotZ 2007, 350).

Ferner kann das Rechtsinstitut einer „ehebedingten" Zuwendung auch bei einer **nichtehelichen Le-** 23 **bensgemeinschaft** vorliegen (BGH DNotZ 2010, 864 f.; ZEV 2014, 620 (621)). Nach der früheren Rspr. des BGH lag keine Schenkung, sondern eine „ehebedingte" Zuwendung selbst dann vor, wenn die **Schwiegereltern** an den Ehepartner des leiblichen Kindes eine unentgeltliche Zuwendung vorgenommen haben (so noch BGH ZEV 2006, 268). Letztlich beurteilte sich die Rechtslage nach früher Rspr. nicht nach Schenkungsrecht, so dass allenfalls eine Rückforderung wegen Wegfalls der Geschäftsgrundlage denkbar war, jedoch nur in Ausnahmefällen angenommen werden konnte (BGH ZEV 2006, 268 (269)). Von dieser Ansicht hat der BGH in neueren Entscheidungen Abstand genommen. Nunmehr sieht der BGH den Tatbestand der Schenkung erfüllt, wobei die Regeln über den Wegfall der Geschäftsgrundlage weiterhin Bestand haben, was zu einer Rückforderung auf Basis dieser rechtlichen Grundlage führen kann (BGH ZEV 2010, 371 (372)).

24 **6. Zuwendung vor Schenkungsabrede (Abs. 2).** Das Bürgerliche Gesetzbuch differenziert auch bei Schenkungsverträgen zwischen der schuldrechtlichen Ebene, dem Verpflichtungsgeschäft bzw. hier der Schenkungsvereinbarung, und dem Verfügungsgeschäft, hier der Zuwendung. Die Bezahlung einer Geldschuld kann bspw. ohne Kenntnis des Beschenkten erfolgen. Für diesen Fall werden in § 516 II Sondervorschriften über die Annahme eines Vertrags festgelegt. Der Schenkungsvertrag ist ein zweiseitiger Vertrag und bedarf der Einigung der Vertragspartner. Hat der Schenker ohne Kenntnis des Bereicherten eine Zuwendung vorgenommen, liegt darin auf schuldrechtlicher Ebene ein Angebot zum Abschluss eines Schenkungsvertrags (§ 145) vor, welches wiederum vom Beschenkten anzunehmen ist. Als lex specialis zu den §§ 145 ff. eröffnet § 516 II dem Zuwendenden die Möglichkeit, dem Schenkungsempfänger eine Frist für die Annahme der Schenkung zu bestimmten. Lehnt der Zuwendungsempfänger nicht innerhalb der Frist die Schenkung ab, wird die Annahme fingiert und der Schenkungsvertrag ist geschlossen. Lehnt der Beschenkte die Schenkung ab, hat die Herausgabe des Zugewendeten gem. § 516 II 3 nach den Vorschriften über die Herausgabe einer ungerechtfertigten Bereicherung (§§ 812 ff.) zu erfolgen. Bei gemischten Schenkungen, die einen entgeltlichen Teil enthalten, kommt § 516 II nicht zur Anwendung (Palandt/*Weidenkaff* Rn. 12).

...

§ 518 Form des Schenkungsversprechens

(1) ¹Zur Gültigkeit eines Vertrags, durch den eine Leistung schenkweise versprochen wird, ist die notarielle Beurkundung des Versprechens erforderlich. ²Das Gleiche gilt, wenn ein Schuldversprechen oder ein Schuldanerkenntnis der in den §§ 780, 781 bezeichneten Art schenkweise erteilt wird, von dem Versprechen oder der Anerkennungserklärung.

(2) Der Mangel der Form wird durch die Bewirkung der versprochenen Leistung geheilt.

1 **1. Normzweck/Allgemeines.** Der Sinn und Zweck des Formgebotes des § 518 liegt darin, den Schenker vor einer unüberlegten Übereilung zu schützen und Zweifel über seinen Willen zur rechtsgeschäftlichen Bindung zu beseitigen (LG Köln NJW 1973, 1880 (1881)). Ferner soll durch das Formgebot die Umgehung der Formvorschriften für Verfügungen von Todes wegen verhindert werden, so dass keine Streitigkeiten nach dem Tod des Schenkers entstehen (BGH NJW 1970, 941 (942)). Die Norm erfüllt damit eine wichtige Schutzfunktion. Die Formvorschrift hat bei Streitigkeiten zudem eine wichtige Beweisfunktion (BGH NJW-RR 2007, 488 (489)). § 518 trifft aber keine Aussage zur Beweislast, so dass in streitigen Fällen eine Beweiserhebung notwendig bleibt (BGH NJW 1999, 2887 (2888)). Sie betrifft nicht sog. Handschenkungen (→ § 516 Rn. 1), da diese bereits durch die Zuwendung per se wirksam sind. Vielmehr wird sowohl in Abs. 1 als auch Abs. 2 dieser Vorschrift auf Schenkungsversprechen bzw. deren Heilung abgestellt.

2 **2. Beurkundungspflichtige Schenkungsversprechen.** Ein Vertrag, in dem eine Leistung schenkungsweise iSd § 516 versprochen wird, bedarf der notariellen Beurkundung gem. § 1 BeurkG. Die notarielle Beurkundung kann durch einen Prozessvergleich nach § 127a ersetzt werden. Bei Schenkungen kann neben § 518 sich die Notwendigkeit der notariellen Beurkundung auch bspw. daraus ergeben, dass ein Grundstück oder das gesamte Vermögen übertragen wird (§ 311b) oder ein GmbH-Geschäftsanteil verschenkt wird (§ 15 GmbHG). Auch weitere spezielle Normen können eine Beurkundungspflicht begründen. In den Anwendungsbereich des § 516 fallen neben „klassischen" Schenkungsversprechen auch gemischte Schenkungen, ehebedingte Zuwendungen, belohnende Schenkungen sowie alle sonstigen Schenkungstatbestände. Letztlich ist diese Vorschrift weit auszulegen. Sie ist bei jedem Vertrag mit „Schenkungscharakter" anzuwenden.

3 **3. Schuldanerkenntnis (§ 518 I 2).** In Abs. 1 S. 2 hat der Gesetzgeber festgelegt, dass eine notarielle Beurkundung bei einem Schuldversprechen oder einem Schuldanerkenntnis der in den §§ 789, 781 bezeichneten Art notwendig ist, falls dieses schenkungsweise abgegeben wird. Zu beurkunden sind das Versprechen oder die Anerkenntniserklärung. Daneben kann sich die Notwendigkeit der notariellen Beurkundung aus § 794 I Nr. 5 ZPO ergeben, weil sich jemand im Rahmen des Schuldanerkenntnisses der Zwangsvollstreckung unterwirft. Ein Schuldanerkenntnis, das einen von den Beteiligten vorgetäuschten Rechtsgrund erhält, ist ein konstitutives Schuldanerkenntnis und bedarf nach § 518 I 2 der notariellen Beurkundung, wenn es ohne Gegenleistung abgegeben wird (BGH NJW 1980, 1158 (1159)).

4 **4. Heilung nach Abs. 2.** Der Mangel der fehlenden notariellen Beurkundung wird gem. § 518 II durch die Bewirkung der Leistung geheilt. Bei Abs. 2 handelt es sich jedoch um eine eng auszulegende Ausnahmevorschrift (*Böhr* NJW 2001, 2059 (2060)). Letztlich muss die Leistung gem. § 362 erfüllt sein. Eine teilweise Erfüllung ist nur möglich, wenn im Schenkungsvertrag voneinander unabhängige Zuwendungen enthalten sind, die für sich teilbar sind. War es der Wille der Vertragsparteien, lediglich eine einheitliche Zuwendung vorzunehmen, wie zB bei der Schenkung eines Betriebs, dann scheidet eine teilweise Erfüllung aus (aA Palandt/*Weidenkaff* Rn. 9). Die Erteilung einer unwiderruflichen Verfügungsvollmacht stellt noch keine Bewirkung der Leistung dar, so dass allein durch die Erteilung der Vollmacht keine Heilung eintritt (BGH NJW 1983, 1487 (1489)).

5 a) **Gegenstände und Forderungen.** Bei beweglichen Sachen tritt Erfüllung und somit Heilung eines etwaigen Formmangels mit Einigung und Übergabe des betreffenden Gegenstandes nach §§ 929 ff. ein.

Bei Geld ist für die Anwendung des § 518 II ebenfalls die Einigung über den Übergang sowie die Übergabe des Geldes notwendig. Der Wille zur Eigentumsübertragung muss bei Geldnoten und -münzen nach den allgemeinen Grundsätzen über die Auslegung von Willenserklärungen ermittelt werden, kann aber aus den Gesamtumständen gefolgert werden (BGH NJW 1990, 1913). Wird Geld auf ein Konto des Beschenkten überwiesen oder eingezahlt, kommen nicht die Regelungen gem. §§ 929 ff. zur Anwendung. Vielmehr entsteht mit Eingang am Konto für den Beschenkten eine Forderung gegen die Bank und damit tritt auch eine Heilung nach § 518 II ein. Wurde bei der Überweisung der Betreff „Schenkung" aufgenommen, ist der Formmangel mit Gutschrift auf dem Konto bereits geheilt (BGH NJW 1994, 931).

Forderungen können gem. § 398 formlos abgetreten werden. Folglich bedarf es eines Abtretungsvertrags. Dabei ist jedoch § 403 zu beachten. Der bisherige Gläubiger hat dem neuen Gläubiger auf Verlangen eine öffentlich beglaubigte Urkunde über die Abtretung auszustellen. **6**

b) Grundbesitz und Rechte am Grundbesitz. Die Problematik des § 518 II ist bei Immobilien lediglich nachrangig, da bereits § 311b I bei Grundbesitz die notarielle Beurkundung des Vertrags fordert. Wendet jemand einer anderen Person ein unentgeltliches Wohnrecht zu, stellt sich die Frage, inwiefern dieser Vertrag als Schenkungsvertrag oder als Leihvertrag anzusehen ist. Vielfach wird die Gebrauchsüberlassung von Wohnraum auch als Leihe gewertet (BGH NJW 1982, 820; MittBayNot 2008, 62 (63); Palandt/*Weidenkaff* Rn. 13). Da in den meisten Fällen jedoch die Überlassung der Wohnung dazu führt, dass eine üblicherweise geldwerte Nutzungsmöglichkeit zugunsten des Empfängers geopfert wird, ist die Einräumung als Schenkungsvertrag anzusehen, so dass Heilung des Formmangels erst mit Eintragung im Grundbuch nach § 518 II in Frage kommt. Wird ein Nießbrauchsrecht am Grundbesitz unentgeltlich eingeräumt, liegt darin eine Schenkung, da dieses Recht über eine Gebrauchsüberlassung auf jeden Fall hinausgeht, weil der Erwerber den Nutzen (Vermietung) ziehen kann. **7**

c) Unterbeteiligung an einem Geschäftsanteil. Ist eine Unterbeteiligung an einem Geschäftsanteil Gegenstand einer Schenkung, bedarf das Schenkungsversprechen der notariellen Beurkundung (BGH DNotZ 2012, 713 (714)). Nach der früheren Rspr. des BGH konnten weder die unentgeltliche Einräumung einer Unterbeteiligung noch die unentgeltliche Zuwendung einer stillen Beteiligung an einer Gesellschaft mangels der dinglicher Mitberechtigung des Beschenkten am Gesellschaftsvermögen der Hauptgesellschaft nach § 518 II vollzogen werden (BGH NJW 1953, 138; vgl. ausf. MüKoBGB/*J. Kochr* Rn. 29;). Die Rspr. hat der BGH nunmehr dahingehend geändert, dass der Vollzug mit Abschluss des Gesellschaftsvertrags gem. § 518 II möglich ist, wenn dem Beschenkten mitgliedschaftliche Rechte eingeräumt werden (BGH DNotZ 2012, 713 (717)). Trotz Änderung der Rspr. ist Vorsicht geboten, da der Übergang von wirksamer statt von nichtiger Vereinbarung in diesen Konstellationen nicht schwierig abgrenzbar ist. **8**

d) Fruchtziehungsrechte. Räumt jemand einem Beschenkten ein Fruchtziehungsrecht ein, wie zB ein Holzschlagerecht, ist die Leistung mit Einräumung des Rechts und nicht erst mit Aneignung der Früchte bewirkt und damit nach § 518 II geheilt (BGH NJW-RR 2005, 1718 (1719)). Eine Schenkung kann darin liegen, dass eine Sache, wie zB eine Wohnung, für einen bestimmten Zeitraum zur Nutzung überlassen wird (vgl. zum Wohnungsrecht → Rn. 7). In diesem Fall ist die Leistung mit Übergabe der Sache bewirkt (BGH NJW 1970, 941 (942); LG Köln NJW 1973, 1880 (1881)). **9**

e) Darlehensverträge. Schließen ein Darlehensnehmer und ein Darlehensgeber einen Vertrag, wonach der Darlehensgeber die Rückzahlung schenkungsweise dem Vertragspartner erlässt, liegt ein Erlassvertrag iSd § 397 vor. Die darin liegende Schenkung bedarf der notariellen Beurkundung. Ein etwaiger Formmangel wird aber durch den Erlassvertrag geheilt (OLG Hamburg NJW 1961, 76; OLG Stuttgart NJW 1987, 782). Wurden einer Person dauerhaft Leistungen, also Zahlungen für einen bestimmten Zeitraum oder auf Lebenszeit, versprochen, findet eine Heilung iSd § 518 II lediglich für geleistete Zahlungen statt (BAG NJW 1959, 1746 (1747)). Für nicht ausgeführte Zahlung besteht die Nichtigkeit der Vereinbarung fort. **10**

f) Scheck. Die Übergabe eines Schecks an den Beschenkten führt nicht sofort zur Heilung des Formmangels. Da die Leistung bei einem Scheck nicht von dem Aussteller, sondern von der Bank erbracht wird, findet eine Heilung frühestens mit Einlösung des Schecks statt. Der Begebungsvertrag zwischen dem Aussteller und dem Beschenkten bedarf hingegen der notariellen Beurkundung gem. § 518 I (BGH NJW 1975, 1881 (1882)). Die Heilung tritt erst mit Einlösung des Schecks ein, selbst wenn der Aussteller zwischenzeitlich verstorben ist und die Erben keine Kenntnis von dem Scheck hatten (BGH NJW 1978, 2027). **11**

g) Wertpapierdepot und Bankkonten. Bei der Schenkung von Wertpapieren, Depots, Konten und Sparbüchern kann hinsichtlich der Erfüllung keine pauschalisierte Aussage getroffen werden. **12**

Bei **Aktien** ist zwischen Inhaber- und Namensaktien zu unterscheiden. Inhaberaktien werden wie sonstige bewegliche Gegenstände durch Übergabe und Einigung nach §§ 929 ff. übertragen. Hingegen können Namensaktien nach § 68 AktG auch durch Indossament transferiert werden. Für die Form des Indossaments, den Rechtsausweis des Inhabers und seine Verpflichtung zur Herausgabe sind die Vorschriften des Wechselgesetzes anzuwenden. Befanden sich die Aktien und Wertpapiere in einem Depot, kann die Übertragung durch Einigung und Abtretung des Herausgabeanspruchs nach §§ 929, 931 erfolgen (Palandt/*Weidenkaff* Rn. 15). Befindet sich zB das Depot in der Schweiz, beurteilt sich die Übertragung nach schweizerischem Recht. Eine Abtretung setzt dabei eine sog. „Besitzanweisung" nach schweizerischem Recht voraus (OLG Frankfurt a.M. ZEV 2011, 478 (481)). Für andere Länder ist das dort geltende Sachenrecht bei der rechtlichen Beurteilung zu betrachten. **13**

14 Bei **Sparbüchern** (→ § 331 Rn. 8) handelt es sich um sog. „hinkende Inhaberpapiere", bei denen die Bank befugt, aber nicht verpflichtet ist, an denjenigen auszuzahlen, der im Besitz dieses Sparbuchs ist (BGH NJW 1959, 622). Das Sparbuch ist dabei wie sonstige Papiere iSd § 808 ein Wertpapier (BGH NJW 1975, 1507 (1510); ZEV 2005, 259). Demgemäß wird dieses grds. nicht nach den Vorschriften der §§ 929 ff. übertragen, sondern wie sonstige Forderungen nach §§ 398 ff., 1280. Die Übergabe des Sparbuchs an einen Beschenkten kann hingegen als Abtretung des Guthabens angesehen werden und damit für die Erfüllung der Schenkung ausreichend sein. Hat ein Familienmitglied ein Sparbuch auf den Namen eines Kindes angelegt, dieses aber dem Kind nicht übergeben, ist daraus zu folgern, dass das Guthaben noch nicht auf das Kind übergehen, sondern die Verfügungsbefugnis bei dem Familienangehörigen verbleiben soll (BGH ZEV 2005, 259; *Bredemeyer* ZEV 2013, 483 (484)). In diesem Vorgang kann allerdings eine rechtswirksame Zuwendung auf den Todesfall nach § 331 liegen (BGH NJW 1967, 101). Grundsätzlich ist dabei maßgeblich, wer nach dem Willen des Kunden, der das Sparbuch anlegt, Gläubiger der Bank werden soll (BGH NJW 2005, 2222). Richten bspw. Eltern für ihr Kind ein Sparbuch ein, auf das Dritte Beträge einzahlen, erwirbt das Kind unmittelbar die Forderung (OLG Saarbrücken ZEV 2000, 240).

15 Der Umstand, wonach jemand ein **Oder-Konto** bei der Bank mit einer weiteren Person angelegt hat und einen Betrag eingezahlt hat, kann nicht zu der Vertragsinterpretation führen, im Todesfall solle der andere Kontoinhaber das Guthaben allein erhalten. Vielmehr bedarf es im Rahmen einer Auslegung weiterer, eindeutiger Indizien (BGH MittBayNot 1986, 197 (198)). Ergibt die Auslegung, dass der Erblasser mit der Errichtung des Oder-Kontos sicherstellen wollte, dass im Todesfall der Überlebende ohne weitere Umsetzung problemlos das gesamte Sparguthaben erhält, ist damit die Schenkung hinsichtlich der zweiten Hälfte des Guthabens vollzogen und der Rechtsübergang tritt mit Ableben des Erblassers ein (BGH NJW-RR 1986, 1133 (1134)).

16 h) **Lebensversicherungen** (vgl. ausf. §§ 328 ff.). Legt jemand bei einem Lebensversicherungsvertrag einen Dritten als Bezugsberechtigten fest, kann dies verschiedene Hintergründe haben. In den meisten Fällen wird dies als Schenkung zu werten sein. Die Festlegung einer widerruflichen Bezugsberechtigung führt noch nicht zum Abschluss des Schenkungsvertrags oder Vollzug der Schenkung. Wird diese nicht bis zum Todesfall widerrufen, kommt ein Schenkungsvertrag durch Angebot und Annahme zustande, wobei das Angebot durch die Lebensversicherungsgesellschaft übermittelt wird und auf den Zugang der Annahme nach § 151 S. 1 verzichtet wird. Mit Auszahlung der Lebensversicherungssumme durch die Versicherungsgesellschaft und Entgegennahme des Geldes durch den Bezugsberechtigten tritt Heilung ein (→ § 331 Rn. 7). Die Übersendung von Versicherungsunterlagen und das Anfordern des Versicherungsscheins und der Sterbeurkunde durch den Versicherer beim Dritten führt dabei noch nicht zur Übermittlung eines Schenkungsangebots des Versicherungsnehmers (BGH NJW 2008, 2702 (2703)). Vielmehr bedarf es eben der Auszahlung oder der Beanspruchung der Versicherungsleistung durch den Bezugsberechtigten (OLG Oldenburg NJW-RR 1991, 26 (27)). Hatte der Versicherungsnehmer vor seinem Ableben die Bezugsberechtigung widerrufen, bewirkt die fälschliche Auszahlung mangels eines wirksamen Schenkungsversprechens keine Heilung des Formmangels. Bei einer unwiderruflichen Bezugsberechtigung muss die Unwiderruflichkeit mit dinglicher Wirkung mit der Lebensversicherungsgesellschaft herbeigeführt werden, um den Formmangel zu heilen (BGH NJW 1975, 1360). Ansonsten ist er berechtigt, die Bezugsberechtigung weiterhin zu ändern (*Bredemeyer* ZEV 2013, 483 (485)).

17 5. **Beweislast.** Die fehlende Beurkundung wirft Fragen hinsichtlich der Beweislast auf. Beruft sich ein Beschenkter bei einem fehlenden notariellen Schenkungsvertrag auf eine Heilung nach § 518 II, muss er die Umstände beweisen, die den Tatbestand nach § 518 II ausfüllen (BGH NJW-RR 2007, 488 (490)). Hat jemand mit einer Bankvollmacht Geld vom Konto des Vollmachtgebers abgehoben, trifft ihn in einem Rückforderungsprozess die Beweislast, mit Abhebung ein formnichtiges Schenkungsversprechen des Vollmachtgebers im Einklang mit dessen Willen vollzogen zu haben (BGH NJW-RR 2007, 488 (489)). Letztlich ist bei bedeutenden Handschenkungen den Beteiligten die Beurkundung des Schenkungsvertrags stets anzuraten.

...

§ 528 Rückforderung wegen Verarmung des Schenkers

(1) ¹Soweit der Schenker nach der Vollziehung der Schenkung außerstande ist, seinen angemessenen Unterhalt zu bestreiten und die ihm seinen Verwandten, seinem Ehegatten, seinem Lebenspartner oder seinem früheren Ehegatten oder Lebenspartner gegenüber gesetzlich obliegende Unterhaltspflicht zu erfüllen, kann er von dem Beschenkten die Herausgabe des Geschenkes nach den Vorschriften über die Herausgabe einer ungerechtfertigten Bereicherung fordern. ²Der Beschenkte kann die Herausgabe durch Zahlung des für den Unterhalt erforderlichen Betrags abwenden. ³Auf die Verpflichtung des Beschenkten findet die Vorschrift des § 760 sowie die für die Unterhaltspflicht der Verwandten geltende Vorschrift des § 1613 und im Falle des Todes des Schenkers auch die Vorschrift des § 1615 entsprechende Anwendung.

(2) Unter mehreren Beschenkten haftet der früher Beschenkte nur insoweit, als der später Beschenkte nicht verpflichtet ist.

I. Normzweck, Rechtsnatur und Anwendbarkeit

Der typische Sachverhalt des § 528 liegt vor, wenn im Wege vorweggenommener Erbfolge Vermögens- 1
werte auf Abkömmlinge oder Dritte übertragen werden und sich später zeigt (MüKoBGB/*Koch* Rn. 2),
oder womöglich schon von vornehrein klar war, dass das übrige Vermögen nicht ausreicht, um die gerade im Alter gestiegenen Kosten des Lebensbedarfs zu decken. Durch die Norm soll der Schenker wieder in die Lage versetzt werden, seinen Unterhalt mit zurückfließenden Mitteln aus der Schenkung **selbst** zu bestreiten (BGHZ 96, 380 = NJW 1986, 1606; BGH NJW 1991, 1824; 2001, 2084).

§ 528 soll als **Billigkeitsregel** verhindern, dass der Schenker weder ungewollt noch gewollt durch seine 2
Freigiebigkeit der Gefahr des absoluten Vermögensverfalls ausgesetzt ist (vgl. auch MüKoBGB/*Koch* Rn. 1 und Dauner-Lieb/*Langen* Rn. 1).

§ 528 unterscheidet sich von § 519 dadurch, dass sich der Notbedarf des Schenkers erst nach Vollzug der Schenkung herausstellt. § 528 ist als Rückforderungsanspruch ausgestaltet während § 519 ein Leistungsverweigerungsrecht darstellt. Da in der Normsituation des § 528 der Anspruchsgegner den Vermögensgegenstand bereits erhalten hat, sind die Hürden des Rückforderungsanspruches aus § 528 höher als die des Leistungsverweigerungsrechts von § 519. Es reicht für § 519 der drohend bevorstehende Notbedarf, während dieser im Tatbestand des § 528 bereits tatsächlich entstanden sein muss.

§ 528 ist unanwendbar auf Schenkungen einer juristischen Person (RG SeuffA 86 Nr. 124) sowie 3
Pflicht- und Anstandsschenkungen (§ 534). Ehebedingte Zuwendungen, die der ehelichen Lebensgemeinschaft dienen, fallen nicht unter § 528 (Dauner-Lieb/*Langen* Rn. 3; KG Berlin NJW-RR 2009, 1301 f.); ebenso nicht die Ausstattung gemäß § 1624 (Dauner-Lieb/*Langen* Rn. 4). Die Vorschrift ist unabdingbar, dh ein zu Lasten der Sozialhilfe verpflichteten Allgemeinheit vereinbarter Erlass wäre sittenwidrig iSd § 138 (BGH NJW 1995, 2287 f. = MittBayNot 1995, 378 = FamRZ 1995, 1123; RGRK/ *Mezger* Rn. 7; Soergel/*Mühl*/*Teichmann* Rn. 1, vgl. zur Sittenwidrigkeit auch BGH NJW 2009, 1346 = MittBayNot 2009, 294 = NJW-RR 2009, 842 = ZEV 2009, 254). Zum Schutz des Familienheims vor dem Sozialhilferegress gestalterisch zulässig sein dürfte jedoch die auf das Familienheim und dessen Erträge beschränkte Vor- und Nacherbschaft, kombiniert mit einer Dauertestamentsvollstreckung und flankiert durch Pflichtteilsverzichtsverträge (vgl. *Reich* ZEV 2011, 639).

Durch Art. 2 Nr. 2 des Gesetzes zur Beendigung der Diskriminierung gleichgeschlechtlicher Gemeinschaften v. 16.2.2001 (BGBl. I S. 266) wurde der eingetragene Lebenspartner mit in den Gesetzestext des § 528 I 1 aufgenommen. Nicht **anwendbar** ist § 528 auf einen Schenkungsvertrag, der vor dem 3.10.1990 in der damaligen DDR geschlossen und vollzogen wurde (BGH FamRZ 2004, 357 f. = ZEV 2004, 380).

Im Schenkungsvertrag können umfassende Rückforderungsrechte vereinbart werden, welche über die Voraussetzungen der §§ 519, 528, 529 und 530 hinausgehen (z. B. Vorversterben des Beschenkten, dessen Insolvenz, Scheidung, etc.). Teilweise Anspruchskonkurrenz kann auch zu den §§ 138, 1365 bestehen.

§ 528 ist ein besonderer Fall des Wegfalls der Geschäftsgrundlage (Dauner-Lieb/*Langen* Rn. 1, BGH NJW-RR 2006, 699, 700; Palandt-*Weidenkaff* Rn. 1, dazu auch Zimmer ZEV 2006, 381 ff.). Die Rückgängigmachung einer Schenkung kann aber auch einen Fall des Wegfalls der Geschäftsgrundlage iS § 313 darstellen, beispielsweise bei Fehlvorstellungen über die Schenkungsteuer (*Götz* ZEV 2017, 371 ff., FG Rheinland-Pfalz DStRE 2001, 765).

II. Rückforderungsanspruch

1. Voraussetzungen des Notbedarfs. Voraussetzung des Rückforderungsanspruches ist eine Schen- 4
kung iSd. §§ 516 ff.

Der Tatbestand des § 528 ist erfüllt, soweit der Schenker nach der Vollziehung der Schenkung außer Stande ist, seinen angemessen Unterhalt zu bestreiten und die ihm seinen Verwandten, seinem Ehegatten, seinem Lebenspartner oder seinem früheren Ehegatten oder Lebenspartner gegenüber gesetzlich obliegende Unterhaltspflicht zu erfüllen. Der Wortlaut des § 528 verbindet den eigenen **Notbedarf** mit der mangelnden Fähigkeit, die Unterhaltspflichten erfüllen zu können, durch das Wort „und". Nach allgemeiner Meinung ist es jedoch ausreichend, wenn eine der Tatbestandsvarianten erfüllt ist (Staudinger/*Wimmer-Leonhardt*, 2005, Rn. 12; MüKoBGB/*Koch* Rn. 3). Inzidenter wird auf die Unterhaltspflichten iSd §§ 1360 ff., 1569 ff., 1601 ff., 1615 ff. verwiesen. Im Hinblick auf den umstrittenen Vollzugsbegriff kann auf § 518 Bezug genommen werden. Die Frage der Angemessenheit richtet sich entsprechend der Legaldefinition für das Maß des Unterhalts in § 1610. Dieser stellt auf die Lebensstellung des Bedürftigen ab. Die Anknüpfung an den angemessenen Unterhalt des Schenkers in § 528 I 1 verweist den Schenker auf einen Unterhalt, der nicht zwingend seinem bisherigen individuellen Lebensstil entsprechen muss, sondern der objektiv seiner Lebensstellung nach der Schenkung angemessen ist (BGH NJW 2003, 1384 = FamRZ 2003, 224 = ZEV 2003, 206). Der Schenker kann also nicht verlangen so gestellt zu werden, wie wenn er die Schenkung nicht gemacht hätte, sondern er kann nur den Unterhalt verlangen, welcher objektiv seiner Lebensstellung nach der Schenkung angemessen ist.

Der Anspruch auf Rückgewähr des Geschenks wegen Notbedarfs setzt nur voraus, dass die Schenkung 5
überhaupt **vollzogen** worden ist und dass der Schenker nach Abschluss des Schenkungsvertrags außer Stande ist, seinen angemessenen Unterhalt zu bestreiten und die in § 528 I genannten Unterhaltspflichten zu erfüllen. Es kommt nicht darauf an, ob der Notbedarf vor oder nach Vollziehung der Schenkung entstanden ist (BGHZ 169, 320 = BGH NJW 2007, 60 = FamRZ 2007, 277). Der Notbedarf muss nicht durch die Schenkung verursacht worden sein (Dauner-Lieb/*Langen* Rn. 6; Staudinger/*Wimmer-Leonhardt* Rn. 6).

6   Dem Schenker ist die Verwertung seiner Vermögenssubstanz zuzumuten (OLG München FamRZ 2000, 1177 L, FuR 2000, 350 (351); *Germer* BWNotZ 1987, 61 (62)). Dies gilt allerdings nicht für eine völlig unwirtschaftliche Verwertung und auch hierbei kommt es auf die Angemessenheit nach der objektiven Lebensstellung des Schenkers an (BGH NJW 2003, 1384 = FamRZ 2003, 224 = ZEV 2003, 206). Auch sind gesicherte Erwerbsaussichten bzw. zumutbare **Erwerbsmöglichkeiten** zu berücksichtigen. An einem Notbedarf des Schenkers fehlt es, wenn er eine nahe liegende Erwerbsmöglichkeit nicht nutzt. Eine solche Erwerbsmöglichkeit kann sich im Einzelfall auch aus einer ergänzenden Auslegung des Schenkungsvertrages ergeben. Ein nicht mehr ausgeübtes Wohnrecht auf das geschenkte Grundstück kann durch ergänzende Vertragsauslegung in ein Recht zur Vermietung umgewandelt werden (OLG Koblenz NJW-RR 2004, 1375 = FamRZ 2004, 1723). Dies kann aber nicht der Fall sein, wenn die Parteien sich nach Aufklärung über den Unterschied zwischen Wohnrecht und Nießbrauch bewusst für ein Wohnrecht entschieden haben, weil dann keine Vertragslücke vorhanden ist, die durch ergänzende Vertragsauslegung geschlossen werden müsste; bei einer Vertragsgestaltung ausschließlich zulasten des Sozialhilfeträgers wäre § 138 zu prüfen.

7   Da § 528 den Schenker gerade in die Lage versetzen soll, seinen Unterhalt möglichst selbst zu bestreiten, hindern gesetzliche **Unterhaltsansprüche** des Schenkers gegen Dritte den Notbedarf nicht (BGH NJW 1991, 1824; BGHZ 147, 288 ff. = NJW 2001, 2084).

8   Der Notbedarf darf nicht nur drohen, sondern muss bereits **eingetreten** sein (BGHZ 143, 51 ff. = NJW 2000, 728; BGHZ 155, 57 (60) = NJW 2003, 2449). Das ist erst mit vollständiger Erschöpfung des Vermögens der Fall.

9   **2. Umfang des Anspruches und Qualifikation von Zuwendungen.** § 528 enthält einen **Rechtsfolgenverweis** auf die bereicherungsrechtlichen Vorschriften der §§ 812 ff. Danach kann grds. der geschenkte Vermögensgegenstand nach § 812 I 1 heraus verlangt werden. Es gelten die §§ 818 und 819 I BGB (BGH NJW 2001, 1207 f. = FamRZ 2001, 286; OLG Köln FamRZ 1986, 988 f.; Soergel/*Mühl/Teichmann* Rn. 4). Der Beschenkte kann zwischen Rückgabe des gesamten Geschenkes oder Geldzahlung wählen (BGH NJW 2010, 2655 = ZEV 2010, 155).

10 Der Herausgabeanspruch ist einerseits durch den Wert der Zuwendung und andererseits durch den Unterhaltsbedarf des Schenkers **begrenzt**. Die Differenz darf der Beschenkte behalten (BGHZ 137, 76 (79 f., 83) = NJW 1998, 537; BGH NJW 1996, 98 = FamRZ 1996, 483).

11 Im Falle der Unteilbarkeit der Zuwendung (zB Grundstück) ist **Teilwertersatz** zu leisten, § 818 II (BGHZ 96, 380 (382) = NJW 1986, 1606; BGH NJW 94, 141 (143) = NJW 1985, 2419; BGH NJW 2003, 2449; 2001, 1063; 1994, 1655). Allerdings kann sich der Beschenkte von der Verpflichtung zum Teilwertersatz durch Rückgabe des Geschenkes als Ganzes befreien (BGH NJW 2010, 2655 = ZEV 2010, 155 = DNotZ 2011, 31; *Franzen* FamRZ 1997, 528 (532, 545); MüKoBGB/*Koch* Rn. 6; zu beachten ist aber BGHZ 125, 283 (285) = NJW 1994, 1655).

12 Wenn das Geschenk ersatzlos und ohne Ersparnis an anderer Stelle verbraucht wurde, entfällt gem. § 818 III die Ersatzpflicht (BGHZ 127, 354 (359) = NJW 1995, 323 f. = FamRZ 1995, 160). Den Wegfall der **Bereicherung** hat der Beschenkte zu beweisen (Palandt/*Weidenkaff* Rn. 6). Vom Wegfall der Bereicherung ist bei Spenden an karitative Einrichtungen auszugehen, wenn die Spende zur Erfüllung gemeinnütziger Aufgaben verwendet wird (BGH NJW 2003, 1384 = FamRZ 2003, 224 = ZEV 2003, 206). Die Ersatzpflicht entfällt, wenn das Geschenkte objektiv wertlos ist, nicht dagegen, wenn der Wert nur vorübergehend ohne Bedeutung ist. Wenn der Schenkungsgegenstand keinen wirtschaftlichen Wert hat, kann unter Umständen der Herausgabeanspruch nach Treu und Glauben gem. § 242 entfallen. Sofern das Geschenk werthaltig ist, wird der Rückgewähranspruch aber nicht dadurch ausgeschlossen, dass es der Schenker das Geschenk zeitweise jedenfalls nicht ohne Weiteres zur Unterhaltssicherung verwenden kann (BGHZ 169, 320 = BGH NJW 2007, 60 = FamRZ 2007, 277; *Wimmer/Leonhardt* ZEV 2007, 136; MüKoBGB/*Koch* Rn. 5). Die unentgeltliche Aufgabe eines dinglichen Wohnrechts kann als Schenkung gewertet werden, wenn der Wohnrechtsinhaber an der Ausübung kein Interesse mehr hat, er aber objektiv die Möglichkeit hätte, sein Recht weiter zu nutzen (OLG Nürnberg BeckRS 2013, 12984 = NotBZ 2013, 403; *Müller* NotBZ 2013, 425).

13 Dem Rückgewähranspruch kann grds. der Aufwand für freiwillige Pflege- oder **Betreuungsleistungen** gegenüber dem Schenker nicht entgegengehalten werden (BGHZ 137, 76 (87 f.) = NJW 1998, 537 = FamRZ 1998, 155; MüKoBGB/*Koch* Rn. 6). Dem ist insoweit nicht zuzustimmen als diese freiwilligen Leistungen im Vertrauen auf den Bestand der Schenkung erfolgt sein sollten.
Der einmal entstandene Anspruch bleibt grundsätzlich bestehen, bis ein erlöschendes Ereignis eingetreten ist. Soweit der Schenker unterhalb des angemessenen Unterhalts seinen Bedarf einschränkt, geht der Anspruch für diesen Zeitraum wegen Zweckfortfalls unter (Dauner-Lieb/*Langen* Rn. 7 f.; Kollhosser ZEV 2001, 289, 290 mwN). Bei Rückgabe des Geschenkes auf Verlangen des Schenkers tritt Erfüllung nach § 362 ein (Dauner-Lieb/*Langen* aaO).

14 Bei **gemischter** Schenkung ist nur der Wert des Schenkungsanteils herauszugeben, wobei der Beschenkte sich von der Ersatzpflicht auch durch Herausgabe des gesamten Zuwendungsgegenstandes befreien kann (str., vgl. MüKoBGB/*Koch* Rn. 7; → § 516 Rn. 41). Zum Begriff der gemischten Schenkung vgl. BGH ZEV 2013, 213; BGH NJW 2012, 605 = ZEV 2012, 110; → § 516 Rn. 8 f.

15 Eine **Auflage** (§ 525) kann als eine die Zuwendung vermindernde Verrechnungsposition erfasst werden (*Krauß* ZEV 2001, 417 (422); MüKoBGB/*Koch* Rn. 7).
Schenkungen von Schwiegereltern an ihr Schwiegerkind zur Bedienung eines **Immobilienkredits** können ihre Geschäftsgrundlage im dauerhaften Wohnen des eigenen Kindes nur im Umfang des Tilgungs-

anteils haben. Mit dem Zinsanteil werden demgegenüber Kosten des laufenden Lebensunterhalts bestritten, welche grundsätzlich nicht zu einer Rückforderung berechtigen (BGH FamRZ 2015, 490).

Für Heim- und Pflegekosten (**wiederkehrender** Bedarf), deren Notwendigkeit sich nach den sozialrechtlichen Vorschriften bestimmt (BGHZ 169, 320 = BGH NJW 2007, 60 = FamRZ 2007, 277), können nur Teilleistungen verlangt werden, bis das Geschenk erschöpft ist (BGHZ 94, 141 (145) = NJW 1985, 2419; BGH NJW 2005, 670; NJW-RR 2003, 53).

Auch bei einer mit einem **Erbverzicht** verbundenen **Zuwendung** ist für deren Qualifikation als Schenkung maßgeblich, ob sich die Vertragsparteien über die Unentgeltlichkeit der Zuwendung einig sind. Ob eine unentgeltliche Zuwendung gewollt war, ist unter Würdigung aller Umstände des Einzelfalles zu entscheiden. Maßgebliche Bedeutung kann hierbei neben dem Wortlaut des Vertrages über die Zuwendung und den Erbverzicht den Umständen seines Zustandekommens und seiner Ausgestaltung im Einzelnen zukommen. Der Verzicht auf das Erb- und Pflichtteilsrecht nimmt der Zuwendung jedenfalls insoweit nicht den Charakter der Unentgeltlichkeit, als er nach dem Willen der Vertragsparteien der Ausgleichung der lebzeitigen Zuwendung bei der Erbfolge dienen soll. Ein solcher Wille ist mangels gegenläufiger Anhaltspunkte regelmäßig anzunehmen, wenn die Höhe der Zuwendung in etwa der Erberwartung entspricht oder diese gar übersteigt (BGH DNotZ 2016, 200).

3. Anspruchsgegner, Anspruchsberechtigter und Konfusion. Anspruchsgegner ist der Beschenkte. Anstelle des Beschenkten haften dessen Erben, und zwar auch dann, wenn die Bedürftigkeit des Schenkers erst nach dem Erbfall eintritt. § 1967 II setzt nur voraus, dass die Verbindlichkeit vom Erblasser herrührt (BGH NJW 1991, 2558; MüKoBGB/*Koch* Rn. 8; Soergel/*Mühl/Teichmann* Rn. 9). Wenn der Vermögensgegenstand unentgeltlich an einen **Dritten** weitergegeben wurde, haftet dieser nach § 822 BGB (BGHZ 158, 63 = BGH NJW 2004, 1314; Erman/*Herrmann* Rn. 3; *Kopp* JR 2012, 491). Der Dritte haftet nur auf Wertersatz und nicht auf Herausgabe des im übertragenen Vermögensgegenstandes, wobei sich der Dritte durch Herausgabe des Vermögensgegenstandes von seiner Haftung befreien kann (BGHZ 158, 63 = BGH NJW 2004, 1314). Ist auf Seiten des Erwerbers eines Grundstückes, der dem verarmten Schenker wegen Unmöglichkeit teilweiser Herausgabe des Grundstückes Wertersatz geschuldet hätte (§ 528 I 1, § 818 II Fall 1 BGB), die Bereicherung infolge unentgeltlicher Belastung des Grundstückes mit einem Wohnrecht wertmäßig weggefallen, richtet der Anspruch des Schenkers sich, auch wenn der Wert des Grundstückes unter Berücksichtigung der Belastung bei Entstehen des Anspruchs die Leistung von Wertersatz wieder zuließe, auf Herausgabe des Grundstückes mit der Belastung. Stattdessen kann der Schenker Wertersatz von dem Inhaber des Wohnungsrechtes entsprechend § 822 BGB verlangen, wenn dessen Wert den Unterhaltsbedarf des Schenkers übersteigt (OLG Celle Beck RS 2011, 19681).

Anspruchsberechtigter ist grds. der in Not geratene **Schenker selbst**, dessen freier Entscheidung es obliegt, ob er die unentgeltliche Zuwendung vom Beschenkten zurückfordert. Es handelt sich jedoch nicht um einen höchstpersönlichen Anspruch, was die Erweiterung des Rückforderungsanspruches auf die Fälle bedürftiger Verwandter usw zeigt. Der Rückforderungsanspruch kann daher grds. auch auf andere Personen übergehen und auch noch nach dem **Tod** des Anspruchsberechtigten Schenkers von dessen Erben geltend gemacht werden (MüKoBGB/*Koch* Rn. 9).

Von herausragender Bedeutung in der Praxis ist die Überleitung des Anspruchs auf den **Sozialhilfeträger** nach § 93 SGB XII. Der Eintritt des Sozialhilfeträgers lässt den Tatbestand des Notbedarfs iSd § 528 I 1 nicht entfallen. Im Gegenteil tritt bei Eintritt des Sozialhilfeträgers an die Stelle des Schenkers der Sozialhilfeträger, auf welchen der Rückforderungsanspruch übergeht. Dieser ist nach der Überleitung neuer Anspruchsberechtigter. Für den Schenker entfällt die Aktivlegitimation. Hat der Sozialhilfeträger einen Schenkungsrückforderungsanspruch wegen Notbedarfs des Schenkers auf sich übergeleitet, so kann der Beschenkte sich von der Verpflichtung, in Höhe vorgestreckter Unterhaltsleistungen Zahlungen zu leisten, nicht durch Rückgabe des Geschenkes an den Schenker befreien (BGHZ 125, 283 = NJW 1994, 1655 = FamRZ 1994, 815). Eine Überleitung des Anspruches des Schenkers auf den Träger der Sozialhilfe gem. § 93 SGB XII kann noch nach dem Tod des Schenkers erfolgen (BGHZ 96, 380 (387) = NJW 1986, 1606; BGHZ 123, 264 = NJW 1994, 256; BGH NJW 2004, 1314; 1995, 2287; 1995, 323; BGHZ 147, 288 = NJW 2001, 2084). Es erfolgt eine Überleitung mit Bindungswirkung für die ordentlichen Gerichte (BGH NJW 2003, 2449; BGHZ 94, 1417 = NJW 1985, 2419; BGHZ 96, 3807 = NJW 1986, 1606).

Wenn der Schenker stirbt, kann der Rückforderungsanspruch nur dann auf seine Erben übergehen, wenn dieser bereits zu Lebzeiten des Schenkers bestanden hat (MüKoBGB/*Koch* Rn. 11). Der Anspruch des Schenkers nach § 528 I 1 auf Herausgabe des Geschenks erlischt nicht mit dessen **Tod**, sofern er bereits vom Schenker geltend gemacht oder abgetreten worden ist. Das Gleiche gilt, wenn der Schenker durch die Inanspruchnahme unterhaltssichernder Leistungen Dritter zu erkennen gegeben hat, dass er ohne die Rückforderung des Geschenks nicht in der Lage war, seinen notwendigen Unterhalt zu bestreiten (BGHZ 147, 288 = NJW 2001, 2084).

Wenn der rückgabepflichtige Beschenkte im Falle des Todes des Schenkers zugleich dessen Erbe wird, geht der Rückforderungsanspruch nach § 528 I 1 nicht unter. Nur wenn niemand mehr ein schützenswertes Interesse am Fortbestand des Anspruches hat, führt die **Konfusion** zum Untergang des Anspruches (*Kollhosser/Jansen* JA 1988, 305 (307); *Kollhosser* ZEV 1995, 391 (396); MüKoBGB/*Koch* Rn. 16). Wenn der Anspruch auf den Sozialhilfeträger übergegangen ist bzw. ein sonstiger Dritter für den Schenker zur Sicherung seines Unterhalts in Vorlage getreten ist, besteht nach wie vor ein Interesse am Fortbestand des Rückforderungsanspruches nach § 528 I 1 (MüKoBGB/*Koch* Rn. 16).

22 **4. Abtretung, Verzicht und Verpfändung des Rückforderungsanspruches.** Die Abtretbarkeit des Rückforderungsanspruches ist umstritten. Teilweise wird die Abtretbarkeit an die Voraussetzungen der Pfändbarkeit nach § 400 iVm § 852 II ZPO geknüpft (OLG Frankfurt a. M. NJW 1994, 1805 (1806); OLG Stuttgart BWNotZ 1985, 70). Teilweise wird auch eine generelle Abtretbarkeit an beliebige Dritte bejaht (OLG Düsseldorf FamRZ 1984, 887 (889); MüKoZPO/*Schmid* § 852 Rn. 1). § 528 verfolgt jedoch einen ganz bestimmten Normzweck. Mit der wohl überwiegenden Literaturmeinung ist daher entsprechend § 399 Alt. 1 davon auszugehen, dass eine Abtretung des Anspruches nur im Rahmen der Zwecksetzung des § 528 möglich ist (*Kollhosser* ZEV 1995, 391 (392); *Krauß* ZEV 2001, 417 (418); Soergel/*Mühl/Teichmann* Rn. 7; Staudinger/*Wimmer-Leonhardt*, 2005, Rn. 36; MüKoBGB/*Koch* Rn. 17). § 582 I 1 verfolgt den **Normzweck,** den Notbedarf des Schenkers und gegenüber dem Schenker unterhaltsberechtigten Personen abzuhelfen. Durch diesen Zweck ist die Verfügungsmöglichkeit des Schenkers eingeschränkt (MüKoBGB/*Koch* Rn. 17). Demnach kann also der Schenker seinen Rückforderungsanspruch in Erfüllung seiner Unterhaltpflicht an den Unterhaltsberechtigten abtreten. Möglich ist auch eine Abtretung in Erfüllung eines Forderungsveräußerungsvertrages zur Deckung des Notbedarfs (*Kollhosser* ZEV 1995, 391 (392)) oder eine Sicherungsabtretung im Rahmen einer Kreditaufnahme zur Deckung des Notbedarfs (MüKoBGB/*Koch* Rn. 17) sowie die Abtretung an den Sozialhilfeträger, welcher mit Sozialhilfeleistungen in Vorlage tritt (BGHZ 127, 354 (357) = NJW 1995, 323; *Kollhosser* ZEV 1995, 391 (393, 395); Staudinger/*Wimmer-Leonhardt*, 2005, Rn. 36; Palandt/*Weidenkaff* Rn. 4; aA OLG München NJW-RR 1993, 250).

23 Ein **Verzicht** auf den Rückforderungsanspruch ist nichtig iSd § 134. Ein Verzicht würde die Vorschrift in der Praxis weitgehend hinfällig machen, weshalb § 528 I 1 inzidenter ein gesetzliches Veräußerungsverbot iSd § 134 zu entnehmen ist (*Kollhosser* ZEV 1995, 391 (393); *Schwab* JZ 1997, 545 (548); MüKoBGB/*Koch* Rn. 18). Insbesondere, wenn beim Beschenkten die subjektive Tatbestandseite erfüllt ist, dürfte zudem Sittenwidrigkeit nach § 138 gegeben sein, da ein entsprechender Verzicht allein dazu dienen würde, die Überleitungsvorschrift zum Schenker und dem Sozialhilfeträger nach § 93 SGB XII zu umgehen (Staudinger/*Wimmer-Leonhardt*, 2005, Rn. 38; MüKoBGB/*Koch* Rn. 18). Dass in einem Vertrag als Gegenleistung für die Übertragung eines Hausgrundstücks vereinbarte Versorgungsleistungen nur so lange geschuldet sein sollen, wie sie von dem Verpflichteten in dem übernommenen Haus erbracht werden können, führt nicht ohne weiteres zur Sittenwidrigkeit der vereinbarten Regelung (BGH NJW 2009, 1346 = ZEV 2009, 254 = FamRZ 2009, 865).

24 Für die **Verpfändbarkeit** gelten die gleichen durch den Normzweck des § 528 I 1 gebotenen Einschränkungen wie bei der Abtretung (vgl. Staudinger/*Wimmer-Leonhardt* Rn. 37; MüKoBGB/*Koch* Rn. 19).

25 **5. Pfändung des Rückforderungsanspruchs.** Der Wortlaut des § 852 II ZPO, wonach ein Anspruch nur pfändbar ist, wenn er durch Vertrag anerkannt oder rechtshängig geworden ist, bedarf für die Pfändung des Rückforderungsanspruches einer **teleologischen** Reduktion dahingehend, dass diese Vorschrift nur für Pfändungen durch Gläubiger gilt, welche zur Sicherung des Notbedarfs nicht beigetragen haben, wohingegen die Vorschrift nicht anwendbar ist auf die Pfändung von Gläubigern die im öffentlichen Interesse geleistet haben, um den Notbedarf sicher zu stellen (vgl. *Kollhosser* ZEV 2001, 289 (292); Staudinger/*Wimmer-Leonhardt*, 2005, Rn. 58; MüKoBGB/*Koch* Rn. 20).

26 **6. Kein Anspruch auf Geltendmachung der Rückforderung.** Unterhaltsberechtigte Kinder haben nach der Rechtsprechung des BGH gegenüber dem unterhaltspflichtigen Elternteil keinen einklagbaren Anspruch darauf, dass dieser seinerseits Ansprüche auf Rückforderung einer Schenkung (oder eines Pflichtteilsanspruches) geltend macht (BGH NJW 2013, 530 = ZEV 2013, 92). Bei minderjährigen Kindern und der in diesem Fall bestehenden strengen Obliegenheiten mit grundrechtseinschränkender gesteigerter Erwerbspflicht und Verpflichtung zum Einsatz vorhandenen Vermögens wäre dem Unterhaltspflichtigen auch die Geltendmachung eines Schenkungsrückforderungsanspruches zumutbar.

III. Ersetzungsbefugnis

27 Nach § 528 I 2 steht dem Schenker kein Anspruch auf Zahlung eines Unterhaltsbetrages zu. Vielmehr gewährt diese Vorschrift nur dem Beschenkten die Befugnis, bei Verarmung des Schenkers durch Zahlung von Unterhalt die Herausgabepflicht des Geschenkten abzuwenden. Keinesfalls kann aus dieser gesetzlich normierten **Abwendungsbefugnis** ein direkter Anspruch des Schenkers auf Unterhaltszahlung hergeleitet werden (OLG Naumburg OLG-NL 97, 27). § 528 I 2 ist vielmehr eine Einwendung des Beschenkten dahingehend, dass er sich verpflichtet, anstatt den übertragenen Vermögensgegenstand zurück zu geben, Unterhalt zu leisten. Wenn der Beschenkte von seinem Abwendungsrecht gebrauch gemacht hat, wird dadurch das Schuldverhältnis umgewandelt und keine der Parteien kann einseitig zum Anspruch aus § 528 I 1. zurückkehren, also auch nicht der Beschenkte (MüKoBGB/*Koch* Rn. 21). Die Abwendungsbefugnis scheidet von Anfang an aus, wenn der übertragene Vermögensgegenstand bereits in Geld bestand oder weil bei einem unteilbaren Sachgeschenk Teilwertersatz in Geld nach § 518 II zu leisten ist (BGHZ 94, 141 (144) = NJW 1985, 2419; BGH NJW 1996, 987 (988) = FamRZ 1996, 483; BGHZ 137, 76 (83) = NJW 1998, 537; MüKoBGB/*Koch* Rn. 21).

28 Die Höhe der Unterhaltszahlung wird durch den Wert des Geschenkes **beschränkt** (strittig), vgl. ausf. MüKoBGB/*Koch* Rn. 22; Soergel/*Mühl/Teichmann* Rn. 12; Staudinger/*Wimmer-Leonhardt*, 2005, Rn. 29; aA *Krauß* ZEV 2001, 417 (421); Bamberger/Roth/*Gehrlein* Rn. 5). Normzweck, Entstehungsge-

schichte und Gesetzesmaterialen sprechen dafür, den Beschenkten nur in Höhe der Bereicherung zu belasten.

Die Abwendungsbefugnis scheidet nach der Rspr. des BGH von vornherein aus, wenn der Anspruch 29 auf Zahlung für einen **abgeschlossenen** Zeitraum der Unterhaltsbedürftigkeit gerichtet ist (BGHZ 94, 141 (144) = NJW 1985, 2419; BGHZ 96, 380 (384) = NJW 1986, 1606f.; BGH NJW 2005, 670; 1986, 1926f.). Eine solche Auslegung ist jedoch weder vom Wortlaut noch vom Normzweck der Vorschrift gedeckt. Dem BGH ging es um eine Einschränkung des Anwendungsbereichs von § 1613, auf den § 528 I 3 verweist. Ein dem Normzweck entsprechenderes und sachgerechteres Ergebnis kann aber durch eine restriktive Auslegung der § 528 I 3, 1613 dadurch erreicht werden, in dem vom Beschenkten der in der Vergangenheit liegende Unterhalt in einer Summe zu entrichten ist, also reine Ersetzung des Herausgabeanspruches ohne Anwendbarkeit des § 1613 und der ab Ausübung der Abwendungsbefugnis anfallenden Unterhalt in laufenden Monatsraten (Bamberger/Roth/*Gehrlein* Rn. 5; Soergel/*Mühl/Teichmann* Rn. 10 f.; MüKoBGB/*Koch* Rn. 25).

§ 528 I 3 verweist auf den für Leibrenten geltenden § 760 und damit vor allem auf die dreimonatige 30 **Vorauszahlungspflicht.**

Ferner wird in § 528 I 3 auf die §§ 1613 (Unterhalt für die Vergangenheit) und 1615 (Erlöschen des 31 Unterhaltsanspruchs bei Tod des Berechtigten oder Verpflichteten) verwiesen.

IV. Haftung mehrerer Beschenkter

§ 528 II regelt die Reihenfolge der Rückforderung von Schenkungen dahingehend, dass die jeweils 32 jüngere Schenkung vor der älteren zurück zu fordern ist. Die **Rangfolge** des § 528 II entspricht der des § 2329 III.

Der früher Beschenkte haftet nur nachrangig bis zur Obergrenze des Restbedarfs, welche sich ergibt, 33 wenn man den folgenden Bedarf des Schenkers um die Herausgabepflicht des später Beschenkten mindert. Da es bei § 528 darum geht, einen **akuten** Notbedarf zu decken, muss anders als bei § 2329 nicht die abstrakte Leistungsverpflichtung des Beschenkten sondern seine konkrete Leistungsfähigkeit vorliegen (MüKoBGB/*Koch* Rn. 26; Staudinger/*Wimmer-Leonhardt*, 2005, Rn. 33 aA Bamberger/Roth/*Gehrlein* Rn. 6).

Mehrere (gleichzeitig) Beschenkte haften als **Gesamtschuldner** (BGHZ 137, 76 = BGH NJW 1998, 34 537; Palandt/*Weidenkaff* Rn. 2). Zwischen mehreren gleichzeitig Beschenkten besteht hinsichtlich des Rückgewähranspruchs nach § 528 I eine gesamtschuldnerartige Beziehung, die bei der Inanspruchnahme eines Beschenkten einen internen Ausgleichsanspruch entsprechend § 426 I auslöst. Das gilt auch dann, wenn die ihnen jeweils zugewandten Gegenstände nicht gleichartig sind. Der interne Ausgleich unter den Beschenkten wird nicht davon berührt, ob der Rückgewähranspruch von dem Schenker oder – aufgrund einer Überleitung durch Verwaltungsakt – von dem Träger der Sozialhilfe geltend gemacht wird. Der Schenker kann nicht abschließend bestimmen, wer von den Beschenkten die Nachteile des auf seiner Seite eingetretenen Notbedarfs tragen soll. Der Rückgewähranspruch nach § 528 I entsteht mit dem Eintritt der Notlage des Schenkers; er ist nicht an eine Entscheidung des Schenkers geknüpft. Jeder Beschenkte haftet bis zur Grenze des § 818 III auf den vollen Bedarf und nicht nur entsprechend seinem Anteil an dem Schenkungsgut. Der Gesamtschuldnerausgleich erfolgt nach § 426 (BGHZ 137, 76 = NJW 1998, 537; NJW 1991, 1824 = DNotZ 1992, 102).

Auch wenn mehrere Personen gleichzeitig beschenkt wurden, kann der Rückforderungsanspruch des 35 verarmten Schenkers gegen **einen** Beschenkten geltend gemacht werden (OLG Frankfurt a.M. NJW-RR 93, 835 = MittBayNot 1993, 281).

V. Sozialhilferegress

Zur Deckung des notwendigen Lebensunterhalts bzw. des Bedarfs in besonderen Lebenslagen tritt der 36 Sozialhilfeträger ein. Aufgrund des **Nachrangprinzips** der Sozialhilfe iSd § 2 II SGB XII geht der Sozialhilfeträger jedoch nur in Vorlage. Sobald der Sozialhilfeträger Kenntnis von einer möglichen Schenkung erhält, kann er durch schriftliche Anzeige an den Beschenkten nach § 93 I 1 SGB XII den Rückforderungsanspruch des Schenkers auf sich überleiten. Der **Überleitung** steht nach § 93 I 4 SGB XII nicht entgegen, dass der Anspruch nicht übertragen, verpfändet oder gepfändet werden kann. Ebenso wenig sind auf den Beschenkten die Regelungen über das Schonvermögen iSd § 90 XII SGB XII oder ähnliche Vorschriften anwendbar. Dem Rückforderungsanspruch wegen Verarmung des Schenkers und der Überleitung dieses Anspruchs auf den Träger der Sozialhilfe im Hinblick auf die von diesem dem Schenker geleistete Hilfe zum Lebensunterhalt steht es nicht entgegen, dass das Geschenk, wenn es beim Schenker verblieben wäre, zu dessen Schonvermögen gehört hätte (BGH NJW 2005, 670). Diese Vorschriften dienen nur dem Schutz der leistungsberechtigten Personen, nicht jedoch Dritter (BGHZ 125, 283 (287) = NJW 1994, 1655; BGH NJW 2005, 670 (671); BVerwGE 90, 245 (249) = NJW 1992, 3312). Zu § 93 I 3 SGB XII vgl. *Zeranski* NZS 2018, 673.

Bei Streitigkeiten über den Rückforderungsanspruch ist der **Rechtsweg** zu den ordentlichen Zivil- 37 gerichten eröffnet. Bei Streitigkeiten über die Frage der Überleitung sind die Sozialgerichte nach § 51 I Nr. 6a SGG zuständig.

Der Beschenkte kann gegenüber dem **Regressgläubiger** sämtliche Einwendungen entgegenhalten, 38 welche er auch dem Schenker entgegenhalten könnte (*Hußmann* ZEV 2005, 54 (56)).

39   Eine Überleitung des Anspruches erfolgt nur für die Zeit, für die der leistungsberechtigten Person die **Hilfe** ohne Unterbrechung mehr als zwei Monate lange gewährt wird, § 93 II SGB XII.

40   Ein Anspruch, den ein Hilfeempfänger für die Zeit der Hilfegewährung gegen einen anderen hat, kann auch nach dem **Tode** des Hilfeempfängers auf den Träger der Sozialhilfe übergeleitet werden. (BVerwGE 85, 136 = NJW 1990, 3288). Die Überleitung des Anspruches kann auch noch nach dem Ende der Sozialhilfeleistung erfolgen (MüKoBGB/*Koch* Rn. 31).

41   Wird einem iSv § 528 I bedürftigen Schenker Sozialhilfe gewährt und der Rückforderungsanspruch gegen den Beschenkten auf den Träger der Sozialhilfe übergeleitet, ist für die Einstandspflicht des verschenkten Vermögens die Einkommens- und Vermögenslage des Schenkers im **Zeitpunkt** der zur Bewilligung der Hilfe führenden Beantragung von Sozialhilfe maßgeblich, nicht dagegen die Einkommens- und Vermögenslage des Schenkers im Zeitpunkt der letzten mündlichen Verhandlung über den übergeleiteten Anspruch (BGHZ 155, 67 (61) = NJW 2003, 2449; NJW 2005, 670 = FamRZ 2005, 177, Ergänzung zu BGHZ 96, 380 (382) = NJW 1986, 1606). Da es für die Frage der Einstandspflicht auf die Einkommens- und Vermögenslage des Schenkers zum Zeitpunkt des Sozialhilfeantrages ankommt, und nicht auf den Zeitpunkt der letzten mündlichen Verhandlung über den übergeleiteten Anspruch, kann sich der Beschenkte gegenüber dem Sozialhilfeträger nicht auf eine Verbesserung der Vermögenslage beim Schenker berufen, auch wenn diese erst nach Gewährung von Sozialhilfe eingetreten ist (BGHZ 155, 67 (61) = NJW 2003, 2449).

42   Für den Bereich des **Arbeitslosengeldes II** sieht § 33 SGB II eine dem § 93 SGB XII entsprechende Überleitungsvorschrift vor.

VI. Verjährung

43   Es gilt für den Rückforderungsanspruch die relative Verjährungsfrist von **drei Jahren** nach den §§ 195, 199 I und die absolute Frist von zehn Jahren gem. § 199 III 1 Nr. 1 (vgl. zur Regelverjährung nach altem Recht BGHZ 146, 228 = NJW 2001, 1063 = FamRZ 2001, 409). Für Grundstücke gilt die Zehn-Jahresfrist des § 196. Erreicht der Unterhaltsbedarf nicht den Wert der geschenkten Grundstücksrechte, unterliegt auch der Anspruch auf Teilwertersatz der zehnjährigen Verjährung gem. § 196 (BGH NJW 2011, 218 = ZEV 2010, 423 = DNotZ 2010, 834). § 197 ist nicht anwendbar (Palandt/*Weidenkaff* Rn. 6).

44   Nach § 199 I kommt es für den **Verjährungsbeginn** auf den Schluss des Kalenderjahres an, in dem der Anspruch entstanden ist und der Gläubiger von den anspruchsbegründenden Umständen Kenntnis erlangt oder ohne grobe Fahrlässigkeit hätte erlangen müssen. Beim Schenker wird regelmäßig die Entstehung der anspruchsbegründenden Umstände mit der Kenntnis derselben zusammenfallen. Der Sozialhilfeträger dagegen, auf welchen der Anspruch übergeht, wird regelmäßig erst später von der Schenkung Kenntnis erlangen. Grundsätzlich kommt es jedoch nicht auf die Kenntnis des neuen Gläubigers an, auf welchen der Anspruch übergeht, sondern auf die Kenntnis des alten Gläubigers. Zumal häufig das Interesse besteht, die Schenkung zu verschleiern, um die Überleitung des Rückforderungsanspruches zu verhindern, kann dies zur Verjährung führen, bevor der Sozialhilfeträger überhaupt die Gelegenheit hatte, den Anspruch geltend zu machen. In der Lit. wird daher teilweise vertreten, ausnahmsweise dem neuen Gläubiger nicht den Kenntnisstand des alten Gläubigers zu rechnen zu lassen, sondern auf den Kenntnisstand des neuen Gläubigers abzustellen (Staudinger/*Wimmer-Leonhardt*, 2005, Rn. 52; aA iErg wohl MüKoBGB/*Koch* Rn. 34). Für ein Abweichen von dem Grundsatz, dass der neue Gläubiger sich den Kenntnisstand des alten Gläubigers zurechnen lassen muss, besteht vorliegend jedoch keine Veranlassung. Bemühungen zur Verschleierung der Schenkung und die damit gewissermaßen absichtlich herbeigeführte Verjährung rechtfertigen es nicht, die Grundsätze des Rechts vom Forderungsübergang und der Verjährung zu durchbrechen. Allenfalls in besonderen Einzelfällen könnte es nach § 242 treuwidrig sein, wenn sich der Beschenkte durch Zusammenwirken mit dem Schenker zur Verschleierung der Schenkung auf die absichtlich herbeigeführte Verjährung beruft.

Bei besonders langer Verfahrensdauer Seitens des Sozialhilfeträgers kann unter Hinzutreten des Umstandsmoments auch ein Fall der Verwirkung gegeben sein.

VII. Darlegungs- und Beweislast

45   Entsprechend der allgemeinen Regeln der Darlegungs- und Beweislast trägt der Schenker die Darlegungs- und Beweislast für sämtliche tatbestandlichen Voraussetzungen des geltend gemachten Herausgabeanspruchs. Macht der Schenker einen Rückforderungsanspruch wegen Notbedarfs geltend, so hat er demnach darzulegen und zu beweisen, dass und inwieweit er außer Stande ist, seinen angemessenen Lebensunterhalt zu bestreiten (BGH NJW-RR 2003, 53; Palandt/*Weidenkaff* Rn. 5; MüKoBGB/*Koch* Rn. 35). Maßgeblicher Zeitpunkt für die **Bedürftigkeit** ist nach herrschender Meinung grds. der Schluss der mündlichen Verhandlung (Palandt/*Weidenkaff* Rn. 5; MüKoBGB/*Koch* Rn. 35). Beim übergeleiteten Rückforderungsanspruch auf den Sozialhilfeträger ist dagegen für die Einstandspflicht des verschenkten Vermögens die Einkommens- und Vermögenslage des Schenkers im Zeitpunkt der zur Bewilligung der Hilfe führenden Beantragung von Sozialhilfe maßgeblich und nicht die Einkommens- und Vermögenslage des Schenkers im Zeitpunkt der letzten mündlichen Verhandlung über den übergeleiteten Anspruch (BGHZ 155, 67 (61) = NJW 2003, 2449; NJW 2005, 670 = FamRZ 2005, 177, Ergänzung zu BGHZ 96, 380 (382) = NJW 1986, 1606).

46   Der Schenker muss auch die **Unentgeltlichkeit** der Zuwendung, die er nach § 528 I 1 zurück fordert, beweisen (BGH NJW 1995, 1349 = FamRZ 1995, 479; OLG Düsseldorf NVwZ-RR 1996, 668 (669);

OLG Köln JMBl NRW 2001, 203). Die Beweislast für die **Entreicherung** nach § 818 III BGB trägt dagegen der Beschenkte (Palandt/*Weidenkaff* Rn. 6; MüKoBGB/*Koch* Rn. 35).

VIII. Steuerrecht

Aufwendungen eines mit einem vermieteten Grundstück Beschenkten, die aufgrund eines Rückforderungsanspruchs des Schenkers wegen Notbedarfs gem. § 528 I BGB geleistet werden, sind weder als **Sonderausgaben** gem. § 10 I Nr. 1a EStG noch als Werbungskosten bei den Einkünften aus Vermietung und Verpachtung gem. § 9 I 1 EStG abziehbar (BFHE 194, 172 = BFH NJWE-FER 2001, 133 = BB 2001, 560 = DB 2001, 393). Zahlungen des Beschenkten gem. § 2329 II BGB zur Abwendung des Herausgabeanspruches eines Pflichtteilsberechtigten nach § 2329 I BGB führen nicht nach § 29 I Nr. 2 ErbStG zum Erlöschen der Erbschaftsteuer; sie sind jedoch gem. § 10 V Nr. 2 iVm § 1 II ErbStG bei der Besteuerung der Schenkung erwerbsmindernd zu berücksichtigen BFHE 204, 299 = BFH NJW 2004, 1198 = BB 2004, 370). 47

Im Umfang der Rückerstattung ist die gezahlte **Schenkungssteuer** zu erstatten (§ 29 I Nr. 1 ErbStG). 48

IX. Prozesskostenhilfe

Zum nach § 115 III ZPO einzusetzenden Vermögen gehören realisierbare Ansprüche mit Vermögenswert. Hierunter fallen auch Rückforderungsansprüche nach § 528 I 1. Die Frage der Zumutbarkeit der Verwertung von Vermögensgegenständen zur Finanzierung der Verfahrenskosten ist unter Zugrundelegung sozialhilferechtlicher Maßstäbe zu entscheiden. Unzumutbarkeit ist des Weiteren im Falle wirtschaftlicher Verwertungshindernisse dann anzunehmen, wenn der beim Verkauf erzielbare Nettoerlös voraussichtlich zur Finanzierung der Verfahrenskosten nicht ausreicht oder allein ein Verkauf zu einem nicht marktangemessenen Kaufpreis möglich ist (OLG Hamm Beck RS 2012, 12686 = FD-RVG 2012, 333727). 49

X. Zuständiges Gericht

Ein Rückgewähranspruch aus § 528 I 1 BGB ist ein allgemein zivilrechtlicher Anspruch. Solche Ansprüche können gleichermaßen zwischen verwandtschaftlich verbundenen Personen bestehen sowie zwischen nicht verwandtschaftlich Verbundenen. Bei entsprechenden Streitigkeiten handelt es sich anders als beim Elternunterhaltsanspruch nicht um sonstige Familiensachen iSd § 266 FamFG, sondern um eine allgemeine Zivilsache (vgl. hierzu auch OLG Hamm NJOZ 2013, 1326) mit streitwertabhängiger Zuständigkeit des AG oder LG. 50

§ 529 Ausschluss des Rückforderungsanspruchs

(1) Der Anspruch auf Herausgabe des Geschenkes ist ausgeschlossen, wenn der Schenker seine Bedürftigkeit vorsätzlich oder durch grobe Fahrlässigkeit herbeigeführt hat oder wenn zur Zeit des Eintritts seiner Bedürftigkeit seit der Leistung des geschenkten Gegenstands zehn Jahre verstrichen sind.

(2) Das Gleiche gilt, soweit der Beschenkte bei Berücksichtigung seiner sonstigen Verpflichtungen außerstande ist, das Geschenk herauszugeben, ohne dass sein standesmäßiger Unterhalt oder die Erfüllung der ihm kraft Gesetzes obliegenden Unterhaltspflichten gefährdet wird.

I. Normzweck und Rechtsnatur

§ 529 enthält nach hM insgesamt drei Einredetatbestände (BGH NJW 2001, 1207, 1208; *Krauß* ZEV 2001, 417, 423; MüKo/*Koch* Rn. 6 mwN). Zum einen den Ausschluss des Herausgabeanspruches bei vorsätzlicher oder grob fahrlässiger Herbeiführung der Bedürftigkeit durch den Schenker und zum anderen den zeitlichen Rückforderungsausschluss nach Ablauf von zehn Jahren seit der Leistung des geschenkten Gegenstandes und als drittes Tatbestandsmerkmal die eigene Bedürftigkeit des Beschenkten bei Herausgabe des Gegenstandes. Alle drei Tatbestandsmerkmale sind ihrer Rechtsnatur nach **Einreden**, die nur bei Erhebung durch den Beschenkten vom Gericht zu berücksichtigen sind (MüKo/*Koch* aaO; Palandt/*Weidenkaff* Rn. 1; Erman/*Herrmann* Rn. 1; Bamberger/Roth/*Gehrlein* Rn. 1; aA Soergel/*Mühl*/*Teichmann* Rn. 5, nur Alt. 3 ist Einrede). Die Einreden stehen nicht dem Rückforderungsanspruch an sich, sondern nur dessen gegenwärtiger Durchsetzung entgegen. Die Erhebung einer der Einreden führt zur Abweisung der Klage als derzeit unbegründet (BGH NJW 2005, 3638 = FamRZ 2005, 1989). Der Normzweck aller drei Einreden ist darauf gerichtet, dass der Beschenkte, der die Zuwendung bereits erhalten und sich im Vertrauen auf die Rechtsbeständigkeit des Erwerbes eingerichtet hat, schutzwürdiger ist, als der Beschenkte, der noch nichts erhalten hat (vgl. ausf. MüKoBGB/*Koch* Rn. 1). 1

Neben den Einreden des § 529 kann zu Gunsten des Beschenkten auch **§ 242** in Betracht kommen (Bamberger/Roth/*Gehrlein* Rn. 1; MüKoBGB/*Koch* Rn. 5; Erman/*Herrmann* Rn. 3; Staudinger/*Wimmer-Leonhardt*, 2005, Rn. 1; Palandt/*Weidenkaff* Rn. 1). 2

II. Die 3 Fallgruppen zum Ausschluss des Rückforderungsanspruchs

1. Vorwerfbare Herbeiführung der Bedürftigkeit (§ 529 I Alt. 1). § 529 I Alt. 1 verlangt die vorsätzliche oder **grob fahrlässige** Herbeiführung der Bedürftigkeit. Als Beispielsfälle werden hierfür Ver- 3 schwendung, Spielen und der mutwillige Verzicht auf eine Erwerbstätigkeit angeführt (Staudinger/ *Wimmer-Leonhardt* Rn. 4; Bamberger/Roth/*Gehrlein* Rn. 2). Dagegen fallen nicht unter die Alt. 1 des § 529 sozialadäquate Spenden an karitative Einrichtungen (BGH NJW 2003, 1384 (1386) = FamRZ 2003, 224). Wenn der Schenker aus nachvollziehbaren Gründen mit seinem baldigen Ableben rechnen muss, unterfallen auch großzügigere Ausgaben nicht unter den Begriff der groben Fahrlässigkeit (BGH NJW 2003, 1384 (1386) = FamRZ 2003, 224). Die Einrede greift nicht durch, wenn die Bedürftigkeit bereits durch die Schenkung oder frühere Schenkungen ausgelöst wurde oder bei Vollzug der Schenkung vorhersehbar war (BGH NJW 2003, 1384 (1386) = FamRZ 2003, 224; MüKoBGB/*Koch* Rn. 2; Soergel/ *Mühl*/*Teichmann* Rn. 2; Staudinger/*Wimmer-Leonhardt*, 2005, Rn. 1; Bamberger/Roth/*Gehrlein* Rn. 2).

Es besteht eine gewisse Tatbestandsnähe zu § 1611 I Alt. 1, wonach die Unterhaltspflicht bei sittlichem Verschulden der eigenen Bedürftigkeit aus Billigkeitsgründen herabgesetzt wird und bei grober Unbilligkeit entfallen kann. Da zwar beide Vorschriften Verschulden voraussetzen, § 1611 I Alt. 1 jedoch in der verstärkten Form des sittlichen Verschuldens und es bei § 529 I Alt 1 am ausdrücklichen Billigkeitsmerkmal fehlt, kann die Rechtsprechung zu § 1611 I Alt. 1 aber nur bedingt herangezogen werden.

4 **2. Zehn-Jahresfrist nach § 529 I Alt. 2.** Der BGH stellte fest, dass für den Eintritt der Bedürftigkeit beim Schenker innerhalb der Zehn-Jahresfrist des § 529 I BGB nicht genügt, wenn vor Ablauf dieser Frist die Umstände eingetreten sind, aus denen sich (früher oder später) eine Erschöpfung des Vermögens des Schenkers ergeben kann oder voraussichtlich ergeben wird; es ist vielmehr erforderlich, dass die Erschöpfung des Vermögens innerhalb der Frist bereits eingetreten ist. Für den **Beginn** der Zehn-Jahresfrist des § 529 I Alt. 2 kommt es nach der Rspr. des BGH auf den Zeitpunkt der Leistung des geschenkten Gegenstands an und dabei darauf, dass der Schenker alles für den Vollzug Erforderliche getan hat (BGHZ 143, 51 = BGH NJW 2000, 728 = MittBayNot 2000, 226 und BGHZ 146, 228 (234) = NJW 2001, 1063). *Koch* stellt dagegen auf den Zeitpunkt des Eintritts des Leistungserfolges ab (MüKoBGB/ *Koch* Rn. 3 mwN). Nach *Zaranski* beginnt die Zehn-Jahres-Frist sowohl bei einem Pflichtteilsergänzungsanspruch nach § 2325 III als auch bei der Rückforderung einer Schenkung nach § 529 I Alt. 2 mit dem Abschluss des Erwerbtatbestandes und demzufolge bei Immobilienübertragungen grundsätzlich mit der Eigentumsumschreibung im Grundbuch (*Zeranski* NJW 2017, 1349). Bei der Schenkung eines Grundstückes beginnt der Lauf der Zehn-Jahrsfrist der Meinung des BGH folgend dagegen bereits ab dem Umschreibungsantrag (BGH NJW 2011, 3082 = NZM 2012, 652 = DNotZ 2012, 507 = MittBayNot 2012, 34). Der Beginn der in § 529 I Alt. 2 BGB vorgesehenen Zehnjahresfrist wird nicht dadurch gehindert, dass sich der Schenker an den verschenkten Grundstück ein lebenslanges **Nutzungsrecht** vorbehält (BGH NJW 2011, 3082 = NZM 2012, 652 = DNotZ 2012, 507 = MittBayNot 2012, 34 vgl. dazu Anm. *Everts* MittBayNot 2012, 23, *Zeranski* NJW 2017, 1349).

5 **3. Notbedarf des Beschenkten nach § 519 II.** Für die Berechtigung der Einrede nach § 529 II BGB ist es grds. unerheblich, wann und wodurch die eigene Bedürftigkeit des Beschenkten bzw. seines Erben **entstanden** ist (BGH NJW 2001, 1207).

6 Nach dem Wortlaut des Gesetzes kommt es nicht darauf an, dass der eigene Notbedarf des Beschenkten bereits eingetreten ist, vielmehr reicht eine **Gefährdung** schon aus. Dabei muss es sich allerdings um eine ernsthafte Gefährdung handeln, dh es muss ernsthaft damit zu rechnen sein, dass der Beschenkte bei Erfüllung des Rückforderungsanspruches nicht mehr in der Lage ist, seinen angemessenen Unterhalt zu erfüllen oder seiner Unterhaltsverpflichtung nach zu kommen (BGH NJW 2001, 1207 (1209)).

7 Das Wort „standesgemäßer" Unterhalt beruht auf einem Redaktionsversehen bzw. ist antiquiert. Nach allgemeiner Meinung ist der heute gebräuchliche Begriff des **„angemessenen"** Unterhalts zu lesen (BGH NJW 2000, 3488; 2005, 3638; OLG Düsseldorf VWZ 1984, 887 (888); OLG Hamm VWZ 193, 1436). Insoweit wird auf § 1603 I BGB verwiesen, dem wiederum die Düsseldofer Tabelle zugrunde liegt, wo je nach Anzahl vorwegabzuziehender bevorrechtigter Unterhaltsberechtigter der jeweils gültige angemessene Selbstbehalt ausgewiesen wird (Vgl. ausführlich zum Begriff des „standesgemäßen Unterhalts" *Holzer* NZFam 2016, 1009 ff.).

8 Im Rahmen der Regelung des § 529 II BGB sind zur Bemessung des dem Beschenkten verbleibenden angemessenen („standesgemäßen") Unterhalts grds. die jeweils einschlägigen **familienrechtlichen** Bestimmungen und die von der Rspr. hierzu entwickelten Grundsätze heranzuziehen (BGH NJW 2000, 3488). Als angemessen gilt grds. der entsprechende Verwandtenunterhalt. Das Maß des zugewendeten Unterhalts bestimmt sich nach der Lebensstellung des Bedürftigen, wobei der Unterhalt den gesamten Lebensbedarf umfasst (§ 1610). Die Erwerbsobliegenheit des Beschenkten geht grds. vor (BGH NJW 2005, 3638). Der Beschenkte ist in der Regel nicht verpflichtet, sein Familieneigenheim zu veräußern, unter Umständen aber zur Aufnahme eines Kredits (BGH NJW 2000, 3488, 2003, 1384). Zu den näheren Voraussetzungen der Unzumutbarkeit einer Kreditaufnahme vgl. LG Düsseldorf Beck RS 2012, 05892.

9 Der Beschenkte trägt die Darlegungs- und Beweislast für die eigene Bedürftigkeit iSd § 529 II (OLG Düsseldorf FamRZ 1997, 769 (770)).

III. Ausschluss des Rückforderungsanspruches nach § 242

10 § 529 enthält drei gesetzlich normierte Einreden zum Ausschluss des Rückforderungsanspruchs, stellt jedoch nach allgemeiner Meinung **keine** abschließende Regelung dar, sodass in besonders gelagerten Fällen auch ein Rückforderungsanspruch nach § 242 ausscheidet (Palandt/*Weidenkaff* Rn. 1, MüKo-BGB/*Koch* Rn. 5 mwN). Wenn bspw. der Schenkungsgegenstand keinen nennenswerten Verkaufswert

hat und somit den Notbedarf des Schenkers nicht wesentlich lindern kann, ist der Rückforderungsanspruch nach § 242 ausgeschlossen (OLG München HRR 1938 Nr. 1327). Ein Anspruch auf Zahlung des Wertes eines geschenkten Grundstücks kann teilweise ausgeschlossen sein, soweit der Verpflichtete dadurch seinen eigenen angemessenen Unterhalt oder die Erfüllung seiner Unterhaltspflichten gefährdet. In diesem Zusammenhang ist es dem Verpflichteten zuzumuten, dass er ein geschenktes unbebautes Grundstück, aus dem er keine Einkünfte zieht und das er auch nicht für sich und seine Familie zum Wohnen benötigt, veräußert (OLG Hamm FamRZ 1993, 1436 f.).

IV. Ausschluss der Einrede

Der Beschenkte kann sich auf die Einrede nicht stützen, wenn er gem. §§ 818 IV, 819 I haftet, insbes. 11 seine Leistungsunfähigkeit durch unterhaltsbezogene **Mutwilligkeit** herbeigeführt hat. Für die Berechtigung der Einrede nach § 529 II BGB ist es grds. unerheblich, wann und wodurch die eigene Bedürftigkeit des Beschenkten bzw. seines Erben entstanden ist. Die Berufung auf die eigene Bedürftigkeit stellt allerdings eine unzulässige Rechtsausübung (§ 242) dar, wenn der Beschenkte bzw. sein Erbe Kenntnis von dem Notbedarf des Schenkers gehabt und gleichwohl die eigene Bedürftigkeit mutwillig herbeigeführt hat, wobei Mutwilligkeit nicht nur vorsätzliches oder absichtliches, sondern auch leichtfertiges Handeln umfasst (BGH NJW 2001, 1207 (1208) mwN). Erfolgt die unentgeltliche Grundstücksübertragung mit der Abrede, dass der Erwerber bei einer Weiterveräußerung verpflichtet ist, den Übertragenden im Notfall aus dem Erlös zu unterstützen, findet § 529 II BGB keine Anwendung, wenn die Vertragsauslegung ergibt, dass es sich nicht um eine Schenkung, sondern einen Vertrag sui generis gehandelt hat (OLG Koblenz NJOZ 2012, 1587).

Titel 12. Auftrag, Geschäftsbesorgungsvertrag und Zahlungsdienste

Vorbemerkungen zu den §§ 662–675

1. Gegenstand der Kommentierung. Die Kommentierung ist auf die erbrechtlich relevanten Fragen 1 im Zusammenhang mit einer Vollmacht beschränkt. Diese betreffen insbes. die Vorsorgevollmacht.

2. Vollmacht und Grundgeschäft. Die Vollmacht ermöglicht dem Bevollmächtigten, den Vollmacht- 2 geber wirksam zu vertreten. Was er tun soll und darf und wie dies geschehen soll, ist davon rechtlich unabhängig („abstrakt") zu beurteilen (Abstraktionsprinzip: BGH NJW 1992, 3237; zur Vollmacht eines Rechtsanwaltes: NJW 1993, 1926; OLG Köln ZIP 1988, 1203; Papenmeier Vollmachten S. 2–4; Lipp Vorsorgeverfügungen-HdB/*Spalckhaver* § 8 Rn. 5–8). Dies richtet sich nach dem zugrundeliegenden Rechtsgeschäft, welches Grundgeschäft, Grundverhältnis, Innenverhältnis oÄ genannt wird. Bei einer umfassenden Bevollmächtigung wie bei einer Vorsorgevollmacht ist grds. von einem Auftragsvertrag auszugehen. Eine Vollmacht kann aber auch zur Vornahme oder zum Vollzug eines bestimmten Geschäfts, wie einer Schenkung, oder im Rahmen eines Dienst- oder Werkvertrages erteilt werden (Übersicht bei Papenmeier Vollmachten S. 165).

3. Erbfall. Mit dem Erbfall gehen die Rechte und Pflichten des Erblassers im Wege der Gesamtrechts- 3 nachfolge auf den oder die Erben über, § 1922. Dies gilt auch für die (Vorsorge-)Vollmacht und einem zugrunde liegenden Auftrag. Nach dem Erbfall sind also die Erben Vollmachtgeber (→ § 164 Rn. 33–41) und Auftraggeber. Die Erben können gegen den bevollmächtigten Auftragnehmer ggf. Ansprüche gem. §§ 662 iVm 280, 666, 667 geltend machen.

Untertitel 1. Auftrag

§ 662 Vertragstypische Pflichten beim Auftrag

Durch die Annahme eines Auftrags verpflichtet sich der Beauftragte, ein ihm von dem Auftraggeber übertragenes Geschäft für diesen unentgeltlich zu besorgen.

1. Auftrag. Der Auftrag ist ein **unvollkommener zweiseitiger Vertrag**. Der Begriff des „Auftrags" 1 suggeriert zwar Einseitigkeit. Er bezieht sich aber nur auf das Fehlen einer synallagmatischen Gegenleistung: Der Auftraggeber ist nicht unmittelbar zu einer Gegenleistung verpflichtet, da der Auftrag unentgeltlich ist. Insoweit ist er ein „unvollkommener" Vertrag. IÜ ist er ein zweiseitiger Vertrag, bei dem es zwei Willenserklärungen – Angebot und Annahme – geben muss. Die genaue Bezeichnung für das schuldrechtliche Verhältnis zwischen Vollmachtgeber und Bevollmächtigtem ist daher „Auftragsvertrag" (vgl. zur Terminologie auch Staudinger/*Martinek* Rn. 1, iÜ Rn. 13 f.; sowie Soergel/*Beuthien* Vor § 662 Rn. 5). Ob der Bevollmächtigte überhaupt tätig werden wird und in welcher Form, kann unsicher sein. Es handelt sich dann um einen sog. „Eventualauftrag" (*Bühler* FamRZ 2001, 1585 (1593); *Flume* AT II, 1992, § 50 Ziff. 1).

2. Auftrag bei Vorsorgevollmacht. a) Grundsatz. Nach inzwischen einheitlicher Meinung liegt – mit 2 der Ausnahme einer Bevollmächtigung unter Ehegatten (→ Rn. 7–13) – der Tätigkeit mittels einer Vorsorgevollmacht im Zweifel ein **Auftrag** zu Grunde (Zimmermann Vorsorgevollmacht Rn. 152; Lipp Vorsorgeverfügungen-HdB/*Spalckhaver* § 15 Rn. 7; Müller/Renner BetreuungsR/*Renner* Rn. 598; Trimborn v. Landenberg Vollmachten § 3 Rn. 6; *Papenmeier* Vollmachten S. 175; Rudolf/Bittler/Roth Vorsorgevollmacht/*Scharf* § 1 Rn. 129; *Sarres* ZEV 2013, 312; abl. für eine reine Kontovollmacht OLG Brandenburg BeckRS 2012, 20726; zu Abgrenzungen wie zum Boten → § 164 Rn. 11; ausführlich: Kurze/*Kurze* Vorsorgerecht § 662 BGB Rn. 2–20). Nach hier vertretener Ansicht kann auch bei einer Kontovollmacht ein Auftragsverhältnis vorliegen (ausführlich Kurze/*Kurze* Vorsorgerecht § 662 BGB Rn. 13). Eine Vollmacht ist immer nur ein Werkzeug. Wenn der Bevollmächtigte nicht nur als Bote tätig ist, also ohne eigenen Entscheidungsspielraum, besteht trotzdem ein Vertragsverhältnis, unabhängig von dem Umfang der Tätigkeit.

3   **b) Abgrenzung zur Gefälligkeit.** Die Berufung des Auftragnehmers auf ein Gefälligkeitsverhältnis, um Pflichten zu entgehen, greift nicht (*Horn/Schabel* NJW 2012, 3473; ausf. *Papenmeier* Vollmachten S. 167–172). Die Abgrenzung zwischen einem Auftrags- und einem Gefälligkeitsverhältnis erfolgt mittels des Kriteriums des „Rechtsbindungswillens" (BGH NJW 1971, 1404 mwN). Er ist „im konkreten Einzelfall nach Treu und Glauben mit Rücksicht auf die Umstände und die Verkehrssitte" zu beurteilen (BGHZ 21, 101). Entscheidend ist nicht der innere Wille (Palandt/*Grüneberg* Einl. § 241 Rn. 7), sondern „wie sich einem objektiven Betrachter das Verhalten der Parteien darstellt" (OLG Hamm NJW-RR 1997, 1007; BGHZ 21, 102 (106 f.) = NJW 1956, 1313; OLG Nürnberg OLGZ 67, 139 (140)).

4   Es werden hierzu verschiedene **Kriterien** angeführt: wirtschaftliche Interessen des Auftraggebers (erhebliche Vermögenswerte stehen auf dem Spiel OLG Hamm NJW-RR 1997, 1007; wesentliche Bedeutung OLG Hamm NJW-RR 2001, 455; zudem BGHZ 92, 164 = NJW 1985, 1778; BGHZ 88, 373 = NJW 1984, 1533; BGHZ 21, 102 (106 f.) = NJW 1956, 1313), besondere Qualifikationen oder Interessen des Beauftragten (BGHZ 88, 373 = NJW 1984, 1533; BGHZ 21, 102 (106 f.) = NJW 1956, 1313; OLG Hamm NJW-RR 2001, 455), Gefährdung des Vermögens des Auftraggebers durch eine fehlerhafte Leistung (PWW/*Wirth/Fehrenbacher* Rn. 4), Zumutbarkeit eines Risikos für den Beauftragten (verneint für die Pflicht, den Lottoschein einer Spielgemeinschaft abzugeben, in BGH NJW 1974, 1705) und Verlassen des Auftraggebers auf die Entfaltung der Tätigkeit (OLG Hamm NJW-RR 1997, 1007). Für eine Gefälligkeit und gegen einen Auftrag können eine familiäre, freundschaftliche oder nachbarschaftliche Verbundenheit sprechen (kein Auftrag beim (regelmäßigen) gegenseitigen Beaufsichtigen von Kindern: BGH NJW 1968, 1874). Uneigennützigkeit und Unentgeltlichkeit werden bei einer Gefälligkeit vorausgesetzt. Aber auch eine Uneigennützigkeit reicht nicht, „um die Annahme rechtsgeschäftlicher Beziehungen, die sich etwa aus den Umständen ergeben, zu verneinen" (BGHZ 21, 102 (106 f.) = NJW 1956, 1313).

5   Zwar wissen viele Bevollmächtigte bei der Vollmachtserteilung mangels ausreichender Aufklärung nicht, worauf sie sich einlassen. Bewusst wird ihnen aber sein, dass die Vollmacht eine rechtliche Wirkung hat. Für den Auftrag sprechen insbes. die Bedeutung der Angelegenheit für den Vollmachtgeber und der Umfang der Aufgabe. Angelegt ist die Vorsorgevollmacht auf eine umfassende Vertretung meist hinsichtlich des gesamten Vermögens sowie der Sorge um Gesundheit und Aufenthalt. Diese kaum zu steigernde **Bedeutung** der Aufgabe des Bevollmächtigten rechtfertigt die Annahme eines Rechtsbindungswillens bei dem, der sie übernimmt.

6   Bedenklich ist die Risikoverteilung, bei der im Einzelfall ein erhebliches Ungleichgewicht zwischen der Aufgabe und dem Gegenwert für den Bevollmächtigten bestehen kann. Wird der Bevollmächtigte für seine Tätigkeit in einer letztwilligen Verfügung nicht bedacht und erhält er auch keine Vergütung, steht seine Verantwortung in keinem Verhältnis zu Aufwand, Risiko und Verantwortung. Der Bevollmächtigte handelt für den Vollmachtgeber in essentiell persönlichen Bereichen, sorgt für dessen gesamtes Vermögen, haftet dafür voll mit dem gesamten eigenen Vermögen und ist umfangreichen Auskunfts- und Rechenschaftsforderungen ausgesetzt. Es kann von einer **„Vollmachtsfalle"** gesprochen werden. Auf der Ebene des Vertragsschlusses kann dies nicht gelöst werden. Ein Auftrag liegt vor (zu Möglichkeiten einer Milderung der Folgen → § 666 Rn. 25).

7   **c) Ausnahme: Ehegatten.** Der BGH vertritt in stRspr die Ansicht, dass zwischen Ehegatten **kein Auftragsverhältnis** iSd §§ 662 ff. entsteht (BGH FamRZ 2008, 1841; NJW 2000, 3199; NJW-RR 1987, 1347; NJW 1986, 1870). Dies soll selbst dann gelten, wenn ein Ehegatte „die Wirtschaftsführung im Wesentlichen allein übernimmt" (BGH NJW 2000, 3199) oder „wenn die verfügbaren Mittel im Wesentlichen aus Einkünften oder Vermögen des anderen Ehegatten zufließen" (BGH NJW-RR 1987, 1347). Es komme weder eine unmittelbare noch eine analoge Anwendung des § 662 in Betracht. Es wird in der Verwaltung des Vermögens nur durch einen Ehegatten eine „Ausgestaltung der ehelichen Lebensgemeinschaft" gesehen (BGH NJW 1986, 1870). Dem wird grds. zuzustimmen sein, wenn auch nicht aus Gründen der „Praktikabilität" (BGH NJW 2000, 3199).

8   Kein Auftrag ist damit bei einer Vorsorgevollmacht zumindest für das „normale" Wirtschaften anzunehmen, für das alltägliche Geschäfte, von denen in der Gestaltung der ehelichen Verhältnisse der eine oder der andere Gatte schon in guten Zeiten den größeren Teil erledigt hat.

9   Nach hier vertretener Ansicht kann im **Einzelfall** bei einer weitgehenden Übernahme wichtiger Geschäfte auch unter Ehegatten Auftragsrecht anzunehmen sein (OLG Hamm FamRZ 2003, 97; ähnlich Trimborn v. Landenberg Vollmachten § 3 Rn. 13–16). In § 1413 sieht auch der BGH einen Ansatz für eine Vermögensverwaltung des einen für den anderen Ehegatten. Eine solche Überlassung der Vermögensverwaltung setze einen schuldrechtlichen Vertrag voraus. Dieser erfordere „den Rechtsbindungswillen beider Ehegatten" (BGH NJW 2000, 3199; 1986, 1870). An das Vorliegen eines Verwaltungsvertrages

sollen aber hohe Anforderungen gestellt werden. Die Tätigkeit aus „Gefälligkeit" oder die „Miterledigung", weil der andere Teil sich nicht kümmere, also ein Resultat der Ausgestaltung der ehelichen Lebensgemeinschaft, sollen ebenso wenig reichen (BGH NJW-RR 1987, 1347; NJW 1986, 1870) wie auch die Erteilung einer Bankvollmacht (BGH NJW 2000, 3199; NJW-RR 1987, 1347) und die Einrichtung eines gemeinsamen Kontos (BGH NJW-RR 1987, 1347).

Für eine Vermögensverwaltung spricht es nach dem BGH, „wenn der Vermögensinhaber während der Verwaltungsdauer nicht selbst Vermögensverfügungen treffen könne" (BGH NJW 1986, 1870). Gerade dies ist bei einer Tätigkeit auf der Grundlage einer **Vorsorgevollmacht** regelmäßig der Fall: Der eine Ehegatte kann aufgrund von körperlich-geistigen Einschränkungen nicht mehr selbst handeln; er ist vielleicht sogar geschäftsunfähig. Dafür werden Vorsorgevollmachten erstellt. Muss sich der Ehegatte dann bei Vermögensangelegenheiten der Vorsorgevollmacht bedienen, erweitert er seine ehelichen Befugnisse erheblich. 10

Es wird abzugrenzen sein: Handelt der bevollmächtigte Ehegatte in einem Rahmen, in dem er aufgrund stillschweigender, ehelicher Lebensgestaltung auch ohne diese besondere Situation tätig geworden wäre, kommt ein Auftrag nicht in Betracht. Das sind die täglichen Geschäfte und die gefällige Übernahme von Aufgaben. 11

Gehört aber etwa einem Ehegatten ein Miethaus und übernimmt nach einem Schlaganfall der andere vom einen Tag auf den anderen die Verwaltung der Immobilie auf der Grundlage einer Vorsorgevollmacht, kann eine **Vermögensverwaltung** iSd § 1413 entstanden sein. Es fand eine Vermögensüberlassung statt, der bei Unentgeltlichkeit ein **Auftrag** zugrunde liegt (MüKoBGB/*Kanzleiter* § 1413 Rn. 6). Gleiches gilt für die Übernahme eines Handelsgeschäfts und die Sorge um eine bis dahin nur von einem Ehegatten verwaltete Sammlung von Gemälden oder alten Büchern. 12

Ansprüche gegen den bevollmächtigten Ehegatten kommen **daneben** hinsichtlich einer Auskunftspflicht als eheliche „Obliegenheit" (BGH NJW 2000, 3199), aus § 1353 (Palandt/*Brudermüller* § 1353 Rn. 13) und aus § 242 („illoyale Vermögensverschiebung", vgl. *Kogel* Anmerkung zu BGH MDR 2000, 1436 mwN) in Betracht, was höchstens in Ausnahmefällen greift. Schließlich wird die Möglichkeit eines Anspruches aus unerlaubter Handlung bejaht, § 823 (BGH NJW 1986, 1870). Die Beweislast wird aber zugunsten des Ehegatten gleichermaßen ins Gegenteil verkehrt (BGH NJW 2000, 3199; 1986, 1870). 13

Bei **Lebenspartnern** iSd LPartG sollten die Grundsätze entsprechend zu Ehegatten angewandt werden. Eine Übertragung der Grundsätze für Ehegatten auf **Lebensgefährten** findet nicht statt. In zwei Entscheidungen auf Oberlandesgerichtsebene wurde der Ausschluss einer Auskunftspflicht zwischen Ehegatten auch auf nichteheliche Lebensgemeinschaften ausgeweitet (OLG Düsseldorf ZEV 2007, 184; OLG Zweibrücken OLGReport Zweibrücken 2005, 132). Der BGH hat diesen Bestrebungen eine klare Absage erteilt (BGH FamRZ 2008, 1841). Dies gilt auch für andere, enge familiäre Beziehungen (abzulehnen daher für das Verhältnis zwischen Enkel und Großmutter: OLG Naumburg BeckRS 2008, 11185; ebenso abzulehnen für das Eltern-Kind-Verhältnis: OLG Köln OLGR 1995, 51). 14

3. Vertragsschluss. Ohne eine schriftliche Vereinbarung, die bei Vorsorgevollmachten selten geschlossen wird, muss der Vertragsschluss durch mündliche Erklärung oder konkludentes Handeln erfolgen. 15

Das **Angebot** des Vollmachtgebers liegt regelmäßig (konkludent) in der Vollmachtserteilung (Staudinger/*Martinek* Vor §§ 662ff. Rn. 34) und Übergabe der Vollmachtsurkunde an den Bevollmächtigten (Trimborn v. Landenberg Vollmachten § 3 Rn. 8). Eine isolierte Vollmacht ist regelmäßig nicht die Absicht des Vollmachtgebers (*Bühler* FamRZ 2001, 1585), weshalb sein Rechtsbindungswille grds. anzunehmen ist. 16

Auch die **Annahme** kann konkludent erklärt werden (Soergel/*Beuthien* Vor § 662 Rn. 19). Die Unterzeichnung der Vollmacht durch den Bevollmächtigten kann als Auftragsannahme ausgelegt werden. Ansonsten ist sie spätestens durch den Beginn der Tätigkeit für den Vollmachtgeber zu unterstellen (Palandt/*Sprau* Rn. 2). Problematisch ist der (seltene) Fall, dass der Auftragnehmer von der Vollmacht bis zur Geschäftsunfähigkeit des Auftraggebers nichts weiß. Gem. § 153 bleibt das Angebot annahmefähig. Die Annahme muss aber entweder gegenüber einer anderen vertretungsberechtigten Person oder dem vor den Beschränkungen des § 181 befreiten Bevollmächtigten selbst erklärt werden oder aufgrund eines stillschweigenden Verzichts des Auftraggebers oder der Verkehrssitte gem. § 151 S. 1 für entbehrlich gehalten werden. Auch **tatsächliches** und nicht nur rechtsgeschäftliches **Handeln** kann vom Auftrag umfasst sein (BGHZ 56, 204 = NJW 1971, 1404 mwN; MüKoBGB/*Seiler* Rn. 15). Der Bevollmächtigte kann daher einen Auftrag nicht mit der Behauptung widerlegen, er habe gar keine Verträge für den Vollmachtgeber geschlossen, sondern ihm immer nur „geholfen". 17

4. Unentgeltlichkeit. Der Auftrag ist unentgeltlich zu erfüllen. Aufwendungen sind zu ersetzen, § 670, und können auch ohne eine Befreiung von den Beschränkungen des § 181 aus dem Vermögen des vollmachtgebenden Auftraggebers entnommen werden. Bei der Vereinbarung eines Entgeltes liegt eine Geschäftsbesorgung iSv § 675 vor (dazu § 675). 18

5. Pflichtverletzung. Bei vorsätzlichen oder fahrlässigen Pflichtverletzungen des beauftragten Bevollmächtigten **haftet** er dem auftraggebenden Vollmachtgeber nach §§ 276, 280 (vgl. *Deinert/Lütgens/Meier* Rn. 1583–1592; *Zimmermann* Vorsorgevollmacht Rn. 154, 162). Entsprechend der Beurteilung von Betreuern handelt der Bevollmächtigte **pflichtwidrig**, wenn er gegen zwingende Normen des Gesetzes verstößt oder seiner Verpflichtung zu treuer und gewissenhafter Führung seines Amtes zuwiderhandelt und dadurch seiner Hauptpflicht, die Interessen des Pflegebefohlenen wahrzunehmen, nicht nach- 19 kommt; er begeht dann eine Pflichtverletzung, wenn er den Rahmen dessen, was ein vernünftiger Mensch für zweckmäßig oder vertretbar hält, verletzt, wenn er den ihm gegebenen Ermessensspielraum überschreitet, missbraucht oder nicht ausübt" (BayObLG FamRZ 1992, 108; zudem *Kurze* ErbR 2010, 314; ders. Vorsorgerecht § 662 BGB Rn. 31–54; *Bräuer* AnwBl 2013, 930).

20 Die für den Betreuer einschlägige Norm des § 1833 gilt für den Bevollmächtigten nicht. Es kommen aber zudem Schadensersatzansprüche aufgrund der §§ 823 ff. in Betracht (*Trimborn v. Landenberg* Vollmachten § 3 Rn. 36–38).

21 **Vermögensrechtlich** können zum einen Ansprüche des Vollmachtgebers nicht, schlecht oder zu spät geltend gemacht werden. Beispiele sind die verspätete Rentenantragsstellung, das Versäumen des Antrages auf Anerkennung einer (höheren) Pflegestufe, das Unterlassen, Darlehensforderungen einzutreiben oder Unterhalt zu fordern, sowie das nachlässige Führen eines Prozesses. Zum anderen kann der Bevollmächtigte es verpassen, Schaden vom Vermögen des Vollmachtgebers abzuwenden. Er kann es bspw. versäumen, die nicht mehr genutzte Wohnung des Betreuten nach einem endgültigen Umzug in ein Pflegeheim zu kündigen, nicht mehr benötigte Zeitschriftenabonnements zu kündigen und notwendige Versicherungen für vermietete Immobilien abzuschließen (weiteres: Kurze/*Kurze* Vorsorgerecht § 662 BGB Rn. 38–45).

22 Das Herbeiführen oder das Nichtbeheben von Missständen in der **persönlichen Versorgung** des Vollmachtgebers und auch deren mangelhafte Kontrolle stellen ebenfalls Pflichtverletzungen dar. Es ist zu vermuten, dass diese Verfehlungen viel häufiger sind als vermögensbezogene. Haftungsrechtlich verfolgt werden sie aber selten. Hierunter fällt auch die Nichtbeachtung des Wunsches des Vollmachtgebers, keinen lebensverlängernden Maßnahmen unterworfen zu sein. Eine schlechtere persönliche Versorgung, als sie aufgrund der finanziellen Mittel des Vollmachtgebers möglich wäre, ist ein anderes Beispiel (weiteres: Kurze Vorsorgerecht § 662 BGB Rn. 46–54).

23 Folgt der Bevollmächtigte **Weisungen des Vollmachtgebers**, ist eine Pflichtwidrigkeit auch dann nicht gegeben, wenn es zum Schaden für den Vollmachtgeber kommt (vgl. *Kurze* ErbR 2010, 314 (317 f.) mwN). Das gilt auch für Dritte unter Umständen als unvernünftig erscheinende Wünsche, wie trotz einer im Vergleich zu einem Pflegeheim schlechteren medizinisch-pflegerischen Versorgung **zu Hause wohnen** zu bleiben. Der Vollmachtgeber muss bei der Äußerung der Wünsche entsprechend § 1901 nach hier vertretener Ansicht nicht mehr geschäftsfähig sein. Jedenfalls bei persönlichen Angelegenheiten genügt die Einwilligungsfähigkeit. Kann der Vollmachtgeber sich nicht mehr äußern, sind sein früher geäußerter oder mutmaßlicher Wille entscheidend, nicht das „objektiv Beste".

24 Sind insbes. bei Eintritt des Vorsorgefalls oder in einer Krisensituation für den Bevollmächtigten objektiv **zu viele Angelegenheiten** zu erledigen, muss er eine Unterstützung durch (externe) Fachkräfte erwägen (Steuerberater, Rechtsanwalt, Hausverwalter, Sozialarbeiter – bis hin zur Beantragung einer Betreuung). Ist dies nicht möglich oder stehen die Kosten in keiner sinnvollen Relation zum Nutzen, haftet der Bevollmächtigte wegen Schäden insoweit nicht (*Kurze* ErbR 2010, 314 (318)).

25 Gegenüber dem unentgeltlich tätigen Bevollmächtigten kann eine pauschale Beurteilung als unangemessen empfunden werden wegen des gefälligkeitsähnlichen, auf persönlichen Verbindungen beruhenden und für den beauftragten Bevollmächtigten einseitig risikoreichen Verhältnisses zum Auftraggeber. Eine **Haftungserleichterung** ist aber jedenfalls für wesentliche Tätigkeiten (zB Übertragung einer Immobilie) **nicht** angebracht, da dem Bevollmächtigten die Bedeutung und damit die Verantwortung dabei bekannt sein sollten. Ansatzpunkte könnten bei weniger wichtigen Angelegenheiten (kleinere Einkäufe) Normen im BGB sein, welche die Haftung auf Vorsatz und grobe Fahrlässigkeit und auf diejenige Sorgfalt beschränken, die in eigenen Angelegenheiten angewandt wird, etwa §§ 521, 599, 690, 1359, 1664. Dies wird aber bislang abgelehnt (BGHZ 21, 102 (110) = NJW 1956, 1313; Staudinger/*Martinek* Rn. 41 ff. mwN; zur Möglichkeit der Vereinbarung Soergel/*Beuthien* Rn. 16). Denkbar wäre es noch, dem Bevollmächtigten für den engen Rahmen der alltäglichen Geschäfte im Sinne eines **Anscheinsbeweises** zu ermöglichen, den regelmäßigen Verbrauch nachzuweisen und so Lücken bei den Nachweisen (widerlegbar) schließen zu können (in diese Richtung LG Duisburg BeckRS 2015, 03862). Besser ist es, den Haftungsmaßstab – etwa analog §§ 1359, 277 – durch eine individuelle **Vereinbarung** zu begrenzen (so auch *Bühler* FamRZ 2001, 1585 (1593)).

26 **6. Informations- und Fragepflichten nach dem Erbfall.** Umstritten ist, was der Bevollmächtigte im Innenverhältnis nach dem Tode des Erblassers noch tun darf oder muss, sowie ob und ggf. inwieweit er die Erben informieren muss. Die hM **verneint** eine Rückfragepflicht des Bevollmächtigten bei den Erben und kann sich dabei auf eine Entscheidung des BGH berufen (BGH NJW 1969, 1245; entspr. *Madaus* ZEV 2004, 448 mwN; *Trapp* ZEV 1995, 314 (316); *Papenmeier* Vollmachten S. 181 f.), die nach hier vertretener Ansicht einer anderen Meinung aber nicht entgegensteht. Eine Informationspflicht wird zT bejaht (Papenmeier Vollmachten S. 182). § 665 S. 2 schließe einen Rückgriff auf die allgemeinen Grundsätze des Treu und Glaubens insofern aus.

27 Nach hier vertretener Ansicht hat der Bevollmächtigte die **Pflicht**, nach Möglichkeit die Erben zu informieren und ihnen Gelegenheit zum Widerspruch zu geben (so auch KG ZErb 2004, 294; *Flume* AT II, 1979, § 51 Rn. 5b; *Sagmeister* MittBayNot 2013, 107; tendenziell ähnlich Trimborn v. Landenberg Vollmachten § 3 Rn. 59–64). Das gilt insbes., wenn davon auszugehen ist, dass die Erben die Auftragsausführung nicht wollen würden. Auch wenn sich für den Auftragnehmer in anderen Fällen aufdrängen muss, dass sein Auftraggeber den Auftrag nicht mehr ausgeführt haben möchte, ist er zumindest zur Rückfrage verpflichtet (BGH NJW 1985, 42; Palandt/*Sprau* § 665 Rn. 5 f. mwN; MüKoBGB/*Seiler* § 665 Rn. 39;

Auskunfts- und Rechenschaftspflicht § 666 BGB 10

zum Recht der Bank, die Erben zu informieren LG Heidelberg BeckRS 2015, 03862 als Vorinstanz zu OLG Karlsruhe WM 2007, 300). Aus der Möglichkeit des § 665 S. 1 wird eine Pflicht. Sind die Erben dem Bevollmächtigten dagegen nicht bekannt, kann er also im Zweifel weiter nach der Weisung des Erblassers handeln.

Grundsätzlich hat der bevollmächtigte Auftragnehmer aber einen **neuen Auftraggeber:** den oder die **28** Erben. Er ist nun ihm bzw. ihnen verpflichtet. Dies folgt aus der Gesamtrechtsnachfolge, § 1922. Für eine Weisung über den Tod hinaus stehen dem Erblasser erbrechtliche Gestaltungsmittel wie das Vermächtnis offen.

7. Gestaltung. Nach hier vertretener Ansicht **sollte** das Grundverhältnis **geregelt werden** (so die wohl **29** hM, die aber in der Praxis erst sehr geringen Niederschlag gefunden hat: Zimmermann Vorsorgevollmacht Rn. 151; Lipp Vorsorgeverfügungen-HdB/*Spalckhaver* § 15; Rudolf/Bittler/Roth Vorsorgevollmacht/*Scharf* Rn. 123–127; Lenz-Brendel/*Roglmeier* Richtig vorsorgen S. 53–55; *Sarres* ZEV 2013, 312; *Sauer* RNotZ 2009, 79; *Litzenburger* NotBZ 2007, 1 [alle mit mehr oder weniger ausführlichen Formulierungsvorschlägen]; *Papenmeier* Vollmachten S. 172; *Kropp* FPR 2012, 9 (10); skeptisch dagegen Müller/Renner BetreuungsR/*Renner* Rn. 605–617). Allerdings gibt es bislang bestenfalls Einigkeit über die eventuell zu regelnden Bereiche: Definition des Grundverhältnisses (als Auftrag), Haftungsmilderung (zB auf grobe Fahrlässigkeit und Vorsatz), Auskunfts- und Rechnungslegungspflichten, Vergütung (→ § 675 Rn. 2), Verhältnis mehrerer Bevollmächtigter zueinander; zT Anweisungen für die Vermögensverwaltung und für gesundheitliche Fragen, was wiederum für bestimmte Situationen durch die Patientenverfügung geregelt werden kann (→ § 1901a Rn. 77).

Eine allgemeingültige **Gestaltungsempfehlung** kann es auch nicht geben, da es gilt, eine dem Einzel- **30** fall entsprechende Regelung zu finden. Der Schwerpunkt kann in der Vertretung bei der Durchsetzung einer Patientenverfügung oder auch im wirtschaftlichen Bereich liegen, wenn dem Vollmachtgeber zB einige Immobilien oder ein Unternehmen gehören. Wenn als „Regelfall" ein mittleres Vermögen und keine Besonderheiten in Gesundheitsangelegenheiten angenommen werden, ist die Person des Bevollmächtigten zu betrachten: Beim Ehegatten kann unter Umständen weitgehend auf Regelungen für das Grundverhältnis verzichtet werden und damit iE 8oer ausdrücklich) eine Freistellung erfolgen. Bei einem „Bekannten", der sich später vielleicht auch mit Erben auseinandersetzen muss, ist eine deutlich größere Regelungsdichte angezeigt. Bei dem häufigen Fall, dass ein Kind bevollmächtigt wird, ist zu differenzieren und individualisieren nach den Verhältnissen des Vollmachtgebers und denen des bevollmächtigten Kindes sowie dessen persönlicher Eignung. Eine Regelung für den Konfliktfall unter Kinder ist sinnvoll, aber oft schwer zu finden, wenn alle Kinder gleichbehandelt werden sollen.

…

§ 666 Auskunfts- und Rechenschaftspflicht

Der Beauftragte ist verpflichtet, dem Auftraggeber die erforderlichen Nachrichten zu geben, auf Verlangen über den Stand des Geschäfts Auskunft zu erteilen und nach der Ausführung des Auftrags Rechenschaft abzulegen.

1. Normzweck. Die Auskunft nach §§ 666, 259, 260 hat den Zweck, es dem Auftraggeber – also dem **1** Vollmachtgeber oder dessen Erben – zu ermöglichen, den Stand des Geschäftes zu erkennen, eigene Maßnahmen vorzunehmen und seine Rechte bei mangelhafter Geschäftsführung zu wahren, insbes. um Herausgabe- und Schadensersatzansprüche durchzusetzen.

2. Auskunft und Rechenschaft. Grundsätzlich wird die Auskunftspflicht nach §§ 666, 260 durch die **2** Vorlage eines **Bestandsverzeichnisses** – also durch eine Zustandsbeschreibung – erfüllt, die Rechenschaft nach §§ 666, 259 durch eine Rechnung mit Ein- und Ausgaben – also eine **Verlaufsbeschreibung** (mit Muster zur Aufforderung: Trimborn v. Landenberg Vollmachten § 3 Rn. 110).

3. Auskunft. Die Auskunft muss **schriftlich** erteilt werden und sowohl die Aktiv- als auch die Passiv- **3** posten umfassen, ohne Belege beizufügen (Kurze/*Papenmeier* Vorsorgerecht BGB § 260 Rn. 3–8; Kurze/*Kurze* Vorsorgerecht § 666 BGB Rn. 7). Die Pflicht zur Vorlage und Herausgabe von Belegen kann sich aber aus § 667 ergeben. Die Auskunft muss nicht vom Verpflichteten unterzeichnet sein. Sie ist eine „eigene und schriftlich verkörperte Erklärung des Schuldners, die jedoch nicht die gesetzliche Schriftform iSd § 126 erfüllen muss und auch durch einen Boten, zB einen Rechtsanwalt, dem Gläubiger übermittelt werden darf" (BGH NJW 2008, 917 (918)).

4. Rechenschaft. Der Begriff wird mit dem der Rechnungslegung weitgehend synonym verwendet. Sie **4** ist eine **geordnete Zusammenstellung** der Einnahmen und Ausgaben, welcher **Belege** beizufügen sind, soweit diese erteilt zu werden pflegen oder (§ 667) erteilt wurden (BGH NJW 2012, 58; 2006, 1419; 1985, 269 mwN; Kurze/*Papenmeier* Vorsorgerecht BGB § 259 Rn. 5 f.; Kurze/*Kurze* Vorsorgerecht § 666 BGB Rn. 8). Details ergeben sich nach ihrem Sinn und Zweck: Die Rechnungslegung muss schriftlich erfolgen. Sie muss nachprüfbar und geordnet sein, also eine Übersicht und den Nachvollzug der Ergebnisse erlauben und zwar ohne Beiziehung eines Sachverständigen (OLG Saarland NJW-RR 2000, 229 mwN). Die Belege müssen der Aufstellung zugeordnet und übersichtlich zusammengestellt sein. Fehlen Belege, muss der Schuldner für jeden Einzelfall darlegen, dass es ihm trotz Bemühens nicht gelungen ist, die Belege zu erhalten (MüKoBGB/*Krüger* § 259 Rn. 23).

5   Der Rechenschaftsverpflichtete kann nicht darauf verweisen, dass der Berechtigte aufgrund der ihm vorliegenden Belege in der Lage sei, Einzelheiten selbst zu ermitteln: Es ist Sache des Verpflichteten, sich dieser Arbeit zu unterziehen (OLG Saarland NJW-RR 2000, 229). Fehlende Übersichtlichkeit oder Verständlichkeit werden nicht durch das Angebot einer mündlichen Erläuterung ersetzt (MüKoBGB/*Krüger* § 259 Rn. 26).

6   Eine Rechnungslegung beginnt mit einem Vermögensbestand. Maßgeblich ist regelmäßig die Aufgabenübernahme. Dann sind alle Einnahmen und Ausgaben aufzulisten, mit Datum, Betrag und Verwendungszweck. Zu jeder Einnahme und Ausgabe sind die Belege zuzuordnen, etwa durch Nummerierung (BGH NJW 1982, 573). Im Zweifel sind die Bewegungen zu erläutern. Dies ist unter Umständen sehr aufwendig.

7   **5. Negativauskunft.** Eine Rechenschaftslegung kann auch aus der Erklärung bestehen, dass **keine Umsätze** vorhanden seien (OLG Saarland NJW-RR 2000, 229; MüKoBGB/*Krüger* § 259 Rn. 23; in Bezug auf das Miet- und Wohnungsrecht: BGH NJW 1982, 108 mwN; BayObLG NJW-RR 1988, 18).

8   Verneint der Bevollmächtigte jegliche Handlung für den Vollmachtgeber und einen Vertragsschluss, ist fraglich, ob zumindest die verbindliche Auskunft und ggf. die eidesstattliche Versicherung über diese Angabe verlangt werden kann – eine Art „Negativauskunft". Aus dem Auftragsverhältnis heraus ist dies naturgemäß nicht möglich. Ist nicht bekannt, ob der Bevollmächtigte etwas vom Vollmachtgeber erlangt hat, kommt auch ein Anspruch aus § 812 iVm § 242 nicht in Betracht. Es kann versucht werden, auf § 242 zurückzugreifen. Bestand eine Vorsorgevollmacht und eine Nähe zwischen dem Bevollmächtigten und dem Vollmachtgeber, sollte ein Anspruch auf Auskunft **bejaht** werden. Dem Bevollmächtigten ist die Auskunft unschwer möglich und der Erbe kann die Information sonst nicht erlangen.

9   **6. Einwendungen. a) Grundsatz.** Gerade die Geltendmachung der Ansprüche aus § 666 durch einen Kontrollbetreuer oder die Erben des Vollmachtgebers trifft beim Bevollmächtigten oft auf Unverständnis und Ablehnung. Diese können in einer Vielzahl von Einwendungen münden, die **zumeist unbegründet** sind (vgl. *Horn/Schobel* NJW 2012, 3473). Nur im Einzelfall kann der Auskunftsanspruch nach § 242 beschränkt sein (BGH NJW 1985, 269 mwN; OLG Köln NJW-RR 1989, 528; aber OLG Düsseldorf OLGR 1999, 4; problematisch, wenn auch nur für kleinere Beträge LG Kleve BeckRS 2013, 16370).

In der Praxis billigen viele Gerichte dem Bevollmächtigten für „alltägliche Ausgaben" eine Art **„Freibetrag"** zu (vgl. – aber in einem engen Rahmen – OLG Brandenburg BeckRS 2013, 21257). Das ist rechtlich kaum zu begründen, bestenfalls mit einem Anscheinsbeweis. Nach hier vertretener Ansicht muss der Bevollmächtigte dafür und insbesondere für die Höhe (meist nur wenige hundert Euro im Monat) detailliert darlegen, welche Kosten für den Bevollmächtigten jeden Monat entstanden sind. Das kann entweder durch eine detaillierte Liste von Ausgaben und Preisangaben für die einzelnen Verwendungen geschehen oder durch eine genaue Darlegung der Ausgaben des Vollmachtgebers, als dieser noch selbst tätig war. Allerdings ändert sich die Ausgabenstruktur nach Eintritt des Vorsorgefalls regelmäßig erheblich (weniger Ausgaben für Aktivitäten wie Reisen und Restaurantbesuche, mehr für Pflegemittel), so dass diese zweite Variante geeignet sein wird. Eine Liste muss sehr genau sein und zB Erstattungen durch die Pflegekasse berücksichtigen.

10   **b) Erfüllung.** Hatte der Bevollmächtigte gegenüber dem verstorbenen Vollmachtgeber unstreitig Rechnung gelegt, ist der Anspruch erfüllt. Ist diese Abrechnung aber nicht mehr vorhanden, sind Auskünfte für die Erben nicht anders zu erlangen und für den Bevollmächtigte unschwer zu geben, kann der Bevollmächtigte im Einzelfall aus dem Auftragsvertrag iVm § 242 noch einmal zur Auskunft verpflichtet sein. Gegenüber Banken wurden Kunden in gewissen Grenzen schon Auskunftsansprüche zugebilligt, auch wenn sie unzweifelhaft schon erfüllt worden waren (BGH NJW 1985, 269 mwN; *Pamp* ErbR 2013, 194 (199)). Die Situationen sind vergleichbar, wenn die Auskünfte für die Erben wesentlich sind.

11   **c) Verzicht.** Eine Pflicht zur (nochmaligen) Auskunft und Rechenschaftslegung ist auch in den Fällen zu erwägen, in denen unter Umständen vom Bevollmächtigten alleine oder zusammen mit dem Vollmachtgeber zu Lasten der Erben gehandelt wurde. Ein Indiz dafür ist der pauschale, vorherige und unbeschränkte Verzicht auf Auskunfts- und Rechenschaftspflichten bei gleichzeitig ungewöhnlich großem Vermögensabfluss. Ähnliches kann gelten, wenn der Vollmachtgeber im Zustand zumindest zweifelhafter Geschäftsfähigkeit routinemäßig monatliche „Rechnungsabnahmen" unterzeichnet hat, bei denen die tatsächliche Prüfung oder auch nur Prüfungsmöglichkeit fraglich ist.

12   Bedenklich ist in diesem Zusammenhang, dass eine Beschränkung der Rechnungslegungspflicht als nur dem Erblasser **höchstpersönlich** gegenüber zu erfüllen, als zulässig angesehen wird (BGH NJW-RR 1990, 131; allg. zur Vereinbarung der Höchstpersönlichkeit OLG Hamm DNotZ 2007, 122 mAnm *Fernbacher*). Aufgrund der Missbrauchsmöglichkeiten zu Lasten der Erben sollte die hier vertretene Ansicht nur dann greifen, wenn offensichtlich ordnungsgemäß gehandelt wurde. Jedenfalls ist ein Verzicht auf Informationsrechte unwirksam, wenn Zweifel an der Redlichkeit und Zuverlässigkeit des Beauftragten entstehen (OLG Hamm ZEV 2008, 600; *Sarres* ZEV 2008, 512 (514)).

13   **d) Unmöglichkeit.** Die Angabe, sich „nicht erinnern" zu können, ist **nicht anzuerkennen**. Die Störung des Erinnerungsvermögens begründet nicht die Unmöglichkeit der Leistung (MüKoBGB/*Krüger* § 259 Rn. 36). Das Gedächtnis ist nicht die einzige Erinnerungsquelle. Der Verpflichtete muss sich bemühen. Er hat Unterlagen zu suchen und Erkenntnisse auch mit Hilfspersonen zu ermitteln (OLG Saarland NJW-RR 2000, 229). Dem Bevollmächtigten sollte zudem ausdrücklich angeboten werden, Kopien der Kontoauszüge zu erhalten oder andere Unterlagen einzusehen. Ist trotz allem (Zwangsmittel) keine

weitere Information vom Bevollmächtigten zu erlangen, wird seine ordnungsgemäße Verwendung des Geldes des Vollmachtgebers nicht beweisen können und gem. §§ 667, 812, 662 iVm 280 zur Herausgabe oder zum Ersatz verpflichtet sein.

e) **Rechtsmissbrauch.** Nur weil der Anspruchsteller aus Unterlagen selbst die Rechnung legen könnte, ist sein Verlangen nicht rechtsmissbräuchlich (BGHZ 39, 87 (95) = NJW 1963, 950; entspr. OLG Köln NJW-RR 1989, 528). Es interessiert das Wissen des Bevollmächtigten. 14

f) **Verwirkung.** Wurde die Rechnungslegung jahrelang nicht geltend gemacht, bedeutet dies weder einen Verzicht (→ Rn. 11) noch eine Verwirkung (entspr. *Horn/Schobel* NJW 2012, 3473 (3475)). Das Unterlassen der Forderung hat keinen (konkludenten) Erklärungswert als Verzicht. Eine Verwirkung kommt erst in Betracht, wenn der Vollmachtgeber an dem Entstehen eines festen Vertrauens beim Bevollmächtigten mitgewirkt hat. 15

Bei der Vorsorgevollmacht liegen oft zwei Umstände vor, die regelmäßig eine Berufung auf Verwirkung **ausschließen:** Zum einen war der Vollmachtgeber meist gar nicht mehr in der Lage, die Ansprüche auf Auskunft und Rechenschaft geltend zu machen. Auch bei Geschäftsfähigkeit werden entsprechende Ansprüche aufgrund eines Abhängigkeitsverhältnisses zum Bevollmächtigten sowie altersbedingt herabgesetzten Engagements selten geltend gemacht. War der Vollmachtgeber aber nicht mehr in der Lage, seine Ansprüche durchzusetzen, so kann später keine Verwirkung aufgrund von Untätigkeit entgegengehalten werden. Zum anderen folgt aus der oft weitgehenden Übernahme von Aufgaben durch den Bevollmächtigten unter Ausschluss anderer Personen, dass erst nachträglich Misstrauen erweckende Umstände zu erkennen sind (BGHZ 39, 87 (93f.) = NJW 1963, 950; entspr. OLG Saarland NJW-RR 2000, 229). 16

7. Unvollständige Rechnungslegung. Eine Rechnungslegung, die den geschilderten formalen Anforderungen nicht genügt, erfüllt den Anspruch nicht. Der Verweis auf die eidesstattliche Versicherung ist dann nicht zulässig (vgl. auch *Kurze/Papenmeier* Vorsorgerecht BGB § 259 Rn. 8, 11 f.). 17

Die Grenzen zwischen formaler und materieller Unvollständigkeit sind teilweise unklar. Der BGH zieht wegen der Schwäche des Druckmittels der Abgabe der Versicherung an Eides Statt die Grenzen der formalen Unvollständigkeit weit und billigt recht weitgehend einen **Ergänzungsanspruch** zu – etwa wenn ein Vermögensgegenstand überhaupt nicht angegeben wurde oder die Rechnung schon auf den ersten Blick falsch ist (mit Verweis auf die Materialien BGHZ 92, 62 = NJW 1984, 2822; BGHZ 39, 87 (94) = NJW 1963, 950; MüKoBGB/*Krüger* § 259 Rn. 24). 18

8. Eidesstattliche Versicherung. Erst wenn eine formal einwandfreie Rechnungslegung erstellt wurde, kommt auch eine Versicherung an Eides Statt in Betracht (BGH BGHZ 10, 385; MDR 1983, 128). Die Abgabe der Versicherung bedeutet aber nicht, dass vom Auftraggeber keine entgegenstehenden Behauptungen zB in einem Prozess um Schadensersatz aufgestellt werden können. Ihr Beweis ist aber regelmäßig schwieriger. 19

9. Verjährung. Grundsätzlich verjähren die Ansprüche auf Auskunft und Rechnungslegung selbständig in der Frist der §§ 195, 199 (*Horn* ZEV 2016, 373 (374)). Verjährt der Hauptanspruch gem. § 199 II gilt dies auch für den Auskunfts-/Rechenschaftsanspruch. Ist der Hauptanspruch verjährt, der Auskunfts-/Rechenschaftsanspruch aber nicht, muss das rechtliche Interesse besonders begründet sein (BGH NJW 2012, 917; BGHZ 108, 393 = NJW 1990, 180; NJW 1985, 384). Die Verjährung beginnt nicht vor Beendigung des Auftrages (OLG Düsseldorf ZEV 2016, 259; vgl. auch *Pamp* ErbR 2013, 194 (205) mwN). 20

10. Beweislast. Der Bevollmächtigte trägt für die Richtigkeit der Abrechnung die Darlegungs- und Beweislast (Soergel/*Beuthien* Rn. 18). 21

§ 667 Herausgabepflicht

Der Beauftragte ist verpflichtet, dem Auftraggeber alles, was er zur Ausführung des Auftrags erhält und was er aus der Geschäftsbesorgung erlangt, herauszugeben.

1. Normzweck. Für den Vollmachtgeber oder seine Erben ist dies eine zentrale Anspruchsgrundlage nach Beendigung des Auftrages. Mit ihm kann von dem Bevollmächtigten die Herausgabe von Geld verlangt werden, welches er mittels der Vollmacht erlangte, dessen Herausgabe oder ordnungsgemäße Verwendung er aber nicht beweisen kann. Bei Schlechterfüllung kann der Bevollmächtigte aus §§ 662, 280 verpflichtet sein (vgl. Kurze/*Kurze* Vorsorgerecht § 662 BGB Rn. 31–59). Wird das Vertragsverhältnis verneint, kommt § 812 als Anspruchsgrundlage in Betracht. Daneben können die Voraussetzungen für einen Anspruch nach § 823 geprüft werden (vgl. *Pamp* ErbR 2013, 226 (232); Kurze/*Papenmeier* Vorsorgerecht BGB § 823). 1

2. Prozessuale Hinweise. Ist unklar, was der bevollmächtigte Auftragnehmer erlangt hat, ist eine Stufenklage zu erwägen, bei welcher zunächst Auskunftsansprüche nach § 666 geltend gemacht werden (vgl. Trimborn v. Landenberg Vollmachten § 3 Rn. 140). Anspruchsgrundlage für die dritte Stufe kann bei Unmöglichkeit der Herausgabe auch ein **Schadensersatzanspruch** gem. §§ 662, 280 sein (*Horn/Schobel* NJW 2012, 3473 (3476)). Ist ein Teil der Herausgabe- oder Schadensersatzansprüche schon früher zu bezeichnen bzw. zu beziffern, kommt eine **Teilleistungsklage** in Betracht. Die Bedeutung der Aus- 2 kunftsstufe ist nicht zu unterschätzen, da nach ihr der Prozess oft schnell endet, weil die maßgeblichen Umstände bekannt und Rechtsfragen geklärt sind.

3 **3. Beweislast.** Für einen Anspruch aus § 667 muss der Vollmachtgeber auch das Erlangen des Bevollmächtigten und ggf. den Wert zu beweisen (LG Itzehoe ZErb 1999, 29; *Pamp* ErbR 2013, 226; Rudolf/Bittler/Roth Vorsorgevollmacht/*Scharf* § 1 Rn. 130). Behauptet der Bevollmächtigte, er habe einen abgehobenen Geldbetrag dem Vollmachtgeber gegeben, so muss er diese Erfüllung gem. § 362 beweisen. Er trägt auch für den Verbleib des Erlangten und die auftragsgemäße Verwendung bzw. den Verbrauch die Darlegungs- und Beweislast (BGH NJW 1997, 47 (48); BGHZ 83, 260 (267) = NJW 1982, 1516; RGZ 90, 129 (131)). Er kann sich nicht darauf berufen, das Geld sei „verschwunden" und er wisse nichts von dem Verbleib (BGH NJW 1991, 1884; 1986, 1492; zur Weisung BGH NJW 1993, 1704 (1706) mwN). Behauptet er, ihm überlassenes Gut sei ihm gestohlen worden, ist er für seine Vorsichtsmaßnahmen und Sicherheitsvorkehrungen darlegungs- und beweispflichtig (BGH NJW-RR 1993, 795).

4 Gerät der Vollmachtgeber im Prozess in Beweisnot, besteht als „letzte Chance" noch die Möglichkeit, eine Vernehmung des Bevollmächtigten als Partei von Amts wegen gem. § 448 ZPO anzuregen oder sie nach § 447 ZPO zu beantragen, wozu das Einverständnis der anderen Partei notwendig ist.

...

§ 673 Tod des Beauftragten

¹Der Auftrag erlischt im Zweifel durch den Tod des Beauftragten. ²Erlischt der Auftrag, so hat der Erbe des Beauftragten den Tod dem Auftraggeber unverzüglich anzuzeigen und, wenn mit dem Aufschub Gefahr verbunden ist, die Besorgung des übertragenen Geschäfts fortzusetzen, bis der Auftraggeber anderweit Fürsorge treffen kann; der Auftrag gilt insoweit als fortbestehend.

1 **1. Normzweck.** Stirbt der bevollmächtigte Auftragnehmer, **erlischt** der Auftrag. Die Erben müssen den Vollmachtgeber informieren, um nicht schadensersatzpflichtig zu werden (Papenmeier Vollmachten S. 176). Die Fortführung der Aufgaben des Vorsorgebevollmächtigten (Zimmermann Vorsorgevollmacht Rn. 255) auch in Eilfällen gem. S. 2 durch die Erben wird regelmäßig vom Vollmachtgeber nicht gewollt sein, der im Zweifel von einer persönlichen Ausführung ausgeht.

2 **2. Gestaltung.** Ist ein **Ersatzbevollmächtigter** benannt worden, sollte er beim Tod des zunächst Bevollmächtigten tätig werden dürfen. Die Bedingung sollte aber nur im Innenverhältnis formuliert und nicht in die Vorsorgevollmacht aufgenommen werden (→ § 167 Rn. 3–7). Fehlt ein Ersatz und kann der unterstützungsbedürftige Vollmachtgeber niemand anderes bevollmächtigen, wird eine Betreuung gem. § 1896 anzuordnen sein. Die Ersatzbevollmächtigung kann grds. auch durch eine dritte (natürliche oder juristische) Person vorgenommen werden, wenn sie von dem Vollmachtgeber entsprechend bevollmächtigt wurde. Der neue Bevollmächtigte handelt dann in Untervollmacht. Vereinigungen wie der *Vorsorge-Anwalt eV* bieten an, die Aufgabe der Ersatzbevollmächtigung zu übernehmen. Überwiegend wird dies bei der professionellen Übernahme von Bevollmächtigungen durch Rechtsanwälte geschehen (→ § 675 Rn. 10).

...

Untertitel 2. Geschäftsbesorgungsvertrag

§ 675 Entgeltliche Geschäftsbesorgung

(1) Auf einen Dienstvertrag oder einen Werkvertrag, der eine Geschäftsbesorgung zum Gegenstand hat, finden, soweit in diesem Untertitel nichts Abweichendes bestimmt wird, die Vorschriften der §§ 663, 665 bis 670, 672 bis 674 und, wenn dem Verpflichteten das Recht zusteht, ohne Einhaltung einer Kündigungsfrist zu kündigen, auch die Vorschrift des § 671 Abs. 2 entsprechende Anwendung.

(2) Wer einem anderen einen Rat oder eine Empfehlung erteilt, ist, unbeschadet der sich aus einem Vertragsverhältnis, einer unerlaubten Handlung oder einer sonstigen gesetzlichen Bestimmung ergebenden Verantwortlichkeit, zum Ersatz des aus der Befolgung des Rates oder der Empfehlung entstehenden Schadens nicht verpflichtet.

(3) Ein Vertrag, durch den sich der eine Teil verpflichtet, die Anmeldung oder Registrierung des anderen Teils zur Teilnahme an Gewinnspielen zu bewirken, die von einem Dritten durchgeführt werden, bedarf der Textform.

1 **1. Abgrenzung.** Handelt der Bevollmächtigte **entgeltlich**, liegt eine Geschäftsbesorgung vor. Weitgehend kann auf die Ausführungen zum Auftrag verwiesen werden (§§ 662, 666). Bei einer Geschäftsbesorgung dürfen aber Aufgaben grds. auf Gehilfen übertragen werden, denn § 664 gilt nicht. Bei den mit einer Vorsorgevollmacht zu erledigenden Entscheidungen kann die Auslegung des Geschäftsbesorgungsvertrages ergeben, dass bestimmte Aufgaben nicht übertragen werden dürfen (zB Zustimmung oder Ablehnung zu lebenserhaltenden Maßnahmen). Besser ist die ausdrückliche Regelung. Entsprechendes gilt für die Kündigung, da auch § 671 nicht gilt.

Entgeltliche Geschäftsbesorgung § 675 BGB 10

2. Vergütung. a) Grundsatz. Dass ein privater Bevollmächtigter für seine Tätigkeit eine Gegenleistung erhält, ist angesichts der unter Umständen äußerst zeitaufwändigen und verantwortungsvollen Aufgabe meist **mehr als angemessen** (so auch Zimmermann Vorsorgevollmacht Rn. 159). Allerdings wird nur sehr selten eine Vergütung vereinbart. Bei Eintritt des Vorsorgefalls ist dies regelmäßig aufgrund des Gesundheitszustandes des vollmachtgebenden Auftraggebers nicht mehr möglich. Ein beschränkter Ausgleich kann über § 2057a erfolgen. 2

Entnimmt sich der Bevollmächtigte aber ohne eine Vereinbarung Geld als Vergütung aus dem Vermögen des Vollmachtgebers, handelt es sich unter Umständen um strafbare Untreue und das Geld muss auf Betreiben eines (Kontroll-)Betreuers (→ § 168 Rn. 12) oder der Erben zurückgezahlt werden, §§ 812, 823 II iVm § 266 StGB. 3

Es ist denkbar, dass ein von den Beschränkungen des § 181 befreiter Bevollmächtigter mit sich **selbst** eine Vergütung **vereinbart.** Das geht aber nur, solange die Vollmacht besteht. Fraglich ist ohnehin, ob eine Vergütung nachträglich vereinbart werden kann, wenn bei der Leistungserbringung die Unentgeltlichkeit feststand. Der Bevollmächtigte muss zumindest im mutmaßlichen Willen des Vollmachtgebers handeln. Wenn – wie meist – beide Seiten von einer Unentgeltlichkeit ausgingen, würde eine spätere Vergütungsvereinbarung des Bevollmächtigten für sich selbst gegen (stillschweigend vereinbarte) Bedingungen des Innenverhältnisses verstoßen. Damit würde sich der Bevollmächtigte gem. §§ 662, 280 ersatzpflichtig machen oder die Vereinbarung wäre gem. § 242 unwirksam. In jedem Fall wäre eine Vergütung unmittelbar wieder herauszugeben und könnte damit nicht verlangt werden. 4

b) Gestaltung. Für die Vereinbarung einer Vergütung gibt es bislang nur wenige Vorschläge und Ansätze (vgl. Zimmermann Vorsorgevollmacht Rn. 171–179; Lipp Vorsorgeverfügungen-HdB/*Spalckhaver* § 15 Rn. 157–175; Müller/Renner BetreuungsR/*Renner* Rn. 601; Lenz-Brendel/Roglmeier Richtig vorsorgen S. 29–31; *Sauer* RNotZ 2009, 79 (89); vgl. auch Kurze/*Kurze* Vorsorgerecht BGB § 675 Rn. 8–18). Denkbar sind zB eine **Zeitvergütung** mit gesamter Abrechnung, eine monatliche Pauschale und die Anlehnung an die Betreuervergütung. Eine Zeitvergütung kann sinnvoll sein, wobei die Differenzierung zwischen den Aufgaben auf der Grundlage der Vollmacht, allgemeiner Pflegetätigkeit (wofür auch die Pflegekasse Mittel zur Verfügung stellt) und freundschaftlich-familiären Beisammensein schwer ist. Die Abrechnung kann aufwändig sein und sollte von einem zweiten Bevollmächtigten kontrolliert werden, damit es nicht zu Auseinandersetzungen mit den Erben kommt. Eine **Pauschale** entspricht oft nicht dem tatsächlichen Aufwand. Die Anlehnung an die Vergütung eines **Berufsbetreuers** bedeutet ebenso eine Pauschale und beinhaltet zudem die Gefahr, dass sich die diesbezüglichen, gesetzlichen Regelungen in der Zukunft ändern und nicht mehr sinnvoll entsprechend angewandt werden können. 5

Bei einem grundsätzlichen Vertrauensverhältnis hat sich für **einfache Fälle** folgende Formulierung bewährt: „Der Bevollmächtigte erhält eine Vergütung von bis zu ... € (z. B. 500 €) im Monat. Die genaue Höhe darf er bestimmen." Ist weniger zu tun, kann der Bevollmächtigte einen geringeren Betrag entnehmen. Die Höchstgrenze ist aber festgelegt. Maßgeblich für den Betrag sollten Aufwand und Verantwortung sein, zum einen im vermögensrechtlichen, zum anderen im persönlichem Bereich. 6

Weitgehend unbeachtet bleiben schließlich fast immer unfall- und **sozialversicherungs**rechtliche Fragen sowie die **Einkommensteuer**pflicht. Denkbar ist eine Regelung im Rahmen eines sog. „Mini-Job". 7

c) Rechtsdienstleistung. Ist der Bevollmächtigte nicht im Wesentlichen aufgrund persönlicher Verbundenheit tätig, handelt es sich um eine **erlaubnispflichtige Tätigkeit** (BGH NJW 2011, 2301; OLG Karlsruhe BeckRS 2011, 22997; Lipp Vorsorgeverfügungen-HdB/*Spalckhaver* § 9; instruktiv: Zimmermann Vorsorgevollmacht Rn. 143–147; *Deinert* BtPrax 2017, 59 (61); zudem: Kurze/*Kurze* Vorsorgerecht BGB § 675 Rn. 23–28). Dies ist jedenfalls anzunehmen, wenn eine Vergütung gezahlt wird und der Bevollmächtigte nicht mit der Person verwandtschaftlich verbunden ist. Bei (angeblicher) freundschaftlicher Verbundenheit wird deren Intensität zu prüfen sein und, ob dieser Tätigkeit mehr als ein oder zwei Mal nachgegangen wurde. Nach hier vertretener Ansicht liegt bei einer vergüteten Tätigkeit für beide Elternteile keine erlaubnispflichtige Tätigkeit vor (ganz umfangreiche Vermögensverwaltungen uU ausgenommen). Wird ein Bevollmächtigter für (nur) eine nicht eng befreundete Person tätig und erhält mehr als ein „Taschengeld", ist dies schon eine erlaubnispflichtige Tätigkeit. 8

Bei der Vornahme einer erlaubnispflichtigen Tätigkeit liegt bei unberechtigten Personen ein Verstoß gegen das RDG vor. Der Geschäftsbesorgungsvertrag ist **nichtig** und die Vergütung zurückzuzahlen, §§ 134, 812. Es ist eine **Ordnungswidrigkeit** gegeben. 9

d) Rechtsanwälte. Die berufsmäßige Übernahme von Bevollmächtigungen zu Vorsorgezwecken ist daher bestimmten Personen vorbehalten, insbes. **Rechtsanwälten** (zu deren Vorzügen aufgrund Kenntnisstand und Loyalität vgl. *Bienwald* FPR 2012, 28 (30)). Die Tätigkeit darf als die eines „Vorsorgeanwaltes" bezeichnet werden (AGH NRW NJW 2013, 318). Seine Aufgaben sind überwiegend auf die Organisation und Überwachung beschränkt, wobei diese im Wesentlichen persönlich ausgeführt werden sollten. Zur Ausführung zB pflegerischer und hausverwalterischer Aufgaben wird er für den Vollmachtgeber Dritte beauftragen und überwachen. Für die Vergütung des Vorsorgeanwaltes wird insbes. in Abhängigkeit von den regionalen Gegebenheiten und der zu übernehmenden Verantwortung eine anwaltsangemessene Zeitvergütung zwischen 100 EUR und 300 EUR in der Stunde bei minutengenauer Abrechnung empfohlen (*VorsorgeAnwalt eV* ZErb 2011, 300; vgl. *Trimborn v. Landenberg* Vollmachten § 3 Rn. 30; LG Bonn BeckRS 2010, 12032: 200 EUR „nicht unbillig"). Die Vergütungsvereinbarung muss den Vorgaben des RVG genügen. 10

Buch 4. Familienrecht

Abschnitt 1. Bürgerliche Ehe

Titel 6. Eheliches Güterrecht

Untertitel 1. Gesetzliches Güterrecht

§ 1371 Zugewinnausgleich im Todesfall

(1) Wird der Güterstand durch den Tod eines Ehegatten beendet, so wird der Ausgleich des Zugewinns dadurch verwirklicht, dass sich der gesetzliche Erbteil des überlebenden Ehegatten um ein Viertel der Erbschaft erhöht; hierbei ist unerheblich, ob die Ehegatten im einzelnen Falle einen Zugewinn erzielt haben.

(2) Wird der überlebende Ehegatte nicht Erbe und steht ihm auch kein Vermächtnis zu, so kann er Ausgleich des Zugewinns nach den Vorschriften der §§ 1373 bis 1383, 1390 verlangen; der Pflichtteil des überlebenden Ehegatten oder eines anderen Pflichtteilsberechtigten bestimmt sich in diesem Falle nach dem nicht erhöhten gesetzlichen Erbteil des Ehegatten.

(3) Schlägt der überlebende Ehegatte die Erbschaft aus, so kann er neben dem Ausgleich des Zugewinns den Pflichtteil auch dann verlangen, wenn dieser ihm nach den erbrechtlichen Bestimmungen nicht zustünde; dies gilt nicht, wenn er durch Vertrag mit seinem Ehegatten auf sein gesetzliches Erbrecht oder sein Pflichtteilsrecht verzichtet hat.

(4) Sind erbberechtigte Abkömmlinge des verstorbenen Ehegatten, welche nicht aus der durch den Tod dieses Ehegatten aufgelösten Ehe stammen, vorhanden, so ist der überlebende Ehegatte verpflichtet, diesen Abkömmlingen, wenn und soweit sie dessen bedürfen, die Mittel zu einer angemessenen Ausbildung aus dem nach Absatz 1 zusätzlich gewährten Viertel zu gewähren.

1 **1. Grundsätze.** Mit dieser Vorschrift wird im Zusammenspiel mit § 1931 III das eheliche Güterrecht mit dem Erbrecht verknüpft. Geregelt wird hier, wie der Zugewinnausgleich des überlebenden Ehegatten stattfindet. Die Vorschrift gilt nur, wenn die Ehegatten zum Zeitpunkt des Todes des Erblassers im gesetzlichen Güterstand der Zugewinngemeinschaft gelebt haben. Hatten sie den Güterstand der Gütertrennung oder den Güterstand der Gütergemeinschaft vereinbart, so gilt für das Erbrecht des überlebenden Ehegatten ausschließlich § 1931. Dies gilt auch, wenn der Güterstand der Wahl- Zugewinngemeinschaft nach § 1519 vereinbart ist. In § 12 WZGA fehlt eine dem §§ 1931 III entsprechende Regelung und damit ein Verweis auf § 1371.

2 **2. Zugewinngemeinschaft.** Die Zugewinngemeinschaft wurde erst zum 1.7.1958 durch das Gleichberechtigungsgesetz geschaffen. Seitdem leben Ehegatten immer im Güterstand der Zugewinngemeinschaft, wenn sie nicht durch einen Ehevertrag den Güterstand der Gütertrennung, der Gütergemeinschaft oder der Wahl-Zugewinngemeinschaft vereinbart haben (§ 1363 I). Vor dem 1.7.1958 galt in der Zeit vom 1.1.1900 bis zum 31.3.1953 der gesetzliche Güterstand der ehemännlichen Nutzverwaltung. Für alle Ehen, die in der Zeit vom 1.4.1953 bis zum 30.6.1958 geschlossen wurden, galt der Güterstand der Gütertrennung. Nach der Verkündung des Gleichberechtigungsgesetzes im Juni 1957 hatte dann jeder Ehegatte die Möglichkeit, bis zum 30.6.1958 durch einseitige notariell zu beurkundende Erklärung die Gütertrennung als gesetzlichen Güterstand auch über den 1.7.1958 hinaus zu wählen. Hat keiner der Ehegatten von dieser Möglichkeit Gebrauch gemacht, so galt für die Ehe bis einschließlich 30.6.1958 der Güterstand der Gütertrennung, ab dem 1.7.1958 galt der Güterstand der Zugewinngemeinschaft. Eheleute, die vor dem 1.7.1958 in den alten Bundesländern geheiratet haben, können also auch ohne Abschluss eines **notariellen Ehevertrages** im Güterstand der Gütertrennung leben, nämlich dann, wenn einer von ihnen durch rechtzeitige notarielle Erklärung gegenüber dem Amtsgericht den Güterstand der Gütertrennung beibehalten hat. In den **neuen Bundesländern** galt seit der Einführung der Verfassung der DDR im Oktober 1949 die Gütertrennung. Mit Inkrafttreten des FGB zum 1.4.1966 war die Eigentums- und Vermögensgemeinschaft dann der gesetzliche Güterstand. Dieser Güterstand wurde zum 3.10.1990 durch Art. 235 § 4 EGBGB in den gesetzlichen Güterstand des BGB, in den Güterstand der Zugewinngemeinschaft, übergeleitet.

3 **3. Wahlrecht.** Lebten die Ehegatten zum Zeitpunkt des Todes des Erblassers im gesetzlichen Güterstand der Zugewinngemeinschaft, so kann der überlebende Ehegatte grds. zwischen der sog. **erbrechtlichen** Lösung und der **güterrechtlichen** Lösung wählen. Allerdings entfällt das Wahlrecht und ihm steht nur die güterrechtliche Lösung offen, wenn er weder Erbe des Erblassers wird noch ihm ein Vermächtnis von Seiten des Erblassers zugewendet wurde. Ist der überlebende Ehegatte also in einem Testament enterbt worden und steht ihm auch kein Vermächtnis zu, so kann er nur die Erfüllung seiner güterrechtlichen Ansprüche neben dem sog. kleinen Pflichtteil im Wege der sog. güterrechtlichen Lösung verlangen. Gleiches gilt, wenn der überlebende Ehegatte die Erbschaft und auch ein ihm eventuell zugewendetes Vermächtnis ausgeschlagen hat (§ 1371 III, II).

4. Erbrechtliche Lösung (Abs. 1). Die erbrechtliche Lösung steht dem überlebenden Ehegatten nur 4
dann zur Verfügung, wenn er entweder Erbe des verstorbenen Ehegatten geworden ist oder ihm von
dem verstorbenen Ehegatten ein Vermächtnis ausgesetzt wurde (vgl. Abs. 2) und der gesetzliche Güterstand zum Zeitpunkt des Todes bestand.

a) **Voraussetzung.** Voraussetzung für die Möglichkeit, die erbrechtliche Lösung zu wählen, ist, dass 5
der überlebende Ehegatte Erbe des Erblassers wird. Er muss gesetzlicher Erbe des Erblassers werden. Ist
der überlebende Ehegatte von dem Erblasser durch eine letztwillige Verfügung zum Erben eingesetzt
worden, so steht dem überlebenden Ehegatten die erbrechtliche Lösung nicht zur Verfügung. Eine Ausnahme gilt nur dann, wenn der Erblasser in der letztwilligen Verfügung seine gesetzlichen Erben (§ 2066)
oder seine Verwandten (§ 2067) ohne nähere Bestimmung bedacht hat. Dann gilt der Ehegatte als gesetzlicher Erbe iSv Abs. 1 (Palandt/*Brudermüller* Rn. 2).

Es ist auch ausreichend, wenn ihm ein Vermächtnis ausgesetzt ist. Ist der überlebende Ehegatte von 6
dem Erblasser nicht als Erbe sondern nur als Vermächtnisnehmer eingesetzt worden, so steht diesem
Ehegatten die erbrechtliche und nicht die güterrechtliche Lösung offen. Dies ergibt sich aus Abs. 2.

b) **Folgen.** Wählt der überlebende Ehegatte die erbrechtliche Lösung, indem er Erbe des Erblassers 7
wird, so erhöht sich nach §§ 1931 III, 1371 I der sich aus § 1931 I ergebende Ehegattenerbteil um $1/4$
wegen Abs. 1. Daraus folgt, dass der Ehegatte neben den Verwandten der ersten Ordnung des Erblassers,
also neben den Kindern, $1/4$ aus § 1931 I und $1/4$ aus § 1371 I, insgesamt also $1/2$ erhält, neben Verwandten
der zweiten oder dritten Ordnung wird er regelmäßig zu $3/4$-Erbe. Bei der nach §§ 1931 III, 1371 I vorgenommenen pauschalen Erhöhung der Erbquote um $1/4$ kommt es nicht darauf an, ob der überlebende
Ehegatte überhaupt einen Zugewinnausgleichsanspruch gehabt hätte. Mit dem $1/4$-Anteil am Nachlass
wird pauschal dem Ende der Zugewinngemeinschaft durch Tod Rechnung getragen. Ein etwaiger Ausgleichsanspruch wird pauschal auf diese Weise abgefunden und kann auch nicht mehr gesondert geltend
gemacht werden. Durch die Erhöhung des Erbteils des überlebenden Ehegatten wird der Erbteil der
übrigen erbberechtigten Verwandten reduziert. Daher muss zunächst der Ehegattenerbteil berechnet
werden. Streitig ist, wie hoch der Erbteil des überlebenden Ehegatten ist, wenn er als gesetzlicher Erbe
mit Großeltern und Abkömmlingen von Großeltern zusammentrifft. Hier gilt die Besonderheit, dass der
Ehegatte den Anteil, der eigentlich auf die Abkömmlinge der Großeltern entfiele, nach § 1931 I 2 zusätzlich zu seinem Erbteil erhält. Hinterlässt der Erblasser neben seinem Ehegatten ein Großelternpaar sowie
einen weiteren Großelternteil und einen Abkömmling des weiteren verstorbenen Großelternteils, so
erhält der Ehegatte $1/2$ nach § 1931 I 1 und $1/4$ nach § 1371 I. Zusätzlich bekommt er $1/8$ nach § 1931 I 2,
nämlich den Erbteil, die eigentlich dem Abkömmling des vorverstorbenen Großelternteils zugefallen
wäre. Er bekommt also insgesamt $7/8$ des Nachlasses, mit der Folge, dass nur noch $1/8$ überhaupt zur
Verteilung auf die noch lebenden Großeltern zur Verfügung steht (so MüKoBGB/*Leipold* § 1931 Rn. 24;
Palandt/*Weidlich* § 1931 Rn. 7). Nach aA wird bei dieser Konstellation der überlebende Ehegatte Alleinerbe, weil ihm nach § 1931 I, II bereits $3/4$ des Nachlasses zugerechnet werden und er dann noch $1/4$ aus
§ 1371 I hinzubekommt (so *Belling* Jura 1986, 579 (586)). Gegen die letztgenannte Auffassung, wonach
der überlebende Ehegatte Alleinerbe wird, spricht, dass der Sinn und Zweck der Erbteilserhöhung nach
§ 1931 I 2 nicht darin liegt, die Großeltern als erbberechtigte Verwandte von der Erbfolge auszuschließen. Nach dem Gesetz verbleibt den Großeltern als gesetzlich berufenen Erben dritter Ordnung immer
ein Erbteil, auch wenn er gering ist. Daher trägt die erstgenannte Lösung richtig Rechnung.

Die sich rechnerisch aus §§ 1931 I, 1371 I ergebende Quote stellt einen **einheitlichen Erbteil** dar. Die- 8
ser kann nur einheitlich angenommen oder ausgeschlagen werden (Palandt/*Weidlich* § 1931 Rn. 9).

Hatte der Erblasser dem überlebenden Ehegatten ein Vermächtnis zugewendet und ist der Wert des
dem Ehegatten zugewendeten Vermächtnisses geringer als der Pflichtteil, hier der **„große Pflichtteil"**, so
hat der überlebende Ehegatte nur die Möglichkeit, seinen Anspruch nach § 2307 geltend zu machen.
Entspricht das Vermächtnis wertmäßig dem Pflichtteil oder geht es darüber hinaus, hat der überlebende Ehegatte keine weiteren Ansprüche. Der große Pflichtteil bemisst sich nach dem um den pauschalen Zugewinnausgleich erhöhten Erbteil des Ehegatten, also neben Kindern auf $1/4$.

c) **Belastung (Abs. 4).** Belastet ist der zusätzliche Nachlassanteil von $1/4$ aus Abs. 1 allerdings mit dem 9
gesetzlichen Vermächtnis zugunsten bedürftiger Stiefabkömmlinge nach Abs. 4 (→ Rn. 12).

5. Güterrechtliche Lösung. Die güterrechtliche Lösung (vgl. *Jülicher/Klinger* NJW-Spezial 2008, 647) 10
greift nur ein, wenn **der überlebende Ehegatte nicht Erbe des Verstorbenen wird und auch kein Vermächtnis erhält (Abs. 2). Der überlebende Ehegatte** kann den sich nach den §§ 1372–1390 tatsächlich
ergebenden Zugewinnausgleichsanspruch und daneben einen Pflichtteilsanspruch geltend machen. Der
Pflichtteilsanspruch bestimmt sich in diesem Fall allerdings nach der Grundregel aus § 1931 I u. II. Der
überlebende Ehegatte kann, soweit er ihn nicht verloren hat (→ Rn. 13 f.), lediglich den sog. **„kleinen
Pflichtteil"** neben dem Zugewinnausgleichsanspruch verlangen, also neben Abkömmlingen des Erblassers einen Pflichtteil von $1/8$, neben Verwandten der 2. Ordnung und den Großeltern $1/4$, neben den sonstigen Verwandten $1/2$.

a) **Voraussetzungen.** Die güterrechtliche Lösung greift zum einen dann, wenn der Ehegatte ausdrück- 11
lich **enterbt** ist und ihm auch kein Vermächtnis zugewendet wurde (Abs. 2). Zum anderen kommt die
güterrechtliche Lösung zum Tragen, wenn der überlebende Ehegatte nach Abs. 3 die Erbschaft und/oder
ein ihm zugewendetes Vermächtnis **ausschlägt**. Schlägt der überlebende Ehegatte nur die Erbschaft aus,
nimmt er allerdings ein ihm zugewendetes Vermächtnis an, so steht ihm die güterrechtliche Lösung nicht

offen (Palandt/*Brudermüller* Rn. 8). Der überlebende Ehegatte hat nur innerhalb der Ausschlagungsfrist, die nach § 1944 regelmäßig sechs Wochen beträgt, die Möglichkeit, durch Ausschlagung der Erbschaft die güterrechtliche Lösung zu wählen. Häufig wird der überlebende Ehegatte mit der Entscheidung innerhalb dieser kurzen Frist überfordert sein, weil er keinen hinreichenden Einblick in die wirtschaftlichen Verhältnisse des verstorbenen Ehegatten hat. Zwar wird nach § 1377 III vermutet, dass das Endvermögen des verstorbenen Ehegatten seinen Zugewinn darstellt, doch können die Erben des Erblassers diese Vermutung widerlegen. Darüber hinaus steht dem überlebenden Ehegatten gegenüber den Erben des Erblassers erst dann, wenn er sich durch Ausschlagung der Erbschaft für die güterrechtliche Lösung entschieden hat, der Auskunftsanspruch nach § 1379 zu. Berücksichtigen muss der überlebende Ehegatte auch, dass ihm dann, wenn er die Erbschaft ausschlägt, der Voraus nach § 1932 BGB nicht mehr zusteht.

12   **b) Pflichtteilsanspruch für Ehegatten.** In Abs. 3 ist geregelt, dass der überlebende Ehegatte, obwohl er die Erbschaft ausgeschlagen hat, dennoch einen Pflichtteil bekommt. Es handelt sich dann allerdings um den sog. „kleinen Pflichtteil". Ist der überlebende Ehegatte Erbe geworden und/oder hat ihm der Erblasser ein Vermächtnis zugewandt, so muss der überlebende Ehegatte, damit die güterrechtliche Lösung zur Anwendung kommt, neben der Erbschaft auch das Vermächtnis ausschlagen (BGH NJW 1964, 2404). Schlägt der überlebende Ehegatte zwar die Erbschaft aus, nimmt er aber ein ihm zugewendetes Vermächtnis an, steht ihm die güterrechtliche Lösung nicht offen. Ist der Wert des dem Ehegatten zugewendeten Vermächtnisses geringer als der Pflichtteil, jetzt der „große Pflichtteil", so hat der überlebende Ehegatte nur die Möglichkeit, seinen Anspruch nach § 2307 geltend zu machen (→ Rn. 5). Den Zugewinnausgleichsanspruch und dann zwingend den „kleinen Pflichtteil" kann der überlebende Ehegatte nur dann verlangen, wenn er auch das Vermächtnis ausschlägt. Dem überlebenden Ehegatten steht im Rahmen der güterrechtlichen Lösung kein **Wahlrecht** zwischen dem großen Pflichtteil und kleinen Pflichtteil plus Zugewinnausgleich zu, er kann also nicht den großen Pflichtteil wählen und einklagen (BGH NJW 1964, 2404).

13   Bei isolierter Betrachtung der § 1931 III, § 1371 III 1 entsteht der Eindruck, dass der überlebende Ehegatte bei Ausschlagung der Erbschaft und eines ihm zugewendeten Vermächtnisses immer den kleinen Pflichtteil bekommt. Dies ist allerdings nicht der Fall (§ 1371 II 3 Hs. 2). Steht dem überlebenden Ehegatten aus anderen Gründen als der Ausschlagung der Erbschaft kein **Pflichtteilsanspruch** zu, so kann er zwar den Zugewinnausgleich beim Tod des anderen Ehegatten beanspruchen, nicht jedoch Pflichtteilsansprüche geltend machen. Ein Pflichtteilsanspruch entsteht trotz der Ausschlagung der Erbschaft und eines Vermächtnisses nach § 1931 III, § 1371 III Hs. 2 nicht, wenn der überlebende Ehegatte durch Vertrag auf sein gesetzliches Erb- oder Pflichtteilsrecht verzichtet hat (§ 2346). Der Zuwendungsverzicht (§ 2352) gehört nicht hierher, da er das Pflichtteilsrecht des Verzichtenden regelmäßig unberührt lässt (Palandt/*Weidlich* § 2352 Rn. 4). Der Pflichtteilsanspruch ist auch dann ausgeschlossen, wenn Erbunwürdigkeit (§ 2339), Pflichtteilsunwürdigkeit (§ 2345 II), eine wirksame Pflichtteilsentziehung (§ 2333 II) oder die Voraussetzungen des § 1933 vorliegen (BeckOK BGB/*Siede* Rn. 30).

14   Haben Ehegatten in einem Ehevertrag/Erbvertrag einen wechselseitigen **Erb-** oder **Pflichtteilsverzicht** (§ 2346) vereinbart und wählt dann der überlebende Ehegatte die güterrechtliche Lösung, schlägt er also die Erbschaft aus, so hat er nur noch den Zugewinnausgleichsanspruch. Auf den Pflichtteilsanspruch nach Ausschlagung der Erbschaft hat er bereits wirksam verzichtet, so dass ihm dieser Pflichtteilsanspruch nach § 1371 III Hs. 2 nicht mehr zusteht. Fraglich ist, ob der Ehegatte die für das Wahl der güterrechtlichen Lösung notwendige Ausschlagung der Erbschaft in diesem Fall noch rückgängig machen kann. Grundsätzlich ist die Erklärung der Annahme und Ausschlagung einer Erbschaft wegen Irrtums anfechtbar (§§ 1954 ff., 119). Ein Inhaltsirrtum, der zur Anfechtung berechtigt, liegt vor, wenn der Erklärende über Rechtsfolgen seiner Willenserklärung irrt, weil das Rechtsgeschäft nicht nur die von ihm erstrebten Rechtswirkungen erzeugt, sondern auch solche, die sich davon unterscheiden. Ein solcher Rechtsirrtum berechtigt aber dann zur Anfechtung, wenn das vorgenommene Rechtsgeschäft wesentlich andere als die beabsichtigten Wirkungen erzeugt. Nur ein unbeachtlicher Motivirrtum liegt demgegenüber dann vor, wenn nicht erkannte zusätzliche oder mittelbare Rechtswirkungen eintreten, die zu den gewollten und eingetretenen Rechtsfolgen hinzutreten (BGH Beschl. v. 5.7.2006 – IV ZB 39/05, ZEV 2006, 498 Rn. 19). In dem vom BGH entschiedenen Fall hatte der Anfechtende die Erbschaft nicht ausgeschlagen, in der irrigen Annahme, er dann habe er einen Anspruch auf den Pflichtteil nach § 2306 I 2 aF. Der BGH hat diesem Anfechtenden ein Anfechtungsrecht zugestanden (BGH, aaO, Rn. 22). Aus dieser Entscheidung wird teilweise gefolgert, ein Irrtum über die mit der Annahme oder Ausschlagung eintretenden Rechtsfolgen, also dem Eintritt der erb- oder güterrechtlichen Lösung, müsse ebenso zur Irrtumsanfechtung berechtigen (so BeckOK BGB/*Siede* Rn. 34; OLG Naumburg Beschl. v. 30.12.2008 – 10 WX 13/08, BeckRS 2011, 21749). Andere gehen nur von einem unbeachtlichen Irrtum aus, wenn die Ausschlagung etwa mit dem Ziel erfolgt, den großen Pflichtteil zu erreichen oder die Annahme der Erbschaft, mit dem Ziel, daneben Zugewinnausgleichsforderungen geltend zu machen. Hier beziehe sich der Irrtum nur auf die kraft Gesetzes eintretenden Rechtsfolgen. Ein Rechtsfolgenirrtum ist jedoch unbeachtlich. Auch ein Irrtum über die wirtschaftlichen Folgen der Wahl der güterrechtlichen Lösung im Verhältnis zur erbrechtlichen Lösung berechtigt nicht zur **Anfechtung** (MüKoBGB/*Koch* Rn. 40).

15   **c) Zugewinnausgleichsanspruch für Ehegatten.** Der überlebende Ehegatte muss seinen Zugewinnausgleichsanspruch gegen den/die Erben des Erblassers nach den gesetzlichen Vorschriften, nach §§ 1373–1383, 1390 berechnen und geltend machen. Erleichterungen kommen ihm hier nicht zugute. Die Anspruchsvoraussetzungen sind so darzulegen und zu beweisen, als würden die Ansprüche gegen den Erblasser zu Lebzeiten verfolgt. Auch Rechte, die mit dem Tod des Erblassers enden, wie bspw. ein Nießbrauchsrecht

(§ 1061), sind im Endvermögen des Erblassers zu berücksichtigen (dazu und zur Berechnung BGH ZEV 2004, 159 (160); MüKoBGB/*Koch* Rn. 44). Eine Erbunwürdigkeit des überlebenden Ehegatten oder eine berechtigte Pflichtteilsentziehung durch den Erblasser hindert das Entstehen des Zugewinnausgleichsanspruchs des überlebenden Ehegatten nicht. Allerdings können die zugrunde liegenden Tatsachen im Einzelfall ein Leistungsverweigerungsrecht nach § 1381 BGB begründen. War zwischen den Ehegatten ein Scheidungsverfahren oder ein Verfahren auf vorzeitigen Zugewinnausgleich rechtshängig, als der Erblasser verstarb, so ist zumindest dann, wenn die Verfahren zum Erfolg geführt hätten, bei der Zugewinnberechnung auf den Tag der Rechtshängigkeit des jeweiligen Antrages abzustellen (BGH ZEV 2004, 159).

d) Folgen für weitere Erben. Entschließt sich der überlebende Ehegatte dazu, die güterrechtliche Lösung zu wählen oder steht ihm nur die güterrechtliche Lösung offen, weil er enterbt ist und ihm auch kein Vermächtnis zugewendet wurde, so hat dies auch Auswirkungen auf die Höhe der Erbansprüche der weiteren gesetzlichen Erben und die Pflichtteilsansprüche der **Abkömmlinge und Eltern.** Die Erb- und Pflichtteilsquote der Berechtigten erhöht sich. Dies ergibt sich daraus, dass nicht nur der Pflichtteil des überlebenden Ehegatten nach dem nicht erhöhten gesetzlichen Erbteil (§ 1931 I) berechnet wird, sondern auch der jeweilige Erb- und Pflichtteil der übrigen Berechtigten (§§ 1931 III, 1371 II Hs. 2). Auswirkungen hat die güterrechtliche Lösung abgesehen von der Berechnung der Quote für die anderen Erben/Pflichtteilsberechtigten auch deshalb, weil der Anspruch auf Zugewinnausgleich eine Nachlassverbindlichkeit ist, die den Nachlass, und damit die Ansprüche der anderen Berechtigten schmälert. 16

6. Ausbildungskosten der Stiefabkömmlinge (Abs. 4). Der überlebende Ehegatte muss den Erbteil, den er nach Abs. 1 zusätzlich erhält, für die Ausbildungskosten seiner Stiefabkömmlinge einsetzen. Nach Abs. 4 haben Abkömmlinge des Erblassers, die nicht aus der durch Tod aufgelösten Ehe des Erblassers stammen, also **Stiefkinder/Stiefenkelkinder** (Palandt/*Brudermüller* Rn. 7; *Schausten* FPR 2008, 349) des überlebenden Ehegatten gegen den überlebenden Ehegatten einen Anspruch auf Tragung der **Ausbildungskosten.** Voraussetzung für den Anspruch ist zunächst, dass der überlebende Ehegatte mit dem Erblasser überhaupt im gesetzlichen Güterstand der Zugewinngemeinschaft gelebt hat. Darüber hinaus muss der überlebende Ehegatte gesetzlicher Erbe des Erblassers geworden sein. Wurde er testamentarischer Erbe, so greift § 1371 IV nicht (MüKoBGB/*Koch* Rn. 55, 56). Ist der überlebende Ehegatte gesetzlicher Erbe, so besteht der Anspruch nur, wenn der überlebende Ehegatte die erbrechtliche Lösung wählt. Wählt er die güterrechtliche Lösung, so entfällt sein Anspruch auf den $^1/_4$-Nachlassanteil aus § 1371 I und damit der Anspruch der Stiefabkömmlinge aus § 1371 IV. Anspruchsberechtigt sind nur die Abkömmlinge des Erblassers, die gesetzlich erbberechtigt sind und nicht aus der durch den Tod aufgelösten Ehe stammen. Hat der Erblasser die Abkömmlinge in einem Testament als Erben eingesetzt, so entfällt der Anspruch (MüKoBGB/*Koch* Rn. 54). Hat der Erblasser einen oder alle Abkömmlinge aus seiner früheren Verbindung enterbt, so steht keinem der Abkömmlinge ein Anspruch aus § 1371 V zu. Ist ein nichteheliches Kind nach § 1934d aF abgefunden worden, so ist auch dieses Kind nicht (mehr) erbberechtigt. Auch der Abkömmling, der die Erbschaft ausgeschlagen hat, ist nicht erbberechtigt und daher nicht anspruchsberechtigt (Palandt/*Brudermüller* Rn. 7). Zu zahlen ist eine Geldrente, ein Anspruch auf eine Kapitalabfindung besteht nicht. Im Einzelnen sind viele Fragen streitig. Zu gewähren sind die Mittel zu einer angemessenen Ausbildung, wenn und soweit der Abkömmling dieser Mittel bedarf. Der Abkömmling muss also bedürftig sein. Einkünfte aus eigenem Vermögen muss der Abkömmling zur Deckung seines Bedarfs einsetzen. In welchem Umfang der Abkömmling den Stamm seines Vermögens einsetzen muss, ist bereits streitig. Streitig ist auch, ob Unterhaltsansprüche, die der Abkömmling des Erblassers gegen Dritte hat, bedarfsdeckend zu berücksichtigen sind. Streitig ist ferner, wie die vorhandenen Mittel auf mehrere Stiefabkömmlinge verteilt werden. Besondere Probleme bestehen dann, wenn einzelne Stiefabkömmlinge ihren Anspruch auf Ausbildungsunterhalt erst in der Zukunft geltend machen können und das zusätzliche Viertel für die Erfüllung aller Ansprüche nicht ausreicht (dazu *Schausten* FuR 2008, 349 ff.). Der überlebende Ehegatte muss nur das ihm aus § 1371 I zusätzlich zu dem Anteil aus § 1931 I zufließenden $^1/_4$-Anteil einsetzen, er ist nur in diesem Umfang leistungsfähig (Palandt/*Brudermüller* Rn. 10; vgl. *A. Mayer* FPR 2004, 83). Will der Erblasser die Inanspruchnahme seines Ehegatten durch Abkömmlinge aus anderen Beziehungen schützen, so kann er den Ehegatten als testamentarischen Erben einsetzen, er kann aber auch den Kindern den Anspruch aus § 1371 IV durch Testament entziehen oder sie ganz enterben. § 1371 IV ist dispositiv (Palandt/*Brudermüller* Rn. 11). 17

...

Titel 7. Scheidung der Ehe

Untertitel 2. Unterhalt des geschiedenen Ehegatten

Kapitel 5. Ende des Unterhaltsanspruchs

§ 1586b Kein Erlöschen bei Tod des Verpflichteten

(1) ¹Mit dem Tode des Verpflichteten geht die Unterhaltspflicht auf den Erben als Nachlassverbindlichkeit über. ²Die Beschränkungen nach § 1581 fallen weg. ³Der Erbe haftet jedoch nicht über

einen Betrag hinaus, der dem Pflichtteil entspricht, welcher dem Berechtigten zustände, wenn die Ehe nicht geschieden worden wäre.

(2) Für die Berechnung des Pflichtteils bleiben Besonderheiten auf Grund des Güterstands, in dem die geschiedenen Ehegatten gelebt haben, außer Betracht.

1   **1. Normzweck; Entstehung; Kritik.** Der Unterhaltsanspruch nach § 1586b ist ein Anspruch, der den nachehelichen Unterhalt umfasst. Er dient der unterhaltsrechtlichen Absicherung des überlebenden geschiedenen Ehegatten, nicht aber der güterrechtlichen Vermögensauseinandersetzung. Die Vorstellung unserer Ehe beinhaltet eine gleichmäßige Teilhabe beider Ehegatten an den Werten, die in der Ehe geschaffen wurden und am ehelichen Einkommen. Dieser Grundsatz findet sich parallel im Unterhaltsrecht, im gesetzlichen Güterrecht und den Regelungen zum Versorgungsausgleich. Für den mit dem Erblasser zusammen lebenden Ehegatten wird eine abschließende Teilhabe am ehelichen Vermögen, das auch der Unterhaltssicherung dienen kann, über das Ehegattenerbrecht nach § 1931 I und II sichergestellt und im Minimum über die Pflichtteilsberechtigung nach § 2303 ermöglicht. Zugleich wird über § 1371 der Zugewinnausgleich realisiert, der andernfalls bei der Scheidung durchgeführt worden wäre.

2   Während einerseits der geschiedene Ehegatte nicht am Vermögen des Erblassers partizipiert, endet jedoch seine Bedürftigkeit nicht mit dem Tod des Unterhaltsverpflichteten. Wegen der fehlenden Ansprüche am Nachlass, ist er anders zu behandeln als die verheiratete Ehegatte und die Kinder des Erblassers, deren Unterhaltsansprüche nach § 1615 I, 1360a III mit dem Tod des Verpflichteten erlöschen. An die Stelle dieser Unterhaltsansprüche tritt aber die Beteiligung am Nachlass.

3   Die Vorschrift des § 1586b trat zum 1.1.1977 mit dem 1. EheRG (Erstes Gesetz zur Reform des Ehe- und Familienrechts) mit den Normen, die aus dem BGB in das EheG 1938 ausgegliedert worden waren und sodann aus dem EheG 1946 (Ehegesetz des Kontrollrates) in das BGB zurückgeführt wurden, in Kraft. § 1586b I 1 entspricht dabei noch eher an der Vorgängervorschrift § 1582 BGB anknüpft und von einer Kürzung der Rente ausgeht. Zum Zeitpunkt der Entstehung der Norm kannte das BGB den Versorgungsausgleich noch nicht, der erst zum 1.7.1977 eingeführt wurde. Folgerichtig erhielt § 1586b dann seine jetzige Fassung, die eine Billigkeitsanpassung nicht mehr über eine Rentenkürzung, sondern über eine Begrenzung unter Bezugnahme auf das ererbte Vermögen beinhaltet.

4   Die Vorschrift ist, ebenso wie es ihre Vorgängervorschrift § 1582 BGB bei der Entstehung des BGB war, nicht unumstritten (Planck, BGB, 1./2. Auflage 1901, § 1582, Ziff. 3). Die heutige Kritik knüpft dabei daran an, dass Erben, deren eigene Unterhaltsberechtigung mit dem Tod des Verpflichteten erlischt, ihrerseits mit einer Unterhaltspflicht für einen früheren Ehegatten belastet werden (*Roessink* FamRZ 1990, 924 f.). Diese Kritik verkennt indes, dass die Erben, die auf die Vermögensverwertung zur Unterhaltssicherung angewiesen sind, keineswegs übermäßig und unter Gefährdung der eigenen Unterhaltssicherung in Anspruch genommen werden. Zunächst einmal steht ihnen – anders als dem geschiedenen Ehegatten – das Vermögen des Erblassers zur Verfügung und nur mit diesem haften sie. Der geschiedene Ehegatte hat ebenso wie die Erben weiterhin einen unterhaltsrechtlichen Bedarf, aber kein Vermögen, um ihn zu befriedigen. Folgerichtig behandelt der Gesetzgeber ihn ebenfalls, als andere vorrangig Unterhaltsberechtigte. Die Kritik verkennt auch, dass der Unterhalt nach § 1586b BGB ein Unterhaltsanspruch ist, der an die Berechnungsmethoden des nachehelichen Ehegattenunterhaltes anknüpft und damit zwingend bei der Berechnung die im Unterhaltsrecht vorgegebenen Rangfolgen gemäß § 1609 berücksichtigen muss, auch wenn nach dem Tod keine Befriedigung vorrangiger Unterhaltspflichten mehr aus Einkommen erfolgt. Rangfolgefragen stellen sich daher nicht unter erbrechtlichem, sondern bereits zuvor unter unterhaltsrechtlichem Gesichtspunkt. Die Kritik überzeugt auch nicht mit dem Argument, der überlebende Unterhaltsberechtigte partizipiere durch § 1586b – abweichend vom Zugewinnausgleich – an nicht von ihm mit geschaffenen Vermögensmehrungen (*Roessink* FamRZ 1990, 927). Das ist zwar richtig, aber § 1586b bleibt ein Unterhaltsanspruch und nur die Haftungsmasse ändert sich und wird zugleich der Höhe nach begrenzt. Der Unterhaltsberechtigte wird aber hinsichtlich der Höhe seines Bedarfs durch § 1586b nicht besser gestellt, als wenn der Erblasser-Ehegatte weitergelebt hätte.

5   Allerdings ist die praktische Bedeutung der Vorschrift seit der Einführung des Versorgungsausgleichs und in Anbetracht der weitgehenden Eigenverantwortlichkeit der Ehegatten gering.

6   **2. Grundlagen Ehegattenunterhalt.** Ehegatten sind während des ehelichen Zusammenlebens, nach der Trennung und nach der Scheidung verpflichtet, sich gegenseitig Unterhalt zu gewähren. Ausgangspunkt ist der Gedanke des zusammen Wirtschaftens in der ehelichen Lebensgemeinschaft. Daran anknüpfend sichert der Trennungsunterhalt dem berechtigten Ehegatten ein Festhalten an dem in der Ehe erlangten wirtschaftlichen Status, mit dem Ziel, diesen für die Trennungszeit, die einer Wiederherstellung der ehelichen Lebensgemeinschaft dienen soll, aufrecht zu erhalten und die Zerschlagung der ehelichen Verhältnisse zu verhindern. Der nacheheliche Unterhalt ist im Ergebnis Ausfluss des arbeitsteiligen Zusammenwirkens der Ehegatten während des Bestandes der ehelichen Gemeinschaft und Ausdruck nachwirkender **ehelicher Solidarität.** Der nacheheliche Unterhaltsanspruch kompensiert einerseits dauerhafte **ehebedingte Nachteile.** Das können insbesondere dauerhaft wirkende Nachteile, zB bei Karriereunterbrechungen oder aufgrund von hebedingten Erkrankungen sein. Häufig handelt es sich aber auch nur um vorübergehende Einschränkungen im Einkommen, zB bei Kinderbetreuung, Beendigung von zu

Beginn der Ehe aufgegebener Ausbildung oder nicht beendetem Studium, Aufnahme einer Tätigkeit nach Mitarbeit im Unternehmen des anderen Ehegatten während der Ehe, Wiederaufnahme einer zugunsten des Ehelebens eingeschränkten beruflichen Tätigkeit, Überbrückung einer Anpassungszeit zur Sicherung des eigenen Erwerbseinkommens.

a) **Unterhaltsgrund.** § 1586b umfasst alle **gesetzlichen** und (selbständigen sowie unselbständigen) **vertraglichen** nachehelichen Unterhaltstatbestände, die selbständigen Unterhaltsverträge in entsprechender Anwendung (Staudinger/*Baumann* § 1586b Rn. 28). Allen Unterhaltstatbeständen ist der Grundsatz der Eigenverantwortung in § 1569 vorangestellt. Ein nachehelicher Unterhaltsanspruch besteht nur, wenn der Ehegatte aufgrund der in den §§ 1570ff. definierten Unterhaltstatbeständen außerstande ist, für seinen Unterhalt selbst zu sorgen. 7

aa) **Unterhalt wegen Betreuung eines Kindes, § 1570.** Der Anspruch auf Betreuungsunterhalt besteht, wenn der anspruchsberechtigte Ehegatte ein gemeinschaftliches Kind des Erblassers betreut. Als Dauer sieht § 1570 I 1 mindestens 3 Jahre vor. Eine starre Regelung der Rechtsprechung zur Dauer ist beim Betreuungsunterhalt nicht (mehr) vorgesehen. Das frühere **Altersphasenmodell**, dass in bestimmten Altersphasen des Kindes (0–8 keine Erwerbsobliegenheit; 8–11 Jahre nach Umständen des Einzelfalles unter Beachtung kindbezogener Gründe; 8–15 Jahre teilschichtige Erwerbsobliegenheit) einen bestimmten Umfang eigener Erwerbstätigkeit des betreuenden Elternteils vorsah und andernfalls fiktiv Einkünfte anrechnete, die zu einem abschmelzen des Unterhaltsanspruchs führten, ist zwischenzeitlich überholt. An dessen Stelle sind Einzelfallregelungen getreten, die nach Erreichen des Alters von 3 Jahren grundsätzlich von einer Erwerbsobliegenheit des betreuenden Unterhaltsberechtigten ausgehen. Eine Verlängerung über 3 Jahre hinaus kommt unter **Billigkeitsgesichtspunkten** in Betracht, wobei (Fremd-)Betreuungsmöglichkeiten des Kindes, dessen persönliche Entwicklung, ein besonderer Förderbedarf zu berücksichtigen sind. Der Anspruch ist folglich im Regelfall zeitlich eng begrenzt. Er kann aber im Einzelfall auch dauerhaft bestehen, zB bei der Pflege eines erkrankten oder behinderten Kindes mit fortbestehendem Förder- oder Pflegebedarf, der eine Tätigkeit des betreuenden Unterhaltsberechtigten ausschließt oder einschränkt (OLG Hamm, 2.6.2016 – 6 WF 19/16 – NJW-RR 2017, 2f.). Der Unterhaltstatbestand erfasst also nur die Erziehung eines Minderjährigen, sondern sichert auch den Elternteil, der ein volljähriges, nicht eigenständig lebendes Kind pflegt (Palandt/*Brudermüller* § 1570 Rn. 4). Daneben enthält § 1570 II BGB einen Billigkeitstatbestand, der der nachehelichen Solidarität entspringt und an die gemeinsame Planung in der Ehe zur Betreuung der Kinder anknüpft. Er eröffnet bei einer Absicherung der Betreuung gemeinschaftlicher Kinder durch Dritte oder im Ganztag, die Möglichkeit unter Berücksichtigung der fortbestehenden sonstigen Belange der Kinder, wie zB Zeitaufwand für die Haushaltsführung, normale schulische Belange uä, die vollschichtige Erwerbsobliegenheit einzuschränken, um eine überobligatorische Belastung des betreuenden Elternteils zu vermeiden (Palandt/*Brudermüller* § 1570 Rn. 15). Darüber hinaus kann die Unterhaltsdauer nach § 1570 II BGB verlängert werden, wenn wegen der langen Ehedauer, der betreuende Elternteil in die Aufrechterhaltung der bestehenden Arbeitsteilung in der Ehe vertrauen durfte und ihm deshalb eine längerfristige Umstellung aus Billigkeitsgründen ermöglicht werden muss (Palandt/*Brudermüller* § 1570 Rn. 15). Die Vorschrift beinhaltet aber keinen Vertrauenstatbestand auf einen ewigen Fortbestand dieser Situation, sodass ab der Rechtskraft der Scheidung grundsätzlich Erwerbsobliegenheiten bestehen und erwartet wird, dass sich der betreuende Ehegatte hierauf frühzeitig vor Ende der notwendigen Kinderbetreuung einstellen und mit der Arbeitsplatzsuche beginnen (Palandt/*Brudermüller* § 1570 Rn. 20). 8

Der Anspruch aus § 1570 II ist abzugrenzen von den weiteren Unterhaltstatbeständen. Er kann neben dem Anspruch auf **Aufstockungsunterhalt** bestehen. Wenn nur eine teilschichtige Tätigkeit wegen der Betreuung eines oder mehrerer gemeinschaftlicher Kinder möglich ist, so ist die hieraus resultierende Einkommensdifferenz vom Vollerwerbseinkommen als Betreuungsunterhalt nach § 1570 geschuldet. Daneben kann ein Anspruch auf Aufstockungsunterhalt nach § 1573 II bestehen. Sodann ist eine Abgrenzung zum **Ausbildungsunterhalt** erforderlich. Zwar gewährt § 1570 II eine längere Übergangsfrist, wenn die Umstellung wegen der langen Betreuung bspw. mehrerer Kinder zu Schwierigkeiten bei der Umorganisation für die Aufnahme einer Tätigkeit führt. Es bedarf aber auch insoweit kindbezogener Gründe. § 1570 II ist aber nicht anzuwenden, wenn der Ehegatte eine Ausbildung aufnimmt oder fortsetzt, die er wegen der Kinderbetreuung unterbrochen hatte, und deswegen nicht voll arbeiten geht. Das führt vielmehr zu einem Anspruch auf Ausbildungsunterhalt nach § 1575 (BGH, 8.8.2012 – XII ZR 97/10 – NJW 2012, 3037, 3038 = FamRZ 2012, 1624, 1625). 9

bb) **Unterhalt wegen Alters, § 1571.** Im Zusammenhang mit § 1586b spielt in der Praxis vor allem der Unterhalt wegen Alters eine Rolle. Er ist zu zahlen, wenn dem Ehegatten im Zeitpunkt der Scheidung, des Endes der Kinderbetreuung und bei Auslaufen von Krankheits- oder Aufstockungsunterhaltsansprüchen eine Erwerbstätigkeit aufgrund seines Alters nicht mehr zumutbar ist. Der Anspruch muss zum Zeitpunkt des Eintritts dieser Ereignisse bestehen. Entfällt er zwischendurch, lebt er später nicht wieder auf. Ein späterer Einsatzzeitpunkt, bspw. nach dem Tod des Ehegatten, führt nicht zu einem Wiederaufleben des Anspruchs nach § 1571 iVm § 1586b. 10

cc) **Unterhalt wegen Krankheit oder Gebrechen, § 1572.** Auch der Unterhalt nach § 1572 kann sich an die Scheidung, die Kinderbetreuung oder den Aufstockungsunterhalt, aber auch an eine Ausbildung/Fortbildung/Umschulung anschließen. Die Krankheit muss die eigene nachhaltige Erwerbstätigkeit zu den genannten Einsatzzeitpunkten verhindern. Ist die Erwerbstätigkeit indes zu diesem Zeitpunkt möglich, führt die spätere Verhinderung einer solchen nicht zum Aufleben dieses Unterhaltes. 11

10 BGB § 1586b Buch 4. Abschnitt 1. Titel 7. Scheidung der Ehe

Eine Erkrankung nach der Ehe, die einen Eigenerwerb einschränkt oder ausschließt, stellt also für die Erben kein Risiko nach § 1586b dar. Eine vorehelich bestehende Erkrankung führt indes nicht zum Ausschluss des Unterhaltes wegen Krankheit (BGH, 9.2.1994 – XII ZR 183/92 – NJW 1994, 1286 = FamRZ 1994, 566).

12   dd) **Unterhalt wegen Erwerbslosigkeit oder Aufstockungsunterhalt, § 1573.** Wenn ein Ehegatte nach der Ehe keine **angemessene Erwerbstätigkeit** findet, hat er nach § 1573 I einen Anspruch auf Unterhalt. § 1573 II gewährt ihm einen Unterhaltsanspruch, wenn die angemessene Erwerbstätigkeit nicht ausreicht, um seinen eheangemessenen Unterhaltsanspruch zu decken und er keinen Unterhaltsanspruch nach den §§ 1570 bis 1572 hat. Der Anspruch nach § 1573 I und II besteht dabei auch, wenn eine angemessene Erwerbstätigkeit später wieder entfällt und der Ehegatte nicht oder nur teilweise in der Lage ist, den Unterhalt **nachhaltig** zu sichern. Geschuldet ist dann der volle Unterhalt oder die Differenz zu diesem, wenn der Unterhalt teilweise nachhaltig gesichert werden konnte. Nachhaltig ist die Unterhaltssicherung, wenn zur Zeit der Rechtskraft der Scheidung eine feste, langfristige Erwerbstätigkeit bestand (Palandt/*Brudermüller* § 1573 Rn. 22).

13   Der Unterhaltsanspruch umfasst die Deckung des eheangemessenen Bedarfs. Der eheangemessene Bedarf errechnet sich aus dem verbrauchten Einkommen beider Ehegatten und steht theoretisch beiden Ehegatten je zur Hälfte zu. Besteht zwischen den Ehegatten ein Einkommensgefälle, können nicht beide Ehegatten aus ihrem Einkommen diesen hälftigen Bedarf decken. Der Ausgleich erfolgt über den Aufstockungsunterhalt nach § 1573 II. Voraussetzung dieser Überlegungen sind beiderseits vollschichtige, angemessene Erwerbstätigkeiten. Andernfalls sind fiktive Einkünfte zuzurechnen.

14   ee) **Unterhalt wegen Ausbildung Fortbildung oder Umschulung, § 1575.** § 1575 sichert einerseits die Beendigung oder Aufnahme einer Ausbildung, die den Fähigkeiten und Neigungen eines Ehegatten entspricht und damit geeignet ist, seinen Unterhalt nach Abschluss nachhaltig zu sichern. Der Unterhalt wird dabei geschuldet für die **übliche Ausbildungsdauer.** Eine während der Ausbildung aufgenommene oder fortgeführte Tätigkeit kann überobligatorisch sein und zu nicht anrechenbaren Einkünften führen. Allerdings sind zur Bedarfsdeckung zur Verfügung stehende öffentliche Ausbildungsbeihilfen, wie BAföG oder Bundesausbildungsbeihilfe, die nicht subsidiär sind zu beantragen (Palandt/*Brudermüller* § 1575 Rn. 1).

15   Die Ausbildung muss aus ehebedingten Gründen, zB wegen eines gemeinsamen Umzugs aufgrund auswärtiger Berufstätigkeit des anderen Ehegatten oder wegen der Kinderbetreuung abgebrochen oder nicht aufgenommen worden sein.

16   Der Unterhaltsanspruch besteht auch bei **Fortbildung** oder **Umschulung,** die aber erforderlich sein müssen, um ehebedingte Nachteile auszugleichen (*Palandt/Brudermüller* § 1575 Rn. 5).

17   ff) **Unterhalt aus Billigkeitsgründen, § 1576.** Die Vorschrift gewährt Ehegatten einen Auffangtatbestand, wenn der volle eheangemessene Unterhalt aus in der Ehe liegenden Gründen nicht selbst verdient werden kann, aber keiner der sonstigen Unterhaltstatbestände eingreift. Die Vorschrift soll Härten zu Lasten eines Ehegatten vermeiden. Sie ist subsidiär gegenüber allen anderen Unterhaltstatbeständen (Palandt/*Brudermüller* § 1576 Rn. 4). Sie kommt bspw. zur Anwendung bei der Betreuung von Pflegekindern, nicht gemeinschaftlichen Kindern des Unterhaltsverpflichteten (Palandt/*Brudermüller* § 1576 Rn. 6), Pflege der Eltern des Unterhaltsverpflichteten, aber auch bei durch den Unterhaltsverpflichteten verursachten Schäden an der in der Person des Unterhaltsberechtigten durch Unfallgeschehen oä, die nicht durch andere Unterhaltstatbestände kompensiert werden.

18   Dieser Unterhalt hat keinen gesetzlich normierten Einsatzzeitpunkt in der Ehe. Je eheferner er aber entsteht, umso unbilliger kann er sein. Es ist auch zu berücksichtigen, wann und wie die Ehe gescheitert ist.

19   b) **Unterhaltshöhe – Bedarf, Bedürftigkeit, Leistungsfähigkeit. aa) Eheangemessener Unterhalt – Bedarf.** Der eheangemessene Unterhalt ist derjenige nach den ehelichen Lebensverhältnissen iS des § 1578. Er umfasst den gesamten Lebensbedarf der Ehegatten, also alle Ausgaben, die aus dem in der Ehe eingesetzten Einkommen aus allen Einkunftsarten bestritten wurden. Einkünfte, die nicht verbraucht, sondern angespart wurden, sind keinen unterhaltsrechtlichen Bedarf da. Sie sind ausschließlich im Rahmen der Vermögensauseinandersetzung zu berücksichtigen. Sie sind typischer Weise Zugewinn. Würden sie auch unterhaltsrechtlich berücksichtigt, käme es zu einer unzulässigen Doppelberücksichtigung. Bei der Teilhabe am Einkommen wird in der Regel vom Halbteilungsgrundsatz ausgegangen, der allerdings modifiziert wird, zB dadurch, dass dem erwerbsfähigen Ehegatten vorab von seinem Einkommen ein Siebtel verbleibt, um einen Anreiz zur Erwerbstätigkeit zu geben (vgl. hierzu im Einzelnen die jeweiligen Leitlinien der Oberlandesgerichte, zB OLG Hamm, Ziff. 15; SüdL, Ziff. 15; Schl-Holst, Ziff. 15).

20   bb) **Angemessene Erwerbstätigkeit – Bedürftigkeit.** § 1574 definiert die angemessene Erwerbstätigkeit. Sie dient dazu, den angemessenen **Bedarf** zunächst selbst zu decken. Die nicht durch Eigeneinkünfte gedeckten Anteile stellen die Bedürftigkeit des Unterhaltsberechtigten dar. Sie bildet die Obergrenze des geschuldeten Unterhalts.

21   Um seinen eheangemessenen Unterhalt zu sichern, ist der unterhaltsberechtigte Ehegatte verpflichtet, sich mit allen zumutbaren und zur Verfügung stehenden Mitteln um die Aufnahme einer angemessenen Tätigkeit bemühen. Andernfalls trifft ihn eine Obliegenheitsverletzung, die die Zurechnung fiktiver Einkünfte rechtfertigt (BGH, 21.9.2011 – XII ZR121/09 – NJW 2011, 3577 = FamRZ 2011, 1851). Einzelheiten hierzu finden sich in den jeweiligen Unterhaltsleitlinien unter Ziff. 16.

cc) **Leistungsfähigkeit.** Gemäß § 1581 ist der Unterhaltsverpflichtete zur Leistung des Unterhaltes 22
nur verpflichtet, soweit er unter Berücksichtigung seiner eigenen Erwerbs- und Vermögensverhältnisse
dann noch den eigenen Unterhalt sicherstellen kann.

3. Verringerung und Entfall der Unterhaltspflicht nach familienrechtlichen Vorschriften. Da eine 23
fortdauernde Unterhaltspflicht gegenüber dem geschiedenen Ehegatten den Nachlass erheblich belastet
und ab dem Tod zudem eine volle Leistungsfähigkeit für diesen Unterhaltsanspruch besteht, muss in der
Beratung der Erben geprüft werden, wie die Forderung möglicher Weise begrenzt oder sogar gänzlich
vernichtet werden kann. Vorrangig vor der erbrechtlichen Begrenzung ist – zumindest bei werthaltigen
Nachlässen – eine Reduzierung der Unterhaltspflicht nach familienrechtlichen Vorschriften zu prüfen.

a) **Unterhaltsrechtliche Begrenzung und Befristung nach § 1578b.** § 1578b reguliert die Dauer und 24
die Höhe des nachehelichen Unterhaltes unter Billigkeitsgesichtspunkten. Im Grundsatz besteht nach
§ 1578 I BGB ein Anspruch auf den eheangemessenen Unterhalt. Das würde im Ergebnis aber bedeuten,
dass der geschiedene Ehegatte dauerhaft an höheren Einkünften des anderen Ehegatten partizipiert und
seine Lebensstellung nach der Ehe durch die Lebensstellung des anderen Ehegatten bestimmt würde.
Das hätte zur Folge, dass die geschiedenen Ehegatten keine eigenständige, an ihre Qualifikation, Leistung und Herkunft knüpfende Lebensstellung nach einer Scheidung erlangen würden. Seit dem Unterhaltsrechtsänderungsgesetz 2008 ist aber genau das der das nacheheliche Unterhaltsrecht bestimmende Grundsatz. Ehegatten erlangen nach der Ehe wieder eine eigene Lebensstellung. Eine dauerhafte Verknüpfung mit der
Lebensstellung des anderen Ehegatten, die bei einem Teil zu einer Erhöhung, aber folgerichtig beim
anderen Teil zu einer Verringerung seines Lebensstandards und damit einem Einschnitt in seine Lebensstellung führt, wird seither abgelehnt und bei allen Unterhaltstatbeständen über § 1578b I nach **Billigkeitserwägungen** korrigiert. Das Gesetz geht seither davon aus, dass eine dauerhafte Teilhabe am Einkommen des besserverdienenden Ehegatten unbillig ist. Daraus folgt, das im Einzelfall Gründe für eine
fortdauernde Teilhabe vorliegen müssen und durch den Berechtigten darzulegen und zu beweisen sind.
Als Billigkeitskriterien kommen, die Betreuung gemeinschaftlicher Kinder, die Ehedauer, Gestaltung der
Haushaltsführung und Erwerbstätigkeit sowie vor allem das Vorliegen ehebedingter Nachteile in Betracht. Fehlt es daran, ist der Unterhalt bereits ab Rechtskraft der Scheidung auf ein Maß herabzusetzen,
das der eigenen Lebensstellung des Unterhaltsberechtigten entspricht. Es besteht also kein nachehelicher
Unterhaltsanspruch. Kommt der Unterhaltsberechtigte seinen Erwerbsobliegenheiten nicht nach, würden ihm erzielbare Einkünfte fiktiv zugerechnet.

aa) **Anpassung der Höhe.** Nach § 1578b I erfolgt eine Herabsetzung bis hin zum Lebensbedarf, der 25
sich aus der Lebensstellung des Unterhaltsberechtigten ergibt. Über Abs. 1 wird die **Unterhaltshöhe**
reguliert. Dabei ist als Lebensbedarf einerseits die tatsächliche Lebensstellung nach der Ehe maßgeblich.
Wenn der Unterhaltsberechtigte nach der Ehe eine eigene Lebensstellung erlangt, die niedriger ist, als
seine Lebensstellung bei Hinwegdenken der ehe hypothetisch wäre, dann ist die höhere Lebensstellung
durch den Unterhalt sicherzustellen. In einem solchen Fall bestehen **ehebedingte Nachteile**.

bb) **Begrenzung der Dauer.** § 1578b II ermöglicht eine **zeitliche Begrenzung.** Und nach § 1578b III 26
können zeitliche Begrenzung und Herabsetzung der Unterhaltshöhe miteinander verbunden werden. Im
Ergebnis wird hierdurch ein langsames Zurückfallen des wirtschaftlich schwächeren Ehegatten bewirkt
und ihm die schrittweise Anpassung an die geänderten Lebensverhältnisse ermöglicht. Zugleich wird
sichergestellt, dass der leistungsfähige Ehegatte über einen absehbaren Zeitraum seine unabhängige
Lebensstellung in vollem Umfang wiedererlangt, wenn nicht ehebedingte Gründe eine dauerhafte Verpflichtung rechtfertigen.

cc) **Ehebedingte Nachteile.** Eine Anpassung des Unterhalts auf die tatsächliche nacheheliche Lebens- 27
stellung des Unterhaltsberechtigten und die vollständige Befreiung von Zahlungen des Unterhaltsverpflichteten scheidet aus, wenn ehebedingte Nachteile bestehen. Das sind in der Regel Erwerbsnachteile,
die durch die von den Ehegatten praktizierte Rollenverteilung nach § 1356 in der Ehe nach entstanden
sind. Der häufigste Anwendungsfall ist die Aufgabe der Berufstätigkeit wegen der Haushaltsführung und
Kinderbetreuung. Dabei ist stets zu prüfen, ob die Ehegestaltung für einen Erwerbsnachteil ursächlich ist. Andernfalls ist er nicht ehebedingt (BGH, 13.3.2013 – XII ZB 650/11 – FamRZ 2013, 935). Erkrankungsbedingte Einkommensausfälle sind in aller Regel nicht ehebedingt, weil sie gerade nicht aus der
ehelichen Rollenverteilung folgen (BGH, 19.6.2013 – XII ZB 309/11 – FamRZ 2013, 1291; BGH,
14.5.2014 – XII ZB 301/12 – NJW 2014, 2192 ff. = FamRZ 2014, 1276 ff.; BGH, 7.7.2010 – XII ZR
157/08 – NJW 2011, 300 = FamRZ 2011, 188). Bei langer Ehedauer und ehebedingten Nachteilen, ist der
Unterhalt unbefristet geschuldet. Insbesondere in diesen Anwendungsfällen sind die erbrechtlichen
Möglichkeiten der Unterhaltsbegrenzung nach § 1586 b I 3 von praktischer Bedeutung.

dd) **Befristung und Herabsetzung durch die Erben.** Eine Anpassung des Unterhalts nach familien- 28
rechtlichen Regeln kann auch durch die Erben des Unterhaltverpflichteten nach dessen Tod erfolgen,
wenn die Voraussetzungen nach § 1578b materiell-rechtlich vorliegen und die Abänderung prozessual
zulässig ist.

Voraussetzung für eine spätere Herabsetzung und Befristung ist, dass die Gründe hierfür im Ur- 29
sprungsverfahren noch nicht eingetreten waren, nicht konkret vorhersehbar waren und mit einer
wesentlichen Veränderung der Umstände nicht zu rechnen war. Andernfalls ist die Befristung/Herabsetzung im Ursprungsverfahren geltend zu machen. Andernfalls tritt hinsichtlich dieser Anpassungsgründe
Präklusion ein. Vorhersehbare Umstände, die im Erstprozess schon erkennbar, aber nicht konkretisier-

bar waren, beispielsweise das Ausbildungsende eines noch sehr jungen Kindes oder der Verlauf einer Erkrankung, müssen im Ursprungsverfahren zumindest insoweit berücksichtigt werden, dass sich der Unterhaltsverpflichtete wegen dieser Umstände die **Anpassung vorbehält** (BGH, 5.7.2000 – XII ZR 104/98 – FamRZ 2001, 905; BGH, 18.11.2009 – XII ZR 65/09 – FamRZ 2010, 111 = NJW 2010, 365; BGH, 15.7.2015 – XII ZB 369/15 – FamRZ 2015, 1694 = NJW 2015, 2963). Der Antrag ist spätestens im letzten Termin zur mündlichen Verhandlung zu stellen. Der Vorbehalt ist auch in einen **Vergleich** oder eine **vertragliche Regelung** aufzunehmen. Andernfalls ist der die Abänderung verlangende Ehegatte auch mit solchen Gründen präkludiert. Die Präklusion hindert dann auch die Erben an einer Anpassung nach unterhaltsrechtlichen Regeln. Die Ansprüche sind im Abänderungsverfahren nach den §§ 238, 239 FamFG und nicht mit der Vollstreckungsgegenklage geltend zu machen (BGH, 5.7.2000 – XII ZR 104/98 – FamRZ 2001, 905).

30   e) **Unterhaltsrechtliche Beschränkung, Befristung und Versagung nach § 1579.** Für die Erben kann als familienrechtliches Gestaltungsmittel außerdem die Anpassung nach § 1579 Nr. 2, 3, 4, 5, 7 oder 8 in Betracht kommen. Gerade im Erbfall besteht für den Unterhaltsberechtigten eine erhebliche Gefahr, dass zu Lebzeiten für den Unterhaltsschuldner unbekannte oder zumindest nicht beweisbare Tatsachen den Unterhaltsanspruch gefährden können, wenn an seine Stelle nunmehr als Schuldner die womöglich zuvor ins Vertrauen gezogenen Kinder treten bzw. Kinder, die die Trennung im Haushalt bzw. in unmittelbarer Nähe des Unterhaltsberechtigten erlebt haben. Die weiteren in § 1379 Nr. 1 und 6 aufgeführten Gründe für Einschränkungen der Unterhaltspflicht betreffen die Ehe selbst und sind daher in der Regel vom Erblasser im Ursprungsverfahren bereits geltend zu machen.

31   § 1379 kann neben § 1378b zur Anwendung kommen. Die **Darlegungs- und Beweislast** trifft denjenigen, der sich auf die rechtsvernichtenden Einwendungen beruft (Palandt/*Brudermüller* § 1586b Rn. 1579 Rn. 42). Die weitere Unterhaltspflicht muss **grob unbillig** sein, also dem Gerechtigkeitsempfinden in unerträglicher Weise zuwider laufen (Palandt/*Brudermüller* § 1579 Rn. 36).

32   aa) **Lebensgemeinschaft.** Eine Abänderung der Ursprungsentscheidung nach § 1579 Nr. 2 kommt für die Erben in Betracht, wenn der Unterhaltsberechtigte über den Tod hinaus oder danach eine **verfestigte Lebensgemeinschaft** eingeht (§ 1579 Nr. 2). Sie liegt vor, wenn nach dem **Erscheinungsbild in der Öffentlichkeit** (BGH, 5.10.2011 – XII ZR 117/09 – NJW 2001, 3712 = FamRZ 2011, 1854), also dem Auftreten als Paar, von einer Lebensgemeinschaft auszugehen ist, und dieser Zustand 2–3 Jahre andauert (Palandt/*Brudermüller* § 1579 Rn. 12; Koch/*Koch*, Hdb. Unterhaltsrecht § 2 Rn. 250). Bei Geburt eines gemeinschaftlichen Kindes kann eine Verfestigung und das charakteristische Füreinander-Einstehen auch bereits früher angenommen werden. Ein räumliches Zusammenleben ist nicht erforderlich, lässt aber in der Regel auf eine Lebensgemeinschaft schließen. Etwas anderes gilt bei einem Zusammenleben in Form einer reinen **Wohngemeinschaft.** Sie ist in der Regel durch eine fortbestehende wirtschaftliche Eigenständigkeit der Mitbewohner gekennzeichnet. Wird dieser Zustand durch die Partner bewusst aufrechterhalten, kann nicht von einer eheähnlichen Gemeinschaft bzw. verfestigten Lebensgemeinschaft im unterhaltsrechtlichen Sinne ausgegangen werden. Es ist auch nicht ausreichend, wenn nur einer der neuen Partner den Wunsch nach Lebensgemeinschaft hat, der andere das aber innerlich ablehnt. Andererseits kann aber eine verfestigte Lebensgemeinschaft auch bei einem dauerhaften Leben auf Distanz angenommen werden, wenn das Bild in der Öffentlichkeit den Rückschluss auf ein Paar zulässt (Koch/*Koch*, Hdb. Unterhaltsrecht § 2 Rn. 251). Andererseits ist eine bewusste **Distanz** und fehlende Intensität der Gemeinschaft auch unterhaltsrechtlich anzuerkennen und spricht gegen ein Entfallen der Unterhaltspflicht (BGH, 13.7.2011 – XII ZR 84/09 – FamRZ 2011, 1498; Johannsen/Henrich/*Hammermann* FamR § 1579 Rn. 22). Streitig ist, ob der neue Partner auch leistungsfähig sein muss (Leistungsfähigkeitserfordernis bejahend: Johannsen/Henrich/*Hammermann* FamR § 1579 Rn. 22; verneinend: Palandt/*Brudermüller* § 1579 Rn. 13; Staudinger/*Verschraegen* § 1579 Rn. 81) Auf die Leistungsfähigkeit des neuen Partners kann es nach diesseitiger Auffassung indes nicht ankommen. § 1579 stellt nach seinem Wortlaut darauf ab, ob es für den Unterhaltsschuldner grob unbillig ist, weiterhin Unterhalt zu leisten. Das ist subjektiv aus dem Blickwinkel des Unterhaltsschuldners aber auch der Fall, wenn der geschiedene Ehegatte eine dauerhafte Beziehung zu einem leistungsunfähigen neuen Partner aufnimmt und damit die vollständige Abkehr von der früheren Ehe in der Öffentlichkeit fortlaufend kundtut. Zwar wird zum Teil darauf abgestellt, dass der Ehegatte zu erkennen geben muss, dass er sich aus der ehelichen Solidarität herauslöst und diese nicht mehr benötigt (Erman/*Maier* BGB § 1579 Rn. 13; Koch/*Koch* § 2 Rn. 249). Es scheint aber verfehlt, die eheliche Solidarität allein als wirtschaftliche Unterstützung zu sehen. Die eheliche Solidarität beinhaltet vielmehr ein weitergehendes Füreinander-Einstehen und Sich-Unterstützen. Eine Abkehr hiervon findet zweifelsohne statt, wenn sich der geschiedene Ehegatte einem neuen Partner zuwendet und ihn im Alltag unterstützt und von ihm emotional und tatsächlich (mit Rat und Tat) unterstützt wird. Folglich muss darin seine Abkehr von der ehelichen und daraus resultierenden nachehelichen Solidarität gesehen werden und unter dem Gesichtspunkt von Treu und Glauben nach § 242 dem anderen geschiedenen Ehegatten die Einstellung seiner verbliebenen Unterstützung in Form von Unterhalt, die spätestens dann auch nach außen dokumentiert gegenleistungslos bleibt, erlauben. Der geschiedene Ehegatte in eheähnlicher/verfestigter Lebensgemeinschaft kann insoweit nicht anders zu behandeln sein, als ein Ehegatte, der erneut heiratet und seinen Unterhaltsanspruch nach § 1586 I verliert. Zu beachten ist allerdings, dass der Anspruch bei Wegfall des Lebensgemeinschaftspartners unter gleichen Voraussetzungen wie nach § 1586a I wieder aufleben kann, wenn der geschiedene Ehegatte weiterhin ein gemeinschaftliches Kind des Ehegatten betreut.

bb) Schwere Straftat. Eine schwere Straftat nach § 1579 Nr. 3 berechtigt dazu den Unterhalt auch **33** nachträglich und vollständig entfallen zu lassen. Der Unterhalt entfällt für die **Zukunft** und kann nur in seltenen Fällen auch für die Vergangenheit verwirkt sein. Es bedarf eines Verbrechens nach § 12 I StGB oder schweren Vergehens, § 12 II StGB. Folgerichtig lässt ein Körperverletzungsdelikt, dass den Tod des Unterhaltsschuldners zur Folge hat, den Anspruch entfallen. Es kommen aber auch Beleidigungen oder Verleumdungen in Betracht, insbesondere, wenn sie zu beruflich nachteiligen Konsequenzen für den Unterhaltsschuldner geführt haben (Erman/*Maier* BGB § 1579 Rn. 15 ff. mwN). Wird die strafrechtliche Relevanz nicht erreicht, können Verleumdungen und Beleidigungen über § 1579 Nr. 8 relevant werden (Koch/*Koch* Hdb. Unterhaltsrecht § 2 Rn. 255). In der Praxis häufiger Anwendungsfall ist auch der (versuchte) Prozessbetrug im Unterhaltsverfahren, der regelmäßig den Einwand der Verwirkung rechtfertigt (Koch/*Koch* Hdb. Unterhaltsrecht § 2 Rn. 254).

cc) Mutwilliges Herbeiführen der Bedürftigkeit. § 1579 Nr. 4 schränkt den Unterhaltsanspruch ein, **34** wenn der Unterhaltsberechtigte Ehegatte seine Bedürftigkeit mutwillig, also vorsätzlich oder bewusst fahrlässig (Palandt/*Brudermüller* 1579 Rn. 21) herbeigeführt hat. Hierunter sind Fälle zu subsumieren, in denen der Unterhaltsberechtigte zB aufgrund von Alkohol- oder Medikamentensucht, Drogenkonsum, durch bewusstes Herbeiführen des Arbeitsplatzverlustes, Verschwendung des Vermögens (Büttner/Niepmann/*Schwamb* Rechtsprechung zur Höhe des Unterhalts, Rn. 1129) oä seine eigenständige Bedarfsdeckung gefährdet. Nach dem Tod des Verpflichteten kommen hier insbesondere Fälle in Betracht, in denen der Berechtigte bei normalem Verlauf seine Eigenständigkeit erreicht hätte, das aber durch sein mutwilliges Verhalten verhindert. Bei einem solchen Verlauf haben die Erben die Möglichkeit die Unterhaltshöhe und Dauer unter Berücksichtigung des hypothetischen Normalverlaufs anpassen zu lassen, der vom Unterhaltsberechtigten verhindert wurde.

dd) Hinwegsetzen über schwerwiegende Vermögensinteressen. Nach § 1579 Nr. 5 können verschiedene Verhaltensweisen, insbesondere Gefährdungen der Erwerbstätigkeit des Unterhaltsverpflichteten **35** einen Wegfall des Unterhalts rechtfertigen. Auch insoweit kommt eine Anpassung noch nach dem Tod es Verpflichteten durch die Erben in Betracht.

ee) Offensichtliches, schwerwiegendes Verhalten des Berechtigten zum Nachteil des Verpflichteten. Streitig ist, ob § 1379 Nr. 7 ein nacheheliches Verhalten umfassen kann, da die eheliche Treuepflicht **36** und Verantwortung nach § 1353 I zwischen den Ehegatten mit Rechtskraft der Scheidung endet (Büttner/Niepmann/*Schwamb* Rn. 1141; aA Palandt/*Brudermüller* § 1579 Rn. 29). Allerdings besteht dennoch eine Pflicht zur Rücksichtnahme. Als Beispielfall wird die Verweigerung des Umgangsrechts des Unterhaltsschuldners mit den gemeinschaftlichen Kindern durch den Unterhaltsberechtigten genannt (Johannsen/Henrich/*Hammermann* § 1579 Rn. 57). Denkbar sind auch weitere Handlungen, die geeignet sind, das Ansehen des Unterhaltsschuldners bei seinen Kindern zu schädigen und das Verhältnis zwischen ihnen zu stören.

ff) Sonstige schwer wiegende Gründe. § 1579 Nr. 8 umfasste früher vor allem die Fälle der neuen **37** Partnerschaft, die nunmehr in § 1579 Nr. 2 eine eigenständige Regelung erfahren haben. Er stellt einen Auffangtatbestand für all diejenigen schweren Verstöße des Unterhaltsberechtigten zu Lasten des Unterhaltsschuldners dar, die nicht von den anderen Nummern des § 1579 bereits erfasst sind. Denkbar können dabei herabwürdigende Äußerungen sein, die die strafrechtliche Qualität von Verleumdung und Beleidigung nicht erreichen (Koch/*Koch* Hdb. Unterhaltsrecht § 2 Rn. 255) oder schwerwiegende eigenmächtige Handlungen im Zusammenhang mit der Aufteilung der Haushaltsgegenstände (Johannsen/Henrich/*Hammermann* § 1579 Rn. 62).

f) Entfallen der Unterhaltspflicht bei Wiederheirat. Bei Wiederheirat des Berechtigten und im Falle **38** seines Todes erlischt der Unterhaltsanspruch nach § 1586. Das Erlöschen des Anspruchs ist im Wege des **Vollstreckungsgegenantrags** nach § 113 I FamFG, § 767 ZPO (Erman/*Maier* § 158 Rn. 8) ausschließlich beim Gericht der Unterhaltssache, § 232 II FamFG, geltend zu machen (Palandt/*Brudermüller* § 1586b Rn. 18).

Nach § 1586a kann der Anspruch bei Betreuung eines gemeinschaftlichen Kindes wieder **aufleben,** **39** wenn die neue eingegangene Ehe geschieden wird.

4. Anspruchsübergang auf die Erben. Der Anspruch des Unterhaltsberechtigten geht auf die Erben **40** nach § 1922 über. Wurde bereits zu Lebzeiten des Erblassers auf Unterhalt vollumfänglich verzichtet, wirkt dieser **Verzicht** auch gegenüber den Erben. Der Anspruch ist eine Nachlassverbindlichkeit. Um die Vollstreckung gegen die Erben zu ermöglichen, muss der Titel nach § 95 I FamFG, § 727 ZPO umgeschrieben werden. Die Rechtsnatur des Anspruchs selbst verändert sich nicht (Palandt/*Brudermüller* § 1586b Rn. 10). Er bleibt, wenn weder der Berechtigte noch der Erbe tätig werden, in der Höhe gleich. Der Berechtigte kann aber die **Abänderung** nach oben verlangen, wenn der Unterhalt bislang mangels Leistungsfähigkeit nicht in voller Höhe gezahlt werden konnte, weil die Beschränkungen des § 1581 entfallen. Die Erben müssen in jeder gerichtlichen Auseinandersetzung den **Haftungsvorbehalt** gemäß § 120 I FamFG, § 780 I ZPO geltend machen.

§ 1586b erfasst dabei ausschließlich die **zukünftigen Unterhaltsansprüche,** nicht jedoch rückständigen Unterhalt oder Unterhaltsabfindungen. Hier liegt eine Nachlassverbindlichkeit nach § 1967. **41**

Mit dem Anspruch gehen auch Auskunftsansprüche und Belegansprüche nach § 1580 iVm § 1605 und **42** sonstige Nebenansprüche, die der Überprüfung der Unterhaltsberechtigung dienen, auf die Erben über (Johannsen/Henrich/*Hammermann* § 1586b Rn. 10). Diese schulden indes keine Auskünfte über Einkommen und Vermögen im unterhaltsrechtlichen Sinn. Sie schulden vielmehr die für die Berechnung des Pflichtteils erforderlichen Auskünfte gemäß § 2314 in der dort vorgesehenen Form.

43 **5. Zeitlicher Beginn.** § 1586b ist eine Regelung für den **geschiedenen Ehegatten**. Sie weicht von denen der sonstigen Unterhaltsberechtigten ab. Der Anspruch der Verwandten, auch Kinder, erlischt mit dem Tod nach § 1615. Der Anspruch des mit dem Erblasser verheirateten Ehegatten endet nach § 1360a III iVm § 1615. An die Stelle des Unterhalts treten das Erbrecht bzw. der Pflichtteilsanspruch.

44 Der Anspruch nach § 1586b ist nach seiner Stellung im BGB ein nachehelicher Unterhaltsanspruch, der ab **Rechtskraft der Scheidung** zu leisten ist.

45 Allerdings entfällt die Teilhabe des Ehegatten in Form des Ehegattenerbrechts nach den §§ 1931, 1932 bereits mit der Stellung des Scheidungsantrages durch den Erblasser oder dessen Zustimmung zum Scheidungsantrag des anderen Ehegatten, sofern die Voraussetzungen für die Scheidung der Ehe vorliegen (§ 1933 S. 1). § 1933 S. 3 sieht daher vor, dass im Erbfall die unterhaltsrechtlichen Regelungen des nachehelichen Unterhalts mit dem Eintritt des Todesfalles auch für den **getrenntlebenden Ehegatten** Anwendung finden, dessen Erbrecht und Pflichtteilsanspruch entfallen ist. Erhält er allerdings wegen des Bestehens der Ehe noch eine Hinterbliebenenversorgung, so mindert diese seine Bedürftigkeit (Erman/ Maier § 1586b Rn. 17).

46 **6. Leistungsfähigkeit nach dem Tod.** In Anbetracht der Tatsache, dass der verstorbene Unterhaltsverpflichtete ab seinem Tod selbst keinen unterhaltsrechtlichen Bedarf mehr hat und auch die Unterhaltspflichten gegenüber möglicher Weise vorrangigen Kindern (§ 1609 Nr. 1) mit seinem Tod erlöschen, besteht ab diesem Zeitpunkt für den Unterhalt des geschiedenen Ehegatten eine uneingeschränkte Leistungsfähigkeit. Die Beschränkungen des § 1581 entfallen gemäß § 1586b I 2. Die Funktion des § 1581, nämlich zunächst die Selbsterhaltung des Unterhaltsschuldners zu sichern (Johannsen/Henrich/ Hammermann § 1581 Rn. 2) und ihm deshalb die hierfür erforderlichen Einkünfte und Vermögensbestendteile zu belassen, ist mit seinem Tod entfallen.

47 **7. Erbrechtliche Begrenzung des Anspruchs.** Bei der erbrechtlichen Begrenzung nach § 1586b I 3 ist zunächst nach rückständigen und zukünftigen Unterhaltsansprüchen zu differenzieren. **Unterhaltsrückstände** und vertraglich vereinbarte **Unterhaltsabfindungen** sind **Nachlassforderungen** iS von § 1967. Für sie gilt § 1586b I 3 nicht.

48 **a) Grundlagen der Berechnung.** Die Vorschrift erfasst den zukünftigen Unterhalt und begrenzt die Unterhaltsgesamtsumme auf den **fiktiven Pflichtteilsanspruch** des Ehegatten, wenn die Ehe nicht geschieden worden wäre. Auch fiktive Pflichtteilsergänzungsansprüche nach den §§ 2325 ff. sind einzurechnen (Staudinger/Baumann § 1586b Rn. 57; Johannsen/Henrich/Hammermann § 1586b Rn. 17).

49 Allerdings bleiben **Besonderheiten des Güterstandes** nach § 1586b II unberücksichtigt. Infolgedessen wird nur der Anteil des gesetzlichen Ehegattenerbrechts nach § 1931 I und II, also der sogenannte „kleine Pflichtteil" bei der Berechnung der Begrenzung berücksichtigt, nicht jedoch ein Rest der zur Zeit der Scheidung, soweit vorhanden, bereits ausgeglichener Zugewinn. Andernfalls würde (zumindest gedanklich) eine Doppelberücksichtigung erfolgen, weil das Ehegattenviertel nach § 1371 I den güterrechtlichen Ausgleich im Todesfall durchführt. Wie und ob sich in diesem Zusammenhang die Entscheidung des EuGH vom 1.3.2018 C-558/15 in er Sache Mahnkopf auswirkt, wonach § 1371 I BGB als erbrechtliche Norm zu qualifizieren ist, bleibt abzuwarten. Nach dem Zweck der Vorschrift des § 1586b und der Stellung von § 1371 I im deutschen Familienrecht, muss die Begrenzung unabhängig von dieser Qualifikation auf den kleinen Pflichtteil abstellen.

50 Das gleiche gilt für die sich aus § 1931 IV bei der **Gütertrennung** ergebenden Besonderheiten. Auch sie bleiben unberücksichtigt.

51 **b) Berechnungszeitpunkt.** Für die Berechnung ist auf den Todestag abzustellen. Das erfährt Kritik, weil damit der frühere Ehegatte auch an Vermögensmehrungen in einer neuen Ehe teilhaben kann (Johannsen/Henrich/Hammermann § 1586b Rn. 16). Die Kritik ist verständlich unter Billigkeitsgesichtspunkten und mit Blick auf die deutlich veränderten Lebensverhältnisse. Sie verkennt aber, dass es sich nicht um einen Anspruch auf Teilhabe am Vermögen, sondern um einen fortdauernden Unterhaltsanspruch handelt. Unterhaltsrechtlich kommt dem früheren Ehegatten auch bereits zu Lebzeiten des Erblassers eine durch den neuen Ehegatten ermöglichte weitere berufliche Entfaltung und damit einhergehende Erhaltung der Leistungsfähigkeit des geschiedenen Ehegatten zugute. Umgekehrt stellt sich der Anspruch des früheren Ehegatten immer als eheprägend dar und führt zu einer **Bedarfsprägung** der nachfolgenden Ehegatten. Hiergegen bestehen unterhaltsrechtlich kaum Bedenken. Die Kritik verdeutlicht indes den insoweit gebotenen Reformbedarf der Vorschrift in Ansehung einer stark veränderten Lebenswirklichkeit. Bis dahin obliegt dem Erblasser eine korrigierende, aber pflichtteilsfeste, **lebzeitige Gestaltung** und Vermögensverteilung.

52 **c) Nachehelich geborene Abkömmlinge und hinzugetretene Elternteile und weggefallene Pflichtteilsberechtigte.** Für die Berechnung des fiktiven Ehegattenpflichtteils ist auf den **Zeitpunkt des Erbfalles**, nicht auf den der Scheidung abzustellen (Staudinger/Baumann § 1586b Rn. 48). Daher sind zum Zeitpunkt des Erbfalls lebende Abkömmlinge auch dann zu berücksichtigen, wenn sie erst nach der Scheidung der Ehe geboren wurden. Bereits verstorbene Abkömmlinge und Eltern, die bei Scheidung lebten, bleiben hingegen unberücksichtigt. Das gleiche gilt für weitere pflichtteilsberechtigte Verwandte, die nach der Scheidung hinzugetreten sind. Zu denken ist hier an weitere Elternteile nach einer **Adoption** des Erblassers. Im Übrigen erfolgt die Berücksichtigung der Berechtigten nach § 2310.

d) Mehrere Ehegatten. Etwas anderes gilt aber für einen neuen, später hinzugetretenen Ehegatten. Er bleibt bei der Berechnung der Quote unberücksichtigt, denn hätte der Unterhaltsberechtigte einen eigenen Pflichtteilsanspruch, würde die Ehe noch bestehen und folglich wäre keine spätere Eheschließung möglich gewesen (Johannsen/Henrich/*Hammermann* § 1586b Rn. 15). 53

Unklar ist, wie sich **frühere Ehegatten**, die ebenfalls noch unterhaltsberechtigt nach § 1586b sind, auf die **Haftungssumme** und **Haftungsquote** auswirken. Sie sind bei der Berechnung der Unterhaltshöhe als **bedarfsprägend** anzusehen und können nach § 1609 BGB als vorrangig Berechtigte die Höhe des Unterhaltsanspruchs beeinflusst haben. Da die Ansprüche auf Dauer bestehen, stellt sich aber auch die Frage, ob hierdurch der Nachlass unter Beeinträchtigung der Pflichtteilsansprüche weiterer Berechtigter mit sich addierenden Quoten fiktiver Pflichtteilsansprüche weitergehend als bei einem Ehegatten aufgezehrt werden kann. Im Verhältnis zu anderen Pflichtteilsberechtigten scheint es sachgerecht den Anteil aller geschiedenen Ehegatten so zu begrenzen, als wären sie ein Ehegatte. Sind nicht pflichtteilsberechtigte Personen die Erben geworden, scheint diese Begrenzung indes nicht zwingend. Für die Berechnung der zur Verfügung stehenden Nachlassmasse nachfolgender Ehegatten, ist aber jedenfalls der Unterhaltsanspruch der früheren berechtigten Ehegatten bis zur Höhe ihres fiktiven Pflichtteils abzuziehen, mit der Folge, dass sich die Haftungsmasse für Folgeehegatten verringert. Hierzu wird vorgeschlagen unter Berücksichtigung der statistischen Lebenserwartung und der Heranziehung versicherungsmathematischer Berechnungen den Höchstbetrag des Anspruchs der jeweiligen vorrangigen Ehegatten zu ermitteln (*Dieckmann* FamRZ 1977, 169f.; Staudinger/*Baumann* § 1586b Rn. 58). Das Problem der Haftungsquote wird hierdurch nicht gelöst. 54

e) Zugewinnausgleichsansprüche des aktuellen Ehegatten. Umstritten ist, wie sich die Zugewinnausgleichsansprüche des aktuellen Ehegatten auswirken, insbesondere ob sie als Nachlassverbindlichkeit bei der Berechnung des fiktiven Pflichtteils abzuziehen sind. Das ist zu bejahen (*Diekmann* FamRZ 1977, 170). Der aktuelle Ehegatte kann im Todesfall nicht anders behandelt werden als wenn er sich vom Erblasser hätte scheiden lassen oder wenn der Güterstand zu Lebzeiten, durch Vertrag beendet worden wäre. Nach der Dogmatik des Zugewinnausgleichsrechts steht dem Ehegatten eine Teilhabe an der in der Ehe durch das arbeitsteilige Zusammenwirken entstandenen Vermögensmehrung zu. Der Anspruch ist mithin auch keine gegenleistungslose Teilhabe am Vermögen des Erblassers. Das wird aufgrund der Berechnung und mit Blick auf die Berücksichtigung von Anfangsvermögen gerade ausgeschlossen. Dieses Anfangsvermögen ist im Zweifel bereits durch Ausgleichszahlungen an den früheren vorehelich vermindert. Eine Teilhabe des früheren Ehegatten an dieser Vermögensmehrung vorrangig vor demjenigen Ehegatten, der sie miterwirtschaftet hat, ist mithin nicht mit der Dogmatik des Zugewinnausgleichsrechts vereinbar, zumal der Unterhaltsanspruch des früheren Ehegatten die ehelichen Lebensverhältnisse und die Möglichkeiten der Vermögensbildung ohnehin (mindernd/negativ) beeinflusst hat, weil vom Einkommen des Erblassers für die Vermögensbildung nur der Teil nach Abzug der Unterhaltsleistung zur Verfügung gestanden hat. 55

Die Ausgleichsforderung ist eine **Nachlassverbindlichkeit** nach § 1967. Sie beeinflusst die Pflichtteilsberechnung aller Berechtigten. Davon beim früheren Ehegatten abzuweichen mit dem Argument, wenn die Scheidung hinweggedacht würde, hätte es keine neue Ehe gegeben und folglich auch keinen Zugewinnausgleichsanspruch (*Bergschneider* FamRZ 2003, 1054) ist daher verfehlt. Dieser Ansatz verkennt auch die sich aus dem arbeitsteiligen Zusammenwirken der neuen Ehegatten resultierenden Vorteile, an denen die frühere Ehegatte aufgrund einer möglicher Weise erhöhten Erbmasse bereits über die Anwendung von § 1931 I partizipiert, obwohl er hierzu keinen Beitrag geleistet hat. 56

Die Überlegungen sind auch mit dem den Regelungen zum nachehelichen Unterhalt in § 1569 vorangestellten Grundsatz der Eigenverantwortung nicht in Einklang zu bringen. Würde man den neuen Ehegatten, noch dazu über eine vollkommen andere Scheidungsfolge, nämlich das Unterhaltsrecht, güterrechtlich benachteiligen, würde das auch bedeuten, dass kein Ehegatte nach einer Scheidung ohne vertragliche Regelung eine vom früheren Ehegatten losgelöste eigenständige Lebensstellung mehr erlangen kann. Das ist mit dem heutigen gesellschaftlichen Bild der Ehe nicht vereinbar. 57

Soweit daraus geschlossen wird, dass auch die Ausgleichsforderung nach § 1371 I jedenfalls bei der Berechnung der Haftungsmasse in Abzug zu bringen ist (Johannsen/Henrich/*Hammermann* § 1586b Rn. 18), scheint das allerdings dennoch an einem Punkt fraglich. § 1371 I gewährt den Ausgleichsanspruch pauschal, also auch, wenn überhaupt kein konkret berechenbarer Anspruch besteht und auch, wenn der überlebende Ehegatte ausgleichsverpflichtet ist. Das lässt sich mit der Dogmatik des Zugewinnausgleichsrechts zu Lasten des Unterhaltsberechtigten nicht begründen. 58

Leben die Ehegatten im Güterstand der **deutsch-französischen Wahlzugewinngemeinschaft**, gilt nichts anderes, soweit der überlebende Ehegatte ausgleichsberechtigt ist. Die Zugewinnausgleichsforderung nach Art. 12 des Abkommens über die deutsch-französische Wahl-Zugewinngemeinschaft (WZugewGemAbk FR) entsteht als Forderung auch mit dem Tod, Art. 7 Nr. 1 WZugewGemAbk FR und vermindert, wenn der Erblasser der Ausgleichsverpflichtete ist, Pflichtteilsansprüche und die Haftungsmasse für den Unterhalt nach § 1586b. Allerdings enthält das Abkommen keine mit § 1371 vergleichbare Regelung. Das hat zur Folge, dass der Zugewinn immer konkret auszugleichen ist. Daraus folgt wiederum, dass bei Tod des Zugewinnausgleichsberechtigten sein Nachlass die Ausgleichsforderung gegenüber dem überlebenden Ehegatten beinhaltet. Sie wirkt damit zugunsten anderer Pflichtteilsberechtigter pflichtteilserhöhend. Hier besteht Gestaltungsbedarf, denn andernfalls kann daran gedacht werden, dass auch der frühere Ehegatte eine um diese Forderung erhöhte Haftungsmasse für den Anspruch aus § 1586b erhält. Die 59

Ehegatten sollten für den Tod des Ausgleichsberechtigten eheverträglich einen **Verzicht** auf den Ausgleichsanspruch vereinbaren.

60 **8. Der unterhaltsberechtigte Ehegatte als (Mit-)Erbe.** Ist der geschiedene Ehegatte aufgrund einer letztwilligen Verfügung Alleinerbe, erlischt sein Anspruch aufgrund der eingetretenen Konfusion. Problematischer ist die Situation, wenn er nur Miterbe wird. Allerdings können die anderen Miterben dem Unterhaltsanspruch des Geschiedenen nach § 1577 I seine eigene Leistungsfähigkeit durch den Anfall der Erbschaft zumindest in der Höhe des ihm Hinterlassenen entgegenhalten. Die **Verwertung** ist in dieser Situation im Verhältnis zumindest zu Abkömmlingen und einem neuen Ehegatten des Erblassers jedenfalls nicht unbillig im Sinne von § 1577 III. Das gilt umso mehr, als der Grund des § 1586b, einen Ersatz für die fehlende Teilhabe am Erblasservermögen zu sichern, in einer solchen Konstellation entfällt.

61 Alternativ könnte an eine **Anrechnung** des durch die Erbschaft Erlangten auf den fiktiven Pflichtteil gedacht werden. Dem steht aber entgegen, dass der Anspruch nur in Anlehnung an den Pflichtteil berechnet wird, aber seiner Rechtsnatur nach ein Unterhaltsanspruch bleibt.

62 **9. Gerichtliche Zuständigkeit.** Für alle Regelungen im Zusammenhang auch mit diesem Unterhaltsanspruch, ist die ausschließliche familiengerichtliche Zuständigkeit nach § 266 FamFG eröffnet. Das gilt für Abänderung des Anspruchs ebenso wie für die Erbenhaftung (Johannsen/Henrich/*Hammermann* § 1586b Rn. 21).

63 **10. Gestaltungshinweise.** Die Unterhaltsansprüche des geschiedenen Ehegatten können nicht nur auf der gesetzlichen Grundlage bestehen. § 1586b erfasst auch vertraglich geregelte Ansprüche. Daher müssen bei der Gestaltung dauerhafter, insbesondere über die Ehescheidung hinausgehender unbefristeter Ansprüche der Übergang auf die Erben und die daraus resultierenden Konsequenzen beachtet werden. Es kann sich anbieten den Unterhalt, sofern er nicht wegen der versorgungsausgleichsrechtlichen Regelungen auf den Renteneintritt befristet wird, auf den Tod des Unterhaltsverpflichteten befristen. Das ist zumindest beim nachehelichen Unterhalt unproblematisch, da er nach den § 1585c einer Vereinbarung und auch einem **Verzicht** zugänglich ist. Die Gestaltung bedarf vor Rechtskraft der Scheidung allerdings der **notariellen Form** oder **gerichtlichen Protokollierung** (§ 1585c S. 2 und S. 3).

64 Da der **Ehegattentrennungsunterhalt** sich mit dem Eintritt des Todes in einen nachehelichen Unterhaltsanspruch umwandelt, dürfte auch er gestaltbar sein, wenngleich Eingriffe ansonsten nach § 134 wegen des Verstoßes gegen das gesetzliche Verbot des Verzichts gemäß den §§ 1361 IV 4 iVm § 1360a III und § 1614 nichtig sind (BGH, 29.1.2014 – XII ZB 303/13 – NJW 2014, 1101 = FamRZ 2014, 629 = DNotZ 2014, 361 = NotBZ 2014, 218; OLG Hamm 2.6.2014 – 11 UF 71/14 – juris Rn. 49). Das gilt auch, wenn sich eine Gesamtregelung insgesamt als vorteilhaft für den Ehegatten erweist. Vorteile in anderen Bereichen des Scheidungsfolgenrechts können keinen Verstoß gegen ein gesetzliches Verbot legitimieren (BGH, 30.9.2015 – XII ZB 1/15 – NJW 2015, 3715 = FamRZ 2015, 386 = DNotZ 2016, 59 = ZNotP 2015, 386; aA die Vorinstanz OLG Düsseldorf, 5.12.2014 – 3 UF 141/14 – juris Rn. 22f.).

65 Die **Befristung auf den Tod** kann mit einer Abfindung, zB bemessen als Kontovermögen kombiniert werden, wobei dem Gestalter bewusst sein muss, dass solche festen Regelungen Missbrauch eröffnen können, wenn nämlich das Vermögen des Erblassers auf Dritte oder in anderen Anlageformen angelegt wird. Anderseits sollte in der Gestaltung die missliche Situation des überlebenden Ehegatten oder späterer Kinder bedacht werden, die womöglich einem unliebsamen geschiedenen Ehegatten das gesamte gemeinsame Vermögen, das nach der Scheidung von diesem erwirtschaftet wurde in allen Details offenbaren müssen. Sofern die Abfindung an bestimmte Vermögensgegenstände und die Auskunft über diese geknüpft wird, sollten die Auskunfts- und Belegpflichten im Vertrag möglichst konkret bezeichnet werden.

66 Zu beachten ist, dass ein **Erb- und Pflichtteilsverzicht** des geschiedenen Ehegatten, insbesondere ein solcher gegen Abfindung, nach (noch) hM den Pflichtteil anknüpfenden Anspruch entfallen lassen kann (Johannsen/Henrich/*Hammermann* § 1586b Rn. 20; aA Palandt/*Brudermüller* § 1586b Rn. 8), wenngleich das höchst streitig ist (vgl. mwN zum historischen und aktuellen Streitstand Staudinger/*Baumann* § 1586b Rn. 34ff.). Die hM knüpft daran an, dass ohne Pflichtteilsanspruch keine Haftungshöchstsumme mehr besteht bzw. nur Null erreicht. Die Gegenmeinung weist durchaus überzeugend darauf hin, dass der Pflichtteil eine reine Rechengröße sei (Grziwotz FamRZ 1991, 1258), die eine übermäßige Belastung des Nachlasses vermeiden will. Das macht den familienrechtlichen Unterhaltsanspruch aber dennoch nicht zu einem erbrechtlichen Pflichtteilsanspruch. Das überzeugt insbesondere auch deshalb, weil der Unterhaltsanspruch strikt vom Zugewinnausgleichsanspruch zu trennen ist. Nur letzterer bietet eine Möglichkeit der Teilhabe am ehelichen Vermögen. Da er im Rahmen der Scheidung geregelt wird und eine eigenständige Folgesache neben dem Unterhalt darstellt, bleibt kein argumentativer Raum für eine weitergehende Notwendigkeit der Kompensation des Wegfalls der Teilhabe am ehelichen Vermögen aufgrund § 1933. Dafür spricht auch § 1586b II, der Einflüsse des Güterstandes ausdrücklich aus der Berechnung ausnimmt. § 1586b als Norm zu sehen, die eine Teilhabe am ehelichen Vermögen sichern soll, nachdem § 1933 diese entfallen lässt erscheint bereits historisch fehlerhaft. Mit Blick auf die in der Gesetzgebung mittlerweile abgesicherte, von der Rechtsprechung geförderte und in der Praxis gelebte Eigenständigkeit der Ehegatten, ist dieser Zweck der Norm fraglich. Vielmehr ist er auf die Absicherung des Unterhaltes eines nach der Ehe im Rahmen der Unterhaltsvorschriften weiterhin bedürftigen Ehegatten und dessen Unterhaltssicherung zu reduzieren. Das hätte aber zur Folge, dass als Argument für einen Verlust des Anspruchs aus § 1586b durch die Erklärung eines Pflichtteilsverzichts, allenfalls noch

das Argument der bewussten Herbeiführung der Bedürftigkeit, dann wohl über § 1579 Nr. 4 herangezogen werden könnte. Ansonsten muss der Unterhaltsanspruch bestehen bleiben. Auch der Blick auf die Parallelnorm der nichtehelichen Mütter, § 1615l III 4, lässt daran zweifeln, ob der geschiedene Ehegatte durch einen nicht mit der Unterhaltsregelung konkret verknüpften Pflichtteilsverzicht seinen Anspruch auf Unterhalt einbüßen kann.

11. Anspruch der nichtehelichen Mutter, § 1615l III 4. Die Vorschrift regelt den Unterhaltsanspruch der nichtehelichen Mutter, die ebenso wie der geschiedene Ehegatte in der Situation der Kinderbetreuung oder aus sonstigen kindbezogenen Gründen unterhaltsberechtigt gegenüber dem Erblasser ist und der keine Nachlassteilhabe zugutekommt, die den Unterhalt anderweitig sichern könnte. Auch dieser Unterhaltsanspruch endet mit dem Tod des Unterhaltsverpflichteten. Er besteht im § 1615n auch dann, wenn das Kind erst nach dem Tod des Vaters (Erblassers) geboren wird, denn das ändert nichts an der unterhaltsrechtlichen Situation der Kindesmutter. Als höchst problematisch wird gesehen, dass dieser Anspruch entgegen § 1586b keine Begrenzung der Höhe nach enthält (Palandt/*Brudermüller* § 1615l Rn. 24; *Zacher-Röder/Grimm-Handke* FPR 2011, 264). 67

Unklar ist die Anknüpfung der **Leistungsfähigkeit**. Der Anspruch geht als **Nachlassverbindlichkeit** auf die Erben gemäß § 1967 I über (Erman/*Hammermann* § 1615l Rn. 55). Damit kann für die Höhe des Anspruchs nur die lebzeitige Lebensstellung des Erblassers, maßgeblich sein und den Bedarf bestimmen. Soweit auf die Leistungsfähigkeit der Erben abgestellt wird (so Palandt/Brudermüller, § 1615l, Rn. 24), kann damit wohl nur die Haftung des Nachlasses gemeint sein, der als Haftungsmasse bis zur vollständigen Erfüllung des andauernden Unterhaltsanspruchs oder bis zum Verbrauch des Nachlasses zur Verfügung steht. Die Erben haben die erbrechtlichen Mittel zur Begrenzung ihrer Haftung und sind gehalten, sich im Verfahren ihre beschränkte Erbenhaftung nach § 120 I FamFG, § 780 I ZPO vorzubehalten. Sinnvoll erscheint es, zur Vermeidung einer Besserstellung der nichtehelichen Mutter und zur Vermeidung rechtlich kaum erklärbarer Einschnitte in die Rechte der Abkömmlinge oder Witwe des Erblassers, § 1615l III 4 um eine Haftungsbegrenzung im Sinne von § 1586b zu erweitern, soweit ein über die Regelfrist von 3 Jahren hinausgehender Unterhaltsanspruch in Betracht kommen kann (so auch Palandt/*Brudermüller* § 1615l Rn. 24). 68

Abschnitt 2. Verwandtschaft

Titel 4. Rechtsverhältnis zwischen den Eltern und dem Kind im Allgemeinen

§ 1624 Ausstattung aus dem Elternvermögen

(1) Was einem Kind mit Rücksicht auf seine Verheiratung, auf seine Begründung einer Lebenspartnerschaft oder auf die Erlangung einer selbständigen Lebensstellung zur Begründung oder zur Erhaltung der Wirtschaft oder der Lebensstellung von dem Vater oder der Mutter zugewendet wird (Ausstattung), gilt, auch wenn eine Verpflichtung nicht besteht, nur insoweit als Schenkung, als die Ausstattung das den Umständen, insbesondere den Vermögensverhältnissen des Vaters oder der Mutter, entsprechende Maß übersteigt.

(2) Die Verpflichtung des Ausstattenden zur Gewährleistung wegen eines Mangels im Recht oder wegen eines Fehlers der Sache bestimmt sich, auch soweit die Ausstattung nicht als Schenkung gilt, nach den für die Gewährleistungspflicht des Schenkers geltenden Vorschriften.

I. Normzweck

Die Ausstattung entspringt der besonderen Verantwortung der Eltern für ihre Kinder, diesen zur Erlangung oder Bewahrung der Selbständigkeit wirtschaftlich „unter die Arme zu greifen". Es handelt sich um eine freiwillige Leistung der Eltern, die ihren **Rechtsgrund nicht** in einer **Schenkung** hat, sondern eine familienrechtliche causa sui generis bildet (MüKoBGB/*von Sachsen Gessaphe* Rn. 1; Palandt/*Götz* Rn. 3). 1

II. Voraussetzungen

1. Im Gegensatz zu § 2050 I (→ Rn. 6ff.) können **nur die Eltern** ihren Kindern Zuwendungen machen; es muss ein rechtliches Eltern-Kind-Verhältnis bestehen (Staudinger/*Coester* Rn. 7). 2

2. Gegenstand der Zuwendung ist jede **Vermögensmehrung,** die entweder unmittelbar gewährt oder schuldrechtlich versprochen wird (Ausstattungsversprechen, → Rn. 8) entscheidend ist, dass sich mit der Zuwendung das Vermögen des Kindes vergrößert und sich das Vermögen der Eltern verringert (Staudinger/*Coester* Rn. 9); daher stellen Arbeitsleistungen der Eltern, die deren Vermögen nicht mindern, keine Ausstattung dar (Bamberger/Roth/*Enders* Rn. 4), es sei denn die Eltern verzichten auf an sich geschuldeten Lohn oder unterlassen dadurch einen anderweitigen Erwerb (Staudinger/*Coester* Rn. 10). 3

3. Anlass der Ausstattung sind Verheiratung, folgerichtig auch Eingehung einer registrierten Lebenspartnerschaft oder die Existenzgründung des Kindes, wobei die Ehe/Lebenspartnerschaft noch nicht 4 eingegangen sein muss, aber bereits sein kann (MüKoBGB/*von Sachsen Gessaphe* Rn. 5); eine wirtschaftliche Existenz des Kindes kann, muss aber noch nicht begründet sein; auch eine Erweiterung eines bestehenden Geschäftsbetriebs kann Ausstattung sein; Zuwendung muss im Zusammenhang – „mit Rücksicht" – auf Heirat/Existenzgründung erfolgen; zeitliche Nähe erleichtert den Nachweis (Staudinger/*Coester* Rn. 11).

5 **4. Hauptzweck** der Zuwendung muss sein, dem Kind bei Verheiratung oder bei einer Existenzgründung den Schritt in die wirtschaftliche Selbständigkeit zu ermöglichen, zu erleichtern oder die wirtschaftliche Selbständigkeit zu erhalten (Bamberger/Roth/*Enders* Rn. 3). Voraussetzung ist nicht, dass die Ehe bereits geschlossen oder die Existenz bereits gegründet ist; die Zuwendung muss auch nicht wirtschaftlich notwendig sein (BGH NJW 65, 2056); die Art der Verwendung der Mittel braucht nicht konkret bestimmt zu sein (OLG Düsseldorf NJW-RR 2004, 1082); mit der Zuwendung darf als **Nebenzweck** auch die Gleichstellung der Kinder durch Gewährung der entsprechenden Ausstattung oder eine Steuerersparnis verfolgt werden, solange Hauptzweck die Hilfe zur wirtschaftlichen Selbständigkeit bleibt (MüKoBGB/*von Sachsen Gessaphe* Rn. 5; Bamberger/Roth/*Enders* Rn. 3). Erbringt der Zuwendungsempfänger eine Gegenleistung, bleibt der Charakter der Ausstattung bestehen, wenn insgesamt der Hauptzweck erreicht wird (OLG Karlsruhe, Urteil v. 27.4.2011 – 6 U 137/09, BeckRS 2011, 10421; Staudinger/*Coester* Rn. 12).

6 **5. Einzelfälle. Ausstattung kann sein:** Zuwendung einer Wohnungseinrichtung anlässlich der Heirat (OLG Köln FamRZ 86, 703); Übertragung eines Schadensfreiheitsrabatts aus einem Kfz Versicherungsvertrag (LG Münster FamRZ 2005, 1906), mietfreies Wohnen in einer Immobilie der Eltern (LG Mannheim NJW 70, 2111), Zuwendungen für Hausbau, Einrichtungsgegenstände und Pkw (OLG Karlsruhe ZEV 2011, 531); Hofübergabe (OLG Stuttgart MittBayNot 2005, 229); Abschluss einer Lebensversicherung zugunsten des Kindes (OLG Düsseldorf NJW-RR 2004, 1082); Einräumung einer stillen Teilhaberschaft, Aufnahme in eine Gesellschaft des bürgerlichen Rechts, wenn darin wirklich eine Zuwendung liegt (MüKoBGB/*von Sachsen Gessaphe* Rn. 4); einmalige Kapitalzahlungen, Bestellung von Grundpfandrechten, Übertragung von Wertpapieren (Staudinger/*Coester* Rn. 9); Leibrenten, Bezahlung der Schulden des Schwiegerkindes, um den Bestand der Ehe zu sichern (Staudinger/*Werner* Rn. 21/§ 2050); Zuwendungen zur Vergrößerung eines bestehenden Geschäfts können der Erhaltung der wirschaftlichen Selbständigkeit dienen (MüKoBGB/*v.Sachsen Gessaphe* Rn. 5); Verzicht auf eine Forderung (Staudinger/*Coester* Rn. 9) wären Zuschüsse iSv § 2050 II.

7 **Keine Ausstattung** und damit eine Schenkung liegt vor, wenn der zuwendende Elternteil **eigene wirtschaftliche Interessen** verfolgt, nämlich Übergabe eines und das einzige Vermögen darstellenden Anwesens durch einen pflegebedürftigen Betreuten an die erwachsene Tochter (BayObLG BeckRS 2003, 07743; OLG Stuttgart FamRZ 2005, 62) oder nur Rechtsfolgen aus Vorschriften (§§ 1374 II, 2050 I) erreichen will, die mit dem Begriff der Ausstattung verknüpft sind (BGH NJW 65, 2056; aA AG Stuttgart NJW-RR 99, 1449). Zuwendungen zur Behebung einer akuten Notlage sind keine Ausstattung (Staudinger/*Coester* Rn. 12).

8 **6. Im Gegensatz zu § 2050 I** muss die **Zuwendung angemessen** sein, um nicht dem Schenkungsrecht zu unterfallen. Entscheidend sind die Vermögensverhältnisse der Eltern im Zeitpunkt des Ausstattungsversprechens bzw. der Zuwendung des Vermögensvorteils. Die Zuwendung darf die bisherige Lebensgestaltung der Eltern weder beeinträchtigen, noch deren Altersversorgung gefährden (OLG Stuttgart MittBayNot 2005, 229; MüKoBGB/*von Sachsen Gessaphe* Rn. 6; Bamberger/Roth/*Enders* Rn. 5).

9 **7. Ausstattungsversprechen. a)** Das grds. **formfreie Versprechen** einer angemessenen Ausstattung gibt einen klagbaren Anspruch; soll als Ausstattung ein Grundstück übereignet werden, ergibt sich die Formbedürftigkeit aus § 311b I (Staudinger/*Coester* Rn. 26); die Annahme eines Ausstattungsversprechens eines Minderjährigen bedarf nach § 107 nicht der Zustimmung des gesetzlichen Vertreters (MüKoBGB/*von Sachsen Gessaphe* Rn. 7); unter aufschiebender Bedingung möglich (Staudinger/*Coester* Rn. 15); die Vereinbarung der Zahlung eines laufenden Zuschusses ist formlos möglich, da kein selbständiges Stammrecht iSv § 761 geschaffen werden soll, sondern die Zusage unter dem Vorbehalt gleichbleibender Verhältnisse steht, was bei einer Leibrente nicht der Fall ist (BGH FamRZ 91, 918).

10 **b) Zweckverfehlung.** Wird der mit der Ausstattung verbundene Zweck nicht erreicht, zB die beabsichtigte Ehe nicht geschlossen, steht dem die Ausstattung Versprechenden ein Leistungsverweigerungsrecht zu. Bei bereits geleisteter Ausstattung begründet späteres Scheitern der Ehe kein Rückforderungsrecht (Staudinger/*Coester* Rn. 20).

Eine nur kurze Ehedauer lässt eine Anfechtung des Ausstattungsversprechens wegen Zweckverfehlung oder Irrtums über die Eigenschaften des Zuwendungsempfängers nicht zu; möglich wäre lediglich eine Anfechtung nach § 123. Soweit diese greift, stehen dem Zuwendenden Rückforderungs- und Leistungsverweigerungsrechte nicht nach § 812 I 2 Alt. 2, sondern wegen Störung der Geschäftsgrundlage (§ 313) zu (MüKoBGB/*von Sachsen Gessaphe* Rn. 9). Der Anspruch ist übertragbar und auch bei einem rechtsgeschäftlichen Übertragungsverbot pfändbar (§ 851 II ZPO) (MüKoBGB/*von Sachsen Gessaphe* Rn. 10).

III. Rechtsfolgen

11 **1.** Bei einer **angemessenen** Ausstattung oder einem angemessenen Ausstattungsversprechen ist das **Schenkungsrecht** grds. **nicht anwendbar,** mit Ausnahme der über § 1624 II ausdrücklich für anwendbar erklärten §§ 523, 524 hinsichtlich der Gewährleistung bei Sach- und Rechtsmängeln. Die Ausstattung unterliegt daher nicht den Formvorschriften der Schenkung (§ 518), dh es ist keine notarielle Beurkundung des Ausstattungsversprechens erforderlich, es sei denn der Ausstattungsgegenstand erfordert dies (§ 311b I). Die Ausstattung hat auch Bestand, da die **Rückforderungsregeln** der §§ 519, 520, 528, 530 **nicht anwendbar** sind, sodass auch ein Sozialhilfeträger keine Rückforderungsansprüche überleiten kann (Bamberger/Roth/*Enders* Rn. 8). Für die Ausstattung aus dem Vermögen eines Betreuten gilt § 1908. Nicht anwendbar sind bei einer angemessenen Ausstattung auch § 2113 II 1, §§ 2287, 2325, 2327 u. 814 (MüKoBGB/*von Sachsen Gessaphe* Rn. 11).

2. Bei einer **übermäßigen** Ausstattung bleibt zwar der Charakter als Ausstattung erhalten, der übermäßige Teil wird jedoch als Schenkung behandelt und unterfällt §§ 516ff. mit allen Konsequenzen, so dass für den Fall eines Ausstattungsversprechens wegen des teilweisen Formverstoßes Teilnichtigkeit eintreten kann und die Gültigkeit des angemessenen Teils anhand § 139 zu prüfen ist (Staudinger/*Coester* Rn. 30). Ist die versprochene Ausstattung teilbar, wird der angemessene Teil im Zweifel gültig sein (MüKoBGB/*von Sachsen Gessaphe* Rn. 12). Bei Übertragungen im Zuge vorweggenommener Erbfolge ist von Unteilbarkeit und damit von Gesamtnichtigkeit auszugehen (Bamberger/Roth/*Enders* Rn. 7).

3. Beweislast. Für ein Übermaß der Ausstattung trägt der die Beweislast, der sich darauf beruft (Staudinger/*Coester* Rn. 31).

IV. Auswirkungen auf andere Rechtsgebiete

Praktische Relevanz hat der Begriff der Ausstattung im **ehelichen Güterrecht** (§ 1374 II für die Zugewinngemeinschaft; §§ 1444, 1466, 1477, 1478, 1499 für die Gütergemeinschaft). Ferner entspricht eine Ausstattung einer sittlichen Pflicht iSv § 1375 II Nr. 1 (Palandt/*Brudermüller* § 1375 Rn. 25, 26).

Aufgrund der Nichtanwendbarkeit des Schenkungsrechts findet kein Übergang auf Sozialhilfeträger (Staudinger/*Coester* Rn. 27) statt. Die Anfechtbarkeit erfolgt nach § 134 II InsO und § 4 II AnfG (MüKoBGB/*von Sachsen Gessaphe* Rn. 16).

V. § 1625 BGB

§ 1625 ist eine Auslegungsregel, die besagt, dass eine Ausstattung, die ein Elternteil aus dem von ihm verwalteten Kindesvermögen leistet, keine Zuwendung des Elternteiles an das Kind ist und demnach nicht der Ausgleichspflichten unterfällt; bei Ausstattungsverträgen ist dies klarstellend aufzunehmen.

...

Titel 5. Elterliche Sorge

§ 1638 Beschränkung der Vermögenssorge

(1) Die Vermögenssorge erstreckt sich nicht auf das Vermögen, welches das Kind von Todes wegen erwirbt oder welches ihm unter Lebenden unentgeltlich zugewendet wird, wenn der Erblasser durch letztwillige Verfügung, der Zuwendende bei der Zuwendung bestimmt hat, dass die Eltern das Vermögen nicht verwalten sollen.

(2) Was das Kind auf Grund eines zu einem solchen Vermögen gehörenden Rechts oder als Ersatz für die Zerstörung, Beschädigung oder Entziehung eines zu dem Vermögen gehörenden Gegenstands oder durch ein Rechtsgeschäft erwirbt, das sich auf das Vermögen bezieht, können die Eltern gleichfalls nicht verwalten.

(3) ¹Ist durch letztwillige Verfügung oder bei der Zuwendung bestimmt, dass ein Elternteil das Vermögen nicht verwalten soll, so verwaltet es der andere Elternteil. ²Insoweit vertritt dieser das Kind.

1. Grundsätze der elterlichen Sorge. Die elterliche Sorge umfasst die Vertretung des Kindes in allen Angelegenheiten. Den Eltern obliegt daher auch die Verwaltung des gesamten Vermögens des Kindes, mit Einschluss desjenigen Vermögens, das ein Kind von Todes wegen erhält, sofern der Erblasser hierzu keine abweichende Anordnung getroffen hat oder den Eltern Teile des Sorgerechts entzogen worden sind (vgl. §§ 1628, 1630 I, 1666, 1667, 1671 I und II).

Das Gesetz geht als Regelfall davon aus, dass die Eltern eines Kindes miteinander verheiratet sind (Palandt/*Götz* § 1626 Rn. 6) und weist ihnen folglich die elterliche Sorge zur **gemeinsamen** Ausübung zu, § 1629 I 2 Hs. 1, sofern sie nicht ausnahmsweise einem Elternteil allein zugewiesen ist oder ruht (§§ 1628, 1671 I und II, 1674 ff.) **Nicht miteinander verheirateten Eltern** steht die gemeinsame elterliche Sorge nach § 1626a I Nr. 1–3 gemeinsam zu, wenn sie eine Sorgeerklärung abgeben (Nr. 1), einander heiraten (Nr. 2) oder wenn das Familiengericht ihnen die elterliche Sorge zur gemeinsamen Ausübung überträgt. Andernfalls ist die Kindesmutter ab der Geburt alleinsorgeberechtigt.

2. Anordnung des Erblassers. Für Vermögen, das ein Kind von Todes wegen erhält, kann der Erblasser anordnen, dass es nicht von den Eltern verwaltet werden soll. Das ist in der **Gestaltung** besonders bei Scheidungskonstellationen immer zu berücksichtigen, solange minderjährige Kinder vorhanden sind. Die Testamentsvollstreckung bietet insoweit kein hinreichendes Gestaltungsmittel, weil sie in die elterliche Sorge nicht eingreift und die möglicher Weise für einen konkreten Nachlassgegenstand ungeeigneten Sorgeberechtigten gegenüber dem Testamentsvollstrecker zumindest Kontrollrechte ausüben können müssen. Die Anordnung nach § 1638 I hat durch letztwillige Verfügung, also zwingend auch unter Beachtung der hierfür geltenden Formerfordernisse, §§ 2247 ff., 2267 ff., 2274, 2276 zu erfolgen. Die Anordnung der abweichenden Verwaltung kann auch durch einen Elternteil getroffen werden (Palandt/*Götz* 1638 Rn. 2). Neben Anordnungen von Großeltern oder außenstehenden Dritten, ist das ein Hauptanwendungsfall der Norm bei geschiedenen, getrennt lebenden Ehegatten oder nicht miteinander verheirateten Eltern. Hiervon zu unterscheiden sind die **Vormundbenennung** und die **Sorgerechtsvollmacht**. Beide Gestaltungsmittel umfassen in der Regel alle Angelegenheiten der elterlichen Sorge. Die Sorgerechtsvollmacht sichert, meist neben einer Vorsorgevollmacht für die Belange des betroffenen Elternteils, lebzeitig aber idealer Weise auch nach dessen Tod für eine Übergangszeit die Vertretung des minderjährigen Kindes. Sie kann in der Gestaltung mit einer Regelung nach § 1638 kombiniert werden. Die Vormundbenennung eines Elternteils zu Lasten des anderen scheitert indes, sobald der überlebende Elternteil selbst Inhaber der elterlichen Sorge, an § 1776 II iVm 1777 I. Danach wird die Benennung des letztlebenden Elternteils bindend. Es besteht mithin keine **Konkurrenz** dieser Vorschrift mit § 1638 I. Vielmehr wird nur durch § 1638 I der Ausschluss der elterlichen Sorge des überlebenden Elternteils ermöglicht.

4   **3. Gegenstand der Anordnung.** Die Anordnung kann die Erbeinsetzung, Vermächtnisse, Auflagen, aber auch den Pflichtteilsanspruch und das hieraus Erlangte umfassen (Erman/*Döll* § 1638 Rn. 8).

5   **4. Folgen der Anordnung.** Die Anordnung hat zur Folge, dass der ausgeschlossene Elternteil oder beide ausgeschlossenen Eltern das Kind nur hinsichtlich dieses Vermögens ab dem Zeitpunkt des Vermögenserwerbs nicht vertreten können. Auch eine **Ausschlagungserklärung** für das betreffende Vermögen ist mangels Vertretungsmacht des Elternteils unwirksam (BGH, 29.6.2016 – XII ZB 300/15 – NJW 2016, 3032 = FamRZ 2016, 1660).

6   Soweit nur ein Elternteil ausgeschlossen ist, vertritt der andere Elternteil das Kind nach § 1938 III insoweit allein. Im Übrigen bleibt es bei der gemeinsamen elterlichen Sorge.

7   Der Ausschluss der Vertretungsmacht kann unter auflösende oder aufschiebende **Bedingungen** gestellt werden (Palandt/*Götz* § 1638 Rn. 5), bspw. Genesung oder Therapie des Elternteils oder Erreichen eines bestimmten Alters des Kindes.

8   Um die Vertretung des Kindes sicherzustellen bestellt das nach den §§ 151 Nr. 5, 152 II FamFG zuständige **Familiengericht** einen **Ergänzungspfleger** nach § 1909 I 2.

9   **5. Aufgaben des Ergänzungspflegers.** Der Ergänzungspfleger hat das ererbte Vermögen zu verwalten. Ergreift er notwendige Maßnahmen nicht und wird dadurch das Vermögen des Kindes nach § 1666 I gefährdet, kann das Familiengericht zum Schutz des Kindes geeignete Maßnahmen ergreifen. Es kann gemäß der §§ 1915 I, 1837 IV, 1666 V die Erklärung des Sorgerechtsinhabers, also des Pflegers, ersetzen. Voraussetzung ist eine drohende Kindeswohlgefährdung und die Untätigkeit des insoweit zur Vertretung Berufenen (Palandt/*Götz* § 1666 Rn. 3).

10 **6. Person des Ergänzungspflegers.** Nach § 1917 I kann der Erblasser den Ergänzungspfleger in der letztwilligen Verfügung benennen. § 1778 findet entsprechende Anwendung. Das Familiengericht ist mithin an die Benennung gebunden. Das gilt nur dann nicht, wenn ein Ausschlussgrund nach § 1778 I Nr. 1–5 vorliegt. In Betracht kommt, dass eine Bestellung nach den §§ 1780 bis 1784 ausscheidet (§ 1778 I Nr. 1). Das ist der Fall wenn der benannte Pfleger unfähig, also geschäftsunfähig ist (§ 1780), untauglich, weil minderjährig ist oder selbst unter Betreuung steht (§ 1781), durch die Eltern ausgeschlossen wurde (§ 1782) oder ihm als Beamten oder Religionsdiener die für die Übernahme des Amtes erforderliche Erlaubnis nicht erteilt wird (§ 1783). Übergangen werden kann nach § 1778 I Nr. 2 auch ein Pfleger, der an der Amtsübernahme verhindert ist, weil er sich beispielsweise längerfristig im Ausland aufhält oder erkrankt ist oder nach § 1778 I Nr. 3, wenn er die Übernahme verzögert. Nach § 1778 I Nr. 4 ist nicht zu bestellen, wer das Wohl des Mündels gefährdet würde. Es bedarf keiner schuldhaften Gefährdung. Als Pfleger scheiden aber zB bei einem sehr komplizierten Nachlass Personen aus, die offensichtlich nicht geeignet sind, den Nachlass sachgerecht für das Mündel zu verwalten. Aber auch Fälle des Interessengegensatzes sind hier beachtlich (Palandt/*Götz* § 1778 Rn. 2). Hat das Mündel das 14. Lebensjahr vollendet, steht ihm nach § 1778 I Nr. 5 selbst ein Widerspruchsrecht gegen die Person des Pflegers zu, vorausgesetzt, es ist nicht geschäftsunfähig.

11 **7. Surrogate und Ersatzbeschaffungen.** § 1638 II nimmt auch alles, was als Ersatz angeschafft worden ist, von der Vermögensverwaltung durch die Eltern aus. Werden Ersatzgegenstände angeschafft oder Sachen verwertet, so erlangt ausschließlich das Kind Eigentum hieran. Da dem Erblasser die Ausgestaltung der Verwaltung möglich ist, kann er regeln, dass Abs. 2 nicht zur Anwendung kommen soll. Im Übrigen gilt § 1646.

12 **8. Ende der Ergänzungspflegschaft.** Der Erblasser kann das Ende der Ergänzungspflegschaft bestimmen, allerdings kann er sie nicht über die Vollendung des 18. Lebensjahres des Kindes hinaus verlängern, da die Ergänzungspflegschaft ein Mittel der elterlichen Sorge ist, die mit Volljährigkeit endet.

9. Ergänzungspflegschaft und Testamentsvollstreckung. Die Ergänzungspflegschaft und die Testamentsvollstreckung schließen sich nicht aus, sondern sind sinnvoller Weise zu kombinieren, sofern das Kind auch über die Volljährigkeit hinaus das erhaltene Vermögen wegen mangelnder Reife oder aufgrund besonderer Einschränkungen des Kindes oder der Besonderheiten des zugewendeten Gegenstandes (zB Unternehmen) (noch) nicht verwalten können wird. Das gleiche gilt, wenn der Testamentsvollstrecker nicht nur für einen dem Kind zugedachten Nachlassgegenstand verantwortlich ist, sondern einen Nachlass für mehrere Personen verwalten soll. Aufgabe des **Testamentsvollstreckers** wäre es ausschließlich, den **Nachlassgegenstand** oder den **Nachlass** zu verwalten. Die Kontrolle des Testamentsvollstreckers würde wiederum durch die Eltern erfolgen, was aber, wenn diese vom Erblasser als ungeeignet angesehen werden, in der Praxis zu durchaus erheblichen Konflikten und Erschwernissen für den Testamentsvollstrecker führen kann. Zudem würden freigegebene Gegenstände und Erträge, die dem Kind zufließen wiederum der Verwaltung durch den Elternteil unterliegen. Das kann reguliert werden, wenn der Ergänzungspfleger verwaltet und in diesem Zusammenhang auch die Kontrollaufgaben und Auskunfts- sowie Rechnungslegungsrechte des minderjährigen Erben oder Vermächtnisnehmers gegenüber dem Testamentsvollstrecker wahrnimmt. Wegen der Gefahr eines Interessenkonflikts sollten als Pfleger und Testamentsvollstrecker vorsorglich verschiedene Personen eingesetzt werden (Interessenkonflikt im dortigen Einzelfall verneinend: BGH, 5.3.2008 – XII ZB 2/07 – DNotZ 2008, 782 = FamRZ 2008, 1156 ff.). Die Person des Ergänzungspflegers sollte dabei als Inhaber eines Teils der elterlichen Sorge, ein gewisses Näheverhältnis zum Kind haben. Der Testamentsvollstrecker kann dann vor allem unter fachlichen Gesichtspunkten bestimmt werden kann.

10. Gerichtliche Zuständigkeit. Zuständig ist der Rechtspfleger beim Familiengericht am Wohnsitz des Kindes nach den §§ 111 Nr. 2, 151 Nr. 1, 152 FamFG, § 3 Nr. 2 lit. a RPflG.

§ 1639 Anordnungen des Erblassers oder Zuwendenden

(1) Was das Kind von Todes wegen erwirbt oder was ihm unter Lebenden unentgeltlich zugewendet wird, haben die Eltern nach den Anordnungen zu verwalten, die durch letztwillige Verfügung oder bei der Zuwendung getroffen worden sind.

(2) Die Eltern dürfen von den Anordnungen insoweit abweichen, als es nach § 1803 Abs. 2, 3 einem Vormund gestattet ist.

1. Normzweck. Der Erblasser, der zugunsten eines minderjährigen Kindes verfügt, wird häufig damit auch bestimmte Zwecke erreichen bzw. dem Kind konkrete Möglichkeiten eröffnen wollen, bspw. eine bestimmte Ausbildung oder einen bestimmten Abschluss zu erreichen oder bestimmte Gegenstände anzuschaffen. In Betracht kommt auch, dem Kind bestimmte Gegenstände, zB ein Hof iS der HöfeO, Gesellschaftsanteile, Immobilien, erhalten zu wollen, um ihm eine Nutzung, eine Nachfolge oder eine vom Kind selbst bestimmte Verwertung nach Volljährigkeit bzw. nach Ende einer Testamentsvollstreckung zu ermöglichen.

§ 1639 ist dabei eine im Verhältnis zu § 1638 abgeschwächte Reglementierung der Verwaltung des ererbten Vermögens. Die Verwaltung bleibt in der Hand der Eltern. Diese sind aber verpflichtet nach den Vorgaben des Erblassers zu verwalten. Gleiches gilt für Ersatzstücke § 1638 II gilt analog (Palandt/*Götz* § 1639 Rn. 1).

2. Abweichungen. Die Eltern dürfen nach § 1639 II von den Anordnungen des Erblassers abweichen. Eine Abweichung im Erbfall ist nur nach § 1803 II möglich, da es für Abs. 3 der Zustimmung des Erblassers bedürfte. Läge diese vor, wäre es bereits eine Verwaltungsanordnung. Nach § 1803 II sind Abweichungen möglich, wenn andernfalls die Interessen des Kindes gefährdet würden und das Familiengericht der Abweichung zustimmt.

Verstoßen die Eltern gegen die Anordnungen zur Verwaltung, bestehen seitens des Kindes Schadensersatzansprüche.

3. Gerichtliche Zuständigkeit. Die gerichtliche Kontrolle obliegt dem Familiengericht. Es kann nach billigem Ermessen Maßnahmen nach § 1666 I und II, 1667 zur Beachtung der Anordnungen des Erblassers anordnen (Erman/*Döll* § 1639, Rn. 1).

§ 1640 Vermögensverzeichnis

(1) ¹Die Eltern haben das ihrer Verwaltung unterliegende Vermögen, welches das Kind von Todes wegen erwirbt, zu verzeichnen, das Verzeichnis mit der Versicherung der Richtigkeit und Vollständigkeit zu versehen und dem Familiengericht einzureichen. ²Gleiches gilt für Vermögen, welches das Kind sonst anlässlich eines Sterbefalls erwirbt, sowie für Abfindungen, die anstelle von Unterhalt gewährt werden, und unentgeltliche Zuwendungen. ³Bei Haushaltsgegenständen genügt die Angabe des Gesamtwerts.

(2) Absatz 1 gilt nicht,
1. wenn der Wert eines Vermögenserwerbs 15 000 Euro nicht übersteigt oder
2. soweit der Erblasser durch letztwillige Verfügung oder der Zuwendende bei der Zuwendung eine abweichende Anordnung getroffen hat.

10 BGB § 1643   Buch 4. Abschnitt 2. Titel 5. Elterliche Sorge

(3) Reichen die Eltern entgegen Absatz 1, 2 ein Verzeichnis nicht ein oder ist das eingereichte Verzeichnis ungenügend, so kann das Familiengericht anordnen, dass das Verzeichnis durch eine zuständige Behörde oder einen zuständigen Beamten oder Notar aufgenommen wird.

1   **1. Normzweck.** Um dem Familiengericht die Kontrolle der ordnungsgemäßen Verwaltung zu ermöglichen und ggf. geeignete Maßnahmen zu Schutz der Interessen des Kindes ergreifen zu können, haben die Eltern dem Gericht ein Verzeichnis des Vermögenserwerbs vorzulegen und dessen Richtigkeit zu versichern. Das Verzeichnis dient dabei einerseits der Abgrenzung vom elterlichen Vermögen, andererseits soll die **Inventarisierungspflicht** die Erfüllung der Herausgabepflicht und der Rechnungslegung erleichtern, sowie dem Kind als (widerlegbares) Beweismittel für den Inhalt/Umfang des Vermögenserwerbs dienen (Erman/*Döll* § 1640 Rn. 2; Palandt/*Götz* § 1640 Rn. 1).

2   **2. Voraussetzungen.** Voraussetzung für die Inventarisierungspflicht der Eltern ist zunächst, dass sie sorgeberechtigt sind und zwar auch hinsichtlich des erbbaren Vermögens. Eine Anordnung nach § 1638, das Ruhen der elterlichen Sorge (§§ 1673 ff.) oder deren Entziehung (§ 1666 f., 1671) schließen eine Verpflichtung der Eltern bzw. des davon betroffenen Elternteils aus (Erman/*Döll* § 1640 Rn. 3). Ein Vormund ist nach § 1802, der Pfleger nach § 1915 I iVm § 1802 zur Errichtung des Verzeichnisses verpflichtet, sofern ihm die Vermögenssorge übertragen ist. Ist Testamentsvollstreckung auch hinsichtlich des dem Kind zugefallenen Vermögens angeordnet, trifft den Testamentsvollstrecker die Inventarisierungspflicht und entfällt für die Eltern (Erman/*Döll* § 1640 Rn. 3).

3   Die Inventarisierungspflicht entfällt nach § 1640 II Nr. 1, wenn der Wert des erebten Vermögens 15.000 EUR bei jedem **einzelnen Erwerb** nicht übersteigt. Es erfolgt keine Zusammenrechnung der Erwerbe. Der Wert von 15.000 EUR ist der Verkehrswert abzüglich Verbindlichkeiten (Palandt/*Götz* § 1640 Rn. 4). Die Pflicht entfällt auch, wenn der Erblasser nach § 1640 II Nr. 2 **durch letztwillige Verfügung** eine abweichende Anordnung getroffen hat. Es bedarf nicht der Anordnung des Verzichts in der gleichen letztwilligen Verfügung, in der die Beschränkungen der Vermögenssorge oder die Verwaltungsanordnungen getroffen wurden. Auch kann die Verteilung des Nachlasses in einer anderen letztwilligen Verfügung erfolgt sein. Etwas anderes gilt bei einer **lebzeitigen Schenkung.** Hier ist die Anordnung des Verzichts nicht formbedürftig, muss aber mit der Schenkung erfolgen und nicht erst nachträglich (Palandt/*Götz* § 1640 Rn. 4).

4   Das Familiengericht kann die Inventarisierung nach § 1667 I auch dann anordnen, wenn der Erblasser davon befreit hat.

5   **3. Umfang.** Das Verzeichnis muss sich auf den konkreten Erwerb von Todes wegen beziehen, nicht jedoch das Gesamtvermögen des Kindes umfassen.

6   **4. Form.** Das Verzeichnis ist schriftlich einzureichen oder zur Niederschrift des Familiengerichts zu erklären. Es hat alle Aktiva und Passiva zu bezeichnen, wobei Haushaltsgegenstände gemäß § 1640 I 3 zusammengefasst als solche bezeichnet werden können. Nach § 1640 I 1 ist die Richtigkeit und Vollständigkeit durch die Eltern, den Vormund oder Pfleger zu versichern. Es ist beim Familiengericht einzureichen, sofern es nicht dort zu Protokoll erklärt wurde.

7   **5. Entstehung der elterlichen Verpflichtung.** Die Verpflichtung der Eltern entsteht mit dem Vermögensanfall, besteht aufgrund der gesetzlichen Vorschrift und bedarf keiner Aufforderung durch das Gericht. Kommen die Eltern der Verpflichtung nicht nach, kann das Familiengericht gemäß § 1640 III die Aufnahme durch den zuständigen Beamten (§ 486 II FamFG) oder einen Notar (§ 20 I BNotO) anordnen und zur Durchsetzung der Verpflichtung geeignete Zwangsmittel anordnen.

8   **6. Gerichtliche Zuständigkeit.** Zuständig für die Durchsetzung der Verpflichtung mit den Zwangsmitteln nach § 35 FamFG (Zwangsgeld, Zwangshaft) ist der Rechtspfleger beim Familiengericht am Wohnsitz des Kindes nach den §§ 111 Nr. 2, 151 Nr. 1, 152 FamFG, § 3 Nr. 2 lit. a RPflG.

§ 1643 Genehmigungspflichtige Rechtsgeschäfte

(1) Zu Rechtsgeschäften für das Kind bedürfen die Eltern der Genehmigung des Familiengerichts in den Fällen, in denen nach § 1821 und nach § 1822 Nr. 1, 3, 5, 8 bis 11 ein Vormund der Genehmigung bedarf.

(2) ¹Das Gleiche gilt für die Ausschlagung einer Erbschaft oder eines Vermächtnisses sowie für den Verzicht auf einen Pflichtteil. ²Tritt der Anfall an das Kind erst infolge der Ausschlagung eines Elternteils ein, der das Kind allein oder gemeinsam mit dem anderen Elternteil vertritt, so ist die Genehmigung nur erforderlich, wenn dieser neben dem Kind berufen war.

(3) Die Vorschriften der §§ 1825, 1828 bis 1831 sind entsprechend anzuwenden.

1   **1. Normzweck.** Zum Schutz des Kindes können die Eltern die in § 1821 und § 1822 Nr. 1, 3, 5, 8 bis 11 genannten Rechtsgeschäfte über das Vermögen des Kindes nicht ohne Genehmigung des Familiengerichts vornehmen. § 1821 umfasst Verfügungen über besonders werthaltige Vermögensgegenstände, wie Grundstücke, Schiffe und damit zusammenhängende dingliche Recht. § 1822 Nr. 1 sieht die Genehmigung bei Verfügungen über eine angefallene Erbschaft, einen künftigen gesetzlichen Erbteil und Pflichtteil sowie einen Anteil an einer Erbschaft des Kindes vor. § 1643 I verweist nicht auf § 1822 Nr. 2, der die Genehmigung des Familiengerichts für die Ausschlagung einer Erbschaft oder eines Vermächtnisses

sowie den Pflichtteilsverzicht unter die Bedingung der Genehmigung des Familiengerichts stellt, weil § 1643 II für die Eltern insoweit eine eingeschränkte Genehmigungspflicht vorsieht, die das Kind vor typischen Interessenskonflikten schützen soll und im Übrigen unterstellt, dass die Eltern sich in der Regel selbst kindeswohlschützend verhalten.

2. Verpflichtung der Eltern. Die Eltern sind zur Einholung der Genehmigung verpflichtet. Eine Befreiung durch den Erblasser ist nicht möglich.

3. Genehmigungspflicht. Das Genehmigungserfordernis nach § 1643 II regelt den typischen Interessenkonflikt, wenn Eltern neben minderjährigen Kindern als Erben berufen sind und soll verhindern, dass die Eltern die Ausschlagung erklären oder Verzichtserklärungen für das Kind abgeben, die ihnen selbst zugutekommen. Das Genehmigungserfordernis gilt auch für die Anfechtung der Annahme der Erbschaft (Palandt/*Götz* § 1643 Rn. 2). Die Annahme der Erbschaft oder eines Vermächtnisses, auch durch verstreichen lassen der Ausschlagungsfrist, sowie der Abschluss eines Erbteilungsvertrages sind genehmigungsfrei (Palandt/*Götz* § 1643 Rn. 2).

Der Genehmigung bedarf aber auch die **selektive Ausschlagung** für nur ein Kind von mehreren oder einzelne Kinder von mehreren, auch wenn der Elternteil selbst zuvor ausgeschlagen hat (KG, 13.3.2012 – 1 W 747/11 – ZErb 2012, 127 = FamRZ 2012, 1167; OLG Hamm, 13.12.2013 – 15 W 374/13 – NotBZ 2014, 179 = ZErb 2014, 142). In diesen Fällen besteht ein Interessenkonflikt zwischen den Kindern und, in Folge dessen, ein Interessenkonflikt des vertretungsberechtigten Elternteils.

Der Genehmigung bedarf es, wenn der Elternteil als testamentarischer Alleinerbe und das Kind als Ersatzerbe ausschlägt und dann die Erbschaft als gesetzlicher Erbe wiederum erhält (Palandt/*Götz* § 1643 Rn 2).

4. Genehmigungsfreiheit. Die Genehmigung ist nach § 1643 II 2 Hs. 1 nicht erforderlich, wenn das Kind erst Erbe wird, weil der Elternteil vorher ausgeschlagen hat, der das Kind allein oder gemeinschaftlich mit dem anderen Elternteil vertritt. In diesem Fall besteht der Interessenkonflikt nicht, denn der Elternteil hätte die Erbschaft einfach behalten können und das Kind wäre nicht zur Erbfolge gelangt. Typischer Weise fallen hierunter die Ausschlagungen ganzer Stämme bei einer Überschuldung des Nachlasses. Die Genehmigungsfreiheit gilt dann aber auch, wenn der Nachlass werthaltig ist und die Ausschlagung aus anderen Gründen erfolgt (Palandt/*Götz* § 1643 Rn. 2).

Auch Annahme der Erbschaft oder eines Vermächtnisses, auch durch verstreichen lassen der Ausschlagungsfrist, sowie der Abschluss eines Erbteilungsvertrages sind genehmigungsfrei (Palandt/*Götz* § 1643 Rn. 2).

Genehmigungsfrei ist die Ausschlagung des Elternteils für die Kinder als Nacherben, wenn er zuvor als Vorerbe ausgeschlagen hatte (OLG Frankfurt, 13.4.2011 – 20 W 374/09 – ZEV 2011, 59 = FamRZ 2012, 664).

5. Eintritt der Volljährigkeit. Erreicht das Kind die Volljährigkeit, ersetzt seine Genehmigung die des Familiengerichts. Das Familiengericht kann nicht mehr wirksam genehmigen.

6. Anwendung der Vorschriften des Vormundschaftsrechts. § 1643 III verweist auf die Verfahrensvorschriften des Vormundschaftsrechts.

§ 1825 erlaubt dem Familiengericht, dem Vormund eine allgemeine Ermächtigung für die Vornahme bestimmter Rechtsgeschäfte zu geben, wenn das für den Zweck der Vermögensverwaltung oder den Betrieb eines Erwerbsgeschäftes erforderlich ist.

Nach 1828 kann das Familiengericht die Genehmigung eines Rechtsgeschäftes nur dem Vormund gegenüber erklären. Hat er das Geschäft noch nicht abgeschlossen, ergibt sich aus der Genehmigung keine Verpflichtung zum Abschluss des Geschäftes, also zB zur Ausschlagung der Erbschaft. Die §§ 1828 bis 1831 BGB sind entsprechend anzuwenden. Ob die Genehmigung erteilt oder versagt wird, ist eine Ermessensentscheidung, die sich am Kindeswohl zu orientieren hat (Palandt/*Götz* § 1828 Rn. 8).

§ 1829 regelt die schwebende Unwirksamkeit eines ohne Genehmigung abgeschlossenen Vertrages und sieht die Möglichkeit der nachträglichen Genehmigung vor.

Gemäß § 1830 kann der andere Teil des Geschäfts seine Erklärung bis zur nachträglichen Genehmigung widerrufen. Voraussetzung ist, dass der Vormund das Vorliegen der Genehmigung behauptet hat, ohne dass das der Fall ist. Der Widerruf ist ausgeschlossen, wenn ihm das Fehlen der Genehmigung bekannt war.

§ 1831 legt fest, dass ein einseitiges Rechtsgeschäft ohne Genehmigung unwirksam ist. Das gilt insbesondere auch für die Erbausschlagung.

7. Genehmigungsbeschluss. Für die Entgegennahme des Genehmigungsbeschlusses betreffend die Erbausschlagung ist vom Familiengericht ein Ergänzungspfleger zu bestellen (OLG Celle, 4.5.2011 – 10 UF 78/11 – ZErb 2011, 198).

Abschnitt 3. Vormundschaft, Rechtliche Betreuung, Pflegschaft

Titel 1. Vormundschaft

§ 1803 Vermögensverwaltung bei Erbschaft oder Schenkung

(1) **Was der Mündel von Todes wegen erwirbt oder was ihm unter Lebenden von einem Dritten unentgeltlich zugewendet wird, hat der Vormund nach den Anordnungen des Erblassers oder des**

Dritten zu verwalten, wenn die Anordnungen von dem Erblasser durch letztwillige Verfügung, von dem Dritten bei der Zuwendung getroffen worden sind.

(2) Der Vormund darf mit Genehmigung des Familiengerichts von den Anordnungen abweichen, wenn ihre Befolgung das Interesse des Mündels gefährden würde.

(3) ¹Zu einer Abweichung von den Anordnungen, die ein Dritter bei einer Zuwendung unter Lebenden getroffen hat, ist, solange er lebt, seine Zustimmung erforderlich und genügend. ²Die Zustimmung des Dritten kann durch das Familiengericht ersetzt werden, wenn der Dritte zur Abgabe einer Erklärung dauernd außerstande oder sein Aufenthalt dauernd unbekannt ist.

1   **1. Normzweck.** § 1803 regelt ermöglicht dem Erblasser auch bei Bestehen einer Vormundschaft Anordnungen zur Verwaltung des ererbten Vermögens zu treffen. Die Regelung ist Parallelvorschrift zu § 1639.

2   **2. Anordnung.** Der Erblasser muss nach § 1643 I die Anordnung zur Verwaltung in Form der letztwilligen Verfügung, aber nicht in ein und derselben Verfügung wie die Vermögenszuweisung regeln. Bei der Schenkung zu Lebzeiten, haben die Verwaltungsanordnungen bei der Schenkung, also nicht nachträglich zu erfolgen.

3   **3. Abweichung.** Ebenso wie die Eltern nach § 1639 II, der auf § 1803 II und III verweist, darf der Vormund mit familiengerichtlicher Genehmigung zur Vermeidung einer Gefährdung der Interessen des Mündels von Erblasseranordnungen abweichen. Das gilt bspw., wenn der Erblasser dem Kind eine Immobilie vermächtnisweise zugedacht hat, die aber für das Kind und die mit ihm zusammenlebende Mutter viel zu groß und durch sie nicht zu bewirtschaften ist. Selbst wenn der Erblasser angeordnet hat, dass ein Verkauf nicht erfolgen darf, kann die Immobilie mit Genehmigung des Familiengerichts veräußert werden.

§ 1822 Genehmigung für sonstige Geschäfte

Der Vormund bedarf der Genehmigung des Familiengerichts:
1. zu einem Rechtsgeschäft, durch das der Mündel zu einer Verfügung über sein Vermögen im Ganzen oder über eine ihm angefallene Erbschaft oder über seinen künftigen gesetzlichen Erbteil oder seinen künftigen Pflichtteil verpflichtet wird, sowie zu einer Verfügung über den Anteil des Mündels an einer Erbschaft,
2. zur Ausschlagung einer Erbschaft oder eines Vermächtnisses, zum Verzicht auf einen Pflichtteil sowie zu einem Erbteilungsvertrag,
3. 13. ...

1   **1. Normzweck.** Die Vorschrift stellt bestimmte, wichtige Geschäfte unter ein zwingendes Genehmigungserfordernis des Familiengerichts. Dabei gilt das Erfordernis nicht nur, wenn der Vormund die Handlungen/Erklärungen vornimmt, sondern auch, wenn das Mündel selbst handelt (Palandt/*Götz* § 1821 Rn. 4). Die Vorschrift dient dem Schutz des Mündels. Die Vorschrift ist Parallelvorschrift zu § 1643.

2   **2. Erbrechtliche Verfügungen.** § 1822 Nr. 1 und 2 enthalten ein familiengerichtliches Genehmigungserfordernis für erbrechtsbezogene Handlungen, die dem Mündel zum Nachteil gereichen können. Umfasst sind Verfügungen über eine angefallene Erbschaft, seinen künftigen gesetzlichen Erbteil oder den künftigen Pflichtteil sowie einen bereits angefallenen Anteil an einer Erbschaft. Die Errichtung eines Testaments durch den Mündel ist nicht genehmigungsbedürftig und kann wegen der Formerfordernisse auch nicht durch den Vormund erfolgen. Der Mündel bedarf insoweit auch keines staatlichen Schutzes vor nachteiligen Folgen, denn die treffen nicht ihn. Auch für ihn gilt Testierfreiheit.

3   Die Regelung in § 1822 Nr. 1 hat die gleichen Voraussetzungen, wie § 1643 (siehe → § 1643, Ziff. 3 ff.).

4   § 1822 Nr. 2, als Parallelvorschrift zu § 1643 II, ist weitergehend als die Regelung für die Eltern. Zugleich fehlen die Genehmigungsbefreiungen, die den Eltern die innerfamiliäre Abwicklung ermöglichen.

Abschnitt 3. Vormundschaft, Rechtliche Betreuung, Pflegschaft

Titel 2. Rechtliche Betreuung

Vorbemerkungen zu den §§ 1901a–1901c: Patientenverfügung und Betreuungsverfügung

1   **1. Hintergrund.** Nach langer, öffentlicher Diskussion in Deutschland beschloss der Bundestag in einer Abstimmung ohne Fraktionszwang das sog. **„Patientenverfügungsgesetz"**, welches zum 1.9.2009 in Kraft trat (BGBl. 2009 I S. 2286). Angenommen wurde der liberale als „Stünker-Entwurf" bezeichnete Vorschlag, welcher weitgehend die durch den BGH und die juristische Lit. entwickelte Rechtslage bestä-

tigte und dabei insbes. eine grds. unbeschränkte Selbstbestimmung unter der Voraussetzung der Einhaltung verfahrensrechtlicher Schutzvorschriften zulässt (BGH NJW 2010, 2963 (2965); zur Vor- und Gesetzgebungsgeschichte § 1901a u. b Rn. 4 f.; Kurze/*Kurze* Vorsorgerecht Vor BGB §§ 1901a–1901b Rn. 4–6; *Putz* FPR 2012, 13; *Höfling* NJW 2009, 2849).

Schon im Jahr 1957 hat der BGH die Selbstbestimmung des Patienten betont, die auch die Ablehnung einer Operation umfasst, welche ihn von seinem Leiden befreien würde (BGHZ 11, 111). In den 1970er Jahren war der Fall der 19-jährigen, komatösen US-Amerikanerin Quinlan Auslöser großer Diskussionen (*Füllmich* NJW 1990, 2301 (2302)). Die **Wurzeln** der Patientenverfügung werden insbes. in der aus England stammenden Hospizbewegung gesehen (Albers/*Schumann,* Patientenverfügungen, 2008, 215 f.), welche iErg auch zu dem wohl ersten Formular einer Patientenverfügung in Deutschland im Jahr 1978 führte (*Uhlenbruck* NJW 1978, 566). Durch rasante Fortschritte in der Medizin(technik) kam es insbes. durch die künstliche Ernährung mittels einer **PEG** seit den 1980er Jahren (→ Rn. 25) zu Lebensverlängerungen in einer Vielzahl von Fällen und auf eine Dauer, welche vorher nicht denkbar gewesen wären. 2

Von **ärztlicher Seite** dominierte lange Skepsis bis Ablehnung gegenüber Patientenverfügungen (vgl. zB „Richtlinie der Bundesärztekammer für die ärztliche Sterbebegleitung" von 1993: „ethisch und ärztlich sind sie keine nennenswerte Erleichterung"). Die Richtlinien der Ärztekammer gaben der Lebenserhaltung den Vorrang vor dem Patientenwillen (vgl. *Laufs* NJW 1999, 1758 (1761 f.) zu den Richtlinien aus dem Jahr 1998, DÄBl 1998, A 2365). Inzwischen ist bei der Bundesärztekammer eine deutlich patientenorientiertere Einstellung zu vermerken (vgl. *Bundesärztekammer* „Empfehlungen der Bundesärztekammer und der Zentralen Ethikkommission bei der Bundesärztekammer" vom 30. Juni 2013, abgedruckt als Anlage 2 bei Kurze, Vorsorgerecht, sowie DÄBl 2013, A 1580; zu weiter bestehenden Problemen in der intensiv medizinischen Praxis: Langer/Knorr/Berg DÄBl 2013, A 2186), auch wenn diese in der Praxis nicht allen Ärzten bekannt ist. 3

2. Rechtsentwicklung. Wegmarken der bundesrepublikanischen Rechtsentwicklung waren Entscheidungen **des BGH** (vgl. auch Kurze/*Kurze* Vorsorgerecht Vor BGB §§ 1901a–1901b Rn. 4 f.): Im Jahr 1994 stellte der BGH klar, dass ein Behandlungsabbruch auch in Betracht kommt, wenn der Sterbeprozess noch nicht eingesetzt hat (BGH NJW 1995, 204 – „Kemptener Entscheidung"; vgl. *Coeppicus* NJW 1998, 3381). Eine Entscheidung aus dem Jahr 2003 wurde stark kritisiert, insbes. weil sie dahingehend verstanden werden konnte, dass ein Behandlungsabbruch erst bei unumkehrbar tödlichem Verlauf der Grunderkrankung zulässig sei (BGH NJW 2003, 1588 – „Lübecker Fall"; *Lipp* BtPrax 2004, 18). Nach einer Entscheidung aus dem Jahr 2005 darf ein Pflegeheim einen Wachkomapatienten nicht gegen dessen vom Betreuer vermittelten Willen am Leben halten (BGH NJW 2005, 2385 – „Kiefersfeldener Fall"). 4

Nach dem Patientenverfügungsgesetz nutzte der BGH im Jahr 2010 den Fall des Rechtsanwaltes Putz, welcher vor der Geltung des Gesetzes vom LG Fulda zu einer Freiheitsstrafe von neun Monaten auf Bewährung verurteilt worden war, um Leitlinien zur (neuen) Bewertung des Behandlungsabbruches aufzustellen (BGH NJW 2010, 2963 – „Putz-Fall"; *Putz/Gloor,* Sterben dürfen, 2011). Kurz danach unterstrich der BGH die Bedeutung der neuen Verfahrensregeln (BGH NJW 2011, 161 – „Putz-Folgeentscheidung"). Im Jahr 2014 betonte der BGH die Verbindlichkeit der Patientenverfügung unabhängig von der Todesnähe und ermöglichte im Rahmen des § 1904 einen gerichtlichen Negativbescheid, wenn Einigkeit zwischen Bevollmächtigten und Arzt vorliegen (BGH NJW 2014, 3572). 5

§ 1901a Patientenverfügung

(1) ¹Hat ein einwilligungsfähiger Volljähriger für den Fall seiner Einwilligungsunfähigkeit schriftlich festgelegt, ob er in bestimmte, zum Zeitpunkt der Festlegung noch nicht unmittelbar bevorstehende Untersuchungen seines Gesundheitszustands, Heilbehandlungen oder ärztliche Eingriffe einwilligt oder sie untersagt (Patientenverfügung), prüft der Betreuer, ob diese Festlegungen auf die aktuelle Lebens- und Behandlungssituation zutreffen. ²Ist dies der Fall, hat der Betreuer dem Willen des Betreuten Ausdruck und Geltung zu verschaffen. ³Eine Patientenverfügung kann jederzeit formlos widerrufen werden.

(2) ¹Liegt keine Patientenverfügung vor oder treffen die Festlegungen einer Patientenverfügung nicht auf die aktuelle Lebens- und Behandlungssituation zu, hat der Betreuer die Behandlungswünsche oder den mutmaßlichen Willen des Betreuten festzustellen und auf dieser Grundlage zu entscheiden, ob er in eine ärztliche Maßnahme nach Absatz 1 einwilligt oder sie untersagt. ²Der mutmaßliche Wille ist aufgrund konkreter Anhaltspunkte zu ermitteln. ³Zu berücksichtigen sind insbesondere frühere mündliche oder schriftliche Äußerungen, ethische oder religiöse Überzeugungen und sonstige persönliche Wertvorstellungen des Betreuten.

(3) Die Absätze 1 und 2 gelten unabhängig von Art und Stadium einer Erkrankung des Betreuten.

(4) Der Betreuer soll den Betreuten in geeigneten Fällen auf die Möglichkeit einer Patientenverfügung hinweisen und ihn auf dessen Wunsch bei der Errichtung einer Patientenverfügung unterstützen.

(5) ¹Niemand kann zur Errichtung einer Patientenverfügung verpflichtet werden. ²Die Errichtung oder Vorlage einer Patientenverfügung darf nicht zur Bedingung eines Vertragsschlusses gemacht werden.

(6) Die Absätze 1 bis 3 gelten für Bevollmächtigte entsprechend.

§ 1901b Gespräch zur Feststellung des Patientenwillens

(1) ¹Der behandelnde Arzt prüft, welche ärztliche Maßnahme im Hinblick auf den Gesamtzustand und die Prognose des Patienten indiziert ist. ²Er und der Betreuer erörtern diese Maßnahme unter Berücksichtigung des Patientenwillens als Grundlage für die nach § 1901a zu treffende Entscheidung.

(2) Bei der Feststellung des Patientenwillens nach § 1901a Absatz 1 oder der Behandlungswünsche oder des mutmaßlichen Willens nach § 1901a Absatz 2 soll nahen Angehörigen und sonstigen Vertrauenspersonen des Betreuten Gelegenheit zur Äußerung gegeben werden, sofern dies ohne erhebliche Verzögerung möglich ist.

(3) Die Absätze 1 und 2 gelten für Bevollmächtigte entsprechend.

I. Normzweck

1 § 1901a enthält die Legaldefinition der Patientenverfügung (I), die Absage an eine Reichweitenbegrenzung (III), eine Aufforderung an Betreuer zur Förderung der Errichtung von Patientenverfügungen (IV) sowie die Feststellung, dass es keine Pflicht zur Abfassung einer Patientenverfügung geben darf (V). Darüber hinaus wird in der Norm zusammen mit § 1901b das Verfahren für Situationen geregelt, in denen eine Patientenverfügung angewandt werden könnte.

II. Patientenverfügung

2 **1. Begriff.** Der missverständliche Begriff des „Patiententestaments" war aus dem Englischen „Living Will" abgeleitet worden (*Füllmich* NJW 1990, 2301 (2302)), der des „Patientenbriefes" als Gegenstück zum „Arztbrief". Seit der Gültigkeit des § 1901a ist nur noch die Verwendung des Begriffes „Patientenverfügung" fachgerecht, auch wenn nicht die Bezeichnung sondern der Verfügungsinhalt entscheidend bleibt.

3 **2. Volljährigkeit. a) Grundsatz.** Volljährig ist, wer das 18. Lebensjahr vollendet hat, § 2. Eine früher verfasste Erklärung muss vom Volljährigen erneut unterzeichnet werden, damit sie wirksam wird. Sonst liegt keine Patientenverfügung vor, aber eine zur Ermittlung des mutmaßlichen Willens zu berücksichtigende Äußerung.

4 **b) Minderjährige.** Trotz praktischer und verfassungsrechtlicher Bedenken (vgl. *Sternberg/Lieben/Reichmann* NJW 2012, 257; Kurze/*Kurze* Vorsorgerecht BGB § 1901a Rn. 13) ist es Minderjährigen verwehrt, eine Patientenverfügung zu verfassen. Die Möglichkeit, alleine die Einwilligungsfähigkeit als Kriterium zu fixieren, wurde nicht gewählt, wofür gesetzessystematische Gründe sprechen können.

5 Minderjährige werden durch die **sorgeberechtigten Personen** vertreten, welche grds. die Eltern sind, §§ 1626 I, 1629, 1631 (bei nicht verheirateten Eltern zu beachten: § 1626a). Das Betreuungsgericht ist daher auch für Fragen zur Beendigung lebenserhaltender Maßnahmen nicht zuständig (keine Anwendbarkeit des § 1904: OLG Brandenburg NJW 2000, 2361).

6 Eltern müssen den Willen des Kindes ermitteln und berücksichtigen, § 1626. Damit sind Vorausverfügungen eines Minderjährigen, auch wenn sie nicht als Patientenverfügung iSd § 1901a anzusehen sind, unbedingt zu **beachten**.

7 Problematisch ist, wenn Dritte (Ärzte, Hospizmitarbeiter) den Eindruck haben, eine von den Eltern angeordnete Maßnahme sei nicht durch den Willen des Minderjährigen gedeckt oder sonst nicht in seinem Interesse. Vorrangig ist vom Arzt die **Indikation** der gewünschten Maßnahme zu prüfen (→ Rn. 50–61). Fehlt die Indikation, kann die Maßnahme nicht verlangt werden. IÜ ist zu differenzieren (vgl. auch Kurze/*Kurze* Vorsorgerecht BGB § 1901a Rn. 128–137).

8 **Widerspricht** ein einwilligungsfähiger Minderjähriger, darf er auch auf Anordnung der Eltern nicht gegen seinen Willen behandelt werden (vgl. Staudinger/*Knothe* Vor §§ 104–115 Rn. 58; zum Schwangerschaftsabbruch *Belling/Eberl* FuR 1995, 287). Jedenfalls für einen nur „relativ indizierten Eingriff" hat der BGH Minderjährigen ausdrücklich ein „Vetorecht" zugebilligt (BGH NJW 2007, 217).

9 Ist der Minderjährige aufgrund seines Entwicklungsstandes oder seines akuten Gesundheitszustandes **nicht in der Lage,** einen von Einwilligungsfähigkeit getragenen, ablehnenden Willen zu äußern, ist die Anordnung der Eltern grds. maßgeblich. Diese kann aber gegen den vorab geäußerten oder vermuteten Willen des Minderjährigen verstoßen.

10 In beiden Konstellationen sollte im Zweifelsfall das **Jugendamt** und ggf. das Familiengericht eingeschaltet werden, da ein (teilweiser) Entzug der Sorge möglicherweise angezeigt ist, § 1666 (MüKoBGB/*Olzen* § 1666 Rn. 22). Das Jugendamt kann das Kind vorübergehend in Obhut nehmen (§ 42 I SGB VIII). Grundsätzlich ist dies nur für eine kurze Zeit möglich. In der Praxis wird diese Zeitspanne mitunter ausgedehnt, da für die Eltern ohnehin meist keine schnelle, gerichtliche Klärung möglich ist.

11 Das **Familiengericht** kann die elterliche Sorge (teilweise) auf einen Elternteil allein übertragen, wenn die medizinische Versorgung sonst nicht zu sichern ist (OLG Bamberg FPR 2003, 333). Der vollständige Entzug ist meist nur sehr schwer zu erreichen (OLG Hamm FamRZ 2010, 1091; OLG Hamm NJW 2007, 2704 – „Fall Leander"; dazu BVerfG FamRZ 2007, 2046).

12 **3. Einwilligungsfähigkeit.** Einwilligungsfähigkeit bedeutet die Fähigkeit, eine rechtlich wirksame Einwilligung in die Verletzung höchstpersönlicher Rechtsgüter zu erteilen, insbes. in die Körperverletzung bei einer ärztlichen Heilbehandlung (Jürgens/*Jürgens* § 1 Rn. 2).

Einwilligungsunfähig ist, wer keine Einsichtsfähigkeit hat oder nicht nach der Einsicht handeln kann 13
(Steuerungsfähigkeit). Zur Einsichtsfähigkeit ist wiederum erforderlich, das Vorliegen einer Erkrankung
und der möglichen ärztlichen Maßnahmen erkennen zu können. Die für und gegen eine Maßnahme
sprechenden Argumente müssen erfasst und abgewogen werden können. Der Betroffene muss seine
eigene Situation reflektieren können (BT-Drs. 11/4528, 71; BGH NJW 2013, 1379 (1382); FGPrax 2011,
119; OLG Hamm NJW 2003, 2392; FGPrax 1997, 64; zudem *Dodegge* NJW 2013, 1265 (1266); (auch)
aus medizinischer Sicht *Wetterling* ErbR 2010, 345; *Kurze/Jox* Vorsorgerecht BGB § 1901a Rn. 14–18).

Die Einwilligungsfähigkeit ist im Gegensatz zur Geschäftsfähigkeit **relativ.** Sie kann also für einfache 14
Eingriffe wie eine Blutentnahme gegeben sein, aber für kompliziertere wie eine Operation nicht (*Zimmermann* Vorsorgevollmacht Rn. 386; Staudinger/*Bienwald* § 1901a Rn. 23, § 1901b Rn. 23). Maßgeblich
sind geistige und sittliche Reife des Betroffenen sowie seine Fähigkeit, Risiken und Folgen einer Entscheidung absehen zu können (*Zimmermann* Vorsorgevollmacht Rn. 386). Diese Fähigkeit hängt auch
von den intellektuellen Möglichkeiten des Betroffenen ab, kann (und muss) aber auch durch Wissensvermittlung hergestellt werden, wenn es möglich ist.

4. Schriftform. Sie ist gem. § 126 durch eigenhändige Unterschrift oder notariell beglaubigtes Hand- 15
zeichen gewahrt und hat eine Warnfunktion (vgl. Staudinger/*Bienwald* § 1901a, b Rn. 31). Liegen keine
deutlichen Hinweise auf einen Missbrauch vor, darf auch eine nicht beglaubigte, sondern privatschriftliche Patientenverfügung mit dem Verweis auf die Ungewissheit der Echtheit der Unterschrift zurückgewiesen werden (→ § 168 Rn. 26).

Wurde die Schriftform nicht gewahrt, liegt keine Patientenverfügung vor. Dies gilt selbst für auf Video 16
aufgenommene, mündliche Anordnungen. Nicht dem Schriftformerfordernis entsprechende Dokumente
uä können aber für die Ermittlung des mutmaßlichen Willens nach § 1901a II wesentlich sein.

5. Vorausverfügung. Die Patientenverfügung ist eine Anordnung für eine **nicht absehbare** Entwick- 17
lung. Sie ist abzugrenzen von der Erklärung kurz vor der Versetzung in den Zustand der Einwilligungsunfähigkeit, also insbes. vor einer Operation. Dort wird konkret eine Einwilligung erteilt oder nicht
erteilt, sowohl für geplante und beabsichtigte als auch aufgrund des Eingriffs möglicherweise erforderlich werdende Maßnahmen.

6. Maßnahmen. a) Grundsatz. Bezeichnet werden sollen erwünschte oder unerwünschte „Untersu- 18
chungen seines Gesundheitszustands, Heilbehandlungen oder ärztliche **Eingriffe**". Diese können weitgehend nur sinnvoll im Zusammenhang mit einer **Behandlungssituation** beschrieben werden, was auch
indirekt aus § 1901a I 1 Hs. 2 hervorgeht. Es sind daher zunächst möglichst konkret Lebens- und Behandlungssituationen aufzuzählen, bei denen die Patientenverfügung gelten soll (vgl. aus medizinischer
Sicht Kurze/*Jox* Vorsorgerecht BGB § 1901a Rn. 29–52), anschließend die erwünschten oder untersagten
Behandlungen.

Das Erfordernis der **Bestimmtheit** der Patientenverfügung wird einerseits betont (BGH NJW 2016, 19
3297). Aussagen wie „Wenn keine Besserung meiner gesundheitlichen Situation zu erwarten ist, erwarte
ich ein menschenwürdiges Sterben zu erlauben." sind weder bei der Situations- noch bei der Maßnahmenbeschreibung für eine Patientenverfügung ausreichend (aus dem Zusammenhang aber eventuell als
Behandlungswunsch oder jedenfalls als Hinweis auf den mutmaßlichen Willen). Andererseits dürfen die
Anforderungen nicht überspannt werden, da ein Patient seine Biografie und die medizinische Entwicklung nicht vorausahnen kann (BGH NJW 2014, 3572 (3576)). Zudem können Patientenverfügungen
auszulegen sein. Wenn beispielsweise die „Alzheimerkrankheit" benannt wird, spricht bei einem medizinischen Laien viel dafür, dass auch entsprechend andere Formen der Demenz gemeint sind.

b) Situationen. aa) Sterbeprozess und Krankheit. Die Patientenverfügung soll fast immer im **Sterbe-** 20
prozess aufgrund des Alters und im Endstadium einer lebensbedrohlichen Krankheit gelten. Ist eine
solche Krankheit allerdings diagnostiziert, ist eine Konkretisierung der Patientenverfügung unter Einbeziehung der behandelnden Ärzte zu empfehlen. Im günstigsten Fall wird die Patientenverfügung (für
eine nicht unmittelbar bevorstehende medizinische Maßnahme) durch konkrete Einzelanweisungen (für
eine unmittelbar bevorstehende medizinische Maßnahme) mit Blick auf den jeweiligen Krankheitsverlauf
ersetzt.

bb) Demenz. Besonders beschrieben wird regelmäßig ein Hirnabbauprozess, durch den die Möglich- 21
keiten der Kommunikation aufgehoben wurden. Gemeint wird insbes. ein weit **fortgeschrittenes Stadi-**
um der Demenz. Es soll speziell die künstliche Ernährung verhindert werden, welche aufgrund eines
Einstellens („Vergessens"?) der natürlichen Nahrungsaufnahme immer wieder begonnen wird und das
Sterben mitunter auf Jahre verhindert (vgl. *Kolb,* Nahrungsverweigerung bei Demenzkranken, 2011).
Aufgrund der naturgemäß niemals abschließend sicheren Kenntnisse über das Bewusstsein eines Menschen in diesem Stadium ist die Geltung der Patientenverfügung für diese Situation zT umstritten. **Meistens** wird eine Geltung aber **angeordnet,** weil nach weitgehend gesicherten medizinischen Kenntnissen
das Bewusstsein des Menschen in einer solchen Situation nicht mehr vorhanden ist (*Putz/Steldinger*
Patientenrechte S. 32f.; *Borasio* Über das Sterben S. 113ff.) und weil die meisten Menschen auch bei der
Möglichkeit eines solchen Bewusstseinsrestes eine solche Existenz nicht wünschen (so auch *Putz/Steldinger* Patientenrechte S. 32).

cc) Wachkoma. Problematisch ist die Umsetzung einer Patentenverfügung oft beim sog. „Wachko- 22
mas", wenngleich die Geltung der Verfügung für diesen Zustand meistens angeordnet wird (zu medienbekannten Fällen wie dem der US-Amerikanerin Schiavo vgl. *Jox/Kühlmeyer/Borasio,* Leben im Koma,

2011, 9–12; zur verbreiteten, aber irreführenden Bezeichnung „Wachkoma" und Alternativen wie „appalisches Syndrom", „vegetativer Zustand" und „permanenter vegetativer Status (PVS)" vgl. *Geremek*, Wachkoma, 2008, 53 ff.; *Borasio* Über das Sterben S. 116; *de Ridder* Wie wollen wir sterben? S. 158). Ähnlich der Demenz im Endstadium ist zwar nach sicheren medizinischen Kenntnissen **nicht mehr** von einem **Bewusstsein** auszugehen (*Borasio* Über das Sterben S. 125 ff.; *de Ridder* Wie wollen wir sterben? S. 158 ff.; *Putz/Steldinger* Patientenrechte S. 172 ff.). Nach drei bis zwölf Monaten ist von einer Dauerhaftigkeit auszugehen (vgl. *Geremek*, Wachkoma, 2008, 99 f.; *Borasio* Über das Sterben S. 116; *de Ridder* Wie wollen wir sterben? S. 172). Eine letzte Sicherheit insbes. vor Fehldiagnosen kann es aber nicht geben. Allerdings nehmen viele Menschen dieses Restrisiko in Kauf (so auch *Putz* zur Möglichkeit des Minimalbewusstseins, FPR 2012, 13 (15 f.)). Eher psychologische Probleme bei der Durchsetzung der Patientenverfügung bereiten das äußere Erscheinungsbild der Betroffenen („schlafgleich") und deren oft im Vergleich zu anderen Fällen niedriges Alter.

23 c) **Ärztliche Maßnahme. aa) Grundsatz.** Es kann jede ärztliche Maßnahme untersagt und zu jeder Maßnahme, die nicht gegen die guten Sitten verstößt, zugestimmt werden. Die Einwilligung in eine Maßnahme bedeutet nicht, dass sie auch durchgeführt wird. Jedenfalls bei fehlender Indikation (→ Rn. 54) kann der Arzt die Durchführung ablehnen.

24 Genannt werden **typischer Weise** die künstliche Ernährung, die künstliche Beatmung, die Wiederbelebung, die Gabe von Antibiotika und anderen Medikamenten, die zu einer Lebensverlängerung führen können, die Gabe von Blut und Blutbestandteilen, die Dialyse sowie die Schmerzbehandlung.

25 **bb) Künstliche Ernährung.** Die künstliche Ernährung durch eine **Magensonde** („PEG", also Perutane Endoskische Gastrostomie), bei welcher Flüssigkeit und feinstpürierte Nahrung („Sondennahrung") durch einen Schlauch in der Bauchdecke mit oder ohne Pumpe zugeführt werden, ermöglicht eine dauerhafte Ernährung, wenn diese oral nicht mehr durchzuführen ist (vgl. *Kolb*, Nahrungsverweigerung bei Demenzkranken, 2011). Sie hat seit den 1980er Jahren zu einem sprunghaften Anstieg der Fälle geführt, in welchen die Verhinderung des Sterbens fragwürdig erscheint.

26 Als problematisch wird mitunter die (schrittweise) Einstellung der **künstlichen Flüssigkeitszufuhr** bzw. deren Unterlassen von Beginn an empfunden. Dabei ist für einen normalen Sterbeprozess belegt, dass künstliche Flüssigkeitsgabe eher Leiden hervorbringt als mildert. Bei der Unterlassung der künstlichen Flüssigkeitsgabe bei Demenzerkrankten oder Wachkomapatienten wird bei fachgerechter Mundpflege und Schmerzmittelgabe (welche als eher prophylaktisch gesehen wird) von der Schulmedizin ein Leiden ausgeschlossen. Ein „qualvolles Verdursten" findet nicht statt (iE *Borasio* Über das Sterben S. 107–120; *de Ridder* Wie wollen wir sterben? S. 59–74; *Kolb*, Nahrungsverweigerung bei Demenzkranken, 2011, *Kurze/Jox* Vorsorgerecht BGB § 1901a Rn. 61). Wird Flüssigkeit gegeben und nur die Nahrungsgabe unterlassen, verlängert dies einen Sterbeprozess meist erheblich. Deshalb sollte nach hier vertretener Ansicht bei dem Wunsch, lebensverlängernde Maßnahmen auszuschließen, die künstliche Flüssigkeitszufuhr **grds. abgelehnt** werden, wobei die Festlegung der Reduzierungsgeschwindigkeit bei der Einstellung einer zuvor begonnenen künstlichen Flüssigkeitsgabe durch den geschulten Arzt vorausgesetzt oder festgeschrieben wird.

27 **cc) Medikamente.** Der Ausschluss von **Antibiotika** und anderen Medikamenten ermöglicht das Sterben an einem Infekt, der in einer Pflegeumgebung eine grundgeschwächte Person relativ leicht befallen kann, und somit nicht an der Grunderkrankung direkt, sondern an einer Folge. Eine fachgerechte, palliativmedizinische Versorgung ist wichtig.

28 **dd) Blut.** Bei der Gabe von Blut und Blutbestandteilen gilt das zu Antibiotika Genannte entsprechend. Problematisch in der Umsetzung kann die kulturell oder **religiös** begründete Ablehnung sein, bei welcher die Gabe von Blut auch bei heilbaren Erkrankungen oder Verletzungen ausgeschlossen wird (→ Rn. 41).

29 **ee) Palliativversorgung.** Für alle Maßnahmen gilt, dass als Begleitung der Durchführung oder Unterlassung eine fachgerechte Palliativversorgung **erwartet** wird und **werden darf** (eing. *Borasio* Über das Sterben S. 187–196; *de Ridder* Wie wollen wir sterben? S. 213–278). Dies bedeutet insbes. eine ausreichende Schmerzmedikation. Dafür wird in Patientenverfügungen im Sinne der Einwilligung zu einer Maßnahme regelmäßig betont, dass eine Schmerzmittelgabe auch erfolgen soll, wenn es dadurch zu einer Lebensverkürzung kommen kann, was allerdings in der Praxis „extrem selten" der Fall ist (*Kurze/Jox* Vorsorgerecht BGB § 1901a Rn. 72).

30 **7. Gestaltung. a) Muster.** Es existiert eine **Vielzahl** von Mustern (laut *Arnd*, Verfügungsliste, 2015: über 250), von denen die des BMJ und des Bayerischen Justizministeriums am weitesten verbreitet sind (www.bmj.de; www.justiz.bayern.de; zudem *Coeppicus*, Patientenverfügung, Vorsorgevollmacht und Sterbehilfe, 2009; Lenz-Brendel/Roglmeier Richtig vorsorgen S. 130; Rudolf/Bittler/Roth Vorsorgevollmacht/*Dommermühl* S. 80; *Zimmermann* Vorsorgevollmacht Anh. 4; Müller/Renner BetreuungsR/*Renner* Rn. 1008; Lipp Vorsorgeverfügungen-HdB/*Lipp* Anh. 4; *Zirngibl*, Die Patientenverfügung, 2018; zur „Christlichen Patientenvorsorge": *Coeppicus* NJW 2011, 3749). Von Mustern zum Ankreuzen ist aufgrund der Manipulationsgefahr und der Möglichkeit des unbedachten Verwendens abzuraten (ähnlich *Zimmermann* Vorsorgevollmacht Rn. 393). Die Akzeptanz bei „aus dem Internet heruntergeladenen" Patientenverfügungen ist bei Ärzten gemindert (vgl. *Knorr/Langer/Berg* DÄBl 2013, A 2186).

31 **b) Form.** Zur Wahrung der Schriftform ist die eigenhändige **Unterschrift** erforderlich, welche durch die Angabe von Ort und Datum ergänzt werden sollte. Einzelne Seiten sollten zusammengeheftet wer-

den, wenn kein Ausdruck auf einem Blatt (ggf. Vor- und Rückseite) möglich ist. Die **Sprache** sollte einfach und klar sein und medizinische Fachausdrücke vermeiden.

c) Abstimmung. Die Patientenverfügung sollte mit einer **Vorsorgevollmacht**, einer Betreuungsverfügung und einer Organspendeerklärung (→ Rn. 46) sowie uU einer Bestattungsverfügung inhaltlich abgestimmt sein, insbes. wenn in der Patientenverfügung auch eine Person zur Durchsetzung bestimmt wird. Von einer letztwilligen Verfügung ist die Patientenverfügung zu trennen, da sie vor der Testamentseröffnung benötigt wird. Nach hier vertretener Ansicht sollte sie auch von einer Vorsorgevollmacht **getrennt** werden, selbst wenn dies aus Kostengründen in der notariellen Praxis oft anders gehandhabt wird. Zum einem muss einem Geschäftspartner, dem die Vorsorgevollmacht vorgelegt wird, nicht der Inhalt der Patientenverfügung offenbart werden (eine auszugsweise Ausfertigung ist umständlich und kann aufgrund der Lücken Irritationen auslösen). Zum anderen sollte eine Patientenverfügung vom Verfasser einfacher zu ändern oder zu bestätigen sein, als dies bei einer notariellen Urkunde möglich ist. 32

d) Motivationen. Die Voranstellung oder Anfügung von persönlichen Erfahrungen und Motivationen kann einerseits die Akzeptanz erhöhen und die Ermittlung des mutmaßlichen Willens erleichtern (*Coeppicus*, Patientenverfügung, Vorsorgevollmacht und Sterbehilfe, 2009, 54–60), aber andererseits auch genau das Gegenteil bewirken. Letzteres gilt besonders bei Patientenverfügungen, die ohne fachgerechte Beratung erstellt werden, weil jede zusätzliche Aussage (wie auch bei letztwilligen Verfügungen) Ansatzpunkte zur streitigen Auslegung geben kann (so auch *Putz/Steldinger* Patientenrechte S. 140). Daher wird hier von Motivationsbeschreibungen grds. **abgeraten**. Ausnahmen davon können wiederum Patientenverfügungen für das Endstadium einer akuten Krankheit sein, bei welchen der Betroffene aufgrund konkreter Erfahrungen bestimmte Maßnahmen anordnen oder ausschließen möchte. 33

e) Bestätigung. Es ist **nicht** notwendig, die Patientenverfügung **regelmäßig** durch Unterzeichnung zu bestätigen (*Milzer* NJW 2004, 2277). Wird eine jährliche Wiederholung abgebrochen, kann dies zu Unsicherheiten führen, auch wenn diese nicht beabsichtigt waren (Wollte der Verfügende nicht mehr an seiner Patientenverfügung festhalten?). **Zeugen** sind nicht erforderlich. Bei zweifelhafter Einwilligungsfähigkeit sollte ein Facharzt hinzugezogen werden. „Psychologisch" sinnvoll kann es sein, nahestehende Personen die Verfügung mit unterzeichnen zu lassen, da diese dann später weniger Einwände erheben werden. 34

f) Arzt. Die Beratung zur Erstellung einer Patientenverfügung sollte nach hier vertretener Ansicht durch einen spezialisierten Juristen und **nicht** durch einen Arzt erfolgen, da es sich um ein juristisches Dokument handelt (ausführlich: *Kurze/Kurze* Vorsorgerecht BGB § 1901a Rn. 103–115). Zudem haben die wenigsten Hausärzte (die meist um Beratung gebeten werden) Erfahrungen und Kenntnisse in den intensivmedizinischen Sachverhalten, um die es in einer Patientenverfügung geht (ähnlich *Langer/Knorr/Berg* DÄBl 2013, A 2187). Bei einer akuten Erkrankung sollten allerdings unbedingt die behandelnden Ärzte einbezogen werden. 35

g) Registrierung. Die Registrierung einer isolierten Patientenverfügung im **Vorsorgeregister** ist nicht möglich, wohl aber im Zusammenhang mit einer Vorsorgevollmacht oder Betreuungsverfügung (§ 1 VRegV). Die Verlässlichkeit privater Register ist sehr zweifelhaft, da Krankenhäuser in der Praxis dort selten nachfragen. Auch das Vorsorgeregister gibt einem Krankenhaus keine Auskunft, so dass dieses den Umweg über das Betreuungsgericht beschreiten muss. Ob eine Speicherung auf der Gesundheitskarte erfolgen wird, ist fraglich (*Bales* NJW 2012, 2475 (2479)). Sinnvoll sind daher **Notfallkarten**, die sich bei den Ausweispapieren befinden, Hinweise in der Wohnung, die „Hinterlegung" von Abschriften mit Hinweis auf den Aufbewahrungsort des Originals bei Vertrauten (ggf. auch dem Hausarzt oder Rechtsanwalt) sowie bei geplanten Krankenhausaufenthalten der direkte Vermerk in der Krankenakte. 36

8. Auslandsbezüge. Soll eine Patientenverfügung möglichst auch im Ausland beachtet werden, ist primär auf die dortige Rechtslage abzustellen, grds. eine fachkundige Beratung **vor Ort** einzuholen und im Zweifel für eine Rückbringung nach Deutschland vorzusorgen. In **Kollisionsfällen** sind Art. 24 EGBGB und Art. 15 ErwSÜ nicht anzuwenden, so dass im Ergebnis an den Ort der Behandlung anzuknüpfen ist (vgl. *Kurze/Demirci* Vorsorgerecht Vor Art. 24 EGBGB Rn. 4–7). 37

Die Rechtslage in einzelnen Ländern ist noch weitgehend uneinheitlich und bislang nur zT in deutscher Sprache dargestellt worden (Australien: Lenz-Brendel/Roglmeier Richtig vorsorgen S. 187; *Beyer/Töpfer* ZErb 2012, 1; Belgien: Lenz-Brendel/Roglmeier Richtig vorsorgen S. 173; Lipp Vorsorgeverfügungen-HdB/*Röthel* S. 522; *Röthel* FPR 2007, 79; *Khorrami* MedR 2003, 19; Dänemark: Lenz-Brendel/Roglmeier Richtig vorsorgen S. 177; *Trimbach* NJ 2007, 241; Finnland: Lenz-Brendel/Roglmeier Richtig vorsorgen S. 177; Frankreich: Lenz-Brendel/Roglmeier Richtig vorsorgen S. 172; Lipp Vorsorgeverfügungen-HdB/*Röthel* S. 511; Müller/Renner BetreuungsR/*Müller* S. 345; *Kieser* ZErb 2008, 101; *Röthel* FPR 2007, 79; *Seifert* FamRZ 2006, 11; *Holzhauer* FamRZ 2006, 525; Griechenland: Lenz-Brendel/Roglmeier Richtig vorsorgen S. 180; Großbritannien: Lenz-Brendel/Roglmeier Richtig vorsorgen S. 169; Lipp Vorsorgeverfügungen-HdB/*Röthel* S. 564, 578; Müller/Renner BetreuungsR/*Müller* S. 348; *Röthel/Heßeler* FamRZ 2006, 529; Italien: Lenz-Brendel/Roglmeier Richtig vorsorgen S. 182; Lipp Vorsorgeverfügungen-HdB/*Röthel* S. 540; Müller/Renner BetreuungsR/*Müller* S. 346; *Trimbach* NJ 2007, 241 (246); *Patti* FamRZ 2006, 987; Neuseeland: Lenz-Brendel/Roglmeier Richtig vorsorgen S. 187; Niederlande: Lenz-Brendel/Roglmeier Richtig vorsorgen S. 175; Lipp Vorsorgeverfügungen-HdB/*Röthel* S. 532; Müller/Renner BetreuungsR/*Müller* S. 347; Röthel FPR 2007, 79; *Kutzer* FPR 2007, 59; *Khorrami* MedR 2003, 19; Norwegen: *Trimbach* NJ 2007, 241 (245); Österreich: Lenz-Brendel/Roglmeier Richtig vorsorgen S. 167; Lipp Vorsorgeverfügungen-HdB/*Röthel* S. 494; Müller/Renner BetreuungsR/*Müller* S. 343; *Glanzer,* Alternativen zur Sachwalterschaft, 2009; *Kieser* ZErb 2008, 101; *Röthel* FPR 2007, 79 (80); *Ferrari* FamRZ 2006, 1327; *Schmiedl* ZEV 2006, 447; Polen: Lenz-Brendel/Roglmeier Richtig vorsorgen S. 185; Russland: Lenz-Brendel/Roglmeier Richtig vorsorgen S. 187; Schweden: Lenz-Brendel/Roglmeier Richtig vorsorgen S. 177; Schweiz: Lenz-Brendel/Roglmeier Richtig vorsorgen S. 168; Lipp Vorsorgeverfügungen-HdB/*Röthel* S. 476; Müller/Renner BetreuungsR/*Müller* S. 341; *Kieser* ZErb 2008, 101; Röthel FPR 2007, 79; *Trimbach* NJ 2007, 241 (246); Spanien: Lenz-Brendel/Roglmeier Richtig vorsorgen S. 181; Lipp Vorsorgeverfügungen-HdB/*Röthel* S. 550; Müller/Renner BetreuungsR/*Müller* S. 347; *Trimbach* NJ 2007, 241 (246); Thailand: Lenz-Brendel/Roglmeier Richtig vorsorgen S. 187; Ukraine: *Trimbach* NJ 2007, 241 (245); Ungarn: Lenz-Brendel/Roglmeier Richtig vorsorgen S. 185; USA: Lenz-Brendel/Roglmeier Richtig vorsorgen S. 186; Lipp Vorsorgeverfügungen-HdB/*Röthel* S. 594).

38 **9. Widerruf (§ 1901a I 3).** Der Widerruf einer Patientenverfügung muss nicht schriftlich erfolgen, sondern ist auch mündlich oder konkludent möglich (*Grotkopp* BtPrax 2015, 39 (41)). Gerade bei der Vermutung eines Widerrufs durch Gesten sollte aber sehr sorgfältig geprüft werden, ob es sich um bewusste oder nicht-willentliche Handlungen wie Reflexe handelt.

39 Es ist umstritten, ob für den Widerruf wie für die Errichtung **Einwilligungsfähigkeit** vorliegen muss oder der natürliche Wille genügt (*Steenbreker* NJW 2012, 3207). Grundsätzlich wird die Einwilligungsfähigkeit erforderlich sein, da zur Selbstbestimmung auch die Möglichkeit gehört, Festlegungen für den Zustand bei deren Fehlen zu treffen. In der Praxis wird allerdings bei einem nicht nur reflexartigen, natürlichen Willen noch genauer zu prüfen sein, ob die in der Patientenverfügung beschriebene Situation (zB „Kommunikationsunfähigkeit") tatsächlich vorliegt.

40 **10. Keine Reichweitenbegrenzung (§ 1901a III).** Die Patientenverfügung ist nicht nur zu beachten, wenn der Sterbeprozess begonnen hat oder absehbar ist (*Höfling* NJW 2009, 2849 (2850)). Dies war im Gesetzgebungsverfahren lange umstritten, wenngleich es fraglich ist, ob eine Reichweitenbegrenzung verfassungsgemäß gewesen wäre. Dem Schutzgedanken wurde iErg durch die Verfahrensregelung Rechnung getragen (*Müller* ZEV 2008, 583 (588)).

41 Zulässig ist es daher auch, eine **Bluttransfusion** abzulehnen, selbst wenn sie das Leben retten würde, sog. „Zeugen-Jehovas-Fälle" (LG Frankfurt a. M. BtPrax 2003, 86). Eltern, welche dies für ihre Kinder bestimmen möchten, wird allerdings regelmäßig diesbezüglich die Sorge entzogen werden (OLG Celle NJW 1994, 792). Bei Erwachsenen versuchen (teilweise auch besonders spezialisierte) Ärzte, sich mit Ersatzmitteln zu behelfen, die unter Umständen auch „verfremdete" Blutbestandteile enthalten, welche akzeptiert werden. Es wird in der konkreten Situation zudem oft versucht, eine Einflussnahme von anderen Personen zu vermeiden, die eine Bluttransfusion ablehnen.

42 **11. Hinweis- und Unterstützungspflicht des Betreuers (§ 1901a IV).** Im Rahmen der Änderung der Regelungen zur ärztlichen Zwangsmaßnahme (§§ 1906, 1906a) im Jahr 2017 wurde einer neuer Absatz 4 formuliert, wodurch sich die bisherigen Absätze 4 und 5 nach hinten verschoben. Aus der Entstehungsgeschichte wird deutlich, dass damit im Wesentlichen auf psychisch erkrankte Betreute, welche schon zwangsbehandelt wurden oder bei denen eine **Zwangsbehandlung droht,** abgezielt wurde (BT-Drs. 18/11240, 18). Es soll bei einer zukünftigen Zwangsbehandlungssituation besser in ihrem Sinne gehandelt werden können, vgl. § 1906a Abs. 1 S. 1 Nr. 3.

43 Die Pflicht des Betreuers umfasst **nicht die medizinische Beratung** (BT-Drs. 18/11240, 18). Ausdrücklich hingewiesen wird in der Gesetzesbegründung auf die **Behandlungsvereinbarungen,** bei welchen meist im Zusammenhang mit psychiatrischen Erkrankungen Arzt und Patient in einer guten Phase Regelungen für in Zukunft zu befürchtende Krankheitsepisoden vereinbaren (vgl. auch Kurze/*Jox* Vorsorgerecht BGB § 1901a Rn. 51, 87). Für **Bevollmächtigte** gilt die Hinweis- und Unterstützungspflicht nicht, da bei ihnen die Pflichten des Bevollmächtigten „vertraglich-individuell ausgestattet" sind (BT-Drs. 18/11240, 18). Allerdings wird diesbezüglich meist noch sehr wenig geregelt oder besprochen, so dass Patientenverfügungen trotzdem sehr sinnvoll und auch für den Bevollmächtigten hilfreich sind.

44 Nach hier vertretener Ansicht ist die **Vorschrift überflüssig,** da ein Betreuer ohnehin auf selbständige Entscheidungen und Anweisungen des Betreuten hinzuwirken hat (vgl. zB § 1901 Abs. 4 S. 1). Ein gut arbeitender Betreuer wird schon immer auf entsprechende Vorsorgemaßnahmen hingewirkt haben. Dass dies häufig nicht geschah, lag nicht an den gesetzlichen Pflichten, sondern dem mangels gesetzlicher (Ausbildungs-)Regelung sehr unterschiedlichen Qualifikationsstandard der Betreuer und deren geringer Überwachung durch die Gerichte. Mit der Regelung besteht allerdings die Gefahr, dass Betreuer auch bei älteren Menschen mit zweifelhafter Einwilligungsfähigkeit ohne ausreichende fachliche Unterstützung hinzuziehen durch das Vorlegen von Standardtexten eher fragliche Dokumente schaffen.

45 **12. Keine Errichtungspflicht (§ 1901a V).** Diese Klarstellung dokumentiert den Schutzwillen des Gesetzgebers. Die Freiwilligkeit der Errichtung einer Patientenverfügung soll gewahrt bleiben und persönliche sowie wirtschaftlich motivierte Einflussnahmen sollen damit ausgeschlossen werden (*Lange* ZEV 2009, 537 (538): „als bloßer Programmsatz entbehrlich").

46 **13. Organspende.** Die Zustimmung oder Ablehnung einer Transplantation von Organen oder Gewebe kann auch in eine Patientenverfügung aufgenommen werden. Beides sollte in jedem Fall aufeinander **abgestimmt** sein.

47 Für eine Transplantation muss der **Hirntod** in einem streng vorgegebenen Verfahren festgestellt werden, welches grds. 48 Stunden dauert (vgl. BT-Drs. 15/3700, 22; DÄBl 1998, A 1862). In dieser Zeit muss der Kreislauf mittels intensivmedizinischer Maßnahmen wie einer Herz-Lungen-Maschine aufrechterhalten werden, damit die Organe später noch verwendet werden können (zur Organspende insgesamt Kurze/Goertz/*Kurze*, Bestattungsrecht in der Praxis, 2. Aufl. 2016, § 4 Rn. 18–26; Kurze/*Jox* Vorsorgerecht BGB § 1901a Rn. 244–258).

Es wird die Meinung vertreten, dass solche Aktivitäten gegen eine lebenserhaltende Maßnahmen untersagende Patientenverfügung verstoßen und eine Transplantation in diesen Fällen ausgeschlossen sei. Dagegen spricht, dass die Maßnahmen erst nach dem Tod (wenn auch nicht dem diagnostizierten Hirntod) durchgeführt werden, nach dem eine Patientenverfügung nicht mehr gilt. Zudem kann eine Patientenverfügung eines Organspenders grds. so **ausgelegt** werden, dass diese vorübergehenden Maßnahmen zugelassen werden sollten (vgl. Kurze/*Jox* Vorsorgerecht § 1901a BGB Rn. 255 sowie Arbeitspapier der Bundesärztekammer zum Verhältnis von Patientenverfügung und Organspendeerklärung vom 18.1.2013, abgedruckt bei Kurze Vorsorgerecht, Anlage 1). 48

Aufgrund der großen Sensibilität in diesem Bereich sollte in einer Patientenverfügung einer Person, die zur Organspende bereit ist, **klargestellt** werden, dass Maßnahmen zur Ermöglichung einer Transplantation zugelassen werden. 49

III. Durchsetzung

1. Grundzüge. Entgegen der Normüberschrift ist die Patientenverfügung nur ein einzelnes – wenn auch wichtiges – Element bei der Entscheidungsfindung über eine ärztliche Maßnahme. Das **Verfahren**, welches der Gesetzgeber für die Entscheidungsfindung vorgegeben hat, dient dem Schutz des Betroffenen in Anbetracht seines umfassenden Rechtes zur Selbstbestimmung. 50

Es muss zunächst eine Situation vorliegen, in welcher eine ärztliche Maßnahme möglich ist. Für jede einzelne Maßnahme einschließlich der Diagnose („Untersuchung") muss eine Indikation vom Arzt erstellt werden. Über die Vornahme der Maßnahme entscheidet der einwilligungsfähige Betroffene selbst oder kann vorab in sie eingewilligt haben, wenn sie absehbar war. Wenn dies nicht möglich ist, ist eine Unterstützung („Ausruck- und Geltungsverschaffer", im Ergebnis eine Vertretung) erforderlich (str., → Rn. 74), von welcher nur in Ausnahmefällen vorübergehend durch die Annahme einer mutmaßlichen Einwilligung abgesehen werden kann. Maßstab für den Vertreter ist die Patientenverfügung maßgeblich, ersatzweise ein Behandlungswunsch oder der mutmaßliche Wille des Betroffenen. Die Anwendbarkeit der Patientenverfügung auf die konkrete Situation bzw. den mutmaßlichen Willen ermittelt der Vertreter in Kommunikation mit den Angehörigen. Das Ergebnis erörtert er mit dem Arzt. Es ist maßgeblich, wenn nicht bei erheblicher Gefahr iSv § 1904 und einem Dissens mit dem Arzt ein betreuungsgerichtliches Genehmigungsverfahren notwendig ist. 51

2. Maßnahmensituation. Es muss zunächst eine „Lebens- und Behandlungssituation" vorliegen, in welcher die Vornahme oder Unterlassung einer ärztlichen Maßnahme möglich ist. Ursachen können Unfall, Krankheit oder ein altersbedingt lebensbedrohlicher Zustand sein. 52

3. Indikationsstellung. a) Grundsatz. Sie ist **zentral** und wird in der Praxis noch oft vernachlässigt. Bei sachgemäßer Indikationsstellung und Kommunikation unter den Beteiligten würden nach hier vertretener Ansicht ein erheblicher Teil problematischer Fälle gelöst und Patientenverfügungen deutlich weniger relevant sein. 53

b) Definition. Die **Indikation** wird „als das fachliche Urteil über den Wert oder Unwert einer medizinischen Behandlungsmethode in ihrer Anwendung auf den konkreten Fall" verstanden (BGH NJW 2003, 1588 (1593) mit Verweis auf *Opderbecke* MedR 1985, 23; ausf. *Dietl/Böhm* BtPrax 2012, 135; *Charbonnier/Dörner/Simon/Neitzke*, Medizinische Indikation und Patientenwille, 2008, 53–66). Maßstab ist der aktuelle Facharztstandard (*Putz/Steldinger* Patientenrechte S. 32). Sie ist die Aufgabe des Arztes (*Bundesärztekammer* DÄBl 2010, A 877 (881)). 54

c) Therapieziel. Wesentlich ist das Therapieziel, welches vom **Arzt** zu formulieren ist (BGH NJW 2011, 161 (162)). Die Alternative wäre eine Einbeziehung des Patienten in die Therapiezielfindung, was aber einen Zirkelschluss bedeuten würde, weil die Indikation die Grundlage für die Entscheidung des Patienten bzw. seines Vertreters bilden soll. 55

Ein Therapieziel wird nur bei einer akzeptablen Wahrscheinlichkeit des Erreichens angestrebt. Dabei müssen Schaden und Risiken aufgewogen werden (Kurze/*Jox* Vorsorgerecht BGB § 1901b Rn. 10f.). Eine Maßnahme kann auch indiziert sein, wenn sie den Zustand des Patienten zwar nicht verbessert, aber erhält, eine Verschlechterung verlangsamt oder ausschließlich Schmerzen mildert. Die Lebenserhaltung an sich ist wiederum kein ausreichendes Therapieziel. 56

d) Fehlen. Ist der Arzt überzeugt, dass eine Maßnahme nicht indiziert ist, darf er sie **nicht durchführen** (*Lipp* FamRZ 2004, 317 (319); zum Abstellen der Geräte bei Hirntod LG Dortmund BtPrax 2010, 95; *Zimmermann* Vorsorgevollmacht Rn. 378). Es wird mit guten Gründen vertreten, dass viele Maßnahmen am Lebensende vom Arzt aufgrund fehlender Indikation gar nicht mehr angeboten werden dürfen (vgl. *Coeppicus* NJW 2011, 2085 (2088f.)): Bei einer finalen **Demenz** (irreversibel, kommunikationsunfähig usw) soll danach eine Sondenernährung nicht indiziert sein (*Putz/Steldinger* Patientenrechte S. 32; Kurze/*Jox* Vorsorgerecht BGB § 1901b Rn. 10f. auch zur Chemotherapie; zu anderen – behebbaren – Gründen der Nahrungsverweigerung vgl. *Kolb*, Nahrungsverweigerung bei Demenzkranken, 2011, 19–35). Bei einer „progressiven Erkrankung" können „bestimmte Maßnahmen" nicht mehr indi- 57 ziert sein, wenn sie „keine wesentlichen Erfolgsaussichten" haben (Raithel/Wördehoff/*Wördehoff*, Patientenverfügung und Vorsorgevollmacht, 2012, 3), was etwa bei einem finalen Stadium einer Krebserkrankung hinsichtlich der Entscheidung über eine weitere Operation zur Geschwürentfernung denkbar ist (Verrel/Simon/*Simon* Patientenverfügungen S. 77 f.). Bei einem zuverlässig diagnostizierten sog. „Wachkoma" besteht zumindest nach rund zwölf Monaten nach der Meinung ärztlicher Experten keine realistische Aussicht auf Besserung (→ Rn. 22), weshalb die Indikation zur künstlichen Ernährung etc als nicht mehr bestehend angenommen werden kann (in diese Richtung *Borasio* Über das Sterben S. 119 f.; ähnlich *de Ridder* Wie wollen wir sterben? S. 184 f.; Kurze/*Jox* Vorsorgerecht BGB § 1901b Rn. 11; eher abl. *Bundesärztekammer* DÄBl 2011, A 346 (347)). Gegen diese Indikationsdefinitionen kann eingewandt werden, dass darin schon eine Bemessung des „Lebenswertes" durch den Arzt liege. Diese Bewertung müsse aber dem Betroffenen (ggf. durch den Vertreter) überlassen werden.

58   Die Diskussion zu dieser Frage ist noch nicht abgeschlossen. Praktisch gelöst wird eine Vielzahl von Fällen, indem ein Arzt eine nach seiner Überzeugung „sinnlose", also **nicht indizierte Maßnahme ablehnt**, was auch zulässig ist (BGH NJW 2003, 1588). Dem Patienten oder seinem Vertreter bleibt im Zweifel dann nur die Möglichkeit, zu versuchen, einen anderen Arzt zu finden. Nach hier vertretener Ansicht sollte der Arzt zudem **darstellen**, welche Maßnahmen er (wie in den genannten Beispielen) *nicht* für indiziert ansieht. Gleichzeitig sollte er darauf hinweisen, wenn eine abweichende, medizinisch aber noch vertretbare Meinung möglich ist, also eine Maßnahme mit zwar geringen Aussichten auf Erfolg denkbar ist (zB Operation) oder ein Zustand auch anders beurteilt werden kann (zB „Wachkoma"). Dem Patienten bzw. seinem Vertreter bleibt damit die Möglichkeit erhalten, überhaupt über eine Maßnahme zu entscheiden. Das entspricht dem Sinn der §§ 1901a u. b.

59   e) **Zweck.** Nach hier vertretener Ansicht ist der wichtigste Inhalt der Indikation die **nachvollziehbare Darstellung** der Beeinträchtigung des Patienten, der möglichen Maßnahmen und deren Erfolgsaussichten, wie sie auch sonst bei einer Aufklärung über eine ärztliche Maßnahme geschehen soll (zu den allgemeinen Anforderungen BGH NJW 2010, 1088). Dabei ist die Erkrankung bzw. Verletzung nicht allgemein, sondern auf den konkreten Patienten bezogen zu werten, insbes. auf seine gesundheitliche Verfassung insgesamt und nicht nur auf das akute, einzelne Leiden. In Krankenhäusern unterbleibt diese Gesamtschau aufgrund der spezialisierten Fachabteilungen oft.

60   f) **Gegenstand.** Die Indikation ist **für jede ärztliche Maßnahme** zu ermitteln. Diese beginnen mit der Feststellung der Diagnose. Schon für sie benötigt der Arzt die Einwilligung des Patienten, da dafür grds. eine „Untersuchung" iSv § 1901a I 1 notwendig ist. Der Betroffene oder sein Vertreter sind daher vor Beginn der ärztlichen Tätigkeit um Zustimmung zu bitten.

61   Auch im Rahmen einer **laufenden Behandlung** muss für jede Untersuchung eine Indikation festgestellt werden. Angesichts der teilweise erheblichen körperlichen und psychischen Belastung durch Untersuchungen gerade für ältere Menschen am Lebensende im Krankenhaus ist hier mitunter einem systembedingten Automatismus entgegenzuwirken. Könnte bspw. eine durch die Untersuchung eventuell festgestellte Erkrankung aufgrund der Konstitution des Betroffenen gar nicht behandelt werden, hat die Untersuchung zu unterbleiben.

62   g) **Akutfall.** Im Not- oder Akutfall wird eine konkludente Zustimmung zur Untersuchung und Diagnoseerstellung grds. angenommen werden können, wenn sie vom Betroffenen oder dessen Vertreter nicht (rechtzeitig) zu erhalten ist (→ Rn. 71).

63   h) **Diagnoseablehnung.** Problematisch ist die vorherige Ablehnung der Diagnoseerstellung, die insbes. im **psychiatrischen** Bereich verlangt wird (OLG Zweibrücken NStZ 2011, 707; *Hartmann* NStZ 2000, 113; *Brosey* BtPrax 2010, 161; www.bpe-online.de). Jedenfalls die erste, **übersichtsartige Diagnose** kann nach hier vertretener Ansicht nicht generell ausgeschlossen werden. Bei einem Einwilligungsunfähigen muss diese logischerweise zunächst erstellt werden, um entscheiden zu können, ob eine in der Patientenverfügung beschriebene Situation vorliegt. In anderen Fällen gibt es gesetzliche Ermächtigungen jedenfalls für die Unterbringung (§ 63 StGB, § 81 StPO, § 1906; weitere Staudinger/*Bienwald* §§ 1901a, b Rn. 44), die zurückhaltend angewendet werden müssen, aber greifen können.

64   Der Begriff der „übersichtsartigen Diagnose" ist allerdings eng zu fassen. So kann in einer Patientenverfügung gerade die „Untersuchung" untersagt werden, § 1901a I 1. Liegt also die allgemeine Situation vor, die in der Patientenverfügung beschrieben ist, hat jede weitere Diagnoseerstellung zu unterbleiben. Ein Beispiel ist die genauere Diagnose nach einem Schlaganfall, wenn ein Betroffener (etwa vor dem Hintergrund schon mehrerer erlittener Schlaganfälle) jegliche medizinische Maßnahmen bei einem (weiteren) Schlaganfall untersagt hat.

65   **4. Konkrete Einwilligung des Betroffenen persönlich. a) In der Situation möglich.** Der Betroffene kann **selbst einwilligen**. Dies setzt Einwilligungsfähigkeit voraus (→ Rn. 13–15). Sie muss jedenfalls in schwierigen Fällen durch eine umfassende, individuelle und konkrete **Aufklärung** durch den Arzt geschaffen werden (vgl. Verrel/Simon Patientenverfügungen/*Simon* S. 80 f.; allg. zur Erforderlichkeit BGH NJW 1972, 335).

66   Die Erklärung des Betroffenen in der konkreten Situation geht allem anderen vor (vgl. Lipp Vorsorgeverfügungen-HdB/*Lipp* § 16 Rn. 37). Sowohl ein Vertreter als auch eine Patientenverfügung sind **nachrangig** und auch tatsächlich erst heranzuziehen, wenn der Betroffene selbst nicht einwilligungsfähig ist, auch wenn die Kommunikation mit ihm schwierig sein sollte (OLG Düsseldorf NJW 2001, 2807).

So wird auch vermieden, dass ein Betroffener an seiner Patientenverfügung „festgehalten" wird, obwohl er in der konkreten Situation diese anders beurteilt als in früheren Zeiten (zur Diskussion: Verrel/Simon/*Simon* Patientenverfügungen S. 87). Dies waren Befürchtungen derer, die für eine Reichweitenbegrenzung eingetreten waren (vgl. Verrel/Simon/*Verrel* Patientenverfügungen S. 197, 205). Unterstrichen wird die Bedeutung des aktuellen Willens durch die deutliche Betonung der Möglichkeit des Widerrufs in § 1901a I 3.

b) Vorab erklärt. Hat der Betroffene, bevor er einwilligungsunfähig wurde, in eine unmittelbar bevorstehende ärztliche Maßnahme wirksam eingewilligt oder diese untersagt, gilt seine Anweisung direkt. Dies ist der Regelfall bei einer **Operation**. In der Vorbereitung sollten auch nicht unmittelbar beabsichtigte, aber eventuell notwendige Maßnahmen besprochen werden. Unterblieb dies, muss entweder die Einwilligung beim Betroffenen oder einem Vertreter eingeholt werden, wenn die Zeit dies ermöglicht. Oder es muss auf der Grundlage einer mutmaßlichen Einwilligung gehandelt werden, wobei deren Wirksamkeit fraglich ist, wenn das Fehlen einer tatsächlichen Einwilligung auf eine Nachlässigkeit des Arztes zurückzuführen ist.

c) Herbeiführbar. Befindet sich der Betroffene in einem einwilligungsunfähigen Zustand, kann aber bei Inkaufnahme eines angemessenen Risikos eine Einwilligungsfähigkeit herbeigeführt werden, so hat dies zu geschehen, wenn keine konkrete Vorabanweisung des Betroffenen vorliegt (so *Lipp* BtPrax 2002, 47 (48)). Dies ist bei einer Operation denkbar, bei welcher eine unerwartete Diagnose festgestellt wird, oder bei einer im künstlichen Koma gehaltenen Person.

d) Fehlen. Ohne eine wirksame Entscheidung des Betroffenen ist nach hier vertretener Ansicht eine **dritte Person (Prüfer oder Vertreter) notwendig** (str., → Rn. 74). Eine Ausnahme besteht nur, wenn die Entscheidung eines Vertreters nicht schnell genug eingeholt werden kann, weil der Prüfer/Vertreter nicht erreichbar ist und/oder die Vertreterbestellung zu lange dauern würde. Daran sind aber strenge Anforderungen zu stellen. Es ist alles zu tun, um unverzüglich den Prüfer oder einen Vertreter einzuschalten.

Nur unter diesen Voraussetzungen ist es möglich, eine **mutmaßliche Einwilligung** in die ärztliche Maßnahme in Betracht zu ziehen (vgl. *Lipp* BtPrax 2002, 47 (48)). Im Wesentlichen wird es sich um **Akutsituationen** handeln, zB nach einem Unfall oder einem Schlaganfall. Der Arzt kann und muss davon ausgehen, dass in diesen Situationen lebenserhaltende Maßnahmen vorgenommen werden sollen. Selbst eine bereitliegende Patientenverfügung ändert daran nichts, wenn für eine Durchsicht und Prüfung keine Zeit ist (→ Rn. 60; zudem *Langer/Knorr/Berg* DÄBl 2013, A 2187). Daher wird alleine eine Patientenverfügung in diesen Notsituationen selten ausreichend sein, auch wenn sie grds. wirksam und zu beachten ist (vgl. zu Eilfällen auch Kurze/*Kurze* Vorsorgerecht BGB §§ 1901a, b Rn. 144–154).

Problematisch sind Fälle, bei denen das **Sterben absehbar** ist und es dann zu einer Krisensituation kommt. Ein vorab mit dem Sachverhalt und der Patientenverfügung vertrauter Arzt kann und muss den geäußerten Willen des Patienten beachten. Dann liegt aber eine konkrete Erklärung und keine Patientenverfügung iSv § 1901a I vor (→ Rn. 65). Ein herbeigerufener, nicht informierter Arzt wird und muss indizierte Notmaßnahmen vornehmen. Diese können dann erst später wieder beendet werden.

Widersetzt sich der Betroffene einer Maßnahme mit **natürlichem Willen**, aber im einwilligungsunfähigen Zustand, ist ebenfalls eine Vertretung notwendig. Es ist dann gem. § 1906a über eine ärztliche Zwangsmaßnahme zu entscheiden (vgl. *Dodegge* NJW 2013, 1265; *Kurze* ZErb 2018, 25).

5. Vertretung. a) Erforderlichkeit. Nach hier vertretener Ansicht ist eine dritte Person **immer** dann erforderlich, wenn der Betroffene sich nicht selbst konkret äußern kann oder will. Verschiedene andere Ansichten lassen eine direkte Anwendung der Patientenverfügung durch Ärzte unter unterschiedlichen Voraussetzungen zu, insbes. wenn die Anordnung „eindeutig" sei (so *Coeppicus* NJW 2011, 2085 (2086 f.) mwN; *Zimmermann* Vorsorgevollmacht Rn. 381; diff. *Müller* DNotZ 2010, 169; wie hier *Boemke* NJW 2013, 1412; *Dien/Rebhan* NJW 2010, 326 (329); zur Diskussion *Bienwald* § 1901a Rn. 48–54; Müller/Renner BetreuungsR/*Renner* Rn. 472–501, jeweils mwN). Diesen Ansichten stehen die Regelungen der §§ 1901a, b entgegen: Es muss immer eine Prüfung stattfinden, ob die Patientenverfügung anwendbar ist. Das ist nicht Aufgabe des eine Maßnahme ausführenden oder unterlassenden Arztes. Zudem ist die **Ausdrucks- und Geltungsverschaffung** im Gesetz vorgesehen (in diese Richtung auch BGH NJW 2011, 161 (162)).

Zunächst ist abzugrenzen zu Fällen, in denen ein Ausdrucks- und Geltungsverschaffer nicht vorhanden bzw. kurzfristig zu kontaktieren oder eine Vertreterentscheidung **nicht zu erhalten** ist. Dann ist der mutmaßliche Wille zu ermitteln, wobei eine bekannte Patientenverfügung berücksichtigt werden kann (→ Rn. 71).

Für alle *anderen Fälle* geben die §§ 1901a, b ein **Verfahren** vor, welches zum **Schutz des Betroffenen** geschaffen wurde und einzuhalten ist (BGH NJW 2011, 161; 2010, 2963). Daran ändert sich auch nichts, wenn das Ergebnis dasselbe sein wird. Das Verfahren soll den überprüfbaren Rahmen zur sorgfältigen Ermittlung des Willens des Betroffenen geben (ähnlich den Regelungen zum Schwangerschaftsabbruch).

b) Dritter vorhanden. Ein Betreuer muss mit dem entsprechenden Aufgabenkreis ausgestattet sein (grds. „Gesundheitssorge" LG Düsseldorf NJW 1999, 2744). Bei einem **Bevollmächtigten** muss diese Aufgabe von der Vollmacht umfasst sein. Die Ermächtigung zu Maßnahmen iSv §§ 1904, 1906, 1906a muss in der schriftlichen Vollmacht genannt sein. Der Bevollmächtigte muss zudem gewillt und in der Lage sein, die Aufgabe auch wahrzunehmen (BGH BeckRS 2013, 16317).

78 **c) Vertreter bestellen.** Ist kein (geeigneter) Vertreter oder Ausdrucks- und Geltungsverschaffer vorhanden, ist vom Betreuungsgericht ein **Betreuer** zu bestellen, §§ 1896 ff. (zum Verfahren vgl. auch §§ 271 ff. FamFG; zur Bestellung entgegen dem – nicht freien – Willen des Betroffenen vgl. *Habermeyer* BtPrax 2010, 69). Die Anregung kann auch von dem Arzt, Krankenhaus oder Pflegeheim gegeben werden. In dringenden Fällen ist eine einstweilige Anordnung möglich, §§ 300 ff. FamFG (vgl. *Kretz* BtPrax 2009, 160). Der Aufgabenkreis kann umfassend formuliert ("Gesundheitssorge" vgl. LG Düsseldorf NJW 1999, 2744), wenn die Notwendigkeit für weitere Entscheidungen abzusehen ist, oder auf die konkrete Einzelfrage beschränkt sein ("Einwilligung oder Untersagung folgender ärztlicher Maßnahme: ...").

79 **6. Willensermittlung. a) Grundsatz.** Maßgeblich ist der **Wille des Betroffenen.** Er ist zu ermitteln, mit oder ohne Patientenverfügung.

80 **b) Mit Patientenverfügung.** Der Dritte hat die Lebens- und Behandlungssituation als "Prüfer" mit dem zu **vergleichen**, was in der Patientenverfügung steht, § 1901a I 1. Zudem hat er die angebotenen ärztlichen Maßnahmen mit dem zu vergleichen, was in der Patientenverfügung gebilligt oder ausgeschlossen wurde.

81 Damit der Dritte den Vergleich vornehmen kann, ist die durch den Arzt erstellte **Indikation** von zentraler Bedeutung (→ Rn. 54). In der Praxis wird eine Indikation von Ärzten oft nicht erstellt oder nicht (verständlich) vermittelt. Auch in der Kommunikation bestehen oft erhebliche Mängel (zB einseitige Mitteilungen auf dem Krankenhausflur).

82 Bei einer gut er- und vermittelten Indikation sollten ein Vergleich und damit die Ermittlung des Patientenwillens nicht mehr schwer sein. Eine Indikation kann auch **Unsicherheiten** enthalten, sowohl die Diagnose als auch die Therapieempfehlung und deren Aussichten und Risiken betreffend. Diese darf und muss der Arzt mitteilen.

83 Sind in einem Fall mit Unsicherheiten die in der Patientenverfügung beschriebene Situation nicht mit der tatsächlichen in Einklang zu bringen, können weitere Untersuchungen angezeigt sein. Es ist aber auch möglich, dass kein Fall des § 1901a I vorliegt und zur Ermittlung eines Behandlungswunsches oder des **mutmaßlichen Willens überzugehen** ist. Auch sonst werden Patientenverfügungen die konkrete Situation oft nicht genau beschreiben (*Langer/Knorr/Berg* DÄBl 2013, A 2186). Der Wortlaut einer Patientenverfügung ist dabei nicht zu eng zu sehen (BGH NJW 2014, 3572).

84 Bei der Ermittlung des Patientenwillens auch aufgrund einer Patientenverfügung ist gem. § 1901b II **nahen Angehörigen** und sonstigen Vertrauenspersonen möglichst Gelegenheit zur Äußerung zu geben. Nahe Angehörige sind verwandte oder verschwägerte Personen, wie insbes. die Eltern und Abkömmlinge, die Geschwister sowie der Ehegatte oder Lebenspartner (*Jürgens/Jürgens* § 1901b Rn. 2). Als Vertrauenspersonen kommen zB Freunde, Bekannte und Nachbarn sowie andere Ärzte und Personen in Betracht, die den Betroffenen in medizinisch-pflegerischen Fragen beraten haben. Wollte der Betroffene nicht, dass bestimmte nahe Angehörige einbezogen werden, kann der Vertreter sie **ausschließen.** Er sollte den Ausschlusswillen gut nachweisen können, da seine Entscheidung sonst nachträglich als rechtswidrig gewertet werden könnte.

85 Da eine sinnvolle Äußerung nur auf einer vollständigen **Informationsbasis** möglich ist, müssen den Angehörigen und Vertrauenspersonen die Patientenverfügung (in Kopie) sowie die ärztliche Indikation zur Verfügung gestellt werden.

86 **c) Ohne (passende) Patientenverfügung.** Das Vorgehen ist ähnlich, wenn keine Patientenverfügung vorliegt und wenn die Patientenverfügung auf die Situation nicht passt: Es ist ein Behandlungswunsch oder weiter hilfsweise der mutmaßliche Wille des Betroffenen zu ermitteln, §§ 1901a II, 1901b II. Allerdings ist diese Ermittlung beim Vorliegen einer Patientenverfügung meistens deutlich einfacher, da ihr eine Richtung (grds. Unterlassung oder Zustimmung) zu entnehmen sein wird. Rechtlich besteht aber der Unterschied, dass keine direkt, eigene Entscheidung des Betroffenen vorliegt. Der Dritte wird also nicht als Prüfer und Ausdrucks- und Geltungsverschaffer tätig, der zur Umsetzung einer vorliegenden Willenserklärung des Betroffenen beiträgt, sondern wird als Vertreter tätig, der eine eigene Willenserklärung abgibt.

Ein **Behandlungswunsch** bindet den Vertreter direkt. Nach dem BGH können dies "etwa alle Äußerungen eins Betroffenen, die Festlegungen für eine konkrete Lebens- und Behandlungssituation enthalten, der den Anforderungen an eine Patientenverfügung iSd § 1901a BGB nicht genügen" (BGH NJW 2014, 3572 (3576)). Ein einfaches Beispiel ist eine mündliche, aber bedachte Äußerung des Betroffenen beim Anblick eines wachkomatösen Angehörigen, selbst in einer solchen Situation keine lebenserhaltenden Maßnahmen zu wollen (vgl. *Kurze* Vorsorgerecht Rn. 184–187).

87 Zur Ermittlung des **mutmaßlichen Willens** sind **alle zugänglichen Quellen** zu nutzen, wie bspw.: nicht direkt passende Patientenverfügungen (LG Essen BtPrax 2009, 43 (45): kein apallisches Syndrom aber entsprechende Situation), formunwirksame "Patientenverfügungen", schriftliche Äußerungen in Briefen, andere Mitteilungen und Tagebücher, Entscheidungen des Betroffenen bei anderen Gelegenheiten, mündliche Äußerungen etwa zu Fernsehsendungen (zB Berichterstattung über den Fall Terri Schiavo im Jahr 2005) und in Bezug auf Verwandte oder Bekannte, die sich in einer ähnlichen Situation befanden (BGH NJW 2010, 2963; 1995, 204; aber kein Rückgriff auf allg. Wertvorstellungen: OLG München MittBayNot 2006, 424; Palandt/*Götz* § 1901a Rn. 8).

88 **7. Erörterung mit Arzt. a) Grundsatz.** Die Erörterung des Arztes mit dem Vertreter sollte einerseits eine **Selbstverständlichkeit** sein. Andererseits ist ihr Zeitpunkt gem. § 1901b I 2 schwer mit dem sonsti-

gen Ablauf in eine logische Reihenfolge zu bringen. Ohne eine Indikation kann der Vertreter den Patientenwillen nicht ermitteln. Eine Indikation wird wiederum selten ausschließlich schriftlich mitgeteilt, so dass zuerst ein erstes Gespräch stattfindet. Nach der Ermittlung des Patientenwillens durch den Vertreter unter Einbeziehung der nahen Angehörigen ist danach in einem zweiten Gespräch die Maßnahme zu erörtern. Praktisch werden solche Entscheidungen entweder sehr schnell in einem fließenden Prozess oder auf der Grundlage mehrerer Gespräche im **Dialog** gefällt (entspr. *Bundesärztekammer* DÄBl 2010, A 877 (881)).

Die Entscheidung obliegt gem. § 1901a I 2 **allein** dem **Dritten** bzw. **Vertreter,** nicht dem Arzt. Zu differenzieren ist aber noch, ob zwischen Vertreter und Arzt Einigkeit oder Uneinigkeit vorliegt. Äußert sich der Arzt nicht, ist dies nach hier vertretener Ansicht pflichtwidrig, kann Schadensersatzansprüche und berufsrechtliche Konsequenzen auslösen und sollte zum Arztwechsel führen. Ohne Wechsel kann je nach Situation auch von Uneinigkeit ausgegangen werden müssen (AG Nordenham NJOZ 2011, 1275). 89

b) **Einigkeit.** Sind sich Vertreter und Arzt einig, willigt der Dritte bzw. **Vertreter** in die ärztliche Maßnahme entsprechend ein oder untersagt sie. Der Arzt richtet sich danach. Im Regelfall werden weitere Maßnahmen der Palliativmedizin ergriffen oder fortgeführt. Dieses Vorgehen gilt auch dann, wenn der Betroffene sterben oder erheblichen gesundheitlichen Schaden erleiden wird, § 1904 IV. Nach vom BGH vertretener Ansicht kann das Betreuungsgericht aber auch bei Einigkeit zwischen Dritten (Prüfer/Vertreter) und Arzt ein Negativattest als eine Art einer Billigung erteilen (BGH NJW 2014, 3572). Nach hier vertretener Ansicht ist das falsch. Der Dritte hat die Aufgabe übernommen und der Gesetzgeber ihm bei Einigkeit mit dem Arzt die Möglichkeit zum schnellen, unbürokratischen Handeln für den Betroffenen gegeben, das entsprechend zu nutzen ist (vgl. Kurze/*Kurze* Vorsorgerecht BGB § 1901a Rn. 208). 90

c) **Uneinigkeit.** Sind sich Vertreter und Arzt nicht einig, ist zu ermitteln, ob für den Betroffenen iSv § 1904 Lebensgefahr oder die **Gefahr,** erheblichen gesundheitlichen Schaden zu erleiden, besteht. Wenn dies nicht der Fall ist, ist die Entscheidung des Vertreters maßgeblich. Bei einer Untersagung darf der Arzt die Maßnahme nicht durchführen (vgl. *Roglmeier* FPR 2010, 282 (285)). 91

Wünscht der Vertreter eine Maßnahme, welcher der Arzt ablehnt, wird der Arzt sie nicht durchführen (→ Rn. 57). Jedenfalls wenn die Maßnahme medizinisch nicht indiziert ist, besteht auch keine Verpflichtung zur Vornahme (sie wird aber auch nicht angeboten worden sein). Regelmäßig wird ein **anderer Arzt** beauftragt werden. 92

d) **Erhebliche Gefahr.** Bei Uneinigkeit **und** gleichzeitig erheblicher Gefahr iSv § 1904 durch die Maßnahme oder ihre Unterlassung ist ein Genehmigungsantrag beim Betreuungsgericht zu stellen. Wird die Genehmigung erteilt, ist entsprechend zu handeln. Wird sie nicht erteilt, wird eine Maßnahme nicht durchgeführt. Bei einer Unterlassung wird der Betreuer zu entlassen sein, wenn er der Maßnahme nicht zustimmt. Bei einem Bevollmächtigten werden entsprechend eine Betreuerbestellung und der (teilweise) Vollmachtswiderruf zu prüfen sein. 93

Bei dem **Genehmigungsverfahren** ist gem. § 298 III FamFG in den Fällen des § 1904 II stets die Bestellung eines Verfahrenspflegers erforderlich. Gem. § 298 IV FamFG ist ein Sachverständigengutachten einzuholen und Anhörungspflichten nach § 298 I, II FamFG sind zu beachten. Ein Genehmigungsbeschluss wird erst zwei Wochen nach Bekanntgabe wirksam, § 287 III FamFG (vgl. *Lange* ZEV 2009, 537 (539); zum Beschwerdeverfahren *Sonnenfeld* BtPrax 2009, 167). 94

8. Ausdruck und Geltung. a) Grundsatz. Sie sind dem Willen des Betroffenen durch den Dritten („Ausdrucks- und Geltungsverschaffer") oder Vertreter (Bevollmächtigter oder Betreuer) zu verschaffen. Dies geschieht durch **Weisungen** an Ärzte und Pflegepersonal. Ein eigenes Eingreifen des Vertreters soll nicht zulässig sein. Dies gilt jedenfalls, wenn das vorgegebene Verfahren nicht eingehalten wurde (BGH NJW 2011, 161). 95

Der BGH hat die Möglichkeit von **Nothilfe** iSv § 32 StGB zB mit dem Durchtrennen eines PEG-Schlauches auch bei einem rechtswidrigen Eingriff durch die Behandlung **verneint,** weil sich die Verteidigungshandlung gegen ein Rechtsgut des zu Verteidigenden richte (Leben) und nicht gegen den Angreifer (NJW 2010, 2963). Diese Argumentation ist nach hier vertretener Ansicht fragwürdig, da Ziel der Handlung die Abwehr und die Lebenserhaltung nur Folge des Angriffs. 96

b) **Behandlungsabbruch. Sterbehilfe** ist zulässig. Nach (teilweiser) Aufgabe der Differenzierung von aktiver/passiver und direkter/indirekter Sterbehilfe (BGH NJW 2010, 2963 (2966 f.)) werden vom BGH fünf Kriterien für die zulässige Sterbehilfe aufgestellt: 1. Vorliegen einer lebensbedrohlichen Erkrankung. 2. Vorliegen einer zur Erhaltung oder Verlängerung des Lebens geeigneten Maßnahme. 3. Beabsichtigte Handlung, die auf eine medizinische Behandlung bezogen ist und einen vorherigen Zustand wiederherstellt, also „einem bereits begonnen Krankheitsprozess seinen Lauf lässt". 4. Einwilligung des Betroffenen. 5. Einhaltung der Verfahrensregeln der §§ 1901a, b (Letzteres bekräftigt durch BGH NJW 2011, 161). 97

Diese fünf Kriterien sind nicht in allen Fällen anzuwenden, bei denen die §§ 1901a, b einschlägig sind. Sie sind relevant, wenn der Betroffene in Folge der Beendigung der ärztlichen Maßnahme sterben wird. Lediglich die Kriterien 4 (Einwilligung) und 5 (Verfahren) sind immer maßgeblich (→ Rn. 91). 98

c) **Grenze.** Die direkte **aktive Sterbehilfe** ist weiter unzulässig, weil im Vergleich zu den vom BGH aufgestellten Kriterien entweder keine lebensbedrohliche Erkrankung oder keine zur Erhaltung oder Verlängerung des Lebens geeignete Maßnahme vorliegt. Es wird „die Beendigung des Lebens vom 99

Krankheitsprozess abgekoppelt" (BGH NJW 2010, 2963 (2967)). Den Begriff „direkte aktive Sterbehilfe" vermeidet der BGH zwar, beschreibt sie aber durch Formulierungen wie „vorsätzlich lebensbeendende Maßnahme" außerhalb des beschriebenen Zusammenhangs oder mit „gezielten Eingriff, der die Beendigung des Lebens vom Krankheitsprozess abkoppelt" (BGH NJW 2010, 2963 (2967)). Das entspricht der Definition der aktiven, direkten Sterbehilfe, bei welcher gezielt eine andere Ursache als das Grundleiden für das Ableben gesetzt wird. Die fortgeltende Strafbarkeit ergibt sich aus §§ 216, 228 StGB.

100   Zulässig ist eine Maßnahme, welche den Todeszeitpunkt vorverlegt, wenn sie indiziert ist, zu ihr eine Einwilligung vorliegt und die nicht mit dem Ziel der Lebensverkürzung vorgenommen wird (früher: „indirekte aktive Sterbehilfe"). Das ist etwa bei der Gabe von hochdosierten Medikamenten **zur Schmerzmilderung** denkbar.

101   Straflos ist zudem die **Beihilfe zum Suizid**. Wird dem Betroffenen also „Gift" überlassen, welches dieser im einwilligungsfähigen Zustand einnimmt, ist dies keine Beihilfe zum Totschlag und auch keine Tötung auf Verlangen, § 216 StGB. Strafrechtlich relevante Vergehen in Bezug auf die Beschaffung des „Giftes" sind wahrscheinlich. Problematisch ist das Verbleiben beim Sterbenden: Es kann die Meinung vertreten werden, dass eine Garantenstellung be- oder entsteht, welche bei dem dann Hilflosen ein Eingreifen („Retten") erforderlich macht (*Ingelfinger* JZ 2006, 821 (823); vgl. zur Diskussion *Verrel* NJW 2006, 14; *Lüttig* ZRP 2008, 57). Standesrechtliche Regelungen und Traditionen untersagen oder erschweren **Ärzten** die Suizidbegleitung nicht nur in Bezug auf die Beihilfe im engeren Sinne, sondern auch bei der Unterstützung durch Begleitmaßnahmen. Die Rechtmäßigkeit solcher standesrechtlicher Regelungen ist fraglich (vgl. *Lindner* NJW 2013, 136).

102   Mit **§ 217 StGB** wurde im Jahr 2015 eine fragwürdige (vgl. Kurze/*Kurze* Vorsorgerecht § 217 StGB; die Überprüfung durch das BVerfG steht aus) Regelung zur Strafbarkeit der geschäftsmäßigen Förderung der Selbsttötung geschaffen.

103   **9. Anwaltliche Vertretung. a) Grundsatz.** Die anwaltliche Vertretung bei der Durchsetzung des Patientenwillens am Lebensende erfordert neben Rechtskenntnissen auch viel Fingerspitzengefühl. Es ist das Ziel zu definieren, zu hinterfragen und im Auge zu behalten.

104   **b) Vertretungssituation.** Um die Rechte des **Betroffenen** durchsetzen zu können, ist grds. die Beauftragung durch ihn (ggf. vertreten durch den Betreuer oder Bevollmächtigten) anzustreben. Angehörige oder Vertreter haben aus der eigenen Position regelmäßig deutlich beschränkte Rechte und Möglichkeiten. Die Vereinbarung einer Zeitvergütung ist für eine sachgerechte Vertretung unbedingt zu empfehlen.

105   Auch wenn die Beauftragung meist durch den Vertreter des Betroffenen für diesen erfolgt, sind nicht die Ziele und Wertvorstellungen des Vertreters maßgeblich. Diese Vertretungssituation kann problematisch sein. Bei der Durchsetzung der Interessen des Mandanten ist zudem ein rein schriftliches Vorgehen selten erfolgreich. Vielmehr ist die **Kommunikation** mit den anderen Beteiligten zu suchen, insbes. Ärzten und Pflegenden. Durch Aufklärung und einen Dialog wird das Ziel meist schneller erreicht als im gerichtlichen Verfahren.

106   **c) Schadensersatz.** Inzwischen muss in medizinischen und pflegerischen Einrichtung bekannt sein, dass eine Behandlung gegen den Willen des Patienten rechtswidrig sein und Schadensersatzansprüche auslösen kann, was früher noch mangels rechtlicher Klärung abgelehnt wurde (so LG Traunstein PflR 2006, 390). Die Frage des **Schmerzensgeldes** für Menschen (bzw. iErg deren Erben), bei denen ohne oder gegen deren Willen das Streben nicht zugelassen wurde, wird noch sehr zurückhaltend behandelt. (vgl. *Loeschner* AdVoice 2010, 30).

§ 1901c Schriftliche Betreuungswünsche, Vorsorgevollmacht

¹Wer ein Schriftstück besitzt, in dem jemand für den Fall seiner Betreuung Vorschläge zur Auswahl des Betreuers oder Wünsche zur Wahrnehmung der Betreuung geäußert hat, hat es unverzüglich an das Betreuungsgericht abzuliefern, nachdem er von der Einleitung eines Verfahrens über die Bestellung eines Betreuers Kenntnis erlangt hat. ²Ebenso hat der Besitzer das Betreuungsgericht über Schriftstücke, in denen der Betroffene eine andere Person mit der Wahrnehmung seiner Angelegenheiten bevollmächtigt hat, zu unterrichten. ³Das Betreuungsgericht kann die Vorlage einer Abschrift verlangen.

1   **1. Normzweck.** Die Betreuungsverfügung (S. 1) und die Vorsorgevollmacht (S. 2) werden **definiert** und die Verpflichtung des Besitzers zur ihrer **Ablieferung** (bzw. Unterrichtung und ggf. Vorlage einer Abschrift bei der Vorsorgevollmacht) beim Betreuungsgericht im Falle der Kenntnis von einem Betreuungsverfahren festgestellt. Damit soll dem Vorrang der Selbstbestimmung Rechnung getragen werden. Im Folgenden wird auf die Betreuungsverfügung eingegangen, soweit dies nicht anders gekennzeichnet ist (zur Vorsorgevollmacht vgl. §§ 164 ff.).

2   Die Bedeutung der Betreuungsverfügung ist beschränkt. Vorsorgende Personen wählen meist die Vorsorgevollmacht, so dass Betreuungsverfügungen eher als Absicherung der Vollmacht genutzt werden und iÜ wenig bekannt sind und erstellt werden (vgl. *v. Looz* BtPrax 2002, 179). Zu einer **Betreuung trotz Vorsorgevollmacht** kann es beispielsweise kommen, wenn nur eine gesetzliche, aber keine rechtsgeschäftliche Vertretung zulässig ist, der Bevollmächtigte ausfällt oder die Vollmacht aus formalen (Grundstücksgeschäfte) oder inhaltlichen (keine Befreiung von den Beschränkungen des § 181) Gründen nicht ausreicht (vgl. im Einzelnen Kurze/*Kurze* Vorsorgerecht BGB § 1896 Rn. 22–30).

2. Form. a) Grundsatz. Die Betreuungsverfügung kann **formfrei** errichtet werden (Kurze/*Roglmeier* 3 BGB § 1901c Rn. 6). Die Schriftform ist zu Nachweiszwecken zu empfehlen. Eine Beglaubigung kann bei der Betreuungsbehörde für 10 EUR erfolgen, § 6 II 1 BtrBehG.

b) Verbindung. Die Betreuungsverfügung kann mit einer **Vorsorgevollmacht** oder **Patientenverfü-** 4 **gung** verbunden werden. Meist bildet sie dann einen Teil von diesen: In der Vorsorgevollmacht kann eine Betreuungsverfügung absichern, dass die bevollmächtigte Person auch Betreuer wird, wenn die Vollmacht nicht ausreichen sollte. Das kann auch durch Auslegung der Vorsorgevollmacht ermittelt werden. Es kann zudem vorsorglich bestimmt werden, wer ggf. Kontrollbetreuer nach § 1896 III (→ § 168 Rn. 12) werden soll, oder versucht werden, eine Kontrollbetreuerbestimmung zu verhindern (→ § 168 Rn. 5). In der Patientenverfügung kann eine Person benannt werden, welche sie als Betreuer durchsetzen soll.

c) Hinterlegung. Die Möglichkeit einer Hinterlegung beim Betreuungsgericht ist in einzelnen Bun- 5 desländern möglich (Hessen, Niedersachsen, Saarland, Sachsen, Sachsen-Anhalt, Thüringen, *Zimmermann* Vorsorgevollmacht Rn. 364), wird aber selten genutzt (*Hoffmann/Schumacher* BtPrax 2002, 191). Eine **Registrierung** beim Vorsorgeregister ist wie bei Vorsorgevollmachten möglich, § 10 VRegV (vgl. auch Kurze/*Elsing* Vorsorgerecht VRegV § 10).

3. Persönliche Voraussetzung. Die Geschäftsfähigkeit des Betroffenen bei Errichtung ist nicht erfor- 6 derlich. Weitgehend wird auch Einsichts- und Einwilligungsfähigkeit nicht gefordert, sondern der „natürliche Wille" als ausreichend angesehen (BGH NJW 2017, 3301; Müller/Renner BetreuungsR/*Renner* Rn. 404 mwN; *Berger* JZ 2000, 797 (804)). Dieser muss dafür „bewusst, ernsthaft und selbständig gebildet worden sein" (*Zimmermann* Vorsorgevollmacht Rn. 366).

Eine **Stellvertretung** ist nicht möglich. Allerdings ist es denkbar, dass beispielsweise betreuende Eltern eines schwerstbehinderten Kindes vorsorgend für den eigenen Ausfall Vorschläge für eine eventuelle Nachfolge (zB andere Kinder oder Familienfreunde) in einer Art „stellvertretenden Betreuungsverfügung" niederlegen.

4. Inhalt. a) Betreuerauswahl. Anders als bei einer Vorsorgevollmacht kann in einer Betreuungsver- 7 fügung ein Vertreter nicht bestimmt, sondern nur für den Fall eines Betreuungsverfahrens vorgeschlagen werden (OLG Frankfurt a.M. DNotZ 2004, 937). Wenn der Betroffene eine Person als Betreuer vorschlägt, ist dies für das Betreuungsgericht **wesentlich,** wenn auch iErg nicht verbindlich. Dem Willen ist zwar zu entsprechen, aber nur wenn es dem Wohl des Betroffenen nicht zuwider läuft, § 1896 IV 1 (OLG Zweibrücken BtPrax 2005, 74; BayObLG FamRZ 2004, 734; vgl. *Zimmermann* Vorsorgevollmacht Rn. 372).

Ist die vorgeschlagene Person zur Übernahme der Betreuung **nicht bereit,** muss dies grds. nicht be- 8 rücksichtigt werden, § 1898. Allerdings ist es meistens nicht im Interesse des Betroffenen, wenn eine unwillige Person die Betreuung ausführen würde.

Ein von dem Wunsch abweichender Bestellungsbeschluss ist durch den Betroffenen (§ 59 FamFG) 9 oder einen Verfahrenspfleger (§ 276 FamFG) angreifbar. Ob der **Benannte** eigenen Rechtsmittel einlegen kann, ist str (dagegen: BayObLG Rpfleger 2003, 424; Müller/Renner BetreuungsR/*Renner* Rn. 409; *Zimmermann* Vorsorgevollmacht Rn. 371; dafür mit Verweis auf § 59 FamFG: MüKoBGB/*Schwab* § 1896 Rn. 218). Es ist denkbar, dass er in der Verfügung für dieses Verfahren zur Wahrnehmung der Interessen des Betroffenen von diesem bevollmächtigt wird, § 335 III FamFG.

Es kann **jede Person** vorgeschlagen werden, die zur Übernahme einer Betreuung geeignet ist, § 1897. 10 Denkbar ist auch, einen Personenkreis zu nennen („meine Kinder") oder einen bestimmten Betreuungsverein, wobei weiter der Vorrang der Bestellung einer natürlichen Person besteht (BayObLG Rpfleger 1998, 199), wie auch der einer ehrenamtlichen vor der Berufsbetreuung (KG Rpfleger 2006, 651; OLG Jena NJW-RR 2001, 796).

Auch wenn dies vom Wortlaut der Norm nicht umfasst ist, enthalten Betreuungsverfügungen oft auch 11 **negative Wünsche,** also Ausschlüsse. Hat der Betroffene festgelegt, dass eine bestimmte Person nicht zu seinem Betreuer ernannt werden soll, ist dies gem. § 1897 IV 2 beachtlich (KG Rpfleger 2006, 651).

b) Wünsche zur Betreuungswahrnehmung. Insbesondere Berufsbetreuer kennen den Betreuten und 12 seine Wünsche meist vor dem Beginn des Betreuungsverfahrens nicht. Ist eine Kommunikation mit dem Betroffenen dann nicht mehr oder nur noch eingeschränkt möglich, sind vorformulierte Wünsche für beide Seiten **hilfreich.**

Die Patientenverfügung ist in diesem Sinne ein Wunschäußerung mit besonderer Verbindlichkeit für die 13 Vornahme oder Unterlassung medizinischer Maßnahmen. Wünsche können zudem **bspw.** formuliert werden für die Wohnform (Verbleib zu Hause, betreute Wohngemeinschaft, bestimmte/s. Residenz oder Pflegeheim), die medizinisch-pflegerische Versorgung (bestimmte Ärzte oder Pflegekräfte, Geschlecht der Pflegekräfte), die Vermögensverwaltung (Erhaltung auch unrentablen Immobilieneigentums aus Familienbesitz) ua mehr (vgl. Kurze/*Roglmeier* Vorsorgerecht BGB § 1901c Rn. 8 f.; *Zimmermann* Vorsorgevollmacht Rn. 369, 373; Lipp Vorsorgeverfügungen-HdB/*Lipp* § 18; Jürgens/*Jürgens* Rn. 4 f.; *v. Looz* BtPrax 2002, 179 (182); *Roglmeier* FPR 2010, 282 (283)), vgl. auch **§ 1901 III** zu Wünschen generell.

5. Ablieferungspflicht. Voraussetzung ist nicht die Betreuungsbedürftigkeit des Betroffenen, sondern 14 die Kenntnis des Besitzers einer Vollmacht oder Verfügung von einem Betreuungsverfahren. Die Ablieferung kann durch Beschluss angeordnet, § 285 FamFG, und durch ein Zwangsgeld **erzwungen** werden, § 35

FamFG. Das Gericht kann bei Verdacht auch eine Negativauskunft einschließlich einer eidesstattlichen Versicherung verlangen, §§ 35 IV 1 FamFG, 883 II ZPO (*Zimmermann* Vorsorgevollmacht Rn. 365; Lipp Vorsorgeverfügungen-HdB/*Lipp* § 5 Rn. 25). Entstehen dem Betroffenen ohne die Ablieferung sonst nicht entstandene Kosten durch das Betreuungsverfahren oder die (Berufs-)Betreuung, kann der Besitzer zum **Schadensersatz** verpflichtet sein. Hatte er lediglich Kenntnis von einer Vollmacht oder einer Betreuungsverfügung, müssen für die Begründung einer Mitteilungspflicht in einem Betreuungsverfahren besondere Voraussetzungen gegeben sein, wie eine Verpflichtung aus einem Auftragsverhältnis.

15   6. **Gestaltungshinweise.** Die Gestaltung bereitet keine erheblichen Probleme, solange die inhaltlichen Hinweise beachtet werden (Muster zB *Zimmermann* Vorsorgevollmacht Anh. 3; Müller/Renner BetreuungsR/*Renner* Rn. 1012; Lipp Vorsorgeverfügungen-HdB/*Lipp* Anh. 3; Rudolf/Bittler/Roth Vorsorgevollmacht/*Roth* Rn. 253). Wichtig ist, durch Mittel wie eine Notfallkarte und die Registrierung die Wahrscheinlichkeit zu erhöhen, dass die Betreuungsverfügung ggf. auch berücksichtigt wird.

Titel 3. Pflegschaft

§ 1909 Ergänzungspflegschaft

(1) ¹Wer unter elterlicher Sorge oder unter Vormundschaft steht, erhält für Angelegenheiten, an deren Besorgung die Eltern oder der Vormund verhindert sind, einen Pfleger. ²Er erhält insbesondere einen Pfleger zur Verwaltung des Vermögens, das er von Todes wegen erwirbt oder das ihm unter Lebenden unentgeltlich zugewendet wird, wenn der Erblasser durch letztwillige Verfügung, der Zuwendende bei der Zuwendung bestimmt hat, dass die Eltern oder der Vormund das Vermögen nicht verwalten sollen.

(2) Wird eine Pflegschaft erforderlich, so haben die Eltern oder der Vormund dies dem Familiengericht unverzüglich anzuzeigen.

(3) Die Pflegschaft ist auch dann anzuordnen, wenn die Voraussetzungen für die Anordnung einer Vormundschaft vorliegen, ein Vormund aber noch nicht bestellt ist.

1   1. **Normzweck.** § 1909 I 2 regelt, die Folgen des Ausschlusses der elterlichen Sorge und **Verhinderung der Eltern** oder eines Vormunds. Die Vorschrift erlangt im Erbrecht Bedeutung bei Anordnungen des Erblassers nach § 1638, aber auch bei **Interessenkonflikten** zwischen Eltern und Kindern infolge des Anfalls oder der Gestaltung erbrechtlicher Vorgänge. Es ist ein **Ergänzungspfleger** zu bestellen.

2   2. **Der Ergänzungspfleger.** Können die Eltern oder Vormund die elterliche Sorge nicht ausüben, sieht das Gesetz die Bestellung eines Ergänzungspflegers vor. Anders als die Eltern oder ein Vormund, hat er keine umfassenden Sorgerechtsbefugnisse, sondern wird ausschließlich für einen eng begrenzten Teilbereich eingesetzt. Das unterscheidet ihn vom Vormund. In erbrechtlichen Konstellationen ist regelmäßig ein Teilbereich der **Vermögenssorge** betroffen.

3   3. **Notwendigkeit der Pflegerbestellung.** Der Ergänzungspfleger ist bei Anordnungen des Erblassers, der sogenannten **Zuwendungspflegschaft**, zu bestellen. Dabei muss der Ausschluss der Eltern vom Erblasser in der letztwillige Verfügung angeordnet sein, wobei es sich um eine gesonderte, insbesondere spätere Verfügung handeln kann, die nicht auch den Vermögenszufluss an das Kind enthalten muss (Palandt/*Götz* § 1803 Rn. 1).

4   Der Ergänzungspflegschaft bedarf es aber auch bei jeder sonstigen Art der Verhinderung von Eltern oder Vormund, also wenn das Ruhen der elterlichen Sorge (§§ 1673 ff.) angeordnet oder die Entziehung (§ 1666 f., 1671) erfolgt ist. Darüber hinaus hat die eine Pflegerbestellung bei **Interessenkonflikten** zwischen sorgeberechtigtem Elternteil und Kind zu erfolgen. Die Bestellung eines Ergänzungspflegers kann jedoch nicht erfolgen, wenn der Sorgeberechtigte **ungeeignet** ist, die für ihn anfallenden Aufgaben im Zusammenhang mit der Erbschaft wahrzunehmen (BGH 29.5.2013 – XII ZB 530/11 – FamRZ 2013, 1206). Wenn hieraus allerdings eine Gefahr für die Vermögensinteressen des Kindes resultiert, die so gravierend ist, dass das Familiengericht Maßnahmen nach § 1666 III Nr. 6 ergreifen kann, kommt hierüber die Anordnung einer Ergänzungspflegschaft in Betracht. Bei bloßen **Meinungsverschiedenheiten** der Eltern, auch über die Ausschlagung der (überschuldeten) Erbschaft, kann das Gericht die elterliche Sorge nach § 1628 auf einen Elternteil allein übertragen oder sie Erklärung des anderen Elternteils nach § 1666 III Nr. 5 ersetzen.

5   4. **Dauer der Ergänzungspflegschaft.** Die Ergänzungspflegschaft wirkt ab Eintritt des Erbfalles und umfasst auch die **Ausschlagung** der Erbschaft (BGH 29.6.2016 – XII ZB 300/15 – NJW 2016, 3032 = FamRZ 2016, 1660).

6   Die Ergänzungspflegschaft endet mit der Aufhebung durch das Familiengericht, weil das Bedürfnis zur Pflegschaft entfallen ist, §§ 1918 III, 1919. Sie endet mit dem Eintritt der Volljährigkeit des Kindes, § 1918 I.

7   5. **Aufgaben des Pflegers.** Die Aufgaben des Pflegers kann der Erblasser im Rahmen seiner Anordnung festlegen. Im Übrigen hat das Familiengericht den Aufgabenkreis im Einzelnen zu bestimmen und in der **Bestellungsurkunde** auszuweisen. Der Ergänzungspfleger verdrängt in seinem Aufgabenbereich die Eltern und den Vormund, § 1630 I.

Der Ergänzungspfleger kann für die Verwaltung des ererbten Vermögens, einzelner Gegenstände, aber 8
auch für die Abgabe und Entgegennahme von Erklärungen bestellt werden (OLG Celle 4.5.2011 – 10 UF
78/11 – ZErb 2011, 198). Er ist für alle Rechtsgeschäfte im Zusammenhang mit der Abwicklung des Erbfalles zu bestellen, in denen sich der Sorgeberechtigte oder Vormund in einer Doppelstellung befindet,
aus der eine Kollision resultiert (vgl. Staudinger/*Bienwald* § 1909 Rn. 50). Das gilt auch, wenn der Elternteil zugleich Testamentsvollstrecker und gesetzlicher Vertreter des Erben ist (Staudinger/*Bienwald*
§ 1909 Rn. 49).

Wird er aufgrund der Anordnungen eines Erblassers nach § 1638 tätig, wonach die Eltern oder der 9
Vormund von der elterlichen Sorge für das ererbte Vermögen ausgeschlossen sein sollen, handelt es sich
um eine **Zuwendungspflegschaft**. Sie liegt auch vor, wenn dein Elternteil den anderen, von ihm geschiedenen von der Verwaltung des ererbten Vermögens ausgeschlossen hat (Palandt/*Götz* § 1909 Rn. 8).
Dem Gericht obliegt dabei die Prüfung des Testaments und auch bei Zweifeln ist der Pfleger zu bestellen. Der Erblasser kann die Bestellung des Pflegers nicht durch Anordnungen verhindern. Wünscht er
einerseits den Ausschluss der Eltern von der Sorge für das ererbte Vermögen, ist die Pflegerbestellung
zum Zwecke des Ausfüllens der entstandenen **Sorgerechtslücke** zwingend.

Hat der Erblasser die Eltern von der Vermögenssoge ausgeschlossen, ist von der Ergänzungspfleg- 10
schaft auch die Geltendmachung von **Pflichtteilsansprüchen** umfasst (OLG München 9.6.2015 – 26 WF
1758/14 – juris, Rn. 15).

6. Interessenkonflikte im Erbfall. Die Eltern können das Kind gemäß § 1629 II 1 nicht vertreten in Ange- 11
legenheiten, in denen ein Vormund nach § 1795 von der Vertretung ausgeschlossen wäre. Ein Vormund ist
nach § 1795 I Nr. 1 und 3 von der Vertretung ausgeschlossen „1. bei einem Rechtsgeschäft zwischen seinem
Ehegatten, seinem Lebenspartner oder einem seiner Verwandten in gerader Linie einerseits und dem Mündel andererseits, es sei denn, dass das Rechtsgeschäft ausschließlich in der Erfüllung einer Verbindlichkeit
besteht; …. 3. bei einem Rechtsstreit zwischen den in Nummer 1 bezeichneten Personen …". Damit scheidet
eine Vertretung des Kindes beim Abschluss eines Erbauseinandersetzungsvertrages aus, an dem auch ein
Elternteil beteiligt ist. Zugleich kann der andere Elternteil das Kind in dieser Konstellation wegen des Ausschlusses für Geschäfte mit dem eigenen Ehegatten nicht vertreten. Das gleiche gilt, wenn mehrere Kinder
beteiligt sind, für die die elterliche Sorge in der gleichen Person besteht. Zugleich findet § 181 Anwendung.
Das gilt auch für einen Vormund oder den Ergänzungspfleger. Infolgedessen muss für **jedes Kind ein eigener Ergänzungspfleger** bestellt werden (BGH 9.7.1956 – V BLw 11/56 – BGHZ 21, 229).

Das Familiengericht hat einzelfallbezogen zu prüfen, ob ein Interessenkonflikt vorliegt (Palandt/*Götz* 12
§ 1629 Rn. 20.

Voraussetzung für den Vertretungsausschluss ist die Vornahme eines Rechtsgeschäfts. Nicht ausrei- 13
chend soll die Vornahme einer Verfahrenshandlung sein (Palandt/*Götz* § 1795 Rn. 2; Erman/*Schulte-Bunert* § 1795 Rn. 7), sodass das Stellen eines **Erbscheinsantrages** und der Antrag auf Erteilung eines
Hoffolgezeugnisses nicht dem Vertretungsausschluss unterliegen. Die Antragstellung im Verfahren der
freiwilligen Gerichtsbarkeit wird auch nicht als Rechtsstreit angesehen, auf den § 1795 I Nr. 3 anwendbar
wäre. Dieses Ergebnis scheint fraglich, wenn im Rahmen der gesetzlichen Hoferbfolge ein jüngstes oder
ältestes Kind gesetzlicher Hoferbe wäre (je nach gegendspezifischem Erbbrauch) und die Eltern den
Antrag auf Erteilung eines Hoffolgezeugnisses ausschließlich für ein nachrangig berufenes minderjähriges Kind stellen und damit das vorrangige Kind übergehen. In diesem Fall besteht ein Interessenkonflikt
zwischen den Kindern, der an sich zu einem Ausschluss der Vertretung der Eltern nach § 1629 II i Vm
§ 1795 I Nr. 1 führen müsste. Das gilt umso mehr, wenn die Kinder als Enkel des Hofeigentümers erst
zur Erbfolge gelangen, weil der Elternteil nicht hoffähig ist und dann aber gegenüber dem zur Hoferbfolge berufenen Kind Abfindungs- und Nachabfindungsansprüche nach den §§ 12, 13 HöfeO hat. Die
Interessenlage ist vergleichbar mit der bei selektiver Ausschlagung für nur einen Teil der Kinder (KG
13.3.2012 – 1 W 747/11 – ZErb 2012, 127 = FamRZ 2012, 1167; OLG Hamm 13.12.2013 – 15 W 374/13 –
NotBZ 2014, 179 = ZErb 2014, 142).

7. Anzeigepflicht. Das Bedürfnis der Pflegerbestellung ist nach § 1909 II unverzüglich dem Familien- 14
gericht anzuzeigen, damit von dort die erforderlichen Maßnahmen schnellstmöglich veranlasst werden
können.

8. Gerichtliche Zuständigkeit. Zuständig ist das Familiengericht am Wohnort des Kindes, dort der 15
Rechtspfleger, §§ 111 Nr. 2, 151 Nr. 1, 152 FamFG, § 3 Nr. 2 lit. a RPflG

§ 1917 Ernennung des Ergänzungspflegers durch Erblasser und Dritte

(1) **Wird die Anordnung einer Pflegschaft nach § 1909 Abs. 1 Satz 2 erforderlich, so ist als Pfleger berufen, wer durch letztwillige Verfügung oder bei der Zuwendung benannt worden ist; die Vorschrift des § 1778 ist entsprechend anzuwenden.**

(2) ¹**Für den benannten Pfleger können durch letztwillige Verfügung oder bei der Zuwendung die in den §§ 1852 bis 1854 bezeichneten Befreiungen angeordnet werden.** ²**Das Familiengericht kann die Anordnungen außer Kraft setzen, wenn sie das Interesse des Pflegings gefährden.**

(3) ¹**Zu einer Abweichung von den Anordnungen des Zuwendenden ist, solange er lebt, seine Zustimmung erforderlich und genügend.** ²**Ist er zur Abgabe einer Erklärung dauernd außerstande oder ist sein Aufenthalt dauernd unbekannt, so kann das Familiengericht die Zustimmung ersetzen.**

1. **Normzweck.** Die Vorschrift ergänzt wiederum § 1638 und stellt klar, dass der Erblasser die Person des Pflegers auswählen darf. Allerdings soll er nicht des Testamentsvollstrecker zugleich als Ergänzungspfleger benennen dürfen (Schl-Holst OLG 23.3.2007 – 8 WF 191/06 und 8 WF 195/06 – NJW-RR 2007, 1597 = DNotZ 2008, 67).

2. **Person des Pflegers.** Zum Pfleger ist nach § 1917 I derjenige zu bestellen. Der in der letztwilligen Verfügung vom Erblasser hierzu bestimmt ist. Die Benennung ist für das Familiengericht bindend, sofern nicht nach § 1778 ein Übergehen des benannten Pflegers ausnahmsweise möglich ist.

3. **Übergehen des benannten Vormunds.** § 1917 I 1 Hs. 2 verweist auf § 1778. Der vom Erblasser in der letztwilligen Verfügung benannte Ergänzungspfleger ist aus den dort genannten Gründen vom Familiengericht nicht einzusetzen. Vgl. hierzu oben § 1638 Ziff. 6. Die Vorschrift dient der Sicherstellung der zügigen (§ 1778 I Nr. 2 und 3), konfliktfreien (Nr. 5) Übernahme und Führung der Ergänzungspflegschaft unter Wahrung der Belange des Kindes und zum Schutz seiner Vermögensinteressen (Nr. 4). Es sind diejenigen Ergänzungspfleger ausgeschlossen, die das Amt aus rechtlichen oder tatsächlichen Gründen nicht übernehmen dürfen oder können.

Eine Gefährdung der Interessen des Kindes nach § 1778 I Nr. 4 droht insbesondere, wenn der Vormund aufgrund der besonderen **Schwierigkeit der konkreten Vermögensverwaltung** diese Aufgabe aufgrund seiner Eignung offensichtlich nicht bewerkstelligen kann, ein **Interessengegensatz** besteht (BayObLG 28.2.1997 – 1Z BR 253/96 – DNotZ 1998, 491 = FamRZ 1997, 1289; Palandt/*Götz* § 1778 Rn. 2) oder der zu bestellende Ergänzungspfleger in der Vergangenheit den **Vermögensinteressen** des Kindes zuwider gehandelt hat (BayObLG 28.2.1997 – 1Z BR 253/96 – DNotZ 1998, 491 = FamRZ 1997, 1289).

4. **Befreiung von Beschränkungen.** § 1917 II lässt zu, dass der Erblasser den Vormund von Beschränkungen befreit, die gesetzlich vorgesehen sind. Er kann die Bestellung eines Gegenvormunds nach § 1852 ausschließen und ausgestalten. Er kann auf die Hinterlegung und Sperrung bei Inhaber- und Orderpapieren verzichten, § 1853. Und er kann den Ergänzungspfleger von der Rechnungslegungspflicht entbinden, § 1854. Die Risiken sind aus dem Bereich der Vorsorgevollmachten hinlänglich bekannt, sodass das bei der Gestaltung von letztwilligen Verfügungen mit Ergänzungspflegerbenennung eher die Ausnahme sein sollte. Wird auf die Rechnungslegung verzichtet, hat der Ergänzungspfleger allerdings nach § 1854 II alle zwei Jahre dem Familiengericht ein **Bestandsverzeichnis** über das von ihm verwaltete Vermögen vorzulegen. Die Frist kann nur durch das Familiengericht um längstens 5 Jahre verlängert werden, was mit Blick auf die Verjährung von 3 Jahren durchaus bedenklich ist. Der Ergänzungspfleger schuldet in diesen Fällen nur ein Bestandsverzeichnis ohne Zu- und Abgänge und ohne Belege (Palandt/*Götz* § 1854 Rn. 2). Das Verzeichnis muss den Anforderungen von § 260 I BGB entsprechen und alle Aktiva und Passiva bezeichnen.

Nach § 1917 II 2 kann das Familiengericht die Befreiung außer Kraft setzen, wenn durch die Befreiungen die Interessen des Kindes gefährdet sein können.

Bei lebzeitigen Vermögensübertragungen kann der Zuwendende nach § 1917 III den Abweichungen von seinen ursprünglichen Anordnungen zustimmen und sie auf diese Weise ermöglichen.

Buch 5. Erbrecht

Abschnitt 1. Erbfolge

§ 1922 Gesamtrechtsnachfolge

(1) Mit dem Tode einer Person (Erbfall) geht deren Vermögen (Erbschaft) als Ganzes auf eine oder mehrere andere Personen (Erben) über.

(2) Auf den Anteil eines Miterben (Erbteil) finden die sich auf die Erbschaft beziehenden Vorschriften Anwendung.

Übersicht

	Rn.		Rn.
I. Begriffe	1–11	2. Nach Eintritt des Erbfalls	20–24
1. Erblasser	2	a) Vonselbsterwerb	20
2. Erbfall	3–7	b) Gesamtrechtsnachfolge	21/22
a) Natürliche Person	4	c) Sonderrechtsnachfolge	23
b) Tod	5/6	d) Verfahrensrecht	24
c) Verschollenheit	7	III. Vererbliche und nicht vererbliche Rechtsbeziehungen	25–89
3. Erbe	8	1. Amtsstellung/Gesetzliche Vertretung	26
4. Erbschaft	9–11	2. Anwartschaftsrechte	27
a) Begriff	10	3. Arbeitsrechtliche Rechtsbeziehungen	28/29
b) Inhalt	11	4. Erbrechtliche Rechtsbeziehungen	30
II. Rechtsstellung des Erben	12–24	5. Familienrechtliche Beziehungen	31–38
1. Vor Eintritt des Erbfalles	12–19	6. Gesellschaftsrechtliche Rechtsbeziehungen	39–60
a) Allgemein	13–16		
b) Prozessual	17–19		

	Rn.		Rn.
a) Aktiengesellschaft	39/40	a) Genossenschaft	66
b) GmbH	41–43	b) Verein	67
c) Englische Limited	44	c) Versicherungsverein auf Gegenseitigkeit (VVaG)	68
d) BGB-Gesellschaft	45–54	11. Öffentlich-rechtliche Rechtsposition	69
e) KG (Beteiligung als Kommanditist)	55	12. Persönlichkeitsrecht	70
f) OHG/KG (Beteiligung als Komplementär)	56–58	13. Sachenrechtliche Rechtsposition	71–73
g) Stille Gesellschaft	59/60	14. Schuldrechtliche Rechtsbeziehungen	74–84
h) Partnerschaftsgesellschaft	61/62	15. Vollmacht	85/86
7. Höfe und Landgüter	63	16. Prozessrechtsverhältnis	87–89
8. Immaterialgüterrechte/Rechte am geistigen Eigentum	64	IV. Erbteil	90
9. Körper des Erblassers	65		
10. Mitgliedschaftsrechte	66–68		

I. Begriffe

1 In § 1922 definiert der Gesetzgeber Begriffe, die für das Erbrecht von zentraler Bedeutung sind. Diese sind, wenn sie in erbrechtlichen Normen verwendet werden, iSd § 1922 zu verstehen. Ferner regelt § 1922 den Vermögensübergang von dem Erblasser auf einen oder mehrere Erben.

Der Gesetzgeber definiert in § 1922 I die Begriffe Erbfall, Erbschaft und Erben und in § 1922 II den Begriff des Erbteils.

2 **1. Erblasser.** Der Begriff des **Erblassers** wird in § 1922 nicht definiert. Erblasser ist die Person, um deren Nachfolge von Todes wegen es geht (MüKoBGB/*Leipold* Rn. 5). Erblasser ist dabei zum einen der Verstorbene (vgl. § 1924), zum anderen aber auch der noch Lebende, der bspw. durch ein Testament Regelungen für den Todesfall trifft (§§ 2231 Nr. 2, 2232).

3 **2. Erbfall.** Das Gesetz regelt hier, wer in persönlicher Hinsicht dem Erbrecht unterfällt und wann dies eintritt.

4 **a) Natürliche Person.** Nur der Tod eines **Menschen**, also einer natürlichen Person, löst einen Erbfall aus. Juristische Personen können nicht versterben und werden daher auch nicht beerbt. Juristische Personen sowie rechtsfähige oder nicht rechtsfähige Personenvereinigungen sind daher nie Erblasser. Was im Falle ihrer Beendigung geschieht, ergibt sich nicht aus dem Erbrecht sondern aus dem Gesellschaftsrecht. Versterben mehrere natürliche Personen, so tritt für jede natürlich Person ein Erbfall ein. Dies gilt auch dann, wenn sie zeitgleich versterben und ihr Vermögen, wie zB bei der Gütergemeinschaft, gesamthänderisch gebunden ist. Unerheblich für den Eintritt eines Erbfalls ist ferner das Alter, Geschlecht, die Geschäftsfähigkeit und auch der Umfang des Vermögens des Erblassers. Auch die Staatsangehörigkeit ist ohne Bedeutung. Sie war allerdings für Erbfälle bis zum 16.8.2015 für die Frage, ob überhaupt deutsches Erbrecht zur Anwendung kam, entscheidend (Art. 25, 26 EGBGB). Für Erbfälle, die ab dem 16.8.2015 eingetreten sind, ist die EuErbVO (VO (EU) Nr. 650/2012) zu berücksichtigen (Art. 84, 83 EuErbVO). Danach unterliegt regelmäßig die gesamte Rechtsnachfolge von Todes wegen dem Recht des Staates, in dem der Erblasser zum Zeitpunkt seines Todes seinen gewöhnlichen Aufenthalt hatte (Art. 21 EuErbVO). Auf die Staatsangehörigkeit kommt es nicht mehr an.

5 **b) Tod.** Der Erbfall tritt ein, wenn der Mensch **tot** ist. Der Tod ist, im Gegensatz zur Geburt (§ 1) im BGB nicht gesondert geregelt. Tot ist ein Mensch dann, wenn das Absterben seines Organismus unaufhaltsam ist. Früher wurde allgemein der Tod als **klinischer Tod** definiert, also als unwiederbringliches Aussetzen der Herz- und Atmungsfunktion (MüKoStGB/*Schneider* Vorb. zu §§ 211ff. Rn. 15ff.). Fortschritte in der Intensivmedizin machten ein Um- bzw. Weiterdenken erforderlich, da durch verbesserte Reanimationsmöglichkeiten das Aussetzen der Herz- und Atmungsfunktion eines Menschen rückgängig gemacht werden kann. Wird ein Mensch wiederbelebt, so wird seine Herz- und Atmungsfunktion wieder hergestellt. Diese hatte also nicht unwiederbringlich ausgesetzt. Der wiederbelebte Mensch war nicht tot, vor der Wiederbelebung ist daher kein Erbfall eingetreten (BayObLG NJW-RR 1999, 1309 (1311)). Werden die Körperfunktionen jedoch künstlich durch Maschinen aufrechterhalten, so ist ein klinischer Tod nicht eingetreten. Gleiches gilt, wenn der Erblasser zwar noch durch Maschinen die Herz- und Kreislauffunktionen aufrechterhielt, aber die Spontanatmung ebenso wie die Reflexe ausfielen (OLG Frankfurt a. M. NJW 1997, 3099 (3101)). In diesen Fällen ist für die Feststellung des Todeszeitpunktes nicht auf einen Stillstand der Atem- und Herzfunktion abzustellen sondern auf den **Hirntod** (OLG Frankfurt a. M. NJW 1997, 3099 (3101); so auch MüKoBGB/*Leipold* Rn. 12, 13). Auf den Hirntod ist auch dann abzustellen, wenn es entscheidend auf den **Todeszeitpunkt** ankommt (BeckOK BGB/*Müller-Christmann* Rn. 5; OLG Frankfurt a. M. NJW 1997, 3099 (3101); BayObLG NJW-RR 1999, 1309 (1311)). Hirntot ist ein Mensch dann, wenn die gesamte Funktion des Groß- und Kleinhirns und des Hirnstammes endgültig und nicht mehr behebbar ausgefallen ist und dauerhaft keine Hirnkurven mehr geschrieben werden können (OLG Köln NJW-RR 1992, 1480 (1481); BayObLG NJW-RR 1999, 1309 (1311); Palandt/*Ellenberger* § 1 Rn. 3). Die Gegenmeinung, nach der nur in Fällen der künstlichen Aufrechterhaltung der Körperfunktionen auf den Hirntod abgestellt werden soll (MüKoBGB/*Leipold* Rn. 12, 13), überzeugt nicht, da dann die Definition des Begriffs des Todes davon abhängt, wie sich das Lebensende des Menschen gestaltete. Dass nach der Rechtsordnung der Begriff des Todes nach der Art des Sterbeprozesses verschieden definiert werden soll, überzeugt nicht (OLG Köln NJW-RR 1992, 1480 (1481)) und findet im Gesetz auch keine Grundlage. Für das Abstellen auf den Hirntod spricht auch § 3 II Nr. 2 TPG. Organe dürfen einem Menschen nur dann entnommen werden, wenn der unwiderbringliche Ausfall der Funktion des Großhirns, des Kleinhirns und des Hirnstamms festgestellt ist, also letztlich die Voraussetzungen für einen Hirntod vorliegen. Wurde der Hirntod eines Menschen nicht mit diagnostischen Mitteln festgestellt, so tritt dieser nach dem endgültigen Ausfall der Atmung und des Kreislaufs nach Ablauf der sog. Sterbezeit ein.

6 Derjenige, der den Eintritt eines Erbfalls herleiten will, muss **beweisen**, dass der Erbfall, also der Tod des Menschen, eingetreten ist. Dieser Nachweis kann durch eine vom Standesbeamten ausgestellte Sterbeurkunde geführt werden (§ 54 PStG). Ist der Inhalt der Sterbeurkunde falsch, kann der Nachweis der Unrichtigkeit geführt werden (§ 54 III PStG).

7 c) **Verschollenheit.** Ist ein Mensch **verschollen**, so steht die Todesvermutung nach der Todeserklärung gemäß dem Verschollenheitsgesetz dem erwiesenen Tod des Menschen gleich. Der Erbfall ist dann zu dem Zeitpunkt eingetreten, der in der Todeserklärung festgehalten ist (§ 9 VerschG). Mit der Todeserklärung tritt ein Erbfall für einen in der Vergangenheit liegenden Zeitpunkt ein. Dies kann im Einzelfall dazu führen, dass der Verschollene von einem Erbberechtigten beerbt wird, der zwar zum Zeitpunkt des in der Todeserklärung festgestellten Todes des Verschollenen noch gelebt hat, der aber zum Zeitpunkt des Erlasses des Beschlusses oder dessen Rechtskraft (§ 29 VerschG) selbst verstorben war.

Die Todeserklärung nach dem VerschG begründete aber nur die widerlegliche Vermutung (vgl. § 292 ZPO), dass der Verschollene zu dem festgestellten Zeitpunkt verstorben ist (vgl. §§ 30, 33a, 44 VerschG). Für die Widerlegung der Vermutung ist der volle Beweis der Unrichtigkeit der Todeserklärung zu erbringen (BGH Urt. v. 22.10.1958 –IV ZR 134/58, MDR 1959, 29). Lebt der für tot Erklärte, so hat er einen Anspruch auf Herausgabe seines gesamten Vermögens nach §§ 2031, 2018. Eingeschränkt wird dieser Herausgabeanspruch durch § 2370 I. Dieser schützt den gutgläubigen Dritten, der etwas von dem Scheinerben aus dem Nachlass erworben hat (*Arnold* RPfleger 1957, 142 (145)). Ferner hat der fälschlich für tot Erklärte einen Anspruch auf Herausgabe des unrichtigen Erbscheins an das Nachlassgericht (§§ 2370 II, 2362).

8 **3. Erbe.** Wer Erbe wird, regelt das Gesetz in § 1922 I, II.

Erbe ist die Person, auf die das Vermögen des Erblassers im Erbfall übergeht. Geht das Vermögen des Erblassers auf mehrere Personen über, so sind sie nach § 1922 II Miterben. Erben können nicht nur natürliche Personen werden, sondern auch juristische Personen des privaten oder öffentlichen Rechts (→ § 1923 Rn. 2), und der Fiskus (§ 1936). Die rechtliche Stellung eines Erben erhält eine Person erst mit dem Erbfall, also frühestens mit dem Tod des Erblassers. Ist jemand nur als Nacherbe (§ 2100) eingesetzt, so wird er nicht schon mit dem Tod des Erblassers Erbe, sondern erst dann, wenn der Nacherbfall eintritt (vgl. § 2139) und das Erbrecht des Vorerben erlischt (Palandt/*Weidlich* § 2100 Rn. 12).

Die Erben des Erblassers werden häufig durch eine letztwillige Verfügung des Erblassers (Testament/Erbvertrag) bestimmt. Hat der Erblasser keine letztwillige Verfügung hinterlassen oder keine, in der eine Person zum Erben berufen wurde, so bestimmt sich die Erbfolge nach dem Gesetz (§§ 1923 ff.). Nach Treu und Glauben kann weder eine Erbenstellung begründet werden noch kann ein Erbe seine Rechtsstellung nach Treu und Glauben verlieren (BGH NJW 1967, 1126; BayObLGZ 1965, 86 (90); Bamberger/Roth/*Müller-Christmann* Rn. 10). Die Rechtsstellung des Erben steht nicht zur **Disposition** der Parteien. Will eine Person nicht Erbe werden, so kann sie die Erbschaft ausschlagen. Die Erbenstellung entfällt dann rückwirkend auf den Zeitpunkt des Eintritts des Erbfalls (§ 1953). Ein Verzicht auf die Erbenstellung nach Eintritt des Erbfalls ist im Gesetz nicht vorgesehen und daher nicht möglich. § 2346 regelt den Erbverzicht nur für den Fall, dass der Erblasser noch lebt (→ § 2346 Rn. 1). Nichts anderes gilt für den Zuwendungsverzicht nach § 2352 (→ § 2352 Rn. 6). Auch sonst steht die Rechtsstellung des Erben nicht zur Disposition. Haben die Beteiligten für sich untereinander verbindlich festlegen, wie ein Testament des Erblassers auszulegen ist, so steht ihnen die Möglichkeit einer vertraglichen Regelung offen. Ein solcher Vertrag ist aber nur darauf gerichtet, dass die Beteiligten sich schuldrechtlich so zu stellen haben, als wäre die ihnen einvernehmlich gewählte Auslegung des Testamentes richtig (BGH NJW 1986, 1812 (1813)). Auf die Erbenstellung an sich hat eine solche Vereinbarung keine Auswirkung (OLG München NJW-RR 2011, 12 (13)). Allerdings wird vertreten, dass ein Gericht dann an den Auslegungsvertrag gebunden ist, wenn alle Beteiligten zugestimmt haben und sich die Auslegung innerhalb des auch vom Gericht als möglich angesehenen Auslegungsspielraums bewegt (MüKoBGB/*Leipold* § 2084 Rn. 146; → § 2084 Rn. 24). Nach der Erbteilsübertragung nach § 2033 und nach dem Verkauf der Erbschaft nach §§ 2371 ff. bleibt der Veräußerer Erbe, da dieser Status untrennbar mit der Person des Veräußerers verbunden ist (Palandt/*Weidlich* § 2033 Rn. 7, § 2371 Rn. 4). Ein Erbschein ist auch dann noch auf den Namen des Veräußerers auszustellen (MüKoBGB/*Gergen* § 2033 Rn. 27).

9 **4. Erbschaft.** § 1922 regelt, was im Fall des Todes auf den bzw. die Erben übergeht und wie dies geschieht.

10 a) **Begriff.** Mit dem Erbfall geht das Vermögen des Erblassers, die Erbschaft, auf den Erben über. Der Gesetzgeber verwendet auch den Begriff des **Nachlasses**. Die Begriffe Nachlass und Erbschaft werden häufig synonym verwendet (MüKoBGB/*Leipold* Rn. 18). Den Begriff der Erbschaft verwendet der Gesetzgeber regelmäßig aber nicht immer dann, wenn es um die Beziehung des Erben zum Vermögen des Erblassers geht. So bspw. beim Anfall (§ 1942) und bei der Annahme und Ausschlagung der Erbschaft (§ 1943). Geht es um das Vermögen an sich, so wird regelmäßig der Begriff des Nachlasses verwendet,

bspw. bei der Sicherung des Nachlasses durch das Nachlassgericht (§ 1960) oder Regelung zum Bestand und Wert des Nachlasses zum Zwecke der Berechnung von Pflichtteilsansprüchen (§ 2311).

b) Inhalt. Über geht nach dem Gesetz die Erbschaft, also das Vermögen des Erblassers. Dazu zählen alle Rechte und Verbindlichkeiten (§ 1967 BGB) des Erblassers (so BGHZ 104, 369 (371); Palandt/*Weidlich* Rn. 7; MüKoBGB/*Leipold* Rn. 17; BeckOK BGB/*Müller-Christmann* Rn. 12, Erman/*Lieder* BGB § 1922 Rn. 6)). Mit dem Tod eines Menschen gehen also sämtliche Rechtsbeziehungen, die vererblich sind, auf den Erben über, auch die noch werdenden oder schwebenden (BGHZ 32, 367 (369)). Inhalt der Erbschaft sind somit alle vererblichen Rechtsbeziehungen des Erblassers einschließlich der Verbindlichkeiten (BGHZ 104, 369 (371); 32, 367 (369)).

II. Rechtsstellung des Erben

1. Vor Eintritt des Erbfalls. Bis der Erbfall eintritt hat grds. weder der gesetzliche Erbe noch der in einer letztwilligen Verfügung eingesetzte Erbe eine gesicherte Rechtsposition.

a) Allgemein. Dem **Erbanwärter** steht nur eine Erwerbsaussicht zu. Er hat eine begründete Erwartung, dass er Erbe des Erblassers wird. Ein Anwartschaftsrecht hat der Erbanwärter vor Eintritt des Erbfalls regelmäßig nicht (Palandt/*Weidlich* Rn. 3, 4). Dies ergibt sich daraus, dass nicht sicher feststeht, ob der Anwärter auch tatsächlich bei Eintritt des Erbfalls Erbe wird. Erlebt er den Erbfall nicht, so wird er nicht Erbe (§ 1923). Widerruft der Erblasser die den Erbanwärter begünstigende letztwillige Verfügung, so entfällt die Erwerbsaussicht ebenfalls. Gleiches gilt, wenn der Erblasser eine letztwillige Verfügung errichtet, in der er den gesetzlichen Erben von der Erbfolge ausschließt. Auch der Nacherbe hat bis zum Eintritt des Erbfalls kein Anwartschaftsrecht. Dieses erlangt er erst mit dem Tod des Erblassers. Das Anwartschaftsrecht besteht in der Zeit der Vorerbschaft, also zwischen dem Tod des Erblassers und dem Eintritt des Nacherbfalls (BGHZ 87, 367 (369); NJW 1996, 1062 (1063)).

Auch derjenige, der durch einen **Erbvertrag** des Erblassers mit einem Dritten als Erbe eingesetzt wird, erlangt vor Eintritt des Erbfalls keine gesicherte Rechtsposition, da der Erbvertrag von dem Erblasser und dem Dritten jederzeit einvernehmlich aufgehoben werden kann (§ 2290). Besser ist die Position des eingesetzten Erben allerdings, wenn der Erbvertrag zwischen dem Erblasser und ihm selbst abgeschlossen wurde. An einer einvernehmlichen Aufhebung müsste der als Erbe Eingesetzte dann mitwirken, so dass hier eine gesicherte Rechtsposition besteht. Gesichert ist die Position des eingesetzten Erben auch, wenn er in einem **gemeinschaftlichen Testament** von Ehegatten oder Lebenspartnern als Schlusserbe eingesetzt wurde (BGH NJW 1996, 1062 (1063)) und der erste Ehegatte/Lebenspartner verstorben ist. Hat der Überlebende die Erbschaft nicht ausgeschlagen und enthält das Testament auch keine Regelung, wonach der Überlebende die Einsetzung des Schlusserben nach dem Tod des Erstversterbenden ändern kann, so wird er Erbe des Überlebenden. Es ist streitig, ob der am Erbvertrag selbst beteiligte Vertragserbe und der eingesetzte Schlusserbe bereits ein Anwartschaftsrecht erworben haben. Dafür spricht, dass der überlebende Ehegatte/Erblasser in einem solchen Fall keinerlei Möglichkeiten hat, um den eingesetzten Schlusserben oder den Vertragserben ohne seine Mitwirkung aus seiner Rechtsposition zu setzen (zum Anwartschaftsrecht also tendierend offen gelassen BGH NJW 1962, 1910 (1911); auch BGH NJW 1998, 543). Der Vertragserbe bzw. Schlusserbe ist in seiner Position ferner dadurch geschützt, dass ihm bei beeinträchtigenden Schenkungen des Erblassers an Dritte gem. bzw. beim Schlusserben (analog) § 2287 ein Herausgabeanspruch zusteht (BGH NJW 1982, 43; MittBayNot 1972, 73; NJW 1962, 1910 (1911)). Dieser Anspruch gegen den Beschenkten besteht jedoch erst, wenn dem Erben die Erbschaft angefallen ist, beim Schlusserben also erst nach dem Tod des Längstlebenden (§ 2287). Zu Lebzeiten ist der Erblasser nicht gehindert, über sein Vermögen durch Rechtsgeschäft unter Lebenden frei zu verfügen (§ 2286; analog bei Einsetzung eines Schlusserben BGH NJW 1982, 43 (44)). Vor dem Tod des Erblassers steht also gar nicht fest, was der Bedachte erhalten wird. Der Bedachte kann das ihm durch Testament oder Erbvertrag Zugewandte nicht vor dem Erbfall übertragen (§ 311b IV; BGH NJW 1988, 2726 (2727)). Die Position des Schlusserben/Vertragserbe ist weder pfändbar noch vererblich (NK-BGB/*Seiler* § 2286 Rn. 4). Die Rechtsposition des Schlusserben/Vertragserben erfüllt die Voraussetzungen für ein Anwartschaftsrecht daher nicht (MüKoBGB/*Musielak* § 2269 Rn. 34; Palandt/*Weidlich* Rn. 3). Allerdings bestehen im Einzelfall Bereicherungsansprüche dann, wenn Zuwendungen in Erwartung einer Erbeinsetzung erbracht wurden und der Empfänger der Zuwendung anderweitig verfügt oder verstirbt (BGH Urt. v. 22.3.2013 – V ZR 28/12, NJW 2013, 2025 Rn. 14ff.; vgl. a. OLG Köln Beschl. v. 19.6.2017 – 16 U 166/16, NJOZ 2018, 162).

Das **Pflichtteilsrecht**, aus dem sich der Pflichtteilsanspruch ergibt, ist grds. gesichert. Es ist im Regelfall unentziehbar und bedarfsunabhängig. Das Pflichtteilsrecht stellt die Mindestbeteiligung der Abkömmlinge des Erblassers, der Eltern und des Ehegatten/Lebenspartners am Nachlass des Erblassers dar (BVerfG MittBayNot 2006, 512). Es kann nur in den im Gesetz in § 2333 besonders geregelten Ausnahmefällen durch letztwillige Verfügung entzogen werden (§ 2336).

Der schuldrechtliche Anspruch des **Vermächtnisnehmers** entsteht mit dem Erbfall (§ 2176). Vor dem Erbfall hat der Vermächtnisnehmer im Hinblick auf das Vermächtnis nur eine tatsächlich bestehende Aussicht die ihm, ebenso wie dem künftigen Erben, der nicht in einer bereits bindend gewordenen letztwilligen Verfügung bedacht ist, jederzeit wieder entzogen werden kann.

Die Erbanwärterstellung begründet keine übertragbare oder vertragliche Rechtsposition. Die Erbanwärterstellung ist weder pfändbar noch kann sie verpfändet werden. Sie unterliegt insgesamt nicht der Zwangsvollstreckung und auch nicht der Insolvenz.

16 Der Erblasser kann sich vertraglich gegenüber einem Erben oder einem Vermächtnisnehmer (BGHZ 31, 13) verpflichten, zu seinen Lebzeiten über einen bestimmten Gegenstand nicht zu verfügen. Eine solche Vereinbarung ist nach § 137 S. 2 wirksam und bedarf auch dann, wenn sie ein Grundstück betrifft, nicht der Form des § 311b (BGHZ 103, 235 (238); NJW 1963, 1602). Der Unterlassungsanspruch kann allerdings auch dann, wenn er ein Grundstück betrifft, nicht durch eine Vormerkung im Grundbuch gesichert werden (OLG Düsseldorf ZEV 2003, 204). Durch eine Vormerkung gesichert werden kann nur ein aufschiebend bedingter Rückauflassungsanspruch (Palandt/*Ellenberger* § 137 Rn. 6; BGH NJW 1997, 861).

17 **b) Prozessual.** Auf die Feststellung des Erbrechts nach noch lebenden Personen kann grds. nicht geklagt werden, weil die bloße Möglichkeit, Erbe zu werden, kein Rechtsverhältnis nach § 256 ZPO begründet. Dies auch dann nicht, wenn die Erbaussicht der Lebenserfahrung entspricht (BGH NJW 1962, 1723; OLG Karlsruhe FamRZ 1989, 1351 (1352)). Vor Eintritt des Erbfalls kann der Erbanwärter also keine Klage auf Feststellung seines zukünftigen Erbrechts erheben, eine solche Klage wäre mangels eines Rechtsschutzbedürfnisses unzulässig (OLG Koblenz ZEV 2003, 242). Gleiches gilt für Klagen, durch die einzelne Voraussetzungen des künftigen Erbrechts festgestellt werden sollen, also zB für Klagen auf Feststellung der Gültigkeit oder Ungültigkeit eines Testaments (OLG Köln JW 1930, 2064; MüKoBGB/*Leipold* Rn. 143; Palandt/*Weidlich* Rn. 5). Es kann auch nicht vorab geklärt werden, ob sich noch ein bestimmter Gegenstand im Vermögen des zukünftigen Erblassers befindet (OLG Karlsruhe FamRZ 1989, 1351), noch kann auf die Testierfähigkeit des noch lebenden Erblassers gerichtet festgestellt werden (OLG Koblenz ZEV 2003, 242). Es kann auch nicht in einem selbständigen Beweisverfahren ein Gutachten zur Testierfähigkeit des zukünftigen Erblassers eingeholt werden (OLG Frankfurt a.M. NJW-RR 1997, 581; OLG Koblenz ZEV 2003, 242 mit Tendenz für Zulassung). Gegen die Zulassung eines selbständigen Beweisverfahrens spricht, dass der Erblasser ein berechtigtes, schützenswertes Interesse daran hat, nicht bereits zu Lebzeiten in Verfahren über die Erbfolge nach seinem Tod verwickelt zu werden (*Lange* NJW 1963, 1571 (1573)). Ferner spricht gegen die Zulässigkeit, dass die Frage der Wirksamkeit bzw. Unwirksamkeit einer Rechtshandlung, hier nämlich der Errichtung der letztwilligen Verfügung, nicht Gegenstand einer Feststellungsklage sein kann (BGHZ 37, 331 (333)).

18 Allerdings kann der in einer bindend gewordenen letztwilligen Verfügung Bedachte ein Interesse daran haben, feststellen zu lassen, ob die Verfügung wirksam ist. Früher wurde die Zulässigkeit auch einer solchen Klage mit der Begründung verneint, der Erblasser solle zu seinen Lebzeiten nicht mit Streitigkeiten in Bezug auf die Erbfolge nach seinem Tod belastet werden (*Lange* NJW 1963, 1571 (1573)). Mittlerweile wird allerdings eine Feststellungsklage des in einer bindend gewordenen letztwilligen Verfügung Bedachten gegen den Erblasser als zulässig erachtet, wenn auf Feststellung der Wirksamkeit der bindenden letztwilligen Verfügung oder eines Erbvertrages geklagt wird (OLG Düsseldorf ZEV 1994, 171; Nieder/Kössinger Testamentsgestaltung 13 Rn. 15; MüKoBGB/*Musielak* 2269 Rn. 7).

19 Das Pflichtteilsrecht begründet zwischen dem Erblasser und den Pflichtteilsberechtigten bereits zu Lebzeiten ein Rechtsverhältnis, das den Tod des Erblassers überdauert und sich nach dem Tod des Erblassers mit den Erben fortsetzt. Auf das Bestehen oder Nichtbestehen eines solchen Rechtsverhältnisses kann auch schon zu Lebzeiten des Erblassers geklagt werden (BGH NJW 1974, 1084 (1085); Palandt/*Weidlich* § 2303 Rn. 6). Ähnlich ist die Situation im Hinblick auf die Pflichtteilsentziehung zu beurteilen. Die Gründe, aus denen der Erblasser einem Pflichtteilsberechtigten den Pflichtteil entziehen kann, sind abschließend im Gesetz in § 2333 normiert. Der Erblasser selbst kann zu seinen Lebzeiten ein berechtigtes Interesse daran haben, dass festgestellt wird, ob eine von ihm in einer letztwilligen Verfügung angeordnete Pflichtteilsentziehung wirksam ist (BGH NJW 1974, 1084 (1085)). Das Feststellungsinteresse ist auch bei einer Klage des Pflichtteilsberechtigten gegen den Erblasser zu Lebzeiten gegeben, wenn die Feststellung begehrt wird, dass die auf bestimmte Vorfälle gestützte Pflichtteilsentziehung unwirksam ist (BGH NJW 2004, 1874; 1990, 911). Allerdings entfällt das Feststellungsinteresse für die Feststellungsklage mit dem Tod des Erblassers (BGH FamRZ 1990, 146). Der Rechtsstreit kann nach dem Tod des Erblassers dann mit entsprechend geänderten Anträgen als Rechtsstreit über das Pflichtteilsrecht mit den Erben fortgeführt werden (BGH FamRZ 1993, 659).

20 **2. Nach Eintritt des Erbfalls.** § 1922 regelt, wie der Übergang der Erbschaft auf den Erben erfolgt. **a) Vonselbsterwerb.** Das Vermögen des Erblassers, also die Erbschaft, geht als Ganzes auf den/die Erben über. Dieser Übergang erfolgt kraft Gesetzes durch **Vonselbsterwerb**, mit der Folge, dass weder einzelne Rechte noch einzelne Pflichten auf den Erben übertragen werden müssen. Bei dem Erwerb des Nachlasses muss weder der Erbe mitwirken, noch das Gericht, eine sonstige Behörde oder ein Treuhänder. Der Nachlass fällt dem Erben kraft Gesetzes an, dieser wird mit dem Erbfall Rechtsnachfolger des Erblassers. Die Erbschaft geht im Fall des Eintritts eines Erbfalls auch ohne Kenntnis des Erbfalls von dem Erbfall und sogar gegen seinen Willen über (§ 1942), wobei aber im Hinblick auf die gerichtliche Geltendmachung von Nachlassverbindlichkeiten gegenüber dem Erben die Einschränkung aus § 1958 BGB zu beachten ist Will der Erbe die Erbschaft nicht annehmen, so muss er sie ausschlagen (§ 1942 I).

21 **b) Gesamtrechtsnachfolge.** Die Erbschaft geht im Wege der **Gesamtrechtsnachfolge** als Ganzes auf den Erben über. Dies führt allerdings nicht dazu, dass es sich bei der Erbschaft um ein einziges Recht handelt. Die Erbschaft ist die Summe der Rechte und Verbindlichkeiten des Erblassers (→ Rn. 11). Der Erbe erwirbt also eine Vielzahl von Rechten und Pflichten (MüKoBGB/*Leipold* Rn. 147). Sind mehrere Personen zu Erben berufen, so bilden sie nach §§ 2032 ff. eine Erbengemeinschaft, die eine Gesamthandsgemeinschaft ist. Die Fälle, in denen ausnahmsweise eine Sonderrechtsnachfolge stattfindet, sind im Gesetz ausdrücklich geregelt (→ Rn. 23).

Geht die Erbschaft im Wege der Gesamtrechtsnachfolge auf den Erben über, so verschmilzt sie mit **22** dem schon vorhandenen Vermögen des Erben zu dessen einheitlichem Vermögen. Die Erbschaft ist in der Hand des Erben also grds. kein Sondervermögen. Der Erbe haftet solange, wie er seine Haftung nicht auf den Nachlass beschränkt hat, auch mit dem nicht ererbten eigenen Vermögen für Nachlassverbindlichkeiten (Palandt/*Weidlich* Einf. § 1967 Rn. 2). Dies gilt jedoch erst ab dem Zeitpunkt, in dem der Erbe die Erbschaft angenommen hat. Bis dahin können Gläubiger des Erblassers nur in den Nachlass und Eigengläubiger des Erben nur in dessen sonstiges Vermögen vollstrecken (§ 778 I, II ZPO). Bestanden zwischen dem Erblasser und dem Erben schuldrechtliche Beziehungen, so erlöschen diese grds. mit dem Erbfall, da sich dann Recht und Verbindlichkeit bzw. Forderung und Schuld **vereinigen (Konfusion)** und niemand Forderungen gegen sich selbst haben kann. Trotz Vereinigung der Gläubiger- und Schuldnerstellung bleibt die Forderung bestehen, wenn das Vermögen des Erben und der Nachlass nach besonderen gesetzlichen Regelungen als gesonderte Vermögensmassen behandelt werden. Dies ist der Fall, wenn Nachlassverwaltung angeordnet oder das Nachlassinsolvenzverfahren eröffnet wird (§ 1976), Gleiches gilt für die Erhebung der Dürftigkeitseinrede (§§ 1990, 1991 II). Bei Anordnung der Nacherbfolge wird der Nachlass beim Tod des Erblassers bei dem Vorerben als Sondervermögen behandelt. Soweit in der Person des Vorerben Rechte und Verbindlichkeiten zusammentreffen, gilt das Rechtsverhältnis als nicht erloschenen (§ 2143). Konfusion tritt auch dann nicht ein, wenn der Erblasser seine Forderung gegen den Erben einem Dritten vermacht hat (§ 2175). War infolge des Erbfalls durch Vereinigung eine Verbindlichkeit oder eine Belastung erloschen, so gelten diese Rechtsverhältnisse im Fall des Erbschaftskauf zwischen dem Käufer und dem Verkäufer als weiter bestehend. Ggf. muss ein solches Rechtsverhältnis wieder hergestellt werden (§ 2377). Entsprechend den gesetzlich geregelten Fällen erlischt ein Anspruch durch Konfusion immer dann nicht, wenn Forderung und Schuld beim Gläubiger oder Schuldner zu verschiedenen Vermögensmassen gehören. Dies gilt bspw. dann, wenn Testamentsvollstreckung angeordnet ist (BGH NJW 1967, 2399). Bei der Pflichtteilsberechnung sind durch Konfusion erloschene Ansprüche der Erben gegen den Erblasser weiterhin als Nachlassverbindlichkeit zu berücksichtigen. Der Schlusserbe aus einem gemeinschaftlichen Testament der Eheleute kann daher dann, wenn er seine Pflichtteilsansprüche nach dem Tod des Erstversterbenden nicht geltend gemacht hatte, diese auch noch nach dem Tod des Letztversterbenden als Nachlassverbindlichkeit bei der Berechnung des pflichtteilsrelevanten Nachlasses berücksichtigen, wenn andere Pflichtteilsberechtigte ihn als Schlusserben der Ehegatten auf Zahlung des Pflichtteils nach dem Letztversterbenden in Anspruch nehmen (BGH NJW 1987, 1260). Auch aus einer besonderen Interessenlage heraus kann sich das Bestehenbleiben der Forderung rechtfertigen. So erlischt bspw. der Direktanspruch des verletzten Alleinerben gegen die Haftpflichtversicherung des bei dem von ihm verschuldeten Verkehrsunfall tödlich verunglückten Erblassers nicht (OLG Hamm VRS 1989, 409). Hat der Sozialversicherungsträger für den Erblasser Leistungen erbracht, so erlischt der Anspruch aus § 528 auch dann nicht, wenn der Beschenkte den Schenker, den Erblasser, beerbt (BGH NJW 1995, 2287). Im Fall der **Konsolidation**, also dem Zusammentreffen eines Rechts und einer darauf beruhenden Belastung durch den Erbfall gilt nichts anderes als bei der Konfusion. Es erlischt regelmäßig die Belastung. Der Nießbrauch des Erben an beweglichen Sachen und Rechten des Erblassers erlischt (§§ 1063, 1068), gleiches gilt für Pfandrechte an beweglichen Sachen oder Rechten des Erblassers (§§ 1256, 1273), es sei denn, das Gesetz behandelt Nachlass und Eigenvermögen des Erben als getrennte Massen (Palandt/*Weidlich* Rn. 6). Hat der Erbe vor Eintritt des Erbfalls als Nichtberechtigter über Gegenstände aus dem Nachlass verfügt, wird diese Verfügung nach § 185 II wirksam, sobald der Erbe für die Nachlassverbindlichkeiten unbeschränkbar haftet. Wurde der Erblasser von mehreren beerbt, so tritt Konfusion und Konsolidation erst ein, wenn die Auseinandersetzung der **Erbengemeinschaft** erfolgt (Palandt/*Weidlich* Rn. 6; MüKoBGB/*Leipold* Rn. 129).

c) **Sonderrechtsnachfolge.** Grundsätzlich erfolgt der Übergang im Wege der Gesamtrechtsnachfolge. **23** Nur in den im Gesetz gesondert genannten Ausnahmefällen erfolgt eine Sonderrechtsnachfolge. Auch der Erblasser kann über die im Gesetz besonders geregelten Fälle der Sonderrechtsnachfolge hinaus keine **Sonderrechtsnachfolge** in einzelne Gegenstände oder Sachgesamtheiten anordnen. Will der Erblasser bestimmte Gegenstände bestimmten Personen zuwenden, so kann er dies nur durch schuldrechtlich wirkende Anordnungen, wie durch Vermächtnisse (§ 2147) oder Teilungs- und Auseinandersetzungsanordnungen (§ 2048) erreichen. Die Sonderrechtsnachfolge ist dadurch gekennzeichnet, dass bestimmte Nachlassgegenstände losgelöst von der übrigen Erbfolge unmittelbar mit dem Erbfall einer anderen Person als dem Gesamtrechtsnachfolger zufallen. Es entstehen also zwei verselbständigte Vermögensmassen, wobei jeder Nachlassteil dann für sich wie ein eigener Nachlass anzusehen ist (BGHZ 24, 352, BayObLG NJW 1960, 775 (776)). Eine Sonderrechtsnachfolge findet sich zum einen im Bereich des Höferechts (→ Rn. 61) zum anderen bei der Vererbung von Anteilen an einer OHG oder KG (MüKoBGB/*Leipold* Rn. 159, 96). Auch **außerhalb des Erbrechts** gibt es Regelungen zur Sonderrechtsnachfolge. Diese Sonderrechtsnachfolge wird dadurch gekennzeichnet, dass sie gesetzlich nicht mit der Erbfolge verknüpft ist und unabhängig vom Erbrecht besteht. Der Sonderrechtsnachfolger muss nicht Erbe sein. So tritt nach § 563 I, II der Ehegatten, der eingetragenen Lebenspartner, der Partner einer nichtehelichen Lebensgemeinschaft oder ein anderer Familienangehöriger des Erblassers nach dem Tod des Erblassers in das Wohnraummietverhältnis ein, wenn ein gemeinsamer Haushalt geführt wurde. Ein solcher wurde auch dann geführt, wenn der Erblasser vor seinem Tod in einem Krankenhaus oder einem Pflegeheim untergebracht war, sogar selbst dann, wenn keine Aussicht bestand, dass er je wieder in die Wohnung zurückkehren könne. Das Mietverhältnis geht dann kraft Gesetzes mit allen beim Tod des Mieters bestehenden Rechten und Pflichten auf den Eintretenden über (*Damrau* NZFam 2014, 512; *Jendrek* ZEV 2002, 60). Wird der Eintritt fristgerecht abgelehnt, gilt er als nicht erfolgt (§ 563 III). Erst dann, wenn alle in § 563 I, II genannten Personen ablehnen, wird das Mietverhältnis mit den Erben fortgesetzt (§ 564). Für Mitmieter von Wohnraum enthält § 563a eine entsprechende Regelung. Im **Sozialrecht** enthalten die §§ 56, 57 SGB I Regelungen zur Sonderrechtsnachfolge. Tritt keine Sonderrechtsnachfolge ein, gehen die Ansprüche nach § 58 SGB I auf den Erben über.

24   **d) Verfahrensrecht.** Der Erbe steht vor der Schwierigkeit, sein Erbrecht nachweisen zu müssen. Sehen nicht Sondervorschriften, wie bspw. § 35 GBO, die Vorlage eines **Erbscheins** vor, so kann der Erbe sein Erbrecht auch in anderer Form nachweisen. So reicht bspw. auch dem Grundbuchamt regelmäßig die Vorlage des eröffneten öffentlichen Testaments (§ 35 I GBO). Wird beim Nachlassgericht nach §§ 2353 ff. ein Erbschein beantragt und erteilt, so wird aufgrund des Erbscheins vermutet, dass das im Erbschein ausgewiesene Erbrecht besteht, dass die Anteile des Miterben die im Erbschein festgehaltene Größe haben und dass das Erbrecht nicht durch nicht in dem Erbschein aufgeführte Anordnungen eines Nacherbrechts oder einer Testamentsvollstreckung beschränkt ist. Auch nach Erteilung eines Erbscheins besteht keine materielle Rechtskraft für den Bestand des ausgewiesenen Erbrechts (OLG Brandenburg NJW-Spezial 2009, 231). Stellt sich heraus, dass der erteilte Erbschein falsch ist, so ist dieser einzuziehen (§ 2361 I). Ob und mit welcher Quote eine Person Erbe des Erblassers geworden ist, ist verbindlich nur durch eine rechtskräftige Entscheidung in einem **Zivilprozess** zu klären (BVerfG ZEV 2006, 74). Das Feststellungsinteresse im Zivilprozess fehlt nicht etwa deshalb, weil die Einziehung eines erteilten Erbscheins wegen Unrichtigkeit und die Erteilung eines neuen/richtigen Erbscheins beim Nachlassgericht beantragt wurde (OLG Brandenburg NJW-Spezial 2009, 231). Erwächst ein Urteil in **Rechtskraft**, so steht zwischen den Parteien fest, dass das Erbrecht so, wie im Urteil festgehalten, besteht oder nicht besteht. Das Urteil bindet also nur der Parteien und ihre Rechtsnachfolger (§ 325 ZPO). Zum Nachweis zur Verfügung steht auch das **Europäische Nachlasszeugnis** (Art. 62–73 EuErbVO). Dieses ist in allen Mitgliedstaaten als Nachweis der Rechtsstellung von Erben, Vermächtnisnehmern, Testamentsvollstreckern und Nachlassverwaltern anzuerkennen (Art. 69 I EuErbVO). Unter Vorlage des europäischen Nachlasszeugnisses ist auch das deutsche Grundbuch zu berichtigen (Art. 69 I EuErbVO iVm § 22 GBO; *Weber* DNotZ 2018, 16 (24/25) auch zur Problematik Vindikationslegat nach ausländischem Recht.

III. Vererbliche und nicht vererbliche Rechtsbeziehungen

25   Als Grundsatz gilt, dass alle vermögensbezogenen Rechte und Pflichten vererblich und die persönlichkeitsbezogenen Rechte unvererblich sind. Ein Indiz für die Unvererblichkeit ist die Unübertragbarkeit eines Rechtes. Allerdings gibt es von diesen Grundsätzen auch Ausnahmen, so sind bspw. Urheberrechte (§§ 28, 64 UrhG) vererblich, obwohl es sich dabei um persönlichkeitsbezogene immaterielle Rechte handelt und Urheberrechte als Ganzes unter Lebenden nicht übertragen werden können (§ 29 I UrhG).

26   **1. Amtsstellung/Gesetzliche Vertretung.** Die Stellung eines gesetzlichen Vertreters oder einer Partei kraft Amtes ist personenbezogen. Aus diesem Grunde gehen die sich daraus ergebenden Rechte und Pflichten nicht auf den Erben über. Dies betrifft die Eltern als gesetzliche Vertreter eines minderjährigen Kindes (→ Rn. 32). Auch die Rechtsstellung des Vormunds ist unvererblich (Bamberger/Roth/*Müller-Christmann* Rn. 58; auch Palandt/*Götz* § 1894 Rn. 1), allerdings haben dessen Erben nach § 1894 I die Pflicht, dem Familiengericht den Tod des Vormunds unverzüglich anzuzeigen. Für den Tod des Pflegers gilt dies entsprechend, da die für die Vormundschaft geltenden Vorschriften auch auf die Pflegschaft Anwendung finden (§ 1915 I). Stirbt der Betreuer, so muss ein neuer Betreuer bestellt werden (§ 1908c). Das Amt eines Vormunds, Pflegers oder Betreuers ist also nicht vererblich. Das Amt des Insolvenzverwalters (MüKoZPO/*Patzina* § 19a Rn. 3), Nachlassverwalters und das Amt des Testamentsvollstreckers (§ 2225) endet mit dem Tod des Amtsinhabers. Ansprüche und Verbindlichkeiten, die im Rahmen der Amtsführung entstanden sind, gehen allerdings auf den Erben des Amtsinhabers über, allerdings kann gegen die Erben eines Betreuers kein Zwangsgeld wegen der Nichterfüllung der betreuungsgerichtlichen Anordnung zur Einreichung einer Schlussrechnung festgesetzt werden (BGH Beschl. v. 26.7.2017 – XII ZB 515/16, ZEV 2017, 528).

27   **2. Anwartschaftsrechte.** Anwartschaftsrechte sind vererblich, gleichgültig, ob sie gesetzlich oder rechtsgeschäftlich begründet sind. Hatte der Erblasser vor seinem Tod eine wirksame Eintragungsbewilligung abgegeben und/oder eine Auflassung erklärt, so wirkt diese fort (BGHZ 48, 351). Wurde zu Gunsten des Erblassers eine Eintragungsbewilligung oder Auflassung erklärt, so werden die Erben auf Antrag im Grundbuch eingetragen (. LG Düsseldorf Beschl. v. 21.10.1986 – 25 T 846/86, Rpfleger 1987, 14).

28   **3. Arbeitsrechtliche Rechtsbeziehungen.** Stirbt der Arbeitnehmer oder ein sonstiger Dienstverpflichteter, so endet regelmäßig das Dienstverhältnis. Die Pflicht, Dienstleistungen zu erbringen, geht im Regelfall nicht auf die Erben über (§ 613 S. 1 BGB), weil die Arbeitspflicht an die Person des Arbeitnehmers gebunden ist. Rechte und Pflichten aus dem Arbeitsverhältnis ergeben sich für die Erben des Arbeitnehmers daher regelmäßig nicht.

Beim Tod des Arbeitgebers bleibt das Arbeitsverhältnis grundsätzlich bestehen, die Arbeitgeberstellung geht auf die Erben über (ErfK/*Müller-Glöge*, BGB, § 620 Rn. 36). Etwas anderes gilt nur dann, wenn die Erbringung der Arbeitsleistung zwingend das Leben des Arbeitgebers voraussetzt, so etwa bei der Erbringung von Pflegeleistungen für den Arbeitgeber (MüKoBGB/*Henssler* § 626 Rn. 216).

Das BAG ging davon aus, dass Urlaubsansprüche des Arbeitnehmers nicht vererblich seien und sich 29 auch nicht in einen auf die Erben übergehenden Urlaubsabgeltungsanspruch im Sinne von § 7 Abs. 4 BUrlG umwandelten (BAG Urt. v. 20.9.2011 – 9 AZR 416/16, NJW 2012, 634). Nur ein bereits vor dem Tod des Arbeitnehmers entstandener Urlaubsabgeltungsanspruch wurde als vererblich angesehen (BAG Urt. v. 22.9.2015 – 9 AZR 170/14, ZEV 2016, 99) Nunmehr hat der EuGH (Urt. v. 12.6.2014 – C-118/13, NJW 2012, 2415) entschieden, dass bei einer europarechtskonformen Auslegung des Art. 7 Abs. 2 RL 2003/88/EG (Europäische Arbeitszeitrichtlinie) der Urlaubsanspruch bei Beendigung des Arbeitsverhältnisses durch Tod des Arbeitnehmers nicht ohne Begründung eines Abgeltungsanspruchs untergehe. In der Folge ist die landesarbeitsgerichtliche Rechtsprechung davon ausgegangen, dass sich der bei Beendigung des Arbeitsverhältnisses durch den Tod des Arbeitnehmers nicht erfüllte Urlaubsanspruch in einen vererblichen Anspruch auf Urlaubsabgeltung umwandele (LAG Köln Urt. v. 14.7.2016 – 8 Sa 324/16, ZEV 2016, 603; LAG Düsseldorf Urt. v. 15.12.2015 – 3 Sa 21/15, ZEV 2016, 227). Nunmehr hat allerdings das BAG dem EuGH durch Vorabentscheidungsersuchen Fragen vorgelegt, die sich noch einmal mit der Vererblichkeit des Urlaubsabgeltungsanspruchs im Fall der Beendigung des Arbeitsverhältnisses durch den Tod des Arbeitnehmers befassen. Zentrale Frage des BAG ist, ob der Anspruch auf finanziellen Ausgleich auch dann Teil des Nachlassvermögens werden kann, wenn das nationale Erbrecht dies ausschließt (BAG Beschl. v. 18.10.2016 – AZR 196/16 (A), ZEV 2017, 49; BAG Beschl. v. 18.10.2016 – AZR 45/16 (A), ErbR 2017, 85). Letztlich ist damit zu rechnen, dass der EuGH die an ihn gerichteten Fragen im Hinblick auf einen vererblichen Urlaubsabgeltungsanspruch beantworten wird (*Streßing* ZEV 2017, 313 (315)). Der Abfindungsanspruch eines Arbeitnehmers nach § 1a KSchG oder aus einem Sozialplan geht dann auf die Erben über, wenn er zum Zeitpunkt des Eintritts des Erbfalls bereits entstanden war. Ein Abfindungsanspruch nach dem KSchG entsteht erst nach Ablauf der Kündigungsfrist, verstarb der Arbeitnehmer vor dem Ablauf der Kündigungsfrist, so ist kein vererbbarer Anspruch entstanden (BAG NZA 2007, 1043). Ein vererbbarer Anspruch auf Abfindung nach einem Sozialplan entsteht regelmäßig nur dann, wenn der Arbeitnehmer das betriebsbedingte Ausscheiden aus dem Unternehmen erlebt (BAG NZA 2006, 1238). Ein in einem Prozessvergleich vor dem Arbeitsgericht im Kündigungsschutzverfahren ausgehandelter Anspruch auf Abfindung geht regelmäßig auf die Erben über, auch wenn der Arbeitnehmer vor dem im Vergleich festgelegten Auflösungszeitpunkt stirbt (BAG NZA 2004, 248 (249)). Für Abfindungen, die in Aufhebungsverträgen vereinbart werden, kommt es für die Vererblichkeit darauf an, ob die Abfindung als eine Art Kaufpreis für die Aufgabe des Arbeitsplatzes gezahlt wird. Ist dies der Fall, so geht der Anspruch auch dann auf die Erben über, wenn der Arbeitnehmer vor dem Ende des Arbeitsverhältnisses verstarb (Schaub/Linck, ArbeitRHdb, § 122 Rn. 20). Steht allerdings der Vorsorgecharakter bei der Abfindung im Vordergrund, wird die Abfindung also gezahlt, um eine nach dem Ausscheiden möglicherweise eintretende Einkommensminderung auszugleichen oder abzumildern, so entsteht dieser Anspruch regelmäßig erst dann, wenn der Arbeitnehmer das vereinbarte Ende des Arbeitsverhältnisses erlebt hat (BAG ZEV 2004, 248 (249)). Er ist daher auch erst ab diesem Zeitpunkt vererblich (BAG NJW 2001, 389).

4. Erbrechtliche Rechtsbeziehungen. Erbrechtliche Rechtspositionen sind vererblich. War der Erb- 30 lasser selbst vor seinem Tod Erbe eines Dritten oder Vermächtnisnehmer, so tritt sein Erbe in diese Position des Erblassers ein. Sämtliche sich aus der eigenen Erbenstellung des Verstorbenen ergebenden Rechte und Pflichten gehen auf den Erbeserben über, auch die Gestaltungsrechte, wie der das Recht zur Ausschlagung der Erbschaft (§ 1952) oder eines Vermächtnisses (§ 2180 III). Der Erbeserbe kann einen Erbschein beantragen, ihn treffen Ausgleichsansprüche und Ausgleichspflichten nach §§ 2050 ff., auf ihn geht auch das Recht über, die Haftung für Schulden des ersten Erblassers auf dessen Nachlass zu beschränken. Die Erbunwürdigkeit des ersten Erben kann auch noch gegenüber dem Erbeserben geltend gemacht werden (Staudinger/*Marotzke* Rn. 229). Der Pflichtteilsanspruch ist vererblich (§ 2317 II), vorausgesetzt, er war in der Person des Erblassers bereits entstanden (§ 2317 I). Das Anwartschaftsrecht des Nacherben, das entsteht, sobald der Nacherbe den Erbfall erlebt hat, ist ab diesem Zeitpunkt vererblich, es sei denn, der Erblasser hatte einen abweichenden Willen (§ 2108 II). Die Mitgliedschaft in einer Erbengemeinschaft ist ohne weiteres vererblich, da sie nicht personengebunden ist (Staudinger/*Marotzke* Rn. 229). Vererblich ist auch das Vorkaufsrecht des Miterben (§ 2034 II 2). Der in der Person des Erblassers entstandene Anspruch auf den Voraus (§ 1932) geht auf den Erbeserben über (BeckOK BGB/*Müller-Christmann* § 1932 Rn. 2). Nicht vererblich ist der Anspruch auf den Dreißigsten (1969) wegen seiner höchstpersönlichen Natur. Der Anspruch ist nach §§ 399, 400 BGB, 850b I Nr. 2, II, 851 ZPO) grundsätzlich nicht übertragbar und nicht pfändbar (Palandt/*Weidlich* § 1969 Rn. 2). U U

5. Familienrechtliche Beziehungen. Unvererblich sind **familienrechtliche Beziehungen,** wie Verlöb- 31 nis, Ehe/eingetragene Lebenspartnerschaft. Diese enden mit dem Tod (vgl. § 1482 S. 1; MüKoBGB/*Leipold* Rn. 95). Auch das Zustimmungsrecht des Ehegatten nach § 1365 ist ein höchstpersönliches und unvererbliches Recht (BGH NJW 1982, 1099 (1100)). Das Recht des Mannes, eine nach §§ 1592, 1593 bestehende Vaterschaft gem. §§ 1600 ff. anzufechten, geht mit dem Tod des Mannes unter. Gleiches gilt für das **Anfechtungsrecht** der Mutter, des Kindes und des Anfechtungsberechtigten nach § 1600 I Nr. 2 (vgl. § 1600a; Staudinger/*Marotzke* Rn. 141).

32 Nicht über geht im Todesfall auch das Recht des nichtehelichen Vaters auf Anerkennung der Vaterschaft (vgl. § 1596 IV; Palandt/*Brudermüller* § 1600a Rn. 1, 2). Allerdings kann die Vaterschaft eines Mannes auch nach dessen Tod noch vom Familiengericht auf Antrag der Mutter oder des Kindes festgestellt werden. Dabei ist unerheblich, ob derjenige, gegen den der Antrag zu richten wäre, verstorben ist (EGGPSSW Familiensachen-HdB/*Schael* § 8 Rn. 55). Nicht vererblich ist die **elterliche Sorge**. Verstirbt ein Elternteil, so steht die elterliche Sorge dem überlebenden Elternteil im Regelfall allein zu (§ 1680 I). Eine **Adoption** kann nach dem Tod des Kindes nicht mehr erfolgen (§ 1753 I). Nach dem Tod des Annehmenden kann sie nur noch ausgesprochen werden, wenn der Annehmende den Antrag beim Gericht selbst eingereicht oder den Notar mit der Einreichung des Antrages betraut hatte (§ 1753 II BGB). Stirbt der Annehmende, so können seine Erben den Adoptionsantrag nicht mehr zurücknehmen, weil es sich bei dem Recht um ein höchstpersönliches handelt (BayObLG NJW-RR 1996, 1092). Das Recht, die Aufhebung der Annahme zu beantragen, ist nach § 1762 I 3 BGB höchstpersönlich und nicht vererblich. Ist allerdings ein Aufhebungsverfahren schon eingeleitet, wird dieses mit den Erben fortgesetzt, auch wenn der Antragsteller verstirbt. Die Erben haben allerdings kein Beschwerderecht (Palandt/*Götz* § 1771 Rn. 1).

33 Differenziert zu betrachten sind **Unterhaltsansprüche**. Die Mutter hat gegen den Vater ihres Kindes nach § 1615l I 1 einen Anspruch auf Unterhalt für die Dauer von sechs Wochen vor und acht Wochen nach der Geburt. Kann für die Frau für die Zeit ab der neunten Woche nach der Geburt des Kindes eine Erwerbstätigkeit nicht verlangt werden, so steht der Frau auch in dieser Zeit nach § 1615l ein Unterhaltsanspruch zu. Der Unterhaltsanspruch nach § 1615l erlischt nach § 1615l III 4 nicht mit dem Tod des Vaters. Es haften dann die Erben des Vaters nach §§ 1922, 1967.

34 Für den **Verwandtenunterhalt** und **Kindesunterhalt** ergibt sich aus § 1615 I, für den **Familienunterhalt** aus §§ 1360a III, 1615 I und für den Trennungsunterhalt aus §§ 1361 IV, 1360a III, 1615 I das Erlöschen des Anspruchs mit dem Tod des Unterhaltsberechtigten und Unterhaltsverpflichteten. Allerdings gehen Ansprüche auf Erfüllung oder Schadensersatz wegen Nichterfüllung für die Vergangenheit sowie auf den Unterhaltsanspruch, der zum Zeitpunkt des Todes des Berechtigten oder Verpflichteten fällig war, nicht unter (§ 1615 I). Solche Ansprüche auf Unterhaltsrückstände sind Nachlassverbindlichkeiten.

35 Für den **nachehelichen Unterhalt** sind die Folgen des Todes in §§ 1586 ff. geregelt. Nach § 1586 I erlischt der Anspruch auf nachehelichen Unterhalt mit dem Tod des Berechtigten. Nur Ansprüche auf Erfüllung oder Schadensersatz wegen Nichterfüllung für die Vergangenheit bleiben bestehen und sind von den Erben als Nachlassverbindlichkeiten zu erfüllen (§ 1586 II 1). Stirbt der Unterhaltsverpflichtete, so geht die Unterhaltspflicht auf dessen Erben als Nachlassverbindlichkeit über (§ 1586b I 1). Ein bestehender Unterhaltstitel kann umgeschrieben werden, weil der Unterhaltsanspruch gegen den Erblasser mit dem gegen den Erben identisch ist (BGH ZEV 2004, 429). Auch dem Ehegatten, der nach § 1933 BGB vom Erbrecht ausgeschlossen ist, steht der Unterhaltsanspruch gegen den/die Erben zu (§§ 1933 S. 3, 1586b). Der Umfang der Haftung der Erben ist beschränkt auf den Betrag, der dem Pflichtteils- und Pflichtteilsergänzungsanspruch des Unterhaltsberechtigten entsprochen hätte, wenn die Ehe nicht geschieden worden wäre (§ 1586b I 3; BGH ZEV 2007, 584; NJW 2003, 1769; ZEV 2001, 113 (114, 115)). Grundlage für die Berechnung der Haftungssumme ist der gesamte Nachlass (OLGReport Frankfurt 2009, 821), nicht etwa das Vermögen des Erblassers zum Zeitpunkt der Rechtskraft der Scheidung. Der Pflichtteilsanspruch für den Anspruchsberechtigten ist so zu berechnen als sei die Ehe durch Tod und nicht durch Scheidung beendet worden. Eine eventuelle Wiederheirat des Erblassers bleibt unberücksichtigt, gleiches gilt für Besonderheiten, die sich aus dem Güterstand ergeben (§ 1586b II). Nach Rechtskraft der Scheidung der Ehe mit dem Unterhaltsberechtigten geborene Kinder des Erblassers sind jedoch bei der Bestimmung der Pflichtteilsquote zu berücksichtigen (Palandt/*Brudermüller* § 1586b Rn. 7). Ob der Übergang des Anspruchs auf nachehelichen Unterhalt auf den/die Erben des Unterhaltsverpflichteten ausgeschlossen ist, wenn der anspruchsberechtigte Ehegatte einen Erbverzicht oder einen Pflichtteilsverzicht erklärt hat, ist streitig. Dafür spricht, dass durch den Erb- und Pflichtteilsverzicht die Haftungsmasse für den Unterhaltsanspruch entfällt. Es gibt keinen Grund dafür, den anspruchserbenden Ehegatte, der mit der Folge des §§ 1933, 1586b von dem Erblasser noch mit einem Scheidungsverfahren überzogen wird, besser zu stellen als den Ehegatten, von dem der Erblasser bis zu seinem Tod keine Scheidung mehr wollte. Letzterer hat keinen Unterhaltsanspruch und wegen des Verzichts auch keinen Erb- bzw. Pflichtteilsanspruch (LG Ravensburg ZEV 2008, 598 (599); MüKoBGB/*Maurer* § 1586b Rn. 3). Die Gegenmeinung, die von dem Ausschluss des Übergangs even der öffentlichen Verzicht auf den Unterhaltsanspruch nach § 1586b verlangt (*Keim* FuR 2006, 145 (146); *Bergschneider* FamRZ 2003, 1049; *Pentz* FamRZ 1998, 1344; *Klinghöffer* FamRZ 1999, 13; *Grziwotz* FamRZ 1991, 1258) stützt sich hauptsächlich darauf, dass so der Schutz des unterhaltsberechtigten Ehegatten nach dem Tod des Unterhaltsverpflichteten gewährleistet ist und dies den Vorstellungen und Interessen der Parteien eher entspricht. In der Praxis sollte eine ausdrückliche vertragliche Regelung erfolgen (*Horndasch* NJW 2015, 2168).

36 Stirbt ein Ehegatte/lebenspartner im Scheidungsverfahren vor Rechtskraft der Scheidung, so findet kein **Versorgungsausgleich** statt, weil dieser nur zwischen rechtskräftig geschiedenen Eheleuten durchgeführt wird (§ 1 I VersAusglG; §§ 20, 21 LPartG). Stirbt ein Ehegatte/Lebenspartner nach Rechtskraft der Scheidung aber vor Rechtskraft der Entscheidung über den Versorgungsausgleich, so besteht der Ausgleichsanspruch des überlebenden Ehegatten fort. Dieser ist gegen die Erben des Verstorbenen geltend zu machen (§ 31 I 1 VersAusglG). Die Erben des verstorbenen Ehegatten ihrerseits haben allerdings keinen Anspruch auf Wertausgleich (§ 31 I 2 VersAusglG), der Anspruch geht also nicht auf die Erben über. Ansprüche auf schuldrechtliche Ausgleichszahlungen nach §§ 20–24 VersAusglG erlöschen mit dem Tod eines Ehegatten (§ 31 III 1 VersAusglG). Der überlebende Ehegatte hat weiterhin Ansprüche auf Teilhabe an der Hinterbliebenenversorgung nach §§ 31 III 2, 25, 26 VersAusglG, die gesetzliche Regelung hat lediglich klarstellende Funktion (NK-BGB/*Götsche* § 31 VersAusglG Rn. 38).

Der Anspruch auf **Zugewinnausgleich beim gesetzlichen Güterstand der Zugewinngemeinschaft** 37 entsteht erst mit Beendigung des Güterstandes, also mit rechtskräftiger Scheidung oder mit dem Tod eines Ehegatten und ist erst dann vererblich (§ 1378 III 1). Stirbt der zugewinnausgleichsberechtigte Ehegatte, der seinen Anspruch auf Zugewinnausgleich als Folgesache geltend gemacht hat, im laufenden Verfahren vor Rechtskraft der Scheidung, so ist kein vererbbarer Zugewinnausgleichsanspruch entstanden, ein solcher geht nicht auf die Erben über (BGH FamRZ 1995, 975 (977, 978)). Wenn allerdings der überlebende Ehegatte weder Erbe des Verstorbenen noch Vermächtnisnehmer wird, steht ihm gegen die Erben des überlebenden Ehegatten ein Anspruch auf Zugewinnausgleich neben dem Anspruch auf den sog. kleinen Pflichtteil zu (§§ 1371 II, 1931 I; → § 1931 Rn. 17). Der überlebende Ehegatte muss – bis auf die Fälle, in denen der Zugewinnausgleichsanspruch vor dem Tod des Erstversterbenden entstanden ist – nie befürchten, selbst von den Erben des verstorbenen Ehegatten auf Zugewinnausgleich in Anspruch genommen zu werden (BGH Urt. v. 8.3.1995 – XII ZR 54/94, NJW 1995, 1832).

Auch bei der **Wahl-Zugewinngemeinschaft** (§ 1519) endet der Güterstand nach Art. 7 Abs. 1 des Abkommens (BGBl II 2012 178, WZGA) durch den Tod eines Ehegatten. Der Anspruch auf Zugewinnausgleich ist nach Art. 12 III des Abkommens vererblich. Eine Regelung zum Zugewinn, wie in § 1371 I BGB enthalten, fehlt. Daraus wird geschlossen, dass im Todesfall jedem Ehegatten ein Ausgleichsanspruch auf der Grundlage des Art. 12 WZGA zustehen kann, der ein Geldanspruch ist. Der überlebende Ehegatte kann also einen sich rechnerisch ergebenden Zugewinnausgleichsanspruch auch dann verlangen, wenn er Erbe wird oder ein ihm zugewendetes Vermächtnis annimmt. Der Anspruch ist dann eine Nachlassverbindlichkeit. Wegen des Fehlens einer § 1371 I BGB entsprechenden Regelung wird davon ausgegangen, dass der Anspruch auf Zugewinnausgleich auch von den Erben des verstorbenen Ehegatten geltend gemacht werden kann, mit der Folge, dass der Anspruch auf Zugewinnausgleich in den aktiven Nachlass des verstorbenen Ehegatten fällt (*Jünemann* ZEV 2013, 353 (358/359)).

Lebte der Erblasser mit seinem Ehegatten im Güterstand der **Gütergemeinschaft,** so gehört der Ge- 38 samtgutsanteil des Erblassers zum Nachlass. Der verstorbene Ehegatte wird nach § 1482 S. 2 nach den allgemeinen Vorschriften beerbt. Haben Ehegatten in dem Ehevertrag die fortgesetzte Gütergemeinschaft (§§ 1483 ff.) vereinbart, so gehört der Anteil des Erblassers am Gesamtgut nicht in den Nachlass. Vielmehr wird die Gütergemeinschaft zwischen dem Überlebenden und den gemeinschaftlichen Abkömmlingen, die bei gesetzlicher Erbfolge als gesetzliche Erben berufen wären, fortgesetzt (§ 1483 I). Beerbt wird der Erblasser in diesem Fall nur hinsichtlich seines Vorbehalts- und Sondergutes (Palandt/*Brudermüller* § 1483 Rn. 2). Hat der Erblasser nicht nur gemeinschaftliche Abkömmlinge hinterlassen sondern auch einseitige Abkömmlinge, bspw. aus einer vorangegangenen Beziehung, so erben diese nach § 1483 II so, als wäre die fortgesetzte Gütergemeinschaft nicht eingetreten. Die nicht gemeinschaftlichen Abkömmlinge des Erblassers erben zusätzlich zum Vorbehalts- und Sondergut auch aus dem Gesamtgut, für den überlebenden Ehegatten und die gemeinschaftlichen Abkömmlinge ändert sich nichts (Palandt/*Brudermüller* § 1483 Rn. 3).

6. Gesellschaftsrechtliche Rechtsbeziehungen. a) Aktiengesellschaft. Die Beteiligung des Aktionärs 39 an der **Aktiengesellschaft** ist rein vermögensrechtlich zu qualifizieren und daher vererblich. Dies gilt sowohl für die Inhaberaktie als auch für die Namensaktien (vgl. § 10 I AktG). Dabei sind Inhaberaktien Inhaberpapiere, sie verbriefen die Mitgliedschaftsrechte, ohne dass der Namen des Berechtigten genannt wird. Namensaktien sind demgegenüber geborene Orderpapiere. Der Berechtigte wird gegenüber Dritten durch seine Nennung in der Aktie oder durch Indossamentenkette ausgewiesen. Gegenüber der Gesellschaft beruht die Legitimationswirkung auf seiner Eintragung im Aktienregister (§ 67 II AktG). In Deutschland werden überwiegend Inhaberaktien ausgegeben, in den letzten Jahren hat allerdings die Namensaktie an Bedeutung gewonnen (dazu Hölters/*Solveen*, AktG, § 10 Rn. 7–9). Die Vererblichkeit von Aktien kann durch die Satzung nicht ausgeschlossen werden (Palandt/*Weidlich* Rn. 23; BayObLG NJW-RR 1989, 687). Mehrere Miterben erwerben eine Aktie als Erbengemeinschaft, also als Gesamthandsgemeinschaft. Bei der Namensaktie erfolgt der Übergang der Aktionärsstellung auf den Erben ohne Rücksicht auf den Inhalt des Aktienregisters. Allerdings kann der nicht im Register eingetragene Erbe bzw. die nicht eingetragene Erbengemeinschaft nicht die mitgliedschaftsrechtlichen Rechte, die mit der Aktionärsstellung verbunden sind, ausüben (str. dazu MüKoAktG/*Bayer* § 67 Rn. 75ff.). Geht die Aktie auf eine Erbengemeinschaft über, so können die Rechte aus der Aktie nach § 69 I AktG nur von einem gemeinschaftlichen Vertreter ausgeübt werden. Diese Regelung gilt sowohl für die Namens- als auch für die Inhaberaktie. Erforderlich ist grundsätzlich die Bevollmächtigung zur Wahrnehmung der Rechte durch alle Miterben. Diese Vollmacht kann nach den allgemeinen Regelungen erteilt werden, wegen § 134 III 3 AktG sollte aber Textform gewahrt sein (Hüffer/Koch/*Koch* AktG § 69 Rn. 4). Ist Testamentsvollstreckung angeordnet und ein Testamentsvollstrecker bestellt, so übt dieser kraft Amtes die Rechte aus, er gilt dann als gemeinsamer Vertreter. In diesem Fall ist die Bestellung eines anderen Vertreters ausgeschlossen (MüKoAktG/*Bayer* § 69 Rn. 10).

Erben von Inhaberaktien können sich auf die **beschränkte Erbenhaftung** nach §§ 1975 ff., 2059 I S. 1 40 berufen (MüKoAktG/*Bayer* § 69 Rn. 32). Für die Erben von Namensaktien ist dies nur bis zur Eintragung in das Aktienregister unstreitig (MüKoAktG/*Bayer* § 69 Rn. 79; Hüffer/Koch/*Koch* AktG § 69

Rn. 7; Kölner Komm AktG/*Lutter/Drygala* § 67 Rn. 55). Ob dies auch noch gilt, wenn die Erben im Aktienregister eingetragen sind, ist streitig. Vertreten wird, die Eintragung der Erben in das Aktienregister schaffe einen selbständigen, vom Erbrecht unabhängigen Verpflichtungsgrund für die Erfüllung der mitgliedschaftlichen Verpflichtungen, insbes. der Pflicht zur Leistung der Einlage, so dass die Beschränkung der Erbenhaftung entfalle (so Hüffer/Koch/*Koch* AktG § 69 Rn. 7). Diese Argumentation ist jedoch nicht zwingend. Dafür, dass durch die Eintragung des Erben in das Aktienregister ein selbständiger Verpflichtungsgrund geschaffen wird, ergibt sich aus dem Gesetz nichts (MüKoAktG/*Bayer* § 67 Rn. 79).

41 b) **GmbH.** Der Geschäftsanteil einer **GmbH** ist nach § 15 I GmbHG vererblich. Dies steht nicht zur Disposition der Gesellschafter und kann auch in der Satzung nicht abbedungen werden (Roth/Altmeppen/*Altmeppen* GmbHG § 15 Rn. 28). Der Geschäftsanteil geht nach den allgemeinen Regelungen auf den/die gesetzlichen oder testamentarischen Erben über. Mehrere Erben erwerben den Geschäftsanteil zur gesamten Hand (Baumbach/Hueck/*Fastrich* GmbHG § 15 Rn. 11). Nach § 40 I GmbHG muss eine neue **Gesellschafterliste** zum Handelsregister eingereicht werden, da auch die Übertragung des Geschäftsanteils im Wege der Erbfolge eine Veränderung in der Person des Gesellschafters darstellt. Da an den Übergang im Wege der Gesamtrechtsnachfolge kein Notar beteiligt ist, obliegt die Verpflichtung zur Einreichung der Gesellschafterliste beim Handelsregister dem Geschäftsführer der GmbH (*Ivo* ZEV 2009, 333 (336)). Nach § 16 I GmbHG gilt bei Veränderungen in der Person der Gesellschafter im Verhältnis zur Gesellschaft nur derjenige als Gesellschafter, der in der im Handelsregister aufgenommenen Gesellschafterliste eingetragen ist. Auch der Erbe muss sich daher in die Gesellschafterliste eintragen lassen, um die Rechte aus dem Geschäftsanteil wahrnehmen zu können. Vor der Erbauseinandersetzung sind unter Beibehaltung der laufenden Nummer die einzelnen Erben mit allen Angaben, die nach § 40 I GmbHG gefordert werden mit dem Zusatz, dass sie den Anteil in Erbengemeinschaft halten, anzugeben (MüKoGmbHG/*Heidinger* § 40 Rn. 17, 18 auch zu unbekannten Erben). So kann der Erbe erst nach der Aufnahme in die geänderte Gesellschafterliste im Handelsregister an Gesellschafterversammlungen rechtswirksam teilnehmen und dort wirksam mit abstimmen. Gewinnansprüche, die vor Aufnahme des Erben in die Gesellschafterliste fällig geworden sind, fallen dem Erben als Gesamtrechtsnachfolger des Erblassers zu. Er ist jedoch erst nach Aufnahme in die Gesellschafterliste befugt, diese geltend zu machen (Baumbach/Hueck/*Fastrich* GmbHG § 16 Rn. 17). Die Miterben können nach § 18 I GmbHG die Rechte aus dem Geschäftsanteil nur gemeinschaftlich ausüben, wobei der Sinn und Zweck dieser Regelung darin liegt, zu verhindern, dass Anteilsrechte von einzelnen Miterben als Mitberechtigten unterschiedlich ausgeübt werden. Um die wenig praktische gemeinschaftliche Ausübung der Rechte aus dem Geschäftsanteil zu umgehen, kann in der Satzung der GmbH die Bestellung eines gemeinschaftlichen Vertreters zur Ausübung der Rechte aus dem Geschäftsanteil angeordnet werden (*Ivo* ZEV 2006, 252 (254)). Auch die Erben können einen gemeinsamen Vertreter bestellen, der dann die Rechte ausübt (Baumbach/Hueck/*Fastrich* GmbHG § 18 Rn. 5). Die Vererblichkeit von Geschäftsanteilen der GmbH kann in der Satzung oder durch einen Beschluss der Gesellschafterversammlung nicht wirksam ausgeschlossen oder eingeschränkt werden). In der Satzung kann auch nicht angeordnet werden, dass der Geschäftsanteil der GmbH im Wege einer Sondererbfolge auf einen Dritten übergeht. Es kann ferner nicht durch die Satzung oder einen Gesellschafterbeschluss geregelt werden, dass bestimmte Person vom Erwerb des Geschäftsanteils von Todes wegen ausgeschlossen sind, ferner ist es nicht möglich, festzulegen, dass der Geschäftsanteil automatisch im Fall des Todes des Gesellschafters eingezogen wird (Baumbach/Hueck/*Fastrich* GmbHG § 15 Rn. 12). Es ist allerdings auch bei der GmbH möglich, in der Satzung Bestimmungen darüber zu treffen, ob dem bzw. den Erben des Gesellschafters der Geschäftsanteil endgültig verbleibt. Entsprechende **Nachfolgeklausel** in der Satzung können wirksam vereinbart werden (BGH NJW 1985, 2592). Werden solche Regelung nicht in die Satzung aufgenommen, so bestimmt allein der Erblasser durch seine letztwillige Verfügung oder letztlich die gesetzliche Erbfolge, wer Gesamtrechtsnachfolger und damit Inhaber des Geschäftsanteils der GmbH wird. Die Mitgesellschafter des Erblassers haben keine Möglichkeit, nicht geeignete oder unerwünschte Erben des Erblassers als Inhaber des Geschäftsanteils auszuschließen. Insbesondere bei einer GmbH mit mehreren Gesellschaftern ist es sachgerecht, den Mitgesellschaftern im Gesellschaftsvertrag Möglichkeiten zur Steuerung der Nachfolge in den Geschäftsanteil einzuräumen. Kein geeignetes Gestaltungsmittel sind insoweit Satzungsbestimmungen, in denen der Gesellschafter verpflichtet, eine letztwillige Verfügung zu errichten und darin den Geschäftsanteil der GmbH nur bestimmten Personen zuzuwenden bzw. in einer bestimmten Weise letztwillig hinsichtlich des Geschäftsanteils zu verfügen oder nicht zu verfügen. Eine solche Satzungsregelung ist nach § 2302 nichtig (*Ivo* ZEV 2006, 252 (253)). Geeignete Steuerungsmöglichkeiten sind Einziehungsklausel aber auch Abtretungsklauseln, die in die Satzung aufgenommen werden können. Schließlich kommt eine Ermächtigung der Mitgesellschafter zur Ausschließung des/der Erben als Gesellschafter in Betracht (MüKoBGB/*Leipold* Rn. 58). Eine solche Regelung ist zumindest dann wirksam, wenn nach der Satzung die Ausschließung des Erben aus der Gesellschaft binnen kurzer Frist nach seinem Eintritt erfolgen muss (BGH NJW 1989, 834 (835)). Die Einziehung eines Geschäftsanteils kann nach § 34 I GmbHG nur erfolgen, wenn und soweit sie im Gesellschaftsvertrag zugelassen ist. Die Zwangseinziehung ohne Zustimmung des betroffenen Gesellschafters kann wirksam nur stattfinden, wenn die entsprechende Satzungsbestimmung bereits vor dem Beteiligungserwerb des Betroffenen existierte, wenn also die Zwangseinziehung in der Satzung schon geregelt war, bevor der Erbfall eingetreten ist. Daher kann die Grundlage für eine **Zwangseinziehung** auch durch eine einstimmig, also mit Zustimmung des auszuschließenden Erben, beschlossene Satzungsänderung nachträglich geschaffen werden (Baumbach/Hueck/*Fastrich* GmbHG § 34 Rn. 8). Darüber hinaus müssen die üblichen Voraussetzungen für eine Einziehung vorliegen (§ 19 II, 30 I, 34 III GmbHG). Die auf den einzuziehenden Geschäftsanteil zu leistende Stammeinlage muss voll eingezahlt sein, ferner darf die im Rahmen der Einziehung zu zahlende Abfindung nicht das Stammkapital der Gesellschaft berühren, sie muss aus dem ungebundenen Gesellschaftsvermögen gezahlt werden können. Nach der Rspr. des BGH (ZIP 2012, 422) wird die Einziehung dann, wenn der Einziehungsbeschluss weder nichtig ist noch für nichtig erklärt wird, mit der Mitteilung des Beschlusses an den betroffenen Gesellschafter und nicht erst mit der Leistung der Abfindung wirksam. Dies gilt zumindest dann, wenn in der Satzung nichts Gegenteiliges geregelt ist. Die Gesellschafter, die den Einziehungsbeschluss gefasst haben, haften dem ausgeschiedenen Gesellschafter anteilig für den Abfindungsbetrag, wenn sie nicht dafür gesorgt haben, dass die Abfindung aus dem ungebundenen Vermögen der Gesellschaft gezahlt werden kann, oder die Gesellschaft von ihnen aufgelöst wird (BGH Urt. v. 24.1.2012 – II ZR 109/11, NZG 2012, 259). Die persönliche Haftung der Gesellschafter entsteht aber erst in dem Zeitpunkt, ab dem die Fortsetzung der Gesellschaft unter Verzicht auf Maßnahmen zur Befriedigung des Abfindungsanspruchs des ausgeschiedenen Gesellschafters als treuwidrig angesehen werden muss. Sie entsteht darüber hinaus auch dann nicht zwingend, wenn im Zeitpunkt der Fälligkeit der Abfindung oder danach über das Vermögen der Gesellschaft das Insolvenzverfahren eröffnet wird. Gleiches gilt, wenn die Gesellschaft insolvenzreif ist und die Antragstellung nicht treuwidrig verzögert wurde (so BGH Urteil vom 10.5.2016 – II ZR 342/14, NZG 2016, 742). Schließlich muss dafür Sorge getragen werden, dass nach der Einziehung des Geschäftsanteils, also nach dessen Untergang mit allen Rechten und Pflichten, kein Auseinanderklaffen zwischen Stammkapital und Summe der Nennbeträge der Geschäftsanteile eintritt (Verbot aus § 5 III 2 GmbHG; vgl. *Römermann* NZG 2010, 96 (99); *Ivo* ZEV 2009, 333 (334)). Allerdings fallen nach der wirksamen Einziehung eines Geschäftsanteils das Stammkapital der Gesellschaft und die Summe der Nennbeträge der verbliebenen Geschäftsanteile auseinander. Nach § 5 III 2 GmbHG muss die Summe der Nennbeträge aller Geschäftsanteile mit dem Stammkapital der Gesellschaft übereinstimmen. Hat die Gesellschafterversammlung beim Beschluss über die Einziehung des GmbH-Geschäftsanteils nicht bereits Maßnahmen ergriffen, um das Auseinanderfallen der Summe der Nennbeträge der nach Einziehung verbliebenen Geschäftsanteile und dem Stammkapital der Gesellschaft zu verhindern, so ist der Einziehungsbeschluss dennoch wirksam (BGH VU v. 2.12.2014 – II ZR 322/13, NJW 2015, 1385). Der Anpassungsbeschluss kann also auch später durch die Gesellschafter gefasst werden (BGH aaO. Rn. 29).

Enthält die Satzung eine Abtretungsklausel, so wird der Erbe des Geschäftsanteils verpflichtet, diesen abzutreten. Insoweit kann entweder die begünstigte Person bereits in der Satzung bestimmt werden oder das Bestimmungsrecht kann in der Satzung der Gesellschaft selbst eingeräumt werden (*Ivo* ZEV 2006, 252 (254)). Es kann sich bei dem Begünstigten um einen Mitgesellschafter, einen Dritten oder die Gesellschaft selbst handeln. Es können in die Satzung auch besondere Kriterien für die Nachfolge aufgenommen werden. So kann der Personenkreis näher umschrieben werden, der die Nachfolge antreten kann. Es können für die Nachfolger auch bestimmte Eigenschaften vorgegeben werden, so zB besondere betriebswirtschaftliche Kenntnisse oder besondere unternehmerische Erfahrungen. Sinnvoll ist es, in der Satzung Regelungen für den Fall aufzunehmen, dass bspw. keiner der Erben die vorgegebenen satzungsmäßigen Kriterien für die Nachfolge erfüllt (MüKoBGB/*Leipold* Rn. 82). Die Abtretung des Geschäftsanteils bedarf der notariellen Beurkundung (§ 15 III GmbHG). **42**

Auch der Geschäftsanteil an einer **Unternehmergesellschaft (UG)** ist vererblich. Die Unternehmergesellschaft ist keine gesonderte Gesellschaftsform, vielmehr handelt es sich um eine GmbH mit einem Mindeststammkapital unter 25.000 EUR. Da § 5a GmbHG für die Vererblichkeit des Geschäftsanteils keine Sonderregelung trifft, gilt auch hier § 15 I GmbHG. **43**

c) **Englische Limited.** Stirbt der Gesellschafter einer englischen Limited, so führt dies nicht zur Auflösung der Gesellschaft. Die Gesellschaftsanteile fallen in den Nachlass des verstorbenen Gesellschafters. Einschränkungen bei der Vererblichkeit der Gesellschaftsanteile gibt es nicht (*v. Oertzen* ZEV 2006, 106 (107)). Anteile an Gesellschaften sind als bewegliches Vermögen zu qualifizieren, selbst dann, wenn das Vermögen der Gesellschaft ausschließlich aus Immobilien besteht. **44**

d) **BGB-Gesellschaft.** Die **BGB-Gesellschaft** wird nach § 727 I durch den Tod eines Gesellschafters aufgelöst, wenn sich nicht aus dem Gesellschaftsvertrag etwas anderes ergibt. **45**

aa) **Grundsatz.** Da die Gesellschaft aufgelöst wird, gehen also die durch die Auflösung der Gesellschaft modifizierten Rechte und Pflichten auf dem Erben über. Über gehen sowohl die Vermögensrechte als auch die Verwaltungsrechte (MüKoBGB/*Schäfer* § 727 Rn. 13; BGH NJW 1982, 170). Die aufgelöste Gesellschaft besteht also als Liquidationsgesellschaft fort. Ist der Gesellschafter eine juristische Person, so steht dem Tod erst die Vollbeendigung und nicht schon die Auflösung gleich, weil die Gesellschaft dann noch ihre Fortsetzung beschließen können (BGH NJW 1982, 2821). Die Vollbeendigung einer Personengesellschaft oder juristischen Person als Gesellschafterin setzt voraus, dass das gesamte Vermögen der Gesellschaft liquidiert ist. Vollbeendigung tritt also erst ein, nachdem auch der Gesellschaftsanteil an der BGB-Gesellschaft liquidiert ist. Aus diesem Grunde liegt der Auflösungsgrund aus § 727 I regelmäßig bei juristischen Personen oder Personengesellschaften als Gesellschafter einer BGB-Gesellschaft nicht vor (MüKoBGB/*Schäfer* § 727 Rn. 8).

Der Erbe des verstorbenen Gesellschafters wird mit dem Erbfall Mitglied dieser Abwicklungsgesellschaft und kann dann, wenn die GbR nach § 899a BGB im Grundbuch eingetragen war, im Grundbuch im Wege der Grundbuchberichtigung als Gesellschafter eingetragen werden (OLG München NJW-RR 2010, 1667). Dazu ist die Bewilligung aller verbleibenden Gesellschafter und der Erben erforderlich. Ob daneben auch die Vorlage des Gesellschaftsvertrages erforderlich ist, ist streitig (zum Streitstand Palandt/*Herrler* § 899a Rn. 3). Wird der Erblasser durch mehrere Erben beerbt, so tritt die Erbengemeinschaft als Gesamthandsgemeinschaft in der Liquidationsgesellschaft an die Stelle des verstorbenen Gesellschafters (BGH NJW 1986, 2431 (2434); 1982, 170; MüKoBGB/*Schäfer* § 727 Rn. 14). Dies ist unproblematisch, weil die Abwicklungsgesellschaft nicht auf Dauer angelegt ist und sich ihre Tätigkeit auf die zur Liquidation der Gesellschaft erforderlichen Geschäfte beschränkt. Es ergeben sich aus der Beteiligung einer Erbengemeinschaft und der zumindest bis zur Nachlassteilung beschränkten Haftung keine dem entgegenstehenden Schwierigkeiten (MüKoBGB/*Schäfer* § 727 Rn. 14). Die Pflichten aus § 727 II sind gesellschaftsrechtlicher Art und treffen den Erben deshalb, weil er Mitglied der Abwicklungsgesellschaft ist. Verletzt der Erbe eine Pflicht, so ist für den Haftungsmaßstab (§ 708) auf seine Person und nicht auf die Person des Erblassers abzustellen (MüKoBGB/*Schäfer* § 727 Rn. 19).

46 **bb) Abweichende Vereinbarungen.** Häufig wird in Gesellschaftsverträgen von der Möglichkeit, für den Tod eines Gesellschafters vom Gesetz abweichende Regelungen zu treffen, Gebrauch gemacht. Zu unterscheiden sind **Fortsetzungsklauseln, erbrechtliche Nachfolgeklauseln, rechtsgeschäftliche/gesellschaftsrechtliche Nachfolgeklausel** sowie **Eintrittsklauseln**.

47 **(1) Fortsetzungsklauseln.** § 736 I eröffnet den Gesellschaftern die Möglichkeit, im Gesellschaftsvertrag zu bestimmen, dass die Gesellschaft nach dem Tod eines Gesellschafters ohne dessen Erben von den verbleibenden Gesellschaftern fortgesetzt wird. In dem Fall wächst dann der Anteil des verstorbenen Gesellschafters am Gesellschaftsvermögen den übrigen Gesellschaftern kraft Gesetzes an (§ 738 I 1). In den Nachlass fallen die Ansprüche nach §§ 738–740, insbes. der Abfindungsanspruch, der sich gegen die Gesellschaft richtet. Wegen dem meist unerwünschten Kapitalabfluss durch Auszahlung des Abfindungsguthabens entspricht die Vereinbarung einer reinen Fortsetzungsklausel nur in Ausnahmefällen den Interessen der Gesellschafter (vgl. MüKoBGB/*Schäfer* § 736 Rn. 13), etwa dann, wenn kein geeigneter Nachfolger zur Verfügung steht (*Ivo* ZEV 2006, 302).

48 **(2) Erbrechtlichen Nachfolgeklauseln.** Diese sind zulässig und dadurch gekennzeichnet, dass sie den Gesellschaftsanteil abweichend von § 727 I vererblich stellen, wobei sich der Vollzug der Rechtsnachfolge im Fall des Todes des Erblassers nach dem Erbrecht richtet (BGH NJW 1977, 1339 (1340)). Damit der in der Nachfolgeklausel Benannte auch Nachfolger wird, ist es erforderlich, dass die Erbfolge entsprechend den gesellschaftsvertraglichen Regelungen eintritt bzw. gestaltet wird. Im Rahmen der erbrechtlichen Nachfolgeklauseln ist zwischen einfachen und qualifizierten Nachfolgeklauseln zu unterscheiden. Durch eine **einfache Nachfolgeklausel** wird der Anteil generell vererblich gestellt. Inhalt einer einfachen Nachfolgeklausel ist, dass beim Tod des Gesellschafters der Gesellschaftsanteil auf dessen Erben übergeht. Der Erbe muss, um an die Stelle des verstorbenen Gesellschafters zu treten, keine rechtsgeschäftlichen Erklärungen abgeben. Vielmehr tritt er unmittelbar kraft erbrechtlicher Nachfolge an die Stelle des verstorbenen Gesellschafters. Will er dies nicht, so muss er die Erbschaft ausschlagen. Der Erbe hat die Möglichkeit, analog § 139 I, II HGB aus der Gesellschaft auszutreten oder die Gesellschaft aus wichtigem Grunde zu kündigen (MüKoBGB/*Schäfer* § 727 Rn. 31). Hat die Klausel den Inhalt, dass die Gesellschaft mit den Erben des verstorbenen Gesellschafters fortgesetzt wird, so tritt ein Alleinerbe als Nachfolger in vollem Umfang in die Rechte und Pflichten des Verstorbenen ein, soweit diese nicht höchstpersönlicher Natur sind. Sind Erben des Erblassers allerdings mehrere Personen, so geht die Gesellschafterstellung nicht auf die Erbengemeinschaft über sondern auf jeden Erben persönlich (BGH NJW 1999, 571 (572); 1989, 3152 (3153, 3154); 1983, 2376). Der Grundsatz der Gesamtrechtsnachfolge wird hier durchbrochen, da eine Erbengemeinschaft nicht Mitglied einer werbenden Personengesellschaft sein kann (MüKoBGB/*Schäfer* § 705 Rn. 81). Es kommt zu einer **Sondererbfolge.** Jeder Miterbe erbt ohne weiteres Dazutun einen seiner Erbquote entsprechenden Teil der Gesellschaftsbeteiligung (BGH NJW 1996, 1284 (1285); NZG 2017, 1257 Rn. 16). Der unter den Miterben aufgeteilte Gesellschaftsanteil gehört jedoch gleichwohl weiterhin zum Nachlass (BGH NJW 1996, 1284 (1285)). Die Anzahl der Gesellschafter vermehrt sich um die Erben des verstorbenen Gesellschafters. Die Verwaltungsrechte vermehren sich um die Anzahl der Erben. Gleiches gilt für das Stimmrecht, wenn es nach Köpfen gestaltet ist (MüKoBGB/*Ulmer/Schäfer* § 727 Rn. 33). Eine **Testamentsvollstreckung** an dem ererbten Anteil der Gesellschaft ist nicht ausgeschlossen (BGH NJW 1996, 1284 (1285, 1286)). Allerdings sind die Aufgaben des Testamentsvollstreckers eingeschränkt auf solche, die keine Geschäftsführung und keine zu einer Haftung der Gesellschaft führenden Handlungen beinhalten (BGH NJW 1996, 1284 (1285, 1286) dazu kritisch *v. Proff* DStR 2018, 415 (416/417)). Die Dauervollstreckung an dem Anteil des persönlich haftenden Gesellschafters einer nicht in Abwicklung befindlichen GbR ist zwar möglich, aber beschränkt auf die Bereiche, die nicht zur Geschäftsführung und damit nicht zu einer persönlichen Haftung für den Gesellschafter-Erben führen. Da aber ein praktisches Bedürfnis für eine solche Verwaltung durch den Testamentsvollstrecker besteht, kann der Erblasser seine Erben entweder durch eine Auflage oder eine Bedingung im Testament verpflichten, den Gesellschaftsanteil treuhänderisch auf den Testamentsvollstrecker zu übertragen (Bengel/*Reimann* TV-HdB/*Pauli* § 5 Rn. 123; vgl. a. *v. Proff* DStR 2018, 415 (418ff.)). Der Erblasser kann die Erben auch durch eine entsprechende Bedingung oder Auflage im Testament verpflichten, den Testamentsvollstrecker zu bevollmächtigen, das Geschäft im Namen der Erben mit ihrer Zustimmung und ihrer Vollmacht zu führen (Bengel/*Reimann* TV-HdB/*Pauli* § 5 Rn. 131). Eine **qualifizierte Nachfolgeklausel** ist dadurch gekennzeichnet, dass die Ver-

erbung des Geschäftsanteils auf einen bestimmten Personenkreis beschränkt ist. Insoweit können die Personen namentlich genannt oder durch konkrete Merkmale beschrieben werden, wie bspw. die Kinder, der älteste Sohn oder die Witwe (MüKoBGB/*Schäfer* § 727 Rn. 41). Voraussetzung dafür, dass die in der qualifizierten Nachfolgeklausel benannte Person auch Nachfolger wird, ist, dass der Erblasser diese als Erben eingesetzt hat. Dies ist nur dann entbehrlich, wenn die in der Nachfolgeklausel benannte Person schon zum Kreis der gesetzlichen Erben des Erblassers gehört. Ist kein Erbe vorhanden, auf den die Kriterien aus der qualifizierten Nachfolgeklausel passen, so wird die Gesellschaft unter den überlebenden Gesellschaftern fortgeführt (MüKoBGB/*Schäfer* § 727 Rn. 42). Im Einzelfall kann dann die Nachfolgeklausel in eine Eintrittsklausel für den an der mangelnden Erbenstellung gescheiterten potenziellen Nachfolger nach § 140 **umgedeutet** werden (BGH NJW 1978, 264).

Die **Rechtswirkungen** der qualifizierten Nachfolgeklausel unterscheiden sich dann nicht von denen der einfachen Nachfolgeklausel, wenn sämtliche Erben des verstorbenen Gesellschafters Nachfolger werden. Geht aufgrund der qualifizierten Nachfolgeklausel der Gesellschaftsanteil allerdings nur auf einen oder einen Teil der Erben des Erblassers über, so stehen diesem Erben als Nachfolger sämtliche Rechte an dem Gesellschaftsanteil zu, da der Gesellschaftsanteil auf diesen Erben nicht nur in Höhe seiner Erbquote sondern insgesamt übergeht (BGH NJW 1977, 1339). Im Rahmen der Erbauseinandersetzung unter den Miterben ist der Nachfolger verpflichtet, sich den vollen Anteilswert zurechnen zu lassen. Übersteigt dieser den Wert der ihm zustehenden Erbquote, hat er an die Erbengemeinschaft die Differenz auszuzahlen (BGH NJW 1957, 180; MüKoBGB/*Schäfer* § 727 Rn. 45). Nicht einheitlich wird allerdings die Rechtsgrundlage für den Anspruch gesehen. Zum Teil wird der Anspruch aus Bereicherungsrecht hergeleitet (*Heckelmann* FS v. Lübtow, 1980, 619 (627f.)), zT aus § 242 (BGH NJW 1957, 180), teilweise aus einer Analogie zu §§ 2050ff. (vgl. MüKoBGB/*Schäfer* § 727 Rn. 45). Überzeugend erscheint eine analoge Anwendung von § 1978 unter dem Gesichtspunkt, dass die Nachfolge eine Ähnlichkeit mit einer vorweggenommenen Erbteilung aufweist (so auch Staudinger/*Habermeier* § 727 Rn. 20). Die Zahlungspflicht entfällt, wenn der Erblasser dem Begünstigen den Anteil als Vorausvermächtnis nach § 2150 zugewendet hat. Allein in der Berufung zum Nachfolger liegt allerdings noch nicht die Zuwendung als Vorausvermächtnis (MüKoBGB/*Schäfer* § 727 Rn. 45).

Eine nur aus zwei Gesellschaftern bestehende Gesellschaft endet, wenn nur noch ein Gesellschafter verbleibt. Es tritt die Vollbeendigung der Gesellschaft ein (Palandt/*Sprau* § 705 Rn. 1). Die Gesellschafter können aber im Gesellschaftsvertrag vereinbaren, dass in diesem Fall der verbleibende Gesellschafter das Gesellschaftsvermögen als Gesamtrechtsnachfolger übernimmt. Hierfür genügt im Zweifel eine allgemeine Fortsetzungsvereinbarung in der Satzung (vgl. Palandt/*Sprau* § 736 Rn. 4). Wird ein Gesellschafter von dem anderen beerbt, so wird auch dann die Gesellschaft beendet. Das Gesellschaftsvermögen geht im Wege der Rechtsnachfolge auf den verbleibenden Gesellschafter über (MüKoBGB/*Leipold* Rn. 87).

(3) Rechtsgeschäftliche/gesellschaftsrechtliche Nachfolgeklauseln. Der BGH (NJW 1977, 1339 (1340)) hält mit zutreffender Begründung (vgl. MüKoBGB/*Schäfer* § 727 Rn. 50) die sog. rechtsgeschäftliche Nachfolgeklausel (vgl. *Ulmer* ZGR 1972, 212ff.) grds. für unwirksam. Solche rechtsgeschäftlichen Nachfolgeklauseln sind dadurch gekennzeichnet, dass der Gesellschaftsanteil beim Tode eines Gesellschafters aufgrund eines mit der Klausel gewollten Vertrages zugunsten Dritter auf einen am Gesellschaftsvertrag nicht beteiligten Dritten auf rechtsgeschäftlichem Weg und ohne Rückgriff auf eine erbrechtliche Rechtsnachfolge übergeht. Der mit der Klausel gewollte automatische Anteilsübergang auf den Dritten durch **Verfügungsvertrag** scheitert schon daran, dass die damit beabsichtigte Verfügung zugunsten Dritter unzulässig ist (BGH NJW 1964, 1124). Unabhängig davon würde es sich aber auch um einen Vertrag zu Lasten des Dritten handeln, der aus diesem Grunde unzulässig wäre. Mit der Zuwendung des Mitgliedschaftsrechts mit einer Vielzahl von Rechten und Pflichten sind auch die Pflichten unmittelbar Gegenstand der Zuwendung und das Geschäft nicht mehr lediglich rechtlich vorteilhaft (BGH NJW 1977, 1339 (1341)). Ausnahmsweise ist eine rechtsgeschäftliche Nachfolgeklausel dann wirksam, wenn die begünstigte Person selbst an der Vereinbarung beteiligt war. Dies ist dann gegeben, wenn für den Fall des Todes eines Gesellschafters ein Mitgesellschafter als Nachfolger in den Anteil namentlich benannt ist (MüKoBGB/*Schäfer* § 727 Rn. 51). Wird der Mitgesellschafter aufgrund der rechtsgeschäftlichen Nachfolgeklausel Inhaber des Gesellschaftsanteils, so entfällt ein Abfindungsanspruch der Erben des verstorbenen Gesellschafters, weil der Anteil unter Lebenden auf den Begünstigten aufschiebend bedingt durch den Tod des Verfügenden übergegangen ist (Baumbach/Hopt/*Roth* HGB § 139 Rn. 57). Es bestehen jedoch eventuell Pflichtteilsergänzungsansprüche nach §§ 2325, 2329 der nach dem Erblasser Pflichtteilsberechtigten (MüKoBGB/*Schäfer* § 727 Rn. 51, 52). Ggf. können sich auch Ausgleichungsansprüche aus §§ 2050ff. ergeben (so Baumbach/Hopt/*Roth* HGB § 139 Rn. 57, abl. MüKoBGB/*Schäfer* § 727 Rn. 52).

(4) Eintrittsklauseln. Diese sind dadurch gekennzeichnet, dass es zum Zeitpunkt des Todes des Gesellschafter-Erblassers nicht zu einem automatischen Anteilsübergang kommt. Vielmehr wird die Gesellschaft dann, wenn einer bestimmten in der Eintrittsklausel benannten Person das Recht zum Eintritt in die Gesellschaft im Gesellschaftsvertrag zugestanden wird, beim Tod eines Gesellschafters zunächst unter den übrigen Gesellschaftern fortgesetzt (§ 736). Der durch die Klausel Begünstigte hat das Recht, aber nicht die Pflicht, in die Gesellschaft einzutreten (BGH NJW 1977, 1339 (1341); 1978, 264 (265)). Das Eintrittsrecht kann dabei auch zu Gunsten einer nicht zum Erben berufenen Person begründet werden (MüKoBGB/*Schäfer* § 727 Rn. 54). Der Gesellschaftsvertrag mit der Eintrittsklausel stellt insoweit einen Vertrag zu Gunsten Dritter iSv § 328 I dar (MüKoBGB/*Schäfer* § 727 Rn. 57). Zur Vollziehung des Eintrittsrechts kommt zum einen eine einseitige Erklärung des Eintrittsberechtigten gegenüber den verbleibenden Gesellschaftern in Betracht, um die Aufnahme in die Gesellschaft herbeizuführen. Davon ist regelmäßig dann auszugehen, wenn die Bedingungen für den Eintritt des Begünstigten und die Ausgestaltung seiner Gesellschafterstellung bereits hinreichend spezifiziert sind und der Eintrittsberechtigte in vollem Umfang in die Rechtsstellung des verstorbenen Gesellschafters eintreten soll (BGH NJW 1978, 264 (266)). Liegen diese Voraussetzungen nicht vor, muss ein Aufnahmevertrag zwischen dem Eintrittsberechtigten und den überlebenden Gesellschaftern abgeschlossen werden, der auf den Zeitpunkt des Todes des Erblassers abgeschlossen bzw. zurückdatiert werden kann (BeckOK BGB/*Schöne* § 727 Rn. 22). Wird ein solcher Vertrag mit einem Minderjährigen geschlossen, so bedarf der Vertrag, der durch den gesetzlichen Vertreter abgeschlossen wird, zu seiner Wirksamkeit der familiengerichtlichen Genehmigung nach § 1822 Nr. 3. Ist im Gesellschaftsvertrag keine besondere Regelung getroffen, so entsteht mit dem Tod des Gesellschafters ein Abfindungsanspruch nach §§ 736 I, 738 I. Dieser fällt in den Nachlass. Tritt der Eintrittsberechtigte in die Gesellschaft ein, so wächst ihm ein Gesellschaftsanteil an und er ist verpflichtet, eine dem Abfindungsbetrag entsprechende Einlage zu leisten, wenn er in vollem Umfang in die Position des verstorbenen Gesellschafters eintreten will. Den Abfindungsanspruch kann der Eintrittsberechtigte nur dann an Stelle einer Geldeinlage als Einlage einbringen, wenn ihm dieser vorher von den Erben abgetreten wurde. Darauf kann der Erblasser Einfluss nehmen, indem er im Rahmen einer letztwilligen Verfügung ein entsprechendes Vermächtnis anordnet bzw. eine entsprechende Teilungsanordnung zu Gunsten des Eintrittsberechtigten trifft (*MüKoBGB/Schäfer* § 727 Rn. 58). Letztlich günstiger für die Gesellschaft und die Mitgesellschafter ist es, wenn dem Eintrittsberechtigten durch eine entsprechende Gestaltung im Gesellschaftsvertrag neben dem Eintrittsrecht auch vermögensrechtlich die Stellung des verstorbenen Gesellschafters eingeräumt wird. Dazu kann neben dem Eintrittsrecht die Vorausabtretung des Auseinandersetzungsanspruchs zwischen dem Erblasser-Gesellschaft und dem Nachfolgeberechtigten auf den Todesfall im Gesellschaftsvertrag vereinbart werden (vgl. *Michalski*, Gesellschaftsrechtliche Gestaltungsmöglichkeiten zur Perpetuierung von Unternehmen, 1980, 190ff.; *Marotzke* AcP 184, 541 (573); MüKoBGB/*Schäfer* § 727 Rn. 59; BeckOK BGB/*Schöne* § 727 Rn. 23). Im Gesellschaftsvertrag kann aber auch der Abfindungsanspruch beim Tod eines Gesellschafters ausgeschlossen und die übrigen Gesellschafter im Rahmen eines Vertrages zu Gunsten Dritter verpflichtet werden, die mit dem Anteil verbundenen Vermögensrechte auf den Eintretenden bis zu seinem Eintritt treuhänderisch zu halten. Bei dessen Eintritt müssen die Vermögensrechte dann auf den Eintretenden übertragen werden (Sudhoff Unternehmensnachfolge/*Froning* § 44 Rn. 63; Staudinger/*Habermeier* § 727 Rn. 25). Diese Treuhandlösung sichert die Mitgesellschafter am besten gegen die Gefahr eines ungeplanten Abflusses von Kapital (BGH NJW 1977, 1339 (1341)) MüKoBGB/*Schäfer* § 727 Rn. 59). Tritt der Berechtigte nicht in die Gesellschaft ein, so entfällt der vereinbarte Abfindungsausschluss wegen des Eintritts einer auflösenden Bedingung (MüKoBGB/*Schäfer* § 727 Rn. 59).

53 **(5) Auslegung und Umdeutung.** Die Auslegung von Nachfolge- und Eintrittsklauseln erfolgt nach §§ 133, 157. Es kommt daher nicht entscheidend auf den Wortlaut sondern auf den wirklichen Willen der Beteiligten an (BGH NJW 1977, 1339). Ist nicht eindeutig, ob im Gesellschaftsvertrag eine Eintritts- oder eine erbrechtliche Nachfolgeklausel vereinbart wurde, so ist wegen der für die Gesellschaft günstigeren Gestaltung des Beteiligungs- und Abfindungsproblems im Zweifel eine erbrechtliche Nachfolgeklausel anzunehmen (BGH NJW 1977, 1339; 1974, 498; MüKoBGB/*Schäfer* § 727 Rn. 60). Allerdings ist im Zweifel eine Eintrittsklausel gewollt, wenn die Fortsetzung der Gesellschaft mit Personen vereinbart wurde, die nicht zum Kreis der Erben des verstorbenen Gesellschafters gehören. Insbesondere bei Freiberufler-Sozietäten wird im Zweifel eine Eintrittsklausel gewollt sein, weil hier in der Person des Eintretenden bestimmte berufliche Erfordernisse erfüllt sein müssen (Staudinger/*Habermeier* § 727 Rn. 26).
Eine Umdeutung einer Klausel kann nach § 140 erfolgen, wenn die ausdrücklich gewählte oder im Wege der Auslegung ermittelte gesellschaftsvertragliche Regelung unwirksam ist. Ist eine erbrechtliche Nachfolgeklausel unwirksam, weil keiner der Erben des Gesellschafters als Nachfolger gemäß der Klausel in Betracht kommt, so kommt eine Umdeutung in eine Eintrittsklausel in Betracht (BGH NJW 1978, 264). Möglich ist auch die Umdeutung einer rechtsgeschäftlichen Nachfolgeklausel zugunsten eines Nichtgesellschafters in eine erbrechtliche Nachfolgeklausel oder in eine Eintrittsklausel mit treuhänderischer Wahrnehmung der Vermögensrechte aus dem Anteil durch die Mitgesellschafter (BGH NJW 1977, 1339; 1978, 264 (265)).

54 **(6) Wahlrecht analog § 139 HGB.** § 139 HGB gewährt dem Erben des Gesellschafters einer OHG und des phG der KG das Recht, dann, wenn die Gesellschaft mit ihm fortgesetzt wird, zu wählen, ob er in die Stellung eines Kommanditisten wechseln oder aus der Gesellschaft ausscheiden will (→ Rn. 58). Der BGH (Beschluss vom 17.12.2013 – II ZR 121/12, ZEV 2014, 432 Rn. 7, 8) hat für die Haftung klargestellt, dass auch für Erben eines Gesellschafters einer GbR § 130 HGB gilt, mit der Folge der Haftung für Altschulden. Die Frage, ob auf den analog § 130 HGB haftenden Erben eines Gesellschafters einer GbR auch § 139 HGB überhaupt und wenn ja in welchem Umfang Anwendung findet, hat der BGH allerdings offen gelassen (BGH aaO Rn. 9). In der Lit. wird diskutiert, ob auch dem Erben des Gesellschafters einer GbR dann, wenn mit ihm die Gesellschaft fortgesetzt wird, ein Wahlrecht analog § 139 HGB zuzugestehen ist (so *Schäfer* NJW 2005, 3666; MüKoBGB/*Schäfer* § 727 Rn. 47, 48; MüKoBGB/ *Leipold* Rn. 105; EBJS/*Lorz* HGB § 139 Rn. 97; a. A. *Hoppe* ZEV 2004, 226 (231)). In jedem Fall scheidet eine komplette analoge Anwendung von § 139 I HGB bei solchen Gesellschaften aus, deren Zweck nicht auf einen nach § 105 II HGB erforderlichen Gewerbebetrieb oder die Vermögensverwaltung gerichtet ist. In dem Fall können dann nämlich die Gesellschafter einen Wechsel in die Gesellschaftsform der KG gar nicht beschließen. In einem solchen Fall wird dem Erben entsprechend dem Erben eines Partners in einer Partnerschaftsgesellschaft (§ 9 IV 3 PartGG) das Recht zum Austritt aus der Gesellschaft gewährt, das Recht zu verlangen, dass die Beteiligung in eine Kommanditbeteiligung umgewandelt wird, entfällt (so MüKoBGB/*Schäfer* § 727 Rn. 48). Für die vollständige analoge Anwendung des § 139 HGB für den Fall, dass die Voraussetzungen für eine Umwandlung der Gesellschaft in eine KG gegeben sind, spricht, dass sich seit dem Übergang von der Doppelverpflichtungs- zur Akzessorietätstheorie im Recht der GbR die Haftung des Gesellschafters der eines Gesellschafters einer OHG bzw. dem phG einer KG angenähert hat. Vor diesem Hintergrund besteht jetzt auch hier der Konflikt zwischen der unbeschränkten Gesellschafterhaftung und der beschränkten Erbenhaftung (MüKoBGB/*Schäfer* § 727 Rn. 47), der die analoge Anwendung von § 139 HGB rechtfertigt.

e) **KG (Beteiligung als Kommanditist).** Nach § 177 HGB wird die Gesellschaft beim Tod eines Kommanditisten mit den Erben fortgesetzt, sofern nicht abweichende Regelung im Gesellschaftsvertrag enthalten sind. Der Kommanditanteil ist also kraft Gesetzes vererblich. Er fällt den gesetzlichen oder gewillkürten Erben des verstorbenen Kommanditisten an, ohne dass es einer irgendwie gearteten Nachfolgeklausel bedarf. Tritt ein Alleinerbe an die Stelle des verstorbenen Gesellschafters, so wird dieser Kommanditist. Werden allerdings mehrere Personen Erbe des verstorbenen Kommanditisten, so geht der Kommanditanteil an der werbenden Gesellschaft nicht ungeteilt auf die Erbengemeinschaft über. Vielmehr erhält jeder Miterbe im Wege der **Sondererbfolge** eine selbständige Gesellschafterstellung und einen gesonderten Gesellschaftsanteil gemäß seiner Erbquote (BGH NJW 1995, 3314 (3315)). Die Mitgliedschaftsrechte werden beim Vorhandensein mehrerer Erben bei einer werbenden Gesellschaft vervielfältigt, was ggf. den Interessen der verbleibenden Mitgesellschafter widerspricht. Um hier einen Interessenausgleich zu schaffen, kann in dem Gesellschaftsvertrag geregelt werden, dass mehrere Erben eines Gesellschafters ihre Rechte nur durch einen gemeinsamen Vertreter ausüben können (*Ivo* ZEV 2006, 302 (303)). § 177 HGB ist dispositiv. Dies bedeutet, dass im Gesellschaftsvertrag der KG die Vererblichkeit des Kommanditanteils ausgeschlossen werden kann. Enthält der Gesellschaftsvertrag eine Fortsetzungsklausel (→ Rn. 45), etwa in der Form, dass die Gesellschaft nach dem Tod eines Gesellschafters ohne dessen Erben von den verbleibenden Gesellschaftern fortgesetzt wird, so bedeutet dies für den Erben des verstorbenen Kommanditisten, dass die Vererblichkeit seiner Beteiligung ausgeschlossen ist (*Ivo* ZEV 2006, 302). Enthält der Gesellschaftsvertrag eine einfache Nachfolgeklausel (→ Rn. 46), so hat diese für den Kommanditisten nur eine klarstellende Funktion, da sich bereits aus dem Gesetz (§ 177 HGB) die Vererblichkeit des Kommanditanteils ergibt. Wurde in den Gesellschaftsvertrag jedoch eine qualifizierte Nachfolgeklausel (→ Rn. 46) aufgenommen, so wird dadurch die Vererblichkeit des Kommanditanteils eingeschränkt. Der gesellschaftsvertraglich nicht zugelassene Erbe kann dem Erblasser nicht in den Gesellschaftsanteil nachfolgen (*Ivo* ZEV 2006, 302 (304)). Eine Eintrittsklausel (→ Rn. 50) schließt der Vererblichkeit des Kommanditanteils nicht aus, dem Eintrittsberechtigten steht allerdings ein schuldrechtlicher Anspruch auf Aufnahme in die Gesellschaft als Kommanditist zu. Nicht nur die Vererblichkeit des Kommanditanteils sondern auch der Abfindungsanspruch der nicht eintretenden Erben kann wirksam vollständig ausgeschlossen werden (Baumbach/Hopt/*Hopt* HGB § 177 Rn. 3). Wird ein Mitgesellschafter Erbe des Kommanditanteils, so greift der Grundsatz der Einheitlichkeit des Gesellschaftsanteils. Ist der Erbe Komplementär der KG, so erhöht sich der Kommanditanteil seinen Kapitalanteil, an seiner Stellung als Komplementär ändert sich allerdings nichts, er wird insbes. durch den Erwerb des Kommanditanteils nicht auch noch zusätzlich zu seiner Stellung als persönlich haftender Gesellschafter Kommanditist (Baumbach/Hopt/*Roth* HGB § 124 Rn. 16). Ist er Kommanditist, so vereinigen sich die Anteile in seiner Person, sein Kommanditanteil erhöht sich (BGHZ 109, 123 (129)).

f) **OHG/KG (Beteiligung als Komplementär).** Beim Tod des Gesellschafters der OHG bzw. des persönlich haftenden Gesellschafters der KG scheidet der verstorbene Gesellschafter aus der Gesellschaft aus, es sei denn, der Gesellschaftsvertrag enthält abweichende Regelungen. Die Gesellschaft wird nach den gesetzlichen Regelungen mit den verbleibenden Gesellschaftern fortgesetzt. Eine Auflösung der Gesellschaft durch den Tod des Gesellschafters findet nicht statt (§§ 131 III Nr. 1, 161 II HGB). Der Anteil des Verstorbenen am Gesellschaftsvermögen wächst den anderen Gesellschaftern an (§ 105 III HGB, § 738 I 1). Die Erben des verstorbenen Gesellschafters sind abzufinden (§§ 161 II, 105 III HGB, 738 I). Allerdings haben die Gesellschafter die Möglichkeit, im Gesellschaftsvertrag die Abfindung der Höhe nach zu beschränken oder ganz auszuschließen (*Ivo* ZEV 2006, 302; *Winkler* ZEV 2005, 89 (92)).

Gesellschaftsvertraglich können abweichende Regelungen zur Nachfolge getroffen werden (§§ 131 III, 161 II HGB). Insoweit stehen den Gesellschaftern die Regelungen offen, die auch die Gesellschafter einer BGB Gesellschaft treffen können (Baumbach/Hopt/*Roth* HGB § 139 Rn. 2, 3). Fehlt es an einer entsprechenden gesellschaftsvertraglichen Vereinbarung, so gelten die gesetzlichen Regelungen, nach der die Gesellschaft mit den verbleibenden Gesellschaftern fortgesetzt wird. Der Erblasser-Gesellschafter kann dies weder durch ein Testament noch durch Anordnung eines Vermächtnisses oder durch eine Teilungsanordnung verhindern (Baumbach/Hopt/*Hopt* HGB § 139 Rn. 4).

§ 139 HGB gewährt dem Erben des Gesellschafters einer OHG und des phG der KG (Baumbach/Hopt/*Roth* HGB § 139 Rn. 7) ein **Wahlrecht**, entweder in die Stellung eines Kommanditisten zu wechseln oder aus der Gesellschaft auszuscheiden. Tritt der Erbe aufgrund einer Nachfolgeklausel in die Stellung des verstorbenen Gesellschafters ein, so steht ihm das Wahlrecht nach § 139 HGB zu. Hat er allerdings die Beteiligung des verstorbenen Gesellschafters durch Ausübung eines ihm eingeräumten

Eintrittsrechts oder als Vermächtnisnehmer erlangt, so gilt dies nicht (MüKoHGB/*Schmidt* § 139 Rn. 62; Baumbach/Hopt/*Roth* HGB § 139 Rn. 7). § 139 HGB gilt auch dann nicht, wenn der Erbe den Schutz, den § 139 HGB bietet, wegen der Einheitlichkeit des Gesellschaftsanteils nicht mehr benötigt, etwa deshalb, weil er bereits persönlich haftender Gesellschafter der Gesellschaft ist. Ist der Erbe bereits Kommanditist der Gesellschaft, so steht ihm zwar das Wahlrecht zu, allerdings kann dieses wegen der Einheitlichkeit des Gesellschaftsanteils ebenfalls nur einheitlich ausgeübt werden (→ Rn. 53; Baumbach/Hopt/*Roth* HGB § 139 Rn. 37). Ausgeübt wird das Wahlrecht durch formlosen Antrag gegenüber den Mitgesellschaftern nicht gegenüber der Gesellschaft (BGH NJW 1971, 1268). Dabei kann jeder einzelne Erbe das Wahlrecht unabhängig von den anderen Miterben ausüben (MüKoHGB/*Schmidt* § 139 Rn. 68). Der Antrag ist darauf zu richten, dem antragstellenden Erben unter Änderung des Gesellschaftsvertrages in der Gesellschaft die Stellung eines Kommanditisten einzuräumen (Baumbach/Hopt/*Roth* HGB § 139 Rn. 37). Wird der Antrag angenommen, wobei der Antrag einzelnen Miterben unterschiedlich von den Mitgesellschaftern beschieden werden kann (MüKoHGB/*Schmidt* § 139 Rn. 68), so erfolgt eine Vertragsänderung, mit dem Inhalt, dass die bestehende Mitgliedschaft in der Gesellschaft in eine solche als Kommanditist umgewandelt wird (MüKoHGB/*Schmidt* § 139 Rn. 69). Nehmen die Mitgesellschafter den Antrag des Gesellschafter-Erben nicht an, so hat dieser das Recht, ohne Einhaltung einer Kündigungsfrist sein Ausscheiden aus der Gesellschaft nach § 139 II HGB zu erklären. Nehmen die Mitgesellschafter den Antrag des Gesellschaftererben nicht an, so riskieren sie das abfindungspflichtige Ausscheiden des Gesellschaftererben aus der Gesellschaft (MüKoBGB/*Schäfer* § 727 Rn. 46). Der Erbe muss innerhalb der in § 139 III HGB genannten Dreimonatsfrist den Austritt aus der Gesellschaft erklären. Dies bedingt, dass er seinen Antrag, Kommanditist der Gesellschaft werden zu wollen, so rechtzeitig stellt, dass er nach der Nichtannahme seines Antrages durch die Mitgesellschafter noch immer innerhalb der Frist den Austritt aus der Gesellschaft erklären kann. Wirksam ist jedoch auch eine bedingte Austritterklärung des Gesellschafter-Erben zeitgleich mit dem Umwandlungsantrag für den Fall, dass sein Antrag auf Umwandlung seiner Mitgliedschaft nicht angenommen wird (MüKoHGB/*Schmidt* § 139 Rn. 86). Durch das Austrittsrecht soll der Erbe des Gesellschafters davor geschützt werden, in eine von ihm nicht gewollte unbeschränkte persönliche Haftung nach §§ 128, 130 HGB gedrängt zu werden, durch die er sich ansonsten nur durch eine Ausschlagung der Erbschaft schützen könnte. Vor diesem Hintergrund kann sich der Erbe auf die beschränkte Erbenhaftung wegen bis dahin entstandener Gesellschaftsverbindlichkeiten berufen, wenn er innerhalb der Dreimonatsfrist entweder Kommanditist der Gesellschaft wird oder seinen Austritt aus der Gesellschaft erklärt oder die Gesellschaft aufgelöst wird (§ 139 IV HGB).

59 **g) Stille Gesellschaft.** Hier ist zu differenzieren hinsichtlich der Rechtsfolgen zwischen dem Tod des Geschäftsinhabers und dem Tod des stillen Gesellschafters. Verstirbt der **stille Gesellschafter,** so wird die Gesellschaft nach § 234 II HGB nicht aufgelöst. Die Rechte und Pflichten aus dem stillen Gesellschaftsverhältnis fallen in den Nachlass und gehen auf die Erben über. Sind mehrere Miterben vorhanden, so wird hier die Erbengemeinschaft selbst Inhaberin der stillen Beteiligung, es findet keine Sondererbfolge statt (MüKoHGB/*Schmidt* § 234 Rn. 56; EBJS/*Gehrlein* HGB § 234 Rn. 36). Im Gesellschaftsvertrag können abweichende Regelungen getroffen werden. So ist es möglich, bspw. auch für den Fall des Todes des stillen Gesellschafters die Auflösung der Gesellschaft zu vereinbaren. Es kann auch die Fortführung der stillen Gesellschaft nur mit einzelnen Erben vorgesehen werden, ferner kann ein Eintrittsrecht für solche Personen begründet werden, die nicht zum Kreis der Erben des stillen Gesellschafters gehören (MüKoBGB/*Leipold* Rn. 112). Gerade vor dem Hintergrund, dass beim Vorhandensein mehreren Erben die Erbengemeinschaft in den stillen Gesellschaftsanteil eintritt, kann es im Einzelfall sinnvoll sein, durch Eintrittsklauseln Problemen im Rahmen der Nachfolge nach dem Tod des stillen Gesellschafters vorzubeugen (vgl. EBJS/*Gehrlein* HGB § 234 Rn. 36).

60 Beim Tod des **Geschäftsinhabers,** der von der Regelung in § 234 II HGB nicht erfasst ist, wird die stille Gesellschaft nach § 727 I BGB aufgelöst, es sei denn, die Gesellschafter hätten etwas anderes vereinbart. So kann im Gesellschaftsvertrag eine Fortsetzung der stillen Gesellschaft mit den Erben des verstorbenen Geschäftsinhabers vorgesehen werden (MüKoBGB/*Leipold* Rn. 90).

61 **h) Partnerschaftsgesellschaft.** Nach § 9 IV PartGG ist die Beteiligung an einer Partnerschaft grds. nicht vererblich. Verstirbt einer der Partner, so scheidet dieser aus der Partnerschaft nach § 9 I PartGG iVm § 131 III Nr. 1 HGB aus. Die Gesellschaft wird nicht aufgelöst, vielmehr wächst der Gesellschaftsanteil des verstorbenen Gesellschafters den anderen Gesellschaftern nach § 738 I an. Dem/Den Erben des verstorbenen Gesellschafters steht ein Abfindungsanspruch nach §§ 738–740 zu, der in den Nachlass fällt (Meilicke/*Hoffmann* PartGG § 9 Rn. 38; MüKoBGB/*Leipold* Rn. 110). Im Partnerschaftsvertrag kann jedoch geregelt werden, dass der Gesellschaftsanteil an Dritte vererbt werden kann (§ 9 IV 1 PartGG). Voraussetzung für die Vererblichkeit des Anteils ist also, dass die Gesellschafter in den Partnerschaftsvertrag eine entsprechende Nachfolgeklausel aufnehmen. Hier stehen den Gesellschaftern die Gestaltungsmöglichkeiten zur Verfügung, die auch bei der BGB-Gesellschaft existieren (→ Rn. 45). Beschränkt sind die Gesellschafter in ihrer Gestaltungsmöglichkeit jedoch dadurch, dass der Dritte nach dem Gesetz ein tauglicher Partner, nämlich ein solcher iSv § 1 I, II PartGG sein muss. Dabei ist der Wortlaut des Gesetzes einschränkend dahingehend auszulegen, dass es nicht reicht, wenn die Gesellschafter eine Person mit freiberuflicher Qualifikation gem. § 1 II PartGG als Dritten bestimmen. Vielmehr muss § 9 IV PartGG unter Berücksichtigung des in § 3 II Nr. 3 PartGG genannten Mindestinhalts des Partnerschaftsvertrags einschränkend dahingehend ausgelegt werden, dass Dritte nur solche Freiberufler sein

können, die die berufliche Qualifikation für zumindest einen vom Gegenstand des Partnerschaftsvertrages umfassten freien Beruf aufweisen (MüKoBGB/*Ulmer/Schäfer* PartGG § 9 Rn. 25).

Dem Erben des Partners, der als Nachfolger in die Gesellschaft eintritt, steht das **Austrittsrecht** aus § 139 HGB zu (→ Rn. 52). Dieses ist allerdings eingeschränkt darauf, dass der Erbe nur befugt ist, seinen Austritt aus der Partnerschaft zu erklären. Er hat nicht die Möglichkeit, zu verlangen, dass ihm von den anderen Partnern die Stellung eines Kommanditisten in der Gesellschaft eingeräumt wird, er kann also nicht die Umwandlung der Partnerschaftsgesellschaft in eine KG verlangen (§ 9 IV 3 PartGG). Das Austrittsrecht steht jedem Erben eines Partners gesondert zu, es kann daher von jedem selbständig und unabhängig in seinem eigenen Sinne ausgeübt werden. Die Ausübung muss gegenüber den übrigen Partnern entsprechend § 139 III HGB innerhalb von drei Monaten nach Erlangung der Kenntnis vom Anfall der Erbschaft erfolgen. Hatte der Erbe Kenntnis von der Erbschaft, wusste er jedoch nicht, dass ihm der Gesellschaftsanteil an der Partnerschaftsgesellschaft vererbt wurde, so hindert dies den Fristbeginn nicht (MüKoBGB/*Schäfer* § 9 PartGG Rn. 30; MüKoHGB/*Schmidt* § 139 Rn. 89). 62

7. Höfe und Landgüter. Die Vererbung landwirtschaftlicher Betriebe richtet sich nur dann nach den allgemeinen Vorschriften des BGB, wenn nicht landesgesetzliche Spezialregelungen eingreifen. So gilt in den Ländern Hamburg, Niedersachsen, Nordrhein-Westfalen und Schleswig-Holstein die Höfeordnung. In Hessen gilt die hessische Landgutordnung, in Rheinland-Pfalz das Landesgesetz über die Höfeordnung. Bayern, Berlin, das Saarland sowie die neuen Bundesländer haben kein spezielles Höferecht (vgl. MüKoBGB/*Leipold* Einl. Rn. 130 ff.). Die landesgesetzlichen Spezialregelungen dienen dazu, den Betrieb ungeteilt im Erbgang auf einen (Hof-)Erben übergehen zu lassen, um die Fortführung der Bewirtschaftung zu ermöglichen (BGH NJW 1998, 78 (79)). Der Hof fällt mit allem, was zu seiner Wirtschaftseinheit gehört, kraft Gesetzes dem gesetzlichen (vgl. §§ 5, 6 HöfeO) oder gewillkürten (vgl. § 7 HöfeO) Hoferben an. Hoferbe kann grds. nur derjenige werden, der wirtschaftsfähig ist (§ 6 VI, VII HöfeO). Der Begriff des Hofes ist in den einzelnen Landesgesetzen unterschiedlich definiert (*Kroeschell*, Landwirtschaftsrecht, 1963, Rn. 313 ff.). Es besteht ein **Anerbenrecht.** Es findet hinsichtlich des Hofes eine **Sonderrechtsnachfolge** statt. Das hoffreie Vermögen wird, wie der übrige Nachlass auch, nach den Regelungen des BGB vererbt. Solche Miterben, die nicht Hoferben geworden sind, erhalten Abfindungsansprüche (vgl. § 12 HöfeO). Da diese Abfindungsansprüche auf der Grundlage des eineinhalbfachen steuerlichen Einheitswert des Hofes zu berechnen sind (§ 12 II HöfeO), sind die Abfindungen relativ gering. Darüber hinaus gibt es Nachabfindungsansprüche (§ 13 HöfeO), die von den Abfindungsberechtigten geltend gemacht werden können, wenn der Hoferbe den Hof innerhalb von 20 Jahren nach dem Erbfall ganz oder in wesentlichen Teilen veräußert oder die Flächen anders als land- und forstwirtschaftlich nutzt. Der Nachabfindungsanspruch besteht daher, wenn früher landwirtschaftlich genutzte Flächen an einen Betreiber einer Windkraftanlagen verpachtet werden. Dann besteht der Anspruch selbst dann, wenn die verpachteten Flächen noch teilweise landwirtschaftlich genutzt werden können (BGH ZEV 2009, 568). Analog gilt § 13 HöfeO, wenn ein Milchkontingent, das zum Hof gehört, veräußert wird (BGH ZEV 1997, 342). Wird der Hof im Wege der vorweggenommenen Erbfolge bereits unter Lebenden an einen hoferbenberechtigten Abkömmling übertragen, so gilt für die anderen Abkömmlinge hinsichtlich des Hofes der Erbfall mit dem Zeitpunkt der Übergabe als eingetreten (§ 17 II HöfeO). 63

8. Immaterialgüterrechte/Rechte am geistigen Eigentum. Diese sind stark vermögensbezogen, obwohl sie auch personenbezogen sind. Sie sind wegen ihrer starken Vermögensbezogenheit vererblich. Vererblich sind Urheberrechte (§ 28 UrhG), Patentrechte (§ 15 I PatG), Gebrauchsmuster (§ 22 I GebrMG) und Geschmacksmuster (§ 29 GeschmMG) sowie geschützte Marken (§ 27 I MarkenG). Diese geschützten Marken (früher Warenzeichen) können auch ohne den Betrieb, zu dem sie gehören, vererbt werden, obwohl im Zweifel nach § 27 II MarkenG der Übergang der Marke mit dem Übergang des Geschäftsbetriebes verknüpft ist. Wird ein vererbliches Recht verletzt, so steht den Erben auch ein Anspruch auf Schadensersatz, Beseitigung oder Unterlassung zu (Staudinger/*Marotze* Rn. 269). Hatte der Erblasser selbst bereits zu seinen Lebzeiten Entschädigungsansprüche erworben, so gehen diese auf den Erben über, selbst wenn das Recht, aus dessen Verletzung heraus der Schadensersatzanspruch herrührt, erloschen oder aufgegeben ist. Ein Unterlassungsanspruch und ein Beseitigungsanspruch setzen demgegenüber jedoch den Fortbestand des verletzten Rechts über den Tod des Erblassers voraus, da sich beide Ansprüche letztlich in die Zukunft richten (Staudinger/*Marotzke* Rn. 270). 64

9. Körper des Erblassers. Einigkeit besteht darüber, dass der Körper des Erblassers, also der Leichnam, das Skelett und auch die Asche, nicht zum Nachlass gehört (Palandt/*Weidlich* Rn. 37; MüKoBGB/*Leipold* Rn. 111; Staudinger/*Marotzke* Rn. 117; Staudinger/*Jickeli/Stieper* § 90 Rn. 40). Dies ergibt sich daraus, dass die Erbschaft iSd § 1922 das Vermögen des Erblassers ist, nicht jedoch der Leichnam des Erblassers selbst (Staudinger/*Jickeli/Stieper* § 90 Rn. 40). Dennoch wird der Leichnam als Sache angesehen (OLG Hamburg NJW 2012, 1601; OLG Nürnberg NJW 2010, 2071; Staudinger/*Jickeli/Stieper* § 90 Rn. 39). Nach aA ist der Körper des Verstorbenen ein Rest seiner Persönlichkeit, jedoch keine Sache (*Larenz/Wolf* AT § 20 I Rn. 9; MüKoBGB/*Leipold* Rn. 111). Gegen diese Auffassung spricht, dass der Mensch nach dem Tod nicht mehr Rechtssubjekt sondern nur noch Rechtsobjekt sein kann (Staudinger/*Jickeli/Stieper* § 90 Rn. 40). Am Leichnam besteht jedoch, weil diese Sache dem Rechtsverkehr weitestgehend entzogen ist, kein Eigentum der Erben (OLG Hamburg NJW 2012, 1601; Palandt/*Weidlich* Rn. 37; MüKoBGB/*Leipold* Rn. 111). Über das Schicksal des Leichnams bestimmen nicht die Erben sondern diejenigen, denen das Recht zur **Totenfürsorge** zusteht. Das Bestattungsrecht richtet sich nach 65 dem Willen des Erblassers. Der Erblasser kann mit der Wahrnehmung der Totenfürsorge auch jemanden beauftragen, der nicht zum Kreis der Erben gehört. Hat der Erblasser keine Bestimmung getroffen, so sind nach dem Gewohnheitsrecht zunächst die nächsten Angehörigen zur Totenfürsorge berechtigt und verpflichtet. Unter den nächsten Angehörigen hat der Ehegatte ein Vorrecht (Palandt/*Weidlich* Einl. Rn. 10). Hat der Erblasser angeordnet, dass sein Körper nach seinem Tod zu wissenschaftlichen oder medizinischen Zwecken zur Verfügung stehen soll, so hat der Totensorgeberechtigte die Befugnis, dies durchzusetzen. Diese umfasst das Recht, den Leichnam von dem bisherigen Besitzer herauszuverlangen und ihn für die wissenschaftlichen Zwecke zur Verfügung zu stellen. Ob dieser Befugnis als Berechtigung eigener Art (so Staudinger/*Jickeli/Stieper* § 90 Rn. 45) angesehen wird oder ob insoweit die Regelungen des BGB gelten, weil der Leichnam dann auch im Rechtsverkehr als Sache anzusehen ist (so Palandt/*Weidlich* Rn. 37), kann dahinstehen, weil beide Auffassung zum demselben Ergebnis gelangen. Künstliche Körperteile sind solange, wie sie mit der Leiche noch fest verbunden sind, nicht vererblich. Werden diese künstlichen Körperteile von der Leiche abgelöst, so handelt es sich um herrenlose Sachen (vgl. BGH Beschl. v. 30.6.2015 – 5 StR 71/15, NJW 2015, 2109 Rn. 12). Streitig ist, ob ein Aneignungsrecht an diesen vom Leichnam abgetrennten Teilen ausschließlich den Erben (so Palandt/*Weidlich* Rn. 37), ggf. mit Zustimmung des Totenfürsorgeberechtigten (LG Mainz MedR 1984, 200) oder nur den Angehörigen als Totenfürsorgeberechtigten (*Gottwald* NJW 2012, 2231 (2233)) zufällt oder ob ein mit der Trennung von außerhalb entstehendes Eigentumsrecht der Erben anzunehmen ist (so MüKoBGB/*Leipold* § 1922 Rn. 140). Da künstliche Körperbestandteile auch zu Lebzeiten des Erblasser keine Vermögensgegenstände waren, unterfallen sie auch dann, wenn sie von dem Leichnam abgetrennt werden, nicht der Erbschaft (OLG Hamburg NJW 2012, 1601). Letztlich können daher nur die Totenfürsorgeberechtigten ein Aneignungsrecht haben (so *Gottwald* NJW 2012, 2231 (2233)). Für ein Aneignungsrecht der Erben oder sogar ein mit Trennung entstehendes Eigentumsrecht der Erben sprechen Gründe der Praktikabilität und des umfassenden Rechtsschutzes (MüKoBGB/*Leipold* Rn. 140). Die Totenfürsorgeberechtigten sind es auch, die darüber zu entscheiden haben, ob künstliche Körperteile oder fest verbundene sonstige Hilfsmittel, wie bspw. Zahngold oder Herzschrittmacher der Leiche entnommen werden dürfen, wenn der Erblasser selbst keine Einwilligung dazu erklärt hat (MüKoBGB/*Leipold* Rn. 140). Hilfsmittel, die nicht fest mit dem Leichnam verbunden sind, wie zB Hörgeräte, Brillen oder auch abnehmbare Prothesen fallen in den Nachlass (Bamberger/Rot/*Müller-Christmann* Rn. 27). Vom Erblasser gespendeter **Samen** ist nach dem Tod des Erblassers entsprechend den Bestimmungen des Erblassers zu verwenden, er fällt nicht in den Nachlass (Palandt/*Weidlich* Rn. 37). § 4 I Nr. 3 ESchG verbietet die Verwendung des Samens eines Mannes nach dessen Tod (OLG München Urt. v. 22.2.2017 – 3 U 4080/16, FamRZ 2017, 904). Die Voraussetzungen für **Organentnahmen** aus dem Körper des Verstorbenen regelt das Transplantationsgesetz.

66 10. **Mitgliedschaftsrechte. a) Genossenschaft.** Die Mitgliedschaft in einer eingetragenen **Genossenschaft** geht nach § 77 I 1 GenG nach dem Tod des Genossen auf den Erben über. Die in § 77 III GenG vorgeschriebene Eintragung in die Mitgliederliste hat nur deklaratorische Wirkung (*Hirte* DStR 2007, 2166 (2172)). Sofern in der Satzung nichts anderes geregelt ist, endet die Mitgliedschaft mit dem Schluss des Geschäftsjahres, in dem der Erbfall eintrat (§ 77 I 2; II GenG). In der Satzung kann die Fortsetzung der Mitgliedschaft durch einen Erben von dem Vorliegen persönlicher Voraussetzungen abhängig gemacht werden. Es kann in der Satzung auch bestimmt werden, dass im Fall der Beerbung des Erblassers durch mehrere Erben die Mitgliedschaft endet, wenn sie nicht innerhalb einer in der Satzung bestimmten Frist einem Miterben von den übrigen Miterben allein überlassen wurde (§ 77 I, II GenG). Geht die Mitgliedschaft auf eine Erbengemeinschaft über, so kann das Stimmrecht in der Generalversammlung nur durch einen gemeinschaftlichen Vertreter ausgeübt werden (§ 77 I 3 GenG). Ist ein Testamentsvollstrecker bestellt, so übt dieser das Stimmrecht in der Generalversammlung aus, es sei denn, die Satzung steht dem entgegen (Poehlmann/Fandrich/Bloes/*Fandrich* GenG § 77 Rn. 5). Die Beschränkung der Haftung nach §§ 1975 ff. ist zulässig (Poehlmann/Fandrich/Bloes/*Fandrich* GenG § 77 Rn. 3).

67 b) **Verein.** Die Mitgliedschaft in einem **rechtsfähigen Verein** begründet eine höchstpersönliche Rechtsstellung. Sie ist daher nach § 38 S. 1 grds. nicht vererblich. Allerdings kann sich aus der Satzung des Vereins etwas anderes ergeben, da § 38 nach § 40 in der Satzung abbedungen werden kann (Bamberger/Roth/*Müller-Christmann* Rn. 67). In der Satzung kann jedoch nicht festgelegt werden, dass mit dem Tod des Mitglieds dessen Mitgliedschaft automatisch auf ein Nichtmitglied übergeht (OLG Hamm NJW-RR 2011, 472). Ein solcher automatischer Übergang scheitert daran, dass niemand ohne eine entsprechende Willenserklärung Mitglied eines Vereins werden kann (BGH WM 1980, 1286).

68 c) **Versicherungsverein auf Gegenseitigkeit (VVaG).** Die Mitgliedschaft geht auch dann, wenn keine satzungsmäßigen Regelungen zur Vererblichkeit getroffen wurden (§§ 38, 40), auf den Erben des Mitgliedes über, wenn dieser den versicherten Gegenstand erbt und die Satzung für diesen Fall nicht das Erlöschen der Versicherung vorschreibt, also auch das Versicherungsverhältnis übergeht (MüKoBGB/*Leipold* Rn. 77).

69 11. **Öffentlich-rechtliche Rechtspositionen.** Ob öffentlich-rechtliche Rechte und Pflichten des Erblassers auf dessen Erben als Rechtsnachfolger übergehen, ist auf der Grundlage der öffentlich-rechtlichen Vorschriften zu beurteilen. Nur dann, wenn öffentlich-rechtliche Vorschrift fehlen, kann auf den Rechtsgedanke aus § 1922 BGB zurückgegriffen werden (BVerwG 21, 302). An der öffentlich-rechtlichen Natur eines Rechtsverhältnisses ändert sich durch den Eintritt eines Erbfalls nichts. So bleibt ein Rentenrückforderungsanspruch auch dann öffentlich-rechtlicher Natur, wenn dieser nicht mehr gegen den ursprünglichen Rentenbezieher, den Erblasser, sondern gegen den Erben zu richten ist (BGH NJW 1978, 2091). Das **Beamtenverhältnis** selbst endet aufgrund seiner ganz auf die Person bezogenen Ausrichtung mit dem Tod des verbeamteten Erblassers (Palandt/*Weidlich* Rn. 40). Hatte der Erblasser zu Lebzeiten vermögensrechtliche Ansprüche gegen den Dienstherrn erworben, etwa auf Zahlung rückständiger Dienst- oder Versorgungsbezüge, so gehen solche Ansprüche auf den Erben über (BeckOK BGB/*Müller-Christmann* Rn. 109). Die Bezüge des Erblassers für den Sterbemonat werden nach § 17 I BeamtVG an die Erben ausgezahlt. Möglich ist auch eine Auszahlung an die Hinterbliebenen (§ 17 II BeamtVG). Die Hinterbliebenen haben eigene Ansprüche auf Sterbegeld und Hinterbliebenenversorgung nach §§ 16 ff. BeamtVG (Palandt/*Weidlich* Rn. 40). Diese fallen nicht in den Nachlass des Erblassers (BeckOK BGB/*Müller-Christmann* Rn. 109). Der Beihilfeanspruch eines Beamten ist vererblich (BVerwG ZEV 2010, 590), auch dann, wenn die Beihilfe nicht bereits vor dem Tod des Beamten bewilligt wurde (OVG Berlin-Brandenburg Urteil vom 26.1.2017 -OVG 4B7/16, NVwZ-RR 2017, 543) Sind vor dem Tod des Beamten unberechtigte Beihilfeauszahlungen erfolgt, so besteht der Rückzahlungsanspruch gegenüber dem Erben. Dieser ist im Verwaltungsrechtsweg geltend zu machen (BVerwG NVwZ 1991, 168; vgl. aber auch VG Saarlouis BeckRS 2008, 31148). Ein **Bußgeldverfahren** ist förmlich einzustellen, wenn der Betroffene vor Rechtskraft des Bußgeldbescheides verstirbt, ein Übergang auf den/die Erben findet nicht statt (§ 46 I OWiG, 206a StPO; BGH NJW 1999, 3644). **Gewerberechtliche** Erlaubnisse oder sonstige öffentlich-rechtliche Konzessionen, Gestattungen oder Bewilligungen werden regelmäßig erst nach der Prüfung der vom Gesetz geforderten persönlichen Eigenschaften, Kenntnisse und Fähigkeiten des Antragstellers erteilt. Diese sind daher regelmäßig unvererblich. So erlischt die Erlaubnis zum Betreiben einer Apotheke mit dem Tod des Apothekers (§ 3 Nr. 1 ApoG), die Bestellung zum Bezirksschornsteinfeger erlischt mit dem Tod (§ 8 Nr. 5 SchFG). Den Erben oder bestimmten Angehörigen des Erblassers wird im Einzelfall durch Sondervorschriften gestattet, das Gewerbe weiterzuführen. So räumte § 4 HwO den dort genannten Personen das Recht zur Fortführung des Handwerksbetriebes unter der Voraussetzung, dass ein Betriebsleiter bestellt wird, ein, selbst wenn diese die Voraussetzungen für die Eintragung in die Handwerksrolle nicht erfüllen (vgl. auch § 10 GastG; § 19 PBefG). In **Polizei- und Ordnungspflichten** tritt der Erbe als Rechtsnachfolger des Erblassers dann ein, wenn es sich nicht um höchstpersönliche Rechte und Pflichten handelt, so kann zB die Ersatzvornahme gegenüber dem Erben erzwungen werden (Palandt/*Weidlich* Rn. 42), festgesetzte Zwangsgelder bzw. die Androhung der Festsetzung weiterer Zwangsgelder etwa zur Durchsetzung einer Abrissverfügung gehen allerdings nicht auf den Erben über (VG Cottbus Beschl. v. 27.4.2017 – VG 3 K 1029/17, ZEV 2017, 430). Forderungen und Schulden aus dem **Steuerverhältnis** des Erblassers gehen auf den Erben über. Dies gilt allerdings nach § 45 I AO nicht für Zwangsgelder. Nach dem Tod des verheirateten Erblassers geht das Veranlagungswahlrecht auf dessen Erben über. § 26 III EStG, wonach bei fehlenden anderweitigen Erklärungen der Ehegatten unterstellt wird, dass diese die Zusammenveranlagung wählen, gilt für den Erben aber nur, wenn er Kenntnis von dem Erbfall und seiner Erbenstellung und von den steuerlichen Verhältnissen des Erblassers hat (BFH NJW-RR 2007, 1458). Ob der Erbe einen vom Erblasser nicht ausgenutzten Verlustabzug nach § 10d EStG bei seiner eigenen Veranlagung zur Einkommensteuer und Körperschaftsteuer geltend machen kann, war unter den einzelnen Senaten des BFH streitig (BFH NJW 2003, 3367 kein Abzug; für Abzug NJW 2004, 1342; ZEV 2001, 368). Der BFH (ZEV 2008, 199) hat sich jetzt gegen den Abzug entschieden. Den Übergang **sozialrechtlicher Ansprüche** regeln die §§ 56–59 SGB I. Ansprüche auf Dienst- oder Sachleistungen erlöschen mit dem Tod des Berechtigten. Ansprüche auf Geldleistungen erlöschen nach § 59 SGB I nur dann, wenn der Anspruch zum Zeitpunkt des Todes des Erblassers noch nicht festgestellt und auch kein Verwaltungsverfahren über den Anspruch anhängig war. Ansonsten gehen fällige Ansprüche über. Auf wen die Ansprüche übergehen, ergibt sich aus §§ 56– 58 SGB I. In § 56 SGB I ist eine Sonderrechtsnachfolge angeordnet. Sonderrechtsnachfolger werden der Ehegatte bzw. Lebenspartner, Kinder, Eltern oder der Haushaltsführer. Tritt keine Sonderrechtsnachfolge ein, so geht der Anspruch auf die Erben über (§ 58 SGB I). Hat der Leistungsträger einen Anspruch auf Erstattung von Sozialleistungen, so geht der Erstattungsanspruch auf die Erben über. Die Verbindlichkeit ist eine Nachlassverbindlichkeit entsprechend § 1967 BGB (BeckOK BGB/*Müller-Christmann* Rn. 108). Wegen nach dem Tod des Erblassers erbrachter Rentenzahlungen besteht ein Rückforderungsanspruch aus § 118 IV SGB VI nur dann gegenüber den Erben, wenn diese auch Empfänger bzw. Verfügende im Sinne von § 118 IV SGB VI waren (LSG Sachsen Urt. v. 30.10.2012 – L5R 350/11, NSZ 2013, 270). Wird ein Geldinstitut auf Rückzahlung der nach dem Tod des Rentners gezahlten Rente in Anspruch genommen, so kann sich dieses dann, wenn es bei Ausführung eines Zahlungsauftrags zu Lasten des Kontos Kenntnis vom Tod des Rentenempfängers hatte, nicht auf den anspruchsvernichtenden Einwand anderweitiger Verfügung berufen. Auch die Auflösung des Kontos, auf das die Rente gezahlt wurde, führt nicht zum Untergang des Rücküberweisungsanspruchs des Rentenversicherungsträgers gegen das Geldinstitut (BSG Urt. v. 24.2.2016 –B 13 R 22/15 R, BeckRS 2016, 69346). Die Rechte und Pflichten des Erben einer **Schusswaffe** regelt § 20 WaffG. Danach muss der Erbe innerhalb eines Monats nach Annahme der Erbschaft bzw. Ablauf der Ausschlagungsfrist eine Waffenbesitzkarte beantragen bzw. die Waffen aus dem Nachlass in eine ihm bereits ausgestellte Waffenbesitzkarte eintragen lassen. Kann der Erbe kein besonderes Bedürfnis, zB die Jagdausübung (§ 13 WaffG) oder die Ausübung des Schießsports (§ 14 WaffG) geltend machen, so sind die Waffen mit einem geeigneten Blockiersystem zu sichern, Munition ist unbrauchbar zu machen oder einem Berechtigten auszuhändigen (§ 20 III WaffG).

70   **12. Persönlichkeitsrecht.** Das allgemeine Persönlichkeitsrecht ist grds. immaterieller Natur und unvererblich. Es erlischt mit dem Tod des Menschen. Dies gilt auch für den Namen nach § 12, da das Namensrecht ein Teil des allgemeinen Persönlichkeitsrecht ist (BGH ZEV 2007, 131). Allerdings endet der rechtliche Schutz der Persönlichkeit des Verstorbenen nicht mit dessen Tod. Daher besteht nach dem Tod des Menschen ein allgemeiner Wert- und Achtungsanspruch weiter. Es bestehen Unterlassungs- und Widerrufsansprüche, wenn das Andenken des Verstorbenen fortwirkend grob beeinträchtigt wird. Es existiert also ein **postmortaler Persönlichkeitsschutz** (BGH NJW 2000, 2195 (2198); 1968, 1773). Als Ausfluss des allgemeinen Persönlichkeitsrechts kann auch nach dem Tod verlangt werden, dass ohne Zustimmung weder ein Bild noch der Namen oder auch die Sprache des Verstorbenen ohne Einwilligung genutzt werden (BGH NJW 2000, 2195 (2198); 1979, 2203; OLG Hamburg NJW 1990, 1995). Die Beseitigungs- und Unterlassungsansprüche zum Schutz der ideellen Interessen des Verstorbenen können dabei von demjenigen geltend gemacht werden, den der Verstorbene dazu ermächtigt hat, sowie in Analogie zu §§ 20, 22 KUrhG, 77 II StGB von den nächsten Angehörigen, auch wenn diese nicht Erben des Erblassers sind (BGH NJW 2000, 2195 (2199)). Der Grundsatz der Unübertragbarkeit und Unvererblichkeit des Persönlichkeitsrechts gilt allerdings nicht für alle Bereiche des Persönlichkeitsrechts. So ist eine Anerkennung der Vererblichkeit eines **vermögenswerten Bestandteils** des Persönlichkeitsrechts verfassungsrechtlich unbedenklich (BVerfG NJW 2006, 3409) und geboten, um zu verhindern, dass nach dem Tod kein wirksamer Schutz mehr gegen eine kommerzielle Nutzung des Bildes, des Namens und sonstiger Persönlichkeitsmerkmale des Verstorbenen durch Nichtberechtigte erfolgt. Dies ist nur gewährleistet, wenn die vermögenswerten Bestandteile des Persönlichkeitsrechts auf die Erben des Verstorbenen übergehen und von diesen geltend gemacht werden können (BGH ZEV 2007, 131 (132); NJW 2000, 2195 (2198); 2000, 2201). Nur die Erben können bei einer schuldhaften Verletzung der vermögenswerten Bestandteile des Persönlichkeitsrechts des Verstorbenen Schadensersatz verlangen (BGH NJW 2000, 2195 (2200)) und auch Bereicherungsansprüche erheben (BGH NJW 2000, 2195 (2201)). Es gibt allerdings eine an § 22 KUG orientierte **Schutzfrist** von lediglich zehn Jahren. Nach Ablauf dieser Frist besteht nur noch ein Schutz der ideellen Bestandteile des postmortalen Persönlichkeitsrechts (BGH ZEV 2007, 131 (133)). Bisher offengeblieben war die Frage, ob der Anspruch auf **Geldentschädigung** wegen Verletzung des Persönlichkeitsrechts vererblich ist (BGH Urt. v. 24.3.2011 –IX ZR 180/10, NJW 2011, 2296 Rn. 39 ff.). Nunmehr hat der BGH entschieden, dass der Anspruch auf Geldentschädigung wegen Verletzung des Persönlichkeitsrechts grundsätzlich nicht vererblich ist (BGH, Urt. v. 29.4.2014 – VI ZR 246/12, GRUR 2014, 702 Rn. 8; BGH Urt. v. 29.11.2016 – VI ZR 530/15, NJW 2017, 800). Daran ändert sich auch dann nichts, wenn eine Klage auf Schadensersatz noch vor dem Tod des Erblassers anhängig wurde. Ob die Rechtshängigkeit des Geldentschädigungsanspruchs zu einem anderen Ergebnis führen würde, ließ der BGH offen (BGH Urt. v. 29.4.2014 – VI ZR 246/12, GRUR 2014, 702 Rn. 25).

12a. Einsicht in Akten. Für Ärzte hat der Gesetzgeber den Konflikt zwischen dem strafrechtlich sanktionierten Verstoß (§ 203 StGB) gegen die **Schweigepflicht** und dem Einsichtsrecht von Angehörigen/Erben in die Patientenakten durch § 630g III BGB gelöst. Nach § 630g III 1 BGB steht das Recht, Einsicht in die **Patientenakte** zu nehmen, den Erben des Patienten zu, wenn vermögensrechtliche Interessen des Verstorbenen wahrzunehmen sind. Die nächsten Angehörigen haben nach § 630g III 2 BGB ein Einsichtsrecht, soweit sie immaterielle Interessen geltend machen. Nächste Angehörige sind dabei nach der Gesetzesbegründung Ehegatten, Lebenspartner, Kinder, Eltern, Geschwister und Enkel (BT-Drs. 17/10488, 27). Das Einsichtsrecht besteht allerdings nach § 630g III 3 BGB dann nicht, wenn der Einsichtnahme der ausdrückliche oder mutmaßliche Wille des Patienten entgegensteht. Grundsätzlich ist davon auszugehen, dass die Akteneinsicht der Erben/Angehörigen durch den Willen des Erblassers gedeckt ist. Die Beweislast dafür, dass der ausdrückliche oder mutmaßliche Wille des Patienten der Akteneinsicht entgegensteht, obliegt dem Behandelnden (Bergmann/Paue/Steinmeyer/*Bergmann*, Gesamtes MedizinR, § 630g BGB Rn. 6). Eine Definition der Begriffe vermögensrechtliche und immaterielle Interessen gibt das Gesetz nicht. Materielle Interessen sind betroffen, wenn Akteneinsicht begehrt wird, um Haftpflichtansprüche (*Spickhoff* MedizinR § 630g BGB Rn. 11) oder die Geschäfts- und Testierfähigkeit des Verstorbenen (Jauernig BGB/*Mansel* § 630g Rn. 12; *Rehborn* MDR 2013, 566 (567)) zu prüfen. Immaterielle Interessen sind betroffen, wenn die Abklärung von Erbkrankheiten erfolgen soll (Palandt/*Weidenkaff* § 630g Rn. 2). Für die Offenlegung der **Pflegedokumentation** eines Heimbewohners nach dessen Tod gegenüber dem Krankenversicherer hat der BGH (Urt. v. 26.2.2013 – VI ZR 359/11, VersR 2013, 648 Rn. 13) entschieden, dass regelmäßig davon auszugehen sei, dass die Offenlegung dem mutmaßlichen Willen des verstorbenen Heimbewohners entspricht, wenn die Entbindung von der Schweigepflicht der Verfolgung von Schadensersatzansprüchen dienen soll. Da es auch dem mutmaßlichen Willen des Verstorbenen entsprechen dürfte, feststellen zu lassen, wer sein Erbe geworden ist, wird eine Offenlegung der Pflegedokumentation auch bei der Prüfung der Testierfähigkeit des Heimbewohners zumindest gegenüber den (gesetzlichen oder gewillkürten) Erben erfolgen dürfen. Für **Steuerberater** ist entschieden, dass hier beim Streit um die Testierfähigkeit des verstorbenen Mandanten das Recht zur Entbindung von der Verschwiegenheitspflicht (§§ 57 I StBerG, 5 BOStB) nicht auf die Erben oder sonstigen Angehörigen übergeht. Vielmehr muss der Steuerberater selbst nach pflichtgemäßem Ermessen prüfen, ob er auf der Grundlage des mutmaßlichen Willens des Erblassers von einer Entbindung von der Schweigepflicht ausgehen kann (OLG Stuttgart Beschl. v. 8.10.1982 – 8 W 388/82, OLGZ 1982, 6; vgl. auch *Ranker* DStR 2015, 778). Für **Rechtsanwälte** dürfte dies ebenfalls gelten. Der Rechtsanwalt unterliegt nach §§ 43a II 2 BRAO, 2 II BORA einer Verschwiegenheitspflicht. Geht es um die wirtschaftlichen Interessen des Verstorbenen, so wird vor dem Hintergrund der gesetzlichen Regelung in § 630g III BGB und der Rechtsprechung des BGH zu Offenlegung der Pflegedokumentation eines Heimbewohners davon auszugehen sein, dass die Offenlegung im Interesse des verstorbenen Mandanten liegt und gegenüber den gesetzlichen und gewillkürten Erben zu erfolgen hat (ähnlich BeckOK BGB/*Müller-Christmann* § 1922 Rn. 50). Dass die Verschwiegenheitspflicht von Ärzten und Rechtsanwälten auch gegenüber den Erben des Mandanten bedeutsam ist, weil der Mandant dem Arzt bzw. Anwalt ein besonderes gesteigertes Vertrauen entgegengebracht hat, wurde jetzt noch einmal ausdrücklich bestätigt (KG Urt. v. 31.5.2017 – 21 U 9/16, ZEV 2017, 386 zum nicht gewährten Zugang der Erben zu Facebook Account).

13. Sachenrechtliche Rechtspositionen. Dingliche Rechte und dingliche Belastungen sind vererblich, 71 soweit sich nicht aus dem Gesetz etwas anderes ergibt. Die Eigentümerstellung geht im Erbfall auf die Erben als Rechtsnachfolger über. Diese gilt sowohl für **Eigentum** in Form von Alleineigentum als auch für Miteigentum, Teileigentum und Sicherungs- und Treuhandeigentum. **Beschränkt dingliche Rechte,** wie Pfandrechte, Hypotheken, Grundschulden und Rentenschulden sind ebenfalls vererblich. Die Vererblichkeit des Erbbaurechts ist in § 1 I ErbbauRG ausdrücklich geregelt. Die Vererblichkeit des Dauerwohnrechts ergibt sich aus § 33 I WEG. Das Eigentum an Bodenreformgrundstücken ist vererblich (BGH NJW 1999, 1470). Auf den Erben gehen auch **subjektiv dingliche Rechte,** die dem Eigentümer des herrschenden Grundstücks hinsichtlich eines anderen Grundstücks zustehen, über. Sie sind Rechte iSv § 96 und gelten als Bestandteil des Grundstücks und gehen damit auf den Erben des Grundstücks im Wege der Rechtsnachfolge über (vgl. Palandt/*Ellenberger* § 96 Rn. 2; Bamberger/Roth/*Müller-Christmann* Rn. 68). Dazu gehören Grunddienstbarkeiten (§ 1018) und Reallasten nach § 1105 II BGB. Unvererblich ist eine Reallast allerdings dann, wenn die wiederkehrende Leistung aus dem Grundstück als Leibrente auf Lebenszeit des Berechtigten ausgestaltet und im Grundbuch vermerkt ist, dass zur Löschung der Belastung die Vorlage der Sterbeurkunde ausreicht. (OLG Düsseldorf ZEV 2002, 465). Vererblich ist das dingliche Vorkaufsrechte nach § 1094 II (Palandt/*Ellenberger* § 96 Rn. 2). Das subjektiv-persönliche Vorkaufsrecht (§ 1094 I) ist nur vererblich, wenn dies durch Einigung und Eintragung Inhalt des Rechts geworden ist (Palandt/*Herrler* § 1094 Rn. 6). Über geht auf den Erben auch das Jagdrecht, in Eigenjagdbezirken auch das Jagdausübungsrecht (§§ 3 I, 7 IV BJagdG) und unselbständige Fischereirechte (Staudinger/*Marotzke* Rn. 237). Es handelt sich insoweit um Rechte, die nach § 96 als Bestandteil des Grundstücks geltend.

Mit dem Tod des Berechtigten erlischt der Nießbrauch an Sachen (§ 1061) und an Rechten (§ 1068 II). 72 Dies gilt auch für **beschränkt persönliche Dienstbarkeiten** nach § 1090 II, 1061 und für das Wohnungsrecht, für das als beschränkt persönliche Dienstbarkeit § 1990 II mit dem Verweis auf § 1061 entsprechend gilt (Palandt/*Herrler* § 1093 Rn. 19, § 1090 Rn. 8).

Der **Besitz** geht nach § 857 BGB im Fall des Todes des Erblassers, der Besitzer war, auf den Erben 73 über. Dies gilt selbst dann, wenn der Erbe keine Kenntnis vom Erbfall und den zum Zeitpunkt des Erbfalls beim Erblasser bestehenden Besitzverhältnissen hatte (Palandt/*Weidlich* Rn. 32). Besitzübergang bedeutet allerdings hier nicht Übergang der Sachherrschaft. Der Erbe tritt nur die Nachfolge an in die Stellung des bisherigen Besitzers, des Erblassers. Der Erbe erhält nur die an die Sachherrschaft des Erblassers angeknüpfte Besitzstellung (Bamberger/Roth/*Müller-Christmann* Rn 71), die tatsächliche Sachherrschaft erhält der Erbe erst dann, wenn er von der Sache tatsächlich Besitz ergreift (Palandt/*Weidlich* Rn. 32). War der Besitz des Erblassers durch verbotene Eigenmacht begründet, so muss der Erbe nach § 858 II die Fehlerhaftigkeit des Besitzes gegen sich gelten lassen. Besitzschutzansprüche (§§ 861, 862) sind gegen ihn zu richten, gleiches gilt für Ansprüche nach §§ 992, 1007 (Staudinger/*Marotzke* Rn. 260). Miterben werden Mitbesitzer (BGH NJW 1952, 303).

14. Schuldrechtliche Rechtsbeziehungen. Rechte und Pflichten aus schuldrechtlichen Verträgen sind 74 regelmäßig vererblich. Der Erbe tritt in vollem Umfang in die Position des Erblassers ein. Auf ihn gehen auch **Hilfsansprüche,** wie bspw. Ansprüche auf Auskunftserteilung (BGH NJW 1989, 1601) oder Rechnungslegung (vgl. *Sarres* ZEV 2008, 512) über. Gleiches gilt für Bürgschaften, Pfandrechte oder Hypotheken, also für Sicherungsrechte. Der Erbe kann als Rechtsnachfolger des Erblassers **Gestaltungsrechte** ausüben, so kann er vom Erblasser geschlossene Verträge anfechten (BGH NJW 1951, 308), kündigen oder ein Rücktrittsrecht ausüben. Auf den Erben geht das Recht über, ein Angebot auf Abschluss eines Vertrages anzunehmen, es sei denn, aus dem Angebot ergibt sich, dass dieses für den Erben des Vertragspartners nicht gelten soll (Palandt/*Ellenberger* § 153 Rn. 3). Die Wirksamkeit einer Willenserklärung des Erblassers wir durch dessen Tod nicht berührt (§ 130 II). Ein von dem Erblasser abgegebenes Angebot bleibt also auch nach dessen Tod annahmefähig, es sei denn, der Erblasser hätte etwas anderes gewollt. Die Annahme muss dann gegenüber dem Erben erklärt werden (§ 153 BGB). Der Erbe kann auch einen von einem vollmachtlosen Vertreter für den Erblasser geschlossenen Vertrag genehmigen.

Bei einigen Rechtsbeziehungen, die besonders personenbezogen ausgestaltet sind, hat der Gesetzgeber 75 die **Unvererblichkeit** geregelt. So ist ein **Vorkaufsrecht** nach § 473 grds. nicht vererblich. Wurde das Vorkaufsrecht allerdings vom Erblasser ausgeübt, so gilt § 473 nicht. Die sich durch Ausübung des Vorkaufsrechts ergebenden Rechte und Pflichten sind frei übertragbar (Palandt/*Weidenkaff* § 473 Rn. 4). Ergibt sich aus dem **Rentenversprechen** nichts anderes, so erlischt dieses mit dem Tod (§ 520). Fällige Rückstände können allerdings gegen den Erben geltend gemacht werden und sind Nachlassverbindlichkeiten (Palandt/*Weidenkaff* § 520 Rn. 1).

Der Anspruch des **Schenkers** auf Herausgabe des Geschenks wegen Verarmung nach § 528 I 1 BGB erlischt im Fall des Todes des Schenkers dann nicht, wenn der Anspruch bereits von dem schenkenden

Erblasser vor seinem Tod geltend gemacht oder abgetreten worden ist. Auch dann, wenn der Schenker vor seinem Tod durch die Inanspruchnahme unterhaltssichernder Leistungen – wie beispielsweise Sozialhilfe oder Unterhalt von den Abkömmlingen – zu erkennen gegeben hat, dass er ohne die Rückforderung des Geschenks nicht in der Lage sein würde, seinen notwendigen Lebensunterhalt zu bestreiten, geht der Anspruch auf Herausgabe des Geschenks nach dem Tod des Schenkers auf die Erben über (BGH Urt. v. 25 4. 2001 – X ZR 229/99, NJW 2001, 2084 (2085)). Der Anspruch ist also nur dann unvererblich, wenn ihn der Erblasser selbst nicht geltend gemacht hat und der Erblasser auch keine Leistungen von Dritten entgegengenommen hat, um seinen angemessenen Unterhalt zu bestreiten (MüKoBGB/*Leipold* § 1922 Rn. 32).

76 Ein **Auftrag** oder **Geschäftsbesorgungsvertrag** erlischt im Zweifel mit dem Tod des Beauftragten (673 S. 1, 675 S. 1). Die Erben des Beauftragten haben grds. keine Leistungspflicht, allerdings nach § 673 S. 2 BGB eine Anzeige- und Notbesorgungspflicht.

77 Der Erbe tritt als Rechtsnachfolger des Erblassers in alle Rechte und Pflichten aus mit Kreditinstituten geschlossenen Verträgen über **Bankkonten**, also Girokonten, Sparkonten und Wertpapierdepots ein. Dies gilt auch für ein Gemeinschaftskonto, das der Erblasser mit einem Dritten unterhielt. In der Regel handelt es sich dabei um ein Oder-Konto mit alleiniger Verfügungsberechtigung eines jeden Mitinhabers. Im Innenverhältnis der Kontoinhaber zueinander ändert sich durch den Erbfall nichts an der Berechtigung an der Einlageforderung, der Erbe tritt an die Stelle des verstorbenen Kontoinhabers. Hatten die Kontoinhaber keine Regelung getroffen, so steht das Guthaben den Inhabern nach § 430 BGB zu gleichen Teilen zu. Dabei ist es unerheblich, aus wessen Mitteln das Geld stammt (Palandt/*Weidlich* § 1922 Rn. 31). Vorhandene Guthaben stehen also dem Erben zu (BGH FamRZ 2009, 1053), es sei denn, der Erblasser hat einen Vertrag zu Gunsten Dritter über die Einlageforderung geschlossen. Der Erbe kann sich gegenüber der Bank durch Vorlage des eröffneten Testamentes legitimieren. Durch Vorlage eines eröffneten öffentlichen Testaments wird widerleglich vermutet, dass die Erbfolge dem Testament entspricht (BGH Urt. v. 5.4.2016 – XI ZR 440/15, ZEV 2016, 320 Rn. 23). Bei der Vorlage eines eröffneten privatschriftlichen Testaments gilt dies nicht. Hier hängt es von den Umständen im Einzelfall ab, ob die Erbfolge der im Rechtsverkehr erforderlichen Eindeutigkeit nachgewiesen ist (BGH aaO Rn. 24, 25). Er muss also nicht zwingend einen Erbschein vorlegen (BGH ZEV 2005, 388; LG Lüneburg ZEV 2009, 304). Entgegenstehende AGB der Banken sind unwirksam (BGH Urt. v. 8.10.2013 – XI ZR 401/12, ZEV 2014, 41). Dem Erben stehen sämtliche sich aus der Geschäftsverbindung des Erblassers zur Bank ergebenden Auskunftsansprüche zu. Diese kann der Erbe an einen Pflichtteilsberechtigten abtreten, dann schuldet die Bank die Auskunft dem Pflichtteilsberechtigten (BGH NJW 1989, 1601). Führt der Erbe das Konto des Erblassers zum Zwecke der Durchführung des eigenen Zahlungsverkehrs fort, so begründet er damit eine eigene Rechtsbeziehung zu der Bank (BGH NJW 1996, 190 (191)). Miterben können über das Konto des Erblassers nur gemeinsam nach § 2040 I verfügen, die Bank kann nur an alle gemeinsam leisten (§ 2039), das Konto ist dann insoweit ein Und-Konto. Eine Vollmacht über den Tod hinaus berechtigt den Bevollmächtigten, auch wenn es sich um den überlebenden Ehegatten handelt, weder zu Lebzeiten noch nach dem Tod des Erblassers dazu, das Konto auf sich als den Bevollmächtigten umzuschreiben (BGH FamRZ 2009, 1053). Verfügt der Bevollmächtigte nach Eintritt des Erbfalls über das Konto, so muss er den Rechtsgrund für die Abhebung darlegen und beweisen (OLG Bamberg ZEV 2004, 207).

78 Verstirbt der Inhaber eines **Anderkontos**, zB ein Notar oder ein Rechtsanwalt, so geht das Guthaben auf dem Konto nicht auf die Erben sondern auf den Abwickler über (Palandt/*Weidenkaff* Rn. 31a).

Legt der Erbe der Bank ein nicht entwertetes **Sparbuch** vor, auf dem längere Zeit keine Eintragungen vorgenommen wurden, obliegt der Bank der Nachweis, dass das Sparbuch aufgelöst wurde und kein Guthaben mehr ausweist (BGH Urt. v. 4.6.2002 – XI ZR 361/01, ZEV 2002, 508 (509)). Beruft sich die Bank darauf, die Eintragung im Sparbuch sei nicht durch einen zeichnungsberechtigten Mitarbeiter erfolgt, muss sie im Rahmen der sekundären Darlegungslast die seinerzeit zeichnungsberechtigten Mitarbeiter benennen und die Unterschriftenliste vorlegen (OLG Frankfurt Urt. v. 16.2.2011 – 19 U 180/10, GWR 2011, 189).

Verstirbt der **Bürge**, so geht die Bürgschaft im Wege der Gesamtrechtsnachfolge auf den/die Erben über. Die Bürgschaft ist also kein höchstpersönliches Geschäft sondern vererblich und als Nachlassverbindlichkeit zu berücksichtigen. Im Einzelfall ist zu prüfen, ob der Erbe die Bürgschaft aus wichtigem Grund kündigen kann. Die Bürgschaft erlischt im Erbfall nur dann durch Konfusion, wenn der Gläubiger den Bürgen als Alleinerben beerbt. Wird der Bürge von dem Hauptschuldner beerbt, so erlischt die Bürgschaft nicht, weil das Vermögen des Hauptschuldners und der Nachlass getrennte Vermögensmassen sind (MüKoBGB/*Madaus* § 765 Rn. 131).

79 Hat der Erblasser bei einer **Kapitallebensversicherung** keinen Bezugsberechtigten benannt, so fällt der Anspruch aus der Versicherung auf seinen Todesfall in den Nachlass und steht den Erben zu. Bei einem unwiderruflichen Bezugsrecht erwirbt der Bezugsberechtigte den Anspruch auf die Versicherungsleistung regelmäßig sofort, bei einem widerruflichen Bezugsrecht erst mit dem Tod der versicherten Person (BGH NJW 2013, 232 (233)). Wurde ein Bezugsberechtigter benannt, so entsteht der Anspruch auf die Versicherungssumme originär in der Person des Bezugsberechtigten. Er fällt auch nicht durchgangsweise in den Nachlass (vgl. *Bredemeyer* ZEV 2010, 288). Hat der Erblasser als Bezugsberechtigte „die Erben" stimmt, so ist im Zweifel davon auszugehen, dass die beim Erbfall berufenen Erben auch dann bezugsberechtigt sind, wenn sie die Erbschaft ausgeschlagen haben (Palandt/*Weidenkaff* Rn. 39). Ist in dem Vertrag als Bezugsberechtigter „der Ehegatte der versicherten Person" angegeben, so ist bezugsberechtigt derjenige, der zum Zeitpunkt der Erklärung mit dem Versicherungsnehmer verheiratet

war (BGH Urt. v. 22.7.2015 – IV ZR 437/14, NJW 2015, 3303 Rn. 15; DStR 2007, 406). Dies gilt auch dann, wenn der „verwitwete Ehegatte" als Bezugsberechtigter genannt ist (BGH, aaO, Rn. 16). Ist der Bezugsberechtigte vorverstorben, wurde kein Ersatzbezugsberechtigter benannt und ergibt sich ein solcher auch nicht aus der Erklärung im Wege der Auslegung, so steht das Recht auf die Leistung wieder dem Erblasser (Versprechensempfänger) zu (BGH 12.5.1993 – IV ZR 227/92, NJW 1993, 2171 LS.) Damit der Begünstigte die Versicherungssumme auch behalten darf, muss ein Rechtsgrund für die Zuwendung bestehen. Ein solcher Rechtsgrund kann eine Schenkung aber auch eine unbenannte Zuwendung oder Unterhalt sein. Bei einer Begünstigung des Ehegatten entfällt mit dem Scheitern der Ehe regelmäßig die Geschäftsgrundlage für das Rechtsverhältnis. Eine Ausnahme besteht nur dann, wenn die Versicherungssumme zur Absicherung des Unterhalts des Ehegatten bestimmt war. Ggf. muss die Zuwendung rückabgewickelt werden. Die Beweislast hat insoweit derjenige, der sich auf den Wegfall der Geschäftsgrundlage beruft (BGH NJW 1995, 1082 (1085); OLG Hamm NJW-RR 2002, 1605). Das Recht zum Widerruf einer widerruflichen Bezugsberechtigung geht mit dem Tod des Versicherungsnehmers unter. Dieses ist nicht vererblich (BGH NJW 1995, 1082 (1084)). Hatte der Erblasser seine Ansprüche aus einer Lebensversicherung zur Sicherheit an eine Bank abgetreten und in diesem Zusammenhang eine Widerrufserklärung unterzeichnet, so gehört nur der Anspruch auf die Versicherungssumme in Höhe der gesicherten Schuld zum Nachlass (BGH NJW 1996, 2230).

Ist bei einer **Unfallversicherung** als Leistung des Versicherers die Zahlung eines Kapitalbetrages vereinbart, so gelten die für die Lebensversicherung maßgeblichen §§ 159, 160 VVG nach § 185 VVG. Bei der Unfalltodversicherung gehört die Versicherungssumme in den Nachlass des Versicherungsnehmers. Die Erben haben nur dann einen eigenen, vom Erbrecht unabhängigen Anspruch auf Zahlung der Versicherungssumme, wenn der Versicherungsnehmer diese als Bezugsberechtigte eingesetzt hat (BGHZ 32, 44). Bei einer Fremdunfallversicherung gehört die Versicherungsforderung zum Nachlass der Gefahrsperson, also der Person, der der Unfall zugestoßen ist (Uhlenbruck/*Hirte* InsO § 35 Rn. 222). Bei der Auto-Insassen-Unfallversicherung handelt es sich um eine Fremdversicherung gem. 179 I VVG. Versicherter ist der Insasse des PKW. Ihm steht der Versicherungsanspruch zu, ist der Insasse tödlich verunglückt, so fällt der Anspruch in seinen Nachlass (BGHZ 32, 44). 80

Eine **Hausratsversicherung** geht mit dem Tod des Versicherungsnehmers auf dessen Erben über. Regelmäßig ist allerdings in den AGB der Versicherungen, so zB in VHB 92 vereinbart, dass das Versicherungsverhältnis zwei Monate nach dem Tod des Versicherungsnehmers endet (Palandt/*Weidlich* Rn. 38). 81

Ansprüche auf Zahlung aus einer **Riester-Rente** gehen beim Tod des zulageberechtigten Vertragspartners auf dessen Erben über. Etwas anderes gilt nur dann, wenn der verstorbene Vertragspartner einen Dritten, bspw. seinen Ehegatten, als Fortführungsberechtigten im Altersvorsorgevertrag benannt hat. Spätestens nach Eintritt des Erbfalls muss dafür Sorge getragen werden, dass die Folgen der schädlichen Verwendung von Altersvorsorgekapital iSv § 93 I EStG nicht eintreten, etwa dadurch, dass das geförderte Vermögen nach dem Tod des Zulageberechtigten auf einen Altersvorsorgevertrag des Ehegatten des Erblassers übertragen wird (vgl. *Frieser/Osterloh-Konrad* FPR 2006, 150 (152)). 82

Verträge über **Gebrauchs- und Nutzungsüberlassungen** sind regelmäßig durch persönliches Vertrauen geprägt. Das Recht des Mieters, Pächters oder Entleihers geht zwar auf den Erben über, es besteht aber eine Kündigungsmöglichkeit (§§ 564, 580, 581 II, 605 Nr. 3). Die außerordentliche Kündigungsmöglichkeit bei Mietverhältnissen steht dabei sowohl den Erben als auch dem Vermieter zu. Beim Tod des Vermieters gibt es keine Kündigungsmöglichkeit. 83

Für die **Wohnraummiete** ordnet das Gesetz eine **Sonderrechtsnachfolge** an. Stirbt der Mieter, so tritt nach § 563 I, II der Ehegatten, der eingetragene Lebenspartner, der Partner einer nichtehelichen Lebensgemeinschaft oder die anderen Familienangehörigen des Erblassers in das Wohnraummietverhältnis ein. Das Mietverhältnis geht dann kraft Gesetzes mit allen Rechten und Pflichten auf den Eintretenden über. Erst dann, wenn alle in § 563 I, II genannten Personen den Eintritt abgelehnt haben, wird das Mietverhältnis mit den Erben fortgesetzt (§ 564; → Rn. 23). Die Möglichkeit, das Mietverhältnis innerhalb eines Monats außerordentlich mit der gesetzlicher Frist zu kündigen, hat sowohl der Erbe als auch der Vermieter nach § 564.

Die Rechtsstellung des Erblassers aus einem **gesetzlichen Schuldverhältnis** ist regelmäßig vererblich. War der Erblasser als Schuldner eines **Bereicherungsanspruchs** bösgläubig iSv § 819 BGB, so muss sich auch der Erbe dies entgegenhalten lassen. **Schmerzensgeldansprüche** sind ohne Einschränkungen vererblich, nachdem der Gesetzgeber § 847 I 2 gestrichen hat (BGH NJW 1995, 783). **Schadensersatzansprüche** sind, gleich mit welchem Rechtsgrund sie beruhen, vererblich (Palandt/*Weidlich* Rn. 27). Macht der Erbe einen Schadensersatzanspruch als Rechtsnachfolger des Erblassers geltend, so ist dann, wenn die Rechtsgutverletzung noch zu Lebzeiten des Erblassers stattfand, der Schaden jedoch erst nach dem Erbfall eintrat, zu prüfen, ob der Schaden auch ohne den Tod des Erblassers eingetreten wäre. Nur der Schaden, der auch beim Weiterleben des Erblassers entstanden wäre, ist zu ersetzen (MüKoBGB/*Leipold* Rn. 36). Sind höchstpersönliche Rechtsgüter des Erblassers verletzt, so schließt der Tod des Erblassers die Schadensbilanz. Nach dem Tod des Erblassers kann kein Schaden mehr eintreten, den der Erbe ersetzt verlangen könnte (Bamberger/Roth/*Müller-Christmann* Rn. 48). Bei den Ansprüchen aus §§ 844, 845 BGB handelt es sich um eigene Ansprüche des anspruchsberechtigten Dritten, nicht um solche, die im Wege der Rechtsnachfolge übergegangen sind (MüKoBGB/*Leipold* Rn. 37). 84

15. Vollmacht. Hatte der Erblasser einem Dritten eine **Vollmacht** erteilt, so erlischt diese Vollmacht durch den Tod des Vollmachtgebers im Regelfall nicht, bleibt also in der Regel bestehen (§ 168 S. 1). Der Bevollmächtigte vertritt dann die Erben. Nur die Erben können die Vollmacht widerrufen (§ 168 S. 2, 3). 85

10 BGB nach § 1922

Das Recht zum Widerruf steht jedem Miterben für sich zu. Widerruft nur ein Miterbe die Vollmacht, so erlischt die Vollmacht nur ihm gegenüber, hinsichtlich der anderen Miterben bleibt sie bestehen (Palandt/*Weidlich* Rn. 33). Hat der Erblasser eine **Vorsorgevollmacht** erteilt, die nach ihrem Inhalt nicht über den Tod hinaus gilt, so erlischt diese Vollmacht mit dem Tod des Erblassers, wenn sie darauf abzielte, dem Bevollmächtigten für den Fall der Betreuungsbedürftigkeit des Vollmachtgebers volle rechtsgeschäftliche Vertretungsmacht einzuräumen, um eine Betreuerbestellung zu vermeiden (OLG Bechl. v. 7.7.2014 – 34 WX 265/14, ZEV 2014, 615; OLG Hamm Beschl. v. 17.9.2002 – 15 W3 138/02, DNotZ 2003, 120). Hat der Erblasser einem Dritten im Rahmen eines Grundstücksübertragungsvertrages eine **Auflassungsvollmacht** über den Tod hinaus erteilt, so ist diese nach der Vereinbarung grds. unwiderruflich. Nur dann, wenn ein wichtiger Grund vorliegt, kann die Auflassungsvollmacht von den Erben widerrufen werden (BayObLG FamRZ 1990, 98).

86 Wurde dem Erblasser eine Vollmacht erteilt, stirbt also der Bevollmächtigte, so erlischt die Vollmacht im Regelfall, weil der Vollmachterteilung regelmäßig ein Auftrags- oder Geschäftsbesorgungsvertrag zugrunde liegt und dieser im Zweifel mit dem Tod des Beauftragten erlischt (§ 673 S. 1, § 675 S. 1; → Rn. 76).

87 **16. Prozessrechtsverhältnis.** Im Fall des Todes der Partei eines **Zivilprozesses** geht das Prozessrechtsverhältnis auf den Rechtsnachfolger über. Nach § 239 I ZPO tritt bis zur Aufnahme des Verfahrens durch den Rechtsnachfolger eine Unterbrechung des Verfahrens ein, es sei denn, der Erblasser war im Prozess anwaltlich vertreten. In diesem Fall kann jede Prozesspartei die Aussetzung des Verfahrens nach § 246 Abs. 1 ZPO beantragen. Die Aufnahme des Verfahrens richtet sich ebenso wie beim Tod einer Partei, die nicht anwaltlich vertreten war, nach § 239 ZPO (§ 246 II ZPO). Ist ein zur Führung des Verfahrens berechtigter Testamentsvollstrecker vorhanden und handelte es sich um einen Aktivprozess nach § 2212, so ist die Aufnahme des Verfahrens durch die Erben ausgeschlossen. Bei einem Passivprozess nach § 2213 können die Erben allerdings das Verfahren aufnehmen. § 243 ZPO steht der Aufnahme des Verfahrens durch die Erben nicht im Wege. In dem Fall kann dann allerdings der Verfahrensgegner den Testamentsvollstrecker auch gegen dessen Willen durch eine Anzeige seiner Fortsetzungsabsicht in das Verfahren einbeziehen (so BGH NJW 1988, 1390).

88 Stirbt einer der Ehegatten vor Rechtshängigkeit des Scheidungsantrags, so ist der Antrag unzulässig und als unzulässig abzuweisen, wenn der Antrag nicht von dem Antragsteller, ist dieser verstorben, von seinen Erben, zurückgenommen wird (MüKoFamFG/*Hilbig* § 131 Rn. 6). Verstirbt einer der Ehegatten nach Rechtshängigkeit des **Scheidungsantrags** aber vor Rechtskraft der Scheidung, so ist das Scheidungsverfahren kraft Gesetzes nach § 131 FamFG in der Hauptsache erledigt. Einer ausdrücklichen Erledigungserklärung bedarf es nicht (EGGPSSW Familiensachen-HdB/*Schael* § 5 Rn. 116). Die Hauptsacheerledigung führt „nur" dazu, dass die Ehe nicht mehr geschieden werden kann. Eine Antragsabweisung als unzulässig oder die Verwerfung eines Rechtsmittels bleiben ebenso möglich wie die Rücknahme des Antrags. Stirbt der Beteiligte vor Rechtskraft der Scheidung aber nach dem Ausspruch, so wird die Entscheidung, mit Ausnahme derjenigen über die Kosten, ohne weiteres wirkungslos (EGGPSSW Familiensachen-HdB/*Schael* Rn. 117).

89 **Abstammungssachen** iSv § 169 FamFG erledigen sich allerdings nicht automatisch beim Tod eines Beteiligten. Vielmehr ergibt sich hier aus § 181 S. 1 FamFG die Notwendigkeit eines Hinweises des Gerichts an die weiteren Beteiligten, dass das Verfahren nur fortgeführt wird, wenn ein Beteiligter dies innerhalb eines Monats durch eine Erklärung gegenüber dem Gericht verlangt. Verlangt kein Beteiligter die Fortsetzung des Verfahrens, so gilt das Verfahren nach § 181 S. 2 FamFG als in der Hauptsache erledigt. Wird die Fortsetzung des Verfahrens verlangt, so erfolgt diese ohne den Verstorbenen und auch ohne Einbeziehung seiner Rechtsnachfolger (EGGPSSW Familiensachen-HdB/*Schael* § 8 Rn. 74).

IV. Erbteil

90 Der Erbteil des Miterben (Abs. 2) ist sein Anteil am Gesamthandsvermögen der Erbengemeinschaft. Der Erbteil besteht in einer Quote, also einem Bruchteil am Nachlass, nicht in einem einzelnen Gegenstand oder in einer in einer bestimmten Summe ausgedrückten Betrag (MüKoBGB/*Leipold* Rn. 133). Mit welcher Quote der jeweilige Erbe am Nachlass des Erblassers beteiligt ist, ergibt sich entweder aus einer letztwilligen Verfügung des Erblassers, also einem Testament oder Erbvertrag, oder aus dem Gesetz aufgrund der gesetzlichen Erbfolge.

Der Erbteil wird nach den Vorschriften über die Erbschaft behandelt. Für die Haftung gegenüber den Nachlassgläubigern gilt auch beim Erbteilskauf § 2382. Eine Nachlasspflegschaft kann für einen Erbteil angeordnet werden (§ 1960), ferner kann ein Erbteil angenommen und ausgeschlagen werden (§§ 1942 ff.; Palandt/*Weidlich* Rn. 7). Der Erbteil des Miterben ist jedoch trotzdem nicht mit der dem Alleinerben zustehenden Erbschaft wesensgleich. Nicht übersehen werden darf, dass die Ausübung der Nachlassrechte durch die gesamthänderische Bindung der Miterben eingeschränkt ist (MüKoBGB/*Leipold* Rn. 134).

Anhang. Digitaler Nachlass

1 **1. „Digitaler Nachlass" als Rechtsfrage.** „Im Bereich Internet und E-Mail besteht bislang kaum Klarheit" (Palandt/*Weidlich* § 1922 Rn. 34) bezüglich der Frage des „Digitalen Nachlasses". Dieser lapidare Befund hat bis auf wenige Ausnahmen (s. *Hoeren* NJW 2005, 2113; *Martini* JZ 2012, 1145) bis dato vollen Wahrheitsgehalt. Gerade wegen der **zunehmenden Digitalisierung** des Alltags und der verstärk-

ten Verlagerung von geschäftlicher wie privater Korrespondenz in das Internet, besteht aber ein großer Bedarf nach Klärung des Sachverhalts „Digitaler Nachlass".

2. Vererblichkeit digitaler Nachlassgegenstände? Grundsätzlich werden nach § 1922 BGB im Rahmen der Universalsukzession alle vermögensrechtlich relevanten Beziehungen vererbt (BeckOK/*Müller-Christmann* § 1922 Rn. 24 ff.); wohingegen höchstpersönliche Rechte ohne eigenen Vermögenswert nicht erfasst sind (Jauernig BGB/*Stürner* § 1922 Rn. 12 f.). Anders beurteilte dies das LG Berlin mit Urt. v. 17.12.2015 – 20 O 172/15. Da eine Differenzierung nach vermögensrechtlichen und nicht vermögensrechtlichen Gegenständen weder praktisch möglich, noch den erbrechtlichen Regelungen des BGB immanent sei (arg e contr §§ 2047 II, 2373 S. 2 BGB), gelte das Prinzip der Universalsukzession ebenso für höchstpersönliche Daten im digitalen Nachlass (so auch *Lange/Holtwiesche* ZErb 2016, 125 (126); *Solmecke/Köbrich/Schmitt* MMR 2015, 291; *Groll*/ErbR HdB/*Holzer* B XVII. Der digitale Nachlass, Rn. 12; *Steiner/Holzer* ZEV 2015, 262 (263); *Raude* ZEV 2017, 433 (435)). Das KG Berlin (Urt. v. 31.5.2017 – 21 U 172/15) ließ diese Frage zwar offen, äußerte aber Bedenken gegen die Vererblichkeit höchstpersönlicher Rechte. Der BGH (Urt. v. 12.7.2018 – III ZR 183/17) hingegen bejahte in einer lang erwarteten Grundsatzentscheidung die Vererblichkeit höchstpersönlicher Rechte. Begründet wurde dies damit, dass für digitale höchstpersönliche Gegenstände nichts anderes gelten kann wie beispielsweise für Tagebücher oder Briefe, die als höchstpersönliche Gegenstände unstreitig der Erbmasse zuzuordnen sind, da die Art der Verkörperung nicht von Bedeutung ist.

Der Begriff **„Digitaler Nachlass"** erfasst „die Gesamtheit des digitalen Vermögens". Neben allen Vertragsbeziehungen hinsichtlich digitaler Telekommunikation sowie Web 2.0 zwischen Erblasser und Providern zählen überdies Domains und andere Rechte an Websites genauso zum digitalen Vermögen, wie die Inhalte der Accounts. Die Account-Inhalte umfassen von E-Mails, personenbezogenen Daten, urheberrechtlich und markenrechtlich relevanten Verhältnissen bis hin zu Adressbüchern eine Vielzahl von unterschiedlichen Daten. Die urheberrechtlich geschützten Werke unter diesen Daten gehen nach § 28 I UrhG iVm § 1922 BGB auf die Erben über. IÜ gehen auch – wie in der Offline-Welt – Ansprüche, Inhaberschaften und Rechte am Erben gem § 1922 BGB über. Voraussetzung dafür ist freilich, dass die Gegenstände bzw Rechte überhaupt zur Vererbung anstehen. Das ist auch bei online nutzbarem Content, wie zB Musikdateien, vielfach nicht der Fall, wenn die Nutzungsrechte (etwa in den AGB mancher Provider) nur auf Zeit oder speziell einer individuellen Person eingeräumt wurden.

a) Account vs. Inhalt. Große Unsicherheiten bestehen in der Rechtspraxis hinsichtlich der Vererblichkeit von E-Mails und Inhalten sonstiger sozialer Netzwerke wie zB Instagram und Facebook. Die **AGB der Provider** sind unterschiedlich ausgestaltet und sorgen dadurch für zusätzliche Verwirrung und Intransparenz. Zwischen den beiden Extremen, Herausgabe der E-Mails an die Erben und dem Gegenstück, der Löschung des Accounts inklusive Inhalte, sind in der Praxis viele Mischformen in den Provider-AGB verankert (vgl. *Martini* JZ 2012, 1145 (1146)). So ist bspw die Herausgabe der E-Mails bei G-Mail, dem E-Mail Dienst von Google, an ein langwieriges bürokratisches Verfahren gekoppelt, das nur in manchen Fällen Erfolg verspricht (*Bräutigam* Gemeinsame Initiativstellungnahme S. 10 f.). Wohingegen bei Yahoo mit dem Tod des Account-Inhabers alle Rechte am Account inklusive gespeicherten Inhalten erlöschen (*Bräutigam* Gemeinsame Initiativstellungnahme S. 10; https://policies.yahoo.com/ie/de/yahoo/terms/utos/index.htm – aufgerufen am 9.3.2018). Facebook bietet im sog. Hilfe-Bereich zwei Optionen: die Löschung des Accounts nach dem Einreichen eines Todesnachweises oder das Versetzen des Accounts in den sog. Gedenkzustand. Im letzteren Falle können Facebook-Freunde des Erblassers zwar noch Inhalte einsehen sowie Beiträge auf der Pinnwand teilen und Nachrichten an die verstorbene Person senden, eine Anmeldung und somit eine Nutzung des Profils ist hingegen nicht mehr möglich. Darüber hinaus kann zu Lebzeiten ein Nachlasskontakt bestimmt werden. Dieser kann sich zwar um die Pflege des Profils kümmern, das Einsehen von Nachrichten hingegen ist nicht möglich.

Bei der rechtlichen Beurteilung von **E-Mail- bzw Social-Media-Accounts** und **deren Inhalten** (E-Mails, Nachrichten, Fotos, Pinnwandeinträge) ist zwischen diesen beiden Komponenten **strikt zu unterscheiden**. Die Vererblichkeit des E-Mail-Accounts ist mit der Problematik des Giro-Kontos zu vergleichen. Das Giro-Konto besteht zum einen aus der Inhaberschaft und zum anderen aus dem Kontoguthaben. Die Inhaberschaft an sich ist wegen der ungehinderten Eröffnung für jedermann, höchstpersönlicher und gerade nicht vermögensrechtlicher Natur (*Bräutigam* Gemeinsame Initiativstellungnahme S. 3; *Herzog* Gemeinsame Initiativstellungnahme S. 19 f.). Dies ist aber davon unabhängig, dass das Giroverhältnis auf den Erben übergeht (BGH NJW 2000, 1258); jedenfalls im Falle der Fortsetzung des Giroverhältnisses begründet der Erbe eine eigene Rechtsbeziehung zur Bank (*Bräutigam* Gemeinsame Initiativstellungnahme S. 3). Ein E-Mail-Account hat ebenso wie das Giroverhältnis (zur Abwicklung) keinen Vermögensbezug, vor allem mit Blick darauf, dass der Abschluss eines Account-Vertrages noch einfacher gestaltet ist als der eines Giroverhältnisses. Daher liegt der Schluss nahe, dass ein E-Mail-Account gleichsam wie das Giroverhältnis nicht vererblich anzusehen ist (*Bräutigam* Gemeinsame Initiativstellungnahme S. 3). Gleiches muss im Hinblick auf Social-Media-Accounts gelten. Insbesondere ist ein Ausschluss der Vererblichkeit nach der Wertung des § 399 Alt. 1 BGB anzunehmen, wenn der Anbieter ein schutzwürdiges Interesse daran hat, das Schuldverhältnis gerade mit einem bestimmten Nutzer aufrecht zu erhalten. Der Eintritt eines Rechtsnachfolgers wäre für den Anbieter in diesem Fall unzumutbar (MüKoBGB/*Roth/Kieninger*, Bd. 2, § 399 Rn. 2). Hier muss jedoch differenzierter zwischen Account und Giroverhältnis unterschieden werden. Während Banken gesetzlich dazu verpflichtet sind ihre Kunden durch geeignete Verfahren zu identifizieren, sind an den Abschluss eines Nutzervertrages wesentlich geringere Anforderungen geknüpft. So reicht regelmäßig die Angabe von Vor- und Nachnamen ohne weitere Legitimation. Folglich ist zweifelhaft, ob ein besonderer Personenbezug iSd § 399 Alt. 1 BGB vorliegt (abl. bzgl. Social Media Account: LG Berlin aaO mwN; eben nunmehr der BGH (Urt. v. 12.7.2018 – III ZR 183/17, BeckRS 2018, 16463), wonach die reine Bereitstellung des Inhalts eines Facebookaccounts schon nicht als personen- sondern accountbezogene Leistungspflicht beurteilt wird und damit selbst im Falle strengerer Legitimationsanforderungen der Vertrag insofern als nicht höchstpersönlich zu qualifizieren ist). Jedenfalls die auf dem Account gespeicherten Inhalte können auf die Erben übergehen, während der Eintritt in den Vertrag iS einer Nutzung anstelle des Erblassers problematisch ist (*Raude* RNotZ 2017, 17 (20); zum Bestehen von Auskunftspflichten ggü den Erben: *Klas/Möhrke-Sobolewski* NJW 2015, 3473 (3474 f.)).

6 **b) Vererblichkeit der Accountinhalte nach § 1922 BGB?** Die Klärung der Vererblichkeit der Accountinhalte aus **erbrechtlicher Sicht** hat differenziert zu erfolgen. Zum einen muss nach dem Speicherplatz der Inhalte unterschieden werden, zum anderen mag sogar eine unterschiedliche Behandlung nach dem Inhalt bzw konkreter nach dem Vermögensbezug angezeigt sein. Vorerst bleibt bei der rein erbrechtlichen Betrachtung das Telekommunikationsrecht, vor allem das Fernmeldegeheimnis als eventuell entgegenstehendes (Verfassungs-)Recht, außen vor (→ Rn. 14).

7 Accountinhalte – zB E-Mails oder Screenshots von Vorgängen in sozialen Medien, die auf der **Festplatte** des Erblassers gespeichert sind, gehen mit dem Eigentum an der Festplatte nach § 1922 BGB auf den Erben über (zu E-Mails: *Hoeren* NJW 2005, 2113 (2114)).

8 Auf dem **Server des Providers** gespeicherte E-Mails oder Inhalte von Social-Media-Accounts gehen demgegenüber wegen fehlenden Eigentums an den Speichermedien nicht im Wege der Universalsukzession auf den Erben über. Der Erbe erbt nach § 1922 BGB den Anspruch zur Verfügungstellung der Accountinhalte durch den Provider (zu E-Mails: *Herzog* Gemeinsame Initiativstellungnahme S. 33; *Hoeren* NJW 2005, 2113 (2114)). Rein praktisch ist danach zu unterscheiden, ob der Erbe das **Passwort** des Erblassers kennt oder nicht. Im ersten Fall muss der Erbe nicht wegen des Passworts mit dem Provider in Kontakt treten, sondern kann faktisch – aber auch nur faktisch, nämlich unter der Camouflage des Erblassers – ungehindert auf die Inhalte zugreifen. Im zweiten Fall ist der Erbe gezwungen, die Herausgabe des Passworts beim Provider zu verlangen. Dies muss unter dem Gesichtspunkt eines etwaigen **entgegenstehenden Willens des Erblassers** betrachtet werden.

9 Ist der entgegenstehende Wille des Erblassers bekannt, so ist der Provider daran gebunden und kann die Account-Daten nicht herausgeben (*Herzog* Gemeinsame Initiativstellungnahme S. 35). Ein entgegenstehender Wille ist freilich nicht allein daraus abzuleiten, dass dem Verhältnis Provider-Erblasser ein Vertrauensverhältnis zugrunde liegt (*Herzog* Gemeinsame Initiativstellungnahme S. 35 f.; aA *Martini* JZ 2012, 1145 (1152), der das Regel-Ausnahme-Verhältnis genau umgekehrt ansetzt). Das Vertrauensverhältnis zwischen Erblasser und Provider, betrifft vor allem die Gefahr der Datenweitergabe zu Werbezwecken und beruht gerade nicht auf einer gesteigerten Intimität des Verhältnisses Provider-Erblasser (*Herzog* Gemeinsame Initiativstellungnahme S. 35 f.; aA *Martini* JZ 2012, 1145 (1147 ff.)).

10 Fraglich ist, ob erbrechtlich zwischen **vermögensrechtlichen** und **höchstpersönlichen** Accountinhalten unterschieden werden muss. Ausgangspunkt ist, dass dem Erben grds nur vermögensrechtliche und höchstpersönliche Beziehungen mit vermögensrechtlicher Relevanz zustehen (*Herzog* Gemeinsame Initiativstellungnahme S. 15). Vor diesem Hintergrund wird in der Tat einer unterschiedlichen erbrechtlichen Behandlung von Accountinhalten das Wort geredet. Nach *Raude* erlöschen höchstpersönliche Rechte mit dem Tod des Erblassers. Zwar hätten Nachrichten, Fotos und Videos, die der Erblasser geteilt hat, einen persönlichen Inhalt, das mache den Vertrag des Erblassers mit dem Provider und das daraus abgeleitete Zugangsrecht aber noch nicht automatisch zu einem unvererblichen höchstpersönlichen Rechtsverhältnis (*Raude* ZEV 2017, 433 (436). *Hoeren* hingegen will zwischen den Zugriffsrechten des Erben und der nächsten Angehörigen **strikt unterscheiden** (*Hoeren* NJW 2005, 2113 (2114)): Nahe Angehörige hätten das Zugriffsrecht auf die höchstpersönlichen E-Mails, Erben auf die E-Mails mit vermögensrechtlichem Inhalt.
Diese Trennung würde in der Praxis zu unüberwindbaren Schwierigkeiten führen. Zum einen lässt sich bei einer einzigen Nachricht nicht in jedem Fall trennscharf ein vermögensrechtlicher und ein nichtvermögensrechtlicher bzw höchstpersönlicher Inhalt konstatieren. Eine Liebes-E-Mail ist höchstpersönlich, mag aber in einer erbrechtlichen Auseinandersetzung höchste vermögensrechtliche Relevanz erlangen. Man stelle sich zum anderen den praktisch häufigen Fall vor, in dem sich vermögensrechtliche und höchstpersönliche Nachrichten in ein und demselben Account befinden. Wer soll dann Zugriff haben? Eine entsprechende Analyse des gesamten Accounts ist jedenfalls dem Provider nicht zumutbar, zumal er auch selbst an das Fernmeldegeheimnis Art. 10 I, III GG bzw § 88 TKG (zu E-Mails: *Bräutigam* Gemeinsame Initiativstellungnahme S. 7) gebunden ist. Auch die Zuordnung des gesamten (insoweit „infizierten") Accountinhalts an die nächsten Angehörigen, als Wahrer des postmortalen Persönlichkeitsrechts, um Einblicke des Erben als Dritten in die höchstpersönliche Korrespondenz des Erblassers zu vermeiden, ist nicht gangbar (zu E-Mails: *Bräutigam* Gemeinsame Initiativstellungnahme S. 8 f.). Letztlich scheitert dieser Ansatz an juristischen Erwägungen: Den nächsten Angehörigen stehen nach der Systematik „nur" Abwehransprüche zu, die aus dem postmortalen Persönlichkeitsrecht resultieren. Das ist aber keine Basis, um positive Zugriffsrechte auf Accounts zu konstruieren (*Herzog* Gemeinsame Initiativstellungnahme S. 31; *Herzog* ZErb 2017, 205 (207)). Aus all diesen Gründen ist eine solche Unterscheidung nicht geboten. Daher stehen alle Accountinhalte **allein** dem **Erben** zu (zu Social Media Account BGH (Urt. v. 12.7.2018 – III ZR

183/17, BeckRS 2018, 16463); zu E-Mails: *Herzog* Gemeinsame Initiativstellungnahme S. 31, 33 f.). Anders sieht dies das KG Berlin: Die praktische Unmöglichkeit der Trennung der Inhalte und die Tatsache, dass nicht einmal den nächsten Angehörigen die höchstpersönlichen Dateiinhalte zustünden, spreche insgesamt eher gegen die Vererblichkeit von Accountinhalten.

E-Mails und Inhalte von sozialen Medien gehen somit nach § 1922 BGB in das Vermögen des Erben 11 entweder in Form von Eigentum an den Speichermedien oder als Anspruch auf Zurverfügungstellung durch den Provider über. Damit verbunden wäre auch die Herausgabe des Passworts.

c) **Ergebnis aus rein erbrechtlicher Betrachtung.** Der **digitale Nachlass** geht nach erbrechtlicher Lö- 12 sung auf den Erben über. Hiervon abgekoppelt ist die Frage, ob dieser erbrechtlichen Betrachtung verfassungsrechtlich durch entgegenstehende Grundrechte Dritter Schranken gesetzt sind (vgl. *Herzog* Gemeinsame Initiativstellungnahme S. 37) und ob die Provider eine Vererblichkeit der Accountinhalte ausschließen können.

3. Vertragliche Vereinbarungen über die Unvererblichkeit. Unstreitig ist, dass die Einsicht des Er- 13 ben in den digitalen Nachlass aufgrund der Vertragsfreiheit mittels **Individualvereinbarung** zwischen dem Erblasser und dem Provider ausgeschlossen werden kann (MüKoBGB/*Leipold* § 1922 Rn. 29; *Raude* ZEV 2017, 433 (437)). Dafür reichen aber ein bloßer Ausschluss der Weitergabe des Passworts an Dritte in den Nutzungsbedingungen und ein besonders auf den Nutzer bezogenes Profil nicht aus, da dadurch nur der Leistungsinhalt des Vertrags, nicht aber die Vererblichkeit an sich geregelt wird (*Raude* ZEV 2017, 433 (437); KG Berlin aaO). Unterschiedlich beurteilt wird jedoch, ob explizite Regelungen über die Unvererblichkeit in den AGB von Providern wirksam getroffen werden können.

a) **Die „Gedenkzustands-Richtlinie" von Facebook.** Das LG Berlin hat die in dem „Hilfe-Bereich" 14 statuierte „Gedenkzustands-Richtlinie" – damals ohne die Möglichkeit einen Nachlasskontakt zu benennen – nach der **Einordnung als AGB** für unwirksam erachtet (LG Berlin Urt. v. 17.12.2015 – 20 O 172/15; zustimmend auch *Ludyga* jM 2016, S. 6). Die Regelung verstoße gegen § 307 I und II Nr. 1 BGB, da sie dem Grundgedanken des § 1922 BGB widerspreche. Darüber hinaus verstoße die „Richtlinie" auch gegen § 307 II Nr. 2 BGB, weil durch sie der Zweck des Providervertrages – der Anspruch auf Zugang zu den Inhalten – gefährdet würde.

Anders sah dies das KG Berlin (aaO). Es handele sich nicht um AGB, sondern um eine Leistungs- 15 beschreibung iSd § 307 III BGB, die einer Inhaltskontrolle nach § 307 BGB entzogen sei. Ihrem Inhalt nach sei aber nicht ersichtlich, dass die Regelung einer Vererblichkeit entgegenstehe, da nur die aktive Fortführung des Accounts nicht möglich sei, passive Leserechte aber weiterhin bestehen könnten.

In einem richtungsweisenden Urteil von fundamentaler Bedeutung für den digitalen Nachlass im deutschen Recht bejahte der BGH (Urt. v. 12.7.2018 – III ZR 183/17, BeckRS 2018, 16463) die Vererbbarkeit eines Facebookaccounts und lehnte die Möglichkeit des vertraglichen Ausschlusses ab.

Der BGH sah in der „Gedenkzustands-Richtlinie" eine AGB, die zwar im vorliegenden Fall aufgrund der alleinigen Verortung im Hilfebereich der Webseite schon gar nicht Bestandteil des Vertrages wurde, jedoch ohnehin aus den oben genannten Gründen sowohl eine unangemessene Benachteiligung gemäß § 307 I und II BGB als auch einen Verstoß gegen § 307 II Nr. 2 BGB darstellt.

Der vertragliche Ausschluss der Vererbbarkeit ist auch nicht durch im Nutzungsvertrag stillschweigend vorausgesetzte und damit immanente Gründe des Schutzes der Persönlichkeitsrechte der Kommunikationspartner des Erblassers möglich (BGH Urt. v. 12.7.2018 – III ZR 183/17, BeckRS 2018, 16463). Zwar besteht bei den Nutzern ein gewisses Vertrauen darauf, dass lediglich die Kommunikationspartner Kenntnis von den übermittelten Daten erhalten, jedoch wird dieses weder durch vertragliche Pflichten noch durch technische Maßnahmen geschützt. Die vertragliche Verpflichtung des Dienstleisters zur Übermittlung von Daten erschöpft sich aufgrund des reinen Accountbezugs darin, dass Daten von einem Account zum anderen weitergeleitet werden. Insoweit kann diese Dienstleistung mit der eines Briefträgers verglichen werden, der lediglich dafür Sorge zu tragen hat, dass die zu übermittelnde Nachricht in den vom Absender bestimmten Briefkasten gelangt. Wer schlussendlich auf diese zugreift entzieht sich der Kenntnis der übermittelnden Partei und liegt auch nicht mehr in ihrem Verantwortungsbereich. Weiterhin kann der Absender nicht kontrollieren, dass auch tatsächlich nur der Adressat Einsicht in die Nachricht und nicht ein Dritter unbefugt oder mit Hilfe des Adressaten Zugang dazu erhält, er verzichtet also insoweit auf die Verfügungsbefugnis.

b) **Wirksamer Ausschluss der Vererblichkeit durch AGB.** Zum Teil wird angenommen, Klauseln, die 16 ein generelles Erlöschen des Accounts samt Inhalt mit dem Tod des Erblassers vorsehen, verstoßen gegen § 307 II Nr. 1 BGB, weil die Vererblichkeit einen **wesentlichen Grundgedanken** der gesetzlichen Regelungen darstelle (LG Berlin Urt. v. 17.12.2015 – 20 O 172/15; MüKoBGB/*Leipold* § 1922 BGB Rn. 29 hält aber eine Regelung über das Erlöschen nach einer angemessenen Frist für wirksam). Dagegen wird hervorgebracht, dass eine solche Klausel nicht gegen den Grundgedanken einer gesetzlichen Regelung verstoße, da die Vereinbarung der Unvererblichkeit eines Schuldverhältnisses grundsätzlich zulässig sei (*Lange/Holtwiesche* ZErb 2016, 125 (128); *Raude* ZEV 2017, 433 (437) sieht keinen Verstoß sofern der Klauselverwender ein berechtigtes Interesse an der Unvererblichkeit des Rechtsverhältnisses für sich in Anspruch nehmen kann; kritisch auch Staudinger/*Kunz* § 1922 Rn. 636). Vielmehr komme es darauf an, ob durch die AGB-Regelung in unzulässiger Weise in die Dispositionsfreiheit des Erblassers eingegriffen werde (*Lange/Holtwiesche* ZErb 2016, 125 (129)).

Diskutiert wird auch ein Verstoß gegen § 307 I 1 BGB, da eine Unvererblichkeitsklausel eine unangemessene Benachteiligung des Vertragspartners, also des Erben, darstellen könnte (wohl zustimmend Staudinger/*Kunz* § 1922 Rn. 636 ff.; dagegen *Lange/Holtwiesche* ZErb 2016, 125 (130)).

17 **4. Weitere Ansprüche der Erben auf Zugangsverschaffung zu den Accountinhalten.** Nach Auffassung des KG Berlin folgt ein Anspruch der Erben auf Zugang zu den Accountinhalten nicht aus dem **allgemeinen Persönlichkeitsrecht** nach Art. 2 II iVm Art. 1 I GG. Das Interesse der Erben an der Zugangsverschaffung sei für eine Persönlichkeitsentfaltung der Erblasser bedeutungslos (KG Berlin aaO). Auch einen Anspruch der Erben aus **§ 34 BDSG** hat das KG Berlin verneint, da das Recht auf informationelle Selbstbestimmung mit dem Tod des Betroffenen ende (zustimmend *Klas/Möhrke-Sobolewski* NJW 2015, 3473 (3475); *Biermann* ZErb 2017, 210 (216); aA LG Berlin Urt. v. 17.12.2015 – 20 O 172/15). Ebenso sah das der BGH (Urt. v. 12.7.2018 – III ZR 183/17, BeckRS 2018, 16463 mwN) im Hinblick auf die DS-GVO. Danach können daraus keine Ansprüche geltend gemacht werden, da Erwägungsgrund 27 der Verordnung klarstellt, dass diese nicht auf personenbezogene Daten Verstorbener anzuwenden ist.

18 **5. Entgegenstehendes Verfassungsrecht und einfachgesetzliches Recht in Bezug auf E-Mails und Inhalte sozialer Medien.** Der Vererblichkeit von Accountinhalten steht das Fernmeldegeheimnis und einfachgesetzlich das Telekommunikationsrecht entgegen. Diskutiert werden darüber hinaus unter diesem Aspekt zudem das postmortale Persönlichkeitsrecht des Erblassers sowie Vorschriften des BDSG.

19 **a) Fernmeldegeheimnis Art. 10 I, III GG.** Das Fernmeldegeheimnis nach Art. 10 I, III GG schützt nämlich den Kommunikationsvorgang, die Umstände der Kommunikation sowie die am Kommunikationsvorgang Beteiligten (BeckOK GG/*Baldus* Art. 10 Rn. 7 ff.). Also ist auch der **Kommunikationspartner** der Online-Korrespondenz in den Schutzbereich des Fernmeldegeheimnisses miteinbezogen.

20 In seiner Fraport-Entscheidung hat das Bundesverfassungsgericht statuiert, dass Private einer **mittelbaren Grundrechtsbindung** unterliegen, die der unmittelbaren Bindung des Staates an Grundrechte nahe bzw gleich kommt, wenn sie bestimmte Voraussetzungen erfüllen (BVerfG NJW 2001, 1201 (1204)). Dies ist der Fall, wenn private Unternehmen

„*die Bereitstellung schon der Rahmenbedingungen öffentlicher Kommunikation selbst übernehmen und damit in Funktionen eintreten, die [...] früher dem Staat als Aufgabe der Daseinsfürsorge zugewiesen waren.*" (BVerfG NJW 2001, 1201 (1204)).

Mithin sind **Provider** zumindest mittelbar an das **Fernmeldegeheimnis** aus Art. 10 I, III GG gebunden, soweit sie Telekommunikationsdienstleistungen erbringen, um der gesteigerten Abhängigkeit der Bürger von diesen Strukturen Rechnung zu tragen (*Mayen* Gemeinsame Initiativstellungnahme S. 49).

21 Zwar gilt das Fernmeldegeheimnis grds nur, solange der Kommunikationsvorgang noch im Gange ist (Maunz/Dürig/*Durner* GG § 10 Rn. 96). Nachrichten, die bereits auf dem Server des Providers gespeichert sind, wären demnach nicht mehr geschützt. Das Bundesverfassungsgericht hat jedoch festgestellt, dass die beim Provider gespeicherten E-Mails noch vom Schutzziel des Art. 10 I, III GG – die Vertraulichkeit der Kommunikation mittels Fernmeldeeinrichtungen – erfasst sind, unabhängig davon, ob der Nutzer schon Kenntnis von ihnen genommen hat oder nicht (BVerfG NJW 2009, 2431 (2432 f.); Maunz/Dürig/*Durner* GG § 10 Rn. 85). Dies lässt sich freilich auf andere Formen von Online-Kommunikation (Chats, Direct Messages) übertragen.

22 Konsequenz dieser grundrechtlichen Bindung der Provider ist, dass eine Herausgabe der Nachrichten nicht ohne **Einwilligung** der Kommunikationsteilnehmer möglich ist. Eine solche Einwilligung muss aber von beiden am Kommunikationsvorgang Beteiligten erteilt werden, um das Fernmeldegeheimnis nicht einseitig aufzuheben (BVerfG NJW 1982, 1875 (1876); v. Mangoldt/Klein/Starck/*Gusy* GG Art. 10 Rn. 48). Mag man die Einwilligung des Erblassers noch begründen können, so ist dies für eine Einwilligung des Kommunikationspartners nicht möglich. Insbesondere kann eine solche nicht im bloßen Absenden einer Nachricht an den Erblasser erkannt werden (*Mayen* Gemeinsame Initiativstellungnahme S. 54; dagegen: *Ludyga* ZEV 2018, 1 (6); *Pruns* ZErb 2017, 217 (220 ff.)).

23 In der Lit. wird teilweise vorgeschlagen im Wege der praktischen Konkordanz das Fernmeldegeheimnis hinter dem in Art. 14 I GG statuierten Erbrecht zurücktreten zu lassen (*Solmecke/Köbrich/Schmitt* MMR 2015, 291 (292); *Brisch/Müller-ter/Jung* CR 2013, 446 (450 f.); *Herzog* NJW 2013, 3745 (3751)). Dabei sei vor dem Hintergrund des § 1944 I BGB das Interesse der Erben an einer zügigen Abwicklung des Nachlasses zu berücksichtigen (*Deusch* ZEV 2014, 2 (7 f.)), welches bei Beachtung des Fernmeldegeheimnisses nahezu untergraben werde (Krit. dazu *Kuntz* jM 2016, 190 (191)). Aus § 88 III TKG folgt jedoch, dass ein Eingriff in das Telekommunikationsgeheimnis einem Gesetzesvorbehalt unterworfen ist. Damit kann die praktische Konkordanz keine Rechtfertigung für einen Eingriff ohne entsprechendes Gesetz sein (KG Berlin aaO).

24 **b) Einfachgesetzliche Regelung in § 88 TKG.** § 88 TKG bindet die TK-Anbieter einfachgesetzlich an das Fernmeldegeheimnis. Diese einfachgesetzliche Ausprägung des Fernmeldegeheimnisses in § 88 TKG ist wegen der mittelbaren Grundrechtsbindung der privaten TK-Anbieter an das grundrechtliche Fernmeldegeheimnis sowie wegen des Erfordernisses einer grundrechtskonformen Auslegung des einfachgesetzlichen Rechts dahingehend zu verstehen, dass § 88 TKG den gleichen Schutzumfang wie das Fernmeldegeheimnis aus Art. 10 I, III GG gewährt (*Mayen* Gemeinsame Initiativstellungnahme S. 55). Daher steht auch die einfachgesetzliche Ausgestaltung des Fernmeldegeheimnisses in § 88 TKG einer Heraus-

gabe entgegen. Dies bestätigt auch das KG Berlin (aaO) und tritt damit der Auffassung des LG Berlin (aaO), eine Einwilligung der Kommunikationspartner sei wegen § 88 III GG nicht erforderlich, da das Verschaffen von Kommunikationsinhalten im Rahmen der geschäftsmäßigen Erbringung erfolge, entgegen. Vielmehr gelte dies nur für das, was technisch zur Ermöglichung oder Aufrechterhaltung des jeweiligen Dienstes erforderlich sei. Überdies enthalte § 1922 BGB keinen ausdrücklichen Bezug auf Telekommunikationsvorgänge, sodass das „kleine Zitiergebot" (§ 88 III 3 TKG) nicht gewahrt sei, mithin liege auch keine gesetzliche Ausnahmevorschrift vor.

Teilweise wird vertreten, § 88 TKG finde keine Anwendung. § 88 III TKG verbiete lediglich die Weitergabe an einen Dritten. Da der Erbe aber im Wege der Universalsukzession in die rechtliche Position des Erblassers rücke, handele es sich bei ihm deshalb gerade nicht um einen „anderen" iSd § 88 III TKG (BGH Urt. v. 12.7.2018 – III ZR 183/17, BeckRS 2018, 16463); *Ludyga* ZEV 2018, 1 (6); *Biermann* ZErb 2017, 210 (214 f.).). Dem hält das KG Berlin (aaO) entgegen, der Erbe trete zwar im Wege der Universalsukzession in die Rechte und Pflichten des Erblassers ein, es bestehe aber insoweit keine Personenidentität, sondern der Erbe sei jedenfalls ein anderer Kommunikationspartner und somit ein „anderer" iSd § 88 III TKG. Nunmehr hat der BGH (Urt. v. 12.7.2018 – III ZR 183/17, BeckRS 2018, 16463) dem Streit ein Ende gesetzt und der Ansicht des KG Berlin (aaO) widersprochen, der Erbe ist kein „anderer" iSd § 88 III TKG. Er begründete diese Interpretation unter anderem damit, dass das Fernmeldegeheimnis die jeweiligen Kommunikationspartner nicht vor der Kenntnisnahme der Erben vom Inhalt des Accounts des Erblassers schützt. § 88 TKG verpflichtet lediglich den Diensteanbieter dazu, die Sphäre zwischen den Kommunikationspartnern zu schützen. Speichert einer der Teilnehmer Inhalte aus diesem Austausch in seiner Sphäre, beispielsweise auf einem verkörperten digitalen Trägermedium oder auf einem Papierausdruck, so muss der andere Teilnehmer damit rechnen, dass Dritte darauf zugreifen können, wodurch er insoweit kein schutzwürdiges Vertrauen besitzen kann.

Weiterhin bestätigt ein Vergleich der erbrechtlichen Rechtslage bei ausgedruckten oder auf Medien des Erblassers gespeicherten digitalen Inhalte dieses Ergebnis, da bei Fortgeltung des Fernmeldegeheimnisses für die Erben deren Zugriffsmöglichkeit alleine davon abhängen würde, ob der Erblasser die Inhalte beispielsweise mittels eines lokalen Messenger gespeichert hat oder diese nur auf den Servern des Diensteanbieters vorhanden sind. Eine solche Differenzierung ist nicht gerechtfertigt, auch ist das Vertraulichkeitsinteresse des Absenders in jedem Fall gleich groß.

c) **Postmortales Persönlichkeitsrecht des Erblassers Art. 1 I GG.** In seiner Mephisto-Entscheidung **25** hat das BVerfG klargestellt, dass auch nach dem Tod Rechte des Erblassers aus seiner Persönlichkeit bestehen (NJW 1971, 1645). Das „postmortale Persönlichkeitsrecht" schützt den Erblasser auch nach seinem Tod gegen Herabwürdigungen und Verfälschungen. Wird dessen Menschenwürde postmortal verletzt, stehen subsidiär den nächsten Angehörigen Abwehransprüche zu. Der Annahme, ein Zugriff der Erben auf den Account könne einen **Eingriff in den Kernbereich** privater Lebensführung des verstorbenen Nutzers darstellen und verletze so das „postmortale Persönlichkeitsrecht", lässt sich zum einen entgegenhalten, dass in Bezug auf den „analogen" Nachlass diese Frage noch nie aufgeworfen wurde und nicht ersichtlich ist, weshalb dies nun bei einer Verlagerung der Höchstpersönlichkeit von der „analogen" in die „digitale" Welt der Fall sein sollte (*Lange/Holtwiesche* 2016, 157 (160 f.). Zum anderen verletzt die bloße Verschaffung eines Zugangs zum Account an die Erben nicht die Menschenwürde des Verstorbenen (*Herzog* ZErb 2017, 205 (207); *Lange/Holtwiesche* ZErb 2016, 157 (159 ff.); *Klas/Möhrke-Sobolewski* NJW 2015, 3473 (3477)).

d) **Datenschutzrecht.** Sowohl das BDSG als auch die DS-GVO beziehen nur Lebende in ihren **26** Schutzbereich ein. Die Weitergabe von Daten des Verstorbenen an den Erblasser verbieten datenschutzrechtliche Vorschriften folglich nicht. Auch in Bezug auf die Kommunikationspartner des Erblassers finden datenschutzrechtliche Vorschriften keine Anwendung: Das Datenschutzrecht schützt den Nutzer vor Kommerzialisierung der Daten durch Dritte, eine Kommerzialisierung findet bei einem Erbvorgang aber nicht statt (*Ludyga* ZEV 2018, 1 (5)). Der sachliche Anwendungsbereich des BDSG und der DSGVO ist zudem nicht für die Verarbeitung personenbezogener Daten zur Ausübung ausschließlich persönlicher oder familiärer Tätigkeiten eröffnet. Bewahrt ein Erbe Erinnerungsstücke von Verstorbenen auf, so berührt dies nicht das Datenschutzrecht. Ebenso verhält es sich, wenn der Erbe Zugang zu Accountinhalten erhält. Weiterhin stellte der BGH (Urt. v. 12.7.2018 – III ZR 183/17, BeckRS 2018, 16463 mwN) klar, dass auch bei Anwendbarkeit der DS-GVO die Bereitstellung der Inhalte für die Erben nach Art. 6 I lit. b Var. 1 DS-GVO zulässig wäre, da die Zugänglichmachung des Accountinhalts auch den Erben gegenüber eine vertragliche Hauptpflicht darstellt. Auch können die Berufung auf das nach Art. 14 I 1 GG geschützte Erbrecht und mögliche Ansprüche Dritter gegen die Erben berechtigte Interessen iSd Art. 6 I lit. f DS-GVO darstellen.

4. Ruf nach dem Gesetzgeber. Vor dem Hintergrund, dass ein gerechtfertigtes Bedürfnis der Erben **27** zur Einsichtnahme in die digitale Korrespondenz des Erblassers besteht, ist der Gesetzgeber aufgefordert, den oben dargestellten Widerspruch zum Telekommunikationsgeheimnis aufzulösen. Der Deutsche Anwaltverband schlägt deshalb eine klarstellende Ergänzung in § 88 TKG vor. Der Ruf nach dem Gesetzgeber wird auch im Hinblick auf E-Mails und Inhalte sozialer Medien erhoben, um eine Synchronisierung der Interessen an Sicherheit und Authentifizierung einerseits und dem Erbenzugriff andererseits sicherzustellen (*Brisch/Müller-ter/Jung* CR 2013, 446 (452 f.)).

Eine Reform wäre auch im Sinne der Erblasser, denn in Ermangelung einer testamentarischen Vorsorge entstünde eine große Menge verwaister Daten und digitaler Guthaben, die quasi als **faktisches Erbe** den Plattformen als privaten Unternehmen zugewiesen würden. Dies hätte zur Folge, dass die sozialen Medien diese Daten zeitlich unbegrenzt und ohne Einschränkungen verwerten und mit ihnen Traffic generieren könnten (*Mackenrodt* ZUM-RD 2017, 540 (542)).

28 In der Zwischenzeit sollten Erben ihren digitalen Nachlass auf jeden Fall mittels des erbrechtlichen Instrumentariums regeln, um diesen noch bestehenden rechtlichen Unsicherheiten aus dem Weg zu gehen (*Herzog* Gemeinsame Initiativstellungnahme S. 37 f.). Hierzu kann der Erblasser mittels eines „digitalen Testaments", „digitaler Vorsorgevollmacht" oder der Hinterlegung der Passwörter die Rechtslage nach seinem Tode für die Erben vereinfachen. Die Begriffe „digitales Testament" und „digitale Vorsorgevollmacht" sind dabei freilich so zu verstehen, dass lediglich der Gegenstand ihrer Regelung „digital" ist, nicht jedoch die Art ihrer Errichtung, die beim Testament also nach wie vor handschriftlich oder notariell erfolgen muss.

§ 1923 Erbfähigkeit

(1) **Erbe kann nur werden, wer zur Zeit des Erbfalls lebt.**

(2) **Wer zur Zeit des Erbfalls noch nicht lebte, aber bereits gezeugt war, gilt als vor dem Erbfall geboren.**

1   **1. Erbfähigkeit.** Die Fähigkeit, das Vermögen des Erblassers als Gesamtrechtsnachfolger zu übernehmen, setzt **Rechtsfähigkeit** voraus (Palandt/*Weidlich* Rn. 1). Erbe kann eine **natürliche Person** nur werden, wenn sie den Erblasser **überlebt**. Wer vor dem Erblasser oder gleichzeitig mit ihm verstorben ist, kann ihn nicht beerben (OLG Köln NJW-RR 1992, 1481). Hat der Erbe die Erbschaft ausgeschlagen (§ 1953 II), wurde er für erbunwürdig erklärt (§ 2344 II) oder hat er einen Erbverzichtsvertrag abgeschlossen (§ 2346 I 2), wird er behandelt, als habe er den Erbfall nicht erlebt bzw. sei er vorverstorben. Er erbt also nicht. Bestehen Zweifel daran, ob der vorgesehene Erbe den Erblasser überlebt hat, so ist der Todeszeitpunkt im Erbscheinsverfahren von Amts wegen genau zu ermitteln (OLG Hamm NJW-RR 1996, 70). Ist dies nicht möglich, so trifft die Feststellungslast für das Überleben den, der daraus Rechte herleitet (Palandt/*Weidlich* Rn. 5). Ist eine Person **verschollen**, so greift die Lebensvermutung nach § 10 VerschG ein. Solange, wie der Verschollene nicht für tot erklärt ist, gilt er als lebend. Es wird unwiderleglich vermutet, dass der Tod zu dem im Beschluss festgestellten Todeszeitpunkt eingetreten ist. Der für tot Erklärte wird also von den Personen beerbt, die seinen im Beschluss genannten Todeszeitpunkt überlebt haben. Dies gilt auch dann, wenn sie nach diesem Tag und vor Erlass des Todeserklärungsbeschlusses selbst verstorben sind (MüKoBGB/*Leipold* Rn. 10). Der für tot Erklärte seinerseits kann ab dem im Beschluss genannten Zeitpunkt niemanden mehr beerben. Kann nicht festgestellt werden, ob die eine Person die andere überlebt hat, so wird nach § 11 VerschG das gleichzeitige Versterben vermutet. Dabei greift § 11 VerschG immer dann ein, wenn zwar der Tod feststeht, der Todeszeitpunkt bei mehreren Personen aber nicht mehr eindeutig festgestellt werden kann oder dieser zwar bei einem feststeht, bei dem anderen aber nicht mehr geklärt werden kann (BayObLG NJW-RR 1999, 1309 (1311)). Es ist nicht erforderlich, dass die Betroffenen anlässlich einer gemeinsamen Gefahrenlage ums Leben gekommen sind (Staudinger/*Habermann* VerschG § 11 Rn. 3). Sind mehrere Menschen verstorben, die sich wechselseitig je nach Todeszeitpunkt beerben würden und kann das Überleben einzelner Personen nicht voll bewiesen werden, so ist die Vermutung des § 11 VerschG nicht widerlegt (Staudinger/*Habermann* VerschG § 11 Rn. 4). Die Vermutung aus § 9 VerschG ist nicht geeignet, die Vermutung für den gleichzeitigen Tod aus § 11 VerschG zu widerlegen, da es ansonsten weitestgehend vom Zufall abhinge, wer wessen Erbe würde (BGHZ 62, 112 (116); FamRZ 1975, 87).

2   **Juristische Personen** des privaten und öffentlichen Rechts sind rechtsfähig und auch erbfähig. Voraussetzung dafür ist, dass sie zum Zeitpunkt des Erbfalls bestehen. Eine Besonderheit gilt für Stiftungen. Diese können durch Stiftungsgeschäft von Todes wegen vollständig mittels Testament oder Erbvertrag errichtet werden. Die Vermögensausstattung kann im Wege der Erbeinsetzung, Vermächtnisanordnung oder Auflage erfolgen. Erfolgt dann nach dem Tod des Stifters die behördliche Anerkennung der Stiftung als rechtsfähig, so wird für Zuwendungen des Erblassers als Stifter die Entstehung der Stiftung vor dessen Tod nach § 84 BGB fingiert. (Palandt/*Ellenberger* § 84 Rn. 1; Palandt/*Weidlich* § 1923 Rn. 7; LG Berlin FamRZ 2001, 450; für ausländische Stiftungen OLG München MittBayNot 2009, 484). Auch eine **OHG oder KG** kann Erbe werden, weil Rechtsfähigkeit besteht, da sie unter ihrer Firma Rechte erwerben und Verbindlichkeiten eingehen kann (§§ 124 I, 161 HGB). Rechtsfähig und damit erbfähig ist auch eine **BGB-Gesellschaft**, deren Gesellschaftsvermögen gebildet ist, nach außen als Einheit in Erscheinung getreten ist und eigene Rechte und Pflichten begründet hat (BGH NJW 2001, 1056; 2002, 1207; 2008, 1378; Palandt/*Weidlich* Rn. 7; MüKoBGB/*Leipold* Rn. 37). Das ererbte Vermögen wird Gesamthandsvermögen der Gesellschaft. Für Nachlassverbindlichkeiten haften jedoch nach § 128 HGB die Gesellschafter der OHG solange persönlich und unbeschränkt, wie nicht eine Beschränkung der Haftung auf den Nachlass erfolgt. Gleiches gilt für die Gesellschafter einer BGB-Gesellschaft. Bei der KG gilt dies nur für die persönlich haftenden Gesellschafter, die Kommanditisten haften nur beschränkt auf den Betrag ihrer Einlage (§ 161 I HGB) (MüKoBGB/*Leipold* Rn. 37). Die Ablehnung der persönlichen Haftung der Gesellschafter für Nachlassverbindlichkeiten (so Staudinger/*Otte* Rn. 29) widerspricht dem geltenden Recht. Auch der nicht rechtsfähige Verein kann Erbe und/oder Vermächtnisnehmer werden (MüKoBGB/*Arnold* § 54 Rn. 25). Das zugewandte Vermögen wird unmittelbar Vereinsvermögen, geht also nicht zunächst auf die einzelnen Vereinsmitglieder über, die es dann auf den Verein übertragen

müssten (MüKoBGB/*Leipold* Rn. 38). Die Vereinsmitglieder haften für Nachlassverbindlichkeiten nur mit dem Vereinsvermögen (MüKoBGB/*Leipold* Rn. 38, BGH NJW-RR 2003, 1265). Das Recht zur Annahme oder Ausschlagung der Erbschaft liegt bei dem vertretungsberechtigten Vereinsorgan, regelmäßig dem Vorstand (§ 26 BGB), nicht bei den einzelnen Vereinsmitgliedern (MüKoBGB/*Leipold* Rn. 38).

Nicht rechtsfähig und damit nicht erbfähig ist eine Erbengemeinschaft (BGH ZEV 2002, 504; NJW 2006, 3715; *Heil* ZEV 2002, 296) und eine eheliche Gütergemeinschaft (MüKoBGB/*Leipold* Rn. 40). Wird solchen etwas zugewendet, so führt die Auslegung regelmäßig dazu, dass die einzelnen Mitglieder der Erbengemeinschaft bzw. die Ehegatten Erben werden.

2. Erbfähigkeit des Gezeugten. War ein Kind zum Zeitpunkt des Erbfalls bereits gezeugt aber noch nicht geboren und kommt es dann **lebend** zur Welt, wird es rechtsfähig und damit erbfähig, da das Gesetz dieses Kind so behandelt, als wäre es schon vor dem Erbfall geboren worden. Die Beweislast dafür, dass das Kind vor dem Erbfall gezeugt wurde, obliegt dem Kind (Palandt/*Weidlich* Rn. 6). Wird das Kind nicht lebend geboren, weil es zu einer Fehlgeburt, Todgeburt oder sogar zum Tod der Mutter mit der Leibesfrucht kommt, so erbt derjenige, der nach dem Gesetz oder aufgrund der letztwilligen Verfügung des Erblassers ohne Berücksichtigung des nasciturus als Erbe benannt ist.

In der Zeit zwischen dem Erbfall und der Geburt des Kindes tritt ein Schwebezustand ein. Die Erbauseinandersetzung ist in dieser Zeit ausgeschlossen (§ 2043). Die Rechte der Leibesfrucht werden bis zur Geburt durch einen Pfleger bzw. durch die zukünftigen Eltern wahrgenommen (§ 1912 I, II). Schon vor der Geburt des Kindes kann die Erbschaft ausgeschlagen werden (Staudinger/*Otte* § 1945 Rn. 6; OLG Oldenburg FamRZ 1994, 847 (848); OLG Stuttgart NJW 1993, 2250). Es besteht kein Grund dafür, dann, wenn sich schon vor der Geburt des Kindes herausstellt, dass der Nachlass überschuldet ist, noch die Geburt des Kindes abzuwarten, bis die Ausschlagung erklärt wird (so aber LG Berlin Rpfleger 1990, 362; AG Recklinghausen Rpfleger 1988, 106). Die Ausschlagungsfrist selbst läuft jedoch erst ab Vollendung der Geburt des Erben (MüKoBGB/*Leipold* Rn. 27). Zum Teil wird angenommen, dass vor der Geburt des Erben auch die Erbschaft schon angenommen werden kann so MüKoBGB/*Leipold* Rn. 27). Dagegen spricht, dass vor der Geburt des Kindes gar keine rechtsfähige Person als Erbe existiert, mit der Folge, dass die Annahme der Erbschaft vor der Geburt des Kindes keine Rechtswirkungen haben kann. Die Möglichkeit der Annahme der Erbschaft vor der Geburt des Kindes besteht daher nicht (Palandt/*Weidlich* § 1943 Rn. 4; *Walter* ZEV 2008, 319 (322)).

Erfolgt eine Befruchtung außerhalb des Mutterleibes (**In-vitro-Fertilisation**), so wird unter Berücksichtigung des Schutzwecks der Norm die Erbfähigkeit anzunehmen sein, wenn die In-vitro-Fertilisation zum Zeitpunkt des Erbfalls erfolgt war. Auf den Zeitpunkt der Implantation der Eizelle in den Mutterleib wird es nicht entscheidend ankommen. § 1923 II kommt auch zur Anwendung, wenn diese Implantation erst nach dem Erbfall geschah (MüKoBGB/*Leipold* Rn. 19 mwN). Wird eine künstliche Insemination nach dem Tod des Samenspenders durchgeführt, was medizinisch möglich jedoch verboten und strafbar ist (§ 4 I Nr. 3, § 1 I Nr. 1, 2 EmbryonenschutzG), so wird man § 1923 II entsprechend anwenden müssen (MüKoBGB/*Leipold* Rn. 23).

Eine zum Zeitpunkt des Eintritts des Erbfalls noch nicht lebende und auch nicht gezeugte Person kann **Nacherbe** werden (§§ 2108 I, 1923). Damit der als Nacherbe Berufene auch tatsächlich Nacherbe werden kann, muss er allerdings zum Zeitpunkt des Eintritts des Nacherbfalls geboren oder zumindest gezeugt sein (Palandt/*Weidlich* § 2108 Rn. 1). Eine zum Zeitpunkt des Eintritts des Erbfalls noch nicht gezeugte Person kann auch mit einem **Vermächtnis** bedacht werden. Das Vermächtnis fällt dann allerdings erst mit der Geburt an (§ 2178).

3. Relative Erbunfähigkeit. Notaren und Dolmetschern und deren nächsten Angehörigen sowie Vertrauenspersonen, die bei der Errichtung eines öffentlichen Testaments oder Erbvertrages mitgewirkt haben, kann durch die beurkundete letztwillige Verfügung nichts zugewendet werden (§§ 7, 16 III, 24 II, 27 BeurkG).

§ 1924 Gesetzliche Erben erster Ordnung

(1) Gesetzliche Erben der ersten Ordnung sind die Abkömmlinge des Erblassers.

(2) Ein zur Zeit des Erbfalls lebender Abkömmling schließt die durch ihn mit dem Erblasser verwandten Abkömmlinge von der Erbfolge aus.

(3) An die Stelle eines zur Zeit des Erbfalls nicht mehr lebenden Abkömmlings treten die durch ihn mit dem Erblasser verwandten Abkömmlinge (Erbfolge nach Stämmen).

(4) Kinder erben zu gleichen Teilen.

1. Gesetzliche Erbfolge. Die gesetzliche Erbfolge nach §§ 1924ff. greift nur dann ein, wenn der Erblasser nicht durch eine Verfügung von Todes wegen andere Erben bestimmt hat (vgl. §§ 1937, 1941). Die gesetzliche Erbfolge führt dazu, dass zunächst die nächsten Verwandten des Erblassers und sein Ehegatte (§ 1931) bzw. Lebenspartner (§ 10 LPartG) gesetzliche Erben werden. Gibt es keine Verwandten und keinen Ehegatten bzw. Lebenspartner, so erbt der Staat (§ 1936). Die Verwandten des Erblassers werden in verschiedene **Ordnungen/Parentele** eingeteilt. Das Grundprinzip des **Ordnungssystems** ergibt sich aus § 1930. Danach ist ein Verwandter einer entfernteren Ordnung so lange von der Erbfolge ausgeschlossen, wie ein Verwandter einer vorhergehenden Ordnung vorhanden ist. Ergänzt wird das Ordnungssystem durch das Linearsystem (II). Sind in einer Ordnung mehrere Erben vorhanden, wird auf Abkömmlinge derselben Linie, also auf Kind, Enkel, Urenkel as **Linearsystem** angewendet. Danach schließt der Abkömmling des Erblassers die mit ihm in absteigender Linie verwandten weiteren Abkömmlinge von der Erbfolge aus (§ 1924 II). Erlebt ein als Erbe berufener Abkömmling den Erbfall nicht, treten nach § 1924 III dessen Abkömmlinge an seine Stelle (Erbfolge nach **Stämmen/Eintrittsrecht**). Eine **Erbteilung** nach Köpfen sieht § 1924 IV dann vor, wenn innerhalb einer Ordnung und eines Stammes mehrere gleich nahe Erben vorhanden sind.

2 **2. Abkömmlinge.** Nach § 1924 I sind als gesetzliche Erben die **Abkömmlinge** des Erblassers berufen. Abkömmlinge sind alle Kinder des Erblassers und alle Kindeskinder, die mit ihm verwandt sind. Entscheidend ist die rechtliche Verwandtschaft, nicht die biologische Abstammung (Firsching/Graf NachlassR Rn. 1.19).

3 **a) Abkömmlinge der Mutter.** Mutter eines Kindes ist nach § 1591 BGB die Frau, die das Kind geboren hat. Maßgeblich ist also der Vorgang der Geburt, auf die genetische Abstammung oder auf die Herkunft der befruchteten Eizelle kommt es nicht an. Eine Anfechtung der Mutterschaft ist im Gesetz nicht vorgesehen und damit ausgeschlossen (Palandt/*Brudermüller* § 1591 Rn. 2). Ist aufgrund einer in Deutschland nicht zulässigen Ei- oder Embryonenspende die Frau, die das Kind zur Welt bringt, nicht die genetische Mutter, so ist trotzdem die gebärende Frau rechtlich die Mutter des Kindes. Soll daran etwas geändert werden, so kann dies nur durch eine Adoption des Kindes erfolgen (OLG Stuttgart NJW-RR 2012, 389).

4 **b) Abkömmlinge des Vaters.** Eine Unterscheidung zwischen ehelichen und nichtehelichen Kindern erfolgt im Hinblick auf die Abstammung vom Vater seit dem 1.7.1998 nicht mehr. Diese Unterscheidung wurde durch das Kindschaftsreformgesetz völlig beseitigt. Schon durch das Erbrechtsgleichstellungsgesetz aus dem Jahre 1997, das bereits am 1.4.1998 in Kraft trat, waren die erbrechtlichen Unterschiede zwischen ehelichen und nichtehelichen Kindern beseitigt worden. Allerdings gilt diese Gleichstellung für nichteheliche Kinder, die vor dem 1.7.1949 geboren wurden, nach dem Wortlaut des Gesetzes nur dann, wenn der Erbfall nach dem 29.5.2009 eingetreten ist. Auf der Grundlage der Rechtsprechung des EGMR (Urt. v. 23.3.2017 – 59752/13, 66277/13, NJW 2017, 1805) und des BGH (Beschl. v. 12.7.2017 – IV ZB 6/15, ZEV 2017, 510 ff.) wird die Gleichstellung auch auf Erbfälle vor dem 29.5.2009 auszudehnen sein, wenn in der Versagung der erbrechtlichen Ansprüche eine Verletzung der EMRK liegen würde (→ Rn. 9).

5 Vater eines Kindes im Rechtssinne ist nach § 1592 BGB der Mann, der mit der Mutter zum Zeitpunkt der Geburt des Kindes verheiratet ist, der die Vaterschaft anerkannt hat oder dessen Vaterschaft gerichtlich festgestellt ist.

Der Mann, der zum Zeitpunkt der Geburt des Kindes mit der Mutter **verheiratet** ist, ist rechtlich der Vater dieses Kindes. Dabei ist es unerheblich, ob für diese Ehe ein Eheaufhebungsgrund (§§ 1313 ff.) bestand oder die Voraussetzungen für die Scheidung der Ehe (§§ 1564 ff.) vorlagen und die Ehe später aufgehoben oder geschieden wurde, zumal die Ehe in beiden Fällen erst mit Rechtskraft der gerichtlichen Entscheidung ex nunc aufgelöst wird (§§ 1313 S. 2, 1564 S. 2; OLG Brandenburg FamRZ 2007, 2003). Grundsätzlich ist es auch unerheblich, ob ein anderer Mann die Vaterschaft für das Kind anerkannt hat. Nur dann, wenn das Kind nach Anhängigkeit eines Scheidungsverfahrens geboren wird und ein anderer Mann spätestens bis zum Ablauf eines Jahres nach Rechtskraft des die Scheidung aussprechenden Beschlusses die Vaterschaft anerkannt hat, gilt nach § 1599 II 1 die Vaterschaftsvermutung nach § 1592 Nr. 1 nicht. Entgegen der bis zum 30.6.1998 geltenden gesetzlichen Regelung ist ein Kind, das innerhalb von 302 Tagen nach der Scheidung der Ehe der Mutter mit ihrem Ehemann geboren wird, nicht mehr automatisch dem Ehemann der Mutter zuzurechnen. Die Regelung wurde nicht mehr übernommen, weil man sie als lebensfremd erkannt hat (Staudinger/*Rauscher* § 1592 Rn. 28a). Wird die Ehe allerdings durch Tod aufgelöst, so gilt der verstorbene Ehemann als Vater des Kindes, wenn das Kind innerhalb von 300 Tagen nach dem Tod geboren wird und die Mutter nicht bis zur Geburt des Kindes neu verheiratet ist (§ 1593 BGB). Wird in einem solchen Fall die Vaterschaft angefochten und rechtskräftig festgestellt, dass der neue Ehemann der Mutter nicht der Vater des Kindes ist, so gilt das Kind als ein solches des ersten verstorbenen Ehemannes (§ 1593 S. 4).

6 Das Kind gilt nach § 1599 I solange als Abkömmling des Ehemannes, wie nicht aufgrund einer Vaterschaftsanfechtung rechtskräftig festgestellt ist, dass der Ehemann nicht der Vater des Kindes ist. Die Voraussetzungen für das Anfechtungsverfahren ergeben sich aus § 1600 ff. Alle Abstammungssachen nach § 169 FamFG sind Angelegenheiten der freiwilligen Gerichtsbarkeit. Das Verfahren wird durch den Antragsteller eingeleitet. Dieser ist nach § 7 I FamFG Beteiligter des Verfahrens. Wer iÜ noch am Verfahren zu beteiligen ist, ergibt sich aus § 172 FamFG. Der Status des Kindes wird nach Einleitung eines Verfahrens von Amts wegen geklärt. Es kommt daher nicht darauf an, ob derjenige, gegen den der Antrag zu richten wäre, verstorben ist (EGGPSSW Familiensachen-HdB/*Schael* § 8 Rn. 55). Verstirbt einer der Beteiligten im laufenden Verfahren, so tritt nicht automatisch die Erledigung der Hauptsache ein. Vielmehr muss das Gericht nach § 181 FamFG die übrigen Beteiligten darauf hinweisen, dass das Verfahren nur fortgesetzt wird, wenn einer der Beteiligten dies innerhalb einer Frist von einem Monat durch Erklärung gegenüber dem Gericht verlangt. Die Frist beginnt mit dem Zugang der gerichtlichen Verfügung (Bumiller/Harders FamFG § 181 Rn. 4). Verlangt einer der Beteiligten die Fortsetzung des Verfahrens, so wird das Verfahren ohne den Verstorbenen fortgesetzt, verlangt keiner der Beteiligten die Fortsetzung des Verfahrens, so gilt das Abstammungsverfahren in der Hauptsache nach § 181 S. 2 FamFG als erledigt (EGGPSSW Familiensachen-HdB/*Schael* § 8 Rn. 74).

Gesetzliche Erben erster Ordnung **§ 1924** BGB 10

Der Mann, der die Vaterschaft für ein Kind wirksam **anerkannt** hat, ist nach § 1592 Nr. 2 rechtlich der 7
Vater. Das Kind stammt also von diesem Mann ab, selbst wenn die Zeugung des Kindes durch diesen
Mann objektiv unmöglich ist (Palandt/*Brudermüller* § 1592 Rn. 4). Wirksam ist die Anerkennung der
Vaterschaft nur dann, wenn die Mutter des Kindes zugestimmt hat (§ 1595 I). Hat die Mutter nicht die
elterliche Sorge oder ist das Kind bereits volljährig, so muss auch das Kind zustimmen, damit die Anerkennung der Vaterschaft wirksam ist (§ 1595 II). Die Anerkennung der Vaterschaft kann auch schon vor
der Geburt des Kindes erfolgen (§ 1594 IV). War die Mutter des Kindes bei dessen Geburt verheiratet, so
wird das Vaterschaftsanerkenntnis, das unter den Voraussetzungen des § 1599 II abgegeben wurde,
erst mit Rechtskraft des Beschlusses, mit dem die Scheidung der Ehe der Mutter ausgesprochen ist, wirksam
(§ 1599 I 3). Ansonsten ist die Anerkennung der Vaterschaft erst möglich, wenn aufgrund einer Anfechtung der Vaterschaft rechtskräftig festgestellt ist, dass der Ehemann der Mutter nicht der Vater des Kindes ist (§§ 1599 I, 1594 II). Hat ein Mann bereits die Vaterschaft wirksam anerkannt, so kann ein anderer
die Vaterschaft erst dann anerkennen, wenn rechtskräftig festgestellt ist, dass dieser nicht der Vater des
Kindes ist (§§ 1599 I, 1594 II).

Nur dann, wenn keine Vaterschaft nach § 1592 Nr. 1 oder Nr. 2 besteht, kann die Vaterschaft **gericht-** 8
lich festgestellt werden (§ 1600d I). War die Mutter des Kindes zum Zeitpunkt der Geburt des Kindes
verheiratet oder hatte ein anderer Mann die Vaterschaft für das Kind anerkannt, so muss zunächst die
bestehende Vaterschaft angefochten werden, bevor eine gerichtliche Feststellung der Vaterschaft für einen anderen Mann erfolgen kann. Das Verfahren wird durch einen Antrag an das Familiengericht nach
§ 171 I FamFG eingeleitet (zum Verfahren EGGPSSW Familiensachen-HdB/*Schael* § 8 Rn. 55). Der
Antrag kann auch noch nach dem Tod des Kindes oder des Vaters gestellt werden. Das Kind kann durch
eine Vaterschaftsfeststellung nach dem Tod des Vaters erreichen, dass es die Rechte als gesetzlicher Erbe
des Erblassers erhält (MüKoBGB/*Leipold* Rn. 15). Wird ein Verfahren nach § 1598a eingeleitet, so hat
dieses auf die Abstammung keine Auswirkung. Bei dem Verfahren nach § 1598a handelt es sich lediglich
um die Möglichkeit der Klärung der genetischen Abstammung. Ob und welche Konsequenzen aus dieser
Klärung gezogen werden, ist dann einem weiteren Verfahren vorbehalten (MüKoBGB/*Wellenhofer*
§ 1598a Rn. 12). Das Recht, eine nach §§ 1592, 1593 bestehende Vaterschaft anzufechten, geht nach dem
Tod des Mannes nicht auf dessen Erben über (Staudinger/*Marotzke* § 1922 Rn. 141). Die erbrechtlichen
Wirkungen zwischen einem nichtehelichen Kind und dem Vater können wegen der im Gesetz enthalte-
nen Rechtsausübungssperre erst nach einem wirksam erklärten Vaterschaftsanerkenntnis oder einer
rechtskräftigen Vaterschaftsfeststellung geltend gemacht werden (§§ 1594, 1600d IV; OLG Hamm
DNotZ 2004, 650; Palandt/*Brudermüller* § 1600d Rn. 16), dann aber rückwirkend ab der Geburt des
Kindes (Palandt/*Brudermüller* § 1600d Rn. 19).

c) **Nichteheliche Kinder.** Nichteheliche Kinder waren immer mit ihrer Mutter verwandt (§ 1591). Die 9
Verwandtschaft mit dem Vater unterlag einem Wandel (dazu *Krug* ZEV 2011, 397). Durch das erste
Kindschaftsreformgesetz, das zum 1.7.1998 in Kraft trat, wurden die nichtehelichen Kinder den ehelichen Kindern rechtlich völlig gleichgestellt. Die erbrechtlichen Unterschiede zwischen ehelichen und
nichtehelichen Kindern beseitigte bereits das Erbrechtsgleichstellungsgesetz, das am 1.4.1998 in Kraft
trat. Danach waren grds. nichteheliche Kinder ebenso erbberechtigt wir eheliche Kinder. Eine **Ausnahme** galt aber noch immer für nichteheliche Kinder, die vor dem 1.7.1949 geboren wurden. Bei diesen
blieb das Erbrecht und Pflichtteilsrecht nach dem Vater vollständig ausgeschlossen, wenn der Erbfall vor
dem 29.5.2009 eingetreten und der Nachlass nicht an den Staat nach § 1936 gefallen war (BGH NJW
2012, 231; aber OLG München ZErb 2013, 60). War der Nachlass an den Staat gefallen, so stand dem
nichtehelichen Kind gegenüber dem Bund oder Land ein Ersatzanspruch in Höhe des Wertes des Nachlasses und auch ein Auskunftsanspruch über den Wert des Nachlasses nach Art. 12 § 10 II NEhelG zu.
Der deutsche Gesetzgeber nahm das Urteil des EMRK vom 28.5.2009 zum Anlass, Art. 12 § 10 NEhelG
mit dem 2. Erbrechtsgleichstellungsgesetz rückwirkend ab dem 29.5.2009 zu ändern. Die bisherige Differenzierung zwischen nichtehelichen Kindern, die vor und nach dem 1.7.1949 geboren wurden, entfiel für
alle Erbfälle ab dem 29.5.2009. Die nichtehelichen Kinder waren den ehelichen Kindern gleichgestellt
(Art. 5 S. 2 ZwErbGleichG v. 12.4.2011, Art. 12 § 10 II NEhelG). Für frühere Erbfälle, also solche, die
vor dem 29.5.2009 eingetreten waren und in denen der Nachlass nicht an den Staat gefallen war, ergab
sich für die vor dem 1.7.1949 geborenen nichtehelichen Kinder keine Änderung zur bisherigen Rechtslage. Diese Regelung wurde vom BVerfG als verfassungsgemäß angesehen (BVerfG Beschl. v. 18.3.2013 – 1
BvR 2436/11,1 BvR 3155/11, NJW 2013, 2103). Ob der EGMR vor dem Hintergrund seiner Entscheidung v. 28.5.2009 (NJW-RR 2009, 1603) diese Regelung akzeptieren würde, war schon im Jahr 2013
zweifelhaft. Durch Urteil des EGMR v. 9.2.2017 (– 29762/10, FamRZ 2017, 656) wurde die Bundesrepublik Deutschland erneut verurteilt, weil einem vor dem 1.7.1949 geborenen nichtehelichen Kind wegen des Erbfalls am 4.1.2009 eine erbrechtliche Beteiligung am Nachlass des Vaters versagt wurde. Hier
bestanden Kontakte zwischen dem Erblasser und dem nichtehelichen Kind, von einem Familienleben
wurde ausgegangen, so dass die Nichtbeteiligung am Nachlass als Verletzung des Art. 14 i.V.m. Art. 8
EMRK gewertet wurde. In dem Urteil vom 23.3.2017 (EGMR Urt. v. 23.3.2017 – 59752/13, 66277/13,
NJW 2017, 1805) hat der Gerichtshof dann ausgeführt, dass eine unterschiedliche Behandlung allein
wegen der nichtehelichen Geburt eines Kindes nur dann mit der Konvention vereinbar sei, wenn es hierfür sehr gewichtige Gründe gebe. Grundsätzlich und für sich genommen sei die Bestimmung eines Stichtages für die Anwendung neuer Vorschriften nicht diskriminierend. Bei der Prüfung, ob die deutschen
Gerichte bei der strikten Anwendung des Stichtags unter den besonderen Umständen des Falls einen

gerechter Ausgleich zwischen den widerstreitenden Interessen hergestellt habe, müsse besonders berücksichtigt werden, ob die Betroffenen von den anderen Abkömmlingen Kenntnis hatten, die Anfechtbarkeit der erbrechtlichen Ansprüche und die bis zur Geltendmachung der Ansprüche verstrichene Zeit (so EGMR, aaO, LS 2–7). Der BGH (Beschl. v. 12.7.2017 – IV ZB 6/15, ZEV 2017, 510 ff.) hat nunmehr unter dem Eindruck der aktuellen Rechtsprechung des EGMR ausgeführt, dass im Wege einer teleologischen Erweiterung Erb- und Pflichtteilsansprüche von nichtehelichen Kindern, die vor dem 1.7.1949 geboren wurden, auch dann anzuerkennen seien, wenn der Erbfall vor dem 29.5.2009 eintrat und mit einer Versagung der Ansprüche auf der Grundlage der Rechtsprechung des EGMR eine Verletzung der EMRK einhergehen würde (MüKoBGB/*Leipold* Einl. § 1922 Rn. 111; *ders.* ZEV 2017, 489 ff.). Entscheidend im Rahmen der Prüfung der Verhältnismäßigkeit kommt es darauf an, ob die anderen am Erbfall Beteiligten von der Existenz des nichtehelichen Kindes wussten. Ferner ist entscheidend, ob die anderen Beteiligten noch damit rechnen mussten, dass ein Dritter, also ein nichteheliches Kind, Ansprüche geltend machen würde. Entscheidend ist, ob grundsätzlich noch Erbansprüche oder Pflichtteilsansprüche durchsetzbar wären, oder ob seit dem Erbfall die dreijährige. dreißigjährige Verjährungsfrist abgelaufen ist. Letztlich ist zu prüfen, wann das nichteheliche Kind auf die Veränderung der Rechtslage reagiert hat. Letztlich ist zu prüfen, ob das Vertrauen der bisher als Erben eingesetzten Personen auf das Fortbestehen ihres ungeschmälerten Erbrechts im Verhältnis zu dem nichtehelichen Kind schutzwürdig ist (*Leipold* ZEV 2017, 489 (493)). Art. 12 § 10a NEhelG wurde bereits mWz 16.4.2011 aufgehoben (Art. 1 Nr. 3 ZwErbGleichG, BGBl. I S. 615), Vater und Kind können keinen notariell zu beurkundenden sog. Gleichstellungsvertrag mehr schließen. Es kann also nicht mehr vertraglich geregelt werden, dass das vor dem 1.7.1949 geborene nichteheliche Kind voller gesetzlicher Erbe des Erblassers und damit auch voll pflichtteilsberechtigt wird. Allerdings können erbvertragliche und auch testamentarische Regelungen getroffen werden, um das nichteheliche Kind entsprechend abzusichern (*Krug* ZEV 2011, 397 (398)).

War der Erblasser rechtskräftig zu Unterhaltszahlungen an sein nichteheliches Kind verurteilt worden, so kommt einem solchen Urteil statusfeststellende Wirkung zu (BGH Urt. v. 26.10.2011 – IV ZR 150/10, NJW 2012, 231 Rn. 14).

Das nachstehend skizzierte alte Recht hat für aktuelle Erbfälle zumindest dann Bedeutung, wenn zwischen dem Vater und dem nichtehelichen Kind ein vorzeitiger Erbausgleich wirksam vereinbart wurde. Für nichteheliche Kinder in den **alten Bundesländern** galten die bis zum 1.4.1998 geltenden Vorschriften über deren Erbrecht weiter, wenn der Erblasser vor dem 1.4.1998 verstorben war oder eine wirksame Vereinbarung oder ein rechtskräftiges Urteil zum Erbausgleich getroffen wurde (Art. 227 I EGBGB). Verstarb der Vater eines nichtehelichen Kindes bis zum 31.3.1998, so bestand nicht zwingend ein Erbrecht des Kindes. Beim Tod des Vaters in der Zeit zwischen dem 1.7.1970 und dem 31.3.1998 war zu differenzieren. Hatte der Erblasser noch weitere eheliche Kinder und/oder einen Ehegatten hinterlassen, so stand dem nichtehelichen Kind gegenüber den Erben des Erblassers lediglich ein **Erbersatzanspruch** zu. Das Kind wurde also nicht Miterbe in Erbengemeinschaft mit den ehelichen Kindern des Erblassers und/oder dessen Ehegatten. Der Erbersatzanspruch war ein Geldanspruch in Höhe des gesetzlichen Erbteils. Hatte der Erblasser nur sonstige Verwandte hinterlassen, so wurde das nichteheliche Kind voller gesetzlicher Erbe. Ein nichteheliches Kind, das das 21. aber noch nicht das 27. Lebensjahr vollendet hatte, hatte gegen seinen Vater – also zu dessen Lebzeiten – einen Anspruch auf Zahlung auf **vorzeitigen Erbausgleichs.** Der Anspruch ergab sich aus § 1934d aF. Der Anspruch belief sich grds. auf das Dreifache des durchschnittlichen Jahresunterhalts der letzten fünf Jahre, in denen das Kind voll unterhaltsbedürftig war. Der Anspruch konnte im Einzelfall vermindert oder erhöht werden (BGH NJW 1986, 2190). Erfolgte der vorzeitige Erbausgleich entweder durch eine notariell beurkundete Vereinbarung oder durch Verurteilung des Vaters zur Zahlung, so wurde dadurch das erbrechtliche Verhältnis zwischen dem nichtehelichen Kind (und seinen Abkömmlingen) und dem Vater (und seinen Verwandten) beseitigt. Das Kind ist dann beim Tod des Vaters weder als Erbe noch als Pflichtteilsberechtigter zu berücksichtigen (MüKoBGB/*Lange* § 2303 Rn. 17). In den **neuen Bundesländern** galt mit Inkrafttreten des ZGB am 1.1.1976 die vollständige erbrechtliche Gleichstellung von ehelichen und nichtehelichen Kindern (§ 365 ZGB – Kinder des Erblassers). Die Regelung galt für alle Kinder, unabhängig davon, wann sie geboren wurden. Voraussetzung für das Erbrecht war aber, dass die nichteheliche Vaterschaft festgestellt war (OLG Dresden NJW 1998, 2609). Bis zum 31.12.1975 galt in der ehemaligen DDR noch das BGB. Nach § 8 I EGZGB-DDR bestimmten sich die erbrechtlichen Verhältnisse weiterhin grds. nach dem bisherigen Recht, wenn der Erbfall vor dem Inkrafttreten des ZGB, also vor dem 1.1.1976 eingetreten war (BGH ZEV 2004, 378). Das Erbrecht der nichtehelichen Kinder regelte § 9 EGFGB, der zum 1.4.1966 in Kraft trat. Die Übergangsregelung für die **Wiedervereinigung** ergibt sich aus Art. 235 EGBGB. Für die erbrechtlichen Verhältnisse bleibt danach das bisherige Recht maßgebend, wenn der Erblasser vor dem 3.10.1990 verstorben ist. Art. 235 § 2 EGBGB wurde durch das 2. ErbGleichG v. 12.4.2011 aufgehoben.

10   **d) Adoptivkinder.** Wird ein **minderjähriges Kind** adoptiert, so erhält es die volle rechtliche Stellung eines Kindes des Annehmenden (§ 1754 II). Erfolgt die Adoption durch ein Ehepaar oder nimmt ein Ehegatte das Kind des anderen Ehegatten an, so wird das Kind ein gemeinschaftliches Kind der Ehegatten (§ 1754 I). Der Angenommene wird gesetzlicher Erbe erster Ordnung nach dem/den Annehmenden. Die Verwandtschaftsverhältnisse zu den leiblichen Verwandten erlöschen (§ 1755 I 1). Das Adoptivkind ist also gegenüber seinen leiblichen Verwandten nicht mehr erbberechtigt. Nimmt ein Ehegatte das Kind des anderen Ehegatten an, so erlischt nach § 1755 II nur das Verwandtschaftsverhältnis des Kindes zu

dem anderen bisherigen Elternteil und dessen Verwandten. Hat bspw. der Ehemann das Kind der Ehefrau adoptiert, so bleibt das Kind trotz Adoption mit der Ehefrau weiterhin verwandt, die Verwandtschaftsbeziehung zu dem leiblichen Vater und dessen Verwandten erlischt. Dies gilt allerdings nicht bei Partnern nichtehelicher Lebensgemeinschaften. Adoptiert die Frau, die nicht mit dem Vater des Kindes verheiratet ist, das Kind, so erlischt das Verwandtschaftsverhältnis zwischen dem Kind und dem Vater. Dies ist weder verfassungswidrig noch konventionswidrig (BGH Urt. v. 8.2.2017 – XII ZB 568/15, NJW 2017, 1672). Wurde die Ehe, aus der das Kind stammt, durch Tod aufgelöst, so bleiben die Verwandtschaftsverhältnisse des Kindes zu den Verwandten des verstorbenen leiblichen Elternteils bestehen, sofern auch der verstorbene Elternteil zum Zeitpunkt seines Todes (BGH NJW 2010, 678 (679)) die elterliche Sorge allein oder gemeinsam mit dem überlebenden Elternteil hatte (§ 1756 II). Ist der Annehmende mit dem Kind im zweiten oder dritten Grad **verwandt**, erfolgt also die Adoption zB durch Onkel, Tante oder Großeltern, so erlischt nur das Verwandtschaftsverhältnis des Kindes und seiner Abkömmlinge zu seinen leiblichen Eltern (§ 1756 I). Das Kind bleibt also auch nach der Adoption mit den Verwandten seiner leiblichen Eltern verwandt. Adoptieren zB die Großeltern den Enkel, so bleibt das Kind mit Ausnahme seiner leiblichen Eltern mit allen Personen weiterhin verwandt und beerbt diese bzw. wird von diesen beerbt.

Wird ein **Volljähriger** adoptiert, so wird dieser nach § 1770 I nur mit dem Annehmenden verwandt. **11** Der Angenommene und seine Abkömmlinge werden nur gesetzliche Erben erster Ordnung nach dem Annehmenden, nicht aber auch nach den Verwandten des Annehmenden. Er bleibt weiterhin nach § 1770 II mit seiner Ursprungsfamilie verwandt. Er gehört also mit seinen Abkömmlingen zu den gesetzlichen Erben erster Ordnung seiner leiblichen Eltern. Die Wirkungen der **Minderjährigenadoption/ Volladoption** treten nur dann ein, wenn dies vom Gericht nach § 1772 unter den dort genannten Voraussetzungen ausgesprochen ist. Wird ein Volljähriger mit den Wirkungen der Minderjährigenadoption im Wege der Stiefkindadoption adoptiert und war die Ehe der Eltern durch Tod aufgelöst, so gilt auch insoweit § 1756 II über § 1772 I. Der verstorbene Elternteil muss hier zum Zeitpunkt des Eintritts der Volljährigkeit des Angenommenen die elterliche Sorge entweder allein oder gemeinsam mit dem überlebenden Elternteil gehabt haben. Verstarb der Elternteil jedoch zu einem Zeitpunkt, als der Angenommene noch minderjährig war, so ist für die Frage, ob der verstorbene Elternteil die elterliche Sorge allein oder gemeinsam mit dem überlebenden Elternteil hatte, auf den Zeitpunkt seines Todes abzustellen (BGH NJW 2010, 678; anders noch LG Wuppertal FamRZ 2009, 1183 (1184); vgl. *Weitzel* FamRZ 2010, 49 (50)).

Die **Rechtsfolgen** der Adoption treten erst mit Wirksamkeit des Annahmebeschlusses ein (§ 1752). **12** Nach dem Tod des Kindes kann die Annahme nicht mehr ausgesprochen werden (§ 1753 I), nach dem Tod des Annehmenden nur unter den Voraussetzungen des § 1753 II. Der Annehmende muss entweder den Antrag selbst beim Familiengericht eingereicht haben oder aber bei oder nach der notariellen Beurkundung des Antrages den Notar mit der Einreichung des Antrages beim Familiengericht beauftragt haben. Wird die Annahme nach dem Tod des Annehmenden ausgesprochen, so entfaltet sie die gleichen Rechtswirkungen, als wäre sie vor dem Tod ausgesprochen worden (§ 1753 III). Die Erben des Annehmenden können den Adoptionsantrag nicht zurücknehmen und damit die Adoption nicht verhindern (BayObLG NJW-RR 1996, 1092).

Sind Adoptionen vor dem 1.1.1977 erfolgt, so ist das in Art. 12 AdoptG geregelte **Übergangsrecht** zu **13** beachten (vgl. MüKoBGB/*Maurer* Anh. nach § 1772). Zu differenzieren ist danach, ob ein Volljähriger oder ein Minderjähriger angenommen wurde. Ferner ist danach zu differenzieren, wann sich der Erbfall ereignet hat. War der Angenommene am 1.1.1977 **volljährig** und trat der Erbfall vor dem 1.1.1977 ein, so galten weiterhin die bisherigen Vorschriften (Art. 12 § 1 I, IV AdoptG). Ein Verwandtschaftsverhältnis bestand nur zwischen dem Angenommenen und dem Annehmenden, nicht jedoch zu den Verwandten des Annehmenden (§ 1763 aF). Trat der Erbfall nach dem 1.1.1977 ein, so galten die neuen Vorschriften zur Volljährigenadoption (Art. 12 § 1 I AdoptG). Hatte allerdings der Angenommene am 1.1.1977 bereits selbst einen Abkömmling, so wurde dieser dann von der Erbfolge nach dem Annehmenden ausgeschlossen, wenn dies nach dem alten Recht der Fall war (§ 1762 S. 2 aF; Art. 12 § 2 II AdoptG). War das Erbrecht des Angenommenen in dem Annahmevertrag gegenüber dem Annehmenden ausgeschlossen (§ 1767 I aF), so behielt dieser Ausschluss seine Wirksamkeit. In dem Fall hatte dann auch der Annehmende selbst kein Erbrecht (Art. 12 § 1 V AdoptG). War der Angenommene am 1.1.1977 noch nicht volljährig, so galt für alle Erbfälle, die bis zum 31.12.1977 eintraten, das alte Recht (Art. 12 § 2 I AdoptG). Für Erbfälle, die danach eintraten, galt das neue Recht zur Minderjährigenadoption (Art. 12 § 2 II 1 AdoptG). Enthielt ein Annahmevertrag eine Regelung zum Ausschluss des Erbrechts, so wurde diese wirkungslos. Etwas anderes galt allerdings dann, wenn eine Erklärung nach Art. 12 § 2 II 2 AdoptG abgegeben worden war. Die Anwendbarkeit der neuen Vorschriften konnte insgesamt durch eine entsprechende Erklärung eines der im Gesetz genannten Beteiligten ausgeschlossen werden (Art. 12 § 2 II 2, III AdoptG). Dann galten die Vorschriften über die Volljährigenadoption entsprechend (Art. 12 § 3 AdoptG).

e) **Einbenannte Kinder.** Erfolgte eine Einbenennung nach § 1618 BGB so hat dieser auf das Erbrecht **14** keine Auswirkung (MüKoBGB/*Leipold* § 1924 Rn. 28).

3. Folge. Verteilt wird unter den Erben der ersten Ordnung der Teil des Nachlasses, der nicht auf den **15** überlebenden Ehegatten oder Lebenspartner entfällt. War der Erblasser verheiratet, so sind also die §§ 1931, 1371, 1933, § 10 LPartG mit zu berücksichtigen.

16 **a) Erbfolge nach Stämmen, Repräsentation.** Der Abkömmling, der in demselben Stamm dem Erblasser dem Grad nach am nächsten steht, schließt seine eigenen Abkömmlinge von der Erbfolge aus (1924 II). Jeder Abkömmling des Erblassers schließt also die durch ihn mit dem Erblasser verwandten weiteren Abkömmlinge von der gesetzlichen Erbfolge aus. Ein Enkel des Erblassers erbt also nicht, solange das Kind des Erblassers zur Erbfolge gelangt. Dies ist grds. dann der Fall, wenn das Kind des Erblassers zum Zeitpunkt des Erbfalls lebt (§ 1924 II).

17 **b) Eintrittsrecht.** Lebt ein Abkömmling zur Zeit des Erbfalls nicht mehr, so treten die durch ihn mit dem Erblasser verwandten weiteren Abkömmlinge an seine Stelle (§ 1924 III). Der Gesetzeswortlaut ist hier allerdings zu eng. Hat ein lebender Abkömmling die Erbschaft ausgeschlagen (§ 1953 II), einen Erbverzicht erklärt (§ 2346, aber § 2349), wurde er durch eine letztwillige Verfügung enterbt (§ 1938) oder für erbunwürdig erklärt (§ 2344), so gelangt er selbst nicht mehr zur Erbfolge. Er schließt dann die durch ihn mit dem Erblasser verwandten Abkömmlinge nicht von der Erbfolge aus. Den Abkömmlingen steht dann das Eintrittsrecht nach Abs. 3 zu. Das Eintrittsrecht begründet ein selbständiges Erbrecht der weiteren Abkömmlinge. Voraussetzung für das Eintrittsrecht der weiteren Abkömmlinge ist jedoch, dass diesen auch ein Erbrecht zusteht. Fand zwischen dem Vater und seinem nichtehelichen Kind bis zum 1.4.1998 ein vorzeitiger Erbausgleich statt, so sind beim Tod des Vaters nicht nur das nichteheliche Kind sondern auch dessen Abkömmlinge von der Erbfolge ausgeschlossen (§ 1934d aF). Dies gilt auch dann, wenn der Erbfall nach dem 1.4.1998 eintrat (MüKoBGB/*Leipold* Rn. 33; vgl. auch § 1924 Rn. 9). Kein Eintrittsrecht besteht auch beim Erbverzicht, wenn sich dieser nach § 2349 auf die Abkömmlinge des Verzichtenden erstreckt.

18 **c) Erbrecht der Kinder.** Kinder des Erblassers erben zu gleichen Teilen (1924 IV). Das Alter, die Reihenfolge der Geburt oder das Geschlecht sind unerheblich (MüKoBGB/*Leipold* Rn. 34). Dies gilt auch, wenn innerhalb eines Stammes die Kinder eines vorverstorbenen Abkömmlings des Erblassers gesetzliche Erben werden.

§ 1925 Gesetzliche Erben zweiter Ordnung

(1) Gesetzliche Erben der zweiten Ordnung sind die Eltern des Erblassers und deren Abkömmlinge.

(2) Leben zur Zeit des Erbfalls die Eltern, so erben sie allein und zu gleichen Teilen.

(3) ¹Lebt zur Zeit des Erbfalls der Vater oder die Mutter nicht mehr, so treten an die Stelle des Verstorbenen dessen Abkömmlinge nach den für die Beerbung in der ersten Ordnung geltenden Vorschriften. ²Sind Abkömmlinge nicht vorhanden, so erbt der überlebende Teil allein.

(4) In den Fällen des § 1756 sind das angenommene Kind und die Abkömmlinge der leiblichen Eltern oder des anderen Elternteils des Kindes im Verhältnis zueinander nicht Erben der zweiten Ordnung.

1 **1. Erbrecht der Eltern.** Die Eltern erben als gesetzliche Erben der zweiten Ordnung nur dann, wenn keine gesetzlichen Erben der ersten Ordnung, also keine Abkömmlinge des Erblassers, vorhanden sind (§ 1930). Sie stehen also bei der gesetzlichen Erbfolge hinter den Abkömmlingen des Erblassers. Im Verhältnis zu den Geschwistern des Erblassers sind sie allerdings vorrangig erbberechtigt. Der Sinn und Zweck der Regelung der Erbfolge in dieser Weise liegt zum einen in der engen persönlichen Beziehung zwischen Eltern und Kindern, zum anderen darin, dass häufig das Vermögen des Kindes ganz oder teilweise von den Eltern stammt. Erleben beide Elternteile des Erblassers den Erbfall, so werden sie allein und zu gleichen Teilen Erben ihres Abkömmlings, auch dann, wenn die Ehe der Eltern geschieden ist. Die Elternteile erben allerdings dann nicht, wenn sie die Erbschaft ausgeschlagen (§ 1953 II) oder auf die Erbschaft verzichtet haben (§ 2346), für erbunwürdig erklärt (§ 2344) oder durch eine letztwillige Verfügung enterbt sind (§ 1938). Bei verheirateten Erblasser sind die §§ 1931, 1933, § 10 LPartG mit zu berücksichtigen. Hat der verheiratete Erblasser keine Erben erster Ordnung, also keine Abkömmlinge hinterlassen, so wird der überlebende Ehegatte neben den Verwandten der zweiten Ordnung gesetzlicher Erbe zur Hälfte der Erbschaft (§ 1931 I 1). Der Vater eines **nichtehelichen Kindes** steht dem Vater eines ehelichen Kindes erbrechtlich seit dem 1.4.1998 vollständig gleich. Der Vater erbt als Erbe zweiter Ordnung. Etwas anderes gilt jedoch dann, wenn der Erblasser, hier das Kind, vor dem 29.5.2009 verstarb (→ § 1924 Rn. 9). Darauf, wann das Kind geboren wurde, nämlich vor oder nach dem 1.7.1949, dürfte es wegen der Regelungen im ZwErbGleichG v. 12.4.2011 auch beim Erbrecht des Vaters nicht mehr ankommen. Die bisherige Differenzierung beim Erbrecht zwischen nichtehelichen Kindern, die vor und nach dem 1.7.1949 geboren wurden, entfiel für alle Erbfälle ab dem 29.5.2009. Die nichtehelichen Kinder sind den ehelichen Kindern gleichgestellt (Art. 5 S. 2 ZwErbGleichG v. 12.4.2011, Art. 12 § 10 II NEhelG). Verstarb das Kind vor dem 29.5.2009, so zählt der Vater nicht zu den gesetzlichen Erben des Kindes, das Kind wird ausschließlich von der Mutter beerbt. Trat der Erbfall nach dem 29.5.2009 ein, so zählt auch der Vater des nichtehelichen Kindes zu dessen gesetzlichen Erben. Hatte der Vater des nichtehelichen Kindes mit diesem bis zum 1.4.1998 den vorzeitigen Erbausgleich vereinbart oder ist dem Kind dieser durch ein rechtskräftiges Urteil zuerkannt worden, so wurden dadurch alle auf der nichtehelichen Verwandtschaft beruhenden gesetzlichen Erbrechtswirkungen beseitigt. Der Vater beerbt das Kind nicht, auch dann nicht, wenn das Kind nach dem 1.4.1998 verstorben ist (Art. 227 I Nr. 2 EGBGB; §§ 1934e, 1934d aF). Bei Erbfällen bis zum 1.4.1998 wurde der nichteheliche Vater nur dann gesetzlicher Erbe zweiter Ordnung seines nichtehelichen Kindes, wenn weder ein Ehegatte noch die Mutter des nichtehelichen Kindes bzw. von ihr abstammende eheliche Kinder lebten und Erben wurden. War dies nicht der Fall, so hatte der Vater des nichtehelichen Kindes einen Ersatzanspruch (§ 1934a II, III aF; MüKoBGB/*Leipold* Rn. 3).

2. Erbrecht bei Wegfall der Eltern als Erben. Ist der Vater oder die Mutter vor dem Erblasser verstorben, so werden an Stelle des verstorbenen Elternteils dessen Abkömmlinge, gleichgültig ob es sich um eheliche oder nichteheliche Abkömmlinge handelt, gesetzliche Erben (§ 1925 III 1). Es erbt also in dem Fall nicht automatisch der andere Elternteil alles. Für das Eintrittsrecht der Abkömmlinge der Eltern untereinander gelten die Regelungen für die Beerbung in der ersten Ordnung. Dies bedeutet, dass auch hier ein näher mit den Eltern verwandter Abkömmling, bspw. der Bruder des Erblassers, die durch ihn mit den Eltern verwandten weiteren Abkömmlinge, zB die Neffen und Nichte des Erblassers, von der Erbfolge ausschließen. 2

Nichts anderes gilt auch dann, wenn **beide Elternteile** verstorben sind. Auch dann treten die Abkömmlinge eines jeden Elternteils an die Stelle des verstorbenen Elternteils. Das Eintrittsrecht erstreckt sich nicht nur auf gemeinsame Abkömmlinge der Eltern sondern auch auf einseitige Abkömmlinge eines jeden Elternteils. Der Abkömmling tritt aber nur an die Stelle des Elternteils, mit dem er verwandt ist. Die gemeinsamen Abkömmlinge der Eltern treten an die Stelle beider Elternteile, Halbgeschwister des Erblassers nur an die Stelle des Elternteils, mit dem sie ebenso wie der Erblasser verwandt sind (Palandt/*Weidlich* Rn. 2). Halbgeschwister des Erblassers schließen die Großeltern als gesetzliche Erben dritte Ordnung von der Erbfolge aus (MüKoBGB/*Leipold* Rn. 5). 3

Auch dann, wenn ein oder beide Elternteile aus Erblassers aus **sonstigen Gründen** nicht Erben werden, sind die Abkömmlinge des als Erbe weggefallenen Elternteils als gesetzliche Erben des Erblassers berufen (§ 1925 III). Dieser Fall tritt ein, wenn ein Elternteil oder beide Elternteile die Erbschaft ausgeschlagen haben (§ 1953 II), bei einer Erbunwürdigkeitserklärung (§ 2344 II) oder wenn ein oder beide Eltern durch Verfügung von Todes wegen enterbt wurden. Hat der Erblasser mit einem oder beiden Elternteilen einen Erbverzichtsvertrag abgeschlossen, so treten die Abkömmlinge der Eltern an die Stelle der Eltern, da der Verzicht nicht automatisch für die Abkömmlinge gilt. Die in § 2349 geregelte Erstreckung des Verzichts auf Abkömmlinge erfasst nur den Verzicht durch einen Abkömmling des Erblassers oder einen Seitenverwandten, nicht durch die Eltern. 4

Hat der vorverstorbene oder aus sonstigen Gründen als Erbe weggefallene Elternteil außer dem Erblasser keine weiteren Abkömmlinge hinterlassen, so wird der überlebende Elternteil nach § 1925 III 2 Alleinerbe seines Kindes. 5

3. Erbrecht der Adoptiveltern. Verstirbt das am 1.1.1977 noch **minderjährige** angenommene Kind nach dem 31.12.1977, so sind gesetzliche Erben der zweiten Ordnung die Adoptivmutter und/oder der Adoptivvater sowie deren Abkömmlinge, nicht jedoch die leiblichen Eltern und deren Abkömmlinge. Zu Letzteren ist durch die Adoption das Verwandtschaftsverhältnis erloschen (§ 1755 I 1; Art. 12 § 2 I AdoptG). 6

War das adoptierte Kind am 1.1.1977 **volljährig** und trat der Erbfall nach dem 1.1.1977 ein, so tritt die Erbfolge entsprechend der Adoption eines Minderjährigen nur bei einer ausnahmsweise erfolgten Volladoption nach § 1772 ein. Erfolgte keine Volladoption, so wird durch die Adoption ein Verwandtschaftsverhältnis zwischen den Adoptiveltern und den Angenommenen begründet, ferner bleibt das Verwandtschaftsverhältnis zu den leiblichen Eltern und den weiteren Verwandten trotz der Adoption bestehen (§ 1770 II). Daher beerben die Adoptiveltern und die leiblichen Eltern das Adoptivkind. Der Angenommene hat neben den leiblichen Eltern ein oder zwei Adoptivelternteile. Er hat regelmäßig insgesamt drei oder vier Elternteile. Streitig ist, ob diese zu gleichen Teilen erben, also drei Elternteile zu je $1/3$ (so *Becker* ZEV 2009, 25 (27); Staudinger/*Werner* Rn. 9) oder ob dann die Quote $1/2$ für den einen Elternteil und je $1/4$ für die beiden anderen Elternteile beträgt (so MüKoBGB/*Leipold* Rn. 9; Palandt/*Weidlich* Rn. 4). Für die Erbteilung nach Köpfen und damit die Quote von $1/3$ bei 3 Elternteilen spricht, dass diese am ehesten dem System des gesetzlichen Erbrechts gerecht wird. Es wird jeder Elternteil als Einzelperson Erbe, da die Eltern nicht als Elternpaar eine Einheit bilden. 7

Die Abkömmlinge der leiblichen Eltern treten dann, wenn ein leiblicher Elternteil als Erbe des volljährigen Adoptierten wegfällt, an die Stelle des Weggefallenen (§ 1925 III 1; OLG Zweibrücken RPfleger 1997, 24). Die Abkömmlinge der Adoptiveltern erben nicht, weil sie durch die Adoption nicht mit dem adoptierten Kind verwandt werden (§ 1770 I 1). Fällt ein Adoptivelternteil als Erbe weg, so tritt der andere Adoptivelternteil ein, sind beide Adoptiveltern weggefallen, erben nur die leiblichen Eltern (BeckOK BGB/*Müller-Christmann* Rn. 9). 8

4. Erbrecht bei Verwandtenadoption. Wird ein minderjähriges Kind durch Verwandte zweiten oder dritten Grades, so zB durch Onkel, Tante oder Großeltern adoptiert, so erlischt nur das Verwandtschaftsverhältnis zwischen dem Kind und den leiblichen Eltern (§§ 1755 I, 1756 I). Diese sind dann nicht mehr gesetzliche Erben zweiter Ordnung. Die Abkömmlinge der leiblichen Eltern, also die leiblichen Geschwister des Angenommenen, gehören nach § 1925 IV ebenfalls nicht zu den gesetzlichen Erben zweiter Ordnung, obwohl diese mit dem Angenommenen nach § 1756 I verwandt bleiben. Ob dies auch dann gilt, wenn durch die Adoption eine neue Verwandtschaft begründet wird, ist streitig. Haben bspw. die Großeltern das leibliche Kind ihres Sohnes adoptiert und sind sie vor ihrem Adoptivkind verstorben, so wird der leibliche Vater des Adoptivkindes deshalb, weil er mit seinem Kind durch die Adoption wie- 9 der neu verwandt wird, nach § 1925 III 1 Erbe zweiter Ordnung seines Kindes. § 1925 IV gilt hier nicht (MüKoBGB/*Leipold* Rn. 13, 14; Palandt/*Weidlich* Rn. 5). Nach anderer Auffassung ist das Eintrittsrecht des leiblichen Vaters ausgeschlossen (so Erman/*Schlüter* Rn. 11). Für das Eintrittsrecht des leiblichen Vaters in diesem Fall spricht, dass durch die Adoption zwischen dem Kind und dem leiblichen Vater ein neues Verwandtschaftsverhältnis begründet wird. Das Eintrittsrecht beruht auf dem Verwandtschaftsverhältnis zwischen dem Annehmenden und seinen Abkömmlingen. Dieses wird jedoch durch § 1756 I nicht berührt (Staudinger/*Werner* Rn. 7).

10   **5. Erbrecht bei Stiefkindadoption.** Adoptiert ein Ehegatte das minderjährige Kind seines Ehegatten, so bleibt das Kind mit den Verwandten des vorverstorbenen Elternteils weiterhin verwandt, sofern der verstorbene Elternteil zum Zeitpunkt seines Todes Allein- oder Mitinhaber der elterlichen Sorge für den Angenommenen war (§ 1756 II; BGH NJW 2010, 678). Wird ein Volljähriger im Wege der Volladoption adoptiert, so liegen die Voraussetzungen des § 1756 II nur dann vor, wenn der verstorbene Elternteil zum Zeitpunkt des Eintritts der Volljährigkeit allein oder gemeinsam mit dem anderen Elternteil die elterliche Sorge hatte oder wenn der Elternteil vor Eintritt der Volljährigkeit verstarb und zu diesem Zeitpunkt die elterliche Sorge allein oder mit hatte (BGH NJW 2010, 678). Das Verwandtschaftsverhältnis zu den leiblichen Verwandten bleibt dann voll erhalten. Mit der Adoption treten der Annehmende und dessen Verwandte als Verwandte hinzu. Die Abkömmlinge des vorverstorbenen leiblichen Elternteils gehören jedoch nach 1925 IV nicht zu den gesetzlichen Erben der zweiten Ordnung des Angenommenen. Sie werden auch nicht von dem Angenommenen in zweiter Ordnung beerbt (MüKoBGB/*Leipold* Rn. 14). Dies gilt aber nur für einseitige Abkömmlinge des vorverstorbenen Elternteils, also für leibliche Halbgeschwister des Angenommenen nicht für Vollgeschwister (so Bamberger/Roth/*Pöcker* § 1756 Rn. 10; MüKoBGB/*Leipold* Rn. 15, Nieder/Kössinger Testamentsgestaltung § 1 Rn. 89).

§ 1926 Gesetzliche Erben dritter Ordnung

(1) **Gesetzliche Erben der dritten Ordnung sind die Großeltern des Erblassers und deren Abkömmlinge.**

(2) **Leben zur Zeit des Erbfalls die Großeltern, so erben sie allein und zu gleichen Teilen.**

(3) ¹**Lebt zur Zeit des Erbfalls von einem Großelternpaar der Großvater oder die Großmutter nicht mehr, so treten an die Stelle des Verstorbenen dessen Abkömmlinge.** ²**Sind Abkömmlinge nicht vorhanden, so fällt der Anteil des Verstorbenen dem anderen Teil des Großelternpaars und, wenn dieser nicht mehr lebt, dessen Abkömmlingen zu.**

(4) **Lebt zur Zeit des Erbfalls ein Großelternpaar nicht mehr und sind Abkömmlinge der Verstorbenen nicht vorhanden, so erben die anderen Großeltern oder ihre Abkömmlinge allein.**

(5) **Soweit Abkömmlinge an die Stelle ihrer Eltern oder ihrer Voreltern treten, finden die für die Beerbung in der ersten Ordnung geltenden Vorschriften Anwendung.**

1   **1. Erbrecht der Großeltern.** Die Großeltern des Erblassers erben nur, wenn zum Zeitpunkt des Erbfalls Erben der ersten und zweiten Ordnung nicht vorhanden oder weggefallen sind, weil sie die Erbschaft ausgeschlagen (§ 1953 II) oder auf das Erbrecht verzichtet haben (§ 2346), für erbunwürdig erklärt (§ 2344) oder durch eine letztwillige Verfügung enterbt sind (§ 1938). Leben alle Großeltern des Erblassers, so erben sie zu gleichen Teilen (§ 1926 II). War der Erblasser verheiratet oder lebte er in einer eingetragenen Lebenspartnerschaft, so sind die §§ 1931, 1933, 1371, § 10 LPartG mit zu berücksichtigen. Der überlebende Ehegatte/Lebenspartner erhält in jedem Fall neben den Großeltern die Hälfte des Nachlasses (§ 1931 I 1).

2   **2. Erbrecht bei Vorversterben von Großeltern.** Ist ein Großelternteil verstorben, so treten dessen Abkömmlinge an seine Stelle (§ 1926 IV). Sie erben untereinander nach Maßgabe der Regelungen der gesetzlichen Erbfolge für die Erben erster Ordnung (§ 1926 V). War der Erblasser verheiratet, so ist allerdings § 1931 I 2 zu berücksichtigen. Wird der überlebende Ehegatte neben einem Abkömmling von Großeltern gesetzlicher Erbe, so erhält er zusätzlich zu seinem Erbanteil von ½, der sich aus § 1931 I 1 ergibt, den Erbteil, der eigentlich nach § 1926 den Abkömmlingen zugefallen wäre (§ 1931 I 2). Ist ein Großelternteil verstorben ohne Abkömmlinge zu hinterlassen, so geht sein Anteil auf den anderen Großelternteil bzw. dessen Abkömmlinge über (§ 1926 III). Erst dann, wenn beide Großelternteile eines Großelternpaares verstorben und keine Abkömmlinge vorhanden sind, erbt das andere Großelternpaar bzw. es erben dessen Abkömmlinge allein und zu gleichen Teilen (§ 1926 IV). War der Erblasser verheiratet und sind weder Verwandte der ersten oder der zweiten Ordnung noch Großeltern vorhanden, so erhält der überlebende Ehegatte nach § 1931 II die gesamte Erbschaft.

3   **3. Erbrecht bei Adoption.** Gesetzliche Erben der dritten Ordnung werden bei der **Minderjährigenadoption** regelmäßig die Adoptivgroßeltern und deren Abkömmlinge, die leiblichen Großeltern und deren Abkömmlinge sind nicht mehr verwandt und scheiden als Erben dritter Ordnung aus (§ 1755 I). Wird ein minderjähriger Verwandter zweiten oder dritten Grades adoptiert, so bestehen die Verwandtschaftsverhältnisse zu den bisherigen Großeltern fort (§ 1756 I). Das Kind kann von drei Großelternpaaren beerbt werden. Die leiblichen Geschwister der Eltern des Angenommenen sind dann als Abkömmlinge der leiblichen Großeltern auch Erben dritter Ordnung, falls die Großeltern nicht Erben werden Die leiblichen Eltern zählen nicht zu den Abkömmlingen der Großeltern, weil das Verwandtschaftsver-

hältnis durch die Adoption erloschen ist (§ 1756 I). Ein leiblicher Elternteil kann jedoch dann zu den Erben der dritten Ordnung gehören, wenn er durch die Adoption wieder mit dem angenommenen Kind verwandt wird. Wurde das Kind durch einen Onkel oder eine Tante adoptiert, so wird der leibliche Elternteil, dessen Bruder oder Schwester das Kind adoptiert hat, Onkel bzw. Tante durch Adoption und so wieder verwandt (Bamberger/Roth/*Müller-Christmann* Rn. 8). Adoptiert ein Ehegatte das Kind des anderen, so bleibt das Kind nach § 1756 II trotz der Adoption mit den Großeltern seines verstorbenen leiblichen Elternteils verwandt, wenn der Verstorbene zum Zeitpunkt seines Todes Allein- oder Mitinhaber der elterlichen Sorge für den Angenommenen war (BGH NJW 2010, 678). Auch dieses Kind hat mehr als zwei Großelternpaare, die alle nebst ihren Abkömmlingen gesetzliche Erben der dritten Ordnung sind.

Bei der **Volljährigenadoption** sind nur die leiblichen Großeltern und deren Abkömmlinge Erben dritter Ordnung, da ein Verwandtschaftsverhältnis zu den Verwandten des Annehmenden nicht begründet wird (§ 1770 I). Die Folgen wie bei der Minderjährigenadoption treten nur bei der Volladoption nach § 1772 ein. Bei der Stiefkindadoption eines Volljährigen bleibt das Kind trotz der Volladoption nach § 1756 II weiterhin mit den Großeltern des verstorbenen leiblichen Elternteils verwandt, wenn der Verstorbene zum Zeitpunkt seines Todes oder aber zum Zeitpunkt des Eintritts der Volljährigkeit des Angenommenen Allein- oder Mitinhaber der elterlichen Sorge war (BGH NJW 2010, 678).   4

§ 1927 Mehrere Erbteile bei mehrfacher Verwandtschaft

¹Wer in der ersten, der zweiten oder der dritten Ordnung verschiedenen Stämmen angehört, erhält den in jedem dieser Stämme ihm zufallenden Anteil. ²Jeder Anteil gilt als besonderer Erbteil.

1. Anwendungsbereich. Ist jemand mit dem Erblasser mehrfach verwandt (§ 1589), so dass er innerhalb der ersten bis dritten Ordnung mehreren Erbstämmen angehört, hat dies zur Folge, dass er den Erbteil aus jeder dieser Verwandtschaften erhält. Eine mehrfache Verwandtschaft kann bei Abkömmlingen aus einer Ehe zwischen Verwandten, zB zwischen Cousin und Cousine, bestehen (vgl. MüKoBGB/*Leipold* Rn. 2). Auch durch eine Adoption kann eine mehrfache Verwandtschaft begründet werden. Dies setzt voraus, dass die verwandtschaftlichen Beziehungen des adoptierten Kindes zu seinen leiblichen Verwandten bestehen bleiben. Dies ist bei der Adoption eines Verwandten 2. oder 3. Grades (§ 1756) oder bei einer Volljährigenadoption (§ 1770 II) der Fall (Palandt/*Götz* § 1756 Rn. 1). Hat bspw. die Großmutter ihren Enkel adoptiert, so ist dieser als Adoptivkind Erbe erster Ordnung, darüber hinaus ist der Adoptierte als Enkel, also als Abkömmling über den leiblichen Elternteil mit der Großmutter verwandt und auch so wieder Erbe erster Ordnung (vgl. Staudinger/*Werner* Rn. 6).   1

2. Folge. Jeder dieser Anteile, die dem Erben zufallen, gilt als gesonderter Erbteil (§ 1927 S. 2). Der Erbe kann hinsichtlich jedes gesonderten Erbteils Rechte so geltend machen, wie zwei verschiedene Erben (§ 1922 II). Jeder Erbteil kann gesondert ausgeschlagen werden (MüKoBGB/*Leipold* Rn. 4). Vermächtnisse und Auflagen können ebenso wie Ausgleichungspflichten (§§ 2050 ff.) nur einen Erbteil betreffen, so dass der andere Erbteil ungemindert verbleibt. Besteht eine Miterbengemeinschaft, so kann der Erbe über jeden gesonderten Erbteil verfügen (§ 2033 I). Die Haftung des Erben besteht so, als würde jeder Erbteil einem anderen Erben gehören (§ 2007 S. 1). Streitig ist, ob bei der Berechnung der Pflichtteile auch jeder Anteil als besonderer Erbteil gilt (so Erman/*Lieder* Rn. 3; Staudinger/*Werner* Rn. 8) oder ob insbes. bei der Anwendung des § 2305 von der gesamten gesetzlichen Erbquote auszugehen ist (so Bamberger/Roth/*Müller-Christmann* Rn. 7; MüKoBGB/*Leipold* Rn. 4). Für die letztgenannte Auffassung lassen sich Gründe der Praktikabilität anführen. Erfolgt eine Enterbung zB nur als Angehöriger eines Stammes, so kommt dem Enterbten diese Enterbung als Mitglied des anderen Stammes zugute.   2

§ 1928 Gesetzliche Erben vierter Ordnung

(1) Gesetzliche Erben der vierten Ordnung sind die Urgroßeltern des Erblassers und deren Abkömmlinge.

(2) Leben zur Zeit des Erbfalls Urgroßeltern, so erben sie allein; mehrere erben zu gleichen Teilen, ohne Unterschied, ob sie derselben Linie oder verschiedenen Linien angehören.

(3) Leben zur Zeit des Erbfalls Urgroßeltern nicht mehr, so erbt von ihren Abkömmlingen derjenige, welcher mit dem Erblasser dem Grade nach am nächsten verwandt ist; mehrere gleich nahe Verwandte erben zu gleichen Teilen.

1. Erbrecht der Urgroßeltern. Leben nur noch die Urgroßeltern des Erblassers, so werden sie Erben des Erblassers (§ 1928 I). Sie erben allein und ohne Rücksicht auf die Linienzugehörigkeit zu gleichen Teilen, also nach Kopfteilen (§ 1928 II). Der Übergang vom Parentelsystem zum Gradualprinzip für die gesetzlichen Erben ab der vierten Ordnung ist verfassungsgemäß (OLG Frankfurt Beschl. v. 21.7.2016 – 21 W 82/16, ZEV 2016, 666). Lebt nur einer von 8 Urgroßelternteilen, so fällt ihm die gesamte Erbschaft zu. Dieser eine lebende Großelternteil schließt also alle Abkömmlinge der anderen Großelternteile von der Erbschaft aus (vgl. MüKoBGB/*Leipold* Rn. 2).   1

2. Erbrecht der Abkömmlinge der Urgroßeltern. Sind keine Urgroßeltern vorhanden, die erben können, so erbt der Abkömmling der acht Urgroßeltern, der mit dem Erblasser dem Grad nach am   2 nächsten verwandt ist (§§ 1928 III, 1589 S. 3). Dabei richtet sich der Grad der Verwandtschaft, dh also die Nähe der Verwandtschaft, nach der Zahl der sie vermittelnden Geburten. Die Geburt des Abstammenden selbst wird nicht mitgezählt (Palandt/*Brudermüller* § 1589 Rn. 1). Mehrere gleich nahe Abkömmlinge erben zu gleichen Teilen, also nach Kopfteilen. Halb- und vollbürtige Nachkommen stehen sich hier völlig gleich, es ist also unerheblich, ob der Abkömmling von einem Urgroßelternpaar oder nur einseitig von einem Urgroßelternteil abstammt (Palandt/*Weidlich* Rn. 1). Mehrfache Verwandtschaft begründete kein mehrfaches Erbrecht, da § 1927 für die Erben vierter Ordnung nicht gilt.

3   **3. Ausschluss des Erbrechts.** War der Erblasser zum Zeitpunkt seines Todes verheiratet, so erhält der überlebende Ehegatte nach § 1931 II die gesamte Erbschaft. Die Erben vierter Ordnung kommen nicht mehr zum Zuge. Für Lebenspartner ist dies in § 10 II LPartG geregelt. Wegen der Verdrängung der Erben der vierten Ordnung durch den überlebenden Ehegatten sind Fälle, in denen überhaupt einmal Erben der vierten Ordnung gesetzliche Erben des Erblassers werden, sehr selten. Für die Erben der vierten Ordnung gelten iÜ auch die allgemeinen Ausschlussgründen wie Ausschlagung (§ 1953), Erbverzicht (§ 2346), Erbunwürdigkeit (§ 2344) und Enterbung (§§ 1937, 1938).

§ 1929 Fernere Ordnungen

(1) Gesetzliche Erben der fünften Ordnung und der ferneren Ordnungen sind die entfernteren Voreltern des Erblassers und deren Abkömmlinge.

(2) **Die Vorschrift des § 1928 Abs. 2, 3 findet entsprechende Anwendung.**

1   **1. Erbrecht der Verwandten.** Es gilt das unbegrenzte Verwandtenerbrecht. Sind keine Verwandten der ersten bis vierten Ordnung vorhanden, so werden die Erben der fünften und der entfernteren Ordnungen Erben. Nach dem Gesetz erbt der Staat also erst, wenn kein auch noch so entfernter Verwandter als gesetzlicher Erbe vorhanden ist. In der Praxis sind häufig so entfernte Verwandte gar nicht zu ermitteln, so dass dann doch der Staat als gesetzlicher Noterbe eintritt (§ 1936). § 1928 II, III gilt entsprechend. Leben Voreltern, zB Ururgroßeltern, so erben sie allein. Mehrere erben zu gleichen Teilen, also nach Kopfteilen. Diese schließe die Abkömmlinge von der Erbfolge aus. Abkömmlinge werden erst dann Erben, wenn kein Vorelternteil gesetzlicher Erbe wird. Von den Abkömmlingen wird der Erbe, der gradmäßig (§ 1589 S. 3) mit dem Erblasser am nächsten verwandt ist. Gibt es mehrere gradmäßig gleich nahverwandte Abkömmlinge, so erben sie nach Kopfteilen. Auch hier begründet eine mehrfache Verwandtschaft kein mehrfaches Erbrecht, da § 1927 für die Erben fünfter Ordnung nicht gilt.

2   **2. Ausschluss des Erbrechts.** War der Erblasser zum Zeitpunkt seines Todes verheiratet, so wird sein überlebender Ehegatte nach § 1931 II Alleinerbe. Dies gilt nach § 10 II LPartG auch für den Lebenspartner. Die Erben der ferneren Ordnungen fallen aus. Die übrigen Ausschlussgründe wie Ausschlagung (§ 1953), Erbverzicht (§ 2346), Erbunwürdigkeit (§ 2344) oder Enterbung (§§ 1937, 1938) gelten auch für die Erben der ferneren Ordnungen.

§ 1930 Rangfolge der Ordnungen

Ein Verwandter ist nicht zur Erbfolge berufen, solange ein Verwandter einer vorhergehenden Ordnung vorhanden ist.

1   **1. Grundprinzip.** Auch nur ein einziger **Angehöriger** der ersten und jeder weiteren Ordnung schließt die Angehörigen der nachfolgenden Ordnungen von der Erbschaft aus. Das Vorhandensein eines einzigen auch halbbürtigen Verwandten einer vorhergehenden Ordnung führt dazu, dass die Angehörigen einer späteren Ordnung als gesetzliche Erben ausfallen. Der Ehegatte und der Lebenspartner stehen außerhalb dieser Ordnung. Er wird neben den Verwandten der ersten, zweiten und der dritten Ordnung gesetzlicher Erbe (§ 1931 I, 10 I LPartG). Sind keine Verwandten der ersten oder zweiten Ordnung und auch keine Großeltern vorhanden, so erbt der überlebende Ehegatte/Lebenspartner allein. Er schließt dann alle Verwandten höherer Ordnungen von der gesetzlichen Erbfolge aus (§ 1931 II, § 10 II LPartG).

2   **2. Folgen.** Die Verwandten nachfolgender Ordnungen sind nur dann als gesetzliche Erben berufen, wenn keine Verwandten vorhergehender Ordnungen **vorhanden** sind. Vorhanden ist ein solcher Verwandter einer vorhergehenden Ordnung dann, wenn er entweder zum Zeitpunkt des Erbfalls lebt oder bereits gezeugt war und dann später lebend zur Welt kommt (§ 1923 I, II). Sind solche Verwandten vorhanden, so schließen sie die Verwandten nachfolgender Ordnungen von der Erbschaft nur dann aus, wenn sie auch Erben werden. Sind sie als Erben weggefallen, etwa durch Ausschlagung der Erbschaft (§ 1953), durch Erbverzicht (§ 2346), Enterbung (§§ 1937, 1938), wegen Erbunwürdigkeit (§ 2344) oder besteht wegen eines vorzeitigen Erbausgleichs keine Erbberechtigung (Art. 227 I Nr. 2 EGBGB, § 1934e aF), so kommen die Verwandten nachfolgender Ordnungen als gesetzliche Erben zum Zuge. Verstirbt ein Verwandter einer früheren Ordnung allerdings erst **nach** dem Erbfall, so ist er Erbe des Erblassers geworden. Wie er beerbt wird, ergibt sich dann entweder aus dem Gesetz oder aus einer von ihm verfassten letztwilligen Verfügung.

§ 1931 Gesetzliches Erbrecht des Ehegatten

(1) ¹Der überlebende Ehegatte des Erblassers ist neben Verwandten der ersten Ordnung zu einem Viertel, neben Verwandten der zweiten Ordnung oder neben Großeltern zur Hälfte der Erbschaft als gesetzlicher Erbe berufen. ²Treffen mit Großeltern Abkömmlinge von Großeltern zusammen, so erhält der Ehegatte auch von der anderen Hälfte den Anteil, der nach § 1926 den Abkömmlingen zufallen würde.

(2) Sind weder Verwandte der ersten oder der zweiten Ordnung noch Großeltern vorhanden, so erhält der überlebende Ehegatte die ganze Erbschaft.

(3) **Die Vorschrift des § 1371 bleibt unberührt.**

(4) Bestand beim Erbfall Gütertrennung und sind als gesetzliche Erben neben dem überlebenden Ehegatten ein oder zwei Kinder des Erblassers berufen, so erben der überlebende Ehegatte und jedes Kind zu gleichen Teilen; § 1924 Abs. 3 gilt auch in diesem Falle.

1. Grundsätze. Die Ehe ist neben der Verwandtschaft der zweite Berufungsgrund für die gesetzliche Erbfolge. Die §§ 1931–1934 regeln das gesetzliche Erbrecht des Ehegatten. Danach erhält der überlebende Ehegatte des Erblassers nicht nur ein bloßes Nießbrauchsrecht am Nachlass oder eine Vorerbenstellung sondern ein Vollerbrecht. Das Erbrecht des Ehegatten und der Verwandten des Erblassers bestehen nebeneinander. Dies gilt auch neben den Abkömmlingen des verstorbenen Ehegatten. Hat der Erblasser neben dem Ehegatten keine Abkömmlinge hinterlassen, so erbt der Ehegatte als gesetzlicher Erbe neben den Verwandten höherer Ordnung, also den Eltern, Großeltern und Seitenverwandten des Erblassers. Der Ehegatte als Erbe wird privilegiert und erhält zunehmendes Gewicht, je entfernter die mit ihm gemeinsam zur Erbfolge gelangenden Verwandten des Erblassers mit diesem verwandt sind. Letztlich erhält der Ehegatte die ganze Erbschaft dann, wenn weder Verwandte der ersten und zweiten Ordnung noch Großeltern des Erblassers vorhanden sind (§ 1931 II). Hier gelangt der Nachlass dann in eine ganz andere Familie. Das Ehegattenerbrecht ist über Abs. 4 und den Verweis auf § 1371 in Abs. 3 mit dem Ehegüterrecht verknüpft. Das eheliche Güterrecht gibt zum einen Antwort auf die Frage, wie der Nachlass des verstorbenen Ehegatten von dem Vermögen des überlebenden Ehegatten abzugrenzen ist. Darüber hinaus hat das Güterrecht Einfluss darauf, mit welcher **Quote** der überlebende Ehegatte erbt. Dabei soll das Ehegattenerbrecht gerade beim gesetzlichen Güterstand eine Teilhabe des überlebenden Ehegatten an den gemeinsam erwirtschafteten Vermögenszuwächsen sichern (*Belling* Jura 1986, 579). Grundsätzlich ist das Vorhandensein gemeinsamer Kinder und die Anzahl gemeinsamer Kinder für das Erbrecht des überlebenden Ehegatten unerheblich, etwas anderes gilt allerdings dann, wenn die Eheleute im Güterstand der Gütertrennung gelebt haben und der Erblasser neben dem Ehegatten ein oder zwei Kinder hinterlässt. Für den eingetragenen **Lebenspartner** gelten die dem Ehegattenerbrecht nachgebildeten Regelungen aus §§ 10 I–III LPartG. Dem **nichtehelichen Lebensgefährten** steht kein gesetzliches Erbrecht zu, für ihn gelten diese Regelungen nicht. § 1931 BGB ist auf ihn nicht analog anwendbar. Es fehlt hier an einer planwidrigen Regelungslücke. Der Gesetzgeber hat vielmehr ganz bewusst auf die Anwendbarkeit der Vorschriften, die für Ehegatten gelten, im Rahmen der nichtehelichen Lebensgemeinschaft verzichtet (BGH NJW 2007, 992).

2. Voraussetzungen. Voraussetzung für das Erbrecht des überlebenden Ehegatten ist, dass zum Zeitpunkt des Todes des Erblassers eine wirksame **Ehe** bestand.

a) Wirksame Ehe. Der überlebende Ehegatte des Erblassers muss mit diesem überhaupt in einer wirksamen Ehe gelebt haben. Ob eine wirksame Ehe zu Stande gekommen ist, richtet sich nach § 1310. Für das Ehegattenerbrecht ist es unerheblich, wie lange die Ehe zum Zeitpunkt des Todes des einen Ehegatten bereits bestanden hat oder ob man getrennt lebte. Das Ehegattenerbrecht ist ausgeschlossen, wenn die Ehe vor dem Tod des Erblassers rechtskräftig geschieden (§ 1564) oder aufgehoben (§ 1313) war oder die Voraussetzungen des § 1933 vorlagen. Der überlebende Ehegatte ist dann darauf beschränkt, seine güterrechtlichen Ansprüche im Rahmen der Scheidung bzw. Aufhebung der Ehe nach den familienrechtlichen Regelungen durchzusetzen. Erbrechtliche Ansprüche hat er nicht. Für Lebenspartner, die in einer eingetragenen Lebenspartnerschaft leben, enthält das Gesetz eine entsprechende erbrechtliche Regelung in § 10 I–III LPartG.

Eine **Nichtehe** entfaltet allerdings keine erbrechtlichen Wirkungen. Eine solche liegt immer dann vor, wenn schwerwiegende formelle oder materiell-rechtliche Mängel dazu führen, dass der Versuch der Eheschließung ohne familienrechtliche Wirkungen bleibt. Dies kann von jedem jederzeit eingewendet werden. Es bedarf insoweit keiner gerichtlichen Feststellungs- oder Gestaltungsentscheidung etwa in Form eines Aufhebungs- oder Scheidungsbeschlusses (Palandt/*Brudermüller* Einf. § 1313 Rn. 5). Eine Nichtehe liegt bspw. vor, wenn die Ehe nicht vor einem Standesbeamten, sondern vor einem Geistlichen geschlossen wird. Werden die Erklärungen zwar vor einem Standesbeamten abgegeben, hat der Standesbeamte allerdings klargestellt, dass er zur Mitwirkung an der Eheschließung nicht bereit ist, liegt ebenfalls eine Nichtehe vor. Gleiches gilt, wenn die Eheleute keine auf eine Eheschließung gerichteten Erklärungen abgegeben haben.

Bestand zum Zeitpunkt des Erbfalls eine **Doppelehe** des Erblassers, war der Erblasser also bei der Eingehung der Ehe bereits mit einem Dritten verheiratet oder durch eine Lebenspartnerschaft nach dem LPartG mit einem Dritten verbunden, so sind beide überlebenden Partner des Erblassers nach § 1931

BGB als Erben berufen. Die Ehepartner/Lebenspartner des verstorbenen Bigamisten erhalten dann zu je ein Halb den Erbteil, der nach § 1931, § 10 I LPartG auf den überlebenden Ehepartner/Lebenspartner entfällt. Lebte der Bigamist mit seinen Partnern in verschiedenen Güterständen und ergeben sich daraus für die überlebenden Partner unterschiedliche Erbquoten, so ist der höhere Ehegattenerbteil anzusetzen und dieser dann unter den zwei Partnern im Verhältnis der ihnen eigentlich zustehenden Erbteile zu verteilen. Der Rest wird nach § 1924 IV auf die Kinder zu gleichen Teilen verteilt, gleichgültig aus welcher Verbindung sie stammen. Ist einer der Partner des Bigamisten vorverstorben, so hatte der verstorbene Bigamisten zum Zeitpunkt seines Todes nur noch einen Partner. Dieser erhält dann nach § 1931/§ 10 I LPartG die sich für ihn ergebende Erbquote, ohne dass diese durch die ursprünglich bestehende Doppelehe beeinflusst würde (MüKoBGB/*Leipold* Rn. 11). Ist die Wirksamkeit der Ehe nach ausländischem Recht zu beurteilen und ist die Ehe danach nichtig und nicht, wie nach deutschem Recht, anfechtbar (§§ 1306, 1314 I Nr. 2 BGB), so ist dies auch im Rahmen von § 1931 BGB zu berücksichtigen (MüKoBGB/*Leipold* Rn. 12; OLG Frankfurt Beschl. v. 11.9.2000 – 20 W 70/2000, ZEV 2001, 493 zu Doppelehe mit einer Philippinin).

6   Wurde ein Ehegatte für **tot erklärt** und hat der andere Ehegatte eine neue Ehe geschlossen, so gilt die frühere Ehe mit der Schließung der neuen Ehe als aufgelöst. Etwas anderes ergibt sich nur dann, wenn beide Ehegatten bei Eingehung der neuen Ehe wussten, dass der für tot erklärte Ehegatte zum Zeitpunkt der Todeserklärung noch lebte (§ 1319 II). Ein gegenseitiges gesetzliches Erbrecht steht den Ehegatten aus der früheren Ehe vor diesem Hintergrund im Regelfall nicht zu.

7   **b) Ausschluss des Ehegattenerbrechts.** Das Erbrecht des überlebenden Ehegatten entfällt, wenn zum Zeitpunkt des Todes des Erblassers zwar noch eine Ehe bestand, die Voraussetzungen für die **Scheidung** der Ehe jedoch gegeben waren und der Erblasser entweder selbst die Scheidung beantragt oder dem Scheidungsantrag des anderen Ehegatten wirksam zugestimmt hat (§ 1933 S. 1). Gleiches gilt dann, wenn ein **Eheaufhebungsgrund** (§ 1314) vorlag und der Erblasser die Aufhebung der Ehe beantragt hat (§ 1933 S. 2; vgl. zum Verfahren EGGPSSW Familiensachen-HdB/*Schael* § 5 Rn. 123 ff.). Das Ehegattenerbrecht entfällt nach § 1318 V ferner, wenn der überlebende Ehegatte bei der Eheschließung einen **Eheaufhebungsgrund** aus §§ 1304, 1306, 1307, 1311 oder § 1314 II Nr. 1 kannte. Hier hat der bösgläubige überlebende Ehegatten, obwohl die Ehe bestand und auch kein Eheaufhebungsverfahren durch den Erblasser vor seinem Tod eingeleitet worden war, kein Erbrecht. Die Beweislast hat derjenige, der das Erbrecht des Ehegatten bestreitet (vgl. OLG Bremen Urt. v. 13.11.2015 – 4 UF 73/15, NJW-RR 2016, 195 Rn. 24).

8   Allein das **Getrenntleben** hat auf das Ehegattenerbrecht keine Auswirkungen. Auch der getrenntlebende Ehegatte erbt, wenn nicht die vorgenannten Voraussetzungen für den Ausschluss des Ehegattenerbrechts vorliegen.

9   **3. Grundregeln.** Die Grundregeln für die Erbquote des Ehegatten enthalten die Abs. 1 u. 2.

10   **a) Erbrecht neben Verwandten 1. Ordnung.** Hat der Erblasser einen Ehegatten hinterlassen, so erbt dieser neben den **Kindern** des Erblassers zu $1/4$. Dabei ist es unerheblich, ob diese Kinder aus der durch den Tod des Erblassers aufgelösten Ehe stammen oder ob es sich um einseitige Abkömmlinge des Erblassers aus einer früheren oder anderen Verbindung handelt. Für Altfälle ist zu berücksichtigen, dass nichteheliche Kinder neben dem Ehegatten nur einen Erbersatzanspruch hatten und diese abgefunden wurden. Auch dann, wenn das nichteheliche Kind mit seinem Vater wirksam einen vorzeitigen Erbausgleich vereinbart hatte, ist das Kind nicht mehr erb- und pflichtteilsberechtigt (§ 1934a I aF, Art. 227 I EGBGB; 1924 → Rn. 9).

11   **b) Erbrecht neben Verwandten 2. Ordnung.** Hat der Erblasser neben dem Ehegatten keine Abkömmlinge hinterlassen und leben noch seine Eltern, so erhält der überlebende Ehegatte nach § 1931 I 1 die Hälfte des Nachlasses. Dies gilt auch, wenn die Eltern des Erblassers selbst vorverstorben sind und Abkömmlinge hinterlassen haben, die entweder einseitig von der Mutter oder einseitig vom Vater des Erblassers abstammen. Der Erbteil, der auf diese Abkömmlinge, also Schwager und Schwägerinnen des überlebenden Ehegatten, entfällt, geht nicht auf den überlebenden Ehegatten analog § 1931 I 2, Abs. 2 über, dafür fehlt es an einer Grundlage im Gesetz (BGH NJW 2003, 1796 (1801)).

12   **c) Erbrecht neben Verwandten 3. Ordnung.** Hinterließ der Erblasser neben dem Ehegatten nur noch Großeltern, so erhält der überlebende Ehegatte die Hälfte des Nachlasses des Erblassers. Sind einzelne Großelternteile als Erben weggefallen, so werden deren Abkömmlinge nicht Erben. Vielmehr geht der Anteil, der eigentlich nach § 1926 III 1 auf die Abkömmlinge entfallen würde, nach § 1931 I 2 auf den Ehegatten über. Sind keine Abkömmlinge vorhanden, so gilt allerdings § 1926 III 2. Der Anteil des verstorbenen Erben dritter Ordnung, also des verstorbenen Großelternteils, fällt dem anderen Großelternteil zu. Der überlebende Ehegatte schließt also nicht die Großeltern, wohl aber deren Abkömmlinge, von der Erbfolge aus (MüKoBGB/*Leipold* Rn. 23). Sind weder Verwandte der ersten oder zweiten Ordnung noch Großeltern vorhanden, so erbt der überlebende Ehegatte allein (§ 1931 II).

13   Bei der Berechnung ist von einem Ehegattenerbteil von $1/2$ nach § 1931 auszugehen. Leben alle vier Großelternteile, so entfällt auf jeden Großelternteil eine Erbquote von $1/8$. Ist ein Großelternteil vorverstorben und hinterlässt dieser einen Abkömmling, so würde der Abkömmling eigentlich nach § 1926 III 1 den $1/8$ Anteil vom Nachlass des Erblassers als gesetzlicher Erbe im Wege des Eintrittsrechts erhalten. Dieser Anteil geht jedoch nach § 1931 I 2 auf den überlebenden Ehegatten über. Dieser hat dann insgesamt $5/8$ und nicht lediglich $1/2$ (→ § 1371 Rn. 7). Ist allerdings ein Großelternteil verstorben, ohne

Abkömmlinge zu hinterlassen, so geht der Anteil dieses Großelternteils nach § 1926 III 2 auf den anderen Großelternteil dieses Großelternpaares über. Der Überlebende aus diesem Großelternpaar hat dann also eine Erbquote von $2/8$ ($1/4$). Diesen Anteil erhält also der überlebende Ehegatte nicht nach § 1931 I 2. Gleiches gilt, wenn ein Großelternpaar ohne Abkömmlinge zu hinterlassen verstorben ist. In dem Fall beerbt das andere Großelternpaar den Erblasser (§ 1926 IV), jeder Großelternteil erhält eine Erbquote von $1/4$.

d) Erbrecht neben Verwandten entfernterer Ordnungen. Der überlebende Ehegatte schließt Verwandte entfernterer Ordnungen nach § 1931 II komplett von der gesetzlichen Erbfolge aus. Hinterlässt der Erblasser neben dem Ehegatten weder Verwandte der ersten oder der zweiten Ordnung noch Großeltern, so ist der überlebende Ehegatte gesetzlicher Alleinerbe des Erblassers. 14

4. Einfluss der Zugewinngemeinschaft. Nach Abs. 3 hat der gesetzliche Güterstand Einfluss auf das Erbrecht des überlebenden Ehegatten. Dies ergibt sich daraus, dass § 1371 anwendbar ist. 15
Lebte der Erblasser mit seinem Ehegatten zum Zeitpunkt des Todes im Güterstand der Zugewinngemeinschaft (→ § 1371 Rn. 2), so wird der Zugewinn regelmäßig pauschal durch die Erhöhung des Erbteils des überlebenden Ehegatten um $1/4$ ausgeglichen (§ 1371 I). Dieses zusätzliche gewährte Viertel muss der überlebende Ehegatte jedoch ggf. für Unterhaltsansprüche der erbberechtigten Abkömmlinge des Erblassers aus einer anderen Beziehung nach § 1371 IV einsetzen. Zugewinnausgleichsansprüche kann der überlebende Ehegatte daneben nicht geltend machen. Ist der überlebende Ehegatte von dem Erblasser enterbt worden und wurde ihm auch kein Vermächtnis zugewendet, so steht dem überlebenden Ehegatten nach § 1371 II nur der Pflichtteil zu. Dieser beläuft sich auf den kleinen Pflichtteil, also auf die Hälfte des Erbteils nach Abs. 1 oder Abs. 2 (→ § 1371 Rn. 10 ff.). Daneben hat der überlebende Ehegatte dann einen Anspruch auf Zugewinnausgleich nach den familienrechtlichen Vorschriften. Will ein überlebender Ehegatte, der Erbe des Erblassers geworden ist und/oder dem der Erblasser ein Vermächtnis zugewendet hat, Zugewinnausgleichsansprüche nach dem Tod des Erblassers geltend machen, so muss er sowohl die Erbschaft als auch ein ihm eventuell zugewendetes Vermächtnis ausschlagen. Nur dann, wenn er aufgrund der Ausschlagung weder Erbe noch Vermächtnisnehmer ist, hat er einen Anspruch auf Zugewinnausgleich. Daneben steht ihm dann noch der Anspruch auf den „kleinen Pflichtteil" zu, obwohl im Fall der Ausschlagung der Erbschaft ansonsten nach den erbrechtlichen Vorschriften ein Pflichtteilsanspruch nicht besteht (§ 1371 III).
Verstirbt der Ehegatte, der den geringeren Zugewinn hat, zuerst, so gibt es auch dann keinen Zugewinnausgleichsanspruch des verstorbenen Ehegatten, der auf seine Erben übergehen könnte. Ein Zugewinnausgleich findet auch dann nicht statt, wenn die Eheleute gleichzeitig verstorben sind (BGH Urt. v. 28.6.1978 – V ZR 47/77, NJW 1978, 1855; Palandt/*Brudermüller* § 1371 Rn. 13). Selbst wenn der Erblasser den Zugewinnausgleich als Folgesache im Scheidungsverfahren bereits rechtshängig gemacht hat, jedoch vor Rechtskraft der Scheidung verstirbt, besteht keine in den Nachlass des verstorbenen Ehegatten fallende Zugewinnausgleichsforderung, die von den Erben gegenüber dem überlebenden Ehegatten geltend gemacht werden könnte (BGH Urt. v. 8.3.1995 – XII ZR 54/94, NJW 1995, 1832). Hiergegen werden verfassungsrechtliche Bedenken erhoben, insbesondere wird vertreten, dass zumindest beim gleichzeitigen Versterben der Ehegatten deshalb, weil dann kein Ehegatte den anderen beerben kann und tatsächlich eine Situation besteht, wie bei einer vollständigen Enterbung, von einer Vererblichkeit des Zugewinnausgleichsanspruchs auszugehen sei (MüKoBGB/*Leipold* Rn. 38).
Bei Fällen mit **Auslandsberührung** kann aufgrund des Auseinanderfallens von Güter- und Erbstatut neben deutschem Güterrecht ausländisches Erbrecht zur Anwendung kommen. Zwar werden die Fälle seit Inkrafttreten der EuErbVO am 17.8.2015 abnehmen, weil für das anzuwendende Erbrecht nicht mehr die Staatsangehörigkeit des Erblassers sondern dessen letzter gewöhnlicher Aufenthalt entscheidend ist (Art. 21 I EuErbVO), doch wird es weiterhin Fälle geben, in denen deutsches Güterrecht neben ausländischem Erbrecht anwendbar ist (*Reimann* ZEV 2015, 413). Streitig war in diesem Zusammenhang, ob § 1371 I ausschließlich erbrechtliche oder zumindest auch güterrechtlich zu qualifizieren sei. Der BGH (Beschl. v. 13.5.2015 – IV ZB 30/14, ZEV 2015, 409 Rn. 24, Rn. 20 ff. zum früheren Streitstand) hat entschieden, die Regelung sei rein güterrechtlich zu qualifizieren. Gilt für die durch Tod aufgelöste Ehe deutsches Güterrecht und liegen die Voraussetzungen des § 1371 I vor, erhält der überlebende Ehegatte den pauschalen Zugewinnausgleich i.H.v. einem Viertel der Erbschaft zusätzlich zu der Erbquote nach ausländischem Recht. Kommt es insgesamt zu einer höheren Quote als nach deutschem Recht, ist das Ergebnis der Normanwendung den Umständen des Einzelfalls anzupassen. Es hat dann also eine Korrektur im Wege der Anpassung stattzufinden (BGH aaO Rn. 34, 40). Mittlerweile hat der EuGH (Urt. v. 1.3.2018 – C-558/16, BeckRS 2018, 2032) entschieden, dass Art. 1 I EuErbVO dahingehend auszulegen ist, dass die Bestimmung, wonach beim Tod eines Ehegatten ein pauschaler Zugewinnausgleich durch Erhöhung des Erbteils des überlebenden Ehegatten vorzunehmen ist, in den Anwendungsbereich der Verordnung fällt. § 1371 I wurde erbrechtlich qualifiziert. Damit ist der Erbteil des überlebenden Ehegatten dann, wenn § 1371 I zur Anwendung kommt, auch in einem Europäischen Nachlasszeugnis mit einer Quote von $1/2$ anzugeben (s. KG (Vorlage)Beschl. v. 25.10.2016 – 6 W 80/16, ZEV 2017, 209 Rn. 14).
Einfluss der Wahl-Zugewinngemeinschaft auf die Erbquote. Die Regelungen des WZGA sind zum 1.5.2013 in Kraft getreten und gelten zunächst für zehn Jahre, danach wird die Geltung auf unbestimmte Zeit verlängert (Art. 20 WZGA). Die Ehegatten können durch Ehevertrag den Güterstand der Wahl-Zugewinngemeinschaft vereinbaren (§ 1519 BGB). Offen steht dieser Güterstand nicht nur gemischt

deutsch-französischen Ehepaaren, sondern auch rein deutschen Ehepaaren (Art. 1 WZGA; dazu *Jünnemann* ZEV 2013, 353). Der Zugewinnausgleich wird, allerdings mit Modifikationen (Art. 8, 9 WZGA), ähnlich berechnet, wie nach deutschem Recht. Für den Fall des Todes eines Ehegatten gibt es keine besondere Regelung, insbesondere findet keine Pauschalierung, wie nach deutschem Recht nach § 1371 I statt. Die Erbquote für den überlebenden Ehegatten richtet sich daher ausschließlich nach § 1931 I, II. Der Zugewinn ist immer nach den güterrechtlichen Vorschriften auszugleichen. Der Güterstand wird durch Tod eines Ehegatten beendet (Art. 7 Nr. 1 WZGA). Der Zugewinnausgleichsanspruch ist nach Beendigung des Güterstandes vererblich und übertragbar (Art. 12 III WZGA). Aus der Regelung wird gefolgert, dass der Ausgleichsanspruch des verstorbenen Ehegatten gegen den überlebenden Ehegatten in den Nachlass des verstorbenen Ehegatten fällt, also vererblich ist und den Nachlass erhöht (*Süß* Zerb 2010, 281 (285); *Dutta* FamRZ 2011, 1829 (1838); MüKoBGB/*Leipold* Rn. 51, 53). Ferner steht auch dem überlebenden Ehegatten ein Zugewinnausgleichsanspruch gegen die Erben des verstorbenen Ehegatten zu, im Gegensatz zum deutschen Recht auch dann, wenn der überlebende Erbe wird. Die Zugewinnausgleichsforderung ist dann eine Nachlassverbindlichkeit (*Jünnemann* ZEV 2013, 353 (358/359); *Jäger* DNotZ 2010, 804 (824); Palandt/*Weidlich* Rn. 3).

16 **5. Einfluss der Gütertrennung auf die Erbquote.** Die Gütertrennung wird grds. (→ § 1371 Rn. 2) durch notariellen Ehevertrag begründet (§§ 1414, 1408). Lebten die Eheleute zum Zeitpunkt des Todes des Erblassers im Güterstand der Gütertrennung, so richtet sich die Erbquote nach § 1931 I, II, wenn der Erblasser neben dem überlebenden Ehegatten keine oder mehr als **zwei Kinder** hinterlassen hat. Hat der Erblasser neben dem überlebenden Ehegatten nur ein oder zwei Kinder hinterlassen, so erben der überlebende Ehegatte und jedes Kind zu gleichen Teilen (§ 1931 IV). Abs. 4 wurde durch das NEhelG als Sonderregelung eingefügt, um zu verhindern, dass der überlebende Ehegatte eine geringere Erbquote erhält als das Kind. Die Besserstellung des Ehegatten erfolgt, um ihn für seine Mitarbeit beim Vermögenserwerb zu entschädigen. Neben nur einem Kind des Erblassers erbt der überlebende Ehegatte also mit einer Quote von 1/2. Insoweit ergibt sich also kein Unterschied zu der Erbquote des überlebenden Ehegatten, der mit dem Erblasser im gesetzlichen Güterstand der Zugewinngemeinschaft gelebt hat bei Anwendung der erbrechtlichen Lösung (→ § 1371 Rn. 4ff.). Neben zwei Kindern erbt der überlebende Ehegatte mit einer Quote von 1/3. Sind drei oder mehr Kinder vorhanden, so erbt der überlebende Ehegatte nach § 1931 I nur 1/4, die übrigen 3/4 des Nachlasses erhalten die Abkömmlinge des Erblassers. Hat ein Kinder die Erbschaft ausgeschlagen, wurde es für erbunwürdig erklärt, liegt ein Erbverzicht vor oder wurde ein vorzeitiger Erbausgleich nach § 1934d aF durchgeführt, so ist dieses Kind nicht mehr gesetzlicher Erbe des Erblassers und nicht mehr mitzuzählen (MüKoBGB/*Leipold* Rn. 43). Ist ein Kind vorverstorben, so treten dessen Abkömmlinge an seine Stelle. § 1924 III gilt auch im Rahmen von § 1931 (IV Hs. 1).

17 Lebte der überlebende Ehegatte mit dem Erblasser zum Zeitpunkt des Todes im Güterstand der Gütertrennung, so haben die einseitigen Abkömmlinge des Erblassers auch dann keinen Anspruch auf Ausbildungsunterhalt nach § 1371 IV, wenn der überlebende Ehegatte neben einem oder zwei Kindern eine Erbquote von 1/2 bzw. 1/3 hat. Eine analoge Anwendung scheidet aus, weil die Kinder eine relativ hohe Erbquote erhalten. Bei den Fällen, auf die § 1371 IV zugeschnitten ist, teilen sich regelmäßig mehrere Kinder die Hälfte des Nachlasses des Erblassers. Sie sind daher mit geringeren Erbquoten ausgestattet, was es rechtfertigt, ihnen den Anspruch auf Ausbildungsunterhalt zuzubilligen (vgl. MüKoBGB/*Leipold* Rn. 44).

18 **6. Einfluss der Gütergemeinschaft auf die Erbquote.** Lebten die Ehegatten im Güterstand der Gütergemeinschaft, so richtet sich die Erbquote des überlebenden Ehegatten ausschließlich nach § 1931 I, II. Zum Nachlass gehören das Sondergut (§ 1417), das Vorbehaltsgut (§ 1418) und der Gesamthandsanteil des Erblassers am Gesamtgut (§§ 1482 S. 1, 1416). Die Beerbung erfolgt nach den allgemeinen Vorschriften (§ 1482 S. 2). Ist der überlebende Ehegatte Alleinerbe, so bedarf es keiner Auseinandersetzung, die Gütergemeinschaft erlischt mit dem Erbfall (*Ruby* ZEV 2017, 72 (74)). Ist er nur Miterbe, so ist zunächst das Gesamtgut der Gütergemeinschaft auseinanderzusetzen. Erst danach ist das Gesamtgut der Erbengemeinschaft auseinanderzusetzen (dazu *Ruby* ZEV 2017, 72).

19 Zwischen dem überlebenden Ehegatten und den gemeinsamen Abkömmlingen tritt eine fortgesetzte Gütergemeinschaft nur dann ein, wenn dies ehevertraglich vereinbart wurde (§ 1483 I 1). Folge der Vereinbarung der fortgesetzten Gütergemeinschaft ist, dass eine Beerbung des Verstorbenen nach den allgemeinen Regelungen nur bezüglich seines Vorbehalts- und Sondergutes stattfindet (MüKoBGB/*Leipold* Rn. 47). IÜ findet eine Auseinandersetzung nicht statt (Palandt/*Brudermüller* § 1483 Rn. 2). Sind neben dem Ehegatten gemeinschaftliche und einseitige Abkömmlinge des Erblassers vorhanden, bspw. Kinder des Erblassers aus einer früheren Beziehung, so ändert dies für den Ehegatten und die gemeinschaftlichen Kinder nichts. Die einseitigen Abkömmlinge des Erblassers sind jedoch nicht an der fortgesetzten Gütergemeinschaft beteiligt. Sie erben so, als gäbe es die fortgesetzte Gütergemeinschaft nicht. Sie erben aus dem Vorbehalts- und Sondergut und auch aus dem Gesamtgut. Die Auseinandersetzung muss zunächst mit den einseitigen Abkömmlingen erfolgen (§ 1471), allerdings nur unter der Voraussetzung, dass sie Erben/Miterben geworden sind. (Palandt/*Brudermüller* § 1483 Rn. 3). Die Erbquote des überlebenden Ehegatten wird durch die Vereinbarung der fortgesetzten Gütergemeinschaft nicht berührt (MüKoBGB/*Leipold* Rn. 47).

20 **7. Erbrecht der Lebenspartner.** Seit dem 1.10.2017, seit Inkrafttreten des Gesetzes zur Einführung des Rechts auf Eheschließung für Personen gleichen Geschlechts, können keine Lebenspartnerschaften mehr

begründet werden. Die schon eingetragene Lebenspartnerschaften bestehen fort, können allerdings nach § 20a LPartG in eine Ehe umgewandelt werden. Wird eine solche Erklärung abgegeben, so werden die früheren Lebenspartner so behandelt, als hätten sie am Tage der Begründung der Lebenspartnerschaft geheiratet (Palandt/*Brudermüller* § 20a LPartG Rn. 4). Das Erbrecht des überlebenden Lebenspartners entspricht nach § 10 LPartG dem Ehegattenerbrecht.

a) Voraussetzungen. Voraussetzung für ein gesetzliches Erbrecht des überlebenden Lebenspartners ist, dass zum Zeitpunkt des Erbfalls überhaupt eine eingetragene Lebenspartnerschaft bestand. War die Lebenspartnerschaft zum Zeitpunkt des Todes des Erblassers rechtskräftig aufgehoben (§ 15 LPartG), so entfällt das Erbrecht des überlebenden Lebenspartners. Das Erbrecht des überlebenden Lebenspartner ist auch dann ausgeschlossen, wenn die Lebenspartnerschaft zwar nicht rechtskräftig aufgehoben wurde, die Voraussetzungen für die Aufhebung der Lebenspartnerschaft nach § 15 II Nr. 1, 2 LPartG aber vorlagen und der Erblasser entweder selbst den Antrag auf Aufhebung der Lebenspartnerschaft gestellt oder dem Antrag des überlebenden Lebenspartners zugestimmt hatte (§ 10 III Nr. 1 LPartG). Der überlebende Lebenspartner erbt auch dann nicht, wenn der Erblasser einen Antrag auf Aufhebung der Lebenspartnerschaft nach § 15 II Nr. 3 LPartG gestellt hatte und dieser Antrag begründet war (§ 10 III Nr. 2 LPartG). 21

b) Erbquote. Die Höhe des Erbteils des überlebenden Lebenspartners ist ebenso wie die des Ehegatten davon abhängig, ob und ggf. mit welchen Verwandten des Erblassers der Lebenspartner als Erbe zusammentrifft. Neben den Verwandten der ersten Ordnung erbt der Lebenspartner $1/4$, neben den Verwandten der zweiten Ordnung und den Großeltern $1/2$. Seit dem Jahre 2004 enthält § 10 I LPartG nunmehr auch eine dem § 1931 I 2 entsprechende Regelung, wonach der überlebende Lebenspartner dann, wenn er mit Großeltern und Abkömmlingen von Großeltern Erbe wird, den eigentlich nach § 1926 III auf die Abkömmlinge entfallenden Anteile erhält. Hat der Erblasser weder Abkömmlinge noch Eltern oder Großeltern hinterlassen, so wird der Lebenspartner Alleinerbe (§ 10 II LPartG). 22

c) Einfluss der Güterstände. Ebenso wie beim Ehegattenerbrecht wird auch das Erbrecht des überlebenden Lebenspartners durch den Güterstand, in dem die Lebenspartner zum Zeitpunkt des Todes des Erblassers gelebt haben, beeinflusst. Die Lebenspartner leben im Güterstand der **Zugewinngemeinschaft,** wenn sie nicht durch einen Lebenspartnerschaftsvertrag etwas anderes vereinbart haben (§ 6 S. 1 LPartG). Leben die Lebenspartner im Güterstand der Zugewinngemeinschaft, so gilt § 1371 auch für die Lebenspartnerschaft (§ 6 S. 2 LPartG). Hier ergeben sich zum Ehegattenerbrecht keine Unterschiede (→ Rn. 15 ff.). Haben die Lebenspartner zum Zeitpunkt des Eintritts des Erbfalls im Güterstand der Gütertrennung gelebt, so enthält § 10 II 2 LPartG jetzt eine mit § 1931 IV identische Regelung (→ Rn. 16 ff.). Hatten die Lebenspartner den Güterstand der Gütergemeinschaft vereinbart, was nach § 7 S. 2 LPartG, der auch auf §§ 1415 ff. verweist, unproblematisch möglich ist, so finden die für die Gütergemeinschaft bei Eheleuten geltenden Vorschriften (§§ 1415–1563) entsprechend Anwendung. Nach § 7 S. 2 LPartG gilt auch § 1482. Eine fortgesetzte Gütergemeinschaft kann lebenspartnerschaftsvertraglich mit den oben genannten Folgen für das Erbrecht vereinbart werden (→ Rn. 18). Auch die Wahl-Zugewinngemeinschaft konnte vereinbart werden, da § 7 LPartG auch auf § 1519 BGB verweist (→ Rn. 4). 23

§ 1932 Voraus des Ehegatten

(1) ¹Ist der überlebende Ehegatte neben Verwandten der zweiten Ordnung oder neben Großeltern gesetzlicher Erbe, so gebühren ihm außer dem Erbteil die zum ehelichen Haushalt gehörenden Gegenstände, soweit sie nicht Zubehör eines Grundstücks sind, und die Hochzeitsgeschenke als Voraus. ²Ist der überlebende Ehegatte neben Verwandten der ersten Ordnung gesetzlicher Erbe, so gebühren ihm diese Gegenstände, soweit er sie zur Führung eines angemessenen Haushalts benötigt.

(2) Auf den Voraus sind die für Vermächtnisse geltenden Vorschriften anzuwenden.

1. Rechtsnatur. Der Voraus ist kein Sondererbrecht und unabhängig davon, in welchem Güterstand die Eheleute gelebt haben. Er wird wegen der Verweisung auf die Vermächtnisvorschriften in 1932 II als gesetzliches Vorausvermächtnis bezeichnet (BGH NJW 1979, 546 (547)). 1

2. Voraussetzungen. Der Ehegatte muss **gesetzlicher Erbe** des Erblassers sein. Erbt er aufgrund einer letztwilligen Verfügung, so bekommt er den Voraus nicht (BGH NJW 1983, 2874; 1979, 546; OLG Naumburg FamRZ 2001, 1406). Es wird vertreten, in der Einsetzung des Ehegatten auf den gesetzlichen Erbteil in einem Testament liege eine stillschweigende Zuwendung des Voraus, wenn deutlich werde, dass der Erblasser dem Ehegatten eine Stellung, wie einem gesetzlichen Erben, zubilligen wollte. Insbesondere dann, wenn ein Fall von § 2066 vorliege, stehe dem Ehegatten auch der Voraus zu (MüKoBGB/*Leipold* Rn. 5). Dagegen spricht, dass die Einsetzung in dem Testament zu einer dinglichen Erbenstellung führt, nicht aber zu einer Stellung als Vermächtnisnehmer, die Voraussetzung wäre, um dem testamentarisch eingesetzten Ehegatten den Voraus nach § 1932 zuzusprechen. Allenfalls dann, wenn sich aus dem Testament ergibt, dass der Erblasser dem überlebenden Ehegatten auch den Voraus zuwenden wollte, kann etwas anderes gelten (Palandt/*Weidlich* Rn. 2). 2

Den Voraus erhält der überlebende Ehegatte auch dann nicht, wenn das Ehegattenerbrecht nach § 1933 **ausgeschlossen** ist, der überlebende Ehegatte einen Erbverzicht erklärt hat oder eine Erbunwür- 3 digkeitserklärung entgegensteht. Schlägt der überlebende Ehegatte die Erbschaft als testamentarischer Erbe aus, um gesetzlicher Erbe zu werden (§ 1948), so erhält er den Voraus (BGH Urt. v. 6.12.1978 – IV ZR 82/78, NJW 1979, 546 (547)). Schlägt er die Erbschaft als gesetzlicher Erbe aus, entfällt auch sein Anspruch auf den Voraus (Palandt/*Weidlich* Rn. 2), denn nach dem Gesetzeswortlaut muss der überlebende Ehegatte gesetzlicher Erbe sein und nicht lediglich als solcher berufen werden. Da auf den Voraus die für Vermächtnisse geltenden Vorschriften anzuwenden sind, kann allerdings der Voraus ausgeschlagen und die Erbschaft angenommen werden (Palandt/*Weidlich* Rn. 2).

4   Vor dem Hintergrund der bestehenden Testierfreiheit hat der Erblasser das Recht, in einer letztwilligen Verfügung seinem Ehegatten den Voraus zu entziehen (MüKoBGB/*Leipold* Rn. 7; Palandt/*Weidlich* Rn. 2). Dass dieses Recht des Erblassers besteht, ergibt sich zum einen daraus, dass der Erblasser die dem Voraus unterliegenden Gegenstände Dritten im Wege des Vermächtnisses zuwenden oder auch zu Lebzeiten über die dem Voraus unterliegenden Gegenstände selbst verfügen kann. Ferner hat der Voraus nicht den Charakter eines Pflichtteilsanspruchs und steht daher zur freien Disposition des Erblassers.

5   **3. Inhalt.** Nach dem Gesetzeswortlaut erhält der überlebende Ehegatte alle zum ehelichen Haushalt gehörenden Gegenstände einschließlich der Hochzeitsgeschenke, soweit sie zum Nachlass gehören. Der Voraus ist nicht auf Sachen nach § 90 BGB beschränkt. Zum Voraus gehören **Sachen aber auch Rechte** (MüKoBGB/*Leipold* Rn. 12; Staudinger/*Werner* Rn. 16).

6   **a) Gemeinsamer Haushalt.** Voraussetzung für die Zugehörigkeit von Gegenständen zum Voraus ist zunächst, dass die Eheleute überhaupt einen **gemeinsamen Haushalt** hatten. Fehlt es daran, weil die Ehegatten bis zum Tod des Erblassers noch keinen gemeinsamen Haushalt begründen konnten oder hatten sie ihre ehelichen Lebensverhältnisse so gestaltet, dass sie ohnehin in getrennten Wohnungen lebten, so gibt es keine Gegenstände, die als Voraus auf den überlebenden Ehegatten übergehen könnten (MüKoBGB/*Leipold* Rn. 9). Hatten die Eheleute zunächst einen gemeinsamen Haushalt begründet und lebten sie zum Zeitpunkt des Eintritts des Erbfalls getrennt, so ändert dies allerdings an der Zuordnung der Gegenstände zum ehelichen Haushalt nichts (KG OLGE 24, 80) Allerdings ist die Zuordnung zum ehelichen Haushalt und damit zum Voraus aufgehoben, wenn die Ehegatten die Haushaltsgegenstände einvernehmlich aufgeteilt, also den Haushalt aufgelöst haben (MüKoBGB/*Leipold* Rn. 9; Palandt/*Weidlich* Rn. 4). Auf Gegenstände, die die Eheleute nach der Trennung neu angeschafft haben, bezieht sich § 1932 nicht (MüKoBGB/*Leipold* Rn. 9). Hatten die Eheleute Gegenstände für den ehelichen Haushalt angeschafft, waren diese aber bspw. bis zum Tod des Erblassers noch nicht geliefert, so fällt auch der schuldrechtliche Anspruch auf Verschaffung des Eigentums an solchen Sachen in den Voraus. Gleiches gilt dann, wenn der Erblasser ein Anwartschaftsrecht an einem Haushaltsgegenstand erworben oder einen solchen gemietet hatte (MüKoBGB/*Leipold* Rn. 12).

7   **b) Zugehörigkeit zum Haushalt.** Haushaltsgegenstände sind alle, die zur Ausstattung der ehelichen Wohnung und der ehelichen Lebensgemeinschaft dienen. Auf den Wert der Gegenstände kommt es nicht an. So können auch Tafelsilber, wertvolle Gemälde, Möbel oder Teppiche Voraus sein. Diente ein Pkw oder ein Wohnmobil in erster Linie familiäreren Zwecken, so gehören diese zum Voraus, auch wenn damit ein oder beide Ehegatten die Fahrten zur Arbeit zurücklegten (MüKoBGB/*Leipold* Rn. 10). Nicht erfasst von diesem Anspruch werden persönliche Sachen des Erblassers, wie Schmuck, Kleidung etc oder Gegenstände, die der Erblasser zur Ausübung seines Berufes benötigte, wie zB Werkzeug oder der PKW eines Taxiunternehmers (Palandt/*Weidlich* Rn. 5). Soweit Sachen Zubehör (§ 97) eines Grundstücks sind, unterfallen sie dem Voraus nicht. Für das Mietrecht an der ehelichen Wohnung enthalten die §§ 563ff. eine Sonderregelung, zum Voraus gehört dieses ebenfalls nicht (MüKoBGB/*Leipold* Rn. 13).

8   **c) Hochzeitsgeschenke.** Zum Voraus gehören auch die Hochzeitsgeschenke, die die Eheleute anlässlich der Hochzeit erhalten haben. Dabei ist es unerheblich, ob diese Geschenke, also diese unentgeltlichen Zuwendungen, vor oder nach der Hochzeit gegeben wurden. Hochzeitsgeschenke stehen regelmäßig im Miteigentum beider Eheleute, es sei denn, der Schenker hat das Geschenk ausdrücklich oder durch schlüssiges Verhalten nur einem der Ehegatten zugewendet. In diesem Fall richtet sich der Anspruch auf Übertragung des hälftigen Miteigentumsanteils an dem Gegenstand des Haushalts, der im Eigentum des Erblassers stand (Palandt/*Weidlich* Rn. 5; Bamberger/Roth/*Müller-Christmann* Rn. 10).

9   **d) Zugehörigkeit zum Nachlass.** Voraussetzung für die Zugehörigkeit zum Voraus ist, dass der Gegenstand oder das Recht zum **Nachlass** gehört. Zum Nachlass gehören nicht Sachen, die im Alleineigentum des überlebenden Ehegatten stehen. Hat der Erblasser Miteigentum an § 1932 BGB unterfallenden Sachen, so fällt sein Miteigentumsanteil in den Nachlass und ist Gegenstand des Voraus. Haben die Ehegatten eine fortgesetzte Gütergemeinschaft vereinbart, so gehören die Gegenstände, die als Gesamtgut gelten, nicht zum Nachlass (§ 1483 I 3) und unterfallen daher nicht dem Voraus.

10 **e) Umfang.** In welchem Umfang der überlebende Ehegatte den Voraus erhält, hängt davon ab, ob er neben den Verwandten der ersten Ordnung oder neben den Verwandten der zweiten Ordnung oder neben Großeltern gesetzlicher Erbe wird. Der Ehegatte erhält neben den Verwandten der zweiten Ordnung und den Großeltern den gesamten Voraus. Neben den Verwandten der ersten Ordnung, also den Abkömmlingen des Erblassers, erhält der überlebende Ehegatte den Voraus nach Abs. 1 S. 2 nur in dem Umfang, wie er die Haushaltsgegenstände und Hochzeitsgeschenke zur Führung eines angemessenen Haushalts für sich selbst benötigt. Abzustellen ist dabei auf die Verhältnisse zum Zeitpunkt des Erbfalls. In jedem Fall bekommt der überlebende Ehegatte die Gegenstände, die zur Führung eines angemessenen Haushalts notwendig sind und die er entweder selbst nicht besitzt und die er auch nicht mit eigenen

Mitteln anschaffen kann (Palandt/*Weidlich* Rn. 6). Darüber hinaus wird man dem Ehegatten einen Anspruch auf weitere Gegenstände des Haushalts einräumen müssen, auch wenn er in der Lage wäre, entsprechende Gegenstände aus eigenen Mitteln neu zu erwerben (MüKoBGB/*Leipold* Rn. 15; a. A. Palandt/*Weidlich* Rn. 6). Dafür spricht, dass dem Ehegatten durch den Voraus ermöglicht werden soll, seine bisherige Lebensqualität mithilfe der Nutzung der vertrauten Gegenstände aufrecht zu erhalten. Um dem gerecht zu werden, ist eine Abwägung der Interessen der Abkömmlinge und des überlebenden Ehegatten erforderlich (aA. BeckOK BGB/*Müller-Christmann* Rn. 11). Der Ehegatte muss eine Verkleinerung seines Haushalts wegen seines geringeren Bedarfs hinnehmen (Palandt/*Weidlich* Rn. 6, so aber auch BeckOK BGB/*Müller-Christmann* Rn. 11). Er bekommt als Voraus die Gegenstände des täglichen Gebrauchs nicht, die er als alleinstehende Person in seinem Haushalt nicht mehr benötigt. Zu berücksichtigen ist, dass die Gegenstände, die nicht in den Voraus fallen, Nachlass sind und der Ehegatte dann in Höhe der Quote seines gesetzlichen Erbrechts an diesen Gegenständen partizipiert. Vor diesem Hintergrund erscheint es sachgerecht, bei der Interessenabwägung die Höhe des Erbteils des Ehegatten mit zu berücksichtigen. Je geringer der gesetzliche Erbteil des überlebenden Ehegatten ist, desto großzügiger dürfte der Voraus im Verhältnis zu den Abkömmlingen ausfallen (so auch MüKoBGB/*Leipold* Rn. 15).

4. Folgen. Die Gegenstände des Voraus fallen in den Nachlass. § 1932 verschafft dem Ehegatten einen **11** Anspruch auf Übertragung des Eigentums an den zum Voraus gehörenden Sachen zusätzlich zu seinem gesetzlichen Erbteil, auf den die für Vermächtnisse geltenden Vorschriften Anwendung finden. Der Anspruch richtet sich gegen die Erben des Erblassers (S. 2 iVm § 2174). Gerichtet ist der Anspruch auf Einigung und Übergabe von Sachen bzw. Abtretung von Rechten. Ist der Ehegatte bereits im Besitz der Sachen, so ist die Übergabe entbehrlich. Der Anspruch entsteht mit dem Erbfall (§ 2176) und stellt eine Nachlassverbindlichkeit nach § 1967 II dar, die im Rahmen der Auseinandersetzung nach § 2046 I zu berichtigen ist. Der Ehegatte als Vermächtnisnehmer muss dann, wenn die Voraussetzungen vorliegen, nach §§ 2318, 2322 eine Kürzung seines Vermächtnisses hinnehmen. Bei der Nachlassinsolvenz hat der Ehegatte ein minderes Recht (§ 327 I Nr. 2 InsO; MüKoInsO/*Siegmann* § 327 Rn. 6). Bei der Berechnung des Nachlasses zum Zwecke der Ermittlung der Höhe des **Pflichtteils** eines Abkömmlings oder der Eltern des Erblassers wird der Voraus unberücksichtigt gelassen, also nicht mit in den Nachlass eingerechnet (§ 2311 I 2; BGH NJW 1979, 546 (547); MüKoBGB/*Lange* § 2311 Rn. 52).

5. Lebenspartner. Auch dem Lebenspartner des verstorbenen Erblassers steht ein Voraus zu. Der Anspruch ergibt sich aus § 10 I 3 LPartG. Insoweit gibt es im Verhältnis zu dem Voraus bei Ehegatten keine Besonderheiten. Zwar ist in § 10 I 3 LPartG nicht ausdrücklich geregelt, dass auch der Lebenspartner gesetzlicher Erbe sein muss, um einen Anspruch auf den Voraus zu haben, doch ergibt sich daraus, dass dem Lebenspartner der Voraus nach § 10 I 3 LPartG zusätzlich zu seinem gesetzlichen Erbteil zukommen soll (BT-Drs. 14/3751, 40; *Walter* FPR 2005, 279 (282)) und in § 10 I 4 LPartG die Stellung des Überlebenden als gesetzlicher Erbe ausdrücklich genannt ist.

§ 1933 Ausschluss des Ehegattenerbrechts

¹Das Erbrecht des überlebenden Ehegatten sowie das Recht auf den Voraus ist ausgeschlossen, wenn zur Zeit des Todes des Erblassers die Voraussetzungen für die Scheidung der Ehe gegeben waren und der Erblasser die Scheidung beantragt oder ihr zugestimmt hatte. ²Das Gleiche gilt, wenn der Erblasser berechtigt war, die Aufhebung der Ehe zu beantragen, und den Antrag gestellt hatte. ³In diesen Fällen ist der Ehegatte nach Maßgabe der §§ 1569 bis 1586b unterhaltsberechtigt.

1. Inhalt. Nach § 1931 ist das Bestehen einer wirksamen Ehe zum Zeitpunkt des Erbfalls Voraussetzung für das Erbrecht des Ehegatten. Das Erbrecht des überlebenden Ehegatten entfällt aber nicht nur dann, wenn die Ehe zum Zeitpunkt des Erbfalls durch rechtskräftige gerichtliche Entscheidung geschieden oder aufgehoben war, sondern schon dann, wenn nach dem materiellen Recht die Voraussetzungen für die **Scheidung** der Ehe nach §§ 1565 ff. bzw. Aufhebung der Ehe nach §§ 1314 ff. vorlagen und der Erblasser entweder die Scheidung bzw. **Eheaufhebung** selbst beantragt oder dem Scheidungsantrag des anderen Ehegatten zugestimmt hatte. War die Ehe wegen des Vorliegens eines Aufhebungsgrundes nach § 1314 BGB aufhebbar, ist jedoch zum Zeitpunkt des Todes des Erblassers weder eine Aufhebung durch Beschluss ausgesprochen worden noch ein Aufhebungsverfahren rechtshängig, ist das Erbrecht des überlebenden Ehegatten dennoch unter den besonderen Voraussetzungen des § 1318 V ausgeschlossen.

Für die **gewillkürte Erbfolge** gilt § 1933 nicht. Hier enthält das Gesetz für Testamente Regelungen in **2** §§ 2077, 2268 und für den Erbvertrag in § 2279. Bei diesen Regelungen, die der für die gesetzliche Erbfolge geltenden ähnlich sind, handelt es sich jedoch im Gegensatz zu § 1933 um Auslegungsregeln. (Palandt/*Weidlich* § 2077 Rn. 1).

2. Scheidungsverfahren. Die formellen und materiellen Voraussetzungen für ein begründetes Scheidungsverfahren müssen vorliegen. **3**

a) Materielle Voraussetzungen. Die **Scheidungsvoraussetzungen** müssen zum Todeszeitpunkt vor- **4** gelegen haben, die Ehe hätte also geschieden werden müssen, wenn sie nicht durch den Tod des Erblassers aufgelöst worden wäre (BGH NJW 1995, 1082). Die Voraussetzungen für die Scheidung der Ehe liegen vor, wenn die Ehe gescheitert ist (§ 1565). Das Scheitern der Ehe wird unwiderlegbar vermutet, wenn die Ehegatten ein Jahr getrennt leben und entweder beide die Scheidung beantragt haben oder der

Antragsgegner dem Scheidungsbegehren des Antragstellers zugestimmt hat (§ 1566 I). Leben die Ehegatten bereits drei Jahre getrennt, so wird ebenfalls unwiderlegbar vermutet, dass die Ehe gescheitert ist (§ 1566 II). Die **Beweislast** für das Vorliegen der materiellen Scheidungsvoraussetzungen hat derjenige, der sich auf den Wegfall des gesetzlichen Erbrechts des überlebenden Ehegatten beruft (BGH NJW 1995, 1082; BayObLG FamRZ 1992, 1349). Die Beweislast ändert sich auch nicht dadurch, dass einem Erbprätendenten, der sich gegenüber dem überlebenden Ehegatten auf § 1933 beruft, ein Erbschein als Alleinerbe erteilt wurde. Derjenige, der sich auf den Wegfall des Ehegattenerbrechts beruft, muss auch beweisen, dass zum Zeitpunkt des Erbfalls keine Versöhnungsbereitschaft der Ehegatten bestand (BGH NJW 1995, 1082). Allerdings streiten für ihn dann die Vermutungen aus § 1566 I, II, sofern deren tatsächliche Grundlagen feststehen (Palandt/*Weidlich* Rn. 9). Der überlebende Ehegatte hat allerdings die Beweislast dafür, dass ausnahmsweise trotz des Vorliegens der Scheidungsvoraussetzungen eine Scheidung nicht durchgeführt worden wäre, etwa weil die Voraussetzungen für die Anwendung der Härteklausel nach § 1568 vorliegen (MüKoBGB/*Leipold* Rn. 12; Palandt/*Weidlich* Rn. 9).

5   b) **Formelle Voraussetzungen.** Voraussetzung für den Ausschluss des Ehegattenerbrechts in formeller Hinsicht ist, dass der Erblasser vor seinem Tod entweder selbst den Antrag auf Scheidung gestellt oder dem Scheidungsantrag seines Ehegatten zugestimmt hat. Der Scheidungsantrag muss zum Zeitpunkt des Eintritts des Erbfalls rechtshängig (§ 124 II FamFG), also zugestellt gewesen sein (BGH NJW 1990, 2382). Eine Zustellung des Antrages erst nach dem Tod des Erblassers genügt nicht, auch dann nicht, wenn sie „alsbald" erfolgte. Für eine Rückwirkung auf den Zeitpunkt der Einreichung des Scheidungsantrags analog § 167 ZPO fehlt eine Grundlage, weil es bei dem Ausschluss des Ehegattenerbrechts weder um eine Frist zur Erhaltung eines Rechts noch um die Hemmung der Verjährung geht (BGH NJW 1990, 2382 (2383)). Es reicht auch nicht, wenn Verfahrenskostenhilfe für eine beabsichtigte Scheidung beantragt worden ist (Palandt/*Weidlich* Rn. 2; MüKoBGB/*Leipold* Rn. 5). Wird das Scheidungsverfahren nicht betrieben, so wird dadurch die einmal eingetretene Rechtshängigkeit des Scheidungsantrags nicht berührt, selbst dann nicht, wenn die Akte nach der Aktenordnung beim Gericht weggelegt wird (BGH NJW-RR 1998, 898; Palandt/*Weidlich* Rn. 2). Allerdings steht das Nichtbetreiben eines Verfahrens durch den Erblasser über einen längeren Zeitraum einer Antragsrücknahme gleich (OLG Düsseldorf FamRZ 1991, 1107; zust. MüKoBGB/*Leipold* Rn. 13). So wird in einem **Nichtbetreiben** des Scheidungsverfahrens über 26 Jahre (OLG Düsseldorf FamRZ 1991, 1107) oder über 21 Jahre (OLG Saarbrücken ZErb 2011, 21) die endgültige Aufgabe des Scheidungsbegehrens gesehen. Ein Nichtbetreiben über rund 7 Jahre reicht jedoch zumindest dann nicht, wenn vor dem Tod des Erblassers der Scheidungsantrag wiederholt wird (OLG Köln FamRZ 2012, 1755). Die formellen Voraussetzungen für den Ausschluss des Ehegattenerbrechts liegen auch dann vor, wenn dem Antrag behebbare verfahrensrechtliche Mängel anhaften, wie zB die Antragstellung beim örtlichen unzuständigen Familiengericht. Dadurch wird die Rechtshängigkeit des Antrages nicht beseitigt (Palandt/*Weidlich* Rn. 2). Hatte der Erblasser seinen Scheidungsantrag vor seinem Tod **zurückgenommen,** so wird dadurch der Ausschluss des Ehegattenerbrechts beseitigt, der überlebende Ehegatte wird also wieder gesetzlicher Erben des Erblassers. Etwas anderes gilt allerdings dann, wenn die Rücknahme des Scheidungsantrags erst nach dem Tod des Erblassers durch dessen Bevollmächtigten erfolgte (OLG Naumburg Beschl. v. 30.3.2015 – 2 WX 55/14, NJW-RR 2015, 1100; OLG Stuttgart FamRZ 2007, 502). Gleiches gilt dann, wenn der antragstellende überlebende Ehegatte den Scheidungsantrag, dem der Erblasser vor seinem Tod zugestimmt hatte, nach dessen Tod zurücknimmt. Auch dann ist das Ehegattenerbrecht des überlebenden Ehegatten ausgeschlossen (OLG Frankfurt a. M. NJW 1997, 3099).

6   Hat der überlebende Ehegatte den Scheidungsantrag gestellt, entfällt das Ehegattenerbrecht nur, wenn der Erblasser vor seinem Tode die **Zustimmung** zum Scheidungsantrag erklärt hat. Diese Zustimmung ist eine Verfahrenshandlung und muss von dem Erblasser entweder durch Schriftsatz seines bevollmächtigten Rechtsanwalts (OLG Frankfurt a. M. NJW 1997, 3099; Bumiller/Harders FamRZ § 134 Rn. 1, 2, 3) oder in der Form des § 134 FamFG, also zur Niederschrift der Geschäftsstelle oder in der mündlichen Verhandlung zur Niederschrift des Gerichts erklärt worden sein. Anwaltszwang besteht insoweit nach § 114 IV Nr. 3 FamFG nicht, so dass der Erblasser die Zustimmung zur Scheidung persönlich wirksam erklären kann. Es genügt, wenn der Erblasser selbst in einem Schreiben an das Familiengericht seine Zustimmung zur Scheidung erklärt hat (OLG Köln BeckRS 2013, 06724). Es reicht allerdings nicht, wenn der Erblasser etwa im Rahmen einer Trennungsvereinbarung mit dem überlebenden Ehegatten der Scheidung zugestimmt hatte (BGH NJW 1995, 1082). Hat der Erblasser in dem von seinem Ehegatten eingeleiteten und rechtshängig gewordenen Scheidungsverfahren beim Familiengericht einen eigenen Scheidungsantrag gestellt, der vor seinem Tod beim Gericht eingegangen ist, ist das Erbrecht des überlebenden Ehegatten ausgeschlossen (Palandt/*Weidlich* § 1933 Rn. 2). Hat sich der Erblasser vor seinem Tod zu dem von dem überlebenden Ehegatten gestellten Scheidungsantrag nicht geäußert, so ist das Ehegattenerbrecht des überlebenden Ehegatten – mangels Zustimmung des Erblassers – nicht ausgeschlossen (OLG Düsseldorf NJW-RR 2011, 1642). Hat der Erblasser seine Zustimmung zur Scheidung wirksam **widerrufen,** was noch bis zur mündlichen Verhandlung in der Rechtsmittelinstanz möglich ist (Bumiller/Harders FamFG § 134 Rn. 8, 9; vgl. aber BGH Beschl. v. 4.9.2013 – XII ZB 87/12, NJW 2013, 3722 Rn. 21 zum Widerruf der Zustimmung nur zu dem Zweck, noch Folgesachen in das Verbundverfahren einführen zu können), so wird der überlebende Ehegatte wieder gesetzlicher Erbe des Erblassers, da die Voraussetzungen des § 1933 für den Ausschluss des Ehegattenerbrechts dann nicht mehr vorliegen. Für eine **Versöhnung** der Ehegatten vor dem Tod des Erblassers, die zum Wegfall der Voraussetzungen für

die Scheidung der Ehe und damit zum Entfall der Voraussetzungen für den Ausschluss des Ehegattenerbrechts führen können, sind konkrete Umstände darzulegen. Allein der Hinweis darauf, es könne nicht ausgeschlossen werden, dass man sich, wenn der Erblasser nicht verstorben wäre, vor einem Termin zur mündlichen Verhandlung vor dem Familiengericht versöhnt hätte, reicht nicht (OLG Rostock BeckRS 2010, 22986).

Hat das Familiengericht den Scheidungsantrag **abgewiesen** und erwächst die Entscheidung in Rechtskraft, so greift der Ausschluss des Ehegattenerbrechts nicht ein. Der überlebende Ehegatte wird gesetzlicher Erbe. Wird der Scheidungsantrag durch eine nicht rechtskräftige Entscheidung des Familiengerichts abgewiesen, so werden dadurch die Rechtsfolgen des § 1933 nicht berührt (MüKoBGB/*Leipold* Rn. 15). 7

Ob das Ehegattenerbrecht auch dann ausgeschlossen ist, wenn der Scheidungsantrag keine hinreichenden **Erklärungen nach § 133 I FamFG** enthält, ist streitig. Dafür, dass die Voraussetzungen des §§ 1933 in einem solchen Fall nicht vorliegen, der überlebende Ehegatte also erbt, wird angeführt, dass ein Scheidungsantrag, der den Anforderungen an § 133 I FamFG bis zum Schluss der letzten mündlichen Verhandlung nicht entspricht, unzulässig ist (*Czubayko* ZEV 2009, 551). Überwiegend wird jedoch vertreten, dass es für den Ausschluss des Ehegattenerbrechts ohne Bedeutung ist, wenn keine hinreichenden Erklärungen im Sinne von § 133 I Nr. 2 FamFG im Scheidungsverfahren abgegeben sind (OLG Hamm Urt. v. 4.7.2013 – 10 U 122/12, NZFam 2014, 472; OLG Köln, Beschl. v. 11.3.2013 – 2 WX 64/13, NJW 2013, 2831; OLG Stuttgart, Beschl. v. 4.10.2011 – 8 W 321/11, ZEV 2012, 208 Rn. 43, 44 (die vom Bf. eingelegte Verfassungsbeschwerde hat das BVerfG nicht zur Entscheidung angenommen (BVerfG Beschl. v. 12.1.2012 – 1 BvR 2761/11; Palandt/*Weidlich* Rn. 7, MüKoBGB/*Leipold* Rn. 13). Für die letztgenannte Auffassung spricht, dass nach dem FamFG lediglich eine Erklärung dazu verlangt wird, ob die Ehegatten eine Regelung zu den dort aufgeführten Scheidungsfolgen getroffen haben. Zum Inhalt muss nicht einmal etwas ausgeführt werden. Der Sinn und Zweck der Regelung im FamFG liegt darin, dem Gericht die Möglichkeit zu geben, den Ehegatten gezielte Hinweise auf Beratungsmöglichkeiten zu den Fragen zu geben, zu denen sie sich noch nicht geeinigt haben (OLG Stuttgart, aaO, Rn. 44). Für die Unerheblichkeit im Hinblick auf den Ausschluss des Ehegattenerbrechts spricht auch, dass die Angaben nach § 133 I Nr. 2 FamFG nachgeholt werden können (vergleiche insoweit OLG Köln aaO). Nach altem Recht war streitig, aber vom BGH nicht entschieden, ob für eine einverständliche Scheidung eine § 630 I Nr. 2 u. 3 ZPO aF entsprechende Antragsschrift und Einigung vorgelegt werden musste. Zum Teil wurde die Regelung der **Scheidungsfolgesachen** für das Ehegattenerbrecht als unerheblich angesehen, so dass für den Ausschluss des Ehegattenerbrechts die Zustellung des Scheidungsantrags des Erblassers bzw. die Zustimmung des Erblassers zum Scheidungsantrag des überlebenden Ehegatten in der richtigen Form (so OLG Frankfurt a.M. NJW-RR 1990, 136 (137); MüKoBGB/*Leipold*, 4. Aufl. 2001, Rn. 10 mwN) reichte. Nach der überwiegenden Auffassung konnte von der Vermutung des Scheiterns der Ehe iSv § 1566 I BGB nur dann ausgegangen werden, wenn auch eine Einigung über die Folgesachen vorlag (§ 630 III ZPO aF) (so OLG Zweibrücken FamRZ 2001, 452 (453); OLG Köln FamRZ 1978, 25; OLG Bremen FamRZ 1986, 834; OLG Schleswig NJW 1993, 1082 (1083)). Fehlte eine solche Einigung, so kam es darauf an, ob die Ehe nach § 1565 I, also streitig, geschieden worden wäre (OLG Zweibrücken FamRZ 2001, 452 (453)). Hierzu waren die Umstände zum Zeitpunkt des Erbfalls zu prüfen (OLG Stuttgart NJW 2002, 3033) Diese Rechtslage gilt weiter für alle Scheidungsverfahren, die bis zum 30.8.2009 eingeleitet wurden. Ab dem 1.9.2009 gilt für die Scheidungsverfahren das FamFG. 8

Lagen zum Zeitpunkt des Todes die Voraussetzungen für eine einvernehmliche Scheidung nach § 1566 nicht vor, so ist das Ehegattenerbrecht ausgeschlossen, wenn die Voraussetzungen für eine streitige Scheidung im Zeitpunkt des Todes des Erblassers vorlagen. Dies ist der Fall, wenn die Eheleute drei Jahre getrennt lebten, dann wird nach § 1566 II unwiderlegbar vermutet, dass die Ehe gescheitert ist (OLG Stuttgart Beschl. v. 4.10.2011 – 8 W 321/11, ZEV 2012, 208 Rn. 46). Lebten die Ehegatten zum Zeitpunkt des Todes des Erblassers noch nicht drei Jahre getrennt, ist das Ehegattenerbrecht nur dann ausgeschlossen, wenn aufgrund einer Prüfung anhand der Umstände im konkreten Einzelfall festgestellt werden kann, dass die Ehe gescheitert ist und die Wiederherstellung der Lebensgemeinschaft nicht erwartet werden kann (§ 1565 I 2). Die Darlegungs- und Beweislast hat derjenige, der sich auf den Ausschluss des Ehegattenerbrechts beruft (OLG München Beschl. v. 8.8.2013 – 31 WX 45/13, NJW 2013, 3732 (2. LS)). In diesem Zusammenhang ist auch die Möglichkeit der Scheidung vor Ablauf des Trennungsjahres nach § 1565 II und die Härteklausel aus § 1568, wonach die Ehe im Einzelfall trotz Vorliegens der Scheidungsvoraussetzungen nicht geschieden wird, zu berücksichtigen (Palandt/*Weidlich* Rn. 7). Lagen zum Zeitpunkt des Todes des Erblassers die Scheidungsvoraussetzungen vor, wurde aber die Scheidung der Ehe nicht ausgesprochen, weil noch Folgesachen nicht entscheidungsreif waren, ist das Ehegattenerbrecht ausgeschlossen (LG Freiburg, Beschl. v. 22.6.2004 – 4 T 112/04, NJW-RR 2005, 448 (LS); Palandt/*Weidlich* Rn. 6).

3. Aufhebungsverfahren. Das Erbrecht des überlebenden Ehegatten ist nach S. 2 auch dann ausgeschlossen, wenn ein Grund für eine Eheaufhebung gegeben war. Die **Eheaufhebungsgründe** sind in § 1314 abschließend geregelt (Palandt/*Brudermüller* § 1314 Rn. 1). Allerdings ist die Eheaufhebung ausgeschlossen, wenn einer der Gründe nach § 1315 für den Ausschluss der Aufhebung vorliegt. Der Erblasser muss den **Antrag** auf Eheaufhebung gestellt haben. Der Antrag muss bis zum Tode des Erblassers **rechtshängig** geworden und geblieben sein. Hat der überlebende Ehegatte den Aufhebungsantrag gestellt, so ist das Erbrecht des überlebenden Gatten auch dann nicht ausgeschlossen, wenn der Erblasser dem Aufhebungsantrag zugestimmt hat (MüKoBGB/*Leipold* Rn. 16, 17). Auch der von einer Verwal- 9 tungsbehörde nach §§ 1316 I Nr. 1, III gestellte Aufhebungsantrag führt nicht dazu, dass der überlebende Ehegatte sein Erbrecht verliert (MüKoBGB/*Leipold* Rn. 17). Nach dem Tod des Erblassers kann ein Antrag auf Eheaufhebung nicht mehr gestellt werden (§ 1317 III). Allerdings kann, wenn die Voraussetzungen des § 1318 V vorliegen, das Erbrecht des überlebenden Ehegatten dennoch ausgeschlossen. Der **bösgläubigen Ehegatte**, der schon bei der Eheschließung wusste, dass die Ehe wegen eines Verstoßes gegen §§ 1304, 1306, 1307, 1311 oder wegen einer Geistesstörung (§ 1314 II Nr. 1) aufhebbar war, soll nicht besser stehen, als er stünde, wenn der Erblasser noch zu seinen Lebzeiten die Eheaufhebung beantragt hätte.

10 **4. Rechtsfolgen.** Liegen die Voraussetzungen des § 1933 vor, so hat der überlebende Ehegatte weder ein gesetzliches **Erbrecht** noch bekommt er den Voraus. Er hat keinen **Pflichtteilsanspruch**. Er kann jedoch seinen eventuell bestehenden Zugewinnausgleichsanspruch geltend machen.

11 Nach S. 3 hat der überlebende Ehegatte einen **Unterhaltsanspruch** nach Maßgabe der §§ 1569–1586b. Diese regeln den nachehelichen Unterhalt, also den Unterhalt des Ehegatten für die Zeit ab Rechtskraft der Scheidung. Der überlebende Ehegatte, der nach § 1933 vom Erbrecht ausgeschlossen ist, wird also unterhaltsrechtlich dem geschiedenen Ehegatten gleichgestellt. Gäbe es diese Regelung im Gesetz nicht, so bekäme der überlebende Ehegatte nichts. Vom Ehegattenerbrecht wäre er wegen § 1933 ausgeschlossen, ein Trennungsunterhaltsanspruch stände ihm nach §§ 1361 IV 3, 1360a III, 1615 nach dem Tod des Unterhaltsschuldners nicht zu.

12 Stirbt der Unterhaltsverpflichtete, so geht die Unterhaltspflicht auf dessen Erben als Nachlassverbindlichkeiten über. Dies ergibt sich aus § 1586b I 1. Ein bereits existierender Titel auf Unterhalt kann umgeschrieben werden, weil die Unterhaltspflicht, die gegen den Erblasser und die gegen den Erben identisch ist (BGH ZEV 2004, 429; vgl. auch BGH FamRZ 2004, 614 (615)). Es ist also nicht erforderlich, dass der überlebende Ehegatte seinen Unterhaltsanspruch nach § 1586b neu gerichtlich geltend macht (BGH ZEV 2004, 429). Durch die Möglichkeit der Titelumschreibung soll der überlebende Ehegatte über den Tod des zahlungspflichtigen Erblassers hinaus abgesichert werden (BGH ZEV 2004, 429 (430)).

13 Voraussetzung für den Unterhaltsanspruch gegen die Erben ist, dass eine **Bedürftigkeit** des Berechtigten vorliegt. Die Beschränkungen nach § 1581 BGB fallen nach dem Gesetzeswortlaut weg (§ 1586b I 2). Dies bedeutet, dass mit dem Tod des Unterhaltsschuldners seiner **Leistungsfähigkeit** keine Bedeutung mehr zukommt. Der Unterhaltsberechtigte kann jetzt den vollen Unterhalt nach den ehelichen Lebensverhältnissen verlangen, da der angemessene Unterhalt des verstorbenen Unterhaltsverpflichteten nicht mehr gefährdet sein kann. Auch die Beschränkung des Unterhaltsanspruchs wegen eines unterhaltsrechtlichen Vorrangs minderjähriger Kinder (§ 1609) bleibt jetzt außer Betracht, ebenso wie die eines vorrangig oder gleichrangig berechtigten Ehegatten des Erblassers. Dies deshalb, weil der Unterhaltsanspruch der Kinder und des Ehegatten mit dem Tod des Unterhaltsverpflichteten erlischt (§§ 1360a III, 1615 I; vgl. MüKoBGB/*Maurer* § 1586b Rn. 6).

14 Der **Umfang der Haftung** der Erben für den Unterhaltsanspruch ist nach § 1586b I 3 beschränkt. Danach haftet der Erbe nur mit dem Betrag, der dem Pflichtteil des Unterhaltsberechtigten entspricht. Auszugehen für die Berechnung ist vom gesamten Nachlass des Erblassers (OLG Koblenz BeckRS 2009, 86755). Bei der Berechnung des **Pflichtteils** bleiben Besonderheiten, die sich aus dem Güterstand ergeben, unberücksichtigt (§ 1586b II). Die Haftung ist nicht auf den Betrag des Pflichtteils begrenzt, sondern auf den Betrag des Pflichtteils zuzüglich eines Anspruchs auf den **Pflichtteilsergänzung** (BGH ZEV 2007, 584; 2001, 113 (114, 115); NJW 2003, 1769). Streitig ist, ob der Unterhaltsanspruch nach § 1586b BGB auch dann auf den Erben übergeht, wenn der überlebende Ehegatte einen **Erbverzicht** oder einen Pflichtteilsverzicht erklärt hat (siehe zum Streitstand § 2346 → 15). Bis zu einer Entscheidung des BGH wird im Rahmen der Vertragsgestaltung aus haftungsrechtlichen Gründen klargestellt werden müssen, ob der Unterhaltsanspruch dann, wenn ein Erb- bzw. Pflichtteilsverzicht erklärt wird, auf die Erben übergehen soll oder nicht, ob also § 1586b BGB gelten soll oder nicht. Völlig ungeklärt ist, wie sich ein in der Praxis durchaus häufig vorkommender gegenständlich beschränkter Pflichtteilsverzicht auswirkt (*Münch* ZEV 2008, 571 (575)). Es spricht einiges dafür, in einem solchen Fall den Pflichtteilsanspruch und damit die Haftungsmasse ohne den Vermögensteil zu berechnen, der Gegenstand des Pflichtteilsverzichts war. **Verfahrensrechtlich** dürfte das Erreichen der Haftungshöchstgrenze durch den/die Erben des ursprünglich unterhaltsverpflichteten Erblassers im Rahmen einer Vollstreckungsgegenklage und nicht im Rahmen einer Abänderungsklage geltend zu machen sein (letztlich offen gelassen BGH ZEV 2001, 113).

Dem überlebenden Ehegatten stehen auch weiterhin **Versorgungsansprüche**, also z.B. Ansprüche auf Witwen- oder Witwerrente zu, da die Ehe zum Zeitpunkt des Todes des Erblassers bestand (Palandt/*Weidlich* Rn. 10), und daher kein Versorgungsausgleich stattfindet (Palandt/*Brudermüller* § 1 VersAusglG Rn. 1).

15 **5. Lebenspartner.** Für das Erbrecht eines Lebenspartners enthalten die §§ 10 III, 16 LPartG eine dem § 1933 entsprechende Regelung. Obwohl in § 10 III LPartG der Voraus nicht ausdrücklich genannt ist, entfällt dann, wenn das gesetzliche Erbrecht des Lebenspartners entfällt, auch der Anspruch auf den Voraus (*Leipold* ZEV 2001, 218 (220); Palandt/*Brudermüller*, § 10 LPartG Rn. 4). Das Erbrecht des Lebenspartners entfällt dann, wenn der Erblasser vor seinem Tod einen begründeten Antrag auf Aufhebung der Lebenspartnerschaft nach § 15 II Nr. 1 oder 2 LPartG gestellt oder er der Aufhebung der Lebenspartnerschaft aus einem dieser Gründe zugestimmt hatte. Darüber hinaus entfällt das Erbrecht des überlebenden Lebenspartners dann, wenn der Erblasser einen begründeten Antrag nach § 15 II Nr. 3 LPartG

gestellt hat. Der Aufhebungsantrag muss vor dem Erbfall rechtshängig geworden sein. Für die Zustimmung des Lebenspartners in den Fällen des § 10 III Nr. 1 gilt nichts anderes als bei der Zustimmung des Ehegatten. Liegen die Voraussetzungen des § 10 III LPartG vor, so wird der überlebende Lebenspartner nicht Erbe des Erblassers und erhält weder den Voraus noch einen Pflichtteil. Er hat jedoch nach § 10 III 2 LPartG einen Unterhaltsanspruch nach § 16 LPartG. Auch insoweit gilt nichts anderes als bei Ehegatten.

§ 1934 Erbrecht des verwandten Ehegatten

¹Gehört der überlebende Ehegatte zu den erbberechtigten Verwandten, so erbt er zugleich als Verwandter. ²Der Erbteil, der ihm auf Grund der Verwandtschaft zufällt, gilt als besonderer Erbteil.

1. Inhalt. Die Regelung hat geringe praktische Bedeutung, was daran liegt, dass Ehen zwischen Verwandten in gerader Linie sowie zwischen voll- und halbbürtigen Geschwistern dem Eheverbot nach § 1307 unterliegen. War ausnahmsweise der überlebende **Ehegatte** auch noch mit seinem verstorbenen Ehegatten verwandt, so fällt der Verwandtenerbteil neben dem Erbteil als Ehegatte an (S. 1). 1

2. Folgen. Beide Erbteile gelten als gesonderte Erbteile, können also bspw. jeweils gesondert angenommen und **ausgeschlagen** werden. Um den güterrechtlichen Zugewinnausgleich verlangen zu können, muss der Ehegatte nur den Ehegattenerbteil nach § 1371 III ausschlagen. Den Verwandtenerbteil kann er behalten (MüKoBGB/*Leipold* Rn. 3). 2

3. Lebenspartner. Das LPartG enthält in § 10 I 6, 7 LPartG auch für den mit dem Verstorbenen verwandten Lebenspartner eine dem § 1934 entsprechende Regelung. Zu berücksichtigen ist hier, dass eine Lebenspartnerschaft bei einem Verstoß gegen die Verbote aus § 1 II Nr. 2 u. 3 LPartG von Anfang an gar nicht zu Stande kommt, also unwirksam ist. Aus dieser Verbindung ergeben sich also für den Überlebenden keinerlei erbrechtliche Wirkungen (Palandt/*Brudermüller* LPartG § 1 Rn. 6). 3

§ 1935 Folgen der Erbteilserhöhung

Fällt ein gesetzlicher Erbe vor oder nach dem Erbfall weg und erhöht sich infolgedessen der Erbteil eines anderen gesetzlichen Erben, so gilt der Teil, um welchen sich der Erbteil erhöht, in Ansehung der Vermächtnisse und Auflagen, mit denen dieser Erbe oder der wegfallende Erbe beschwert ist, sowie in Ansehung der Ausgleichungspflicht als besonderer Erbteil.

1. Normzweck. Durch die Regelung soll verhindert werden, dass derjenige, dessen Erbteil sich wegen des Wegfalls eines anderen gesetzlichen Erben erhöht, letztlich **benachteiligt** wird. Eine solche Benachteiligung würde eintreten, wenn der bisherige Anteil des Erben am Nachlass von Vermächtnissen, Auflagen und Ausgleichungspflichten, mit denen der hinzukommene Erbteil belastet ist, mit betroffen wäre (MüKoBGB/*Leipold* Rn. 1). 1

2. Anwendungsbereich. Geregelt ist nur der Fall, dass ein **gesetzlicher** Erbe wegfällt und sich dadurch der Erbteil eines bereits berufenen anderen gesetzlichen Erben erhöht. So erhöht sich der gesetzliche Erbteil des Ehegatten, wenn alle Abkömmlinge des Erblassers als Erben wegfallen (§ 1931 I). Dies gilt im Fall der Gütertrennung auch, wenn ein Kind als Erbe wegfällt und dann nur noch ein oder zwei Kinder neben dem Ehegatten eben (§ 1931 IV). Der gesetzliche Erbteil eines gesetzlichen Erben der ersten und zweiten Ordnung oder der Großeltern des Erblassers erhöht sich durch den Wegfall des Ehegatten (§§ 1931, 1924, 1925). Nicht erfasst ist der Fall, dass ein anderer erst aufgrund des Wegfalls Erbe, also Ersatzerbe, wird. Für die gewillkürte Erbfolge enthält § 2095 eine entsprechende Regelung. § 1935 ist allerdings auf die gewillkürte Erbfolge dann entsprechend anzuwenden, wenn der Erblasser nur über einen Teil der Erbschaft verfügte und die Anwachsung ausgeschlossen ist. Dann kann sich durch den Wegfall des Testamentserben über § 2088 der Erbteil des gesetzlichen Erben erhöhen, was die entsprechende Anwendung von § 1935 rechtfertigt (Palandt/*Weidlich* Rn. 4; MüKoBGB/*Leipold* Rn. 6; Bamberger/Roth/*Müller-Christmann* Rn. 5; Staudinger/*Werner* Rn. 18). 2

3. Voraussetzungen. Der Erbe muss vor oder nach dem Erbfall weggefallen sein. **Vor dem Erbfall** fällt ein Erbe weg, wenn er vorverstorben ist, durch Ausschluss von der gesetzlichen Erbfolge, durch Testament ohne Einsetzung eines anderen Erben nach § 1938, durch Erbverzicht nach § 2346, durch einen vor dem 1.4.1998 rechtsgültig zustandegekommenen vorzeitigen Erbausgleich zwischen einem Vater und seinem nichtehelichen Kind nach 1934d, e BGB a. F., durch Ausschluss des Ehegattenerbrechts nach § 1933 oder bei der Eheaufhebung nach 1318 V. Ein Erbe fällt **nach dem Erbfall** weg, wenn er die Erbschaft ausschlägt (§ 1953) für erbunwürdig erklärt wird (§ 2344) oder der nasciturus tot zur Welt kommt (§ 1923 II). Nicht erfasst ist der Fall, dass der Erbe nach dem Erbfall stirbt (Staudinger/*Werner* Rn. 4). 3

4. Rechtsfolgen. Der zusätzlich angefallene Erbteil bildet einschließlich der Erhöhung zB bei der Annahme und Ausschlagung der Erbschaft eine **Einheit**. § 1951 gilt hier also nicht. Auch für Nachlassverbindlichkeiten haftet der Erbteil einschließlich der Erhöhung insgesamt (§ 2007 S. 2). Nur im Hinblick auf die Beschwerung mit Vermächtnissen und Auflagen sowie im Hinblick auf Ausgleichspflichten gilt der zusätzliche Erbteil als besonderer Erbteil (§ 2007 S. 2). Insoweit sind der ursprünglich angefalle- 4 ne Erbteil und die Erhöhung so anzusehen, als wären zwei Erbteile verschiedener Miterben vorhanden. Für die Beschwerung haftet nur der belastete Teil. Der Erbe muss Vermächtnisse und Auflagen im Fall der Dürftigkeit des Nachlasses nur aus dem beschwerten Anteil erfüllen, bei Überschuldung nur des beschwerten Anteils durch Vermächtnisse oder Auflagen kann er nach § 1992 vorgehen (MüKoBGB/ *Leipold* Rn. 8, a. A. Palandt/*Weidlich* Rn. 3). Er muss dann nur die auf den erhöhten Erbteil entfallenden Nachlasswerte herausgeben, nicht die aus dem weiteren Erbteil (so auch Palandt/*Weidlich* Rn. 3). Auch bei der Berechnung von Ausgleichungspflichten sind die Anteile gesondert zu betrachten. Kann die Ausgleichungspflicht aus dem belasteten Anteil nicht erfüllt werden, so muss die Ausgleichung nicht aus dem anderen Anteil geleistet werden (§ 2056 S. 2; MüKoBGB/*Leipold* Rn. 9). Beim Erbschaftskauf ist § 2373 BGB zu berücksichtigen.

§ 1936 Gesetzliches Erbrecht des Staates

¹Ist zur Zeit des Erbfalls kein Verwandter, Ehegatte oder Lebenspartner des Erblassers vorhanden, erbt das Land, in dem der Erblasser zur Zeit des Erbfalls seinen letzten Wohnsitz oder, wenn ein solcher nicht feststellbar ist, seinen gewöhnlichen Aufenthalt hatte. ²Im Übrigen erbt der Bund.

1 **1. Normzweck.** Die Norm wurde durch das Gesetz zur Reform des Erb- und Verjährungsrechts zum 1.1.2010 sprachlich modernisiert und den staatsrechtlichen Gegebenheiten angepasst. Der Staat wird **gesetzlicher Zwangserbe**. Er kann die Erbschaft nicht ausschlagen (§ 1942 II). Er kann auch nicht enterbt werden, da § 1938 nur den Ausschluss eines Verwandten, des Ehegatten oder Lebenspartners von der gesetzlichen Erbfolge ohne Einsetzung eines Erben ermöglicht. Der Staat kann als gesetzlicher Erbe nicht für erbunwürdig erklärt werden, ferner kann er keinen Erbverzichtsvertrag schließen, denn er ist in § 2346 I 1 nicht genannt. Der Sinn und Zweck des Erbrechts des Staates liegt nicht in fiskalischen Gründen. Fiskalisch partizipiert der Staat an dem Nachlass über die Erbschaftsteuer. Das gesetzliche Erbrecht des Staates hat vielmehr eine Ordnungsfunktion dergestalt, dass immer dann, wenn kein anderer Erbe zur Verfügung steht, der Staat letztlich die Funktion des Erben übernimmt, um herrenlose Nachlässe zu vermeiden. Es geht auch darum, eine ordnungsgemäße Nachlassabwicklung zu ermöglichen.

2 **2. Voraussetzungen.** Nur dann, wenn die Voraussetzungen der Vorschrift vorliegen, wird der Staat gesetzlicher Erbe.

3 **a) Erbanfall.** Der Staat erbt nur dann, wenn zur Zeit des Erbfalls kein anderer gesetzlicher oder gewillkürter Erbe vorhanden ist. Es darf also weder ein erbberechtigter Ehegatte noch ein Lebenspartner noch ein sonstiger Verwandter existieren, der als Erbe vorhanden ist. Vorhanden ist ein Erbe immer dann, wenn er erbfähig und erbberechtigt ist. Fällt ein Ehegatte, Lebenspartner oder Verwandter des Erblassers, der lebt, als Erbe weg, weil er die Erbschaft ausgeschlagen, einen Erbverzicht erklärt hat, enterbt wurde oder für erbunwürdig erklärt worden ist, und steht kein anderer Erbe zur Verfügung, greift das Staatserbrecht. Das gesetzliche Staatserbrecht ist ferner ausgeschlossen, wenn die Rechte nicht mehr vorhandener Erben durch Nachfolgeorganisation, wie beispielsweise Treuhandgesellschaften wahrgenommen werden (Palandt/*Weidlich* Rn. 1).

4 Das Erbrecht des Staates kann auch für einen **Bruchteil** des Nachlasses bestehen, etwa dann, wenn der Erblasser nur über einen Teil seines Nachlasses nach § 2088 verfügt hat oder wenn einzelne gewillkürte Erben weggefallen sind, ohne dass der Erbteil anderen Erben nach § 2094 anwächst.

5 Der Staat kann **Vorerbe** werden, und zwar dann, wenn der Erblasser die Vor- und Nacherbfolge angeordnet hat, aber keine bestimmte Person als Vorerben einsetzte. Vorerben sind in dem Fall die gesetzlichen Erben des Erblassers (§ 2105 I). Ist der Fiskus gesetzlicher Erbe, weil kein anderer Erbe vorhanden ist, wird er Vorerbe. **Nacherbe** wird der Fiskus allerdings nicht. Dies ergibt sich aus § 2104 S. 2. Der Staat wird auch nicht **Vermächtnisnehmer** dann, wenn der Erblasser bestimmt, dass den eingesetzten Erben ein bestimmter Erbschaftsgegenstand nicht zufallen soll. Dieser Gegenstand gilt dann nach § 2149 S. 1 als den gesetzlichen Erben vermacht, der Staat zählt allerdings hier nicht zu den gesetzlichen Erben, was ausdrücklich in § 2149 S. 2 geregelt ist.

6 **b) Anknüpfung.** Das Erbrecht knüpft zunächst an den letzten Wohnsitz (§ 7) des Erblassers an. Kann dieser nicht festgestellt werden, so ist der gewöhnliche Aufenthalt (vgl. § 1559) des Erblassers in Deutschland Anknüpfungspunkt. Es erbt das **Bundesland**, in dem der letzte Wohnsitz oder der gewöhnliche Aufenthalt des Erblassers lag. Kann weder ein letzter Wohnsitz noch ein gewöhnlicher Aufenthalt in Deutschland ermittelt werden, so erbt nach § 1936 S. 2 der **Bund**. Für das Erbrecht des Staates ist nicht mehr Voraussetzung, dass der Erblasser Deutscher war. Bund und Länder können also auch **ausländische Erblasser** nach § 1936 beerben (BT-Drs. 16/8954, 16). § 1936 ist allerdings nur anwendbar, wenn deutsches Erbrecht gilt. Nach dem bis 16.8.2015 geltenden deutschen internationalen Privatrecht wurde grds. an die Staatsangehörigkeit des Erblassers angeknüpft (Art. 25 I EGBGB). Bei einem Erblasser mit fremder Staatsangehörigkeit kam nach Art. 25 I EGBGB daher regelmäßig das Recht des Staates zur Anwendung, dem der Erblasser zum Zeitpunkt seines Todes angehörte. Verwies dann dieses Recht zB für eine in Deutschland belegene Immobilien auf das deutsche Recht zurück (Art. 4 I EGBGB), so konnte § 1936 zu einem gesetzlichen Erbrecht des Bundes bei einem ausländischen Erblasser führen. Für Erbfälle ab dem 17.8.2015 ist die EuErbVO zu berücksichtigen. Für die Bestimmung des anzuwendenden Rechts kommt es dann auf den gewöhnlichen Aufenthalt des Erblassers zum Zeitpunkt seines Todes an (Art. 21 EuErbVO). Gilt danach deutsches Erbrecht, so hat nach Art. 33 EuErbVO al-

lerdings das Aneignungsrecht des Belegenheitsstaates unter den genannten Voraussetzungen Vorrang vor dem Erbrecht des deutschen Staates. Gilt ausländisches Erbrecht, so ist für Erbfälle ab dem 17.8.2015 die Regelung in § 32 IntErbRVG iVm Art. 33 EuErbVO zu beachten, wonach im Einzelfall ein Fiskus Aneignungsrecht bestehen kann (vergleiche dazu *Dutta* ZEV 2015, 493).

§ 1936 S. 1 aF, der für Erbfälle bis zum 31.12.2009 gilt (Art. 229 § 23 IV EGBGB), knüpfte an die Zugehörigkeit des Erblassers zu einem Bundesland an. Da es eine Staatsangehörigkeit in den einzelnen Bundesländern seit 1934 nicht mehr gibt, war auf die Niederlassung des Erblassers in einem Bundesland abzustellen. Der Begriff der Niederlassung ist weiter zu fassen als der des Wohnsitzes. Niederlassung ist der Ort, an dem der Erblasser einen Unterschlupf zu nicht nur vorübergehendem Verweilen hatte (Erman/*Schlüter*, 11. Aufl. 2004, Rn. 4).

3. Rechtsfolgen. Liegen die Voraussetzungen des § 1936 vor, so erbt ein Bundesland oder der Bund. Das Bundesland oder der Bund wird auf privatrechtlicher Basis **Gesamtrechtsnachfolger** des Erblassers. Der gesetzliche Erbe tritt in alle Rechte und Pflichten des Erblassers ein. Ist in einem **Gesellschaftsvertrag** einer KG oder OHG eine Fortsetzungsklausel mit den Erben enthalten, so gilt dies für den Staat als Erben regelmäßig nicht, weil dies nicht dem Willen der Gesellschafter entspricht (MüKoBGB/*Leipold* Rn. 22). Hatte der Erblasser eine **Lebensversicherung** abgeschlossen und als Bezugsberechtigte seine Erben ohne nähere Bezeichnung bestimmt, so ist § 160 IV VVG zu berücksichtigen. Ist der Staat nur Miterbe, so fällt das Bezugsrecht nur den anderen Erben an. Ist jedoch kein anderer Erbe vorhanden, wird der Staat also gesetzlicher Alleinerbe, so geht auch die Versicherungssumme als Bestandteil des Nachlasses auf den Staat über.

Auf den Staat als gesetzlichen Erben gehen die **Nachlassverbindlichkeiten** über. Der Bund bzw. das Bundesland muss die Beschränkung der Haftung, wie üblich, herbeiführen. Ihm kann allerdings keine Inventarfrist gesetzt werden, er ist jedoch den Nachlassgläubigern gegenüber verpflichtet, Auskunft über den Bestand des Nachlasses zu geben (§ 2011). Der Staat kann sich immer auf die Beschränkung der Haftung berufen, auch dann, wenn der entsprechende Vorbehalt in dem Urteil fehlt (§ 780 II ZPO).

4. Entsprechende Anwendung. Fällt Vereinsvermögen oder Stiftungsvermögen nach §§ 46, 88 an den Staat, so gilt § 1936 entsprechend.

5. Verfahren. Das Erbrecht als gesetzlicher Erbe wird nach § 1964 durch Beschluss des Nachlassgerichts deklaratorisch festgestellt. In diesem Zusammenhang sind die Regelungen aus § 1964 BGB zu berücksichtigen.

§ 1937 Erbeinsetzung durch letztwillige Verfügung

Der Erblasser kann durch einseitige Verfügung von Todes wegen (Testament, letztwillige Verfügung) den Erben bestimmen.

1. Normzweck. Die gesetzliche Regelung stellt klar, dass jeder Erblasser seinen Erben durch eine Verfügung von Todes wegen selbst bestimmen kann. Hierdurch wird die **Testierfreiheit** des Erblassers, die ein bestimmendes Element der sich aus Art. 14 I 1 GG ergebenden Erbrechtgarantie ist (BVerfG FamRZ 2009, 1039 (1040)) und über die das BGB keine allgemeinen Vorschriften enthält, im BGB verankert. Darüber hinaus ergibt sich aus dem Zusammenspiel mit § 1938, in dem die Enterbung geregelt ist und § 1941, der die vertragliche Erbeneinsetzung ermöglicht, dass die gewillkürte Erbfolge Vorrang vor der gesetzlichen Erbfolge hat. Die gesetzliche Erbfolge tritt nur dann ein, wenn der Erblasser nicht durch eine Verfügung von Todes wegen die Erbfolge für den Fall seines Todes abweichend geregelt hat. Schließlich wird der Begriff der einseitigen Verfügung von Todes wegen hier erläutert.

2. Begriffsbestimmung. Das Gesetz verwendet die Begriffe einseitige Verfügung von Todes wegen, Testament und letztwillige Verfügung.

a) Verfügung von Todes wegen. Dies ist der **Oberbegriff** für Testamente (§§ 2064 ff.) und Erbverträge (§§ 1941, 2274 ff.). Testamente sind dabei nach § 1937 einseitige Verfügungen von Todes wegen. Verfügungen von Todes wegen sind Anordnungen des Erblassers, die erst mit dem Tod des Erblassers überhaupt Wirkung entfalten sollen und in erbrechtlichen Formen erfolgten. Diese Einschränkung scheint erforderlich, vor dem Hintergrund, dass der Erblasser über seinen Nachlass auch durch Rechtsgeschäfte unter Lebenden so verfügen kann, dass die Rechtswirkungen erst mit seinem Tod eintreten (vgl. § 2301).

b) Verfügung. Der Begriff Verfügung wird hier vom Gesetzgeber nicht im allgemeinen bürgerlich-rechtlichen Sprachgebrauch (§ 185) verwendet. Als Verfügung wird also hier nicht ein Rechtsgeschäft bezeichnet, das unmittelbar darauf gerichtet ist, auf ein bestehendes Recht einzuwirken, es zu verändern oder zu übertragen. Vielmehr bedeutet Verfügung hier rechtsgeschäftliche **Anordnung** (Palandt/*Weidlich* Rn. 2). Dass die Verfügung als letztwillige Verfügung bezeichnet wird, erklärt sich daraus, dass ein Testament den letzten Willen des Erblassers enthält. Der Erblasser kann seine einseitige letztwillige Verfügung bis zu seinem Tod jederzeit frei widerrufen (§ 2253). Hat er die Anordnungen nicht widerrufen, so gibt das Testament tatsächlich das wieder, was der letzte Wille des Erblassers war.

c) Testament. Die Begriffe Testament und letztwillige Verfügung werden vom Gesetz in § 1937 gleichgesetzt. Diese Gleichstellung der Begriffe wird allerdings im Gesetz nicht streng durchgehalten. So wird in § 2253 eine einzelne in einem Testament enthaltene Anordnung als Verfügung bezeichnet. Der Begriff letztwillige Verfügung macht zum einen deutlich, dass die Anordnungen erst mit dem Tod des Erblassers Wirksamkeit erlangen und die Rechtslage zu Lebzeiten des Erblassers völlig unberührt lassen. Zum anderen wird daraus deutlich, dass der Erblasser seine Anordnungen bis zu seinem Tode frei widerrufen kann. Einen besonderen Grund für den Widerruf seiner Anordnungen braucht er nicht (§ 2253), jedes Testament und jede einzelne in dem Testament enthaltene Anordnung ist jederzeit durch den Erblasser frei widerruflich. Auch das gemeinschaftliche Testament von Ehegatten (§ 2265) und Lebenspartnern (§ 10 IV LPartG) gehört hierher. Dabei ist allerdings zu berücksichtigen, dass hier die **Widerrufsmöglichkeit** eingeschränkt ist, da das gemeinschaftliche Testament eine Bindungswirkung entfaltet. Es kann zwar zu Lebzeiten beider Testierenden jederzeit durch ein neues gemeinschaftliches Testament aufgehoben werden (MüKoBGB/*Musielak* § 2271 Rn. 3) und von jedem Ehegatten auch allein nach den Regelungen über den Rücktritt vom Erbvertrag widerrufen werden (§ 2271 I), nach dem Tod des Erstversterbenden ist der Überlebende allerdings dann, wenn keine abweichende Regelung in dem Testament enthalten ist, gebunden. In dem Testament enthaltene wechselbezügliche Verfügungen der Ehegatten können nach dem Tod des Erstversterbenden nicht mehr frei widerrufen werden (§ 2271 II).

6   d) **Erbvertrag.** In einem Erbvertrag können vertragsmäßige Verfügungen von Todes wegen getroffen werden (§ 2278). Der vertragsmäßigen Verfügungen in einem Erbvertrag sind binden. Sie können von dem Erblasser nur ausnahmsweise nach §§ 2290–2292 aufgehoben werden, ansonsten hat der Erblasser die Möglichkeit, vom Erbvertrag beim Vorliegen eines Grundes nach §§ 2293–2295 zurückzutreten. Soweit ein Erbvertrag jedoch einseitige Verfügungen von Todes wegen enthält, sind diese wie testamentarisch Verfügungen zu behandeln und können auch jederzeit einseitig durch den Erblasser widerrufen werden (§ 2299 II).

7   **3. Inhalt.** Der Inhalt von letztwilligen Verfügung ist in den §§ 1937–1941 nicht **abschließend** geregelt (OLG Frankfurt a.M. NJW 1950, 607). Im Erbrecht aber auch bspw. im Familienrecht gibt es weitere Anordnungen, die zulässigerweise in ein Testament aufgenommen werden können. Ein Testament muss auch nicht zwingend eine Erbeinsetzung oder eine Enterbung enthalten. Der Erblasser kann sich darauf beschränken, Vermächtnisse oder Auflagen anzuordnen oder sonstige Anordnungen zu treffen.

8   a) **Einsetzung von Erben.** Der Erblasser kann in der letztwilligen Verfügung einen oder mehrere Erben bestimmen. Er selbst kann also seine/seinen **Gesamtrechtsnachfolger** benennen. Insoweit, wie in dem Testament Regelungen enthalten sind, gilt die gesetzliche Erbfolge nicht. Hat der Erblasser zB einen Erben nur auf einen Bruchteil seines Nachlasses eingesetzt, so tritt nur in dem Umfang, wie das Testament eine Regelung enthält, gewillkürte Erbfolge ein. IÜ greift die gesetzliche Erbfolge (§ 2088 I) ein.

9   Im Einzelfall kann es schwierig sein, festzustellen, ob eine Person gewillkürter Erbe oder gesetzlicher Erbe des Erblassers ist. Hat der Erblasser in sein Testament einen Hinweis auf die gesetzliche Erbfolge aufgenommen, so muss durch Auslegung (vgl. § 2066) ermittelt werden, ob der Erblasser damit seine gesetzlichen Erben als testamentarische Erben einsetzen oder ob er lediglich klarstellen wollte, dass insoweit, wie die Anordnung greift, die gesetzliche Erbfolge gelten soll. Bedeutsam wird dies insbes. bei gemeinschaftlichen Testamenten und Erbverträgen, soweit sie Bindungswirkung entfalten haben bzw. entfalten können. Hier hängt von der Beantwortung der Frage, ob gewillkürte Erbfolge oder gesetzliche Erbfolge vorliegt, ab, ob die letztwillige Verfügung noch widerrufen und abgeändert werden kann. Hat der Erblasser in seinem Testament einer Person den Pflichtteil zugewendet, so ist dies im Zweifel nicht als Erbeinsetzung anzusehen (§ 2304).

10 Der Erblasser kann Verwandte aber auch nicht verwandte Personen zu Erben einsetzen, auch zu Ersatzerben (§ 2096) oder Nacherben (§ 2100). Ob der Erblasser eine Erbeinsetzung vorgenommen oder ein Vermächtnis angeordnet bzw. eine Auseinandersetzungsanordnung getroffen hat, ist durch Auslegung zu ermitteln.

11 Eine Erbeinsetzung auf bestimmte **Gegenstände** sieht das BGB grds. nicht vor. Eine Ausnahme gilt jedoch bspw. dann, wenn in Gesellschaftsverträgen Nachfolgeklausel enthalten sind und so eine Sonderrechtsnachfolge eintritt.

12 Der Erblasser kann letztwillige Verfügungen nur hinsichtlich seines **eigenen Nachlasses** treffen. Auch dann, wenn der Erblasser eine Person zum Nacherben eingesetzt hat, weicht er hiervon nicht ab. Der Nacherbe wird Erbe des Erblassers, nicht des Vorerben (§ 2100).

13 Der Erblasser muss keine **Begründung** für die getroffene letztwillige Verfügung geben. Er ist grds. frei darin, wen er mit welchem Erbteil zu seinem Erben einsetzt oder wen er von der Erbfolge ausschließt. Grenzen ergeben sich für den Erblasser dann, wenn er deshalb nicht mehr frei testieren kann, weil eine andere letztwillige Verfügung bereits Bindungswirkung erlangt hat (gemeinschaftliches Testament § 2271 I, II, Erbvertrag § 2289 I). Die Freiheit des Erblassers kann weiter durch gesetzliche Verbote (§ 134) oder durch die guten Sitten (§ 138) beschränkt sein.

14 b) **Sonstige erbrechtliche Anordnungen.** Außer der Einsetzung eines Erben (§ 1937) oder der Enterbung von gesetzlichen Erben (§ 1938) sind vielfältige andere erbrechtliche Anordnungen im Rahmen einer letztwilligen Verfügung möglich. Inhalt der letztwilligen Verfügung kann der Widerruf eines Testaments (§§ 2253, 2254) sein. Hatte der Erblasser einen Erbvertrag geschlossen, so kann er durch ein Testament eine vertragsmäßige Verfügung, durch die ein Vermächtnis oder einer Auflage angeordnet wurde, unter den Voraussetzungen des § 2291 aufheben. Ein zwischen Ehegatten oder Lebenspartnern geschlossener Erbvertrag kann durch ein gemeinschaftliches Testament aufgehoben werden (§ 2292).

15 Das Testament des Erblassers kann die Anordnung eines Vermächtnisses (§ 1939) und/oder einer Auflage (§ 1940) enthalten. Der Erblasser kann im Wege des Vermächtnisses oder einer Auflage die Erben

damit belasten, dass sie mit einem Dritten, zB einem Testamentsvollstrecker, eine verjährungsverlängernde Vereinbarung nach § 202 II BGB treffen (*Meyer* ZEV 2010, 2 (7); *Schaal/Grigas* BWNotZ 2008, 2 (23)).

Der Erblasser kann Bestimmungen dazu treffen, was mit dem Nachlass nach seinem Tod geschehen soll, so kann er die Anordnung des Ausschlusses der Auseinandersetzung des Nachlasses (§ 2044) oder eine Teilungsanordnung (§§ 2048, 2049) treffen. Der Erblasser kann in einem Testament Testamentsvollstreckung anordnen und einen Testamentsvollstrecker ernennen (§ 2197). 16

Den Pflichtteilsberechtigten kann in dem Testament durch den Erblasser der Pflichtteil entzogen werden (§§ 2333, 2336 I). In diesem Fall muss in dem Testament nach § 2336 II der sog. Kernsachverhalt angegeben werden, der die Pflichtteilsentziehung rechtfertigt (BGH ZEV 2011, 370). Dies ist verfassungsgemäß (BVerfG ZEV 2005, 388), da dadurch gewährleistet ist, dass das Pflichtteilsrecht nur dann im Verhältnis zur Testierfreiheit des Erblassers zurücktritt, wenn schon in dem Testament hinreichende Gründe für die Pflichtteilsentziehung benannt sind, die dann gerichtlich überprüft werden können. 17

Ein (ausländischer) Erblasser hatte bis zum 16.8.2015 die Möglichkeit für sein in Deutschland belegenes unbewegliches Vermögen, also das Immobilienvermögen, in Form einer letztwilligen Verfügung das **deutsche Recht** zu wählen (Art. 25 II EGBGB). Ab dem 17.8.2015 gilt Art. 22 II EuErbVO, der insoweit eine abweichende Regelung trifft. 18

c) Sonstige Anordnungen. Durch eine letztwillige Verfügung kann eine Stiftung gegründet (§ 83) oder die Klärung von Streitigkeiten durch ein Schiedsgericht angeordnet (§ 1066 ZPO) werden. Möglich sind aber auch andere Anordnungen, wie die Erteilung von Vollmachten, zB einer Auflassungsvollmacht oder der Vollmacht zur Eintragung eines Nießbrauchs- oder Wohnungsrechts. Der Widerruf der Bezugsberechtigung für eine Lebensversicherung wird erst mit schriftlicher Anzeige an den Versicherer wirksam (13 III ALB). Die Vorlage eines Testaments, in dem entsprechende Anordnung getroffen sind, genügt nach dem Tod des Erblassers diesen Anforderungen nicht (BGH Urt. v. 14.7.1993 – IV ZR 242/92, NJW 1993, 3134, 2.LS). In dem Widerruf des Bezugsrechts kann allerdings eine Rücknahme des Schenkungsangebots des Erblassers an den Begünstigten liegen, mit der Folge, dass ein Rechtserwerb des Bezugsberechtigten letztlich verhindert wird (Palandt/*Grüneberg* § 332 Rn. 3). 19

Häufig werden **familienrechtliche Anordnungen** getroffen. So ist die Ernennung eines Vormunds oder die Ausschließung bestimmter Personen von der Vormundschaft durch die Eltern in Form einer letztwilligen Verfügung möglich (§§ 1777 III, 1782 II). Hat der Erblasser in einer letztwilligen Verfügung angeordnet, dass die Vermögenssorge der Eltern oder eines Elternteils für das an ein minderjähriges Kind vererbte Vermögen ausgeschlossen ist (§ 1638), so ist dieser Elternteil bzw. es sind beide Elternteile nicht vermögenssorgeberechtigt. Sind beide Elternteile von der Vermögenssorge ausgeschlossen, so muss für das Kind umgehend ein Pfleger bestellt werden. Ist nur ein Elternteil ausgeschlossen, so verwaltet das Vermögen der andere allein (§ 1638 III). 20

Aufgenommen werden können ferner Anordnungen über die Art der Bestattung oder das Schicksal des Leichnams. Diese sind aber regelmäßig keine Verfügungen von Todes wegen (MüKoBGB/*Leipold* Rn. 43). 21

Der Erblasser kann in eine letztwillige Verfügung eine **Schiedsklausel** aufnehmen. Allerdings ist die Anordnung nur insoweit wirksam, wie dem Erblasser nach den Vorschriften des materiellen Rechts auch die Anordnungskompetenz zusteht. Diese steht ihm nur für solche Bereiche zu, die auch innerhalb der Verfügungsmacht des Erblassers liegen (BGH Beschl. v. 16.3.2017 – I ZB 50/16, NJW 2017, 2115 Rn. 23 mwN). Daher sind Anordnungen des Erblassers dazu, dass der Streit über den Pflichtteilsanspruch durch ein Schiedsgericht entschieden werden soll, unwirksam (BGH aaO, Rn. 26). Gleiches gilt für das Verfahren auf Entlassung eines Testamentsvollstreckers (BGH Beschl. v. 17.5.2017 – IV ZB 25/16, NJW 2017, 2112 Rn. 11) und für Erbscheinsverfahren (*Lange* ZEV 2017, 1; Palandt/*Weidlich* Rn. 9).

4. Wirksamkeit. Letztwillige Verfügungen sind nichtig, wenn sie nicht den Vorschriften über ihre Errichtung sowie den **Formvorschriften** genügen (vgl. Palandt/*Weidlich* Rn. 11). Insbesondere sind sie dann nichtig, wenn der Erblasser das Testament nicht persönlich errichtet hat (§ 2064) oder wenn er nicht persönlich die Person oder den Gegenstand der Zuwendung bestimmt oder die Wirksamkeit des Testamentes von der Entscheidung einer dritten Person abhängig gemacht hat (§ 2065). 22

Letztwillige Verfügungen können auch nach § 138 wegen **Sittenwidrigkeit** nichtig sein. So wurde geprüft, ob das Testament sittenwidrig war, wenn der Erblasser die Zuwendung als Entgelt für sexuelle Dienste zugunsten einer Geliebten errichtet hatte (OLG Düsseldorf Beschl. v. 22.8.2008 – 3 Wx 100/08, JuS 2009, 184; BayObLG FamRZ 2002, 915; vgl. aber auch *Armbrüster* NJW 2002, 2763). Behindertentestamente mit Pflichtteilsverzichten und der Anordnung einer nichtbefreiten Vor- und Nacherbfolge mit dauerhafter Testamentsvollstreckung sind nicht sittenwidrig (BGH Urt. v. 19.1.2011 – IV ZR 7/10, NJW 2011, 1586, BGH ZEV 2017, 267). Dies gilt auch bei Vorhandensein großer Vermögen bei den Eltern des behinderten Kindes (OLG Hamm Urt. v. 27.10.2016 – 10 U 13/16, ZEV 2017, 158). Auch bei Ebenbürtigkeitsklauseln adliger Familien in Erbverträgen (BVerfG NJW 2000, 2495; 2004, 2008) wurde die Sittenwidrigkeit geprüft. Gleiches gilt bei **Wiederverheiratungsklausel** (*Münch* ZEV 2008, 571; *Langenfeld* ZEV 2007, 453). Ist der überlebende Ehegatte im Testament als Alleinerbe eingesetzt, tritt aber mit sofortiger Wirkung Nacherbfolge zu Gunsten der Abkömmlinge ein, wenn der überlebende Ehegatte wieder heiratet (vgl. zu den Gestaltungsmöglichkeiten Nieder/Kössinger Testamentsgestaltung § 14 Rn. 119; *Völzmann* RNotZ 2012, 1ff.), so kann an eine Sittenwidrigkeit einer solchen testamentarischen Regelung gedacht werden (so OLG Saarbrücken Urt. v. 15.10.2014 – 5U 19/13, DNotZ 2015, 691; *Lan*- 23 *genfeld* ZEV 2007, 453; zust. Staudinger/*Otte* § 2074 Rn. 59; aA *Völzmann* RNotZ 2012, 1 ff.). Der überlebende Ehegatte verliert hier mit sofortiger Wirkung mit der Eheschließung seine Stellung als Alleinerbe und damit den Nachlass. Pflichtteilsansprüche kann der überlebende Ehegatte im Regelfall nicht mehr geltend machen, weil ihm Pflichtteilsansprüche nur dann zustehen, wenn er innerhalb der sechswöchigen Ausschlagungsfrist die Erbschaft ausschlägt (Nieder/*Kössinger* Testamentsgestaltung § 14 Rn. 125). Die Ausschlagungsfrist ist regelmäßig zum Zeitpunkt der neuen Eheschließung abgelaufen. Ist der überlebende Ehegatte wirtschaftlich auf den Nachlass angewiesen, so kann die Wiederverheiratungsklausel einen unzumutbaren Druck auf den überlebenden Ehegatten dahin ausüben, dass er auf die Schließung der neuen Ehe verzichtet. In einem solchen Fall liegt es nahe, von einer Sittenwidrigkeit der Wiederverheiratungsklausel auszugehen (so auch *Langenfeld* ZEV 2007, 453 (455, 456)). **Pflichtteilstrafklauseln** dürften demgegenüber wirksam sein. Sie dienen dazu, die Abkömmlinge des Erstversterbenden davon abzuhalten, nach dem Tod des erstversterbenden Elternteils ihren Pflichtteil zu verlangen. Verhalten sich die Abkömmlinge entsprechend der Pflichtteilstrafklausel, so werden sie Erben des Letztversterbenden, ansonsten steht ihnen nach dem Tod des Erstversterbenden und dann, wenn sie auch von dem überlebenden Ehegatten abstammen, nach dem Tod des überlebenden Ehegatten ein Pflichtteilsanspruch zu. Mehr als einen Pflichtteilsanspruch haben die Abkömmlinge auch nach Art. 6 GG nicht, so dass eine Sittenwidrigkeit nicht anzunehmen ist (*Langenfeld* ZEV 2007, 453 (456)).

24 Die Erbeinsetzung des **Betreuers** ist nur dann sittenwidrig, wenn dieser seine Vertrauensstellung ausgenutzt und Einfluss auf die Verfügung des Erblassers genommen hat (OLG Braunschweig FamRZ 2000, 1189; zum Vorsorgebevollmächtigten OLG München Beschl. v. 12.5.2015 – 31 Wx 81/15, NJW-RR 2015, 1034 Rn. 50, 51; BayObLG FamRZ 2003, 713).

25 Eine letztwillige Verfügung kann wegen des Verstoßes gegen ein **gesetzliches Verbot** (§ 134) nichtig sein. So ist ein Testament, das gegen § 14 HeimG bzw. die entsprechenden Regelungen aus den Landesheimgesetzen verstößt, nichtig (BVerfG NJW 1998, 2964). Bis auf Thüringen haben alle Bundesländer bis Anfang 2013 das HeimG des Bundes durch landesrechtliche Vorschriften abgelöst (zu den einzelnen Landesgesetzen *Ludyga* NZS 2013, 201 (202)). § 14 HeimG verbietet es dem Träger eines **Heims,** also dem Betreiber aber auch dem Leiter, dem Personal und sonstigen Mitarbeitern, über das vereinbarte Entgelt hinaus sich Geld oder geldwerte Leistungen von oder zu Gunsten von Bewohnern oder einem Bewerbern versprechen oder gewähren zu lassen. Verboten ist jede Zuwendung durch letztwillige Verfügung, selbst dann, wenn das Testament schon vor dem Einzug in das Heim durch den Erblasser errichtet wurde (KG FamRZ 1998, 1542). Voraussetzung für das Eingreifen von § 14 HeimG ist, dass die Verfügung von Todes wegen im Einvernehmen zwischen dem Bewohner und dem Bedachten erfolgt. Dies ist der Fall, wenn der aus dem Heim Bedachte Kenntnis von der Zuwendung hatte und andererseits der Erblasser von der Kenntnis des Bedachten weiß. Das Einvernehmen muss nicht ausdrücklich hergestellt werden, es genügt, wenn sich dieses konkludent aus den Gesamtumständen ergibt (BayObLG ZEV 2004, 506 (507)). Für ambulante Pflegedienste gilt § 14 HeimG allerdings nicht. Aber auch ein Testament zugunsten eines solchen Pflegedienstes kann sittenwidrig sein, wenn der Pflegedienst seine Stellung und ein persönliches Vertrauensverhältnis zu dem Testierenden dazu eingesetzt hat, den Testierenden übermäßig zu beeinflussen (*Ludyga* NZS 2013, 201 (206)).

26 **Annahmeverbote** von Belohnungen für Beamte oder Angestellte im öffentlichen Dienst erfassen auch Zuwendungen aus letztwilligen Verfügungen. Auch Zivildienstleistende unterfallen diesen Regelungen (vgl. Palandt/*Weidlich* Rn. 14).

§ 1938 Enterbung ohne Erbeinsetzung

Der Erblasser kann durch Testament einen Verwandten, den Ehegatten oder den Lebenspartner von der gesetzlichen Erbfolge ausschließen, ohne einen Erben einzusetzen.

1 **1. Voraussetzungen.** Der Erblasser kann durch Testament oder durch eine einseitige Verfügung in einem Erbvertrag seine gesetzlichen Erben von der Erbfolge ausschließen (OLG München NJW-RR 2006, 82). Er kann also, als Ausfluss der Testierfreiheit, ein **Negativtestament** errichten.

2 a) **Enterbung.** Dazu ist es nicht erforderlich, dass der Erblasser einen bestimmten anderen Erben einsetzt. Es genügt, wenn er anordnet, dass ein bestimmter oder alle Verwandten, der Ehegatte oder der Lebenspartner nicht Erben werden soll. Der Staat kann als Erbe nicht durch ein Negativtestament ausgeschlossen werden, da er in § 1938 nicht genannt ist. Will der Erblasser verhindern, dass der Staat sein Erbe wird, so muss er eine andere Person als seinen Erben einsetzen. Hat der Erblasser alle Verwandten und auch seinen Lebenspartner/Ehegatten durch Negativtestament von der Erbfolge ausgeschlossen, so erbt der Staat.

3 b) **Erklärung.** Die Enterbung muss nicht eindeutig in dem Testament erklärt werden. Eine stillschweigende Enterbung ist möglich, wenn der Ausschließungswille eindeutig zum Ausdruck kommt (OLG Hamm ZEV 2012, 314; OLG München ZEV 2001, 153 (154)). In dem Fall ist dann durch Auslegung des Testaments zu ermitteln, welchen Willen der Erblasser hatte. Wendet der Erblasser einem seiner gesetzlichen Erben nur den Pflichtteil zu, so wird darin üblicherweise eine Enterbung dieses Pflichtteilsberechtigten liegen, da die Zuwendung eines Pflichtteils nach § 2304 regelmäßig nicht als Erbeinsetzung zu werten ist. Entzieht der Erblasser einem Pflichtteilsberechtigten den Pflichtteil, so ist auch darin regelmäßig eine Enterbung zu sehen (BayObLG FamRZ 1996, 826 (828)). Es kann sich allerdings im Wege der Auslegung des Testamentes ergeben, dass der eingesetzte Erbe durch die Pflichtteilsentziehung ledig-

lich von der Ausschlagung der Erbschaft abgehalten werden soll (BayObLG FamRZ 2000, 1459). Sind in einem gemeinschaftlichen Testament Regelungen für den Tod des Letztversterbenden getroffen worden, so kann im Wege der Auslegung daraus nicht geschlossen werden, dass die nicht bedachten Schlusserben auch nach dem Erstversterbenden von der Erbfolge ausgeschlossen sind (OLG München Beschl. v. 19.12.2012 NJW-RR 2013, 329). In der bloßen Einsetzung von gesetzlichen Erben als Ersatzerben kann im Einzelfall eine stillschweigende Enterbung liegen (BGH NJW-RR 2006, 948). Schöpft der Erblasser durch die Anordnung von Vermächtnissen seinen Nachlass komplett aus, liegt daher darin keine Enterbung durch ein negatives Testament (BayObLG MDR 1979, 847). Möglich ist neben einem vollständigen Ausschluss von der Erbfolge auch ein teilweiser oder bedingter Ausschluss (Palandt/*Weidlich* Rn. 2). Hat der Erblasser einen seiner gesetzlichen Erben auf einen Bruchteil des Nachlasses eingesetzt und über einen weiteren Bruchteil des Nachlasses nicht wirksam verfügt, so ist es letztlich eine Frage der Auslegung des Testamentes, ob der auf den Bruchteil eingesetzte Erbe nach § 2088 an dem nicht verteilten weiteren Nachlass als gesetzlicher Erbe partizipiert. Ergibt sich die Einsetzung auf den Bruchteil zugleich die Beschränkung des Erben auf diesen Bruchteil, so ist er iÜ von der gesetzlichen Erbfolge ausgeschlossen (Palandt/*Weidlich* § 2088 Rn. 2; OLG Hamm ZEV 2012, 211).

Hat der Erblasser zwar in seinem Testament einen Erben eingesetzt, war diese Einsetzung des Erben allerdings **unwirksam**, so fragt es sich, ob die gesetzlichen Erben durch die unwirksame Einsetzung des Erben enterbt sind. Grundsätzlich wird man davon ausgehen können, dass dann, wenn die Erbeinsetzung entfällt, auch die damit korrespondierende Enterbung der gesetzlichen Erben wegfällt (OLG Hamm Beschl. v. 2.12.2011 – 15 W 603/10, ZEV 2012 266 (267); MüKoBGB/*Leipold* Rn. 7). Etwas anderes kann sich allerdings im Rahmen der Testamentsauslegung ergeben. Hat bspw. der Erblasser unwirksam eine karitative Einrichtung zu seinem Erben benannt, so stellt allein die Tatsache, dass eine solche Organisation das gesamte Vermögen des Erblassers nach seinem Willen bekommen sollte, ein Indiz dafür dar, dass die gesetzlichen Erben in jedem Fall enterbt sind (OLG München ZEV 2001, 153 (154)). Hat der Erblasser von mehreren Kindern ein Kind nicht bedacht und auf den Erbteil dieses Kindes einen entfernten Verwandten zum Erben eingesetzt, so wird von einer stillschweigenden Enterbung dieses Kindes auch für den Fall auszugehen sein, dass der entfernte Verwandte nicht wirksam zum Erbe eingesetzt ist (MüKoBGB/*Leipold* Rn. 7). Hat der Erblasser einem Pflichtteilsberechtigten den Pflichtteil entzogen und ist diese Pflichtteilsentziehung nach § 2333 BGB unwirksam, so wird sich regelmäßig aus dem Testament im Wege der Auslegung ergeben, dass eine Enterbung des Pflichtteilsberechtigten gewollt ist, da dieser nicht einmal den Pflichtteil aus dem Nachlass erhalten sollte (Palandt/*Weidlich* Rn. 2). 4

Begründen muss der Erblasser seine Verfügung nicht. 5

2. Rechtsfolgen. Eine konkrete Regelung dazu, wie sich die Enterbung eines gesetzlichen Erben auf die Erbfolge auswirkt, enthält das Gesetz nicht. Allerdings ergibt sich aus dem Sinn und Zweck des § 1938, dass dann, wenn ein gesetzlicher Erbe von der Erbfolge ausgeschlossen ist, iÜ die gesetzliche Erbfolge ohne den enterben gesetzlichen Erben gilt. Der enterbte Verwandte, Ehegatte oder Lebenspartner wird so behandelt, als habe er den Erbfall nicht erlebt (Bamberger/Roth/*Müller-Christmann* Rn. 6). An die Stelle eines Verwandten der ersten bis dritten Ordnung treten dessen Abkömmlinge, es sei denn, auch diese sind enterbt. Regelmäßig erstreckt sich die Wirkung der Enterbung nicht auf die Abkömmlinge, durch Auslegung kann sich allerdings etwas anderes ergeben (OLG Brandenburg MDR 1995, 1238; BayObLG FamRZ 1990, 1265; MüKoBGB/*Leipold* Rn. 4). Wird mit der Enterbung ein Ziel verfolgt, das nur erreicht werden kann, wenn auch die Abkömmlinge von der Enterbung erfasst werden, so ist das Testament in diese Richtung auszulegen. Eine sog. Pflichtteilstrafklausel, nach der ein Kind dann, wenn es nach dem Tod des erstversterbenden Elternteils seinen Pflichtteil verlangt, auch nach dem Tod des letztversterbenden Elternteils nur seinen Pflichtteil verlangen kann, entfaltet nur dann volle Wirkung, wenn die Enterbung auch die Abkömmlinge des Kindes erfasst. Hat der Erblasser seine gesetzlichen Erben „mit Anhang" von der Erbfolge ausgeschlossen, so sind zumindest alle Abkömmlinge von der Erbfolge mit ausgeschlossen (so BayObLG FamRZ 1990, 1265). Wurde der Ehegatte bzw. Lebenspartner enterbt, so entfällt sein Anspruch auf den Voraus nach § 1932 und die Erbteile der anderen gesetzlichen Erben erhöhen sich. 6

Soweit ein Abkömmling, ein Ehegatte/Lebenspartner oder aber ein oder beide Elternteile des Erblassers enterbt wurden, steht diesen nach § 2303 BGB ein Pflichtteilsanspruch zu. 7

§ 1939 Vermächtnis

Der Erblasser kann durch Testament einem anderen, ohne ihn als Erben einzusetzen, einen Vermögensvorteil zuwenden (Vermächtnis).

1. Begriff. Durch die Zuwendung eines Vermächtnisses kann der Erblasser dem Bedachten einen **Vermögensvorteil** verschaffen, ohne ihn zum Erben zu machen. Die Zuwendung eines Vermächtnisses ist also von der Erbeinsetzung abzugrenzen. Dabei ist der Umfang dessen, was dem Einzelnen von dem Erblasser zugewendet wird, kein entscheidendes Kriterium. Zwar ist nach § 2087 I von einer Erbeinsetzung auszugehen, wenn der Erblasser einer Person sein ganzes Vermögen oder einen Bruchteil seines Vermögens zugewendet hat, doch kann sich durch Auslegung des Testaments etwas anderes ergeben (Palandt/*Weidlich* § 2087 Rn. 1). Der Erblasser kann die Zuwendung eines Bruchteils seines Vermögens oder sogar des ganzen Vermögens auch so gewollt haben, dass der Bedachte nicht der Gesamtrechtsnachfolger des Erblassers iSv § 1922 wird, sondern lediglich gegen die gesetzlichen Erben (oder einen anderen 1

Vermächtnisnehmer § 2147) einen schuldrechtlichen Anspruch auf Erfüllung des Vermächtnisses haben soll. Entscheidend ist also, ob der Erblasser wollte, dass der Bedachte trotz seiner Beteiligung als Außenstehender behandelt wird, der zwar Werte aus dem Nachlass bekommt, der aber in die Abwicklung des Nachlasses nicht einbezogen werden und keine Nachlassverbindlichkeiten tilgen soll (Nieder/*Kössinger* Testamentsgestaltung § 8 Rn. 5). § 1939 enthält nur die Grundregel, die Einzelheiten ergeben sich aus §§ 2147 ff. Beschweren kann der Erblasser mit dem Vermächtnis einen oder alle seiner Erben aber auch einen anderen Vermächtnisnehmer (§ 2147). Der Erblasser kann Vermächtnisse anordnen, die den Wert des Nachlasses vollständig ausschöpfen. Der pflichtteilsberechtigte Erbe hat nach § 2306 die Möglichkeit die Erbschaft auszuschlagen und den Pflichtteil zu verlangen. Angeordnet werden kann ein Vermächtnis durch jede Verfügung von Todes wegen, also durch ein Einzeltestament, ein gemeinschaftliches Testament und auch durch Erbvertrag. Ob ein Vermächtnis, eine Erbeinsetzung oder eine Teilungsanordnung gemeint ist, muss in Zweifelsfällen durch Auslegung der Verfügung von Todes wegen ermittelt werden.

2   **2. Gegenstand.** Der Erblasser kann dem Erben im Wege des Vermächtnisses einen Vermögensvorteil zuwenden. Gegenstand eines Vermächtnisses kann jeder Vermögensvorteil sein, also alles, was Inhalt eines Anspruchs bzw. Inhalt einer Leistung sein kann. Eine Vermögensmehrung im Sinne einer wirtschaftlichen Besserstellung ist dazu nicht erforderlich (OLG Hamm FamRZ 1994, 1210 (1212); MüKoBGB/*Leipold* Rn. 6).

3   **a) Sachen und Rechte.** Gegenstand eines Vermächtnisses kann eine Sache aber auch ein Recht sein. Da eine wirtschaftliche Besserstellung des Begünstigten durch die Zuwendung des Vermächtnisses nicht eintreten muss, können auch Sachen, wie bspw. Erinnerungsstücke, im Wege des Vermächtnisses zugewendet werden (MüKoBGB/*Leipold* Rn. 6). Häufig werden Nutzungsrechte, Nießbrauchsrechte (BGH WM 1977, 416), Wohnungsrechte oder Altenteile (OLG Hamm FamRZ 1994, 1210 (1212)) vermacht. Vermacht werden können aber auch Forderungsrechte, wie bspw. das Recht auf Zahlung einer bestimmten Geldsumme oder die Anerkennung oder Sicherung einer Schuld. Vermacht werden kann auch der Anspruch auf Befreiung von einer Verbindlichkeit, auf Stundung oder auf Verzicht auf die Ausübung von Gestaltungsrechten oder Einreden, wie bspw. die Einrede der Verjährung (*Meyer* ZEV 2010, 2 (7)). Das Vermächtnis ist zwar von Seiten des Erblassers immer eine freigebige Zuwendung. Dies bedeutet aber nicht, dass der Erblasser nicht eine Gegenleistung für den dem Begünstigten vermachten Gegenstand anordnen kann. So kann Gegenstand eines Vermächtnisses bspw. ein Anspruch auf Abschluss eines Vertrages sein, wobei der Vertrag dann selbst entgeltlich oder unentgeltlich sein kann. Angeordnet werden kann bspw. das Recht zur Übernahme eines Grundstücks zu einem bestimmten Preis, unabhängig davon, ob der Preis dem Grundstückswert entspricht oder nicht (BGH NJW 2001, 2883).

4   **b) Zugehörigkeit zum Nachlass.** Der Erblasser kann im Rahmen seiner Testierfreiheit nur über sein eigenes Vermögen verfügen. Daher kann er grds. auch nur solche Gegenstände vermachen, die zum Zeitpunkt des Erbfalls zu seinem Nachlass gehören (§ 2169 I). Der Erblasser kann jedoch auch ein Verschaffungsvermächtnis anordnen (§ 2170 I). Dann ist der Beschwerte mit der Pflicht zur Beschaffung des nicht zur Erbschaft gehörenden Gegenstandes belastet. Der Bezug zum Vermögen des Erblassers ergibt sich daraus, dass der Gegenstand mit Mitteln des Nachlasses beschafft werden muss (MüKoBGB/*Leipold* Rn. 9).

Gehört der vermachte Gegenstand deshalb nicht mehr zum Nachlass, weil der Erblasser diesen zu Lebzeiten bereits an einen Dritten **veräußert** hat, so wird im Regelfall das Vermächtnis unwirksam, es entfällt also (BGH NJW 1959, 2252 (2253)). Die Auslegung kann jedoch ergeben, dass der Vermächtnisnehmer den noch im Nachlass befindlichen Erlös für den vermachten aber veräußerten Gegenstand im Wege des Vermächtnisses erhalten soll (BGH NJW 1957, 421).

5   Hatte der Erblasser dem mit dem Vermächtnis Bedachten den Vermächtnisgegenstand bereits **zu Lebzeiten** unentgeltlich übertragen, so kommt es für die Frage, ob der Vermächtnisnehmer dennoch einen Anspruch auf Erfüllung des Vermächtnisses hat, darauf an, ob ein Stückvermächtnis oder ein Gattungsvermächtnis vorliegt. Beim Stückvermächtnis entfällt der Anspruch auf die Leistung wegen Unmöglichkeit. Beim Gattungsvermächtnis tritt keine Unmöglichkeit ein, hier kommt es darauf an, ob das Vermächtnis unter der stillschweigenden Bedingung steht, dass es nicht schon unter Lebenden willentlich erfüllt wurde (OLG Frankfurt a. M. ZEV 1997, 295).

6   **c) Bestimmung des Gegenstandes.** Grundsätzlich gilt, dass der Erblasser die Bestimmung des Gegenstandes seiner Zuwendung nicht einem Dritten überlassen kann (§ 2065 II). Dieser Grundsatz wird allerdings für Vermächtnisse eingeschränkt und durchbrochen. Hier lässt es das Gesetz zu, dass je nach dem Inhalt des Vermächtnisses und der darauf anzuwendenden Regelungen der Beschwerte, der Bedachten oder auch ein Dritter im Umfang der gesetzlichen Regelungen (§§ 2151, 2154, 2155, 2156) den vermachten Gegenstand bestimmt.

7   **3. Rechtsfolgen.** Der mit dem Vermächtnis Bedachte erhält grds. mit dem Erbfall (§§ 2176, 2177) das Recht, von dem mit dem Vermächtnis Beschwerten die Leistung des vermachten Gegenstandes zu verlangen (§ 2174). Dem Bedachten steht gegenüber dem Beschwerten ein **schuldrechtlicher Anspruch** auf Erfüllung des Vermächtnisses zu. Der vermachte Gegenstand geht also nicht automatisch mit dem Tod des Erblassers dinglich auf den Bedachten über. Ist bspw. der Anspruch auf dingliche Rechtsänderung an einem Grundstück oder Grundstücksrecht vermacht, so ist dieser durch Einigung und Eintragung im Grundbuch zu erfüllen. Ferner kann der Erblasser dem Vermächtnisnehmer nur einen Anspruch auf Erlass einer Forderung zuwenden, er kann jedoch nicht durch eine testamentarische Verfügung im Wege

eines Vermächtnisses den Erlass der Forderung selbst mit dem Erbfall herbeiführen (MüKoBGB/*Leipold* Rn. 4).

Der Begünstigte kann das Vermächtnis durch eine formlose empfangsbedürftige Willenserklärung gegenüber dem Beschwerten (§ 2180 II), nicht aber gegenüber dem Nachlassgericht, annehmen oder ausschlagen (§§ 2176, 2180). Nach einer Annahme kann das Vermächtnis nicht mehr **ausgeschlagen** werden (§ 2180). Eine Ausschlagungsfrist sieht das Gesetz nicht vor. Nur dann, wenn ein Pflichtteilsberechtigter mit einem Vermächtnis bedacht ist, hat der beschwerte Erbe die Möglichkeit, dem Pflichtteilsberechtigten nach § 2307 II eine angemessene Frist zur Erklärung der Annahme des Vermächtnisses zu setzen. Läuft die Frist ab, ohne dass der Pflichtteilsberechtigte sich erklärt hat, so gilt das Vermächtnis als ausgeschlagen.

4. Sonstige Vermächtnisse. Das Gesetz kennt noch das Vorausvermächtnis (§ 2050), das Wahlvermächtnis (§ 2154), Gattungsvermächtnis mit dem Unterfall Quotenvermächtnis (§ 2155, dazu *Roth* NJW Spezial 2017, 39), Zweckvermächtnis (§ 2156), gemeinschaftliches Vermächtnis (§ 2157) Verschaffungsvermächtnis (§ 2170), Forderungsvermächtnis (§ 2173), Untervermächtnis (§ 2186), Ersatzvermächtnis (§ 2190), Nachvermächtnis (§ 2191) und die gesetzlichen Vermächtnisse.

a) Vorausvermächtnis. Das Vorausvermächtnis ist dadurch gekennzeichnet, dass es einem Erben selbst zugewendet wird. Kennzeichnend für das Vorausvermächtnis ist, dass es dem Erben als Vermächtnisnehmer zusätzlich zu seinem Erbteil als Vermögensvorteil zugewendet wird. Er muss sich das Vermächtnis nicht auf seinen Erbteil anrechnen lassen (Palandt/*Weidlich* § 2150 Rn. 1).

b) Gesetzliche Vermächtnisse. Die Ansprüche auf den Voraus (§ 1932) und den Dreißigsten (§ 1969) werden als gesetzliche Vermächtnisse bezeichnet, weil auch sie einen Anspruch auf Leistung aus dem Nachlass aber keine Erbenstellung gewähren und die Vorschriften über die Vermächtnisse im Gesetz für entsprechend anwendbar erklärt sind.

§ 1940 Auflage

Der Erblasser kann durch Testament den Erben oder einen Vermächtnisnehmer zu einer Leistung verpflichten, ohne einem anderen ein Recht auf die Leistung zuzuwenden (Auflage).

1. Begriff. Die Auflage ist eine Anordnung von Todes wegen, durch die der Erblasser einen Erben oder Vermächtnisnehmer zu einer Leistung verpflichtet, ohne dass der Begünstigte durch diese Anordnung ein Recht auf die Leistung bekäme. Die Auflage ist abzugrenzen von dem Vermächtnis. Sie unterscheidet sich von dem Vermächtnis dadurch, dass das Vermächtnis dadurch gekennzeichnet ist, dass ein Vermögensvorteil zugewendet wird und der Bedachte das Recht erhält, diesen im eigenen Interesse einzuziehen. Die Auflage gewährt dem Begünstigten demgegenüber nur eine **Leistungspflicht ohne Erfüllungsanspruch** (MüKoBGB/*Leipold* Rn. 2; Palandt/*Weidlich* Rn. 1). Abzugrenzen ist die Auflage auch hinsichtlich Anordnungen bezüglich einer Testamentsvollstreckung und von zu befolgenden Verwaltungsanordnungen nach § 2016 II. Ordnet der Erblasser die Verpflichtung zur Erhaltung des angelegten Kapitals gegenüber dem Erben an, so ist von einer Auflage auszugehen, soll der Erbe jedoch über das zugewendete Geldvermögen nicht verfügen können, so ist eine solche Bestimmung als Anordnung einer Testamentsdauervollstreckung auszulegen (BayObLG FamRZ 1996, 636). § 1940 enthält nur die Grundregel, die Einzelheiten ergeben sich aus §§ 2192 ff.

2. Anwendungsbereich. Da die Auflage keinen Begünstigten hat, der Rechte durchsetzen kann, eignet sie sich insbes. für die Begünstigung von Erbunfähigen. Als solche kommen nicht rechtsfähige Personengemeinschaften, Institutionen und insbes. Tiere in Betracht. Darüber hinaus kann der Erblasser mit der Auflage eigennützige, fremdnützige und nicht auf seine Person bezogene Zwecke für die Zeit nach seinem Tod verfolgen, ohne dafür jemandem aus seinem Vermögen eine bestimmte Begünstigung zuwenden zu müssen. Er kann dadurch auf das Verhalten der bedachten Personen über seinen Tod hinaus Einfluss nehmen, ihnen also Pflichten auferlegen und sie auch zur Förderung seiner Ziele veranlassen. Verstärken kann er dies noch dadurch, dass er die Erfüllung der Auflage zur Bedingung für eine Zuwendung an den Begünstigten macht.

3. Inhalt. Gegenstand einer Auflage kann **jede Verpflichtung** zu einer Leistung sein, die Leistung muss keinen Vermögenswert haben. Inhalt kann also jedes aktive Tun oder Unterlassen sein, das Gegenstand eines Schuldverhältnisses sein kann (BGH Urteil vom 24.6.2009 – IV ZR 202/07, DNotZ 2010, 201 Rn. 20). Zulässig ist die Verpflichtung von Miterben, eine Gesellschaft zur Fortführung des Unternehmens zu gründen. Zulässig ist auch die Anordnung, das Unternehmen des Erblassers fortzuführen oder die Anordnung, als Erbe persönlich haftender Gesellschafter einer bestehenden OHG zu werden und zu bleiben (BGH aaO, Rn. 20). Auch Verhaltensweisen, die keiner anderen Person zugutekommen, können Gegenstand einer Auflage sein. So kann bspw. die Aufstellung einer Büste, eines Grabmals, die Pflege eines Grabes oder eines Gartens oder die Öffnung einer privaten Sammlung für Publikum Gegenstand einer Auflage sein. Es kann die Zuwendung eines bestimmten Geldbetrages an ein Tierheim in Form eines Vermächtnisses von der Erfüllung der Auflage abhängig gemacht werden, dass dieses Tierheim den Hund des Erblassers aufnimmt und lebenslang pflegt (MAH ErbR/*Stahl* § 14 Rn. 9). Auch die Verteilung von Andenken aus dem Nachlass des Erblassers, die keinen besonderen Wert haben, kann im Wege der Auflage angeordnet werden, etwa die Verteilung von Jagdtrophäen des Erblassers an seine Jagdfreunde (MAH ErbR/*Stahl* § 14 Rn. 16).

4. Rechtsfolgen. Der Begünstigte hat keinen **Anspruch** gegen den Beschwerten auf Erfüllung der Auflage. Er kann einen solchen nicht klageweise durchsetzen. Wird die Auflage nicht erfüllt, steht dem Begünstigen auch kein Schadensersatzanspruch gegenüber dem Beschwerten zu (Palandt/*Weidlich* Rn. 1). Die Vollziehung der Auflage können die in § 2194 Genannten verlangen. Ist der durch die Auflage Begünstigte selbst Miterbe, so hat er das Recht auf Vollziehung der zu seinen Gunsten angeordneten Auflage nach § 2194 (OLG Karlsruhe NJW 2004, 1307) des Testamentsvollstreckers nach §§ 2203, 2208 II.

§ 1941 Erbvertrag

(1) Der Erblasser kann durch Vertrag einen Erben einsetzen, Vermächtnisse und Auflagen anordnen sowie das anzuwendende Erbrecht wählen (Erbvertrag).

(2) Als Erbe (Vertragserbe) oder als Vermächtnisnehmer kann sowohl der andere Vertragschließende als ein Dritter bedacht werden.

1. Begriff. Der Erbvertrag ist eine letztwillige Verfügung, die in Vertragsform errichtet wird. Im Gegensatz zu testamentarischen Verfügungen, die jederzeit bis zum Tod des Erblassers von diesem frei widerrufen werden können (§§ 2253, 2271), entfalten vertragsmäßige Verfügungen im Sinne von § 2278 in einem Erbvertrag **Bindungswirkung.** Nachträgliche Verfügungen von Todes wegen des Erblassers sind unwirksam, soweit sie das Recht des Vertragserben beeinträchtigen. An einer solchen Bindung des Erblassers an eine letztwillige Verfügung schon zu Lebzeiten kann ein berechtigtes Interesse bestehen, etwa dann, wenn dadurch eine sichere Basis für eine an den Erblasser noch zu seinen Lebzeiten zu erbringenden Gegenleistung geschaffen werden soll. Der Erbvertrag ist abzugrenzen von dem gemeinschaftlichen Testament von Ehegatten. Das gemeinschaftliche Testament von Ehegatten (§ 2265) stellt letztlich eine Zwischenform zwischen dem Einzeltestament und dem Erbvertrag dar. Es ist erlaubt wechselbezügliche Verfügungen (§ 2270), die allerdings erst mit dem Tod des erstversterbenden Ehegatten Bindungswirkung erlangen (§ 2271 II 1). Abzugrenzen ist der Erbvertrag auch von dem Erbverzichtsvertrag. Ein Erbverzichtsvertrag nach § 2246 ist kein Erbvertrag, da er keine Verfügung von Todes wegen enthält (Palandt/*Weidlich* Rn. 4). Auch Hofübergabeverträge (§§ 7, 17 HöfeO) sind keine Erbverträge sondern Rechtsgeschäfte unter Lebenden, die allerdings wegen der in ihr enthaltenen Regelung der vorweggenommenen Erbfolge Auswirkungen auf das Erbrecht haben und daher einer Verfügung von Todes wegen gleichzusetzen sind (BGH NJW 1962, 447). § 1941 enthält nur die Grundregel, die Einzelheiten ergeben sich aus §§ 2274 ff.

2. Inhalt. Kennzeichnend für einen Erbvertrag ist, dass zumindest eine vertragsmäßige Verfügung von Todes wegen in dem Vertrag enthalten ist. Fehlt es daran, liegt kein Erbvertrag vor (Palandt/*Weidlich* § 2278 Rn. 1). Welchen Inhalt die vertragsmäßigen Verfügungen haben können, ergibt sich aus §§ 1941 I, 2278 II. Andere Verfügungen als die Einsetzung eines Erben sowie die Anordnung von Vermächtnissen und Auflagen können vertragsmäßig nicht erfolgen. Die reine Ausschließung eines gesetzlichen Erben von der Erbfolge entsprechend einem Negativtestament (§ 1938) ist als vertragsmäßige Verfügung im Gesetz nicht genannt. Daher kann die reine Ausschließung eines gesetzlichen Erben von der Erbfolge nur als einseitige Verfügung von Todes wegen getroffen werden (OLG München NJW-RR 2006, 82). Die vorgenannten zulässigen vertragsmäßigen Verfügungen in dem Erbvertrag sind jedoch nicht zwingend auch vertragsmäßig getroffen. Da das Gesetz jedem einzelnen Vertragsschließenden in § 2299 das Recht zugesteht, in einem Erbvertrag auch jede Verfügung einseitig zu treffen, ist durch Auslegung zu ermitteln, ob die jeweils getroffene Verfügung vertragsmäßig oder einseitig ist (BGHZ 26, 204, 208). Es können alle Verfügungen, die Inhalt eines Testaments sein können, also z. B. die Anordnung der Testamentsvollstreckung oder familienrechtliche Anordnungen (→ § 1937 Rn. 19, 20), in den Erbvertrag aufgenommen werden (§ 2299), diese aber, soweit nicht eine Erbeinsetzung oder die Anordnung eines Vermächtnisses oder einer Auflage erfolgt, nicht als vertragsmäßig bindende, mit der Folge, dass sie wie testamentarische Verfügungen widerrufen werden können (§ 2278 II). Diese einseitigen Verfügungen müssen auch nicht vertraglich durch den anderen Teil angenommen werden.

3. Rechtsfolgen. Der Vertrag hat einen rein erbrechtlichen Charakter. Es handelt sich also nicht um einen gegenseitigen schuldrechtlichen Vertrag, da in dem Erbvertrag keine Verpflichtungen übernommen werden. Der Erbvertrag enthält auch keine Verpflichtung zur Errichtung einer Verfügung von Todes wegen. Der Erbvertrag enthält bereits die Verfügung von Todes wegen (MüKoBGB/*Leipold* Rn. 4). Der Erbvertrag ist auch dann, wenn er nur Zuwendungen an Dritte enthält, was möglich und zulässig ist, kein Vertrag zu Gunsten Dritter (BGHZ 12, 115). Er ist zu Lebzeiten der Vertragsparteien bindend. Er kann nur im Rahmen der §§ 2290 bis 2292 aufgehoben werden, ein Rücktritt vom Erbvertrag ist nur aus den Gründen der §§ 2293 bis 2295 möglich. Ist der Erbvertrag zwischen Ehegatten, Lebenspartnern oder Verlobten geschlossen worden, so gilt im Fall der Scheidung § 2077 (§ 2279; vgl. dazu OLG München DNotZ 2006, 132). Eingeschränkt wird die bindende Wirkung des Erbvertrages durch die im Gesetz vorgesehene Möglichkeit der Anfechtung des Erbvertrages wegen Irrtums (§§ 2281, 2078) sowie der Möglichkeit der Anfechtung des Vertrages wegen der Übergehung eines Pflichtteilsberechtigten (§§ 2281, 2079).

Abschnitt 2. Rechtliche Stellung des Erben

Titel 1. Annahme und Ausschlagung der Erbschaft, Fürsorge des Nachlassgerichts

§ 1942 Anfall und Ausschlagung der Erbschaft

(1) Die Erbschaft geht auf den berufenen Erben unbeschadet des Rechts über, sie auszuschlagen (Anfall der Erbschaft).

(2) Der Fiskus kann die ihm als gesetzlichem Erben angefallene Erbschaft nicht ausschlagen.

1. Normzweck. Mit dem Tode einer Person (Erbfall) geht gem. § 1922 deren Vermögen als Ganzes auf eine oder mehrere andere Personen (Erben) im Wege der Universalsukzession über. Da eine Mitwirkung des Erben bei der Gesamtrechtsnachfolge grds. nicht notwendig ist, spricht man von einem sog. Vonselbsterwerb **(ipso-iure-Erwerb)**, wodurch wiederum eine ruhende Erbschaft oder ein herrenloser Nachlass vermieden wird (MüKoBGB/*Leipold* Rn. 2; *Mayer* ZEV 2010, 445 (447)). Der Übergang des Nachlasses auf die Erben, auch ohne Wissen und Willen, ist zwingend (Palandt/*Weidlich* Rn. 1; *Mayer* ZEV 2010, 445 (447)). Der Vorteil dieser im deutschen Erbrecht geltenden Regelung liegt in dem sachenrechtlichen Übergang aller Nachlassgegenstände auf die Erben, so dass es keines weiteren Übertragungsakts bedarf. Der Nachteil liegt darin, dass der vermeintliche Erbe aufgrund des Besitzübergangs gem. § 857 BGB über den Nachlass „frei" verfügen kann und im Falle einer späteren Ausschlagung der vorläufigen Erben Streitigkeiten mit dem tatsächlichen Erben entstehen können. Dieses Prinzip der Universalsukzession unterscheidet sich von der Erbfolgeregelung in anderen Ländern, wie zB in den Vereinigten Staaten von Amerika, wo ein „Executor" die Nachlassverbindlichkeiten befriedigt und den Rest des Nachlasses auf die Erben entsprechend der festgelegten Quoten überträgt.

2. Berufung zum Erben. Gem. § 1942 I geht die Erbschaft auf den berufenen Erben über. Die Berufung zum Erben erfolgt gem. §§ 1922ff. durch letztwillige Verfügung von Todes wegen, also durch eine Erbeinsetzung im Testament oder Erbvertrag oder gemäß gesetzlicher Erbfolge gem. §§ 1924ff. Berufen ist jedoch nur derjenige, der gem. § 1923 die Erbfähigkeit besitzt, also wer im Zeitpunkt des Erbfalls lebt. Hat ein gesetzlicher Erbe einen Erbverzicht zu notarieller Urkunde erklärt, ist er gem. § 2346 I von der gesetzlichen Erbfolge ausgeschlossen, wie wenn er zur Zeit des Erbfalls nicht mehr lebte. Ein Erbverzicht hindert eine Erbeinsetzung durch letztwillige Verfügung von Todes wegen nicht (Palandt/*Weidlich* § 2346 Rn. 13), so dass auch dieserm Wege trotz Erbverzicht eine Berufung zum Erben erfolgen kann, die eine Ausschlagung der Erbschaft erneut erforderlich. Auf jeden Fall entsteht durch einen Verzicht auf Pflichtteilsansprüche nach § 2336 II keine Änderung der Erbfolge. Ein Zuwendungsverzicht nach § 2352 führt dazu, dass die Zuwendung bei dem Erben oder Vermächtnisnehmer nicht anfällt, iÜ die letztwillige Verfügung von Todes wegen jedoch wirksam bleibt (→ § 2352 Rn. 7f.).

3. Anfall der Erbschaft. Mit Annahme der Erbschaft wird der Vonselbsterwerb endgültig. Für die Annahme und Ausschlagung der Erbschaft wurden in den §§ 1942ff. vom Gesetzgeber gewisse Vorgaben normiert. Trotz Annahme der Erbschaft kann es nachträglich zu einer Änderung der Erbenstellung kommen, wenn der Erbe die Erbschaft nach Annahme bspw. wieder angefochten hat.

a) Nasciturus. Besonderheiten bestehen beim **Nasciturus**, dem gezeugten und ungeborenen Erben. Bei diesem erfolgt gem. § 1923 II der Anfall der Erbschaft mit seiner Geburt (Palandt/*Weidlich* Rn. 1). Voraussetzung ist jedoch, dass dieser lebend geboren wird und er auf diese Weise die gem. § 1 notwendige Rechtsfähigkeit erlangt. Beim Vermächtnis ist die Vorschrift des § 2176 zu beachten. Die Forderung des Vermächtnisnehmers kommt unbeschadet des Rechts, das Vermächtnis auszuschlagen, mit dem Erbfall zum Entstehen, wobei der Erblasser durch letztwillige Verfügung einen späteren Zeitpunkt bestimmen kann.

b) Nacherbfolge. Mit dem Eintritt des Falles der Nacherbfolge hört danach der Vorerbe auf, Erbe zu sein, und die Erbschaft fällt dem Nacherben an (§ 2139 BGB).

c) Stiftung. Zur Entstehung einer rechtsfähigen Stiftung sind gem. § 80 das Stiftungsgeschäft und die Anerkennung durch die zuständige Behörde des Landes erforderlich, in dem die Stiftung ihren Sitz haben soll. Verstirbt der Stifter, bevor die Stiftung ihre Rechtsfähigkeit erlangt hat, gilt sie für die Zuwendungen des Stifters als schon vor dessen Tod entstanden (§ 84). Bei der Errichtung einer Stiftung durch den Erblasser, ist der Stiftungsvorstand nicht berechtigt, die Erbschaft auszuschlagen (Palandt/*Weidlich* Rn. 2).

d) Bedingung. Hat der Erblasser eine aufschiebende (§ 2074) oder auflösende Bedingung (§ 2075) für eine Erbeinsetzung angeordnet, führt dies zu einer Vor- und Nacherbschaft, und zwar unabhängig davon, ob dies ausdrücklich vom Erblasser dergestalt angeordnet war. Hinsichtlich der Rechtsfolgen → §§ 2074, 2075 Rn. 21.

4. Ausschlagung der Erbschaft. Die vorliegende Vorschrift eröffnet dem Erben die Möglichkeit, sich seiner Erbenstellung wieder zu entledigen, indem er die Erbschaft ausschlägt. Die Möglichkeit der Ausschlagung stellt dabei ein Gestaltungsrecht dar, das den Erben rückwirkend seine Stellung entzieht und daher vom Erben auch taktisch eingesetzt werden kann, wie zB bei einem insolventen Erben, der gem. § 83 InsO einem besonderen Schutz unterliegt (*Siebert* ZEV 2010, 454ff.). Auch entspricht es der wohl hM, dass das Ausschlagungsrecht nicht gem. § 90 BSHG auf den Sozialhilfeträger übergeleitet werden kann (OLG Stuttgart NJW 2001, 3484 (3486) mwN). Die Ausschlagung der Erbschaft trotz Werthaltigkeit durch den insolventen Erben ist nicht sittenwidrig, da der Erbe in Ausübung seines höchstpersönlichen Gestaltungsrechts frei über die Annahme der Erbschaft entscheiden können soll (*Vaupel* RNotZ 2009, 497 (507); aA LSG Bayern ZEV 2016, 43 = NJW-Spezial 2015, 647 (648); OLG Hamm ZEV 2009, 471 (472); vgl auch *Siebert* NJW 2016, 1063 (1064)). Dafür spricht zugleich ein Vergleich zur Insolvenzordnung, wo – wie vorstehend dargestellt – der Schuldner allein über Annahme und Ausschlagung entscheiden kann (*Vaupel* RNotZ 2009, 497 (507)). Die Ausschlagung einer Erbschaft durch den Betreuer ist hingegen nicht genehmigungsfähig, wenn dadurch ein Zugriff des Sozialhilfeträgers verhindert werden soll (OLG Stuttgart NJW 2001, 3484). Die Ausschlagung unterliegt ferner dem Pfändungsschutz gem. §§ 851, 857 I, III ZPO.

9   a) **Allgemeines.** Die Erbausschlagung ist eine einseitige und amtsempfangsbedürftige Willenserklärung (→ § 1945 Rn. 2). Eine Vertretung bei der Ausschlagung ist möglich, wenn die Vorgaben des § 1945 III eingehalten werden. Aufgrund der Fiktion in § 1953 I u. II gilt der Anfall an den Ausschlagenden als nicht erfolgt, während der Anfall der Erbschaft für den endgültigen Erben auf den Zeitpunkt des Erbfalls Rückwirkung entfaltet. Damit nach einem Erbfall möglichst bald Rechtssicherheit eintritt, werden für die Ausschlagung in § 1944 zeitliche Fristen vom Gesetzgeber festgelegt. Zum Schutz des Erben vor einer vorschnellen Ausschlagung der Erbschaft hat der Gesetzgeber in § 1945 zugleich Formvorgaben für die Ausschlagung der Erbschaft normiert. Das Ausschlagungsrecht erlischt, wenn der Ausschlagende die Erbschaft angenommen hat (§ 1943), was aufgrund ausdrücklicher Erklärung, durch konkludente Handlung sowie aufgrund einer Fiktion (Verstreichen der Ausschlagungsfrist) erfolgen kann. Letztlich führt aber auch dies nicht zur endgültigen Rechtssicherheit, da trotz Annahme eine Anfechtung der Annahme weiterhin in Betracht kommt (§§ 1954 ff.). Leben Ehegatten im Güterstand der Gütergemeinschaft oder einem vergleichbaren ausländischen Güterstand der Errungenschaftsgemeinschaft, ist dennoch der betroffene Ehegatte allein berechtigt, die Erbschaft auszuschlagen. Das Ausschlagungsrecht fällt gerade nicht in das Gesamtgut.

10   b) **Übertragbarkeit/Vererblichkeit.** Die Übertragung eines Miterbenanteils gem. § 2033 führt nicht zu einem Übergang des Ausschlagungsrechts, sondern lediglich nur zu einem Übergang der vermögensrechtlichen Stellung auf den Erwerber (→ § 2033 Rn. 24). Die Vererblichkeit des Ausschlagungsrechts ergibt sich ausdrücklich aus § 1952. Im Rahmen der Privatautonomie kann der Erbe einen Vertrag schließen, wonach er sich verpflichtet, das Erbe anzunehmen oder auszuschlagen. Bei derartigen Verträgen ist jedoch die Regelung des § 311b IV bzw. V zu beachten.

11   **5. Ausschlagung durch den Fiskus (Abs. 2).** Ist zur Zeit des Erbfalls kein Verwandter, Ehegatte oder Lebenspartner des Erblassers vorhanden, erbt gem. § 1936 das Bundesland, in dem der Erblasser zur Zeit des Erbfalls seinen tatsächlichen Wohnsitz hatte oder, wenn ein solcher nicht feststellbar ist, seinen gewöhnlichen Aufenthalt hatte. IÜ erbt die Bundesrepublik Deutschland. Bei dem Staat als Noterben handelt es sich um ein privates Erbrecht und nicht um ein hoheitliches Aneignungsrecht (*Mayer* ZEV 2010, 445 (447)). Zudem muss dieses gem. §§ 1964 f. nach einem vorgegebenen Verfahren festgestellt werden. Die Feststellung stellt dabei lediglich gem. § 1964 II eine Vermutung dar und ist nicht etwa bindend. Ferner wird keine Erbscheinswirkung durch die Feststellung nach § 1964 erzeugt.

12   Gem. Art. 138 EGBGB kann der Landesgesetzgeber bestimmen, dass an Stelle des Fiskus eine Körperschaft, Stiftung oder Anstalt des öffentlichen Rechts gesetzlicher Erbe wird. Diese Vorschrift hat heute keine praktische Bedeutung mehr (vgl. MüKoBGB/*Schlichting* EGBGB Art. 138 Rn. 1). Damit im Zusammenhang steht § 1942 II, wonach der Fiskus die ihm als gesetzlichem Erben angefallene Erbschaft nicht ausschlagen darf, er also quasi als Zwangserbe übrig bleiben muss. Wurde der Fiskus aufgrund einer Verfügung von Todes wegen zum Erben bestimmt, kann er die Erbschaft grds. ausschlagen, da Abs. 2 lediglich eine Ausschlagung einer Erbschaft als gesetzlicher Erbe verbietet. Sollte der Fiskus allerdings als gesetzlicher Erbe am Schluss zur Erbfolge gelangen, da alle Ersatzerben und späteren gesetzlichen Erben die Erbschaft ausgeschlagen haben, kommt die Vorschrift erneut zur Anwendung.

13   Von dem Fiskus als gesetzlichen Erben und gegen den Fiskus als gesetzlichen Erben kann ein Recht erst geltend gemacht werden, nachdem vom Nachlassgericht festgestellt wurde, dass ein anderer Erbe nicht vorhanden ist (§ 1966). Das Nachlassgericht hat dem Erben grds. auf Antrag eines Nachlassgläubigers zur Errichtung des Inventars eine Frist (Inventarfrist) gem. § 1994 zu bestimmen. Dem Fiskus als gesetzlichem Erben kann eine Inventarfrist nicht bestimmt werden (§ 2011 S. 1). Der Fiskus ist den Nachlassgläubigern gegenüber im Gegenzug jedoch verpflichtet, über den Bestand des Nachlasses Auskunft zu erteilen (§ 2011 S. 2). Ein weiterer Schutz des Fiskus ergibt sich aus § 780 II ZPO.

§ 1943 Annahme und Ausschlagung der Erbschaft

Der Erbe kann die Erbschaft nicht mehr ausschlagen, wenn er sie angenommen hat oder wenn die für die Ausschlagung vorgeschriebene Frist verstrichen ist; mit dem Ablauf der Frist gilt die Erbschaft als angenommen.

1   **1. Normzweck.** Durch den Vonselbsterwerb gem. § 1942 entsteht ein Schwebezustand, der durch die Vorschrift des § 1943 möglichst bald beendet werden soll. Auf diese Weise wird der vorläufige Erwerb der Erbschaft in einen endgültigen Erwerb umgewandelt. Es liegt also in der Hand des Erben, den

Schwebezustand zu beenden. Durch die ausdrückliche oder konkludente Annahme sowie das Verstreichen der Ausschlagungsfrist verliert der Erbe sein Ausschlagungsrecht. Jedoch können die Annahme und die Ausschlagung nicht vor dem in § 1946 normierten Zeitpunkt, also vor Eintritt des Erbfalls, erklärt werden. Für die Annahme und Ausschlagung von Vermächtnissen gilt die Regelung in § 2180. Die Ausschlagung eines Vermächtnisses unterliegt keiner bestimmten Form.

2. Ausdrückliche Annahme. Die ausdrückliche Annahme ist eine Willenserklärung, die jedoch nicht höchstpersönlich erklärt werden muss, so dass eine Vertretung grds. zulässig ist. Da eine Überschuldung des Nachlasses nicht ausgeschlossen werden kann, ist diese nicht nur rechtlich vorteilhaft und setzt somit die unbeschränkte Rechtsfähigkeit des Erben voraus (*Kraiß* BWNotZ 1992, 31). Im Gegensatz zur Ausschlagung der Erbschaft (§ 1945) oder Anfechtung der Erbschaftsannahme (§ 1955) bedarf diese keiner Form und ist auch nicht zwingend gegenüber dem Nachlassgericht abzugeben. Sie kann gegenüber jeder Person, die auch nur einen mittelbaren Bezug zum Nachlass hat, wie zB einem anderen Miterben, Nachlassgläubiger, Nachlasspfleger, Testamentsvollstrecker, Vermächtnisnehmer oder Vermieter gegenüber erfolgen (*Walter* ZEV 2008, 319; *Gothe* MittRhNotK 1998, 194).

Eine Willenserklärung ist dabei dann abgegeben, wenn der Erklärende alles getan hat, was für das Wirksamwerden der Erklärung erforderlich ist (OLG Frankfurt a. M. ZEV 2012, 417 (420)). Selbstverständlich kann diese auch gegenüber dem Nachlassgericht direkt erklärt werden. Die Äußerung der Annahme gegenüber einem Steuerberater, Rechtsberater oder einem sonstigen unbeteiligten Dritten stellt noch nicht zwingend eine Annahme dar (vgl. MüKoBGB/*Leipold* Rn. 3). Aus Gründen der Rechtssicherheit ist die Annahme entgegen anderer Ansichten als empfangsbedürftige Willenserklärung einzustufen (BayObLGZ 1983, 153 (159); vgl. zum Meinungsstreit *Krais* BWNotZ 1992, 31; aA *Rot* NJW-Spezial, 2017, 167) und kann nicht unter eine Bedingung erklärt werden. Als empfangsbedürftige Willenserklärung kommen die §§ 130 ff. zur Anwendung (aA Burandt/Rojahn/*Trimborn von Landenberg*, Erbrecht, 1. Aufl. 2011, Rn. 6). Ebenso führt die Anfechtung der Ausschlagung nach § 1957 I zur Annahme der Erbschaft.

3. Konkludente Annahme (pro herde gestio). Eine konkludente Annahme, also eine Annahme der Erbschaft durch schlüssiges Verhalten, ist gegeben, wenn der Erbe objektiv für jeden vernünftigen Betrachter klar erkennbar zum Ausdruck gebracht hat, dass er sich als Erbe ansieht und die Erbschaft behalten wolle (BayObLG MittRhNotK 1999, 153 (154)). Dies muss bei Wertung aller Umstände des Einzelfalls anhand des Verhaltens des möglichen Erben ermittelt werden (BayObLG MittBayNot 2005, 237 (239)). Dabei kann eine konkludente Annahme nicht schon bejaht werden, wenn der Erbe nicht in einer objektiv für Dritte ersichtlichen Weise zu erkennen gegeben hat, er wolle die Erbschaft nicht annehmen (OLG Köln MittRhNotK 1980, 178 (179)). Vielmehr bedarf es einer positiven Feststellung. Fehlt dem Erben bei der schlüssigen Annahme ein Annahmewille, kann das Fehlen des subjektiven Elements nur im Rahmen einer Anfechtung geltend gemacht werden (BayObLG MittRhNotK 1999, 153 (154)).

a) Konkludente Annahme bejaht. Die Beantragung eines Erbscheins durch den Erben stellt zugleich eine konkludente Annahme der Erbschaft dar, da die Erteilung eines Erbscheins wiederum die Annahme der Erbschaft voraussetzt. (BGH NJW 2006, 3064; BayObLG NJW-RR 1999, 590 (591); OLG Karlsruhe ZEV 2007, 380 (381); *Wachter* ZNotP 2004, 176 (180); *Roth* NJW-Spezial 2017, 167). Die Zustimmung eines Miterben zu einem Erbscheinsantrag kann ebenfalls als Annahme zu werten sein (OLG Hamm MittBayNot 2004, 456 (457); *Roth* NJW-Spezial 2017, 167). Der Verkauf von Nachlassgegenständen, wie zB eines Modellflugzeugs des verstorbenen Ehegatten, kann eine Annahme der Erbschaft begründen, da diese keine notwendige Fürsorgemaßnahme darstellt (BayObLGZ 1983, 153 (156)). Die Beantragung einer Grundbuchberichtigung auf Eintragung der Erben stellt einen Fall der schlüssigen Annahme dar (Palandt/*Weidlich* Rn. 2). Da die Grundbuchberichtigung gem. § 35 I GBO der Vorlage eines Erbscheins oder einer notariellen Verfügung von Todes wegen samt Eröffnungsniederschrift bedarf, bringt der Grundbuchberichtigungsantrag zum Ausdruck, dass der Erbscheinserteilung bzw. der notariell vorgenommenen Erbeinsetzung zugestimmt wird und sich der Antragsteller als Erbe ansieht. Auf jeden Fall ist aber der Verkauf der Erbschaft bzw. die Abtretung des Erbteils als schlüssige Annahme zu werten, da die Berechtigung zur Veräußerung zwingend die Annahme der Erbschaft voraussetzt. Das gleiche muss beim Abschluss eines Vertrags durch die Miterben über die Auseinandersetzung des Nachlasses gelten (*Siebert* NJW 2015, 1068 (1070)). Es geht über Sicherungsmaßnahmen des Nachlasses hinaus und stellt damit ebenfalls eine konkludente Annahme dar, wenn ein Erbe an Stelle des Erblassers, der Versicherungsnehmer einer Lebensversicherung war, nach dessen Ableben unter Hinweis auf das Testament nunmehr als Versicherungsnehmer rechtsgeschäftliche Erklärungen abgibt (OLG Koblenz ZEV 2001, 440). Die Abgabe von Verkaufsangeboten und das Anbieten eines Nachlassgrundstückes durch den Erben über einen Makler können eine konkludente Erbschaftsannahme bedeuten, wenn diese nicht nur dazu dienen, den Grundbesitz vor Wertverlust und Verwesung zu schützen (OLG Oldenburg NJW-RR 1995, 141; *Wachter* ZNotP 2004, 176 (180)). Die Aufnahme eines durch den Tod des Erblassers unterbrochenen Prozesses sowie die Einlassung auf einen Passivprozess, vor dem der vorläufige Erbe gem. § 1958 BGB geschützt ist, stellt ebenfalls eine schlüssige Annahme der Erbschaft dar (*Wachter* ZNotP 2004, 176 (180); *Walter* ZEV 2008, 319 (320)).

b) Konkludente Annahme verneint. Den Nachlass betreffende Fürsorgemaßnahmen, wie zB der Antrag auf Bestellung eines Testamentsvollstreckers und auf Kontensperrung, sowie der Antrag auf Testamentseröffnung stellen keine stillschweigende Annahme der Erbschaft dar (OLG Celle OLGZ 1965, 30 (31); OLG Koblenz ZEV 2001, 440; *Wachter* ZNotP 2004, 176 (180)). Auch eine Auskunftsklage gegen den Testamentsvollstrecker begründet noch keine schlüssige Annahme, weil diese gerade eine Entscheidung über die Annahme oder Ausschlagung der Erbschaft ermöglichen soll (BayObLG MittBayNot 2005, 237). Die Fortführung eines Handelsgeschäfts kann zum Schutz des Unternehmens, selbst wenn diese mit der Eintragung des vermeintlichen Erben in das Handelsregister verbunden ist, als notwendige Fürsorgemaßnahme und damit nicht zwingend als Erbschaftsannahme angesehen werden (MüKoBGB/*Leipold* Rn. 5 mwN). Die Bezahlung der Beerdigungskosten stellt nicht zwingend eine schlüssige Annahme der Erbschaft dar (*Wachter* ZNotP 2004, 176 (180); aA *Kraiß* BWNotZ 1992, 31).

7 **4. Fingierte Annahme durch Fristablauf oder Anfechtung.** Lässt der Erbe die Ausschlagungsfrist des § 1944 verstreichen, kann er die Erbschaft nicht mehr ausschlagen. Im Gegensatz zu einer ausdrücklich erklärten Erbschaftsannahme bedarf es insoweit keines Erklärungs- bzw. Annahmewillens beim Erben. Die fingierte Annahme setzt ferner keine Geschäftsfähigkeit voraus (*Kraiß* BWNotZ 1992, 31). Die fingiert Annahme durch Verstreichenlassen einer Frist beruht auf römischem Recht und war bereits im Codex Justinianus enthalten (vgl. ausf. *Kraiß* BWNotZ 1992, 31 ff.).

8 **5. Annahme durch Nacherben.** Gem. § 2142 kann der Nacherbe die Erbschaft ausschlagen, sobald der Erbfall eingetreten ist. Schlägt der Nacherbe die Erbschaft aus, verbleibt sie dem Vorerben, soweit nicht der Erblasser ein anderes bestimmt hat. Eine explizite Regelung für die Annahme durch den Nacherben ist in § 2142 nicht vorhanden. Diese Vorschrift ist jedoch im Interesse einer Rechtsklarheit auch auf die Annahme durch den Nacherben entsprechend anwendbar (BayObLGZ 1962, 239 (242)). Ferner kann die Annahme auch durch konkludentes Verhalten des Nacherben erfolgen, wobei die Verfügung über die Nacherbschaft oder über einzelne Nachlassgegenstände eine Annahme darstellen kann (*Keim* RNotZ 2006, 602; aA MüKoBGB/*Grunsky* § 2142 Rn. 6). Eine Zustimmung des Nacherben zur Verfügung des Vorerben über Nachlassgegenstände stellt hingegen keine konkludente Annahme des Nacherben dar, weil es nicht auszuschließen ist, dass der Nacherbe die Zustimmung nur deswegen erteilt, um dem nicht befreiten Vorerben (§ 2113) die Veräußerung zu ermöglichen.

9 **6. Gewillkürte Vertretung.** Die Annahme der Erbschaft kann durch einen Bevollmächtigten erklärt werden, wobei die Vollmacht keiner bestimmten Form bedarf, was aus dem Umkehrschluss zu § 1945 III gefolgert werden kann, der für die Bevollmächtigung bei Ausschlagung der Erbschaft ausdrücklich Formvorgaben festlegt. Insofern gelten die allgemeinen Grundsätze für die Erteilung und den Gebrauch von Vollmachten, insbes. die Regelung des § 167 II (*Wachter* ZNotP 2004, 176 (180)). Testamentsvollstrecker und Nachlasspfleger sind nicht aufgrund ihrer Stellung zur Annahme im Namen des Erben berechtigt. Ist der Anschrift des Erben unbekannt, kann ein Abwesenheitspfleger bestellt werden, der wiederum die Annahme erklären darf (*Gothe* MittRhNotK 1998, 194 (196)).

10 **7. Gesetzliche Vertretung.** Im Falle einer gesetzlichen Vertretung hat die Annahme durch diesen Vertreter zu erfolgen. Testamentsvollstrecker und Nachlasspfleger sind nicht berechtigt im Namen des Erben die Erbschaft anzunehmen, da diese keine gesetzlichen Vertreter des Erben sind (Palandt/*Weidlich* Rn. 5 mwN). Die Annahme der Erbschaft durch einen Betreuer, der zugleich Miterbe ist, bedarf nicht der Genehmigung durch das Betreuungsgericht und stellt auch keinen Verstoß gegen § 1908i I 1, § 1795 II, § 181 dar (DNotI-Report 2010, 47). Sofern eine juristische Person Erbe geworden ist, muss die Ausschlagung durch den Vertreter in vertretungsberechtigter Zahl erfolgen. Die Grundsätze der Anscheins- oder Duldungsvollmacht kommen dabei nicht zur Anwendung (OLG Bremen RNotZ 2015, 446 (448)).

11 **a) Minderjährige.** Der gesetzliche Vertreter bedarf zur Annahme der Erbschaft für einen minderjährigen Erben keiner vormundschaftsgerichtlichen Genehmigung, so dass beide Elternteile die Erbschaft für ihre Kinder annehmen können, wie sich aus dem Umkehrschluss zu § 1643 iVm § 1821, 1822 Nr. 2 ergibt (BayObLG BeckRS 1996, 09271). Gem. § 1822 Nr. 2 bedarf lediglich die Ausschlagung der Erbschaft oder eines Vermächtnisses der Genehmigung des Familiengerichts und nicht die Annahme der Erbschaft. Beschränkt geschäftsfähige Minderjährige können gem. § 111 mit Zustimmung ihrer Eltern die Erbschaft selbst annehmen. Die Annahme kann dabei in einem konkludenten Verhalten der Eltern erblickt werden (MüKoBGB/*Leipold* Rn. 7).

12 **b) Nasciturus.** Da das noch nicht geborene Kind (Nasciturus) gem. § 1923 II Erbe sein kann, kann die Annahme der Erbschaft durch die vertretungsberechtigten Personen vor seiner Geburt bereits erklärt werden (OLG Stuttgart MittBayNot 1993, 221). Gem. § 1912 I erhält eine Leibesfrucht zur Wahrung ihrer künftigen Rechte, soweit diese einer Fürsorge bedürfen, grds. einen Pfleger. Die Fürsorge steht jedoch gem. § 1912 II den Eltern insoweit zu, als ihnen die elterliche Sorge zustünde, wenn das Kind bereits geboren wäre. Ob die Ausschlagung der Erbschaft für den Nasciturus von Vorteil oder von Nachteil ist, stellt eine Frage dar, die von den vertretungsberechtigten Personen im konkreten Fall zu beurteilen ist und eben auch von den Eltern gem. § 1912 II wahrgenommen werden kann (OLG Stuttgart DNotZ 1993, 458 (459)). Zur Möglichkeit der Ausschlagung vor Geburt des Nasciturus → § 1946 Rn. 9.

13 **8. Insolvenz des Erben.** Ist dem Schuldner in einem Insolvenzverfahren vor dessen Eröffnung eine Erbschaft oder ein Vermächtnis angefallen oder geschieht dies während des Verfahrens, steht die Annahme oder Ausschlagung nur dem Erben zu und nicht dem Insolvenzverwalter (vgl. § 81 I InsO). Gleiches gilt bei der Ablehnung der fortgesetzten Gütergemeinschaft. Ist der Schuldner in einem Insolvenzverfahren Vorerbe, darf der Insolvenzverwalter über die Gegenstände der Erbschaft nicht verfügen, falls die Verfügung im Falle des Eintritts der Nacherbfolge nach § 2115 des Bürgerlichen Gesetzbuchs dem Nacherben gegenüber unwirksam ist (vgl. § 81 II InsO).

9. Wirkung der Annahme. Die Annahme der Erbschaft führt unabhängig davon, in welcher Form diese erklärt wurde, zu einem Verlust des Ausschlagungsrechts. Dies gilt selbst dann, wenn die Annahme durch schlüssiges Verhalten erklärt wurde (BayObLGZ 1983, 153 (160)). Die Annahmeerklärung stellt damit zugleich einen Verzicht auf das Ausschlagungsrecht dar. Mit Annahme der Erbschaft sind Klagen gegen den Erben zulässig (vgl. ausf. § 1958). Die Annahme ist von Bedeutung für die Ablaufhemmung in Nachlasssachen (§ 211). Eine Zwangsvollstreckung wegen eines Anspruchs, der sich gegen den Nachlass richtet, ausschließlich in den Nachlass ist zulässig, sobald der Erbe die Erbschaft angenommen hat (§ 778 I ZPO). Ferner ist eine Zwangsvollstreckung in den Nachlass wegen eigener Verbindlichkeiten des Erben vor der Annahme der Erbschaft gem. § 778 II ZPO ebenfalls nicht zulässig. Gem. § 239 V ZPO ist der Erbe vor Erbschaftsannahme zur Fortsetzung des Rechtsstreits nicht verpflichtet.

10. Beweisfragen. Den Ablauf der Ausschlagungsfrist und damit den Wegfall des Ausschlagungsrechts des Erben hat der Gegner in einem Prozess zu beweisen (BGH MittBayNot 2000, 561). Beantragt einer der Miterben nach § 2357 einen Erbschein, hat dieser dem Gericht bei Zweifeln in Abweichung vom Amtsermittlungsgrundsatz die Annahme der Erbschaft durch die Miterben nachzuweisen (OLG München DNotZ 1937, 64 (65)).

§ 1944 Ausschlagungsfrist

(1) Die Ausschlagung kann nur binnen sechs Wochen erfolgen.

(2) ¹Die Frist beginnt mit dem Zeitpunkt, in welchem der Erbe von dem Anfall und dem Grunde der Berufung Kenntnis erlangt. ²Ist der Erbe durch Verfügung von Todes wegen berufen, beginnt die Frist nicht vor Bekanntgabe der Verfügung von Todes wegen durch das Nachlassgericht. ³Auf den Lauf der Frist finden die für die Verjährung geltenden Vorschriften der §§ 206, 210 entsprechende Anwendung.

(3) Die Frist beträgt sechs Monate, wenn der Erblasser seinen letzten Wohnsitz nur im Ausland gehabt hat oder wenn sich der Erbe bei dem Beginn der Frist im Ausland aufhält.

1. Normzweck. Dem Normzweck dieser Vorschrift zufolge soll die Ausschlagungsfrist dem Erben die Möglichkeit verschaffen, sich von dem Nachlass ein Bild zu machen, um auf diese Weise eine Entscheidung über die Annahme oder Ausschlagung treffen zu können. Zudem wird durch § 1944 II 1 eine maßgebliche Bedeutung auf den Grund der Berufung gelegt, was zugleich bei § 1949 zum Ausdruck kommt. Dem steht allerdings das Interesse der übrigen Nachlassbeteiligten gegenüber, möglichst bald Rechtsklarheit über die Erben zu erhalten (OLG Frankfurt a. M. BeckRS 2012, 16164). Bei der Frist des § 1944 handelt es sich um eine Ausschlussfrist, so dass eine Verkürzung oder Verlängerung dieser Frist durch das Nachlassgericht oder im Rahmen von Parteivereinbarungen nicht zulässig ist (vgl. *Gottwald* ZEV 2006, 293 (294)).

2. Fristbeginn. Die sechswöchige Ausschlagungsfrist beginnt mit dem Zeitpunkt, in dem der Erbe von dem Anfall und dem Grunde der Erbschaft Kenntnis erlangt. Die Kenntnis setzt ein zuverlässiges Erfahren der maßgeblichen Umstände voraus, aufgrund dessen mit Handeln erwartet werden kann (BGH MittBayNot 2000, 561). Die Kenntnis als Tatsachenfrage ist anhand der Gesamtumstände unter Berücksichtigung der Persönlichkeit des Erben zu beurteilen (OLG Zweibrücken DNotZ 2006, 698 (700)). Für die Berechnung der Frist gelten die allgemeinen Bestimmungen des Bürgerlichen Gesetzbuchs, insbes. die §§ 187, 188 und 193. Erforderlich, aber auch ausreichend ist es, wenn dem Erben die tatsächlichen oder rechtlichen Umstände in so zuverlässiger Weise bekannt geworden sind, dass von ihm vernünftigerweise erwartet werden kann, in die Überlegungen über Annahme oder Ausschlagung einzutreten (BayObLG NJW-RR 1994, 202 (203); OLG Rostock BeckRS 2010, 09127). Die Anforderungen an die Sicherheit der Kenntnis dürfen allerdings nicht überspannt werden (OLG Zweibrücken DNotZ 2006, 698 (699)). Bei einer Vor- und Nacherbschaft beginnt die Ausschlagungsfrist für den Nacherben frühestens mit Kenntnis des Nacherbfalls, so dass eine Kenntnis im Rahmen des Erbscheinsverfahrens des Vorerben die Frist nicht in Gang setzt (OLG München ZEV 2011, 318).

a) Kenntnis vom Anfall der Berufung. Für den Beginn der Anfechtungsfrist ist es erforderlich, dass der Erbe vom Anfall der Berufung Kenntnis hat, wofür die Kenntnis vom Tod des Erblassers und der verwandtschaftlichen oder ehelichen Verhältnisse notwendig ist. Ist keine Verfügung von Todes wegen vorhanden, so dass die gesetzliche Erbfolge zum Tragen kommt, setzt der Fristbeginn zudem die Kenntnis des Erben von den familienrechtlichen Beziehungen voraus (*Walter* ZEV 2008, 319 (321)). Ferner muss der Erbe bei vorrangigen Erben wissen, dass diese weggefallen sind. Haben mehrere Erben nacheinander die Erbschaft ausgeschlagen, beginnt die Anfechtungsfrist für den nachrangigen Erben nicht erst mit der Kenntnis davon, dass vorrangige Erben von ihrem Anfechtungsrecht keinen (wirksamen) Gebrauch gemacht haben (OLG Brandenburg NJW-RR 2004, 941). Ob und wann ein Erbe Kenntnis vom Anfall der Erbschaft erlangt, ist nach der Persönlichkeit des Erben und den Umständen des Einzelfalls zu beurteilen, wobei das Fehlen eines Aktivnachlasses oder die irrige Annahme dieses Sachverhalts die Kenntnis ausschließen kann (BayObLG NJW-RR 1994, 202 (203)). Ein Tatsachenirrtum kann die Kenntnis ebenso verhindern, wie eine irrige rechtliche Beurteilung, wenn deren Gründe nicht von vornherein von der Hand zu weisen sind (BGH NJW-RR 2000, 1530; OLG München NJW-RR 2006, 1668 (1669)). Verschließt sich der Erbe jedoch einer eindeutigen Rechtslage und zweifelt an dem Anfall der Erbschaft, obgleich die Erbfolge eindeutig ist, liegt kein Rechtsirrtum vor (OLG München NJW-RR 2006, 1668 (1670)). Fahrlässige Unkenntnis des Erben vom Anfall der Berufung steht seiner Kenntnis nicht gleich (BayObLG NJW-RR 1994, 202 (203); OLG Rostock BeckRS 2010, 09127; OLG Zweibrücken DNotZ 2006, 698 (699)). Dabei kommt es nicht darauf an, ob ein Nichtkennen auf einem Irrtum über die tatsächlichen oder rechtlichen Umstände beruht (OLG Rostock BeckRS 2010, 09127).

4 **b) Kenntnis vom Grund der Berufung.** Neben der Kenntnis des Anfalls der Berufung bedarf es für den Fristbeginn der Kenntnis vom Grund der Berufung. Für die Kenntnis des Berufungsgrundes ist es notwendig, dass der Erbe weiß, ob er kraft gesetzlicher oder gewillkürter Erbfolge zur Erbschaft berufen ist. Dem gesetzlichen Erben muss bekannt sein, dass keine letztwillige Verfügung vorhanden ist, welche das gesetzliche Erbfolgerecht ausschließt. Es genügt hierbei, wenn er keine Kenntnis und auch keine begründete Vermutung hat, dass eine Verfügung von Todes wegen vorliegt (BayObLG NJW 1953, 1431; OLG Zweibrücken DNotZ 2006, 698 (700)). Andererseits kann selbst bei einem nahen Angehörigen des Erblassers die nötige Kenntnis von der Berufung aufgrund gesetzlicher Erbfolge fehlen, wenn der Familienkontakt vor dem Erbfall über längere Zeit nicht bestanden hat und der Erbe deshalb hinsichtlich des letzten Erblasserwillen und zum Vorhandensein einer Verfügung von Todes wegen auf bloße Mutmaßungen ohne weitere Tatsachen angewiesen ist (OLG Zweibrücken DNotZ 2006, 698 (700)). Eine zuverlässige Kenntnis vom Grund der Berufung liegt nicht vor, wenn ein Miterbe, der durch eine auslegungsbedürftige letztwillige Verfügung zum Miterben berufen wurde, mit vertretbaren Gründen annimmt, er sei auf Grund gesetzlicher Erbfolge Alleinerbe geworden (OLG München NJW-RR 2006, 1668). Jedoch hindert die vage Vorstellung eines gesetzlichen Erben, es könne ein Testament vorliegen, nicht den Fristbeginn (*Kraiß* BWNotZ 1993, 31 (32)). Der Berufungsgrund ist demjenigen nicht bekannt, der infolge fortgeschrittenen körperlichen und geistigen Verfalls vom Anfall der Erbschaft und dem Berufungsgrund nicht mehr Kenntnis nehmen kann (BayObLG NJW 1953, 1431). In diesem Fall kann die Bestellung eines Betreuers notwendig werden. Ist es für einen Erben gleichgültig, ob er aufgrund gesetzlicher Erbfolge oder aufgrund Verfügung von Todes wegen Erbe geworden ist, dann beginnt die Frist unabhängig von der Kenntnis des richtigen Berufungsgrundes zu laufen (OLG Karlsruhe ZEV 2007, 380).

5 **c) Kenntnis bei Verfügungen von Todes wegen.** Ist der Erbe durch Verfügung von Todes wegen berufen, beginnt die Frist gem. § 1944 II 2 nicht mit Bekanntgabe der Verfügung von Todes wegen durch das Nachlassgericht. Dabei kommt es auf die Kenntnis des Erben von der Eröffnung des Testaments an und nicht auf die Verlautbarung des Inhalts des Testaments in dem Eröffnungstermin, da letztere in vielen Fällen entbehrlich ist und nicht stattfindet (BGH NJW 1991, 169 (170)). Wichtig ist dabei jedoch, dass der Erbe von der Eröffnung des Testaments Kenntnis erlangt, weil es sich bei der an diese Vorschrift geknüpften Rechtsfolge um einen erheblichen Eingriff in die Rechtsstellung eines Erben handelt (BGH NJW 1991, 169 (170); OLG Karlsruhe DNotZ 1989, 589).

6 Ein nicht näher begründeter gerichtlicher Hinweis, die Erbfolge richte sich nach dem Testament, dessen Auslegung zwischen den Beteiligten streitig ist, vermittelt in der Regel keine zuverlässige Kenntnis vom Grund der Berufung (OLG München NJW-RR 2006, 1668). Muss der Erbe davon ausgehen, kraft gesetzlicher Erbfolge zum Erben berufen zu sein, erhält dieser aber noch vor Ablauf der Ausschlagungsfrist die begründete Vermutung, durch letztwillige Verfügung enterbt worden zu sein, dann kommt der zunächst angelaufenen Ausschlagungsfrist keine rechtliche Bedeutung zu (OLG Hamm OLGZ 1969, 288).

7 **d) Kenntnis bei Minderjährigen.** Für einen minderjährigen Erben beginnt die Frist zur Ausschlagung erst in dem Zeitpunkt, zu dem der letzte von den gemeinsam Erziehungsberechtigten erstmals Kenntnis von dem Anfall und dem Grunde der Berufung erlangt (OLG Frankfurt a. M. RNotZ 2012, 579, BeckRS 2012, 16164; *Horn* ZEV 2016, 20 (21)). Die Kenntnis eines Erziehungsberechtigten genügt nicht, da es sich in diesem Fall nicht um die Abgabe von Willenserklärungen gegenüber einem Kind handelt, sondern um die Kenntnis von Tatsachen, so dass § 1629 I 2 nicht einschlägig ist und auch nicht analog angewendet werden kann (OLG Frankfurt a. M. BeckRS 2012, 16164; LG Freiburg BW DNotZ 1993, 44; aA MüKoBGB/*Leipold* Rn. 14). Außerdem würde das Abstellen auf den ersten Erziehungsberechtigten die Frist für den zweiten Elternteil unangemessen verkürzen, was im Hinblick auf die kurze Ausschlagungsfrist nicht wünschenswert ist.

8 Ist bei einer Erbschaftsausschlagung die familiengerichtliche Genehmigung notwendig und zugleich zweifelhaft, ob die Ausschlagungsfrist bereits abgelaufen ist, dann darf das Amtsgericht – Familiengericht – die Genehmigung nicht mit der Begründung ablehnen, die Frist sei bereits abgelaufen (BayObLGZ 1969, 14 (15)). Genehmigt das Familiengericht die Ausschlagung der Erbschaft eines minderjährigen Kindes, enthält diese Genehmigung zugleich eine notwendige Anfechtung der Versäumung der Ausschlagungsfrist nach § 1956 (OLG Celle ZEV 2013, 201; *Siebert* NJW 2013, 3013 (3014)). Hingegen bedürfen weder die Annahme der Erbschaft noch das Verstreichenlassen der Ausschlagungsfrist der vormundschaftlichen Genehmigung nach § 1643 II, da diese Vorschrift ausdrücklich nur die Ausschlagung der Erbschaft regelt und aufgrund des detaillierten Katalogs von genehmigungspflichtigen Rechtsgeschäften auch eine analoge Anwendung ausscheidet (OLG Koblenz BeckRS 2008, 00834). Für die Entscheidung über die Wirksamkeit einer zur Zeit ihrer Erklärung gegenüber dem zuständigen Gericht noch nicht genehmigten Erbausschlagung ist nicht entscheidend darauf abzustellen, dass die Genehmigung durch das Gericht innerhalb der Ausschlagungsfrist erteilt wird. Vielmehr ist notwendig, dass die Genehmigung und deren Bekanntmachung gegenüber dem Betreuer dem Nachlassgericht noch vor Ablauf der Ausschlagungsfrist nachgewiesen wird (OLG Brandenburg MittBayNot 2015, 243 (244)).

9 **3. Verjährungsvorschriften §§ 206, 210.** Gem. § 1944 II 3 iVm § 206 beginnt die Ausschlagungsfrist nicht, solange der Erbe geschäftsunfähig ist, so dass er nach Wiedererlangung der Geschäftsfähigkeit sechs Wochen Zeit zur Ausschlagung hat. Für die Hemmung des Fristablaufs ist der Erbe beweispflichtig

(BGH MittBayNot 2000, 561 (562)). Im Gegensatz zu der Regelung in § 1954 II 2 verweist § 1944 II 3 ausschließlich auf die Regelung in § 206 und § 210 und eben nicht auf die Vorschrift des § 211.
Da § 1944 II 3 ausdrücklich auf § 206 verweist, ist die Verjährung gehemmt, solange eine Rechtsverfolgung an höherer Gewalt scheitert. Höhere Gewalt liegt vor, wenn die Verhinderung auf Ereignissen beruht, die durch äußerste, billigerweise zu erwartende Sorgfalt nicht verhindert werden konnte (BGH NJW 1982, 96 (97); BayObLG NJWE-FER 1998, 37 (38)). Das geringste Verschulden lässt die höhere Gewalt entfallen (BGH NJW 1982, 96 (97)). Die Ausschlagungsfrist ist danach gehemmt, wenn eine rechtzeitig beantragte familiengerichtliche Genehmigung nicht erteilt wird, da dies von der hM zutreffenderweise als höhere Gewalt angesehen wird (BayObLGZ 1983, 9 (12); OLG Saarbrücken BeckRS 2011, 18369). Dies gilt bis zum Abschluss einer etwaigen Rechtsmittelinstanz. Nachdem die Beschwerde zeitlich beschränkt ist (vgl. § 63 FamFG), kommt die Hemmung auch zeitnah zu einem Abschluss. Wurde die Genehmigung rechtzeitig beantragt, liegt kein Verschulden vor, da die Beschleunigung des Genehmigungsverfahrens nicht in der Hand des Antragstellers liegt (OLG Saarbrücken BeckRS 2011, 18369).

4. Bevollmächtigte/Betreuung. Nach Ansicht der Rspr. muss sich der Erbe die Kenntnis eines Bevollmächtigten bei Versäumung der Ausschlagungsfrist zurechnen lassen, wenn die Vollmacht die Regelung des Erbfalls umfasst (BayObLG NJW 1953, 1431; OLG Rostock RNotZ 2010, 474; ausdrücklich offen gelassen von OLG München NJW-RR 2006, 1668 (1670)). Dies ist jedoch abzulehnen, weil § 166 I nicht anzuwenden ist, da diese Vorschrift nur die Rechtsfolgen einer Willenserklärung, nicht aber deren Unterlassung betrifft und für eine analoge Anwendung keine Regelungslücke besteht (so *Bambring* FamFR 2010, 303406; MüKoBGB/*Leipold* Rn. 14). Insbesondere bei einer Prozessvollmacht, die der Entscheidung zu Grunde lag, kann man sicherlich nicht annehmen, dass der Erbe diese Entscheidung auf den Prozessvertreter übertragen wollte. Bei einem geschäftsunfähigen Erben ist die Kenntnis seines gesetzlichen Vertreters, bei einer unter Betreuung stehenden Person die Kenntnis des Betreuers für den Fristbeginn maßgeblich (*Horn* ZEV 2016, 20 (21)).

5. Ausschlagung von Vermächtnissen. Für die Annahme und Ausschlagung von Vermächtnissen gilt die Regelung in § 2180. Die Ausschlagung eines Vermächtnisses ist nicht fristgebunden und unterliegt auch keiner besonderen Form, da die Ausschlagungsfrist des § 1944 nicht bei Vermächtnissen entsprechend anzuwenden ist, auch nicht bei wechselbezüglichen Verfügungen iSd §§ 2270, 2271, weil in § 2180 III gerade nicht auf sie verwiesen wird (BGH NJW 2011, 1353). Aufgrund der ausdrücklichen Regelung in § 2180 III fehlt es an einer planwidrigen Gesetzeslücke, die eine analoge Anwendung rechtfertigt (BGH MittBayNot 2011, 313). Folglich kann die Ausschlagung auch durch schlüssiges Verhalten, wie die Nichtentgegennahme des Vermächtnisgegenstandes, erklärt werden.

6. Letzter Wohnsitz und Aufenthalt im Ausland (Abs. 3). Gem. § 1944 III beträgt die Frist sechs Monate, wenn der Erblasser seinen letzten Wohnsitz nur im Ausland gehabt hat oder wenn sich der Erbe bei dem Beginn der Frist im Ausland aufhält. Abs. 3 regelt folglich, innerhalb welcher Fristen die vorläufig angefallene Erbschaft ausgeschlagen werden muss und hindert den Erblasser nicht, seinerseits einen Zeitraum anzugeben, innerhalb dessen ein von ihm berufener Erbe annehmen muss (OLG Stuttgart OLGZ 1974, 67 (68)). So kann der Erblasser durch letztwillige Verfügung den Ausschluss der Erben von der Erbfolge anordnen, wenn die Erben innerhalb eines gewissen Zeitraums seinen Willen nicht anerkennen (OLG Stuttgart OLGZ 1974, 67). Als Anfechtungsgrund kommt ebenfalls ein Rechtsirrtum in Betracht (BayObLGZ 1983, 9 (13)). Ferner ist die Ausschlagung erbrechtlich und nicht sachenrechtlich zu qualifizieren. Sofern beim Ableben ein ausländisches Erbstatut gilt, unterliegt auch die Ausschlagung dem ausländischen Recht, selbst wenn sich Grundbesitz des Erblassers in Deutschland befindet und der Eigentumserwerb nach deutschem Recht erfolgt (OLG Köln ZEV 2015, 585 = RNotZ 2015, 362; vgl. ausführlich zum ausländischen Statut *Fetsch* MittBayNot 2007, 285). Seit Inkrafttreten der EU-Erbrechtsverordnung ist vorrangig zu ermitteln, nach dem Recht welchen Landes der Erblasser beerbt wird. Es kommt nunmehr nicht mehr der Staatsangehörigkeit im räumlichen Bereich der Erbrechtsverordnung, sondern dem Aufenthalt des Erblassers eine entscheidende Rolle zu (vgl. ausführlich *Leipold* ZEV 2015, 553).

7. Beweisfragen. Den Ablauf der Ausschlagungsfrist und damit der Wegfall des Ausschlagungsrechts des Erben hat der Gegner in einem Prozess zu beweisen (→ § 1943 Rn. 15). Der ausschlagende Erbe trägt jedoch die Beweislast für seine Behauptung, er sei nicht geschäftsfähig und der Lauf der Frist sei deshalb gem. § 206 gehemmt gewesen (BGH ZEV 2000, 401).

§ 1945 Form der Ausschlagung

(1) **Die Ausschlagung erfolgt durch Erklärung gegenüber dem Nachlassgericht; die Erklärung ist zur Niederschrift des Nachlassgerichts oder in öffentlich beglaubigter Form abzugeben.**

(2) **Die Niederschrift des Nachlassgerichts wird nach den Vorschriften des Beurkundungsgesetzes errichtet.**

(3) ¹**Ein Bevollmächtigter bedarf einer öffentlich beglaubigten Vollmacht.** ²**Die Vollmacht muss der Erklärung beigefügt oder innerhalb der Ausschlagungsfrist nachgebracht werden.**

1. Normzweck. Die Vorschrift dient aufgrund der darin enthaltenen Formvorgaben zum einen dem Schutz des Erben vor einer übereilten Ausschlagung der Erbschaft durch ihn selbst oder einen Bevollmächtigten und zum anderen der Rechtssicherheit. Nachdem der Gesetzgeber bei der Annahme der

10 BGB § 1945   Buch 5. Abschnitt 2. Titel 1. Annahme und Ausschlagung der Erbschaft

Erbschaft auf jegliche Formvorgaben und einen bestimmten Erklärungsempfänger verzichtet hat, soll zumindest der Ausschlagung ein bestimmtes formalisiertes Verfahren zugrunde liegen.

2 **2. Ausschlagungserklärung.** Die Ausschlagungserklärung ist eine einseitige und amtsempfangsbedürftige Willenserklärung (BayObLGZ 1983, 153 (160)), die gem. § 130 III erst mit Zugang beim Nachlassgericht wirksam wird, so dass die Beglaubigung der Unterschrift durch den Notar noch nicht ausreichend ist. Wie die Annahme setzt die Ausschlagung unbeschränkte Geschäftsfähigkeit voraus (*Kraiß* BWNotZ 1992, 31 (32)). Ob in einer Erklärung gegenüber dem Nachlassgericht eine Ausschlagung liegt, ist durch Auslegung der nicht formalisierten Erklärung zu bestimmen (BayObLGZ 1977, 163 (168); 1967, 33 (37)). Bei der Auslegung einer Ausschlagungserklärung ist auf das Verständnis desjenigen Personenkreises abzustellen, der von der Ausschlagung rechtlich betroffen ist (BayObLG DNotZ 1992, 284). Letztlich gelten die allgemeinen Grundsätze für die Auslegung von Willenserklärungen (§ 133). Dabei genügt zur Ausschlagung der Erbschaft jede Willensäußerung, aus der unzweideutig hervorgeht, dass der Erbe die Erbschaft nicht annehmen will (BayObLG NJW 1967, 1135). Jedoch kommt es bei der Auslegung nicht darauf an, was der Ausschlagende erklären wollte, sondern vielmehr auf das, was tatsächlich erkennbar erklärt wurde, obgleich es keiner bestimmten Wortwahl bedarf (BayObLG NJW 1967, 1135). Wegen der Anfechtung einer Annahme ist die Formvorschrift ebenfalls zu beachten (vgl. § 1955). Ist in einer verspäteten Ausschlagung nicht zugleich ein Anfechtungswille angedeutet, kann die Ausschlagung nicht bloß aus Zweckmäßigkeitserwägungen in eine Anfechtung umgedeutet werden (OLG Zweibrücken DNotZ 2006, 698 (700)). Erklärt ein Miterbe, dass er das Erbrecht einer anderen Person anerkennt, weil er das Testament für gültig erachtet, kann darin noch keine Ausschlagung gesehen werden (BayObLGZ 1967, 33 (38)).

3 **3. Öffentlich-beglaubigte Form.** Die Ausschlagungserklärung ist zur Niederschrift des Nachlassgerichts oder in öffentlich-beglaubigter Form abzugeben. Sie bedarf der deutschen Sprache (OLG Köln NJW-Spezial 2014, 424; *Roth* NJW-Spezial 2015, 423). Trotz der Regelung in Art. 13 EU-Erbrechtsverordnung muss eine im Ausland abgegebene Ausschlagungserklärung bei deutschen Nachlassgerichten rechtzeitig eingehen, um die Frist zu wahren. Die rechtzeitige Abgabe beim ausländischen Gericht ohne Zugang beim zuständigen Nachlassgericht kann trotz einer EU-rechtskonformen Auslegung im Hinblick auf Rechtssicherheit nicht gelten (Str. vgl. Eichel ZEV 2017, 545 (552)). Die Übermittlung einer vom Verfahrensbevollmächtigten beglaubigten Abschrift der Anfechtungserklärung ist ebenfalls nicht ausreichend, weil sie nicht der Form des § 129 I entspricht (BayObLGZ 1992, 64 (70)). Die notarielle Beurkundung nach § 129 II ersetzt die vorgeschriebene öffentliche Beglaubigung (OLG Saarbrücken BeckRS 2011, 18369). Im Falle einer Beurkundung ist die Ausfertigung der notariellen Niederschrift beim Nachlassgericht vorzulegen. Das Original der Urkunde muss ausdrücklich nicht vorgelegt werden, da § 47 BeurkG die Ausfertigung einer notariellen Urkunde der Urschrift gleichstellt. Obgleich die Ausschlagungserklärung der Form des § 29 GBO entspricht, reicht die Vorlage eines Erbvertrags und einer Ausschlagungserklärung nicht aus, um das Grundbuch auf den Ersatzerben zu berichten, da die Einhaltung der Frist nicht in der Form des § 29 BGO nachgewiesen wird (OLG München RNotZ 2016, 683 (685); OLG Hamm ZEV 2017, 455; *Siebert* NJW 2017, 2881 (2883)). Die Ausschlagungserklärung muss dem Gericht zugehen und kann bis zum Zugang auch vom Erklärenden widerrufen werden. Danach ist diese unwiderruflich (*Wachter* ZNotP 2004, 176 (181)). Besonderheiten gelten bei Ausschlagung durch den Fiskus. Öffentliche Behörden sind befugt, in eigenen Angelegenheiten öffentliche Urkunden auszustellen. Solche Urkunden bedürfen weder der notariellen Beglaubigung ihrer Unterschrift noch des Nachweises, dass der Unterzeichner der Urkunden eine zur Vertretung der Behörde berechtigte Person ist (BayObLGZ 1954, 322 (323)). Die Urkunden sind jedoch mit dem Amtssiegel zu versehen.

4 Ist dem Erben nicht bekannt, dass die Ausschlagung einer bestimmten Form bedarf, und glaubt er daher, die Erbschaft bereits wirksam ausgeschlagen zu haben, kann er die Versäumung der Ausschlagungsfrist wegen Irrtums anfechten (BayObLG NJW-RR 1994, 586). Wird der Formfehler innerhalb der Ausschlagungsfrist bemerkt, ist es dem Erbe jedoch möglich, eine formgerechte Ausschlagungserklärung innerhalb der Ausschlagungsfrist nachzureichen. Dies ist aus Abs. 3 dieser Vorschrift zu folgern. Wenn schon die Vollmacht gem. Abs. 3 S. 2 nachgereicht werden kann, dann muss es dem Erben erst recht möglich sein, die Ausschlagungserklärung selbst nochmals unter Mitwirkung eines Notars zu dessen Niederschrift zu errichten und einzureichen. Eine mit Anwaltsschriftsatz erklärte Anfechtung ist bereits deshalb unwirksam, weil sie nicht der gesetzlich vorgeschriebenen Form entspricht (LG München NJWE-FER 2000, 184 (186)).

5 **4. Erklärung gegenüber dem Nachlassgericht.** Während es für die Wirksamkeit einer Erbschaftsannahme ausreichend ist, wenn diese gegenüber einer Person, die auch nur einen mittelbaren Bezug zum Nachlass hat, wie zB einem anderen Miterben, Nachlassgläubiger, Vermächtnisnehmer, Vermieter erklärt wird (vgl. § 1944), muss die Ausschlagung nach Abs. 1 S. 1 gegenüber dem Nachlassgericht erklärt werden. Wird gegenüber dem Nachlassgericht die Ausschlagung erklärt oder die Annahme der Erbschaft angefochten, hat das Nachlassgericht lediglich die örtliche Zuständigkeit zu prüfen und im Falle der Zuständigkeit die Erklärung entgegenzunehmen.

6 Wird die Unterschrift unter der Ausschlagungserklärung nicht von einem Notar beglaubigt, sondern zur Niederschrift des Nachlassgerichts abgegeben, ist gem. § 3 Nr. 1f RPflG dafür funktionell der Rechtspfleger zuständig. Eine weitergehende Prüfungsbefugnis des Nachlassgerichts ist nicht gegeben, so dass das Nachlassgericht die Erklärung nicht als ungültig oder verspätet zurückweisen darf und die vorstehend genannten Erklärungen auch dann in Empfang nehmen muss, wenn es diese für unwirksam oder verspätet hält (OLG München MittBayNot 2010, 486; aA Anm. *Kroiß* MittBayNot 2010, 486

(488)). Eine weitergehende Kompetenz besteht grds. erst im Erbscheinverfahren. Unabhängig davon begründet das bayerische Landrecht gem. Art. 37 AGGVG, wonach das Gericht verpflichtet ist, die Erben von Amts wegen zu ermitteln und ihnen das Ermittlungsergebnis mitzuteilen, keine Pflicht des Nachlassgerichts, über die Wirksamkeit einer Ausschlagung oder einer Anfechtung der Annahme einer solchen außerhalb des Erbscheinverfahrens förmlich zu entscheiden (BayObLGZ 1985, 244 (248)).

Eine Besonderheit hinsichtlich der sachlichen Zuständigkeit besteht in Baden-Württemberg, wo gem. Art. 147 EGBGB, §§ 1, 38 LFGG das Notariat als Nachlassgericht zuständig ist. Für die Entscheidung über alle Anträge und Streitigkeiten, die sich bei Anwendung der HöfeO ergeben, sowie aus Abmachungen der Beteiligten hierüber sind die im Gesetz über das gerichtliche Verfahren in Landwirtschaftssachen v. 21.7.1953, zuletzt geändert durch Art. 2 des Gesetzes v. 8.7.1975 genannten Gerichte ausschließlich zuständig (vgl. § 18 HöfeO). Diese Gerichte sind auch zuständig für die Entscheidung der Frage, wer kraft Gesetzes oder kraft Verfügung von Todes wegen Erbe eines Hofes im Sinn der HöfeO geworden ist, und für die Ausstellung eines Erbscheins. In dem Erbschein ist der Hoferbe als solcher aufzuführen. Auf Antrag eines Beteiligten ist in dem Erbschein lediglich die Hoferbfolge zu bescheinigen. 7

Die örtliche Zuständigkeit ist in § 343 FamFG geregelt. Die örtliche Zuständigkeit bestimmt sich gem. § 343 I FamFG nach dem Wohnsitz, den der Erblasser zur Zeit des Erbfalls hatte. Fehlt ein inländischer Wohnsitz, ist das Gericht zuständig, in dessen Bezirk der Erblasser zur Zeit des Erbfalls seinen Aufenthalt hatte. Ist der Erblasser Deutscher und hatte er zur Zeit des Erbfalls im Inland weder Wohnsitz noch Aufenthalt, ist das Amtsgericht Schöneberg in Berlin zuständig. Es kann die Sache aus wichtigen Gründen an ein anderes Gericht verweisen. Ist der Erblasser ein Ausländer und hatte er zur Zeit des Erbfalls im Inland weder Wohnsitz noch Aufenthalt, ist jedes Gericht, in dessen Bezirk sich Nachlassgegenstände befinden, für alle Nachlassgegenstände zuständig. 8

Die örtliche Zuständigkeit wird durch die Vorschrift des § 344 VII FamFG ergänzt. Danach ist für die Entgegennahme einer Erklärung, mit der die Erbschaft ausgeschlagen oder die Ausschlagung angefochten wird, auch das Nachlassgericht zuständig, in dessen Bezirk der Ausschlagende oder Anfechtende seinen Wohnsitz hat (Vgl. OLG Hamm ZEV 2011, 469). Die Niederschrift über die Erklärung ist von diesem Gericht an das zuständige Nachlassgericht zu übersenden. Wenn eine internationale Zuständigkeit nach §§ 343, 105 FamFG nicht besteht, kann diese Vorschrift keine internationale Zuständigkeit begründen, weil eine Zusendung nach § 344 VII 2 FamFG nur in Frage kommt, wenn bei Erbfall überhaupt ein zuständiges Nachlassgericht in Deutschland vorhanden ist (*Luboschek* NotBZ 2010, 324; str.). 9

Hat der Erbe bei einem unzuständigen Gericht die Erbschaft ausgeschlagen und liegt auch kein Fall des § 344 VII FamFG vor, dann ist die Ausschlagung sicherlich wirksam, wenn das Gericht die Ausschlagungserklärung an das zuständige Nachlassgericht weiterleitet und die Erklärung innerhalb der Ausschlagungsfrist bei dem Gericht eingeht. Geht die Erklärung nicht fristgerecht ein, dann ist aber ebenfalls die Wirksamkeit der Ausschlagung gegeben, wenn das Gericht die Amtshandlung vornimmt und diese nicht wegen Unzuständigkeit zurückweist (vgl. MüKoBGB/*Leipold* Rn. 12 mwN). Sofern der Erbe bei dem zuständigen Gericht eine Ausschlagung zur Niederschrift erklären möchte, dies aber zu Unrecht unter Verweis auf die vermeintlich fehlende Zuständigkeit verweigert wird, stellt dies eine Amtspflichtverletzung dar (*Heinemann* DNotZ 2011, 498 (502)). Diese Verletzung vermag eine Amtshaftung zu begründen. 10

5. Ausschlagungsberechtigter. Zur Ausschlagung berechtigt ist der Erbe, sofern dieser unbeschränkt geschäftsfähig ist. Bei Geschäftsunfähigkeit und Minderjährigkeit sind jedoch Besonderheiten zu beachten. 11

a) **Allgemeines.** Zur Ausschlagung ist die unbeschränkte Geschäftsfähigkeit erforderlich. Ist der Erbe im gesetzlichen Güterstand der Zugewinngemeinschaft verheiratet, bedarf die Ausschlagung dennoch keiner Zustimmung des Ehegatten nach § 1365. Zwar stellt die Ausschlagung eines Erbes oder Vermächtnisses grds. eine Verfügung iSd § 1365 BGB dar, jedoch ist der freien Entscheidungsmöglichkeit des Erben bzw. Vermächtnisnehmers Vorrang vor dem Schutzzweck des § 1365 einzuräumen (MüKo-BGB/*Koch* § 1365 Rn. 75). Das Ausschlagungsrecht ist ein höchstpersönliches, nicht übertragbares Gestaltungsrecht, da es an die Erbenstellung gebunden ist und es in das freie Belieben des Erben gestellt ist (LG Hildesheim BeckRS 2009, 10677). Eine Überleitung des Ausschlagungsrecht in den Fällen des § 2306 I 2 durch den Sozialhilfeträger ist nicht möglich, da der Gesetzgeber für das Pflichtteilsrecht im Gegensatz zum Erbrecht (§§ 1942ff.) kein Ausschlagungsrecht geschaffen hat (BGH ZEV 2005, 117 (118); LG Hildesheim BeckRS 2009, 10677; *Menzel* MittBayNot 2013, 289 (290)). 12

b) **Betreute und beschränkt Geschäftsfähige.** Steht der Erbe unter Betreuung, erfolgt die Ausschlagung durch den Betreuer, die ebenfalls nach §§ 1908, 1822 Nr. 2 BGB der Genehmigung des Familiengerichts bedarf. Bei der Erteilung der Genehmigung hat das Gericht nicht nur die wirtschaftlichen Interessen des Mündels, sondern auch die gesamten Lebensumstände zu prüfen (*Siebert* NJW 2017, 2918 (2922)). Der Kreis der nach § 1822 genehmigungspflichtigen Rechtsgeschäfte ist abschließend und kann nicht durch analoge Anwendung der Vorschriften erweitert werden (OLG Köln DNotZ 2012, 855 (858)). 13

Bei **minderjährigen Kindern** sind die erziehungsberechtigten Eltern zur Ausschlagung berechtigt, bedürfen jedoch zur Ausschlagung grds. der Genehmigung des Familiengerichts nach § 1643 II 1. Gem. § 1629 I 2 müssen entsprechend der allgemeinen Vertretung von Minderjährigen bei gemeinsamer Sorgeberechtigung beide Elternteile die Ausschlagung unterzeichnen. Wurde in einem Testament den Eltern des minderjährigen Erben nach § 1638 BGB die elterliche Vermögensverwaltung entzogen, umfasst dies auch das Ausschlagungsrecht, da das Ausschlagungsrecht wie auch die Erbschaft eine vermögensrechtliche Natur aufweist (BGH NJW 2016, 3032 (3034); *Röhl* notar 2017, 246 (249)); *Suttmann* MittBayNot 2017, 597 (598); aA *Ott* NJW 2014, 3473 (3474)). Das Ausschlagungsrecht ist nicht der Verwaltungstä- 14 tigkeit als besonderes Recht der Personensorge vorgelagert (so *Ott* NJW 2014, 3473 (3474)), sondern eben gerade ein Teil der Verwaltungsstätigkeit (*Röhl* notar 2017, 246 (249)). Eine in diesem Fall erklärte Ausschlagung ist mangels Vertretungsmacht unwirksam. Auch bedarf die Erklärung beider Eltern der öffentlich-beglaubigten Form. Hat der gesetzliche Vertreter vor der Volljährigkeit des Kindes die Ausschlagung erklärt, ist diese wirksam, selbst wenn diese erst nach Eintritt der Volljährigkeit dem Nachlassgericht zugeht (*Gothe* MittRhNotK 1998, 194 (199)). Wie bei der gewillkürten Bevollmächtigung ist auch bei der gesetzlichen Vertretung das Formgebot des § 1945 zu beachten.

15   Tritt der Anfall an das Kind erst infolge der Ausschlagung eines Elternteils ein, der das Kind allein oder gemeinsam mit dem anderen Elternteil vertritt, ist die Genehmigung gem. § 1643 II 2 nur erforderlich, wenn dieser neben dem Kind berufen war. Wurde das minderjährige Kind also lediglich deshalb Erbe, weil der Elternteil sein Erbe ausgeschlagen hat, bedarf es keiner Genehmigung durch das Familiengericht. Auch liegt kein Fall von einem Insichgeschäft nach § 181 vor (*Buchholz* NJW 1993, 1161, (1166)). Eine Genehmigung ist selbst dann nicht notwendig, wenn der Nachlass werthaltig ist und die Ausschlagung im Rahmen einer Abfindungsvereinbarung erfolgt (OLG Köln DNotZ 2012, 855 (858) = MittBayNot 2013, 248; *Baumann* DNotZ 2012, 803 (804); *Sagmeister* ZEV 2012, 121 (124)). Die Festlegung einer Abfindung als Gegenleistung für die Ausschlagung ist aufgrund formloser Vereinbarung möglich, sofern nicht eine spezielle Formvorschrift greift (*Keim* MittBayNot 2014, 303 (308)). Eine teleologische Reduktion dieser Vorschrift kann jedoch bei einem Interessenskonflikt vorzunehmen sein. Schlägt der als Testamentserbe eingesetzte Inhaber des Sorgerechts die testamentarische Erbschaft für sich und sein minderjähriges, testamentarisch als Ersatzerbe eingesetztes Kind aus, um die Erbschaft als gesetzlicher Erbe anzunehmen, bedarf die Ausschlagung für das Kind der vormundschaftsgerichtlichen Genehmigung nach § 1643 II 2 (OLG Frankfurt a. M. NJW 1955, 466). Zur Wahrnehmung der Verfahrensrechte des minderjährigen Kindes im Genehmigungsverfahren kann die Bestellung eines Ergänzungspflegers notwendig sein (KG NJW-RR 2010, 1087 (1089); OLG Köln ZEV 2011, 595 (596)). Eltern, die eine ihrem Kind angefallene Erbschaft für dieses ausschlagen, sind auch dann nicht kraft Gesetzes von der Vertretung ausgeschlossen, wenn infolge der Ausschlagung ein Elternteil als Erbe berufen ist (BayObLGZ 1983, 213). Wird die Erbausschlagung für ein minderjähriges Kind genehmigt, so ist nach § 41 Abs. 3 FamFG ein Ergänzungspfleger zu bestellen, wenn die Voraussetzungen für eine Entziehung der Vertretungsmacht nach § 1796 festgestellt sind (BGH ZEV 2017, 199 = NJW-Spezial 2017, 263; *Mensch* MittBayNot 2015, 193 (194)). Die Ausschlagung eines Elternteils, der als Vorerbe berufen ist, für seine als Nacherben berufenen Kinder, bedarf grundsätzlich der familiengerichtlichen Genehmigung nach § 1643 II, da der Elternteil „neben" dem Nacherben berufen ist. Wurde ein Elternteil als Vorerbe berufen und hat die Erbschaft ausgeschlagen, besteht keine Genehmigungspflicht für die Ausschlagung der Erbschaft durch die Eltern für die als Nacherben berufenen Kinder (OLG Frankfurt a. M. ZEV 2011, 597; aA *Odersky* Notar 7–8/2012, 243; *Odersky* Notar 7–8/2013, 230 (233); *Sagmeister* ZEV 2012, 121). Das Ausschlagen der Erbschaft für sich und nur einen Teil der Kinder in Form einer sog. „selektiven Ausschlagung" ohne familiengerichtliche Genehmigung ist unwirksam, da die Interessen der Eltern gegenüber allen Kindern gleichgerichtet sind und dies auch bei der Ausschlagung zu berücksichtigen sei (*Odersky* Notar 7–8/2012, 243). Dabei kommt es nicht darauf an, ob Hinweise auf eine gezielte Bevorzugung oder Benachteiligung einzelner Kinder bestehen (OLG Hamm ZEV 2014, 248 = DNotZ 2014, 858 = MittBayNot 2014, 350).

16   **4. Gewillkürte Vertretung (Abs. 3).** § 1945 III stellt hinsichtlich der Vertretung lex specialis zu der Vorschrift des § 167 II dar, wonach die Erteilung einer Vollmacht nicht der Form bedarf, welche für das Rechtsgeschäft bestimmt ist. Im Gegensatz dazu und im Gegensatz zur Annahme der Erbschaft kann ein Bevollmächtigter die Erbschaft nur dann im Namen des Erben ausschlagen, wenn er aufgrund einer öffentlich beglaubigten Vollmacht handelt. Dies gilt auch für die Ausschlagung durch einen Rechtsanwalt im Namen des Erben (*Wachter* ZNotP 2004, 176 (179)) Die Vollmacht muss nach Abs. 3 S. 2 auch der Ausschlagungserklärung beigefügt sein oder innerhalb der Ausschlagungsfrist nachgebracht werden (*Keim* MittBayNot 2014, 303 (312)). Es ist dabei unerheblich, ob es sich um eine auf die Ausschlagung beschränkte Spezialvollmacht, um eine Generalvollmacht oder um eine Vorsorgevollmacht handelt (*Müller* DNotZ 2008, 384 (387); vgl auch *Zimmer* ZEV 2017, 307). Die Entscheidung des OLG Zweibrücken (vgl. DNotZ 2008, 384) ist insoweit missverständlich und unzutreffend, wonach die Ausübung des Ausschlagungsrechts nicht einem Dritten, auch nicht durch eine über den Tod hinaus wirksame Vorsorgevollmacht, überlassen werden kann (vgl. zur Kritik ausf. *Müller* DNotZ 2008, 384 (387)). Hingegen scheitert eine Ausschlagung durch einen Vertreter ohne Vertretungsmacht vorbehaltlich der Genehmigung durch den Erben daran, dass es sich bei der Ausschlagung um ein einseitiges Rechtsgeschäft iSd § 180 handelt (*Keim* RNotZ 2006, 602; *Keim* MittBayNot 2014, 303 (312); aA MüKoBGB/*Leipold* Rn. 17). Im Umkehrschluss zu der Regelung in Abs. 1 S. 2 kann die Vollmacht für eine Erbschaftsausschlagung nicht von einem Nachlassgericht beurkundet werden. Die gewillkürte Vertretung eines Erben durch einen Miterben ist zulässig, da es sich um keinen Anwendungsfall des § 181 handelt und eine analoge Anwendung des Verbots der Mehrfachvertretung nicht geboten ist, weil ein Interessenkonflikt im Normfall ausscheidet. Zudem ist der Erbe durch das Formerfordernis des Abs. 3 ausdrücklich vor Übereilung geschützt.

17   **5. Notar- und Gerichtsgebühren.** Die im Rahmen der Ausschlagung entstehenden Gebühren sind vom Ausschlagenden zu tragen und stellen keine Nachlassverbindlichkeiten dar. Für die Beglaubigung der Unterschrift unter der Ausschlagungserklärung werden durch den Notar Gebühren erhoben.

18   **a) Vor Inkrafttreten des Kostenrechtsmodernisierungsgesetzes.** Nach der bis 31.7.2013 geltenden Vorschrift des § 38 III KostO wurde ein Viertel der vollen Gebühr erhoben für die Beurkundung von

Erklärungen, die dem Nachlassgericht gegenüber abzugeben sind (§ 112 I KostO), wobei die Wertvorschrift des § 112 II KostO entsprechend galt und damit auch für die Notargebühren. Nach letzterer Vorschrift wird bei der Berechnung der Gebühren für die Ausschlagungserklärung der Wert des Vermögensmasse nach Abzug der Schulden zugrunde gelegt. Ist der Nachlass überschuldet, dann beträgt der Geschäftswert damit 0 EUR, was zu einem Mindestgeschäftswert von 1.000 EUR und einer Mindestgebühr von 10 EUR zzgl. Umsatzsteuer führte. Wurde die Erbschaft von mehreren neben- oder nacheinander berufenen Personen gleichzeitig durch Erklärung vor dem Nachlassgericht oder durch Einreichung einer Urkunde ausgeschlagen, wurde die Gebühr nur einmal nach dem Wert der ausgeschlagenen Erbschaft erhoben. Das Gericht erhob für die Entgegennahme der Ausschlagungserklärung ebenfalls eine Gebühr gem. § 112 I Nr. 2 KostO.

b) Nach Inkrafttreten des Kostenrechtsmodernisierungsgesetzes. Die Kostenordnung wurde im Rahmen das 2. Kostenrechtsmodernisierungsgesetzes mWz 1.8.2013 durch das Gerichts- und Notarkostengesetz (GNotKG) ersetzt. Danach erhebt der mit der Ausschlagung betraute Notar nunmehr nicht mehr eine $^1/_4$-Gebühr, sondern eine 0,5-Gebühr nach Nr. 21201, Nr. 7 KV-GNotKG. Die Mindestgebühr beträgt 30 EUR. Bzgl. des Geschäftswerts gilt nunmehr die Regelung des § 103 I GNotKG. Danach ist der Geschäftswert für die Ausschlagungserklärung der Wert des betroffenen Vermögens oder des betroffenen Bruchteils nach Abzug der Verbindlichkeiten zum Zeitpunkt der Beurkundung. Bei der Beurkundung von Erklärungen über die Ausschlagung des Anfalls eines Hofes (§ 11 HöfeO) gilt gem. § 103 II GNotKG die gleiche Regelung. Das Gericht erhebt nach Nr. 12410 KV-GNotKG eine Festgebühr für die Entgegennahme der Ausschlagung iHv 15 EUR.

6. Beweisfragen. Hinsichtlich der Beweislast gelten die allgemeinen Grundsätze. Der Anfechtende hat das Vorliegen eines Irrtums zu beweisen (*Sammet* MittBayNot 2017, 405 (407)). Im Fall einer Bevollmächtigten bei der Ausschlagung muss die Vollmacht auch vorgelegt und in einem Prozess nachgewiesen werden. Grundsätzlich wird dieses Problem jedoch selten auftreten, da sie in den meisten Fällen der Ausschlagung gem. Abs. 3 S. 2 Alt. 1 beigefügt sein wird. Nur im Falle des Nachreichens kann es zu Beweisschwierigkeiten kommen.

§ 1946 Zeitpunkt für Annahme oder Ausschlagung

Der Erbe kann die Erbschaft annehmen oder ausschlagen, sobald der Erbfall eingetreten ist.

1. Normzweck. Zweck dieser Vorschrift ist es ebenfalls, möglichst bald Rechtsklarheit zu schaffen und den durch Erbfall entstehenden Schwebezustand zu beenden. Der Beginn der Ausschlagungsfrist gem. § 1944 oder der Anfall der Erbschaft sollen keine zwingende Voraussetzung für die Annahme oder Ausschlagung der Erbschaft darstellen. Auch soll durch diese Vorschrift dem Bedürfnis des Erben Rechnung getragen werden, die Erbschaft anzunehmen oder auszuschlagen, nachdem dieser seine Entscheidung getroffen hat, und ihn so vor unnötigen Wartefristen bewahren.

2. Verfrühte Annahme oder Ausschlagung der Erbschaft. Nachdem die Erbschaft gem. dieser Vorschrift angenommen oder ausgeschlagen werden kann, sobald der Erbfall eingetreten ist, muss im Umkehrschluss dazu gefolgert werden, dass zu Lebzeiten des Erblassers diese Erklärung noch nicht abgegeben werden kann. Eine verfrühte Ausschlagung oder Annahme der Erbschaft ist somit wirkungslos und unwirksam (BGH NJW 1998, 543).

Wurde in einem sog. Berliner Testament eine bindende Schlusserbeneinsetzung getroffen und ist einer der Ehegatten bereits verstorben, hat der Schlusserbe zwar aufgrund der Bindungswirkung des Berliner Testaments eine gewisse Rechtsposition erworben. Inwiefern diese Rechtsposition als Anwartschaftsrecht zu qualifizieren ist, also dem Schlusserben eine gesicherte Rechtsposition verschafft (offen gelassen von BGH NJW 1962, 1910 (1911)), ist jedoch für die Frage der Ausschlagung der Erbschaft durch den Schlusserben unerheblich. Bei der vorliegenden Konstellation tritt der Schlusserbfall erst mit dem Ableben des zweiten Ehegatten ein, so dass eine Ausschlagung davor unwirksam ist (BGH NJW 1998, 543).

Vor Eintritt des Erbfalls besteht für den gesetzlichen Erben lediglich die Möglichkeit, einen Erbverzicht mit dem Erblasser entsprechend der §§ 2346 ff. und unter Beachtung der dort niedergelegten Formvorschriften zu erklären oder einen Zuwendungsverzicht gem. § 2352 abzugeben, der durch die seit der letzten Erbrechtsreform bestehenden Verweisung in § 2352 S. 2 auf die Regelung des § 2349 sich auch auf die Abkömmlinge des Verzichtenden erstreckt, sofern im Rahmen der notariellen Urkunde nicht ein anderes bestimmt wird.

3. Annahme und Ausschlagung nach dem Erbfall. Mit Eintritt des Erbfalls kann die Erbschaft angenommen oder ausgeschlagen werden. Die Vorschrift des § 1946 gibt dem Erben ansonsten keine weiteren gesetzlichen Vorgaben und stellt im Gegensatz zu § 1944 nicht auf die Kenntnis vom Anfall der Erbschaft und Grund der Berufung ab. Vielmehr kommt es lediglich auf den Tatbestand des Erbfalls an, so dass eine Ausschlagung und Annahme der Erbschaft wirksam ist, wenn der Erbe davon ausgeht, dass der Erblasser noch am Leben ist, aber in Wirklichkeit dieser verstorben ist, also der Erbfall bereits eingetreten ist. Ebenso kann ein Erbe die Erbschaft annehmen oder ausschlagen, ohne eine gesicherte Kenntnis, ob er überhaupt zum Erben berufen ist.

a) Nacherbe. Der Nacherbe kann gem. § 2142 die Erbschaft ausschlagen, sobald der Erbfall eingetreten ist. Zwar wird in § 1942 ausschließlich das Recht der Ausschlagung für den Nacherben angesprochen, aber daraus kann eben kein Umkehrschluss für die Annahme durch den Nacherben gezogen werden. Vielmehr kann der Nacherbe bereits nach dem Erbfall eine Annahmeerklärung abgeben und muss nicht den Zeitpunkt des Nacherbfalls abwarten (→ § 2142 Rn. 10).

5 **b) Ersatzerbe.** Zeitliche Voraussetzung für die Annahme oder Ausschlagung ist der Erbfall, nicht aber der Anfall der Erbschaft, so dass es gerechtfertigt ist, wie beim Nacherben (§ 2142 I BGB) auch dem Ersatzerben die Möglichkeit der Ausschlagung einzuräumen, selbst wenn der vorberufene Erbe noch nicht weggefallen ist und es damit eventuell nicht zu einem Anfall an den Ersatzerben kommt (BGH NJW 1998, 543).

6 **c) Aufschiebend bedingte Erbeinsetzung.** Hat der Erblasser eine aufschiebend bedingte Erbeinsetzung getroffen, dann ist die Erbeinsetzung bereits vor Eintritt der Bedingung möglich, da § 1946 lediglich auf den Erbfall des Erblassers abstellt und nicht auf den Inhalt einer Verfügung von Todes wegen (vgl. ebenfalls MüKoBGB/*Leipold* Rn. 2).

7 **d) Ausschlagungen im Anwendungsbereich des § 2306.** Ist ein als Erbe berufener Pflichtteilsberechtigter durch die Einsetzung eines Nacherben, die Ernennung eines Testamentsvollstreckers oder eine Teilungsanordnung beschränkt oder ist er mit einem Vermächtnis oder einer Auflage beschwert, kann er gem. § 2306 I 1 den Pflichtteil verlangen, wenn er den Erbteil ausschlägt. Die Ausschlagungsfrist beginnt gem. § 2306 I 2 erst, wenn der Pflichtteilsberechtigte von der Beschränkung oder der Beschwer Kenntnis erlangt. Hat der Erbe die Erbschaft wirksam angenommen, kann auch er innerhalb der Frist des § 2306 I 2 die Erbschaft nicht mehr ausschlagen, sondern lediglich die Anfechtung der Annahme erklären, falls er bei der Annahme einem Irrtum unterlag (BGH NJW 1989, 2885 (2886)). Die besondere Regelung des § 2306 I 2 hindert den Erben jedoch nicht, die Erbschaft vor Beginn der dort geregelten Frist anzunehmen (OLG Hamm MittBayNot 2004, 456 (457)).

8 **4. Juristische Personen.** Juristische Personen können die Erbschaft ebenfalls nach den allgemeinen Regeln annehmen. Bedarf es jedoch einer Genehmigung nach Landesrecht, dann können diese zwar vor Erteilung der Genehmigung die Erbschaft ausschlagen, jedoch diese nicht annehmen (Palandt/*Weidlich* Rn. 1; str.).

9 **5. Nasciturus.** Da das noch nicht geborene Kind (Nasciturus) gem. § 1923 II Erbe sein kann, kann die Ausschlagung der Erbschaft von den vertretungsberechtigten Personen vor seiner Geburt bereits erklärt werden (OLG Stuttgart DNotZ 1993, 458 (459); OLG Oldenburg NJW-RR 1994, 651). Eine Ausschlagung im Namen des ungeborenen Kindes ist bereits vor seiner Geburt möglich, da das Recht der Ausschlagung allein noch keine Schmälerung der Rechtsstellung des Nasciturus bewirkt und diese bei einem überschuldeten Nachlass von vornherein dem Interesse des Nasciturus dienen kann (OLG Stuttgart DNotZ 1993, 458 (459)). Zur Vertretung des Nasciturus durch den gesetzlichen Vertreter → § 1943 Rn. 12. Dem allgemeinen Interesse an Rechtsklarheit und -sicherheit ist daher Rechnung zu tragen. Eine Annahme im Namen des Nasciturus ist hingegen nicht möglich, da dieser erst Rechtsfähigkeit mit Geburt erlangt (→ § 1942 Rn. 4) und daher vor seiner Geburt nicht sicher ist, ob er überhaupt zur Erbfolge gelangen kann (Palandt/*Weidlich* § 1943 Rn. 4; str.).

§ 1947 Bedingung und Zeitbestimmung

Die Annahme und die Ausschlagung können nicht unter einer Bedingung oder einer Zeitbestimmung erfolgen.

1 **1. Normzweck.** Der beim Vonselbsterwerb entstehende Schwebezustand soll im Hinblick auf die baldige Erreichung von Rechtsklarheit möglichst schnell beseitigt werden (→ § 1943 Rn. 1; *Ivo* ZNotP 2004, 396 (397)). Würde die Möglichkeit des Erben bestehen, die Annahme oder Ausschlagung der Erbschaft unter eine Bedingung iSd §§ 158 ff. oder eine Zeitbestimmung zu stellen, würde dies dem Zweck der § 1922 ff. zuwiderlaufen. Aus diesem Grund verbietet § 1947 die Bedingung oder Befristung der Erbschaftsannahme und Ausschlagung. Eine gegen § 1947 verstoßende Ausschlagung ist gem. § 134 nichtig. Für Vermächtnisse ist eine Parallelvorschrift in § 2180 II 2 Hs. 2 zu finden, wonach eine Annahme oder Ausschlagung unwirksam ist, wenn sie unter einer Bedingung oder einer Zeitbestimmung abgegeben wird. Die Annahme oder Ablehnung des Amtes als Testamentsvollstrecker ist ebenfalls unwirksam, wenn sie unter einer Bedingung oder einer Zeitbestimmung abgegeben wird.

2 **2. Begriff der Bedingung.** Der Begriff der Bedingung iSd BGB unterscheidet sich von der Begrifflichkeit, die im Sprachgebrauch als Bedingung bezeichnet wird.

3 **a) Rechtsgeschäftliche Bedingungen.** Motive des Ausschlagenden oder Annehmenden stellen keine Bedingung dar. Zum Wesen einer echten Bedingung iSd §§ 158 ff. gehört, dass die Wirkung eines Rechtsgeschäftes von einem zukünftigen ungewissen Ereignis abhängig gemacht wird (BayObLG NJW 1967, 729; ZNotP 2004, 396 (397)). Das Ereignis, von dem die Wirkung des Rechtsgeschäftes abhängig gemacht wird, muss nicht nur objektiv ungewiss sein, sondern nach dem im Rechtsgeschäft zum Ausdruck kommenden Willen zugleich als subjektiv ungewiss angesehen werden. Das Rechtsgeschäft soll nach dem Willen des Handelnden von einem ungewissen Ereignis abhängig gemacht werden, also einem Ereignis, dessen Eintritt gerade auch für ihn ungewiss ist (BayObLG NJW 1967, 729). Erklärt ein Erbe seine Ausschlagung der testamentarischen Zuwendung unter der als selbstverständlich betrachteten „Bedingung" der Anerkennung des gesetzlichen Erbrechts, dann bezieht sich das weder auf ein ungewis-

ses noch auf ein künftiges Ereignis. Ob nämlich die gesetzliche Erbfolge durch die Ausschlagung eingetreten ist oder nicht, steht bereits fest, so dass dies nicht gegen § 1947 verstößt (BayObLG BeckRS 1977, 00170).

b) Gegenwarts- und Vergangenheitsbedingung. Es ist umstritten, inwiefern eine Bedingung im Sinn dieser Vorschrift vorliegt, wenn der Erbe die Ausschlagung vom Eintritt eines vergangenen oder gegenwärtigen Ereignisses abhängig macht, von dem er nicht weiß, ob es eingetreten ist. Diese werden in der Lit. zT als Gegenwartsbedingungen oder Vergangenheitsbedingungen bezeichnet (vgl. *Specks* ZEV 2007, 356). Da allerdings bei Verwendung einer Gegenwartsbedingung oder Vergangenheitsbedingung objektiv für Dritte erkennbar ist, ob das Erbe ausgeschlagen wurde, liegt kein Schwebezustand vor, wie er durch eine Bedingung, der ein ungewisses Ereignis zugrunde liegt, herbeigeführt wird. Daher ist eine derartige Ausschlagung nicht als unwirksam zu qualifizieren (vgl. MüKoBGB/*Leipold* Rn. 5; *Specks* ZEV 2007, 356 (360) mwN). 4

Die Ausschlagung der Erbschaft kann auf einen Berufungsgrund beschränkt werden. Dies kann aus § 1948 I und § 1949 II gefolgert werden. Nach § 1949 II erstreckt sich die Ausschlagung im Zweifel auf alle Berufungsgründe, so dass im Umkehrschluss die Ausschlagung auf einen Grund beschränkt werden kann (OLG München ZEV 2006, 554 (556); *Ivo* ZNotP 2004, 396 (397)). Im Hinblick auf die Regelung in § 2306 I ist bei der Ausschlagung aus „jedem Berufungsgrund" Vorsicht geboten, da dies im Rahmen des § 2306 I dazu führen kann, dass das Recht auf den Pflichtteilsanspruch nicht entfällt (OLG Schleswig ZEV 2015, 109 = NJW-Spezial 2015, 8; *Siebert* NJW 2015, 1068 (1070); *Röhl* Notar 2015, 227 (236)). 5

c) Rechtsbedingung. Keine Bedingung iSd § 158 und damit auch iSd § 1947 stellt die Rechtsbedingung (conditio iuris) dar, bei welcher die Beteiligten gesetzliche Wirksamkeitserfordernisse in das Rechtsgeschäft aufnehmen, weil der Schwebezustand nicht rechtsgeschäftlich, sondern gesetzlich begründet ist (Nieder/Kössinger Testamentsgestaltung Rn. 18; MüKoBGB/*Westermann* § 158 Rn. 54). Folglich hat diese Art der Bedingung keine Auswirkung auf die Wirksamkeit der Annahme oder Ausschlagung. 6

3. Ausschlagung zugunsten eines Dritten. Besonderheiten bestehen bei der Ausschlagung zugunsten Dritter. Möchte der Erbe einen Dritten begünstigen, kann das lediglich das Motiv der Ausschlagung sein, ohne dass der Ausschlagende die Wirksamkeit seiner Erklärung vom Eintritt der vorausgesetzten Erfolgs abhängig machen will. In diesem Fall liegt keine Bedingung im Sinn dieser Vorschrift vor (DNotI-Report 3/2006, 22). Weitgehende Einigkeit besteht vielmehr darüber, dass eine bedingte und damit nach § 1947 unzulässige Erbschaftsausschlagung gegeben ist, wenn es dem Ausschlagenden erkennbar daran liegt, dass die Erbschaft an bestimmte Dritte gelangt und der Erklärende mit einem möglichen anderen Erfolg keineswegs einverstanden ist (BayObLGZ 1977, 163 (169)). Schlägt ein Erbe aus, damit ein schon kraft gesetzlicher Erbfolge berufener Erbe, an seine Stelle tritt, wie zB ein Elternteil, der für sein Kind ausschlägt, ist dies lediglich als Motiv anzusehen, weil der Nächstberufene bereits objektiv für alle erkennbar feststeht (MüKoBGB/*Leipold* Rn. 5). Inwiefern eine zur Unwirksamkeit führende Bedingung vorliegt oder lediglich ein unbeachtliches Motiv gegeben ist, hat das Gericht anhand der Gesamtumstände durch Auslegung der Ausschlagungserklärung zu ermitteln (BayObLGZ 1977, 163 (169)). 7

§ 1948 Mehrere Berufungsgründe

(1) **Wer durch Verfügung von Todes wegen als Erbe berufen ist, kann, wenn er ohne die Verfügung als gesetzlicher Erbe berufen sein würde, die Erbschaft als eingesetzter Erbe ausschlagen und als gesetzlicher Erbe annehmen.**

(2) **Wer durch Testament und durch Erbvertrag als Erbe berufen ist, kann die Erbschaft aus dem einen Berufungsgrund annehmen und aus dem anderen ausschlagen.**

1. Normzweck. Die Vorschrift eröffnet dem Erben, der durch Verfügung von Todes wegen als Erbe berufen ist und zugleich gesetzlicher Erbe wäre, die Erbeinsetzung aufgrund Verfügung von Todes wegen auszuschlagen und iÜ die Erbschaft als gesetzlicher Erbe anzunehmen. Zudem kann der Erbe sich bei einer Erbeinsetzung im Testament und Erbvertrag für eine der Verfügungen entscheiden und die andere ausschlagen. Diese Vorschrift ist von § 1951 zu unterscheiden, wo die Berufung zu mehreren Erbteilen geregelt ist. § 1948 betrifft hingegen die Konstellation, wonach eine Erbe aus mehreren Gründen zur Erbschaft berufen ist. IÜ können gem. § 1950 die Annahme und die Ausschlagung nicht auf einen Teil der Erbschaft beschränkt werden. Die Bedeutung dieser Vorschrift in der Praxis ist jedoch eher gering. 1

2. Berufung als gesetzlicher und gewillkürter Erbe (Abs. 1). Wer aufgrund einer Verfügung von Todes wegen und zugleich als gesetzlicher Erbe zur Erbschaft berufen ist, kann zwar nach dieser Vorschrift als Testamentserbe ausschlagen und als gesetzlicher Erbe annehmen. Diese Vorschrift verschafft dem Erben jedoch nicht ein Wahlrecht zwischen gesetzlichem und letztwillig verfügtem Erbteil, sondern legt lediglich fest, dass der Erbe aufgrund eines Testaments durch Ausschlagung dieses Erbes das Recht verliert, aufgrund gesetzlicher Erbfolge des Erbe anzunehmen, wenn ihm sein Wegfall als testamentarischer Erbe die gesetzliche Erbfolge eröffnet (OLG Frankfurt a. M. NJW 1955, 466). Hat der Erblasser in seiner Verfügung von Todes wegen angeordnet, dass die gesetzliche Erbfolge ausgeschlossen ist, kommt diese Vorschrift nicht zur Anwendung und der Ausschlagende gelangt überhaupt nicht zur Erbfolge (BayObLG BeckRS 1977, 00170; *Keim* MittBayNot 2014, 303 (307)). Dies ist stets der Fall, wenn die Erbfolge umfassend durch Testament geregelt wurde und die gesetzliche Erbfolge in Folge dessen nicht 2 eintritt (OLG München NJW-RR 2006, 1668 (1670)), was bereits dann gegeben ist, wenn der Erblasser einen Ersatzerben bestimmt hat oder sich der Ersatzerbfolge aus § 2069 ergibt. Daher ist bei Anwendung dieser Vorschrift äußerste Vorsicht geboten, weil eine Ausschlagung im Zusammenhang mit dieser Norm die gewollte Wirkung schnell verfehlen vermag. Der Anwendung des § 1948 steht es hingegen nicht entgegen, falls der gesetzliche Erbteil kleiner oder größer ist, als der aufgrund gewillkürter Erbfolge zugewandte Erbteil (*Schramm* DNotZ 1965, 734 (735)).

3. Doppelte Berufung als gewillkürter Erbe (Abs. 2). § 1948 II hat ebenfalls kaum praktische Bedeutung. Hat der Erblasser eine testamentarische Anordnung getroffen und danach einen Erbvertrag mit einer anderen Person zur Niederschrift eines Notars geschlossen, wird in den meisten Fällen der Erbvertrag die Aufhebung der testamentarischen Verfügungen zur Folge haben. Hat der Erblasser als erstes einen Erbvertrag geschlossen und danach eine testamentarische Verfügung von Todes wegen errichtet, sind die im Testament getroffenen Verfügungen nach § 2289 unwirksam, falls diese im Widerspruch zum Erbvertrag stehen. Beruht die Erbeinsetzung hingegen auf zwei Testamenten oder zwei Erbverträgen, die zwischen den gleichen Personen geschlossen wurden, gelangt nicht die vorliegende Norm, sondern wohl § 1951 II zur Anwendung.

§ 1949 Irrtum über den Berufungsgrund

(1) Die Annahme gilt als nicht erfolgt, wenn der Erbe über den Berufungsgrund im Irrtum war.

(2) Die Ausschlagung erstreckt sich im Zweifel auf alle Berufungsgründe, die dem Erben zur Zeit der Erklärung bekannt sind.

1. Normzweck. Die Vorschrift des § 1949 verdeutlicht, dass es bei der Annahme und bei der Ausschlagung einer Erbschaft nicht allein auf die Erbschaft per se ankommt, sondern vielmehr dem Grund der Berufung eine herausragende Rolle zu Teil wird. Dieser gesetzgeberische Wille ist ebenfalls den Regelungen der § 1944 II 1, §§ 1948 u. 1951 zu entnehmen. Eine weitere Besonderheit ist darin zu erblicken, dass es bei einem Irrtum nicht einer Anfechtungserklärung bedarf, um die Nichtigkeit herbeizuführen. Vielmehr besteht die Unwirksamkeit bereits schon, wenn der Irrende sich darauf beruft. Eine Anfechtungserklärung kann hingegen vorsorglich jederzeit abgegeben werden. Damit nimmt die Vorschrift im Vergleich zu den sonstigen Regelungen eine Sonderrolle ein und entspricht der Regelung des gemeinen römischen Rechts (vgl. ebenfalls *Kraiß* BWNotZ 1992, 31 (32) mwN).

2. Annahme bzw. Ausschlagung. Die Vorschrift des § 1949 gelangt nur dann zur Anwendung, falls der Erbe die Erbschaft ausdrücklich oder durch konkludentes Verhalten angenommen hat. Bei einer fingierten Annahme durch Fristablauf kommt die Norm nicht zum Tragen, weil die Ausschlagungsfrist nicht ohne Kenntnis des Berufungsgrundes bereits tatbestandsmäßig zu laufen beginnen kann (MüKoBGB/*Leipold* Rn. 4). Gem. § 1949 II erstreckt sich die Ausschlagung im Zweifel auf alle Berufungsgründe, die dem Erben zur Zeit der Erklärung bekannt sind, und damit nicht lediglich auf den tatsächlichen Berufungsgrund, den der Erbe nicht kennt (BayObLG BeckRS 2001, 16028).

§ 1949 I kommt ferner zur Anwendung, wenn der Erbe sich über den Berufungsgrund geirrt hat und nur aus diesem Grund das Erbe ausgeschlagen hat, was dem Umkehrschluss zur Regelung in § 1949 II zu entnehmen ist (BeckOK/Siegmann/*Höger* § 1949 Rn. 2). Hat der Ausschlagende jedoch die Ausschlagung nicht auf einen bestimmten Berufungsgrund beschränkt, erstreckt sich die Ausschlagung gem. § 1949 II im Zweifel auf alle Berufungsgründe, die dem Erben zur Zeit der Erklärung bekannt sind, wobei entsprechend dem Wortlaut der Zeitpunkt der Erklärung für den Irrtum maßgeblich ist.

3. Irrtum über den Berufungsgrund. Die Anwendung der vorliegenden Vorschrift setzt zudem einen Irrtum über den Berufungsgrund voraus. Berufungsgrund ist dabei der konkrete Tatbestand, aus dem sich die rechtliche Folge der Berufung zur Erbschaft ergibt (BayObLG BeckRS 2001, 16028; MüKoBGB/*Leipold* Rn. 2). Ein Irrtum ist gegeben, wenn der Erbe glaubt, dass er aufgrund testamentarischer Verfügung zum Erben berufen wurde, dies in Wirklichkeit aber aufgrund gesetzlicher Erbfolge geschehen ist. Ferner liegt ein Irrtum im Sinn dieser Vorschrift vor, wenn der Erbe sich über die Verwandtschaftsbeziehung täuscht oder glaubt, er habe aufgrund eines Testaments den Nachlass geerbt, in Wirklichkeit aber in einem Erbvertrag die Verfügung von Todes wegen enthalten war (MüKoBGB/*Leipold* Rn. 2). Ein Rechtsirrtum kann einen beachtlichen Willensmangel darstellen, wenn bspw. der Erbe ein Testament gem. § 2247 für unwirksam hält, dies jedoch ordnungsgemäß errichtet wurde (BGH NJW 1997, 392 (394)). Die Nichtigkeit der Erbschaftsannahme kommt lediglich in Frage, wenn der Irrtum über den Berufungsgrund für die Annahme ursächlich war und dem Annehmenden der Berufungsgrund nicht gleichgültig war (OLG Karlsruhe ZEV 2007, 380 (381); Palandt/*Weidlich* Rn. 1). Zwar kann der Vorschrift nicht ausdrücklich entnommen werden, ob für deren Anwendung es auf die Kausalität ankommt, doch folgt die Notwendigkeit bereits aus der Natur des Irrtums (MüKoBGB/*Leipold* Rn. 5). Ob der Irrtum entschuldbar war, ist für die Anwendung der vorliegenden Norm unerheblich (Palandt/*Weidlich* Rn. 3). Wird die Anfechtung auf Basis eines bestimmten Anfechtungsgrundes erklärt, können später keine neuen Gründe nachgeschoben werden (BGH NJW 1966, 39; ZEV 2016, 31 (32)).

4. Rechtsfolge. Lag ein Irrtum vor, gilt die Annahme der Erbschaft als nicht erfolgt, ist also nichtig, ohne dass es einer Anfechtungserklärung bedarf. Da keine „klassische" Anfechtung iSd §§ 119 ff. gegeben ist, scheidet eine Schadensersatzpflicht des Anfechtenden gem. § 122 zugleich aus.

§ 1950 Teilannahme; Teilausschlagung

¹Die Annahme und die Ausschlagung können nicht auf einen Teil der Erbschaft beschränkt werden. ²Die Annahme oder Ausschlagung eines Teils ist unwirksam.

1. Normzweck. § 1950 liegt das Prinzip der Universalsukzession gem. § 1922 zugrunde. Nach dem Grundprinzip des deutschen Erbrechts soll der Nachlass als Ganzes auf einen oder mehrere Erben übergehen. Lediglich über punktuelle Eingriffe, wie Vermächtnisse, kann und darf es zu Abweichungen der Gesamtrechtsnachfolge kommen. Die Regelung dient dabei Zweckmäßigkeitserwägungen und beugt einer Zersplitterung des Nachlasses, auch aus Gläubigerschutzgründen, vor (KG NJW-RR 2005, 592 (593)). Damit dieses Prinzip durch die Annahme oder Ausschlagung nicht unterlaufen wird, können sowohl Annahme als auch Ausschlagung der Erbschaft nicht auf einen Teil der Erbschaft beschränkt werden. Zu beachten ist aber die Vorschrift des § 1948, die dem Erben ausnahmsweise ein beschränktes Wahlrecht bei der Berufung als gesetzlichen Erben und aufgrund Verfügung von Todes wegen einräumt. Auf Vermächtnisse findet diese Vorschrift gem. § 2180 III entsprechende Anwendung. Hat der Erblasser dem Erben zugleich ein Vorausvermächtnis zugewandt, handelt es sich um keine Form der Teilausschlagung, wenn er diesen gem. § 2180 gegenüber den Erben ausschlägt, solange die Annahme des Vermächtnisses nicht Bedingung für die Erbeinsetzung war (*Keim* RNotZ 2006, 602 (604)). 1

2. Teilannahme und Teilausschlagung. § 1950 will Konstellationen regeln, wonach die Ausschlagung auf rechtlich nicht existierende Teile der Erbschaft (Bruchteile der Erbschaft oder des Erbteils) oder der Nachlassmasse beschränkt wird (OLG Hamm NJW 1981, 2585). Erklärt der Erbe die Ausschlagung unter Vorbehalt des Pflichtteils, ist diese Ausschlagung nicht gem. § 1950 als Teilausschlagung unwirksam (OLG Hamm NJW 1981, 2585; krit. und diff. MüKoBGB/*Leipold* Rn. 5). Unzulässig wäre eine derartige Ausschlagung jedoch dann, wenn der Ausschlagende damit zum Ausdruck bringen möchte, dass er einen Erbteil in Höhe des Pflichtteils behalten und den restlichen Erbteil ausschlagen möchte (vgl. *Ivo* ZEV 2002, 145). Bei der Auslegung einer Ausschlagungserklärung ist auf das Verständnis desjenigen Personenkreises abzustellen, der von der Ausschlagung rechtlich betroffen ist. Die gleiche Betrachtung gilt auch für die Teilausschlagung (BayObLG DtZ 1992, 284). 2

3. Rechtsfolge. Die Annahme oder Ausschlagung eines Teils der Erbschaft ist gem. § 1950 S. 2 unwirksam. Erklärt der Ausschlagende nicht innerhalb der Ausschlagungsfrist noch eine wirksame Ausschlagung, hat er die Erbschaft insgesamt wegen der gesetzlichen Annahmefiktion angenommen. Eine Umdeutung einer unwirksamen Teilausschlagung in eine Vollausschlagung würde wohl dem gesetzgeberischen Willen widersprechen, da dieser in S. 2 ausdrücklich die Unwirksamkeit anordnet und nicht die automatische Umdeutung in eine Vollausschlagung. 3

4. Ausnahmen. Von dem Verbot dieser Vorschrift bestehen jedoch Möglichkeiten der Abweichung. Bspw. kann der Erblasser durch eine geschickte Gestaltung seiner Verfügung von Todes wegen, dem Erben die Möglichkeit der Teilausschlagung eröffnen. Setzt der Erblasser einen Erben auf mehrere Erbteile ein, kann er ihm gem. § 1951 III durch Verfügung von Todes wegen gestatten, den einen Erbteil anzunehmen und den anderen auszuschlagen. Insoweit wird es von der hM für zulässig erachtet, dass der Erblasser die Erbschaft in Bruchteile aufspaltet, um eine gesonderte Annahme oder Ausschlagung zu ermöglichen (BayObLG NJW-RR 1997, 72 (73) mwN). Ferner kann der Erblasser für dieselbe Person mehrere Erbeinsetzungen unter verschiedenen Voraussetzungen und mit unterschiedlicher Ausgestaltung der Erbenstellung, wie zB der Belastung mit einer Nacherbschaft oder der Beschwerung mit Vermächtnissen, anordnen und auf diese Weise zugleich dem Erben die gesonderte Annahme oder Ausschlagung der verschiedenen Erbschaften gestatten (BayObLG NJW-RR 1997, 72; LG Berlin BeckRS 2003, 13017). Eine zu dieser Vorschrift speziellere Norm ist in der Höfeordnung zu finden. Der Hoferbe kann dies. § 11 HöfeO den Anfall des Hofes durch Erklärung gegenüber dem Gericht ausschlagen, ohne die Erbschaft in das übrige Vermögen auszuschlagen. Auf diese Ausschlagung finden die Vorschriften des Bürgerlichen Gesetzbuchs über die Ausschlagung der Erbschaft entsprechende Anwendung. 4

§ 1951 Mehrere Erbteile

(1) Wer zu mehreren Erbteilen berufen ist, kann, wenn die Berufung auf verschiedenen Gründen beruht, den einen Erbteil annehmen und den anderen ausschlagen.

(2) ¹Beruht die Berufung auf demselben Grund, so gilt die Annahme oder Ausschlagung des einen Erbteils auch für den anderen, selbst wenn der andere erst später anfällt. ²Die Berufung beruht auf demselben Grund auch dann, wenn sie in verschiedenen Testamenten oder vertragsmäßig in verschiedenen zwischen denselben Personen geschlossenen Erbverträgen angeordnet ist.

(3) Setzt der Erblasser einen Erben auf mehrere Erbteile ein, so kann er ihm durch Verfügung von Todes wegen gestatten, den einen Erbteil anzunehmen und den anderen auszuschlagen.

1. Normzweck. Während die Vorschriften der §§ 1948, 1950 die Teilannahme oder Teilausschlagung eines Erbteils behandeln, soll durch § 1951 die Konstellation erfasst werden, bei der ein Erbe zu mehreren Erbteilen berufen ist. Besonders leicht verwechselt werden kann die Regelung des § 1951 mit dem Anwendungsbereich des § 1948. Letztere Norm behandelt die Berufung aus mehreren Gründen, wobei 1 hingegen § 1951 die Berufung zu mehreren Erbteilen behandelt. Während der Erblasser die Möglichkeit einer derartigen Erbeinsetzung nutzen kann, also für dieselbe Person mehrere Erbeinsetzungen unter verschiedenen Voraussetzungen anordnen darf (BayObLGZ 1966, 227 (231)), werden die Rechte eines Erben, der auf mehrere Erbteile eingesetzt wurde, eingeschränkt. Dabei unterscheidet § 1951 zwischen der Berufung aus verschiedenen Gründen (Abs. 1) und der Berufung aus demselben Grund (Abs. 2). Eine Erbeinsetzung zu mehreren Erbteilen im Sinn dieser Vorschrift ist bspw. gegeben, wenn der Erblasser einen Erben zu einem Teil als Erben und zum anderen Teil lediglich als Nacherben einsetzt.

2 **2. Mehrere Erbteile.** Die Berufung zu mehreren Erbteilen kann sich sowohl aufgrund gesetzlicher Erbfolge als auch aufgrund Verfügung von Todes wegen ergeben, wobei Mischformen ebenfalls in Frage kommen.

3 **a) Gesetzliche Erbfolge.** Hinsichtlich der gesetzlichen Erbfolge kann sich aus §§ 1927 u. 1934 die Berufung zu mehreren Erbteilen ergeben. Wer in der ersten, der zweiten oder der dritten Ordnung verschiedenen Stämmen angehört, erhält den in jedem dieser Stämme ihm zufallenden Anteil. Jeder Anteil gilt gem. § 1927 S. 2 als besonderer Erbteil. Gehört der überlebende Ehegatte zu den erbberechtigten Verwandten, erbt er zugleich als Verwandter. Der Erbteil, der ihm aufgrund der Verwandtschaft zufällt, gilt gem. § 1934 als besonderer Erbteil.

4 **b) Gewillkürte Erbfolge.** Hinsichtlich der gewillkürten Erbfolge führt bspw. die vorstehend angesprochene Erbeinsetzung teilweise zum Vollerben und teilweise zum Nacherben zu mehreren Erbteilen im Sinn dieser Vorschrift. Mehrere Erbteile können bei gewillkürter Erbfolge entstehen, wenn der Erblasser mit mehreren unterschiedlichen Personen jeweils einen Erbvertrag geschlossen hat, was eben zur Bildung mehrerer Erbteile führen kann. Auch eine Erbfolge, die zT aufgrund testamentarischer Erbeinsetzung erfolgt und zT aufgrund erbvertraglicher Verfügungen von Todes wegen, kann die Bildung mehrerer Erbteile zur Folge haben.

5 **c) Kombination aus gesetzlicher und gewillkürter Erbfolge.** Praxisrelevant ist insbes. die Konstellation, bei welcher der Erblasser lediglich über einen Bruchteil seines Erbteils eine Verfügung von Todes wegen getroffen hat, während der verbleibende Anteil seines Nachlasses zur gesetzlichen Erbfolge gelangen soll. Hat der Erblasser nur einen Erben eingesetzt und die Einsetzung auf einen Bruchteil der Erbschaft beschränkt, tritt in Ansehung des übrigen Teils gem. § 2088 I die gesetzliche Erbfolge ein. Das Gleiche gilt gem. § 2088 II, wenn der Erblasser mehrere Erben unter Beschränkung eines jeden auf einen Bruchteile eingesetzt hat und dadurch das Ganze nicht erschöpfen.

6 **d) Sonstige Fälle.** Hat ein Miterbe die Erbschaft ausgeschlagen und sich daher der Erbteil des Erben erhöht, stellt dies grds. keinen gesonderten Erbteil im Sinn dieser Vorschrift dar. Nach § 1935 wird nur hinsichtlich bestimmter Rechtsfolgen ein besonderer Erbteil begründet, was aber nicht zur gesonderten Annahme oder Ausschlagung berechtigt (→ § 1935 Rn. 4; MüKoBGB/*Leipold* § 1951 Rn. 3). Die Anwachsung nach § 2095 sowie die güterrechtliche Erhöhung der Erbquote des Ehegatten nach § 1371 I führen ebenfalls nicht zu mehreren Erbteilen im Sinne dieser Vorschrift.

7 **3. Mehrere Berufungsgründe.** Liegen mehrere Erbteile im Sinn der vorliegenden Norm vor, ist zwischen der Berufung aus verschiedenen Gründen (Abs. 1) und aus einem Grund (Abs. 2) zu differenzieren. Berufungsgrund ist dabei der konkrete Tatbestand, aus dem sich die rechtliche Folge der Berufung zur Erbschaft ergibt (vgl. § 1949). Wer zu mehreren Erbteilen berufen ist, kann, wenn die Berufung auf verschiedenen Gründen beruht, den einen Erbteil annehmen und den anderen ausschlagen.

8 Beruht die Berufung auf demselben Grund, gilt die Annahme oder Ausschlagung des einen Erbteils auch für den anderen, selbst wenn der andere erst später anfällt. Die Berufung beruht auf demselben Grund auch dann, wenn sie in verschiedenen Testamenten oder vertragsmäßig in verschiedenen zwischen denselben Personen geschlossenen Erbverträgen angeordnet ist (§ 1951 II 2). Im Umkehrschluss dazu kann gefolgert werden, dass die Berufung durch ein Testament und einen Erbvertrag oder durch Erbverträge mit unterschiedlichen Personen zu verschiedenen Berufungsgründen führt.

9 **4. Gestattung durch den Erblasser (Abs. 3).** Durch die Regelung in § 1951 III kann der Erblasser, der einen Erben auf mehrere Erbteile einsetzt, ihm durch Verfügung von Todes wegen gestatten, den einen Erbteil anzunehmen und den anderen auszuschlagen. Um eine Teilannahme oder Teilausschlagung im Sinn dieser Vorschrift zu ermöglichen, darf der Erblasser im Testament die Erbschaft in Bruchteile aufspalten (BayObLG NJW-RR 1997, 72 (73)). Diese Ermächtigung muss nicht ausdrücklich unter Verwendung des § 1951 III erklärt werden, vielmehr muss diese durch Auslegung ermittelt werden können. Bei Abs. 3 handelt es sich um eine Ausnahmebestimmung, denn sie stellt eine Durchbrechung der Unteilbarkeit des Erbteils dar, und ist daher eng auszulegen (LG Berlin BeckRS 2003, 13017 = FamRZ 2003, 1134). Hat der Erblasser einen Erben teilweise zum Erben und teilweise zum Nacherben eingesetzt, enthält die gewählte Konstellation eine Vermutung dahingehend, dass der Erblasser entsprechend der Regelung in § 1951 III dem Erben eine selektive Ausschlagung gestatten wollte (offen gelassen von KG NJW-RR 2005, 592 (593); *v. Oertzen/Hannes* ZEV 2003, 361, bejahend MüKoBGB/*Leipold* § 1952 Rn. 2). In diesem Zusammenhang ist es dem Erblasser auch gestattet, die gesonderte Annahme und Ausschlagung der verschiedenen Erbschaften anzuordnen.

10 **5. Rechtsfolgen.** Liegen mehrere Erbteile bei einer Berufung aus verschiedenen Gründen oder mehrere Erbteile auf einem Grund, wobei eine Gestattung iSd § 1951 III vorliegt, kann der Erbe einen Erbteil annehmen und den anderen ausschlagen. Gerade bei der Vertragsgestaltung von Verfügungen von Todes

wegen ist die Vorschrift von Bedeutung, wenn die Größe des Nachlasses im Todesfall nicht absehbar ist, aber im Hinblick auf die Erbschaftsteuer die Möglichkeit einer Ausschlagung von einem Teil des Nachlasses erhalten bleiben soll.

§ 1952 Vererblichkeit des Ausschlagungsrechts

(1) **Das Recht des Erben, die Erbschaft auszuschlagen, ist vererblich.**

(2) **Stirbt der Erbe vor dem Ablauf der Ausschlagungsfrist, so endigt die Frist nicht vor dem Ablauf der für die Erbschaft des Erben vorgeschriebenen Ausschlagungsfrist.**

(3) **Von mehreren Erben des Erben kann jeder den seinem Erbteil entsprechenden Teil der Erbschaft ausschlagen.**

1. **Normzweck/Vererblichkeit.** Zweck dieser Vorschrift ist die Sicherstellung eines Übergangs des Ausschlagungsrechts auf die Erben, wenn der Ausschlagungsberechtigte vor Ablauf der Ausschlagungsfrist verstirbt. Auf Vermächtnisse finden Abs. 1 u. 3 dieser Vorschrift gem. § 2180 III entsprechende Anwendung. Auf wen sich das Ausschlagungsrecht vererbt, ergibt sich jedoch nicht aus § 1952, sondern aus dem in § 1942 zum Ausdruck gekommenen Wesen des Ausschlagungsrechts (BGH NJW 1965, 2295). Im Umkehrschluss zu dieser Vorschrift muss gefolgert werden, dass das Ausschlagungsrecht als Gestaltungsrecht, welches an die Erbenstellung gebunden ist, nicht durch ein Rechtsgeschäft übertragen werden kann (OLG Zweibrücken DNotZ 2008, 384). Eine Pfändung oder Überleitung auf den Sozialhilfeträger ist ebenfalls nicht möglich (MüKoBGB/*Leipold* Rn. 1; *Menzel* MittBayNot 2013, 289 (290); *Siebert* NJW 2015, 2855 (2856); *Roth* NJW-Spezial 2015, 423). Das „Recht" auf Annahme der Erbschaft kann gerade nicht gepfändet werden, da es höchstpersönlicher Natur ist und gerade auch mit dem Recht zur Ausschlagung korrespondiert (OLG München NJW 2015, 2128 (2129); *Siebert* NJW 2015, 2855 (2856)). Beim Ausschlagungsrecht handelt es sich um ein Gestaltungsrecht, welches sogar von Art. 14 GG („negative Erbfreiheit") geschützt ist, und eben nicht um einen überleitbaren Anspruch (*Menzel* MittBayNot 2013, 289 (290)). Der Erbeserbe darf die erste Erbschaft auch dann ausschlagen, wenn er bei dieser als Ersatzerbe zur Erbfolge gelangt. Auf diese Weise kann er Nachlassgläubigern den Zugriff auf die Erbschaft entziehen.

2. **Ausschlagungsfrist.** Wurde für den Erblasser eine Ausschlagungsfrist gem. § 1944 in Gang gesetzt, läuft diese grds. für dessen Erben weiter, und zwar unabhängig von seiner Kenntnis vom ersten Erbfall. Abs. 2 dieser Vorschrift bestimmt aber, dass die Frist nicht vor dem Ablauf der für die Erbschaft des Erben vorgeschriebenen Ausschlagungsfrist endet. Die Frist beträgt gem. § 1944 III ebenfalls sechs Monate, wenn der Erbeserbe seinen letzten Wohnsitz nur im Ausland hatte oder wenn sich der Erbeserbe bei dem Beginn der Frist im Ausland aufhielt.

3. **Vor- und Nacherbschaft.** Bei einer Vor- und Nacherbschaft kann die Vererblichkeit des Ausschlagungsrechts ebenfalls zum Tragen kommen. Für die gesetzlichen Erben eines Vorerben, denen der Nachlass durch Eintritt des Nacherbfalls nicht zufällt, besteht auch noch nach Eintritt des Nacherbfalles die Möglichkeit, den Anfall der Vorerbschaft an ihre Rechtsvorgänger auszuschlagen, solange die Ausschlagungsfrist noch läuft (BGH NJW 1965, 2295). Durch ein Ausschlagen der Erben des Vorerben erlangt der Vorerbe den Nachlass letztlich nie, so dass auch kein Raum für den Nacherbfall bleibt (MüKoBGB/*Leipold* Rn. 3). Ist hingegen der Erbeserbe lediglich Vorerbe, kann er dennoch den Nachlass nach dem Ersterben ausschlagen, ohne dass der Ausschlagung die §§ 2112, 2113 entgegenstehen. Entsprach die Ausschlagung jedoch nicht einer ordnungsgemäßen Verwaltung, kann der Erbeserbe als Vorerbe dem Nacherben gem. §§ 2130, 2131 verantwortlich sein (Palandt/*Weidlich* Rn. 5).

4. **Mehrheit von Erbeserben (Abs. 3).** Sind mehrere Erbeserben, also nicht nur ein alleiniger Erbe vorhanden, erlangen die Erbeserben den Erbteil in Form einer Erbengemeinschaft, so dass grds. alle Erbeserben die Erbschaft gemeinsam ausschlagen müssten. Davon normiert § 1952 III eine Ausnahme. Danach kann von mehreren Erben des Erben jeder den seinem Erbteil entsprechenden Teil der Erbschaft ausschlagen. Die Ausschlagung durch einen von mehreren Erbeserben führt zur Anwachsung unter den annehmenden übrigen Erbeserben, da dies der Struktur der gesonderten Gesamthandsgemeinschaft entspricht (MüKoBGB/*Leipold* Rn. 18; Palandt/*Weidlich* Rn. 3; zur abw. Lösung vgl. Staudinger/*Otte* Rn. 8).

Haben Ehegatten im gesetzlichen Güterstand der Zugewinngemeinschaft gelebt und sind diese kurz nacheinander verstorben, stellt sich die Frage, inwiefern im Hinblick auf das Wahlrecht in § 1371 zu verfahren ist. Im Hinblick auf die in § 1952 III vorgegebene Regelung könnte man die Ansicht vertreten, jedem Miterben solle das Wahlrecht zustehen. Nachdem der Sinn und Zweck des § 1952 III darin zu sehen ist, jedem Erbeserben das Ausschlagungsrecht ohne Zustimmung des jeweils anderen Miterben zu gewähren, kann das Wahlrecht jedoch nur insgesamt entstehen, wenn alle Erbeserben die Erbschaft im Hinblick auf das Wahlrecht ausschlagen (MüKoBGB/*Leipold* Rn. 19; Palandt/*Weidlich* Rn. 4 mwN).

§ 1953 Wirkung der Ausschlagung

(1) **Wird die Erbschaft ausgeschlagen, so gilt der Anfall an den Ausschlagenden als nicht erfolgt.**

(2) **Die Erbschaft fällt demjenigen an, welcher berufen sein würde, wenn der Ausschlagende zur Zeit des Erbfalls nicht gelebt hätte; der Anfall gilt als mit dem Erbfall erfolgt.**

10 BGB § 1953 Buch 5. Abschnitt 2. Titel 1. Annahme und Ausschlagung der Erbschaft

(3) ¹Das Nachlassgericht soll die Ausschlagung demjenigen mitteilen, welchem die Erbschaft infolge der Ausschlagung angefallen ist. ²Es hat die Einsicht der Erklärung jedem zu gestatten, der ein rechtliches Interesse glaubhaft macht.

1 **1. Normzweck/Allgemeines.** Der Vonselbsterwerb im deutschen Erbrecht hat unter Umständen die Folge, dass der Nachlass durch Ausschlagung herrenlos werden könnte. Um dies zu verhindern, hat der Gesetzgeber die Wirkung einer Erbschaftsausschlagung in § 1953 ausdrücklich geregelt und dabei zwei Fiktionen in das Gesetz aufgenommen. Wird die Erbschaft ausgeschlagen, gilt der Anfall gem. Abs. 1 an den Ausschlagenden als nicht erfolgt. Zugleich wird der Anfall der Erbschaft für den endgültigen Erben auf den Zeitpunkt des Erbfalls fingiert, was sowohl für den vorläufigen als auch für den endgültigen Erben rechtliche Konsequenzen hat. Die Vorschrift des § 1953 wird analog zT auf die Auflösung von Stiftungen angewandt (LG Mainz NZG 2002, 738). Auf Vermächtnisse finden Abs. 1 u. 2 dieser Norm gem. § 2180 III entsprechende Anwendung. Das Rechtsverhältnis zwischen dem endgültigen und dem vorläufigen Erben ist in § 1959 normiert, wobei darin die Vorschriften über die Geschäftsführung ohne Auftrag für anwendbar erklärt werden.

2 **2. Folgen für den Ausschlagenden.** Durch eine formgerecht (§ 1945) innerhalb der Ausschlagungsfrist (§ 1944) zum richtigen Zeitpunkt (§ 1946) erklärte Ausschlagung, die an keinem sonstigen Wirksamkeitsmangel leidet, gilt gem. Abs. 1 der Anfall der Erbschaft an den Ausschlagenden als nicht erfolgt. Mangels Universalsukzession nach § 1922 war der Ausschlagende damit zu keinem Zeitpunkt Erbe des Nachlasses. Damit sind Forderungen des vorläufigen Erben gegenüber dem Erblasser auch nicht durch Konfusion erloschen. Erbschaftsteuerbescheide sind aufzuheben (BFH ZEV 2006, 38). Nach der Ausschlagung der Erbschaft sind alle Klagen gegen den vorläufigen Erben nicht nur erledigt, sondern sogar unbegründet (AG Northeim NJW-RR 2007, 9; LG Bonn ZEV 2009, 575).

3 a) **Pflichtteilsansprüche.** Zwar führt die Ausschlagung zum Verlust der Erbenstellung, dennoch ist diese nicht mit dem Ausschluss des Erben von der Erbfolge durch Verfügung von Todes wegen iSd § 2303 gleichzusetzen. Im Gegensatz zu der Regelung in § 2303 beruht dieser Ausschluss auf einem freien Willensentschluss des Erben (→ § 2303 Rn. 30). Damit verliert der Erbe trotz der Fiktion des § 1953 seine Pflichtteilsansprüche, falls nicht ein Fall des § 1371 III (bei Ehegatten) oder der §§ 2306 I, 2307 I vorliegt.

4 b) **Rechtsgeschäfte.** Hat der Ausschlagende Rechtsgeschäfte vor der Ausschlagung getroffen, also bspw. Verträge geschlossen oder sonstige Willenserklärungen abgegeben, sind diese als Rechtsgeschäfte eines Nichtberechtigten anzusehen. Verfügungen des einstweiligen Erben werden daher im Allgemeinen unwirksam (BGH NJW 1969, 1349). Von diesem Grundsatz hat der Gesetzgeber in § 1959 zum Schutz Dritter sowie des vorläufigen Erben Ausnahmen festgelegt. Verfügt der Erbe vor der Ausschlagung über einen Nachlassgegenstand, wird die Wirksamkeit der Verfügung durch die Ausschlagung gem. § 1959 II nicht berührt, falls die Verfügung nicht ohne Nachteil für den Nachlass verschoben werden konnte. Ein Rechtsgeschäft, das gegenüber dem Erben als solchem vorgenommen werden muss, bleibt, wenn es vor der Ausschlagung dem Ausschlagenden gegenüber vorgenommen wird, auch nach der Ausschlagung gem. § 1959 III wirksam. Ferner können auf Grund des Gutglaubensschutzes Rechte an Grundstücken erworben werden, falls der vorläufige Erbe bereits im Grundbuch eingetragen war (§§ 892, 893) oder ihm ein Erbschein erteilt wurde (§§ 2366, 2367) und er die Annahme im Nachhinein, nachdem er die Verfügungen getroffen hat, wieder erfolgreich gem. §§ 1954 ff. angefochten hat (BGH NJW 1969, 1349).

5 c) **Besitz.** Die Vererblichkeit von Besitz ist in § 857 normiert. Dieser geht ohne weitere Maßnahme auf den Erben über. Hat der vorläufige Erbe die Sachherrschaft nicht ausschließlich über § 857 erhalten, sondern gem. § 854 zudem die tatsächliche Gewalt über die Sache erworben, führt dies trotz der Regelung in § 1953 nicht mehr zu einem Besitzübergang auf den endgültigen Erben. Aufgrund der Konstruktion der §§ 854 ff. muss die tatsächliche Sachherrschaft Vorrang genießen vor der Fiktion des § 1953. In Folge dessen ist es für den Besitzerwerb des endgültigen Erben notwendig, dass ihm der vorläufige Erbe die in den Nachlass fallenden Sachen herausgibt. Verfügt der vorläufige Erbe über Gegenstände, die zum Nachlass gehören, dann erwirbt ein Dritter unabhängig von § 1959 gutgläubig nach § 932 ff., da die Sache dem wirklichen Eigentümer (endgültigen Erben) weder gestohlen worden, verloren gegangen oder sonst abhandengekommen ist (§ 935 I; MüKoBGB/*Leipold* Rn. 4 mwN). Eine verbotene Eigenmacht des vorläufigen Erben liegt gerade nicht vor. Der endgültige Erbe hat jedoch einen Herausgabeanspruch.

6 d) **Vermächtnisse und Auflagen.** Ein Vermächtnis bleibt, sofern nicht ein anderer Wille des Erblassers anzunehmen ist, gem. § 2161 wirksam, wenn der Beschwerte nicht Erbe oder Vermächtnisnehmer wird. Beschwert ist in diesem Falle derjenige, welchem der Wegfall des zunächst Beschwerten unmittelbar zustattenkommt. Die gleiche Regelung gilt gem. § 2192 für Auflagen. Hat der Erblasser zugunsten des vorläufigen Erben ein Vorausvermächtnis angeordnet, bleibt dieses auch nach der Ausschlagung der Erbschaft bestehen, es sei denn ein abweichender Wille ist der Verfügung von Todes wegen zu entnehmen. Möchte der vorläufige Erbe auch dieses Vermächtnis nicht annehmen, muss er es nach § 2180 unter den dort genannten Bedingungen ausschlagen.

7 **3. Nächstberufener Erbe.** Hat der vorläufige Erbe die Erbschaft ausgeschlagen, fällt gem. Abs. 2 die Erbschaft demjenigen an, welcher berufen sein würde, wenn der Ausschlagende zur Zeit des Erbfalls nicht gelebt hätte. Durch Abs. 2 Hs. 2 gilt die Fiktion einer Rückwirkung zum Zeitpunkt des Erbfalls, also dem Todestag. Wer der nächstberufene Erbe ist, muss ermittelt werden, indem man die Erbfolge unter der Annahme prüft, dass der Ausschlagende zum Zeitpunkt des Erbfalls nicht gelebt hätte. Daher

Wirkung der Ausschlagung **§ 1953 BGB 10**

kann zugleich nächstberufener Erbe nur derjenige sein, der zum Zeitpunkt des Erbfalls gelebt hat. Bzgl. der Erbfolge des Nasciturus → § 1943 Rn. 12. Bei der Ermittlung des nächstberufenen Erben ist zwischen gesetzlicher Erbfolge und gewillkürter Erbfolge zu differenzieren.

a) Gesetzliche Erbfolge. Hatte der Erblasser keine Verfügung von Todes wegen getroffen, ist anhand der **8** Vorgaben für die gesetzliche Erbfolge gem. §§ 1924 ff. der endgültige Erbe zu ermitteln. An die Stelle eines zur Zeit des Erbfalls nicht mehr lebenden Abkömmlings treten gem. § 1924 III die durch ihn mit dem Erblasser verwandten Abkömmlinge (Erbfolge nach Stämmen). Schlägt ein Elternteil aus, treten gem. § 2915 III an die Stelle des Verstorbenen dessen Abkömmlinge nach den für die Beerbung in der ersten Ordnung geltenden Vorschriften. Sind Abkömmlinge nicht vorhanden, erbt der überlebende Teil allein. Falls ein Großelternteil die Erbschaft ausschlägt, treten an die Stelle des Verstorbenen gem. § 1925 III dessen Abkömmlinge. Sind Abkömmlinge nicht vorhanden, fällt der Anteil des Verstorbenen dem anderen Teil des Großelternpaars und, wenn dieser nicht mehr lebt, dessen Abkömmlingen zu. Sind keine Abkömmlinge dieser Ordnung vorhanden, erben die Mitglieder der entfernteren Ordnung (§§ 1928 ff.).

Bei Ausschlagen der Erbschaft des überlebenden Ehegatten durch seinen Ehepartner ist die Regelung **9** des § 1931 zu beachten. Schlägt ein Ehegatte aus, erhöht sich der Erbteil der übrigen Erben gem. § 1931 I. Sind weder Verwandte der ersten oder der zweiten Ordnung noch Großeltern vorhanden, begründet nach § 1931 II die Ausschlagung durch einen Ehegatten das Erbrecht der übrigen Ordnungen. Für gleichgeschlechtliche Lebenspartner gilt die Regelung in § 10 II LPartG.

Im Fall einer Erbteilserhöhung gilt der Teil, um welchen sich der Erbteil erhöht, in Ansehung der Vermächtnisse und Auflagen, mit denen dieser Erbe oder der wegfallende Erbe beschwert ist, sowie in Ansehung der Ausgleichungspflicht als besonderer Erbteil (§ 1935). Sind keine Verwandten, Lebenspartner oder Ehegatten vorhanden, gelangt der Fiskus zur Erbfolge (§ 1936).

b) Gewillkürte Erbfolge. Hatte der Erblasser eine Verfügung von Todes wegen in Form eines Testa- **10** ments oder Erbvertrags errichtet, ist maßgeblich, ob er jemanden bzw. wen er zum Ersatzerben bestimmt hat (§§ 2096, 2097). Hat der Erblasser keinen Ersatzerben für seine Abkömmlinge angeordnet, ist gem. § 2069 im Zweifel anzunehmen, dass dessen Abkömmlinge, also die Enkelkinder des Erblassers, insoweit bedacht sind, als sie bei der gesetzlichen Erbfolge an dessen Stelle treten würden. Das Recht des Ersatzerben geht der Anwachsung vor (§ 2099).

Falls kein Ersatzerbe benannt wurde und sich aufgrund gesetzlicher Vermutungsregelungen keine Er- **11** satzerbfolge ergibt, wächst der Erbteil des Ausschlagenden den übrigen Erben nach dem Verhältnis ihrer Erbteile gem. § 2094 an. Sind keine Miterben vorhanden, tritt die gesetzliche Erbfolge ein.

Bei Fällen der Vor- und Nacherbschaft sind besondere Bestimmungen zu beachten. Die Einsetzung als **12** Nacherbe enthält im Zweifel auch die Einsetzung als Ersatzerbe (§ 2102 I). Schlägt der Nacherbe die Erbschaft aus, verbleibt sie gem. § 2142 II dem Vorerben, soweit nicht der Erblasser ein anderes bestimmt hat. Insofern genießt auch in diesem Fall der Erblasserwille Vorrang. Dieser kann dazu führen, dass anhand der Gesamtumstände eine Anwendung von § 2069 tunlich ist und damit die Abkömmlinge des Nacherben als Ersatznacherben anzusehen sind.

4. Mitteilungspflicht des Gerichts. Das Nachlassgericht soll gem. Abs. 3 die Ausschlagung demjeni- **13** gen mitteilen, welchem die Erbschaft infolge der Ausschlagung angefallen ist. Es hat die Einsicht der Erklärung jedem zu gestatten, der ein rechtliches Interesse glaubhaft macht.

a) Mitteilungspflicht nach Abs. 3 S. 1. Durch die Mitteilungspflicht soll eine möglichst schnelle Be- **14** endigung des Nachlassverfahrens gewährleistet werden und in Folge dessen Rechtsklarheit für die Erben und Dritte geschaffen werden. Mit Mitteilung der Ausschlagung wird der Beginn der Ausschlagungsfrist des nächstberufenen Erben spätestens gewährleistet. Dazu hat das Nachlassgericht gem. § 26 FamFG von Amts wegen den nächstberufenen Erben zu ermitteln.

Für die Ermittlung von Erben wird selbst dann, wenn sie nach landesgesetzlichen Vorschriften von **15** Amts wegen stattfindet, keine Gebühr gem. § 105 KostO erhoben. Die Kostenordnung wurde im Rahmen das 2. Kostenrechtsmodernisierungsgesetzes mWz 1.8.2013 durch das Gerichts- und Notarkostengesetz (GNotKG) ersetzt. Danach werden auch weiterhin keine Kosten für die Erbenermittlung erhoben.

Hat der nächstberufene Erbe auf sonstige Weise von der Erbschaft Kenntnis erlangt und ist dies dem Nachlassgericht bekannt, kann die Mitteilungspflicht entfallen. Dem Wort „soll" ist zu entnehmen, dass die Mitteilungspflicht gem. Abs. 3 S. 1 keine konstitutive Wirkung für die Ausschlagung bzw. den Anfall der Erbschaft hat (MüKoBGB/*Leipold* Rn. 14).

b) Mitteilungspflicht des Ausschlagenden. Eine Mitteilungspflicht des vorläufigen an den endgültigen **16** Erben kann aus Treu und Glauben nicht hergeleitet werden, da der Gesetzgeber sich ausdrücklich für eine Mitteilungspflicht durch das Nachlassgericht nach Abs. 3 entschieden hat (unentschieden von LG Bonn BeckRS 2004, 17835).

c) Einsichtsrecht. Das Nachlassgericht hat die Einsicht der Erklärung jedem zu gestatten, der ein **17** rechtliches Interesse glaubhaft macht. Ein rechtliches Interesse ist im Gesetz in dieser Vorschrift nicht ausdrücklich definiert, aber öfter im Bürgerlichen Gesetzbuch zu finden (→ § 2228 Rn. 1 zu den einzelnen Normen). Das rechtliche Interesse ist dabei enger als ein berechtigtes Interesse (Palandt/*Weidlich* Rn. 6). Entgegen abweichender Auffassung (so MüKoBGB/*Leipold* Rn. 17) ist dieses nicht großzügig zu gewähren, da gerade bei Ausschlagung zahlreiche Begründungen in der Praxis auf Wunsch des Ausschlagenden aufgenommen werden und so persönliche und für die Beteiligten unangenehme Details an die Öffentlichkeit gelangen könnten. Ein rechtliches Interesse ist anzunehmen, wenn die Ausschlagung die eigenen Rechte oder Pflichten beeinflusst, was bspw. beim Nacherben, Miterben oder Testamentsvollstrecker der Fall ist (MüKoBGB/*Leipold* Rn. 18). Entgegen abweichender Auffassung (so MüKoBGB/*Leipold* Rn. 17) genügen die bloße verwandtschaftliche Beziehung zum Erblasser oder wirtschaftliche Erwägungen ausdrücklich nicht.

18 Das rechtliche Interesse ist glaubhaft zu machen. Insofern darf gem. § 31 I FamFG der Einsichtbegehrende sich aller Beweismittel bedienen, auch zur Versicherung an Eides statt vom Nachlassgericht zugelassen werden. Gegen eine ablehnende Entscheidung darf dieser gem. § 58 FamFG Beschwerde einlegen, wobei jedoch die Frist des § 63 FamFG zu beachten ist.

§ 1954 Anfechtungsfrist

(1) **Ist die Annahme oder die Ausschlagung anfechtbar, so kann die Anfechtung nur binnen sechs Wochen erfolgen.**

(2) ¹**Die Frist beginnt im Falle der Anfechtbarkeit wegen Drohung mit dem Zeitpunkt, in welchem die Zwangslage aufhört, in den übrigen Fällen mit dem Zeitpunkt, in welchem der Anfechtungsberechtigte von dem Anfechtungsgrund Kenntnis erlangt.** ²**Auf den Lauf der Frist finden die für die Verjährung geltenden Vorschriften der §§ 206, 210, 211 entsprechende Anwendung.**

(3) **Die Frist beträgt sechs Monate, wenn der Erblasser seinen letzten Wohnsitz nur im Ausland gehabt hat oder wenn sich der Erbe bei dem Beginn der Frist im Ausland aufhält.**

(4) **Die Anfechtung ist ausgeschlossen, wenn seit der Annahme oder der Ausschlagung 30 Jahre verstrichen sind.**

1 **1. Allgemeines.** Grundsätzlich ist die Anfechtung von Willenserklärungen in den §§ 119 ff. geregelt. Für die Anfechtung der Annahme und Ausschlagung einer Erbschaft stellen die §§ 1954 ff. jedoch die spezielleren Normen dar, insbes. hinsichtlich Form und Frist der Anfechtung sowie deren Rechtswirkungen. IÜ richtet sich die Anfechtung der Erbschaftsannahme und Erbschaftsausschlagung wegen Irrtums weiterhin nach § 119 (BGH DNotZ 1990, 50 (52); BayObLG NJW-RR 1995, 904; KG MittBayNot 2004, 453 (454)). In Abweichung von den allgemeinen Regelungen einer Anfechtung ist in § 1957 die Wirkung der Anfechtung ausdrücklich speziell geregelt.

2 Die Annahmeerklärung kann wie jede andere Willenserklärung gem. § 119 angefochten werden, wenn der Anfechtende bei der Abgabe der Willenserklärung über deren Inhalt im Irrtum gewesen sei oder eine Erklärung diesen Inhalts überhaupt nicht habe abgeben wollen, sofern anzunehmen sei, dass er sie bei Kenntnis der Sachlage und bei verständiger Würdigung des Falles nicht abgegeben haben würde (BayObLGZ 1983, 153 (156); *Ivo* ZNotP 2004, 396 (398)).

Dementsprechend ist hinsichtlich der Anfechtungsgründe zwischen Inhaltsirrtum (§ 119 I Alt. 1) und Erklärungsirrtum (§ 119 I Alt. 2) sowie über den Irrtum einer verkehrswesentlichen Eigenschaft des Nachlasses (§ 119 II) zu differenzieren.

3 **2. Anfechtungsfrist.** Gem. § 1954 II beginnt im Falle der Anfechtbarkeit wegen Drohung die Anfechtungsfrist mit dem Zeitpunkt, in welchem die Zwangslage aufhört. Bei allen anderen Anfechtungsgründen beginnt die Anfechtungsfrist von dem Zeitpunkt an, in welchem der Anfechtungsberechtigte von dem Anfechtungsgrund zuverlässige Kenntnis erlangt (KG MittBayNot 2004, 453). Die notwendige Kenntnis liegt vor, sobald dem Anfechtungsberechtigten die dafür maßgeblichen Tatsachen bekannt werden und er erkannt, dass seine Erklärung eine andere Bedeutung oder Wirkung hatte, als er ihr beilegen wollte (BayObLG MittBayNot 1998, 192 (193)). Fahrlässige Unkenntnis, bloßes Kennenmüssen und das Vorliegen von Verdachtsgründen führt nicht zu einer Kenntnis im Sinn dieser Vorschrift (BayObLG MittBayNot 1998, 192 (194)). Im Gegenzug muss jedoch weder der Anfechtende über das Anfechtungsrecht als solches unterrichtet sein noch muss bei diesem eine volle Überzeugung über das Bestehen von Anfechtungsrechten bestehen (BayObLG MittBayNot 1998, 192 (194)). Haben mehrere Erben nacheinander die Ausschlagung der Erbschaft erklärt, beginnt für die nachrangigen Erben die Anfechtungsfrist nicht erst mit der Kenntnis von dem Umstand, dass vorrangig berufene Erben von ihrem Anfechtungsrecht keinen Gebrauch gemacht haben (KG MittBayNot 2004, 453 (455)). Rechtsunkenntnis stellt keine höhere Gewalt dar und führt nicht zu einer Hemmung der Anfechtungsfrist (BayObLG NJW-RR 1997, 72 (74)). Hinweise des Gerichts zur Auslegung eines Testaments führen nicht zwangsläufig zur Kenntnis. Ein Miterbe erlangt bspw. nicht bereits dadurch Kenntnis von der Beschränkung durch eine Nacherbfolge, wenn das Nachlassgericht auf Erteilung eines Erbscheins seine vorläufige Auffassung zur Auslegung eines privatschriftlichen Testament zu erkennen gibt, dass eine Nacherbfolge angeordnet ist (OLG Hamm MittBayNot 2004, 456).

4 Auf den Lauf der Frist finden gem. Abs. 2 S. 2 die für die Verjährung geltenden Vorschriften der §§ 206, 210 u. 211 entsprechende Anwendung. Im Gegensatz zu § 1944 verweist diese Regelung auch auf § 211. Die Verjährung eines Anspruchs, der zu einem Nachlass gehört oder sich gegen einen Nachlass richtet, tritt danach nicht vor dem Ablauf von sechs Monaten nach dem Zeitpunkt ein, in dem die Erbschaft von dem Erben angenommen oder das Insolvenzverfahren über den Nachlass eröffnet wird oder von dem an der Anspruch von einem oder gegen einen Vertreter geltend gemacht werden kann.

5 **3. Anfechtungsgründe.** Neben der Ausübung des Anfechtungsrechts obliegt dem Anfechtungsberechtigten zudem die Auswahl unter den Anfechtungsgründen (BayObLG NJWE-FER 1998, 178 (179)).

Ein Anfechtungsgrund ist bei der Erklärung selbst nicht zwingend anzugeben, der Wille muss nur erkennbar sein (str; offen gelassen von BGH NJW-RR 2016, 198 (199)). Im Rahmen des Nachlassverfahrens beschränkt sich jedoch die Ermittlungspflicht der Tatsacheninstanz ausschließlich auf die dann später geltend gemachten Anfechtungsgründe (BayObLG DNotZ 1994, 408 (410); NJWE-FER 1998, 178 (179); OLG Düsseldorf ZEV 2016, 721). Das Nachschieben eines weiteren Anfechtungsgrundes im Rechtsbeschwerdeverfahren ist hingegen nicht zulässig (BayObLG DNotZ 1994, 408 (411); OLG Düsseldorf ZEV 2016, 721). Das Nachlassgericht muss nicht nach § 26 FamFG von Amts wegen ermitteln, ob zur Anfechtung berechtigte Tatsachen vorliegen, die der Anfechtende selbst nicht behauptet (BGH NJW-RR 2016, 198 (199); *Siebert* NJW 2016, 1063 (1064)). Bei der Anfechtung der Annahme und Ausschlagung durch den Anfechtungsberechtigten ist durch Auslegung zu ermitteln, was seitens des Anfechtungsberechtigten erkennbar gewollt war (BayObLGZ 1983, 153 (160)). Zudem muss eine Kausalität zwischen Irrtum und Handlung bzw. unterbliebener Handlung vorliegen.

a) **Inhaltsirrtum (§ 119 I Alt. 1).** Ein Inhaltsirrtum gem. § 119 I Alt. 1 liegt vor, wenn zwar der äußere Tatbestand – im Gegensatz zum Erklärungsirrtum – dem Willen des Erklärenden entspricht, dieser sich jedoch über die Bedeutung oder die Tragweite seiner Erklärung irrt (BGH NJW 1999, 2664 (2665); *Ivo* ZNotP 2004, 396 (398)). Erklärungen, die auf einen im Stadium der Willensbildung unterlaufenen Irrtum im Beweggrund, einem sog. Motivirrtum, beruhen, berechtigen hingegen nicht zur Anfechtung wegen Inhaltsirrtums (BGH NJW 2008, 2442 (2443)). 6

Die Abgrenzung zwischen einem beachtlichen Inhaltsirrtum und einem unbeachtlichen Motivirrtum ist stets problematisch bei Fallkonstellationen, in denen der ausschlagende Erbe Rechtsfolgen seiner Ausschlagung erwartet, die trotz Ausschlagung nicht eintreten. Ein Inhaltsirrtum ist gegeben, wenn infolge Verkennung oder Unkenntnis seiner rechtlichen Bedeutung ein Rechtsgeschäft erklärt ist, das nicht die mit seiner Vornahme erstrebte, sondern eine davon wesentlich verschiedene Rechtswirkung, die nicht gewollt ist, hervorbringt. Unbeachtlich ist ein Irrtum des Ausschlagenden, wenn ein rechtsirrtumfrei erklärtes und gewolltes Rechtsgeschäft außer der mit seiner Vornahme erstrebten Rechtswirkung noch andere, nicht erkannte und nicht gewollte Rechtswirkungen hervorbringt (BayObLG NJW-RR 1995, 904 (905); LG München NJWE-FER 2000, 184 (185)). Grundsätzlich scheidet eine Anfechtung daher nach § 119 I bei Vorliegen eines Rechtsfolgeirrtums ebenfalls aus, wenn die Erklärungen auf einer Fehlvorstellung über die Rechtsfolgen beruhen, die sich nicht aus dem Inhalt der Erklärung ergeben, sondern kraft Gesetzes eintreten (BGH NJW 2008, 2442 (2443)). Ein Irrtum über die Rechtsfolgen einer Erklärung kann jedoch ausnahmsweise ebenfalls als Inhaltsirrtum anzusehen sein und zur Anfechtung berechtigten (BayObLG NJWE-RR 1998, 178 (179)). Ein Inhaltsirrtum kann darin erkannt werden, dass der Anfechtungsberechtigte über die Rechtsfolgen seiner Willenserklärung irrt, weil seine Willenserklärung nicht oder nicht die von ihm erstrebten Rechtswirkungen erzeugt, sondern solche, die sich davon unterscheiden (BayObLG DNotZ 1988, 443 (444)). Eine Anfechtung wegen Rechtsirrtums ist folglich nur dann möglich, wenn ein Rechtsgeschäft vorgenommen wird, das eine wesentlich andere Wirkung erzeugt als diejenige, die mit diesem Rechtsgeschäft gewollt war (BayObLG DNotZ 1988, 443 (444)). Für eine Anfechtung genügen mittelbare Rechtsfolgen jedoch nicht, da diese lediglich als Motivirrtum zu werten sind (BayObLG NJWE-RR 1998, 178 (179)). So liegt ein beachtlicher Rechtsfolgeirrtum nicht vor, wenn ein irrtumsfrei erklärtes und gewolltes Geschäft außer der erstrebten Wirkung noch andere nicht erkannte und nicht gewollte Nebenfolgen bringt (BGH NJW 1997, 653). Ein unbeachtlicher Rechtsirrtum liegt bspw. vor, wenn die ausdrücklich erklärte Annahme mit der Begründung angefochten wird, dass der Annehmende keine Kenntnis von einem Ausschlagungsrecht hatte (BayObLG NJW 1988, 1270 (1271)). 7

b) **Erklärungsirrtum (§ 119 I Alt. 2).** Eine Anfechtung der Annahme oder Ausschlagung wegen Erklärungsirrtums gem. § 119 I Alt. 2 ist möglich, wenn der Anfechtende bei der Abgabe der Annahme- oder Ausschlagungserklärung eine Erklärung dieses Inhalts überhaupt nicht habe abgeben wollen, insbes. sich verschrieben, vergriffen oder versprochen hat (BayObLGZ 1983, 153 (157); MüKoBGB/*Armbrüster* § 119 Rn. 46). Ein Erklärungsirrtum liegt demnach vor, wenn schon der äußere Tatbestand nicht dem Willen des Erklärenden entspricht (BGH NJW 2008, 2442 (2443)). Grundsätzlich ist im Bereich der Ausschlagung von Erbschaften eine Anfechtung wegen Erklärungsirrtums nur vereinzelt denkbar, was gerade bei der Ausschlagung der Erbschaft schon mit den gesetzlichen Formvorgaben zusammenhängt. Nachdem das Gesetz hinsichtlich der Annahme der Erbschaft keine Formvorgaben aufstellt, ist in diesem Bereich ein Erklärungsirrtum eher vorstellbar. Nimmt bspw. der Erbe die Erbschaft durch konkludentes Verhalten an (vgl. dazu Ausführungen in § 1943), ist eine Anfechtung der Annahme wegen Erklärungsirrtums denkbar, wenn der Erbe keine Kenntnis von der rechtlichen Möglichkeit der Ausschlagung hatte und diese Unkenntnis ursächlich für sein als Annahmeerklärung zu wertendes Verhalten war (BayObLGZ 1983, 153). 8

c) **Eigenschaftsirrtum (§ 119 II).** Eine Anfechtung des Nachlasses kommt in Frage, wenn beim Anfechtungsberechtigten ein Irrtum über eine verkehrswesentliche Eigenschaft des Nachlasses gem. § 119 II vorgelegen hat. Das Tatbestandsmerkmal „Sache" iSd § 119 II ist dabei nicht gegenständlich zu verstehen, sondern als Geschäftsgegenstand, wozu auch der Nachlass oder Erbteil zählt (*Kraiß* BWNotZ 1992, 31 (33)). Unter verkehrswesentlichen Eigenschaften iSd § 119 II sind alle wertbildenden Faktoren wie zB die Größe und Lage des Nachlasses, jedoch nicht der Wert oder Marktpreis selbst zu verstehen (OLG Stuttgart RNotZ 2009, 346). Hingegen stellt die Zusammensetzung des Nachlasses, dh die Zugehörigkeit bestimmter Rechte oder Vermögenswerte, eine verkehrswesentliche Eigenschaft dar (BayObLG NJOZ 2003, 916 (920)). 9

10 Ein Irrtum über die Größe des Erbanteils am Nachlass kann als verkehrswesentliche Eigenschaft anzusehen sein. Die Quote eines Erbanteils an dem gesamten Nachlass ist als wesentlich anzusehende Eigenschaft des Erbteils zu qualifizieren, da diese für die Bestimmung des Wertes des Erbanteils von wesentlicher Bedeutung ist, so dass ein Irrtum darüber zur Anfechtung berechtigt (OLG Hamm OLGZ 1966, 216 (220)).

11 Eine verkehrswesentliche Eigenschaft des Nachlasses ist ebenfalls anzunehmen, wenn es sich um die Überschuldung des Nachlasses handelt, sich der Erbe also über die Aktiva und Passiva des Nachlasses falsche Vorstellungen gemacht hatte, oder falls eine Belastung des Nachlasses mit wesentlichen Verbindlichkeiten vorliegt, deren rechtlicher Bestand ungeklärt ist (BGH DNotZ 1990, 50 (52); KG MittBayNot 2004, 453 (454); BayObLGZ 1980, 23 (26); OLG München BWNotZ 2015, 149 (150) = RNotZ 2015, 573 (574)). Zur Eigenschaft einer Sache zählt zwar nicht ihr Wert, aber alle wertbildenden Merkmale, die die Sache unmittelbar kennzeichnen, so dass beim Nachlass dessen Zusammensetzung ein solches wertbildendes Merkmal ist (BayObLG MittRhNotK 1999, 153 (155)). Aus diesem Grund gehört es zu den wertbildenden Faktoren des Nachlasses, mit welchen Verbindlichkeiten dieser belastet ist (BayObLG MittRhNotK 1999, 153 (155)). Das Vorhandensein eines Nachlassgegenstandes bzw. dessen Fehlen kann nur dann eine Anfechtung rechtfertigen, wenn dieser Gegenstand von wesentlicher Bedeutung für den Nachlass ist (BayObLG NJW-RR 1999, 590 (592)). Auch die ausdrückliche Annahme der Erbschaft kann wegen Irrtums angefochten werden, wenn der Erbe die Überschuldung des Nachlasses nicht bemerkt und er in Kenntnis der Sachlage die Erbschaft ausgeschlagen hätte (OLG Düsseldorf ZEV 2000, 64 (65)).

12 **d) Anfechtung wegen arglistiger Täuschung (§ 123).** Wer zur Abgabe einer Willenserklärung durch arglistige Täuschung oder widerrechtlich durch Drohung bestimmt worden ist, kann die Erklärung gem. § 123 anfechten. Eine arglistige Täuschung begeht, wer durch Vorspiegelung falscher oder Unterdrückung wahrer Tatsachen in einem anderen einen Irrtum mit dem Vorsatz hervorruft, dadurch in unlauterer Weise auf dessen Erklärungswillen einzuwirken (BayObLGZ 1958, 7 (11)). Täuschung durch Vorspiegelung falscher Tatsachen erfordert Angaben tatsächlicher Art. Bei einer Täuschung durch Verschweigen handelt arglistig, wer einen für die Erklärung relevanten Umstand für möglich hält und gleichzeitig weiß oder damit rechnet und billigend in Kauf nimmt, dass der Vertragsgegner den Umstand nicht kennt und bei Offenbarung nicht abgegeben hätte (BGH NJW 1995, 1549 (1550)). Der Täuschende muss ferner das Bewusstsein haben, dass dieser Irrtum für die Entschließung des Getäuschten ursächlich sein werde oder zumindest sein könne (BGH NJW 1957, 988). Ob jemand durch eine arglistige Täuschung zur Abgabe einer Willenserklärung bestimmt worden ist, hängt von den individuellen Umständen des einzelnen Falles ab (BGH NJW 1968, 2139). Eine arglistige Täuschung kommt insbes. dann in Frage, wenn einer der Miterben einen anderen Miterben über die Zugehörigkeit von Nachlassvermögen täuscht, damit dieser die Erbschaft ausschlägt.

13 **e) Anfechtung wegen Drohung (§ 123).** Eine Anfechtung wegen Drohung kann ebenfalls vorliegen, stellt aber einen in der Praxis seltenen Anwendungsfall dar. Drohung iSd § 123 ist die Ankündigung eines künftigen Übels, auf dessen Eintritt oder Nichteintritt der Drohende einwirken zu können behauptet und das verwirklicht werden soll, wenn der Anfechtende nicht die von dem Drohenden gewünschte Willenserklärung abgibt (BGH NJW 1951, 643; 1988, 2599 (2601)). Wer unter Ausnutzung einer seelischen Zwangslage zur Abgabe einer Willenserklärung veranlasst worden ist, kann die Erklärung nicht in entsprechender Anwendung des § 123 anfechten (BGH NJW 1988, 2599). Das Ausnützen einer seelischen Zwangslage steht der widerrechtlichen Drohung nicht gleich. Eine Drohung bei der Streitigkeit zwischen Erben ist möglich. Die Drohung damit, dass man den Erben wiederum enterben wird, wenn er die Erbschaft nach einem anderen ausschlägt, genügt dafür nicht, da die Enterbung nicht als Übel iSd § 123 gewertet werden kann. Die Anfechtungsfrist beginnt gem. § 1954 II im Falle der Anfechtbarkeit wegen Drohung mit dem Zeitpunkt, in welchem die Zwangslage aufhört, in den übrigen Fällen mit dem Zeitpunkt, in welchem der Anfechtungsberechtigte von dem Anfechtungsgrund Kenntnis erlangt.

14 **4. Einzelfälle, die eine Anfechtung berechtigten.** Der Irrtum des unter Beschwerungen als Alleinerbe eingesetzten Pflichtteilsberechtigten, er dürfe die Erbschaft nicht ausschlagen, um den Anspruch auf seinen Pflichtteil nicht zu verlieren, berechtigt zur Anfechtung (BGH NJW 2006, 3353 (3356); OLG Hamm ZEV 2006, 168; noch aA BayObLG NJW-RR 1995, 904). Als Anfechtungsgrund ist es ausreichend, dass der Anfechtende keine Kenntnis von der Möglichkeit oder Notwendigkeit einer Ausschlagung hatte und ihm dementsprechend nicht bewusst war, dass sein Unterlassen zur Annahme der Erbschaft führen kann (AG Northeim NJW-RR 2007, 9). Die Beschränkung des Erben durch die Anordnung einer Nacherbfolge ist eine verkehrswesentliche Eigenschaft des Nachlasses, die zu einer Anfechtung gem. § 119 II berechtigten kann (BayObLG NJW-RR 1997, 72 (74); OLG Hamm MittBayNot 2004, 456 (457)). Ein pflichtteilsberechtigter Erbe kann eine ausdrücklich erklärte Annahme einer Erbschaft, die mit einem Vermächtnis beschwert ist, nicht deshalb anfechten, er sei davon ausgegangen, die Erfüllung des Vermächtnisses bis zur Höhe seines Pflichtteils verweigern zu können, und aus diesem Grund von einer Anfechtung abgesehen zu haben (BayObLG NJWE-RR 1998, 178).

15 Hat ein Erbe, der im Gebiet der Bundesrepublik Deutschland gelebt hat, vor der Wiedervereinigung Deutschlands die Erbschaft in Unkenntnis von zum Nachlass gehörenden, in der ehemaligen DDR belegenen Immobilienvermögens ausgeschlagen, kann dies trotz damaliger Nichtverfügbarkeit oder Nichtverwertbarkeit solchen Grundbesitzes zur Anfechtung der Ausschlagung berechtigen, wenn darüber hinaus feststeht, dass dieser Erbe bei Kenntnis des Vorhandenseins solchen Vermögens damals nicht ausgeschlagen, sondern angenommen hätte (KG DtZ 1992, 355). Ein Irrtum gem. § 119 II ist denkbar,

wenn der Irrtum ein Vermächtnis betrifft, das den Nachlass derart stark belastet, dass der Pflichtteil des Erben gefährdet wäre (BGH NJW 1989, 2885).

Eine Einkommensteuerschuld kann eine verkehrswesentliche Eigenschaft der Erbschaft iSd § 119 II sein, wenn die Verbindlichkeit im Verhältnis zum gesamten Nachlass erheblich und für den Wert des Nachlasses von wesentlicher Bedeutung ist. Dabei ist jedoch eine Anfechtung der Annahme lediglich möglich, falls anzunehmen ist, dass der Erbe die Erbschaft bei Kenntnis der Einkommensteuerschuld nicht angenommen hätte, wogegen wiederum spricht, dass ein wesentlicher Reinnachlass nach Abzug der Einkommensteuerschuld verblieben wäre (BayObLG NJW-RR 1999, 590). 16

Schlägt ein testamentarischer Erbe die Erbschaft in der Annahme aus, dadurch fielen testamentarisch angeordnete Auflagen weg und er sei „befreiter" gesetzlicher Erbe, kann darin ein zur Anfechtung berechtigender Irrtum liegen (OLG Düsseldorf MittBayNot 1998, 266). Auch die Beschränkung eines Erbteils mit einer Nacherbfolge kann eine verkehrswesentliche Eigenschaft iSd § 119 II darstellen, die zur Anfechtung der Annahme berechtigt (OLG Hamm MittBayNot 2004, 456 (457)). 17

5. Einzelfälle, die eine Anfechtung nicht berechtigten. Die Anfechtung der Erbschaftsannahme kann nicht darauf gestützt werden, der Annehmende habe nicht gewusst, dass er die Erbschaft ausschlagen könne, oder auf die Unkenntnis des pflichtteilsberechtigten über den daraus folgenden Verlust seines Pflichtteilsanspruchs (BayObLGZ 1995, 120). Die Erklärung der Ausschlagung einer Erbschaft wegen Überschuldung des Nachlasses durch eine Nachlassverbindlichkeit berechtigt nicht zur Anfechtung, wenn sich später herausstellt, dass die in Betracht kommende Forderung gegen den Nachlass erst nach Ablauf der Verjährungsfrist geltend gemacht wird (LG Berlin NJW 1975, 2104). 18

Der Irrtum über den Wert des Nachlassgrundstücks rechtfertigt keine Anfechtung, weil der Wert von Nachlassgegenständen keine verkehrswesentliche Eigenschaft iSd § 119 II darstellt (BayObLGZ 1995, 120 (126)). Die fehlerhafte Bewertung von sonstigen Nachlassgegenständen genügt ebenfalls nicht für eine Anfechtung der Erbschaft (OLG Düsseldorf ZEV 2000, 64; aA AG Düsseldorf Rpfleger 1990, 72 (73)). Lässt sich ein zum Nachlass gehörender vermieteter Grundbesitz nicht zu seinen Ertragswerten halten, so dass das Darlehen aus nicht zum Nachlass gehörenden Mitteln bedient werden muss, rechtfertigt dies allein noch keine Anfechtung der Erbschaft. Vielmehr bedarf es auch in diesem Fall zusätzlich einer Überschuldung des Nachlasses (aA AG Düsseldorf Rpfleger 1990, 72 (73)). Die Anfechtung einer Erbschaftsausschlagung wegen Inhaltsirrtum ist nicht möglich, falls der Erbe zutreffend erkannt hat, dass er Erbe aufgrund gesetzlicher Erbfolge geworden ist, sich aber über die vom Gesetz nächstberufene Person geirrt hat (OLG Düsseldorf MittBayNot 1997, 374). Eine Anfechtung wegen Irrtums über eine verkehrswesentliche Eigenschaft scheidet jedoch aus, wenn der Anfechtende über die tatsächlichen Wertverhältnisse des Nachlasses im Irrtum war, da der Wert einer Sache eben nicht nach § 119 II zur Anfechtung berechtigt (OLG Stuttgart RNotZ 2009, 346 (347)). Die Höhe der Erbschaftssteuer stellt keine verkehrswesentliche Eigenschaft dar (*Kraiß* BWNotZ 1992, 31 (32)). 19

Wird das erstrebte Ziel, die Alleinerbeinsetzung des Ehegatten, wegen der Unwirksamkeit der Erklärung eines der Miterben nicht erreicht, scheidet eine Anfechtung aus, weil es sich dabei lediglich um einen unbeachtlichen Motivirrtum handelt (OLG München NJW 2010, 687). Der Irrtum darüber, wem der Erbteil infolge Ausschlagung anfällt, ist nämlich ein Irrtum über mittelbare Rechtsfolgen, der nicht zur Anfechtung berechtigt (OLG Düsseldorf MittRhNotK 1997, 194). 20

6. Dreißigjährige Frist (Abs. 4). Die dreißigjährige Frist des § 1954 IV ist eine Ausschlussfrist, die ohne Rücksicht auf die Fortdauer eines Irrtums oder einer Zwangslage und ohne Hemmung durch die in den §§ 203, 206, 207 BGB bestimmten Hemmungsgründe zu Ende geht (OLG Naumburg MittRhNotK 1992, 315). 21

7. Beweislast. Hinsichtlich der Beweislast gelten die allgemeinen Grundsätze, so dass der Anfechtende sowohl das Vorliegen eines Anfechtungsgrundes, als auch eine form- und fristgerechte Anfechtung der Ausschlagung bzw. Annahme beweisen muss (OLG Düsseldorf MittBayNot 2013, 491 (492)). Nachdem es sich meist um innere Vorstellungen handelt, ist ein mögliches Beweismittel die eidesstaatliche Versicherung gem. § 2356 II 1. Zudem können der Inhalt der Anfechtungserklärung und deren Begründung vom Gericht bei der Beweiswürdigung herangezogen werden (*Keim* RNotZ 2006, 602 (606)). 22

§ 1955 Form der Anfechtung

¹Die Anfechtung der Annahme oder der Ausschlagung erfolgt durch Erklärung gegenüber dem Nachlassgericht. ²Für die Erklärung gelten die Vorschriften des § 1945.

1. Normzweck/Allgemeines. Die Anfechtung hat durch Erklärung gegenüber dem Nachlassgericht zu erfolgen. Die in der vorliegenden Vorschrift enthaltenen Regelungen dienen der Rechtssicherheit und sollen durch die Verweisung auf § 1945 zudem sicherstellen, dass nicht übereilte unüberlegte Erklärung Wirksamkeit entfaltet. Es handelt sich dementsprechend ebenfalls – wie bei der Ausschlagung – um eine amtsempfangsbedürftige Erklärung (BayObLGZ 1983, 153 (160); *Kraiß* BWNotZ 1992, 31 (35); *Fetsch* MittBayNot 2007, 285). Kommt ein ausländisches Erbstatut zur Anwendung, kann ein Zugang entbehrlich sein (*Fetsch* MittBayNot 2007, 285). Für die Form der Anfechtung wird auf die Vorschriften des § 1945 verwiesen. Auch ist die Anfechtung der Erklärung zur Anfechtung einer Erbschaftsannahme möglich (OLG Hamm DNotZ 2009, 551). Eine Vertretung bei der Anfechtung ist grds. möglich, wobei die Form des § 1945 III gemäß der Verweisung in S. 2 zu beachten ist. 1

2. Anfechtungserklärung. Für die Anfechtungserklärung gelten die gleichen Grundsätze wie für jede sonstige Willenserklärung. Daher hat das Gericht durch Auslegung der Erklärung zu ermitteln, was erkennbar gewollt war, wobei das als Tatsacheninstanz berufene Gericht zu prüfen hat, ob die vom Anfechtungsberechtigten vorgetragenen Anfechtungsgründe zutreffen (BayObLG NJW-RR 1995, 904 (905)). Zudem besteht eine Unterrichtungspflicht des Gerichts nach § 1957 II. Ein Widerruf der Anfechtung ist nicht möglich, vielmehr kann aber die Anfechtung der Annahme wiederum angefochten werden, falls die Anfechtung selbst auf einem beachtlichen Irrtum beruhte (BayObLG MittBayNot 1980, 78). In diesem Fall gilt die Frist des § 1954 trotz der Fiktion des § 1957 I nicht, so dass die Anfechtung unverzüglich entsprechend der Regelung in § 121 erfolgen muss, nachdem der Anfechtungsberechtigte von dem Anfechtungsgrund Kenntnis erlangt hat (BGH NJW 2015, 2729 (2730) = ZEV 2015, 468; BayObLG MittBayNot 1980, 78 (79); *Siebert* NJW 2015, 2855 (2856)). Eine direkt Anwendung des § 1954 I kommt schon wegen fehlendem Gesetzeswortlaut nicht in Frage, während für eine analoge Anwendung es einer planwidrigen Regelungslücke ermangelt (BGH NJW 2015, 2729 (2730)).

Zudem ist bei einer Anfechtung der Anfechtung der Annahme die Form des § 1945 einzuhalten, weil es gerade im Interesse eines größeren Personenkreises, wie zB von Nachlassgläubigern und sonstigen Erben, liegt, Rechtsklarheit darüber zu schaffen, ob eine derartige Erklärung abgegeben wurde (OLG Hamm DNotZ 2009, 551 (552)). Eine Erbausschlagung lässt sich dann nicht als Anfechtung einer vorausgegangenen Annahme der Erbschaft verstehen, wenn der Ausschlagung nicht auch ein ausreichender Anfechtungswille zu entnehmen ist (OLG Karlsruhe ZEV 2007, 380 (389)).

Zwar findet sich in der Vorschrift des § 1955 keine Verweisung auf § 1947, doch gem. § 1957 I gilt die Anfechtung der Annahme als Ausschlagung, während die Anfechtung der Ausschlagung als Annahme zu werten ist. Dementsprechend muss die Regelung des § 1947 ebenfalls zur Anwendung kommen. Die Anfechtungserklärung kann damit nicht unter einer Bedingung oder einer Zeitbestimmung erfolgen.

Die Anfechtung der Annahme einer Erbschaft bedarf bei **minderjährigen Kindern** der familiengerichtlichen Genehmigung gem. § 1643 II 1, III iVm § 1828, weil diese die Wirkung einer Ausschlagung erzeugt (BayOblGZ 1983, 9 (12)). Beide Eltern müssen die Anfechtung erklären. Die bloße Zustimmung eines Elternteils reicht nicht aus. Wurde die Genehmigung vom Gericht bereits für eine Erbschaftsausschlagung erteilt, so gilt diese auch für eine Anfechtung der Annahme (BayOblGZ 1983, 9 (13); ZEV 2013, 201).

§ 1956 Anfechtung der Fristversäumung

Die Versäumung der Ausschlagungsfrist kann in gleicher Weise wie die Annahme angefochten werden.

1. Normzweck. Die Vorschrift des § 1956 ist vom Gesetzgeber aus Billigkeitsgründen geschaffen worden, da die Versäumung der Frist nach §§ 1943, 1944 keine Annahmeerklärung des Erben gem. § 1942 Hs. 2 fingiert und daher wie die ausdrückliche oder konkludente Annahme anfechtbar sein soll (OLG Hamm OLGZ 1985, 286 (288)). Würde diese Vorschrift im Gesetz fehlen, wäre der Erbe, der die Erbschaft vor Ablauf der Annahmefrist ausdrücklich angenommen hat und anschließend wegen Irrtums, Täuschung oder Drohung angefochten hat, besser gestellt, als derjenige, welcher aufgrund Ablaufs der Ausschlagungsfrist Erbe geworden ist, da dieser kein Willenserklärung abgegeben hat und eine Anfechtung dementsprechend nach §§ 119ff. direkt ausscheidet. Nachdem diese Vorschrift besagt, dass die Versäumung der Ausschlagungsfrist in gleicher Weise wie die Annahme angefochten werden kann, sind die Frist des § 1954, die Form des § 1955 und die Wirkung gem. § 1957 ebenfalls zu beachten.

2. Reichweite der Anfechtung. Nach früherer Auffassung der Rspr. war eine Anfechtung aufgrund dieser Vorschrift nur zulässig, wenn dem Erben der Lauf der Ausschlagungsfrist bekannt war und er die Erbschaft wissentlich nicht ausgeschlagen hat (RGZ 58, 81 (85)). Zutreffend ist jedoch die heute vorherrschende Auffassung, wonach eine Anfechtung auch möglich ist, falls der Erbe die Erbschaft in Wirklichkeit nicht annehmen wollte und die Frist nur deshalb versäumt hat, weil er über das Bestehen, den Lauf oder die Rechtsfolgen des Fristablaufs in Unkenntnis gewesen ist oder der Meinung war, die Erbschaft wirksam ausgeschlagen zu haben (OLG Hamm OLGZ 1985, 286 (288)). Zur Anfechtung berechtigt auch der Irrtum des Erben, sein Schweigen führe zur Ausschlagung der Erbschaft (OLG Hamm OLGZ 1985, 286 (288)).

3. Anfechtungsfrist. Gem. § 1954 II beginnt die Anfechtungsfrist im Falle der Anfechtbarkeit wegen Drohung mit dem Zeitpunkt, in welchem die Drohung aufhört, in den übrigen Fällen mit dem Zeitpunkt, in welchem der Anfechtungsberechtigte von dem Anfechtungsgrund Kenntnis erlangt. Die Anfechtungsfrist beginnt also mit Kenntnis der die Anfechtung begründenden Tatsachen, wobei nicht erforderlich ist, dass der Anfechtende von seinem Anfechtungsrecht unterrichtet worden ist (OLG Hamm OLGZ 1985, 286 (287)). Es genügt, dass der Anfechtende von dem Ablauf der Ausschlagungsfrist und ihren rechtlichen Wirkungen zuverlässige Kenntnis erlangt hat (OLG Zweibrücken DNotZ 2006, 698 (701)). Wird der Notar beauftragt, die von ihm beglaubigte Anfechtung der Versäumung der Ausschlagungsfrist an das Gericht weiterzuleiten, ist die Kenntnis des Notars von der Versäumung der Ausschlagungsfrist in analoger Anwendung des § 166 I dem Erklärenden zuzurechnen (OLG Celle ZEV 2010, 365 (366)).

4. Anfechtungsgründe. Hinsichtlich der möglichen Anfechtungsgründe kann auf die Ausführungen zu § 1954 verwiesen werden. Auch bei Verstreichen der Ausschlagungsfrist kommt eine Anfechtung wegen Inhaltsirrtums (§ 119 I), wegen Erklärungsirrtums (§ 119 II) sowie wegen arglistiger Täuschung bzw. widerrechtlicher Drohung in Betracht (§ 123). Ist dem Erben nicht bekannt, dass die Ausschlagung eine bestimmten Form bedarf und glaubt er daher, die Erbschaft bereits wirksam ausgeschlagen zu haben, kann er die Versäumung der Ausschlagungsfrist wegen Irrtums anfechten (BayOblG NJW-RR 1994, 586). Ebenso liegt ein Irrtum vor, falls es dem Erben nicht bewusst ist, dass eine Ausschlagungsfrist einzuhalten ist, oder wenn er der Ansicht ist, sein Schweigen bewirke die Ausschlagung der Erbschaft (BayOblG NJW-RR 1994, 586). Eine arglistige Täuschung sowie eine Drohung sind in diesem Bereich denkbar, wenn bei einer Überschuldung des Nachlasses einer der Gläubiger oder ein Miterbe den Anfechtenden dazu bewegen wollte, durch Verstreichenlassen der Frist, die Erbschaft anzunehmen. Haben die Eltern nicht gewusst, dass eine vormundschaftliche Genehmigung einzuholen ist, rechtfertigt dies ebenfalls eine Anfechtung (BayObLG BeckRS 2010, 07140).

5. Kausalität. Der Irrtum über die Wirksamkeit einer Ausschlagung kann ein Anfechtungsrecht begründen, falls er für die Fristversäumung ursächlich geworden ist (BayObLG NJW-RR 1993, 780 (781); *Kraiß* BWNotZ 1992, 31 (34)). Die Anfechtung der Versäumung der Erbausschlagungsfrist ist also nur als wirksame Ausschlagung zu werten, wenn der Irrtum über das Bestehen der Ausschlagungsfrist und die Rechtsfolge der Nichtausschlagung ursächlich für das Unterbleiben rechtzeitiger Ausschlagung geworden ist (LG Bonn LSK 1985, 340029). Lag ein Fall der widerrechtlichen Täuschung vor, genügt es für den Nachweis eines ursächlichen Zusammenhanges zwischen Täuschung und Abgabe der Willenserklärung neben der Darlegung der Umstände, dass die arglistige Täuschung nach der Lebenserfahrung Einfluss auf die Entschließung des Anfechtenden hatte (BGH NJW 1995, 2361).

§ 1957 Wirkung der Anfechtung

(1) **Die Anfechtung der Annahme gilt als Ausschlagung, die Anfechtung der Ausschlagung gilt als Annahme.**

(2) ¹**Das Nachlassgericht soll die Anfechtung der Ausschlagung demjenigen mitteilen, welchem die Erbschaft infolge der Ausschlagung angefallen war.** ²**Die Vorschrift des § 1953 Abs. 3 Satz 2 findet Anwendung.**

1. Normzweck. Diese Vorschrift ist zum einen lex specialis zu der Regelung des § 142 und ergänzt diese dabei zugleich. Nach § 142 ist ein wirksam angefochtenes Rechtsgeschäft von Anfang an nichtig. Werden vom Erben die Annahme oder die Ausschlagung angefochten, ist die entsprechende Erklärung von Anfang an nichtig. Nach dieser Spezialnorm des § 1957 gilt zusätzlich die Anfechtung der Annahme als Ausschlagung und die Anfechtung der Ausschlagung als Annahme, damit sofort erbrechtlich klare Verhältnisse geschaffen werden und ein nochmaliger Schwebezustand vermieden wird (BayOBLGZ 1980, 23 (28)). Gäbe es diese Norm nicht, wäre der Erbe nach Anfechtung der Annahme nicht gehindert, die Erbschaft erneut anzunehmen; ebenso wäre derjenige Erbe, der die Ausschlagung angefochten hat, nicht gehindert, im Rahmen der Ausschlagungsfrist, die Erbschaft erneut auszuschlagen.

2. Rechtsfolgen. Neben der Nichtigkeit kann als Rechtsfolge eine Schadensersatzpflicht begründet sein.

a) Nichtigkeit. Die Anfechtung der Annahme gilt als Ausschlagung, die Anfechtung der Ausschlagung gilt als Annahme. Durch die Anfechtung ist die abgegebene Willenserklärung gem. § 142 nichtig, und zwar ex tunc, so dass der Rechtszustand eintritt, der vor der Anfechtung der Annahme (oder Ausschlagung) bestanden hat (BayObLGZ 1980, 23 (28)). Die Vorschrift ist ebenfalls anzuwenden, wenn ein Nacherbe vor Eintritt des Falles der Nacherbfolge die Annahme der Nacherbschaft anficht, so dass die Nacherbschaft als ausgeschlagen zu gelten hat (BayObLG 1962, 239). Nachdem die Ausschlagung bei Minderjährigen der familiengerichtlichen Genehmigung bedarf, ist diese ebenfalls bei Anfechtung der Annahme einzuholen, weil diese gemäß dieser Vorschrift die Wirkung einer Ausschlagung hat (BayObLGZ 1983, 9 (12)). Hingegen bedarf die Anfechtung der Ausschlagung keiner familiengerichtlichen Genehmigung, da die Annahme durch die Eltern ebenfalls ohne Genehmigung erklärt werden kann (MüKoBGB/*Leipold* § 1955 Rn. 5).

b) Schadensersatzpflicht. Ist eine Anfechtung im Sinn dieser Vorschrift erfolgt, kommt zugleich § 122 I zur Anwendung. Danach hat der Anfechtende, jedem Dritten den Schaden zu ersetzen, den dieser dadurch erleidet, dass er auf die Gültigkeit der Erklärung vertraut, jedoch nicht über den Betrag des Interesses hinaus, welches der Dritte an der Gültigkeit der Erklärung hat. Zu ersetzen ist vom Anfechtenden also der Vertrauensschaden. Die in der Lit. geforderte Einschränkung, wonach der Dritte in seinen rechtlichen Beziehungen durch die Anfechtung unmittelbar betroffen sein soll und der Schaden unmittelbar aus dieser Einwirkung auf die Rechtslage des Dritten resultieren muss (MüKoBGB/*Leipold* Rn. 4), ist im Gesetz nicht angelegt und folglich abzulehnen, weil damit die Rechte des Dritten contra legem eingeschränkt werden. Bspw. sind die Prozesskosten einer Klage gem. § 122 I zu ersetzen, die etwaige Nachlassgläubiger nach ausdrücklicher Annahme der Erbschaft geltend gemacht haben und die sich durch die Anfechtung erledigt hat (Palandt/*Weidlich* Rn. 2; AG Northeim NJW-RR 2007, 9). Hinsichtlich etwaiger Herausgabeansprüche ist § 2018 zu beachten und kommt auch zur Anwendung.

3. Mitteilungspflicht des Nachlassgerichts. Das Nachlassgericht soll gem. § 1957 II 1 die Anfechtung der Ausschlagung demjenigen mitteilen, welchem die Erbschaft infolge der Ausschlagung angefallen ist, also dem Nächstberufenen. Nach § 1957 II 2, § 1953 III 2 hat das Nachlassgericht Einsicht der Erklärung jedem zu gestatten, der ein rechtliches Interesse glaubhaft macht.

§ 1958 Gerichtliche Geltendmachung von Ansprüchen gegen den Erben
Vor der Annahme der Erbschaft kann ein Anspruch, der sich gegen den Nachlass richtet, nicht gegen den Erben gerichtlich geltend gemacht werden.

1   **1. Normzweck/Anwendungsbereich.** Der Sinn und Zweck dieser Norm liegt darin, dem Erben die Bedenkzeit des § 1944 I von sechs Wochen für die Ausschlagung zu erhalten und unnötige Prozesse bzw. Prozessanträge zu vermeiden. Der Erbe soll ausreichend Gelegenheit haben, sich über die Annahme oder Ausschlagung der Erbschaft Gedanken zu machen, ohne der Geltendmachung von Ansprüchen gegen den Nachlass indirekt unter Zeitdruck gesetzt zu werden. Davon unberührt bleibt jedoch die Option, gem. § 1961 eine Nachlasspflegschaft zu beantragen, um einen gerichtlichen Anspruch gegen den Nachlass geltend zu machen. Gem. § 1960 III findet diese Vorschrift nämlich auf Nachpfleger keine Anwendung. Voraussetzung für die Anwendung der Regelung in § 1958 ist es, dass die Erbschaft zum Zeitpunkt der Klageerhebung weder angenommen noch ausgeschlagen war, wobei es dabei auf den Zeitpunkt der letzten mündlichen Verhandlung ankommt (AG Northeim NJW-RR 2007, 9). Durch diese Vorschrift werden Klagen des Erben gegen Dritte nicht unzulässig, weil die Norm lediglich Klagen gegen den Erben verhindern kann. In einer derartigen Klage kann zudem eine konkludente Annahme der Erbschaft liegen. Gem. § 2213 II kommt die vorliegende Vorschrift gegen Testamentsvollstrecker nicht zur Anwendung, so dass gegen diese bereits vor Annahme der Erbschaft durch den Erben Ansprüche geltend gemacht werden können. Bei Nachlassverwaltung ist § 1984 I 3 einschlägig. Da der Fiskus die Erbschaft nicht ausschlagen kann, gilt für diesen die speziellere Norm des § 1966.

2   **2. Hemmung der Verjährung.** Die Verjährung eines Anspruchs, der zu einem Nachlass gehört oder sich gegen einen Nachlass richtet, tritt gem. § 211 nicht vor dem Ablauf von sechs Monaten nach dem Zeitpunkt ein, in dem die Erbschaft von dem Erben angenommen oder das Insolvenzverfahren über den Nachlass eröffnet wird oder von dem an der Anspruch von einem oder gegen einen Vertreter geltend gemacht werden kann. Ist die Verjährungsfrist kürzer als sechs Monate, tritt der für die Verjährung bestimmte Zeitraum an die Stelle der sechs Monate.

3   **3. Fehlende Prozessführungsbefugnis.** Einer gegen den Erben vor Annahme der Erbschaft erhobenen Klage fehlt die Prozessführungsbefugnis (Palandt/*Weidlich* Rn. 1; MüKoBGB/*Leipold* Rn. 10; BeckOK BGB/Siegmann/*Höger* § 1958 Rn. 2) und nicht die Passivlegitimation (so noch RGZ 60, 179), da die Vorschrift schon ihrem Wortlaut nach im Interesse der Öffentlichkeit unnötige Prozesse verhindern und nicht Einfluss auf materiell-rechtliche Fragestellungen nehmen möchte. Die Vorschrift ist in einem Prozess von Amts wegen zu berücksichtigen, ohne dass es einer Einrede durch den Beklagten bedarf. Folglich sind damit jegliche Leistungs- und Feststellungsklagen unzulässig. Wird Nachlasspflegschaft angeordnet, ist der Nachlasspfleger, der durch das Nachlassgericht bestellt worden ist, in Bezug auf die gegen die Erben gerichtete Klage prozessführungsbefugt (OLG Köln NJW-RR 1997, 1091). In einem Prozess ist die Vorschrift des § 1959 vom Prozessgericht von Amts wegen zu berücksichtigen. Nach der Ausschlagung der Erbschaft durch den vorläufigen Erben sind alle Klagen gegen den vorläufigen Erben nicht nur erledigt, sondern folglich abzuweisen (AG Northeim NJW-RR 2007, 9; LG Bonn ZEV 2009, 575).

4   **4. Anhängige Prozesse.** Wurde bereits vor Ableben des Erblassers ein Prozess anhängig, dann wird dieser Fall nicht vom Anwendungsbereich der vorliegenden Norm erfasst. Vielmehr ist dafür die Regelung des § 239 ZPO einschlägig. Gem. § 239 I ZPO tritt im Falle des Todes einer Partei eine Unterbrechung des Verfahrens bis zu dessen Aufnahme durch die Rechtsnachfolger ein. Der Erbe ist vor der Annahme der Erbschaft zur Fortsetzung des Rechtsstreits nicht verpflichtet (§ 239 V ZPO) aber auch nicht berechtigt. Diesbzgl. legt § 246 ZPO wiederum eine Ausnahme für den Fall der Prozessführung durch einen Bevollmächtigten, also einen Rechtsanwalt, fest. Danach tritt nicht automatisch eine Unterbrechung des Gerichtsverfahrens ein. Das Prozessgericht hat auf Antrag des Bevollmächtigten, in den Fällen des Todes und der Nacherbfolge auch auf Antrag des Gegners die Aussetzung des Verfahrens anzuordnen.

5   **5. Zwangsvollstreckungsmaßnahmen.** Der Erbe haftet gem. § 1967 für die Nachlassverbindlichkeiten. Zu den Nachlassverbindlichkeiten gehören außer den vom Erblasser herrührenden Schulden die den Erben als solchen treffenden Verbindlichkeiten, insbes. die Verbindlichkeiten aus Pflichtteilsrechten, Vermächtnissen und Auflagen. Solange der Erbe die Erbschaft nicht angenommen hat, ist eine Zwangsvollstreckung gem. § 778 ZPO wegen eines Anspruchs, der sich gegen den Nachlass richtet, nur in den Nachlass zulässig. Wegen eigener Verbindlichkeiten des Erben ist eine Zwangsvollstreckung in den Nachlass vor der Annahme der Erbschaft nicht zulässig. Eine Zwangsvollstreckung, die zur Zeit des Ablebens des Erblassers gegen ihn bereits begonnen hatte, wird gem. § 779 ZPO in seinen Nachlass fortgesetzt. Unter „Zwangsvollstreckung" iSd § 779 ZPO ist nicht die einzelne Vollstreckungsmaßnahme, sondern die Zwangsvollstreckung im Ganzen zu verstehen (LG Dortmund § 1973, 374).

6   **6. Außergerichtliche Geltendmachung.** Der Wortlaut von § 1958 legt fest, dass Ansprüche nicht gerichtlich geltend gemacht werden können. Hingegen wurde zur außergerichtlichen Geltendmachung von Ansprüchen gegen den Erben in dieser Norm keine Regelung getroffen. Im Umkehrschluss ist daraus zu folgern, dass diese grds. möglich sind. Somit ist der Nachlassgläubiger berechtigt, den Erben bereits vor Annahme zur Zahlung aufzufordern, Kündigungen auszusprechen und sonstige Erklärungen abzugeben.

Gem. § 1959 III behalten diese auch im Fall einer späteren Ausschlagung der Erbschaft ihre Wirkung und gelten gegen den endgültigen Erben fort.

7. Beweislast. Da Voraussetzung für eine Klage gegen den Erben ist, dass die Erbschaft von ihm angenommen wurde, muss der Kläger die Annahme in einem Prozess beweisen, falls diese Frage nicht eindeutig beurteilt werden kann.

§ 1959 Geschäftsführung vor der Ausschlagung

(1) Besorgt der Erbe vor der Ausschlagung erbschaftliche Geschäfte, so ist er demjenigen gegenüber, welcher Erbe wird, wie ein Geschäftsführer ohne Auftrag berechtigt und verpflichtet.

(2) Verfügt der Erbe vor der Ausschlagung über einen Nachlassgegenstand, so wird die Wirksamkeit der Verfügung durch die Ausschlagung nicht berührt, wenn die Verfügung nicht ohne Nachteil für den Nachlass verschoben werden konnte.

(3) Ein Rechtsgeschäft, das gegenüber dem Erben als solchem vorgenommen werden muss, bleibt, wenn es vor der Ausschlagung dem Ausschlagenden gegenüber vorgenommen wird, auch nach der Ausschlagung wirksam.

1. Normzweck. Obgleich sich der Anfall einer Erbschaft als Vonselbsterwerb gem. § 1922 gestaltet, kann sich durch eine Ausschlagung oder Anfechtung der tatsächliche Erbe nachträglich ändern. Durch die Regelung in § 1959 soll das Verhältnis zwischen dem endgültigen und dem vorläufigen Erben festgelegt werden. Mit Ausnahme des Falls einer nachträglichen Anfechtung der Erbschaftsannahme durch den Erben umfasst Abs. 1 lediglich die Rechtshandlungen des Erben, die nicht konkludent (vgl. zur konkludenten Annahme → § 1943 Rn. 4) zu einer Annahme der Erbschaft führen, wie zB Fürsorgemaßnahmen. Maßnahmen, die der endgültige Erbe für den Nachlass trifft und welche zugleich Miterben betreffen, fallen ebenfalls nicht in den Anwendungsbereich der Vorschrift, sondern sind nach den für Miterben maßgeblichen Normen zu beurteilen, wie zB §§ 2038 ff. Ferner gilt die Regelung in dieser Vorschrift nicht für Maßnahmen, die noch für den Erblasser zu dessen Lebzeiten getroffen wurden, da diese Norm das Handeln eines Erben voraussetzt und künftige Erben dieses Tatbestandsmerkmal nicht erfüllen. Der vorläufige Erbe hat demnach die erbschaftlichen Geschäfte in dem Maße zu führen, wie das im Interesse des endgültigen Erben mit Rücksicht auf dessen wirklichen oder mutmaßlichen Willen es erfordert (OLG Celle MDR 1970, 1012 (1013)). Neben der Haftung des Erben für etwaige Schulden des Erblassers entstehen mit dem Erbfall Pflichten des Erben, etwaige Steuererklärungen abzugeben oder falsche Angaben des Erblassers zu berichten (vgl. ausf. *Stahl/Durst* ZEV 2008, 467 ff.).

Ferner wird in § 1959 die Wirksamkeit von Verfügungen durch den Erben vor Ausschlagung der Erbschaft sowie die Wirksamkeit von Rechtsgeschäften, die gegenüber dem Erben vor Ausschlagung der Erbschaft vorgenommen wurden, geregelt. § 1959 II beruht auf der Erwägung, dass eine Verfügung, die nicht ohne Nachteil für den Nachlass verschoben werden kann, regelmäßig dem Interesse und dem wirklichen oder mutmaßlichen Willen des tatsächlichen Erben entspricht und diesen nicht unangemessen belastet (OLG Düsseldorf ZEV 2000, 64 (65)). Durch die Regelung in § 1959 III soll die Rechtsausübung für Dritte erleichtert werden (MüKoBGB/*Leipold* Rn. 8). Ist ein Dritter in den Besitz einer Erbschaft gelangt, werden seine Verfügungen nicht von dieser Vorschrift umfasst.

2. Besorgung erbschaftlicher Geschäfte, Abs. 1. Besorgt der Erbe vor der Ausschlagung erbschaftliche Geschäfte, ist er dem endgültigen Erben gegenüber wie ein Geschäftsführer ohne Auftrag berechtigt und verpflichtet. Die Geschäftsführung ohne Auftrag regelt das Bürgerliche Gesetzbuch in den §§ 667 ff. Zugleich verweisen diese Vorschriften wiederum gem. § 681 auf die §§ 666 ff.

Eine ausdrückliche Definition des Begriffs „erbschaftliche Geschäfte" ist dem Gesetz nicht zu entnehmen. Im Rahmen der §§ 677 ff. wird der Begriff der Geschäftsbesorgung weit ausgelegt (vgl. bspw. BGH NJW 1955, 257; 1976, 619; 2000, 72; BayObLGZ 2002, 35). Der Begriff der Besorgung erbschaftlicher Geschäfte ist ebenso weit auszulegen und umfasst alle Rechtsgeschäfte, die sich auf den Nachlass beziehen, selbst wenn im konkreten Fall lediglich tatsächliche Handlungen gegeben sind (MüKoBGB/*Leipold* Rn. 3). Als zeitliche Vorgabe muss das Geschäft vor der Ausschlagung besorgt worden sein, also nach dem Erbfall und vor Ausschlagung der Erbschaft bzw. vor Anfechtung der Annahme der Erbschaft.

Handelt der vorläufige Erbe für den endgültigen Erben, erhält er gem. §§ 1959 I, 683, 670 Ersatz seiner Aufwendungen nach den Regeln über die Geschäftsführung ohne Auftrag. Gem. § 683 muss die Übernahme der Geschäftsführung dem Interesse und dem wirklichen oder mutmaßlichen Willen des Geschäftsherrn entsprechen. Mutmaßlicher Wille ist nicht der, den der vorläufige Erbe subjektiv, sei es auch schuldlos irrtümlich annimmt, sondern derjenige, den der Geschäftsherr bei objektiver Beurteilung aller Umstände im Zeitpunkt der Übernahme geäußert haben würde (OLG München NJW-RR 1988, 1013 (1015)). Der vorläufige Erbe hat sein Verhalten dabei derart einzurichten, dass es dem Interesse des Nachlasses entspricht (OLG Celle MDR 1970, 1012 (1013)). Im Regelungsbereich dieser Vorschrift tritt die Unaufschiebbarkeit der Verfügung im Interesse des Nachlasses an die Stelle des mutmaßlichen oder wirklichen Willens und des Interesses des wirklichen Erben (OLG Düsseldorf ZEV 2000, 64 (65)).

Ferner hat der vorläufige Erbe gem. §§ 1959 I, 681, 666 dem endgültigen Erben die erforderlichen Nachrichten zu geben, auf Verlangen über den Stand des Geschäfts Auskunft zu erteilen und nach der Ausführung des Auftrags Rechenschaft abzulegen. Gem. §§ 1959 I, 681, 667 ist der vorläufige Erbe verpflichtet, dem tatsächlichen und endgültigen Erben alles, was er zur Ausführung des Auftrags erhält und was er aus der Geschäftsbesorgung erlangt, herauszugeben. Zudem besteht eine Pflicht zur Verzinsung von der Geschäftsführung betroffenen Geld (§§ 1959 I, 681, 668). Hat der vorläufige Erbe seine Pflichten bei der Geschäftsführung schuldhaft verletzt, entsteht ein Schadensersatzanspruch, der zum Nachlass gehört (OLG Celle MDR 1970, 1012 (1013)). Eine Haftung besteht dabei lediglich gegenüber dem endgültigen Erben und nicht gegenüber Nachlassgläubigern (OLG Celle MittBayNot 1971, 22 mwN).

6   **3. Verfügung über Nachlassgegenstände, Abs. 2.** Abs. 2 dieser Vorschrift versucht das Spannungsfeld zwischen dem Interesse des endgültigen Erben vor unberechtigten Verfügungen durch den vorläufigen Erben und dem Schutz möglicher Vertragspartner vor dem Erwerb vom Nichtberechtigten zu lösen. Dabei wird den Interessen des vorläufigen Erben und des Dritten größeres Gewicht beigemessen als dem Schutz des endgültigen Erben vor Erhalt des gesamten Nachlasses (OLG Düsseldorf ZEV 2000, 64 (65)). Veräußert der vorläufige Erbe vor Ausschlagung der Erbschaft einen Nachlassgegenstand, ist dies wegen der Wirkung des § 1953 als Verfügung eines Nichtberechtigten anzusehen.

7   Hat der vorläufige Erbe die Verfügung, wie zB die Veräußerung des Nachlassgegenstandes wegen Verderblichkeit, deshalb vorgenommen, weil ein Aufschub nicht ohne Nachteil für den Nachlass möglich war, ist die Verfügung des Nichtberechtigten dennoch wirksam. Ob eine Verfügung ohne Nachteil für den Nachlass verschoben werden kann, ist objektiv und wirtschaftlich im Rahmen einer ex ante Betrachtung zu beurteilen, wobei auf den Zeitpunkt der Vornahme der Verfügung abzustellen ist und es dabei jedoch nicht auf den Kenntnisstand der Beteiligten zum fraglichen Zeitpunkt ankommt (OLG Düsseldorf ZEV 2000, 64 (65)). Dringlichkeit ist bspw. anzunehmen bei Veräußerung von Wertpapier wegen eines drohenden Wertverlusts, der Erfüllung einer Forderung zur Vermeidung des Zahlungsverzugs und der Kündigung von Mietnomaden (BeckOK BGB/*Siegmann/Höger* Rn. 6 f.). Die Kündigung der vom Erblasser gemieteten Wohnung durch den für die Erben bestellten Nachlasspfleger bedarf keiner Genehmigung des Nachlassgerichts (LG Meinungen ZEV 2013, 513 (514)).

8   Hat der vorläufige Erbe die Verfügung jedoch voreilig vorgenommen, liegt eine unwirksame Verfügung des Nichtberechtigten vor. Die Verfügung, die ein Nichtberechtigter über einen Gegenstand trifft, ist wirksam, wenn sie mit Einwilligung des Berechtigten, also des tatsächlichen Erben, erfolgt (§ 185 I). War der tatsächliche Erbe nicht in den Vorgang involviert, wird gem. § 185 II die Verfügung wirksam, wenn sie der endgültige Erbe nachträglich genehmigt. Wird die Verfügung nicht genehmigt, kann sie dennoch nach den Grundsätzen des gutgläubigen Erwerbs wirksam sein. So bestimmt sich bei beweglichen Sachen der gutgläubige Erwerb nach den Vorschriften der §§ 932 ff. und bei Grundbesitz nach §§ 892, 893. Bei Grundstücken kommt dabei ein gutgläubiger Erwerb nur nach diesen Vorschriften in Frage, wenn der Erbe nach Erteilung des Erbscheins und nach Grundbuchberichtigung die Annahme der Erbschaft angefochten hat und der Erbschein wieder eingezogen wird. Auf die Vorschrift des § 2366 kommt es im Hinblick auf die Grundbuchberichtigung nicht an. Ein gutgläubiger Erwerb ist in Analogie zu § 142 II jedoch ausgeschlossen, wenn dem Vertragspartner des vorläufigen Erben bekannt war, dass der Erbe noch ausschlagen konnte (MüKoBGB/*Leipold* Rn. 7).

9   **4. Rechtsgeschäfte gegenüber dem vorläufigen Erben, Abs. 3.** Abs. 3 der Vorschrift soll Dritten die Rechtsausübung erleichtern. Ein Rechtsgeschäft, das gegenüber dem Erben als solchem vorgenommen werden muss, bleibt, wenn es vor der Ausschlagung dem Ausschlagenden gegenüber vorgenommen wird, auch nach der Ausschlagung wirksam. Auf diese Weise besteht für Dritte nicht die Gefahr, die Erklärung gegenüber dem „falschen" Erben abgegeben zu haben. Zugleich wird derart vermieden, dass ein Dritter rein vorsorglich, bspw. zur Fristwahrung, gegenüber allen möglichen Erben die Erklärung abgibt und damit Verwirrung besorgt wird. Inwiefern die Erklärung ohne Nachteil für den Nachlass verschoben werden kann, ist im Anwendungsbereich des § 1959 III unerheblich. Folglich kommt es auf eine Dringlichkeit nicht an. Für die gerichtliche Geltendmachung eines Anspruchs, der sich gegen den Nachlass richtet, ist jedoch § 1958 die speziellere Vorschrift. In den Anwendungsbereich dieser Norm fallen nur Rechtsgeschäfte, die „gegenüber" dem Erben vorgenommen werden. Hingegen betrifft § 1959 III keine Verpflichtungsgeschäfte über Nachlassgegenstände, weil derartige Verträge nicht gegenüber, sondern mit dem vorläufigen Erben geschlossen werden, wie zB ein Mietvertrag über eine zum Nachlass gehörende Wohnung (MüKoBGB/*Leipold* Rn. 8).

§ 1960 Sicherung des Nachlasses; Nachlasspfleger

(1) ¹Bis zur Annahme der Erbschaft hat das Nachlassgericht für die Sicherung des Nachlasses zu sorgen, soweit ein Bedürfnis besteht. ²Das Gleiche gilt, wenn der Erbe unbekannt oder wenn ungewiss ist, ob er die Erbschaft angenommen hat.

(2) Das Nachlassgericht kann insbesondere die Anlegung von Siegeln, die Hinterlegung von Geld, Wertpapieren und Kostbarkeiten sowie die Aufnahme eines Nachlassverzeichnisses anordnen und für denjenigen, welcher Erbe wird, einen Pfleger (Nachlasspfleger) bestellen.

(3) **Die Vorschrift des § 1958 findet auf den Nachlasspfleger keine Anwendung.**

1   **1. Normzweck/Allgemeines.** Gem. §§ 1922 ff. geht im Wege der Universalsukzession der Nachlass auf den Erben über. Mit dem Todesfall kommt auch die Vorschrift des § 857 zur Anwendung, wonach der Erbe den Besitz der Nachlassgegenstände erlangt. Daher besteht mit Ableben des Erblassers grds. eine Fürsorgepflicht des Erben, ausreichende Sicherungsmaßnahmen für den Nachlass zu ergreifen. Obgleich das deutsche Erbrecht den Grundsatz vom Vonselbsterwerb kennt, kann aufgrund der zahlreichen Aus-

nahmen ein geraumer Zeitraum vergehen, bis der endgültige Erbe feststeht. Unter anderem hat der Erbe im Allgemeinen sechs Wochen Zeit (§ 1944), um die Erbschaft auszuschlagen, was zu einem Übergang auf einen neuen Erben führt, der wiederum die Erbschaft ausschlagen kann. Das kann erneut Zeitverzögerungen verursachen. Zudem besteht die Möglichkeit der Anfechtung der Annahme der Erbschaft, sowie der Anfechtung der Erbschaftsausschlagung (vgl. § 1954 ff.). Dies kann ebenfalls zu einer nachträglichen Änderung des Erben führen. Ferner ist es möglich, dass der Erbe zwar eindeutig, aber nicht auffindbar ist, da er sich im Ausland aufhält. Alle diese Fallkonstellationen können dazu führen, dass der Nachlass nicht gesichert ist und ihm Verfall bzw. Schaden droht. Ebenso kann Nachlassgläubigern ein Schaden entstehen, weil sie gemäß der Regelung in § 1958 ihre Ansprüche nicht geltend machen dürfen.

Aus diesem Grund hat der Gesetzgeber die Sicherung des Nachlasses in den §§ 1960 ff. geregelt (*Nöll* ZEV 2015, 612 (613)). Bis zur Annahme der Erbschaft hat das Nachlassgericht für die Sicherung des Nachlasses zu sorgen, soweit ein Bedürfnis besteht (Abs. 1 S. 1). Das Gleiche gilt, wenn der Erbe unbekannt oder wenn ungewiss ist, ob er die Erbschaft angenommen hat (Abs. 1 S. 2). Dies gilt auch dann, wenn ohne Nachlasspflegschaft das Nachlassvermögen in seinem Bestand nicht gefährdet ist (KG NJW 1971, 565). Staatliche Maßnahmen setzen dabei jedoch ausdrücklich ein entsprechendes Bedürfnis voraus. Das systematische und generelle Tätigwerden des Nachlassgerichts gestattet das Gesetz nicht. Letztlich unterscheidet das Gesetz drei Fälle der Nachlasspflegschaft, nämlich die Sicherungspflegschaft iSd § 1960, die Klagepflegschaft iSd § 1961 sowie die Nachlassverwaltung gem. § 1975 (*Mayer* ZEV 2010, 445 (447)).

2. Sicherungsmaßnahmen. Geeignete Maßnahmen zur Sicherung des Nachlasses werden in § 1960 II vom Gesetzgeber aufgelistet. Das Nachlassgericht kann insbes. die Anlegung von Siegeln, die Hinterlegung von Geld, Wertpapieren und Kostbarkeiten sowie die Aufnahme eines Nachlassverzeichnisses anordnen und für denjenigen, welcher Erbe wird, einen Pfleger (Nachlasspfleger) bestellen. Dabei ist das Nachlassgericht zB befugt, etwaige Konten des Erblassers zu sperren und Kontovollmachten zu widerrufen. Wird die Erstellung eines Nachlassverzeichnisses angeordnet, ist dies unter Maßgabe des § 2001 und den Vorschriften des Beurkundungsgesetzes zu erstellen, wobei gem. § 61 I Nr. 2 BeurkG landesrechtliche Vorschriften zu beachten sind.

Die wichtigste Sicherungsmaßnahme ist allerdings die Anordnung einer Nachlasspflegschaft. Für den Nachlasspfleger gilt die Beschränkung des § 1958 nicht (§ 1960 III). Konkretisiert werden die Maßnahmen durch die Regelungen in § 1961 bis § 1966. Im Falle einer Nachlassinsolvenz sind die §§ 315 ff. InsO zu beachten. Zudem finden auf die Nachlasspflegschaft die allgemeinen Vorschriften über die Pflegschaft Anwendung, insbes. § 1915, weil die Nachlasspflegschaft einen speziellen Fall der Pflegschaft darstellt (OLG Stuttgart NJW-RR 2011, 737; BayObLGZ 2000, 26 (29)).

3. Allgemeines zur Nachlasspflegschaft. Das Amtsgericht hat von Amts wegen für die Sicherung des Nachlasses zu sorgen, wenn die Voraussetzungen des § 1960 vorliegen (OLG Köln OLGZ 1989, 144 (144)). Die Nachlasspflegschaft ist eine besondere Form der Personenpflegschaft, die für denjenigen, der Erbe wird, angeordnet wird (BayObLGZ 2000, 26 (29)). Voraussetzung für die Nachlasspflegschaft ist ein entsprechendes Sicherungsbedürfnis und die Unkenntnis über die Person der Erben bzw. über die Frage der Ausschlagung der Erbschaft (OLG Frankfurt a. M. ZEV 2012, 417 (419)).

a) Sicherungsbedürfnis (Abs. 1 S. 1). Das Tatbestandsmerkmal „Sicherungsbedürfnis" begründet das Erfordernis, dass ohne Anordnung der Nachlasspflegschaft der Bestand des Nachlasses gefährdet wäre und deshalb aufgrund dringlicher Belange ein konkreter und objektiv zu bestimmender Sicherungsanlass besteht (OLG Frankfurt a. M. ZEV 2012, 417 (423); OLG Hamm NJOZ 2011, 399; KG NJWE-FER 2000, 15). Sind mehrere Erben vorhanden, hat das Nachlassgericht die Voraussetzung der Nachlasssicherung für jeden Erbteil gesondert zu prüfen (OLG Düsseldorf BeckRS, 1994, 09988). Diese kann nämlich für jeden Erbteil oder nur einige gesondert angeordnet werden.

aa) Subsidiarität. Die Anordnung einer Nachlasspflegschaft ist subsidiär, so dass die Bestellung eines Nachlasspflegers nicht gerechtfertigt ist, wenn die Beteiligten selbst in der Lage sind, ausreichende Vorsorge zur Sicherung des Nachlasses und zur Wahrung ihrer Vermögensinteressen zu treffen (OLG Düsseldorf BeckRS 1994, 09988). Nehmen die Erben im ausreichenden Maß Sicherungsvorkehrungen für den Nachlass vor, darf das Gericht nicht iSd § 1960 tätig werden. Ferner sind Sicherungsmaßnahmen dabei im vermögensrechtlichen Interesse der endgültigen Erben und nicht etwa im Interesse eines Nachlassgläubigers anzuordnen. Eine Zahlung der Beerdigungskosten durch das Nachlassgericht vom Konto des Erblassers wird bspw. in den meisten Fällen nicht dem Sinn und Zweck des § 1960 entsprechen (OLG Dresden ZEV 2010, 582 (583); aA OLG Hamm FGPrax 2015, 47 (48).). Ein Sicherungsbedürfnis kommt ferner dann in Frage, wenn der Nachlassumfang oder die Art des Nachlasses sich derart schwierig darstellt, dass es eine Nachlasspflegschaft und Verwaltung erfordert (OLG Karlsruhe FGPrax 2003, 229). Gehört zum Nachlass ein mit einem Miethaus bebautes Grundstück, entstehen zwangsläufig Verwaltungsaufgaben, die das Bedürfnis einer Pflegschaft begründen (KG OLGZ 1981, 151 (154)).

bb) Ausländische Staatsangehörige. Schwieriger gestaltet sich die Rechtslage, wenn der Erblasser eine ausländische Staatsangehörigkeit besessen hat und nach dem Recht eines anderen Staates beerbt wird. Vielfach ist anderen Rechtsordnungen das Rechtsinstitut der Nachlasspflegschaft fremd oder zumindest nicht in der in Deutschland geltenden Form bekannt. Da das Gesetz keine explizite Regelung in diesem Bereich trifft, ist die Frage der Zulässigkeit der Anordnung einer Nachlasspflegschaft nach internationalem Privatrecht zu beurteilen (BGH NJW 1968, 353). Es entspricht einer internationalen Übung, dass Nachlassgerichte Maßnahmen zur Sicherung des Nachlasses ergreifen dürfen und somit von einem deut-

9 **cc) Postmortale Vorsorgevollmacht.** Hat der Erblasser eine postmortale Vorsorgevollmacht, insbes. eine notarielle, errichtet und trifft der Bevollmächtigte aufgrund dieser Vollmachtsurkunde alle notwendigen Sicherungsmaßnahmen, besteht ebenfalls kein Bedürfnis für die Anordnung einer Nachlasspflegschaft. Entfällt nämlich das Bedürfnis bereits, wenn die vermeintlichen Erben sich um den Nachlass kümmern und diesen sichern, so muss dies erst Recht bei einer vom Erblasser ausgewählten Person gelten (ebenso *Everts* NJW 2010, 2318 (2320); wohl auch *Weirich* NWB 2004, 1853; *Roth* NJW-Spezial 2017, 167). Auch die Widerruflichkeit der Vollmacht führt nicht zur Zulässigkeit einer Anordnung der Nachlasspflegschaft, solange diese von den Erben nicht widerrufen worden ist oder ersichtlich ist, der Widerruf stehe kurz bevor. Der Wille des Erblassers, eine ihm als vertrauenswürdig erscheinende Person zu bestimmen, muss gerade bei einer notariellen Vorsorgevollmacht mit ihren weitreichenden Befugnissen Vorrang vor der Anordnung einer Nachlasspflegschaft genießen.

10 **dd) Testamentsvollstreckung.** Hat der Erblasser Testamentsvollstreckung für den gesamten Nachlass angeordnet und der Testamentsvollstrecker das Amt angenommen, besteht kein Sicherungsbedürfnis im Sinne dieser Vorschrift, falls hinsichtlich der Vertrauenswürdigkeit des Testamentsvollstreckers keine Zweifel bestehen (KG OLGZ 1973, 106 (108)). Etwas anderes kann gelten, wenn die Testamentsvollstreckung beschränkt ist, also bspw. nur die Erfüllung einiger Vermächtnisse betrifft. Bestehen konkrete Anhaltspunkte für eine Testierunfähigkeit des Erblassers, kann trotz Testamentsvollstreckung ein Bedürfnis für die Anordnung der Nachlasspflegschaft bestehen, insbes. wenn es Aufgabe des Testamentsvollstreckers ist, den Nachlass an den vermeintlichen Erben auszuzahlen (OLG Düsseldorf FGPrax 2012, 260 (261)).

11 **b) Unbekannte oder ungewisse Erben (Abs. 1 S. 2).** Eine Nachlasspflegschaft kann zur Ermittlung unbekannter Erben vom Nachlassgericht angeordnet werden oder bei Ungewissheit darüber, inwiefern ein Erbe die Erbschaft angenommen hat. Letzteres ist insbes. dann der Fall, wenn dem Gericht bekannt wird, dass ein Erbe die Erbschaft unter Umständen ausschlagen möchte oder dem Gericht die Anfechtung der Annahme oder Ausschlagung durch einen Erben zugeht.

12 Wurde der Nachlasspfleger mit der Aufgabe der **Erbenermittlung** betraut, liegt eine ordnungsgemäße Pflichterfüllung lediglich vor, falls er alle erforderlichen und zumutbaren Maßnahmen selbst unternimmt (LG Berlin ZEV 2012, 413 (414)). Der Nachlasspfleger hat jedoch nicht die Aufgabe zu ermitteln bzw. zu entscheiden, wer von mehreren potentiellen Erben der richtige Erbe ist, da diese Frage die möglichen Erben im Verhältnis zueinander selbst klären müssen (BGH NJW 1983, 226 (227)). Vielmehr ist zu diesem Zwecke eine Pflegschaft für unbekannte Beteiligte nach § 1913 anzuordnen (BGH NJW 1983, 226 (227)). Gehört zum Aufgabenbereich des Nachlasspflegers die Erbenermittlung, begründet dies keinen einklagbaren Anspruch der Erben gegen den Nachlasspfleger (LG Berlin ZEV 2012, 413 (414)). Bestehen Zweifel, wer von mehreren Erbprätendenten der wahre und richtige Erbe ist, stellt die Nachlasspflegschaft auf jeden Fall die richtige Maßnahme zur vorläufigen Nachlasssicherung dar (OLG Köln OLGZ 1989, 144). Ist der Erbe zwar eindeutig bekannt, aber sein Aufenthalt unbekannt, ist lediglich ein Abwesenheitspfleger zu bestellen (OLG Köln RNotZ 2011, 43 (44); *Mayer* ZEV 2010, 445 (448)). Eine Klage auf Herausgabe des Erbscheins führt nicht zwangsläufig zur Anordnung der Nachlasspflegschaft (BayObLGZ 1960, 405).

13 Unbekannte Erben im Sinne dieser Vorschrift liegen auch dann vor, wenn das Gericht Zweifel an der Testierfähigkeit des Erblassers oder an der Gültigkeit eines Testaments hatte (BayObLGZ 2002, 73 (75); OLG Karlsruhe FGPrax 2003, 229 (230); *Mayer* ZEV 2010, 445 (448)). Kommen zwei Erben in Betracht und kann sich das Gericht nicht ohne weiteres davon überzeugen, wer Erbe ist, kann ebenfalls die Nachlasspflegschaft vom Nachlassgericht angeordnet werden (BayObLGZ 1960, 405 (406)). Um einen Erben hingegen als bekannt im Sinne dieser Vorschrift anzusehen, reicht eine hohe Wahrscheinlichkeit für die Erbenstellung aus (OLG Frankfurt a.M. ZEV 2012, 417 (419); KG OLG-NL 1999, 33 (35)). Letzte Gewissheit ist nicht erforderlich (OLG München NJW-RR 2006, 80 (81)). Die Anordnung der Nachlasspflegschaft ist selbst dann zulässig, falls ohne diese das Nachlassvermögen in seinem Bestand nicht gefährdet ist (KG NJW 1971, 565). Ob ein Erbe unbekannt ist, hat das Nachlassgericht im Rahmen einer tatrichterlichen Würdigung anhand seines Kenntnisstandes im Zeitpunkt der Entscheidung zu beurteilen (KG OLG-NL 1999, 33 (35)). Jedoch ist das Nachlassgericht nicht befugt, über die Wirksamkeit einer Ausschlagung außerhalb des Erbscheinsverfahrens zu entscheiden, so dass ohne Erteilung des Erbscheins eine Nachlasspflegschaft wiederum angeordnet werden kann (OLG München NJW-RR 2010, 1663).

14 Auch besondere **Umstände eines Einzelfalls** können die Anordnung einer Nachlasspflegschaft rechtfertigen. Bejaht wurde ein Bedürfnis bei einem gewaltsamen Tod des Erblassers und strafrechtlichen Ermittlungen gegen den als Alleinerben eingesetzten Ehegatten (BayObLG NJOZ 2004, 3080). Ferner kann für das ungeborene nacheheliche Kind, welches erst im Erbfall geboren wird, zur Sicherung seiner erbrechtlichen Ansprüche (vgl. § 1923 II) eine Nachlasspflegschaft angeordnet werden, da dieses als unbekannter Erbe im Sinn dieser Vorschrift angesehen werden muss, wenn eine gewisse Wahrscheinlichkeit für die Vaterschaft spricht (OLG Stuttgart NJW 1975, 880). Bestehen Schwierigkeiten bei der Verwaltung des Nachlasses, aber keine sonstigen Anhaltspunkte iSd § 1960, besteht kein Raum für die Bestellung eines Nachlasspflegers (BayObLGZ 1960, 405 (406)).

15 Besteht eine **Ungewissheit**, ob der Erbe die Erbschaft angenommen hat, kann das Nachlassgericht die Nachlasspflegschaft ebenfalls anordnen. Der Erbe kann ferner nach einer Anfechtung der Annahme die

Bestellung eines Nachlasspflegers beantragen, wenn Zweifel an der Wirksamkeit der Anfechtung bestehen (BGH ZEV 2011, 544 (546)). Gegen eine Ablehnung dieses Antrags durch das Nachlassgericht besteht die Möglichkeit der Beschwerde nach §§ 58, 59 I FamFG (BGH ZEV 2011, 544 (546)).

c) **Ermessensentscheidung des Nachlassgerichts.** Die Entscheidung über das Bedürfnis der Anordnung der Nachlasspflegschaft liegt im pflichtgemäßen Ermessen der Tatsacheninstanz (KG NJW 1971, 565; BayObLG NJW-RR 2002, 1518). Das Gericht muss keine zeitraubende Ermittlungen durchführen, sondern darf seine Entscheidung anhand der Kenntnis zum Beschlusszeitpunkt heraus treffen (OLG Frankfurt a.M. ZEV 2012, 417 (419)). In der Regel können neueingetretene Tatsachen danach auch im Rechtsbeschwerdeverfahren nicht berücksichtigt werden (BayObLGZ 2002, 73 (76)).   16

4. Auswahl des Nachlasspflegers. Der Nachlasspfleger wird im Rahmen der Anordnung durch das Nachlassgericht bestimmt. Die Auswahl trifft das Gericht im Rahmen einer Ermessensentscheidung (BayObLG BeckRS 2011, 03749). Gem. §§ 1960, 1915, 1779 soll das Gericht dabei eine Person auswählen, die nach ihren persönlichen Verhältnissen und ihrer Vermögenslage sowie nach den sonstigen Umständen zur Führung der Nachlasspflegschaft geeignet ist. Die fehlende Eignung kann sich aus der Interessenkollision ergeben, wie diese bei einem Nachlassgläubiger bspw. anzunehmen ist (BayObLG NJW-RR 1992, 967).   17

Gem. §§ 1960, 1915, 1789 wird der Nachlasspfleger vom Nachlassgericht durch Verpflichtung zu treuer und gewissenhafter Führung der Pflegschaft bestellt. Die Verpflichtung soll dabei mittels Handschlags an Eides Statt erfolgen. Nach Inkrafttreten des FamFG ist diese Vorschrift auch weiterhin anwendbar, wenngleich es sich nach § 240 Nr. 1 FamFG bei der Nachlasspflegschaft nunmehr um eine betreuungsrechtliche Zuweisungssache handelt (OLG Stuttgart NJW-RR 2011, 737). Letztlich beginnt die Nachlasspflegschaft mit Übergabe der Bestallungsurkunde an den Nachlasspfleger, die wiederum den Wirkungskreis des Nachlasspflegers bezeichnet.   18

5. Aufgaben und Befugnisse des Nachlasspflegers. Hat das Nachlassgericht den Nachlasspfleger mit der **Sicherung und Verwaltung** des Nachlasses beauftragt, gehört in seinen Pflichtenkreis die Erhaltung und Verwaltung des Nachlasses sowie die Wahrnehmung der Interessen des noch festzusetzenden Erben (BayObLG NJW-RR 1997, 326 (327)).   19

a) **Inbesitznahme des Nachlasses.** Nach Anordnung der Nachlasspflegschaft hat der Nachlasspfleger den Nachlass zu sichern und zu erhalten. Dazu hat er den Nachlass nach seiner Ernennung in Empfang zu nehmen. Zugleich ist er berechtigt, die Herausgabe der Nachlassgegenstände an sich zu verlangen (BGH NJW 1983, 226). Der Anspruch des Nachlasspflegers auf die **Herausgabe der Nachlassgegenstände** an seine Person ergibt sich unmittelbar aus seiner Rechtsstellung (BGH NJW 1985, 2596 (2597)). Zur Herausgabe ist jeder verpflichtet, selbst der tatsächliche und endgültige Erbe, solange seine Erbschaft gegenüber dem Nachlasspfleger nicht verbindlich festgestellt wurde (BGH NJW 1972, 1752). Zwar steht demjenigen, der mit dem Herausgabeanspruch konfrontiert wird, grds. ein Zurückbehaltungsrecht zu, allerdings sind bei der Geltendmachung und Verwirklichung dieses Rechts die Zwecke der Nachlasspflegschaft zu berücksichtigen, so dass er bspw. nur eine Sicherheitsleistung iSd § 273 III verlangen kann, wobei er trotzdem die Sachen herauszugeben hat (BGH NJW 1972, 1752). Zudem hat der Nachlasspfleger die Konten zu ermitteln, Vollmachten zu widerrufen, Lebensversicherungsverträge zu kontrollieren, die Bestattung zu organisieren und die Kosten zu begleichen, etwaige unnötige Mietverträge zu kündigen, sowie alle sonstigen notwendigen Maßnahmen in Gang zu setzen. Findet der Nachlasspfleger ein Testament in den Unterlagen, hat er dies gem. § 2259 unverzüglich beim zuständigen Nachlassgericht abzuliefern. Hatte der Erblasser **Tiere**, sind diese als Sachen in erster Linie, wie sonstige Gegenstände des Nachlasses rechtlich zu behandeln (*Roth* NJW-Spezial 2011, 551). Dennoch muss der Nachlasspfleger sicherstellen, dass diese versorgt werden und ihr Wert erhalten bleibt, falls es sich um Nutztiere oder sonstige wertvolle tropische oder Rassetiere handelt. Hatte der Erblasser eine **Domain**, geht diese als vererbbares Nutzungsrecht auf die Erben über (*Hoeren* NJW 2005, 2113 (2116)). Der Nachlasspfleger hat damit die Verwaltung der Domain sicherzustellen. Ist diese wertvoll und begehrt, kann er diese veräußern.   20

b) **Gesetzlicher Vertreter.** Soweit der Nachlasspfleger die Sicherung und Erhaltung des Nachlasses übertragen bekommen hat, ist dieser als gesetzlicher Vertreter der Erben anzusehen (BGH NJW 1985, 2596 (2597); OLG Dresden ZEV 2000, 402 (406); OLG Hamm NJW-RR 2010, 1594 (1595)). Eine vollständige Übertragung der Aufgabe eines Nachlasspflegers an einen Dritten durch ihn ist nicht zulässig, jedoch ist er unter Umständen berechtigt, einen berufsmäßigen Erbenermittler zu beauftragen, falls das Nachlassgericht dies nicht ausdrücklich untersagt hat (*Mayer* ZEV 2010, 445 (448)). Erteilt der Nachlasspfleger in diesem Fall dem Erbenermittler eine umfassende Vollmacht, bedarf diese Bevollmächtigung keiner Genehmigung des Nachlassgerichts (OLG Frankfurt a.M. FGPrax 2000, 67 (68)). Was zur Erhaltung und Sicherung des Nachlasses zu veranlassen ist, stellt eine Frage der Zweckmäßigkeit dar. Über die Zweckmäßigkeit einer Maßnahme hat der Nachlasspfleger zu befinden und dabei pflichtgemäße Entscheidungen selbst zu treffen (BGH NJW 1968, 353).   21

Der Nachlasspfleger ist der gesetzliche Vertreter des oder der Erben und kann zugleich die Rolle einer Prozesspartei wahrnehmen (BGH NJW 1983, 226). Entsprach eine Maßnahme oder Erklärung des Nachlasspflegers nicht der Zweckmäßigkeit in dem konkreten Fall, lässt sich dennoch keine Einschränkung der Vertretungsmacht aus diesem Umstand im Außenverhältnis ableiten (BGH NJW 1968, 353).   22

c) **Verfügungen des Nachlasspflegers.** Für Verfügungen des Nachlasspflegers sind die für einen Pfleger maßgeblichen Vorschriften anwendbar. Gem. § 1915 I finden auf die Pflegschaft die für die Vormundschaft geltenden Vorschriften entsprechende Anwendung, soweit sich nicht aus dem Gesetz ein   23 anderes ergibt. Grundsätzlich ist zum Nachlass gehörendes **Geld** gem. §§ 1915, 1805 verzinslich anzulegen, falls es nicht zur Bestreitung von Ausgaben bereitzuhalten ist. Dabei gibt die Regelung in § 1807 vor, wie das Mündelgeld im Konkreten anzulegen ist. Daneben hat das Nachlassgericht die Möglichkeit, im Wege der Sicherungsanordnung einer Bank aufzuerlegen, ein Guthaben auf ein Konto des Erblassers für unbekannte Erben zu hinterlegen oder auf das Konto der Gerichtskasse einzuzahlen. Dagegen steht der Bank auch kein Beschwerderecht zu (*Siebert* NJW 2015, 1068 (1072)).

24 Der Nachlasspfleger kann ein **Girokonto** oder Sparkonto des Erblassers ohne die Genehmigung eines Nachlassgerichts auflösen und das **Guthaben** auf dem betreffenden Konto in Empfang nehmen, da § 1813 I Nr. 3 über die Verweisung in § 1915 auch auf Nachlasspfleger anwendbar ist und eine einschränkende Auslegung dieser Vorschrift dem Gesetz nicht entnommen werden kann (LG Hamburg NJW-RR 2011, 513; *Zimmermann* ZEV 2014, 76 (77); zur Kontoführung vgl auch *Schulz/Schmitz* ZEV 2015, 80). Hat der Nachlasspfleger das Guthaben auf dem Konto in Besitz genommen, ist er auch ohne Genehmigung des Nachlassgerichts berechtigt, das Konto aufzulösen. Die Genehmigungsfreiheit folgt dabei nicht aus § 1813 I Nr. 3, sondern aus einer einschränkenden Auslegung des § 1812 (LG Hamburg NJW-RR 2011, 513 (514)). Für die Anwendung des § 1812 ist eine Verfügung (§ 1812 I 1) oder eine Verpflichtung zu einer Verfügung (§ 1812 I 2) notwendig. Unter einer Verfügung iSd § 1812 versteht man ein Rechtsgeschäft, durch das der Pfleger bzw. Vormund auf ein Recht unmittelbar einwirkt, es also entweder auf einen Dritten überträgt oder mit einem Recht belastet oder das Recht aufhebt oder es sonst wie in seinem Inhalt ändert (BGH NJW 1951, 645 (647)). Ein weiterer Anwendungsbereich dieser Vorschrift entspricht weder dem Wortlaut noch dem Willen des Gesetzgebers, so dass nicht alle Verpflichtungen oder Verfügungen einer Genehmigungspflicht unterstellt sind (BGH NJW 2010, 1456 (1458)). Zwar ist die Kündigung eines Kontos als Verfügung iSd § 1812 zu werten, auf der anderen Seite ist für deren Anwendung notwendig, dass die Verfügung das Erlöschen, den Verlust oder die Veränderung eines auf eine Leistung gerichteten Rechts zur Folge haben muss, was bei der Auflösung eines Girokontos nicht der Fall ist (LG Hamburg NJW-RR 2011, 513 (514)). Gegenüber der Bank hat der Nachlasspfleger seine Bestallungsurkunde vorzulegen. Dies muss aber nicht bei jeder Verfügung erfolgen, da die Bestallungsurkunde eben keine Vollmachtsurkunde iSd §§ 172 ff. ist (BGH BeckRS 2010, 09780).

25 Der Nachlasspfleger ist ferner berechtigt, zum Nachlass gehörenden **Grundbesitz** zu veräußern. Macht er von diesem Recht Gebrauch, ist gem. §§ 1915, 1821 I Nr. 1, 1962 die Genehmigung des Nachlassgerichts notwendig. Ist das Grundbuchamt im Fall einer Grundstücksveräußerung der Ansicht, dass die Bestellung des Nachlasspflegers und die Genehmigung zu Unrecht erfolgt sind, ist es trotzdem an die Entscheidung des Nachlassgerichts gebunden und hat diese zu vollziehen (OLG Köln RNotZ 2011, 43 (45); OLG Hamm RNotZ 2011, 46). Nur im absoluten Ausnahmefall ist das Grundbuchamt befugt, den Vollzug des Grundbuchantrags zu verweigern, wenn der Fehler so schwerwiegend ist, dass die Genehmigung der Veräußerung sich für jedermann als nichtig darstellt (OLG Jena NotBZ 2000, 272; OLG Köln RNotZ 2011, 43 (45)). Bedarf eine Verfügung des Nachlasspflegers wie die vorstehend genannte Veräußerung von Grundbesitz der **Genehmigung des Nachlassgerichts** nach §§ 1015, 1821, 1962, wird diese erst mit Rechtskraft des Beschlusses wirksam (§§ 40 II, 45 FamFG). Dabei ist in dem Verfahren für den unbekannten Erben gem. § 340, 276 I 1 FamFG ein Verfahrenspfleger zu bestellen, da dieser Beschluss dem unbekannten Erben gem. § 41 III FamFG bekanntzugeben ist.

26 **d) Prozessführungsbefugnis des Nachlasspflegers.** Im Falle des Todes einer Partei tritt eine **Unterbrechung** des Verfahrens bis zu dessen Aufnahme durch den Rechtsnachfolger ein (§ 239 I ZPO). Vor Annahme der Erbschaft ist der Erbe gem. § 239 V ZPO zur Fortsetzung eines Rechtsstreits nicht verpflichtet. Wird im Falle der Unterbrechung des Verfahrens durch den Tod einer Partei ein Nachlasspfleger bestellt oder ist ein zur Führung des Rechtsstreits berechtigter Testamentsvollstrecker vorhanden, gelangt § 241 I ZPO zur Anwendung, der grds. die Unterbrechung eines Rechtsstreits durch Prozessunfähigkeit regelt. Wurde der Erblasser in einem Prozess durch einen Prozessbevollmächtigten vertreten, kommt es nicht zur Unterbrechung des Verfahrens, sondern der Prozess ist auszusetzen (§ 246 ZPO). Bei einer Nachlasspflegschaft endet die **Aussetzung**, wenn der Nachlasspfleger dem Prozessgericht von seiner Bestellung Anzeige macht, den Willen zur Prozessfortführung gegenüber dem Gericht äußert und das Prozessgericht die Anzeige der Gegenseite schriftlich zustellt (BGH NJW 1995, 2171 (2172)). Eine Feststellung der tatsächlichen Prozessführungsbefugnis des Nachlasspflegers, also eine Darlegung des Umfangs des Wirkungskreises, ist nicht notwendig (BGH NJW 1995, 2171 (2172)).

27 § 1960 III ordnet ferner an, dass die Regelung des § 1958 bei Anordnung einer Nachlasspflegschaft nicht zur Anwendung gelangt, so dass eine Klage gegen den Nachlass bereits vor Annahme der Erbschaft durch den Erben erhoben werden kann. Hat das Nachlassgericht einen Nachlasspfleger bestellt, ist dieser für die gegen die Erben geltend gemachten Ansprüche prozessführungsbefugt und auch passivlegitimiert (OLG Brandenburg BeckRS 2008, 20029). Die Erbengemeinschaft hingegen stellt selbst keine Rechtspersönlichkeit dar, so dass diese nicht Partei eines Prozesses sein kann (BGH NJW 1989, 2133 (2134)). Wurde Nachlasspflegschaft angeordnet, obgleich die materiell-rechtlichen Voraussetzungen nicht vorliegen, ist der Nachlasspfleger dennoch prozessführungsbefugt und passivlegitimiert, da dies die Rechtssicherheit und der Schutz Dritter gebietet (BGH NJW 1968, 353; OLG Brandenburg BeckRS 2008, 20029).

28 Hat der Nachlasspfleger einen (zivilrechtlichen) Prozess zu führen, besteht grds. zugleich die Möglichkeit der Prozesskostenhilfe. Das Gericht darf die Gewährung von Prozesskostenhilfe nicht davon abhängig machen, dass der Nachlasspfleger unzumutbare oder unmögliche Angaben machen muss. Ist es möglich, dass beim Verfahren noch weitere unbekannte Erben vorhanden sind, liegt ein Verstoß gegen Art. 2 I GG

iVm dem Rechtsstaatsprinzip vor, falls das Gericht nicht nur Angaben über die Höhe des Nachlassvermögens, sondern auch über das Einkommen und Vermögen der Erben verlangt, diese vom Nachlasspfleger aber nicht vorliegen (BVerfG NJW-RR 1998, 1081 (1082)). Da der Nachlasspfleger diese Angaben eben nicht beibringen kann, würde eine andere Vorgehensweise dem Schutz der unbekannten Erben, welcher gerade durch die Nachlasspflegschaft gewährleistet sein soll, widersprechen (BVerfG NJW-RR 1998, 1081 (1082)).

e) Sonstige Befugnisse bzw. Pflichten. Der Nachlasspfleger ist unter Berücksichtigung der beschränkten Erbenhaftung befugt, **Verbindlichkeiten** des Nachlasses zu **erfüllen**, um unnötige Streitigkeiten und Prozesse zu vermeiden, sowie die Verzicht auf die Einrede der Verjährung zu erklären (BayObLG NJW-RR 1997, 326 (327); OLG München ZEV 2010, 366 (367); aA Staudinger/*Marotzke* Rn. 44). Bei der Erfüllung von Verbindlichkeiten ist der Nachlasspfleger aber gegenüber den Nachlassgläubigern verantwortlich, so dass eine Zahlung von Nachlassschulden nur dann in Betracht zu ziehen ist, falls der Nachlass über ausreichende Mittel verfügt (BGH NJW 1985, 140). Ist der Nachlass bspw. überschuldet, muss der Nachlasspfleger unter Hinweis auf die Situation eine Zahlung zurückstellen, damit bspw. in einem Nachlassinsolvenzverfahren bestimmte Gläubiger durch eine vorzeitige Zahlung nicht benachteiligt werden. Stellt der Nachlasspfleger fest, dass der Nachlass überschuldet ist, besteht trotzdem keine Pflicht für ihn, einen Insolvenzantrag zu stellen, da er insoweit den Nachlassgläubigern nicht verpflichtet ist (BGH ZEV 2005, 109 (110)). Richtigerweise wird durch die Rspr. seine Untätigkeit nicht über §§ 166 I, 278 den Erben zugerechnet, weil er von den Erben eben nicht als Vertreter oder Gehilfe gegenüber den Gläubigern eingesetzt wurde (BGH ZEV 2005, 109 (110)). 29

Hatte der Erblasser eine Wohnung gemietet, ist der Nachlasspfleger befugt, die Kündigung des Vermieters der Wohnung entgegenzunehmen und mit dem Vermieter eine Vereinbarung über die **Räumung der Wohnung** zu schließen, wobei eine geleistete Kaution in diese Vereinbarung einbezogen werden kann (OLG Hamm NJW-RR 2010, 1594 (1595); OLG München NJW-RR 2012, 842 (843); vgl. auch *Zimmermann* ZEV 2014, 76 (80)). Befanden sich in der Wohnung Gemälde und Antiquitäten, hat der Nachlasspfleger einen Sachverständigen hinzuzuziehen. Die Beauftragung eines renommierten Auktionshauses ist dabei ausreichend (OLG Köln NJW 2006, 625 (626)). Findet der Nachlasspfleger Waffen, muss die Einhaltung des Waffengesetzes gesichert sein. Der Waffenfund ist der zuständigen Behörde anzuzeigen, damit diese die Waffen und Munition sicherstellen kann. 30

Eine **Erbauseinandersetzung** muss der Nachlasspfleger weder durchführen noch überwachen, selbst wenn die Miterben den Nachlasspfleger um die Vermittlung der Auseinandersetzung ersuchen, sofern dies ihm nicht ausdrücklich vom Nachlassgericht auferlegt wurde (BayObLGZ 1948, 346 (349); *Weirich* NWB 2004, 1853 (1854)). 31

f) Sorgfaltspflichten. Der Nachlasspfleger hat sein Amt wie ein Vormund selbständig und in eigener Verantwortung zu führen (BayObLGZ 1983, 59 (63)). Er handelt hingegen pflichtwidrig, wenn er gegen zwingende gesetzliche Vorschriften verstößt oder seinen Ermessensspielraum überschreitet, missbraucht oder gar nicht ausübt (BayObLG NJW-RR 1997, 326 (327)). Dabei ist maßgeblich, ob der Nachlasspfleger seine Verpflichtung zur treuen und gewissenhaften Amtsführung zuwiderhandelt. Wurde ihm die Erbenermittlung übertragen, muss er alle erforderlichen und zumutbaren Maßnahmen selbst vornehmen (LG Berlin ZEV 2012, 413 (414)). Zudem hat er alle üblichen Verkehrssicherungspflichten hinsichtlich von Nachlassgegenständen zu erfüllen oder sicherzustellen, wie zB die Beleuchtung des Hauseingangs, Streupflicht im Winter, Schutz von Schneedachlawinen usw. Ferner müssen die notwendigen Versicherungen, wie zB die Brandversicherung oder Gebäudehaftpflicht, von ihm aufrechterhalten oder abgeschlossen werden. 32

6. Vergütungsanspruch des Nachlasspflegers. Bzgl. der **Vergütung** ist in §§ 1960 ff. keine ausdrückliche spezielle Regulierung vom Gesetzgeber aufgenommen worden. Vielmehr ist über die Verweisung in § 1915 I die Regelung der §§ 1835 ff. heranzuziehen. Der Anspruch auf Vergütung durch den Nachlasspfleger ist in einem Nachlassinsolvenzverfahren den Masseverbindlichkeiten nach § 324 I Nr. 4 InsO zuzuordnen. Unabhängig von der Festsetzung des Nachlassgerichts kann eine Vereinbarung zwischen Erben und Nachlasspfleger über die Vergütung getroffen werden (BayObLGZ 1948, 346; aA OLG Celle ZEV 2011, 647). Diese bindet das Gericht jedoch nicht, sollte aber dennoch aufgrund der Privatautonomie Vorrang genießen. 33

a) Allgemeine Unterscheidung. Bzgl. der Vergütung ist zwischen dem ehrenamtlichen und dem berufsmäßigen Nachlasspfleger zu differenzieren. Der Vergütungsanspruch ist allerdings nicht davon abhängig, ob die Anordnung der Pflegschaft zu Recht durch das Nachlassgericht erfolgt ist (OLG Hamm NJOZ 2011, 399 (400); OLG Düsseldorf BeckRS 2011, 01698). 34

aa) Ehrenamtlicher Nachlasspfleger. Der **ehrenamtliche** Nachlasspfleger erhält gem. §§ 1915, 1836 I 1 keine Vergütung, sondern lediglich gem. § 1835 Ersatz der Aufwendungen und nach § 1835a eine Aufwandsentschädigung. Letztlich entspricht die Unentgeltlichkeit auch grds. dem Amt des Nachlasspflegers (BayObLG BeckRS 2009, 28316; BVerfG NJW 1980, 2179), obgleich davon vielfach abgewichen wird. Gem. §§ 1915, 1836 II kann das Gericht dennoch bei einem ehrenamtlichen Nachlasspfleger eine angemessene Vergütung bewilligen, soweit der Umfang oder die Schwierigkeit der vormundschaftlichen Geschäfte dies rechtfertigen und sofern der Nachlass nicht mittellos ist. Diese Vergütung darf aber nicht der Staatskasse zur Last fallen und größer sein, als die Vergütung, die einem berufsmäßigen Nachlasspfleger zugesprochen wird (*Fleischmann* ZEV 2005, 473 (475)). Die Größe des Nachlass kann lediglich als Indiz für die Vergütung herangezogen werden, darf aber nicht das maßgebliche Kriterium sein (BGH NJW 2000, 3709 (3711)). 35

36 **bb) Berufsmäßige Nachlasspfleger.** Hat jemand die Stellung als Nachlasspfleger aufgrund einer beruflichen Tätigkeit inne, steht ihm einen Anspruch auf Vergütung gem. §§ 1915 I 1, 1836 I 2 iVm Vormünder- und Betreuervergütungsgesetz (VBVG) zu. Dafür ist gem. § 1826 I 2 erforderlich, dass das Nachlassgericht bei der Bestellung des Nachlasspflegers feststellt, dass die Nachlasspflegschaft **berufsmäßig** geführt wird. Entgegen der Gesetzesbezeichnung ist das Vormünder- und Betreuervergütungsgesetz auch über die Verweisung in § 1915 I auf den Nachlasspfleger anwendbar, wobei aber nur die §§ 1–3 VBVG einschlägig sind, da die restlichen Vorschriften des Gesetzes lediglich bei einer Betreuung zur Anwendung kommen. Das Nachlassgericht hat die Berufsmäßigkeit festzustellen, wenn der Nachlasspfleger in einem solchen Umfang Nachlasspflegschaften übertragen sind, dass er sie nur im Rahmen seiner Berufsausübung führen kann, oder wenn zu erwarten ist, dass dem Nachlasspfleger in absehbarer Zeit Nachlasspflegschaften in diesem Umfang übertragen werden (§§ 1915 I, 1836 I 3 BGB, § 1 VBVG). Von einer berufsmäßigen Nachlasspflegschaft ist dabei im Regelfall auszugehen, falls der Nachlasspfleger mehr als 10 Nachlasspflegschaften übernommen hat oder die für die Führung der Nachlasspflegschaft erforderliche Zeit voraussichtlich 20 Wochenstunden nicht unterschreitet. Gemäß den Regelungen in den §§ 1915 I, 1836 I 3 BGB, § 2 VBVG erlischt der Vergütungsanspruch, sofern er nicht binnen einer **Frist** von 15 Monaten nach seiner Entstehung beim Nachlassgericht geltend gemacht wird. Setzt das Nachlassgericht dem Nachlasspfleger eine Frist, die erst nach Ablauf der 15 Monate endet, würde es Treu und Glauben (§ 242) widersprechen, wenn die Vergütung mit Ablauf der 15 Monate bereits erlöschen würde (OLG Naumburg NJW-Spezial 2014, 584). Gem. § 2 S. 2 VBVG, § 1835 Ia BGB kann das Nachlassgericht eine davon abweichende Frist von mindestens zwei Monaten festlegen, die eigentliche Frist also deutlich verkürzen, falls das Nachlassgericht dies für zweckmäßig erachtet. Zugleich ist das Gericht aber auch berechtigt, die Frist zu verlängern. Die Feststellung der Berufsmäßigkeit kann im Abhilfeverfahren nachgeholt werden, falls diese im Beschluss des Nachlassgerichts unterblieben ist (OLG Naumburg NJW-RR 2011, 737 (738)).

37 **b) Höhe der Vergütung.** Der Vergütungsanspruch entsteht mit der jeweils einzelnen vergütungspflichtigen Betreuertätigkeit (BayObLG NJW-RR 2003, 438). Bei der Vergütung der Nachlasspflegschaft ist zwischen dem mittellosen und dem vermögenden Nachlass zu differenzieren (vgl. ausf. *Zimmermann* ZEV 2005, 473 ff.).

38 **aa) Mittelloser Nachlass.** Ist der Nachlass mittellos iSd § 1836d, kann der Nachlasspfleger die nach § 1 I VBVG zu bewilligende Vergütung aus der Staatskasse verlangen (§ 1 II VBVG). Bei der Beurteilung der Mittellosigkeit ist im Rahmen der Nachlasspflegschaft nicht auf das Einkommen und Vermögen der Erben, sondern der Nachlass selbst und dabei auf den gesamten Bestand des Aktivnachlasses abzustellen (BayObLGZ 2000, 26 (33)). Ein Schonvermögen ist nicht heranzuziehen, so dass die Mittellosigkeit ausscheidet, falls überhaupt ein Aktivnachlass vorhanden ist, der die Vergütung deckt (BayObLGZ 2000, 26 (34); OLG Brandenburg ZEV 2010, 737 (738)). Es ist dabei nicht maßgeblich, ob der Nachlass überschuldet ist (OLG Brandenburg ZEV 2010, 737 (738)). Stellt sich im Laufe der Nachlasspflegschaft erst heraus, dass der Nachlass mittellos ist, kann im Nachhinein der Anspruch gegen die Staatskasse gewährt werden (BayObLGZ 2000, 26 (34)). Als mittellos kann ein Nachlass auch dann anzusehen sein, wenn der Verwertung ein rechtliches oder tatsächliches Hindernis entgegensteht oder wenn es ersichtlich ist, dass die Verwertung nicht in einem angemessenen Zeitraum erfolgen kann (OLG Naumburg NJW-RR 2011, 737 (738)). Hat der Staat die Nachlasspflegschaft einem Berufsbetreuer übertragen, muss er die Erstattung der Aufwendungen und Vergütung sicherstellen (BayObLG NJW-RR 2003, 1305 (1306)).

39 Dabei beträgt die Mindestvergütung für die Führung der Nachlasspflegschaft für jede Stunde der aufgewandten und erforderlichen Zeit 19,50 EUR. Hat der Nachlasspfleger eine abgeschlossene Lehre oder eine vergleichbare abgeschlossene Ausbildung wird ein Stundensatz von 25 EUR angesetzt, hat dieser eine abgeschlossene Ausbildung an einer Hochschule erhöht sich der Stundensetz gem. § 3 I Nr. 2 VBVG auf 33,50 EUR. Bei den Stundensätzen handelt es sich um Nettobeträge, so dass eine etwa anfallende Umsatzsteuer zusätzlich erhoben werden kann und dem Nachlasspfleger zu ersetzen ist. Eine langjährige Praxis oder ein Eigenstudium sind nicht ausreichend, da die konkrete individuelle Qualifikation des Nachlasspflegers aus Gründen der Formalisierung nicht berücksichtigt wird (OLG Naumburg NJW-RR 2011, 737 (738); *Zimmermann* ZEV 2005, 473 (474)). Bei einem Rechtsanwalt ist anzunehmen, dass er diese besondere Qualifikation aufgrund des Studiums der Rechtswissenschaft erworben hat, und damit ein höherer Stundensatz gerechtfertigt ist (LG Wuppertal BeckRS 2004, 12097).

40 **bb) Nicht mittelloser Nachlass.** Handelt es sich bei dem Nachlass nicht um einen mittellosen, sind andere Grundsätze für die Vergütung des Nachlasspflegers maßgeblich. Abweichend von den Regelungen in § 3 VBVG bestimmt sich die Höhe der Vergütung des Nachlasspflegers gem. § 1915 I nach den für die Führung der Pflegschaftsgeschäfte nutzbaren Fachkenntnissen des Nachpflegers sowie nach dem Umfang und der Schwierigkeit der Pflegschaftsgeschäfte. Folglich ist es möglich, dass das Gericht eine höhere Vergütung als bei einem mittellosen Nachlass festsetzt, sofern es dies im konkreten Fall für erforderlich hält. Die Vergütung muss angemessen sein und sich nach dem Zeitaufwand und einem angemessenen Stundensatz bemessen, wobei die Größe des Nachlasses, der zeitliche Aufwand für die Tätigkeit des Nachlasspflegers, die Bedeutung und die Schwierigkeit der obliegenden Geschäfte sowie der sich hieraus ergebende Grad der Verantwortung heranzuziehen sind (BGH NJW 2000, 3709 (3710); BayObLG NJW-RR 2000, 149; 1986, 497; OLG Hamm NJW-RR 2002, 1445; OLG Düsseldorf NJW-RR 2014, 1103 (1106); *Siebert* NJW 2014, 2918 (2922)). Falls der Stundenaufwand des Nachlasspflegers erheblich ist, hat dieser von Anfang an eine Stundenliste/Tätigkeitsliste zu führen (*Siebert* NJW 2014, 2918 (2922)).

Sicherung des Nachlasses; Nachlasspfleger § 1960 BGB 10

Bzgl. der Höhe der Vergütung steht den Tatsachengerichten ein weiter Ermessenspielraum zu (OLG 41
Brandenburg ZEV 2010, 737 (738); BayObLGZ 2000, 26 (30)). Eine Vergütung dergestalt, dass dem
Nachlasspfleger ein Prozentsatz des Gesamtnachlasses, wie zB 2 %, zugesprochen wird, ist mit der derzeitigen Regelung des § 1915 I 2 nicht mehr vereinbar (OLG Hamm NJW-RR 2002, 1445; ausf. *Fleischmann* ZEV 2005, 473 (474) mwN). Was der Nachlasspfleger in sonstigen Fällen im Rahmen seiner beruflichen Tätigkeit als Vergütung erhält, ist nicht zu berücksichtigen, weil das Gesetz gerade nicht auf eine
„sonst übliche" Vergütung abstellt (OLG Brandenburg ZEV 2010, 737 (738)).

Die vorstehenden Kriterien sind auch dann zu berücksichtigen, wenn der Nachlasspfleger von Beruf 42
Rechtsanwalt ist und er deshalb für diese Aufgabe vom Nachlassgericht ausgewählt wurde (BayObLG
NJW-RR 1986, 497). Es steht einem Rechtsanwalt frei, inwiefern er nach den vorstehend genannten
Stundensätzen oder nach den Gebührenvorschriften des RVG abrechnet (OLG Düsseldorf BeckRS
2011, 01698; LG Wuppertal BeckRS 2004, 12097). Nicht zu folgen ist der Ansicht (so OLG Schleswig
ZEV 2013, 443), dass eine Abrechnung nach RVG unzulässig ist, wenn der Rechtsanwalt bei einem einfach gelagerten Fall tätig ist. Rechnet der Rechtsanwalt nach Stundensätzen ab, wird in der Rspr.
eine höhere Vergütung als 130 EUR pro Stunde dann nicht für angemessen angesehen, wenn der Nachlass
überschuldet ist, selbst wenn Geschäftsanteile an einer GmbH und Grundbesitz zum Nachlass gehören
(OLG Brandenburg ZEV 2010, 737 (738) mit weiteren Bespielen aus der Rspr.). Teilweise wird in der
Rspr. bei anwaltlichen Rechtspflegern im Normalfall im Betrag von 65 EUR bis 90 EUR pro Stunde und
bei schwieriger Abwicklung ein Betrag von 115 EUR bis 130 EUR als angemessen angesehen (OLG
Schleswig NJOZ 2013, 172; OLG Karlsruhe NJW-Spezial 2015, 328; OLG Saarbrücken NJW-RR 2015,
844). Diese Grenzen erscheinen jedoch zu gering, falls aufgrund der Komplexität eines speziellen Falls
ein Rechtsanwalt mit besonderen Erfahrungen ausgewählt werden muss, weil nur auf diese Weise der
spezielle Nachlassfall abgewickelt werden kann.

Bei einem nicht mittellosen Nachlass besteht der Vergütungsanspruch des Nachlasspflegers gegen die 43
Erben, wobei sich diese bei Überschuldung wiederum nach § 1990 auf die Dürftigkeit berufen dürfen, so
dass eine Haftung mit dem Privatvermögen ausscheidet (*Fleischmann* ZEV 2005, 473). Die Festsetzung
der Vergütung für den Nachlasspfleger durch den Rechtspfleger kann den Tatbestand der Untreue oder
Rechtsbeugung begründen, falls der Rechtspfleger diesen vorsätzlich überhöht festsetzt (BGH NJW
1988, 2809 (2810)).

c) **Abschlagszahlungen.** Gemäß den Regelungen in §§ 1960, 1915, § 1836 I 3 BGB, § 3 IV VBVG kann der 44
Nachlasspfleger für seine Tätigkeit Abschlagszahlungen verlangen. Macht der Nachlasspfleger von diesem
Recht Gebrauch, hat der Nachlasspfleger gegenüber dem Nachlassgericht den von ihm behaupteten Zeitaufwand, also die Stundenanzahl für seine Tätigkeit, derart plausibel zu machen, dass dem Gericht eine
summarische Prüfung dem Grund und der Höhe nach möglich ist (OLG Zweibrücken ZEV 2007, 528).

d) **Verwirkung des Vergütungsanspruchs.** Hat sich der Nachlasspfleger gegenüber dem Nachlass 45
bzw. den Erben der Untreue schuldig gemacht, kann das Nachlassgericht von einer Vergütung absehen
(BayObLGZ 1948, 346 (351); BayObLG NJW 1988, 1919; KG NJW-RR 2007, 1598 (1599)). Die Prüfung der Verwirkung setzt allerdings eine umfassende Abwägungen aller maßgeblichen Umstände durch
das Gericht voraus (OLG Hamm NJW-RR 2007, 1081 (1082)). Zudem müssen diese Umstände entweder
aufgrund einer Verurteilung feststehen oder aufgrund eines Geständnisses auf der Hand liegen (OLG
Schleswig BeckRS, 2011, 21449). Hingegen berechtigt eine oberflächliche, nachlässige oder gar mangelhafte Amtsführung nicht, dem Nachlasspfleger den Vergütungsanspruch zu versagen, weil dieser Anspruch keine Belohnung oder Gegenleistung für ein geschuldetes Werk, sondern eine Entschädigung für
die Müheverwaltung und die aufgewendete Zeit darstellt (BayObLGZ 1948, 346; BayObLG NJW 1988,
1919; KG NJW-RR 2007, 1598 (1599); OLG Schleswig BeckRS, 2011, 21449; OLG Düsseldorf BeckRS
2011, 01698). Folglich hat der Nachlasspfleger selbst in diesem Fall einen Vergütungsanspruch. Inwiefern
den Erben ein Schadensersatzanspruch wegen pflichtwidriger Amtsführung zusteht, ist davon unabhängig. Darüber hat in einem gesonderten Verfahren ein Zivilgericht zu befinden (OLG Düsseldorf BeckRS
2011, 01698; OLG Schleswig BeckRS 2011, 21449).

e) **Festsetzung und Rechtsmittel gegen Vergütung.** Die Vergütung wird durch das Nachlassgericht 46
im Rahmen seines Ermessens festgesetzt. Der Rechtspfleger, der als Nachlassrichter die Vergütung des
Nachlasspflegers festsetzt, übt richterliche Tätigkeit aus (BGH NJW 1988, 2809). Gegen die Festsetzung
des Gerichts steht dem Nachlasspfleger gem. § 58 FamFG das Rechtsmittel der Beschwerde zu, soweit
der Beschwerdewert des § 61 I FamFG (600 EUR) erreicht wird. Der Nachlasspfleger muss die Beschwerde innerhalb von einem Monat nach Bekanntgabe des Beschlusses einlegen (§ 61 FamFG). Der
Nachlassgläubiger hat hingegen keine Beschwerdebefugnis gegen die Festsetzung der Vergütung eines
Nachlasspflegers (*Siebert* NJW 2014, 2918 (2922)).

Die Rechtsmittelinstanz darf lediglich überprüfen, ob die Grenzen des Ermessens durch die Tatsachen- 47
instanz eingehalten wurden, aber nicht die Angemessenheit und Zweckmäßigkeit der Vergütung per se
(BayObLGZ 1983, 96 (99)). Das Beschwerdegericht kann daher nur überprüfen, ob das Nachlassgericht
von unrichtigen Bewertungsgrundlagen ausgegangen ist und damit die Tatsacheninstanz von dem Ermessen
in einer dem Zweck der Ermächtigung nicht gesetzeskonformen Weise Gebrauch gemacht hat (OLG Köln
NJW 1967, 2408). Soll im Rechtsmittelverfahren die Vergütung des Nachlasspflegers geändert, insbes. herabgesetzt werden, ist dem Nachlasspfleger rechtliches Gehör zu gewähren (BayObLGZ 1958, 74 (75)).

f) **Aufwendungsersatz.** Hat der Nachlasspfleger gem. § 1835 einen Anspruch auf Ersatz von Aufwen- 48
dungen, ist er berechtigt, sich den entsprechenden Betrag direkt aus dem Nachlassvermögen zu entnehmen,

weil es sich bei der Erstattung um die Erfüllung einer Verbindlichkeit handelt (BayObLGZ 1988, 275 (276)). Zu den Auslagen zählen insbes. Telefonkosten, Porto, Fahrtkosten sowie sonstige Barauslagen. Soweit dem berufsmäßigen Nachlasspfleger ein Anspruch auf Auslagenersatz zusteht, kann er die auf die Auslagen anfallende Umsatzsteuer verlangen (OLG Dresden BeckRS 2000, 30108370). Wurden Aufwendungen bei der Bemessung der Vergütung nach § 1836 berücksichtigt, scheidet ein Anspruch nach § 1835 auf Aufwendungsersatz darüber aus (BayObLG NJW-RR 1986, 497 (498)). In das Privatvermögen der Erben kann der Nachlasspfleger eine Vollstreckung jedoch nicht vornehmen (OLG Celle NJW-Spezial 2016, 519).

49 7. **Schadensersatzansprüche gegen den Nachlasspfleger.** Hat der Nachlasspfleger seine Pflichten verletzt, können gegen diesen Schadensersatzklagen erhoben werden. Gem. §§ 1960, 1915, 1833 ist der Nachlasspfleger gegenüber den Erben für den aus einer Pflichtverletzung entstehenden Schaden verantwortlich, soweit ihm ein Verschulden zur Last fällt. Im Gegensatz zu der Regelung bei § 1664 wird im Rahmen von § 1833 für jeden Grad der Fahrlässigkeit nach § 276 I gehaftet (Palandt/*Götz* § 1833 Rn. 6). Ansprüche auf Schadensersatz gegen den Nachlasspfleger fallen aufgrund einer analogen Anwendung des § 2041 in den Nachlass (OLG Dresden ZEV 2000, 402). Hat der Nachlasspfleger bspw. bei einer Veräußerung von Grundbesitz den Käufer arglistig getäuscht, ist er für eine Klage des Käufers passivlegitimiert (OLG Brandenburg BeckRS 2008, 20029).

50 Umfasste der Aufgabenkreis des Nachlasspflegers die Erbenermittlung, darf dieser einen Erbenermittler erst dann hinzuziehen, wenn er alle erforderlichen Maßnahmen ergriffen hat und diese erfolglos geblieben sind (LG Berlin ZEV 2012, 413 (414)). Hat der Nachlasspfleger einen Erbenermittler verfrüht eingeschaltet und dadurch unnötige Kosten für den Nachlass verursacht, rechtfertigt dies einen Schadensersatzanspruch der Erben gegen den Nachlasspfleger (LG Berlin ZEV 2012, 413 (414)). Die Möglichkeit eines Schadensersatzanspruchs ist im Zusammenhang mit der fehlenden Erbenermittlung allerdings restriktiv zu behandeln, indem keine überspannten und für die Praxis unangemessenen Anforderungen für die Erbenermittlung zugrunde gelegt werden. Aus der Unzweckmäßigkeit eines vom Nachlasspfleger abgeschlossenen Vertrags oder einer abgegebenen Willenserklärung kann eine Beschränkung der Vertretungsmacht des Erbenermittlers nicht hergeleitet werden, vielmehr ist diese auch im Falle einer unzweckmäßigen oder pflichtwidrigen Handlung des Nachlasspflegers wirksam (BGH NJW 1968, 353).

51 8. **Beaufsichtigung durch das Nachlassgericht.** Neben der Anordnung der Nachlasspflegschaft treffen das Nachlassgericht auch weitere Aufgaben sowie Befugnisse. Gem. §§ 1915, 1837 I berät das Nachlassgericht den Nachlasspfleger, der grds. in eigener Verantwortung handelt, und führt diesen in seinen Tätigkeitsbereich ein. Das Nachlassgericht hat zudem die Aufsicht über den Nachlasspfleger zu führen und gegen Pflichtwidrigkeiten durch geeignete Gebote und Verbote einzuschreiten (§§ 1915, 1837 II S. 1). Das Gericht hat den Nachlasspfleger auf eine sachgemäße Besorgung seiner Pflichten hinzuweisen (BayObLGZ 1983, 59 (62)). Es hat ihn durch Rat und Tat zu unterstützen und, insbes. wenn es sich um rechtsunkundige Personen handelt, ihm sachdienliche Hinweise im Einzelfall zu geben (BayObLGZ 1952, 336 (338)). Befolgt der Nachlasspfleger die Anordnungen nicht, kann ein Zwangsgeld erhoben werden (§§ 1915, 1837 III). Reicht ein Zwangsgeld nicht aus, kann das Nachlassgericht den Nachlasspfleger entlassen. Dies muss aber das letzte Mittel (ultima ratio) bleiben. Die Erteilung einer Weisung durch das Nachlassgericht setzt voraus, dass der Nachlasspfleger pflichtwidrig gehandelt hat (BayObLG NJW-RR 1997, 326 (327)). Gegen die Entscheidung oder gegen die Ablehnung einer Erweiterung der Befugnisse des Nachlasspflegers besteht ein Beschwerderecht. Sowohl dem Miterben als auch dem Nachlassgläubiger kann dabei ein Beschwerderecht zustehen, falls das Nachlassgericht den Wirkungskreis des Nachlasspflegers trotz Notwendigkeit nicht erweitert (BayObLG NJW-RR 1997, 326).

52 9. **Aufhebung bzw. Beendigung der Nachlasspflegschaft.** Es gibt verschiedene Gründe, auf denen die Aufhebung der Nachlasspflegschaft basieren kann. Auf jeden Fall hat der Nachlasspfleger den Nachlass zu verwalten und zu erhalten, solange die Nachlasspflegschaft andauert (OLG Dresden ZEV 2000, 402 (404)). Wurde gegen die Aufhebung einer Nachlasspflegschaft erfolgreich Rechtsmittel eingelegt, kann diese durch das Beschwerdegericht nicht mit rückwirkender Wirkung einfach wiederhergestellt werden (OLG Karlsruhe FGPrax 2003, 229 (231)). Vielmehr muss die Nachlasspflegschaft erneut vom Nachlassgericht angeordnet werden und ein (neuer) Nachlasspfleger bestellt werden (BayObLGZ 1965, 348). Für die Aufhebung der Nachlasspflegschaft bedarf es eines Beschlusses durch das Nachlassgericht und zwar selbst dann, wenn diese zu Unrecht angeordnet wurde (OLG Köln NJW-RR 1997, 1091). Eine Ausnahme ergibt sich jedoch aus den §§ 1960, 1915, 1918 III. Die Nachlasspflegschaft, die zur Besorgung einer einzelnen Angelegenheit angeordnet wurde, endet mit deren Erledigung. In diesem Fall bedarf es keines weiteren Gerichtsbeschlusses. Der Nachlasspfleger hat keinen Anspruch auf **Entlastung** durch die Erben, obgleich diese in der Regel vorgenommen wird (Firsching/Graf NachlassR Rn. 4.661).

53 a) **Entfallen der Notwendigkeit.** Die Nachlasspflegschaft ist aufzuheben, sobald der Grund für die Anordnung der Pflegschaft weggefallen ist (§ 1919). Eine Notwendigkeit für eine Pflegschaft besteht bspw. nicht mehr, falls der Erbe ermittelt werden konnte, also nicht mehr unbekannt ist. Für die Kenntnis des Erben bedarf es keiner absoluten Gewissheit, vielmehr ist eine hohe Wahrscheinlichkeit ausreichend, wonach eine bestimmte Person Erbe geworden ist (OLG München NJW-RR 2006, 80 (81)). Weitergehende Voraussetzungen sind nicht erforderlich. Beispielsweis ist es nicht notwendig, dass ein Erbschein erteilt wurde, andererseits aber nicht hinderlich, hin würde das über den Erbrecht noch Rechtsstreitigkeiten anhängig sind (OLG Frankfurt a. M. NJW-RR 1994, 75 (76); KG NJW-RR 1999, 157 (159)). Gem. § 1988 endet die Nachlassverwaltung mit der Eröffnung des Nachlassinsolvenzverfahrens. Eine Parallelvorschrift für die Nachlasspflegschaft ist nicht vorhanden, so dass durch Anordnung des Nachlassinsolvenzverfahrens die Befugnisse des Nachlasspflegers zwar eingeschränkt werden, aber keine zwingende Notwendigkeit für die Aufhebung der Nachlasspflegschaft besteht, weil ein Fürsorgebedürfnis weiterhin gegeben sein kann (OLG Stuttgart BWNotZ 2012, 81 (82)). Wurde kein Erbe ermittelt und stellt das Nachlassgericht gem. §§ 1964, 1965 das Erbrecht des Fiskus fest, besteht ebenfalls keine Notwendigkeit für eine Nachlasspflegschaft fort. Diese ist dann vom Gericht aufzuheben.

b) Pflichtverstöße des Nachlasspflegers. Handelt der Nachlasspfleger pflichtwidrig, ist das Nachlassgericht verpflichtet, in erster Linie mit Geboten und Verboten dagegen vorzugehen (BayObLGZ 1952, 336 (338); → Rn. 51). Gem. §§ 1886, 1915 hat das Nachlassgericht den Nachlasspfleger zu entlassen, falls die Fortführung seines Amts, insbes. wegen eines pflichtwidrigen Verhaltens des Nachlasspflegers, das Interesse der Erben bzw. des Nachlasses gefährden würde oder wenn in der Person des Nachlasspflegers einer der in § 1781 bestimmten Gründe vorliegt. Letzteres ist dabei ein sehr unwahrscheinlicher Fall. Praxisnäher ist hingegen die Konstellation einer Gefährdung der Erben, wobei diesbzgl. eine objektive Gefährdung ausreichend ist und es nicht auf subjektive Elemente ankommt (BayObLGZ 1952, 336 (338); 1983, 59 (63)). Auf ein Verschulden des Nachlasspflegers kommt es bei der Entlassung nicht an, die objektive Gefährdung des Nachlasses ist eben ausreichend (BayObLGZ 1983, 59 (64)). Obgleich das Gesetz keine Anhörung des Nachlasspflegers vor der Entlassung vorschreibt, ist diese jedoch geboten, weil es sich dabei gerade um die letzte und äußerste Maßnahme (ultima ratio) handeln sollte (BayObLGZ 1952, 336 (338)). 54

c) Herausgabepflicht nach Beendigung. Wurde ein Nachlasspfleger aus dem Amt durch das Gericht wirksam entlassen, hat dieser gem. §§ 1960, 1916 1890 den Erben den Nachlass herauszugeben und über die Verwaltung Rechenschaft abzulegen. Dabei kann sich der Nachlasspfleger einer **Herausgabepflicht** nicht dadurch entziehen, indem er den Nachlass an Dritte weitergibt oder sich darauf beruft, dass er mit Beendigung der Pflegschaft nicht mehr auf die von ihm verwalteten Bankkonten zugreifen möchte oder kann (OLG Brandenburg NJW-RR 2008, 95 (96)). Ein Zurückbehaltungsrecht des Nachlasspflegers nach §§ 670, 667, 273 besteht lediglich in Höhe der geltend gemachten Vergütung. Sollten einschlägige Gründe für die Weitergabe des Nachlasses an Dritte bestehen, muss der Nachlasspfleger sicherstellen, dass bei Beendigung der Nachlasspflegschaft diese wieder herausgegeben werden können (OLG Dresden ZEV 2000, 402 (404)). Einen Anspruch auf Herausgabe steht grds. jedem Miterben, zudem auch denjenigen zu, die Aufgrund Erbteilsübertragung in die Rechtsstellung der Miterben eingetreten sind (OLG Dresden ZEV 2000, 402 (403)). Im Rahmen eines Herausgabeprozesses muss der Nachlasspfleger beweisen, dass er die Nachlassgegenstände nicht mehr in Besitz hat (OLG Karlsruhe FamRZ 2004, 1601). Eine Herausgabepflicht des Nachlasspflegers bezieht sich dabei auf die Nachlassgegenstände, welche zur Zeit der Beendigung der Nachlasspflegschaft vorhanden sind, wobei der Zeitpunkt des Herausgabeverlangens nicht maßgeblich ist (OLG Dresden ZEV 2000, 402 (404); OLG Brandenburg NJW-RR 2008, 95 (96)). 55

10. Rechtsmittel gegen Anordnung der Nachlasspflegschaft. Gegen die Anordnung der Nachlasspflegschaft kann der Erbe oder Miterbe, der Erbteilserwerber, ein Erbprädent oder ein Nachlassgläubiger, der einen Erbteil gepfändet hat oder einen vollstreckbaren Titel hat, gem. § 49 FamFG Beschwerde einlegen (OLG Stuttgart OLGZ 1971, 463). Ein Testamentsvollstrecker kann ebenfalls Beschwerde einlegen, auch mit dem Begehren, dass der Wirkungskreis des Nachlasspflegers eingeschränkt wird (KG OLGZ 1973, 106 (107)). Ein Pflichtteilsberechtigter kann gegen die Bewilligung einer Nachlasspflegervergütung Beschwerde einlegen, weil er durch eine überhöhte Nachlasspflegervergütung in seinen eignen Rechten belastet sein kann (OLG Köln NJWE-FER 1999, 300). Die Eignung eines Nachlasspflegers stellt einen unbestimmten Rechtsbegriff dar, der im Rahmen einer Beschwerde überprüft werden kann (BayObLG NJW-RR 1992, 967). 56

Ein **Vorsorgebevollmächtigter** kann gegen die Anordnung einer Nachlasspflegschaft keine Beschwerde einlegen (BayObLGZ 2004, 159; OLG München NJW 2010, 2364; aA zur Rechtslage vor Inkrafttreten des FamFG *Everts* NJW 2010, 2318 (2319)). Nachdem der Gesetzgeber bei Einführung des FamFG die Fälle, in denen ein Vorsorgebevollmächtigter Beschwerde einlegen kann, geregelt hat, wie zB in § 303 IV 1 oder § 335 III FamFG, wird man im Umkehrschluss annehmen müssen, dass in sonstigen Fälle der transmortalen Vollmacht diese Beschwerdebefugnis nicht besteht. Daher steht in den vorliegenden Fällen lediglich dem Erbprädenten, dem Testamentsvollstrecker, aber nicht den Ersatzerben oder Vorsorgebevollmächtigten ein Beschwerderecht zu (BayObLGZ 2004, 159 (161)). Gegen die Auswahl des Nachlasspflegers ist jemand, der sich ebenfalls um diese Stellung beworben bzw. bemüht hat, nicht beschwerdebefugt (OLG München NJW 2010, 2364). Hat ein Nachlassgläubiger keinen Antrag nach § 1961 auf Anordnung der Nachlasspflegschaft gestellt, kann er gegen eine Entscheidung des Nachlassgerichts, die lediglich im Rahmen des § 1960 getroffen wird, keine Beschwerde mangels Berechtigung einlegen, da seinerseits kein rechtliches Interesse gegeben ist (KG NJWE-FER 2000, 15). 57

11. Kosten. Für die Anordnung der Nachlasspflegschaft wurden bis 31.7.2013 gem. § 106 KostO Gebühren erhoben. Es handelte sich dabei um eine volle Gebühr, die mit der Anordnung fällig wurde. Maßgebend war der Wert des von der Verwaltung oder Pflegschaft betroffenen Vermögens. Die Erben hafteten gem. § 6 KostO für die Gebühren. 58

Die Kostenordnung wurde im Rahmen das 2. Kostenrechtsmodernisierungsgesetzes mWz 1.8.2013 durch das Gerichts- und Notarkostengesetz (GNotKG) ersetzt. Gem. § 64 I GNotKG ist der Geschäftswert für eine Nachlasspflegschaft der Wert des von der Verwaltung betroffenen Vermögens. Hat ein Gläubiger einen Antrag auf Nachlasspflegschaft gestellt, ist gem. § 64 II GNotKG der Wert der For- 59 derung, höchstens jedoch der Betrag nach § 64 I GNotKG maßgeblich für den Geschäftswert. Für das Verfahren im Allgemeinen wird vom Gericht eine Gebühr iHv 0,5 gem. Nr. 12310 KG-GNotKG erhoben. Zudem können gem. Nr. 12311 KV-GNotKG Jahresgebühren für jedes Kalenderjahr bei einer Nachlasspflegschaft, die nicht auf einzelne Rechtshandlungen beschränkt ist, erhoben werden. Die Haftung der Erben für etwaige Gerichtsgebühren ist nunmehr § 24 GNotKG zu entnehmen.

§ 1961 Nachlasspflegschaft auf Antrag

Das Nachlassgericht hat in den Fällen des § 1960 Abs. 1 einen Nachlasspfleger zu bestellen, wenn die Bestellung zum Zwecke der gerichtlichen Geltendmachung eines Anspruchs, der sich gegen den Nachlass richtet, von dem Berechtigten beantragt wird.

1   **1. Normzweck.** Diese Vorschrift berücksichtigt das Interesse des Nachlassgläubigers seine Ansprüche gegen den Nachlass geltend zu machen, bevor der Erbe die Erbschaft angenommen hat. **Gem.** § 1958 fehlt einer Klage gegen den Erben vor Annahme der Erbschaft die Prozessführungsbefugnis des Erben. Zwar ist die Verjährung gem. § 211 gehemmt, so dass insoweit keine Gefahr für den Nachlassgläubiger besteht, trotzdem kann es in seinem Interesse liegen, möglichst schnell seinen Anspruch durchzusetzen. Daher besteht für den Berechtigten nach dieser Vorschrift ein Antragsrecht, die Bestellung eines Nachlasspflegers bei Gericht zu verlangen.

2   **2. Voraussetzungen.** Auf Antrag eines Nachlassgläubigers ist eine Nachlasspflegschaft anzuordnen, wenn die Bestellung zum Zwecke der gerichtlichen Geltendmachung eines Anspruchs, der sich gegen den Nachlass richtet, notwendig ist. Soweit nicht nachfolgend Besonderheiten dargestellt werden, gelten die im Rahmen von § 1960 dargestellten Grundsätze. Im Gegensatz zu einer Anordnung der Nachlasspflegschaft nach § 1960 muss zwingend im Anwendungsbereich des § 1961 ein Antrag vorliegen, so dass das Nachlassgericht diese nicht von Amts wegen anordnen kann.

3   a) **Unbekannte Erben.** Eine Prüfung des Sicherungsbedürfnisses ist bei einer Anordnung nach dieser Vorschrift nicht vorzunehmen (KG OLGZ 1981, 151 (153)). Aus der Verweisung auf § 1960 I ist zu entnehmen, dass bei einem Antrag nach § 1961 die Erben unbekannt sein müssen (OLG Hamm ZEV 2008, 487 (488)). Weil die Vorschrift dem Schutz des Gläubigers dient, ist die Frage, ob die Erben unbekannt sind, jedoch aus Sicht des Gläubigers zu beurteilen, was dementsprechend bereits dann der Fall ist, wenn sich die Erbenfrage derart komplex darstellt, wonach es dem Gläubiger unmöglich oder zumindest unzumutbar ist, sich die Informationen über den Erben zu beschaffen (OLG Hamm ZEV 2008, 487 (488); KG NJWE-FER 2000, 15; BayObLG RPfleger 1984, 102).

4   b) **Berechtigtes Interesse.** Die Bestellung eines Nachlasspflegers auf Antrag des Nachlassgläubigers setzt nicht wie bei § 1960 ein Sicherungsbedürfnis, sondern ein berechtigtes Interesse des Antragstellers voraus, welches vom Nachlassgläubiger gegenüber dem Gericht darzulegen ist (BayObLGZ 1960, 405, 406; KG NJWE-FER 2000, 15; *Nöll* ZEV 2015, 612 (614)). Ein derartiges Interesse ist aber nicht anzunehmen, falls einer von zwei möglichen Erben diesen Antrag gegenüber dem Gericht stellt, da vorrangig die Erbenstellung zu klären ist, so dass lediglich eine Anordnung unter den Voraussetzungen des § 1960 in Frage kommt (BayObLGZ 1960, 405, 406). Bestehen Zweifel an einem rechtlichen Interesse des Gläubigers, hat das Nachlassgericht trotz Antragsverfahren aufgrund seines Amtsermittlungsgrundsatzes dem Antragsteller die notwendigen Hinweise zu geben und weitere Nachforschungen zu stellen (KG NJWE-FER 2000, 15, 16).

5   Anders gestaltet sich die Lage, wenn bei einer Erbengemeinschaft einer der Miterben verstirbt und dessen Erben unbekannt sind. Beabsichtigt in dieser Konstellation einer der Miterben, seinen Auseinandersetzungsanspruch nach § 2042 gerichtlich geltend zu machen, was aufgrund des Todesfalls eines Miterben und der unbekannten Miterben nicht möglich ist, ist eine Nachlasspflegschaft auf seinen Antrag nach § 1961 anzuordnen (KG OLGZ 1981, 151, 153). Hatte der Erblasser eine Wohnung gemietet, kann auf Antrag des Vermieters zur Beendigung und Abwicklung des Mietverhältnisses eine Pflegschaft nach § 1961 angeordnet werden (OLG Hamm NJW-RR 2010, 1594). Eine Nachlasspflegschaft kommt in Frage bei der beabsichtigten Teilungsversteigerung von Grundbesitz bei mehreren, sich auf unterschiedliche Miteigentumsanteile beziehenden Erbengemeinschaften (OLG Hamm ZEV 2008, 487).

6   Auch zum Zwecke der **Zwangsvollstreckung** ist die Anordnung einer Nachlasspflegschaft möglich (LG Oldenburg RPfleger 1982, 105). Eine Zwangsvollstreckung, die zur Zeit des Todes des Erblassers gegen ihn bereits begonnen wurde, wird in seinen Nachlass gem. § 779 I ZPO fortgesetzt. Insoweit muss folglich eine Nachlasspflegschaft nicht angeordnet werden. Unter Zwangsvollstreckung im Sinn dieser Vorschrift ist die Zwangsvollstreckung im Ganzen zu verstehen, so dass nicht nur bereits eingeleitete Maßnahmen beendet werden dürfen, sondern die Vollstreckung durch die Einleitung weiterer Maßnahmen beendet werden darf (LG Dortmund NJW 1973, 374). Falls zur Durchführung der Vollstreckung der Schuldner herbeizuziehen ist, kann das Gericht nach § 779 II 1 ZPO einen einstweiligen besonderen Vertreter bestellen, soweit noch keine Nachlasspflegschaft oder Testamentsvollstreckung angeordnet ist. Folglich ist auch in dieser Situation die Anordnung einer Nachlasspflegschaft nicht ohne Weiteres erforderlich.

7   c) **Glaubhaftmachung.** Zur Geltendmachung eines Anspruchs ist es notwendig aber auch ausreichend, dass der Gläubiger glaubhaft macht, dass er einen nicht offensichtlich unbegründeten Anspruch gegen den Nachlass hat und diesen ernsthaft, notfalls gerichtlich, geltend machen wird, wobei die Einleitung eines gerichtlichen Verfahrens zum Zeitpunkt der Antragstellung nicht notwendig ist (KG OLGZ 1981, 151

153; OLG-NL 1999, 33, 35; OLG Hamm NJW-RR 2010, 1594, 1595). Die Beschreitung des Prozesswegs ist folglich keine zwingende Voraussetzung für die Anordnung der Nachlasspflegschaft.

3. Rechtsmittel. Hat ein Nachlassgläubiger den Antrag nach § 1961 auf Anordnung der Nachlasspflegschaft gestellt und wurde dieser vom Nachlassgericht abgelehnt, kann der Gläubiger gegen die Entscheidung nach § 59 II FamFG Beschwerde einlegen. Das Beschwerderecht folgt dabei aus der Regelung in § 1961, wonach das Gericht auf Antrag des Gläubigers zwingend eine Nachlasspflegschaft anzuordnen hat (KG NJWE-FER 2000, 15; OLG Hamm NJW-RR 2010, 1594). Handelt es sich bei dem Nachlass um einen bedürftigen, kann das Nachlassgericht die Anordnung der Nachlasspflegschaft nicht davon abhängig machen, dass der Antragsteller einen Vorschuss auf die Gerichtskosten leistet (OLG Hamm NJW-RR 2010, 1594, 1595). Hinsichtlich Form und Frist der Beschwerde sind §§ 63, 64 FamFG vom Nachlassgläubiger zu beachten. 8

§ 1962 Zuständigkeit des Nachlassgerichts

Für die Nachlasspflegschaft tritt an die Stelle des Familiengerichts oder Betreuungsgerichts das Nachlassgericht.

1. Normzweck. Anstelle des Familien- oder Betreuungsgerichts tritt gem. dieser Vorschrift das Nachlassgericht. Dabei handelt es sich um Erwägungen der Zweckmäßigkeit, da das Nachlassverfahren möglichst in einer Hand vereinigt werden soll. Durch die Bündelung der Kompetenzen beim Nachlassgericht werden widersprüchliche Entscheidungen vermieden. 1

2. Zuständigkeiten. Grundsätzlich werden die Aufgaben in Nachlasssachen gem. § 23a II Nr. 2 GVG von den Amtsgerichten wahrgenommen. Eine Besonderheit besteht in Baden-Württemberg, wo gem. Art. 147 EGBGB, §§ 1, 38 LFGG das Notariat als Nachlassgericht berufen wurde. Im Anwendungsbereich der Höfeordnung wird ebenfalls gem. § 18 HöfeO eine besondere Zuständigkeit statuiert. Laut der Regelung in § 342 I Nr. 2 FamFG sind Nachlasssachen die Verfahren, welche die Sicherung des Nachlasses einschließlich der Nachlasspflegschaften betreffen. 2

Die **örtliche Zuständigkeit** bestimmt sich gem. § 343 I FamFG nach dem Wohnsitz, den der Erblasser zur Zeit des Erbfalls hatte. Hatte der Erblasser keinen inländischen Wohnsitz, ist das Gericht zuständig, in dessen Bezirk der Erblasser zur Zeit des Erbfalls seinen Aufenthalt hatte. Ist der Erblasser ein deutscher Staatsangehöriger und hatte der Erblasser zur Zeit des Erbfalls im Inland weder Wohnsitz noch Aufenthalt, ist das Amtsgericht Schöneberg in Berlin zuständig (§ 343 II FamFG). Zu beachten ist ferner die besondere Zuständigkeit des § 344 IV FamFG. Für die Sicherung des Nachlasses ist danach jedes Gericht zuständig, in dessen Bezirk das Bedürfnis für die Sicherung besteht. 3

Funktionell sind für Nachlasssachen die Rechtspfleger nach § 3 Nr. 2 lit. c RPflG zuständig, soweit Aufgaben nicht gem. § 16 RpflG dem Richter vorbehalten bleiben. Bspw. obliegt danach dem Nachlassrichter die Erteilung und Einziehung eines Erbscheins, die Ernennung eines Testamentsvollstreckers sowie Geschäfte des Nachlassgerichts, die bei einer Nachlasspflegschaft oder Nachlassverwaltung erforderlich werden. Gem. § 14 I Nr. 4 RPflG bleibt zudem die Entscheidung über die Übertragung von Angelegenheiten der elterlichen Sorge auf die Pflegeperson dem Richter vorbehalten. Den Rechtspfleger trifft bei seiner Erledigung der Aufgaben im Nachlasswesen eine unmittelbare und spezielle Vermögensbetreuungspflicht gegenüber den Erben iSd § 266 StGB (BGH NJW 1988, 2809 (2810)). 4

§ 1963 Unterhalt der werdenden Mutter eines Erben

¹ Ist zur Zeit des Erbfalls die Geburt eines Erben zu erwarten, so kann die Mutter, falls sie außerstande ist, sich selbst zu unterhalten, bis zur Entbindung angemessenen Unterhalt aus dem Nachlass oder, wenn noch andere Personen als Erben berufen sind, aus dem Erbteil des Kindes verlangen. ² Bei der Bemessung des Erbteils ist anzunehmen, dass nur ein Kind geboren wird.

1. Normzweck. Die Vorschrift bezweckt den Schutz einer bedürftigen Schwangeren, die ein Kind erwartet, dessen Vater verstorben ist. Wer zur Zeit des Erbfalls noch nicht lebte, aber bereits gezeugt war, gilt gem. § 1923 II als vor dem Erbfall geboren. Da der Nasciturus erbberechtigt ist, gewährt diese Vorschrift der bedürftigen Mutter des ungeborenen Kindes einen eigenen Unterhaltsanspruch gegen den Nachlass. Der Anspruch besteht lediglich bis zur Geburt des Kindes, selbst wenn die Bedürftigkeit nach der Geburt noch gegeben ist. 1

2. Voraussetzungen. Als Voraussetzung für die Gewährung des Unterhaltsanspruchs aus dem Nachlass muss es sich bei dem Kind um das ungeborene Kind des Erblassers handeln und die Mutter muss außerstande sein, sich selbst zu unterhalten. Grundsätzlich hat die Mutter keine weiteren Nachweise für die Vaterschaft zu erbringen, selbst wenn der Vater die Vaterschaft vor seinem Ableben nicht bereits anerkannt hat. Ein Vaterschaftstest während der Schwangerschaft ist mit zu vielen Risiken für das Kind behaftet und kann daher nicht vom Nachlassgericht gefordert werden. Hat die Mutter fälschlicher Weise angenommen, dass der Erblasser der Vater des Kindes ist, kann nach Geburt des Kindes der Unterhalt nach den Grundsätzen des Bereicherungsrechts zurückgefordert werden (§§ 812 ff.). Sollte die Mutter bei Anspruchsstellung bereits gewusst haben, dass der Erblasser nicht der Vater des Nasciturus ist, kommt neben den bereicherungsrechtlichen Ansprüchen noch ein Anspruch nach Deliktsrecht in Frage (§ 823 2

II, § 826). Zudem kann dies den strafrechtlichen Tatbestand des Betrugs begründen. Sollte beim Kind eine Totgeburt vorliegen, ist ein Anspruch nach §§ 812 ff. wegen Entreicherung der Mutter ausgeschlossen (Palandt/*Weidlich* Rn. 1). Wann die Mutter außerdem verpflichtet ist, sich selbst zu unterhalten, bestimmt sich nach dem zu § 1602 I aufgestellten Rechtsgrundsätzen, wobei Unterhaltsverpflichtungen anderer Verwandten den Anspruch der Mutter nach § 1963 nicht entfallen lassen (MüKoBGB/*Leipold* Rn. 4).

3 **3. Geltendmachung.** Liegen die Voraussetzungen vor, kann die Mutter einen angemessenen Unterhaltsanspruch geltend machen. Dabei handelt es sich jedoch nur um eine Nachlassverbindlichkeit iSd § 1967 II. Der Anspruch ist auf den Erbteil des Kindes beschränkt, der wiederum zu schätzen ist (Palandt/*Weidlich* Rn. 2). Die Höhe bestimmt sich nach den §§ 1610 ff. geltenden Vorschriften und umfasst auch Arzt- und Entbindungskosten (MüKoBGB/*Leipold* Rn. 5). Beabsichtigt die Mutter, den Anspruch gerichtlich im Wege einer Zahlungsklage geltend zu machen, kann sie gem. § 1961 Antrag auf Anordnung einer Nachlasspflegschaft stellen.

§ 1964 Erbvermutung für den Fiskus durch Feststellung

(1) **Wird der Erbe nicht innerhalb einer den Umständen entsprechenden Frist ermittelt, so hat das Nachlassgericht festzustellen, dass ein anderer Erbe als der Fiskus nicht vorhanden ist.**

(2) **Die Feststellung begründet die Vermutung, dass der Fiskus gesetzlicher Erbe sei.**

1 **1. Normzweck.** Ist zur Zeit des Erbfalls kein Verwandter, Ehegatte oder Lebenspartner des Erblassers vorhanden und hat der Erblasser auch kein Testament errichtet, kommt gem. § 1936 das Erbrecht des Fiskus zum Tragen. Diese Vorschrift soll herrenlose Nachlässe verhindern (→ § 1936 Rn. 1). Eine Feststellung ist auch möglich, wenn ein potentieller Erbe zwar lebt, aber einen Erbverzicht abgegeben hat, enterbt wurde, erbunwürdig ist, die Erbschaft ausgeschlagen hat oder ein vorzeitiger Erbausgleich durchgeführt wurde (OLG München NJW-RR 2011, 1379 (1380)). Sollte trotz umfangreicher Nachforschungen kein Erbe ermittelt werden, hat das Nachlassgericht festzustellen, dass ein anderer als der Fiskus nicht vorhanden ist. Wie § 1964 II zu entnehmen ist, stellt diese Feststellung keine bindende oder rechtskräftige Entscheidung, sondern lediglich eine Vermutung dar. Dass der Staat, dem die Nachlassgerichte zugeordnet sind, dabei Richter in eigener Sache ist, wird zT als verfassungsmäßig problematisch angesehen (vgl. *Mayer* ZEV 2010, 445 (446)), dennoch stellt das Verfahren eine praxisnahe und pragmatische Lösung dar. Zudem ist nicht zu vergessen, dass sowohl Rechtspfleger als auch Richter unabhängig von der staatlichen Verwaltung ihre Aufgaben erfüllen.

2 **2. Feststellung.** Wie der Formulierung des Abs. 1 zu entnehmen ist, steht die Feststellung nicht im Ermessen des Nachlassgerichts und ist zwingend vorzunehmen. Da dem Gesetz keine Einschränkung für den Fall eines überschuldeten oder nicht vorhandenen Nachlasses zu entnehmen ist, ist die Feststellung selbst dann zu treffen, falls einer der vorgenannten Fälle gegeben ist (str.; vgl. zum Meinungsstreit BayObLGZ 1957, 360 (364); ausf. OLG München NJW-RR 2011, 1379 (1380) mwN; abl. *Mayer* ZEV 2010, 445 (449)). Zudem ist bei § 1964 keine entsprechende Regelung wie bei § 1965 I 2 zu finden. Keinesfalls ist eine freiwillige Feststellung in diesen Fällen jedoch unzulässig (BayObLGZ 1957, 360 (364)). Auch ist das Nachlassgericht berechtigt, nach Vorliegen neuer Tatsachen den Beschluss von Amts wegen aufzuheben (BGH NJW 2012, 453 (454)). Die Feststellung enthält einen negativen Tenor, dass kein anderer Erbe als der Fiskus vorhanden ist, und eben nicht eine positive Feststellung des Erbenrechts des Fiskus (*Mayer* ZEV 2010, 445 (451)).

3 **3. Erbenermittlung.** Von der Notwendigkeit der Feststellung ist die Frage nach der Ermittlung der Erben durch das Nachlassgericht zu unterscheiden. Dazu finden sich in Landesgesetzen entsprechende Regelungen. Gem. Art. 37 BayAGGVG hat das Nachlassgericht in Bayern bspw. die Erben von Amts wegen zu ermitteln. Die Ermittlung der Erben von Amts wegen unterbleibt, wenn zum Nachlass kein Grundstück oder grundstücksgleiches Recht gehört und nach den Umständen des Falls anzunehmen ist, dass ein die Beerdigungskosten übersteigender Nachlass nicht vorhanden ist. In Baden-Württemberg besteht ebenfalls der Amtsermittlungsgrundsatz. Gem. § 41 I 2 LFGG kann das Gericht davon absehen, wenn die Ermittlung mit unverhältnismäßigem Aufwand verbunden wäre oder der Nachlass geringfügig ist. Die Ermittlungspflicht des Nachlassgerichtes sowie die Bestimmung einer angemessenen Frist liegt im pflichtgemäßen Ermessen des Gerichts (OLG München NJW-RR 2011, 1379 (1381)). Die Werthaltigkeit des Nachlasses kann als Kriterium für den Umfang der Ermittlungsmaßnahmen herangezogen werden (OLG München NJW-RR 2011, 1379 (1381)). Zur Ermittlung kann ein Nachlasspfleger nach § 1960 bestellt werden. Es kann dabei sinnvoll und erforderlich sein, einen berufsmäßigen Erbenermittler einzuschalten (OLG Frankfurt a. M. NJW-RR 2000, 960 (962)).

4 **4. Rechtsfolge.** Gem. Abs. 2 begründet der Feststellungsbeschluss die Vermutung, dass der Fiskus gesetzlicher Erbe ist. Die Feststellung führt jedoch nicht dazu, dass das Erbrecht des Staates in irgendeiner Weise begründet wird oder unbekannte Erben ausgeschlossen werden. Dennoch kann eine Feststellungsklage von potentiellen Erben auf Feststellung der Erbenstellung erhoben werden und auch eine abweichende Erbscheinerteilung bleibt möglich (BGH NJW 2012, 453 (454)). Eine bis zur Verkündung des Beschluss bestehende Nachlasspflegschaft ist aufzuheben. Der Feststellungsbeschluss entfaltet nicht die gleiche Wirkung wie ein Erbschein, da die Wirkung des § 2366 sich explizit nur auf den Erbschein bezieht. Wurde eine Grundbuchberichtigung unzulässiger Weise ohne Erteilung eines Erbscheins vorgenommen und im An-

Öffentliche Aufforderung zur Anmeldung der Erbrechte § 1965 BGB 10

schluss der Grundbesitz veräußert, kann unter Umständen ein gutgläubiger Erwerb aus §§ 892 ff. hergeleitet werden. Auch der Fiskus bedarf zur Grundbuchberichtigung nach § 35 I GBO eines Erbscheins.

5. Rechtsmittel. Gegen einen Feststellungsbeschluss ist die befristete Beschwerde gem. §§ 58 I, 63 I, III FamFG möglich (BGH NJW 2012, 453 (454)). Bei einer fehlenden Rechtsbehelfsbelehrung iSd § 39 FamFG kann der Beschwerdeführer Wiedereinsetzung in den vorigen Stand nach § 17 FamFG nur verlangen, wenn eine Kausalität zwischen der fehlenden Rechtsbehelfsbelehrung und der Fristversäumung in Betracht kommt (BGH NJW 2012, 453 (455)).

Weigert sich das Nachlassgericht die Feststellung zu treffen, kann ein Nachlassgläubiger die Feststellung anregen, obgleich es sich bei dem Verfahren um ein Amtsverfahren handelt (OLG München NJW-RR 2011, 1379 (1381)). Weigert sich das Gericht dennoch eine Entscheidung zu treffen, ist der Nachlassgläubiger berechtigt, dagegen Beschwerde einzulegen (BayObLGZ 1957, 360 (361); OLG München NJW-RR 2011, 1379 (1381)). Hat es ein Nachlassgericht unterlassen, vor einer Feststellung iSd § 1964 ein Verfahren nach § 1965 durchzuführen, ist ein Erbprädent gegen den Feststellungsbeschluss beschwerdebefugt (KG NJW-RR 2011, 587).

6. Kosten. Gem. § 105 KostO wurde bis 31.7.2013 für die Ermittlung von Erben selbst dann, wenn sie nach landesgesetzlichen Vorschriften von Amts wegen stattfindet, wie in Bayern oder Baden-Württemberg, keine Gebühr erhoben. Gem. § 110 KostO wurde für die Feststellung des Erbrechts iSd § 1965 die gleiche Gebühr erhoben, die auch für eine Erbscheinserteilung gem. § 107 KostO zu erheben war. Eine Kostenhaftung des Erben für die vorstehenden Kosten schied aus, da das Verfahren iSd § 1965 nicht im Interesse des Erben geführt wurde, sondern die Feststellung des Fiskalerbrechts ermöglichen sollte (KG NJWE-FER 1997, 110).

Die Kostenordnung wurde im Rahmen das 2. Kostenrechtsmodernisierungsgesetzes mWz 1.8.2013 durch das Gerichts- und Notarkostengesetz (GNotKG) ersetzt. Für die Ermittlung des Erben wird auch weiterhin keine Gebühr erhoben.

§ 1965 Öffentliche Aufforderung zur Anmeldung der Erbrechte

(1) ¹Der Feststellung hat eine öffentliche Aufforderung zur Anmeldung der Erbrechte unter Bestimmung einer Anmeldungsfrist vorauszugehen; die Art der Bekanntmachung und die Dauer der Anmeldungsfrist bestimmen sich nach den für das Aufgebotsverfahren geltenden Vorschriften. ²Die Aufforderung darf unterbleiben, wenn die Kosten dem Bestand des Nachlasses gegenüber unverhältnismäßig groß sind.

(2) ¹Ein Erbrecht bleibt unberücksichtigt, wenn nicht dem Nachlassgericht binnen drei Monaten nach dem Ablauf der Anmeldungsfrist nachgewiesen wird, dass das Erbrecht besteht oder dass es gegen den Fiskus im Wege der Klage geltend gemacht ist. ²Ist eine öffentliche Aufforderung nicht ergangen, so beginnt die dreimonatige Frist mit der gerichtlichen Aufforderung, das Erbrecht oder die Erhebung der Klage nachzuweisen.

1. Normzweck. Bevor eine Feststellung iSd § 1964 über das Erbrecht des Fiskus erfolgen darf, sind potentielle Erben zu ermitteln, in einigen Bundesländern sogar von Amts wegen. Konnten keine Erben durch das Gericht innerhalb der Frist des § 1964 ermittelt werden, hat gem. § 1965 das Nachlassgericht eine öffentliche Aufforderung zur Anmeldung der Erbrechte unter Bestimmung einer Frist vorzunehmen. Die öffentliche Aufforderung verfolgt den Zweck, eine Feststellung zu ermöglichen, dass außer dem Fiskus kein weiterer Erbe vorhanden ist, indem die nicht nach § 1965 BGB nachgewiesenen Erbrechte bei der Feststellung des Fiskalerbrechts unberücksichtigt bleiben (KG NJWE-FER 1997, 116). Zwar kann bei der öffentlichen Aufforderung ein Erbe gefunden werden, doch ist das Primärziel der Aufforderung die Feststellung iSd § 1964 zu ermöglichen (KG NJWE-FER 1997, 116). Gem. Art. 138 EGBGB gilt diese Vorschrift bzw. das Verfahren auch, wenn an Stelle des Fiskus eine Körperschaft, Stiftung oder Anstalt des öffentlichen Rechts Erbe wird.

2. Öffentliche Aufforderung. Die öffentliche Aufforderung ersetzt nicht die nach § 1964 vorgeschriebene Erbenermittlung (*Mayer* ZEV 2010, 445 (450)). Vielmehr ist nach einer erfolglosen Erbenermittlung durchzuführen. Hinsichtlich des Verfahrens enthält Abs. 1 S. 2 eine Verweisung auf die Vorschriften des Aufgebotsverfahrens nach §§ 433 ff. FamFG (vor Inkrafttreten des FamFG: §§ 948 ff. ZPO). Durch die partielle Verweisung auf die Art der Bekanntmachung und die Dauer der Anmeldungsfrist nach §§ 433 ff. FamFG wird klargestellt, dass die Vorschriften des Aufgebotsverfahrens zwar anwendbar sind, es sich aber nicht den Rechtswirkungen nach um ein Aufgebotsverfahren handelt (Palandt/*Weidlich* Rn. 2). Damit sind auch keine Rechtsnachteile nach § 434 II Nr. 2 FamFG bei der Veröffentlichung zu befürchten. Gem. § 435 I 1 FamFG erfolgt die öffentliche Bekanntmachung grds. durch Aushang an der Gerichtstafel und durch einmalige Veröffentlichung in dem elektronischen Bundesanzeiger, soweit keine abweichenden Anordnungen im Sinne dieser Vorschrift getroffen werden. Gem. § 437 FamFG muss die Anmeldefrist mindestens sechs Wochen betragen. Die Aufforderung darf gem. Abs. 1 S. 1 unterbleiben, wenn die Kosten dem Bestand des Nachlasses gegenüber unverhältnismäßig groß sind.

3. Wartefrist (Abs. 2). Nach Ablauf der sechswöchigen Anmeldefrist iSd § 437 FamFG ist die Wartefrist gem. Abs. 2 zu beachten. Hat sich innerhalb der Anmeldefrist ein Erbprädent bei Gericht gemeldet, muss er innerhalb von drei Monaten dem Gericht nachweisen, dass das Erbrecht besteht oder dass er

Najdecki 187

dieses gegen den Fiskus im Wege der Klage geltend gemacht hat. Falls jedoch niemand innerhalb der 6-Wochen-Frist seine Erbenstellung vorträgt, kann die Feststellung nach § 1964 ohne Beachtung der Wartefrist nach § 1965 II vom Nachlassgericht beschlossen werden.

4   Beansprucht ein Erbprädent sein Erbe, hat er sein Erbrecht oder zumindest seine verwandtschaftliche Beziehung zum Erblasser nachzuweisen (*Mayer* ZEV 2010, 445 (451)). Ist das Nachlassgericht nicht von der Erbenstellung überzeugt, kann es den Erbprädenten auf die Klagemöglichkeit verweisen. Ergeht bei einem anderen Prozess, an dem ebenfalls Erbprädent und Fiskus beteiligt sind, ein Urteil, dann ist dieses auch im Rahmen des Feststellungsprozesses zu beachten (BayObLGZ 1969, 184 (186)). Vorbringungen nach Ablauf der Frist des § 1965 II sind vom Gericht nicht zu berücksichtigen (*Mayer* ZEV 2010, 445 (451)). Falls eine öffentliche Aufforderung nicht ergangen ist, beginnt gem. § 1965 II 2 die dreimonatige Frist mit der gerichtlichen Aufforderung, das Erbrecht oder die Erhebung der Klage nachzuweisen.

§ 1966 Rechtsstellung des Fiskus vor Feststellung

Von dem Fiskus als gesetzlichem Erben und gegen den Fiskus als gesetzlichen Erben kann ein Recht erst geltend gemacht werden, nachdem von dem Nachlassgericht festgestellt worden ist, dass ein anderer Erbe nicht vorhanden ist.

1   **1. Normzweck.** Diese Vorschrift soll vermeiden, dass gegen den Fiskus als gesetzlichen Erben voreilig Ansprüche geltend gemacht oder Klagen erhoben werden. Diese Vorschrift ist die speziellere Vorschrift im Vergleich zu § 1958, der vor Annahme der Erbschaft eine fehlende Prozessführungsbefugnis des Erben anordnet. Zugleich verbietet die Vorschrift dem Fiskus, ein Recht als gesetzlichen Erben geltend zu machen, bevor das Nachlassgericht festgestellt hat, dass ein anderer Erbe nicht vorhanden ist und damit die Erbfolge gem. § 1936 dem Fiskus zufällt.

2   **2. Anwendungsbereich.** Gem. § 1942 II ist der Fiskus nicht berechtigt, die ihm als gesetzlichem Erben angefallene Erbschaft auszuschlagen. Wie bei der vorstehend genannten Regelung kommt die vorliegende Vorschrift nur dann zur Anwendung, wenn der Fiskus als gesetzlicher Erben berufen ist. Hat ein Erblasser den Fiskus als Erben in einer Verfügung von Todes wegen eingesetzt, ist der Anwendungsbereich des § 1966 nicht eröffnet, vielmehr ist bei anderen Erben auf § 1958 abzustellen. Zudem ist der Fiskus in der Lage, den Vonselbsterwerb der Erbschaft durch Ausschlagung zu beseitigen. Trotz der Regelung in § 1966 sind Streitigkeiten über die Frage des Erbrechts des Fiskus zulässig, da der Wortlaut ausdrücklich nur von Rechten gegen oder von dem Fiskus spricht, aber nicht das „Ob" umfasst (vgl. MüKoBGB/*Leipold* Rn. 3 mwN). Demnach kann eine negative sowie positive Feststellungsklage erhoben werden, mit der geklärt werden soll, ob der Fiskus wirklich Erbe geworden ist. Diese ersetzt aber nicht die Feststellung des Nachlassgerichts gem. §§ 1964 ff.

Titel 2. Haftung des Erben für die Nachlassverbindlichkeiten

Untertitel 1. Nachlassverbindlichkeiten

Vorbemerkungen zu den §§ 1967–2017

1   **1. Die Ausgestaltung der Erbenhaftung nach dem Bürgerlichen Gesetzbuch.** Nach dem Grundsatz der **Universalsukzession** gehen gem. § 1922 I nicht nur die Aktiva eines Nachlasses, sondern auch die von dem Erblasser herrührenden Schulden auf den Erben über. Er wird gem. § 1967 I persönlicher Schuldner aller Verbindlichkeiten und tritt an die Stelle desjenigen, den seine Gläubiger wegen des Todes nicht mehr in Anspruch nehmen können. Daneben haftet der Erbe auch für solche Verbindlichkeiten, die durch den Erbfall überhaupt erst entstehen.

2   **a) Der Grundsatz unbeschränkter, auf den Nachlass beschränkbarer Haftung.** Das Bürgerliche Gesetzbuch regelt die Haftung für Nachlassverbindlichkeiten als eine unbeschränkte, jedoch auf den Nachlass **beschränkbare Haftung**. Der Erbe kann die zunächst eingetretene Haftung mit dem Nachlass sowie mit seinem Eigenvermögen durch bestimmte Maßnahmen in eine auf den Nachlass beschränkte Haftung umwandeln. Beim Vorliegen der entsprechenden Voraussetzungen stehen solche auch den Nachlassgläubigern zu, die so verhindern können, dass Eigengläubiger des Erben in den Nachlass vollstrecken. Bevor der Erbe das Beschränkungsrecht ausübt, muss er den Nachlass ordnungsgemäß verwalten. Anderenfalls kann er sich unter den Voraussetzungen der §§ 1978, 1991 gegenüber den Nachlassgläubigern schadensersatzpflichtig machen. **Miterben** steht neben den Maßnahmen, die ein Alleinerbe ergreifen kann, ein besonderes Leistungsverweigerungsrecht gem. § 2059 I 1 zu, indem sie bis zur Teilung des Nachlasses die Berichtigung von Nachlassverbindlichkeiten aus dem nachlassfremden Vermögen auch verweigern können, wenn keine amtliche Fremdverwaltung des Nachlasses besteht. Die Gläubiger können nur auf den Nachlass und die Erbteile zurückgreifen.

3   **b) Haftung vor Erbschaftsannahme.** Nach einem Erbfall kommt es in der Person des Erben zu einem Vonselbsterwerb des Nachlasses. Die Haftung für übergegangene Nachlassverbindlichkeiten richtet sich zunächst danach, ob der Erbe die Erbschaft angenommen hat oder noch nicht. **Nachlassgläubiger können** vor der Annahme der Erbschaft ihre **Ansprüche aus dem Nachlass nicht gerichtlich gegen**

den Erben geltend machen, § 1958 (→ § 1958 Rn. 3 ff.). Eine Vollstreckung in den Nachlass ist nur nach Maßgabe der §§ 778 I, 779 ZPO zulässig. Wegen eines Nachlassanspruchs kann nur in den Nachlass vollstreckt werden. Eine beim Tod des Schuldners bereits begonnene Zwangsvollstreckung wird nur in den Nachlass fortgesetzt.

c) **Zeitlich begrenzte Möglichkeit der Abwehr von Nachlassgläubigern nach Erbschaftsannahme.** **4** Nach der Annahme der Erbschaft kann der Erbe zeitlich begrenzt Nachlassgläubiger durch Erhebung der sog. **aufschiebenden Einreden** abwehren, sofern er noch nicht gem. § 2016 I unbeschränkt haftet. Er kann bis zum Ablauf der ersten drei Monate, jedoch nicht über den Zeitpunkt einer Inventarerrichtung hinaus die **Dreimonatseinrede gem. § 2014** erheben oder innerhalb eines Jahres einen Antrag auf Einleitung des Aufgebotsverfahrens der Nachlassgläubiger stellen und sich nach Zulassung des Antrages bis zur Beendigung auf die **Aufgebotseinrede des § 2015** berufen.

d) **Endgültige Beschränkung der Haftung des Alleinerben gegenüber allen Nachlassgläubigern.** **5** Der Erbe kann seine Haftung gegenüber allen Nachlassgläubigern auf den Nachlass beschränken, indem er einen Antrag auf **Eröffnung des Nachlassinsolvenzverfahrens** gem. § 1980 oder auf **Anordnung der Nachlassverwaltung** gem. § 1981 stellt. Fehlt eine die Kosten dieser amtlichen Verfahren deckenden Masse, kann er die sog. **Dürftigkeitseinrede** des § 1990 I 1 erheben. Beruht eine Überschuldung des Nachlasses auf Vermächtnissen und Auflagen, steht ihm zusätzlich die **Überschwerungseinrede** gem. § 1992 S. 1 zu.

e) **Beschränkung der Haftung des Alleinerben gegenüber einzelnen Nachlassgläubigern.** Der Erbe **6** kann die Nachlassgläubiger im Wege des Aufgebotsverfahrens gem. § 1970 zur Anmeldung ihrer Ansprüche innerhalb einer bestimmten Frist auffordern lassen. Auf diese Weise erhält er Kenntnis vom Umfang der Nachlassverbindlichkeiten und über im Aufgebotsverfahren ausgeschlossene Nachlassgläubiger. Er hat gleichzeitig eine Grundlage für seine Entscheidung, ob er einen Antrag auf Anordnung eines Nachlassverwaltungs- oder auf Eröffnung eines Nachlassinsolvenzverfahrens stellen sollte. Gegenüber ausgeschlossenen Gläubigern kann er sich auf die **Ausschließungseinrede** des § 1973 berufen. Im Fall einer fünfjährigen Säumnis eines Nachlassgläubigers treten die gleichen Rechtsfolgen durch Erhebung der **Verschweigungseinrede** gem. § 1974 ein.

f) **Unbeschränkte Haftung des Erben gegenüber allen Nachlassgläubigern.** Das Recht zur Be- **7** schränkung der Haftung auf den Nachlass gegenüber allen Nachlassgläubigern verliert der Erbe durch **Versäumung** einer ihm gesetzten **Inventarfrist** gem. § 1994 I, durch die Herbeiführung einer erheblichen Unvollständigkeit des Inventars oder aufgrund der Aufnahme einer nicht bestehenden Nachlassverbindlichkeit, sog. **Inventaruntreue** gem. § 2005 I 1. Das Gleiche gilt gem. § 2005 I 2, wenn der Erbe nach Bestimmung einer Inventarfrist im Falle des § 2003 die **Erfüllung einer Auskunft verweigert oder absichtlich in erheblichem Maße verzögert** (MüKoBGB/*Küpper* § 2005 Rn. 2). Er kann auch gegenüber allen oder einzelnen Gläubigern **auf das Haftungsbeschränkungsrecht verzichten**.

g) **Verlust des Haftungsbeschränkungsrechts gegenüber einzelnen Nachlassgläubigern.** Gegen- **8** über einzelnen Nachlassgläubigern verliert der Erbe sein Recht, die Haftung auf den Nachlass zu beschränken, wenn er gegenüber dem antragstellenden Gläubiger nach Errichtung eines Inventars die **Abgabe der eidesstattlichen Versicherung,** dass er nach bestem Wissen die Nachlassgegenstände so vollständig angegeben habe, als er dazu imstande sei, **verweigert, § 2006 III**. Ist er von einem Nachlassgläubiger erfolgreich verklagt worden und versäumt er es, sich die Beschränkung der Haftung auf den Nachlass im Urteil des Erkenntnisverfahrens gem. § 780 I ZPO **vorbehalten** zu lassen, tritt die gleiche Rechtsfolge im Verhältnis zu dem obsiegenden Gläubiger ein.

2. Ausnahmen vom Grundsatz der unbeschränkten, auf den Nachlass beschränkbaren Haftung. **9** a) Eine von vornherein **auf den Nachlass gegenständlich beschränkte Haftung** des Erben gilt gem. § 5 V 2 KonsularG für die auf den Erben übergegangene Verpflichtung zum Ersatz von Aufwendungen aufgrund von Hilfeleistungen des Konsulates.

b) Eine Überschuldung des Nachlasses kann auch auf dem sozialen leistungsbedingten Regress des **10** Hilfeträgers wegen des Bezuges steuerfinanzierter, nachrangiger Sozialleistungen in der Person des Erblassers beruhen. Die **Ersatzpflicht des Erben** ist nach § 102 II 1 SGB XII als Nachlassverbindlichkeit ausgestaltet und **beschränkt sich** gem. § 102 II 2 SGB XII **auf den Wert des zum Todeszeitpunkt vorhandenen Nachlasses.** Spätere Wertverluste oder die Weggabe von Nachlassgegenständen führen bei einer Inanspruchnahme durch den Sozialleistungsträger nicht zu einer Entlastung des Erben, der in solchen Fällen ggf. sein Eigenvermögen einzusetzen hat. Die **Verwertung des Nachlasses aufgrund einer Sozialleistungsgewährung** an den Erblasser richtet sich nach den Bestimmungen des Erbenregresses. Erfasst werden auch Vermögensteile, die dem Erblasser selbst als Schonvermögen anrechnungsfrei verblieben wären. Die Erben eines Hilfeempfängers, seines Ehegatten oder eingetragenen Lebenspartners, letztere Personen, sofern sie vor dem Hilfeempfänger sterben, sind gem. § 102 I SGB XII zum **Ersatz der innerhalb eines Zeitraums von zehn Jahren vor dem Erbfall rechtmäßig aufgewendeten Sozialhilfe verpflichtet**. Eine entsprechende Regelung sieht § 35 SGB II im Fall der Grundsicherung für Arbeitsuchende vor. Eine Privilegierung gewährt das Gesetz solchen Erben, die den Hilfeempfänger bis zu seinem Tod in häuslicher Gemeinschaft mit ihm lebend gepflegt haben, wenn der Wert des Nachlasses unter 15.340 EUR liegt, § 102 III Nr. 2 SGB XII. Der Anspruch auf Kostenerstattung gegen die Erben erlischt gem. § 102 IV SGB XII drei Jahre nach dem Tod des Hilfeempfängers.

10 BGB Vor §§ 1967–2017   Buch 5. Abschnitt 2. Titel 2. Haftung für Nachlassverbindlichkeiten

11   Befriedigt die Staatskasse den Vormund oder einen Betreuer wegen ihrer Vergütungs- bzw. Aufwendungsersatzansprüche, gehen deren Ansprüche gem. § 1836e I 1 bzw. gem. §§ 1908i I 1 iVm 1836e I 1 auf die Staatskasse über. Der **Erbe eines Mündels haftet** gem. § 1836e I 3, der **Erbe eines Betreuten** gem. § 1908i I 1 iVm § 1836e I 3 für Ansprüche der Sozialleistungsträger und der Staatskasse mit dem **Wert des zum Zeitpunkt des Erbfalls vorhandenen Vermögens**. Auf die Haftungsbeschränkung kann sich der Erbe auch berufen, wenn die Vergütung unmittelbar gegen ihn festgesetzt werden soll. Grundlage der Haftung für die Betreuervergütung ist der Nachlass abzgl. der Erbfallschulden. Es handelt sich um eine **rechnerisch beschränkte Haftung**. Der Erbe trägt das Risiko der Unsicherheit einer Wertfestsetzung auf den Zeitpunkt des Erbfalls sowie das Risiko eines danach eintretenden Wertverlustes (MüKoBGB/*Küpper* Vor § 1967 Rn. 4).

12   c) Das haftungsrechtliche System der §§ 1967 ff. erfährt eine **Abweichung durch die aufgrund des Minderjährigenhaftungsbeschränkungsgesetzes** v. 25.8.1998 (BGBl. I S. 2487) **eingefügte Vorschrift des § 1629a**. Nach § 1629a I 1 beschränkt sich die **Haftung eines minderjährigen Erben** für Verbindlichkeiten, die aufgrund eines während der Minderjährigkeit erfolgten Erwerbs von Todes wegen entstanden sind, auf den **Bestand des bei Eintritt der Volljährigkeit vorhandenen Vermögens**. Eine nach Fristsetzung durch das Nachlassgericht unterbliebene Inventarerrichtung oder eine Inventarverfehlung begründet zwar eine unbeschränkte Haftung des minderjährigen Erben. Diese ist kraft Gesetzes auf den Bestand des bei Eintritt der Volljährigkeit vorhandenen Vermögens beschränkt (*Christmann* ZEV 2000, 45 (48); *Muscheler* WM 1998, 2271 (2281)). Die Beschränkung der Haftung auf das Altvermögen erfolgt nach § 1629a I 2 im Wege der Rechtsfolgenverweisung auf die §§ 1990, 1991. Die Verwalterhaftung nach § 1978 I gegenüber den Nachlassgläubigern beginnt ebenfalls erst mit dem Eintritt der Volljährigkeit; entsprechende Ersatzansprüche gehören zum Altvermögen.

13   Nach § 1629a bestimmt sich auch die **handelsrechtliche Haftung eines minderjährigen Erben** aus der Fortführung eines ererbten einzelkaufmännischen Betriebes gem. § 27 HGB (→ § 1967 Rn. 32 ff.). Nach § 1629a IV 1 Hs. 2 wird im Fall einer Fortführung des Handelsgeschäftes nach Eintritt der Volljährigkeit im Interesse des Gläubigerschutzes vermutet, dass die aus dem Betrieb des Handelsgeschäfts herrührende Verbindlichkeit nach dem Eintritt der Volljährigkeit entstanden ist. Unter den gleichen Voraussetzungen wie die Vermutungen aus S. 1 wird gem. § 1629a IV 2 zum Schutz der Altgläubiger vermutet, dass das gegenwärtige Vermögen des volljährig Gewordenen schon bei Eintritt der Volljährigkeit vorhanden war (Palandt/*Götz* § 1629a Rn. 15).

14   **3. Prozessuale Geltendmachung des Haftungsbeschränkungsrechtes.** Das materielle Recht sieht für Nachlassverbindlichkeiten eine unbeschränkte aber beschränkbare Haftung des Erben auf den Nachlass vor. Dieses Haftungssystem setzen die §§ 780 ff. ZPO in das Verfahrensrecht um. Dadurch wird der Erbe zur Durchsetzung der Haftungsbeschränkung gegenüber einem klagenden Nachlassgläubiger, der aus einem vollstreckungsfähigen Titel gegen den Erben als Schuldner der Verbindlichkeiten in dessen gesamtes Vermögen vollstreckt, auf den Weg der **Vollstreckungsabwehrklage** verwiesen. Solange ein Nachlassverwaltungs- oder ein Nachlassinsolvenzverfahren andauert, ist eine gegen den Erben selbst gerichtete Klage unzulässig. Nach Abschluss der Verfahren haftet der Erbe entweder gem. §§ 1989, 1973 nach den Vorschriften über die Herausgabe einer ungerechtfertigten Bereicherung oder gem. §§ 1990, 1991 beschränkt auf den Nachlass. Bevor die amtlichen Verfahren abgeschlossen sind, scheidet eine Beschränkung auf den Nachlass aus, weil die endgültige Feststellung, mit welchen Gegenständen der Erbe haftet, erst nach deren Beendigung möglich ist. Damit kommt im Erkenntnisverfahren von vornherein nur eine Verurteilung unter Vorbehalt in Betracht.

15   **Vollstreckungsmaßnahmen von Nachlassgläubigern in sein Eigenvermögen** kann der Erbe nach Anordnung eines **Nachlassverwaltungsverfahrens** oder Eröffnung eines **Nachlassinsolvenzverfahrens gem. § 784 I ZPO entgegentreten**, sofern sie zuvor noch nicht zu einer Verwertung geführt haben. Ursprünglich waren die Vollstreckungsmaßnahmen von dem materiellen Titel gedeckt und zum Zeitpunkt der Maßnahme war auch das richtige Vollstreckungsobjekt betroffen. Der Entzug des Vollstreckungsobjekts erfolgt jedoch rückwirkend aufgrund einer Änderung der materiellen Rechtslage. Ein **Nachlassverwalter kann Vollstreckungsmaßnahmen von Eigengläubigern des Erben in den Nachlass gem. § 784 II ZPO abwehren**. In einem Insolvenzverfahren verlieren Vollstreckungsmaßnahmen gem. § 89 I InsO mit dem Eröffnungsbeschluss automatisch ihre Wirkung (**sog. Rückschlag**). Sowohl der Erbe als auch der Nachlassinsolvenzverwalter können gegen die Fortsetzung der Zwangsvollstreckung Vollstreckungserinnerung gem. § 766 ZPO einlegen.

16   a) **Haftungsbeschränkung im Erkenntnisverfahren.** Das Erkenntnisverfahren ist aus Sicht eines Nachlassgläubigers auf die Erlangung eines vollstreckungsfähigen Titels gegen den Erben als Schuldner der Nachlassverbindlichkeit gerichtet. Erlaubt der Titel die Vollstreckung in dessen gesamtes Vermögen (Nachlass und sonstiges Vermögen), kann der Gläubiger im Wege der Vollstreckung zunächst uneingeschränkt seine Nachlassforderung durchsetzen. Die Frage nach dem „Ob" einer Nachlassverbindlichkeit stellt sich immer bereits im Erkenntnisverfahren.

17   Das Prozessgericht kann sich nach fast einhellig vertretener Auffassung im Erkenntnisverfahren sogar bei bestehender Entscheidungsreife über das Bestehen der Haftungsbeschränkung darauf beschränken, den Erben unter dem Vorbehalt der beschränkten Erbenhaftung zu verurteilen. (BGH Urt. v. 17.12.1953 – IV ZR 101/53, NJW 1954, 635 (636); BGH Urt. v. 9.3.1983 – IVa ZR 211/81, NJW 1983, 2378 (2379); BGH Urt. v. 13.7.1989 – IX ZR 227/87, NJW-RR 1989, 1226 (1230); BGH Beschl. v. 25.1.2018 – III ZR 561/16, BeckRS 2018, 1443; OLG Celle Urt. v. 14.1.2010 – 6 U 114/09, ZEV 2010, 409 (410); HK-ZPO/

Kindl § 780 Rn. 8; Stein/Jonas/*Münzberg* ZPO § 780 Rn. 6; Musielak/*Voit/Lackmann* ZPO § 780 Rn. 7). Es soll ausschließlich im gerichtlichen Ermessen stehen, ob der Vorbehalt ungeprüft in den Urteilstenor aufgenommen oder eine Sachentscheidung getroffen wird Eine Sachentscheidung zur Haftungsbeschränkung muss dann im Erkenntnisverfahren erfolgen, wenn sich der Nachlassgläubiger auf die handelsrechtliche Haftung gem. § 27 II HGB beruft oder um bei der Verurteilung zur Abgabe einer Willenserklärung die Wirkung des § 894 ZPO zu erhalten. Anderenfalls wäre nur eine Vollstreckung gem. § 888 ZPO möglich (Zöller/*Geimer* ZPO § 780 Rn. 6). Die ungeprüfte Aufnahme des Vorbehalts der Haftungsbeschränkung im Erkenntnisverfahren wird ua damit gerechtfertigt, dass eine sachliche Entscheidung zu einer erheblichen Verzögerung und Verteuerung des Rechtsstreites führen würde (so HK-ZPO/*Kindl* § 780 Rn. 8 unter Hinweis auf AG Hoyerswerda Urt. v. 1.10.2004 – 1 C 439/04, BeckRS 2004, 31055910). Diese Argumentation erscheint jedoch fragwürdig. Schwierige Rechtsfragen würden in das Verfahren der Vollstreckungsabwehrklage verlagert, sofern der obsiegende Kläger aus dem Urteil vollstreckt und der Beklagte der Vollstreckung mit dem Einwand einer auf das Vermögen mit der Vollstreckungsabwehrklage gem. §§ 785, 767 ZPO entgegentritt. Verfahrenskosten fallen gleichermaßen im Vollstreckungsabwehrklageverfahren an, so dass auch das Kostenargument nicht überzeugt. Kann der Erbe schon im Erkenntnisverfahren bspw. darlegen und beweisen, dass ein Nachlass erschöpft ist oder die Voraussetzungen des § 1990 I 1 vorliegen, ist der Rechtsstreit bereits im Erkenntnisverfahren insgesamt entscheidungsreif und es sollte dem Ermessen des Gerichts obliegen, in eine inhaltliche Prüfung einzutreten. Im Fall der Entscheidungsreife sollte das Prozessgericht verpflichtet sein, eine Verurteilung zur Leistung aus dem Nachlass auszusprechen und so den Rechtsstreit endgültig zu entscheiden (*K. Schmidt* JR 1989, 46; anders jetzt MüKoZPO/*K. Schmidt/Brinkmann* § 780 Rn. 17; *Joachim* Erbenhaftung Rn. 629; BLAH/*Hartmann* ZPO § 780 Rn. 5; aA die hM BGH Urt. v. 13.7.1989 – IX ZR 227/87, NJW-RR 1989, 1226 (1230); BGH Beschl. v. 25.1.2018 – III ZR 561/16, BeckRS 2018, 1443; offen gelassen BGH Urt. v. 17.2.2017 – V ZR 147/16, ZErb 2017, 333 (334)); OLG Celle Urt. v. 14.1.2010 – 6 U 114/09, ZEV 2010, 409 (410); HK-ZPO/*Kindl* § 780 Rn. 8; Zöller/*Geimer* ZPO § 780 Rn. 6).

Die Beschränkung der Erbenhaftung wird **im Prozess nicht von Amts wegen berücksichtigt**, sondern nur auf eine Einrede des Erben hin. Fehlt der entsprechende Vorbehalt im Urteilstenor, kann er nach Rechtskraft der Entscheidung nicht mehr nachgeholt werden (BGH Urt. v. 9.3.1983 – IVa ZR 24/81, NJW 1983, 2378 (2379); BAG Urt. 12.11.2013 – 9 AZR 646/12, ErbR 2014, 242; Zöller/*Geimer* ZPO § 780 Rn. 14). Ein besonderer **Antrag** des beklagten Erben ist zur Herbeiführung des Vorbehalts **nicht erforderlich**. Er muss sich nur hinreichend deutlich auf die Einrede der beschränkten Erbenhaftung berufen. Ein entsprechender Antrag sollte aber vorsorglich gestellt werden (vgl. Zöller/*Geimer* ZPO § 780 Rn. 12), damit das Gericht die Einrede nicht versehentlich übergeht. 18

Der Erbe muss sich auf die Einrede der beschränkten Erbenhaftung bis zum Schluss der letzten mündlichen Verhandlung im Erkenntnisverfahren berufen, sofern die materiell-rechtlichen Voraussetzungen nicht erst danach eintreten (Zöller/*Geimer* ZPO § 780 Rn. 10). Ein **Berufungsverfahren** kann ausschließlich mit dem Ziel, den Vorbehalt in das Urteil aufnehmen zu lassen, geführt werden, wenn die zugrundeliegenden tatsächlichen Umstände unstreitig sind (BGH Urt. v. 2.2.2010 – VI ZR 82/09, ZEV 2010, 314 mAnm *Joachim* ZEV 2010, 315; Prütting/Gehrlein/*Scheuch* ZPO § 780 Rn. 9; str.). Dies sind der Eintritt des Erbfalls sowie die Erbenstellung des Beklagten. Der klagende Nachlassgläubiger selbst muss diese Voraussetzungen, die Grundlage für die Verurteilung des erbenden Beklagten sind, vortragen, die deshalb regelmäßig nicht streitig sind (Prütting/Gehrlein/*Scheuch* ZPO § 780 Rn. 9). Ist der Vorbehalt erhoben, hat das Gericht ihn jedoch übersehen, kommt eine **Urteilsergänzung gem. § 321 ZPO** in Betracht. Die nachträgliche Entscheidung muss binnen einer Zwei-Wochenfrist, beginnend mit der Zustellung des Urteils, beantragt werden, § 321 II ZPO. Der Vorbehalt kann auch noch in der **Revisionsinstanz** erhoben werden, wenn zuvor kein Anlass bestanden hat, ihn aufzunehmen, bspw. weil eine Nachlassverwaltung erst zu diesem Zeitpunkt angeordnet oder der Erbfall erst nach Abschluss des Berufungsverfahrens eingetreten ist. Allein mit dem Ziel, ohne Nachprüfung des Urteils den Vorbehalt aufzunehmen, ist die Revision unzulässig (BGH Urt. v. 26.6.1970 – V ZR 156/69, BGHZ 54, 204 (205); HK-ZPO/*Kindl* § 780 Rn. 7). Wendet sich ein Kläger allein gegen den Ausspruch des Vorbehalts der beschränkten Erbenhaftung, ist selbst eine durch das Berufungsgericht zugelassene Revision mangels Beschwer unzulässig, wenn der Vorbehalt nach § 780 II ZPO entbehrlich war (BGH Urt. v. 17.2.2017 – V ZR 147/16, ZErb 2017, 333). 19

Der Vorbehalt gem. § 780 I ZPO erfasst **alle Beschränkungen** der Haftung auf den Nachlass, die nach den materiell-rechtlichen Vorschriften des BGB möglich sind (→ Rn. 5f.) einschließlich der Einrede des Miterben aus § 2059 I 1. **Er muss** auch in **urteilsgleiche Titel**, in notarielle vollstreckbare Urkunden, **Prozessvergleiche** (MüKoZPO/*K. Schmidt/Brinkmann* § 780 Rn. 21) und **Vollstreckungsbescheide** (MüKoZPO/*K. Schmidt/Brinkmann* § 780 Rn. 21; Stein/Jonas/*Münzberg* ZPO § 780 Rn. 8) aufgenommen werden. Bei der Verurteilung zur Abgabe einer Willenserklärung ist der Vorbehalt erforderlich, wenn die Wirkung der §§ 894, 895 ZPO ausgeschlossen sein soll (Zöller/*Geimer* ZPO § 780 Rn. 6). Auch bei **ausländischen Urteilen** muss er im Vollstreckungsurteil gem. § 722 ZPO oder in einem **schiedsgerichtlichen Verfahren im Schiedsspruch** enthalten sein, nicht jedoch in einem Feststellungsurteil (Zöller/*Geimer* ZPO § 780 Rn. 6). Der **Vorbehalt erfasst nicht die vorläufigen Einreden der §§ 2014, 2015**, weil die Haftung nach diesen Vorschriften nur aufgeschoben und nicht endgültig auf den Nachlass beschränkt wird. Die Zwangsvollstreckung ist auf Arrestmaßnahmen zu beschränken, §§ 782, 305 ZPO (MüKoZPO/*K. Schmidt/Brinkmann* § 780 Rn. 8; *Joachim* Erbenhaftung Rn. 620). Bei der **handelsrechtlichen Haftung** aus § 27 II HGB kommt der Vorbehalt gem. § 780 I ZPO ebenfalls nicht in Betracht, weil kein erbrechtliches Haftungsinstitut betroffen ist. Die **Geltendmachung einer teilschuldnerischen** 20

Haftung von Miterben nach den §§ 2060, 2061 unterfällt ebenfalls **nicht der Regelung des § 780 I ZPO,** da insoweit keine gegenständliche Haftungsbegrenzung erfolgt (Stein/Jonas/*Münzberg* ZPO § 780 Rn. 18; *Joachim* Erbenhaftung Rn. 620). Gleiches gilt, wenn die Parteien sich rechtsgeschäftlich über die Haftungsbeschränkung geeinigt haben (BLAH/*Hartmann* ZPO § 780 Rn. 3). Ist Vollstreckungsgegenstand schon aufgrund eines entsprechenden Antrages im Erkenntnisverfahren nur ein einzelner oder sind es bestimmte Nachlassgegenstände, namentlich bei Herausgabeanträgen, ist der Vorbehalt ebenso entbehrlich wie in den Fällen des § 780 II ZPO, in denen der Schuldner immer nur mit dem Nachlass haftet (Zöller/*Geimer* ZPO § 780 Rn. 8). Das ist der Fall, wenn der **Fiskus** gesetzlicher Erbe ist oder ein Urteil gegen einen **Nachlasspfleger** oder einen **Testamentsvollstrecker** ergeht. Schon begrifflich ausgeschlossen ist der Haftungsbeschränkungsvorbehalt bei solchen Titeln, die gegen den Erblasser selbst ergangen sind. Der Erbe ist dann von vornherein auf die Vollstreckungsabwehrklage verwiesen.

21   Die Geltendmachung der Einrede der beschränkten Erbenhaftung ist im Rahmen eines erbrechtlichen Mandats **Anwaltspflicht** (BGH Urt. v. 2.7.1992 – IX ZR 256/91, NJW 1992, 2694). Nachträgliche Änderungen des Nachlasswertes aufgrund von Kursverlusten bei Aktien oder durch das Auftauchen unbekannter Forderungen können erst nach Abschluss des Erkenntnisverfahrens zur Überschuldung des Nachlasses führen. Ohne entsprechenden **Vorbehalt im Urteil** haftet der Erbe unabhängig von diesen Veränderungen unbeschränkbar auch mit seinem Eigenvermögen. Der Haftungsbeschränkungsvorbehalt sollte deshalb immer, zumindest hilfsweise, herbeigeführt werden, selbst wenn der Nachlass zur Befriedigung aller Nachlassgläubiger ausreichend erscheint. Anderenfalls kommt eine Haftung wegen fehlerhafter Beratung in Betracht.

22   Ist eine **Nachlassforderung als solche unstreitig,** sollte der Erbe aus Kostengründen erwägen, die Forderung unter dem Vorbehalt der beschränkten Erbenhaftung **sofort anzuerkennen** (OLG Köln Beschl. v. 14.5.1952 – 6 W 53/52, NJW 1952, 1145f.). Hatte er zuvor keinen Anlass zur Klage gegeben, kommt es zur günstigen Kostenfolge des § 93 ZPO. Anderenfalls ermäßigen sich die **Gerichtskosten** von 3 Gebühren auf 1 Gebühr. Anwälte erhalten die volle **Terminsgebühr** (1,2), auch wenn im schriftlichen Verfahren ein Anerkenntnisurteil nach § 307 II ZPO ergeht (RVG VV Teil 3 Nr. 3104 I Nr. 1; Zöller/*Feskorn* ZPO § 307 Rn. 14).

23   Hat der beklagte Erbe die Einrede der beschränkten Erbenhaftung erhoben, kann der klagende Nachlassgläubiger eine **Verurteilung ohne Vorbehalt verhindern,** indem er darlegt, der Erbe hafte – entweder ihm oder allen Nachlassgläubigern gegenüber – unbeschränkbar. Ist die Haftungsbeschränkung als solche unstreitig und akzeptiert er sie, sollte er seinen Antrag umstellen und nur noch Vollstreckung in den Nachlass begehren.

24   **b) Haftungsbeschränkung im Vollstreckungsverfahren.** Der Erbe kann die Vollstreckung eines Nachlassgläubigers aus einem im Erkenntnisverfahren ergangenen Titel in sein Eigenvermögen trotz Vorbehalts gem. § 780 I ZPO nur verhindern, wenn er eine **Vollstreckungsabwehrklage gem. §§ 785, 767 ZPO** erhebt. Der **Klageantrag** ist nach Beginn der Zwangsvollstreckung darauf zu richten, dass diese aus dem Urteil (genaue Bezeichnung) in (genaue Bezeichnung des Vollstreckungsgegenstandes, der nicht zum Nachlass gehört) für unzulässig erklärt wird. § 785 ZPO verweist einheitlich auf die Vollstreckungsabwehrklage. Die Klageziele können jedoch unterschiedlich sein. Der Erbe kann die Beschränkung auf den Nachlass geltend machen, indem er sich gegen den Inhalt des Titels wendet, der zur Vollstreckung in sein gesamtes Vermögen berechtigt. Diese Situation entspricht der eigentlichen Vollstreckungsabwehrklage. Wendet er sich gegen die Vollstreckung in einen bestimmten Gegenstand, der nicht der Haftung unterliegt, gleicht diese Haftungssituation eher der einer Drittwiderspruchsklage (*K. Schmidt* JR 1989, 46; *Dauner-Lieb* FS Gaul, 1997, 101). Ergänzend sollte immer ein Antrag an das Prozessgericht, bei dem die Hauptsache anhängig ist, auf Erlass einer **einstweiligen Anordnung,** gerichtet auf die **Einstellung der Zwangsvollstreckung gegen oder ohne Sicherheitsleistung gem. §§ 785, 769 ZPO** gestellt werden. Waren Vollstreckungsmaßnahmen zum Zeitpunkt der Anordnung einer Nachlassverwaltung oder der Eröffnung eines Nachlassinsolvenzverfahrens bereits erfolgt, sind sie gem. § 784 I ZPO aufzuheben.

25   Die **Vollstreckungsabwehrklage** ist **nur zulässig,** wenn ein bereits gegen den Erblasser ergangener Titel auf den Erben umgeschrieben worden ist, § 727 ZPO, oder der Titel einen Haftungsbeschränkungsvorbehalt enthält. Das Rechtsschutzbedürfnis fehlt, wenn der Erbe von vornherein nur zur Zahlung aus dem Nachlass verurteilt worden ist. Die **Zulässigkeit der Klage hängt nicht davon ab,** ob die **Zwangsvollstreckung droht oder bereits begonnen hat** (*K. Schmidt* JR 1989, 47; Zöller/*Geimer* ZPO § 785 Rn. 3). Obsiegt der Erbe, berührt das die Vollstreckungsmaßnahmen zunächst nicht. Er muss bei dem Vollstreckungsorgan unter Beifügung einer Ausfertigung des Urteils einen Antrag stellen, die bereits getroffenen Vollstreckungsmaßregeln aufzuheben, §§ 775 Nr. 1, 776 ZPO. Gegenüber der Vollstreckungsabwehrklage des Erben kann sich der beklagte **Nachlassgläubiger** nicht damit verteidigen, dieser hafte ihm gegenüber unbeschränkt, wenn er diesen Einwand bereits im Erkenntnisverfahren hätte vorbringen können. Er wäre mit diesem Vorbringen gem. **§ 767 II ZPO** präkludiert. Begeht der Erbe das seine unbeschränkte Haftung begründende Verhalten (→ Rn. 7f.) erst nach dem Schluss der letzten mündlichen Verhandlung im Erkenntnisverfahren, ist der Gläubiger nicht ausgeschlossen.

26   Haftet der Erbe für seine bisherige Verwaltung des Nachlasses gem. § 1978 I, können sich Nachlassgläubiger auch aus dem Eigenvermögen befriedigen, unabhängig davon, ob dieser im Erkenntnisverfahren den Vorbehalt der Haftungsbeschränkung herbeigeführt hat. § 1978 II ordnet ausdrücklich an, dass diese Ansprüche gegen den Erben als zum Nachlass gehörend anzusehen und somit Eigenverbindlichkeiten sind, die der Haftungsbeschränkung nicht unterfallen.

§ 1967 Erbenhaftung, Nachlassverbindlichkeiten

(1) Der Erbe haftet für die Nachlassverbindlichkeiten.

(2) Zu den Nachlassverbindlichkeiten gehören außer den vom Erblasser herrührenden Schulden die den Erben als solchen treffenden Verbindlichkeiten, insbesondere die Verbindlichkeiten aus Pflichtteilsrechten, Vermächtnissen und Auflagen.

1. Normzweck. In § 1967 I ist allgemein bestimmt, dass Schuldner von Nachlassverbindlichkeiten der Erbe ist. Nachlassgläubigern steht bis zu einer Beschränkung der Haftung auf den Nachlass durch den Erben als Haftungsobjekt neben dem Nachlass auch dessen Eigenvermögen zur Verfügung, weil mit dem Anfall der Erbschaft beide Vermögensmassen verschmolzen sind. Eine Haftung als Erbe setzt immer voraus, dass es sich um eine Verbindlichkeit handelt, die einen Bezug zum Erbfall aufweist. § 1967 II enthält eine Legaldefinition. Danach sind Nachlassverbindlichkeiten solche, die entweder vom Erblasser herrühren oder die den Erben als solchen treffen. **Exemplarisch** werden Verbindlichkeiten aus Pflichtteilsrechten, Vermächtnissen und Auflagen aufgeführt.

2. Der Erbe als Schuldner der Nachlassverbindlichkeiten. Nach der Terminologie des § 1967 I ist Schuldner von Nachlassverbindlichkeiten der **Alleinerbe**, unabhängig davon, ob er als Ersatzerbe anstelle eines weggefallenen Erben zur Erbfolge gelangt oder als Vor- oder Nacherbe. Aus § 1922 II ergibt sich, dass ein **Miterbe wie ein Alleinerbe haftet**. Ergänzende Regelungen für die Haftung von Miterben enthalten die §§ 2058–2063. Der in einem gemeinschaftlichen Testament bestimmte Schlusserbe haftet erst nach dem Tod des letztversterbenden Ehegatten, nicht schon nach dem Tod des Erstversterbenden. Als Voraussetzung für die Haftung muss die Erbschaft der Person tatsächlich angefallen sein. **Putativoder Scheinerben** oder ein **Erbschaftsbesitzer**, der sich ein ihm in Wirklichkeit nicht zustehendes Erbrecht anmaßt, sind deshalb nicht Schuldner von Nachlassverbindlichkeiten (MüKoBGB/*Küpper* Rn. 3). Ein **ausschlagender Erbe**, dem die Erbschaft mit dem Erbfall zunächst angefallen war, haftet für die während seiner Zeit als vorläufiger Erbe eingegangenen Verbindlichkeiten, wenn sie sich auf den Nachlass beziehen. Er kann von dem endgültigen Erben Befreiung von einer entsprechenden Verbindlichkeit verlangen, wenn er sie im Rahmen einer unaufschiebbaren Verwaltungstätigkeit eingegangen ist, §§ 1978 III, 1959 I iVm §§ 683, 670.

3. Die verschiedenen Arten von Nachlassverbindlichkeiten. Nach dem **Zeitpunkt ihrer Entstehung** ist zwischen **Erblasserschulden** („die vom Erblasser herrührenden Schulden"), **Erbfallschulden**, die erst mit dem Erbfall entstehen sowie **Erbschaftsverwaltungs-** und **Nachlasskostenschulden**, die im Zusammenhang mit dem Erbfall oder dessen Verwaltung und Abwicklung begründet werden, zu differenzieren. Neben diese eigentlichen Nachlassverbindlichkeiten treten die sog. **Nachlasserbenschulden**, (→ Rn. 29 ff.) für die der Erbe nicht nur mit dem Nachlass, sondern auch mit seinem Eigenvermögen haftet.

a) Die vom Erblasser herrührenden Verbindlichkeiten. Die in § 1967 II Alt. 1 als „vom Erblasser herrührend" bezeichneten Verbindlichkeiten haben ihre **Anlage in der Person des Erblassers** und sind mit dem Erbfall auf den Erben übergegangen. Damit handelt es sich um einen gesetzlich geregelten Fall einer fremden Schuld. Die Verbindlichkeit muss nicht endgültig beim Erblasser entstanden sein, sofern der Entstehungsgrund in seiner Person entweder vor oder mit dem Erbfall erwachsen ist (BGH Urt. v. 13.11.1996 – IV ZR 62/96, BGHZ 134, 60 (61); Erman/*Horn* Rn. 3). Trotz der rechtlichen Einordnung als **Erblasserschulden** ergibt sich aus der **persönlichen Haftung des Erben** auch für diese Verbindlichkeiten, dass sich die **Voraussetzungen des Schuldnerverzuges, der Unmöglichkeit und der Pfändbarkeit bzw. Unpfändbarkeit aus seiner Person** bestimmen (*Lange/Kuchinke* ErbR § 47 II 1c).

Eine Verbindlichkeit kann mit dem Erbfall auf den Erben nur übergehen und dessen Haftung begründen, wenn die Schuld des Erblassers **vererblich** ist. Davon ist im Zweifel auszugehen (MüKoBGB/ *Küpper* Rn. 9). Betreffen Verbindlichkeiten ausschließlich dessen Person, erlöschen sie mit dem Tod. Dazu gehören die in § 613 S. 1 geregelte **Dienstleistungspflicht**, die bei einem Arbeitsverhältnis mit dem Tode des Dienstleistungsverpflichteten endet, das **Erlöschen eines Rentenversprechens** gem. § 520 sowie die **Unterhaltsverpflichtungen** (→ Rn. 6).

aa) Verbindlichkeiten familienrechtlicher Natur. Unterhaltsansprüche gegenüber Verwandten, dem überlebenden Ehegatten sowie gegenüber der Familie erlöschen mit dem Tode des Berechtigten oder Verpflichteten, §§ 1360a III, 1615 I, sofern der Unterhalt nicht ausnahmsweise für die Vergangenheit zu leisten ist oder bereits beim Tod des Erblassers auf fällige im Voraus zu bewirkende Leistungen gerichtet war, § 1615 I Hs. 2.

Der **Anspruch des geschiedenen Ehegatten auf Unterhalt** und die **nachpartnerschaftliche Unterhaltspflicht** gehen gem. § 1586b, § 16 II 2 LPartG auf den Erben über. Die Unterhaltspflicht besteht nach § 1933 I 3 iVm § 1586b fort, wenn der noch nicht geschiedene Ehegatte sein Erbrecht aufgrund eines schwebenden Scheidungsverfahrens nach Maßgabe des § 1933 I 1, 2 bereits verloren hat. Der Anspruch des schon oder noch nicht geschiedenen Ehegatten ist eine der Höhe nach auf den fiktiven Pflichtteil begrenzte Erblasserschuld, die vom Erben zu erfüllen ist. Der geschiedene Ehegatte soll das bekommen, was er bekommen hätte, wenn die Ehe durch Tod und nicht durch Scheidung aufgelöst worden wäre (krit. *Roessink* FamRZ 1990, 924 ff.). In die Berechnung des fiktiven Pflichtteils sind **Pflichtteilsergänzungsansprüche** gegen den Erben einzubeziehen (BGH Urt. v. 18.7.2007 – XII ZR 64/05, NJW 2007, 3207 (3208); BGH Urt. v. 29.11.2000 – XII ZR 165/98, NJW 2001, 828; OLG Koblenz

Urt. v. 28.8.2002 – 9 UF 745/01, NJW 2003, 439; Palandt/*Brudermüller* § 1586b Rn. 7; *Joachim* Erbenhaftung Rn. 25; aA AG Bottrop FamRZ 1989, 1009 (1010); RGRK/*Cuny* § 1586b Rn. 13), nicht aber solche gegen den Beschenkten (Palandt/*Brudermüller* § 1586b Rn. 7; str.). Würden Pflichtteilsergänzungsansprüche nicht berücksichtigt, könnte der Erblasser den Unterhaltsanspruch des geschiedenen Ehegatten durch lebzeitige Schenkungen so verringern, dass die Unterhaltspflicht nicht erfüllbar wäre. Nicht abschließend geklärt ist, ob auch solche unentgeltlichen Zuwendungen einzubeziehen sind, die der Erblasser für die Alterssicherung bzw. den Unterhalt seines späteren Ehegatten vornimmt. Diese stellen grds. keine ergänzungspflichtigen Schenkungen dar, so dass der Erblasser seiner zweiten Ehefrau eine Lebensversicherung in beträchtlicher Höhe zukommen lassen kann, während der Nachlass wertlos ist (OLG Celle Urt. v. 19.12.1994 – 21 UF 112/94, OLGR 1995, 88 f.).

8   **Umstritten ist, ob ein von dem geschiedenen Ehegatten zu Lebzeiten erklärter Erb- oder Pflichtteilsverzicht den Unterhaltsanspruch aus § 1586b entfallen lässt.** Die wohl **überwiegende Meinung** bejaht das zu Recht, weil Sinn und Zweck der Norm darin liegen, dem geschiedenen Ehegatten einen Ausgleich für den mit der Scheidung einhergehenden Verlust seiner erbrechtlichen Ansprüche zu gewähren, der Ersatzfunktion für das weggefallene Erbrecht hat (BeckOK/*Beutler* § 1586b Rn. 4; Erman/*Maier* § 1586b Rn. 11; RGRK/*Cuny* § 1586b Rn. 8; MüKoBGB/*Maurer* § 1586b Rn. 6; *Dieckmann* NJW 1980, 2777). Vor allem im Hinblick auf den Wortlaut der Vorschrift soll der Anspruch nach **anderer Ansicht** trotz erklärten Erb- oder Pflichtteilsverzichts uneingeschränkt bestehen bleiben. Er sei unterhaltsrechtlich und nicht erbrechtlich zu qualifizieren (*Bergschneider* FamRZ 2003, 1049; *Grziwotz* FamRZ 1991, 1258 (1259); Palandt/*Brudermüller* § 1586b Rn. 8 mwN; *Pentz* FamRZ 1998, 1344). Diese Ansicht führt bei konsequenter Anwendung jedoch zu Wertungswidersprüchen insbes. bei einer noch nicht rechtskräftigen Scheidung. Ein Ehegatte, der auf Erb- und Pflichtteilsansprüche verzichtet hat, von dem sich der Erblasser aber nicht mehr scheiden lassen wollte, hätte nach dessen Tod neben einem Unterhaltsanspruch noch eine Berechtigung am Nachlass. War der Wille des Erblassers vor seinem Tod weiterhin darauf gerichtet, die Scheidung zu betreiben und hätte der andere Ehegatte zuvor einen Verzicht erklärt, bliebe dem überlebenden Ehegatten der Unterhaltsanspruch erhalten. Die Verzichtserklärung ist jedoch tatsächlich als endgültige Entäußerung rechtlicher Möglichkeiten zu qualifizieren.

9   Zum **Schutz der Mutter eines künftigen Erben** gewährt § 1963 der Schwangeren für die Zeit bis zur Entbindung einen in der Praxis selten zur Anwendung kommenden Unterhaltsanspruch, der seinen rechtlichen Grund in der Erwartung des künftigen erbberechtigten Kindes hat (MüKoBGB/*Leipold* § 1963 Rn. 1). Der Unterhaltsanspruch ist monatlich im Voraus geschuldet und besteht einschließlich des Monats der Entbindung – selbst wenn es zu einer Totgeburt kommt – und für den Sterbemonat der Mutter (*Joachim* Erbenhaftung Rn. 22).

10 Lebte der Erblasser mit seinem Ehegatten im Güterstand der Zugewinngemeinschaft und hinterlässt er **Stiefkinder,** haben diese als einseitige Abkömmlinge gegen den überlebenden Ehegatten aus dem Zugewinn einen **Anspruch auf Ausbildungsunterhalt,** § 1371 IV. Voraussetzung für den Anspruch ist die gesetzliche Erbfolge des Verpflichteten, anderenfalls es nicht zu einem Zugewinnausgleich kommen kann (MüKoBGB/*Koch* § 1371 Rn. 56). Der Anspruch rührt seiner Natur nach aus der Verbindung von Ehegüterrecht (Zahlung von Unterhalt) und Erbrecht und hat Mischcharakter. Soweit die Verbindlichkeit im Erbrecht wurzelt, wird eine auf den erbenden Ehegatten beschränkte Nachlassverbindlichkeit in Form einer Erbfallschuld begründet (MüKoBGB/*Koch* § 1371 Rn. 61). Der Unterhaltsanspruch ist begrenzt auf den Teil des Erbes, der der Erhöhung gem. § 1371 I entspricht. Darin liegt eine **rechnerisch beschränkte Haftung** auf das zusätzlich gewährte Viertel (*Joachim* Erbenhaftung Rn. 35).

11 Als Erblasserschuld aktiv und passiv vererblich ist die **Zugewinnausgleichsforderung** des überlebenden Ehegatten, sofern er nicht Erbe wird, § 1371 II, oder wenn er die Erbschaft gem. § 1371 III ausschlägt (Palandt/*Brudermüller* § 1371 Rn. 15; Staudinger/*Dutta* (2016) Rn. 9; nach Erman/*Horn* Rn. 6 handelt es sich um eine Erbfallschuld). Nach § 31 I 1 VersAusglG geht im Fall des Todes eines Ehegatten nach Rechtskraft der Scheidung, aber vor Rechtskraft der Entscheidung über den **Wertausgleich** nach den §§ 9–19 VersAusglG die Verpflichtung auf den Erben über, der die gleichen Einwendungen wie der verstorbene Ehegatte erheben kann (Palandt/*Brudermüller* VersAusglG § 31 Rn. 4), während der schuldrechtliche Versorgungsausgleich gem. § 31 III 1 VersAusglG unvererblich ist. Vererblich ist gem. § 1615l III 4 der Anspruch der **Mutter eines nichtehelichen Kindes auf Unterhalt aus Anlass der Geburt.** Dieser Anspruch besteht nach § 1615n S. 1 im Fall des Todes infolge der Schwangerschaft und der Entbindung auch, wenn der Vater vor der Geburt des Kindes gestorben ist oder das Kind tot geboren wird.

12 bb) **Verpflichtungen aus sonstigen vermögensbezogenen Leistungen.** Nachlassverbindlichkeiten sind auch Verpflichtungen aus vermögensbezogenen Leistungen wie bspw. Darlehensschulden, Herausgabe- und Auskunftsansprüche gegen den Erbschaftsbesitzer, die auf § 985 beruhende Herausgabepflicht, Bereicherungsansprüche oder Ansprüche aus unerlaubten Handlungen. Rechtsgutverletzung und Schaden können auch nach dem Erbfall eintreten, sofern der Anspruch **vor dem Erbfall bereits angelegt** war.

13 cc) **Verpflichtungen aus nichtvermögenswerten und aus von Dritten nicht ausführbaren Leistungen.** Vererblich sind Verbindlichkeiten, die sich auf durch Dritte nicht ausführbare oder auf nichtvermögenswerte Leistungen beziehen (näher Staudinger/*Dutta* (2016) Rn. 10 f.). Dazu gehören die Verpflichtung zur **Abgabe einer Willenserklärung,** zur **Auskunftserteilung** (BGH Urt. v. 5.6.1985 – IVa ZR 257/83, NJW 1985, 3068 ff.; OLG München Beschl. v. 31.10.1986 – 25 W 1652/86, NJW-RR 1987, 649), der **Anspruch auf Abgabe der eidesstattlichen Versicherung** (BGH Urt. v. 8.6.1988 – IVa ZR 57/87, BGHZ 104, 369) sowie **Unterlassungspflichten** (OLG Hamm Beschl. v. 20.9.1994 – 15 W 250/94, Fam-

RZ 1995, 700). Die Pflicht des OHG-Gesellschafters, sein Ausscheiden aus der Gesellschaft zur Eintragung im Handelsregister anzumelden, ist ebenfalls eine vererbliche nichtvermögensrechtliche Verpflichtung (GrosskommHGB/*Schäfer* § 143 Rn. 16). Das gilt gleichermaßen für die Pflicht zur Anmeldung des Erlöschens einer Firma (Staudinger/*Dutta* (2016) Rn. 12; aA MüKoHGB/*Krafka* § 31 Rn. 16).

dd) Öffentlich-rechtliche Verbindlichkeiten und solche aus dem Steuerschuldverhältnis. Die **Vererblichkeit öffentlich-rechtlicher Verpflichtungen** bestimmt sich nach den **Vorschriften des öffentlichen Rechts** und nur subsidiär nach den §§ 1967 ff. Vererblichkeit ist gegeben, sofern das Gesetz nicht etwas anderes regelt (BVerwG Urt. v. 9.1.1963 – V C 72.62, BVerwGE NJW 1963, 1075 f.). Vererblich sind die durch eine entsprechende Verfügung konkretisierte Zustandsverantwortlichkeit (VGH München Urt. v. 12.1.2000 – M 2 V 99.2620, NVwZ 2000, 1312), eine abstrakte Verhaltensverantwortlichkeit (OVG Lüneburg Urt. v. 7.3.1997 – 7 M 3628/96, NJW 1998, 97 (98)), Erschließungsbeitragsschulden (OVG Bremen Urt. v. 14.2.1984 – 1 BA 91/83, NVwZ 1985, 917), öffentlich-rechtliche Erstattungspflichten, die Vermögensabgabeschuld beim Lastenausgleich (BGH Urt. v. 30.9.1954 – IV ZR 53/14, BGHZ 14, 368 (370)) und die Pflicht zur Bodensanierung nach § 4 III 1 BBodSchG (näher *Joachim/Lange* ZEV 2011, 53). Für die Ersatzpflicht der Kosten der Sozialhilfe gilt, dass der Erbe dafür nach Maßgabe des § 102 II 2 SGB XII nur mit dem Wert des im Zeitpunkt des Erbfalls vorhandenen Nachlasses haftet (Palandt/*Weidlich* Rn. 11; → Vorb. Rn. 10). Aufgrund ihres höchstpersönlichen Charakters sind Geldstrafen und Geldbußen nicht vererblich, so dass eine Vollstreckung in den Nachlass des Verurteilten ausgeschlossen ist, §§ 459c III StPO, 101 OWiG. Geldzahlungsverpflichtungen aus schon gegen den Erblasser erkannten Nebenfolgen einer Straftat gehen auf den Erben gem. § 459g II StPO über, ebenso die Verpflichtung zur Tragung der Kosten aufgrund der rechtskräftigen Verurteilung vor dem Erbfall, § 465 III StPO.

Der Erbe, der vollständig in die Stellung des Erblasser eintritt, haftet auch für dessen **Steuerschulden**, §§ 1967, 45 AO (vertiefend MüKoBGB/*Küpper* Rn. 49 mwN). Nach dem Wortlaut des § 45 I 1 AO gehen nur Forderungen und Schulden aus dem Steuerschuldverhältnis im Wege der Gesamtrechtsnachfolge auf den Rechtsnachfolger über. Tatsächlich tritt der Gesamtrechtsnachfolger anders als der Einzelrechtsnachfolger über den Wortlaut der Vorschrift hinaus **materiell- und verfahrensrechtlich insgesamt in die abgabenrechtliche Rechtsstellung seines Vorgängers ein** (BFH Urt. v. 20.3.2002 – II R 53/99, BStBl. 2002 S. 441 (442); BFH Urt. v. 5.5.1999 – XI R 1/97, BStBl. 1999 S. 653 (655); Klein/*Ratschow* AO § 45 Rn. 5; aA Tipke/Kruse/*Drüen* AO § 45 Rn. 2, wonach § 45 I 1 AO nur den Übergang von Ansprüchen aus dem Steuerschuldverhältnis regelt). Forderungen und Schulden aus dem Steuerschuldverhältnis können nur übergehen, sofern sie entstanden sind. Sie müssen nicht bereits festgesetzt oder fällig sein. Befreiungsgründe aus der Person des Rechtsvorgängers bleiben für den Erben wirksam. Hat der Rechtsvorgänger den Steuertatbestand erfüllt, bestimmen sich auch die Voraussetzungen von Befreiungen, Ermäßigungen und Vergünstigungen nach dessen Verhältnissen.

Der vollständige Eintritt in die abgabenrechtliche Stellung des Rechtsvorgängers führt dazu, dass der Rechtsnachfolger auch die bei dem Rechtsvorgänger entstandenen steuerlichen Nebenleistungen gegen sich gelten lassen muss. Auf den Erben gehen verwirkte **Säumniszuschläge** (BFH Urt. v. 22.1.1993 – III R 92/89, BFH/NV 1993, 455; Klein/*Ratschow* AO § 45 Rn. 6), **Verspätungszuschläge** sowie Zinsen und Kosten über. Die Verpflichtung zur Zahlung von Zwangsgeld gem. §§ 328 ff. AO geht von Gesetzes wegen, § 45 I 2 AO, nicht auf den Erben über, weil **Zwangsgelder** Beugecharakter haben (Staudinger/*Dutta* (2016) Rn. 18).

Dem Erben stehen im Steuerschuldverhältnis grds. **alle Haftungsbeschränkungsmöglichkeiten** des Bürgerlichen Rechts zur Verfügung. Ein besonderer Duldungsbescheid gegen den Erben ist nicht erforderlich. Grundlage der Zwangsvollstreckung ist der Steuerbescheid gegen den Erblasser oder gegen den Erben als Gesamtrechtsnachfolger. Für die Vollstreckung gegen den Erben gelten die §§ 1958, 1960 III, 1961 sowie die §§ 747, 748, 778, 779, 781–784 ZPO entspr., § 265 AO. Die Beschränkung der Erbenhaftung ist ausschließlich im **Zwangsvollstreckungsverfahren** geltend zu machen (BFH Urt. v. 11.8.1998 – VII R 118/95, BStBl. II 1998, 705; Klein/*Ratschow* AO § 45 Rn. 18; Tipke/Kruse/*Drüen* AO § 45 Rn. 33). Die Haftungsbeschränkung bleibt solange unberücksichtigt, bis der Erbe entsprechende Einwendungen gegen die Vollstreckung erhebt. Die Einwendungen sind nach überwiegender Ansicht durch formlose Erklärung gegenüber der Vollstreckungsbehörde geltend zu machen (BFH Urt. v. 11.8.1998 – VII R 118/95, BStBl. II 1998, 705 (708); Tipke/Kruse/*Loose* AO § 265 Rn. 15). Es bleibt dem Erben unbenommen, im Streitfall einen Rechtsbehelf einzulegen und sich auf die Beschränkung der Erbenhaftung zu berufen (BFH Urt. v. 11.8.1998 – VII R 118/95, BStBl. II 1998, 705 (708)). Demgegenüber sollen nach anderer Auffassung aufgrund einer sinngemäßen Anwendung des § 781 ZPO Einwendungen der beschränkten Erbenhaftung ausschließlich mit dem Einspruch und erforderlichenfalls im Finanzgerichtsweg geltend gemacht werden können. Vor der Einlegung des Einspruchs sei lediglich eine Gegenvorstellung bei der Vollstreckungsbehörde statthaft (so Klein/*Werth* AO § 265 Rn. 13). Zwischen den verschiedenen Meinungen ergeben sich keine Unterschiede, wenn die aufgrund einer **formlosen Erklärung** oder aufgrund einer **Gegenvorstellung** erhobenen Einwendungen von der Vollstreckungsbehörde berücksichtigt werden. Anderenfalls ist es dem Erben jedoch nicht zumutbar, Vollstreckungsakte erst abwarten zu müssen, um beschwert zu sein (Tipke/Kruse/*Loose* AO § 265 Rn. 15), so dass der hM der Vorzug gebührt.

Die **Einkommensteuer** für Einkünfte, die der Erbe aus dem Nachlass erzielt, ist – anders wenn die Einkommensteuerschuld bereits bei dem Erblasser entstanden ist – keine Nachlassverbindlichkeit (BFH Urt. v. 28.4.1992 – VII R 33/91, NJW 1993, 350). Die auf den Erben entsprechend seiner Erbquote entfallenden Abschlusszahlungen für die vom Erblasser herrührende Einkommensteuer des Todesjahres, einschließlich Kirchensteuer und Solidaritätszuschlag, sind als Nachlassverbindlichkeiten gem. § 10 V Nr. 1 ErbStG abzugsfähig (BFH Urt. v. 4.7.2012 – II R 15/11, DStR 2012, 1698; FG Düsseldorf Urt. v. 2.11.2011 – 4 K 2263/11 Erb, DStR 2012, 573; aA Niedersächsisches FG Urt. v. 23.2.2011 – 3 K 332/10, DStR 2012, 627). Anderenfalls sind sie nicht als Nachlassverbindlichkeiten im Rahmen der Erbschaftsteuerfestsetzung zu berücksichtigen.

Zu umsatzsteuerrechtlichen Fragen sowie zum Abzug „ererbter Verluste" nach § 10d EStG s. *Joachim* Erbenhaftung Rn. 86 ff. mwN.

19 Schuldner der **Grundsteuer** ist gem. § 10 I GrStG derjenige, dem der Steuergegenstand bei der Feststellung des Einheitswertes zugerechnet werden muss. Das ist immer der Eigentümer des Grundbesitzes (*Troll/Eisele* GrStG § 10 Rn. 2). Der Erbe haftet nach § 11 GrStG unbeschränkbar als Steuerschuldner, wenn ihm eigenes vorangegangenes Tun, wie die Mitwirkung an der Bestellung eines Nießbrauchs zu seinen Gunsten, § 11 I GrStG, oder der Erwerb gem. § 11 II GrStG durch eigenhändigen Vertragsschluss mit dem Veräußerer entgegengehalten werden kann.

20 Allein aus Anlass des Erbfalls schuldet der Erbe gem. § 3 I Nr. 1 ErbStG iVm § 1922 die Zahlung der **Erbschaftsteuer.** Für diese Verbindlichkeit hat der Erbe keine Möglichkeit, die Haftung auf den Nachlass zu beschränken (Staudinger/*Dutta* (2016) Rn. 33; MüKoBGB/*Küpper* Rn. 16). Der Bundesfinanzhof, das überwiegende steuerrechtliche, das insolvenzrechtliche Schrifttum und zT auch die zivilrechtliche Literatur vertreten die Auffassung, dass es sich bei der von dem Erben geschuldeten Erbschaftsteuer um eine Nachlassverbindlichkeit in Form einer Erbfallschuld iSv § 1967 II BGB handelt (BFH Urt. 11.8.1998 – VII R 180/95, BFHE 186/328; BFH Urt. v. 20.1.2016 – II R 34/14, ZEV 2016, 343 (344); OLG Naumburg Urt. v. 20.10.2006 – 10 U 33/06; *Meinecke/Hannes/Holtz* § 20 ErbStG Rn. 5; Graf-Schlicker/*Busch* InsO § 325 Rn. 2; Erman/*Horn* Rn. 6a). Nach zutreffender Ansicht ist die Erbschaftsteuer jedoch eine persönliche unbeschränkbare Steuerschuld des Erben, bei der der Nachlass nur ausnahmsweise für eine Eigenschuld des Erben mithaftet (so die überwiegende obergerichtliche zivilgerichtliche Rechtsprechung: OLG Hamm Beschl. v. 3.7.1990 – 15 W 493/89, MDR 1990, 1014; BayObLG Beschl. v. 12.8.2002 – 1 Z BR 66/02, ZEV 2003, 26 (27); OLG Koblenz Urt. v. 14.12.2010 – 5 U 1116/10; im Schrifttum Staudinger/*Dutta* (2016) Rn. 33; Palandt/*Weidlich* Rn. 7; MüKoBGB/*Küpper* Rn. 16; *Lange/Kuchinke* § 47 Kap. III 2b; *Joachim/Janzen* ZEV 2018, 7). Die Erbschaftsteuerschuld mag aus Anlass des Erbfalls und unabhängig von einem Tätigwerden des Erben entstehen. Für die Klassifizierung der Erbschaftsteuerschuld als Erbfallschuld kann dies nicht als ausreichend angesehen werden, weil diese Steuerverbindlichkeit den Nachlass nicht als solchen trifft. Der Erbe haftet insbesondere nicht für die Erbschaftsteuerschulden anderer Erben. Dementsprechend geht im Wege der Gesamtrechtsnachfolge auch nicht der mit der Erbschaftsteuerschuld belastete Nachlass auf den Erben über. Die Entstehung der Schuld knüpft an den Erwerb durch einen Erbfall an und dient nicht der Abwicklung des Nachlasses, der grds. nicht unmittelbar mit Erbschaftsteuern belastet wird (OLG Düsseldorf Urt. v. 18.12.1998 – 7 U 72/98, BeckRS 1999, 02276). Gegenteiliges kann auch nicht aus der Vorschrift des § 20 III ErbStG hergeleitet werden, wonach der Nachlass (nicht der Erbe) bis zur Auseinandersetzung nach § 2042 für die Steuer der am Erbfall Beteiligten haftet. Diese Regelung steht nur scheinbar im Widerspruch zu der Annahme, dass die Erbschaftsteuerschuld nicht den Nachlass als solchen trifft. Die Haftung des Nachlasses nach § 20 III ErbStG ist in zeitlicher Hinsicht bis zum Zeitpunkt der Auseinandersetzung der Erbengemeinschaft beschränkt. Es soll durch die Regelung sichergestellt werden, dass auch das noch im ungeteilten Nachlass gebundene gemeinsame Vermögen der Miterben als Grundlage für die Erbschaftsteuer zur Verfügung steht (*Meincke/Hannes/Holtz* ErbStG § 20 Rn. 19; *Joachim/Janzen* ZEV 2018, 74 (77)).

21 ee) **Eintritt des Erben in „pflichtbelastete Rechtslagen" des Erblassers.** Eine Nachlassverbindlichkeit liegt vor, wenn der Verpflichtungsgrund in der Person des Erblassers gegeben oder von ihm herbeigeführt worden war, die Verwirklichung des Tatbestandes aber von weiteren Voraussetzungen abhängt (Staudinger/*Dutta* (2016) Rn. 19). Das ist bei Verbindlichkeiten aus **unerlaubten Handlungen** des Erblassers denkbar, wenn sich deren nachteilige Folgen erst nach dem Erbfall eingestellt haben (MüKoBGB/*Küpper* Rn. 9). Hat sich der Erbe dabei persönlich einer Pflichtverletzung schuldig gemacht, haftet er originär mit seinem Eigenvermögen.

22 Ein Eintritt in eine pflichtbelastete Rechtslage kann in Fällen der Kostentragungspflicht für **Prozesskosten** gegeben sein. Ein vom Erblasser geführter Rechtsstreit wird bei seinem Tod gem. § 239 ZPO unterbrochen, sofern er nicht durch einen Prozessbevollmächtigten vertreten ist, § 246 ZPO. Dessen Vollmacht wirkt gem. § 86 ZPO fort. Wird der Prozess weitergeführt, kann der Erblasser auch nach dem Erbfall verurteilt werden. Es handelt sich nicht um eine Verurteilung des Erben (Staudinger/*Dutta* (2016) Rn. 21). Nehmen die Erben einen unterbrochenen oder ausgesetzten Rechtsstreit auf und unterliegen sie, ist die Verpflichtung zur Erstattung der bis zu ihrem Eintritt in dem Rechtsstreit angefallenen Prozesskosten eine Nachlassverbindlichkeit. Für diese haftet der Erbe auch mit seinem Eigenvermögen, sofern ihm im Urteil keine Beschränkung seiner Haftung auf den Nachlass vorbehalten worden ist. **Streitig** ist, ob der in einem Urteil enthaltene Vorbehalt der beschränkten Erbenhaftung unverändert in den Kostenfestsetzungsbeschluss zu übernehmen ist. Das Kammergericht hat seine in einer älteren Entscheidung vertretene Auffassung, dass im Kostenfestsetzungsverfahren eine entsprechende Prüfung nicht stattzufinden habe und der im Urteil ausgesprochene Vorbehalt unverändert in den Kostenfestsetzungsbeschluss zu übernehmen sei (KG Beschl. v. 24.4.1964 – 1 W 338/64, NJW 1964, 1330), in einer späteren Entscheidung präzisiert. Danach soll der Vorbehalt nur zu übernehmen sein, wenn er sich auch auf die Kostenentscheidung erstrecken soll (KG Beschl. v. 24.4.1981 – 1 W 1036/81, MDR 1981, 851; ebenso

OLG Koblenz Beschl. v. 28.6.1996 – 14 W 355/96, NJW-RR 1997, 1160; OLG München Beschl. v. 18.7. 1979 – 11 W 1497/79, MDR 1980, 147). Nach anderer Ansicht erstreckt sich ein im Urteil enthaltener Vorbehalt grds. nicht auf die Kostenentscheidung und ist deshalb nicht in den Kostenfestsetzungsbeschluss aufzunehmen (OLG Köln Beschl. v. 12.5.2004 – 17 W 322/13, AGS 2004, 451; OLG Celle Urt. v. 16.4.1987 – 5 U 142/86, NJW-RR 1988, 133 (134); OLG Hamm Beschl. v. 19.1.1982 – 23 W 464/81, MDR 1982, 855; OLG Frankfurt a.M. Beschl. v. 4.7.1977 – 20 W 528/77, JurBüro 1977, 1626). Richtig erscheint es, den Haftungsbeschränkungsvorbehalt unter bestimmten Voraussetzungen in den Kostenfestsetzungsbeschluss zu übernehmen. Dieser umfasst zwar grds. nur die zu Lebzeiten des Erblassers entstandenen Ansprüche und nicht den in einem Prozess gegen den Erben entstandenen prozessualen Kostenerstattungsanspruch. Anders ist dies, wenn der Vorbehalt in den Kostentenor des Urteils aufgenommen worden ist oder sich für die Prozesskosten aus den Urteilsgründen ergibt. Der Vorbehalt ist auf die bis zum Erbfall entstandenen Prozesskosten zu erstrecken, wenn der Erbe einen zurzeit des Erbfalls bereits anhängigen Rechtsstreit fortführt und unterliegt (BGH Urt. v. 26.6.1970 – V ZR 156/69, NJW 1970, 1742). Beruhen diese Kosten auf Rechtshandlungen des Erben, indem er bspw. den Prozess als Inhaber des Nachlasses im eigenen Interesse führt, erstreckt sich der Beschränkungsvorbehalt nicht auf die Kostenentscheidung. Die Kosten eines von dem Erben aufgenommenen und von ihm weitergeführten Rechtsstreits lösen dessen persönliche unbeschränkte Haftung aus (Staudinger/*Dutta* (2016) Rn. 47). Er haftet für die restlichen Urteilsgebühren oder die Kosten einer weiteren Beweisaufnahme mit seinem gesamten Vermögen. Mit Kosten darf der Erbe persönlich nicht belastet werden, wenn er einen Rechtsstreit nach dem Erbfall aufnimmt und durch ein Anerkenntnis unter Vorbehalt der Haftungsbeschränkung oder durch Rücknahme eines Rechtsmittels beendet.

ff) Verpflichtungen aus **Gefährdungshaftung** rühren vom Erblasser her. Dies gilt auch, wenn er nur 23 den Anspruchsgrund der Norm erfüllt hat, mögen die Rechtsgutverletzung und der Schaden erst nach dem Erbfall eintreten. Ein praktisch wichtiger Fall ist die Beteiligung eines in den Nachlass gefallenen Kraftfahrzeuges an einem Unfall. Die Halterhaftung aus § 7 StVG (ebenso die Haftung aus §§ 33 I, II 2 u. 3 LuftVG sowie aus § 833 S. 1) trifft denjenigen, der zum Zeitpunkt des schädigenden Ereignisses „Halter" des Fahrzeuges ist. Der Erbe wird mit dem Tod des Erblassers nicht automatisch Halter. Das wäre nicht haltbar, wenn er vom Anfall und der Zusammensetzung der Erbschaft noch gar nichts weiß. Um keine Haftungslücke zu Lasten des Geschädigten entstehen zu lassen, ist bis zu diesem Zeitpunkt eine vom Erblasser herrührende Ersatzpflicht gegeben. Die Haltereigenschaft des Erblassers wird als fortbestehend fingiert, so dass eine Nachlassverbindlichkeit in Form einer Erblasserschuld vorliegt (MüKoBGB/*Küpper* Rn. 9).

Die gleichen Grundsätze gelten für die Haftung aus **vermutetem Verschulden** gem. § 833 S. 2, wenn 24 nach dem Erbfall ein vormals dem Erblasser gehörendes Tier einen Schaden verursacht oder gem. § 836 I 2, wenn ein ererbtes Gebäude einstürzt. Hat der Erbe zu dem Tier oder zu dem Gebäude noch keine rechtliche Beziehung hergestellt, handelt es sich um Erblasserschulden, für die der Erbe als solcher haftet. Eine Eigenverbindlichkeit des Erben liegt vor, wenn er vor dem schädigenden Ereignis von dem nach § 857 auf ihn übergegangenen Eigenbesitz Kenntnis erlangt hat.

gg) Ein **Mietverhältnis** geht nach den allgemeinen erbrechtlichen Bestimmungen im Wege der Ge- 25 samtrechtsnachfolge gem. § 1922 I auf den **Erben des Mieters** über. Eine Beendigung des Mietvertrages tritt nicht ein. Für **Ehegatten, Lebenspartner, andere Familienangehörige** und **Lebensgefährten regelt § 563 eine Sonderrechtsnachfolge**. Nach § 563a wird das Mietverhältnis mit den überlebenden Mietern fortgesetzt. Nur wenn diese Vorschriften nicht einschlägig sind, wird das Mietverhältnis gem. § 564 S. 1 mit dem Erben, der nicht mit dem verstorbenen Mieter zusammengewohnt hat, fortgeführt. § 564 S. 2 sieht für den Erben und den Vermieter ein Sonderkündigungsrecht vor, das innerhalb eines Monats, nachdem die Kündigungsberechtigten vom Tod des Mieters und von der Tatsache, dass es nicht zu einem Eintritt oder einer Fortsetzung des Mietverhältnisses gekommen ist, erfahren haben. Übt der Erbe das Sonderkündigungsrecht aus, sind die nach dem Tod des Erblassers erst fällig werdenden Forderungen aus dem Mietverhältnis reine Nachlassverbindlichkeiten, so dass der Erbe die Haftung auf den Nachlass beschränken kann. Er haftet dafür nicht auch mit seinem Eigenvermögen (BGH Urt. v. 23.1.2013 – VIII ZR 68/12, ZEV 2013, 208).

Tritt der **Erbe als Vermieter** oder Verpächter in ein Miet- oder Pachtverhältnis ein, hat er diesen Vertrag 26 als Nachlassverbindlichkeit zu erfüllen. Weder ihm noch dem Vertragspartner steht ein besonderer gesetzlicher Kündigungsgrund zu. Auch das von einem Wohnungseigentümer nach § 16 II WEG zu entrichtende **Wohngeld** ist eine Nachlassverbindlichkeit, wenn der Erbfall nach der letzten Beschlussfassung über die Zahlungsverpflichtung der Eigentümer eingetreten ist (AG Düsseldorf Urt. v. 29.2.2012 – 291a C 6680/11, ZMR 2012, 583; MüKoBGB/*Küpper* Rn. 20). Wohngeldverpflichtungen aus Beschlüssen nach dem Erbfall und nach Eigentumsumschreibung begründen persönliche Zahlungspflichten des Erben (*G. Siegmann* NZM 2013, 995; Staudinger/*Kunz* (2017) § 1922 Rn. 162) und sind keine Nachlassverbindlichkeiten (so aber BayObLG Urt. v. 7.10.1999 – 2 Z BR 73/99, ZEV 2000, 151 mAnm *Marotzke* NJW-RR 2000, 306; OLG Hamburg Beschl. v. 12.12.1985 – 2 W 42/85, NJW-RR 1986, 177). Der BGH qualifiziert nach dem Erbfall fällig werdende und durch Beschluss der Wohnungseigentümergemeinschaft begründete Wohngeldschulden als Eigenverbindlichkeit des Erben, wenn ihm das Halten der Wohnung als ein Handeln bei der Verwaltung des Nachlasses zugerechnet werden kann. Hiervon ist in der Regel auszugehen, wenn der Erbe die Erbschaft angenommen oder die Ausschlagungsfrist abgelaufen ist und ihm faktisch die Möglichkeit zusteht, die Wohnung zu nutzen (BGH Urt. v. 5.7.2013 – V ZR 81/12, ZEV 2013, 609 (612) mit krit.

Anm. *Joachim*). Während der Dauer einer Testamentsvollstreckung fällig werdende Hausgeldschulden sind Nachlassverbindlichkeiten (BGH Urt. v. 4.11.2011 – V ZR 82/11, ZEV 2012, 103 (104)).

27 **hh)** Zu den vom Erblasser herrührenden Schulden gehören auch solche, die erst nach dem Erbfall aufgrund einer über den Tod hinaus erteilten **Vollmacht** im Namen des Erblassers begründet worden sind. Es macht keinen Unterschied, ob ein von ihm Bevollmächtigter vor oder nach dem Tod von der Vollmacht Gebrauch macht. Klassischer Fall ist die Prokura gem. § 52 III HGB. Eine vor dem Tod des Vollmachtgebers von dem Bevollmächtigten eingegangene Verpflichtung ist beim Erbfall eine reine Nachlassverbindlichkeit. Geht der Bevollmächtigte nach dem Tod des Erblassers aufgrund der ihm erteilten postmortalen Vollmacht Verpflichtungen ein, wird das Vertreterhandeln durch die zu Lebzeiten des Erblassers erteilte Vollmacht bestimmt. Die Annahme einer Eigenverbindlichkeit des Erben ist nicht gerechtfertigt (BGH Urt. v. 18.6.1962 – II ZR 99/61, NJW 1962, 1718 (1719); Staudinger/*Dutta* (2016) Rn. 28; *Joachim* Erbenhaftung Rn. 103; aA noch BGH Urt. v. 24.9.1959 – II ZR 46/59, NJW 1959, 2114; ebenso Soergel/*Stein* Rn. 5).

28 **b) Die den Erben „als solchen" treffenden Verbindlichkeiten.** Neben den vom Erblasser herrührenden Schulden sind nach der nicht abschließenden Aufzählung in § 1967 II Nachlassverbindlichkeiten auch diejenigen Schulden, die den Erben „als solchen" treffen. In dieser Eigenschaft ist er jedoch immer auch Schuldner von Verbindlichkeiten, die von dem Erblasser herrühren. **Die Wortwahl des Gesetzes ist wenig geglückt.**

29 **aa) Unmittelbare Erbfallschulden.** Verbindlichkeiten, die unmittelbar mit dem Erbfall anfallen, sind die in § 1967 II **exemplarisch** aufgeführten **Verbindlichkeiten aus Pflichtteilsrechten, Vermächtnissen** und **Auflagen.** Hierzu zählen auch solche aus Vorausvermächtnissen sowie aus den vermächtnisähnlichen Ansprüchen des § 1932 (Voraus des Ehegatten) und des § 1969 (Dreißigster).

30 **bb) Nachlasskosten- und Erbschaftsverwaltungsschulden.** Von den unmittelbaren Erbfallschulden unterscheiden sich die sog. Nachlasskosten- und Erbschaftsverwaltungsschulden dadurch, **dass sie zum Zeitpunkt des Erbfalls noch nicht bestanden, sondern erst danach entstehen.** Dazu zählen Verbindlichkeiten aus der Durchführung und Abwicklung des Nachlasses oder aus Geschäften für den Nachlass (Erman/*Horn* Rn. 2). Zur **Gruppe der Nachlasskostenschulden** gehören die nach dem Erbfall entstehenden Kosten der Eröffnung einer Verfügung von Todes wegen, der gerichtlichen Nachlasssicherung (§ 1960), der Nachlasspflegschaft (§ 1961), der Feststellung des Fiskus als Erbe (§ 1964), des Nachlassgläubigeraufgebotes (§§ 1970ff.), der Nachlassverwaltung (§§ 1975ff.), des Nachlassinsolvenzverfahrens (§ 1989, §§ 315, 54, 55 I Nr. 1 InsO), Kosten der Inventarerrichtung (§§ 1993ff.) sowie Beerdigungskosten gem. § 1968. **Erbschaftsverwaltungsschulden** sind **Verpflichtungen, die sich aus einer ordnungsgemäßen Verwaltung** eines vorläufigen Erben oder eines Vorerben **ergeben,** ebenso Verbindlichkeiten aus Verwaltungshandlungen eines Amtsträgers oder Vertreters im Rahmen seiner Vertretungsmacht einschließlich der Vergütungsansprüche dieser Personen (Staudinger/*Dutta* (2016) Rn. 38).

31 **cc) Die Begründung neuer Verbindlichkeiten durch den Erben.** Verbindlichkeiten, die der Erbe durch eigene Rechtshandlungen für den Nachlass begründet, sind Nachlassverbindlichkeiten mit der Möglichkeit der Haftungsbeschränkung, anderseits aber auch Schulden, die das Eigenvermögen des Erben betreffen, sofern der Erbe die Haftung nicht vertraglich auf den Nachlass beschränkt hat, was regelmäßig nicht der Fall sein wird. Man bezeichnet sie im Anschluss an *Boehmer* (Erbfolge und Erbenhaftung S. 117) als „**Nachlasserbenschulden**" (*Lange/Kuchinke* ErbR § 47 Kap. V; Staudinger/*Dutta* (2016) Rn. 42; MüKoBGB/*Küpper* Rn. 15ff.). Die Doppelhaftung darf zum Schutz der „Alt-Nachlassgläubiger" nicht beliebig ausgedehnt werden, andernfalls der Erbe durch eine Eingehung neuer Verbindlichkeiten den Kreis der Nachlassgläubiger beliebig erhöhen könnte. Dadurch würde im Insolvenzfall die auf jeden Nachlassgläubiger entfallende Haftungsquote verringert. Als Nachlassverbindlichkeiten sind deshalb nur solche von dem Erben nach dem Erbfall begründeten Verpflichtungen zu qualifizieren, die „**vom Standpunkt eines sorgfältigen Verwalters in ordnungsgemäßer Verwaltung des Nachlasses**" eingegangen worden sind (Palandt/*Weidlich* Rn. 9). Der Erbe muss die Verpflichtung nicht ausdrücklich für den Nachlass übernehmen oder dem Geschäftsgegner die Beziehung zum Nachlass erkennbar gemacht haben (Staudinger/*Dutta* (2016) Rn. 42 mwN). **Außerhalb der Grenzen einer ordnungsgemäßen Verwaltung** eingegangene Verbindlichkeiten **begründen eine Haftung des Erben mit seinem gesamten Vermögen,** die er selbst durch eine ausdrückliche Vereinbarung mit dem Gläubiger nicht zu einer Nachlassverbindlichkeit machen kann (RG Urt. v. 23.8.1938 – VII 85/38, JW 1938, 2822 für den Vorerben; Staudinger/*Dutta* (2016) Rn. 43; aA RGRK/*Johannsen* Rn. 12). Zur Gruppe der Nachlasserbenschulden gehören auch Verbindlichkeiten, die der Erbe nicht selbst begründet, sondern ein Dritter, der in berechtigter Geschäftsführung ohne Auftrag Verwaltungsgeschäfte für den Erben erledigt. Seinen Aufwendungsersatzanspruch aus §§ 683, 670 kann der Dritte sowohl gegen den Erben persönlich als auch gegen den Nachlass richten. Voraussetzung ist immer, dass die Geschäftsführung zur ordnungsgemäßen Verwaltung des Nachlasses erforderlich ist.

32 Werden nach dem Tod des Berechtigten noch **Zahlungen von Versicherungs- oder Versorgungsträgern geleistet,** wird zT eine Nachlasserbenschuld mit der Möglichkeit einer Beschränkung der Haftung auf den Nachlass angenommen (BGH Urt. v. 30.3.1978 – VII ZR 244/76, NJW 1978, 1385; Palandt/*Weidlich* Rn. 9; Erman/*Horn* Rn. 9), während nach anderer Auffassung eine reine Eigenschuld des Erben vorliegt (AG Bad Segeberg Urt. v. 25.11.2011 – 17 C 160/11, NJW-RR 2012, 213; Soergel/*Stein* Rn. 1). Richtigerweise ist danach zu differenzieren, ob Renten oder Versorgungsleistungen auf ein dem Nachlass dienenden Konto des Erblassers gezahlt werden. In diesem Fall ist eine reine Erbfallschuld anzunehmen.

Eine Eigenverbindlichkeit ist gegeben, wenn der Erbe das bisherige Erblasserkonto in ein eigenes Konto umgewandelt hat, auf das die Zahlungen erfolgen (MüKoBGB/*Küpper* Rn. 13; Staudinger/*Dutta* (2016) Rn. 52; *Joachim* Erbenhaftung Rn. 120). Erhalten Nachlasspfleger oder Testamentsvollstrecker eine dem Erben nicht zustehende Leistung, ist der bereicherungsrechtliche Rückgewähranspruch eine Nachlassverbindlichkeit (BGH Urt. v. 14.5.1985 – IX ZR 142/84, BGHZ 94, 312 (315 f.); BayObLG Urt. v. 28.5.1990 – BReg. 1a Z 54/98, FamRZ 1990, 1124).

dd) Geschäftsschulden. Die Haftung des Erben für Geschäftsschulden bestimmt sich zum einen danach, ob sie im Betrieb eines einzelkaufmännischen Handelsgeschäfts oder im Betrieb einer offenen Handelsgesellschaft bzw. einer Kommanditgesellschaft entstanden sind. Zum anderen ist zwischen Geschäftsschulden, die **vor dem Erbfall entstanden** sind, und solchen, die erst **nach dem Erbfall begründet** wurden, zu unterscheiden. 33

(1) Verbindlichkeiten eines einzelkaufmännischen Unternehmens. Die von dem Erblasser begründeten Geschäftsverbindlichkeiten eines einzelkaufmännischen Unternehmens sind **Nachlassverbindlichkeiten** iSv § 1967 II. Der Erbe haftet für diese früheren Geschäftsschulden wie für andere Erblasserschulden unbeschränkt, aber beschränkbar. **Führt der Erbe** den einzelkaufmännischen Betrieb des Erblassers **mehr als drei Monate** unter der bisherigen Firma mit oder ohne einen die Nachfolge andeutenden Zusatz **fort, ändert sich die erbrechtliche Haftung.** Der Erbe haftet dann gem. § 27 I iVm § 25 I 1 HGB für die Geschäftsverbindlichkeiten des früheren Inhabers unbeschränkt (MüKoHGB/*Thiessen* § 27 Rn. 1; *Graf* ZEV 2000, 125 (131)). Er wird so behandelt, als hätte er das Handelsgeschäft unter Lebenden erworben und würde die bisherige Firma fortführen. Erben iSv § 27 HGB sind auch Vor- und Nacherben (*Joachim* Erbenhaftung Rn. 122). Vermächtnisnehmer haften unmittelbar aus § 25 HGB. Eine Haftungsbeschränkung durch amtliche Nachlassabsonderung nach den bürgerlich-rechtlichen Vorschriften kann der Erbe nur noch für die übrigen – geschäftsfremden – Nachlassverbindlichkeiten herbeiführen. Eine Fortführung des Handelsgeschäfts durch den Erben ist nicht gegeben, wenn während der Dreimonatsfrist ein Nachlassverwaltungs- oder ein Nachlassinsolvenzverfahren angeordnet bzw. eröffnet wird. Der Verwalter wird für den Nachlass und nicht für den Erben tätig, so dass die Aufrechterhaltung des Betriebes dem Erben nicht zurechenbar ist (MüKoBGB/*Küpper* Rn. 40; MüKoHGB/*Thiessen* § 27 Rn. 17). 34

Will der Erbe sein Eigenvermögen vor der handelsrechtlichen Haftung für Altverbindlichkeiten schützen, darf er in seine Überlegungen nicht nur die in den §§ 1975 ff. geregelten erbrechtlichen Verfahren zur Nachlassabsonderung, sondern muss auch die strengere, an den Gegebenheiten des Handelsverkehrs orientierte Regelung des § 27 HGB einbeziehen, wenn er das Handelsgeschäft unter der bisherigen Firma fortführen und die geschäftlichen Traditionen des Erblassers fortsetzen will (Baumbach/Hopt/*Hopt* HGB § 27 Rn. 3; *Schmidt*, Handelsrecht, 6. Aufl. 2014, § 8 Kap. IV Rn. 2c; *Lange/Kuchinke* ErbR § 47 Kap. VI 1b; nach MüKoHGB/*Thiessen* § 27 Rn. 37 nur für Fortführung des Unternehmens.). Will der Erbe den dadurch eintretenden Verlust des Rechts zur Haftungsbeschränkung vermeiden, muss er die **Fortführung des Handelsgeschäfts** unter der bisherigen Firma **innerhalb von drei Monaten nach Kenntnis vom Erbfall einstellen,** § 27 II 1 HGB. Die Frist wird auch dadurch gewahrt, dass ein Nachlass- oder Nachlassinsolvenzverwalter dies tut. Die **ganz überwiegende Meinung** räumt dem Erben zu Recht die Möglichkeit ein, gem. § 25 II HGB analog durch **einseitige Erklärung,** die im Handelsregister einzutragen und bekanntzumachen oder Dritten mitzuteilen ist, die unbeschränkte handelsrechtliche Haftung auszuschließen (MüKoBGB/*Küpper* Rn. 42; Staudinger/*Dutta* (2016) Rn. 59; Baumbach/Hopt/*Hopt* HGB § 27 Rn. 8; MüKoHGB/*Thiessen* § 27 Rn. 46; aA *K. Schmidt* ZHR 157 (1993), 600 (615); § 27 HGB verweist uneingeschränkt auf § 25 HGB. Der Erbe ist bis zur Annahme der Erbschaft durch § 1958 geschützt ist und kann sich auf die aufschiebenden Einreden der §§ 2014, 2015 berufen, so dass ihm die **volle Dreimonatsfrist** des § 27 II HGB zuzugestehen ist. Er muss sich nicht unverzüglich erklären (*Graf* ZEV 2000, 125 (131); MüKoBGB/*Küpper* Rn. 42; Staudinger/*Dutta* (2016) Rn. 59; aA *Canaris* Handelsrecht § 7 Rn. 112). Durch den entsprechenden Handelsregistereintrag kommt es zur erbrechtlichen Haftung mit Beschränkungsmöglichkeit. Für die bei der Fortführung angefallenen neuen Verbindlichkeiten haftet der Erbe nach erbrechtlichen Grundsätzen persönlich, sofern er beim Geschäftsabschluss nicht deutlich erkennbar zum Ausdruck gebracht hat, dass nur der Nachlass haften soll. Der Erbe verpflichtet bei der Eingehung neuer Verbindlichkeiten immer auch den Nachlass, wenn die Geschäfte unternehmensbezogen sind (*Lange/Kuchinke* ErbR § 47 VI 1 f.; MüKoBGB/*Küpper* Rn. 41). 35

Die Fortführung des Handelsgeschäfts führt nicht zum Verlust des Ausschlagungsrechts. Mit der **Ausschlagung** entfällt die Haftung aus § 27 HGB. Der ausschlagende Erbe kann für die bisherige Geschäftsführung unter dem Gesichtspunkt der Geschäftsführung ohne Auftrag verantwortlich sein, §§ 1959 I, 677 ff. Im Fall der Ausschlagung wird der Nächstberufene Erbe. Für diesen beginnt die Frist des § 27 II HGB erneut zu laufen. Die Regelung berücksichtigt die Interessenlage des Erben, der durch die strenge handelsrechtliche Haftung nicht gezwungen sein soll, das Erbe insgesamt auszuschlagen. Die Einstellung des Betriebes lässt die erbrechtlichen Haftungsbeschränkungsmöglichkeiten nicht entfallen. 36

Ein ererbtes Unternehmen kann der Erbe auch in der Weise fortführen, dass er die Firma ändert, indem er an die Stelle des Erblassernamens seinen eigenen Namen setzt. Die Haftung für Altverbindlichkeiten entfällt dadurch nicht. § 27 II HGB setzt keine völlige **Aufgabe des Geschäftsbetriebes** voraus. Es genügt die Übertragung auf einen Dritten oder auf eine Gesellschaft. Darin liegt keine Fortführung iSv § 27 HGB (MüKoHGB/*Thiessen* § 27 Rn. 52; Soergel/*Stein* Vor § 1967 Rn. 18; GrosskommHGB/*Burgard* § 27 Rn. 65; aA RG Urt. v. 1.12.1903 – VII 356/03, RGZ 56, 195 (197); MüKoBGB/*Küpper* Rn. 40). Den Geschäftsgläubigern wird dadurch die Haftungsmasse nicht entzogen. Es kann sogar unter wirt- 37 schaftlichen Gesichtspunkten sinnvoll sein, ein Geschäft in der beschriebenen Weise „fortzuführen", was regelmäßig auch den Interessen der Gläubiger entspricht

38 Mit seinem gesamten Vermögen haftet der Erbe für **Verbindlichkeiten** des Unternehmens, die er **nach dem Erbfall begründet**, sofern er nicht rechtsgeschäftlich seine Haftung auf den Nachlass beschränkt hat. § 27 II HGB ist nicht anwendbar (Baumbach/Hopt/*Hopt* HGB § 27 Rn. 4). Nachlassverbindlichkeiten können auch bei einer Firmenänderung oder Firmenfortführung begründet werden, wenn die Änderung der Firma oder deren Fortführung vom Standpunkt eines sorgfältigen Verwalters zur ordnungsgemäßen Verwaltung des Nachlasses zählen. Dann handelt es sich um eine Nachlasserbenschuld (→ Rn. 29). Der Erbe kann Nachlassverbindlichkeiten begründen und gleichzeitig durch die Einstellung des Betriebes seine handelsrechtliche Haftung beschränken (*Lange/Kuchinke* ErbR § 47 Kap. VI 1f; *K. Schmidt* ZHR 157 (1993), 600 (604f.)). ZT wird kritisiert, dass der Erbe auf diese Weise zu Lasten der Altgläubiger die Zahl der Gläubiger erhöhen kann (*Hüffer* ZGR 1986, 634). Will man die Verwaltung durch den Erben aber nicht verbieten und erkennt man grds. die Möglichkeit der Begründung von Nachlasserbenschulden an, muss die sich daraus ergebende Verringerung des Nachlasses hingenommen werden. Altgläubiger sind dadurch nicht schlechter gestellt als ohne Erbfall, weil es auch dem Erblasser zu Lebzeiten möglich gewesen wäre, die Haftungsmasse durch einen Rechtsformwechsel bspw. in eine GmbH nachteilig zu verändern.

39 Das Handelsrecht sieht gem. § 27 I iVm § 25 III HGB eine **Haftung** auch **aus einem besonderen Verpflichtungsgrund** vor, wenn der Erbe das Handelsgeschäft nicht oder nicht unter der bisherigen Firma fortführt. Das ist der Fall, wenn er die Übernahme der Verbindlichkeit in handelsüblicher Weise bekanntmacht. Weitere besondere Verpflichtungsgründe iSv § 25 III HGB können sich aus den allgemeinen Vorschriften des Schuldrechts aufgrund eines Schuldbeitritts oder einer Schuldübernahme (Damrau/Tanck/*Gottwald* Rn. 40) ergeben, wodurch jeweils eine persönliche Haftung des Erben für Altverbindlichkeiten begründet wird.

40 Eine **Erbengemeinschaft** kann ein einzelkaufmännisches Unternehmen ebenfalls fortführen. In dem Übergangszeitraum von drei Monaten kann aus der Fortführung noch nicht auf die Bildung einer Personenhandelsgesellschaft geschlossen werden. Die Erben können das Unternehmen in ungeteilter Erbengemeinschaft auch ohne Zeitbegrenzung fortführen (BGH Urt. v. 8.10.1984 – II ZR 223/83, BGHZ 92, 259 (263)). Eine Fortführung über die Dreimonatsfrist hinaus bedingt immer die handelsrechtliche Haftung aus § 27 I iVm § 25 I 1 HGB. Die Miterben haften gesamtschuldnerisch unbeschränkt für die Geschäftsverbindlichkeiten.

41 **(2) Verbindlichkeiten der offenen Handelsgesellschaft.** Der Tod des Gesellschafters einer OHG führt beim Fehlen einer Nachfolgeklausel im Gesellschaftsvertrag zum **Ausscheiden aus der Gesellschaft**. Der Erbe kann einen **Abfindungsanspruch** gegen die Gesellschaft geltend machen, aber auch – selbst bei fehlender Nachfolgeklausel – als neuer Gesellschafter in die OHG eintreten, wenn er sich mit den übrigen Gesellschaftern dahingehend einigt. Bei einer 2-Personen-OHG führt der Tod eines Gesellschafters beim Fehlen einer Fortsetzungsklausel zwingend zur Auflösung der Gesellschaft. Der Erbe wird Mitglied einer Abwicklungsgesellschaft. Seine Haftung folgt erbrechtlichen Grundsätzen. Er haftet für Geschäftsschulden beschränkbar auf den Nachlass, unabhängig davon, ob sie vor oder nach dem Erbfall entstanden sind (BGH Urt. v. 6.7.1981 – II ZR 38/81, NJW 1982, 45 (46); *Graf* ZEV 2000, 125 (131)). Eine persönliche Verpflichtung des Erben tritt nur ein, wenn er einen Verpflichtungstatbestand in seiner Person erfüllt.

42 Sieht der Gesellschaftsvertrag vor, dass beim Tode eines persönlich haftenden Gesellschafters die **Gesellschaft mit dem Erben fortgesetzt** werden soll, wird dieser zunächst selbst persönlich haftender Gesellschafter. Er haftet wie ein Eintretender gem. § 130 I HGB für die früheren Geschäftsschulden persönlich und unbeschränkt. Für neue Geschäftsschulden ergibt sich dies unmittelbar aus § 128 HGB. Bei den **Altverbindlichkeiten** handelt es sich gleichzeitig um Nachlassverbindlichkeiten. Für sie haftet der Erbe aus einem doppelten Rechtsgrund, als eintretender Gesellschafter gem. §§ 130, 121 HGB unbeschränkbar und als Erbe beschränkbar auf den Nachlass. Altgläubiger können wegen ihrer Forderungen sowohl in den Nachlass als auch in das Eigenvermögen des Erben vollstrecken. Neugläubigern haftet der Erbe persönlich mit seinem gesamten Vermögen. Neue Verbindlichkeit begründet der Erbe nicht für den Nachlass. Er haftet den Neugläubigern gegenüber wie ein außerhalb des Erbgangs stehender Dritter. Im Fall einer Nachlassabsonderung durch Nachlassverwaltung oder Nachlassinsolvenz ist diesen Geschäftsgläubigern der Zugriff auf den Nachlass verwehrt (*Graf* ZEV 2000, 125 (131)).

43 Um dem Erben zur Vermeidung seiner unbeschränkten handelsrechtlichen Haftung die Ausschlagung der Erbschaft zu ersparen, hat er ein **Wahlrecht**. Er kann seine erworbene Gesellschafterzugehörigkeit gem. § 139 I HGB davon abhängig machen, dass ihm die Stellung eines Kommanditisten eingeräumt wird. Im Fall der Ablehnung durch die übrigen Gesellschafter kann er ohne Einhaltung einer Kündigungsfrist aus der Gesellschaft ausscheiden, § 139 II HGB. Der Erbe muss dafür sorgen, dass sein Ausscheiden unverzüglich in das Handelsregister eingetragen wird, anderenfalls das Bild eines in der Gesellschaft verbliebenen Erben entsteht. Dann ergibt sich seine Haftung entsprechend diesem gesetzten Rechtsschein nach §§ 15, 143 HGB. Das Wahlrecht steht auch **jedem Miterben** ohne Rücksicht auf die anderen Miterben zu und kann durch Gesellschaftsvertrag nicht entzogen werden. Das Wahlrecht kann gem. § 139 III 1 HGB nur **innerhalb von drei Monaten** ab Kenntnis vom Anfall der Erbschaft bzw. darüber hinaus gem. § 139 III 3 HGB bis zum Ablauf der Ausschlagungsfrist ausgeübt werden. Die unbeschränkte Haftung als Gesellschafter entfällt, wenn der Erbe gem. § 139 IV HGB die Stellung eines Kommanditisten erhält oder wenn die Gesellschaft innerhalb der Frist aufgelöst wird. Für die bis zu diesem Zeitpunkt entstandenen Geschäftsschulden haftet der Erbe nur nach erbrechtlichen Grundsätzen,

mag er diese Verbindlichkeiten auch als Vertreter der Gesellschaft eingegangen sein. Während der Schwebezeit haftet er immer nur nach erbrechtlichen Grundsätzen. Ein ausgeschiedener Erbe haftet für die bis zu seinem Ausscheiden entstandenen Geschäftsverbindlichkeiten nur mit dem Nachlass (Erman/ Horn Rn. 14; Staudinger/*Dutta* (2016) Rn. 63).

(3) **Haftung bei der Kommanditgesellschaft.** Bei der Kommanditgesellschaft ist zu unterscheiden, ob 44 der Erbe einen Kommanditisten oder einen Komplementär beerbt. Hatte der Erblasser die Stellung eines **Komplementärs**, richtet sich die Haftung des Erben ebenso wie bei der OHG nach § 139 HGB (→ Rn. 41), der über § 161 II HGB auch für die Kommanditgesellschaft gilt. Der Erbe kann unter den Voraussetzungen des § 139 HGB eine Haftung als Kommanditist herbeiführen. Stirbt der einzige Komplementär neben einem bereits als Gesellschafter beteiligten Erben, sind die §§ 139, 27 HGB sinngemäß anzuwenden. Der Erbe kann die Auflösung der KG betreiben und den Betrieb innerhalb der Dreimonatsfrist einstellen, um die erbrechtliche Haftungsbeschränkungsmöglichkeit zu erhalten (BGH Urt. v. 10.12.1990 – II ZR 256/89, NJW 1991, 844 (845)). Er haftet für die bis dahin begründeten Verbindlichkeiten nur nach erbrechtlichen Grundsätzen. Wird der Erbe durch den Erbgang Alleininhaber des Gesellschaftsvermögens, haftet er unter den Voraussetzungen des § 27 HGB (MüKoHGB/*Thiessen* § 27 Rn. 4).

Mit dem Tod eines **Kommanditisten** fällt sein Geschäftsanteil an den Erben. Sind keine abweichenden 45 vertraglichen Regelungen getroffen worden, wird die Gesellschaft mit dem Erben fortgesetzt, § 177 HGB. Mehrere Erben treten unmittelbar mit den Anteilen, die ihrem Anteil am Nachlass entsprechen, in die Kommanditistenstellung ein (*Graf* ZEV 2000, 125 (131)). Der Erwerb eines Kommanditanteils im Wege der Erbfolge wird als Eintritt in die Gesellschaft iSv § 173 HGB angesehen. Der **Erbe haftet für Altverbindlichkeiten** mit seinem Kommanditanteil, auch mit dem sonstigen Nachlass in Höhe der rückständigen Hafteinlage, sowie mit seinem Eigenvermögen bis zur Höhe der rückständigen Haftsumme (*Lange/Kuchinke* ErbR § 47 Kap. VI 2b.; Erman/*Horn* Rn. 15b; Soergel/*Stein* Vor § 1967 Rn. 32; aA Staudinger/*Dutta* (2016) Rn. 69). Tritt der Erbfall erst nach Auflösung der KG ein, haftet der Erbe des Kommanditisten für Einlageverpflichtungen des Erblassers nur nach erbrechtlichen Grundsätzen. Er kann seine Haftung beschränken (BGH Urt. v. 21.9.1995 – II ZR 273/93, NJW 1995, 3314 mAnm *Schmidt* JuS 1996, 362). Gegenüber **Neugläubigern** haftet der Erbe mit dem ererbten Kommanditanteil und bis zur Höhe der Haftsumme persönlich mit seinem gesamten Vermögen (Erman/*Horn* Rn. 15b). Gleiches gilt für Neuverbindlichkeiten, die zwischen dem Erbfall und der Eintragung des Erben in das Handelsregister entstanden sind. § 176 HGB findet nur Anwendung, wenn die Kommanditgesellschaft als solche oder ein Eintritt des Erblassers in die Gesellschaft zum Zeitpunkt des Erbfalls noch nicht eingetragen war (BGH Beschl. v. 3.7.1989 – II ZB 1/89, BGHZ 108, 187 (197); *Lange/Kuchinke* ErbR § 47 Kap. VI Rn. 2c; aA Baumbach/Hopt/*Roth* HGB § 176 Rn. 12). Der Erbe hat keinen Rechtsschein gesetzt, persönlich haften zu wollen. Das Vertrauen der Gläubiger ist nur darauf gerichtet, dass die Haftungssumme der Kommanditisten eingezahlt ist.

(4) **Die Haftung bei der Gesellschaft bürgerlichen Rechts.** Die Gesellschaft bürgerlichen Rechts 46 wird gem. § 727 I mit dem Tode eines Gesellschafters aufgelöst. Die Gesellschafter können jedoch im Gesellschaftsvertrag die Fortsetzung der Gesellschaft statuieren. Kommt es zur **Auflösung der Gesellschaft**, entspricht die **Haftung des Erben der Situation bei der OHG** (→ Rn. 39 ff.). Der Erbe haftet nach erbrechtlichen Bestimmungen zunächst unbeschränkt, kann jedoch die Beschränkung der Haftung auf den Nachlass herbeiführen. Neuverbindlichkeiten, die zur Liquidation der Gesellschaft eingegangen worden sind, betreffen nur den Nachlass.

Wird die **Gesellschaft aufgrund einer Nachfolgeklausel mit dem Erben fortgeführt,** haftet dieser für 47 die **Altschulden** mit seinem Anteil am Gesellschaftsvermögen und mit dem Nachlass. Da bei der GbR ein Verpflichtungstatbestand wie bei der OHG mit § 130 HGB fehlt, stellt sich die Frage, ob der Erbe für Altschulden auch mit seinem Eigenvermögen haftet. Der Bundesgerichtshof hat dieser Rechtsfrage keine grundsätzliche Bedeutung beigemessen, weil es in der Literatur völlig herrschende Meinung sei, dass § 130 HGB analoge Anwendung finde und Streit lediglich über die Frage bestehe, ob § 139 HGB und wenn ja in welcher Form auf den analog §§ 128, 130 HGB haftenden Erben eines Gesellschafters einer Gesellschaft bürgerlichen Rechts Anwendung finde (BGH Urt. v. 17.12.2013 – II ZR 121/12, ZEV 2014, 432 m. krit. Anm. *Küpper* ZEV 2014, 433f.; für die analoge Anwendung Palandt/*Sprau* § 727 Rn. 3; Baumbach/Hopt/*Roth* HGB § 130 Rn. 3f.; MüKoHGB/*K. Schmidt* § 130 Rn. 5, 14; MüKoBGB/*Schäfer* § 714 Rn. 74). Bejaht man eine Haftung des Erben analog §§ 128, 130 HGB für Altschulden, stellt sich die Frage, ob auch die Regelung des § 139 IV HGB, der eine Möglichkeit der Haftungsbegrenzung bei einer Kommanditgesellschaft vorsieht, analog anzuwenden ist, obwohl die Gesellschaft bürgerlichen Rechts weder eine Kommanditbeteiligung noch eine haftungsbeschränkende Möglichkeit normiert. Für eine – konsequente – Haftungsbegrenzung entsprechend § 139 IV HGB spricht, dass der Erbe eines BGB-Gesellschafters anderenfalls seine gegenüber den Erben eines Gesellschafters einer Handelsgesellschaft nach der ursprünglichen Rechtslage eher privilegierte haftungsrechtliche Stellung verlieren würde. Er wäre sogar schlechter gestellt, weil ihm eine handelsrechtliche Haftungsbeschränkung abgeschnitten wäre. Ein Argument für die Haftung gem. § 130 HGB, dass der eintretende BGB-Gesellschafter für Altschulden sonst nicht hafte und anderseits dieselben Zugriffsmöglichkeiten auf das Gesellschaftsvermögen habe wie Altgesellschafter, greift bei einer Rechtsfolge von Todes wegen nicht. Als Altschuldner haftet der Erbe nach den zivilrechtlichen Vorschriften der §§ 1967 ff. BGB und bei persönlichen Entnahmen unbeschränkbar gem. § 1978 I BGB auch mit seinem Eigenvermögen (zu Recht krit. deshalb *Küpper*, Anm. zu BGH Urt. v. 17.12.2013 – II ZR 121/12, ZEV 2014, 432 (434)).

§ 1968 Beerdigungskosten

Der Erbe trägt die Kosten der Beerdigung des Erblassers.

1 **1. Bestattungspflicht und Recht zur Totenfürsorge.** Von der Frage nach dem Umfang der Verpflichtung des Erben zur Tragung der Beerdigungskosten gem. § 1968 sind die Fragen der **öffentlich-rechtlichen Bestattungspflicht** sowie **die des privaten Rechts und der privaten Pflicht zur Totenfürsorge zu unterscheiden**.

2 Das gewohnheitsrechtlich begründete private Recht zur Totenfürsorge umfasst das Recht und die Pflicht der nächsten Familienangehörigen des Verstorbenen, die Bestattungsart und den Ort der letzten Ruhestätte zu bestimmen (BGH Urt. v. 20.9.1973 – 3 ZR 148/71, NJW 1973, 2103 (2104)). Für die Wahrnehmung der Totenfürsorge ist der **Wille des Erblassers maßgeblich**, den er nicht in einer letztwilligen Verfügung geäußert haben muss. Deshalb muss für das zivilrechtliche Totenfürsorgerecht nicht zwingend auf die Reihenfolge der totenfürsorgeberechtigten und -verpflichteten Angehörigen in den öffentlich-rechtlichen Bestattungsgesetzen der Länder zurückgegriffen werden. Bei einem nicht ermittelbaren Erblasserwillen stellen sie einen Anhalt dar. Zunächst ist zu klären, wer die nächsten Angehörigen sind, die über die Totenfürsorge entscheiden, sofern kein Erblasserwille festgestellt werden kann. Der Personenkreis muss nicht mit dem der Erben übereinstimmen. Es kann auf die Wertungen in den Landesbestattungsgesetzen der Länder abgestellt werden, die den früheren § 2 FeuerbestattungsG abgelöst haben (*Karczewski* ZEV 2017, 129 (132)). Den Landesbestattungsgesetzen der Länder lässt sich übereinstimmend entnehmen, dass Ehegatten und Lebenspartner vor Kindern, diese wiederum vor Eltern, Großeltern und Geschwistern verpflichtet sind. Unterschiedliche Einordnungen gibt es bei den Enkelkindern, der Frage der Volljährigkeit der Kinder und Enkelkinder sowie der Heranziehung weiterer Personen (einen Überblick über die Landesbestattungsgesetze findet sich bei Staudinger/*Kunz* (2017) § 1922 Rn. 119). Entscheidend ist immer auf den Willen des Erblassers abzustellen, wen er selbst als seinen Totenfürsorgeberechtigten bestimmt. Er kann vor seinem Tod ausdrücklich Dritten unter Ausschluss seiner Angehörigen das Totenfürsorgerecht übertragen (BGH Urt. v. 24.3.1993 – IV ZR 291/91, NJW-RR 1993, 824; MüKo-BGB/*Küpper* Rn. 5). Dies gilt sowohl für den Ort als auch für die Art der Bestattung (AG Osnabrück Urt. v. 27.2.2015 – 14 C 568/15, ZErb 2015, 159).

Demjenigen, der die Beerdigung veranlasst hat, steht gegen den Erben ein Anspruch auf Ersatz der verauslagten Kosten zu. Die für den Erben begründete Schuld ist eine Nachlassverbindlichkeit iSv § 1967 II. Führt ein Bestattungsunternehmer die Beerdigung eines Verstorbenen ohne Auftrag durch, weil sich von den nächsten Angehörigen des Hinterbliebenen niemand bereitgefunden hat, für die Bestattung zu sorgen, so kommt ein Aufwendungsersatzanspruch des Bestattungsunternehmers nach §§ 670, 677, 679, 683 gegen die Person in Betracht, die nach Maßgabe des jeweils anwendbaren (Landes-)Bestattungsgesetzes (vorrangig) bestattungspflichtig ist (BGH Urt. v. 14.12.2011 – IV ZR 132/11, NJW 2012, 1648 (1649)). **Vorrangig** ist immer ein **geäußerter Wille des Verstorbenen**. Innerhalb der Familienangehörigen geht idR der Ehegatten dem Vorrang vor den Abkömmlingen (OLG Schleswig Urt. v. 14.5.1986 – 4 U 202/85, NJW-RR 1987, 72), während sich der Wille der Abkömmlinge gegenüber den übrigen Angehörigen durchsetzt. Wer Erbe geworden ist, ist unerheblich. Hat der Erblasser eine **dritte Person mit der Wahrnehmung der Belange der Totenfürsorge** betraut, ist diese Person vor dem Kreis der sonst berufenen Angehörigen berechtigt. Der Wille des Verstorbenen hat Vorrang (BGH Urt. v. 26.2.1992 – XII ZR 58/91, NJW-RR 1992, 834; OLG Karlsruhe Urt. v. 14.4.1988 – 9 U 50/89, MDR 1990, 443). Die Umbettung einer einmal beigesetzten Leiche ist nur unter ganz besonderen Gründen angezeigt, so wenn sie die Würde des Verstorbenen eher wahrt oder seinem mutmaßlichen Willen besser Rechnung trägt (Bamberger/Roth/*Lohmann* Rn. 2).

3 **2. Kostentragungspflicht des Erben.** Der Erbe ist zur Zahlung der Bestattungskosten verpflichtet, selbst wenn die nicht erbenden Angehörigen die Bestattung bestimmen und andere Personen sie durchführen. § 1968 ist eine speziell geregelte Anspruchsgrundlage, die sich gegen den Erben richtet (Erman/*Horn* § 1967 Rn. 3). **Beerdigungskosten sind Erbfallschulden**, obwohl sie erst nach dem Tod durch ein Geschäft für den Nachlass entstehen. Die Verpflichtung des Erben entfällt auch nicht, wenn ein Dritter aus einer Sterbegeldversicherung begünstigt wird (*Joachim/Lange* ZEV 2012, 126 (129)).

4 Die Durchführung der Beerdigung wird regelmäßig einem **Bestattungsunternehmen** übertragen. Hat der Erbe den Auftrag selbst erteilt, haftet er mit dem Vertrag unbeschränkt mit seinem gesamten Vermögen, weil es sich um eine Eigenverbindlichkeit handelt. Das erlangt im Fall der Eröffnung eines Nachlassinsolvenzverfahrens Bedeutung, da von diesem Verfahren nur Nachlassgläubiger betroffen sind. Hat ein naher Familienangehöriger aufgrund seines Bestattungsrechts, ohne Erbe geworden zu sein, ein Bestattungsunternehmen beauftragt und die Kosten verauslagt, hat der Erbe ihm Ersatz zu leisten. Anderenfalls hat der Bestattungspflichtige gegen den Erben einen Anspruch auf Freistellung von der Forderung des Bestattungsunternehmens. Fand keine Abstimmung mit dem Erben statt, kann der Angehörige **Ersatz seiner Aufwendungen nach den Grundsätzen der Geschäftsführung ohne Auftrag verlangen**. Kann einem Bestattungspflichtigen die Kostenübernahme nicht zugemutet werden, **trägt zunächst der Sozialhilfeträger gem. § 74 SGB XII die Kosten**. Für die dadurch begründete Ersatzpflicht haftet der Erbe kraft Gesetzes nur mit dem Wert des im Zeitpunkt des Erbfalls vorhandenen Nachlasses. Unberührt bleibt die Verpflichtung zum Kostenersatz nach anderen Rechtsvorschriften. Ein Anspruch kann sich auch aus Geschäftsführung ohne Auftrag gem. §§ 683, 670 ergeben, dem gegenüber der Erbe

die Einrede der Dürftigkeit des Nachlasses gem. § 1990 I 1 erheben kann (*Lange/Kuchinke* ErbR § 47 Kap. III 2b.).

Sind die Beerdigungskosten von dem Erben nicht zu erlangen, kommt es zur **Haftung der Unter-** 5 **haltspflichtigen** gem. §§ 1360a III, 1615 II, 1615m, §§ 5, 12 II 2 LPartG (MüKoBGB/*Küpper* Rn. 1). Ist ein Dritter wegen der Tötung des Erblassers zum Schadensersatz verpflichtet (§§ 844 I, 7 I 2 ProdHaftG, § 5 I 2 HaftpflG, § 10 I 2 StVG), hat dieser die Beerdigungskosten zu ersetzen. Ein **Hofübernehmer** ist dem Erben gegenüber zur Erstattung verpflichtet, wenn der Hof das Hauptvermögen darstellte und das Altenteil die vollständige Versorgung des Übergebers und seines Ehegatten (Lebenspartners) sichern sollte (Palandt/*Weidlich* Rn. 3).

3. Umfang der Verpflichtung des Erben. Notwendigkeit und Angemessenheit der Beerdigungskosten 6 bestimmen sich danach, ob die Ausrichtung der Bestattung der **Lebensstellung des Verstorbenen** entspricht (Mot. V 553; sa § 1610 I). Der Erbe muss über das unbedingt Notwendige hinaus die Kosten tragen, die nach den in den Kreisen des Erblassers herrschenden Auffassungen und Gebräuchen zu einer würdigen und angemessenen Bestattung gehören (RG Urt. v. 9.2.1933 – VI 359/32, RGZ 139, 393 (395); BGH Urt. v. 20.9.1973 – III ZR 148/71, NJW 1973, 2103). Beerdigungskosten sind auch die Kosten einer vom Erblasser oder seinen Angehörigen gewünschten Feuerbestattung.

Das Wort „standesgemäß" in § 1968 wurde mWz 1.1.1999 gestrichen, ohne dass dadurch eine inhalt- 7 liche Änderung der Vorschrift eingetreten wäre (BT-Drs. 12/3803, 79). Der Erbe muss nur die Kosten tragen, die an der Ausrichtung der Lebensstellung des Verstorbenen orientiert sind. Die Angemessenheit bestimmt sich nicht nach der Lebensstellung des Erben (Staudinger/*Dutta* (2016) § 1967 Rn. 3). Trägt er sie über das für eine daran ausgerichtete Beerdigung Notwendige hinaus, haftet er Nachlassgläubigern gem. §§ 1978 I, 1991 I, ohne seinerseits Ersatzansprüche aus § 1978 III zu haben. **Ersetzungspflichtig sind** die Kosten des Transportes der Leiche (BGH Urt. v. 19.2.1960 – VI ZR 30/59, NJW 1960, 910), der Erstausschmückung des Grabes mit Blumenkränzen und Gestecken (OLG München Urt. v. 28.9.1973 – 19 U 1932/73, NJW 1974, 703 f.), der Trauerkleidung (Palandt/*Weidlich* Rn. 2; *Weimar* MDR 1967, 980; aA MüKoBGB/*Küpper* Rn. 4; Staudinger/*Dutta* (2016) Rn. 7), eines angemessenen Grabsteines (RG Urt. v. 9.2.1933 – VI 359/32, RGZ 139, 393 (395)), sowie die Kosten für Todesanzeigen, Danksagungen und Verdienstausfall der Angehörigen (RG Urt. v. 9.2.1933 – VI 359/32, RGZ 139, 393; Palandt/*Weidlich* Rn. 2; aA MüKoBGB/*Küpper* Rn. 4). Die Kosten einer Umbettung und endgültigen Bestattung des Erblassers sind vom Erben nur zu tragen, wenn dafür ausreichende Gründe vorliegen (OLG München Urt. v. 28.9.1973 – 19 U 1932/73, NJW 1974, 703). **Nicht zu den ersetzungspflichtigen Beerdigungskosten** gehören die Mehrkosten eines Doppelgrabes (BGH Urt. v. 20.9.1973 – III ZR 148/71, NJW 1973, 2103 (2104); OLG Celle Urt. v. 31.1.1996 – 3 U 24/95, r + s 1997, 160; Palandt/*Weidlich* Rn. 2) sowie die Reisekosten von Angehörigen zum Zwecke der Teilnahme an der Beerdigung (Staudinger/*Dutta* (2016) Rn. 8). Ersatzungsfähig sind diese Kosten, wenn ein naher Angehöriger aufgrund seiner Bedürftigkeit gehindert wäre, an der Beerdigung teilzunehmen (BGH Urt. v. 19.2.1960, VI ZR 30/59, NJW 1960, 910; OLG Karlsruhe Urt. v. 13.8.1969 – 7 U 2/69, MDR 1970, 48).

Die Kosten der Instandhaltung und **Pflege der Grabstätte** hat der Erbe nicht zu tragen, weil der Beer- 8 digungsakt mit der Herrichtung einer geeigneten Grabstätte seinen Abschluss findet und die Kosten nur einer sittlichen Pflicht entsprechen (RG Urt. v. 13.5.1939 – VI 256/38, RGZ 160, 255 (256); BGH Urt. v. 20.9.1973 – III ZR 148/71, NJW 1973, 2103 (2104); OLG Oldenburg Urt. v. 28.1.1992 – 5 U 96/92, FamRZ 1992, 987; MüKoBGB/*Küpper* Rn. 4; Palandt/*Weidlich* Rn. 4; aA AG Neuruppin Urt. v. 17.11. 2006 – 42 C 324/05, ZEV 2007, 597; *Damrau* ZEV 2004, 456, mit der Begründung, sie könnten gem. § 10 V Nr. 3 ErbStG vom steuerpflichtigen Erwerb abgezogen werden; nach *Lange/Kuchinke* § 47 Kap. III 2b Fn. 59 sind Grabpflegekosten für das erste Jahr vom Erben zu tragen). Hatte der Erblasser zu Lebzeiten einen **Grabpflegevertrag** abgeschlossen oder den Erben testamentarisch zur Grabpflege verpflichtet, handelt es sich um eine Nachlassverbindlichkeit, für die der Erbe haftet (OLG Schleswig Urt. v. 6.10. 2009 – 3 U 98/08, FamRZ 2010, 1194). Der Erblasser kann zu Lebzeiten einen Dritten verpflichten, die Kosten der Beerdigung zu übernehmen. Es handelt sich um einen Vertrag zugunsten des Erben oder erstattungsberechtigter Angehöriger. Verpflichtet der Erblasser einen Vermächtnisnehmer oder einen Miterben, die Kosten der Beerdigung zu tragen, liegt darin ein Vermächtnis zugunsten des Alleinerben bzw. der restlichen Miterben (MüKoBGB/*Küpper* Rn. 9).

§ 1969 Dreißigster

(1) ¹Der Erbe ist verpflichtet, Familienangehörigen des Erblassers, die zur Zeit des Todes des Erblassers zu dessen Hausstand gehören und von ihm Unterhalt bezogen haben, in den ersten 30 Tagen nach dem Eintritt des Erbfalls in demselben Umfang, wie der Erblasser es getan hat, Unterhalt zu gewähren und die Benutzung der Wohnung und der Haushaltsgegenstände zu gestatten. ²Der Erblasser kann durch letztwillige Verfügung eine abweichende Anordnung treffen.

(2) **Die Vorschriften über Vermächtnisse finden entsprechende Anwendung.**

1. Normzweck. Der Dreißigste soll in Anlehnung an deutsch-rechtliche Überlieferungen (Staudinger/ 1 *Dutta* (2016) Rn. 1) bestimmten Personen für eine gewisse Zeit nach dem Erbfall ihren bisherigen Lebenskreis erhalten. Darin liegt auch unter heutigen Wertvorstellungen ein billigenswertes Ziel (MüKoBGB/*Küpper* Rn. 1). Der Anspruch ist als **gesetzliches Vermächtnis** ausgestaltet und eine **speziell**

geregelte Nachlassverbindlichkeit in Form einer **Erbfallschuld,** für die die Vorschriften über die Erbenhaftung gelten. Er ist nicht pfändbar oder übertragbar und gewährt kein dingliches Nutzungsrecht an der Wohnung sowie den Haushaltsgegenständen (Bamberger/Roth/*Lohmann* Rn. 6). Ihm gegenüber kann aufgrund des **Unterhaltscharakters** weder aufgerechnet noch ein Zurückbehaltungsrecht geltend gemacht werden (Palandt/*Weidlich* Rn. 2). Nach Abs. 2 finden die Vorschriften über Vermächtnisse entsprechende Anwendung, so dass der Anspruch durch ein Gläubigeraufgebot nicht betroffen ist, § 1972. Der Erwerb ist **erbschaftsteuerfrei** gem. § 13 I Nr. 4 ErbStG. Der Anspruch unterliegt trotz seines unterhaltsrechtlichen Charakters der EuErbVo (Staudinger/*Dutta* (2016) Rn. 16).

2 **2. Die berechtigten Personen.** Anspruch auf den Dreißigsten haben gem. § 1969 I **Familienangehörige des Erblassers,** die mit ihm **zusammen in häuslicher Gemeinschaft gelebt** und **von ihm Unterhalt bezogen haben.** Ob ein Unterhaltsanspruch nach den gesetzlichen Vorschriften bestand, ist unerheblich. Der Erblasser muss den Familienangehörigen tatsächlich Unterhalt gewährt haben (Damrau/Tanck/*Gottwald* Rn. 3). Zu den Berechtigten zählen der **Ehegatte** (Staudinger/*Dutta* (2016) Rn. 4), **Verwandte** und **Verschwägerte** unabhängig welchen Grades, **sonstige Personen** wie Pflegekinder und – in Ausnahmefällen – sogar **enge Freunde,** die der Erblasser als zur Familie gehörig angesehen und behandelt hat (Bamberger/Roth/*Lohmann* Rn. 2). Anspruch auf den Dreißigsten haben auch der **gleichgeschlechtliche Lebenspartner** gem. § 11 I LPartG und ein **nichtehelicher Lebenspartner,** der mit dem Erblasser in häuslicher Gemeinschaft gelebt und von ihm Unterhalt bezogen hat (OLG Düsseldorf Urt. v. 14.12. 1982 – 21 U 120/82, NJW 1983, 1566; MüKoBGB/*Küpper* Rn. 2; Palandt/*Weidlich* Rn. 1; aA *Steinert* NJW 1986, 686 f.). **Besucher,** selbst wenn sie sich längere Zeit im Haus des Erblassers aufgehalten haben, sind ebenso wenig wie **Angestellte,** mögen sie zum Hausstand gehören, aber keinen Unterhalt, sondern Lohn vom Erblasser bezogen haben, anspruchsberechtigt. Mitglieder einer Wohngemeinschaft, die aus rein wirtschaftlichen Gründen mit dem Erblasser in einem Hausstand zusammenlebten, haben ebenfalls keinen Anspruch. Da ein **getrennt lebender Ehegatte** nicht mehr zum Hausstand des Erblassers gehört, kann auch er den Anspruch aus § 1969 I 1 nicht geltend machen (Staudinger/*Dutta* (2016) Rn. 5).

3 **3. Inhalt des Anspruchs.** Der Erbe hat Familienangehörigen **in den ersten 30 Tagen nach dem Erbfall** – der Todestag zählt gem. §§ 187 I, 188 I bei der Berechnung nicht mit – in demselben Umfang, wie es der Erblasser getan hat, **Unterhalt** zu gewähren und die **Benutzung der Wohnung sowie der Haushaltsgegenstände zu gestatten.** Der Unterhalt ist grds. in Natur zu leisten. Verlässt der Angehörige vor Ablauf der 30-Tagesfrist die Wohnung des Erblassers, hat er für die verbleibende Zeit keinen Anspruch. Wird der Haushalt entgegen § 1969 I 1 vor Ablauf der Frist von 30 Tagen aufgelöst, kommt ein Anspruch in Geld in Betracht (Bamberger/Roth/*Lohmann* Rn. 5). War der Erblasser Mieter einer Wohnung, sind vorrangig die §§ 563, 563a zu beachten. Es bedarf keiner Gestattung des Erben zur Weiterbenutzung der Wohnung, weil die Personen Nachmieter des Erblassers werden. Diejenigen, die in das Mietverhältnis eintreten oder mit denen es fortgesetzt wird, haften für die Altverbindlichkeiten des Erblassers zusammen mit dem Erben als Gesamtschuldner. Im Innenverhältnis haftet der Erbe allein gem. § 563b I 2.

4 Für die tatsächlichen **Voraussetzungen des § 1969 I 1** ist der den Anspruch stellende **Familienangehörige darlegungs-** und **beweispflichtig,** ebenso für **Art und Umfang der Unterhaltsleistung des Erblassers.**

5 **4. Abweichende Anordnungen.** Der Erblasser kann gem. § 1969 I 2 den Anspruch **durch letztwillige Verfügung erhöhen, verringern oder ganz entziehen.** Er kann Inhalt und Umfang iE regeln oder mit der Verpflichtung aus § 1969 I 1 nur einen Miterben oder gem. § 2147 S. 2 einen anderen Vermächtnisnehmer belasten. Erweitert der Erblasser den Umfang des Anspruchs, handelt es sich um ein gewöhnliches Vermächtnis (MüKoBGB/*Küpper* Rn. 5). Wer sich auf eine abweichende letztwillige Verfügung des Erblassers beruft, ist für deren Wirksamkeit **beweispflichtig** (Damrau/Tanck/*Gottwald* Rn. 8).

Untertitel 2. Aufgebot der Nachlassgläubiger

§ 1970 Anmeldung der Forderungen

Die Nachlassgläubiger können im Wege des Aufgebotsverfahrens zur Anmeldung ihrer Forderungen aufgefordert werden.

1 **1. Normzweck.** Das Institut des erbrechtlichen Gläubigeraufgebotes entstammt dem preußischen Recht des 19. Jahrhunderts (Mot. V 643). Aus Sicht des Erben soll das Aufgebotsverfahren zum Erlass eines Ausschließungsbeschlusses führen. Dieser begründet eine **Beschränkung der Haftung** gegenüber denjenigen Nachlassgläubigern, die sich in Verfahren nicht gemeldet haben. Der Erbe erhält zudem einen Überblick über den Umfang der Nachlassverbindlichkeiten und eine Entscheidungsgrundlage, ob und ggf. welche weiteren Maßnahmen er zur Beschränkung der Haftung auf den Nachlass herbeiführen sollte.

2 **2. Das Aufgebotsverfahren.** Das Aufgebotsverfahren ist Gegenstand der allgemeinen Bestimmungen der §§ 433–441 FamFG und der spezielleren Regelungen der §§ 454–463 FamFG. Es handelt sich um ein **Anmeldeverfahren,** dem sich ein büromäßiges Beschlussverfahren anschließt. Der **Ausschließungsbeschluss** ist mit der **befristeten Beschwerde** gem. §§ 58 ff. FamFG **anfechtbar.** Der Beschluss wird gem. § 441 S. 1 FamFG öffentlich zugestellt, wobei für die Durchführung die §§ 186–188 ZPO nach S. 2 entsprechend gelten. Mit der Zustellung beginnt die Monatsfrist für die Beschwerde gem. § 63 I 1 FamFG

zu laufen. Im Falle der Versäumung der Beschwerdefrist kann Wiedereinsetzung in den vorigen Stand unter den Voraussetzungen von § 17 FamFG gewährt werden, während eine Wiederaufnahme nur in Fällen schwerer Verfahrensfehler denkbar ist, § 48 II FamFG.

a) **Zuständigkeit.** Nach § 454 II 1 FamFG ist für das Aufgebotsverfahren das **Amtsgericht örtlich zuständig, dem die Angelegenheiten des Nachlassgerichts obliegen.** Das bestimmt sich gem. § 343 I FamFG danach, in wessen Bezirk der Erblasser im Zeitpunkt seines Todes seinen gewöhnlichen Aufenthalt hatte. Die Regelung des § 343 FamFG ist durch Art. 11 Nr. 2 des Gesetzes zum internationalen und zur Änderung von Vorschriften zum Erbschein sowie zur Änderung sonstiger „Vorschriften" zum 17.8.2015 (BGBl. 2015 I 1042, 1053) vollständig neugefasst worden. Das von einem örtlich unzuständigen Gericht erlassene Aufgebot ist gem. § 2 III FamFG wirksam. Streitig ist, ob die **allgemeine Zivilabteilung** oder die Nachlassabteilung **sachlich zuständig** ist. Der jetzige Wortlaut entspricht dem des § 990 ZPO aF, so dass die frühere Streitfrage weiterhin nicht geklärt ist (Keidel/*Zimmermann* FamFG § 454 Rn. 7). Für die Zuständigkeit der allgemeinen Zivilabteilung spricht, dass das Gesetz in § 454 II 2 FamFG lediglich von „Amtsgericht" und nicht wie bspw. in § 2353 von „Nachlassgericht" spricht (so OLG Hamm Beschl. v. 2.12.2011 – I-15 W 384/11, ZErb 2012, 87; Keidel/*Zimmermann* FamFG § 454 Rn. 7; aA Erman/*Horn* Rn. 2; MüKoBGB/*Küpper* Rn. 2 Fn. 3). **Funktionell zuständig** ist gem. § 3 Nr. 1c RPflG der **Rechtspfleger.**

b) **Antrag, Antragsberechtigung, Verzeichnis der Nachlassgläubiger, Inhalt des Aufgebotes.** Nach § 434 I FamFG wird das Aufgebotsverfahren **nur auf Antrag** eingeleitet. Dieser kann **schriftlich** oder zu **Protokoll der Geschäftsstelle** erklärt werden. Anwaltszwang besteht nicht. Dem Antrag ist ein **Verzeichnis der bekannten Gläubiger** mit ladungsfähiger Anschrift **beizufügen, § 456 FamFG.** Ist der Antrag unzulässig, ist er durch Beschluss gem. § 38 I FamFG zurückzuweisen, anderenfalls ergeht der Beschluss, der die Ausschließung anordnet. Dieser ist nicht mit der Beschwerde anfechtbar, weil es sich nicht um eine Endentscheidung iSv § 38 I FamFG handelt (Keidel/*Zimmermann* FamFG § 434 Rn. 9; gegen die Ablehnung ist die Beschwerde statthaft).

In das Aufgebot sind gem. § 434 II Nr. 1–3 FamFG insbes. **aufzunehmen** die Bezeichnung des Antragstellers, der Anmeldezeitpunkt und die Bezeichnung des Rechtsnachteils bei unterbliebener Anmeldung. Letzteres richtet sich nach der Art des Aufgebotes. Nach § 458 I Hs. 1 FamFG ist Nachlassgläubigern, die sich nicht melden – unbeschadet ihres Rechts, vor den Verbindlichkeiten aus Pflichtteilsrechten, Vermächtnissen und Auflagen berücksichtigt zu werden – als Rechtsnachteil anzudrohen, dass sie von dem Erben nur insoweit Befriedigung ihrer Forderung verlangen können, als sich nach Befriedigung der nicht ausgeschlossenen Gläubiger ein Überschuss ergibt. Sind mehrere Erben vorhanden, ist zusätzlich anzudrohen, dass jeder Erbe nach der Teilung des Nachlasses gem. § 2060 Nr. 1 nur für den seinem Erbteil entsprechenden Teil der Verbindlichkeit haftet, § 460 I 2 FamFG.

Antragsberechtigt ist gem. § 455 I FamFG jeder **Erbe.** Aus § 461 FamFG lässt sich die Antragsberechtigung des Vorerben und des Nacherben vor Eintritt des Nacherbfalls herleiten. Miterben können den Antrag gemeinsam stellen oder jeder Miterbe für sich, ggf. auch gegen den Willen anderer Miterben. Die erfolgte Ausschließung kommt gem. § 460 I 1 FamFG allen Miterben zugute. Die Antragsbefugnis ist bereits dann gegeben, wenn nach der Verwertung präsenter Erkenntnisquellen die Erbenstellung des Antragstellers als wahrscheinlich erscheint (OLG Hamm Beschl. v. 2.12.2011 – I-15 W 384/11, ZErb 2012, 87). Eine **Frist für den Antrag** besteht nicht. Der Erbe ist solange antragsberechtigt, als er nicht für die Nachlassverbindlichkeiten gegenüber einzelnen Nachlassgläubigern unbeschränkt haftet (Keidel/*Zimmermann* FamFG § 455 Rn. 4, 8). Antragsberechtigt sind gem. § 455 II FamFG auch der in den §§ 1960, 1961 eingesetzte **Nachlasspfleger,** ein **Nachlassverwalter** sowie ein **Testamentsvollstrecker, wenn ihnen die Verwaltung des Nachlasses obliegt.** Anders als ein Nachlasspfleger sind die beiden letzteren Partei kraft Amtes und stellen den Aufgebotsantrag in dieser Funktion und nicht als Vertreter des Erben. Der **Erbe** und der verwaltende Testamentsvollstrecker können den **Aufgebotsantrag gem. § 455 III FamFG erst ab Annahme der Erbschaft** stellen, im Umkehrschluss zu dieser Regelung Nachlasspfleger und Nachlassverwalter schon vor der Annahme (Keidel/*Zimmermann* FamFG § 455 Rn. 15, 16). Während eines laufenden Nachlassinsolvenzverfahrens ist der Erbe nicht antragsberechtigt. Der frühere Aufgebotsantrag wird durch einen späteren Insolvenzantrag nicht unzulässig (Keidel/*Zimmermann* FamFG § 457 Rn. 1). Wird gleichwohl ein Aufgebot erlassen, ist es wirksam. Die Anordnung der Nachlassverwaltung hindert den Erlass des Aufgebots nicht.

c) **Aufgebotsfrist, Anmeldung nach dem Anmeldezeitpunkt.** Die Aufgebotsfrist beträgt gem. § 437 FamFG **mindestens sechs Wochen** und **soll** gem. § 458 II FamFG **höchstens sechs Monate** betragen. Die Überschreitung der Höchstfrist berechtigt nicht zur Beschwerde, weil nur eine Soll-Vorschrift verletzt ist. Die Mindestfrist beginnt mit der ersten Veröffentlichung im Bundesanzeiger bzw. in einem Informations- und Kommunikationssystem iSv § 425 I 2 FamFG.

Aufgrund der Fiktion des § 438 FamFG ist auch eine Anmeldung nach dem Anmeldezeitpunkt noch als rechtzeitig anzusehen, wenn sie vor dem Erlass eines Ausschließungsbeschlusses erfolgt (zu der streitigen Frage, wann ein Beschluss iSv § 438 FamFG erlassen ist s. *Joachim* Erbenhaftung Rn. 383b).

d) **Forderungsanmeldung und Einsichtsrecht.** Bei der Anmeldung einer Forderung sind gem. § 459 I 1 FamFG sowohl der Gegenstand als auch der Grund der Forderung anzugeben. Nach S. 2 sind Urkunden der Anmeldung in Urschrift oder Abschrift beizufügen. Nach § 459 II FamFG hat jedermann das Recht auf die Einsicht in die Anmeldung, der ein rechtliches Interesse glaubhaft macht. Die spezielle Regelung ergänzt die allgemeine Regelung des § 13 FamFG.

8 e) **Verfahrensbeendigung.** Das Aufgebotsverfahren endet **mit Ablauf der Rechtsmittelfrist gegen den vom Rechtspfleger erlassenen Ausschließungsbeschluss.** Mit der formellen Rechtskraft gem. § 45 S. 1 FamFG treten die rechtlichen Wirkungen ein, welche der Beschluss seinem Inhalt nach herbeiführen kann und soll. Beendet wird das Aufgebotsverfahren auch, wenn das **Nachlassinsolvenzverfahren** eröffnet wird, § 457 II FamFG. Die Eröffnung führt zur Beschränkung der Haftung auf den Nachlass, so dass der Erbe keinerlei Informationen für eine Entscheidung mehr benötigt, ob er den Antrag auf Eröffnung eines Nachlassinsolvenzverfahrens stellen soll. Das **Aufgebotsverfahren ist einzustellen,** wenn der Erbe während des Verfahrens die Möglichkeit zur Beschränkung seiner Haftung verliert (MüKoBGB/ *Küpper* Rn. 5; BeckOGK/*Herzog* Rn. 111). Wird das Insolvenzverfahren eingestellt, lebt das alte Aufgebotsverfahren nicht wieder auf, doch ist ein neuer Aufgebotsantrag zulässig (Keidel/*Zimmermann* FamFG § 457 Rn. 2).

9 f) **Kosten.** Für das Aufgebotsverfahren wird nach KV Nr. 15212 Nr. 3 GNotKG eine 0,5-fache Gebühr erhoben. Das Verfahren betreffend die Zahlungssperre des § 480 FamFG und ein anschließendes Aufgebotsverfahren sowie das Verfahren über die Aufhebung der Zahlungssperre nach § 482 FamFG gelten als ein Verfahren. Eine ausdrückliche Kostenentscheidung ist in dem Aufgebotsbeschluss nicht erforderlich, weil sich die Kostenfolge aus dem Gesetz ergibt. **Kostenschuldner** ist der Antragsteller gem. § 22 I GNotKG. Der **Wert** bestimmt sich nach §§ 61, 36 GNotKG. Der Anwalt des Antragstellers erhält eine Verfahrensgebühr nach Nr. 3324 VV RVG sowie eine Terminsgebühr nach Nr. 3332 VV RVG. Beschränkt sich die Tätigkeit auf die Antragstellung, erhält der Rechtsanwalt nur die verminderte Verfahrensgebühr nach Nr. 3101 VV RVG.

10 **3. Die vom Aufgebot betroffenen Nachlassgläubiger.** Die Aufforderung richtet sich grds. an **alle Nachlassgläubiger.** Das sind die dem Erben bekannten und unbekannten Gläubiger, diejenigen, deren Ansprüche rechtshängig sind, die bereits ein rechtskräftiges Urteil oder einen anderen Vollstreckungstitel gegen den Erben erlangt haben sowie Gläubiger noch nicht fälliger oder bedingter Forderungen (MüKo BGB/*Küpper* § 1971 Rn. 6). **Betroffen ist der Miterbe,** der das Aufgebot beantragt hat, weil sich die übrigen Miterben gegenüber jedem Gläubiger auf die Ausschlusswirkung des Beschlusses berufen können (Staudinger/*Dutta* (2016) Rn. 18). Miterben, die zugleich Nachlassgläubiger sind, sind vom Aufgebot betroffen, wenn ein anderer von ihnen das Augebot betreibt. Ob auch der Miterbe als Nachlassgläubiger betroffen ist, der das Aufgebot selbst beantragt hat, ist streitig. Dafür spricht, dass eine gesetzliche Ausnahmevorschrift fehlt und der von einem Miterben gestellte Aufgebotsantrag gem. § 460 I Hs. 1 FamFG den übrigen Miterben zustatten kommt (Palandt/*Weidlich* Rn. 2; Staudinger/*Dutta* (2016) Rn. 18; aA MüKo/*Küpper* §§ 1971, 1972 Rn. 7).

11 **4. Materiell-rechtliche Folgen des Aufgebotsverfahrens.** Das Aufgebotsverfahren führt zu der in § 1973 bestimmten Wirkung des Ausschließungsbeschlusses. **Gegenüber Gläubigern, die ihre Forderung im Aufgebotsverfahren nicht angemeldet haben, haftet der Erbe nur nach bereicherungsrechtlichen Grundsätzen.** Eine Verantwortlichkeit nach den §§ 1978–1980 entfällt (MüKoBGB/*Küpper* Rn. 1). Wurde der Nachlass durch die Befriedigung nicht ausgeschlossener Gläubiger erschöpft, kann der Erbe gem. § 1973 I 1 die Befriedigung ausgeschlossener Gläubiger verweigern. Diesen steht es frei, von einem noch nicht unbeschränkt haftenden Erben im Wege der Klage Befriedigung seiner Forderung zu verlangen. Gelingt dem insoweit **darlegungs- und beweisbelasteten Erben** (BayObLG Beschl. v. 23.12.1999 – 1 Z BR 204/98, ZEV 2000, 151 (153)) **der Beweis der Erschöpfung des Nachlasses,** ist die **Klage als zurzeit unzulässig abzuweisen** (Palandt/*Weidlich* § 1973 Rn. 4). Dem Gläubiger bleibt die Möglichkeit, beim Auftauchen neuer Nachlassgegenstände in diese zu vollstrecken (BGH Urt. v. 17.12. 1953 – IV ZR 101/53, NJW 1954, 635 (636); *Firsching/Graf* NachlassR Rn. 4.771).

12 Hat der Erbe den Antrag auf Erlass des Aufgebots innerhalb eines Jahres nach Annahme der Erbschaft gestellt und ist der Antrag zulässig, kann er mit der **Aufgebotseinrede gem. § 2015** die Berichtigung einer Nachlassverbindlichkeit bis zur Beendigung des Aufgebotsverfahrens verweigern, sofern er nicht bereits unbeschränkt haftet, § 2016 I. Jeder **Miterbe** kann gem. § 2045 verlangen, dass die Auseinandersetzung des Nachlasses bis zur Beendigung des Aufgebotsverfahrens verschoben wird, wenn der Antrag auf dessen Einleitung schon gestellt ist oder unverzüglich gestellt wird. Jeder Miterbe haftet gem. § 2060 Nr. 1 nach der Teilung des Nachlasses nur noch für den seinem Erbteil entsprechenden Teil einer Nachlassverbindlichkeit, wenn der Gläubiger im Aufgebotsverfahren ausgeschlossen ist. Das Aufgebot erstreckt sich insoweit auch auf die in § 1972 bezeichneten Gläubiger sowie auf die, denen der Erbe unbeschränkt haftet. Die Wirkungen des Ausschließungsbeschlusses werden beseitigt, wenn der Erbe gegenüber einem ausgeschlossenen Gläubiger die Abgabe der eidesstattlichen Versicherung gem. § 2006 III verweigert (Staudinger/*Dutta* (2016) § 1973 Rn. 4; Soergel/*Stein* Rn. 10; aA MüKoBGB/*Küpper* Rn. 7).

§ 1971 Nicht betroffene Gläubiger

[1]Pfandgläubiger und Gläubiger, die im Insolvenzverfahren den Pfandgläubigern gleichstehen, sowie Gläubiger, die bei der Zwangsvollstreckung in das unbewegliche Vermögen ein Recht auf Befriedigung aus diesem Vermögen haben, werden, soweit es sich um die Befriedigung aus den ihnen haftenden Gegenständen handelt, durch das Aufgebot nicht betroffen. [2]Das Gleiche gilt von Gläubigern, deren Ansprüche durch eine Vormerkung gesichert sind oder denen im Insolvenzverfahren ein Aussonderungsrecht zusteht, in Ansehung des Gegenstands ihres Rechts.

§ 1972 Nicht betroffene Rechte

Pflichtteilsrechte, Vermächtnisse und Auflagen werden durch das Aufgebot nicht betroffen, unbeschadet der Vorschrift des § 2060 Nr. 1.

1. Normzweck. Nach den Vorschriften der §§ 1971, 1972 sollen bestimmte Gläubigergruppen – aus verschiedenen Gründen – vom Aufgebotsverfahren nicht betroffen sein. Für § 1971 ist maßgebend, dass ein dingliches Recht, aus bestimmten Nachlassgegenständen Befriedigung zu suchen, von einem Aufgebot nicht ausgeschlossen sein soll, während § 1972 auf der Annahme beruht, dass der Zweck des Aufgebots, dem Erben über die Nachlassverbindlichkeiten zuverlässige Kenntnis zu verschaffen, bei Pflichtteilsrechten, Vermächtnissen und Auflagen entfällt. Von darauf beruhenden Ansprüchen erhält der Erbe regelmäßig schon durch die schriftliche Bekanntgabe des Inhalts der letztwilligen Verfügung Kenntnis. Bei Auflagen ist niemand vorhanden, der sich zur Anmeldung berufen fühlen könnte (Prot. V 774). Es kann nicht ausgeschlossen werden, dass ein Testament erst lange nach Beendigung des Verfahrens gefunden wird und der Berechtigte von seinem Recht zu spät erfährt.

2. Die vom Aufgebot nicht betroffenen Gläubiger des § 1971. a) Realgläubiger. Von den Wirkungen eines Aufgebotsverfahrens sind nach **§ 1971 S. 1** Realgläubiger ausgenommen. Das sind Pfandgläubiger, deren Forderung durch ein vertragliches Pfandrecht gesichert ist (Bamberger/Roth/*Lohmann* § 1971 Rn. 2), Gläubiger, die im Insolvenzverfahren einem Pfandgläubiger gleichgestellt sind, wie Inhaber eines Pfändungspfandrechts oder eines gesetzlichen Pfandrechts gem. § 50 I InsO oder die in § 51 InsO genannten sonstigen Absonderungsberechtigten, Gläubiger, die bei der Zwangsvollstreckung in das unbewegliche Vermögen ein Recht auf Befriedigung aus diesem Vermögen haben und in § 10 ZVG als Realberechtigte aufgeführt sind. Nach **§ 1971 S. 2** gilt Gleiches für Gläubiger, deren **Ansprüche durch eine Vormerkung** gem. §§ 883, 884 **gesichert** sind, in Ansehung ihres Rechts sowie für Gläubiger, denen **im Insolvenzverfahren ein Aussonderungsrecht gem. § 47 InsO zusteht,** in Ansehung des Gegenstands ihres Rechts. Das sind diejenigen Gläubiger, die aufgrund eines dinglichen oder persönlichen Rechts geltend machen können, dass ein Gegenstand nicht zur Insolvenzmasse gehört. Für sämtliche Gläubiger des § 1971 ist maßgebend, dass sie vom Aufgebot nur insoweit ausgenommen sind, als es sich um den **besonderen Gegenstand ihres Rechts** handelt. Die zugrundeliegende obligatorische Forderung muss angemeldet werden (Bamberger/Roth/*Lohmann* § 1971 Rn. 3).

Gegenüber den Gläubigern des § 1971 kann sich der Erbe **nicht auf die Schonungseinreden** der §§ 2014, 2015 **berufen** (Daumrau/Tanck/*Gottwald* § 1971 Rn. 3). Hat der Gläubiger das Recht erst nach dem Erbfall im Wege der Zwangsvollstreckung oder des Arrestes erlangt, kann sich der Erbe gem. § 2016 II dagegen auf sie berufen.

b) Zwangsvollstreckung nach § 175 ZVG. Für Nachlassgläubiger, die für ihre persönliche Forderung ein Recht auf Befriedigung aus einem Nachlassgrundstück haben, erfährt § 1971 durch § 175 I ZVG eine ergänzende Regelung. Danach hat der **Erbe – neben ihm jeder, der das Aufgebot beantragen darf – das Recht,** nach Annahme der Erbschaft die **Zwangsversteigerung des Grundstücks zu beantragen.** In dem Verfahren wird geklärt, in welcher Höhe der Gläubiger aus dem Grundstück befriedigt wird bzw. mit seiner Forderung ausfällt. Der Erbe kann so den Umfang seiner Haftung beurteilen. Nachlassgläubiger, die ein vom Erben anerkanntes Recht auf Befriedigung aus dem Grundstück haben, können verlangen, dass bei der Feststellung des geringsten Gebotes gem. § 44 ZVG nur die ihrem Recht vorgehenden Rechte berücksichtigt werden, §§ 174, 176 ZVG. Sieht ein solcher Gläubiger davon ab und wird sein Recht in das geringste Gebot aufgenommen, kann ihm die Befriedigung aus dem übrigen Nachlass sowie aus dem Eigenvermögen des Erben verweigert werden. Er muss sich entscheiden, ob er sich mit seinem dinglichen Recht begnügt, auf dessen Grundlage Befriedigung aus dem Grundstück sucht oder seinen Ausfall feststellen lassen will, um die nicht unter § 1971 fallende persönliche Ausfallforderung gegen den übrigen Nachlass oder das Eigenvermögen des Erben geltend zu machen. **Nach § 175 II iVm I 2 ZVG entfällt das Antragsrecht nach Abs. 1,** wenn der Erbe unbeschränkt haftet, der Gläubiger mit seiner persönlichen Forderung ausgeschlossen ist oder einem ausgeschlossenen Gläubiger gleichsteht.

3. Nicht betroffene Rechte, § 1972. Verbindlichkeiten aus **Pflichtteilsrechten, Vermächtnissen** und **Auflagen** sind gem. **§ 1972 vom Aufgebotsverfahren nicht betroffen.** Diese Verbindlichkeiten braucht der Erbe erst nach den anderen Nachlassverbindlichkeiten, selbst wenn die Aufgebotsgläubiger ausgeschlossen sind, zu befriedigen, § 1991 IV, §§ 322, 327 III, § 328 II InsO. Darf er annehmen, dass der Nachlass zur Erfüllung aller Nachlassverbindlichkeiten ausreicht, kann er die in § 1972 genannten Verbindlichkeiten vor anderen ihm bekannten Forderungen befriedigen. Die übrigen Nachlassgläubiger müssen die Befriedigung gem. § 1979 als für Rechnung des Nachlasses erfolgt gegen sich gelten lassen.

Die **praktische Bedeutung** des § 1972 besteht darin, dass der **Erbe** den dort genannten nachlassbeteiligten Gläubigern nach §§ 1978, 1979 für seine Verwaltung **persönlich verantwortlich** sein kann, den ausgeschlossenen Gläubigern dagegen nur nach Bereicherungsgrundsätzen. Die nach § 1972 vom Aufgebot nicht betroffenen Gläubiger sind im Insolvenzverfahren gem. § 328 II InsO aus der Ersatzleistung des Erben vor den ihnen an sich vorgehenden ausgeschlossenen Gläubigern zu befriedigen, § 327 III InsO. Im Gegensatz zu den nach § 1971 nicht betroffenen Gläubigern werden die nach § 1972 betroffenen Gläubiger im Falle der fünfjährigen Säumnis im Verhältnis zueinander wie ausgeschlossene Gläubiger behandelt, so dass sich die Anmeldung im Aufgebotsverfahren empfiehlt (Staudinger/*Dutta* (2016)

10 BGB § 1973 Buch 5. Abschnitt 2. Titel 2. Haftung für Nachlassverbindlichkeiten

§ 1972 Rn. 5). Gegenüber Gläubigern, die im Aufgebotsverfahren ausgeschlossen sind, verwandelt sich die gesamtschuldnerische Haftung des Miterben gem. § 2058 nach Teilung des Nachlasses unter den in § 2060 Nr. 1 genannten Voraussetzungen in eine teilschuldnerische Haftung. Insoweit erstreckt sich das Aufgebot auch auf die in § 1972 bezeichneten Gläubiger sowie auf solche, denen ein Miterbe unbeschränkbar haftet. Das ergibt sich aus § 1972 Hs. 2 iVm § 2060 Nr. 1 Hs. 2.

7 **4. Weitere Ausnahmen vom Anmeldeprinzip.** Die **Aufzählung** in §§ 1971, 1972 ist **nicht abschließend.** Vom Aufgebotsverfahren nicht betroffen ist der **Alleinerbe, der selbst das Aufgebot beantragt hat** Mit seiner Stellung als Antragsteller wäre es unvereinbar, wenn er sich selbst mit dem in § 458 I FamFG bezeichneten Rechtsnachteil bedrohen ließe. Ansprüche des Alleinerben gegen den Erblasser sind regelmäßig durch Konfusion erloschen. Betroffen ist ein Alleinerbe dagegen, soweit er selbst Nachlassgläubiger ist und das Aufgebotsverfahren von einem Nachlassverwalter oder verwaltenden Testamentsvollstrecker beantragt war und die Nachlassverwaltung oder Testamentsvollstreckung zur Zeit des Ausschließungsbeschlusses fortdauert (MüKoBGB/*Küpper* §§ 1971, 1972 Rn. 7). Das Anmeldeprinzip gilt auch nicht für solche Gläubiger, deren Forderungen erst nach der öffentlichen Bekanntmachung des Aufgebots gem. § 435 FamFG dem Grunde nach entstanden sind. Diesen Gläubigern wird die Anmeldung innerhalb der laufenden Frist nicht zugemutet (Erman/*Horn* 1970 Rn. 1; MüKoBGB/*Küpper* §§ 1971, 1972 Rn. 7). **Nicht betroffen** von dem Aufgebot sind des Weiteren die **Eigengläubiger des Erben** (RG Urt. v. 23.3.1918 – II 515/17, RGZ 92, 341 (344)) oder Gläubiger mit Forderungen aus Rechtsgeschäften, die erst nach Erlass des Aufgebotes mit einem Nachlasspfleger oder einem verwaltenden Testamentsvollstrecker abgeschlossen wurden oder die erst nach Erlass des Ausschließungsbeschlusses entstanden sind (Staudinger/*Dutta* (2016) Rn. 20).

8 **Miterben,** die zugleich Nachlassgläubiger sind, sind vom Aufgebot betroffen, wenn nur einer von ihnen das Aufgebot betreibt. Umstritten ist, ob das auch für den Miterben als Nachlassgläubiger gilt, der das Aufgebot selbst beantragt hat. Das ist zu bejahen, weil eine gesetzliche Ausnahmevorschrift fehlt und der von einem Miterben gestellte Aufgebotsantrag gem. § 460 I Hs. 1 FamFG auch den übrigen Miterben zustattenkommt (Staudinger/*Dutta* (2016) § 1970 Rn. 18; Palandt/*Weidlich* § 1970 Rn. 2; aA *Lange/Kuchinke* ErbR § 48 IV 2 Fn. 44 mwN; MüKoBGB/*Küpper* §§ 1971, 1972 Rn. 7). Für eine Betroffenheit spricht weiter das Interesse der übrigen Miterben, sich gegenüber jedem ausgeschlossenen Nachlassgläubiger auf die Ausschließungseinrede des § 1973 berufen zu können. Insoweit stellt sich die Situation anders dar als bei einem antragstellenden Alleinerben (*Joachim* Erbenhaftung Rn. 386).

9 **5. Rechtliche Folgen des Nichtbetroffenseins.** Gegenüber den bevorrechtigten Nachlassgläubigern aus § 1971 hat der **Erbe kein Leistungsverweigerungsrecht nach den §§ 2014, 2015** während der dreimonatigen Schonfrist und bis zur Beendigung des Aufgebotsverfahrens, sofern diese Gläubiger ihre Sicherungsrechte nicht erst nach dem Erbfall durch Zwangsvollstreckung, Arrest oder einstweilige Verfügung erlangt haben, § 2016 II. Die gem. § 1972 nicht ausgeschlossenen Gläubiger sind gegenüber den ausgeschlossenen Gläubigern durch § 1973 I 2 zurückgesetzt. Sie unterliegen sowohl der Verschweigungseinrede gem. § 1974 als auch der teilschuldnerischen Haftung gem. § 2060 Nr. 1.

§ 1973 Ausschluss von Nachlassgläubigern

(1) ¹Der Erbe kann die Befriedigung eines im Aufgebotsverfahren ausgeschlossenen Nachlassgläubigers insoweit verweigern, als der Nachlass durch die Befriedigung der nicht ausgeschlossenen Gläubiger erschöpft wird. ²Der Erbe hat jedoch den ausgeschlossenen Gläubiger vor den Verbindlichkeiten aus Pflichtteilsrechten, Vermächtnissen und Auflagen zu befriedigen, es sei denn, dass der Gläubiger seine Forderung erst nach der Berichtigung dieser Verbindlichkeiten geltend macht.

(2) ¹Einen Überschuss hat der Erbe zum Zwecke der Befriedigung des Gläubigers im Wege der Zwangsvollstreckung nach den Vorschriften über die Herausgabe einer ungerechtfertigten Bereicherung herauszugeben. ²Er kann die Herausgabe der noch vorhandenen Nachlassgegenstände durch Zahlung des Wertes abwenden. ³Die rechtskräftige Verurteilung des Erben zur Befriedigung eines ausgeschlossenen Gläubigers wirkt einem anderen Gläubiger gegenüber wie die Befriedigung.

1 **1. Normzweck.** Die Vorschrift **legt die Rechtswirkungen eines Ausschließungsbeschlusses fest.** Der Erbe haftet ausgeschlossenen Gläubigern gegenüber nur nach Bereicherungsgrundsätzen. Eine Verantwortlichkeit wegen einer schuldhaft pflichtwidrigen Verwaltung gem. §§ 1978 I, 1979, 1980 I 2 entfällt. Die Beschränkung der Haftung gegenüber den ausgeschlossenen Gläubigern ist durch Erhebung der sog. **Ausschließungseinrede** geltend zu machen. Da der Erbe die Befriedigung eines ausgeschlossenen Gläubigers gem. § 1973 I 1 verweigern kann, soweit der Nachlass durch die Befriedigung der nicht ausgeschlossenen Gläubiger erschöpft wird, spricht man auch von **Erschöpfungseinrede** (MüKoBGB/*Küpper* Rn. 6; Erman/*Horn* Rn. 1). Sie darf nicht mit der Erschöpfungseinrede aus § 1989 verwechselt werden (→ § 1989 Rn. 5).

2 **2. Wirkungen der Ausschließung.** Der Erbe muss die Zwangsvollstreckung ausgeschlossener Gläubiger in sein Eigenvermögen nicht dulden, obwohl er keine Trennung von Nachlass und sonstigem Vermögen durch Anordnung eines Nachlassverwaltungs- oder Eröffnung eines Nachlassinsolvenzverfahrens herbeigeführt hat. Er wird gegenüber den ausgeschlossenen Gläubigern jedoch **nicht von jeder Haftung frei.**

Ausschluss von Nachlassgläubigern § 1973 BGB 10

a) Fortbestand der ausgeschlossenen Nachlassverbindlichkeit. Die **Forderung** eines im Aufgebots- 3
verfahren ausgeschlossenen Gläubigers **erlischt nicht.** Der Nachlassgläubiger kann auf sie die Einrede des
nicht erfüllten Vertrages stützen, wenn sie auf einem solchen beruht (Staudinger/*Dutta* (2016) Rn. 5). Er
kann mit ihr auch gegenüber Nachlassforderungen aufrechnen, nicht jedoch gegen Privatforderungen des
Erben. Die **Verjährung** der ausgeschlossenen Forderung **wird durch § 1973 nicht gehemmt.** Die Forderung wird nur aus dem Nachlass befriedigt, der nach Befriedigung vorrangiger Gläubiger übrig bleibt. Der
ausgeschlossene Gläubiger bleibt weiter berechtigt, einen Antrag auf Anordnung der Nachlassverwaltung
oder auf Eröffnung des Nachlassinsolvenzverfahrens zu stellen (Bamberger/Roth/*Lohmann* Rn. 3). Er
kann trotz der Regelung des § 2013 I 2 auch einen Antrag auf Bestimmung einer Inventarfrist stellen. Sein
Interesse an der Inventarerrichtung ergibt sich aus dem in § 1973 II vorgeschriebenen Weg der Durchsetzung der ausgeschlossenen Forderung (MüKoBGB/*Küpper* Rn. 2; *Lange/Kuchinke* ErbR § 48 Kap. VI 5a;
Soergel/*Stein* § 1994 Rn. 3; *Joachim* Erbenhaftung Rn. 399; aA Staudinger/*Dutta* (2016) Rn. 10).

b) Ausschluss der haftungsbeschränkenden Wirkung. Die haftungsbeschränkende Wirkung des 4
§ 1973 tritt gem. § 2013 I 1 nicht ein, wenn der **Erbe** zum Zeitpunkt des Erlasses des Ausschließungsbeschlusses **gegenüber allen Nachlassgläubigern unbeschränkt haftet.** Kommt es zum **Verlust des Haftungsbeschränkungsrechts** erst **nach Erlass des Ausschließungsbeschlusses, bleibt die Ausschlusswirkung gem.** § 2013 I 2 **erhalten.** Der Erbe kann sich auf eine zuvor durch den Ausschließungsbeschluss
einzelnen Gläubigern gegenüber eingetretene Haftungsbeschränkung weiterhin berufen. Verweigert der
Erbe einem ausgeschlossenen Gläubiger die Abgabe der eidesstattlichen Versicherung gem. § 2006 III, die
dieser weiterhin beantragen kann, entfällt die Möglichkeit, sich diesem gegenüber auf die zuvor gegenüber
eingetretene Haftungsbeschränkung nach §§ 1973, 1974 zu berufen (RGRK/*Johannsen* Rn. 4; Soergel/
Stein Rn. 10). Soweit demgegenüber eingewandt wird, die Verweigerung der Bekräftigung der Wahrheit
gem. § 2006 III könne nicht weiter wirken als die erwiesene Unwahrheit iSv § 2005 I 1 (so *Kipp/Coing*
ErbR § 95 Kap. V; MüKoBGB/*Küpper* § 1970 Rn. 7), überzeugt das nicht. Die Regelung des § 2006 findet
in § 2013 I 2 gerade keine Erwähnung. Eine Erstreckung widerspräche somit dem ausdrücklichen Willen
des Gesetzgebers (Prot. VI 395; vgl. Staudinger/*Dutta* (2016) Rn. 4; *Joachim* Erbenhaftung Rn. 398).

3. Umfang des Leistungsverweigerungsrechts. Das Leistungsverweigerungsrecht aus § 1973 I 1 5
reicht so weit, wie die Forderung des ausgeschlossenen Gläubigers den Wert des nach § 1973 II 1 **herauszugebenden Nachlassüberschusses übersteigt.** Nur dafür haftet der Erbe nach Maßgabe des Bereicherungsrechts. Der Umfang seiner Haftung richtet sich nach §§ 818, 819. Von dem Zeitpunkt der
Rechtshängigkeit gem. § 818 IV oder dem der Kenntnis des Anspruchs gem. § 819 an ist die verschärfte
Haftung zu berücksichtigen (→ Rn. 8). Solange dem Erben die ausgeschlossenen Gläubiger nicht bekannt sind, kann er ihnen gegenüber beliebig über den Nachlass verfügen. Er kann ihn sogar verschenken (MüKoBGB/*Küpper* Rn. 4). Der ausgeschlossene Gläubiger ist dann auf Ansprüche gegen den Beschenkten gem. § 822 angewiesen (*Knütel* NJW 1989, 2504 (2506)). Einen ausgeschlossenen Gläubiger
hat der Erbe gem. § 1973 I 2 vor Verbindlichkeiten aus Pflichtteilsrechten, Vermächtnissen und Auflagen
zu befriedigen, sofern der Gläubiger seine Forderung nicht erst nach Berichtigung dieser Verbindlichkeiten geltend macht. Hat der Erbe es unterlassen, Nutzungen aus dem Nachlass zu ziehen, haftet er dafür
wegen der fehlenden Verwaltungspflicht gegenüber dem ausgeschlossenen Gläubiger nicht, weil die
§§ 1978–1980 keine Anwendung finden.

4. Bestimmung des Nachlassüberschusses. Für die **Ermittlung des Nachlassüberschusses** sind dem 6
ursprünglichen Aktivbestand des Nachlasses unter Bereicherungsgesichtspunkten **bestimmte Positionen
hinzuzurechnen und andere abzuziehen.** Hinzuzurechnen sind gezogene Nutzungen sowie dasjenige,
was der Erbe aufgrund von zum Nachlass gehörenden Rechten oder als Ersatz für die Zerstörung, Beschädigung oder Entziehung von Nachlassgegenständen erlangt hat. Verbindlichkeiten und Lasten, die dem
Erben gegenüber dem Erblasser oblagen und nach dem Erbfall infolge Konfusion oder Konsolidation
erloschen sind, müssen ebenfalls hinzugerechnet werden. Der Erbe ist durch die Befreiung von einer solchen Verbindlichkeit auf Kosten des Nachlasses bereichert. Insoweit erloschene Forderungen bzw. Rechte
des Erben gegenüber dem Erblasser, berechtigte und unberechtigte Forderungen nicht ausgeschlossener
Gläubiger sowie solche aus Pflichtteilsrechten, Vermächtnissen und Auflagen sind abzuziehen, soweit der
Erbe sie vor der Geltendmachung des Anspruchs berichtigt hatte. Abzusetzen sind Aufwendungen des
Erben aus seinem Vermögen auf den Nachlass, selbst wenn sie nicht notwendig oder nützlich waren und
noch nicht einmal den Wert des Nachlasses erhöht haben (Staudinger/*Dutta* (2016) Rn. 16; *Lange/
Kuchinke* ErbR § 49 Kap. IX Rn. 1 Fn. 237; aA Soergel/*Stein* Rn. 5; Erman/*Horn* Rn. 3a: nur den Nachlasswert steigernde Aufwendungen) sowie Schenkungen aus dem Nachlass, wenn nicht der Gesichtspunkt
der Ersparnis sonst aus dem Eigenvermögen gemachter Aufwendungen gilt. Bei Geldforderungen kommt
es automatisch zum Abzug in Höhe der Aufwendung. Besteht der Nachlassrest nicht in Geld, ist der ausgeschlossene Gläubiger verpflichtet, dem Erben Nachlassgegenstände im Gegenwert seiner nach Bereicherungsrecht absetzbaren Aufwendungen zu belassen (RGRK/*Johannsen* Rn. 22). Der Erbe kann eine
Zwangsvollstreckung des Gläubigers in diese Gegenstände gem. §§ 781, 785 ZPO abwenden, bis er wegen
seiner abzugsfähigen Aufwendungen befriedigt oder sichergestellt wird (Staudinger/*Dutta* (2016) Rn. 18).

Der für die **Feststellung,** ob dem Erben ein Überschuss verbleibt und sich ein Bereicherungsanspruch 7
des ausgeschlossenen Gläubigers ergibt, **entscheidende Zeitpunkt** ist der des Erlasses des Ausschließungsbeschlusses, nicht der der Rechtshängigkeit des von dem Gläubiger geltend gemachten Anspruchs
(Erman/*Horn* Rn. 3c; heute allgemeine Auffassung). Die in der Folgezeit erfolgten Minderungen des
Bestandes durch Erfüllung von Forderungen vorgehender Gläubiger oder Wertminderungen, die der

Erbe nicht zu vertreten hat, sind zu berücksichtigen. Für sie ist der Zeitpunkt der letzten mündlichen Verhandlung maßgebend. Wird der Erbe verurteilt, weil zu diesem Zeitpunkt noch ein Überschuss vorhanden ist, kommt es auf den Beginn der Zwangsvollstreckung für die Feststellung an, ob noch ein Überschuss vorhanden ist (Erman/*Horn* Rn. 3c; MüKoBGB/*Küpper* Rn. 5; aA Staudinger/*Dutta* (2016) Rn. 17). Kommt es später zu einer Erweiterung der Bereicherung, ist sie zu berücksichtigen. Eine Entreicherung nach § 818 III kommt nur in Betracht, wenn der Erbe nicht verschärft haftet.

8 **5. Besondere Haftungstatbestände.** Gegenüber den ausgeschlossenen Gläubigern besteht eine persönliche Verantwortlichkeit des Erben wegen seines Umgangs mit dem Nachlass nur nach Maßgabe des Bereicherungsrechts, § 1973 I 1, 2. Eine **verschärfte Haftung** des Erben setzt erst nach Erlass des Ausschließungsbeschlusses ein, wenn der Anspruch des ausgeschlossenen Gläubigers rechtshängig ist, § 818 IV, oder der Erbe von dem Anspruch anderweitig Kenntnis erlangt hat, § 819 I. Der Erbe haftet dann verschärft nach den allgemeinen Vorschriften der §§ 291, 292, 987 ff. Macht ein ausgeschlossener Gläubiger seine Forderung geltend, muss der Erbe ihn nach der in § 1973 I 2 aufgeführten Rangfolge vor den bis dahin noch nicht berichtigten Verbindlichkeiten aus Pflichtteilsrechten, Vermächtnissen und Auflagen befriedigen. Verletzt der Erbe diese Rangordnung und bewirkt er dadurch den Verlust der nach § 1973 II 1 herauszugebenden Bereicherung, haftet er dem ausgeschlossenen Gläubiger persönlich über §§ 818 IV, 819 I Alt. 1. Daneben haftet der Erbe wegen Verletzung einer schuldrechtlichen Pflicht. Eine **Haftung entfällt**, wenn der **Erbe nach den Umständen gutgläubig annehmen durfte, dass der Nachlass zur Befriedigung der Nachlassverbindlichkeiten ausreicht.** Ausgeschlossene Gläubiger, zu deren Befriedigung der Erbe rechtskräftig verurteilt ist, muss er vor den übrigen ausgeschlossenen Gläubigern befriedigen, anderenfalls er wegen der Verletzung einer schuldrechtlichen Pflicht persönlich und unbeschränkt haftet (*Joachim* Erbenhaftung Rn. 404).

9 **6. Abwendungsbefugnis.** Der Erbe kann die Herausgabe der noch vorhandenen Nachlassgegenstände gem. § 1973 II 2 durch **Zahlung ihres Wertes abwenden.** Der Wert ist durch Schätzung zu dem Zeitpunkt zu ermitteln, in dem das Recht ausgeübt wird (Erman/*Horn* Rn. 4; Staudinger/*Dutta* (2016) Rn. 26). Durch die Zahlung des Wertes wird die Nachlasszugehörigkeit der zurückgehaltenen Gegenstände nicht aufgehoben. Die Abwendungsbefugnis besteht nur gegenüber den ausgeschlossenen Gläubigern (Staudinger/*Dutta* (2016) Rn. 26; *Joachim* Erbenhaftung Rn. 405; aA MüKoBGB/*Küpper* Rn. 6). Andere Nachlassgläubiger, denen gegenüber der Erbe keine Abwendungsbefugnis hat, müssen sich damit abfinden, dass der Wert der einzelnen Nachlassgegenstände **durch Schätzung** ermittelt wird. Der Abfindungsbetrag wird durch den Wert der Gegenstände gemindert, die der Erbe zum Schätzungswert wegen des Ersatzes seiner Aufwendungen für den Nachlass übernehmen darf (MüKoBGB/*Küpper* Rn. 6).

10 **7. Geltendmachung der Einrede.** Die Ausschließungs- bzw. Erschöpfungseinrede (→ Rn. 1) können als materielle Einrede **außergerichtlich, in einem Prozess** oder **in der Zwangsvollstreckung** geltend gemacht werden. Ist der Gläubiger außergerichtlich mit der Erhebung der Einrede einverstanden, kommt es nicht zu der in § 1973 II 1 vorgesehenen Art der Befriedigung. Der ausgeschlossene Gläubiger ist nicht gehindert, den Erben gerichtlich in Anspruch zu nehmen. Die **Voraussetzungen des § 1973 hat der Erbe darzulegen und ggf. zu beweisen.** Er hat nachzuweisen, dass ein Aufgebotsverfahren stattgefunden hat, das sich auf die Forderung des Gläubigers bezog (Damrau/Tanck/*Gottwald* Rn. 17). Bejaht das Gericht auf die Einrede des Erben die Voraussetzungen des § 1973 I 1 und kann der Erbe beweisen, dass der Nachlass durch die Befriedigung der nicht ausgeschlossenen Gläubiger vollständig erschöpft wurde, muss es die Klage wegen erwiesener Nachlasserschöpfung **kostenpflichtig als zurzeit unzulässig abweisen.** Beim Auftauchen neuer Nachlassgegenstände kann der Gläubiger in diese vollstrecken. Kann der Erbe im Prozess des ausgeschlossenen Gläubigers den Beweis der vollständigen Erschöpfung nicht führen und stellt sich heraus, dass noch ein Nachlassrest vorhanden ist, führt die Erhebung der Ausschließungseinrede zur Beschränkung der Haftung auf den Überschuss. Das Gericht kann auf Antrag des Gläubigers den Erben zur Zahlung bei Vermeidung der Zwangsvollstreckung in den Nachlassrest oder in näher bezeichnete Gegenstände verurteilen (Erman/*Horn* Rn. 7). Eine Verpflichtung des Gerichts, die Voraussetzungen der vollständigen Erschöpfung des Nachlasses schon im Erkenntnisverfahren zu prüfen und festzustellen, besteht grds. nicht. Es reicht die **Aufnahme des allgemeinen Vorbehalts der Haftungsbeschränkung in den Urteilstenor.** Der Erbe ist auf die Erhebung der **Vollstreckungsabwehrklage** nach §§ 767, 785 ZPO angewiesen, um sich vor einer Zwangsvollstreckung in sein Eigenvermögen zu schützen (→ Vor §§ 1967–2017 Rn. 16).

§ 1974 Verschweigungseinrede

(1) ¹Ein Nachlassgläubiger, der seine Forderung später als fünf Jahre nach dem Erbfall dem Erben gegenüber geltend macht, steht einem ausgeschlossenen Gläubiger gleich, es sei denn, dass die Forderung dem Erben vor dem Ablauf der fünf Jahre bekannt geworden oder im Aufgebotsverfahren angemeldet worden ist. ²Wird der Erblasser für tot erklärt oder wird seine Todeszeit nach den Vorschriften des Verschollenheitsgesetzes festgestellt, so beginnt die Frist nicht vor dem Eintritt der Rechtskraft des Beschlusses über die Todeserklärung oder die Feststellung der Todeszeit.

(2) Die dem Erben nach § 1973 Abs. 1 Satz 2 obliegende Verpflichtung tritt im Verhältnis von Verbindlichkeiten aus Pflichtteilsrechten, Vermächtnissen und Auflagen zueinander nur insoweit ein, als der Gläubiger im Falle des Nachlassinsolvenzverfahrens im Range vorgehen würde.

(3) Soweit ein Gläubiger nach § 1971 von dem Aufgebot nicht betroffen wird, finden die Vorschriften des Absatzes 1 auf ihn keine Anwendung.

1. Normzweck. Ein nicht unbeschränkt haftender Erbe soll durch § 1974 vor Nachteilen geschützt werden, wenn ihm **Nachlassverbindlichkeiten erst nach Ablauf eines längeren Zeitraumes bekannt werden.** Mit Ausnahme der von einem Aufgebot nicht betroffenen Gläubiger des § 1971 werden Nachlassgläubiger ausgeschlossenen Gläubigern gleichgestellt, wenn sie ihre Forderung gegenüber dem Erben nicht innerhalb von fünf Jahren nach dem Erbfall geltend machen und auch nicht beweisen, dass die Forderung dem Erben vor dem Ablauf von fünf Jahren bekannt geworden ist. Hat ein **Aufgebotsverfahren stattgefunden,** beschränkt sich die praktische Bedeutung der Vorschrift im Wesentlichen auf die Gläubiger von Pflichtteilsrechten, Vermächtnissen und Auflagen, die gem. § 1972 vom Aufgebotsverfahren nicht betroffen sind. Ihre Ansprüche fallen nach § 1974 II unter den Fristablauf und unterliegen der Ausschlusswirkung der Verschweigung, sofern sie nicht schon aufgrund der dreijährigen Regelverjährung der §§ 195, 199 I verjährt sind. Ein Aufgebotsverfahren entfaltet auch keine Wirkung, wenn Forderungen erst nach Beginn der Anmeldefrist im Aufgebotsverfahren oder nach Erlass des Ausschließungsbeschlusses begründet worden sind und deshalb von ihm nicht betroffen sein konnten.

2. Voraussetzungen der Verschweigungseinrede. a) Säumnisfrist. Die Ausschlusswirkung setzt den **Ablauf** einer Säumnisfrist von **fünf Jahren** voraus, die nach §§ 187 I, 188 berechnet wird (*Firsching/Graf* NachlassR Rn. 4.784). Die Vorschriften über die Verjährungshemmung sind nicht anwendbar, weil es sich um eine **Ausschlussfrist** handelt. Wird der Erblasser für tot erklärt oder seine Todeszeit nach den Vorschriften des Verschollenheitsgesetzes festgestellt, bestimmt § 1974 I 2, dass die fünfjährige Frist nicht vor dem Eintritt der Rechtskraft des Beschlusses über die Todeserklärung oder die Feststellung der Todeszeit zu laufen beginnt. Der Nachlassgläubiger darf seine Forderung innerhalb der Säumnisfrist weder gerichtlich noch außergerichtlich gegenüber dem Erben, einem Nachlasspfleger, einem Nachlassinsolvenzverwalter oder einem verwaltenden Testamentsvollstrecker geltend gemacht haben. Die **Geltendmachung gegenüber einem vorläufigen Erben,** der später ausgeschlagen hat, **reicht** gem. § 1959 III analog (Staudinger/*Dutta* (2016) Rn. 8) **aus.** Danach bleibt ein Rechtsgeschäft, das gegenüber dem Erben vorgenommen werden muss, nach einer Ausschlagung wirksam, wenn es vor der Ausschlagung dem Ausschlagenden gegenüber vorgenommen wird (RGRK/*Johannsen* Rn. 3; Staudinger/*Dutta* (2016) Rn. 8). Die Verschweigungswirkung ist nicht davon abhängig, ob der betreffende Gläubiger seine Forderung überhaupt innerhalb der Säumnisfrist anmelden konnte. Sie **tritt auch gegenüber Nachlassgläubigern ein, deren Forderung überhaupt erst nach Ablauf der fünf Jahre entstanden ist,** sofern nicht der Erbe selbst, ein verwaltender Testamentsvollstrecker, ein Nachlassverwalter oder ein nach § 1960, 1961 bestellter Nachlasspfleger die Verbindlichkeit begründet hat (Staudinger/*Dutta* (2016) Rn. 7; *Joachim* Erbenhaftung Rn. 408; nach Soergel/*Stein* Rn. 3 ist § 1974 auf nach dem Fristablauf entstandene Forderungen nicht anwendbar; MüKoBGB/*Küpper* Rn. 5 unterstellt alle Forderungen, die nach dem Fristablauf entstanden sind, dem Anwendungsbereich des § 1974 BGB; ebenso Bamberger/Roth/*Lohmann* Rn.3). Dafür spricht neben dem Wortlaut insbes. der Zweck der Vorschrift. Der Erbe soll vor unbekannten und innerhalb eines relativ langen Zeitraums von fünf Jahren noch nicht geltend gemachten Nachlassverbindlichkeiten geschützt werden.

Beruhen die Verbindlichkeiten auf Rechtshandlungen des Erben selbst oder eines Nachlassverwalters, -insolvenzverwalters bzw. verwaltenden Testamentsvollstreckers, sind sie ihm ordnungsgemäß vor Ablauf der Säumnisfrist bekannt geworden. Der Erbe muss sich die **Kenntnis dritter Personen** zurechnen lassen, wenn die Forderung ihnen gegenüber geltend gemacht werden kann (Soergel/*Stein* Rn. 3). Die Fristversäumung schadet auch nicht, wenn dem Erben die Forderung sonst vor Ablauf der Säumniszeit bekannt geworden ist. Es genügt das Wissen, dass der Anspruch besteht oder wenn er tatsächlich behauptet wird. Der Erbe muss von der Begründetheit nicht überzeugt sein (RGRK/*Johannsen* Rn. 9). Die **fahrlässige Unkenntnis** steht der positiven Kenntnis nicht gleich. Die **Kenntnis eines vorläufigen Erben,** der später ausgeschlagen hat, kann dem endgültigen Erben nicht zugerechnet werden. Anders als bei der Wissenszurechnung kommt für den Fall der Geltendmachung der Forderung eine Analogie zu § 1959 III nicht in Betracht (Staudinger/*Dutta* (2016) Rn. 11; *Joachim* Erbenhaftung Rn. 410; aA Erman/*Horn* Rn. 2; MüKoBGB/*Küpper* Rn. 3; Soergel/*Stein* Rn. 2).

Das **Unterlassen der Geltendmachung** der Forderung innerhalb der Säumnisfrist **schadet gem. § 1974 III Gläubiger nicht,** wenn er nach § 1971 auch von einem Aufgebotsverfahren nicht betroffen wäre (→ §§ 1971, 1972 Rn. 2). Hierunter fallen die mit dinglichen Sicherungsrechten an einzelnen Nachlassgegenständen ausgestatteten absonderungs- und aussonderungsberechtigten Gläubiger. Der Erbe kann auch gem. § 175 I ZVG die Zwangsversteigerung beantragen, wenn das Sicherungsrecht an einem Grundstück betroffen ist und in den Fällen des § 179 ZVG schon vor Ablauf von fünf Jahren eine beschränkte Haftung für das haftende Grundstück herbeiführen.

Der Erbe kann sich auf die Verschweigungseinrede nicht berufen, wenn der Gläubiger seine Forderung **in einem Aufgebotsverfahren angemeldet** hatte. Das ist für die nach § 1972 vom Aufgebotsverfahren nicht betroffenen Pflichtteilsrechte, Vermächtnisse und Auflagen wichtig, weil so der Eintritt der Rechtsfolgen des § 1974 II ausgeschlossen wird.

b) Keine unbeschränkte Haftung. Die Verschweigungseinrede bleibt dem Erben verschlossen, wenn er gegenüber allen Nachlassgläubigern unbeschränkbar haftet, § 2013 I 1. Verliert er das Haftungsbeschränkungsrecht **erst nach Ablauf der Fünf-Jahresfrist** aufgrund einer Versäumung der Inventarfrist gem. § 1994 I 2 oder wegen einer Inventaruntreue gem. § 2005 I 1, kann er sich weiterhin auf die nach

§ 1974 bereits eingetretene Beschränkung der Haftung berufen, § 2013 I 2. Im Fall der Verweigerung der Abgabe der eidesstattlichen Versicherung vor Ablauf der Frist kommt § 1974 nicht zur Anwendung, weil der Erbe die Forderung des Gläubigers kennt.

7 **3. Wirkung der Verschweigung.** Die Rechtswirkungen der fünfjährigen Verschweigung entsprechen gem. § 1974 I 1 denjenigen des Ausschlusses im Aufgebotsverfahren. Die Haftung des Erben wird wie in § 1973 II 1 auf die **Bereicherung** beschränkt. Es gelten die §§ 818 IV, 819 I Alt. 1 für den Fall der nach Eintritt der Voraussetzungen des § 1974 eingetretenen Rechtshängigkeit bzw. für den Fall der Kenntnis. Bei Rechtshängigkeit oder Kenntniserlangung der Forderung vor Ablauf der Fünf-Jahresfrist kommt § 1974 von vornherein nicht zur Anwendung.

8 Eine **besondere Regelung** trifft § 1974 II für die Verschweigung von Ansprüchen aus Pflichtteilsrechten, Vermächtnissen und Auflagen. Der Erbe hat nach § 1973 I 2 vor diesen Gläubigern die im Aufgebotsverfahren ausgeschlossenen Gläubiger, die ihre Forderung geltend machen, zu befriedigen. § 1974 II beschränkt § 1973 I 2, wonach der Erbe vor Pflichtteilsgläubigern, Vermächtnisnehmern und Auflagenbegünstigten die im Aufgebotsverfahren ausgeschlossenen Gläubiger zu befriedigen hat, dergestalt, dass diese Rechtsfolge im Verhältnis der Pflichtteils-, Vermächtnis- oder Auflagenansprüche untereinander nur eingreift, soweit der Vorrang auch im Nachlassinsolvenzverfahren eingreifen würde. Der Erbe hat einen säumigen Vermächtnisgläubiger, §§ 1974 II, 1973 I 2 vor solchen Gläubigern zu befriedigen, die auch im Nachlassinsolvenzverfahren einen schlechteren Rang hätten. Im Insolvenzverfahren wäre ein Pflichtteilsanspruch vor Ansprüchen aus Vermächtnissen und Auflagen zu befriedigen, wenn ein Pflichtteilsberechtigter nach Ablauf der fünfjährigen Frist einen Anspruch gegen den Erben geltend macht und der Anspruch ausnahmsweise nicht verjährt ist. Bei mehreren Pflichtteilsberechtigten muss der Erbe den Berechtigten, der von § 1974 nicht betroffen ist, vor dem als ausgeschlossen zu behandelnden Pflichtteilsberechtigten befriedigen, § 327 III InsO. Besteht die Verschweigungseinrede zu Lasten mehrerer Pflichtteilsberechtigter, müssen sie verhältnismäßig befriedigt werden, wenn der Nachlass zur vollständigen Befriedigung nicht ausreicht, § 327 I InsO. Für Vermächtnisnehmer und Auflagenbegünstigte gilt ebenfalls, dass die nicht verschwiegenen Ansprüche den verschwiegenen vorgehen und mehrere verschwiegene Ansprüche unter sich den gleichen Rang haben und damit verhältnismäßig zu befriedigen sind. **Missachtet der Erbe diese Rangfolge** und wird dadurch die Befriedigung eines bevorrechtigten Gläubigers aus dem Überschuss ganz oder teilweise unmöglich, **haftet der Erbe gegenüber diesem Gläubiger auf Schadensersatz mit seinem Eigenvermögen** (MüKoBGB/*Küpper* Rn. 7; *Joachim* Erbenhaftung Rn. 413).

9 **4. Beweislast.** Ein **Gläubiger**, der den Erben nach Ablauf der fünfjährigen Frist über die Bereicherung hinaus in Anspruch nehmen will, **muss darlegen und beweisen**, dass er die **Forderung gegenüber dem Erben vor Ablauf der Säumnisfrist geltend gemacht hat oder sie in einem Aufgebotsverfahren angemeldet hat oder dass sie dem Erben vorher anderweitig bekannt war** (MüKoBGB/*Küpper* Rn. 7; Staudinger/*Dutta* (2016) Rn. 19). Die Verteilung der Beweislast ergibt sich unmittelbar aus der Formulierung „es sei denn ..." in § 1974 I 1 Hs. 2. Liegen die Voraussetzungen der Verschweigungseinrede vor und beruft sich der Gläubiger auf eine verschärfte Haftung des Erben aus §§ 818 IV, 819 I, ist der Gläubiger dafür ebenfalls darlegungs- und beweisbelastet (Bamberger/Roth/*Lohmann* Rn. 7).

Untertitel 3. Beschränkung der Haftung des Erben

§ 1975 Nachlassverwaltung; Nachlassinsolvenz

Die Haftung des Erben für die Nachlassverbindlichkeiten beschränkt sich auf den Nachlass, wenn eine Nachlasspflegschaft zum Zwecke der Befriedigung der Nachlassgläubiger (Nachlassverwaltung) angeordnet oder das Nachlassinsolvenzverfahren eröffnet ist.

1 **1. Normzweck.** Die Voraussetzungen, unter denen der Erbe Haftung für seine Nachlassverbindlichkeiten auf den Nachlass beschränken kann, sind in den §§ 1975–1992 geregelt. **§ 1975 bestimmt**, dass eine **Haftungsbeschränkung gegenüber allen Nachlassgläubigern** eintritt, wenn eine **Nachlassverwaltung angeordnet** oder ein **Nachlassinsolvenzverfahren eröffnet** wird. Die Anordnung der Nachlassverwaltung setzt nur einen zulänglichen Nachlass voraus, während das Nachlassinsolvenzverfahren nur bei einem zahlungsunfähigen oder überschuldeten, jedoch nicht dürftigen (dh wenn keine die Kosten deckende Masse vorhanden ist) Nachlass eröffnet wird. **Nachlass- und Nachlassinsolvenzverwalter** sind nach der heute allgemein vertretenen **Amtstheorie Träger eines öffentlichen Amtes und im Prozess Partei** (MüKoBGB/*Küpper* Rn. 3; Staudinger/*Mesina* (2017) § 1958 Rn. 1 ff.). Der gem. §§ 1960, 1961 eingesetzte Nachlasspfleger ist dagegen gesetzlicher Vertreter des Erben.

2 **2. Mittel amtlicher Nachlassabsonderung.** Die Möglichkeiten amtlicher Nachlassabsonderung sind **in § 1975 abschließend** umschrieben. Kommt ein amtliches Nachlassabsonderungsverfahren aufgrund des Fehlens einer die Kosten deckenden Masse nicht in Betracht, kann der Erbe seine Haftung gegenüber der Gesamtheit der Nachlassgläubiger nach § 1990 I 1 durch Erhebung der Dürftigkeitseinrede beschränken.

3 a) **Nachlassverwaltung.** Die Nachlassverwaltung ist als **besondere Art der Nachlasspflegschaft zur gleichmäßigen Befriedigung der Nachlassgläubiger** geregelt. Dadurch unterscheidet sie sich von der in §§ 1960, 1961 geregelten eigentlichen Nachlasspflegschaft, die den vermögensrechtlichen Interessen des Erben dient. Die rechtlichen **Wirkungen** der angeordneten Nachlassverwaltung sind in den §§ 1975–1979, 1984 ff., 2000 sowie in den §§ 241 III, 246 I, 784 ZPO geregelt. Fehlen besondere Bestimmungen, finden

die allgemeinen Vorschriften über die Pflegschaft, §§ 1915 ff., und über § 1915 I die des Vormundschaftsrechts – nach § 1981 III mit Ausnahme von § 1785 – entsprechende Anwendung, sofern der besondere Zweck nicht entgegensteht. Die Nachlassverwaltung **wahrt** bei einem ausreichenden Nachlass **auch die Interessen des Erben**, dem Schwierigkeiten bei der Verwertung des Nachlasses und der damit verbundene Verwaltungsaufwand erspart bleiben. Bei todesfallbedingten Unternehmenskrisen kann die Nachlassverwaltung für Erben mutmaßlich überschuldeter Unternehmen auch ein Sanierungsinstrument und damit ein kostengünstigerer und sicherer Weg sein, eine persönliche Haftung für die im Erbgang befindlichen Verbindlichkeiten zu vermeiden (näher dazu *Nöll/Flitsch* ZEV 2017, 247 ff.). Nachlassgläubigern steht neben dem Nachlassinsolvenzverfahren ein zweites Rechtsinstitut zur Verfügung, das die Durchsetzung ihrer Ansprüche erleichtert und ihre gleichmäßige Befriedigung gewährleistet. Nach wirksamer Anordnung der Nachlassverwaltung können die Nachlassgläubiger sich nur noch aus dem Nachlass befriedigen und gem. § 1984 I 3 ihre Ansprüche nur noch gegen den Nachlassverwalter geltend machen. Der Erbe kann aufgrund der dadurch eintretenden Separierung seines Eigenvermögens vom Nachlass verlangen, dass zuvor getroffene Maßnahmen der Zwangsvollstreckung zugunsten von Nachlassgläubigern in sein Eigenvermögen gem. § 784 I ZPO aufgehoben werden. Es obliegt dem Nachlassverwalter, die Aufhebung von Vollstreckungsmaßnahmen zu verlangen, die vor der Anordnung der Nachlassverwaltung zugunsten von Eigengläubigern erfolgt sind, § 784 II ZPO. Nach der Anordnung sind Zwangsvollstreckungen und Arreste in den Nachlass zugunsten von Eigengläubigern nach § 1984 II ausgeschlossen.

Die Nachlassverwaltung umfasst das gesamte im Nachlass befindliche **pfändbare Vermögen**, nicht jedoch das unpfändbare Vermögen. Die Voraussetzungen der Unpfändbarkeit bestimmen sich nach der Person des Erben (*Joachim* Erbenhaftung Rn. 259; *Lange/Kuchinke* ErbR § 49 Kap. III 4). Unzulässig ist die Nachlassverwaltung bezogen auf einen Erbteil (*Firsching/Graf* NachlassR Rn. 4.786). Sie endet gem. § 1988 I mit der Eröffnung des Nachlassinsolvenzverfahrens oder durch einen Aufhebungsbeschluss des Nachlassgerichts. Die **Kosten der Nachlassverwaltung sind Nachlassverbindlichkeiten.**   4

b) Nachlassinsolvenzverfahren. Das Nachlassinsolvenzverfahren ist das **zweite amtliche Verfahren, das zur Trennung des Nachlasses vom Eigenvermögen des Erben führt.** Zur Eröffnung kommt es entweder aufgrund eines entsprechenden Antrages eines Berechtigten oder nachdem sich während eines angeordneten Nachlassverwaltungsverfahrens herausgestellt hat, dass der Nachlass zur Befriedigung der Gläubiger nicht ausreicht. Der **Erbe** kann bei **Überschuldung, Zahlungsunfähigkeit** und sogar schon bei **drohender Zahlungsunfähigkeit des Nachlasses** eine Trennung von Nachlass und Eigenvermögen herbeiführen, vorausgesetzt, dass eine die Kosten des Verfahrens deckende Masse vorhanden ist.   5

Das Nachlassinsolvenzverfahren ist eine **besondere Art des Insolvenzverfahrens,** als es über das Vermögen eines Verstorbenen eröffnet werden kann. Die §§ 1975, 1980 werden **durch die §§ 315 ff. InsO ergänzt.** Im Nachlassinsolvenzverfahren wird nur der **Nachlass als Sondervermögen verwertet,** § 11 II Nr. 2 Alt. 1 InsO. Ein Erbteil kann gem. § 316 III InsO nicht Gegenstand eines Nachlassinsolvenzverfahrens sein. Aus der gesamthänderischen Bindung im Rahmen einer Erbengemeinschaft ergibt sich, dass eine isolierte Vermögensliquidation ausscheidet (FK-InsO/*Schallenberg/Rafiqpoor* § 316 Rn. 13). **Primärer Zweck** der Sonder- bzw. Partikularinsolvenz ist die **gleichmäßige Befriedigung der Nachlassgläubiger,** nicht die rückwirkende Trennung von Nachlass und Eigenvermögen des Erben, damit er sich auf die Beschränkung der Haftung berufen kann (Leonhardt/Smid/Zeuner/*Fehl* InsO § 315 Rn. 3, 7; Erman/*Horn* Rn. 7). **Eigengläubiger** können nach der Eröffnung nicht mehr auf den Nachlass zugreifen.   6

3. Rechtsfolgen amtlicher Nachlassabsonderung. Die amtlichen Verfahren der Nachlassverwaltung und des Nachlassinsolvenzverfahrens führen dazu, dass der Nachlass rückwirkend zu einem **Sondervermögen wird, das durch den Abwicklungszweck dinglich gebunden** ist (Damrau/Tanck/*Gottwald* Vorb. zu den §§ 1975–1992 Rn. 5). Sie gehen mit einem sofortigen völligen **Verlust der Verwaltungs- und Verfügungsbefugnisse des Erben** einher. Verwaltung und Verfügungen über Nachlassgegenstände sowie die Berichtigung von Nachlassverbindlichkeiten obliegen ausschließlich dem amtlichen Absonderungsverwalter. Dem **Erben** bleiben jedoch **die Nachlassgegenstände materiell-rechtlich weiterhin zugeordnet** (*Joachim* Erbenhaftung Rn. 213).   7

Der Verwalter hat den Nachlass in **Besitz** zu **nehmen** und zu **verwerten,** was sich für den Nachlassverwalter aus einem Umkehrschluss aus § 1986 herleiten lässt und sich für den Nachlassinsolvenzverwalter aus §§ 148, 149 InsO ergibt. Nachlassgläubiger können ihre Ansprüche gem. § 1984 I 3 nur noch gegen den Verwalter geltend machen. Dieser hat die Nachlassverbindlichkeiten aus dem Nachlass zu berichtigen. Eigengläubiger des Erben können während der amtlichen Abwicklung nicht in den Nachlass vollstrecken, § 1984 II, §§ 38 I, 325 InsO. Der Erbe verliert die **aktive und passive Prozessführungsbefugnis** für alle Nachlassstreitigkeiten. Der **Verwalter kann** ihn aber **nach den Grundsätzen der gewillkürten Prozessstandschaft ermächtigen,** eine Nachlassforderung im eigenen Namen geltend zu machen, sofern ein schutzwürdiges Interesse des Erben an der Prozessführung besteht. Ein solches ist regelmäßig zu bejahen, weil der Erbe weiterhin Träger des materiellen Rechts bleibt (BGH Beschl. v. 28.11.1962 – VIII ZB 34/62, NJW 1963, 297 (299); Damrau/Tanck/*Gottwald* § 1984 Rn. 13; *Firsching/Graf* NachlassR Rn. 4.830). Die Haftung des Erben beschränkt sich nicht von selbst auf den Nachlass. Wird er wegen einer Nachlassverbindlichkeit trotz amtlicher Nachlassabsonderung persönlich verklagt oder hat ein Kläger einen unterbrochenen oder ausgesetzten Rechtsstreit gegen den Erblasser nach dessen Tod gegen den Erben aufgenommen, muss dieser die Haftungsbeschränkung im Wege der **Einrede** geltend machen (→ Vor §§ 1967–2017 Rn. 17 ff.). Erloschene Rechtsverhältnisse werden gem. § 1976 als   8 nicht erloschen fingiert, erklärte Aufrechnungen gem. § 1977 grds. unwirksam. Hat der Erbe vor den amtlichen Verfahren bereits über Nachlassgegenstände verfügt oder haben Eigengläubiger Befriedigung durch Vollstreckung in den Nachlass gefunden, werden diese Rechtsfolgen nicht rückwirkend beseitigt.

9   **4. Beginn und Ende der Haftungsbeschränkung.** Die Anordnung der Nachlassverwaltung oder die Eröffnung des Nachlassinsolvenzverfahrens führen materiell-rechtlich dazu, dass die Haftung für Nachlassverbindlichkeiten auf den Nachlass beschränkt ist. **Nach Beendigung** der amtlichen Verfahren ist die **Haftung des Erben nicht einheitlich geregelt.** Wird das **Nachlassinsolvenzverfahren durch Verteilung der Masse oder durch einen Insolvenzplan beendet,** haftet der Erbe den nicht befriedigten Nachlassgläubigern wie ausgeschlossenen Gläubigern gem. § 1989 iVm § 1973. Da der Insolvenzverwalter ein Inventar errichtet hat, kann dem Erben keine Frist zur Inventarerrichtung gesetzt werden, § 2000 S. 3. Nach Beendigung eines Nachlassverwaltungsverfahrens ist die Bestimmung einer Inventarfrist dagegen zulässig, weil § 2003 S. 3 nur auf § 1989 verweist (MüKoBGB/*Küpper* Rn. 6). Der Erbe haftet auch bei einem nicht dürftigen Nachlass nur beschränkt gem. §§ 1990 ff., bleibt aber den Nachlassgläubigern gem. §§ 1978–1980 verantwortlich.

10 **5. Haftung mit dem gesamten Vermögen trotz amtlicher Nachlassabsonderung.** Die Verfahren der amtlichen Nachlassabsonderung begründen eine Haftungsbeschränkungsmöglichkeit gegenüber allen Nachlassgläubigern, sofern der Erbe sein **Recht zur Beschränkung der Haftung noch nicht verloren** hat. § 2013 I 1 Hs. 1 bestimmt, dass § 1975 in diesem Fall keine Anwendung findet. § 2013 I 1 Hs. 2 stellt klar, dass das **Recht des Erben, die Anordnung einer Nachlassverwaltung zu beantragen,** aufgrund allgemein unbeschränkbarer Haftung **verloren geht.** Nachlassgläubiger können die Anordnung einer Nachlassverwaltung dagegen weiter beantragen, weil die Trennung der Vermögensmassen – Nachlass und Eigenvermögen des Erben – nicht automatisch entfällt. Voraussetzung ist gem. § 1981, dass die Befriedigung der Nachlassgläubiger aus dem Nachlass durch das Verhalten oder die Vermögenslage des Erben gefährdet ist. Hat der Erbe sein Haftungsbeschränkungsrecht nur gegenüber einzelnen Nachlassgläubigern verloren, entfällt die haftungsbeschränkende Wirkung der Nachlassverwaltung nur diesen Nachlassgläubigern gegenüber. Nach § 2013 II bleibt das Recht des Erben, die Anordnung einer Nachlassverwaltung zu beantragen, davon unberührt, weil andere Gläubiger weiterhin ein Interesse an einer ordnungsgemäßen Verwaltung des Nachlasses haben. Im Gegensatz zur Nachlassverwaltung kann der Erbe die **Eröffnung eines Nachlassinsolvenzverfahrens** trotz allgemein unbeschränkbarer Haftung weiterhin beantragen. Der Nachlass wird dadurch dem Zugriff seiner Eigengläubiger entzogen, ohne dass die Rechtsfolge der unbeschränkten Haftung berührt wird (Staudinger/*Dobler* (2016) § 2013 Rn. 4).

11 Bei einer **Testamentsvollstreckung** werden gem. § 2214 lediglich die Eigengläubiger vom Nachlass abgewehrt. Nachlassverbindlichkeiten können sowohl gegen den Erben als auch gegen den Testamentsvollstrecker geltend gemacht werden mit Ausnahme des Pflichtteilsanspruchs, der gem. § 2213 I 3 nur gegen den Erben zu richten ist. Um eine Haftungsbeschränkung herbeizuführen, stehen dem unter Testamentsvollstreckung stehenden Erben wie jedem anderen Erben die amtlichen Nachlassabsonderungsverfahren offen. Dadurch wird der Testamentsvollstrecker seiner Befugnisse beraubt, sofern er nicht selbst zum Nachlassverwalter ernannt wird.

§ 1976 Wirkung auf durch Vereinigung erloschene Rechtsverhältnisse

Ist die Nachlassverwaltung angeordnet oder das Nachlassinsolvenzverfahren eröffnet, so gelten die infolge des Erbfalls durch Vereinigung von Recht und Verbindlichkeit oder von Recht und Belastung erloschenen Rechtsverhältnisse als nicht erloschen.

1   **1. Normzweck.** Stand einem Erblasser gegen den Alleinerben eine Forderung zu, haben sich mit Eintritt des Erbfalls Gläubiger und Schuldner des Anspruchs in der Person des Erben vereint. Eine zugunsten des Erblassers bestellte Fremdgrundschuld auf dem Grundstück des Erben ist zu einer Eigentümergrundschuld geworden. Nach § 1976 werden Rechtsverhältnisse, die infolge der bei einem Erbfall eingetretenen Vereinigung von Forderung und Verbindlichkeit – **Konfusion** – oder von Recht und Belastung – **Konsolidation** – erloschen sind, wieder hergestellt. Die aufgrund der Anordnung einer Nachlassverwaltung oder der Eröffnung eines Nachlassinsolvenzverfahrens erfolgte Trennung von Nachlass und Eigenvermögen führt dazu, dass durch Konfusion oder Konsolidation erloschene Rechtsverhältnisse wieder aufleben. Es handelt sich **um eine nach dem Gesetz automatisch eintretende Rechtsfolge,** nicht um eine schuldrechtliche Verpflichtung zur Wiederherstellung erloschener Rechtsverhältnisse (Staudinger/*Dobler* (2016) Rn. 1). Das Wiederaufleben erloschener Rechtsverhältnisse tritt auch ein, wenn der Erbe bereits unbeschränkt haftet, weil in § 2013 I 1 die Regelung des § 1976 nicht erwähnt ist. Der endgültig unbeschränkt haftende Erbe kann somit die ihm gegen den Erblasser zustehenden Ansprüche geltend machen. **Für die Berechnung der Erbschaftsteuer** gelten die infolge von Konfusion und Konsolidation erloschenen Rechte nach § 10 III ErbStG **als nicht erloschen.** Zu einer Konfusion oder Konsolidation **kommt es nicht bei einer Erbengemeinschaft** (BGH Urt. v. 2.10.1957 – IV ZR 217/57, BGHZ 25, 275 (283 f.) = NJW 1957, 1916 (1917); MüKoBGB/*Küpper* Rn. 2) und **auch nicht, wenn eine Testamentsvollstreckung zur Verwaltung des Nachlasses angeordnet worden ist** (BGH Urt. v. 1.6.1967 – II ZR 150/66, NJW 1967, 2399).

2   **2. Die Rechtsfolgen der Fiktion.** Die durch Konfusion oder Konsolidation erloschenen Rechtsverhältnisse werden rückwirkend so behandelt, als seien sie nicht erloschen (Bamberger/Roth/*Lohmann*

Rn. 3), so dass zukünftig wiederum zwischen dem Nachlass und dem Erben als Träger seines sonstigen Vermögens neue Rechtsbeziehungen begründet werden können (so BGH Urt. v. 14.12.1990 – V ZR 224/89, NJW-RR 1991, 683 (684) für den Fall, dass das neue Recht an die Stelle eines Nachlassgegenstandes treten soll; zustimmend auch Erman/*Horn* Rn. 2; MüKoBGB/*Küpper* Rn. 6; Palandt/*Weidlich* Rn. 2; Staudinger/*Dobler* (2016) Rn. 7; aA RGRK/*Johannsen* Rn. 2; Soergel/*Stein* Rn. 3). Obwohl der Erbe materiell-rechtlich Träger des Sondervermögens bleibt, führt die Vermögenstrennung zu einem fingierten Fortbestehen des Sondervermögens. Die Personenidentität zwischen dem Berechtigten und dem Verpflichteten ist aufgehoben (Staudinger/*Dobler* (2016) Rn. 7). Das Gesetz schließt nicht aus, dass ein Erbe, der am Erwerb eines Nachlassgegenstandes von einem Nachlassverwalter interessiert ist, durch den Zweck der gleichmäßigen Befriedigung aller Nachlassgläubiger gehindert wäre. Diese partizipieren am Verkaufserlös und werden durch Schadensersatzansprüche gegen den Verwalter vor einer Verschleuderung von Nachlassvermögen geschützt.

Das fiktive Wiederaufleben erloschener Forderungen tritt nicht nur im Verhältnis zu den Nachlassgläubigern, sondern **gegenüber jedermann** ein (BeckOGK/*Herzog* Rn. 19; MüKoBGB/*Küpper* Rn. 4) und fingiert auch ein **Wiederaufleben von Sicherungsrechten** wie Bürgschaften oder Pfandrechten. Eine **Auflassungsvormerkung,** die als Sicherungsrecht infolge der Konfusion erloschen war, weil ein Grundstückskäufer den Grundstücksverkäufer beerbt hatte, lebt ebenfalls wieder auf (BGH Urt. v. 30.4.1980 – V ZR 56/79, NJW 1981, 447 (448) mAnm *Wacke* NJW 1981, 1577). Hat ein Hypothekengläubiger ein mit einer Hypothek belastetes Grundstück geerbt, ist die Hypothek gem. § 1177 I 1 zur Eigentümergrundschuld geworden. Sie wird im Fall der rückwirkenden Änderung des Rechtsverhältnisses erneut zu einer Fremdhypothek, aus der der erbende Gläubiger die Zwangsvollstreckung betreiben kann. Die Regelung des § 1197 I, die eine Zwangsvollstreckung des Eigentümers in das mit einer Eigentümergrundschuld belastete Grundstück ausschließt, findet keine Anwendung (Palandt/*Weidlich* Rn. 3; Erman/*Horn* Rn. 2). Waren der **Erblasser und der Erbe Miteigentümer eines Grundstücks,** so findet § 1976 auf die beim Erbfall erfolgte Konsolidation beider Miteigentumsanteile **analoge Anwendung** (Palandt/*Weidlich* Rn. 3; Staudinger/*Dobler* (2016) Rn. 8). Eine Zwangsvollstreckung gegen den Nachlass ist nur in die vom Erblasser stammende ideelle Grundstückshälfte zulässig (MüKo/*Küpper* Rn. 7). Der Erbe kann sich der Zwangsvollstreckung eines Nachlassgläubigers in seine ideelle Grundstückshälfte gem. § 784 I ZPO wehren, sofern er nicht unbeschränkt haftet.

War die **Hypothek bereits vor der Aufhebung der Vereinigung der Vermögensmassen gelöscht** worden und hat der Erbe als Grundstückseigentümer einem Dritten eine Hypothek bestellt, rechtfertigt der **Gedanke des Verkehrsschutzes** die Annahme, dass die nach der Anordnung einer Nachlassverwaltung wieder einzutragende gelöschte Hypothek im Rang nach der bestehen gebliebenen Hypothek des Dritten einzutragen ist (MüKoBGB/*Küpper* Rn. 5; Staudinger/*Dobler* (2016) Rn. 4). Die Fiktion des § 1976 setzt sich allgemein nicht gegenüber endgültigen Veränderungen einer Rechtslage zugunsten eines Dritten durch (BGH Urt. v. 27.9.1995 – IV ZR 52/94, ZEV 1995, 453; *Lange/Kuchinke* ErbR § 49 Kap. II Rn. 2c). Das Wiederaufleben einer Forderung begründet auch keinen Verlust der Rangstellung aufgerückter Pfandgläubiger.

Die Fiktion des Wiederauflebens der Folgen von Konfusion und Konsolidation **erstreckt sich nur auf Forderungen und Rechte.** § 1976 ist nicht anwendbar, wenn der Prokurist eines Handelsgeschäftes durch Erbfall dessen Inhaber wird (MüKoBGB/*Küpper* Rn. 7). Ursprüngliche **gesellschaftsrechtliche Verhältnisse** leben durch die Nachlassseparation ebenfalls nicht wieder auf, wenn dem Erben kraft gesellschaftsvertraglicher Regelung beim Tod eines Mitgesellschafters dessen Geschäftsanteil angewachsen ist. Die Anwachsung ist keine Übergang des Gesellschaftsanteils kraft Erbfolge. Beerbt der einzige verbliebene Gesellschafter den Erblasser, findet § 1976 auch keine Anwendung. Die Gesellschaft ist erloschen und das Unternehmen hat sich in ein Einzelunternehmen verwandelt. Der Verwalter ist auf die Geltendmachung eines Abfindungsanspruchs gegen den Erben beschränkt (Staudinger/*Dobler* (2016) Rn. 9; MüKoBGB/*Küpper* Rn. 7; aA Soergel/*Stein* Rn. 2).

3. Entsprechende Anwendung. § 1976 findet aufgrund des darin begründeten allgemeinen Rechtsgedankens entsprechende Anwendung, wenn der **Nachlassbestand Berechnungsgrundlage einer Forderung** war (Palandt/*Weidlich* Rn. 4), so bei Pflichtteilsansprüchen oder Quotenvermächtnissen. Entsprechende Bestimmungen zum Wiederaufleben erloschener Rechtsverhältnisse enthalten die §§ 1991 II, 2175, 2377 im Verhältnis zu den jeweils genannten Personen sowie § 2143. Im Nacherbfall werden die erloschenen Rechtsverhältnisse mit absoluter Wirkung und auch im Verhältnis zu Dritten wieder hergestellt (Damrau/Tanck/*Bothe* § 2143 Rn. 2; Erman/*M. Schmidt* § 2143 Rn. 11). Erhebt der Erbe die Ausschließungseinrede gem. § 1973, werden dem Aktivbestand des Nachlasses diejenigen Rechte hinzugerechnet, die infolge der Vereinigung mit den in der Person des Erben vorhanden gewesenen Verbindlichkeiten oder Lasten erloschen sind.

4. Von § 1976 nicht erfasste Fälle. Hat ein Erbe vor den amtlichen Verfahren der Nachlassverwaltung oder des Nachlassinsolvenzverfahrens **wirksam Verfügungen über Nachlassgegenstände getroffen,** werden diese Verfügungen mit Ausnahme erklärter Aufrechnungen (§ 1977) **nicht nachträglich unwirksam** (MüKoBGB/*Küpper* Rn. 9; Staudinger/*Dobler* (2016) Rn. 10). Das Surrogationsprinzip findet ebenfalls keine Anwendung, so dass der Erbe insoweit nur den Nachlassgläubigern verantwortlich ist (MüKoBGB/*Küpper* Rn. 9). **§ 1976 gilt auch nicht für Verfügungen, die durch Konvaleszenz gem. § 185 II,** dh im Fall nachträglichen Wirksamwerdens eines zuvor unwirksamen Rechtsgeschäftes, **wirksam geworden sind** (Palandt/*Weidlich* Rn. 5). Der Erwerber eines Nachlassgegenstandes bleibt Eigentümer, wenn ein späterer Erbe vor dem Erbfall als Nichtberechtigter eine Verfügung über einen dem Erblasser gehörenden Gegenstand getroffen hat, die infolge der Beerbung wirksam geworden ist, § 185 II 1 Alt. 2 (MüKoBGB/*Küpper* Rn. 10).

§ 1977 Wirkung auf eine Aufrechnung

(1) Hat ein Nachlassgläubiger vor der Anordnung der Nachlassverwaltung oder vor der Eröffnung des Nachlassinsolvenzverfahrens seine Forderung gegen eine nicht zum Nachlass gehörende Forderung des Erben ohne dessen Zustimmung aufgerechnet, so ist nach der Anordnung der Nachlassverwaltung oder der Eröffnung des Nachlassinsolvenzverfahrens die Aufrechnung als nicht erfolgt anzusehen.

(2) Das Gleiche gilt, wenn ein Gläubiger, der nicht Nachlassgläubiger ist, die ihm gegen den Erben zustehende Forderung gegen eine zum Nachlass gehörende Forderung aufgerechnet hat.

1 **1. Normzweck.** Mit dem Erbfall können Eigengläubiger des Erben ihre Forderungen gegen Nachlassforderungen aufrechnen, ebenso Nachlassgläubiger die ihnen zustehenden Forderungen gegen Eigenforderungen des Erben. Zur Vermeidung von **Schwierigkeiten für den Erben** im Zusammenhang mit einer Beschränkung seiner Haftung auf den Nachlass und um die Nachlassmasse den Nachlassgläubigern zur **gleichmäßigen Befriedigung** zur Verfügung zu stellen, bestimmt § 1977, dass nach Anordnung eines Nachlassverwaltungs- oder nach Eröffnung eines Nachlassinsolvenzverfahrens Aufrechnungen von Nachlass- oder Eigengläubigern des Erben unter bestimmten Voraussetzungen als nicht erfolgt anzusehen sind. Der Erbe wird durch Abs. 1 vor dem Verlust der beschränkten Haftung geschützt, während Abs. 2 den Nachlass vor der Verkürzung des Bestandes schützt (Erman/*Horn* Rn. 1).

2 **2. Anwendbarkeit der Vorschrift.** § 1977 ist nur anwendbar, wenn **nach dem Erbfall** und **vor den amtlichen Verfahren** der Nachlassverwaltung oder des Nachlassinsolvenzverfahrens **aufgerechnet** worden ist. Abs. 1 regelt den Fall, dass ein **Nachlassgläubiger ohne Zustimmung des Erben gegen eine Eigenforderung des Erben aufgerechnet** hat. Nach Abs. 2 gilt das Gleiche, wenn ein **Eigengläubiger gegen eine Nachlassforderung aufgerechnet hat.**

3 **Aufrechnungen nach Anordnung der amtlichen Verfahren** werden von § 1977 nicht erfasst. Die infolge der amtlichen Verfahren eingetretene Trennung der Vermögensmassen (Nachlass und Eigenvermögen) bedingt, dass ein **Nachlassgläubiger gegen eine Eigenforderung des Erben an ihn nicht mehr aufrechnen** kann, sofern der Erbe diesem gegenüber nicht unbeschränkt haftet (*Joachim* Erbenhaftung Rn. 225). Ein solcher Gläubiger dürfte im Wege der Zwangsvollstreckung auch auf die Privatforderung des Erben zugreifen. **Eigengläubiger des Erben können** nach Verfahrenseröffnung **gegen eine zum Nachlass gehörende Forderung** ebenfalls **nicht mehr aufrechnen, selbst wenn der Erbe einer solchen Aufrechnung zustimmt** (Staudinger/*Dobler* (2016) Rn. 11).

Der Erbe ist trotz der amtlichen Verfahren nicht gehindert, **eine gegenüber einem Nachlassgläubiger bestehende Nachlassverbindlichkeit durch Aufrechnung mit einer zum Eigenvermögen gehörenden und gegen diesen Gläubiger gerichteten Forderung zu tilgen** (Palandt/*Weidlich* Rn. 3; RGRK/*Johannsen* Rn. 9). Er erwirbt einen Ersatzanspruch aus § 1979 oder einen Bereicherungsanspruch gem. § 684 gegen den Nachlass und tritt im Nachlassinsolvenzverfahren gem. § 326 II InsO an die Stelle des Gläubigers (Palandt/*Weidlich* Rn. 2). Zum Teil wird dem Erben ein weitergehender Anspruch auf Aufwendungsersatz gem. § 1978 III zugestanden (Soergel/*Stein* Rn. 17), während andere die Auffassung vertreten, dass es nach der Absonderung des Nachlasses an dem erforderlichen Gegenseitigkeitsverhältnis fehle und die Aufrechnung deshalb trotz Zustimmung unzulässig sei (Erman/*Horn* Rn. 2a; *Muscheler* Erbrecht Rn. 3571). Dies widerspräche aber dem in § 1975 zum Ausdruck gekommenen Rechtsgedanken, dass trotz der Nachlassabsonderung Schuldner der in Betracht kommenden Nachlassverbindlichkeiten nicht der amtliche Verwalter wird. Lediglich die Haftung des Erben wird kraft Gesetzes auf den Nachlass beschränkt, während er materiell-rechtlich Schuldner der Nachlassverbindlichkeit bleibt. Das Gesetz bestimmt keine absolute Haftungsbeschränkung, verwehrt dem Erben insbes. nicht, sein Eigenvermögen freiwillig zur Erfüllung von Nachlassverbindlichkeiten einzusetzen. Die Aufrechnung mit einer Privatforderung stellt zudem keine Verfügung über einen Nachlassgegenstand dar, sondern hat nur die positive Folge, dass eine gegen den Nachlass gerichtete Verbindlichkeit erlischt. Dies kommt dem Nachlassgläubiger insgesamt zugute, so dass dem Erben kein Aufwendungsersatzanspruch iSv. §§ 1978 III iVm I 1, 1979 oder nach § 324 I Nr. 1 InsO zustehen kann. Hierzu müsste er Nachlassverbindlichkeiten bereits vor der Verfahrenseröffnung bzw. vor der Anordnung der Nachlassverwaltung getilgt haben (→ Rn. 3).

4 Von § 1977 ebenfalls **nicht erfasst** ist die **Aufrechnung von Nachlassgläubigern gegen Nachlassforderungen.** Ein Nachlassgläubiger kann nach Anordnung der Nachlassverwaltung oder Eröffnung des Nachlassinsolvenzverfahrens seinen Anspruch gegen eine Nachlassforderung aufrechnen, sofern aber der Erbe wegen der Regelung des § 1984 I. Das gilt selbst bei einer Unzulänglichkeit des Nachlasses (MüKoBGB/*Küpper* Rn. 10), weil Nachlassgläubiger nicht schlechter gestellt sein können als in einer Nachlassinsolvenz. § 1977 regelt auch nicht den Fall, **wenn zwischen der Aufrechnung und der amtlichen Vermögensabsonderung eine oder beide Forderungen verjährt** sind. Sofern sich der Schuldner darauf beruft, könnten die Forderungen nicht mehr durchgesetzt werden. Der Gesetzgeber hat die Konstellation, dass die Aufrechnung in § 1977 auflösend bedingt geregelt ist, bei den Verjährungsvorschriften nicht berücksichtigt. Das Problem lässt sich sachgerecht durch eine **entsprechende Anwendung von**

§ 205 lösen, indem für die Zeit zwischen der Erklärung der Aufrechnung und dem Eintritt der Vermögensseparation eine Hemmung der Verjährung angenommen wird. Nach § 205 wirkt bereits das Bestehen eines vertraglichen Leistungsverweigerungsrechts verjährungshemmend, so dass eine Hemmung erst Recht anzunehmen ist, wenn eine von der Verjährung bedrohte Forderung wegen ihres Erlöschens nicht mehr geltend gemacht werden kann (Staudinger/*Dobler* (2016) Rn. 14; Damrau/Tanck/*Gottwald* Rn. 10 f.).

3. Aufrechnung vor Anordnung der Nachlassverwaltung oder vor Eröffnung der Nachlassinsolvenz. a) Aufrechnung eines Nachlassgläubigers. § 1977 I regelt den Fall, dass ein Nachlassgläubiger die Aufrechnung erklärt, **ohne dass der Erbe dieser Aufrechnung zugestimmt hat.** In diesem Fall wird sie rückwirkend aufgehoben, es sei denn, der Erbe haftet für die Nachlassverbindlichkeiten bereits unbeschränkt. Anderenfalls muss er es nicht hinnehmen, dass Nachlassverbindlichkeiten auf seine Kosten getilgt werden. Nach der Anordnung der Nachlassverwaltung oder der Eröffnung des Nachlassinsolvenzverfahrens kann der Nachlassgläubiger seine Forderung nur noch gegen den Verwalter gem. § 1984 I 3, §§ 38, 87 InsO geltend machen. Eine Aufrechnungserklärung gegen eine Eigenforderung des Erben bleibt ohne Wirkung.

Hat der Erbe der Aufrechnung zugestimmt, hat er eine Verfügung über eine zu seinem Vermögen gehörende Forderung getroffen und ist deshalb – was in Abs. 1 unterstellt wird – nicht schutzwürdig. In der Zustimmung liegt ein Verzicht des Erben auf die beschränkte Haftung im Verhältnis zu diesem Gläubiger (MüKoBGB/*Küpper* Rn. 2). Ihm steht ein Aufwendungsersatzanspruch gem. §§ 1978 III, 683, 684 zu, den er im Nachlassinsolvenzverfahren als Masseschuld gem. § 324 I Nr. 1 InsO geltend machen kann (Staudinger/*Dobler* (2016) Rn. 4; MüKo/*Küpper* Rn. 2; Palandt/*Weidlich* Rn. 2).

b) Aufrechnung eines Eigengläubigers. Nach § 1977 II gilt das Gleiche wie nach Abs. 1, wenn ein **Eigengläubiger** des Erben mit einer ihm gegen den Erben zustehende Forderung **gegen eine zum Nachlass gehörende Forderung aufgerechnet hat.** Dadurch sollen Nachlassgläubiger vor einer Reduzierung des Nachlasses geschützt werden.

aa) Ohne Zustimmung des Erben. Hat der Erbe der Aufrechnung nicht zugestimmt oder ihr widersprochen, **verliert** die von einem Eigengläubiger ausgesprochene **Aufrechnung** gegen eine Nachlassforderung nach Eintritt der Vermögenstrennung aufgrund der amtlichen Nachlassabsonderung ihre **Wirksamkeit.** Der Verlust des von dem Eigengläubiger aufgrund der Aufrechnung auf Kosten des Nachlasses erlangten Vorteils entspricht der durch §§ 784 I, II, 785 ZPO zugelassenen Möglichkeit der Beseitigung von Vollstreckungsmaßnahmen von Eigengläubigern in den Nachlass (MüKoBGB/*Küpper* Rn. 5; Staudinger/*Dobler* (2016) Rn. 8.

bb) Mit Zustimmung des Erben. Hat der Erbe der von einem Eigengläubiger gegenüber einer Nachlassforderung erklärten Aufrechnung zugestimmt, ist **umstritten,** ob die Aufrechnungswirkung durch die spätere Vermögensseparation berührt wird. Nach wohl überwiegender Auffassung begründet die Zustimmung auch bei Abs. 2 ebenso wie bei § 1977 I, dass die Aufrechnungswirkung bestehen bleibt (RG Urt. v. 3.12.1915 – VII 247/15, LZ 1916, 1364 Rn. 9; RGRK/*Johannsen* Rn. 6; Soergel/*Stein* Rn. 5; Staudinger/*Dobler* (2016) Rn. 9; *Joachim* Erbenhaftung Rn. 223), während andere aus dem Gesetzeszweck – Schutz der Nachlassgläubiger vor einer Schmälerung des Nachlasses – folgern, dass es auf die Zustimmung des Erben nicht ankommen könne und die Aufrechnung ungeachtet der Zustimmung nachträglich ihre Wirksamkeit verliere (MüKoBGB/*Küpper* Rn. 6 mwN; Palandt/*Weidlich* Rn. 4). Diese Auffassung widerspricht aber dem eindeutigen Wortlaut des § 1977 II „das Gleiche gilt". Da Abs. 2 insgesamt auf § 1977 I verweist, ist auch der Fall der Zustimmung erfasst (Soergel/*Stein* Rn. 5; Muscheler ErbR Rn. 3569f.; *Joachim* Erbenhaftung Rn. 223). Der Grundsatz, dass einmal getroffene Verfügungen fortgelten sollen, spricht ebenfalls dafür, die Wirksamkeit einer mit Zustimmung des Erben erklärten Aufrechnung eines Eigengläubigers nicht in Frage zu stellen (Staudinger/*Dobler* (2016) Rn. 9 mwN). Der Verwalter ist auf die Haftung des Erben für seine bisherige Verwaltung nach § 1978 I zu verweisen, was zum Schutz der Interessen der Nachlassgläubiger regelmäßig ausreicht.

4. Aufrechnung und Verlust der Haftungsbeschränkung. Haftet ein Erbe **gegenüber allen Nachlassgläubigern unbeschränkt,** kommen die in § 1977 bestimmten Rechtsfolgen nach § 2013 I 1 nicht zum Tragen. Von daher müssten an sich alle Aufrechnungen wirksam bleiben. Die Nachlassgläubiger haben jedoch ein gesetzlich geschütztes Interesse daran, dass der Nachlass nicht zugunsten des Eigenvermögens des Erben durch Aufrechnungen geschmälert wird (Erman/*Horn* Rn. 4). Deshalb wird **§ 2013 I 1** nach heute allgemeiner Auffassung **einschränkend** dahingehend **ausgelegt,** dass die Verweisung nur für § 1977 I gilt (Palandt/*Weidlich* Rn. 5; Staudinger/*Dobler* (2016) Rn. 8; Erman/*Horn* Rn. 4; *Joachim* Erbenhaftung Rn. 227). Danach bleiben nur Aufrechnungen zu Lasten des Eigenvermögens des Erben bestehen.

Tritt der **Verlust der Haftungsbeschränkung nur gegenüber einzelnen Nachlassgläubigern** ein, fände § 1977 nach dem Wortlaut des § 2013 II eigentlich Anwendung. Diese Bestimmung ist jedoch ihrerseits einschränkend dahingehend auszulegen, dass sie sich nur auf § 1977 II bezieht (MüKoBGB/*Küpper* Rn. 8; Erman/*Horn* Rn. 5). Nur so wird eine Verkürzung der Haftungsmasse für die übrigen Nachlassgläubiger verhindert. Würde die Unwirksamkeit der Aufrechnung auch den Fall des § 1977 I erfassen, könnte der Erbe gegenüber dem Gläubiger, dem er bereits unbeschränkt haftet, die verlorene Möglichkeit der Haftungsbeschränkung wiedererlangen. Das soll gerade ausgeschlossen sein, so dass die Aufrechnung wirksam bleiben muss (MüKoBGB/*Küpper* Rn. 8; *Joachim* Erbenhaftung Rn. 227).

§ 1978 Verantwortlichkeit des Erben für bisherige Verwaltung, Aufwendungsersatz

(1) ¹Ist die Nachlassverwaltung angeordnet oder das Nachlassinsolvenzverfahren eröffnet, so ist der Erbe den Nachlassgläubigern für die bisherige Verwaltung des Nachlasses so verantwortlich, wie wenn er von der Annahme der Erbschaft an die Verwaltung für sie als Beauftragter zu führen gehabt hätte. ²Auf die vor der Annahme der Erbschaft von dem Erben besorgten erbschaftlichen Geschäfte finden die Vorschriften über die Geschäftsführung ohne Auftrag entsprechende Anwendung.

(2) Die den Nachlassgläubigern nach Absatz 1 zustehenden Ansprüche gelten als zum Nachlass gehörend.

(3) Aufwendungen sind dem Erben aus dem Nachlass zu ersetzen, soweit er nach den Vorschriften über den Auftrag oder über die Geschäftsführung ohne Auftrag Ersatz verlangen könnte.

1 **1. Normzweck.** Die Vorschrift des § 1978 (Überblick bei *Ostholt* ZEV 2015, 444 ff.) tritt nach der Anordnung der Nachlassverwaltung oder der Eröffnung des Nachlassinsolvenzverfahrens mit der Folge der Separation von Nachlass und Eigenvermögen des Erben neben § 1976 (Wirkung auf durch Vereinigung erloschene Rechtsverhältnisse) und neben 1977 (Wirkung auf eine Aufrechnung). Der **Nachlass soll den Nachlassgläubigern möglichst ungeschmälert zur Verfügung** stehen, doch sollen Verfügungen des Erben, die er als Berechtigter nach dem Anfall der Erbschaft und vor der Vermögensseparation von Nachlass und Eigenvermögen getroffen hat, ihre Wirksamkeit nicht verlieren. Dieses Spannungsverhältnis wird durch § 1978 I gelöst, indem der Erbe für seine bisherigen Verwaltungsmaßnahmen den Nachlassgläubigern gegenüber verantwortlich ist. Mit dem Eintritt der Haftungsbeschränkung auf den Nachlass rückwirkend auf den Erbfall wird er wie ein **Verwalter fremden Vermögens** behandelt, obwohl er Inhaber aller Rechte an den Nachlassgegenständen geworden war (*Joachim* Erbenhaftung Rn. 228). Die in § 1978 I bestimmte Haftung wird durch § 1979 abgemildert und durch § 1980 verschärft. Nicht anwendbar ist § 1978, wenn der Erbe bereits allgemein unbeschränkbar haftet, was sich aus § 2013 I 1 ergibt. Nachlassgläubiger können dann ohnehin auf das Eigenvermögen des Erben zugreifen, so dass keine Notwendigkeit besteht, dass er für Verwaltungsmaßnahmen nochmals haftet (MüKoBGB/*Küpper* Rn. 2). Bei einer unbeschränkten Haftung nur gegenüber einzelnen Nachlassgläubigern kommt die Regelung gem. § 2013 II BGB dagegen zum Tragen.

2 **2. Verantwortlichkeit des Erben für Verwaltungsmaßnahmen vor amtlicher Nachlassseparation.** Das Gesetz unterscheidet in § 1978 I, inwieweit der Erbe für seine Verwaltungsmaßnahmen den Nachlassgläubigern gegenüber verantwortlich ist, danach, ob er die Erbschaft **vor der Annahme der Erbschaft oder in der Zeit danach zu führen gehabt** hätte. Die **Vorschrift gilt nicht für Handlungen und rechtsgeschäftliche Verfügungen des Erben vor dem Erbfall**, die infolge des Erbfalls nach § 185 II 1 Hs. 2 wirksam geworden sind. Von der Verantwortlichkeit nach § 1978 I ist die Verpflichtung des Erben, Gläubigern einer Nachlassverbindlichkeit wegen deren Verletzung Schadensersatz leisten zu müssen, zu unterscheiden (MüKoBGB/*Küpper* Rn. 2). Der Anspruch aus § 1978 I unterliegt der **dreijährigen Regelverjährung** gem. §§ 195, 199 I (Palandt/*Weidlich* Rn. 3).

3 **a) Verantwortlichkeit für die Zeit vor Erbschaftsannahme.** Für die Zeit vor der Annahme der Erbschaft haftet der Erbe für die Verwaltung gem. § 1978 I 2 den Nachlassgläubigern **wie ein Geschäftsführer ohne Auftrag.** Es handelt sich um eine **Rechtsfolgenverweisung.** Zur Anwendung kommen die §§ 677–684, 259, 260, nach denen der Erbe auskunfts-, rechenschafts-, eides- und schadensersatzpflichtig werden, andererseits aber auch Ersatz seiner Verwendungen verlangen kann (Erman/*Horn* Rn. 2). Die §§ 677 ff. sind nur entsprechend anwendbar, weil der Erbe bei seinen Handlungen nicht auf einen wirklichen oder mutmaßlichen Willen von Nachlassgläubigern Rücksicht zu nehmen hat. Er muss bei der Führung der erbschaftlichen Geschäfte nur das objektive Interesse der Nachlassgläubiger wahren. Dagegen verstößt er, wenn er entgegen § 778 II ZPO vor der Erbschaftsannahme der Vollstreckung in den Nachlass wegen einer Eigenverbindlichkeit nicht entgegentritt. Aufgrund des Wegfalls der Eigenverbindlichkeit hat er die bei ihm eingetretene Bereicherung auszugleichen und für einen etwaigen Schaden Ersatz zu leisten. Der Erbe haftet den Nachlassgläubigern für alle Schäden, die sie dadurch erleiden, dass er die von ihm vor der Annahme ausgeführten Geschäfte nicht ihrem Interesse entsprechend geführt hat. Die Haftung tritt bei jeder Art von Verschulden ein (MüKoBGB/*Küpper* Rn. 3).

4 **b) Haftung ab Annahme der Erbschaft.** Nach der Annahme der Erbschaft hat der Erbe den Nachlass zu verwalten, bis es zu einer Nachlassabsonderung aufgrund der amtlichen Verfahren kommt. Die Verwaltung hat er gem. § 1978 I 1 so zu besorgen, wie wenn er von der Annahme an die **Verwaltung als Beauftragter der Nachlassgläubiger zu führen gehabt** hätte. Unter **Verwaltung iSv § 1978 I 1 wird die gesamte tatsächliche und rechtliche Verfügung über den Nachlass** verstanden, die ihrem Zweck nach auch der Erhaltung dienen soll (Staudinger/*Dobler* (2016) Rn. 10). Die Bestimmungen über den Auftrag sind trotz des insoweit abweichenden Wortlauts zu § 1978 I 2 „entsprechende Anwendung" nach allgemeiner Auffassung ebenfalls nur entsprechend anwendbar (MüKoBGB/*Küpper* Rn. 4; *Joachim* Erbenhaftung Rn. 233). Vorschriften, die wesentlich mit der rechtsgeschäftlichen Übernahme der Geschäftsbesorgung zusammenhängen, finden keine Anwendung. Entsprechend anwendbar sind danach die §§ 664 I 2, 3, 666–668, nicht jedoch die §§ 662, 663, 664 I 1, II, §§ 665, 669 sowie §§ 671–674 (Erman/*Horn* Rn. 3; MüKoBGB/*Küpper* Rn. 4; Staudinger/*Dobler* (2016) Rn. 11, die jedoch § 674 für analog anwendbar hält).

Verantwortlichkeit des Erben für bisherige Verwaltung   **§ 1978 BGB 10**

aa) Auskunftspflicht des Erben. Kommt es nach Erbschaftsannahme zu einer amtlichen Nachlassabsonderung, ist der Erbe dem Nachlassgläubigern gem. § 666 zur **Auskunft** verpflichtet. Er muss gem. § 259 I **Rechnung legen** und **Belege erteilen**, gem. § 260 I ein **Nachlassverzeichnis erstellen** und bei Vorliegen der Voraussetzungen gem. § 259 II die **eidesstattliche Versicherung abgeben.** Die Verpflichtung zur Erstellung des Verzeichnisses entspricht nicht der der Errichtung eines Inventars nach den §§ 1993 ff. Die sich aus den gesetzlichen Regelungen der §§ 2005, 2006 über die Errichtung eines inhaltlich nicht zutreffenden Inventars und aus der Verweigerung der Abgabe der eidesstattlichen Versicherung gegenüber einzelnen Nachlassgläubigern zu Lasten des Erben ergebenden Rechtsfolgen kommen nicht zum Tragen (Soergel/*Stein* Rn. 3).

bb) Herausgabepflicht für Erbschaft, Nutzungen, Surrogate und bei rechtsgeschäftlichem Erwerb. Der Erbe ist verpflichtet, unverzüglich den Nachlass sowie alles, was er aus dessen Verwaltung erlangt hat, gem. § 667 an den Verwalter herauszugeben einschließlich der vorhandenen **Nutzungen.** Für verbrauchte Nutzungen ist Ersatz zu leisten. Sind an die Stelle von Erbschaftsgegenständen **Surrogate** getreten, unterliegen sie ebenfalls der Herausgabepflicht, wenn sie **ohne eigenes Zutun des Erben dem Nachlass zugefallen sind,** dh nicht auf Rechtshandlungen des Erben beruhen (Staudinger/*Dobler* (2016) Rn. 15; MüKoBGB/*Küpper* Rn. 6). Hat der Erbe ein ererbtes **Grundstück vermietet,** ist er zur Herausgabe der vereinnahmten Mieten verpflichtet. Der **Mietzins ist** mittelbare Frucht einer Sache gem. § 99 III und damit gem. § 100 **als Nutzung anzusehen.** Erzielt er einen ortsüblichen Mietzins, muss er diesen nach § 667 Alt. 2 herausgeben. Gleiches gilt für einen Mietzins, der deutlich über den gewöhnlich gezahlten Preisen für vergleichbare Mietobjekte liegt. Eine unzumutbare Härte liegt darin nicht, weil er trotz der rückwirkenden Einstufung als Fremdverwalter Eigentümer der Nachlassgegenstände bleibt. Die Erzielung möglichst hoher Mieten entspricht dem Grundsatz ordnungsgemäßer wirtschaftlicher Verwaltung und ist damit Ausdruck der an den Erben zu stellenden Anforderungen im Umgang mit Nachlassgegenständen. Hat der Erbe bei der Vermietung nur einen unter der marktüblichen Miete liegenden Mietzins erzielt, muss er gem. §§ 1978 I 1, 667 Alt. 2 den tatsächlich erzielten Mietzins herausgeben. Daneben kommt ein **Schadensersatzanspruch in Höhe der Differenz zwischen dem erzielten Mietzins und dem nach der Marktlage erzielbaren Mietzins** wegen einer Pflichtverletzung in Betracht, wobei das Verschulden des Erben genau zu prüfen ist. Bewohnt der Erbe selbst bis zur amtlichen Nachlassabsonderung ein ererbtes Grundstück, hat er für den erlangten Gebrauchsvorteil Ersatz zu leisten. Dieser bemisst sich nach den üblichen Mietzins ohne Berücksichtigung der von ihm getragenen Nebenkosten (MüKoBGB/*Küpper* Rn. 8).

Verwendet der Erbe Geld aus dem Nachlass für sich, hat er den Betrag zurückzuerstatten und gem. § 668 zu **verzinsen.** Die Pflicht zur Zinszahlung entfällt, wenn die Zinsen zur Befriedigung der nicht ausgeschlossenen Gläubiger nicht erforderlich sind.

Hat der Erbe durch rechtsgeschäftlichen Erwerb etwas mit Mitteln des Nachlasses erworben, kommt eine dingliche Surrogation nicht in Betracht. Die Regelungen der §§ 2019 I, 2111 I, die kraft Gesetzes einen Wertausgleich für Änderungen im Bestand des Nachlasses herbeiführen, sind in den Fällen amtlicher Nachlassabsonderung nicht analog anwendbar (BGH Urt. v. 13.7.1989 – IX ZR 227/87, NJW-RR 1989, 1226; MüKoBGB/*Küpper* Rn. 6; Staudinger/*Dobler* (2016) Rn. 16 f. mwN). Der Erbe hat das, was er mit Nachlassmitteln **rechtsgeschäftlich erworben hat, grds. nicht herauszugeben, sondern nur Ersatz zu leisten.** Eine Kaufpreisforderung geht im Fall der Veräußerung eines Nachlassgegenstandes erst durch Abtretung des Erben auf den Verwalter über. Erwirbt der Erbe willentlich für den Nachlass, wird der durch dieses Rechtsgeschäft erworbene Gegenstand durch dingliche Surrogation kraft Parteiwillens sogleich Bestandteil des Nachlasses, sofern dem Vertragsgegner erkennbar sein musste, dass der Erbe für den Nachlass erwerben will (Staudinger/*Dobler* (2016) Rn. 17; Lange/*Kuchinke* ErbR § 41 I 2; nach MüKoBGB/*Küpper* Rn. 6 und Palandt/*Weidlich* Rn. 3 kommt es nicht einmal auf die Erkennbarkeit des Willens an; krit. Damrau/Tanck/*Gottwald* Rn. 6).

cc) Verantwortlichkeit für die Verwaltung des Nachlasses. Der Umfang der Verantwortlichkeit des Erben reicht weit, weil das Gesetz den Verwaltungsbegriff umfassend versteht (MüKoBGB/*Küpper* Rn. 10). Der Erbe haftet, wenn er dem Nachlass durch seine Maßnahmen oder durch das Unterlassen gebotener Erhaltungsmaßnahmen Schaden zufügt, so durch Vernachlässigung der Unterhaltungspflicht oder von Pflichten aus laufenden Versicherungsverträgen. Die Pflicht zur Berichtigung der Nachlassverbindlichkeiten ist in § 1979 gesondert geregelt, diejenige zur Stellung des Antrags auf Eröffnung eines Nachlassinsolvenzverfahrens in § 1980.

Aus der entsprechenden Anwendbarkeit der Regelungen des Auftragsrechts folgt, dass der **Erbe zur Befriedigung von Eigengläubigern aus dem Nachlass** oder zu einer **Duldung einer** von diesen Gläubigern betriebenen **Zwangsvollstreckung in den Nachlass** im Verhältnis zu den Nachlassgläubigern **nicht berechtigt** ist. Er muss der Zwangsvollstreckung von Eigengläubigern in den Nachlass entgegentreten. Dazu kann er die Eigengläubiger freiwillig aus seinem Eigenvermögen befriedigen, nach § 783 ZPO vorgehen, ein amtliches Verfahren beantragen und Vollstreckungsabwehrklage gem. §§ 785, 767 ZPO erheben. Aus der entsprechenden Anwendbarkeit des Auftragsrechts ergibt sich auch, dass der Erbe gem. § 276 I Hs. 1 **Vorsatz und Fahrlässigkeit zu vertreten** hat. Im Rahmen des zwischen ihm und den Nachlassgläubigern bestehenden gesetzlichen Schuldverhältnisses haftet der Erbe gem. § 278 auch für das **Verschulden gesetzlicher Vertreter und solcher Personen, derer er sich zur Erfüllung seiner Verbindlichkeiten bedient.** Während er für ein Verschulden seiner gesetzlichen Vertreter uneingeschränkt einzustehen hat, haftet er für das Verschulden eines Nachlasspflegers oder eines Testamentsvollstreckers nur mit dem Nachlass (Erman/*Horn* Rn. 4; Palandt/*Weidlich* Rn. 3; Staudinger/*Dobler* (2016) Rn. 13). Nicht haftbar ist der Erbe ebenso wie der Nachlass für ein deliktisches Verhalten eines amtlichen Verwalters, da § 31 nicht anwendbar ist (MüKoBGB/*Küpper* Rn. 11).

Allgemein gilt ein **objektiver Fahrlässigkeitsmaßstab**. Eine Bevorzugung aufgrund der besonderen Stellung als Erbe bei der Verwaltung des Nachlasses ist aufgrund der geltenden Gesetzeslage ausgeschlossen (*Joachim* Erbenhaftung Rn. 237). Die Grundsätze einer bloß eigenüblichen Sorgfalt oder einer Haftungsbeschränkung auf das Maß grober Fahrlässigkeit lassen sich weder aus der Interessenlage noch aus einer analogen Anwendung haftungsbeschränkender Grundsätze und Regelungen ableiten (näher *Klook*, Die überschuldete Erbschaft, 1998, 339 ff.; Staudinger/*Dobler* (2016) Rn. 12; *Joachim* Erbenhaftung Rn. 237 mwN; aA Soergel/*Stein* Rn. 5, Haftung nur für eigenübliche Sorgfalt).

11 **3. Fiktion der Nachlasszugehörigkeit.** Nach § 1978 II stehen die **Herausgabe- und Ersatzansprüche** der Nachlassgläubiger **dem Nachlass und** damit auch **dem Erben als Träger des Nachlasses** zu. Die Ansprüche richten sich gegen ihn als Träger seines Eigenvermögens und sind **Eigenverbindlichkeiten**. Trotz der Nachlassseparation aufgrund der amtlichen Verfahren **haftet der Erbe für sie unbeschränkbar** (BGH Urt. v. 2.7.1992 – IX ZR 256/91, NJW 1992, 2694). Einem ausgeschlossenen oder säumigen Gläubiger sowie einem Insolvenzgläubiger haftet der Erbe gem. §§ 1973, 1974, 1989 nur in Höhe der vorhandenen Bereicherung. Die Zuordnung der Ersatzansprüche zum Nachlass gem. § 1978 II ist **bedeutsam für die Berechnung des Nachlasswertes**, so bei § 1980 für die Frage der Überschuldung, bei §§ 1982, 1988 II, § 1990; §§ 26, 207 InsO im Zusammenhang mit der Frage, ob eine die Kosten deckende Masse vorhanden ist.

12 **4. Ersatzansprüche des Erben.** Den Verpflichtungen des Erben aus § 1978 I stehen dessen **Ersatzansprüche aus § 1978 III** gegenüber. **Aufwendungen** sind dem Erben **aus dem Nachlass zu ersetzen**, soweit er **als Geschäftsführer ohne Auftrag oder als Beauftragter** Ersatz beanspruchen könnte. Es wird in Anlehnung an Abs. 1 zwischen den vor und den nach der Annahme der Erbschaft gemachten Aufwendungen unterschieden.

14 Hat der Erbe **vor der Annahme** der Erbschaft Aufwendungen auf den Nachlass gemacht, richtet sich sein **Ersatzanspruch nach § 683**. Die Besorgung der erbschaftlichen Geschäfte muss dem Interesse und dem wirklichen oder mutmaßlichen Willen der Nachlassgläubiger entsprochen haben. **Fehlen diese Voraussetzungen, kann der Erbe nur nach Maßgabe des § 684 Herausgabe der Bereicherung beanspruchen.** Streitig ist, ob bei Vorliegen der **Voraussetzungen des § 685 I** Aufwendungsersatzansprüche des Erben aus § 1978 III entfallen. Nach § 685 I steht ein Aufwendungsersatzanspruch einem Geschäftsführer nicht zu, wenn er subjektiv nicht die Absicht hatte, von dem Geschäftsherrn Ersatz zu verlangen. Gegen die Anwendbarkeit dieser Vorschrift iRd § 1978 III spricht, dass derjenige, der – wie ein Erbe – keinen Fremdgeschäftsführungswillen hat, auch nicht die vorläufige Absicht gehabt haben kann, von Nachlassgläubigern keinen Aufwendungsersatz zu verlangen (Staudinger/*Dobler* (2016) Rn. 26; *Joachim* Erbenhaftung Rn. 242; BeckOGK/*Herzog* Rn. 90 f.; aA MüKoBGB/*Küpper* Rn. 13).

15 **Nach der Annahme** der Erbschaft sind dem Erben **Aufwendungen gem. § 670 zu ersetzen**, soweit er sie zum Zwecke der Verwaltung des Nachlasses den Umständen nach für erforderlich halten durfte. Für den aus Aufwendungsersatz Verpflichteten gilt die Zinspflicht gem. § 256. Befreiung von eingegangenen Verbindlichkeiten, die der Erbe in ordnungsgemäßer Verwaltung des Nachlasses mit der Folge persönlicher Haftung eingegangen ist, kann er gem. §§ 670, 257 verlangen. Der Aufwendungsersatzanspruch des Erben findet im Nachlassinsolvenzverfahren als Nachlassverbindlichkeit in den §§ 323, 324 I Nr. 1, (Masseanspruch) § 326 II, III, § 328 II InsO Berücksichtigung.

16 Eine **Vergütung kann der Erbe** für seine Geschäftsführung bzw. Verwaltung als Beauftragter **nicht beanspruchen**, weil es hierfür an einer gesetzlichen Grundlage fehlt (BGH Urt. v. 29.4.1993 – IX ZR 215/92, BGHZ 122, 297 (306 f) = NJW 1993, 1851 (1853)). Ein Vergütungsanspruch ist ausnahmsweise denkbar, wenn der Erbe ein Unternehmen des Erblassers gewerblich oder berufsmäßig fortgeführt hat. Dann muss es ihm frei stehen, ob er die Unternehmensfortführung einem Fremdgeschäftsführer überträgt oder die Aufgabe selbst gegen Entgelt übernimmt (Staudinger/*Dobler* (2016) Rn. 26).

17 Ein **Zurückbehaltungsrecht** wegen seiner Aufwendungsersatzansprüche steht dem Erben nicht zu. Das ist für das Nachlassinsolvenzverfahren in § 323 InsO ausdrücklich bestimmt und kann gegenüber dem Nachlassverwalter nicht anders sein (Palandt/*Weidlich* Rn. 5; Erman/*Horn* Rn. 6; MüKoBGB/*Küpper* Rn. 16; diff. Staudinger/*Dobler* (2016) Rn. 31). Bei einer Gleichartigkeit der beiderseitigen Forderungen ist eine Aufrechnung gegenüber dem Anspruch des Verwalters aus § 1978 I zulässig (MüKoBGB/*Küpper* Rn. 16).

18 Die Aufwendungsersatzansprüche des Erben gem. § 1978 III stehen ihm als Träger seines Eigenvermögens zu und **können von seinen Gläubigern gepfändet werden. Pfändungen von Nachlassgläubigern kann der Erbe** gem. **§§ 784 I, 785, 767 ZPO abwenden**. Die Ansprüche unterliegen gem. § 211 der Ablaufhemmung, wodurch sowohl die Nachlassgläubiger als auch der Erbe geschützt werden. Die 6-Monats-Frist beginnt mit der Eröffnung des Nachlassinsolvenzverfahrens, mit der Einsetzung eines Nachlassverwalters, Nachlasspflegers, Abwesenheitspflegers oder eines Testamentsvollstreckers zu laufen, bei letzterem erst mit der Annahme des Amtes.

19 **5. Verantwortlichkeit des Erben nach Verfahrenseröffnung.** Nach Verfahrenseröffnung findet das Auftragsrecht auf Verwaltungshandlungen des Erben grds. keine Anwendung. Der Erbe verliert mit Eintritt der amtlichen Nachlassseparation die Befugnis, den Nachlass zu verwalten und über ihn zu ver-

fügen. Setzt er sich über diese Beschränkungen hinweg, haftet er nach den allgemeinen Regeln, wenn er von der Verfahrenseröffnung **Kenntnis** hatte. War das nicht der Fall, gilt zu seinen Gunsten analog § 674 der in § 1978 I fingierte Verwaltungsauftrag fort (RGRK/*Johannsen* § 1984 Rn. 4).

§ 1979 Berichtigung von Nachlassverbindlichkeiten

Die Berichtigung einer Nachlassverbindlichkeit durch den Erben müssen die Nachlassgläubiger als für Rechnung des Nachlasses erfolgt gelten lassen, wenn der Erbe den Umständen nach annehmen durfte, dass der Nachlass zur Berichtigung aller Nachlassverbindlichkeiten ausreiche.

1. Normzweck. § 1979 ist eine **die Regelung des § 1978 ergänzende spezielle Bestimmung** für den Fall, dass **der Erbe Nachlassverbindlichkeiten berichtigt**. Der Erbe soll gegen Härten und Unbilligkeiten (Prot. V 766) geschützt werden, die sich aus der uneingeschränkten Geltung der §§ 1978, 670 zur Verantwortlichkeit des Erben für seine bisherige Verwaltung ergeben könnten, anderenfalls die Befriedigung eines einzelnen Gläubigers im Interesse der übrigen Gläubiger gelegen haben müsste. Die Befriedigung eines Nachlassgläubigers gilt nach § 1979 als für Rechnung des Nachlasses erfolgt, wenn der Erbe **den Umständen nach annehmen durfte,** dass der **Nachlass zur Befriedigung aller Verbindlichkeiten ausreicht.** Hat der Erbe sich an diesem Maßstab orientiert und einen Nachlassgläubiger mit Eigenmitteln befriedigt, kann er Ersatz seiner tatsächlichen Aufwendungen aus dem Nachlass verlangen. Die Tilgung einer Nachlassschuld mit Mitteln des Nachlasses kann er bei seiner Rechenschaft zu seinen Gunsten berücksichtigen. Das entspricht sowohl den Interessen des Erben als auch denen des Gläubigers. 1

2. Voraussetzungen des § 1979. Nachlassgläubiger müssen die **Berichtigung von Nachlassverbindlichkeiten „als für Rechnung des Nachlasses erfolgt"** gegen sich gelten lassen, wenn der Erbe den Umständen nach annehmen durfte, dass der Nachlass zur Berichtigung aller Nachlassverbindlichkeiten ausreicht. Ist das nicht der Fall und hat der Erbe trotzdem eine Nachlassverbindlichkeit erfüllt, haftet er der Gesamtheit der Nachlassgläubiger dafür gem. § 1978 I. 2

a) Prüfungspflicht des Erben. Damit der Erbe beurteilen kann, ob der Nachlass für die Berichtigung aller Nachlassverbindlichkeiten ausreicht, trifft ihn eine Prüfungspflicht (MüKoBGB/*Küpper* Rn. 3). **Ansprüche aus Vermächtnissen und Auflagen sowie ausgeschlossene und säumige Gläubiger haben außer Betracht zu bleiben,** was sich aus §§ 1980 I 3, 1973, 1974 u. 1989 herleiten lässt (Bamberger/Roth/*Lohmann* Rn. 3; Erman/*Horn* Rn. 3; aA Staudinger/*Dobler* (2016) Rn. 6 f.). Der Erbe kann die Berichtigung einer Nachlassverbindlichkeit nicht aufgrund einer allgemeinen Befürchtung verweigern, es könnten noch weitere bisher nicht bekannte und zur Unzulänglichkeit des Nachlasses führende Verbindlichkeiten vorhanden sein (MüKoBGB/*Küpper* Rn. 3). Ob der **Erbe seiner Pflicht zur sorgfältigen Prüfung des Umfangs der Nachlassverbindlichkeiten nachgekommen** ist, ist jeweils **im Einzelfall zu beurteilen.** Der Erbe wird nicht entlastet, wenn er nur einwendet, er habe von weiteren Verbindlichkeiten keine Kenntnis gehabt. § 1980 II bestimmt, dass der Kenntnis der Zahlungsunfähigkeit oder der Überschuldung die auf Fahrlässigkeit beruhende Unkenntnis gleichsteht. Der Erbe hat folglich darzulegen, nicht fahrlässig gehandelt zu haben. Muss er davon ausgehen, dass über die bekannten Nachlassverbindlichkeiten hinaus weitere zu erfüllen sind, wird er ein Inventar zu errichten und ein Aufgebotsverfahren (BGH Urt. v. 11.7.1984 – IVa 23/83, NJW 1985, 140; BeckOGK/*Herzog* Rn. 12) zu beantragen haben. Anderenfalls muss er den Nachlass sichten und danach entscheiden, ob noch weitere Ermittlungen nötig sind, bspw. durch **Nachfragen bei Banken, Familienangehörigen** oder durch **Einsichtnahme in Unterlagen** des Erblassers oder von Dritten. Die rechtskräftige Verurteilung wegen einer Nachlassverbindlichkeit entbindet den Erben nicht von seiner Prüfungspflicht aus § 1979 (Erman/*Horn* Rn. 3), weil sie einer Befriedigung iSv §§ 1973 II, 1989 und 1991 III nicht gleichgestellt ist. Ergibt die Prüfung trotz rechtskräftiger Verurteilung, dass möglicherweise nicht alle Verbindlichkeiten beglichen werden können, hat der Erbe die Eröffnung eines Nachlassinsolvenzverfahrens zu beantragen, um die Vollstreckung des Klägers zu verhindern, §§ 88, 89, 321 InsO (Staudinger/*Dobler* (2016) Rn. 8). 3

b) Keine unbeschränkte Haftung. Nach § 2013 I 1 **findet § 1979 keine Anwendung,** wenn der **Erbe** im Zeitpunkt der Anordnung der Nachlassverwaltung oder der Eröffnung des Nachlassinsolvenzverfahrens bereits allgemein **unbeschränkt haftet.** In diesem Fall ist gem. § 326 II InsO auch das Eintrittsrecht des Erben anstelle des befriedigten Gläubigers ausgeschlossen. Ein unbeschränkt haftender Erbe hätte mit seinem Eigenvermögen für etwaige Ausfälle der Gläubiger einzustehen. Hat der Erbe seine Haftungsbeschränkungsmöglichkeit **nur gegenüber einzelnen Nachlassgläubigern** verloren, ist die Anwendbarkeit des § 1979 gem. § 2013 II **nicht ausgeschlossen** (zu den Rechtsfolgen → Rn. 6). 4

3. Rechtsfolgen. Durfte der Erbe davon ausgehen, dass der Nachlass zur Befriedigung aller Nachlassverbindlichkeiten ausreicht und hat er dafür Mittel des Nachlasses eingesetzt, kann er **nicht auf Rückerstattung in Anspruch genommen werden** (Staudinger/*Dobler* (2016) Rn. 10). Er kann den vollen Betrag als Ausgabe in Rechnung stellen. Hat er **Eigenmittel eingesetzt,** kann er gem. §§ 1979, 1978 III **Ersatz in voller Höhe beanspruchen.** Kommt es zur Nachlassinsolvenz, ist er gem. § 324 I Nr. 1 InsO **Massegläubiger,** unabhängig davon, welchen Rang der von ihm befriedigte Gläubiger in der Insolvenz gehabt hätte. Der Anspruch besteht in Höhe des tatsächlich aufgewandten Betrages, bei nur teilweiser Tilgung in Höhe des Teilbetrages (Staudinger/*Dobler* (2016) Rn. 10). Bestand für die getilgte Nachlassverbindlichkeit eine dingliche Sicherheit auf einem Nachlassgrundstück, ist diese mit dem Erlöschen der Forderung Eigentümergrundschuld geworden und steht dem Nachlass zu (Palandt/*Weidlich* Rn. 3). 5

Joachim

6   Liegen die Voraussetzungen des § 1979 nicht vor, ist der Erbe den **Nachlassgläubigern zum Schadensersatz** gem. § 1978 I **verpflichtet,** wenn er die Forderung mit Mitteln des Nachlasses beglichen hat (Erman/*Horn* Rn. 4). Die Haftung ist darauf beschränkt, was vor- und gleichrangige Gläubiger im Nachlassinsolvenzverfahren weniger erhalten als sie erhalten hätten, wenn der Erbe die Verbindlichkeit nicht erfüllt hätte (Bamberger/Roth/*Lohmann* Rn. 5). Hat der Erbe den aufgewandten Betrag zum Nachlass zurückgezahlt, tritt er im Nachlassinsolvenzverfahren gem. § 326 II InsO an die Stelle des von ihm befriedigten Gläubigers, es sei denn, er haftet unbeschränkt. Gleiches gilt, wenn er die Schuld mit Eigenmitteln getilgt hat. Außerhalb eines Nachlassinsolvenzverfahrens hat er lediglich einen Bereicherungsanspruch gegen den Nachlass gem. §§ 1978 III, 684 (Erman/*Horn* Rn. 4a; MüKoBGB/*Küpper* Rn. 5; nach Staudinger/*Dobler* (2016) Rn. 15 gem. § 326 II InsO analog).

7   Die Regelung des § 1979 findet gem. § 1985 II 2 auf den **Nachlassverwalter** entsprechende Anwendung. Er ist in gleicher Weise wie der Erbe den Nachlassgläubigern bei der Berichtigung von Nachlassverbindlichkeiten verantwortlich. **Entsprechende Anwendung** findet § 1979 gem. § 1991 I auch in den Fällen der §§ 1990, 1992 S. 1.

8   **4. Beweislast.** Der **Erbe** trägt sowohl im Aktiv- als auch im Passivprozess die Darlegungs- und Beweislast für die Umstände, die ihn veranlasst haben, die Zulänglichkeit des Nachlasses für die Berichtigung aller Nachlassverbindlichkeiten anzunehmen (BGH Urt. v. 11.7.1984 – IVa ZR 23/83, NJW 1985, 140). Die Ersatzpflicht bei Verletzung der Prüfungspflicht ist eine Eigenverbindlichkeit des Erben, so dass die §§ 780 ff. ZPO nicht zur Anwendung kommen. Nimmt ein **Nachlassgläubiger** den Erben wegen einer Verletzung seiner Pflichten aus § 1979 auf Zahlung von Schadensersatz in Anspruch, muss er den Schaden nach Grund und Höhe darlegen und beweisen (OLG Düsseldorf Urt. v. 5.3.1999 – 7 U 149/98, ZEV 2000, 236; Damrau/Tanck/*Gottwald* Rn. 8).

9   **5. Anfechtungsmöglichkeit.** Hat der Erbe unter Verletzung des § 1979 einen Nachlassgläubiger befriedigt, führt das nicht zur Unwirksamkeit der Verfügung (MüKoBGB/*Küpper* Rn. 8). Der Insolvenzverwalter kann sie jedoch wie eine unentgeltliche Verfügung des Erben **unter den Voraussetzungen der §§ 129 ff. InsO, §§ 3–5 AnfG** anfechten (Palandt/*Weidlich* Rn. 4). Kam es zur Anordnung der Nachlassverwaltung, fehlt eine dem § 129 I InsO entsprechende Vorschrift und ebenso eine gesetzliche Bestimmung, nach der das Anfechtungsrecht wie der Schadensersatzanspruch gegen den Erben gem. § 1978 II als zum Nachlass gehörend gilt. Es ist streitig, ob etwaige Anfechtungsrechte während einer Nachlassverwaltung nur nach Maßgabe des Anfechtungsgesetzes bestehen und deshalb nur von Nachlassgläubigern selbst ausgeübt werden können (so RGRK/*Johannsen* Rn. 5; Staudinger/*Dobler* (2016) Rn. 20). Richtig erscheint es, die Anfechtungsrechte in der Person des Verwalters zu bündeln (Palandt/*Weidlich* Rn. 4; Erman/*Horn* Rn. 5; MüKoBGB/*Küpper* Rn. 8). Einem Nachlassgläubiger steht das Anfechtungsrecht deshalb nur in den Fällen der §§ 1990, 1992 S. 1 zu, weil es keinen amtlichen Verwalter gibt (Erman/*Horn* Rn. 5; Palandt/*Weidlich* Rn. 5; aA Staudinger/*Dobler* (2016) Rn. 19, die das Anfechtungsrecht trotz der Regelungen der §§ 1984 I, 1985 I auch bei bestehender Nachlassverwaltung jedem durch die Berichtigung einer Nachlassforderung in seiner Rechtsstellung verkürzten Nachlassgläubiger einräumen will).

§ 1980 Antrag auf Eröffnung des Nachlassinsolvenzverfahrens

(1) ¹Hat der Erbe von der Zahlungsunfähigkeit oder der Überschuldung des Nachlasses Kenntnis erlangt, so hat er unverzüglich die Eröffnung des Nachlassinsolvenzverfahrens zu beantragen. ²Verletzt er diese Pflicht, so ist er den Gläubigern für den daraus entstehenden Schaden verantwortlich. ³Bei der Bemessung der Zulänglichkeit des Nachlasses bleiben die Verbindlichkeiten aus Vermächtnissen und Auflagen außer Betracht.

(2) ¹Der Kenntnis der Zahlungsunfähigkeit oder der Überschuldung steht die auf Fahrlässigkeit beruhende Unkenntnis gleich. ²Als Fahrlässigkeit gilt es insbesondere, wenn der Erbe das Aufgebot der Nachlassgläubiger nicht beantragt, obwohl er Grund hat, das Vorhandensein unbekannter Nachlassverbindlichkeiten anzunehmen; das Aufgebot ist nicht erforderlich, wenn die Kosten des Verfahrens dem Bestand des Nachlasses gegenüber unverhältnismäßig groß sind.

1   **1. Normzweck.** Nach § 1980 hat der Erbe – in Ergänzung zu seinen Pflichten aus § 1978 I – unter bestimmten Voraussetzungen einen Antrag auf Eröffnung des Nachlassinsolvenzverfahrens zu stellen. Dies ist eine besondere Art des Insolvenzverfahrens, als es über das Vermögen eines Verstorbenen eröffnet werden kann. In der Vorschrift kommt der Wille des Gesetzgebers zum Ausdruck, dass der Nachlass den Nachlassgläubigern im Fall der Beschränkung der Haftung des Erben **ungeschmälert zur Befriedigung ihrer Forderungen erhalten bleiben** soll, vorausgesetzt, es ist eine die Kosten des Verfahrens deckende Masse vorhanden. Das **Verfahren** ist in den **§§ 315–331 InsO** geregelt.

2   **2. Voraussetzungen der Haftung aus § 1980.** Den Erben trifft die Verpflichtung zur Stellung eines Antrages auf Eröffnung des Nachlassinsolvenzverfahrens, sobald er **von der Zahlungsunfähigkeit oder Überschuldung des Nachlasses Kenntnis** erlangt hat. Die Pflicht besteht nicht vor der Annahme der Erbschaft, so dass ein **vorläufiger Erbe** keinen Antrag stellen muss. Seine Schonzeit endet, sobald er das Erbe annimmt oder wenn die Erbschaft wegen Versäumung der Annahmefrist als angenommen gilt (*Marotzke* ZInsO 2011, 2105 (2108)). Die **Antragspflicht entfällt,** wenn der **Erbe allen Nachlassgläubigern**

unbeschränkt haftet oder kein inländischer Insolvenzgerichtsstand gegeben ist (MüKoBGB/*Küpper* Rn. 3). Das ist nach § 315 InsO der Fall, wenn der Erblasser im Zeitpunkt des Erbfalls im Inland weder seinen allgemeinen Gerichtsstand hatte noch eine selbständige wirtschaftliche Tätigkeit ausgeübt hat (näher MüKoInsO/*Siegmann* § 315 Rn. 2 ff.). Der **Kenntnis** nach Abs. 1 **steht** gem. § 1980 II 1 **die auf Fahrlässigkeit beruhende Unkenntnis gleich**. Unterlässt er es in diesen Fällen, unverzüglich die Eröffnung eines Nachlassinsolvenzverfahrens zu beantragen, ist er den Nachlassgläubigern für den daraus entstehenden Schaden verantwortlich.

a) Vorliegen eines Insolvenzgrundes. Nach § 1980 I 1 muss objektiv ein Insolvenzgrund – das sind **Zahlungsunfähigkeit** oder **Überschuldung** des Nachlasses – gegeben sein. 3

Zahlungsunfähigkeit liegt gem. § 17 II 1 InsO vor, wenn der Erbe nicht mehr in der Lage ist, fällige Nachlassforderungen zu erfüllen. Das wird gem. § 17 II 2 InsO vermutet, wenn er seine Zahlungen eingestellt hat. Der Zahlungseinstellung kommt damit nur eine Indizwirkung zu. Von der Zahlungsunfähigkeit ist eine vorübergehende Liquiditätsengpass oder eine Zahlungsunwilligkeit zu unterscheiden. Liquiditätsengpässe liegen vor, wenn ein Schuldner kurzfristig zur Begleichung von Verbindlichkeiten nicht in der Lage ist, aber die begründete Aussicht besteht, dass er dazu in absehbarer Zeit wieder über ausreichende Mittel verfügen wird (*Joachim* Erbenhaftung Rn. 315). 4

Nach § 320 S. 2 InsO ist schon eine **drohende Zahlungsunfähigkeit** Eröffnungsgrund, wenn der **Erbe**, ein **Nachlassverwalter**, ein anderer **Nachlasspfleger** oder der **verwaltende Testamentsvollstrecker die Eröffnung** beantragen. Für die Haftung aus § 1980 I 2 ist dieser Eröffnungsgrund jedoch ohne Bedeutung, weil der Erbe bei drohender Zahlungsunfähigkeit eines zum Nachlass gehörenden Unternehmens die Möglichkeit haben soll, ohne sich Schadensersatzforderungen ausgesetzt zu sehen, die Sanierung zu versuchen (Begr. zu Art. 31 RegE EGInsO, BT-Drs. 12/3803, Nr. 36). 5

Überschuldung des Nachlasses ist gem. § 19 II InsO gegeben, wenn das Nachlassvermögen die Nachlassverbindlichkeiten nicht mehr deckt. Maßgeblich ist der Zeitpunkt der gerichtlichen Entscheidung über den Eröffnungsantrag (FK-InsO/*Schallenberg/Rafiqpoor* § 320 Rn. 15). Erforderlich ist eine Gegenüberstellung der Aktiva und Passiva des Nachlasses, wobei zu den Aktiva auch die nach §§ 1976, 1977 wiederauflebenden Rechte gehören sowie Ansprüche gegen den Erben gem. §§ 1978 I, 1979 (Bamberger/Roth/*Lohmann* Rn. 2). Zu den Passiva gehören alle Nachlassverbindlichkeiten. Nach § 1980 I 3 bleiben für die Bemessung der Zulänglichkeit derjenigen aus Vermächtnissen und Auflagen außer Betracht. 6

Eine Insolvenzantragspflicht besteht nicht gegenüber den ausgeschlossenen (§ 1973) und ihnen gleichgestellten (§ 1974) Gläubigern, weil ausgeschlossene und säumige Gläubiger in der Insolvenz gem. § 327 III InsO leer ausgehen würden und ihnen aus der Unterlassung der Anmeldung kein Schaden entstehen kann (MüKoBGB/*Küpper* Rn. 6; Erman/*Horn* Rn. 2; Bamberger/Roth/*Lohmann* Rn. 2; aA Staudinger/*Dobler* (2016) Rn. 3). Dagegen müssen Pflichtteilsrechte bei der Berechnung der Zulänglichkeit des Nachlasses berücksichtigt werden (MüKoBGB/*Küpper* Rn. 6; Staudinger/*Dobler* (2016) Rn. 2).

b) Kenntnis des Erben oder auf Fahrlässigkeit beruhende Unkenntnis. Neben die objektive Voraussetzung eines Insolvenzgrundes muss zur Begründung einer Haftung des Erben die **subjektive Voraussetzung der Kenntnis** iSv § 1980 I 1 **oder** gem. § 1980 II 1 die **auf Fahrlässigkeit beruhende Unkenntnis des Erben vom Insolvenzgrund** hinzutreten. Der **Erbe weiß** positiv von einer Überschuldung, wenn er Umstände kennt, die ihn zu der Auffassung zwingen, dass die Passiva des Nachlasses die Aktiva übersteigen. Kenntnis von der Zahlungsunfähigkeit hat er, wenn er weiß, dass er nicht über die nötigen Zahlungsmittel verfügt und deswegen dauerhaft außerstande sein wird, die wesentlichen fälligen Geldverbindlichkeiten zu erfüllen (MüKoInsO/*Siegmann* § 320 Rn. 2). Von einer positiven Kenntnis eines Eröffnungsgrundes iSv § 1980 I 1 ist regelmäßig auszugehen, wenn der Erbe für den Nachlass die Zahlungen eingestellt hat. 7

Ein Fahrlässigkeitsvorwurf gem. § 1980 II 2 kann dem Erben insbes. dann gemacht werden, wenn er Grund zu der Annahme hat, dass unbekannte Nachlassverbindlichkeiten vorhanden sind und kein Aufgebotsverfahren beantragt. Fahrlässigkeit ist nicht gegeben, wenn der Erbe nur Zweifel an der Zulänglichkeit des Nachlasses hat. Nach **§ 1980 II Hs. 2** gilt es nicht als Verschulden, wenn der Erbe von dem Antrag auf Erlass eines Aufgebots absieht, weil die **Kosten im Verhältnis zu dem Bestand des Nachlasses unverhältnismäßig groß** sein würden. Er hat sich dann auf andere Weise Kenntnis von einer möglicherweise vorhandenen Zahlungsunfähigkeit oder Überschuldung zu verschaffen, bspw. durch Errichtung eines Inventars, durch Hinzuziehung eines Sachverständigen oder durch ein privates Gläubigeraufgebot gem. § 2061 (MüKoBGB/*Küpper* Rn. 8). 8

c) Verzögerte Antragstellung. Der Erbe ist **schadensersatzpflichtig**, wenn er im Fall der Kenntnis oder der fahrlässigen Unkenntnis der Zahlungsunfähigkeit oder Überschuldung **nicht unverzüglich** – dh ohne schuldhaftes Zögern iSv § 121 – einen **Antrag auf Eröffnung des Nachlassinsolvenzverfahrens gestellt** hat. Die Antragspflicht trifft ihn nicht, wenn er vor der Annahme der Erbschaft einzelne Nachlassgläubiger aus Mitteln des Nachlasses befriedigt hat. Er haftet dann schon nach § 1978 I 2 (Staudinger/*Dobler* (2016) Rn. 15; Bamberger/Roth/*Lohmann* Rn. 5; *Lange/Kuchinke* ErbR § 49 Kap. IV 3; aA Erman/*Horn* Rn. 5; Soergel/*Stein* Rn. 5). Ist Nachlasspflegschaft gem. §§ 1960, 1961 angeordnet, ist der Erbe antragspflichtig (BGH Urt. v. 8.12.2004 – IV ZR 199/03, ZEV 2005, 109 (111) mAnm *Marotzke*; *Joachim* Erbenhaftung Rn. 256; aA *Marotzke* ZInsO 2011, 2105 (2108)). Die **Pflicht – nicht das Recht – endet mit der Anordnung der Nachlassverwaltung**. Nunmehr ist es Aufgabe des Nachlassverwalters, sich ein Bild zu verschaffen, ob der Nachlass überschuldet ist oder ob Zahlungsunfähigkeit 9 besteht. Hat der Erbe bereits vor der Anordnung der Nachlassverwaltung Kenntnis von der Überschuldung oder Zahlungsunfähigkeit erlangt oder musste sie ihm bekannt sein, gilt die Verpflichtung aus § 1980 I 1 fort (MüKoBGB/*Küpper* Rn. 9). Unterlässt es der Erbe, den Nachlassverwalter über den ihm bekannten Umstand zu unterrichten, obliegt weiterhin ihm die Antragspflicht aus § 1980 I 1. Kommt es zum Eintritt eines Schadens, haftet er gem. § 1980 I 2 und nicht nur unter den strengen Voraussetzungen des § 826 (Erman/*Horn* Rn. 5; Staudinger/*Dobler* (2016) Rn. 14; Palandt/*Weidlich* Rn. 3; aA MüKoBGB/*Küpper* Rn. 9).

10 d) **Keine Antragspflicht des Erben.** Die Pflicht, einen Antrag auf Eröffnung eines Nachlassinsolvenzverfahrens zu stellen, entfällt, wenn der Erbe bereits **allen Gläubigern gegenüber unbeschränkbar haftet**, § 2013 I 1. Tritt die unbeschränkte Haftung **nur gegenüber einzelnen Nachlassgläubigern ein, bleibt die Antragspflicht gem. § 2013 II bestehen.** Sie besteht auch nicht, wenn sie dem Erben **durch Vereinbarung mit** den **Nachlassgläubigern erlassen** worden ist (OLG München Urt. v. 3.12.1996 – 5 U 2597/96, ZEV 1998, 100 mAnm Weber; dabei kann jeder Nachlassgläubiger nur mit Wirkung gegen sich selbst handeln, Staudinger/*Dobler* (2016) Rn. 4). Gleiches gilt, wenn gem. § 1980 I 3 die Unzulänglichkeit des Nachlasses auf Vermächtnisse und Auflagen beruht, weil sich der Erbe gegenüber diesen Gläubigern durch die Erhebung der Überschwerungseinrede gem. § 1992 S. 1 verteidigen kann. Die Verpflichtung besteht auch nicht im Verhältnis zu ausgeschlossenen oder ihnen gleichgestellten Gläubigern iSv §§ 1973, 1974, 1989 oder wenn die Überschuldung nur auf ihren Forderungen beruht (Erman/*Horn* Rn. 2; Bamberger/Roth/*Lohmann* Rn. 2; aA Staudinger/*Dobler* (2016) Rn. 3). Ist der **Nachlass dürftig**, entfällt die Antragspflicht ebenfalls. Der Erbe kann den Nachlass gem. § 1990 I 2 zur Befriedigung bereitstellen (Staudinger/*Dobler* (2016) Rn. 7). Zum Fall des Fehlens eines inländischen Insolvenzgerichtsstandes → Rn. 2 und ausführlich MüKoBGB/*Küpper* Rn. 3.

11 **3. Inhalt und Geltendmachung des Ersatzanspruchs.** Bei schuldhaft verzögerter Antragstellung auf Eröffnung eines Nachlassinsolvenzverfahrens besteht der **Schaden der Nachlassgläubiger** in der Differenz zwischen dem tatsächlich erhaltenen Betrag und demjenigen, den sie bei rechtzeitiger Antragstellung erhalten hätten. Der Ersatzanspruch ist **vom Insolvenzverwalter geltend zu machen. Der Umfang des Schadens aus § 1980 I 2 bestimmt sich somit nach den §§ 249 ff.** (BGH NJW 1985, 140). Eine verzögerte Antragstellung wird regelmäßig noch nicht zu einem Schaden führen, wenn es zwischenzeitlich noch nicht zu Vollstreckungsmaßnahmen gekommen ist. Ein Schaden kann entstanden sein, wenn einzelne Nachlassgläubiger zwischenzeitlich in den Nachlass vollstreckt haben und voll befriedigt worden sind oder wenn den Nachlassgläubigern unnötige Prozesskosten entstehen (Palandt/*Weidlich* Rn. 7). Der Anspruch richtet sich gegen den **Alleinerben** oder gegen **Miterben als Gesamtschuldner** gem. §§ 823 II, 1980 I 2, 421 ff., 840 I (Erman/*Horn* Rn. 6). Es handelt sich um eine Eigenverbindlichkeit der Miterben, die sich nicht auf die §§ 2059 ff. berufen können (MüKoBGB/*Küpper* Rn. 10).

12 Der Schadensersatzanspruch aus § 1980 I 2 unterliegt der dreijährigen Regelverjährungsfrist gem. §§ 195, 199 I.

13 **4. Beweislast.** Als Anspruchsteller obliegt es dem **Nachlassgläubiger,** die **Voraussetzungen** sowie den **Umfang des Schadensersatzanspruchs darzulegen** und ggf. **zu beweisen** (Staudinger/*Dobler* (2016) Rn. 18). Entweder der Gläubiger oder der **Insolvenzverwalter** tragen die Darlegungs- und Beweislast, dass ein Eröffnungsgrund objektiv vorlag, der Erbe davon Kenntnis hatte oder aufgrund bestimmter Tatsachen davon hätte Kenntnis haben müssen, dass der Schaden im geltend gemachten Umfang eingetreten und die unterlassene Antragstellung für den konkret geltend gemachten Schaden ursächlich geworden ist. Unterlässt der Erbe die Beantragung eines Aufgebotsverfahrens der Nachlassgläubiger, besteht eine Vermutung der Kausalität des Unterlassens für die Unkenntnis des Erben sowie die Fahrlässigkeit nur dann, wenn Grund zu der Annahme bestand, dass unbekannte Nachlassgläubiger vorhanden waren. Beweisbelastet insoweit ist der Anspruchsteller. Gelingt ihm dieser Beweis, kann der **Erbe die Vermutung widerlegen,** indem er seinerseits darlegt und ggf. beweist, dass er auch durch ein Aufgebot keine Kenntnis von der Überschuldung erlangt hätte oder dass die Verfahrenskosten unverhältnismäßig hoch gewesen wären (Bamberger/Roth/*Lohmann* Rn. 7).

14 **5. Entsprechende Anwendung.** § 1980 ist auf den **Nachlassverwalter** gem. § 1985 II 2 entsprechend anwendbar. Im Umkehrschluss sind nach §§ 1960, 1961 bestellter **Nachlasspfleger** bzw. ein **Testamentsvollstrecker** den Nachlassgläubigern nicht zur Antragstellung verpflichtet (Erman/*Horn* Rn. 5; Staudinger/*Dobler* (2016) Rn. 20). Dem Erben gegenüber sind sie im Fall unterlassener Antragstellung gem. §§ 1915, 1833, 2216 I, 2219 haftbar (Erman/*Horn* Rn. 5). Die Vorschrift des § 1980 findet auch bei einer Dürftigkeit des Nachlasses gem. **§§ 1990, 1991** entsprechende Anwendung. Beruft sich der Erbe auf die Unzulänglichkeitseinrede des § 1990 I 1, haftet er entsprechend § 1980 I, wenn der Nachlass nicht dürftig war, als er von der Zahlungsunfähigkeit oder Überschuldung Kenntnis hatte oder sie hätte erkennen müssen (BGH Urt. v. 2.7.1992 – IX ZR 256/91, NJW 1992, 2694 (2695); MüKoBGB/*Küpper* Rn. 13 f. mwN; str.).

§ 1981 Anordnung der Nachlassverwaltung

(1) **Die Nachlassverwaltung ist von dem Nachlassgericht anzuordnen, wenn der Erbe die Anordnung beantragt.**

(2) ¹**Auf Antrag eines Nachlassgläubigers ist die Nachlassverwaltung anzuordnen, wenn Grund zu der Annahme besteht, dass die Befriedigung der Nachlassgläubiger aus dem Nachlass durch das**

Anordnung der Nachlassverwaltung § 1981 BGB 10

Verhalten oder die Vermögenslage des Erben gefährdet wird. ²Der Antrag kann nicht mehr gestellt werden, wenn seit der Annahme der Erbschaft zwei Jahre verstrichen sind.

(3) Die Vorschrift des § 1785 findet keine Anwendung.

1. Normzweck. § 1981 regelt als Ergänzung zu den Vorschriften über die Voraussetzungen der Nach- 1 lassverwaltung speziell das Erfordernis eines **Antrages**. Da sich die Nachlassverwaltung von der Nachlasspflegschaft gem. § 1960 durch ihren vorrangigen Zweck der **gleichmäßigen Befriedigung der Nachlassgläubiger** unterscheidet, setzt sie zwingend den – nicht zu begründenden – **Antrag eines Beteiligten** voraus. Die der Sicherung des Nachlasses im Interesse des Erben dienende Nachlasspflegschaft wird von Amts wegen angeordnet.

2. Erbenantrag. § 1981 I regelt die **Antragsberechtigung des Erben. Nachlassgläubiger** können 2 gem. § 1981 II den Antrag auf Anordnung der Nachlassverwaltung nur unter bestimmten Voraussetzungen stellen (→ Rn. 5 ff.). Eine **Antragsrücknahme** ist analog § 13 II InsO nur bis zur Anordnung der Nachlassverwaltung oder bis zur rechtskräftigen Abweisung des Antrages zulässig (Staudinger/*Dobler* (2016) Rn. 2).

a) **Voraussetzungen.** Der **Alleinerbe** kann **ohne zeitliche Begrenzung** die Anordnung einer Nach- 3 lassverwaltung beantragen. Die **Antragsbefugnis erlischt**, wenn er allgemein unbeschränkbar haftet, § 2013 I 1 Hs. 2. Haftet er nur einzelnen Nachlassgläubigern gegenüber unbeschränkbar, behält er gem. § 2013 II **das Antragsrecht**. Die haftungsbeschränkende Wirkung der Nachlassverwaltung tritt dann nur im Verhältnis zu den übrigen Nachlassgläubigern ein. Der Erbe darf nicht zurückgewiesen werden, wenn der Nachlass überschuldet ist. Der ernannte Nachlassverwalter muss aber unverzüglich die Eröffnung des Nachlassinsolvenzverfahrens beantragen, wodurch die Nachlassverwaltung endet (Staudinger/*Dobler* (2016) Rn. 8). **Streitig** ist, ob der **Erbe den Antrag** auf Anordnung des Nachlassverwaltungsverfahrens **schon vor der Annahme** der Erbschaft stellen kann. § 1981 enthält hierzu keine Regelung. Ein Antrag auf Eröffnung des Nachlassinsolvenzverfahrens kann nach § 316 I InsO vor der Annahme der Erbschaft erfolgen, so dass für ein Nachlassverwaltungsverfahren, das in gleicher Weise der Separation des Nachlasses vom Eigenvermögen des Erben dient, in Analogie zu § 316 I InsO nichts anderes gelten kann (Palandt/*Weidlich* Rn. 1; MüKoBGB/*Küpper* Rn. 2; Erman/*Horn* Rn. 2; aA Lange/Kuchinke ErbR § 49 Kap. III 2a; Staudinger/*Dobler* (2016) Rn. 11). Der Antrag allein bedeutet noch keine Annahme der Erbschaft. Die Anordnung begründet eine Verpflichtung zur Inbesitznahme des Nachlasses durch den Nachlassverwalter, so dass der Antrag als Sicherungsmaßnahme schon in diesem frühen Stadium Sinn macht.

Ob die Eröffnung eines Insolvenzverfahrens über das nicht nur die Erbschaft umfassende Vermögen 4 des Erben sein Antragsrecht ausschließt, ist umstritten. Das Bedürfnis des Erben, Nachlassverwaltung zu beantragen, dürfte für die Dauer des Verfahrens nicht generell zu verneinen sein, weil der Erbe nach dem Zustandekommen eines Insolvenzplanes daran interessiert sein kann, dass sich die Nachlassverwaltung ohne zeitlichen Zwischenraum an das Insolvenzverfahren und die auf dessen Dauer beschränkte insolvenzrechtliche Vollstreckungssperre nach den §§ 88, 89 I InsO anschließt. Erscheint eine Überschuldung des Nachlasses möglich, muss der Erbe verhindern können, dass Nachlassgläubiger während des zwischen Nachlass und Eigenvermögen nicht unterscheidenden Gesamtinsolvenzverfahrens zu Lasten der Quote der Eigengläubiger und damit letztlich auf seine eigenen Kosten auch aus seinem eigenen Vermögen befriedigt werden, so dass das Antragsrecht unberührt bleibt (LG Aachen Beschl. v. 22.9.1959 – T 453/59, NJW 1960, 46 (48); Palandt/*Weidlich* Rn. 1; Staudinger/*Dobler* (2016) Rn. 9; Keidel/*Zimmermann* FamFG § 359 Rn. 13; aA OLG Köln Urt. v. 2.2.2005 – 2 U 72/04, ZEV 2005, 307 (309); MüKoBGB/*Küpper* Rn. 2 sowie das überwiegende insolvenzrechtliche Schrifttum; MüKoInsO/*Schumann* § 83 Rn. 7; MüKoInsO/*Siegmann* § 331 Rn. 7).

b) **Weitere Antragsberechtigte. Miterben** können gem. § 2062 Hs. 1 den **Antrag** auf Anordnung der 5 Nachlassverwaltung **nur gemeinschaftlich und nur vor der Teilung des Nachlasses stellen** (Erman/*Horn* Rn. 2; MüKoBGB/*Küpper* Rn. 3). Im Umkehrschluss geht das Antragsrecht verloren, wenn nur ein Miterbe allen Gläubigern unbeschränkbar haftend geworden ist oder nur ein Miterbe den Antrag zurücknimmt (Soergel/*Wolf* 2062 Rn. 2; Firsching/*Graf* NachlassR Rn. 4.788; RGRK/*Johannsen* Rn. 3; aA Staudinger/*Dobler* (2016) Rn. 4). Die Antragsbefugnis des **Nacherben** ergibt sich aus § 2144 I, diejenige des **Erbschaftskäufers** aus § 2383. Für den verwaltenden **Testamentsvollstrecker** gilt § 317 I InsO entsprechend. Neben dem Testamentsvollstrecker behält der Erbe sein Antragsrecht (Staudinger/*Dobler* (2016) Rn. 14). Der nach §§ 1960, 1961 bestellte **Nachlasspfleger** ist **nicht antragsberechtigt** (BayObLG Beschl. v. 28.6.1976 – BReg 1 Z 27/76, BayObLGZ 167, 172; Palandt/*Weidlich* Rn. 1; Joachim Erbenhaftung Rn. 260; aA Soergel/*Stein* Rn. 4). Die Tätigkeit des Nachlasspflegers dient – anders als die des Nachlassverwalters – nicht primär der Befriedigung der Nachlassgläubiger oder einer Beschränkung der Haftung auf den Nachlass im Interesse des Erben, sondern der Nachlassfürsorge.

3. Gläubigerantrag. a) Anders als das Antragsrecht des Erben unterliegt das **Recht des Nachlass-** 6 **gläubigers** gem. § 1981 II **zeitlichen und sachlichen Beschränkungen**. Die Annahme der Erbschaft ist ebenso wie beim Antrag des Erben **keine Voraussetzung**. Antragsberechtigt ist **jeder Nachlassgläubiger**, auch die nach §§ 1973, 1974 aufgrund eines Aufgebotsverfahrens oder einer fünfjährigen Säumnis ausgeschlossenen Gläubiger, Pflichtteilsberechtigte sowie Vermächtnis- und Auflagegläubiger. Ein Nachlassgläubiger, der **zugleich Miterbe** ist, ist ebenfalls antragsbefugt (Erman/*Horn* Rn. 4; MüKoBGB/*Küpper* Rn. 5). Das Antragsrecht der Nachlassgläubiger **hängt nicht davon ab, ob der Erbe allen oder**

nur dem antragstellenden Gläubiger gegenüber das Recht zur Haftungsbeschränkung verloren hat. Im Fall allgemein unbeschränkter Haftung dient die Nachlassverwaltung der Trennung des Nachlasses vom Eigenvermögen des Erben. Dies liegt weiterhin im Interesse der Nachlassgläubiger, weil Eigengläubiger des Erben vom Nachlass ferngehalten werden.

7 Anders als der Erbe, dessen Antragsrecht unbefristet ist, können Nachlassgläubiger gem. § 1981 II 2 den Antrag **nach Ablauf von 2 Jahren ab Annahme der Erbschaft nicht mehr stellen.** Die zeitliche Grenze entspricht derjenigen des § 319 InsO. Die Befristung wird damit begründet, dass es nach Ablauf eines längeren Zeitraums immer schwieriger wird, das Eigenvermögen des Erben vom Nachlass zu trennen (KG Beschl. v. 28.9.2004 – 1 W 99/04, ZEV 2005, 114 (115, 116) mAnm *Joachim*).

8 Das Antragsrecht der Nachlassgläubiger **setzt** neben der zeitlichen Beschränkung **in sachlicher Hinsicht** gem. **§ 1981 II 1 voraus, dass eine Befriedigung der Nachlassgläubiger durch das Verhalten des Erben gefährdet** ist. Das ist der Fall, wenn der Erbe den Nachlass leichtsinnig verschleudert oder voreilig einzelne Gläubiger befriedigt. Die Gefahr, dass nur ein einzelner Anspruch nicht erfüllt wird, reicht nicht aus (Bamberger/Roth/*Lohmann* Rn. 6). Eine Gefährdung besteht auch bei Verwahrlosung und bloßer Gleichgültigkeit des Erben (MüKoBGB/*Küpper* Rn. 6). Auf ein Verschulden oder eine Benachteiligungsabsicht kommt es nicht an (Staudinger/*Dobler* (2016) Rn. 22). Eine Gefährdung der Befriedigung der Nachlassgläubiger ist von Gesetzes wegen auch gegeben, **wenn die persönliche Vermögenslage des Erben** – nicht die des Nachlasses – **schlecht ist** und einen Zugriff der Eigengläubiger befürchten lässt. Der Erbe kann die Gefährdung durch Sicherheitsleistung beseitigen (Palandt/*Weidlich* Rn. 4). Bei einer **Erbengemeinschaft** besteht ein Antragsrecht der Nachlassgläubiger, wenn die Voraussetzungen des § 1981 II 1 nur bei einem der Miterben vorliegen (BayObLG Beschl. 15.2.1966 – 1b Z 133/65, BayObLGZ 1966, 75 (76); MüKoBGB/*Küpper* Rn. 6).

9 **Das gefährdende Verhalten eines verwalten Testamentsvollstreckers begründet kein Recht der Nachlassgläubiger, seine Entlassung zu beantragen. Streitig** ist, ob sie unter diesen Voraussetzungen **einen Antrag auf Anordnung der Nachlassverwaltung stellen können.** Die überwiegende Meinung bejaht das nur, wenn dem Erben selbst ein Vorwurf gemacht werden kann, weil er bspw. keinen Antrag auf Entlassung stellt (MüKoBGB/*Küpper* Rn. 6; Palandt/*Weidlich* Rn. 3, Bamberger/Roth/*Lohmann* Rn. 6). Dadurch werden die Interessen der Nachlassgläubiger aber nicht ausreichend gewahrt. Der Erblasser hätte es in der Hand, durch die Auswahl eines „geeigneten" Testamentsvollstreckers die erforderliche Fremdverwaltung zu verhindern. Das gläubigergefährdende Verhalten des Testamentsvollstreckers ist deshalb dem des Erben gleichzustellen mit der Folge einer Antragsbefugnis auch der Nachlassgläubiger, § 1981 II 1 analog (Staudinger/*Dobler* (2016) Rn. 23; *Joachim* Erbenhaftung Rn. 266; *Muscheler*, Die Haftungsordnung der Testamentsvollstreckung, 133).

10 b) **Glaubhaftmachung.** Der **beantragende Nachlassgläubiger hat glaubhaft zu machen,** dass ihm **eine Forderung gegen den Erben zusteht** und eine **Gefährdung der Befriedigung aller Nachlassgläubiger gegeben** ist. Das ergibt sich aus dem Wortlaut des § 1981 II 1 „Grund zu der Annahme" (Palandt/*Weidlich* Rn. 4; Soergel/*Stein* Rn. 10). Zwar wird der Amtsermittlungsgrundsatz aus § 26 FamFG durch § 1981 II 1 nicht eingeschränkt, so dass das Nachlassgericht Hinweispflichten zur Förderung des Antragstellers beachten muss. Für weitere Ermittlungen des Nachlassgerichts ist jedoch nur Raum, wenn der antragstellende Nachlassgläubiger zumindest schlüssig Anhaltspunkte vorträgt, dass er eine Nachlassforderung hat und worin die Gefährdung aller Nachlassgläubiger zu sehen ist (KG Beschl. v. 28.9.2004 – 1 W 99/04, ZEV 2005, 114 (115, 116) mAnm *Joachim*).

11 4. **Verfahren.** Für die Anordnung der Nachlassverwaltung ist das Amtsgericht als **Nachlassgericht** gem. § 23a II Nr. 2 GVG sachlich **zuständig.** Die örtliche Zuständigkeit bestimmt sich nach § 343 I FamFG danach, wo der Erblasser im Zeitpunkt seines Todes seinen gewöhnlichen Aufenthalt hatte. Funktionell zuständig ist der Rechtspfleger gem. § 3 Nr. 2c RPflG. Bei einem Gläubigerantrag ermittelt das Gericht grds. von Amts wegen, ob die Antragsfrist eingehalten ist, die sachlichen Voraussetzungen vorliegen und eine kostendeckende Masse iSv § 1982 vorhanden ist. **Beteiligter** im Antragsverfahren ist neben dem Antragsteller gem. § 7 I FamFG zwingend **der in Aussicht genommene oder bestellte Nachlassverwalter,** § 345 IV 1 Nr. 1 FamFG. Das Nachlassgericht kann die unmittelbar Betroffenen hinzuziehen und ist auf deren Antrag dazu verpflichtet, § 345 IV 2, 3 FamFG. Stellt ein Nachlassgläubiger den Antrag, sind dies die Erben, der Testamentsvollstrecker, der Erbteilserwerber, andere Nachlassgläubiger, Vermächtnisnehmer, aber auch ein Nachlassinsolvenzverwalter (Keidel/*Zimmermann* FamFG § 345 Rn. 91). Die **Anordnung** der Nachlassverwaltung erfolgt ebenso wie deren **Ablehnung** gem. § 38 FamFG durch **Beschluss.** Mit der Anordnung bestellt das Gericht zugleich den Nachlassverwalter. Den anderen Beteiligten ist der Beschluss gem. § 41 FamFG bekanntzugeben, auch an den Nachlasspfleger, der für die unbekannten Erben bestellt wurde (Palandt/*Weidlich* Rn. 5). Der Beschluss wird gem. § 40 FamFG mit der Bekanntgabe an den Beteiligten wirksam, für den er seinem wesentlichen Inhalt nach bestimmt ist.

12 Bei der **Auswahl des Nachlassverwalters** hat das Nachlassgericht darauf zu achten, dass eine **geeignete Persönlichkeit** bestellt wird. Der bestellte Nachlassverwalter wird wie ein Vormund gem. § 1789 verpflichtet. § 1981 III schließt eine entsprechende Anwendung von § 1785 aus, so dass **keine Verpflichtung zur Übernahme des Verwalteramtes** besteht. Der in Aussicht Genommene ist vorher zu hören. Der Erbe selbst kann niemals zum Nachlassverwalter bestellt werden, weil es dadurch zu einer offensichtlichen Interessenkollision käme. Deshalb ist es erforderlich, eine dritte Person mit der Verwaltung zu beauftragen (Palandt/*Weidlich* Rn. 5; MüKoBGB/*Küpper* Rn. 8 mwN; aA für den Miterben *Reihlen*

MDR 1989, 603). Ein verwaltender **Testamentsvollstrecker** kann ebenso wie der Zwangsverwalter eines Nachlassgrundstücks zum Nachlassverwalter bestellt werden, uU auch ein Nachlassgläubiger oder sein Vertreter. Das Nachlassgericht wird in solchen Fällen genau zu prüfen haben, ob es zu Interessenkollisionen kommen kann.

5. Rechtsmittel. Der **Beschluss**, durch den dem **Antrag eines Erben** auf Anordnung der Nachlassverwaltung **stattgegeben** wurde, ist gem. § 359 I FamFG **nicht anfechtbar.** Wurde dem **Antrag eines Nachlassgläubigers stattgegeben,** steht dem Erben – bei Miterben jedem von ihnen – oder dem verwaltenden Testamentsvollstrecker die **befristete Beschwerde** gem. § 359 II iVm §§ 58, 63 FamFG zu. Die Beschwerde kann nicht auf Ereignisse gestützt werden, die erst nach der Anordnung eingetreten sind. Da der Beschluss auf Anordnung der Nachlassverwaltung immer einen Antrag voraussetzt, ist bei Zurückweisung gem. § 59 II FamFG nur der Antragsteller beschwerdebefugt. Mehrere Erben sind nur gemeinschaftlich beschwerdeberechtigt (Palandt/*Weidlich* Rn. 6).   13

6. Kosten. Die Gerichtsgebühren richten sich bei der Nachlassverwaltung nach Nr. 12310–12312 KV GNotKG. Nach 12310 KV GNotKG fällt eine Verfahrensgebühr von 0,5 an. Bei 12311 KV GNotKG handelt es sich um eine Jahresgebühr. Kostenschuldner ist der Antragsteller gem. § 22 I GNotKG und bei angeordneter Nachlassverwaltung die Erben gem. § 24 Nr. 5 GNotKG (MüKoBGB/*Küpper* Rn. 8).   14

§ 1982 Ablehnung der Anordnung der Nachlassverwaltung mangels Masse

Die Anordnung der Nachlassverwaltung kann abgelehnt werden, wenn eine den Kosten entsprechende Masse nicht vorhanden ist.

1. Kosten der Nachlassverwaltung. Ebenso wie in § 26 I 1 InsO für das Nachlassinsolvenzverfahren gilt nach § 1982 auch für das Nachlassverwaltungsverfahren der **Kostendeckungsgrundsatz.** Das Nachlassgericht hat vor Anordnung der Nachlassverwaltung stets zu prüfen, **ob der Nachlass die Kosten des Verfahrens deckt.** Zum **Nachlass als Masse** gehören auch Ersatzansprüche gegen den Erben gem. §§ 1978–1980 sowie die nach Konsolidation und Konfusion wieder auflebenden Forderungen und Rechte, die der Verfügung des Nachlassverwalters unterliegen. Berücksichtigung finden auch Verfahrenskosten wie Gerichtsgebühren (§§ 8, 64 GNotKG, Nr. 12311 KV GNotKG), Auslagen sowie die Vergütung des Nachlassverwalters einschließlich seiner Aufwendungen (§§ 1983, 1987).   1

2. Fehlen einer kostendeckenden Masse. Ob eine kostendeckende Masse vorhanden ist, hat das Nachlassgericht nach pflichtgemäßem Ermessen zu entscheiden. Ob die Verwertung der Masse im Zeitpunkt der Entscheidung über die Anordnung der Nachlassverwaltung einen hinreichenden Erlös verspricht, der die Kosten der Verwaltung übersteigt, muss ggf. durch einen Sachverständigen geklärt werden. Ein Antrag darf nicht allein mit der Begründung abgelehnt werden, dass die Kosten einen unverhältnismäßig großen Teil der Masse in Anspruch nehmen (MüKoBGB/*Küpper* Rn. 1). Eine Ablehnung darf auch nicht erfolgen, wenn der **Antragsteller selbst einen zur Deckung des fehlenden Betrages ausreichenden Vorschuss leistet,** § 26 I 2 InsO analog (Palandt/*Weidlich* Rn. 1). Der Vorschuss ist zurückzuzahlen, wenn die Kosten aus dem Nachlass beglichen werden können (LG Lüneburg Beschl. v. 1.4.2009 – 3 T 103/08, Rpfleger 2009, 458 mAnm *Sticherling*). Stellt sich das Fehlen einer den Kosten entsprechenden Masse erst heraus, nachdem Nachlassverwaltung angeordnet worden war, kann sie gem. § 1988 II aufgehoben werden. In diesem Fall kann sich der Erbe ebenso wie bei der Ablehnung seines Antrages auf die haftungsbeschränkenden Einreden der §§ 1990, 1991 berufen.   2

Zu den Rechtsmitteln → § 1981 Rn. 12.

§ 1983 Bekanntmachung

Das Nachlassgericht hat die Anordnung der Nachlassverwaltung durch das für seine Bekanntmachungen bestimmte Blatt zu veröffentlichen.

1. Öffentliche Bekanntmachung. Die Anordnung der Nachlassverwaltung ist durch das **Nachlassgericht in dem von ihm durch das für seine Bekanntmachungen bestimmte Blatt, nicht im Internet** (Staudinger/*Dobler* (2016) Rn. 1) öffentlich bekannt zu machen. Es reicht die einmalige Veröffentlichung. Die Bekanntmachung muss eine **nähere Bezeichnung des Nachlasses** sowie die **Bekanntgabe des Namens und der Anschrift des Verwalters** enthalten. Die Erwähnung des Antragstellers oder des Erben ist nicht erforderlich und auch nicht üblich (MüKoBGB/*Küpper* Rn. 1). Eine Veröffentlichung im Bundesanzeiger ist abweichend von § 30 I 2 InsO nicht vorgesehen. Die öffentliche Bekanntmachung ist **nicht Voraussetzung für die Wirksamkeit der Anordnung der Nachlassverwaltung** (Palandt/*Weidlich* Rn. 1). Sie wird mit der Zustellung des Anordnungsbeschlusses an den oder die Erben bzw. an den verwaltenden Testamentsvollstrecker oder an einen Nachlasspfleger für unbekannte Erben wirksam.   1

2. Grundbucheintragung. Die Eintragung der Nachlassverwaltung in das Grundbuch ist zulässig und notwendig. Anderenfalls wäre die sich aus § 1984 ergebende Verfügungsbeschränkung des Erben gegenüber gutgläubigen Dritten nicht wirksam, §§ 892 I, II, 893 (MüKoBGB/*Küpper* Rn. 2). Die **Eintragung muss bei allen Grundstücken,** für die noch der Erblasser oder der Erbe im Grundbuch als Eigentümer eingetragen ist, **erfolgen.** Gleiches gilt für die zugunsten eines Erblassers oder des Erben eingetragenen   2

Rechte an Grundstücken oder an einzutragenden Rechten, im letzteren Fall entsprechend § 32 I Nr. 2 InsO nur, wenn nach der Art des Rechts und den obwaltenden Umständen bei einer Unterlassung der Eintragung eine Beeinträchtigung der Nachlassgläubiger zu besorgen ist (Staudinger/*Dobler* (2016) § 1984 Rn. 12). Zur Antragsberechtigung des Nachlassverwalters und zur Frage, ob das Nachlassgericht die Eintragung der Nachlassverwaltung in das Grundbuch von Amts wegen zu bewirken hat, → § 1985 Rn. 8 f.

§ 1984 Wirkung der Anordnung

(1) ¹Mit der Anordnung der Nachlassverwaltung verliert der Erbe die Befugnis, den Nachlass zu verwalten und über ihn zu verfügen. ²Die Vorschriften der §§ 81 und 82 der Insolvenzordnung finden entsprechende Anwendung. ³Ein Anspruch, der sich gegen den Nachlass richtet, kann nur gegen den Nachlassverwalter geltend gemacht werden.

(2) Zwangsvollstreckungen und Arreste in den Nachlass zugunsten eines Gläubigers, der nicht Nachlassgläubiger ist, sind ausgeschlossen.

1 1. **Normzweck.** § 1984 regelt die **Einschränkungen**, die sich aus der Anordnung der Nachlassverwaltung **für den Erben**, seine **Eigengläubiger** sowie für die **Nachlassgläubiger** ergeben. Die **Vorschrift** ist gem. § 2013 I 1 **auch bei allgemein unbeschränkbarer Haftung des Erben anwendbar**. Die Rechtsfolgen des § 1984 treten ein, sobald die Anordnung der Nachlassverwaltung wirksam geworden ist, dh wenn der Anordnungsbeschluss an den oder die Erben bzw. an einen verwaltenden Testamentsvollstrecker zugestellt wurde, nicht schon mit der öffentlichen Bekanntgabe nach § 1983.

2 2. **Materiell-rechtliche Auswirkungen. a) Verlust der Verwaltungs- und Verfügungsbefugnis.** Der Erbe verliert ebenso wie ein **verwaltender Testamentsvollstrecker** gem. § 1984 I 1 mit der Anordnung der Nachlassverwaltung die **Befugnis, den Nachlass zu verwalten und über ihn zu verfügen.** In demselben Zeitpunkt gehen die Befugnisse, die nicht erlöschen, auf den Nachlassverwalter über, soweit es sich nicht um den Nachlass betreffende höchstpersönliche Rechte handelt (Staudinger/*Dobler* (2016) Rn. 4). Diese kann der Erbe weiterhin nur selbst ausüben. War dem Erben ein ihm zugestellter **Anordnungsbeschluss zunächst nicht bekannt**, ohne dass ihn hierfür ein Verschulden trifft, ist er im Verhältnis zu den Nachlassgläubigern wegen weiterer Besorgung erbschaftlicher Geschäfte über §§ 1978 I 1, 674 geschützt, bis er von der Anordnung Kenntnis erlangt oder sie kennen muss. Die Wirksamkeit der vorgenommenen Handlungen gegenüber Dritten beurteilt sich gem. § 1984 I 2 nach den §§ 81, 82 InsO (Palandt/*Weidlich* Rn. 2). Mit dem Wirksamwerden der Anordnung der Nachlassverwaltung **erlischt** auch **eine von dem Erblasser über den Tod hinaus erteilte Vollmacht** (Staudinger/*Dobler* (2016) Rn. 4), ohne dass es eines ausdrücklichen Widerrufs bedarf. Zugunsten eines Beauftragten gilt § 674, Dritte sind durch die §§ 170–173 geschützt. Das Recht des Erben, das **Aufgebot der Nachlassgläubiger** zu beantragen sowie das Recht, freiwillig ein **Inventar zu errichten,** werden von der Nachlassverwaltung nicht berührt (MüKoBGB/*Küpper* Rn. 2). Die bereits erfolgte **Bestimmung einer Inventarfrist** wird im Fall der Anordnung einer Nachlassverwaltung gem. **§ 2000 S. 1 unwirksam**. Eine Gefährdung der Nachlassgläubiger durch ein Verhalten oder durch die Vermögenslage des Erben besteht nach der Anordnung der Nachlassverwaltung nicht, so dass es keiner Inventarisierung durch den Erben mehr bedarf (MüKoBGB/*Küpper* § 2000 Rn. 1; *Joachim* Erbenhaftung Rn. 276).

3 Trifft der Erbe **entgegen § 1984 I 1 Verfügungen**, sind diese **gegenüber jedermann unwirksam** (RG Urt. v. 24.4.1909 – V 61/09, RGZ 71, 38; BGH Urt. v. 9.11.1966 – V ZR 176/63, BGHZ 46, 222 (230); Palandt/*Weidlich* Rn. 2; Lange/Kuchinke ErbR § 49 Kap. III 5; für relative Unwirksamkeit *Kipp/Coing* ErbR § 97 VI 2). Sie können aber gem. § 185 II 1 Alt. 1 analog rückwirkend durch Genehmigung des Nachlassverwalters wirksam werden oder analog § 185 II 1 Alt. 2 ohne Rückwirkung (Staudinger/*Dobler* (2016) Rn. 10). Ein Schuldner kann sich auch auf die Unwirksamkeit einer nach der Anordnung erfolgten Abtretung einer Nachlassforderung berufen (RG Urt. v. 21.10.1913 – II 275/13, RGZ 83, 184 (189); Lange/Kuchinke ErbR § 49 Kap. III Rn. 5).

4 Das amtliche Verfahren hat zur Folge, dass der Nachlass in die Hände eines Verwalters gelegt wird, dessen **wichtigste Aufgabe** die **gleichmäßige Befriedigung der Nachlassgläubiger** ist. Den Interessen des Erben wird durch die Beschränkung seiner Haftung auf den Nachlass Rechnung getragen. **Grundbuchanträge des Erben,** die nach der Anordnung beim Grundbuchamt eingehen, sind zurückzuweisen, auch wenn die Bewilligung vor der Anordnung der Nachlassverwaltung erteilt wurde (Palandt/*Weidlich* Rn. 2).

5 b) **Gutgläubiger Erwerb.** Die den öffentlichen Glauben des Grundbuchs betreffenden **Vorschriften der §§ 892, 893 sind gem. § 1984 I 2 iVm § 81 I 2 InsO entsprechend anwendbar,** so dass der gute Glaube an die Verfügungsbefugnis des Erben bei **Verfügungen über Grundstücke und Grundstücksrechte** geschützt ist, wenn die Nachlassverwaltung im Grundbuch eingetragen wurde. Der Erwerber darf gem. § 892 I 2 von der Anordnung der Nachlassverwaltung keine Kenntnis haben.

6 Die nach § 1984 I 2 entsprechend **anwendbare Bestimmung des § 81 I InsO nimmt auf die Gutglaubensvorschriften für bewegliche Sachen,** §§ 932 ff., 1032, 1207, **keinen Bezug**, so dass ein entsprechender gutgläubiger Erwerb aufgrund von Verfügungen des Erben bzw. seines Stellvertreters generell ausgeschlossen ist. Nach der Anordnung einer Nachlassverwaltung ist eine Verfügung über eine bewegliche Sache durch den Erben immer unwirksam, selbst wenn dem Erwerber die Anordnung ohne grobe

Fahrlässigkeit unbekannt geblieben ist (allgM; Palandt/*Weidlich* Rn. 2; MüKoBGB/*Küpper* Rn. 3). Demgegenüber ist ein gutgläubiger Erwerb an einer dem Recht des Nachlassverwalters unterliegenden beweglichen Sache möglich, wenn dem Erwerber deren **Zugehörigkeit zum Nachlass ohne grobe Fahrlässigkeit unbekannt geblieben** ist (Palandt/*Weidlich* Rn. 2; Erman/*Horn* Rn. 3b; MüKoBGB/*Küpper* Rn. 3; RGRK/*Johannsen* Rn. 11; *Joachim* Erbenhaftung Rn. 278; aA Staudinger/*Dobler* (2016) Rn. 15; Soergel/*Stein* Rn. 4; Lange/*Kuchinke* ErbR § 49 Kap. III 5.). Dafür spricht, dass nach § 81 InsO nur der gute Glaube an das Fehlen der Verfügungsbeschränkung nicht geschützt sein soll. Die Vorschrift richtet sich gegen die Unkenntnis vom Bestehen und Umfang eines umfassenden Insolvenzbeschlages, während das Nachlassverwaltungsverfahren im Interesse von Nachlassgläubigern und Erben zu einer Trennung zweier Vermögensmassen führt. **Möglich ist auch ein gutgläubiger Erwerb eines Dritten, der von einem ersten gem. § 1984 I 2 iVm § 81 II 2 InsO analog nicht geschützten Erwerber erworben hat** (MüKoBGB/*Küpper* Rn. 4; Palandt/*Weidlich* Rn. 2; Erman/*Horn* Rn. 3b; *Joachim* Erbenhaftung Rn. 278; krit. Staudinger/*Dobler* (2016) Rn. 16). Neben dem Wortlaut des § 1984 I 2 iVm § 81 I 2 InsO spricht dafür, dass der Erwerb eines Dritten nur mittelbar auf einer Verfügung des Erben, unmittelbar aber auf einer Verfügung eines Nichtberechtigten beruht (MüKoBGB/*Küpper* Rn. 4). Über die in § 81 I 2 InsO enthaltene Aufzählung insolvenzrechtlicher Vorschriften, die auf die Nachlassverwaltung analog anwendbar sind, hinaus sind entsprechend anwendbar auch §§ 115–117 InsO sowie die §§ 32, 33, 200 II 2, 47 S. 2, 13 II, 36, 83 I InsO (str. für § 23 III InsO; s. Staudinger/*Dobler* Rn. 19).

c) **Rückgewährpflichten.** Nach § 1984 I 2 iVm § 81 III InsO besteht eine **Vermutung,** dass der Erbe Rechtshandlungen erst nach der Anordnung der Nachlassverwaltung vorgenommen hat, wenn er dies am Tag des Anordnungsbeschlusses tat. Wird die Vermutung der Unwirksamkeit nicht widerlegt oder steht sie fest, steht demjenigen, der von einem Erben unwirksam erworben hat, gem. § 81 I 3 InsO analog ein Anspruch auf **Rückgewähr der Gegenleistung** aus dem Nachlass zu, soweit dieser noch bereichert ist. **Sonstige Leistungen,** die an den Erben nach Anordnung der Nachlassverwaltung auf eine zum Nachlass zu erfüllende Verbindlichkeit erbracht werden, führen zu einer **Befreiung gegenüber den Nachlassgläubigern gem. § 82 InsO analog** nur insoweit, als das Geleistete in den Nachlass und damit in die Hände des Verwalters gelangt ist (Staudinger/*Dobler* (2016) Rn. 18), soweit sie in Unkenntnis der Nachlassverwaltung an den Erben erbracht wurden. Es kommt auf die wirkliche Kenntnis und nicht auf ein Kennenmüssen an (MüKoBGB/*Küpper* Rn. 5).

3. Prozessuale Auswirkungen. Der Erbe verliert mit dem Recht zur Verfügung über den Nachlass auch das Recht, zum Nachlass gehörige Ansprüche gerichtlich geltend zu machen. Ein vermögensrechtlicher Anspruch, der sich gegen den Erben richtet, kann nur noch gegen den Nachlassverwalter geltend gemacht werden, § 1984 I 3. Die aktive und passive **Prozessführungsbefugnis des Erben geht auf den Nachlassverwalter über.** Eine dennoch von dem Erben erhobene Klage wirkt nicht verjährungshemmend (BGH Urt. v. 9.11.1966 – V ZR 176/63, BGHZ 46, 221 (229f.) zur Verjährungsunterbrechung). War gegen den Erben vor der Anordnung ein Prozess anhängig oder hat der Erbe ihn als Kläger für den Nachlass geführt, führt die Anordnung der Nachlassverwaltung gem. § 241 III ZPO zur Unterbrechung, wenn der Erbe nicht durch einen Prozessbevollmächtigten vertreten ist, § 246 ZPO. Die Unterbrechung endet, wenn der Nachlassverwalter dem Gegner von seiner Bestellung Anzeige macht oder der Gegner seine Absicht, das Verfahren fortzusetzen, dem Gericht angezeigt und das Gericht diese Anzeige von Amts wegen zugestellt hat, § 241 I ZPO.

Erhebt der **Erbe** nach der Anordnung selbst **Klage gegen einen Nachlassschuldner,** ist diese **als unzulässig abzuweisen.** Eine gegen den Erben gerichtete **Klage eines Nachlassgläubigers** ist ebenfalls **unzulässig, sofern der Erbe nicht bereits unbeschränkt haftet und die Klage ausdrücklich auf Befriedigung aus dem Eigenvermögen des Erben gerichtet ist** (Erman/*Horn* Rn. 4a; Bamberger/Roth/*Lohmann* Rn. 6). **Der Nachlassverwalter kann den Erben im Wege der Prozessstandschaft befugen,** eine Nachlassforderung als Kläger im eigenen Namen geltend zu machen, wenn ein eigenes schutzwürdiges Interesse des Erben an der Prozessführung besteht. Das ist zu bejahen, weil der Erbe Träger des materiellen Rechts bleibt (BGH Urt. v. 28.11.1962 – V ZR 9/61, NJW 1963, 297 (299); Damrau/Tanck/*Gottwald* Rn. 13).

Bei **nichtvermögensrechtlichen Streitigkeiten** ist § 241 ZPO nicht anwendbar, weil der Nachlassverwalter nur den Nachlass betreffende Prozesse führen muss (Damrau/Tanck/*Gottwald* Rn. 15). Deshalb ist der Auskunftsanspruch eines Pflichtteilsberechtigten aus § 2314 I auch während der Nachlassverwaltung gegen den Erben persönlich geltend zu machen (OLG Celle Urt. v. 26.1.1960 – 10 U 108/59, MDR 1960, 402).

4. Zwangsvollstreckungen und Arreste. Die **Wirksamkeit von Vollstreckungsmaßnahmen** richtet sich zum einen danach, ob sie **von Nachlassgläubigern** oder **von Eigengläubigern in den Nachlass veranlasst** wurden, zum anderen danach, ob sie **vor oder nach Anordnung der Nachlassverwaltung erfolgt** sind.

Eigengläubiger des Erben können gem. § 1984 II **nach Anordnung der Nachlassverwaltung nicht mehr in den Nachlass vollstrecken, was von Amts wegen zu beachten ist** (Staudinger/*Dobler* (2016) Rn. 28). **Vor der Anordnung** sind Vollstreckungsmaßnahmen von Eigengläubigern möglich, was sich im Umkehrschluss aus § 1984 II herleiten lässt. Sie sind gem. § 778 II ZPO ab Annahme der Erbschaft zulässig (Staudinger/*Dobler* (2016) Rn. 29). **Nach der Anordnung** kann der Nachlassverwalter die Aufhebung der zuvor erfolgten Vollstreckungsmaßnahmen gem. §§ 784 II verlangen und ggf. Vollstreckungsgegenklage gem. § 784 II, 785, 767 ZPO erheben. Gegen die erstmalige Vollstreckung kann er sich mit der Erinnerung gem. § 766 ZPO wehren, wenn ohne Titel oder ohne Klausel vollstreckt wird (Zöller/ Geimer ZPO § 784 Rn. 4).

13   **Vollstreckungsmaßnahmen der Nachlassgläubiger,** die **vor der Anordnung der Nachlassverwaltung** erfolgt sind, bleiben wirksam. Es bedarf keiner Titelumschreibung auf den Nachlassverwalter gem. § 727 ZPO, weil es um die Fortsetzung einer bereits begonnenen Zwangsvollstreckung geht (Erman/ Horn Rn. 6). Wollen Nachlassgläubiger **nach der Anordnung** aufgrund eines gegen den Erben erwirkten Titels mit der Zwangsvollstreckung in den Nachlass erst beginnen, bedürfen sie wegen § 750 I ZPO einer vollstreckbaren Ausfertigung gegen den Nachlassverwalter. Der Titel ist entsprechend § 727 ZPO umzuschreiben (OLG Stuttgart Beschl. v. 29.7.1957 – 8 W 218/57, NJW 1958, 1353 für den Konkursverwalter; Stau'inger/*Dobler* (2016) Rn. 27; Bamberger/Roth/*Lohmann* Rn. 7; aA Palandt/*Weidlich* Rn. 4; Erman/*Horn* Rn. 6).

14   Ist einem Eigengläubiger **rechtsfehlerhaft eine Vollstreckungsklausel** gegen den Nachlassverwalter erteilt worden, sind die Rechtsbehelfe des § 732 ZPO (Klauselerinnerung) und des § 768 ZPO (Klauselgegenklage) statthaft (Zöller/*Geimer* ZPO § 784 Rn. 4; Staudinger/*Dobler* (2016) Rn. 28; MüKoBGB/ *Küpper* Rn. 11; aA Palandt/*Weidlich* Rn. 4, der eine Klage gem. § 784 II, 785, 767 ZPO für möglich hält).

15   Der **Erbe** kann **nach Anordnung der Nachlassverwaltung gegen den Zugriff von Nachlassgläubigern auf sein Eigenvermögen vorgehen,** sofern er sein Recht zur Beschränkung der Haftung noch nicht verloren hat. Dazu kann er **Klage auf Aufhebung aller Vollstreckungsmaßregeln,** die bereits zugunsten eines Nachlassgläubigers in sein Eigenvermögen erfolgt sind, gem. §§ 785 I, 785, 767 ZPO erheben oder bei erstmaliger Vollstreckung eine **Vollstreckungsabwehrklage,** §§ 781, 785, 780, 767 ZPO (OLG Frankfurt a. M. Beschl. v. 23.5.1999 – 20 W 166/97, NJW-RR 1998, 160; *Stein* ZEV 1998, 178).

§ 1985 Pflichten und Haftung des Nachlassverwalters

(1) Der Nachlassverwalter hat den Nachlass zu verwalten und die Nachlassverbindlichkeiten aus dem Nachlass zu berichtigen.

(2) ¹Der Nachlassverwalter ist für die Verwaltung des Nachlasses auch den Nachlassgläubigern verantwortlich. ²Die Vorschriften des § 1978 Abs. 2 und der §§ 1979, 1980 finden entsprechende Anwendung.

1   **1. Normzweck.** § 1985 regelt die **Aufgaben des Nachlassverwalters** und seine **Verantwortlichkeit gegenüber den Nachlassgläubigern.** Als wichtigste Aufgaben sind exemplarisch die Verwaltung des Nachlasses und die Berichtigung der Nachlassverbindlichkeiten aus dem Nachlass aufgeführt. Die Vorschrift wird durch Regelungen ergänzt, die die sich aus dem Verwaltungsrecht ergebenden Einzelbefugnisse des Nachlassverwalters regeln. Das sind § 455 II FamFG für die Beantragung eines Aufgebotsverfahrens und § 317 I InsO für die Beantragung der Eröffnung des Nachlassinsolvenzverfahrens.

2   **2. Die Rechtsstellung des Nachlassverwalters.** Die rechtliche Stellung eines Nachlassverwalters ähnelt der eines Insolvenzverwalters (BGH Urt. v. 28.11.1962 – V ZR 9/61, BGHZ 38, 281 (284) = NJW 1963, 297 (299)). Er hat ebenso wie dieser die **Stellung eines amtlich bestellten Organs zur Verwaltung einer fremden Vermögensmasse** (RG Urt. v. 4.1.1932 – IV 353/31, RGZ 135, 305 (307)). Er ist nicht gesetzlicher Vertreter des Erben und/oder des Nachlassgläubigers. Der Nachlassverwalter unterliegt nur der **Rechtsaufsicht des Nachlassgerichts** (*Lange/Kuchinke* ErbR § 49 Kap. III Rn. 6a), das bei Pflichtwidrigkeiten einzuschreiten hat. In Zweckmäßigkeitsfragen darf es dem Verwalter keine Anweisungen erteilen.

3   Nach der wirksamen Anordnung der Nachlassverwaltung steht ausschließlich dem Nachlassverwalter die **aktive und passive Prozessführungsbefugnis für Nachlassstreitigkeiten** zu. Er führt diese Rechtsstreitigkeiten als Verwalter über den Nachlass des Erblassers mit eigener Parteistellung (RG Urt. v. 4.1.1932 – IV 353/31, RGZ 135, 305 (307)) und hat im Fall des Unterliegens im Rechtsstreit gem. § 91 ZPO die Kosten zu tragen. Es handelt sich nicht um eine persönliche Schuld des Verwalters, sondern um eine Nachlassverbindlichkeit (Staudinger/*Dobler* (2016) Rn. 4; *Joachim* Erbenhaftung Rn. 283). Dem Nachlassverwalter kann gem. § 116 I Nr. 1 ZPO **Prozesskostenhilfe** gewährt werden, wenn die Voraussetzungen vorliegen. Aufgrund der Prozessführungsbefugnis des Nachlassverwalters **kann der Erbe im Prozess als Zeuge vernommen werden.** Er kann den Erben nach den Grundsätzen der **gewillkürten Prozessstandschaft** zur Prozessführung im eigenen Namen ermächtigen, sofern dieser ein eigenes schutzwürdiges Interesse an der Prozessführung im eigenen Namen hat. Das ergibt sich regelmäßig daraus, dass der Erbe trotz angeordneter Nachlassverwaltung weiter Träger des materiellen Rechts ist (*Firsching/Graf* NachlassR Rn. 4.830).

4   Für den Nachlassverwalter **gelten über § 1915 I 1 ergänzend die Regelungen des Vormundschaftsrechts.** Er bedarf zu Rechtsgeschäften der in §§ 1821, 1822 bezeichneten Art der Genehmigung des Nachlassgerichts unabhängig davon, ob der Erbe minderjährig ist oder nicht. Die Genehmigung ist zu versagen, wenn der Nachlassverwalter eine genehmigungsbedürftige Verfügung treffen will, obwohl er an sich verpflichtet wäre, ein Insolvenzverfahren zu beantragen. Der Genehmigung des Nachlassgerichts bedarf er auch zur Verfügung über Forderungen und Wertpapiere nach Maßgabe der §§ 1812 f. (OLG Köln Urt. v. 9.7.1985 – 15 U 61/85, WM 1986, 1495 f.; OLG Frankfurt a. M. Urt. v. 1.10.1974 – 16 U 78/73, WM 1974, 473 f.; Staudinger/*Dobler* (2016) Rn. 34; *Joachim* Erbenhaftung Rn. 284; aA OLG Hamm Urt. v. 27.3.1995 – 22 U 74/94, DNotI-Report 1996, 29; Erman/*Horn* Rn. 1; Palandt/*Weidlich*

Rn. 2; MüKoBGB/*Küpper* Rn. 2). Als mit dem Zweck der Nachlassverwaltung vereinbar wird man den Nachlassverwalter auch als verpflichtet ansehen müssen, Geldbeträge nicht in seinem Gewahrsam zu belassen, die er nicht sogleich zur Befriedigung von Nachlassverbindlichkeiten benötigt. Diese hat er gem. §§ 1915 I 1, 1806 verzinslich anzulegen. Die Anlegung hat das Nachlassgericht gem. §§ 1915 I 1, 1837, 1962 zu überwachen (RG Urt. v. 26.5.1916 – III 51/16, RGZ 88, 264 (266)). Zu **Schenkungen** ist der Nachlassverwalter nach § 1804 S. 1 nicht befugt, sofern es sich nicht um Pflicht- und Anstandsschenkungen handelt, § 1804 S. 2. Ein **Selbstkontrahieren** ist ihm gem. §§ 1915 I 1, 1795 II, 181 **nicht gestattet** (MüKoBGB/*Küpper* Rn. 2; *Lange/Kuchinke* § 49 Kap. III Rn. 6c).

Ein Nachlassverwalter ist zu **entlassen**, wenn die Fortführung des Amtes durch ihn die Interessen des 5
Erben und/oder der Nachlassgläubiger gefährden würde. Auf ein Verschulden des Verwalters kommt es nicht an (Staudinger/*Dobler* (2016) Rn. 36; Palandt/*Weidlich* Rn. 3). Eine Entlassung ist von Amts wegen möglich, kommt aber auch auf Antrag des Erben in Betracht. Ob auch ein **Nachlassgläubiger den Antrag auf Entlassung des Nachlassverwalters stellen kann**, ist umstritten. ZT wird dies mit der Begründung verneint, dass der in §§ 1975, 1981 II, 1985 II 1 zum Ausdruck kommende Zweck der Nachlassverwaltung zwar ein Recht des Nachlassgläubigers erfordere, das Verfahren zu beantragen, nicht jedoch das Recht, in dem bereits schwebenden Verfahren weitere und insbesondere auf die Person des Verwalters zielende Anträge zu stellen. Zudem bestünde keine Möglichkeit einzelner Gläubiger, die Entlassung eines Nachlassinsolvenzverwalters zu beantragen (OLG Frankfurt Beschl. v. 5.1.1998 – 20 W 431/96 und 20 W 456/96, ZEV 1998, 263 (264); Staudinger/*Dobler* (2016) Rn. 36; Soergel/*Stein* Rn. 3). Für ein Antragsrecht der Nachlassgläubiger spricht jedoch, dass das Verfahren der Nachlassverwaltung nicht die die Gläubigerinteressen wahrenden Organe des Gläubigerausschusses und der Gläubigerversammlung kennt und nichts dafür ersichtlich ist, warum der Erbe gerade bei der Entlassung des Nachlassverwalters eine bessere Stellung erhalten soll als Nachlassgläubiger, deren Interessen sonst im Nachlassinsolvenzverfahren höher eingeschätzt werden (OLG Karlsruhe Beschl. v. 11.4.1989 – 4 W 128/88, NJW-RR 1989, 1095; Erman/*Horn* Rn. 2a; *Joachim* Erbenhaftung Rn. 285). **Mit der Entlassung endet das Amt des Nachlassverwalters.** Da er dem Nachlassgericht gem. §§ 1915 I 1, 1802 I 1 ein **Nachlassverzeichnis** einreichen muss, kann sich seine Ungeeignetheit für das Amt auch aus einer beharrlichen Verweigerung oder lang andauernden Nichtvorlage des Verzeichnisses ergeben. Der Nachlassverwalter hat gem. §§ 1915 I 1, 1840 II, III, 1841 gegenüber dem Nachlassgericht über seine Vermögensverwaltung **jährlich Rechnung zu legen**. Die Pflicht trifft ihn gem. § 1890 nach Beendigung seines Amtes auch gegenüber dem Erben, dem er zur Schlussrechnung verpflichtet ist. Die Rechnung ist vom Nachlassgericht zu überprüfen.

Hat der Nachlassverwalter **Rechtsgeschäfte** erkennbar in seiner Eigenschaft als Verwalter vorgenommen, 6
berechtigen und verpflichten sie den Erben als solchen, der in seiner Funktion als Träger des Nachlasses verpflichtet wird. Bei Verfügungen über Nachlassgegenstände ist eine Offenlegung der Tätigkeit als Nachlassverwalter nicht erforderlich, weil er anstelle der Erben von Gesetzes wegen verfügungsbefugt ist. Anderes gilt bei der **Eingehung von Nachlassverbindlichkeiten**. Legt der Nachlassverwalter dabei sein Handeln als Verwalter nicht offen, haftet er persönlich mit seinem gesamten Vermögen. Im Fall des Vertragsschlusses in ordnungsgemäßer Verwaltung des Nachlasses ist die Verbindlichkeit jedoch aus dem Nachlass zu begleichen. Bei einem Erwerb aufgrund rechtsgeschäftlichen Verhaltens erwirbt der Nachlassverwalter mit seinem Eigenvermögen, sofern er die Nachlassverwaltung nicht erkennbar zum Ausdruck bringt, es sei denn, das Erwerbsgeschäft bezieht sich allein auf den Nachlass. Dann erfolgt der Erwerb mit Mitteln des Nachlasses.

3. Aufgaben des Nachlassverwalters. In § 1985 I sind exemplarisch als wichtigste Aufgaben die **Ver-** 7
waltung des Nachlasses und die **Berichtigung der Nachlassverbindlichkeiten** aufgeführt. Wie er diese ihm obliegenden Pflichten erfüllt, bestimmt er im Einzelfall nach pflichtgemäßem Ermessen unter Zweckmäßigkeitsgesichtspunkten.

a) **Verwaltung des Nachlasses.** Zur Verwaltung des Nachlasses gehören die gesamten tatsächlichen 8
und rechtlichen Verfügungen, die erforderlich sind, damit das verwaltete Vermögen in seinem ursprünglichen Bestand erhalten und nach den Regeln einer ordnungsgemäßen Wirtschaft vermehrt wird (MüKoBGB/*Küpper* Rn. 3). Der Nachlassverwalter hat im Rahmen seiner Verwaltungsbefugnisse das Recht und die Pflicht, den **Nachlass alsbald in Besitz zu nehmen**. Er wird dadurch **unmittelbarer, der Erbe mittelbarer Besitzer**. Aus der Verpflichtung folgt nicht, dass der Nachlassverwalter ebenso wie ein nach §§ 1960, 1961 bestellter Nachlasspfleger ein Recht zur eigenmächtigen Besitzergreifung hätte. Im Verhältnis zu Dritten, die keine Erbenstellung innehaben und deshalb unberechtigte Besitzer sind, ist er **auf den Weg der Herausgabeklage zu verweisen**. Streitig ist, **ob dies auch im Verhältnis zum Erben gilt**. Die hM bejaht das zu Recht, weil der die Nachlassverwaltung anordnende Beschluss mangels vollstreckbaren Inhalts kein Vollstreckungstitel iSv § 794 Nr. 3 ZPO ist (LG Stuttgart Beschl. v. 9.8.1977 – 2 T 549/77, BWNotZ 1978, 164; MüKoBGB/*Küpper* Rn. 3; Staudinger/*Dobler* (2016) Rn. 13; Erman/*Horn* Rn. 2; aA BeckOGK/*Herzog* Rn. 9; Damrau/Tanck/*Gottwald* Rn. 5). Bei einem Wechsel in der Person des Nachlassverwalters ist der **neue Verwalter** gehalten, den Nachlass von seinem Amtsvorgänger **herauszuverlangen**. Dieser ist verpflichtet, alles herauszugeben, was er aus der Verwaltung des Nachlasses erlangt hat. Dazu gehören auch die von ihm angelegten Akten, unabhängig davon, ob sie sein persönliches Eigentum sind (KG Urt. v. 12.10.1970 – 12 U 98/70, NJW 1971, 566 f.).

Da der Verfügungswechsel zugunsten des Nachlassverwalters – anders als bei der Testamentsvollstre- 9
ckung, der Nacherbfolge oder der Eröffnung des Nachlassinsolvenzverfahrens – nicht von Amts wegen

in das Grundbuch eingetragen wird, ist der Nachlassverwalter gem. § 13 II GBO berechtigt und sogar verpflichtet, schnellstmöglich die **Eintragung der Anordnung im Grundbuch** zu beantragen. Die nach § 19 GBO erforderliche Bewilligung des Erben ist wegen § 22 I 2 GBO entbehrlich. Der Erbe bzw. die Erbengemeinschaft bleiben als Rechtsinhaber im Grundbuch eingetragen, nicht der Nachlassverwalter (*Joachim* Erbenhaftung Rn. 288).

10   Umstritten ist, ob auch **das Nachlassgericht von Amts wegen verpflichtet ist, das Grundbuchamt um die Eintragung zu ersuchen.** Trotz Fehlens einer ausdrücklichen gesetzlichen Regelung ist eine solche Verpflichtung entsprechend § 32 II InsO zu bejahen, weil die Eintragung der Nachlassverwaltung im Grundbuch im besonderen Interesse der Nachlassgläubiger liegt. Sie führt zum Ausschluss des gutgläubigen Erwerbs Dritter von Grundstücken, beschränkten dinglichen Rechten sowie Rechten an solchen Rechten, die zum Nachlass gehören. Dadurch wird – entsprechend der Zielsetzung des Instituts der Nachlassverwaltung – der Nachlass erhalten (Staudinger/*Dobler* (2016) § 1984 Rn. 13; *Joachim* Erbenhaftung Rn. 277; aA die hM: MüKoBGB/*Küpper* § 1983 Rn. 2; Palandt/*Weidlich* § 1983 Rn. 2; Soergel/ *Stein* § 1983 Rn. 2).

11   Im Interesse der Erben muss der Nachlassverwalter bei Vorliegen der Voraussetzungen gegenüber den Nachlassgläubigern auch die **aufschiebenden Einreden der §§ 2014, 2015 erheben** und auch sonst alle rechtlichen Möglichkeiten ausschöpfen, wenn Eigengläubiger des Erben in den Nachlass vollstrecken. Nachlassgläubiger müssen die Berichtigung einer Nachlassverbindlichkeit durch den Nachlassverwalter als für Rechnung des Nachlasses gegen sich gelten lassen, sofern dieser den Umständen nach annehmen durfte, dass der Nachlass zur Berichtigung aller Nachlassverbindlichkeiten ausreicht. Beruht eine Überschuldung auf Vermächtnissen und/oder Auflagen, besteht wegen § 1980 I 3 keine Pflicht zum Antrag auf Eröffnung eines Nachlassinsolvenzverfahrens. Diese Verbindlichkeiten bleiben bei der Bemessung der Zulänglichkeit des Nachlasses außer Betracht. Die Antragspflicht entfällt auch, wenn die Eröffnung eines Nachlassinsolvenzverfahrens mangels einer die zusätzlichen Kosten dieses Verfahrens deckenden Masse ausgeschlossen ist. **Umstritten ist,** ob sich der Nachlassverwalter in diesem Fall auf die **Einreden der §§ 1990–1992 berufen** kann. Für §§ 1990, 1991 wird dies zu Recht verneint, weil diese Vorschriften in § 1985 nicht erwähnt sind (Palandt/*Weidlich* Rn. 10; MüKoBGB/*Küpper* Rn. 8; aA Staudinger/*Dobler* (2016) Rn. 29). Dass der Nachlassverwalter gegenüber den Nachlassgläubigern grds. dieselben Rechte hat wie der Erbe – was die Protokolle für das Verhältnis zu den in § 1992 genannten Gläubigern als selbstverständlich bezeichnen –, reicht nicht aus (so aber Staudinger/*Dobler* (2016) Rn. 29). Unter Bezugnahme auf diese Begründung ist aber die Anwendbarkeit des § 1992 zu bejahen (Erman/*Horn* § 1992 Rn. 2; MüKoBGB/*Küpper* § 1992 Rn. 3; Palandt/*Weidlich* Rn. 10; aA RGRK/*Johannsen* Rn. 17). Dem Streit kommt keine größere praktische Bedeutung zu, weil der Nachlassverwalter schon gem. § 1985 I die Befriedigung von Nachlassgläubigern verweigern kann, wenn der Nachlass nicht ausreicht.

12   **b) Umfang der Verwaltungsbefugnis.** Die Berechtigung zur Verwaltung des Nachlasses umfasst grds. den gesamten Nachlass. **Ausgenommen** sind die Bestandteile, die nicht einmal ein Nachlassinsolvenzverwalter in Besitz nehmen dürfte. Die **Nachlassinsolvenz** erstreckt sich trotz einer unzureichenden Masse gem. § 36 InsO nur auf die **pfändbare Vermögen**, so dass sich auch die **Nachlassverwaltung darauf beschränkt** (Palandt/*Weidlich* Rn. 4; Staudinger/*Dobler* (2016) Rn. 19; aA Soergel/*Stein* Rn. 7). Das Ob der Pfändbarkeit bestimmt sich nach der Person des Erben. Gegenstände, die bei dem Erblasser wegen seiner beruflichen Position unpfändbar wären, können beim Erben gepfändet werden, sofern er einen anderen Beruf ausübt und die Gerätschaften dafür nicht benötigt (MüKoBGB/*Küpper* Rn. 4).

13   **Höchstpersönliche Rechtspositionen,** in die der Erbe mit dem Erbfall eingerückt ist, werden von der Nachlassverwaltung nicht umfasst (BGH Urt. v. 30.3.1967 – II ZR 102/65, BGHZ 47, 293 (295 f.) = NJW 1967, 1961; Soergel/*Stein* Rn. 6). Das sind vererbliche Rechte mit Persönlichkeitsbezug, wie die ererbte Gesellschafterstellung in einer OHG. Die Befugnisse des Nachlassverwalters erstrecken sich nur auf die vermögensrechtlichen Bestandteile des Nachlasses. Da die Nachlassverwaltung für solche Nachlässe angeordnet wird, die zur Befriedigung der Nachlassgläubiger ausreichend erscheinen, ist ein **Gesellschaftsanteil grds. nicht zur Befriedigung der Nachlassgläubiger zu verwerten.** Wird beim Tod des Erblassers die Personengesellschaft fortgesetzt, hängt der Umfang dem Nachlassverwalter zustehenden Rechtsmacht davon ab, ob der Erbe und die übrigen Gesellschafter der Nachlassverwaltung zugestimmt haben. Der Verwalter kann nicht die ererbten Mitgliedschaftsrechte ausüben und auch keine Rechte des Gesellschaftererben bei der Geschäftsführung wahrnehmen (BeckOGK/*Herzog* Rn. 13; Palandt/*Weidlich* Rn. 4). Er kann auch nicht die Feststellung begehren, dass ein Gesellschaftsvertrag nichtig oder wirksam angefochten wurde. Ein entsprechendes Urteil würde den Status der Gesellschaft berühren und hätte entsprechende rechtliche Auswirkungen auf den weiteren Bestand der Mitgliedschaft der einzelnen Gesellschafter (BGH Urt. v. 30.3.1967 – II ZR 102/65, BGHZ 47, 293 (295 f.) = NJW 1967, 1961; OLG Hamm Beschl. v. 25.11.1992 – 15 W 129/92, Rpfleger 1993, 282). **Der Nachlassverwalter ist darauf beschränkt,** zur Befriedigung der Nachlassgläubiger den **Anspruch des Gesellschaftererben auf den Gewinnanteil und das Auseinandersetzungsguthaben geltend zu machen.** Umstritten ist, ob die Gesellschaft gekündigt werden kann, wenn das sonstige Nachlassvermögen zur Befriedigung der Nachlassverbindlichkeiten nicht ausreicht, ob das Bedürfnis, den Anteil des Erben am Gesellschaftsvermögen zur Tilgung der Verbindlichkeiten flüssig zu machen, einen wichtigen Grund zur Kündigung darstellt und ob in Analogie zu § 725, § 135 HGB ein eigenes Kündigungsrecht des Nachlassverwalters besteht. Von der herrschenden Meinung wird dies zu Recht unter Hinweis auf die Rechtsstellung des Nachlassverwalters und dessen Pflichten bejaht (MüKoBGB/*Küpper* Rn. 6; Soergel/*Stein* Rn. 6; RGRK/

Johannsen Rn. 13; *Lange/Kuchinke* ErbR § 49 Kap. III 4 mwN Fn. 83; aA Staudinger/*Dobler* (2016) Rn. 21). Die Anforderungen an das Kündigungsrecht müssen jedoch streng gehandhabt werden.

Eine **von dem Erblasser erteilte** und über den Tod hinaus reichende **Generalvollmacht** kann der Nachlassverwalter widerrufen, doch dürfte diese regelmäßig aufgrund der Anordnung der Nachlassverwaltung erloschen sein. Der Verwalter kann von dem Bevollmächtigten die Urkunde herausverlangen und sollte dies auch tun, um Missbrauch auszuschließen. 14

c) Berichtigung von Nachlassverbindlichkeiten. Neben der Verwaltung des Nachlasses ist die Hauptaufgabe des Nachlassverwalters die Berichtigung der Nachlassverbindlichkeiten. Der Nachlassverwalter ist aber nicht ausschließlich den Interessen der Nachlassgläubiger, sondern auch denen des Erben verpflichtet, was sich mittelbar aus § 1985 II 1 ergibt („auch verpflichtet"). Soweit erforderlich hat er dazu den Nachlass zu verwerten. Wie er die Verwertung durchführt, dh freihändig oder durch öffentliche Versteigerung gem. § 383 III, obliegt seinem Ermessen. Nach § 1985 II 2 hat er die §§ 1979, 1980 zu beachten, dh er darf eine Verbindlichkeit nur erfüllen, wenn er bei sorgfältiger Prüfung den Umständen nach annehmen darf, dass der Nachlass zur Berichtigung aller vorhandenen und zukünftig entstehenden Verbindlichkeiten ausreichend ist. Erlangt er von der Zahlungsunfähigkeit oder der Überschuldung des Nachlasses Kenntnis, hat er unverzüglich Nachlassinsolvenz zu beantragen. Der Nachlassverwalter hat dazu den **Schuldenstand zu ermitteln**. Er ist zur **Beantragung** des **Aufgebotes** der Nachlassgläubiger gem. §§ 1970 ff., **nicht aber zur Inventarerrichtung** verpflichtet. 15

d) Keine Teilung oder Auseinandersetzung. Der Nachlassverwalter hat nicht die Aufgabe, den Nachlass zu verteilen oder die Auseinandersetzung unter den Miterben durchzuführen (RG Urt. v. 6.12.1909 – Rep. VI 215/09, RGZ 72, 260 (262)). Eine **gerichtliche Auseinandersetzung** innerhalb der Erbengemeinschaft ist während der Dauer der Nachlassverwaltung als ihrem Zweck zuwiderlaufend **nicht möglich**. 16

4. Haftung des Nachlassverwalters. Der Nachlassverwalter haftet gegenüber dem Erben wie ein sonstiger Nachlasspfleger gem. §§ 1915, 1833 für **jedes Verschulden** persönlich mit seinem Eigenvermögen. Hat er sich über die ihm gesetzlich obliegenden Pflichten hinaus für die Interessen des Erben eingesetzt und ihm dadurch erhebliche Nachlassvorteile erhalten, die sonst verloren gegangen wären, entfällt eine Haftung nach Treu und Glauben. In einem solchen Fall ist es nicht gerechtfertigt, dass der Erbe den Verwalter haftbar machen kann (BGH Urt. v. 9.7.1975 – IV ZR 63/73, FamRZ 1975, 576 f.; BeckOGK/*Herzog* Rn. 23). 17

Die **Verantwortlichkeit gegenüber den Nachlassgläubigern** ist in § 1985 II 1 geregelt. Anders als der nach §§ 1960, 1961 bestellte Nachlasspfleger haftet der Nachlassverwalter ihnen gegenüber für jeden durch seine schuldhafte Pflichtverletzung entstandenen Schaden. Die den Nachlassgläubigern erwachsenen Ersatzansprüche gelten gem. § 1985 II 2 iVm § 1978 II als zum Nachlass gehörend. Geschädigte Nachlassgläubiger können ihre Ersatzansprüche **erst nach Aufhebung der Nachlassverwaltung geltend machen**. Sie sind gegen das Eigenvermögen des Nachlassverwalters zu richten. Werden **Ansprüche aus einem Steuerschuldverhältnis** wegen vorsätzlicher oder grob fahrlässiger Verletzung der dem Nachlassverwalter obliegenden Pflichten nicht oder nicht rechtzeitig festgestellt oder erfüllt, haftet dieser gem. § 69 AO einschließlich der infolge der Pflichtverletzung zu zahlenden Säumniszuschläge (Staudinger/*Dobler* (2016) Rn. 40). 18

Der Nachlassverwalter hat die Eröffnung eines **Nachlassinsolvenzverfahrens zu beantragen**, sobald er von der Zahlungsunfähigkeit oder Überschuldung des Nachlasses Kenntnis erlangt, §§ 1985 II 2, 1980 I 1. Verletzt er diese Pflicht, haftet er den Nachlassgläubigern für den dadurch entstandenen Schaden. Eine Haftung trifft ihn auch, wenn er den Nachlass dem Erben vor der Berichtigung bekannter Nachlassverbindlichkeiten ausantwortet, § 1986. Im Fall einer deliktischen Verantwortlichkeit des Verwalters haftet der Nachlass nicht gem. § 31 oder gem. § 831 (MüKoBGB/*Küpper* Rn. 11). Der Verwalter ist nicht Verrichtungsgehilfe des Erben. 19

Schadensersatzansprüche gegen den Nachlassverwalter **verjähren** innerhalb der dreijährigen Frist gem. §§ 195, 199 I. 20

§ 1986 Herausgabe des Nachlasses

(1) Der Nachlassverwalter darf den Nachlass dem Erben erst ausantworten, wenn die bekannten Nachlassverbindlichkeiten berichtigt sind.

(2) ¹Ist die Berichtigung einer Verbindlichkeit zur Zeit nicht ausführbar oder ist eine Verbindlichkeit streitig, so darf die Ausantwortung des Nachlasses nur erfolgen, wenn dem Gläubiger Sicherheit geleistet wird. ²Für eine bedingte Forderung ist Sicherheitsleistung nicht erforderlich, wenn die Möglichkeit des Eintritts der Bedingung eine so entfernte ist, dass die Forderung einen gegenwärtigen Vermögenswert nicht hat.

1. Normzweck. Die Vorschrift regelt, wann der Nachlassverwalter **Nachlassgläubigern gegenüber berechtigt** ist, **den Nachlass an den Erben herauszugeben (sog. Ausantwortung)**, nicht jedoch, wann eine entsprechende Verpflichtung gegenüber dem Erben besteht. Darin kommt die besondere Verantwortlichkeit des Verwalters gegenüber den Nachlassgläubigern zum Ausdruck. Wird der Nachlass an den Erben herausgegeben, bevor die bekannten Nachlassverbindlichkeiten berichtigt sind, macht sich der Nachlassverwalter **gegenüber den noch nicht befriedigten Nachlassgläubigern schadensersatzpflichtig**. 1

2. Recht des Nachlassverwalters zur Ausantwortung. Voraussetzung für die Herausgabe des Nachlasses ist gem. § 1986 I, dass der Nachlassverwalter die ihm **bekannten Nachlassverbindlichkeiten berichtigt** hat. Hat er Grund zu der Annahme, dass noch weitere – bis dahin unbekannte – Nachlassgläubiger vorhanden sein könnten, hat er gem. §§ 1985 II 2, 1980 II 2 das Aufgebot der Gläubiger zu beantragen (Staudinger/*Dobler* (2016) Rn. 6). Ist die Berichtigung einer Verbindlichkeit zurzeit nicht durchführbar oder ist eine Verbindlichkeit streitig, besteht ein Recht zur Ausantwortung nur, wenn **dem Gläubiger Sicherheit geleistet wird, § 1986 II 1.** Gleiches gilt, wenn der entsprechende Gläubiger unbekannten Aufenthalts oder die Verpflichtung bedingt ist. Eine **Ausnahme** besteht **nach § 1986 II 2,** wenn die Möglichkeit des Bedingungseintritts so entfernt ist, dass die Forderung keinen gegenwärtigen Vermögenswert hat. Art und Weise der Sicherheitsleistung bestimmen sich nach den §§ 232 ff. Anstelle der **Sicherheitsleistung** ist die **Hinterlegung** gem. §§ 372 ff. zulässig.

Die **förmliche Aufhebung der Nachlassverwaltung** ist keine Voraussetzung für die Herausgabe des Nachlasses. Hat der Nachlassverwalter den Nachlass bereits an den Erben herausgegeben und meldet sich dann – vor der förmlichen Aufhebung der Nachlassverwaltung – ein bis dahin nicht befriedigter Nachlassgläubiger, hat der Verwalter den Nachlass von dem Erben zurückzufordern und das Verfahren fortzusetzen. § 1986 betrifft nur statische Nachlässe (MüKoBGB/*Küpper* Rn. 3). Fraglich ist daher, wie die aus der Veränderung eines Nachlasses infolge der **Fortführung eines zum Nachlass gehörenden Unternehmens** entstandenen Verbindlichkeiten zu behandeln sind. Die Regelung in § 1986 II hilft insoweit nicht weiter, weil immer wieder neue Verbindlichkeiten aus der Unternehmensfortführung entstehen, deren Gläubiger dem Verwalter bekannt sind. Da die Nachlassverwaltung nicht zu einem Dauerzustand werden darf, kann der Nachlassverwalter das Unternehmen dem Erben nach Berichtigung der sonstigen Verbindlichkeiten übergeben. Er braucht die erst zukünftig fällig werdenden Verbindlichkeiten der Unternehmensfortführung nicht zu erfüllen, sofern deren Erfüllung in der Zukunft gewährleistet ist (Pütter, Der Nachlassverwalter als Unternehmer, S. 158 f.; MüKoBGB/*Küpper* Rn. 3).

3. Herausgabeanspruch des Erben. Mit dem Recht des Nachlassverwalters zur Ausantwortung des Nachlasses korrespondiert der **Herausgabeanspruch des Erben nach Beendigung der Nachlassverwaltung.** Dieser entsteht erst mit der Aufhebung durch das Nachlassgericht gem. §§ 1988 II, 1919. Erst danach hat der Nachlassverwalter dem Erben – im Fall des § 1988 I dem Nachlassinsolvenzverwalter – den Nachlass herauszugeben und gem. §§ 1915 I, 1890 Schlussrechnung zu legen. Der **Herausgabeanspruch des Erben** ist **auf Verschaffung des unmittelbaren Besitzes an den verbliebenen Nachlassgegenständen gerichtet** und kann wie jede andere Forderung gepfändet werden. Da es nicht zu den Aufgaben des Nachlassverwalters gehört, den Nachlass innerhalb einer Erbengemeinschaft zu verteilen (RG Urt. v. 6.12.1909 – Rep. VI 215/09, RGZ 72, 260), hat er **mehreren Erben** den Nachlass gemeinschaftlich auszuantworten und auf Verlangen eines von ihnen die Nachlassgegenstände für alle zu hinterlegen (Staudinger/*Dobler* (2016) Rn. 4). Gegenüber dem Anspruch des Erben kann er wegen seines Vergütungsanspruchs aus § 1987 und seines Aufwendungsersatzanspruchs aus §§ 1915 I 1, 1835 ein Zurückbehaltungsrecht gem. § 273 geltend machen (Palandt/*Weidlich* § 1988 Rn. 3; Staudinger/*Dobler* (2016) Rn. 3). Der Nachlassverwaltungsvermerk ist auf Antrag des Erben oder des Verwalters im Grundbuch zu löschen, der auch seine Bestallungsurkunde zurückzugeben hat (MüKoBGB/*Küpper* Rn. 7).

4. Haftung des Erben nach Aufhebung der Nachlassverwaltung. Sind nach der Aufhebung der Nachlassverwaltung noch nicht alle Nachlassgläubiger befriedigt und machen sie gegenüber dem Erben Nachlassforderungen geltend, **haftet der Erbe unbeschränkt,** wenn er bereits vor der Anordnung der Nachlassverwaltung unbeschränkbar haftete (Bamberger/Roth/*Lohmann* Rn. 3). Daran hat sich durch die Beendigung des Verfahrens nichts geändert. Gegenüber den im Aufgebotsverfahren ausgeschlossenen oder säumigen Gläubigern haftet er nach Maßgabe der §§ 1973, 1974 nur nach Bereicherungsrecht (Erman/*Horn* Rn. 3). Wurde die Nachlassverwaltung wegen Fehlens einer kostendeckenden Masse gem. § 1988 II aufgehoben, deckt der Nachlass die Kosten einer nochmaligen Nachlassverwaltung nicht. Der Erbe kann dann gem. **§ 1990 I 1** die Befriedigung eines Nachlassgläubigers verweigern, soweit der Nachlass unter den Voraussetzungen des § 1991 nicht ausreicht. Beruht die Überschuldung lediglich auf Vermächtnissen und Auflagen, kann der Erbe gem. **§ 1992** S. 1 die Berichtigung dieser Verbindlichkeiten nach den Vorschriften der §§ 1990, 1991 bewirken, ohne dass der Nachlass dürftig sein muss. Außerhalb des unmittelbaren Anwendungsbereiches der §§ 1973, 1974, 1990, 1992 bleibt die Haftungsbeschränkung der Nachlassverwaltung bei ordnungsgemäß durchgeführtem Verfahren bestehen. Der Erbe kann den Gläubiger gem. § 1990 analog auf den vorhandenen Nachlassrest verweisen (BGH Urt. v. 17.12.1953 – IV ZR 101/53, NJW 1954, 635 (636); Palandt/*Weidlich* Rn. 1; MüKoBGB/*Küpper* Rn. 6), bleibt aber den Nachlassgläubigern nach §§ 1978–1980 verantwortlich (MüKoBGB/*Küpper* Rn. 6).

§ 1987 Vergütung des Nachlassverwalters

Der Nachlassverwalter kann für die Führung seines Amts eine angemessene Vergütung verlangen.

1. Normzweck. Anders als der gem. §§ 1960, 1961 bestellte Nachlasspfleger, der die Pflegschaft gem. §§ 1915 I 1, 1836 I 1 grds. unentgeltlich zu führen hat, gewährt § 1987 dem Nachlassverwalter stets **einen Anspruch auf eine angemessene Vergütung.** Dieser besteht unabhängig davon, ob er die Tätigkeit berufsmäßig ausübt. Der Gesetzgeber geht davon aus, dass eine Nachlassverwaltung freiwillig nur gegen Entgelt übernommen wird (Prot. V 810 f.). Der Nachlassverwalter ist damit dem Insolvenzverwalter (§ 63 InsO) und dem Testamentsvollstrecker (§ 2221) gleichgestellt. Die Angemessenheit der Vergütung wird in § 1987 vorausgesetzt.

2. Vergütungsanspruch. Aufgrund der Prämisse, dass ein Nachlassverwalter aus § 1987 grds. einen Anspruch auf Zahlung einer Vergütung für seine Tätigkeit hat, kann sie ihm **insgesamt nur versagt werden,** wenn er sich der **Untreue** schuldig gemacht hat oder wenn er wegen **anderer schwerer Pflichtwidrigkeiten** iSv §§ 1915 I, 1886 entlassen worden ist. Der **Vergütungsanspruch ist aus dem Nachlass geschuldet** und kann nicht gegen die Staatskasse gerichtet werden (KG Beschl. v. 29.11.2005 – 1 W 180/03, FamRZ 2005, 559; BeckOGK/*Herzog* Rn. 13; Palandt/*Weidlich* Rn. 1; aA *Zimmermann* ZEV 2007, 519 (520)). Das lässt sich aus § 1982 herleiten, wonach die Anordnung der Nachlassverwaltung abgelehnt werden kann, wenn eine die Kosten deckende Masse nicht vorhanden ist. Der Vergütungsanspruch eines Nachlassverwalters ist entsprechend §§ 53, 209 Nr. 1 InsO vorrangig aus dem Nachlass zu befriedigen, weil es sich um Verwaltungskosten handelt. Entnimmt er die entsprechenden Beträge nicht aus dem vorhandenen Aktivnachlass, sondern überlässt diesen den Nachlassgläubigern, haftet der die Nachlassverwaltung beantragende Erbe nicht mit seiner Vorschusszahlung. Diese ist ihm seitens des Nachlassgerichts zu erstatten, so dass es in einem solchen Fall ausnahmsweise doch zu einer subsidiären Staatshaftung kommt (LG Lüneburg Beschl. v. 1.4.2009 – 3 T 103/08, Rpfleger 2009, 458 (459) mAnm. *Sticherling* 459 (460), der aus dem Vorrang der Kosten der Nachlassverwaltung gegenüber anderen Nachlassverbindlichkeiten herleitet, dass die Anforderung eines Vorschusses vom Erben bei ausreichendem Aktivnachlass ausgeschlossen sei). Im **Nachlassinsolvenzverfahren** ist der Vergütungsanspruch **Masseschuld,** § 324 I Nr. 4, Nr. 6 InsO iVm §§ 53, 209 Nr. 1 InsO (OLG München Beschl. v. 8.3.2006 – 33 Wx 131/05 und 33 Wx 132/05, Rpfleger 2006, 405; KG Beschl. v. 29.11.2005 – 1 W 180/03, FamRZ 2006, 559; Palandt/*Weidlich* Rn. 1; aA *Zimmermann* ZEV 2007, 519). Solange der Nachlassverwalter seine Vergütung nicht abschließend berechnen kann, sind ihm **Abschlagszahlungen** zuzubilligen. Dafür muss er den bereits angefallenen Zeitaufwand ermitteln und anmelden (OLG Zweibrücken Beschl. v. 15.3.2007 – 3 W 19/07, FamRZ 2007, 1191 (1192)).

a) Verfahren der Festsetzung. Zuständig für die Festsetzung der Vergütung ist gem. §§ 1975, 1915 I 1, 1836 I 2, 1962 das **Nachlassgericht** (Rechtspflegerangelegenheit gem. § 3 Nr. 2c RPflG). Die Festsetzung erfolgt auf **Antrag des Nachlassverwalters.** Der **Beschluss** des Nachlassgerichts ist ein **Vollstreckungstitel** iSv § 86 FamFG. Für die Festsetzung von Vergütungsansprüchen gelten nach § 168 V FamFG für die Pflegschaft die Absätze I–IV FamFG entsprechend damit auch für die Nachlassverwaltung als einer besonderen Art (näher Keidel/*Engelhardt* FamFG § 168 Rn. 6 ff.). Der Nachlassverwalter hat seinem Antrag eine **Aufstellung über den Zeitaufwand beizufügen,** die dem Erben zur Stellungnahme zu übermitteln ist. Da das Nachlassgericht lediglich die **Rechtmäßigkeit,** nicht aber die Zweckmäßigkeit des Handelns des Nachlassverwalters **zu kontrollieren hat,** darf es die geltend gemachte Vergütung nicht kürzen, wenn es die erbrachte Tätigkeit nicht für angebracht und ein anderes Vorgehen für zweckmäßiger gehalten hätte (OLG Zweibrücken Beschl. v. 21.11.2007 – 3 W 201/09, FamRZ 2008, 818 (819)). Der gem. § 38 III 1 FamFG regelmäßig zu begründende (sofern kein Fall des § 38 IV FamFG vorliegt) **Festsetzungsbeschluss** ist mit einer **Rechtsmittelbelehrung** zu versehen, § 39 FamFG. Er ist den Beteiligten schriftlich bekanntzugeben und bei Abweichung von einem erklärten Willen dem betroffenen Beteiligten gem. § 41 I FamFG zuzustellen.

Gegen den Beschluss ist das Rechtsmittel der befristeten Beschwerde gem. §§ 58 ff. FamFG statthaft, sofern der Beschwerdewert 600 EUR übersteigt oder das Nachlassgericht sie zugelassen hat, § 61 FamFG. **Beschwerdebefugt** sind neben dem antragstellenden Nachlassverwalter der Erbe, ein verwaltender Testamentsvollstrecker sowie die Nachlassgläubiger, wenn ihre Befriedigung durch die festgesetzte Vergütung beeinträchtigt wird (Palandt/*Weidlich* § 1960 Rn. 27). Erhebt der Nachlassverwalter Beschwerde, gilt das Verböserungsverbot. Eine Abänderung der rechtskräftig festgesetzten Vergütung ist nach Aufhebung der Nachlassverwaltung nicht mehr möglich (MüKoBGB/*Küpper* Rn. 3).

b) Höhe der Vergütung. In § 1987 ist nur von einer **angemessenen Vergütung** die Rede, ohne dass Einzelheiten zur Höhe geregelt sind. Die Norm ist deshalb keine eigenständige Bestimmung für die Vergütungshöhe des Nachlassverwalters. Da die Nachlassverwaltung eine speziell geregelte Form der Pflegschaft ist, gerichtet auf die gleichmäßige Befriedigung der Nachlassgläubiger, ist der durch das 2. BtÄndG als selbständige Vergütungsregelung des Pflegschaftsrechts eingefügte § 1915 I 2 als eigenständige Norm für die Höhe der Vergütung des Nachlassverwalters heranzuziehen, sofern der Zweck dieser Vorschrift dem nicht entgegensteht (OLG Zweibrücken Beschl. v. 15.3.2007 – 3 W 19/07, FamRZ 2007, 1191 (1192); OLG München Beschl. v. 8.3.2006 – 33 Wx 131/05, Rpfleger 2006, 405; Erman/*Horn* Rn. 2; Palandt/*Weidlich* Rn. 2; *Joachim* Erbenhaftung Rn. 299; *Zimmermann* ZEV 2007, 519; aA MüKoGB/*Küpper* Rn. 2; Soergel/*Stein* Rn. 2; Staudinger/*Dobler* (2016) Rn. 3). Er kann deshalb für die von ihm erbrachten vergütungsfähigen Tätigkeiten sein Honorar als **Zeithonorar** verlangen, wobei auf seine nutzbaren Fachkenntnisse sowie auf Umfang und Schwierigkeit der Verwaltungsgeschäfte abzustellen ist. Die Vergütung wird nach dem **tatsächlichen Zeitaufwand** und einem **seinem Beruf angemessenen Stundensatz** festgesetzt. Dadurch werden bei kleinen Nachlässen unangemessen geringe Vergütungen ebenso vermieden wie überzogene bei einem hohen Bruttonachlass. Da die Gerichte regelmäßig Berufsvormünder oder Berufsbetreuer iSv § 1836 I 2 einsetzen, kommt regelmäßig das Vormünder- und Betreuervergütungsgesetz v. 21.4.2005 (BGBl. I S. 1073) zur Anwendung. Das Nachlassgericht ist aber an

Joachim

die in VBVG 3 festgesetzten Stundensätze nicht gebunden, § 1915 I 2, und kann abweichend davon die Höhe des Stundensatzes nach den Umständen des Einzelfalles bestimmen (Palandt/*Weidlich* Rn. 2), ohne auf fiskalische Interessen Rücksicht nehmen zu müssen (KG Beschl. v. 29.11.2005 – 1 W 180/03, FamRZ 2006, 559). Die Nachlassgerichte können und sollten eine gewisse Großzügigkeit walten lassen (OLG München Beschl. v. 8.3.2006 – 33 Wx 131/05, Rpfleger 2006, 405, das einem Nachlassverwalter den doppelten Satz des BVormG zugebilligt hat, was einem Betrag iHv 69 EUR zzgl. Umsatzsteuer und Auslagen entsprach).

6   **3. Aufwendungsersatz.** Der Nachlassverwalter kann **neben seiner Vergütung** Ersatz seiner Aufwendungen gem. §§ 1915 I 1, 1835 I 1, 669, 670, verlangen. Auch Leistungen als Rechtsanwalt begründen einen Aufwendungsersatzanspruch (Staudinger/*Dobler* (2016) Rn. 20). Führt dieser als Nachlassverwalter für den Nachlass einen Prozess, steht ihm eine Vergütung nach dem RVG zu. Zu den Aufwendungen zählen **Porto-** und **Telefonkosten, Reisekosten** oder **Kosten für die Beschaffung von Urkunden** (MüKoBGB/*Küpper* Rn. 4). Sofern es der Nachlassverwalter den Umständen nach für erforderlich hält, darf er wegen seiner Aufwendungen einen **Vorschuss** (§ 669) geltend machen. Für den Aufwendungsersatzanspruch haftet grds. nur der Nachlass. Im Falle der Mittellosigkeit des Nachlasses und bei beschränkter Erbenhaftung kann aber in entsprechender Anwendung des § 1835 IV 1 – anders als beim Vergütungsanspruch – eine Festsetzung wegen der Aufwendungen gegenüber der Staatskasse erfolgen (Palandt/*Weidlich* Rn. 3; *Zimmermann* ZEV 2007, 519 (521); aA Bamberger/Roth/*Lohmann* Rn. 5; Damrau/Tanck/*Gottwald* Rn. 11). Kommt es wegen der Höhe der Aufwendungen zum Streit zwischen dem Nachlassverwalter und dem Erben, entscheidet das Prozessgericht (Palandt/*Weidlich* Rn. 3).

7   **4. Entnahmerecht.** Der Nachlassverwalter kann sowohl die festgesetzte Vergütung als auch die ihm als Aufwendungsersatz zustehenden Beträge dem Nachlass entnehmen bzw. die ihm zustehende Summe von dem verbliebenen Nachlass abziehen, den er gem. § 1890 S. 1 dem Erben nach Verfahrensende herausgeben muss. Ist die Vergütung noch nicht festgesetzt worden, darf er sich zu Lasten des an den Erben zurückzugebenden Nachlasses durch Ausübung eines **Zurückbehaltungsrechts** gem. § 273 analog sichern (Damrau/Tanck/*Gottwald* Rn. 13; Staudinger/*Dobler* (2016) Rn. 26; aA Soergel/*Stein* § 1986 Rn. 6). Gegenüber dem **Herausgabeanspruch eines Nachlassinsolvenzverwalters** kann er sich **nicht auf ein Zurückbehaltungsrecht berufen** (Staudinger/*Dobler* (2016) Rn. 29). In Fällen der §§ 1990, 1992 steht dem Nachlassverwalter wegen seines Vergütungs- und Aufwendungsersatzanspruchs ein **Anspruch auf Vorabbefriedigung** zu (Staudinger/*Dobler* (2016) Rn. 28).

§ 1988 Ende und Aufhebung der Nachlassverwaltung

(1) Die Nachlassverwaltung endigt mit der Eröffnung des Nachlassinsolvenzverfahrens.

(2) Die Nachlassverwaltung kann aufgehoben werden, wenn sich ergibt, dass eine den Kosten entsprechende Masse nicht vorhanden ist.

1   **1. Beendigung durch Eröffnung des Nachlassinsolvenzverfahrens.** Die **Nachlassverwaltung endet** gem. § 1988 I **kraft Gesetzes,** ohne dass es eines förmlichen Aufhebungsbeschlusses bedarf, mit der Eröffnung eines Nachlassinsolvenzverfahrens. Gleichzeitig endet das Amt des Nachlassverwalters, wenn er nicht selbst zum Insolvenzverwalter ernannt wird. Sein **Amt endet unmittelbar mit der Eröffnung des Insolvenzverfahrens** und nicht erst mit der Rechtskraft des Eröffnungsbeschlusses (MüKoBGB/*Küpper* Rn. 2). Die Beendigung steht unter der auflösenden Bedingung, dass es nicht zur Aufhebung des Eröffnungsbeschlusses kommt. Anderenfalls hat er dem Insolvenzverwalter den Nachlass herauszugeben. Anders als gegenüber dem Erben steht ihm gegen den Insolvenzverwalter entsprechend § 323 InsO **kein Zurückbehaltungsrecht** wegen seines Vergütungs- und Aufwendungsersatzanspruchs zu (Staudinger/*Dobler* (2016) Rn. 3).

2   Nimmt der Nachlassverwalter nach Eröffnung des Insolvenzverfahrens noch Rechtshandlungen vor, sind diese aufgrund fehlender gesetzlicher Ermächtigung unwirksam. Die §§ 81, 82 InsO finden keine Anwendung (Palandt/*Weidlich* Rn. 1; MüKoBGB/*Küpper* Rn. 2; Bamberger/Roth/*Lohmann* Rn. 1; aA Staudinger/*Dobler* (2016) Rn. 4). Hatte der Nachlassverwalter von der Eröffnung des Insolvenzverfahrens keine Kenntnis, kann er sich auf die Fiktionswirkung des § 674 berufen.

3   **2. Beendigung in sonstigen Fällen.** Mit Ausnahme von § 1988 I endet die Nachlassverwaltung in allen anderen Fällen durch einen förmlichen **Aufhebungsbeschluss des Nachlassgerichts** (Palandt/*Weidlich* Rn. 2). Wird der Nachlassverwalter entlassen oder scheidet er durch Tod aus, ist lediglich dessen **Amtsstellung beendet,** nicht jedoch die Nachlassverwaltung als solche (Staudinger/*Dobler* (2016) Rn. 6). Ein speziell geregelter Aufhebungsgrund ist gem. § 1988 II das **Fehlen einer die Kosten der Nachlassverwaltung deckenden Masse.** In der Vorschrift kommt der Kostendeckungsgrundsatz ebenso wie in § 26 I 1 InsO zum Ausdruck. Die Aufhebung der Nachlassverwaltung kann gem. § 207 I 2 InsO analog durch Zahlung eines Kostenvorschusses abgewendet werden (MüKoBGB/*Küpper* Rn. 3). Die Befriedigung der Nachlassgläubiger und die Herausgabe des Nachlasses an den Erben begründen allein keine Beendigung der Nachlassverwaltung. Eine Aufhebung nach § 1988 II scheidet aus, wenn die Masse eines überschuldeten Nachlasses zwar den Kosten der Nachlassverwaltung, nicht jedoch den zusätzlichen Kosten eines anschließenden Insolvenzverfahrens entspricht.

4   **Eine Aufhebung kommt über den gesetzlich geregelten Fall des § 1988 II hinaus** in Betracht, wenn alle bekannten Nachlassgläubiger sowie der Erbe ihr zustimmen (BayObLG Beschl. v. 28.6.1976 – BReg

1 Z 27/76, BayObLGZ 1976, 167 (173)), bei Zweckerreichung nach Befriedigung oder Sicherstellung aller bekannten Nachlassgläubiger, §§ 1919, 1975 iVm § 1986 (BayObLG Beschl. v. 28.6.1976 – BReg 1 Z 27/76, BayObLGZ 1976, 167 (173)), wenn der Nachlass erschöpft ist und weitere Aufgaben nicht mehr erfüllt werden können (MüKoBGB/*Küpper* Rn. 4), aber auch bei wirksamer Ausschlagung der Erbschaft durch den die Nachlassverwaltung beantragenden Erben, wenn der danach Berufene die Aufhebung betreibt (Staudinger/*Dobler* (2016) Rn. 12). Sie kommt ferner in Betracht bei einem Wechsel in der Person des Erben, wenn die Nachlassverwaltung auf Antrag eines Nachlassgläubigers angeordnet wurde und die Voraussetzungen des § 1981 II 1 für den nachfolgenden Erben nicht gegeben sind, bei Eintritt des Nacherbfalls, sofern der Nacherbe nicht einverstanden ist (MüKoBGB/*Küpper* Rn. 4) oder wenn das Nachlassgericht die Anordnung der Nachlassverwaltung wegen einer wesentlichen Änderung der Sach- und Rechtslage (§ 48 I FamFG) im Nachhinein für nicht gerechtfertigt erachtet und seine eigene Verfügung auf Antrag des ursprünglichen Antragstellers ändert (Staudinger/*Dobler* (2016) Rn. 15).

Nach Auffassung des Bundesgerichtshofs ist die Aufhebung der Nachlassverwaltung nicht bereits deshalb unzulässig, weil der insoweit Beteiligte sie nicht beantragt hat. Er widerspricht damit der Auffassung, dass der Antrag auf Aufhebung der Nachlassverwaltung immer nur von dem Beteiligten gestellt werden kann, der selbst den verfahrenseinleitenden Antrag gestellt hat. Den gesetzlichen Regelungen könne nicht entnommen werden, dass eine Aufhebung der Nachlassverwaltung im Fall der Zweckerreichung nur für den Fall in Betracht komme, dass der ursprüngliche Antragsteller den Antrag stellt (BGH Beschl. v. 5.7.2017 – IV ZB 6/17, BeckRS 2017, 117, 164 gegen OLG Köln Beschl. v. 3.11.2014 – I-2 Wx 315/14, ErbR 2015, 100 und gegen Keidel/*Engehardt* FamFG § 48 Rn. 16). Offen gelassen hat der Bundesgerichtshof, ob eine Aufhebung der Nachlassverwaltung von Amts wegen auch ohne den Antrag eines im Ausgangsverfahren materiell Berechtigten in Betracht kommt, etwa im Fall des die Nachlassverwaltung ursprünglich beantragenden Alleinerben oder eines Antrages mehrerer Miterben, von denen keiner einen Aufhebungsantrag stellt. Die Aufhebung einer Nachlassverwaltung sollte nach Erreichung des Zwecks auch ohne Antrag möglich sein, ggf. auf Anregung des Nachlassverwalters, weil regelmäßig Interessen der durch die Nachlassverwaltung materiell betroffenen Personen nicht verletzt werden (OLG Hamm Beschl. v. 12.1.2017 – 15 W 237/16, ErbR 2017, 510 (511); OLG Düsseldorf Beschl. v. 8.8.2016 – I-3 Wx 38/16, ZEV 2016, 701; *Joachim* Erbenhaftung Rn. 305a).

Der **Tod des Erben**, die **Rücknahme des Antrages** nach Anordnung der Nachlassverwaltung oder der 5 Antrag eines Erben oder eines Nachlassgläubigers sind keine Aufhebungsgründe (MüKoBGB/*Küpper* Rn. 5).

3. Verfahren. Da die Nachlassverwaltung keine Pflegschaft zur Besorgung einer einzelnen Angelegen- 6 heit ist, kommt es zu ihrer Beendigung nicht aufgrund einer Erledigung iSv § 1918 III. Es bedarf eines **Aufhebungsbeschlusses des Nachlassgerichts** iSv § 38 FamFG, der den Beteiligten gem. § 41 FamFG bekanntzugeben ist. Der **Antragsteller** gem. § 7 I FamFG und **die in ihren Rechten betroffenen Beteiligten** können **gegen den Aufhebungsbeschluss befristete Beschwerde** gem. § 58 ff. FamFG erheben. Da das Amt des Nachlassverwalters mit dem Aufhebungsbeschluss endet, ist er nicht beschwerdebefugt (Palandt/*Weidlich* Rn. 3). Wird der Antrag auf Aufhebung wegen Erreichung des Zwecks abgelehnt, steht die Beschwerdebefugnis auch jedem **Miterben** zu (Bamberger/Roth/*Lohmann* Rn. 5). Wird auf die Beschwerde der Aufhebungsbeschluss aufgehoben und erneut Nachlassverwaltung angeordnet, ist der Verwalter neu zu bestimmen und zu verpflichten, § 1915 I 1 iVm § 1791.

Das **Nachlassverwaltungsverfahren wird bei Vorliegen eines Aufhebungsgrundes von Amts we-** 7 **gen aufgehoben**. Ein Antrag des Erben oder eines Nachlassgläubigers auf Aufhebung der Nachlassverwaltung ist als Anregung an das Nachlassgericht auszulegen (Bamberger/Roth/*Lohmann* Rn. 5; Damrau/Tanck/*Gottwald* Rn. 5). Das Nachlassgericht ist nach Erlass eines Aufhebungsbeschlusses verpflichtet, das zuständige **Grundbuchamt um Löschung der Anordnung der Nachlassverwaltung im Grundbuch zu ersuchen** (Staudinger/*Dobler* (2016) Rn. 19).

4. Wirkungen der Beendigung. Der Nachlassverwalter ist nach der Bekanntgabe des Aufhebungsbe- 8 schlusses an die Beteiligten gem. § 41 FamFG verpflichtet, den verbliebenen **Nachlass** gem. § 1986 an den Erben **herauszugeben** und **Schlussrechnung** gem. § 1890 zu legen. Im Prozess tritt der Erbe an die Stelle des Nachlassverwalters. Zur Haftung des Erben nach Beendigung der Nachlassverwaltung → § 1986 Rn. 5.

§ 1989 Erschöpfungseinrede des Erben

Ist das Nachlassinsolvenzverfahren durch Verteilung der Masse oder durch einen Insolvenzplan beendet, so findet auf die Haftung des Erben die Vorschrift des § 1973 entsprechende Anwendung.

1. Normzweck. Das Gesetz bestimmt nicht generell, **wie der Erbe nach Beendigung eines Nachlas-** 1 **sinsolvenzverfahrens haftet**. § 1989 regelt speziell die **Haftung des Erben nach Beendigung eines Nachlassinsolvenzverfahrens durch Verteilung der Masse,** §§ 196 ff., 200 InsO, **oder aufgrund eines Insolvenzplans,** §§ 217 ff. InsO. Nur in diesen beiden Fällen haftet er den nicht befriedigten Nachlassgläubigern wie ausgeschlossenen Gläubigern gem. § 1989 Hs. 2 iVm § 1973. Die Norm kommt nicht zur Anwendung, wenn der Erbe bereits allgemein unbeschränkbar haftet, § 2013 I 1. Für die **Erbengemeinschaft** wird § 1989 nach der Teilung des Nachlasses durch § 2060 Nr. 3 ergänzt. Danach tritt unter den gleichen Voraussetzungen eine teilschuldnerische Haftung nach dem Verhältnis der Erbteile ein.

2. Allgemeines. § 1989 begründet eine Beschränkung der Haftung des Erben. Eine entsprechende Anwendung von § 201 InsO, wonach die Insolvenzgläubiger nach Beendigung eines Insolvenzverfahrens ihre restlichen Forderungen wieder unbeschränkt gegen den Schuldner geltend machen können, kommt nicht in Betracht (Palandt/*Weidlich* Rn. 1). Kommt es nachträglich zu einer Neuermittlung der Masse oder fließen Beträge an sie zurück, ist der Insolvenzverwalter zur **Nachtragsverteilung gem. §§ 203, 205 InsO verpflichtet,** nicht der Erbe.

Ist das Verfahren **auf andere Weise als durch Verteilung der Masse oder durch einen Insolvenzplan beendet worden,** findet § 1989 keine Anwendung, auch nicht gegen einen Gläubiger, der gem. § 1971 von einem Aufgebot nicht betroffen sein würde (Staudinger/*Dobler* (2016) Rn. 5). Wird ein Eröffnungsbeschluss auf eine Beschwerde hin wieder aufgehoben, entfallen rückwirkend sämtliche mit der Eröffnung verbundenen Rechtswirkungen. Die Eröffnung gilt als nicht erfolgt. Der Erbe haftet nach den allgemeinen Grundsätzen (Staudinger/*Dobler* (2016) Rn. 2). Ist das Insolvenzverfahren gem. § 207 InsO **mangels Masse eingestellt** worden, **kann sich der Erbe auf die Einrede der Dürftigkeit des Nachlasses gem. §§ 1990 I 1, 1991 berufen.** Gegenüber ausgeschlossenen und diesen gleichgestellten säumigen Gläubigern **gelten die §§ 1973, 1974** (Bamberger/Roth/*Lohmann* Rn. 2). Wurde das **Nachlassinsolvenzverfahren mit Zustimmung aller Gläubiger** gem. §§ 213 ff. InsO **eingestellt** (sog. **Gantverzicht**), findet § 1990 I 1 Anwendung, wenn der Nachlass dürftig ist oder ein Fall des § 1992 S. 1 vorliegt. Gegenüber den am Gantverzicht teilnehmenden Gläubigern ergeben sich Haftungsbeschränkungen zumeist aus Vereinbarungen, auf denen der Verzicht beruht. Sie treten an die Stelle sonstiger Regelungen (Bamberger/Roth/*Lohmann* Rn. 2).

3. Beendigung durch Verteilung der Masse. Nach **§ 1989 Hs. 1 Alt. 1** endet das Nachlassinsolvenzverfahren, wenn es **nach der Schlussverteilung** gem. §§ 196 ff. InsO **durch einen förmlichen Aufhebungsbeschluss des Insolvenzgerichts aufgehoben wird,** § 200 I 1 InsO. Es kommt zu einer Beschränkung der Haftung des Erben gegenüber noch nicht befriedigten Gläubigern. Ihnen gegenüber haftet er im gleichen Umfang, als wenn ein Aufgebotsverfahren stattgefunden hätte und in diesem Verfahren alle Gläubiger ausgeschlossen worden wären. Sind alle bei der Schlussverteilung zu berücksichtigenden Gläubiger voll befriedigt worden, kann der Erbe nur gegenüber solchen Nachlassgläubigern haftbar werden, deren Forderungen von der Schlussverteilung nicht betroffen und deshalb nicht in das Schlussverzeichnis aufzunehmen waren. Es handelt sich um Gläubiger, die entweder ihre Forderungen im Nachlassinsolvenzverfahren nicht angemeldet (Palandt/*Weidlich* Rn. 1) oder ihre Anmeldung zurückgenommen haben. Ihnen gegenüber kann sich der Erbe ebenfalls auf die Haftungsbeschränkung entsprechend § 1973 berufen (Staudinger/*Dobler* (2016) Rn. 10). Da nach der Durchführung des Nachlassinsolvenzverfahrens in der Regel kein werthaltiges zum Nachlass gehörendes Vermögen mehr vorhanden ist, entfällt in der Praxis die Haftung des Erben regelmäßig schon deshalb. Er ist insoweit darlegungs- und beweispflichtig (Bamberger/Roth/*Lohmann* Rn. 3). **Vollstreckt ein Nachlassgläubiger aus dem Tabellenauszug,** § 201 II 1 InsO, **in das Eigenvermögen des Erben,** kann dieser gem. §§ 781, 785, 767 ZPO die **Vollstreckungsabwehrklage erheben.** Eines Vorbehaltes nach § 780 I ZPO bedarf es nicht.

4. Beendigung durch Insolvenzplan. Für die Beendigung des Insolvenzverfahrens durch einen bestätigten Insolvenzplan gem. **§ 1989 Hs. 1 Alt. 2** ist wie im Fall der Beendigung durch Verteilung der Masse nach § 1989 Hs. 1 Alt. 1 ein **Aufhebungsbeschluss des Insolvenzgerichts notwendig,** § 258 I InsO. Ist die Bestätigung des Insolvenzplans rechtskräftig, beschließt das Insolvenzgericht die Aufhebung. Der Beschluss ist den Beteiligten gem. § 41 FamFG bekanntzugeben. In erster Linie wird die Haftung des Erben durch den **gestaltenden Teil des Insolvenzplans** bestimmt, dh ob und inwieweit er mit seinem Eigenvermögen für Nachlassverbindlichkeiten einzustehen hat. Sollte der Insolvenzplan darüber keine Regelung treffen und zweifelhaft bleiben, womit der Erbe haftet, kommt es zur Anwendung des § 1989 (MüKoBGB/*Küpper* Rn. 7). Unerledigte Masseverbindlichkeiten, die der Nachlassinsolvenzverwalter vor der Aufhebung zu berichtigen hat, werden von § 1989 nicht umfasst. Ist dies unterblieben, kommt es zur Haftung des Erben nach § 1989. Nachrangige Verbindlichkeiten gelten gem. § 225 I InsO als erlassen, sofern nicht Nebenfolgen einer Straftat oder Ordnungswidrigkeit zu einer Geldzahlung verpflichten. Diese Ansprüche stehen nicht zur Disposition oder zur Entscheidung der Gläubigermehrheit, § 225 III InsO (MüKoBGB/*Küpper* Rn. 7).

5. Entsprechende Anwendung des § 1973. Ist nach § 1989 Hs. 2 die **Insolvenzmasse gem. § 1989 Hs. 1 Alt. 1 verteilt** und liegt ein Aufhebungsbeschluss des Insolvenzgerichts vor, **kann der Erbe** in entsprechender Anwendung des § 1973 I 1 **die im Nachlassinsolvenzverfahren noch nicht (vollständig) befriedigten Nachlassgläubiger auf den Nachlassrest verweisen,** sog. **Erschöpfungseinrede.**

Im Fall der **Aufhebung aufgrund eines bestätigten rechtskräftigen Insolvenzplans iSv § 1989 Hs. 1 Alt. 2** kann der Erbe die **Befriedigung der Nachlassgläubiger verweigern, soweit der Nachlass durch die Befriedigung der nicht durch § 1989 betroffenen Nachlassgläubiger erschöpft wird** (Staudinger/*Dobler* (2016) Rn. 22). Die durch § 1989 betroffenen Gläubiger hat der Erbe vor Verbindlichkeiten aus Pflichtteilsrechten, Vermächtnissen und Auflagen zu befriedigen, sofern der Nachlassgläubiger seine Forderung nicht erst nach der Berichtigung dieser Verbindlichkeiten geltend gemacht hat (Staudinger/*Dobler* (2016) Rn. 23). Die Berechnung des Nachlassüberschusses erfolgt nach **Bereicherungsrecht** (→ § 1973 Rn. 6 f.). Die Herausgabe des Nachlassüberschusses erfolgt gem. § 1973 II 1 grds. in der Weise, dass der Erbe die Zwangsvollstreckung in den Überschuss duldet oder ihn an Zahlungs oder Erfüllungs statt freiwillig dem insoweit einverstandenen Nachlassgläubiger herausgibt. Ihm steht gem. § 1973

II 2 auch das Recht zu, die **Herausgabe evtl. noch vorhandener Nachlassgegenstände durch Zahlung ihres Wertes abzuwenden.** Ein Nachlassgläubiger kann im Fall der Anwendbarkeit des § 1989 die Zwangsversteigerung eines Grundstücks nicht beantragen, § 175 II ZVG.

Kommt es aufgrund der gem. § 1989 Hs. 2 angeordneten Haftung zur entsprechenden Anwendung 8 von § 1973, bestimmt § 2000 S. 3, dass es **zur Abwendung der unbeschränkten Haftung keiner Inventarerrichtung bedarf.** Unberührt bleibt eine Inventarerrichtung gegenüber Nachlassgläubigern, denen der Erbe bereits unbeschränkt haftet oder bei allgemein unbeschränkter Haftung, weil das Insolvenzverfahren den eingetretenen Verlust des Haftungsbeschränkungsrechts unberührt lässt (MüKoBGB/*Küpper* Rn. 9).

§ 1990 Dürftigkeitseinrede des Erben

(1) ¹Ist die Anordnung der Nachlassverwaltung oder die Eröffnung des Nachlassinsolvenzverfahrens wegen Mangels einer den Kosten entsprechenden Masse nicht tunlich oder wird aus diesem Grunde die Nachlassverwaltung aufgehoben oder das Insolvenzverfahren eingestellt, so kann der Erbe die Befriedigung eines Nachlassgläubigers insoweit verweigern, als der Nachlass nicht ausreicht. ²Der Erbe ist in diesem Falle verpflichtet, den Nachlass zum Zwecke der Befriedigung des Gläubigers im Wege der Zwangsvollstreckung herauszugeben.

(2) **Das Recht des Erben wird nicht dadurch ausgeschlossen, dass der Gläubiger nach dem Eintritt des Erbfalls im Wege der Zwangsvollstreckung oder der Arrestvollziehung ein Pfandrecht oder eine Hypothek oder im Wege der einstweiligen Verfügung eine Vormerkung erlangt hat.**

1. Normzweck. Die amtlichen Verfahren zur Absonderung des Nachlasses vom Eigenvermögen des 1 Erben – Nachlassverwaltung und Nachlassinsolvenz – **setzen voraus,** dass die **Verfahrenskosten aus dem Nachlass bestritten werden können,** sofern sie nicht der Erbe oder ein Nachlassgläubiger aus eigenen Mitteln entrichtet. Oftmals **reicht der Nachlass nicht aus** und weder der Erbe noch ein Nachlassgläubiger sind bereit, private Mittel aufzuwenden. Da der **Erbe** aber in diesen Fällen **besonders schutzwürdig** ist, hilft ihm das Gesetz mit den Einreden der §§ 1990 I 1, 1992. Liegen die Voraussetzungen der Einreden vor, kann er die Befriedigung eines Nachlassgläubigers verweigern, soweit der Nachlass dazu nicht ausreicht. Seine Verantwortlichkeit und sein Anspruch auf Aufwendungsersatz richten sich gem. § 1991 I nach den §§ 1978, 1979. Durch die Erhebung der Einreden des § 1990 I 1 wird die Haftung auf den Nachlass beschränkt. § 1991 normiert die Rechtsfolgen, wenn der Erbe sie geltend gemacht hat. § 1992 regelt den Sonderfall, dass der Nachlass durch Vermächtnisse und Auflagen überschuldet ist.

2. Haftungsbeschränkung durch Erhebung der Dürftigkeitseinrede. Ist eine den **Verfahrenskosten** 2 **der amtlichen Verfahren entsprechende Masse nicht vorhanden,** kann der Erbe durch Erhebung der in § 1990 I 1 geregelten Einreden die Haftung auf den Nachlass beschränken. Es wird begrifflich zwischen der **Dürftigkeitseinrede,** der spezielleren **Unzulänglichkeits-** sowie der **Erschöpfungseinrede** unterschieden (Staudinger/*Dobler* (2016) Rn. 2; MüKoBGB/*Küpper* Rn. 11; Soergel/*Stein* Rn. 2). Die Dürftigkeitseinrede dient ausschließlich der Abwehr des Zugriffs auf das Eigenvermögen des Erben, wenn die Aktiva des Nachlasses den Kosten einer Nachlassverwaltung oder eines Nachlassinsolvenzverfahrens nicht entsprechen. Der Nachlass muss nicht überschuldet sein, so dass die Dürftigkeitseinrede auch bei zulänglichen Nachlässen zum Tragen kommt (MüKoBGB/*Küpper* Rn. 11; Soergel/*Stein* Rn. 2; Palandt/*Weidlich* Rn. 1).

Dürftigkeit ist gegeben, wenn eine die Kosten der Nachlassverwaltung oder des Nachlassinsolvenz- 3 verfahrens deckende Masse nicht vorhanden und aus diesem Grund die Anordnung bzw. Eröffnung nicht tunlich ist oder die Nachlassverwaltung deshalb aufgehoben oder das Nachlassinsolvenzverfahren gem. § 207 InsO eingestellt worden ist (MüKoBGB/*Küpper* Rn. 2). Der **Nachweis** der Dürftigkeit **obliegt dem Erben.** Dieser ist nicht verpflichtet, zunächst einen Antrag auf Anordnung der Nachlassverwaltung oder Eröffnung des Nachlassinsolvenzverfahrens zu stellen und abzuwarten, dass der entsprechende Antrag gem. § 1982 bzw. § 26 I InsO abgelehnt wird (Soergel/*Stein* Rn. 4; MüKoBGB/ *Küpper* Rn. 3). Ist ein eingeleitetes Verfahren mangels Masse aufgehoben oder eingestellt worden, wird dem Erben im Zwangsvollstreckungsverfahren dessen Durchsetzung der Haftungsbeschränkung erleichtert, wenn er von Nachlassgläubigern in Anspruch genommen wird. Für das **Prozessgericht** steht aufgrund des Beschlusses bindend fest, dass es an einer die Kosten deckenden Masse fehlt (Palandt/*Weidlich* Rn. 2; Erman/*Horn* Rn. 3). Gleiches gilt bei einem entsprechenden Ablehnungsbeschluss (BGH Urt. v. 13.7.1989 – IX ZR 227/87, NJW-RR 1989, 1226 (1227); MüKoBGB/*Küpper* Rn. 3; str.). Zum Nachweis der in § 2009 umschriebenen Vermutungswirkung kann der Erbe auch ein Inventar errichten oder Auskunft über den ursprünglichen Nachlassbestand geben, Gründe einer etwaigen Verminderung nennen und gleichzeitig die Abgabe einer eidesstattlichen Versicherung über den angegebenen Bestand des Nachlasses anbieten.

3. Die Unzulänglichkeitseinrede. Die Unzulänglichkeitseinrede entspricht inhaltlich dem in § 1990 4 I 1 beschriebenen Leistungsverweigerungsrecht. Der Erbe kann sie erheben, wenn der Nachlass **nicht nur dürftig, sondern zusätzlich überschuldet** ist, dh zur Befriedigung des geltend gemachten Anspruchs nicht ausreicht. Ein **Unterfall der Unzulänglichkeitseinrede ist die sog. Erschöpfungseinrede** (nicht zu verwechseln mit § 1989), auf die sich der Erbe berufen kann, **wenn jegliche Nachlassmasse fehlt,** dh kein Aktivbestand vorhanden ist (Palandt/*Weidlich* Rn. 1; MüKoBGB/*Küpper* Rn. 11). Beruft

10 BGB § 1990   Buch 5. Abschnitt 2. Titel 2. Haftung für Nachlassverbindlichkeiten

sich der Erbe auf die Erschöpfungseinrede und behauptet er, der Nachlass sei vollständig verbraucht oder es fehle jegliche Aktivmasse, hat er aufgrund der ihm gem. §§ 1991 I 1, 1978 I, II obliegenden Verantwortlichkeit in einem Prozess auch darzulegen, dass er das Nachlassvermögen restlos zur Bezahlung von Nachlassverbindlichkeiten verwendet hat. Der Nachweis, dass von dem ursprünglichen Nachlass nichts mehr vorhanden ist, reicht nicht aus (Staudinger/*Dobler* (2016) Rn. 19; *Joachim* Erbenhaftung Rn. 350).

5   **4. Die zur Geltendmachung der Einreden befugten Personen.** Neben dem **Erben** können sich auf die Einreden des § 1990 I 1 seine **gewillkürten** oder **gesetzlichen Vertreter** einschließlich des Nachlasspflegers sowie der Testamentsvollstrecker berufen. Im **Gesamtvermögensinsolvenzverfahren des Erben** hat auch der **Insolvenzverwalter** gem. § 331 I InsO die Befugnis (Soergel/*Stein* Rn. 7), **nicht** jedoch ein **Nachlassverwalter**.

6   Bei in Gütergemeinschaft lebenden Ehegatten stehen die Einreden auch dem **Gesamtgutsverwalter** zu (Staudinger/*Thiele* (2007) § 1432 Rn. 7). Auf die Einrede kann sich zudem der **Träger der Sozialversicherung** berufen, wenn sie dem Erben eines Unfallgeschädigten gegenüber der Ausgleichsforderung des Schadensersatzpflichtigen gem. § 426 iVm § 17 StVG zustehen, die Schadensersatzforderung jedoch auf den Träger übergegangen ist (BGH Urt. v. 27.6.1961 – VI ZB 205/60, NJW 1961, 1966 (1968); Palandt/*Weidlich* Rn. 3).

7   **5. Maßgebender Zeitpunkt.** Welcher **Zeitpunkt für die Feststellung der Voraussetzungen** des § 1990 I 1 maßgebend ist, **wird unterschiedlich gesehen**. Einigkeit besteht darüber, dass es für die Feststellung von Dürftigkeit, Überschuldung oder völliger Erschöpfung des Nachlasses **nicht auf den Zeitpunkt des Erbfalls** ankommt. Einige stellen auf den Zeitpunkt der Geltendmachung des Anspruchs ab (*Lange/Kuchinke* ErbR § 49 Kap. VIII 1d; Soergel/*Stein* Rn. 5; so auch noch BGH Urt. v. 23.3.1965 – VI ZR 267/63, VersR 1965, 688), andere auf den Zeitpunkt der Erhebung der Einrede (Staudinger/*Dobler* (2016) Rn. 7). Der Bundesgerichtshof und das überwiegende Schrifttum legen wegen der größeren Flexibilität zu Recht den **Zeitpunkt der Entscheidung über die Einrede** und damit denjenigen der letzten mündlichen Verhandlung in der Tatsacheninstanz zugrunde (BGH Beschl. v. 9.2.2011 – IV ZR 228/08, ZEV 2011, 189 (190); BGH Urt. v. 10.11.1982 – IVa ZR 29/81, NJW 1983, 1485; KG Urt. v. 21.11.2002 – 12 U 32/02, NJW-RR 2003, 941 (942); Palandt/*Weidlich* Rn. 2; Erman/*Horn* Rn. 2). Eine zunächst unbegründete Einrede kann infolge nachträglicher Veränderungen begründet werden, wenn zB die Dürftigkeit erst dadurch eingetreten ist, dass der Erbe den Nachlass zur Befriedigung ihm bekannter Nachlassgläubiger verwendet hat. Gegenüber einzelnen Gläubigern können auch verschiedene Zeitpunkte für das Bestehen der Voraussetzungen maßgebend sein.

8   **6. Verlust des Haftungsbeschränkungsrechts.** Auf § 1990 I 1 kann sich der Erbe nicht berufen, der schon **allgemein unbeschränkbar** haftet, § 2013 I 1. Ist der Verlust des Haftungsbeschränkungsrechts nur gegenüber einzelnen Nachlassgläubigern eingetreten, kann er die Einreden des § 1990 I 1 im Verhältnis zu den übrigen Nachlassgläubigern weiterhin erheben (Staudinger/*Dobler* (2016) Rn. 9; MüKoBGB/*Küpper* Rn. 5).

9   **7. Vollstreckungsverfahren.** Die Erhebung der Einreden des § 1990 I 1 führt dazu, dass **künftige Vollstreckungsmaßnahmen in das Eigenvermögen** des Erben **abgewendet** werden können. Aus § 1991 III lässt sich herleiten, dass Vollstreckungsmaßnahmen ihre Wirkung nicht verlieren, wenn **Nachlassgläubiger** bereits in den Nachlass vollstreckt haben. Der Erbe kann die Aufhebung bereits erfolgter Vollstreckungsmaßnahmen aufgrund von Nachlassverbindlichkeiten in sein Eigenvermögen in entsprechender Anwendung des § 784 I ZPO verlangen (Palandt/*Weidlich* Rn. 8), wenn er anderenfalls an seiner Verpflichtung zur insolvenzmäßigen Befriedigung im Falle des § 1991 IV oder daran gehindert würde, für seine Aufwendungen gem. § 1978 III aus dem Nachlass Ersatz zu verlangen (MüKoBGB/*Küpper* Rn. 6). Ein zur Leistung verurteilter Erbe kann in der Zwangsvollstreckung die Einreden des § 1990 I 1 nur geltend machen, wenn ihm im Erkenntnisverfahren die **Beschränkung seiner Haftung im Urteil** gem. § 780 I ZPO **vorbehalten** wurde oder ein Vorbehalt ausnahmsweise nicht erforderlich ist. Wie das zu erfolgen hat, regeln die §§ 781, 785 ZPO. Nach § 781 ZPO bleibt die Beschränkung der Haftung bei einer Zwangsvollstreckung gegen den Erben unberücksichtigt, bis dagegen aufgrund derselben Einwendungen durch den Erben erhoben werden. Nach Erhebung der Einreden ist der Erbe zur Offenlegung seines Eigenvermögens nicht mehr verpflichtet, ebenso wenig bei Abgabe der eidesstattlichen Versicherung gem. § 807 ZPO (Soergel/*Stein* Rn. 11). § 785 ZPO bestimmt, dass der Erbe die **Vollstreckungsabwehrklage** erheben muss, §§ 767, 769, 770 ZPO.

10   a) **Dingliche Sicherung.** Der Erbe kann sich gem. **§ 1990 II 1. und 2. Alt.** auf die Einreden des § 1990 I 1 auch berufen, **wenn ein Nachlassgläubiger nach dem Erbfall im Wege der Zwangsvollstreckung oder der Arrestvollziehung bereits ein Pfandrecht oder eine Hypothek erlangt hat**. Hatte ein Nachlassgläubiger eine dingliche Sicherung oder eine Vormerkung bereits gegenüber dem Erblasser erlangt, kommt die Vorschrift nicht zur Anwendung. Dadurch wird verhindert, dass ein Erbe, der mangels einer die Kosten deckenden Masse weder einen Antrag auf Anordnung der Nachlassverwaltung noch auf Eröffnung des Nachlassinsolvenzverfahrens stellen will, schlechter gestellt ist als bei den amtlichen Verfahren. In diesen Fällen könnte er gem. § 784 I ZPO die Aufhebung zugunsten eines **Nachlassgläubigers** erfolgter Vollstreckungsmaßnahmen in sein Eigenvermögen verlangen. **Liegen die Voraussetzungen des § 1990 I 1 vor**, steht ihm deshalb gem. **§ 784 I ZPO analog** die gleiche Möglichkeit offen (Palandt/*Weidlich* Rn. 4).

Dürftigkeitseinrede des Erben § 1990 BGB 10

Der Pfandrechts- oder Hypothekerlangung in der Zwangsvollstreckung **steht der Erwerb einer Vor-** 11
merkung im Wege der einstweiligen Verfügung gleich, § 1990 II Alt. 3. Aufgrund dieser speziellen
gesetzlichen Regelung ist die Anwendbarkeit des § 884 ausgeschlossen, anderenfalls der Erbe gegenüber
einem durch Vormerkung gesicherten Anspruch nicht die Beschränkung seiner Haftung geltend machen
könnte, wenn er sich auf die Einreden des § 1990 I 1 beruft. Hat der Nachlassgläubiger die Vormerkung
aufgrund einer Bewilligung des Erben erlangt, kann dieser sich wegen der darin liegenden Verfügung
diesem Gläubiger gegenüber nicht mehr auf die Beschränkung der Haftung berufen (Staudinger/*Dobler*
(2016) Rn. 25).

b) Vollstreckung durch Eigengläubiger. Im Gesetz ist nicht geregelt, ob ein Erbe unter Berufung 12
auf die Rechte aus § 1990 I 1 auch bereits erwirkte **Vollstreckungsmaßnahmen von Eigengläubigern in
den Nachlass** abwehren kann. Damit stellt sich die Frage, ob **§ 784 II ZPO,** der einem Nachlassverwalter
die Abwehr von Maßregeln der Zwangsvollstreckung in den Nachlass zugunsten eines Eigengläubigers
des Erben ermöglicht, zugunsten des Erben **analoge Anwendung finden** kann. Eine Analogie wird zT
mit dem Hinweis auf das Schweigen des Gesetzes verneint (Staudinger/*Dobler* (2016) Rn. 28; RGRK/
Johannsen Rn. 18), während andere darauf verweisen, dass der Erbe unter den Voraussetzungen des
§ 1990 I 1 selbst als Verwalter eines dürftigen Nachlasses tätig werde und ihm deshalb ebenso wie dem
amtlichen Verwalter die Rechte aus § 784 II ZPO zustehen müssen (Erman/*Horn* Rn. 10; *Lange/
Kuchinke* ErbR § 49 Kap. VIII Rn. 8e; Bamberger/Roth/*Lohmann* Rn. 10; Palandt/*Weidlich* Rn. 5; Mü-
KoBGB/*Küpper* Rn. 7). Für eine analoge Anwendung spricht, dass die sonst allein mögliche Verweisung
der Nachlassgläubiger auf den Ersatzanspruch gegen den Erben wegen mangelhafter Verwaltung gem.
§ 1978 I bei fehlendem Eigenvermögen des Erben unbillig wäre. Solche Fälle dürften in der Praxis nicht
selten sein (zurückhaltend deshalb auch Staudinger/*Dobler* (2016) Rn. 28, die eine analoge Anwendung
des § 784 II ZPO ablehnt). Die Zulässigkeit einer Vollstreckungsabwehrklage des Erben gegenüber der
Vollstreckung durch Eigengläubiger führt auch zu einer Verbesserung der Haftungssituation der Nachlassgläubiger und entspricht damit einer wesentlichen Zielsetzung der Regelungen über die Haftungsbe-
schränkungsrechte des Erben.

Zur **prozessualen Durchsetzung des Haftungsbeschränkungsrechts** → Vor §§ 1967–2017 Rn. 14. 13

8. Rechtsfolgen. Beruft sich der Erbe erfolgreich auf die Einreden des § 1990 I 1, kann er die **Befriedi-** 14
gung von Nachlassgläubigern insoweit verweigern, als der **Nachlass nicht ausreicht.**

a) Herausgabe des Nachlasses. Der Erbe ist gem. § 1990 I 2 verpflichtet, die **Zwangsvollstreckung in** 15
den Nachlass zu dulden (RG Urt. v. 20.6.1932 – VI 67/32, RGZ 137, 50 (53); MüKoBGB/*Küpper*
Rn. 13; Palandt/*Weidlich* Rn. 6). Dadurch ist klargestellt, dass sich weder der Erbe noch die Nachlassgläubiger darauf einzulassen brauchen, zur Klärung, ob und inwieweit der Nachlass zur Befriedigung
des Gläubigers nicht ausreicht, dessen Wert durch Schätzung zu ermitteln. Der Erbe ist nicht gehindert,
Nachlassgegenstände freiwillig herauszugeben, was insbes. bei Geldbeträgen in Betracht kommt. Der
Gläubiger kann sich daraus ohne Zwangsvollstreckung befriedigen. Eine Pfändung und Ablieferung
durch den Gerichtsvollzieher wäre überflüssig (RGRK/*Johannsen* § 1973 Rn. 19). Andere Gegenstände
als Geld kann der Erbe dem Nachlassgläubiger unter Befreiung von dem Erfordernis der vollstre-
ckungsmäßigen Verwertung ebenfalls herausgeben. Er läuft jedoch Gefahr, dass andere Nachlassgläubiger ihm später entgegenhalten, er habe sie unter Wert weggegeben.

Gegenstand der Herausgabe ist immer der Nachlass. Dessen Umfang bestimmt sich nicht nach den 16
Grundsätzen des Bereicherungsrechts, sondern nach dem strengeren Maßstab des § 1991 I iVm §§ 1978,
1979. Ein Abfindungsrecht steht dem Erben nicht zu.

Ob sich die **Herausgabepflicht** – anders als bei den amtlichen Verfahren der Nachlassabsonderung – 17
auch auf die nach § 811 ZPO unpfändbaren Gegenstände bezieht, wird zT mit der **Begründung bejaht,** dass letztlich gegen den eigentlichen Schuldner und nicht nur gegen seinen Erben vollstreckt werde
(MüKoBGB/*Küpper* Rn. 13; Palandt/*Weidlich* Rn. 6). Der Preis der privaten Abwicklung des Nachlasses
sei dessen vollständige Ablieferung (*Lange/Kuchinke* ErbR § 49 Kap. VIII Rn. 2). Die unterschiedliche
Behandlung von unpfändbaren Gegenständen im Verhältnis zu den amtlichen Verfahren kann damit aber
nicht überzeugend begründet werden. **Dagegen spricht,** dass nach dem Tod des eigentlichen Schuldners
für die Beurteilung der Unpfändbarkeit nur auf die Person und die Verhältnisse des Erben abgestellt
werden kann und die Herausgabe zum Zwecke der Befriedigung des Nachlassgläubigers im Wege der
Zwangsvollstreckung zu unterbleiben hat, soweit die Zivilprozessordnung eine Zwangsvollstreckung gar
nicht zulässt. Die Herausgabepflicht bezieht sich deshalb nur auf die pfändbaren Gegenstände (Staudin-
ger/*Dobler* (2016) Rn. 32; Damrau/Tanck/*Gottwald* Rn. 29; *Muscheler* WM 1998, 2271 (2286); *Joachim*
Erbenhaftung Rn. 357).

b) Auskunft, Rechenschaftslegung. Der Erbe ist gem. § 1990 I 2 iVm § 260 verpflichtet, Nachlass- 18
gläubigern ein **Verzeichnis** über den Bestand des Nachlasses vorzulegen und dieses ggf. durch eidesstattliche Versicherung zu bekräftigen (Staudinger/*Dobler* (2016) Rn. 33). Aus §§ 681 S. 2, 666, 259, 260 ergibt sich eine Verpflichtung des Erben, über seine private Verwaltung des Nachlasses **Rechenschaft zu
legen.** Dazu ist einem Nachlassgläubiger eine die geordnete Zusammenstellung der Einnahmen bzw.
Ausgaben enthaltene Abrechnung zu übermitteln, ggf. sind **Belege vorzulegen.**

Das **Vermögensverzeichnis** bzw. die **eidesstattliche Versicherung gem. § 807 ZPO** erstrecken sich 19
auf das gesamte Vermögen des Erben, wenn ein Nachlassgläubiger aufgrund eines Titels sowohl in den
Nachlass als auch in das Eigenvermögen des Erben vollstrecken darf. Lässt der Titel eine Vollstreckung
in das Eigenvermögen des Erben nicht zu oder ist seine Vollstreckbarkeit durch ein aufgrund einer Voll-

Joachim

streckungsabwehrklage des Erben ergangenes Urteil auf den Nachlass beschränkt, kann der Gläubiger nur ein auf den Nachlass beschränktes Vermögensverzeichnis und dessen Bekräftigung durch eidesstattliche Versicherung verlangen (Staudinger/*Dobler* (2016) Rn. 34). Der Erbe ist nach Erhebung der Einreden des § 1990 I 1 zur Offenlegung seines Eigenvermögens nicht mehr verpflichtet (Palandt/*Weidlich* Rn. 8; Soergel/*Stein* Rn. 11).

20   c) **Inventarpflicht.** Trotz des Vorliegens der Voraussetzungen des § 1990 I 1 kann ein Nachlassgläubiger dem Erben gem. § 1994 I eine **Inventarfrist bestimmen lassen** oder die Abgabe der **eidesstattlichen Versicherung gem. § 2006 I verlangen**, um so über § 1994 I 2, § 2005 I, § 2006 III, § 2013 I 1 doch Zugriff auf das Eigenvermögen des Erben zu erlangen (BGH Urt. v. 2.7.1992 – IX ZR 250/91, NJW 1992, 2694 (2695)). Die in § 2000 S. 1 angeordnete Unwirksamkeit der Fristbestimmung steht dem nicht entgegen, weil diese Vorschrift nur bei den amtlichen Verfahren Anwendung findet.

21   d) **Materiell-rechtliche Wirkungen.** Beruft sich der Erbe auf die Einreden des § 1990 I 1, hat dies **keinen Einfluss auf das Bestehen der Nachlassverbindlichkeiten.** Der Erbe kann als Träger des Nachlasses in **Schuldnerverzug** kommen. Die **Verjährung** der gegen den Nachlass gerichteten Ansprüche wird **durch die Erhebung der Einreden nicht gehemmt** (MüKoBGB/*Küpper* Rn. 17). Der vollstreckende Gläubiger kann durch Vollstreckungshandlungen gem. § 212 einen Neubeginn der Verjährung herbeiführen.

22   Hat der Erbe in Unkenntnis der Leistungsverweigerungsrechte aus § 1990 I 1 eine Leistung erbracht, kann er diese gem. **§§ 812 I 1, 813 I 1 zurückverlangen** (OLG Stuttgart Urt. v. 29.6.1989 – 7 U 293/88, NJW-RR 1989, 1283; Staudinger/*Dobler* (2016) Rn. 40). Es besteht ein **Bereicherungsanspruch** in dem Umfang, wie die berechtigte Forderung bei einer Berufung auf § 1990 I 1 nicht zum Zuge gekommen wäre (OLG Stuttgart Urt. v. 29.6.1989 – 7 U 293/88, NJW-RR 1989, 1283; MüKoBGB/*Küpper* Rn. 11).

23   e) **Aufrechnung.** Ein **Nachlassgläubiger** ist nach allgemeiner Ansicht nach Erhebung der Einreden des § 1990 I 1 **gehindert, gegen eine Privatforderung des Erben aufzurechnen** (BGH Urt. v. 27.6.1961 – VI ZR 205/60, NJW 1961, 1966 (1968)), obwohl § 1991 nicht auf § 1977 verweist. Anderenfalls könnte er sich den Einreden des § 1990 I 1 zuwider aus dem Eigenvermögen des Erben befriedigen. Eine Aufrechnung gegen eine Privatforderung des Erben wäre nur ausnahmsweise zulässig, wenn feststünde, bis zu welchem Betrag das Leistungsverweigerungsrecht des § 1990 I 1 nicht eingreift.

24   **Gegen eine an ihn gerichtete Nachlassforderung kann ein Nachlassgläubiger aufrechnen,** wenn seiner Forderung eine Einrede aus § 1990 I 1 entgegensteht. Zwar schließt § 390 für einredebehaftete Forderungen die Aufrechnungsbefugnis aus, doch gilt dies für die haftungsbeschränkenden Einreden des § 1990 I 1 nicht, weil selbst in einem Nachlassinsolvenzverfahren unter den Voraussetzungen der §§ 94 ff. InsO Aufrechnungsbefugnisse, die Nachlassgläubigern gegenüber Nachlassforderungen zustehen, unberührt bleiben. Gläubiger dürfen bei Erhebung der Dürftigkeitseinrede nicht schlechter gestellt sein als bei den amtlichen Verfahren (MüKoBGB/*Küpper* § 1991 Rn. 6). Daher ist eine analoge Anwendung dieser Vorschriften mit der Maßgabe zu bejahen, dass an die Stelle des Zeitpunktes der Verfahrenseröffnung der Zeitpunkt tritt, in dem sich der Erbe erstmals auf die Einreden des § 1990 I 1 beruft.

25   § 1990 verhindert nicht, dass **Eigengläubiger des Erben** gegen eine an ihn gerichtete Forderung des Nachlasses aufrechnen (Palandt/*Weidlich* Rn. 9; MüKoBGB/*Küpper* § 1991 Rn. 6; Staudinger/*Dobler* (2016) Rn. 43; *Joachim* Erbenhaftung Rn. 364; aA *Lange/Kuchinke* ErbR § 49 Kap. VIII Rn. 5; Soergel/*Stein* Rn. 8). Sie können auch in den Nachlass vollstrecken. Die Norm entfaltet nur gegenüber Nachlassgläubigern Wirkung, die aber an der Aufrechnung nicht gehindert sind, wenn gegen sie eine Nachlassforderung besteht.

26   f) **Besonderheiten bei Miterben.** Miterben können sich auf die Einreden des § 1990 I 1 berufen. Unabhängig davon kann jeder Miterbe **bis zur Teilung** des Nachlasses die Berichtigung einer Nachlassverbindlichkeit aus seinem Vermögen, das er außer seinem Anteil am Nachlass hat, gem. § 2059 I 1 verweigern. Die §§ 1990–1992 erlangen **ab dem Zeitpunkt der Teilung** Bedeutung, weil das Leistungsverweigerungsrecht aus § 2059 I 1 dann entfällt (Damrau/Tanck/*Gottwald* Rn. 35). Beruft sich ein Miterbe auf die Einreden, haftet er mit den bei ihm verbliebenen Gegenständen. Er hat die Zwangsvollstreckung nur in die Gegenstände zu dulden, die er in der Auseinandersetzung erhalten hat (*Lange/Kuchinke* ErbR § 50 Kap. V 3c). Ersatzansprüche gehören zum ungeteilten Nachlass. Die Teilung des Nachlasses schließt nicht aus, dass einzelne Gegenstände weiterhin der gesamthänderischen Bindung unterliegen. Die Herausgabepflicht bezieht sich dann nur auf den Anteil des Erben am ungeteilten Nachlass, der gem. § 859 II ZPO pfändbar ist und auf die noch gesamthänderisch gebundenen Nachlassgegenstände (Staudinger/*Dobler* (2016) Rn. 45).

27   9. **Entsprechende Anwendung.** Die §§ 1990, 1991 finden entsprechende Anwendung **auf Gesamtgutsverbindlichkeiten bei der Gütergemeinschaft**, §§ 1480 S. 2, 1489 II, auf die **Haftung von Abkömmlingen bei der fortgesetzten Gütergemeinschaft für Gesamtgutsverbindlichkeiten**, die bei der Teilung nicht berücksichtigt worden sind, § 1504 S. 2, und auf die **Haftung eines Erbteilskäufers** gem. § 2036. Gleiches gilt für die **Haftung eines Vorerben nach Eintritt der Nacherbfolge**, § 2145 I 2, für die **Haftung eines Vermächtnisnehmers** für ihm auferlegte Vermächtnisse und Auflagen gem. § 2187 III, für die **Haftung eines volljährig Gewordenen** für die vor dem Eintritt der Volljährigkeit begründeten Verbindlichkeiten gem. § 1629a I 2, für die Haftung eines Berechtigten für Wertausgleich nach § 7 VermG sowie **nach Beendigung der Nachlassverwaltung** (BGH Urt. v. 17.12.1953 – IV ZR 101/53, NJW 1954, 635 (636)). Mit Ausnahme von § 1489 II

ist in allen Fällen **eine Dürftigkeit der Vermögensmasse,** auf die sich die Haftung beschränkt, **nicht erforderlich** (Staudinger/*Dobler* (2016) Rn. 46).

§ 1991 Folgen der Dürftigkeitseinrede

(1) Macht der Erbe von dem ihm nach § 1990 zustehenden Recht Gebrauch, so finden auf seine Verantwortlichkeit und den Ersatz seiner Aufwendungen die Vorschriften der §§ 1978, 1979 Anwendung.

(2) Die infolge des Erbfalls durch Vereinigung von Recht und Verbindlichkeit oder von Recht und Belastung erloschenen Rechtsverhältnisse gelten im Verhältnis zwischen dem Gläubiger und dem Erben als nicht erloschen.

(3) Die rechtskräftige Verurteilung des Erben zur Befriedigung eines Gläubigers wirkt einem anderen Gläubiger gegenüber wie die Befriedigung.

(4) Die Verbindlichkeiten aus Pflichtteilsrechten, Vermächtnissen und Auflagen hat der Erbe so zu berichtigen, wie sie im Falle des Insolvenzverfahrens zur Berichtigung kommen würden.

1. Normzweck. § 1991 bestimmt die **Rechtsfolgen nach Erhebung der Einreden des § 1990 I 1.** Die Anwendung der Vorschrift führt zu einer weitgehenden Gleichstellung zwischen dem Erben, der den Nachlass privat abwickelt und demjenigen, der eine Haftungsbeschränkung aufgrund der amtlichen Verfahren der Nachlassabsonderung herbeigeführt hat. Die Abs. 1 u. 2 enthalten Regelungen zur **Berechnung des Nachlassbestandes.** Sie normieren anders als im Fall von § 1973 keine Bereicherungs-, sondern eine Verwalterhaftung des Erben, weil der Erbe bei Erhebung der Einreden des § 1990 I 1 einen dürftigen oder unzulänglichen Nachlass verwaltet, dessen Gläubiger noch nicht befriedigt sind (MüKoBGB/*Küpper* Rn. 1). Die Abs. 3 u. 4 bestimmen die **Reihenfolge der Gläubigerbefriedigung.**

2. Berechnung des Nachlassbestandes. a) Verwalterhaftung des Erben. Beruft sich der Erbe auf die Einreden des § 1990 I 1, ist er wie bei den amtlichen Verfahren der Nachlassverwaltung oder des Nachlassinsolvenzverfahrens **für seine bisherige Verwaltung** nach § 1978 I **verantwortlich.** Ihm stehen gem. § 1978 III dafür **Aufwendungsersatzansprüche** zu. Aufgrund seiner aus dem Nachlass zu ersetzenden Aufwendungen kann er sich wegen anderer Nachlassgegenstände als Geld auf ein Zurückbehaltungsrecht gem. § 273 berufen (Staudinger/*Dobler* (2016) Rn. 13). Der Erbe muss den Nachlass erst nach Befriedigung seiner eigenen Ansprüche herausgeben und kann den entsprechenden Betrag der Erbmasse entnehmen (BGH Urt. v. 10.11.1982 – IVa ZR 29/81, NJW 1983, 1485 (1487); MüKoBGB/*Küpper* Rn. 2; *Lange/Kuchinke* ErbR § 49 Kap. VIII Rn. 8a). Er kann wegen dieser Ansprüche einer Zwangsvollstreckung in bestimmte Nachlassgegenstände insoweit entgegentreten, als der Nachlassrest zur Befriedigung seiner eigenen Ansprüche nicht ausreichen würde.

Der **Schadensersatzanspruch** eines Gläubigers aus § 1978 I **gilt gem. § 1978 II als zum Nachlass gehörend.** § 1991 I erwähnt zwar die Regelung des § 1980 nicht, doch **ist** sie entsprechend anzuwenden. Der Erbe ist den Gläubigern auch bei Erhebung der Einreden aus § 1990 I 1 schadensersatzpflichtig, wenn er seine Insolvenzantragspflicht schuldhaft verletzt, obwohl der Nachlass überschuldet ist, aber die Insolvenzkosten deckt (MüKoBGB/*Küpper* Rn. 4).

b) Erlöschen von Rechtsverhältnissen. Wie bei den amtlichen Nachlassabsonderungsverfahren werden **gem. § 1991 II die mit dem Erbfall eingetretenen Konfusions- und/oder Konsolidationswirkungen rückwirkend als nicht erfolgt fingiert.** Anders als bei den amtlichen Verfahren handelt es sich **nicht um eine absolut und damit gegenüber jedermann wirkende Wiederherstellung der erlöschenden Rechte.** Die Aufhebung erfolgt nur relativ im Verhältnis zu dem Gläubiger (BGH Urt. v. 10.12.1990 – II ZR 256/89, BGHZ 113, 132 (138) = NJW 1991, 844 (846); Staudinger/*Dobler* (2016) Rn. 14; MüKoBGB/*Küpper* Rn. 5). **Eigengläubiger** des Erben können den **Anspruch des Gläubigers gegen den Nachlass nicht pfänden,** während die als nicht erloschen zu behandelnden Ansprüche des Nachlasses gegen den Erben **zugunsten von Nachlassgläubigern pfändbar sind.** Verteidigt sich der Nachlassgläubiger gegen eine Vollstreckungsabwehrklage des Erben aufgrund einer Vollstreckung in dessen Eigenvermögen, kann er auch ohne vorangegangene Pfändung einwenden, der Erbe schulde dem Nachlass einen entsprechenden Betrag (Staudinger/*Dobler* (2016) Rn. 15).

§ 1991 II enthält keine Regelung zu Aufrechnungsbefugnissen. Insbes. § 1977 wird nicht für entsprechend anwendbar erklärt. Es ist aber ebenso wie für § 1980 allgemein anerkannt, dass ein **Nachlassgläubiger** auch nach Erhebung der Einreden des § 1990 I 1 gehindert ist, gegen eine Privatforderung des Erben aufzurechnen (BGH Urt. v. 27.6.1961 – VI ZR 205/06, BGHZ 35, 317 (327f.) = NJW 1961, 1966 (1968); Staudinger/*Dobler* (2016) § 1990 Rn. 41, BeckOGK/*Herzog* § 1990 Rn. 42). Ein **Eigengläubiger** des Erben kann gegen eine Nachlassforderung aufrechnen, weil § 1990 nur gegenüber Nachlassgläubigern Wirkung entfaltet und in § 1991 eine Verweisung auf § 1977 fehlt (hM; Palandt/*Weidlich* § 1990 Rn. 9; MüKoBGB/*Küpper* Rn. 6; Staudinger/*Dobler* (2016) § 1990 Rn. 43; aA Soergel/*Stein* § 1990 Rn. 8; *Lange/Kuchinke* ErbR § 49 Kap. VIII Rn. 5).

3. Reihenfolge der Gläubigerbefriedigung. a) Mehrere Nachlassgläubiger. Der Erbe braucht, solange er von der Zulänglichkeit des Nachlasses ausgehen darf, beim Vorhandensein mehrerer Nachlassgläubiger **keine bestimmte Reihenfolge bei der Berichtigung** ihrer Verbindlichkeiten **einzuhalten,** § 1979. Er kann deren Forderungen – unabhängig von einer Vor- oder Minderberechtigung – nach freiem

Beliehen erfüllen oder ihre Befriedigung im Wege der Zwangsvollstreckung zulassen. Diese Möglichkeit ist dem Erben **verschlossen, sobald er gem. § 1980 verpflichtet ist, die Eröffnung des Nachlassinsolvenzverfahrens zu beantragen**. War ihm erkennbar, dass der Nachlass nicht ausreicht, um alle Gläubiger zu befriedigen, kommen die §§ 1978, 1979 zum Tragen, solange die Voraussetzungen des § 1990 I 1 nicht erfüllt sind und der Nachlass noch nicht dürftig ist. Erst wenn der Nachlass aufgrund einer Befriedigung der Nachlassgläubiger dürftig geworden ist, kann sich der Erbe auf die Einreden aus § 1990 I 1 berufen. Er muss bei einem Verstoß gegen § 1980 I aus seinem Eigenvermögen nur denjenigen Betrag an den Nachlass erstatten, der nötig ist, um die nicht befriedigten Nachlassgläubiger so zu stellen, wie sie im Fall eines rechtzeitigen Antrages auf Eröffnung des Insolvenzverfahrens gestanden hätten (MüKoBGB/*Küpper* Rn. 7). Etwas anderes gilt gem. § 1980 I 3, wenn die Überschuldung nur auf Vermächtnissen und Auflagen beruht. Unbefriedigt gebliebene Nachlassgläubiger haben gegenüber den befriedigten Gläubigern keinen Anspruch auf Herausgabe des Erlangten.

7 § 1991 regelt nicht, wie diejenigen **Gläubiger, die gem. §§ 1973, 1974 ausgeschlossen bzw. säumig sind**, behandelt werden. Der Erbe ist verpflichtet, sie auch erst nach anderen Gläubigern, aber noch vor den nachlassbeteiligten Gläubigern aus § 1991 IV gem. § 327 I Nr. 1 u. 2 InsO zu befriedigen (Staudinger/*Dobler* (2016) Rn. 7; Erman/*Horn* Rn. 5; MüKoBGB/*Küpper* Rn. 10).

8 b) **Rechtskräftige Verurteilung des Erben**. Bei der Befriedigung der unbefriedigt gebliebenen Gläubiger geht **gem. § 1991 III derjenige vor, der eine rechtskräftige Verurteilung des Erben erwirkt hat**. Einem rechtskräftigen Urteil stehen andere nicht mehr anfechtbare Vollstreckungstitel iSv § 794 ZPO gleich (*Lange/Kuchinke* ErbR § 49 Kap. VIII Rn. 8c; *Joachim* Erbenhaftung Rn. 366). Die überwiegende Auffassung nimmt zu Recht an, dass gegenüber einem in dieser Weise privilegierten Gläubiger eine Verpflichtung des Erben zur vorrangigen Befriedigung bzw. zur Abwehr von Vollstreckungen anderer Gläubiger, die der Durchsetzung seines Anspruchs entgegenstehen könnten, besteht (BGH Urt. v. 29.4.1993 – IX ZR 215/92, BGHZ 122, 297 = NJW 1993, 1851 (1853); Erman/*Horn* Rn. 4; MüKoBGB/*Küpper* Rn. 8; *Joachim* Erbenhaftung Rn. 366; aA Staudinger/*Dobler* (2016) Rn. 17). Der Erbe darf dem privilegierten Gläubiger mit Ausnahme von Vermächtnisansprüchen auch ihm selbst gegen den Nachlass zustehende Forderungen entgegenhalten und die Herausgabe des Nachlasses soweit verweigern, als dies zur Befriedigung seiner eigenen Ansprüche erforderlich ist (BGH Urt. v. 7.6.1984 – I ZR 47/82, WM 1984, 1060 (1063); BGH Urt. v. 8.3.1982 – II ZR 86/81, NJW 1983, 120 (121); Staudinger/*Dobler* (2016) Rn. 19.).

9 c) **Pflichtteilsrechte, Vermächtnisse, Auflagen**. Der Erbe hat **gem. § 1991 IV Verbindlichkeiten aus Pflichtteilsrechten, Vermächtnissen und Auflagen so zu berichtigen, wie sie in einem Nachlassinsolvenzverfahren befriedigt würden**. Die Regelung gilt auch für Pflichtteilsergänzungsansprüche (BGH Urt. v. 10.11.1982 – IVa ZR 29/81, BGHZ 85, 274 (280); BeckOGK/*Herzog* Rn. 36). Die Gläubiger dieser Ansprüche treten gegenüber übrigen Gläubigern nur dann zurück, wenn sie bereits eine rechtskräftige Verurteilung des Erben iSv § 1991 III erwirkt haben. Untereinander sind sie in der vom Insolvenzordnung vorgesehenen Reihenfolge zu befriedigen. Danach gehen gem. § 327 I Nr. 1 InsO Pflichtteilsansprüche solchen aus Vermächtnissen und Auflagen vor, doch hat der Erbe nach § 327 II 2 InsO eine Vorrangbestimmung des Erblassers gem. § 2189 zu berücksichtigen. Handelt der Erbe der Vorgabe des § 1991 IV zuwider, ist er den benachteiligten Nachlassgläubigern nach Maßgabe der §§ 1978 I, 1979 verantwortlich.

10 4. **Mangelnde Kennntis der Unzulänglichkeit**. Siehe hierzu § 1990 Rn. 22.

§ 1992 Überschuldung durch Vermächtnisse und Auflagen

¹Beruht die Überschuldung des Nachlasses auf Vermächtnissen und Auflagen, so ist der Erbe, auch wenn die Voraussetzungen des § 1990 nicht vorliegen, berechtigt, die Berichtigung dieser Verbindlichkeiten nach den Vorschriften der §§ 1990, 1991 zu bewirken. ²Er kann die Herausgabe der noch vorhandenen Nachlassgegenstände durch Zahlung des Wertes abwenden.

1 1. **Normzweck**. § 1992 regelt den Sonderfall, dass eine Überschuldung des Nachlasses auf Vermächtnissen und Auflagen beruht (sog. **Überschwerung**). Der Erbe kann dann – in Abweichung vom Grundsatz, dass er bei einer Überschuldung die Eröffnung eines Nachlassinsolvenzverfahrens gem. § 1980 I 1 beantragen muss – **gegenüber den Gläubigern aus Vermächtnissen und Auflagen seine Haftung nach Maßgabe der §§ 1990, 1991 beschränken**. Das gilt unabhängig davon, ob die Kosten eines Nachlassinsolvenzverfahrens gedeckt werden könnten. Grund für diese Ausnahme ist, dass es regelmäßig dem Erblasserwillen widerspräche, wenn wegen einer Überschwerung des Nachlasses gerade aufgrund von Vermächtnissen und Auflagen, die der Erblasser regelmäßig im Vertrauen auf die Zulänglichkeit des Nachlasses angeordnet hat, ein Nachlassinsolvenzverfahren eröffnet werden müsste.

2 Der Erbe ist nicht gehindert, trotz Vorliegens der Voraussetzungen des § 1992 S. 1 die Anordnung einer Nachlassverwaltung oder die **Eröffnung eines Insolvenzverfahrens** zu beantragen (MüKoBGB/*Küpper* Rn. 1; Staudinger/*Dobler* (2016) Rn. 1).

3 2. **Voraussetzungen. a) Keine unbeschränkte Haftung**. § 1992 S. 1 ist ebenso wie die §§ 1990, 1991 **nicht anwendbar**, wenn der Erbe das Recht zur Haftungsbeschränkung **gegenüber allen Nachlassgläubigern verloren hat**, § 2013 I 1. Er behält das Recht zur Erhebung der Einrede, wenn er nur einzelnen Nachlassgläubigern gegenüber unbeschränkbar haftet, im Verhältnis zu den übrigen Gläubigern.

b) Einrederecht gegenüber Vermächtnisnehmern und Auflagenbegünstigten. Auf § 1992 können 4
sich neben dem Erben der **Nachlassverwalter,** ein nach §§ 1960, 1961 bestimmter **Nachlasspfleger** und
ein **Testamentsvollstrecker** berufen (Staudinger/*Dobler* (2016) Rn. 15).

Die Einrede aus § 1992 S. 1 besteht ausschließlich **gegenüber Gläubigern von Vermächtnisansprü-** 5
chen und Auflagenberechtigungen. Auf Pflichtteilsansprüche ist sie nicht analog anwendbar (OLG
München Urt. v. 3.12.1996 – 5 U 2597/96, ZEV 1998, 100 (101); MüKoBGB/*Küpper* Rn. 4; Palandt/
Weidlich Rn. 1; Staudinger/*Dobler* (2016) Rn. 6; aA RGRK/*Johannsen* Rn. 2). Gegen eine analoge An-
wendung spricht neben dem eindeutigen Wortlaut der Norm, dass Pflichtteilsansprüche unabhängig vom
Willen des Erblassers kraft Gesetzes entstehen. Die auf den hypothetischen Erblasserwillen gestützte
Begründung des § 1992 (→ Rn. 1) hat für diese Ansprüche gerade keine Gültigkeit (*Joachim* Erbenhaf-
tung Rn. 369).

Streitig ist, ob § 1992 S. 1 voraussetzt, **dass die Überschuldung ausschließlich auf Vermächtnissen** 6
und Auflagen beruht oder ob die Vorschrift auch zur Anwendung gelangen kann, wenn der **Nachlass**
ohne Berücksichtigung der minderberechtigten Ansprüche überschuldet ist. Die hM hält § 1992 S. 1
in diesem Fall für unanwendbar (OLG München Urt. v. 3.12.1996 – 5 U 2597/96, ZEV 1998, 100 (101);
Palandt/*Weidlich* Rn. 1; MüKoBGB/*Küpper* Rn. 5; Staudinger/*Dobler* (2016) Rn. 3; *Joachim* Erbenhaftung Rn. 369; aA RGRK/*Johannsen* Rn. 2). Dafür spricht neben dem eindeutigen Wortlaut der Vorschrift, wonach die Überschuldung des Nachlasses auf Vermächtnissen und Auflagen beruhen muss, dass
der Erbe bei einem überschuldeten, aber nicht dürftigen Nachlass sonst gem. § 1980 I 1 verpflichtet wäre,
unverzüglich die Eröffnung des Nachlassinsolvenzverfahrens zu beantragen. Mit der Eröffnung würde
die Möglichkeit der Liquidation nach § 1992 S. 1 gegenstandslos werden, was mit der gesetzgeberischen
Intension, ein solches Verfahren gerade zu vermeiden, nicht vereinbar wäre (MüKoBGB/*Küpper* Rn. 5).

Maßgeblicher Zeitpunkt für die Beurteilung, ob die Überschuldung auf Vermächtnissen und Auf- 7
lagen beruht, ist der Zeitpunkt der letzten mündlichen Tatsachenverhandlung im Verfahren über die
Geltendmachung des Anspruchs und nicht der Zeitpunkt der Erhebung der Einrede (→ § 1990 Rn. 7).
Die **Darlegungs- und Beweislast,** dass der Nachlass überschwert ist, **obliegt dem Erben** (Bamberger/
Roth/*Lohmann* Rn. 5; *Weber* ZEV 1998, 101).

3. Durchführung der Haftungsbeschränkung. a) Gleichmäßige Befriedigung. Der Erbe ist berech- 8
tigt, die Berichtigung von Vermächtnisansprüchen und Auflagen **nach den Vorschriften der §§ 1990,**
1991 zu bewirken. Haben die minderberechtigten Gläubiger in das Eigenvermögen des Erben vollstreckt, kann er unter Berufung auf die Vollschwergungseinrede in gleicher Weise wie den Einreden
aus § 1990 I 1 der Vollstreckung durch Erhebung einer Vollstreckungsabwehrklage entgegentreten. Voraussetzung ist, dass er gegenüber den minderberechtigten Gläubigern den **Haftungsbeschränkungsvor-**
behalt im Urteil herbeigeführt hat (Staudinger/*Dobler* (2016) Rn. 9). Auch wenn der Erblasser niemals
selbst Schuldner der von ihm angeordneten Vermächtnisse und Auflagen gewesen ist, findet § 780 I ZPO
Anwendung.

Der Erbe hat für eine **gleichmäßige Befriedigung der Vermächtnisnehmer und Auflagenberechtig-** 9
ten gem. § 1991 IV, § 327 I InsO **zu sorgen.** Eine Vorrangbestimmung des Erblassers hat er gem. § 327
II 2 InsO zu beachten. Reicht der Nachlass zur Berichtigung dieser Verbindlichkeiten nicht aus, hat er
zusätzlich die Unzulänglichkeitseinrede des § 1990 I 1. Die in § 1992 S. 1 genannten Verbindlichkeiten
hat der Erbe gem. § 1991 IV in diesem Fall so zu berichtigen, wie sie im Rahmen eines Nachlassinsolvenzverfahrens zur Berichtigung kommen würden. **Pflichtteilsansprüche sind** deshalb **vor Verbindlichkeiten aus**
Vermächtnissen und Auflagen zu befriedigen, wobei ein pflichtteilsvertretendes Vermächtnis als
Pflichtteil zu behandeln ist. Gegenüber einem solchen Vermächtnis kann sich der Erbe entsprechend
§ 327 II InsO nicht auf § 1992 S. 1 berufen (MüKoBGB/*Küpper* Rn. 6).

b) Abwendungsbefugnis. Der Erbe kann die **Herausgabe** der noch vorhandenen Nachlassgegenstän- 10
de gem. **§ 1992 S. 2 durch Zahlung des Wertes abwenden.** Mit dem Begriff „Herausgabe" ist die in
§ 1990 I 2 erwähnte Herausgabe des Nachlasses zum Zwecke der Befriedigung der Gläubiger **im Wege**
der Zwangsvollstreckung gemeint. Die Abwendungsbefugnis **bezieht sich nur auf die noch vorhan-**
denen Nachlassgegenstände und insoweit nur auf die durch § 1990 I 2 begründete Herausgabepflicht.
Eine auf § 2174 beruhende Verpflichtung zur Herausgabe eines bestimmten vermachten Gegenstandes
bleibt unberührt. Die Herausgabe kann der Erbe nur solange verweigern, bis der Vermächtnisnehmer
ihm den Betrag erstattet, um den der Wert des Nachlasses nach Abzug der Vermächtnisnehmer vorgehenden Verbindlichkeiten hinter dem Wert des vermachten Gegenstandes zurückbleibt (BGH Urt. v.
29.5.1964 – V ZR 47/62, NJW 1964, 2298 (2300)). Die Abwendungsbefugnis aus § 1992 S. 2 gilt unabhängig davon, ob dem Erben wegen Vermächtnissen oder Auflagen die Rechte aus §§ 1990, 1991 zustehen, weil die Überschuldung des Nachlasses auf diesen Verbindlichkeiten beruht oder der Nachlass dürftig iSv § 1990 I 1 ist.

Vermächtnisgläubiger und Auflagenbegünstigte müssen sich im Gegensatz zu bevorrechtigten Nach- 11
lassgläubigern damit abfinden, dass der Betrag, um den ihre Ansprüche zu kürzen sind, auf Wunsch des
Erben nicht durch eine vollstreckungsmäßige Verwertung des Nachlasses, sondern **durch Schätzung**
seines Wertes ermittelt wird. Bei der Bestimmung des Schätzwertes kommt es wie bei § 1973 II 2 **auf**
den Zeitpunkt an, zu dem die Abwendungsbefugnis ausgeübt wird. Der Erbe darf den Wert etwaiger
ihm gem. § 1978 III, § 1991 I, § 1992 S. 2 zu ersetzender Aufwendungen von dem Betrag abziehen, durch
dessen Zahlung er die Herausgabe der noch vorhandenen Nachlassgegenstände abwenden kann. Besteht
die Zuwendung im Erlass einer Schuld, ist die zugrundeliegende Forderung insoweit als zum Nachlass

gehörig anzusehen, als sie zur Deckung der Forderungen vorrangiger und des Anteils gleichrangiger Gläubiger erforderlich ist (Soergel/*Stein* Rn. 4).

12 **c) Zulässigkeit der Aufrechnung.** Eine Aufrechnungsbefugnis, die einem Vermächtnisnehmer gegen eine Forderung des Nachlasses vor Eintritt der Überschwerung zustand, wird durch die Berufung auf § 1992 S. 1 nicht berührt, § 94 InsO analog (MüKoBGB/*Küpper* Rn. 8). War die Vermächtnisforderung gegen einen von Anfang an überschuldeten Nachlass gerichtet, ist die Aufrechnung im Hinblick darauf, dass dem Vermächtnisanspruch von vornherein die Einrede des § 1992 entgegenstünde, dagegen ausgeschlossen (MüKoBGB/*Küpper* Rn. 8; MüKoInsO/*Siegmann* § 327 Rn. 2; *Lange/Kuchinke* ErbR § 49 Kap. VIII 5.; aA Palandt/*Weidlich* Rn. 3; Soergel/*Stein* Rn. 6). S. zur Aufrechnung → § 1990 Rn. 23 ff.

Untertitel 4. Inventarerrichtung, unbeschränkte Haftung des Erben

§ 1993 Inventarerrichtung

Der Erbe ist berechtigt, ein Verzeichnis des Nachlasses (Inventar) bei dem Nachlassgericht einzureichen (Inventarerrichtung).

1 **1. Normzweck.** Im **Gesetzgebungsverfahren** zum Bürgerlichen Gesetzbuch war die **Inventarerrichtung noch als Mittel der Haftungsbeschränkung vorgesehen** (näher MüKoBGB/*Küpper* Rn. 1 Fn. 2). Nach geltender Gesetzeslage kann der Erbe im Verhältnis zu den Nachlassgläubigern durch die ordnungsgemäße Errichtung eines Inventars keine Beschränkung seiner Haftung auf den Nachlass herbeiführen. Ihm kommt als Rechtsfolge der Inventarerrichtung lediglich die **Vollständigkeitsvermutung des § 2009** zugute, dass zur Zeit des Erbfalls weitere Nachlassgegenstände als die angegebenen nicht vorhanden gewesen seien. Die Vermutungswirkung begründet eine **Beweiserleichterung** bei der Klärung, ob der Erbe die Haftung nach anderen Vorschriften (§§ 1973, 1974, 1975, 1989, 1990–1992) beschränken kann. Errichtet er nach einer ihm gem. §§ 1994 ff. gesetzten Frist nicht rechtzeitig ein Inventar, verliert er sein Haftungsbeschränkungsrecht gegenüber allen Nachlassgläubigern. Das **Institut der Inventarerrichtung** dient damit in erster Linie den Interessen der Nachlassgläubiger. Sie erhalten relativ schnell einen Überblick über den ursprünglichen Bestand des Nachlasses und können entscheiden, ob sie einen Antrag auf Anordnung der Nachlassverwaltung oder Eröffnung des Nachlassinsolvenzverfahrens stellen sollen. Darüber hinaus gibt ihnen der Antrag auf Fristbestimmung ein Druckmittel an die Hand, den Erben zur schnellen Anfertigung eines Nachlassverzeichnisses zu veranlassen, um der Rechtsfolge der unbeschränkten Erbenhaftung zu entgehen.

2 **2. Begriff des Inventars.** Das Inventar ist in § 1993 als **Verzeichnis des Nachlasses** umschrieben. Damit ist klargestellt, dass ein Inventar nicht über einen Erbteil errichtet wird (Staudinger/*Dobler* (2016) Rn. 6). **Inhaltliche Anforderungen** an das Inventar enthält § 2001. Bei den Regelungen handelt es sich aber nur um **Ordnungsvorschriften,** deren Nichtbeachtung grds. keine nachteiligen Folgen hat.

3 Im Nachlassverzeichnis sollen alle Nachlassgegenstände **(Aktiva)** angegeben werden, die zur Zeit des Erbfalls vorhanden waren einschließlich solcher Gegenstände, die zur Zeit der Errichtung des Inventars nicht mehr vorhanden sind. Anzugeben sind die Nachlassverbindlichkeiten **(Passiva)** sowie die **durch Vereinigung bzw. Aufrechnung erloschenen Rechte und Verbindlichkeiten,** die gem. §§ 1976, 1977, 1991 II wieder aufleben können. **Nachlassverbindlichkeiten** sind **in dem Umfang anzugeben, in welchem sie zum Zeitpunkt der Inventarerrichtung bestehen.** Deshalb sind auch die **für die Inventarerrichtung aufgewandten Kosten** sowie die **Beerdigungskosten** aufzunehmen. Nach § 2001 II soll das Inventar neben einer Beschreibung auch Angaben zum Wert der Nachlassgegenstände enthalten, ohne dass eine Schätzung des Wertes durch Sachverständige erforderlich ist. Maßgebender Zeitpunkt ist der Erbfall.

4 **3. Errichtung des Inventars.** Nach dem Wortlaut des § 1993 ist unter „Inventarerrichtung" die **Einreichung des Nachlassverzeichnisses beim Nachlassgericht** zu verstehen. Die bloße Aufnahme (Anfertigung) des Inventars stellt noch keine Errichtung dar. Zur Anfertigung des Inventars hat der Erbe gem. § 2002 eine zuständige Behörde oder einen zuständigen Beamten bzw. Notar hinzuzuziehen. Tut er das nicht, stellt die spätere Einreichung beim Nachlassgericht keine wirksame Inventar„errichtung" dar.

5 In **bestimmten Fällen** bedarf es zur Inventarerrichtung **keiner Einreichung des Nachlassverzeichnisses beim Nachlassgericht.** Hat das Nachlassgericht auf Antrag des Erben einen Notar mit der Aufnahme des Inventars beauftragt, § 2003 I 1, oder befindet sich beim Nachlassgericht bereits ein den Vorschriften der §§ 2002, 2003 entsprechendes Inventar, § 2004, kann der Erbe die Einreichung durch die Erklärung ersetzen, dass dieses Inventar als von ihm eingereicht gelten soll.

6 Während das Inventar weder vom Erben persönlich noch auf seine Veranlassung aufgenommen worden sein muss, kann er nur **selbst,** durch einen **Vertreter** oder durch einen **gem. § 2003 I 1 vom Nachlassgericht beauftragten Notar** einreichen (errichten). Die Einreichung eines Inventars beim Nachlassgericht durch einen Dritten als **Geschäftsführer ohne Auftrag** ist keine wirksame Inventarerrichtung. Die Errichtung durch einen **Miterben** kommt gem. § 2063 I den übrigen Miterben zustatten, wenn diese noch nicht unbeschränkt haften. Ebenso wie die Aufnahme kann auch die Errichtung des Inventars durch einen **Bevollmächtigten** erfolgen. Wegen des Charakters der **Inventarerrichtung als Wissenserklärung** sind die §§ 164 ff. nur analog anwendbar. Die gleichzeitige Einreichung einer Vollmachtsurkunde ist nicht notwendig. Wird die Bevollmächtigung nachträglich bestritten, trägt der Erbe die Beweislast, dass er die Vollmacht erteilt hat (MüKoBGB/*Küpper* Rn. 6).

Als gesetzlicher Vertreter des Erben kann ein **nach §§ 1960, 1961 bestellter Nachlasspfleger** das Inventar für den Erben errichten (MüKoBGB/*Küpper* Rn. 6; Staudinger/*Dobler* (2016) Rn. 16). Ein von einem Nachlassverwalter oder von einem Testamentsvollstrecker kraft Amtes errichtetes Inventar ist erst dann von dem Erben errichtet, wenn er darauf gem. § 2004 Bezug nimmt. Er hat dem Testamentsvollstrecker gem. § 2215 I bei der Inventaraufnahme behilflich zu sein (Staudinger/*Dobler* (2016) Rn. 17). **Jeder Ehegatte kann** unabhängig vom Güterstand **ohne Mitwirkung des anderen ein Inventar über die ihm angefallene Erbschaft errichten**. Das gilt auch für die in Gütergemeinschaft lebenden Ehegatten, unabhängig davon, ob die ihm angefallene Erbschaft zum Sonder-, zum Vorbehalts- oder zum Gesamtgut gehört (*Joachim* Erbenhaftung Rn. 421).

4. Verfahren. Der Erbe kann bei der Aufnahme des Inventars jede sachlich zuständige Behörde hinzuziehen. Die Einreichung des Inventars muss **bei dem** gem. **§ 343 FamFG örtlich zuständigen Nachlassgericht erfolgen.** Der Einreichende kann von dem Gericht eine Empfangsbestätigung verlangen, der Gläubiger gem. § 13 FamFG eine Abschrift des eingereichten Inventars (Palandt/*Weidlich* Rn. 2). Das Verzeichnis ist **offen einzureichen.**

Der Erbe kann unabhängig davon, ob ihm gem. § 1994 I auf Antrag eines Nachlassgläubigers eine Inventarfrist bestimmt worden ist, ein **Inventar „freiwillig" errichten.** Dafür stehen ihm alle in §§ 2002–2004 vorgesehenen Möglichkeiten zur Verfügung. Die freiwillige Errichtung macht Sinn, wenn er sich die Vermutungswirkung des § 2009 sichern will, sich der Nachlass im Besitz eines Nachlassverwalters, eines Nachlassinsolvenzverwalters, Testamentsvollstreckers oder eines Nichtberechtigten befindet oder wenn ihm der Besitz von einem Miterben vorenthalten wird (Soergel/*Stein* Rn. 2). Der Erbe behält das **Recht zur freiwilligen Errichtung** auch **während einer Nachlassverwaltung** und **nach der Eröffnung eines Nachlassinsolvenzverfahrens** (Staudinger/*Dobler* (2016) Rn. 27).

5. Kosten der Inventarerrichtung. Es handelt sich um Nachlassverbindlichkeiten, die im Nachlassinsolvenzverfahren Masseschulden gem. § 324 I Nr. 4 InsO sind. Für die Übertragung des Nachlassinventars auf einen Notar fällt eine Gerichtsgebühr iHv 40 EUR nach Nr. 12412 KV GNotKG an. Der Notar erhält für die Aufnahme des Inventars eine 2,0fache Gebühr gem. Nr. 23500 KV GNotKG. Für die Mitwirkung nach § 2002 entsteht eine 1,0fache Gebühr gem. Nr. 23502 KV GNotKG, ebenso bei der Mitwirkung durch das Gericht. Die Entgegennahme des Inventars durch das Nachlassgericht löst gem. Nr. 12410 I Nr. 6 KV GNotKG jeweils eine Gebühr von 15 EUR aus. Der Geschäftswert bestimmt sich nach dem Wert sämtlicher Nachlassgegenstände ohne Abzug der Verbindlichkeiten gem. §§ 115, 38 S. 2 GNotKG. Die Gebühr fällt neben der Gebühr des Gerichts nach Nr. 12412 KV GNotKG an. Für die Gerichtskosten haftet der Erbe gem. § 24 Nr. 4 GNotKG nach den Vorschriften des BGB über Nachlassverbindlichkeiten, ebenso für die Kosten des Notars, die durch die Errichtung des Nachlassinventars entstehen, § 31 II GNotKG.

§ 1994 Inventarfrist

(1) ¹**Das Nachlassgericht hat dem Erben auf Antrag eines Nachlassgläubigers zur Errichtung des Inventars eine Frist (Inventarfrist) zu bestimmen.** ²**Nach dem Ablauf der Frist haftet der Erbe für die Nachlassverbindlichkeiten unbeschränkt, wenn nicht vorher das Inventar errichtet wird.**

(2) ¹**Der Antragsteller hat seine Forderung glaubhaft zu machen.** ²**Auf die Wirksamkeit der Fristbestimmung ist es ohne Einfluss, wenn die Forderung nicht besteht.**

1. Normzweck. § 1994 stellt den Nachlassgläubigen mit der Möglichkeit der Fristbestimmung zur Errichtung eines Inventars ein Mittel zur Verfügung, um kurzfristig den ursprünglichen **Bestand eines Nachlasses in zuverlässiger Weise feststellen** und bei Versäumnissen des Erben Konsequenzen in Form der Beantragung eines amtlichen Verfahrens (Nachlassverwaltung oder Nachlassinsolvenz) ziehen zu können. Die Fristbestimmung ermöglicht es ihnen auch, **Druck auf den Erben auszuüben,** um ihn zur Erhaltung des Nachlasses zu veranlassen. Versäumt der Erbe die Frist, führt dies zum Verlust des Rechts, gegenüber allen Nachlassgläubigern seine Haftung auf den Nachlass zu beschränken.

2. Antrag auf Bestimmung einer Inventarfrist. Eine Inventarfrist wird dem Erben durch das Nachlassgericht nach § 1994 I 1 nur bestimmt, wenn ein **Nachlassgläubiger dies beantragt.** Ein Aktivnachlass oder überhaupt Nachlassgegenstände müssen nicht vorhanden sein (MüKoBGB/*Küpper* Rn. 4). Es handelt sich um eine **richterliche Frist** und nicht um eine gesetzliche (Erman/*Horn* Rn. 1; MüKoBGB/ *Küpper* Rn. 1). Die Fristbestimmung ist unabhängig davon, ob der Erbe die **Erbschaft angenommen** hat. Das folgt aus § 1995 II, wonach die Frist erst mit der Annahme der Erbschaft zu laufen beginnt, wenn sie vor der Annahme der Erbschaft bestimmt wurde. Damit bleibt dem Antragsteller der Nachweis der Erbschaftsannahme erspart (MüKoBGB/*Küpper* § 1995 Rn. 3). Hat ein **vorläufiger Erbe ausgeschlagen,** kann das Nachlassgericht ihm eine Frist nur bestimmen, wenn es die Ausschlagung für unwirksam hält (BayObLG Beschl. v. 26.8.1993 – 1 Z BR 80/93, NJW-RR 1994, 202 (203)).

a) Antragsberechtigte Gläubiger. Grundsätzlich kann **jeder Gläubiger die Bestimmung einer Inventarfrist beantragen,** auch Pflichtteilsberechtigte, Vermächtnisnehmer und Auflagenbegünstigte. Für pflichtteilsberechtigte Personen macht ein entsprechender Antrag durchaus Sinn, weil sie auf diese Weise oftmals schneller als mit einer auf § 2314 I 1 gestützten Auskunftsklage zu einem Nachlassverzeichnis gelangen. Sie können auch ein nach den Vorschriften der §§ 1993 ff. errichtetes Inventar als Auskunft iSv

§ 2314 I 1 behandeln und sogleich nach Maßgabe des § 260 II, III Klage auf Abgabe der eidesstattlichen Versicherung erheben (*Joachim* Erbenhaftung Rn. 444).

4   **Nicht antragsberechtigt** sind **die im Aufgebotsverfahren ausgeschlossenen oder die ihnen gem. § 1974 gleichgestellten Nachlassgläubiger.** Ihnen gegenüber würde wegen § 2013 I 2 der Erbe auch nicht unbeschränkt haften, wenn er eine ihm gesetzte Inventarfrist verstreichen ließe (RGRK/*Johannsen* Rn. 3 f.; Palandt/*Weidlich* Rn. 3; Staudinger/*Dobler* (2016) Rn. 8 mwN; aA Bamberger/Roth/*Lohmann* Rn. 2; MüKoBGB/*Küpper* § 1973 Rn. 2; Soergel/*Stein* Rn. 3). Gleiches gilt für einen **Nachlassgläubiger, der zugleich Miterbe ist,** weil er sich die erforderlichen Informationen selbst verschaffen kann (KG Beschl. v. 23.1.1979 – 1 W 2296/78, FamRZ 1980, 505 = DNotZ 1980, 163; Bamberger/Roth/*Lohmann* Rn. 4; Palandt/*Weidlich* Rn. 3; Staudinger/*Dobler* (2016) Rn. 8 mwN; aA MüKoBGB/*Küpper* Rn. 2; Soergel/*Stein* Rn. 2). Ein Miterbe kann ein Inventar freiwillig errichten oder dies aufgrund einer Fristbestimmung tun und dessen Richtigkeit an Eides statt versichern. Die Inventarfristsetzung könnte iErg nur dazu führen, zu seinen Gunsten die unbeschränkte Haftung anderer Miterben herbeizuführen. Das wird gem. § 2063 II im Verhältnis zu einem Miterbengläubiger jedoch ausgeschlossen (KG Beschl. v. 23.1.1979 – 1 W 2296/78, FamRZ 1980, 505 = DNotZ 1980, 163).

5   **b) Zulässigkeit des Antrages.** Der Antrag auf Bestimmung einer Inventarfrist kann **schriftlich oder zu Protokoll der Geschäftsstelle des Nachlassgerichts** gestellt werden. Funktionell zuständig ist der Rechtspfleger gem. § 3 Nr. 2c RPflG (Palandt/*Weidlich* Rn. 5). **Örtlich zuständig** ist gem. § 343 I FamFG das Nachlassgericht, in dessen Bezirk der Erblasser zur Zeit des Erbfalls seinen gewöhnlichen Aufenthalt hatte. Ohne inländischen gewöhnlichen Aufenthalt ist das Nachlassgericht gem. § 343 II FamFG zuständig, in dessen Bezirk der Erblasser seinen letzten gewöhnlichen Aufenthalt im Inland hatte.

6   Der Antragsteller muss seine **Forderung** gem. § 1994 II 1 **glaubhaft machen** (näher KG Beschl. v. 28.9.2004 – 1 W 99/04, ZEV 2005, 114 (115, 116 f.) mit zust. Anm. *Joachim*). Zur Glaubhaftmachung sind alle anerkannten Beweismittel sowie die Versicherung an Eides statt zulässig.

7   Die **Bestimmung einer Inventarfrist wird nicht dadurch ausgeschlossen, dass zwischen vermeintlichen Erben ein Streit über das Erbrecht besteht.** Die Erteilung eines Erbscheins, dem keine materiellrechtliche Wirkung zukommt, steht der Bestimmung der Inventarfrist gegenüber einem nicht Erbberechtigten nicht entgegen. Das Prozessgericht ist an eine vom Nachlassgericht incident getroffene Entscheidung über die Erbenstellung nicht gebunden, wenn ein Nachlassgläubiger seinen Anspruch gegen den vermeintlichen Erben einklagt und dieser negative Feststellungsklage erhebt, nicht Erbe zu sein (*Joachim* Erbenhaftung Rn. 443).

Die **Wirksamkeit der Fristbestimmung hängt gem. § 1994 II 2 nicht davon ab, ob die Forderung besteht.** Ist der Anfall einer Erbschaft an eine juristische Person von einer staatlichen Genehmigung abhängig, darf dem Antrag auf Bestimmung einer Inventarfrist nicht vor Erteilung der Genehmigung entsprochen werden (Soergel/*Stein* Rn. 7).

8   Bei einer **Erbengemeinschaft** muss die Bestimmung einer Inventarfrist nicht gegenüber sämtlichen Miterben erfolgen bzw. beantragt werden (Staudinger/*Dobler* (2016) Rn. 15).

9   Der Antrag auf Bestimmung einer Inventarfrist ist **während der Dauer der Nachlassverwaltung oder des Nachlassinsolvenzverfahrens** gem. § 2000 S. 2 **als unzulässig zurückzuweisen.** Nach § 2000 S. 3 gilt das auch, wenn das Nachlassinsolvenzverfahren durch Verteilung der Masse oder durch einen Insolvenzplan beendet wurde. Eine Inventarfrist kann gem. § 2011 **dem Fiskus als gesetzlichem Erben** und gem. § 2012 einem **Nachlasspfleger** oder einem **Nachlassverwalter** sowie einem **Nachlassinsolvenzverwalter** oder einem **Testamentsvollstrecker nicht bestimmt werden.** Unzulässig ist die Bestimmung einer Inventarfrist ferner, wenn der Erbe bereits ein den Vorschriften der §§ 2002, 2003 entsprechendes Inventar errichtet hat (MüKoBGB/*Küpper* Rn. 5), ein bereits beim Nachlassgericht befindliches Inventar von einem anderen errichtet und dem Erben gem. § 2008 I 3, § 2063 I, § 2144 II oder § 2383 II zustatten kommt (Staudinger/*Dobler* (2016) Rn. 18) oder wenn bereits eine Frist auf Antrag eines anderen Gläubigers gesetzt wurde (MüKoBGB/*Küpper* Rn. 5). Im Fall der Ablehnung der Anordnung einer Nachlassverwaltung oder der Eröffnung eines Nachlassinsolvenzverfahrens ist die Fristbestimmung zulässig (OLG Stuttgart Beschl. v. 29.8.1994 – 8 W 424/94, FamRZ 1995, 57).

10   **3. Entscheidung über den Antrag. a) Verfahren.** Wird dem Antrag eines Nachlassgläubigers auf Bestimmung einer Inventarfrist stattgegeben, erfolgt die Fristbestimmung **durch Beschluss des Nachlassgerichts.** Die für die Bestimmung der Inventarfrist anfallende gerichtliche Festgebühr von 25 EUR nach Nr. 12411 KV GNotKG hat gem. § 22 I GNotKG der Antragsteller zu tragen. Vor der Fristbestimmung ist dem Erben rechtliches Gehör zu gewähren (BayObLG Beschl. v. 26.5.1992 – I Z BR 2/92, NJW-RR 1992, 1159 (1160)). **Beteiligte des Verfahrens** sind gem. § 7 I FamFG der Antragsteller, der Erbe gem. § 345 IV 1 Nr. 4 FamFG, in den Fällen des § 2008 auch der in Gütergemeinschaft lebende Ehegatte oder Lebenspartner, denen jeweils eine Frist zu setzen ist. Unmittelbar von der Fristbestimmung Betroffene wie andere Nachlassgläubiger kann das Nachlassgericht gem. § 345 IV 2 FamFG nach seinem Ermessen hinzuziehen und muss dies gem. § 345 IV 3 FamFG auf ihren Antrag hin tun. Der Beschluss wird mit **Bekanntgabe an die Erben** gem. § 40 FamFG wirksam. Im Fall einer Ausschlagung kann die Fristbestimmung auf Antrag gem. § 48 I FamFG zurückgenommen werden.

11   **b) Rechtsmittel.** Der **Erbe,** dem durch Beschluss des Nachlassgerichts eine erste oder eine neue Inventarfrist bestimmt worden ist, kann dagegen **befristete Beschwerde** gem. §§ 58 ff. FamFG einlegen. Dieses Rechtsmittel ist auch gegen einen Beschluss statthaft, durch den eine Fristverlängerung abgelehnt wird.

Der antragstellende Nachlassgläubiger kann **befristete Beschwerde** gem. §§ 58 ff. FamFG gegen die Ablehnung der Fristbestimmung, gegen eine Fristverlängerung zugunsten des Erben, gegen die Setzung einer neuen Frist oder wegen einer zu langen Frist einlegen. Die Beschwerdefrist für Nachlassgläubiger beginnt einheitlich mit der Bekanntmachung an denjenigen, der den Antrag gestellt hat, § 360 FamFG. Die Einlegung der Beschwerde hemmt den Fristablauf nicht. Das Beschwerdegericht kann jedoch gem. § 64 III FamFG eine einstweilige Anordnung erlassen. 12

4. Wahrung der Frist. Der Erbe wahrt die Inventarfrist durch Einreichung eines den Vorschriften der §§ 2001, 2002 entsprechenden Nachlassverzeichnisses, durch Stellung des Antrages auf amtliche Aufnahme des Inventars gem. § 2003 I 2 sowie gem. § 2004 durch Bezugnahme auf ein schon bei dem Nachlassgericht befindliches Inventar, wenn dieses den Vorschriften der §§ 2002, 2003 entsprechend errichtet wurde (MüKoBGB/*Küpper* Rn. 10). Dem Erben bleibt weiterhin die Möglichkeit, die Haftungsbeschränkung herbeizuführen, wobei sich die durch die rechtzeitige Inventarerrichtung begründete Vermutungswirkung des § 2009 in der Regel positiv auswirkt. Der Erbe **verliert** mit der Inventarerrichtung die **aufschiebende Einrede des § 2014**. 13

5. Rechtsfolgen der Fristversäumnis. Der **Erbe kann gerichtlich nicht zur Errichtung eines Inventars gezwungen** werden (RG Urt. v. 23.6.1930 – IV 59/30, RGZ 129, 240 (243)). Die Versäumung der gesetzten Frist führt jedoch zum **Verlust des Haftungsbeschränkungsrechts gegenüber allen Nachlassgläubigern**. Der Erbe muss sich so behandeln lassen, als reiche der Nachlass zur Erfüllung aller Nachlassverbindlichkeiten aus. Er kann gem. § 316 I InsO weiterhin die Eröffnung eines Nachlassinsolvenzverfahrens beantragen, nicht jedoch die Anordnung einer Nachlassverwaltung, § 2013 I 1. Ist die **Wirkung des Fristablaufes streitig, entscheidet das Prozessgericht** (Palandt/*Weidlich* Rn. 7). Mittelbar ergibt sich aus § 1996, dass der Erbe sein Haftungsbeschränkungsrecht auch verliert, wenn er die Frist ohne Verschulden versäumt hat. Trotz schuldloser Versäumung der ursprünglich bestimmten Frist ist ihm eine neue Frist zu bestimmen. Der Verlust des Haftungsbeschränkungsrechts tritt nicht gegenüber Gläubigern ein, denen der Erbe zuvor durch Ausschließung im Aufgebotsverfahren gem. § 1973 oder infolge gleichstehender Säumnis gem. § 1974 die Beschränkung seiner Haftung erlangt hatte (→ Rn. 4; str.). Der Erbe verliert sein Haftungsbeschränkungsrecht durch Versäumung der Inventarfrist auch nicht gegenüber solchen Gläubigern, deren Forderungen erst nach Fristablauf entstehen (MüKoBGB/*Küpper* Rn. 12). 14

Betroffen sind auch geschäftsunfähige und **in ihrer Geschäftsfähigkeit beschränkte Erben**. Auf sie sind weder § 1997 noch § 1996 I 2 anwendbar. Geschützt sind sie nur dadurch, dass die Zustellung des Beschlusses, mit dem ihnen die Frist bestimmt wird, an den gesetzlichen Vertreter zu erfolgen hat, § 171 ZPO. Dem gebotenen Überschuldungsschutz gesetzlich vertretener Minderjähriger wird damit nicht hinreichend Rechnung getragen (verfassungsrechtliche Bedenken äußert Staudinger/*Dobler* (2016) § 1997 Rn. 5). 15

Im Verhältnis von Miterben untereinander führt die Fristversäumung nicht zum Verlust des Haftungsbeschränkungsrechts. Gleiches gilt für das Verhältnis von Vor- und Nacherbe, § 2144 III. Es wirkt sich aus, dass jeder Miterbe und jeder Vorerbe selbst in der Lage sind, ein Inventar zu errichten und sich über den Bestand des Nachlasses zu informieren (Staudinger/*Dobler* (2016) Rn. 36). 16

§ 1995 Dauer der Frist

(1) ¹Die Inventarfrist soll mindestens einen Monat, höchstens drei Monate betragen. ²Sie beginnt mit der Zustellung des Beschlusses, durch den die Frist bestimmt wird.

(2) Wird die Frist vor der Annahme der Erbschaft bestimmt, so beginnt sie erst mit der Annahme der Erbschaft.

(3) Auf Antrag des Erben kann das Nachlassgericht die Frist nach seinem Ermessen verlängern.

1. Normzweck. § 1995 I 1 ist eine **Ergänzung zu § 1994**. Die – vom Nachlassgericht gesetzte – Inventarfrist soll **mindestens einen Monat** und **höchstens drei Monate** betragen. Es handelt sich um eine **Ordnungsvorschrift**, so dass ein Verstoß nicht zur Unwirksamkeit der Fristbestimmung führt, selbst wenn die Mindestfrist unterschritten wird (Palandt/*Weidlich* Rn. 1). Abänderungsmöglichkeiten der in Abs. 1 vorgesehenen Dauer der Frist regeln neben § 1995 III die §§ 1996–1998, 2007 sowie 2008 I 2. 1

2. Beginn der Frist. Die Inventarfrist beginnt **mit der Zustellung des Beschlusses an den Erben**, § 41 FamFG. Die Zustellung erfolgt nach den für die Zustellung von Amts wegen geltenden Bestimmungen der §§ 166–170 ZPO. Eine wirksame Ersatzzustellung gem. §§ 178 ff. ZPO reicht aus. Der Erbe ist hinreichend dadurch geschützt, dass er unter den Voraussetzungen des § 1996 I 2 die Bestimmung einer neuen Inventarfrist erreichen kann, wenn er von der Fristsetzung ohne sein Verschulden keine Kenntnis erlangt hat. 2

Bei einer **Fristbestimmung vor der Annahme der Erbschaft** beginnt die Frist gem. § 1995 II erst **mit der Annahme der Erbschaft zu laufen**. Sie beginnt für jeden Erben gesondert (Palandt/*Weidlich* Rn. 1). Wurde die **Frist einem Miterben** gesetzt, ist entscheidend, wann dieser Miterbe und nicht irgendein anderer Miterbe angenommen hat. Die Bedeutung dieser Bestimmung ist gering, da Erben vor der Annahme häufig unbekannt sind und einem für sie bestellten Nachlasspfleger eine Inventarfrist gem. § 2012 S. 1 nicht bestimmt werden kann. 3

4   Im Fall des **Versterbens des Erben** während des Laufes der Inventarfrist gilt § 1998. Für die **Fristberechnung** gelten die § 187 I, § 188 II u. III (Staudinger/*Dobler* (2016) Rn. 8).

5   **3. Fristverlängerung.** § 1995 III eröffnet dem Erben die Möglichkeit, bei dem zuständigen **Nachlassgericht** einen **Antrag auf Verlängerung der Inventarfrist zu stellen.** Die Entscheidung über diesen Antrag trifft das Nachlassgericht **nach freiem Ermessen.** Die Verlängerung setzt anders als die Bestimmung einer neuen Frist iSv § 1996 voraus, dass die dem Erben ursprünglich gesetzte Frist noch nicht abgelaufen war und durch einen neuen Gerichtsbeschluss erstreckt werden kann. Der **Antrag** muss deshalb **vor Fristablauf bei Gericht eingegangen** sein (BayObLG Beschl. v. 26.5.1992 – BReg. 1 Z 7/91, FamRZ 1992, 1326 (1327)). Die Frist beginnt mit Ablauf der zunächst bestimmten Frist und führt dazu, dass die gesetzliche Folge des § 1994 I 2 – die unbeschränkte Haftung gegenüber allen Nachlassgläubigern – vermieden wird. Bei der Bestimmung der Fristverlängerung ist das Nachlassgericht weder an einen Antrag noch an die Höchstfrist des § 1995 I gebunden (KG Beschl. v. 5.2.1985 – 1 W 3773/84, Rpfleger 1985, 193).

6   **4. Beschwerderecht.** Bei Verstößen gegen § 1995 I 1 steht dem Erben das Recht der befristeten Beschwerde gem. §§ 58 ff. FamFG zu. Im Fall der Fristverlängerung ist der **Nachlassgläubiger** gem. § 59 I FamFG berechtigt, **Beschwerde** zu erheben (Palandt/*Weidlich* Rn. 2). Wird der Antrag auf Fristverlängerung gem. § 1995 III ganz oder teilweise zurückgewiesen, ist der Erbe als Antragsteller gem. § 59 II FamFG beschwerdeberechtigt.

7   Die **Verkürzung der Frist** auf Antrag eines Nachlassgläubigers ist unzulässig (Staudinger/*Dobler* (2016) Rn. 11).

§ 1996 Bestimmung einer neuen Frist

(1) War der Erbe ohne sein Verschulden verhindert, das Inventar rechtzeitig zu errichten, die nach den Umständen gerechtfertigte Verlängerung der Inventarfrist zu beantragen oder die in Absatz 2 bestimmte Frist von zwei Wochen einzuhalten, so hat ihm auf seinen Antrag das Nachlassgericht eine neue Inventarfrist zu bestimmen.

(2) Der Antrag muss binnen zwei Wochen nach der Beseitigung des Hindernisses und spätestens vor dem Ablauf eines Jahres nach dem Ende der zuerst bestimmten Frist gestellt werden.

(3) Vor der Entscheidung soll der Nachlassgläubiger, auf dessen Antrag die erste Frist bestimmt worden ist, wenn tunlich gehört werden.

1   **1. Normzweck.** § 1996 schützt den Erben gegen die **unverschuldete Versäumung** der nach Maßgabe der §§ 1994, 1995 gesetzten Inventarfrist. Ihm wird eine Art „Wiedereinsetzung in den vorigen Stand" (RG Urt. v. 19.3.1903 – VI 414/02, RGZ 54, 149 (151 f.)) gewährt, indem eine neue Frist gesetzt wird. Die dem Erben nachteiligen Folgen der ursprünglichen Fristversäumung – allgemeiner Verlust seines Haftungsbeschränkungsrechts – werden beseitigt (Staudinger/*Dobler* (2016) Rn. 1).

2   **2. Neue Inventarfrist.** Voraussetzung für die Bestimmung einer neuen Frist iSv § 1996 I ist nur **die schuldlose Versäumung der gesetzten Inventarfrist.** Die frühere Beschränkung auf höhere Gewalt oder schuldlose Unkenntnis von der Zustellung des sie bestimmenden Beschlusses ist entfallen. Das **Verschulden des gesetzlichen Vertreters** steht dem Verschulden des Erben gleich, §§ 51 II, 171 ZPO.

3   Die Bestimmung einer neuen Frist kommt nur in Betracht, wenn die **abgelaufene erste Inventarfrist wirksam bestimmt** worden war (BayObLG Beschl. v. 29.1.1993 – 1 Z BR 80/92, BayObLGZ 1993, 88 (92)). Liegen die Voraussetzungen des § 1996 I vor, ist die Bestimmung einer neuen Inventarfrist zwingend. Das **Nachlassgericht hat** insoweit **kein Ermessen,** wie sich aus dem Wortlaut von § 1996 I letzter Hs. („hat … zu bestimmen") ergibt.

4   **3. Verfahren.** Die Bestimmung einer neuen Inventarfrist setzt voraus, dass der **Erbe rechtzeitig einen entsprechenden Antrag stellt.** Nach § 1996 II muss er **binnen zwei Wochen** nach der Beseitigung des Hindernisses und **spätestens vor Ablauf eines Jahres** nach dem Ende der ursprünglichen Inventarfrist den Antrag stellen. Der Fristablauf ist nach § 1997 iVm § 210 gehemmt, wenn der Erbe eine nicht vollgeschäftsfähige Person ohne gesetzlichen Vertreter ist. Sie soll davor geschützt werden, dass sie wegen fehlender gesetzlicher Vertretung den Antrag nicht fristgemäß stellen kann.

5   Eine **ablehnende Entscheidung** des Nachlassgerichts kann der **Erbe** als Antragsteller und Beschwerdeberechtigter iSv § 59 II FamFG, eine **stattgebende Entscheidung jeder Nachlassgläubiger** als Berechtigter iSv § 59 I FamFG mit der **befristeten Beschwerde,** §§ 58 ff. FamFG, anfechten. Die rechtskräftige Entscheidung des Nachlassgerichts ist für das Prozessgericht bindend (MüKoBGB/*Küpper* Rn. 4; Palandt/*Weidlich* Rn. 2).

6   **4. Gewährung rechtlichen Gehörs.** Das Nachlassgericht soll vor der Entscheidung über den Antrag auf Bestimmung einer neuen Frist **dem Nachlassgläubiger, auf dessen Antrag die erste Frist bestimmt worden war,** gem. **§ 1996 III rechtliches Gehör,** Art. 103 I GG, **gewähren.** Die Anhörung steht trotz des abweichenden Wortlauts nicht im Ermessen des Nachlassgerichts. Die Regelung ist verfassungskonform dahin auszulegen, dass sie im Lichte des Grundrechts **zwingend erfolgen** muss (Staudinger/*Dobler* (2016) Rn. 9).

§ 1997 Hemmung des Fristablaufs

Auf den Lauf der Inventarfrist und der in § 1996 Abs. 2 bestimmten Frist von zwei Wochen finden die für die Verjährung geltenden Vorschriften des § 210 entsprechende Anwendung.

Ablaufhemmung. Eine ursprünglich vom Nachlassgericht gesetzte Inventarfrist des § 1994 I 1, die 1 gem. § 1995 III verlängerte Frist, die neue Frist gem. § 1996 I sowie die in § 1996 II bestimmte zweiwöchige Antragsfrist sind gem. § 1997 **gehemmt** (Erman/*Horn* Rn. 1), wenn der Erbe **während des Laufs der Fristen geschäftsunfähig oder beschränkt geschäftsfähig** wird und **ohne gesetzlichen Vertreter** ist. Die Fristen laufen gem. § 210 nicht vor Ablauf von sechs Monaten ab dem Zeitpunkt, in dem der Erbe unbeschränkt geschäftsfähig geworden oder der Mangel der Vertretung behoben ist. Bestand der Mangel schon im Zeitpunkt der Zustellung des die Frist bestimmenden Beschlusses, beginnt sie von vornherein nicht zu laufen, weil die erforderliche Zustellung an den gesetzlichen Vertreter unmöglich ist (Staudinger/*Dobler* (2016) Rn. 4).

Eine **Hemmung tritt nicht ein** mit der Folge des Ablaufes der Inventarfrist, **wenn ein geschäftsfähig** 2 **gewordener Erbe oder ein neuer gesetzlicher Vertreter die gesetzte Frist nicht kennt. Einschlägig** ist insoweit **§ 1996 I**, so dass ihm das Nachlassgericht auf Antrag eine neue Inventarfrist zu bestimmen hat. Ein Versäumnis der Frist durch den gesetzlichen Vertreter wirkt gegen den Erben.

§ 1998 Tod des Erben vor Fristablauf

Stirbt der Erbe vor dem Ablauf der Inventarfrist oder der in § 1996 Abs. 2 bestimmten Frist von zwei Wochen, so endigt die Frist nicht vor dem Ablauf der für die Erbschaft des Erben vorgeschriebenen Ausschlagungsfrist.

1. Normzweck. § 1998 ist eine **ergänzende Regelung zu den §§ 1995, 1996.** Die Norm überträgt die 1 Bestimmung des § 1952 II zum Ablauf der Ausschlagungsfrist auf die Inventarfrist und die zweiwöchige Antragsfrist des § 1996 II. Das ist sinnvoll, weil bei einem Versterben des Erben vor Ablauf der Inventarfrist oder der Frist des § 1996 II der Erbeserbe zunächst über die Annahme der ihm angefallenen Erbschaft ohne zeitlichen Druck entscheiden können soll. Die Fristen enden nicht vor Ablauf der für die Erbschaft des Erben vorgeschriebenen Ausschlagungsfrist. Ist die Ausschlagungsfrist abgelaufen, tritt Fristablauf ein, selbst wenn der Erbeserbe keine Kenntnis von der Frist hatte (Staudinger/*Dobler* (2016) Rn. 1). Er kann die Bestimmung einer neuen Inventarfrist nach § 1996 I wegen fehlenden Verschuldens oder eine Fristverlängerung gem. § 1995 III beantragen, sofern die ursprünglich gesetzte Frist noch nicht abgelaufen war.

2. Mehrere Erbeserben. Sind **mehrere Erbeserben** vorhanden, ist jeder zur Inventarerrichtung hin- 2 sichtlich der gesamten, dem ersten Erben angefallenen Erbschaft befugt. Die dem ersten Erben gesetzte Inventarfrist kann entsprechend § 1944 für jeden Mit-Erbeserben unterschiedlich ablaufen. Die Inventarerrichtung durch einen der Mit-Erbeserben kommt gem. § 2063 I den übrigen noch nicht unbeschränkbar haftend gewordenen Mit-Erbeserben zustatten (Staudinger/*Dobler* (2016) Rn. 2).

3. Fristversäumung durch Erbeserben. Versäumt ein Erbeserbe oder ein Mit-Erbeserbe die Inventar- 3 frist, führt das zu seiner unbeschränkten Haftung, obwohl ihm persönlich keine Frist gesetzt worden ist. Er **haftet beschränkt auf die zweite Erbschaft** für die Nachlassverbindlichkeiten aus der angefallenen ersten Erbschaft. Eine Haftung mit seinem Eigenvermögen kommt nur in Betracht, wenn die Fristversäumung die zweite Erbschaft betrifft (Staudinger/*Dobler* (2016) § 1995 Rn. 7; MüKoBGB/*Küpper* Rn. 3).

§ 1999 Mitteilung an das Gericht

¹Steht der Erbe unter elterlicher Sorge oder unter Vormundschaft, so soll das Nachlassgericht dem Familiengericht von der Bestimmung der Inventarfrist Mitteilung machen. ²Fällt die Nachlassangelegenheit in den Aufgabenkreis eines Betreuers des Erben, tritt an die Stelle des Familiengerichts das Betreuungsgericht.

1. Normzweck. Der unter elterlicher Sorge oder unter Vormundschaft stehende **Erbe soll nach § 1999** 1 S. 1 vor einer evtl. **Fristversäumung seines Vertreters geschützt werden.** Die Benachrichtigung durch das Nachlassgericht an das Familiengericht oder, wenn die Nachlassangelegenheit in den Aufgabenbereich eines Betreuers des Erben fällt, gem. § 1999 S. 2 an das Betreuungsgericht soll diese Gerichte in die Lage versetzen, darauf **hinzuwirken, dass das Inventar** von den Eltern, dem Vormund, Pfleger oder Betreuer des Erben **fristgemäß errichtet wird** (Bamberger/Roth/*Lohmann* Rn. 1).

2. Ordnungsvorschrift. § 1999 ist eine reine Ordnungsvorschrift, so dass die Mitteilung auf die Wirksam- 2 keit der Frist sowie deren Beginn und Ablauf keinen Einfluss hat (Erman/*Horn* Rn. 1). Sie ist in ihrer jetzigen Ausgestaltung **zum Schutz minderjähriger Erben** gegenüber ihnen gleichgestellter Personen vor Überschuldung **nicht geeignet** (krit. zu Recht Staudinger/*Dobler* (2016) Rn. 3). Die Überschuldung eines Minderjährigen wird nach geltender Rechtslage besser durch § 1629a verhindert, der die Haftung auf den Bestand des bei Eintritt der Volljährigkeit vorhandenen Vermögens beschränkt (→ Vor §§ 1967–2017 Rn. 12 ff.).

§ 2000 Unwirksamkeit der Fristbestimmung

¹Die Bestimmung einer Inventarfrist wird unwirksam, wenn eine Nachlassverwaltung angeordnet oder das Nachlassinsolvenzverfahren eröffnet wird. ²Während der Dauer der Nachlassverwaltung oder des Nachlassinsolvenzverfahrens kann eine Inventarfrist nicht bestimmt werden. ³Ist das Nachlassinsolvenzverfahren durch Verteilung der Masse oder durch einen Insolvenzplan beendet, so bedarf es zur Abwendung der unbeschränkten Haftung der Inventarerrichtung nicht.

1   1. **Normzweck.** Der Regelung des § 2000 liegt die Intention zugrunde, dass ein **schutzwürdiges Interesse der Nachlassgläubiger an der Errichtung eines Inventars** durch den Erben **während der Dauer einer Nachlassverwaltung oder eines Nachlassinsolvenzverfahrens nicht gegeben** ist. Da der Erbe durch die amtlichen Verfahren die Verantwortung über den Nachlass verliert und nunmehr der amtliche Verwalter verpflichtet ist, ein Verzeichnis aufzunehmen, bestimmen S. 1 u. 2, dass eine bereits erfolgte Fristsetzung unwirksam wird bzw. ausgeschlossen ist. Nach S. 3 kann eine Inventarfrist nach Beendigung der Nachlassinsolvenz durch Verteilung der Masse oder durch einen Insolvenzplan nicht mehr bestimmt werden.

2   An dem so definierten Zweck wird zT **berechtigte Kritik** geübt, weil der Erbe eine Inbesitznahme des Nachlasses durch den Verwalter vereiteln kann, indem er den Stand des Nachlasses verschleiert und ein vorzulegendes Nachlassverzeichnis selbst unvollständig erstellt (Staudinger/*Dobler* (2016) Rn. 2). De lege ferenda sollte deshalb im Interesse der Nachlassgläubiger auch dem Verwalter eine Antragsbefugnis für die Fristbestimmung gem. § 1994 I eröffnet werden (ebenso Staudinger/*Dobler* (2016) Rn. 2).

3   2. **Unwirksamwerden der Fristsetzung.** Nach § 2000 S. 1 wird die **bereits erfolgte Bestimmung einer Inventarfrist unwirksam,** wenn Nachlassverwaltung angeordnet oder ein Nachlassinsolvenzverfahren eröffnet wird. Voraussetzung ist, dass die Inventarfrist bei der Anordnung der Nachlassverwaltung bzw. bei Eröffnung des Nachlassinsolvenzverfahrens noch nicht abgelaufen war. In einem solchen Fall erlangt der Erbe das Haftungsbeschränkungsrecht, das er gem. § 1994 I 2 bereits verloren hatte, nicht wieder. Die Unwirksamkeit tritt auch bei einer Eigenverwaltung des Erben unter Aufsicht eines Sachwalters gem. §§ 270, 281 InsO ein (MüKoBGB/*Küpper* Rn. 2).

4   3. **Keine Fristsetzung während der amtlichen Verfahren.** Eine **während der Dauer der amtlichen Verfahren angeordnete Inventarfrist** wird gem. § 2000 S. 2 unwirksam. Die Vorschrift bezieht sich nur auf den Erben, weil einem Nachlassverwalter gem. § 2012 II und einem Nachlassinsolvenzverwalter wegen seiner Verpflichtungen aus §§ 151–153 InsO von vornherein keine Frist bestimmt werden kann.

5   Damit sich der Erbe Gewissheit über die Unwirksamkeit verschaffen und jeden Anschein der Wirksamkeit einer Fristsetzung ausschließen kann, steht ihm ein **befristetes Beschwerderecht** gem. §§ 58 ff. FamFG gegen die unwirksam gesetzte Frist zu (MüKoBGB/*Küpper* Rn. 3).

6   4. **Keine Inventarerrichtung nach Beendigung eines Nachlassinsolvenzverfahrens durch Verteilung der Masse oder durch einen Insolvenzplan.** Einer Inventarerrichtung zur Abwendung der unbeschränkten Erbenhaftung bedarf es gem. § 2000 S. 3 nach Beendigung eines Nachlassinsolvenzverfahrens durch Verteilung der Masse oder durch einen Insolvenzplan nicht. Eine Fristbestimmung kann nicht mehr wirksam verfügt werden. Der Erbe haftet gem. § 1989 nur noch nach Maßgabe des § 1973 nach Bereicherungsrecht. **Endet das Nachlassinsolvenzverfahren auf andere Weise, kann ihm auf Antrag eines Nachlassgläubigers eine Inventarfrist gesetzt werden,** ebenso, wenn die Eröffnung eines Nachlassinsolvenzverfahrens oder die Anordnung der Nachlassverwaltung mangels Masse abgelehnt wurde (OLG Stuttgart Beschl. v. 29.8.1994 – 8 W 242/94, NJW 1995, 1227).

7   5. **Inventaruntreue, eidesstattliche Versicherung.** Hatte der Erbe **vor den amtlichen Verfahren** zur Nachlassseparation ein Inventar freiwillig oder auf Antrag eines Nachlassgläubigers errichtet und sich dabei einer **Inventaruntreue** gem. § 2005 I schuldig gemacht, **führt das zum Verlust seines Haftungsbeschränkungsrechts gegenüber allen Nachlassgläubigern.** Daran ändert die nachträgliche Eröffnung des Nachlassinsolvenzverfahrens oder die Anordnung der Nachlassverwaltung nichts.

8   Erfolgt die **Inventarerrichtung freiwillig während der amtlichen Verfahren,** was bspw. bei Nachlassverwaltung aufgrund der Verpflichtung aus §§ 1978, 260 denkbar ist, begründet eine **Inventaruntreue** keinen Verlust des Haftungsbeschränkungsrechts (Bamberger/Roth/*Lohmann* Rn. 3; Palandt/*Weidlich* Rn. 2; MüKoBGB/*Küpper* Rn. 5; aA Staudinger/*Dobler* (2016) Rn. 8). Sie kann keine stärkere Wirkung als die Fristversäumung selbst haben. Es fehlt zudem – wegen der Verpflichtung des Verwalters, ein Nachlassverzeichnis zu erstellen – an einem Interesse der Nachlassgläubiger an einer Inventarisierung durch den Erben.

9   Die **Abgabe der eidesstattlichen Versicherung** gem. § 2006 I kann nach Inventarerrichtung unter den Voraussetzungen des § 2000 **nicht verlangt werden** (MüKoBGB/*Küpper* Rn. 6; RGRK/*Johannsen* Rn. 3; aA Staudinger/*Dobler* (2016) Rn. 9). Die Verpflichtung des Erben zur Abgabe der eidesstattlichen Versicherung nach § 1978 I, § 260 II, § 666 oder als § 153 II 1 InsO reicht aus, ohne dass deren Verletzung zum Verlust des Haftungsbeschränkungsrechts führt. Nach § 153 II 2 InsO iVm § 98 II InsO kann der Erbe jedoch in Haft genommen werden.

§ 2001 Inhalt des Inventars

(1) In dem Inventar sollen die bei dem Eintritt des Erbfalls vorhandenen Nachlassgegenstände und die Nachlassverbindlichkeiten vollständig angegeben werden.

(2) Das Inventar soll außerdem eine Beschreibung der Nachlassgegenstände, soweit eine solche zur Bestimmung des Wertes erforderlich ist, und die Angabe des Wertes enthalten.

1. Allgemeines. § 2001 bestimmt den Inhalt eines Inventars. Es handelt sich nach der gesetzgeberischen Gestaltung um eine bloße **Ordnungsvorschrift, deren Nichtbeachtung weder den Verlust des Haftungsbeschränkungsrechts noch die Nichtigkeit des Inventars zur Folge hat,** sofern sich der Erbe nicht einer Inventaruntreue gem. § 2005 I schuldig gemacht hat (OLG Hamm Urt. v. 27.10.1961 – 15 W 418/61, NJW 1962, 53 (54)).

2. Inhalt des Inventars. Nach § 2001 I sollen in einem Inventar **alle bei Eintritt des Erbfalls vorhandenen Nachlassgegenstände angegeben werden,** auch solche, die der Erbe selbst für wertlos oder unpfändbar hält (MüKoBGB/*Küpper* Rn. 2). Der Zeitpunkt entspricht demjenigen, auf den sich die Vollständigkeitsvermutung des § 2009 sowie die Rechenschaftsverpflichtungen der Erben aus §§ 1978 I, 666, 1991 I beziehen. Veränderungen nach dem Erbfall spielen keine Rolle. **Forderungen und Rechte, die infolge des Erbfalls durch Konfusion** oder **Konsolidation erloschen sind, sind ebenfalls aufzunehmen,** da sie bei einer Nachlassseparation aufgrund der amtlichen Verfahren (Nachlassverwaltung, Nachlassinsolvenz) gem. § 1976 oder im Fall der Dürftigkeit des Nachlasses gem. § 1991 II wieder aufleben. Aufzunehmen sind unter den Voraussetzungen des § 1977 auch durch **Aufrechnung** erloschene Forderungen (Staudinger/*Dobler* (2016) Rn. 2).

Die **Mitgliedschaft des Erblassers in einer Personengesellschaft** ist im Inventar aufzunehmen, wenn es sich um den in den Nachlass fallenden Anteil an einer schon beim Erbfall oder innerhalb der Frist des § 139 III HGB aufgelösten Gesellschaft handelt (BGH Urt. v. 6.7.1981 – II ZR 38/81, NJW 1982, 45; BGH Beschl. v. 20.5.1981 – V ZB 25/79, 1982, 170 (171)). In anderen Fällen reicht es aus, wenn die Gewinn- und Auseinandersetzungsansprüche im Inventar aufgeführt werden (weitergehend MüKoBGB/*Küpper* Rn. 2).

Errichtet ein **Miterbe** ein Inventar, muss ebenfalls der gesamte Nachlass aufgeführt werden (Palandt/ *Weidlich* Rn. 1).

Nach § **2001 II** soll das Inventar auch eine **Angabe des Wertes der Nachlassgegenstände** enthalten. Das Fehlen von Wertangaben schadet aber nicht. Abzustellen ist auf den **Zeitpunkt des Erbfalls.** Daneben ist eine Beschreibung der Nachlassgegenstände vorgesehen, soweit sie zur Bestimmung des Wertes erforderlich ist. Eine **Verpflichtung des Erben, den Wert durch einen Sachverständigen schätzen zu lassen, besteht nicht.** Der Erbe kann die Werte von Gegenständen des Nachlasses nach freiem Ermessen selbst schätzen. Ein gem. § 2002 zu der Aufnahme des Inventars zugezogener Beamter kann seine Bedenken oder eine abweichende Auffassung im Inventar zum Ausdruck bringen, ohne dass ihn eine entsprechende Amtspflicht trifft (Bamberger/Roth/*Lohmann* Rn. 3). Nur bei der amtlichen Aufnahme des Inventars gem. § 2003 hat der aufnehmende Notar die Schätzung selbst vorzunehmen. Ist er dazu nicht in der Lage, hat er eine geeignete Person hinzuzuziehen (Staudinger/*Dobler* (2016) Rn. 5).

§ 2002 Aufnahme des Inventars durch den Erben

Der Erbe muss zu der Aufnahme des Inventars eine zuständige Behörde oder einen zuständigen Beamten oder Notar zuziehen.

1. Inventarerrichtung unter amtlicher Mitwirkung. § 2002 regelt die „Eigenaufnahme" eines Inventars durch den Erben, nicht dessen Errichtung, dh die Einreichung beim Nachlassgericht. Von der Eigenaufnahme ist die amtliche Aufnahme des Inventars gem. § 2003 zu unterscheiden, die gegenüber der Eigenaufnahme den Vorteil hat, dass bereits die rechtzeitige Antragstellung die Inventarfrist der §§ 1994, 1995 wahrt, § 2003 I 2. Von der amtlichen Aufnahme gem. § 2003 unterscheidet sich die „Eigenaufnahme" dadurch, dass bei der amtlichen Aufnahme der beauftragte Notar das Inventar selbst aufnehmen muss.

Die **amtliche Mitwirkung** kann in der Weise geschehen, dass der Erbe die Urkunde im Beistand der Amtsperson selbst aufnimmt. Zuvor hat die Amtsperson den Erben über den Inhalt des Inventars iSv § 2001 zu belehren. Sie kann die in das Inventar aufzunehmenden Angaben des Erben auch ihrerseits aufzeichnen. **Notwendig ist immer die Unterschrift des Erben.** Die Unterzeichnung des Inventars durch die Amtsperson ist zwar üblich, stellt jedoch kein Wirksamkeitserfordernis dar (Erman/*Horn* Rn. 1; MüKoBGB/*Küpper* Rn. 2; nach Staudinger/*Dobler* (2016) Rn. 2 soll die alleinige Unterschrift der Amtsperson genügen). Bei der Eigenaufnahme hat die Amtsperson lediglich die Stellung eines Beistandes, der zur Prüfung der Vollständigkeit und Richtigkeit des Inventars einschließlich der Wertangaben des Erben nicht verpflichtet ist (Palandt/*Weidlich* Rn. 1). Aus dem Wortlaut des § 2002 folgt, dass der **Erbe durch ein privates – dh ohne amtliche Mitwirkung – aufgenommenes Inventar weder die Vermutungswirkung des § 2009 herbeiführen noch eine gem. § 1994 I gesetzte Frist einhalten kann.**

2. Sachliche Zuständigkeit zur Inventarerrichtung. Wer zuständige Behörde iSv § 2002 ist, bestimmt sich gem. Art. 147 EGBGB nach Landesrecht. In allen Ländern ist der **Notar aufgrund Bundes-**

rechts gem. § 20 V BNotO, § 61 I Nr. 2 BeurkG sachlich zuständig, in einigen Ländern sogar ausschließlich (so in Baden-Württemberg, Bayern, Brandenburg, Mecklenburg-Vorpommern, Rheinland-Pfalz, Sachsen, Thüringen und im Saarland; näher Keidel/*Zimmermann* FamFG § 360 Rn. 13). In anderen Ländern ist neben dem Notar entweder das **Amtsgericht** oder der **Gerichtsvollzieher** zuständig (in Niedersachsen sind gem. Art. 13, 24, 25 I Nr. 3 LFGG beide zuständig). Für die **Wirksamkeit** der Inventaraufnahme kommt es nur auf die sachliche, nicht auf die örtliche Zuständigkeit an (Erman/*Horn* Rn. 2).

4   **3. Wahrung der Inventarfrist.** Die Zuziehung der zuständigen Amtsperson allein wahrt – anders als die Antragstellung nach § 2003 I 2 – eine gem. § 1994 I gesetzte Inventarfrist nicht. Sie gilt vielmehr erst, wenn der Erbe im Fall der Eigenaufnahme das **unterzeichnete Verzeichnis beim Nachlassgericht** einreicht. Die Einreichung muss nicht durch den Erben persönlich geschehen, weil eine dem § 2003 III entsprechende Regelung bei der Eigenaufnahme fehlt, sondern kann auch durch die beigezogene Urkundsperson selbst erfolgen (MüKoBGB/*Küpper* Rn. 4). Ergibt sich wegen der erforderlichen Beiziehung der zuständigen Behörde, des zuständigen Beamten oder Notars eine von dem Erben nicht zu vertretende Verzögerung, kann die Inventarfrist gem. § 1995 III verlängert werden.

5   **4. Kosten.** Für die Entgegennahme eines Nachlassinventars wird eine Gebühr von 15 EUR gem. Nr. 12410 KV GNotKG erhoben. Kostenschuldner ist der Einreichende; übrige Erben haften für die Gebühr, §§ 23 Nr. 4d, 24 GNotKG. Für das Verfahren zur Aufnahme eines Nachlassinventars einschließlich der Entgegennahme von Erklärung und Anzeige, wenn das Verfahren mit der Übertragung der Aufnahme auf eine zuständige Behörde endet, sieht das Gesetz eine Gebühr von 40 EUR vor, Nr. 12412 KV GNotKG. Für die Mitwirkung besteht eine Gebühr von 1,0 gem. Nr. 23502 KV GNotKG. Der Geschäftswert bestimmt sich nach dem Wert sämtlicher Nachlassgegenstände ohne Abzug von Verbindlichkeiten.

§ 2003 Amtliche Aufnahme des Inventars

(1) ¹Die amtliche Aufnahme des Inventars erfolgt auf Antrag des Erben durch einen vom Nachlassgericht beauftragten Notar. ²Durch die Stellung des Antrags wird die Inventarfrist gewahrt.

(2) **Der Erbe ist verpflichtet, die zur Aufnahme des Inventars erforderliche Auskunft zu erteilen.**

(3) **Das Inventar ist von dem Notar bei dem Nachlassgericht einzureichen.**

1   **1. Amtliche Inventaraufnahme.** Anders als bei der „Eigenaufnahme" des Inventars durch den Erben gem. § 2002 hat das **Nachlassgericht** mit der amtlichen Aufnahme gem. § 2003 I 1 immer einen Notar zu beauftragen, der ausschließlich zuständig ist. Gegenüber der „Eigenaufnahme" hat die amtliche Inventaraufnahme den **Vorteil,** dass die Inventarfrist schon durch die Stellung des Antrages seitens des Erben gewahrt wird, § 2003 I 2. Errichtet ist das amtlich aufgenommene Inventar erst mit der Einreichung beim Nachlassgericht. Die rechtzeitige Errichtung ist Voraussetzung für die Vollständigkeitsvermutung des § 2009. Die Einreichung des amtlichen Inventars muss – insoweit anders als bei § 2002 – gem. § 2003 III von dem aufnehmenden Notar selbst besorgt werden. Der frühere § 2003 I 2 aF ist am 31.12.2017 außer Kraft getreten, nachdem auch in Baden-Württemberg die Aufgaben der Nachlassgerichte von den Amtsgerichten übernommen wurden (BT-Drs. 17/13136, 32). Die landesrechtlichen Sonderregelungen über die staatlichen Notariate sind außer Kraft getreten.

2   Da der Notar das Verzeichnis selbstständig aufnimmt und dafür auch die Verantwortung trägt, genügt ein Inventar, das nur die Erklärungen des Erben wiedergibt, jedoch keine eigenen Feststellungen des Notars enthält, den Anforderungen nicht. Der Notar kann eigene Feststellungen nur treffen, wenn er eigene Erkenntnisse gewinnt. Er unterliegt einer eigenen Ermittlungspflicht, die über das Befragen des auskunftsverpflichteten Erben hinausgeht (Staudinger/*Dobler* (2016) Rn. 9). Dem damit häufig verbundenen erheblichen Aufwand für den Notar trägt die deutliche Erhöhung der notariellen Gebühren Rechnung.

3   Das Inventar ist nicht wirksam errichtet, wenn die **sachliche Zuständigkeit des Notars fehlt.** Anders ist das bei fehlender örtlicher Zuständigkeit des Nachlassgerichts (Erman/*Horn* Rn. 4), die sich nach § 343 FamFG bestimmt.

4   Bei einem **ausländischen Erblasser** kann ein international zuständiges deutsches Nachlassgericht (§ 105 FamFG) auch die nach italienischem Recht vorgesehene Erklärung minderjähriger Erben über die Annahme der Erbschaft unter Vorbehalt des Inventars entgegennehmen. Befindet sich der gesamte Nachlass eines ausländischen Erblassers im Inland und haben die Erben zur Zeit des Erbfalls ihren Wohnsitz im Inland, kann die Inventarerrichtung nach deutschem Recht erfolgen (BayObLG Beschl. v. 2.12.1965 – BReg. 1b Z 67/65, BayObLGZ 1965, 423 (429ff.) = NJW 1967, 447 (449)).

5   **2. Antragsverfahren.** Die amtliche Aufnahme des Inventars setzt gem. § 2003 I 1 einen darauf gerichteten **Antrag des Erben bei dem Nachlassgericht** voraus. Ein **Nachlassgläubiger** ist **zum Antrag nicht befugt** (MüKoBGB/*Küpper* Rn. 2). Antragsbefugt ist auch jeder **Miterbe.** Der Antrag eines Miterben wahrt die Frist für die übrigen Miterben, § 2063 I.

6   **3. Auskunftspflicht.** Die amtliche Inventaraufnahme ist Sache des damit betrauten Notars, der die Verantwortung für die Richtigkeit trägt und das Inventar zu unterschreiben hat. Um dem nachkommen zu können, sieht § 2003 II eine Pflicht des Erben zur Erteilung der für die Inventaraufnahme erforderli-

chen Auskunft vor. Diese ist aber **nicht erzwingbar** (Erman/*Horn* Rn. 6). Verweigert der Erbe die Auskunft, führt dies gem. § 2005 I 2 zum Verlust der Haftungsbeschränkungsmöglichkeit auf den Nachlass gegenüber jedem Nachlassgläubiger.

Hat der Erblasser **Testamentsvollstreckung** angeordnet, ist der Testamentsvollstrecker gem. § 2215 I verpflichtet, dem Erben die zur Inventaraufnahme erforderliche Beihilfe zu leisten, damit dieser seiner Mitwirkungspflicht aus § 2003 II nachkommen kann (MüKoBGB/*Küpper* Rn. 3). Die Folge einer Inventarfristversäumung bei unterlassener Mitwirkung bei der Auskunftspflicht ist nicht vorgesehen. Die Auskunftspflicht geht so weit, dass von dem Erben die Vorlage eines Nachlassverzeichnisses gem. § 260 verlangt werden kann. Ebenso wie die Auskunft selbst kann auch dessen Vorlage nicht erzwungen werden (*Joachim* Erbenhaftung Rn. 431).

4. Pflicht zur Einreichung. Der aufnehmende Notar ist gem. § 2003 III verpflichtet, das von ihm aufgenommene Inventar beim Nachlassgericht einzureichen, weil es erst dann errichtet ist. Verzögerungen kann mit einer Dienstaufsichtsbeschwerde begegnet werden (Staudinger/*Dobler* (2016) Rn. 11).

5. Kosten. Der Notar erhält für die Aufnahme des Nachlassinventars eine Gebühr nach dem 2fachen Satz der Gebührentabelle B, Nr. 23500 KV GNotKG. Der zugrunde zu legende Wert bestimmt sich nach dem Wert des Nachlasses ohne Berücksichtigung von Zinsen und Verbindlichkeiten, §§ 115, 37 I, 38 GNotKG. Diese Gebühr fällt neben der Gebühr des Gerichts nach Nr. 12412 KV GNotKG, die 40 EUR beträgt, an.

§ 2004 Bezugnahme auf ein vorhandenes Inventar

Befindet sich bei dem Nachlassgericht schon ein den Vorschriften der §§ 2002, 2003 entsprechendes Inventar, so genügt es, wenn der Erbe vor dem Ablauf der Inventarfrist dem Nachlassgericht gegenüber erklärt, dass das Inventar als von ihm eingereicht gelten soll.

1. Normzweck. Einen **dritten Weg der „Inventarerrichtung"** neben der „Eigenaufnahme" durch den Erben (§ 2002) und der amtlichen Aufnahme (§ 2003) eröffnet § 2004, indem der Erbe auf ein bereits bei den Akten des Nachlassgerichts befindliches Inventar Bezug nehmen kann. Nicht geregelt ist in § 2004 der Fall, dass der Erbe selbst oder ein rechtsgeschäftlicher bzw. gesetzlicher Vertreter bereits ein Inventar eingereicht haben. Insoweit bedarf es **keiner Bezugnahme** gem. § 2004 (Staudinger/*Dobler* (2016) Rn. 6). Das gilt auch für den nach §§ 1960, 1961 bestellten **Nachlasspfleger**, der gesetzlicher Vertreter des Erben und deshalb berechtigt ist, für diesen das Inventar zu errichten. Sie ist auch nicht vorgesehen, wenn ein von einem Dritten errichtetes Inventar dem Erben zustatten kommt. Das gilt für das Inventar eines Miterben gem. § 2063 I, eines Vorerben gem. § 2144 II, eines Erbschaftskäufers und -verkäufers gem. § 2383 II oder des verwaltenden Ehegatten bei der Gütergemeinschaft, § 2008 I 3.

2. Bezugnahme des Erben. Die **Bezugnahmeerklärung bedarf keiner Form.** Sie kann auch durch einen **Bevollmächtigten** erfolgen. War dem Erben eine Inventarfrist iSv § 1994 I gesetzt worden, muss er die Erklärung innerhalb der gesetzten Frist abgeben. Die **Vollmacht** des Bevollmächtigten kann dann ebenfalls nur innerhalb dieser Frist beigebracht werden. Anderenfalls kann sie – anders als bei § 1945 III 2 – im Rahmen des § 2004 zeitlich unbegrenzt nachgereicht werden (Erman/*Horn* Rn. 3).

Für eine Bezugnahme iSv § 2004 kommen nur Inventare in Betracht, die wirksam nach den §§ 2002, 2003 errichtet wurden. Eine **Bezugnahme auf** ein ohne amtliche Mitwirkung aufgenommenes **Privatinventar ist ausgeschlossen.** Die Inventare müssen von einer dritten Person und nicht vom Erben oder seinem Vertreter errichtet worden sein. In Betracht kommen das Inventar eines **Erbschaftsbesitzers**, eines die **Erbschaft später ausschlagenden Erben**, eines Testamentsvollstreckers, Nachlassverwalters sowie Nachlassinsolvenzverwalters. Die von diesen Personen aufgenommenen Nachlassverzeichnisse müssen dahingehend genau überprüft werden, ob sie wirklich den Vorschriften der §§ 2002, 2003 entsprechend errichtet worden sind. Dass das bereits bei den Akten des Nachlassgerichts befindliche Inventar nicht von dem Erben selbst stammen darf, lässt sich auch nicht herleiten (so aber OLG Hamm Beschl. v. 27.10.1961 – 15 W 418/61, NJW 1962, 53 (54); aA Staudinger/*Dobler* (2016) Rn. 2; Soergel/ *Stein* Rn. 2; *Joachim* Erbenhaftung Rn. 432). Anderenfalls könnte ein Nachlassverzeichnis, das ein Erbe aufgrund der sich **aus § 2314 I 1 ergebenden Auskunftspflicht** gegenüber einem Pflichtteilsberechtigten unter Beachtung der Voraussetzungen des § 2002 aufgenommen hat, das jedoch infolge falscher Sachbehandlung zu den Nachlassakten gelangt ist, nicht durch einfache Erklärung als von ihm eingereicht gelten. Eine Inventarerrichtung iSv § 1993 liegt nicht vor, was für eine Zulässigkeit der Bezugnahme spricht (Soergel/*Stein* Rn. 2). Nach § 2004 reicht ein beim Nachlassgericht befindliches Inventar aus, das nur „aufgenommen", nicht aber iSv § 1993 errichtet worden sein muss (Staudinger/*Dobler* (2016) Rn. 2; aA OLG Hamm Beschl. v. 27.10.1961 – 15 W 418/61, NJW 1962, 53 (54)).

3. Inventaruntreue. Nimmt der Erbe **auf ein fremdes Inventar Bezug, dessen Unrichtigkeit er kennt,** kann er sich dadurch **gem. § 2005 I 1 analog einer Inventaruntreue schuldig machen** und verliert allgemein sein Recht zur Haftungsbeschränkung. Ist er gutgläubig und kennt die Unrichtigkeit des von einem Dritten ungetreu iSv § 2005 I errichteten Inventars nicht, fehlt es am Tatbestandsmerkmal der absichtlichen Vefehlung. Bei fahrlässigem oder schuldlosem Handeln ist ihm gem. § 2005 II analog eine **neue Inventarfrist zur Ergänzung** zu bestimmen (MüKoBGB/*Küpper* Rn. 4; Staudinger/*Dobler* (2016) Rn. 10; Palandt/*Weidlich* Rn. 1; aA RGRK/*Johannsen* Rn. 5).

4. Zu Fällen mit **Auslandsberührung** siehe Staudinger/*Dobler* (2016) Rn. 11ff.

§ 2005 Unbeschränkte Haftung des Erben bei Unrichtigkeit des Inventars

(1) ¹Führt der Erbe absichtlich eine erhebliche Unvollständigkeit der im Inventar enthaltenen Angabe der Nachlassgegenstände herbei oder bewirkt er in der Absicht, die Nachlassgläubiger zu benachteiligen, die Aufnahme einer nicht bestehenden Nachlassverbindlichkeit, so haftet er für die Nachlassverbindlichkeiten unbeschränkt. ²Das Gleiche gilt, wenn er im Falle des § 2003 die Erteilung der Auskunft verweigert oder absichtlich in erheblichem Maße verzögert.

(2) Ist die Angabe der Nachlassgegenstände unvollständig, ohne dass ein Fall des Absatzes 1 vorliegt, so kann dem Erben zur Ergänzung eine neue Inventarfrist bestimmt werden.

1   1. **Normzweck.** Die Vorschrift soll den Erben anhalten, bei der Aufnahme und Errichtung eines Inventars **vollständige und richtige Angaben zu machen.** Die amtliche Mitwirkung gem. § 2002 oder die Aufnahme durch den Notar gem. § 2003 gewährleisten als solche nicht hinreichend, dass ein Inventar inhaltlich diesen Anforderungen entspricht. Deshalb sanktioniert § 2005 I bestimmte Verhaltensweisen des Erben in der Weise, **dass er sich nicht auf die Beschränkung der Haftung auf den Nachlass berufen kann.** Hierin liegt auch eine Ergänzung zu § 1994 I 2, wonach die gleiche Rechtsfolge an die Versäumung der gesetzten Inventarfrist geknüpft ist. Bei fahrlässiger oder schuldloser Unvollständigkeit kann dem Erben gem. § 2005 II eine Frist zur Ergänzung bestimmt werden.

2   2. **Absichtlich unvollständige Angabe der Nachlassgegenstände.** Der Erbe verliert sein Recht zur Beschränkung der Haftung gem. **§ 2005 I 1 Hs. 1,** wenn er **absichtlich** eine **erhebliche Unvollständigkeit** der im Inventar enthaltenen Angabe der Aktiva des Nachlasses herbeiführt. Absicht bedeutet mehr als die positive Kenntnis der Unvollständigkeit, ohne dass es dem Erben gerade darauf ankommen muss, die Nachlassgläubiger zu schädigen. Es reicht aus, wenn er einen Miterben benachteiligen oder den Nachlass gegenüber der Steuerbehörde gering halten möchte, um Erbschaftsteuer zu sparen (Staudinger/*Dobler* (2016) Rn. 4). **Mängel der Wertangabe und der Beschreibung** begründen keine Inventaruntreue, da § 2001 II eine reine Ordnungsvorschrift ist.

3   In objektiver Hinsicht muss die **Unvollständigkeit erheblich sein,** was angesichts der strengen subjektiven Voraussetzung der Absicht wenig überzeugend ist. Eine Inventaruntreue iSv § 2005 I 1 Hs. 1 läge danach nicht vor, wenn der Erbe in das Nachlassverzeichnis nur einen nicht vorhandenen Nachlassgegenstand aufnimmt oder in geringfügigem Umfang Gegenstände fehlen.

4   3. **Aufnahme nicht bestehender Nachlassverbindlichkeiten.** Ein weiterer zum Verlust des Haftungsbeschränkungsrechts führender Fall einer Inventaruntreue liegt nach **§ 2005 I 1 Hs. 2** vor, wenn der Erbe in der Absicht, die Nachlassgläubiger zu benachteiligen, eine nicht bestehende Nachlassverbindlichkeit in das Inventar aufnimmt. Handelt der Erbe bei der Aufnahme einer nicht bestehenden Nachlassverbindlichkeit ohne Benachteiligungsabsicht, verliert er das Recht zur Haftungsbeschränkung nicht (Staudinger/*Dobler* (2016) Rn. 9). Die Angabe der Passiva ist nach § 2001 zwar notwendiger Bestandteil eines Inventars und wird von der Vermutungswirkung des § 2009 nicht umfasst. Der Gesetzgeber hat in der Aufnahme nicht bestehender Nachlassverbindlichkeiten aber deshalb einen Fall der Inventaruntreue gesehen, weil der Erbe das **Vertrauen der Nachlassgläubiger** durch die Aufnahme nicht bestehender Schulden täuscht. Er spiegelt eine höhere Verschuldung des Nachlasses vor und kann sich auf diese Weise finanzielle Vorteile im Verhältnis zu seinen Gläubigern verschaffen. Eine **Unvollständigkeit durch Weglassen bestehender Verbindlichkeiten oder die Aufnahme eines nicht vorhandenen Nachlassgegenstandes** begründen keine Inventaruntreue, da hierin keine Verkürzung der Gläubigerrechte liegt (Palandt/*Weidlich* Rn. 2; Soergel/*Stein* Rn. 2).

5   4. **Verweigerung oder Verzögerung der Auskunftserteilung.** § 2005 I 2 regelt einen **Sonderfall der Fristversäumung,** der der Inventaruntreue nach S. 1 gleichgestellt ist. Der Erbe muss die amtliche Aufnahme eines Inventars gem. § 2003 beantragt und während des Ablaufes der durch Antragstellung gem. § 2003 I 2 gewahrten Frist die erforderlichen Auskünfte, zu deren Erteilung er gem. § 2003 II verpflichtet ist, verweigert oder absichtlich in erheblichem Maße verzögert haben. Die Verweigerung der Auskunft führt regelmäßig dazu, dass der Notar ein Inventar nicht aufnehmen kann. Dem Erben muss nach ungeschriebener Voraussetzung **zuvor eine Inventarfrist gesetzt worden** sein und diese Frist bereits zu laufen begonnen haben. Nimmt der Notar das Inventar ohne die erforderlichen Auskünfte auf und errichtet es, kann die Unvollständigkeit aufgrund der Auskunftsverweigerung bzw. Verzögerung den Verlust des Haftungsbeschränkungsrechts bei entsprechender Absicht schon nach § 2005 I 1 begründen (Staudinger/*Dobler* (2016) Rn. 8).

6   Zu einem Verlust des Haftungsbeschränkungsrechts nach S. 2 kommt es nicht, wenn der Erbe eine anfangs verweigerte Auskunft vor Ablauf einer ihm bestimmten Inventarfrist erteilt oder dies ein Dritter tut und das aufgenommene Inventar beim Nachlassgericht ohne erhebliche Verzögerung eingereicht worden ist (MüKoBGB/*Küpper* Rn. 2; *Joachim* Erbenhaftung Rn. 475).

7   5. **Rechtsfolgen.** Liegen die Voraussetzungen einer Inventaruntreue nach § 2005 I 1 oder der Verweigerung bzw. absichtlichen Verzögerung der Auskunftserteilung nach S. 2 vor, verliert der Erbe **gegenüber allen Nachlassgläubigern das Recht, die Haftung für Nachlassverbindlichkeiten auf den Nachlass zu beschränken.** Der Verlust nach S. 1 tritt mit der Einreichung des fehlerhaften Inventars beim Nachlassgericht ein (MüKoBGB/*Küpper* Rn. 3). Daraus folgt, dass **ein absichtlich falsches Inventar**

Eidesstattliche Versicherung   § 2006   BGB 10

oder unvollständige Angaben nach der Einreichung nicht berichtigt werden können, auch nicht innerhalb einer gesetzten Inventarfrist. Anderenfalls würde ein zur Inventarerrichtung durch Gläubigerantrag gezwungener Erbe unverdientermaßen besser gestellt als ein freiwillig Errichtender (Palandt/ *Weidlich* Rn. 3). Nachlassgläubiger haben an einer Vervollständigung oder Berichtigung des Inventars kein Interesse, wenn der Erbe sein Haftungsbeschränkungsrecht allgemein verloren hat. Eine **analoge Anwendung der Vorschrift** auf andere Konstellationen ist wegen dieser strengen Rechtsfolge **ausgeschlossen**. Gegenüber den bereits ausgeschlossenen Gläubigern haftet er weiter nur nach Maßgabe der §§ 1973, 1974, 2013 I 2.

Für **Inventarverfehlungen seines gesetzlichen Vertreters oder seines Bevollmächtigten** haftet der 8 Erbe gem. § 278 wie für eigene Verfehlungen (MüKoBGB/*Küpper* Rn. 3; Staudinger/*Dobler* (2016) Rn. 10). Inventarverfehlungen eines Nachlasspflegers oder Nachlassverwalters schaden ihm wegen § 2012 I 2, II (keine Bestimmung einer Inventarfrist) ebenso wenig wie die eines Nachlassinsolvenzverwalters oder eines verwaltenden Testamentsvollstreckers (Staudinger/*Dobler* (2016) Rn. 10; aA für den Nachlasspfleger Erman/*Horn* Rn. 5). Inventarverfehlungen von Personen, deren Inventarerrichtung dem Erben lediglich „zustatten kommt", § 2008 I 3 (Inventar eines in Gütergemeinschaft lebenden Ehegatten), § 2063 I (Inventar eines Miterben), § 2144 III (Inventar eines Vorerben) oder § 2383 II (Inventar eines Erbschaftsverkäufers oder -käufers) gehen ebenfalls nicht zu seinen Lasten.

6. Fristsetzung zur Ergänzung. Liegt kein Fall von § 2005 I vor, bestimmt **§ 2005 II** die Möglichkeit 9 einer **Ergänzung** des von dem Erben bereits beim Nachlassgericht eingereichten Inventars, **wenn dieses nicht sämtliche Nachlassgegenstände angibt.** Versäumt der Erbe die gesetzte Frist zur Ergänzung, hat dies ebenfalls seine unbeschränkte Haftung gem. § 1994 I 2 zur Folge. Hatte der Erbe ein unvollständiges Inventar ohne Fristbestimmung freiwillig errichtet, ist die nach Abs. 2 bestimmte Frist zur Ergänzung entgegen dem Wortlaut die erste Frist. Die **Fristbestimmung zur Ergänzung** erfolgt nur auf Antrag **eines Nachlassgläubigers,** was sich aus einer entsprechenden Anwendung des § 1994 I 1 herleiten lässt. Die zur Ergänzung des Inventars bestimmte Frist liegt allein im Interesse der Nachlassgläubiger (MüKoBGB/*Küpper* Rn. 5; Palandt/*Weidlich* Rn. 5; aA Soergel/*Stein* Rn. 7, wonach auch der Erbe antragsbefugt ist). Hat ein Miterbe ein unvollständiges Inventar errichtet, kann auch einem anderen Miterben eine Frist gesetzt werden (Erman/*Horn* Rn. 6; aA MüKoBGB/*Küpper* Rn. 5).

Wird dem **Antrag** zur Bestimmung einer neuen Inventarfrist nach Abs. 2 **nicht stattgegeben,** ist der an- 10 tragstellende Nachlassgläubiger beschwerdeberechtigt, § 360 II FamFG iVm § 59 II FamFG. **Gegen die Fristbestimmung** kann sich auch der **Erbe mit der befristeten Beschwerde wehren,** §§ 58 ff. FamFG.

§ 2006 Eidesstattliche Versicherung

(1) Der Erbe hat auf Verlangen eines Nachlassgläubigers zu Protokoll des Nachlassgerichts an Eides statt zu versichern, dass er nach bestem Wissen die Nachlassgegenstände so vollständig angegeben habe, als er dazu imstande sei.

(2) Der Erbe kann vor der Abgabe der eidesstattlichen Versicherung das Inventar vervollständigen.

(3) [1] Verweigert der Erbe die Abgabe der eidesstattlichen Versicherung, so haftet er dem Gläubiger, der den Antrag gestellt hat, unbeschränkt. [2] Das Gleiche gilt, wenn er weder in dem Termin noch in einem auf Antrag des Gläubigers bestimmten neuen Termin erscheint, es sei denn, dass ein Grund vorliegt, durch den das Nichterscheinen in diesem Termin genügend entschuldigt wird.

(4) Eine wiederholte Abgabe der eidesstattlichen Versicherung kann derselbe Gläubiger oder ein anderer Gläubiger nur verlangen, wenn Grund zu der Annahme besteht, dass dem Erben nach der Abgabe der eidesstattlichen Versicherung weitere Nachlassgegenstände bekannt geworden sind.

1. Normzweck. Die Richtigkeit und Vollständigkeit des von dem Erben unter den Voraussetzungen 1 der §§ 2002, 2003 errichteten Inventars ist nicht zwingend gewährleistet. Nach § 2006 I können Nachlassgläubiger von dem Erben die **Bekräftigung des Inventars** durch eidesstattliche Versicherung verlangen. Zwar ist der Erbe schon aufgrund seiner Auskunfts- bzw. Herausgabepflichten nach den allgemeinen Vorschriften der §§ 259, 260 zur Abgabe der eidesstattlichen Versicherung verpflichtet. Die entsprechende Verpflichtung aus § 2006 I, ein entweder von ihm freiwillig oder nach einer vom Nachlassgericht bestimmten Frist errichtetes Inventar auf Verlangen vor dem Nachlassgericht durch eidesstattliche Versicherung bekräftigen zu müssen, entbindet die Nachlassgläubiger aber davon, diese Ansprüche im Klageweg durchsetzen zu müssen. Die **Weigerung der Abgabe** der eidesstattlichen Versicherung nach Abs. 1 führt **gegenüber dem antragstellenden Gläubiger zum Verlust des Haftungsbeschränkungsrechts,** § 2006 III 1.

Der den Antrag nach § 2006 I stellende Nachlassgläubiger kann die Abgabe **nicht im Klageweg er-** 2 **zwingen.** Dazu muss der Erbe aus anderen Rechtsgründen zur Leistung der eidesstattlichen Versicherung verpflichtet sein, so wenn etwa ein Pflichtteilsberechtigter oder ein Vermächtnisnehmer das von dem Erben errichtete Inventar wie eine gem. § 2314 I 1 erteilte Auskunft behandelt und nach Maßgabe des § 260 II 3 deren Bekräftigung durch eidesstattliche Versicherung verlangt (*Joachim* Erbenhaftung Rn. 481).

2. Voraussetzungen der Pflicht zur Abgabe der eidesstattlichen Versicherung. Der Erbe muss ent- 3 weder selbst oder durch einen Vertreter ein **formgültig aufgenommenes Inventar** errichtet haben. Das

Joachim   257

kann durch Eigenaufnahme gem. § 2002, im Wege der amtlichen Aufnahme gem. § 2003 oder unter Bezugnahme auf ein vorhandenes Inventar gem. § 2004 geschehen sein. Ein von einem Miterben, Vorerben, Erbschaftskäufer oder -verkäufer oder einem in Gütersand der Gütergemeinschaft lebenden Ehegatten errichtetes und dem Erben zustatten kommendes Inventar reicht ebenfalls aus (Palandt/*Weidlich* Rn. 1; Staudinger/*Dobler* (2016) Rn. 3). **Verpflichtet** zur Abgabe der eidesstattlichen Versicherung ist **ausschließlich der Erbe, nicht der Nachlasspfleger, Nachlassverwalter oder Nachlassinsolvenzverwalter.**

4   Verlangen kann die Abgabe der eidesstattlichen Versicherung **jeder Nachlassgläubiger.** Dazu gehören neben Pflichtteilsberechtigten (Palandt/*Weidlich* Rn. 2), Vermächtnisnehmern und Miterbengläubigern (MüKoBGB/*Küpper* Rn. 2; aA Bamberger/Roth/*Lohmann* Rn. 3) auch solche, die den Antrag auf Bestimmung einer Inventarfrist nicht stellen können. Das sind neben den im Aufgebotsverfahren ausgeschlossenen oder säumigen Gläubigern (§§ 1973, 1974) die gem. § 1989 bei Beendigung des Nachlassinsolvenzverfahrens durch Masseverteilung oder Insolvenzplan gleichgestellten Gläubiger (Staudinger/ *Dobler* (2016) Rn. 5). **Nicht antragsberechtigt sind Nachlass- oder Nachlassinsolvenzverwalter.**

5   Der Nachlassgläubiger muss wie bei dem Antrag auf Fristbestimmung seine **Forderung glaubhaft** machen, § 1994 II 1 analog (Staudinger/*Dobler* (2016) Rn. 6). Negative Voraussetzung ist, dass der Erbe die eidesstattliche Versicherung nach Abs. 1 noch nicht geleistet hat. Ein **erneuter Antrag** wäre **nur unter den Voraussetzungen des § 2006 IV zulässig,** wenn Grund zu der Annahme besteht, dass dem Erben nach Abgabe der eidesstattlichen Versicherung weitere Nachlassgegenstände bekannt geworden sind. Hat der Erbe die eidesstattliche Versicherung einem Nachlassgläubiger gegenüber verweigert, hindert das andere Nachlassgläubiger nicht, seine erneute Ladung zur Abgabe zu beantragen (Erman/*Horn* Rn. 4).

6   **3. Verfahren.** Die Abgabe der eidesstattlichen Versicherung nach § 2006 ist eine **Nachlasssache,** für die die §§ 342ff. FamFG gelten. Das Verfahren ist in § 361 FamFG geregelt. **Sachlich zuständig** ist gem. § 23a II Nr. 2 GVG das **Amtsgericht als Nachlassgericht.** Die örtliche Zuständigkeit bestimmt sich nach § 343 FamFG. **Funktionell zuständig** ist der **Rechtspfleger** gem. § 3 Nr. 2c RPflG.

7   **Beteiligter** ist gem. § 7 I FamFG der **Antragsteller.** Zieht das Nachlassgericht von Amts wegen weitere Personen hinzu, deren Rechte unmittelbar betroffen sind oder muss es dies auf Antrag gem. § 345 IV 2 iVm § 7 IV FamFG tun, sind diese ebenfalls Beteiligte.

8   Die Terminsbestimmung setzt ein **von dem Erben oder seinem Vertreter errichtetes Inventar** voraus. Das Inventar eines Nachlassverwalters genügt nicht (Keidel/*Zimmermann* FamFG § 361 Rn. 5). Sie erfolgt **auf Antrag eines Nachlassgläubigers oder des Erben,** von dem ein Nachlassgläubiger die Abgabe der eidesstattlichen Versicherung verlangt hat. Im Falle der **Erbschaftsausschlagung** oder **während der Dauer der Nachlassverwaltung oder des Nachlassinsolvenzverfahrens** ist eine **Terminsbestimmung unzulässig. Gegen die Antragszurückweisung ist die befristete Beschwerde** gem. §§ 58ff. FamFG **statthaft,** nicht gegen die Terminsbestimmung und Ladung. Eine wiederholte Terminsbestimmung ist auf Antrag beider zulässig, ebenso die Anberaumung eines dritten Termins (OLG Hamm Beschl. v. 28.9.1994 – 15 W 223/94, FamRZ 1995, 698 (699)). Der Verlust des Haftungsbeschränkungsrechts nach § 2006 III 2 kann nur bei der Versäumung eines auf Antrag eines Nachlassgläubigers anberaumten Termins erfolgen. **Die Ladung zum Termin erfolgt von Amts wegen.** Nach § 361 S. 2 FamFG sind sowohl der Erbe als auch der antragstellende Nachlassgläubiger zu laden, der Erbe durch Zustellung gem. § 15 II FamFG, weil sein Ausbleiben für ihn gravierende Folgen hätte (Keidel/*Zimmermann* FamFG § 361 Rn. 10).

9   Für das Verfahren gelten iÜ gem. § 361 S. 4 FamFG die §§ 478–480, 483 ZPO entsprechend. Die Abgabe der eidesstattlichen Versicherung muss der Erbe **zu Protokoll des Nachlassgerichts in Person** leisten, § 478 ZPO. Sie kann auch durch einen gesetzlichen Vertreter (Betreuer gem. § 1902) geleistet werden. Die Anwesenheit des Gläubigers im Termin ist gem. § 361 S. 3 FamFG nicht erforderlich. Über den Verlauf des Termins ist ein Protokoll zu errichten. Das gilt auch, wenn der Erbe die eidesstattliche Versicherung nicht abgibt. Die Formel ist in § 2006 I angegeben. Bestreitet der Erbe als Antragsgegner, überhaupt Erbe zu sein, ist von Amts wegen zu ermitteln (Staudinger/*Dobler* (2016) Rn. 9).

10   **4. Kosten.** Für das Verfahren fällt eine 0,5fache Gebühr gem. Vorb. 1.2 iVm Nr. 15212 KV GNotKG an. Der Geschäftswert bestimmt sich nach dem Wert sämtlicher Nachlassgegenstände ohne Abzug der Verbindlichkeiten gem. §§ 115, 38 S. 1 GNotKG. Gem. § 22 I GNotKG, § 261 II BGB analog fallen die Kosten dem Antragsteller an. Die Kostenentscheidung bestimmt sich nach § 81 I FamFG (Keidel/ *Zimmermann* FamFG § 361 Rn. 21; aA MüKoBGB/*Küpper* Rn. 7).

11   **5. Rechtsfolgen. a)** Leistet der Erbe die eidesstattliche Versicherung, **vermeidet er den Verlust des Haftungsbeschränkungsrechts gegenüber dem antragstellenden Nachlassgläubiger.** Die Vollständigkeitsvermutung des § 2009 ist dagegen nicht Rechtsfolge der Abgabe der eidesstattlichen Versicherung, da sie schon vorher durch Errichtung des Inventars eintritt. Der Nachweis der Unvollständigkeit des Inventars oder einer Inventaruntreue bleibt ohne Einschränkungen zulässig (Staudinger/*Dobler* (2016) Rn. 15). **Bei Verweigerung der eidesstattlichen Versicherung entfällt die Vermutungswirkung** nur **im Verhältnis zu dem antragstellenden Gläubiger** analog § 2006 III 1 (MüKoBGB/*Küpper* Rn. 1; Staudinger/*Dobler* (2016) Rn. 15). Bei **vorsätzlich falschen Angaben** in der eidesstattlichen Versicherung macht sich der Erbe gem. §§ 15, 156 StGB strafbar und verliert ebenfalls analog § 2006 III 1 gegenüber dem antragstellenden Gläubiger sein Haftungsbeschränkungsrecht (Staudinger/*Dobler* (2016) Rn. 16).

12   **b)** Erscheint der Erbe im Termin, verweigert aber die Abgabe der eidesstattlichen Versicherung, kommt es gem. § 2006 III 1 zum Verlust des Haftungsbeschränkungsrechts gegenüber dem antrag-

stellenden Nachlassgläubiger. Der Weigerung gegenüber dem Nachlassgericht gleich steht die **Weigerung vor, ohne oder nach Terminsanberaumung** unmittelbar gegenüber dem antragstellenden Gläubiger (MüKoBGB/*Küpper* Rn. 6; Staudinger/*Dobler* (2016) Rn. 17), nicht aber die Weigerung gegenüber anderen Nachlassgläubigern (Staudinger/*Dobler* (2016) Rn. 17; *Joachim* Erbenhaftung Rn. 484; aA MüKoBGB/*Küpper* Rn. 6). Ein **Miterbe** verliert aufgrund der Verweigerung der von ihm verlangten eidesstattlichen Versicherung das Haftungsbeschränkungsrecht **nur bzgl. eines seiner ideellen Erbquote entsprechenden Teils der Forderung des Antragstellers,** kann aber iÜ seine Haftung noch auf den Nachlass beschränken. Die einem Gläubiger gegenüber verweigerte eidesstattliche Versicherung **führt nicht dazu, dass andere Nachlassgläubiger die Möglichkeit verlieren, die Versicherung erneut verlangen zu können** (Staudinger/*Dobler* (2016) Rn. 19).

Der Verlust des Haftungsbeschränkungsrechts bezieht sich nur **auf die im Antrag bezeichnete Forderung des betreffenden Gläubigers,** so dass die Entscheidung des – nicht notwendigerweise unredlichen Erben – für diesen kalkulierbar bleibt (Palandt/*Weidlich* Rn. 2; MüKoBGB/*Küpper* Rn. 6; Staudinger/*Dobler* (2016) Rn. 17; *Joachim* Erbenhaftung Rn. 485; aA Soergel/*Stein* Rn. 6; *Lange/Kuchinke* ErbR § 48 Kap. VI Rn. 7c Fn. 154, wonach alle Forderungen des Antragstellers umfasst sind). Ist für die im Antrag bezeichnete Forderung der Verlust des Haftungsbeschränkungsrechts eingetreten, verbleibt es dabei auch im Fall der **Abtretung** an einen Dritten. Der Erbe kann die Haftungssanktion des § 2006 III 1 gegenstandslos machen, indem er auf Verlangen des die eidesstattliche Versicherung beantragenden Gläubigers dessen Forderung erfüllt. 13

c) **Erscheint der Erbe im Termin unentschuldigt nicht,** kann ihm auf Antrag des Nachlassgläubigers ein **neuer Termin gem. § 2006 III 2 bestimmt werden.** Erscheint der Erbe weder im ersten noch in dem neuen Termin unentschuldigt, verliert er ebenfalls sein Haftungsbeschränkungsrecht gegenüber dem antragstellenden Nachlassgläubiger. Das Gesetz stellt diesen Fall dem der **Verweigerung nach S. 1 gleich.** Für Tatsachen, die das Nichterscheinen im Termin genügend entschuldigen, ist der Erbe beweispflichtig (*Joachim* Erbenhaftung Rn. 490). Eine entsprechende Feststellung des Nachlassgerichts ist für das Prozessgericht bindend, weil bereits eine gerichtliche Entscheidung vorliegt (Erman/*Horn* Rn. 5; MüKoBGB/*Küpper* Rn. 6; *Lange/Kuchinke* ErbR § 48 Kap. VI Rn. 7b; *Joachim* Erbenhaftung Rn. 490; aA Soergel/*Stein* Rn. 7; Staudinger/*Dobler* (2016) Rn. 21; Keidel/*Zimmermann* FamFG § 361 Rn. 19). 14

§ 2007 Haftung bei mehreren Erbteilen

¹Ist ein Erbe zu mehreren Erbteilen berufen, so bestimmt sich seine Haftung für die Nachlassverbindlichkeiten in Ansehung eines jeden der Erbteile so, wie wenn die Erbteile verschiedenen Erben gehörten. ²In den Fällen der Anwachsung und des § 1935 gilt dies nur dann, wenn die Erbteile verschieden beschwert sind.

1. Normzweck. Einem für einen zunächst erworbenen Erbteil bereits unbeschränkt haftenden Erben soll durch § 2007 für einen **neu hinzuerworbenen Erbteil eine neue Haftungssituation eröffnet werden** (MüKoBGB/*Küpper* Rn. 1). Die Vorschrift ist in sprachlicher Hinsicht wenig gelungen und bereitet in ihrer Auslegung Schwierigkeiten (→ Rn. 4). Sie **knüpft an die Regelung des § 1951 zur getrennten Ausschlagung oder Annahme an,** wenn jemand zu mehreren Erbteilen berufen ist. Nach § 2007 S. 1 soll die Haftung eines solchermaßen bedachten Erben für Nachlassverbindlichkeiten in Ansehung eines jeden der Erbteile so bestimmt sein, wie wenn die Erbteile verschiedenen Erben angefallen wären. S. 2 bestimmt, dass dies in den Fällen der Anwachsung gem. § 2095 oder der Erhöhung gem. § 1935 nur gelten soll, wenn die Erbteile verschieden beschwert sind. 1

2. Berufung zu mehreren Erbteilen. Das Gesetz regelt in den §§ 1927, 1934 und 1951 **Konstellationen, in denen ein Erbe zu mehreren Erbteilen berufen ist.** Gleichgestellt ist der Fall, dass ein Erbe gem. § 2033 durch Anteilsübertragung einen weiteren Erbteil hinzu erwirbt (Palandt/*Weidlich* Rn. 1). In der Regel werden die Voraussetzungen der Haftungsbeschränkung für jeden Erbteil gleich sein. Haftet der Erbe aber für einen Erbteil bereits unbeschränkt, soll er von Gesetzes wegen bei einem Hinzuerwerb eines weiteren selbstständigen Erbteils die Möglichkeit der Beschränkung der Haftung in Ansehung dieses Erbteils haben. Der Stellung von § 2007 S. 1 bei den Bestimmungen über die Inventarerrichtung entspricht es, dass die Fälle der Fristversäumung gem. § 1994 I 2, die Inventaruntreue gem. § 2005 I sowie die Verweigerung der eidesstattlichen Versicherung gem. § 2006 III betroffen sind. Nicht anwendbar ist die Vorschrift, wenn die unbeschränkbare Haftung des Erben erst nach dem Erwerb mehrerer Erbteile eintritt (Palandt/*Weidlich* Rn. 1; BeckOGK/*Leiß* Rn. 9). 2

Die unterschiedliche Behandlung verschiedener Erbteile kann **praktische Bedeutung bei Miterben erlangen** (MüKoBGB/*Küpper* Rn. 2), weil ein Miterbe, dem mehrere Erbteile angefallen sind, vor der Teilung des Nachlasses nur hinsichtlich des Teils der Nachlassverbindlichkeiten unbeschränkt haftet, der dem Erbteil entspricht und bzgl. dessen er seines Rechts zur Haftungsbeschränkung verlustig gegangen ist, § 2059 I 2. Umstritten ist, ob **auf einen zu mehreren Erbteilen berufenen Alleinerben § 2059 I 2 analog anwendbar** ist, obwohl eine Nachlassteilung in diesem Fall nicht in Betracht kommt. Die hM bejaht das zu Recht, weil die Haftungssituation nicht wesentlich verschieden ist, wenn ein Alleinerbe mehrere Erbteile erwirbt. Der Wortlaut von § 2007 S. 1 unterscheidet nicht zwischen Allein- und Miterben (Palandt/*Weidlich* Rn. 1; MüKoBGB/*Küpper* Rn. 2; Bamberger/Roth/*Lohmann* Rn. 2; aA Staudinger/*Dobler* (2016) Rn. 2, die darin systemwidrig die Zulassung einer endgültigen Haftungsbeschränkung ohne Nachlassseparation sieht). 3

3. Anwachsung, Erhöhung. § 2007 S. 2 ergänzt die Regelung in S. 1 für „unechte" Fälle einer Berufung zu mehreren Erbteilen, nämlich für die Anwachsung gem. §§ 2094, 2095 nach Wegfall eines eingesetzten Erben sowie für die Erbteilserhöhung gem. § 1935 bei Wegfall eines gesetzlichen Erben (Damrau/Tanck/*Gottwald* Rn. 4). Die in S. 1 vorausgesetzte Selbstständigkeit mehrerer Erbteile gilt nur hinsichtlich der diese Erbteile belastenden Vermächtnisse und Auflagen (Beschwerungen). Der Wortlaut von S. 2 „gilt dies nur dann, wenn" steht dem nicht entgegen. Die Vorschrift ist **bei zutreffender Auslegung so zu lesen, dass S. 1 in den Fällen der Anwachsung und der Erbteilserhöhung nur gilt, soweit die Erbteile mit Vermächtnissen und Auflagen** verschieden **beschwert sind** (Palandt/*Weidlich* Rn. 2; Soergel/*Stein* Rn. 3; MüKoBGB/*Küpper* Rn. 3). Anders als bei S. 1 ist im Verhältnis zu den übrigen Nachlassgläubigern von einem einheitlichen Erbteil auszugehen. Voraussetzung ist eine unterschiedliche Beschwerung mit der Folge, dass die unbeschränkte Haftung in Bezug auf einen Erbteil nur die „diesen Teil" betreffende Beschwerung erfasst (MüKoBGB/*Küpper* Rn. 3).

§ 2008 Inventar für eine zum Gesamtgut gehörende Erbschaft

(1) ¹Ist ein in Gütergemeinschaft lebender Ehegatte Erbe und gehört die Erbschaft zum Gesamtgut, so ist die Bestimmung der Inventarfrist nur wirksam, wenn sie auch dem anderen Ehegatten gegenüber erfolgt, sofern dieser das Gesamtgut allein oder mit seinem Ehegatten gemeinschaftlich verwaltet. ²Solange die Frist diesem gegenüber nicht verstrichen ist, endet sie auch nicht dem Ehegatten gegenüber, der Erbe ist. ³Die Errichtung des Inventars durch den anderen Ehegatten kommt dem Ehegatten, der Erbe ist, zustatten.

(2) Die Vorschriften des Absatzes 1 gelten auch nach der Beendigung der Gütergemeinschaft.

1. Normzweck. Die Vorschrift ist aufgrund des Gleichberechtigungsgesetzes v. 18.6.1957 (BGBl. I S. 609) neu gefasst worden. Sie enthält Bestimmungen für die Inventarerrichtung und die Inventarfrist, wenn Ehegatten im Güterstand der Gütergemeinschaft leben. Grds. hat der erbende Ehegatte ein Inventar allein zu errichten. Die ergänzende Regelung in § 2008 ist erforderlich, weil eine Inventarfrist nur einem Erben oder einem Erbschaftskäufer bestimmt werden kann, nicht dem Ehegatten eines Erben. Fällt die **Erbschaft in das Gesamtgut**, muss die Inventarfrist nach S. 1 beiden Ehegatten gesetzt werden, wenn der nicht erbende Ehegatte das Gesamtgut allein oder gemeinschaftlich mit dem erbenden Ehegatten verwaltet. Der verwaltende Ehegatte haftet auch persönlich für die Gesamtgutsverbindlichkeiten des Erben, wenn der Nachlass in das Gesamtgut fällt, §§ 1437, 1439, 1459, 1461. Nach § 2008 soll ein das Gesamtgut (mit)verwaltender Ehegatte die Mittel der Haftungsbeschränkung nicht verlieren, weil der erbende Ehegatte eine ihm bestimmte Inventarfrist versäumt oder eine Inventarverfehlung begeht.

2. Inventarfrist bei Gesamtgut. Nach § 2008 I 1 muss Erbe **ein im Güterstand der Gütergemeinschaft lebender Ehegatte sein**. Die Erbschaft muss während der Ehe Gesamtgut iSv § 1416 geworden sein (MüKoBGB/*Küpper* Rn. 2). Sie darf nur nicht zum Sonder- oder Vorbehaltsgut gehören. Die **Verwaltung** des Gesamtgutes muss **dem nicht erbenden Ehegatten entweder** allein nach den §§ 1422 ff. oder **gemeinschaftlich mit dem erbenden Ehegatten** nach den §§ 1450 ff., 1472 obliegen. Liegen diese Voraussetzungen vor, kann dem erbenden Ehegatten allein keine Inventarfrist bestimmt werden. Sie wäre unwirksam. Wird die Frist nur dem nicht erbenden Ehegatten bestimmt, ist sie ebenfalls unwirksam (Staudinger/*Dobler* (2016) Rn. 15; MüKoBGB/*Küpper* Rn. 2).

Der **Fristsetzungsbeschluss ist beiden Ehegatten förmlich zuzustellen.** Die Frist beginnt, wie sich aus § 1995 I 2 herleiten lässt, für jeden der Ehegatten mit der Zustellung an ihn zu laufen. Ist die dem verwaltenden Ehegatten des Erben gesetzte Inventarfrist nicht verstrichen, endet sie auch gegenüber dem Erben nicht, § 2008 I 2. Die Fristsetzung gegenüber dem verwaltenden Ehegatten setzt immer die Zulässigkeit der Fristsetzung an den Erben voraus. Das ist nicht der Fall, wenn einer der Ehegatten bereits ein den §§ 2002, 2003 entsprechendes Nachlassinventar errichtet hat oder dem Erben ein durch einen Miterben errichtetes Inventar gem. § 2063 I zustatten kommt. Eine **Fristverlängerung** gem. § 1995 III oder die **Bestimmung einer neuen Inventarfrist** gem. § 1996 können der Erbe und unter den Voraussetzungen des § 2008 I 1 auch sein Ehegatte beantragen (Soergel/*Stein* Rn. 9).

3. Inventarerrichtung durch den nicht erbenden Ehegatten. Der nicht erbende Ehegatte kann entweder **als Allein- oder Mitverwalter ein Inventar über die in das Gesamtgut gefallene Erbschaft des anderen Ehegatten errichten.** Dies kommt gem. § 2008 I 3 dem erbenden Ehegatten zustatten. Daneben kann der nicht oder nicht allein verwaltende erbende Ehegatte über die ihm angefallene Erbschaft ohne Zustimmung des verwaltenden Ehegatten gem. § 1432 II das Inventar errichten. Der erbende Ehegatte haftet für Nachlassverbindlichkeiten unbeschränkbar, wenn auch der allein- oder mitverwaltende Ehegatte die Inventarfrist versäumt. Die Ehegatten können das Inventar auch **gemeinsam errichten,** so dass jeder Ehegatte die Inventarversäumnis des jeweils anderen durch sein rechtzeitig eingereichtes Inventar abwenden kann.

Im Gesetz nicht geregelt sind bei der Gütergemeinschaft die Fälle der **Inventaruntreue** (§ 2005 I) und der **Verweigerung der eidesstattlichen Versicherung** (§ 2006). Für die Inventaruntreue gelten die gleichen Grundsätze wie für den Fall der Fristversäumnis (Bamberger/Roth/*Lohmann* Rn. 3; MüKoBGB/*Küpper* Rn. 3; Staudinger/*Dobler* (2016) Rn. 25 ff.). Jeder Ehegatte kann die von einem anderen begangene Inventaruntreue durch ein fristgerechtes inhaltlich richtiges Inventar abwenden (Palandt/ *Weidlich* Rn. 2). Hat der andere Ehegatte gutgläubig auf ein unrichtiges Inventar Bezug genommen,

§ 2004, muss er rechtzeitig innerhalb einer ihm nach § 2005 II zu setzenden Frist das Inventar richtigstellen (Soergel/*Stein* Rn. 6). Haben sowohl der erbende als auch der verwaltende Ehegatte das Inventar ungetreu errichtet oder bleiben beide untätig, kommt es zum endgültigen Verlust des Haftungsbeschränkungsrechts. Im Fall der Verletzung der Auskunftspflicht gem. § 2005 II wirkt die Verweigerung der Auskunft durch den nicht erbenden nicht zu Lasten des erbenden Ehegatten (Staudinger/*Dobler* (2016) Rn. 28). Hat der erbende Ehegatte, dem eine Inventarfrist bestimmt worden war, nach Eintritt der güterrechtlichen Voraussetzungen die Auskunft nicht geleistet, kann er das Recht zur Haftungsbeschränkung nur verlieren, wenn auch dem Gesamtgut mitverwaltenden Ehegatten eine Inventarfrist bestimmt war (Staudinger/*Dobler* (2016) Rn. 28). Eine von dem Ehegatten der Erben erteilte Auskunft kommt gem. § 2008 I 3 analog auch dem erbenden Ehegatten zustatten. Die Verweigerung der Auskunft durch den verwaltenden schadet dem erbenden Ehegatten nicht.

Die **Verweigerung der eidesstattlichen Versicherung führt zum Verlust des Rechts der Haftungs-** 6
beschränkung gegenüber dem beantragenden Nachlassgläubiger, § 2006 III 1. In den Fällen des § 2008 trifft die Verpflichtung zur Abgabe der eidesstattlichen Versicherung beide Ehegatten (Palandt/*Weidlich* Rn. 2; MüKoBGB/*Küpper* Rn. 3; Staudinger/*Dobler* (2016) Rn. 29; aA Soergel/*Stein* Rn. 7, wonach nur der Erbe verpflichtet sein soll). Die Abgabe der eidesstattlichen Versicherung durch den einen kommt dem anderen Ehegatten zustatten.

Ein **Verzicht des erbenden Ehegatten** auf das Haftungsbeschränkungsrecht gegenüber den Nachlass- 7
gläubigern ist nur mit Zustimmung des mit- oder alleinverwaltenden Ehegatten wirksam, §§ 1438, 1460. Gleiches gilt, wenn der erbende Ehegatte es unterlassen hat, sich die Beschränkung der Haftung im Urteil gem. § 780 I ZPO vorbehalten zu lassen. Der andere Ehegatte kann sich gegenüber der auf Leistung oder Duldung der Zwangsvollstreckung gerichteten Klage weiterhin auf die Haftungsbeschränkung berufen (MüKoBGB/*Küpper* Rn. 4).

4. Haftungsbeschränkungsmöglichkeiten des nicht erbenden Ehegatten. Bei alleiniger oder ge- 8
meinsamer Verwaltung des Gesamtgutes kann der **nicht erbende Ehegatte alle Maßnahmen zur Beschränkung der Haftung auf den Nachlass** ergreifen. Er kann einen Antrag auf Anordnung der Nachlassverwaltung oder auf Eröffnung des Nachlassinsolvenzverfahrens stellen, sich auf die Einreden der §§ 1973, 1974, 1990 I 1, 1992 S. 1 sowie auf die aufschiebenden Einreden der §§ 2014, 2015 berufen (MüKoBGB/*Küpper* Rn. 5).

5. Beendigung der Gütergemeinschaft. Nach § 2008 II gelten die Vorschriften des Abs. 1 auch nach 9
Beendigung der Gütergemeinschaft. Diese **endet durch** Aufhebung gem. §§ 1447 f., 1469 f., durch Auflösung der Ehe, durch den Tod eines Ehegatten gem. § 1482 sowie durch Beendigung der fortgesetzten Gütergemeinschaft gem. §§ 1492 ff. Der zur alleinigen oder Mitverwaltung befugte nicht erbende Ehegatte ist bis zur Auseinandersetzung berechtigt und verpflichtet. Er kann ein Inventar über eine dem anderen Ehegatten angefallene zum Gesamtgut gehörende Erbschaft errichten. Im Fall der Eheauflösung durch Tod des verwaltenden nicht erbenden Ehegatten kann eine wirksame Inventarfrist nur bestimmt werden, wenn die Fristsetzung auch gegenüber den Erben des verstorbenen Ehegatten erfolgt. Eine bereits gegenüber dem Erblasser bestimmte Frist läuft weiter (Staudinger/*Dobler* (2016) Rn. 34).

Wird die **Gütergemeinschaft** nach dem Tod des nicht erbenden Ehegatten **fortgesetzt**, muss die In- 10
ventarfrist nur dem überlebenden Ehegatten gegenüber bestimmt werden. Die Erben des verwaltenden Ehegatten sind von der Verwaltung des Gesamtgutes und damit auch von der Inventarerrichtung ausgeschlossen, § 1487 I.

§ 2009 Wirkung der Inventarerrichtung

Ist das Inventar rechtzeitig errichtet worden, so wird im Verhältnis zwischen dem Erben und den Nachlassgläubigern vermutet, dass zur Zeit des Erbfalls weitere Nachlassgegenstände als die angegebenen nicht vorhanden gewesen seien.

1. Normzweck. Die rechtzeitige Inventarerrichtung als solche führt nicht zu einer Beschränkung der 1
Haftung des Erben auf den Nachlass. Hat der Erbe freiwillig oder vor Ablauf einer ihm bestimmten Inventarfrist ein Inventar „rechtzeitig" errichtet, so wird aber seinen Interessen entsprechend im Verhältnis zwischen ihm und den Nachlassgläubigern vermutet, dass zur Zeit des Erbfalls weitere Nachlassgegenstände als die angegebenen nicht vorhanden gewesen seien. Nach dieser Intention soll § 2009 **Streitigkeiten zwischen dem Erben und den Gläubigern vermeiden und der Erbe veranlasst werden, in möglichst kurzer Zeit ein Inventar zu errichten.** Das entspricht auch den Interessen der Nachlassgläubiger.

2. Voraussetzungen der Vollständigkeitsvermutung. Der Erbe muss ein **Inventar rechtzeitig er-** 2
richtet haben, dh entweder vor Ablauf einer vom Nachlassgericht gem. § 1994 I bestimmten Inventarfrist oder freiwillig gem. § 1993. Die **Vermutungswirkung gilt in persönlicher Hinsicht** ausschließlich **zwischen dem Erben und den Nachlassgläubigern**, nicht im Verhältnis zu Eigengläubigern des Erben, zu Testamentsvollstreckern, Nachlass- und Nachlassinsolvenzverwaltern (MüKoBGB/*Küpper* Rn. 4; Soergel/*Stein* Rn. 1; *Joachim* Erbenhaftung Rn. 435; aA für die amtlichen Verwalter Staudinger/*Dobler* (2016) Rn. 3), Erbschaftsbesitzern, Nacherben und gegenüber Miterben, außer wenn diese zugleich Nachlassgläubiger sind (Palandt/*Weidlich* Rn. 1). Im Verhältnis zu diesen Personen unterliegt das Inventar im Rechtsstreit der freien Beweiswürdigung gem. § 286 ZPO (MüKoBGB/*Küpper* Rn. 4).

3   Das **Inventar** muss **ordnungsgemäß** iSv §§ 2002, 2003 **errichtet** worden sein. Eine Fehlerhaftigkeit steht der Vermutungswirkung nicht entgegen, sofern das Inventar nicht so mangelhaft ist, dass der Inventarzweck nicht mehr erreicht werden kann (Erman/*Horn* Rn. 3). Aus § 2005 II lässt sich herleiten, dass etwaige Unvollständigkeiten nicht automatisch zur Unwirksamkeit des Inventars führen (Bamberger/Roth/*Lohmann* Rn. 2).

4   Die Vollständigkeitsvermutung hängt nicht davon ab, dass der Erbe die Vollständigkeit des Inventars durch **eidesstattliche Versicherung** nach § 2006 bekräftigt hat, doch verstärkt die Abgabe der eidesstattlichen Versicherung regelmäßig die Vermutungswirkung des § 2009 (MüKoBGB/*Küpper* § 2006 Rn. 5; aA Staudinger/*Dobler* (2016) § 2006 Rn. 15). Weigert sich der Erbe, auf Antrag eines Nachlassgläubigers die eidesstattliche Versicherung abzugeben, erlischt die Vollständigkeitsvermutung gegenüber diesem Nachlassgläubiger.

5   **3. Inhalt und Wirkung der Vermutung.** Nach dem Wortlaut des § 2009 gilt die Vermutung nur für die **Aktiva des Nachlasses** und erstreckt sich nicht auf die Angaben zu deren Wert und auf die Existenz von Nachlassverbindlichkeiten (Palandt/*Weidlich* Rn. 1). Sie bezieht sich auch nur auf die zur Zeit des Erbfalls vorhanden gewesenen Nachlassgegenstände, nicht auf einen etwaigen Zuwachs (Damrau/Tanck/*Gottwald* Rn. 3; Palandt/*Weidlich* Rn. 1). Es wird **keine positive Rechtsvermutung** der Zugehörigkeit angegebener Gegenstände zum Nachlass begründet, sondern nur die negative Vermutung, dass weitere als die im Inventar angegebenen nicht vorhanden gewesen seien. Über den Beweiswert der durch die Vermutung nicht gedeckten Angaben entscheidet das Gericht im Wege freier Beweiswürdigung gem. § 286 ZPO (MüKoBGB/*Küpper* Rn. 4).

6   Die sich aus der rechtzeitigen Inventarerrichtung ergebende Vermutungswirkung **erleichtert** dem Erben **die Beweisführung,** dass der Nachlass zur Befriedigung des Gläubigers an der ihm zugewiesenen Rangstelle wahrscheinlich nicht ausreicht oder dass es an einer den Kosten der Nachlassverwaltung oder des Nachlassinsolvenzverfahrens entsprechenden Aktivmasse fehlt. Die **praktische Bedeutung der Vermutungswirkung des § 2009** liegt weiter darin, dass sie die Vermutung in einer die Verantwortlichkeit des Erben aus § 1978 I beeinflusst und bei den Einreden der §§ 1973 f., 1982, 1990, 1992 bis zum Beweis des Gegenteils den Umfang der Herausgabepflicht des Nachlasses begrenzt. Dem Erben wird der Beweis der Nichtzugehörigkeit des Vollstreckungsgegenstandes zum Nachlass erleichtert. Der **Erbe,** der im Wege der Vollstreckungsabwehrklage gem. §§ 785, 767 ZPO die Beschränkung seiner Haftung auf den Nachlass durchsetzen will, muss **im Prozess beweisen, dass ein Gegenstand nicht zum Nachlass, sondern zu seinem Eigenvermögen gehört.** Die Beweisführung wird ihm aufgrund der sich aus § 2009 ergebenden negativen Vermutungswirkung erleichtert. Dem **Nachlassgläubiger steht der Beweis des Gegenteils über § 292 ZPO offen,** der sich auf das Vorhandensein bestimmter, im Verzeichnis nicht aufgeführter Nachlassgegenstände richtet. Die Vermutung der Vollständigkeit des Verzeichnisses iÜ wird dadurch nicht entkräftet (Palandt/*Weidlich* Rn. 2; RGRK/*Johannsen* Rn. 3).

7   Die **Vermutungswirkung entfällt insgesamt,** wenn dem Erben eine Inventaruntreue iSv § 2005 I 1 nachgewiesen wird. Umstritten ist, wie weit die Vollständigkeitsvermutung des Inventars reicht, wenn einem Nachlassgläubiger der Nachweis gelingt, dass im Inventar Nachlassgegenstände in erheblichem Umfang nicht aufgeführt sind, ohne dass dem Erben die für eine Inventaruntreue erforderliche Absicht nachgewiesen werden kann. Um dem Erben von der Pflicht zur sorgfältigen Aufnahme anzuhalten, sollte dem Inventar die Vollständigkeitsvermutung auch in diesem Fall aberkannt werden (Soergel/*Stein* Rn. 1; aA Staudinger/*Dobler* (2016) Rn. 7). Bedeutung hat die Frage nach der Reichweite der Vermutungswirkung bei einer **Inventaruntreue nur eines Miterben.** Dieser kann sein Haftungsbeschränkungsrecht durch Inventarverfehlungen nur bzgl. einer seinem ideellen Erbteil entsprechenden Quote einer Nachlassverbindlichkeit verlieren. IÜ kann er seine Haftung noch beschränken (Staudinger/*Dobler* (2016) Rn. 7).

§ 2010 Einsicht des Inventars

Das Nachlassgericht hat die Einsicht des Inventars jedem zu gestatten, der ein rechtliches Interesse glaubhaft macht.

1   **1. Einsichtnahme bei rechtlichem Interesse.** Die Vorschrift enthält eine auf **Billigkeits- und Zweckmäßigkeitserwägungen** (Mot. V 621) **beruhende Anweisung** an das Nachlassgericht. Jedem, der ein rechtliches Interesse glaubhaft machen kann, soll Einsicht in ein Inventar gestattet sein.

2   Ein **rechtliches Interesse** ist zu bejahen, wenn das Inventar auf die rechtlichen Beziehungen des Einsichtnehmers einwirken kann. Das ist bei Nachlassgläubigern, Miterben, Nachlassverwaltern und Testamentsvollstreckern, aber auch bei Steuerbehörden, die stets einsichtsberechtigt sind, der Fall (Palandt/*Weidlich* Rn. 1). **Die Voraussetzungen sind enger als die des nur berechtigten Interesses.** Das rechtliche Interesse setzt ein bereits vorhandenes Recht voraus, während für ein berechtigtes Interesse schon jedes nach vernünftiger Erwägung durch die Sachlage gerechtfertigtes Interesse genügt. Das kann auch nur wirtschaftlicher Art sein. Bei einem nur berechtigten Interesse kann das Nachlassgericht nach pflichtgemäßem Ermessen, § 13 II 1 FamFG, über die Einsichtsmöglichkeit entscheiden, doch dürfte die Gewährung der Einsicht – schon unter Datenschutzgesichtspunkten – dann eher selten zulässig sein (Damrau/Tanck/*Gottwald* Rn. 2).

3   Der Antragsteller muss sein **rechtliches Interesse glaubhaft machen.** Er hat dazu einen entsprechenden Sachverhalt vorzutragen und die Tatsachen ggf. nachzuweisen, zB durch Vorlage entsprechender Schriftstücke. Möglich ist auch die Abgabe einer eidesstattlichen Versicherung gem. § 31 FamFG. Aus

dem in § 2010 geregelten Einsichtsrecht in das Inventar ergibt sich zugleich, dass der Erbe **kein versiegeltes Inventar**, das bei Gestattung der Einsicht geöffnet werden soll, einreichen darf (Bamberger/Roth/ Lohmann Rn. 1; Palandt/*Weidlich* Rn. 1; aA RGRK/*Johannsen* Rn. 2).

2. Verfahren. Die Gewährung der Einsicht in das Inventar obliegt dem gem. § 343 FamFG **örtlich zuständigen Nachlassgericht.** Funktionell zuständig ist der Rechtspfleger gem. § 3 Nr. 2c RPflG.

Aus § 2010 kann kein Recht hergeleitet werden, eine **einfache** oder **beglaubigte Abschrift** des Inventars verlangen zu können. Einschlägig ist § 13 III FamFG, wonach sich Berechtigte auf ihre Kosten durch die Geschäftsstelle Ausfertigungen, Auszüge und Abschriften erteilen lassen können. Die Anfertigung kann von der vorherigen Zahlung der Auslagen abhängig gemacht werden (Keidel/*Sternal* FamFG § 13 Rn. 61). Besteht ein Einsichtsrecht in das Inventar, steht es den Berechtigten frei, auf ihre Kosten eine Beglaubigung der Abschrift zu verlangen, § 13 III 2 FamFG. Zuständig ist die Geschäftsstelle des verfahrensführenden Gerichts.

Gegen die ablehnende Entscheidung des Rechtspflegers über die Einsicht in das Inventar steht dem Antragsteller die **befristete Erinnerung** gem. § 11 II RPflG zu. Das Nachlassgericht ist gem. § 2010 im Fall der Glaubhaftmachung eines rechtlichen Interesses zur Gestattung der Einsichtnahme verpflichtet, so dass eine ablehnende Entscheidung mit dem Rechtsmittel der **befristeten Beschwerde** nach §§ 58 ff. FamFG angefochten werden kann.

§ 2011 Keine Inventarfrist für den Fiskus als Erben

¹Dem Fiskus als gesetzlichem Erben kann eine Inventarfrist nicht bestimmt werden. ²Der Fiskus ist den Nachlassgläubigern gegenüber verpflichtet, über den Bestand des Nachlasses Auskunft zu erteilen.

1. Normzweck. Der **Fiskus** kann eine ihm **als gesetzlicher Erbe** angefallene Erbschaft nicht ausschlagen, § 1942 II. Er ist wegen der fehlenden Ausschlagungsmöglichkeit aber besonders schutzwürdig, wenn ihm ein überschuldeter Nachlass anfällt. Dem trägt der Gesetzgeber Rechnung, indem sich der Fiskus als gesetzlicher Erbe gem. § 780 II ZPO auf die Beschränkung der Haftung auf den Nachlass auch berufen kann, wenn sie ihm im Urteil nicht vorbehalten worden ist. Ihm kann gem. § 2011 S. 1 auch keine Inventarfrist gesetzt werden, doch muss er nach S. 2 Nachlassgläubigern Auskunft über den Bestand des Nachlasses erteilen. § 2011 findet auch Anwendung, wenn anstelle des Fiskus eine **Körperschaft, Stiftung oder Anstalt des öffentlichen Rechts** gem. Art. 138 EGBGB gesetzlicher Erbe geworden ist.

Erbt der Fiskus im Wege der **gewillkürten Erbfolge**, gelten die Schutzvorschriften der §§ 1942 II, 1966, 2011 und § 780 II ZPO nicht. Als gewillkürtem Erben kann dem Fiskus auch eine Inventarfrist bestimmt werden (MüKoBGB/*Küpper* Rn. 1).

2. Keine Inventarfristbestimmung. Wird entgegen § 2011 S. 1 dem Fiskus eine **Frist zur Inventarerrichtung** bestimmt, ist diese **unwirksam** (MüKoBGB/*Küpper* Rn. 1). Streitig ist, ob der Fiskus als gesetzlicher Erbe sein **Recht zur Haftungsbeschränkung verlieren kann**, wenn er gem. § 1993 ein **Inventar freiwillig** errichtet und sich dabei einer Inventaruntreue iSv § 2005 I schuldig macht oder wenn er gegenüber einem antragstellenden Nachlassgläubiger gem. § 2006 III 1 die eidesstattliche Versicherung verweigert. In der Lit. wird zT unter Hinweis darauf, dass die Annahme einer im Gesetz nicht vorgesehenen Eidesleistung und einer Inventaruntreue des Fiskus unwahrscheinlich und – trotz der Vermutungswirkung des § 2009 – lebensfremd sei, die Auffassung vertreten, dass der Staat immer nur mit dem Nachlass hafte (Palandt/*Weidlich* Rn. 1; Damrau/Tanck/*Gottwald* Rn. 2; MüKoBGB/*Küpper* Rn. 1). Für den – sicherlich nicht wahrscheinlichen – Fall der Inventaruntreue kann dem nicht gefolgt werden. Der Fiskus ist bei einer ihm zurechenbaren Inventaruntreue seines zur Vertretung befugten Beamten nicht schutzwürdiger als andere Erben und verliert deshalb als gesetzlicher Erbe sein Haftungsbeschränkungsrecht (iErg ebenso RGRK/*Johannsen* Rn. 1; Erman/*Horn* Rn. 1; Staudinger/*Dobler* (2016) Rn. 3; Soergel/*Stein* Rn. 1). Die gleichen Erwägungen rechtfertigen es, dass eine Verweigerung der Abgabe der eidesstattlichen Versicherung gegenüber dem beantragenden Nachlassgläubiger zum Verlust des Haftungsbeschränkungsrechts führt (Soergel/*Stein* Rn. 1; RGRK/*Johannsen* Rn. 1; Staudinger/*Werner* (2017) § 1936 Rn. 12; Staudinger/*Dobler* (2016) Rn. 2; aA Erman/*Horn* Rn. 1; MüKoBGB/*Küpper* Rn. 1).

§ 2011 regelt **nur den Fall der Inventarfristbestimmung.** IÜ ist der Fiskus auch als gesetzlicher Erbe zur Herbeiführung seines Haftungsbeschränkungsrechts darauf angewiesen, Nachlassverwaltung oder ein Nachlassinsolvenzverfahren zu beantragen oder sich auf die Dürftigkeit des Nachlasses gem. § 1990 I 1 zu berufen. Die §§ 1978–1980 gelten für ihn ebenfalls. Wird gegen den Fiskus als gesetzlicher Erbe des Schuldners die Zwangsvollstreckung betrieben, bleibt eine Beschränkung seiner Haftung unberücksichtigt, bis er Einwendungen erhebt, § 781 ZPO.

3. Auskunftspflicht des Fiskus. Der Gesetzgeber legt dem Fiskus als gesetzlichem Erben zum Ausgleich dafür, dass ihm eine Inventarfrist nicht bestimmt werden kann, in § 2011 S. 2 eine Auskunftspflicht **gegenüber den Nachlassgläubigern über den Bestand des Nachlasses** auf. Nach § 260 I umfasst die Auskunftspflicht die **Vorlage eines Verzeichnisses.** Besteht Grund zu der Annahme einer nachlässigen Aufstellung, ist der Fiskus **gem. § 260 II** verpflichtet, die **eidesstattliche Versicherung** durch den zu seiner Vertretung befugten Beamten zu leisten. Die Auskunftspflicht bezieht sich – anders als das Inventar gem. § 2001 – nur **auf den gegenwärtigen Nachlassbestand** (Staudinger/*Dobler* (2016) Rn. 6). Über § 1978 I kann auch eine **Pflicht zur Rechenschaftslegung** gem. § 666 gegeben sein.

7 Die **Verletzung der Auskunftspflicht** nach S. 2 führt nicht zum Verlust des Haftungsbeschränkungsrechts des Fiskus. Der beantragende Nachlassgläubiger muss sein Recht zur Auskunft im Klagewege geltend machen. Da vor Erlass des Feststellungsbeschlusses gem. § 1964, der nach § 1964 II die Vermutung des gesetzlichen Erbrechts des Fiskus begründet, regelmäßig eine Nachlasspflegschaft gem. § 1960 angeordnet war und der Nachlasspfleger ein entsprechendes Verzeichnis angefertigt hat, ist das nur denkbar, wenn sein Verzeichnis nicht ausreichend ist.

8 Nach dem eindeutigen Wortlaut des § 2011 S. 2 besteht die Auskunftspflicht **gegenüber jedem Nachlassgläubiger**. Das gilt auch im Fall der Nachlassverwaltung und der Nachlassinsolvenz. Eine Auskunft nur gegenüber den Verwaltern reicht nicht aus (Staudinger/*Dobler* (2016) Rn. 6; aA MüKoBGB/*Küpper* Rn. 3).

§ 2012 Keine Inventarfrist für den Nachlasspfleger und Nachlassverwalter

(1) ¹Einem nach den §§ 1960, 1961 bestellten Nachlasspfleger kann eine Inventarfrist nicht bestimmt werden. ²Der Nachlasspfleger ist den Nachlassgläubigern gegenüber verpflichtet, über den Bestand des Nachlasses Auskunft zu erteilen. ³Der Nachlasspfleger kann nicht auf die Beschränkung der Haftung des Erben verzichten.

(2) Diese Vorschriften gelten auch für den Nachlassverwalter.

1 1. **Normzweck.** Der Erbe soll nach dem Willen des Gesetzgebers sein **Haftungsbeschränkungsrecht** nur durch **eigene Handlungen oder Unterlassungen verlieren**, nicht durch solche eines gem. §§ 1960, 1961 bestellten Nachlasspflegers oder eines Nachlassverwalters. Deshalb kann gem. § 2012 I 1 einem Nachlasspfleger keine Inventarfrist bestimmt werden. Er ist gegenüber den Nachlassgläubigern gem. S. 2 nur zur Auskunft über den Bestand des Nachlasses verpflichtet und kann auf die Beschränkung der Haftung des Erben nicht verzichten, § 2012 I 3. Gleiches gilt gem. § 2012 II für den Nachlassverwalter.

2 2. **Inventarfristbestimmung während Nachlasspflegschaft und -verwaltung.** Zum Schutz des Erben bestimmt § 2012 I 1, II, dass dem nach §§ 1960, 1961 bestellten Nachlasspfleger und dem Nachlassverwalter eine Inventarfrist nicht bestimmt werden kann. Beide sind **kraft Amtes gegenüber dem Nachlassgericht verpflichtet**, ein Nachlassverzeichnis aufzunehmen, §§ 1915 I 1, 1802. War vor der Anordnung einer Nachlassverwaltung dem Erben eine Inventarfrist bestimmt worden, wird sie gem. § 2000 S. 1 mit der Anordnung unwirksam. Nach § 2000 S. 2 kann dem Erben während der Dauer einer Nachlassverwaltung keine Inventarfrist bestimmt werden, doch kann er während der Dauer der amtlichen Verfahren freiwillig ein Inventar errichten (Staudinger/*Dobler* (2016) Rn. 9). Im Fall einer Nachlasspflegschaft ist die Fristbestimmung gegenüber dem Erben unwirksam, sondern nur gegenüber dem Nachlasspfleger. Gegenüber dem Erben beginnt sie jedoch erst mit der Annahme der Erbschaft, was sich aus § 1995 II ergibt.

3 3. **Auskunftspflicht.** Nach § 2012 I 2, II sind der Nachlasspfleger und der Nachlassverwalter in gleicher Weise wie der Fiskus gem. § 2011 S. 2 wegen der Befreiung von der Verpflichtung zur Inventarerrichtung **Nachlassgläubigern gegenüber zur Auskunft über den Bestand des Nachlasses verpflichtet.** Die Verpflichtung ist durch **Vorlage eines Verzeichnisses über den gegenwärtigen Nachlass** gem. § 260 I zu erfüllen. Die Verpflichtung zur **Abgabe der eidesstattlichen Versicherung** bestimmt sich nach § 260 II. Von der eidesstattlichen Versicherung nach § 260 II ist die in § 2006 geregelte eidesstattliche Versicherung zu unterscheiden. Sie kann von den Verwaltern nicht verlangt werden, weil diese auf ein Haftungsbeschränkungsrecht nicht angewiesen sind. Der Verwalter haftet für die Nachlassverbindlichkeiten nicht wie der Erbe persönlich (Staudinger/*Dobler* (2016) Rn. 7). Wird die eidesstattliche Versicherung gem. § 260 vom Verwalter nicht freiwillig geleistet, kann der Nachlassgläubiger Klage erheben. Die Vollstreckung richtet sich nach den §§ 888, 889 ZPO.

Bei schuldhafter Verletzung der Auskunftspflicht sind der Nachlasspfleger bzw. -verwalter den Nachlassgläubigern für einen daraus entstehenden Schaden persönlich verantwortlich.

4 4. **Kein Verzicht auf das Haftungsbeschränkungsrecht.** In § 2012 I 3, II ist die Selbstverständlichkeit bestimmt, dass Nachlasspfleger und Nachlassverwalter auf die Beschränkung der Haftung des Erben **nicht verzichten können**. Der Erbe kann sich auf sein Haftungsbeschränkungsrecht weiter berufen, wenn es ihm in einem Urteil gegen den Nachlassverwalter oder den Nachlasspfleger nicht vorbehalten worden ist, § 780 II ZPO. Im Umkehrschluss aus § 2012 I 3 ergibt sich, dass der Erbe selbst sowohl vertraglich als auch durch einseitige Erklärung gegenüber dem begünstigten Nachlassgläubiger den Verzicht begründen kann.

§ 2013 Folgen der unbeschränkten Haftung des Erben

(1) ¹Haftet der Erbe für die Nachlassverbindlichkeiten unbeschränkt, so finden die Vorschriften der §§ 1973 bis 1975, 1977 bis 1980, 1989 bis 1992 keine Anwendung; der Erbe ist nicht berechtigt, die Anordnung einer Nachlassverwaltung zu beantragen. ²Auf eine nach § 1973 oder nach § 1974 eingetretene Beschränkung der Haftung kann sich der Erbe jedoch berufen, wenn später der Fall des § 1994 Abs. 1 Satz 2 oder des § 2005 Abs. 1 eintritt.

(2) **Die Vorschriften der §§ 1977 bis 1980 und das Recht des Erben, die Anordnung einer Nachlassverwaltung zu beantragen, werden nicht dadurch ausgeschlossen, dass der Erbe einzelnen Nachlassgläubigern gegenüber unbeschränkt haftet.**

1. Normzweck. § 2013 I regelt die Folgen, wenn der Erbe **gegenüber allen Nachlassgläubigern** die 1 Möglichkeit der Beschränkung der Haftung auf den Nachlass verloren hat. Unter **unbeschränkter Haftung** ist die allgemein unbeschränkbare Haftung des Erben zu verstehen, dh sowohl die Haftung mit dem Nachlass als auch mit dem Eigenvermögen (Palandt/*Weidlich* Rn. 1). § 2013 II beschränkt die Rechtsfolgen von Abs. 1, wenn der **Verlust nur gegenüber einzelnen Gläubigern** eintritt.

2. Verlust des Haftungsbeschränkungsrechts gegenüber allen Nachlassgläubigern. Folge des in 2 § 2013 I 1 Hs. 1 geregelten Haftungsbeschränkungsverlustes ist, dass der Alleinerbe **kein Gläubigeraufgebot** mehr beantragen kann und die Möglichkeit verliert, sich auf die Ausschließungseinrede nach § 1973 zu berufen. Er kann sich auch nicht auf die Verschweigungseinrede gem. § 1974 bei fünfjähriger Säumnis berufen. Nach § 2013 I 2 gilt das aber nur, wenn die Ausschließungsbeschluss erst nach Eintritt der unbeschränkten Haftung ergangen oder die fünfjährige Frist danach abgelaufen ist. War die **Haftungsbeschränkung nach den §§ 1973, 1974 bereits eingetreten,** wird sie durch eine spätere Inventarverfehlung infolge Fristversäumung oder Inventaruntreue nicht mehr berührt. Hat der Erbe durch Verweigerung der eidesstattlichen Versicherung gem. § 2006 III 1 gegenüber dem antragstellenden Gläubiger das Haftungsbeschränkungsrecht verloren, kann er sich diesem Gläubiger gegenüber auf eine zuvor gem. §§ 1973, 1974 eingetretene Haftungsbeschränkung berufen (Staudinger/*Dobler* (2016) Rn. 2). Als **Miterbe** kann der unbeschränkt haftende Erbe **das Aufgebot weiterhin beantragen.**

Die Anordnung eines **Nachlassverwaltungs-** oder die Eröffnung eines **Nachlassinsolvenzverfahrens** 3 stehen der persönlichen Inanspruchnahme des Erben mit seinem gesamten Vermögen nicht entgegen. Die amtlichen Verfahren können ihre Trennungswirkung zugunsten der Nachlassgläubiger weiterhin entfalten. Diese behalten ihr Antragsrecht gem. § 1981 II. Ausschließlich der Erbe selbst verliert gem. § 2013 I 1 Hs. 2 die Berechtigung, ein Nachlassverwaltungsverfahren zu beantragen. Er ist aber weiter befugt, den Antrag auf Eröffnung eines Nachlassinsolvenzverfahrens zu stellen, §§ 316 I, 317 InsO.

Die §§ 1977–1980 sind nach § 2013 I 1 Hs. 1 ebenfalls unanwendbar. Da der Erbe mit seinem gesamten 4 Vermögen haftet, bringt die **Zuerkennung von Ersatzansprüchen** den Nachlassgläubigern **keine zusätzliche Zugriffsmöglichkeit.** Der Erbe seinerseits hat keine Ansprüche auf Aufwendungsersatz wegen einer Berichtigung von Nachlassverbindlichkeiten aus seinem Eigenvermögen. Die Regelung des **§ 1976 wird** durch § 2013 I 1 **nicht ausgeschlossen,** so dass auch ein unbeschränkt haftender Erbe die ihm gegenüber dem Erblasser zustehenden Forderungen geltend machen kann. Für unanwendbar erklärt § 2013 I 1 Hs. 1 auch die §§ 1989–1992, so dass dem Erben gleichermaßen die Erschöpfungs-, die Dürftigkeits- und die Überschwerungseinrede verschlossen sind.

3. Verlust des Haftungsbeschränkungsrechts gegenüber einzelnen Nachlassgläubigern. Der 5 Verlust des Haftungsbeschränkungsrechts gegenüber einzelnen Nachlassgläubigern ist **in § 2013 II geregelt.** In diesem Fall bleiben die §§ 1977–1980 anwendbar und der Erbe ist auch weiterhin berechtigt, die Anordnung einer Nachlassverwaltung zu beantragen. Der Haftungsbeschränkungsverlust betrifft nur das Verhältnis zu dem Nachlassgläubiger, der die unbeschränkte Haftung des Erben herbeigeführt hat. Gegenüber den anderen Nachlassgläubigern stehen ihm weiterhin die in Abs. 1 aufgeführten Haftungsbeschränkungsmöglichkeiten zu (RGRK/*Johannsen* Rn. 14 f.). Er kann ein Gläubigeraufgebot beantragen und gegenüber den ausgeschlossenen und ihnen gleichstehenden Gläubigern die Ausschließungs- und Verschweigungseinrede gem. §§ 1973, 1974 erheben oder sich auf die §§ 1989–1992 berufen.

Auf die **aufschiebenden Einreden** der §§ 2014, 2015 kann sich der Erbe **gem. § 2016 I nur dann nicht** 6 **berufen, wenn er allgemein unbeschränkbar haftet.** Im Falle des Verlustes nur gegenüber einzelnen Nachlassgläubigern bleibt ihm auch das Recht, unter den Voraussetzungen des § 175 I ZVG die Zwangsvollstreckung des Nachlassgrundstückes zu beantragen.

4. Beweislast. Der **Nachlassgläubiger,** der sich auf den Eintritt der unbeschränkten Haftung beruft, 7 hat dies **im Bestreitensfalle zu beweisen.** Im Fall der Fristversäumung hat er die Säumnis darzulegen, während der Erbe zur Rechtzeitigkeit vortragen muss. Der **Erbe ist beweisbelastet,** dass er seine Haftung in zulässiger Weise beschränkt hat. Kann er einen Ausschließungsbeschluss nach durchgeführtem Aufgebotsverfahren oder einen Beschluss, durch den die Nachlassverwaltung angeordnet oder das Nachlassinsolvenzverfahren eröffnet worden ist, vorlegen, gelingt ihm dies regelmäßig. Gleiches gilt, wenn er nach Erhebung der Dürftigkeitseinrede den Beschluss des Insolvenzgerichts vorlegt, dass das Nachlassinsolvenzverfahren mangels einer die Kosten deckenden Masse nicht eröffnet worden ist.

Untertitel 5. Aufschiebende Einreden

§ 2014 Dreimonatseinrede

Der Erbe ist berechtigt, die Berichtigung einer Nachlassverbindlichkeit bis zum Ablauf der ersten drei Monate nach der Annahme der Erbschaft, jedoch nicht über die Errichtung des Inventars hinaus, zu verweigern.

1. Normzweck. Bis zu einer möglichen Ausschlagung ist ein bis dahin nur vorläufiger Erbe zwar im Rechtssinne Erbe. Vor der tatsächlichen oder fingierten Annahme der Erbschaft ist er jedoch noch nicht endgültig Rechtsnachfolger des Erblassers geworden. Nach der Annahme ist für den Erben häufig noch ungeklärt, ob und wenn ja welche Maßnahmen er zur Haftungsbeschränkung auf den Nachlass treffen soll. Um dem Erben **genügend Zeit für eine Bestandsaufnahme zu geben,** sieht das Gesetz eine befristete Schonung vor, indem er für eine Übergangszeit Nachlassgläubiger durch **Erhebung der sog. Schonungseinreden der §§ 2014, 2015** abwehren kann. Die kurz bemessene sechswöchige Ausschlagungsfrist genügt dem vorläufigen Erben oftmals nicht, um sich einen ausreichenden Überblick über den Bestand des Nachlasses verschaffen zu können. Er läuft Gefahr, dass Nachlass- und Eigengläubiger in den Nachlass vollstrecken, sobald es mit der Annahme der Erbschaft zu einer Verschmelzung mit dem Eigenvermögen des Erben gekommen ist. Die **Dreimonatseinrede gem. § 2014** erlaubt dem Erben, die Erfüllung von Nachlassverbindlichkeiten in den ersten drei Monaten nach der Annahme der Erbschaft zu verweigern. Die **Aufgebotseinrede gem. § 2015** schützt einen Erben, der sich im Wege eines Aufgebotsverfahrens Klarheit über den Bestand des Nachlasses verschaffen will.

2 **Vor der Ausschlagung** können gegenüber dem vorläufigen Erben gem. § 1959 III Rechtsgeschäfte mit Wirkung für den endgültigen Erben vorgenommen werden. Dazu gehören fristgebundene Erklärungen sowie einseitige empfangsbedürftige Willenserklärungen mit Wirkungen gegenüber dem Nachlass wie Anfechtung, Rücktritt, Kündigung, Widerruf sowie die Aufrechnung eines Nachlassschuldners mit einer Forderung gegen den Nachlass (MüKoBGB/*Leipold* § 1959 Rn. 9). Klagen gegen den vorläufigen Erben sind mangels Prozessführungsbefugnis unzulässig (MüKoBGB/*Leipold* § 1958 Rn. 10). Wird der Nachlass von einem Nachlassverwalter oder einem Testamentsvollstrecker verwaltet, findet § 1959 III keine Anwendung. Richtiger Adressat der empfangsbedürftigen Willenserklärung ist dann der Verwalter.

3 Der **vorläufige Erbe** kann bis zur Annahme der Erbschaft in analoger Anwendung von § 1958 **nicht in Schuldnerverzug** kommen (Erman/*J. Schmidt* § 1958 Rn. 6; MüKoBGB/*Leipold* § 1958 Rn. 18). Nach überwiegender Meinung kann er jedoch unter den Voraussetzungen der §§ 293 ff. in **Annahmeverzug** geraten (MüKoBGB/*Leipold* § 1959 Rn. 11; Soergel/*Stein* § 1959 Rn. 12; Staudinger/*Mesina* (2017) § 1959 Rn. 19; aA RGRK/*Johannsen* § 1959 Rn. 13; *Lange/Kuchinke* ErbR § 48 Kap. II 2). Dies lässt sich aus § 1959 III herleiten, weil ein vorläufiger Erbe Adressat einer Leistung des Schuldners sein kann, sobald dieser berechtigt ist, die Nachlassforderung zu erfüllen.

4 Die **Schonungseinreden** der §§ 2014, 2015 bieten gem. § 783 ZPO **auch gegenüber Eigengläubigern des Erben Schutz.** Könnten sich Nachlassgläubiger in der Orientierungsphase aus dem Eigenvermögen des Erben befriedigen, wäre eine evtl. später erforderliche Trennung der Vermögensmassen erschwert. Nach der Zielsetzung der §§ 2014, 2015 soll der Nachlass während dieser Zeit aber zusammengehalten werden.

5 Für den Erben besteht wegen der Verantwortlichkeit für seine bisherige Verwaltung gem. § 1978 I eine **Pflicht zur Geltendmachung der Schonungseinreden** (Staudinger/*Dobler* (2016) Vorb. zu §§ 2014–2017 Rn. 2). Die Erhebung wahrt damit auch Interessen der Nachlassgläubiger, weil der Erbe bei schuldhafter Verletzung der Pflicht und Eintritt eines Schadens ihnen gegenüber schadensersatzpflichtig ist. Hat der Erbe bei Erhebung der Einrede schuldhaft nicht erkannt, dass der Nachlass zur Befriedigung des Nachlassgläubigers ausreicht, kann sich daraus ebenfalls eine Haftung aus § 1978 I ergeben (MüKoBGB/*Küpper* Rn. 6).

6 **2. Voraussetzungen der Dreimonatseinrede.** Zur Geltendmachung der Einrede des § 2014 sind neben dem **Erben** der **Testamentsvollstrecker mit Verwaltungsrecht,** der **Nachlassverwalter** und der **vor Annahme der Erbschaft gem. §§ 1960, 1961 bestellte Nachlasspfleger** berechtigt. Für den Nachlasspfleger ist im Interesse der Nachlassgläubiger die Frist zur Geltendmachung der Schonungseinreden gem. § 2017 auf den Zeitpunkt der Bestellung vorverlegt. Grund dafür ist, dass ihm gegenüber gem. § 1960 III schon vor der Annahme der Erbschaft Ansprüche gerichtlich geltend gemacht werden können. Ab dem Zeitpunkt seiner Bestellung kann er auch ein Aufgebotsverfahren beantragen. Ein die Erbschaft annehmender Erbe muss sich den gegenüber dem Nachlasspfleger eingetretenen Fristablauf zurechnen lassen. Die Fristen laufen ihm gegenüber weiter (MüKoBGB/*Küpper* 2017 Rn. 2). Für den Testamentsvollstrecker beginnt die Frist erst mit der Annahme der Erbschaft durch den Erben. Er kann zudem erst ab diesem Zeitpunkt ein Aufgebotsverfahren beantragen.

7 Die **Frist zur Erhebung der Einrede** beginnt **mit der Annahme der Erbschaft zu laufen,** dh spätestens nach Ablauf der Ausschlagungsfrist. Die Dreimonatseinrede **umfasst grds. jede Nachlassverbindlichkeit.** Sie greift aufgrund der gesetzlichen Regelung in § 2016 II **nicht gegenüber den gem. § 1971 bevorrechtigten Realgläubigern** durch, soweit diese sich mit der Geltendmachung ihrer dinglichen Ansprüche begnügen. Aufgrund der keinen Aufschub duldenden Unterhaltsverpflichtungen aus § 1963 (Mutterschutz) und aus § 1969 (Dreißigster) kann die Dreimonatseinrede auch gegenüber diesen Ansprüchen nicht erhoben werden (Palandt/*Weidlich* Rn. 1). Gleiches gilt für die den Erben als solchen treffenden Anzeige- und Notbesorgungspflichten aus den §§ 673, 727, 1894, 2218, für die Vorlagepflichten nach §§ 809–811 sowie für die Gebrauchsgewährungspflichten nach Übergabe einer Miet- und Pachtsache durch den Erblasser (MüKoBGB/*Küpper* Rn. 3).

8 Der Erbe **verliert die Einrede,** wenn er ein **Inventar errichtet,** § 2014 Hs. 2. Ein Nachlassgläubiger kann nunmehr die in der Zwangsvollstreckung beschlagnahmten Gegenstände verwerten. Der Erbe kann sich auf die Einrede auch nicht berufen, wenn er gem. § 2016 I gegenüber allen Nachlassgläubigern durch Versäumung der Inventarfrist gem. §§ 1994 I 2, 1995 I, wegen Inventaruntreue gem. § 2005, durch Ver-

zicht oder durch Versäumung des Vorbehalts gem. §§ 305 I, 780 I ZPO sein Recht zur Haftungsbeschränkung verloren hat.

3. Wirkung der Einrede. § 2014 kommt lediglich eine **prozessuale** bzw. **vollstreckungsrechtliche Wirkung** zu, wenn Nachlassgläubiger Ansprüche gegen den Erben geltend machen. Eine **materiellrechtliche Wirkung** als Folge der Erhebung der Schonungseinreden wird zu Recht überwiegend verneint (RG Urt. v. 3.4.1912 – III 259/11, RGZ 79, 201 (206 ff.); Palandt/*Weidlich* Rn. 3; MüKoBGB/*Küpper* Rn. 5; *Joachim* Erbenhaftung Rn. 189 mwN; aA RGRK/*Johannsen* Rn. 6 f.), weil es keineswegs unbillig ist, wenn statt des Nachlassgläubigers der Erbe als Träger des Nachlasses die Folgen von dessen Unübersichtlichkeit und der Nichterfüllung an sich zu erfüllender Verbindlichkeiten trägt. 9

Der Erbe kann während der dreimonatigen Frist sowohl in **Schuldnerverzug** kommen als auch zur Zahlung von **Verzugszinsen, Schadensersatz** oder einer **Vertragsstrafe** verpflichtet sein. Das lässt sich aus den ergänzend heranzuziehenden Vorschriften der §§ 305, 782, 783 ZPO herleiten, wonach der Erbe zur Leistung verurteilt werden kann. In sein Vermögen ist die Zwangsvollstreckung möglich. Lediglich gegen die Verwertung der gepfändeten Gegenstände kann er sich wehren. Die **Aufrechnung eines Nachlassgläubigers** gegen eine Nachlassforderung ist wegen der fehlenden materiell-rechtlichen Wirkung nicht ausgeschlossen. § 390 ist nicht einschlägig (Palandt/*Weidlich* Rn. 3; MüKoBGB/*Küpper* Rn. 5). Die Erhebung der Schonungseinreden **hemmt die Verjährung nicht,** was früher in § 202 II aF ausdrücklich geregelt war. 10

Die Erhebung der Schonungseinreden führt im Erkenntnisverfahren nicht zur Abweisung der Klage, sondern zur Aufnahme des allgemeinen Vorbehaltes der Haftungsbeschränkung in die Urteilsformel, § 780 I ZPO, ohne dass es eines besonderen Antrages bedarf (→ Vor §§ 1967–2017 Rn. 18). Es bedarf auch keines besonderen Vorbehaltes der Schonungseinrede (MüKoBGB/*Küpper* Rn. 4). Fehlt der Vorbehalt trotz Erhebung der Einrede, kann der Erbe unter Beachtung der 2-Wochen-Frist eine **Ergänzung des Urteils** gem. § 321 ZPO verlangen. Ein Urteil, das die Folgen des § 782 ZPO bereits ausspricht, wäre unzulässig (Soergel/*Stein* Rn. 3). Eine Ausnahme von der Erforderlichkeit der Herbeiführung des Haftungsbeschränkungsvorbehaltes besteht nach § 780 II ZPO, wenn der Fiskus erbt, die Klage gegen einen Nachlassverwalter, Nachlasspfleger oder Testamentsvollstrecker gerichtet oder das Urteil schon vor dem Erbfall rechtskräftig ist und mit der Vollstreckung begonnen worden war (Soergel/*Stein* Rn. 3). 11

Der obsiegende Nachlassgläubiger kann trotz Erhebung der Schonungseinreden im Erkenntnisverfahren die Zwangsvollstreckung in das gesamte Vermögen des Erben betreiben. Der Erbe muss mit der **Vollstreckungsabwehrklage** gem. §§ 782, 785, 767 ZPO erreichen, dass die **Zwangsvollstreckung auf sichernde Maßnahmen beschränkt** wird. Das Begehren ist darauf zu richten, die Zwangsversteigerung oder sonstige Verwertung der aufgrund des Urteils (genaue Bezeichnung) gepfändeten Gegenstände bis zum Ablauf der Dreimonatsfrist oder bis zur Beendigung des Aufgebotsverfahrens für unzulässig zu erklären (Zöller/*Geimer* ZPO § 782 Rn. 1). Wollen Eigengläubiger trotz Erhebung der Vollstreckungsabwehrklage in Nachlassgegenstände vollstrecken, ist der Erbe gem. § 783 ZPO geschützt, kann aber auch insoweit die Verwertung nur zeitweilig verhindern. Zulässig sind Maßnahmen, die zur Vollziehung eines Arrestes zugelassen sind, § 782 S. 1 ZPO. Das ist bei beweglichen Sachen gem. § 930 ZPO die Pfändung, bei Grundstücken gem. § 932 I ZPO die Eintragung einer Sicherungshypothek. Aufgrund der aufgeschobenen Verwertung soll der Nachlass solange zusammengehalten werden, bis die Insolvenzfrage geklärt ist (*Lange/Kuchinke* ErbR § 48 Kap. III Rn. 2). Das liegt auch im Interesse der Nachlassgläubiger, weil der Erbe über die gepfändeten Gegenstände nicht verfügen kann. 12

Nach Ablauf der dreimonatigen Schonfrist kann der Nachlassgläubiger die Zwangsvollstreckung fortsetzen, wenn nicht vor Ablauf der Frist ein Antrag auf Eröffnung des Nachlassinsolvenzverfahrens gestellt worden ist. Der Erbe kann dann weiter beantragen, dass die Beschränkung der Zwangsvollstreckung bis zur rechtskräftigen Entscheidung über die Eröffnung des Insolvenzverfahrens aufrecht zu erhalten ist, § 782 S. 2 ZPO. 13

§ 2015 Einrede des Aufgebotsverfahrens

(1) Hat der Erbe den Antrag auf Einleitung des Aufgebotsverfahrens der Nachlassgläubiger innerhalb eines Jahres nach der Annahme der Erbschaft gestellt und ist der Antrag zugelassen, so ist der Erbe berechtigt, die Berichtigung einer Nachlassverbindlichkeit bis zur Beendigung des Aufgebotsverfahrens zu verweigern.

(2) *(aufgehoben)*

(3) Wird der Ausschließungsbeschluss erlassen oder der Antrag auf Erlass des Ausschließungsbeschlusses zurückgewiesen, so ist das Aufgebotsverfahren erst dann als beendet anzusehen, wenn der Beschluss rechtskräftig ist.

1. Normzweck. Hierzu ist zunächst auf die Ausführungen zu → § 2014 Rn. 1 ff. zu verweisen. Die **Einrede des schwebenden Aufgebotsverfahrens** dient nach der Zulassung des Antrages insbes. der **Sicherstellung einer gleichmäßigen Befriedigung der Nachlassgläubiger,** indem sie verhindert, dass einzelne Gläubiger vor der endgültigen Klärung der Nachlassverbindlichkeiten vorab befriedigt werden (MüKoBGB/*Küpper* Rn. 1). Das Aufgebotsverfahren selbst ist in den §§ 433 ff. FamFG geregelt. 1

2. Voraussetzungen. Der Erbe muss **binnen eines Jahres** nach Annahme der Erbschaft einen **Antrag auf Einleitung des Aufgebotsverfahrens** stellen. Durch die zeitliche Beschränkung soll eine Verschlep- 2 pung durch den Erben verhindert werden. Ist der Antrag zulässig, hat das Gericht das Aufgebot zu erlassen, § 434 II FamFG. Es reicht aus, wenn der Antrag innerhalb der Frist gestellt wird. Die Zulassung kann später erfolgen. Ohne Zulassung kann das Gericht bei rechtzeitiger Antragstellung uU einstweilige Anordnungen zur Einstellung der Zwangsvollstreckung treffen, §§ 769, 770, 785 ZPO (Staudinger/*Dobler* (2016) Rn. 3). Nach § 460 I 1 FamFG kommt der von einem **Miterben gestellte Antrag** sowie ein von ihm erwirkter Ausschließungsbeschluss **den anderen Miterben zustatten.**

3   Auf die Aufgebotseinrede kann sich der **Erbe gem. § 2016 I nicht berufen,** wenn er sein **Haftungsbeschränkungsrecht allgemein verloren** hat. Anders als bei der Dreimonatseinrede gem. § 2014, bei der der Erbe nach Errichtung eines Inventars zur Verweigerung der Berichtigung von Nachlassverbindlichkeiten nicht mehr berechtigt ist, **steht die ordnungsgemäße Errichtung des Inventars der Erhebung der Einrede des § 2015 I nicht entgegen.** Wird vor der Annahme der Erbschaft zur Verwaltung des Nachlasses ein Nachlasspfleger bestellt, beginnt die Jahresfrist des § 2015 I erst mit dessen Bestellung zu laufen, § 2017. Die Aufgebotseinrede kommt ebenso wie die Dreimonatseinrede bei bestimmten Ansprüchen nicht zum Tragen (→ § 2014 Rn. 7). Der Erbe kann unter den Voraussetzungen des § 1980 II 2 verpflichtet sein, das Aufgebot der Nachlassgläubiger zu beantragen, anderenfalls er den Nachlassgläubigern gem. § 1978 I persönlich für seine Verwaltung haftet, wenn durch eine Vorabbefriedigung einzelne Gläubiger gegenüber anderen begünstigt worden sind.

4   **3. Wirkung der Aufgebotseinrede.** Hierzu kann zunächst auf die Ausführungen zur Dreimonatseinrede verwiesen werden (→ § 2014 Rn. 9 ff.). Der Erbe ist bis zur Beendigung des Aufgebotsverfahrens berechtigt, die **Einrede des Aufgebotsverfahrens** zu erheben. Neben den Fällen der Eröffnung eines Nachlassinsolvenzverfahrens oder der Rücknahme des Antrages kommt es zu einer Beendigung des Verfahrens, wenn rechtskräftig gem. § 439 FamFG ein Ausschließungsbeschluss erlassen oder der Antrag zurückgewiesen worden ist. § 2015 III berücksichtigt die Möglichkeit der **Beschwerde gem. § 58 FamFG,** die innerhalb eines Monats nach schriftlicher Bekanntgabe an die Beteiligten erhoben werden kann, § 63 III FamFG. Der Erbe kann einen Rechtsmittelverzicht erklären (Palandt/*Weidlich* Rn. 1).

§ 2016 Ausschluss der Einreden bei unbeschränkter Erbenhaftung

(1) **Die Vorschriften der §§ 2014, 2015 finden keine Anwendung, wenn der Erbe unbeschränkt haftet.**

(2) **Das Gleiche gilt, soweit ein Gläubiger nach § 1971 von dem Aufgebot der Nachlassgläubiger nicht betroffen wird, mit der Maßgabe, dass ein erst nach Eintritt des Erbfalls im Wege der Zwangsvollstreckung oder der Arrestvollziehung erlangtes Recht sowie eine erst nach diesem Zeitpunkt im Wege der einstweiligen Verfügung erlangte Vormerkung außer Betracht bleibt.**

1   **1. Unbeschränkbar haftender Erbe.** Im Fall unbeschränkbarer Haftung kann sich der Erbe gem. § 2016 I auf die **Schonungseinreden der §§ 2014, 2015 nicht berufen.** Zu einer allgemein unbeschränkten Haftung kann es aufgrund einer Inventaruntreue gem. § 2005 I oder wegen Versäumung einer gesetzten Inventarfrist gem. § 1994 I 2, gegenüber dem beantragenden Gläubiger bei Verweigerung der Abgabe der eidesstattlichen Versicherung gem. § 2006 III oder aufgrund einer Vereinbarung kommen. Hat der Erbe sein **Haftungsbeschränkungsrecht nur gegenüber einzelnen Nachlassgläubigern** verloren, kann er sich auf die Schonungseinreden gegenüber anderen Nachlassgläubigern weiter berufen. Er ist dazu uU sogar verpflichtet, § 1980 I 2, anderenfalls er sich ihnen gegenüber schadensersatzpflichtig machen kann. Trotz unbeschränkter Haftung des Erben können sich der Nachlassverwalter und der verwaltende Testamentsvollstrecker weiter auf die Aufgebotseinrede berufen (Bamberger/Roth/*Lohmann* Rn. 1; Palandt/*Weidlich* Rn. 1; MüKoBGB/*Küpper* Rn. 1; aA Soergel/*Stein* Rn. 1).

2   **2. Dinglich gesicherte Gläubiger.** Der Erbe kann sich **gem. § 2016 II auf die Schonungseinreden nicht berufen** gegenüber den in § 1971 bevorrechtigten Pfandgläubigern, anderen dinglich berechtigten Nachlassgläubigern, denjenigen, die eine Vormerkung durch Bewilligung gem. § 885 oder durch Pfändung im Wege der Zwangsvollstreckung oder durch Arrestvollziehung ein Pfändungspfandrecht oder eine Sicherungshypothek und gegenüber denjenigen, die eine Vormerkung durch einstweilige Verfügung erworben haben. Gleiches gilt gegenüber Absonderungs- und Aussonderungsberechtigten im Insolvenzverfahren. Diese Gläubiger dürfen jeweils nur ihre dinglichen Ansprüche geltend machen und müssen ihr Recht schon **vor dem Erbfall erworben** haben. Bei einem Erwerb **nach dem Erbfall** müssen sie sich – eine Ausnahme gilt bei einer Bewilligung nach § 885 – die Einreden entgegenhalten lassen (Erman/*Horn* Rn. 2; MüKoBGB/*Küpper* Rn. 2). Entsteht das Pfändungspfandrecht erst nach dem Erbfall, kann der Erbe dagegen im Wege der Vollstreckungsabwehrklage gem. §§ 782, 783, 785 ZPO vorgehen.

3   **Ausgeschlossen** ist die Erhebung der Schonungseinreden auch **gegenüber dem Anspruch auf den Dreißigsten** aus § 1969 **sowie dem Unterhaltsanspruch der Mutter eines bereits gezeugten Erben** aus § 1963. Diese Ansprüche sollen den aufgrund des Todes des Erblassers möglicherweise unmittelbar in ihrer wirtschaftlichen Existenz betroffenen Personen einen wirksamen Ausgleich gewähren, der keinen Aufschub duldet. Die Verpflichtung zu Gebrauchs- und Nutzungsüberlassungen im Rahmen von Miet- oder Pachtverträgen wird durch die Schonungseinreden ebenfalls nicht berührt (Staudinger/*Dobler* (2016) § 2014 Rn. 5).

4   Die Berufung auf die Schonungseinreden kann auch **nach Treu und Glauben ausgeschlossen** sein, wenn der Nachlass offensichtlich zur Erfüllung der Nachlassverbindlichkeiten ausreicht und andere als

die dem Erben bekannten Nachlassgläubiger mit hoher Wahrscheinlichkeit nicht vorhanden sind (Soergel/*Stein* § 2014 Rn. 2; Staudinger/*Dobler* (2016) § 2014 Rn. 6).

§ 2017 Fristbeginn bei Nachlasspflegschaft

Wird vor der Annahme der Erbschaft zur Verwaltung des Nachlasses ein Nachlasspfleger bestellt, so beginnen die in § 2014 und in § 2015 Abs. 1 bestimmten Fristen mit der Bestellung.

1. Normzweck. § 2017 befasst sich mit dem Lauf der Fristen der §§ 2014, 2015 BGB bei angeordneter Nachlasspflegschaft. Wird ein Nachlasspfleger bestellt, können Nachlassgläubiger gem. § 1960 III Ansprüche ihm gegenüber schon vor der Annahme der Erbschaft durch den Erben gerichtlich geltend machen, da § 1958 auf ihn keine Anwendung findet. Wurde der **Nachlasspfleger mit der Verwaltung des Nachlasses beauftragt**, kann er sich auf die Einreden der §§ 2014, 2015 I berufen. Für ihn beginnen die in diesen Vorschriften bestimmten Fristen mit dem Zeitpunkt seiner Bestellung, dh mit Bekanntgabe des Beschlusses an ihn gem. § 41 FamFG. Der Erbe muss sich den Zeitablauf, der gegenüber dem Nachlasspfleger eingetreten ist, anrechnen lassen (Soergel/*Stein* Rn. 2; MüKoBGB/*Küpper* Rn. 2). Der Nachlasspfleger übt bzgl. der Ermittlung des Nachlassbestandes eine Zuständigkeit des Erben aus. Ist er zur **Sicherung des Nachlasses** gem. § 1960 I bestellt worden, kommt es für den Fristbeginn auf die Annahme der Erbschaft an (Staudinger/*Dobler* (2016) Rn. 8; Erman/*Horn* Rn. 1).

2. Nachlassverwalter, Testamentsvollstrecker. Ist die **Anordnung einer Nachlassverwaltung** ausnahmsweise **vor der Annahme der Erbschaft** durch den Erben erfolgt, ist § 2017 anwendbar, da die Nachlassverwaltung eine besondere Art der Verwaltungspflegschaft ist. Hatte der Erbe die Erbschaft angenommen und wurde dann ein Nachlassverwalter bestellt, bleibt es bei den allgemeinen Vorschriften. Der Nachlassverwalter kann sich auf die Schonungseinreden nicht mehr berufen, wenn sie im Zeitpunkt seiner Bestellung durch Fristablauf bereits erloschen waren.

Ein **verwaltender Testamentsvollstrecker** kann sich ebenfalls **auf die Schonungseinreden berufen, wenn er** gem. § 2213 II **vor der Annahme der Erbschaft in Anspruch genommen wird**. Die Fristen beginnen immer erst mit der Annahme der Erbschaft oder mit der Bestellung des verwaltenden Pflegers gem. § 2017. Hat der Testamentsvollstrecker sein Amt früher angenommen als der Erbe die Erbschaft, § 2202 I, ist nach heute allgemein vertretener Auffassung § 2017 nicht entsprechend anwendbar, weil er erst nach Annahme ein Gläubigeraufgebot beantragen kann, § 455 III FamFG (Erman/*Horn* Rn. 2; Soergel/*Stein* Rn. 4; Staudinger/*Dobler* (2016) Rn. 4; MüKoBGB/*Küpper* Rn. 3).

Sowohl der Nachlassverwalter als auch der verwaltende Testamentsvollstrecker leiten die Einreden vom Recht des Erben ab und können sich deshalb **bei unbeschränkter Haftung des Erben** nicht auf die Dreimonatseinrede berufen. Dagegen steht ihnen trotz Verlustes des Haftungsbeschränkungsrechts des Erben nach überwiegender Auffassung die Aufgebotseinrede des § 2015 I zu, wenn sie ein Aufgebotsverfahren betreiben und die sonstigen Voraussetzungen gegeben sind (Bamberger/Roth/*Lohmann* § 2016 Rn. 1; MüKoBGB/*Küpper* § 2016 Rn. 1; Staudinger/*Dobler* (2016) § 2016 Rn. 2; aA Soergel/*Stein* § 2016 Rn. 1).

Titel 3. Erbschaftsanspruch

§ 2018 Herausgabepflicht des Erbschaftsbesitzers

Der Erbe kann von jedem, der auf Grund eines ihm in Wirklichkeit nicht zustehenden Erbrechts etwas aus der Erbschaft erlangt hat (Erbschaftsbesitzer), die Herausgabe des Erlangten verlangen.

1. Normzweck. Nach § 1922 I geht mit dem Tod des Erblassers im Wege der Universalsukzession dessen Vermögen als Ganzes auf den Erben über (→ § 1922 Rn. 21 f.). Dies bedeutet, dass der Erbe als Gesamtrechtsnachfolger alle Einzelansprüche, die ihm an den angefallenen Sachen und Rechten aus dem Vermögen des Erblassers zustehen (zB §§ 985, 861, 1007, 812, §§ 823, 249 ff.), geltend machen kann. Die **Besonderheit des Erbschaftsanspruchs** iSd § 2018 besteht nun darin, dass der wahre Erbe gegenüber einem Erbenprätendenten, der „etwas aus der Erbschaft erlangt hat", für die Durchsetzung seines Herausgabeanspruchs nicht auf die Geltendmachung der Einzelansprüche angewiesen ist. Der wahre Erbe erhält durch die §§ 2018 ff. vielmehr **zusätzlich** einen **Gesamtanspruch gegenüber einem Erbprätendenten,** der ihm dadurch die Durchsetzung seines Herausgabeanspruchs bzgl. Nachlassgegenständen erleichtert, als er lediglich seine eigene Erbenstellung und die Anmaßung der Erbenstellung desjenigen, der „etwas aus der Erbschaft" erlangt hat, darlegen und beweisen muss. Die Vorschrift des § 2018 korrespondiert insofern mit § 1922 I und soll sicherstellen, dass der Nachlass als Gesamtheit in die Hände des wahren Erben gelangt. Die Vorschrift dient daher dem **Schutz der Erben.** Die Vorschrift bedingt zudem eine **Erleichterung der Rechtsverfolgung zugunsten des Erben.** Der Vorteil für den Erben im Vergleich zu der Geltendmachung der Einzelansprüche liegt nämlich darin, dass im Rahmen des Erbschaftsanspruchs nicht das einzelne Recht an dem Nachlassgegenstand darzulegen ist.

Andererseits dienen die Vorschriften der §§ 2021, 2022 aber auch dem **Schutz des gutgläubigen Erbschaftsbesitzers,** als er sich auf den Wegfall der Bereicherung berufen kann (§ 818 III) und im Gegensatz zu den allgemeinen Vorschriften (§§ 994 ff.) den Ersatz aller Verwendungen verlangen kann, die er im guten Glauben an sein Erbrecht auf den Nachlass oder einzelne Nachlassgegenstände gemacht hat. Dieser Vorteil bleibt ihm gem. § 2029 selbst dann erhalten, wenn der Erbe den Einzelanspruch geltend macht.

3   **2. Der Herausgabeanspruch. a)** In seiner **Rechtsnatur** ist der Herausgabeanspruch ein erbrechtlicher einheitlicher Gesamtanspruch, der auf die Herausgabe der Erbschaft als solche gerichtet ist. Er ist – soweit der Erbe Eigentümer des Herausverlangten ist – dinglicher (§§ 2018, 2019, 2020 Hs. 1) und – soweit der Erbschaftsbesitzer Eigentümer des Erlangten geworden ist – schuldrechtlicher Natur (§§ 2020 Hs. 2, 2021, 2023–2025), was in der Zwangsvollstreckung und in der Insolvenz bedeutsam ist: Ist der Herausgabeanspruch dinglicher Natur kann der Erbe bei Zwangsvollstreckung gegen den Erbprätendenten mit der Drittwiderspruchsklage gem. § 771 ZPO vorgehen bzw. bei dessen Insolvenz ein Aussonderungsrecht (§ 47 InsO) geltend machen, während bei schuldrechtlicher Natur des Herausgabeanspruchs der Erbe lediglich eine Insolvenzforderung inne hat. Die unterschiedliche Art der Ausgestaltung des Anspruchs hat jedoch keinen Einfluss auf die Verjährung (Staudinger/*Gursky* Vorb. zu §§ 2018–2031 Rn. 21).

b) Es finden iÜ die **allgemeinen Vorschriften über Schuldverhältnisse** auf den Herausgabeanspruch – auch wenn dieser dinglicher Natur ist – Anwendung, soweit nicht die §§ 2018 ff. Sondervorschriften vorsehen (vgl. § 2024 S. 3). Der Erbschaftsanspruch ist daher abtretbar, verpfändbar und pfändbar sowie aktiv und passiv vererbbar.

5   **c) Verhältnis zu den Einzelansprüchen des Erben.** Der erbrechtliche Gesamtanspruch steht dem Erben neben den Einzelansprüchen an den ihm mit Eintritt des Erbfalls im Wege der Universalsukzession übergegangenen Vermögensgegenständen zur Verfügung. Der Erbe hat daher die Wahl, ob er den Gesamtanspruch oder die Einzelansprüche geltend macht. Das Konkurrenzverhältnis der beiden Ansprüche regelt § 2029. Danach werden bei Geltendmachung der Einzelansprüche diese durch die Vorschriften der §§ 2018 ff. modifiziert (→ Rn. 2029 Rn. 4). Zum Vorteil einer Geltendmachung des Gesamtanspruchs zur Verfolgung der Einzelansprüche → Rn. 1, 3).

6   **d) Verjährung. aa)** Die **Verjährungsfrist** des erbrechtlichen Gesamtanspruchs auf Herausgabe beträgt 30 Jahre (§ 197 I Nr. 1), und zwar unabhängig davon, ob er schuldrechtlicher oder dinglicher Natur (→ Rn. 3) ist und ob er auf Herausgabe, Wert-, Nutzungs-, oder Verwendungs- oder Schadensersatz gerichtet ist; aber auch → § 2025 Rn. 6.

7   **bb)** Der **Beginn** der Verjährung liegt in der Entstehung des Gesamtanspruchs (§ 200 S. 1). Dies ist der Zeitpunkt, in dem der Erbschaftsbesitzer **erstmals einen (!) Gegenstand** aus dem Nachlass erlangt hat, und zwar einheitlich für alle erlangten Gegenstände, also selbst dann, wenn der Erbschaftsbesitzer im zeitlichen Nachgang weitere Gegenstände erlangt hat (Erman/*Horn* § 2026 Rn. 1; MüKoBGB/*Helms* § 2026 Rn. 3; NK-BGB/*Fleindl* Vorb. §§ 2018–2031 Rn. 11 mwN; aA Staudinger/*Gursky* § 2026 Rn. 2–7; *Lange* JZ 2013, 598: Zeitpunkt der Inbesitznahme des konkreten Erbschaftsgegenstandes). Voraussetzung ist aber, dass der Erbschaftsbesitzer den Gegenstand aufgrund eines angemaßten Erbrechts in Besitz genommen hat. Hatte er den Gegenstand bereits vorher in Besitz, so beginnt die Verjährungsfrist erst in dem Zeitpunkt zu laufen, in dem er sich als Erbe geriert (BGH ZEV 2004, 378). Gem. § 198 kommt die während des Besitzes des Erbprätendenten verstrichene Verjährungszeit dem Rechtsnachfolger des Erbschaftsbesitzers zugute. Unmaßgeblich ist dabei, ob der Anspruch dinglicher oder schuldrechtlicher Natur ist (vgl. § 2030).

8   **cc)** Durch Klageerhebung (§ 204 I Nr. 1) tritt eine **Hemmung** – trotz der Rechtsnatur des § 2018 als Gesamtanspruch – nur hinsichtlich der Gegenstände ein, die im Klageantrag bezeichnet wurden. Es empfiehlt sich daher die Stufenklage iSd § 254 ZPO zu erheben, da bereits mit der 1. Stufe (= Auskunftsstufe) die in der 3. Stufe (Leistungs- bzw. Herausgabestufe) herausverlangten Gegenstände rechtshängig werden (Thomas/Putzo/*Reichold* ZPO § 254 Rn. 4). Bei Erhebung der Erbschaftsklage durch einen Miterben wirkt die Hemmung nicht zugunsten der anderen Miterben, selbst wenn die Klage gem. § 2039 auf Leistung an alle Erben erhoben wird (Staudinger/*Gursky* § 2026 Rn. 10).

9   **dd)** Als **Rechtsfolge** der Verjährung kann der Erbschaftsbesitzer die Herausgabe der Nachlassgegenstände verweigern (§ 214), wird aber dadurch nicht selbst Erbe. Er haftet daher nicht für Nachlassverbindlichkeiten und kann selbst keine Nachlassgegenstände von anderen Personen herausverlangen (MüKoBGB/*Helms* § 2026 Rn. 6).

10   **3. Anspruchsberechtigung. a)** Inhaber des Anspruchs ist der **wahre Erbe,** also der Alleinerbe; der Miterbe, und zwar gegenüber einem Miterben, der einen größeren Erbteil für sich beansprucht oder sich eine Alleinerbenstellung anmaßt und den Nachlass über seine tatsächliche Berechtigung hinaus in Besitz nimmt, wie auch gegenüber Dritten, wobei der Miterbe in diesem Fall vor Auseinandersetzung nur Leistung an alle Miterben verlangen kann (§ 2039 2); der Vorerbe bis zum Eintritt des Nacherbfalls, danach der Nacherbe (§ 2139); zum Verhältnis „Vorerbe – Nacherbe" → Rn. 22.

11   **b)** Neben dem wahren Erben können im Wege der gesetzlichen Prozessstandschaft der **Nachlassinsolvenzverwalter** (§ 80 I InsO), der **Nachlassverwalter** (§ 1984) und der **Testamentsvollstrecker** (§§ 2211, 2212) den Anspruch kraft ihres Amtes geltend machen.

12   **c)** Streitig ist, ob der **Nachlasspfleger** den Herausgabeanspruch nach § 2018 geltend machen kann. Dies wird einerseits bejaht, wobei teilweise vom Nachlasspfleger der Nachweis erlassen wird, dass der Erbschaftsbesitzer nicht wahrer Erbe ist (Soergel/*Dieckmann* Rn. 1; MüKoBGB/*Helms* § 2018 Rn. 13; vgl. Staudinger/*Gursky* Rn. 3 mwN). Zutreffender erscheint es, die Anspruchsberechtigung des Nach-

lasspflegers iSd § 2018 zu verneinen (BGH NJW 1972, 1752; RGRK/*Kregel* Rn. 3; NK-BGB/*Fleindl* Rn. 2). Der Nachlasspfleger hat nämlich bereits nach § 1960 einen Herausgabeanspruch inne, der sich sogar gegen den wahren Erben richten kann (so BGH NJW 1972, 1752). Zudem ist ein hinreichender Grund dafür, dass der Nachlasspfleger bei seiner Geltendmachung des Herausgabeanspruchs iSd § 2018 das fehlende Erbrecht des Erbschaftsbesitzers nicht nachzuweisen hat, nicht ersichtlich, wie es auch nicht Aufgabe des Nachlasspflegers ist, die Erbrechtslage zu klären (NK-BGB/*Fleindl* Rn. 2). Letztendlich kann aber die Streitfrage dahingestellt bleiben: da nach Auffassung des BGH sich der Anspruch des Nachlasspflegers nach § 1960 in Analogie zu § 2019 auch auf Surrogate erstreckt (BGH NJW 1983, 583) und dem Herausgabeverpflichteten auch ein Zurückbehaltungsrecht analog §§ 2022, 1000 wegen Verwendung auf die herausverlangten Gegenständen eingeräumt wird (BGH NJW 1972, 1752 (1753)), unterscheiden sich beide Auffassung iErg nicht.

d) Dem wahren Erbe ist der **fälschlich für tot Erklärte** (§ 2031) gleichgestellt. 13

4. Anspruchsgegner. a) Dies ist nach der **Legaldefinition des § 2018** jeder, der aufgrund eines ihm 14 nicht zustehenden Erbrechts etwas aus der Erbschaft erlangt hat. Dies kann auch der **Fiskus** sein (BGH Urt. v. 14.10.2015 – IV ZR 438/14, NJW 2016, 156 Rn. 8 m. Anm. *Reimann*). Der Anspruch beinhaltet daher eine objektive Voraussetzung („etwas aus dem Nachlass erlangt") wie auch eine subjektive Voraussetzung („in Anmaßung eines nicht bestehenden Erbrechts").

aa) Voraussetzung in **objektiver Hinsicht** ist, dass **(1)** der Anspruchsgegner „etwas" aus der Erbschaft 15 erlangt hat. Der Anspruchsgegner muss also irgendeinen Vermögensvorteil, gleich ob Gegenstand, Forderung oder Recht, erlangt haben. Der Begriff des „Vermögensvorteils" ist dabei weit auszulegen, so dass auch Gegenstände von rein ideellem Wert, die nicht in Geld wägbar sind (zB Familienfotoalben) darunter fallen. In erster Linie kommt die Erlangung von unmittelbarem **Besitz** in Betracht, so bei Wegnahme oder bei Entgegennahme einer Sache durch den Erbschaftsbesitzer; gleich zu stellen ist aber auch der Fall, dass dieser den Gegenstand vor Erbfall bereits in Besitz hatte, nach Erbfall aber die Sache aufgrund eines behaupteten Erbrechts weiter behält (MüKoBGB/*Helms* Rn. 22). Es ist auch die Erlangung mittelbaren Besitzes ausreichend, so zB wenn der Erblasser als Mieter oder Verwahrer Fremdbesitzer war und der Erbschaftsbesitzer diesen Besitz weiter so aufrecht erhält (RGZ 81, 293 (296); MüKoBGB/*Helms* Rn. 22). Einen Vermögensvorteil stellen auch zB Schuldanerkenntnisse von Nachlassschuldnern, Schuldurkunden wie Wechsel, Inhaberpapiere oder sonstige Beweismittel (zB Schuldscheine) dar (Soergel/*Dieckmann* Rn. 11). Zur Geltendmachung des Erbschaftsanspruchs ist nicht erforderlich, dass die gesamte Erbschaft erlangt wurde. Es genügt, dass ein einzelner Vermögensvorteil erlangt wurde (Palandt/*Weidlich* Rn. 6).

(2) Der Vermögensvorteil muss **aus der Erbschaft** erlangt sein. Rechtliche Zugehörigkeit des Vorteils zur Erbschaft ist nicht Voraussetzung; es genügt, dass der Vermögensvorteil zumindest der Besitzlage nach zur Erbschaft gehörte (Staudinger/*Gursky* Rn. 31).

(3) „**Erlangt**" ist der Vermögensvorteil, wenn der Erbschaftsbesitzer einen Vermögensvorteil erzielt hat ohne dass es auf eine förmliche Rechtsänderung ankommt (Staudinger/*Gursky* Rn. 23). Es bedarf dabei keiner Besitzerlangung (MüKoBGB/*Helms* Rn. 23). Ausreichend ist es daher, dass der Erbprätendent aufgrund eines unrichtigen Erbscheins in das Grundbuch eingetragen wird und er Bucheigentum erlangt (Staudinger/*Gursky* Rn. 25). Erlangt iSd § 2018 ist auch die Befreiung von einer persönlichen Schuld bei einer nach § 2367 wirksamen Aufrechnung mit einer Nachlassforderung sowie eine eingezogene Forderung, auf die der Nachlassschuldner nach § 2367 wirksam geleistet hat, wobei jedoch zu beachten ist, dass in letzterem Fall das Erlangte eigentlich ein Surrogat iSd § 2019 ist (Soergel/*Dieckmann* Rn. 11).

bb) Der Erbschaftsanspruch setzt in **subjektiver Hinsicht** voraus, dass der Anspruchsgegner **Erb-** 16 **schaftsbesitzer** ist, dieser sich also ein ihm nicht zustehendes Erb- oder Miterbenrecht anmaßt. Ausreichend ist, dass sich der Besitzer eines Nachlassgegenstandes wie ein Erbe verhält, so wenn er für den Erben gehalten wird und er dies ohne Widerspruch stillschweigend duldet. Einer wörtlichen oder ausdrücklichen Anmaßung der Erbenstellung bedarf es daher nicht. Andererseits genügt es nicht, dass er einen Nachlassgegenstand in Besitz hat. Leitet jemand sein Recht an dem (Nachlass-)Gegenstand ohne Behauptung einer Erbenstellung aufgrund eines anderen Rechtsgrundes her, ist er nicht Erbschaftsbesitzer. Behauptet daher der Besitzer, der Gegenstand sei ihm bereits zu Lebzeiten des Erblassers von diesem übereignet worden, oder leitet jemand seinen Besitz aus einer schuldrechtlichen Berechtigung ab (zB Miete, Vermächtnis) oder hat er ohne Rechtfertigung Besitz begründet (zB durch Diebstahl), ist er kein Erbschaftsbesitzer (MüKoBGB/*Helms* Rn. 18). Dazu wird er erst in dem Zeitpunkt, in dem er sich als Erbe geriert (BGH ZEV 2004, 379; MüKoBGB/*Helms* Rn. 16 und 18). Ein Kausalzusammenhang zwischen Erbrechtsanmaßung und Erlangung eines Nachlassgegenstandes ist nämlich nicht erforderlich (MüKoBGB/*Helms* Rn. 16). Unmaßgeblich ist auch, ob der Besitzer gut- oder bösgläubig ist. Diese Frage wird erst dann bedeutsam, wenn er nicht in der Lage ist, das Erlangte an den wahren Erben herauszugeben (vgl. § 2024). Maßgebliches **Kriterium** für die Annahme eines Erbschaftsbesitzes ist also allein, ob der Besitz von einer angemaßten Gesamtrechtsnachfolge oder von einem sonstigen Recht abgeleitet wird (NK-BGB/*Fleindl* Rn. 11). Insofern kann auch der Fiskus als gesetzlicher Zwangserbe iSd § 1936 Erbschaftsbesitzer sein, wenn er sich später tatsächlich nicht als der Erbe herausstellt (BGH Urt. v. 14.10.2015 – IV ZR 438/14, NJW 2016, 156 Rn. 8 m. Anm. *Reimann*). Hat sich der Besitzer aber zunächst eine bestehende Erbrechtsstellung angemaßt und leitet er dann nachfolgend sein Besitzrecht aus einem sonstigen Rechtsgrund ab, ist er weiterhin als Erbschaftsbesitzer zu behandeln (BGH NJW 1985, 3068 (3069); Staudinger/*Gursky* Rn. 11).

17 cc) Mehrere Erbschaftsbesitzer haften als **Gesamtschuldner** (§ 426).

18 b) **Beispielsfälle. aa) Erbschaftsbesitz** ist gegeben, wenn jemand sein Erbrecht durch **Erbunwürdigkeitserklärung** (§ 2344) oder **Anfechtung** einer letztwilligen Verfügung (§ 2078) verliert. Grund hierfür ist, dass das Erbrecht infolge der rückwirkend eingetretenen Unwirksamkeit der Verfügung von Anfang an „in Wirklichkeit nicht" bestanden hat (§§ 2344 I, 142 I); Haben sich zB Ehegatten in einem gemeinschaftlichen Testament gegenseitig zu Vorerben und die gemeinsamen Kinder zu Nacherben eingesetzt und wird die Einsetzung des überlebenden Gatten rückwirkend unwirksam, dann ist er von Anfang an als Erbschaftsbesitzer anzusehen; darauf, ob der Besitzer nach dem „Wegfall" weiterhin als Erbe auftritt, kommt es nicht an (BGH NJW 1985, 3068 mwN; OLG Koblenz Urt. v. 6.5.2015 – 3 U 1272/13, NJW-RR 2015, 72). Diese Folge tritt selbst dann ein, wenn der Erbschaftsbesitzer selbst die Anfechtung erklärt hat (BGH NJW 1985, 3068 mwN); → Rn. 16.

19 Der **Erbe des Erbschaftsbesitzers** rückt in dessen Rechtsstellung ein und wird dadurch selbst Erbschaftsbesitzer; einer eigenen Erbrechtsanmaßung des Erben bedarf es insofern nicht (BGH NJW 1985, 3068 (3069)). Solange er sich selbst nicht das Erbrecht anmaßt, besteht für ihn aber die Möglichkeit der Haftungsbeschränkung (Staudinger/*Gursky* Rn. 21; MüKoBGB/*Helms* Rn. 21). Nimmt der Erbe des Erbschaftsbesitzers deshalb Gegenstände eines fremden Nachlasses an sich, da er der Auffassung ist, dass diese Gegenstände zum Vermögen seines Erblassers gehören, wird er dadurch mangels Erbrechtsanmaßung nicht bereits selbst zum Erbschaftsbesitzer. Dies ist erst dann der Fall, wenn er die Zugehörigkeit der Gegenstände zu dem Nachlass des Erbschaftsbesitzers aus einem vermeintlichen Erbrecht seines Erblassers ableitet (MüKoBGB/*Helms* Rn. 21; Staudinger/*Gursky* Rn. 21). Erfolgt der **Erwerb der Erbschaft von einem Erbschaftsbesitzer durch Vertrag**, wird der Erwerber gem. § 2030 einem Erbschaftsbesitzer gleichgestellt.

20 Der **Miterbe** ist Erbschaftsbesitzer, wenn er sich ein Alleinerbrecht anmaßt und unter Negierung des den übrigen Miterben zustehenden Besitzes Nachlassgegenstände in Besitz nimmt (BGH FamRZ 2004, 537). Voraussetzung ist aber, dass das Mitgebrauchsrecht der anderen Miterben eingeschränkt ist, was nicht der Fall ist, wenn diese ihre Befugnis zum Mitgebrauch nicht ausüben (BGH FamRZ 2004, 537). Deshalb genügt es für die Begründung einer Stellung als Erbschaftsbesitzer ebenfalls nicht, dass sich ein Miterbe eine höhere als die ihm tatsächlich zustehende Erbquote an dem Nachlass anmaßt, wenn alle übrigen Miterben weiterhin Mitbesitz haben (der schlichte Mitbesitz kennt zudem keine Quoten; vgl. Staudinger/*Gursky* Rn. 13). In solch einem Fall stehen den übrigen Miterben die Erbteilsfeststellungsklage bzw. eine Klage aus der gesamthänderischen Mitberechtigung zur Verfügung (MüKoBGB/*Helms* Rn. 19).

21 Die Vorschriften der §§ 2018ff. sind auf einen **Nachlassschuldner** analog anwendbar, wenn er mit der Behauptung, selbst Erbe zu sein, dem wahren Erben die Erfüllung verweigert, da die Schuld durch Konfusion erloschen sei (Staudinger/*Gursky* Rn. 26; MüKoBGB/*Helms* Rn. 24; Palandt/*Weidlich* Rn. 4).

22 bb) **Kein Erbschaftsbesitz** ist im Verhältnis „**Vorerbe – Nacherbe**" gegeben. Hier haftet der Vorerbe aufgrund der Vorschrift des § 2130, die als lex specialis einer Haftung nach §§ 2018ff. vorgeht. Auch eine analoge Anwendung der §§ 2018ff. kommt nicht in Betracht (BGH NJW 1983, 2874 (2875)).

23 Auch **Nachlasspfleger** (→ Rn. 12), **Nachlassverwalter, Nachlassinsolvenzverwalter** und **Testamentsvollstrecker** sind im Verhältnis zu den Erben keine Erbschaftsbesitzer, da sie den Nachlass kraft Amtes und nicht aufgrund Anmaßung eines Erbrechts in Besitz nehmen. Die §§ 2018ff. sind aber im Verhältnis zu dem Nachlass eines Dritten anwendbar, wenn die Erben dieses Nachlasses die Herausgabe von Nachlassgegenständen verlangen, die diesem Nachlass entzogen und zu Unrecht in die Verwaltung miteinbezogen wurden, gleich, ob bereits der Erblasser des verwalteten Nachlasses dem Nachlass des Dritten Gegenstände unter Anmaßung einer Erbrechtsstellung entzogen hat oder ob der Verwalter selbst unter Berufung auf ein Erbrecht des Erblassers seines verwalteten Nachlasses Gegenstände an sich genommen hat (MüKoBGB/*Helms* Rn. 20).

24 Trotz der Rückwirkung nach § 1953 I wird der (vorläufige) Erbe durch die **Ausschlagung der Erbschaft** nicht zum Erbschaftsbesitzer. In diesem Fall greift die speziellere Regelung des § 1959 I iVm §§ 677ff. ein (MüKoBGB/*Helms* § 2018 Rn. 19; Brox/*Walker* ErbR Rn. 577). Eine Haftung nach den §§ 2018ff. kommt nur dann in Betracht, wenn er nach Ausschlagung sich zu Unrecht als wahrer Erbe geriert, so zB wenn er die Wirksamkeit der Ausschlagung bestreitet (Staudinger/*Gursky* Rn. 17; Soergel/*Dieckmann* Rn. 6; NK-BGB/*Fleindl* Rn. 18; Lange/*Kuchinke* ErbR § 40 Kap. II Rn. 3 Fn. 38; aA Palandt/*Weidlich* Rn. 8; RGRK/*Kregel* Rn. 5; Brox/*Walker* ErbR Rn. 577).

25 5. **Inhalt des Anspruchs. a)** Der Erbschaftsbesitzer hat das von ihm **Erlangte** samt **Surrogate** (§ 2019) und **Nutzungen** (§ 2020) herauszugeben. Neben dem Herausgabeanspruch steht dem Erben auch ein **Zinsanspruch** (§§ 2021, 812 I, 818 → § 2021 Rn. 6) zu (BGH Urt. v. 14.10.2015 – IV ZR 438/14, NJW 2016, 156 Rn. 7 f. m. Anm. *Reimann*; vgl. dazu im Fortgang OLG Bamberg Urt. 29.2.2016 – 4 U 78/14, BeckRS 2016, 06050). Bei unberechtigter Erlangung einer Buchposition kann der Erbe Grundbuchberichtigung nach § 894 verlangen (Soergel/*Dieckmann* Rn. 12). Ist ihm die Herausgabe nicht mehr möglich, so bestimmen sich die Ansprüche des Erben nach den §§ 2021, 2023 ff. Der Erbschaftsbesitzer haftet nach den Vorschriften der ungerechtfertigten Bereicherung oder auf Schadensersatz.

26 b) Gegen den Herausgabeanspruch kann der Erbschaftsbesitzer alle **Einwendungen** und **Einreden** entgegenhalten, die ihm im Verhältnis zum Erblasser und zum Erben zustehen. Ausdrücklich sind in den

§§ 2018 ff. der Bereicherungseinwand (§§ 2021, 818) und ein Zurückbehaltungsrecht wegen nachlassbezogener Verwendungen (§ 2022) geregelt. Daneben kann sich der Erbschaftsbesitzer aber auch mit Einwendungen und Einreden bzgl. Einzelgegenstände gegen den Gesamtanspruch zur Wehr setzen. Insbesondere kann er ein Zurückbehaltungsrecht iSd § 273 I geltend machen; § 2022 iVm § 1000 ist insofern nicht abschließend. Ein solches Zurückbehaltungsrecht steht ihm nach hM jedoch nicht wegen Pflichtteils- oder Vermächtnisansprüchen zu (OLG Hamm MDR 1964, 151; OLG Düsseldorf FamRZ 1992, 600 (602); Soergel/*Dieckmann* Rn. 13; Erman/*Horn* Rn. 11). Eine Ausnahme wird man aber dann machen müssen, wenn dadurch eine wirtschaftlich sinnvolle Nachlassabwicklung nicht gefährdet wird (Staudinger/*Gursky* Rn. 37; NK-BGB/*Fleindl* Rn. 22); an dem ihm selbst vermachten Gegenstand hat der Erbschaftsbesitzer aufgrund des Vermächtnisanspruchs ein schuldrechtliches Besitzrecht und damit einen Einzeleinwand (MüKoBGB/*Helms* Rn. 27; Staudinger/*Gursky* Rn. 37).

6. Prozessuale Durchsetzung (vgl. dazu *Roth*, NJW-Spezial 2016, 359). **a)** Bei prozessualer Geltendmachung des Erbschaftsanspruchs verlangt der **Bestimmtheitsgrundsatz iSd § 253 II Nr. 2 ZPO** die Bezeichnung der herausverlangten Gegenstände, da ansonsten im Rahmen der Zwangsvollstreckung der Gerichtsvollzieher nicht in der Lage ist, das Urteil zu vollstrecken (vgl. § 883 ZPO). 27

b) Streitgegenstand ist der Erbschaftsanspruch als Gesamtanspruch, so dass eine nach Rechtshängigkeit der Klage erfolgende Ergänzung der herausverlangten Vermögensvorteile keine Klageänderung iSd § 253 ZPO, sondern eine nach § 264 Nr. 2 ZPO zulässige Klageerweiterung darstellt. 28

c) Die **Rechtskraft** des verurteilenden Urteils erstreckt sich daher (nur) auf die Herausgabepflicht der in dem Urteil bezeichneten Vermögensvorteile, nicht aber auf sonstige noch im Vermögen des Erbschaftsbesitzers befindlichen Sachen. Von der Rechtskraft wird auch nicht das Erbrecht als solches erfasst, da es lediglich ein vorgreifliches Rechtsverhältnis für die Frage der Herausgabepflicht darstellt. Bei Streit um Nutzungen ab Rechtshängigkeit der Klage (§ 2023) erzeugt das Urteil wie bei den §§ 987 ff. jedoch präjudizielle Rechtskraft (Soergel/*Dieckmann* Vorb. § 2018 Rn. 5). 29

d) Die rechtskräftige Feststellung seines Erbrechts kann der Erbe nur durch Erhebung einer **Feststellungsklage** (§ 256 I ZPO) erreichen, die er mit der Herausgabeklage verbinden kann (§ 260 ZPO). IdR wird bei einem solchen Begehr eine Zwischenfeststellungsklage iSd § 256 II ZPO erhoben sein. Für eine Feststellungsklage, die allein auf die Herausgabepflicht aller aus der Erbschaft erlangten Gegenstände gerichtet ist, fehlt idR das Rechtsschutzbedürfnis. Bzgl. der Nachlassgegenstände, von denen er weiß, dass der Erbschaftsbesitzer sie erlangt hat, ist der Erbe gehalten, die vorrangige Leistungsklage zu erheben. Hat der Erbe jedoch keine Kenntnis, ob und in welchem Umfang der Erbschaftsbesitzer „etwas aus der Erbschaft erlangt hat", so steht ihm die **Stufenklage** (§ 254 ZPO) zur Verfügung, bei der bereits bei Erhebung der Auskunftsstufe (= 1. Stufe) die Rechtshängigkeit in der Höhe eintritt, in der der Hauptanspruch in der Leistungsstufe (= 3. Stufe) dann weiter verfolgt wird. Einer Erhebung der Feststellungsklage zum Zwecke der Unterbrechung der Verjährung bzgl. der Nachlassgegenstände, die zunächst nicht bezeichnet werden können, ist daher nicht erforderlich (aA hM in der erbrechtlichen Lit. Staudinger/*Gursky* Vorb. zu §§ 2018–2031 Rn. 25; MüKoBGB/*Helms* Rn. 29; NK-BGB/*Fleindl* Vor § 2018 Rn. 15; Soergel/*Dieckmann* Vorb. § 2018 Rn. 5). 30

e) Als **Gerichtsstand** kommt für den Erbschaftsanspruch der allgemeine iSd §§ 12, 13 ff. ZPO wie auch der besondere Gerichtsstand der Erbschaft (§ 27 ZPO) in Betracht, nicht aber der dingliche Gerichtsstand (§ 24 ZPO), und zwar selbst dann nicht, wenn der Anspruch dinglicher Art ist und die Erbschaft ausschließlich aus Grundstücken besteht. Stützt der Erbe den Herausgabeanspruch jedoch auf den (dinglichen) Einzelanspruch (§§ 985, 894 BGB), muss er die Klage im dinglichen Gerichtsstand erheben, da für Einzelansprüche der Gerichtsstand der Erbschaft keine Anwendung findet. Für Einzelansprüche gilt nach hM § 27 ZPO nicht. Dies könnte zu einer gespaltenen örtlichen Zuständigkeit führen (vgl. Lange/Kuchinke ErbR § 40 Kap. II Rn. 4), sofern der Erbe zunächst die Klage im Gerichtsstand von § 27 ZPO gestützt auf den Erbschaftsanspruch erhoben hat und anschließend auf die Verfolgung der Einzelansprüche übergeht. Im Hinblick auf die Rspr. des BGH zu § 32 ZPO erscheint es daher nahe liegend, dass dem Gericht, das gem. § 27 ZPO örtlich zuständig ist, die Prüfung der Einzelansprüche nicht verwehrt sein kann (so zutr. NK-BGB/*Fleindl* Vor § 2018 Rn. 18). In grenzüberschreitenden Fällen gilt § 2 IntErbRVG, der in Abs. 5 die Anwendung des § 27 ausschließt. 31

Die Klage, die auf den Erbschaftsanspruch gestützt wird, kann im Wege der **objektiven Klagehäufung** (§ 260 ZPO) mit der Klage auf Feststellung des Erbrechts verbunden werden. Hingegen kann im Gerichtsstand des § 27 ZPO nicht die Klage auf Feststellung des Eigentums des Erben an einem Grundstück zusammen mit der Erbschaftsklage erhoben werden, es sei denn, dass die beiden Gerichtsstände örtlich identisch sind (Soergel/*Dieckmann* Vor § 2018 Rn. 6). 32

Die **internationale Zuständigkeit** wird durch analoge Anwendung der Regeln über die örtliche Zuständigkeit begründet, nicht aber durch die EuGVVO, da diese nicht anwendbar ist (vgl. Art. 1 II a EuGVVO). Im Rahmen des **Anwendungsbereichs der EuErbVO** (Todesfälle ab dem 17.8.2015) bestimmt sich die internationale Zuständigkeit grds. nach dem letzten gewöhnlichen Aufenthalt des Erblassers (Art. 4 EuErbVO), subsidiär danach, wo sich Nachlassgegenstände befinden (Art. 10 EuErbVO). Art. 5 EuErbVO sieht eine Gerichtsstandvereinbarung in Bezug auf das zuständige Gericht vor. Hat der Erblasser im Inland keinen allgemeinen Gerichtsstand iSd §§ 12, 13 ZPO (Wohnsitz!), so erfolgt im Anwendungsbereich der EuErbVO die Bestimmung der örtlichen Zuständigkeit nach § 2 IntErbRVG; nach § 2 V IntErbRVG ist insoweit § 27 II ZPO nicht anwendbar. 33

34 f) **Beweislast.** Es gilt der **Grundsatz,** dass der Erbe, der den Erbschaftsanspruch erhebt, sowohl sein Erbrecht als auch den Erbschaftsbesitz des Beklagten darzulegen und ggf. zu beweisen hat.

35 aa) Der Erbe hat sein **Erbrecht** zu beweisen, auf das er seinen Erbschaftsanspruch stützt.

(1) Leitet er dieses aus einer **letztwilligen Verfügung** her, so muss er deren formgerechte Errichtung wie auch den Inhalt beweisen; der Vorlegung der Urkunde bedarf es nicht. Auch die Tatsachen, die eine Anfechtung begründen, wie auch den Mangel der Testierfähigkeit des Erblassers hat der Erbe zu beweisen.

(2) Wird das Erbrecht auf **gesetzliche Erbfolge** gestützt, so muss der Erbe seine verwandtschaftliche Beziehung zum Erblasser bzw. den Wegfall etwaig ihm vorgehender gesetzlicher Erben darlegen. Der Erbe muss jedoch nicht beweisen, dass keine gleichnahen Verwandten vorhanden sind bzw. dass keine Ausschlussgründe für sein gesetzliches Erbrecht (zB Ehenichtigkeitsgründe, Fehlen einer letztwilligen Verfügung) vorhanden sind. Es obliegt dem Beklagten zB Tatsachen darzulegen, die die Erbunwürdigkeit oder den Erbverzicht des Klägers belegen (Staudinger/*Gursky* Rn. 39; MüKoBGB/*Helms* Rn. 34).

36 bb) Daneben muss der Erbe auch den **Erbbesitz** des Beklagten darlegen. Die Darlegungspflicht umfasst die Anmaßung des Erbrechts durch den Beklagten und die Erlangung von Nachlassgegenständen durch den Beklagten, nicht aber, dass er die Gegenstände noch in Händen hat. Die Unmöglichkeit der Herausgabe durch Untergang bzw. Verlust oder Entreicherung stellt eine Einwendung dar und ist daher von dem Beklagten darzulegen. Auch muss der Kläger darlegen, dass die Gegenstände zum Nachlass des Erblassers gehören (hM OLG Oldenburg WM 1998, 2239; MüKoBGB/*Helms* Rn. 35; Palandt/*Weidlich* Rn. 12; Soergel/*Dieckmann* Rn. 14; Staudinger/*Gursky* Rn. 46). Zutreffenderweise wird man aber differenzieren müssen: stand der Nachlassgegenstand ursprünglich im Eigentum des Erblassers und beruft sich der Beklagte auf einen rechtsgeschäftlichen Erwerb vom Erblasser zu dessen Lebzeiten, so hat der Beklagte diesen Erwerb zu beweisen. Hat der Beklagte den Besitz nach dem Erbfall erlangt, greift im Hinblick auf § 857 idR § 1006 I 2 ein. Da nach § 1006 II die Sache dem Erben als abhanden gilt, hat der Beklagte den Rechtsgrund für den Rechtserwerb darzulegen (OLG Koblenz NJW-RR 2000, 1606 (1608); Staudinger/*Gursky* Rn. 46; NK-BGB/*Fleindl* Rn. 28).

37 cc) Die Vorlage eines **Erbscheins** führt zu keiner Beweislastumkehr, da bei einem Streit zwischen Erbprätendenten § 2365 keine Anwendung findet (→ § 2365 Rn. 12, 13).

§ 2019 Unmittelbare Ersetzung

(1) **Als aus der Erbschaft erlangt gilt auch, was der Erbschaftsbesitzer durch Rechtsgeschäft mit Mitteln der Erbschaft erwirbt.**

(2) **Die Zugehörigkeit einer in solcher Weise erworbenen Forderung zur Erbschaft hat der Schuldner erst dann gegen sich gelten zu lassen, wenn er von der Zugehörigkeit Kenntnis erlangt; die Vorschriften der §§ 406 bis 408 finden entsprechende Anwendung.**

1 1. **Normzweck.** Die Vorschrift ergänzt § 2018 und erstreckt die Herausgabepflicht des Erbschaftsbesitzers auf Alles, was er durch Rechtsgeschäft mit Mitteln der Erbschaft erlangt hat. Zweck der Vorschrift ist die **Sicherung und der Erhalt des Nachlasses.** Einer Schmälerung des Nachlasses durch Rechtsgeschäfte des Erbschaftsbesitzers soll nach der gesetzlichen Wertung dadurch entgegengewirkt werden, als das durch das Rechtsgeschäft Erworbene unmittelbar in den Nachlass fällt. Dabei ist bedeutsam, dass der Erbe nicht auf einen schuldrechtlichen Verschaffungsanspruch gegen den Erbschaftsbesitzer hinsichtlich des Erworbenen verwiesen wird, sondern das Erworbene kraft dinglicher Surrogation unmittelbar in den Nachlass fällt und der Erbe dadurch Eigentümer bzw. Rechtsinhaber des Erworbenen wird. Insoweit steht § 2019 in Zusammenhang mit den §§ 2041, 2111, die ebenfalls eine dingliche Surrogation vorsehen. Der Vorteil der unmittelbaren Ersetzung zeigt sich in der Insolvenz des Erbschaftsbesitzers bzw. bei der Zwangsvollstreckung durch einen Gläubiger des Erbschaftsbesitzers. Da das Erworbene direkt, ohne Zwischenerwerb des Erbschaftsbesitzers, in den Nachlass fällt, steht dem Erben ein Aussonderungsrecht nach § 47 InsO zu bzw. er kann Drittwiderspruchsklage iSd § 771 ZPO erheben. Insoweit dient die Vorschrift dem Schutz des wahren Erben. Daneben wird durch § 2019 aber auch dem **Interesse der Nachlassgläubiger** an dem Erhalt des Nachlasses als Haftungsmasse Rechnung getragen (*Wolf* JuS 1975, 710 (711)).

2 2. **Voraussetzungen. a)** Die Surrogation ist auf den Erwerb **durch Rechtsgeschäft** beschränkt.

aa) Der **Begriff** darf nicht eng ausgelegt werden und umfasst alle rechtsgeschäftlichen Austauschvorgänge, worunter nach hM auch solche fallen, die in Form eines Erwerbs kraft Hoheitsakt erfolgen (zB Zuschlag im Rahmen der Zwangsversteigerung; vgl. Staudinger/*Gursky* Rn. 18; MüKoBGB/*Helms* Rn. 8; NK-BGB/*Fleindl* Rn. 7; Soergel/*Dieckmann* Rn. 6; aA RGZ 136, 353 zu § 2111). Unmaßgeblich ist dabei der Zweck des Geschäfts, so dass es gleichgültig ist, ob das Rechtsgeschäft nachlassbezogen ist oder nicht. Ausreichend ist, dass der Erwerb durch Nachlassmittel erfolgt ist, selbst wenn der erworbene Gegenstand dem Eigeninteresse des Erbschaftsbesitzers dienen soll.

3 bb) Entgegen den §§ 2041, 2111 I ist die einfache bzw. **gesetzliche Surrogation**, also dass alles, was auf Grund eines zum Nachlass gehörenden Rechts oder als Ersatz für die Beeinträchtigung, Zerstörung oder Entziehung eines Nachlassgegenstandes erworben wird, in den Nachlass fällt, nicht ausdrücklich in § 2019 erwähnt. Daraus ist jedoch nicht der Schluss zu ziehen, dass diese Art der Surrogation im Ver-

hältnis „Erbe – Erbschaftsbesitzer" keine Anwendung findet. Vielmehr ist mit der hM davon auszugehen, dass der Gesetzgeber diese Art der Surrogation im Hinblick auf den Charakter des Nachlasses als Sondervermögen als selbstverständlich angesehen hat (Palandt/*Weidlich* Rn. 2; Staudinger/*Gursky* Rn. 20 mwN) bzw. kraft Gesamtanalogie zu den §§ 718 II, 1418 II Nr. 3, 1473 I, 1638 II, 2041, 2111 Anwendung findet (Staudinger/*Gursky* Rn. 20 mwN; MüKoBGB/*Helms* Rn. 4). Wenngleich sich die Rechtsfolge der gesetzlichen Surrogation bereits aus der Stellung des Erben als Eigentümer oder Inhaber eines zum Nachlass gehörenden Rechts ergibt, wird die Frage der Geltung der gesetzlichen Surrogation dann relevant, wenn der Erbschaftsbesitzer eine Forderung wirksam einzieht, da in einem solchen Fall der Erbe nur einen schuldrechtlichen Anspruch nach § 816 II gegen den Erbschaftsbesitzer hätte, oder wenn der Erbschaftsbesitzer eine vermeintliche Nachlassschuld mit Mitteln der Erbschaft tilgt (MüKoBGB/*Helms* Rn. 4).

Für Schuldner solcher Forderungen aus gesetzlicher Surrogation findet § 2019 II keine Anwendung; insoweit gelten die §§ 851, 893, 2367 (Palandt/*Weidlich* Rn. 2; MüKoBGB/*Helms* Rn. 4; Soergel/*Dieckmann* Rn. 6; aA Staudinger/*Gursky* Rn. 20). 4

b) Der **Erwerb** iSd § 2019 bezieht sich 5

aa) auf **alle rechtlichen oder tatsächlichen Vorteile** wie zB die Erlangung von Eigentum an beweglichen oder unbeweglichen Sachen, persönliche oder dingliche Rechte, Besitz, Gebrauchsüberlassungen (zB Miete), aber auch unrichtige Grundbucheintragungen (Brox/Walker ErbR Rn. 605; MüKoBGB/*Helms* Rn. 5; aA Staudinger/*Gursky* Rn. 10, einschränkend auf Rechte). Bei Erwerb einer Forderung erstreckt sich dieser auch auf die zu ihrer Geltendmachung erforderlichen Urkunden wie zB Schuldscheine oder Grundschuldbriefe (Lange/Kuchinke ErbR § 40 Kap. II Rn. 5b; NK-BGB/*Fleindl* Rn. 5).

bb) Ausgeschlossen ist eine Surrogation dann, wenn der Erbschaftsbesitzer ein **höchstpersönliches** 6 **Recht** (zB einen Nießbrauch (§ 1059) oder eine beschränkte persönliche Dienstbarkeit (§ 1092)) erworben hat (zu einem Kommanditanteil → Rn. 19). Gleiches gilt, wenn der erlangte Vorteil rechtlich vollständig in dem Vermögen des Erbschaftsbesitzers aufgegangen ist. Letzteres ist zB dann der Fall, wenn der Erbschaftsbesitzer eine Eigenschuld mit Nachlassmitteln tilgt oder nach § 2367 wirksam mit einer Erbschaftsforderung gegen eine Eigenschuld aufrechnet (Staudinger/*Gursky* Rn. 8). In diesen Fällen ist der Erbe gehalten, den Bereicherungsanspruch gem. § 2021 geltend zu machen.

c) Der Erwerb muss **mit Mitteln aus der Erbschaft** erfolgt sein. 7

aa) Der Begriff ist wirtschaftlich zu verstehen (Erman/Westermann/*Schlüter* Rn. 4; aA Staudinger/*Gursky* Rn. 11), so dass darunter **alle Vorteile** fallen, die dem Erblasser zur Verfügung gestanden haben (Brox/Walker ErbR Rn. 602). Dazu zählen Geldmittel, bewegliche wie unbewegliche Gegenstände, Forderungen und sonstige Rechte, der berechtigte Besitz (Soergel/*Dieckmann* Rn. 4; Erman/*Horn* Rn. 4; aA Staudinger/*Gursky* Rn. 11) wie auch ein Nachlassersatzgegenstand, einschließlich dessen Ersatz (sog. **Kettensurrogatio**n).

bb) Bei einem Einsatz von **Eigenmittel des Erbschaftsbesitzers** tritt selbst dann keine Surrogation ein, 8 wenn der Erwerb für den Nachlass erfolgt ist. Erfolgt der Erwerb teils durch Nachlass- teils durch Eigenmittel des Erbschaftsbesitzers, entsteht Mitberechtigung bzw. Miteigentum nach Bruchteilen (§§ 741 ff., 1008 ff.) im Verhältnis der Anteile.

d) Umstritten ist, ob Voraussetzung für den Eintritt der Surrogation eine von Anfang gegebene **Wirk-** 9 **samkeit der Verfügung** ist (Staudinger/*Gursky* Rn. 12; NK-BGB/*Fleindl* Rn. 11) oder ob auch eine **faktische Weggabe von Nachlassmitteln** ausreichend ist (so hM Palandt/*Weidlich* Rn. 2; Soergel/*Dieckmann* Rn. 3; Erman/*Horn* Rn. 1e). Vorzuziehen ist letztere Auffassung, da bei wirtschaftlicher Betrachtungsweise (→ Rn. 6) Nachlassmittel hingegeben werden und nur durch eine weite Auslegung des Begriffs der Verfügung der Regelungszweck der §§ 2018 ff., nämlich umfassender Schutz des Erben, gewährleistet wird. Anerkannt ist dabei, dass der Erbe nicht sowohl die Herausgabe des Ersatzgegenstandes von dem Erbschaftsbesitzer als auch den Nachlassgegenstand von dem Dritten verlangen, sondern nur einen der Ansprüche geltend machen kann. Deswegen verlangt eine Auffassung bei einem Herausgabeverlangen bzgl. des Ersatzgegenstandes eine nachträgliche Genehmigung der Verfügung des Erbschaftsbesitzers durch den Erben gem. § 185, die idR in dem Herausgabeverlangen des Ersatzgegenstandes von dem Erbschaftsbesitzer erblickt wird, so dass dessen Verfügung an den Dritten wirksam wird (Brox/*Walker* ErbR Rn. 605). Die Schwäche eines solchen Ansatzes liegt jedoch darin, dass der Erbe das Risiko trägt, weder den Nachlass- noch den Ersatzgegenstand zu erhalten, sofern dieser zB mittlerweile untergegangen ist. Deswegen wird zT vertreten, dass die Genehmigung des Erben unter der auflösenden Bedingung der Nichtdurchsetzbarkeit des Anspruchs auf das Surrogat (Staudinger/*Gursky* Rn. 12; NK-BGB/*Fleindl* Rn. 12) steht bzw. der Erbe vom Erbschaftsbesitzer die Herausgabe des Ersatzgegenstandes Zug um Zug gegen die Genehmigung der unwirksamen Verfügung verlangen kann (MüKoBGB/*Helms* Rn. 11). Nach hM steht die Genehmigung der unwirksamen Verfügung hingegen unter der aufschiebenden Bedingung der tatsächlichen Herausgabe des Erbschaftsgegenstandes (Palandt/ *Weidlich* Rn. 2; Soergel/*Dieckmann* Rn. 3; Erman/*Horn* Rn. 1e). Zu beachten ist, dass durch die Genehmigung auch der Schadensersatzanspruch des Erben gegen den Erbschaftsbesitzers gem. §§ 2023–2025 auf den durch die Herausgabe des Ersatzgegenstandes nicht gedeckten Schaden beschränkt wird (Soergel/*Dieckmann* Rn. 3).

e) Zwischen Erwerb des Ersatzgegenstandes und der Hingabe des Vermögensvorteils muss ein **unmit-** 10 **telbarer Zusammenhang** bestehen, der nicht rechtlicher Art zu sein braucht. Ausreichend ist ein enger wirtschaftlicher Zusammenhang, so dass sich Erwerb und Hingabe als Austauschvorgänge darstellen (Staudinger/*Gursky* Rn. 15). Demgemäß stellen (nur) solche Gegengeschenke, die bereits bei Schenkung vereinbart wurden, Ersatzgegenstände iSd § 2019 dar (Lange/Kuchinke ErbR § 41 Kap. III Rn. 2d Fn. 45); nicht ausreichend ist, dass (lediglich) ein erkennbarer Zusammenhang zwischen den Geschenken besteht (so Soergel/*Dieckmann* Rn. 15; entgegen hM vgl. Staudinger/*Gursky* Rn. 15 mwN).

11 **3. Rechtsfolgen.** Der Erbe erlangt unmittelbar, dh ohne Zwischenerwerb des Erbschaftsbesitzers, die mit Mitteln der Erbschaft erworbenen Gegenstände (dingliche Surrogation).

12 a) Voraussetzung ist aber, dass die **Leistungsgeschäfte** von beiden Parteien **gleichzeitig vorgenommen** werden (Brox/Walker ErbR Rn. 606). Kommt es hingegen zu einem zeitlichen Auseinanderfallen der beiden Leistungsgeschäfte, wie zB bei Kreditgeschäften, bei denen der Erbschaftsbesitzer erst im zeitlichen Nachgang zur eingegangenen schuldrechtlichen Verpflichtung die Schuld tilgt, so kommt es zu einem Durchgangserwerb des Erbschaftsbesitzers. Der Erbschaftsbesitzer erwirbt in solch einem Fall zunächst den schuldrechtlichen Anspruch. Erfüllt er dann später die eingegangene Schuld, so fällt der Anspruch gegen den Dritten in den Nachlass. Die Gegenleistung des Dritten gelangt unmittelbar in den Nachlass. Bei Vorleistung des Dritten erwirbt zunächst der Erbschaftsbesitzer die Leistung, da in diesem Zeitpunkt noch nicht erkennbar ist, ob die vom Erbschaftsbesitzer geschuldete Leistung aus Nachlass- oder aus Eigenmitteln bewirkt wird. Erfolgt dann die Leistung aus Nachlassmittel fällt der Gegenstand infolge der Surrogationswirkung aus dem Eigentum des Erbschaftsbesitzers in den Nachlass (Brox/Walker ErbR Rn. 606; MüKoBGB/*Helms* Rn. 14; Staudinger/*Gursky* Rn. 4; aA Soergel/*Dieckmann* Rn. 1; Palandt/*Weidlich* Rn. 1).

13 b) Die Surrogationswirkung tritt **kraft Gesetzes** ein; die Willensrichtung des Erben, Erbschaftsbesitzers oder des Dritten, bei Vornahme des Rechtsgeschäfts ist unmaßgeblich.

14 c) Der **Umfang** der Surrogation wird zum einen vom Recht des Erblassers an dem hingegebenen Nachlassgegenstand bestimmt. Hatte er also an dem weggegebenen Nachlassgegenstand lediglich ein beschränktes dingliches Recht inne, so erwirbt auch der Erbe an dem Ersatzgegenstand nur ein solches (Staudinger/*Gursky* Rn. 13). Zum anderen wird die Surrogation bei Aufwendung von Eigen- und Nachlassmittel durch den Erbschaftsbesitzer von der Höhe des Anteils der Nachlassmittel an der Aufwendung beeinflusst. Die Mitberechtigung des Erben ergibt sich aus dem Verhältnis der Nachlassmittel zu der Gesamtaufwendung.

15 d) Die **Beweislast,** dass der Erwerb aus Nachlassmitteln erfolgt ist, trägt der Erbe. Die Beweisführung wird erleichtert durch die Auskunftspflicht des Erbschaftsbesitzers gem. § 2027. **Prozessual** kann der Erbe Auskunfts- und Herausgabeanspruch im Wege der Stufenklage (§ 254 ZPO) verfolgen.

16 **4. Beispiele. a)** Bei Gewährung eines **Darlehens** aus Nachlassmitteln, erstreckt sich die Surrogation neben dem Zinsanspruch und den gezahlten Zinsen auch auf den Rückzahlungsanspruch (Staudinger/*Gursky* Rn. 19).

17 b) Bei Einziehung von schuldrechtlichen **Forderungen** (zB Miete) fällt der Erlös unmittelbar in den Nachlass.

18 c) Inhaberschaft und Guthaben eines **Girokontos** gehen im Zeitpunkt des Erbfalls auf den Erben über. Benützt der Erbschaftsbesitzer das Girokonto weiter, tritt er in eine eigene persönliche Rechtsbeziehung zu der Bank (BGH NJW 1996, 190 (191) zu § 2111). Die weiteren Kontobewegungen sind im Hinblick auf die Surrogationswirkung daher darauf zu prüfen, ob die Einzahlungen jeweils aus Eigen- oder Nachlassmitteln erfolgen (näher MüKoBGB/*Helms* Rn. 7 mwN).

19 d) Bei einem Erwerb eines **Grundstücks** mit Nachlassmitteln wird der Erbe unmittelbar Eigentümer und hat daher einen Grundbuchberichtigungsanspruch gem. § 894. Bei Errichtung eines Gebäudes auf einem Grundstück des Erbschaftsbesitzers unter Einsatz von Nachlassmitteln erlangt der Erbe entsprechend dem Wertanteil der eingesetzten Nachlassmittel eine ideelle Miteigentumsquote (BGH NJW 1977, 1631 zu § 2111; aA Staudinger/*Gursky* Rn. 8).

20 e) Beim **Kauf einer Sache** mit Nachlassmitteln fällt diese unmittelbar in den Nachlass; gleiches gilt für den Kaufpreis bzw. die Kaufpreisforderung bei Verkauf einer Nachlasssache (BGH JZ 1991, 727). Leistet der Erbschaftsbesitzer eine Einlage aus Nachlassmitteln, erwirbt der Erbe dadurch nach Auffassung des BGH grds. auch den **Kommanditanteil** samt Gewinnrechte und gezogenen Gewinnen (BGH NJW 1990, 514 zu § 2111; Erman/*Horn* Rn. 1b; aA Staudinger/*Gursky* Rn. 16). Zu beachten ist aber, dass sich die Gesellschafter im Allgemeinen keinen Gesellschafter-Nachfolger aufdrängen lassen müssen, mit dem sie sich nicht auf die Gesellschaft eingelassen haben (BGH NJW 1986, 2431). Es ist daher zu prüfen, ob nicht die Mitgesellschafter verpflichtet sind, der Aufnahme des Gesellschafter-Nachfolgers in die Gesellschaft zuzustimmen (BGH NJW 1987, 952). Ist dies der Fall, rückt der Erbe unmittelbar in die Gesellschafterstellung ein. Ansonsten umfasst die Surrogationswirkung die vermögensrechtlichen Vorteile aus der gesellschaftlichen Stellung des Erblassers, also insbes. den künftigen Anspruch auf das Auseinandersetzungsguthaben, die laufenden Gewinnansprüche und auch etwaige darüber hinausgehende Entnahmerechte (BGH NJW 1990, 514 (515); aA Staudinger/*Gursky* Rn. 16). Bei Fortführung einer vom Erblasser betriebenen **Einzelhandelsfirma als OHG** durch den Erbschaftsbesitzer wird der Erbe kraft Surrogation Gesellschafter (OLG Düsseldorf FamRZ 1992, 600).

21 f) Bei Aufnahme eines **Kredits** für Eigenzwecke und dessen Tilgung aus Nachlassmitteln fällt der finanzierte Gegenstand in den Nachlass (BGHZ 110, 176 (178) zu § 2111). Bei Sicherung eines Darlehens

durch Grundschuldbestellung an einem Nachlassgrundstück fällt der mit den Kreditmitteln angeschaffte Gegenstand in den Nachlass (OLG Celle OLGR 1995, 134; aA Staudinger/*Gursky* Rn. 22).

5. Schutz des gutgläubigen Dritten (Abs. 2). Dessen Schutz ist dreifach ausgestaltet: 22

a) Es gelten die allgemeinen Vorschriften über den gutgläubigen Erwerb vom Nichtberechtigten (§§ 892, 893, 932 ff., 1138, 1155, 1207, 2366, 2367).

b) Zu beachten ist, dass ein gutgläubiger Erwerb einer beweglichen Sache, die sich von vornherein im 23 Nachlass befunden hat, nicht möglich ist, da nach § 857 der Besitz auf den Erben übergeht und daher die Sache ihm iSd § 935 abhanden gekommen ist. In solch einem Fall wird der Dritte jedoch über die **Publizitätswirkung des Erbscheins** (§§ 2366, 2365) geschützt, sofern sich der Verfügende durch einen solchen als Erbe ausweisen kann. Gelangen Ersatzgegenstände nach dem Erbfall in den Nachlass findet § 857 keine Anwendung. Ein gutgläubiger Erwerb gem. § 932 ist daher möglich, so dass es eines Schutzes gem. der §§ 2365, 2366 nicht bedarf (MüKoBGB/*Helms* Rn. 16). Leistet der Schuldner einer Nachlassforderung an den Erbschaftsbesitzer, wird er dem Erben gegenüber von seiner Verpflichtung frei, sofern sich der Erbschaftsbesitzer durch einen Erbschein ausgewiesen hat (§ 2367).

c) Die Gutglaubensvorschrift des **Abs. 2** gewährt einen weitergehenden Schutz für einen Dritten, der 24 mit dem Erbschaftsbesitzer Rechtsgeschäfte abgeschlossen hat. Wahrer Inhaber einer Forderung, die vom Erbschaftsbesitzer Dritten gegenüber im eigenen Namen begründet wurde, aber infolge Verwendung von Erbschaftsmitteln in den Nachlass gefallen ist, ist nämlich der Erbe.

aa) Gem. **Hs. 1** finden die **Grundsätze des § 412** Anwendung (MüKoBGB/*Helms* Rn. 17): Solange 25 der Dritte davon keine Kenntnis hat, dass der Erwerb mit Nachlassmitteln erfolgt und der Erbschaftsbesitzer nicht wahrer Erbe ist, muss er die Surrogation nicht gegen sich gelten lassen. Ab Kenntnis muss er aber den wahren Erben als seinen Gläubiger behandeln. Ihm gegenüber kann er sich auf alle Einwendungen berufen, die bis zum Zeitpunkt der Kenntnis gegenüber dem Erbschaftsbesitzer entstanden sind (§ 404).

bb) Daneben finden die **Vorschriften der §§ 406–408** entsprechende Anwendung **(Hs. 2)**. Der Dritte 26 kann gem. § 406 mit einer mit gegen den Erbschaftsbesitzer zustehenden Forderung dem Erben gegenüber aufrechnen. Zu beachten ist, dass § 405 keine Anwendung findet, da Abs. 2 nämlich dem Schutz des Schuldners und nicht des Erben dient.

§ 2020 Nutzungen und Früchte

Der Erbschaftsbesitzer hat dem Erben die gezogenen Nutzungen herauszugeben; die Verpflichtung zur Herausgabe erstreckt sich auch auf Früchte, an denen er das Eigentum erworben hat.

1. Normzweck. Die Vorschrift regelt die Herausgabepflicht hinsichtlich Nutzungen und Früchte der 1 Erbschaft. Hintergrund der Regelung ist der Gedanke, dass die Erbschaft mit den Nutzungen als Ganzes herauszugeben ist. Diese Pflicht beschränkt sich aber auf die gezogenen Nutzungen; für unterlassene haftet der Erbschaftsbesitzer jedoch nicht. Eine erhebliche Besserstellung des Erben ist damit im Vergleich zu der Herausgabepflicht aufgrund vindikatorischer oder bereicherungsrechtlicher Einzelansprüche nicht verbunden, da auch der gutgläubige unverklagte Erbschaftsbesitzer gem. § 988 einer Herausgabepflicht der gezogenen Früchte unterliegen würde, weil er die Erbschaftsgegenstände unentgeltlich erworben hat. Die Besserstellung des Erben, dass sich der Besitzer bei noch vorhandenen Früchten nicht auf den Wegfall der Bereicherung berufen kann, wird durch die Verwendungsersatzpflicht des Erben (§ 2022) weitgehend aufgewogen (Staudinger/*Gursky* Rn. 1).

2. Herausgabepflicht. a) Die Vorschrift erstreckt die Pflicht auf alle vom gutgläubigen Erbschaftsbe- 2 sitzer gezogenen **Nutzungen iSd §§ 100, 99**, also Sach- und Rechtsfrüchte sowie Gebrauchsvorteile, soweit sie gezogen wurden und noch vorhanden sind. Darunter fallen nach hM auch Nutzungen von Sachen, die zwar besitzmäßig zum Nachlass gehören, an denen aber der Erbe keine Nutzungsbefugnis inne hatte (Staudinger/*Gursky* Rn. 11; Soergel/*Dieckmann* Rn. 2). Für unterlassene Nutzungen haftet der gutgläubige Erbschaftsbesitzer hingegen nicht. Eine verschärfte Haftung trifft ihn lediglich unter den Voraussetzungen der §§ 2023, 2024. Soweit er zur Herausgabe außerstande ist, obliegt ihm die Pflicht zur Werterstattung gem. §§ 2021, 818 II u. III.

b) Ob die **Art der Herausgabepflicht** schuldrechtlicher oder dinglicher Natur ist, bestimmt sich da- 3 nach, welche Art von Nutzung erfolgt ist und in welches Eigentum die Nutzung bei deren Ziehung fällt:

aa) Gezogene Gebrauchsvorteile iSd § 100 Fall 2 unterliegen begrifflich nur einer Herausgabepflicht 4 in Form einer schuldrechtlichen Werterstattungspflicht (vgl. § 2021).

bb) Bei **gezogene Sachfrüchten** ist zu unterscheiden: 5

(1) bei Gutgläubigkeit des Erbschaftsbesitzers fallen diese mit Trennung in das Eigentum des Erbschaftsbesitzers (§ 955), sodass der Herausgabeanspruch des Erben schuldrechtlicher Natur ist (Hs. 2).

(2) bei Bösgläubigkeit des Erbschaftsbesitzers (§ 953) wie auch bei Vorliegen eines dem Erben durch 6 den Erblasser eingeräumten Aneignungsrechts (§ 956) werden die Früchte mit der Trennung Eigentum des Erben (Staudinger/*Gursky* Rn. 2). Insoweit ist der Herausgabeanspruch dinglicher Natur (Hs. 1).

cc) Die Einordnung **mittelbarer Sach- und Rechtsfrüchte** iSd § 99 III (zB Miet- und Pachtzinsforde- 7 rungen über Nachlassgrundstücke) ist umstritten. Zum einen wird vertreten, dass das Surrogationsprinzip iSd § 2019 durch die Regelung in § 2020 Hs. 2 verdrängt werde und daher der Erbschaftsbesitzer Eigentum an diesen Früchten erwerbe und daher gem. Hs. 2 (nur) schuldrechtlich zur Übereignung an den Erben verpflichtet sei (Schlüter ErbR § 29 Kap. III Rn. 2c; Planck/*Flad* Anm. 2c). Die mittlerweile überwiegende Auffassung beschränkt den **Anwendungsbereich** des Hs. 2 zutreffend auf die unmittelbaren Sachfrüchte und wendet auf die mittelbaren Früchte das Surrogationsprinzip iSd § 2019 an (Palandt/*Weidlich* Rn. 1; Staudinger/*Gursky* Rn. 4; MüKoBGB/*Helms* Rn. 4; Soergel/*Dieckmann* Rn. 2), da nur dadurch das Interesse des Erben und etwaiger Nachlassgläubiger, das Sondervermögen der Erbschaft in seinem Bestand zu erhalten, hinreichend gewahrt bleibt (so zutr. NK-BGB/*Fleindl* Rn. 2). Mittelbare Sach- und Rechtsfrüchte fallen daher in das Eigentum des Erben und sind dem zu Folge aufgrund eines dinglichen Herausgabeanspruches gem. Hs. 1 herauszugeben.

§ 2021 Herausgabepflicht nach Bereicherungsgrundsätzen

Soweit der Erbschaftsbesitzer zur Herausgabe außerstande ist, bestimmt sich seine Verpflichtung nach den Vorschriften über die Herausgabe einer ungerechtfertigten Bereicherung.

1 **1. Normzweck.** Die Vorschrift knüpft an die §§ 2018–2020 an. Sie beschränkt die dort geregelte Herausgabepflicht bei deren Unmöglichkeit im Umfang nach auf den bereicherungsrechtlichen Wertsatz gem. der §§ 818 ff. Insoweit dient die Vorschrift dem **Schutz des gutgläubigen unverklagten Erbschaftsbesitzers.** Sie wird ergänzt durch die Regelungen der verschärften Haftung bei Bösgläubigkeit (§ 2024), Rechtshängigkeit (§ 2023) und gewaltsamer Aneignung (§ 2025).

2 **2. Voraussetzungen. a) Unmöglichkeit der Herausgabe des nach den §§ 2018–2020 Geschuldeten. aa)** Die Pflicht wie auch der Umfang der Herausgabe bestimmt sich nach den Grundsätzen der §§ 2018–2020. Eine **Unmöglichkeit iSd § 2021** ist dann gegeben, wenn der Erbschaftsbesitzer nicht zur Herausgabe dessen imstande ist, wozu er aufgrund eines schuld- bzw. sachenrechtlichen Anspruchs verpflichtet ist. Die Art der Unmöglichkeit (zB Verbrauch, Zerstörung, Veräußerung) und ob der Erbschaftsbesitzer diese zu vertreten hat, ist unerheblich. Bedeutsam, jedoch nur im Hinblick auf die Herausgabepflicht (→ Rn. 5 f.), ist es jedoch, sofern die Unmöglichkeit auf eine Schenkung an einen Dritten zurückzuführen ist. Eine Unmöglichkeit ist auch dann gegeben, wenn aus Mitteln der Erbschaft ein höchstpersönliches Recht des Erbschaftsbesitzers erworben wurde (MüKoBGB/*Helms* Rn. 2).

3 **bb) Keine Unmöglichkeit** liegt hingegen vor, sofern **Surrogate** (§ 2019) an die Stelle des Erlangten getreten sind. Der Anspruch des Erben ist dann auf die Herausgabe des Surrogats beschränkt; er hat kein Wahlrecht. Dass das Surrogat wertmäßig hinter dem ursprünglich Erlangten zurückgeblieben ist, ist – da begrifflich keine Unmöglichkeit iSd § 2021 vorliegt – unerheblich. Hinsichtlich der Differenz hat der Erbe jedoch grds. einen Wertersatzanspruch nach Bereicherungsrecht (MüKoBGB/*Helms* Rn. 2; Soergel/*Dieckmann* Rn. 2; aA Staudinger/*Gursky* Rn. 2). Eine Unmöglichkeit iSd § 2021 ist auch dann nicht gegeben, wenn es zu einer Vermischung, Verbindung oder Vermengung iSd §§ 946 ff. gekommen ist, da in diesem Fall Miteigentum durch dingliche Ersetzung entstanden ist. Trotz des früher aus § 279 aF abgeleiteten Prinzips der unbeschränkten Vermögenshaftung ist allgemein anerkannt, dass auch bei einem Geldherausgabeanspruch bei Ausgabe des Bargeldes durch den Erbschaftsbesitzer eine Unmöglichkeit iSd § 2021 eintritt, da sich der Anspruch auf bestimmte Banknoten und Münzen bezieht (MüKoBGB/*Helms* Rn. 2; Staudinger/*Gursky* Rn. 2).

4 **b)** Es darf **keine Haftungsverschärfung iSd §§ 2023–2025** eingetreten sein, dh der Erbschaftsbesitzer muss gutgläubig und unverklagt sein.

5 **c) Herausgabepflicht nach Bereicherungsgrundsätzen. aa)** Bei der Vorschrift des § 2021 handelt es sich um eine **Rechtsfolgenverweisung;** dh die Voraussetzungen der Haftung ergeben sich aus § 2021, während die Verweisung auf die §§ 818 ff. eine Begrenzung des Umfangs der Haftung bedingen.

6 **bb)** Gem. § 818 I erstreckt sich die Herausgabe sowohl auf gezogene Nutzungen (zB Anlagezinsen) wie auch bei Einsatz des erlangten Geldes zum Zwecke der Tilgung von Schulden auf die dadurch ersparten Zinszahlungen. Insoweit steht dem Erben (neben dem Herausgabeanspruch) auch ein **Zinsanspruch** gegen den Fiskus zu (BGH Urt. v. 14.10.2015 – IV ZR 438/14, NJW 2016, 156 Rn. 7 f. m. Anm. *Reimann;* vgl. dazu im Fortgang OLG Bamberg Urt. 29.2.2016 – 4 U 78/14, BeckRS 2016, 06050). IÜ gilt der **Grundsatz des § 818 II,** dh der Erbschaftsbesitzer ist zum Wertersatz verpflichtet ist, sofern die Herausgabe des Erlangten nicht mehr möglich ist. Der dingliche Herausgabeanspruch wandelt sich daher in einen schuldrechtlichen Wertersatzanspruch. Der Anspruch umfasst den Wert der Sache und den Gewinn, der dem Erben infolge der Unmöglichkeit der Herausgabe entgeht (OLG Koblenz ZErb 2008, 168).

7 **cc)** Gem. § 818 III kann sich der Erbschaftsbesitzer jedoch auf den Wegfall der Bereicherung berufen. Bei der Beurteilung, ob (noch) eine Bereicherung bei dem Erbschaftsbesitzer gegeben ist, ist darauf abzustellen, ob bei dem Erbschaftsbesitzer nach Abzug aller im Vertrauen auf den Anfall der Erbschaft getätigten Ausgaben noch eine Vermögensmehrung gegeben ist. Es sind dabei der Erbschaft als Ganzes alle Nachteile gegenüberzustellen, die im Hinblick auf den Erwerb der Erbschaft eingetreten sind (Staudinger/*Gursky* Rn. 7; MüKoBGB/*Helms* Rn. 5). Dabei gelten die bereicherungsrechtlichen Grundsätze. War das ursprünglich Erlangte ein Geldanspruch, so ist daher entgegen des aus § 279 aF abgeleiteten Prinzips der unbeschränkten Vermögenshaftung ein Wegfall der Bereicherung möglich. Ob noch eine

Bereicherung gegeben ist, ist nach wirtschaftlichen Gesichtspunkten zu bestimmen (NK-BGB/*Fleindl* Rn. 4). So ist eine Bereicherung des Erbschaftsbesitzers noch vorhanden, sofern er Nachlassmittel zur Bestreitung des allgemeinen Lebensunterhalts verwendet hat, nicht aber, wenn es sich dabei um sog. Luxusaufwendungen gehandelt hat (NK-BGB/*Fleindl* Rn. 4). Abzuziehen sind aber auch Verwendungen aus Eigenmitteln, die er im Vertrauen auf den Bestand der Erbschaft getätigt hat, und zwar zum einen bezogen auf die Erbschaft als solche wie auch auf sein sonstiges Vermögen, die er ohne den vermeintlichen Anfall der Erbschaft nicht gemacht hätte (Staudinger/*Gursky* Rn. 7). Aufwendungen, um in den Besitz der Erbschaft zu gelangen (zB Kosten eines unrichtigen Erbscheins oder eines zu diesem Zwecke geführten Prozesses), sind nach hM nicht abzugsfähig (Palandt/*Weidlich* Rn. 3; Staudinger/*Gursky* Rn. 9; MüKoBGB/*Helms* Rn. 6; aA AK-BGB/*Wendt* Rn. 17); abzugsfähig sind jedoch solche Kosten, die der Erbschaftsbesitzer aufwendet, um den Besitz der Erbschaft für sich zu erhalten (MüKoBGB/*Helms* Rn. 6; aA Soergel/*Dieckmann* Rn. 5). Liegt der Unmöglichkeit der Herausgabe eine Schenkung zugrunde, so sind die §§ 822, 816 I 2 zu beachten.

dd) Ab dem Zeitpunkt der Rechtshängigkeit des Wertersatzanspruchs (unterscheide davon den Herausgabeanspruch der Nachlasssache für den § 2023 gilt!) haftet der Erbschaftsbesitzer gem. der §§ 818 IV, 291. § 819 I ist nicht anwendbar; § 2024 geht als Sondervorschrift vor (Erman/*Horn* Rn. 1). 8

3. Beweislast. a) Der **Erbschaftsbesitzer** trägt die Beweislast für die Unmöglichkeit der Herausgabe (NK-BGB/*Fleindl* Rn. 5; aA Staudinger/*Gursky* Rn. 15, Kläger) wie auch für den Wegfall der Bereicherung. 9

b) Der **Erbe** hat den objektiven Wert der Bereicherung des Erbschaftsbesitzers wie auch den Eintritt der verschärften Haftung (§ 818 IV) darzulegen und zu beweisen. 10

§ 2022 Ersatz von Verwendungen und Aufwendungen

(1) ¹Der Erbschaftsbesitzer ist zur Herausgabe der zur Erbschaft gehörenden Sachen nur gegen Ersatz aller Verwendungen verpflichtet, soweit nicht die Verwendungen durch Anrechnung auf die nach § 2021 herauszugebende Bereicherung gedeckt werden. ²Die für den Eigentumsanspruch geltenden Vorschriften der §§ 1000 bis 1003 finden Anwendung.

(2) Zu den Verwendungen gehören auch die Aufwendungen, die der Erbschaftsbesitzer zur Bestreitung von Lasten der Erbschaft oder zur Berichtigung von Nachlassverbindlichkeiten macht.

(3) Soweit der Erbe für Aufwendungen, die nicht auf einzelne Sachen gemacht worden sind, insbesondere für die im Absatz 2 bezeichneten Aufwendungen, nach den allgemeinen Vorschriften in weiterem Umfang Ersatz zu leisten hat, bleibt der Anspruch des Erbschaftsbesitzers unberührt.

1. Normzweck. Die Vorschrift knüpft an den **dinglichen Herausgabeanspruch** des Erben an und führt zu einer **Besserstellung des gutgläubigen und noch nicht verklagten Erbschaftsbesitzers** im Vergleich zu den allgemeinen Vorschriften der §§ 994–996. Er kann nämlich dem Herausgabeverlangen des Erben nicht nur die notwendigen und nützlichen, sondern auch die überflüssigen, die nicht nutzbringenden und selbst solche Verwendungen, die auf einen anderen als den konkret herausverlangten Nachlassgegenstand getätigt wurden (BGH FamRZ 2004, 537), entgegen halten. Hintergrund für diese Besserstellung ist der Umstand, dass der Erbschaftsbesitzer alle Nutzungen herauszugeben hat. 1

2. Voraussetzungen. a) Der **Anwendungsbereich** der Vorschrift betrifft **aa)** in **persönlicher Hinsicht** den gutgläubigen, noch nicht verklagten Erbschaftsbesitzer. **bb)** In **sachlicher Hinsicht** knüpft die Regelung an den dinglichen Herausgabeanspruch des Erben an. Sie gilt entsprechend, soweit der Herausgabeanspruch auf Berichtigung des Grundbuchs gerichtet ist sowie für den schuldrechtlichen Anspruch auf Herausgabe der Früchte, an denen der Erbschaftsbesitzer nach § 2020 Hs. 2 Eigentum erworben hat, nicht aber für den bereicherungsrechtlichen Herausgabeanspruch des § 2021 (Staudinger/*Gursky* Rn. 2). 2

b) Der Erbschaftsbesitzer kann dem Herausgabeanspruch des Erben einen **Anspruch auf Verwendungsersatz** entgegen halten **(Abs. 1 S. 1). aa)** Unter **Verwendungen iSd § 2022** fallen alle freiwilligen Vermögensopfer (Aufwendungen), die vom Erbschaftsbesitzer aus seinem Eigenvermögen für einen einzelnen Nachlassgegenstand oder für die Erbschaft als solche erbracht wurden. Dass die Verwendungen notwendig, nützlich oder werterhöhend waren, ist nicht entscheidend. Da es ausreichend ist, dass die Aufwendung der Erbschaft als Ganzes zugutegekommen ist (vgl. Abs. 2), muss der Einzelgegenstand selbst, für den sie getätigt worden ist, nicht mehr vorhanden sein (Staudinger/*Gursky* Rn. 4). Die eigene Arbeitsleistung stellt bereits dann eine Verwendung dar, wenn sie einen messbaren Marktpreis hat (MüKoBGB/*Helms* Rn. 3; Soergel/*Dieckmann* Rn. 2: unter Bezugnahme auf BGHZ 131, 220 = NJW 1996, 921) und nicht erst, wenn dem Besitzer dadurch ein Verdienstausfall entsteht (NK-BGB/*Fleindl* Rn. 5; Palandt/*Weidlich* Rn. 2, unter Bezugnahme auf KG OLGZ 1974, 17) oder der Erbschaftsbesitzer seine Arbeitskraft anderweitig gegen Entgelt verwendet hätte (KG OLGZ 1974, 17). 3

bb) Verwendungen sind auch solche **Aufwendungen zur Befreiung von Lasten der Erbschaft und zur Berichtigung von Nachlassverbindlichkeiten (Abs. 2).** Voraussetzung hierfür ist aber, dass diese dem **Nachlass im Ganzen** zugutekommen. Unter „Last" fällt insbes. die Zahlung der Erbschaftsteuer, soweit der Erbe steuerpflichtig ist (NK-BGB/*Fleindl* Rn. 4; RGRK/*Kregel* Rn. 6); darüber hinaus verbleibt dem Erbschaftsbesitzer der Steuererstattungsanspruchs iSd § 37 II AO. Bei Zahlungen durch den Erbschaftsbesitzer aus Eigenmitteln auf eine Nachlassverbindlichkeit ist jedoch zu beachten, dass er 4 eigentlich auf eine fremde Schuld, nämlich die des Erben, zahlt, er diese aber auf eine vermeintlich eigene Schuld erbracht hat. § 267 I setzt hingegen für die Tilgung einer fremden Schuld einen Fremdleistungswillen voraus. Zur Vermeidung eines Widerspruchs zu dieser Regelung ist Abs. 2 nach hM dahingehend auszulegen, dass die Erfüllungswirkung der Zahlung erst durch eine (nachträgliche) Änderung der Tilgungsbestimmung des Erbschaftsbesitzers eintritt, so dass er erst danach seine Rechte gem. § 2022 geltend machen kann. Ändert er die Tilgungsbestimmung jedoch nicht nachträglich, so kann er das Geleistete aufgrund der Leistungskondiktion nach § 812 I 1 Alt. 1 von dem Gläubiger zurückverlangen; bei dessen Erhalt entfällt dann der Verwendungsersatzanspruch des § 2022 (vgl. Staudinger/*Gursky* Rn. 6). Der Erbschaft ist dann die Zahlung nicht zugutegekommen und der Erbschaftsbesitzer kann diese dem Erben auch nicht entgegen halten. Wird er aber selbst von dem Erben gem. § 2021 auf Herausgabe seiner Bereicherung in Anspruch genommen, kann er die Zahlung als Minderung der Bereicherung absetzen, sofern er seinen eigenen Bereicherungsanspruch gegen den vermeintlichen Gläubiger an den Erben abtritt (MüKoBGB/*Helms* Rn. 5; Brox/Walker ErbR Rn. 585; aA Staudinger/*Gursky* Rn. 6: Entreicherung tritt nur dann ein, wenn der Anspruch gegen den Nachlassgläubiger zweifelhaft oder nicht durchsetzbar ist).

5 cc) **Keine Verwendungen iSd § 2022** sind jedoch Aufwendungen, die der Erbschaftsbesitzer im Vertrauen auf den Bestand der Erbschaft auf eigene Sachen gemacht hat (können aber als Minderung im Rahmen des Bereicherungshaftung gem. § 2021 in Ansatz gebracht werden), sowie solche, die aus Mitteln der Erbschaft selbst erbracht wurden.

6 c) Die Verwendung muss **vor Rechtshängigkeit des Herausgabeanspruchs** und **vor Eintritt der Bösgläubigkeit** gemacht worden sein. Ansonsten bestimmt sich sein Verwendungsanspruch nach den §§ 2023 ff.

7 d) Ein Verwendungsanspruch kommt nur dann in Betracht, sofern die **Verwendung nicht bereits nach § 2021 verrechnet** worden ist.

8 **3. Durchsetzung des Verwendungsersatzanspruchs.** Es finden die Grundsätze der für den **Eigentumsanspruch geltenden Vorschriften** (§§ 1000–1003) Anwendung **(Abs. 1 S. 2)**.

9 a) Der Erbschaftsbesitzer kann sich auf ein **Zurückbehaltungsrecht** (§§ 1000, 273, 274) an allen herauszugebenden Sachen berufen. Unmaßgeblich ist, ob die Verwendung gerade auf den herauszugebenden Einzelnachlassgegenstand gemacht worden ist, ob der Gegenstand, auf den sich die Verwendung bezogen hat, noch vorhanden ist, oder ob die Verwendung auf den Nachlass im Ganzen (BGH NJW 1972, 1752) getätigt worden ist. Hat der Erbschaftsbesitzer zugleich einen Vermächtnis- oder Pflichtteilsanspruch, beschränkt sich das Zurückbehaltungsrecht auf die Verwendungen (BGHZ 120, 96 (120); aA Staudinger/*Gursky* § 2018 Rn. 37, sofern eine wirtschaftlich sinnvolle Nachlassabwicklung offensichtlich nicht gefährdet ist).

10 Das Zurückbehaltungsrecht findet **entsprechende Anwendung** gegenüber dem Herausgabeanspruch des Nachlasspflegers (§ 1960, wobei jedoch den Besonderheiten der Nachlasspflegschaft Rechnung zu tragen ist (BGH NJW 1972, 1752), sowie auf den Grundbuchberichtigungsanspruch des Erben. Bis zur Ersetzung der auf das Grundstück gemachten Verwendung kann der Erbschaftsbesitzer seine Zustimmung zur Berichtigung des Grundbuchs verweigern; das Sicherungsinteresse des Erben wird durch die Eintragung eines Widerspruchs gewahrt (Palandt/*Weidlich* Rn. 4).

11 b) Dem Erbschaftsbesitzer steht aber auch die Möglichkeit der **Klage auf Verwendungsersatz** (§ 1001 S. 1) offen. Dies ist dann der Fall, wenn der Erbe die Verwendung genehmigt oder die Sache bzw. dessen Surrogat (§ 2019) und den Wertersatz (§ 2021) durch Herausgabe von dem Erbschaftsbesitzer oder auf sonstige Weise wiedererlangt hat (MüKoBGB/*Helms* Rn. 11). Voraussetzung ist aber, dass die Verwendung auf diese wiedererlangte Sache erfolgt ist, so dass bei einer auf den Nachlass als Ganzen bezogenen Verwendung der Erbschaftsbesitzer erst dann Ersatz verlangen kann, wenn er die Erbschaft insgesamt herausgegeben hat. Andererseits kann der Erbschaftsbesitzer neben der Klage auf Verwendungsersatz auch die Einrede des § 1000 erheben, sofern die Verwendung auf einen anderen Nachlassgegenstand gemacht worden ist. Die Ausschlussfrist iSd § 1002 beginnt bei Verwendungen auf einzelne Nachlassgegenstände mit deren Herausgabe (hM MüKoBGB/*Helms* Rn. 11; NK-BGB/*Fleindl* Rn. 7; aA Staudinger/*Gursky* Rn. 10, erst bei Herausgabe sämtlicher Nachlassgegenstände), bei Verwendung auf den Gesamtnachlass mit dem Zeitpunkt der Herausgabe des letzten Nachlassgegenstandes. Die Frist beträgt bei beweglichen Sachen einen Monat, bei Herausgabe eines Grundstückes sechs Monate (hM MüKoBGB/*Helms* Rn. 11; Soergel/*Dieckmann* Rn. 7; NK-BGB/*Fleindl* Rn. 7; aA (Staudinger/*Gursky* Rn. 10, generell einen Monat). Der Erbe kann sich nach § 1001 S. 2 von dem Verwendungsersatzanspruch durch die Rückgabe aller (!) wiedererlangten Nachlasssachen befreien.

12 c) Der Erbschaftsbesitzer hat zudem ein **pfandähnliches Befriedigungsrecht** (§ 1003) an allen in seinem Besitz befindlichen Nachlasssachen sowie ein **Wegnahmerecht** in analoger Anwendung der §§ 997, 258.

13 **4. Weitergehende Rechte (Abs. 3).** Alle sonstigen weitergehenden Rechte nach den allgemeinen Vorschriften bleiben dem Erbschaftsbesitzer erhalten, sofern die Verwendungen nicht auf Einzelgegenstände gemacht worden sind. Darunter fallen also Verwendungen, die auf die Erbschaft als Ganzes getätigt worden sind (Abs. 2), aber auch solche für unkörperliche Gegenstände wie auch Ersatz von Beerdigungskosten (NK-BGB/*Fleindl* Rn. 9). Als Ansprüche kommen zB solche aus ungerechtfertigter Berei-

cherung in Betracht, da mangels Fremdgeschäftsführungswillen des Erbschaftsbesitzers Ansprüche aus Geschäftsführung ohne Auftrag ausscheiden. Dies wird dann bedeutsam, wenn der Erbe unbeschränkt haftet. In diesem Fall kann der Erbschaftsbesitzer gem. Abs. 3 seine Rechte ohne Rücksicht auf die §§ 1000–1003 selbst dann geltend machen, wenn der Wert der Verwendungen den der Nachlassgegenstände übersteigt (Soergel/*Dieckmann* Rn. 10).

5. Beweislast. Der **Erbschaftsbesitzer** muss beweisen, dass er die Verwendung auf den Nachlassgegenstand bzw. Nachlass gemacht hat wie auch dessen Wert; bei Tilgung einer Nachlassverbindlichkeit auch dessen Bestand sowie die Voraussetzung der die Einrede begründenden Tatsachen iSd §§ 2022 I 2, 1000. Dem Erbe obliegt die Beweislast, dass die Verwendung bereits durch Anrechnung iSd Abs. 1 S. 1 gedeckt ist.

§ 2023 Haftung bei Rechtshängigkeit, Nutzungen und Verwendungen

(1) Hat der Erbschaftsbesitzer zur Erbschaft gehörende Sachen herauszugeben, so bestimmt sich von dem Eintritt der Rechtshängigkeit an der Anspruch des Erben auf Schadensersatz wegen Verschlechterung, Untergangs oder einer aus einem anderen Grund eintretenden Unmöglichkeit der Herausgabe nach den Vorschriften, die für das Verhältnis zwischen dem Eigentümer und dem Besitzer von dem Eintritt der Rechtshängigkeit des Eigentumsanspruchs an gelten.

(2) Das Gleiche gilt von dem Anspruch des Erben auf Herausgabe oder Vergütung von Nutzungen und von dem Anspruch des Erbschaftsbesitzers auf Ersatz von Verwendungen.

1. Normzweck. Mit Eintritt der Rechtshängigkeit muss der Erbschaftsbesitzer damit rechnen, dass er nicht wahrer Erbe ist. Es ist daher von ihm zu erwarten, dass er ab diesem Zeitpunkt den Nachlass wie ein fremdes Gut verwaltet. § 2023 unterstellt daher den Erbschaftsbesitzer ab diesem Zeitpunkt der Haftung nach den Grundsätzen des Eigentümer-Besitzer-Verhältnisses. Dies führt zu einer Haftungsverschärfung (Abs. 1) als auch zur Minderung seiner Gegenansprüche (Abs. 2).

2. Eintritt der Rechtshängigkeit. a) In **zeitlicher Hinsicht** tritt die Rechtshängigkeit entsprechend den allgemeinen Vorschriften (vgl. § 261 I, II, § 253 I, § 696 III ZPO) ein. Die Haftungsverschärfung endet (rückwirkend) mit dem Wegfall der Rechtshängigkeit, so zB beim Klagerücknahme (Staudinger/*Gursky* Rn. 4). In diesem Fall ist eine mögliche Haftungsverschärfung nach § 2024 zu bedenken. Bei einer Stufenklage (§ 254 ZPO) tritt die Rechtshängigkeit bereits mit der Erhebung der Auskunftsklage ein (BGH NJW-RR 1995, 513).

b) Die **Klage** muss – zumindest auch – auf den dinglichen Erbschaftsherausgabeanspruch iSd §§ 2018, 2019 gestützt sein, wenngleich das Urteil aufgrund einer konkurrierenden Anspruchsgrundlage (zB § 985) ergehen kann (Staudinger/*Gursky* Rn. 4). Die Haftungsverschärfung tritt jedoch nicht ein, sofern der Herausgabeanspruch in der Hauptsache geltend gemacht wird. Die Mitteilung eines Prozesskostenhilfeantrags wie auch die (isolierte) Erbschaftsfeststellungsklage bewirken daher keine Haftungsverschärfung iSd § 2023. In beiden Fällen ist jedoch eine Haftungsverschärfung gem. § 2024 anzudenken.

c) Vom **Umfang** her werden von § 2023 nur die Erbschaftsgegenstände erfasst, die im Klageantrag als solche bezeichnet werden, so dass der Erbschaftsbesitzer hinsichtlich der übrigen, vom Klageantrag nicht erfassten und damit nicht rechtshängig gewordenen, Nachlassgegenstände lediglich nach den Grundsätzen eines gutgläubigen unverklagten Besitzers haftet. In Betracht kann jedoch eine Haftungsverschärfung infolge Bösgläubigkeit nach § 2024 kommen.

3. Haftungsverschärfung. a) Es gelten die **Grundsätze der §§ 994 ff.** aa) Der Erbschaftsbesitzer haftet auf

(1) **Schadensersatz** gem. der §§ 249–255 infolge Untergang, Verschlechterung oder sonstiger Unmöglichkeit der Herausgabe aufgrund schuldhaften Verhaltens des Erbschaftsbesitzers (§ 276 iVm § 989) nach Eintritt der Rechtshängigkeit (Staudinger/*Gursky* Rn. 6). Wie dem § 2024 S. 2 im Umkehrschluss entnommen werden kann, unterliegt der verklagte gutgläubige Erbschaftsbesitzer jedoch nicht der Verzugshaftung (Staudinger/*Gursky* Rn. 6).

(2) auf **schuldhaft nicht gezogene Nutzungen** gem. Abs. 2 iVm § 987 II.

(3) auf **objektiven Wertersatz** für nach Rechtshängigkeit gezogene Gebrauchsvorteile (MüKoBGB/*Helms* Rn. 5).

bb) **Verwendungen** kann der Erbschaftsbesitzer nur dann ersetzt verlangen, wenn sie notwendig waren und zusätzlich dem wirklichen oder mutmaßlichen Willen des Erben entsprochen haben oder der Erbe sie genehmigt hat (§§ 994 II, 683, 684 S. 2) bzw. wenn der Erbe im Zeitpunkt der Herausgabe noch bereichert ist (§§ 994 II, 684 S. 1). Unmaßgeblich ist, ob die Verwendungen auf den herausverlangten Gegenstand gemacht wurden. Ausreichend ist, dass die Verwendung für andere Nachlassgegenstände oder auf den Nachlass als Ganzen erfolgt ist (hM MüKoBGB/*Helms* Rn. 6; Staudinger/*Gursky* Rn. 11; NK-BGB/*Fleindl* Rn. 4; aA Palandt/*Weidlich* Rn. 3). Bei Tilgung von Nachlassschulden setzt der Ersatz voraus, dass der Erbschaftsbesitzer den Nachlass gem. der §§ 1978–1980, 1991 verwaltet hat. Dies gilt auch für den Bereicherungsanspruch iSd § 2022 III, der auch für den verklagten Erbschaftsbesitzer, und zwar ohne die Beschränkungen der §§ 1000–1003, Anwendung findet (Staudinger/*Gursky* Rn. 12).

b) Für den **schuldrechtlichen Herausgabeanspruch** (vgl. § 2020 Hs. 2) gelten die vorgenannten Grundsätze der verschärften Haftung gem. § 292 iVm §§ 987, 989 entsprechend.

8 c) Auf den **bereicherungsrechtlichen Anspruch des § 2021** findet § 2023 hingegen keine Anwendung. Die verschärfte Haftung aufgrund Rechtshängigkeit tritt insofern gem. der §§ 818 IV, 291, 292, 987 ff. ein. Ein Wegfall der Bereicherung ist ab Eintritt der Rechtshängigkeit nicht mehr möglich (hM BGHZ 83, 293 = NJW 1982, 1585; Staudinger/*Gursky* Rn. 14; MüKoBGB/*Helms* Rn. 3; aA Soergel/*Dieckmann* Rn. 2; Erman/*Horn* Rn. 2; Palandt/*Weidlich* Rn. 2, für den Fall, dass der Erbschaftsbesitzer den Wegfall nicht zu vertreten hat).

§ 2024 Haftung bei Kenntnis

¹ Ist der Erbschaftsbesitzer bei dem Beginn des Erbschaftsbesitzes nicht in gutem Glauben, so haftet er so, wie wenn der Anspruch des Erben zu dieser Zeit rechtshängig geworden wäre. ² Erfährt der Erbschaftsbesitzer später, dass er nicht Erbe ist, so haftet er in gleicher Weise von der Erlangung der Kenntnis an. ³ Eine weitergehende Haftung wegen Verzugs bleibt unberührt.

1 **1. Normzweck.** Die Vorschrift ergänzt § 2023 und stellt den bösgläubigen dem verklagten Erbschaftsbesitzer in der Haftungsfolge gleich, da in beiden Fällen von ihm zu erwarten ist, dass er ab dem maßgebenden Zeitpunkt den Nachlass wie ein fremdes Gut verwaltet (→ § 2023 Rn. 1). Zugleich wird aber die Haftung für den bösgläubigen Erbschaftsbesitzer ausgeweitet, als er auch der Verzugshaftung unterworfen wird (S. 2).

2 **2. Anwendungsbereich.** Die Vorschrift betrifft sowohl den **dinglichen** als auch den **schuldrechtlichen** (vgl. § 2020 Hs. 2) Erbschaftsanspruch. Erfasst wird aber zudem der **bereicherungsrechtliche Anspruch** des § 2021. Dadurch wird ein Auseinanderfallen von dinglicher und bereicherungsrechtlicher Haftung vermieden: denn während § 819 für die Haftung positive Kenntnis voraussetzt, lässt § 990 grobe Fahrlässigkeit hinsichtlich des Mangels des Besitzrechts genügen.

3 **3. Bösgläubigkeit (S. 1).** Die Vorschrift unterscheidet danach, ob **a)** die „Kenntnis" **bei Beginn des Erbschaftsbesitzes** bestanden hat (S. 1). **aa)** Entgegen der amtlichen Überschrift – insofern liegt ein Redaktionsversehen vor (*Rüfner* ZRP 2001, 12) – ist die „**Bösgläubigkeit**" iSd Vorschrift nicht nur dann gegeben, wenn der Besitzer zu diesem Zeitpunkt positiv weiß, dass er nicht Erbe ist, sondern auch dann, wenn er dies infolge grober Fahrlässigkeit (vgl. § 932 II) nicht weiß (MüKoBGB/*Helms* Rn. 2). Der Erbe des Erbschaftsbesitzers muss sich dessen Bösgläubigkeit zurechnen lassen (BGH ZEV 2004, 378); gleiches gilt zu Lasten des Minderjährigen bei Bösgläubigkeit des gesetzlichen Vertreters (Staudinger/*Gursky* Rn. 7).

4 **bb)** Maßgebend für den **Beginn des Erbschaftsbesitzes** ist dabei nicht der Beginn der tatsächlichen Herrschaft über Teile des Nachlasses, sondern der Zeitpunkt, in dem der Besitzer diese Herrschaft als (vermeintlicher) Erbe erlangt hat (Staudinger/*Gursky* Rn. 4).

5 **cc)** Vom **Umfang** her tritt die Haftungsverschärfung nur bzgl. der Erbschaftsgegenstände ein, die von der Bösgläubigkeit des Besitzers erfasst werden. Ist also der Erbschaftsbesitzer zwar hinsichtlich seines Erbrechts bösgläubig, nicht aber bzgl. eines einzelnen Erbschaftsgegenstandes gutgläubig, ein Recht zum Besitz zu haben und geht er dabei ohne grobe Fahrlässigkeit davon aus, eine Einzeleinrede gegen den Herausgabeanspruch zu haben, haftet er lediglich wie ein gutgläubiger Erbschaftsbesitzer (MüKoBGB/*Helms* Rn. 4; Palandt/*Weidlich* Rn. 2; NK-BGB/*Fleindl* Rn. 2; Erman/*Horn* Rn. 2a; Brox/*Walker* ErbR Rn. 583; aA Staudinger/*Gursky* Rn. 6; Soergel/*Dieckmann* Rn. 2; RGRK/*Kregel* Rn. 4).

6 **b) Nachträgliche Bösgläubigkeit (S. 2)** tritt dann ein, sobald der Besitzer **positiv** erfährt, dass er nicht Erbe ist; grobe Fahrlässigkeit ist insofern nicht ausreichend. Für die Bejahung der positiven Kenntnis ist (noch) nicht ausreichend, dass er die seinem Erbrecht entgegenstehenden Tatsachen erfährt, sondern maßgebend ist, dass er positive Kenntnis von der tatsächlichen Rechtslage erlangt hat (NK-BGB/*Fleindl* Rn. 3). Eine Mahnung, die Erhebung einer Feststellungsklage des Erben oder dessen Anregung auf Einziehung des dem Erbschaftsbesitzer erteilten Erbscheins allein bewirkt noch keine Haftungsverschärfung (NK-BGB/*Fleindl* Rn. 3). Verschließt sich der Erbschaftsbesitzer jedoch vorsätzlich der Kenntnis, dass er nicht Erbe ist, ist dies einer positiven Kenntnis gleichzusetzen (hM MüKoBGB/*Helms* Rn. 3).

7 **c) Die Haftung des bösgläubigen Erbschaftsbesitzers** entspricht der des verklagten Erbschaftsbesitzers (→ § 2023 Rn. 5 ff.).

8 **4. Haftung aufgrund Verzugs (S. 3).** Im Gegensatz zum gutgläubigen Erbschaftsbesitzer haftet der bösgläubige Erbschaftsbesitzer ab Verzugseintritt (§ 286) auf Schadensersatz gem. der §§ 286, 280 I, II hinsichtlich aller Schäden, die aufgrund der verzögerten Herausgabe – auch durch Zufall (§ 287 S. 2) – eingetreten sind. Für den ursprünglich gutgläubigen Erbschaftsbesitzer tritt die Verzugshaftung erst ab dem Zeitpunkt ein, in dem er positive Kenntnis hinsichtlich seines fehlenden Erbrechts erlangt hat (→ Rn. 6). Der Verschuldensmaßstab für die Verzugshaftung bestimmt sich nach § 2024, der speziellere Vorschrift zu § 286 IV ist (hM zB MüKoBGB/*Helms* Rn. 5; aA Staudinger/*Gursky* Rn. 10), so dass auch der bösgläubige Erbschaftsbesitzer nicht bei leicht fahrlässigem Irrtum über seine Erbberechtigung nach den Verzugsvorschriften haftet.

9 **5.** Die **Beweislast** für Bösgläubigkeit und Verzug trägt der Erbe.

§ 2025 Haftung bei unerlaubter Handlung

¹Hat der Erbschaftsbesitzer einen Erbschaftsgegenstand durch eine Straftat oder eine zur Erbschaft gehörende Sache durch verbotene Eigenmacht erlangt, so haftet er nach den Vorschriften über den Schadensersatz wegen unerlaubter Handlungen. ²Ein gutgläubiger Erbschaftsbesitzer haftet jedoch wegen verbotener Eigenmacht nach diesen Vorschriften nur, wenn der Erbe den Besitz der Sache bereits tatsächlich ergriffen hatte.

1. Normzweck. Die Vorschrift ist § 992 nachgebildet und stellt eine **Rechtsgrundverweisung** dar. Sie bedingt eine Haftungsverschärfung des Erbschaftsbesitzers, der einen Nachlassgegenstand durch eine Straftat oder durch verbotene Eigenmacht erlangt hat. Grund für die Haftungsverschärfung ist, dass in diesen Fällen die Erlangung des Nachlassgegenstandes durch eine Verletzung der Rechtsordnung erfolgt ist, und daher dieser Verstoß durch die Haftungsgleichstellung mit einem bösgläubigen bzw. verklagten Erbschaftsbesitzer sanktioniert wird. 1

2. Voraussetzung der Haftung (S. 1). a) „Erbschaftsgegenstand" iSd § 2025 sind alle zur Erbschaft gehörenden Sachen und Rechte (so dass der Erbschaftsbesitzer auch bei einem Einzug einer Nachlassforderung unter Begehung einer Straftat – zB Fälschung eines Erbscheins, vgl. § 2367 – deliktisch haften kann), sowie deren Surrogate. Der Begriff des Erbschaftsgegenstands erfasst aber auch die Erbschaft als Ganzes, zB wenn die Erbschaft durch eine falsche Versicherung an Eides Statt erlangt wird (Staudinger/*Gursky* Rn. 3). 2

b) Der Erbschaftsgegenstand muss durch **aa)** eine **Straftat** erlangt worden sein. In Betracht kommen zB Unterschlagung, Diebstahl, Betrug, Nötigung, Erpressung sowie Urkundenfälschung oder Abgabe einer falschen Versicherung an Eides Statt. Der Beweggrund für die Begehung der Straftat ist unerheblich, so dass die Vorschrift auch dann eingreift, wenn die Straftat von dem Erbschaftsbesitzer nur deshalb begangen wird, um sich sein gutgläubig angenommenes Erbrecht zu sichern. 3

bb) Gleiches gilt bei Erlangung eines Erbschaftsgegenstandes durch **verbotene Eigenmacht.** Da gem. § 857 der Besitz unmittelbar auf den (wahren) Erben übergeht, könnte der gutgläubige Erbschaftsbesitzer bei der Inbesitznahme eines Nachlassgegenstandes verbotene Eigenmacht selbst dann ausüben, wenn der Erbe daran noch keine Sachherrschaft begründet hatte. **S. 2** setzt daher für die Haftung des gutgläubigen Erbschaftsbesitzers aufgrund verbotener Eigenmacht voraus, dass der Erbe über den Nachlassgegenstand bereits tatsächliche Sachherrschaft erlangt hat. Darunter fällt auch der mittelbare Besitz iSd § 868, so dass ein Entzug der tatsächlichen Sachherrschaft zu Lasten des Erben auch dann gegeben ist, wenn er den Besitz an der Sache dadurch verliert, dass dem Besitzmittler die tatsächliche Sachherrschaft an der Sache entzogen wird (MüKoBGB/*Helms* Rn. 5). 4

c) Die Haftung setzt ein **Verschulden** des Erbschaftsbesitzers voraus. 5

aa) Bei der Haftung aufgrund einer begangenen **Straftat** bezieht sich das Verschulden auf die Straftat selbst. Die Haftungsverschärfung tritt daher selbst dann ein, wenn der Erbschaftsbesitzer bei Begehung der Straftat gutgläubig an das Bestehen seines Erbrechts glaubte (Palandt/*Weidlich* Rn. 1).

bb) Bei „**verbotener Eigenmacht**" setzt die Haftung ein **doppeltes Verschulden** voraus: nämlich zum einen bzgl. der Begehung „verbotener Eigenmacht", zum anderen auf das Fehlen des eigenen Erbrechts, wobei aber leichte Fahrlässigkeit ausreichend ist. Die ist Folge der Rechtsgrundverweisung auf die §§ 823ff. (hM zB MüKoBGB/*Helms* Rn. 6 mwN). Der gutgläubige Erbschaftsbesitzer, der dem wahren Erben durch verbotene Eigenmacht schuldhaft die Sachherrschaft entzieht, haftet daher (noch) nicht gem. § 2025. 6

3. Haftungsfolge. Die Haftung des deliktischen Erbschaftsbesitzers bestimmt sich nach den §§ 823ff., §§ 249ff. Neben der Verzinsung ab Schadenseintritt (§ 849) tritt eine Haftungsverschärfung ein, da dem Besitzer das Zufallsrisiko (§ 848) auferlegt wird. Auch der gutgläubige Erbschaftsbesitzer kann mit Eintritt der deliktischen Haftung nur noch Ersatz der notwendigen und nützlichen Verwendungen verlangen (§§ 850, 994–996). Für die Verjährung gilt die regelmäßige Verjährungsfrist iSd § 195, da es sich bei dem in § 2025 geregelten Anspruch aufgrund seiner Regelung als Rechtsgrundverweisung um einen Schadensersatzanspruch handelt, nicht aber um den primären Herausgabeanspruch aus § 2018 bzw. um einen Hilfsanspruch zu dessen Geltendmachung (vgl. § 197 I Nr. 1; so hM Palandt/*Weidlich* Rn. 3; aA Staudinger/*Gursky* Rn. 13: Verjährung nach § 197 I Nr. 2). 7

§ 2026 Keine Berufung auf Ersitzung

Der Erbschaftsbesitzer kann sich dem Erben gegenüber, solange nicht der Erbschaftsanspruch verjährt ist, nicht auf die Ersitzung einer Sache berufen, die er als zur Erbschaft gehörend im Besitz hat.

1. Normzweck. Die Vorschrift dient der Gewährleistung des auf die Erbschaft als Ganzes bezogenen Herausgabeanspruchs des Erben. Sie betrifft vorrangig bewegliche Sachen und verhindert, dass die auf den Herausgabeanspruch bzgl. der Erbschaft als Ganzes bezogene 30-jährige Verjährungsfrist durch die kürzer bemessene Frist für die Ersitzung beweglicher Sachen gem. § 937 I (zehn Jahre) unterlaufen wird. 1

Bei Grundstücken und Grundstücksrechten ist hingegen die Vorschrift – da die Ersitzungsfrist gem. § 900 I 1 ebenfalls 30 Jahre beträgt – praktisch bedeutungslos, es sei denn, die Verjährungsfrist für den Erbschaftsherausgabeanspruch beginnt durch ein Anerkenntnis neu (§ 212 I Nr. 1), während dies für die Ersitzung nicht der Fall ist (vgl. § 900 I 2, § 941).

2. Anwendungsbereich. a) In **sachlicher Hinsicht** findet die Vorschrift sowohl auf den schuldrechtlichen als auch auf den dinglichen Erbschaftsanspruch Anwendung, nicht aber auf den deliktischen Schadensersatzanspruch gem. § 2025, für den die regelmäßige Verjährungsfrist des § 197 gilt (→ § 2025 Rn. 6).

b) Im **persönlichen Anwendungsbereich** betrifft sie das Verhältnis zwischen dem Erben und den Erbschaftsbesitzer, und zwar selbst dann, wenn sie Miterben sind (BGH FamRZ 2004, 537). § 758 gilt insofern nicht, da der Anspruch nicht auf die Aufhebung der Miterbengemeinschaft abzielt, sondern auf die Herstellung des der Gemeinschaft entsprechenden tatsächlichen Zustandes (Staudinger/*Gursky* Rn. 10). § 2026 findet im Verhältnis zwischen Erbschaftsbesitzer und Dritten jedoch keine Anwendung (→ Rn. 8).

3. Die Verjährung. a) Der **Beginn der Verjährung** läuft ab dem Zeitpunkt, an dem der Erbschaftsbesitzer „etwas" aus der Erbschaft erlangt hat und zwar im Hinblick auf den Charakter des Erbschaftsanspruchs als Gesamtanspruch einheitlich auch für alle weiteren Sachen, so dass der Beginn auch zugunsten derjenigen Gegenstände wirkt, die der Erbprätendent erst später erlangt hat (hM zB Erman/*Horn* Rn. 1; MüKoBGB/*Helms* Rn. 3 mwN; aA Staudinger/*Gursky* Rn. 2, 6; Lange/Kuchinke ErbR § 40 Kap. IV Rn. 7, Zeitpunkt der jeweiligen Inbesitznahme der konkreten Erbschaftsgegenstände sowie Kipp/Coing ErbR, 8. Aufl. 1930 § 66 Kap. I: Erlangung des letzten Erbschaftsgegenstandes). Entfällt die Erbenstellung durch Anfechtung der letztwilligen Verfügung (§ 2078) oder durch Erklärung der Erbunwürdigkeit im Wege der Anfechtungsklage (§ 2340), beginnt die Verjährung gem. § 200 S. 1 mit Ausübung des Anfechtungsrechts. Eine Rückbeziehung auf den Zeitpunkt des Erbfalls erfolgt nicht (hM MüKoBGB/*Helms* Rn. 3; Soergel/*Dieckmann* Rn. 2 jeweils mwN; aA Staudinger/*Gursky* Rn. 8). Bei schuldrechtlicher Rechtsnachfolge (§§ 2371, 2385) kann sich der Erwerber sowohl gegenüber dem schuldrechtlichen als auch dem dinglichen Erbschaftsanspruch auf die bereits verstrichene Verjährungszeit berufen.

b) Eine **Hemmung** der Verjährung tritt nach hM durch Klageerhebung (§ 204 I Nr. 1) nur bzgl. der Gegenstände ein, die im Klageantrag der Gesamtklage aufgeführt sind, sofern nicht Stufenklage (§ 254 ZPO) erhoben wurde, bei der die Bezeichnung der Gegenständen (zunächst) vorbehalten wurde. Selbst bei einer Klageerhebung gem. § 2039 tritt die Hemmung nur zu Gunsten des Miterben ein, der die Klage erhoben hat.

c) Die **Wirkung der Verjährung** besteht darin, dass sich der Erbschaftsbesitzer gegenüber dem Erbschaftsanspruch des Erben auf die Verjährungseinrede berufen kann (§ 214 I). Er rückt jedoch dadurch nicht in die Rechtsstellung des Erben ein. Von Dritten kann er daher keine Gegenstände herausverlangen, an denen er keinen Erbschaftsbesitz erlangt hat. Andererseits haftet er aber auch nicht für Nachlassverbindlichkeiten.

4. Ausschluss der Ersitzung. a) Grundsatz. § 2026 steht der Begründung von Eigentum an einem Nachlassgegenstand durch den Erbschaftsbesitzer nicht entgegen, sofern dieser den betreffenden Gegenstand gutgläubig zehn Jahre in Eigenbesitz hatte und nicht vorher Kenntnis davon erlangt hat, dass er nicht Erbe ist (§ 937 I).

b) Da § 2026 **im Verhältnis zu Dritten** keine Bedeutung zukommt, kann der Erbschaftsbesitzer diesen gegenüber alle Rechte aus seinem an dem Nachlassgegenstand erlangten Eigentum (zB §§ 985, 1004) geltend machen.

c) Bedeutung hat § 2026 jedoch **im Verhältnis zum Erben**. Diese liegt darin, dass der gutgläubige Erbschaftsbesitzer trotz Eigentumserlangung an dem Nachlassgegenstand schuldrechtlich zur Herausgabe des Gegenstandes, dh zur Besitz- und Eigentumsverschaffung, verpflichtet ist (hM Staudinger/*Gursky* Rn. 15; MüKoBGB/*Helms* Rn. 8; NK-BGB/*Fleindl* Rn. 2 mwN). Die teilweise vertretene Meinung, nach der durch § 2026 eine relative Unwirksamkeit der Ersitzung gegenüber dem Erben bewirkt wird (Soergel/*Dieckmann* Rn. 2; HK-BGB/*Hoeren* Rn. 2; Brox/Walker ErbR Rn. 595), überzeugt nicht. Zwar wird dadurch der Erbe gegen Vollstreckungszugriffe anderer Gläubiger des Erbschaftsbesitzers bzw. bei dessen Insolvenz besser geschützt, doch ist die Annahme eines gespaltenen bzw. relativen Eigentums dem BGB fremd (MüKoBGB/*Helms* Rn. 8 mwN).

5. Nachlassgegenstände im Eigentum Dritter. Hat der Erbschaftsbesitzer durch Ersitzung (§ 937 I) Eigentum an solchen Gegenständen erlangt, fallen sie analog § 2019 in das Eigentum des Erben, wobei unmaßgeblich ist, ob der Erbe selbst bzgl. der Eigentumslage an dem Gegenstand gutgläubig war (hM MüKoBGB/*Helms* Rn. 9; Brox/Walker ErbR Rn. 595). Erlangt der Erbe vor Ablauf der Ersitzungsfrist des § 937 I den Besitz an einer im Eigentum eines Dritten stehenden, aber im Nachlass befindlichen Sache, so kommt ihm gem. § 944 die zugunsten des Erbschaftsbesitzers verstrichene Zeit zustatten. Voraussetzung ist aber, dass der Erbschaftsbesitzer gutgläubig hinsichtlich der Zugehörigkeit des Gegenstandes zum Nachlass war; dessen Bösgläubigkeit hinsichtlich des Erbrechts schadet indes nicht. Für die (weitere) Ersitzung muss der Erbe jedoch sowohl für die verstrichene als auch für die weitere Zeit im guten Glauben darüber sein, dass der Gegenstand zum Nachlass gehört (§ 937 II).

§ 2027 Auskunftspflicht des Erbschaftsbesitzers

(1) **Der Erbschaftsbesitzer ist verpflichtet, dem Erben über den Bestand der Erbschaft und über den Verbleib der Erbschaftsgegenstände Auskunft zu erteilen.**

(2) **Die gleiche Verpflichtung hat, wer, ohne Erbschaftsbesitzer zu sein, eine Sache aus dem Nachlass in Besitz nimmt, bevor der Erbe den Besitz tatsächlich ergriffen hat.**

1. Normzweck. Die Auskunftspflicht dient der prozessualen Durchsetzung des Erbschaftsanspruchs. Der Erbe muss nämlich bei Geltendmachung des Erbschaftsherausgabeanspruchs (§ 2018) dem Bestimmtheitsgebot des § 253 II Nr. 2 ZPO Rechnung tragen und die herausverlangten einzelnen Nachlassgegenstände hinreichend bezeichnen (§ 253 II ZPO). Oftmals hat er aber keine Kenntnis über den Bestand, die Zusammensetzung und den Verbleib des Nachlasses. Der dem Erben nach § 2018 iVm § 260 zustehende Anspruch ist insofern nicht ausreichend, da sich dieser auf Vorlage eines Bestandverzeichnisses samt Bekräftigung mittels einer eidesstattlichen Versicherung beschränkt. § 2027 schließt diese Lücke und erweitert die Auskunftspflicht des Erbschaftsbesitzers dahingehend, dass sie neben den Bestand auch den Verbleib von Nachlassgegenständen erfasst.

2. Der Auskunftsanspruch. Dieser kann – zwar nicht selbständig, jedoch – zusammen mit dem Erbschaftsanspruch abgetreten werden. Bei Veräußerung von Einzelgegenständen aus dem Nachlass geht der Anspruch nicht auf den Erwerber über. Der Anspruch ist vererblich. Der Erblasser kann den Anspruch nicht durch letztwillige Verfügung im Voraus ausschließen. Ein Erlass (§ 397) durch den Erben ist aber zulässig.

3. Inhalt der Auskunftspflicht. a) Die Auskunftspflicht betrifft den **Bestand der Erbschaft.** Gem. § 260 I hat der Erbschaftsbesitzer ein Bestandsverzeichnis vorzulegen, das eine übersichtliche Gesamtdarstellung beinhaltet. Inhaltlich erstreckt sie sich auf den gegenwärtigen Aktivbestand des Nachlasses einschließlich etwaiger Surrogate (§ 2019), Nutzungen und Früchte (§ 2020) sowie auf Gegenstände, die dem Erbschaftsbesitzer als Voraus (§ 1932) oder als Vorausvermächtnis (§ 2150) zufallen sollen (Erman/*Horn* Rn. 1). Die Pflicht umfasst jedoch nicht die Angabe des Wertes der einzelnen Nachlassgegenstände (MüKoBGB/*Helms* Rn. 6) wie auch nicht die Angabe von Nachlassverbindlichkeiten (RGSt 71, 360) oder von Schenkungen zu Lebzeiten des Erblassers (BGHZ 61, 180 (182)).

b) Daneben ist der Erbschaftsbesitzer zur Auskunft über den **Verbleib** derjenigen Erbschaftsgegenstände verpflichtet, die nicht mehr im Nachlass vorhanden sind oder unauffindbar sind (NK-BGB/*Fleindl* Rn. 6). Dies kann zu einer Rechnungslegungspflicht iSd § 259 unter Vorlage von Belegen führen (hM MüKoBGB/*Helms* Rn. 7; Soergel/*Dieckmann* Rn. 1; aA Staudinger/*Gursky* Rn. 12).

c) Die Angaben haben **schriftlich** zu erfolgen. Sie können auch nacheinander in Form von Teilverzeichnissen abgegeben werden (BGH NJW 1962, 1499), sofern sich aus ihnen die Abgabe einer Gesamtauskunft ergibt (OLG Düsseldorf OLGR 1991, 11). Die Auskunft ist erbracht, sofern der Erbschaftsbesitzer eine abschließend und verbindlich gewollte Willenserklärung abgegeben hat und diese mit der Erklärung schließt, zu weiteren Informationen nicht im Stande zu sein (OLG Düsseldorf OLGR 1991, 11 (12)). Sind die formellen Anforderungen für die Abgabe eingehalten, besteht grds. kein Anspruch auf Ergänzung des Verzeichnisses (hM MüKoBGB/*Helms* Rn. 8). Als Mittel zur Erzwingung einer vollständigen Auskunft steht (lediglich) die Klage auf Abgabe der eidesstattlichen Versicherung (§§ 260 II, 261) zur Verfügung. Ein Anspruch auf Ergänzung wird nur in den Fällen anerkannt, in denen von vornherein kein Nachlassverzeichnis erstellt wurde, so zB wenn die Unvollständigkeit des Verzeichnisses offenbar ist (BayObLG NJW-RR 2002, 1381) oder Teile völlig fehlen (BGH NJW 1983, 2244) bzw. die Unterlagen hierfür gefälscht waren (RG HRR 33, 465). Ob eine nach erfolgter Verurteilung erteilte Auskunft genügt, ist im nachfolgenden Zwangsvollstreckungsverfahren auf Antrag des Gläubigers nach § 888 ZPO oder im Wege der Zwangsvollstreckungsgegenklage nach § 767 ZPO zu klären (hM Staudinger/*Gursky* Rn. 14).

d) Besteht Grund zur Annahme, dass das Bestandsverzeichnis nicht mit der erforderlichen Sorgfalt aufgestellt worden ist, hat der Erbschaftsbesitzer auf Verlangen des Erben eine **eidesstattliche Versicherung** dahingehend zu leisten, dass er den Bestand nach bestem Wissen so vollständig abgegeben hat, als er dazu imstande ist (§§ 259 II, 260 II). Für die Abgabe der eidesstattlichen Versicherung gilt § 261. Sie kann (freiwillig) im Verfahren der freiwilligen Gerichtsbarkeit abgegeben werden (§ 410 Nr. 1 FamFG); funktionell zuständig ist der Rechtspfleger (§ 3 Nr. 1b RpflG). Wird der Erbschaftsbesitzer zur Abgabe der eidesstattlichen Versicherung verurteilt, hat er diese beim Amtsgericht als Vollstreckungsgericht (§ 889 I ZPO) abzugeben; funktionell zuständig ist auch hier der Rechtspfleger (§ 20 Nr. 17 RpflG). Die zwangsweise Durchsetzung erfolgt nach § 888 ZPO (§ 889 II ZPO).

4. Auskunftsberechtigung. Anspruchsberechtigt ist der wahre Erbe; so jeder Miterbe, allerdings nur auf Auskunft an alle Miterben (§ 2039 S. 1), der Nacherbe bei Eintritt des Nacherbfalls, sowie jeder, der kraft Amtes Gläubiger des Erbschaftsanspruchs ist, so zB Nachlassverwalter, der Nachlassinsolvenzverwalter (→ § 2018 Rn. 23). Auch ein Gläubiger, der den Erbschaftsanspruch gepfändet hat, kann den Anspruch geltend machen (MüKoBGB/*Helms* Rn. 3).

5. Auskunftsverpflichtete. a) Der Anspruch richtet sich gegen den **Erbschaftsbesitzer iSd § 2018 (Abs. 1).** Dass sich jemand lediglich des Erbrechts berühmt, ist nicht ausreichend, sondern er muss zudem Nachlassgegenstände erlangt haben. Die Verpflichtung ist vererblich und geht auf den Erben des Erbschaftsbesitzers über (hM BGH NJW 1985, 3069; Palandt/*Weidlich* Rn. 2; Soergel/*Dieckmann* Rn. 4; Staudinger/*Gursky* Rn. 4). Dass der Erbe im Allgemeinen geringere Kenntnisse über den Umfang und den Verbleib der Erbschaft hat, steht dem nicht entgegen. Er hat sich anhand der für ihn erreichbaren Erkenntnismittel eigenes Wissen zu verschaffen oder solches zu vervollständigen. Kann er sich diese Kenntnisse nicht auf zumutbare Weise verschaffen, so genügt er seiner Auskunftspflicht bereits mit der Darlegung dieses Sachverhaltes (BGH NJW 1985, 3068 (3070)). Zu beachten ist aber, dass dem Erben des Erbschaftsbesitzers auch eine eigene Auskunftspflicht dadurch obliegen kann, da er in die Rechtsstellung des Erbschaftsbesitzers einrückt, wobei es einer zusätzlichen Erbrechtsanmaßung nicht bedarf (BGH NJW 1985, 3068 (3070); aA Soergel/*Dieckmann* Rn. 4; MüKoBGB/*Helms* Rn. 5). Die Auskunftspflicht des Erben des Erbschaftsbesitzers erstreckt sich auch auf die Zeit nach dessen Tod (NK-BGB/*Fleindl* Rn. 5).

9   b) Daneben sind auch **sonstige Personen** zur Auskunft verpflichtet, sofern sie, ohne Erbschaftsbesitzer zu sein, Nachlasssachen in Besitz genommen haben, bevor sie der wahre Erbe in unmittelbaren (§§ 854, 855) oder mittelbaren Besitz (§ 868) genommen hat (**Abs. 2**). Unmaßgeblich ist der Grund der Ergreifung des Gegenstandes und ob die Person Kenntnis von dem Erbfall hatte. Es genügt, dass die Person nach dem Tod des Erblassers, aber vor Besitznahme des Erben einen Gegenstand aus dem Nachlass an sich genommen hat (OLG Hamm Urt. 22.7.2014 – I-10 U 17/14, BeckRS 18338 Rn. 16). Auskunftspflichtig ist daher, zB wer nach dem Tod des Erblassers dessen Schlüssel als Vermieter einer Wohnung an sich genommen hat (KG OLGE 9, 33 (34)), Zimmer des Erblassers räumt, selbst wenn dies zur Sicherung des Nachlasses erfolgt (zB bei Heimbewohner; vgl. NK-BGB/*Fleindl* Rn. 8) oder wer aufgrund eines eigenen Rechts auf den Besitz als Eigentümer etc einen Nachlassgegenstand eigenmächtig in Besitz nimmt (OLG Braunschweig OLGE 24, 70; Staudinger/*Gursky* Rn. 21).

10 Sofern ein **Miterbe** nicht bereits nach Abs. 1 auskunftspflichtig ist, trifft ihn eine Auskunftspflicht nach Abs. 2 dann, wenn er, ohne Erbschaftsbesitzer zu sein, Nachlassgegenstände für sich selbst in Besitz nimmt (LG Berlin Urt. 28.8.2014 – 57 S 155/12, BeckRS 2014, 19648). Dies gilt jedoch dann nicht, wenn er die Gegenstände für die Miterbengemeinschaft ergreift, wenngleich sich dann eine Auskunftspflicht aus § 666 oder der §§ 666, 681 ergeben kann (Staudinger/*Gursky* Rn. 9).

11 Demgegenüber ist derjenige **nicht auskunftspflichtig**, der bereits vor dem Erbfall Besitz an einem Nachlassgegenstand erlangt hat oder nach dem Erbfall eine Sache in Besitz nimmt, die der Erblasser zu seinen Lebzeiten einem Dritten übergeben hat, da er in diesem Fall die Sache nicht „aus dem Nachlass" entfernt hat (BGH LM BGB § 1421 Nr. 1; MüKoBGB/*Helms* Rn. 10). Personen, die kraft Amtes Nachlassgegenstände in Besitz nehmen (Testamentsvollstrecker; Nachlassinsolvenz- und Nachlassverwalter, Nachlasspfleger) unterliegen nicht der Auskunftspflicht nach Abs. 2, sondern sind nach den jeweiligen für ihr Amt geltenden Sondervorschriften rechenschaftspflichtig.

12 6. Für die **Verjährung** des Anspruchs gilt § 197 I Nr. 1 Hs. 2.

13 7. **Prozessuale Durchsetzung.** Da die (isolierte) Erhebung der Auskunftsklage nicht die Rechtshängigkeit des Erbschaftsanspruchs iSd § 2018 bewirkt und daher dessen Verjährung nicht hemmt, ist idR die Erhebung einer Stufenklage iSd § 254 ZPO anzuraten (vgl. OLG Düsseldorf Urt. v. 14.8.2015 – I-7 U 47/14, ZEV 2016, 259 Rn. 24 f.). Der Gerichtsstand des § 27 ZPO gilt im Hinblick auf dessen eindeutigen Wortlaut nur für den Auskunftsanspruch nach Abs. 1, nicht jedoch nach Abs. 2, da eine analoge Anwendung zu Lasten des Auskunftspflichtigen nicht möglich ist (Staudinger/*Gursky* Rn. 7; MüKoBGB/ *Helms* Rn. 14; Musielak/*Heinrich* ZPO § 27 Rn. 5; OLG Köln OLGZ 1986, 212; aA Soergel/*Dieckmann* Rn. 5; NK-BGB/*Fleindl* Rn. 11; Zöller/*Vollkommer* ZPO § 27 Rn. 5; Thomas/Putzo/*Hüßtege* ZPO § 27 Rn. 2). Im Rahmen des **Anwendungsbereichs der EuErbVO** (Todesfälle ab dem 17.8.2015) bestimmt sich die **internationale Zuständigkeit** grds. nach dem letzten gewöhnlichen Aufenthalt des Erblassers (Art. 4 EuErbVO), subsidiär danach, wo sich Nachlassgegenstände befinden (Art. 10 EuErbVO). Art. 5 EuErbVO sieht eine Gerichtsstandvereinbarung in Bezug auf das zuständige Gericht vor.

§ 2028 Auskunftspflicht des Hausgenossen

(1) Wer sich zur Zeit des Erbfalls mit dem Erblasser in häuslicher Gemeinschaft befunden hat, ist verpflichtet, dem Erben auf Verlangen Auskunft darüber zu erteilen, welche erbschaftlichen Geschäfte er geführt hat und was ihm über den Verbleib der Erbschaftsgegenstände bekannt ist.

(2) Besteht Grund zu der Annahme, dass die Auskunft nicht mit der erforderlichen Sorgfalt erteilt worden ist, so hat der Verpflichtete auf Verlangen des Erben zu Protokoll an Eides statt zu versichern, dass er seine Angaben nach bestem Wissen so vollständig gemacht habe, als er dazu imstande sei.

(3) Die Vorschriften des § 259 Abs. 3 und des § 261 finden Anwendung.

1   1. **Normzweck.** Die Vorschrift ergänzt den Auskunftsanspruch gem. § 2027 und findet seine Rechtfertigung darin, dass die Vermutung besteht, dass Personen, die sich in häuslicher Gemeinschaft mit der Erblasser befunden haben, nähere Kenntnis über die Nachlassgegenstände haben bzw. aufgrund der räumlichen und persönlichen Nähe Zugriff auf die Nachlassgegenstände hatten.

2   2. **Anspruchsberechtigter.** Inhaber des Anspruchs ist der wahre Erbe, jeder Miterbe nach § 2039 S. 1 sowie die kraft Amtes diesen gleichgestellten Personen.

3. Auskunftspflichtige. Darunter fallen diejenigen Personen, die sich im Zeitpunkt des Todes des Erblassers mit diesem in **häuslicher Gemeinschaft** befunden haben. Das sind die Personen, die aufgrund ihrer räumlichen und persönlichen Beziehungen zu dem Erblasser Zugriff zu den Nachlassgegenständen hatten oder Kenntnis über deren Verbleib haben können. Der Begriff der „häuslichen Gemeinschaft" ist im Hinblick auf den Zweck der Vorschrift unter Berücksichtigung aller Umstände des Einzelfalls weit auszulegen (BGH LM BGB § 2028 Nr. 1; RGZ 80, 285 (286); MüKoBGB/*Helms* Rn. 3). Die Begründung eines Hausstandes (§ 1619), Familienangehörigkeit (§ 1969), Lebenspartnerschaft oder sonstige enge Beziehung ist daher nicht erforderlich. Auskunftspflichtig sind daher Hausangestellte, Pflegepersonen, Zimmernachbarn, Mieter des Erblassers, der bei diesen zur Untermiete ein Zimmer angemietet hatte und sich von diesen versorgen ließ (BGH LM BGB § 2028 Nr. 1), Zimmer-, Flur- und Stockwerksnachbarn (Staudinger/*Gursky* Rn. 5; *Sarres* ZEV 1998, 422 (423)), aber auch Personen, die sich nur kurz vor dem Tod des Erblassers für ein paar Tage und Nächte in dessen Wohnung aufgehalten haben (RGZ 80, 285 (286)). Die kurz vor dem Tod des Erblassers erfolgte Einweisung ins Krankenhaus hebt die häusliche Gemeinschaft nicht auf (RG LZ 1922, 197). Auskunftspflichtig kann auch ein **Miterbe** gegenüber anderen Miterben sein (LG Wiesbaden Urt. 3.7.2014 – 9 O 44/14, BeckRS 2014, 17790) es sei denn, dass auch diese sich in häuslicher Gemeinschaft mit dem Erblasser befunden haben (Staudinger/*Gursky* Rn. 6) oder deren Auskunftsbegehren verwirkt ist (OLG Koblenz Beschl. 19.12.2013 – 2 U 1191/11, BeckRS 2014, 00587: Erbfall liegt mehr als neun Jahre zurück und der klagende Miterbe hat während dieses Zeitraums keine auf eine Auseinandersetzung der Erbengemeinschaft zielenden Maßnahmen eingeleitet). Der Auskunftspflicht unterliegt auch der Minderjährige. 3

4. Inhalt der Auskunftspflicht. Die Pflicht des Hausgenossen erstreckt sich umfänglich darauf, welche erbrechtlichen Geschäfte iSd § 1959 er geführt hat und welche Kenntnis er über den Verbleib von Nachlassgegenständen hat. Insofern unterscheidet sich die Auskunftspflicht des § 2028 von der iSd § 2027, da der Hausgenosse weder Auskunft über den Bestand des Nachlasses noch ein Bestandsverzeichnis gem. § 260 I vorzulegen hat. Denknotwendig betrifft die Pflicht nur solche Geschäfte, die nach dem Erbfall ausgeführt wurden (OLG Hamm Urt. 22.7.2014 – I-10 U 17/14, BeckRS 18338 Rn. 21). 4

a) Zu beachten ist, dass bei **Führung erbrechtlicher Geschäfte** unter Erbanmaßung sich diese Pflicht bereits aus § 2027, ohne Anmaßung aus den §§ 681, 666, 259, 260, ergibt. Bedeutung hat § 2028 daher vorrangig für die Frage, ob der Hausgenosse solche Geschäfte geführt hat (Soergel/*Dieckmann* Rn. 3). Auch wenn der Hausgenosse bereits Auskunft gem. § 2027 erteilt hat, unterliegt er dennoch der Auskunftspflicht gem. § 2028 (OLG Braunschweig OLGE 26, 296; Staudinger/*Gursky* Rn. 15; MüKoBGB/*Helms* Rn. 5; Palandt/*Weidlich* Rn. 2; aA KG OLGE 20, 427; Soergel/*Dieckmann* Rn. 3; NK-BGB/*Fleindl* Rn. 3), da die Pflicht iSd § 2028 über die iSd § 2027 insofern hinaus geht, da sich die Pflicht auf alle von ihm geführten erbschaftlichen Geschäfte bezieht. 5

b) Die Auskunft über den **Verbleib von Nachlassgegenständen** ist im wirtschaftlichen Sinne zu verstehen und erstreckt sich auch darauf, ob und welcher Wertersatz für verschwundene Gegenstände in den Nachlass gelangt ist (RGRK/*Kregel* Rn. 3). Sie umfasst körperliche Gegenstände wie auch Forderungen und zwar sämtliche zur Erbschaft gehörenden Gegenstände, wobei auch solche Gegenstände, die bereits vor dem Tod des Erblassers beiseite geschafft wurden, von der Auskunftspflicht erfasst werden. Eine Ausnahme gilt lediglich für solche Gegenstände, die dem Hausgenossen durch den Erblasser vor seinem Tod rechtlich wirksam überlassen wurden, so zB durch Schenkung (BGHZ 18, 67 (69 ff.)). Seine Pflicht beschränkt sich auf die Auskunftserteilung; zu einer Ermittlung bzgl. des Schicksals der Gegenstände ist er nicht verpflichtet (*Sarres* ZEV 1998, 422 (423)). 6

c) Die **Auskunftserteilung** erfolgt durch schriftliche Erklärung, die er auf Fragen im Bewusstsein auf seine gesetzliche Pflicht hin abgibt. Ein Vortrag, mittels dessen der Hausgenosse im Rahmen eines Rechtsstreits das Nichtbestehen einer Auskunftspflicht begründet, ist daher idR nicht genügend (BGH WM 1971, 443 (445)). 7

5. Eidesstattliche Versicherung (Abs. 2). Sofern Grund für die Besorgnis besteht, dass die Auskunft iSd Abs. 1 nicht mit der erforderlichen Sorgfalt erteilt worden ist, kann der Erbe verlangen, dass der Hausgenosse die eidesstattliche Versicherung abgibt, dass er seine Auskunft nach bestem Wissen so vollständig gemacht hat, als er dazu imstande ist. Voraussetzung ist daher, dass die Auskunft aus mangelnder Sorgfalt unvollständig oder unrichtig erteilt worden ist. Dass die Auskunft objektiv unrichtig oder unvollständig ist, reicht allein nicht aus (BGH DB 1964, 1443). Bei Geringfügigkeit des Nachlasses, nicht des Versehens, besteht keine Abgabepflicht für den Hausgenossen (**Abs. 3 iVm** § 259 III). Für die Abgabe der eidesstattlichen Versicherung gelten die Grundsätze des § 261 (Abs. 3). Die eidesstattliche Versicherung hat sich auf die Vollständigkeit seiner Angaben zu beziehen. Bei freiwilliger Abgabe vor dem Gericht der freiwilligen Gerichtsbarkeit (§ 410 Nr. 1 FamFG) braucht das Gericht lediglich zu prüfen, ob der Erbe die Abgabe verlangt hat, mit ihr einverstanden ist, nicht aber, ob die Voraussetzungen des Abs. 2 tatsächlich vorliegen. Vgl. iÜ → § 2027 Rn. 6. 8

6. Für die **Verjährung** des Anspruchs gilt § 197 I Nr. 1 Hs. 2. 9

7. Prozessuale Fragen. Der Gerichtsstand des § 27 findet keine Anwendung (→ § 2027 Rn. 13). Das Auskunftsurteil wird nach § 888 ZPO vollstreckt. Verweigert der Hausgenosse die eidesstattliche Versicherung, muss er vor dem Prozessgericht auf Abgabe verklagt werden; das Urteil wird nach § 889 ZPO vollstreckt. 10

§ 2029 Haftung bei Einzelansprüchen des Erben

Die Haftung des Erbschaftsbesitzers bestimmt sich auch gegenüber den Ansprüchen, die dem Erben in Ansehung der einzelnen Erbschaftsgegenstände zustehen, nach den Vorschriften über den Erbschaftsanspruch.

1. Normzweck. Bei dem Erbschaftsanspruch handelt es sich um einen Gesamtanspruch, der auf die Erbschaft als solche bezogen ist. Daneben hat der Erbe aber auch Einzelansprüche auf Herausgabe, Bereicherung und Schadensersatz, die auf die einzelnen Nachlassgegenstände bezogen sind. § 2029 stellt sicher, dass auch bei Geltendmachung der Einzelansprüche das Haftungssystem der §§ 2018 ff. zum Tragen kommt. Damit wird zum einen verhindert, dass der Erbschaftsbesitzer bei Geltendmachung der Einzelansprüche schlechter gestellt wird, da er auch bei einem Herausgabeverlangen nach § 985, im Gegensatz zu §§ 994–996, den Ersatz aller Verwendungen verlangen kann (§ 2022) wie auch seine Haftung nach Bereicherungsrecht beschränkt ist (§ 2021). Andererseits führt die Anwendung der Vorschriften der §§ 2018 ff. auf die Einzelansprüche auch zu einer Schlechterstellung des Erbschaftsbesitzers: zB kann sich der gutgläubige Erbschaftsbesitzer nicht auf die Ersitzung (§ 2026) berufen und muss alle Nutzungen (§ 2020) und Surrogate (§ 2019) herausgeben, was über die Verpflichtung nach § 993 hinausgeht; der bösgläubige Besitzer seinerseits haftet im Rahmen der Bereicherungshaftung im Gegensatz zu § 819 auch bei grob fahrlässigem Nichtwissen (§ 2024 S. 1). Die Vorschrift führt daher nicht zu einer Verdrängung, sondern zu einer **Modifikation der Einzelansprüche,** die von Amts wegen zu berücksichtigen ist und nicht der Wahl des Erben oder des Erbschaftsbesitzers unterliegt.

2. Anwendungsbereich. a) Die Vorschrift kommt zum Tragen, wenn der **Erbe gegen den Erbschaftsbesitzer** Einzelansprüche, die zum Erbschaftsanspruch in Anspruchskonkurrenz stehen, geltend macht. Das Gericht hat dann die Vorschriften der §§ 2018 ff. von Amts wegen anzuwenden. Voraussetzung ist aber, dass dem unstreitigen oder erwiesenen Tatsachenvortrag zu entnehmen ist, dass der Beklagte Erbschaftsbesitzer ist. Zu beachten ist dabei, dass die Darlegungslast hierfür nicht dem Erben obliegt. Vielmehr hat der Beklagte sowohl die **Darlegungs-** als auch die **Beweislast** für diejenigen Tatsachen, die den Anwendungsbereich der §§ 2018 ff. eröffnen (Staudinger/*Gursky* Rn. 4). Es gilt der Verhandlungsgrundsatz, so dass keine Amtsermittlungspflicht des Gerichts hinsichtlich eines etwaigen Erben-Erbschaftsbesitzer-Verhältnisses besteht. Bei hinreichenden Anknüpfungspunkten gebietet jedoch § 139 II ZPO einen entsprechenden gerichtlichen Hinweis (NK-BGB/*Fleindl* Rn. 5). Ohne entsprechenden Sachvortrag des Beklagten bzw. bleibt dieser strittig oder unbewiesen, erfolgt die Verurteilung des Beklagten aufgrund der jeweiligen Einzelansprüche.

b) Die Vorschrift findet im **Verhältnis zu einem Dritten,** dem der Erbschaftsbesitzer einzelne Nachlassgegenstände übertragen hat, im Hinblick auf den eindeutigen Wortlaut des § 2029 („Erbschaftsbesitzer") keine Anwendung. Verwendungsersatz kann der Dritte aber nach § 999 I verlangen, was zur Folge hat, dass der Dritte bei Verwendungen durch den Erbschaftsbesitzer vor Eintritt der Haftungsverschärfung diese bzgl. des betreffenden Einzelgegenstandes gemachten Verwendungen gem. §§ 999 I, 2029, 2022 verlangen kann. Sofern der Dritte diesen Ersatzanspruch geltend macht, ist es dem Erbschaftsbesitzer seinerseits verwehrt, diese Verwendung im Rahmen des Erbschaftsanspruchs geltend zu machen.

3. Anwendung. a) Es gilt der **Grundsatz,** dass bei Vorliegen eines Erben-Erbschaftsbesitzer-Verhältnisses (→ Rn. 2) jeder geltend gemachte Einzelanspruch einem Vergleich mit dem entsprechenden Regelungsbereich des Erbschaftsanspruchs zu unterziehen ist. Der Einzelanspruch wird dann durch die Vorschriften, die Art und Umfang der Leistungspflicht des Erbschaftsbesitzers regeln, modifiziert. Es finden dann auch im Rahmen des Einzelanspruchs die Vorschriften über die Herausgabe der Surrogate, der Nutzungen, der Bereicherung (§§ 2019–2021, 2024), über Verwendungsersatz (§ 2022), die Wirkung der Rechtshängigkeit (§ 2024) und die Regelungen über Verjährung und Ersitzung (§ 2026) Anwendung. Ist zB die Regelung in den §§ 2018 ff. für den Beklagten günstiger, so ist der Einzelanspruch diesbzgl. zu modifizieren. Dies führt dann dazu, dass der Beklagte bei einem Herausgabeverlangen nach § 985 auch nutzlose Verwendungen verlangen kann oder auch ein Zurückbehaltungsrecht hinsichtlich solcher Verwendungen hat, die er auf andere (Nachlass-) Sachen oder auf die Erbschaft als Ganzes gemacht hat. Diese Modifikation des Einzelanspruchs kann aber auch zu einer Schlechterstellung des Beklagten führen, da er zB bei den Nutzungen gem. § 2020 wie auch bei der Herausgabe der Bereicherung gem. § 2024 S. 1 (grob fahrlässiges Nichtwissen genügt) einer strengeren Haftung unterworfen ist.

b) Streitig ist, ob bei **Besitzschutzansprüchen iSd §§ 861, 862** die Vorschriften über den Erbschaftsbesitz zugunsten des Erbschaftsbesitzers Anwendung finden. Nach zutreffender Auffassung kann der Erbschaftsbesitzer dem Anspruch aus § 861 auch das Zurückbehaltungsrecht wegen Verwendungen gem. §§ 2022 I, 1000 S. 1 entgegenhalten. Dies ist nur dann ausgeschlossen, wenn der Erbschaftsbesitzer die herauszugebende Sache durch eine vorsätzlich begangene unerlaubte Handlung erlangt hat (Staudinger/ *Gursky* Rn. 7; MüKoBGB/*Helms* Rn. 4). Die gegenteilige Ansicht (NK-BGB/*Fleindl* Rn. 4; RGRK/ *Kregel* Rn. 5; Brox/Walker ErbR Rn. 597), die bereits dann einen Ausschluss des Zurückbehaltungsrecht annimmt, wenn der Erbschaftsbesitzer bösgläubig oder schuldhaft den vom Erben bereits begründeten tatsächlich Besitz gebrochen hat, da sich der Erbe dann auf einen Gegenanspruch aus unerlaubter Handlung nach den §§ 2025, 823 ff., 249 berufen könne, überzeugt nicht. Verwendungsansprüche aus §§ 273 II, 1000 S. 2 sind speziellere Regelungen zu § 863 und können grds. auch dem possessorischen Herausgabeanspruch iSd § 861 entgegengehalten werden (Palandt/*Herrler* § 863 Rn. 2). Die in §§ 273 II aE, § 1000 S. 2 zum Ausdruck gekommene Wertung, dass das Zurückbehaltungsrecht wegen erbrachter Verwendungen nur bei einer Besitzerlangung durch eine vorsätzlich begangene unerlaubte Handlung ausgeschlossen ist, muss daher auch gem. § 2022 S. 1 iVm § 1000 S. 1 zum Tragen kommen.

c) Verjährung. Bei Geltendmachung eines Einzelanspruchs auf Herausgabe findet gem. § 2029 die Verjährungsfrist iSd § 197 I Nr. 1 Anwendung (aA Palandt/*Weidlich* Rn. 2: §§ 195, 199).

§ 2030 Rechtsstellung des Erbschaftserwerbers

Wer die Erbschaft durch Vertrag von einem Erbschaftsbesitzer erwirbt, steht im Verhältnis zu dem Erben einem Erbschaftsbesitzer gleich.

1. Normzweck. Die Vorschrift erstreckt den Herausgabeanspruch des Erben iSd § 2018 auf einen Dritten, der den Nachlass im Ganzen von dem Erbschaftsbesitzer erworben hat. Damit ist sichergestellt, dass der Erbe auch gegenüber einem Dritten nicht auf die Geltendmachung von Einzelansprüchen verwiesen wird, sondern er diesem gegenüber die Herausgabe der Erbschaft als Ganzes verlangen kann. Die Bedeutung des § 2030 liegt darin, dass durch die Einräumung eines Gesamtherausgabeanspruchs ein gutgläubiger Erwerb des Dritten an den Einzelgegenständen des Nachlasses ausgeschlossen wird.

2. Voraussetzungen. a) Der **Erwerb** muss **durch** einen **Vertrag** erfolgt sein.

aa) Die Verwendung des **Begriffes „Vertrag"** im Zusammenhang mit einem Erwerb ist missverständlich, da eine Übertragung des Nachlasses als Ganzes im Wege eines Verfügungsgeschäftes rechtlich nicht möglich ist. Vielmehr ist eine Übertragung der einzelnen Erbschaftsgegenstände erforderlich. Daher ist der Erbschaftskauf gem. § 2371 auch als schuldrechtliches Verpflichtungsgeschäft geregelt (→ 2371 Rn. 6). § 2030 betrifft dem zur Folge den Fall, dass dem Erwerb einer Erbschaft ein **obligatorischer Vertrag** zugrunde lag.

§ 2030 ist aber auch **entsprechend** anwendbar, wenn der Erwerb auf der Erfüllung eines Vermächtnisses in einer letztwilligen Verfügung des Erbschaftsbesitzers beruht (hM Staudinger/*Gursky* Rn. 14 mwN).

bb) Der Anwendungsbereich der Vorschrift ist auch bei **Formungültigkeit des Verpflichtungsgeschäftes** eröffnet (hM MüKoBGB/*Helms* Rn. 4 mwN).

b) Vertragsgegenstand muss die Erbschaft als Ganzes oder ein Erbteil sein. Der Verkauf eines oder mehrerer Einzelgegenstände aus dem Nachlass, auch wenn es sich dabei um die wesentlichen Gegenstände aus dem Nachlass handelt, ist daher nicht ausreichend. Erforderlich ist stets, dass der Erwerber bei Übernahme des Gesamtnachlasses auch dessen **Abwicklung übernommen** hat. Ist dies nicht der Fall (zB bei Ankauf von Einrichtungsgegenständen durch Händler), greift § 2030 selbst dann nicht ein, wenn der Erwerber sämtliche Nachlassgegenstände erworben hat (NK-BGB/*Fleindl* Rn. 1).

c) Der **Erwerb** iSd § 2030 setzt voraus, dass der Vertragspartner des Erbschaftsbesitzers bei Erwerb der Erbschaft als Ganzes zumindest **einen** Nachlassgegenstand tatsächlich erlangt hat bzw. bei Erwerb eines Erbanteils zumindest an einem Nachlassgegenstand Mitbesitz begründet hat (Staudinger/*Gursky* Rn. 2).

3. Rechtsfolgen. a) Der Erbe hat zum einen **Ansprüche gegen den Erwerber**, da dieser gem. § 2030 dem Erben gegenüber einem Erbschaftsbesitzer gleichgestellt wird.

aa) Dies führt dazu, dass die **§§ 2018–2029** Anwendung finden. Der Erwerber schuldet die Herausgabe der Surrogate (§ 2019); er haftet für die Nutzungen und Früchte (§ 2020) sowie nach Bereicherungsgrundsätzen (§ 2021). Er haftet auch verschärft gem. §§ 2024, 2025, wobei die Voraussetzungen für die Haftungsverschärfung in der Person des Erwerbers vorliegen müssen (Soergel/*Dieckmann* Rn. 2). Der Erwerber kann sowohl seine wie auch die von seinem Vertragspartner, dem Erbschaftsbesitzer, getätigten Verwendungen geltend machen (vgl. Gedanke des § 999 I), nicht jedoch den gezahlten Kaufpreis (und zwar auch nicht im Rahmen des § 2021 als Minderung der Bereicherung in Abzug bringen).

bb) Durch die Gleichstellung mit dem Erbschaftsbesitzer ist ein **gutgläubiger Erwerb** von Nachlassgegenständen gem. der §§ 892 f., §§ 932 ff., 2366 f. **ausgeschlossen.**

b) Daneben bestehen für den Erben die unmittelbaren **Ansprüche** der §§ 2018–2029 **gegen den Erbschaftsbesitzer.**

c) Die **Ansprüche** gegen den Erbschaftsbesitzer und dessen Vertragspartner stehen dem Erben **wahlweise** zur Verfügung, da ansonsten seine Ansprüche doppelt befriedigt werden würden (hM).

aa) Macht der Erbe seine **Ansprüche gegen den Erbschaftsbesitzer** geltend und erlangt er volle Befriedigung, so sind Ansprüche gegen den Erwerber ausgeschlossen.

(1) In dem Herausgabeverlangen des **Kaufpreises** wird eine Genehmigung (§ 185) des Verfügungsgeschäfts des Erbschaftsbesitzers unter der aufschiebenden Bedingung der vollständigen Befriedigung des Erben (Soergel/*Dieckmann* Rn. 4, 5) bzw. eine Genehmigung Zug um Zug gegen Erlösherausgabe erblickt (MüKoBGB/*Helms* Rn. 8). Kommt es nur zu einer teilweisen Befriedigung des Erben, so wird dem Erben zT die Möglichkeit eingeräumt, lediglich einzelne Verfügungen des Erbschaftsbesitzers zu genehmigen (MüKoBGB/*Helms* Rn. 8; aA Staudinger/*Gursky* Rn. 10, Genehmigung muss sich auf die gesamte Veräußerung beziehen), so dass er wegen des Restes Befriedigung beim Erwerber erlangen kann.

(2) Die **Herausgabe** von Erbschaftsgegenständen kann der Erbe je nachdem, wer diese tatsächlich erlangt hat, sowohl von dem Erbschaftsbesitzer als auch von dem Erwerber verlangen. Bei gleichzeitiger Inanspruchnahme sind diese Streitgenossen iSd §§ 59, 60 ZPO. Verwendungsansprüche können von beiden in Gesamtgläubigerschaft geltend gemacht werden (Soergel/*Dieckmann* Rn. 6; aA Staudinger/*Gursky* Rn. 13).

(3) Bei Inanspruchnahme auf **Schadensersatz** (§§ 2023 ff.) muss der Erbschaftsbesitzer nur Zug um Zug gegen Abtretung der Ansprüche des Erben gegen den Erwerber gem. § 255 leisten. Ein Anspruch des Erben ist nur in der Höhe gegeben, als der Schaden nicht durch den erhaltenen Kaufpreis gedeckt ist (MüKoBGB/*Helms* Rn. 13).

12 bb) Macht der Erbe **Ansprüche gegen den Erwerber** geltend und erlangt er volle Befriedigung, so sind Ansprüche gegen den Erbschaftsbesitzer ausgeschlossen.

(1) Wird das **Herausgabeverlangen** des Erben von dem Erwerber vollständig befriedigt, so scheidet ein Anspruch auf Herausgabe des Kaufpreises gegen den Erbschaftsbesitzers aus. In dem Herausgabeverlangen des Erben gegenüber dem Erwerber liegt nämlich eine Verweigerung der Genehmigung der Verfügungen des Erbschaftsbesitzers zugunsten des Erwerbers. Sofern der Erbe den Nachlass nur teilweise erhält, wird ihm von der hM ein Anspruch gegen den Erbschaftsbesitzer auf den Kaufpreis in Höhe des entsprechenden Wertanteils im Verhältnis zum Gesamtnachlass eingeräumt (MüKoBGB/*Helms* Rn. 13 mwN; aA Staudinger/*Gursky* Rn. 11: Schadensersatzanspruch gegen den Erbschaftsbesitzer nach den §§ 2023 ff.).

(2) Daneben können (zusätzlich) **Schadensersatzansprüche** gegen den Erwerber bestehen, sofern dieser verschärft haftet.

d) Im Verhältnis „**Erbschaftsbesitzer – Erwerber**" haftet der Erbschaftsbesitzer dem Erwerber gem. den §§ 2376, 433 I 2, 435, 437, sofern der Erbe vom Erwerber die Herausgabe des Nachlasses verlangt.

e) Für Herausgabeansprüche aus § 2130 gilt die **Verjährung iSd** § 197 I Nr. 1.

13 4. Es gilt der **Gerichtsstand** des § 27 ZPO.

§ 2031 Herausgabeanspruch des für tot Erklärten

(1) ¹Überlebt eine Person, die für tot erklärt oder deren Todeszeit nach den Vorschriften des Verschollenheitsgesetzes festgestellt ist, den Zeitpunkt, der als Zeitpunkt ihres Todes gilt, so kann sie die Herausgabe ihres Vermögens nach den für den Erbschaftsanspruch geltenden Vorschriften verlangen. ²Solange sie noch lebt, wird die Verjährung ihres Anspruchs nicht vor dem Ablauf eines Jahres nach dem Zeitpunkt vollendet, in welchem sie von der Todeserklärung oder der Feststellung der Todeszeit Kenntnis erlangt.

(2) Das Gleiche gilt, wenn der Tod einer Person ohne Todeserklärung oder Feststellung der Todeszeit mit Unrecht angenommen worden ist.

1 1. **Normzweck.** Der Vorschrift liegt die Erwägung zugrunde, dass die Interessenlage in den von § 2031 erfassten Fällen mit derjenigen im Verhältnis zwischen Erben und Erbschaftsbesitzer vergleichbar ist. In beiden Fällen hat ein Unberechtigter den Nachlass als Ganzes erhalten, wenn gleich bei § 2031 ein Erbfall tatsächlich nicht erfolgt ist, sondern lediglich zu Unrecht angenommen wurde. Der scheinbar Verstorbene soll durch die Vorschrift dem Erben gleichgestellt werden.

2 2. **Voraussetzungen. a) Anspruchsberechtigter** ist aa) derjenige, der zu Unrecht für tot erklärt worden ist bzw. den für ihn festgestellten Todeszeitpunkt (§§ 9, 23, 44 VerschG) überlebt hat (**Abs. 1 S. 1**) sowie

bb) derjenige, der zB, durch eine unrichtige Sterbeurkunde, fälschlich für tot gehalten wurde (**Abs. 2**).

3 b) **Anspruchsgegner** ist diejenige Person, die aufgrund des fälschlich angenommenen Todes des Anspruchsberechtigten als dessen Erbe den Nachlass oder Teile davon erlangt hat. § 2031 greift daher nicht ein, wenn die Erlangung von Nachlassgegenständen ohne Berührung einer Erbenstellung erfolgt ist.

4 3. **Rechtsfolgen.** Der Anspruchsberechtigte hat einen Gesamtherausgabeanspruch iSd §§ 2018 ff., der vererblich ist (hM MüKoBGB/*Helms* Rn. 6 mwN). Gutgläubige Dritte werden gem. §§ 2370 I, 2366, 2367 geschützt. Der Herausgabeanspruch verjährt in 30 Jahren (§ 197 I Nr. 1). Zum Schutz des Totgeglaubten, jedoch nicht zugunsten dessen Erben, wird die Verjährung gem. **Abs. 1 S. 2** beschränkt. Die **Beweislast** für den Zeitpunkt der Kenntniserlangung trägt der Anspruchsgegner. Der besondere Gerichtsstand des § 27 ZPO gilt nicht.

Titel 4. Mehrheit von Erben

Untertitel 1. Rechtsverhältnis der Erben untereinander

§ 2032 Erbengemeinschaft

(1) Hinterlässt der Erblasser mehrere Erben, so wird der Nachlass gemeinschaftliches Vermögen der Erben.

(2) Bis zur Auseinandersetzung gelten die Vorschriften der §§ 2033 bis 2041.

I. Vorbemerkung

Das Gesetz geht von der Alleinerbschaft als Regelfall aus und behandelt die Mehrheit von Erben als Sonderfall, obwohl in der Praxis das Gegenteil der Fall ist. Demgemäß stellen die §§ 2032–2063 BGB Sondervorschriften für Erbengemeinschaften in Ergänzung der daneben geltenden allgemeinen Vorschriften dar. 1

Die §§ 2032–2057a betreffen das Rechtsverhältnis der **Mehrheit der Erben untereinander,** das insbes. durch Verweise auf die Vorschriften des Gemeinschaftsrechts umfassend geregelt ist; §§ 2058–2063 regeln das Verhältnis der Erbengemeinschaft zu den **Nachlassgläubigern** und ergänzen die allgemeinen Vorschriften über die Erbenhaftung (§§ 1967–2017). 2

Weitere Vorschriften über die Erbengemeinschaft enthalten §§ 363–372 FamFG, § 316 II und III, § 317 II InsO, §§ 747, 859 II ZPO und §§ 180, 185 ZVG.

II. Gesamthandsgemeinschaft

Wie auch die GbR (§§ 705 ff.) und die eheliche Gütergemeinschaft (§§ 1415 ff.) ist die Erbengemeinschaft ebenfalls eine **Gesamthandsgemeinschaft.** Nach dem Grundsatz der Universalsukzession geht der Nachlass als Ganzes auf die Miterben über. Der Nachlass bleibt in seiner gesamthänderischen Gebundenheit zunächst zusammen. Der einzelne Miterbe hat lediglich eine **Gesamtberechtigung** am Nachlass und einen Anspruch auf dessen Auseinandersetzung, jedoch bis dahin **keine unmittelbar dingliche Berechtigung an einzelnen Nachlassgegenständen.** Im Gegensatz zum Bruchteilseigentümer kann der einzelne Miterbe nicht über seine Anteile an den einzelnen Nachlassgegenständen verfügen, sondern nur über seinen Anteil an der Erbschaft im Ganzen (§ 2033). Die Mitglieder der Erbengemeinschaft werden Mitbesitzer des Nachlasses (§ 866). 3

Dieses Zusammenhalten des Nachlasses erfüllt mehrere Schutzzwecke: es dient zum einen dem **Schutz der Gläubiger des Erblassers,** die zunächst befriedigt werden sollen, zum anderen schützt es die einzelnen Miterben auch vor einem **unliebsamen Eindringen Dritter** in die Gemeinschaft und hindert den Zugriff von Eigengläubigern der Miterben auf den Nachlass. Auch wenn die Erbengemeinschaft keine werbende Gemeinschaft ist, kann die Erhaltung der Gemeinschaft im Interesse der Miterben liegen, zB zur Erhaltung eines Unternehmens. 4

III. Der Nachlass als Sondervermögen

Der Nachlass bildet ein **Sondervermögen,** das vom Eigenvermögen des einzelnen Miterben kraft Gesetzes getrennt ist. Die Besonderheit der gesamthänderischen Bindung besteht darin, dass die Nachlassgegenstände ohne nähere Quotelung allen Miterben in ihrer gesamthänderischen Verbundenheit insgesamt gehören, der einzelne Miterbe kein beschränktes Teilrecht am einzelnen Erbschaftsgegenstand hat, vielmehr jeder Nachlassgegenstand dem einzelnen Erben ganz gehört, jedoch beschränkt durch die Rechte der übrigen Miterben. 5

Auch wenn die Miterbengemeinschaft **kein selbständiges Rechtssubjekt** ist, ist sie iRd §§ 2033 ff. insofern handlungsfähig, als der einzelne Miterbe nach dieser Vorschrift über seinen **Anteil,** jedoch **nicht** über **einzelne Nachlassgegenstände verfügen** kann. Über Letztere können die Miterben nur **gemeinsam** verfügen (§ 2040). Die Erben verwalten den Nachlass grds. **gemeinschaftlich** (§ 2038). Forderungen der Erbengemeinschaft können nur durch Leistung an alle Erben erfüllt werden, jedoch ist jeder Miterbe **einzeln berechtigt** Leistung **an alle** Erben zu verlangen (§ 2039). Die Erhaltung des Sondervermögens Nachlass wird durch die **dingliche Surrogation** gewährleistet (§ 2041), wonach sämtliche vermögenswerten Leistungen, die mit Mitteln des Nachlasses oder als Ersatz für ehemals zum Nachlass gehörende Gegenstände erworben werden, wiederum zum Nachlass gehören und damit der gesamthänderischen Bindung unterfallen. 6

Die strikte **Trennung** zwischen dem **gesamthänderisch gebundenen Nachlass** und dem **Eigenvermögen** der einzelnen Miterben führt dazu, dass Forderungen des Erblassers gegen einen oder mehrere Miterben und Forderungen eines Erben gegen den Erblasser auch nach dem Erbfall bestehen. Zu einer **Konfusion** kommt es **nicht,** da jeweils eine **Gesamthandsforderung** einer **Einzelforderung** gegenübersteht (MüKoBGB/*Gergen* Rn. 27). Demgemäß fehlt es auch bei der **Aufrechnung** einer Nachlassforderung durch einen Miterben gegen eine ihm persönlich gegen den Nachlass zustehende Forderung am Merkmal der **Gegenseitigkeit** (OLG Celle ZEV 2016, 37; MüKoBGB/*Gergen* Rn. 24 f.). Dagegen werden an die Gegenseitigkeitsvoraussetzung beim **Zurückbehaltungsrecht** (§ 273) weniger strenge Anforderungen gestellt als bei der Aufrechnung, so dass ein als Gesamtschuldner (§ 2058) wegen einer Nachlassschuld in Anspruch genommener Miterbe ein Zurückbehaltungsrecht hat wegen einer Nachlassforderung, an der er nur als Gesamthänder beteiligt ist, mit der Folge einer Zug-um-Zug-Verurteilung (BGH NJW 1963, 244 ff.). 7

Für unerlaubte Handlungen und Pflichtverletzungen im Rahmen der Verwaltung des Nachlasses haftet der beauftragte Miterbe nach §§ 278, 831. 8

IV. Entstehung der Miterbengemeinschaft

Die Erbengemeinschaft entsteht **kraft Gesetzes** mit dem Erbfall, wenn mehrere Personen denselben Erblasser beerben; sie kann **nicht** durch rechtsgeschäftliche Vereinbarung **begründet** oder **wiederhergestellt** werden. 9

Die Erbengemeinschaft entsteht bei gesetzlicher (§§ 1924 ff.), gewillkürter (§§ 1937, 1941) Erbfolge oder aufgrund beider Berufungsgründe im Fall des § 2088. Nur die Erben, die die Erbfolge auch tatsächlich antreten, werden **Mitglieder der Erbengemeinschaft**, dh, dass die Personen, die aufgrund Enterbung (§ 1938), Ausschlagung (§ 1953), Erbunwürdigkeitserklärung (§ 2344) oder Erbverzichts (§ 2346) nicht zur Erbfolge gelangen, nicht Mitglieder der Erbengemeinschaft werden können. Ersatzerben (§ 2096) oder Nacherben (§ 2100) treten in die Erbengemeinschaft erst mit Eintritt des Ersatz- oder Nacherbfalls anstelle des ursprünglichen Erben bzw. Vorerben ein (MüKoBGB/*Gergen* Rn. 1); zwischen Nacherben besteht **vor dem Nacherbfall keine Erbengemeinschaft** (BGH NJW 1993, 1582 ff.). In Erbfällen, die vor dem 1.4.1998 eingetreten sind, sind jedoch die damals gültigen Regelungen der §§ 1934a–1934e anzuwenden; ein vor dem 1.4.1998 wirksam vereinbarter Erbausgleich oder ein rechtskräftiges Urteil, mit dem der Erbausgleich zugesprochen wurde (Art. 227 I Nr. 2 EGBGB) hindert den Eintritt des nichtehelichen Kindes in die Erbengemeinschaft. Vor 1.7.1949 geborene nichteheliche Kinder erben nach dem Vater, wenn der Erbfall nach dem 28.5.2009 eingetreten ist, Art 5 2 ZwErbGleichG (BGBl. 2011 I 615; BGH NJW 2012, 231). Nach dem Urteil des EMRK v. 23.3.2017 ist die Stichtagsregelung nicht haltbar (EGMR NJW 2017, 1805). Der BGH hat Art 5 2 ZwErbGleichG teleologisch erweitert (BGH ZEV 2017, 510).

10 Verstirbt ein Mitglied der Erbengemeinschaft, tritt an dessen Stelle sein Erbe (§ 1922 I); hat er mehrere Erben, bilden diese ihrerseits eine **Erbeserbengemeinschaft**, die nach §§ 2038–2040 verwaltet wird. Über ihren Anteil am Nachlass des ersten Erblassers können die Erbeserben nur gemeinschaftlich verfügen (§ 2040 I), während für die Verfügung über den ideellen Bruchteil des von den Erbeserben ererbten Nachlasses § 2033 I 1 gilt (Palandt/*Weidlich* Einf. 3).

V. Ende der Miterbengemeinschaft

11 Die Erbengemeinschaft endet mit der **Teilung** des **letzten** zum Nachlass gehörenden **Gegenstandes**; aber auch bei **Vereinigung aller Miterbenanteile** in einer Hand (MüKoBGB/*Gergen* Rn. 5). In letzterem Fall tritt der gleiche Rechtszustand ein wie bei einem ursprünglichen Anfall der Erbschaft an einen Alleinerben.

Die Miterbengemeinschaft besteht auch dann **weiter**, wenn **ungeteilte** Nachlassgegenstände vorhanden sind, von denen die Erben keine Kenntnis haben (MüKoBGB/*Gergen* Rn. 5).

12 **Nicht möglich** ist es jedoch, eine auseinandergesetzte und damit beendete Erbengemeinschaft durch **rechtsgeschäftliche Vereinbarung wieder zu beleben**, da eine Erbengemeinschaft ausschließlich kraft Gesetzes entsteht. Anders ist es jedoch, wenn die Erbteile zwar übertragen wurden, jedoch sowohl der **schuldrechtliche** Vertrag, als auch insbes. die **dingliche** Übertragung der Erbteile **unwirksam** ist. Dann besteht die Erbengemeinschaft fort, da sie nie wirksam auseinander gesetzt wurde (BGH NJW-RR 2005, 808).

VI. Übertragung von Nachlassgegenständen

13 Die Umwandlung von Gesamthandseigentum in **Bruchteilseigentum** oder in Alleineigentum eines Miterben erfordert ein **wirksames Verpflichtungsgeschäft** und eine wirksame **dingliche Einigung**. Soweit es um Grundstücke geht, sind für das Verpflichtungsgeschäft § 311b I 1, für das Verfügungsgeschäft §§ 925, 873 anzuwenden (BGH NJW 1956, 1433; OLG München ZEV 2012, 415; MüKoBGB/*Gergen* Rn. 31). Die Umwandlung in Bruchteilseigentum empfiehlt sich vor allem, um eine angeordnete Testamentsvollstreckung beenden zu können (BGH NJW 1971, 1805).

Eine Erbengemeinschaft kann Gesamthandseigentum auch auf eine **personengleiche Miterbengemeinschaft**, die aus einem anderen Erbfall entstanden ist, übertragen, ebenso auf eine **OHG, KG** oder **BGB-Gesellschaft**. Dazu bedarf es jeweils echter rechtsgeschäftlicher Eigentumsübertragungen (ausf. MüKoBGB/*Gergen* Rn. 32 mwN); dies gilt auch bei der Übertragung von GmbH-Anteilen auf eine mit der Erbengemeinschaft personengleiche OHG (OLG Karlsruhe NJW-RR 1995, 1189).

VII. Verfahrensrechtliches

14 **1. Rechtsfähigkeit, Parteifähigkeit.** Die Erbengemeinschaft ist keine **eigene Rechtspersönlichkeit**, sie ist weder rechtsfähig, noch parteifähig (BGH ZEV 2007, 30). Die Erbengemeinschaft ist nicht auf Dauer angelegt, sondern **auf Auseinandersetzung gerichtet**, sie verfügt nicht über eigene Organe, durch die sie im Rechtsverkehr handeln könnte, sondern ist lediglich eine gesamthänderisch verbundene Personenmehrheit, der mit dem Nachlass ein Sondervermögen zugeordnet ist. Für die **Praxis** folgt daraus, dass bei allen Prozessen und sonstigen Gerichtsverfahren für oder gegen eine Erbengemeinschaft **alle Mitglieder einzeln** mit jeweils ladungsfähiger Anschrift aufgeführt werden müssen.

15 **2. Erbscheinsantrag.** Nach § 2357 I 2 kann jeder Miterbe die Erteilung eines Erbscheins beantragen. Er hat jedoch die Wahl zwischen einem gemeinschaftlichen Erbschein oder nur einem Teilerbschein (→ § 2357 Rn. 2).

16 **3. Auslandsberührung.** Der Anteil an einer deutschen Erbengemeinschaft im Nachlass eines Ausländers ist bewegliches Vermögen; es gilt Art. 25 EGBGB (KG BeckRS 2012, 09253; *Eule* ZEV 2010, 508).

17 **4. Grundbuch.** Im Grundbuch müssen alle Miterben eingetragen werden; gem. § 47 GBO ist die gesamthänderische Gebundenheit mit **einzutragen** und das **Gesamthandsverhältnis** konkret zu bezeich-

nen als „in Erbengemeinschaft". Bruchteile innerhalb der Erbengemeinschaft dürfen nicht angegeben werden, da dies dem Wesen der Gesamthand widerspricht und die Eintragung inhaltlich unzulässig macht (BeckOK GBO/*Reetz* § 47 Rn. 68, 79; Demharter, Grundbuchordnung, 26. Aufl. 2008, GBO § 47 Rn. 22). Werden jedoch einzelne Miterben in Erbengemeinschaft (Hauptgemeinschaft) ihrerseits von mehreren Personen (Untergemeinschaft) beerbt, muss auch dies für die jeweilige Untergemeinschaft und ihre Mitglieder eingetragen und das maßgebliche Rechtsverhältnis angegeben werden (BayObLG NJW-RR 1991, 88).

Die Berichtigung des Grundbuchs nach dem Erbfall kann jeder Miterbe **allein** beantragen (§ 13 I 2 **18** GBO). Wird die Erbfolge durch Erbschein nachgewiesen, bedarf es zur Grundbuchberichtigung nicht der Zustimmung der übrigen Miterben in der Form des § 29 GBO, da insofern § 22 II GBO gilt (Demharter, Grundbuchordnung, 26. Aufl. 2008, GBO § 22 Rn. 59). Einen gebührenermäßigten Erbschein nur für Grundbuchzwecke gibt es nach GNotKG nicht mehr; der Geschäftswert bestimmt sich nach § 40 GNotKG. Zum Umfang der Nachweispflicht zur Grundbuchberichtigung bei Tod eines BGB-Gesellschafters (OLG München BeckRS 2013, 01172; OLG Schleswig ZEV 2012, 434; BayObLG NJW-RR 1992, 228).

5. Prozessführung. a) Aktivprozess. Streitig ist, ob Miterben, die aus einem der Gesamthand zuste- **19** henden Recht klagen, **notwendige Streitgenossen** gem. § 62 ZPO sind. Der BGH hat dies unter Hinweis darauf, dass gem. § 2039 jeder Miterbe Ansprüche der Gesamthand geltend machen kann, zuletzt offen gelassen (BGH NJW 1989, 2133). Da nicht alle Miterben klagen müssen, dies jedoch können, liegt bei einer Klage mehrerer oder aller Miterben **keine echte notwendige Streitgenossenschaft** iSd § 62 I Alt. 2 ZPO vor, sondern eine zufällig notwendige Streitgenossenschaft iSd § 62 I Alt. 1 ZPO, da aufgrund der Identität des Streitgegenstandes einheitlich entschieden werden muss (Zöller/*Althammer* ZPO § 62 Rn. 16). Ein einseitiges Ausscheiden eines zunächst notwendigen Streitgenossen aus dem Prozess ist möglich. Auf diesen erstreckt sich dann zwar nicht die Rechtskraft des Urteils; da wegen § 2039 nur Leistung an einen bzw. Feststellung gegenüber allen verlangt werden kann, schadet die fehlende Rechtskraftwirkung iErg nicht.

Zu **beachten** ist aber eine dem Klagebegehren der Miterben **entgegenstehende Rechtskraft** eines ge- **20** gen nur einen Miterben ergangenen Urteils, auch wenn dieses in der Sache falsch war (BGH NJW 1989, 2133).

b) Passivprozess. Bei Passivprozessen ist bis zur Auseinandersetzung der Erbengemeinschaft sowohl **21** die **Gesamtschuldklage nach § 2058**, als auch die **Gesamthandklage nach § 2059 II** möglich; insofern besteht ein Wahlrecht des Gläubigers. Werden mehrere Miterben als **Gesamtschuldner** verklagt, liegt lediglich eine **einfache Streitgenossenschaft** vor. Bei einer Gesamthandklage geht die Rspr. von **notwendiger Streitgenossenschaft** aus, zB bei der Klage gegen mehrere Miterben, durch die eine dingliche Belastung eines Nachlassgrundstücks geltend gemacht wurde; bei der Klage gegen Miterben auf Löschung eines Widerspruchs im Grundbuch (BGH NJW 1963, 1612; OLG Karlsruhe ZEV 2011, 324) oder auf Zustimmung zur Grundbuchberichtigung (OLG Naumburg NJW-RR 1998, 308). Praktikabler ist jedoch die Erhebung einer Gesamthandklage, da nach § 747 ZPO ein **Titel gegen alle Miterben** Voraussetzung einer wirksamen Vollstreckung ist. Bei Erhebung der Gesamtschuldklage müssten mehrere Prozesse hintereinander geführt werden (Zöller/*Althammer* ZPO § 62 Rn. 17, 18).

Eine Ausnahme bei einem Fall notwendiger Streitgenossenschaft (Klage gegen alle Miteigentümer auf **22** Beseitigung der Ausübung einer Grunddienstbarkeit) sämtliche Miterben verklagen zu müssen liegt dann vor, wenn einer der Miteigentümer sich vor Klagerhebung zu der vom Kläger verlangten Leistung verpflichtet hat. Dann müssen nur die sich weigernden Miteigentümer verklagt werden (BGH NJW 1992, 1101).

6. Zwangsvollstreckung. Aufgrund fehlender Parteifähigkeit ist auch ein Urteil gegen die Erbenge- **23** meinschaft als Partei nicht möglich. Bei der Zwangsvollstreckung in den **ungeteilten Nachlass** muss ein Urteil **gegen alle Erben** ergehen; nicht erforderlich ist es, dass die Verurteilung in einem Verfahren erfolgt, einzelne Entscheidungen gegen die jeweiligen Miterben sind ausreichend; auch die Art der Titel darf unterschiedlich sein (Urteil, Vergleich, Vollstreckungsbescheid) und die Vollstreckung muss nicht zwingend durch Nachlassgläubiger erfolgen; in den ungeteilten Nachlass kann jeder Gläubiger vollstrecken, dem sämtliche Miterben aus dem gleichen Rechtsgrund gesamtschuldnerisch haften, zB aus § 840 (BGH NJW 1970, 473). Auch alle weiteren **Vollstreckungsvoraussetzungen** (Klausel, Zustellung usw) müssen im Zeitpunkt der Pfändung **gegen alle Erben** erfüllt sein (§ 747 ZPO). Wenn ein Titel gegen alle Erben fehlt, kann **Erinnerung** (§ 766 ZPO) durch jeden – auch den Verurteilten – Miterben eingelegt werden; der nicht im Titel aufgeführte Miterbe kann zusätzlich **Drittwiderspruchsklage** (§ 771 ZPO) erheben (Zöller/*Seibel* ZPO § 747 Rn. 5, 8).

Mit einem **Titel gegen nur einen Erben** (in der Regel wegen einer persönlichen Schuld dieses Erben) **24** scheidet eine Vollstreckung in einzelne Nachlassgegenstände aus, vielmehr kann **nur der Erbteil** des betreffenden Miterben **gepfändet** werden (§ 859 II ZPO), da dieser über seinen Anteil am Nachlass nur insgesamt verfügen kann (Zöller/*Seibel* ZPO § 747 Rn. 10).

VIII. Erbfolge bei Unternehmen

1. Einzelhandelsgeschäft. a) Fortführung. § 22 HGB gestattet den Erben für ein bestehendes Han- **25** delsgeschäft, welches sich im Nachlass befindet, dessen **Fortführung** mit oder ohne Beifügung eines

Hinweises auf das Nachfolgeverhältnis. Nach dem Grundsatz der Gesamtrechtsnachfolge können die Miterben in ihrer gesamthänderischen Gebundenheit das Handelsgeschäft als Kaufleute fortführen, auch wenn es der Erbengemeinschaft an einer eigenen Rechtspersönlichkeit fehlt (BGH NJW 1985, 136). Die Fortführung des Handelsgeschäfts in ungeteilter Erbengemeinschaft ist ohne zeitliche Begrenzung möglich (BGH NJW 1951, 311), sie unterliegt als Verwaltung des Nachlasses der Vorschrift des § 2038.

26 Bei dem Übergang des Handelsgeschäfts auf die Miterbengemeinschaft entsteht nicht kraft Gesetzes eine OHG. Wollten die Miterben das Handelsgeschäft als OHG fortführen, müssten zur Übertragung des Geschäftsvermögens auf die OHG die einzelnen Vermögensgegenstände in die Gesellschaft eingebracht werden, auch wenn die Miterbengemeinschaft einerseits und die OHG andererseits personengleich wären; dies käme jedoch einer **teilweisen Erbauseinandersetzung** gleich, die jedoch nicht erzwungen werden kann (BGH NJW 1985, 136).

27 Für den Rechtsverkehr ist die Fortführung eines Handelsgeschäfts in ungeteilter Erbengemeinschaft unkritisch, da die Miterben nach §§ 27 I, 25 I HGB für Verbindlichkeiten des Handelsgeschäfts **unbeschränkt haften**. Die Rspr. erkennt auch einen konkludenten Gesellschaftsvertrag zur Gründung einer OHG an, wobei der Wille sämtlicher Miterben gegeben sein muss, das Handelsgeschäft als Gesellschaft weiterzubetreiben. Dies kann dann angenommen werden, wenn die Miterben unter Einsetzung ihrer kompletten Arbeitskraft den Betrieb aktiv als werbendes Unternehmen fortführen, so dass die Rechtsbeziehung der Miterben mehr gesellschaftsrechtlichen Charakter und nicht die Zielrichtung einer auf Abwicklung gerichteten Erbengemeinschaft hat (BGH NJW 1955, 1227). In der **Praxis** wird jede Erbengemeinschaft, die ein Handelsgeschäft als werbende Gesellschaft fortführen will, eine Überführung des Unternehmens in eine Handelsgesellschaft vornehmen, um im Rechtsverkehr mit eigener Rechtspersönlichkeit ausgestattet handeln zu können. Auch in haftungsrechtlicher Hinsicht wird dadurch der bestehende Konflikt zwischen dem Prinzip der unbeschränkten Haftung im Gesellschaftsrecht einerseits und der Möglichkeit der Haftungsbeschränkung der Miterben andererseits gelöst, auch wenn im Außenverhältnis das Prinzip der unbeschränkten Haftung nach §§ 25, 27 HGB den erbrechtlichen Vorschriften vorgeht.

28 Wird der bisherige Prokurist nach dem Tod des Inhabers des Handelsgeschäfts Miterbe, erlischt dessen Prokura, da die Prokura nach § 48 I HGB nur von dem Inhaber des Handelsgeschäfts erteilt werden kann, die Erbengemeinschaft als gesamthänderisch gebundene Mehrheit von Erben jedoch mangels eigener Rechtspersönlichkeit im Gegensatz zur OHG (§ 124 HGB) nicht Inhaber werden kann (BGH NJW 1959, 2114).

29 **b) Sonderproblem: Minderjährigenhaftungsbeschränkung.** Die herrschende Rspr. ging bis zur Entscheidung des BGH v. 8.10.1984 (BGH NJW 1985, 136) davon aus, dass für die Fortführung eines Handelsgeschäfts in ungeteilter Erbengemeinschaft keine vormundschaftsgerichtliche Genehmigung für minderjährige Miterben erforderlich wäre und die Minderjährigen für die von ihren gesetzlichen Vertretern unter der Firma eingegangenen Verbindlichkeiten haften würden. Das BVerfG hat in seiner Entscheidung vom 13.5.1986 festgelegt, dass eine finanziell unbegrenzte Verpflichtung von Minderjährigen im Rahmen der gesetzlichen Vertretungsmacht der Eltern gegen das allgemeine Persönlichkeitsrecht der Kinder verstößt und derartige Verpflichtungen der vormundschaftsgerichtlichen Genehmigung bedürfen. Durch das **Minderjährigenhaftungsbeschränkungsgesetz** v. 25.8.1998 wurde dem Volljährigen die Möglichkeit eingeräumt, seine **Haftung** auf das **bei Eintritt der Volljährigkeit vorhandene Vermögen** zu beschränken. Die Haftungsbeschränkung erfolgt durch die Erhebung einer **Einrede**; es gelten dann die Vorschriften der §§ 1990, 1991 analog. Dadurch, dass der volljährig Gewordene die Befriedigung der Altgläubiger verweigern kann, soweit der Bestand des bei Eintritt der Volljährigkeit vorhandenen Vermögens nicht ausreicht, schafft der Gesetzgeber dem Kind bei Eintritt der Volljährigkeit die Möglichkeit eines finanziellen Neubeginns, der im ungünstigsten Fall bei „null" anzusetzen ist. Deshalb erfolgt vom Aufbau der Vorschrift her eine Trennung zwischen Alt- und Neuvermögen.

30 **Prozessual** erfolgt die Erhebung der Einrede entweder im Streitverfahren; das Prozessgericht prüft die Voraussetzungen des § 1629a und weist bei Vorliegen der Voraussetzungen die Klage wegen Erschöpfung ab oder verurteilt den Schuldner zur Duldung der Zwangsvollstreckung in Gegenstände des Altvermögens. Die andere Möglichkeit ist die Verurteilung des Schuldners mit dem Vorbehalt der Haftungsbeschränkung (OLG Köln NJW-RR 2010, 1447). In diesem Fall ist er auf die Erhebung der Vollstreckungsabwehrklage gem. § 767 ZPO angewiesen, der über § 786 ZPO auf die Haftungsbeschränkung des § 1629a anwendbar ist (Amtl. Begr. BT-Drs. 13/5624, 9). Zu beachten ist ferner, dass die Verweisung in § 1629a I 1 auf §§ 1990, 1991 eine **Rechtsfolgenverweisung** ist. Entgegen der Vorschrift des § 1990 muss im Falle der Haftungsbeschränkung des Minderjährigen der **Nachlass nicht überschuldet** sein (MüKoBGB/*Huber* § 1629a Rn. 37).

31 Während nach § 1629a I 1 die Erhebung der Einrede unbefristet ist, enthält Abs. 4 eine **Sonderregelung** zum Schutz der Gläubiger von Verbindlichkeiten aus der Beteiligung des Minderjährigen an einer Erbengemeinschaft, einer Personengesellschaft oder eines einzelkaufmännischen Handelsgeschäfts. Um das Risiko der Gläubiger zu minimieren, dass der Minderjährige Verbindlichkeiten als Altverbindlichkeiten deklariert und Aktiva als Neuvermögen, arbeitet das Gesetz mit zwei Vermutungen. Nach **Abs. 4 S. 1** wird **vermutet**, dass die aus dem Gemeinschaftsverhältnis oder dem Handelsgeschäft entstandenen Verbindlichkeiten **Neuverbindlichkeiten** sind, wenn nicht der volljährig Gewordene binnen **drei Monaten** nach Eintritt der Volljährigkeit die Auseinandersetzung der Erbengemeinschaft verlangt, die Gesellschaft kündigt oder das Handelsgeschäft aufgibt. Ausreichend ist dabei, dass die betreffende Erklärung

innerhalb der Frist abgegeben wird; eine Auseinandersetzung der Erbengemeinschaft innerhalb der Frist ist nicht erforderlich. Den Nachweis, dass es sich um Altverbindlichkeiten handelt kann der volljährig Gewordene durch entsprechende Belege oder durch ein Inventar erbringen, zu dessen Errichtung er mangels eines Verweises in § 1629a I 2 auf § 1993 jedoch nicht verpflichtet ist (Amtl. Begr. BT-Drs. 13/5624, 9f.). In der Praxis ist eine entsprechende Errichtung aus Beweisgründen jedoch zu empfehlen.

Für den Fall, dass der Minderjährige die erste Vermutung widerlegen kann, werden die Gläubiger **32** durch die Vermutung des Abs. 4 S. 2 geschützt, wonach das **gegenwärtige Vermögen** des volljährig Gewordenen bereits **bei Eintritt der Volljährigkeit vorhanden** war. Auf diese Weise haftet den Gläubigern auch das Neuvermögen des volljährig Gewordenen (MüKoBGB/*Huber* § 1629a Rn. 67, 68).

2. Personengesellschaften. a) Gesetzliche Regelung. Fehlt eine entsprechende Regelung im Gesell- **33** schaftsvertrag, wird beim **Tod eines Gesellschafters** die Gesellschaft gem. § 727 I **aufgelöst**. Die Miterben treten in ihrer gesamthänderischen Verbundenheit in die Abwicklungsgesellschaft ein; eine Sondererbfolge gibt es mangels gesellschaftsrechtlicher Vereinbarungen in diesem Fall nicht, es gilt der Grundsatz der Gesamtrechtsnachfolge (BGH NJW 1982, 170); nur in diesem Fall kann die Miterbengemeinschaft Mitglied einer Personengesellschaft sein. Die Erben trifft gem. § 727 II eine Anzeigepflicht, sowie die Verpflichtung zu einer Notgeschäftsführung, die die Erben gemeinschaftlich (§ 2038 I) vornehmen müssen; **Pflichten** sind **rein gesellschaftlicher Natur;** Haftungsmaßstab ist § 708. Die vor dem Erbfall entstandenen Verbindlichkeiten sind gewöhnliche Nachlassverbindlichkeiten; auch die nach dem Erbfall im Rahmen einer ordnungsgemäßen Verwaltung der Abwicklungsgesellschaft entstandenen Verbindlichkeiten sog. „Nachlasserbenschulden".

Der **Tod** eines **persönlich haftenden Gesellschafters** einer OHG oder KG führt gem. §§ 131 III 1 **34** Nr. 1 iVm §§ 161 II HGB zum **Ausscheiden** des Gesellschafters; den Erben steht ein **Abfindungsanspruch** zu (§ 105 III HGB iVm § 738 I BGB). Die Haftung ist in § 139 IV HGB geregelt.

Dagegen stellt § 177 HGB den **Gesellschaftsanteil** eines **Kommanditisten vererblich**; bei mehreren **35** Erben tritt Sondererbfolge ein. Dies gilt nicht, wenn der Erbfall erst nach Auflösung der Gesellschaft eingetreten ist; in diesem Fall werden Anteile an einer Liquidationsgesellschaft vererbt. Hierfür gelten ausschließlich die erbrechtlichen Regelungen, so dass auch die Möglichkeit der Beschränkung der Haftung auf den Nachlass besteht (BGH NJW 1995, 3314).

b) Gesellschaftsvertragliche Regelung. Da die gesetzlichen Regelungen in Bezug auf den Tod eines **36** persönlich haftenden Gesellschafters dispositiv sind, kann der Gesellschaftsanteil vererblich gestellt werden, wenn der Gesellschaftsvertrag eine sog. **erbrechtliche Nachfolgeklausel** enthält (BGH ZEV 2002, 111; NJW 1977, 1339). Eine derartige Nachfolgeklausel im Gesellschaftsvertrag, die es in einfacher (→ Rn. 37) und qualifizierter Form (→ Rn. 40) gibt, ist Grundvoraussetzung für eine Fortführung der werbenden Gesellschaft mit den Erben. Weiter ist erforderlich, dass Testament oder gesetzliche Erbfolge dazu führen, dass der im Gesellschaftsvertrag bestimmte Nachfolger auch Erbe wird. In beiden Fällen der erbrechtlichen Nachfolgeklauseln wird der Grundsatz der Gesamtrechtsnachfolge durch die Erbengemeinschaft durchbrochen. Der Gesellschaftsanteil geht im Wege der **Sondererbfolge** auf den **einzelnen Erben persönlich** in Höhe seiner Erbquote über; er erhält den Gesellschaftsanteil von vornherein geteilt und wird mit dem Tod des Erblassers automatisch Gesellschafter entsprechend seiner Erbquote (stRspr, BGH NJW 1957, 180; 1983, 2376; OLG Stuttgart BeckRS 2012, 23633; MüKoBGB/*Schäfer* § 727 Rn. 33). **Generell** gilt, dass die **Sondererbfolge nur bei Personengesellschaften** (vollhaftende Gesellschafter und Kommanditisten) eintritt, deren Gesellschaftsvertrag eine erbrechtliche **Nachfolgeklausel** aufweist.

§ 139 I–III HGB ermöglicht jedem Erben im Fall der Nachfolge in die Stellung eines persönlich haf- **37** tenden Gesellschafters einer OHG oder KG ein bedingtes **Austrittsrecht;** analoge Anwendung auf die GbR (MüKoBGB/*Schäfer* § 727 Rn. 46 ff.).

c) Einfache Nachfolgeklausel. Eine einfache Nachfolgeklausel liegt vor, wenn im Gesellschaftsvertrag **38** bestimmt ist, dass die **Gesellschaft mit den Erben fortgesetzt** wird. Bei der **BGB-Gesellschaft** ist darauf zu achten, dass zur einfachen **Nachfolgeklausel** auch eine **Fortsetzungsklausel** (§ 736) hinzutreten muss, da § 727 bei Tod eines Gesellschafters die Auflösung der Gesellschaft vorsieht. Beim Tod eines Kommanditisten ist eine Nachfolgeklausel entbehrlich, da dessen Gesellschaftsanteil kraft Gesetzes (§ 177 HGB) ebenfalls kraft Sondererbfolge vererbt wird.

Zum Problem, ob Miterben durch die durch Sondererbfolge geschaffene faktische Teilung des Gesell- **39** schaftsanteils und damit eines Teils des Nachlasses im Hinblick auf den gesamthänderisch gebundenen Teil die Einrede der beschränkten Erbenhaftung (§ 2059 I) verlieren (→ § 2059 Rn. 24 ff.).

Bei Partnerschaftsgesellschaften ist eine Vererblichkeit nur im Wege einer qualifizierten Nachfolge- **40** klausel gegeben (§ 9 IV PartGG).

d) Qualifizierte Nachfolgeklausel. Im Gegensatz zur einfachen Nachfolgeklausel bestimmt die **quali- 41 fizierte,** dass der Gesellschaftsanteil nur auf **bestimmte Personen** übergeht. Noch wichtiger als bei der einfachen Nachfolgeklausel ist hier das Erfordernis, dass sich die gesellschaftsrechtliche Nachfolgeregelung und die Erbfolge decken, dh heißt dass der im Gesellschaftsvertrag zugelassene Nachfolger auch Erbe wird. Gesellschaftsrechtliche Abfindungsansprüche der übrigen Erben, die nach der vertraglichen Klausel nicht Gesellschafter werden, bestehen nicht, da die Beteiligung unmittelbar auf den Nachfolger übergeht. Da die **Sondererbfolge** die **Wirkung** einer „**dinglichen Teilungsanordnung**" hat, muss der Miterbe, der aufgrund der qualifizierten Nachfolgeklausel wertmäßig mehr erhalten hat als seiner Erbquote entspricht, eine **Ausgleichung** vornehmen (BGH NJW 1977, 1339; zur steuerlichen Problematik *Geck* DStR 2000, 1383). Dabei ist der Verkehrswert des Gesellschaftsanteils zu Grunde zu legen, was zu großen Liquiditätsproblemen führen kann. Die für den Erhalt des Gesellschaftsanteils bessere Lösung ist in diesem Fall die Anordnung eines Vorausvermächtnisses.

42 e) **Eintrittsklausel.** Die Fortsetzung der Gesellschaft kann durch Vereinbarung einer Eintrittsklausel im Gesellschaftsvertrag geregelt werden. Auf diese Weise ist es auch möglich, den **Gesellschaftsanteil auf Dritte zu übertragen.** In diesem Fall ist ein Abgleich von Gesellschaftsvertrag und letztwilliger Verfügung nicht erforderlich. Der Gesellschaftsanteil geht nicht wie im Wege der Erbfolge direkt auf den oder die als Nachfolger vorgesehenen Personen über; vielmehr gewährt die **Eintrittsklausel** lediglich einen **schuldrechtlichen Anspruch** des designierten Nachfolgers von den übrigen Gesellschaftern in die Gesellschaft aufgenommen zu werden. Mit dem Tod des Gesellschafters wächst der Anteil des Erblassers zunächst den verbleibenden Gesellschaftern zu (bei der GbR bedarf es einer Fortsetzungsklausel, die bei einem Fehlen als in der Eintrittsklausel enthalten unterstellt wird); der gesellschaftsrechtlich bestimmte Nachfolger kann sich im Gegensatz zur erbrechtlichen Nachfolgeklausel entscheiden, ob er das Recht zum Beitritt in die Gesellschaft ausübt oder nicht. Der **erbrechtlich Nachfolgeberechtigte** dagegen muss die Erbschaft **ausschlagen** oder die Gesellschaft nach **§ 139 HGB analog kündigen,** um nicht Gesellschafter zu werden Ist der Nachfolger zugleich Erbe, kann der Erblasser auch im Falle der Eintrittsklausel eine „Eintrittspflicht" schaffen durch eine Erbeinsetzung unter Auflagen oder Bedingungen. Anstelle des Gesellschaftsanteils fällt der mit dem Tod des Gesellschafters entstehende Abfindungsanspruch in den Nachlass.

43 Zur Vermeidung von Liquiditätsproblemen können Vereinbarungen zur **Höhe des Abfindungsanspruchs** getroffen werden; je niedriger die Abfindung sein soll, umso schlagkräftiger müssen die Gründe für die Erhaltung der Gesellschaft sprechenden Gründe seien; Grenze ist die Sittenwidrigkeit, soweit eine ergänzende Vertragsauslegung nicht möglich ist, gelten die gesetzlichen Vorschriften, wonach sich die **Abfindung** nach dem **Verkehrswert** richtet (BGH NJW 1979, 104; 1989, 2685).

44 Die sicherste Möglichkeit zur Erhaltung der Gesellschaft ist den Eintrittsberechtigten auch zum Alleinerben zu bestimmen oder im Gesellschaftsvertrag einen Ausschluss der Abfindungsansprüche zu vereinbaren und eine gegenseitige Verpflichtung der Gesellschafter nach § 328 zu schaffen, die mit dem Anteil des Erblassers verbundenen Vermögensrechte treuhänderisch für den Eintrittsberechtigten zu halten und sie ihm bei Eintritt unentgeltlich zu übertragen (Nieder/Kössinger Testamentsgestaltung S. 921 ff.). Dadurch, dass in letzterem Fall der Gesellschaftsanteil bzw. der Kapitalanteil durch Rechtsgeschäft unter Lebenden am Nachlass vorbeigeführt wird, entstehen **keine Pflichtteilsansprüche,** bestenfalls Ansprüche nach §§ 2325, 2329 ff. Zu Gunsten der Erben kann der Ausschluss der Abfindungsansprüche unter die auflösende Bedingung des Nichteintritts des vorgesehenen Nachfolgers gestellt werden mit der Folge, dass dem Erben ein Abfindungsanspruch zusteht (Nieder/Kössinger Testamentsgestaltung S. 921 ff.). Umdeutung in eine Eintrittsklausel für den Fall, dass der Erbe nicht dem gesellschaftsvertraglich bestimmten Nachfolger entspricht, sog. „gescheiterte Nachfolgeklausel" (BGH NJW 1978, 264).

45 **3. GmbH-Anteil.** Bei Eintritt des Erbfalls fällt der Gesellschaftsanteil in den Nachlass (§ 15 I GmbHG); es findet **keine Sondererbfolge** statt; nach § 18 I, III 2 GmbHG geht der Gesellschaftsanteil auf die Erbengemeinschaft in ihrer gesamthänderischen Verbundenheit über. § 18 GmbHG geht den erbrechtlichen Regelungen als lex specialis vor, dh, dass die Miterben ihre Anteilsrechte nur gemeinschaftlich ausüben können (OLG Karlsruhe NJW-RR 1995, 1189), was aber aufgrund eines Mehrheitsbeschlusses nach § 2038 II, 745 erfolgen kann (BGH NJW 1968, 743; OLG Karlsruhe ZEV 2014, 208), und muss, wenn der Gesellschaftsvertrag einheitliche Stimmabgabe vorsieht (OLG Jena NJW-RR 2012, 999); § 18 II GmbHG entspricht dem § 2058; §§ 2060, 2061 werden durch § 18 II GmbHG verdrängt. Fällt der vererbte Gesellschaftsanteil an eine Erbengemeinschaft, die aus nachfolgeberechtigten und nicht nachfolgeberechtigte Erben besteht, geht die gesellschaftsvertragliche Nachfolgeregelung der erbrechtlichen Nachfolge vor (BGH NJW 1985, 2592). Soll nach dem Tod eines **Gesellschafters** die GmbH nur mit den übrigen Gesellschaftern fortgesetzt werden, muss der Gesellschaftsvertrag eine sog. **Einziehungsklausel** enthalten, die jedoch einen **angemessenen Abfindungsbetrag** enthalten muss; ist der gesellschaftsvertraglich vorgesehene Abfindungsanspruch unangemessen niedrig (§ 138), ist der Gesellschaftsanteil mit dem Verkehrswert abzufinden (BGH NJW 1992, 892; DStR 2011, 2418).

46 **4. Aktiengesellschaft, Genossenschaft.** Aktien gehen ebenso wie ein GmbH-Anteil auf die Erbengemeinschaft in ihrer gesamthänderischen Bindung über; es findet **keine Sondererbfolge** statt; die Rechte aus der Aktie können jedoch nur von einem gemeinschaftlichen Vertreter ausgeübt werden (§ 69 I AktG). Genossenschaftsanteile gehen ebenfalls auf die Erben zur gesamten Hand über, wobei jedoch § 77 GenG zu beachten ist.

47 **5. Höferecht.** S. hierzu Komm. zur HöfeO.

48 **6. Steuerrecht. a)** Erbschaftsteuer: s. Ordnungsziffer 150, → § 3 Rn. 12–19 (für Personengesellschaften), → § 3 Rn. 20 (für Kapitalgesellschaften). **b)** Einkommensteuer: s. Ordnungsziffer 170 Rn. 5–10, 20–33, 130–156. **c)** Gewerbesteuer: → Rn. 57–60. **d)** Umsatzsteuer: → Rn. 61–65. **e)** Grunderwerbsteuer: → Rn. 66–69.

§ 2033 Verfügungsrecht des Miterben

(1) ¹Jeder Miterbe kann über seinen Anteil an dem Nachlass verfügen. ²Der Vertrag, durch den ein Miterbe über seinen Anteil verfügt, bedarf der notariellen Beurkundung.

(2) Über seinen Anteil an den einzelnen Nachlassgegenständen kann ein Miterbe nicht verfügen.

I. Normzweck

§ 2033 gibt dem Miterben die Möglichkeit bereits vor der Teilung **dinglich** über seinen **Anteil am Nachlass im Ganzen zu verfügen,** was weder bei der BGB Gesellschaft (§ 719 I) aufgrund des Schutzes des persönlichen Vertrauens zwischen den Gesellschaftern noch bei der Gütergemeinschaft (§ 1419 I) möglich ist. Die schutzwürdigen Interessen der übrigen Miterben gegen den **Eintritt fremder Dritter** werden durch das Vorkaufsrecht (§ 2034) gewahrt, die Interessen der **Nachlassgläubiger** über § 2382 I (Haftung auch des Käufers). 1

Die Vorschrift des § 2033 ist **zwingend,** dh der Erblasser kann die Verfügbarkeit des Miterbenanteiles nicht durch Verfügung von Todes wegen beschränken oder ausschließen (MüKoBGB/*Gergen* Rn. 4, Staudinger/*Löhnig* Rn. 3). Auch eine Vereinbarung der Miterben über den dinglich wirkenden Ausschluss des Verfügungsrecht über den Miterbenanteil als Ganzes ist wegen § 137 S. 1 nicht möglich (BGH NJW 1971, 1805); dagegen können gem. § 137 S. 2 Miterben wirksam vereinbaren, nicht über ihren Erbteil zu verfügen. Erfolgen Verfügungen gleichwohl, sind diese wirksam, begründen jedoch Schadensersatzansprüche (Palandt/*Ellenberger* § 137 Rn. 6). 2

II. Verfügungsberechtigung

Ausschließlich der Miterbe oder sein Rechtsnachfolger (§ 2037) können über ihren Anteil am Nachlass verfügen. § 2033 gilt für den **Alleinerben nicht,** dieser kann lediglich über einzelne Nachlassgegenstände verfügen. Befindet sich jedoch im Nachlass ein Miterbenanteil an einem Nachlass eines Dritten, kann der Alleinerbe über diesen Miterbenanteil als Ganzes verfügen (BGH WM 1964, 94); ebenso darf ein Testamentsvollstrecker zwar nicht über die Miterbenanteile des seiner Verwaltung unterliegenden Nachlasses als Ganzes verfügen, befindet sich jedoch in dem zu verwaltenden Nachlass ein Erbteil aus einem anderen Nachlass, ist der Testamentsvollstrecker berechtigt, über diesen Miterbenanteil zu verfügen (BGH NJW 1984, 2464). 3

Dagegen bilden mehrere Erben eines Miterben eine **gesamthänderisch gebundene Untergemeinschaft** innerhalb der Haupterbengemeinschaft (→ § 2032 Rn. 10) und können über diesen ihnen als Erbeserben zustehenden Miterbenanteil nur **gemeinschaftlich** (§ 2040) verfügen (Staudinger/*Löhnig* Rn. 7). 4

Werden **sämtliche Anteile auf einen Miterben übertragen,** vereinigt sich die Erbschaft in dessen Hand und lässt den gleichen Rechtszustand entstehen wie bei einem ursprünglichen Anfall an einen Alleinerben. Der Erbteil des übertragenden Miterben geht unter. Die Erbengemeinschaft gilt als **auseinandergesetzt.** Auch bei Anfechtbarkeit dieser Übertragung ist eine Rückübertragung nicht mehr möglich; die Erbengemeinschaft kann nicht wieder rechtsgeschäftlich begründet werden (OLG Düsseldorf NJW 1977, 1828); eine Ausnahme gilt nur dann, wenn sich der Nichtigkeitsgrund auch auf die dingliche Übertragung der Erbteile erstreckt (zB Nichtbeurkundung einer Nebenabrede); dann wurde die Erbengemeinschaft mangels dinglich wirksamer Übertragung der Erbteile nicht aufgelöst (BGH NJW-RR 2005, 808). 5

Nach stRspr seit dem Reichsgericht kann über einen Erbteil auch in **Bruchteilen** verfügt werden (BGH NJW 1963, 1610 mwN); überträgt ein Miterbe Bruchteile seines Anteils auf andere Miterben, entsteht zwischen diesen keine Untergemeinschaft nach §§ 741 ff.; vielmehr vergrößern sich die Erbteile, die die Erwerber bisher innehatten im Wege einer Anwachsung (BayObLG NJW-RR 1991, 1030). 6

Da die Verfügung über den Miterbenanteil frühestens mit dem Erbfall möglich ist, **verbietet** das Gesetz generell **Verträge über den Nachlass eines noch lebenden Dritten,** den Pflichtteil oder ein Vermächtnis aus einem entsprechenden Nachlass (§ 311b IV). Wenn schon das Vollrecht kraft Gesetzes nicht übertragbar ist, kann für ein etwaiges Anwartschaftsrecht eines Schlusserben bei eingetretener Bindungswirkung nichts anderes gelten (BGH NJW 1962, 1910). Möglich sind jedoch **schuldrechtliche Verträge** unter künftigen gesetzlichen Miterben über den gesetzlichen Erbteil oder den Pflichtteil (§ 311b V), wobei die Vorschrift auch auf einen testamentarischen Erbteil angewandt werden kann, begrenzt jedoch durch die Höhe des gesetzlichen Erbteils (BGH NJW 1988, 2726). Ein derartiger „**Erbschaftsvertrag**" muss nach dem Erbfall dinglich vollzogen werden (→ § 311b Rn. 9). 7

Verfügungsbefugt ist auch der Vorerbe bis zum Eintritt des Nacherbfalles; die Belastung durch die Anordnung der Nacherbschaft bleibt bestehen, so dass der Erwerber das Risiko der Herausgabe trägt. Ebenso kann der Nacherbe nach stRspr sein Anwartschaftsrecht lebzeitig übertragen (Staudinger/*Löhnig* Rn. 10; → § 2100 Rn. 14). 8

III. Verfügungsgegenstand

1. Miterbenanteil. Nach § 2033 kann **nur** über den **Miterbenanteil,** also den gesamthänderisch gebundenen Anteil am Nachlass verfügt werden; Miterbenanteile gibt es solange die Erbengemeinschaft be- 9 steht, selbst wenn nur noch ein Nachlassgegenstand in ungeteilter Erbengemeinschaft vorhanden ist (BGH NJW 1969, 92). Da es sich immer um eine **Übertragung des (ideellen) Anteils** insgesamt handelt, brauchen die **Vorschriften**, die für eine **Verfügung** über die **Einzelgegenstände** gelten, **nicht beachtet** zu werden; enthält der Nachlass auch ein Grundstück, bedarf es bei der Übertragung des Miterbenanteils keines gesonderten Vollzugs nach §§ 873, 925 (BayObLG NJW-RR 1987, 398), der Erbteilserwerber wird im Grundbuch im Wege der Berichtigung (§ 22 GBO) eingetragen (Demharter, Grundbuchordnung, GBO § 22 Rn. 15, 29, 59).

10   Die Verfügung über den Miterbenanteil bedarf immer der notariellen Form (Abs. 1, S. 2).

11   **2. Auseinandersetzungsguthaben.** Nach stRspr (RGZ 60, 126) ist eine **Verfügung über** den Anspruch auf das anteilige **Auseinandersetzungsguthaben** bis zur Auseinandersetzung der Erbengemeinschaft **nicht möglich**. Wollte man jedoch eine Verfügung über das Auseinandersetzungsguthaben neben einer Verfügung über den Miterbenanteil zulassen, besteht die Gefahr eines Auseinanderfallens der Ansprüche (MüKoBGB/*Gergen* Rn. 10). Eine ungültige Abtretung des Auseinandersetzungsanspruchs kann – bei Erfüllung der Formvorschriften des § 2033 I 2 in eine Übertragung des Miterbenanteils umgedeutet werden (BGH WM 1964, 94). IÜ zu dem eher akademischen Streit Staudinger/*Löhnig* Rn. 11 ff.

IV. Verfügung

12   **1. Begriff.** Der Begriff der Verfügung wird im BGB zwar an mehreren Stellen mit jeweils der gleichen Bedeutung gebraucht (zB in §§ 135, 185, 893, 1375, 1821), jedoch an keiner Stelle definiert. Nach stRspr ist eine **Verfügung** ein **Rechtsgeschäft**, wodurch ein **Recht übertragen, belastet, inhaltlich geändert oder aufgehoben** wird (BGH NJW 1951, 645). Typische Verfügungen über den Miterbenanteil sind die Anteilsübertragung, der Nießbrauch (§ 1069 I), die Verpfändung (§ 1273), die Zwangsvollstreckung (§§ 859 II, 857 ZPO). Die Verfügung ist von dem **schuldrechtlichen** Rechtsgeschäft (Verpflichtungsgeschäft, zB Erbschaftskauf und ähnliche Verträge, §§ 2371 ff., 2385), das der Veränderung des Miterbenanteils zu Grunde liegt, zu unterscheiden. Bei Zweifeln ist eine Auslegung des Vertrages erforderlich.

13   **2. Formerfordernis. a) Verfügung.** Jede Art von Verfügung über den Erbteil (Verfügungserklärung und deren Annahme) muss **notariell** beurkundet werden (Abs. 1 S. 2; § 128), ansonsten ist die entsprechende Vereinbarung nichtig (§ 125). Die Einhaltung der Form ist auch erforderlich, wenn im Rahmen eines an sich formlos gültigen Erbauseinandersetzungsvertrages oder eines Auslegungsvertrages (BGH NJW 1986, 1812) eine Erbteilsübertragung zB gegen Abfindung bewirkt werden soll. Sobald der **Miterbenanteil als Gesamtrecht** betroffen ist, ist die **notarielle Form** erforderlich, um den Verfügenden zum einen vor einer übereilten Aufgabe seines Gesamtrechts zu bewahren und ihm zum anderen eine fachkundige Beratung zuteilwerden zu lassen. IÜ dient eine notarielle Beurkundung auch der Beweiserleichterung.

14   Der Form des § 2033 I 2 bedarf es dagegen nicht, wenn der Normzweck auf andere Weise erreicht wird, zB bei der Mitwirkung des Nachlassgerichts an der Auseinandersetzung (§§ 363 ff. FamFG) oder Übergang eines gepfändeten Erbteils auf den Erwerber durch Zuschlag im Wege der Zwangsvollstreckung (§§ 859, 857 V, 844 ZPO). Eine an sich formfreie Vollmacht nach § 167 II zur Übertragung eines Erbteils bedarf dann der Form des § 2033 I 2, wenn durch die Vollmachtserteilung die gleiche Rechtslage geschaffen wird, wie durch die Übertragung des Erbteils selbst (Kreisgericht Erfurt MDR 1994, 174) zB eine Erteilung einer unwiderruflichen Vollmacht oder bei einer Befreiung von § 181 (Bamberger/Roth/*Lohmann* Rn. 6).

15   **b) Verpflichtungsgeschäft.** Die **schuldrechtliche Verpflichtung** zur Verfügung über einen Erbteil ist zwar nicht grds. formgebunden, zur Erreichung des Normzwecks des § 2033 I 2 (Schutz vor übereiltem Verlust des Gesamtrechts, Erfordernis fachkundiger Beratung, Beweiserleichterung) sind jedoch der **Erbteilskauf** (Erbschaftskauf) der §§ 2371 ff. und **Verträge nach § 2385 formbedürftig**. Formfrei möglich ist die schuldrechtliche Verpflichtung zur Verpfändung des Erbanteils (Staudinger/*Löhnig* Rn. 18). Sollen jedoch das Verpflichtungsgeschäft und der Erfüllungsvertrag in einer Urkunde verbunden werden, müssen beide Geschäfte den Inhalts- und Formerfordernissen der jeweiligen Geschäfte entsprechen.

16   Ein formgemäß beurkundetes Verfügungsgeschäft kann die fehlende erforderliche Beurkundung des Verpflichtungsgeschäfts nicht ersetzen; eine Heilung des Formmangels in Analogie zu § 311b I 2, § 518 II, § 766 3 und § 2301 II wird von der **Rspr.** im Gegensatz zum Schrifttum abgelehnt (BGH NJW 1967, 1128; BGH NJW 2017, 885; Staudinger/*Löhnig* Rn. 18).

17   Ein **Mangel** des **Verpflichtungsgeschäfts** führt zu Bereicherungsansprüchen, es sei denn die Parteien machen das dingliche Erfüllungsgeschäft von der rechtlichen Wirksamkeit des Verpflichtungsgeschäfts abhängig (BGH NJW 1952, 60), sei es durch eine Verbindung beider Geschäfte zu einer rechtlichen Einheit iSv § 139 oder durch Hinzufügen einer rechtsgeschäftlichen Bedingung. Dann führt die Nichteinhaltung der Form eines der Geschäfte zur Nichtigkeit des gesamten Geschäfts.

18   **3. Mögliche weitere Erfordernisse.** Eine familiengerichtliche Genehmigung (§§ 1643, 1822; § 151 Nr. 5 FamFG) ist bei einer Verfügung des Minderjährigen über den Erbteil erforderlich. Verfügt ein im gesetzlichen Güterstand lebender Ehegatte über ein Erbteil, das den wesentlichen Teil seines Vermögens darstellt, muss der andere Ehegatte nach § 1365 seine Zustimmung erteilen (BGH NJW 1961, 1301). Besteht der Erbteil überwiegend aus einem land- und forstwirtschaftlichen Betrieb, sind Genehmigungen nach **§ 2 II Nr. 2 GrdstVG** zu erholen.

Voraussetzung für die Grundbuchberichtigung bei Erbteilsübertragung ist die Voreintragung aller Er- 19
ben (BayObLG NJW-RR 1995, 272). Keine Voreintragung bei Erbteilübertragung zwischen Miterben
(OLG Nürnberg ZEV 2013, 680).

Keine Genehmigung ist erforderlich nach § 12 WEG (OLG Hamm NJW 1980, 1397), ebenfalls nicht 20
nach § 5 I ErbbauVO, selbst wenn der Nachlass nur aus einem Grundstück bzw. Erbbaurecht besteht, da
über den Erbteil und nicht über das Grundstück verfügt wird. Aus dem gleichen Grund ist bei einer
Verfügung über den Erbteil auch nicht die Genehmigung für die Abtretung eines Geschäftsanteils einer
GmbH nach § 15 V GmbHG erforderlich (BGH NJW 1985, 2592).

Es entstehen auch **keine gesetzlichen Vorkaufsrechte** nach § 24 BauGB, § 4 RSiedlG, wenn über den 21
Erbteil und nicht über das Grundstück verfügt wird.

Verfügungsbeschränkungen §§ 719, 1419, 1471 II, 1497 II **greifen** bei Verfügungen über den Miter- 22
benanteil insgesamt **nicht** ein. Trotz Bestehens einer Testamentsvollstreckung kann der Erbe über seinen
Erbteil im Ganzen verfügen; dem Erbteilserwerber gegenüber bleibt die Testamentsvollstreckung jedoch bestehen (MüKoBGB/*Gergen* Rn. 19; → § 2211 Rn. 3).

Bei der Verfügung über den Miterbenanteil im Ganzen gibt es **keinen Gutglaubensschutz**, da sich die 23
Vorschriften der §§ 892, 932 nur auf einzelne Gegenstände beziehen; deshalb auch keine Geltung des
§ 2366 (BGH ZEV 2015, 339; Staudinger/*Löhnig* Rn. 25). Gutgläubiger Erwerb ist nur dann möglich,
wenn ein Miterbe sich als ausschließlich Befugter über die die einzelnen Nachlassgegenstände geriert.

4. Übertragung des Miterbenanteils. a) Stellung des Miterben nach der Veräußerung. Auch nach 24
Übertragung des Miterbenanteils bleibt der Veräußerer Miterbe, da er sich mit seiner Verfügung über
den Erbteil lediglich seines vermögensrechtlichen Anteils am Nachlass begibt, nicht jedoch seiner Position als Miterbe (BGH NJW 1993, 726; 2011, 1226). Folgerichtig wird auch ein Erbschein durch die
Veräußerung des Anteils nicht unrichtig; ein Erbschein ist auch nach der Veräußerung auf den Namen
des Veräußerers auszustellen (MüKoBGB/*Gergen* Rn. 27). Der **Miterbe behält** die sich aus seiner
Rechtsposition ergebenden **Rechte** (mit Ausnahme der vermögensrechtlichen Seite), wie die Möglichkeit
der Anfechtung der letztwilligen Verfügung nach §§ 2078 ff., des Antrags auf Entlassung des Testamentsvollstreckers (§ 2227), der Geltendmachung von eigenen Pflichtteilsrest- oder -ergänzungsansprüchen.
Ihm verbleiben aber auch die **Pflichten** eines Miterben, so dass er neben dem Erbteilserwerber weiter für
Nachlassverbindlichkeiten haftet (§§ 2382, 2385); auch kann er nach Veräußerung seines Anteils für erbunwürdig erklärt werden. Allerdings **verliert** er sein **Vorkaufsrecht** nach §§ 2034 ff. (BGH NJW 1993,
726; 2011, 1226).

b) Stellung des Erbteilerwerbers. Der **Erwerber kann** durch die Veräußerung **nicht Miterbe werden**, 25
da eine Erbenstellung nicht durch eine rechtsgeschäftliche Vereinbarung, sondern nur durch eine Verfügung von Todes wegen begründet werden kann (BGH NJW 1966, 2207); vielmehr **tritt** der Erwerber **in
die vermögensrechtliche Stellung** des verfügenden Miterben in den Nachlass **ein**, dh in die Gesamthandsgemeinschaft; er tritt in alle durch die Erbengemeinschaft begründeten in dem erworbenen
Erbteil enthaltenen Rechtsbeziehungen des Veräußerers ein, auch soweit sie die einzelnen Nachlassgegenstände betreffen (BayObLG NJW-RR 1987, 398). Dem **Erwerber** stehen einerseits sämtliche **Verwal-
tungs- und Benutzungsrechte** zu, insbes. das **Recht auf Auseinandersetzung** (§ 2042) oder das Recht
Nachlassverwaltung oder die Eröffnung des **Nachlassinsolvenzverfahrens** zu beantragen; dem Erwerber wird die gerichtliche Inventarfrist gesetzt; ein vom Veräußerer erstelltes Inventar wirkt jedoch auch
gegenüber dem Erwerber.

Andererseits **übernimmt** er mit dem Erbteil **alle** damit verbundenen **Beschränkungen** und Beschwe- 26
rungen, insbes. Pflichtteils- und Vermächtnislasten, Auflagen, Teilungsanordnungen, Testamentsvollstreckung, Ausgleichspflichten, Nacherbenrechte (Staudinger/*Löhnig* Rn. 26). Für Nachlassverbindlichkeiten haftet der Erwerber nach §§ 2382, 2385.

Überträgt ein Miterbe seinen Anteil oder einen Teil davon auf einen oder mehrere Miterben, so 27
wächst den erwerbenden Miterben der übertragende Erbteil zur **gesamten Hand im Verhältnis ihrer
Erbteile** an. Es entsteht mit den Erwerbern keine (Unter-)Gemeinschaft iSv §§ 741 ff. (BayObLG NJW
1981, 830; NJW-RR 1991, 1030), wobei es den Miterben freisteht, eine Bruchteilsgemeinschaft zu vereinbaren.

Sobald jedoch außenstehende **Dritte** einen Miterbenanteil erwerben, können diese – auch bei einem 28
gleichzeitigen Erwerb durch einen Miterben – **nur** eine **Bruchteilsgemeinschaft bilden,** weil eine Gesamthandsgemeinschaft in Form einer Erbengemeinschaft nicht vertraglich begründet werden kann.
Übertragen Miterben ihre Anteile am Nachlass jeweils an Dritte, entsteht zwar eine Bruchteilsgemeinschaft an den Erbteilen; die gesamthänderische Gebundenheit bleibt aber bestehen (BGH ZEV 2016, 84).
Da der **erwerbende Dritte** nicht Miterbe wird, bedarf er nicht des die Miterben bezweckenden Schutzes,
dh er erhält **kein Vorkaufsrecht** (BGH NJW 1971, 1264; OLG München BeckRS 2010, 21395) und erlangt keinen Mitbesitz an den Nachlassgegenständen nach § 857; allerdings geht die Praxis davon aus,
dass in der Anteilsübertragung auch die Besitzverschaffung liegt §§ 854 II, 870 (MüKoBGB/*Gergen*
Rn. 26). Die Mitberechtigung des erwerbenden Dritten als Bruchteilsgemeinschafter ist im Grundbuch
nach § 47 GBO zu vermerken, nicht jedoch die Rechtsbeziehungen der Parteien des veräußerten Anteils
(BayObLG NJW 1968, 505).

5. Verpfändung des Erbteils. Die Verpfändung des Miterbenanteils erfolgt nach § 1273 II, § 1258, dh 29
nach den Vorschriften über das Pfandrecht an Rechten und bedarf der notariellen Form (§ 2033 I 2). Das

Pfandrecht besteht an dem **Erbteil,** nicht an einzelnen Nachlassgegenständen oder dem Anteil des Miterben an diesen (BGH NJW 1967, 200).

30 Trotz Pfändung hat der **Miterbe** weiterhin das **Recht** zu solchen Handlungen, die das gepfändete Recht nicht beeinträchtigen, zB zur Einziehung und Hinterlegung für alle Miterben von zum Nachlass gehörenden Forderungen (§ 2039 S. 2). Auch ist er weiterhin zur Veräußerung seines Anteils befugt, da das Pfandrecht als Belastung des Erbteils – auch bei Unkenntnis des Erwerbers – mit übergeht (BayObLG NJW 1959, 1780). Etwas anderes gilt nur, wenn sich durch die Veräußerung sämtliche Erbteile in einer Hand vereinigen. In diesem Fall würde keine Erbengemeinschaft mehr bestehen, es kann keine Miterbenanteile geben, da der Erwerber wie ein Alleinerbe nur noch über die einzelnen Gegenstände verfügen kann, so dass das Pfandrecht ins Leere liefe (BayObLG NJW 1959, 1780). In einem solchen Fall ist die Vereinigung sämtlicher Anteile in einer Hand **nur mit Zustimmung des Pfandgläubigers** wirksam.

31 Das Pfandrecht an einem Erbteil hat gegenüber sämtlichen Miterben die Wirkung einer **relativen Verfügungsbeschränkung.** Daher ist es zweckmäßig, das Pfandrecht an dem Erbteil, das – wie die Erbteilsübertragung – außerhalb des Grundbuchs mit unmittelbar dinglicher Wirkung entsteht, im Grundbuch des Nachlassgrundstücks einzutragen, um den Pfandgläubiger gegen Beeinträchtigungen zu schützen (BayObLG NJW 1959, 1780; OLG Düsseldorf NJW-RR 2004, 1111; *Lindemeier* DNotZ 1999, 876). Ist das Pfandrecht im Grundbuch eingetragen, können die Miterben auch ohne Zustimmung des Pfandgläubigers über ein Nachlassgrundstück verfügen (BayObLG NJW 1959, 1780). Obwohl nicht erforderlich, sollten zum Schutz des Pfandgläubigers die übrigen Miterben nach § 1280 von der Verpfändung des Erbteils in Kenntnis gesetzt werden (MüKoBGB/*Gergen* Rn. 33).

32 Der Pfandgläubiger haftet nicht für Nachlassverbindlichkeiten, muss aber die Befriedigung der Nachlassgläubiger aus dem Nachlass dulden.

33 Der **Pfandgläubiger** hat das **Recht** alle nicht höchstpersönlichen Befugnisse des Miterben auszuüben; ihm steht das Recht zur Mitverwaltung (§ 2038), zur gemeinschaftlichen Verfügung über Nachlassgegenstände (§ 2040), zu einer Veräußerung einzelner Nachlassgegenstände ist der Pfandgläubiger ohne Mitwirkung des Miterben als des Schuldners nicht befugt (OLG Köln NJW-RR 2014, 1415), zur Stellung eines Antrags nach §§ 363 ff. FamFG und zur Einleitung und Mitwirkung der Auseinandersetzung (§ 2042) zu. Die Auseinandersetzung der Erbengemeinschaft kann jedoch durch Miterben und Pfandgläubiger nur gemeinsam erfolgen (§ 1258 II).

34 Bei einer **Verwertung** durch Versteigerung des Nachlassgegenstandes setzen sich die Pfandrechte nicht am Versteigerungserlös als Surrogat fort; dieser steht vielmehr nach wie vor den Miterben in gesamthänderischer Gebundenheit zu. Allerdings schränkt das Pfandrecht an dem Erbteil die Befugnis der Erbengemeinschaft, über den Versteigerungserlös zu verfügen insoweit ein, als eine Verfügung ohne Zustimmung des Pfandgläubigers nicht möglich ist. Ein **Versteigerungserlös** steht daher bei einer nicht auseinander gesetzten Erbengemeinschaft **allen Miterben und allen Pfandgläubigern** gemeinsam zu (BGH NJW 1967, 200).

35 Etwas anderes gilt nach erfolgter Auseinandersetzung der Miterbengemeinschaft, wobei eine Erbengemeinschaft mit Durchführung der Zwangsversteigerung noch nicht auseinander gesetzt ist, die Auseinandersetzung vielmehr lediglich vorbereitet wird. Der **Versteigerungserlös** steht zunächst der **Erbengemeinschaft zur gesamten Hand** zu; erst wenn eine Einigung über die Erlösverteilung vorliegt, liegt eine Auseinandersetzung vor. Der Streit, ob sich das Pfandrecht im Wege der dinglichen Surrogation an dem Erlösanteil fortsetzt, wie dies §§ 1247, 1287 oder §§ 847, 848 für das Pfändungspfandrecht vorsehen oder der Pfandgläubiger in Anwendung von § 1258 III lediglich ein Pfandrecht am Erlös erhält, ist zu Gunsten der dinglichen Surrogation entschieden (BGH NJW 1969, 1347).

36 Bei **Konkurrenz** mehrerer **Pfandrechte** entscheidet die **zeitliche Priorität** (BGH NJW 1969, 1347). Der Vertragspfandgläubiger kann keine Drittwiderspruchsklage (§ 771 ZPO) gegen einen anderen die Vollstreckung in den Erbteil betreibenden Gläubiger erheben, sondern muss sein Recht auf bevorzugte Befriedigung nach § 805 ZPO geltend machen.

37 Die Pfändung des Erbteils führt nicht zu einer Einschränkung der Befugnisse des Testamentsvollstreckers, da dem Pfandgläubiger nicht mehr Rechte als dem Erben zustehen können (→ § 2211 Rn. 3).

38 **6. Pfändung des Erbteils.** In einen Erbteil kann durch Pfändung und Überweisung die Zwangsvollstreckung betrieben werden (§§ 859 II, 857, 829, 835, 836 ZPO). Den übrigen Miterben ist als Drittschuldnern (§ 829 I ZPO) der Pfändungsbeschluss zuzustellen (§ 829 II u. III ZPO). Die Zustellung des Pfändungsbeschlusses hat auch zu erfolgen an den Testamentsvollstrecker, den Nachlassverwalter und einen für die unbekannten Miterben bestellten Nachlasspfleger (Staudinger/*Löhnig* Rn. 33). Der Gläubiger erwirbt ein Pfändungspfandrecht am Erbteil des Schuldners (§ 804 ZPO) und die Befugnis, das gepfändete Recht am Miterbenanteil selbst geltend zu machen, also zu verwerten. Auf das Pfändungspfandrecht finden wegen § 804 II ZPO die Vorschriften des BGB über das rechtsgeschäftliche Pfandrecht Anwendung (§§ 1258, 1273 ff.), soweit sich daraus keine der Natur des Pfändungspfandrechts entgegenstehende Regelungen ergeben.

39 Auch das Pfändungspfandrecht kann in das Grundbuch eines zum Nachlass gehörenden Grundstücks eingetragen werden, um den Pfandgläubiger vor Verfügungen durch die Miterben zu schützen bzw. solche von seiner Zustimmung abhängig zu machen. Das Pfändungspfandrecht ist als Verfügungsbeschränkung ins Grundbuch einzutragen (Demharter, Grundbuchordnung, GBO Anh. § 13 Rn. 33.2). Dafür ist die Voreintragung der Miterben erforderlich (§ 39 GBO); zum Streit, ob der Pfandgläubiger allein die Eintragung der Miterben bewirken kann (Staudinger/*Löhnig* Rn. 34).

Ebenso wie beim rechtsgeschäftlichen Pfandrecht erfolgt bei der Erbteilspfändung die **Pfändung** und **40
Überweisung** nicht hinsichtlich der einzelnen Nachlassgegenstände, sondern **hinsichtlich des Miterbenanteils als solchem** (BGH NJW 1968, 2059). § 829 I 2 iVm § 857 I ZPO verbietet dem Pfändungsschuldner und Miterben jegliche Verfügung über den Erbteil. Von der Rspr. anerkannt ist jedoch eine dahingehende einschränkende Auslegung, dass der Pfändungsschuldner keine das Pfändungspfandrecht beeinträchtigenden Verfügungen treffen darf. Von daher ist es dem Pfändungsschuldner erlaubt Nachlassforderungen für alle Erben nach § 2039 einzuziehen (BGH NJW 1968, 2059). Verfügungen über einzelne Nachlassgegenstände (§ 2040) bedürfen auch der Zustimmung des Pfändungsgläubigers (→ Rn. 32).

Die **Verwertung** des gepfändeten Anteils kann durch freihändigen Verkauf (§ 844 ZPO), Versteige- **41
rung oder durch Antrag auf Teilungsversteigerung nach §§ 2042, 753 BGB, §§ 180 ff. ZVG erfolgen (BGH NJW-RR 1999, 504), selbst wenn der Erblasser die Auseinandersetzung nach § 2044 ausgeschlossen hat. Im Gegensatz zur Zwangsversteigerung besteht beim freihändigen Verkauf der Formzwang des § 2033 I 2. Ebenso wie beim rechtsgeschäftlichen Pfandrecht setzt sich das Pfändungspfandrecht im Wege der dinglichen Surrogation an dem Erlös nach der Teilung fort (BGH NJW 1969, 1347).

7. Nießbrauch am Miterbenanteil. Im Gegensatz zum Nießbrauch an einzelnen Nachlassgegenstän- **42
den, ist der Nießbrauch am Miterbenanteil ein Nießbrauch an Rechten, für den §§ 1068 ff. gelten; über § 1068 II ist § 1066 anwendbar (Staudinger/*Löhnig* Rn. 32). Demnach kann der Nießbraucher den Nachlass mitverwalten und die Art der Nutzung bestimmen. Das Recht auf Auseinandersetzung steht dem Nießbraucher und dem Miterben nur gemeinschaftlich zu (*Bünger* BWNotZ 1963, 102). Ebenso wie der Pfandgläubiger haftet der Nießbraucher nicht für Nachlassverbindlichkeiten, auch nicht über § 1086. Zum Schutz vor ihn beeinträchtigende Verfügungen kann der Nießbraucher – ebenso wie der Pfandgläubiger – den Nießbrauch als Verfügungsbeschränkung der Erbengemeinschaft in Abteilung II des Grundbuchs eintragen lassen (*Lindemeier* DNotZ 1999, 876).

V. Verbot der Verfügung über den Anteil an einzelnen Nachlassgegenständen (Abs. 2)

Aus dem in § 2033 II formulierten Verbot des Miterben über seinen Anteil an einzelnen Nachlass- **43
gegenständen zu verfügen darf nicht rückgeschlossen werden, dass eine Gesamtverfügung aller Miterben über Anteile an einzelnen Nachlassgegenständen möglich ist. Auch dies würde dem Schutzzweck der Norm zuwiderlaufen, eine Zersplitterung des Nachlasses und das Eindringen Fremder in die Erbengemeinschaft bewirken (BGH NJW 1969, 92). Aufgrund der **gesamthänderischen Gebundenheit** der Miterben hat der **einzelne Miterbe kein Teilrecht** an einzelnen Erbschaftsgegenständen (→ § 2032 Rn. 5). Selbst wenn der Nachlass nur noch aus einem Gegenstand besteht, liegt eine Erbteilsübertragung iSd § 2033 I vor, solange die Erbengemeinschaft besteht (BGH FamRZ 1965, 267). Es bleibt dabei, dass der einzelne Miterbe entweder über seinen Anteil am Nachlass als Ganzes verfügen kann (es gelten dann die Vorschriften der §§ 2033, insbes. Abs. 1 S. 2, §§ 2371, 2385) oder aber alle Miterben gemeinschaftlich über einen Nachlassgegenstand nach § 2040, unter Beachtung der allgemeinen Formvorschriften, zB § 311b I verfügen.

Folgerichtig ordnet § 859 II iVm I 2 ZPO die Unpfändbarkeit von Anteilen an einzelnen Nachlassgegenständen an (OLG München ZEV 2016, 36). Unwirksam ist daher auch die Veräußerung des Anteils an einem Nachlassgrundstück (BGH NJW 1971, 321), die Belastung des Anteils einzelne Nachlassgegenstände mit einem Nießbrauch (BGH NJW 1984, 731), einem Grundpfandrecht oder einer Vormerkung (Staudinger/*Löhnig* Rn. 42).

Vom **Verbot der Verfügung** über den Anteil an einzelnen Nachlassgegenständen ist die Möglichkeit **44
der Übernahme einer **wirksamen Verpflichtung** (§ 311a) zu unterscheiden. Da es einem Miterben objektiv unmöglich ist einem Dritten einen Anteil an einem einzelnen Nachlassgegenstand zu verschaffen, muss er zwar wegen § 275 I nicht leisten, ist jedoch gem. § 311a II wahlweise zu Schadensersatz oder Aufwendungsersatz verpflichtet. Zu prüfen ist die Möglichkeit einer Umdeutung in eine Verpflichtung des Miterben, dem Dritten den ihm nach der Erbauseinandersetzung an diesem Nachlassgegenstand zukommenden Anteil zu übertragen (Staudinger/*Löhnig* Rn. 44).

§ 2034 Vorkaufsrecht gegenüber dem Verkäufer

(1) Verkauft ein Miterbe seinen Anteil an einen Dritten, so sind die übrigen Miterben zum Vorkauf berechtigt.
(2) ¹Die Frist für die Ausübung des Vorkaufsrechts beträgt zwei Monate. ²Das Vorkaufsrecht ist vererblich.

I. Normzweck

Durch die einem Miterben nach § 2033 gegebene Möglichkeit sich durch Verfügung seines gesamten **1
Anteils am Nachlass von den Bindungen der Gesamthandsgemeinschaft zu befreien, können fremde Dritte in die meist familiär bestimmten Erbengemeinschaft eindringen, da der Anteilserwerber Mitglied der Erbengemeinschaft wird. Das Vorkaufsrecht der Miterben soll die Erbengemeinschaft vor dem **Eindringen unerwünschter Mitglieder** und damit die übrigen Miterben vor einer Überfremdung schützen.

Der Schutz des § 2034 ist jedoch nicht umfassend, da das Vorkaufsrecht zum einen nur im Verkaufsfall, **nicht** aber bei einer **unentgeltlichen Übertragung** oder Verwertung im Rahmen der **Zwangsvollstreckung** greift und zum anderen die Miterben die notwendigen finanziellen Mittel aufbringen müssen.

Das Vorkaufsrecht der Miterben ist neben dem des Mieters nach § 577 das einzige gesetzliche Vorkaufsrecht des BGB und wird in den §§ 2034–2037 nicht vollständig und abschließend geregelt, vielmehr gelten ergänzend die §§ 463 ff., soweit die §§ 2034–2037 nichts Gegenteiliges bestimmen.

2   Das Vorkaufsrecht ist entgegen § 473 gem. § 2034 II 2 **vererblich.** Wird ein zum Vorkauf berechtigter Erblasser von mehreren Miterben beerbt, ist die Ausübung des Vorkaufsrechts für diese Untererbengemeinschaft eine Verwaltungsmaßnahme nach § 2038; § 472 S. 2 gilt insoweit nicht.

Das Vorkaufsrecht ist gem. § 473 **nicht übertragbar**, dh es kann weder isoliert übertragen werden, noch zusammen mit dem Erbteil. Dies ist auch nicht erforderlich, da der vorkaufsberechtigte Miterbe das mit seinem eigenen Erbteil verbundene Vorkaufsrecht innehat (Staudinger/*Löhnig* Rn. 17).

Gem. § 471 entsteht kein Vorkaufsrecht bei einem Verkauf im Wege der Zwangsvollstreckung (§ 851 ZPO) oder bei einem Verkauf durch den Insolvenzverwalter aus Insolvenzmasse (§ 35 InsO; BGH NJW 1977, 37).

3   Im Gegensatz zu den übrigen Vorkaufsrechten hat das Vorkaufsrecht der Miterben eine **Drittwirkung** (BayObLGZ 1952, 247) erhalten, als es auch nach der Übertragung des Erbteils gegen den Käufer (§ 2035) und auch gegenüber weiteren Erwerbern fortwirkt (§ 2037). Das Vorkaufsrecht erfasst jedoch ausschließlich den Anteil an der Gesamthandsgemeinschaft, dh es erlischt sobald die Erbengemeinschaft auseinander gesetzt wird (Staudinger/*Löhnig* Rn. 1). Es ist ein **Gestaltungsrecht**; eine grundbuchrechtliche Absicherung ist nicht möglich, da es sich auf den **Gesamthandsanteil** und nicht auf das Grundstück erstreckt. Deshalb kann auch kein gutgläubiger Erwerb bezogen auf ein Nichtbestehen des Vorkaufsrechts erfolgen (BayObLGZ 1952, 231 (247)).

II. Voraussetzungen des Vorkaufsrechts

4   **1. Miterbenanteil als Kaufgegenstand.** Gegenstand des Erbteilsverkaufs kann nur der Anteil eines Miterben am dem gesamthänderisch gebundenen Nachlass (→ § 2033 Rn. 9) oder ein Bruchteil eines Erbteiles eines Miterben sein (→ § 2033 Rn. 6). Die Veräußerung eines Anteils an einem Nachlassgegenstand kann wegen § 2033 II kein Vorkaufsrecht auslösen (→ § 2033 Rn. 42).

Nach erfolgter Erbauseinandersetzung kann das Vorkaufsrecht ebenfalls nicht mehr entstehen, da keine Anteile an Erbteilen mehr vorhanden sind, sondern nur noch Miteigentumsanteile an einzelnen Nachlassgegenständen. Gleiches gilt für die Umwandlung von Gesamthandsvermögen der Miterben in solches von OHG- oder BGB Gesellschaften (MüKoBGB/*Gergen* Rn. 14).

5   **2. Entstehung des Vorkaufsrechts durch Verkauf des Miterbenanteils.** Das Vorkaufsrecht entsteht bei Abschluss eines **rechtswirksamen formgültigen Kaufvertrags**, dh bei einer freiwilligen Veräußerung der Erbteile durch einen Miterben an einen Dritten (BGH NJW 1977, 37).

6   **Unentgeltliche Verfügungen** wie Tausch, Schenkung, gemischte Schenkung und Vergleich lassen das Vorkaufsrecht **nicht** entstehen (Staudinger/*Löhnig* Rn. 6f). Ist ein Miterbe mit einem dahingehenden Vermächtnis belastet seinen Gesamthandsanteil zu übertragen, hat die Verfügung rein erbrechtlichen Charakter und keinen rechtsgeschäftlichen, so dass bereits kein Fall des § 2033 vorliegt. Verwertet ein **Nachlassinsolvenzverwalter** den Miterbenanteil, steht den übrigen Miterben kein Vorkaufsrecht zu, da das Gesetz dem Interesse des Gläubigers Vorrang einräumt. Da das Vorkaufsrecht von den Miterben gemeinschaftlich ausgeübt werden muss, kann es zu Verzögerungen kommen, die einem Gläubiger nicht zumutbar sind, vor allem wenn noch nicht alle Erben bekannt sind (BGH NJW 1977, 37).

7   Betreibt ein Miterbe nach §§ 2042, 753 BGB, § 180 ZVG die **Teilungsversteigerung,** steht den übrigen Miterben kein Vorkaufsrecht gegenüber dem meistbietenden Dritten zu. In diesem Fall fehlt es bereits an der Veräußerung eines Miterbenanteils, da bei der Teilungsversteigerung der gesamte Nachlass veräußert wird, selbst wenn nur ein Miterbe den Antrag gestellt hat (BGH NJW 1972, 1199). Bei dieser Konstellation fehlt es auch an einer freiwilligen Veräußerung. In der Praxis werden die Miterben vor Beantragung der Teilungsversteigerung erfolglos über eine Übernahme verhandelt haben, so dass es unbillig wäre, wenn die übrigen Miterben über den Umweg der Teilungsversteigerung den Miterbenanteil zum „Schnäppchenpreis" erhalten. Ferner gilt ergänzend § 471.

8   Die Entstehung des Vorkaufsrechts kann **weder ausgeschlossen** (§ 465), **noch umgangen** werden. Verträge, die wirtschaftlich einem Erbteilsverkauf gleichkommen, lösen das Vorkaufsrecht aus und zwar unabhängig von anders lautenden Bezeichnungen und rechtlichen Konstruktionen. Ein Vorkaufsrecht entsteht bei der Übertragung des Erbanteils an Zahlungs statt, wenn die ursprüngliche Forderung auf eine bestimmte Geldsumme lautete; ebenso bei einer zeitlich unbeschränkten unentgeltlichen Verpflichtung eines Miterben einem Dritten die Ausübung sämtlicher Miterbenrechte zu überlassen (MüKoBGB/*Gergen* Rn. 11). Als Erbteilsverkauf hat der BGH auch die Übertragung eines Miterbenanteils an einen Dritten zur Sicherung eines diesem Miterben gewährten Darlehens angesehen, nachdem aufgrund schuldrechtlicher Vereinbarungen deutlich wurde, dass die Rückzahlung des Darlehens einerseits und die Rückübertragung des Erbteils andererseits praktisch ausgeschlossen war (BGH NJW 1957, 1515).

9   Das Vorkaufsrecht der übrigen Miterben erfordert einen formgültigen **Kaufvertrag,** dh einen **notariell beurkundeten** (§ 2371). Soweit behördliche Genehmigungen erforderlich sind, müssen diese vorliegen (BGH NJW 1957, 830).

Die Ausübung des Vorkaufsrechts geht ins Leere, wenn der Kaufvertrag nichtig ist zB wegen eines auffälligen Missverhältnisses zwischen Leistung und Gegenleistung (BGH ZEV 2001, 116). In einem derartigen Fall kann sich der Vorkaufsberechtigte nicht darauf berufen, dass Veräußerer und Erwerber arglistig gehandelt hätten, da er keinen Anspruch auf ein wirksames Zustandekommen des Erbteilsverkaufs hat. Schutzzweck des § 2034 ist die Verhinderung des Eindringens fremder Dritter in die Erbengemeinschaft; bei Rückabwicklung eines nichtigen Kaufvertrages ist dieser Schutzzweck bereits erfüllt (Staudinger/*Löhnig* Rn. 8). 10

Das Vorkaufsrecht entsteht jedoch, wenn die Vertragsparteien am dinglichen Vollzug eines ungültigen Kaufvertrages festhalten (MüKoBGB/*Gergen* Rn. 10), sonst würde auf diese Weise der § 2034 umgangen werden können. Insofern gilt die Rspr., wonach eine Heilung des formnichtigen Kaufvertrages durch dinglichen Vollzug nicht möglich ist (BGH NJW 2017, 885; → § 2033 Rn. 16). 11

3. Der Miterbe als Verkäufer. Um das Vorkaufsrecht entstehen zu lassen, muss der Verkauf das Miterbenanteils durch einen Miterben oder aber einen Erben oder Erbeserben des Miterben erfolgen (BGH NJW 1993, 726; 1969, 92; 1966, 2207). Letztere sind nicht freiwillig, sondern aufgrund Gesetzes oder letztwilliger Verfügung in die Rechte und Pflichten des vorverstorbenen Miterben eingetreten. Außerdem gilt § 2034 II 2. 12

Ein Miterbe, der seinen Erbteil an einen Dritten **vollständig veräußert** hat, zählt bei weiteren Veräußerungen **nicht mehr** zu den **„übrigen Miterben"** iSv § 2034 I. Der veräußernde Miterbe bleibt zwar Miterbe; das Vorkaufsrecht geht aber nicht mit dem veräußerten Erbteil auf den Erwerber über, da es an die Miterbenposition gebunden ist und die Entstehung davon abhängt, ob das Merkmal der Schutzwürdigkeit der Miterben erfüllt ist. Es würde nämlich dem Schutzzweck des § 2034 – Verhinderung vor dem Eindringen unerwünschter Nichterben in die Erbengemeinschaft und Verhinderung der Verstärkung der Beteiligung bereits eingedrungener Dritter – zuwiderlaufen, wenn einem durch Veräußerung seines Erbteils wirtschaftlich aus der Erbengemeinschaft ausgeschiedenen Miterben auf diese Weise ein „Recht auf Rückkehr" in die Erbengemeinschaft ermöglicht würde. Ein ausgeschiedener Miterbe bedarf des Schutzes des § 2034 nicht mehr (BGH NJW 1993, 726; 2011, 1226; OLG München ErbR 2010, 262; OLG Düsseldorf BeckRS 2013, 07412). Um Miterben den Schutz vor einer Verstärkung der Beteiligung eines bereits durch Erbteilserwerb in die Erbengemeinschaft eingedrungenen Dritten zu gewährleisten, steht den Miterben auch dann ein Vorkaufsrecht zu, wenn dieser Erbteilserwerber weitere Erbteile aufkauft (BGH NJW 1971, 1264). 13

Verstirbt ein Miterbe (Erblasser 2) eines Nachlasses 1 und wird er von mehreren Erben beerbt, bildet sich ein Nachlass 2, der aus dem nicht auseinandergesetzten Erbanteil des Nachlasses 1 und dem Nachlass des vorverstorbenen Miterben (Erblasser 2) besteht. Veräußern diese mehreren Erben gemeinsam den vom Erblasser 2 ererbten Anteil an der Miterbengemeinschaft des Nachlasses 1 an einen Dritten, sind die ursprünglichen Miterben des Nachlasses 1 vorkaufsberechtigt (BGH NJW 1975, 445). Verkauft nur ein Miterbe des am Nachlass 1 beteiligten vorverstorbenen Erblassers 2 seinen Anteil am Nachlass 2 an einen Dritten, dann sind nur die Miterben des Nachlasses 2 vorkaufsberechtigt (BGH NJW 1975, 445; 69, 92). In diesem Fall kann den Miterben des Nachlasses 1 nur dann ein Vorkaufsrecht zu stehen, wenn der Nachlass 2 ausschließlich aus dem Erbteil des Erblassers 2 an der Miterbengemeinschaft des Nachlasses 1 besteht und alle Miterben des Nachlasses 2 ihre Anteile durch einheitliches Rechtsgeschäft verkaufen und somit einen einheitlichen wirtschaftlichen Erfolg erzielen (MüKoBGB/*Gergen* Rn. 16). Verstirbt der seinen Erbteil veräußernde Miterbe und wird von dem Anteilserwerber in noch offener Frist nach Abs. 2 beerbt, erstarkt das durch die Anteilsübertragung auf den jetzigen Erbeserben „entkleidete" Miterbenrecht des veräußernden Miterben in der Person des Erbeserben wieder zum Vollrecht (OLG München ZErb 2010, 270). 14

4. Verkauf an einen Dritten. Das Vorkaufsrecht der Miterben entsteht nur bei einem **Kauf** durch einen **Dritten**. In diesem Fall gilt § 470. **Dritter** ist, wer nicht Miterbe ist (BGH NJW 1971, 1264). Dies ergibt sich auch aus dem Schutzzweck der Vorschrift, wonach die übrigen Miterben vor einem Eindringen unerwünschter Nichterben in die Erbengemeinschaft und vor einer Verstärkung der Beteiligung bereits eingedrungener Dritter geschützt werden sollen (BGH NJW 1971, 1264). Da der seinen Erbteil veräußernde Miterbe Erbe bleibt und der Anteilserwerber zwar anstelle des veräußernde Miterbe in die Gesamthandsgemeinschaft eintritt, jedoch nicht Miterbe werden kann, **verbleibt der Erbteilserwerber Dritter.** Will daher ein Erbteilserwerber weitere Erbteile aufkaufen, sind die übrigen Miterben zum Vorkauf berechtigt, nicht jedoch der Miterbe, der seinen Erbteil bereits komplett veräußert hat (BGH NJW 1993, 726; 2011, 1226). Letzterer ist nicht mehr schutzwürdig, während die in der Erbengemeinschaft verbliebenen Miterben vor einer Verstärkung der Beteiligung des sich bereits in der Erbengemeinschaft befindlichen Erbteilserwerbers geschützt werden müssen (BGH NJW 1993, 726; 2011, 1226). 15

Der BGH behandelt einen künftigen gesetzlichen Erben eines Miterben, der dessen Erbteil im Wege der „vorweggenommenen Erbfolge" übertragen erhält, nicht als Dritten, da dieser beim Tod des ausscheidenden Miterben ehedem an dessen Stelle in die Erbengemeinschaft eintreten würde. Von daher steht den übrigen Miterben kein **Vorkaufsrecht** zu, wenn der im Wege der **vorweggenommenen Erbfolge** in die Erbengemeinschaft gelangende Gemeinschafter von einem weiteren Miterben einen weiteren Anteil erwirbt (BGH LM BGB § 2034 Nr. 3, MüKoBGB/*Gergen* Rn. 20). **Kein** Vorkaufsrecht eines anderen Miterben entsteht bei der Veräußerung eines Erbteils an einen Dritten, wenn mit der Ausübung des Vorkaufsrechts der besagte Miterbe lediglich den Verkauf verhindern und seinerseits den Anteil an einen weiteren Dritten veräußern will. Dieses Vorgehen ist vom Schutzzweck des § 2034 nicht gedeckt 16

(BGH NJW-RR 1990, 1282). **Kein** Vorkaufsrecht steht einem Miterben beim Verkauf des letzten noch verbliebenen Erbteils an den Erwerber der anderen Erbteile zu, wenn dieser seinen Erbteil schon vorher veräußert und übertragen hat. Bei einer derartigen Konstellation gibt es keine Miterben mehr, die geschützt werden könnten (BGH NJW 1983, 1555). Die Vereinigung sämtlicher Anteile in einer Hand ist eine Form der Erbauseinandersetzung.

17 Veräußert ein Miterbe, der nur Vorerbe ist, seinen Erbteil an den Nacherben, steht den übrigen Miterben ein Vorkaufsrecht zu, es sei denn der Nacherbe wäre der künftige gesetzliche Erbe des Vorerben (BGH LM BGB § 2034 Nr. 3; MüKoBGB/*Gergen* Rn. 21).

18 **5. Vorkaufsberechtigte.** Vorkaufsberechtigt sind alle übrigen in der Erbengemeinschaft verbliebenen Miterben, die am ungeteilten Nachlass noch vermögensrechtlich beteiligt sind, **gemeinschaftlich** (§§ 2034 I, 472). **Nicht** zu den **Vorkaufsberechtigten** gehören die Miterben, die ihren Erbanteil bereits veräußert und Dritte, die Erbteile erworben haben (BGH NJW 1993, 726; 2011, 1226). War die Übertragung des Erbteils jedoch nichtig oder wurde sie wirksam angefochten, ist der veräußernde Miterbe weiterhin vorkaufsberechtigt; bei einem Rücktritt vom Erbteilsverkauf hat der veräußernde Miterbe nur dann das Vorkaufsrecht, wenn die Rückabwicklung bereits erfolgt ist (MüKoBGB/*Gergen* Rn. 22). Der Miterbe, der sich bereits bindend verpflichtet hat, seinen Erbteil zu veräußern, ist nicht vorkaufsberechtigt (OLG Rostock ZEV 1999, 437); ein späterer Weiterverkauf des Erbanteils durch den das Vorkaufsrecht ausübenden Miterben ist jedoch möglich. **Nicht vorkaufsberechtigt** ist ein Miterbe, der den Erbteil bereits im Wege der vorweggenommener Erbfolge erhalten hat, da das Vorkaufsrecht zwar gem. Abs. 2 S. 2 vererblich (→ Rn. 2), aber nicht durch Rechtsgeschäft unter Lebenden übertragbar ist (OLG München DNotI-Report 2009, 140).

19 Wesentlich ist, dass den berechtigten Miterben das Vorkaufsrecht gemeinsam in **gesamthänderischen Verbundenheit** zusteht (BGH DNotZ 1971, 744 = BeckRS 1971, 31124947) und sie es **gemeinschaftlich ausüben** müssen, was eine Einigung der berechtigten Miterben voraussetzt (BGH NJW 1982, 330). Das Vorkaufsrecht kann gem. § 472 S. 1 auch nur **im Ganzen** ausgeübt werden, dh, dass es **unteilbar** ist (*Demharter* MittBayNot 1998, 16). Sind nur noch zwei vorkaufsberechtigte Miterben in der Erbengemeinschaft und verkauft einer seinen Erbanteil, ist der verbleibende allein vorkaufsberechtigt; wollen von mehreren vorkaufsberechtigten Miterben nur einige das Vorkaufsrecht ausüben, müssen sie dies in gesamthänderischer Verbundenheit tun (MüKoBGB/*Gergen* Rn. 25). Das Vorkaufsrecht ist nicht von der Größe des Erbanteils abhängig (BGH NJW 1972, 202).

III. Ausübung des Vorkaufsrechts

20 Ab dem Zeitpunkt des Abschlusses des Kaufvertrages (§ 463) kann das Vorkaufsrecht durch **formlose Erklärung** (§ 464 I) gegenüber dem seinen Anteil veräußernden Miterben, nach Anteilsübertragung auf den Käufer diesem gegenüber (§ 2035 I 1), bei weiterer Übertragung dem folgenden Erwerber gegenüber (§ 2037) ausgeübt werden. Der Notar muss bei der Beurkundung auf das bestehende Vorkaufsrecht der Miterben hinweisen (§§ 20, 17 BeurkG).

21 **1. Mitteilungspflicht.** Gem. § 469 I ist der Anteilsverkäufer verpflichtet den vorkaufsberechtigten Miterben den genauen Inhalt des Kaufvertrages mitzuteilen; die Mitteilung kann aber auch durch den Drittkäufer erfolgen. Bei der Unterlassung macht sich nur der Anteilsverkäufer schadensersatzpflichtig (Palandt/*Weidenkaff* § 469 Rn. 2).

22 **2. Zweimonatsfrist des § 2034 II 1.** Nur die **richtige** und **vollständige Wiedergabe des Vertragsinhalts** setzt die Zweimonatsfrist gem. § 2034 II in Gang. Erfährt der Vorkaufsberechtigte anderweitig vom Vertrag, beginnt die Frist **nicht** zu laufen (BGH WM 1962, 722; Staudinger/*Löhnig* Rn. 26), da das Gesetz ausdrücklich auf die Mitteilung abstellt (§ 469 II), es sei denn der Vorkaufsberechtigte ist beim Vertragsschluss anwesend (OLG Köln DNotZ 1959, 263; MüKoBGB/*Gergen* Rn. 29), dann beginnt die Frist mit dem Tag der Beurkundung. Die **Frist läuft für jeden vorkaufsberechtigten Miterben gesondert** (BGH NJW 1982, 330) und wird nach § 187 I, § 188 II u. III berechnet. Die **Beweislast** für die ordnungsgemäße Benachrichtigung, den Zugang der Mitteilung und den Zeitpunkt des Zugangs trägt der Veräußerer, nach der Übertragung des Erbteils der Anteilserwerber (OLG Köln DNotZ 1959, 263; Baumgärtel/Laumen/Prütting Beweislast-HdB/*Schmitz* Rn. 1).

23 Die Frist des § 2034 II 1 läuft **nur einmal ab der Anzeige des ersten Verkaufsfalles;** sie ist eine **Ausschlussfrist** und kann daher nicht gehemmt werden. Bei einer **Weiterveräußerung** beginnt **keine neue Frist,** jedoch haben die folgenden Erwerber jeweils Anzeigepflicht nach §§ 2035 II, 2037 (→ § 2035 Rn. 8 ff., → § 2037 Rn. 3).

24 **3. Erklärung der vorkaufsberechtigten Miterben.** Das Vorkaufsrecht kommt nur wirksam zu Stande, wenn die berechtigten Miterben erklären, anstelle des Käufers in den im Kaufvertrag zu den zwischen Käufer und Verkäufer vereinbarten Bedingungen einzutreten. Die vorkaufsberechtigten Miterben dürfen keinerlei Vorbehalte oder Einschränkungen machen. Aufgrund der nur schuldrechtlichen Wirkung des Vorkaufsrechts kommt es jedoch nicht darauf an, ob die Berechtigten im Stande sind, die vertraglichen Verpflichtungen zu erfüllen (BGH NJW 1972, 202). Etwas anderes gilt jedoch, wenn der Vorkaufsberechtigte bei der Ausübung bereits zu erkennen gibt, das er nicht gewillt ist, die vertraglichen Bedingungen zu erfüllen (BGH WM 1962, 722; MüKoBGB/*Gergen* Rn. 26); in diesem Falle ist die Ausübung des Vorkaufsrechts rechtsmissbräuchlich.

Wollen **mehrere berechtigte** Miterben von ihrem Vorkaufsrecht Gebrauch machen, müssen sie dies **gemeinschaftlich,** jedoch nicht notwendig gleichzeitig ausüben (BGH WM 1979, 1066; RGZ 158, 57 (60); Staudinger/*Löhnig* Rn. 20). Entscheidend für eine wirksame Ausübung des Vorkaufsrechts ist jedoch, dass jeder **Übertragung des Erbteils nur an alle** verlangen kann (BGH NJW 1982, 330). Beantragt jeder vorkaufsberechtigte Miterbe die Übertragung des fraglichen Erbteils auf sich oder erklären zwar alle Miterben gemeinschaftlich vom Vorkaufsrecht Gebrauch machen zu wollen und verlangt einer die Übertragung des Anteils auf sich allein, liegt keine wirksame Ausübung des Vorkaufsrechts vor (RGZ 158, 57; MüKoBGB/*Gergen* Rn. 27). 25

Ein einzelner Miterbe kann das Vorkaufsrecht nur dann für sich allein ausüben, wenn es für die anderen Berechtigten nicht mehr besteht oder diese keinen Gebrauch davon machen wollen. Von daher erkennt die Rspr. die alleinige Ausübung des Vorkaufsrechts auch unter der ausdrücklichen oder stillschweigenden Bedingung an, dass andere Vorkaufsberechtigte ihr Recht nicht geltend machen oder das allein ausgeübte Vorkaufsrecht genehmigen (BGH NJW 1982, 330). Die Erklärung eines Miterben, von seinem Vorkaufsrecht Gebrauch machen zu wollen, kann in der Regel so gedeutet werden, dass er das Vorkaufsrecht für sich alleine geltend macht, es sei denn es kommt zu einer fristgemäßen gemeinsamen Ausübung (MüKoBGB/*Gergen* Rn. 27). Maßgeblich ist in diesem Fall, ob der zuletzt verbleibende Vorkaufsberechtigte willens ist, den Kaufpreis allein aufzubringen. 26

Ist ein Grundstück im Nachlass, kann ein Pfleger, Vormund, Elternteil oder Betreuer das Vorkaufsrecht nur mit Genehmigung des Familiengerichts (§ 151 Nr. 5 FamFG) wirksam ausüben, §§ 1821 I Nr. 1 iVm § 1915; § 1821 I Nr. 5, § 1643 I, § 1908i I 1 (Staudinger/*Löhnig* Rn. 24). 27

IV. Rechtsfolge der Ausübung des Vorkaufsrechts

Das Vorkaufsrecht hat **keine dingliche Wirkung,** sondern gibt dem Vorkaufsberechtigten lediglich einen **Anspruch auf Übertragung des Erbteils,** nicht auf Übertragung einzelner Nachlassgegenstände, unter den Bedingungen, die der Käufer mit dem Verkäufer vereinbart hat (§ 464 II). Mehrere Vorkaufsberechtigte üben den Anspruch auf Übertragung des Erbteils an alle entweder gemeinsam oder analog §§ 432, 2039 durch einen Miterben aus (MüKoBGB/*Gergen* Rn. 35). 28

Akademisch ist der Streit darüber, ob nach Ausübung des Vorkaufsrechts durch den berechtigten Miterben zwischen ihm und dem Verkäufer ein neuer Kaufvertrag zu Stande kommt, der jedoch den gleichen Inhalt hat wie der zwischen dem Anteils veräußerer und dem Erwerber geschlossene Kaufvertrag (so Palandt/*Weidenkaff* § 464 Rn. 5) oder ob der Vorkaufsberechtigte in den zwischen Veräußerer und Erwerber geschlossenen Kaufvertrag eintritt (MüKoBGB/*Westermann* § 464 Rn. 5; → § 463 Rn. 7).

Entscheidend für die Rechtsfolgen der Ausübung des Vorkaufsrechts ist jedoch die Frage, ob der Veräußerer den Erbteil bereits an seinen Erwerber übertragen hat. Der BGH unterscheidet in der sehr instruktiven Entscheidung NJW 1952, 870 die Fälle, in denen der Anteilsveräußerer den **Erbteil bereits auf seinen Erwerber übertragen** hat und die Fälle, in denen die Übertragung des Erbteils noch nicht stattgefunden hat. Die ersteren Fälle unterfallen der Regel des § 2035. In letzteren Fällen geht der BGH von einem Zustandekommen eines gleich lautenden Kaufvertrages aus mit der Folge, dass dem Erbteilsveräußerer gegenüber dem Vorkaufsberechtigten die Rechte nach §§ 320 ff. zustehen, wenn der Vorkaufsberechtigte die vertraglichen Vereinbarungen nicht erfüllt. Er muss auch ggf. einen überhöhten Kaufpreis bezahlen, wenn ein solcher zwischen den Parteien des ursprünglichen Kaufvertrags vereinbart ist, da der Vorkaufsberechtigte nicht besser und nicht schlechter gestellt werden soll als die Parteien des ursprünglichen Kaufvertrages (Staudinger/*Löhnig* Rn. 27). So kann ein Veräußerer eines Erbteils nach wirksamer Ausübung des Vorkaufsrechts durch einen berechtigten Miterben von dem mit diesem entstandenen Vertrag – das OLG Schleswig bezeichnet diesen gegen BGH NJW 1952, 170 als gesetzliches Schuldverhältnis – zurücktreten, wenn der Vorkaufsberechtigte mit der Zahlung des Kaufpreises in Verzug gerät (OLG Schleswig NJW-RR 1992, 1160). 29

Erst mit der **Übertragung** des Erbteils werden die vorkaufsberechtigten Miterben **Rechtsinhaber des Anteils.** Der Anteil **wächst** ihnen **nach dem Verhältnis ihrer ursprünglichen Erbquoten** nach den Anwachsungs- bzw. Erhöhungsregeln (§§ 1935, 2094) zu. Der vorherige Erwerb weiterer Erbteile ist für die Frage der quotenmäßigen Beteiligung des nach Ausübung des Vorkaufsrechts übertragenen Erbteils nicht maßgeblich, da wegen der Nichtübertragbarkeit des Vorkaufsrechts im Hinblick auf den zuvor erworbenen Erbteil (BGH NJW 1971, 1264) das Vorkaufsrecht der vorkaufsberechtigten Miterben nur seinem originären Erbteil entspringt (BGH NJW 1983, 2142). 30

Sämtliche **Kosten** der Übertragung des Erbteils tragen die Vorkaufsberechtigten als Gesamtschuldner (§ 427), im Innenverhältnis entsprechend ihrer Anteile. Dazu gehören die Kosten der notariellen Beurkundung, eventuell Kosten behördlicher Genehmigungen, aber auch die Aufwendungen des Käufers, wie zB Finanzierungskosten (MüKoBGB/*Gergen* § 2034 Rn. 37), nicht jedoch unüblich hohe Maklerkosten (BGH ZEV 2016, 704). 31

V. Erlöschen des Vorkaufsrechts

Nach Ausübung des Vorkaufsrechts ist es verbraucht. Wird es nicht ausgeübt, erlischt es mit Ablauf Zweimonatsfrist des § 2034 II, durch Verzichtsvertrag (§ 311 I) sämtlicher berechtigter Miterben und bei Rückübertragung des Erbteils an den Veräußerer (MüKoBGB/*Gergen* Rn. 42). 32

§ 2035 Vorkaufsrecht gegenüber dem Käufer

(1) ¹Ist der verkaufte Anteil auf den Käufer übertragen, so können die Miterben das ihnen nach § 2034 dem Verkäufer gegenüber zustehende Vorkaufsrecht dem Käufer gegenüber ausüben. ²Dem Verkäufer gegenüber erlischt das Vorkaufsrecht mit der Übertragung des Anteils.

(2) Der Verkäufer hat die Miterben von der Übertragung unverzüglich zu benachrichtigen.

I. Normzweck

1   Ziel der Vorschrift ist die Stärkung des vorkaufsberechtigten Miterben im Gegensatz zum schuldrechtlichen Vorkaufsberechtigten. Während nach den allgemeinen Bestimmungen der §§ 463 ff. das Vorkaufsrecht nur gegenüber dem Verkäufer geltend gemacht werden kann, können die Miterben in Abweichung dazu die Vorkaufsrecht nach der Übertragung des Anteils auch gegenüber dem Käufer (§ 2035) und noch weitergehend nach § 2037 gegenüber weiteren Erwerbern ausüben. In letzterem Fall entsteht das Vorkaufsrecht sogar bei jeder Art von Anteilsübertragung, auch einer unentgeltlichen. Damit kommt dem Vorkaufsrecht der Miterben Drittwirkung zu, ohne jedoch zu einem dinglichen Recht zu werden (Staudinger/*Löhnig* Rn. 1).

II. Vorkaufsrecht gegenüber dem Käufer

2   Ist ein Vorkaufsrecht gem. § 2034 (→ § 2034 Rn. 5) wirksam entstanden und hat der Miterbe den veräußerten Erbteil bereits dinglich auf den Käufer übertragen (§ 2033 I), müssen die berechtigten Miterben ihr nach § 2034 entstandenes Vorkaufsrecht gegenüber dem Käufer geltend machen. Nach § 2035 I 2 erlischt das dem veräußernden Miterben gegenüber zustehende Vorkaufsrecht mit Übertragung des Erbteils.

3   Im Gegensatz zur Geltendmachung des Vorkaufsrechts vor Anteilsübertragung gegenüber dem Verkäufer entsteht kein Kaufvertrag zwischen den vorkaufsberechtigten Miterben und dem Erwerber, sondern nur ein **gesetzliches Schuldverhältnis**, das den Erwerber verpflichtet, den Erbteil auf die vorkaufsberechtigten Miterben zu übertragen, die wiederum dem Käufer dessen im Zusammenhang mit dem Kauf getätigte Aufwendungen ersetzen müssen (BGH NJW 1952, 870). Zum Abschluss eines Kaufvertrages fehlt es den vorkaufsberechtigten Miterben einerseits und den Erwerber andererseits an dem entsprechenden Willen; die Ausübung des Vorkaufsrechts bewirkt vielmehr, dass der Verkäufer so gestellt wird, als wäre der ursprüngliche Kaufvertrag zwischen den vorkaufsberechtigten Miterben und dem Verkäufer zu Stande gekommen und würde auch gegen den Erwerber wirken (BGH NJW 1952, 870; 1954, 1883).

4   Auf das durch Ausübung des Vorkaufsrechts gegenüber dem Käufer entstehende gesetzliche Schuldverhältnis sind die §§ 320 ff. nicht anwendbar, da dieses dem Inhalt nach nicht einem gegenseitigen Vertrag gleichsteht in dem Sinne, dass sich Leistung und Gegenleistung einander bedingen. Zweck des § 2035 ist die Abwehr des Eintritts eines Fremden in die Erbengemeinschaft.

5   Da der Käufer durch Geltendmachung dieses Anspruchs nicht geschädigt werden darf, muss der Vorkaufsberechtigte die diesen entstandenen Aufwendungen im Umfang wie bei § 2034 (→ § 2034 Rn. 31) ersetzen. Hatte der Erwerber den Kaufpreis an seinen Veräußerer noch nicht gezahlt, müssen ihn die Vorkaufsberechtigten von der Kaufpreisforderung des Verkäufers freistellen; bei bereits erfolgter Bezahlung müssen die Vorkaufsberechtigten den Erwerber den von ihm gezahlten Kaufpreis erstatten (BGH NJW 1952, 870).

6   Dem Erwerber steht ein Leistungsverweigerungsrecht nach §§ 273 f. zu; den Erbanteil darf er gleichwohl nicht behalten; ggf. muss der Erwerber zur Beitreibung seiner Schadensersatzforderung nach §§ 280, 286, 287 f. in den Erbanteil des Vorkaufsberechtigten nach § 859 ZPO vollstrecken (BGH NJW 1954, 1883). Dadurch erfolgt kein Leistungsaustausch im Sinne eines gegenseitigen Vertrages, da die Ersatzpflicht des Vorkaufsberechtigten lediglich Ausgleichsfunktion hat und nicht echte Gegenleistung für den Anspruch auf Übertragung des Erbteils ist; der Erwerber hat daher im Falle des Verzugs der vorkaufsberechtigten Miterben kein Rücktrittsrecht nach § 323 (BGH NJW 1954, 1883).

7   Bei Insolvenz des Erwerbers oder Zwangsvollstreckung in den Anteil durch dessen Gläubiger, ist das Vorkaufsrecht nach § 471 ausgeschlossen (MüKoBGB/*Gergen* Rn. 7).

8   Hat ein vorkaufsberechtigter Miterbe sein Vorkaufsrecht wirksam gem. § 2034 gegenüber dem Veräußerer geltend gemacht – was zu einem Erlöschen des Vorkaufsrechts führt – dieser jedoch danach den Erbteil auf den Erwerber übertragen, kann er analog § 2035 die Übertragung des Erbteils vom Käufer verlangen (BGH NJW 2002, 820); schutzwürdige Belange des Käufers werden dadurch nicht verletzt, da dieser bei der Beurkundung der Erbteilsübertragung in der Regel Kenntnis vom Vorkaufsrecht erhält (OLG Schleswig NJW-RR 1992, 1160). Das gleiche gilt auch dann, wenn die **dingliche Übertragung** durch den veräußernden Miterben auf den Erwerber erst **nach Ablauf der Zweimonatsfrist** des § 2034 II 1 erfolgt. Die Zweimonatsfrist dient ausschließlich dazu, die Miterben anzuhalten, das Vorkaufsrecht innerhalb der Frist auszuüben; sie begrenzt aber nicht die durch die rechtzeitige Ausübung des Vorkaufsrechts erworbenen Übertragungsrechte der Miterben in zeitlicher Hinsicht (BGH NJW 2002, 820). Zur insoweit fehlenden Schutzwürdigkeit des Erwerbers führt der BGH in dieser Entscheidung aus, dass die Belastung des erworbenen Erbteils mit dem Risiko der Ausübung des Vorkaufsrechts identisch ist

mit der Belastung durch das den vorkaufsberechtigten Miterben zustehende Recht auf Übertragung nach Ausübung des Vorkaufsrechts. IÜ laufe die **Zweimonatsfrist** nicht ab Datum des Kaufvertrages, sondern **ab Zugang der Mitteilung** über diesen Vertrag bei jedem einzelnen der vorkaufsberechtigten Miterben (BGH NJW 1957, 830), so dass ein einheitlicher Fristablauf selten gegeben ist.

III. Benachrichtigungspflicht (Abs. 2)

Nachdem das Vorkaufsrecht gegenüber dem veräußernden Miterben mit Übertragung des Anteils auf den Verkäufer erlischt, ist der Verkäufer gem. Abs. 2 verpflichtet, dem vorkaufsberechtigten Miterben unverzüglich (§ 121) Mitteilung von der Übertragung zu machen; diese kann auch durch einen Dritten erfolgen (§ 469 I 2). Die gleiche Pflicht trifft den Käufer im Falle der Weiterveräußerung (§ 2037) (MüKoBGB/*Gergen* Rn. 11). Die **Benachrichtigungspflicht** nach Abs. 2 ist streng zu **unterscheiden** von **der Mitteilung über den Abschluss eines Kaufvertrages** nach § 469, die die Zweimonatsfrist für die Ausübung des Vorkaufsrechts erst beginnen lässt. Diese Ausübungsfrist des § 2034 II 1 beginnt nur einmal zu laufen; mit Weiterveräußerung beginnt weder eine neue Frist, noch entsteht ein neues Vorkaufsrecht (wegen der Unübertragbarkeit gem. § 473). Die Benachrichtigung nach Abs. 2 führt nur zu einem Wechsel der Person des Adressaten (→ Rn. 2). Solange die vorkaufsberechtigten Miterben vom Verkäufer nicht benachrichtigt werden, können sie das Vorkaufsrecht in Anwendung des Rechtsgedankens des § 407 gegenüber dem Veräußerer wirksam ausüben (MüKoBGB/*Gergen* Rn. 12).

§ 2036 Haftung des Erbteilkäufers

¹Mit der Übertragung des Anteils auf die Miterben wird der Käufer von der Haftung für die Nachlassverbindlichkeiten frei. ²Seine Haftung bleibt jedoch bestehen, soweit er den Nachlassgläubigern nach den §§ 1978 bis 1980 verantwortlich ist; die Vorschriften der §§ 1990, 1991 finden entsprechende Anwendung.

I. Haftungsbefreiung des Käufers (S. 1)

Bei der Erbteilsveräußerung bleibt **grds.** die Haftung des veräußernden Miterben für sämtliche Nachlassverbindlichkeiten bestehen (→ § 2033 Rn. 23). Hinzutritt die Haftung des Erbteilkäufers gem. §§ 1922 II, 2382, 2383 und 2385, die nach § 2382 II nicht abdingbar ist, so dass die Haftung auch den Erbteilskäufer und ggf. weitere Erwerber treffen würde (MüKoBGB/*Gergen* Rn. 1). Von dieser Regel macht **§ 2036 S. 1** eine **Ausnahme** und befreit den Anteilserwerber von der Haftung, da er durch die Ausübung des Vorkaufsrechts gezwungen wird, seinen Anteil an den Vorkaufsberechtigten zu übertragen. Dies entspricht auch dem Grundgedanken des Rechts, wonach der Erwerber durch die Ausübung des Vorkaufsrechts keinen Schaden erleiden soll. Die Haftung des Anteilserwerbers endet mit der Übertragung des Anteils auf die Vorkaufsberechtigten (Staudinger/*Löhnig* Rn. 3).

Die Haftungsbefreiung des Käufers tritt auch ein, wenn er selbst das Recht zur Beschränkung der Haftung bereits verloren hat. Dann sollen die Vorkäufermiterben mit dem nunmehr hinzuerworbenen Erbteil (§ 2007) unbeschränkt haften (§ 2383); (MüKoBGB/*Gergen* Rn. 3; Staudinger/*Löhnig* Rn. 4).

II. Haftung für die ordnungsgemäße Verwaltung (S. 2)

Nach Übertragung des Anteils auf den Käufer ist dieser Mitglied der Erbengemeinschaft und haftet gem. §§ 1978–1980 bis zu einer Übertragung des Erbteils an den Vorkaufsberechtigten für die ordnungsgemäße Verwaltung des Nachlasses. Sich aus den genannten Vorschriften ergebende **Schadensersatzansprüche** stellen **eigene Verbindlichkeiten des Anteilserwerbers** dar, für die er mit seinem Privatvermögen haftet (Staudinger/*Dobler* § 1978 Rn. 35) und diesbzgl. von den Nachlassgläubigern direkt in Anspruch genommen werden kann. Die persönliche Haftung bleibt auch bei Dürftigkeit des Nachlasses bestehen, wenn weder Nachlassverwaltung noch Nachlassinsolvenz stattfinden. In diesem Sinn ist der Verweis auf §§ 1990, 1991 zu verstehen, da eine direkte Anwendung der §§ 1990, 1991 daran scheitert, dass der Nachlass zum Zweck der Gläubigerbefriedigung herausgegeben werden muss (MüKoBGB/*Gergen* Rn. 5). Soweit Nachlassverwaltung oder Nachlassinsolvenz angeordnet ist, kann nur der Nachlass- oder Insolvenzverwalter den Käufer in Anspruch nehmen (Staudinger/*Löhnig* Rn. 6).

§ 2037 Weiterveräußerung des Erbteils

Überträgt der Käufer den Anteil auf einen anderen, so finden die Vorschriften der §§ 2033, 2035, 2036 entsprechende Anwendung.

I. Vorkaufsrecht bei Weiterübertragung

Zweck der Erstreckung des Vorkaufsrechts auf weitere Erwerber ist nach wie vor dem **Schutz der Erbengemeinschaft vor dem Eindringen unliebsamer Fremder,** so dass die Weiterübertragung auch an einen Dritten erfolgen muss (RGZ 170, 203). Im Gegensatz zu § 2034, der das Vorkaufsrecht nur bei einem Erbteilskauf entstehen lässt, löst § 2037 **bei jeglicher Übertragung** gleich aus welchem Rechtsgrund (Kauf, Schenkung, Vergleich usw) das Vorkaufsrecht aus, dh gewährt dem vorkaufsberechtigten

Miterben das Recht, die Erbteilsübertragung an sich zu verlangen (Staudinger/*Löhnig* Rn. 1; MüKoBGB/*Gergen* Rn. 1).

2 Die Geltendmachung des Vorkaufsrechts nach § 2037 erfolgt entsprechend den Ausführungen zu § 2035 (→ § 2035 Rn. 2 ff.). Die weiteren Erwerber werden mit Rückübertragung der Anteile auf den vorkaufsberechtigten Miterben nach § 2036 von der Haftung frei (→ § 2036 Rn. 1).

II. Qualität des Vorkaufsrechts

3 Bei einer **Weiterveräußerung** durch den Käufer entsteht **kein neues Vorkaufsrecht**; demgemäß erklärt § 2037 den § 2034 nicht für entsprechend anwendbar (BGH NJW 1971, 1264). Das besagte Vorkaufsrecht ist ausschließlich dasjenige, das durch den **ersten Verkauf** des Erbteils nach § 2034 BGB entstanden ist. Die Zweimonatsfrist läuft ausschließlich unter den Voraussetzungen des § 2034, dh ab Mitteilung über den ersten Verkauf, an. Unabhängig davon hat jeder neue Erwerber die Pflicht, den vorkaufsberechtigten Miterben gem. § 2035 II von der Übertragung zu benachrichtigen. Nur die rechtzeitige Ausübung des Vorkaufsrechts kann die Drittwirkung herbeiführen, wonach jeder weitere Erwerber sich die Geltendmachung des Vorkaufsrechts gegenüber gefallen lassen muss. Bis zum Ablauf der Zweimonatsfrist kann das Vorkaufsrecht auch noch einem späteren Erwerber gegenüber ausgeübt werden (Staudinger/*Löhnig* Rn. 4). Die Frist läuft nur einmal an (→ § 2034 Rn. 22); nach Fristablauf ist das Vorkaufsrecht endgültig erloschen. Ein Wiederaufleben ist auch nach erklärtem Verzicht nicht möglich (MüKoBGB/*Gergen* Rn. 2).

§ 2038 Gemeinschaftliche Verwaltung des Nachlasses

(1) ¹Die Verwaltung des Nachlasses steht den Erben gemeinschaftlich zu. ²Jeder Miterbe ist den anderen gegenüber verpflichtet, zu Maßregeln mitzuwirken, die zur ordnungsmäßigen Verwaltung erforderlich sind; die zur Erhaltung notwendigen Maßregeln kann jeder Miterbe ohne Mitwirkung der anderen treffen.

(2) ¹Die Vorschriften der §§ 743, 745, 746, 748 finden Anwendung. ²Die Teilung der Früchte erfolgt erst bei der Auseinandersetzung. ³Ist die Auseinandersetzung auf längere Zeit als ein Jahr ausgeschlossen, so kann jeder Miterbe am Schluss jedes Jahres die Teilung des Reinertrags verlangen.

I. Normzweck

1 § 2038 bestimmt als Ausfluss der gesamthänderischen Bindung der Erben, dass diese **gemeinschaftlich zur Verwaltung des Nachlasses befugt**, aber auch **verpflichtet** sind. Dies führt zu einer Schwerfälligkeit in Bezug auf die Handlungsfähigkeit der Erbengemeinschaft. Zum Schutz des Nachlassgläubiger einerseits, aber auch zum Schutz der einzelnen Miterben andererseits nimmt das Gesetz dies in Kauf (MüKoBGB/*Gergen* Rn. 13). Auf der anderen Seite lockert das Gesetz das Einstimmigkeitserfordernis dadurch, dass es für Maßnahmen der ordnungsgemäßen Verwaltung Stimmenmehrheit (Abs. 2 S. 1 iVm § 745) ausreichen lässt, um Blockaden einzelner Miterben zu vermeiden; für notwendige Erhaltungsmaßnahmen lässt das Gesetz sogar eine Alleinentscheidung der einzelnen Miterben zu (Abs. 1 S. 2 Hs. 2), damit über derartige Notverwaltungsmaßnahmen effektiv Schaden vom Nachlass abgewendet werden kann. Da das Gesetz den Begriff der Verwaltung nicht definiert, sind die Miterben in der Wahl der Maßnahmen der Verwaltung frei, was die Handlungsfähigkeit ebenfalls fördern kann.

2 Abs. 2 S. 1 verweist auf die Bestimmungen der **Bruchteilsgemeinschaft** und nicht auf das Recht einer anderen Gesamthandsgemeinschaft, was wiederum die Effizienz der Verwaltung der Erbengemeinschaft fördert. Abs. 2 S. 2 schiebt die Teilung der Früchte abweichend von § 743 I bis zur Auseinandersetzung (§ 2042) auf und verhindert so, dass ein Miterbe Früchte erhält, die er wegen erhaltener Vorempfänge nicht beanspruchen kann. Abs. 2 S. 3 macht hiervon eine Ausnahme für den Fall, dass die Auseinandersetzung der Erbengemeinschaft für mehr als ein Jahr ausgeschlossen ist (§§ 2042 II, 759 II, 2043 f.), da dem Miterben nicht zugemutet werden soll, auf den Ertrag seines Anteils ggf. lebenslang zu verzichten (MüKoBGB/*Gergen* Rn. 4).

II. Grundlagen

3 **1. Begriff der „Verwaltung".** Der Begriff der Verwaltung ist weit gefasst; darunter fallen ua sowohl **Verpflichtungs- wie auch Verfügungsgeschäfte**, wobei für beide Arten von Geschäften jeweils Sonderregelungen gelten können, wie zB § 311b I für Verpflichtungen oder § 2040 für Verfügungen über Nachlassgegenstände (MüKoBGB/*Gergen* Rn. 7). Unter Verwaltung versteht die herrschende Rspr. alle rechtlichen und tatsächlichen **Maßnahmen, die der Verwahrung, Sicherung, Erhaltung und Vermehrung des Nachlasses, der Gewinnung der Nutzungen und zum Bestreiten der laufenden Verbindlichkeiten** erforderlich und geeignet sind; dazu zählen auch Verfügungen über einzelne Nachlassgegenstände unter der Voraussetzung, dass die Verwaltungsmaßnahme ordnungsgemäß ist (BGH ZEV 2006, 24; FamRZ 1965, 267).

4 Demgemäß sind **keine Verwaltungsmaßnahmen** alle Handlungen, die auf Auseinandersetzung oder Auflösung des Nachlasses gerichtet sind, die nur den einzelnen Erben betreffen, wie der Widerruf einer vom Erblasser über den Tod hinaus erteilten Vollmacht; dies ist Angelegenheit des jeweils einzelnen Mit-

erben (BGH NJW 1959, 2114), die Miterben, die die Vollmacht nicht widerrufen, werden nach wie vor von dem Bevollmächtigten vertreten. Die von einer Erbengemeinschaft erteilte Prokura kann auch nur von jedem Miterben einzeln erteilt und einzeln widerrufen werden (Staudinger/*Löhnig* Rn. 7). Auch Organisationsakte wie die Regelung der Stimmenverhältnisse und Stimmabgabe sind keine Verwaltungsmaßnahmen (MüKoBGB/*Gergen* Rn. 17). Ebenso nicht die Bestattung des Erblassers oder die Exhumierung dessen Leiche, da die Leiche weder zum Nachlass gehört, noch im Eigentum der Erben steht. Diesbzgl. ist entweder der Wille des Erblassers oder der nächsten Angehörigen entscheidend (LG Detmold NJW 1958, 265).

Vor der Prüfung der Ordnungsmäßigkeit einer Maßnahme ist daher zunächst festzustellen, ob überhaupt eine Verwaltungsmaßnahme vorliegt; dies wird häufig übersehen. 5

2. Verhältnis von § 2038 zu § 2040. Im Gegensatz zum Gesellschaftsrecht (§§ 709, 714) wird bei den 6 Erbengemeinschaft nicht zwischen Geschäftsführung (**Innenverhältnis**) und Vertretung (**Außenverhältnis**) unterschieden. Der herrschende Verwaltungsbegriff umfasst sowohl Maßnahmen, die das Innenverhältnis betreffen (Beschluss der Miterben über die Veräußerung eines Nachlassgegenstandes), als auch das Außenverhältnis betreffende Rechtshandlungen (zB Verkauf und Übereignung eines Nachlassgegenstandes an einen Dritten). Da sich § 2040 ausschließlich auf Verfügungen (Außenverhältnis) über Nachlassgegenstände bezieht, regelt § 2038 notwendigerweise alle übrigen Fälle von Verwaltungsmaßnahmen.

Dies bedeutet, dass § 2038 für die Regelung des **Innenverhältnisses** bezogen auf **sämtliche** (ord- 7 nungsgemäße, notwendige und außerordentliche) **Verwaltungsmaßnahmen** anwendbar ist und zudem auf **Verfügungen** (Außenverhältnis), soweit davon **keine Nachlassgegenstände** betroffen sind (zB Eigentumserwerb einer fremden Sache). Zum Meinungsstreit in der Lit., Staudinger/*Löhnig* Rn 34a. Der BGH ist von der vormaligen Ansicht, dass § 2040 I als lex specialis § 2038 verdränge abgerückt (BGH ZEV 2006, 24; 2006, 358 u. 2010, 36) und hat eine Anpassung des Regelungsgehalts des § 2040 I an § 2038 vorgenommen. Tendenziell lässt der BGH Mehrheitsverfügungen dann zu, wenn die Verwaltungsmaßnahmen ordnungsgemäß und erforderlich sind (sehr instruktiv: Wendt, Die Erbengemeinschaft – vom Gesetzgeber zur Handlungsfähigkeit verdammt?, ErbR 2017, 58).

Eine Einschränkung erfährt der Gesamthandsgrundsatz auch durch § 2039, der den einzelnen Miter- 8 ben zur Geltendmachung von Forderungen der Erbengemeinschaft ermächtigt.

3. Ordnungsmäßigkeit. Grundsätzlich muss jede Verwaltungsmaßnahme die Kriterien einer ord- 9 nungsgemäßen Verwaltung erfüllen, um bei außerordentlichen Verwaltungsmaßnahmen Einstimmigkeit (ggf. durch Klage auf Zustimmung), bei ordentlichen Verwaltungsmaßnahmen eine wirksame Mitverpflichtung und bei Notverwaltungsmaßnahmen eine wirksame Verpflichtung der Erbengemeinschaft erreichen zu können. Der Begriff der ordnungsgemäßen Verwaltung wird in anderen Vorschriften bedeutungsgleich verwandt (§ 1365 II, § 1472 III, §§ 2120, 2130 I 1, § 2206 I 1, § 2216 I). Die **Ordnungsmäßigkeit** einer Maßnahme ist aus **objektiver Sicht** zu beurteilen; entscheidend ist der Standpunkt einer vernünftig und wirtschaftlich denkenden Person (BGH ZEV 2006, 24; NJW 1952, 1252). Ordnungsgemäß ist eine Verwaltungsmaßnahme dann, wenn sie die dem einzelnen Miterben zustehende Nutzung (KG NJW 1953, 1592) oder dessen Interesse auf Erhalt des Nachlassbestandes (BGH ZEV 2006, 358) nicht beeinträchtigt. Die Ordnungsgemäßheit einer Verwaltungsmaßnahme ist auch daran zu messen, ob aus dem Nachlass die erforderlichen Mittel hierfür zur Verfügung gestellt werden können; entscheidend ist dabei, ob der Gesamtnachlass Aufwendungen zur Erhaltung einzelner Nachlassgegenstände wirtschaftlich gerechtfertigt erscheinen lässt (BGH NJW 1952, 1252).

4. Verwaltungsmaßnahmen-Einzelfälle. Mögliche Verwaltungsmaßnahmen sind: Bestellung eines 10 Fremdverwalters, wenn die Miterben nicht in der Lage sind, den Nachlass selbst ordnungsgemäß zu verwalten (BGH NJW 1983, 2142); Abschluss eines Pachtvertrages (BGH NJW 1971, 1265); Kündigung eines Pachtvertrages (BGH NJW 1952, 1111; ZEV 2006, 358); Abschluss von Mietverträgen (BGH NJW 2002, 3389); Erhöhung der Miete eines Miteigentümers auf eine wirtschaftlich angemessene Höhe (KG NJW 1953, 1592); Kündigung von Mietverträgen (BGH NJW 2010, 765; ZEV 2015, 339); Auflösung des Haushalts des Erblassers (LG Gießen FamRZ 1995, 121); Fortführung eines Handelsgeschäfts (BGH NJW 1959, 2114; 1985, 136); Berichtigung von Nachlassverbindlichkeiten, soweit der Nachlass reicht (OLG Celle ZEV 2003, 203); Kostentragung zur Erhaltung des Nachlasses (BGH NJW 1987, 3001); Umgestaltung einer Immobilie zur besseren wirtschaftlichen Nutzung (BGH NJW 1983, 932); Veräußerung eines Nachlassgegenstandes zur Vermeidung von Wertverlusten (BGH ZEV 2006, 24); Grundstücksveräußerung (OLG Koblenz ZEV 2011, 321); Gewährung eines Zugangs zu einem Grundstück durch Eintragung einer Grunddienstbarkeit bzw. eines Zufahrtrechts (BGH NJW 1987, 3177; NJW-RR 2004, 809); Wiedereinräumung des Besitzes bei wechselseitig begangener verbotener Eigenmacht der Miterben (AG Rostock NJW-RR 2005, 1533); Übertragung der Verwaltung des Nachlasses auf Dritten (OLG Hamm ZEV 2011, 538); Eingehung einer stillen Gesellschaft durch die Erbengemeinschaft (BFH NJW 1988, 1343); Ausübung des Stimmrechts in GmbH (OLG Jena NJW-RR 2012, 999); Ausübung von Gesellschaftsrechten (OLG Stuttgart ZEV 2015, 288); Prozessführung und Abschluss von Vergleichen (BGH NJW 1967, 440); Einziehung von Nachlassforderung (BGH NJW 2013, 166); Darlehenskündigung (OLG Frankfurt a. M. ZEV 2012, 258; OLG Schleswig ZEV 2015, 101); Kündigung von Giro- und Sparkontoverträgen (OLG Brandenburg ZEV 2012, 261); Einziehung gemeinschaftlicher Mietforderungen (BGH ZEV 2013, 81).

III. Gemeinschaftliche Verwaltung (Abs. 1 S. 1)

11 **1. Allgemeines.** Gemeinschaftliche Verwaltung ist nur für **außerordentliche** Verwaltungsmaßnahmen (sog. nichtordnungsgemäße Verwaltung) erforderlich. Dazu ist die Übereinstimmung aller Miterben erforderlich, dh im **Innenverhältnis** muss ein **einstimmiger Beschluss** vorliegen, es sei denn ein Miterbe ist aufgrund einer Interessenkollision von der Willensbildung ausgeschlossen (BayObLG NJW 1971, 1265; Staudinger/*Löhnig* Rn. 9, 31). Wurden einer Miterbin Vollmachten zur Vertretung der Erbengemeinschaft erteilt, ist die Bevollmächtigte bei begründetem Verdacht eines Fehlverhaltens von der Abstimmung über den Widerruf der Vollmacht ausgeschlossen, da sie nicht Richter in eigener Sache sein kann (BGH ZEV 2007, 486). Im **Außenverhältnis** ist ein **einheitliches Auftreten,** nicht notwendigerweise gleichzeitiges Auftreten erforderlich. Ausreichend ist das Handeln einzelner Miterben, wenn dies mit Zustimmung oder nachträglicher Genehmigung der übrigen Miterben erfolgt (§§ 182 ff.). In der Duldung von Verwaltungshandlungen kann auch eine konkludente Bevollmächtigung des tätigen Miterben liegen (BGH NJW 1959, 2114). Liegt kein einstimmiger Beschluss vor, handelt ein Miterbe ohne Vertretungsmacht und haftet hierfür nach §§ 177 ff. (BGH NJW 1971, 1265). Einseitige Rechtsgeschäfte ohne erforderliche Einwilligung sind wirkungslos (§ 180), (MüKoBGB/*Gergen* Rn. 24).

12 **2. Mitwirkungspflicht (Abs. 1 S. 2, Hs. 1).** Um den Grundsatz der gemeinschaftlichen Verwaltung zu gewährleisten, normiert das Gesetz in Abs. 1 S. 2 Hs. 1 eine **Mitwirkungspflicht** der Miterben zur Vornahme von ordnungsgemäßen (→ Rn. 9) Verwaltungsmaßnahmen. Diese Pflicht besteht jedoch **nur zwischen den Miterben;** ein Dritter, zB ein Vertragspartner der Erbengemeinschaft, hat kein Recht von einem Miterben die Mitwirkung zu verlangen; folglich entstehen dem Dritten auch keine Schadenersatzansprüche gegen den nicht zur Mitwirkung gewillten Miterben (BGH NJW 1958, 2061). Ein Miterbe, der seiner Mitwirkungspflicht nicht nachkommen will, kann jedoch seinem Gläubiger diesen Anspruch abtreten, der ihn im Wege der Prozessstandschaft geltend machen kann (Staudinger/*Löhnig* Rn. 11; MüKoBGB/*Gergen* Rn. 46). Nur die anderen Miterben können die Mitwirkung durch eine Klage erzwingen (BGH NJW 1952, 1252; OLG Koblenz ZEV 2011, 321; OLG Hamm ZEV 2011, 538).

13 **3. Verpflichtungsgeschäfte.** Gehen die handelnden Miterben Verpflichtungen offensichtlich **nur für den Nachlass** als Sondervermögen ein, begründen sie **keine persönliche Haftung,** sondern verpflichten von vornherein nur den Nachlass; da dies jedoch im Streitfall von den Miterben zu beweisen ist, empfiehlt es sich bei Eingehung der Verpflichtung der Klarstellung, da ansonsten § 164 II gilt (MüKoBGB/*Gergen* Rn. 27). Allerdings erkennt die stRspr an, dass Nachlassverbindlichkeiten entstehen, wenn die Miterben im Rahmen ordnungsgemäßer Verwaltung Verbindlichkeiten eingehen, auch ohne gesondert darauf hinzuweisen, dass nur der Nachlass dafür haften soll (BGH NJW 1954, 107); zur Haftung aufgrund einer Anscheinsvollmacht (BHG NJW 1962, 2196). Sehen die gesetzlichen Bestimmungen, wie § 27 HGB, grds. eine persönliche Haftung vor, haften die Miterben eines Einzelkaufmanns für Verbindlichkeiten, die sie im Rahmen der Fortführung des Handelsgewerbes eingehen sowohl mit dem Nachlass als auch mit dem Eigenvermögen (BGH NJW 1960, 959); in diesem Falle ist der Schutz des Handelsverkehrs vorrangig.

14 Es kann jedoch kein Miterbe zur Übernahme der persönlichen Haftung gezwungen werden (Staudinger/*Löhnig* Rn. 16f). An der Ordnungsmäßheit der Maßnahme fehlt es, wenn ein Miterbe von dem anderen Miterben einer ungeteilten Erbengemeinschaft verlangt, dass von einem den gesamten Nachlass ausmachenden Guthabensbetrag Nachlassverbindlichkeiten beglichen werden sollen, die diesen Guthabensbetrag übersteigen (OLG Celle ZEV 2003, 203).

15 **4. Verfügungsgeschäfte.** Für Verfügungsgeschäfte der Erben ist ein **gemeinschaftliches Handeln** der Miterben mit den vom BGH vorgenommenen Anpassungen des Regelungsgehalts des § 2040 I auf § 2038 erforderlich (→ Rn. 7, 26).

16 **5. Ordnungsmäßigkeit.** Maßnahmen der gemeinschaftlichen Verwaltung müssen stets ordnungsgemäß sein (Abs. 2 S. 1 iVm § 745). Zu den Voraussetzungen der Ordnungsmäßigkeit (→ Rn. 9). Da gem. § 745 III eine wesentliche Veränderung des Gegenstandes nur einstimmig beschlossen werden kann, liegt insoweit eine außerordentliche Verwaltungsmaßnahme vor. Zu beachten ist jedoch, dass sich die wesentliche Veränderung auf den Nachlass **als Ganzes** beziehen muss, nicht auf einzelne Nachlassgegenstände (BGH ZEV 2006, 24).

17 **6. Rechtsfolgen. a) Gemeinschaftliches Handeln der Miterben.** Handeln die Miterben gemeinschaftlich und erkennbar für den Nachlass, wird nur der Nachlass verpflichtet; die Miterben haften nicht mit ihrem Eigenvermögen (MüKoBGB/*Gergen* Rn. 27); ist dies nicht der Fall, gilt § 164 II mit der Folge der persönlichen Haftung der handelnden Miterben.

18 **b) Kein gemeinschaftliches Handeln der Miterben.** Liegt kein gemeinschaftliches Handeln der Miterben vor, ist die Handlung sowohl im Innen- als auch im Außenverhältnis für die Miterben nicht bindend; im Außenverhältnis haftet der Handelnde nach § 179 BGB, seinen Miterben ggf. nach §§ 311, 241 II, § 280 I, §§ 276, 278.

19 Bei Verletzung der Mitwirkungspflicht muss der sich verweigernde Miterbe auf Zustimmung zu einer genau bezeichneten Maßnahme, die die Kriterien der Ordnungsmäßigkeit erfüllen muss, verklagt werden; das Urteil ersetzt die Zustimmung (§ 894 ZPO) (Staudinger/*Löhnig* Rn. 16; Rißmann Erbengemeinschaft S. 89). Die Vollstreckung erfolgt nach §§ 887, 888 ZPO.

Ebenso möglich ist eine Klage auf Genehmigung (§ 184 I BGB) einer Verwaltungsmaßnahme, nicht jedoch, wenn es sich um eine Gestaltungserklärung handelt (§ 184 I 2); macht ein Miterbe Aufwendungsersatz (gem. §§ 2038, 748 oder 683 oder 684; zu den Anspruchsgrundlagen BGH NJW 1987, 3001) geltend, braucht er sich nicht mitzuverklagen, muss jedoch den auf sich selbst entfallenden Anteil in Abzug bringen (MüKoBGB/*Gergen* Rn. 50; *Rißmann* Erbengemeinschaft S. 89 f.).

IV. Mehrheitsverwaltung (Abs. 2 S. 1)

1. Allgemeines. Zur Gewährleistung einer funktionierenden Verwaltung schafft das Gesetz durch den Verweis auf § 745 der gesamthänderisch gebundenen Erbengemeinschaft die Möglichkeit, Maßnahmen der **laufenden Verwaltung mit Stimmenmehrheit** der Miterben durchzuführen. Auch hier gilt, dass die mehrheitlich beschlossene Maßnahme der ordnungsgemäßen Verwaltung des Gesamtnachlasses entsprechen muss (→ Rn. 9). Auf diese Weise kann die Mehrheit der Miterben den Nachlass gegen widersprechende oder passive Miterben effektiv verwalten und ist nicht darauf angewiesen, die sich weigernden Miterben permanent auf Zustimmung verklagen zu müssen (BGH NJW 1971, 1265). So löst sich auch das Problem der Genehmigungsbedürftigkeit, falls sich ein Minderjähriger oder unter Betreuung Stehender in der Erbengemeinschaft befindet (BGH ZEV 2006, 24).

2. Beschlussfassung. Jeder Miterbe hat die seiner **Erbquote entsprechende Zahl der Stimmen;** nicht entscheidend ist der Wert des Erbteils, so dass ausgleichspflichtige Vorempfänge bei der Beschlussfassung unerheblich sind (MüKoBGB/*Gergen* Rn. 35). Im Einzelfall kann die Stimmrechtsausübung eines Miterben, der aufgrund seiner Vorempfänge nichts mehr erhält (§ 2055) dann rechtsmissbräuchlich sein, wenn er den Interessen der anderen Miterben grob zuwiderhandelt (Staudinger/*Löhnig* Rn. 31). Zwei hälftige Miterben müssen sich zwangsläufig einigen; andernfalls ist bleibt lediglich das Recht, die Auseinandersetzung zu verlangen (§ 2042 I).

Das Abstimmungsverfahren unterliegt keinen zwingenden Vorschriften, insbes. folgt es mangels körperschaftlicher Organisation der Erbengemeinschaft nicht den §§ 32 ff.; die Abstimmung kann daher schriftlich oder mündlich erfolgen; eine Nichtäußerung trotz Aufforderung gilt als Stimmenthaltung (MüKoBGB/*Gergen* Rn. 38); die fehlende Anhörung eines Miterben lässt zwar den Beschluss aus Gründen des Verkehrsschutzes nicht unwirksam werden, jedoch ggf. Schadenersatzansprüche entstehen (BGH NJW 1971, 1265).

Bei bestehender Interessenkollision ist der betroffene Miterbe von der Abstimmung ausgeschlossen (BGH ZEV 2007, 486), so zB bei Geltendmachung einer Nachlassforderung gegen ihn persönlich. Die Rspr. hat die Rechtsgedanken der §§ 34, 181 BGB, § 47 IV GmbHG und § 43 III 2 GenG auf die BGB-Gesellschaft und die OHG angewandt und fordert auch für die Erbengemeinschaft die Versagung des Stimmrechts, wenn der Miterbe unmittelbar oder auch mittelbar über einen Treuhänder an einem mit der Erbengemeinschaft abzuschließenden Vertrag beteiligt ist (BGH NJW 1971, 1265). Jedoch führt nicht jede Interessenkollision zum Ausschluss des Stimmrechts; ist der Geschäftspartner der Erbengemeinschaft eine juristische Person, dann ist das Stimmrecht des Miterben dann nicht ausgeschlossen, wenn er selbst Mitglied dieser juristischen Person ist, es sei denn er ist mit der juristischen Person identisch (Einmann-GmbH) oder beherrscht sie (BGH NJW 1971, 1265 MüKoBGB/*Gergen* Rn. 37; *Rißmann* Erbengemeinschaft S. 87). Bei Ausschluss eines Miterben aufgrund bestehender Interessenkollision sind nur noch die Stimmen der verbleibenden Miterben zur Abstimmung zugelassen (OLG Nürnberg ZErb 2001, 148).

Es ist nicht möglich, durch Mehrheitsbeschluss gesetzliche Rechte der Miterben zu beeinträchtigen, dh es ist kein Mehrheitsbeschluss möglich über das Recht des Miterben auf seinen Anteil entsprechender Fruchtziehung und Nutzung (§ 745 III 2), auf eine wesentliche Veränderung des Nachlasses (§ 745 III 1), über die Einwilligung zur Fortführung eines Handelsgeschäfts wegen der nach §§ 25, 27 HGB eintretenden persönlichen Haftung (BGH NJW 1959, 2114; 1960, 959).

§ 745 I 2 ist nicht anwendbar, wenn ein Nachlassgegenstand einerseits einem in fortgesetzter ehelicher Gütergemeinschaft lebendem Ehegatten und andererseits der Erbengemeinschaft des vorversterbenden Ehegatten gehört. In diesem Fall kann nur die Erbengemeinschaft für sich einen Mehrheitsbeschluss fassen; und muss sich dann gleichberechtigt mit dem überlebenden Ehegatten gem. § 1472 auseinander setzen (Staudinger/*Löhnig* Rn. 28).

3. Verpflichtungsgeschäfte. Liegt ein wirksamer Mehrheitsbeschluss vor, der eine Maßnahme der ordnungsgemäßen Verwaltung zum Gegenstand hat, kommt diesem Beschluss auch Außenwirkung zu; die Mehrheit oder der einzelne Beauftragte kann die Erbengemeinschaft nach den allgemeinen Vorschriften (§§ 164, 179) wirksam verpflichten (BGH NJW 1971, 1265); iÜ → Rn. 13. Bei Übernahme der persönlichen Haftung haben die handelnden Miterben Freistellungs- bzw. Aufwendungsersatzansprüche (§§ 670, 683 bzw. §§ 2038 II 1, 748), wenn die Aufwendungen einer ordnungsgemäßen Verwaltung entsprochen haben (BGH NJW 1987, 3001).

4. Verfügungsgeschäfte. Nach dem Urteil des BGH v. 28.9.2005 (BGH ZEV 2006, 24) fallen unter den sehr weit gefassten Begriff der Verwaltung (alle Maßregeln zur Verwahrung, Sicherung, Erhaltung und Vermehrung sowie zur Gewinnung der Nutzungen und Bestreitung der laufenden Verbindlichkeiten) grds. auch **Verfügungen** über Nachlassgegenstände, wenn neben der **Ordnungsgemäßheit** auch die **Erforderlichkeit** der Verfügung durch besondere Umstände gegeben ist. In der genannten Entscheidung bleibt offen, ob bei Vorliegen besonderer Umstände, die die Erforderlichkeit der Veräußerung begründen, eine Mehrheitsentscheidung ausreicht. (→ Rn. 7). Der BGH hat die Wirksamkeit der Kündigung eines Mietverhältnisses mit Stimmenmehrheit der Erben bestätigt, wenn es sich um Maßnahme der ordnungsgemäßen Verwaltung handelt, da die Kündigung ein bezogen auf das Mietverhältnis akzessorisches Gestaltungsrecht ist und sich als Verfügung über die Mietzinsforderung darstellt (BGH NJW 2010, 765) und es dem überstimmten Miterben freisteht die Ordnungsgemäßheit der Maßnahme überprüfen zu lassen. Zur Kündigung mit Stimmenmehrheit eines Darlehens (OLG Frankfurt a. M. ZEV 2012, 258), Giro- und Sparkontenverträgen (OLG Brandenburg ZEV 2012, 261), Mietvertrag eines mit Nießbrauch belasteten Grundstücks (BGH NJW 2011, 61).

27 **Grundsätzlich** ist jedoch davon auszugehen, dass die **Mitwirkung sämtlicher Miterben** nach § 2040 BGB erforderlich ist. So erfordern **Grundbucheintragungen** die **Bewilligung sämtlicher Berechtigten in öffentlich beglaubigter Form** (OLG München, Beschluss v. 3.8.2018, 34 Wx 196/18, BeckRS 2018, 17308). Für die Löschung eines Grundpfandrechts ist die Zustimmung aller Miterben erforderlich (OLG Hamm ZEV 2014, 419). Da im Grundbuchverfahren eine Mehrheitsberechtigung nicht streitig geklärt werden kann hält der BGH in diesen Fällen am Einstimmigkeitsprinzip fest (→ Rn. 7; *Wendt* aaO, S. 69).

28 **5. Rechtsfolgen. a) Maßnahme ordnungsgemäß, Mehrheitsbeschluss liegt vor.** Die Mehrheit der Erben ist bevollmächtigt, die Erbengemeinschaft auch im Außenverhältnis zu verpflichten (BGH NJW 1971, 1265).

29 **b) Maßnahme ordnungsgemäß, Mehrheitsbeschluss liegt nicht vor.** Die sich weigernden Miterben müssen auf Zustimmung verklagt werden; im Antrag ist die beabsichtigte Verwaltungsmaßnahme konkret und eindeutig zu formulieren; das obsiegende Urteil ersetzt die Zustimmung (§ 894 ZPO); Vollstreckung von Handlungen nach §§ 887, 888 ZPO (*Rißmann* Erbengemeinschaft S. 89). Schadenersatzpflicht der sich weigernden Miterben wegen positiver Forderungsverletzung ist möglich, § 280 I (BGH ZEV 2006, 24). Zur Klage auf nachträgliche Genehmigung (§ 184) und zum Aufwendungsersatzanspruch (§§ 2038, 748 oder 683 oder 684) (→ Rn. 19).

30 **c) Maßnahme nicht ordnungsgemäß.** Maßnahme weder im Innen-, noch im Außenverhältnis wirksam (BGH NJW 1958, 2061). Der handelnde Miterbe haftet der Erbengemeinschaft nach § 678 (*Rißmann* Erbengemeinschaft S. 89).

31 **6. Auskunftspflichten.** Soweit sich die Auskunftspflicht unter den Miterben nicht aus konkreten Vorschriften herleiten lässt, zB §§ 666, 681 für den Fall des Handelns eines beauftragten oder auftragslos handelnden Miterben, §§ 2027, 2028 bei Inbesitznahme von Erbschaftsgegenständen auch schon zu Lebzeiten des Erblassers (§ 2027 II) oder bzgl. des Empfangs ausgleichspflichtige Zuwendungen (§ 2057), §§ 2121, 2127 im Recht der Vor- und Nacherbschaft, § 2314 Auskunftspflicht des Erben gegenüber den Pflichtteilsberechtigten, gibt es **keine generelle Auskunftspflicht unter den Miterben**. Die vorgenannten gesetzlich geregelten Auskunftspflichten setzen voraus, dass der Auskunftsberechtigte in ihm zustehenden Rechten verletzt wird, wenn er die Auskunft nicht erhält; dagegen würde eine generelle Auskunftspflicht zu einer Ausforschung führen und ist grds. abzulehnen (BGH NJW 1986, 1755 zu § 2287). In diesem Sinne hat der BGH in NJW-RR 1989, 450 einen Auskunftsanspruch zwischen Miterben über die Testierfähigkeit des Erblassers verneint (OLG Koblenz BeckRS 2013, 04094; OLG Köln BeckRS 2013, 01040). In Ausnahmefällen ist jedoch auch unter den Miterben ein Auskunftsanspruch nach § 242 dann gegeben, wenn der Berechtigte entschuldbar über die tatsächlichen Voraussetzungen des Anspruchs nicht unterrichtet ist, vielmehr nur der Anspruchsgegner die erforderlichen Kenntnisse hat und diese unschwer mitteilen kann (BGH NJW 1964, 1414).

32 Diskutiert wird die Frage, ob die Miterben zur aktiven Mitwirkung und Erteilung von Auskünften im Zuge der Aufstellung eines Nachlassverzeichnisses aufgrund der sich aus Abs. 1 S. 2 ergebenden Pflicht gehalten sind (bejahend MüKoBGB/*Gergen* Rn. 49; offen Staudinger/*Löhnig* Rn. 18).

V. Notverwaltungsrecht (Abs. 1 S. 2 Hs. 2)

33 **1. Voraussetzungen.** In Durchbrechung des Grundsatzes der gemeinschaftlichen Verwaltung, ist ein einzelner Miterbe gegenüber den anderen **berechtigt**, aufgrund des in der Erbengemeinschaft bestehenden gesetzlichen Schuldverhältnisses ggf. aber auch **verpflichtet** nicht aufschiebbare Maßnahmen zu treffen, um Schaden vom Nachlass abzuwenden. Da es sich um eine Ausnahmeregelung handelt, ist die Vorschrift im Zweifel eng auszulegen. Die vom einzelnen Miterben getroffene Notverwaltungsmaßnahme muss der **ordnungsgemäßen Verwaltung** entsprechen, wobei die Maßnahme der Erhaltung des Gesamtnachlasses dienen muss; Maßnahmen zur Erhaltung eines einzelnen Nachlassgegenstandes sind nur dann ordnungsgemäß, wenn der gesamte Nachlass dadurch nicht geschädigt wird (grdl. BGH NJW 1952, 1252; BHG ZEV 2006, 24). Was im Einzelfall zur Erhaltung **notwendig** ist, ist aus der Sicht eines vernünftig wirtschaftlich denkenden Beurteilers zu entscheiden (BGH NJW 1952, 1252; ZEV 2006, 24; → Rn. 9).

34 Maßstab für die Notwendigkeit einer Maßnahme ist auch der Grad des Interesses der anderen Miterben, an dieser Entscheidung mitzuwirken. Entspricht die Maßnahme der ordnungsgemäßen Verwaltung, haben die übrigen Miterben aber kein gesteigertes Interesse daran, dass der einzelne Miterbe auch dann handelt, wenn die Maßnahme auch hätte aufgeschoben werden können (BGH NJW 1952, 1252). Nur nützliche Maßnahmen sind vom Notverwaltungsrecht nicht gedeckt (MüKoBGB/*Gergen* Rn. 56). Die Maßnahme muss so **dringlich** sein, dass die Zustimmung der anderen Miterben nicht mehr erreicht wer-

den kann (BGH NJW 1952, 1252). Die Rechtslage entspricht der in § 744 II BGB (BGH NJW-RR 1995, 705).

Die Mehrheitsverwaltung hat Vorrang; haben die Miterben im Rahmen der Ordnungsmäßigkeit der Verwaltung bestimmte Erhaltungsmaßnahmen abgelehnt, ist der einzelne Miterbe nicht befugt diese Maßnahmen im Rahmen der Notverwaltung zu treffen (MüKoBGB/*Gergen* Rn. 56). **35**

Notverwaltungsmaßnahmen können sich sowohl gegen Dritte als auch gegen Miterben richten (Staudinger/*Löhnig* Rn. 22); sie gelten sowohl im Innen-, als auch im Außenverhältnis (BGH NJW 1952, 1252). **36**

2. Rechtsfolgen. a) Notverwaltung objektiv gegeben. Verpflichtung der Miterben im Innenverhältnis und gesetzliche Vertretungsmacht gegenüber Dritten im Außenverhältnis. Zur Vermeidung persönlicher Haftung sollte der handelnde Miterbe ausdrücklich im Namen der Erbengemeinschaft handeln oder die Haftung auf den Nachlass beschränken (→ Rn. 13). Bei persönlicher Haftung hat der allein handelnde Miterbe Freistellungs- oder Aufwendungsersatzansprüche gegen die Erbengemeinschaft nach §§ 669, 670 oder nach § 2038 II 1 iVm § 748 (OLG Köln NJW-RR 1996, 1352; BGH NJW 1987, 3001). **37**

Der allein handelnde Miterbe kann auch im Wege der Notverwaltung wirksam Verfügungsgeschäfte zur Erhaltung des Nachlasses vornehmen, zB Notverkäufe verderblicher Waren, Notschlachtungen, Wahrnehmung befristeter Kündigungsmöglichkeiten (MüKoBGB/*Gergen* Rn. 62); zum Vorrang des § 2038 I 2 Hs. 2 (→ Rn. 7). **38**

b) Notverwaltung objektiv nicht gegeben. Wenn die Maßnahme der ordnungsgemäßen Verwaltung entsprach, jedoch nur die Dringlichkeit fehlte, steht dem handelnden Miterben ein Aufwendungsersatzanspruch zu (BGH ZEV 2003, 413; NJW 1987, 3001). Lag auch keine Maßnahme der ordnungsgemäßen Verwaltung vor, ist sie für die Erbengemeinschaft weder im Innenverhältnis verbindlich, noch nach außen wirksam (BGH NJW 1958, 2061). **39**

3. Einzelfälle. a) Notverwaltungsmaßnahmen sind: Anfechtungsklage eines Miterben zur Abwehr der Enteignung eines Nachlassgegenstandes ist eine zur Erhaltung des Nachlasses notwendige Maßnahme (VGH Kassel NJW 1958, 1203); Klage im Rahmen des Flurbereinigungsverfahrens, wenn die Bestellung eines Abwesenheitspflegers für einen vermissten Miterben nicht rechtzeitig vor Ablauf der Rechtsmittelfrist erfolgen kann (BVerwG NJW 1965, 1546); die Erhebung einer Restitutionsklage erfordert keine notwendige Beiladung der übrigen Miterben (BVerwG NJW 1998, 552); Anfechtung eines Verwaltungsakts, der aus Sicht einzelner Miterben den Nachlass schädigt (BVerwG NJW 1982, 1113); Rechtsmittel gegen Baugenehmigung auf dem Nachbargrundstück (VGH Mannheim BeckRS 2012, 60094); Beschwerde gegen Ablehnung eines Antrags auf Löschung des Hofvermerks nach HöfeO (BGH NJW-RR 1995, 705); ist ein Testamentsvollstrecker nach § 47 IV 1 GmbHG vom Stimmrecht ausgeschlossen, kann jeder einzelne Miterbe Anfechtungsklage gegen einen Gesellschafterbeschluss erheben; dies ist eine notwendige Erhaltungsmaßnahme, da nur durch rechtzeitige Erhebung die Wirksamkeit eines rechtswidrigen Beschlusses beseitigt werden kann (BGH NJW 1989, 2694); Anfechtung eines Eigentümerbeschlusses bei einer Erbengemeinschaft gehörenden Wohnungseigentums kann durch den einzelnen Miterben erfolgen (BayObLG NJW-RR 1999, 164). **40**

b) Keine Notverwaltungsmaßnahmen sind: umfangreiche Instandsetzungsarbeiten an einem Haus, wobei es insoweit auf den Einzelfall ankommt (BGH NJW 1952, 1252); Anfechtung eines vom Erblasser geschlossenen Vertrages wegen § 2289 ist als Verfügung nur gemeinschaftlich möglich (OLG Düsseldorf NJW 1954, 1041); Abschluss eines langfristigen Mietvertrages (BGH NJW 1958, 2061); Mieterhöhungsverlangen eines Miterben ist nur nützliche, aber keine zur Erhaltung der Sache notwendige Maßnahme (BGH ZEV 2008, 285); weitere Hinweise; MüKoBGB/*Gergen* Rn. 60. **41**

VI. Ausschluss der Erben von der Verwaltung

1. Ausschluss durch Gesetz. Bei Einsetzung eines Nachlassverwalters (§ 1984) oder eines Insolvenzverwalters (§ 80 I InsO) sind die Miterben von der Verwaltung des Nachlasses ausgeschlossen (Staudinger/*Löhnig* Rn. 35); bei der Pfändung eines Erbteils gehen die Verwaltungsbefugnisse des betroffenen Miterben auf den Pfändgläubiger über (MüKoBGB/*Gergen* Rn. 22). **42**

2. Ausschluss durch den Erblasser. Durch Anordnung der Testamentsvollstreckung (§§ 2205, 2209) sind den Miterben die Verwaltungsrechte und die Verfügungsbefugnis (§ 2211) über den Nachlass entzogen; auch über die Anordnung einer Auflage (§ 1940) kann der Erblasser gegenüber den Miterben verschiedene Verwaltungsmaßregeln anordnen oder einem Miterben oder einem Dritten die Verwaltung übertragen, was jedoch im Zweifel die Anordnung einer Testamentsvollstreckung wäre. Über eine Auflage können sich die Miterben einvernehmlich hinwegsetzen (MüKoBGB/*Gergen* Rn. 20). **43**

3. Ausschluss durch die Miterben. Die Miterben können den Grundsatz der gemeinschaftlichen Verwaltung des Nachlasses entweder einstimmig (BGH NJW 1961, 1299) oder mehrheitlich (BGH NJW 1971, 1265) dadurch modifizieren, dass sie entweder einem Miterben oder einem Dritten die Verwaltung des Nachlasses oder einzelner Nachlassgegenstände übertragen. Die Kündigung dieser Verwaltungsvereinbarung aus wichtigem Grund ist durch jeden Miterben möglich (BGH NJW 1961, 1299); bei einer erheblichen Veränderung der Verhältnisse kann auch die Abänderung der Vereinbarung verlangt werden, ohne dass die Erbengemeinschaft sogleich aufgehoben werden muss (KG NJW 1961, 733). Die Zustim- **44**

mung der Miterben zum Einsatz eines Verwalters kann klageweise nur erzwungen werden, wenn die Miterben selbst weder in der Lage, noch zur ordnungsgemäßen Verwaltung des Nachlasses bereit sind (BGH NJW 1983, 2142; OLG Hamm ZEV 2011, 538).

VII. Früchte, Nutzung und Lasten (Abs. 2)

45   **1. Früchte (Abs. 2 iVm § 743).** Gem. Abs. 2 S. 1 iVm § 743 I hat jeder Miterbe Anspruch an dem seiner Erbquote entsprechenden Teil der Früchte. § 743 regelt ausschließlich das **Innenverhältnis** der Miterben und ist das Gegenstück zu § 748. Zu den Früchten (§ 99) iSd § 743 I gehören auch Gebrauchsvorteile iSd § 100 (BGH NJW 1966, 1707). Nutzungen fallen zunächst in den Nachlass (§§ 953, 2041) und sind grds. Abs. 2 S. 2 bei der Auseinandersetzung (§ 2042) zu verteilen (MüKoBGB/*Gergen* Rn. 64). Das Recht auf Teilhabe an den Früchten kann einem Miterben nicht durch Mehrheitsbeschluss entzogen werden (§ 745 III 2), ist jedoch einvernehmlich unter allen Miterben möglich (OLG Hamburg MDR 1965, 665; Staudinger/*Löhnig* Rn. 39). Faktisch ist jedoch ein Miterbe dann von der Fruchtziehung ausgeschlossen, wenn er aufgrund hoher Vorempfänge keinen Anspruch auf ein Auseinandersetzungsguthaben hätte (Staudinger/*Löhnig* Rn. 39). Ist ein Miterbe über eine Teilauseinandersetzung in einer Höhe abgefunden worden, dass er vom Restnachlass nichts mehr erhält, hat er auch keinen Anspruch auf Teilhabe an den Nutzungen des noch unverteilten Nachlasses (MüKoBGB/*Gergen* Rn. 64). Eine Teilauseinandersetzung auch gegen den Willen eines Miterben ist ausnahmsweise dann zulässig, wenn die Belange der Erbengemeinschaft nicht beeinträchtigt werden. Dies hat der BGH in NJW 1963, 1541 für den Fall entschieden, dass ein Miterbe Gewinn aus einem von ihm weitergeführten zum Nachlass gehörenden Gewerbebetrieb erzielt und ein anderer Miterbe Herausgabe des ihm bei der endgültigen Auseinandersetzung zufallen den Anteils am Gewinn verlangt (OLG Rostock ZEV 2009, 465).

46   Gem. Abs. 2 S. 3 erfolgt die Teilung des Reinertrags, dh nach Abzug des Produktionsaufwandes, ausnahmsweise jeweils am Jahresende, falls die Auseinandersetzung auf längere Zeit als ein Jahr ausgeschlossen ist (§§ 2042–2045, 749 II), wobei eine unverschuldete Verzögerung der Auseinandersetzung von mehr als ein Jahr als nicht ausreichend erachtet wird (MüKoBGB/*Gergen* Rn. 65). Bei ausgleichungspflichtigen Miterben erfolgt die Verteilung nicht nach Erbquote, sondern nach dem sich nach durchgeführter Ausgleichung ergebenden Auseinandersetzungsguthabens; die Bewertung erfolgt zum Zeitpunkt der Teilung (MüKoBGB/*Gergen* Rn. 65). Keine analoge Anwendung des § 2038 II 2, 3 bei Abschlagszahlungen auf den Erbteil (Staudinger/*Löhnig* Rn. 39).

47   **2. Gebrauch und Benutzung (Abs. 2 iVm § 743 II, § 745).** Nach Abs. 2 iVm § 743 II ist jeder Miterbe zum Gebrauch der Nachlassgegenstände befugt, soweit er dadurch den Mitgebrauch der übrigen Miterben nicht beeinträchtigt. Das Recht aus Abs. 2 betrifft die **Art der Benutzung** und kann im Gegensatz zu dem Recht auf Teilhabe nach Abs. 1 durch **Mehrheitsentscheidung** (§ 745 I) oder durch Vereinbarung (§ 745 II) geregelt werden. Fehlt jedwede Benutzungsregelung, hat jeder Miterbe Anspruch auf Durchsetzung einer dem billigen Ermessen entsprechenden Verwaltung und Benutzung (MüKoBGB/*Schmidt* § 743 Rn. 9f). Das Recht zum Besitz eines jeden Miterben ergibt sich aus § 857. Demnach ist auch ein Miterbe solange zum alleinigen Gebrauch befugt, solange die anderen Miterben nicht den ihnen gebührenden Mitgebrauch geltend machen. Der alleinnutzende Miterbe ist nicht auf Kosten der anderen Miterben ungerechtfertigt bereichert solange diese nicht ihre Rechte aus § 743 II geltend machen und dies von dem allein nutzenden Miterben hartnäckig verweigert wird (BGH NJW 1966, 1707).

48   Die Grenzen der Befugnisse der Miterben zum **Mitgebrauch** (§ 743 II) bestimmen sich nach Treu und Glauben. Zwar erstreckt sich das Recht eines Miterben nach Abs. 2 iVm § 743 II auf das gesamte Hausgrundstück, auch wenn nur die Miteigentumshälfte des Erblassers in den Nachlass fällt und gibt einen petitorischen Anspruch auf Mitgebrauch, so dass der vom Mitgebrauch ausgeschlossene Miterbe nicht auf die Geltendmachung possessorischer Ansprüche angewiesen ist (BGH NJW 1978, 2157), doch könnte ein wirksam bestehendes Hausverbot den allein nutzenden Miterben berechtigen, den Mitgebrauch zu verweigern.

49   Andererseits gibt § 745 II BGB jedem Miterben das Recht eine dem billigen Ermessen aller Miterben entsprechenden **Regelung zur Verwaltung und Benutzung** zu fordern (BGH NJW 1984, 45). Kommt weder ein Mehrheitsbeschluss noch eine Vereinbarung zwischen den Miterben zu Stande, können die vom Mitgebrauch ausgeschlossenen Miterben auf Zustimmung zu einer bestimmte Art der Verwaltungs- oder Benutzungsregelung klagen (BGH NJW 1966, 1707); das Gleiche gilt, wenn tatsächliche Veränderungen eintreten, die ein Festhalten an der bisherigen Verwaltungsvereinbarung unerträglich erscheinen lassen (BGH NJW 2007, 149; 1984, 45); Vergütungsanspruch eines aus einer Miterben-OHG ausscheidenden Miterben für die Gebrauchsüberlassung an einem zum Nachlass gehörenden Grundstück (BGH NJW 1982, 1753; Neuregelung der Verwaltung und Benutzung einer beiden Ehegatten gehörenden Eigentumswohnung nach Scheidung). Einstmals einstimmig beschlossene Verwaltungsregelungen können bei Vorliegen eines wichtigen Grundes gekündigt werden (BGH NJW 1961, 1299).

50   Die Klage ist eine **Leistungsklage auf Einwilligung** in eine bestimmte Art der Verwaltungs- oder Benutzungsregelung (BGH NJW 1961, 1299); das Gericht ist an den Klageantrag gebunden, dh die Klage ist abzuweisen, wenn die beantragte Maßnahme nicht dem billigen Ermessen und vernünftigen Interessensabwägungen iSv § 745 II entspricht (BGH NJW 1993, 3326); Korrekturen des Klageantrags sind nach § 264 Nr. 2 ZPO zulässige Klageänderungen; mehrere widersprechende Beklagte sind notwendige Streitgenossen iSd § 62 ZPO (MüKoBGB/*Schmidt* § 745 Rn. 38). Wenn der Beklagte eine abweichende

Regelung der Benutzung und Verwaltung will, muss er Widerklage erheben (MüKoBGB/*Schmidt* § 745 Rn. 39).

Fordert ein Miterbe als Regelung iSv § 745 II die Zahlung von Nutzungsentschädigung, da der Miterbe die alleinige Nutzung des Nachlassgegenstand für sich beansprucht, kann er **Zahlungsklage** erheben, da sich der Anspruch auf Regelung der Benutzung aus dem Gesetz ergibt und nicht durch Gestaltungsklage begründet werden muss, sondern vom Richter nur festgestellt wird (BGH NJW 1989, 1030). Bei der Zahlungsklage prüft das Gericht inzidenter, ob das geforderte Nutzungsentgelt den Anforderungen des § 745 II genügt (BGH NJW 1974, 364). Das geforderte Entgelt kann von dem Zeitpunkt an verlangt werden, zu dem der Kläger vom Beklagten erstmals Zahlung gefordert hat (BGH NJW 1974, 364). Drängt der Nutzungsentschädigung fordernde Miterbe dem anderen Miterben das zum Nachlass gehörende Anwesen zur alleinigen Nutzung gegen dessen Willen auf, obwohl ein gemeinsames Bewohnen möglich wäre, kann keine Nutzungsentschädigung gefordert werden (OLG Hamburg BeckRS 2007, 04661).

3. Wirkung gegen Sondernachfolger (Abs. 2 S. 1 iVm § 746). Da die Regelung des § 746 grds. nicht auf Gesamthandsgemeinschaften anwendbar ist, musste die Bindung über einen ausdrücklichen Verweis in Abs. 2 S. 1 erfolgen (MüKoBGB/*Schmidt* § 746 Rn. 2). Daher gelten bestehende Verwaltungs- oder Benutzungsregelungen auch im Rahmen der Erbengemeinschaft für und gegen jeden Rechtsnachfolger (MüKoBGB/*Schmidt* § 746 Rn. 5). 52

4. Lasten- und Kostentragung (Abs. 2 iVm § 748). Die Lasten (§ 103) des Nachlasses und einzelner Nachlassgegenstände und die Kosten der Erhaltung, der Verwaltung und gemeinschaftlichen Benutzung des Nachlasses tragen die Miterben im Verhältnis ihrer Erbquoten. **§ 748 regelt ausschließlich das Innenverhältnis** zwischen den Miterben. Der Ausgleichsanspruch eines Miterben besteht vor der Auseinandersetzung und ist sofort zur Zahlung fällig (OLG Köln NJW-RR 1996, 1352). Da die Kosten- und Lastentragungspflicht vor der Teilung entsteht, beschränkt sich auf die im Nachlass vorhandenen Mittel; eine Vorschusspflicht des Miterben besteht nicht (MüKoBGB/*Gergen* Rn. 66). Dritten gegenüber kann der Miterbe die Übernahme von Nachlassverbindlichkeiten aus dem Eigenvermögen bis zur Teilung des Nachlasses gem. § 2059 verweigern, jedoch keine analoge Anwendung des § 2059 auf den Regressanspruch eines Miterben nach § 2038 II, § 748. 53

Zu den **Lasten** gehören zB öffentliche Abgaben, Versicherungsprämien einer Gebäudeversicherung, Grundschuld- und Hypothekenzinsen, die aus dem Nachlass zu entrichten sind (MüKoBGB/*Schmidt* § 748 Rn. 6). **Kosten** im Sinne dieser Vorschrift sind Aufwendungen zur Erhaltung des Nachlasses oder einzelner Nachlassgegenstände, soweit sie einer ordnungsgemäßen Verwaltung entsprechen. 54

Nicht zu den **Kosten** iSd § 748 zählen Aufwendungen, die eine wertsteigernde Veränderung des Nachlassgegenstandes zur Folge haben (BGH NJW 1966, 1707; MüKoBGB/*Schmidt* § 748 Rn. 8). Keine Kosten sind auch Zeitaufwand und Arbeitskraft eines Miterben (BGH NJW 1955, 1227); ein Miterbe hat keinen gesetzlichen Anspruch auf Vergütung von ihm für die Erbengemeinschaft geleisteter Tätigkeiten im Rahmen des § 2038 (KG BeckRS 2004, 30451888). Ist nur für einen Miterbenanteil Testamentsvollstreckung angeordnet, ist der Vergütungsanspruch des Testamentsvollstreckers gemeinschaftliche Nachlassverbindlichkeit und stellt damit gemeinschaftliche Kosten der Verwaltung iSd § 2038 II, § 748 dar (BGH NJW 1997, 1362). In demselben Ausgangsfall hat der BGH diese Rspr. fortgeführt und sie auch auf Aufwendungsersatzansprüche nach § 683 erstreckt (BGH ZEV 2003, 413). 55

§ 2039 Nachlassforderungen

[1]**Gehört ein Anspruch zum Nachlass, so kann der Verpflichtete nur an alle Erben gemeinschaftlich leisten und jeder Miterbe nur die Leistung an alle Erben fordern.** [2]**Jeder Miterbe kann verlangen, dass der Verpflichtete die zu leistende Sache für alle Erben hinterlegt oder, wenn sie sich nicht zur Hinterlegung eignet, an einen gerichtlich zu bestellenden Verwahrer abliefert.**

I. Normzweck

S. 1 Hs. 1 bringt den Grundsatz der gesamthänderischen Gebundenheit dadurch zum Ausdruck, dass Leistungen nur an **alle Erben gemeinsam** erfolgen können. In S. 1 Hs. 2 unterstellt das Gesetz, dass die Geltendmachung und Einziehung von Forderungen grds. im Interesse des Nachlasses liegt und gibt jedem einzelnen Miterben ein vom gleichen Recht der übrigen Miterben unabhängiges **Sonderrecht**, den Anspruch allein geltend zu machen, verpflichtet ihn jedoch Leistung an alle zu fordern (Staudinger/*Löhnig* Rn. 3). Dadurch wird die Funktionsfähigkeit der Erbengemeinschaft gestärkt und vermieden, dass ein untätiger Miterbe zunächst auf Zustimmung verklagt werden müsste (BGH ZEV 2006, 356). 1

§ 2039 gilt nur für **Aktivprozesse**; für Passivprozesse gelten §§ 2058 ff.; bei angeordneter Testamentsvollstreckung wird § 2039 durch § 2212 verdrängt (MüKoBGB/*Gergen* Rn. 1). 2

II. Zum Nachlass gehörende Ansprüche (§ 194)

1. Vorbemerkung. Unter § 2039 fallen alle Arten von Ansprüchen iSv § 194, also alle Rechte, die ein Tun oder Unterlassen zum Gegenstand haben und die den Miterben in ihrer gesamthänderischen Verbundenheit zustehen, dh entweder vom Erblasser auf die Erbengemeinschaft übergegangen oder zu 3

Gunsten dieser nach dem Erbfall entstanden sind (zB § 2041). Da die Geltendmachung von Ansprüchen nicht mehr von rechtsgestaltenden Handlungen der Miterben abhängig ist, ist ein alleiniges Handeln eines Miterben als Durchbrechung des Grundsatzes der gemeinschaftlichen Verwaltung und Verfügung gerechtfertigt (BGH NJW 1954, 1523; MüKoBGB/*Gergen* Rn. 2).

4 Die Ausübung von Gestaltungsrechten und Verfügungen erfordert wegen § 2040 das gemeinschaftliche Handeln aller Miterben (BGH NJW 1954, 1523). Die nach wirksamer Ausübung eines Gestaltungsrechts entstehenden Ansprüche, zB aus ungerechtfertigter Bereicherung, unterfallen jedoch wieder § 2039 (MüKoBGB/*Gergen* Rn. 4).

5 **2. Schuldrechtliche Ansprüche – Einzelfälle:** Zielt eine **Vollstreckungsgegenklage** nach § 767 ZPO darauf ab, die Unterlassung der Zwangsvollstreckung aus den Grundschulden und damit die Rückgewähr der Grundschulden zu erreichen, gilt § 2039; die Vollstreckungsgegenklage ist zwar eine prozessuale Gestaltungsklage, § 2040 betrifft aber nur rechtsgeschäftliche Verfügungen, so dass der einzelne Miterbe zur Erhebung befugt ist (BGH ZEV 2006, 356). Das Gleiche gilt für die **Nichtigkeitsklage**, wenn das angefochtene rechtskräftige Urteil einen zum Nachlass gehörenden Anspruch zum Gegenstand hat, denn auch hier hat nicht die Klagerhebung oder die Betreibung des Rechtsstreits Gestaltungswirkung, sondern nur das richterliche Urteil (BGH NJW 1954, 1523). Ein einzelner Miterbe kann aus einem der ungeteilten Erbengemeinschaft zustehenden Titel auch gegen den Willen anderer Miterben die **Zwangsvollstreckung** betreiben (KG NJW 1957, 1154). Ist eine Erbengemeinschaft Titelgläubigerin bzgl. Einsichtnahme in ärztliche Unterlagen, ist der Schuldner verpflichtet, Einsicht entweder allen Miterben oder einem von allen Bevollmächtigten zu gewähren (AG Augsburg BeckRS 2012, 19697); Geltendmachung des Anspruchs auf **Rechnungslegung** und eidesstattliche Versicherung gegenüber dem Testamentsvollstrecker durch einen Miterben, der jedoch Leistung an alle verlangen muss (BGH NJW 1965, 396); Einziehung einer Nachlassforderung durch einen Miterben aufgrund eines Mehrheitsbeschlusses (BGH NJW 2013, 166).

6 Stehen der ungeteilten Erbengemeinschaft Ansprüche aus unerlaubter Handlung zu und hatte der Erblasser selbst keine Kenntnis von dem Schaden und der Person des Ersatzpflichtigen mehr, beginnt die **Verjährung** erst, wenn jeder Miterbe Kenntnis von den schadensbegründenden Umständen hat (Rechtsgedanke des § 432 II BGB); ein Miterbe kann dann Leistung an alle fordern (OLG Celle NJW 1964, 869). Ist eine Erbengemeinschaft Teil einer Bruchteilsgemeinschaft, der eine Geldforderung gegen einen Dritten zusteht, so kann jeder Miterbe den Anspruch auf **Hinterlegung** für beide Teilhaber, also die Bruchteilsgemeinschaft, gem. § 432 I unmittelbar, für die Erbengemeinschaft gem. § 2039 geltend machen (BGH NJW 1983, 2020). Der einzelne Miterbe ist berechtigt, einen Antrag zur Bestimmung einer **Inventarfrist** (§ 1994) gegen den Erben des Schuldners zu stellen (Staudinger/*Löhnig* Rn. 11).

7 **3. Dingliche Ansprüche – Einzelfälle.** Ein Miterbe kann gegen einen anderen Miterben, der im Wege der verbotenen Eigenmacht Nachlassgegenstände entfernt hat, **Herausgabeansprüche** in Form eines Anspruchs auf Wiedereinräumung des Besitzes nach § 861 I für die Erbengemeinschaft geltend machen; es ist ausreichend, wenn der klagende Miterbe lediglich Mitbesitz an den Gegenständen hatte (AG Rostock NJW-RR 2005, 1533); war ein Miterbe Prozessgegner des Erblassers, sind die übrigen Miterben befugt das Kostenfestsetzungsverfahren fortzuführen (BGH NJW 2011, 1886). Anspruch auf **Berichtigung des Grundbuchs** (BGH NJW 1954, 1523), wobei zu beachten ist, dass zur Eintragung die Zustimmung sämtlicher Miterben erforderlich ist (MüKoBGB/*Gergen* Rn. 6); Grundbuchberichtigung durch Nachlasspfleger für unbekannte Erben und als Vertreter eines Miterben (BGH ZEV 2001, 32). Zur Abgrenzung von Anspruch auf Rückübertragung (§§ 925, 873) und Grundbuchberichtigung nach wirksamem Rücktritt vom Kaufvertrag (§ 346) (BGH BeckRS 2010, 17211). Wendet der Nachlassschuldner gegen die von einem Miterben erhobene Grundbuchberichtigungsklage ein, dass sich gerade der Kläger, nicht jedoch die anderen Miterben, **arglistig** verhalten habe, reicht dies grds. nicht, um den der Erbengemeinschaft zustehenden Grundbuchberichtigungsanspruch zu Fall zu bringen, es sei denn die übrigen Miterben widersprechen der Klagerhebung des arglistig handelnden Miterben (BGH NJW 1966, 773). Anspruch auf Herausgabe der Erbschaft gegen den Erbschaftsbesitzer nach §§ 2018 ff. (MüKoBGB/*Gergen* Rn. 7). Anspruch auf **Löschung eines dinglichen Wohnrechts**, das unter Verstoß gegen §§ 2136, 2113 I bestellt wurde (BGH FamRZ 1971, 643).

8 **4. Öffentlich-rechtliche Ansprüche – Einzelfälle.** Geltendmachung eines Witwerrentenanspruchs des Erblassers bis zu dessen Tod und des Kostenerstattungsanspruchs aus dem vom Erblasser begonnenen und von den Erben fortgeführten diesbezüglichen Rechtsstreits (LSG Niedersachsen-Bremen NJW 1968, 1743). Dagegen ist ein Miterbe allein **nicht** zur Einlegung eines Widerspruchs und Erhebung einer Anfechtungsklage befugt; insoweit handelt es sich um ein Gestaltungsrecht, das von den Miterben nur gemeinschaftlich ausgeübt werden kann (§ 2040) (BVerwG NJW 1956, 1295; VGH Mannheim NJW 1992, 338; VGH München BeckRS 2008, 28664; VG Würzburg BeckRS 2012, 49355).

9 **5. Nichtanwendbarkeit des § 2039 auf Gestaltungsrechte – Einzelfälle.** Ein dem Erblasser zustehendes **Anfechtungsrecht** nach § 119 ist vererblich, kann aber nur von allen Erben gemeinschaftlich ausgeübt werden, da es eine Verfügung über den Nachlass darstellt (BGH NJW 1951, 308; OLG Düsseldorf NJW 1954, 1041). Verkauft eine Erbengemeinschaft ein Nachlassgrundstück in der Weise, dass jeder Miterbe bzgl. des auf ihn entfallenden Teils des Kaufpreises ein eigenständiges Forderungsrecht hat, können die Miterben dem Käufer eine **Nachfrist** iSd jetzigen § 323 I gleichwohl **nur gemeinsam** setzen. Beim Verkauf eines Nachlassgrundstücks ist der Kaufpreis Surrogat (§ 2041), über das die Miterben nur gemeinschaftlich verfügen können (§ 2040 I). Das Setzen der Nachfrist ist eine Verfügung, da nach fruchtlosem Fristablauf Gestaltungswirkung durch die Rücktrittsmöglichkeiten eintritt (BGH NJW 2000, 506). Befindet sich ein Geschäftsanteil einer GmbH in einem ungeteilten Nachlass, kann ein Gesellschafterbeschlusses grds. nur gemeinschaftlich angefochten werden, es sei denn die Voraussetzungen des § 2038 II Hs. 2 liegen vor (BGH NJW 1989, 2694). Die Anfechtung eines Steuerbescheides ist ein Gestaltungsrecht und fordert ein gemeinschaftliches Handeln der Miterben (BFH ZEV 2007, 281) – zu Widerspruch und Anfechtungsklage im öffentlichen Rechts (→ Rn. 8).

6. Nichtanwendbarkeit des § 2039 auf persönliche Rechte des Miterben. Ein Miterbe kann nicht die Umschreibung eines Kommanditanteils auf die Erbengemeinschaft verlangen, da diese nicht Mitglied einer Personengesellschaft sein kann (→ § 2032 Rn. 34). Möglich ist lediglich eine Umschreibung des Kommanditanteils auf jeden Miterben persönlich im Verhältnis der Erbteile (BGH NJW 1972, 1755). Ein Anspruch aus § 2287 BGB steht mehreren Vertragserben nicht gemeinschaftlich, sondern jedem von ihnen persönlich zu und zwar im Verhältnis ihrer Erbquoten (BGH NJW 1989, 2389; OLG Hamm BeckRS 2010, 03240). Bei angeordneter Testamentsvollstreckung steht jedem Miterben ein Anspruch gegen den Testamentsvollstrecker auf ordnungsgemäße Verwaltung persönlich zu (MüKoBGB/*Gergen* Rn. 9). 10

III. Geltendmachung der Ansprüche

1. Allgemeines. Das durch § 2039 jedem einzelnen Miterben zustehende Sonderrecht auf außergerichtliche und gerichtliche Geltendmachung von Ansprüchen ist ein **höchstpersönliches, nicht isoliert abtretbares** Recht, das weder gepfändet, noch verpfändet werden kann (MüKoBGB/*Gergen* Rn. 13). Es geht jedoch bei einem Anteilsverkauf auf den Erwerber über (§ 2033). Zur Legitimation muss der Kläger lediglich seine Mitgliedschaft in der Gesamthandsgemeinschaft beweisen (Staudinger/*Löhnig* Rn. 5). Auch wenn der Verwaltung des Nachlasses einem Dritten oder einem Miterben übertragen wurde, verbleibt jedem Miterben das Recht aus § 2039; es kann den Miterben nur durch die Anordnung einer Testamentsvollstreckung genommen werden (MüKoBGB/*Gergen* Rn. 14). Das Recht aus § 2039 mit dem Ziel der Hinterlegung für alle Erben verbleibt einem Miterben auch dann, wenn sein Erbteil durch einen anderen Miterben gepfändet ist (BGH NJW 1968, 2059). Der Forderungseinzug für die Erbengemeinschaft ist keine das Pfändungspfandrecht des Gläubigers beeinträchtigende Verfügung; dadurch wird weder der Nachlass im Ganzen, noch der gepfändete Erbteil im Bestand oder Wert geschmälert (BGH NJW 1968, 2059). Zur Verjährung → Rn. 6. 11

§ 2039 entspricht der allgemeinen Vorschrift des § 432, gilt jedoch wegen der gesamthänderischen Gebundenheit des Nachlasses auch für an sich teilbare Leistungen; demgemäß wird ein Schuldner von seiner Verpflichtung nur frei, wenn er **an alle Miterben gemeinschaftlich** leistet (MüKoBGB/*Gergen* Rn. 10). Ausnahmsweise kann an den klagenden Miterben geleistet werden, wenn die anderen Miterben damit einverstanden sind oder die Auszahlung die einzig in Betracht kommende Möglichkeit der Auseinandersetzung der Erbengemeinschaft ist (BGH NJW-RR 2005, 887). Soweit jedoch kein zum Empfang der Leistung bevollmächtigter Miterbe oder von diesem bestellter Verwalter vorhanden ist, muss der Schuldner die Leistung allen Miterben gem. §§ 294 ff. anbieten (MüKoBGB/*Gergen* Rn. 11). Leistungs-, Erfüllungs- und Zahlungsort (§§ 269, 270) ändern sich durch den Erbfall nicht; Geldschulden sind im Zweifel an den letzten Wohnsitz des Erblassers zu übermitteln (Staudinger/*Löhnig* Rn. 19). Korrespondierend dazu sind alle Miterben verpflichtet, die Leistung gemeinschaftlich anzunehmen; ist nur ein Miterbe dazu nicht bereit, geraten alle anderen Miterben in Annahmeverzug (Staudinger/*Löhnig* Rn. 19; MüKoBGB/*Gergen* Rn. 12). 12

In diesem Fall kann der Schuldner entweder von sich aus hinterlegen, um befreiend leisten zu können oder aber ein Miterbe den Schuldner auffordern zu hinterlegen (§§ 372 ff. iVm HintO). Das Hinterlegungsverlangen kann ausnahmsweise rechtsmissbräuchlich sein, wenn die Leistung dringend zur ordnungsgemäßen Verwaltung benötigt wird (Staudinger/*Löhnig* Rn. 16). Zur Hinterlegung für eine Bruchteilsgemeinschaft, an der eine Erbengemeinschaft beteiligt ist, → Rn. 6. 13

Eignet sich der geschuldete Gegenstand nicht zur Hinterlegung, ist auf Antrag nach §§ 410 ff. FamFG durch das AG, in desssen Bezirk sich die Sache befindet, ein amtlicher Verwahrer zu bestellen und diesem der Gegenstand abzuliefern. Im Verhältnis zwischen Verwahrer und Erbengemeinschaft gelten §§ 688 ff. Zur Verwaltung dieser Gegenstände sind nach wie vor die Miterben befugt; dem Verwahrer gegenüber müssen sie jedoch nach § 2038 gemeinschaftlich handeln (Staudinger/*Löhnig* Rn. 16; MüKoBGB/*Gergen* Rn. 17).

2. Außergerichtliche Geltendmachung von Ansprüchen. Jeder Miterbe kann zunächst den Schuldner mahnen und mit Wirkung für alle Miterben in Verzug setzen, § 286; wirksamer Schuldnerverzug tritt nur dann ein, wenn sich kein Miterbe in Annahmeverzug befindet (→ Rn. 12). Der Schuldner kann gegen den Leistung an alle fordernden Miterben mit einer Forderung gegen den Nachlass aufrechnen, mangels Gegenseitigkeit jedoch nicht mit einer individuell gegen den Miterben bestehenden Forderung (MüKoBGB/*Gergen* Rn. 10). Dem einzelnen Miterben ist es jedoch versagt, im Wege der Aufrechnung eine Forderung für den Nachlass geltend zu machen; die Aufrechnung ist eine Gestaltungserklärung und kann als Verfügung iSv § 2040 nur gemeinschaftlich erklärt werden (BGH NJW 1963, 244). Der nach § 2039 tätig werdende Miterbe darf sich aber auf eine bereits vom Erblasser erklärte Aufrechnung berufen (MüKoBGB/*Gergen* Rn. 18). 14

15 **3. Gerichtliche Geltendmachung von Ansprüchen.** Jeder Miterbe kann für den Nachlass mit Ausnahme von Klagen, die unmittelbar rechtsgestaltend sind, sämtliche Arten von Klagen erheben, insbes. Leistungsklage, auch auf künftige Leistung (MüKoBGB/*Gergen* Rn. 20), Widerklage, Feststellungsklage auch in Form der negativen und Zwischen-Feststellungsklage, soweit es um das Bestehen eines zum Nachlass gehörenden Anspruchs geht (MüKoBGB/*Gergen* Rn. 22); die Klage eines Miterben auf Feststellung der Nichtigkeit des Testaments unterfällt nicht § 2039, da der Miterbe insofern ein eigenes Recht geltend macht (Staudinger/*Löhnig* Rn. 32). Der Miterbe ist auch zur Erhebung prozessualer Gestaltungsklagen (Vollstreckungsgegenklage, Nichtigkeitsklage) befugt, wenn die Klage der Durchsetzung eines der Erbengemeinschaft zustehenden Anspruchs dienen soll; in diesem Fall hat nicht die Klagerhebung selbst Gestaltungswirkung, sondern nur das richterliche Urteil, so dass § 2040 nicht entgegen steht (BGH NJW 2006, 1969; 1954, 1523). Arrest und einstweilige Verfügung werden ebenso von § 2039 erfasst, wie ein Antrag auf Eröffnung eines Insolvenzverfahrens (MüKoBGB/*Gergen* Rn. 29). § 2039 gilt auch in Verfahren nach FamFG (Staudinger/*Löhnig* Rn. 31).

16 Der einzelne Miterbe erhebt Klage in **gesetzlicher Prozessstandschaft**, dh im **eigenen Namen, nicht in Vertretung der übrigen Miterben** (Staudinger/*Löhnig* Rn. 25; MüKoBGB/*Gergen* Rn. 20). Weitere Miterben können in einem derartigen Prozess Zeugen sein; der Richter hat im Rahmen der Beweiswürdigung die Quasi-Parteistellung des als Zeugen auftretenden Miterben zu bedenken. Die **Rechtskraft** des Urteils erstreckt sich nicht auf alle Miterben, sondern wirkt nur zwischen den Parteien (BGH NJW 2006, 1969). Demgemäß ist auch ein eventuell unrichtiges, aber rechtskräftiges Urteil, das gegen einen Miterben ergangen ist, zu beachten; wollen die Miterben gemeinsam auf Feststellung des Gegenteils klagen, ist die Klage des einen Miterben, gegen den bereits ein rechtskräftiges gegenteiliges Urteil vorliegt, unzulässig (BGH NJW 1989, 2133).

17 Da jedem Miterben das Recht aus § 2039 zusteht, können auch mehrere Miterben klagen; in diesem Fall sind sie **notwendige Streitgenossen** (OGHBrZ Köln NJW 1950, 597); es besteht aber **keine notwendige Streitgenossenschaft** zwischen dem klagenden und den nicht klagenden Miterben, da das Klagerecht ein jedem einzelnen Miterben zustehendes Sonderrecht ist (MüKoBGB/*Gergen* Rn. 20). Ausnahmsweise liegt ein Missbrauch der Prozessführungsbefugnis des einzelnen Miterben dann vor, wenn die übrigen Miterben einer Klagerhebung widersprechen; die Klage ist dann als unzulässig abzuweisen (BGH NJW 1966, 773; OLG Frankfurt a. M. NJW 2012, 2595).

18 Die Klage eines Miterben hemmt die **Verjährung** auch gegenüber allen anderen Miterben, da die Einrede der Verjährung materiell-rechtlicher Natur ist und den Anspruch der Erbengemeinschaft als solchen einheitlich betrifft (Staudinger/*Löhnig* Rn. 26; MüKoBGB/*Gergen* Rn. 20; BGH NJW 1985, 1826 zu § 744). Zum Beginn der Verjährungsfrist bei Ansprüchen aus unerlaubter Handlung (→ Rn. 6).

19 Ein durch den Tod des Erblassers **unterbrochener Rechtsstreit** (§ 239 I ZPO) kann bzw. muss – wenn es der ordnungsgemäßen Verwaltung entspricht – durch jeden Miterben aufgenommen werden (BGH NJW 1984, 2829). Nimmt ein Miterbe einen durch Tod des geschäftsunfähigen Erblassers unterbrochenen Prozess auf, ist er auch befugt die bisherige Prozessführung durch Verzicht auf die Rüge eines dem Verfahren anhaftenden Mangels zu genehmigen. In diesem Verzicht liegt keine Verfügung, da es sich insofern nicht um materielle, sondern um prozessuale Rechte handelt (BGH NJW 1957, 906).

20 Beantragt der klagende Miterbe **Prozesskostenhilfe**, kommt es auf dessen persönliche und wirtschaftliche Verhältnisse an, nicht auf die Verhältnisse der anderen Miterben (OLG Koblenz ZEV 2011, 326); klagt ein Nachlasspfleger für die unbekannten Erben, verstößt die Ablehnung der Prozesskostenhilfe gegen das Gebot des effektiven Rechtsschutzes (Art. 2 I GG iVm Rechtsstaatsprinzip) (BVerfG NJW-RR 1998, 1081). Rechtsmissbräuchlich wäre ein Antrag auf Prozesskostenhilfe nur dann, wenn ein vermögensloser Miterbe von den vermögenden Miterben vorgeschoben würde (Staudinger/*Löhnig* Rn. 29).

21 **4. Zwangsvollstreckung.** Hat nur ein Miterbe ein Urteil für alle Miterben erstritten, kann nur er als Kläger die Zwangsvollstreckung aus dem Urteil betreiben (Staudinger/*Löhnig* Rn. 25). Haben mehrere oder alle Miterben geklagt, dann ist es dem einzelnen Miterben gestattet, aus dem Titel zu Gunsten aller zu vollstrecken (KG NJW 1957, 1154). Soweit die Vollstreckungsmaßnahme allen Miterben zugutekommt, muss der Titel weder auf den einzelnen die Zwangsvollstreckung betreibenden Miterben umgeschrieben werden, noch nur diesem allein eine vollstreckbare Ausfertigung erteilt werden (MüKoBGB/*Gergen* Rn. 28). Die jeweilige Vollstreckungsmaßnahme muss dann nicht explizit zu Gunsten aller Miterben beantragt werden, wenn die Maßnahme sowieso allen zugutekommt, zB die Abgabe der eidesstattlichen Versicherung (KG NJW 1957, 1154).

22 **5. Gegenstandswert.** Gegenstandswert der Klage eines Miterben gegen einen anderen Miterben auf Mitwirkung bei der Auflassung eines Nachlassgrundstücks an einen Dritten ist der Wert des Grundstücks (BGH NJW 1956, 1071). Verklagt ein Miterbe einen anderen Miterben, der bislang als Eigentümer eines Grundstücks eingetragen war, auf dahingehende Berichtigung des Grundstücks, dass anstelle seiner Person die Erbengemeinschaft als Eigentümer eingetragen wird, ist Gegenstandswert der Wert des Grundstücks abzüglich des dem Erbteil des Beklagten entsprechenden Anteils (BGH NJW 1958, 1397). Verklagt ein Miterbe einen anderen Miterben aufgrund einer Anordnung des Erblassers auf Auflassung an sich, ist Gegenstandswert der Wert des Grundstücks abzüglich der Wert des bisherigen gesamthänderischen Anteils des Klägers, da ihm dieser auch bei Klageabweisung bleibt (OLG Celle NJW 1969, 1355). Verklagt ein Miterbe einen anderen Miterben auf Hinterlegung eines Geldbetrages zu Gunsten der Erbengemeinschaft, ist Gegenstandswert die Forderung abzüglich des dem Miterbenanteil entsprechenden

Betrages des Beklagten (BGH NJW 1967, 443). Verklagt ein Miterbe einen anderen auf Zustimmung zu einer Grundstücksveräußerung, bestimmt die Erbquote des Anspruchsstellers den Streitwert (OLG Koblenz ZEV 2011, 321).

6. Klage gegen einen Miterben. Wird gegen einen Miterben **Gesamtschuldklage** erhoben und stehen sich zwischen dem Nachlassgläubiger und der Erbengemeinschaft aufrechenbare Forderungen gegenüber, ist der beklagte Miterbe mangels Gegenseitigkeit zwar **nicht** zur **Aufrechnung** befugt; die Rspr. gibt ihm jedoch in Anlehnung an den Rechtsgedanken der § 770 II BGB und § 129 III HGB ein **Zurückbehaltungsrecht**; er kann die Leistung verweigern, solange und soweit sich der Gläubiger durch eine Aufrechnung gegen eine fällige Forderung der Erbengemeinschaft befriedigen kann; dann erfolgt aber keine Zug-um-Zug-Verurteilung, sondern Klageabweisung, bis zur Höhe der Forderung der Miterben (BGH NJW 1963, 244).

§ 2040 Verfügung über Nachlassgegenstände, Aufrechnung

(1) Die Erben können über einen Nachlassgegenstand nur gemeinschaftlich verfügen.
(2) Gegen eine zum Nachlass gehörende Forderung kann der Schuldner nicht eine ihm gegen einen einzelnen Miterben zustehende Forderung aufrechnen.

I. Normzweck

§ 2040 I ergänzt die Vorschrift des § 2033 II. Während § 2033 II einem Miterben die Verfügung über seinen Anteil an den einzelnen Nachlassgegenständen untersagt, erlaubt § 2040 I grds. eine Verfügung über einzelne Nachlassgegenstände, die jedoch als Ausfluss des Gesamthandprinzips nur gemeinschaftlich erfolgen kann, um den Wert des Nachlasses zu erhalten und ein Eindringen Dritter in die Erbengemeinschaft zu verhindern, zumindest zu erschweren (BGH NJW 1971, 1264).

Abs. 2 stellt den allgemeinen Grundsatz der Gegenseitigkeit der Forderung bei der Aufrechnung (§ 387) klar.

II. Gemeinschaftliche Verfügung über einen Nachlassgegenstand

1. Verhältnis zu §§ 2038 (→ § 2038 Rn. 6f, 27.). Der BGH lässt in jüngeren Entscheidungen (ZEV 2006, 24; 2006, 358 u. 2010, 36) Mehrheitsverfügungen zu, wenn es sich um **ordnungsgemäße** und **erforderliche** Maßnahmen der Verwaltung der Erbengemeinschaft handelt; der BGH engt damit faktisch des Anwendungsbereich des § 2040 I auf Verfahren ein, in denen eine streitige Entscheidung über eine Mehrheitsberechtigung nicht möglich ist, wie insbes. im Grundbuchverfahren. § 2040 tritt auch dann zurück, wenn eine Notgeschäftsführungsmaßnahme gem. § 2038 I 2 Hs. 2 vorliegt; dann ist ein Miterbe auch zu einer Verfügung befugt, wenn ein gemeinschaftliches Handeln ohne Gefährdung des Nachlasses nicht möglich ist (BGH NJW 1989, 2694; VGH Mannheim BeckRS 2012, 60094). Allerdings fallen Verfügungen über nachlassfremde Gegenstände (Eigentumserwerb einer fremden Sache) ausschließlich unter § 2038 (Staudinger/*Löhnig* Rn. 3).

Die Regelungsbereiche der §§ 2039 u. 2040 überschneiden sich dagegen nicht; während § 2039 den einzelnen Miterben zum Einzug dem Nachlass zustehender Ansprüche berechtigt, betrifft § 2040 **ausschließlich** Verfügungen über einzelne Nachlassgegenstände. Berührungspunkte gibt es nur bei der Frage, ob eine Verfügung über die bestehende Rechtslage gestaltet oder sie nur zum Einzug einer bereits bestehenden Forderung getroffen wird (BGH NJW 2006, 1969; 1954, 1523).

2. Anwendungsbereich. § 2040 gilt für alle Miterben, aber auch für Nacherben nach Eintritt des Nacherbfalls und Erbteilserwerber (§ 2033); § 2040 gilt nicht für den Miterben, der seinen Anteil veräußert hat (Staudinger/*Löhnig* Rn. 2). → § 2033 Rn. 24.

§ 2040 gilt nur für **Nachlassgegenstände,** dh für Sachen (§§ 90, 90a, S. 3) und Rechte, die zum gesamthänderisch gebundenen Vermögen der Erbengemeinschaft gehören und durch Surrogation erworbene Gegenstände (§ 2041) (MüKoBGB/*Gergen* Rn. 2). Die Erbengemeinschaft kann nicht über den Nachlass im Ganzen verfügen (Staudinger/*Löhnig* Rn. 11).

3. Verfügungen. a) Allgemeines. Das BGB verwendet den Begriff der Verfügung wiederholt im gleichen Sinn (zB §§ 135, 185, 893, 1375, 1395, 1821 usw), ohne jedoch eine Legaldefinition zu geben. Die herrschende Rspr. versteht unter Verfügung ein **Rechtsgeschäft, durch das der Verfügende auf ein Recht unmittelbar einwirkt, in dem er es entweder auf einen Dritten überträgt oder mit einem Recht belastet oder das Recht aufhebt oder es anderweitig in seinem Inhalt verändert.** Auch einseitige Gestaltungserklärung, wie Anfechtung oder Kündigung sind Verfügungen iSd BGB (BGH NJW 1951, 645). Aus Gründen der Effizienz der Verwaltung ist es nicht erforderlich, den Begriff der Verfügung eng auszulegen, wie dies die Lit. zT befürwortet. Bei funktionierenden Erbengemeinschaften kann durch die Bevollmächtigung eines oder mehrerer Miterben eine funktionierende Verwaltung gewährleistet werden. Uneinige Miterben haben immer die Möglichkeit der Erbauseinandersetzung, auf die die Erbengemeinschaft grds. angelegt ist.

b) Einzelfälle von Verfügungen. aa) Bei dinglichen Rechtsverhältnissen: Veräußerung eines Nachlassgrundstücks (BGH FamRZ 1965, 267; NJW 2006, 439); Bestellung einer Grundschuld an einem

Nachlassgrundstück (OLG Düsseldorf NJW 1956, 876); Löschung einer Grundschuld (OLG Hamm ZEV 2014, 149); Bestellung einer Baulast an einem Nachlassgrundstück (VGH Mannheim NJW 1991, 2786); Bestellung einer Hypothek an einem Nachlassgrundstück und die Zustimmung der Erbengemeinschaft als Grundstückseigentümerin zur Veräußerung des Erbbaurechts (Staudinger/*Löhnig* Rn. 7); Übertragung von Eigentumsrechten auf Dritte oder Miterben, auch Übertragung von Bruchteilseigentum oder von Wertpapieren oder eine Sicherungsübereignung; Zustimmung zur Grundbuchberichtigung nach § 894 (MüKoBGB/*Gergen* Rn. 10). Eine Übertragung von Urheberrechten auf Nichterben ist nicht möglich (*Gergen/Zerb* 2009, 42; MüKoBGB/*Gergen* Rn. 10a).

8   bb) **Bei schuldrechtlichen Rechtsverhältnissen**: Kündigung eines Pachtvertrages (BGH NJW 2007, 150); Kündigung eines Mietvertrags (BGH NJW 2010, 765); Kündigung eines Darlehens ist eine Verfügung wie der Rückzahlungsanspruch (OLG Düsseldorf NJWE-FER 1997, 87); Kündigung von Giro- und Sparkontovertrag (OLG Brandenburg ZEV 2012, 261); Einziehung einer Mietforderung (BGH NJW 2013, 166); über einen durch Kauf eines Nachlassgrundstücks entstehenden Kaufpreisanspruch lässt der BGH Mehrheitsverfügungen zu (→ § 2038 Rn. 7, 27). Nur gemeinschaftliche Verfügungen sind wegen der Gestaltungswirkung das Setzen einer Nachfrist zur Erfüllung des Kaufpreises (§ 323 I) (BGH NJW 2000, 506); die Aufrechnung mit einer Nachlassforderung (BGH NJW 1963, 244; LG Gießen FamRZ 1995, 121); der Rücktritt von einem Kaufvertrag, den sowohl der Erblasser als auch schon die Erbengemeinschaft geschlossen haben kann (MüKoBGB/*Gergen* Rn. 9).

9   cc) **Bei sonstigen Rechtsverhältnissen**: die Anfechtung eines vom Erblasser geschlossenen Vertrages kann nur durch alle Miterben gemeinschaftlich erfolgen (OLG Düsseldorf NJW 1954, 1041; BGH NJW 1951, 308); Widerruf eines Auftragsverhältnisses und Genehmigung einer auftragsloser Geschäftsführung (Staudinger/*Löhnig* Rn. 6); Verzicht auf ein schuldrechtliches, dingliches oder sonstiges Recht, Ausübung von Vorkaufs- und Wiederkaufsrechten (MüKoBGB/*Gergen* Rn. 11); Übergabe von zum Nachlass gehörenden Aktien an einen Treuhänder, der ermächtigt wird, alle sich aus dem Aktienbesitz ergebenden Aktionärsrechte für die Erbengemeinschaft wahrzunehmen ist eine Verfügung iSv § 2040; die bloße Verwahrung dagegen ist Verwaltungsmaßnahme iSv § 2038, die mehrheitlich beschlossen werden kann (Staudinger/*Löhnig* Rn. 10); als Verfügung über die Forderung gilt die Annahme einer dem Nachlass geschuldeten Leistung (Staudinger/*Löhnig* Rn. 8), Erfüllung mit Nachlassforderung tritt daher nur ein, wenn an die ungeteilte Erbengemeinschaft geleistet wird; eine Ausnahme ist nach Treu und Glauben nur dann möglich, wenn die Leistung an die Erbengemeinschaft bloßer Formalismus wäre (OLG Koblenz NJW-RR 2005, 1678); die rückwirkende, einen Erstattungsanspruch der Sozialhilfebehörde begründende Rücknahme eines rechtswidrigen begünstigenden Verwaltungsakts ist als Verfügung gegenüber der Erbengemeinschaft nur wirksam, wenn sie allen Miterben bekannt gegeben wird (VGH München NJW 1985, 2439).

10 dd) **Keine Verfügungen sind**: Antrag auf Einleitung des Aufgebotsverfahrens nach § 927 BGB (OLG Bamberg NJW 1966, 1413); der Widerruf eines durch einen gemeinsamen Prozessbevollmächtigten in Abwesenheit der Miterben geschlossenen Vergleichs, wenn nicht ausdrücklich vereinbart ist, dass der Widerruf durch sämtliche Miterben erfolgen muss (BGH NJW 1967, 440); wenn noch keine Bindungswirkung nach § 873 II eingetreten ist, ist die Rücknahme des Antrags rein verfahrensrechtlicher Natur und keine materiell-rechtliche Verfügung über den Nachlassgegenstand (OLG Düsseldorf NJW 1956, 876); die Anfechtung eines Verwaltungsaktes ist keine zivilrechtliche Verfügung iSd § 2040 I über den Nachlassgegenstand, sondern eine zur Erhaltung des Nachlasses notwendige Maßnahme iSv § 2038 I 2 Hs. 2 (BVerwG NJW 1982, 1113); Widerruf einer vom Erblasser über seinen Tod hinaus erteilten Vollmacht ist Sache des einzelnen Miterben (BGH NJW 1959, 2114) (→ § 2038 Rn. 4).

11 Ein **Sonderfall** ist die **Ausschlagung** einer zum Nachlass gehörenden Erbschaft, die zwar eine Verfügung ist, jedoch wegen § 1952 III von jedem Miterben entsprechend seiner Erbquote ausgeschlagen werden kann (MüKoBGB/*Gergen* Rn. 13).

12 **4. Gemeinschaftlichkeit. a) Allgemeines.** Das Erfordernis des **gemeinschaftlichen** Handelns ist **nicht** im Sinne einer **Gleichzeitigkeit** und **Gleichartigkeit** zu verstehen; es kommt vielmehr darauf an, dass jeder Miterbe eine für die Verfügung erforderliche rechtswirksame Willensäußerung vornimmt (MüKoBGB/*Gergen* Rn. 14). Ein gleichzeitiges Handeln der Miterben in einem einheitlichen Rechtsakt ist nicht notwendig, es genügen vielmehr auch zeitlich aufeinander folgende Einzelerklärungen, die sich jedoch zu einer einheitlichen Verfügung ergänzen müssen (BGH NJW 1997, 1150; 2004, 767). Es sind auch keine gleichartigen Erklärungen erforderlich, wenn damit das gleiche Ziel verfolgt wird (Staudinger/*Löhnig* Rn. 15). Ausreichend ist auch, wenn ein Miterbe von den anderen bevollmächtigt wird (§ 164 I).

13 Handelt ein Miterbe als Vertreter ohne Vertretungsmacht, können die übrigen Miterben seine Handlungen im Nachhinein genehmigen (§§ 177 I, 184 I). Haben die anderen Miterben vorher in die Verfügung des im eigenen Namen handelnden Miterben eingewilligt (§ 185 I) oder diese nachträglich genehmigt (§ 185 II), ist die Verfügung wirksam (BGH NJW 1956, 178). Eine nachträgliche Genehmigung (§ 185 II) ist jedoch bei einseitigen Rechtsgeschäften, wie zB Kündigung oder eine Nachfristsetzung gem. § 323 I nicht möglich, da diese keinen Schwebezustand vertragen (BGH NJW 1991, 2552; 1997, 1150; 2000, 506), diese sind nur mit vorheriger Zustimmung möglich; ggf. kann eine Genehmigung als Neuvornahme und die einseitige Erklärung des zunächst handelnden Miterben als Zustimmung umgedeutet werden (MüKoBGB/*Gergen* Rn. 14).

Verkaufen Miterben ein Nachlassgrundstück in Unkenntnis des Umstandes, dass zur Erbengemein- 14
schaft weitere Miterben gehören, wird durch Genehmigung dieser weiteren Miterben die Verfügung
wirksam (BGH NJW 1956, 178). Kein gutgläubiger Erwerb eines Grundstücks iRd Erbauseinandersetzung, wenn ein Miterbe bislang unbekannt war, da die Erbauseinandersetzung kein Verkehrsgeschäft ist
(BGH ZEV 2001, 116). Umgekehrt wird eine Verfügung durch mehrere Miterben nicht unwirksam,
wenn nur einer von ihnen tatsächlich Alleinerbe ist, da sich die Verfügungserklärung jedes einzelnen auf
den Nachlassgegenstand in seiner gesamthänderischen Bindung bezieht (MüKoBGB/*Gergen* Rn. 14).
Verfügt eine Mutter in dem Glauben, Alleinerbin ihres Ehemannes zu sein, zu Gunsten der Kinder
gleichmäßig über den Grundbesitz, obwohl tatsächlich gesetzliche Erbfolge besteht, wird die Verfügung
mit dem Tod der Mutter wirksam nach § 185 II 1 Alt. 3, wenn ihre Kinder sie zu gleichen Teilen beerben
und für die Nachlassverbindlichkeiten unbeschränkt haften (DNotZ 1965, 0302; MüKoBGB/*Gergen*
Rn. 12). Die Zustimmungserklärungen bedürfen nicht der für das Rechtsgeschäft bestimmten Form; es
gelten die allgemeinen Vorschriften (§§ 182 ff., 167 II).

b) Verfügungserklärung des einzelnen Miterben. Die Verfügungserklärung jedes einzelnen Miterben 15
muss für sich gesehen wirksam sein, darf nicht widerrufen worden sein (OLG Düsseldorf NJW 1956,
876). Besondere Bedeutung hat dies bei minderjährigen Miterben (OLG Jena NJW 1995, 3126; *Damrau*
ZEV 2006, 190) und bei unter Betreuung stehenden Miterben, wobei es keines weiteren Betreuers bedarf,
wenn es um die Erfüllung von Nachlassverbindlichkeiten geht (BayObLG NJW-RR 2000, 1030). Ist ein
verfügender Miterbe geschäftsunfähig, wird die Verfügung des anderen Teilhabers nicht nichtig, sondern
bleibt als Verfügung eines Nichtberechtigten schwebend unwirksam, da eine Verfügung über den gesamthänderisch gebundenen Nachlassgegenstand gewollt ist und nicht über einzelne Miteigentumsanteile (BGH NJW 1994, 1470).

c) Verfügungen gegen die Erbengemeinschaft. Verfügungen eines Dritten gegen die Erbengemein- 16
schaft müssen grds. gegenüber allen Miterben erfolgen. Dies gilt für die Kündigung von Miet- oder
Pachtverhältnissen, die Kündigung einer Hypothek oder Grundschuld, die Ausübung eines Rücktrittsrechts, Vorkaufs- oder Wiederkaufsrechts (Staudinger/*Löhnig* Rn. 23; MüKoBGB/*Gergen* Rn. 17). Eine
Aufrechnung ist grds. auch gegenüber allen Miterben zu erklären, es sei denn ein Miterbe macht aufgrund des ihm durch § 2039 eingeräumten Sonderrechts einen Anspruch für alle Erben geltend; in diesem Fall reicht es aus, wenn der Dritte die Aufrechnung dem in Prozessstandschaft vorgehenden Miterben erklärt (Staudinger/*Löhnig* Rn. 24). Bzgl. der Anfechtung ist zu unterscheiden wem gegenüber die
anfechtbare Erklärung abgegeben wurde; war dies der Erblasser, dann muss der Dritte gegenüber allen
Miterben als Gesamtrechtsnachfolger anfechten; war es gegenüber den Miterben, dann ist es ausreichend
dem Miterben gegenüber anzufechten, dem gegenüber ein Anfechtungsgrund besteht. Die Wirkung auf
das Verhältnis zur Miterbengemeinschaft richtet sich dann nach § 139 (Staudinger/*Löhnig* Rn. 25).

d) Verfügungen der Erbengemeinschaft gegenüber einem Miterben. Nimmt die Erbengemeinschaft 17
Verfügungen gegen einen Miterben vor, hat dieser ausschließlich die Stellung eines außenstehenden Dritten, dh er handelt nicht auf beiden Seiten, sondern ist vielmehr in Anwendung der Grundsätze des Ausschlusses der Stimmberechtigung bei Interessenwiderstreit von der Mitwirkung auf Seiten der Erbengemeinschaft ausgeschlossen (MüKoBGB/*Gergen* Rn. 20; → § 2038 Rn. 23).

e) Klage gegen die Erbengemeinschaft auf Verfügung über einen Nachlassgegenstand. Die Klage 18
gegen eine Erbengemeinschaft auf Verfügung über einen Nachlassgegenstand (zB Auflassung, Grundbuchberichtigung) muss grds. gegen alle Miterben gemeinschaftlich erhoben werden. Der Gläubiger hat
zwar bis zur Teilung des Nachlasses die Wahl, ob er die **Gesamtschuldklage** nach **§ 2058 BGB** erhebt
(diese begründet zwischen den Beklagten Miterben keine notwendige Streitgenossenschaft iSv § 62
ZPO), die jedoch lediglich auf die Herbeiführung der Auflassung und nicht auf den unmittelbaren Vollzug der Auflassungserklärung gerichtet ist oder **Gesamthandklage** nach **§ 2059 II**, die auf Auflassung
gerichtet ist. Bei Letzterer sind die Miterben notwendige Streitgenossen iSv § 62 ZPO und daher nur
gemeinsam zu verklagen (BGH NJW 1963, 1611; OLG Naumburg NJW-RR 1998, 308). Ausnahmsweise kann gegen einzelne Miterben zB auf Auflassung geklagt werden, wenn die übrigen bereits außergerichtlich die Auflassung erklärt haben und an ihren Erklärungen festhalten lassen wollen (BGH
NJW 1962, 1722). Wollte man in diesem Fall die Miterben mitverklagen müssen, die die Verfügungs-
klärung bereits abgegeben und sich verpflichtet haben, die Erklärung nicht zu widerrufen, widerspräche
dies der Prozessökonomie und würde unnötige Kosten produzieren; iÜ dürfte diesem Miterben gegenüber das Rechtsschutzinteresse fehlen. Zur Ersetzung der Zustimmungserklärung des Grundeigentümers
einer Belastung nach ErbbauVO (OLG Hamm NJW 1968, 554).

f) Zwangsvollstreckung gegen die Erbengemeinschaft. Zur Vollstreckung in das ungeteilte Nach- 19
lassvermögen ist nach § 747 ZPO ein **gegen alle Miterben** ergangenes Urteil nötig (OLG Naumburg
NJW-RR 1998, 308). Liegt nur ein Teilurteil gegen einzelne Miterben vor, muss allerdings bzgl. der Miterben, die die Verfügungserklärung bereits abgegeben haben, sichergestellt sein, dass diese sich verpflichten die Erklärung nicht zu widerrufen.

III. Aufrechnung (Abs. 2)

Als Ausfluss des Gegenseitigkeitsprinzips bestimmt Abs. 2, dass die Aufrechnung eines Nachlass- 20
schuldners mit seiner Forderung gegen einen der Miterben unzulässig ist. Selbst wenn der Miterbe einer
Aufrechnung zustimmen würde, wäre dies unzulässig, da damit der Wertbestand des Nachlasses zu Las-

ten der anderen Miterben geschmälert werden würde (MüKoBGB/*Gergen* Rn. 21). Hat dagegen ein Nachlassschuldner eine Forderung gegen alle Miterben als Gesamtschuldner (zB §§ 427, 769, 830, 840 I), ist die Aufrechnung mit der Nachlassforderung statthaft, auch wenn es genau genommen an der Gegenseitigkeit der Forderung fehlt. Das gleiche Ergebnis würde der Gläubiger der Miterben auch durch Pfändung der Miterbenanteile und Auseinandersetzung erzielen (§ 1258 II 2, § 2042 I, § 751 2, § 752) (Staudinger/*Löhnig* Rn. 28).

21 Zurückbehaltungsrechte kann der Schuldner nur dann geltend machen, wenn sie sich gegen alle Miterben richten; kann nur einem Miterben der Einwand der unzulässigen Rechtsausübung wegen eines arglistigen Verhaltens vorgeworfen werden, kann der Gläubiger den Miterben gegenüber kein Zurückbehaltungsrecht geltend machen (BGH NJW 1966, 773).

22 Ein mit der Gesamtschuldklage (§ 2058) überzogener Miterbe kann die Befriedigung des Gläubigers verweigern, wenn dieser eine aufrechenbare Forderung gegen die Erbengemeinschaft hat, aus der er sich befriedigen kann; hier wendet die Rspr. den Rechtsgedanken der § 770 II BGB, § 129 III HGB an, wonach sich der Gläubiger zunächst über eine Aufrechnung gegen den Schuldner befriedigen muss, bevor die Gesellschafter bzw. der Bürge haften muss. Etwas anderes kann für einen Nachlassgläubiger in Bezug auf die Erbengemeinschaft nicht gelten; in diesem Falle ist die Klage in Höhe der Gegenforderung abzuweisen (BGH NJW 1963, 244).

§ 2041 Unmittelbare Ersetzung

¹ Was auf Grund eines zum Nachlass gehörenden Rechts oder als Ersatz für die Zerstörung, Beschädigung oder Entziehung eines Nachlassgegenstands oder durch ein Rechtsgeschäft erworben wird, das sich auf den Nachlass bezieht, gehört zum Nachlass. ² Auf eine durch ein solches Rechtsgeschäft erworbene Forderung findet die Vorschrift des § 2019 Abs. 2 Anwendung.

I. Normzweck

1 § 2041 verkörpert den Grundsatz der dinglichen Surrogation. Zweck der Vorschrift ist die Erhaltung des Nachlasses in seinem Wert, jedoch unabhängig von der konkreten Zusammensetzung zum **Schutz der Miterben** und auch im **Interesse der Nachlassgläubiger** (OLG München NJW 1956, 1880). § 2041 kann daher nicht abbedungen werden. S. 2 bewirkt zum Schutz des Rechtsverkehrs, dass ein Schuldner erst dann mit befreiender Leistung an die Erbengemeinschaft leisten muss, wenn er Kenntnis davon hat, dass die Forderung im Wege der Surrogation der Erbengemeinschaft zusteht (MüKoBGB/*Gergen* Rn. 1).

II. Erwerb durch Surrogation und Anwendungsbereich

2 Nachdem mit der Surrogation das Sondervermögen Nachlass erhalten bleiben soll, vollzieht sich der Surrogationserwerb **kraft Gesetzes mit dinglicher Wirkung unmittelbar** für die Erbengemeinschaft, dh es findet kein Durchgangserwerb etwa eines einzelnen Miterben statt (OLG München NJW 1956, 1880).

3 S. 1 bezieht sich auf Erwerbe durch einzelne oder mehrere **Miterben**. Da § 2041 ein Sondervermögen voraussetzt, ist die dingliche Surrogation grds. nur bei einer Erbengemeinschaft möglich; **ausnahmsweise** ist eine analoge Anwendung bei einer Alleinerbschaft dann möglich, wenn **Testamentsvollstreckung** angeordnet ist, da dadurch ebenfalls ein Sondervermögen entsteht (Staudinger/*Löhnig* Rn. 15). In diesem Fall erwirbt der Testamentsvollstrecker bei Einsatz von Nachlassmitteln im Wege der dinglichen Surrogation zu Gunsten des Nachlasses, ein entgegen gesetzter Wille des Testamentsvollstreckers ist unbeachtlich (OLG Hamm ZEV 2001, 275). Beim Erwerb durch den **Erbschaftsbesitzer** ist § 2019 anwendbar, beim Erwerb durch den **Vorerben** § 2111, wobei beim Erwerb durch einen Mitvorerben im Verhältnis zum anderen § 2041 gilt, im Verhältnis zum Nacherben § 2111 (→ § 2111 Rn. 17; MüKoBGB/*Gergen* Rn. 2). § 2041 ist auch auf Doppel- oder Kettensurrogationen anwendbar (BGH ZEV 2000, 62).

4 **Keine analoge Anwendung** von § 2041 bei Nachlassverwaltung, Nachlassinsolvenz und Nachlasspflegschaft, da durch die amtliche Überwachung eine ausreichende Kontrolle gewährleistet ist; für die Nachlassverwaltung sind § 1978 II und § 1985 II 2 zu beachten.

III. Arten der Surrogation

5 § 2041 1 unterscheidet drei Fälle der Surrogation, die **Rechts**surrogation, die **Ersatz**surrogation und die **Beziehungs**surrogation.

6 **1. Rechtssurrogation** („was aufgrund eines zum Nachlass gehörenden Rechts erworben wird"). Rechtssurrogation bedeutet, dass sich ein bereits entstandener schuldrechtlicher oder dinglicher Anspruch im Nachlass befindet, da das zu Grunde liegende Rechtsgeschäft noch vom Erblasser selbst abgeschlossen wurde. Dies können Ansprüche sein aufgrund Kaufvertrags, Herausgabeansprüche, Rücktrittsrechte; auch der Erwerb aufgrund der Auseinandersetzung eines anderen Nachlasses, an dem die bestehende Erbengemeinschaft einen Erbteil hatte (MüKoBGB/*Gergen* Rn. 7). Auch die Ziehung der Früchte, die ein zum Nachlass gehörendes Recht gewährt, ist ein Fall der Rechtssurrogation. Zu beachten ist dabei jedoch, dass aufgrund der Surrogation der Erbengemeinschaft nie mehr zufließen kann, als es die für das besagte Recht geltenden allgemeinen Vorschriften zulassen. Das Eigentumsrecht gewährt der Erbengemeinschaft auch das Recht an den getrennten Erzeugnissen und sonstigen Bestandteilen iSv

§ 953; liegt jedoch in der Person eines Miterben die Voraussetzungen von § 955 vor, so erwirbt dieser gutgläubig das Eigentum an den Erzeugnissen und nicht die Erbengemeinschaft (MüKoBGB/*Gergen* Rn. 8).

Keine Rechtssurrogation liegt vor, wenn die Rechtsfolgen bereits aufgrund allgemeiner Vorschriften 7 eintreten, so zB die Entstehung einer Eigentümerhypothek nach Ablösung einer auf einem Nachlassgrundstücks liegenden Hypothek durch die Erbengemeinschaft gem. § 1163 I 2 oder die Zugehörigkeit einer Eigentümergrundschuld zum Nachlass ein Bestellung durch die Miterben gem. § 1196 I (MüKoBGB/*Gergen* Rn. 8).

2. Ersatzsurrogation („was als Ersatz für die Zerstörung, Beschädigung oder die Entziehung eines 8 Nachlassgegenstandes erworben wird"). Bei der Ersatzsurrogation treten Gegenstände oder Ansprüche ersatzweise an die Stelle ursprünglich im Nachlass vorhandener Gegenstände oder Ansprüche; hauptsächlich Schadensersatz- und Bereicherungsansprüche, Ersatzleistungen von Sachversicherungen, aber auch der Ersatzanspruch selbst kann Gegenstand der Ersatzsurrogation sein (MüKoBGB/*Gergen* Rn. 9; Staudinger/*Löhnig* Rn. 4).

Einzelfälle: Schadensersatzansprüche gegen einen Notar, der anlässlich des Verkaufs von Nachlass- 9 grundstücken seine Amtspflicht verletzt hat (BGH NJW 1987, 434). Im Falle der Teilungsversteigerung tritt mit dem Zuschlag (§ 90 I ZVG) für die weitere Auseinandersetzung unter den Miterben der Versteigerungserlös an die Stelle des Grundstücks (§ 92 ZVG; BGH NJW 1952, 263). Bei einer Teilungsversteigerung nach Pfändung eines Erbteils erlöschen die Zwangshypotheken mit Zuschlag an den Meistbietenden (§ 52 I 2 ZVG) und setzen sich als Rechte auf Befriedigung aus dem Versteigerungserlös fort, der das Surrogat für das mit ihnen belastete versteigerte Nachlassgrundstücks bildet (§ 92 ZVG), (BayObLG NJW 1959, 1780). Schadensersatzansprüche gegen einen Testamentsvollstrecker, auch wenn dieser nur einen Erbteil verwaltet jedoch den anderen Miterben die Mitwirkung an der ordnungsgemäßen Verwaltung verweigert und dadurch dem Nachlass ein Schaden entsteht (BGH NJW 1997, 1362; MüKoBGB/*Gergen* Rn. 9). Schadensersatzansprüche aus §§ 1960, 1915, 1833 fallen analog § 2041 in den Nachlass (OLG Dresden ZEV 2000, 402 mAnm *Damrau*). Der Ersatzanspruch kann auch öffentlich-rechtlicher Natur sein; so wurden Leistungen nach dem Lastenausgleichsgesetz an den Vorerben als Surrogate iSv § 2111 BGB angesehen, da im konkreten Fall keine ausdrücklichen Bestimmungen des Lastenausgleichsgesetz entgegenstanden (BGH NJW 1966, 592; 1972, 1369). Eine vergleichbare Situation nimmt die Rspr. für Restitutionsansprüche nach dem Gesetz zur Regelung offener Vermögensfragen an (BGH NJW 1993, 2176; FamRZ 1995, 1567), wobei ein Restitutionsanspruch nur dann Surrogat sein kann, wenn der Erbfall nach dem Stichtag den 29.9.1990 eingetreten ist; bei Erbfällen vor diesem Datum entsteht der Anspruch originär beim Berechtigten; wenn dies jedoch eine ungeteilte Erbengemeinschaft ist, dürfte Rechtssurrogation vorliegen (MüKoBGB/*Gergen* Rn. 10).

3. Beziehungssurrogation („was durch ein Rechtsgeschäft erworben wird, das sich auf den Nachlass 10 bezieht"). **a) Meinungsstreit.** Das Institut der Beziehungssurrogation kennt auch das Familienrecht im Rahmen der Gütergemeinschaft (§§ 1418 II Nr. 3, 1473 I) und in Form einer obligatorischen Surrogation das Recht des Erbschaftskaufes in § 2374. Um die Abgrenzung zur sog. Mittelsurrogation beim Erbschaftsbesitzer (§ 2019) und bei der Vorerbschaft (§ 2111) gibt es einen weitgehend akademischen Meinungsstreit (s. MüKoBGB/*Gergen* Rn. 12–28), der die Frage zum Gegenstand hat, ob die Beziehungssurrogation weitreichender ist als die Mittelsurrogation. IErg entspricht die Beziehungssurrogation der Mittelsurrogation, da es in den Vorschriften der §§ 2041, 2019, 2111 sämtlich darum geht, den (Mit-)Erben und Nachlassgläubigern den Nachlass möglichst ungeschmälert zu erhalten und es aufgrund der Tatsache, dass jede Erbengemeinschaft auf Auseinandersetzung gerichtet ist, keine Notwendigkeit gibt, den Nachlass in seinem Wert zu steigern (MüKoBGB/*Gergen* Rn. 22).

b) Tatbestand. Die Beziehungssurrogation setzt ein wirksames Rechtsgeschäft voraus, welches im Zu- 11 sammenhang mit dem Nachlass stehen muss. Unbestritten ist, dass eine rein **objektive Beziehung** zwischen Rechtsgeschäft und Nachlass genügt, um die Surrogation herbeizuführen. **Hauptanwendungsfälle** sind der Erwerb von Gegenständen für die Erbengemeinschaft mit Mitteln aus dem Nachlass. Dabei kommt es nicht auf den subjektiven Willen des Handelnden an; auch wenn dieser nicht für den Nachlass erwerben will, tritt kraft Gesetzes die Surrogationswirkung ein.

Strittig ist der Lit., ob nicht nur der Miterbe, sondern auch ein Dritter Handelnder iSv S. 1 sein 12 kann. MüKoBGB/*Gergen* Rn. 31 lehnt dies ab mit dem Hinweis auf die Parallelität zu §§ 2019, 2111, wonach Erbschaftsbesitzer und Vorerbe selbst handeln müssen. Nach Staudinger/*Löhnig* Rn. 13 kann die Person, die einen Nachlassgegenstand zerstört, beschädigt oder entzogen hat oder das sich auf den Nachlass beziehende Rechtsgeschäft getätigt hat auch ein Dritter sein. Begründet wird dies damit, dass § 2041 im Gegensatz zu den anderen die Erbengemeinschaft betreffenden §§ 2033–2063 nicht explizit das Wort „Miterbe" erwähnt. Ferner weisen die Gesetzesmotive im Hinblick auf die Beziehungssurrogation ausdrücklich darauf hin, dass das Surrogat durch Erwerbspersonen entstehen kann, die nicht zu Erbengemeinschaft gehören (Prot. V 867). Praktische Bedeutung hat dies bei der Verfügung eines Nichtberechtigten; würde hier keine dingliche Surrogation eintreten, wären die Miterben auf den schuldrechtlichen Anspruch nach § 816 BGB angewiesen, der ggf. aufgrund Entreicherung nicht durchgesetzt werden könnte (OLG Hamm ZEV 2001, 275); dies würde jedoch dem Normzweck von § 2041 widersprechen, der den Nachlass in seiner Werthaltigkeit zusammenhalten will (Staudinger/*Löhnig* Rn. 10a; NK-BGB/*Ann* Rn. 11).

13 **c) Einzelfälle.** Beim Verkauf eines Nachlassgrundstückes entsteht der Kaufpreisanspruch als Surrogat (BGH NJW 2000, 506). Beim Verkauf eines Nachlassgrundstücks, um von dem Erlös ein Hofgrundstück zu kaufen, liegt eine Doppel- oder Kettensurrogation vor; dadurch wird das Prinzip der dinglichen Surrogation nicht eingeschränkt, da der Normzweck des Erhalts des Wertes des Sondervermögens auch durch zwei aufeinander folgende Rechtsgeschäfte erfüllt werden kann (BGH ZEV 2000, 62). Bei einem Erwerb der teilweise mit Mitteln der Erbschaft und teilweise mit eigenen Mitteln des Handelnden bewirkt wird, fällt nur der mit den Mitteln der Erbschaft erworbene Teil in den Nachlass, so dass auch nur insoweit eine dingliche Surrogation in Betracht kommt (OLG Düsseldorf NJWE-FER 1999, 60). Erwirbt ein Vorerbe durch Rechtsgeschäft mit Mitteln aus der Erbschaft einen Kommanditanteil, wird dieser Bestandteil der Vorerbschaft; die damit verbundenen Gewinnrechte gehören im Wege der Rechtssurrogation ebenfalls zur Vorerbschaft (BGH NJW 1990, 514 – Aufgabe der vormals gegenteiligen Rspr. BGH NJW 1977, 433). Eine Erbengemeinschaft, die nach § 15 I GmbHG einen GmbH-Anteil durch Erbgang erworben hat, kann bei einer Kapitalerhöhung nur das erhöhte Kapital zu leistende Stammeinlage übernehmen, wenn es sich bei dem Erwerb des mit der Eintragung der Satzungsänderung entstehenden Geschäftsanteils um einen Surrogationserwerb handelt (OLG Hamm MittBayNot 1975, 128). Die Verpachtung einer zum Nachlass gehörenden Apotheke bezieht sich als Maßnahme der ordentlichen Verwaltung auch dann auf den Nachlass, wenn ein Miterbe den Pachtvertrag im eigenen Namen und in der Absicht abschließt, den Pachtzins für sich einzuziehen; gleichwohl steht der Pachtzins kraft dinglicher Surrogation allen Miterben zu (BGH NJW 1968, 1824; OLG München NJW 1956, 1880). Tilgt ein Vorerbe eine Darlehensschuld der Erbengemeinschaft, die durch eine am Nachlassgrundstück bestellte Hypothek gesichert war, unterfällt die dadurch entstehende Eigentümergrundschuld im Wege der dinglichen Surrogation der Vorerbschaft (BGH NJW 1963, 2320). Der Rückgewähranspruch aus § 346 wegen Verzugs bei der Erbauseinandersetzung nach erfolgter Verteilung des Nachlasses bildet als Beziehungssurrogat noch einen auseinandersetzungsfähigen Nachlassgegenstand (KG BeckRS 2012, 23096 = ErbR 2013, 84). Eigentumserwerb von Miterben ist nur nach § 2041 möglich; ausreichend ist, wenn der Erwerb nach dem Willen nur eines Vorkaufsberechtigten dem Nachlass zugutekommen soll und wirtschaftlich zweckmäßig ist (BGH ZEV 2017, 627).

§ 2042 Auseinandersetzung

(1) **Jeder Miterbe kann jederzeit die Auseinandersetzung verlangen, soweit sich nicht aus den §§ 2043 bis 2045 ein anderes ergibt.**
(2) **Die Vorschriften des § 749 Abs. 2, 3 und der §§ 750 bis 758 finden Anwendung.**

I. Normzweck

1 Da die Erbengemeinschaft von Gesetzes wegen als Zwangsgemeinschaft gebildet und von vornherein auf Auseinandersetzung angelegt ist, gibt § 2042 **jedem** Miterben das Recht, die Erbengemeinschaft jederzeit beenden zu können. Der Begriff „Auseinandersetzung" umfasst sowohl die **schuldrechtliche Vereinbarung** als auch deren **dinglichen Vollzug**. Erst wenn alle Nachlassgegenstände mit dinglicher Wirkung auf die Miterben übertragen sind, ist die Auseinandersetzung beendet und die Erbengemeinschaft aufgelöst. Eine vertragliche Wiederherstellung der Erbengemeinschaft ist aufgrund der Rechtsnatur einer auf Liquidation angelegten Gemeinschaft nicht möglich (Staudinger/*Löhnig* Rn. 66).

Der Auseinandersetzungsantrag ist für überstimmte Miterben auch ein Mittel, sich gegen eine nicht gewünschte Verwaltungsmaßnahme zu wenden.

2 Der durch die Auseinandersetzung bestehenden Gefahr Familienbetriebe oder langjährigen Familienbesitz zu zerschlagen, kann durch eine einvernehmliche Auseinandersetzung zwischen den Miterben begegnet werden, die nicht den gesetzlichen Regeln folgen muss. Das hierfür ebenfalls vorgesehene Vermittlungsverfahren (§§ 363, 487 FamFG), hat kaum praktische Bedeutung erlangt, da es die Zustimmung aller Miterben erfordert und daher von Erbengemeinschaften, die sich einvernehmlich auseinander setzen, als Instrumentarium nicht benötigt wird.

II. Auseinandersetzungsanspruch

3 **1. Berechtigte.** Der Auseinandersetzungsanspruch steht jedem **Miterben** (Abs. 1), jedem **Anteilserwerber** (§ 2033), dem für einen Erbteil eingesetzten **Testamentsvollstrecker** anstelle des betreffenden Miterben (§ 2204), dem **Abwesenheitspfleger** für die unbekannten Erben zu (MüKoBGB/*Ann* Rn. 6). Der **Nießbraucher** am Erbteil eines Miterben (§ 1066 II) und der **Pfandgläubiger vor Pfandreife** (§ 1258 II 1) können den Anspruch auf Auseinandersetzung nur **gemeinschaftlich** mit den betreffenden Miterben verlangen (BGH NJW 1969, 1347); **nach** Eintritt der **Pfandreife** (§ 1258 II 2) der **Pfandgläubiger** auch allein (BGH NJW 1967, 200). Für das Pfändungspfandrecht (§ 804 ZPO) gilt § 1258 II–IV nicht; nach Pfändung und Überweisung steht das Auseinandersetzungsrecht dem Pfändungspfandgläubiger zu (BGH NJW-RR 1999, 504; MüKoBGB/*Ann* Rn. 32). Auch der Miterbe, der wegen ausgleichspflichtiger Vorempfänge bei der Auseinandersetzung nichts mehr erhält, kann die Auseinandersetzung beantragen, um sein Recht auf Ausscheiden aus der Erbengemeinschaft zu gewährleisten; ein Antrag auf Teilungsversteigerung wäre in diesem Fall jedoch treuwidrig. Der sich in Privatinsolvenz befindliche Miterbe hat die Obliegenheit den hälftigen Wert der Erbschaft an den Treuhänder herauszugeben (BGH

NJW 2013, 870). Zur Eintragung des Insolvenzvermerks eines Miterben im Grundbuch (BGH NJW-RR 2011, 1030).

Nicht berechtigt die Auseinandersetzung zu verlangen sind Nachlassgläubiger und Nacherben (Mü- 4 KoBGB/*Ann* Rn. 6). Kein Antragsrecht steht auch einem Miterben zu, der sein Erbteil auf einen anderen Miterben übertragen hat; durch die Übertragung bleibt er zwar Miterbe (BGH NJW 1983, 1555), hat aber jegliche Beteiligung am Nachlass und den einzelnen Nachlassgegenständen verloren (BGH NJW 2011, 1226; → § 2033 Rn. 23). Nicht berechtigt ist auch ein für das gesamte Nachlass bestellter Nachlasspfleger, da dessen Aufgabe sich in der Ermittlung der Erben und Herausgabe des Nachlasses an diese erschöpft (KG NJW 1971, 565). Allerdings ist es möglich für einzelne unbekannte Miterben einen Teilnachlasspfleger (§ 1960 I 2) zu bestellen, der dann die Auseinandersetzung mit den bekannten Erben betreiben kann, da dadurch die Gesamthandsgemeinschaft der vom Pfleger vertretenen unbekannten Erben erhalten bleibt (KG NJW 1971, 565).

2. „Antragsgegner". Der Auseinandersetzungsanspruch ist gegen alle die Miterben zu richten, die 5 eine Auseinandersetzung verweigern (BGH NJW 1985, 51; OLG Köln NJW-RR 1997, 519).

3. Anspruchsinhalt. Der Anspruch des Miterben auf Auseinandersetzung der Erbengemeinschaft ist 6 grds. auf die **Auseinandersetzung des gesamten Nachlasses** gerichtet; eine Teilauseinandersetzung gegen den Willen eines Miterben oder sonstigen Berechtigten ist nur in besonderen Ausnahmefällen möglich, wenn dadurch weder die Belange der Erbengemeinschaft noch der einzelnen Miterben beeinträchtigt werden (BGH NJW 1963, 1541; KG NJW 1961, 733; OLG München NJW-RR 1991, 1097; KG NJOZ 2003, 2609; OLG Rostock ZEV 2009, 465; OLG Hamm BeckRS 2010, 19846; OLG Koblenz NJW-RR 2013, 584; OLG Dresden BeckRS 2010, 33124; Staudinger/*Löhnig* Rn. 59). Teilungsversteigerung nur zur Umschichtung des Nachlasses ist unzulässige Teilauseinandersetzung; dagegen Drittwiderspruchsklage (§ 771 ZPO) des ablehnenden Miterben (KG BeckRS 2012, 20250). Der Anspruch ist inhaltlich auf **Mitwirkung** zu sämtlichen, die Auseinandersetzung herbeiführenden Maßnahmen gerichtet, zB Zustimmung zur Verwertung von Nachlassgegenständen, Bezahlung von Nachlassverbindlichkeiten, Verteilung des verbleibenden Überschusses. Soweit die Miterben die Auseinandersetzung einvernehmlich herbeiführen, sind sie in der Gestaltung grds. frei, müssen lediglich bindende Anordnungen des Erblassers beachten (§§ 2044, 2048, 2049), wobei sie sich auch über einen angeordneten Ausschluss der Auseinandersetzung und Teilungsanordnungen einvernehmlich hinwegsetzen können (Staudinger/*Löhnig* Rn. 6). Bei einer streitigen Auseinandersetzung sind die gesetzlichen Teilungsregeln einzuhalten (→ Rn. 17, 53ff.).

Das Recht auf Durchführung der Auseinandersetzung ist untrennbar mit der gesamthänderisch gebundenen Stellung des Miterben verbunden und **nicht isoliert abtretbar**, es sei denn im Wege der Prozessstandschaft, da es dabei nur noch um die Durchführung von Maßnahmen geht, die die Mehrheit der Miterben bereits rechtlich gestaltet hat (BGH FamRZ 1965, 267).

4. Fälligkeit. Der Berechtigte kann grds. die Auseinandersetzung **jederzeit** verlangen. Ein Auseinan- 7 dersetzungsverlangen zur „Unzeit", wie dies § 723 II vorsieht, gibt es bei der Erbengemeinschaft nicht (§ 749 sieht dies ebenfalls nicht vor!). Allerdings ist zum einen § 2043 zu beachten, zum anderen kann ein Auseinandersetzungsverlangen dann gegen Treu und Glauben verstoßen, wenn ein Mitglied einer Erbengemeinschaft ohne dringenden persönlichen Grund gegen den übereinstimmenden Willen der übrigen Miterben und gegen die Entscheidung des Testamentsvollstreckers die Aufhebung der Gemeinschaft verlangt (LG Düsseldorf FamRZ 1955, 303). Während bestehender Nachlassverwaltung und Nachlassinsolvenz ist eine Auseinandersetzung ebenfalls nicht möglich (MüKoBGB/*Ann* Rn. 8).

5. Verjährung. Nach Abs. 2, § 758 **verjährt** der Auseinandersetzungsanspruch **nicht**. Soweit ein Mit- 8 erbe die Erbschaft in Besitz hat, ist § 2026 zu beachten, dem § 758 nicht entgegensteht (Staudinger/*Gursky* § 2026 Rn. 10). Brisant wurde das Problem nach der Erbrechtsreform jedoch nicht, da § 197 I Nr. 1 nF um § 2018 erweitert wurde.

6. Ausschluss der Auseinandersetzung. a) Kraft Gesetzes: wegen eines gezeugten (§ 1923 II), aber 9 noch nicht geborenen Erben (→ § 2043 Rn. 4).

b) Ausschluss durch Anordnung des Erblassers. → § 2044 Rn. 2ff. 10

c) Ausschluss durch Vereinbarung der Miterben. Abs. 2 iVm §§ 749, 750 gestattet den Miterben die 11 Auseinandersetzung durch formlose Vereinbarung für immer oder auf Zeit auszuschließen (§ 749 II 1) oder eine Kündigungsfrist zu vereinbaren (§ 749 II 2). Die Möglichkeit einer Kündigung aus wichtigem Grund garantiert § 749 III. Da es sich um eine vertragliche Vereinbarung handelt, gilt die Frist des § 2044 II nicht. Die Vereinbarung kann sich auch auf einzelne Nachlassgegenstände beziehen oder bestimmte Arten der Verwertung ausschließen (MüKoBGB/*Ann* Rn. 10). Die Vereinbarung ist rein **schuldrechtlichen Natur** und wirkt lediglich im Verhältnis der daran beteiligten Miterben. Gegen Sondernachfolger des Anteils wirkt sie gem. Abs. 2 iVm § 751, so dass eine Eintragung im Grundbuch entbehrlich ist (Staudinger/*Löhnig* Rn. 5a). Ebenso ist der Nießbraucher gebunden, der seine Rechte nur gemeinschaftlich mit dem Miterben ausübt (MüKoBGB/*Ann* Rn. 11).

Keine Bindung entfaltet diese Vereinbarungen im Insolvenzverfahren (§ 84 II 2 InsO); ebenso wenig 12 gem. § 751 S. 2 gegenüber einem Gläubiger eines Miterben bei Pfändung aufgrund eines nicht nur vorläufig vollstreckbaren Titels, gegenüber einem Vertragspfandgläubiger nach § 1258 II, § 1273 II und gegenüber einem Pflichtteilsberechtigten (§ 2306) (MüKoBGB/*Ann* Rn. 11).

13 Die Vereinbarung der Miterben, die gesamthänderischer Bindung aufrecht zu erhalten kann auch eine Form der Auseinandersetzung sein, da sich die Natur der Gemeinschaft von einer Liquidationsgemeinschaft in eine „werbende" wandelt (→ Rn. 29).

14 7. Aufschub der Auseinandersetzung. S. §§ 2045, 2046.

III. Materiell-rechtliche Grundlagen der Auseinandersetzung

15 **1. Vereinbarungen der Miterben.** Der Königsweg ist sicher eine einvernehmliche Vereinbarung zwischen den Miterben, die bei Vorhandensein eines Grundkonsenses auch unterstützend durch eine Mediation herbeigeführt werden kann. Da es keine gesetzlichen Vorgaben gibt, sind die Miterben in der Gestaltung frei; sie können den gesamten Nachlass verwerten und den Erlös teilen; sie können aber auch hinsichtlich einzelner Nachlassgegenstände eine Bruchteilsgemeinschaft bilden (BGH NJW 1956, 1433; zur Erforderlichkeit eines Erbauseinandersetzungsvertrages OLG München ZEV 2012, 415), bestehende Unternehmen fortführen (BGH NJW 1985, 136; BFH NJW 1988, 1343) und auf diese Weise eine Zerschlagung von Familienunternehmen sichern und angestammten Familienbesitz erhalten. Die Miterben können sich auch einvernehmlich über Teilungsanordnungen des Erblassers hinwegsetzen (Staudinger/*Löhnig* Rn. 6; → § 2048 Rn. 20). Ein Hinwegsetzen über Auflagen ist ebenfalls möglich, wobei beachtet werden muss, ob der Erblasser den Nichtvollzug mit Sanktionen belegt hat (MüKoBGB/*Ann* Rn. 21). Auseinandersetzungsvereinbarungen zu Lebzeiten des Erblassers sind wegen § 311b IV nichtig.

16 **2. Teilungsanordnung.** Soweit keine einvernehmliche Regelung zwischen den Miterben zu Stande kommt, sind zunächst Teilungsanordnungen des Erblassers zu beachten; mit der Teilungsanordnung kann der Erblasser nicht nur einzelne Nachlassgegenstände verschiedenen Miterben zuweisen, sondern auch bestimmte Verwaltungsanordnungen treffen oder gem. § 2048 S. 2 die Teilung in das Ermessen eines Dritten stellen. Die in einem Testament getroffenen Teilungsanordnung hat schuldrechtliche Wirkung wie eine Miterbenvereinbarung und geht den gesetzlichen Regeln für die Auseinandersetzung vor (BGH NJW 2002, 2712; 1985, 51). Die Teilungsversteigerung eines im Nachlass befindlichen Grundstücks zur Erbauseinandersetzung ist unzulässig, wenn sie der Teilungsanordnung des Erblassers widerspricht; angreifbar mit Drittwiderspruchsklage (OLG München ZEV 2017, 265).

3. Auseinandersetzung nach den gesetzlichen Vorschriften (§ 2042 II, §§ 2046 ff., 752 ff.).

17 a) **Berichtigung von Nachlassverbindlichkeiten (§§ 2046, 755 f.).** Soweit weder eine Vereinbarung der Miterben, noch eine Teilungsanordnung des Erblassers vorliegen, ist die Auseinandersetzung nach den gesetzlichen Vorschriften zu regeln. Vor der eigentlichen Teilung sind die Nachlassverbindlichkeiten aus dem Nachlass zu berichtigen (§ 2046) und bei Streitigkeiten, ob eine derartige Verbindlichkeit besteht, der erforderliche Betrag zurückzuhalten (BGH NJW 1985, 51). § 2046 erlegt den Miterben die Verpflichtung auf, Nachlassverbindlichkeiten zu erfüllen; diese Verpflichtung besteht nicht gegenüber Nachlassgläubigern (Staudinger/*Löhnig* Rn. 21). Zur gesamtschuldnerischen Haftung der Miterben s. § 2058. Nach Erfüllung von Ausgleichspflichten (§§ 2050 ff.) und Aufwendungsersatz- und Schadensersatzansprüche der Miterben (MüKoBGB/*Ann* Rn. 23), wird der „Reinnachlass" im Verhältnis der Erbteile verteilt; über Abs. 2 sind die allgemeinen Vorschriften der §§ 752–754 anzuwenden.

18 b) **Teilung. aa) Teilung in Natur (§ 752).** Grundsätzlich sind die Nachlassgegenstände in Natur zu teilen; dies ist anzunehmen, wenn die Nachlassgegenstände ohne eine Wertminderung zu erfahren sich in den Erbteilen der Miterben entsprechende gleichartige Teile zerlegen lassen (MüKoBGB/*Schmidt* § 752 Rn. 8 ff.). Sind die Teile gleich groß, gleichwertig und gleichartig, entscheidet nach § 752 S. 2 das Los, falls keine Einigung erzielt werden kann. Miterben können auf Mitvornahme der Verlosung klagen und den Anspruch auf Verlosung nach § 887 ZPO vollstrecken (Palandt/*Sprau* § 752 Rn. 5), dagegen wird der Anspruch aus der Verlosung nach §§ 883, 894 ZPO vollstreckt (MüKoBGB/*Schmidt* § 752 Rn. 34).

19 **Teilbar sind:** Geld; Aktienpakete, jedoch nicht die einzelne Aktie (§ 8 V AktG); Wertpapiere, wenn es sich um Forderungen gegen den Emittenten von teilbaren Wertpapieren (zB Bundesschatzbriefe) handelt (Rißmann Erbengemeinschaft S. 230 ff.). Bruchteile einer Gemeinschaft (MüKoBGB/*Schmidt* § 752 Rn. 16); Hypotheken, Grundschulden und Eigentümergrundschulden (MüKoBGB/*Schmidt* § 752 Rn. 22); Warenvorräte (MüKoBGB/*Schmidt* § 752 Rn. 12).

20 **Unteilbar sind:** gemeinschaftliche Besitz- und Nutzungsverhältnisse (Miet- und Pachtverhältnisse, Versorgungs- und Kommunikationsanschlüsse) (MüKoBGB/*Schmidt* § 752 Rn. 15); Erbteile sind zwar ideell teilbar, jedoch nicht in Natur (MüKoBGB/*Schmidt* § 752 Rn. 17); Erfindungen und Patente (MüKoBGB/*Schmidt* § 752 Rn. 18 § 752); Forderungen aus unteilbaren Rechtsverhältnissen (MüKoBGB/*Schmidt* § 752 Rn. 19); in der Praxis werden Forderungen regelmäßig nach § 2039 oder § 754 eingezogen (Rißmann Erbengemeinschaft S. 231); Gesellschaftsanteile (bei Personengesellschaften ohne gesellschaftsvertragliche Grundlage und ohne Mitwirkungserfordernis aller Gesellschafter in der Regel nicht möglich), (Teilung eines GmbH Anteils ist nach § 46 Nr. 4 GmbHG nur mit Genehmigung durch Gesellschafterbeschluss möglich; bei Verweigerung Teilung durch Verkauf nach § 753, der an § 15 V GmbHG scheitern kann) (MüKoBGB/*Schmidt* § 752 Rn. 20); Grundstücke (MüKoBGB/*Schmidt* § 752 Rn. 28); Tiere (MüKoBGB/*Schmidt* § 752 Rn. 28); Unternehmen (MüKoBGB/*Schmidt* § 752 Rn. 29); Miturheberrechte (MüKoBGB/*Schmidt* § 752 Rn. 30); Lebensversicherungsverträge, die zu kündigen und die eingezahlten Prämien nach § 754 S. 2 einzuziehen sind (MüKoBGB/*Schmidt* § 752 Rn. 24).

bb) **Teilung durch Verkauf (§ 753).** Die Auseinandersetzung unteilbarer Gegenstände erfolgt durch Verkauf des Nachlassgegenstandes und Teilung des Erlöses, wobei bewegliche Sachen und Rechte nach den Vorschriften über den Pfandverkauf (§ 753 I 1, § 754 iVm §§ 1233 ff., 1277, 1279 ff.) und Grundstücke nach §§ 180 ff. ZVG im Wege der Zwangsversteigerung zu veräußern sind. Jeder einzelne Miterbe ist befugt, den Antrag auf Teilungsversteigerung zu stellen, wenn die Gesamtauseinandersetzung bezweckt wird (BGH NJW-RR 1999, 504). Gefährdet ein Antrag auf Teilungsversteigerung eine gütliche Einigung, kann das Verfahren einstweilen eingestellt werden (§ 180 II ZVG) (MüKoBGB/*Ann* Rn. 25). Nach § 753 II können Verkaufsversuche wiederholt werden; die Kosten trägt der Miterbe, der die Wiederholung fordert. Die Zwangsversteigerung bereitet die endgültige Auseinandersetzung nur vor, der Erlös fällt als Surrogat in den Nachlass; erst mit der Verteilung des Erlöses ist die Auseinandersetzung vollzogen (BGH NJW 1969, 1347). Ist die Veräußerung an einen Dritten aufgrund einer Verfügung des Erblassers unstatthaft, ist der Nachlassgegenstand unter den Miterben zu versteigern (Abs. 2 iVm § 753 I 2) (Staudinger/*Löhnig* Rn. 26). Unveräußerliche Gegenstände bleiben gesamthänderisch gebunden. Es gibt keinen Anspruch eines Miterben auf Umwandlung von Gesamthandseigentum in Bruchteilseigentum (BGH NJW 1956, 1433).

cc) **Vermeidung von Härten.** Beim Verkauf beweglicher Nachlassgegenstände kann gem. § 410 Nr. 4 FamFG iVm § 1246 durch Gerichtsbeschluss eine abweichende Verkaufsart (sa § 825 ZPO) erreicht werden, die dem Willen des Erblassers besser gerecht wird als eine öffentliche Verwertung, wie zB notarielle Versteigerung nach § 20 III BNotO nur unter den Miterben; bei Vorliegen ganz besonderer Voraussetzungen kann auch die Veräußerung an einen Miterben erfolgen (MüKoBGB/*Ann* Rn. 26). Gegen Palandt/*Sprau* § 753 Rn. 8; MüKoBGB/*Heldrich*, 4. Aufl. 2001, Rn. 26 ist eine Leistungsklage gerichtet auf richterliche Zuweisung eines Nachlassgegenstandes nach dem Rechtsgedanken von §§ 242, 315 III 2 abzulehnen, da es keine gesetzlich anerkannte Gestaltungsklage gibt (MüKoBGB/*Ann* Rn. 26; MüKoBGB/*K. Schmidt* Rn. 2, § 753 Rn. 34).

c) **Haftung.** Die Miterben, die Nachlassgegenstände entweder kraft Vereinbarung (§ 752 S. 1) oder durch richterlichen Entscheid kraft Billigkeit (→ Rn. 22) zugeteilt bekommen haften mit ihrem Anteil nach Kaufrecht (Abs. 2 iVm §§ 757, 434 ff.). Erfolgt die Zuteilung durch den Testamentsvollstrecker und tritt ein Gewährleistungsfall ein, wird diese Verpflichtung als Nachlassverbindlichkeit gem. § 1967 II behandelt (MüKoBGB/*Ann* Rn. 27). Für Verlust oder Beschädigung eines Nachlassgegenstandes haften die Erben bis zum Vollzug der Auseinandersetzung gemeinsam (Staudinger/*Löhnig* Rn. 62).

IV. Verfahren zur Auseinandersetzung

1. Vertragliche Vereinbarung über die Art der Auseinandersetzung. a) Vertragsparteien. Vertragsparteien sind die vorstehend unter II 1 u. 2 genannten Berechtigten und Verpflichteten (→ Rn. 3), in der Regel die Miterben und Erbteilserwerber. Nacherben sind an dem Vertrag nicht zu beteiligen, da es zwischen Vor- und Nacherben keine auseinandersetzungsfähige Erbengemeinschaft gibt (→ § 2032 Rn. 9). Dem Vertrag zustimmen muss der Pfandgläubiger vor Pfandreife; nach Eintritt der Pfandreife schließt dieser allein den Auseinandersetzungsvertrag (BGH NJW 1969, 1347); bei Abweichung von den gesetzlichen Regelungen der § 2042 II, § 2046 ff. muss der Miterbenschuldner dem Vertrag zustimmen (MüKoBGB/*Ann* Rn. 32). Der Pfandgläubiger ist nur an eine Auseinandersetzungsvereinbarung gebunden, der er zugestimmt hat (Staudinger/*Löhnig* Rn. 37). Der Nießbraucher ist gem. § 1066 II gemeinsam mit dem Miterben zu beteiligen (Palandt/*Herrler* § 1066 Rn. 3). § 1258 II u. 3 gilt nicht für das Pfändungspfandrecht (→ Rn. 3).

b) **Inhalt des Auseinandersetzungsvertrages.** Der Auseinandersetzungsvertrag ist die schuldrechtliche Grundlage für den dinglichen Vollzug der Teilung (BGH NJW 1963, 345). Soweit der Vertrag die gesetzliche Auseinandersetzungsregelung zum Gegenstand hat, ist er deklaratorisch; soweit die Miterben von ihrer Gestaltungsfreiheit Gebrauch gemacht und abweichende Vereinbarungen getroffen haben, ist der Vertrag konstitutiv; er kann auch Elemente des Anerkenntnisses oder Verzichts haben (MüKoBGB/*Ann* Rn. 33).

aa) **Vollauseinandersetzung.** Bei der Vollauseinandersetzung werden **sämtliche Nachlassgegenstände** verteilt oder verwertet und die **Gesamthandsgemeinschaft aufgelöst.** Wenn lediglich Geldvermögen und bewegliche Sachen vorhanden sind, ist eine Auseinandersetzung durch Realteilung möglich. Eine häufige Art der Auseinandersetzung ist die **Umwandlung** von **Gesamthandseigentum in Bruchteilseigentum** (BGH NJW 1956, 1433), insbes. um eine angeordnete Testamentsvollstreckung beenden zu können (BGH NJW 1971, 1805). Von der Rspr. ist anerkannt, dass Testamentsvollstrecker und Miterben gemeinsam über ein vom Erblasser angeordnetes Teilungsverbot hinwegsetzen können (BGH NJW 1963, 2320). Nach der Umwandlung des Gesamthandseigentums in Bruchteilseigentum ist der Testamentsvollstreckervermerk im Grundbuch zu löschen (BGH NJW 1971, 1805).

Die Auseinandersetzung über den Erlös (als Surrogat) aus dem Verkauf eines Nachlassgrundstücks, das im Miteigentum der mittlerweile verstorbenen Eltern beider Parteien stand, ist nicht zwingend von der noch nicht vorgenommenen Erbauseinandersetzung nach dem erstverstorbenen Elternteils abhängig, zumindest soweit sich das Auseinandersetzungsverlangen nur auf den Anteil des zweitverstorbenen Elternteils am Erlös beschränkt (BGH ZEV 2001, 313).

Die Auseinandersetzung kann auch in der Übertragung des Nachlasses an einen oder mehrere Miterben gegen Zahlung einer Abfindung an die übrigen Miterben bestehen. Eine derartige Vereinbarung kann ein Kaufvertrag sein, jedoch kein Erbschaftskauf iSv §§ 2371 ff., da die Auseinandersetzung bezweckt ist (Staudinger/*Löhnig* Rn. 23). Möglich ist es auch, in einer derartigen Auseinandersetzung einen Vergleich iSv § 779 zu sehen; im Vergleichsweg können sich die Erben auch auf eine Verteilung verschiedenartiger Nachlassgegenstände verständigen. Irren sich die Vertragsparteien über die Vergleichsgrundlage, zB die Gültigkeit des zu Grunde liegenden Testaments oder taucht ein späteres Testament mit anderem Inhalt auf, ist der Auseinandersetzungsvertrag unwirksam (§ 779 I) (Staudinger/*Löhnig* Rn. 27, 29).

Eine Vollauseinandersetzung liegt auch vor, wenn statt eines förmlichen Auseinandersetzungsvertrages ein Miterbe sämtliche Erbteile durch Übertragung gegen Abfindung oder Erwerb in seiner Hand vereinigt (BGH NJW 1983, 1555).

28 Nicht erforderlich ist, dass der Auseinandersetzungsvertrag in einer Urkunde niedergelegt ist; die Auseinandersetzung kann auch in Einzelverträgen vorgenommen werden, wenn diese auf Auseinandersetzung der Erbengemeinschaft gerichtet sind (MüKoBGB/*Ann* Rn. 33); zur Umwandlung von zum Nachlass gehörenden Grundstücken in Bruchteilseigentum (BGH NJW 1971, 1805).

29 Eine Auseinandersetzung liegt auch dann vor, wenn ein sich im Nachlass befindliches **Unternehmen** von den Miterben **fortgeführt** wird (BGH NJW 1955, 1227; Staudinger/*Löhnig* Rn. 55 ff.); durch den Fortführungswillen ändert sich der Zweck der Gemeinschaft von der ursprünglichen Liquidationsgemeinschaft zu einer werbenden Gemeinschaft. Die Rspr. erkennt an, dass Miterben auch ohne gesellschaftsrechtlichen Zusammenschluss ein ererbtes Handelsgeschäft in ungeteilte Erbengemeinschaft ohne zeitliche Begrenzung fortführen können (BGH NJW 1951, 311; 1985, 136). Ein stillschweigender Abschluss eines Gesellschaftsvertrages wird von der Rspr. abgelehnt, da es der Übertragung der Unternehmensgüter an der Erbengemeinschaft auf die Personengesellschaft bedarf (BFH NJW 1988, 1343). Wollte man dies fingieren, läge eine (teilweise) Auseinandersetzung der Erbengemeinschaft vor, wozu die Erben nach §§ 2043 ff. jedoch nicht gezwungen werden können (BGH NJW 1985, 136). Wenn die Erbengemeinschaft jedoch wie eine OHG im Rechtsverkehr auftritt, entstehen für die Frage der Haftung, die noch nicht abschließend geklärt ist. Um die Möglichkeit der Haftungsbeschränkung der Erbengemeinschaft zu erhalten, kann diese durch individuelle Parteiabreden oder durch Vollmachtbeschränkung auf den Nachlass umgesetzt werden; wenn dies jedoch nicht möglich ist besteht ein Konflikt mit dem **gesellschaftsrechtlichen Prinzip der unbeschränkten Haftung** (BGH NJW 1985, 136). Soweit in der Lit. darauf abgestellt wird, dass nach Ablauf der Frist des § 27 II HGB die Fortführung des Geschäfts nur noch in Form einer Handelsgesellschaft möglich sei, wird dies von der Rspr. als weder mit § 27 II HGB, noch mit erbrechtlichen Vorschriften vereinbar angesehen (BGH NJW 1985, 136).

30 Noch weitergehende Probleme ergeben sich, wenn minderjährige Miterben ein Handelsgeschäft fortführen im Hinblick auf den Minderjährigenschutz, während der BGH zur Frage der vormundschaftlichen Genehmigung entschieden hat, dass die Fortführung eines Handelsgeschäfts kein Fall des § 1822 Nr. 3 ist (BGH NJW 1985, 136).

31 bb) Teilauseinandersetzung. Die Auseinandersetzung kann sich auf einzelne Nachlassgegenstände beschränken, so dass der restliche Nachlass zunächst ungeteilt bleibt (**gegenständliche Teilauseinandersetzung**). Befindet sich in einem Nachlass als Nachlassgegenstand ein Erbteil aus einem anderen Nachlass, so kann dieser auseinander gesetzt werden, ohne den gesamten Nachlass auseinander zusetzen. Wenn dieser im Nachlass befindliche Erbteil ohne Verminderung seines Wertes und ohne die Belange der Erbengemeinschaft zu beeinträchtigen geteilt werden kann, ist die gegenständlich beschränkte Auseinandersetzung einzelner Nachlassgegenstände zulässig (BGH NJW 1963, 1610) mit der Folge, dass die Gesamthandsgemeinschaft bzgl. des fraglichen Nachlassgegenstandes unter allen Miterben aufgehoben werden muss (MüKoBGB/*Ann* Rn. 14). Da es nicht möglich ist, eine Erbengemeinschaft vertraglich zu errichten, kann innerhalb einer nach einer gegenständlichen Teilauseinandersetzung fortbestehenden Erbengemeinschaft keine engere nur zwischen einzelnen Miterben bestehende Gemeinschaft gegründet werden (Staudinger/*Löhnig* Rn. 14).

32 Die Miterben haben jedoch die Möglichkeit an Nachlassgegenständen, die im Wege der Teilauseinandersetzung aus dem Nachlass ausgeschieden sind, eine andere GbR (MüKoBGB/*Ann* Rn. 16) oder eine Bruchteilsgemeinschaft zu begründen (BGH NJW 1971, 1805).

33 Die Auseinandersetzung kann auch darauf gerichtet sein, dass einzelne Miterben aus der Erbengemeinschaft ausscheiden (**persönliche Teilauseinandersetzung**).

34 cc) Abschichtung. Neben der Auseinandersetzung der Erbengemeinschaft durch Teilung bzw. Veräußerung der Nachlassgegenstände und Teilung des Erlöses und der Übertragung von Erbteilen in die Hand eines Miterben, erkennen Rspr. und Lit. einen dritten Weg an, der zur persönlichen Teilauseinandersetzung führt, nämlich die Möglichkeit eines Ausscheidens von Miterben gegen Abfindung aus der Erbengemeinschaft, sog. **Abschichtung**. Die Abschichtung ist dadurch gekennzeichnet, dass der ausscheidende Miterbe im Gegensatz zur Erbteilübertragung ausschließlich auf seine Rechte als Mitglied der Erbengemeinschaft **verzichtet**, diese aber **nicht** auf bestimmten Rechtsnachfolgern **überträgt**. Viel mehr **wächst** den übrigen Miterben der Erbteil des Ausgeschiedenen **kraft Gesetzes an** (BGH NJW 2005, 284; 1998, 1557, LG Köln NJW 2003, 2993), daher ist die Abschichtung auch **formfrei** möglich (→ Rn. 36). Bleibt nur ein Miterbe übrig, führt die Anwachsung dazu, dass dieser Alleineigentum an den Nachlassgegenstände erwirbt und damit die Erbengemeinschaft beendet ist (LG Köln NJW 2003, 2993); § 17 I Alt. 2 ZVG ist analog anwendbar, wenn die zweigliedrige Erbengemeinschaft durch Abschichtung aufgelöst wird (BGH NJW 2011, 525). Besteht die Abfindung des im Wege der Abschichtung ausge-

schiedenen Miterben in einem Grundstück, so ist diese Übertragung formbedürftig, da sie Gegenleistung für den kraft Gesetzes anwachsenden Erbteil ist (BGH NJW 1998, 1557).

Der einzelne Miterbe hat keinen Anspruch darauf, dass eine persönlich beschränkte Teilerbauseinan- 35 dersetzung nur in Bezug auf seine Person stattfindet. Eine derartige Regelung ist nur im Einvernehmen aller Miterben möglich (im Gegensatz zur Erbteilsübertragung nach § 2033, die auch gegen den Willen anderer Miterben erfolgen kann) (BGH NJW 1985, 51).

c) Form. Als schuldrechtliche Vereinbarung ist der Auseinandersetzungsvertrag grds. formfrei (LG 36 Stuttgart FamRZ 2000, 1251), aus Beweisgründen sollte der Vertrag selbstverständlich schriftlich erfolgen. Die Umwandlung von Gesamthandseigentum in Bruchteilseigentum bedarf der notariellen Beurkundung (§ 311b I), ebenso die Übertragung eines Grundstücks auf eine Gesellschaft, die aus allen Miterben gebildet wird, da insofern verschiedene Haftungsmassen und verschiedene Rechtspersonen vorliegen (MüKoBGB/*Ann* Rn. 36). In Abgrenzung dazu ist eine Übertragung von Gesamthandsanteilen im Wege der Abschichtung, dh bei Verzicht eines Miterben auf seine Mitgliedschaftsrechte in der Erbengemeinschaft und der dazu korrespondierenden Anwachsung des Erbteils bei den bleibenden Miterben auch dann formfrei möglich, wenn sich ein Grundstück im Nachlass befindet (BGH NJW 1998, 1557; LG Köln NJW 2003, 2993). Die Grundbuchberichtigung erfolgt entweder durch Vorlage der Abschichtungsvereinbarung in der Form des § 29 GBO oder durch Berichtigungsbewilligung des ausscheidenden Miterben und schlüssiger Darstellung der Unrichtigkeit des Grundbuchs (OLG Zweibrücken ZEV 2012, 264). Einer Voreintragung der Erbengemeinschaft bedarf es nach § 40 I GBO nicht, wenn die Miterben ihre Erbteile an einen Miterben übertragen, der dann seine Eintragung als Alleinerbe beantragt (OLG München, Beschluss v. 9.4.2018 – 34 Wx 13/18, BeckRS 2018, 4822). Notarielle Beurkundung (§ 311b I) ist nur erforderlich, wenn als Abfindung für den Verzicht auf die Rechte aus der Erbengemeinschaft ein Grundstück übertragen werden soll (BGH NJW 1998, 1557). Ein wegen Formmangels nichtiger Erbteilskauf kann ggf. in einen gültigen Auseinandersetzungsvertrag umgedeutet werden, wenn an dem Vertrag alle Miterben beteiligt waren; ansonsten bindet ein nichtiger Auseinandersetzungsvertrag die Beteiligten nicht (MüKoBGB/*Ann* Rn. 36).

d) Genehmigungserfordernis. Die Frage nach einer Genehmigungsbedürftigkeit stellt sich vor allem, 37 wenn minderjährige Erben an der Auseinandersetzung beteiligt sind oder ein Miterbe unter Betreuung steht; aber auch unter Ehegatten (MüKoBGB/*Ann* Rn. 39). Vollzieht sich die Erbauseinandersetzung, an der **minderjährige** Miterben beteiligt sind, ausschließlich nach den **gesetzlichen** Vorschriften, bedarf es **keiner Bestellung eines Ergänzungspflegers,** da insoweit nur die Erfüllung einer Verbindlichkeit vorliegt (BGH NJW 1956, 1433); in diesem Fall können die Eltern wirksam vertreten. Erfolgt jedoch eine dahingehende Auseinandersetzung, dass Gesamthandseigentum in Bruchteilseigentum umgewandelt wird und minderjährige Erben Mitglieder der Bruchteilsgemeinschaft werden, liegt keine Auseinandersetzung nach den gesetzlichen Bestimmungen vor, so dass für jeden minderjährigen Miterben ein **Ergänzungspfleger** bestellt werden muss, da es zur Begründung der Bruchteilsgemeinschaft eines **schuldrechtlichen Vertrages** und der **Auflassung** der in Bruchteilseigentum zu überführenden Grundstücke bedarf (BGH NJW 1956, 1433).

Für welche Arten von Geschäften Eltern eine familiengerichtliche Genehmigung (§ 151 Nr. 1 FamFG) 38 benötigen bestimmen § 1643 iVm § 1822, wobei ein wegen des fehlenden Verweises in § 1643 I auf § 1822 Nr. 2 grds. nicht genehmigungsbedürftiger Erbteilungsvertrag, nach anderen Vorschriften genehmigungsbedürftig sein kann, zB wenn Inhalt der Erbauseinandersetzung die Veräußerung eines Erwerbsgeschäfts enthält (BGH FamRZ 1961, 216); ein ohne Genehmigung des Familiengerichts geschlossener Erbauseinandersetzungsvertrag ist schwebend unwirksam und müsste von den minderjährigen Miterben bei Eintritt der Volljährigkeit genehmigt werden (§ 1829). Es ist jedoch rechtsmissbräuchlich sich auf eine fehlende familiengerichtliche Genehmigung zu berufen, wenn die besagten Verträge über Jahrzehnte anerkannt wurden (BGH FamRZ 1961, 216).

Ist ein Elternteil bei einem Erbauseinandersetzungsvertrag ebenfalls Miterbe einer von mehreren aus- 39 einanderzusetzenden Erbengemeinschaften, an denen die minderjährigen Kinder beteiligt sind, kann er die Kinder wegen § 1629 II 1 iVm § 1795 insgesamt nicht vertreten, wenn die Auseinandersetzung aller Nachlässe im Rahmen eines zusammengesetzten Rechtsgeschäfts erfolgen und jeweils miteinander stehen und fallen sollen (BGH NJW 1984, 2464; FamRZ 1968, 245). Zu beachten ist, dass die Rspr. § 181 BGB nicht mehr als von den zu Grunde liegenden Interessen unabhängige formale Ordnungsvorschrift versteht, sondern eine Anwendung von § 181 für Insichgeschäfte ausschließt, die dem Vertretenen lediglich einen rechtlichen Vorteil verschaffen (BGH NJW 1972, 2262).

Ein im gesetzlichen Güterstand der Zugewinngemeinschaft lebender Ehegatte bedarf nicht nur bei der 40 Übertragung eines Erbteils als solchem sondern auch beim Abschluss eines Erbauseinandersetzungsvertrages der Einwilligung des anderen Ehegatten iSv § 1365 I, wenn der fragliche Teil das wesentliche Vermögen darstellt, da die Erbauseinandersetzung der freien Vereinbarung der Miterben unterliegt (BGH NJW 1961, 1301). Bei Gütergemeinschaft ist zu unterscheiden, ob der Erbteil zum Gesamtgut (§ 1416) oder zum Sonder- (§ 1417) oder Vorbehaltsgut (§ 1418) gehört; in den beiden letzteren Fällen bedarf es keiner Zustimmung des anderen Ehegatten. Im ersteren Fall schließen entweder der das Gesamtgut verwaltende Ehegatte (§ 1422) oder bei gemeinsamer Verwaltung beide Ehegatten (§§ 1450 ff.) den Auseinandersetzungsvertrag ab. Bei einer Verfügung über das Gesamtgut im ganzen (§ 1423) bedarf es der Einwilligung des nichtverwaltungsberechtigten Ehegatten (MüKoBGB/*Ann* Rn. 39).

41 Bei der Auseinandersetzung über land- und forstwirtschaftliche Grundstücke gilt § 2 GrdstVG (MüKoBGB/*Ann* Rn. 40).

42 **e) Störfälle.** Wie jeder schuldrechtliche Vertrag unterliegt auch der Erbauseinandersetzungsvertrag den **allgemeinen Vorschriften** (§§ 104 ff., 119 ff., 323 ff.), sowie dem AnfG, dort insbes. § 5 AnfG; Vertragsanpassung nach § 313 I bei Wegfall der Geschäftsgrundlage (BGH NJW 1993, 2439) oder beiderseitigen Irrtums. Ein Irrtum über verkehrswesentliche Eigenschaften eines übernommenen Nachlassgegenstandes oder den Inhalt der gegenseitigen Vergleichserklärungen führt zu einer **Anfechtbarkeit** nach § 119 (Staudinger/*Löhnig* Rn. 8, 10). Erhält im Rahmen einer Auseinandersetzungsvereinbarung ein Miterbe mehr als ihm zusteht oder ist er überhaupt kein Miterbe, entstehen **Erbschafts- und Bereicherungsansprüche** nach §§ 2018, 812 ff. (MüKoBGB/*Ann* Rn. 41). Taucht nach erfolgter Auseinandersetzung ein weiterer Miterbe auf, ist der Auseinandersetzungsvertrag unwirksam, da keine gemeinschaftliche Verfügung aller Miterben (§ 2040) vorlag (OLG Dresden ZEV 1998, 308; Staudinger/*Löhnig* Rn. 25). Zur Amtspflichtverletzung eines Notars bei Beurkundung eines Erbauseinandersetzungsvertrages (BGH NJW-RR 1992, 772; BGH Beschluss v. 24.7.2017 NotSt(Brfg) 2/16, BeckRS 2017, 122318).

43 **f) Dinglicher Vollzug des Auseinandersetzungsvertrages.** Erst der **dingliche Vollzug der schuldrechtlichen Auseinandersetzungsvereinbarung** führt zur erstrebten **Auseinandersetzung** der Erbengemeinschaft, dh zur Überführung sämtlicher Nachlassgegenstände bzw. Erlöse in das Privatvermögen der Miterben oder die Überführung in eine werbende Gesamthandsgemeinschaft (MüKoBGB/*Ann* Rn. 42, 45). Aufgrund der schuldrechtlichen Vereinbarung sind die Miterben verpflichtet, die für den Vollzug erforderlichen Handlungen vorzunehmen oder daran mitzuwirken; die erforderlichen Mitwirkungshandlungen können eingeklagt werden (MüKoBGB/*Ann* Rn. 43). Einzelne Nachlassgegenstände sind zu übereignen (§ 929) oder abzutreten (§ 398); Immobilien, die von der gesamthänderisch gebundenen Erbengemeinschaft in eine Bruchteilsgemeinschaft überführt werden sollen, sind aufzulassen (§§ 873, 925; BGH NJW 1956, 1433). Die Grundbuchberichtigung ist ohne Voreintragung der Erbengemeinschaft gem. § 60 IV KostO auch dann gebührenfrei, wenn die Auseinandersetzung durch Abtretung des Erbteils gegen Überlassung eines Nachlassgrundstücks erfolgt; dies kann auch durch mehrere Verträge geschehen, die Zweijahresfrist eingehalten ist (OLG München NJW-RR 2006, 648; OLG Bamberg Beschluss v. 24.1.2017 – 5 W 1/17, BeckRS 2017, 104613; OLG Köln Beschluss v. 22.11.2017 – 2 Wx 246/17, BeckRS 2017, 137312). Zur Übertragung von GmbH Anteilen und Aktien (→ Rn. 20).

44 Ein **Wiederaufleben** einer auseinander gesetzten Erbengemeinschaft ist **vertraglich nicht möglich**; durch Teilauseinandersetzung ausgeschiedene Nachlassgegenstände können nicht wieder Gesamthandseigentum werden. Allerdings ist bei wirksamem Rücktritt bzw. Anfechtung des Auseinandersetzungsvertrages die Miterbengemeinschaft wegen § 142 nie aufgelöst worden (KG BeckRS 2012, 23096; MüKoBGB/*Ann* Rn. 46; Staudinger/*Löhnig* Rn. 66 aE).

45 **2. Auseinandersetzung durch den Testamentsvollstrecker.** Hat der Erblasser Testamentsvollstreckung für sämtliche Miterben angeordnet, ist dieser verpflichtet, die Auseinandersetzung der Erbengemeinschaft in erster Linie nach den Anordnungen des Erblassers, falls keine konkreten Anordnungen vorhanden sind, nach den gesetzlichen Vorschriften durchzuführen (§ 2204 iVm § 2042 ff.). Soweit der Erblasser die Befugnisse des Testamentsvollstreckers beschränkt hat (§ 2208), stehen diese Befugnisse den Miterben zu. IÜ können sich die Miterben jedoch nicht gegen den Willen des Testamentsvollstreckers auseinander setzen, ihn jedoch auf Durchführung der Auseinandersetzung in Anspruch nehmen, bei Zerrüttung des Vertrauensverhältnisses ggf. dessen Entlassung (§ 2227) beantragen (MüKoBGB/*Ann* Rn. 29). An die Vereinbarung der Erben, sich nicht auseinander zu setzen (§ 2042 iVm § 749 II), ist der Testamentsvollstrecker gebunden, da die Miterben den Zeitpunkt der Auseinandersetzung (§ 2042 „jederzeit"), bestimmen (Staudinger/*Löhnig* Rn. 30).

46 Mit Zustimmung sämtlicher Miterben (einschließlich Nacherben) kann sich der Testamentsvollstrecker über eine **Auseinandersetzungsanordnung** des Erblassers hinwegsetzen; bei der Anordnung des Erblassers handelt es sich nicht um ein gesetzliches, gerichtliches oder behördliches Verbot (§§ 134 ff.), sondern um ein **rechtsgeschäftliches Verbot** nach § 137, das lediglich eine **schuldrechtliche Unterlassungspflicht** der Erben begründet, trotz deren Verletzung die dingliche Wirksamkeit des Verfügungsgeschäfts jedoch unberührt lässt (BGH NJW 1971, 1805; 1963, 2320). Der Testamentsvollstrecker hat die Aufgabe, eine wirksame Auseinandersetzung durchzuführen; dazu hat er einen **Teilungsplan** zu erstellen und die Erben vor dessen Ausführung zu hören (§ 2204 II). Er ist nicht befugt, unteilbare Gegenstände nach Gutdünken oder billigem Ermessen einzelnen Miterben zuzuweisen, wenn über die Verteilung Einigkeit unter den Miterben besteht. Die Zuweisung von Gegenständen ist nur dann möglich, wenn der Erblasser die Teilung in das pflichtgemäße Ermessen des Testamentsvollstreckers gestellt hat; ansonsten Teilung nach den gesetzlichen Vorschriften (§§ 2042 II, 750 ff.). Ein einzelner Miterbe kann die Unwirksamkeit einzelner Teile eines Auseinandersetzungsplanes klageweise feststellen lassen; er ist nicht verpflichtet, seine Miterben mitzuverklagen, da keine notwendige Streitgenossenschaft iSv § 62 ZPO besteht (OLG Karlsruhe NJW-RR 1994, 905). Der Testamentsvollstrecker darf gegen § 753 iVm §§ 180 ff. ZVG einen freihändigen Verkauf der Zwangsversteigerung vorziehen, da dies dem mutmaßlichen Willen des Erblassers entspricht (Staudinger/*Löhnig* Rn. 30). Ist ein Testamentsvollstrecker nur für einen Miterben bestellt, muss jener die Auseinandersetzung gemeinschaftlich mit den Miterben durchführen (MüKoBGB/*Ann* Rn. 30).

3. Auseinandersetzung durch Schiedsverfahren. Der Erblasser kann gem. § 1066 ZPO durch letztwillige Verfügung anordnen, dass im Falle der Nichteinigung der Erben die Auseinandersetzung einem Schiedsgericht zu übertragen ist. Aber auch die Miterben können sich nach §§ 1025 ff. ZPO vertraglich darauf verständigen, dass ein Schiedsgericht die Auseinandersetzung der Erbengemeinschaft vornimmt (BGH NJW 1959, 1493). Das Schiedsgericht entscheidet anhand der gesetzlichen Teilungsregeln und hat auch die Möglichkeit Rechtsbeziehungen zu gestalten. Im Gegensatz zu einer Streitentscheidung brauchen die Beteiligten keinen Teilungsplan vorlegen und keinen konkreten Klageantrag stellen (BGH NJW 1959, 1493). Der Schiedsspruch wird auf Antrag vom zuständigen Gericht für vollstreckbar erklärt. 47

4. Auseinandersetzung durch gerichtliches/notarielles Vermittlungsverfahren nach §§ 363 ff. FamFG. Einzelheiten → FamFG § 363 Rn. 1 ff. Durch das Inkrafttreten des FamFG wurde das Verfahren nicht geändert. Es hatte bislang keine große praktische Bedeutung, da kein Zwang zur Teilnahme besteht und es bei Einigkeit der Miterben keines gesonderten Verfahrens bedarf (*Zimmermann* ZEV 2009, 374). 48

5. Auseinandersetzung durch Erbteilungsklage. a) Zuständigkeit. Zuständig ist das Gericht, in dessen Bezirk der Erblasser seinen letzten allgemeinen Gerichtsstand hatte (besonderer Gerichtsstand der Erbschaft, § 27 ZPO). 49

b) Kläger. Kläger kann sein jeder Miterbe und jeder der zur Auseinandersetzung berechtigt ist (→ Rn. 3). Klagen mehrere Miterben, sind sie keine notwendigen Streitgenossen (Staudinger/*Löhnig* Rn. 45). Das Rechtsschutzbedürfnis eines auf Zustimmung zu einem vorgelegten Teilungsplan klagenden Miterben ist auch dann gegeben, wenn sich die Miterben zwar auf die Durchführung eines Teilungsversteigerungsverfahrens verständigt haben, jedoch keine Zustimmung zu der vom klagenden Miterben begehrten Verteilung des Erlöses gegeben haben (OLG Köln NJW-RR 1997, 519). 50

c) Beklagte. Beklagte sind alle Miterben und zur Mitwirkung bei der Auseinandersetzung Verpflichtete (→ Rn. 5), wie zB Erbteilserwerber, Testamentsvollstrecker etc, die den vom Kläger vorgeschlagenen Teilungsplan ablehnen. Zur Mitwirkung an der Erbauseinandersetzung kann für einzelne unbekannte Miterben ein Teilnachlasspfleger bestellt werden, wenn keine Ungewissheit über die Höhe der insgesamt von Nachlasspfleger zu verwaltenden Erbteile besteht; dann kann er auch auf Mitwirkung zur Erbauseinandersetzung in Anspruch genommen werden (KG NJW 1971, 565). Die auf Zustimmung zu einem Auseinandersetzungsvertrag verklagten mehreren Miterben sind keine notwendigen Streitgenossen (OLG Köln NJOZ 2004, 3062; MüKoBGB/*Ann* Rn. 60). 51

d) Besondere Zulässigkeitsvoraussetzungen. Nicht erforderlich ist die Vorschaltung eines Vermittlungsverfahrens nach § 363 FamFG (Staudinger/*Löhnig* Rn. 44). Unzulässig ist die Klage bei angeordneter Nachlassverwaltung und laufendem Insolvenzverfahren (MüKoBGB/*Ann* Rn. 56). Die Erhebung der Erbteilungsklage erfordert keine familiengerichtliche Genehmigung (Palandt/*Götz* § 1822 Rn. 4); das Genehmigungserfordernis für den vorgelegten Teilungsplan ist eine Frage der Begründetheit (KG NJW 1961, 733). 52

e) Sachanträge. aa) Ziel der Klage. Die Erbteilungsklage ist auf die Erteilung der **Zustimmung** der Miterben zu dem vom Kläger vorgelegten Teilungsplan gerichtet, der grds. zu einer vollständigen Auseinandersetzung des Nachlasses führen muss, da eine Teilauseinandersetzung in der Regel unzulässig ist und nur bei Vorliegen besonderer Gründe (keine Beeinträchtigung der Belange der Erbengemeinschaft und der anderen Miterben; BGH NJW 1963, 1541; OLG München NJW-RR 1991, 1097; KG NJOZ 2003, 2609; OLG Rostock ZEV 2009, 465) durchgeführt werden kann (KG NJW 1961, 733). Das rechtskräftige Urteil **ersetzt** die Zustimmungserklärung der Miterben (§ 894 ZPO). 53

bb) Teilungsreife des Nachlasses. Im Gegensatz zum BGH fordern die Obergerichte (KG NJW 1961, 733; OLG Karlsruhe NJW 1974, 956) und die herrschende Lit. Teilungsreife bei Klageerhebung in dem Sinn, dass ein den Nachlass erschöpfender Teilungsplan vorgelegt wird, was aber eine Frage der Begründetheit, nicht der Zulässigkeit der Klage ist (MüKoBGB/*Ann* Rn. 57; Staudinger/*Löhnig* Rn. 47). Da Hilfsanträge zugelassen sind, muss die hM so verstanden werden, dass **Teilungsreife am Schluss der mündlichen Verhandlung** vorliegen muss, nachdem die Frage der Teilungsreife untrennbar mit der Stellung des richtigen Antrags verknüpft ist (→ Rn. 56). Befinden sich im Nachlass Immobilien, die weder durch Anordnungen des Erblassers bestimmten Miterben zugewiesen sind, noch Einigkeit der Miterben bzgl. einer Übernahme besteht, die Teilung in Natur nicht möglich ist, muss eine Verwertung im Wege der Zwangsversteigerung erfolgen (§ 2042 II iVm §§ 753; 180 ff. ZVG). Solange der sich bei der Versteigerung ergebende Erlös nicht bekannt ist, kann auch kein hinreichend konkreter Teilungsplan erstellt werden (BGH DNotZ 1989, 699 für die rechtlich vergleichbare Gütergemeinschaft). 54

Ist an einen Miterben nach durchgeführter Teilungsversteigerung zur Vermeidung der Hinterlegung ein höherer Erlös ausgekehrt worden als ihm nach seiner Erbquote zusteht, ist eine Klage auf Zahlung des zu viel erhaltenen Erlöses unzulässig, wenn die Erbengemeinschaft noch nicht auseinander gesetzt ist und der noch ungeteilte Nachlass für den erforderlichen Ausgleich ausreicht (BGH NJW-RR 1992, 771; OLG Köln NJW-RR 1996, 1352). 55

cc) Inhalt des Antrags auf Zustimmung. Der Kläger muss einen **detaillierten Teilungsplan** (Auseinandersetzungsvertrag) vorlegen, der sämtliche Nachlassgegenstände umfasst, die Begleichung sämtlicher Nachlassverbindlichkeiten berücksichtigt, soweit diese nicht bereits im Rahmen der ordnungsgemäßen Verwaltung erfolgt ist, und inhaltlich so gestaltet ist, dass das Gericht feststellen kann, dass der vorgeleg- 56 te Teilungsplan entweder auf einer Vereinbarung der Miterben, Anordnungen des Erblassers oder auf den gesetzlichen Teilungsregeln beruht (KG NJW 1961, 733; OLG Düsseldorf FamRZ 2000, 1049). Daher kann Zustimmung zu einem Teilungsplan nur dann verlangt werden, wenn zuvor die Nachlassverbindlichkeiten (§ 2046) beglichen sind (OLG Brandenburg FamRZ 1998, 1521); muss zur Begleichung von Nachlassverbindlichkeiten ein Nachlassgegenstand verwertet werden, muss der Kläger die Zustimmung zur Verwertung im Rahmen des Teilungsplans beantragen (MüKoBGB/*Ann* Rn. 61).

57 In der Auswahl, welcher Nachlassgegenstand zur Deckung der Nachlassverbindlichkeiten zu verkaufen ist, hat der Kläger zwar einen gewissen Beurteilungsspielraum, trägt aber das Risiko der unrichtigen Auswahl. Die Verwertung sollte wie folgt vorgenommen werden: zunächst verderbliche und umfängliche Güter, nicht erhaltenswerte Gegenstände, insbes. vertretbare Sachen und zuletzt erhaltenswerte Nachlassgegenstände und Erinnerungsstücke (MüKoBGB/*Ann* Rn. 70).

58 Der korrekte Antrag ist dann zunächst auf Zustimmung zur Verwertung zum Zweck der Ausgleichung der Nachlassverbindlichkeiten (§ 2046) zu richten, im Anschluss die Auseinandersetzung und Verteilung. Steht zu befürchten, dass die beklagten Miterben sich weigern werden, den schuldrechtlichen Auseinandersetzungsvertrag, der durch das die Zustimmung der Beklagten ersetzende Urteil (§ 894 ZPO) zustande kam, zu vollziehen, sollte der Teilungsplan bereits Anträge auf dinglichen Vollzug, zB Auflassung, enthalten (MüKoBGB/*Ann* Rn. 35, 42ff.; Rißmann Erbengemeinschaft S. 256). Das **Gericht ist an die Anträge gebunden**, so dass der Klage nur umfänglich stattgegeben oder sie abgewiesen werden kann (KG NJW 1961, 733; OLG Karlsruhe NJW 1974, 956). Zulässig sind jedoch Hilfsanträge, wenn bei Streit darüber, ob einzelne Nachlassgegenstände oder Nachlassverbindlichkeiten zum Nachlass gehören, das Gericht diese Frage inzidenter prüfen und entscheiden kann, ob der Teilungsplan rechtsgültig ist (LG Münster NJOZ 2004, 257). Ist das Auseinandersetzungsbegehren vorprozessual konkretisiert, kann der beklagte Miterbe nicht mit der Kostenfolge des § 93 ZPO anerkennen, wenn er die Auseinandersetzung monatelang verzögert hat (OLG Koblenz FamRZ 2010, 399).

59 **dd) Feststellungsklage.** Steht jedoch der komplette Umfang des Nachlasses nach Art und Höhe nicht fest, muss der Kläger vor der Klage auf Zustimmung zu einem Teilungsplan mit ihm zustehenden Auskunftsrechten oder Ansprüchen auf Rechnungslegung oder Abgabe einer eidesstattlichen Versicherung eine Klärung herbeiführen (BGH NJW-RR 1989, 1206; LG Münster NJOZ 2004, 257; OLG Karlsruhe NJW 1974, 956; MüKoBGB/*Ann* Rn. 57). In diesen Fällen ist es dem Kläger gestattet **Klage auf Feststellung** einzelner Streitpunkte zu erheben, wenn dies zu einer sinnvollen Klärung der Grundlagen der Erbauseinandersetzung führt (BGH NJW-RR 1990, 1220). Ebenso ist es möglich, dass ein Miterbe durch **Feststellungsklage** entscheiden lässt, dass ein der Ausgleichung (§§ 2050, 2055) unterfallender Gegenstand mit einem bestimmten Betrag in die Auseinandersetzung einzubeziehen ist (BGH NJW-RR 1992, 771).

60 **ee) Leistungsklage.** In Ausnahmefällen kann der Miterbe Auseinandersetzung durch Klage auf **Zahlung** einer bestimmten Summe verlangen, wenn sich ein Auseinandersetzungsvertrag durch Verfügungen des Erblassers erübrigt, da sich die schuldrechtliche Bindung der Miterben bereits aus der letztwilligen Verfügung ergibt (OLG Frankfurt a.M. NJW 1977, 253; OLG Rostock ZEV 2009, 465). Soweit es sich zudem um eine Teilauseinandersetzung handelt, ist dies dann unschädlich, wenn der Miterbe den Betrag begehrt, der ihm bei endgültiger Auseinandersetzung ehedem zufiele (BGH NJW 1963, 1541) oder der von den übrigen Miterben nicht bestritten wird (BGH NJW 1963, 1610). Gleiches gilt, wenn sich im Nachlass lediglich Geldvermögen befindet und sich dieses bei einem Miterben befindet, dann kann dieser auf Zahlung des auf den Kläger entfallenden Anteils verklagt werden, wenn die übrigen Miterben entweder zuvor durch Abschichtung aus der Erbengemeinschaft ausgeschieden sind oder der Teilung zugestimmt bzw. sich nicht widersetzt haben (OLG Celle ZEV 2002, 363).

61 **ff) Gesteigerte Hinweispflicht, § 139 ZPO.** Im Hinblick auf die Schwierigkeit einen korrekten Antrag auf Zustimmung zu einer Erbauseinandersetzung zu stellen, ist das Gericht gehalten, seiner **Hinweis- und Aufklärungspflicht nach § 139 ZPO** intensiv nachzukommen (BGH DNotZ 1989, 699; KG NJW 1961, 733); ferner sind Anträge auszulegen und ggf. umzudeuten (BGH NJW-RR 1992, 771; MüKoBGB/*Ann* Rn. 68).

62 **gg) Begründetheit der Erbteilungsklage.** Die Erbteilungsklage ist begründet, wenn der konkrete Teilungsplan sämtlichen gesetzlichen Vorschriften entspricht; das Gericht hat keine Rechtsgestaltungsbefugnis, sondern stellt nur fest, ob dem Kläger der geltend gemachte Anspruch auf Auseinandersetzung in der beantragten Form zu steht (BGH NJW 1959, 1493). Eine erforderliche familiengerichtliche Genehmigung muss vorliegen, da das Urteil die Zustimmung der Miterben ersetzt, nicht jedoch die Genehmigung des Familiengerichts (KG NJW 1961, 733). Einen Ermessensspielraum hat das Gericht lediglich bei § 2048 S. 3 (→ § 2048 Rn. 33).

63 **hh) Streitwert.** Während sich der Streitwert einer Erbteilungsklage früher nach dem Wert des gesamten Nachlasses gerichtet hat (BGH NJW 1962, 914), wird nunmehr auf das Interesse des Klägers abgestellt, dh auf den Wert seines Anteils (BGH NJW 1975, 1415). Bei Klage eines Miterben gegen einen anderen Miterben auf Auflassung eines Nachlassgrundstücks aufgrund Anordnung des Erblassers ist der Streitwert der Verkehrswert abzüglich des bereits bestehenden gesamthänderischen Anteils des klagenden Miterben (OLG Celle NJW 1969, 1355).

64 **6. Gerichtliche Zuweisungsverfahren. a) Zuweisung eines landwirtschaftlichen Betriebs.** Nur der landwirtschaftliche Betrieb unterfällt dem Verfahren nach §§ 13–17, 33 GrdstVG; für den übrigen Nach-

lass gelten die allgemeinen Auseinandersetzungsregelung (MüKoBGB/*Ann* Rn. 75). Das Zuweisungsverfahren ist nicht statthaft, wenn ein Auseinandersetzungsausschluss oder Testamentsvollstreckung angeordnet ist (§ 14 III GrdstVG). Unter Geltung der **HöfeO** geht diese vor.

b) Zuweisung nach § 1383 iVm § 264 FamFG. Im Fall des § 1371 II kann der überlebende Ehegatte 65
beim Familiengericht die Übertragung bestimmter Gegenstände aus dem Nachlass unter Anrechnung auf den Zugewinnausgleichsanspruch beantragen.

7. Steuerrecht 66
a) Erbschaftsteuer: die Erbauseinandersetzung an sich ist ohne Einfluss auf die Erbschaftsteuer (→ ErbStG § 3 Rn. 11).
b) Einkommensteuer: → Rn. 89–104, → EStG Rn. 156–162.

§ 2043 Aufschub der Auseinandersetzung

(1) **Soweit die Erbteile wegen der zu erwartenden Geburt eines Miterben noch unbestimmt sind, ist die Auseinandersetzung bis zur Hebung der Unbestimmtheit ausgeschlossen.**
(2) **Das Gleiche gilt, soweit die Erbteile deshalb noch unbestimmt sind, weil die Entscheidung über einen Antrag auf Annahme als Kind, über die Aufhebung des Annahmeverhältnisses oder über die Anerkennung einer vom Erblasser errichteten Stiftung als rechtsfähig noch aussteht.**

I. Normzweck

§ 2043 ist eine Ausnahme von dem Recht eines Miterben jederzeit die Auseinandersetzung verlangen 1
zu können (§ 2042). Die Vorschrift will sicherstellen, dass den erst bekannt werdenden Erben ihr Anteil am Nachlass nicht entzogen wird (MüKoBGB/*Ann* Rn. 1). § 2043 ist von Amts wegen zu beachten; liegen die Voraussetzungen des § 2043 vor, darf kein Vermittlungsverfahren nach §§ 363 FamFG durchgeführt werden (Staudinger/*Löhnig* Rn. 9).

II. Die Fälle des § 2043

Lediglich die drei in § 2043 angeführten Fälle bewirken den Aufschub der Auseinandersetzung; als 2
Ausnahmetatbestand ist § 2043 **nicht analogiefähig.** Weitere Fälle der Ungewissheit, zB Verschollenheit werden durch die Bestellung eines Nachlasspflegers für unbekannte Erben erfasst (KG NJW 1971, 565) oder eines Abwesenheitspflegers (§ 1911) erfasst. Bei juristischen Personen kann die Erbauseinandersetzung wegen Fehlens einer Genehmigung nach Art. 86 EGBGB ausgeschlossen sein (MüKoBGB/*Ann* Rn. 7).

1. Voraussetzungen und Inhalt des Aufschubs. Ein Erbteil ist nur dann unbestimmt, wenn die fragliche Person überhaupt Erbe werden kann, dh weder vorrangige gesetzliche Erben vorhanden sind 3
(§ 1930), noch eine Enterbung (§ 1938) vorliegt. Soweit sich die **Unbestimmtheit** nur auf einen oder einzelne Erbteile bezieht, ist die Auseinandersetzung iÜ möglich. Allerdings kann die Auseinandersetzung von den bekannten und bestimmten Erben schuldrechtlich nur vorbereitet werden, da der dingliche Vollzug an der fehlenden Verfügungsmacht (§ 2040) scheitert. Möglich ist jedoch eine auf die bekannten und bestimmten Erben beschränkte Teilauseinandersetzung, wenn sich an deren Erbquote durch einen eventuell hinzutretenden Erben nichts mehr ändert (MüKoBGB/*Ann* Rn. 4).

2. § 2043 I. Abs. 1 betrifft den gezeugten, aber noch nicht geborenen Miterben (nasciturus), der gem. 4
§ 1923 II als vor dem Erbfall geboren gilt, wenn er **lebend geboren** wurde und zumindest **kurz gelebt** hat (→ § 1923 Rn. 4). Bis zur Geburt nehmen die Eltern die Rechte des nasciturus aus der Verwaltung des Nachlasses (§ 2038) wahr, es sei denn sie sind von der Vertretung nach §§ 181, 1629 II 1 u. 3 iVm §§ 1795, 1796, 1638 III, §§ 1667, 1673 u. 1674 ausgeschlossen. Dann kann vom Familiengericht (§ 151 Nr. 5 FamFG) ein Pfleger für die Leibesfrucht nach § 1912 bestellt werden, der die Belange der Leibesfrucht zu wahren hat; diese Pflegschaft endet grds. mit der Geburt.

Eine vom Nachlassgericht anzuordnende Nachlasspflegschaft nach § 1960 wahrt die Interessen dessen, 5
der sich als endgültiger Erbe herausstellt, geht also zeitlich über die Pflegschaft nach § 1912 hinaus. Das Nachlassgericht hat die Möglichkeit, den vom Familiengericht bestellten Pfleger nach § 1912 auch zum Nachlasspfleger zu bestellen (→ § 1960 Rn. 23). Der Nachlasspfleger kann die Erbschaft jedoch nicht annehmen; aufgrund fehlender Verfügungsmacht ist er auch nicht zur Durchführung der Auseinandersetzung befugt (Staudinger/*Löhnig* Rn. 3). Möglich ist jedoch in Ausnahmefällen die Mitwirkung des Nachlasspflegers an einer Teilauseinandersetzung, wenn zwar die Person des Erben ungewiss ist, jedoch nicht der ihr zufallende Erbteil (KG NJW 1971, 565).

3. § 2043 II Alt. 1. u. 2. Die vor dem Tod des Erblassers zwar beantragte (§ 1753 II u. III) Annahme als 6
Kind (§§ 1741 ff. (Minderjährigenadoption), § 1767 ff., der ebenfalls auf § 1753 verweist (Volljährigenadoption), über die noch nicht entschieden ist, bewirkt den Aufschub der Auseinandersetzung, soweit die Entscheidung die erbrechtliche Stellung des Kindes zum Annehmenden, jedoch verstorbenen Erblasser beeinflusst. Dies ist nicht der Fall, wenn das zu adoptierende Kind testamentarischer Erbe geworden ist; in diesem Fall steht dessen Erbteil fest. Wenn jedoch der Erblasser Abkömmlinge eines Dritten

(§ 2070) zu Erben eingesetzt hat, ist eine Unbestimmtheit bis zur Wirksamkeit der Annahme gegeben (Staudinger/*Löhnig* Rn. 4).

7   Gleiches gilt für den Antrag auf Aufhebung des Annahmeverhältnisses (§§ 1760, 1763 für die Minderjährigenadoption; § 1771 für die Volljährigenadoption), mit dessen Wirksamkeit das im Verhältnis zum Annehmenden begründete gesetzliche Erbrecht entfällt; obwohl gem. § 1764 I 1 die Aufhebung der Annahme nur für die Zukunft wirkt, macht § 1764 I 2 eine Ausnahme für den Fall, dass die Aufhebung vor dem Tod des Erblassers entweder von diesem oder dem Kind beantragt war (Palandt/*Götz* § 1764 Rn. 1). § 1764 gilt analog auch für die Volljährigenadoption. Da gem. § 1764 III mit der Aufhebung der Adoption gleichzeitig das Verwandtschaftsverhältnis zu den leiblichen Verwandten wieder auflebt, kann sich eine Unbestimmtheit der Erbteile ergeben, wenn in dem Zusammenhang mit der Aufhebung der Adoption ein leiblicher Elternteil verstorben ist.

8   **4. § 2043 II Alt. 3.** Ebenso wie eine natürliche Person nur Erbe sein kann, wenn sie lebt bzw. im Zeitpunkt des Erbfalls gezeugt war (§ 1923), kann eine juristische Person nur Erbe werden, wenn sie zum **Zeitpunkt des Erbfalls rechtswirksam** besteht (Palandt/*Weidlich* § 1923 Rn. 7). Eine Stiftung ist dann rechtsfähig und erbfähig, wenn sie gem. § 80 anerkannt ist; bei einer Stiftung von Todes wegen und auch bei Stiftungen unter Lebenden, wenn der Stifter vor der Anerkennung stirbt, bestimmt § 84, dass die Stiftung bei Anerkennung nach dem Tod des Stifters als vor dessen Tod entstanden gilt (BayObLG NJW-RR 1991, 523; OLG Zweibrücken NJW-RR 2000, 815).

III. Rechtsfolgen einer entgegen § 2043 vorgenommenen Auseinandersetzung

9   Da § 2043 kein gesetzliches Verbot enthält, führt eine gleichwohl durchgeführte Auseinandersetzung nicht zur Nichtigkeit einer einvernehmlichen Auseinandersetzungsvereinbarung. Tritt ein weiterer Erbe dazu, können die Beteiligten die Vereinbarung vollziehen (MüKoBGB/*Ann* Rn. 10). Ändert sich die Zusammensetzung der Erbengemeinschaft, ist die getroffene Vereinbarung zwischen den von Anfang an bekannten Miterben schwebend unwirksam; der Hinzutretende kann die Vereinbarung genehmigen (§§ 177, 185), ist jedoch nicht daran gebunden. Wurde bei der Auseinandersetzung der „unbestimmte" Erbe quotenmäßig berücksichtigt, fällt jedoch endgültig weg; ist der ihm vorbehaltene Teil Gesamthandsvermögen und im Wege einer Nachtragsauseinandersetzung auf die Miterben zu verteilen (Staudinger/*Löhnig* Rn. 7).

§ 2044 Ausschluss der Auseinandersetzung

(1) ¹Der Erblasser kann durch letztwillige Verfügung die Auseinandersetzung in Ansehung des Nachlasses oder einzelner Nachlassgegenstände ausschließen oder von der Einhaltung einer Kündigungsfrist abhängig machen. ²Die Vorschriften des § 749 Abs. 2, 3, der §§ 750, 751 und des § 1010 Abs. 1 finden entsprechende Anwendung.

(2) ¹Die Verfügung wird unwirksam, wenn 30 Jahre seit dem Eintritt des Erbfalls verstrichen sind. ²Der Erblasser kann jedoch anordnen, dass die Verfügung bis zum Eintritt eines bestimmten Ereignisses in der Person eines Miterben oder, falls er eine Nacherbfolge oder ein Vermächtnis anordnet, bis zum Eintritt der Nacherbfolge oder bis zum Anfall des Vermächtnisses gelten soll. ³Ist der Miterbe, in dessen Person das Ereignis eintreten soll, eine juristische Person, so bewendet es bei der dreißigjährigen Frist.

I. Normzweck

1   § 2044 ist eine weitere Ausnahme vom Recht eines jeden Miterben, jederzeit die Auseinandersetzung zu verlangen (§ 2042). Die Vorschrift soll den Erblasser in die Lage versetzen durch testamentarische/erbvertragliche Anordnungen den Nachlass ganz oder teilweise als Einheit zu erhalten (MüKoBGB/*Ann* Rn. 1). § 2044 I 2 und Abs. 2 begrenzen die Ausschlussmöglichkeiten des Erblassers in sachlicher und zeitlicher Hinsicht.

II. Form und Ausgestaltung der Anordnung

2   **1. Form.** Der Erblasser muss das Teilungsverbot in einem Testament (§ 1937) oder **einseitig** in einem **Erbvertrag** (§ 2299) anordnen; erfolgt der Auseinandersetzungsausschluss in Form eines **Vermächtnisses** oder einer **Auflage**, ist dessen Anordnung auch als **wechselbezügliche Verfügung** in einem gemeinschaftlichen Testament (§ 2270 III) oder erbvertragsmäßig bindend (§ 2278 II) möglich (MüKoBGB/*Ann* Rn. 3). Was der Erblasser mit der Anordnung des Teilungsverbotes bezweckt hat, ist durch Auslegung zu ermitteln (LG München FamRZ 1998, 1538). Ein Auseinandersetzungsverbot kann auch bei gesetzlicher Erbfolge angeordnet werden (BayObLG NJW 1967, 1136).

3   **2. Vermächtnis.** Will der Erblasser vermeiden, dass ein einzelner Miterbe gegen den Willen der anderen die Auseinandersetzung betreibt, ohne jedoch eine einvernehmliche Auseinandersetzung der Miterben verhindern zu wollen (BGH NJW 1963, 2320), stellt eine derartige Anordnung ein Vermächtnis, in Form eines Vorausvermächtnisses zu Gunsten der jeweils anderen Miterben dar (§§ 1939, 2150). Dieses Vermächtnis gibt dem Miterben das Recht **zeitlich begrenzt** die Mitwirkung zur Auseinandersetzung

verweigern; dieses Recht kann der Miterbe einredeweise geltend machen und iÜ von den anderen Miterben die Unterlassung von Teilungsmaßnahmen verlangen (Staudinger/*Löhnig* Rn. 3). Die Anordnung des Erblassers, dass die Auseinandersetzung des Nachlasses bis zur Wiederheirat des überlebenden Ehegatten ausgeschlossen ist und der überlebende Ehegatte zum Testamentsvollstrecker eingesetzt ist, dient dem Schutz des überlebenden Ehegatten, so dass dieser auch vor einer Wiederheirat die Auseinandersetzung betreiben kann (MüKoBGB/*Ann* Rn. 6).

3. Auflage. Will der Erblasser mit dem Teilungsverbot erreichen, das eine Auseinandersetzung unabhängig vom Willen der Erben **unterbleibt**, liegt eine Auflage (§§ 2192 ff.) zu Lasten sämtlicher Miterben vor (Staudinger/*Löhnig* Rn. 5), die nach § 2194 zu vollziehen ist (BGH NJW 1963, 2320). Führen sämtliche Miterben einschließlich der Nacherben die Auseinandersetzung gegen die Auflage des Erblassers durch, verletzen sie die nur schuldrechtlich wirkende Anordnung des Erblassers; in diesem Falle hätte ein Ersatzerbe als nach § 2194 Vollzugsberechtigter die Möglichkeit schuldrechtliche Ansprüche geltend zu machen (BGH NJW 1963, 2320; MüKoBGB/*Ann* Rn. 14). Ist die Auseinandersetzung in diesem Fall bereits vollzogen, bleiben lediglich Schadensersatzansprüche (BGH NJW 1962, 1344).

4. Abgrenzung zur Vor- und Nacherbschaft. Verfügt ein Erblasser, dass Grundbesitz nicht zu verkaufen ist, um diesen den Enkeln zu erhalten und befristet der Erblasser das Auseinandersetzungsverbot, ist das Testament auszulegen. Im Falle der zeitlichen Befristung ist der Wille des Erblassers nicht auf einen dauernden Ausschluss der Auseinandersetzung gerichtet und somit keine Nacherbeneinsetzung, sondern ein **befristetes Auseinandersetzungsverbot** (LG München FamRZ 1998, 1538).

III. Umfang des Auseinandersetzungsausschlusses

Der Erblasser kann den Auseinandersetzungsausschluss auf den **gesamten Nachlass** erstrecken oder auf **einzelne Nachlassgegenstände** beschränken, zB Grundstücke, Kunstsammlungen. Er kann aber auch einzelnen Erbstämmen ein Teilungsverbot auferlegen (MüKoBGB/*Ann* Rn. 4) oder die Auseinandersetzung von einer Kündigungsfrist abhängig machen.

Vom Gesetzeswortlaut gedeckt sind sämtliche die Auseinandersetzung erschwerende Anordnungen, die ein „Weniger" als das mögliche komplette Teilungsverbot sind. Der Erblasser kann zB anordnen, dass die Auseinandersetzung an einer Zwei-Drittel-Mehrheit abhängig ist (Staudinger/*Löhnig* Rn. 1) oder nicht gegen den Willen des überlebenden Ehegatten erfolgen darf oder Grundstücke nicht im Wege der Teilungsversteigerung veräußert werden dürfen (MüKoBGB/*Ann* Rn. 6) oder einem Testamentsvollstrecker das Recht einräumen, einen wirtschaftlich günstigen Zeitpunkt für die Auseinandersetzung der Gemeinschaft zu bestimmen (LG Düsseldorf FamRZ 1955, 303) oder die Veräußerung von Grundbesitz über eine Dauer 20 Jahren zu verbieten, um der Enkelgeneration die Möglichkeit der Übernahme zu geben (LG München FamRZ 1998, 1538).

IV. Wirkung

Der Auseinandersetzungsausschluss hat **ausschließlich schuldrechtliche Wirkung,** schränkt daher nur das Recht des Miterben ein, jederzeit die Auseinandersetzung verlangen zu können. Wegen des schuldrechtlichen Charakters kann das Teilungsverbot nicht im Grundbuch eingetragen werden (Staudinger/*Löhnig* Rn. 6).

Da das Auseinandersetzungsverbot des Erblassers weder ein gesetzliches, noch ein gerichtliches oder behördliches Verbot iSd §§ 134–136 ist, sondern um ein **rechtsgeschäftliches Verbot** handelt, kann der Erblasser durch die Ausschlussanordnung nach § 137 die Verfügungsbefugnis der Miterben **nicht dinglich beschränken** (MüKoBGB/*Ann* Rn. 7). Ein Sozialhilfeträger kann wegen § 90 I SGB XII auf einen Verkauf des Erbteils bestehen (LSG Nordrhein-Westfalen Urt. v. 13.10.2014, BeckRS 2014, 73868). Ein Verstoß kann nur eine schuldrechtliche Unterlassungspflicht der Erben begründen, die jedoch die dingliche Wirksamkeit des Verfügungsgeschäfts nicht berührt; deshalb können sich die Miterben einverständlich über das Auseinandersetzungsverbot des Erblassers hinwegsetzen (BGH NJW 1963, 2320).

Der Erblasser kann versuchen, das Auseinandersetzungsverbot durch **Anordnung der Testamentsvollstreckung** zu sichern. Der Testamentsvollstrecker ist zwar gem. § 2204 an das Auseinandersetzungsverbot gebunden, er kann sich jedoch gemeinsam mit den Erben über die Anordnung hinwegsetzen, wenn die Erben sich einvernehmlich auseinandersetzen (BGH NJW 1963, 2320) oder einvernehmlich Gesamthandseigentum in Bruchteilseigentum umwandeln (BGH NJW 1971, 1805). Würde sich der Testamentsvollstrecker einer Auseinandersetzung verweigern, hätten die Miterben die Möglichkeit wegen Zerstörung des Vertrauensverhältnisses dessen Entlassung (§ 2227) zu bewirken. Soweit der BGH in NJW 1984, 2464 angenommen hat, dass der **Testamentsvollstrecker** an den Auseinandersetzungsausschluss des Erblassers **schuldrechtlich gebunden** und ihm dadurch nach § 2205 S. 2 auch dinglich das Verfügungsrecht entzogen, betraf dies einen Fall, in dem die Interessen der Beteiligten nicht gleichgerichtet waren. Nur wenn die Miterben selbst von dem Auseinandersetzungsverbot betroffen sind, kann der Testamentsvollstrecker sich einvernehmlich mit den Erben darüber hinwegsetzen, nicht jedoch, wenn dadurch die Rechte eines Vermächtnisnehmers ausgehöhlt würden (OLG Zweibrücken ZEV 2001, 274).

Nicht möglich ist es, den Miterben durch die Anordnung der Testamentsvollstreckung die Verfügungsbefugnis zu entziehen und das gleiche dem Testamentsvollstrecker gegenüber über § 2208 I iVm

§ 2205 S. 2 zu bewirken. Damit wäre der Nachlass komplett den Rechtsverkehr entzogen und es läge ein Verstoß gegen § 137 vor (BGH NJW 1963, 2320). Dagegen ist bei angeordnetem Auseinandersetzungsverbot und bestehender Testamentsvollstreckung die Anordnung der Versteigerung eines Nachlassgrundstücks zum Zwecke der Aufhebung der Gemeinschaft durch einen Gläubiger eines Miterben, der dessen Anteil am Nachlass gepfändet hat, ausgeschlossen (BGH NJW 2009, 2458).

11 Um dem Auseinandersetzungsausschluss weiteren Nachdruck zu verleihen, könnte der Erblasser für den Fall der Zuwiderhandlung Vor- und Nacherbschaft anordnen oder **Vermächtnisse zu Gunsten Dritter** aussetzen (MüKoBGB/*Ann* Rn. 9). Diese Maßnahmen hätten nur Strafcharakter, da damit der Wille des Erblassers, eine Zerschlagung Nachlasseinheiten zu vermeiden, nicht verwirklicht werden kann, zumal pflichtteilsberechtigte Miterben wegen § 2306 die Erbschaft ausschlagen können.

12 § 2044 geht dem Zuweisungsverfahren eines landwirtschaftlichen Betriebs gem. § 14 III GrdstVG vor (Staudinger/*Löhnig* Rn. 9).

V. Grenzen

13 **1. Sachliche Grenzen.** Abs. 1 S. 2 begrenzt die Möglichkeiten des Erblassers die Auseinandersetzung auszuschließen durch analoge (weil Anordnung durch den Erblasser, nicht durch Vereinbarung der Miterben getroffen wird) Anwendung der §§ 749 II u. III, §§ 750, 751, 1010 I in sachlicher Hinsicht.

14 a) **§ 749 II u. III.** Das Teilungsverbot ist unwirksam, wenn ein wichtiger Grund vorliegt, die Auseinandersetzung gleichwohl zu verlangen; entgegenstehende Vereinbarungen sind nach § 749 III nichtig. Ob ein wichtiger Grund vorliegt, ist im Einzelfall durch Abwägung der beiderseitigen Interessen zu entscheiden, wobei eine Verfeindung der Miterbe allein nicht ausreichend ist; hinzukommen muss, dass dadurch eine ordnungsgemäße gemeinschaftliche Verwaltung und Nutzung unmöglich ist und der die Auseinandersetzung begehrende Miterbe die Situation nicht überwiegend selbst herbeigeführt hat (BGH NJW-RR 1995, 334); dies ist zB nicht der Fall, wenn die Verwaltung durch einen Testamentsvollstrecker, der nicht Miterbe ist, gewährleistet ist (LG Düsseldorf FamRZ 1955, 303). Ein wichtiger Grund wäre, wenn ein Miterbe aufgrund Verheiratung oder Vermögensverfalls auf die Verwertung des Nachlasses angewiesen ist (Staudinger/*Löhnig* Rn. 11). Der Eintritt der Volljährigkeit eines Mitglieds der Erbengemeinschaft ist ein wichtiger Grund iSv § 749 II, da der Minderjährige sich nur durch das Auseinandersetzungsverlangen umfängliche Haftungsbeschränkung sichern kann (MüKoBGB/*Huber* § 1629a Rn. 71).

15 **Keinen wichtigen Grund** iSd § 749 II stellen die Vermögensinteressen des Gläubigers eines Miterben dar, der seinen Erbteil sicherungshalber an den Gläubiger abgetreten hat; in diesem Fall ist der Gläubiger darauf zu verweisen, mit einem vollstreckbaren Titel nach § 751 S. 2 die Pfändung des Erbteils zu bewirken, die Miterben können mit der Widerspruchsklage nach § 771 ZPO geltend machen, das das Teilungsverbot ist der Zwangsversteigerung hinderndes Recht (OLG Hamburg NJW 1961, 610). Da § 1683 mangels praktischer Bedeutung durch das Gesetz zur Erleichterung familiengerichtlicher Maßnahmen bei Gefährdung des Kindeswohls v. 4.7.2008 aufgehoben wurde, stellt die Wiederheirat eines Ehegatten, der mit einem Abkömmling eine Erbengemeinschaft/Vermögensgemeinschaft gebildet hat, keinen wichtigen Grund mehr dar zur Auseinandersetzung.

16 Ob ein wichtiger Grund vorliegt, ist entweder durch einen eingesetzten Testamentsvollstrecker oder das Prozessgericht zu entscheiden (MüKoBGB/*Ann* Rn. 17). Während eines laufenden Vermittlungsverfahrens muss das Nachlassgericht gem. § 370 FamFG das Verfahren aussetzen und die Beteiligten zur Entscheidung der Frage des Vorliegens eines wichtigen Grundes an das Prozessgericht verweisen.

17 b) **§ 750.** Ein zeitlich befristetes Auseinandersetzungsverbot endet mit dem Tod eines Miterben (Auslegungsregel).

18 c) **§ 751.** Ein Sonderrechtsnachfolger (§ 2033) muss das Teilungsverbot gegen sich gelten lassen (OLG Hamburg NJW 1961, 610). Einem Pfandgläubiger gegenüber, der aufgrund eines vollstreckbaren Titels den Erbteil eines Miterben pfänden kann, ist das Auseinandersetzungsverbot unwirksam. Gegenüber der Insolvenzmasse eines Miterben (§ 84 II 2 InsO) wirkt das Teilungsverbot jedenfalls nicht (Staudinger/*Löhnig* Rn. 13).

19 d) **§ 1010 I.** Abs. 1 ist nicht auf Erbengemeinschaften anwendbar, da es bei bestehendem Gesamthandseigentum aufgrund des Zwangs zur gemeinschaftlichen Verfügung (§ 2040) keines Schutzes des einzelnen Miterben vor einem gutgläubigen Erwerb Dritter bedarf. Erst wenn die Erbengemeinschaft sich in eine Bruchteilsgemeinschaft umwandelt hat, kommt § 1010 I analog zur Anwendung und besagt, dass ein Teilungsverbot für diese Bruchteilsgemeinschaft gilt (MüKoBGB/*K. Schmidt* § 1010 Rn. 2). Das Teilungsverbot ist als Belastung in Abteilung II des Grundbuchs einzutragen (MüKoBGB/*K. Schmidt* § 1010 Rn. 9).

20 **2. Zeitliche Grenzen.** Abs. 2 begrenzt die Wirkungsdauer des Teilungsverbot zwingend auf 30 Jahre, die bei juristischen Personen eine endgültige Zeitschranke darstellen (Abs. 2 S. 3). Bei natürlichen Personen kann der Erblasser den Auseinandersetzungsausschluss auch bis zum Eintritt eines bestimmten Ereignisses in der Person des Miterben hinausschieben, zB Tod eines Miterben (§ 750), Heirat oder das Erreichen eines bestimmten Alters (MüKoBGB/*Ann* Rn. 21). Die Zeitgrenze ist angeglichen an die Bestimmungen für die Nacherbfolge (§ 2109), das aufschiebend bedingte Vermächtnis (§§ 2162, 2163) und die Verwaltungsvollstreckung (§ 2210) und kann somit die Grenze von 30 Jahren überschreiten (Staudin-

ger/*Löhnig* Rn. 14). Zur Frage eines unbeschränkten Verfügungsverbots bei vorweggenommener Erbfolge vgl. BGH ZEV 2012, 550.

§ 2045 Aufschub der Auseinandersetzung

¹Jeder Miterbe kann verlangen, dass die Auseinandersetzung bis zur Beendigung des nach § 1970 zulässigen Aufgebotsverfahrens oder bis zum Ablauf der in § 2061 bestimmten Anmeldungsfrist aufgeschoben wird. ²Ist der Antrag auf Einleitung des Aufgebotsverfahrens noch nicht gestellt oder die öffentliche Aufforderung nach § 2061 noch nicht erlassen, so kann der Aufschub nur verlangt werden, wenn unverzüglich der Antrag gestellt oder die Aufforderung erlassen wird.

I. Normzweck

§ 2045 ist eine weitere Ausnahme vom Grundsatz, wonach ein Miterbe jederzeit die Auseinandersetzung verlangen kann (§ 2042). Diese Vorschrift ist im Zusammenhang mit § 2046 zu sehen, wonach der Miterbe Anspruch darauf hat, dass Nachlassverbindlichkeiten vorab zu bezahlen sind und soll jedem Miterben die Möglichkeit erhalten, seine Haftung für die Zeit nach der Teilung gem. § 2060 Nr. 1 und § 2061 I auf den Teil der Nachlassverbindlichkeit zu begrenzen, der seinem Erbteil entspricht (MüKoBGB/*Ann* Rn. 1). 1
Der Miterbe haftet nur dann anteilig für die Nachlassverbindlichkeiten, wenn ein Gläubiger im Rahmen des gerichtlichen Aufgebotsverfahrens (§§ 1970 ff. BGB; §§ 434, 454 ff. FamFG) ausgeschlossen wurde oder er sich im Rahmen des Privataufgebots nach § 2061 nicht binnen der Sechsmonatsfrist gemeldet hat (→ § 2060 Rn. 18 ff.; → § 2061 Rn. 5 ff.).

II. Dauer des Aufschubs

1. S. 1. Im Rahmen des Privataufgebots endet der Aufschub mit Ablauf der Anmeldefrist des § 2061. Das gerichtliche Aufgebotsverfahren endet mit Erlass des Ausschließungsbeschlusses § 439 FamFG oder bei Zurückweisung des Antrags mit Ablauf der zweiwöchigen Beschwerdefrist (neu § 439, 58 ff. FamFG) oder mit Erledigung des Beschwerdeverfahrens (Staudinger/*Löhnig* Rn. 2). Außerdem gilt § 2015 III analog, dh der Aufschub der Auseinandersetzung endet durch Versäumnis des Aufgebotstermins und der Zwei-Wochenfrist zur Beantragung eines neuen Termins oder durch Versäumung des neuen Termins (MüKoBGB/*Ann* Rn. 2) 2

2. S. 2. Begehrt ein Miterbe die Auseinandersetzung vor Beantragung eines gerichtlichen Aufgebotsverfahrens oder der Aufforderung nach § 2061, kann der Aufschub trotzdem geltend gemacht werden, wenn die Antragstellung oder Aufforderung **unverzüglich**, dh ohne schuldhaftes Zögern, § 121 I 1 erfolgen. 3
Das Recht die Auseinandersetzung zu verweigern steht auch denjenigen Miterben zu, die das Aufgebotsverfahren nicht beantragt haben, da § 460 I 1 FamFG die Wirkung auf alle Miterben erstreckt.

III. Verfahrensrechtliches

§ 2045 gewährt dem Miterben eine **Einrede**, was dem Wort „kann" zu entnehmen ist. Die Einrede führt jedoch nicht zur Klageabweisung, sondern analog § 148 ZPO zur Aussetzung des Rechtsstreits bis zum Ablauf einer vom Gericht zu bestimmenden Frist, innerhalb der das Aufgebot beantragt bzw. die Aufforderung ausgesprochen sein muss (Staudinger/*Löhnig* Rn. 5; MüKoBGB/*Ann* Rn. 4). 4
§ 2045 geht dem Zuweisungsverfahren eines landwirtschaftlichen Betriebs vor (§ 14 III GrdstVG). 5

§ 2046 Berichtigung der Nachlassverbindlichkeiten

(1) ¹Aus dem Nachlass sind zunächst die Nachlassverbindlichkeiten zu berichtigen. ²Ist eine Nachlassverbindlichkeit noch nicht fällig oder ist sie streitig, so ist das zur Berichtigung Erforderliche zurückzubehalten.
(2) Fällt eine Nachlassverbindlichkeit nur einigen Miterben zur Last, so können diese die Berichtigung nur aus dem verlangen, was ihnen bei der Auseinandersetzung zukommt.
(3) Zur Berichtigung ist der Nachlass, soweit erforderlich, in Geld umzusetzen.

I. Normzweck

§ 2046 regelt die Berichtigung von Nachlassverbindlichkeiten im Rahmen der Erbauseinandersetzung abweichend von §§ 2042, 755, die eine Berichtigung der Verbindlichkeiten erst bei Aufhebung der Gemeinschaft vorsehen, dahingehend, dass die Nachlassverbindlichkeiten **vor** der Auseinandersetzung zu tilgen sind. Im Hinblick auf die Besonderheit der Gesamthandsgemeinschaft, wonach die Miterben vor der Teilung die Haftung auf den Nachlass beschränken können (§ 2059 I 1), während sie danach grds. als Gesamtschuldner mit ihrem Eigenvermögen haften (BGH NJW 1998, 682; BayObLG FamRZ 1999, 1175), dient die Vorschrift ausschließlich den Interessen der Miterben das eigene Vermögen vor dem 1

II. Tilgung der Nachlassverbindlichkeiten vor der Teilung (Abs. 1 S. 1)

2 **1. Geltungsbereich.** Die Vorschrift gilt nur im **Innenverhältnis** der Miterben, um diese gegenseitig vor einer übereilten Teilung zu schützen (Staudinger/*Löhnig* Rn. 2). Erhebt ein Miterbe Teilungsklage bzw. verlangt die Zustimmung zu einem Teilungsplan, kann ihm jeder andere Miterbe die Einrede des § 2046 entgegenhalten (OLG Brandenburg FamRZ 1998, 1521). **Nachlassgläubiger** können sich auf diese Vorschrift **nicht** berufen (OLG Celle ZEV 2003, 203); diese sind ausreichend geschützt durch die Möglichkeit im Wege der Gesamthandklage (§ 2059 II) den ungeteilten Nachlass in Anspruch nehmen zu können (Staudinger/*Löhnig* Rn. 2). Der Testamentsvollstrecker hat die Vorschrift des § 2046 über § 2204 I zu beachten und kann sich nur im allseitigen Einvernehmen mit den Miterben darüber hinwegsetzen (BGH NJW 1983, 40; 1971, 2264).

3 Die Vorschrift ist **dispositiv,** so dass die Miterben einvernehmlich die Erbengemeinschaft vor Berichtigung der Nachlassverbindlichkeiten ganz oder teilweise auseinander setzen können (MüKoBGB/*Ann* Rn. 3; Staudinger/*Löhnig* Rn. 3). Auch der Erblasser kann im Rahmen einer Teilungsanordnung (§ 2048) abweichend von § 2046 I 1 bestimmen, dass nur einzelne Miterben eine Verbindlichkeit zu tragen haben (Staudinger/*Löhnig* Rn. 6). Die Vorschrift bindet auch das Nachlassgericht im Rahmen des Vermittlungsverfahrens nach § 363 FamFG, außer die Miterben stellen abweichende Anträge (NK-BGB/*Eberl-Borges* Rn. 2).

4 **2. Nachlassverbindlichkeiten.** Zu tilgen sind die Nachlassverbindlichkeiten (s. §§ 1967 ff.), wozu auch Pflichtteils- und Pflichtteilsergänzungsansprüche gehören (BGH FamRZ 1989, 273; OLG Saarbrücken NJW-RR 2007, 1659; OLG Bamberg BeckRS 2013, 03774), aber auch unklagbare und moralische Verpflichtungen umfasst sein sollen (Staudinger/*Löhnig* Rn. 5). Für Nachlasserbenschulden, die aus Rechtshandlungen des Erben im Rahmen einer ordnungsgemäßen Verwaltung entstanden sind und keine Nachlassverbindlichkeiten darstellen, haftet der Miterbe nach außen als Gesamtschuldner; bei der Auseinandersetzung kann er Tilgung aus dem Nachlass verlangen (§ 2042 II, 755) (MüKoBGB/*Ann* Rn. 2; Bamberger/Roth/*Lohmann* Rn. 2), um nicht Gefahr zu laufen nach der Teilung für die gesamte Forderung in Anspruch genommen zu werden und auf Rückgriffsansprüche gegen die anderen Miterben angewiesen zu sein (Staudinger/*Löhnig* Rn. 8).

5 **3. Sonderregelungen** gelten für landwirtschaftliche Betriebe (§§ 16 II GrdstVG, 15 II HöfeO), wonach die Nachlassverbindlichkeiten zunächst aus dem sonstigen Nachlass zu berichtigen sind.

III. Noch nicht fällige oder streitige Nachlassverbindlichkeiten (Abs. 1 S. 2)

6 Sind Nachlassverbindlichkeiten bekannt, jedoch noch nicht fällig oder streitig, kann jeder Miterbe verlangen, dass die zur Begleichung erforderlichen Mittel oder Nachlassgegenstände zurückbehalten werden, dh von der Verteilung einstweilen ausgeschlossen sind (BGH NJW 1985, 51; Staudinger/*Löhnig* Rn. 16). Eine Hinterlegung kann nicht verlangt werden (NK-BGB/*Eberl-Borges* Rn. 3). **Streitig** ist eine Verbindlichkeit bereits dann, wenn unter den Miterben Uneinigkeit herrscht, so dass ein Miterbengläubiger schon vor der Teilung gegenüber den anderen Miterben Feststellungsklage hinsichtlich des Bestehens seiner Forderung erheben kann (MüKoBGB/*Ann* Rn. 11). Ein Fall des Abs. 1 S. 2 liegt auch vor, wenn sich die Miterben bzgl. ihrer Ausgleichungspflichten nach §§ 2050 ff. uneins sind (OLG Celle FamRZ 2003, 1224). Hinsichtlich der zurückbehaltenen Gegenstände bleiben die Erbengemeinschaft und die gesamthänderische Bindung bestehen; Nachlassgläubiger können auf den verbleibenden ungeteilten Restnachlass zugreifen (§ 2059 II). Auch aus dieser Vorschrift können die Nachlassgläubiger keine Rechte herleiten; den Miterben bleibt es aber unbenommen mit den Nachlassgläubigern Vereinbarungen zu treffen, um einen zwangsweisen Zugriff zu vermeiden (MüKoBGB/*Ann* Rn. 12).

IV. Nachlassverbindlichkeiten, die nur einzelne Miterben treffen (Abs. 2)

7 Hat der Erblasser einzelne Miterben durch Vermächtnisse (§§ 2147, 2148) oder Auflagen (§ 2192) beschwert, haften nur diese den jeweils Begünstigten. Der Erblasser kann aber auch im Wege einer Teilungsanordnung (§ 2048) einzelnen Miterben die Übernahme von Verbindlichkeiten, für die die Miterben grds. als Gesamtschuldner (§ 2058) haften, zB Beerdigungskosten (§ 1968) im Innenverhältnis aufbürden. In letzterem Fall haben die nur im Außenverhältnis haftenden Miterben das Recht und vor allem das Interesse, dass die Nachlassverbindlichkeit **vor** der Auseinandersetzung berichtigt wird, da **Abs. 2** nur die **Frage der Haftungsmasse im Innenverhältnis** regelt, iÜ jedoch Abs. 1 S. 1 gilt (BGH NJW 1953, 501). Während die nur im Außenverhältnis haftenden Miterben Anspruch auf Berichtigung der Nachlassverbindlichkeit aus dem gesamten Nachlass haben, können die im Innenverhältnis allein beschwerten Miterben nur Berichtigung aus dem ihnen zukommenden Überschuss verlangen (MüKoBGB/*Ann* Rn. 14; Staudinger/*Löhnig* Rn. 5).

8 Wurde einem Miterben im Wege des Vermächtnisses ein mit einer Hypothek belastetes Grundstück vermächtnisweise zugewandt mit der Auflage, dass er die auf dem Grundstück lastenden Schulden allein tragen muss, kann er verlangen, dass die Schulden vor der Teilung eventuell mit einem Verkaufserlös von Nachlassgegenständen beglichen werden, um auf diese Weise einer unbeschränkten Haftung mit dem

Eigenvermögen nach der Teilung zu entgehen; die nicht belasteten Miterben können verlangen, dass die Schuld aus dem Überschuss (§ 2047) bezahlt wird, der dem belasteten Miterben bei der Auseinandersetzung zusteht (Staudinger/*Löhnig* Rn. 6; MüKoBGB/*Ann* Rn. 14).

V. Miterbengläubiger

1. Keine Konfusion. Hat ein Erbe Forderungen gegen den Nachlass, kann er deren Berichtigung ebenso wie andere Nachlassgläubiger bereits **vor** der Auseinandersetzung verlangen; Konfusion, also die Vereinigung von Forderung und Schuld in einer Person, tritt nicht ein, da das Vermögen des Miterben vom gesamthänderischen Sondervermögen „Nachlass" verschieden ist (Staudinger/*Löhnig* Rn. 9; → § 2032 Rn. 7; → § 2058 Rn. 27). Dies gilt auch für den Fall, dass einem Miterben ein Vorausvermächtnis zugewandt ist (MüKoBGB/*Ann* Rn. 4; Staudinger/*Löhnig* Rn. 14). Besteht eine Erbengemeinschaft aus zwei Miterben, kann der eine Miterbe gegen den anderen noch vor der Auseinandersetzung des Nachlasses eine Forderung, die ihm gegen den Erblasser zugestanden hat, zu dem Teil geltend machen, zu dem der andere Miterbe geworden ist (BGH NJW 1953, 501). 9

2. Grenzen. Die Geltendmachung der Forderung gegen den Nachlass kann gegen den Grundsatz von Treu und Glauben verstoßen, wenn eine erforderliche Verwertung von Nachlassgegenständen (Abs. 3) nur mit Verlust möglich wäre und dem Miterbengläubiger ein Zuwarten zugemutet werden kann (NK-BGB/*Eberl-Borges* Rn. 7) oder wenn Zweifel bestehen, ob der Miterbengläubiger aufgrund bestehender Ausgleichungspflichten (§§ 2050 ff.) überhaupt noch etwas erhält (Staudinger/*Löhnig* Rn. 13; → § 2059 Rn. 33). 10

3. Zurückbehaltungsrecht. Ist ein Miterbengläubiger gleichzeitig auch Schuldner einer Nachlassforderung, kann ein Zurückbehaltungsrecht nach § 273 I dann geltend gemacht werden, wenn die Forderung des Miterbengläubigers ihre Grundlage im Gemeinschaftsverhältnis der Miterben hat und der Miterbengläubiger seiner Mitwirkungspflicht bei einer konkret anstehenden Auseinandersetzungsmaßnahme nicht nachkommt (NK-BGB/*Eberl-Borges* Rn. 8). Eine generelle Zuerkennung eines Zurückbehaltungsrechts eines Miterbengläubigers gegenüber der Inanspruchnahme wegen einer gegen ihn gerichteten Nachlassforderung wird von der **hM abgelehnt,** da auf diese Weise die Auseinandersetzung blockiert wird und die Geltendmachung einer Nachlassforderung dazu dient, einen Miterbengläubiger zu befriedigen (MüKoBGB/*Ann* Rn. 6). 11

Praxisnäher ist, anstelle einer Zahlung vom Miterbenschuldner zu verlangen, die gegen ihn gerichtete Forderung im Wege der Ausgleichung nach §§ 2050 ff. geltend zu machen (MüKoBGB/*Ann* Rn. 7).

4. Geltendmachung. Unstreitig hat der Miterbengläubiger vor Teilung des Nachlasses die Wahl, ob er die übrigen Miterben im Wege der **Gesamthandklage** (§ 2059 II) – gerichtet auf eine Vollstreckung in den ungeteilten Nachlass – oder im Wege der **Gesamtschuldklage** in Anspruch nimmt (§ 2058) – gerichtet auf einen Vollstreckung in das Eigenvermögen des Miterben nach der Teilung, vor der Teilung Haftungsbeschränkungsmöglichkeit des in Anspruch genommenen Miterben (Staudinger/*Löhnig* Rn. 10; MüKoBGB/*Ann* Rn. 8; → § 2058 Rn. 17 ff.). Die leistungsbereiten Miterben brauchen nicht verklagt zu werden (NK-BGB/*Eberl-Borges* Rn. 10). 12

Bei Erhebung der Gesamtschuldklage genügen entgegen § 747 ZPO Vollstreckungstitel gegen die übrigen Miterben (Staudinger/*Löhnig* Rn. 11).

5. Forderungen eines Miterben gegen einen anderen Miterben (§ 756). Hat ein Miterbe gegen einen anderen Miterben eine Forderung, die sich auf die Erbengemeinschaft gründet, ist diese Forderung nach § 2042 II, § 756 **bei** der Auseinandersetzung zu berichtigen, dann jedoch nur aus dem Überschussanteil des betreffenden Miterbenschuldners (Staudinger/*Löhnig* Rn. 15). Die Forderung muss nicht in der Gemeinschaft die alleinige Grundlage haben, sondern es reicht aus, dass sie dem Miterbengläubiger nicht ohne seine Miterbenstellung zustehen würde (MüKoBGB/*Ann* Rn. 9). 13

VI. Verwertung von Nachlassgegenständen (Abs. 3)

Um Liquidität für die Berichtigung der Nachlassverbindlichkeiten zu schaffen, sind Nachlassgegenstände ggf. in Geld umzusetzen. Die Verwertung erfolgt nach § 2042 II, § 755 III, § 753, dh durch Pfandverkauf von beweglichen Gegenständen (§ 1233 f.), Einziehung von Forderungen und Zwangsversteigerung bei Grundstücken (§§ 180 ff. ZVG; → § 2042 Rn. 21). Die Auswahl der zu verwertenden Nachlassgegenstände obliegt den Miterben; da die Verwertung der Nachlassgegenstände schlussendlich auf die Auseinandersetzung gerichtet ist, stellt sie keine Verwaltungsmaßnahme mehr dar, so dass ein Mehrheitsbeschluss nicht ausreichend ist, sondern Einvernehmen unter den Miterben hergestellt werden muss (MüKoBGB/*Ann* Rn. 15). 14

Widersprechende Miterben sind ggf. auf Zustimmung zu verklagen, wobei ein wesentliches Merkmal für die Auswahl der Nachlassgegenstände die Wirtschaftlichkeit ist (NK-BGB/*Eberl-Borges* Rn. 5); einfließen soll auch das immaterielle Interesse der Miterben; ist keine Einigung zu erzielen, besteht die Möglichkeit des Losentscheides (§ 752 S. 2). Ein Miterbengläubiger kann die Versilberung von Nachlassgegenständen nicht durch ein Zurückbehaltungsrecht bis zum Ausgleich seiner Aufwendungen blockieren (MüKoBGB/*Ann* Rn. 15). 15

Kann die Befriedigung von Nachlassverbindlichkeiten nur aus dem Überschuss verlangt werden, der auf den verpflichteten Miterben entfällt, soll der Überschuss zunächst errechnet werden und bei fehlen- 16 der Liquidität nur so viele Nachlassgegenstände verwertet werden, wie zur Tilgung der Forderung erforderlich ist (Staudinger/*Löhnig* Rn. 8).

§ 2047 Verteilung des Überschusses

(1) Der nach der Berichtigung der Nachlassverbindlichkeiten verbleibende Überschuss gebührt den Erben nach dem Verhältnis der Erbteile.
(2) Schriftstücke, die sich auf die persönlichen Verhältnisse des Erblassers, auf dessen Familie oder auf den ganzen Nachlass beziehen, bleiben gemeinschaftlich.

I. Normzweck

1 Abs. 1 gibt den Miterben den gegen die jeweils anderen Miterben gerichteten schuldrechtlichen Anspruch auf Übertragung der sich bei der Auseinandersetzung für den einzelnen Miterben ergebenden Werte.
Abs. 2 schließt die Teilung von Schriftstücken aus, die sich auf die persönlichen Verhältnisse des Erblassers, auf dessen Familie oder den gesamten Nachlass beziehen.

II. Verteilung des Überschusses

2 **1. Ermittlung des Überschusses.** Überschuss (vgl. §§ 734, 1476) sind zunächst die Nachlassgegenstände, die nach Berichtigung der Nachlassverbindlichkeiten verblieben sind; diese sind nach wie vor gesamthänderisch gebunden. Die Miterben haben nach Abs. 1 den Anspruch, dass der verbleibende Aktivnachlass in das Eigenvermögen des einzelnen übertragen wird (Staudinger/*Löhnig* Rn. 1). Soweit die Verteilung nicht über eine Vereinbarung der Miterben oder eine Teilungsanordnung des Erblassers zu zustande kommt, richtet sie sich nach den gesetzlichen Vorschriften (§ 2042 II, §§ 752–754, 756; → § 2042 Rn. 17 ff.). Soweit eine Teilung in Natur (§ 752) nicht möglich ist, sind bewegliche Gegenstände im Wege des Pfandverkaufs zu versilbern (§§ 753, 1233 ff., idR Versteigerung durch den Gerichtsvollzieher nach §§ 1235, 383 III), Grundstücke durch Teilungsversteigerung nach § 180 ZVG und Teilung des Erlöses. Möglich ist auch, dass ein sich im Nachlass befindlicher Erbteil nach § 2033 I durch Übertragung von Bruchteilen in Höhe der jeweiligen Erbquote geteilt wird (BGH NJW 1963, 1610).

3 **2. Teilungsverhältnis.** Maßgeblich für die Verteilung sind zunächst die Erbquoten, die sich entweder aufgrund gesetzlicher Erbfolge oder durch Verfügung des Erblassers ergeben. Um jedoch zu einer endgültigen Auseinandersetzung der Erbengemeinschaft zu gelangen, sind bei der Ermittlung dessen, was jedem Miterben aus dem Realnachlass zusteht, sämtliche **ausgleichungspflichtige Zuwendungen** nach §§ 2050 ff. (→ § 2055 Rn. 11) und sämtliche **Ausgleichsbeträge** bei besonderen Leistungen eines Abkömmlings nach § 2057a (→ § 2057a Rn. 39) zu berücksichtigen; ferner sind bei der Berechnung die Nachlassverbindlichkeiten, die zwar aus dem gemeinschaftlichen Nachlass bezahlt wurden, aber von nur einzelnen Miterben zu tragen sind, diesen auch abzuziehen; gleiches gilt für sonstige Forderungen des Nachlasses gegen einzelne Miterben (Staudinger/*Löhnig* Rn. 2). Auf diese Weise kommt es zu einer **Abweichung der tatsächlichen Teilungsquoten von den Erbquoten** (BGH NJW 1986, 931; LG Bonn BeckRS 2011, 12737). Den Miterben bleibt es jedoch unbenommen, andere Teilungsquoten zu vereinbaren (NK-BGB/*Eberl-Borges* Rn. 3).
Die Ermittlungen des Auseinandersetzungsguthabens findet auch dann auf diese Weise statt, wenn ein Miterbe seinen Erbteil nach § 2033 I veräußert hat; der Anspruch auf das Auseinandersetzungsguthaben ist isoliert weder abtretbar noch pfändbar (NK-BGB/*Eberl-Borges* Rn. 6; Staudinger/*Löhnig* § 2033 Rn. 11 f., → § 2033 Rn. 11).

III. Ausschluss der Teilung bei Schriftstücken (Abs. 2)

4 Abs. 2 nimmt die dort genannten Schriftstücke von einer Teilung aus, zum einen weil sie idR nur einen ideellen, keinen wirtschaftlichen Wert haben, hauptsächlich jedoch, da sie sich als Beweismittel eignen, so zB die Familienpapiere, worunter Korrespondenzen, Briefwechsel, Tagebücher, Familiennotizen, Personenstandsurkunden, Taufscheine, Fotoalben etc fallen (→ § 2373 Rn. 4; MüKoBGB/*Musielak* Rn. 5, § 2373 Rn. 5). Soweit solche Schriftstücke auf die persönlichen Verhältnisse des Erblassers dessen Lebenserinnerungen literarische Bedeutung haben, müssen einer Veröffentlichung bzw. Übertragung des Urheberrechts **sämtliche Miterben** zustimmen (Staudinger/*Löhnig* Rn. 6); auch wenn insoweit Schriftstücke einen Vermögens- oder Verkehrswert haben, unterfallen sie gleichwohl Abs. 2, dies gilt jedoch nicht für Familienbilder, Orden oÄ (MüKoBGB/*Ann* Rn. 7).

5 Schriftstücke, die sich auf den ganzen Nachlass beziehen, sind Unterlagen über die Verwaltung des Nachlasses und seiner Auseinandersetzung, Urkunden über Verfügungen von Todes wegen, Erbscheine (NK-BGB/*Eberl-Borges* Rn. 4). Soweit ein Erblasser einen familienfremden Dritten zum Alleinerben eingesetzt hat, ohne die Familienpapiere zu erwähnen, entsteht bestenfalls eine moralische Pflicht des Erben zur Aushändigung an die Familie, da insoweit eine formgültige Verfügung fehlt (Staudinger/*Löhnig* Rn. 6).

6 Dass Familienbilder im Sinne von bildender Kunst nicht unter Abs. 2 fallen, wird mittelbar aus § 2373 entnommen, wonach bei einem Erbteilskauf im Zweifel Familienbilder zwar als nicht mitverkauft gelten,

der Beweis des Gegenteils jedoch möglich ist (Staudinger/*Olshausen* § 2373 Rn. 4); entsprechende Hinweise können sich ggf. aus dem Kaufpreis ergeben.

Die Gesamthandsgemeinschaft an den persönlichen Schriftstücken bleibt erhalten. Jeder Miterbe hat 7 das Recht auf Einsicht und sachgemäßem Gebrauch der persönlichen Papiere (Staudinger/*Löhnig* Rn. 5); die Entscheidung über die Aufbewahrung etc unterfällt der ordnungsgemäßen Verwaltung (§§ 2038, 745) der Erbengemeinschaft (Bamberger/Roth/*Lohmann* Rn. 3). Die Miterben können jedoch einstimmig (§ 2038 II, § 745 III) eine abweichende Regelung treffen (MüKoBGB/*Ann* Rn. 8).

Digitale Benutzerkonten sind vererblich (BGH Urt. v. 12.7.2018 – III ZR 183/17, BeckRS 2018, 8 16463).

§ 2048 Teilungsanordnungen des Erblassers

¹Der Erblasser kann durch letztwillige Verfügung Anordnungen für die Auseinandersetzung treffen. ²Er kann insbesondere anordnen, dass die Auseinandersetzung nach dem billigen Ermessen eines Dritten erfolgen soll. ³Die von dem Dritten auf Grund der Anordnung getroffene Bestimmung ist für die Erben nicht verbindlich, wenn sie offenbar unbillig ist; die Bestimmung erfolgt in diesem Falle durch Urteil.

I. Normzweck

§ 2048 ist Ausfluss der Testierfähigkeit des Erblassers. Da das BGB grds. eine Sondererbfolge nicht 1 kennt (Ausnahmen → § 2032 Rn. 32 ff.), ermöglicht § 2048 die Zuweisung einzelner Vermögensgegenstände an die Miterben. Im Gegensatz zu § 2044, wonach der Erblasser die Auseinandersetzung erschweren oder ausschließen kann, ermöglicht § 2048 eine aktive Einflussnahme auf die Durchführung der Auseinandersetzung, da die Vorschrift den jeweiligen Miterben schuldrechtliche Ansprüche auf Durchführung der Auseinandersetzungsanordnung gewährt (MüKoBGB/*Ann* Rn. 1; NK-BGB/*Eberl-Borges* Rn. 1; Staudinger/*Löhnig* Rn. 1).

II. Auseinandersetzungsanordnungen

1. Gestaltungsmöglichkeiten des Erblassers. Der Begriff Teilungsanordnung in der Überschrift der 2 Norm ist zu eng gefasst, da der Erblasser auch anderweitige Anordnungen treffen kann.

a) **Teilungsanordnung:** die Teilungsanordnung ist der Hauptanwendungsfall des § 2048 und betrifft 3 die **Zuweisung einzelner Nachlassgegenstände** an die Miterben, wobei der Erblasser auch die Möglichkeit hat, den gesamten Nachlass zu verteilen (NK-BGB/*Eberl-Borges* Rn. 2).

b) **Verwaltungsanordnung:** der Erblasser kann Anordnungen zur Art der Verwaltung des Nachlasses 4 treffen, sie einem oder mehreren Miterben übertragen, die Art der Weiterführung eines Betriebs bestimmen, die Art und Weise der Verwertung eines Gegenstandes festlegen und Regelungen treffen, dass ein Miterbe im Innenverhältnis bestimmte Nachlassverbindlichkeiten allein zu tragen hat (Staudinger/*Löhnig* Rn. 4). Der Erblasser kann ferner vorsehen, dass ein **Schiedsverfahren** bei Streitigkeiten der Erben bzgl. der Auseinandersetzung durchzuführen ist oder eine **Mediation** (Bamberger/Roth/*Lohmann* Rn. 2).

c) Auseinandersetzung durch einen Dritten (S. 2): wenn der Erblasser keine Testamentsvollstreckung anordnen will, kann er bestimmen, dass ein Dritter nach billigem Ermessen die Auseinandersetzung durchführen soll, wobei Dritter auch ein oder mehrere Miterben sein können (MüKoBGB/*Ann* Rn. 19).

2. Form der Anordnung. Gem. Abs. 1 kann der Erblasser Auseinandersetzungsanordnungen nur tes- 6 tamentarisch oder einseitig im Erbvertrag (→ § 2278 Rn. 11) treffen; nicht erforderlich ist es, dass der Erblasser eine Erbeinsetzung vornimmt, Teilungsanordnungen können auch angeordnet werden, wenn iÜ gesetzliche Erbfolge gilt (BGH FamRZ 1985, 62; BayObLG FamRZ 1988, 660). Da **Teilungsanordnungen** gem. § 2270 III **nicht** als wechselbezügliche Verfügungen getroffen werden können, kann auch ein durch gemeinschaftliches Testament oder Erbvertrag gebundener Erblasser Teilungsanordnungen treffen, die jedoch kein Schlusserben benachteiligen dürfen; dies ist nur möglich, wenn ein gemeinschaftliches Testament oder ein Erbvertrag einen Vorbehalt enthält, mit dem die Bindungswirkung gelockert wird (BGH NJW 1982, 441). Ein gebundener Erblasser kann auch im Wege vorweggenommener Erbfolge – was eine Ausgleichungsanordnung nach §§ 2050 ff. indiziert – bereits zu Lebzeiten Vermögen auf einen Abkömmling übertragen; soweit er mehr überträgt als der Erbquote des Erwerbers entspricht, kann er diesen zu einem Wertausgleich verpflichten; erfolgt dies nicht, sind Ansprüche des benachteiligten Miterben nach § 2287 möglich (BGH NJW 1982, 43).

Da eine Teilungsanordnung immer darauf zu überprüfen ist, ob es sich nicht um ein Vermächtnis oder 7 eine Auflage handelt, ist in den letzteren beiden Fällen Wechselbezüglichkeit anzunehmen (BGH NJW 1962, 343). Umgekehrt kann ein gebundener Erblasser aufgrund fehlender Wechselbezüglichkeit eine **Teilungsanordnung widerrufen,** was bei einem Vermächtnis, welches der Bindungswirkung unterliegt, nicht möglich ist (Staudinger/*Löhnig* Rn. 2). Erfüllt ein Vorerbe mit Verfügung über einen Nachlassgegenstand eine vom Erblasser angeordnete Teilungsanordnung, liegt darin keine Beeinträchtigung des Nacherben iSv § 2113 I (OLG Hamm NJW-RR 1995, 1289; BayObLG FamRZ 1992, 728).

8   Eine nur mündlich getroffene Teilungsanordnung ist formnichtig und löst daher keine rechtliche, sondern nur eine moralische Verpflichtung aus; eine Anerkennung durch alle Miterben ist aber möglich (Staudinger/*Löhnig* Rn. 2; MüKoBGB/*Ann* Rn. 5).

9   **3. Wirkung. a) Schuldrechtlicher Anspruch.** Ebenso wie das Vermächtnis gibt die Teilungsanordnung den Miterben einen **schuldrechtlichen** Anspruch auf Aufstellung eines entsprechenden Teilungsplans (BGH NJW 2002, 2712); dingliche Wirkung kommt der Teilungsanordnung nicht zu. Die von der Teilungsanordnung erfassten Gegenstände sind Teil des Nachlasses und stehen den Miterben in ihrer gesamthänderischen Gebundenheit zunächst gemeinschaftlich zu (Staudinger/*Löhnig* Rn. 8). Durch die Teilungsanordnung erfolgt **keine Veränderung der Erbquote** (BGH FamRZ 1985, 62; NJW 1985, 81). Die Übertragung der zugewiesenen Gegenstände aus dem Gesamthandvermögen muss unter Beachtung bestehender Formvorschriften (Übertragung von Wohneigentum von der Erbengemeinschaft auf einen Miterben mit Zustimmung des Verwalters (§ 12 WEG); Übereignung eines Nachlassgrundstücks nach §§ 873, 925 erfolgen (MüKoBGB/*Ann* Rn. 9; NK-BGB/*Eberl-Borges* Rn. 5).

10 **b) Übernahmepflicht.** Aus der Verbindlichkeit der Teilungsanordnung ergibt sich eine grundsätzliche Pflicht des Miterben zur Übernahme des zugewiesenen Gegenstands; das Recht und die Pflicht zur Übernahme entstehen mit dem Erbfall, lediglich die Wirkung ist bis zur Auseinandersetzung aufgeschoben (MüKoBGB/*Ann* Rn. 9). Soweit der Wert des Gegenstandes dem einem Miterben zukommende Quote übersteigt, ist er zur **Zahlung eines Ausgleichsbetrages** an die übrigen Miterben aus seinem Vermögen verpflichtet; die Zahlung des Ausgleichsbetrages kann entweder über eine verpflichtende Auseinandersetzungsvereinbarung erfolgen oder im Wege einer Erbauseinandersetzungsklage gerichtet auf Übereignung des im Wege der Teilungsanordnung zugewiesenen Grundstücks Zug um Zug gegen Zahlung des Ausgleichsbetrages (BGH NJW-RR 1996, 577). Eine **gesonderte Ausschlagungsmöglichkeit** wie beim Vermächtnis hat der Miterbe **nicht**; nach der Erbrechtsreform zum 1.1.2010 kann der Miterbe sich einer ihn beschwerenden Teilungsanordnung durch Ausschlagung und Geltendmachung des Pflichtteils (§ 2306 I) entledigen.

11 **c) Übernahmerecht.** Stellt der Erblasser dem Miterben frei, den zugeteilten Nachlassgegenstand gegen Wertausgleich zu übernehmen, räumt er dem Miterben mit diesem Übernahmerecht ein **Gestaltungsrecht** ein; erst wenn der Miterbe erklärt von dem Übernahmerecht Gebrauch machen zu wollen, entsteht der schuldrechtliche Anspruch auf Übertragung des zugewiesenen Gegenstands im Auseinandersetzungsverfahren (LG Stuttgart ZEV 2002, 237).

12 **4. Bindung an die Auseinandersetzungsanordnungen. a) Abweichende Miterbenvereinbarung.** Da die Teilungsanordnung nur schuldrechtlich verpflichtend ist und keine Verfügungsbeschränkung (§ 137 S. 2) enthält, können sich die Miterben einvernehmlich darüber hinwegsetzen (Staudinger/*Löhnig* Rn. 8; MüKoBGB/*Ann* Rn. 9, 16; → § 2042 Rn. 44 ff.; → § 2044 Rn. 8).

13 **b) Testamentsvollstrecker.** Der Testamentsvollstrecker hat die Auseinandersetzung nach den vom Erblasser getroffenen Teilungsanordnungen vorzunehmen (→ § 2204 Rn. 1), außer es liegt eine abweichende Vereinbarung der Miterben vor (→ Rn. 12).

14 **c) Vermittlungsverfahren nach § 363 FamFG.** Das Nachlassgericht bzw. der Notar (§ 487 I Nr. 3 FamFG) sind im Vermittlungsverfahren ebenfalls an die Teilungsanordnungen des Erblassers gebunden, es sei denn die Miterben stellen übereinstimmend abweichende Anträge (MüKoBGB/*Ann* Rn. 9).

15 **d) Zustimmungspflicht.** Übereignet ein nicht befreiter **Vorerbe** einem Nacherben in vorzeitiger Erfüllung einer allen Nacherben auferlegten Teilungsanordnung ein Nachlassgrundstück, bedarf es hierzu der **Zustimmung der übrigen Nacherben** (BayObLG NJW 1974, 2323). Verfügt ein Vorerbe im Wege der Erbauseinandersetzung über ein Nachlassgrundstück ohne Voreintragung der Miterben, kann das Grundbuchamt mangels Voreintragung die Rechte der Nacherben nicht wahren; der Vollzug einer solchen Verfügung bedarf daher des Nachweises der Zustimmung der Nacherben, wobei auch der **Verzicht** der Nacherben auf die **Eintragung des Nacherbenvermerks** ausreicht (OLG Hamm NJW-RR 1995, 1289).

16 **5. Grenzen der Teilungsanordnung.** Soweit vor der Erbrechtsreform zum 1.1.2010 die Teilungsanordnung einen Schranken im Pflichtteilsrecht hatte und nach § 2306 I 1 als nicht angeordnet galt, wenn der hinterlassene Erbteil die Hälfte des gesetzlichen Erbteils nicht übersteigt, ist dies für Erbfälle nach dem 1.1.2010 nicht mehr der Fall. Dann kann jeder Miterbe, der durch eine Teilungsanordnung beschwert ist, unabhängig von der Größe seines Erbteiles das Erbe ausschlagen und den Pflichtteil ohne die angeordneten Beschwerungen geltend machen. Der Erblasser selbst ist nicht an die Grenzen der §§ 317, 319 gebunden, so dass er auch willkürliche Anordnungen treffen darf, außer sie sind sittenwidrig (§ 138) oder verstoßen gegen das Schikaneverbot (§ 226) (MüKoBGB/*Ann* Rn. 11). Als rechtsmissbräuchlich außer Kraft gesetzt werden könnten Teilungsanordnungen, die zu einer erheblichen Gefährdung des Nachlasses führen, jedoch einem Testamentsvollstrecker zur Durchführung aufgelegt wurden (§ 2216 II 2, MüKoBGB/*Ann* Rn. 11). Eine Teilungsanordnung verbietet dem Miterben eine Teilungsversteigerung; dagegen unechte Drittwiderspruchsklage §§ 768, 771 ZPO analog (OLG Oldenburg ZEV 2014, 417).

III. Abgrenzung zu anderen Rechtsinstituten

1. Teilungsanordnung und Erbeinsetzung. Während die Teilungsanordnung lediglich **schuldrechtliche** Wirkung hat, führt eine Erbeinsetzung zur **unmittelbaren dinglichen Beteiligung** des Erben am Nachlass (MüKoBGB/*Ann* Rn. 13). Soweit der Erblasser mehreren Beteiligten einzelne Nachlassgegenstände zuweist, kann darin eine Erbeinsetzung liegen, wenn der Nachlass dadurch erschöpft ist. Durch Auslegung der letztwilligen Verfügung ist dann zu ermitteln, ob es sich um eine testamentarische Erbeinsetzung nach Vermögensgruppen (BGH NJW 1997, 392; OLG München ZEV 2007, 383; BayObLG FamRZ 1992, 862) handelt und sich die Erbquoten anhand der Wertverhältnisse der zugewiesenen Vermögensgegenstände bestimmen (→ § 2087 Rn. 6) oder um eine Erbeinsetzung, die mit einer Teilungsanordnung verbunden ist. 17

Entscheidend ist die Ermittlung des tatsächlichen, falls dies nicht möglich ist, des mutmaßlichen Willens des Erblassers. Sind mehrere Erben eingesetzt, ohne dass die Erbteile bestimmt sind, erben sie nach § 2091 zu gleichen Teilen, es sei denn es liegt ein Fall der §§ 2066–2069 vor; besteht in diesem Fall der Nachlass aus zwei Grundstücken, liegt in der Zuweisung der Grundstücke eine Teilungsanordnung (BayObLG FamRZ 1985, 312). Abzustellen ist auf die Vorstellung des Erblassers zum Zeitpunkt der Testamentserrichtung (BayObLG NJW-RR 1997, 517). Die testamentarische Anordnung, dass eine als „Erbe" bezeichnete Person einen bestimmten Geldbetrag „als Erbteil" erhalten soll, kann als Erbeinsetzung verbunden mit einer dahingehenden Auseinandersetzungsanordnung gesehen werden, dass die genannte Person den Betrag ohne Auseinandersetzung als Abfindung erhalten soll (Staudinger/*Löhnig* Rn. 6; Bamberger/Roth/*Lohmann* Rn. 4, jeweils unter Hinweis auf RG 24.10.1921 – IV 147/21). 18

2. Teilungsanordnung und Auflage. Will der Erblasser eine Teilungsanordnung trotz Bestehens eines gegenteiligen Einvernehmens der Miterben durchsetzen, muss er die gewünschte Auseinandersetzungsanordnung als Auflage zu Lasten aller Miterben anordnen (NK-BGB/*Eberl-Borges* Rn. 9). Kennzeichnend für die **Auflage** ist, dass sie **weder** eine **Zuwendung** voraussetzt, **noch** dem Begünstigten einen **direkten Anspruch auf Leistung** gewährt (§§ 1940, 2192), vielmehr jeden Miterben verpflichtet, die Ausführung der Auflage nach § 2194 von den übrigen Miterben zu verlangen (MüKoBGB/*Ann* Rn. 16). 19

Da die Auflage – ebenso wie die Teilungsanordnung – **ausschließlich schuldrechtliche Wirkung** hat, können sich die Miterben einvernehmlich darüber hinwegsetzen (BGH NJW 1963, 2320). Tatsächliche Wirkung hat die Auflage nur, wenn der Erblasser für den Fall der Nichtvollziehung einen Ersatzerben bestimmt (→ § 2194 Rn. 2 f.). Falls der Erblasser tatsächlich seine als Auflage formulierte Teilungsanordnung durchsetzen will, muss er eine Erbeinsetzung vornehmen, die auflösend bedingt durch die Nichterfüllung der Auflage ist (→ § 2044 Rn. 4; MüKoBGB/*Ann* Rn. 16); dazu sind entsprechende Ausführungen im Testament erforderlich, zumindest muss sich ein entsprechender Erblasserwille durch Auslegung ergeben können. 20

3. Teilungsanordnung und Vorausvermächtnis. a) Die meiste praktische Relevanz hat die Frage der Abgrenzung von Teilungsanordnung und Vorausvermächtnis. In den 60er Jahren hat der BGH als das wesentliche Abgrenzungskriterium zu Gunsten eines Vorausvermächtnisses, den **Begünstigungswillen** des Erblassers, herausgearbeitet, dh der Erblasser wendet **bewusst und gewollt** einem Miterben mit der Zuweisung eines bestimmten Nachlassgegenstandes gegenüber den anderen Miterben einen **wirtschaftlicher Vorteil neben dem eigentlichen Erbteil** zu (MüKoBGB/*Ann* Rn. 17; NK-BGB/*Eberl-Borges* Rn. 11). Ein Vorausvermächtnis liegt jedoch nur dann vor, wenn beide Kriterien erfüllt sind, dh einem Miterben ein objektiver Vermögensvorteil zugewandt wird und der Erblasser den Willen hatte, den besagten Miterben zu begünstigen (BGH NJW 1998, 682). Während die Teilungsanordnung Fragen der technischen Durchführung der Erbauseinandersetzung betrifft, führt das Vorausvermächtnis zu einer echten Wertverschiebung, wobei bereits in der Möglichkeit der Übernahme zB eines Betriebsgrundstücks ein wirtschaftlicher Vorteil liegen kann (BGH NJW 1962, 343). 21

Enthält die letztwillige Verfügung des Erblassers keine eindeutige Regelung, ist der **wirkliche Erblasserwille** durch **Auslegung** zu erforschen; scheitert auch dies, muss der Tatsachenrichter den **mutmaßlichen Erblasserwillen** ermitteln; er kann sich nicht auf die allgemeinen Auslegungsregeln zurückziehen, ohne sich mit dem Sachverhalt zu befassen (BGH NJW-RR 1990, 391; OLG Hamm BeckRS 2010, 19846). Selbst wenn der Erblasser den Begriff „Teilungsanordnung" verwendet, führt dies nicht automatisch zu einem Wertausleich, wenn der Wille des Erblassers eindeutig darauf gerichtet war, den Nachkommen deren Einkommen durch eine Übertragung von Immobilien zu sichern (BGH NJW-RR 1990, 391). Ein Vorausvermächtnis kann auch dann gegeben sein, wenn der besagte Nachlassgegenstand aus Gründen, die von der Erbeinsetzung unabhängig sind, auf alle Fälle dem Begünstigten zukommen soll (BGH NJW 1995, 721); eine Ausschlagung der Erbschaft erhält dem Miterben das Vermächtnis. Eine Auseinandersetzungsanordnung kann nebeneinander enthaltende Teilungs- und Vermächtnisanordnungen enthalten, die klageweise durchsetzbar sind; ein Anordnung enthaltenes Verschaffungsvermächtnis erfordert einen qualifizierten Zuwendungswillen des Erblassers (OLG Oldenburg FamRZ 1999, 532). 22

Da die Teilungsanordnung die Art und Weise der Verteilung der Nachlassgegenstände im Rahmen der Erbauseinandersetzung zum Gegenstand hat, kann sie **keine wertverschiebende** Wirkung haben (Ausnahme § 2049). Eine Teilungsanordnung führt grds. zur Ausgleichspflicht, dh, dass ein Schweigen des Testaments für einen Wertausgleich spricht (BGH NJW-RR 1990, 391). Soweit jedoch ein Mehrwert zugewandt ist, ist durch Auslegung zu ermitteln, ob dieser Mehrwert zusätzlich zum Erbteil als Vorausvermächtnis zugewandt sein soll (BGH NJW-RR 1990, 1220; FamRZ 1987, 475; NJW 1985, 51); im Falle 23 der Zuweisung eines Hausgrundstückes kann für die Auslegung das Wissen um den Wert des Nachlasses im Zeitpunkt der Testamentserrichtung, insbes. im Verhältnis zu dem durch Auseinandersetzungsanordnung zugewiesenen Grundstücks hilfreich sein. Die „überquotale" oder „wertverschiebende" Teilungsanordnung ist tatsächlich ein Vorausvermächtnis (BGH NJW-RR 1990, 391).

24 Wollte der Erblasser durch die Zuweisung eines Nachlassgegenstandes den Miterben nicht begünstigen oder lässt sich ein entsprechender hypothetischer Erblasserwille nicht durch Auslegung ermitteln, dann handelt es sich um eine Teilungsanordnung; der betreffende Miterbe hat den Mehrwert den anderen Miterben gegenüber auszugleichen (BGH NJW-RR 1996, 577; NJW 1985, 51). Ist eine Ausgleichung im Rahmen der Erbauseinandersetzung nicht möglich und ist der durch die Auseinandersetzungsanordnung begünstigte Miterbe nicht bereit, den Mehrwert aus seinem Vermögen zu bezahlen, ist die Teilungsanordnung hinfällig, da der Erblasser keinen Miterben mit dessen Privatvermögen verpflichten kann (MüKoBGB/*Ann* Rn. 17; NK-BGB/*Eberl-Borges* Rn. 12; Bamberger/Roth/*Lohmann* Rn. 4; → § 2150 Rn. 6 ff.).

25 **b) Unterschiedliche Rechtsfolgen.** Das **Vorausvermächtnis** hat insgesamt **stärkere Rechtswirkungen** als die Teilungsanordnung, so kann das Vermächtnis isoliert ausgeschlagen (§ 2180) und vor der Erbauseinandersetzung bereits geltend gemacht werden (§ 2176), während die Teilungsanordnung grds. für die Miterben verbindlich ist und im Rahmen der Auseinandersetzung berücksichtigt wird. Gem. § 2278 II, § 2288 kann ein Vorausvermächtnis Gegenstand einer vertragsmäßigen Verfügung sein bzw. der Wechselbezüglichkeit beim gemeinschaftlichen Testament (§ 2270 III) unterfallen, während die Teilungsanordnung nur einseitig angeordnet werden kann und nicht zu einer Beeinträchtigung des Erbvertragserben oder des überlebenden Ehegatten führen darf.

26 Das **Vorausvermächtnis** hat in der Nachlassinsolvenz den **besseren Rang** (§ 1991 IV, § 1992 iVm § 327 I Nr. 2 InsO); der durch Teilungsanordnung zugewiesene Gegenstand unterfällt der gesamthänderischen Bindung und haftet für die Nachlassverbindlichkeiten, was beim Vorausvermächtnis nicht der Fall ist, es sei denn es liegen Fälle der § 322 InsO, § 5 AnfG vor. Nach § 2110 II verbleibt das Vorausvermächtnis beim Vorerben, während sich das Recht des Nacherben auf den durch Teilungsanordnung zugewiesenen Gegenstand erstreckt (MüKoBGB/*Ann* Rn. 18; NK-BGB/*Eberl-Borges* Rn. 13).

27 **c) Bewertung des zugewiesenen Gegenstands:** grds. ist der der Teilungsanordnung unterliegende Gegenstand mit dem objektiven Verkehrswert im Rahmen des Wertausgleichs zu berücksichtigen; die Ausnahme bildet § 2049. Entscheidend ist dabei der Zeitpunkt der Durchführung der Auseinandersetzung (MüKoBGB/*Ann* Rn. 21). Legt der Erblasser einen abweichenden Wert fest, kommt es zu einer Wertverschiebung und damit wieder zur Abgrenzung der Teilungsanordnung zum Vorausvermächtnis (Bamberger/Roth/*Lohmann* Rn. 5). Die Bewertung von Unternehmen kann nach verschiedenen Methoden erfolgen; nicht zu beanstanden ist eine kombinierte Berechnung aus Substanz- und Ertragswert (BGH NJW 1982, 575), jedoch ohne Berücksichtigung eines goodwill (Bamberger/Roth/*Lohmann* Rn. 5).

28 **d) Erbschaftssteuerliche Auswirkungen** (BFH MittBayNot 2011, 433).

IV. Auseinandersetzung nach dem billigen Ermessen eines Dritten (S. 2)

29 Der Erblasser kann unabhängig von der Ernennung eines Testamentsvollstreckers die Auseinandersetzung des Nachlasses in das Ermessen eines Dritten stellen, wobei Dritter iSd S. 2 jede Person sein kann, auch ein oder mehrere Miterben, aber auch ein Außenstehender (Staudinger/*Löhnig* Rn. 12; NK-BGB/ *Eberl-Borges* Rn. 14). Eine Anordnung iSv S. 2 liegt auch vor, wenn ein Sachverständiger den Übernahmepreis ermitteln soll, zu dem ein Miterbe einen Nachlassgegenstand übernehmen kann oder soll; dieser Miterbe hat das Recht auf Kosten des Nachlasses das Gutachten eines öffentlich bestellt und vereidigten Sachverständigen zu verlangen (LG Nürnberg-Fürth ZEV 2001, 17).

30 In der Anordnung kann auch die Ernennung eines Testamentsvollstreckers liegen, dessen Rechte gem. § 2208 entsprechend beschränkt sind, was durch Auslegung zu ermitteln ist (Staudinger/*Löhnig* Rn. 10; → § 2208 Rn. 3). Der Testamentsvollstrecker ist befugt, die Auseinandersetzung durch Verteilung der Nachlassgegenstände vorzunehmen, dh den Teilungsplan dinglich zu vollziehen, während ein **Dritter nur** einen schuldrechtlich verpflichtenden Teilungsplan erstellen kann, den die Miterben ausführen müssen, da sie nicht die Verfügungsbefugnis über die Nachlassgegenstände (§§ 2040, 137 S. 1) verlieren (Staudinger/*Löhnig* Rn. 11; Bamberger/Roth/*Lohmann* Rn. 6). Ist der **Testamentsvollstrecker als Dritter** vom Erblasser dazu bestimmt, die Auseinandersetzung nach § 2048 S. 2 nach **billigem Ermessen** vorzunehmen, ist er **nicht an die gesetzlichen Teilungsregeln** (§ 2042 iVm §§ 750–758) **gebunden**, sondern kann den Miterben unteilbare Gegenstände nach billigem Ermessen in Anrechnung auf deren Erbteil zuweisen oder Nachlassgegenstände freihändig verkaufen (*Ruby* ZEV 2007, 18).

V. Offenbare Unbilligkeit (S. 3)

31 **1. Voraussetzungen.** Grundsätzlich ist der von dem Dritten erstellte Teilungsplan für die Miterben verbindlich, es sei denn er ist offenbar unbillig; in diesem Fall ist der Teilungsplan für die Erben ipso jure unwirksam (*Ruby* ZEV 2007, 18). Die grobe Unbilligkeit bestimmt sich nach § 319 I 1; sie ist **zwischen billigem Ermessen** einerseits **und Willkür** andererseits angesiedelt und liegt vor, wenn der Teilungsplan den Grundsatz von Treu und Glauben in grober Weise verletzt und sich dessen Sachwidrigkeit einem sachkundigen und unbefangenen Beobachter aufdrängt (BGH NJW 1958, 2067).

Offenbare Unbilligkeit liegt beim Verkauf vom Grundbesitz unter dem Verkehrswert vor (BGH 32
NJW 1991, 2761). Offenbar unbillig kann eine Bestimmung eines Dritten sein, die im deutlichen Gegensatz zum Willen des Erblassers steht und keine Sachkunde vorhanden ist, die die Abweichung rechtfertigt, so dass der dem Dritten vom Erblasser eingeräumte Spielraum augenfällig überschritten ist (*Ruby* ZEV 2007, 18). **Keine grobe Unbilligkeit** liegt jedoch vor, wenn der Teilungsplan nicht den gesetzlichen Teilungsregeln entspricht, da es nur darauf ankommt, ob das Ergebnis offenbar unbillig ist (BGH NJW 1952, 1296).

2. Geltendmachung. Besteht unter den Miterben Einigkeit über die offenbare Unbilligkeit der An- 33
ordnung durch den Dritten, können sie sich einvernehmlich über die Anordnungen hinwegsetzen. Hat ein Testamentsvollstrecker die unbillige Anordnung bereits dinglich vollzogen, ist er auf Erstellung eines anderen Teilungsplanes, der der Billigkeit – nicht den gesetzlichen Teilungsregeln- entsprechen muss, zu verklagen (MüKoBGB/*Ann* Rn. 20; Staudinger/*Löhnig* Rn. 14). Machen ein oder mehrere Miterben die offenbare Unbilligkeit geltend, so sind die übrigen Miterben – nicht der Dritte – zu verklagen; mehrere Miterben sind keine notwendigen Streitgenossen (Staudinger/*Löhnig* Rn. 15).

Bei der gerichtlichen Entscheidung handelt es sich (im Gegensatz zum Erbteilungsverfahren → § 2042 34
Rn. 62) um ein **Gestaltungsurteil**, das die Bestimmung des Dritten schuldrechtlich unter den Miterben ersetzt, so dass die gerichtlichen Anordnungen noch dinglich vollzogen werden müssen (MüKoBGB/*Ann* Rn. 20). Verzögert der Dritte die Auseinandersetzung, ist davon auszugehen, dass es dem Erblasserwillen analog § 319 I 2 am ehesten entspricht wenn ein Gericht die Auseinandersetzung nach billigem Ermessen übernimmt (MüKoBGB/*Ann* Rn. 20; NK-BGB/*Eberl-Borges* Rn. 18).

§ 2049 Übernahme eines Landguts

(1) Hat der Erblasser angeordnet, dass einer der Miterben das Recht haben soll, ein zum Nachlass gehörendes Landgut zu übernehmen, so ist im Zweifel anzunehmen, dass das Landgut zu dem Ertragswert angesetzt werden soll.

(2) Der Ertragswert bestimmt sich nach dem Reinertrag, den das Landgut nach seiner bisherigen wirtschaftlichen Bestimmung bei ordnungsmäßiger Bewirtschaftung nachhaltig gewähren kann.

I. Normzweck

§ 2049 enthält lediglich eine **Auslegungsregel** und greift nur, wenn seitens des Erblassers nichts An- 1
derweitiges bestimmt ist, wie zB ein Übernahmerecht zu einem den Ertragswert übersteigenden Betrag iSv § 2048 (→ § 2048 Rn. 11; Staudinger/*Löhnig* Rn. 1; MüKoBGB/*Ann* Rn. 1). Wenn § 2049 anwendbar ist, ist die sich daraus ergebende Ungleichbehandlung nicht verfassungswidrig, da mit der Übernahme zum Ertragswert dem öffentlichen Interesse an der Erhaltung leistungsfähiger Höfe in bäuerlichen Familien gedient wird und nicht die privatwirtschaftlichen Interessen des Hoferben gefördert werden sollen. Die Vorschrift soll der Zerschlagung bäuerlicher Betriebe, der Zersplitterung des Bodens und der Gefahr der Überschuldung durch Abfindungszahlungen an weichende Erben entgegenwirken und stellt somit einen sachlichen Grund iSv Art. 3 I GG für die Ungleichbehandlung dar (BVerfG NJW 1963, 947; BGH NJW 1987, 951; 1987, 1260).

§ 2049 entspricht § 2312 bei der Pflichtteilsberechnung, § 1376 IV beim Zugewinn und § 1515 III bei der fortgesetzten Gütergemeinschaft; über §§ 13 ff. GrdstVG gilt § 2049 entsprechend; für die Sonderrechtsnachfolge nach HöfeO gilt § 2049 nicht (§ 12 II HöfeO).

II. Voraussetzungen

Da § 2049 Grundrechte der weichenden Erben berührt, ist die Ungleichbehandlung nur in den engen 2
Grenzen der Art. 14 I, Art. 6 I und Art. 3 I GG möglich und der **Ertragswert** nur dann ansetzbar, wenn ein Landgut vorliegt und eine **positive Fortführungsprognose** besteht (MüKoBGB/*Ann* Rn. 2).

1. Landgut. Nach der Rspr. setzt der Begriff des Landguts eine Besitzung voraus, die eine zum **selb-** 3
ständigen Betrieb der Landwirtschaft einschließlich der Viehzucht oder der Forstwirtschaft geeignete und bestimmte Wirtschaftseinheit darstellt und mit den nötigen Wohn- und Wirtschaftsgebäuden versehen ist. Sie muss eine **gewisse Größe** erreichen, für den Inhaber eine **erhebliche, selbständige,** wenn auch nicht notwendigerweise die einzige **Erwerbsquelle** darstellen (BGH NJW-RR 1992, 66; 1992, 770 (Nebenerwerbsbetrieb); BGH NJW 1987, 951; 1964, 1414). **Nicht ausreichend** ist es, dass **objektiv** von einem Landgut auszugehen ist; entscheidend ist, ob der übernehmende **Erbe willens und in der Lage** ist, den landwirtschaftlichen Betrieb entweder weiterzuführen oder im Falle einer zuletzt erfolgten Verpachtung der Ländereien und eines Verkaufs des lebenden und toten Inventars, den Betrieb wiederaufzunehmen (BGH NJW 1987, 951).

Die **Beweislast** für die Fortführung oder Wiederaufnahme des Betriebs trägt der Erbe (BGH NJW-RR 4
1990, 68). Entscheidend für die Prognose einer möglichen Fortführung ist der **Zeitpunkt des Erbfalls** (BGH NJW-RR 1992, 770; 1987, 951; MüKoBGB/*Ann* Rn. 3).

Kein Landgut liegt vor bei bloßer **Vermögensverwaltung**, dh bei andauernder Verpachtung des 5
Grundvermögens und Veräußerung sämtlichen Inventars (BVerfG NJW 1985, 1329). **Kein Landgut,**

sondern ein **Gewerbebetrieb** liegt vor bei Unternehmen, die Massentierhaltung betreiben; Gartenbaubetriebe können dagegen Landgüter sein (MüKoBGB/*Ann* Rn. 6).

6 Grundstücke, die **ohne Gefährdung der Lebensfähigkeit** der Hofstelle aus dieser herausgelöst werden können, sind mit dem **Verkehrswert** in Ansatz zu bringen, während für das „verbleibende" Landgut die Bewertung nach dem Ertragswert erfolgt. Gehören zu einem landwirtschaftlichen Betrieb baureife Grundstücke, die ohne Gefahr für die Existenz aus dem Landgut herausgelöst werden können, ist eine Benachteiligung der weichenden Erben verfassungsrechtlich nicht gerechtfertigt, so dass diese Grundstücke mit dem Verkehrswert zu bewerten sind; wertmindernd zu berücksichtigen ist lediglich die **latente Einkommensteuerlast**, wenn der Wert nur durch Verkauf realisiert werden kann (BGH NJW 1987, 1260). Gleiches gilt, wenn für unmittelbar an ein Kieswerk angrenzendes Ackerland die amtliche Genehmigung zum Abbau von Kies bereits erteilt ist und sich diese auskiesungsreifen Grundstücke ohne Gefahr für die dauernde Lebensfähigkeit des Landgutes aus diesem herauslösen lassen (BGH NJW-RR 1992, 66).

7 Im Gegensatz zu § 13 HöfeO sieht das BGB keine ausdrückliche Regelung von **Nachabfindungsansprüchen** vor, wenn der landwirtschaftliche Betrieb doch nicht fortgeführt wird und der das Landgut übernehmende Erbe damit entgegen dem Schutzzweck des § 2049 handelt. **Mögliche Anspruchsgrundlagen** sind: Wegfall der Geschäftsgrundlage, Vertragsauslegung, Anfechtung wegen Irrtums oder Täuschung, das Vorliegen einer auflösenden Bedingung oder bereicherungsrechtliche Ansprüche (MüKoBGB/*Ann* Rn. 6). Im Hinblick auf das mögliche Entstehen von Nachabfindungsansprüchen sollten diese bei einer vertraglichen Vereinbarung vorbehalten werden; fehlerhaft wäre die Vereinbarung einer Abgeltungsklausel.

8 **2. Zuwendung eines Übernahmerechts.** § 2049 gilt nur, wenn der Erblasser durch letztwillige Verfügung anordnet, dass **ein Miterbe** das Landgut als Einheit übernehmen soll (OLG Hamm BeckRS 2012, 190402; NK-BGB/*Eberl-Borges* Rn. 4). Legt der Erblasser eine Übernahme zum „Nutzungswert" fest, ist dies auszulegen und nicht unbedingt dem Ertragswert gleichzusetzen (MüKoBGB/*Ann* Rn. 7).

9 Wegen des Charakters als Auslegungsregel gilt **§ 2049 nicht**, wenn der Erblasser einen Übernahmepreis für das Landgut festsetzt; liegt dieser über dem Ertragswert, liegt auch keine sittenwidrige Bestimmung vor; § 2049 ist ebenfalls nicht anwendbar, wenn der Ertragswert höher ist als der Verkaufswert (Staudinger/*Löhnig* Rn. 5). Nicht anwendbar ist § 2049, wenn ein Landgut mehreren Erben zu Bruchteilen zugewandt wird; denn dies verstößt gegen den Schutzgedanken der Vorschrift, das Landgut in seinem Bestand in einer Hand zu halten und damit wirtschaftlich fortführen zu können (BGH NJW 1973, 995; FamRZ 1977, 195; MüKoBGB/*Ann* Rn. 8). Die Anordnung des Ertragswerts kann sich auch durch Auslegung ergeben (OLG München ZEV 2009, 301).

10 Entsprechend anwendbar ist § 2049 auf Übergabeverträge im Rahmen vorweggenommener Erbfolge (BGH NJW 1964, 1323).

III. Bestimmung des Ertragswertes (Abs. 2)

11 Abs. 2 ist nur eine **unvollkommene Bewertungsanweisung,** da er weder vorgibt, wie der Reinertrag iE anhand der vorgegebenen Tatbestandsmerkmale ermittelt wird, noch wie der Ertragswert auf der Grundlage eines jährlichen Reinertrags errechnet wird (BVerfG NJW 1988, 2723). Nach Abs. 2 sind für die Festsetzung des Ertragswerts die bisherige wirtschaftliche Bestimmung des Landguts, die ordnungsgemäße Bewirtschaftung und der daraus nachhaltig erzielte Reinertrag maßgeblich, wobei der Ertragswert nach betriebswirtschaftlichen Grundsätzen ein bestimmtes Vielfaches des Reinertrags ist; Letzterer ist wiederum der Überschuss des Rohertrages über den Aufwand (BVerfG NJW 1988, 2723; MüKoBGB/*Ann* Rn. 10; NK-BGB/*Eberl-Borges* Rn. 5). Zum Aufwand zählen alle betrieblichen Kosten, Abschreibungen für betrieblich genutzte Wirtschaftsgüter, aber auch die Lohnansprüche des Betriebsinhabers und seiner nicht entlohnten mitarbeitenden Familienangehörigen (MüKoBGB/*Ann* Rn. 11).

12 Der auf Auskunft in Anspruch genommene Übernehmer des Landguts muss zur Ermittlung des tatsächlich erzielbaren Reinertrages die betriebswirtschaftlichen Jahresabschlüsse der letzten drei Jahre vorlegen (OLG Düsseldorf FamRZ 1986, 168).

13 Nach Art. 137 EGBGB ist die Ermittlung des Ertragswerts in erster Linie den Landesgesetzen vorbehalten. Demgemäß setzen viele Landesgesetze das 18–25-fache des jährlichen Reinertrages als den Ertragswert an (**17-facher** jährlicher Reinertrag: **Niedersachsen:** § 28 AGBGB; **18-facher** jährlicher Reinertrag: **Baden-Württemberg:** § 48 AGBGB, **Bayern:** Art. 68 AGBGB; **25-facher** jährlicher Reinertrag: **Berlin** (ehemaliges West-Berlin): Art. 83 preußisches AGBGB, **Hessen:** § 30 AGBGB; **Nordrhein-Westfalen** (ehemals preußische Landesteile): Art. 83 preußisches AGBGB; (ehemalige Gebiete Lippe-Detmold): § 46 AGBGB; **Rheinland Pfalz:** § 24 AGBGB; **Saarland:** Art. 1 § 32 des 5. Rechtsbereinigungsgesetzes; **Schleswig-Holstein:** § 23 AGBGB wurde mit Beschluss des Verfassungsgerichts v. 26.4.1988 für nichtig erklärt, da der Ertragswert an den steuerlichen Einheitswert gebunden war und damit keine individuelle Berechnung möglich war (BVerfG NJW 1988, 2723); und damit hat Schleswig-Holstein wie alle übrigen Bundesländer keine landesrechtliche Vorschrift zur Bestimmung des Ertragswerts (näheres MüKoBGB/*Säcker* EGBGB Art. 137 Rn. 2 f.).

14 Zur Bestimmung des Ertragswerts wird regelmäßig ein Sachverständigengutachten erforderlich sein (BVerfG NJW 1988, 2723).

§ 2050 Ausgleichungspflicht für Abkömmlinge als gesetzliche Erben

(1) Abkömmlinge, die als gesetzliche Erben zur Erbfolge gelangen, sind verpflichtet, dasjenige, was sie von dem Erblasser bei dessen Lebzeiten als Ausstattung erhalten haben, bei der Auseinandersetzung untereinander zur Ausgleichung zu bringen, soweit nicht der Erblasser bei der Zuwendung ein anderes angeordnet hat.

(2) Zuschüsse, die zu dem Zwecke gegeben worden sind, als Einkünfte verwendet zu werden, sowie Aufwendungen für die Vorbildung zu einem Beruf sind insoweit zur Ausgleichung zu bringen, als sie das den Vermögensverhältnissen des Erblassers entsprechende Maß überstiegen haben.

(3) Andere Zuwendungen unter Lebenden sind zur Ausgleichung zu bringen, wenn der Erblasser bei der Zuwendung die Ausgleichung angeordnet hat.

I. Normzweck

Die Ausgleichungspflicht ist eine Fortführung des im § 1924 IV festgelegten Grundsatzes, wonach Erblasser Abkömmlinge gleich bedenken wollen bezogen auf lebzeitige Zuwendungen des Erblassers. Dementsprechend ist § 2050 nur auf gesetzliche Erben anwendbar. Die Ausgleichung bewirkt eine wirtschaftliche Gleichstellung der Abkömmlinge, die rechnerisch so behandelt werden, als ob sie die ausgleichspflichtigen, früheren Erwerbe bei der Erbauseinandersetzung erhalten (BGH NJW 1975, 1831). Bei gewillkürter Erbfolge ist nur im Ausnahmefall des § 2052 eine Ausgleichungspflicht gesetzlich vorgesehen; ansonsten unterstellt der Gesetzgeber, dass der Erblasser die testamentarische Verfügung bereits unter Berücksichtigung geleisteter Vorempfänge vorgenommen hat bzw. gerade eine Ungleichbehandlung der Abkömmlinge will (MüKoBGB/*Ann* Rn. 1). 1

Die Vorschriften der §§ 2050ff. sind dispositiv; die einzigen Grenzen findet die Ausgleichungspflicht im Pflichtteilsrecht (§§ 2316, 2325, 2329) (Staudinger/*Löhnig* Rn. 2; Bamberger/Roth/*Lohmann* Rn. 3), dh, dass eine **Ausgleichung** unabhängig von einer gegenteiligen Anordnung des Erblassers bei der Berechnung von **Pflichtteils- und Pflichtteilsergänzungsansprüchen immer** erfolgt. 2

II. Rechtsnatur der Ausgleichung

Durch die Ausgleichung kommt es **nicht** zu einer **Verschiebung der Erbquoten**, sondern lediglich zu **unterschiedlichen Teilungsquoten** iSv § 2047 (BGH NJW-RR 1989, 259; NJW 1986, 931; Bamberger/Roth/*Lohmann* Rn. 2). Die Ausgleichung ist ein rein rechnerischer Vorgang im Rahmen der Erbauseinandersetzung; die ausgleichspflichtige Zuwendung muss nicht in Natur dem Nachlass zugefügt werden (sog. Realkollation), sondern lediglich deren Wert wird nur rechnerisch der tatsächlich vorhandenen Erbmasse zugeschlagen (sog. **Idealkollation**) (Staudinger/*Löhnig* Rn. 4; NK-BGB/*Eberl-Borges* Rn. 1; MüKoBGB/*Ann* Rn. 17). Dies bedeutet, dass dem Abkömmling die ausgleichspflichtigen Zuwendungen immer verbleiben, er jedoch bei einem sehr hohen Vorempfang schlimmstenfalls nichts aus dem Realnachlass erhält. 3

Eine Teilauseinandersetzung darf zunächst ohne Berücksichtigung der Ausgleichung durchgeführt werden, wenn diese bei Aufteilung des Nachlassrests erfolgt (BGH NJW 1992, 2158). Erfolgt die vollständige Auseinandersetzung des Nachlasses ohne Berücksichtigung der Ausgleichungspflicht, stehen dem Ausgleichsberechtigten Bereicherungsansprüche gegen den Abkömmling zu (MüKoBGB/*Ann* Rn. 18). Steht der Erbengemeinschaft eine Forderung des Erblassers gegen einen Miterben zu, kann anstelle einer Zahlung eine Verrechnung nach den Ausgleichungsregeln erfolgen (MüKoBGB/*Ann* Rn. 19). 4

Unabhängig von der Höhe des Auseinandersetzungsguthabens bleibt der ausgleichspflichtige Miterbe Mitglied der Erbengemeinschaft mit allen Rechten und Pflichten (Nutzung und Verwaltung [§ 2038], Verfügungsbefugnis [§ 2040], Schuldenhaftung [§§ 2058, 2059]). Ein Vorerbe muss einen Vorempfang nicht gegenüber dem Nacherben ausgleichen; dieses Ergebnis kann der Erblasser nur durch Anordnung eines Verschaffungsvermächtnisses auf den Zuwendungsgegenstand erreichen (MüKoBGB/*Ann* Rn. 17). 5

III. Persönlicher Anwendungsbereich

1. Ausgleichungsverpflichtete. a) Ausschließlich Abkömmlinge, die **gesetzliche Erben** geworden sind, sind zur Ausgleichung verpflichtet; dies sind Kinder (eheliche und nichteheliche), Enkel, Urenkel, nicht jedoch Stiefkinder (MüKoBGB/*Ann* Rn. 3). 6

b) **Nicht** ausgleichspflichtig sind Abkömmlinge, die nicht zur Erbfolge gelangen (wegen Ausschlagung, § 1953; Enterbung, § 1938; Erbverzichts, § 2346 oder Erbunwürdigkeit, § 2344), statt derer unterliegen jedoch die nach **§ 2051** einrückenden Abkömmlinge der Ausgleichungspflicht (Staudinger/*Löhnig* Rn. 10). 7

c) **Ausgleichungspflichtig** sind im Zweifel auch die testamentarisch als Miterben eingesetzten Abkömmlinge, soweit sie auf den gesetzlichen Erbteil oder zur gleichen Quote eingesetzt sind (§ 2052); 8

d) im Zweifel die für den wegfallenden Abkömmling eingesetzten Ersatzerben (§ 2051 II); entferntere Abkömmlinge in den Fällen des § 2053 nur, falls der Erblasser die Ausgleichung bei der Zuwendung angeordnet hat (Staudinger/*Löhnig* Rn. 13). 9

10 **e) Nicht ausgleichspflichtig** sind der Ehegatte und andere dritte Miterben. Falls der Erblasser eine Ausgleichung beabsichtigt, muss er testamentarisch ein Vermächtnis zu Gunsten der anderen Miterben anordnen (MüKoBGB/*Ann* Rn. 3) und kann keine Anrechnung von Zuwendungen durch lebzeitige Anordnung treffen (BGH ZEV 2010, 33).

11 **2. Ausgleichsberechtigte.** Wie vorstehend können nur die Personen ausgleichsberechtigt seien, die auch ausgleichsverpflichtet sind, dh **ausschließlich Abkömmlinge,** die gesetzliche oder testamentarische Erben iSv § 2052 sind, nachrückende Abkömmlinge iSv § 2051 I, entferntere Abkömmlinge gem. § 2053 bei Anordnung der Ausgleichung durch den Erblasser und im Zweifel die für wegfallende Abkömmlinge eingesetzten Ersatzerben nach § 2051 II. Ein Miterbe, der nach § 2053 nicht ausgleichsverpflichtet ist, kann gegenüber anderen ausgleichsberechtigt sein (Staudinger/*Löhnig* Rn. 14).

12 Die Ausgleichung erfolgt **ausschließlich unter den Abkömmlingen;** die Erbauseinandersetzung mit dem Ehegatten und weiteren Miterben vollzieht sich unabhängig davon (MüKoBGB/*Ann* Rn. 3).

13 **3. Übertragbarkeit und Vererblichkeit.** Das Ausgleichungsrecht und die Ausgleichspflichten sind vererblich und übertragbar. Die Ausgleichspflicht ist zwingend mit dem Erbteil verbunden, so dass der Erbteilserwerber (§ 2033), der Erbteilskäufer (§§ 2372, 2376), der Erbeserbe (§ 1952), der Pfandgläubiger am Erbteil eines Miterben (§ 859 ZPO) und ein in einen Miterbenanteil vollstreckender Nachlassgläubiger (§ 2059 I 1) der Pflicht zur Ausgleichung unterliegen (MüKoBGB/*Ann* Rn. 3). In den Genuss der Ausgleichung kommen auch Erbteilserwerber (§ 2033), Erbteilkäufer (§ 2372) und Pfandgläubiger (§ 859 ZPO) (MüKoBGB/*Ann* Rn. 4).

IV. Lebzeitige Zuwendungen des Erblassers

14 Allen vier in § 2050 genannten Arten der Zuwendungen – Ausstattung (Abs. 1), übermäßige Einkommenszuschüsse (Abs. 2), übermäßige Ausbildungsaufwendungen (Abs. 2), sonstige Zuwendungen (Abs. 3) – ist gemein, dass sie **vom Erblasser zu Lebzeiten** zugewendet sein müssen. Beim gemeinschaftlichen Testament gilt für die Ausgleichung (im Gegensatz zum Pflichtteilsrecht) der **erweiterte Erblasserbegriff,** dh auch Zuwendungen des vorverstorbenen Ehegatten sind auszugleichen (MüKoBGB/*Ann* Rn. 6; Palandt/*Weidlich* § 2052 Rn. 2).

15 Eine **lebzeitige** Zuwendung liegt nur vor, wenn sich das **Vermögen** des Erblassers durch die Weggabe des Vermögensgegenstandes tatsächlich **verringert;** dies ist nicht der Fall bei einer Anordnung, dass ein von einem Abkömmling als Darlehen geschuldeter Betrag erlassen wird, wenn er bis zum Erbfall nicht getilgt ist; eine derartige Regelung erfordert eine letztwillige der gesetzlichen Form entsprechende Verfügung (MüKoBGB/*Ann* Rn. 7; Bamberger/Roth/*Lohmann* Rn. 6).

16 Einer **rechtsgeschäftlichen** Zuwendung bedarf es nicht; ausreichend ist auch der rein **tatsächliche Erhalt eines Vermögensvorteils** (Staudinger/*Löhnig* Rn. 17). Eine **rechtsgeschäftliche Zuwendung,** die dinglicher oder obligatorischer Natur sein kann, liegt vor bei der Übertragung von Vermögensgegenständen, bei einem Forderungserlass, einem Forderungsverzicht, der Begründung schuldrechtlicher Forderungen des Abkömmlings gegen den Erblasser (MüKoBGB/*Ann* Rn. 8; weitere Beispiele bei Schindler ZEV 2006, 389). Auch eine entgeltliche Zuwendung kann ausgleichspflichtig sein, wenn die Gegenleistung absichtlich niedrig bemessen ist (Staudinger/*Löhnig* Rn. 17; MüKoBGB/*Ann* Rn. 11). Rein tatsächliche wirtschaftliche Maßnahmen wären die Einräumung von Nutzungsrechten, zB mietfreies Wohnen, Verfügungen zu Gunsten des Abkömmlings auf den Todesfall, Einräumung einer Bezugsberechtigung in Versicherungsverträgen, Einrichtung eines Geschäftsbetriebs (MüKoBGB/*Ann* Rn. 8; weitere Beispiele bei *Schindler* ZEV 2006, 389). Ein einem Abkömmling gewährtes **Darlehen** kann dann ausgleichspflichtige Zuwendung sein, wenn die Rückzahlung ganz oder teilweise erlassen wird; wenn nur Zinsen, jedoch keine Tilgung vereinbart ist; bei der Bestimmung, dass diese Summe nicht rückzahlbar jedoch ausgleichspflichtig ist oder der Vereinbarung, dass die Darlehenssumme von Erbteil abgezogen werden soll (MüKoBGB/*Ann* Rn. 12).

17 **Keine Zuwendung** liegt vor, wenn der Erblasser gesetzlich zur Leistung verpflichtet ist; geschuldeter Unterhalt kann daher nicht Gegenstand einer ausgleichspflichtigen Zuwendung sein, da insofern die Freiwilligkeit des Vermögensopfers fehlt (MüKoBGB/*Ann* Rn. 8; NK-BGB/*Eberl-Borges* Rn. 7). **Nicht der Ausgleichung** unterfallen Gegenstände oder Forderungen, die dem Erblasser zurückzugewähren sind, zB unentgeltlich überlassene Wohnung, rückzahlbares Darlehen; insofern handelt es sich um **Nachlassverbindlichkeiten** (MüKoBGB/*Ann* Rn. 10). Werden Vermögensgegenstände zugewandt, die einer **Sondererbfolge** unterliegen, mindert dies nicht den Nachlass, so dass grds. **keine Ausgleichungspflicht** entsteht (MüKoBGB/*Ann* Rn. 13). Bei Vorliegen einer qualifizierten Nachfolgeklausel in einen Gesellschaftsanteil des Gesellschafters einer OHG gewährt die Rspr. den nicht eintrittsberechtigten Miterben Ausgleichsansprüche nach § 242 (BGH NJW 1957, 180).

18 Nicht zu Lebzeiten zugewandt ist die Übergabe eines Hofes gem. § 17 HöfeO, da dies vorweggenommene Erbfolge ist und mit § 12 HöfeO eine spezielle Abfindungsregelung greift.

V. Ausstattung (Abs. 1)

19 **1. Ausstattung nach § 2050 I. a) Definition und Rechtsgrund.** Der Begriff der Ausstattung ist in § 1624 (s. dort) definiert als dasjenige, was einem Kind von seinen Eltern mit Rücksicht auf seine Verheiratung oder auf die Erlangung einer selbständigen Lebensstellung zur Begründung oder zur Erhaltung

der Wirtschaft oder der Lebensstellung zugewandt wird und nach den Vermögensverhältnissen der Eltern angemessen ist. Die Ausstattung **ergänzt** den **Unterhaltsanspruch** des Kindes; während § 1610 II die Eltern gesetzlich verpflichtet, dem Kind eine angemessene Schul- und Berufsausbildung zu ermöglichen, gibt § 1624 den Eltern die Möglichkeit auf **freiwilliger Basis** dem Kind weitere Zuwendungen, die **keine Schenkungen** sind, zu gewähren, deren Zweck es ist eine zusätzliche Starthilfe für eine wirtschaftliche Unabhängigkeit von den Eltern zu geben. **Rechtsgrund** der Ausstattung ist der **Zuwendungszweck der Existenzhilfe,** der gerade **keine Schenkung** ist, sondern eine causa sui generis darstellt. Ein Kind, das keine angemessene Berufsausbildung erhalten hat, muss seine Ausstattung iSv Abs. 1 nicht ausgleichen, da die Ausstattung Ausgleich für die an sich unterhaltsrechtlich geschuldete, von den Eltern jedoch nicht gewährte Berufsausbildung darstellt; auszugleichen ist eine Ausstattung nur, wenn sie **neben** einer Berufsausbildung gewährt wird oder die Kosten der angemessenen Berufsausbildung übersteigt (BGH NJW 1982, 575; MüKoBGB/*Ann* Rn. 14).

b) **Ausgleichungspflicht.** Ansonsten sind Ausstattungen grds. auszugleichen (Bamberger/Roth/*Lohmann* Rn. 7a), es sei denn der Erblasser hätte bei der Zuwendung etwas anderes angeordnet (→ Rn. 39). Ein vom Erblasser gegebenes – formfrei mögliches – Ausstattungsversprechen ist von den Miterben zu erfüllen, falls es durch den Erblasser nicht erfüllt worden ist; bei der Erbauseinandersetzung ist jedoch eine Ausgleichung vorzunehmen (BGH NJW 1965, 2056). 20

c) **Erbschaftssteuerrechtlich** wird die Ausstattung wie eine Schenkung behandelt (§ 7 I Nr. 1 ErbStG). 21

2. Unterschiede zwischen § 2050 und § 1624. a) Regelmäßige monatliche Zuwendungen oder Aufwendungen für die Berufsausbildung, die als Ausstattung beabsichtigt sind, sind als Einkünfte iSv Abs. 2 einzuordnen und nur bei Übermaß auszugleichen (MüKoBGB/*Ann* Rn. 15, 25; NK-BGB/*Eberl-Borges* Rn. 11). 22

b) Im Gegensatz zu § 1624 kann ein Erblasser eine Ausstattung mit dem Zweck der Gewährung einer Starthilfe auch **entfernteren Abkömmlingen** (Enkeln, Urenkeln) zukommen lassen (OLG Karlsruhe ZEV 2011, 531); die Frage der Ausgleichung regelt § 2053 (MüKoBGB/*Ann* Rn. 14; Staudinger/*Löhnig* Rn. 21). 23

c) Im Rahmen von Abs. 1 kommt es **nicht darauf an,** ob die Ausstattung **angemessen** ist (Staudinger/*Löhnig* Rn. 22; MüKoBGB/*Ann* Rn. 16); → § 1624 Rn. 8. 24

d) Strittig ist, ob eine Ausstattung eine Gläubigeranfechtung nach § 4 I AnfG, § 39 I Nr. 4, § 134 InsO zulässt (bejahend MüKoBGB/*von Sachsen Gessaphe* § 1624 Rn. 16; Palandt/*Götz* § 1624 Rn. 2) → § 1624 Rn. 14. 25

e) Aus einer Ausstattung entstehen grds. keine Pflichtteilsergänzungsansprüche (§ 2325), es sei denn es liegen übermäßige Zuschüsse und Aufwendungen iSv § 2050 II vor (MüKoBGB/*von Sachsen Gessaphe* § 1624 Rn. 15). Eine Ausstattung muss ein Pflichtteilsberechtigter nach §§ 2316 III, 2050 I zur Ausgleichung bringen (OLG Karlsruhe ZEV 2011, 531). 26

3. Abweichende Anordnung. a) Des Erblassers. Grundsätzlich wird vermutet, dass der Erblasser im Zuge der Gleichbehandlung der Kinder eine Ausgleichungspflicht möchte; sobald er jedoch bei der Zuwendung etwas anderes anordnet (Abs. 1 aE), ist die gesetzliche Vermutung hinfällig. Der Erblasser ist insoweit frei, ob er die Ausgleichung ganz oder teilweise erlässt, Bedingungen vorsieht oder zur Ausgleichung einen niedrigeren oder höheren Wert als den tatsächlichen Wert festlegt (MüKoBGB/*Ann* Rn. 21). Die Anordnung ist formfrei, auch konkludent möglich; unabdingbar ist, dass sie spätestens gleichzeitig mit der Zuwendung dem Bedachten gegenüber bekanntgegeben werden muss, damit dieser die Zuwendung ablehnen kann (Grundsätzlich Staudinger/*Löhnig* Rn. 32). 27

Da die Anordnung der Ausgleichung keine schuldrechtliche Verpflichtung des Bedachten begründet, bedarf ein Minderjähriger dazu nicht der Einwilligung seines Elternteils (BGH NJW 1955, 1353). Die Ausgleichungsanordnung kann auch im Voraus erfolgen (Staudinger/*Löhnig* Rn. 34). Dagegen ist eine einseitige Anordnung der Ausgleichungspflichten durch den Erblasser **nachträglich nicht möglich** (Staudinger/*Löhnig* Rn. 35). Der Erblasser kann eine angeordnete Ausgleichung nur durch letztwillige Verfügung beseitigen, zB die übrigen Miterben mit dem Vermächtnis beschweren, den fraglichen Abkömmling von der Ausgleichungspflicht freizustellen (Staudinger/*Löhnig* Rn. 35). **Grundsätzlich unmöglich** ist, dass der Erblasser eine ausgleichspflichtige Zuwendung **zum Nachteil des Pflichtteilsberechtigten** von der in § 2316 vorgesehenen Ausgleichung ausnimmt (§ 2316 III). Ob der Erblasser nachträglich mit dem Abkömmling eine Vereinbarung über eine Ausgleichung treffen kann, ist seit BGH ZEV 2010, 33 str. (MüKoBGB/*Ann* Rn. 31). 28

b) **Der Miterben.** Da § 2050 dispositives Recht ist, können die Miterben ganz oder teilweise abweichende Vereinbarungen treffen; sie können vertraglich eine Ausgleichung ausschließen, modifizieren, aber auch eine nicht bestehende Ausgleichungspflichten begründen (MüKoBGB/*Ann* Rn. 22). 29

VI. Einkommenszuschüsse und Ausbildungsaufwendungen (Abs. 2)

Diese sind generell **nur auszugleichen,** wenn sie **die Vermögensverhältnisse des Erblassers übersteigen,** dh unverhältnismäßig sind. Nicht auszugleichen ist, was aufgrund der gesetzlichen Unterhaltspflicht (§ 1610) geschuldet ist. Hier darf auch eine Ungleichbehandlung der Abkömmlinge vorliegen, da 30 es im Unterhaltsrecht ausschließlich auf Leistungen und die Fähigkeiten des Abkömmlings ankommt (Staudinger/*Löhnig* Rn. 30; MüKoBGB/*Ann* Rn. 23).

31 **1. Einkommenszuschüsse.** Bereits die Formulierung der Mehrzahl (Zuschüsse) setzt **regelmäßig wiederkehrende** Leistungen über einen gewissen Zeitraum voraus; die Zuschüsse erfolgen zur Erfüllung der Verpflichtungen aus dem laufenden Lebensunterhalt; einmalige Zuwendungen sind nicht auszugleichen; eine Rechtspflicht des Erblassers besteht nicht (Staudinger/*Löhnig* Rn. 25). Wichtig ist, dass der Erblasser eine **Zweckbestimmung** vornimmt, damit sichergestellt ist, dass der Zuschuss keinesfalls nach Abs. 3 auszugleichen ist.

32 **2. Ausbildungsaufwendungen.** Aufwendungen für die Vorbildung zu einem Beruf gehen **über die unterhaltsrechtlich geschuldete Ausbildung hinaus** und umfassen die Ausgaben für den Besuch von Hochschulen, Universitäten, außerdem Promotionskosten, Kosten für die Beschaffung von Lernmitteln, Kosten einer Umschulung oder einer Vorbildung zu einer zweiten andersartigen Berufsausbildung (Staudinger/*Löhnig* Rn. 28). Nur die Ausbildungskosten, die unterhaltsrechtlich geschuldet sind, sind nicht auszugleichen (MüKoBGB/*Ann* Rn. 25); ansonsten erfolgt ein Ausgleich nur, wenn die Aufwendungen übermäßig sind (→ Rn. 33) Die **Kosten der eigentlichen Berufsausübung** (Einrichtung einer Arztpraxis oder eines Anwaltsbüros) gehörenden wiederum zur **Ausstattung (Abs. 1)** und sind nach Abs. 1 als Ausstattung auszugleichen (MüKoBGB/*Ann* Rn. 25).

33 **3. Übermaß.** Während eine Ausstattung nach Abs. 1 grds. auszugleichen ist, gilt dies für die Zuschüsse und Aufwendungen nach Abs. 2 nur, wenn sie die Vermögensverhältnisse des Erblassers übersteigen, wobei hierfür entscheidend der Zeitpunkt der Zuwendung ist (MüKoBGB/*Ann* Rn. 26). Ob übermäßige Zuwendungen vorliegen, ist nur anhand des konkreten Einzelfalles zu entscheiden. Der Erblasser ist gehalten eine Prognoseentscheidung zutreffend, ob er bei reeller Einschätzung der wirtschaftlichen Entwicklung in der Lage ist, die Zuschüsse oder Ausbildungsaufwendungen gleichermaßen auch anderen Abkömmlingen gewähren kann (Staudinger/*Löhnig* Rn. 26). Das Erfordernis, die Zuschüsse und Ausbildungsaufwendungen aus dem Vermögensstamm entnehmen zu müssen, kann nur ein Indiz für eine übermäßige Zuwendung sein. Die Tatsache, dass einem Kind mehr Ausbildungsaufwendungen geleistet werden, da es begabter und förderungswürdiger als andere Kinder ist, führt nicht automatisch zur Annahme eines Übermaßes (MüKoBGB/*Ann* Rn. 26).

34 Zu **beachten** ist, dass Zuschüsse und Aufwendungen im Sinne Abs. 2, die zugleich auch Ausstattung nach Abs. 1 sind, ausschließlich im Rahmen eines etwaigen Übermaßes ausgeglichen werden müssen (MüKoBGB/*Ann* Rn. 27); hier gilt **Abs. 2** als die **speziellere Vorschrift** (NK-BGB/*Eberl-Borges* Rn. 16).

35 **4. Abweichende Anordnungen. a) Des Erblassers.** Obwohl der entsprechende Nachsatz in Abs. 2 fehlt, kann der Erblasser gleichwohl vom Gesetz abweichende Anordnungen betreffen, da Abs. 2 lediglich eine sachliche Erweiterung des Abs. 1 darstellt (MüKoBGB/*Ann* Rn. 28); dementsprechend ist § 2316 III auch auf Zuwendungen nach § 2050 II anzuwenden (→ § 2316 Rn. 8 ff.).

36 b) **Der Miterben.** → Rn. 29.

VII. Andere Zuwendungen (Abs. 3)

37 **1. Arten.** Zuwendungen iSv Abs. 3 sind solche, die weder Ausstattung iSv Abs. 1, noch Zuschüsse oder Ausbildungsaufwendungen iSv Abs. 2 sind; dies können sein einmalige Zuwendungen zur Bestreitung von Sonderausgaben (Zuschuss zu einem Urlaub, Zahlung der Schuld eines Kindes), Schenkungen, auch gemischte Schenkungen (MüKoBGB/*Ann* Rn. 30; Bamberger/Roth/*Lohmann* Rn. 10); Gewährung eines Darlehens mit der Bestimmung, dass eine Rückzahlung nicht erfolgen muss, sondern beim Erbfall eine Ausgleichung (Staudinger/*Löhnig* Rn. 31). Diese Zuwendungen müssen unter Lebenden erfolgen (NK-BGB/*Eberl-Borges* Rn. 14). Zuwendungen, die auf einer gesetzlichen Pflicht beruhen unterfallen nicht dem Abs. 3 (MüKoBGB/*Ann* Rn. 30; unverständlich die Gegenansicht von Staudinger/*Löhnig* Rn. 31).

38 **2. Erblasseranordnung.** Im Gegensatz zur Ausstattung (Abs. 1), die grds. ausgleichungspflichtig ist, sind Zuwendungen iSv Abs. 3 nur dann auszugleichen, wenn der Erblasser die Ausgleichung **vor oder bei der Zuwendung** angeordnet hat. Die Anordnung ist **formfrei**, dh auch **konkludent** möglich, es sei denn die Zuwendung selbst ist formbedürftig (MüKoBGB/*Ann* Rn. 31). Es ist jedoch zwingend erforderlich, dass dem Zuwendungsempfänger die Anordnung zur Kenntnis gebracht wird, da er die Möglichkeit haben muss, die **Zuwendung ablehnen** zu können oder durch Annahme zu akzeptieren (Staudinger/*Löhnig* Rn. 34). Bei einer stillschweigenden oder nicht eindeutigen Anordnung können Auslegungsfragen auftreten. Eine konkludente Ausgleichungsanordnung liegt vor, wenn der Erblasser durch lebzeitige Übertragungen Vermögen gleichmäßig auf seine Abkömmlinge verteilt hat (MüKoBGB/*Ann* Rn. 31). Überträgt der Erblasser einem seiner bindend als Schlusserben eingesetzten Söhne Vermögen im Wege vorweggenommener Erbfolge, kann darin eine Ausgleichungsanordnung iSv §§ 2052, 2050 III liegen (BGH NJW 1982, 43). Fraglich kann sein, ob in der Anordnung der Anrechnung einer Zuwendung auf den Pflichtteil gem. § 2315 I auch eine Ausgleichungspflicht enthalten ist (BGH ZEV 2010, 190; MüKoBGB/*Ann* Rn. 31). Die Ausgleichungsanordnung begründet keine schuldrechtliche Verpflichtung, so dass einem Minderjährigen ein Schenkungsvertrag, der mit einer Ausgleichungsanordnung nach Abs. 3 verbunden ist lediglich einen rechtlichen Vorteil bringt; der schenkende Elternteil kann die Annahme der Auflassung selbst genehmigen (BGH NJW 1955, 1353).

Eine **nachträgliche** Ausgleichungsanordnung ist **einseitig** durch rechtsgeschäftliche lebzeitige Erklä- 39
rung gegenüber dem Zuwendungsempfänger **nicht möglich;** wenn, dann bedarf es eines Vertrages zwischen Erblasser und Zuwendungsempfänger, der ein **Vertrag zu Gunsten Dritter,** nämlich das Ausgleichungsrecht der übrigen Miterben begründender ist (Staudinger/*Löhnig* Rn. 35). Str. ist seit BGH ZEV 2010, 33, ob eine Vereinbarung zwischen Erblasser und Zuwendungsempfänger möglich ist, wonach unabhängig von einer Ausgleichungspflicht ein bestimmter Abfindungsbetrag an den Nachlass bzw. den Erben zu bezahlen ist (MüKoBGB/*Ann* Rn. 31). Behält sich der Erblasser in einem Grundstücksüberlassungsvertrag die Anordnung einer Ausgleichung vor und ordnet diese später in einer letztwilligen Verfügung an, kann darin die Ausübung des im Verhältnis zum Zuwendungsempfänger vertraglich eingeräumten Leistungsänderungs- und -bestimmungsrechts (§§ 315, 316) liegen (BGH NJW-RR 1986, 164). Eine nachträgliche Ausgleichsanordnung kann iErg durch die Beschwerung des Zuwendungsempfängers mit einem Vermächtnis zu Gunsten der Miterben, gerichtet auf Ausgleichung, erreicht werden; dies ist jedoch nicht möglich, wenn der Zuwendungsempfänger Erbe oder Vermächtnisnehmer wird (§ 2147) und der Pflichtteil des Zuwendungsempfängers dadurch nicht verkürzt wird (BGH NJW 1982, 575); Letzteres ist nur über einen Erbverzichtsvertrag möglich (Bamberger/Roth/*Lohmann* Rn. 10).

Eine bei Zuwendung angeordnete Ausgleichung kann durch Verfügung von Todes wegen vom Erblasser **einseitig aufgehoben** werden (Staudinger/*Löhnig* Rn. 36; MüKoBGB/*Ann* Rn. 32). 40

3. Abweichende Vereinbarung der Miterben sind möglich, da die §§ 2050 ff. dispositiv sind (MüKo- 41
BGB/*Ann* Rn. 33).

VIII. Beweislast

Derjenige, der sich darauf beruft, dass der Zuwendungsempfänger sich die vom Erblasser erhaltene 42
Leistung auf den Erbteil anrechnen lassen muss, trägt die Beweislast für das Bestehen einer Ausgleichungspflicht; ihn trifft dann auch die Beweislast für das Vorliegen einer Ausstattung (im Gegensatz zu einer Schenkung) (MüKoBGB/*Ann* Rn. 39; Bamberger/Roth/*Lohmann* Rn. 13). Den Erlass der Ausgleichungspflichten nach Abs. 1 oder Abs. 2 muss der Erbe beweisen, der sich darauf beruft (Staudinger/*Löhnig* Rn. 37); beruft sich ein Erbe darauf, dass eine Ausgleichungspflicht iSd Abs. 3 aufgehoben wurde, trifft ihn insofern die Beweislast (NK-BGB/*Eberl-Borges* Rn. 24). Können die Erben iRd § 2050 III den Wert der Zuwendung darlegen und beweisen, muss der Pflichtteilsberechtigte aufgrund seiner Auskunftspflicht substanziiert entgegnen (BGH ZEV 2010, 190.)

In diesem Zusammenhang gewinnt der **Auskunftsanspruch** nach § 2057 an Bedeutung, der jedem aus- 43
gleichsberechtigten Miterben zusteht und der sich inhaltlich auch auf die Tatsachen und Umstände bezieht, die Zuwendungen als Ausstattung bzw. Schenkung qualifizieren (Bamberger/Roth/*Lohmann* Rn. 13).

IX. Prozessuales

1. Klageart. Da die Ausgleichung grds. vor der Erbauseinandersetzung stattzufinden hat, ist eine **Fest-** 44
stellungsklage eines ausgleichsberechtigten Miterben gegenüber dem ausgleichsverpflichteten Miterben zulässig, da damit die Grundlagen für die Erbauseinandersetzung geschaffen werden (Bamberger/Roth/*Lohmann* Rn. 12; BGH NJW-RR 1990, 1220). Der Antrag ist auf Feststellung gerichtet, dass ein bestimmter Nachlassgegenstand mit einem bestimmten Betrag auszugleichen ist (BGH NJW-RR 1992, 771). Im Hinblick auf § 2056 ist eine Leistungsklage im Rahmen der Ausgleichung grds. verfehlt. Lediglich, wenn eine Teilauseinandersetzung ohne Ausgleichung vorgenommen wurde und ein Miterbe dabei mehr erhalten hat, als ihm nach durchgeführter Ausgleichung zugestanden hätte, kommt **ausnahmsweise** ein Anspruch aus **ungerechtfertigter Bereicherung** in Betracht, jedoch nur wenn die Erbauseinandersetzung vollständig durchgeführt ist (BGH NJW-RR 1992, 771). Zulässig ist die Erhebung einer **Stufenklage** auf Auskunft, eidesstattliche Versicherung und Feststellung der Ausgleichungspflichten (MüKoBGB/*Ann* Rn. 38).

Unzulässig ist dagegen die Klage auf Feststellung künftiger Ausgleichungspflichten unter Nacherben, 45
da die Nacherben untereinander vor Eintritt des Nacherbfalls nicht Miterben sind und daher kein nach § 256 ZPO erforderliches Rechtsverhältnis zwischen ihnen besteht (OLG Karlsruhe NJW-RR 1990, 137).

2. Gerichtsstand. Für Klagen im Zusammenhang mit der Ausgleichung ist der Gerichtsstand der Erb- 46
schaft (§ 27 ZPO) eröffnet (BGH NJW 1992, 364).

3. Streitwert. Die Streitwert bei einer Klage auf Feststellung der Ausgleichungspflichten richtet sich 47
nach dem Interesse, das der Kläger an der Ausgleichung hat, somit nach dem Betrag, der von dem auszugleichenden Betrag auf ihn entfällt (BGH FamRZ 1956, 381).

§ 2051 Ausgleichungspflicht bei Wegfall eines Abkömmlings

(1) Fällt ein Abkömmling, der als Erbe zur Ausgleichung verpflichtet sein würde, vor oder nach dem Erbfall weg, so ist wegen der ihm gemachten Zuwendungen der an seine Stelle tretende Abkömmling zur Ausgleichung verpflichtet.

(2) Hat der Erblasser für den wegfallenden Abkömmling einen Ersatzerben eingesetzt, so ist im Zweifel anzunehmen, dass dieser nicht mehr erhalten soll, als der Abkömmling unter Berücksichtigung der Ausgleichungspflicht erhalten würde.

I. Normzweck

1 § 2051 I verwirklicht den mutmaßlichen Willen des Erblassers, seine Kinder bzw. die jeweiligen Erbstämme gleichmäßig zu bedenken; bei Wegfall eines Abkömmlings soll der nachrückende Abkömmling die Ausgleichungspflichten des ausgeschiedenen umfassend übernehmen. Die Vorschrift schützt damit die übrigen Miterben vor Nachteilen, die durch den Wegfall einer Ausgleichung entstehen würden. § 2051 verhindert damit auch, dass sich ein Miterbe durch Ausschlagung seiner Ausgleichungspflicht entledigt und dadurch seinem Erbstamm einen Vorteil verschafft (Staudinger/*Löhnig* Rn. 2; MüKoBGB/ *Ann* Rn. 1; NK-BGB/*Eberl-Borges* Rn. 1).

2 Abs. 2 enthält eine Auslegungsregel, die ebenfalls am mutmaßlichen Erblasserwillen angeknüpft (MüKoBGB/*Ann* Rn. 7).

II. Wegfall eines Abkömmlings (Abs. 1)

3 **1. Gründe des Wegfalls.** Ausschließlich die **gesetzlich** vorgesehenen Gründe führen zum Wegfall eines Miterben iSv Abs. 1; dies sind das Vorversterben vor dem Erbfall (§ 1923 I), Enterbung (§ 1938), Erbausschlagung (§ 1953), Erbunwürdigkeit (§ 2344), Erbverzicht (§ 2346); hinzukommen die Fälle der „relativen Erbunfähigkeit", dh insbes. die Verstöße gegen § 27 BeurkG iVm §§ 7, 16 III, § 24 II BeurkG (Bamberger/Roth/*Lohmann* Rn. 2; NK-BGB/*Eberl-Borges* Rn. 3).

4 **2. Nachrückende Erben.** Nur der Nachrücker, der **auch Abkömmling des Erblassers** ist, hat nach Annahme der Erbschaft die Ausgleichungspflichten zu übernehmen, obwohl er kraft eigenen Rechts erbt (§ 1924 III); der Nachrücker muss nicht notwendigerweise Abkömmling des weggefallenen Miterben sein, so dass auch Geschwister als Nachrücker in Frage kommen (NK-BGB/*Eberl-Borges* Rn. 4).

5 Hatten die Geschwister bereits eigene Erbteile, tritt Anwachsung ein; nach §§ 1935, 2095 erfolgt in **Ansehung der Ausgleichspflicht** eine Erbteilstrennung, so dass der durch das Nachrücken erworbene Erbteil als **besonderer Erbteil** zu behandeln ist (MüKoBGB/*Ann* Rn. 4; Staudinger/*Löhnig* Rn. 3; Bamberger/Roth/*Lohmann* Rn. 2). Rücken mehrere Abkömmlinge nach, müssen diese die Ausgleichungspflichten im Verhältnis ihrer Anteile tragen (MüKoBGB/*Ann* Rn. 4; Bamberger/Roth/*Lohmann* Rn. 2). Anschauliche Berechnungsbeispiele zu nachrückenden Erben bei mehreren Stämmen und zur Ausgleichung bei Anwachsung finden sich bei Rißmann Erbengemeinschaft S. 185 ff. Den nachrückenden Erben trifft die gleiche Ausgleichungspflicht wie den weggefallenen Abkömmling; eine Befreiung davon ist durch ein bedingtes Vorausvermächtnis (§§ 2150, 2177) möglich (NK-BGB/*Eberl-Borges* Rn. 6).

6 Abs. 1 ist auch anwendbar für den Fall, dass der Erblasser seine Abkömmlinge im Wege einer letztwilligen Verfügung zu den gesetzlichen Erbteilen oder im Verhältnis ihrer gesetzlichen Erbteile eingesetzt hat (§ 2052) und einer dieser Abkömmlinge wegfällt (MüKoBGB/*Ann* Rn. 3).

7 **3. Keine Anwendung von Abs. 1. Kein Fall des Abs. 1** liegt vor, wenn ein ausgleichspflichtiger Abkömmling verstirbt nachdem er bereits Erbe geworden ist; dann geht die mit seinem Miterbenanteil verbundene Ausgleichlast auf seine eigenen Erben über, unabhängig davon, ob diese ebenfalls Abkömmlinge des ursprünglichen Erblassers sind; als **Erbeserben** haben sie die Ausgleichung zu übernehmen (MüKoBGB/*Ann* Rn. 3; Staudinger/*Löhnig* Rn. 4). **Kein Fall des Abs. 1** liegt vor, wenn der nachrückende Abkömmling die ausgleichspflichtige Zuwendung erhalten hat und nicht der weggefallene; dann gilt § 2053 (Bamberger/Roth/*Lohmann* Rn. 3). **Kein Fall des Abs. 1** liegt vor, wenn ein entfernter Abkömmling unter Übergehung des ausgleichspflichtigen Abkömmlings unmittelbar durch letztwillige Verfügung als Erbe eingesetzt wurde, da er nicht als „Nachrücker" gilt; die Zuwendung muss er nur dann ausgleichen, wenn der Erblasser dies letztwillig angeordnet hat (NK-BGB/*Eberl-Borges* Rn. 5; Staudinger/*Löhnig* Rn. 5), wobei dies iErg dem Normzweck der grundsätzlichen Gleichbehandlung der Stämme widerspricht.

III. Ausgleichungspflicht eines Ersatzerben (Abs. 2)

8 **1. Ersatzerbe.** Eine Ersatzerbenbestimmung (§§ 2096, 2102) kann sowohl für den Wegfall des gesetzlichen Erben als auch des nach § 2052 eingesetzten testamentarischen Erben getroffen werden (MüKoBGB/*Ann* Rn. 5). Ein Fall des Abs. 1 liegt vor, wenn der Ersatzerbe ebenfalls Abkömmling des Erblassers ist (NK-BGB/*Eberl-Borges* Rn. 7). Bei Zuwendungen an den Ersatzerben gilt § 2053 (Bamberger/Roth/*Lohmann* Rn. 4).

9 **2. Auslegungsregel.** Dagegen greift die **Auslegungsregel** des Abs. 2 ein, wenn der Ersatzerbe nicht Abkömmling des Erblassers ist. Dann gilt der mutmaßliche Erblasserwille, dass der Ersatzerbe nicht besser gestellt werden soll als der in erster Linie vorgesehene Erbe, dh den Ersatzerben trifft zum Schutz der Miterben die Ausgleichungspflicht des ursprünglich berufenen Erben, allerdings steht dem Ersatzerben auch dessen Ausgleichungsrecht zu (Staudinger/*Löhnig* Rn. 6 f.; MüKoBGB/*Ann* Rn. 6). Von der Auslegungsregel des Abs. 2 kann der Erblasser durch anderweitige letztwillige Bestimmung abweichen (Bamberger/Roth/*Lohmann* Rn. 4).

3. Beweislast. Für eine von Abs. 2 abweichende Bestimmung trägt der Ersatzerbe die Beweislast (Staudinger/*Löhnig* Rn. 8; MüKoBGB/*Ann* Rn. 7). 10

§ 2052 Ausgleichungspflicht für Abkömmlinge als gewillkürte Erben

Hat der Erblasser die Abkömmlinge auf dasjenige als Erben eingesetzt, was sie als gesetzliche Erben erhalten würden, oder hat er ihre Erbteile so bestimmt, dass sie zueinander in demselben Verhältnis stehen wie die gesetzlichen Erbteile, so ist im Zweifel anzunehmen, dass die Abkömmlinge nach den §§ 2050, 2051 zur Ausgleichung verpflichtet sein sollen.

I. Normzweck

§ 2050, der in Fortführung der von § 1924 IV normierten Gleichbehandlung der Abkömmlinge nur für die gesetzliche Erbfolge gilt, kann nicht unbesehen auf eine gewillkürte Erbfolge übertragen werden, da in diesem Fall davon ausgegangen werden muss, dass der Erblasser bei Erstellung der letztwilligen Verfügung die lebzeitigen Zuwendungen berücksichtigt hat und bewusst eine von der gesetzlichen Erbfolge abweichende Regelung treffen wollte (MüKoBGB/*Ann* Rn. 1). Wenn der Erblasser jedoch auch in einer letztwilligen Verfügung die Abkömmlinge gleichermaßen bedenkt, gibt er zu erkennen, dass er die in § 1924 IV vorgesehene Gleichbehandlung wünscht, so dass dann auch ein Ausgleich lebzeitige Zuwendungen gewollt ist. 1

Da § 2052 lediglich eine Auslegungsregel ist, kann der Erblasser durch abweichende Anordnung dennoch seine individuellen Vorstellungen verwirklichen.

§ 2052 ist im Rahmen der Ausgleichung von Pflegeleistungen entsprechend anwendbar (§ 2057a I 1 Hs. 2); für die fortgesetzte Gütergemeinschaft gilt § 1503 II. 2

II. Gewillkürte Erbfolge

1. Letztwillige Verfügung. Der Erblasser muss die **Abkömmlinge** aufgrund **Erbvertrags** oder **Testaments** zu Miterben eingesetzt haben; sie können aber auch **Ersatzerben** (dann gilt § 2051) oder **Nacherben** sein (MüKoBGB/*Ann* Rn. 2). Beim **gemeinschaftlichen** Testament sind die Abkömmlinge in der Regel Schlusserben und damit Erben des überlebenden Ehegatten; im Rahmen der Ausgleichung ist – im Gegensatz zum Pflichtteilsrecht – auch der vorverstorbene Ehegatte den Abkömmlingen gegenüber als Erblasser anzusehen, so dass auch dessen Zuwendungen unter Umständen auszugleichen sind (Staudinger/*Löhnig* Rn. 6; anders im Pflichtteilsrecht BGH NJW 1983, 2875). Überträgt ein gebundener Erblasser an einen der beiden als Schlusserben eingesetzten Abkömmlinge lebzeitig im Wege „vorweggenommener Erbfolge", kann darin eine Ausgleichungsanordnung iSv §§ 2052, 2050 III liegen (BGH NJW 1982, 43; → § 2050 Rn. 38; Bamberger/Roth/*Lohmann* Rn. 2). 3

2. Zuwendung des gesetzlichen Erbteils (Alt. 1). Der Erblasser setzt seine Abkömmlinge mit der gesetzlichen Erbquote zu Miterben ein; wenn er sie ohne nähere Bestimmung bedenkt, gilt § 2066 (MüKoBGB/*Ann* Rn. 2). 4

3. Zuwendung im Verhältnis gleicher Erbteile (Alt. 2). Eine Ausgleichungspflicht unter den Abkömmlingen besteht auch, wenn deren Erbteile entweder größer oder kleiner als die gesetzlichen Erbteil wäre; entscheidend ist nur, dass sie **zueinander im gleichen Verhältnis** stehen wie die gesetzlichen Erbteile (Staudinger/*Löhnig* Rn. 2; MüKoBGB/*Ann* Rn. 2). Dies wäre bspw. dann der Fall, wenn ein verwitweter Erblasser seine drei Kindern und einen Dritten zu Miterben zu gleichen Teilen einsetzt. Setzt der Erblasser nur einige der Abkömmlinge im Verhältnis der gesetzlichen Erbteile ein, findet die Ausgleichung nur unter diesen statt, zB bei Enterbung eines kompletten Stammes (Staudinger/*Löhnig* Rn. 2; MüKoBGB/*Ann* Rn. 2). § 2052 gilt auch, wenn entferntere Abkömmlinge (Enkel) zu gleichen Teilen eingesetzt sind, aber durch Wegfall des näheren Abkömmlings (Kind) gesetzliche Erben werden (§ 2051) (MüKoBGB/*Ann* Rn. 2). § 2052 gilt auch, wenn sich der Anteil eines Abkömmlings durch Anwachsung erhöht; dann werden beide Erbteile selbständig behandelt (§§ 1935, 2095), da ansonsten keine verhältnismäßige Entsprechung mehr gegeben wäre (Staudinger/*Löhnig* Rn. 5). 5

4. Vorausvermächtnis/Auflage zu Gunsten eines Abkömmlings. Die Begünstigung eines Abkömmlings durch ein Vorausvermächtnis oder eine Auflage ändert an der Ausgleichspflicht nichts, da es nicht zu einer Veränderung der Erbteile kommt. Im Einzelfall kann in der Begünstigung durch ein Vorausvermächtnis der Wille des Erblassers, diesem Abkömmling die Ausgleichungslast zu erleichtern, gesehen werden; ein kompletter Erlass der Ausgleichung wird in der Zuwendung eines Vorausvermächtnisses nicht zu sehen sein (Staudinger/*Löhnig* Rn. 4). In der Zuwendung eines Vorausvermächtnisses an einen Abkömmling, der bislang keine ausgleichungspflichtige Zuwendungen erhalten hat, kann der Wille des Erblassers gesehen werden, den anderen Abkömmlingen die Ausgleichungspflicht zu erlassen (MüKoBGB/*Ann* Rn. 2). 6

III. Auslegungsregel

Da lediglich eine Auslegungsregel darstellt, kann die im Zweifel angeordnete Ausgleichungspflicht durch den Nachweis eines entgegenstehenden Erblasserwillens, nämlich dass keine Ausgleichung vorge- 7 nommen werden soll, nachgewiesen werden; ein abweichender Erblasserwille kann sich entweder aus der letztwilligen Verfügung, aber auch aus Umständen, die außerhalb der Urkunde liegen, ergeben (MüKoBGB/*Ann* Rn. 3). Ordnet der Erblasser an, dass die Abkömmlinge den nach Abzug eventueller Vorausvermächtnisse verbleibenden Nachlass gleich verteilen sollen, ist die Vermutung des § 2052 entkräftet (Staudinger/*Löhnig* Rn. 4).

§ 2053 Zuwendung an entfernteren oder angenommenen Abkömmling

(1) Eine Zuwendung, die ein entfernterer Abkömmling vor dem Wegfall des ihn von der Erbfolge ausschließenden näheren Abkömmlings oder ein an die Stelle eines Abkömmlings als Ersatzerbe tretender Abkömmling von dem Erblasser erhalten hat, ist nicht zur Ausgleichung zu bringen, es sei denn, dass der Erblasser bei der Zuwendung die Ausgleichung angeordnet hat.

(2) Das Gleiche gilt, wenn ein Abkömmling, bevor er die rechtliche Stellung eines solchen erlangt hatte, eine Zuwendung von dem Erblasser erhalten hat.

I. Normzweck

1 § 2053 ist die konsequente Ausnahme des Grundgedankens der vom Erblasser mutmaßlich gewollten Gleichbehandlung der Abkömmlinge (§§ 2050–2052). Erfolgt die Zuwendung durch den Erblasser an einen entfernteren Abkömmling oder eine Person, die noch nicht Abkömmling ist, wird der Erblasser keine Veranlassung haben, diesen Personen gegenüber, die für ihn im Zeitpunkt der Zuwendung nicht als primäre Erben in Betracht kommen, einen Ausgleich anzuordnen (Staudinger/*Löhnig* Rn. 1; MüKoBGB/*Ann* Rn. 1).

2 § 2053 **verbietet eine Ausgleichung,** gibt dem Erblasser jedoch die Möglichkeit einer anderweitigen Anordnung (NK-BGB/*Eberl-Borges* Rn. 1).

II. Fälle des § 2053

3 **1. Zuwendung an entfernteren Abkömmling (Abs. 1 Alt. 1).** Die Ausgleichungspflicht ist grds. ausgeschlossen, wenn die Zuwendung (→ § 2050 Rn. 11) an einen entfernteren Abkömmling (zB Enkel) **vor dem Wegfall** des ihn von der Erbfolge ausschließenden Abkömmlings (§ 1924 II) des Erblassers (in diesem Fall der Vater des Enkels und Sohn des Erblassers) erfolgt. Erfolgt die Zuwendung **nach dem Wegfall** des näheren Abkömmlings (zB aufgrund Enterbung durch den Erblasser), greift die Ausgleichungspflicht nach §§ 2050ff., da dann zu vermuten ist, dass der Erblasser eine Gleichbehandlung aller Abkömmlinge und nachrückenden Abkömmlinge wollte und er den entfernteren Abkömmling aufgrund des Wegfalls des näheren bereits als seinen Erben gesehen hat (MüKoBGB/*Ann* Rn. 2; Staudinger/*Löhnig* Rn. 3).

4 Gesetzlich nicht geregelt sind die Irrtumsfälle bei der Zuwendung. Da der Erblasserwille entscheidend ist, ist an die konkreten, wenn auch irrtümlichen Vorstellungen anzuknüpfen. Hält der Erblasser den Zuwendungsempfänger irrtümlich für seinen direkten Erben, ist von Ausgleichung auszugehen; hält er ihn nicht für seinen unmittelbaren Erben, findet keine Ausgleichung statt (Staudinger/*Löhnig* Rn. 3; MüKoBGB/*Ann* Rn. 3; Palandt/*Weidlich* Rn. 2; NK-BGB/*Eberl-Borges* Rn. 3).

5 **2. Zuwendung an den Ersatzerben (Abs. 1 Alt. 2).** Erhält ein als Ersatzerbe (§§ 2096ff., 2102) vom Erblasser eingesetzter Abkömmling eine Zuwendung, bevor der vorrangig als gesetzlicher oder gewillkürter Erbe bestimmte Abkömmling weggefallen ist, trifft den Ersatzerben diesbzgl. keine Ausgleichspflicht; Zuwendungen an den Vorgänger sind nach § 2051 II auszugleichen (Staudinger/*Löhnig* Rn. 4). Ist der Ersatzerbe kein Abkömmling des Erblassers, muss er eigene Zuwendungen ehedem nicht ausgleichen (MüKoBGB/*Ann* Rn. 4).

6 **3. Gleichgestellte Abkömmlinge (Abs. 2).** Abs. 2 erstreckt die Rechtswirkungen der Fälle des Abs. 1 auch auf Zuwendungen, die eine Person von dem Erblasser erhalten hat, bevor er vom Erblasser adoptiert wurde (§§ 1741ff., 1754, 1772) (Staudinger/*Löhnig* Rn. 5). Zuwendungen vor der Adoption sind von dem Abkömmling daher nur auszugleichen, wenn der Erblasser dies bei der Zuwendung angeordnet hat (Bamberger/Roth/*Lohmann* Rn. 3).

III. Anordnung der Ausgleichung (Abs. 1 aE)

7 In sämtlichen Fällen des § 2053 ist eine Zuwendung iSv § 2050 nur bei Anordnung der Ausgleichung durch den Erblasser auszugleichen. Die Anordnung muss **bei** der Zuwendung getroffen worden sein (→ § 2050 Rn. 38). Die Ausgleichungspflicht trifft den entfernteren Abkömmling oder Ersatzerben nur dann, wenn er tatsächlich das Erbe angetreten hat (Staudinger/*Löhnig* Rn. 6). Der Erblasser kann auch nicht durch letztwillige Verfügung den näheren Abkömmling verpflichten, die an den entfernteren Abkömmling gemachten Zuwendungen auszugleichen (MüKoBGB/*Ann* Rn. 7). Denkbar ist ein Fall, wonach ein Großvater dem Enkel zur Unterstützung der verwitweten Tochter eine Ausstattung gewährt und die Tochter verpflichtet, diese an den Enkel geflossene Ausstattung auszugleichen (Staudinger/*Löhnig* Rn. 6; NK-BGB/*Eberl-Borges* Rn. 4).

8 Die Beweislast für die Voraussetzungen der Ausgleichsanordnung trägt der Miterbe, der den Ausgleich des Vorempfangs geltend macht (MüKoBGB/*Ann* Rn. 6; Bamberger/Roth/*Lohmann* Rn. 1).

§ 2054 Zuwendung aus dem Gesamtgut

(1) ¹Eine Zuwendung, die aus dem Gesamtgut der Gütergemeinschaft erfolgt, gilt als von jedem der Ehegatten zur Hälfte gemacht. ²Die Zuwendung gilt jedoch, wenn sie an einen Abkömmling erfolgt, der nur von einem der Ehegatten abstammt, oder wenn einer der Ehegatten wegen der Zuwendung zu dem Gesamtgut Ersatz zu leisten hat, als von diesem Ehegatten gemacht.

(2) Diese Vorschriften sind auf eine Zuwendung aus dem Gesamtgut der fortgesetzten Gütergemeinschaft entsprechend anzuwenden.

I. Normzweck

§ 2054 enthält eine klarstellende Vermutung über die Person des zuwendenden Ehegatten; nachdem § 1422 dem allein verwaltungsberechtigten Ehegatten weitgehende Verfügungsbefugnis einräumt, soll durch die Vermutung vermieden werden, dass nur der verwaltungsberechtigte Ehegatte als der Zuwendende gilt und die Ausgleichung nur gegenüber dessen Nachlass erfolgt (Staudinger/*Löhnig* Rn. 2; MüKoBGB/*Ann* Rn. 1). Die Vermutung kann durch Nachweis eines gegenteiligen Willens entkräftet werden (MüKoBGB/*Ann* Rn. 4). 1

Die Vorschrift gilt nicht bei der westfälischen Gütergemeinschaft (NK-BGB/*Eberl-Borges* Rn. 2).

II. Zuwendung aus dem Gesamtgut (Abs. 1)

1. Regelfall – die Ehegatten als hälftig Zuwendende. Abs. 1 S. 1 geht von einer **Zuwendung an gemeinsame Abkömmlinge** aus dem Gesamtgut einer ehelichen Gütergemeinschaft (§§ 1415 ff.) aus. Wenn im Ehevertrag nichts Gegenteiliges vereinbart ist, steht die Verwaltung des Gesamtguts den Ehegatten gemeinschaftlich zu (§ 1421). In der Regel wird jedoch ein verwaltungsberechtigter Ehegatte bestimmt, der nach **§ 1422** unter anderem über das **Gesamtgut verfügen** kann, wobei er jedoch bei einer Verfügung über das Gesamtgut im Ganzen, über ein zum Gesamtgut gehörendes Grundstück und bei Schenkungen der Zustimmung des anderen Ehegatten bedarf (§§ 1423–1425) (Staudinger/*Löhnig* Rn. 2). Daher könnte nur der Verfügende im Rahmen einer Ausgleichung als der zuwendende Ehegatte gelten, was wiederum dem Prinzip der Gütergemeinschaft widerspricht (NK-BGB/*Eberl-Borges* Rn. 3). Die Vermutung des Abs. 1 S. 1 gewährleistet, dass Zuwendungen aus dem Gesamtgut dem Abkömmling von den Eltern gleichermaßen zugutekommen – unabhängig von welchem Ehegatten sie verfügt wurden. 2

Die Folge der Vermutung ist, dass die Zuwendung beim **Tod eines jeden Ehegatten** jeweils **hälftig** der Ausgleichung unterfällt, also zweimal auszugleichen ist (MüKoBGB/*Ann* Rn. 1; Staudinger/*Löhnig* Rn. 2). Haben die Ehegatten ein gemeinschaftliches Testament (§ 2269), soll die Ausgleichung insgesamt erst beim Tod des letztversterbenden Ehegatten stattfinden (NK-BGB/*Eberl-Borges* Rn. 4), was Fragen aufwirft, wenn die Ausgleichung bereits über die Pflichtteilsberechnung (§ 2316 I) zu berücksichtigen ist. 3

Jeder Ehegatte kann **gesondert** die Ausgleichung anordnen oder erlassen (Staudinger/*Löhnig* Rn. 3; Bamberger/Roth/*Lohmann* Rn. 2). 4

2. Ausnahmen Abs. 1 S. 2. a) Zuwendung an einen Abkömmling, der nur von einem Ehegatten abstammt. Erfolgt eine Zuwendung aus dem Gesamtgut an einen Abkömmling, der nur von einem Ehegatten abstammt, gilt nur dieser Ehegatte als der Zuwendende, unabhängig davon, welcher Ehegatte die Zuwendung tatsächlich vorgenommen hat (MüKoBGB/*Ann* Rn. 10 f.). Die Ausgleichung hat nur gegenüber dessen Nachlass stattzufinden (NK-BGB/*Eberl-Borges* Rn. 5). Übersteigt jedoch die Zuwendung den Anteil des leiblichen Elternteils am Gesamtgut, muss Abs. 1 S. 2 dahingehend eingeschränkt werden, als der überschießende Teil als vom Stiefelternteil stammend angesehen werden muss, wobei es für die Beurteilung auf den Zeitpunkt der Beendigung der Gütergemeinschaft und nicht auf den Zeitpunkt der Zuwendung ankommt (Staudinger/*Löhnig* Rn. 8 f.; MüKoBGB/*Ann* Rn. 10). 5

b) Zuwendungen, für die ein Ehegatte dem Gesamtgut ersatzpflichtig ist. Das Versprechen und die Gewährung übermäßiger Ausstattungen durch den **verwaltenden** Ehegatten löst Ersatzpflichten nach §§ 1444, 1446, 1466, 1476 II aus; bei Zuwendungen iSv § 2050 II u. III macht sich der verwaltende Ehegatte ersatzpflichtig, wenn er sie in Benachteiligungsabsicht (§ 1435 iVm §§ 1423 ff., 1445) oder ohne Zustimmung des nicht verwaltenden Ehegatten (§§ 1423–1425) vornimmt (Staudinger/*Löhnig* Rn. 6). Die Ersatzpflicht des **nicht verwaltenden** Ehegatten richtet sich nach Auftrags- oder Geschäftsführungsvorschriften, wenn er aufgrund seines Notverwaltungsrechts handelt (§ 1429) oder das Gesamtgut anderweitig wirksam verpflichtet (§ 1438) (Staudinger/*Löhnig* Rn. 7; MüKoBGB/*Ann* Rn. 9). Auch hier gilt die Restriktion, wonach die Zuwendung nur insoweit als von dem ersatzpflichtigen Ehegatten stammend angesehen werden kann, als dessen Anteil am Gesamtgut reicht (→ Rn. 5). 6

III. Fortgesetzte Gütergemeinschaft (Abs. 2)

Abs. 2 schreibt die entsprechende Anwendung für Zuwendungen aus dem Gesamtgut einer fortgesetzten Gütergemeinschaft vor. Gem. § 1483 gehört der Anteil des erstversterbenden Ehegatten am Gesamtgut nicht zum Nachlass, so dass diesbzgl. weder Ausgleichung noch Auseinandersetzung erfolgen; dies kann nur hinsichtlich der Vorempfänge aus dem Sonder- und/oder Vorbehaltsgut des Erstversterbenden geschehen (Staudinger/*Löhnig* Rn. 10). 7

8   Ein Ausgleich der Zuwendung des vorverstorbenen Ehegatten aus dem Gesamtgut erfolgt nach Beendigung der fortgesetzten Gütergemeinschaft (§ 1503 I und II), dh mit Tod des überlebenden Ehegatten (§ 1494). Erfolgt die Ausstattung aus dem Gesamtgut der fortgesetzten Gütergemeinschaft durch den überlebenden Ehegatten, der die rechtliche Stellung des das Gesamtgut allein Verwaltenden einnimmt (§ 1487), während die Abkömmlinge an die Stelle des nicht verwaltenden Ehegatten treten, gilt die Ausstattung als zur Hälfte aus dem Anteil des überlebenden Ehegatten, zur Hälfte aus dem Anteil der übrigen Abkömmlinge getätigt (Staudinger/*Löhnig* Rn. 11; MüKoBGB/*Ann* Rn. 12).

9   Macht sich der überlebende Ehegatte wegen einer Zuwendung aus dem Gesamtgut ersatzpflichtig (§ 1499 Nr. 3), gilt die Zuwendung als ausschließlich von ihm stammend (Bamberger/Roth/*Lohmann* Rn. 4). Ging die Zuwendung vom überlebenden Ehegatten an einen nicht gemeinsamen Abkömmling, gilt sie als von dem leiblichen Elternteil stammend (Abs. 2 iVm Abs. 1 S. 2 Alt. 1) (NK-BGB/*Eberl-Borges* Rn. 9); die Ausgleichung erfolgt dann erst nach Beendigung der fortgesetzten Gütergemeinschaft. Macht sich der überlebende Ehegatte durch eine Zuwendung an einen nicht von ihm abstammenden Abkömmling ersatzpflichtig (§ 1499 Nr. 3), gilt die Zuwendung dagegen als von ihm stammend (Staudinger/*Löhnig* Rn. 11; MüKoBGB/*Ann* Rn. 12).

§ 2055 Durchführung der Ausgleichung

(1) ¹Bei der Auseinandersetzung wird jedem Miterben der Wert der Zuwendung, die er zur Ausgleichung zu bringen hat, auf seinen Erbteil angerechnet. ²Der Wert der sämtlichen Zuwendungen, die zur Ausgleichung zu bringen sind, wird dem Nachlass hinzugerechnet, soweit dieser den Miterben zukommt, unter denen die Ausgleichung stattfindet.

(2) Der Wert bestimmt sich nach der Zeit, zu der die Zuwendung erfolgt ist.

I. Normzweck

1   Der Vollzug der Ausgleichung ist die rein rechnerische Umsetzung des Grundsatzes der Gleichbehandlung der Abkömmlinge im Rahmen der Erbauseinandersetzung. Bei Durchführung der Ausgleichung wird fingiert, dass die beteiligten Abkömmlinge die Vorempfänge jetzt bei der Erbauseinandersetzung erhalten (BGH NJW 75, 1831). Dabei sind Vorempfänge nicht an den Nachlass zurück zu gewähren (Realkollation), sondern bei der Auseinandersetzung lediglich zu verrechnen (**Idealkollation**) (NK-BGB/*Eberl-Borges* Rn. 1; Staudinger/*Löhnig* Rn. 2).

2   Abs. 2 erklärt für die Wertbestimmung den Zeitpunkt der Zuwendung für maßgeblich, da der Vorempfang sofort ins Eigentum des jeweils Begünstigten übergeht und dieser auch das Risiko der Wertveränderung allein tragen soll (MüKoBGB/*Ann* Rn. 2).

II. Rechtliche Auswirkung der Ausgleichung

3   **1. Rechtsnatur.** Die Ausgleichung ist ein **rein rechnerischer,** interner Vorgang zur Vorbereitung der Erbauseinandersetzung nach Tilgung der Nachlassverbindlichkeiten (§ 2046); sie ist Teil der Auseinandersetzung der Erbengemeinschaft. Die **Erbquoten** werden durch die Ausgleichung **nicht berührt; verschoben** werden lediglich die **Teilungsquoten**, dh der wirtschaftliche Wert der Anteile der Miterben (→ § 2047 Rn. 3; Bamberger/Roth/*Lohmann* Rn. 1). Den Abkömmlingen als Miterben entstehen durch die Ausgleichung lediglich obligatorische Rechte und Pflichten Einvernehmen über die Durchführung der Ausgleichung zu erzielen (MüKoBGB/*Ann* Rn. 6; Staudinger/*Löhnig* Rn. 13). Ein ausgleichsberechtigter Abkömmling hat keinen Anspruch darauf, dass die Ausgleichung im Wege der Realteilung durchgeführt (OLG München NJW-RR 1991, 1097).

4   **2. Stellung der ausgleichspflichtigen Miterben.** Durch die Ausgleichung wird die Stellung der **Abkömmlinge** als Miterben weder im Innen-, noch im Außenverhältnis berührt (NK-BGB/*Eberl-Borges* Rn. 13); den Miterben stehen weiterhin sämtliche Rechte und Pflichten (§§ 2038, 2040, 2058ff.) zu (→ § 2050 Rn. 5).

5   **a) Innenverhältnis.** Die Erbquoten sind weiterhin maßgeblich zB für das Stimmrecht bei der Entscheidung über Verwaltungsmaßnahmen gem. § 2038 II, § 745 (Staudinger/*Löhnig* Rn. 14); die Teilung des Reinertrags nach § 2038 II 3 erfolgt unter Zugrundelegung der Teilungsquoten (Bamberger/Roth/*Lohmann* Rn. 2; → § 2038 Rn. 46). Auch der Miterbe, der aufgrund eines entsprechend hohen Vorempfangs aus der Teilungsmasse nicht mehr erhält, bleibt Miterbe mit allen Rechten und Pflichten; gefährdet er jedoch die Auseinandersetzung durch rechtsmissbräuchliches Verhalten, können die anderen Miterben durch einstweilige Verfügung dessen Verwaltungsrecht oder die Nutzungsbefugnis einschränken oder aussetzen (Staudinger/*Löhnig* Rn. 14; NK-BGB/*Eberl-Borges* Rn. 14).

6   Der durch Vorempfänge vollständig abgefundene Miterbe kann zum einen verlangen, dass gem. § 2046 Nachlassverbindlichkeiten beglichen werden und zum anderen, dass er im Fall einer Inanspruchnahme freigestellt bzw. ihm Ersatz geleistet wird (MüKoBGB/*Ann* Rn. 10; Staudinger/*Löhnig* Rn. 15).

7   Ein von einem weiteren Miterben auf Herausgabe eines Geschenks gem. § 2287 verklagter Miterbe kann die Herausgabe nicht mit der Begründung verweigern, dass der Kläger aufgrund erhaltener Vorempfänge ausgleichspflichtig ist; die Ausgleichung erfolgt ausschließlich iRd Erbauseinandersetzung (BGH NJW-RR 2012, 207).

b) Außenverhältnis. Vor der Teilung des Nachlasses haften die ausgleichspflichtigen Miterben gesamtschuldnerisch nach §§ 2058 f. auf der Basis ihrer Erbteile (MüKoBGB/*Ann* Rn. 9). **Nach der Teilung** besteht die gesamtschuldnerische Haftung grds. fort, jedoch kann sie auf das beschränkt werden, was die Miterben tatsächlich aus dem Nachlass erhalten haben, soweit die Voraussetzungen der §§ 2060, 2061 I 2 vorliegen (→ § 2058 Rn. 5). Die ausgleichspflichtige Zuwendung ist dabei nicht als aus dem Nachlass stammend anzusehen (MüKoBGB/*Ann* Rn. 9; NK-BGB/*Eberl-Borges* Rn. 15). Bei Vorliegen der Haftungsbeschränkungsmöglichkeiten, dh bei nur teilschuldnerischer Haftung, geht eine Inanspruchnahme eines durch Vorempfang vollständig abgefundenen Miterben ins Leere (→ § 2060 Rn. 9). Ansonsten haftet auch der vollständig durch Vorempfang abgefundene Miterbe gesamtschuldnerisch mit der Möglichkeit, sich im Innenverhältnis schadlos zu halten (→ Rn. 6).

3. Stellung der Rechtsnachfolger. Der Gläubiger eines Miterben, der in einen Miterbenanteil vor der Teilung **vollstreckt** hat (§ 2059 I 1) oder der den Erbteil des Miterben hat **pfänden** lassen, erwirbt in Bezug auf die Ausgleichspflicht die gleiche Stellung wie der Miterbe selbst; dh er kann sich im Fall einer teilschuldnerischen Haftung eines durch Vorempfang vollständig abgefundenen Miterben hinsichtlich dessen ideellen Anteils an der Forderung nicht befriedigen (Staudinger/*Löhnig* Rn. 16). Auch dem **Erbteilserwerber** (§ 2033), sowie den **Erbeserben** (§ 1952) stehen die Ausgleichsrechte und -pflichten des Rechtsvorgängers zu (Bamberger/Roth/*Lohmann* Rn. 2).

4. Nachfolge in Gesellschaftsanteil. Der Anteil an einer Personengesellschaft geht kraft **Sondernachfolge** unmittelbar auf den/die Miterben über, so dass bzgl. des Gesellschaftsanteils kein Raum für eine Ausgleichung ist. Allerdings bewirkt die Rechtsnachfolge in den Gesellschaftsanteil im Rahmen der Auseinandersetzung des übrigen Nachlasses eine Veränderung der Teilungsquoten (Staudinger/*Löhnig* Rn. 17; Vorb. §§ 2032–2057a Rn. 26 f., wonach §§ 2050 ff. analog anzuwenden sind). Sieht ein Gesellschaftsvertrag vor, dass nur ein bestimmter Miterbe Gesellschafter werden kann, diesem der Gesellschaftsanteil des Erblassers in vollem Umfang einzuräumen ist und Abfindungsansprüche der übrigen Abkömmlinge ausgeschlossen sind, trifft den Miterben, der Gesellschafter wurde, unter Berücksichtigung von Treu und Glauben eine Ausgleichspflicht gegenüber den weichenden Abkömmlingen (BGH NJW 1957, 180).

5. Unterbleibt eine Ausgleichung bei der Auseinandersetzung, können Bereicherungsansprüche gegen denjenigen, der aufgrund eines nicht berücksichtigten Vorempfangs rechnerisch zu viel erhalten hat, entstehen (BGH NJW-RR 1992, 771).

III. Ausgleichungsverfahren

1. Vorgehensweise. Nachdem in persönlicher Hinsicht an der Ausgleichung **nur Abkömmlinge** (bzw. nach § 2051 Gleichgestellte) teilnehmen, die zur gesetzlichen oder unter Voraussetzungen des § 2052 zur gewillkürten Erbfolge gelangen, ist zunächst der **Anteil** der **nicht** an der Ausgleichung beteiligten Erben vom Nachlass in **Abzug** zu bringen. In einem zweiten Schritt ist der Nachlass um die anrechnungspflichtigen **Vorempfänge zu erhöhen;** der sich so ergebende Ausgleichsnachlass ist **gleichmäßig** auf die an der Ausgleichung teilnehmenden Abkömmlinge zu verteilen. In einem letzten Schritt ist der **Vorempfang** von dem jeweiligen Anteil der ausgleichenden Miterben in **Abzug** zu bringen (MüKoBGB/*Ann* Rn. 3; Bamberger/Roth/*Lohmann* Rn. 3; NK-BGB/*Eberl-Borges* Rn. 17). Hat ein Miterbe einen höheren Vorempfang erhalten als sein Anteil am Ausgleichsnachlass ist, ist er zur **Erstattung** des Mehrbetrages **nicht** verpflichtet (§ 2056). In diesem Fall ist die Berechnung erneut unter den verbleibenden Abkömmlingen durchzuführen (→ § 2056 Rn. 11).

2. Berechnungsbeispiel: Der im gesetzlichen Güterstand lebende Erblasser hinterlässt Ehefrau und drei Kinder, A, B und C, wobei A einen Vorempfang iHv 120.000 EUR und B einen Vorempfang iHv 80.000 EUR erhalten hat. Der Wert des Nachlasses beträgt 800.000 EUR; es tritt gesetzliche Erbfolge ein. Da die Ausgleichung nur innerhalb der Abkömmlinge stattfindet, ist zunächst der Anteil der Ehefrau (Erbquote: ¼ + ¼) vom Nachlass abzuziehen, um die der Ausgleichung unterfallende Teilungsmasse zu bestimmen (800.000 EUR – 400.000 EUR = **400.000 EUR**). Diese Teilungsmasse ist um die Vorempfänge zu erhöhen, um den **Ausgleichsnachlass** zu erhalten (400.000 EUR + 120.000 EUR + 80.000 EUR = **600.000 EUR**). Der Ausgleichsnachlass ist gleichmäßig auf die Kinder zu verteilen (600.000 EUR : 3 = 200.000 EUR), so dass jedes Kind rechnerisch 200.000 EUR erhält. Die **Ausgleichung** erfolgt durch Abzug der Vorempfänge, so dass A 200.000 EUR – 120.000 EUR = **80.000 EUR,** B 200.000 EUR – 80.000 EUR = **120.000 EUR** und C, der keinen Vorempfang erhalten hat, **200.000 EUR** erhalten.

3. Entfallen auf einen Abkömmling **mehrere Erbteile,** sei es dass er nachrückt, als Ersatzerbe bestimmt ist oder im Fall des § 1927, dann werden die Erbteile jeweils **getrennt** der Ausgleichungspflicht unterworfen (MüKoBGB/*Ann* Rn. 8).

IV. Wertberechnung (Abs. 2)

1. Bewertung der Zuwendung. Für die Durchführung der Ausgleichung muss sowohl eine Bewertung des Nachlasses, als auch eine Bewertung der auszugleichenden Zuwendungen erfolgen. Letztere sind nach dem Willen des Gesetzgebers (Abs. 2) mit dem **Wert im Zeitpunkt der Zuwendung** in die Ausgleichsberechnung einzustellen (Staudinger/*Löhnig* Rn. 6). Soweit es sich nicht um Geldleistungen gehandelt hat, muss in der Regel eine Wertfeststellung durch Sachverständigengutachten erfolgen, das ermittelt, welchen Geldwert der Vorempfang im Zeitpunkt der Zuwendung hatte (BGH NJW 1975, 1831). Dies entspricht dem Normzweck der Ausgleichung, nämlich dem mutmaßlichen Willen des Erblassers, sein Vermögen unter den Abkömmlingen gleichmäßig zu verteilen. Da der Vorempfang im Zeitpunkt der Zuwendung in das Eigentum des Abkömmlings übergeht, sind weder Wertsteigerungen, noch Wertverluste, noch Zinsen (BGH NJW 1954, 348), Nutzungen oder andere Erträge für die Bewertung der Zuwendung relevant (MüKoBGB/*Ann* Rn. 13; NK-BGB/*Eberl-Borges* Rn. 10); es kommt ausschließlich auf den reinen Wert der Zuwendung im Zeitpunkt des Eigentumsübergangs an. Selbst wenn der Gegenstand der Zuwendung untergeht, ist der Abkömmling zur Ausgleichung verpflichtet (Staudinger/*Löhnig* Rn. 10). Bei Übertragung von Grundbesitz ist der Tag der Eintragung im Grundbuch maßgeblich (BGH NJW 1975, 1831). Für Forderungen ist nicht der Nennwert, sondern der Verkaufswert der maßgebliche (MüKoBGB/*Ann* Rn. 13).

16 Stets zu **berücksichtigen** ist der **Kaufkraftverlust** (BGH NJW 1975, 1831; 1974, 137). Dieser berechnet sich über den Verbraucherpreisindex Deutschland, der beim Statistischen Bundesamt erhoben wird (www.destatis.de → Verbraucherpreise → Tabellen), indem der Wert der Zuwendung mit der Indexzahl zum Zeitpunkt des Erbfalls (so BGH) multipliziert und durch die Indexzahl des Zeitpunkts der Zuwendung dividiert wird.

17 2. Zeitpunkt der Bewertung. Umstritten ist, welcher **Zeitpunkt** für die **Bewertung** des Nachlasses und die Bildung der Teilungsquoten zu Grunde zu legen ist. Während der **BGH** auf den im **Zeitpunkt des Erbfalls** abstellt und dies im Wesentlichen damit begründet, dass für die Berechnung des Pflichtteils gem. § 2311 auf den Zeitpunkt des Erbfalls abzustellen ist, und somit ggf. nur die Berechnung auf einen Stichtag erforderlich ist (BGH NJW 1986, 931; 1975, 1831), erachtet das **Schrifttum** mit guten Gründen den **Zeitpunkt der Auseinandersetzung** als den maßgeblichen, dem Normzweck der Ausgleichung entsprechenden (MüKoBGB/*Ann* Rn. 12; NK-BGB/*Eberl-Borges* Rn. 11; Staudinger/*Löhnig* Rn. 1; *Krug* ZEV 2000, 41; aA Bamberger/Roth/*Lohmann* Rn. 4). *Krug* legt dezidiert dar, dass die Anknüpfung an das Pflichtteilsrecht insofern verfehlt ist, als es sich bei dem Pflichtteil um eine sofort zu erfüllende Nachlassverbindlichkeit handelt und damit natürlich auf den Zeitpunkt des Erbfalls abzustellen ist. Dagegen sind die dinglich berechtigten Miterben verpflichtet, diesen zu verwalten, noch bestehende Nachlassverbindlichkeiten zu berichtigen und schlussendlich die Auseinandersetzung des real vorhandenen Nachlasses vorzunehmen. Jede Wertänderung des Nachlasses zwischen Erbfall und Auseinandersetzung (zB Kursverlust von Aktien) beeinflusst die Teilungsquoten und führt zu einer Verteilung fiktiver Größen und nicht des realen Nachlasses, so dass es – nachdem die Miterben am Verwaltungsergebnis der Erbengemeinschaft bis zur Auseinandersetzung teilnehmen (*Krug* ZEV 2000, 41) – nicht aus Rechtsgründen, sondern aus praktischen Erwägungen auf den Zeitpunkt der Auseinandersetzung abzustellen ist. Dies ist auch mit dem Normzweck der Ausgleichung, der gleichmäßigen Behandlung der Abkömmlinge, am besten zu vereinbaren (MüKoBGB/*Ann* Rn. 12).

18 3. Abweichende Anordnung. Auch § 2055 II ist wie die übrigen Ausgleichsvorschriften der §§ 2050 ff. **dispositiv**. Der Erblasser kann sowohl bei der Zuwendung oder durch letztwillige Verfügung einen Anrechnungswert festlegen oder bestimmen, welcher Zeitpunkt für die Ausgleichung maßgeblich ist (MüKoBGB/*Ann* Rn. 16). Ordnet er an, dass ein Darlehen nicht zurückzuzahlen, sondern auszugleichen ist, kann dies bedeuten, dass der ausgleichspflichtige Abkömmling zu behandeln ist wie ein rückzahlungspflichtiger Darlehensschuldner (Staudinger/*Löhnig* Rn. 12). Auch die an der Ausgleichung beteiligten Abkömmlinge können einvernehmlich abweichende Anordnungen treffen; auch eine tatsächliche Rückgewähr einer ausgleichspflichtigen Zuwendung (Realkollation) vereinbaren (NK-BGB/*Borges* Rn. 19).

V. Verfahrensrecht

19 Bei Streit über den Wert der Zuwendung trägt der ausgleichsberechtigte Abkömmling die **Beweislast** für einen höheren als den vom ausgleichspflichtigen eingeräumten Wert (Bamberger/Roth/*Lohmann* Rn. 5; Baumgärtel/Laumen/Prütting Beweislast-HdB/*Schmitz* Rn. 1). Der **Antrag auf Feststellung**, dass eine konkrete Zuwendung im Rahmen der Auseinandersetzung mit einem bestimmten Betrag auszugleichen ist, ist zulässig, wenn die Feststellung der Vorbereitung der Erbauseinandersetzung dient (BGH NJW-RR 1992, 771; 1990, 1220). Eine **Zahlungsklage** gestützt auf § 812 kann dann in Betracht kommen, wenn der Nachlass ohne Berücksichtigung der Ausgleichung verteilt wurde und ein Miterbe aufgrund eines Vorempfangs zu viel erhalten hat; bei einer Teilauseinandersetzung ist die Ausgleichung bei der Auseinandersetzung des restlichen ungeteilten Nachlasses vorzunehmen (BGH NJW-RR 1992, 771). Klagen sind im **Gerichtsstand** der Erbschaft (§ 27 ZPO) zu erheben (BGH NJW 1992, 364).

§ 2056 Mehrempfang

¹Hat ein Miterbe durch die Zuwendung mehr erhalten, als ihm bei der Auseinandersetzung zukommen würde, so ist er zur Herauszahlung des Mehrbetrags nicht verpflichtet. ²Der Nachlass wird in einem solchen Falle unter den übrigen Erben in der Weise geteilt, dass der Wert der Zuwendung und der Erbteil des Miterben außer Ansatz bleiben.

I. Normzweck

§ 2056 regelt ergänzend zu § 2055 den Vollzug der Ausgleichung für den Fall, dass der Vorempfang des zur Ausgleichung verpflichteten Abkömmlings größer ist als der ihm bei der Auseinandersetzung nach § 2055 zukommende Anteil an der Teilungsquote.

S. 2 regelt die Durchführung der Ausgleichung unter den verbleibenden Abkömmlingen.

II. Keine Rückzahlung des Mehrempfang (S. 1)

1. Freistellung von einer Herausgabepflicht. Der Mehrempfang muss dem Nachlass nicht erstattet werden; damit wird dem mutmaßlichen Willen des Erblassers Rechnung getragen, dass ein Vorempfang dem Abkömmling auch endgültig verbleiben soll (MüKoBGB/*Ann* Rn. 1; Staudinger/*Löhnig* Rn. 1; Bamberger/Roth/*Lohmann* Rn. 1). Eine Rückgabepflicht oder eine Pflicht zur Ausgleichszahlung würde auch zu unbilligen Härten führen, da der Abkömmling darauf vertrauen darf, dass die Zuwendung endgültig in sein Eigentum übergeht und er sie auch verbrauchen kann (NK-BGB/*Eberl-Borges* Rn. 2). Die Ausgleichung kann für den ausgleichungspflichtigen Abkömmling schlimmstenfalls bedeuten, dass er aus dem Realnachlass nichts erhält (MüKoBGB/*Ann* Rn. 2). S. 1 gilt auch, wenn der Vorempfang des ausgleichspflichtigen Abkömmlings genau der Teilungsmasse entspricht, die ihm nach § 2055 zustehen würde (Staudinger/*Löhnig* Rn. 1).

2. Auswirkung auf die Stellung als Miterbe. Die Tatsache, dass der voll abgedeckte Abkömmling mit seinem Vorempfang und seinem Erbteil aus der Berechnung der Ausgleichung ausscheidet, lässt seine Stellung als Miterbe, seine Rechte und Pflichten als solcher **unberührt** (Staudinger/*Löhnig* Rn. 5; → § 2055 Rn. 4 ff.); die Ausübung seiner Rechte kann aber nach Treu und Glauben beschränkt werden, wenn er an der Auseinandersetzung der Erbengemeinschaft pflichtwidrig nicht mitwirkt (MüKoBGB/*Ann* Rn. 2).

Im Fall einer Erbteilserhöhung (§ 1935), einer Anwachsung (§ 2095) einer Berufung zu mehreren Erbteilen infolge mehrfacher Verwandtschaft (§ 1927) oder durch letztwillige Verfügung (§ 2066) gilt der hinzugekommene Erbteil ausgleichsrechtlich als selbständig (Staudinger/*Löhnig* Rn. 2; MüKoBGB/*Ann* Rn. 5; NK-BGB/*Eberl-Borges* Rn. 3).

3. Verhältnis zu §§ 2316, 2325. Ein nach § 2056 von der Herausgabepflicht freigestellter Abkömmling kann auch dann **nicht** von einem pflichtteilsberechtigten Abkömmling auf Herausgabe einer ausgleichspflichtigen Zuwendung in Anspruch genommen werden, wenn der Vorempfang den einzigen Aktivnachlass dargestellt hat. Zwar ist der Pflichtteil gem. **§ 2316 I** unter Berücksichtigung der Ausgleichung der Vorempfänge zu berechnen; da Ausgangspunkt der Berechnung die Bestimmung des gesetzlichen Erbteils unter Berücksichtigung der Ausgleichung ist und auf § 2055 BGB fußt, muss auch im Rahmen der **Pflichtteilsberechnung § 2056 Anwendung** finden (Staudinger/*Löhnig* Rn. 3; MüKoBGB/*Ann* Rn. 3 jeweils unter Berufung auf RGZ 77, 282). Handelt es sich bei dem Vorempfang um eine echte Schenkung, können Pflichtteilsergänzungsansprüche entstehen; § 2056 ist dann auch auf die Pflichtteilsergänzung anzuwenden, wenn der in Anspruch genommene Erbe nicht nur eine ausgleichungspflichtige Schenkung erhalten hat, sondern eine ausgleichungspflichtige Ausstattung, die für sich gesehen den gesetzlichen Erbteil wertmäßig übersteigt (RGZ 77, 282; offen gelassen in BGH NJW 1965, 1526; OLG Frankfurt a.M. BeckRS 2011, 25574).

4. Obwohl die Vorschriften der Ausgleichung **disponibel** sind, kann der Erblasser nicht anordnen, dass der Vorempfang an den Nachlass zurückzugeben ist, da er ansonsten über fremdes Vermögen verfügen würde (Bamberger/Roth/*Lohmann* Rn. 1).

5. Vorempfang als Gestaltungsmittel. Durch exzessive lebzeitige Zuwendungen, die möglichst keine Schenkungen iSv § 2325 darstellen und zu einer weitgehenden Aushöhlung des Nachlasses führen, können Eltern ein Kind bevorzugen, ohne eine entsprechende letztwillige Verfügung errichtet zu haben (MüKoBGB/*Ann* Rn. 1; NK-BGB/*Eberl-Borges* Rn. 2).

6. Ausnahme: § 12 IX HöfeO sieht eine Rückzahlungspflicht vor.

III. Ausgleichsverfahren (S. 2)

1. Durchführung. Ergibt sich bei der Berechnung nach § 2055, dass der Vorempfang eines ausgleichspflichtigen Abkömmlings die ihm zukommende Teilungsquote erreicht oder übersteigt, wird dieser Abkömmling mit seinem Vorempfang und der Erbquote aus der Berechnung ausgeschieden. Dabei verringert sich die Teilungsmasse, da der Vorempfang des ausgeschiedenen Abkömmlings entfällt; die Teilungsbruchteile ändern sich, müssen jedoch unter den verbleibenden Abkömmlingen zueinander im Verhältnis ihrer Erbberechtigung stehen (Staudinger/*Löhnig* Rn. 6; MüKoBGB/*Ann* Rn. 7). Durch die Verringerung der Teilungsmasse kann der Vorempfang eines weiteren Abkömmlings auch zu dessen Ausscheiden führen, so dass ggf. wiederholt gerechnet werden muss (MüKoBGB/*Ann* Rn. 9). Zu beachten ist, dass bei der Ausgleichung von Zuwendungen mehrerer Abkömmlinge pro Rechengang nur einer nach § 2056 wegfallen kann und dann mit der verbleibenden Teilungsmasse und den verbleibenden Abkömmlingen schrittweise weiter zu rechnen ist.

2. Beispiel bei einmaliger Durchführung. Der im gesetzlichen Güterstand lebende Erblasser hinterlässt Ehefrau und drei Kinder, A, B und C, wobei A einen Vorempfang iHv 270.000 EUR und B einen Vorempfang iHv 80.000 EUR erhalten hat. Der Wert des Nachlasses beträgt 800.000 EUR; es tritt gesetzliche Erbfolge ein.

Da die Ausgleichung nur innerhalb der Abkömmlinge stattfindet, ist zunächst der Anteil der Ehefrau (Erbquote: $1/4 + 1/4$) vom Nachlass abzuziehen, um die der Ausgleichung unterfallende Teilungsmasse zu bestimmen (800.000 EUR − 400.000 EUR = **400.000 EUR**). Diese Teilungsmasse ist um die Vorempfänge zu erhöhen, um den **Ausgleichsnachlass** zu erhalten (400.000 EUR + 270.000 EUR + 80.000 EUR = **750.000 EUR**). Der Ausgleichsnachlass ist gleichmäßig auf die Kinder zu verteilen (750.000 EUR : 3 = 250.000 EUR), so dass jedes Kind rechnerisch 250.000 EUR erhält. Die **Ausgleichung** erfolgt durch Abzug der Vorempfänge, so dass A 250.000 EUR − 270.000 EUR = **0,00 EUR**, B 250.000 EUR − 80.000 EUR = **170.000 EUR** und C, der keinen Vorempfang erhalten hat, **250.000 EUR** erhalten würde.

Da der Vorempfang des A iHv 270.000 EUR den ihm bei der Ausgleichung zustehenden Betrag von 250.000 EUR übersteigt, scheidet er aus der Verteilung aus, behält seinen Mehrempfang, erhält jedoch aus den realen Nachlass nichts.

Mit den verbleibenden Abkömmlingen ist neu zu rechnen: die Teilungsmasse von 400.000 EUR ist um den Vorempfang des B iHv 80.000 EUR zu erhöhen, so dass ein **Ausgleichsnachlass** von **480.000 EUR** vorhanden ist. Dieser ist gleichmäßig auf die Kinder zu verteilen (480.000 EUR : 2 = 240.000 EUR), so dass jedem Kind rechnerisch 240.000 EUR zu stehen. Die Ausgleichung erfolgt durch Abzug des Vorempfangs, so dass B 240.000 EUR − 80.000 EUR = **160.000 EUR** und C, der keinen Vorempfang erhalten hat, **240.000 EUR** erhält, was in Summe der Teilungsmasse von 400.000 EUR entspricht.

3. Beispiel bei mehrfacher Durchführung (in Anlehnung Staudinger/*Löhnig* Rn. 7).

Der Erblasser hatte drei Kinder, A, B und C, wovon C vorverstorben ist und seinerseits die Kinder R, S und T hinterlassen hat; B schlägt die Erbschaft aus; ihm folgen dessen beide Kinder K und L nach. K. hatte vom Erblasser einen auszugleichenden Vorempfang von 150.000 EUR, T einen solchen von 40.000 EUR erhalten. Der Nachlasswert beträgt 260.000 EUR. Die Erbquoten aufgrund gesetzlicher Erbfolge lauten: A = $1/3$; K und L je $1/6$ und R, S, und T je $1/9$.

Der Realnachlass wird um die Vorempfänge erhöht (260.000 EUR + 150.000 EUR + 40.000 EUR), so dass sich eine Teilungsmasse von 450.000 EUR ergibt. K. stünde aufgrund seiner Erbquote von $1/6$ einen Anteil von 75.000 EUR zu, da er einen Vorempfang von 150.000 EUR hatte, scheidet er sowohl mit seinem Vorempfang als auch mit seiner Erbquote gem. § 2056 aus der Verteilung aus.

Im nächsten Schritt ist die Erbquote des K von $1/6$ verhältnismäßig auf die verbleibenden Abkömmlinge zu verteilen; die Formel dafür lautet: $1 − 1 : x$ (= Erbquote des Ausgeschiedenen); berechnet man dies ergibt sich der Faktor $6/5$, mit dem die Erbquoten der verbleibenden Abkömmlinge zu multiplizieren sind. Für A ergibt sich $1/3 \times 6/5 = 2/5$; für L $1/6 \times 6/5 = 1/5$; für R, S und T $1/9 \times 6/5 =$ je $2/15$.

Im nächsten Schritt wird der Realnachlass um den verbliebenen Vorempfang erhöht (260.000 EUR + 40.000 EUR), so dass sich eine Teilungsmasse von 300.000 EUR ergibt. Aufgrund der neu errechneten Erbquoten stünden T $2/15$, dh 40.000 EUR zu; da er einen Vorempfang von 40.000 EUR hatte, scheidet er wiederum sowohl mit Vorempfang als auch mit Erbquote aus der Verteilung aus.

Wie oben ist die Erbquote von $2/15$ des ausgeschiedenen T verhältnismäßig auf die verbleibenden Abkömmlinge zu verteilen; in Anwendung der vorstehenden Formel ($1 − 1 : 2/15$) ergibt ein Faktor von $15/13$, der zu folgenden Erbquoten führt: A $15/13 \times 2/5 = 6/13$; L $15/13 \times 1/5 = 3/13$; R und S $15/23 \times 2/15 =$ je $2/13$.

Anhand dieser Quoten ist der Realnachlass von 260.000 EUR aufzuteilen, so dass A 120.000 EUR, L 60.000 EUR und R und S je 40.000 EUR erhalten.

§ 2057 Auskunftspflicht

¹Jeder Miterbe ist verpflichtet, den übrigen Erben auf Verlangen Auskunft über die Zuwendungen zu erteilen, die er nach den §§ 2050 bis 2053 zur Ausgleichung zu bringen hat. ²Die Vorschriften der §§ 260, 261 über die Verpflichtung zur Abgabe der eidesstattlichen Versicherung finden entsprechende Anwendung.

I. Normzweck

Die wechselseitige Auskunftspflicht dient der Durchsetzung des mutmaßlichen Erblasserwillens einer Gleichbehandlung der Abkömmlinge und soll die ordnungsgemäße Durchführung der Ausgleichung sicherstellen, nachdem das Gesetz einen **allgemeinen Auskunftsanspruch unter Miterben nicht kennt** und auch nicht über § 242 anerkennt (BGH NJW-RR 1989, 450; Staudinger/*Löhnig* Rn. 1).

II. Beteiligte

1. Auskunftsberechtigte. Zur Auskunft berechtigt sind **alle Miterben,** ferner der mit der Auseinandersetzung betraute **Testamentsvollstrecker,** der **Nachlass- oder Insolvenzverwalter** bei Vorliegen eines **besonderen** Interesses, zB zur Feststellung des Werts eines Erbteils, um auf nur diesem lastende Nachlassverbindlichkeiten erfüllen zu können (Staudinger/*Löhnig* Rn. 3). **Analog § 2057** ist auch ein pflichtteilsberechtigter Abkömmling, der **nicht** Erbe ist, auskunftsberechtigt, da er zur Berechnung seines Pflichtteilsanspruchs (§ 2316 I) Kenntnis von erhaltenen Zuwendungen haben muss (OLG Nürnberg NJW 1957, 1482; OLG Zweibrücken FamRZ 1987, 1197).

2. Auskunftsverpflichtete. Alle Auskunftsberechtigten sind zur Erteilung der Auskunft verpflichtet. Analog § 2057 auch der pflichtteilsberechtigte, nichterbende Abkömmling, der eine ausgleichspflichtige Zuwendung erhalten hat im Hinblick auf die Berechnung des Pflichtteils (OLG Nürnberg NJW 1957, 1482; OLG Frankfurt a. M. BeckRS 2010, 06332; OLG Koblenz ZEV 2016, 206; MüKoBGB/*Ann* Rn. 5; NK-BGB/*Eberl-Borges* Rn. 4).

III. Anspruchsvoraussetzungen

1. Individualanspruch des Miterben. § 2057 normiert – im Gegensatz zur nicht bestehenden allgemeinen – eine **besondere** Auskunftspflicht, die jedem Miterben einen individuellen **Anspruch auf Offenbarung selbst erhaltener Zuwendungen** gegen jeden einzelnen anderen Miterben gewährt (MüKoBGB/*Ann* Rn. 3). Der Auskunftsanspruch fällt weder unter § 2038, noch unter § 2039 (Bamberger/Roth/*Lohmann* Rn. 2).

2. Darlegungs- und Beweislast. An die Darlegungs- und Beweislast werden vergleichsweise geringe Anforderungen gestellt; ausreichend ist, wenn der ausgleichsberechtigte Miterbe vorträgt und nachweist, dass er zum Kreis der Auskunftsberechtigten gehört und dass ausgleichspflichtige Zuwendungen erfolgt sind. Der Erbe muss dem Vortrag des Klägers substantiiert entgegnen (BGH ZEV 2010, 190; MüKoBGB/*Ann* Rn. 8; Staudinger/*Löhnig* Rn. 5f; Baumgärtel/Laumen/Prütting Beweislast-HdB/*Schmitz* Rn. 1). Entsprechend groß ist dadurch der materielle Auskunftsrahmen. Zielführender in der Praxis ist es jedoch, konkrete Hinweise auf Zuwendungen zu geben, da der Auskunftspflichtige dadurch zu einem substantiierten Vortrag gezwungen wird, während er eine generelle Frage nach Zuwendungen schlicht verneinen kann.

IV. Auskunftspflicht (S. 1)

1. Gegenstand und Umfang. Die Auskunftspflicht bezieht sich ausschließlich auf Zuwendungen nach §§ 2050–2053. In **zeitlicher** Hinsicht enthält die Vorschrift keine Begrenzung, so dass auch zeitlich weit zurückliegende Zuwendungen der Auskunftspflicht unterfallen. Praktisch ist dies nicht umsetzbar; so dass sich die Vereinbarung zeitlicher Eingrenzungen anbietet, zB ab einer Zeit, in der höchstwahrscheinlich kein Unterhalt mehr geschuldet ist, sondern Zuwendungen idR Ausstattungscharakter haben oder gestützt auf ein konkretes Ereignis (Geschäftsübergabe, Hausbau etc).

2. Inhalt. Nach S. 1 ist Auskunft über die ausgleichspflichtigen Zuwendungen zu erteilen, was zum einen bedeutet, dass sich die Auskunftspflicht nicht generell auf alle Zuwendungen erstreckt; andererseits es auch nicht der subjektiven Einschätzung des Ausgleichsverpflichteten überlassen werden darf, welche Zuwendung er als ausgleichspflichtig einschätzt; ebenso wenig reicht es aus, nur unstreitige Zuwendungen zu offenbaren (OLG München, Urt. v. 17.2.2016, BeckRS 2016, 04576; MüKoBGB/*Ann* Rn. 5; Staudinger/*Löhnig* Rn. 5 f.). Da der Verpflichtete über alle für die **Ausgleichung bedeutsamen Eigenschaften** der Zuwendungen Auskunft erteilen muss, dh über Art und Menge des Vorempfangs, sämtliche wertbildenden Faktoren, den Zuwendungszeitpunkt (§ 2055 II), Anordnungen des Erblassers zur Frage der Ausgleichung und über sämtliche für und gegen eine Ausgleichspflicht sprechenden Umstände, können ein Gericht oder die Parteivertreter entscheiden, ob die Zuwendung ausgleichspflichtig ist (MüKoBGB/*Ann* Rn. 5; Staudinger/*Löhnig* Rn. 5f.).

3. Sachverständigengutachten. § 2057 gibt dem Auskunftsberechtigten **keinen Anspruch** auf **Wertermittlung** durch Erstellung und Vorlage eines Sachverständigengutachtens. Anerkannt ist jedoch ein auf § 242 gestützter Wertermittlungsanspruch, wonach der auskunftsberechtigte Miterbe einen Sachverständigen beauftragt und bezahlt, während der auskunftsverpflichtete Miterbe die Begutachtung dulden muss (BGH NJW 1993, 2737; 1986, 127; 1982, 1643; OLG Hamm FamRZ 1983, 1280).

4. Form. Das Gesetz sieht **keine besondere Form** vor, so dass auch eine mündliche Auskunft genügen würde, falls nachfolgend keine eidesstattliche Versicherung abzugeben ist. Aufgrund des Verweises in S. 2 auf § 260 I, ist ein Bestandsverzeichnis nur vorzulegen, wenn die Zuwendung in einem Inbegriff von Gegenständen bestanden hat (MüKoBGB/*Ann* Rn. 7; Staudinger/*Löhnig* Rn. 8). Bei Zuwendung eines Unternehmens Vorlage der Geschäftsunterlagen, die eine Wertermittlung ermöglichen (OLG Frankfurt a. M. BeckRS 2010, 06332). Aus Gründen der **Übersichtlichkeit**, im Interesse der **Rechtsklarheit** und zur **Vermeidung** des **Vorwurfs mangelnder Sorgfalt,** der zur Verpflichtung zur Abgabe der eidesstattlichen Versicherung führen kann, ist anzuraten, die Auskunft **schriftlich** und detailliert zu erteilen (NK-BGB/*Eberl-Borges* Rn. 7).

V. Durchsetzung der Auskunftspflicht

1. Klage. Verweigert der auskunftspflichtige Miterbe die Erteilung der Auskunft, kann er verklagt werden, wobei sich **Antrag und Urteilstenor** darauf beschränken können „Auskunft über sämtliche unentgeltlichen und teilunentgeltlichen Zuwendungen zu erteilen, die ausgleichungspflichtig gem. §§ 2050–2053 sein können" (MüKoBGB/*Ann* Rn. 5; NK-BGB/*Eberl-Borges* Rn. 10). Zur Darlegungs-

und Beweislast → Rn. 5. Wenn der Kläger jedoch behauptet, dass ein **entgeltliches Geschäft** eine **ausgleichspflichtige** Zuwendung enthalte, trifft ihn insoweit die Beweislast für die Ausgleichspflicht (Baumgärtel/Laumen/Prütting Beweislast-HdB/*Schmitz* Rn. 1). Widersetzt sich der Beklagte der Auskunftspflicht mit der Behauptung es läge keine gesetzliche, sondern testamentarische Erbfolge vor, obliegt diesem die Beweislast (MüKoBGB/*Ann* Rn. 8).

11 **2. Streitwert.** Der Streitwert der Auskunftsklage richtet sich nicht nach dem Betrag der Ausgleichung, sondern nach dem Interesse an der Auskunft und beträgt ¼ **bis** ¹/₁₀ des aufgrund der Auskunft zu ermittelnden Ausgleichsbetrages (Bamberger/Roth/*Lohmann* Rn. 5).

12 **3. Zwangsvollstreckung.** Der Anspruch wird noch § 888 ZPO vollstreckt.

VI. Eidesstattliche Versicherung (S. 2)

13 **1. Voraussetzung.** Durch den Verweis auf § 260 muss der auskunftspflichtige Miterbe die eidesstattliche Versicherung nur dann abgeben, wenn ein **begründeter Verdacht** gegeben ist, dass die Auskunft nicht mit der gebotenen Sorgfalt erteilt wurde (§ 260 II). Ein derartiger Verdacht kann angenommen werden, wenn der Auskunftsverpflichtete sich weigert die Auskunft in ordnungsgemäßer – regelmäßig schriftlicher – Form unter Angabe von Einzelheiten zu erteilen (Staudinger/*Löhnig* Rn. 10). Hinsichtlich Zuwendungen von **geringer Bedeutung** besteht keine Pflicht zur Abgabe der eidesstattlichen Versicherung, da S. 2 zwar nicht auf § 259 verweist, dieser jedoch über § 260 III Anwendung findet (NK-BGB/*Eberl-Borges* Rn. 8). **Ergänzung** einer angeblich unvollständigen Auskunft kann **nicht** gefordert werden, sondern nur die eidesstattliche Versicherung, es sei denn, die Auskunft ist so dürftig, dass sie nicht als solche angesehen werden kann und von einer Nichterfüllung der Auskunftspflicht auszugehen ist (MüKoBGB/*Ann* Rn. 10).

14 **2. Inhalt.** Die Formulierung der eidesstattlichen Versicherung ergibt sich aus § 260 II, wonach der Auskunftspflichtige zu erklären hat, dass er die für eine Ausgleichung in Betracht kommenden Zuwendungen so vollständig angegeben habe, wie er dazu in der Lage sei. Das Gericht hat gem. § 261 II die Möglichkeit die Erklärung an den konkreten Sachverhalt anzupassen (BGH NJW 1961, 602), so dass es sich empfiehlt in der Formulierung die in den §§ 2050 ff. genannten Begriffe wie Ausstattung etc zu verwenden (MüKoBGB/*Ann* Rn. 11; Staudinger/*Löhnig* Rn. 12).

15 **3. Freiwillige Abgabe der eidesstattlichen Versicherung.** Die freiwillige Abgabe der eidesstattlichen Versicherung durch den Auskunftspflichtigen erfolgt nach § 345 IV 1 Nr. 5, § 410 Nr. 1, § 411 I Nr. 1 FamFG iVm §§ 3 Nr. 1b RPflG beim Wohnsitzgericht des Pflichtigen.

16 **4. Verurteilung zur Abgabe.** Erfolgt keine freiwillige Abgabe der eidesstattlichen Versicherung, ist der Auskunftspflichtige vom Prozessgericht (in der Regel im Rahmen einer Stufenklage) zu verurteilen. Aufgrund des Urteils ist immer noch eine freiwillige Abgabe möglich, andernfalls ist die eidesstattliche Versicherung vor dem Amtsgericht – Vollstreckungsgericht – abzugeben; zuständig ist der Rechtspfleger (§ 20 Nr. 17 RPflG) (*Keidel* FamFG § 345 Rn. 142). Für die Erzwingung der eidesstattlichen Versicherung durch Haft (§§ 889 II, 888 ZPO), ist eine richterliche Anordnung erforderlich (§ 4 II Nr. 2 RPflG).

17 **5. Kosten.** Die Kosten für die Abgabe der eidesstattlichen Versicherung (Nr. 15212 KVGNotKG) trägt gem. § 261 II der Auskunftsberechtigte; nicht jedoch die Gerichtskosten, die im Streitverfahren entstehen, ebenfalls nicht die Vollstreckungskosten aufgrund § 889 II, § 888 ZPO (MüKoBGB/*Ann* Rn. 11; Staudinger/*Löhnig* Rn. 13), die jeweils dem Auskunftspflichtigen zur Last fallen.

§ 2057a Ausgleichungspflicht bei besonderen Leistungen eines Abkömmlings

(1) ¹Ein Abkömmling, der durch Mitarbeit im Haushalt, Beruf oder Geschäft des Erblassers während längerer Zeit, durch erhebliche Geldleistungen oder in anderer Weise in besonderem Maße dazu beigetragen hat, dass das Vermögen des Erblassers erhalten oder vermehrt wurde, kann bei der Auseinandersetzung eine Ausgleichung unter den Abkömmlingen verlangen, die mit ihm als gesetzliche Erben zur Erbfolge gelangen; § 2052 gilt entsprechend. ²Dies gilt auch für einen Abkömmling, der den Erblasser während längerer Zeit gepflegt hat.

(2) ¹Eine Ausgleichung kann nicht verlangt werden, wenn für die Leistungen ein angemessenes Entgelt gewährt oder vereinbart worden ist oder soweit dem Abkömmling wegen seiner Leistungen ein Anspruch aus anderem Rechtsgrund zusteht. ²Der Ausgleichspflicht steht es nicht entgegen, wenn die Leistungen nach den §§ 1619, 1620 erbracht worden sind.

(3) Die Ausgleichung ist so zu bemessen, wie es mit Rücksicht auf die Dauer und den Umfang der Leistungen und auf den Wert des Nachlasses der Billigkeit entspricht.

(4) ¹Bei der Auseinandersetzung wird der Ausgleichungsbetrag dem Erbteil des ausgleichungsberechtigten Miterben hinzugerechnet. ²Sämtliche Ausgleichungsbeträge werden vom Werte des Nachlasses abgezogen, soweit dieser den Miterben zukommt, unter denen die Ausgleichung stattfindet.

I. Normzweck

§ 2057a wurde durch Art. 1 Nr. 90 NichtehelG ins BGB eingefügt und gilt für Erbfälle seit dem 1.7.1970 (Art. 12 §§ 10 I 1, 27 NichtehelG). Vorbild der Vorschrift war Art. 633 des schweizerischen ZGB (*Damrau* FamRZ 1969, 579). Ursprünglicher Normzweck nach der Statuierung der Erbberechtigung zwischen nichtehelichen Kindern und ihren Vätern war eine uneingeschränkte erbrechtliche Gleichstellung zwischen ehelichen und nichtehelichen Kindern zu vermeiden. Ein nichteheliches Kind, das in der Regel nicht im Familienverband des Vaters aufwuchs, während die ehelichen Abkömmlinge vor allem in bäuerlichen oder kleinen gewerblichen Betrieben oft Leistungen für den Vater erbringen mussten, ohne dafür entlohnt zu werden, wäre unverhältnismäßig hoch am Nachlass des Vaters beteiligt gewesen (Staudinger/*Löhnig* Rn. 1; NK-BGB/*Eberl-Borges* Rn. 2). Durch den gesellschaftlichen Wandel hat die Norm jetzt jedoch sozial- und gesellschaftspolitische Bedeutung, da durch den Wegfall der Großfamilien, der Berufstätigkeit beider Ehegatten einerseits, der gestiegenen Lebenserwartung andererseits Pflegeleistungen eines Abkömmlings zu honorieren sind, unter anderem auch um das Gesundheitssystem vor dem Zusammenbruch zu bewahren. 1

Der gesellschaftlichen Wirklichkeit trägt das Gesetz zur Reform des Erb- und Verjährungsrechts zumindest insoweit Rechnung als zum 1.1.2010 die besonderen Leistungen eines Abkömmlings auch dann ausgleichspflichtig sind, wenn er für die Pflege nicht auf berufliches Einkommen verzichtet. Dadurch wurde die Vorschrift viel praxisrelevanter, da bislang eine Ausgleichung von Pflegeleistungen oft daran gescheitert ist, dass sie neben der Berufstätigkeit erbracht wurden. Im Hinblick darauf, dass der Wert der Ausgleichung nach Billigkeit zu bemessen ist und der Tatbestand mehrere unbestimmte Rechtsbegriffe (während „längerer" Zeit; „in besonderem Maße") enthält, ist die Vorschrift in hohem Maße streitanfällig und wird zu einem entsprechenden Prozessaufkommen führen (*Ludyga* ZErb 2009, 289). 2

Obwohl von dem ursprünglichen Regierungsentwurf, der die Honorierung der Pflegeleistung maßgeblich stärken wollte, iErg nahezu nichts übrig geblieben ist, hätte die Erweiterung der ausgleichsberechtigten Personen auf alle gesetzlichen Erben zu einer Systemwidrigkeit geführt, die die Praxis vor noch größere Probleme gestellt hätte. Die Ansiedlung der Honorierung von Pflegeleistung für alle gesetzlichen Erben im Bereich der Ausgleichung, die vom Grundsatz der Gleichbehandlung der Kinder getragen ist, hätte spätestens bei der Berechnung große Schwierigkeiten bereitet. Da eine Ausgleichung denknotwendig mehrere „gleichgestellte" Erben voraussetzt, wäre eine Ausgleichung bei Pflegeleistung durch den überlebenden Ehegatten bereits gescheitert; da der Nachlassteil des überlebenden Ehegatten von vornherein nicht an der Ausgleichung teilnimmt, wäre fraglich gewesen, wem gegenüber die Pflegeleistungen des Ehegatten auszugleichen gewesen wären. Von daher war die vielfach geäußerte Kritik an den der rechtsdogmatischen Ansiedlung der Honorierung Pflegeleistungen im Rahmen der Ausgleichung berechtigt; dabei wäre dem Vorschlag von *Krug* (ZFE 2008, 324), die Leistungen wie eine fiktive Nachlassverbindlichkeit in Form einer Erblasserschuld (§ 1967 II) zu behandeln, der Vorzug zu geben vor der von *Otte* (ZEV 2008, 260, unterstützt von *Odersky* MittBayNot 2008, 2(6)) favorisierten Konstruktion eines gesetzlichen Vermächtnisses, da dieses die Testierfreiheit des Erblassers beeinträchtigen würde (*Ludyga* ZErb 2009, 289). Sämtliche Autoren habe sich jedoch trotz des weitreichenderen ursprünglichen Gesetzentwurfes im Hinblick auf die bestehenden Nachweis- und Bewertungsprobleme für eine klare testamentarische Regelung der Abgeltung von Pflegeleistungen ausgesprochen. Darauf muss die Beratungspraxis größten Wert legen. 3

II. Systematische Stellung des § 2057a

Die Berücksichtigung eines Ausgleichs für besondere Leistungen eines Abkömmlings gewährt **keinen Geldanspruch**, sondern verschiebt lediglich die rechnerischen Teilungsquoten, die von den Erbquoten verschieden sind (BGH NJW 1986, 931). § 2057a ist im Gegensatz zu § 2050 eine Ausgleichung mit umgekehrten Vorzeichen; während es bei Letzterer um Zuwendungen des Erblassers an einen Abkömmling geht, sind bei § 2057a Zuwendungen eines Abkömmlings an den Erblasser zum Ausgleich zu bringen (Staudinger/*Löhnig* Rn. 3; Bamberger/Roth/*Lohmann* Rn. 1). 4

Der Ausgleich nach § 2057a gibt ebenso wie die Ausgleichungspflichten nach § 2050 **keinen eigenen Anspruch,** sondern ist untrennbar mit dem Erbteil verbunden und daher vererblich und übertragbar (§§ 2372, 2376) (→ § 2050 Rn. 13; MüKoBGB/*Ann* Rn. 4; Staudinger/*Löhnig* Rn. 36). Wie bei den §§ 2050 ff. gründet auch § 2057a auf dem Gleichbehandlungsgrundsatz des gesetzlichen Erbrechts der Abkömmlinge (§ 1924 IV – „Kinder erben zu gleichen Teilen") und geht von dem **mutmaßlichen Willen** des Erblassers aus, dass er Sonderleistungen eines Abkömmlings auch gesondert honorieren möchte. 5

§ 2057a ist jedoch **dispositiv.** Der Erblasser kann kraft der ihm zustehenden **Testierfreiheit** diese Vermutung jedoch dadurch entkräften, dass er durch **letztwillige Verfügung** die Ausgleichspflicht aufhebt oder abändert (Staudinger/*Löhnig* Rn. 4). Da § 2057a im Gegensatz zu § 2050 keine ausdrückliche Möglichkeit der abweichenden Anordnung vorsieht, liegt in der Aufhebung oder Abänderung der Ausgleichspflicht für besondere Leistung ein Vermächtnis zu Gunsten der anderen Miterben (*Damrau* FamRZ 1969, 579; *Bosch* FamRZ 1972, 169; Staudinger/*Löhnig* Rn. 4). Miterben können sich bei Verteilung des Nachlasses auch unabhängig vom Vorliegen der Voraussetzungen des § 2057a darauf einigen, dass einem Miterben für seine Leistungen gegenüber dem Erblasser ein gesonderter Betrag zusteht (MüKoBGB/*Ann* Rn. 3; Bamberger/Roth/*Lohmann* Rn. 1; NK-BGB/*Eberl-Borges* Rn. 24); auch kann 6 der Erblasser durch letztwillige Verfügung einen bestimmten Ausgleichsbetrag festsetzen, so dass es keiner Billigkeitsabwägung nach Abs. 3 bedarf (NK-BGB/*Eberl-Borges* Rn. 19).

III. Die Ausgleichsberechtigten

7 **1. Nur Abkömmlinge und Gleichgestellte.** Der Ausgleichungsanspruch besteht nur unter **mehreren** Abkömmlingen, die als **gesetzliche** Erben (§ 1924) gemeinsam zur Erbfolge gelangen oder gemäß dem nach Abs. 1 S. 1 letzter Halbsatz entsprechend anwendbaren § 2052 gewillkürte Erben werden, soweit sie auf den gesetzlichen Erbteil oder in dementsprechend gleichen Verhältnis eingesetzt sind (Staudinger/ *Löhnig* Rn. 6; Bamberger/Roth/*Lohmann* Rn. 3).

8 Analog § 2051 findet ein Ausgleich auch zu Gunsten der nachrückenden Abkömmlinge oder Ersatzerben statt, wenn der ursprüngliche Erbe vor oder nach dem Erbfall (zB durch Ausschlagung) weggefallen ist (*Damrau* FamRZ 1969, 579; MüKoBGB/*Ann* Rn. 7). Ausgleichsberechtigt sind auch der Erbe eines ausgleichsberechtigten Miterben und der Erbteilserwerber (§ 2372), soweit der Veräußerer ebenfalls ausgleichsberechtigt war (MüKoBGB/*Ann* Rn. 8; Bamberger/Roth/*Lohmann* Rn. 3).

9 Zu beachten ist, dass in Erbfällen ab dem 1.4.1998 (Inkrafttreten des ErbGleichG) eine Gleichstellung der ehelichen und nichtehelichen Abkömmlinge erfolgt ist; nicht zur Ausgleichung berechtigt sind jedoch Abkömmlinge, die eine rechtswirksame Vereinbarung über den vorzeitigen Erbausgleich getroffen haben oder dieser durch rechtswirksames Urteil zuerkannt wurde (Art. 227 I Nr. 2 EGBGB).

10 Dem Hoferben steht nach der Neufassung von **§ 12 III HöfeO** grds. ein Ausgleichsanspruch nach § 2057a zu (Staudinger/*Löhnig* Rn. 24).

11 **2. Anwendung des § 2053 auf § 2057a.** Strittig ist, ob auch einem entfernteren Abkömmling ein Ausgleichungsrecht zusteht, wenn er die Leistungen zu Gunsten des Erblassers zu einer Zeit erbringt, als er noch durch vorrangige Erben von der Erbfolge ausgeschlossen ist. Wollte man § 2053 analog anwenden, würde kein Ausgleichungsrecht bestehen (so *Damrau* FamRZ 1969, 579); stellt man jedoch maßgeblich auf die Vermögensmehrung beim Erblasser ab und darauf, dass die Leistung nicht in Erwartung einer späteren Erbenstellung erbracht werden muss, ist der Zeitpunkt der Leistungserbringung nicht entscheidend, so dass von der Lit. eine analoge Anwendung des § 2053 überwiegend abgelehnt wird (Staudinger/ *Löhnig* Rn. 6; MüKoBGB/*Ann* Rn. 7; Bamberger/Roth/*Lohmann* Rn. 3; NK-BGB/*Eberl-Borges* Rn. 3). Davon zu unterscheiden ist der Fall, dass ein entfernter Abkömmling (Enkel) Leistungen iSd § 2057a erbracht hat, jedoch ein vorrangiger Abkömmling (Sohn) zur Erbfolge gelangt; dieser hat nicht das Recht auf Ausgleichung der Leistungen des Enkels, wenn dieser die Leistungen aus eigenem Antrieb für den Erblasser erbracht hat (MüKoBGB/*Ann* Rn. 9); etwas anderes gilt, wenn der Enkel die Leistung innerhalb des Familienverbandes seines Stammes auf Veranlassung des vorrangigen Erben (zB seines Vaters) erbracht hat (→ Rn. 15).

12 **3. Kein Ausgleichsrecht.** Kein Ausgleichsrecht hat der **Ehegatte**, da dessen eventuelle besondere Leistungen bereits über die pauschale Erhöhung des Erbteils (§§ 1371, 1931 III beim gesetzlichen Güterstand bzw. § 1931 IV bei Gütertrennung neben einem oder zwei Abkömmlingen) abgegolten ist (MüKoBGB/ *Ann* Rn. 10).

IV. Die Ausgleichspflichtigen

13 In persönlicher Hinsicht sind alle diejenigen ausgleichspflichtig, die auch ausgleichsberechtigt sein können (MüKoBGB/*Ann* Rn. 14).

V. Gegenstand der Ausgleichung

14 **1. Besondere Leistungen eines Abkömmlings für den Erblasser. a) Erblasserbegriff.** Beim sog. Berliner Testament (§ 2269) kann der Erblasser auch der erstverstorbene Ehegatte sein; hat ein Abkömmling Leistungen gegenüber seinem erstverstorbenen Elternteil erbracht, kann er Ausgleichung für diese Leistung erst nach dem Tod des Letztversterbenden von seinen Geschwistern verlangen (Staudinger/*Löhnig* Rn. 7; MüKoBGB/*Ann* Rn. 7).

15 **b) Persönliche Leistungserbringung.** Fraglich ist, ob die **Leistung** grds. durch den **Abkömmling persönlich** zu erbringen ist. Hinter dieser Frage verbirgt sich auch das in der Praxis relevante Problem des **pflegenden Schwiegerkindes,** das im Rahmen der Diskussion des ursprünglichen Reformentwurfes breiten Raum eingenommen hat. Dieser Diskussion hätte es nicht bedurft, da bereits bei Einführung der Vorschrift zu deren Auslegung auf die Rspr. und Lit. zu Art. 633 Schweizer. ZGB verwiesen wurde, wonach die gesamte Familiengemeinschaft des Abkömmlings die besonderen Leistungen für den Erblasser erbringen kann (*Damrau* FamRZ 1969, 579 (580), dort Fn. 10; *Knur* FamRZ 1970, 269 (277)). Auch der BGH hat keine Bedenken gehabt, iRd § 2057a auch Leistungen zu berücksichtigen, die von der **Familie** oder durch **Hilfskräfte** des ausgleichsberechtigten Abkömmlings geleistet wurden, die dieser **veranlasst** oder dem Erblasser erbracht hat (BGH NJW 1993, 1197; Staudinger/*Löhnig* Rn. 13; MüKoBGB/*Ann* Rn. 20; NK-BGB/*Eberl-Borges* Rn. 4).

16 **c) Leistungsdauer.** Die Leistungen des Abkömmlings müssen über einen längeren, nicht notwendigerweise zusammenhängenden Zeitraum erbracht werden; in Abgrenzung zur bloßen gelegentlichen Aushilfe ist eine planmäßige auf einen längeren Zeitraum angelegte Tätigkeit erforderlich; Mindest-

Zeitgrenzen gibt es nicht; im Einzelfall entscheiden Art und Wert der Leistung (Staudinger/*Löhnig* Rn. 13; MüKoBGB/*Ann* Rn. 18; Bamberger/Roth/*Lohmann* Rn. 5).

d) Leistung zur Erhaltung oder Vermehrung des Erblasservermögens. Nur besondere, das Übliche 17 übersteigende Leistungen des Abkömmlings, die zur Erhaltung oder Vermehrung des Erblasservermögens führen, dh das Vermögen des Erblassers positiv beeinflussen, sind ausgleichungspflichtig (Staudinger/*Löhnig* Rn. 14; Bamberger/Roth/*Lohmann* Rn. 5). Ein Indiz, jedoch keine zwingende Voraussetzung für eine **Sonderleistung** wäre, wenn der Erblasser ohne die Unterstützung des Abkömmlings eine Ersatzkraft hätte einstellen müssen; ausreichend ist jedoch, wenn die Erhaltung oder Vermehrung des Vermögens im Wesentlichen auf der besonderen Leistung des Abkömmlings beruht (MüKoBGB/*Ann* Rn. 18).

e) Abs. 2 S. 2. Selbst wenn der Abkömmling Leistungen erbringt, zu deren unentgeltlicher Erbringung 18 er gem. §§ 1619, 1620 gesetzlich verpflichtet ist, können diese Leistungen, wenn sie die sonstigen Voraussetzungen erfüllen, **gleichwohl ausgleichungspflichtig** sein (BGH NJW 1972, 429; Staudinger/*Löhnig* Rn. 23). Hier erfolgte bewusst eine Regelung zu Gunsten der Abkömmlinge, da im Gegensatz dazu Zuwendungen des Erblassers an Abkömmlinge, zu denen er gesetzlich verpflichtet ist, von dem betreffenden Abkömmling nicht auszugleichen sind (MüKoBGB/*Ann* Rn. 34). Anders wenn eine gesetzliche Unterhaltpflicht des Abkömmlings besteht (§§ 1601 ff.) → Rn. 22.

2. Art der Leistung. a) Mitarbeit (Abs. 1 S. 1) ist jede geistige oder körperliche Tätigkeit, die der Ab- 19 kömmling haupt- oder nebenberuflich für den Erblasser leistet (NK-BGB/*Eberl-Borges* Rn. 5).

aa) Mitarbeit im Haushalt des Erblassers. Diese erstreckt sich auf sämtliche Tätigkeiten im Zusam- 20 menhang mit den privaten Wohn- und Lebensgewohnheiten des Erblassers wie Waschen, Kochen, Putzen der Wohnung, Vornahme von Reparaturen, Besorgung von Einkäufen, Fahrdienst zu Arztterminen und sonstigen privaten Terminen etc, Unterstützung bei rechtsgeschäftlichen Tätigkeiten aller Art (Staudinger/*Löhnig* Rn. 10; MüKoBGB/*Ann* Rn. 17; NK-BGB/*Eberl-Borges* Rn. 6).

bb) Mitarbeit im Beruf des Erblassers. Hierunter fällt sowohl eine selbständige als auch eine 21 nichtselbständige Berufstätigkeit; die Mitarbeit muss nicht den Kernbereich des Berufs betreffen; ausreichend sind auch Unterstützungsleistungen wie Fahrten zur Arbeitsstätte oder Erledigung von Schriftverkehr (Staudinger/*Löhnig* Rn. 11; MüKoBGB/*Ann* Rn. 17).

cc) Mitarbeit im Geschäft des Erblassers. Geschäft ist jedes Unternehmen des Erblassers, wobei er nicht Alleininhaber sein muss; Mitinhaberschaft oder Beteiligung an einer Gesellschaft sind ausreichend, da auch in diesem Fall die Mitarbeit helfen kann, den Geschäftsanteil zu sichern und wertmäßig zu erhöhen (Staudinger/*Löhnig* Rn. 12; MüKoBGB/*Ann* Rn. 17).

b) Erhebliche Geldleistungen. Der tätigen Mitarbeit gleichgestellt werden erhebliche Geldleistungen, 22 die an den Erblasser direkt oder an einen Gläubiger fließen können; jedenfalls müssen sie ein gewisses Ausmaß erreichen, um das Aktivvermögen des Erblassers positiv beeinflussen zu können; einen objektiven Maßstab für die Erheblichkeit gibt es nicht, da auf die konkrete Situation des Erblassers abzustellen ist (Staudinger/*Löhnig* Rn. 15; MüKoBGB/*Ann* Rn. 22). **Nicht ausgleichspflichtig** sind dagegen Geldleistungen, die einen Abkömmling im Rahmen seiner gesetzlichen Unterhaltspflicht (§§ 1601 ff.) bei Vermögenslosigkeit des Erblassers erbringt; derartige Leistungen dienen dem täglichen Unterhalt und nicht der Mehrung des Vermögens (MüKoBGB/*Ann* Rn. 22; Bamberger/Roth/*Lohmann* Rn. 6).

c) Leistungen „in anderer Weise". Darunter sind Sachleistungen, Sicherheitsleistungen (zB Grund- 23 schuldbestellung, Bürgschaftsübernahme), Gebrauchsüberlassungen (zB Grundstücke, Nießbrauchsbestellung, Darlehen), Zahlung von Verbindlichkeiten des Erblassers; Übernahme von Pflegeleistungen zu Gunsten von Familienangehörigen des Erblassers zu verstehen (Staudinger/*Löhnig* Rn. 16; MüKoBGB/*Ann* Rn. 29; NK-BGB/*Eberl-Borges* Rn. 9).

d) Pflegeleistungen (Abs. 1 S. 2). aa) Erbfälle ab 1.1.2010. An dieser Stelle greift das Gesetz zur Re- 24 form des Erb- und Verjährungsrechts, welches für **Erbfälle ab 1.1.2010** hinsichtlich der Ausgleichung von Pflegeleistungen das bisherige Tatbestandsmerkmal „unter Verzicht auf berufliches Einkommen" entfallen lässt (Art. 229 EGBGB, § 21 IV 2). Damit wurde die Benachteiligung der Abkömmlinge aufgehoben, die zusätzlich zu ihrer beruflichen Tätigkeit noch die Pflege eines Eltern- oder Großelternteils übernehmen und damit einer Doppelbelastung ausgesetzt sind.

bb) Erbfälle vor dem 1.1.2010. Für **Erbfälle vor dem 1.1.2010** gilt nach der Überleitungsvorschrift des 25 Art. 229 EGBGB, § 23 IV 1 noch das bis zu diesem Zeitpunkt geltende Recht, im konkreten Fall sind Pflegeleistungen eines Abkömmlings nur dann ausgleichungspflichtig, wenn sie unter Verzicht auf berufliches Einkommen getätigt wurden. Nicht erforderlich ist, dass der pflegende Abkömmling seinen Beruf aufgibt; ihm muss jedoch durch die Pflege ein nicht unerheblicher Teil seiner Einkünfte entgehen; dazu gehört auch, dass der Abkömmling nicht befördert wurde und ihm somit eine höhere Vergütung entgangen ist (MüKoBGB/*Ann* Rn. 24). Abkömmlinge, die nicht berufstätig oder nicht berufswillig sind, verzichten auf kein Einkommen, so dass deren Pflegeleistungen in den Erbfällen vor dem 1.1.2010 nicht ausgleichspflichtig sind (Bamberger/Roth/*Lohmann* Rn. 8).

cc) Besondere Pflegeleistung über längeren Zeitraum. Unabhängig vom Zeitpunkt des Erbfalls muss 26 sich die Pflegetätigkeit, da sie der Mitarbeit gleichgestellt ist, über einen längeren Zeitraum erstrecken und eine Sonderleistung darstellen. Da die Pflege des Erblassers belastender und intensiver sein kann als die Mitarbeit, kann eine einmonatige intensive Pflege, die ansonsten von einer oder mehreren hauptamtlichen Pflegekräften hätte durchgeführt werden müssen, ausreichen, um eine Ausgleichungspflicht entstehen zu lassen (Staudinger/*Löhnig* Rn. 17; MüKoBGB/*Ann* Rn. 23). Der Abkömmling muss die Pflege nicht vollständig selbst leisten, er kann sich auch durch von ihm bezahlte Pflegekräfte unterstützen lassen, ohne dass dadurch die Ausgleichspflicht entfällt (MüKoBGB/*Ann* Rn. 27). Bei leichterer Pflegetätigkeit kann auch eine mehrjährige Dauer verlangt werden; entscheidend sind Art, Umfang und Wert der Pflege für den Erblasser (NK-BGB/*Eberl-Borges* Rn. 10). Zur Definition von Pflegeleistungen kann auf § 14 SBG XI zurückgegriffen werden (OLG Schleswig ZEV 2017, 400).

27   **dd) Leistungen von mehreren Abkömmlingen.** Erbringen mehrere oder alle Abkömmlinge Leistungen an den Erblasser, sollen nur diejenigen ausgleichsberechtigt sein, deren Leistung nach sich nach Dauer, Intensität und positivem Einfluss auf das Vermögen des Erblassers von den Leistungen der anderen abheben (Staudinger/*Löhnig* Rn. 19; MüKoBGB/*Ann* Rn. 16). In der Praxis dürfte die Aussonderung von Leistungen einzelner Abkömmlinge als für den Erblasser nicht wertvoll zu mehr Zündstoff und Verletzungen führen, als wenn alle Leistungen berücksichtigt werden, jedoch mit unterschiedlichem Gewicht.

28   **3. Beweislast.** Die Beweislast für das Bestehen eines Ausgleichsanspruchs trägt der ausgleichsberechtigte Abkömmling; er muss seine besonderen Leistungen (Mitarbeit, Geldleistung, sonstige Leistung oder Pflegeleistung) darlegen und unter Beweis stellen, ferner inwieweit seine Mithilfe zu einer Erhaltung und Vermehrung des Vermögens des Erblassers geführt hat, da die Kausalität im Hinblick auf das Tatbestandsmerkmal „in besonderem Maße" nicht durch Anscheinsbeweis angenommen werden kann (BGH ZEV 2006, 265; Baumgärtel/Laumen/Prütting Beweislast-HdB/*Schmitz* Rn. 1; *Petersen* ZEV 2000, 432). Im Hinblick darauf, dass es sich bei der Höhe des Ausgleichs gem. Abs. 3 um eine Billigkeitsentscheidung handelt, sind die Anforderungen an die Substantiierung nicht zu überspannen; zu der erforderlichen Schätzung müssen jedoch ausreichende Anknüpfungstatsachen vorhanden sein (OLG Oldenburg FamRZ 1999, 1466).

VI. Ausschluss des Ausgleichsrechts (Abs. 2 S. 1)

29   **1. Subsidiarität des § 2057a.** Aus dem Normzweck, wonach Abkömmlinge, die keine besondere Leistung zu Gunsten des Vermögens des Erblassers erbracht haben, durch eine gleichmäßige Verteilung ohne vorherige Ausgleichung, bevorzugt würden, ergibt sich die **Subsidiarität des § 2057a**. Der Normzweck ist nicht mehr erfüllt, wenn die Leistungen des Abkömmlings bereits angemessen abgegolten sind. Eine nochmalige Ausgleichung würde ihn unangemessen bevorzugen, so dass § 2057a lediglich einen **Auffangtatbestand** darstellt.

30   **2. Entgeltliche Leistung des Abkömmlings (Abs. 2 S. 1 Alt. 1).** Hat der Abkömmling vom Erblasser ein angemessenes Entgelt (zB über die Pflegeversicherung oder einen Dienstvertrag, § 612 oder Zinserträge aus der Gewährung eines Darlehens) erhalten, bedarf es keiner weiteren Honorierung der Leistungen (Staudinger/*Löhnig* Rn. 21; NK-BGB/*Eberl-Borges* Rn. 14). Liegt das vereinbarte Entgelt aufgrund der familiären Beziehungen deutlich unter dem Wert der erbrachten Leistung (Vereinbarung eines geringfügigen Taschengeldes), liegt eine **teilweise unentgeltliche** Leistung vor, die zu einer Ausgleichung des unentgeltlichen Teils führt (MüKoBGB/*Ann* Rn. 31). Liegt das vereinbarte Entgelt nur geringfügig unter dem üblichen, entsteht keine Ausgleichspflicht, da der nur geringe unentgeltliche Teil weder eine besondere Leistung darstellt, noch zu einer Erhaltung oder Mehrung des Vermögens des Erblassers geführt hat (Staudinger/*Löhnig* Rn. 22).

31   **3. Vereinbarte Gegenleistung (Abs. 2 S. 1 Alt. 2).** War eine angemessene Gegenleistung aufgrund eines Dienst- oder Arbeitsverhältnisses vereinbart, stellt dieser Anspruch eine Nachlassverbindlichkeit (§§ 1967, 1958 ff.) dar, die vorrangig aus dem ungeteilten Nachlass und damit zu Lasten sämtlicher Erben zu befriedigen ist (Bamberger/Roth/*Lohmann* Rn. 9).

32   **4. Anspruch aus anderem Rechtsgrund (Abs. 2 S. 1 Alt. 3).** Diese Ansprüche können sich aus Geschäftsführung ohne Auftrag (§§ 677 ff.) oder aus Bereicherungsrecht (§§ 812 ff.) ergeben (*Damrau* FamRZ 1969, 579). Auch diese Ansprüche wären Nachlassverbindlichkeiten, die dem Abkömmling einen Ausgleich für seine Tätigkeit gewähren, so dass ein zusätzlicher Ausgleich nach dem Normzweck widerspräche (Staudinger/*Löhnig* Rn. 21).

33   **5. Durchsetzbarkeit der Ansprüche.** Zur Erfüllung des Normzwecks – Honorierung besonderer Leistungen eines Abkömmlings zur Verwirklichung der Gleichbehandlung der Abkömmlinge iÜ – bedarf es keines gesonderten Ausgleichs, wenn die vorrangigen Ansprüche durchsetzbar sind. Kann einem Anspruch die Einrede der Verjährung entgegengehalten werden, hat der Abkömmling durch die nicht rechtzeitige Durchsetzung des Anspruchs das Vermögen des Erblassers vermehrt bzw. in seinem Bestand erhalten; von ihm kann nicht verlangt werden, zur Vermeidung der Verjährung den Erblasser verklagen zu müssen, wenn er dies aus Gründen des Anstands unterlässt (Staudinger/*Löhnig* Rn. 21). Dagegen steht dem Abkömmling trotz erbrachter Leistung kein Ausgleichsanspruch zu, wenn er diesen verwirkt hat oder auf ihn verzichtet hat; mit der Geltendmachung eines Ausgleichsanspruchs nach würde sich der Abkömmling zu seinem eigenen Verhalten in Widerspruch setzen (MüKoBGB/*Ann* Rn. 33).

34   **6. Beweislast.** Die Miterben, die zur Ausgleichung verpflichtet wären, tragen die Darlegungs- und Beweislast für die Angemessenheit des dem ausgleichsberechtigten Miterben gewährten bzw. vereinbarten

Entgelts (Abs. 2 S. 1 Alt. 1 u. 2); sie tragen auch für den Fall des Abs. 2 S. 1 Alt. 3 die Beweislast für das Bestehen eines Anspruchs „aus anderem Rechtsgrund", da ihnen das Bestehen eines derartigen Anspruchs zugutekommt, indem es den Ausgleichsanspruch entfallen lässt (Baumgärtel/Laumen/Prütting Beweislast-HdB/*Schmitz* Rn. 2). Lässt sich nicht klären, ob ein Anspruch „aus anderem Rechtsgrund" besteht, lässt das Non-liquet den Ausgleichsanspruch bestehen (*Petersen* ZEV 2000, 432).

VII. Bemessung des Ausgleichsbetrages (Abs. 3)

1. Berechnung. Im Gegensatz zur konkreten Wertberechnung (§ 2055 II) beim Ausgleich der Zuwendungen nach § 2050 zieht der Gesetzgeber beim Ausgleichsanspruch nach § 2057a eine **Wertbestimmung nach Billigkeit** vor, was in den Motiven mit der Unmöglichkeit einer Nachberechnung lange zurückliegender Einzelheiten begründet wird (BGH NJW 1988, 710; MüKoBGB/*Ann* Rn. 35). **Grundlage** für die Berechnung ist zu einem der **Beitrag des ausgleichsberechtigten Abkömmlings**, wobei Dauer und Umfang von Mitarbeit, Pflegetätigkeit, Höhe der Aufwendungen des Abkömmlings, Höhe der Vermögenseinbußen des Abkömmlings (Staudinger/*Löhnig* Rn. 26 ff.; *Knur* FamRZ 1970, 269 (277)) wichtige Anknüpfungspunkte für die Schätzung sind. Weitere Bemessungsgrundlage ist der **Wert des Reinnachlasses**, wobei insbes. festzustellen ist, in welchem Maß der ausgleichsberechtigte Abkömmling zur Erhaltung bzw. Mehrung des Nachlasses beigetragen hat (LG Konstanz ZErb 2010, 93); wobei je werthaltiger der Nachlass ist, um so großzügiger kann der Ausgleichsbetrag gemessen werden und umgekehrt (Staudinger/*Löhnig* Rn. 28; MüKoBGB/*Ann* Rn. 36 f.). Da die Leistung des Abkömmlings in Relation zum Wert des Nachlasses zu setzen ist, kann auch der gesamte vorhandene Nachlass zur Ausgleichung herangezogen werden (offen gelassen in BGH NJW 1993, 1197; OLG Schleswig ZEV 2013, 86; Bamberger/Roth/*Lohmann* Rn. 10; MüKoBGB/*Ann* Rn. 37). 35

Keine Minderung des Ausgleichsbetrages bedarf deswegen erfolgen, dass der Erblasser den ausgleichsberechtigten Abkömmling nicht gesondert bedacht hat; da die Ausgleichspflicht nach § 2057a gerade bei gesetzlicher Erbfolge oder Anordnung verhältnismäßig gleicher Erbteile einsetzt (BGH NJW 1993, 1197; Staudinger/*Löhnig* Rn. 30; MüKoBGB/*Ann* Rn. 38). 36

2. Prozessuale Geltendmachung. Können sich die Miterben im Rahmen der Erbauseinandersetzung nicht auf einen Ausgleichsbetrag einigen, ist den Beteiligten der **Gerichtsstand der Erbschaft** (§ 27 ZPO) eröffnet (BGH NJW 1992, 364). Da es in der Regel um die sinnvolle Klärung der Vorfrage im Rahmen der Erbauseinandersetzung geht, mit welchem Betrag Leistungen eines Abkömmlings zu bewerten sind (BGH NJW-RR 1990, 1220), und es sich diesbzgl. um eine Billigkeitsentscheidung handelt, ist abweichend von § 253 II Nr. 2 ZPO ein **unbezifferter Klageantrag** zulässig, gerichtet auf die **Feststellung,** dass ein in das Ermessen des Gerichts gestellter Betrag gem. § 2057a auszugleichen ist (BGH NJW 1992, 364; MüKoBGB/*Ann* Rn. 39; Bamberger/Roth/*Lohmann* Rn. 13). Das Prozessgericht muss eine Gesamtwürdigung der Umstände vornehmen; im Hinblick auf die geminderte Substantiierungspflicht sind angebotene Beweise insoweit zu erheben, als dies für eine Beweiswürdigung nach **§ 287 II ZPO** erforderlich ist (NK-BGB/*Eberl-Borges* Rn. 27). Sehr instruktiv: OLG Schleswig ZEV 2017, 400, 3-stufiger Aufbau der Klage (Feststellung von Dauer und Umfang der Leistungen und des Grades der Erhaltung des Nachlasses (1), Bewertung der erbrachten Leistungen im Rahmen der Billigkeit (2), Berücksichtigung der Vermögensinteressen der Miterben in Bezug zur Höhe des Nachlasses (3)). 37

Der Streitwert richtet sich bei einem bezifferten Antrag nach den geltend gemachten Anspruch; ansonsten finden die Grundsätze für unbezifferte Klageanträge Anwendung (Zöller/*Zöller* ZPO § 3 Rn. 16, „unbezifferte Klageanträge"). 38

VIII. Durchführung der Ausgleichung (Abs. 4)

Die Ausgleichung besonderer Leistungen eines Abkömmlings findet ebenso wie die Ausgleichung von Vorempfängen (→ Rn. 4) erst bei der Auseinandersetzung der Erbengemeinschaft statt; sie führt zu **keinem Ausgleichsanspruch,** der vorab zu befriedigen wäre; **lässt die Erbquoten unberührt,** führt nur zu einer davon verschiedenen rechnerischen Verteilung (Staudinger/*Löhnig* Rn. 32). Die rechnerische Durchführung erfolgt ausschließlich nach Abs. 4; § 2055 ist nicht anwendbar, da bei § 2057a Leistungen dem berechtigten Abkömmling gut zubringen sind (MüKoBGB/*Ann* Rn. 41). 39

Der nach Abs. 3 festgestellte Betrag wird von der den Abkömmlingen zur Verfügung stehenden Teilungsmasse in Abzug gebracht; die Differenz wird auf die Abkömmlinge gleichmäßig verteilt; den auf den ausgleichsberechtigten Abkömmling entfallenden Wertanteil wird der nach Abs. 3 festgestellte Betrag wieder zugeschlagen (Staudinger/*Löhnig* Rn. 35).

§ 2056 kann im Rahmen der Ausgleichung nach § 2057a nicht dazu führen, dass der ausgleichsberechtigte Abkömmling leer ausgeht, da der Anspruch nach Abs. 3 den Wert des gesamten unter den Abkömmlingen zu verteilen Nachlasses nicht erreichen kann, da er stets in Relation zum Reinnachlasses stehen muss, dh immer nur einen Teil dessen sein kann (MüKoBGB/*Ann* Rn. 43; Staudinger/*Löhnig* Rn. 34). 40

Berechnungsbeispiel 1 (nur Ausgleichung nach § 2057a). Der im gesetzlichen Güterstand lebende Erblasser hinterlässt Ehefrau und drei Kinder, A, B und C, wobei Kind C Leistungen nach Abs. 3 im Wert von 40.000 EUR erbracht hat. Der Wert des Nachlasses beträgt 800.000 EUR; es tritt gesetzliche Erbfolge ein. 41

Da die Ausgleichung nur innerhalb der Abkömmlinge stattfindet, ist zunächst der Erbteil der Ehefrau (Erbquote: $1/4 + 1/4$) vom Nachlass abzuziehen, um die der Ausgleichung unterfallende **Teilungsmasse** zu bestimmen (800.000 EUR − 400.000 EUR = **400.000 EUR**). Vom dieser Teilungsmasse ist der Wert der Leistung iSd Abs. 3 in Abzug zu bringen, um den **Ausgleichsnachlass** zu erhalten (400.000 EUR − 40.000 EUR = **360.000 EUR**). Der Ausgleichsnachlass ist **gleichmäßig** auf die Kinder zu verteilen (360.000 EUR : 3 = 120.000 EUR), so dass jedes Kind 120.000 EUR erhält. Die **Ausgleichung** zu Gunsten des Kindes C erfolgt durch die **Addition des Werts seiner Leistungen**, so dass C 160.000 EUR, A und B je 120.000 EUR erhalten.

42 **Berechnungsbeispiel 2 (Ausgleichung nach § 2055 und § 2057a).** Der im gesetzlichen Güterstand lebende Erblasser hinterlässt Ehefrau und drei Kinder, A, B und C, wobei Kind A einen Vorempfang von 120.000 EUR, Kind B einen Vorempfang von 80.000 EUR erhalten und Kind C Leistungen nach Abs. 3 im Wert von 40.000 EUR erbracht haben. Der Wert des Nachlasses beträgt 800.000 EUR; es tritt gesetzliche Erbfolge ein.

Da die Ausgleichung nur innerhalb der Abkömmlinge stattfindet, ist zunächst der Erbteil der Ehefrau (Erbquote: $1/4 + 1/4$) vom Nachlass abzuziehen, um die der Ausgleichung unterfallende **Teilungsmasse** zu bestimmen (800.000 EUR − 400.000 EUR = **400.000 EUR**). Dieser Teilungsmasse sind die Vorempfänge hinzuzufügen und der Wert der Leistung iSd Abs. 3 in Abzug zu bringen, um den **Ausgleichsnachlass** zu erhalten (400.000 EUR + 120.000 EUR + 80.000 EUR − 40.000 EUR = **560.000 EUR**). Der Ausgleichsnachlass ist **gleichmäßig** auf die Kinder zu verteilen (560.000 EUR : 3 = 186.666,66 EUR). Die **Ausgleichung** zu Gunsten des Kindes C erfolgt durch die **Addition des Werts seiner Leistungen**, so dass C 186.666, 66 EUR + 40.000 EUR = **226.666,66 EUR** erhält, während die Kinder A und B sich die Vorempfänge in Abzug bringen lassen müssen, so dass **A** 186.666,66 EUR − 120.000 EUR = **66.666,66 EUR** und B 186.666,66 EUR − 80.000 EUR = **106.666,66 EUR** erhalten. In Summe ergibt sich die Teilungsmasse von 400.000 EUR.

IX. Das Verhältnis von § 2057a zu § 2316

43 Im Rahmen der Pflichtteilsberechnung sind nicht nur die Zuwendungen nach § 2050 zu berücksichtigen, sondern auch die Ausgleichung der Leistungen eines Abkömmlings iSd § 2057a. Dies gilt auch dann, wenn der pflichtteilsberechtigte Abkömmling, der die Leistungen iSd § 2057a erbracht hat, zum Alleinerben eingesetzt ist, da § 2316 nicht nur zu Gunsten des Pflichtteilsberechtigten, sondern auch zu Gunsten des als Alleinerben eingesetzten Abkömmlings anzuwenden ist (BGH NJW 1993, 1197; OLG Schleswig ZEV 2013, 86; OLG Nürnberg NJW 1992, 2303; aA OLG Stuttgart DNotZ 1989, 184 mit abl. Anm. *Cieslar*). Es liegt dadurch keine ungerechtfertigte Bevorzugung des Alleinerben vor, da er durch eigene überobligatorische Leistung den Nachlass vermehrt hat. Entscheidend ist, dass bei der Pflichtteilsberechnung nach § 2316 I der (hypothetische) gesetzliche Erbteil in dem Umfang zugrunde gelegt wird, den er unter Berücksichtigung der Ausgleichspflichten der §§ 2050 ff. u. 2057a hat (BGH NJW 1993, 1197; Bamberger/Roth/*Lohmann* Rn. 2). Gerade dadurch wird aber ein pflichtteilsberechtigter Nichterbe, der Leistungen für den Erblasser erbracht hat, benachteiligt, da die Berechnung iErg zu einer Halbierung seiner Leistung führt, was verfassungsrechtlich bedenklich erscheint (*Krug* ZFE 2008, 324).

Untertitel 2. Rechtsverhältnis zwischen den Erben und den Nachlassgläubigern

§ 2058 Gesamtschuldnerische Haftung

Die Erben haften für die gemeinschaftlichen Nachlassverbindlichkeiten als Gesamtschuldner.

I. Normzweck

1 § 2058 sieht grds. eine **gesamtschuldnerische Haftung** (§ 421) der Miterben **vor und nach der Teilung** des Nachlasses vor, da ein Gläubiger, der ursprünglich den Erblasser zum Schuldner hatte, durch dessen Tod nicht schlechter gestellt werden darf, also die Möglichkeit haben soll auch nur einen Schuldner für die gesamte Forderung in Anspruch nehmen zu können; bei einer nur anteiligen Haftung der Miterben würde der Gläubiger das Risiko deren Zahlungsunfähigkeit tragen müssen (MüKoBGB/*Ann* Rn. 5).

Zudem sollen die Miterben durch die fortbestehende gesamtschuldnerische Haftung angehalten werden, Nachlassverbindlichkeiten vor der Teilung des Nachlasses zu begleichen (BGH NJW 1978, 1385).

II. Systematik der Haftung der Miterben

2 **1. Haftungsumfang-Haftungsmasse.** Die §§ 2058, 2060, 2061 regeln die Besonderheiten des **Haftungsumfangs** der Miterben, also die Frage **wie** die Miterben haften – ob gesamtschuldnerisch (§ 2058), was die Regel ist, oder ausnahmsweise anteilig (§§ 2060, 2061).

3 Die Frage der **Haftungsmasse**, also **womit** die Miterben haften – ob beschränkt/beschränkbar auf den Nachlass oder unbeschränkt mit dem Eigenvermögen – regeln die **allgemeinen Vorschriften** der §§ 1967-2017, die nicht nur für den Alleinerben, sondern gleichermaßen für die Miterben gelten (MüKoBGB/*Ann* Rn. 3). Den Miterben stehen insoweit die gleichen Rechte zu wie dem Alleinerben: nach

§ 1958 kann auch vor Annahme der Erbschaft kein Anspruch gerichtlich gegen einen Miterben geltend gemacht werden; jedem Miterben steht die Dreimonatseinrede (§ 2014) zu; jeder Miterbe kann gem. § 455 FamFG das Aufgebotsverfahren beantragen, welches nach § 460 I 1 Hs. 1 allen Miterben zugutekommt und die Einreden nach §§ 1973, 1974 u. 2015 gewährt; jeder Miterbe kann Antrag auf Nachlassinsolvenz stellen, wenn er den Eröffnungsgrund glaubhaft macht (§ 317 II InsO); korrespondierend dazustehen den Miterben jeweils einzeln auch die Erschöpfungseinrede des § 1989 und die Unzulänglichkeitseinreden nach §§ 1990 ff. zu (Staudinger/*Marotzke* Vorb. §§ 2058–2063 Rn. 2). §§ 780–785 ZPO gelten auch für Miterben.

Speziell für die Miterben sieht dagegen § 2062 vor, dass die Anordnung der **Nachlassverwaltung** nur **gemeinschaftlich** beantragt werden kann. Allerdings ist es dem Miterben nach § 2059 I 1 gestattet, bis zur Teilung des Nachlasses die Haftung auf seinen Anteil am Nachlass zu beschränken und zwar unabhängig davon, ob der Nachlass überschuldet ist (Staudinger/*Marotzke* Vorb. §§ 2058–2063 Rn. 2). 4

2. Haftung vor der Teilung – Haftung nach der Teilung. Vor der Teilung ist der einzelne Miterbe aufgrund der gesamthänderischen Bindung nicht in der Lage durch Verfügung über einzelne Nachlassgegenstände Nachlassverbindlichkeiten erfüllen zu können; verfügen kann er nur über seinen Erbteil (§ 2033 I) und über sein Eigenvermögen; zum Schutz des Letzteren ermöglicht **§ 2059 I 1** bis zur Teilung die Beschränkung der Haftung auf den Anteil des Miterben am Nachlass (Staudinger/*Marotzke* Rn. 3). **Nach der Teilung** bleibt es grds. bei der gesamtschuldnerischen Haftung der Miterben und der Haftung mit dem Eigenvermögen, es sei denn die Voraussetzungen der **§§ 2060, 2061 I 2** liegen vor (BGH NJW 1998, 682; OLG Oldenburg ZEV 2009, 563; BayObLG FamRZ 1999, 1175). 5

III. Gemeinschaftliche Nachlassverbindlichkeiten

1. Eine gesamtschuldnerische Haftung der Miterben ist nur bei **gemeinschaftlichen** Nachlassverbindlichkeiten (§ 1967) gegeben, in der Regel bei **Erblasserschulden,** aber auch bei Verbindlichkeiten, die die Miterben im Zuge einer ordnungsgemäßen Verwaltung des Nachlasses eingegangen sind (sog. **Nachlasserbenschulden**). 6

Einzelfälle: Wird durch den Abriss einer gemeinsamen Giebelmauer durch ein Mitglied der Erbengemeinschaft das Nachbarhaus in seiner Funktionsfähigkeit beeinträchtigt, ist die Erbengemeinschaft Störer iSv § 1004 und haftet für entstandene Schäden gemeinschaftlich (BGH NJW 1989, 2541). Für irrtümlich nach dem Tod des Erblassers weitergezahlte Rentenleistungen haften die Erben gemeinschaftlich; die Rückzahlungsverpflichtung nach §§ 812 ff. ist Nachlasserbenschuld; zuständig sind die ordentlichen Gerichte (BGH NJW 1978, 1385). Gleiches gilt für die Kostenersatzansprüche der Sozialhilfeverwaltung nach § 102 SGB XII, wobei für jeden einzelnen Miterben zu prüfen ist, ob ein Ausnahmetatbestand des § 102 III Nr. 2 u. 3 SGB XII vorliegt (HessVGH FamRZ 1999, 1023). Für Straßenausbaubeträge eines Nachlassgrundstücks haften die Miterben ebenfalls gesamtschuldnerisch, da es sich insofern um Kosten der ordnungsgemäßen Verwaltung handelt (VG Braunschweig ZEV 2001, 442); gleiches gilt für Abwasserbeitrag (OVG Bautzen BeckRS 2013, 49520; VG Halle ZEV 2011, 92). Bei Fortführung eines Handelsgeschäfts durch den Vorerben sind die durch diesen in ordnungsgemäßer Verwaltung des Nachlasses begründeten Schulden auch für die Nacherben Nachlassverbindlichkeiten, für die gesamtschuldnerisch gehaftet wird (BGH NJW 1960, 959). Für Mietschulden, die nach dem Erbfall entstehen, haften die Erben gemeinschaftlich, wenn das Mietverhältnis in der Frist des § 564 S. 2 gekündigt wird (BHG NJW 2013, 933). 7

Erbfallschulden, dh Verbindlichkeiten, die aus Anlass des Erbfalls entstehen sind nur **ausnahmsweise gemeinschaftliche** Nachlassverbindlichkeiten. Der Vergütungsanspruch des Erbteilstestamentsvollstreckers ist gemeinschaftliche Nachlassverbindlichkeit iSv §§ 2046 I, 2058, da der Wille des Erblassers mit der nur für einen Erbteil angeordneten Testamentsvollstreckung eine Verwaltung des gesamten Nachlasses in seinem Sinne bezweckt und auch die vollstreckungsfreien Miterben, die die Testamentsvollstreckung aufgrund der gesamthänderischen Bindung bis zur endgültigen Erbauseinandersetzung hinnehmen müssen, ggf. davon profitieren können (BGH NJW 1997, 1362). 8

2. Sonderfall Personengesellschaft im Nachlass. Zu der erbrechtlichen Haftung kann hier eine persönliche Haftung nach §§ 128, 130 HGB treten, wenn die Gesellschaft fortgesetzt wird. Zu unterscheiden sind daher die verschiedenen Konstellationen. 9

a) Bei **Auflösung der Gesellschaft** fällt der Auseinandersetzungsanspruch (§§ 734, 731 S. 2, § 752 ff.) gesamthänderisch gebunden der Erbengemeinschaft zu, die Miterben haften für die Erblasserschulden nur nach §§ 1975 ff. u. 2058 ff. 10

b) Bei **Fortsetzung der Gesellschaft** durch die übrigen Gesellschafter nach § 727 I (BGB Gesellschaft) oder § 131 III Nr. 1, § 161 II HGB (OHG oder KG) steht der Erbengemeinschaft der Abfindungsanspruch nach §§ 738–740 zu; für Schulden der Gesellschaft, für die der Erblasser persönlich gehaftet hat, haften die Miterben nur nach §§ 1975 ff. u. 2058 ff. (MüKoBGB/*Ann* 15 f.). 11

c) Bei Übergang des Gesellschaftsanteils des persönlich haftenden Gesellschafters einer OHG oder KG **(einfache Nachfolge),** wird jeder Miterbe Gesellschafter (→ § 2032 Rn. 37) und haftet für die bisherigen Gesellschaftsverbindlichkeiten nach §§ 128, 130 HGB zusätzlich persönlich mit dem Eigenvermögen, daneben nach §§ 1975 ff. und 2058 ff.; für die BGB-Gesellschaft gilt nach Anerkennung der beschränkten Rechtsfähigkeit der GbR eine akzessorische Haftung der Gesellschafter in Anlehnung an 12

§ 130 HGB für die Altverbindlichkeiten des Erblassers, für die er persönlich gehaftet hat (BGH NJW 2001, 1056; 2003, 1803). Der Miterbe, der von seinem Recht nach § 139 HGB aus der Gesellschaft auszuscheiden Gebrauch macht, haftet für die bis zur Frist des § 139 IV HGB entstandenen Gesellschaftsschulden nur nach den erbrechtlichen Vorschriften der §§ 1975 ff., 2058 ff. (BGH NJW 1971, 1268); dies gilt auch, wenn die Gesellschaft beim Erbfall bereits aufgelöst war (BGH NJW 1982, 45).

13 **d)** Werden nur einige Miterben Gesellschafter (**qualifizierte Nachfolge**), haften diese wie unter c); die Miterben, die nicht Gesellschafter werden, haften für die Nachlassverbindlichkeiten nur nach den erbrechtlichen Vorschriften der §§ 1975 ff., 2058 ff. (MüKoBGB/*Ann* Rn. 19).

14 **e)** Beim **Eintritt eines Dritten** in die Gesellschaft aufgrund gesellschaftsvertraglicher Regelung fällt lediglich der Abfindungsanspruch (738) in den Nachlass; für die bisherigen Gesellschaftsverbindlichkeiten und die sonstigen Schulden des Erblassers haften die Miterben nur nach den erbrechtlichen Vorschriften der §§ 1975 ff., 2058 ff. (MüKoBGB/*Ann* Rn. 20).

15 **3. Nicht gemeinschaftlich** sind die Nachlassverbindlichkeiten, die nicht alle Miterben betreffen, sondern nur einzelne. Dies sind hauptsächlich Pflichtteils- und Pflichtteilsergänzungsansprüche, Ansprüche auf Zahlung des Restpflichtteils, soweit §§ 2320 ff. eingreifen oder der Erblasser Anordnungen nach § 2324 getroffen hat, sowie Ansprüche aus Vermächtnissen und Auflagen, die kraft Anordnung nur einzelne Miterben zu tragen haben (§§ 2148, 2192, 1935, 2095), aber auch Ansprüche nach § 1371 IV BGB bzw. § 6 S. 2 LPartG auf Gewährung angemessener Mittel zur Ausbildung der Abkömmlinge des Erblassers; Kosten der Nachlasspflegschaft, die sich nur auf einen Erbteil bezieht (Staudinger/*Marotzke* Rn. 25). Haften für das vom Erblasser angeordnete Vermächtnis mehrere, jedoch nicht alle Miterben, so haften die so Verpflichteten untereinander gesamtschuldnerisch, soweit die Verbindlichkeit auf demselben erbrechtlichen Grund (zB gleiches Vermächtnis) beruht, wobei sie sich auf § 1992, vor der Teilung auf § 2059 I berufen können (MüKoBGB/*Ann* Rn. 11; Staudinger/*Marotzke* Rn. 26).

16 **4. Keine Nachlassverbindlichkeiten** sind Eigenverbindlichkeiten der Erben nach §§ 1978–1980 wegen schlechter Verwaltung des Nachlasses, die als Forderungen gegen die Miterben persönlich zum Nachlass gehören (§ 1978 II) (MüKoBGB/*Ann* Rn. 12); eine gesamtschuldnerische Haftung ist jedoch wegen §§ 427, 830, 840 möglich (BGH NJW 1970, 473).

IV. Geltendmachung der gesamtschuldnerischen Haftung

17 **1. Gesamtschuldklage.** Jeder Nachlassgläubiger kann nach §§ 2058, 421 seine komplette Forderung gegen einen einzelnen oder mehrere Miterben geltend machen und diesen auf Erfüllung verklagen. Die Gesamtschuldklage kann jederzeit, dh auch vor der Teilung des Nachlasses erhoben werden, wobei dann jeder Miterbe berechtigt ist, nach § 2059 I 1 die Erfüllung der Nachlassverbindlichkeiten insoweit zu verweigern als sie seinen Anteil am Nachlass übersteigen, es sei denn er würde nach § 2059 I 2 unbeschränkt haften (Staudinger/*Marotzke* Rn. 53). Auch wenn der Gläubiger in diesem Fall aufgrund fehlender Verfügungsbefugnis des/der einzelnen Miterben (§ 2040) nicht in einzelne Nachlassgegenstände oder in den ungeteilten Nachlass vollstrecken kann, kann er nach §§ 857, 859 II ZPO den Erbteil des einzelnen Miterben pfänden (→ § 2032 Rn. 23). Das Ziel der Gesamtschuldklage ist darüber hinaus die Möglichkeit der Vollstreckung in das Eigenvermögen des Miterben (MüKoBGB/*Ann* Rn. 25).

18 Will der Nachlassgläubiger auch **Befriedigung** aus dem **ungeteilten Nachlass** erreichen, dann benötigt er nach § 747 ZPO einen **Titel gegen alle Miterben;** dazu ist ein einheitliches Urteil nicht erforderlich; ausreichend sind Titel (Urteil, Vollstreckungsbescheid, Vergleich), die zB sämtlich auf Leistung gerichtet sind und die gesamtverbindliche Haftung ausweisen. Dies ist durch die Erhebung einzelner **Gesamtschuldklagen** möglich (MüKoBGB/*Ann* Rn. 22). Da nach § 425 keine einheitliche Entscheidung ergehen muss, liegt auch bei Erhebung der Gesamtschuldklage **keine notwendige Streitgenossenschaft** gem. § 62 ZPO vor (BGH NJW-RR 1992, 1151; NJW 1963, 1611).

19 Besteht zwischen einem Dritten und einer Erbengemeinschaft Streit um die Inhaberschaft an einem Sparbuch, ist eine **Feststellungsklage** des Dritten gegen einen Miterben zulässig, wenn weder die Verfügung über das Sparbuch noch die Gestaltung des die Gesamthand betreffenden Rechtsverhältnisses begehrt wird und nicht ausgeschlossen werden kann, dass zwar nur zwischen den Parteien wirkende Feststellungsurteil zur abschließenden außergerichtlichen Klärung führen kann; über eine Streitverkündung (§ 75 ZPO) könnte die Rechtskraftwirkung auf alle Miterben erstreckt werden (BGH NJW-RR 1992, 1151).

20 **2. Gesamthandklage (§ 2059 II).** Sich ausschließlich aus dem ungeteilten Nachlass befriedigen kann der Nachlassgläubiger bei Erhebung der **Gesamthandklage.** Die Formulierung ist insofern unglücklich, als die Erbengemeinschaft mangels eigener Rechtspersönlichkeit als solche nicht parteifähig ist, sondern – wie bei der Gesamtschuldklage – die **einzelnen Miterben verklagt** werden müssen (BGH NJW 1989, 2133). Von daher ist die Gesamthandklage ein Minus, jedoch kein Aliud zur Gesamtschuldklage (Staudinger/*Marotzke* Rn. 69). Bis zur Teilung des Nachlasses hat der Gläubiger daher die Wahl, ob er Gesamtschuldklage nach oder Gesamthandklage nach § 2059 II erheben will; im Zweifel müssen Klageantrag und Klagegründe ausgelegt werden (BGH NJW 1963, 1611). Da bei der **Gesamthandklage Vollstreckungsobjekt ausschließlich der ungeteilte Nachlass,** nicht jedoch das Eigenvermögen des Miterben ist, darf der Klageantrag nicht auf Zahlung lauten, sondern auf **Duldung der Zwangsvollstreckung in den Nachlass** wegen der Klageforderung (Staudinger/*Marotzke* Rn. 55). Die im Wege der

Gesamthandklage verklagten Miterben sind nach § 62 ZPO **notwendige Streitgenossen** (BGH NJW 1963, 1611).

3. Wahl der richtigen Klageart. Ist Ziel der Klage die Verfügung über einen zum ungeteilten Nachlass 21 gehörenden Gegenstand (zB Übereignung eines Grundstücks zum Zwecke der Vermächtniserfüllung) bedarf es wegen § 2040 I notwendigerweise der Mitwirkung sämtlicher Miterben, so dass zweifelhaft ist, ob überhaupt materiell-rechtlich ein Anspruch nach §§ 2058, 421 S. 1 gegeben sein kann (Staudinger/ *Marotzke* Rn. 57). Soweit der BGH in NJW 1963, 1611 eine Klage auf Auflassung gegen Miterben in Form einer Gesamtschuldklage anerkennt, wenn mit der Klage lediglich die Herbeiführung der Auflassung, jedoch nicht der unmittelbare Vollzug der Auflassungserklärung erstrebt wird, ist dies nicht sofort zielführend, wenn Miterben bei der Vollziehung nicht mitwirken (Staudinger/*Marotzke* Rn. 61). Die sich weigernden Miterben könnten zwar nach §§ 2038 I 2 Hs. 1 oder über §§ 2042, 755, 2046 auf Mitwirkung in Anspruch genommen werden (MüKoBGB/*Ann* Rn. 23 f.); auch aus § 426 I 1 besteht bereits vor Befriedigung des Nachlassgläubigers für die Gesamtschuldner die Pflicht bei Fälligkeit der Schuld an der Befriedigung mitzuwirken (BGH NJW 1986, 978). Außerdem kann einer lediglich sich auf die Mitwirkung zu einer gemeinschaftlichen Verfügung gerichteten Gesamtschuldklage das Rechtsschutzbedürfnis fehlen, solange nicht feststeht, dass die nicht mitverklagten Erben die nötige Mitwirkung bereits geleistet haben oder zu einer solchen verurteilt wurden (Staudinger/*Marotzke* Rn. 63), wobei die Rspr. dies zT als Problem der fehlenden Passivlegitimation ansieht (BGH NJW 1962, 1722). Die Rspr. sieht daher bei einer Klage, der **dingliche Ansprüche** zu Grunde liegen (Grundbuchberichtigungsanspruch; Klage auf Löschung eines im Grundbuch eingetragenen Widerspruchs; Klage auf Duldung der Zwangsvollstreckung aus einer Hypothek an einem Nachlassgrundstück) bereits aus deren Rechtsnatur die **Gesamthandklage** (§ 2059 II) als die richtige Klageart an, bei der sämtliche Miterben notwendige Streitgenossen sind (BGH NJW 1963, 1611; 1962, 1722; OLG Naumburg NJW-RR 1998, 308).

Ausnahmen im Sinne eines Teilurteils gegen einen von mehreren notwendigen Streitgenossen oder im 22 Sinne einer Gesamtschuldklage nach § 2058 lässt die Rspr. dann zu, wenn die nicht verklagten Miterben **leistungsbereit** sind und bei dinglichen Ansprüchen zB die Auflassung bereits erklärt haben und sich auch daran festhalten lassen wollen (BGH NJW 1995, 58; 1982, 441; 1962, 1722; OLG Naumburg NJW-RR 1998, 308). In diesen Fällen würde der leistungsbereite Miterbe unnötig in den Rechtsstreit hineingezogen und mit Kosten belastet werden; die Erstreckung der Klage auf leistungsbereite Miterben wäre reine Formalität (BGH NJW 1982, 441; 1962, 1722).

Der in der Praxis sicherste Weg zur Durchsetzung dinglicher Ansprüche und deren Vollzug gegen eine 23 Erbengemeinschaft ist die Erhebung einer gegen sämtliche Miterben gerichteten Klage; für unbekannte Erben ist ein Nachlasspfleger nach § 1960 zu bestellen; bekannte Erben mit unbekanntem Aufenthalt erhalten einen Abwesenheitspfleger (§ 1911); ob die Klage als **Gesamthandklage** gegen sämtliche Miterben als notwendige Streitgenossen oder als eine gegen **alle** nichtleistungsbereiten **Miterben** gerichtete **Gesamtschuldklage** (Staudinger/*Marotzke* Rn. 70) erhoben wird, ist danach zu entscheiden, auf welche Vermögensmassen zugegriffen werden soll. Im Prozess ist der Übergang von der Gesamtschuldklage zur Gesamthandklage gegen dieselben Beklagten keine Klageänderung, sondern eine nach § 264 Nr. 2 ZPO zulässige Beschränkung auf die Haftungsmasse „ungeteilter Nachlass" (Staudinger/*Marotzke* Rn. 71).

4. Verteidigung gegen die Gesamtschuldklage. a) Erbrechtliche Einwände. Der als Gesamtschuld- 24 ner in Anspruch genommene Miterbe hat sämtliche erbrechtlichen Einwendungen, die auch dem Alleinerben zustehen; er kann nicht vor Annahme der Erbschaft verklagt werden (§ 1958). Nach Annahme der Erbschaft stehen ihm die aufschiebenden Einreden nach §§ 2014, 2015 zu (§§ 305, 782, 785 ZPO); ebenso die Verschweigungseinrede nach § 1974 und die Unzulänglichkeitseinreden der §§ 1990–1992 (MüKoBGB/*Ann* Rn. 26). Die Erschöpfungseinrede nach § 1973 besteht nach Maßgabe von § 460 FamFG; → § 2060 Rn. 5; für Nachlassverwaltung, Nachlassinsolvenz und Inventarerrichtung → § 2060 Rn. 6, → § 2062 Rn. 4, → § 2063 Rn. 13.

b) Einwände aus der Gesamtschuld (§§ 421 ff.). Dem als Gesamtschuldner verklagten Miterben ste- 25 hen die Verteidigungsmöglichkeiten nach den allgemeinen Regeln über die Gesamtschuld zu; er kann mit einer eigenen Forderung gegen die Nachlassforderung aufrechnen; eine Aufrechnung mit Forderungen, die den anderen Miterben gegen den klagenden Nachlassgläubiger zustehen, ist wegen § 422 II nicht möglich. Der im Wege der Gesamtschuldklage in Anspruch genommene Miterbe kann die Befriedigung des Nachlassgläubigers verweigern solange und soweit sich dieser durch Aufrechnung gegen eine fällige Forderung der Erbengemeinschaft befriedigen kann; da in diesem Fall die Aufrechnungslage über den Personenkreis hinaus geht, der sich gerade als Gläubiger und Schuldner gegenübersteht, andererseits die eingeklagte Forderung sich als Erblasserschuld nicht in erster Linie gegen den in Anspruch genommenen Miterben, sondern gegen die Erbengemeinschaft richtet und diese wiederum Gläubiger der Gegenforderung ist, steht dem beklagten Miterben in Anwendung des Rechtsgedankens der § 770 II BGB, § 129 III HGB das Recht zu, die Befriedigung des Nachlassgläubigers solange und soweit zu verweigern, wie dessen Forderung gegen die Erbengemeinschaft reicht mit der Folge, dass die Klage insoweit als unbegründet abzuweisen ist (BGH NJW 1963, 244). Aus der Einzelwirkung des § 425 I folgt, dass die Ablaufhemmung des § 211 S. 1 1.Alt. mit der Annahme der Erbschaft des in Anspruch genommenen Miterben beginnt und es nicht auf die Annahme des letzten Miterben ankommt (BGH ZEV 2014, 543).

5. Pflichtverletzung durch nur einen Miterben. Da § 425 I den Grundsatz der Einzelwirkung (im 26 Gegensatz zur Gesamtwirkung der §§ 422–424) festlegt, stellt sich das Problem, inwiefern die vertragtreuen Miterben für entstehende Schadensersatzansprüche haften. Höchstrichterliche Rspr. hierzu fehlt; das OLG Neustadt hat in DNotZ 1963, 58 die Anwendung des § 425 I abgelehnt für den Fall, dass ein einzelner Miterbe mit einer Leistung, die nur von allen gemeinsam erbracht werden kann (dort: Bewilligung der Löschung einer zum Nachlass gehörenden Hypothek) in Verzug geraten ist (Staudinger/*Marotzke* Rn. 49). Diese Gesamtwirkung lässt sich zum Schutz der Nachlassgläubiger vertreten, wenn die ursprüngliche – jetzt durch einen Miterben verletzte – Nachlassverbindlichkeit vom Nachlass zu tragen gewesen wäre; muss die Nachlassverbindlichkeit weiterhin erfüllt werden und entstehen darüber hinaus Schadensersatzansprüche durch das Verhalten nur eines Miterben, sollte nur dieser unbeschränkt haften, während die vertragstreuen Miterben „normal" nach § 2058, aber beschränkbar nach §§ 2059 I, 1975 ff. für die Nachlassverbindlichkeit einstehen müssten (Staudinger/*Marotzke* Rn. 46, 50, der die Gesamthaftung auf eine Analogie zu § 31 stützen will).

27   **6. Der Miterbe als Nachlassgläubiger.** Da es bis auf die Regelung in § 2063 II keine Vorschriften über die Nachlassgläubigerschaft eines Miterben gibt, gelten die allgemeinen Grundsätze (Staudinger/*Marotzke* Rn. 92). Steht einem Miterben eine Forderung gegen den Nachlass zu, tritt **keine Konfusion** ein, da der **Nachlass** bis zur Teilung der Erbengemeinschaft ein vom Privatvermögen des Miterben rechtlich getrenntes **Sondervermögen** bildet (MüKoBGB/*Ann* Rn. 29). Der Miterbe wiederum hat grds. die gleiche Stellung wie ein Drittgläubiger und kann bis zur Teilung des Nachlasses zwischen der Erhebung der Gesamtschuldklage (§ 2058) und der Gesamthandklage (§ 2059 II) wählen (BGH NJW-RR 1988, 710; NJW 1963, 1611). Die übrigen Miterben werden dadurch nicht unangemessen benachteiligt, da sie vor der Teilung nur mit ihrem Anteil am Nachlass haften (§ 2059 I 1) (MüKoBGB/*Ann* Rn. 30).

28   Der Miterbengläubiger muss jedoch bei Erhebung der Gesamtschuldklage berücksichtigen, dass er im Innenverhältnis den anderen Miterben gem. § 426 in der Regel in Höhe seiner Erbquote ausgleichspflichtig wäre (es sei denn aus §§ 2050, 2055 ergebe sich etwas anderes), so dass er diesen Betrag nach dem Grundsatz „dolo facit, qui petit, quod statim redditurus" in Abzug bringen muss (BGH NJW-RR 1988, 710). Eine derartige Kürzung erfolgt dagegen nicht, wenn der Miterbengläubiger Gesamthandklage erhebt und die Erfüllung der Nachlassverbindlichkeit ausdrücklich aus dem ungeteilten Nachlass verlangt (BGH NJW-RR 1988, 710).

29   Ausnahmsweise kann die Gesamtschuldklage vor der Teilung des Nachlasses gegen Treu und Glauben verstoßen, wenn zur Befriedigung Nachlassgegenstände mit großem Verlust verkauft werden müssten oder der Miterbengläubiger aus dem Nachlass bereits mehr erhalten hat als ihm bei der Auseinandersetzung endgültig zustünde (MüKoBGB/*Ann* Rn. 32).

30   Zur Vollstreckung in den ungeteilten Nachlass bedarf der Miterbengläubiger wegen § 747 ZPO eines Titels gegen alle anderen Miterben, wobei nicht ein einheitliches Urteil erforderlich ist, sondern gleichlautende Titel ausreichen (Staudinger/*Marotzke* Rn. 55, 97).

31   **7. Gerichtsstand.** Für Ansprüche aus Vermächtnissen, Pflichtteilsansprüche, ist der besondere Gerichtsstand der Erbschaft (§ 27 ZPO), dh der allgemeine Gerichtsstand des Erblassers gegeben. Für die Klagen von Nachlassgläubigern wegen anderer Nachlassverbindlichkeiten gilt ebenfalls der Gerichtsstand der Erbschaft, solange die Miterben noch gesamtschuldnerisch haften, dh die Voraussetzungen der §§ 2060, 2061 nicht vorliegen (BayObLG NJW-RR 2004, 944; FamRZ 1999, 1175).

V. Das Innenverhältnis der Miterben

32   **1. Mitwirkungspflicht der Miterben.** Die Miterben sind nach § 2038 I 2, §§ 2042, 755, 2046 verpflichtet, an der Berichtigung der Nachlassverbindlichkeiten mitzuwirken. Betrifft eine Nachlassverbindlichkeit den gesamthänderisch gebundenen Nachlass, ergeben sich bei Erfüllung der Verbindlichkeit mit Mitteln des Nachlasses keine Ausgleichsansprüche unter den Miterben (Staudinger/*Marotzke* Rn. 78). Die Mitwirkungspflicht kann sich auch aus der gesamtschuldnerischen Haftung nach §§ 2058, 426 ergeben, da der selbständige Ausgleichsanspruch nach § 426 I 1 nicht erst mit Befriedigung des Gläubigers entsteht, sondern von vornherein mit Entstehung des Gesamtschuldverhältnisses und der in Anspruch genommene Gesamtschuldner von den anderen Miterben verlangen kann, an der Befriedigung mitzuwirken, um später nicht gesondert Rückgriff gem. § 426 II nehmen zu müssen (BGH NJW 1986, 978).

33   **2. Berichtigung von Nachlassverbindlichkeiten aus dem Eigenvermögen vor der Teilung.** Befriedigt ein Miterbe vor der Teilung einen Nachlassgläubiger aus seinem Eigenvermögen, trägt er grds. das wirtschaftliche Risiko, da er wegen § 2059 I nicht verpflichtet wäre (MüKoBGB/*Ann* Rn. 33). Dem Miterben steht ein **Ausgleichsanspruch** nach § 426 I 1 zu, für den die übrigen Miterben ebenfalls wegen § 2059 I ihrerseits nicht gesamtschuldnerisch, sondern lediglich **teilschuldnerisch** haften (Staudinger/*Marotzke* Rn. 79). Entgegen der gesetzlichen Regel des § 426 I 1 sind die Miterben im Innenverhältnis nicht zu gleichen Teilen, sondern nach dem **Verhältnis ihrer Erbteile** zur Ausgleichung verpflichtet (BayObLG NJW 1970, 1800). Auch über § 426 II oder andere Ausgleichsansprüche (§§ 683, 812) kann ein Miterbe, der vor der Teilung Nachlassgläubiger befriedigt hat, keine weitergehenden Ansprüche durchsetzen, da stets § 2059 I 1 entgegensteht (MüKoBGB/*Ann* Rn. 33). Sobald dem Miterben ein Regressanspruch nach § 426 II zusteht, wird er zum Nachlassgläubiger und kann trotz § 2062 wegen § 1981 II Nachlassverwaltung beantragen oder seine Forderung im Rahmen des Nachlassinsolvenzverfahrens anmelden (§ 326 II InsO) (Staudinger/*Marotzke* Rn. 84).

34   Anerkannt ist jedoch, dass der Miterbe, der Nachlassverbindlichkeiten vor Teilung aus dem Eigenvermögen beglichen hat, von den übrigen Miterben **vollständigen Ausgleich** aus dem **ungeteilten** Nachlass

verlangen kann, wobei dies wirtschaftlich bedeutet, dass er auch den auf seinen Erbteil entfallenden Teil erhält (Staudinger/*Marotzke* Rn. 81).

Befriedigt ein Miterbe einen Nachlassgläubiger aufgrund einer vollstreckbaren notariellen Urkunde, kann er die Umschreibung der Vollstreckungsklausel auf die anderen Miterben beantragen, muss jedoch in der Form des § 727 I ZPO den Umfang der Ausgleichspflicht nachweisen, wobei die Vorlage des Erbscheins nicht ausreicht, da die Ausgleichspflicht durch Auflagen, Teilungsanordnungen oder Ausgleichungen iSv §§ 2050 ff. beeinflusst sein kann (BayObLG NJW 1970, 1800).

3. Berichtigung von Nachlassverbindlichkeiten aus dem Eigenvermögen nach der Teilung oder unterlassene Geltendmachung des Anspruchs nach § 426 II aus dem ungeteilten Nachlass. Macht der Miterbe, der die Nachlassverbindlichkeit unter den vorgenannten Voraussetzungen berichtigt hat, Ausgleichsansprüche gegen die anderen Miterben geltend, können diese sich zwar nicht mehr auf § 2059 I berufen, ihnen stehen jedoch sowohl die allgemeinen Haftungsbeschränkungsmöglichkeiten (→ § 2060 Rn. 5 f.) als auch die nach §§ 2060, 2061 I 2 vorgesehenen Möglichkeiten der Haftungsbeschränkung zu mit der Folge, dass sie nur mit dem aus dem Nachlass Empfangenen im Verhältnis ihrer Erbteile haften (Staudinger/*Marotzke* Rn. 86), soweit sich nicht durch Auflagen, Teilungsanordnung, Ausgleichung etwas anderes ergibt. Strittig ist, ob sich die bereits unbeschränkt haftenden Miterben gegenüber dem Miterben, der einen Nachlassgläubiger befriedigt hat und der die auf ihn übergegangene Gläubigerforderung (§ 426 II) ihnen gegenüber geltend macht, sich diesen gegenüber auf die Haftungsbeschränkung nach § 2063 II berufen können; MüKoBGB/*Ann* Rn. 36 verneint dies mit dem Hinweis darauf, dass der den Nachlassgläubiger befriedigende Miterbe dessen Forderung geltend macht (aA Staudinger/*Marotzke* Rn. 86).

Strittig ist ferner, ob es bei bestehender Ausgleichungspflicht (§§ 2050 ff.) für den Erstattungsanspruch auf die Erbquoten oder das Verhältnis der Beträge, die den einzelnen Miterben unter Berücksichtigung der Ausgleichung tatsächlich zu stehen, ankommt (so wohl BayObLG NJW 1970, 1800). Nicht auf die Erbquoten abzustellen wäre eine weitere Besserstellung des ausgleichspflichtigen Miterben, dem zuvor bereits Vermögenswerte zugeflossen sind (MüKoBGB/*Ann* Rn. 35; Staudinger/*Marotzke* Rn. 89), iÜ wird sich der ausgleichspflichtige Miterbe durch die ihm zustehenden Haftungsbeschränkungsmöglichkeiten vor einer Inanspruchnahme durch einen anderen Miterben schützen (Staudinger/*Marotzke* Rn. 90).

VI. Sonderfall: Landwirtschaftlicher Betrieb

Wird ein zum Nachlass gehörender landwirtschaftlicher Betrieb nach §§ 13 ff. GrdStVG einem Miterben zugewiesen, sind Nachlassverbindlichkeiten, die bei Rechtskraft des Zuweisungsbeschlusses noch bestehen, grds. aus dem sonstigen Vermögen zu berichtigen (→ GrdStVG § 16 Rn. 2).

Im Geltungsbereich der HöfeO gilt § 15 HöfeO.

§ 2059 Haftung bis zur Teilung

(1) ¹Bis zur Teilung des Nachlasses kann jeder Miterbe die Berichtigung der Nachlassverbindlichkeiten aus dem Vermögen, das er außer seinem Anteil an dem Nachlass hat, verweigern. ²Haftet er für eine Nachlassverbindlichkeit unbeschränkt, so steht ihm dieses Recht in Ansehung des seinem Erbteil entsprechenden Teils der Verbindlichkeit nicht zu.

(2) Das Recht der Nachlassgläubiger, die Befriedigung aus dem ungeteilten Nachlass von sämtlichen Miterben zu verlangen, bleibt unberührt.

I. Normzweck

Der Grundsatz der gesamtschuldnerischen Haftung der Miterben (§ 2058) ab dem Erbfall wird von der Haftungsbeschränkungsmöglichkeit des **§ 2059 I 1** nicht berührt, da diese sich nur auf die **Haftungsmasse** bezieht, nicht jedoch auf den Haftungsumfang (→ § 2058 Rn. 2 f.). Dadurch, dass der Nachlass bei einer Mehrheit von Erben aufgrund der gesamthänderischen Bindung automatisch vom Eigenvermögen des jeweiligen Miterben getrennt wird und ein Sondervermögen bildet, über das die Miterben vor der Teilung nur gemeinschaftlich (§ 2040) verfügen können und der einzelne Miterbe die Berichtigung einer Nachlassverbindlichkeit nicht gegen den Willen der anderen Miterben erzwingen kann, ist die Beschränkung der Haftung auf den Nachlass sowohl hinsichtlich der Miterben als auch der Gläubiger interessengerecht. Bei einer unbeschränkten Haftung würden die Nachlassgläubiger zu Unrecht besser gestellt werden, wenn sie nicht nur den Nachlass, sondern auch das Eigenvermögen des Miterben als Haftungsmasse hätten; die Interessen der Nachlassgläubiger sind durch die Möglichkeit des **Abs. 2** in den ungeteilten Nachlass vollstrecken zu können ausreichend gewahrt (MüKoBGB/*Ann* Rn. 2; Staudinger/*Marotzke* Rn. 3).

II. Haftungsbeschränkung nach Abs. 1 S. 1

1. Einrede. Abs. 1 S. 1 gibt dem Miterben lediglich ein bis zur Teilung zeitlich beschränktes Weigerungsrecht, das als **Einrede** von den jeweiligen Miterben geltend zu machen ist, und im Gegensatz zu den §§ 1970, 1990, 1992 nicht die Möglichkeit gibt, die Haftung endgültig zu beschränken (MüKoBGB/

Ann Rn. 13); inhaltlich erstreckt sich das Leistungsverweigerungsrecht nur auf das nicht ererbte Vermögen (Eigenvermögen), nicht jedoch auf den Erbteil oder den Nachlass (Abs. 2) (Staudinger/*Marotzke* Rn. 16).

3 **2. Wirkung.** Die Einrede nach Abs. 1 S. 1 löst den **Schuldnerverzug** dann aus, wenn der Nachlass zur Befriedigung des Gläubigers ausreicht; ist dies nicht der Fall und haften die Miterben auch nicht persönlich aus §§ 1978–1980, dann haben die Miterben die Nichtzahlung nicht zu vertreten (§ 286 IV), da sie durch die Einrede ihr Eigenvermögen vor Inanspruchnahme schützen dürfen (Staudinger/*Marotzke* Rn. 18; NK-BGB/*Kick* Rn. 17; aA MüKoBGB/*Ann* Rn. 15, der auf die Verbindlichkeit als solche und nicht auf die Haftungsmasse abstellt). Da die Einrede des Abs. 1 S. 1 nur einen zeitlichen Aufschub gewährt, ist der Ansicht *Anns* zu folgen, wobei sich bei einem dürftigen Nachlass die Diskussion erübrigt. Nach Erhebung der Einrede des Abs. 1 S. 1 scheitert auch die Aufrechnung eines Nachlassgläubigers gegen eine zum Eigenvermögen eines Miterben gehörende Forderung an § 390 (OLG Celle ZEV 2016, 37; Staudinger/*Marotzke* Rn. 19).

4 § 2059 I 1 gewährt einem Miterben, der eine Nachlassverbindlichkeit vor der Teilung aus seinem Eigenvermögen beglichen hat, **keinen Erstattungsanspruch** gegenüber den anderen Miterben, weil § 813 I 1 nicht einschlägig ist, da der Anspruch durch die Einrede des Abs. 1 S. 1 **nicht dauernd** ausgeschlossen wird (MüKoBGB/*Ann* Rn. 15).

5 Auch bei bestehender Zahlungsunfähigkeit oder Überschuldung des Nachlasses steht den Miterben die Einrede des Abs. 1 S. 1 zu. Die Miterben trifft jedoch in der Regel die Pflicht, die Eröffnung des Nachlassinsolvenzverfahrens zu beantragen (§ 1980 I 2). Bei beharrlichen Verletzungen dieser Pflicht oder bei einer Haftung der Miterben nach § 1978 für eine Verschlechterung des Nachlasses, befürwortet die Lit. eine Versagung der Einrede nach Abs. 1 S. 1 zumindest ab dem Zeitpunkt des gerichtlichen Eröffnungsbeschlusses des Insolvenzverfahrens (Staudinger/*Marotzke* Rn. 20 ff.). Strittig ist, ob sich aus den § 1991 I, § 1978 I, eine Auskunftspflicht der Miterben über den Bestand des Nachlasses ergibt; im Falle der Eröffnung des Nachlassinsolvenzverfahrens ergibt sich eine Auskunfts- und Mitwirkungspflicht aus § 20 I, § 22 III InsO; ob sich bei einer Abweisung des Nachlassinsolvenzantrags mangels Masse Auskunftspflichten aus §§ 666, 259 ff. ergeben, ist strittig (Staudinger/*Marotzke* Rn. 23; zweifelnd MüKoBGB/*Ann* Rn. 15).

6 **3. Erhebung der Einrede.** Der Miterbe, der sich auf das Verweigerungsrecht nach § 2059 I 1 beruft, muss nicht nur vortragen, dass er nicht unbeschränkt haftet, sondern auch, dass der Nachlass noch nicht geteilt ist. Insofern trifft ihn auch die Beweislast (Baumgärtel/Laumen/Prütting Beweislast-HdB/*Schmitz* Rn. 1).

7 **4. Der Vorbehalt des § 780 ZPO.** Der vom Nachlassgläubiger verklagte Miterbe kann die Beschränkung seiner Haftung gem. § 780 I ZPO nur geltend machen, wenn sie ihm im Urteil vorbehalten ist; dazu muss er die Einrede des § 2059 I 1 bereits im Erkenntnisverfahren erheben (BGH NJW 1983, 2378). Die bloße Erhebung der Einrede ist ausreichend; substanttierter Vortrag oder ein besonderer Antrag sind nicht erforderlich, jedoch muss die Einrede in der Tatsacheninstanz spätestens zum Schluss der letzten mündlichen Verhandlung erhoben werden (BGH NJW 1970, 1742), wobei die Einrede auch erstmals in der Berufung erhoben werden kann, wenn die zu Grunde liegenden tatsächlichen Umstände unstreitig sind (BGH ZEV 2010, 314). Der Haftungsvorbehalt muss in den Urteilstenor aufgenommen werden und nicht nur den Hauptsachebetrag, sondern auch die Zinsen und Kostenentscheidung mit umfassen, da er im Rahmen des Kostenfestsetzungsverfahrens nicht mehr berücksichtigt werden kann (OLG Koblenz NJW-RR 1997, 1160; Musielak/Voit/*Lackmann* ZPO § 780 Rn. 2, 7; Zöller/*Geimer* ZPO § 780 Rn. 5 ff., 12). Der Vorbehalt ist in vollstreckbare Leistungsurteile, Titel nach §§ 794, 795 ZPO, Grundurteile, die einem Leistungsurteil vorausgehen, bei ausländischen Urteilen im Vollstreckungsurteil nach §§ 722 ff. ZPO aufzunehmen; im Mahnverfahren ist zum Erhalt des Vorbehalts ggf. Widerspruch/Einspruch einzulegen; in eine Klage auf Erteilung der Vollstreckungsklausel ist ebenfalls der Vorbehalt aufzunehmen (Musielak/Voit/*Lackmann* ZPO § 780 Rn. 2). Macht der Miterbe die Haftungsbeschränkung im anhängigen Prozess geltend, steht es im Ermessen des Gerichts, ob es den geltend gemachten Haftungseinwand des § 780 I ZPO in sein Urteil aufnimmt oder den Streit über die Haftungsbeschränkung in dem Verfahren nach § 785 ZPO entscheiden lässt (BGH NJW-RR 1989, 1226). Nimmt das Tatsachengericht trotz erhobener Einrede den Vorbehalt nicht in den Tenor auf und lehnt es in den Gründen den Vorbehalt auch nicht ab, kann eine Urteilsergänzung (321 ZPO) beantragt werden (OLG Jena BeckRS 2011, 06699; OLG Schleswig NJOZ 2004, 3896; Musielak/Voit/*Lackmann* ZPO § 780 Rn. 8). Zur Erhebung der Einrede des § 780 ZPO ist der bedürftigen Partei umfassend Prozesskostenhilfe zu bewilligen (OLG Düsseldorf BeckRS 2010, 30084).

8 Der Vorbehalt ist entbehrlich in den Fällen des § 780 II (Fiskus als gesetzlicher Erbe; bei Urteilen über eine Nachlassverbindlichkeit gegen Nachlassverwalter, Nachlasspfleger oder Testamentsvollstrecker), sowie in den Fällen, in denen ausdrücklich auf Befriedigung aus dem Nachlass geklagt wird.

9 § 780 ZPO gilt nicht beim Bestehen einer vertraglichen Haftungsbeschränkung und ebenfalls nicht, wenn aus anderen, nicht erbrechtlichen Gründen eine persönliche Haftung (§ 27 II HGB) besteht (Staudinger/*Marotzke* Rn. 4 f.; Musielak/Voit/*Lackmann* ZPO § 780 Rn. 3).

10 Der Erbe verliert die Möglichkeit der Haftungsbeschränkung gegenüber allen Nachlassgläubigern durch Versäumung der Inventarfrist (§ 1994 I 2), Inventaruntreue (§ 2005); gegenüber einzelnen verliert er das Recht zu Haftungsbeschränkung durch Verweigerung der Inventarerrichtung (§ 2006) (Zöller/*Geimer* ZPO § 780 Rn. 4).

Der Nachlassgläubiger kann grds. aus dem den Vorbehalt enthaltenden Urteil in das Eigenvermögen des Miterben vollstrecken; der Miterbe muss Vollstreckungsabwehrklage erheben → Rn. 12); bei Verurteilung zur Abgabe einer Willenserklärung findet keine Fiktion nach § 894 ZPO statt; die Vollstreckung erfolgt nach § 888 ZPO mit dem Vorbehalt der beschränkten Haftung (Musielak/Voit/*Lackmann* ZPO § 780 Rn. 9). 11

Gem. **§ 781** bleibt bei der Zwangsvollstreckung die **Haftungsbeschränkung unberücksichtigt**. Um dem Vorbehalt Geltung zu verschaffen muss der Miterbe nach **§§ 785, 767 ZPO Vollstreckungsabwehrklage** erheben (Musielak/Voit/*Lackmann* ZPO § 780 Rn. 9). Ziel dieser Klage ist es, dem Titel die Vollstreckbarkeit zu nehmen. Die Klage ist zulässig, wenn das angegriffene Urteil den Vorbehalt nach § 780 ZPO enthält und begründet, wenn das zuständige Prozessgericht des ersten Rechtszuges die Haftungsbeschränkung für gegeben erachtet oder gem. § 782 ZPO die Vollstreckung teilweise begrenzt hat. Das Urteil lautet, dass die Zwangsvollstreckung aus dem besagten Titel in das nicht zum Nachlass gehörende Vermögen des Klägers (Erben) für unzulässig erklärt wird (Formulierungen der Anträge bei Musielak/Voit/*Lachmann* ZPO § 785 Rn. 7). Die Zwangsvollstreckung ist dann lediglich in den Anteil der Miterben am ungeteilten Nachlass (§§ 859 II, 857 ZPO) oder aufgrund eines Titels gegen alle Miterben (§ 747 ZPO) in den kompletten ungeteilten Nachlass möglich (Bamberger/Roth/*Lohmann* Rn. 4). 12

III. Haftungsbeschränkung nach Abs. 1 S. 2

1. Umfang. Ein Miterbe haftet bereits vor der Teilung des Nachlasses bei Versäumnis der Inventarfrist (§ 1994 I 2), Inventaruntreue (§ 2005 I) oder gegenüber einzelnen Nachlassgläubigern bei Verweigerung der Abgabe der eidesstattlichen Versicherung (§ 2006 III) grds. unbeschränkt mit seinem Eigenvermögen (§ 2013), kann jedoch bei noch ungeteiltem Nachlass seine Haftung abschwächen (MüKoBGB/*Ann* Rn. 3). Der Gesetzgeber ging davon aus, dass auch für den unbeschränkbar haftenden Miterben ein Einstehenmüssen für die gesamte Nachlassverbindlichkeit mit dem Eigenvermögen unbillig ist, solange ungeteilter Nachlass vorhanden ist (NK-BGB/*Kick* Rn. 19). Daher sieht Abs. 1 S. 2 vor, dass er nur für den Teil der Nachlassverbindlichkeit, der **seiner Erbquote** entspricht, mit seinem **Eigenvermögen** haftet, während er für den **Anteil der übrigen** Miterben die Haftung auf seinen **Anteil am Nachlass** beschränken kann (MüKoBGB/*Ann* Rn. 16; Staudinger/*Marotzke* Rn. 5). 13

„Erbteil" iSd Abs. 1 S. 2 ist der der Erbquote entsprechende ideelle Erbteil ohne Berücksichtigung eventueller Ausgleichungen, da die Haftungsbeschränkung das Außenverhältnis betrifft (NK-BGB/*Kick* Rn. 21). 14
Hat ein unbeschränkt haftender Miterbe jedoch die Nachlassverbindlichkeit (zB Pflichtteilslast) im Innen- und im Außenverhältnis allein zu tragen, umfasst der „seinem Erbteil entsprechende Teil der Verbindlichkeit" die gesamte Schuld (Staudinger/*Marotzke* Rn. 15), so dass er diesbzgl. mit seinem Eigenvermögen haftet.

2. Vorbehalt nach § 780 ZPO. Die Beschränkung der Haftung muss über einen Vorbehalt gem. § 780 I ZPO erfolgen, wobei auf Antrag des Gläubigers der Vorbehalt hinsichtlich des unbeschränkt haftenden Miterben wiederum zu beschränken ist (NK-BGB/*Kick* Rn. 20) und lauten könnte: „der Miterbe haftet zu ⅓; die Forderung beträgt 3000 €. Dem Miterben wird auf Antrag des Gläubigers die Beschränkung der Haftung auf den Nachlass nur bis zur Teilung und nur wegen des 1000 € übersteigenden Betrags vorbehalten." (Bamberger/Roth/*Lohmann* Rn. 5). 15

Eine **unteilbare Forderung,** für die ein unbeschränkt haftender Miterbe neben anderen Miterben haftet, kann der Gläubiger analog § 45 InsO mit ihrem Geldwert anzusetzen, da dem unbeschränkt Haftenden die Möglichkeit des Abs. 1 S. 2 erhalten bleiben muss (MüKoBGB/*Ann* Rn. 17); der Gläubiger kann aber auch die ungeteilte Leistung in Natur aus dem Eigenvermögen des unbeschränkt Haftenden verlangen, jedoch gegen Erstattung des Geldwertes abzüglich des Anteils, der der Erbquote des in Anspruch genommenen Miterben entspricht (Staudinger/*Marotzke* Rn. 14). 16

3. Ausnahme. Dem Miterbengläubiger gegenüber kann sich der unbeschränkt haftende Miterbe immer auf die umfängliche Beschränkung des Abs. 1 S. 1 berufen, da die Verschärfung der Haftung wegen Inventaruntreue etc auf einem Fehlverhalten eines Miterben im Außenverhältnis gegen dritte Nachlassgläubiger beruht (sa § 2063 II) und für eine entsprechende Beschränkung im Innenverhältnis kein Raum ist, selbst wenn der Miterbe seine Gläubigerstellung aus § 426 II herleitet (NK-BGB/*Kick* Rn. 23; Staudinger/*Marotzke* Rn. 13). 17

4. Beweislast. Der Nachlassgläubiger trägt die **Beweislast** für den Verlust des Haftungsbeschränkungsrechts des in Anspruch genommenen Miterben, während Letzterer die Höhe der Erbquote beweisen muss (Baumgärtel/Laumen/Prütting Beweislast-HdB/*Schmitz* Rn. 2; MüKoBGB/*Ann* Rn. 18). 18

IV. Teilung des Nachlasses

1. Begriff. Unter Teilung des Nachlasses versteht man nicht die verpflichtende Einigung über den Teilungsplan, sondern dessen **dinglichen Vollzug durch Aufhebung der gesamthänderischen Bindung des Nachlasses.** Wenn die einzelnen Miterben über die zugewiesenen Nachlassgegenstände verfügen können, ist auch Raum für eine Haftung mit dem Eigenvermögen, da der in Anspruch genommene Miterbe dann die in sein Eigenvermögen überführten Nachlassgegenstände zur Tilgung der Verbindlichkeiten heranziehen kann (Staudinger/*Marotzke* Rn. 31). Von einem Vollzug der Teilung ist auszugehen, 19

10 BGB § 2059   Buch 5. Abschnitt 2. Titel 4. Mehrheit von Erben

wenn der überwiegende Teil der Nachlassgegenstände aus dem Gesamthandvermögen der Miterben in deren Eigenvermögen überführt wurde, so dass die Erbengemeinschaft bei wirtschaftlicher Betrachtung als Ganzes aufgelöst erscheint (MüKoBGB/*Ann* Rn. 4). Jedoch führt die Verteilung einzelner wertvoller Nachlassgegenstände nicht zwingend zu einer Teilung, ebenso wie umgekehrt nicht der letzte Nachlassgegenstand auf einen Miterben übertragen sein muss, um die Teilung des Nachlasses anzunehmen (Staudinger/*Marotzke* Rn. 34).

20   Entscheidend ist eine **objektive Betrachtungsweise**; ein zT gefordertes subjektives Bewusstsein der Miterben, dass der Nachlass geteilt ist, würde dem bezweckten Schutz der Nachlassgläubiger zuwiderlaufen. Soweit in der Lit. darauf abgestellt wird, dass von einer Teilung dann auszugehen ist, wenn die noch gesamthänderisch gebundenen Nachlassgegenstände nicht mehr zur Befriedigung bestehender Nachlassverbindlichkeiten ausreichen, würde dies in der Praxis dazu führen, dass die Miterben – wenn sie die Haftung auf den Nachlass beschränken wollten – stets den aktuellen Nachlassbestand und den Bestand der Verbindlichkeiten kennen müssten (MüKoBGB/*Ann* Rn. 4). In der Konsequenz könnten Miterben eines von Anfang an überschuldeten Nachlasses zu keiner Zeit ihre Haftung beschränken.

21   2. **Einzelfälle.** Ein Nachlass ist geteilt, wenn einer der Miterben aufgrund bestehender **Ausgleichungspflicht** (§§ 2050 ff.) den gesamten Nachlass erhält oder einem Miterben der gesamte Nachlass gegen **Abfindung** der übrigen Miterben entweder durch Zuweisung einzelner Nachlassgegenstände oder gegen ein nicht aus dem Nachlass stammendes Entgelt (§ 2033 I) übertragen wird (MüKoBGB/*Ann* Rn. 7), es sei denn nicht alle Miterben übertragen ihre Anteile; dann liegt immer noch ein gesamthänderisch gebundener Nachlass vor (Staudinger/*Marotzke* Rn. 42). Auch die **schenkweise Überlassung** aller Nachlassgegenstände an einen Dritten führt zur Beendigung der gesamthänderischen Bindung und damit zur Teilung (Staudinger/*Marotzke* Rn. 40). Teilung des Nachlasses ist auch dann anzunehmen, wenn der gesamte Nachlass durch Tilgung von Nachlassverbindlichkeiten erschöpft ist; der Wegfall des Leistungsverweigerungsrechts nach Abs. 1 wird dann in der Praxis durch die Dürftigkeitseinrede (§ 1990) kompensiert (Staudinger/*Marotzke* Rn. 39).

22   Strittig ist, ob vorab verteilte Nachlassgegenstände Teil des Eigenvermögens des Miterben werden und somit dem Leistungsverweigerungsrecht nach Abs. 1 unterfallen oder sich das Leistungsverweigerungsrecht im Wege der teleologischen Reduktion auf das Vermögen des Miterben beschränkt, das er unabhängig vom Erbfall hatte (so Staudinger/*Marotzke* Rn. 35; MüKoBGB/*Ann* Rn. 10). Soweit die erstere Ansicht die Gläubigerinteressen durch den Anspruch auf Rückgewähr des Empfangenen nach (§§ 1978 II, 667, 1991 I iVm 2059 II) gewährleistet sieht, wird unterstellt, dass eine amtliche Nachlassabsonderung durch Nachlassverwaltung oder Nachlassinsolvenz erfolgt, zumindest jedoch die Einreden der §§ 1990, 1992 gegeben sind. Keinen Einfluss auf die Teilung des Nachlasses hat die Tatsache, ob noch offene Verbindlichkeiten bestehen oder aus dem Restnachlass gedeckt werden können (Staudinger/*Marotzke* Rn. 38). Pflicht des Notars bei Beurkundung eines Erbauseinandersetzungsvertrags die Höhe der Nachlassverbindlichkeiten festzustellen und deren Begleichung zu klären (BGH Beschluss v. 24.7.2017 – NotSt(Brfg) 2/16, BeckRS 2017, 122318).

23   Keine Nachlassteilung ist die Zwangsversteigerung zum Zwecke der Aufhebung der Gemeinschaft (§ 2042 II, § 753 BGB, §§ 180 ff. ZVG), da an die Stelle des versteigerten Grundstücks im Wege der dinglichen Surrogation der erzielte Erlös tritt (BGH NJW 1969, 1347).

24   3. **Teilung durch Singularsukzession. a) Anteil an einer Personengesellschaft.** War der Erblasser Gesellschafter einer Personengesellschaft und sieht der Gesellschaftsvertrag eine einfache oder qualifizierte Nachfolgeklausel vor, rücken die vorgesehenen Erben automatisch „an der Miterbengemeinschaft vorbei" unmittelbar und einzeln in die ihnen zugedachte Gesellschafterstellung ein, so dass keine Teilung durch Zutun der Miterben erfolgt (Staudinger/*Marotzke* Rn. 52). Die Frage, ob in diesem Fall § 2059 I, § 2062 Hs. 2 anwendbar sind, ist umstritten, aber höchstrichterlich nicht geklärt. Versteht man unter Teilung die wirkliche Auflösung der Gesamthandsgemeinschaft, steht dem Miterben, der in die Gesellschafterstellung des Erblassers einrückt, kein Leistungsverweigerungsrecht zu; die Vertreter dieser Ansicht gestehen als Ausgleich jedem Miterben abweichend von § 2062 auch nach der unabhängig von seinem Willen erfolgten Teilung die Möglichkeit zu, Nachlassverwaltung zu beantragen (MüKoBGB/*Ann* Rn. 8 f.). → 2062 Rn. 14.

25   Würde man davon ausgehen, dass das automatische Einrücken in die Gesellschafterstellung des Erben keine Teilung bedeutet, könnten die Mitgesellschafter Nachlassgläubiger, die nicht zugleich Gläubiger der Gesellschaft sind, sowohl von dem Eigenvermögen als auch von dem vom Erblasser stammenden Gesellschaftsanteilen fern halten und auf den noch verbleibenden Nachlass verweisen. Dies widerspräche dem bezweckten Schutz der Nachlassgläubiger, denen als Haftungsobjekt das Vermögen des Erblassers erhalten bleiben soll (MüKoBGB/*Ann* Rn. 11 f.). Dem widerspricht auch, dass die Rspr. einhellig davon ausgeht, dass Gesellschaftsanteile zum Nachlass gehören, selbst wenn sie im Wege der Sondererbfolge direkt auf die Miterben übergehen (BGH NJW 1986, 2431; 1984, 2104).

26   *Marotzke* weist daraufhin, dass das Verweigerungsrecht des § 2059 I dem grds. gesamtschuldnerisch haftenden Miterben Schutz vor Zugriff auf sein Eigenvermögen geben soll, da er aufgrund der gesamthänderischen Bindung des Nachlasses keine Verfügung über Nachlassgegenstände zur Berichtigung Nachlassverbindlichkeiten treffen kann; auch das Gesellschaftsvermögen ist gesamthänderisch gebunden und ebenso schwer in Geld umzusetzen, so dass ein Leistungsverweigerungsrecht so lange besteht, bis der Gesellschafter Geld für die Begleichung von Nachlassverbindlichkeiten generiert hat (Staudinger/*Marotzke* Rn. 57). Die Überführung eines erbten Handelsgeschäfts in eine OHG bedarf der Übertragung der einzelnen Gegenstände des Unternehmens, so dass darin eine Teilung des Nachlasses gesehen werden kann, die das Leistungsverweigerungsrecht des § 2059 I entfallen lässt (BGH NJW 1985, 136). Aus diesem Grund und der Tatsache, dass die Rspr. Gesellschaftsanteile als zum Nachlass gehörig ansieht, ist davon auszugehen, dass das Leistungsverweigerungsrecht nach § 2059 I auch dann besteht, wenn der Nachlass im Wesentlichen aus einem Anteil an einer Personengesellschaft besteht. Diese Diskussion bleibt weitgehend akademisch, da die in die Gesellschafterstellung des Erblassers einrückenden Miterben aufgrund gesellschaftsrechtlicher Vorschriften persönlich haften (§§ 27, 128, 130 HGB) (→ § 2058 Rn. 12).

Auch die Fortführung der Gesellschaft (OHG oder KG) führt – in erbrechtlicher Hinsicht – nicht zu einer dauerhaften Entziehung des Gesellschaftsvermögens für den Nachlassgläubiger, da es diesem unbenommen bleibt, den Gesellschaftsanteil zu pfänden, und die Gesellschaft zu kündigen, wenn er erfolglos die Zwangsvollstreckung in das übrige bewegliche Vermögen des Nachlasses versucht hat, wobei hierzu ein Vorgehen gegen sämtliche Miterben erforderlich ist (§§ 135, 161 II HGB; bei der BGB-Gesellschaft gilt § 725) (Staudinger/*Marotzke* Rn. 65 f.). 27

b) **Höferecht.** Gem. § 4 HöfeO erfolgt ebenfalls eine automatische Zuweisung des Hofes. 28

V. Befriedigung aus dem ungeteilten Nachlass (Abs. 2)

Um die Nachlassgläubiger nicht schlechter zu stellen als vor dem Erbfall können sie nach Abs. 2 unabhängig von dem Leistungsbeschränkungsrecht des Abs. 1 auf die gleiche Vermögensmasse zugreifen wie vor dem Erbfall, nämlich den ungeteilten Nachlass. Zur Abgrenzung zur Gesamtschuldklage → § 2058 Rn. 17 ff. 29

1. Klage auf Vornahme einer Verfügung. Wird mit der Klage der Vollzug einer Verfügung, zB eine Auflassung, bezweckt, ist aufgrund des Zwangs zur gemeinschaftlichen Verfügung (§ 2040) ein Vorgehen gegen alle Miterben erforderlich. Dazu sind die Miterben gemeinschaftlich zu verklagen, da einzelnen Klagen das notwendige Rechtsschutzinteresse fehlen kann, wenn nicht feststeht, ob die anderen Miterben die zur Verfügung erforderlichen Mitwirkungshandlungen bereits geleistet haben (Staudinger/*Marotzke* § 2058 Rn. 63). Mehrere verklagte Miterben sind notwendige Streitgenossen (§ 62 I Alt. 2 ZPO). Diejenigen Miterben, die die erforderlichen Erklärungen in der einer Verurteilung entsprechenden Form (zB notarielle Erklärung) abgegeben haben, brauchen nicht mitverklagt zu werden (MüKoBGB/*Ann* Rn. 22). Schlussendlich müssen jedoch um in den ungeteilten Nachlass vollstrecken zu können Titel und Erklärungen sämtlicher Miterben (§ 747 ZPO) vorliegen, die auf das beabsichtigte Klageziel gerichtet sind. Dies gilt nicht nur für den Vollzug der Auflassung, sondern auch bei Klage auf Löschung eines ins Grundbuch eingetragenen Widerspruchs hinsichtlich eines Nachlassgrundstücks (BGH NJW 1963, 1611) und die Duldung der Zwangsvollstreckung aus einer Hypothek an einem zum ungeteilten Nachlass gehörenden Grundstück (MüKoBGB/*Ann* Rn. 22); außerdem bei einer Klage auf Grundbuchberichtigung (OLG Naumburg NJW-RR 1998, 308). Zur Möglichkeit auf Erhebung einer Klage gegen einzelne Miterben auf Herbeiführung einer gemeinschaftlichen Verfügung (→ § 2058 Rn. 21). 30

2. Klage auf Zahlung. Will sich der Nachlassgläubiger aus dem ungeteilten Nachlass aufgrund eines Zahlungsanspruchs befriedigen, benötigt er Titel gegen sämtliche Miterben (§ 747 ZPO), wobei kein einheitlicher Titel vorliegen muss sondern auch mehrere Titel, die durch Gesamtschuldklage gegen einzelne Miterben erstritten wurden, die Voraussetzungen erfüllen (BGH NJW 1970, 473). Eine Gesamthandklage liegt nur vor, wenn der Nachlassgläubiger eindeutig Zahlung aus dem ungeteilten Nachlass begehrt (MüKoBGB/*Ann* Rn. 24). Der Klageantrag muss dann lauten: „Die Beklagten werden verurteilt, wegen der Klageforderung die Zwangsvollstreckung in den Nachlass des am … verstorbenen … zu dulden." (NK-BGB/*Kick* § 2058 Rn. 31). An sich handelt es sich um eine Forderung nach Zahlung zur Vermeidung der Zwangsvollstreckung in den Nachlass (Staudinger/*Marotzke* § 2058 Rn. 55). 31

3. Besonderheiten beim Miterbengläubiger. Der Miterbe, der zugleich Nachlassgläubiger ist, kann sich durch Erhebung der Gesamthandklage gegen die übrigen Miterben aus dem Nachlass befriedigen. Naturgemäß genügt für § 747 ZPO ein Titel gegen die übrigen Miterben (OLG München Urt. v. 20.7.2017 – 23 U 3246/16, BeckRS 2017, 117662 = ErbR 2017, 664; MüKoBGB/*Ann* Rn. 27). Im Wege der Gesamthandklage erreicht der Miterbe die volle Befriedigung seiner Forderung, wobei auch sein Anteil am Nachlass zur Befriedigung der Forderung herangezogen wird, so dass die Klage nicht von vornherein um den Anteil des klagenden Miterben reduziert werden muss (BGH NJW-RR 1988, 710). Zur Klage auf Erfüllung eines Vorausvermächtnisses aus dem ungeteilten Nachlass vgl. OLG Bamberg BeckRS 2013, 03774; OLG Saarbrücken ZEV 2007, 579. 32

Die Erhebung der Gesamthandklage kann treuwidrig sein, wenn zur Befriedigung der Forderung Nachlassgegenstände unter Verlust veräußert werden müssen oder der klagende Miterbe aufgrund von Vorempfängen aus dem Nachlass bereits mehr erhalten hat als ihm nach Ausgleichung und Auseinandersetzung zustünde. Streitig ist, ob den Miterben gegen den klagenden Miterbennachlassgläubiger ein Zurückbehaltungsrecht (§ 273 I) zusteht, wenn dieser seinen Mitwirkungspflichten bei der Abwicklung des Nachlasses nicht nachgekommen ist (bejahend MüKoBGB/*Ann* Rn. 27; krit. Staudinger/*Marotzke* § 2058 Rn. 95). 33

4. Verteidigung gegen die Gesamthandklage. Den Beklagten stehen lediglich Einwände gegen die geltend gemachte Forderung zu (zB Nichtentstehung, Stundung) sowie die erbrechtlichen Einreden der 34

§§ 1958, 2014, 2015 iVm §§ 305, 782, 785 ZPO (NK-BGB/*Kick* Rn. 29). Bei Grundstücksvermächtnissen besteht das Problem des tauglichen Sicherungsmittels, nachdem § 782 ZPO nur auf die Maßregeln der Arrestvollziehung verweist; da die Vorschriften der einstweiligen Verfügung über § 936 ZPO iVm § 932 III ZPO anwendbar sind, ist die Erfüllung eines Grundstücksvermächtnisses durch Vormerkung zu sichern. Ausspruch der Beschränkung auf reine Sicherungsmaßnahmen wg. § 894 ZPO bereits im Erkenntnisverfahren (Kerscher/*Krug*, Das erbrechtliche Mandat, 5. Aufl., § 27 Rn. 56 ff.). Zu beachten ist, dass das Gesamtgrundstück mit einer Auflassungsvormerkung zu belasten ist, auch wenn Miterbengläubiger Vermächtnisnehmer ist, da eine Vormerkung nicht an einem ideellen Bruchteil möglich ist (OLG München, Beschluss v. 23.6.2017 – 34 Wx 173/17, BeckRS 2017, 114313 = FGPrax 2017, 208).

35 **5. Prozessuales.** Bei der Gesamthandklage ist der Vorbehalt nach § 780 ZPO nicht erforderlich, da nur Befriedigung aus dem Nachlass begehrt wird. Ist die erhobene Klage jedoch nicht eindeutig, sollten die Beklagten Miterben die Aufnahme des Vorbehalts in den Urteilstenor beantragen (MüKoBGB/*Ann* Rn. 26).

§ 2060 Haftung nach der Teilung

Nach der Teilung des Nachlasses haftet jeder Miterbe nur für den seinem Erbteil entsprechenden Teil einer Nachlassverbindlichkeit:
1. wenn der Gläubiger im Aufgebotsverfahren ausgeschlossen ist; das Aufgebot erstreckt sich insoweit auch auf die in § 1972 bezeichneten Gläubiger sowie auf die Gläubiger, denen der Miterbe unbeschränkt haftet;
2. wenn der Gläubiger seine Forderung später als fünf Jahre nach dem in § 1974 Abs. 1 bestimmten Zeitpunkt geltend macht, es sei denn, dass die Forderung vor dem Ablauf der fünf Jahre dem Miterben bekannt geworden oder im Aufgebotsverfahren angemeldet worden ist; die Vorschrift findet keine Anwendung, soweit der Gläubiger nach § 1971 von dem Aufgebot nicht betroffen wird;
3. wenn das Nachlassinsolvenzverfahren eröffnet und durch Verteilung der Masse oder durch einen Insolvenzplan beendet worden ist.

I. Normzweck

1 **Nach** der Teilung des Nachlasses tritt zunächst eine **Haftungsverschärfung** für die Miterben ein; sie verlieren ihr Recht nach § 2059 I 1 Leistung aus ihrem Eigenvermögen zu verweigern und haften für die Zeit nach der Teilung unbeschränkt nach wie vor gesamtschuldnerisch (§ 2058), dh auch mit ihrem Eigenvermögen, das die Gegenstände, die sie aus dem Nachlass erhalten haben, mit umfasst. Diese Haftungsverschärfung schützt den Nachlassgläubiger davor, dass die Erben den Nachlass entgegen § 2046 voreilig teilen, ohne die bekannten Nachlassgläubiger befriedigt oder gehörig nach ihnen geforscht zu haben (MüKoBGB/*Ann* Rn. 1). Der Sanktionscharakter der gesamtschuldnerischen Haftung auch nach Teilung des Nachlasses ist vom Gesetzgeber gewollt, da die Nachlassgläubiger nach der Teilung keine Möglichkeit mehr hat Gesamthandklage zu erheben, sondern gegen einen Miterben vorgehen muss, der möglicherweise zahlungsunfähig ist (NK-BGB/*Kick* Rn. 3).

2 §§ 2060 und 2061 enthaltenen Ausnahmen von dem Grundsatz der gesamtschuldnerischen Haftung nach der Teilung. Die Miterben, die vor der Teilung die Möglichkeiten ausgeschöpft haben, um Nachlassgläubiger zu ermitteln und zu befriedigen, sollen eine Besserstellung erfahren, die gesamtschuldnerische Haftung wandelt sich in eine Bruchteilshaftung, so dass der Miterbe in den abschließend aufgeführten Fällen der §§ 2060, 2061 nur noch den Bruchteil der Nachlassverbindlichkeit schuldet, der seiner Erbquote entspricht (Staudinger/*Marotzke* Rn. 15). § 2060 betrifft nicht die Haftungsmasse (Eigenvermögen – Nachlass) des Miterben, sondern den Haftungsumfang (gesamtschuldnerisch-teilschuldnerisch).

II. Gesamtschuldnerische Haftung nach der Teilung

3 **1. Begriff der Teilung.** Der Begriff der Teilung entspricht dem in § 2059 dargestellten (→ § 2059 Rn. 19 ff.), Ist die Teilung/Erbauseinandersetzung nur bzgl. einzelner Miterben erfolgt, können nur diese die Haftungserleichterungen der §§ 2060, 2061 I 2 in Anspruch nehmen, während die übrigen Miterben noch gesamthänderisch gebunden sind und sich ggf. auf 2059 I berufen können. Auch die Miterben, die gegen eine Abfindung aus der Erbengemeinschaft ausgeschieden sind und dadurch nicht mehr die Möglichkeit haben ihre Leistung gem. § 2059 I zu beschränken, sind durch §§ 2060, 2061 I 2 zu schützen (Staudinger/*Marotzke* Rn. 39).

4 **2. Grundsatz der gesamtschuldnerischen Haftung.** Nach der Teilung, also nach Auflösung der Gesamthandsgemeinschaft, bleibt es grds. bei der gesamtschuldnerischen Haftung der Miterben (BGH NJW 1998, 682; BayObLG FamRZ 1999, 1175). Den Nachlassgläubigern bleibt lediglich die Gesamtschuldklage. Eine Ausnahme kann sich allenfalls aus § 2046 I 2 geben, wenn ein Nachlassgegenstand vorübergehend zur Tilgung Nachlassverbindlichkeiten zurückbehalten wurde (NK-BGB/*Kick* Rn. 4).

5 **3. Allgemeine Haftungsbeschränkungsmöglichkeiten.** Dem Miterben verbleiben die allgemeinen Haftungsbeschränkungsmöglichkeiten, wie die Einreden nach §§ 1973, 1974, 1989, die er entweder nach der Teilung des Nachlasses erwerben kann oder die ihm – wenn sie vor der Teilung entstanden sind –

erhalten bleiben (Staudinger/*Marotzke* Rn. 6). Der Miterbe hat das Recht das Aufgebot der Nachlassgläubiger auch zu beantragen, wenn er unbeschränkt haftet (§ 460 II FamFG).

Der Miterbe kann sein Eigenvermögen nach der Teilung durch Beantragung eines Nachlassinsolvenzverfahrens wegen Überschuldung, Zahlungsunfähigkeit oder drohender Zahlungsunfähigkeit des Nachlasses (nicht seines Erbteils, § 316 III InsO) vor einer Inanspruchnahme schützen (§§ 1975 BGB, 316 II, 317, 320 InsO), wobei der Antrag daran scheitern kann, dass die Eröffnungsgründe in Bezug auf den gesamten Nachlass zu prüfen sind (Staudinger/*Marotzke* Rn. 14). Der Miterbe kann sich auch nach der Teilung noch auf die Einreden der §§ 1990, 1992 berufen mit der Folge, dass er mit den Gegenständen haftet, die er bei der Auseinandersetzung erhalten hat (NK-BGB/*Kick* Rn. 6). 6

Gegenüber dem Miterbengläubiger steht den Miterben, die gegen die Inventarfrist verstoßen haben (§ 1994 I 2) und Inventaruntreue begangen haben (§ 2005 I, § 2006 III) auch nach der Teilung das Haftungsbeschränkungsrecht zu (§ 2063 II) (Staudinger/*Marotzke* Rn. 12). Soweit der Miterbe noch die Möglichkeit der Beschränkung der Haftung auf den Nachlass hat, kann es bei Vorliegen der Voraussetzungen des § 2060 sowohl zu einer gegenständlich auf die bei der Teilung des Nachlasses erhaltenen Werte und gleichzeitig teilschuldnerisch beschränkten Haftung kommen (Staudinger/*Marotzke* Rn. 60). 7

Ausgeschlossen ist nach der Teilung die Möglichkeit der Anordnung einer Nachlassverwaltung (§ 2062 Hs. 2). 8

III. Teilschuldnerische Haftung

1. Schuldumfang. Der Miterbe haftet nur für den seinem Erbteil entsprechenden Teil einer Nachlassverbindlichkeit; da es sich hier ebenso wie bei § 2059 I 2 um das Außenverhältnis zu den Nachlassgläubigern handelt, ist die ideelle Erbquote ausschlaggebend, nicht der durch eine Ausgleichung (§§ 2050 ff.) veränderte Wert des Überschusses (Staudinger/*Marotzke* Rn. 20). Daher ist es möglich, dass ein Nachlassgläubiger – für den Fall dass ein Miterbe aufgrund auszugleichender Vorempfänge nichts aus dem realen Nachlass erhält – mit einem Teil der Nachlassverbindlichkeit ausfällt. Der Erblasser wird von drei Miterben zu gleichen Teilen beerbt; der Wert des Nachlasses beträgt 3.000 EUR; ein Miterbe erhält wegen auszugleichender Vorempfänge nichts; ein Nachlassgläubiger hat eine Forderung von 1.500 EUR, wo er aufgrund der Teilhaftung nur $^2/_3$, dh jeweils 500 EUR von den Miterben erhält, zwischen denen der Überschuss aufgeteilt wurde (Bamberger/Roth/*Lohmann* Rn. 2). 9

Soweit in der Lit. versucht wird, dieses als unbefriedigend erscheinende Ergebnis auszugleichen, sind die aufgezeigten Wege abzulehnen (Staudinger/*Marotzke* Rn. 23 ff.), da sie der Intention des Gesetzgebers, den Miterben, der alles zur Berichtigung und damit der Nachlassverbindlichkeiten unternommen hat zu begünstigen, zuwiderlaufen, weil der Gläubiger die teilschuldnerische Haftung durch rechtzeitige Anmeldung der Forderung vermeiden kann (MüKoBGB/*Ann* Rn. 4; Bamberger/Roth/*Lohmann* Rn. 2). 10

Der Erbteilserwerber (§ 2033 I, § 2382 I 1 Hs. 2, § 2385 I) haftet unter den Voraussetzungen der §§ 2060, 2061 I 2 mit dem veräußernden Miterben weiterhin teilschuldnerisch, so dass beide hinsichtlich des dem Erbteil entsprechenden Teils der Forderung Gesamtschuldner sind (Staudinger/*Marotzke* Rn. 36). Vereinigt der Erbteilserwerber sämtliche Erbteile auf sich, haftet er nicht nur für die seinem Erbteil entsprechenden Verbindlichkeiten teilschuldnerisch, sondern jeweils auch für die auf die übernommenen Erbteile entfallenden Teile, so dass ihn iErg die volle Schuld trifft; zusammen mit dem jeweiligen Veräußerer haftet er für jeden übernommenen Erbteil jeweils gesamtschuldnerisch (MüKoBGB/*Ann* Rn. 5). Dies soll nicht gelten, wenn die übrigen Miterben für ihre Erbteile durch Zuweisung von Nachlassgegenständen abgefunden wurden (so Staudinger/*Marotzke* Rn. 41). 11

Der Anwendung der §§ 2060, 2061 I 2 auf den Anteil an Personengesellschaften steht nichts entgegen; die ohnehin aufgrund der Singularsukzession vollzogene Teilung bringt den besagten Miterben lediglich Vorteile, in dem die gesamtschuldnerische Haftung in eine teilschuldnerische umgewandelt wird, falls die Voraussetzungen vorliegen (Staudinger/*Marotzke* Rn. 47, 50). Probleme könnten sich bestenfalls dadurch ergeben, dass für die Schulden einer Personengesellschaft nach gesellschaftsrechtlichen Vorschriften unbeschränkt gehaftet wird, so dass die §§ 2060, 2061 I 2 nicht anwendbar sind (Staudinger/*Marotzke* Rn. 51). 12

2. Unteilbare Leistung. Handelt es sich bei der Nachlassverbindlichkeit um eine unteilbare Leistung, kann eine teilschuldnerische Inanspruchnahme eines Miterben nur dadurch erfolgen, dass die Forderung analog § 45 InsO mit ihrem Geldwert geltend gemacht wird (MüKoBGB/*Ann* Rn. 6). Wurde einem Miterben der Gegenstand der unteilbaren Leistung bei der Teilung zugewiesen, kann der Nachlassgläubiger Herausgabe in Natur verlangen, jedoch gegen Erstattung des Geldbetrages, der den Anteil des in Anspruch genommenen Miterben an der Nachlassverbindlichkeit übersteigt (Staudinger/*Marotzke* Rn. 30). 13

3. Prozessuale Geltendmachung. Die **teilschuldnerische Haftung** muss nicht im Wege der Einrede geltend gemacht werden; sie **tritt** bei Erfüllung der Tatbestandsvoraussetzungen **kraft Gesetzes ein** und wandelt die Gesamtschuld in eine Teilschuld um (MüKoBGB/*Ann* Rn. 3). Wenn sich im Rechtsstreit bis zum Schluss der mündlichen Verhandlung die Umwandlung von einer gesamtschuldnerischen in eine teilschuldnerische Haftung aufgrund Beweisaufnahme oder aus dem Parteivorbringen ergibt, darf das Gericht den verklagten Miterben nur als Teilschuldner verurteilen (Staudinger/*Marotzke* Rn. 28). 14

Der Aufnahme eines Vorbehalts nach § 780 ZPO bedarf es nicht, denn es handelt sich hier nicht um eine Beschränkung der Haftung auf den Nachlass, sondern um eine Beschränkung der Schuld (MüKo- 15

BGB/*Ann* Rn. 3). Wenn der Tatbestand des § 2060 jedoch erst nach Schluss der mündlichen Verhandlung erfüllt ist, ist ein Vorbehalt nach § 780 ZPO erforderlich; die Schuldumwandlung ist dann durch den als Gesamtschuldner verurteilten Miterben mit der Vollstreckungsgegenklage nach § 767 ZPO geltend zu machen (MüKoBGB/*Ann* Rn. 3; Staudinger/*Marotzke* Rn. 29).

16 **4. Beweislast.** Die Beweislast für die Teilhaftung trägt der beklagte Miterbe; er muss die Teilung des Nachlasses und die in den Nr. 1–3 genannten besonderen Voraussetzungen einer Teilhaftung nachweisen, dh Ausschluss des Gläubigers vor der Teilung des Nachlasses in einem Aufgebotsverfahren (Nr. 1), Verstreichen der Fünfjahresfrist der Nr. 2, Eröffnung eines Nachlassinsolvenzverfahrens und Beendigung durch Verteilung der Masse oder Insolvenzplan (Nr. 3); der Gläubiger trägt die Beweislast für die Kenntnis der Forderung des Miterben vor Ablauf der Fünfjahresfrist oder der rechtzeitigen Anmeldung der Forderung im Aufgebotsverfahren (NK-BGB/*Kick* Rn. 26; Bamberger/Roth/*Lohmann* Rn. 7; Baumgärtel/Laumen/Prütting Beweislast-HdB/*Schmitz* Rn. 1, 2).

IV. Fallgruppen des § 2060

17 §§ 2060 und 2061 I 2 enthalten eine **abschließende** Aufzählung von Gründen, die abweichend vom Grundsatz der gesamtschuldnerischen Haftung ausnahmsweise zu einer teilschuldnerischen Haftung führen. Diese **Ausnahmetatbestände** sind im Zusammenhang mit §§ 2045, 2046 zu sehen, die den Miterben berechtigen, vor Auseinandersetzung der Erbengemeinschaft ein gerichtliches Aufgebotsverfahren nach §§ 1970ff. BGB, §§ 433ff., 454ff. FamFG oder das sog. Privataufgebot nach § 2061 durchzuführen, sowie die Nachlassverbindlichkeiten zu berichtigen (Staudinger/*Marotzke* Rn. 63).

18 **1. Gläubigerausschluss im Aufgebotsverfahren (Nr. 1).** Das Aufgebotsverfahren richtet sich nach den Vorschriften der §§ 1970ff. BGB, §§ 433ff., 454ff. FamFG. Gem. § 455 I u. III kann der Erbe erst nach Annahme der Erbschaft das Aufgebotsverfahren beantragen. Ist die Eröffnung eines Nachlassinsolvenzverfahrens beantragt, soll kein Aufgebot erlassen werden (§ 457 FamFG).

19 Bei einer Erbengemeinschaft kommen gem. § 460 I FamFG der von einem Erben gestellte Antrag und ein ergehender Ausschließungsbeschluss auch den anderen Erben zugute; diese können insbes. die Einreden der §§ 1973, 2015 entgegenhalten, wenn sie noch nicht unbeschränkt haften (Bumiller/Harders FamFG § 460 Rn. 2). Gem. § 460 II FamFG ist auch der bereits unbeschränkt haftende Erbe zur Antragstellung berechtigt, der damit zwar seine unbeschränkte Haftung nicht mehr ändern kann (§ 2013), aber durch das sog. beschränkte Aufgebot (§ 460 II FamFG) die teilschuldnerische Haftung für Nachlassverbindlichkeiten herbeiführen kann (MüKoBGB/*Ann* Rn. 7; Bumiller/*Harders* FamFG § 460 Rn. 4).

20 Gem. § 458 I FamFG ist in dem Aufgebot den Nachlassgläubigern, die sich nicht melden, als Rechtsnachteil anzudrohen, dass sie von den Erben nur insoweit Befriedigung verlangen können, als sich nach Befriedigung der nicht ausgeschlossenen Gläubiger noch ein Überschuss ergibt; zusätzlich ist bei einer Mehrheit von Erben gem. § 460 I 2 FamFG den Nachlassgläubigern, die sich nicht melden als Rechtsnachteil anzudrohen (§ 434 II Nr. 3 FamFG), dass jeder Erbe nach der Teilung des Nachlasses nur für den seinem Erbteil entsprechenden Teil der Verbindlichkeit haftet. Damit erstreckt sich das Aufgebot auch auf die in § 1972 BGB bezeichneten Gläubiger (Pflichtteilsberechtigte, Vermächtnisnehmer, Auflagenberechtigte) und auf die Gläubiger, denen der Miterbe unbeschränkt haftet (Bumiller/Harders FamFG § 460 Rn. 3). Auch den Miterbengläubiger treffen die Wirkungen des Aufgebots (Staudinger/*Marotzke* Rn. 66).

21 Das Aufgebot bewirkt jedoch keine teilschuldnerische Haftung gegenüber den dinglich berechtigten Gläubigern (§ 1971), diese sind voll zu befriedigen (MüKoBGB/*Ann* Rn. 8).

22 Der Ausschließungsbeschluss wird erst mit Rechtskraft wirksam (§ 439 II FamFG); aufgrund der zwingend vorzunehmenden öffentlichen Zustellung (§ 441 S. 1 FamFG) beginnt die Beschwerdefrist gem. § 441 FamFG iVm § 188 ZPO einen Monat nach Aushang des Ausschließungsbeschlusses zu laufen, so dass die Rechtskraft und damit Wirksamkeit des Beschlusses in der Regel zwei Monate nach Erlass des Ausschließungsbeschlusses eintritt, wenn das Gericht keine längere Aushangfrist (§ 188 S. 2 ZPO) anordnet (Bumiller/Harders FamFG § 441 Rn. 3).

23 **Streit** herrscht in der Lit., ob ein **rechtskräftiger Ausschließungsbeschluss (§ 439 FamFG) vor der Nachlassteilung** ergehen muss (hM MüKoBGB/*Ann* Rn. 9; Bamberger/Roth/*Lohmann* Rn. 4; NK-BGB/*Kick* Rn. 9) oder ob es auf die zeitliche Reihenfolge von Aufgebot und Nachlassteilung nicht ankommt (so Staudinger/*Marotzke* Rn. 68; Erman/*Schlüter* Rn. 4). Da § 2060 die Miterben nach der Teilung durch die Umwandlung der gesamtschuldnerischen Haftung in eine teilschuldnerische begünstigen will, unterfällt es dem wirtschaftlichen Risiko der Miterben, wenn sie den Nachlass teilen und damit gesamtschuldnerisch haften, bevor sie die Nachlassgläubiger befriedigt haben. Von daher haben die Nachlassgläubiger bei einer verfrühten Teilung ohne Beantragung eines Aufgebotsverfahrens die Möglichkeit, einen zahlungskräftigen Miterben gesamtschuldnerisch in Anspruch zu nehmen. Im Hinblick auf den Normzweck kann das Aufgebotsverfahren nach der Teilung des Nachlasses erfolgen.

24 Außerdem herrscht Streit darüber, ob § 2060 als ungeschriebenes Tatbestandsmerkmal eine Unkenntnis der Forderung zur Zeit der Nachlassteilung voraussetzt (so Staudinger/*Marotzke* Rn. 53; aA die **hM** MüKoBGB/*Ann* Rn. 8; NK-BGB/*Kick* Rn. 12; Bamberger/Roth/*Lohmann* Rn. 4), wie dies in § 2061 I 2 ausdrücklich vorgesehen ist. Dies dürfte deshalb nicht erforderlich sein, da dem Aufgebotsantrag gem. § 456 FamFG ein Verzeichnis der bekannten Nachlassgläubiger beizufügen ist und der Antrag bei Fehlen dieses Verzeichnisses zurückgewiesen werden kann (Bumiller/Harders FamFG § 456 Rn. 1); unterlässt

der Antragsteller schuldhaft die Angabe bekannter Gläubiger macht er sich schadensersatzpflichtig und kann diesen gegenüber die Einrede nach § 1973 nicht erheben (Bumiller/*Harders* FamFG § 456 Rn. 1).

2. Verspätete Anspruchsstellung (Nr. 2). Der hier geregelte Ausnahmefall betrifft die **Verschweigungseinrede des § 1974.** Beginn der 5-Jahresfrist ist der Zeitpunkt des Erbfalls (§ 2060 Nr. 2 iVm § 1974 I 1), ggf. der Eintritt der Rechtskraft des Beschlusses über die Todeserklärung oder die Feststellung der Todeszeit des Erblassers (§ 2060 Nr. 2 iVm § 1974 I 2). Wenn ein Nachlassgläubiger innerhalb dieser Zeit eine ihm zustehende Nachlassforderung weder geltend macht, noch im gerichtlichen Aufgebotsverfahren (§§ 1970 ff. BGB, §§ 433 ff., 454 ff. FamFG) anmeldet, noch den Miterben bekannt gibt, der Nachlass zwischenzeitlich geteilt ist, wandelt sich die gesamtschuldnerische Haftung bei Fristablauf in eine **teilschuldnerische** (Staudinger/*Marotzke* Rn. 72). **Geltendmachung** der Forderung bedeutet nicht zwangsläufig eine Klagerhebung; vielmehr ist jedes außergerichtliche Vorgehen (Zahlungsaufforderung, Mahnung) das den Willen des Nachlassgläubigers ausdrückt, dass er die Forderung durchsetzen möchte, ausreichend (Bamberger/Roth/*Lohmann* Rn. 5; MüKoBGB/*Ann* Rn. 11). 25

Die Geltendmachung der Verwirkung innerhalb der Fünfjahresfrist ist grds. ausgeschlossen, da § 2060 Nr. 2 das Zeitmoment bereits berücksichtigt hat (MüKoBGB/*Ann* Rn. 10). 26

Keine Teilschuld entsteht, wenn die Forderung vor Ablauf der fünf Jahre „dem Miterben" bekannt geworden ist, was nur bedeuten kann, dass es auf die Kenntnis eines jeden einzelnen Miterben ankommt mit der Folge, dass die Möglichkeit besteht, dass ein Miterbe, dem die Forderung vor Ablauf der Fünfjahresfrist bekannt wurde, gesamtschuldnerisch haftet, ein anderer Miterbe, dem die Forderung unbekannt geblieben ist, teilschuldnerisch (Staudinger/*Marotzke* Rn. 76), wobei Ersterer gegen die nur teilschuldnerisch haftenden Miterben Rückgriff nehmen kann, soweit diese aus dem Nachlass etwas erhalten haben, da die Frage der Ausgleichungspflicht das Innenverhältnis der Miterben betrifft und insoweit auf den realen Erwerb, nicht auf die Erbquote ankommt (MüKoBGB/*Ann* Rn. 12). Sind Gläubiger und Miterben aufgrund eines beiderseitigen Irrtums der Ansicht, eine Forderung gegen den Erblasser sei erloschen, haftet der Miterbe teilschuldnerisch, da der beiderseitige Irrtum so zu behandeln ist wie die Unkenntnis von dem Bestehen der Forderung (KG NJW 1967, 1137). 27

Keine Teilschuld entsteht, wenn der Nachlassgläubiger die Forderung vor Ablauf der Fünfjahresfrist im gerichtlichen Aufgebotsverfahren angemeldet hat, auf die Kenntnis des einzelnen Miterben kommt es hier nicht an, da das Aufgebotsverfahren nach § 460 FamFG bei einer Mehrheit von Erben gegenüber allen Miterben wirkt (MüKoBGB/*Ann* Rn. 13). Die Anmeldung einer Forderung auf das Privataufgebot eines Miterben (§ 2061) ist als Geltendmachung der Forderung zu verstehen (Staudinger/*Marotzke* Rn. 73). 28

§ 2060 Nr. 2 erfasst auch die Gläubiger von Pflichtteilsansprüchen, Vermächtnissen und Auflagen (§ 1972) – wobei diese Verbindlichkeiten in der Regel bekannt sein werden – und die den Nachlassgläubigern gegenüber zunächst unbeschränkt haftenden Miterben; **nicht** jedoch die dinglich berechtigten Gläubiger (§ 1971), soweit diese sich aus den ihnen haftenden Gegenständen befriedigen (MüKoBGB/*Ann* Rn. 14; Staudinger/*Marotzke* Rn. 74 f.). 29

3. Nachlassinsolvenzverfahren (Nr. 3). Teilschuldnerische Haftung tritt ein, wenn das Nachlassinsolvenzverfahren (§§ 1975, 1980, 1989) eröffnet und durch Verteilung der Masse oder durch einen Insolvenzplan beendet worden ist. Eine andere Art der Beendigung des Nachlassinsolvenzverfahren, wie die Einstellung des Verfahrens mangels Masse (§ 207 InsO), Einstellung wegen Wegfalls des Eröffnungsgrunds (§ 212 InsO) und Einstellung mit Zustimmung der Gläubiger (§ 213 InsO) führt nicht zum Privileg der Teilschuld (MüKoBGB/*Ann* Rn. 15; Bamberger/Roth/*Lohmann* Rn. 6; NK-BGB/*Kick* Rn. 18). Gem. § 317 I InsO ist jeder Erbe – auch ein unbeschränkt haftender – berechtigt die Eröffnung des Nachlassinsolvenzverfahren zu beantragen; stellen bei einer Mehrheit von Erben nicht sämtliche den Insolvenzantrag, ist der Eröffnungsgrund glaubhaft zu machen (§ 317 II, § 320 InsO). Nur auf einen Erbteil kann der Miterbe das Nachlassinsolvenzverfahren nicht beschränken (§ 316 III InsO); bei einem durch Vermächtnisse und Auflagen überschuldeten Erbteil kann der Miterbe sich jedoch auf die Dürftigkeitseinrede nach § 1992 berufen (NK-BGB/*Kick* Rn. 25). Nachdem § 2060 Nr. 3 eine Verteilung der Masse voraussetzt, scheint eine teilschuldnerische Haftung sinnlos; ein Anwendungsbereich verbleibt im Fall des Antrags auf Nachlassinsolvenz bei nur drohender Zahlungsunfähigkeit (§ 320 S. 2 InsO), falls noch ein Überschuss verbleibt (Staudinger/*Marotzke* Rn. 81). 30

Bedeutung hat der Antrag auf Nachlassinsolvenz auch für einen Miterben, der vor Eintritt der Umwandlung in eine teilschuldnerische Haftung als Gesamtschuldner verurteilt wurde ohne den Vorbehalt des § 780 ZPO in das Urteil aufzunehmen und daher keine Möglichkeit der Haftungsbeschränkung auf den Nachlass hat (§ 2013); dieser kann durch das Nachlassinsolvenzverfahren seine Haftung mit dem Eigenvermögen auf den seiner Erbquote entsprechenden Anteil der Nachlassschuld verringern (MüKoBGB/*Ann* Rn. 15; Staudinger/*Marotzke* Rn. 83). 31

Umstritten in der Lit. bleibt, ob **Teilschuld** nur dann eintritt, wenn das Nachlassinsolvenzverfahren **vor der Teilung** eröffnet (so die wohl **hM** MüKoBGB/*Ann* Rn. 16; NK-BGB/*Kick* Rn. 17; Bamberger/Roth/*Lohmann* Rn. 6). Der Gegenmeinung (Staudinger/*Marotzke* Rn. 84) wird zwar zugestanden, dass § 316 II InsO die Eröffnung des Nachlassinsolvenzverfahren auch nach der Teilung des Nachlasses zulässt, allerdings soll in diesem Fall nur die Haftungsbeschränkung nach §§ 1989, 1973 herbeigeführt werden können, nicht jedoch die Umwandlung in eine Teilschuld (MüKoBGB/*Ann* Rn. 16). Den Interessen der Nachlassgläubiger dürfte jedoch durch §§ 35, 80 I, §§ 148, 159 InsO Genüge getan sein. 32

33 Soweit das Nachlassinsolvenzverfahren durch einen Insolvenzplan beendet wird, ist für die Haftung in erster Linie dessen Inhalt maßgeblich; nur soweit er nichts Gegenteiliges bestimmt, kann teilschuldnerische Haftung eintreten (Staudinger/*Marotzke* Rn. 88; Bamberger/Roth/*Lohmann* Rn. 6).

34 Konträr diskutiert wird auch die analoge Anwendung von **§ 2060 Nr. 3** bei **Beendigung** einer durchgeführten **Nachlassverwaltung;** abl. *Staudinger,* der darauf hinweist, dass die Nachlassverwaltung anders als das Nachlassinsolvenzverfahren nicht notwendig eine Aufforderung der Gläubiger zu Forderungsanmeldung vorsieht und das Aufgebot nicht überflüssig macht (Staudinger/*Marotzke* Rn. 90; aA MüKoBGB/*Ann* Rn. 17; NK-BGB/*Kick* Rn. 19, jeweils ohne Begründung).

§ 2061 Aufgebot der Nachlassgläubiger

(1) ¹Jeder Miterbe kann die Nachlassgläubiger öffentlich auffordern, ihre Forderungen binnen sechs Monaten bei ihm oder bei dem Nachlassgericht anzumelden. ²Ist die Aufforderung erfolgt, so haftet nach der Teilung jeder Miterbe nur für den seinem Erbteil entsprechenden Teil einer Forderung, soweit nicht vor dem Ablauf der Frist die Anmeldung erfolgt oder die Forderung ihm zur Zeit der Teilung bekannt ist.

(2) ¹Die Aufforderung ist durch den Bundesanzeiger und durch das für die Bekanntmachungen des Nachlassgerichts bestimmte Blatt zu veröffentlichen. ²Die Frist beginnt mit der letzten Einrückung. ³Die Kosten fallen dem Erben zur Last, der die Aufforderung erlässt.

I. Normzweck

1 Das vom gerichtlichen Aufgebotsverfahren nach §§ 1970 ff. zu unterscheidende sog. **Privataufgebot** der Nachlassgläubiger § 2061 (besser: die private Aufforderung des Miterben zur Anmeldung der Forderung) ist neben § 2060 die einzige Möglichkeit die grds. bestehende gesamtschuldnerische Haftung der Miterben in eine teilschuldnerische Haftung entsprechend der Erbquote umzuwandeln. Das Verfahren ist weniger aufwändig als das gerichtliche Aufgebotsverfahren und führt dann zur Beschränkung des Schuldumfangs, wenn die vorgeschriebene Veröffentlichung ordnungsgemäß erfolgt ist (MüKoBGB/ *Ann* Rn. 1).

II. Voraussetzungen der teilschuldnerischen Haftung (Abs. 1 S. 1, Abs. 2)

2 **1. Öffentliche Aufforderung.** Gem. Abs. 1 S. 1 kann **jeder** Miterbe, dh auch der unbeschränkt haftende, die Nachlassgläubiger öffentlich auffordern, ihre Forderungen binnen sechs Monaten bei ihm oder dem Nachlassgericht (§ 342 I Nr. 9 FamFG) anzumelden. Da es sich um eine Aufforderung des Miterben und nicht – wie beim gerichtlichen Aufgebot nach §§ 1970 ff., 2060 Nr. 1 – um eine Aufforderung des Gerichts handelt, wirkt das zuständige Nachlassgericht (§ 343 FamFG) bei der Veröffentlichung lediglich mit und nimmt Anmeldungen entgegen (NK-BGB/*Kick* Rn. 9). Im Gegensatz zum gerichtlichen Aufgebot brauchen die Rechtsnachteile (§ 434 II Nr. 3, § 460 I FamFG) nicht angedroht zu werden, auch ergeht kein Ausschließungsbeschluss, was zur Folge hat, dass das Privataufgebot weder zur haftungsbeschränkenden Einrede nach § 1973, noch zur aufschiebenden Einrede des § 2015 führt (Staudinger/ *Marotzke* Rn. 3).

3 § 2061 II erläutert, wie die öffentliche Aufforderung erfolgen muss. Die Aufforderung ist im Bundesanzeiger zu veröffentlichen (Gesetz über öffentliche Bekanntmachungen 17.5.1950 BGBl. I S. 183); zusätzlich ist die Aufforderung durch das die Bekanntmachungen des Nachlassgerichts bestimmte Blatt zu veröffentlichen; welches Blatt dies ist, bestimmt die jeweilige Landesjustizverwaltung (MüKoBGB/*Ann* Rn. 3; NK-BGB/*Kick* Rn. 6).

4 **2. Form und Frist der Anmeldung.** Die Anmeldung bedarf keiner besonderen Form (NK-BGB/*Kick* Rn. 8). Bei der sechsmonatigen Anmeldefrist handelt es sich um eine Ausschlussfrist, dh, dass das Recht der Gläubiger zur Anmeldung mit Fristablauf erlischt, was von Amts wegen zu beachten ist. Sie beginnt gem. Abs. 2 S. 2 mit der letzten Einrückung, dh der letzten Veröffentlichung; die Fristberechnung erfolgt nach §§ 187, 188, 193; eine Hemmung durch höhere Gewalt (§ 206) ist ausgeschlossen (Staudinger/ *Marotzke* Rn. 5; NK-BGB/*Kick* Rn. 7).

III. Eintritt der teilschuldnerischen Haftung (Abs. 1 S. 2)

5 **1. Keine rechtzeitige Anmeldung.** Die teilschuldnerische Haftung nach der Teilung tritt ein, wenn der Nachlassgläubiger seine Forderung nicht innerhalb der Ausschlussfrist beim Nachlassgericht oder bei dem Miterben angemeldet hat, der zur Anmeldung aufgefordert hat; nur diese Anmeldungen wirken gegenüber **allen Miterben.** Wird eine Anmeldung der Forderung gegenüber einem anderen Miterben an das Nachlassgericht oder den auffordernden Miterben innerhalb der Frist weitergeleitet, liegt keine ordnungsgemäße Anmeldung vor (MüKoBGB/*Ann* Rn. 4).

6 **2. Keine Kenntnis der Forderung zur Zeit der Teilung.** Die teilschuldnerische Haftung des einzelnen Miterben tritt nur dann ein, wenn dieser im Zeitpunkt der Teilung keine Kenntnis von der Forderung hatte. Die Kenntnis von der Forderung wirkt nur gegen den jeweiligen Miterben, so dass eine unterschiedliche Haftung der Miterben eintreten kann; der Miterbe, der die Forderung kennt haftet gesamt-

schuldnerisch, während die anderen Miterben, denen die Kenntnis im Zeitpunkt der Teilung fehlt (und sie auch nicht Kenntnis durch eine rechtzeitige und ordnungsgemäße Anmeldung erhalten haben), für die Nachlassverbindlichkeit nur anteilig entsprechend ihrer Erbquote haften (MüKoBGB/*Ann* Rn. 4). Kenntnis erlangt ein Miterbe, der nicht selbst zur Anmeldung aufgefordert hat, auch dadurch, dass ein Nachlassgläubiger seine Forderung bei ihm anmeldet (MüKoBGB/*Ann* Rn. 4).

Hinsichtlich der Kenntnis des Miterben von der Forderung kommt es nicht auf die Sechsmonatsfrist an, so dass ein Miterbe, der die Forderung zurzeit der Nachlassteilung kannte, unabhängig von dem Ablauf der Anmeldefrist gesamtschuldnerisch haftet (Staudinger/*Marotzke* Rn. 9; NK-BGB/*Kick* Rn. 14). 7

3. Zulässigkeit der Teilung vor oder nach Aufforderung und Fristablauf? Wie bei § 2060 ist in der Lit. umstritten, ob § 2061 voraussetzt, dass das Privataufgebot vor der Teilung des Nachlasses beendet sein muss (MüKoBGB/*Ann* Rn. 5; NK-BGB/*Kick* Rn. 12; Palandt/*Weidlich* Rn. 2) oder es auch noch nach der Teilung eingeleitet werden kann (Staudinger/*Marotzke* Rn. 10). Der Wortlaut der Vorschrift gibt für die ersteren Ansichten nichts her; zur Diskussion → § 2060 Rn. 23. 8

4. Rechtswirkung. Die Wirkung des § 2061 I 2, nämlich die Beschränkung der Nachlassverbindlichkeit auf den der Erbquote jedes Miterben entsprechenden Anteils, tritt kraft Gesetzes ein, wenn trotz ordnungsgemäßer Aufforderung bis zum Fristablauf keine Forderung angemeldet und der Nachlass geteilt ist und keinem Miterben die Forderung bis zur Teilung bekannt wurde (NK-BGB/*Kick* Rn. 11). Für eine nicht teilbare Schuld gilt § 45 InsO analog, der einen Wertersatzanspruch gibt oder der Nachlassgläubiger verlangt Herausgabe in Natur gegen Erstattung des den anteilig haftenden Miterben nicht treffenden Werts der Nachlassverbindlichkeit (→ § 2060 Rn. 13). In einem Klageverfahren ist der Miterbe nur anteilig zu verurteilen; der Erhebung einer Einrede bedarf es nicht, da die Voraussetzungen für die **Teilhaftung kraft Gesetzes** eingetreten und Amts wegen zu berücksichtigen sind; treten die Voraussetzungen der Teilhaftung erst nach dem Urteilsspruch ein, muss sich der Miterbe die Beschränkung der Haftung nach § 780 ZPO vorbehalten und nach § 767 ZPO Vollstreckungsgegenklage erheben (NK-BGB/*Kick* Rn. 21). 9

5. Geltungsbereich. § 2061 ist auch gegenüber den Gläubigern iSv § 1972 anwendbar; die dinglich berechtigten Gläubiger iSv § 1971 werden dagegen – ebenso wie bei § 2060 – nicht umfasst, soweit sie sich aus ihnen haftenden Gegenstände befriedigen (MüKoBGB/*Ann* Rn. 6; Staudinger/*Marotzke* Rn. 11). 10

6. Beweislast. Der sich auf die Teilhaftung berufende Miterbe trägt die Beweislast für die Ordnungsgemäßheit der Aufforderung, des Fristablaufs und der Nachlassteilung, während der Nachlassgläubiger die Rechtzeitigkeit der Anmeldung oder die Kenntnis des Miterben von der Forderung im Zeitpunkt der Teilung beweisen muss (MüKoBGB/*Ann* Rn. 8; Bamberger/Roth/*Lohmann* Rn. 7; Staudinger/*Marotzke* Rn. 12; Baumgärtel/Laumen/Prütting Beweislast-HdB/*Schmitz* Rn. 1). 11

IV. Kosten

Gem. Abs. 2 S. 3 trägt der Erbe, der das Privataufgebot erlassen hat, die Kosten; es handelt sich insofern – im Gegensatz zum gerichtlichen Aufgebot – nicht um Nachlassverbindlichkeiten, sondern um Eigenverbindlichkeiten des handelnden Miterben. Dieser hat jedoch Erstattungsansprüche an die übrigen Miterben aus Auftragsrecht (§ 670) oder nach den Grundsätzen der Geschäftsführung ohne Auftrag (§ 683). Der Antragsteller ist Kostenschuldner (§ 23 Ziff. 3 GNotKG; Gerichtsgebühr nach KV 12410, 15 EUR). 12

§ 2062 Antrag auf Nachlassverwaltung

Die Anordnung einer Nachlassverwaltung kann von den Erben nur gemeinschaftlich beantragt werden; sie ist ausgeschlossen, wenn der Nachlass geteilt ist.

I. Normzweck

Hs. 1 ergänzt § 1981 I im Hinblick auf eine Mehrheit von Erben; da die Erben den Nachlass gemeinschaftlich verwalten und über Nachlassgegenstände nur gemeinschaftlich verfügen können (§§ 2038, 2033 II, § 2040), soll es nicht einem einzelnen Miterben möglich sein, durch alleinigen Antrag auf Nachlassverwaltung den übrigen Miterben die Verwaltungsbefugnis zu entziehen, was nach §§ 1984–1986 der Fall wäre (MüKoBGB/*Ann* Rn. 1; Staudinger/*Marotzke* Rn. 1). Von daher sieht Abs. 1 zwingend vor, dass die Miterben die haftungsbeschränkende Maßnahme der Nachlassverwaltung gemeinschaftlich beantragen. 1

Hs. 2 bezweckt die Miterben anzuhalten, entsprechend ihrer Pflicht nach § 2046 vor Teilung des Nachlasses die Nachlassverbindlichkeiten zu berichtigen (MüKoBGB/*Ann* Rn. 2; Bamberger/Roth/*Lohmann* Rn. 4). 2

II. Gemeinschaftlicher Antrag (Hs. 1)

1. Antragsrecht. In erster Linie sind die Miterben antragsberechtigt; da es sich bei der Beantragung der Nachlassverwaltung um keine Maßnahme der laufenden Verwaltung der Erbengemeinschaft (§ 2038 3

I 1) handelt, ist auch ein Mehrheitsbeschluss nicht ausreichend, sondern der erforderliche Antrag an das Nachlassgericht ist von den **Miterben gemeinsam** zu stellen (NK-BGB/*Kick* Rn. 4).

4   Sobald **ein** Miterbe **unbeschränkt** haftet (§ 2013 I 1 Hs. 2), **verlieren sämtliche** Miterben ihre **Antragsbefugnis** (hM MüKoBGB/*Ann* Rn. 3; NK-BGB/*Kick* Rn. 13). Die übrigen Miterben werden durch die Möglichkeit der Leistungsverweigerung bis zur Teilung des Nachlasses (§ 2059 I 1) und des Aufschubs der Auseinandersetzung bis zur Ermittlung der Nachlassgläubiger (§ 2045) ausreichend geschützt und können zudem Antrag auf ein Gläubigeraufgebot und Errichtung eines Inventars stellen (MüKo-BGB/*Ann* Rn. 3). Soweit die Gegenansicht (Staudinger/*Marotzke* Rn. 12) darauf abstellt, dass das Erfordernis der gemeinschaftlichen Antragstellung dem Gemeinschaftsverhältnis der Miterben entspringt und nicht ihrer Haftung gegenüber den Nachlassgläubigern, ist dies zwar korrekt, widerspricht jedoch dem Wortlaut der §§ 2062 Hs. 1 iVm § 2013 I 1 Hs. 2, die eine gemeinschaftliche Antragstellung fordern (MüKoBGB/*Ann* Rn. 3).

5   Hat ein Miterbe seinen **Erbteil** gem. § 2033 I auf einen **Dritten übertragen**, muss der Erbteilserwerber gemeinsam mit den anderen Miterben den Antrag auf Nachlassverwaltung stellen (NK-BGB/*Kick* Rn. 5; Staudinger/*Marotzke* Rn. 8).

6   Wurde der Erbteil eines Miterben gem. § 859 II ZPO gepfändet, muss der Gläubiger gemeinsam mit dem Miterben den Antrag stellen (Zöller/*Herget* ZPO § 859 Rn. 17); ab Eintritt der Vorkaufsberechtigung steht dieses Recht dem Pfandgläubiger zusammen mit den übrigen Miterben allein zu (Staudinger/*Marotzke* Rn. 9).

7   **Allein antragsbefugt** ist ein Miterbe, der **zugleich Nachlassgläubiger** ist, wenn die in § 1981 I 1 genannten Voraussetzungen hinsichtlich des Verhaltens oder der Vermögenslage nur **eines** Miterben vorliegen (Staudinger/*Marotzke* Rn. 7; Staudinger/*Dobler* § 1981 Rn. 22 ff.). Generell gilt für sonstige Nachlassgläubiger von Miterben, dass die Voraussetzungen des § 1981 II in der Person eines Miterben vorliegen (MüKoBGB/*Ann* Rn. 5); ferner besteht das Antragsrecht der Nachlassgläubiger unabhängig davon, ob ein Miterbe unbeschränkt haftet (Staudinger/*Dobler* § 2013 Rn. 4). Antragsberechtigt ist auch der Testamentsvollstrecker; da ihm mit seinem Amt bereits die Verwaltungsbefugnis über den Nachlass übertragen wurde, bedarf er der Zustimmung der Miterben nicht (Staudinger/*Marotzke* Rn. 3; NK-BGB/*Kick* Rn. 9). Durch die Anordnung der Testamentsvollstreckung wird das Antragsrecht der Miterben in der Regel ausgeschlossen sein und bestenfalls bei Vorliegen eines wichtigen Grundes (§ 2227) zum Zug kommen können (NK-BGB/*Kick* Rn. 7).

8   **2. Anordnung der Nachlassverwaltung.** Zuständig für die Anordnung der Nachlassverwaltung ist das Nachlassgericht (§ 1981 I BGB, § 342 I Nr. 8, § 343 I FamFG). Da die Anordnung der Nachlassverwaltung nicht von Amts wegen erfolgen kann, muss ein Antrag von allen Miterben vorliegen, wobei die Einverständnis aller Miterben noch im Zeitpunkt der Entscheidung über den Antrag gegeben sein muss (Staudinger/*Marotzke* Rn. 14; MüKoBGB/*Ann* Rn. 4); bei Rücknahme des Antrags durch einen Miterben, wird der gesamte Antrag unzulässig. Bei Vorliegen eines Antrages sämtlicher Miterben kann das Gericht die Nachlassverwaltung nur dann ablehnen, wenn die vorhandenen Nachlassmasse voraussichtlich die Kosten der Nachlassverwaltung nicht deckt (§ 1982) oder ein Miterbe unbeschränkbar haftet (§ 2013 I 1 Hs. 2) (NK-BGB/*Kick* Rn. 13).

9   **3. Rechtsmittel.** Der die Nachlassverwaltung auf Antrag des Erben anordnende Beschluss ist nicht anfechtbar (§ 359 FamFG). Die Beschwerde gegen die Anordnung der Nachlassverwaltung ist ausnahmsweise zulässig, wenn die Anordnung zu Unrecht erfolgt ist (zB nach Teilung des Nachlasses, § 2062 Hs. 2) (Keidel/*Zimmermann* FamFG § 359 Rn. 11). Wird der Antrag auf Anordnung der Nachlassverwaltung zurückgewiesen, ist das Rechtsmittel der Beschwerde (§ 58 I FamFG) gegeben; beschwerdeberechtigt nach § 59 I und II sind die Miterben nur gemeinschaftlich (Keidel/*Zimmermann* FamFG § 359 Rn. 15). Die Aufhebung der Nachlassverwaltung wegen Erreichung ihres Zweckes bedarf keines Antrags, da sie von Amts wegen vorzunehmen ist; wird eine entsprechende Anregung, die jeder Miterbe einzeln geben kann, abgelehnt, steht jedem Miterben einzeln das Beschwerderecht nach § 59 I FamFG zu (Staudinger/*Marotzke* Rn. 15; MüKoBGB/*Ann* Rn. 7; Keidel/*Zimmermann* FamFG § 359 Rn. 16).

10 Die Gerichtgebühr bestimmt sich nach § 64 GNotKG; sie ist eine Jahresgebühr; für die Anordnung entsteht eine 0,5 Gebühr (KV 12310) aus dem Wert des zu verwaltenden Nachlasses, danach für jedes Jahr des Fortbestehens eine Gebühr von 10 EUR je angefangener 5.000 EUR NL Wert mind. 200 EUR (KV 12311). Gem. § 24 Nr. 5 GNotKG haften die Erben für die Gebühren.

III. Ausschluss der Nachlassverwaltung nach Teilung (Hs. 2)

11 **1. Regelfall. Nach Teilung** des Nachlasses durch die Erbengemeinschaft ist die Nachlassverwaltung (im Gegensatz zum Alleinerben, § 1981) **ausgeschlossen**. Dies gilt sowohl für den Antrag der Miterben, als auch für die **Nachlassgläubiger** (MüKoBGB/*Ann* Rn. 8; NK-BGB/*Kick* Rn. 21; Bamberger/Roth/*Lohmann* Rn. 4; aA Staudinger/*Marotzke* Rn. 18). Letzterer befürwortet, dass § 2062 Hs. 2 zum Schutz der Gläubigerinteressen restriktiv auszulegen sei und nicht für den Nachlassgläubiger gelte. Dem widerspricht sowohl der Wortlaut des Gesetzes als auch die Gesetzesmaterialien, wonach das Interesse der Nachlassgläubiger es nicht erfordere, eine einmal vollzogene Teilung rückgängig zu machen; zu dem haften die Miterben bei einer Teilung unbeschränkt, so dass die Nachlassgläubiger auch auf das Eigenvermögen der Miterben zugreifen können (MüKoBGB/*Ann* Rn. 8; NK-BGB/*Kick* Rn. 21).

Der Nachlass ist iSv § 2062 Hs. 2 geteilt (→ § 2059 Rn. 19 ff.), wenn hinsichtlich eines wesentlichen 12
Teils die Gesamthandsgemeinschaft aufgelöst und Nachlassgegenstände in das Eigenvermögen der Miterben überführt wurden, dass die Erbengemeinschaft im Großen und Ganzen auseinander gesetzt zu sein scheint (Staudinger/*Marotzke* Rn. 21; NK-BGB/*Kick* Rn. 20). § 2062 Hs. 2 greift auch dann ein, wenn ein noch gesamthänderisch gebundener Restnachlass vorhanden ist, der geeignet ist, offene Nachlassverbindlichkeiten zu erfüllen, womit den Interessen der Gläubiger ausreichend Rechnung getragen ist. Da die Nachlassverwaltung (§ 1975) den gesamten Nachlass umfasst (NK-BGB/*Krug* § 1975 Rn. 24), ist sie bereits bei der Verteilung einzelner Nachlassgegenstände ausgeschlossen.

2. Ausnahmen. Ist die Erbengemeinschaft nicht durch Verteilung der Nachlassgegenstände auseinan- 13
dergesetzt worden, sondern wurde sie durch Vereinigung sämtlicher Erbteile in der Hand eines Erben aufgelöst, ist die Nachlassverwaltung noch möglich, da der Nachlass zwar nicht gesamthänderisch gebunden, jedoch als Einheit vorhanden ist (Staudinger/*Marotzke* Rn. 23; NK-BGB/*Kick* Rn. 22; MüKoBGB/*Ann* Rn. 9).

Vollzieht sich Teilung ohne Zutun des Miterben im Wege der Singularsukzession hinsichtlich eines 14
Anteils des Erblassers **an einer Personengesellschaft** (→ § 2059 Rn. 24 f.), wird übereinstimmend angenommen, dass in diesem Fall § 2062 Hs. 2 nach Sinn und Zweck der Vorschrift, eine voreilige Teilung zulasten der Nachlassgläubiger vermeiden zu wollen, nicht anwendbar ist (MüKoBGB/*Ann* Rn. 10). Dies gilt unabhängig davon, ob der Gesellschaftsanteil das wesentliche Vermögen des Erblassers darstellt (Staudinger/*Marotzke* Rn. 25). Zugleich wird den einzelnen Miterben, die kraft Sondererbfolge in die Gesellschafterstellung des Erblassers einrücken, jeweils ein eigenes Antragsrecht zugebilligt (MüKoBGB/*Ann* Rn. 10; NK-BGB/*Kick* Rn. 6; Bamberger/Roth/*Lohmann* Rn. 5); dies ist insofern problematisch, als es eine auf einen einzelnen Erbteil oder Gesellschaftsanteil beschränkte Nachlassverwaltung nicht gibt (Staudinger/*Marotzke* Rn. 6, 27; MüKoBGB/*Ann* Rn. 14). Dieses Argumentationsproblem stellt sich nicht, wenn man das Einrücken der Miterben in die Gesellschafterstellung im Wege der Singularsukzession nicht als Teilung ansieht (→ § 2059 Rn. 25; Staudinger/*Marotzke* Rn. 25 f.).

IV. Sonstige Haftungsbeschränkungsmöglichkeiten

1. Vor der Teilung. Vor der Teilung kann auch der unbeschränkt haftende Miterbe das Aufgebotsver- 15
fahren (§§ 1970 ff.) beantragen, allerdings erhalten nur die beschränkbar haftenden Miterben die Einreden aus §§ 1973, 1974, während der unbeschränkbar haftende Miterbe seine Haftung nur hinsichtlich seiner ideellen Erbquote beschränken kann (Staudinger/*Dobler* § 2013 Rn. 4; NK-BGB/*Odersky* § 2013 Rn. 2). Nur die beschränkbar haftenden Miterben können gem. § 2059 I 1 die Haftung auf den Nachlass beschränken; der unbeschränkt haftende Miterbe haftet mit seinem Eigenvermögen jedoch für die Verbindlichkeiten nur in Höhe seiner Erbquote (§ 2059 I 2).

Die Nachlassverwaltung kann nur von beschränkbar haftenden Miterben beantragt werden (→ Rn. 3); 16
soweit sie von einem Nachlassgläubiger betrieben wird, tritt die Haftungsbeschränkung nur zu Gunsten der beschränkbar haftenden Miterben ein, während gegenüber dem unbeschränkt haftenden Miterben § 1975 wegen § 2013 I 1 ausgeschlossen ist. Die Einreden der §§ 1990–1992 stehen wegen § 2013 I 1 ebenfalls nur den beschränkt haftenden Miterben zu; gleiches gilt für die Einreden nach §§ 2014, 2015, die dem unbeschränkt haftenden Miterben aufgrund § 2016 I entzogen sind. Antrag auf das Nachlassinsolvenzverfahren kann dagegen jeder Miterbe (§§ 316 I, 317 II, 320 InsO, auch der bereits unbeschränkt haftende Miterbe (MüKoBGB/*Ann* Rn. 12). Für den unbeschränkt haftenden Miterben ist auch hier § 2013 I 1 zu beachten (NK-BGB/*Odersky* § 2013 Rn. 4).

2. Nach der Teilung. Dem **unbeschränkt haftenden** Miterben bleibt ausschließlich der Antrag auf 17
Eröffnung des Nachlassinsolvenzverfahren (§ 316 I u. II, § 317 II, § 320 InsO) mit den vorgenannten Folgen. Den beschränkbar haftenden Miterben stehen die Einreden der §§ 1974, 1990–1992 u. 2014 zu; folgt man der herrschenden Meinung in der Lit. (→ § 2060 Rn. 17) besteht nach der Teilung nicht mehr die Möglichkeit ein Aufgebotsverfahren zu beantragen und damit die Einreden der §§ 1973, 2015 zu erheben; folgt man der anderen Ansicht, ist die Erhebung der Einreden auch nach der Teilung möglich. Unbestritten steht dem beschränkbar haftenden Miterben auch nach der Teilung das Recht zu, Nachlassinsolvenz zu beantragen (§ 316 II, § 317 II, § 320 InsO) und die sich daraus ergebenden Einreden (§ 1989 iVm § 1973) zu erheben. Einreden, die den Miterben bereits vor der Teilung zugestanden haben, können auch nach der Teilung erhoben werden; eine Ausnahme bildet der komplette Verlust der Haftungsbeschränkung wegen § 2006 III (Staudinger/*Dobler* § 2013 Rn. 2).

§ 2063 Errichtung eines Inventars, Haftungsbeschränkung

(1) **Die Errichtung des Inventars durch einen Miterben kommt auch den übrigen Erben zustatten, soweit nicht ihre Haftung für die Nachlassverbindlichkeiten unbeschränkt ist.**

(2) **Ein Miterbe kann sich den übrigen Erben gegenüber auf die Beschränkung seiner Haftung auch dann berufen, wenn er den anderen Nachlassgläubigern gegenüber unbeschränkt haftet.**

I. Normzweck

Abs. 1 ergänzt die Vorschriften der **§§ 1993 ff.** im Hinblick auf eine Mehrheit von Erben; er bezieht 1
sich auf die **Inventarerrichtung,** dh die Einreichung des Verzeichnisses über den Nachlass bei dem

Nachlassgericht, und nicht auf die der Errichtung vorangehende Aufnahme, Anfertigung, des Inventars (→ § 1993 Rn. 4; Staudinger/*Marotzke* Rn. 1; Staudinger/*Dobler* § 1993 Rn. 7 ff.). Die Inventarerrichtung selbst gibt keine Haftungsbeschränkungsmöglichkeit, sondern kann dem Miterben ermöglichen eine Nachlassverwaltung oder ein Nachlassinsolvenzverfahren zu beantragen (NK-BGB/*Kick* Rn. 1). In der Hauptsache wird durch die Inventarerrichtung den **Informationsinteressen der Nachlassgläubiger** genügt (MüKoBGB/*Ann* Rn. 1; Bamberger/Roth/*Lohmann* Rn. 1); dadurch, dass sie Kenntnis über den Bestand des Nachlasses erhalten, können sie die Durchsetzungsmöglichkeiten ihrer Forderungen einschätzen; als weitere Folge können sie die unbeschränkte Haftung der Miterben herbeiführen, wenn die Miterben die Inventarfrist versäumen (§ 1994 I 2) oder Inventaruntreue (§ 2005 I 1) begehen (→ § 1993 Rn. 8; NK-BGB/*Kick* Rn. 7).

2   **Abs. 2** erhält auch dem unbeschränkt haftenden Miterben im Verhältnis zu den Miterben, die auch Nachlassgläubiger sind, die Möglichkeit der Haftungsbeschränkung des § 2059 I 1, da die Miterben sich selbst ein Bild über den Nachlass machen können und insofern nicht so schutzwürdig sind wie ein außenstehender Nachlassgläubiger (Bamberger/Roth/*Lohmann* Rn. 3; NK-BGB/*Kick* Rn. 18).

II. Inventarerrichtung durch einen Miterben (Abs. 1)

3   **1. Berechtigte.** Gem. § 1993 ist jeder Miterbe berechtigt **freiwillig** ein Inventar zu errichten, um die Wirkung des **§ 2009** zu erhalten, nämlich die **Vermutung,** dass zur Zeit des Erbteils nur die im Verzeichnis angegebenen Gegenstände vorhanden waren. (→ § 2009 Rn. 2, 5; NK-BGB/*Kick* Rn. 4) Die Vermutung gilt nur zwischen Erben und Nachlassgläubigern, nicht jedoch gegenüber Eigengläubigern des Erben und erstreckt sich nur auf Aktiva und Passiva des Nachlasses, nicht auf deren Wert. Durch die freiwillige Errichtung des Inventars **erleichtert** sich der Erbe die **Beweisführung** im Hinblick auf Leistungsverweigerungsrechte, für deren Bestehen er beweispflichtig wäre. Allerdings ist gem. § 292 ZPO der Beweis des Gegenteils zulässig (→ § 2009 Rn. 6; Staudinger/*Dobler* § 2009 Rn. 5). Die Errichtung des Inventars kann nur über den gesamten Nachlass erfolgen, nicht lediglich über einen Erbteil (Staudinger/*Dobler* § 1993 Rn. 6).

4   Die **Aufnahme** des Inventars erfolgt nach **§ 2002** durch den **Erben** unter Hinzuziehung des Notars (§ 20 I S. 2 BNotO, § 66 I Nr. 2 BeurkG). Nach § 2003 II ist der Erbe zwar zur Erteilung von Auskünften verpflichtet, die jedoch nicht erzwingbar ist; als Folge der Auskunftsverweigerung kann der Miterbe das Haftungsbeschränkungsrecht wegen § 2005 I 2 verlieren (NK-BGB/*Kick* Rn. 6). Die Aufnahme durch den vom Nachlassgericht beauftragten Notar hat den Vorteil, dass bereits durch Antragstellung die Inventarfrist gewahrt ist (§ 2003 I 3) (→ § 2003 Rn. 5).

5   Eine Verpflichtung zur Mitwirkung besteht nicht, da das Inventar eines Miterben allen anderen zustattenkommt, soweit sie nicht bereits unbeschränkt haften. Hat ein Miterbe das **Haftungsbeschränkungsrecht nicht allgemein** verloren (zB durch Versäumen der Inventarfrist nach § 1994 I 2 oder durch Inventaruntreue nach § 2005 I), sondern nur gegenüber einzelnen Nachlassgläubigern (zB wegen Verweigerung der eidesstattlichen Versicherung nach § 2006 III, durch einen Vorbehalt nach § 780 I ZPO oder durch Verzicht), kommt ihm das Inventar aber den **anderen Nachlassgläubigern gegenüber** zustatten (Staudinger/*Marotzke* Rn. 5; MüKoBGB/*Ann* Rn. 2). Nicht erforderlich ist es auch, dass die übrigen Miterben sich das von einem Miterben errichtete Inventar durch Erklärung nach **§ 2004** zu Eigen machen (Bamberger/Roth/*Lohmann* Rn. 2; NK-BGB/*Kick* Rn. 5).

6   **2. Antragsberechtigte.** Nach § 1994 I ist **jeder Nachlassgläubiger, auch Pflichtteilsberechtigte und Vermächtnisnehmer,** berechtigt beim Nachlassgericht zu beantragen, dass einem oder mehreren Miterben eine Frist zur Errichtung des Inventars gesetzt wird; diese soll nach § 1995 mindestens einen, höchstens drei Monate betragen. Da die Inventarfrist jedem Miterben einzeln gesetzt werden muss, kann es zu unterschiedlichen Fristläufen kommen, die sich auch aus § 1995 I 2, II oder III ergeben können. Wenn ein Miterbe ein Inventar errichtet hat, das den übrigen Miterben nach Abs. 1 zustattenkommt, kann danach den übrigen Miterben eine Inventarfrist nur noch gem. § 2005 II zum Zweck der Ergänzung gestellt werden; ein gesondertes Inventar braucht nicht errichtet zu werden (MüKoBGB/*Ann* Rn. 2; Staudinger/*Marotzke* Rn. 13).

7   Dem Miterben, der zugleich Nachlassgläubiger ist, steht kein Antragsrecht nach § 1994 I zu, da er selbst in der Lage ist, sich über den Bestand des Nachlasses zu informieren (→ § 1993 Rn. 4; Staudinger/*Dobler* § 1994 Rn. 8; NK-BGB/*Kick* Rn. 9).

8   **3. Ordnungsgemäße Errichtung.** Nur ein **fristgerechtes, vollständig** und **richtig** errichtetes Inventar erhält den Miterben deren Haftungsbeschränkungsmöglichkeiten. **Versäumt** ein Miterbe die ihm gesetzte **Inventarfrist,** haftet er gem. § 1994 I 2 **unbeschränkt;** die Sanktion trifft wegen **§ 425** nur den Miterben, der die ihm gesetzte Frist versäumt hat (Staudinger/*Marotzke* Rn. 4). Dieser Miterbe kann sich nicht auf ein späteres, rechtzeitiges Inventar eines anderen Miterben berufen (MüKoBGB/*Ann* Rn. 2); ein solches kann dem unbeschränkt haftenden Miterben nicht mehr zustattenkommen. Umgekehrt kann jedoch ein nicht fristgerecht errichtetes Inventar einem anderen Miterben, dessen Inventarfrist noch läuft, zustattenkommen und damit die eigene Inventarfrist wahren (Staudinger/*Marotzke* Rn. 8); einer Bezugnahme auf das beim Nachlassgericht vorliegende Inventar iSv § 2004 bedarf es nicht. Eine Bezugnahme auf ein dem Nachlassgericht vorliegendes Nachlassverzeichnis nach § 2314 ersetzt eine wirksame Errichtung nicht (OLG Hamm NJW 1962, 53).

Ein Inventar, das absichtlich die **Nachlassgegenstände unvollständig** aufführt (§ 2005 I 1 Hs. 1), wobei die Unvollständigkeit erheblich sein muss, oder in der **Absicht Nachlassgläubiger zu beteiligen nichtbestehende Nachlassverbindlichkeiten** enthält, wobei das Weglassen bestehender Schulden unschädlich ist, (§ 2005 I 1 Hs. 2), erfüllt den Tatbestand der **Inventaruntreue** (→ § 2005 Rn. 2 ff.; Staudinger/*Dobler* § 2005 Rn. 4 ff.) und führt ebenfalls für den Miterben, der ein derartiges Inventar errichtet hat, zur unbeschränkten Haftung. Der Verlust der Haftungsbeschränkung aufgrund Inventaruntreue wird den übrigen Miterben gegen § 425 nicht zugerechnet. Lässt jedoch ein anderer Miterbe im Vertrauen auf Vollständigkeit und Richtigkeit des Inventars, die eigene Inventarfrist verstreichen, ist diesem Miterben, der keine Inventaruntreue begangen hat, **analog § 2005 II** eine Frist zur Ergänzung des unvollständigen/unrichtigen Inventars zu setzen. Erst wenn diese Nachfrist ungenutzt verstreicht, verliert der säumige Miterbe sein Haftungsbeschränkungsrecht (Staudinger/*Marotzke* Rn. 9). Die Inventaruntreue eines Miterben kann den Wegfall der Haftungsbeschränkung eines anderen Miterben dann verursachen, wenn dieser in Kenntnis der Unvollständigkeit des Inventars die Erklärung gem. § 2004 abgegeben hat (MüKoBGB/*Ann* Rn. 2). Zum Umfang der Ermittlungspflicht des Miterben OLG Hamm ZEV 2010, 580.

Gem. § 2006 I kann ein Nachlassgläubiger die eidesstattliche Versicherung der Vollständigkeit des Inventars zu Protokoll des Nachlassgerichts verlangen. Grundsätzlich hat die eidesstattliche Versicherung der Miterbe abzugeben, der das Inventar errichtet hat (NK-BGB/*Kick* Rn. 15). Umstritten ist, ob die eidesstattliche Versicherung auch von den anderen Miterben verlangt werden kann, denen das Inventar zustattenkommt. Dies kann mit dem Argument bejaht werden, dass die Miterben, die die positive Wirkung der Inventarerrichtung eines anderen Miterben für sich in Anspruch nehmen und auch über den Bestand des Nachlasses umfassend informiert sein können, zur Abgabe der eidesstattlichen Versicherung gehalten sind. Einen zusätzlichen Schutz bietet § 2006 II, wonach der Miterbe vor Abgabe der eidesstattlichen Versicherung das Inventar ggf. nachbessern kann. Bei Bedarf kann die Änderung der Formel der eidesstattlichen Versicherung die Tatsache berücksichtigen, dass die eidesstattliche Versicherung nicht von dem Miterben abgegeben wird, der das Inventar errichtet hat (Staudinger/*Marotzke* Rn. 15, § 2006 Rn. 10, 12; NK-BGB/*Kick* Rn. 15).

Die Gegenansicht stellt darauf ab, dass aufgrund fehlender Verantwortlichkeit der übrigen Miterben für die Inventarerrichtung, des tätigen Miterben eine eidesstattliche Versicherung nicht verlangt werden kann (MüKoBGB/*Ann* Rn. 2; Bamberger/Roth/*Lohmann* Rn. 2.) Sie erkennt jedoch die Verpflichtung zur Abgabe der eidesstattlichen Versicherung eines jeden Miterben dann an, wenn ein von allen beauftragter Notar das Inventar angefertigt und eingereicht hat (MüKoBGB/*Ann* Rn. 2).

Die Abgabe der eidesstattlichen Versicherung kann zwar nicht erzwungen werden, führt jedoch für den sich weigernden Erben zur unbeschränkten Haftung dem Gläubiger gegenüber, der die Abgabe der eidesstattlichen Versicherung beantragt hat (→ § 2006 Rn. 12; NK-BGB/*Kick* Rn. 16).

4. Umfang der Haftungsbeschränkung. Strittig ist, ob der wegen Versäumung der Inventarfrist oder Inventaruntreue unbeschränkt haftende Miterbe gesamtschuldnerisch auf die komplette Nachlassverbindlichkeit (hM NK-BGB/*Kick* Rn. 13; NK-BGB/*Odersky* § 1994 Rn. 25; → § 2059 Rn. 13) oder mit dem Eigenvermögen nur auf die seinem Erbteil entsprechende Schuldquote haftet (so Staudinger/*Marotzke* Rn. 4).

5. Die Dreimonatseinrede des § 2014 verliert ein Miterbe in der Regel nicht bereits dann, wenn ihm ein Inventar eines anderen Miterben vor Fristablauf zustattenkommt (Staudinger/*Marotzke* Rn. 14). Einer Inventarerrichtung bedarf es während eines Nachlassinsolvenzverfahrens oder einer Nachlassverwaltung nicht; ein entsprechender Antrag wird bei Eröffnung der genannten Verfahren unwirksam (§ 2000). Die Kosten des Nachlassgerichts bestimmen sich nach Nr. 12410 (15 EUR), 12411 (25 EUR), 12412 (40 EUR) KV GNotKG; bei Aufnahme des Inventars durch den Notar fällt eine 2,0 Gebühr nach 23500 KV GNotKG iVm Teil 1 Vorb. 1 Abs. 2 an. Die Erben haften nach §§ 24 Nr. 4, 31 II GNotKG für die Kosten. Vergleichbare Vorschriften: § 2008 I 3, § 2144 II, § 2383 II.

III. Haftungsbeschränkung gegenüber Miterbengläubiger (Abs. 2)

Ist ein Miterbe zugleich Nachlassgläubiger, sei es, dass er eine Forderung gegen den Erblasser hatte, ihm ein Vermächtnis ausgesetzt wurde (§ 2150) oder er von den anderen Miterben einen Restpflichtteil (§ 2305) oder Pflichtteilsergänzung (§ 2325) verlangen kann, kann der von ihm in Anspruch genommene Miterbe, der anderen Nachlassgläubigern aufgrund Versäumung der Inventarfrist oder Inventaruntreue unbeschränkt haftet, trotzdem seine Haftung auf Nachlass bzw. das aus dem Nachlass Empfangene beschränken (Staudinger/*Marotzke* Rn. 17). Diese Privilegierung des bereits unbeschränkt haftenden Miterben im Verhältnis zu den anderen Miterben folgt aus dem Normzweck, wonach jeder Miterbe sich selbst ein Bild über den Bestand des Nachlasses machen könne (NK-BGB/*Kick* Rn. 18). Strittig ist, ob Abs. 2 auch dann anwendbar ist, wenn der Miterbe seine Nachlassgläubigerstellung durch § 426 II erhält, was jedoch überwiegend angenommen wird (Staudinger/*Marotzke* Rn. 23; Bamberger/Roth/*Lohmann* Rn. 5; NK-BGB/*Kick* Rn. 19; aA MüKoBGB/*Ann* Rn. 7).

Abs. 2 gibt kein eigenes Recht zur Haftungsbeschränkung, sondern lässt den Verlust der Haftungsbeschränkung eines Miterben dann nicht eintreten, wenn dieser von einem anderen Miterben auf Berichtigung einer Nachlassverbindlichkeit in Anspruch genommen wird (MüKoBGB/*Ann* Rn. 4). Da es keinen allgemeinen Grundsatz gibt, dass ein Erbe gegenüber einem Miterben nur mit dem Nachlass haftet, muss sich der in Anspruch genommene Miterbe die Haftungsbeschränkung nach § 780 ZPO vorbehalten und nach §§ 785, 767 ZPO im Wege der Vollstreckungsgegenklage geltend machen (Bamberger/Roth/*Lohmann* Rn. 4; MüKoBGB/*Ann* Rn. 4; Staudinger/*Marotzke* Rn. 27; NK-BGB/*Kick* Rn. 18).

IV. Konvaleszenz (Heilung) von Verfügungen gem. § 185 II 1 Alt. 3.

17 Nach § 185 II 1 Alt. 3 wird die von einem nichtberechtigten Erblasser getroffene Verfügung wirksam, wenn der Erblasser von dem Berechtigten beerbt wird und dieser für die Nachlassverbindlichkeiten unbeschränkt haftet; der Berechtigte, dh der Erbe wäre aus dem Kausalverhältnis zur Erfüllung der Verbindlichkeit des Erblassers verpflichtet, so dass das Gesetz mit der Fiktion unnötige Rechtsstreitigkeiten vermeiden will (MüKoBGB/*Bayreuther* § 185 Rn. 56). Diese Regelung beruht auf der Vereinigung von dem Recht des berechtigten Erben auf Rückforderung des Verfügungsobjekts einerseits und dessen Pflicht, den Erfüllungsanspruch des Nachlassgläubigers zu befriedigen, andererseits (MüKoBGB/*Bayreuther* § 185 Rn. 56). Die Heilung, Konvaleszenz, kann nur dann eintreten, und wenn der Erbe des Verfügenden endgültig unbeschränkt (§ 2013) für dessen Nachlassverbindlichkeiten haftet, dh wenn auch tatsächlich auf das Eigenvermögen und das aus dem Nachlass Erlangte zurückgegriffen werden kann, um nicht die Erfüllungsansprüche des Nachlassgläubigers durch eine Haftungsbeschränkung auf den Nachlass zu gefährden (BayObLG DNotZ 1998, 138; OLG Stuttgart NJW-RR 1995, 968). Im Falle der Nachlassinsolvenz würde der Nachlassgläubiger auf die Insolvenzquote verwiesen werden. (MüKoBGB/*Bayreuther* § 185 Rn. 57). Die Genehmigungsfiktion beruht unabhängig vom Rechtsgrund und unabhängig von der Frage, ob der Erbe tatsächlich eine Pflicht zur Verschaffung des Rechts hat, ausschließlich auf der Haftung des Erben für die Nachlassverbindlichkeiten des Erblassers, so dass von einer „Heilung kraft Haftung" gesprochen wird (MüKoBGB/*Bayreuther* § 185 Rn. 56).

18 Die Konvaleszenz nach § 185 II 1 Alt. 3 kann nicht eintreten, wenn neben dem Berechtigten auch der Erwerber Miterbe geworden ist; in diesem Fall tritt wegen § 2063 II keine unbeschränkte Haftung für die Nachlassverbindlichkeiten ein (MüKoBGB/*Ann* Rn. 8; MüKoBGB/*Bayreuther* § 185 Rn. 58).

Abschnitt 3. Testament

Titel 1. Allgemeine Vorschriften

§ 2064 Persönliche Errichtung

Der Erblasser kann ein Testament nur persönlich errichten.

1 **1. Normzweck.** §§ 2064 u. 2065 sind Wirksamkeitsvoraussetzungen für letztwillige Verfügungen. Ihr Ziel ist es, die grundgesetzlich in Art. 2 I, Art. 14 I GG garantierte Testierfreiheit zu sichern. Der Schutz der Testierfreiheit und ihr Verständnis als höchstpersönliches, unübertragbares Recht beruhen auf der besonderen Bedeutung von Verfügungen von Todes wegen und berücksichtigen auch die erheblichen Auswirkungen, die von Verfügungen des Erblassers abweichend von der gesetzlichen Erbfolge auf den Ehegatten, Abkömmlinge und sonstige Verwandte ausgehen können. Der Erblasser soll sich dieser personalen Verantwortung des Testierens und damit von der gesetzlichen Erbfolge abzuweichen, nicht durch Einschaltung eines Dritten entziehen können (BGH NJW 1955, 100 = BGHZ 15, 199 (200); BayObLG FamRZ 1991, 610f.). § 2064 verlangt die persönliche Anwesenheit der geschäftsfähigen Person, regelt also die **formelle Höchstpersönlichkeit**, während § 2065 ergänzend ein eigenes gedankliches Konzept (materielle Höchstpersönlichkeit) der Person fordert, die eine letztwillige Verfügung errichten will.

2 **2. Tatbestandsvoraussetzungen. a) Testierfähigkeit** des Erblassers ist erforderlich (vgl. ausf. § 2229), nicht unbedingt seine Volljährigkeit. Schon ein Minderjähriger, der das 16. Lebensjahr vollendet hat, kann, unter Mitwirkung eines Notars (§ 2233), ohne Zustimmung seiner gesetzlichen Vertreter, letztwillige Verfügungen errichten. Das Gesetz geht grds. von der unbeschränkten Testierfähigkeit aus. Die Ausübung von Vorsorgevollmachten geht nicht automatisch mit der Testierunfähigkeit des Vollmachtgebers einher. Auch bei Anordnung einer gesetzlichen Betreuung besteht für den Betreuten die Vermutung der Testierfähigkeit, da die Umstände, die zur Testierunfähigkeit führen, grds. die Ausnahme bilden. Umstände, die zur Testierunfähigkeit führen, sind beim begründeten Verdacht ihres Vorliegens daher besonders sorgfältig zu prüfen. Besondere Schwierigkeiten stellen sich bei Prüfung der Testierfähigkeit Demenzkranker. Bei einer leichten Demenz ist eine Testierfähigkeit noch gegeben, während bei mittelschwerer und schwerer Demenz von einer Testierunfähigkeit auszugehen ist (informativ hierzu *Wetterling/Neubauer/Neubauer* ZEV 1995, 46). Bei einer bei Testierenden führenden mittelschweren oder schweren Demenz, einhergehend mit Vergesslichkeit, Wortfindungsstörungen, Orientierungsstörungen, Schwierigkeiten bis hin zur Unfähigkeit der Selbstversorgung, ist ein „luzides Intervall" sehr selten. Die Häufigkeit eines „luziden Intervalls" bei Demenzkranken, das wiederum zu einer Testierfähigkeit führen würde, wird deutlich überschätzt (*Wetterling/Neubauer/Neubauer* ZEV 1995, 46 (48, 49)).

3 **b) Letztwillige Verfügung.** Die Norm gilt für Einzeltestamente und gemeinschaftliche Testamente von Ehegatten oder Lebenspartnern einer eingetragenen Lebenspartnerschaft. Ein handschriftliches Tes-

tament ist auch in Briefform möglich, wenn die Auslegung einen endgültigen Testierwillen und nicht nur eine unverbindliche Mitteilung über eine mögliche Testierabsicht ergibt (OLG Schleswig ZEV 2010, 46 (48 f.)).

c) Höchstpersönlichkeit. Es gilt das Verbot der Stellvertretung (BGH NJW 1955, 100 = BGHZ 15, 199 (200)). Wie weit der Spielraum eines Bevollmächtigten reicht, ist daher ohne Belang. Ein **Betreuer** kann ein Testament für den Betreuten nicht errichten, auch nicht, wenn der Betreute vor oder während der Betreuung testierunfähig geworden ist, selbst wenn für den Betreuer erkennbar geworden ist, dass die vormals getroffene letztwillige Verfügung auf Willensmängeln des zwischenzeitlich testierunfähigen Erblassers beruht oder seinem hypothetischen Willen nicht mehr entsprechen dürfte (ausf. *Lange* ZEV 2008, 313). So kann der gesunde Ehepartner ein gemeinschaftliches Testament gegenüber seinem testierunfähig gewordenen Ehepartner widerrufen, während der testierunfähige Ehepartner selbst einen Widerruf nicht – mehr – erklären kann und an seine letztwillige Verfügung gebunden bleibt. Ebenso liegt ein Verstoß gegen § 2064 vor, wenn die Hilfsperson, zB ein Betreuer, eine in vollem Umfang vom Erblasser vorformulierte Erklärung dem Notar zur Beurkundung übermitteln soll. § 2064 schließt deshalb die Einschaltung eines Boten und Betreuers aus, weil die Errichtung eines öffentlichen Testaments die mündliche Erklärung des letzten Willens höchstpersönlich durch den Erblasser vor dem Notar oder die Übergabe einer Schrift durch den Erblasser an den Notar erfordert (§ 2232 S. 1) und das eigenhändige Testament mit der vollständigen Niederschrift und Unterschrift durch den Erblasser erst wirksam errichtet ist (§ 2247 S. 1). Die **Übergabe** eines eigenhändigen Testaments in die amtliche Verwahrung (§ 2248) gehört nicht zur Testamentserrichtung und kann daher auch durch einen Boten oder Betreuer erfolgen.

d) Errichtung. Die Errichtung eines gestaltenden Erst- oder Ergänzungstestaments wird ebenso erfasst wie die Errichtung eines Widerrufstestaments (§ 2254) oder ein widersprechendes Testament (§ 2258). Als besondere Form des Widerrufs eines Testaments ist auch die **Rücknahme** aus amtlicher Verwahrung (§ 2256) hiervon erfasst und verlangt ein Handeln durch den Erblasser persönlich.

3. Rechtsfolge Nichtigkeit. Ein Verstoß gegen die Tatbestandsvoraussetzungen des § 2064 führt zur Nichtigkeit der Verfügung von Anfang an. Eine Heilung des Formmangels durch Genehmigung ist nicht möglich. Der Erblasser muss, soweit er noch testierfähig ist, ein neues Testament unter Beachtung der Tatbestandsvoraussetzungen des § 2064 und der materiellen Wirksamkeitserfordernisse des § 2065 errichten.

4. Praxis/Prozessuales. a) Beurkundung. Der Notar soll eine Beurkundung allgemeiner Art ablehnen, wenn einem der Beteiligten nach Überzeugung des Notars die erforderliche Geschäftsfähigkeit fehlt. Zweifel hat er in der Niederschrift festzustellen. Die notarielle Prüfung der Geschäftsfähigkeit bei der **Beurkundung einer letztwilligen Verfügung** geht hierüber hinaus (vgl. §§ 27 u. 28 BeurkG). Der Notar hat nicht nur bei Offenkundigkeit der Testierunfähigkeit eine Beurkundung abzulehnen, sondern er muss sich darüber hinaus gem. § 28 BeurkG vor der Beurkundung der letztwilligen Verfügung über die erforderliche Geschäftsfähigkeit des Erblassers idR in Form eines ausführlichen Gespräches informieren und soll seine Wahrnehmungen über die erforderliche Geschäftsfähigkeit in der **Niederschrift vermerken.** Das Unterlassen dieses Vermerkes führt jedoch nicht zur Unwirksamkeit der Urkunde (nur „Soll"-Vorschrift). Die Einsicht von Krankenunterlagen ist grds. nicht erforderlich, ebenso wenig die Unterredung mit den Ärzten, es sei denn, es bestehen besondere Anhaltspunkte oder Erfordernisse. Die Erklärung „Der Notar überzeugte sich durch kurze Unterredung mit dem Erschienenen von dessen Geschäftsfähigkeit" sollte nur verwandt werden, wenn mit einem späteren Erbenstreit über Inhalt und Wirksamkeit des Testaments zur Testierfähigkeit unter keinen Umständen gerechnet werden muss. Gerade bei älteren Erblassern sollte die ausführliche Unterredung über die persönlichen Verhältnisse, über den gewünschten Inhalt und die Formulierungen des Testaments auch im Testament dokumentiert werden. Dies kann dadurch erfolgen, dass zunächst in der Niederschrift aufgenommen wird, dass eine ausführliche und umfangreiche Unterredung zur Frage der Geschäftsfähigkeit geführt wurde und dass in einer vorangesetzten Präambel nicht nur die persönlichen Verhältnisse des Erblassers (Staatsangehörigkeit, Familienstand, Anzahl der Abkömmlinge) dargestellt werden, sondern auch die Motivation des Erblassers, sein Wille, auch mit den Worten des Erblassers zu skizzieren ist. Damit dokumentiert der Notar die ausführliche Unterredung und die Erforschung des „wahren Willens" des Erblassers. Der Erblasser darf zwar nicht fremdbestimmt testieren, allerdings hat der Notar als Hilfsperson gem. § 17 I u. II BeurkG den wahren Willen des Erblassers zu erforschen und den Sachverhalt zu klären. Bei einem späteren Rechtsstreit über die Frage der fehlenden Testierfähigkeit, die zur Nichtigkeit der Verfügung führen würde und zur Frage der Fremdbestimmung bzw. eigenen Willensbildung, ist eine Präambel mit den Wünschen, Worten und der Motivationslage des Erblassers hilfreich, da an die Präambel anschließend dann in den einzelnen Regelungen die juristische Umsetzung des Erblasserwillens durch den Notar erfolgt. Lässt sich der Erblasser von dem Notar manipulieren, ist das Testament nicht nichtig, sondern nur wegen Irrtums anfechtbar (§ 2078).

b) Keine Errichtung im Prozessvergleich. In einem Prozessvergleich kann ein Testament, auch ein Widerrufstestament, nicht errichtet werden. Dies widerspricht bereits den formellen Vorschriften des § 2231, der die Errichtung eines Testaments nur zur Niederschrift eines Notars oder durch ein eigenhändiges Testament des Erblassers zulässt. Außerdem sind bei Testamenten Bindungswirkungen, wie sie für einen Prozessvergleich typisch wären, nur bei gemeinschaftlichen Testamenten von Eheleuten bzw. Lebenspartnern eingetragener Lebenspartnerschaften vorgesehen. Eine Bindungswirkung durch Prozessvergleich würde bei einer späteren Meinungsänderung dem Höchstpersönlichkeitsgrundsatz und der lebzeitigen Testierfreiheit widersprechen. Denkbar ist im Rahmen eines Prozessvergleichs nur ein Erbvertrag und in diesem wiederum ein einseitiger Testamentswiderruf, wenn die Erblasser höchstpersönlich zugegen sind, persönlich diese Erklärung vor Gericht abgeben und bei Anwaltszwangs auch der Anwalt zugegen ist (Prozessvergleich und Erbvertrag s. § 2276).

9 c) **Darlegungs- und Beweislast. aa) Testierfähigkeit.** Entsprechend dem Grundsatz, dass Störungen der Geistestätigkeit die Ausnahme bilden, ist ein Erblasser als testierfähig anzusehen, solange nicht die Testierunfähigkeit zur Gewissheit des Gerichts nachgewiesen ist (BayObLG FamRZ 1997, 1029 = NJWE-FER 1997, 159; BayObLGZ 1983, 309 (312), stRspr). Im Rechtsstreit trägt grds. derjenige die Beweislast, der sich auf die Testierunfähigkeit beruft (KG NJW 2001, 903). Bei Testierunfähigkeit vor und nach der Testamentserrichtung spricht der **Beweis des ersten Anscheins** für die Testierunfähigkeit auch im Zeitpunkt der Testamentserrichtung (BayObLG FamRZ 1999, 819). Die Feststellungslast für ein lichtes Intervall trägt derjenige, der Rechte daraus ableitet (BayObLG FamRZ 1990, 801). Im Erbscheinsverfahren ist die Frage der Testierfähigkeit **von Amts wegen** zu klären (§§ 26, 29, 30 FamFG). Nähere Ermittlungen hierzu sind nur erforderlich, wenn ein **berechtigter Anlass** besteht, an der Testierfähigkeit des Erblassers zu zweifeln; die bloße Behauptung eines Beteiligten, der Erblasser sei nicht mehr testierfähig gewesen, reicht hierfür nicht aus (BayObLG FamRZ 1997, 1029 = NJWE-FER 1997, 159; OLG Hamm ZEV 1997, 75; zu Beweismitteln und Kriterien vgl. *Cording* ZEV 2010, 23 f. (115 ff.)). Zum Umfang der Ermittlungspflicht zur Feststellung der Testierfähigkeit: Wenn die Befragung der Ärzte, die die Erblasserin in den letzten Jahren vor dem Tod behandelt hatten, keine Anhaltspunkte für eine Testierunfähigkeit ergibt und derjenige, der sich auf die Testierunfähigkeit beruft, keine konkreten Beobachtungen mitteilen kann, so dass kein Anlass für Zweifel an der Testierfähigkeit gegeben ist, sind weitere Ermittlungen nicht erforderlich (BayObLG FamRZ 1997, 1029 = NJWE-FER 1997, 159; vgl. ausf. § 2229).

10 **bb) Echtheit der Urkunde.** Die Feststellungslast für die Echtheit und Eigenhändigkeit eines Testaments trägt derjenige, der Rechte aus dieser Urkunde herleiten will (BayObLG FamRZ 1985, 837). Nicht aufklärbare Zweifel an der Echtheit eines Testaments gehen zulasten desjenigen, der Rechte aus der Urkunde herleiten will. Darum ist für die Überzeugungsbildung des Gerichts eine **hohe Wahrscheinlichkeit** ausreichend, um die Echtheit eines Testaments zu verneinen (zB durch Sachverständigengutachten). Ebenso genügt eine hohe Wahrscheinlichkeit, die für die Echtheit spricht (OLG München ZEV 2010, 50). Eine mathematische, jede Möglichkeit des Gegenteils ausschließende Gewissheit für die Überzeugung des Gerichts darf nicht verlangt werden (BayObLG FamRZ 2001, 1325; BayObLGZ 1999, 205 (210) = NJW-RR 2000, 6). Es genügt, wenn das Gericht aufgrund einer von Sachverständigen festgestellten hohen Wahrscheinlichkeit der Fälschung des Testaments begründete und nicht behebbare Zweifel an der Echtheit des Testaments hat (BayObLG FamRZ 2001, 1325).

11 **cc) Tatsachenfeststellung.** Die Feststellung der Testierfähigkeit, der Echtheit und des Zeitpunktes der Errichtung der Urkunde obliegt den Gerichten der Tatsacheninstanz. Für eigenhändige Zeit- und Ortsangaben in handschriftlichen Testamenten gilt die Vermutung der Richtigkeit bis zum Beweis des Gegenteils (OLG München ZEV 2010, 50).

12 **d) Rechtsweg.** Die Frage der fehlenden Testierfähigkeit, des Testierwillens bzw. der Unwirksamkeit des Testaments ist im Erbscheinsverfahren und/oder im Wege einer Feststellungsklage zu rügen. Beide Verfahren können einzeln, aber auch kumulativ durchgeführt werden. Allerdings kann ein Erbscheinsverfahren mit Blick auf ein zivilprozessuales Erbenfeststellungsverfahren gem. § 21 FamFG ausgesetzt werden.

13 **aa) Feststellungsklage.** Nachteil ist, dass bei Frage der Testierfähigkeit im Rahmen der ZPO kein Amtsermittlungsgrundsatz gilt, sondern „nur" die zivilprozessuale Beweisführung und Beweislast. Nach dem Beibringungsgrundsatz hat die Partei selbst Beweismittel beizubringen und das Gericht hiervon zu überzeugen. Vorteil ist, dass das Feststellungsurteil im Gegensatz zu Entscheidungen im Erbscheinsverfahren in materielle Rechtskraft erwächst. Gegen ein klagabweisendes Urteil ist das Rechtsmittel der Berufung gegeben.

14 **bb) Erbscheinsverfahren.** Vorteil des Erbscheinsverfahrens ist, dass die Frage der Testierfähigkeit und der Echtheit der Urkunde von Amts wegen zu prüfen ist (§§ 29, 30 FamFG). Die Entscheidung über den Erbschein kann jedoch nur in formelle, nicht in materielle Rechtskraft erwachsen. Vor Erteilung des Erbscheins ergeht ein Beschluss. Bei **unstreitigen Verfahren** wird der Beschluss schon mit Erlass wirksam, dessen Bekanntgabe ist nicht erforderlich (§ 352e I FamFG). Damit kann das Nachlassgericht gleichzeitig mit der Beschlussfassung den Erbschein erteilen. In **streitig geführten Erbscheinsverfahren** hat das Gericht die sofortige Wirksamkeit des Beschlusses auszusetzen und die Erteilung des Erbscheins bis zur Rechtskraft des Beschlusses zurückzustellen (§ 352e II FamFG).

15 **cc) Rechtmittel im Erbscheinsverfahren.** Nach § 38 I FamFG ist in allen Verfahren durch Beschluss zu entscheiden. Jeder Beschluss ist gem. § 39 FamFG mit einer Rechtsmittelbelehrung zu versehen, über das statthafte Rechtsmittel und darüber, bei welchem Gericht die Rechtsbehelfe einzulegen sind. Die Belehrung muss weiter den Gerichtssitz und die einzuhaltende Form und Frist enthalten. Rechtsmittel ist einheitlich die **Beschwerde** (§ 58 I FamFG), die binnen eines Monats ab schriftlicher Bekanntgabe des Beschlusses an die Beteiligten (§ 63 FamFG) bei dem Gericht, dessen Entscheidung angefochten wird (§ 64 I FamFG) einzulegen ist. Kann die schriftliche Bekanntgabe an einen Beteiligten nicht bewirkt

werden, beginnt die Monatsfrist spätestens nach Ablauf von fünf Monaten seit Beschlusserlass zu laufen. Nach Bekanntgabe des Erbscheins ist eine Beschwerde gegen einen Beschluss nach § 352e I FamFG nur noch möglich mit dem Ziel der Einziehung oder Kraftloserklärung des Erbscheins (§§ 352e III, 353 FamFG). Da ein Erbschein nicht in materielle Rechtskraft erwächst, kann auch jederzeit die Erteilung eines vom bereits erteilten Erbschein abweichenden Erbscheins beantragt werden. Wird diesem Antrag entsprochen, ist der ursprüngliche Erbschein von Amts wegen einzuziehen; wird dem Antrag nicht entsprochen, ist hiergegen die Beschwerde zulässig. Alternativ zu diesem Beschwerdeverfahren kann beim Nachlassgericht beantragt oder angeregt werden, den erteilten Erbschein gem. § 2361 wegen Unrichtigkeit einzuziehen oder für kraftlos zu erklären.

5. Recht in den neuen Bundesländern. Die Regelung des § 2064 findet sich nahezu wörtlich in § 370 II ZGB wieder. Auch nach dieser Vorschrift kann ein Testament nur vom Erblasser persönlich errichtet werden, wobei der Erblasser volljährig und handlungsfähig sein muss (§ 370 I ZGB). Da § 370 I, II ZGB sich auf die Form und Fähigkeit zur Errichtung eines Testaments bezieht, gilt § 370 ZGB auch für Erbfälle nach dem 3.10.1990, wenn das Testament vor dem 3.10.1990 unter der Geltung des ZGB errichtet wurde (Art. 235 § 2 S. 1 EGBGB). Diese Ausnahmeregelung greift immer, wenn es um die Beurteilung formeller Wirksamkeitsvoraussetzungen eines Testaments geht (OLG Brandenburg FamRZ 1998, 59 (60)). Demgegenüber ist bei der Beurteilung von Inhalt und Auslegung des Testaments darauf abzustellen, ob der Erbfall vor oder nach dem Beitritt erfolgte. Auf alle seit dem 3.10.1990 eingetretenen Erbfälle kommt das Erbrecht des BGB zur Anwendung, auch wenn ein Testament vor diesem Zeitpunkt unter der Geltung des ZGB errichtet wurde (Generalklausel, Art. 235 § 1 I EGBGB). 16

§ 2065 Bestimmung durch Dritte

(1) Der Erblasser kann eine letztwillige Verfügung nicht in der Weise treffen, dass ein anderer zu bestimmen hat, ob sie gelten oder nicht gelten soll.

(2) Der Erblasser kann die Bestimmung der Person, die eine Zuwendung erhalten soll, sowie die Bestimmung des Gegenstands der Zuwendung nicht einem anderen überlassen.

1. Normzweck. § 2065 bestimmt, ebenso wie § 2064, die Wirksamkeitsvoraussetzungen für letztwillige Verfügungen und sichert die Testierfreiheit als höchstpersönliches und unübertragbares Recht. In Ergänzung zu § 2064 bestimmt § 2065 die **materielle Höchstpersönlichkeit** der Testamentserrichtung (Staudinger/Otte Rn. 1, 2). Eine Abweichung von der gesetzlichen Erbfolge soll nur möglich sein, wenn der Erblasser selbst aufgrund eines eigenen gedanklichen Konzeptes sich entschließt, in der erforderlichen Form mit entsprechendem Testierwillen (OLG München ZEV 2008, 596 f. verneinend bei Notizzettel) eine letztwillige Verfügung zu errichten. Weder die Entscheidung über die **Geltung des Testaments** noch über die **Person des Bedachten** oder den **Gegenstand der Zuwendung** darf einem Dritten überlassen bleiben. Sämtliche Punkte müssen von dem Erblasser persönlich bestimmt werden, damit der Grundsatz der vollständigen Willensbildung, der materiellen Höchstpersönlichkeit der Testamentserrichtung gewahrt bleibt. 1

2. Anwendbarkeit. a) Vorrang gesetzlicher Sonderregelungen. aa) HöfeO § 14 III: Diese Spezialnorm geht § 2065 vor. Danach kann der Hofeigentümer seinem Ehegatten durch Verfügung von Todes wegen die Befugnis erteilen, unter den Abkömmlingen des Hofeigentümers den Hoferben zu bestimmen. Setzt der Erblasser seinen Ehegatten jedoch zugleich als Vorerben ein, ist § 14 III HöfeO nicht anwendbar, sondern § 2065 zu prüfen. **bb) Erbauseinandersetzung: § 2048 S. 2** regelt, dass der Erblasser verfügen kann, dass die Erbauseinandersetzung in die Ermessensentscheidung eines Dritten gestellt wird. **cc) Vermächtnisse §§ 2151–2156:** Diese Sonderregelungen geben dem Erblasser bei Vermächtnissen die Möglichkeit, einem Dritten oder dem mit dem Vermächtnis Belasteten die Entscheidung zu überlassen, wer von mehreren Bedachten das ausgesetzte Vermächtnis erhalten soll. Die Übertragung der Entscheidungsbefugnis auf Dritte bei der Durchführung von Vermächtnissen kann sowohl die Auswahl der Person des Vermächtnisnehmers aus einem Kreis der vom Erblasser bestimmten bedachten Personen betreffen als auch die Höhe der Anteile, die von dem Erblasser testamentarisch bedachten Vermächtnisnehmer erhalten sollen (§ 2153). Nach § 2152 kann der Erblasser alternative Vermächtnisnehmer bestimmen. Mit § 2154 kann einem Dritten die Auswahl unter mehreren vom Erblasser genannten Vermächtnisgegenständen überlassen werden, gem. § 2155 ist die Bestimmung auch zulässig, wenn der Gegenstand der Gattung nach bestimmt hat. Nach § 2156 ist die Weitergabe der Entscheidungsbefugnis an einen Dritten im Rahmen eines Testaments zulässig, wenn der Erblasser testamentarisch den Zweck des Vermächtnisses bestimmt hat und nur die Bestimmung der Leistung dem billigen Ermessen einem Dritten überlassen hat. Kennzeichnend für diese Alternative ist jeweils, dass es sich nicht um eine Erbeinsetzung, sondern um ein Vermächtnis handeln muss und dass jedenfalls eine Grobauswahl, sei es durch den Personenkreis oder den Zweck, vom Erblasser selbst getroffen sein muss und der Dritte nur in dem jeweiligen Rahmen, dem Personenkreis, dem Gegenstandskreis, über Anteile des Gegenstandes oder im Rahmen des bestimmten Zwecks nach jeweils billigem Ermessen zu bestimmen hat. **dd) Auflagen §§ 2192, 2193** lassen eine noch weitergehende Bestimmung durch einen Dritten zu, als dies bereits bei Vermächtnissen möglich ist. **ee) Testamentsvollstreckung §§ 2197–2200:** Nur die Testamentsvollstreckung als solche muss vom Erblasser selbst testamentarisch angeordnet sein. Die Entscheidung über die Person des Testamentsvollstreckers kann der Erblasser einem Dritten überlassen. 2

3 **b) Vorrang der Auslegung.** Vor Anwendung des § 2065, mit der Konsequenz der Nichtigkeit, ist zu prüfen, ob der wahre Wille des Erblassers bei unklaren oder unvollständigen Anordnungen im Wege der Auslegung (§ 133) festgestellt werden kann. Das **Gebot der wohlwollenden Auslegung des § 2084** ist im Gesamtgefüge aller Auslegungsmöglichkeiten zu berücksichtigen. Alle Auslegungsmethoden, dh die einfache (erläuternde) Auslegung (→ § 2084 Rn. 8ff.), die ergänzende Auslegung bei Regelungslücken (→ § 2084 Rn. 14ff.), die wohlwollende Auslegung des § 2084, die Umdeutung gem. § 140 und die weiteren gesetzlichen Auslegungsregeln des § 2087 sowie der §§ 2066ff., §§ 2089ff. (→ § 2084 Rn. 23), auch in Kombination zueinander (BayObLG NJW-RR 1990, 1417 (1418)), sind auszuschöpfen, um dem Erblasserwillen zur Geltung zu verhelfen (→ § 2084 Rn. 2ff.). Der Bedachte muss nicht mit Namen benannt sein. Es genügt, wenn der Bedachte anhand objektiver Kriterien festgestellt werden kann (BGH NJW 1955, 100 (101) = BGHZ 15, 199 (202); BayObLG ZEV 2001, 22 (23)). **Beispiele:** BayObLG NJWE-FER 2001, 211 = ZErb 2001, 220: „Diakonissen in S", die jedoch zum Zeitpunkt der Testamentserrichtung in „S" nicht mehr tätig waren: Auslegung der Personenbestimmung hin zu einem anderen Träger, der in selbigem Rahmen tätig ist. BayObLG FamRZ 2000, 380 = ZEV 2000, 406: Zulässige testamentarische Personenbestimmungen durch Verweis auf Erbfolge nach dem Hausgesetz eines Fürstenhauses. BayObLG ZEV 1999, 64; NJW 1999, 1119: Auslegung einer unzulässigen alternativen Erbeinsetzung – „das Vermögen soll meine Lebensgefährtin oder unsere gemeinsame Tochter bekommen" – „mein Hab und Gut soll der Kirche oder der Stadtverwaltung zufallen" – in eine wirksame Erb- und Ersatzerbeinsetzung, so dass ein Verstoß gegen § 2065 nicht gegeben war. BayObLG ZEV 1998, 385: Auslegung testamentarischer Zuwendung von Sparbüchern an nicht hinreichend individualisierte Waisenkinder in ein wirksames Verschaffungsvermächtnis. OLG Köln BeckRS 2007, 08209: Hinreichende Personenbestimmung möglich, durch testamentarischen Verweis auf externe Urkunde, hier umfassende Nachfolgeordnung in einer Stiftungsurkunde (Preußischer Familienfideikommiss von 1846). OLG Frankfurt a.M. ZEV 2001, 316: Auslegung einer Verfügung, mit der dem Vorerben ein unzulässiges Auswahlermessen bei der Nacherbenbestimmung eingeräumt wurde, in eine Vollerbeneinsetzung des als Vorerben Bezeichneten. OLG Hamm ZEV 1995, 376: Auslegung einer Wiederverheiratungsklausel mit unwirksamer Nacherbenbestimmung wegen unzulässigen Auswahlermessens des Vorerben durch Auslegung über § 2104 S. 1. KG NJW-RR 1993, 76: Auslegung einer unbestimmten Verfügung zugunsten „Kriegsbeschädigter" nicht als Erbeinsetzung, sondern als Auflage an den Träger der Sozialhilfe. OLG Oldenburg NJW-RR 1993, 581: Auslegung einer Verfügung zugunsten „dem Tierschutz" als Erbeinsetzung des örtlichen Tierschutzvereins. Erst wenn der Wortlaut der Verfügung so unbestimmt ist, dass die Auslegung nicht zu einem Ergebnis führt, greift § 2065 ein (BayObLG FamRZ 2002, 200 (201) = NJW-FER 2001, 211 (212)). Auch die Umdeutung des Erblasserwillens nach § 140 ist gegenüber der Nichtigkeitsfolge des § 2065 vorrangig (BGH NJW-RR 1987, 1090 (1091) = DNotZ 1987, 768f.). Andererseits ist dem § 2065 auch eine gewisse **Grenze der Auslegung** zu entnehmen. Sie darf nicht dazu führen, den Willen eines Dritten, auch nicht des Auslegenden, an die Stelle des Erblasserwillens treten zu lassen oder eine im Testament nicht enthaltene Erbenbestimmung nur aus Umständen außerhalb des Testaments zu entnehmen (BayObLG FamRZ 1981, 402 (403); OLG München ZEV 2008, 596f.; OLG Köln Rpfl 1981, 357).

4 **c) Abgrenzung zulässiger Bedingungen.** Gem. der §§ 2074, 2075, 2108 II 2 sind Bedingungen aufschiebender oder auflösender Natur in Verfügungen von Todes wegen zulässig (zur Abgrenzung → §§ 2074, 2075 Rn. 5ff., zu den Wirksamkeitsschranken → §§ 2074, 2075 Rn. 10ff.), jedoch nur, solange sie nicht auf eine Vertretung des Erblassers im Willen hinauslaufen (BGHZ 15, 199 = NJW 1955, 100 (101); BayObLG MittBayNot 2004, 450; FamRZ 2000, 380 (382f.); OLG Stuttgart FamRZ 2005, 1863). Auch **Potestativbedingungen**, also Bedingungen, deren Eintritt allein vom Willen des Bedachten abhängt (BGH ZEV 2009, 459 (460)), sind zulässig, wenn folgende Voraussetzungen gewahrt sind: Der Erblasser muss seinen Willen vollständig gebildet haben und in seine Überlegungen das mögliche, wenn auch willensabhängige künftige Ereignis einbezogen haben (BGH NJW 1955, 100 (101); BayObLG FamRZ 2000, 380 (383) = ZEV 2000, 406; OLG Stuttgart FamRZ 2005, 1863). Auch wenn der Eintritt der Bedingung nach allein vom Willen des Bedachten oder Dritten abhängt, ist dies zulässig, weil allein das **Ereignis als solches** für den Entschluss des Erblassers wichtig ist bzw. war und nicht der in der Herbeiführung des Ereignisses zum Ausdruck kommende Wille des Dritten (BGHZ 15, 199 = NJW 1955, 100 (101); BayObLG MittBayNot 2004, 450; FamRZ 2000, 380 (382f.); OLG Stuttgart FamRZ 2005, 1863). **Beispiele:** Testamentarische Verwirkungsklauseln (BGH ZEV 2009, 459), Annahme/Ausschlagung einer Erbschaft, Geltendmachung von Pflichtteilsansprüchen, Adoption, Eheschließung, Wohnsitzwechsel, Ausbildung oder Beruf. Es ist zu unterscheiden zwischen einer zulässigen aufschiebenden/auflösenden Bedingung einerseits und einer unzulässigen „fremd bestimmten" Verfügung, deren Wirkung/Durchführung der Erblasser in den Willen eines Dritten legt. **Abgrenzungskriterium** ist, ob ein spezifisches Interesse des Erblassers an der Verfügung feststellbar ist oder es ihm eher gleichgültig war, ob die Verfügung in Kraft treten werde (OLG Celle OLGR 2004, 126). Weiteres Merkmal einer unzulässigen Vertretung im Willen des Erblassers ist, wenn der Bedingungseintritt von jeder beliebigen Person (zB „wer mich pflegt") und nicht nur von einem konkreten Personenkreis (zB Geltendmachung von Pflichtteilsansprüchen) herbeigeführt werden kann (BayObLG FamRZ 1992, 987; 1991, 610; KG ZEV 1998, 260; OLG Frankfurt a.M. FamRZ 1992, 226). Auch die Erbeneinsetzung durch zufälligen Losentscheid stellt keine eigene Entscheidung des Erblassers dar und ist darum unwirksam (Staudinger/*Otte* Rn. 7; Palandt/*Weidlich* Rn. 7).

d) Schiedsgericht. § 2065 hindert den Erblasser nicht, einen Schiedsrichter zu bestimmen und ihm die 5
Entscheidungsbefugnis über Streitigkeiten zuzuweisen, die sich aus der Auslegung des Testaments ergeben (RGZ 100, 76; Palandt/*Weidlich* Rn. 14). Diese Befugnis kann auch dem Testamentsvollstrecker zustehen, allerdings darf sich die Befugnis nicht auf die Auslegung der Rechte der Testamentsvollstreckung beziehen (Palandt/*Weidlich* Rn. 14).

3. Bestimmung über Geltung letztwilliger Verfügung (Abs. 1). Der Erblasser muss die Bestimmung 6
selbst treffen. Er darf sie nicht von einem eigenständigen Willensentschluss einer anderen Person abhängig machen. Sein eigener in der Verfügung zum Ausdruck kommender endgültiger Wille muss die Erbeinsetzung bestimmen (BayObLG MittBayNot 2004, 450; OLG Stuttgart FamRZ 2005, 1863 = ZEV 2006, 48; OLG München ZEV 2001, 153; weitere Rspr. Rn. 8 ff.). Wünsche und Ratschläge genügen nicht, damit würde man dem Dritten eine oberste Entscheidungsbefugnis eingeräumt. Gleiches gilt für das Abhängigmachen der Verfügung von der Zustimmung eines Dritten, der Einräumung eines Widerrufsrechts für einen Dritten, eines Widerspruchsrechts für einen Dritten oder wenn der Erblasser bestimmt, dass sich ein Dritter nach billigem Ermessen zur Geltung der letztwilligen Verfügung des Erblassers äußern solle (MüKoBGB/*Leipold* Rn. 7). Mit dieser Verfügung würde der Erblasser sich der Willensbildung des Dritten unterordnen, ihm die oberste Entscheidungsbefugnis bei der Regelung seiner Erbeinsetzung einräumen. Dies würde dem **Fremdbestimmungsverbot** widersprechen. Eine andere Person iSd Abs. 1 ist darum auch jede andere Person als der Erblasser selbst (zB Ehegatte, gesetzlicher Vertreter, Testamentsvollstrecker, im Testament Bedachte etc). Unwirksam ist zB die Erbeinsetzung einer gemeinnützigen rechtsfähigen Institution für Kinderkrebshilfe mit dem Hinweis, dass die genaue Bestimmung der Institution durch den Testamentsvollstrecker erfolgen solle (OLG München ZEV 2001, 153).

4. Bestimmung des Zuwendungsempfängers (Abs. 2 Alt. 1). a) Zuwendung ist jeder Vermögensvor- 7
teil, den der Erblasser einem Dritten durch Verfügung von Todes wegen zukommen lassen will. Der weite Begriff der Zuwendung erfasst somit den Vermögensvorteil durch Erbeinsetzung (Alleinerbe, Miterbe, Teilungsanordnung), durch Vermächtnis und auch (analog) die keinen eigenen Anspruch des Bedachten begründende Auflage. Allerdings sind die vorrangigen Sondervorschriften der § 2048 S. 2 für Teilungsanordnungen, der §§ 2151–2156 für Vermächtnisse und des § 2193 für Auflagen zu beachten (→ Rn. 2).

b) Bestimmung durch Erblasser. Der Erblasser muss den Bedachten festlegen und darf die Auswahl 8
nicht einem Dritten überlassen (BGHZ 15, 199 = NJW 1955, 100). Der Erblasser muss die Bedachten so genau bezeichnen, dass er ggf. unter Zuhilfenahme gesetzlicher Auslegungsregeln ermittelt werden kann (→ Rn. 3 und zu den vorrangigen Auslegungsmethoden → § 2084 Rn. 2 ff.). § 2065 greift erst ein, wenn der Wortlaut der Verfügung von Todes wegen so unbestimmt ist, dass eine Auslegung ergebnislos bleibt.

aa) Beispiele fehlender individueller Bestimmung: BayObLG ZEV 2005, 27 (28): Auswahl, welches 9
das „charaktervollste, tüchtigste und geeignetste" Kind sei. BayObLG FamRZ 2001, 317 = ZErb 2001, 30: Ernennung von Testamentsvollstrecker, der „unseren Nachlass regeln und ihn einer sozialen Bestimmung zuführen" soll. BayObLG FamRZ 1991, 610: Erbeinsetzung derjenigen unbenannten und unbekannten Person, die dem Erblasser zukünftig beistehe. KG ZEV 1998, 260: Erbeinsetzung derjenigen unbestimmten Person, die mit dem Leichnam des Erblassers in der testamentarisch beschriebenen Weise (Konservierung etc) verfahre. LG Bonn Rpfl 1989, 63: Blindenanstalt in Köln oder Umgebung. BayObLG FamRZ 1992, 987; OLG Frankfurt a. M. NJW-RR 1992, 72: Erbeinsetzung derjenigen zukünftigen (noch nicht feststehenden) Person, die den Erblasser **im Alter pflegen** und die Beerdigung übernehmen werden. LG Stuttgart BWNotZ 2005, 170: Derjenige Zukünftige, der den Erblasser pflege und versorge, benennt eine noch nicht näher feststehende, nicht individualisierbare Person und ist darum als Personenbestimmung unwirksam. OLG München ZEV 2013, 617: „Wer sich bis zu meinem Tode um mich kümmert" sei eine zu vage Formulierung und damit einer Auslegung nicht zugänglich, da man nicht wisse, welche Art des „Kümmerns" (zB die körperliche Pflege oder die Erledigung finanzieller Angelegenheiten) der Erblasser gemeint habe (krit. Anm. *Otte* ZEV 2013, 619 mit Hinweis auf die Auslegungspflicht unbestimmter Begriffe in Abgrenzung zur unzulässigen Ermessensentscheidung Dritter). OLG Köln BeckRS 2016, 112474 = ErbR 2017, 226: „Derjenige, der den zuletzt verstorbenen Ehegatten begleitet und gepflegt hat", mit ausführlicher Begründung, dass diese Formulierung zu unbestimmt und nicht auslegungsfähig sei, da eine Bestimmung nur über eine Wertung des Gerichts anhand eigener Kriterien möglich wäre, was gegen § 2065 verstoßen würde. Zu unbestimmt sei bereits der Begriff „Pflege", was sowohl für die Art der Pflegeleistungen als auch für ihren Umfang gelte. Unklar sei zudem, über welchen Zeitraum die inhaltlich und umfänglich unbestimmten Pflegeleistungen erbracht werden sollten, ob über Tage, Wochen, Monate oder Jahre. Auch für den Begriff des „Begleitens", sei unklar, was darunter inhaltlich und zeitlich zu verstehen sein solle. Diff. OLG Frankfurt a. M. NJW-RR 1995, 711, das eine hinreichende Bestimmtheit annimmt, wenn der Erblasser pflegebedürftig war und die Pflegeperson selbst bestimmt hatte. Wegen des unbestreitbaren erheblichen Interesses des Erblassers an Pflege und Fürsorge zu seinen Lebzeiten fordert *Leipold* bei der Einsetzung nicht namentlich genannter, zukünftiger Pflegepersonen eine großzügigere Auslegung des Bestimmtheitserfordernisses (MüKoBGB/*Leipold* Rn. 31). Zur Problematik mit Lösungsansätzen *Karczewski* JEV 2018, 192 ff.

bb) Ausreichende Individualisierbarkeit: Der Bedachte muss nicht mit Namen genannt sein. Im Hin- 10
blick auf § 2084 ist anerkannt, dass der Erblasser seinen letzten Willen nicht in der Weise äußern braucht, dass der Bedachte von vornherein individuell bestimmt ist (BGHZ 15, 199 = NJW 1955, 100 (101); KG

ZEV 1998, 182). Vielmehr genügt es, entsprechend der Zielrichtung des § 2065, wenn der Bedachte im Zeitpunkt des Erbfalls durch **jede sachkundige Person** anhand **objektiver Kriterien** bezeichnet werden kann (BGHZ 15, 199; BayObLG ZEV 2001, 22; NJW 1999, 1119; KG ZEV 1998, 182). Beispiele sind die Angabe von Spitznamen, die Konkretisierung jüngstes Kind, jüngste Tochter, einziger Enkel, ältester Sohn. Auch der testamentarische Verweis auf eine externe Urkunde, eine umfassende Nachfolgeordnung in dem Hausgesetz eines Fürstenhauses (BayObLG FamRZ 2000, 380) oder in einer Stiftungsurkunde (OLG Köln BeckRS 2007, 08209) ist ausreichend und stellt ein geeignetes objektives Kriterium dar. Es müssen aber die Hinweise im Testament so genau sein, dass den Bedachten eine jede mit genügender Sachkunde ausgestattete Person bezeichnen kann, ohne dass deren Ermessen auch nur mitbestimmend ist (BGHZ 15, 199 = NJW 1955, 100 (101); BayObLG MittBayNot 2004, 450). Außerhalb des Testaments liegende Umstände können lediglich in begrenztem Umfang zur Auslegung eines insoweit lückenhaften Testaments herangezogen werden (BGH WPM 1980, 1039 = DNotZ 1980, 761). Sie müssen gem. § 2065 II gänzlich außer Betracht bleiben, wenn die Feststellung der Person des oder der Erben nur dadurch möglich wäre, dass ein Dritter, ggf. das Nachlassgericht, zwangsläufig hierfür außerhalb der Urkunde liegende Tatsachen nach seinem Ermessen würdigen müsste (BayObLG FamRZ 1981, 402).

11   c) **Ausnahmsweise Auswahl durch Dritten. aa) Zulässigkeit.** Überlässt der Erblasser die Auswahl des Bedachten einem bestimmten Dritten, der nach billigem Ermessen entscheiden soll, dann ist diese Verfügung gem. § 2065 II unwirksam. Nur ausnahmsweise, unter drei Voraussetzungen ist es mit § 2065 II vereinbar, dass der Erblasser die „Auswahl" des Bedachten einem Dritten überlässt: Der Erblasser muss erstens einen **eng begrenzten Personenkreis** benennen, aus dem zweitens ein konkret vom Erblasser zu benennender **Dritter** dann den dritten von dem Erblasser **genau festgelegten sachlichen Kriterien** auszuwählen hat, so dass für eine Willkür des Dritten kein Raum bleibt (RGZ 159, 296 f.; BGH NJW 1965, 2201; 1955, 100; BayObLG MittBayNot 2004, 450 (451 f.); ZEV 2001, 22; OLG Celle OLGR 2002, 314; RdL 1999, 328; KG ZEV 1999, 313; 1998, 182; OLG Köln MittRhNotK 1994, 117).

12   bb) **Beispiele.** Zu diesen Ausnahmefällen und der Frage, ob bei der Personenbestimmung durch den Dritten Willkür vorliegt, ob objektive Kriterien testamentarisch hinreichend bestimmt und detailliert dem Dritten an die Hand gegeben seien oder ob ein – noch – vorhandenes Auswahlermessen oder ein noch vorhandener Restbeurteilungsspielraum zur Unwirksamkeit führe, gibt es eine umfangreiche am jeweiligen Einzelfall orientierte Rspr. Die diesbzgl. aktuellen Entscheidungen der Obergerichte sind in erster Linie im Rahmen der befreiten Vor- und Nacherbschaft zwischen Ehegatten/Eltern und Kindern und vor allem bei der Bestimmung zur Auswahl von Hoferben ergangen. Sobald der Ehegatte als Vorerbe eingesetzt ist, ist § 14 III HöfeO nicht anwendbar (→ Rn. 2), sondern § 2065 II bei der Bestimmung des Hoferben durch den befreit nacherbenden Ehegatten zu prüfen. **Wirksame Kriterien:** Die „**Wirtschaftsfähigkeit**" iSd HöfeO, die sich aus ihr ergebenden Kriterien landwirtschaftlich-technischer Fähigkeiten sowie organisatorisch-kalkulatorischer und finanzieller Wirtschaftsfähigkeiten (OLG Celle RdL 1999, 328) sind ein hinreichend deutliches und bestimmtes Auswahlkriterium, das nicht gegen § 2065 II verstößt (BGH NJW 1965, 2201; OLG Celle OLGR 2002, 314; RdL 1999, 328; OLG Köln MittRhNotK 1994, 117; wobei der BGH in seiner Entscheidung einen Verstoß gegen § 2065 II allerdings deshalb annahm, da der Erblasser keinen Dritten, der die Auswahl hätte treffen sollen, genannt hatte). **Außerhalb der HöfeO,** des Landwirtschaftsrechts und der Personenbestimmung durch den überlebenden Ehepartner, hat der BGH WM 1970, 930 (931) = NJW 1971, 188 die Anordnung einer Testamentsvollstreckung zwecks Prüfung, ob ein Zuwendungsempfänger bei Erreichung des 21. Lebensjahres „durch Führung und Leistung unter Beweis gestellt hat, dass er die Gewähr bietet, das **Grundstück ordnungsgemäß zu verwalten und zu erhalten**", als hinreichend bestimmt und wirksam gem. § 2065 II angesehen. Auch hat das KG am 5.2.1998 ZEV 1998, 182 bei Anordnung einer Testamentsvollstreckung zwecks Prüfung der wirtschaftlichen Verhältnisse des Nacherben eine letztwillige Verfügung als ausreichend bestimmt und wirksam angesehen, in welcher der Erblasser Vor- und Nacherbschaft nebst Testamentsvollstreckung anordnete, mit der Maßgabe, dass hinsichtlich der potentiellen Nacherben der Testamentsvollstrecker als Dritter später die Frage der Insolvenz bzw. wirtschaftlichen Lage eines der Kinder des Erblassers beurteilen sollte, und zwar anhand des vom Erblasser aufgestellten Kriteriums der Feststellung einer geordneten und vor Gläubigern **gesicherten wirtschaftlichen Lage** des potentiellen Nacherben (KG ZEV 1998, 182). Das KG sah das Kriterium der gesicherten wirtschaftlichen Lage als ausreichend konkret an, da es auch von einem **sachkundigen Dritten objektiv geprüft werden** könne, ohne dass der Dritte eigenes Ermessen habe. Die objektiven Kriterien könnten anhand vorzulegender Bilanzen durch qualifizierte Dritte festgestellt werden (KG ZEV 1998, 182). Das OLG Köln sah die Einsetzung eines künftigen Adoptivkindes, das „befähigt sei, die Papierfabrik Gbr.H. zu leiten", als wirksam an (OLG Köln OLGZ 1984, 299 f. = Rpfl 1984, 236). Für die spätere Individualisierung genüge es, wenn der Bedachte anhand objektiver Kriterien bestimmt werden könne. Ein persönlich vollkommen uninteressierter Fachmann könne als Sachverständiger die Geeignetheit anhand der erfahrungsgemäß in Betracht kommenden Merkmale wie spezieller Berufszweig, das Bestehen entsprechender Prüfungen und weiterer beruflicher Tätigkeiten, auch der persönlichen Qualifikation, objektiv beurteilen (OLG Köln OLGZ 1984, 299 f. = Rpfl 1984, 236). **Unwirksame Kriterien,** da zu unbestimmt und dem freien Auswahlermessen unterfallend, sind demgegenüber die Kriterien „**charaktervollster, tüchtigster und geeignetster Sohn**" (BayObLG ZEV 2005, 27 (28)). Auch sah das BayObLG bei Nichtanwendbarkeit der HöfeO und fehlender Anknüpfung an deren Begriff der Wirtschaftsfähigkeit das im dortigen Testament genannte Kriterium zur Auswahl des Nacherben, „der am geeignetsten für die Erhaltung und

Bestimmung durch Dritte § 2065 BGB 10

Bewirtschaftung des Grundbesitzes ist", als zu unbestimmt an. Die Unschärfe des Auswahlkriteriums **„Geeignetheit für die Erhaltung und Bewirtschaftung des Grundbesitzes"** führe zu einem Auswahlermessen des Vorerben, das gegen § 2065 verstoße (BayObLG MittBayNot 2004, 450 (452f.); mE in **Widerspruch** zu BGH WM 1970, 930 (931)).

cc) Stellungnahme. Mit der hM ist von einer Unwirksamkeit nur auszugehen, wenn dem Dritten für **13** die Auswahl „keine" oder nur „vage" Kriterien angegeben sind. An den in RGZ 159, 296 ff. aufgestellten Maßstäben ist festzuhalten, dass die Kriterien so bestimmt sein müssen, dass für eine Willkür des Dritten kein Raum bleibt (BayObLG ZEV 2001, 22 (23); KG ZEV 1998, 182). Ein verbleibender Beurteilungsspielraum auf Seiten des Dritten ist zulässig (so auch Staudinger/*Otte* Rn. 31; MüKoBGB/*Leipold* Rn. 28; Palandt/*Weidlich* Rn. 8; aA Erman/*Schmidt* Rn. 8). Die objektiven Kriterien, auch komplexe, ein subjektives Werturteil erforderlich machende Kriterien, wie die Eignung der Person zur Verwaltung eines Nachlassgegenstandes, müssen so genau sein, dass ein der bestimmungsbefugten Person verbleibender Beurteilungsspielraum nicht der Wirksamkeit einer solchen letztwilligen Verfügung entgegensteht (KG ZEV 1998, 182 mit Verweis auf RGZ 159, 296 (299); BGH NJW 1965, 2201; WM 1970, 930 (931); OLG Köln OLGZ 1984, 299 = Rpfl 1984, 236: Objektivierbar: Wer zur Firmenführung „befähigt sei";). Wenn ein verbleibender Beurteilungsspielraum des Dritten nicht zulässig wäre, ließe sich schließlich auch nicht begründen, warum es dann überhaupt noch eines vom Erblasser benannten Dritten bedürfte (so aber ausdrücklich BGH NJW 1965, 2201), da dann auch jedermann die erforderliche Feststellung treffen könnte. Dem steht iÜ auch die Entscheidung des BGH NJW 1955, 100 nicht entgegen. In den Ausführungen, dass nicht „die subjektive Auffassung und Wertung der zur Entscheidung berufenen Person den Ausschlag" geben dürfe, liegt keine Abkehr von der bisherigen Rspr. (so auch OLG Köln OLGZ 1984, 299). Die Entscheidung v. 18.11.1954 lässt vielmehr noch einen gewissen Wertungs- oder Beurteilungsspielraum bei der Anwendung der vom Erblasser aufgestellten Kriterien zu (so auch KG ZEV 1998, 182; OLG Köln OLGZ 1984, 299; MüKoBGB/*Leipold* Rn. 28). Das in der Entscheidung des BGH auszulegende Testament sah ausuferndes Auswahlermessen vor: Bei angeordneter Vor- und Nacherbfolge (Familienbesitz mit Wirtschaftsunternehmen mit Testamentsvollstreckung) sollten die Testamentsvollstrecker, „sofern die Bestimmung des Testaments über die Nacherbschaft im einzelnen Fall durch die Entwicklung der Verhältnisse unzweckmäßig und dem Grundgedanken des Testaments hinderlich geworden sind, mit dem mutmaßlichen Nacherben bindende Vereinbarungen über den Eintritt der Nacherbfolge treffen", so dass das Ermessen des Dritten eine maßgebliche Rolle gespielt hätte, was die Unwirksamkeit bewirkte. Der BGH führte in diesem Zusammenhang aus, dass die Kriterien so klar sein müssen, dass die Entscheidung der Frage von jeder sachkundigen Person in gleicher Weise getroffen würde, ohne dass es auf die subjektive Wertung der berufenen Person ankommt (BGH NJW 1955, 100 (101) = BGHZ 15, 199 (200)). Im Hinblick auf den besonders gelagerten Sachverhalt ist diese Entscheidung somit nicht als Widerspruch zur Willkür-Rechtsprechung des RG anzusehen, sondern als deren Ergänzung. Konsequenterweise geht der BGH in einer Folgeentscheidung zur HöfeO auf die vorgenannte Rspr. aus dem Jahr 1954 auch nicht ein, zitiert sie nicht einmal, sondern knüpft unmittelbar an die Willkür-Rspr. des RG an (BGH NJW 1965, 2201). Auch in den aktuellen Entscheidungen der Obergerichte wird die Entscheidung BGH NJW 1955, 100 nicht als Abkehr zur RG-Rspr. angesehen, sondern als deren Ergänzung (so ausdrücklich OLG Köln OLGZ 1984, 299). Bei der Differenzierung des BGH in seiner Entscheidung 1954, in der er die Bestimmung des Bedachten durch den Erblasser fordert, die Bezeichnung des Bedachten jedoch durch den Dritten zulässt, kann nicht übersehen werden, dass auch bei dieser Wertung die spätere Bezeichnung des Erben zwangsläufig eine individuelle Bestimmung durch eine andere Person als den Erblasser impliziert. Mit jeder individualisierenden Bestimmung anhand objektiver Kriterien ist daher letztlich auch eine subjektive Entscheidung verbunden (so auch OLG Köln OLGZ 1984, 299).

Auch das unstreitig als hinreichend bestimmt und als objektivierbar anerkannte Kriterium der „Wirt- **14** schaftsfähigkeit" iSd HöfeO räumt dem Entscheidenden gleichwohl einen Restbeurteilungsspielraum ein und lässt den Dritten damit zu einem zulässigen Werturteil kommen. Ein eingegrenzter, **gerichtlich nachprüfbarer Restbeurteilungsspielraum** ist darum zulässig und mit § 2065 II vereinbar. Dies entspricht auch den Praxiserfordernissen und der Rechtssicherheit. Dafür, dass der Erblasser diese „letzte Entscheidung" nicht schon im Zeitpunkt der letztwilligen Verfügung selbst treffen muss, besteht ein unabweisbares praktisches Bedürfnis. Gerade bei der Übernahme eines Vermögens, bei dem es um die Weiterführung eines Hofes oder sonstigen Wirtschaftsunternehmens geht, kann der Erblasser häufig die Eignung der in Frage kommenden Personen zzt. der Testamentserrichtung nicht übersehen (so auch OLG Köln OLGZ 1984, 299–304). Im Hinblick auf die mögliche Wiederverheiratung des länger lebenden Ehegatten, einhergehend mit Erb-/Pflichtteilsansprüchen weiterer „unternehmensfremder" Personen, wird oft davon abgesehen, den Ehepartner als unbeschränkten Erben einzusetzen. Soweit eine Eignung und Erbeinsetzung der Abkömmlinge altersbedingt nicht vorhersehbar ist, wird dann der Ehegatte idR nur als Vorerbe eingesetzt, Eintritt des Nacherbfalls ist die Wiederverheiratung bzw. sein Tod. Es entspricht der Interessenlage zum Erhalt und der Fortführung des Unternehmens in nächster Generation, dass bei der Auswahl unter mehreren ggf. minderjährigen Kindern als potentiellen Unternehmensnachfolgern später der überlebende Ehegatte, so er als Vorerbe von dem Erblasser die entsprechende Ermächtigung nach konkreten objektiven Kriterien erhalten hat, unter dem eng eingegrenzten Kreis von Kindern den potentiellen Nachfolger entsprechend der genannten Kriterien auszuwählen hat. Der Weg, den Vorerben vollständig frei über den Nachlass verfügen zu lassen und ihm damit die Möglichkeit der auflösenden Bedingung der Nacherbeneinsetzung an die Hand zu geben (→ Rn. 17 ff.), ist bedingt durch die damit erfolgende Nachlassverschmelzung und Wiederverheiratungsproblematik von dem Unternehmer gerade nicht gewollt. Auch dient die ggf. – spätere – Bestimmung „wirtschaftsfähiger" Unternehmensnachfolger der Stabilität der Wirtschaft und damit dem Gemeinwohl. Der Hinweis, der Unternehmer als Erblasser könne auf Vermächtnisse (§ 2151), statt der Vor- und Nacherbfolge, ausweichen, übersieht die Risiken, die sich bei der Auslegung dann zB nach § 2087 ergeben können, wenn das Unternehmen den Nachlass bzw. den wesentlichen Teil des Nachlasses ausmacht. Außerdem kann gerade bei der Unternehmensnachfolge das besondere Bedürfnis der dinglichen Erbeinsetzung, des direkten Eintritts in die Erblasserstellung mit allen Rechten und Pflichten bestehen (zB schnelle Handlungsfähigkeit), da dann ein weiterer – ggf. komplizierter- Übertragungsakt, wie bei einem schuldrechtlichen Vermächtnis, nicht erforderlich ist.

15 **d) Verfahren.** Der Dritte hat seine Erklärung in öffentlich beglaubigter Form dem Nachlassgericht gegenüber abzugeben (KG ZEV 1998, 182 (184); Staudinger/*Otte* Rn. 33). Die Bestimmung wirkt auf den Zeitpunkt des Erbfalls zurück (Staudinger/*Otte* Rn. 34; MüKoBGB/*Leipold* Rn. 30). Eine gerichtliche Überprüfung der Auswahlentscheidung wird bejaht in entsprechender Anwendung von § 319 I. Es besteht der Anspruch auf ein Verfahren, das die Überprüfung der Ausübung der Auswahlbefugnis garantiert (Staudinger/*Otte* Rn. 39; MüKoBGB/*Leipold* Rn. 31).

16 **5. Bestimmung des Zuwendungsgegenstandes (Abs. 2 Alt. 2):** Der Erblasser selbst muss Erbteile festlegen (BayObLG NJW-RR 1990, 1417). Die Bestimmung der Erbquoten darf der Erblasser keinem Dritten überlassen. Eine Ausnahme gilt nur im Rahmen des Bestimmungsrechts des Vorerben über den Wegfall der Nacherbfolge (→ Rn. 18, 19), wobei der Zeitpunkt der Nacherbfolge wiederum von dem Erblasser und nicht von einem Dritten festzulegen ist (BGH NJW 1955, 100 = BGHZ 15, 199). Weitere gesetzlich zugelassene Ausnahmen sind bei Vermächtnissen gem. §§ 2153–2156 die Auswahl des Vermächtnisgegenstandes einem Dritten zu überlassen, was analog auch für Auflagen gilt (§ 2192). Die Auseinandersetzung kann gem. § 2048 S. 2 ebenfalls einem Dritten übertragen werden, der die Nachlassgegenstände nach billigem Ermessen verteilen soll (vgl. zu den Ausnahmen → Rn. 2).

17 **6. Besonderheiten bei Vor- und Nacherbfolge.** Wenn der Erblasser den Vorerben von allen Beschränkungen soweit gesetzlich zulässig befreit, kann der Vorerbe je nach Bestimmung des Erblassers Einfluss auf die Nacherbenwahl nehmen. Es ist allerdings genau zu unterscheiden zwischen einerseits dem Recht des Vorerben die Nacherbfolge aufzuheben und andererseits der bloßen Ermächtigung des Vorerben auf die Auswahl des Nacherben Einfluss zu nehmen:

18 **a) Bestimmungsrecht über Wegfall der Nacherbfolge als solche. aa) Letztwillige Verfügung des Vorerben.** Es ist von der hM anerkannt, dass dem Vorerben die Befugnis eingeräumt werden kann, anderweitig über den Nachlass letztwillig zu verfügen und damit die Nacherbfolge zum Wegfall zu bringen. Der Erblasser kann einen Nacherben wirksam unter der auflösenden Bedingung einsetzen, dass der Vorerbe nicht anderweitig von Todes wegen über den Nachlass verfügt. Eine solche als **auflösende Bedingung der Nacherbeneinsetzung** einzuordnende Ermächtigung an den Vorerben kann auch sachlich dahingehend eingeschränkt werden, über den Nachlass anderweitig nur in bestimmten Rahmen (insbes. nur zugunsten bestimmter Personen) zu verfügen. Ihrer Wirksamkeit steht die Vorschrift des § 2065 II nicht entgegen (hM vgl. RGZ 95, 278; BGHZ 2, 35 = NJW 1951, 959; MDR 1970, 490; BGHZ 59, 220 = NJW 1972, 1987; offen gelassen in BGH NJW 1981, 2051; BayObLG ZEV 2001, 483; OLG Stuttgart FamRZ 2005, 1863 = ZEV 2006, 48; OLG Hamm ZEV 2000, 197; OLG Braunschweig Rpfl 1991, 204; OLG Oldenburg NJW-RR 1991, 646; Staudinger/*Otte* Rn. 49 ff.; Palandt/*Weidlich* Rn. 6; nunmehr auch MüKoBGB/*Leipold* Rn. 16). In einem solchen Fall verfügt der Vorerbe nicht unzulässigerweise über den Nachlass des Erblassers an dessen Stelle, sondern die Anordnung der Nacherbschaft steht unter der auflösenden Bedingung, dass der Vorerbe nicht anderweitig verfügt und dadurch die Nacherbschaft beseitigt. Als Verfügungen des zunächst Berufenen, die der Erblasser zur auflösenden Bedingung für die Nacherbeneinsetzung machen kann, kommen Verfügungen von Todes wegen in Form von Erbeinsetzungen, aber auch Vermächtnisse oder Teilungsanordnungen in Betracht (Staudinger/*Otte* Rn. 49, 52). Mit der Begründung, dass die Nacherbschaft auch unter der auflösenden Bedingung angeordnet werden kann, dass der Vorerbe anderweitig verfügt (Staudinger/*Otte* Rn. 49 mwN), hält die hL nach wie vor auch die **„Dieterle-Klausel"** für zulässig, wonach der Erblasser als Nacherbe den beruft, den der Vorerbe als seinen eigenen Erben einsetzt, da die Person des Bedachten nicht namentlich genannt, sondern nur so konkret umschrieben werden muss, dass sie daraus entnehmbar ist und darum auch Personen bedacht werden können, die erst nach Eintritt gewisser in der Zukunft liegender Umstände bestimmt werden (Staudinger/*Otte* Rn. 49, 53; Palandt/*Weidlich* Rn. 7 mwN; MüKoBGB *Leipold* Rn. 19; aA OLG Frankfurt a. M. ZEV 2001, 316 f., ohne sich jedoch mit vorgenannten Argumenten der hL auseinanderzusetzen, sondern mit der allgemeinen Begründung, es handele sich hier um die unzulässige Fremdbestimmung durch einen Dritten, wohl im Sinne einer unzulässigen Ermächtigung des Vorerben; → Rn. 23). Eine höchstrichterliche Entscheidung zur Frage der Zulässigkeit dieser Klausel gibt es derzeit nicht. Um bei **Geschiedenentestamenten** den Nachlass den gemeinsamen Kindern zukommen zu lassen und zugleich auszuschließen, dass der geschiedene Ehegatte hieran durch Erb- oder Pflichtteilsansprüche partizipiert, bietet sich als Alternative zur „Dieterle-Klausel" (Nacherben sind die gesetzlichen oder gewillkürten Erben des vorerbenden Kindes, mit Ausnahme des geschiedenen Ehegatten), die Anordnung eines aufschiebend bedingten oder befristeten Herausgabevermächtnisses an, dessen Anfall auf den Tod des beschwerten Erben aufgeschoben ist (Nieder/Kössinger Testamentsgestaltung/*Nieder* § 10 Rn. 132).

bb) Lebzeitige Verfügung des Vorerben. Der Erblasser kann die Bedingung in seinem Testament/ 19
Erbvertrag auch so ausgestalten, dass der Vorerbe nicht nur durch anderweitige letztwillige Verfügung,
sondern auch durch lebzeitige Verfügung/Rechtsgeschäft die Nacherbschaft zu Fall bringen kann. Voraussetzung ist, dass die Verfügung/das Rechtsgeschäft den gesamten **Nachlass** bzw. den **wesentlichen
Nachlassgegenstand** (zB ein Hausgrundstück) umfasst. Nur so kann die auflösende Bedingung für die
Nacherbfolge insgesamt herbeigeführt werden (OLG Hamm ZEV 2000, 197 (198); MüKoBGB/*Leipold*
Rn. 17; Palandt/*Weidlich* Rn. 6; Staudinger/*Otte* Rn. 57). Ob der Erblasser dem Vorerben eine solche
Bedingung, Ermächtigung zur Verfügung von Todes wegen oder auch zu Lebzeiten einräumen wollte, ist
durch Auslegung (§§ 133, 2084) festzustellen (→ Rn. 3).

cc) Beispiele für zulässige anderweitige Verfügungen des Vorerben: **Letztwillige Verfügungen:** BGHZ 20
2, 35 = NJW 1951, 959: Aufgrund gemeinsamen Testaments verfügt vorerbender Ehegatte mit weitreichender Ermächtigung später, dass das nacherbende Schwiegerkind enterbt wird. BGH MDR 1970, 490:
Einzeltestamente ordnen gegenseitig Vorerbschaft der Ehegatten mit freiem Verfügungsrecht an; der
nacherbende Sohn wird durch spätere Verfügung des Vorerben enterbt. BGH NJW 1972, 1987: Aufgrund Einzeltestaments erhält vorerbende Ehegatte die Ermächtigung, eine andere Verteilung zwischen
den nacherbenden Kindern vorzunehmen. Dh die Verfügung ist unter die auflösenden Bedingung getroffen, dass der Vorerbe keine andere Verteilung unter den beiden Abkömmlingen vornimmt. Dies beinhaltet auch, dass dem Vorerben nicht nur die Erbteilung unter den Abkömmlingen als Nacherben,
sondern auch die Art der Aufteilung des Nachlasses vom Erblasser freigestellt ist, etwa durch Alleinnacherbeneinsetzung des einen und Aussetzung eines Vermächtnisses für den anderen. Die Verfügungsbefugnis des Vorerben kann zulässigerweise dahin eingeschränkt werden, dass er unter den als Nacherben eingesetzten Abkömmlingen eine anderweitige Verteilung vornimmt. BGH NJW 1981, 2051 (auf
vorhandene Rspr. verwiesen, eigene Stellungnahme offen gelassen): Aufgrund gemeinsamen Testaments
wird dem vorerbenden Ehegatten gestattet, „letztwillige Verfügungen zu treffen und auch die in diesem
Testament angeordnete Erbfolge anders zu bestimmen", der vorerbende Ehegatte enterbt daraufhin den
nacherbenden Sohn durch spätere Verfügung. BayObLG ZEV 2001, 483: Durch Einzeltestament bestimmte weitreichende Ermächtigung des vorerbenden Ehegatten mit weitreichender Ermächtigung –
„Er kann deshalb über sein Vermögen und mein ererbtes Vermögen in jeder Weise unter Lebenden und
auch durch eine Verfügung von Todes wegen anderweitig frei verfügen, also auch einen Nacherben einsetzen" – ist zulässige auflösende Bedingung der Nacherbschaft. OLG Oldenburg NJW-RR 1991, 646:
Im Einzeltestament erhält vorerbender Ehegatte die Befugnis, aus dem „Gesichtspunkt der Gerechtigkeit" heraus, eine andere Aufteilung des Nachlasses an die nacherbenden Kinder vorzunehmen. Diese
zulässige Befugnis über den Nachlass anderweitig zu verfügen, setzte der Vorerbe um, durch anderweitige Aussetzung von Vermächtnissen. Auch die Neugestaltung durch Vermächtnisse beinhaltet eine anderweitige Verfügung des Vorerben und stellt eine auflösende Bedingung der vormals angeordneten
Nacherbschaft dar. LG München ZEV 1995, 373: Aufgrund gemeinschaftlichen Testaments ist der vorerbende Ehegatte befugt, „auch nach Annahme der Erbschaft nach dem Erstversterbenden von uns noch
Vermächtnisse zugunsten einzelner unserer gemeinschaftlichen Abkömmlinge oder aber auch zugunsten
dritter Personen anzuordnen", wobei die Vermächtnisse auch zulasten des Nachlasses des Erstverstorbenen angeordnet werden konnten. Diese Befugnis und später erfolgte Anordnung eines Verschaffungsvermächtnisses durch den Vorerben aus der Vorerbschaft ist wirksam, verstößt nicht gegen § 2065 II.
Jedenfalls bei einem Ehegattentestament liegt kein Verstoß gegen § 2065 II vor, wenn der jeweils Vorversterbende den länger lebenden Ehegatten als Vorerben einsetzt, mit dem Recht, aus der Vorerbschaft
Verschaffungsvermächtnisse zugunsten unbestimmter Dritter durch spätere letztwillige Verfügung anzuordnen. Da die Ehegatten die Bindungswirkung eines gemeinschaftlichen Testaments auch ganz hätten
ausschließen können, sei es ihnen erst recht nicht verwehrt, sie mit den entsprechenden Beschränkungen
zu versehen.

Lebzeitige Verfügungen: OLG Hamm ZEV 2000, 197: Aufgrund gemeinsamen Testaments erfolgt 21
Befugnis an vorerbenden Ehegatten: „Der Überlebende kann jedoch bestimmen, welcher der Erben
bzw. Nacherben die Siedlerstelle allein unter Lebenden oder von Todes wegen übertragen werden soll".
Dies stelle eine zulässige auflösende Bedingung der Nacherbeneinsetzung dar, weil diese Bedingung auch
sachlich dahin eingeschränkt werden, über den Nachlass anderweitig nur in bestimmtem Rahmen
(insbes. nur zugunsten bestimmter Personen) zu verfügen. Die lebzeitige vorweggenommene Verfügung
des Vorerben verstoße nicht gegen § 2065 II. Es bestehen keine grundsätzlichen Bedenken dagegen, den
Bedingungseintritt zusätzlich auch an eine Verfügung des Vorerben unter Lebenden binden zu können.
Jedenfalls dann, wenn das Testament den Vorerben ausdrücklich eine solche Ermächtigung erteilt und
dieser mit seinem Rechtsgeschäft unter Lebenden zu erkennen gibt, davon Gebrauch machen zu wollen,
ist dies zulässig, wenn die lebzeitige Verfügung den gesamten Nachlass (wesentlichen Nachlass) erfasst.
OLG Braunschweig Rpfl 1991, 204 betr. lebzeitiger Verfügung des Vorerben: Aufgrund gemeinschaftlichen Testaments hat der vorerbende Ehegatte die Ermächtigung, dass der Überlebende unter Lebenden
oder von Todes wegen hinsichtlich der Nacherbfolge auch abweichende Verfügungen treffen dürfe. Davon machte der Vorerbe in Form einer zulässigen rechtsgeschäftlichen Verfügung Gebrauch.

dd) Löschung des Nacherbenvermerks im Grundbuch. Werden in einer letztwilligen Verfügung 22
Nacherben unter der aufschiebenden Bedingung eingesetzt, dass der Vorerbe nicht letztwillig anders
über den Nachlass verfügt, stellt sich erst mit dem Tode des „Vorerben" heraus, ob diese Bedingung
eingetreten ist oder nicht. Hat der Vorerbe anderweitig verfügt, ist der Fall der Nacherbfolge vereitelt

und der Vorerbe in Wahrheit Vollerbe gewesen, der mit seiner letztwilligen Verfügung seine eigenen Erben bestimmt hat. Unterlässt der Vorerbe eine anderweitige Verfügung, tritt jedoch Nacherbfolge ein. Da die Frage, ob Nacherbfolge eintritt, also erst nach dem Tod des Vorerben beantwortet werden kann, ist der Sicherungszweck eines Nacherbenvermerks im Grundbuch auch erst dann erfüllt, so dass eine Löschung vor dem Tod des Vorerben nicht in Betracht kommt. Dies gilt sowohl bei Testament als auch bei Erbvertrag (OLG Braunschweig Rpfl 1991, 204).

23   b) **Bloße Auswahlbefugnis des Vorerben betr. der Nacherbenwahl.** Anders und problematisch ist es jedoch, wenn der Vorerbe „nur" die Ermächtigung erhält, die Person des Nacherben auszuwählen, ohne die Nacherbfolge zum Wegfall bringen zu können. In diesem Fall wird die Nacherbfolge nicht insgesamt – durch zulässige lebzeitige oder letztwillige Verfügungen des Vorerben – aufgehoben, sondern sie bleibt bestehen. Dies hat zur Konsequenz, dass der Erblasser Entscheidungen über die Geltung seiner letztwilligen Verfügung, namentlich über die Person des Zuwendungsempfängers, nämlich die Auswahl des Nacherben, grds. nicht einem Dritten, auch nicht dem Vorerben, übertragen darf. Andernfalls führt dies zur Unwirksamkeit der letztwilligen Verfügung wegen Verstoßes gegen § 2065 II (OLG Oldenburg ZEV 2010, 635 (636)). Nur ausnahmsweise unter Berücksichtigung strenger Eingrenzungskriterien darf der Vorerbe dann eine Auswahl des Nacherben vornehmen. S. hierzu 4.c) Ausnahmsweise Auswahl durch Dritte → Rn. 11 ff. Vgl. aber wiederum BGH NJW 1972, 1987, wonach die Verfügungsbefugnis des Vorerben zulässig dahin eingeschränkt werden kann, dass er unter den als Nacherben eingesetzten Abkömmlingen eine anderweitige Verteilung zB Erbeinsetzung u. Vermächtnisanordnung vornehmen kann.

24   **7. Rechtsfolge.** Ein Verstoß gegen § 2065 führt grds. zur **Nichtigkeit** der letztwilligen Verfügung (BayObLG ZEV 2001, 22), es sei denn, durch den Vorrang der Auslegung (→ Rn. 3; zu den Auslegungsmöglichkeiten → § 2084 Rn. 2 ff., 22) ergibt sich etwas anderes: Die **Umdeutung** gem. § 140 einer nach § 2065 unwirksamen Verfügung in ein anderes wirksames Rechtsgeschäft, dessen rechtliche Voraussetzungen gegeben sind, ist möglich, wenn mit dieser Umdeutung das vom Erblasser nach seinem mutmaßlichen Willen gewünschte Ziel erreicht werden kann (zB Umdeutung in Zweckauflage BGH NJW-RR 1987, 1090; Umdeutung in Erbeinsetzung des Testamentsvollstreckers mit Auflagenverpflichtung, bei Verfügung „der Testamentsvollstrecker solle den gesamten Nachlass „einer sozialen Bestimmung" zuführen" so BayObLG FamRZ 2001, 317 ff. = ZErb 2001, 30). Eine bloße **Teilnichtigkeit** iSv § 2085 kommt in Betracht, wenn es sich bei dem unwirksamen Teil der Verfügung um einen sprachlich und logisch abtrennbaren Teil der Verfügung handelt und der Erblasser die anderen Verfügungen auch ohne die unwirksame Verfügung getroffen hätte. Hier ist auf das Abhängigkeitsverhältnis der einen Verfügung von der anderen abzustellen und darauf, ob der wirksame Teil der Verfügung untrennbarer Bestandteil der nichtigen Verfügung ist oder nicht (→ § 2085 Rn. 2 ff.). **Rechtsweg:** Die Unwirksamkeit der letztwilligen Verfügung wegen Verstoßes gegen § 2065 ist im Erbscheinsverfahren und/oder im Wege der Feststellungsklage geltend zu machen. Beide Verfahren sind kumulativ möglich. Zu den Vor- und Nachteilen der beiden Verfahrensarten, den Rechtsmitteln und Fristen → § 2064 Rn. 13, 14.

25   **8. Praxishinweis.** Für die notarielle Gestaltungspraxis bedeuten die geschilderten Schwierigkeiten, dass der Begünstigte möglichst exakt bestimmt und namentlich bezeichnet werden sollte. Kann dies nicht erfolgen, weil der Begünstigte bspw. erst durch ein künftiges Ereignis bestimmt werden soll, dann ist die Bedingung so exakt wie möglich zu fassen. Außerdem sollte ein Kreis potentieller Zuwendungsempfänger bestimmt werden (zB innerhalb der Verwandten oder gesetzlichen Erben). Dies gilt auch, wenn ein Dritter bei der Auswahl des Bedachten mitwirken soll. Im Falle der Erbeinsetzung ist es erforderlich, dem Dritten konkrete Kriterien für die Auswahl vorzugeben. Bei der Gestaltung von Unternehmertestamenten und der Einsetzung von Vor- und Nacherben und/oder von Testamentsvollstreckern mit Wahlmöglichkeiten betr. der Nacherben ist zu prüfen, ob in das Testament die auflösende Bedingung eingearbeitet wird, dass der Vorerbe eingeschränkt auflösend verfügen kann, indem er unter den als Nacherben eingesetzten Abkömmlingen eine anderweitige Verfügung vornimmt (BGH NJW 1972, 1987). Außerdem sollte im Hinblick auf die Problematik der einzugrenzenden objektiven Kriterien so detailliert wie möglich bei einer Nacherbenwahl dem Vorerben bzw. Testamentsvollstrecker vorgegeben werden, welche Kriterien anzuwenden sind, je konkreter, umso besser. So kann in dem Testament auf eine externe Urkunde, bspw. einen Gesellschaftsvertrag und die dortigen Kriterien für Gesellschafter, ebenfalls hingewiesen werden. Kriterien können sein in Anlehnung an die Rspr. zur HöfeO Schulbildung, Ausbildung, Studium, Noten, persönliche Eignung, Alter, praktische Fähigkeiten, Praktika. Ist eine konkrete Eingrenzung der Auswahlkriterien nicht möglich, droht ein Verstoß gegen § 2065 und es muss ggf. mit einem Auswahlvermächtnis (§ 2151) gearbeitet werden.

26   **9. Recht in den neuen Bundesländern.** Eine dem § 2065 entsprechende Regelung enthält das ZGB nicht. Es beschränkt sich auf den Grundsatz der formellen Höchstpersönlichkeit des § 370 II ZGB, der § 2064 entspricht. Bei der Beurteilung von Inhalt und Auslegung eines Testaments kommt auf alle seit dem 3.10.1990 eingetretenen Erbfälle das Erbrecht des BGB zur Anwendung, auch wenn das Testament vor diesem Zeitpunkt unter der Geltung des ZGB errichtet wurde (Art. 235 § 1 I EGBGB).

§ 2066 Gesetzliche Erben des Erblassers

¹Hat der Erblasser seine gesetzlichen Erben ohne nähere Bestimmung bedacht, so sind diejenigen, welche zur Zeit des Erbfalls seine gesetzlichen Erben sein würden, nach dem Verhältnis ihrer gesetz-

lichen Erbteile bedacht. ²Ist die Zuwendung unter einer aufschiebenden Bedingung oder unter Bestimmung eines Anfangstermins gemacht und tritt die Bedingung oder der Termin erst nach dem Erbfall ein, so sind im Zweifel diejenigen als bedacht anzusehen, welche die gesetzlichen Erben sein würden, wenn der Erblasser zur Zeit des Eintritts der Bedingung oder des Termins gestorben wäre.

1. Normzweck. § 2066 ist **Ergänzungs- und Auslegungsregel.** Verfügungen von Todes wegen sind auch dann als gewillkürte Erbregelung aufrechtzuerhalten, wenn der Erblasser allgemein auf die gesetzliche Erbfolge Bezug genommen hat, ohne weitere Konkretisierung des Personenkreises und/oder ohne Konkretisierung der Höhe der Erbteile. Trotz der Problematik zum Fremdbestimmungsverbot in Bezug auf § 2065 BGB soll diese Verfügung wirksam bleiben wegen der bloßen Verweisung auf die als gerecht angesehene gesetzliche Erbfolge. § 2066 S. 1 BGB ist als Ergänzungsnorm zu verstehen, S. 2 wiederum „im Zweifel" ist Auslegungsregel (RG JW 1938, 2972; MüKoBGB/*Leipold* § 2066 Rn. 2; aM, der auch S. 1 als Auslegungsregel interpretiert, Staudinger/*Otte* § 2066 Rn. 2).

2. Anwendbarkeit. § 2066 ist auf Testamente und zumindest analog auch auf Erbverträge anwendbar (Staudinger/*Otte* Rn. 12). § 2066 gilt direkt für einseitige Verfügungen (§ 2299 II 1) und analog bei vertragsmäßigen Verfügungen (§ 2279 I). Die Norm gilt sowohl für die dingliche Erbeinsetzung (auch Nach- und Ersatzerbeinsetzung) als auch für schuldrechtliche Vermächtnisse (so auch Staudinger/*Otte* Rn. 3). Teilweise wird § 2066 auf Vermächtnisse auch nur analog angewandt (MüKoBGB/*Leipold* Rn. 7). Die analoge Anwendung von § 2066 wird von der hM auch für Auflagen bejaht (MüKoBGB/*Leipold* Rn. 7; Staudinger/*Otte* Rn. 11), jedoch von einer Mindermeinung verneint, mit der Begründung, mit einer Auflage werde gerade kein Recht zugewandt (Palandt/*Weidlich* Rn. 1). Da ein Begünstigter auch mit einer Auflage „bedacht" sein kann, auch wenn er hieraus keine Rechte herleiten kann, erscheint eine analoge Anwendung des § 2066 auch für Auflagen sachgerecht.

3. Voraussetzungen der Ergänzungsnorm S. 1. a) Seine „gesetzlichen Erben" muss der Erblasser bedacht haben. Sie dürfen **weder namentlich** (BGH NJW-RR 1990, 391 (392)) **noch durch individualisierende Merkmale** bezeichnet sein. Anderenfalls ist § 2066 nicht anwendbar (BGH NJW-RR 1990, 391 (392)). Mit dem Wortlaut der letztwilligen Verfügung über seine Erben muss er auf die **gesetzliche Erbfolge** als solche Bezug genommen haben. Eine wörtliche Bezugnahme auf die gesetzliche Erbfolge im Testament hat lediglich deklaratorischen Charakter und führt nicht zur Anwendbarkeit des § 2066. Auch die Bezeichnung „meine Erben" oder „meine rechtmäßigen Erben" dürfte genügen (MüKoBGB/*Leipold* Rn. 3), es sei denn, aus anderen Umständen, bspw. einem alten Testament, ergibt sich, dass der Erblasser mit der Bezeichnung einen anderen Personenkreis (einschränkend nur eheliche Kinder oder erweiternd seine „geistigen" bzw. „wissenschaftlichen Erben" iSv Nachfolgern) gemeint hatte. Dann greift § 2066 ebenso wenig, wie wenn individualisierende Bezeichnungen vorhanden sind („die Kinder meiner Schwester"; meine „ehelichen Kinder", dann, wenn auch nichteheliche Kinder vorhanden sind). Auch bei der Erbeinsetzung von Enkelkindern ist in freier Auslegung zu entscheiden, ob auch solche Abkömmlinge gemeint sind, die erst nach dem Erbfall gezeugt werden. Aus §§ 2066–2070 ergeben sich insoweit keine Auslegungsregeln (OLG Köln NJW-RR 1992, 1031).

b) Analog anwendbar ist § 2066 bei der Bestimmung gesetzlicher Erben dritter Personen („die gesetzlichen Erben meines Sohnes", bei BayObLG NJW-RR 1991, 1094 (1096)). Hat der Erblasser bei angeordneter Vor- und Nacherbfolge die gesetzlichen Erben des Vorerben zu Nacherben bestimmt, ist der Zeitpunkt des Eintritts der Nacherbfolge maßgeblich für deren Ermittlung (BayObLG ZEV 2001, 440 (441); NJW-RR 1991, 1094 (1096); OLG Zweibrücken NJW-RR 1990, 1161).

c) Ohne nähere Bestimmung müssen die gesetzlichen Erben bedacht sein, dh der Erblasser hat weder die Höhe der Anteile noch den Zeitpunkt, der für die Ermittlung der gesetzlichen Erben maßgeblich sein soll, geregelt. Nur dann gilt § 2066 vollumfänglich. Wenn der Erblasser jedoch einen der Punkte geregelt hat, gilt die Ergänzungsregel des § 2066 nur für den/die ungeregelten Teile. Hat der Erblasser verfügt, dass „es bei der gesetzlichen Erbfolge verbleiben soll", hat dies nur deklaratorischen Charakter, § 2066 ist nicht anwendbar.

4. Voraussetzungen der Auslegungsregel S. 2. Sie greift, wenn die Zuwendung an eine Bedingung geknüpft ist, die erst nach dem Erbfall eintritt. Bei der Bedingung muss es sich um eine aufschiebende Bedingung oder einen festen, vom Erblasser bestimmten Termin handeln. Der Personenkreis der gesetzlichen Erben zum Zeitpunkt des Todes des Erblassers einerseits und zum Zeitpunkt des späteren Bedingungseintritts/Anfangstermins kann unterschiedlich sein. **Typische Beispiele** sind die zwischenzeitlich erfolgte Geburt weiterer Abkömmlinge nach dem Tod von Abkömmlingen, Ehegatten/Lebenspartnern, Eltern oder Geschwistern sowie eine zwischenzeitlich eingetretene Gesetzesänderung.

5. Rechtsfolgen. a) Rechtsfolge des S. 1 ist es, dass für die Bestimmung des Personenkreises der gesetzlichen Erben iSv § 2066 S. 1 sowohl in tatsächlicher als auch in rechtlicher Hinsicht auf den **Zeitpunkt des Erbfalls** abzustellen ist, nicht auf den Zeitpunkt der Errichtung des Testamentes/Erbvertrages.

aa) Personenkreis/Erbteile: Bedacht sind diejenigen, die im Zeitpunkt des Erbfalls gesetzliche Erben sind, und zwar im Verhältnis ihrer gesetzlichen Erbteile (§§ 1924–1936). Zu beachten ist, dass gem. § 1923 II auch derjenige gesetzlicher Erbe ist, der zum Zeitpunkt des Erbfalls zwar noch nicht lebte, aber bereits gezeugt war. Er gilt als vor dem Erbfall geboren. Bei einem laufenden Scheidungsverfahren während des Erbfalls ist ein eventueller Ausschluss des Ehegattenerbrechts iSv § 1933 zu prüfen (BGH ErbR

2008, 397 = NJW-Spezial 2008, 679). Zu den erforderlichen Voraussetzungen → § 2077 Rn. 4 ff. und § 1933. Auch die Höhe der Erbteile richtet sich nach den §§ 1924 ff. Das Voraus iSd § 1932 ist zu berücksichtigen, die Belastung des Erbteils aus § 1371 I bei Zugewinnausgleich und auch die Belastung des § 1371 IV, der Ausbildungsanspruch der Stiefkinder gelten iRd § 2066.

9 **bb) Rechtsänderungen:** Anzuwenden ist das im Zeitpunkt des Erbfalls, nicht zum Zeitpunkt der Errichtung des Testaments geltende Recht. Rechtsänderungen bei der gesetzlichen Erbfolge brachten insbes. das am 1.1.1977 in Kraft getretene Adoptionsgesetz; das am 1.4.1998 in Kraft getretene Nichtehelichengesetz (auch nichteheliche Kinder sind gesetzliche Erben des Erblassers); das am 1.7.1958 in Kraft getretene Gleichberechtigungsgesetz (Erhöhung des Ehegattenerbrechts, § 1931 III, § 1937 I und § 1931 IV bei Gütertrennung). Der Einigungsvertrag, soweit das Testament unter Geltung des damaligen ZGB errichtet worden war (Auswirkungen für das Ehegattenerbrecht), sowie das am 1.8.2001 in Kraft getretene Lebenspartnerschaftsgesetz für Lebenspartner eingetragener Lebenspartnerschaften.

10 **b) Rechtsfolge S. 2.** Während es bei S. 1 auf den Personenkreis und die Rechtslage zum Zeitpunkt des Erbfalls ankommt, stellt die Regelung in S. 2 auf den Personenkreis und die Rechtslage zum Zeitpunkt des nach dem Erbfall eintretenden Ereignisses (Bedingungseintritt/Festtermin) ab. Die Ausführungen zu Ziff. 5a) gelten sowohl für die Bestimmung des Personenkreises auch als zum jeweils geltenden Recht, jeweils entsprechend, jedoch nicht zum Zeitpunkt des Erbfalls, sondern zum Zeitpunkt des späteren Bedingungseintritts bzw. späteren Zeitpunkt des vom Erblasser genannten Termins. Bei einem Testament, in dem der Erblasser eines seiner Kinder als Vorerben und seine übrigen Abkömmlinge sowie jene des Vorerben „zu gleichen Teilen nach Stämmen" zu Nacherben einsetzt, bestimmen sich nach den gesetzlichen Auslegungsregeln der §§ 2066, 2067 die Nacherben erst nach dem Zeitpunkt des Nacherbfalls; vor diesem Zeitpunkt erwerben die als spätere Nacherben in Betracht kommenden Personen kein Anwartschaftsrecht, das sich nach § 2108 II 1 vererben könnte (BayObLG ZEV 2001, 440). Die Einsetzung gesetzlicher Erben als Nacherben bedeutet diejenigen Personen, die bei Eintritt des Nacherbfalls die gesetzlichen Erben des Erblassers sein würden (OLG Zweibrücken NJW-RR 1990, 1161).

11 **6. Praxis/Prozessuales.** Hatte der Erblasser unzutreffende Vorstellungen von der gesetzlichen Erbfolge, so ist ein Irrtum des Erblassers nur durch **Anfechtung** nach dessen Tod unter den Voraussetzungen des § 2078 möglich. Hatte sich der Erblasser über den Personenkreis der gesetzlichen Erben im Irrtum befunden, so ist dies unbeachtlich und kann auch nicht durch Auslegung korrigiert werden, wenn die Fehlvorstellung des Erblassers im Testament nicht wenigstens in Anhaltspunkten zum Ausdruck kommt (BGH NJW 1981, 1736 = BGHZ 80, 246). Bei vertragsgemäßen Verfügungen im Erbvertrag bzw. wechselbezüglichen Verfügungen in gemeinschaftlichen Testamenten ist gem. § 2281 auch der Erbe selbst zur Anfechtung berechtigt. In prozessualer Hinsicht sind die strengen Formerfordernisse der Anfechtungserklärung in den §§ 2281, 2282 zu beachten. Nach dem Tode des anderen Vertragsschließenden bzw. nach dem Tode des Erstversterbenden eines gemeinschaftlichen Testaments ist die Anfechtung gegenüber dem Nachlassgericht zu erklären, die Anfechtungserklärung hat in Urkundsform zu erfolgen.

12 **7. Recht in den neuen Bundesländern.** Das ZGB enthält keine dem § 2066 entsprechende Ergänzungs- und Auslegungsregel. Vielmehr ist auf die allgemeine Auslegungsregel des § 372 zurückzugreifen, wonach der Inhalt eines Testaments, welches verschiedene Auslegungen zulässt, so auszulegen ist, dass dem wirklichen oder mutmaßlichen Willen des Erblassers Geltung verschafft wird. Da der Kreis der gesetzlichen Erben im BGB und im ZGB nicht identisch ist, ist dies bei Erbfällen seit dem 3.10.1990 zu berücksichtigen, wenn ein Testament vor diesem Zeitpunkt unter der Geltung des ZGB errichtet wurde. Zwar ist bei Erbfällen ab dem 3.10.1990 § 2066 einschlägig, gleichwohl ist bei der Frage der Auslegung der Personenkreis, den das ZGB vorsah, zu berücksichtigen. Nach den Auslegungsgrundsätzen des BGB ist zur Erforschung des Erblasserwillens auf den Zeitpunkt der Errichtung des Testaments und die damaligen Vorstellungen des Erblassers abzustellen. Ggf. kommt iÜ unter den Voraussetzungen der §§ 2078 II, 2079 auch eine Testamentsanfechtung in Betracht.

§ 2067 Verwandte des Erblassers

¹Hat der Erblasser seine Verwandten oder seine nächsten Verwandten ohne nähere Bestimmung bedacht, so sind im Zweifel diejenigen Verwandten, welche zur Zeit des Erbfalls seine gesetzlichen Erben sein würden, als nach dem Verhältnis ihrer gesetzlichen Erbteile bedacht anzusehen. ²Die Vorschrift des § 2066 Satz 2 findet Anwendung.

1 **1. Normzweck.** § 2067 ist allgemeine **Auslegungsregel**. Sie gilt, wenn es im Testament an einer näheren Bestimmung fehlt und auch dann nur im Zweifel. Im Fall der Unklarheit über die Person und/oder die Erbquote der Bedachten gelten diejenigen Verwandten (also nicht der Ehegatte) als bedacht, die beim Erbfall gesetzliche Erben wären, und zwar wiederum im Verhältnis der gesetzlichen Erbfolge. Dabei wurde diejenige Lösung vorgesehen, die üblicherweise, also unter Berücksichtigung der Lebenserfahrung, dem Willen des Erblassers entsprechen dürfte.

2 **2. Anwendbarkeit.** § 2067 ist auf **Testamente** (auch gemeinschaftliche) und zumindest analog auch auf **Erbverträge** anwendbar. Die Norm gilt direkt für die **Erbeinsetzung** (auch bei Vor- und Nacherbschaft oder Ersatzerbschaft) genauso wie analog auch bei **Vermächtnissen**. Die Auslegungsregel kann auch auf

Teile des Nachlasses angewandt werden, und zwar ggf. in Ansehung des den Verwandten zugedachten Anteils.

3. Vorrang individueller Auslegung. Die allgemeine Auslegungsregel des § 2067 ist gegenüber der Individualauslegung (zu den Auslegungsmethoden → § 2084 Rn. 2 ff.) nachrangig, sie gilt nur „**im Zweifel**". Zunächst ist zu prüfen, ob sich im Einzelfall aus dem Testament ergibt, dass der Erblasser unter „Verwandten" oder „nächsten Verwandten" nach allgemeinem Sprachgebrauch auch seinen Ehegatten verstanden hat. Da dies in der Laiensphäre oft so ist, werden Ehegatten vielfach einzubeziehen sein, worauf besonders letztwillig Verfügungen ehemaliger DDR-Bürger hindeuten, da die Ehegatten nach § 365 I ZGB zu den gesetzlichen Erben erster Ordnung gehörten (Erman/*Schmidt* § 2067 Rn. 2; vgl. MüKoBGB/*Leipold* § 2067 Rn. 4). 3

4. Verwandte. Wer Verwandter oder einem Verwandten gleichgestellt ist, bestimmt das Familienrecht nach §§ 1589 ff. Danach sind Personen, deren eine von der anderen abstammt, in gerader Linie verwandt. Seit dem In-Kraft-Treten des Nichtehelichengesetzes am 1.4.1998 fällt unter den Begriff des Verwandten für den männlichen Erblasser und dessen Verwandte auch das nichteheliche Kind und umgekehrt. Auch Adoptivkinder gehören als Abkömmlinge des Erblassers dem bedachten Personenkreis an. 4

5. Analoge Anwendung. Wenn der Erblasser eine bestimmte Gruppe der Verwandten als (Nach-) Erben eingesetzt hat, zB seine Kinder oder Enkel oder seine Geschwister oder die Kinder seiner Geschwister, ist eine analoge Anwendung möglich (OLG Düsseldorf DNotZ 1972, 41 f.; OLG Hamm Rpfl 1986, 480). Bei Anordnung einer Nacherbschaft können die Verwandten des Vorerben als Nacherben eingesetzt werden (BayObLG BayObLGZ 1958, 225 (231 f.)). Bei anderen Sammelbezeichnungen als „Verwandte" oder „nächste Verwandte" durch den Erblasser ist eine analoge Anwendung möglich, wenn von einer gleichen Bedeutung ausgegangen werden kann, wie bspw. „Mitglieder meiner Sippe", „Blutsverwandte" (MüKoBGB/*Leipold* § 2067 Rn. 5). Bei dem Sammelbegriff „Familie" wird eine analoge Anwendung nach § 2067 idR nicht in Betracht kommen, da zu einer Familie typischerweise auch der Ehepartner und oft auch nicht verwandte Stiefkinder, ggf. auch Pflegekinder gehören. 5

6. Rechtsfolgen. Durch § 2067 soll mangels anderer Anhaltspunkte der Begriff „Verwandte" konkretisiert werden. Die Regelung stellt auf den Kreis der Verwandten zum **Zeitpunkt des Erbfalls** und nicht auf den Zeitpunkt der Errichtung der Verfügung von Todes wegen ab. Haben Eheleute ein gemeinschaftliches Testament errichtet und Verwandte zu Schlusserben eingesetzt, ist auf den zweiten Erbfall abzustellen mit der Folge, dass die gesetzlichen Erben des Längerlebenden berufen sind (BayObLG NJW 1967, 1136). Bei einem Testament, in dem der Erblasser eines seiner Kinder als Vorerben und seine übrigen Abkömmlinge sowie jene des Vorerben „zu gleichen Teilen nach Stämmen" zu Nacherben einsetzt, bestimmen sich nach den gesetzlichen Auslegungsregeln der §§ 2066, 2067 die Nacherben erst nach dem Zeitpunkt des Nacherbfalls; vor diesem Zeitpunkt erwerben die als spätere Nacherben in Betracht kommenden Personen kein Anwartschaftsrecht, das sich nach § 2108 II 1 vererben könnte (BayObLG ZEV 2001, 440). Die Einsetzung gesetzlicher Erben als Nacherben beinhaltet jene Personen, die bei Eintritt des Nacherbfalls die gesetzlichen Erben des Erblassers sein würden (OLG Zweibrücken NJW-RR 1990, 1161). 6

7. Praxis/Prozessuales. Bei § 2067 ist bei einem Irrtum des Erblassers über den Personenkreis, den ihnen zufallenden Erbteil oder das im Zeitpunkt seines Todes geltende Recht, nach seinem Tod eine Anfechtung gem. § 2078 möglich. Eine Selbstanfechtung des Erblassers gem. § 2281 kommt bei vertragsgemäßen Verfügungen im Erbvertrag bzw. wechselbezüglichen Verfügungen in gemeinschaftlichen Testamenten in Betracht. Die strengen Formerfordernisse der Anfechtungserklärung, §§ 2281, 2282 sind zu beachten. Nach dem Tode des anderen Vertragschließenden bzw. des Erstversterbenden eines gemeinschaftlichen Testaments ist die Anfechtung gegenüber dem Nachlassgericht zu erklären, wobei die Anfechtungserklärung in Urkundsform erfolgen muss. 7

8. Recht in den neuen Bundesländern. Die Auslegungsregel des § 2067 findet sich in § 377 II ZGB. Bei Erbfällen ab dem 3.10.1990 gilt § 2067, selbst dann, wenn das Testament unter Geltung des ZGB errichtet wurde. Zwar ist bei der Auslegungsregel auf das gesetzliche Erbrecht des BGB zum Zeitpunkt des Erbfalls abzustellen. Das BGB stellt bei der Auslegung jedoch auf den Erblasserwillen zum Zeitpunkt der Testamentserrichtung ab, so dass hierdurch im Rahmen der individuellen Auslegung auch die Gegebenheiten des ZGB zu berücksichtigen sind. Vorrangig ist jedoch die individuelle Auslegung zu berücksichtigen, die auf die Gegebenheiten des ZGB zum Zeitpunkt der Testamentserrichtung mit abzustellen hat. 8

§ 2068 Kinder des Erblassers

Hat der Erblasser seine Kinder ohne nähere Bestimmung bedacht und ist ein Kind vor der Errichtung des Testaments mit Hinterlassung von Abkömmlingen gestorben, so ist im Zweifel anzunehmen, dass die Abkömmlinge insoweit bedacht sind, als sie bei der gesetzlichen Erbfolge an die Stelle des Kindes treten würden.

1. Normzweck. § 2068 ist – nachrangige – **Auslegungsregel.** Nur dann, wenn sich durch **individuelle Auslegung** (→ § 2084 Rn. 2 ff.) kein andersartiger widersprechender Erblasserwille feststellen lässt, greift 1 die Auslegungsregel des § 2068 (LG Köln DAVorm 1993, 208; BayObLG DNotZ 1974, 233 = NJW 1974, 954). Sie gilt nur, wenn der Erblasser wörtlich seine Kinder ohne weitere Individualisierung nennt und wenn eines seiner Kinder bereits vor Testamentserrichtung gestorben ist, aber Abkömmlinge hinterlassen hat. Im Interesse der Gerechtigkeit sollen dann alle Stämme von Abkömmlingen mit einbezogen werden, auch jener des bereits vor Testamentserrichtung verstorbenen Kindes. Für das Versterben des Kindes nach Testamentserrichtung gilt § 2069. Stirbt das Kind ohne verbleibende Abkömmlinge, gilt § 2094.

2 **2. Anwendbarkeit.** § 2068 gilt für Testamente und zumindest analog für Erbverträge. Die Norm bestimmt generell, dass der Erblasser den Personenkreis – mit einer Zuwendung – bedacht haben muss. Die Norm gilt somit sowohl für die dingliche Erbeinsetzung (auch Vor- und Nacherbschaft) als auch bei schuldrechtlichen Vermächtnissen.

3 **3. Tatbestandsvoraussetzungen.** Seine **Kinder** muss der Erblasser allgemein im Testament als Erben eingesetzt oder durch Vermächtnis bedacht haben. Unter Kindern versteht das Gesetz nur die Abkömmlinge ersten Grades. Dies sind auch nichteheliche Kinder und Adoptivkinder, jedenfalls nach Durchführung der Minderjährigenadoption. Der Erblasser muss in der letztwilligen Verfügung seine Kinder allgemein als **Sammelbezeichnung** (Staudinger/*Otte* Rn. 2) eingesetzt haben, ohne sie näher zu individualisieren. Eines der Kinder muss vor dem Erblasser **verstorben** sein. § 2068 greift, unabhängig davon, ob der Erblasser Kenntnis von dem Vorversterben des Kindes hatte oder nicht und unabhängig davon, ob er Kenntnis über das Vorhandensein von Abkömmlingen des Kindes hatte oder nicht. Auch kommt es nicht darauf an, ob der Erblasser Erbquoten für die Kinder festgelegt hat oder nicht. Bei einem anderen Wegfall des Kindes als durch Tod, zB bei Ausschlagung oder Verzicht, ist § 2068 nicht einschlägig. Des „Eintrittsprinzips" wegen wird angenommen, dass der Erblasser nach dem allgemeinen Sprachgebrauch mit dem Sammelbegriff „Kinder" auch weitergehende Abkömmlinge, also seine Enkel bzw. Urenkel meint.

4 **4. Analoge Anwendung.** Sie ist möglich, wenn der Erblasser vergleichbar **allgemeine Begriffe** betr. einer Gruppe seiner Kinder gewählt hat, wie seine „Söhne", „Töchter", „Kinder aus erster Ehe" (MüKoBGB/*Leipold* Rn. 4). Möglich ist eine analoge Anwendung selbst dann, wenn der Erblasser neben der allgemeinen Bezeichnung seiner Kinder oder Gruppen seiner Kinder auch deren Namen genannt hat (MüKoBGB/*Leipold* Rn. 4). Eine analoge Anwendung kommt jedoch nicht in Betracht, wenn er neben der allgemeinen Bezeichnung nur einige der Kinder oder einige der Gruppe genannt hat, auf die die Beschreibung zutrifft, da dies eine Individualisierung nur einiger Kinder aus der Gruppe darstellen würde, die gerade gegen die Auslegungsregel des § 2068 spricht. Eine analoge Anwendung kommt ebenfalls nicht in Betracht, soweit der Erblasser **Kinder eines Dritten** bedacht hat, da es sich hier gerade nicht um „seine Kinder" handelt (KG NJW-RR 1991, 393; Staudinger/*Otte* Rn. 9; aA MüKoBGB/*Leipold* Rn. 5). Dann kann nur mit der individuellen einzelfallorientierten Auslegung gearbeitet werden, zwecks Feststellung des Erblasserwillens, ob die Abkömmlinge des vorverstorbenen Kindes des Dritten anstelle des verstorbenen Kindes berufen sind. Hierbei sind auch außerhalb der Testamentsurkunde liegende Umstände zu berücksichtigen (→ § 2084 Rn. 2 ff., 12, 22 ff.).

5 **5. Rechtsfolgen.** Die Abkömmlinge des vorverstorbenen Kindes treten nach den Regeln des § 1924 II–IV an dessen Stelle. Maßgebend ist der Zeitpunkt des Erbfalls, vgl. auch § 1923 II. Bei Irrtümern des Erblassers über den Personenkreis gelten die Ausführungen zur Anfechtungsmöglichkeit zu → § 2066 Rn. 11; → § 2067 Rn. 7 entsprechend, ausf. s. §§ 2078, 2281.

6 **6. Recht in den neuen Bundesländern.** Das ZGB enthält keine der Auslegungsregel des § 2068 entsprechende Regel betr. des Vorversterbens der Kinder des Erblassers. Mit der Auslegungsregel des § 379 I 2, die den Ausfall eines „Nachkommen" des Erblassers regelt, gelangt man zu gleichen Ergebnissen. Für Erbfälle seit dem 3.10.1990 gilt § 2068, auch wenn die Errichtung des Testaments zzt. der Geltung des ZGB erfolgte.

§ 2069 Abkömmlinge des Erblassers

Hat der Erblasser einen seiner Abkömmlinge bedacht und fällt dieser nach der Errichtung des Testaments weg, so ist im Zweifel anzunehmen, dass dessen Abkömmlinge insoweit bedacht sind, als sie bei der gesetzlichen Erbfolge an dessen Stelle treten würden.

1 **1. Normzweck.** § 2069 ist – nachrangige – **Auslegungsregel**, keine gesetzliche Vermutung (BGH NJW 1974, 43 (44)), die nur eingreift, wenn sich ein konkreter Erblasserwille aus dem Inhalt der letztwilligen Verfügungen und den bekannten Begleitumständen nicht feststellen lässt, so dass der Wegfall des Abkömmlings anderenfalls zur Unwirksamkeit der Verfügung führen würde. Die Auslegungsregel knüpft an die **gesetzliche Erbfolge nach Stämmen** an und geht davon aus, dass der Erblasser, der seinen/seine Abkömmlinge bedacht hat, im Zweifel die Zuwendung auch auf die Abkömmlinge des Abkömmlings erstrecken wollte.

2 **2. Anwendbarkeit. a) Allgemeines.** § 2069 ist auf Testamente und auf Erbverträge anwendbar. Die Norm gilt für die Erbeinsetzung (auch bei Vor- und Nacherbschaft oder Ersatzerbschaft) genauso wie für Vermächtnisse und Auflagen.

b) Vorrang der individuellen Auslegung. Zunächst ist die einfache (erläuternde) Auslegung und bei Regelungslücken die ergänzende Auslegung zu prüfen, bevor auf die gesetzlichen Auslegungsregeln abzustellen ist (zum Gesamtgefüge der Auslegungsmöglichkeiten → § 2084 Rn. 2 ff. zur Überprüfbarkeit der Auslegung → § 2084 Rn. 5, 25). Eine ausdrücklich testamentarisch verfügte Ersatzerbeneinsetzung iSv § 2096 schließt § 2069 aus (MüKoBGB/*Leipold* Rn. 17). Auch eine ausdrückliche endgültige Erklärung des Erblassers im Testament, er wolle eine Bestimmung von Ersatzerben nicht treffen („Ersatzerbenbestimmungen werden nicht getroffen"), enthält bewusst und den Ausschluss der Ersatzerbfolge nach Stämmen (BayObLG FamRZ 2005, 1127 = DNotZ 2005, 631 (632)). Da damit der bewusste Ausschluss der Ersatzerbfolge festgelegt ist, fehlt es an Zweifeln, die die Anwendung der Auslegung des § 2069 voraussetzen würde. Anders jedoch, wenn kein endgültiger Ausschluss der Ersatzerbenbestimmung vorliegt und sich eine Erklärung nur auf den gegenwärtigen Zeitpunkt bezieht (OLG München ZErb 2009, 153: „Ersatzerben will ich heute ausdrücklich nicht benennen") oder die Ersatzerbenbestimmung nur einen bestimmten Fall regelt und die Anwendung des § 2069 nicht generell für alle anderen Fälle ausgeschlossen sein sollte (OLG München FamRZ 2012, 398 f.). Bei einer nicht eindeutigen Ersatzerbenbestimmung in einer letztwilligen Verfügung ist eine Auslegung in Richtung § 2069 bzw. in Richtung § 2096 anhand der Umstände des Einzelfalls, des zu ermittelnden Erblasserwillens, vorzunehmen (BayObLG ZEV 1995, 25 f.; hierzu mwN → § 2096 Rn. 7).

c) Vorrang zu § 2074. Ist die Zuwendung aufschiebend bedingt, hat § 2069 Vorrang vor § 2074, der bei Wegfall des Abkömmlings zwischen Erbfall und Eintritt der Bedingung nur gilt, wenn ein die weiteren Abkömmlinge ausschließender Erblasserwille zweifelsfrei festgestellt werden kann (BGH NJW 1958, 22 f.).

d) Nacherbschaft. Fällt der als Nacherbe eingesetzte Abkömmling bereits zwischen Testamentserrichtung und Erbfall weg, greift § 2069. Stirbt der Nacherbe erst zwischen Erbfall und Nacherbfall gilt folgendes: Mit dem Erbfall erwirbt der Nacherbe ein grds. übertragbares und vererbbares Anwartschaftsrecht, das gem. § 2108 II auf seine Erben übergeht. § 2108 setzt allerdings die Person des Nacherben als bekannt voraus. Setzt der Erblasser bloß allgemein eine nicht namentlich bezeichneten Abkömmlinge als Nacherbe ein, sind die Nacherben also nicht individuell, sondern nur mit Hilfe einer Gattungsbezeichnung bestimmt („gesetzliche Erben", „Verwandte"), ist gem. §§ 2066, 2067 für die Bestimmung des Kreises der Nacherben auf den Zeitpunkt des Nacherbfalls abzustellen, so dass bis dahin dann kein vererbliches Nacherbenanwartschaftsrecht vorliegt (BayObLG ZEV 2001, 440 (441)).

e) Schlusserbeneinsetzung und Wechselbezüglichkeit. Bei Wegfall des eingesetzten Schlusserben vor dem Tod des überlebenden Ehegatten gilt ebenfalls § 2069 (BGH ZEV 2002, 150; OLG München DNotZ 2006, 68). Jedoch erstreckt sich die Bindungswirkung des § 2270 II nicht auf die nur durch die Ergänzungsregel des § 2069 ersatzweise berufenen Abkömmlinge. § 2270 II ist auf Ersatzerben nur anwendbar, wenn sich Anhaltspunkte für einen auf deren Einsetzung gerichteten Willen der testierenden Eheleute feststellen lassen, die Ersatzerbeinsetzung also nicht allein auf § 2069 beruht. Es gibt keine Ersatzerbfolge durch die kumulative Anwendbarkeit der Auslegungsregeln des § 2069 und des § 2270 II (BGH ZEV 2002, 150 unter Aufgabe seiner alten Rspr.). Zu prüfen ist im ersten Schritt, ob sich bereits aus der individuellen – auch ergänzenden – Auslegung ergibt, dass nach dem Erblasserwillen eine Ersatzerbeneinsetzung gewollt war oder ob diese nur aus der Auslegungsregel des § 2069 folgt. Im zweiten Schritt ist zu prüfen, ob sich bereits aus der individuellen – auch ergänzenden – Auslegung ergibt, ob die Erbeinsetzung ggf. unter Heranziehung von § 2069 wechselbezüglich ist und sich eine Bindungswirkung ergibt oder ob diese auszuschließen ist. Erst wenn die Auslegung nichts zur Frage der Wechselbezüglichkeit hergibt, ist auf die Auslegungsregel des § 2270 II abzustellen. Nur wenn in beiden Schritten mangels Auslegungsmöglichkeiten der letztwilligen Verfügung mit den Zweifelsregeln der §§ 2069, 2270 II gearbeitet werden müsste, gilt das Kumulationsverbot (OLG München ZEV 2017, 409; OLG Schleswig FamRZ 2014, 605; 2011, 66). Anders ist es bei der Anwachsung, da § 2094 BGB keine Auslegungsregel darstellt (→ § 2094 Rn. 8).

3. Tatbestandsvoraussetzungen. a) Abkömmling. Der Erblasser muss einen oder mehrere Abkömmlinge durch eine Zuwendung, dh Erbeinsetzung, Vermächtnis oder Auflage bedacht haben. § 2069 gilt, wenn nur ein Abkömmling vorhanden und bedacht ist, ebenso, wie wenn mehrere Abkömmlinge bedacht werden. Der Bedachte muss in gerader Linie vom Erblasser abstammen. Das sind Kinder, Enkel, Urenkel, nichteheliche Kinder, deren Vaterschaft vom Erblasser festgestellt ist, adoptierte Kinder und auch adoptierte Enkel/Urenkel, wenn durch die Adoption die Verwandtschaft mit dem Erblasser begründet wurde (nicht bei Volljährigenadoption, § 1770). Stief- und Pflegekinder sind keine Abkömmlinge. Eine Analogie scheidet grds. aus. Eine analoge Anwendung des § 2069 auf Stiefkinder wird nur bei einem gemeinschaftlichen Testament/Erbvertrag iSd 2269 ähnlich einem „Berliner Testament" anerkannt, wenn einseitige Abkömmlinge des Erstversterbenden, also Stiefkinder des Längerlebenden, zu Schlusserben des Längerlebenden eingesetzt sind (BGH ZEV 2001, 237 f.).

b) Wegfall nach Testamentserrichtung. Der Abkömmling muss nach Testamentserrichtung, aber vor dem Erbfall weggefallen sein. Bei Wegfall vor Testamentserrichtung gilt § 2068, es sei denn, dem Erblasser war der Wegfall nicht bekannt, dann gilt § 2069 analog (RGZ 149, 129 (134)).

c) Wegfallgründe. Im Gegensatz zu den vielfältigen Wegfallgründen des § 2096 (→ § 2096 Rn. 2) kommen bei Anwendung des § 2069 nur einige wenige Wegfallgründe in Betracht, da der Wegfall nur die Person des Zuwendungsempfängers betreffen darf. Ein Wegfall der gesamten letztwilligen Verfügung

10 BGB § 2069

darf nicht gegeben sein, denn damit fiele auch die Anknüpfung an § 2069 und an die Abkömmlinge weg. Bei Widerruf (§ 2253), Rücktritt (§§ 2293 ff.) oder Aufhebung (§ 2271) der letztwilligen Verfügung ist § 2069 mangels Anknüpfung an eine wirksame Verfügung somit nicht anwendbar. Bei Nichtigkeit (§§ 2078, 2079) muss dies ebenfalls gelten (strittig, so auch MüKoBGB/*Leipold* Rn. 15; aA Staudinger/*Otte* Rn. 18). Als Wegfallgründe kommen idR nur die folgenden in Betracht: Versterben, Ausschlagung (§ 1953), Zuwendungsverzicht (§ 2352) oder Erbunwürdigkeit (§ 2344) des Bedachten.

10 **aa) Versterben:** Der Tod des Bedachten stellt den häufigsten Fall des § 2069 dar.

11 **bb) Erbausschlagung** und **Zuwendungsverzicht** stellen Wegfallgründe dar, weil sie nicht die gesamte letztwillige Verfügung in Frage stellen, sondern nur der Bedachte selbst vor dem Erbfall bzw. rückwirkend auf den Erbfall wegfällt. Eine Ausschlagung erfolgt oft auch zugunsten der Abkömmlinge, damit diese zum Zuge und in den Genuss der Zuwendung des Erblassers kommen. Ein gesetzlicher Erbverzicht (§ 2346) gilt nicht als Wegfallgrund, da er nur die gesetzliche, nicht aber die gewillkürte Erbfolge betrifft, während § 2069 aber gerade an letztwillige Verfügungen anknüpft.

12 **cc) Erbausschlagung mit Pflichtteilsverlangen** bzw. **Zuwendungsverzicht gegen vollständige Abfindung** schließen idR die Anwendbarkeit des § 2069 aus, da durch die Ausschlagung eines Abkömmlings und Ersatzberufung eines weiteren Abkömmlings dies zu einer über die Absichten des Erblassers hinausgehenden Benachteiligung der anderen Stämme führen würde und dies in aller Regel nicht dem Willen des Erblassers entspricht (BayObLG ZEV 2000, 274 (275); OLG Stuttgart Rpfl 1982, 106). Diese Grundsätze gelten auch bei der Nacherbfolge. Schlägt der Nacherbe aus und verlangt den Pflichtteil, sind im Zweifel seine Abkömmlinge von der Erbfolge ausgeschlossen (OLG München FamRZ 2007, 767 = DNotZ 2007, 537 betr. Ersatzberufung). Es gilt dann nicht die Auslegungsregel des § 2069, vielmehr gilt die Anwachsung (§ 2094) als gewollt (OLG München FamRZ 2011, 1691 f.). Auch bei einem Erbverzicht infolge vollständiger Abfindung besteht die tatsächliche Vermutung, dass die Abkömmlinge des Verzichtenden für diesen Fall nicht berufen sind (BGH NJW 1974, 43; OLG Hamm ZEV 2009, 566 (567)). Etwas anderes kann allerdings dann gelten, wenn für einen Zuwendungsverzicht keine adäquate vollständige Abfindung geleistet wurde (OLG München DNotZ 2006, 68 = ZErb 2005, 377). Für Erbfälle seit dem 1.1.2010 vgl. nunmehr §§ 2352 S. 3, 2349, so dass sich der Zuwendungsverzicht im Zweifel auf Abkömmlinge erstreckt.

13 **dd) Erbunwürdigkeit** (§ 2344) dürfte einen, der in der Praxis eher seltenen Wegfallgründe darstellen.

14 **d) Ersatzberufene** sind die Abkömmlinge des Weggefallenen, jedoch nur, soweit sie auch bei **gesetzlicher Erbfolge nach dem Erblasser** als gesetzliche Erben nachrücken würden. Ersatzberufene wären somit nicht die im Rahmen der Volljährigenadoption angenommenen „Enkel" des Erblassers. Der Personenkreis und die Quoten bestimmen sich danach, wer gem. §§ 1924, 1923 zum Zeitpunkt des Erbfalls bzw. des Nacherbfalls gesetzlicher Erbe des Erblassers gewesen wäre. Die Abkömmlinge des Weggefallenen müssen mit dem Erblasser verwandt sein.

15 **4. Abkömmlinge Dritter/Einzelfälle.** Anerkannt ist, dass die Auslegungsregel des § 2069 nicht, auch nicht entsprechend angewandt werden kann, wenn der Erblasser eine Person eingesetzt hat, die nicht zu seinen Abkömmlingen gehört (BGH NJW 1973, 240 (242)). In einem solchen Fall ist jedoch durch Auslegung zu ermitteln, ob in der Einsetzung des Erben zugleich die Kundgabe des Willens gesehen werden kann, die Abkömmlinge des Bedachten zu Ersatzerben zu berufen. Kann der wirkliche oder mutmaßliche Wille nicht festgestellt werden, ist eine **ergänzende Auslegung** in Betracht zu ziehen. Ist der Bedachte eine dem Erblasser nachstehende Person, so legt die Lebenserfahrung die Prüfung nahe, ob der Erblasser eine Ersatzerbenberufung der Abkömmlinge des Bedachten gewollt hat oder gewollt haben würde (BayObLG FamRZ 1997, 641 f. = NJWE-FER 1997, 36). Als dem Erblasser **nahestehende Person** hat die Rspr. in erster Linie **Verwandte** und den **Ehegatten** angesehen auch die langjährige Lebensgefährtin (OLG Düsseldorf ZEV 2012, 662; Rechtsprechungsübersicht bei Staudinger/*Otte* Rn. 32). Entscheidend ist, ob die Zuwendung dem Bedachten als ersten seines Stammes oder nur ihm persönlich gegolten hat. Bei Geschwistern des Erblassers und ihren Abkömmlingen ist zu prüfen, ob die Geschwister wie bei der gesetzlichen Erbfolge gleichmäßig bedacht sind und ob der Erblasser sich mehr vom formalen Kriterium der Gleichbehandlung leiten lässt, als davon, zu wem er ein gutes oder weniger gutes Verhältnis hatte (OLG München FamRZ 2011, 1692; ZEV 2007, 383 (385)). Die erforderliche Andeutung im Testament kann auch schon in der Tatsache der Berufung dieser Person zum Erben angesehen werden (BayObLG ZEV 1999, 353 f. betr. der Einsetzung der **Abkömmlinge des Stiefsohnes** als weitere Ersatzerben. Zur ergänzenden Auslegung bzgl. der **Abkömmlinge naher Verwandter** auch BayObLG FamRZ 2005, 555 f.; OLG München ZEV 2007, 93; OLG Schleswig FamRZ 2012, 666: Ersatzerbenberufung des nahestehenden Kindes des vorverstorbenen Bruders, der trotz weiterer Geschwister zum Alleinerben eingesetzt war, was darauf schließen lässt, dass die Erblasserin die gesetzliche Erbfolge gerade nicht wollte).

16 **5. Recht in den neuen Bundesländern.** Eine § 2069 entsprechende Regelung findet sich in § 379 I 2 ZGB wieder, wobei das ZGB nicht von Abkömmlingen, sondern von „Nachkommen" spricht. Für alle Erbfälle seit dem 3.10.1990 gilt § 2069, auch wenn das Testament vor diesem Zeitpunkt unter der Geltung des ZGB errichtet wurde (Art. 235 § 1 I EGBGB).

§ 2070 Abkömmlinge eines Dritten

Hat der Erblasser die Abkömmlinge eines Dritten ohne nähere Bestimmung bedacht, so ist im Zweifel anzunehmen, dass diejenigen Abkömmlinge nicht bedacht sind, welche zur Zeit des Erbfalls oder, wenn die Zuwendung unter einer aufschiebenden Bedingung oder unter Bestimmung eines Anfangstermins gemacht ist und die Bedingung oder der Termin erst nach dem Erbfall eintritt, zur Zeit des Eintritts der Bedingung oder des Termins noch nicht gezeugt sind.

1. Normzweck. § 2070 ist **Auslegungsregel.** Der Bedachtenkreis ist auf die im Zeitpunkt des Erbfalls zumindest gezeugten Kinder einzuschränken. Die komplizierte Regelung, dass ein beim Erbfall noch nicht Gezeugter als Nacherbe eingesetzt werden kann (§§ 1923, 2101), wobei der Nacherbfall mit der Geburt eintritt, will ein Erblasser bei der Einsetzung familienfremder Abkömmlinge im Zweifel nicht.

2. Voraussetzungen. Der Erblasser muss die Abkömmlinge eines Dritten bedacht haben, die nicht gleichzeitig auch seine Abkömmlinge sind (OLG Köln NJW-RR 1992, 1031 (1032)). Auch bei inhaltlich gleichwertigen Bezeichnungen wie „Kinder" oder „Nachkommen" des Dritten ist die Vorschrift anzuwenden. Die Auslegungsvorschrift ist subsidiär zu näheren Bestimmungen, die der Erblasser über den Kreis der Bedachten getroffen hat („im Zweifel"). Die einfache (erläuternde) Auslegung sowie die ergänzende Auslegung bei Regelungslücken gehen vor (zu den Auslegungsmöglichkeiten → § 2084 Rn. 2ff., zur Überprüfbarkeit der Auslegung → § 2084 Rn. 25).

3. Rechtsfolgen. Die nach dem Erbfall gezeugten Abkömmlinge des Dritten werden durch die Vorschrift des § 2070 von der Erbfolge ausgeschlossen. Die Erbquote der Abkömmlinge des Dritten ist gem. §§ 2066, 2067 analog nach den Grundsätzen der gesetzlichen Erbfolge zu ermitteln, der Dritte wird dabei als mutmaßlicher Erblasser angesehen (v. *Lübtow*, Erbrecht, 1971, 289). Nur ausnahmsweise, wenn die Abkömmlinge Dritter zugleich die Stiefkinder des Erblassers sind, die im Rahmen eines gemeinschaftlichen Testaments (ähnlich einem „Berliner Testament") als Schlusserben bedacht sind, kommt eine analoge Anwendung des § 2069 in Betracht (→ § 2069 Rn. 7).

4. Keine Analogie bei Enkelkindern. Abkömmlinge Dritter sind nicht vergleichbar mit Enkelkindern des Erblassers. Diese gravierende Rechtsfolge bei Abkömmlingen Dritter, dass diese bei Zeugung nach dem Erbfall von der Erbfolge ausgeschlossen sind, ist nicht analog auf eine Erbeinsetzung zukünftiger, noch nicht gezeugter Enkelkinder anwendbar (Staudinger/*Otte* Rn. 4). Auch die Voraussetzungen der §§ 2066–2069 sind bei der Einsetzung von Enkelkindern nicht erfüllt, denn insoweit kann nicht über den Wortlaut der Vorschriften hinaus davon ausgegangen werden, dass auch in anderen Fällen im Zweifel noch nicht gezeugte Personen übergangen werden sollen. Bei der Einsetzung von Enkelkindern ist daher in freier Auslegung zu entscheiden, ob auch solche Abkömmlinge gemeint sind, die erst nach dem Erbfall geboren werden. Aus §§ 2066–2070 und § 2101 ergeben sich insoweit – betr. eigener Enkelkinder – keine Auslegungsregeln (OLG Köln NJW-RR 1992, 1031 (1032)).

5. Recht in den neuen Bundesländern. Das ZGB enthält keine dem § 2070 entsprechende Regelung. Bei Erbfällen seit dem 3.10.1990 gilt § 2070, auch wenn das Testament vor diesem Zeitpunkt unter der Geltung des ZGB errichtet wurde (Art. 235 § 1 I EGBGB).

§ 2071 Personengruppe

Hat der Erblasser ohne nähere Bestimmung eine Klasse von Personen oder Personen bedacht, die zu ihm in einem Dienst- oder Geschäftsverhältnis stehen, so ist im Zweifel anzunehmen, dass diejenigen bedacht sind, welche zur Zeit des Erbfalls der bezeichneten Klasse angehören oder in dem bezeichneten Verhältnis stehen.

1. Normzweck. § 2071 ist **Auslegungsregel.** Die Auslegungsregel greift jedoch nur, wenn der Personenkreis nicht zu unbestimmt ist, da dann gem. § 2065 die letztwillige Verfügung mangels Bestimmtheit unwirksam wäre. Die Auslegungsregel stellt klar, dass bei Veränderungen des vom Erblasser bedachten Personenkreises in der Zeit zwischen Errichtung der letztwilligen Verfügung und dem Erbfall, entsprechend dem Willen des Erblassers, auf den veränderten Personenkreis zum Zeitpunkt des Erbfalls abzustellen ist.

2. Voraussetzungen. Der Erblasser muss eine Klasse von Personen oder an Personen, mit denen er in einem Dienst- oder Geschäftsverhältnis steht, bedacht haben.

a) Unter einer **Klasse von Personen** ist die Gesamtheit der unter einen Oberbegriff fallenden Personen (zB „unsere Patenkinder", „mein Singkreis", „mein Kartenclub") gemeint (RG JW 1937, 2832). Dabei genügt ein Vertreter der Klasse; es erfordert nicht mehrerer Personen derselben Klasse. Zu unbestimmte Gruppenbezeichnungen, also Klassen, die besonders allgemein gefasst sind (zB „alle Tierfreunde"), führen zur Unwirksamkeit der Verfügung (→ § 2065 Rn. 8, 24), sofern sich nicht die Bedachten durch Auslegung ermitteln lassen. Allerdings darf die Klasse auch nicht näher bestimmt worden sein, insbes. darf der Erblasser nicht die einzelnen Mitglieder durch Namensnennung oder Angaben persönlicher Merkmale individualisiert haben.

4   **b)** Zu der weiteren Gruppierung des § 2071 zählen die **Arbeitnehmer, Geschäftskunden, Arbeitskollegen** sowie einzelne Funktionsträger (zB „mein Bürovorsteher", „meine Arbeiter und Angestellten") (MüKoBGB/*Leipold* Rn. 6–7).

5   **c)** Handelt es sich bei der Person des Bedachten um eine **juristische** –, ist durch Auslegung zu ermitteln, ob der Personenvereinigung als selbständiger Rechtsträger oder den Mitgliedern persönlich etwas zugewendet werden soll. § 2071 gilt nur für die zuletzt genannte Variante.

6   **d) Zeitpunkt:** Maßgeblich für die Personenbestimmung ist hier der **Zeitpunkt des Erbfalls.** Passt zzt. des Erbfalls keine Person in die bestimmte Klasse, so ist die Verfügung unwirksam. Im Zuge der Auslegung kann sich dann aus Ausnahme ergeben, dass für die Beurteilung der Zeitpunkt der Testamentserrichtung maßgeblich sein soll.

7   **3. Recht in den neuen Bundesländern.** Das ZGB enthält keine § 2071 entsprechende Regelung. Es muss vielmehr auf die allgemeine Auslegungsregel des § 372 ZGB abgestellt werden, dass das Testament so auszulegen ist, dass dem wirklichen oder mutmaßlichen Willen des Erblassers Geltung verschafft wird. Für Erbfälle seit dem 3.10.1990 gilt § 2071, auch wenn das Testament zzt. der Geltung des ZGB errichtet wurde (Art. 235 § 1 I EGBGB).

§ 2072 Die Armen

Hat der Erblasser die Armen ohne nähere Bestimmung bedacht, so ist im Zweifel anzunehmen, dass die öffentliche Armenkasse der Gemeinde, in deren Bezirk er seinen letzten Wohnsitz gehabt hat, unter der Auflage bedacht ist, das Zugewendete unter Arme zu verteilen.

1   **1. Normzweck.** § 2072 ist **Auslegungs- und Umdeutungsregel.** Trotz des unbestimmten Personenkreises heilt § 2072 eine eigentlich nach den Voraussetzungen des § 2065 unwirksame letztwillige Verfügung und verhilft ihr aus sozialpolitischen Gründen für das Gemeinwohl zur Wirksamkeit. Der soziale und karitative Erblasserwille soll geschützt werden, indem die allgemeine Formulierung umgedeutet wird, dass im Zweifel nicht sämtliche Arme, sondern nur die Armen aus dem örtlichen Umfeld und damit ein hinreichend bestimmbarer Personenkreis bedacht werden soll.

2   **2. Voraussetzungen.** Der Erblasser muss in seiner letztwilligen Verfügung Arme ohne nähere Bestimmung in Form einer Erbeinsetzung oder durch Zuwendung eines Vermächtnisses bedacht haben (BayObLG NJW RR. 2000, 1174f.).

3   **a)** Mit der **öffentlichen Armenkasse** ist der örtliche Träger der Sozialhilfe gemeint. Nach §§ 9, 96 BSHG sind dies die kreisfreien Städte und die Landkreise.

4   **b)** Der **örtliche Zuwendungsbereich wird** durch den letzten Wohnsitz des Erblassers festgelegt. Dies entspricht am ehesten dem Erblasserwillen, da er nur dort, wo man ihn gekannt hat, ein ehrendes Andenken erwarten kann. Bei mehreren Wohnsitzen ist nach vorzugswürdiger Ansicht der Hauptwohnsitz ausschlaggebend für die Zuwendung. Bei Zuwendung von Zinsen durch eine Kapitalanlage gilt auch die Anlage selbst als der öffentlichen Armenkasse zugewendet (RGZ 52, 277 (283)).

5   **c) Analoge Anwendbarkeit:** § 2072 ist analog anzuwenden, wenn der Erblasser entsprechend der heutigen Ausdrucksweise und dem Grundgedanken der Vorschrift zB „die **Bedürftigen**" oder „die **sozial Schwachen**" bedacht hat (BayObLG NJW-RR 2000, 1174f.). „Ein Heim für körperbehinderte Kinder in München" ist hinreichend konkretisiert, um eine Auslegung hin zum örtlichen Träger der Sozialhilfe vorzunehmen (BayObLG 19.4.2000, ZEV 2001, 22 (24)). Eine entsprechende Anwendung ist jedoch zu verneinen, wenn der Erblasser Verfügungen zugunsten eines gemeinnützigen Zwecks getroffen, allerdings keinen Bedachten angegeben hat (BayObLG 19.4.2000, ZEV 2001, 22 (24)). IdR wird es sich dabei um eine Zweckauflage für den gem. § 2193 handeln (RG Recht 1913 Nr. 526; 1920 Nr. 1531). Denkbar ist auch ein Verschaffungsvermächtnis (BayObLG ZEV 1998, 385: Auslegung testamentarischer Zuwendung von Sparbüchern an nicht hinreichend konkretisierte Waisenkinder). Auch das Bedenken von „**Kriegsbeschädigten**" kann in Anwendung des Grundgedankens des § 2072 und der Lebenserfahrung die Auslegung rechtfertigen, dass der Träger der Sozialhilfe mit der Auflage bedacht ist, das Zugewendete unter den erwähnten Personen zu verteilen (KG NJW-RR 1993, 76f.). Die letztwillige Verfügung, das vorhandene Vermögen dem „Tierschutz" zuzuwenden, kann eine Erbeinsetzung des örtlichen Tierschutzvereins beinhalten (OLG Oldenburg NJW-RR 1993, 581).

6   **d) Vorrang individueller Auslegung:** Die gesetzliche Auslegungsregel greift erst, wenn die einfache (erläuternde) Auslegung sowie die ergänzende Auslegung bei Regelungslücken zu keinem Ergebnis führt (zum Gesamtgefüge der Auslegungsmöglichkeiten → § 2084 Rn. 2 ff., zur Überprüfbarkeit der Auslegung → § 2084 Rn. 25).

7   **e) Unwirksam:** Die testamentarische Bestimmung zur Einsetzung „der Blindenanstalt in Köln oder Umgebung" als Erbe ist jedoch zu unbestimmt und damit gem. § 2065 unwirksam (LG Bonn Rpfl 1989, 63), da sich ein eingrenzbarer Erbenkreis nicht ermitteln lässt.

8   **3. Recht in den neuen Bundesländern.** Das ZGB enthält keine dem § 2072 vergleichbare Regelung. Abzustellen ist auf die individuelle Auslegung und die gesetzliche Auslegungsregel des § 372 ZGB, wonach ein Testament so auszulegen ist, dass dem wirklichen oder mutmaßlichen Willen des Erblassers Geltung verschafft wird. Bei Erbfällen ab dem 3.10.1990 gilt § 2072, auch wenn das Testament zzt. der

Geltung des ZGB errichtet wurde (Art. 235 § 1 I EGBGB). Bei der Auslegung ist auf den Zeitpunkt der Testamentserrichtung abzustellen.

§ 2073 Mehrdeutige Bezeichnung

Hat der Erblasser den Bedachten in einer Weise bezeichnet, die auf mehrere Personen passt, und lässt sich nicht ermitteln, wer von ihnen bedacht werden sollte, so gelten sie als zu gleichen Teilen bedacht.

1. Normzweck. Mit Hilfe dieser gesetzlichen Fiktionsregel wird eine mehrdeutige Bezeichnung des Bedachten, die anderenfalls zur Unwirksamkeit wegen Unbestimmtheit führen würde, wirksam belassen, indem alle, auf die die Bezeichnung und Beschreibung passt, zu gleichen Teilen als bedacht gelten (*Diederichsen* NJW 1965, 671 ff.; MüKoBGB/*Leipold* Rn. 1). Es wird davon ausgegangen, dass es dem Erblasser im Zweifel lieber ist, dass seine Zuwendung geteilt wird, als dass sie gar nicht zur Anwendung kommt (Palandt/*Weidlich* Rn. 1). Bedachter kann ein Erbe (Miterbe, Nacherbe, Ersatzerbe), Vermächtnisnehmer oder Auflagebegünstigter sein.

2. Voraussetzungen. Erst dann, wenn sich durch Auslegung (zum Gesamtgefüge der Auslegungsmöglichkeiten → § 2084 Rn. 2 ff., zur Überprüfbarkeit der Auslegung → § 2084 Rn. 25) nicht feststellen lässt, wen konkret der Erblasser mit seiner mehrdeutigen Bezeichnung tatsächlich bedacht hat, ist die Auslegungsregel des § 2073 heranzuziehen (OLG Celle NJW-RR 2003, 368). Auch wenn in dem Testament nur von einer Person im Singular die Rede ist, greift § 2073, wenn die Beschreibung auf mehrere Personen mit zutreffender Beschreibung und Ausdrucksweise passt (OLG Celle NJW-RR 2003, 368: „Tierschutzverein Celle" entspricht Erbeinsetzung zweier in Celle existierender Tierschutzvereine je zu 1/2). Die Feststellung, ob die vom Erblasser gebrauchte Bezeichnung auf mehrere Erben zutrifft, ist mit allen möglichen Auslegungsmethoden zu treffen, auch in Kombination zB von wohlwollender Auslegung (§ 2084) und ergänzender Testamentsauslegung zwecks Anwendung des § 2073, um die Unwirksamkeit wegen unbestimmter Erbenbenennung (§ 2065) zu umgehen (BayObLG NJW-RR 1990, 1417 (1418)). **Nicht anwendbar** ist § 2073, wenn der Erblasser eine so unvollkommene Bezeichnung gewählt hat (zB LG Bonn Rpfl 1989, 36: „Blindenanstalt in Bonn und Umgebung"), dass sich ein begrenzter Erbenkreis nicht ermitteln lässt und die Verfügung wegen unbestimmter Erbeinsetzung unwirksam ist oder wenn feststeht, dass der Erblasser unter allen Umständen nur eine Person bedenken und lieber die Unwirksamkeit seiner Verfügung als die Aufteilung des Zuwendungsgegenstandes in Kauf genommen hätte (BGH WM 1975, 737 (738); BayObLG NJW-RR 1990, 1417 (1418); OLG Celle NJW-RR 2003, 368).

3. Recht in den neuen Bundesländern. Das ZGB enthält eine solche Bestimmung nicht. Anzuwenden wären § 372 ZGB zwecks Auslegung nach dem wirklichen oder mutmaßlichen Willen des Erblassers und § 377 I ZGB, dass bei Fehlen einer näheren Bestimmung zu gleichen Teilen geerbt wird. Tritt der Erbfall nach dem 3.10.1990 ein, findet § 2073 Anwendung, auch wenn das Testament zu Zeiten der Geltung des ZGB errichtet wurde (Art. 235 § 1 I EGBGB). Bei der Auslegung ist jedoch auf den Zeitpunkt der Testamentserrichtung abzustellen.

§ 2074 Aufschiebende Bedingung

Hat der Erblasser eine letztwillige Zuwendung unter einer aufschiebenden Bedingung gemacht, so ist im Zweifel anzunehmen, dass die Zuwendung nur gelten soll, wenn der Bedachte den Eintritt der Bedingung erlebt.

§ 2075 Auflösende Bedingung

Hat der Erblasser eine letztwillige Zuwendung unter der Bedingung gemacht, dass der Bedachte während eines Zeitraums von unbestimmter Dauer etwas unterlässt oder fortgesetzt tut, so ist, wenn das Unterlassen oder das Tun lediglich in der Willkür des Bedachten liegt, im Zweifel anzunehmen, dass die Zuwendung von der auflösenden Bedingung abhängig sein soll, dass der Bedachte die Handlung vornimmt oder das Tun unterlässt.

1. Normzweck und Allgemeines. Die Auslegungsregeln der §§ 2074, 2075 betreffen nur Einzelfragen aufschiebender (§ 2074) bzw. auflösender (§ 2075) Bedingungen. Im Rahmen seiner Testierfreiheit und der von Art. 14 I 1 GG geschützten Erbrechtsgarantie steht es dem Erblasser grds. frei, seine letztwilligen Verfügungen auch vom Eintritt einer aufschiebenden oder auflösenden Bedingung abhängig zu machen. Die **Zulässigkeit aufschiebender und auflösender Bedingungen** ist nicht ausdrücklich geregelt, ergibt sich aber aus der Anwendung der allgemeinen Bestimmungen. Die §§ 2074–2076 behandeln nur besondere Fallkonstellationen bedingter Zuwendungen und ergänzen damit nur die allgemeinen Bestimmungen des § 158 ff. Bei der bedingten Zuwendung kann es sich sowohl um eine **Erbeinsetzung** als auch um ein **Vermächtnis** handeln (Staudinger/*Otte* § 2074 Rn. 3).

2. Konkreter Anwendungsbereich § 2074. Stirbt der Bedachte vor Eintritt einer aufschiebenden Bedingung, an die der Anfall der Zuwendung geknüpft ist, kann sein Anwartschaftsrecht als vererbbare Rechtsposition auf seinen Erben übergehen oder aber mit dem Tod des Bedachten erlöschen. Beide Alternativen sind möglich und abhängig davon, wie der Erblasser testiert hat. Ist ein Erblasserwille durch individuelle Auslegung (zu den Auslegungsmethoden → § 2084 Rn. 2 ff.) jedoch nicht feststellbar, greift die allgemeine **Auslegungsregel** des § 2074, die eine **Vererbbarkeit ausschließt** („im Zweifel"). Es wird vermutet, dass es dem Erblasser bei aufschiebend bedingten Zuwendungen um die konkrete Person des Bedachten und nicht um dessen Stamm geht (Staudinger/*Otte* § 2074 Rn. 78). Besteht die Zuwendung in einer Erbeinsetzung, dann wird der Bedachte, soweit die Bedingung beim Erbfall noch nicht eingetreten ist, bedingt eingesetzter Nacherbe. Verstirbt er vor Eintritt der Bedingung, ist sein Anwartschaftsrecht nicht, wie sonst, bei der Nacherbschaft vererblich (§ 2108 II 1), sondern erlischt mit seinem Tod gem. §§ 2074, 2108 II 2 (Staudinger/*Otte* § 2074 Rn. 79). Ein aufschiebend bedingtes Vermächtnis fällt erst mit dem Bedingungseintritt an (§ 2177).

3 **3. Konkreter Anwendungsbereich § 2075.** Diese Auslegungsregel betrifft nur den Fall bedingter Zuwendungen in letztwilligen Verfügungen, in denen der Bedingungseintritt von einem unbegrenzt bzw. unbestimmt fortdauernden Verhalten (Tun oder Unterlassen) des Bedachten abhängt. Dann ist im Zweifel eine auflösende Bedingung anzunehmen, da es das Ziel des Erblassers sein dürfte, zum einen dem Bedachten die Zuwendung nicht irgendwann zu unbestimmter Zeit, sondern zeitlich mit dem Erbfall zukommen zu lassen, und zum anderen dem Bedachten damit einen Anreiz zu geben, sich entsprechend zu verhalten, um die Zuwendung behalten zu können (Staudinger/*Otte* § 2075 Rn. 1).

4 **4. Grundsätzliches bedingter Zuwendungen in letztwilligen Verfügungen. a) Arten.** Bei den Bedingungen in letztwilligen Verfügungen kann es sich um rechtsgeschäftliche Bedingungen iSd §§ 158 ff., aber auch um Rechtsbedingungen, Potestativbedingungen oder Befristungen handeln. Rechtsbedingungen als keine echten Bedingungen sind dadurch gekennzeichnet, dass sie nur die gesetzlichen Voraussetzungen für die Wirksamkeit einer Verfügung nennen („für den Fall meines Todes").

5 **b) Aufschiebende oder auflösende Bedingung. aa) Abgrenzung:** Handelt es sich um ein nach dem Erbfall eintretendes ungewisses Ereignis, welches die Wirkung der Verfügung erst beginnen lässt, liegt eine aufschiebende Bedingung vor (§ 158 I). Im umgekehrten Fall, wenn also mit dem Ereignis die Wirkung der Verfügung beendet wird, um eine auflösende Bedingung (§ 158 II). Ob es sich um eine auflösende oder aufschiebende Bedingung handelt, ist durch Auslegung zu ermitteln. Mit der individuellen Testamentsauslegung soll der wirkliche Wille (§ 133) des Erblassers erforscht werden. Es ist nicht am buchstäblichen Sinn des Ausdrucks zu haften. Zur Ermittlung des Inhalts der einzelnen Verfügungen ist der gesamte Inhalt der Testamentsurkunde einschließlich aller Nebenumstände, auch solche außerhalb des Testaments, heranzuziehen und zu würdigen (stRspr vgl. BGHZ 121, 357 (363) = NJW 1993, 2168 (2169, 2170); NJW 1993, 256 (257)). Von einer aufschiebenden Bedingung ist auszugehen, wenn dem Begünstigten überschaubare Fristen gesetzt sind; wenn eindeutige Ersatzregelungen zugunsten Dritter bestehen; wenn die Interessenlage des Erblassers ist, dass der Bedachte tatsächlich erst etwas erhalten soll, wenn er die gewünschte Bedingung erfüllt hat; wenn die Zuwendung einen Belohnungs- und Gegenleistungscharakter hat. Im Gegensatz hierzu ist von einer auflösenden Bedingung auszugehen, wenn die Verfügung eine Regelung mit Sanktionstendenz hat und der Erblasser dem Bedachten die Zuwendung bereits zum Zeitpunkt des Erbfalls zukommen lassen will (OLG Bamberg ZEV 2008, 389 (391)) und sie bei Zuwiderhandlung wegfallen soll (BGH ZEV 2009, 459 (460)).

6 **bb) Beispiele. Aufschiebende Bedingungen:** Herausgabe eines Buches binnen dreijähriger Frist (OLG Bamberg ZEV 2008, 389); Anordnung einer Testamentsvollstreckung, falls eine einvernehmliche Erbauseinandersetzung scheitert (OLG Celle OLGR Celle 2004, 126 (127)); Erbeinsetzung unter der Voraussetzung des Zusammenlebens und der Pflege des Erblassers bis zu seinem Tod (OLG Frankfurt a. M. ZEV 2012, 542). **Auflösende Bedingungen** sind typischerweise Verwirkungsklauseln, wie zB Pflichtteilsklauseln in einem Berliner Testament (BGH ZEV 2006, 501; BayObLG ZEV 2004, 202; OLG Zweibrücken NJW-RR 1999, 374); oder sonstige Straf- bzw. Verwirkungsklauseln: „Wer Ansprüche erhebt, die mit meiner letztwilligen Anordnung in Widerspruch stehen oder wer sonst meiner letztwilligen Anordnung zuwider handelt" (BGH ZEV 2009, 459); „wer das Testament anficht, sich der Durchsetzung widersetzt oder sonstige erhebliche Schwierigkeiten bereitet" (OLG Karlsruhe ZEV 2005, 256); „wer das Testament anficht" (OLG Dresden NJW-RR 1999, 1165); das dauerhafte Bewohnen und Bewirtschaften eines Anwesens (BayObLG ZEV 2004, 461); der fristgebundene Bau eines Kinderhauses; die Kindererziehung des Alleinerben; „soweit es ihm gesundheitlich unmöglich ist, erfolgreich tätig zu sein" (BayObLG ZEV 2005, 27); die dauerhafte ordnungsgemäße Bewirtschaftung (BayObLG FamRZ 1999, 59); dauerhafte Hilfs- und Pflegeleistungen (BayObLG NJW-RR 1998, 729 (730); FamRZ 1997, 1242 = NJW-FER 1997, 180).

7 **c) Abgrenzung zum Beweggrund. aa) Auslegung:** Von der Bedingung unterscheidet sich die bloße Mitteilung eines Beweggrundes (Motivs) dadurch, dass nach dem Inhalt der Erklärung keine unmittelbare Verknüpfung zwischen dem Vorliegen oder Eintritt des motivierenden Umstandes und der Rechtswirkung des Rechtsgeschäfts bestehen soll (OLG Bamberg ZEV 2008, 389 (390); MüKoBGB/*Leipold* § 2074 Rn. 7), wenn die Erfüllung der im Testament ausgedrückten Erwartung nicht Voraussetzung für die Geltung der Anordnung sein soll (Staudinger/*Otte* § 2074 Rn. 13). Dies ist durch Auslegung zu ermitteln, wobei der wahre Wille zu erforschen ist und nicht am buchstäblichen Sinn des Ausdrucks zu haften ist, sondern zur Ermittlung des Inhalts der einzelnen Verfügungen der gesamte Inhalt der Testamentsurkunde einschließlich aller Nebenumstände, auch solcher außerhalb des Testaments heranzuziehen und zu würdigen ist (BGHZ 121, 357 (363) = NJW 1993, 2168 (2169, 2170); NJW 1993, 256 (257);

vgl. zu den vorrangigen Auslegungsmethoden → § 2084 Rn. 2 ff.). Ausgangspunkt jeder Auslegung ist zunächst der Wortlaut der Verfügung (→ § 2084 Rn. 8). Stellt der Erblasser den Umstand als etwas dar, was er sich wünsche, das erfüllt werden mag oder nicht (bloßer Beweggrund), oder als einen von ihm erwarteten tatsächlich eintretenden Umstand, mit dem die letztwillige Zuwendung verknüpft ist (Bedingung). Die Formulierung des Wortes Bedingung soll idR durch eine unmittelbare Verknüpfung des motivierenden Umstandes mit der angestrebten Maßnahme zum Ausdruck gebracht werden. Ein typischer Aufbau erfolgt über einen zweistufigen Konditionalsatz, der dem gedanklichen Schema folgt: Wenn das (Bedingung), dann dieses (Zuwendung), anderenfalls („sonst" = Bedingungsausfall) jenes = Zuwendung an den Bedachten (OLG Bamberg ZEV 2008, 389 (390); Staudinger/*Otte* § 2074 Rn. 13). Indiz für eine Bedingung ist die Verwendung der Worte „wenn" oder „falls" (BayObLG FamRZ 1997, 1242 = NJW-FER 1997, 180). Gleichwohl verbietet sich eine Pauschalierung, immer kommt es auf die Auslegung im Einzelfall an: Hilfs- und Pflegeleistungen vom Bedachten können Bedingung für eine Erbeinsetzung sein (so BayObLG NJW-RR 1998, 729 (730)), ebenso kann die Erbeinsetzung „für Aufnahme bei Krankheit oder Pflegebedürftigkeit" nur einen bloßen Beweggrund darstellen (so BayObLG FamRZ 1997, 1242 = NJW-FER 1997, 180).

bb) Beispiele: IdR nur als Motiv, als Beweggrund zu werten sind Formulierungen wie „sollte uns beiden etwas zustoßen" (BayObLG NJW-RR 1996, 1351; „sollten wir von unserer Reise nicht zurückkehren" (OLG Hamm ZEV 1996, 468); „sollte mir während meines Urlaubs etwas passieren" (BayObLG MDR 1982, 145); „dass meine Mutter nach meinem Tod ohne Belastung ihren Lebensabend verbringen kann" (BayObLG FamRZ 1998, 1262 = NJW-FER 1998, 158). 8

5. Wirksamkeitsschranken bedingter Zuwendungen. a) Grundsatz materieller Höchstpersönlichkeit. Aus § 2065 folgt, dass Bedingungen aufschiebender oder auflösender Natur in Verfügungen von Todes wegen nur zulässig sind, soweit sie nicht auf eine Vertretung des Erblasserwillens hinauslaufen (BGHZ 15, 1099 = NJW 1955, 100 (101); BayObLG MittBayNot 2004, 450; FamRZ 2000, 380 (382 f.)). Der Erblasser muss die Bestimmung über die Geltung seiner letztwilligen Verfügung selbst treffen (§ 2065 I). Diese Entscheidung darf nicht einem Dritten überlassen werden. Ist die Verfügung des Erblassers nicht hinreichend bestimmt, so verstößt dies gegen das **Fremdbestimmungsverbot** und führt zur Unwirksamkeit der letztwilligen Verfügung (→ § 2065 Rn. 6). Auch die Bestimmung des Zuwendungsempfängers (§ 2065 II Alt. 1) und die Bestimmung des Zuwendungsgegenstandes (§ 2065 II Alt. 2) müssen durch den Erblasser selbst erfolgen. Er darf die Auswahl nicht einem Dritten überlassen (BGHZ 15, 199 = NJW 1955, 100), der nach billigem Ermessen entscheiden soll. 9

aa) Zulässige Potestativbedingungen: Als Bedingung kann auf ein bestimmtes Verhalten des Bedachten abgestellt werden. Ist dieses vom Willen des Bedachten abhängig, liegt eine Potestativbedingung vor (Staudinger/*Otte* § 2074 Rn. 27). Bei einer letztwilligen Verfügung, deren Wirkung von willen anderes als der Erblasser abhängt, ist die Unwirksamkeit nach § 2065 I oder die Wirksamkeit als aufschiebend bedingte Verfügung danach abzugrenzen, ob ein **spezifisches Interesse des Erblassers** an der Verfügung feststellbar ist oder es ihm eher gleichgültig war, ob die Verfügung in Kraft treten werde (OLG Celle OLGR Celle 2004, 126, Ls.). Bedingungen sind somit auch zulässig, selbst wenn der Eintritt der Bedingung allein von dem Willen eines Dritten abhängt, wenn folgende Voraussetzungen gewahrt sind: Der Erblasser muss seinen Willen vollständig gebildet haben und in seine Überlegungen das mögliche, wenn auch willensabhängige künftige Ereignis einbezogen haben. Auch wenn der Eintritt der Bedingung dann allein vom Willen des Bedachten oder Dritten abhängt, ist dies zulässig, weil allein das Ereignis als solches für den Entschluss des Erblassers wichtig ist bzw. war und nicht der in der Herbeiführung des Ereignisses zum Ausdruck kommende Wille des Dritten (BGH NJW 1955, 100 (101); BayObLG FamRZ 2000, 380 (383) = ZEV 2000, 409; OLG Stuttgart FamRZ 2005, 1863 = ZEV 2006, 48). **Beispiele:** Annahme/Ausschlagung einer Erbschaft, Geltendmachung von Pflichtteilsansprüchen, Zusammenleben mit dem Erblasser und Pflege bis zu seinem Tod (OLG Frankfurt a. M. ZEV 2012, 542). Abgrenzungskriterium zwischen einer zulässigen aufschiebenden/auflösenden Bedingung einerseits und einer unwirksamen „fremdbestimmten" Verfügung, deren Wirkung/Durchführung der Erblasser in den Willen eines Dritten legt, ist, ob ein spezifisches Interesse des Erblassers an der Verfügung feststellbar ist oder es ihm eher gleichgültig war, ob die Verfügung in Kraft treten werde (OLG Celle OLGR Celle 2004, 126; → § 2065 Rn. 4 f.) sowie ob die Bedingung von jeder beliebigen Person und nicht nur von einem konkreten Personenkreis herbeigeführt werden kann (BayObLG FamRZ 1992, 987; 1991, 610; KG ZEV 1998, 260; OLG Frankfurt a. M. FamRZ 1992, 226). 10

bb) Vor- und Nacherbfolge: Eine Nacherbeneinsetzung unter der auflösenden (Potestativ-)Bedingung einer anderweitigen Verfügung des Vorerben ist zulässig. Dem Vorerben kann die Befugnis eingeräumt werden, dass dieser in einer eigenen lebzeitigen oder letztwilligen Verfügung die Nacherbfolge insgesamt zum Wegfall bringen kann. Dies stellt keine unzulässige Verfügung eines Dritten (Vorerben) dar, sondern die Anordnung der Nacherbschaft steht unter der auflösenden Bedingung, dass der Vorerbe nicht anderweitig verfügt und dadurch die Nacherbschaft beseitigt, so dass der Vorerbe dann über sein eigenes aus dem Nachlass des Erblassers „nur" herrührendes Vermögen verfügt. Demgegenüber ist eine Verfügung unwirksam, die dem Vorerben die freie Entscheidung darüber belässt, wer von mehreren Genannten Nacherbe werden soll (vgl. zur Differenzierung ausf. → § 2065 Rn. 17 ff., Abgrenzung zu der unzulässigen Ermächtigung des Vorerben einen Nacherben auszuwählen). Nur ausnahmsweise ist es mit § 2065 II vereinbar, dass der Erblasser die „Auswahl" einem Dritten überlässt, der Erblasser muss erstens 11 einen eng begrenzten Personenkreis benennen, aus dem zweiten ein konkret vom Erblasser zu benennender Dritter dann den Erben nach drittens von dem Erblasser genau festgelegten sachlichen Kriterien auszuwählen hat, so dass für eine Willkür und Ermessensentscheidung des Dritten kein Raum bleibt (→ § 2065 Rn. 11 ff.).

12 b) **Sittenwidrigkeit (§ 138).** Grenzen der Zulässigkeit von Potestativbedingungen, mit denen der Erblasser versucht, das künftige Verhalten des Bedachten zu berücksichtigen bzw. zu beeinflussen, ergeben sich schließlich aus dem Schutz der Entschließungsfreiheit des Bedachten vor sittenwidriger Beeinflussung (§ 138). In dem Spannungsverhältnis zwischen Erblasserfreiheit und Erbenfreiheit ist bestimmendes Element der Erbrechtsgarantie die Testierfreiheit des Erblassers (Art. 14 I, 2 I GG). Das ebenfalls durch die Erbrechtsgarantie geschützte Recht der Kinder und des Ehegatten des Erblassers an dessen Nachlass auf eine unentziehbare und bedarfsunabhängige wirtschaftliche Mindestbeteiligung (Art. 14 I, 6 I GG) wird bereits durch das geltende Pflichtteilsrecht gewährleistet und geschützt (BVerfG ZEV 2005, 301 ff.). Darum kann eine Sittenwidrigkeit und damit idR einhergehende Nichtigkeit einer letztwilligen Verfügung nur in „besonders hervorstechenden Ausnahmefällen" angenommen werden (BGHZ 140, 118 ff. = NJW 1999, 566 (568, 569); BGHZ 111, 36 ff. = NJW 1990, 2055 (2056); NJW 1983, 674 (675) (Geliebtentestament); BayObLG FamRZ 2002, 915 (916) = NJW-FER 2001, 295; OLG Düsseldorf FamRZ 2009, 545).

13 **aa) Beispiele:** Bei Bedingungen, die sich auf die vernünftige Verwaltung des vererbten Vermögens beziehen, wird idR keine Sittenwidrigkeit vorliegen (OLG Stuttgart ZEV 1998, 225): Zulässige Bedingung, einen bestimmten Gesellschaftsvertrag zu schließen oder einen bestimmten Güterstand zu vereinbaren, um ererbtes Vermögen zu schützen. Generell werden keine Bedenken gegen die Gültigkeit bestehen, wenn im Zusammenhang mit dem Inhalt des Zugewendeten eine vernünftige sachliche Rechtfertigung für die Bedingung besteht (MüKoBGB/*Leipold* § 2074 Rn. 23), zB die Einflussnahme auf die Berufswahl oder den Wohnsitz des Bedachten. Ein Verstoß gegen § 138 I ist aber zu bejahen, wenn der Erblasser durch den Einsatz seines Vermögens eine Entscheidung beeinflussen will, die gerade gegen „das Anstandsgefühl aller billig und gerecht Denkenden verstößt". Insbesondere, wenn der Erblasser Entscheidungen des Erben zur Bedingung macht, die in keinerlei Beziehung zum zugewandten Vermögen stehen, kommt eine Sittenwidrigkeit in Betracht (zB Wechsel bzw. Beibehaltung der Konfession, Eintritt in den Priesterstand, vgl. MüKoBGB/*Leipold* § 2074 Rn. 24). Immer sind die Umstände des Einzelfalls entscheidend (Staudinger/*Otte* § 2074 Rn. 46; OLG Düsseldorf 2.3.1988 unter Aufhebung von LG Düsseldorf NJW 1987, 3141: Zulässige Testamentsvollstreckung zur Sicherung einer Firma für die Dauer der Zugehörigkeit des Erben zu einer Sekte). So kann eine Heiratsklausel (Ebenbürtigkeitsklausel) mangels effektiver Auswahlmöglichkeiten im Hinblick auf Abstammung und Herkunft des zukünftigen Ehepartners wegen Verstoßes gegen die Eheschließungsfreiheit sittenwidrig sein (BVerfG ZEV 2004, 241 ff.), während eine Heiratsklausel, die nicht auf die Person des künftigen Ehepartners, sondern die Zustimmung eines Dritten (Familienoberhaupt) abstellt, dessen Maßstab („Ehre, Ansehen, Ordnung und Wohlfahrt des fürstlichen Hauses") sich auf die vernünftige Verwaltung des vererbten Vermögens beziehen muss, wirksam sein kann (BayObLG FamRZ 2000, 380 ff.).

14 **bb) Geliebtentestament:** Eine Verfügung von Todes wegen ist nicht schon deshalb sittenwidrig, weil zwischen dem Erblasser und der Bedachten ein außereheliches Liebesverhältnis bestanden hat, gleichgültig, ob eine von ihnen verheiratet war. Eine Sittenwidrigkeit ist nur gegeben, wenn die Zuwendung ausschließlich den Zweck hatte, geschlechtliche Hergabe zu belohnen oder zu fördern (BGHZ 53, 369 ff.). Bereits die Dauer eines außerehelichen Lebensverhältnisses und der Umstand, dass der Erblasser mit der Bedachten die letzten Jahre vor seinem Tode zusammengelebt hat, spricht gegen die Annahme des ausschließlichen Zwecks der Belohnung und Förderung geschlechtlicher Hingabe (OLG Düsseldorf FamRZ 2009, 545 ff.). Bei der Beurteilung, ob die Dauer des außerehelichen Verhältnisses als „lang" anzusehen ist, ist nicht auf den Zeitpunkt der letztwilligen Verfügung abzustellen. Bei der rechtlichen Würdigung dürfen auch nach Testamentserrichtung eingetretene Umstände herangezogen werden, soweit sie eine unter dem Aspekt der Sittenwidrigkeit auf den Zeitpunkt der Errichtung rückbezogene Beurteilung ermöglichen (BayObLG FamRZ 2002, 915 (917)). Der zeitliche Zusammenhang einer Erbeinsetzung mit der anschließenden Aufnahme einer Lebensgemeinschaft kann allenfalls Indiz für das „Erkaufen" des Zusammenlebens und damit für einen Umstand sein, der eine Sittenwidrigkeit gerade nicht begründet (OLG Düsseldorf FamRZ 2009, 545 (546)). Auch der Umstand, dass mit einem „Geliebtentestament" Angehörige zurückgesetzt werden, ist vom Grundsatz der Testierfreiheit umfasst, da die diesbzgl. Schranken gegenüber einer sittlich als unangemessen befundenen Benachteiligung nächster Angehöriger bereits durch die normierten Pflichtteilsrechte gezogen werden.

15 **cc) Verwirkungsklauseln:** Es ist zulässig, letztwillige Verfügungen mit der Bedingung zu versehen, wer gegen den letzten Willen vorgehe, solle nichts oder nur den Pflichtteil erhalten (BGH ZEV 2006, 501; OLG Dresden NJW-RR 1999, 1165). Es handelt sich im Zweifel um eine **auflösende Bedingung** für den Fall der Zuwiderhandlung (MüKoBGB/*Leipold* § 2074 Rn. 29). Denkbar ist aber auch, eine aufschiebende bedingte Enterbung anzunehmen, wobei der Bedachte bis zum Eintritt der Bedingung Vorerbe wäre (OLG Dresden NJW-RR 1999, 1165; aM Staudinger/*Otte* § 2074 Rn. 1). Zweck derartiger Klauseln ist es, die Verwirklichung des letzten Willens zu sichern und Streitigkeiten unter den Hinterbliebenen zu verhindern (MüKoBGB/*Leipold* § 2074 Rn. 29). Es bedarf idR der Testamentsauslegung, um in objektiver und subjektiver Sicht zu ermitteln, ob nach dem Erblasserwillen ein sanktionsbewehrtes Verhalten des Bedachten vorliegt (BGH ZEV 2009, 459 (460, 461)). Allein maßgeblich ist dabei der

sich aus den Gesamtumständen ergebende Wille des Erblassers, der im Testament einen, wenn auch unvollkommenen Ausdruck gefunden haben muss (BGHZ 86, 41 (47) = DNotZ 1984, 38 f.). Der Auslegung bedürfen vor allem **allgemein gehaltene Verwirkungsklauseln,** die nur an vage Voraussetzungen anknüpfen (Staudinger/*Otte* § 2074 Rn. 63). Auch diese vagen Formulierungen (zB „wer Streit beginnt") werden von der hM als hinreichend bestimmt angesehen, da sie die Zweckrichtung des Erblasserwillens erkennen lassen (OLG Karlsruhe ZEV 2005, 256; MüKoBGB/*Leipold* § 2074 Rn. 30). Ob die Geltendmachung des Pflichtteils bei gemeinschaftlichen Testamenten mit Schlusserbeneinsetzung auch allgemeinen nur vage formulierten Verwirkungsklauseln unterfällt, wird uneinheitlich beurteilt: verneinend OLG Frankfurt a. M. BeckRS 2014, 02334 = ZEV 2014, 257, mit der Geltendmachung von Pflichtteilsansprüchen werde die testamentarische Enterbung akzeptiert. Es handele sich hierbei nicht um ein allgemeines Auflehnen gegen den Erblasserwillen, das bei nur unbestimmt „vage" formulierten Verwirkungsklauseln sanktioniert werden solle („Derjenige, der mit diesen Testamentsbestimmungen nicht einverstanden ist."). Bejahend Litzenburger in Anm. zu OLG Frankfurt a. M. und wohl auch MüKoBGB/*Leipold* § 2074 Rn. 30, da auch in der Pflichtteilsgeltendmachung beim ersten Erbfall eine Auflehnung gegen den Willen des Erblassers zu sehen sei. Der Testamentsauslegung bedürfen aber auch solche Klauseln, die zwar auf ein bestimmtes Verhalten abstellen, sog. **spezielle Verwirkungsklauseln,** deren Verhaltensanforderung aber gleichwohl nicht eindeutig ist (BGH FamRZ 2009, 1486 (1488, 1489): Verknüpfung einer auflösenden Bedingung mit einer Auflage zwecks Konkretisierung des Zuwiderhandelns entgegen der letztwilligen Anordnung, einschränkende Auslegung einer Klausel durch Sinn und Gesamtzusammenhang im Testament). Die Klausel „wer das Testament anficht" ist, falls keine Anzeichen vorhanden sind, dass der Erblasser den Ausdruck rechtstechnisch gemeint hat, nicht auf eine Anfechtung nach §§ 2078 f. zu beschränken, sondern erfasst alle Handlungen und Erklärungen, die geeignet sind, die letztwillige Verfügung ganz oder teilweise zu Fall zu bringen (OLG Karlsruhe ZEV 2005, 256 (257); OLG Dresden NJW-RR 1999, 1165), somit auch die prozessuale Geltendmachung der Unwirksamkeit im Erbscheinsverfahren oder im Rahmen der Feststellungsklage. In Abgrenzung dazu ist es dem Bedachten allerdings nicht verwehrt, geltend zu machen, dass ein Gegenstand nicht zum Nachlass gehört (OLG Dresden NJW-RR 1999, 1165; MüKoBGB/*Leipold* § 2074 Rn. 31). Auch sind von den allgemeinen Verwirkungsklauseln uU solche Verhaltensweisen auszunehmen, die nicht gegen den wahren Willen des Erblassers verstoßen, sondern ihm, im Gegenteil, zum Erfolg verhelfen, da es dann an dem „subjektiven Element" für die Auslösung der Verwirkungsklausel fehlt (BayObLG FamRZ 2005, 65 (66)). Das Berufen auf die fehlende Echtheit des Testaments, die Testierunfähigkeit des Erblassers oder einen anders lautenden Erblasserwillen fallen somit nicht unter die Anwendung von Verwirkungsklauseln, wenn Anhaltspunkte von erheblichem Gewicht bestehen (MüKoBGB/*Leipold* Rn. 36, 37), es sei denn, das Handeln und die Erklärungen werden in **bewusstem Ungehorsam** erhoben und nur vorgeschoben, weil der Inhalt der letztwilligen Verfügung nicht respektiert werden soll (OLG Dresden NJW-RR 1999, 1165; MüKoBGB/*Leipold* Rn. 38).

Bei einem **Berliner Testament mit Verwirkungsklausel (Pflichtteilsstrafklausel)** kann der Eintritt der auflösenden Bedingung grds. auch nach dem Tod des längstlebenden Ehegatten (OLG Zweibrücken NJW-RR 1999, 374 (375)), nach Annahme der Schlusserbschaft und auch noch nach Verjährung des Pflichtteilsanspruchs nach dem Erstverstorbenen herbeigeführt werden (BGH ZEV 2006, 501 f.). Die Annahme der Erbschaft nach dem zuletzt Verstorbenen steht dem Eintritt der auflösenden Bedingung nicht entgegen (BGH ZEV 2006, 502). Eine zwischenzeitlich eingetretene Verjährung des Pflichtteilsanspruchs steht für sich genommen dem Eintritt der auflösenden Bedingung ebenfalls nicht entgegen. Die Verjährung berechtigt nur zur Leistungsverweigerung, berührt aber nicht den Bestand des Anspruchs (BGH ZEV 2006, 502). Die Voraussetzungen einer Pflichtteilsstrafklausel können bei einem Pflichtteilsverlangen selbst dann erfüllt sein, wenn der Anspruch objektiv nicht mehr bestand (OLG München BeckRS 2008, 93 = ZEV 2008, 341). Subjektive Voraussetzung für die Verwirkung ist zudem ein bewusstes Geltendmachen des Pflichtteils in Kenntnis der jeweiligen Strafklausel (OLG Rostock BeckRS 2015, 06188 = NJW-RR 2015, 776 mwN). Die Forderung muss ausdrücklich und ernsthaft erhoben werden, ob gerichtlich oder außergerichtlich ist unerheblich (OLG Düsseldorf BeckRS 2011, 20311 = FamRZ 2012, 331). Allein in der gerichtlichen Geltendmachung nur eines Auskunftsanspruchs über den Umfang des Nachlasses liegt noch nicht das Verlangen des Pflichtteils (BayObLG FamRZ 1991, 494). Auch wenn die Erstellung des Nachlassverzeichnisses den Erben belastet, so benötigt der Pflichtteilsberechtigte zumindest die Auskunft über den Umfang des Nachlasses, um sich entscheiden zu können, ob er den Pflichtteil geltend machen will. Und zwischen dem Auskunftsanspruch in § 2314 und dem Pflichtteilsanspruch in § 2303 sei zu differenzieren (BayObLG FamRZ 1991, 494; OLG Rostock BeckRS 2015, 06188). Nimmt der Pflichtteilsberechtigte, der zunächst seinen Pflichtteil geltend gemacht hatte, nach Kenntniserlangung von der Pflichtteilsstrafklausel Abstand von der Verfolgung seines Anspruchs, tritt die Pflichtteilsstrafklausel nicht ein (OLG Rostock BeckRS 2015, 06188).

Späteres Verhalten des Bedachten, auch eine spätere Rückzahlung, kann die Rechtsfolgen der Verwirkungsklauseln nicht beseitigen (BayObLG ZEV 2004, 202 (204); OLG Karlsruhe ZEV 2005, 256 (257)). Die Strafklausel greift grundsätzlich auch, wenn der Sozialhilfeträger aus übergegangenem Recht den Pflichtteilsanspruch geltend macht (OLG Hamm BeckRS 2013, 05749 = FamRZ 2014, 1232), es sei denn, aus dem Inhalt der Klausel ergibt sich etwas anderes. Oft sanktionieren die Pflichtteilsstrafklauseln bereits das „Verlangen des Pflichtteils". Je nach Inhalt kann die Pflichtteilsstrafklausel aber auch enger gefasst sein und sich zB nur auf das „Verlangen gegen den Willen des Längerlebenden" oder auf das „Verlangen und den Erhalt des Pflichtteils" beziehen.

17 **dd) Wiederverheiratungsklauseln:** Auch mit Wiederverheiratungsklauseln kann die Entschließungsfreiheit des Längerlebenden hinsichtlich einer neuen Ehe unzulässig beschränkt sein. Bedenklich ist die Klausel, dass den Kindern im Fall der Wiederheirat der gesamte Nachlass des Erstverstorbenen herauszugeben ist. Dies kommt einem sittenwidrigen Strafcharakter nahe, da dann, wenn Pflichtteilsansprüche verjährt sind, der heiratende Ehegatte keinerlei Ansprüche an dem Nachlass mehr hätte. Gleiches gilt, wenn er sogar auf Pflichtteilsansprüche verzichtet hätte. Weniger einschneidend und zulässig ist es, den Fall der Wiederheirat als auflösende testamentarische Erbeinsetzung vorzusehen, so dass der als Alleinerbe eingesetzte Ehegatte dann auf sein gesetzliches Erbteil gesetzt wird (MüKoBGB/*Leipold* § 2074 Rn. 25). In einem gemeinschaftlichen Testament kann mit einer Wiederverheiratungsklausel angeordnet werden, dass der Längerlebende zugleich auflösend bedingter Vollerbe und aufschiebend bedingter Vorerbe sein soll (BGH NJW 1988, 59). Ausf. s. bei § 2269.

18 **ee) Rechtsfolge der Sittenwidrigkeit.** Bei der Frage, ob dadurch die Verfügung insgesamt nichtig ist oder ob die Zuwendung ohne Bedingung aufrechterhalten werden kann, sind § 139 oder § 2085 nicht anwendbar, weil Bedingung und Verfügung eine untrennbare Einheit bilden. Da die Bedingung ein Bestandteil der Verfügung ist, wird bei ihrer Sittenwidrigkeit idR die gesamte Verfügung nichtig (Palandt/*Weidlich* § 2074 Rn. 5). Nur wenn ein abweichender Erblasserwille erkennbar ist, also der Erblasser die Verfügung auch ohne Bedingung errichtet haben würde, ist eine Umdeutung gem. § 140 in eine unbedingte Verfügung möglich (Staudinger/*Otte* § 2074 Rn. 77; Soergel/*Loritz* § 2074 Rn. 32f.).

19 **6. Unmöglichkeit des Bedingungseintritts.** Bei den Rechtsfolgen ist zwischen aufschiebend bedingten und auflösend bedingten Zuwendungen (Erbeinsetzungen/Vermächtnissen) zu unterscheiden: Ist bei einer **aufschiebenden** Bedingung der Eintritt der Bedingung objektiv unmöglich und war dies dem Erblasser zum Zeitpunkt der Errichtung bekannt, führt dies zur Unwirksamkeit der mit der objektiv unmöglichen aufschiebenden Bedingung verbundenen Zuwendung (Palandt/*Weidlich* § 2074 Rn. 4). Auch hier ist jedoch dem Erblasserwillen im Einzelfall Rechnung zu tragen: War die Unmöglichkeit der Bedingung dem Erblasser nicht bekannt oder tritt sie erst nach Errichtung ein, fällt die Zuwendung dem Bedachten mit dem Erbfall an, falls sich ein entsprechender Erblasserwille durch (ggf. ergänzende) Auslegung ermitteln lässt (OLG Bamberg ZEV 2008, 389 (390); Palandt/*Weidlich* § 2074 Rn. 4). Anders ist es bei einer objektiv unmöglichen **auflösenden** Bedingung, die nie eintreten kann und damit den Wegfall der Bedingung bewirkt, wohingegen die mit ihr verbundene Zuwendung idR wirksam bleibt (Palandt/*Weidlich* § 2075 Rn. 4). Auch hier ist jedoch auf den Erblasserwillen im Einzelfall abzustellen (Soergel/*Loritz* § 2075 Rn. 4; so auch OLG Bamberg ZEV 2008, 389 (390), wonach dem Erblasserwillen auch bei einer unmöglichen auflösenden Bedingung Vorrang zukommt, sofern sich durch Auslegung ermitteln lässt, dass die Verfügung ohne die Bedingung keinesfalls gewollt war, weil anderenfalls der Erblasserwille übergangen würde, was mit dem Grundsatz der Testierfreiheit nicht vereinbar ist).

20 **7. Rechtsfolgen. a) Erbeinsetzung.** Bei einer bedingten Erbeinsetzung liegt – unabhängig davon, ob der Erblasser dies angeordnet hat oder nicht – notwendigerweise immer eine **Vor- und Nacherbschaft** vor. Eine **aufschiebend** bedingte Erbeinsetzung muss zwangsläufig damit verbunden sein, dass die Erbschaft zunächst einem anderen Vorerben zufällt und erst mit Bedingungseintritt der Nacherbfall eintritt und der Bedachte Nacherbe wird. Vorerben sind dann, soweit der Erblasser keine andere Verfügung getroffen hat, seine gesetzlichen Erben gem. § 2105. Im Gegensatz dazu ist bei der **auflösend** bedingten Erbeinsetzung der Bedachte Vorerbe, der mit dem Erbfall die Zuwendung erhält, jedoch mit Bedingungseintritt sein Erbrecht an den Nacherben verliert. Nacherben sind dann, soweit der Erblasser keine andere Verfügung getroffen hat, seine gesetzlichen Erben gem. § 2104. Bei der auf sein fortdauerndes Verhalten abstellenden auflösenden Bedingung ist der Bedachte zeit seines Lebens Vorerbe. Erst mit seinem Tod steht fest, ob er Vollerbe geworden ist (BayObLG ZEV 2004, 461 (462)). IdR ist eine befreite Vorerbschaft anzunehmen, wenn der Erblasser dem Bedachten bis zum Bedingungseintritt ein möglichst umfassende Rechtsstellung zukommen lassen wollte (BayObLG NJW 1962, 1060; Palandt/*Weidlich* § 2075 Rn. 5). Die bis zum Tod des bedachten Vorerben bestehende aufschiebend bedingte Nacherbfolge ist im **Erbschein** auszuweisen, § 2363 (BayObLG ZEV 2004, 461 (462)). In einem gemeinschaftlichen Testament mit Wiederverheiratungsklausel kann der Längerlebende zugleich auflösend bedingter Vollerbe und aufschiebend bedingter Vorerbe sein, so dass mit seinem Tod, ohne erfolgte Wiederverheiratung, seine Stellung als Vollerbe endgültig geworden ist (BGHZ 96, 198 = NJW 1988, 59).

21 **b) Vermächtnis.** Bei einem **aufschiebend** bedingten Vermächtnis wird nur der Anfall des Vermächtnisses hinausgeschoben (§ 2177). In der Schwebezeit zwischen Erbfall und Eintritt der Bedingung besteht ein Anwartschaftsrecht für den Bedachten, das in gewissem Umfang rechtlich geschützt wird (§ 2179 iVm §§ 160, 162). Handelt es sich um ein **auflösend** bedingtes Vermächtnis, erlischt dieses mit Eintritt der Bedingung ex nunc ersatzlos. Der Vermächtnisgegenstand ist nach Eintritt der Bedingung entweder einem Dritten, dem Nachvermächtnisnehmer (§ 2191), zu übertragen oder anderenfalls dem Beschwerten gem. § 812 I 2 Alt. 1 zurückzugewähren (Staudinger/*Otte* § 2074 Rn. 25). Gezogene Nutzungen sind nicht zu ersetzen, es sei denn, der Erblasser hat dies nach § 159 angeordnet (Staudinger/*Otte* § 2075 Rn. 5; MüKoBGB/*Leipold* § 2075 Rn. 10).

22 **8. Recht in den neuen Bundesländern.** Besondere Regelungen für bedingte Zuwendungen enthielt das ZGB nicht. Eine Vor- und Nacherbfolge war nicht vorgesehen (vgl. Staudinger/*Otte* § 2074 Rn. 72). Für Erbfälle seit dem 3.10.1990 gelten §§ 2074, 2075, auch wenn das Testament zzt. der Geltung des ZGB

errichtet wurde (Art. § 235 § 1 I EGBGB). Bei der Auslegung im Einzelfall ist jedoch auf den Zeitpunkt der Testamentserrichtung abzustellen.

§ 2076 Bedingung zum Vorteil eines Dritten

Bezweckt die Bedingung, unter der eine letztwillige Zuwendung gemacht ist, den Vorteil eines Dritten, so gilt sie im Zweifel als eingetreten, wenn der Dritte die zum Eintritt der Bedingung erforderliche Mitwirkung verweigert.

1. Normzweck. Die ergänzende **Auslegungsregel** gilt nur „im Zweifel", wenn ein abweichender Erblasserwille nicht feststellbar ist (zu den vorrangigen Auslegungsmöglichkeiten und deren Überprüfbarkeit → § 2084 Rn. 2 ff., 25). Die Norm wird als Schutzvorschrift des bedingt Bedachten ergänzend zu § 162 I, II angewandt. Entsprechend dem Willen des Erblassers wird eine erbrechtliche Zuwendung mit einer Bedingung verknüpft. § 2076 gilt nur bei letztwilligen Zuwendungen zugunsten eines Dritten, nicht dagegen bei einer reinen Vermächtnisbeschwerung (§ 1939) oder einer Auflage (§ 2196) zugunsten eines Dritten. Ziel ist es, so auf den Bedachten einzuwirken, dass dieser die Bedingung erfüllt. Stellt sich nur der Dritte mit seinem verlangten Verhalten quer, soll dem Bedachten bei Bedingungserfüllung die Zuwendung gleichwohl zukommen. § 2076 tritt bei bedingten Verfügungen von Todes wegen in Anspruchskonkurrenz und lässt somit die Anwendbarkeit von § 162 nicht zurücktreten (OLG Hamm OLGZ 1968, 80 (85)). Verhindert derjenige, der durch die Bedingung benachteiligt wird, deren Eintritt, so fingiert § 162 I deren Eintritt (OLG Hamm OLGZ 1968, 80 (85)). Führt dagegen der Begünstigte den Bedingungseintritt wider Treu und Glauben herbei, so gilt der Eintritt als nicht erfolgt, § 162 II.

2. Allgemeines. Aufschiebende oder auflösende Bedingungen in letztwilligen Verfügungen sind grds. im Rahmen der Testierfreiheit zulässig. Die §§ 2074–2076 behandeln nur besondere Fallkonstellationen bedingter Zuwendungen und ergänzen insoweit die allgemeinen Bestimmungen der §§ 158 ff. Ob es sich um eine auflösende oder aufschiebende Bedingung handelt, ist durch Auslegung zu ermitteln. Zu den Abgrenzungskriterien → §§ 2074, 2075 Rn. 5. An Bedingungen in letztwilligen Verfügungen sind besondere Wirksamkeitsvoraussetzungen zu stellen. Sie müssen dem Grundsatz der materiellen Höchstpersönlichkeit (§ 2065) entsprechen (→ §§ 2074, 2075 Rn. 10 ff.) und dürfen nicht sittenwidrig (→ §§ 2074, 2075 Rn. 13) sein.

3. Tatbestandsvoraussetzungen. a) Vorteil des Dritten. Die ausreichend bestimmte Bedingung muss den Vorteil des Dritten beabsichtigen. Dies entspricht jeder Sachleistung, bspw. auch der Gewährung von Wohnraum oder der Absicherung eines dinglichen Rechts im Grundbuch (MüKoBGB/*Leipold* Rn. 2); ein geldwerter Vorteil ist nicht erforderlich (Palandt/*Weidlich* Rn. 2; Soergel/*Loritz* Rn. 3). Die Bedingung, eine bestimmte Person zu heiraten, ist unwirksam und verstößt gegen das Institut der freien Eheschließung (Palandt/*Weidlich* Rn. 2). Nach anderer Meinung ist § 2076 schon deshalb nicht anwendbar, weil die Eheschließung keine reine Vorteilsgewährung, sondern ein komplexes Gefüge von Rechten und Pflichten auslöse (MüKoBGB/*Leipold* Rn. 2).

b) Die **Verweigerung des Dritten** zur Mitwirkung ist weitere Voraussetzung. Unter Verweigerung ist jede Willensäußerung oder jedes Verhalten zu verstehen, aus der bzw. dem sich der ernsthafte Wille des Dritten zur endgültigen Ablehnung ergibt (Bamberger/Roth/*Litzenburger* Rn. 4). Im Unterschied zur verlangten Treuwidrigkeit iSd § 162 sind die Gründe, die den Dritten zur Verweigerung veranlassen, unerheblich.

c) Bereitschaft des Bedachten. Der Bedachte muss zur Erfüllung bereit und imstande sein und den Dritten davon in Kenntnis setzen. Falls § 162 I nicht einschlägig ist, entscheidet eine Einzelfallauslegung darüber, ob die vom Bedachten unverschuldete Unmöglichkeit dem Eintritt der Bedingung gleichgestellt werden kann, ob unter Abwägung des Einzelfalls bereits das Bemühen um die Herbeiführung des Erfolgs genügt (BGH NJW 1981, 2745; BayObLG FamRZ 1986, 606: dass der Bedachte dem Erblasser selbst oder durch einen Arzt die Pulsadern öffnen lasse). Bei dieser Auslegung ist auch auf den hypothetischen Erblasserwillen abzustellen (BayObLG BeckRS 2005, 06623: Sinn und Zweck der Bedingung aus Sicht des Erblassers).

d) Aufschiebende Bedingung. Nach ihrem Wortlaut gilt die Norm nur für aufschiebende Bedingungen. Wegen der vergleichbaren Interessenlage ist die Norm auf eine Zuwendung unter einer **auflösenden Bedingung analog** anzuwenden. Denn wenn die Nichterfüllung eines bestimmten Verhaltens, das einem Dritten Vorteile bringt, zur auflösenden Bedingung der Zuwendung gemacht ist, erscheint eine Gleichstellung im Interesse des Bedachten sinnvoll. Die auflösende Bedingung gilt als nicht eingetreten, wenn nur die Nichtmitwirkung des begünstigten Dritten den Zuwendungsempfänger daran gehindert hat, durch fortgesetztes Tun (zB Pflege, Mitarbeit im Betrieb) den Bedingungseintritt zu vermeiden (MüKoBGB/*Leipold* Rn. 3; Staudinger/*Otte* Rn. 4).

4. Rechtsfolgen. § 2076 führt bei einer aufschiebenden Bedingung dazu, dass die Bedingung mit der Verweigerung der Mitwirkung durch den Dritten als eingetreten gilt, der Bedachte mit diesem Zeitpunkt also die Zuwendung erhält. Ist dagegen die Zuwendung mit einer auflösenden Bedingung verknüpft, kann der Bedachte in solch einem Fall die Zuwendung bedingungslos behalten.

8 **5. Recht in den neuen Bundesländern.** Besondere Regelungen für bedingte Zuwendungen enthielt das ZGB nicht. Es ist auf die allgemeine Auslegungsregel des § 372 ZGB zurückzugreifen, wonach ein Testament so auszulegen ist, dass dem wirklichen oder mutmaßlichen Willen des Erblassers Geltung verschafft wird. Bei Erbfällen ab dem 3.10.1990 gilt § 2076, auch wenn das Testament zzt. der Geltung des ZGB errichtet wurde (Art. 235 § 1 I EGBGB). Bei der Auslegung ist jedoch grds. auf den Erblasserwillen zzt. der Errichtung des Testaments abzustellen.

§ 2077 Unwirksamkeit letztwilliger Verfügungen bei Auflösung der Ehe oder Verlobung

(1) ¹Eine letztwillige Verfügung, durch die der Erblasser seinen Ehegatten bedacht hat, ist unwirksam, wenn die Ehe vor dem Tode des Erblassers aufgelöst worden ist. ²Der Auflösung der Ehe steht es gleich, wenn zur Zeit des Todes des Erblassers die Voraussetzungen für die Scheidung der Ehe gegeben waren und der Erblasser die Scheidung beantragt oder ihr zugestimmt hatte. ³Das Gleiche gilt, wenn der Erblasser zur Zeit seines Todes berechtigt war, die Aufhebung der Ehe zu beantragen, und den Antrag gestellt hatte.

(2) Eine letztwillige Verfügung, durch die der Erblasser seinen Verlobten bedacht hat, ist unwirksam, wenn das Verlöbnis vor dem Tode des Erblassers aufgelöst worden ist.

(3) Die Verfügung ist nicht unwirksam, wenn anzunehmen ist, dass der Erblasser sie auch für einen solchen Fall getroffen haben würde.

1 **1. Normzweck und Aufbau.** Zweck der Vorschrift ist, dass eine Erbeinsetzung im Allgemeinen auf **familienrechtlichen Bindungen** beruht, so dass bei deren Wegfall, zB durch Scheidung, als Wille des Erblassers vermutet wird, dass dann auch die Erbeinsetzung hinfällig sein soll (Palandt/*Weidlich* Rn. 1; MüKoBGB/*Leipold* Rn. 1). Während jedoch bei gesetzlicher Erbfolge die gleichen Voraussetzungen, also zB die Scheidung bzw. das laufende Scheidungsverfahren endgültig und ausnahmslos zum Wegfall des Ehegattenerbrechts führt (§ 1933), gibt es diese starre Regelung bei der gewillkürten Erbfolge nicht. § 2077 begründet keine gesetzliche Vermutung, sondern stellt in Abs. 1 u. 2 eine dispositive Auslegungsregel der Unwirksamkeit letztwilliger Verfügungen entsprechend dem vom Gesetz vermuteten wirklichen Willen des Erblassers dar (BGH NJW 2003, 2095; FamRZ 1960, 28 (29); OLG Frankfurt a.M. FamRZ 2003, 610 (611) = ZEV 2004, 207). Als Prüfungsreihenfolge gilt: Vorrangig ist auf den **ausdrücklich erklärten** Erblasserwillen abzustellen (BayObLG FamRZ 1983, 839), danach auf den gem. Abs. 3 durch individuelle Testamentsauslegung zu ermittelnden **mutmaßlichen Erblasserwillen** (BGH FamRZ 1960, 28 (29); → Rn. 11). Erst wenn auch ein mutmaßlicher Erblasserwille iSv Abs. 3 nicht ermittelbar ist, gilt die **dispositive Auslegungsregel** des Abs. 1 und Abs. 2, mit der Folge der Unwirksamkeit der letztwilligen Verfügung.

2 **2. Anwendbarkeit.** § 2077 betrifft letztwillige Verfügungen, die Erbeinsetzungen und Vermächtnisse zum Gegenstand haben und greift bei Auflagen analog (Staudinger/*Otte* Rn. 6). Die Vorschrift gilt entsprechend beim **gemeinschaftlichen Testament** (§ 2268) und beim **Erbvertrag** (§ 2279). Testament bzw. Erbvertrag sind insoweit nicht nur bzgl. der Zuwendung an den Ehegatten, sondern seinem ganzen Inhalt nach, auch soweit in einem Erbvertrag ein Dritter bedacht ist, unwirksam (BayObLG ZEV 2001, 190 (192); OLG Zweibrücken NJW-RR 1998, 941; MüKoBGB/*Leipold* Rn. 31, 33). § 2077 gilt nur für letztwillige Verfügungen, durch die der Erblasser seinen **Ehegatten,** seinen **Verlobten** bzw. seinen **eingetragenen Lebenspartner** (§ 10 V LPartG) bedacht hat. Hierbei muss es sich aber um Verfügungen handeln, die der Erblasser nach Eheschließung bzw. Verlobung bzw. Lebenspartnerschaft getroffen hat. Für vorher errichtete Verfügungen gilt § 2077 nicht (OLG Schleswig 9.4.2009 – 3 U 43/08: Bei einem Erbvertrag nichtehelicher Lebenspartner, die später heirateten und sich wieder scheiden ließen, ist § 2077 auch nicht analog anwendbar; ebenso OLG Frankfurt a.M., BeckRS 2016, 06193 = ErbR 2016, 453 für Erbvertrag und OLG Frankfurt a.M., BeckRS 2016, 09184 für Testamentserrichtung vor Eheschließung). Hat der Erblasser in seiner letztwilligen Verfügung seine „Ehefrau" bzw. seinen „Ehemann" bedacht, so ist damit nur der zum **Zeitpunkt der Errichtung der Verfügung** verheiratete Ehepartner gemeint, nicht auch ein zukünftiger, zum Zeitpunkt des Todes neuer Ehepartner des Erblassers (RGZ 134, 277), es sei denn, durch Auslegung des Testaments ergibt sich etwas anderes. **Nicht anwendbar** ist § 2077 auf Partner einer **nichtehelichen Lebensgemeinschaft** zwischen Mann und Frau (BayObLG ZEV 2001, 190 f.; FamRZ 1983, 1226 (1228); OLG Celle ZEV 2003, 328 (329); Palandt/*Weidlich* Rn. 2), ebenso nicht auf Partner einer gleichgeschlechtlichen Lebensgemeinschaft, die nicht in einer eingetragenen Lebenspartnerschaft (§ 1 LPartG) leben. Auch bei der Erbeinsetzung des **Schwiegerkindes** und des späteren Scheiterns der Ehe von Kind und Schwiegerkind greift § 2077 weder direkt noch analog (BGH ZEV 2003, 284 (285 f.)). Die Vorschrift ist ebenfalls nicht, auch nicht analog, auf **Lebensversicherungen** anwendbar. Auch wenn hier eine ähnliche Interessenlage besteht, stehen dieser die Rechtssicherheit und schutzwürdige Interessen des Versicherers entgegen (BGH ZEV 1995, 150; NJW 1987, 3131). Der Rechtsgrund zum Behalten des Geldes kann jedoch entfallen, wenn die Erben des Versicherungsnehmers das zwischen diesem und dem Bezugsberechtigten bestehende Valutaverhältnis rückabwickeln können (BGH ZEV 1995, 150). Mit dem Scheitern der Ehe entfällt idR die Geschäftsgrundlage im Valutaverhältnis (BGH NJW 1987, 313).

3. Auflösung der Ehe (Abs. 1 S. 1). Die rechtskräftige Scheidung (§ 1564 S. 1, 2) ist in der Praxis der 3 häufigste Fall der Auflösung einer Ehe. Bei gleichgeschlechtlichen eingetragenen Lebenspartnerschaften entspricht dem rechtskräftigen Scheidungsbeschluss (vor Inkrafttreten des FamFG dem rechtskräftigen Scheidungsurteil) der rechtskräftige Beschluss (vor Inkrafttreten des FamFG das rechtskräftige Urt.), der die Lebenspartnerschaft aufhebt (§ 15 LPartG) und entspricht einer Auflösung, auch wenn der Begriff der Auflösung in § 15 LPartG nicht ausdrücklich genannt ist. Dies ergibt sich aus § 10 V LPartG, der Abs. 1 u. 3 des § 2077 für entsprechend anwendbar erklärt. Weitere in der Praxis seltene Fälle der Auflösung sind die Aufhebung (§ 1313 S. 1, 2) der Ehe und bei Wiederheirat des Ehegatten eines fälschlicherweise für tot Erklärten die Aufhebung der Altehe (§ 1319 II 1) oder der Neuehe (§ 1320), auch wenn im Fall des § 1320 der Begriff Auflösung nicht ausdrücklich genannt ist. Für das bis zum 1.7.1998 geltende EheG entsprach das Nichtigkeits- bzw. Aufhebungsurteil der Auflösung der Ehe.

4. Rechtshängiges Scheidungsverfahren (Abs. 1 S. 2). Die Auslegungsregel zur Unwirksamkeit 4 letztwilliger Verfügungen gilt auch, wenn der Erblasser zum Zeitpunkt seines Todes bereits einen Scheidungsantrag (§ 1564 S. 1) bei Gericht eingereicht oder dem Scheidungsantrag seines Ehegatten zugestimmt (§ 1566 I) hatte und jeweils die **Voraussetzungen für die Scheidung der Ehe zum Zeitpunkt des Erbfalls** bereits gegeben waren. Für alle seit dem 1.9.2009 (Inkrafttreten des FamFG) eingeleiteten, also anhängigen Scheidungsverfahren ist dies zu prüfen anhand der **§§ 124, 133 I Nr. 1–3 FamFG iVm §§ 1564 ff.** Die Vorschrift des § 133 I FamFG ersetzt die bis zum 31.8.2009 geltenden §§ 622, 630 ZPO. Scheidungsverfahren, die vor dem 1.9.2009 eingeleitet oder beantragt wurden, also jedenfalls anhängig waren (Altverfahren), sind weiterhin nach altem Recht (§§ 622, 630 ZPO) zu behandeln (Übergangsvorschrift Art. 111 FGG-RG).

a) Erblasser als Antragsteller. aa) Rechtshängigkeit: Das Scheidungsverfahren muss rechtshängig 5 sein. Die Einreichung des Scheidungsantrags als solches genügt nicht, auch die Zustellung des Antrags muss vor dem Erbfall erfolgt sein (BGH NJW 1990, 2382 f.). Ist der Erblasser Antragsteller und hat sein Verfahrensbevollmächtigter die Antragsschrift bei dem örtlich unzuständigen Familiengericht eingereicht, ist dies unerheblich, wenn zum Zeitpunkt des Erbfalls die Rechtshängigkeit durch Zustellung beim Antragsgegner (§§ 124, 133 FamFG iVm § 253 ZPO; für Altverfahren §§ 622 II, 253 ZPO) eingetreten ist. Die Einreichung nur eines Verfahrenskostenhilfeantrages (für Altverfahren: Prozesskostenhilfeantrages) auf Ehescheidung genügt also nicht (Staudinger/*Otte* Rn. 15). Eine Rückwirkung der alsbaldigen Zustellung auf den Zeitpunkt der Einreichung des Antrags (§ 167 ZPO) kommt ebenfalls nicht in Betracht (OLG Saarbrücken FamRZ 1983, 1274).

bb) Zulässigkeit: Der rechtshängige Scheidungsantrag muss die formellen Zulässigkeitsvoraussetzungen 6 erfüllen (§§ 124, 133 I FamFG). Bei **allen Scheidungsverfahren** (einvernehmliche Scheidungsverfahren, streitige Scheidungsverfahren, Härtefallscheidungen, § 1565 I, II, § 1566 I, II) ist Voraussetzung für die Zulässigkeit eines Scheidungsantrags, dass neben den Voraussetzungen nach § 124 FamFG, § 253 ZPO bestimmte **zwingende Angaben als Formerfordernis der Antragsschrift** in ihr enthalten sind (§ 133 I Nr. 1–3 FamFG): Dies sind zunächst Namen und Geburtsdaten der gemeinschaftlichen minderjährigen Kinder sowie die Mitteilung ihres gewöhnlichen Aufenthalts; sodann nur die Erklärung, „ob" (dh keine tatsächlich erfolgte Einigung nötig; vgl. BT-Drs. 16/9733, 293) die Ehegatten eine Regelung über die elterliche Sorge, den Umgang und die Unterhaltspflicht gegenüber den gemeinschaftlichen minderjährigen Kindern sowie die durch die Ehe begründete gesetzliche Unterhaltspflicht, die Rechtsverhältnisse an der Ehewohnung und am Hausrat getroffen haben und schließlich die Angabe, ob Familiensachen, an denen beide Ehegatten beteiligt sind, anderweitig anhängig sind. Fehlen Erklärungen zu diesem notwendigen Inhalt eines Scheidungsantrages, bspw. ob die Eheleute Einvernehmen über die elterliche Sorge, das Umgangsrecht, den Kindesunterhalt etc erzielt haben, ist der Scheidungsantrag **unzulässig**. Ausführlich zur Begründung unter Bezugnahme auf die Gesetzesmaterialien hierzu s. 2. Aufl. Nach der obergerichtlichen Rspr. der Familiengerichte und hM im Familienrecht gehört die Einhaltung der Formerfordernisse in § 133 I Nr. 2 FamFG zu den zwingenden Zulässigkeitsvoraussetzungen für das Scheidungsverfahren. Bei Nichteinhaltung wird der Scheidungsantrag zurückgewiesen (OLG Saarbrücken FamRZ 2014, 2012, OLG Brandenburg FamRZ 2014, 412; OLG Hamm FamRZ 2010, 1581: Eine Formulierung, die Beteiligten hätten sich bis auf den Versorgungsausgleich über die Folgesachen geeinigt bzw. würden sich bis zur mündlichen Verhandlung geeinigt haben, ist unzureichend; Keidel/*Weber* FamFG § 133 Rn. 8; Palandt/*Weidlich* § 1933 Rn. 7. Dies gilt unabhängig davon, dass vorab eine Hinweispflicht der Gerichte zur richtigen Antragstellung gem. § 1131 FamFG iVm § 139 III ZPO besteht (BT-Drs. 16/9733, 293).

Demgegenüber ist die obergerichtliche Rspr. und hM im Erbrecht der Auffassung, dass ein Verstoß gegen die zwingenden Zulässigkeitsvoraussetzungen des § 133 I Nr. 2 FamFG bei vorherigem Eintritt des Erbfalls nicht zum Ausschluss des Ehegattenerbrechts iSv § 1933 S. 1, § 2077 führt (OLG Hamm ErbR 2014, 335: die tatsächlich eine Einigung erforderlich sei, seien die getroffenen; § 133 I Nr. 2 FamFG abzugebenden Erklärungen nicht zu den Scheidungsvoraussetzungen zu rechnen; OLG Stuttgart ZEV 2012, 208 (210); MüKoBGB/*Leipold* § 1933 Rn. 13: Angesichts des Gesetzeszweckes, die zwingenden formalen Scheidungsvoraussetzungen des § 133 I Nr. 2 FamFG zu normieren, damit das Gericht Beratungshinweise geben könne, sei diese Norm nicht als Scheidungsvoraussetzung iSv §§ 1933 S. 1, 2077 I S. 2 zu werten; OLG Köln BeckRS 2013, 06724 = ZEV 2014, 31 (32); Palandt/*Weidlich* § 1933 Rn. 7: Für den Ausschluss des Ehegattenerbrechts könne es nicht auf einen jederzeit nachbesserungsfähigen Verstoß gegen die Vorgaben des § 133 I Nr. 2 FamFG ankommen. Dies ist mE unzutreffend. Die hM im Erbrecht berücksichtigt mE nicht, dass der Gesetzgeber als Ersatz für die früher erforderliche tatsächliche Einigung, mit § 133 I Nr. 2 FamFG keine „Soll"-, sondern bewusst eine zwingende „Muss"-Vorschrift für die Scheidungsvoraussetzungen normiert hat, unabhängig von dem Zweck, dass dadurch auch bessere Beratungsmöglichkeiten im Scheidungsverfahren geschaffen werden sollen Dagegen sprechen der Wortlaut des Gesetzes und die Gesetzesmaterialien: § 133 I 1 Nr. 2 FamFG, der zunächst im Gesetzesentwurf nicht vorgesehen war, wurde erst auf Beschlussempfehlung des Rechtsausschusses neu als zusätzlicher zwingender Antragsinhalt in § 133 I aufgenommen (BT-Drs. 16/9733, 66). Zur Begründung wird ausgeführt, dass zwar die alte Regelung des § 630 I ZPO im Sinne der tatsächlich erforderlichen Einigung bei einvernehmlichen Scheidungsverfahren abgeschafft werde. Aber über § 133 I Nr. 2 werde der Rechtsgedanke des alten § 630 I ZPO, dass „Gerichte ihrer Schutzpflicht gegenüber minderjährigen Kindern und dem wirtschaftlich schwächeren Ehegatten gerecht werden müssen, nunmehr dadurch verwirklicht, dass höhere Anforderungen an den notwendigen Inhalt und damit an die Zulässigkeit eines Scheidungsantrages gestellt werden" (BT-Drs. 16/9733, 293, ebenso OLG Hamm FamRZ 2010, 1581). Auch bei § 2077 geht es einzig um die Frage, ob zum Zeitpunkt des Todes die Voraussetzungen für die Scheidung vorgelegen haben. Genauso, wie die Rechtshängigkeit des Scheidungsverfahrens erfolgt sein muss, muss der das Verfahren einleitende Scheidungsantrag zum Zeitpunkt des Todes zulässig iSd § 133 I FamFG gewesen sein. Sollte ein Scheidungsantrag wegen Verstoßes gegen § 133 I Nr. 2 FamFG unzulässig sein, ist eine Heilung iRd § 2077, bedingt durch den zwischenzeitlich eingetretenen Erbfall, nicht mehr möglich (*Czubayko* ZEV 2009, 551). Eine unterschiedliche Definition der Scheidungsvoraussetzungen im Familienrecht einerseits und Erbrecht andererseits findet mE im Gesetz keine Grundlage.

7 Für Altverfahren, also vor dem 1.9.2009 eingereichte Scheidungsverfahren, gelten für die Antragsschrift geringere formelle Anforderungen (§ 622 II ZPO). Nur bei Beantragung eines einvernehmlichen Scheidungsverfahrens (§§ 1565, 1566 BGB) ist die zusätzliche formell/materielle Einigungsvoraussetzung (§ 630 ZPO) zu beachten (→ Rn. 13).

8 **b) Erblasser als Antragsgegner. aa) Zustimmung:** Wenn dem Erblasser der zulässige Scheidungsantrag seines Ehepartners zugegangen war, muss der Erblasser diesem Scheidungsantrag wirksam zugestimmt oder durch seinen Verfahrensbevollmächtigten eigenen Scheidungsantrag bei Gericht eingereicht haben. Die Zustimmung kann ohne eigenen Verfahrensbevollmächtigten durch den Erblasser selbst erfolgt sein (§ 114 IV Nr. 3 FamFG). Sie muss von dem Erblasser zur Niederschrift der Geschäftsstelle oder in der mündlichen Verhandlung zur Niederschrift des Gerichts erklärt worden sein (§ 134 I FamFG; für Altverfahren: § 630 II ZPO). Nach altem Recht wurde es als ausreichend angesehen, wenn der Erblasser die Zustimmung selbst in einem Schreiben an das Familiengericht erklärt hatte. Da die Voraussetzungen der Abgabe der Zustimmungserklärung nach altem und neuem Recht nahezu identisch sind (§ 134 I FamFG bzw. § 630 II ZPO), ist dies auch nach geltendem Recht zulässig (iE auch Staudinger/*Otte* Rn. 16). Eine außerhalb des gerichtlichen Scheidungsverfahrens erklärte „Zustimmung", zB nur gegenüber dem anderen Ehepartner, ist sowohl nach geltendem als auch nach altem Recht unbeachtlich (hM Staudinger/*Otte* Rn. 16). Schließlich darf die Zustimmung zur Scheidung nicht wirksam widerrufen worden sein (§ 134 II FamFG; für Altverfahren: § 630 II ZPO).

9 **bb) Eigenantrag:** Alternativ kann der Erblasser als Antragsgegner auch einen eigenen Scheidungsantrag gestellt haben. Dieser muss durch einen Verfahrensbevollmächtigten des Erblassers gestellt worden und zulässig sein (§§ 124, 133 FamFG, → Rn. 6). Soweit der Erblasser als Antragsgegner ohne Verfahrensbevollmächtigten einen eigenen Scheidungsantrag gestellt hat und/oder der Scheidungsantrag ua nicht die Voraussetzungen des § 133 I FamFG erfüllen sollte, ist mE dieser unzulässige Antrag in eine wirksame Zustimmungserklärung (§ 134 I FamFG; für Altverfahren § 630 II ZPO) umzudeuten, wenn sich aus dem Antrag jedenfalls zweifelsfrei ein Scheidungswille und die Bestätigung des Trennungsjahres ergibt.

10 **c) Scheidungsvoraussetzung gescheiterte Ehe.** Neben der formellen Voraussetzung eines zulässigen Scheidungsantrages des Erblassers bzw. einer wirksamen Zustimmung des Erblassers muss als weitere materielle Voraussetzung das Scheitern der Ehe (§ 1565 I) feststehen. Durch das FamFG hat sich die Rechtslage bei den materiellen Scheidungsvoraussetzungen, dem Feststellen des Scheiterns der Ehe, nur beim einverständlichen Scheidungsverfahren (§§ 1565, 1566 I) geändert, nicht jedoch bei den anderen Scheidungsverfahren der §§ 1565 I, 1565 II, 1566 II. Das Scheitern der Ehe ist vom Nachlassgericht im Erbscheinsverfahren oder vom Prozessgericht bei der Erbschaftsklage als Vorfrage nach §§ 1565 ff. zu prüfen. Bei Prüfung und Beweisführung dieser materiellen Scheidungsvoraussetzung ist zu unterscheiden, welche Art von Scheidungsverfahren beim Gericht anhängig war:

11 **aa) Einverständliches Scheidungsverfahren nach § 1565 iVm § 1566 I:** In diesem einvernehmlichen Scheidungsverfahren wird das **Scheitern der Ehe unwiderlegbar vermutet,** es bedarf also keiner weiteren Beweisführung, auch nicht iRd § 2077 I, wenn alle Voraussetzungen für ein einverständliches Scheidungsverfahren zum Zeitpunkt des Erbfalls bereits vorlagen. Hier ist zu differenzieren, ob ein Scheidungsverfahren nach geltendem Recht (§§ 124, 133 I FamFG) anhängig ist oder ob es sich noch um ein Altverfahren (§§ 622, 630 ZPO) handelt.

12 **(1) Scheidungsrecht nach §§ 124, 123 I Nr. 1–3 FamFG:** In allen seit dem 1.9.2009 eingereichten, dh anhängigen Scheidungsverfahren liegen die Scheidungsvoraussetzungen einer einverständlichen Scheidung bereits vor, wenn die Ehegatten mindestens ein Jahr getrennt gelebt haben, jedenfalls der antragstellende Ehegatte einen zulässigen, den Formerfordernissen entsprechenden Scheidungsantrag gestellt

(§§ 124, 133 I FamFG), der Antragsgegner der Scheidung wirksam zugestimmt hat (§ 134 I FamFG) und die Zustimmung nicht widerrufen worden ist (§ 134 II FamFG). Die Scheidungsantragsschrift muss insbes. neben den Namen und Geburtsdaten der gemeinschaftlichen minderjährigen Kinder sowie der Mitteilung ihres gewöhnlichen Aufenthalts (§ 133 I Nr. 1 FamFG) und der Angabe, ob Familiensachen, an denen beide Ehegatten beteiligt sind, anderweitig anhängig sind (§ 133 I Nr. 3 FamFG), nur noch zusätzlich die Erklärung enthalten, **ob** die Ehegatten eine Regelung über die elterliche Sorge, den Umgang und die Unterhaltspflicht gegenüber den gemeinschaftlichen minderjährigen Kindern sowie die durch die Ehe begründete gesetzliche Unterhaltspflicht, die Rechtsverhältnisse an der Ehewohnung und am Hausrat getroffen haben (§ 133 I Nr. 2 FamFG). Eine tatsächlich erfolgte Einigung über die Scheidungsfolgesachen ist somit nicht (mehr) Voraussetzung für die Durchführung des einvernehmlichen Scheidungsverfahrens und damit auch nicht (mehr) Voraussetzung dafür, dass das Scheitern der Ehe unwiderlegbar vermutet wird. Dies folgt aus der Aufhebung des bisherigen § 630 I Nr. 2 u. 3 ZPO, der die Vermutung des Scheiterns sowohl an die Zustimmung als auch an eine tatsächlich erfolgte Einigung knüpfte und dem Umstand, dass eine entsprechende Regelung in das FamFG nicht aufgenommen wurde, sondern es ausreichend, aber für die Zulässigkeit des Scheidungsantrags auch erforderlich ist, dass in der Antragsschrift „nur" mitgeteilt werden muss, ob über die entsprechenden Scheidungsfolgen eine Regelung getroffen ist. Dies führt aus materieller Sicht zu erheblichen Beweiserleichterungen iRd § 2077, da die unwiderlegbare Vermutung des Scheiterns der Ehe bereits dann anzunehmen ist, wenn der andere Ehegatte zwar dem Scheidungsantrag zugestimmt hat, jedoch über Folgesachen noch gestritten wird und zum Zeitpunkt des Todes noch keine Einigung erzielt worden war.

(2) **Altfälle § 630 I Nr. 2 und Nr. 3 ZPO:** In allen bis zum 31.8.2009 eingereichten, dh anhängigen 13 Scheidungsverfahren wird im Rahmen des einvernehmlichen Scheidungsverfahrens das Scheitern der Ehe nur dann unwiderlegbar vermutet, wenn neben dem Trennungsjahr, dem Scheidungsantrag und der Zustimmungserklärung, als weiteres **formell/materielles Erfordernis** gem. § 630 I Nr. 2 u. 3 ZPO in die Antragsschrift mit aufgenommen wird, dass eine **Einigung über die Scheidungsfolgesachen** Sorgerecht, Umgangsrecht, Unterhalt, Ehewohnung und Hausrat vorliegt. In den meisten Fällen wurde ein Scheidungsverfahren als einverständliches Scheidungsverfahren bezeichnet und beantragt, weil es den betroffenen Eheleuten das Gefühl gibt, eine „friedliche" Scheidung durchzuführen. Dies führt für die noch rechtshängigen Altverfahren zu der Problematik, dass in der Praxis die Durchführung des einvernehmlichen Scheidungsverfahren beantragt wurde, auch wenn eine Einigung über die Scheidungsfolgen zum Zeitpunkt der Antragsstellung noch nicht vorlag, mit dem Hinweis, dass die Einigung im Laufe des Verfahrens herbeigeführt werden solle. Stirbt der Erblasser jedoch, **bevor eine verbindliche Einigung** über die Scheidungsfolgen getroffen ist, ist **umstritten,** ob trotzdem schon die Scheidungsvoraussetzungen iSv § 2077 gegeben sind oder nicht. Teilweise wird für das Scheitern der Ehe im Rahmen der einvernehmlichen Scheidung als ausreichend angesehen, wenn das Scheidungsverfahren rechtshängig, die Zustimmung zum Scheidungsbegehren ordnungsgemäß erklärt und das Trennungsjahr abgelaufen sei (OLG Frankfurt a.M. NJW-RR 1990, 136 (137); MüKoBGB/*Leipold* § 1933 Rn. 8). Nach überwiegender Auffassung greift die unwiderlegbare Vermutung des § 1566, dass die Ehe gescheitert ist, jedoch nur, wenn auch die übrigen in § 630 ZPO normierten Voraussetzungen einer einverständlichen Scheidung vorliegen, also auch eine Einigung über die Scheidungsfolgen getroffen worden ist. Vorher könne von einem Scheitern der Ehe bei einer einvernehmlichen Scheidung nicht ausgegangen werden (OLG Zweibrücken NJW 2001, 236 (237); OLG Schleswig NJW 1993, 1082 (1083); OLG Stuttgart Rpfl 1993, 244 f.; OLG Bremen FamRZ 1986, 833 (834)). Dem ist zuzustimmen. Bei der **Prognose** über den mutmaßlichen Ausgang des Ehescheidungsverfahrens macht es einen Unterschied, ob die Ehe einverständlich entsprechend § 630 ZPO geschieden worden wäre oder die Folgesachen streitig waren. Nach § 630 ZPO kommt eine Scheidung auf der Grundlage der Zerrüttungsvermutung des § 1566 I ohne Scheidungsfolgeneinigung nicht in Betracht. In diesen Fällen ist dann zu prüfen, ob die Ehe im Sinne einer streitigen Scheidung nach § 1565 I geschieden worden wäre (BGH ErbR 2008, 397 = NJW-Spezial 2008, 679; OLG Zweibrücken NJW 2001, 236 (237); OLG Schleswig NJW 1993, 1082 (1083)). Es kommt somit nicht darauf an, worauf formal der Scheidungsantrag gestützt wurde, ob als einvernehmliches Scheidungsbegehren auf § 1565 II iVm § 1566 I oder als streitiges Scheidungsbegehren nur auf § 1565 I. Soweit die Voraussetzungen einer einvernehmlichen Scheidung mangels Scheidungsfolgenvereinbarung nicht gegeben sind und die Zerrüttungsvermutung nicht greift, ist ergänzend zu prüfen, auch wenn der Scheidungsantrag formal anders lautet, ob ein Scheitern im Sinne einer streitigen Scheidung gem. § 1565 I vorliegt (OLG Zweibrücken NJW 2001, 236 (237)).

bb) **Streitiges Scheidungsverfahren nach § 1565 I:** Es erfordert „nur" einen einseitigen Scheidungs- 14 antrag, den Ablauf des Trennungsjahres und den Vortrag sowie die Beweisführung, dass die Lebensgemeinschaft der Ehegatten nicht mehr besteht und nicht erwartet werden kann, dass die Ehegatten sie wiederherstellen (§ 1565 I 2). In diesem Verfahren bedarf es zwar weder einer Zustimmung zur Scheidung seitens des Antragsgegners, noch müssen irgendwelche Scheidungsfolgen geregelt sein, dafür muss jedoch detailliert und unter **Beweisantritt zum Scheitern der Ehe** vorgetragen werden. Bei Tod des Erblassers nach Rechtshängigkeit eines streitigen Scheidungsverfahrens ist entsprechend über das Scheitern der Ehe zum **Zeitpunkt des Todes** des Erblassers Beweis zu erheben. Auch wenn die Ehegatten schon mehr als ein Jahr getrennt leben und einer von Ihnen die Scheidung beantragt hat, setzt § 1565 I 2 für die Feststellung des Scheiterns der Ehe weiterhin voraus, dass eine Wiederherstellung der ehelichen Lebensgemeinschaft nicht erwartet werden kann. Dafür reicht es nicht aus, wenn nicht feststeht, ob den

Ehegatten eine Wiederherstellung gelingen wird. Vielmehr kann ein Scheitern der Ehe nicht festgestellt werden, wenn beide Ehegatten auch nur zu einem **Versöhnungsversuch** bereit sind (BGH ErbR 2008, 397 = NJW-Spezial 2008, 679; BGH ZEV 1995, 150). Es ist nicht erforderlich, dass der Versöhnungsversuch tatsächlich schon begonnen hat. Dass Versöhnungsversuche gem. § 1567 II für die Trennungsfrist des § 1566 I unschädlich sind, schließt nicht aus, dass sie im Rahmen der von § 1565 I 2 geforderten Prognose Bedeutung haben (BGH ErbR 2008, 397 = NJW-Spezial 2008, 679; BGH ZEV 1995, 150). Zwar genügt für eine negative Prognose schon die Einstellung eines der beiden Ehegatten. Zur Feststellung dieser Scheidungsvoraussetzung reicht aber die bloße Erklärung des sich von der Ehe lösenden Ehegatten aus, er sehe die Ehe als endgültig zerrüttet oder gescheitert an (BGH ZEV 1995, 150). Wer die Unwirksamkeit der letztwilligen Verfügung geltend macht, muss insbes. beweisen, dass im Zeitpunkt des Erbfalls keine Versöhnungsbereitschaft der Ehegatten bestand (BGH ZEV 1995, 150).

15 cc) **Scheidungsverfahren nach dreijähriger Trennungszeit gem. § 1566 II:** Nach einem Getrenntleben von drei Jahren wird das **Scheitern der Ehe unwiderlegbar vermutet,** einer Beweiserhebung bedarf es nicht. Scheidungsfolgen müssen nicht geregelt sein. Stirbt der Erblasser nach dreijährigem Getrenntleben bei Rechtshängigkeit des Scheidungsverfahrens, wird das Scheitern der Ehe somit unwiderlegbar vermutet.

16 dd) **Härtefallscheidungsverfahren gem. § 1565 II:** Bei Vortrag und Beweis eines Härtegrundes iSd § 1565 II kann die Ehe schon vor Ablauf des Trennungsjahres geschieden werden. Die strengen Voraussetzungen einer unzumutbaren Härte müssen zum Zeitpunkt des Todes des Erblassers vorgelegen haben und bewiesen sein, um die Scheidungsvoraussetzung, Scheitern der Ehe, zu bejahen.

17 d) **Beweislast.** Die Beweislast dafür, dass die Voraussetzungen der Scheidung zum Zeitpunkt des Todesfalles vorlagen, trägt der Dritte, der sich auf den Wegfall des testamentarischen Erbrechts beruft (BGH ZEV 1995, 150; MüKoBGB/*Leipold* Rn. 12). Die Voraussetzungen und die Frage des Scheiterns der Ehe sind von dem Nachlassgericht im Erbscheinverfahren bzw. dem Prozessgericht bei der Erbschaftsklage zu prüfen.

18 **5. Rechtshängiges Aufhebungsverfahren (Abs. 1 S. 2).** Die Rechtshängigkeit muss durch Zustellung des Aufhebungsantrags erfolgt sein (§§ 121 Nr. 2, 124 FamFG iVm § 253 ZPO; für Altverfahren § 631 II 1 iVm § 253 ZPO). Die Voraussetzungen der Aufhebung der Ehe zum Zeitpunkt des Todes sind ebenfalls vom Nachlassgericht bzw. Prozessgericht als Vorfrage nach § 1314 f. zu prüfen. Die **Beweislast** trägt auch hier derjenige, der sich auf den Wegfall des testamentarischen Erbrechts beruft (BGH ZEV 1995, 150).

19 **6. Eingetragene Lebenspartnerschaft.** Die Ausführungen zur Auflösung der Ehe (→ Rn. 3) gelten entsprechend § 10 V LPartG für die eingetragene Lebenspartnerschaft (vgl. §§ 269 I Nr. 1, 270 FamFG). Der rechtskräftigen Scheidungsentscheidung entspricht die rechtskräftige Aufhebungsentscheidung (§ 15 LPartG). Dem rechtshängigen Scheidungsverfahren entspricht das rechtshängige Aufhebungsverfahren. Auch dies ergibt sich aus der Verweisung des § 10 V LPartG. Voraussetzung ist die Rechtshängigkeit des Aufhebungsverfahrens und in materieller Hinsicht die Voraussetzungen nach § 15 II Nr. 1, 2 oder 3 LPartG zum Zeitpunkt des Erbfalls, die ebenfalls im Erbscheinverfahren bzw. bei der Erbschaftsklage zu prüfen sind. Die **Beweislast** trägt, wie in allen anderen Fällen des Abs. 1, derjenige, der sich auf den Wegfall des testamentarischen Erbrechts beruft, also der Dritte (BGH ZEV 1995, 150; MüKoBGB/*Leipold* Rn. 12).

20 **7. Verlöbnis (Abs. 2).** Voraussetzung ist ein Verlöbnis nach §§ 1297 ff., also ein ernsthaftes wechselseitiges Heiratsversprechen (§ 1297). Langjähriges Zusammenleben ohne konkrete Heiratsabsicht stellt auch dann kein Verlöbnis dar, wenn man sich zwar als Verlobte bezeichnet, die Eheschließung aber unterblieb, um den Wegfall einer Witwenrente zu vermeiden (MüKoBGB/*Leipold* Rn. 14). Die Auflösung der Verlobung vor dem Tode des Erblassers bewirkt, vorbehaltlich § 2077 III, die Unwirksamkeit der Verfügung. Die Anwendung des § 2077 II auf Zuwendungen, die noch vor der Verlobung erfolgten, ist abzulehnen, auch wenn später das Verlöbnis oder die Ehe zustande kam (MüKoBGB/*Leipold* Rn. 6, 17). Die Auflösung der Verlobung ist durch das Nachlassgericht im Erbscheinverfahren bzw. Prozessgericht im Rahmen der Erbschaftsklage zu prüfen und festzustellen. Die Rspr. zur Frage der **Beweislast** ist uneinheitlich. Während einerseits vertreten wird, dass die Feststellungslast für die Auflösung des Verlöbnisses derjenige trägt, der sich hierauf beruft (OLG Stuttgart Rpfl 1997, 437 f.), ist der anderen Ansicht zu folgen, dass die als Verlobte bedachte Person die Feststellungslast/Beweislast für das Bestehen des Verlöbnisses trifft (BayObLG FamRZ 1987, 1199; Erman/*Schmidt* Rn. 4). Die von Abs. 1 abweichende Beweislastbeurteilung in Abs. 2 rechtfertigt sich mE daraus, dass bei Abs. 1 formell eindeutig feststellbare Begründungsvoraussetzungen und Anknüpfungspunkte wie die Heiratsurkunde bei der Eheschließung, die formwirksame Eintragung der Lebenspartnerschaft bzw. der bei Gericht eingereichte Scheidungsantrag vorliegen müssen, während es Vergleichbares bei einem Verlöbnis nicht gibt. Dies rechtfertigt es, dem Verlobten die Beweislast für das Bestehen des Verlöbnisses aufzuerlegen.

21 **8. Vorrang des Erblasserwillens (Abs. 3). a) Auslegung.** Zum Gesamtgefüge der Auslegungsmöglichkeiten und des Vorrangs der individuellen Auslegung → § 2084 Rn. 2–7. Zunächst ist der **ausdrücklich erklärte Erblasserwille** zu prüfen. Dieser hat unbedingt Vorrang (BayObLG FamRZ 1983, 839). So bleibt eine letztwillige Verfügung wirksam, wenn der Erblasser erklärtermaßen seinen Ehegatten auch für den Fall der Scheidung bedenken wollte. Ist ein erklärter Erblasserwille nicht feststellbar, dann ist in

zweiter Stufe durch individuelle Testamentsauslegung der **mutmaßliche Erblasserwille** gem. Abs. 3 zu ermitteln (BGH FamRZ 1960, 28 (29); BayObLG ZEV 2001, 190 (192 f.); NJW-RR 1993, 12). Hat der Erblasser bei Testamentserrichtung den Fall der Scheidung oder Aufhebung nicht bedacht, kommt es auf seinen hypothetischen Willen zum **Zeitpunkt der Testamentserrichtung** an (BGH FamRZ 1961, 366; BayObLG FamRZ 1995, 1088). Darum muss bei Ermittlung dieses hypothetischen Willens eine spätere Aussöhnung der geschiedenen Eheleute außer Betracht bleiben. Auch bei der späteren Wiederheirat derselben Person kann dies problematisch sein (sa zur Meinung in der Lit. MüKoBGB/*Leipold* Rn. 22). Es ist zu prüfen, ob die Aufrechterhaltung des Testaments dem mutmaßlichen, hypothetischen Willen der Ehegatten im Zeitpunkt der Errichtung entsprochen hat, ob also auch in der Form letztwillig verfügt worden wäre, wenn sie die Scheidung und ihre anschließende Wiederverheiratung als möglich vorausgesetzt hätten. Umstände, die zeitlich nach der Ehescheidung liegen, sind zwar bei der ergänzenden Auslegung idR ohne Bedeutung. Die Wiederheirat der geschiedenen Ehegatten ist jedoch ein den Status der Testierenden in gleicher Weise wie die Scheidung betreffender Umstand, der deshalb bei der ergänzenden Auslegung eines gemeinschaftlichen Testaments Berücksichtigung finden kann (BayObLG ZEV 1995, 331). Um die Annahme zu rechtfertigen, dass der mutmaßliche Erblasserwille dahin gehe, dass die Verfügung zB trotz Scheidung wirksam bleiben solle, der Erblasser sie also auch ohne bestehende Ehe getroffen hätte, müssen **besondere Umstände** dafür sprechen (BGH ZEV 2004, 423 (424 f.); OLG München ZEV 2008, 290 (291); NJW-RR 2006, 82 (83 f.)). Ein gutes Verhältnis zwischen geschiedenen Ehegatten genügt hierzu für sich genommen nicht (BayObLG FamRZ 1995, 1088). Die Tatsache, dass sich die später geschiedene Ehe zum Zeitpunkt der Errichtung eines Erbvertrages bereits in einer Krise befand, reicht nicht aus (OLG Zweibrücken NJW-RR 1998, 941 f.). Besondere Umstände können zB sein, wenn die Ehegatten wechselseitig nicht sich, sondern direkt ihre Kinder, ihre Enkelkinder oder familienfremde Dritte zu Erben eingesetzt haben. Zuwendungen an Dritte sind idR unabhängig vom Bestand der Ehe. Besonderer Umstand kann auch die Ehegattenerbeneinsetzung nur als nicht befreiter Vorerbe sein (OLG Brandenburg OLGR 1995, 138 (139)). Ist ein mutmaßlicher Erblasserwille nicht feststellbar, gilt die dispositive Auslegungsregel der Abs. 1 u. 2, mit der Folge der zwingenden Unwirksamkeit der letztwilligen Verfügung.

b) Beweislast. Die Weitergeltung der letztwilligen Verfügung nach Abs. 3, den diesbzgl. mutmaßlichen Erblasserwillen, hat derjenige zu beweisen, der sich darauf beruft, also der „frühere" Verlobte, der im laufenden Scheidungsverfahren befindliche oder geschiedene Ehegatte. Er muss beweisen, dass der Erblasser die Verfügung auch für den Fall der Ehescheidung getroffen hat bzw. getroffen hätte (BayObLG FamRZ 1987, 1199; Rpfl 1981, 280 (282); MüKoBGB/*Leipold* Rn. 29; Palandt/*Weidlich* Rn. 8). 22

9. Rechtsweg. Die Unwirksamkeit der letztwilligen Verfügung wegen Scheiterns der Ehe ist im **Erbscheinsverfahren** und/oder im Wege der **Feststellungsklage** geltend zu machen. Beide Verfahren sind kumulativ möglich. Nachteil der Feststellungsklage ist, dass kein Amtsermittlungsgrundsatz gilt, sondern nach dem Beibringungsgrundsatz die Partei jeweils selbst die Beweismittel beizubringen und das Gericht hiervon zu überzeugen hat. Vorteil der Feststellungsklage ist, dass das Urt. im Gegensatz zu Entscheidungen im Erbscheinsverfahren in materielle Rechtskraft erwächst. Vorteil des Erbscheinsverfahrens ist der Amtsermittlungsgrundsatz, Nachteil der Umstand, dass der Erbschein nur in formelle Rechtskraft erwachsen kann. Im FamFG sind die Vorschriften über die Entscheidung über einen Erbscheinsantrag und ihre Wirksamkeit im Verhältnis zum alten FGG neu geregelt: Vor Erteilung eines Erbscheins ergeht immer ein Beschluss. Bei unstreitigen Verfahren wird der Beschluss bereits mit Erlass wirksam, dessen Bekanntgabe nicht erforderlich ist (§ 352e I FamFG). In streitig geführten Erbscheinsverfahren hat das Gericht die sofortige Wirksamkeit des Beschlusses auszusetzen und die Erteilung des Erbscheins bis zur Rechtskraft des Beschlusses zurückzustellen (§ 352e II FamFG). In allen Verfahren ist nach § 38 I FamFG durch Beschluss zu entscheiden, der mit einer Rechtmittelbelehrung zu versehen ist. Rechtsmittel ist die Beschwerde (§ 58 I FamFG), die binnen eines Monats ab schriftlicher Bekanntgabe des Beschlusses an die Beteiligten (§ 63 FamFG) bei dem Gericht, dessen Entscheidung angefochten wird (§ 64 I FamFG) einzulegen ist (→ § 2064 Rn. 13 sowie §§ 38 ff. FamFG). 23

10. Praxishinweis. In der Praxis wünscht eine Vielzahl der Scheidungswilligen – insbes., wenn sie über Kinder verbunden bleiben – ein einvernehmliches Scheidungsverfahren, welches ihnen ermöglicht, ohne „schmutzige Wäsche zu waschen", eine Scheidung herbeizuführen, auch wenn es über einzelne Scheidungsfolgen, meist den Unterhalt, dennoch zum Streit und nicht zur Einigung kommt. Für einverständliche Scheidungsverfahren, die seit dem 1.9.2009 eingeleitet wurden, ist eine fehlende Einigung unschädlich, wenn das Trennungsjahr abgelaufen ist, ein formal zulässiger Scheidungseintrag (§§ 124, 133 FamFG) eingereicht wurde und eine wirksame Zustimmungserklärung des Antragsgegners vorliegt. Sollte der Scheidungsantrag den formalen Voraussetzungen, (insbes. § 133 I Nr. 1–3 FamFG) nicht genügen und der Antragsgegner ein Interesse daran haben, dass eine unwiderlegbare Vermutung des Scheiterns der Ehe gegeben ist, sollte auch der Antragsgegner selbst einen Scheidungsantrag stellen, der den formellen Voraussetzungen gerecht wird und sich nicht nur auf eine Zustimmungserklärung beschränken. Zwar hat das Gericht den Antragsteller darauf hinzuweisen, sollte ein Scheidungsantrag wegen einer unterbliebenen Erklärung über das Vorliegen („ob") einer Einigung unzulässig sein (§ 113 I FamFG iVm § 139 III ZPO). IRd § 2077 ist eine Heilung, bedingt durch das Abstellen der Scheidungsvoraussetzung auf den Zeitpunkt des zwischenzeitlich eingetretenen Erbfalls, jedoch nicht mehr möglich (→ Rn. 6). Für alle vor dem 1.9.2009 eingereichten einvernehmlichen Scheidungsverfahren gilt altes Recht (§ 630 I Nr. 2 24

u. 3 ZPO), so dass bei fehlender Einigung von einer unwiderlegbaren Vermutung des Scheiterns der Ehe nicht ausgegangen werden kann. Wenn in diesen Altverfahren nicht bereits im Scheidungsantrag bzw. im laufenden Scheidungsverfahren konkret zum Scheitern der Ehe vorgetragen ist, steht nach dem Tod des Scheidungswilligen der iSv Abs. 1 beweispflichtige Dritte vor einer fast unlösbaren Aufgabe. Da die materiellen Voraussetzungen eines einverständlichen Scheidungsverfahren nach geltendem Recht (§ 133 I FamFG) weit weniger streng sind als jene nach altem Recht (§ 630 ZPO) und durch die Überleitungsvorschrift und diverse Folgesachenverfahren (zB Unterhalt, Zugewinn) noch viele Altverfahren rechtshängig sind, ist genau zu differenzieren, welches Recht anwendbar ist. Ein Scheidungswilliger sollte darum immer nach der Existenz letztwilliger Verfügungen befragt und ihm der Widerruf ggf. dringend empfohlen werden. Diese Belehrung sollte in der Scheidungsakte des Prozessanwalts bzw. in dem notariellen Scheidungsfolgenvertrag vermerkt sein.

25 **11. Recht in den neuen Bundesländern.** Das ZGB enthält für Einzeltestamente keine entsprechende Vorschrift. Nach § 374 ZGB kann ein Testament jedoch angefochten werden, wenn der Erblasser bei Kenntnis der Sachlage die Erklärung nicht abgegeben hätte. Bei Erbfällen nach dem 3.10.1990 gilt § 2077, auch wenn das Testament zzt. der Geltung des ZGB errichtet wurde (Art. 235 § 1 I EGBGB). Hinsichtlich der Auslegung ist jedoch auf den Zeitpunkt der Errichtung des Testaments abzustellen (OLG Dresden ZEV 2010, 257 ff.).

§ 2078 Anfechtung wegen Irrtums oder Drohung

(1) Eine letztwillige Verfügung kann angefochten werden, soweit der Erblasser über den Inhalt seiner Erklärung im Irrtum war oder eine Erklärung dieses Inhalts überhaupt nicht abgeben wollte und anzunehmen ist, dass er die Erklärung bei Kenntnis der Sachlage nicht abgegeben haben würde.

(2) Das Gleiche gilt, soweit der Erblasser zu der Verfügung durch die irrige Annahme oder Erwartung des Eintritts oder Nichteintritts eines Umstands oder widerrechtlich durch Drohung bestimmt worden ist.

(3) **Die Vorschrift des § 122 findet keine Anwendung.**

1 **1. Normzweck.** Die §§ 2078 ff. sind Spezialvorschriften für die Anfechtung letztwilliger Verfügungen und dienen zunächst dem Schutz des Anfechtungsberechtigten vor einer fehlerhaften Erklärung des Erblassers. Sie dienen aber auch dem Interesse des Erblassers, seinem Willensmangel „absolut" Rechnung zu tragen und seinen (hypothetischen) Willen in größerem Umfang zum Erfolg zu verhelfen (BGH NJW 1985, 2025 (2026)). Insbesondere soweit es um die Anfechtung von Erbverträgen oder wechselbezüglichen Verfügungen in gemeinschaftlichen Testamenten geht, dienen die Vorschriften auch dem Schutz des irrenden Erblassers. Die Anfechtung beseitigt Verfügungen, die nicht dem wahren Willen des Erblassers entsprechen oder auf einem Motivirrtum beruhen; sie korrigiert sie jedoch nicht.

2 **2. Anwendbarkeit. a) Allgemeines.** § 2078 betrifft unmittelbar nur die **Testamentsanfechtung.** Gem. § 2279 I gelten die §§ 2078 ff. für die Anfechtung von Erbverträgen entsprechend, soweit nicht in den §§ 2281–2285 etwas anderes vorgesehen ist. Beim **Erbvertrag** ist dies der Fall bzgl. des Anfechtungsrechts des Erblassers (§ 2281 I), der Form der Anfechtung, höchstpersönlich, notariell beurkundet, gegenüber dem Nachlassgericht (§§ 2281 II, 2282 I, III), der Anfechtungsfrist und für den Ausschluss des Anfechtungsrechts Dritter, wenn das Anfechtungsrecht des Erblassers erloschen ist (§§ 2283, 2285). Diese Sondervorschriften im Verhältnis zu den §§ 2078 ff. gelten auch für die Anfechtung bindend gewordener **wechselbezüglicher Verfügungen** in gemeinschaftlichen Testamenten (Staudinger/*Otte* Rn. 2).

3 **b) Vorrang der Auslegung.** Vorrangiges Ziel ist es, den tatsächlichen Willen des Erblassers zu verwirklichen. Darum gilt der grds. zu beachtende Vorrang der Auslegung (auch der ergänzenden Auslegung) vor der Anfechtung, die den Erblasserwillen nur beseitigt, nicht jedoch korrigiert (BGH ZEV 1995, 456; BayObLG FamRZ 1991, 982 (983); OLG München OLGR München 1995, 237 (238)). Zu den einzelnen Auslegungsmöglichkeiten, dem Gebot der wohlwollenden Auslegung, der Kombination verschiedener Auslegungsmöglichkeiten, → § 2084 Rn. 2 ff., zu deren Überprüfbarkeit → § 2084 Rn. 14 ff.

4 **c) Anderweitige Unwirksamkeit.** Ist eine letztwillige Verfügung bereits wegen Verstoßes gegen das Gebot der formellen Höchstpersönlichkeit (§ 2064), zB Fehlen der Testierfähigkeit oder wegen Verletzung des Grundsatzes der materiellen Höchstpersönlichkeit (§ 2065), unwirksam, bedarf es einer Anfechtung nicht. Ebenso wenig dann, wenn die letztwillige Verfügung gegen sonstige Wirksamkeitsvoraussetzungen verstößt, zB ein Fall des § 2077 vorliegt.

5 **d) Verhältnis zu den allgemeinen Anfechtungsvorschriften der §§ 119 ff.** Die §§ 2078 ff. sind Sondervorschriften und gehen dem allgemeinen Anfechtungsrecht vor. Die Anfechtungsgründe sind in § 2078 und § 2079 abschließend aufgezählt. Der allgemeine Teil des Anfechtungsrechts ist iÜ nur anwendbar, soweit Lücken bestehen, die in den §§ 2078–2083 nicht geregelt sind.

6 **e) Verhältnis zu § 2079.** Beide Anfechtungsgründe sind selbständig **nebeneinander** anwendbar und schließen sich nicht aus (schon RGZ 148, 218 (223); BayObLG NJW-RR 1997, 1027). Sie unterscheiden sich allerdings erheblich bei der Beweislastverteilung sowie hinsichtlich ihrer Rechtsfolgen, des Umfangs der Unwirksamkeit. Den nach § 2078 Anfechtenden trifft, anders als bei § 2079 S. 1, die Feststellungslast für die anfechtungsbegründenden Tatsachen (Beweggrund und Kausalität (BayObLG ZEV 2006, 209

(211); FamRZ 1995, 1174)). Auch ergreift die Anfechtung nach § 2078 nur diejenigen einzelnen in einem Testament enthaltenen Verfügungen, für die ein Anfechtungsgrund besteht, und führt nur zur Nichtigkeit der einzelnen angegriffenen Verfügung, nicht zur Nichtigkeit des gesamten Testaments, im Gegensatz zu § 2079 (BGH NJW 1985, 2025 (2026); BayObLG ZEV 1994, 369 (370)). Neben den §§ 2078, 2079 anwendbar ist ggf. die Anfechtungsklage (§ 2342 I) wegen Erbunwürdigkeit (§ 2339) bzw. die Anfechtungserklärung wegen Vermächtnisunwürdigkeit oder Pflichtteilsunwürdigkeit (§ 2345).

f) Nicht anwendbar sind die §§ 2078 ff. auf die Bestimmung des Bezugsberechtigten bei einer Lebensversicherung bzw. eines Bausparvertrages. Dem stehen die Rechtssicherheit und das schutzwürdige Interesse des Versicherers entgegen (BGH ZEV 1995, 150; NJW 1987, 3131). 7

3. Anfechtungsgründe. a) Inhaltsirrtum (§ 2078 I Alt. 1) ist gegeben, wenn der Erblasser sich in einem Irrtum über die Bedeutung seiner Erklärung befunden hat. **Beispiele:** Irrtum über die Bindungswirkung eines Erbvertrages (BayObLG ZEV 1997, 377; OLG Frankfurt a. M. ZEV 1997, 422), Irrtum über die Bindungswirkung wechselbezüglicher Verfügungen in gemeinschaftlichen Testamenten (BayObLG ZEV 2004, 466; FamRZ 2003, 259). 8

b) Erklärungsirrtum (§ 2078 I Alt. 2) erfordert, dass der Erblasser eine Verfügung dieses Inhalts überhaupt nicht errichten wollte, sich verschrieben oder versprochen hat. Voraussetzung ist jeweils, dass der Erblasser und nicht ein sonstiger Dritter die Verfügung bei Kenntnis der Sachlage nicht errichtet hätte. Die Anfechtbarkeit wegen Inhaltsirrtums setzt voraus, dass der zu erforschende wirkliche Wille in der Verfügung nicht zum Ausdruck gekommen ist und auch durch Auslegung der Erklärung nicht festgestellt werden kann. Ein Schreibfehler kann idR im Wege der Auslegung anhand des Gesamtinhaltes behoben werden (BGH MDR 1951, 474: Unterscheidung zwischen „Ersatzerben" und „Nacherben"). Ein Inhalts- bzw. Erklärungsirrtum kommt in Betracht bei Rücknahme eines notariellen Testaments aus der amtlichen Verwahrung wegen Irrtums über die Widerrufswirkung (BayObLG ZEV 2005, 480). 9

c) Motivirrtum (§ 2078 II Alt. 1): Ist die irrige Annahme oder Erwartung des Eintritts oder Nichteintritts eines Umstandes. Diese weit gefasste Formulierung schließt, anders als im allgemeinen Anfechtungsrecht, nach § 119 II jeden Motivirrtum ein, auch den durch arglistige Täuschung herbeigeführten, so dass ein dem § 123 I Alt. 1 entsprechender Anfechtungstatbestand entbehrlich ist (Staudinger/*Otte* Rn. 12). Jegliche irrige Vorstellung über vergangene oder gegenwärtige Tatsachen oder auch eine enttäuschte Zukunftserwartung berechtigt zur Anfechtung, soweit der Irrtum oder die Erwartung bereits zum Zeitpunkt der Testamentserrichtung bestanden haben. Die Anfechtung kann nur auf solche **Fehlvorstellungen** gestützt werden, die der Erblasser **zum Zeitpunkt der Testamentserrichtung** tatsächlich gehabt hat. Dies kann zunächst eine **positiv vorhandene Fehlvorstellung** sein, zB über das zukünftige Verhalten einer Person. Denkbar sind auch **„unbewusste" Selbstverständlichkeiten,** dass der Erblasser sich über die zur Anfechtung herangezogenen Umstände keine konkreten Gedanken gemacht hat. Dies gilt in erster Linie für nicht bedachte zukünftige Umstände bzw. auf die Zukunft gerichtete Erwartungen, die in der Vorstellungswelt des Erblassers ohne nähere Überlegung so selbstverständlich waren, dass er sie zwar nicht konkret im Bewusstsein hatte, aber sie doch jederzeit abrufbar waren und er sie in sein Bewusstsein holen konnte (BGH ZEV 2008, 237 f.; NJW-RR 1987, 1412 f.; FamRZ 1983, 898 f.; NJW 1963, 246 f.; BayObLG FamRZ 2003, 708 (710); OLG München ZEV 2007, 530). Allerdings können nur besonders schwerwiegende Umstände, die gerade diesen Erblasser auch unter Berücksichtigung seiner ihm eigenen Vorstellung mit Sicherheit dazu gebracht hätten, anders zu testieren, eine Anfechtung begründen (BGH NJW-RR 1987, 1412). Die Irrtümer müssen **bewegender Grund** für den letzten Willen gewesen sein, dh ohne diese Irrtümer darf der Erblasser die Verfügung mit Sicherheit nicht getroffen haben (BayObLG FamRZ 2009, 547; 1997, 1436). Der Irrtum bzw. die „selbstverständliche Vorstellung" muss zum Zeitpunkt der Testamentserrichtung bestanden haben. **Beispiele:** Irrtum darüber, dass Söhne wirtschaftlich besser gestellt seien als die Tochter (RGZ 172, 83); Frage von Charaktereigenschaften und der Gestaltung der Schutz vor Gläubigerzugriffen (BayObLG ZEV 2006, 209); Irrtum über das Bestehen einer (späteren) Pflichtteilsberechtigung infolge Heirat (RGZ 50, 238 (240); 218 (223); BayObLG NJW-RR 1997, 1027); der Erbe oder ein Dritter werde den Erblasser in bestimmter Weise betreuen (BGH FamRZ 1983, 898); eine zur Zeit der Testamentserrichtung bestehende eheähnliche Lebensgemeinschaft zwischen Erblasser und Bedachtem werde fortbestehen (OLG Celle NJW-RR 2003, 1304). Ob eine irrige Vorstellung oder Erwartung die Testamentsanfechtung begründet, setzt im Einzelfall eine umfassende Prüfung der Motivationslage des Erblassers voraus (BGH ZEV 1994, 101 f.; BGH LM BGB § 2100 Nr. 1). Nur auf der Grundlage einer solchen Prüfung kann zuverlässig entschieden werden, welche Beweggründe den Erblasser zu der Verfügung bestimmt haben. Nur dann kann beurteilt werden, ob eine auf die Zukunft gerichtete Erwartung des Erblassers – sei es eine (bewusste) Vorstellung oder eine (unbewusste) „Selbstverständlichkeit" – von dem „erheblichen Gewicht" eines „bewegenden Grundes" war, welches die Anfechtung voraussetzt (BGH NJW-RR 1987, 1412 (1413)), um nachträglichen Spekulationen über den Erblasserwillen entgegenzuwirken (BGH ZEV 1994, 101 f.). 10

d) Drohung (§ 2078 II Alt. 2): Die letztwillige Verfügung ist anfechtbar, wenn der Erblasser gerade zu dieser Verfügung widerrechtlich durch Drohung von dem Bedachten oder einem Dritten bestimmt worden ist (wie § 123 I). Der Drohende muss ein künftiges Übel androhen und behaupten, den Eintritt bzw. Nichteintritt des angekündigten künftigen Übels beeinflussen zu können und dass es verwirklicht werden soll, wenn der Bedrohte nicht die von dem Drohenden gewünschte Willenserklärung abgibt (BGH NJW 1988, 2599 (2600)). Die Drohung muss nicht ausdrücklich ausgesprochen werden, sie kann auch 11 durch Handeln oder durch schlüssiges Verhalten ausgedrückt werden. Vorsatz des Drohenden zur Herbeiführung der Abgabe einer bestimmten Willenserklärung des Bedrohten ist erforderlich. Maßgeblich für die Annahme, es liege eine ernst zu nehmende Drohung vor, ist nicht die Vorstellung des Drohenden, sondern die Meinung und der Empfängerhorizont des Bedrohten (BGH NJW 1982, 2301 (2302)). Beispiele sind das Drohen und Vortäuschen eines Selbstmordversuchs (BGH NJW-RR 1996, 1281) oder aber auch die Drohung und Gewaltanwendung (OGL Brandenburg FamRZ 1999, 1461 – Stasikontakte).

12 **4. Kausalität. Irrtum bzw. Drohung** müssen für die letztwillige Verfügung ursächlich oder zumindest mitursächlich geworden sein. Das ist der Fall, wenn der Erblasser die Verfügung nicht ohne den Irrtum bzw. die Drohung getroffen hätte. Beim **Motivirrtum** muss die Fehlvorstellung des Erblassers zum Zeitpunkt der Testamentserrichtung nicht nur eine Ursache, sondern **Beweggrund** für die Errichtung der letztwilligen Verfügung gewesen sein (OLG Koblenz BeckRS 2009, 88054). Es ist gleichgültig, ob sich der Irrtum auf die Vergangenheit, Gegenwart oder Zukunft bezieht, wichtig ist allein, dass der Erblasser die Fehlvorstellung bei der Errichtung der Verfügung tatsächlich gehabt hat. Die kausale Fehlvorstellung kann sich zum einen aus einer positiv vorhandenen Fehlvorstellung ergeben, aber auch aus „unbewussten Selbstverständlichkeiten", dh Vorstellungen und Erwartungen, die für den Erblasser schon ohne nähere Überlegung so selbstverständlich sind, dass er sie zwar nicht in sein Bewusstsein aufgenommen, aber als selbstverständlich seiner Verfügung zugrunde gelegt hat (BGH ZEV 2008, 237; NJW-RR 1987, 1412 mwN). Dies kann zB für die allgemeine Erwartung gelten, dass zukünftige Unstimmigkeiten zwischen Erblasser und Bedachtem ausbleiben oder eine zzt. der Errichtung der letztwilligen Verfügung bestehende eheähnliche Lebensgemeinschaft fortbesteht (OLG Celle ZEV 2003, 328) oder die Erwartung, die Ehe werde harmonisch verlaufen (BayObLG ZEV 2004, 152). Eine solche unbewusste Erwartung und ihre Ursächlichkeit sind jedoch nicht allgemein oder auch nur im Normalfall anzunehmen. Der **Beweis** über Irrtum und Ursächlichkeit kann nicht durch einen entsprechenden Erfahrungssatz oder die Grundsätze über den Beweis des ersten Anscheins geführt werden, sondern nur durch die besonderen Umstände des Einzelfalls (BGH ZEV 1994, 101 (103); LM BGB § 2100 Nr. 1; BayObLG FamRZ 2002, 915 (918); OLG Celle ZEV 2003, 328 (329)). Gerade weil § 2078 I – im Gegensatz zu § 119 II – jeden Motivirrtum zulässt, sind an die Kausalität besonders strenge Anforderungen zu stellen.

13 Nur **besonders schwerwiegende Umstände**, die gerade den Erblasser auch unter Berücksichtigung seiner ihm eigenen Vorstellung mit Sicherheit dazu gebracht hätten, anders zu testieren, sollen eine Anfechtung begründen können (BGH NJW-RR 1987, 1412 mwN; BayObLG FamRZ 2005, 656 verneinend bei Nichtberücksichtigung der Beisetzungswünsche des Erblassers). Die Fehlvorstellung des Erblassers darf nicht nur mitursächlich, also nicht nur eine Ursache, sondern muss **der bewegende Grund** für die letztwillige Verfügung gewesen sein (BGH NJW-RR 1987, 1412 (1413)). Nicht jede Ursache hat das Gewicht eines Beweggrundes. Es kommt auf die **subjektiven Vorstellungen** des Erblassers mit allen Besonderheiten seiner Persönlichkeit an (BayObLG FamRZ 2003, 708 (710)). Nur auf die Fehlvorstellung des Erblassers und auf die Bewertung der Fehlvorstellung als besonders schwerwiegenden Umstand, als den Beweggrund für die letztwillige Verfügung aus Sicht des Erblassers zum **Zeitpunkt der Testamentserrichtung**, kommt es an. Der Erblasserwille selbst soll maßgeblich sein, nicht die nachträgliche Spekulation über ihn (BGH NJW-RR 1987, 1412 (1413)). Nicht ausreichend und nicht entscheidend ist, was Dritte nach ihrer Einschätzung der Persönlichkeit und der Eigenheiten des Erblassers, „so, wie sie ihn kannten", von ihm und seiner Denkweise angenommen hätten. Maßgeblich kann nur sein, was hinsichtlich der selbstverständlichen Einstellung des Erblassers nach dessen eigenen, objektiv feststellbaren Äußerungen und Verhaltensweisen zweifelsfrei feststeht (BGH NJW-RR 1987, 1412 (1413)). **Keine Kausalität** ist gegeben bei Fehlvorstellungen des Erblassers erst nach Errichtung der letztwilligen Verfügung (BayObLG NJWE-FER 1997, 232 (233)) oder bei Aufrechterhaltung des Testaments trotz Kenntnis des Erblassers von dem Irrtum (BayObLG NJW-RR 1995, 1096 (1098); OLG Frankfurt a.M. FamRZ 1997, 1433 (1435)). In letzterem Fall kommt darüber hinaus bei Erbverträgen oder wechselseitigen Verfügungen eines gemeinschaftlichen Testamentes ein Ausschluss des Anfechtungsrechts nach § 2285 BGB in Betracht, wenn der Erblasser seinen Irrtum erkannte und die letztwillige Verfügung zu Lebzeiten selbst hätte anfechten können (→ § 2079 Rn. 17 zu dem entsprechenden Fall bei Übergehung eines Pflichtteilsberechtigten, wo der Ausschluss der Anfechtung häufiger relevant wird; zum Lauf der Anfechtungsfrist bei einem Rechtsirrtum des Erblassers iRd § 2078 → § 2082 Rn. 4, 5). **Beispiele:** Die Kausalität bejahend BayObLG FamRZ 2003, 708: Bei Fehlvorstellung über den ehrlichen Charakter ohne kriminelle Vergangenheit der Bedachten. Die Kausalität verneinend: BGH NJW-RR 1987 bei Fehlvorstellung über enttäuschte Wohlverhaltenserwartung; BayObLG ZEV 2004, 152: Fehlvorstellung über künftigen harmonischen Verlauf einer Ehe; OLG Celle ZEV 2003, 328: Fehlvorstellung des Weiterbestehens einer nichtehelichen Lebensgemeinschaft.

14 **5. Beweislast.** Die Feststellungs- und Beweislast für die anfechtungsbegründenden Tatsachen (Beweggrund und Kausalität) trägt der Anfechtende (BayObLG ZEV 2006, 209 (211); FamRZ 1997, 772 (773); 1995, 1174). An den Nachweis sind strenge Anforderungen zu stellen (BayObLG ZEV 2006, 209 (211)). Die Beweisführung ist für den Anfechtenden nach § 2078 somit wesentlich schwieriger als für den Anfechtenden nach § 2079, da dort eine Kausalität vermutet wird und nicht bewiesen werden muss.

15 **6. Rechtsfolge. Rückwirkende Nichtigkeit der Einzelverfügung,** nicht jedoch des gesamten Testamentes/Erbvertrages. IRd § 2078 ist nicht das Testament als solches anfechtbar, sondern immer nur die einzelnen in ihm enthaltenen Verfügungen (BGH NJW 1985, 2025 (2026)). Die Anfechtung ergreift, wie

sich aus dem Wort „soweit" in den Abs. 1 u. 2 der Vorschrift ergibt, nur diejenigen in einem Testament enthaltenen Verfügungen, für die ein Anfechtungsgrund besteht, auf deren Inhalt also der Irrtum des Erblassers eingewirkt hat (BGH NJW 1985, 2025 (2026); BayObLG ZEV 1994, 369 (370)). Die rückwirkende Nichtigkeit der betroffenen Einzelverfügung (§ 142 I) führt entweder zur gesetzlichen Erbfolge hinsichtlich dieser Einzelverfügung oder zur gewillkürten Erbfolge, soweit durch die Nichtigkeit eine Verfügung in einem älteren Testament oder eine spätere Einzelverfügung wirksam wird. Sind in dem Testament mehrere Verfügungen enthalten, so richtet sich die Wirksamkeit der nicht angefochtenen Verfügungen nach § 2085. Die nicht angefochtenen Verfügungen des Testaments bleiben grds. wirksam, es sei denn, es ist anzunehmen, dass der Erblasser diese ohne die angefochtene unwirksame Verfügung nicht getroffen haben würde (BGH NJW 1985, 2025 (2026)). Denkbar ist auch, dass eine ihrem Gegenstand nach teilbare Verfügung nur hinsichtlich eines Teils anfechtbar ist, soweit die Wirksamkeit der restlichen Verfügungen nach § 2085 bejaht werden kann. Sind mehrere in einem Testament enthaltene Einzelverfügungen anfechtbar, werden jedoch nur einzelne angefochten, so bleiben die anderen unter Berücksichtigung der vorgenannten Grundsätze „soweit" wirksam. Die nur von einem von mehreren Anfechtungsberechtigten erklärte begründete Anfechtung wirkt aber nicht nur für ihn, sondern absolut, kommt also auch den übrigen Beteiligten zugute (BGH NJW 1985, 2025 (2026); → § 2080 Rn. 6). Eine wirksame Anfechtung führt nie zu einer Schadensersatzverpflichtung des Anfechtenden, da § 122 gem. § 2078 III keine Anwendung findet.

7. Praxishinweis. Die Bestätigung eines anfechtbaren Testaments durch den Erblasser ist nach der hM nicht möglich, da er selbst zur Anfechtung seiner letztwilligen Verfügung nicht berechtigt sei und damit § 144 für ihn nicht zur Anwendung kommen könne (MüKoBGB/*Leipold* Rn. 60). Im Falle eines anfechtbaren Testaments sollte der Erblasser darauf hingewiesen werden, dass er die Anfechtbarkeit seines Testaments/Erbvertrages nur durch eine formgerechte neue letztwillige Verfügung beseitigen kann, in der er seinen Willen zum Ausdruck bringt, die anfechtbare Verfügung aufrechterhalten zu wollen (OLG Hamm ZEV 1994, 168).

8. Recht in den neuen Bundesländern. Das Anfechtungsrecht ist nach § 374 I ZGB in ähnlicher Weise wie nach § 2078 geregelt. § 374 I ZGB nennt als Anfechtungsgründe nicht ausdrücklich den Motivirrtum. Eine Anfechtung wegen Motivirrtums wird allerdings auch als zulässig erachtet (BGH ZEV 1994, 101). Bei Erbfällen vor dem 3.10.1990 gelten die Anrechtungsregeln des BGB, selbst wenn das Testament unter der Geltung des ZGB errichtet wurde (OLG Brandenburg FamRZ 1998, 59 (60); Staudinger/*Otte* Vor §§ 2064 ff. Rn. 194; vgl. Art. 235 § 1 I EGBGB). Die Anfechtung eines Testaments betrifft nicht die Errichtung und Aufhebung einer Verfügung von Todes wegen und fällt damit nicht unter die Ausnahmevorschrift des Art. 235 § 2 EGBGB (OLG Brandenburg FamRZ 1998, 59 (60)), so dass von der Grundsatzregelung des Art. 235 § 1 I EGBGB auszugehen ist.

§ 2079 Anfechtung wegen Übergehung eines Pflichtteilsberechtigten

¹Eine letztwillige Verfügung kann angefochten werden, wenn der Erblasser einen zur Zeit des Erbfalls vorhandenen Pflichtteilsberechtigten übergangen hat, dessen Vorhandensein ihm bei der Errichtung der Verfügung nicht bekannt war oder der erst nach der Errichtung geboren oder pflichtteilsberechtigt geworden ist. ²Die Anfechtung ist ausgeschlossen, soweit anzunehmen ist, dass der Erblasser auch bei Kenntnis der Sachlage die Verfügung getroffen haben würde.

1. Normzweck. Bei § 2079 handelt es sich um einen **Sonderfall des Motivirrtums** des § 2078 II. Beide Anfechtungsgründe stehen selbständig nebeneinander. Eine Anfechtung kann auf beide Normen gleichzeitig gestützt werden (hM so schon RGZ 148, 218 (223); BayObLG NJW-RR 1997, 1027; OLG Karlsruhe ZEV 1995, 454 (456)). Die Vorschrift dient dem Schutz des unbewusst nicht bedachten Pflichtteilsberechtigten und erhält ihm sein gesetzliches Erbrecht trotz anders lautender letztwilliger Verfügung.

2. Anwendbarkeit. a) Allgemeines. § 2079 betrifft, wie auch § 2078, unmittelbar nur die Testamentsanfechtung. Gem. § 2279 I gelten die §§ 2078 ff. für die Anfechtung von Erbverträgen entsprechend, soweit nicht in den §§ 2281–2285 etwas anderes vorgesehen ist (→ § 2078 Rn. 2). Gem. § 2079 S. 1 berechtigt bereits die bloße Unkenntnis des Erblassers von der Existenz eines Pflichtteilsberechtigten zur Anfechtung, ohne dass die Kausalität zwischen der Unkenntnis und der letztwilligen Verfügung nachgewiesen werden muss, weil § 2079 S. 1 bestehende Kausalität unterstellt. Im Gegensatz zur Anfechtung wegen Irrtums gem. § 2078 wird bei § 2079 S. 1 als Regelfall vermutet, dass der Erblasser bei Kenntnis der Sachlage den Pflichtteilsberechtigten nicht übergangen hätte (BayObLG NJW-RR 2005, 91 (93); ZEV 2001, 314 (315); Staudinger/*Otte* Rn. 1.

Diese Vermutung entfällt jedoch gem. § 2079 S. 2, wenn ein entgegenstehender Erblasserwille festgestellt werden kann. Bei der Prüfung der Voraussetzungen des § 2079 S. 2 ist auf den zu ermittelnden hypothetischen Willen des Testierenden zum Zeitpunkt der Errichtung der letztwilligen Verfügung abzustellen (BayObLG NJW-RR 2005, 91 (93)). Wie würde der Erblasser testiert haben, wenn er zwar hinsichtlich der Person des Pflichtteilsberechtigten die später eingetretene Sachlage gekannt hätte, iÜ aber diejenigen Umstände auf sich hätte wirken lassen, die ihn zzt. der Errichtung der Verfügung von Todes wegen zu dieser bestimmt haben (BGH NJW 1981, 1735 (1736); BayObLG NJW-RR 2005, 91 (93); ZEV 2001, 314 (315); OLG Düsseldorf FamRZ 1999, 1024).

4 Dem **Regel-Ausnahme-Verhältnis** zwischen § 2079 S. 1 und § 2079 S. 2 entspricht es, dass der durch den Wegfall der letztwilligen Verfügung Betroffene – bei nach ausreichenden Ermittlungen noch verbleibenden Zweifeln – die Feststellungslast dafür trägt, dass der Erblasser genauso testiert hätte, wenn er vorausgesehen hätte, es werde noch ein Pflichtteilsberechtigter vorhanden sein (BGH LM BGB § 2079 Nr. 1). Fehlen hierzu hinreichende Anhaltspunkte, bleibt es bei der gesetzlichen Vermutung des § 2079 S. 1 (BayObLG ZEV 2001, 314 (315)). Zur vorrangigen Prüfung anderweitiger Unwirksamkeitsgründe, dem Verhältnis zu den allgemeinen Anfechtungsvorschriften sowie der Anfechtungsklage wegen Erbunwürdigkeit bzw. der Anfechtung wegen Vermächtnisunwürdigkeit oder Pflichtteilsunwürdigkeit → § 2078 Rn. 3 ff.

5 b) **Vorrang der Auslegung.** Die Anfechtung beseitigt Verfügungen, die nicht dem wahren Willen des Erblassers entsprechen, aber sie ändert und korrigiert sie nicht. Vorrangiges Ziel ist es, den tatsächlichen Willen des Erblassers zu verwirklichen. Deshalb gilt der grds. zu beachtende Vorrang der Auslegung, auch der ergänzenden Auslegung, vor der Anfechtung (BGH ZEV 1995, 456; BayObLG FamRZ 1991, 982 (983); OLG München OLG München 1995, 237). So ist die Anfechtung immer ausgeschlossen, wenn der Erblasser den Pflichtteilsberechtigten ausdrücklich ausgeschlossen, **bewusst übergangen** hat (RGZ 59, 60 (62)) oder eine **endgültige Regelung** ohne Rücksicht auf etwa noch hinzutretende Pflichtteilsberechtigte treffen wollte (BGH NJW 1983, 2247 (2248); BayObLG NJW-RR 1997, 1027 (1030); FamRZ 1992, 988 (989)). Zu den einzelnen Auslegungsmöglichkeiten, der wohlwollenden Auslegung und der Kombination verschiedener Auslegungsmöglichkeiten → § 2084 Rn. 2 ff.).

6 3. **Voraussetzungen. a) Pflichtteilsberechtigte:** Bei Errichtung seiner letztwilligen Verfügung muss der Erblasser über die Existenz eines Pflichtteilsberechtigten geirrt bzw. keine Kenntnis gehabt haben oder es muss ein Pflichtteilsberechtigter erst nach Errichtung der letztwilligen Verfügung pflichtteilsberechtigt geworden sein. Zum Kreis der Pflichtteilsberechtigten gehören nur die (leiblichen, dh ehelich und nichtehelich geborenen bzw. gezeugten (§ 1923 II) oder adoptierten Abkömmlinge (§ 2303 I) und der Ehepartner (§ 2303 II) bzw. eingetragene Lebenspartner (§ 11 VI LPartG) des Erblassers. Hat der Erblasser keine Abkömmlinge, sind auch seine Eltern (§ 2303 II) pflichtteilsberechtigt, nie jedoch seine Geschwister. Zur Reihenfolge vgl. § 2309: Eltern und entferntere Abkömmlinge werden von näheren Abkömmlingen ausgeschlossen.

7 b) **Fehlende Kenntnis von einem Pflichtteilsberechtigten** (§ 2079 S. 1 Alt. 1) zum Zeitpunkt der Testamentserrichtung durch den Erblasser:

8 aa) **Person.** Dem Erblasser war die Geburt eines Abkömmlings nicht bekannt oder er nahm irrigerweise an, eine pflichtteilsberechtigte Person sei bereits verstorben (MüKoBGB/*Leipold* Rn. 10). Im letzteren Fall ist entscheidend, ob der Erblasser subjektiv den Pflichtteilsberechtigten für verstorben hielt, auch wenn dies nicht zu seiner Gewissheit feststand.

9 bb) **Verwandtschaft.** Auch hierher gehören die Fälle, dass der Erblasser zwar die Existenz einer Person kannte, ihm jedoch sein Verwandtschaftsverhältnis zu dieser Person, dessen Pflichtteilsberechtigung bei Errichtung des Testaments nicht bekannt war (Bsp.: Nichteheliches Kind, spätere Vaterschaftsfeststellung).

10 cc) **Pflichtteilsberechtigung.** Streitig ist, ob bei Kenntnis von der Existenz und den verwandtschaftlichen Beziehungen zu der Person auch ein **Rechtsirrtum** über dessen Pflichtteilsberechtigung ausreichend ist, so, wenn der Erblasser nicht über den Regelungsgehalt des § 2303 informiert ist oder meint, die Verwandten seien nicht pflichtteilsberechtigt (dagegen MüKoBGB/*Leipold* Rn. 10 m.H. a. Grenzziehungsschwierigkeiten, wann ein Rechtsirrtum vorliege; dafür Staudinger/*Otte* Rn. 4., dass dieser Fall wertungsmäßig nicht anders liege als der Fall einer späteren – durch Gesetzesänderung – entstandenen Pflichtteilsberechtigung, die unstreitig zur Anfechtbarkeit führe (→ Rn. 12). Mit der hM (Staudinger/*Otte* Rn. 4.; Soergel/*Loritz* Rn. 4; jurisPK-BGB/*Lehrmann* Rn. 33) ist hierbei von einem beachtlichen Rechtsirrtum auszugehen, da er die Unkenntnis einer, die Anfechtung begründenden Tatsachen zur Folge hat: Nicht nur die Verwandtschaft zu einer Person, sondern die Rechtstatsache ihrer Pflichtteilsberechtigung als solche ist Anfechtungstatbestandsmerkmal. Ein diesbezüglicher Irrtum zB bei adoptierten und nichtehelichen Kindern ist denkbar und wäre erheblich. Zur schwierigen Abgrenzung zwischen beachtlichem und unbeachtlichem Rechtsirrtum BGH ZEV 2011, 422; NJW 1970, 279.

11 c) **Spätere Geburt eines Pflichtteilsberechtigten** (§ 2079 S. 1 Alt. 2) nach Testamentserrichtung durch den Erblasser: Die spätere Geburt eines Abkömmlings des Erblassers nach Errichtung des Testaments stellt einen der klassischen Fälle des § 2079 dar (BayObLG FamRZ 1985, 534). Die Anfechtung nach § 2079 S. 1 wegen Übergehens einer Person aus dem engen Kreis der Pflichtteilsberechtigten hat seinen Sinn in den typischerweise bestehenden engen familiären Bindungen des Erblassers zu seinen Abkömmlingen und Ehepartnern/eingetragenen Lebenspartnern, evtl. noch seinen Eltern, als ihm besonders nahestehende Personen. Hat der Erblasser zum Zeitpunkt der Testamentserrichtung keine Kenntnis über die spätere Existenz eines Abkömmlings, so hat er im Zweifel nur für die bereits vorhandenen Abkömmlinge bzw. den Ehepartner oder zugunsten seiner Eltern testiert. Maßgebendes Kriterium ist hier die Existenz eines neuen Menschen, der zu dem engen Kreis der dem Erblasser nahestehenden Personen als Pflichtteilsberechtigter gehört und dem Erblasser zum Zeitpunkt der Testamentserrichtung nicht bekannt sein konnte.

12 d) **Spätere Pflichtteilsberechtigung einer zzt. der Testamentserrichtung bereits existierenden Person** (§ 2079 S. 1 Alt. 3) nach Testamentserrichtung durch den Erblasser: Neben der späteren Geburt, also der Existenz einer neuen Person, wird ebenso behandelt („oder") eine zum Zeitpunkt der Testamentserrichtung bereits existierende Person, die jedoch erst nach Testamentserrichtung den rechtlichen Status eines Pflichtteilsberechtigten erlangt hat, sei es durch Eheschließung, Begründung einer eingetragenen Lebenspartnerschaft, Adoption, Aufhebung einer Adoption oder durch **Gesetzesänderung**, so durch Einführung eines Erb- und Pflichtteilsrechts **nichtehelicher Kinder** nach ihrem Vater durch das **NEhelG** ab dem 1.7.1970 (BGH NJW 1977, 1338) und dem Gesetz zur erbrechtlichen Gleichstellung nichtehelicher Kinder v. 16.12.1997, in Kraft getreten am 1.4.1998 **(ErbRGleichG)**, das ehelichen und nichtehelichen Kindern die gleiche Erbrechtsstellung gab, mit Ausnahme jener nichtehelichen Kinder, die bis zum 31.3.1998 den seinerzeit zulässigen vorzeitigen Erbausgleich geltend gemacht hatten und jener nichtehelichen Kinder, die vor dem 1.7.1949 geboren waren. Allerdings ist **§ 2079 nicht anwendbar**, wenn die Pflichtteilsberechtigung erst durch das Zweite Gesetz zur erbrechtlichen Gleichstellung nichtehelicher Kinder v. 15.4.2011 **(2. ErbRGleichG)** entstanden ist, mit dem nun auch den vor dem 1.7.1949 geborenen Kindern rückwirkend für Erbfälle ab dem 29.5.2009 ein Pflichtteilsrecht zusteht. Bei der **Anfechtungsberechtigung** nichtehelicher Kinder ist zwingend zu beachten, dass das Anfechtungsrecht erst ausgeübt werden kann, wenn die Vaterschaft wirksam anerkannt (§ 1594 I) bzw. rechtskräftig festgestellt worden ist (§ 1600d IV). Auch wenn die Vaterschaft nach Feststellung grds. auf den Zeitpunkt der Geburt zurückwirkt, so ist eine Anfechtungserklärung vor rechtskräftiger Feststellung/Anerkennung unwirksam; sie wird nicht geheilt, sondern muss wiederholt werden (BayObLG FamRZ 2003, 1595 (1597)). Die spätere **Eheschließung** nach Testamentserrichtung bzw. die spätere **Adoption** dürften die häufigsten Fälle einer späteren Pflichtteilsberechtigung sein (zB BGH NJW 1983, 2247 (2249); RGZ 148 (218); RGZ 50, 238; BayObLG FamRZ 1995, 1174; NJW-RR 1994, 590; OLG Düsseldorf FamRZ 1999, 122; OLG Karlsruhe ZEV 1995, 454; OLG Hamm NJW-RR 1994, 462; OLG Celle NJW 1969, 101). Heirat und Adoption durch den Erblasser entsprechen der freien Entfaltung seiner Persönlichkeit und geben über § 2079 die Möglichkeit, diese nachträglichen familiären Veränderungen ggf. erbrechtlich zu korrigieren. Dieses Handeln stellt somit idR auch keine treuwidrige Schaffung eines Anfechtungsgrundes dar. Vielmehr erhält der Erblasser über § 2079 als Längerlebender bei Erbverträgen oder einer bindend gewordenen wechselbezüglichen Verfügung eines gemeinschaftlichen Testaments selbst das Anfechtungsrecht (§§ 2270, 2271, 2281, 2282). Für den Fall der Wiederheirat oder aber einer späteren Adoption soll der länger lebende Ehegatte und Erblasser gerade die Möglichkeit haben, sich durch Anfechtung von der Bindung an seine frühere Verfügung zu befreien.

e) **Übergehen** eines Pflichtteilsberechtigten liegt vor, wenn der Erblasser ihn nicht bedacht hat, aber auch nicht von der Erbfolge ausschließen wollte (RGZ 148, 218 (223); 59, 60 (62); 50, 238 (239)). 13

aa) **Ungewolltes Ausschließen:** Der Pflichtteilsberechtigte darf weder enterbt noch als Erbe eingesetzt oder mit einem Vermächtnis bedacht sein (RGZ 148, 218 (223); 59, 60 (62); 50, 238 (239); BayObLG FamRZ 1995, 1174; NJW-RR 1994, 590; OLG Düsseldorf FamRZ 1999, 122; OLG Karlsruhe ZEV 1995, 454; OLG Celle NJW 1969, 101; Staudinger/*Otte* Rn. 4). Der Erblasser muss den Pflichtteilsberechtigten unbewusst nicht bedacht haben. Der Ausschluss von der Erbschaft darf kein Resultat bewusster Willensbildung sein (BGH NJW 1983, 2247 (2249)). Ein bewusster Ausschluss von der Erbfolge liegt nicht bereits dann vor, wenn der später Pflichtteilsberechtigte allein deshalb nach dem Testament nichts erhält, weil andere darin bedacht sind. Vielmehr muss die Absicht des Erblassers irgendwie zum Ausdruck gekommen sein, dem später Pflichtteilsberechtigten nichts zuwenden zu wollen (BGH NJW 1983, 2247 (2248); RGZ 59, 60 (62)). 14

bb) **Bewusstes Ausschließen:** Wenn Ehegatten sich „ohne Rücksicht auf gegenwärtige oder künftige Pflichtteilsrechte" gegenseitig zu Alleinerben eingesetzt haben, liegt kein Übergehen eines zukünftigen Pflichtteilsberechtigten vor (BGH NJW 1983, 2247 (2248); BayObLG NJW-RR 1997, 1027 (1030)). Die Anordnung eines Vermächtnisses zugunsten der zukünftigen Ehefrau in Erwartung der zukünftigen Eheschließung ist schon deshalb kein Übergehen, weil die Vermächtnisanordnung nicht durch Unkenntnis der (zukünftigen) Pflichtteilsberechtigung bedingt ist (OLG Düsseldorf FamRZ 1999, 122). 15

cc) **Streitpunkt Übergehen eines Bedachten, später pflichtteilsberechtigt Gewordenen** (§ 2079 S. 1 Alt. 3): Unterschiedliche Auffassungen gibt es bei der Frage, ob ein Übergehen einer zum Zeitpunkt der Testamentserrichtung bereits existierenden, aber erst später pflichtteilsberechtigt gewordenen Person vorliegt, wenn diese bereits in der letztwilligen Verfügung von dem Erblasser bedacht worden war (typische Beispiele: Vermächtnis zugunsten der Haushälterin zum Zeitpunkt der Testamentserrichtung, die infolge späterer Heirat des Erblassers pflichtteilsberechtigt wird). In der Lit. wird teilweise die Auffassung vertreten, ein Übergehen iSv § 2079 S. 1 liege auch dann vor, wenn der Erblasser die Person als solches zwar testamentarisch berücksichtigt habe, dies jedoch in Unkenntnis ihrer (späteren) Pflichtteilsberechtigung geschehe und die Zuwendung hinter dem gesetzlichen Erbteil der später pflichtteilsberechtigt gewordenen Person zurück bleibe („als Pflichtteilsberechtigte übergangen" so zB MüKoBGB/*Leipold* Rn. 6). Diese Auffassung ist als zu weit gehend abzulehnen. Der Rspr. ist zu folgen, die sich am Wortlaut des § 2079 orientiert und allein auf den objektiven Umstand abstellt, ob der Erblasser den Pflichtteilsberechtigten bzw. später pflichtteilsberechtigt Gewordenen als Person in der anzufechtenden letztwilligen Verfügung erwähnt hat. Der Pflichtteilsberechtigte darf weder enterbt noch als Erbe eingesetzt oder mit einem Vermächtnis bedacht sein (RGZ 148, 218 (223); 50, 238 (239); BayObLG FamRZ 1995, 1174; NJW-RR 1994, 590; OLG Düsseldorf FamRZ 1999, 122; OLG Karlsruhe ZEV 1995, 454; OLG Celle NJW 1969, 101; offen gelassen von OLG Hamm NJW-RR 1994, 462). Zutreffenderweise kommt es nicht darauf an, ob das nicht unbeträchtliche Vermächtnis (BayObLG FamRZ 1995, 1174; 16

NJW-RR 1994, 590) bzw. der nicht völlig geringfügige Erbteil (OLG Karlsruhe ZEV 1995, 454) der Höhe nach hinter dem gesetzlichen Erbteil zurückbleibt oder nicht. Vielmehr sind Größe und Qualität der Zuwendung irrelevant. Entscheidend ist allein, ob der Erblasser den Pflichtteilsberechtigten bzw. später pflichtteilsberechtigt Gewordenen in der letztwilligen Verfügung überhaupt erwähnt hat (so zutr. Staudinger/*Otte* Rn. 3). Nach dem Sprachgebrauch und dem Wortsinn ist eine Person nur dann übergangen, wenn sie vom Erblasser weder mittelbar noch unmittelbar bei der Verteilung des Nachlasses berücksichtigt worden ist. Dies spricht für eine objektive Auslegung des Begriffs. Die Annahme, dass der Erblasser den Bedachten günstiger gestellt hätte, wenn er bei der Testamentserrichtung die Pflichtteilsberechtigung gekannt oder vorhergesehen hätte, ist als allgemeine gesetzliche Vermutung, wie sie § 2079 begründet, nicht gerechtfertigt (BayObLG NJW-RR 1994, 590 (592); OLG Karlsruhe ZEV 1995, 454 (456)). Die enge Auslegung ist auch im Hinblick auf die weitreichenden Folgen der Anfechtung nach § 2079 geboten. Sie vernichtet den Erblasserwillen allein schon aufgrund der gesetzlichen Vermutungsregelung. Wenn zum Zeitpunkt der Testamentserrichtung die Person als solches dem Erblasser bekannt und aufgrund seines Erblasserwillens bereits im Testament – wie auch immer – bedacht worden ist, ist die Unterstellung, die bloße Unkenntnis des Merkmals der Pflichtteilsberechtigung (idR infolge späterer Heirat oder aber Adoption) sei für die Testamentserrichtung erheblich gewesen, nicht gerechtfertigt (OLG Karlsruhe ZEV 1995, 454 (456)). Die Anfechtung nach § 2079 S. 1 wegen Übergehens einer Person aus dem engen Kreis der Pflichtteilsberechtigten hat seinen Sinn in der typischerweise bestehenden engen familiären Bindungen des Erblassers zu den Pflichtteilsberechtigten als ihm besonders nahestehende Personen. Weiß der Erblasser zum Zeitpunkt der Testamentserrichtung nichts über die Existenz einer pflichtteilsberechtigten Person, konnte er sie auch nicht als nahestehende Person zum Zeitpunkt der Testamentserrichtung berücksichtigen. Hat er die Person jedoch gleichwohl bereits testamentarisch bedacht, wird schon hieraus deutlich, dass er sie als nahestehende Person angesehen und darum testamentarisch bedacht hat, ohne dass es auf die rechtliche Qualifikation als Pflichtteilsberechtigte ankommt. Entscheidend ist somit, ob die Person in welcher Form auch immer in der letztwilligen Verfügung erwähnt und bedacht wurde oder nicht. Dadurch ist die Person auch nicht schutzlos gestellt. Ihr verbleibt die Möglichkeit der Anfechtung nach § 2078 II, allerdings trifft sie dann, anders als bei § 2079 S. 1, die Feststellungslast/Beweislast für die anfechtungsbegründenden Tatsachen, nämlich für den Irrtum und des Erblassers und die Kausalität des Irrtums im Hinblick auf die letztwillige Verfügung.

17   f) **Kein Ausschluss der Anfechtung nach § 2285 BGB.** Das Anfechtungsrecht darf nicht nach § 2285 BGB ausgeschlossen sein. § 2285 BGB gilt unmittelbar nur für Erbverträge, ist aber nach allgM analog auf wechselbezügliche Verfügungen eines gemeinschaftlichen Testamentes anzuwenden (BayObLG NJW-RR 1989, 1090; Palandt/*Weidlich* BGB § 2285 Rn. 1). Der Erblasser kann einen Erbvertrag oder eine wechselbezügliche Verfügung eines gemeinschaftlichen Testamentes nach §§ 2281, 2079 BGB anfechten, sobald er erfährt, dass bei Abfassung der letztwilligen Verfügung ein Pflichtteilsberechtigter übergangen wurde. Häufigster Fall ist die **Wiederverheiratung.** Die Anfechtung des Erblassers muss innerhalb der **Jahresfrist des § 2283 BGB** erfolgen. Ist diese Frist zu Lebzeiten des Erblassers abgelaufen, so ist auch das Anfechtungsrecht des übergangenen Pflichtteilsberechtigten nach § 2285 BGB ausgeschlossen.

18   Voraussetzung für den Ausschluss ist, dass die Frist des § 2283 BGB überhaupt zu laufen begonnen hat. Der **Lauf der Frist** beginnt mit **Kenntnis** des Erblassers davon, dass ein Pflichtteilsberechtigter existiert und dass dieser bei der ursprünglichen Verfügung nicht bedacht wurde. Dies ist bei einer Wiederverheiratung frühestens der Zeitpunkt der neuen Eheschließung. Zu diesem Zeitpunkt muss der Erblasser jedoch auch (noch) Kenntnis von der ursprünglichen Verfügung haben. Dies ist unstreitig nicht der Fall, wenn die letztwillige Verfügung soweit aus der Erinnerung des Erblassers entschwunden ist, dass er sich ihrer auch bei Befassung mit Fragen der Nachlassregelung nicht ohne weitere Gedächtnishilfe erinnert (BayObLG ZEV 1995, 105; OLG Düsseldorf NJW-RR 2007, 947 (948)). Dies betrifft die Fälle fehlender Kenntnis von der Existenz, aber auch fehlende Kenntnis vom Inhalt der letztwilligen Verfügung. Umstritten ist jedoch, ob die Frist zu laufen beginnt, wenn der Erblasser zwar Kenntnis von der früheren letztwilligen Verfügung hat, sich aber deren **Bindungswirkung** nicht bewusst ist (OLG Köln ZEV 2011, 83 (84 f.) mwN. Zwar ist ein Rechtsirrtum grds. unbeachtlich. Dies gilt aber dann nicht, wenn er die Unkenntnis einer die Anfechtung begründenden Tatsache zur Folge hat (BGH ZEV 2011, 422; OLG Köln ZEV 2011, 83 (84) mwN). Uneinheitlich beurteilt wird, ob letzteres bei fehlender Kenntnis des Erblassers von der Bindungswirkung einer früheren Verfügung der Fall ist. Für einen beachtlichen Irrtum spricht, dass das Übergehen eines Pflichtteilsberechtigten eine Rechtstatsache darstellt. Geht der Erblasser fälschlicherweise davon aus, dass einer früheren Verfügung keine Bindungswirkung zukomme und sie daher durch ein späteres Ereignis oder eine spätere Verfügung unwirksam geworden sei, so hat er keine Kenntnis davon, dass die ursprüngliche Verfügung tatsächlich noch Wirkungen entfaltet und eine ursprüngliche Übergehung eines Pflichtteilsberechtigten daher fortbesteht. Für ihn besteht daher auch kein Anlass zu einer Anfechtung, darum spricht viel dafür, die Bindungswirkung einer früheren Verfügung iRd § 2079 als eine die Anfechtung begründende Tatsache anzusehen, von der der Erblasser Kenntnis haben muss (→ § 2283 Rn. 4; → § 2082 Rn. 4 f.; OLG Köln ZEV 2011, 83 (85) mwN; aA OLG München ZEV 2012, 157, das einen Irrtum über die Bindungswirkung als solches für unbeachtlich hält, aber den Irrtum, die bindende Schlusserbeneinsetzung werde durch neue Eheschließung hinfällig, mit Hinweis auf BayObLG NJW-RR 1992, 1223 als beachtlich ansieht). In seiner allerdings zu § 2078 ergangenen Entscheidung v. 9.3.2011 (ZEV 2011, 422 (423)) hat der BGH klargestellt, dass über den Einzelfall hinaus

Anfechtung wegen Übergehung eines Pflichtteilsberechtigten § 2079 BGB 10

nicht verallgemeinerungsfähig ist, wann ein beachtlicher Rechtsirrtum vorliegt. Eine weitergehende Abgrenzung zwischen beachtlichem und unbeachtlichem Rechtsirrtum als jene, dass ein Rechtsirrtum nur beachtlich ist, wenn er die Unkenntnis einer die Anfechtung begründenden Tatsachen zur Folge hat, dagegen unbeachtlich, wenn es sich nur um eine rechtsirrtümliche Beurteilung des Anfechtungstatbestandes selbst handelt, ist nicht möglich (BGH ZEV 2011, 422 (423)). Hinsichtlich der Beweislast → Rn. 15).

Weil sich in der Praxis viele Testierende über die Folgen ihrer Verfügungen in gemeinschaftlichen Testamenten hinsichtlich der Bindungswirkung nicht klar sind, hat diese Abgrenzung und Einordnung erhebliche praktische Bedeutung. 19

4. Gesetzliche Vermutung. Gem. § 2079 S. 1 berechtigt bereits die bloße **Unkenntnis** des Erblassers von der Existenz eines Pflichtteilsberechtigten zur Anfechtung, ohne dass es auf die Kausalität zwischen Unkenntnis und der letztwilligen Verfügung ankommt. Danach wird im Gegensatz zur Testamentsanfechtung wegen Irrtums gem. § 2078 von Gesetzes wegen als Regelfall vermutet, dass der Erblasser bei Kenntnis der Sachlage den Pflichtteilsberechtigten nicht übergangen hätte (BayObLG NJW-RR 2005, 91 (93); ZEV 2001, 314 (315)). Diese Vermutung entfällt jedoch gem. § 2079 S. 2, wenn ein **entgegenstehender Erblasserwille** festgestellt werden kann. Bei der Prüfung, ob die Voraussetzungen des § 2079 S. 2 vorliegen, kommt es auf den zu ermittelnden **hypothetischen Erblasserwillen** im Zeitpunkt der Errichtung der letztwilligen Verfügung an (BGH NJW 1981, 1735 (1736)). Die Prüfung ist darauf zu richten, wie der Erblasser zur **Zeit der Testamentserrichtung** verfügt haben würde, wenn er zwar hinsichtlich der Person des Pflichtteilsberechtigten die später eingetretene Sachlage richtig überblickt hätte, iÜ aber diejenigen Umstände auf sich hätte wirken lassen, die ihn zzt. der Testamentserrichtung dazu bewogen haben (BGH NJW 1981, 1735 (1736); BayObLG NJW-RR 2005, 91 (93); ZEV 2001, 314 (315)). So kann zur Ermittlung des hypothetischen Erblasserwillens auch der Umstand herangezogen werden, dass der Erblasser das Testament „geflissentlich", also absichtlich hat weiter bestehen lassen, nach Kenntnis von dem Erbrecht des Pflichtteilsberechtigten (OLG Düsseldorf FamRZ 1999, 1024). Für die Annahme eines „geflissentlich Bestehenlassens" reicht allerdings die bloße Untätigkeit des Erblassers nicht aus, weil diese sich auch aus anderen Umständen, zB Vergessen oder körperliche Hinfälligkeit des Erblassers, ergeben kann (OLG Hamburg FamRZ 1990, 910 (912)). Bei einem **gemeinschaftlichen Testament** kommt es für die Anwendung des § 2079 S. 2 grds. nur auf den hypothetischen Willen des Letztversterbenden an und nicht darauf, ob sein mutmaßliches abweichendes Testierverhalten dem Interesse oder dem hypothetischen Willen des Erstversterbenden entsprochen hätte (BayObLG ZEV 2001, 314 (315)). 20

5. Beweislast. a) § 2079 S. 1. Die Beweislast für das Vorliegen eines **Anfechtungsgrundes** iSd § 2079 S. 1 trifft denjenigen, der sich auf die Wirksamkeit der Anfechtung beruft (BayObLG FamRZ 1997, 772 (773); 1985, 534 (535); OLG München NJW-RR 2008, 1112). Eine falsche Personenstandsangabe durch den Erblasser in einem notariellen Testament impliziert keinen Anfechtungsgrund, da die Beweiskraft öffentlicher Urkunden sich nicht auf die Richtigkeit der Angaben oder darauf erstreckt, ob eine in ihr enthaltene objektiv unrichtige Erklärung vom Erklärenden im Bewusstsein der Unrichtigkeit oder aber irrtümlich abgegeben wurde (OLG München NJW-RR 2008, 1112). Da § 2079 S. 1 eine Kausalität nicht fordert, sondern eine gesetzliche Vermutungsregel enthält, muss der **Anfechtende** nur die **Pflichtteilsberechtigung** und deren **Nichtberücksichtigung bei Abfassung der letztwilligen Verfügung** beweisen. Die Beweisführung ist für den Anfechtenden iRd § 2079 somit wesentlich leichter als im Rahmen der daneben möglichen Anfechtung nach § 2078 II, bei welcher der Anfechtende zusätzlich den Beweis für einen Irrtum des Erblassers und dessen Kausalität führen muss (BayObLG ZEV 2006, 209 (211); FamRZ 1997, 772 (773); 1995, 1174). Beruft sich der **Anfechtungsgegner** auf einen **Ausschluss der Anfechtung** nach § 2285 BGB (→ Rn. 17), so trägt er für die entsprechenden Tatsachen die Beweislast. Der Anfechtungsgegner muss damit auch beweisen, dass der Erblasser Kenntnis von allen die Anfechtung begründenden Tatsachen, insbes. der Existenz und Bindungswirkung der früheren letztwilligen Verfügung hat (BayObLG ZEV 1995, 105; OLG Düsseldorf NJW-RR 2007, 947 (948)). 21

b) § 2079 S. 2. Die Beweislast für das Vorliegen der Voraussetzungen des § 2079 S. 2, dass der Erblasser genauso testiert hätte, wenn er vorausgesehen hätte, es werde noch ein Pflichtteilsberechtigter hinzutreten, trägt der **Anfechtungsgegner** (BGH LM BGB § 2079 Nr. 1; BayObLG NJW-RR 2005, 91 (93); ZEV 2001, 314 (315); NJW-RR 1989, 1090; OLG Düsseldorf FamRZ 1999, 1024; OLG Frankfurt a. M. NJW-RR 1995, 1350; OLG Hamburg FamRZ 1990, 910 (912)). 22

6. Rechtsfolge. Im **Regelfall rückwirkende Gesamtnichtigkeit** (hM) gem. § 142 I. Eine nach § 2079 gerechtfertigte Anfechtung bewirkt – im Gegensatz zu einer Anfechtung nach § 2078 – grds. die Nichtigkeit des ganzen Testaments (BayObLG NJW-RR 2005, 91 (93); FamRZ 1985, 534 (535); BayObLGZ 1975, 6ff.; NJW 1971, 1565; OLG Schleswig ZEV 2016, 263 (265); OLG Hamburg FamRZ 1990, 910 (912); Palandt/*Weidlich* Rn. 6; aA OLG Düsseldorf FamRZ 1999, 122 (123); Staudinger/*Otte* Rn. 14ff.; MüKoBGB/*Leipold* Rn. 22ff. mit unterschiedlichen Begründungen und Ergebnissen zur Frage des Nichtigkeitsumfangs). Nach Otte führt die Anfechtung zwar zur völligen Nichtigkeit einer Erbeinsetzung, mit der Konsequenz, dass an ihre Stelle die gesetzliche Erbfolge tritt, nicht jedoch zur völligen Nichtigkeit des ganzen Testamentes (Staudinger/*Otte* Rn. 16). Otte nimmt eine Nichtigkeit nur für solche Verfügungen an, die den anfechtenden Pflichtteilsberechtigten als gesetzlichen Erben beschweren würden, also für Erbeinsetzungen und Vermächtnisse. Andere Anordnungen wie zB Enterbung, Testamentsvollstreckung, die den gesetzlichen Erbteil des Übergangenen ohnehin nicht schmälern würden, 23

Czubayko

würden von der Nichtigkeit nicht umfasst (Staudinger/*Otte* Rn. 17). Leipold wiederum unterscheidet für die Frage der Gesamt- bzw. Teilnichtigkeit danach, ob die Anfechtung nach dem Erbfall oder noch durch den Erblasser selbst erfolgt ist. Nach dem Erbfall diene die Anfechtung nur dem Schutz des Pflichtteilsberechtigten, so dass sich die Nichtigkeit nur auf die Verfügungen erstrecke, die und soweit diese dem gesetzlichen Erbrecht des Pflichtteilsberechtigten entgegenstehen, nicht jedoch zu einer Gesamtnichtigkeit führen (MüKoBGB/*Leipold* Rn. 24). Eine Gesamtnichtigkeit komme nur in Betracht, sofern die Anfechtung durch den Erblasser selbst erfolgt sei, insbes. bei Erbverträgen und bindend gewordenen wechselbezüglichen Verfügungen in gemeinschaftlichen Testamenten, um dem Erblasser seine Entscheidungsfreiheit zurückzugeben. Diese Ansätze, eine Nichtigkeit als Regelfall nur zu bejahen, soweit die Verfügung den Pflichtteilsberechtigten von seinem gesetzlichen Erbrecht ausschließt, iÜ die Wirksamkeit des Testamentes aufrechtzuerhalten, ist abzulehnen. Das Regel-Ausnahmeverhältnis ist in § 2079 ausdrücklich klargestellt. Die Erwägungen der Gegenmeinung sind erst bei der Ermittlung des hypothetischen Erblasserwillens iRd § 2079 S. 2 zu berücksichtigen, so dass beide Ansichten oft zum selben Ergebnis führen, allerdings mit unterschiedlichen Beweislastregeln (→ Rn. 21, 22). Der Regelfall der Gesamtnichtigkeit ergibt sich aus dem Wortlaut des § 2079 S. 1, der anders als § 2078 nicht von vornherein die Einschränkung durch das Wort „soweit" enthält. Eine solche Einschränkung erfolgt erst in § 2079 S. 2 „soweit" der hypothetische Erblasserwille etwas anderes ergibt (BayObLG FamRZ 1985, 534 (535); NJW 1971, 1565 (1566); OLG Schleswig ZEV 2016, 263 (265)). Bedingt durch die Gesamtnichtigkeit ist die Erbeinsetzung grds. in vollem Umfang nichtig. Die Gesamtnichtigkeit tritt als Rechtsfolge jedoch nur im Regelfall ein, nicht unter allen Umständen (BayObLGZ 1980, 42 (59) = Rpfl 1980, 140).

24 **Ausnahme:** Eingeschränkt wird der Grundsatz der Gesamtnichtigkeit durch § 2079 S. 2 „soweit": Die Feststellung des **hypothetischen Erblasserwillens** zum Zeitpunkt der Testamentserrichtung kann nach den Umständen des Einzelfalls auch zu dem Ergebnis führen, dass der übergangene Pflichtteilsberechtigte aufgrund der Anfechtung seinen gesetzlichen Erbteil erhält, dass iÜ aber die **letztwillige Verfügung bestehen bleibt** (RGZ 59, 60 (64); BayObLG NJW-RR 2005, 91 (93); OLG Brandenburg FamRZ 1998, 59 (60); OLG Düsseldorf FamRZ 1999, 122). Nur „soweit" der hypothetische Erblasserwille zum Zeitpunkt der Testamentserrichtung ergibt, dass eine Teilnichtigkeit nur insoweit vorliegt, also die testamentarische Verfügung den Pflichtteilsberechtigten von seinem gesetzlichen Erbrecht ausschließt, iÜ es aber bei der Wirksamkeit des Testaments verbleiben solle, kann von einer Teilnichtigkeit ausgegangen werden. Anderenfalls muss es beim Regelfall der Gesamtnichtigkeit verbleiben, wie sich aus den unterschiedlichen Wortlaut der nebeneinander stehenden Vorschriften des § 2079 S. 1 und § 2078 S. 1 eindeutig ergibt. Folge der rückwirkenden Nichtigkeit ist der Eintritt der gesetzlichen Erbfolge für den gesamten Nachlass, soweit nicht durch die Anfechtung ein älteres Testament wieder in Kraft gesetzt oder eine spätere letztwillige Verfügung Wirksamkeit erlangt (RGZ 130, 213 (214)). Die Gesamtnichtigkeit wirkt auch absolut, also nicht nur für den Anfechtenden, sondern auch für andere Anfechtungsberechtigte und Dritte (BGH NJW 1985, 2025 (2026)).

25 **7. Praxishinweis.** Die Bestätigung eines anfechtbaren Testaments durch den Erblasser ist idR nicht möglich, da er mit der Ausnahme von Erbverträgen und bindend gewordenen wechselbezüglichen Verfügungen kein Anfechtungsrecht hat. Insofern sollte dem Erblasser geraten werden, die Anfechtbarkeit eines Testamentes/Erbvertrages durch eine formgerechte neue letztwillige Verfügung zu beseitigen. Bei der Testamentsberatung und Gestaltung, insbes. gemeinschaftlicher Testamente oder Erbverträge, sollte die Problematik des § 2079 (zB Wiederheirat) erörtert werden. Auf das Anfechtungsrecht § 2079 kann in der letztwilligen Verfügung verzichtet werden (BGH NJW 1983, 2247 (2249)), auch können hierzu einschränkende Regelungen für den Fall der Geburt späterer Abkömmlinge oder aber auch den Fall der Wiederheirat aufgenommen werden. Ist, bei Vorliegen der Voraussetzungen, eine Anfechtung nach § 2079 form- und fristgerecht, insbes. gegenüber den jeweiligen Anfechtungsadressaten, erklärt, ist die Nichtigkeit bzw. der hypothetische Erblasserwille im **Erbscheinsverfahren** und/oder im Wege der **Feststellungsklage** zu prüfen. Beide Verfahren können einzeln, aber auch kumulativ geführt werden. Im Erbscheinsverfahren unter Berücksichtigung des Amtsermittlungsgrundsatzes hat das Gericht die jeweilige Feststellungslast zuzuordnen und zu bewerten, während im Zivilprozess nach dem Beibringungsgrundsatz unter Berücksichtigung der jeweiligen Beweislast zu entscheiden ist (→ § 2064 Rn. 13, 14).

26 **8. Recht in den neuen Bundesländern.** Das ZGB enthält keinen besonderen Anfechtungsgrund wegen Übergehung eines Pflichtteilsberechtigten. Hier kommt jedoch die auch nach dem ZGB zulässige Anfechtung wegen Motivirrtums in Betracht (BGH ZEV 1994, 101). Gem. Art. 235 § 1 I EGBGB gelten bei Erbfällen seit dem 3.10.1990 die Anfechtungsregeln des BGB, auch wenn das Testament vorher unter der Geltung des ZGB errichtet wurde (OLG Brandenburg FamRZ 1998, 59 (60)).

§ 2080 Anfechtungsberechtigte

(1) Zur Anfechtung ist derjenige berechtigt, welchem die Aufhebung der letztwilligen Verfügung unmittelbar zustatten kommen würde.

(2) Bezieht sich in den Fällen des § 2078 der Irrtum nur auf eine bestimmte Person und ist diese anfechtungsberechtigt oder würde sie anfechtungsberechtigt sein, wenn sie zur Zeit des Erbfalls gelebt hätte, so ist ein anderer zur Anfechtung nicht berechtigt.

(3) Im Falle des § 2079 steht das Anfechtungsrecht nur dem Pflichtteilsberechtigten zu.

§ 2080 BGB 10

1. Normzweck. § 2080 grenzt den Kreis der Anfechtungsberechtigten bei §§ 2078 und 2079 jeweils in doppelter Hinsicht ein und gibt nur ihnen, den von der letztwilligen Verfügung Benachteiligten, bei Erbverträgen und bindend gewordenen wechselbezüglichen Verfügungen auch dem Erblasser, das Recht, die letztwillige Verfügung zu beseitigen oder zu belassen. Das Anfechtungsrecht entsteht (erst) mit Eintritt des Erbfalls.

2. Unmittelbares Zustattenkommen. Voraussetzung zur Anfechtung sowohl nach § 2078 als auch nach § 2079 ist, dass die Person von der anfechtbaren Verfügung unmittelbar betroffen ist, durch ihre Aufhebung einen **unmittelbaren rechtlichen Vorteil** erlangt: Dies kann die Erlangung eines **Erbrechts** sein, durch Anfechtung der Erbeinsetzung eines anderen durch den gesetzlichen Erben, den Ersatzerben, den Nacherben bei Anordnung einer Vor- und Nacherbschaft oder die Anfechtung einer Enterbung. Ein rechtlicher Vorteil kann auch der **Wegfall einer Beschwerung** sein, durch Anfechtung eines Vermächtnisses, einer Auflage oder einer Testamentsvollstreckungsanordnung (vgl. MüKoBGB/*Leipold* Rn. 5). Schließlich kommt auch ein **schuldrechtlicher Anspruch** als Vermögensvorteil in Betracht, zB durch Anfechtung eines Vermächtniswiderrufs (mangels eigenen Anspruchs des Auflageberechtigten, nicht bei Widerruf einer Auflage). Als eigener unmittelbarer rechtlicher Vorteil ist nicht nur die Erlangung eines Erbrechts oder eines Anspruchs oder der Wegfall einer Beschwerung oder Beschränkung, sondern auch ein **Gestaltungsrecht** anzusehen (BGH NJW 1991, 169 (171)), zB die Anfechtung einer abgegebenen Ausschlagungserklärung. **Unmittelbar** bedeutet, dass die Aufhebung der Verfügung dem Betroffenen direkt, ohne Dazwischentreten bzw. Wegfall anderer Personen, zugutekommt. Eine Ausnahme besteht nur für den Fall, dass der vorrangige Erbe die Erbschaft ausgeschlagen hat – ohne selbst anzufechten –, da dann direkt der nachrangige Erbe unmittelbar betroffen ist und die Anfechtungsberechtigung ausüben kann. Der unmittelbare rechtliche Vorteil kann nicht bloß unterstellt, sondern er muss festgestellt werden (BGH NJW 1985, 2025 (2026)). Hierzu ist ein Vergleich anzustellen, wie die Rechtslage bei Wirksamkeit der Verfügung aussieht und wie die Rechtslage nach wirksamer Anfechtung zu beurteilen wäre (BGH NJW 1985, 2025 (2026)).

3. Höchstpersönlichkeit/Vererbbarkeit. Als höchstpersönliches Recht ist das Anfechtungsrecht nicht auf Dritte übertragbar. Es ist unpfändbar (§§ 851 I, 857 I ZPO). Die **Ausübung** des Anfechtungsrechts als individuelles und höchstpersönliches Recht kann von Dritten weder erzwungen noch durchgesetzt werden. Weder Testamentsvollstrecker, Nachlasspfleger noch Nachlass- oder Insolvenzverwalter können für den Anfechtungsberechtigten die Anfechtung erklären (MüKoBGB/*Leipold* Rn. 14). Hat der Anfechtungsberechtigte allerdings die Anfechtung erklärt, also das Gestaltungsrecht ausgeübt, können Gläubiger die dann entstandenen Ansprüche pfänden. Das Anfechtungsrecht ist **vererbbar:** Ist der Anfechtungsberechtigte nach dem Erbfall verstorben, ohne angefochten zu haben, und beruhte sein Anfechtungsrecht auf einer vererblichen Rechtsposition, so geht dieses Recht auf die Erben über, wenn es zum Zeitpunkt des Todes des ursprünglich Anfechtungsberechtigten noch nicht erloschen war (OLG Brandenburg FamRZ 1999, 1461 (1463)). Hat der Erbe von dem Anfechtungsgrund Kenntnis erlangt und die Anfechtungsfrist verstreichen lassen, kann sie nicht zugunsten des Erbeserben wieder aufleben. Die **Feststellungslast** für eine früher erlangte Kenntnis und den daran folgenden Ausschluss des Anfechtungsrechts wegen Zeitablaufs trägt der Anfechtungsgegner (OLG Brandenburg FamRZ 1999, 1461 (1464)).

4. Einschränkungen durch Abs. 2. und Abs. 3. Soweit sich der Irrtum auf Personen bezieht, gilt Folgendes: Bei einem **Motivirrtum (§ 2078 II)**, der sich auf eine bestimmte Person bezieht, ist gem. § 2080 II nur diese **bestimmte Person selbst** anfechtungsberechtigt. Die Anfechtung wegen Übergehung eines Pflichtteilsberechtigten (§ 2079) kann gem. § 2080 III nur der Übergangene oder später hinzugekommene **Pflichtteilsberechtigte selbst** erklären. Der Schutzzweck der Anfechtung wird in diesen Fällen auf die vom Irrtum betroffene Person beschränkt. Dritte sollen aus dem Irrtum des Erblassers jedenfalls dann keinen Vorteil ziehen dürfen, wenn der Betroffene, auf den sich der Irrtum bezieht, es bei der Gültigkeit der Verfügung belassen will (BayObLG NJW-RR 2002, 727 (728); MüKoBGB/*Leipold* Rn. 8). Verstirbt diese Person bzw. der Pflichtteilsberechtigte vor dem Erbfall, erlischt ihr Anfechtungsrecht. Verstirbt sie nach dem Erbfall, geht ihr Anfechtungsrecht, soweit die Frist noch nicht abgelaufen ist, auf ihre Erben über.

Nichteheliche Kinder: Zwar wirkt die Anerkennung bzw. die Feststellung der Vaterschaft nichtehelicher Kinder gem. § 1592 Nr. 2 u. 3 auf den Zeitpunkt der Geburt des Kindes zurück, Rechte aus der Vaterschaft kann das Kind jedoch erst ab wirksamer Anerkennung gem. § 1594 I bzw. rechtskräftiger Feststellung der Vaterschaft (§ 1600d IV) geltend machen. Das nichteheliche Kind ist somit erst dann anfechtungsberechtigt, wenn die Vaterschaft wirksam anerkannt bzw. rechtskräftig festgestellt worden ist. Eine vorher erklärte Anfechtung ist unwirksam und wird nicht geheilt, sondern muss nach Rechtskraft der Feststellung wiederholt werden (BayObLG FamRZ 2003, 1595 (1597)).

5. Eine Anfechtungsberechtigung des Erblassers besteht ausnahmsweise, um sich aus Erbverträgen (§ 2281 I) oder aus bindend gewordenen wechselbezüglichen Verfügungen in gemeinschaftlichen Testamenten (vgl. hierzu die Ausführungen zu § 2271) zu lösen. Seine vertragsmäßigen Verfügungen in einem Erbvertrag kann der Erblasser aus den Gründen der §§ 2078, 2079 anfechten, allerdings muss bei einer Anfechtung nach § 2079 der Pflichtteilsberechtigte zzt. der Anfechtung noch vorhanden sein. Auf das Anfechtungsrecht darf nicht vertraglich verzichtet worden sein. Gleiches gilt in entsprechender Anwendung bei einem gemeinschaftlichen Testament. Der Erblasser kann nach Vorversterben seines Ehepartners die eigenen bindend gewordenen wechselbezüglichen Verfügungen gem. §§ 2078, 2079, nach Maßgabe der vorgenannten zum Erbvertrag genannten Einschränkungen anfechten.

7   **6. Mehrere Anfechtungsberechtigte.** Sind mehrere in einer letztwilligen Verfügung enthaltene Einzelverfügungen anfechtbar und werden nur einige von Ihnen gem. § 2078 angefochten, so bleiben die anderen „anfechtbaren" Einzelverfügungen wirksam. Die Anfechtungsberechtigungen sind voneinander unabhängig. Allerdings wirkt die nur von einem von mehreren Anfechtungsberechtigten wirksam erklärte Anfechtung nicht nur für ihn, sondern absolut und bewirkt die Nichtigkeit zugunsten aller (BGH NJW 1985, 2025 (2026); LM BGB § 2080 Nr. 1; BayObLG FamRZ 1983, 1275 (1276)). Denn die Anfechtung dient nicht nur dem Interesse des betroffenen Anfechtungsberechtigten, sie kommt auch dem Interesse des Erblassers zugute, indem sie seinen Willensmangel „absolut" Rechnung trägt und dadurch seinen (hypothetischen) Willen in größerem Umfang zum Erfolg verhilft. Die Anfechtung greift durch, „soweit" die Verfügung vom Willensmangel betroffen ist und nicht nur „soweit der Anfechtungsberechtigte durch die Verfügung benachteiligt wird" (BGH NJW 1985, 2025 (2026)). Bei § 2079 ist im Gegensatz zur Teilnichtigkeitsregel des § 2078 ohnehin von der Regel der Gesamtnichtigkeit für alle auszugehen (→ § 2079 Rn. 23).

8   **7. Recht in den neuen Bundesländern.** Die Anfechtungsberechtigung ist in § 374 II 2 geregelt, anfechtungsberechtigt ist derjenige, zu dessen Gunsten sich die Nichtigkeit der testamentarischen Verfügung auswirken würde. Die Anfechtung eines Testaments betrifft nicht die Errichtung oder Aufhebung einer Verfügung, so dass nicht Art. 235 § 2 S. 1 EGBGB anwendbar ist, sondern Art. 235 § 1 I EGBGB (OLG Brandenburg FamRZ 1998, 59 (60)). Bei Erbfällen seit dem 3.10.1990 gelten die Anfechtungsregeln des BGB, auch wenn das Testament unter der Geltung des ZGB errichtet wurde.

§ 2081 Anfechtungserklärung

(1) Die Anfechtung einer letztwilligen Verfügung, durch die ein Erbe eingesetzt, ein gesetzlicher Erbe von der Erbfolge ausgeschlossen, ein Testamentsvollstrecker ernannt oder eine Verfügung solcher Art aufgehoben wird, erfolgt durch Erklärung gegenüber dem Nachlassgericht.

(2) ¹Das Nachlassgericht soll die Anfechtungserklärung demjenigen mitteilen, welchem die angefochtene Verfügung unmittelbar zustatten kommt. ²Es hat die Einsicht der Erklärung jedem zu gestatten, der ein rechtliches Interesse glaubhaft macht.

(3) Die Vorschrift des Absatzes 1 gilt auch für die Anfechtung einer letztwilligen Verfügung, durch die ein Recht für einen anderen nicht begründet wird, insbesondere für die Anfechtung einer Auflage.

1   **1. Normzweck.** Die Vorschrift, die als **Adressat der Anfechtungserklärung das Nachlassgericht** vorsieht und im Gegensatz zu § 143 I 1 nicht den Anfechtungsgegner, dient der Rechtsklarheit und erleichtert die Einhaltung der Anfechtungsfrist, da sie dem Anfechtenden die Prüfung des richtigen Anfechtungsgegners erspart.

2   **2. Anwendbarkeit.** Abs. 1 u. 3 erfassen die Erbeinsetzung (auch Nacherben oder Ersatzerben) (§ 1937), den Ausschluss von der gesetzlichen Erbfolge (§ 1938), die Ernennung eines Testamentsvollstreckers (§ 2197), die Aufhebung einer letztwilligen Verfügung/Widerruf (§§ 2253 ff.), die Auflage (1940), die Ausschließung der Auseinandersetzung (§ 2044), Teilungsanordnungen (§ 2048), Pflichtteilsbeschränkungen bzw. Pflichtteilsentziehungen (§ 2305) sowie familienrechtliche Anordnungen zB im Bereich des Güterrechts (§ 1418 II Nr. 2), der Vermögenssorge (§ 1638 I) bzw. des Vormundschaftsrechts (§ 1909 I).

3   **Nicht anwendbar** ist § 2081 bei **Vermächtnissen**, so dass die Anfechtungserklärung bei Vermächtnissen gem. § 143 IV 1 gegenüber dem Vermächtnisnehmer als Verfügungsberechtigten erklärt werden muss und nicht gegenüber dem Nachlassgericht. Für die Anfechtung eines **Erbvertrages** durch den Erblasser gilt § 2081 nicht. Der Erblasser muss die Anfechtung in notariell beurkundeter Form (§ 2282 III) nach § 143 II dem Vertragspartner gegenüber erklären und erst nach dessen Tod gem. § 2281 II gegenüber dem Nachlassgericht (vgl. 2281). Analog 2281 II ist auch die Anfechtung des überlebenden Ehegatten hinsichtlich der bindend gewordenen wechselbezüglichen Verfügung in einem **gemeinschaftlichen Testament** gegenüber dem Nachlassgericht zu erklären. Für die Anfechtung nach dem Tod des Erblassers durch die nach § 2080 anfechtungsberechtigten Personen ist dagegen § 2081 anzuwenden (BayObLG FamRZ 1983, 1275 (1277)).

4   **3. Anfechtungserklärung. a) Form.** Die Erklärung ist schriftlich oder zu Protokoll der Geschäftsstelle des erstinstanzlichen zuständigen Nachlassgerichts zu erklären. Weitere Formerfordernisse bestehen nicht. Die Anfechtung muss nicht persönlich erklärt werden; im Gegensatz zur Selbstanfechtung des Erblassers bei Erbvertrag/gemeinschaftlichem Testament (§ 2282).

5   **b) Inhalt.** In der Erklärung muss nicht ausdrücklich das Wort „anfechten" enthalten sein, erforderlich ist aber, dass sich aus der Erklärung ein **eindeutiger Anfechtungswille** ergibt, das Rechtsgeschäft gerade wegen eines Willensmangels nicht bestehen zu lassen (BGH NJW 1984, 2279 (2280); BayObLG FamRZ 1989, 1346 (1347)). Dementsprechend muss die gegenüber dem Nachlassgericht abzugebende Erklärung der Anfechtung einer letzwilligen Verfügung unzweideutig erkennen lassen, dass der Anfechtende einen

Mangel des Erblasserwillens geltend machen will (OLG München ZEV 2005, 482 (483)). Dies ist durch Auslegung zu ermitteln und kommt unter Rückgriff auf die Umstände des Einzelfalls an (BGH NJW 1984, 2279 (2280); OLG München ZEV 2005, 482 (483): verneinend bei Stellungnahme zu einem Schriftsatz, da sich weder nach Wortlaut noch nach Auslegung aus dem Schreiben eine Anfechtung und die Angabe eines entsprechenden Willensmangels des Erblassers ergebe).

Der **Anfechtungsgrund** muss in der Anfechtungserklärung noch nicht angegeben werden (hM BayObLG NJW-RR 2002, 1088 (1089); FamRZ 1989, 1346 (1347); Palandt/*Weidlich* Rn. 2; aA MüKoBGB/*Leipold* Rn. 18; Staudinger/*Otte* Rn. 12). Aus der Erklärung muss sich jedoch ergeben, welche – ggf. auch mehrere – Einzelverfügungen des Testaments angefochten werden. Die Erklärung muss sich auf die **anzufechtende Einzelverfügung** beziehen, nicht auf das Testament als Ganzes, was nicht ausschließt, dass gleichwohl sämtliche Einzelverfügungen eines Testaments angefochten werden können. 6

c) **Erklärungsempfänger Nachlassgericht.** Als empfangsbedürftige Willenserklärung wird die Anfechtungserklärung erst mit Zugang (§ 130 I, III) bei dem örtlich und sachlich zuständigen (erstinstanzlichen) Nachlassgericht wirksam. 7

d) **Frist:** Die Anfechtungsfrist beträgt gem. § 2082 ein Jahr, wobei die Einreichung der Erklärung bei einem unzuständigen Gericht nicht ausreichend ist. Ob die Frist eingehalten worden ist, kann erst dann beurteilt werden, wenn der Anfechtungsgrund festgestellt wurde (BayObLG FamRZ 1990, 1037 f.; 1990, 322 f.), obgleich in der Anfechtungserklärung als solcher der Anfechtungsgrund nach herrschender Meinung nicht angegeben werden muss. 8

4. Nachlassgericht. Das Nachlassgericht hat die Anfechtungserklärung nur entgegenzunehmen, sie zu den Akten zu nehmen und die Anfechtung dem Antragsgegner mitzuteilen, nicht aber zu prüfen, ob die Anfechtung begründet ist (BayObLG FamRZ 1997, 1179 (1180)). Eine Prüfung der Wirksamkeit der Anfechtung kommt nur in Betracht, wenn dies für das Verfahren vor dem Nachlassgericht von Bedeutung ist, nicht jedoch, wenn es nur um die isolierte Prüfung der Anfechtung als solche geht (OLG Köln FamRZ 1993, 1124 (1125)). 9

5. Anfechtung gegenüber dem Verfügungsberechtigten. Werden mehrere Einzelverfügungen eines Testaments angefochten, die sich sowohl auf die Erbeinsetzung bzw. auf Verfügungen iSv § 2081 als auch auf sonstige Verfügungen zB Vermächtnisse beziehen, dann sind die Anfechtungserklärungen je nach Einzelverfügung sowohl gegenüber dem Nachlassgericht als auch gegenüber dem Verfügungsberechtigten zu erklären. Denn bei Verfügungen, die nicht unter Abs. 1 oder Abs. 3 fallen, insbes. bei einem **Vermächtnis**, ist die Anfechtung gegenüber dem Verfügungsberechtigten gem. § 143 IV 1 zu erklären und muss dem Verfügungsberechtigten, der aus der Verfügung unmittelbar einen rechtlichen Vorteil erlangt, so dem **Vermächtnisnehmer**, zu gehen (OLG Koblenz BeckRS 2009, 88054). Da die Anfechtungserklärung erst mit Zugang bei dem Verfügungsbegünstigten wirksam wird, genügt in diesem Fall die Erklärung gegenüber dem Nachlassgericht ebenso wenig wie im umgekehrten Fall. 10

6. Praxishinweis/Mehrfachanfechtungen. Nicht das Testament als solches, sondern die jeweilige anfechtbare (ggf. auch mehrere) Einzelverfügung ist anzufechten. Die angefochtenen Einzelverfügungen sollten genau benannt werden. Die Anfechtungserklärung sollte sämtliche als anfechtbar in Betracht kommende Einzelverfügungen enthalten und vorsorglich sowohl gegenüber dem Nachlassgericht als auch gegenüber dem Verfügungsberechtigten, idR dem Vermächtnisnehmer, ggf. auch mehreren Verfügungsberechtigten erklärt werden. Die Unterscheidung zwischen Erbeinsetzung und Vermächtnis und damit die Wahl des richtigen Adressaten ist im Hinblick auf die Regelung in § 2087 und die Auslegungsregeln zur Erbeinsetzung sowie die dazu bestehende umfangreiche Rspr. (→ § 2087 Rn. 4 ff.) schwer zu ziehen und Auslegungsfrage des Einzelfalls. Das Haftungsrisiko, dass im Rahmen der richterlichen Beurteilung ein als Erbe Bezeichneter als Vermächtnisnehmer gewertet wird, was zur Unwirksamkeit einer gegenüber des Nachlassgerichts erklärten Anfechtung führen würde, ist hoch. Sollten sich im Rahmen der Beschwerdeinstanz, bspw. aufgrund der erstinstanzlichen gerichtlichen Beurteilung Anfechtungsgründe ergeben, ist darauf zu achten, dass die Anfechtung nicht im Rahmen eines Schriftsatzes zweiter Instanz erklärt wird, sondern die Anfechtungserklärung dem erstinstanzlichen Nachlassgericht bzw. dem Verfügungsberechtigten zugehen muss. Bei der Anfechtungserklärung für nichteheliche Kinder ist zu berücksichtigen, dass diese ihr Anfechtungsrecht erst wirksam ausüben können, wenn ihre Vaterschaft wirksam anerkannt oder rechtskräftig festgestellt worden ist. Eine vor der Rechtskraft erklärte Anfechtung ist und bleibt unwirksam. Sie wird durch den späteren Eintritt der Rechtskraft nicht geheilt, sondern muss neu erklärt werden. 11

7. Recht in den neuen Bundesländern. Nach § 374 II ZGB erfolgt die Anfechtung durch Klage gegenüber dem Begünstigten. Die Anfechtung eines Testaments betrifft nicht die Errichtung oder Aufhebung einer Verfügung von Todes wegen, so dass nicht Art. 235 § 2 S. 1 anwendbar ist, sondern die Generalnorm des Art. 235 § 1 I EGBGB (OLG Brandenburg FamRZ 1998, 59 (60)). Für Erbfälle seit dem 3.10.1990 gilt somit das BGB, auch wenn das Testament zzt. der Geltung des ZGB errichtet wurde. 12

§ 2082 Anfechtungsfrist

(1) Die Anfechtung kann nur binnen Jahresfrist erfolgen.

(2) ¹Die Frist beginnt mit dem Zeitpunkt, in welchem der Anfechtungsberechtigte von dem Anfechtungsgrund Kenntnis erlangt. ²Auf den Lauf der Frist finden die für die Verjährung geltenden Vorschriften der §§ 206, 210, 211 entsprechende Anwendung.

(3) Die Anfechtung ist ausgeschlossen, wenn seit dem Erbfall 30 Jahre verstrichen sind.

1   **1. Normzweck** der Befristung ist die Sicherheit des allgemeinen Rechtsverkehrs, den Schwebezustand „latent anfechtbarer Verfügungen" zeitlich zu begrenzen. Darum stellt die Jahresfrist eine Ausschlussfrist dar und ist von Amts wegen zu beachten. Die absolute Ausschlussfrist gem. § 2082 III beträgt 30 Jahre. Auf die Anfechtung wegen Erbunwürdigkeit ist § 2082 über § 2340 III und auf die Anfechtung wegen Vermächtnis- oder Pflichtteilsunwürdigkeit über § 2345 I 2, II anwendbar. Für die Anfechtung eines Erbvertrages oder einer bindend gewordenen wechselbezüglichen Verfügung in gemeinschaftlichen Testamenten gilt die Jahresfristregelung des § 2283.

2   **2. Fristbeginn. a) Kenntnis.** Der Fristbeginn kann nicht vor dem Erbfall liegen (BayObLG FamRZ 2002, 911 (915)). Der Lauf der Jahresfrist beginnt mit dem Zeitpunkt, in dem der Anfechtungsberechtigte von dem Anfechtungsgrund Kenntnis erlangt (§ 2082 II 1), frühestens jedoch mit dem Tod des Erblassers (BayObLG FamRZ 1990, 1037 (1038)). Zu beachten ist, dass bei einem Erbvertrag oder wechselbezüglichen Verfügungen eines gemeinschaftlichen Testamentes nicht bereits zu Lebzeiten des Erblassers die für diesen geltende Anfechtungsfrist des § 2283 BGB abgelaufen sein darf, weil damit jede spätere Anfechtung durch einen anderen gemäß § 2285 BGB ausgeschlossen wäre (→ Rn. 4, 5; → § 2079 Rn. 17). Der Fristbeginn kann erst dann endgültig beurteilt werden, wenn der Anfechtungsgrund klargestellt ist (BayObLG FamRZ 1990, 1037; NJW-RR 90, 200 (202)). Über alle Anfechtungsrecht begründende Tatsachen muss der Anfechtungsberechtigte zuverlässige Kenntnis, sie „zuverlässig erfahren", haben (BayObLG FamRZ 1990, 1037 (1038)). Die Kenntnis muss sich auf den Erbfall, das Testament sowie den Irrtum oder die Bedrohung des Erblassers und dessen Ursächlichkeit erstrecken.

3   **b) Beispiele:** Bloßes Kennenmüssen, dh fahrlässige Unkenntnis, genügt nicht (Staudinger/*Otte* Rn. 4). Ausreichend für den Fristbeginn ist die Kenntnis vom Inhalt eines die Tatsachen bestätigenden Gutachtens (BGH NJW 1989, 3214). Kenntniserlangung erfolgt durch rechtliche Ausführungen in Gerichtsentscheidung (OLG München ZEV 2005, 482: Beschluss des Nachlassgerichts stellt Formunwirksamkeit eines Testaments fest; OLG Frankfurt a.M. ZEV 2002, 190: Beschluss enthält Testamentsauslegung, die zum Ausschluss des Betroffenen führt). Bei einem Anfechtungsgrund wegen Irrtums über die politische Entwicklung in der DDR und die damit einhergehenden Möglichkeiten der Verfügung von Vermögen an Westdeutsche beginnt die Anfechtungsfrist spätestens mit dem Beitritt der ehemaligen DDR zur Bundesrepublik am 3.10.1990, wenn auch alle sonstigen Tatsachen bekannt waren (LG Erfurt FamRZ 2000, 1050).

4   **c) Rechtsirrtum. aa)** Ein reiner Rechtsirrtum ist **unbeachtlich** und hindert den Beginn der Anfechtungsfrist nicht (BayObLG NJW-RR 1990, 200 (201 f.)). Die Frist läuft auch bei fehlender Rechtskenntnis über die Notwendigkeit der Anfechtungserklärung (RGZ 132, 1 (4)), über die Wirksamkeitserfordernisse einer Anfechtungserklärung (OLG Hamm ZEV 1994, 109) oder über die Möglichkeit der Anfechtung als solches. Die rechtirrtümliche Beurteilung eines den Tatsachen nach richtig erkannten Anfechtungstatbestands geht, soweit es sich um das Anfechtungsrecht und seine Ausübung handelt, zu Lasten des Berechtigten (BGH ZEV 2011, 422 (423); NJW 1970, 279).

5   **bb) Beachtlich** ist ein Rechtsirrtum dagegen, wenn er die Unkenntnis einer die Anfechtung begründenden Tatsache zur Folge hat (BGH NJW 1970, 279; ZEV 2011, 422; OLG Köln ZEV 2011, 83 (84)), unerheblich wiederum, wenn es sich um eine rechtsirrtümliche Beurteilung des Anfechtungstatbestandes selbst handelt. Bei Anfechtung nach § 2078 wegen Änderung der Vermögensverhältnisse stellt die bloße rechtsirrtümliche Unkenntnis der Bindungswirkung eines Erbvertrages idR nur einen unbeachtlichen Rechtsirrtum dar, weil der Irrtum sich nicht auf die Unkenntnis der die Anfechtung begründenden Tatsachen des § 2078 bezieht (OLG Köln ZEV 2011, 38). Zur Auffassung des OLG Köln, dass bei Anfechtung wegen Rechtsirrtums nach § 2078 nie ein beachtlicher Rechtsirrtum vorliegen könne, hat der BGH allerdings ausgeführt, dass auch bei § 2078 über den Einzelfall hinaus nicht verallgemeinerungsfähig sei, wann ein beachtlicher Rechtsirrtum vorliege. Eine weitergehend abstrakt-generelle Abgrenzung zwischen beachtlichem und unbeachtlichem Rechtsirrtum erscheine nicht möglich (BGH ZEV 2011, 511 f.). Insbesondere bei einer Anfechtung nach § 2079 kommt ein beachtlicher Rechtsirrtum in Betracht, weil die Voraussetzungen dieses Anfechtungstatbestandes aus sog. Rechtstatsachen bestehen. Der Irrtum kann sich auf die fehlende Kenntnis beziehen, dass eine Person überhaupt pflichtteilsberechtigt ist und dass sie „übergangen" werde, was eine fortbestehende und bindende anderweitige letztwillige Verfügung voraussetzt. Hat der Erblasser keine Kenntnis von der Bindungswirkung einer bestehenden letztwilligen Verfügung, dann weiß er auch nichts von der daraus resultierenden Übergehung des Pflichtteilsberechtigten, ist also in Unkenntnis eines Tatbestandsmerkmals des § 2079. Im Einzelfall ist die **Abgrenzung schwierig** (vgl. zu Widersprüchen insbes. in der Rspr. des BayObLG: OLG Köln ZEV 2011, 85). Dies gilt insbes., wenn der Anfechtungstatbestand eine Rechtstatsache wie die Übergehung eines Pflichtteilsberechtigten enthält. In diesem Fall ist umstritten, ob der Anfechtende Kenntnis nicht nur von der Exis-

tenz, sondern auch von der **Bindungswirkung** einer früheren letztwilligen Verfügung haben muss. Dafür spricht, dass eine Übergehung eines Pflichtteilsberechtigten nur vorliegt, wenn eine entsprechende letztwillige Verfügung besteht, die auch Wirkungen entfaltet (→ § 2079 Rn. 17). Daher sollte insbes. ein Irrtum darüber als beachtlich angesehen werden, dass eine neue Eheschließung die Bindungswirkung einer früheren Verfügung nicht automatisch entfallen lässt (so auch BayObLG NJW-RR 1992, 1223 (1224); aA BayObLG NJW-RR 1997, 1027; OLG Frankfurt a. M. NJWE-FER 2000, 37 (38)). Das OLG München ZEV 2012, 153 wiederum hält den Irrtum über die Schlusserbeneinsetzung als solches für unbeachtlich, sieht aber den Irrtum des Erblassers, dass die bindende Schlusserbeneinsetzung sei durch seine neue Eheschließung hinfällig geworden, als beachtlichen Rechtsirrtum an (unter Hinweis auf BayObLG NJW-RR 1992, 1223). Die Schwierigkeit der Abgrenzung wird auch bei Vernichtung eines Testamentes deutlich. Das BayObLG NJW-RR 1990, 846 (847) geht davon aus, dass ein beachtlicher Tatsachenirrtum vorliegt, wenn der Anfechtungsberechtigte meint, das frühere Testament sei wirksam notariell widerrufen worden, es tatsächlich aber formunwirksam vernichtet wurde. Dagegen liege ein unbeachtlicher Rechtsirrtum vor, wenn der Anfechtungsberechtigte meint, ein bloßes Zerreißen des Testamentes genüge, um dessen Wirksamkeit aufzuheben. Wann ein beachtlicher Rechtsirrtum vorliegt, ist über den Einzelfall hinaus nicht verallgemeinerungsfähig (BGH ZEV 2011, 422f.).

d) Neuer Fristlauf. Ausnahmsweise kann bei einer Anfechtung wegen Motivirrtums sogar der Neubeginn des Fristablaufs in Betracht kommen, wenn der Erblasser die Erkenntnis seines Motivirrtums nach vorläufiger Einschätzung (neuer Hoffnung) wieder aufgegeben und erst nach späterer endgültiger Erkenntnis „neu" gewonnen hatte (BayObLG FamRZ 1983, 1275: Zeitpunkt der endgültigen Überzeugung vom Scheitern der Ehe nach zwischenzeitlichen Versöhnungsversuchen).

3. Hemmung der Frist. Gem. § 2082 II 2 sind auf die Jahresfrist einzelne Vorschriften über die Hemmung von Verjährungsfristen entsprechend anwendbar: Dies betrifft jedoch nur § 206 wegen Hemmung der Verjährung bei höherer Gewalt, § 210, die Ablaufhemmung bei nicht voll Geschäftsfähigen sowie § 211, die Ablaufhemmung in Nachlassfällen. § 210 greift zB bei minderjährigen Anfechtungsberechtigten, deren gesetzliche Vertreter wiederum Erben geworden sind. Für das anfechtungsberechtigte minderjährige Kind endet die Frist dann erst sechs Monate nach Volljährigkeit (§ 1629 II 1, §§ 1795, 181, 210 I 1).

4. Beweislast. Die Beweislast für den Ausschluss des Anfechtungsrechts durch Zeitablauf bzw. eine früher erlangte Kenntnis trifft den Anfechtungsgegner (BayObLG FamRZ 1983, 1275 (1278); OLG Brandenburg FamRZ 1999, 1461 (1464)). Wenn sich der Fristablauf nicht eindeutig feststellen lässt, geht dies zulasten des Anfechtungsgegners (BayObLG FamRZ 1983, 1275 (1278)). Dies muss wegen der gleichen Interessenlage auch für die Frage gelten, ob das Anfechtungsrecht für den zunächst Berechtigten durch Zeitablauf erloschen ist und der später Anfechtende deshalb zur Anfechtung nicht mehr berechtigt ist (OLG Brandenburg FamRZ 1999, 1461 (1464)). Nur die Beweislast für das Vorliegen des Anfechtungsgrundes und das Abgeben der Anfechtungserklärung trifft den Anfechtenden.

5. Recht in den neuen Bundesländern. Bei Erbfällen vor dem 1.1.1976, also vor dem Inkrafttreten des ZGB, ist das BGB anzuwenden, so dass gem. § 2082 III spätestens 30 Jahre nach dem Erbfall die Anfechtung ausgeschlossen ist. Nach dem ZGB, das für die Anfechtung gem. § 374 II 1 eine Klage vorsah, ergab sich eine Jahresfrist ab Kenntnis des Anfechtungsgrundes. Das Anfechtungsrecht erlosch bereits spätestens zehn Jahre nach dem Erbfall (§ 374 II ZGB). Da die Anfechtung eines Testamentes nicht die Errichtung und Aufhebung einer Verfügung von Todes wegen betrifft, gilt nicht die Ausnahmeregelung der Art. 235 § 2 S. 1 EGBGB, sondern die Grundregel des Art. 235 § 1 I EGBGB. Für alle Erbfälle seit dem 3.10.1990 gilt somit das Erbrecht des BGB, auch soweit das Testament unter der Geltung des ZGB errichtet wurde.

§ 2083 Anfechtbarkeitseinrede

Ist eine letztwillige Verfügung, durch die eine Verpflichtung zu einer Leistung begründet wird, anfechtbar, so kann der Beschwerte die Leistung verweigern, auch wenn die Anfechtung nach § 2082 ausgeschlossen ist.

1. Normzweck. § 2083 gewährt dem Anfechtungsberechtigten nach § 2080 ein **Leistungsverweigerungsrecht.** Dieses gilt nur für Leistungen im Rahmen eines **Vermächtnisses** oder einer **Auflage,** zu denen der Beschwerte verpflichtet wird. Bei Teilungsanordnungen, Erbeinsetzungen oder Nacherbeneinsetzungen greift § 2083 nicht ein. Das Recht besteht unabhängig davon, ob die Anfechtungsfrist noch läuft oder schon Verjährung eingetreten ist. Diese sog. echte Einrede muss von dem Berechtigten innerhalb oder außerhalb eines Prozesses ausdrücklich geltend gemacht werden (zB OLG Düsseldorf OLGR 2001, 95: Einrede der Pflichtteilsunwürdigkeit).

2. Tatbestandsvoraussetzungen und Geltendmachung. Die Einrede steht nur dem gem. § 2080 Anfechtungsberechtigten selbst zu. Folglich ist die Anfechtung bei einem Erbvertrag dann ausgeschlossen, wenn der Erblasser bereits die Anfechtungsfrist versäumt hat (§§ 2281, 2283) und dem Erben mangels Personenidentität schon kein Anfechtungsrecht gem. § 2285 mehr zusteht (BGH NJW 1989, 2885). Darum kann auch ein Testamentsvollstrecker (BGH NJW 1962, 1058) oder ein Nachlassverwalter (OLG Hamburg Rpfl 1985, 194) keine Einrede nach § 2083 ohne Vollmacht oder Zustimmung des Anfechtungsberechtigten erheben. Eine Ausnahme gilt für den Fall, dass der Erbe noch nicht ermittelt worden ist (Staudinger/*Otte* Rn. 3), denn die Einrede des § 2083 ist eine dem Erben zustehende Verfügung über den Nachlass iSd § 2205 (BGH NJW 1962, 1058 (1059)).

3   **3. Wirkung.** Bei Erfüllung in Kenntnis des Anfechtungsgrundes kommt ein Rückforderungsanspruch nicht in Betracht, vgl. § 814 (Erman/*Schmidt* § 2083 Rn. 1). Leistet der Verpflichtete jedoch, weil er keine Kenntnis von dem Anfechtungsrecht hat, kann ihm ein Anspruch aus § 813 I 1 zustehen (MüKoBGB/*Leipold* Rn. 3).

4   **4. Recht in den neuen Bundesländern.** Eine Anfechtbarkeitseinrede sieht das ZGB nicht, auch nicht ansatzweise, vor, so dass eine analoge Anwendung des § 2083 nicht in Betracht kommt. Da die Anfechtung eines Testaments nicht die Errichtung oder Aufhebung einer Verfügung von Todes wegen betrifft, gilt nicht die Ausnahmeregelung des Art. 235 § 2 S. 1 EGBGB, sondern die Grundsatzregel des Art. 235 § 1 I EGBGB (OLG Brandenburg FamRZ 1998, 59 (60)). Somit gelten bei Erbfällen seit dem 3.10.1990 das Anfechtungsrecht des BGB und auch die Anfechtbarkeitseinrede des § 2083, selbst wenn das Testament vor diesem Zeitpunkt unter der Geltung des ZGB errichtet wurde.

§ 2084 Auslegung zugunsten der Wirksamkeit

> Lässt der Inhalt einer letztwilligen Verfügung verschiedene Auslegungen zu, so ist im Zweifel diejenige Auslegung vorzuziehen, bei welcher die Verfügung Erfolg haben kann.

1   **1. Normzweck.** Sinn der **Auslegungsregeln der §§ 2084, 2085, 2086** ist es, die in Art. 14 I GG garantierte **Testierfreiheit** zu schützen und dem Erblasserwillen zum Ziel zu verhelfen, indem fehlerhafte bzw. mehrdeutige letztwillige Verfügungen unter bestimmten Voraussetzungen wirksam bleiben. Bei § 2084 erfolgt dies mit der „wohlwollenden Auslegung": Lässt ein Testament verschiedene Auslegungen zu und führt eine Auslegung zur Unwirksamkeit, die andere zur Wirksamkeit der letztwilligen Verfügung, so ist die Auslegung zu wählen, bei der die Verfügung wirksam bleibt. Die Durchsetzung des Erblasserwillens ist oberstes Ziel. Ein Vertrauensschutz Dritter besteht bei letztwilligen Verfügungen nicht, es sei denn, es handelt sich um Erbverträge oder wechselbezügliche Verfügungen in gemeinschaftlichen Testamenten. Einerseits hat § 2084 nur einen stark eingegrenzten Anwendungsbereich, nämlich die wohlwollende Auswahl einer von mehreren Auslegungsmöglichkeiten eines formgültigen Testaments. Andererseits ist das **Gebot der wohlwollenden Auslegung des § 2084** jedoch im **Gesamtgefüge aller Auslegungsmöglichkeiten** zu berücksichtigen, sowohl bei der erläuternden Auslegung der Erklärung der letztwilligen Verfügung, ebenso bei der ergänzenden Auslegung bei Regelungslücken in der letztwilligen Verfügung, bei der Umdeutung nach § 140 und den gesetzlichen Auslegungsregeln (BayObLG NJW-RR 1990, 1417 (1418): Zur Kombination von wohlwollender Auslegung, ergänzender Auslegung und Anwendung der Auslegungsregel des § 2073, um die Unwirksamkeit wegen fehlender Erbenbestimmung gem. § 2065 zu umgehen).

2   **2. Grundlagen der Testamentsauslegung.** Hierfür kommt es auf den Willen des Erblassers, eine wirksame Willenserklärung, also eine formgültige letztwillige Verfügung und zur Feststellung des Willens auf den Zeitpunkt der Testamentserrichtung an, nicht auf den Zeitpunkt des Erbfalls.

3   **a) Wirklicher Wille des Erblassers.** Bei Testamenten als nicht empfangsbedürftigen Willenserklärungen ist grds. allein der wirkliche Wille des Erblassers maßgeblich, auch wenn dieser sich wörtlich nicht mit der Erklärung deckt. Der wirkliche Wille des Erblassers ist zu erforschen und nicht an dem buchstäblichen Sinn des Ausdrucks zu haften (unstreitig BGHZ 121, 357 (363) = NJW 1993, 2168 (2169, 2170); NJW 1993, 256 (257)). Dies erfolgt durch die einfache (erläuternde) Auslegung (→ Rn. 8 ff.), die ergänzende Auslegung (→ Rn. 14 ff.), die wohlwollende Auslegung (→ Rn. 21) die Umdeutung (→ Rn. 22) und die weiteren gesetzlichen Auslegungsregeln (→ Rn. 23). § 133 gilt als allgemeine Auslegungsnorm unmittelbar und wird durch § 2084 lediglich ergänzt. Nur bei wechselbezüglichen Verfügungen in gemeinschaftlichen Testamenten und bei Eheverträgen kommt es bei der Auslegung der Willenserklärung auch auf den Empfängerhorizont des Erklärungsempfängers an (§ 157).

4   **b) Willenserklärung.** Gegenstand der Auslegung des wirklichen Willens des Erblassers muss immer eine Willenserklärung, eine formgültige letztwillige Verfügung sein. Es geht nicht um die Ermittlung eines von der Erklärung losgelösten „vergeistigten" Willens, sondern um die Frage, was der Erblasser mit seinen Worten hat sagen wollen. Der „wirkliche Wille" des Erblassers muss im Rechtssinne erklärt sein, also seinen Niederschlag in der auszulegenden Erklärung gefunden haben, dort jedenfalls angedeutet sein (hM **Andeutungstheorie** BGH FamRZ 1987, 475 (476)). Ohne eine **formgültige letztwillige Verfügung** kommt eine Auslegung des „letzten Willens" des Erblassers nicht in Betracht (§ 125). Eine den Formerfordernissen nicht genügende letztwillige Verfügung kann jedoch in eine andere, weniger strengen Formerfordernissen genügende letztwillige Verfügung umgedeutet werden (gemeinschaftliches Testament mit Unterschrift nur einer Person ggf. in Einzeltestament des Schreibenden).

5   **c) Zeitpunkt.** Für die Auslegung kommt es **grds.** auf den **Zeitpunkt der Errichtung der letztwilligen Verfügung** an (BGH ZEV 1997, 22 (23); WM 1972, 780 (782); BayObLG FamRZ 2005, 1202 (1203); ZEV 1997, 162 (163)). Dieser Zeitpunkt ist maßgebend für den maßgeblichen Sprachgebrauch, für den erklärten Erblasserwillen und auch den hypothetischen Erblasserwillen (BayObLG ZEV 2001, 22 (24–26)). **Spätere Willensänderungen** können, wenn der Erblasser ihnen nicht in Abänderung seines Testa-

ments Rechnung getragen hat, im Wege der Auslegung nicht berücksichtigt werden, da man anderenfalls einen Widerruf des Testaments ohne Beachtung der gesetzlich vorgeschriebenen Form zulassen würde. **Spätere Umstände objektiver Art** wie Änderungen in der Vermögenszusammensetzung oder Wertverschiebungen sind **nur** dann zu berücksichtigen, wenn die Auslegung ergibt, dass der Erblasser dies bereits bei Testamentserrichtung in seine Überlegungen einbezogen hat, weil auch seine tatsächlichen Wertvorstellungen über die weitere Entwicklung seines Vermögens und die voraussichtliche Zusammensetzung seines Nachlasses maßgeblich sind (BayObLG FamRZ 2005, 1202 (1203); NJW-RR 1995, 1096 (1097); 1993, 581 (582)). Denn ebenso können spätere Vermögensänderungen, bspw. durch Übertragung des Erblassers zu Lebzeiten, Ausdruck dafür sein, dass er gerade am ursprünglichen Testament festhalten wollte (BayObLG ZEV 1997, 162 (163)). **Ausnahmsweise** ist auf den **Zeitpunkt des Erbfalls** abzustellen, zB auf die dann vorhandenen Vermögenswerte, wenn es dem Erblasser nicht darauf ankommt, den Bedachten in einem bestimmten Verhältnis am Nachlass zu beteiligen, sondern ihm bestimmte Gegenstände, unabhängig von deren Wertänderungen, ohne Ausgleichszahlungen zukommen zu lassen (BGH ZEV 1997, 22 (23)).

d) Auslegung und Anfechtung. Die Auslegung geht der Anfechtung vor, da durch die Auslegung dem Willen des Erblassers zum Erfolg verholfen werden kann, während die Anfechtung die Willenserklärung des Erblassers vernichten würde.

e) Internationales Erbrecht. Die Auslegung letztwilliger Verfügungen ausländischer Erblasser richtet sich nach dem Recht des Staates, dem der Erblasser im Zeitpunkt seines Todes angehörte (Art. 25 EGBGB Erbstatut, für die Formerfordernisse letztwilliger Verfügungen vgl. Art. 26 EGBGB), es sei denn, der ausländische Erblasser hatte für im Inland belegenes unbewegliches Vermögen formgültig deutsches Recht gewählt oder das ausländische Recht sieht eine Rückverweisung auf das deutsche Recht und damit auch auf die Auslegungsvorschriften vor.

3. Einfache (erläuternde) Auslegung der Erklärung. a) Wortlaut und Wortsinn. Ausgangspunkt jeder Auslegung ist zunächst der Wortlaut der Verfügung. Auch wenn an dem buchstäblichen Sinn des Ausdrucks nicht zu haften ist und der Tatrichter sich nicht auf die Analyse des Wortlauts beschränken darf (BGHZ 86, 41 (47) = NJW 1983, 672), so ist sie immer der Ausgangspunkt (BayObLG NJW 1993, 256 (257)). Der Wortsinn der benutzten Ausdrücke ist zu hinterfragen (BGH ZEV 2009, 459 (461); FamRZ 1987, 475 (476)). Welcher Wille mit dem vom Erblasser gewählten Worten zum Ausdruck gebracht wurde, hängt zunächst vom Sinn der Worte nach dem allgemeinen Sprachgebrauch ab (MüKoBGB/*Leipold* Rn. 9). Da das Wort aus Sicht des Erklärenden auszulegen ist, kann auch ein Wort im üblichen Sprachsinn aus Sicht des Erklärenden einen anderen Sinn haben (zB Bezeichnung der Ehefrau als „Mutter" oder „Mutti"). Der Wortsinn der benutzten Ausdrücke ist unter Heranziehung aller Umstände zu hinterfragen, dahingehend, was der Erblasser mit seinen Worten sagen wollte. Denn der Sprachgebrauch ist nicht immer so exakt, dass der Erklärende mit seinen Worten genau das unmissverständlich wiedergibt, was er eigentlich zum Ausdruck bringen will (BGHZ 121, 357 (363) = NJW 1993, 2168 (2169, 2170); NJW 1993, 256 (257)). Dabei ist allein das **subjektive Verständnis des Erblassers** hinsichtlich des von ihm verwendeten Begriffs maßgeblich (OLG Brandenburg NJW-RR 2009, 14 f.).

Aus dem **Textzusammenhang der einzelnen Verfügungen** kann sich ebenfalls ein anderer Wortsinn ergeben. Auch bei Fällen „klaren und eindeutigen" Wortlauts ist der Auslegung des Testaments eben durch diesen Wortlaut keine Grenze gesetzt (BGH FamRZ 1987, 475 (476); BGHZ 86, 41). Dies ergibt sich auch aus § 2087. ZB bei juristischen Laien ist die Unterscheidung zwischen vererben und vermachen im Sinne einer Vermächtnisanordnung kaum geläufig (OLG Köln DNotZ 1993, 133). So werden teilweise Erben, die Vermächtnisse zu erfüllen haben, umgangssprachlich sogar als Testamentsvollstrecker, die das Testament umzusetzen, zu „vollstrecken" haben, bezeichnet. Auch wird in privatschriftlichen Testamenten oft gegenstandsbezogen zugewendet oder es werden die Begriffe Alleinerbe, Vorerbe, Nacherbe, Schlusserbe verwandt, ohne dass der Erblasser die juristische Wertung der Begriffe kennt. Bei der Auslegung dieser Rechtsbegriffe ist zu differenzieren, ob es sich um eine privatschriftliche Verfügung von Todes wegen oder um eine notarielle Urkunde handelt. Bei letzterer ist zu vermuten, dass der **Notar** den wirklichen Willen des Erblassers erforscht und das Gewollte in eine juristisch einwandfreie Sprache umgesetzt hat (BayObLG ZEV 1996, 1037 (1038); diff. aber OLG Frankfurt a.M. BeckRS 2011, 26566, das eine generelle Vollständigkeitsvermutung notarieller Testamente bezweifelt). Ggf. ist der Notar anzuhören.

Der **Gesamtzusammenhang aller Regelungen** der letztwilligen Verfügung kann zu der Auslegung führen, dass eine ausdrückliche Regelung mit dem Gesamtzusammenhang unvereinbar ist: So kann unter Berücksichtigung ihres Sinns im Gesamtzusammenhang der letztwilligen Verfügung eine Verwirkungsklausel entgegen ihrem Wortlaut einschränkend ausgelegt werden (Auslegung einer Verwirkungsklausel bei Geltendmachung des Pflichtteilsanspruchs eines behinderten Kindes durch den Sozialhilfeträger, BGH ZEV 2005, 117 f.). Bspw. kann die in einem privatschriftlichen Ehegattentestament enthaltene Formulierung „bei unser beider Ableben" ein Hinweis darauf sein, dass das Testament auch die Fälle zeitlich versetzten Ablebens erfassen soll und nicht nur des gleichzeitigen Versterbens, auch wenn die gesamte Formulierung lautet: „Sollte es Gott dem Allmächtigen gefallen, dass wir beide Ehegatten miteinander durch irgendein Ereignis versterben" (OLG München FamRZ 2008, 2312 f.). Die Auslegung der Anordnung einer Dauertestamentsvollstreckung zwecks Verwaltung des Vermögens des Vorerben „in Sorge um dessen Gesundheitszustand und Zukunft" kann zu einem Fortdauern der Dauertestamentsvollstreckeranordnung über die 30-Jahresgrenze hinaus bis zum Tod des Vorerben führen (OLG

Schleswig SchlHA 2009, 55 f. = ZErb 2009, 32 f.). Die Pflichtteilsstrafklausel in einem gemeinschaftlichen Testament betreffend jeweiliger Stiefkinder kann in ein Vermächtnis in Höhe eines fiktiven Pflichtteils ausgelegt werden (OLG Celle BeckRS 2009, 88798 = FamRZ 2010, 1012). Die Bestimmung, der Sohn habe die gesamten Hinterlassenschaften zu verwalten, kann eine Auslegung als Einsetzung zum Alleinerben bedeuten (BayObLG FamRZ 1989, 786 f.). Die Zuwendung von einzelnen Gegenständen kann entgegen § 2087 eine Erbeinsetzung sein, wenn die Gegenstände nach Vorstellung des Erblassers sein Hauptvermögen darstellen (BGH ZEV 2000, 195 (196)). Weitere Prüfungskriterien sind, ob der Bedachte unmittelbare Rechte am Nachlass erwerben bzw. auch die Regulierung von Nachlassverbindlichkeiten übernehmen soll oder für die gewünschte Bestattung Sorge zu tragen hat (BayObLG ZEV 2001, 240 (241); FamRZ 1986, 604; → § 2087 Rn. 5).

11   **Tatsächliche Anhaltspunkte im Testament** müssen jedenfalls ansatzweise gegeben sein, um die jeweilige Auslegung zuzulassen (hM **Andeutungstheorie** BGH FamRZ 1987, 475 (476)). Dies ist zwingende Voraussetzung, denn eine Auslegung kann nicht bejaht werden, die im Testament oder im Erbvertrag in keiner Weise zum Ausdruck gebracht wurde. Ein „losgelöster" Wille, der in dem Wortlaut der letztwilligen Verfügung überhaupt nicht, auch nicht sinngemäß zum Ausdruck kommt, darf der Erklärung nicht beigelegt werden (BGH FamRZ 1987, 475 (476); BayObLG FamRZ 1994, 853 (854)), er muss vielmehr im Rahmen der formgebundenen letztwilligen Verfügung als Rechtsfolgewille irgendwie zum Ausdruck gekommen sein. Der Sinn der gesetzlichen Formzwangs muss gewahrt bleiben (BGHZ 95, 36 = NJW 1985, 1554; → Rn. 4). Ein solcher Anknüpfungspunkt ist nicht nach objektiven Kriterien, sondern wiederum aus der Sichtweise und dem Sprachgebrauch des Erblassers zu beurteilen.

12   **b) Umstände außerhalb des Testaments.** Jede Auslegung hat mit dem Wortlaut und dem Wortsinn im Zusammenhang mit dem Gesamtinhalt der letztwilligen Verfügung zu beginnen. Jedoch darf sich die Auslegung nicht auf die Analyse des Wortlauts beschränken, sondern bei der Auslegung müssen auch alle außerhalb des Testaments liegenden Umstände berücksichtigt werden, die zur Aufdeckung des Erblasserwillens möglicherweise dienlich sind (stRspr vgl. BGHZ 121, 357 (363) = NJW 1993, 2168 (2169, 2170); NJW 1993, 256 (257)). Umstände außerhalb des Testaments können aber nur insoweit verwertet werden, wie der Wille des Erblassers irgendwie, jedenfalls **ansatzweise in dem Testament zum Ausdruck** kommt (**Andeutungstheorie:** BGH FamRZ 1987, 475 (476)). Zwecks Wahrung des gesetzlichen Formzwangs muss sich die Erklärung, jedenfalls ansatzweise, in der Testamentsform wiederfinden (BGHZ 95, 36 f. = NJW 1985, 1554 f.). Die Grenzziehung hängt von den konkreten Umständen des Einzelfalls ab (zB BayObLG FamRZ 1994, 853 f.; OLG Brandenburg FamRZ 2004, 981: s. weite Grenzziehung bei DDR-Erblasser, der seinen Willen nur verklausuliert erklärte, während sein wirklicher Wille sich aus einer maschinengeschriebenen Zusatzerklärung ergab).

13   **Beispiele:** Zu den zu berücksichtigenden Umständen gehört das gesamte Verhalten des Erblassers, seine Äußerungen und Handlungen, der Inhalt früherer letztwilliger Verfügungen, auch widerrufener oder nichtiger Verfügungen, auch Testamentsentwürfe (BayObLG NJW-RR 2004, 939;, FamRZ 1986, 604 (605); OLG Brandenburg FamRZ 2004, 981); auch sonstige Schriftstücke und Briefe des Erblassers, ebenso Aussagen des beurkundenden Notars (BayObLG FamRZ 1992, 988 (989)); Zeugenaussagen über die mündlichen Äußerungen des Erblassers zum Testament oder der beabsichtigten Erbfolge (BayObLG FamRZ 2005, 1202 (1203); 1990, 1278 (1279)); Umstände in der Person des Erblassers wie sein Familienstand, familiäre und freundschaftliche Beziehungen, seine Bildung, sein Beruf, seine wirtschaftliche Stellung sowie örtliche und geschäftliche Gepflogenheiten des Erblassers; aus seinen Verhaltensweisen, zB Vermögensverfügungen, vor und nach Errichtung des Testaments, können sich auslegungswichtige Erkenntnisse ergeben (BayObLG FamRZ 2005, 1202 (1203 f.); NJW-RR 1995, 1096 (1097); 1993, 581 (582)); auch besondere Vertrauensbeweise und Regelungsbefugnisse, die der Erblasser Dritten erteilt, wie - postmortale - Bankvollmachten, Vorsorgevollmachten, Befugnisse zur Regelung der Bestattung (BayObLG ZEV 2001, 240 (241)) oder die Übergabe persönlichster Dokumente, ggf. sogar des Testaments selbst, können besondere, außerhalb des Testaments liegende Umstände sein. Bei **„Brieftestamenten"** muss die Abgrenzung zwischen Regelungen mit Testierwillen und einer bloßen unverbindlichen Mitteilung über eine mögliche Testierabsicht nach § 133 unter Heranziehung auch außerhalb der Urkunde liegender Umstände ermittelt werden, bevor die Wertung als letztwillige Verfügung dann der Auslegung nach § 2084 zu erfolgen hat (OLG Schleswig SchlHA 2009, 289 (290): Versendung eines Briefes mit dem Inhalt ua „wenn mein Lebenslauf besiegelt ist, erbst du mein Geld" nach einer Beerdigung an den Begünstigten).

14   **4. Ergänzende Auslegung.** Sie kommt zum Tragen, wenn sich aus der Auslegung des Testaments und der außerhalb des Testaments liegenden Umstände kein Erblasserwille feststellen lässt, sondern eine Regelungslücke besteht. Sie vollzieht sich in zwei Schritten: Zunächst erfolgt die Feststellung der regelungsbedürftigen Lücke in der letztwilligen Verfügung und danach die Ausfüllung dieser Lücke durch Ermittlung des hypothetischen Erblasserwillens, nicht des mutmaßlichen wirklichen Willens des Erblassers (BGH ZEV 2017, 629 = ErbR 2017, 613).

15   **a) Regelungslücke.** Ob eine regelungsbedürftige Lücke in der Verfügung von Todes wegen vorhanden ist, ist nicht schematisch am Wortlaut zu prüfen, sondern durch eine wertende Gesamtbetrachtung aller Umstände bei Testamentserrichtung vorzunehmen (BGH aaO). Eine **Veränderung der Umstände** zwischen Errichtung der letztwilligen Verfügung und Erbfall, die der Erblasser nicht vorhergesehen hat bzw. nicht vorhersehen konnte, kann zu einer Regelungslücke führen. Die Veränderung kann unmittelbar den Kreis der bedachten Personen (BayObLG FamRZ 1991, 865; NJW 1988, 2744) oder die zugewendeten

Gegenstände (zB Vermögenszuwachs, Surrogate) betreffen oder mittelbar zB durch Geldentwertung (RGZ 108, 83) oder Änderung der politischen Verhältnisse wie der Wiedervereinigung erfolgen (BayObLG ZEV 1994, 47; OLG Köln FamRZ 1994, 591). Bei Veräußerung eines vermachten Gegenstandes ist § 2169 III weder direkt noch analog anwendbar (Burandt § 2169 Rn. 13). Sofern der Vermächtniszweck hauptsächlich in der Zuwendung des wirtschaftlichen Wertes zu sehen ist (BGH NJW 1959, 2252) und auch, wenn die Veräußerung durch Dritte (Betreuer, Vorsorgebevollmächtigte) erfolgt ist, kann die ergänzende Auslegung eine gewollte Zuwendung des – im Nachlass noch vorhandenen – (Rest-)Surrogats an den Vermächtnisnehmer ergeben. Dies gilt insbesondere bei Veräußerung durch Betreuer/Vorsorgebevollmächtigte ohne jegliche Mitwirkung des späteren Erblassers (zB Veräußerung des Eigenheims infolge demenzbedingtem Wohnortwechsels) und wenn der Erblasser infolge Testierunfähigkeit vor seinem Tod auch nicht mehr in der Lage war, seine letztwillige Verfügung hinsichtlich des Vermächtnisgegenstandes entsprechend anzupassen.

Eine ergänzende Auslegung kommt auch in Betracht, wenn das Testament **von Anfang an** eine Lücke enthielt (BGHZ 86, 41 = NJW 1983, 672 Kurzwiedergabe), sei es durch einen tatsächlichen oder rechtlichen Irrtum des Erblassers (BayObLG ZEV 1997, 339) oder weil er etwas nicht bedacht hatte und diese Lücke nicht schon zur Unwirksamkeit nach § 2065 führt.

b) Hypothetischer Erblasserwille. Die Ausfüllung der Lücke erfolgt durch Ermittlung des hypothetischen Willens des Erblassers zum **Zeitpunkt der Testamentserrichtung** (BayObLG ZEV 2001, 24 (25); NJW 1988, 2744). Es kommt nicht darauf an, wie der Erblasser den zur Lücke führenden Umstand später bewertet hätte und was er später gewollt hätte. Es wird ermittelt, was nach der Willensrichtung des Erblassers zum Zeitpunkt der Testamentserrichtung als von ihm gewollt anzusehen ist, wenn er vorausschauend das spätere Ereignis bedacht haben würde (BayObLG ZEV 2001, 24 (25); FamRZ 1991, 865). Was hätte er gewollt, hätte er unter Einwirkung und Berücksichtigung aller Umstände, die zum Zeitpunkt der Testamentserrichtung vorhanden waren, vorausschauend schon das spätere Ereignis bedacht bzw. die Lücke in seinem Testament erkannt. Der erforderliche hypothetische Erblasserwille, den der Erblasser vermutlich gehabt hätte, wenn er die Regelungslücke im Zeitpunkt der Testamentserrichtung erkannt hätte, muss auf eine durch Auslegung der letztwilligen Verfügung erkennbare Willensrichtung zurückgeführt werden können (BGH ZEV 2017, 629 = ErbR 2017, 613). 16

c) Anknüpfung an das Testament. Auch bei der ergänzenden Auslegung ist die Andeutungstheorie jedenfalls modifiziert zu berücksichtigen. Zwar fehlt es an einer formalen Andeutung im Testament, andernfalls hätte man keine ausfüllungsbedürftige Lücke, aber wollte man eine ergänzende Vertragsauslegung ohne jegliche Anknüpfung in der letztwilligen Verfügung zulassen, würde dies eine Umgehung des Formzwangs bedeuten und ist darum abzulehnen. Darum findet auch die ergänzende Auslegung ihre Grenzen in der formbedürftigen letztwilligen Verfügung, an die sie, jedenfalls ansatzweise, anknüpfen muss, sich als **Weiterentwicklung** der getroffenen formgültigen letztwilligen Verfügung darzustellen hat (BGH NJW 1993, 256 (257); FamRZ 1987, 475 (476); BGHZ 86, 41). Die Auslegung muss den in der letztwilligen Verfügung angedeuteten Willens des Erblassers weiter- und zu Ende denken (BayObLG NJW-RR 2002, 367 (370)). Die ergänzende Auslegung verlangt damit eine subjektive Komponente, die sich danach richtet, nach welcher Motivation und Zwecksetzung der Erblasser vermutlich verfügt hätte, und eine objektive Komponente, dass sich die Auslegung nur als Weiterentwicklung der bestehenden formgültigen letztwilligen Verfügung darstellen darf. 17

5. Erbverträge/gemeinschaftliche Testamente haben als zweiseitige empfangsbedürftige Willenserklärungen die Besonderheit, dass zur Ermittlung des Erblasserwillens (→ Rn. 3) im Zeitpunkt der Testamentserrichtung (→ Rn. 5), der seinen Niederschlag jedenfalls ansatzweise in der formbedürftigen letztwilligen Verfügung gefunden haben muss (→ Rn. 4), nicht nur auf § 133, sondern darüber hinaus auf § 157 abzustellen ist. 18

a) Erbverträge. Die **einfache (erläuternde) Auslegung** stellt nur bei einseitigen Vertragsverfügungen allein auf den Erblasserwillen ab. Bei **vertragsmäßigen Verfügungen** ist auch der Vertrauensschutz des Vertragspartners zu berücksichtigen und die Erklärung zunächst nach seinem **individuellen Empfängerhorizont** auszulegen. Nur im Zweifel richtet sich der Empfängerhorizont nach der Verkehrssitte, wie die Erklärung nach dem allgemeinen Sprachgebrauch zu verstehen ist (§ 157). Die Auslegung des Empfängerhorizonts des Vertragspartners kann somit ergeben, dass ein persönlicher spezieller Sprachgebrauch des Erblassers ihm unbekannt ist. Andererseits kann ein persönlicher Sprachgebrauch des Erblassers auch nach der allgemeinen Verkehrssitte unbekannt, dem Vertragspartner gleichwohl individuell bekannt sein und darum nach seinem Empfängerhorizont entgegen der allgemeinen Verkehrssitte auch so gewertet werden. Bei der Auslegung des Empfängerhorizonts ist nicht nur die einzelne Vertragsklausel für sich zu betrachten, sondern auf den Gesamtzusammenhang abzustellen (BayObLG FamRZ 1986, 1151 (1153)). Bei dem **Spannungsverhältnis** der Auslegung zwischen der Ermittlung des Erblasserwillens einerseits und dem Verständnis nach dem individuellen Empfängerhorizont andererseits ist zu berücksichtigen, ob es sich um eine vertragsmäßige Verfügung einseitiger Art handelt oder ob die vertragsgemäße Verfügung in Wechselwirkung zu einer korrespondierenden vertragsmäßigen Verfügung des anderen Vertragspartners steht. In letzterem Fall ist dem individualisierten Empfängerhorizont stärkeres Gewicht beizumessen, in ersterem Fall dem Erblasserwillen. Die **ergänzende Auslegung einer vertragsmäßigen Verfügung** hat grds. nach dem hypothetischen Willen des Erblassers, nicht des Vertragspartners zu erfolgen. Anders als bei der Auslegung des Testamentsinhalts bleibt die Person des Vertrags- 19 partners außer Betracht, da eine Einigung der Vertragspartner, bedingt durch die Regelungslücke (→ Rn. 14, 15), gerade nicht getroffen ist. Der gemeinsame Vertragszweck dürfte, auch im Hinblick auf den hypothetischen Empfängerhorizont, auf eine seinerzeit gegebene Willensübereinstimmung hindeuten.

20 b) **Gemeinschaftliche Testamente** sind, soweit es um die **einfache (erläuternde) Auslegung wechselbezüglicher Verfügungen** geht, an denselben Maßstäben zu messen wie vertragsmäßige Verfügungen, die zueinander korrespondieren. Das Abhängigkeitsverhältnis wechselbezüglicher Verfügungen bewirkt den Vertrauensschutz des anderen und die Auslegung nach dem ggf. individualisierten **Empfängerhorizont** des anderen (BGHZ 112, 229 (233) = NJW 1991, 169 (170).). Bei nicht wechselbezüglichen Verfügungen eines gemeinschaftlichen Testaments kommt es, wie bei einseitigen Verfügungen des Erbvertrages, allein auf den Erblasserwillen (§ 133) an. Bei der **ergänzenden Auslegung einer wechselbezüglichen Verfügung** ist zunächst zu prüfen, ob ein nach dem Verhalten des einen Ehegatten mögliches Auslegungsergebnis auch dem Willen des anderen Ehegatten entsprochen hätte (BGH NJW 1993, 256 (257); BGHZ 112, 229 (233) = NJW 1991, 169 (170)). Dies ist erforderlich, weil die wechselseitigen Verfügungen in gemeinschaftlichen Testamenten zum einen aufeinander abgestimmt sind und erfahrungsgemäß auch inhaltlich abgesprochen und darum Ergebnis und Ausdruck eines gemeinsamen Entschlusses der Ehepartner sind. Lässt sich ein solcher gemeinsamer hypothetischer Wille nicht feststellen oder lag er nicht vor, dann muss auf den Willen gerade des Erblassers abgestellt werden, um dessen testamentarische Verfügung es geht (BGH NJW 1993, 256 (257)), wobei es bei der Beurteilung dieses Willens gem. § 157 wiederum auf den Empfängerhorizont des anderen Ehegatten ankommt (BGH NJW 1993, 256 (257)), der sich als unvollständiger Anknüpfungspunkt in der Testamentsurkunde finden muss (BGH NJW 1963, 1150 (1151); ausf. → Rn. 17).

21 **6. „Wohlwollende Auslegung" iSd § 2084.** Der Inhalt der letztwilligen Verfügung muss das Ziel, den wirtschaftlichen Erfolg, klar vorgeben, aber ihrem Inhalt nach den Weg dorthin mehrdeutig beschreiben, so dass mehrere Auslegungsmöglichkeiten in Betracht kommen, um das wirtschaftliche Ziel zu erreichen. Die wohlwollende Auslegung besagt, dass bei mehreren Auslegungsmöglichkeiten der rechtlich zulässige Gestaltungsweg dem unzulässigen Weg vorzuziehen ist. Sind mehrere Auslegungsvarianten möglich und zulässig, ist der Auslegungsweg zu wählen, der für den Zuwendungsempfänger mit den wenigsten Umständen und Kosten verbunden ist (Palandt/*Weidlich* Rn. 13). Ist das wirtschaftliche Ziel nicht klar, so bei einer unzulässigen alternativen Erbeinsetzung, hilft § 2084 nicht, die Verfügung bleibt unwirksam (§ 2065). § 2084 hilft ebenfalls nicht über einen fehlenden bzw. zweifelhaften Testierwillen oder fehlende Formerfordernisse hinweg, denn die Norm ersetzt keine rechtsgeschäftliche Willenserklärung des Erblassers. **Entsprechend anwendbar** ist § 2084 nur, wenn zwar eine rechtsgeschäftliche Erklärung des Erblassers als „Zielvorgabe" vorhanden, aber deren rechtliche Natur zweifelhaft ist. Bestehen Zweifel, ob eine Willenserklärung als Verfügung von Todes wegen oder als Rechtsgeschäft unter Lebenden aufzufassen ist, ist § 2084 analog anzuwenden, wenn eine Erklärung in einer Auslegungsvariante wirksam wäre (BGH FamRZ 1985, 693).

22 **7. Umdeutung.** Der Zweck der Umdeutung, die sich nach § 140 richtet, besteht darin, den auf ein bestimmtes wirtschaftliches Ergebnis gerichteten Erblasserwillen durchzusetzen, obwohl der vom Erblasser bewusst gewählte rechtliche Weg mangels Wirksamkeit nicht zum Ziel führen kann. Wie die einfache erläuternde, ergänzende und wohlwollende Auslegung dient auch die Umdeutung dem Ziel, die Testierfreiheit zu schützen und dem Erblasserwillen zum Ziel zu verhelfen, indem unwirksame letztwillige Verfügungen in andere, zB weniger strengen Formerfordernissen genügende wirksame letztwillige Verfügungen umgedeutet werden. Der Unterschied zur wohlwollenden Auslegung besteht darin, dass vom Erklärungsinhalt nicht mehrere Auslegungsvarianten möglich sind, sondern der Erblasser bewusst nur den einen – fehlerhaften – Weg gewählt hat. Trotzdem korrigiert die Umdeutung den erklärten Willen, indem sie das wirtschaftliche Ziel isoliert betrachtet und die dazu nicht geeignete (aber ursprünglich gewollte) rechtliche Gestaltung durch eine andere rechtlich zulässige ersetzt. Legitimation hierfür ist, wie bei der ergänzenden Auslegung, der **hypothetische Erblasserwille** zum **Zeitpunkt der Testamentserrichtung** (BGH NJW 1974, 43 (45); MüKoBGB/*Leipold* Rn. 133), dass der Erblasser bei Kenntnis der Unwirksamkeit den anderen rechtlich zulässigen Weg zur Durchsetzung seines Ziels gewählt hätte. Eine Umdeutung ist nur bei einem von Anfang an nichtigen Rechtsgeschäft möglich (MüKoBGB/*Leipold* Rn. 125). Das nichtige Rechtsgeschäft (Erbvertrag, Testament, Schenkungsversprechen oder Übergabevertrag) wird in ein wirksames Rechtsgeschäft, dessen Voraussetzungen vollständig erfüllt sein müssen, umgedeutet. Ihre Grenze findet die Umdeutung darin, dass das wirksame Rechtsgeschäft hinsichtlich Tatbestand und Wirkung nicht über das nichtige hinausgehen darf (BGHZ 40, 218 (225) = NJW 1964, 347 (349): Umdeutung unwirksamer Übergabevertrag in wirksamen Erbvertrag. So kann ein Erbvertrag bei fehlender Geschäftsfähigkeit, aber bestehender Testierfähigkeit, in ein Testament umgedeutet werden oder auch ein handschriftliches gemeinschaftliches Testament mit der Unterschrift nur einer Person in ein wirksames Einzeltestament des Schreibenden.

23 **8. Weitere gesetzliche Auslegungsregeln.** Erst dann, wenn die einfache (erläuternde) Auslegung der letztwilligen Verfügung ebenso wenig einen Erblasserwillen erkennen lässt, wie die ergänzende Auslegung, kommen die weiteren gesetzlichen Auslegungsregeln zum Tragen. Innerhalb der gesetzlichen Auslegungsregeln gilt **bei Unklarheiten über die Erbeinsetzung vorrangig § 2087** in Abgrenzung zur Vermächtnisanordnung. Danach sind die Auslegungsregeln der §§ 2089, 2090, 2092 hinsichtlich eventueller

Bruchteile anzuwenden, wobei § 2089 durch die Regel des § 2088 ergänzt wird. **Bei Unklarheiten über die Bestimmung des Bedachten** sind zunächst die Auslegungsregeln der §§ 2066–2069 zu prüfen sowie die §§ 2097, 2098 und danach die Ergänzungsregel des § 2091 bei unbestimmten Bruchteilen sowie die Auslegungsregeln der §§ 2070–2073. **Bei veränderten Lebenssachverhalten** sind, soweit die Auslegung, auch die ergänzende Auslegung, zu keinem Ergebnis führt, ua die gesetzlichen Auslegungsregeln der §§ 2074–2076 für bedingte Zuwendungen sowie die Regel des § 2077 bei Scheitern der Ehe zu berücksichtigen.

9. Praxis/Prozessuales. a) Auslegungsvertrag. Um jahrelange und kostenintensive Streitigkeiten sowie das prozessuale Risiko der möglicherweise anderen Auslegung durch das Gericht zu vermeiden, können sich die Beteiligten nach dem Erbfall durch einen Auslegungsvertrag verbindlich darauf festlegen, wie die Verfügung von Todes wegen auszulegen ist (BGH NJW 1986, 1812 (1813)). Dies kann ein Vergleich iSv § 779 oder ein Feststellungsvertrag im Sinne eines Auslegungsvertrages sein. Er ist darauf gerichtet, die Parteien schuldrechtlich so zu stellen, als sei die vereinbarte Auslegung zutreffend. Soweit in dem Vertrag auch Erbteilsübertragungen geregelt werden, ist die notarielle Beurkundung gem. §§ 2371, 2385, 2033 erforderlich. Gleiches gilt, soweit der Auslegungsvertrag andere beurkundungspflichtige Regelungsinhalte mit umfasst. Unklar ist, ob auch ein Gericht an einen Auslegungsvertrag gebunden ist, so bejahend MüKoBGB/*Leipold* Rn. 146, soweit alle Beteiligten dem Auslegungsvertrag zugestimmt haben und sich die im Vertrag festgelegte Auslegung innerhalb des auch nach Ansicht des Gerichts möglichen Auslegungsspielraums bewegt oder ob vereinbart werden sollte, bestimmte Erbscheinsanträge zu stellen bzw. nicht zu stellen oder ob vertragswidrigem Vortrag im Prozess die Einrede der unzulässigen Rechtsausübung entgegengehalten werden kann (Soergel/*Loritz* Rn. 32). 24

b) Auslegung durch das Gericht. Die Auslegung ist keine Tatsachenfeststellung, sondern sowohl die einfache (erläuternde) Auslegung als auch erst recht die ergänzende Auslegung und Umdeutung sind richterliche Tätigkeit im Bereich der Rechtsanwendung. Die Feststellung der Tatsachen, die der Auslegung zugrunde gelegt werden, ist Sache des Gerichts der **Tatsacheninstanz**. Seit dem 1.9.2009 ist das OLG als zweitinstanzliches Tatsachengericht auch für Beschwerdesachen zuständig (§ 119 I Ziff. 1b GKG). Die Rechtsbeschwerde zum BGH ist nur auf Zulassung des OLG möglich, wofür grundsätzliche Bedeutung der Rechtssache und Erfordernis einer BGH-Entscheidung zur Fortbildung des Rechts bzw. zur Sicherung einer einheitlichen Rechtsbeschwerde erforderlich ist (§ 70 II FamFG). Eine Nichtzulassungsbeschwerde ist nicht vorgesehen. 25

10. Recht in den neuen Bundesländern. § 372 ZGB enthält eine § 2084 entsprechende Vorschrift. Die Auslegungsgrundsätze weichen sachlich nicht voneinander ab (OLG Frankfurt a. M. FamRZ 2001, 1173 (1174); OLG Köln FamRZ 1994, 591). Lässt der Inhalt eines Testaments verschiedene Auslegungen zu, ist das Testament so auszulegen, dass dem wirklichen oder mutmaßlichen Willen des Erblassers Geltung verschafft wird. 26

§ 2085 Teilweise Unwirksamkeit

Die Unwirksamkeit einer von mehreren in einem Testament enthaltenen Verfügungen hat die Unwirksamkeit der übrigen Verfügungen nur zur Folge, wenn anzunehmen ist, dass der Erblasser diese ohne die unwirksame Verfügung nicht getroffen haben würde.

1. Normzweck. Sinn dieser **Auslegungsregel** ist ebenfalls, den **Willen des Erblassers nach Möglichkeit aufrechtzuerhalten**, wobei das Gesetz davon ausgeht, dass es dem Erblasser im Regelfall lieber ist, dass sein letzter Wille soweit als möglich durchgesetzt werde als dass mit einer unwirksamen Verfügung das gesamte Testament hinfällig würde. Ein Vertrauensschutz Dritter besteht nicht. Es geht nur darum, den Willen des Erblassers, seine grundgesetzlich garantierte Testierfreiheit, bestmöglich zu schützen und zur Geltung zu verhelfen. Hieraus ergibt sich bereits, dass dies bei **Erbverträgen** und wechselbezüglichen Verfügungen eines **gemeinschaftlichen Testaments** wegen der auch schützenswerten Interessen des anderen Vertragspartners/Ehegatten anders sein muss: Nur auf einseitige Verfügungen eines Erbvertrages und nur auf nichtwechselbezügliche Verfügungen in einem gemeinschaftlichen Testament ist § 2085 anwendbar. Wegen des gegenseitigen Abhängigkeitsverhältnisses und des Vertrauensschutzes auch des Anderen schließt § 2270 die Anwendung des § 2085 bei wechselbezüglichen Verfügungen aus, genauso wie bei Erbverträgen die Nichtigkeit einer vertragsmäßigen Verfügung gem. § 2298 I die Nichtigkeit des ganzen Vertrages zur Folge hat (OLG München FamRZ 2008, 728 (730)). Damit wird dem Vertrauensschutz Dritter Rechnung getragen, da § 2085 im Gegensatz zu § 139 gerade bestimmt, dass die Unwirksamkeit einer von mehreren in einem Testament enthaltenen Verfügungen die Wirksamkeit der übrigen Verfügungen grds. nicht berührt. Die Anwendbarkeit der Auslegungsregel setzt voraus, dass der Testamentsinhalt überhaupt feststeht. Die Norm hilft nicht, wenn der Inhalt einer von mehreren Verfügungen, bspw. wegen teilweiser Zerstörung eines Testaments nicht mehr feststellbar ist (BGH NJW 1955, 460 (Ls.)). Dies führt idR zur Gesamtnichtigkeit des Testaments, es sei denn, im konkreten Einzelfall ergibt sich durch Auslegung etwas anderes (BGH NJW 1955, 460 (Ls.)). 1

2. Voraussetzungen. a) Teilweise Unwirksamkeit. Das Testament muss **mehrere Einzelverfügungen** enthalten, von denen mindestens eine – jedenfalls teilweise – wirksam ist. Dann führt die Unwirksamkeit einzelner Verfügungen, bei Teilbarkeit sogar der Teil einer unwirksamen Verfügung, nicht zur Unwirk- 2 samkeit der anderen bzw. bei Teilbarkeit nicht zur Unwirksamkeit des teilbaren wirksamen Teils der Einzelverfügung. Es ist somit denkbar, dass von mehreren unwirksamen Einzelverfügungen eines Testaments das Testament nur mit einer geteilten Resteinzelverfügung bestehen bleibt. Die Unwirksamkeit kann sich aus **allen Gründen** ergeben, sei es die von Anfang an bestehende Nichtigkeit oder auch die nachträglich entstandene Unwirksamkeit (BGH NJW 1985, 2025 f.: Anfechtung; Beispiele vgl. MüKo-BGB/*Leipold* Rn. 4).

3   b) **Wirksame Restverfügung.** Mindestens eine der Einzelverfügungen muss jedenfalls teilweise wirksam bleiben. Der verbleibende Teil des Testaments muss als **selbständige Verfügung** für sich **einen abgeschlossenen Sinn ergeben** (BayObLG ZEV 2005, 348 (349)). So ist eine alternative Erbeinsetzung bereits wegen inhaltlicher Unbestimmtheit gem. § 2065 unwirksam und kann nicht teilweise über § 2085 geheilt werden. Soweit eine von mehreren Verfügungen auch teilbar ist, ist auch die teilweise Aufrechterhaltung, also nur die Teilunwirksamkeit einer einheitlichen Verfügung möglich, wenn sie vom Gegenstand her teilbar ist (BGHZ 52, 17 f.; MüKoBGB/*Leipold* Rn. 10).

4   c) **Beispiele:** Unwirksamkeit nur der (Ersatz-)Erbeneinsetzung in einem Testament (BGH NJW 1985, 2025); Teilnichtigkeit einer alleinigen Erbeneinsetzung der Geliebten wegen Teilbarkeit der Zuwendung mit der Folge, dass Geliebte testamentarische Erbin zur Hälfte und Ehefrau sowie eheliche Kinder gesetzliche Erben zur anderen Hälfte sind (BGHZ 52, 17 f.); Teilnichtigkeit der Pflichtteilsentziehung bei Aufrechterhaltung der Erbeinsetzung (BGH NJW 1959, 2113 f.); eine maschinengeschriebene Überschrift „Testament" führt nicht zur Unwirksamkeit des iÜ handschriftlich geschriebenen Testaments, das als selbständige Verfügung für sich einen abgeschlossenen Sinn ergibt (BayObLG ZEV 2005, 348 (349)); Gesamtnichtigkeit bei formnichtiger Wiederverheiratungsklausel iVm einer wechselbezüglichen Ehegattenverfügung mangels Aufspaltbarkeit in wirksamen und unwirksamen Teil, da die teilweise Aufrechterhaltung hier dem Erblasserwillen widersprochen hätte (BayObLG NJW-RR 2004, 939 f.); Unwirksamkeit einzelner Verfügungen und einer Testamentsvollstreckeranordnung bei verbleibender Wirksamkeit der Erbeinsetzung (BayObLG FamRZ 2004, 312 f.); Gesamtnichtigkeit und keine Anwendung des § 2085 bei wechselbezüglichen Erklärungen von Ehegatten (OLG München FamRZ 2008, 728 f.); Teilnichtigkeit eines Teils eigenhändig, teils mit Schreibmaschine gefertigten privatschriftlichen Testaments, sofern die handschriftlichen Verfügungen für sich einen abgeschlossenen Sinn ergeben (OLG Zweibrücken ZEV 2003, 367 f.).

5   **3. Rechtsfolge und Beweislast.** Die von der Unwirksamkeit nicht betroffenen Einzelverfügungen bleiben nach der Auslegungsregel grds. wirksam. Die Auslegungsregel kann durch den Nachweis entkräftet werden, dass der Erblasser einzelne oder ggf. alle Verfügungen nicht ohne die unwirksame Verfügung getroffen hätte. Ein solcher abweichender Wille des Erblassers hat immer Vorrang vor der allgemeinen Auslegungsregel des § 2085 (OLG Hamm ZEV 2000, 448). Dieser Wille kann aus dem Testament oder auch aus Umständen außerhalb des Testaments geschlossen werden. Die Darlegungs- und **Beweislast/Feststellungslast** für die tatsächlichen Umstände, aus denen sich der Erblasserwille zur Gesamtnichtigkeit des Testaments ergibt, trifft anders als nach § 139 denjenigen, der sich auf die Unwirksamkeit des gesamten Testaments bzw. auf die Unwirksamkeit einzelner vom Unwirksamkeitsgrund nicht unmittelbar betroffener Verfügungen beruft (BGH NJW 1959, 2113 (2114); OLG Zweibrücken ZEV 2003, 367).

6   **4. Recht in den neuen Bundesländern.** Das ZGB sieht keine den §§ 2085 f. entsprechende Bestimmungen vor. Unter den Gesichtspunkten der Auslegungsregel des § 272 ZGB wird man gleichwohl bei teilweiser Unwirksamkeit die übrigen Verfügungen im Zweifel als wirksam belassen, um dem Erblasserwillen soweit wie möglich Geltung zu verschaffen. Bei Erbfällen seit dem 3.10.1990 gelten die §§ 2085 f., auch wenn ein Testament vor diesem Zeitpunkt unter Geltung des ZGB errichtet wurde (Art. 235 § 1 I EGBGB).

§ 2086 Ergänzungsvorbehalt

Ist einer letztwilligen Verfügung der Vorbehalt einer Ergänzung beigefügt, die Ergänzung aber unterblieben, so ist die Verfügung wirksam, sofern nicht anzunehmen ist, dass die Wirksamkeit von der Ergänzung abhängig sein sollte.

1   **1. Normzweck.** Sinn der **Auslegungsregel** des § 2086 ist es ebenfalls, den in einer letztwilligen Verfügung geäußerten Willen des Erblassers nach Möglichkeit aufrechtzuerhalten und zur Durchsetzung zu verhelfen. Im Gegensatz zu § 154 I stellt § 2086 die Regel auf, dass letztwillige Verfügungen trotz Ergänzungsvorbehalts und fehlender Ergänzung wirksam bleiben, wenn nicht ein abweichender Wille des Erblassers feststeht.

2   **2. Voraussetzungen.** Es muss ein vollständiges, **formgültig errichtetes Testament** vorliegen, das in sich **schlüssig und verständlich** ist und in dem lediglich ein Ergänzungsvorbehalt enthalten ist, deren Umsetzung später unterblieben ist. Fehlen in einem Testament hingegen wirksamkeitsbestimmende Kriterien und enthält es keine Regelung über die Person des Bedachten oder den Gegenstand der Zuwendung oder will der Erblasser die Geltung des Testaments einem Dritten überlassen, führt dies notwendig zur Unwirksamkeit des Testaments bereits nach § 2065, so dass § 2086 nicht zur Anwendung kommt (→ § 2065 Rn. 1, 3 ff.). Eine alternative Erbeinsetzung mit dem Vorbehalt der späteren (unterbliebenen)

der Urkunde liegende Umstände für einen Ergänzungsvorbehalt vgl. OLG Stuttgart ZEV 2008, 434 (436, 437). Auch wird ein vom Erblasser formgültig, vorbehaltlos errichtetes Testament nicht dadurch unwirksam, dass sich aus späteren Äußerungen des Erblassers folgern lässt, er wolle die Wirksamkeit der Ursprungsverfügung später von noch nachzutragenden Ergänzungen abhängig machen.

3. Unwirksamkeit und Beweislast. Regel ist die Wirksamkeit. Die Unwirksamkeit ist nur dann anzunehmen, wenn sich im konkreten Fall aus dem Testament oder aus Umständen außerhalb des Testaments die Schlussfolgerung ziehen lässt, dass der Erblasser die Wirksamkeit seiner Verfügung von der nachzutragenden Ergänzung abhängig machen wollte. Die **Beweislast** für diese besonderen Umstände trägt derjenige, der sich auf die Unwirksamkeit der Verfügung beruft (MüKoBGB/*Leipold* Rn. 2).

4. Recht in den neuen Bundesländern. Im ZGB ist eine entsprechende Regelung nicht enthalten. Auf die Möglichkeit des Vorbehaltes einer Ergänzung wird nicht eingegangen, so dass man nur über die Auslegung des § 372 ZGB zu entsprechenden Ergebnissen gelangen kann. Bei allen Erbfällen seit dem 3.10.1990 gilt das BGB, auch wenn das Testament unter Geltung des ZGB errichtet wurde (Art. 235 § 1 I EGBGB).

Titel 2. Erbeinsetzung

§ 2087 Zuwendung des Vermögens, eines Bruchteils oder einzelner Gegenstände

(1) Hat der Erblasser sein Vermögen oder einen Bruchteil seines Vermögens dem Bedachten zugewendet, so ist die Verfügung als Erbeinsetzung anzusehen, auch wenn der Bedachte nicht als Erbe bezeichnet ist.

(2) Sind dem Bedachten nur einzelne Gegenstände zugewendet, so ist im Zweifel nicht anzunehmen, dass er Erbe sein soll, auch wenn er als Erbe bezeichnet ist.

1. Normzweck. Abs. 1 u. 2 sind **Auslegungsregeln zur Erbenbestimmung** (auch bei Vor- und Nacherbschaft), die nur bei unklaren und unvollständigen Verfügungen des Erblassers zum Tragen kommen. Die Regel ist auf **Erbverträge** entsprechend anwendbar (§ 2279 I). Gerade bei privatschriftlichen Testamenten und in der Umgangssprache ist die Unterscheidung zwischen Vererben und Vermachen kaum geläufig. Teilweise wird der Erbe, der Vermächtnisse zu erfüllen hat, umgangssprachlich sogar als Testamentsvollstrecker, der das Testament umzusetzen, zu „vollstrecken" hat, bezeichnet. Auch ist im täglichen Leben die Praxis verbreitet, das Vermögen den Bedachten durch privatschriftliches Testament gegenstandsbezogen zuzuwenden (Haus, Pkw, Geld usw). Das BGB kennt keine Erbeinsetzung in bestimmte Vermögensgegenstände, so dass im Fall einer so lautenden letztwilligen Verfügung genau differenziert werden muss, ob es sich bei der Vermögenszuwendung um eine dingliche Erbeinsetzung oder nur ein schuldrechtliches Vermächtnis bzw. um andere schuldrechtliche Ansprüche handelt. Nur der Erbe ist im Wege der Gesamtrechtsnachfolge unmittelbar am Nachlass berechtigt, während dem Vermächtnisnehmer nur der schuldrechtliche Anspruch gegenüber dem Erben zusteht. Diese Auslegung nach § 2087 besagt, dass nicht die wörtliche Bezeichnung als „Erbe" das Entscheidende ist, sondern dass vielmehr auf die **Vermögenszuordnung,** die der Erblasser zum Zeitpunkt der Errichtung der letztwilligen Verfügung getroffen hat, abzustellen ist, da darin im Zweifel der tatsächliche Wille des Erblassers zum Ausdruck kommt.

2. Vorrang der Auslegung. Diese allgemeine Auslegungsregel, dass als Erbe anzusehen ist, wem der Erblasser sein Vermögen oder Bruchteile davon zuwendet, während als Vermächtnisnehmer derjenige gilt, dem der Erblasser nur einzelne Gegenstände zuwendet, ist nicht zwingend, da § 2087 nur dann anwendbar ist, wenn die vorrangige **Testamentsauslegung** nach Maßgabe der §§ 133 und 2084 zu keinen zweifelsfreien Ergebnissen führt (BGH FamRZ 1972, 561 (563); OLG Köln Rpfl 1992, 199 = DNotZ 1993, 133 (134)). Zu den einzelnen Auslegungsmöglichkeiten, dem Gebot wohlwollender Auslegung, der Kombination verschiedener Auslegungsmöglichkeiten sowie deren Überprüfbarkeit → § 2084 Rn. 2 ff., 25. Führt die Auslegung bereits zu einem klaren Ergebnis, kommt es auf die – ggf. anders lautende – Auslegungsregel des § 2087 nicht mehr an, so bspw. bei einem durch den Erblasser angeordneten Quotenvermächtnis (BGH NJW 1960, 1759; WM 1978, 377 (378) = DNotZ 1978, 487), mit welchem dem Erben der Auszahlung einer bestimmten Quote des Nachlasses an den Vermächtnisnehmer auferlegt wird. § 2087 wird von § 2304 ergänzt. Bei unklaren Auslegungsergebnissen muss auf die unterschiedlichen Verjährungsfristen geachtet werden: Während dem Erben für Herausgabeansprüche seines Eigentums die 30jährige Verjährungsfrist zusteht (§ 197 I Nr. 2), unterliegen Vermächtnisansprüche der kurzen 3jährigen Verjährungsfrist der §§ 195, 199.

Die **Zuwendung des Pflichtteils** gilt im Zweifel als Enterbung. Die vorrangige vorzunehmende Testamentsauslegung kann jedoch auch zu einer Erbeinsetzung in Höhe des gesetzlichen Pflichtteils oder aber zu einer Vermächtnisanordnung (Quotenvermächtnis) führen. Die rechtliche Einordnung wirkt sich auf das Bestehen von Auskunftsansprüchen (§ 2314) und auf Verjährungsfragen aus, da der Pflichtteilsanspruch der kurzen, dreijährigen Verjährung unterliegt.

3. Erbeinsetzung. a) Die Zuwendung des Vermögens oder eines Bruchteils davon als Inbegriff sämtlicher Aktiva und Passiva des Erblassers ist Kriterium für eine Auslegung als Erbeinsetzung. Formulierungen hierfür können sein zB „mein Vermögen", „mein Hab und Gut", „alles, was ich habe", „die Hälfte meines Nachlasses" (MüKoBGB/*Schlichting* Rn. 3), „alles was übrig ist", „der Restbetrag meines Vermögens, was nicht aufgeführt ist" (BayObLG FamRZ 1990, 1399), „den Rest" (BGH ZEV 2004, 374 (375): Nach Erfüllung der Nachlassverbindlichkeiten, der Vermächtnisse und der Pflichtteilsrechte, das, was übrig bleibt). Den Gegensatz hierzu bildet die Zuwendung nur eines Einzelanspruchs bzw. Gegenstandes.

b) Die Berufung zum Erben setzt nicht notwendig voraus, dass dem Erben ein mehr oder weniger großer oder sogar der größte Teil des Nachlasses verbleibt (BGH ZEV 2004, 374; BayObLG NJW-RR 2002, 1232 f. = ZEV 2003, 27). Entscheidend ist vielmehr, ob der Bedachte nach dem Willen des Erblassers den Nachlass regeln und die Nachlassschulden, auch Bestattungskosten, tilgen und unmittelbare Rechte am Nachlass erwerben soll oder nur Ansprüche gegen andere Bedachte (BGH ZEV 2017, 629 = ErbR 2017, 613; BayObLG NJW-RR 2002, 1232; FamRZ 1986, 604 (605)). Unerheblich ist dabei, ob dem Erben nach Erfüllung aller Nachlassverbindlichkeiten noch ein wirtschaftlicher Vorteil verbleibt. So hat beim Universalvermächtnis der Bedachte einen Anspruch gegen den Erben auf Übertragung des gesamten Nachlasses nach Tilgung der Nachlassverbindlichkeiten (BayObLG NJW-RR 1996, 1478); ob dem Bedachten in Bezug auf den Nachlass nicht nur Rechte, sondern auch Pflichten übertragen worden sind (BayObLG ZEV 2001, 240 (241); FamRZ 1999, 1392 (1934) = NJWE-FER 1999, 156 (157 f.)); ob dem Bedachten auch die Regulierung des Nachlasses und der Nachlassverbindlichkeiten übertragen wurde (BayObLG NJW-RR 2002, 1232); ob der Bedachte für die vom Erblasser gewünschte Bestattung Sorge zu tragen hat (BayObLG ZEV 2001, 240 (241); FamRZ 1999, 1392 = NJWE-FER 1999, 156 (157 f.)); ob der Bedachte „als verlängerter Arm" des Erblassers „nach eigenem Belieben" direkt Entscheidungen bzgl. des Nachlasses treffen und verfügen kann; ob der Erblasser durch die in dieser Weise bedachten Personen seine wirtschaftliche Stellung fortgesetzt wissen wollte (BayObLG ZEV 2001, 240 (241); FamRZ 1999, 1392 = NJWE-FER 1999, 156 (157 f.); ZEV 1997, 163 (163); BayObLG FamRZ 2008, 725 (726); OLG Düsseldorf ZEV 1995, 410); ob sich aus außerhalb der Testamentsurkunde liegenden Umständen ergibt, dass die bedachte Person Vertrauensperson des Erblassers ist, sie bereits zu Lebzeiten Bankvollmachten hatte und ihr Originalunterlagen ggf. Originaltestamente für den Todesfall vom Erblasser anvertraut waren (LG Flensburg 14.9.2007 – 5 T 60/07, nv).

c) Trotz Zuwendung einzelner Gegenstände kommt eine Erbeinsetzung in Betracht, wenn der Erblasser sein Vermögen vollständig den einzelnen Vermögensgegenständen nach verteilt hat, wenn er dem Bedachten die Gegenstände zugewendet hat, die nach seiner Vorstellung das Hauptvermögen bilden, oder wenn anderenfalls nur Vermächtnisnehmer vorhanden wären und nicht anzunehmen ist, dass der Erblasser überhaupt keine Erben berufen und seine Verwandten oder seinen Ehegatten als gesetzliche Erben ausschließen wollte (BGH ZEV 2000, 195 (196)). Hat der Erblasser praktisch sein **ganzes Vermögen** an die bedachten Personen **aufgeteilt**, ist davon auszugehen, dass er auch eine Erbeinsetzung, ggf. auch mehrere Erbeinsetzungen bezweckt hat (BGH ZEV 2004, 374 (375); BayObLG ZEV 2001, 240 (241); 1997, 162 (163); OLG München ZEV 2007, 383 (384); FamRZ 2008, 725 (726)). Die Auslegung kann somit auch zur Erbeinsetzung mehrerer Personen ggf. mit Teilungsanordnungen bzw. Vorausvermächtnissen führen (BGH NJW 1993, 1005 (1006); BayObLG FamRZ 2004, 312). Bei gegenständlicher Zuweisung nur eines Teils des Gesamtvermögens an viele Personen ist von Vermächtnissen auszugehen (BGH ZEV 2000, 195 (196): 80 Einzelzuwendungen an etwa 65 Personen).

d) Insbesondere wenn eine **Immobilie** einen **Hauptnachlassgegenstand** bildet, liegt es entgegen der Regel des § 2087 II nahe, die Person, der dieser Gegenstand zugewiesen ist, als Erben anzusehen (BGH NJW-RR 2005, 1460 (1461); BayObLG FamRZ 2005, 1933 (1934); 2005, 1202 (1203); ZEV 2001, 22 (23); FamRZ 1999, 1392; 1999, 59 (60); OLG München FamRZ 2008, 725 (727)).

Das **Wertverhältnis** der zugewandten Einzelgegenstände zum Wert des Nachlasses ist ein wesentliches Kriterium für die Frage, ob eine Erbeinsetzung oder lediglich ein Vermächtnis gewollt ist (BayObLG FamRZ 1990, 1399 (1400); OLG Köln Rpfl 1992, 199 = DNotZ 1993, 133 (135); OLG Köln FamRZ 1991, 1481 (1482)). Oft werden Vermögensgegenstände auch nach Gruppen verteilt. Der Bedachte erhält die Grundstücke, der andere die Wertpapiere und Barvermögen und der Dritte die Firmenbeteiligungen.

Auch diese Zuwendung von **Vermögensgruppen** kann Erbeinsetzung sein (BGH ZEV 1997, 22 (23); BayObLG NJW-RR 1998, 1230 f.), je nachdem, welchen wirtschaftlichen Wert, welche Wichtigkeit, ggf. auch ideelle Wertigkeit der Erblasser den einzelnen Vermögensgruppen zum Zeitpunkt der Testamentserrichtung beigemessen hat. Eine solche testamentarische Aufteilung des Nachlasses kann als mit einer Teilungsanordnung verbundene Erbeinsetzung angesehen werden, weil sich die jeweilige Erbquote aus dem Verhältnis der Werte der zugedachten Vermögensteile zum Gesamtwert dieser Teile ergibt (BGH NJW-RR 1990, 391 f.; BayObLG NJW-RR 1998, 1230). Soweit nur ein Teil, nicht das gesamte Vermögen gegenstandsbezogen verteilt wird, ist zu prüfen, ob nur eine Erbeinsetzung auf einem dem Wert der Zuwendung entsprechenden Bruchteil gewollt ist und hinsichtlich des übrigen Vermögens die gesetzliche Erbfolge gelten soll oder ob der Erblasser mit der Erbeinsetzung der Bedachten über sein gesamtes Vermögen verfügen wollte und sich die Erbquoten ohne Rücksicht auf das übrigen Vermögen nach dem Wertverhältnis der Zuwendungen richten sollen (BGH ZEV 1997, 22 (23); BayObLG ZEV 2003, 331 (332 f.)).

e) **Maßgebend** ist grds. die Vorstellung, die der Erblasser im **Zeitpunkt der Testamentserrichtung** sowohl über die voraussichtliche Zusammensetzung seines Nachlasses als auch über den Wert der jeweiligen Gegenstände bzw. Vermögensgruppen gehabt hat (BGH ZEV 1997, 22 (23); WM 1972, 780 (781 f.); BayObLG FamRZ 2005, 1202 (1203 f.); ZEV 1997, 162 (163); NJW-RR 1995, 1096 (1097)). Allerdings sind Änderungen in der Vermögenszusammensetzung oder Wertverschiebungen dann zu berücksichtigen, wenn die Auslegung ergibt, dass der Erblasser dies bereits bei Testamentserrichtung in seine Überlegungen einbezogen hat, weil auch seine tatsächlichen Wertvorstellungen über die weitere Entwicklung seines Vermögens und die voraussichtliche Zusammensetzung seines Nachlasses maßgeblich sind (BayObLG FamRZ 2005, 1202 (1203 f.); NJW-RR 1995, 1096 (1097); 1993, 581 (582)). **Ausnahmsweise** ist bei der Auslegung auf die Werte zum Zeitpunkt des **Erbfalls** abzustellen, wenn es dem Erblasser nicht darauf ankommt, den Bedachten in einem bestimmten Verhältnis am Nachlass zu beteiligen, sondern ihm bestimmte Gegenstände, unabhängig von deren Wertänderung und ohne Ausgleichszahlung, zukommen zu lassen (BGH ZEV 1997, 22 (23)). Kommt es auf den Wert einer Sachgesamtheit beim Erbfall an, kann sich die Erbquote reduzieren, wenn die zugedachten Gegenstände teilweise nicht mehr zum Nachlass gehören, etwa weil sie dem Bedachten schon zu Lebzeiten des Erblassers geschenkt worden sind (BGH ZEV 1997, 22 (23)). Bei der Auslegung sind auch außerhalb der Testamentsurkunde liegende Umstände heranzuziehen, die auf die Willensrichtung des Erblassers in diesem Zusammenhang schließen lassen, insbes. auch eigene Äußerungen des Erblassers über den Inhalt seines Testaments (BayObLG FamRZ 2005, 1202 (1203); 1990, 1278 (1279)).

4. Vermächtnis. Handelt es sich bei dem Einzelgegenstand oder der Vermögensgruppe nicht um den wesentlichen Teil des Vermögens des Erblassers, wird idR von einem Vermächtnis auszugehen sein, es sei denn, andere Kriterien (→ Rn. 2) sprechen für eine Erbeinsetzung. Auch die Zuwendung reiner Geldansprüche spricht idR für ein Vermächtnis (BayObLG NJW-RR 1998, 1230 (1231); ZEV 1997, 162 (163)). Hat der Erblasser dem im Testament Bedachten, dem er auch Kontovollmacht über den Tod hinaus erteilt hat, nur eine wertlose Wohnungseinrichtung zugewendet, ist dies im Zweifel keine Erbeinsetzung (OLG München FamRZ 2011, 68 (70), da eine solche Kontovollmacht kein Indiz für eine Übertragung von Geldvermögen sei, sondern nur den Kontenzugriff im Bedarfsfall bei Krankheit oder Tod sicherstellen solle). Dies ist mE jedoch nicht verallgemeinerungsfähig. In der Beratungspraxis zeigt sich immer wieder die laienhafte Fehlvorstellung, dass, wer eine Konto- oder Vorsorgevollmacht erteilt hat, meint, damit auch nach dem Tod seinen diesbezüglichen Nachlass geregelt zu haben und darum auf ein Testament verzichten könne und umgekehrt, dass, wer ein Testament errichtet hat, glaubt, damit auch den Fall der Vorsorgevollmacht geregelt zu haben. Im Einzelfall ist aus Umständen außerhalb des Testamentes somit auch der Fall denkbar, dass der Erblasser durch die Erteilung einer Kontovollmacht meint, bereits eine abschließende Verfügung über den Tod hinaus zugunsten des Bevollmächtigten getroffen zu haben und darum diesbezügliche Werte bei der Testamentserrichtung nicht mehr gesondert aufführen müsse, da sie dem Berechtigten durch die Vollmacht bereits zugewendet seien.

5. Recht in den neuen Bundesländern. Eine dem § 2087 entsprechende Regelung enthält das ZGB nicht, sondern spricht nur von Erbeinsetzungen nach Erbteilen, ohne auf die Zuwendung in Form einzelner Gegenstände einzugehen. Im Falle einer entsprechenden gegenständlichen Einsetzung wird der mutmaßliche Erblasserwille über § 372 ZGB durch Auslegung des Testaments zu ermitteln sein. Bei allen Erbfällen seit dem 3.10.1990 gilt das BGB, auch wenn das Testament unter Geltung des ZGB errichtet wurde (Art. 235 § 1 I EGBGB).

§ 2088 Einsetzung auf Bruchteile

(1) **Hat der Erblasser nur einen Erben eingesetzt und die Einsetzung auf einen Bruchteil der Erbschaft beschränkt, so tritt in Ansehung des übrigen Teils die gesetzliche Erbfolge ein.**

(2) **Das Gleiche gilt, wenn der Erblasser mehrere Erben unter Beschränkung eines jeden auf einen Bruchteil eingesetzt hat und die Bruchteile das Ganze nicht erschöpfen.**

1. Normzweck. Die Vorschrift ist als **Ergänzungsregel** in Zusammenhang mit § 2089 zu sehen und besagt, dass testamentarische und gesetzliche Erbfolge nebeneinander möglich ist. Sie kommt nur zur Anwendung, wenn die Erbeinsetzung nicht den gesamten Nachlass umfasst. Zunächst ist durch Auslegung zu ermitteln, ob hinsichtlich des nicht geregelten Nachlassbruchteils gesetzliche Erbfolge eintritt, weil der Erblasser die Beschränkung auf die Bruchteile wollte, oder ob die gesetzliche Erbfolge wegen einer gewollten verhältnismäßigen Erhöhung der Bruchteile (§ 2089) ausgeschlossen ist. Erst wenn durch **vorrangige Auslegung,** zunächst nach den §§ 133 und 2084 (zum Gesamtgefüge der Auslegungsmöglichkeiten und deren Überprüfbarkeit → § 2084 Rn. 2 ff., 25), dann nach der Auslegungsregel des § 2087 und schließlich nach § 2089 kein Erblasserwille ermittelbar ist, gilt die Ergänzungsregel, dass die gesetzliche Erbfolge hinsichtlich der nicht verteilten Bruchteile eintritt.

2. Vorrangiger Erblasserwille. Maßgebend sind hierbei grds. die Vorstellungen, die der Erblasser im **Zeitpunkt der Testamentserrichtung** über die voraussichtliche Zusammensetzung seines Nachlasses und den Wert der in den Nachlass fallenden Gegenstände gehabt hat (BGH ZEV 1997, 22 (23); WM 1972, 780 (781 f.); BayObLG FamRZ 2005, 1202 (1203 f.) = ZEV 2006, 45). Allerdings sind **Änderungen in der Vermögenszusammensetzung** oder Wertverschiebung dann zu berücksichtigen, wenn der Erblasser sie bereits bei Testamentserrichtung in seine Überlegungen einbezogen hat (BayObLG FamRZ 1998, 862 (863) = NJWE-FER 1998, 61 (62)), weil auch seine tatsächlichen Vorstellungen über die weitere Entwicklung seines Vermögens und die voraussichtliche Zusammensetzung seines Nachlasses maßgeblich sind (BayObLG FamRZ 2005, 1202 (1203f.); NJW-RR 1995, 1096 (1097); 1993, 581 (582)). Hat der Erblasser also im Zeitpunkt der Testamentserrichtung über sein gesamtes Vermögen verfügt, wollte er bewusst die gesetzliche Erbfolge vermeiden und sein Vermögen auf die Bedachten verteilt haben. Hat er danach bis zum Erbfall zusätzliche Vermögenswerte erworben, sind §§ 2088, 2089 somit nicht anwendbar, da für die Beurteilung, ob der Erblasser über den gesamten Nachlass oder nur über einen Bruchteil verfügt hat, grds. auf den Zeitpunkt der Errichtung der letztwilligen Verfügung abzustellen ist (BayObLG NJW-RR 2000, 888 (889)). Gleiches gilt für die Vorstellung des Erblassers, noch vorhandenes Restvermögen bis zu seinem Tode zu verschenken, da er auch in diesem Fall von der Verteilung seines gesamten Nachlasses bei Ausschluss der gesetzlichen Erbfolge ausgeht (BayObLG FamRZ 2005, 1202 (1203)). Ebenso, wenn im Zeitpunkt der Testamentserrichtung und des Erbfalls weiteres Grundvermögen des Erblassers in der ehemaligen DDR vorhanden war (BayObLG ZEV 2001, 492).

3 **3. Voraussetzungen.** Der Erblasser muss in seinem Testament entweder nur einen Erben (**Abs. 1**) bestimmt und diesen **bewusst** auf einen Bruchteil gesetzt haben, so dass eine nicht verteilte Restquote des Nachlasses verbleibt (BayObLG FamRZ 1999, 62 (63) = NJWE-FER 1998, 231 (232)) oder mehrere Erben (**Abs. 2**) benannt und alle Erben mit einer Quote bedacht haben, ohne jedoch den gesamten Nachlass zu 100 % zu verteilen. Eine solche Beschränkung auf einen Bruchteil kann sich daraus ergeben, dass sich der Erblasser die Verfügung über den Restnachlass vorbehalten hat (BayObLG FamRZ 1998, 862), zB weil er für einzelne wesentliche Vermögensgegenstände keinen Bedachten genannt hat (BayObLG NJW-RR 1998, 1230). Denkbar ist dies vor allem bei Zuwendung einzelner Vermögensgegenstände, wenn die Auslegung ergibt, dass der Testierende den Bedachten nicht den Vermögensgegenstand zuwenden, sondern ihn bzw. sie zu Gesamtrechtsnachfolgern berufen wollte, dh ihnen einen Bruchteil seines Vermögens oder sogar das gesamte Vermögen zuwenden und sie somit zu Erben einsetzen wollte (BGH FamRZ 1972, 561 (563); BayObLG NJW-RR 1990, 1230; 1995, 1096). Von einem solchen Erblasserwillen kann dann ausgegangen werden, wenn der zugewendete Vermögensbestandteil nach seinem objektiven Wert das im Testament nicht genannte weitere Vermögen an Wert erheblich übertrifft (BayObLG ZEV 1995, 71 f.). Dies führt dann nicht zur Alleinerbeneinsetzung der durch die Zuwendung Bedachten, sondern hinsichtlich des nicht geregelten Bruchteils zur gesetzlichen Erbfolge (BayObLG FamRZ 1999, 62 (63): Erblasser verfügt in zwei zu verschiedenen Zeitpunkten errichteten Testamenten jeweils über ein Grundstück, ohne das noch vorhandene dritte Grundstück zu erwähnen; ebenso BayObLG NJW-RR 1998, 1230 bei testamentarischer Zuwendung bestimmter Gegenstände an verschiedene Personen, wobei ein wertvoller Vermögensgegenstand zwar aufgeführt, jedoch keinem Bedachten zugewiesen worden war).

4 **4. Rechtsfolge.** Hinsichtlich des nicht verteilten Bruchteils tritt die gesetzliche Erbfolge ein. Da der testamentarische Erbe auch zugleich gesetzlicher Erbe sein kann, ist durch Auslegung zu ermitteln, ob der Erblasser ihn auf die Bruchteileinsetzung beschränken wollte oder nicht. Fällt ein eingesetzter Erbe weg und greift nach Auslegung des Erblasserwillens weder die Ersatzerbfolge (§ 2096) noch die Anwachsung (§ 2094) ein, fällt der frei werdende Erbteil an die gesetzlichen Erben (Palandt/*Weidlich* Rn. 2).

5 **5. Recht in den neuen Bundesländern.** Das ZGB enthält keine dem § 2088 entsprechende Regelung. Bei Erbfällen seit dem 3.10.1990 gilt das BGB, auch wenn ein Testament vor diesem Zeitpunkt unter Geltung des ZGB errichtet wurde (Art. 235 § 1 I EGBGB).

§ 2089 Erhöhung der Bruchteile

> Sollen die eingesetzten Erben nach dem Willen des Erblassers die alleinigen Erben sein, so tritt, wenn jeder von ihnen auf einen Bruchteil der Erbschaft eingesetzt ist und die Bruchteile das Ganze nicht erschöpfen, eine verhältnismäßige Erhöhung der Bruchteile ein.

1 **1. Normzweck.** Die Vorschrift ist im Zusammenhang mit der Ergänzungsregel des § 2088 II zu sehen, wenn die Erbeinsetzung nicht den gesamten Nachlass umfasst. Sie ist **Auslegungsregel**, soweit ein konkreter Erblasserwille hin zur alleinigen Erbeinsetzung ermittelbar ist. Ergibt sich durch Auslegung (§ 133 und 2084, zu den Auslegungsmöglichkeiten und deren Überprüfbarkeit → § 2084 Rn. 2 ff., 25) ein anderer Erblasserwille, ist § 2089 nicht anwendbar (→ § 2087 Rn. 1).

2 **2. Voraussetzungen.** Auch bei § 2089 – ebenso wie bei § 2088 II – muss der Erblasser in seinem Testament mehrere Erben benannt und **alle Erben** mit einer **Quote** bedacht haben, ohne dabei den gesamten Nachlass zu 100 % zu verteilen. Im Gegensatz zu § 2088 II müssen bei § 2089 die testamentarisch bedachten Erben nach dem **Erblasserwillen** auch seine **alleinigen Erben** sein. Ergibt nämlich die Auslegung, dass der Erblasser mit den Erbeinsetzungen über die ganze Erbschaft verfügen wollte, so tritt hinsichtlich eines bei Zusammenrechnung der den einzelnen eingesetzten Erben zugewiesenen Bruchteile verbleibenden Restes nicht die gesetzliche Erbfolge ein, sondern eine Erhöhung der Anteile der eingesetzten Erben (BayObLG FamRZ 1990, 1278 (1279); Staudinger/*Otte* § 2088 Rn. 2). Eine Verfügung über einen Bruchteil der Erbschaft liegt auch dann vor, wenn der Erblasser nur die Zuwendung bestimmter Gegenstände erwähnt, diese aber als Erbeinsetzung aufgefasst hat, weil es sich um die wesentlichen Gegenstände des Nachlasses handelt. In einem solchen Fall werden die Nachlassgegenstände in Bruchteile des Nachlasses umgerechnet (BayObLG FamRZ 1990, 1278 (1279); BayObLGZ 166, 171 f.).

3. Rechtsfolgen. Die Rechtsfolge des § 2089 unterscheidet sich von derjenigen des § 2088 darin, dass der von der Verfügung nicht erfasste überschießende Nachlassanteil nicht an die gesetzlichen Erben verteilt wird, sondern eine verhältnismäßige Erhöhung der testamentarisch zugewandten Bruchteile erfolgt. Es gilt nicht das Verteilungsprinzip nach Köpfen, sondern nach dem Verhältnis der zugewandten Bruchteile zueinander. Bsp.: Soll A $1/3$, B und C je $1/6$ erhalten, sind $2/6$ unverteilt. Das Verhältnis der Erben lautet 2 zu 1 zu 1. Somit erhält A $1/2$ der unverteilten $2/6$, B und C je $1/4$ davon. § 2089 gilt nur, wenn alle Erben auf Bruchteile eingesetzt sind. Sind nur einige Erben quotal bedacht ua ohne Quoten als Erben eingesetzt, greift § 2092 I, so dass der überschießende Nachlassanteil unter den ohne Quote eingesetzten Erben nach Kopfteilen (§ 2091) aufgeteilt wird. 3

4. Recht in den neuen Bundesländern. Im ZGB ist eine dem § 2089 entsprechende Regelung in § 376 I ZGB vorgesehen, wonach eine verhältnismäßige Erhöhung der Bruchteile erfolgt. Bei allen Erbfällen seit dem 3.10.1990 gilt das BGB, auch wenn das Testament vorher unter Geltung des ZGB errichtet wurde (Art. 235 § 1 I EGBGB). 4

§ 2090 Minderung der Bruchteile

Ist jeder der eingesetzten Erben auf einen Bruchteil der Erbschaft eingesetzt und übersteigen die Bruchteile das Ganze, so tritt eine verhältnismäßige Minderung der Bruchteile ein.

1. Normzweck und Voraussetzungen. Die Vorschrift kommt zur Anwendung, wenn der Erblasser mehr verteilt als er hat. § 2090 ist das Gegenstück zu § 2089 und bezweckt die Aufrechterhaltung von letztwilligen Verfügungen, in denen der Erblasser rechnerisch mehr als 100 % seines Nachlasses in Bruchteilen an seine Erben verteilt hat, indem die Norm eine verhältnismäßige Minderung der Bruchteile zurück auf verteilungsfähige 100 % anordnet. Die Vorschrift gilt entsprechend beim Vermächtnis (§ 2157). Auch bei § 2090 muss der Erblasser **alle Erben auf Bruchteile** eingesetzt haben. Hat der Erblasser nur einige Erben auf Bruchteile gesetzt ua nicht, gilt § 2092. Weitere Voraussetzung ist, dass durch vorrangige Auslegung (§§ 133 u. 2084) **kein anderer Verteilungswille** des Erblassers festgestellt wird (BayObLG FamRZ 1984, 825). Bei **mehreren Testamenten** ist § 2090 idR nicht anwendbar, da gem. § 2258 im Zweifel in dem späteren Testament, das zur Überverteilung führt, zugleich ein (Teil-)Widerruf zu sehen ist, um die vollen Bruchteile der später eingesetzten Erben zu erhalten. 1

2. Rechtsfolge. § 2090 führt zu einer Minderung der Bruchteile, und zwar nicht nach Köpfen, sondern im **Verhältnis der Erbteile** zueinander. Bsp.: Sind A auf $1/3$, B auf $1/5$ und C auf $1/2$ eingesetzt, ist gemeinschaftlicher Nenner 30, womit A auf $10/30$, B auf $6/30$ und C auf $15/30$ eingesetzt und damit insgesamt $1/30$ zu viel verteilt ist. Das Zusammenzählen der Zähler 10, 6 und 15 ergibt den neuen Nenner 31. Auf diesen sind sie im Verhältnis 10, 6, 15 eingesetzt, so dass A $10/31$, B $6/31$ und C $15/31$ erhält. 2

3. Recht in den neuen Bundesländern. Das ZGB sieht in § 376 II ZGB eine dem § 2090 entsprechende Regelung betr. der verhältnismäßigen Minderung der Bruchteile vor. Bei Erbfällen nach dem 3.10.1990 gilt das BGB, auch wenn das Testament vorher unter Geltung des ZGB errichtet wurde (Art. 235 § 1 I EGBGB). 3

§ 2091 Unbestimmte Bruchteile

Sind mehrere Erben eingesetzt, ohne dass die Erbteile bestimmt sind, so sind sie zu gleichen Teilen eingesetzt, soweit sich nicht aus den §§ 2066 bis 2069 ein anderes ergibt.

1. Normzweck und Voraussetzungen. Die Vorschrift gilt als **subsidiäre Ergänzungsregel** erst dann, wenn andere Auslegungswege nicht zu einem klaren Ergebnis führen (BGH NJW-RR 1990, 391 (392)). Voraussetzung ist, dass bei Einsetzung mehrerer Erben für keinen ein Bruchteil bestimmt worden ist. Bei teilweiser Einsetzung auf Quoten gilt § 2092. Erst wenn durch **vorrangige Auslegung** zunächst nach §§ 133, 2084 (zum Gesamtgefüge der Auslegungsmöglichkeiten und deren Überprüfbarkeit → § 2084 Rn. 2 ff., 25), dann nach der Auslegungsregel des § 2087 und schließlich den Auslegungsregeln der §§ 2066–2069 **kein Erblasserwille** ermittelbar ist, gilt die Ergänzungsregel, dass bei Nichtbestimmung der Erbteile im Zweifel von gleichen Erbteilen nach Köpfen auszugehen ist (BayObLG NJW-RR 1999, 1311 (1312); 1990, 1419; FamRZ 1986, 610 (611)). Ein abweichender Erblasserwille kann sich wörtlich oder sinngemäß aus dem Testament ergeben. Eine Erbeinsetzung kann vorliegen bei Aufteilung des Vermögens durch Zuwendung einzelner Gegenstände oder der Zuwendung von Vermögensgruppen (→ § 2087 Rn. 6, 7 ff.) an verschiedene Personen. Dann richtet sich die Erbquote idR nach dem Wertverhältnis der einzelnen zugewendeten Gegenstände zum Gesamtwert des Nachlasses bzw. aller Teile (BGH NJW-RR 1990, 391 (392); BayObLG NJW-RR 1998, 1230; OLG München ZEV 2007, 383 (384)). Entscheidend ist der jeweilige Erblasserwille. Wenn dem Erblasser der rechtliche Unterschied zwischen 1

Erbeinsetzung und Vermächtnis bekannt war, kann auch eine testamentarische Erbeinsetzung zu gleichen Teilen vorliegen, wenn der Erblasser einen Teil seiner gesetzlichen Erben unter Ausschluss anderer gesetzlicher Erben ausdrücklich zu Erben einzelner Vermögensgegenstände einsetzt, die einen wesentlichen Teil des Erblasservermögens, nicht aber sein gesamtes Vermögen ausmachen (BayObLG FamRZ 1993, 1250 f.). Ist eine Person neben anderen Personen als „Haupterbin" bezeichnet, so muss daraus nicht geschlossen werden, dass ihr Erbteil größer ist als derjenigen der anderen oder dass sie als Alleinerbin eingesetzt wird (BayObLG FamRZ 1992, 228). Hat der Erblasser angeordnet, dass sein „übriges Vermögen" aufgeteilt werden soll, so hat er damit eine Verfügung getroffen, die über eine unbestimmte Erbeinsetzung iSd § 2091 hinausgeht (BayObLG NJW-RR 1990, 1417 (1418)). Auch kann der Erblasser bei einer Aufteilung in Gruppen eine Verteilung entsprechend der Erbfolge nach Stämmen bezwecken – entgegen des in § 2091 vorgesehenen Kopfprinzips (OLG Frankfurt a. M. FamRZ 1994, 327 f.). Nach der individuellen Testamentsauslegung ist sodann insbes. bei der Zuwendung einzelner Vermögensgegenstände die **Auslegungsregel des § 2087** zu beachten. Schließlich sind vorrangig ebenfalls die **Auslegungs- und Ergänzungsregeln der §§ 2066–2069** anzuwenden, wonach die als solche bezeichneten „gesetzlichen Erben", „Verwandte" etc jeweils im Verhältnis ihrer gesetzlichen Erbteile erben, nicht nach Köpfen. Möglich ist auch eine analoge Anwendung des § 2066, zB bei Einsetzung von Stiefkindern und deren Kindern (BayObLG FamRZ 1986, 610 (611)). Die §§ 2066 ff. kommen jedoch dann nicht zur Anwendung, wenn der Erblasser seine Erben namentlich und nicht als „gesetzliche Erben" (BGH NJW-RR 1990, 391 (392)) oder durch andere individualisierende Merkmale bezeichnet hat. In diesem Fall gilt § 2091. Auch reine Teilungsanordnungen sind nicht als Erbteilsbestimmung anzusehen und schließen damit die Anwendung des § 2091 nicht aus (BayObLG FamRZ 1985, 312 (313 f.)).

2 **2. Rechtsfolge.** Die Bedachten erben zu gleichen Teilen (nach Köpfen). Sind mehrere Personen auf einen gemeinschaftlichen Erbteil eingesetzt (§ 2093) so erben sie den gemeinschaftlichen Teil mangels anderer Anhaltspunkte ebenso zu einheitlichen Teilen. Sind mehrere Gruppen von Erben (zB meine Kinder) oder gemeinschaftliche Erbteile iSd § 2093 angeordnet, so erfolgt die Quotelung zunächst im Verhältnis der Gruppen bzw. gemeinschaftlichen Erbteile zueinander und erst innerhalb der Gruppe nach der Regel des § 2091 (Staudinger/*Otte* Rn. 2 mwN; BayObLG NJW-RR 1999, 1311 (1312): Eheleute).

3 **3. Recht in den neuen Bundesländern.** Das ZGB enthält in § 377 I ZGB eine entsprechende Ergänzungsregel zu § 2091 mit Ausnahme des Hinweises auf die vorrangigen Auslegungsregeln. Dafür enthält § 377 II ZGB eine dem § 2067 entsprechende Bestimmung, so dass bei Einsetzung der Verwandten die Regel des Abs. 1 durch die Ausnahmevorschrift des Abs. 2 ausgeschlossen wird. Aber auch in den von §§ 2066, 2068, 2069 geregelten Fällen wird man bei Auslegung eines Testaments, welches in den Anwendungsbereich des ZGB fällt, idR zu dem Schluss kommen, dass der Erblasser eine anderweitige Bestimmung getroffen hat (Bamberger/Roth/*Litzenburger* Rn. 5). Auf alle nach dem 3.10.1990 eingetretenen Erbfälle kommt das Erbrecht des BGB zur Anwendung, auch wenn das Testament vorher unter Geltung des ZGB errichtet wurde (Art. 235 § 1 I EGBGB).

§ 2092 Teilweise Einsetzung auf Bruchteile

(1) Sind von mehreren Erben die einen auf Bruchteile, die anderen ohne Bruchteile eingesetzt, so erhalten die letzteren den freigebliebenen Teil der Erbschaft.

(2) Erschöpfen die bestimmten Bruchteile die Erbschaft, so tritt eine verhältnismäßige Minderung der Bruchteile in der Weise ein, dass jeder der ohne Bruchteile eingesetzten Erben so viel erhält wie der mit dem geringsten Bruchteil bedachte Erbe.

1 **1. Normzweck.** Die Vorschrift ist **Auslegungsregel** zur Erbteilsbestimmung, wenn der Erblasser bei einer Mehrzahl von Erben einige auf einen Bruchteil gesetzt und für die anderen Erben keine entsprechende Bestimmung getroffen hat. Bei Vermächtnissen gilt die Vorschrift entsprechend (§ 2157).

2 **2. Regelung Abs. 1.** Bei einer Mehrzahl von Erben hat der Erblasser eine Gruppe der Erben jeweils auf gleiche oder auch unterschiedliche Bruchteile gesetzt, während er für die anderen Erben eine entsprechende Bestimmung nicht getroffen hat, wobei die Zusammenrechnung der Bruchteile nicht den gesamten Nachlass erschöpft, sondern eine Restquote verbleibt. Rechtsfolge des Abs. 1 ist, dass der frei gebliebene Nachlassteil auf die zweite Gruppe der Erben, die ohne Erbteilsbestimmung eingesetzt ist, verteilt wird, und zwar gem. § 2091 nach dem Kopfteilprinzip. Bsp.: A ist auf $1/2$, B auf $1/4$, C und D ohne Bruchteil eingesetzt. Vom verbleibenden Teil ($1/4$) erhalten C und D je $1/8$. Voraussetzung ist, dass kein entgegenstehender Wille des Erblassers ermittelt werden kann. Insbesondere bei unterschiedlichen Erbeinsetzungen in mehreren Testamenten kann die in einem späteren Testament verfügte Einsetzung ohne Bruchteil als Zuwendung des Ganzen und damit als (Teil-)Widerruf des früheren Testaments anzusehen sein (§ 2258).

3 **3. Regelung Abs. 2.** Erfasst wird der umgekehrte Fall zu Abs. 1, dass bei einer Mehrzahl von Erben einige Erben auf einen Bruchteil gesetzt und für die anderen Erben keine entsprechende Bestimmung getroffen wurde, jedoch die Addition der Bruchteilsquoten bereits den gesamten Nachlass zu 100 % aufzehrt oder sogar übersteigt, ohne dass der Erblasser dies beabsichtigt hat, so dass die ohne Bruchteilsangabe eingesetzten Erben nichts erhalten würden. Sind die bestimmten Bruchteile gleich, erhalten die ohne Bruchteil Eingesetzten gleichgroße Anteile wie die anderen; sind sie unterschiedlich groß, erhalten

sie jeweils so viel wie der Erbe mit dem kleinsten Bruchteil. Die Vorschrift gilt entsprechend, wenn neben mehreren Erben, die auf einen Bruchteil gesetzt wurden, nur ein Erbe ohne quotenmäßige Bestimmung eingesetzt wurde (Bamberger/Roth/*Litzenburger* Rn. 2). Da die Summe der Bruchteile das Ganze erreicht oder sogar übersteigt, ist anschließend eine verhältnismäßige Minderung der Bruchteile gem. § 2090 vorzunehmen. § 2092 II verknüpft die Regelung des § 2081 mit der Regelung des § 2090. **Bsp.:** A ist zu $^2/_3$, B zu $^1/_3$ sowie C und D ohne Bruchteilsbestimmung zu Erben eingesetzt. So fingiert man zunächst für C und D gem. Abs. 2 einen Erbteil von $^1/_3$, also den gleichen wie bei B. Danach sind die Anteile gem. § 2090 zu mindern. Der gemeinsame Nenner aller dieser Bruchteile ist 3. Aus der Addition aller Zähler ergibt sich der neue Nenner 5 (= 2 + 1 + 1 + 1). Danach erhält A $^2/_5$, B, C und D je $^1/_5$ des vorhandenen Nachlasses. Ist die Überverteilung des Nachlasses auf die Erbeinsetzung in mehreren Testamenten zurückzuführen, kann hierin gem. § 2058 im Zweifel in dem späteren Testament, das zur Überverteilung führt, zugleich ein (Teil-)Widerruf zugunsten der später eingesetzten Erben vorliegen.

4. Recht in den neuen Bundesländern. Eine § 2092 entsprechende Regelung sieht das ZGB nicht vor. Bei Erbfällen nach dem 3.10.1990 gilt das BGB, auch wenn das Testament vor diesem Zeitpunkt unter Geltung des ZGB errichtet wurde (Art. 235 § 1 I EGBGB).

§ 2093 Gemeinschaftlicher Erbteil

Sind einige von mehreren Erben auf einen und denselben Bruchteil der Erbschaft eingesetzt (gemeinschaftlicher Erbteil), so finden in Ansehung des gemeinschaftlichen Erbteils die Vorschriften der §§ 2089 bis 2092 entsprechende Anwendung.

1. Normzweck und Voraussetzungen. Die Vorschrift enthält eine Legaldefinition des gemeinschaftlichen Erbteils. Sie erklärt die §§ 2089–2092 auch für den Fall anwendbar, dass mehrere Erben auf einen gemeinsamen Erbteil eingesetzt sind, was durch Auslegung zu ermitteln ist (BayObLG NJW-RR 1999, 1311 (1312); FamRZ 1988, 214f.; 1977, 275f.). Entscheidend für die Auslegung hin zum gemeinschaftlichen Erbteil ist nicht die bloße sprachliche Zusammenfassung oder eine Gesamtbezeichnung, sondern vielmehr der Gedanke der gewollten engeren Gemeinschaft einzelner oder mehrerer Erben im Verhältnis zu den übrigen. Hierbei ist auf sachliche Gesichtspunkte, wie etwa besonders enge persönliche Beziehungen der auf einen Bruchteil eingesetzten Erben untereinander, oder gemeinsame Beziehungen zum Erbschaftsgegenstand abzustellen (BayObLG FamRZ 1977, 275 (276)). Neben dem Wortlaut des Testaments kann auch der Aufbau des Testaments, das Fehlen einer auf Gruppenbildung unter mehreren Erben deutenden Gliederung des Testaments, Auslegungskriterium sein (BayObLG NJW-RR 1999, 311 (312)). Für die Auslegung eines gemeinschaftlichen Erbteiles ist eine bloße sprachliche Darstellung, dass der Nachlass zu gleichen Teilen an ein Kind und mehrere Enkelkinder gehe, nicht ausreichend (BayObLG FamRZ 1988, 214f.). Auch die Bezeichnung „Eheleute" ist noch kein hinreichendes Beweisanzeichen für einen gemeinschaftlichen Erbteil (BayObLG NJW-RR 1999, 1311 (1312)). Aus Erblassersicht muss eine persönliche (zB Kinder aus erster Ehe) oder eine sachliche Rechtfertigung (zB Clubmitglieder) für die Gruppenzugehörigkeit der eingesetzten Erben bestehen (Bamberger/Roth/*Litzenburger* Rn. 1). Im Vergleich zu den anderen Erben muss also eine engere Gemeinschaft gewollt sein.

2. Rechtsfolgen. Sind mehrere Erben iSd § 2093 vom Erblasser zu einer Gruppe zusammengefasst worden, so finden die Vorschriften der §§ 2089–2092 sowie die Anwachsung gem. § 2094 II nicht im Verhältnis aller Erben, sondern nur im Rahmen der Erbengruppe entsprechende Anwendung. Weitere Auswirkungen hat der „gemeinschaftliche Erbteil" nicht. Insbesondere entsteht keine Untererbengemeinschaft, vielmehr ist jeder Erbe mit seinem Bruchteil unmittelbar selbst an der Erbengemeinschaft beteiligt und kann seinen Anteil allein veräußern (§ 2033). Auf Vermächtnisse ist die Vorschrift entsprechend anwendbar (§ 2157).

3. Recht in den neuen Bundesländern. Eine dem § 2093 entsprechende Regelung sieht das ZGB nicht vor. Bei Erbfällen nach dem 3.10.1990 gilt das BGB, auch wenn das Testament vorher unter Geltung des ZGB errichtet wurde (Art. 235 § 1 I EGBGB).

§ 2094 Anwachsung

(1) ^{1}Sind mehrere Erben in der Weise eingesetzt, dass sie die gesetzliche Erbfolge ausschließen, und fällt einer der Erben vor oder nach dem Eintritt des Erbfalls weg, so wächst dessen Erbteil den übrigen Erben nach dem Verhältnis ihrer Erbteile an. ^{2}Sind einige der Erben auf einen gemeinschaftlichen Erbteil eingesetzt, so tritt die Anwachsung zunächst unter ihnen ein.

(2) Ist durch die Erbeinsetzung nur über einen Teil der Erbschaft verfügt und findet in Ansehung des übrigen Teils die gesetzliche Erbfolge statt, so tritt die Anwachsung unter den eingesetzten Erben nur ein, soweit sie auf einen gemeinschaftlichen Erbteil eingesetzt sind.

(3) Der Erblasser kann die Anwachsung ausschließen.

1. Normzweck. Die Vorschrift ist eine dispositive **Ergänzungsnorm** (BayObLG FamRZ 1996, 1240). § 2094 regelt in Fällen gewillkürter Erbfolge, die die gesetzliche Erbfolge ausschließt, die Erhöhung (Anwachsung) des Erbteils, wenn ein Miterbe wegfällt. Die Norm stellt damit das Gegenstück zu § 1935 dar, der die Erhöhung der Erbteile bei gesetzlicher Erbfolge regelt. Die Anwachsung setzt voraus, dass der Erblasser durch die Einsetzung mehrerer Erben (auch mehrerer Vor- oder Nacherben) die gesetzliche Erbfolge völlig ausgeschlossen hat. Es gilt dann die Vermutung, dass bei Wegfall eines Miterben dessen Erbteil nach dem Erblasserwillen den übrigen zukommen soll.

2   **2. Tatbestandsvoraussetzungen. a) Vollständiger Ausschluss der gesetzlichen Erbfolge.** Zunächst muss der Erblasser die gesetzliche Erbfolge durch testamentarische Verfügung unmittelbar und vollständig ausgeschlossen haben. Daneben lässt sich dieser Ausschluss auch aus der Anwendung des § 2089 folgern. Letztere Norm kommt nur zur Anwendung, wenn der Erblasser die Bruchteile falsch bestimmt hat. Im Rahmen der Anwendbarkeit des § 2094 müssen überhaupt keine Vermögensbruchteile zugewendet werden. Ausreichend ist zB, dass die Bruchteile nach § 2091 bestimmbar sind oder einzelne Vermögensgegenstände (BayObLG NJW-RR 1995, 1096 (1097 f.), → § 2087 Rn. 5) zugewendet werden, solange die gesetzliche Erbfolge aufgrund der Erbeinsetzung (bzw. Vermächtnisanordnung) verdrängt wird. In allen Fällen bringt der Erblasser zum Ausdruck, dass die gesetzlichen Erben zugunsten der in seiner Verfügung benannten Erben auszuschließen sind. Dieser Vermutung folgt auch § 2094 I 2, der bei Wegfall eines – mit anderen auf einen Bruchteil gesetzten – Miterben bestimmt, dass dann die Anwachsung zunächst unter den übrigen – auf diesen Bruchteil gesetzten – Miterben erfolgt.

3   **b) Ausnahme Teilanwachsung.** § 2094 II stellt eine weitere Sonderregelung bei Wegfall eines auf einen gemeinsamen Erbteil gesetzten Miterben dar. Bei Wegfall eines von mehreren auf einen gemeinschaftlichen Erbteil gesetzten Miterben kommt eine Teilanwachsung bei den verbliebenen Miterben dieses Erbteils in Betracht, sogar dann, wenn der Erblasser nur über einen Teil seines Vermögens testamentarisch verfügt hat und iÜ die gesetzliche Erbfolge gilt.

4   **c) Wegfall eines Miterben** ist jedes Ereignis, durch das ein vom Erblasser tatsächlich als einer von mehreren eingesetzten Erben von der Erbfolge ausgeschlossen wird. Dabei ist es wirkungslos, ob er vor oder nach dem Eintritt des Erbfalls wegfällt, soweit im Fall des Letzteren der Wegfall mit Wirkung auf den Zeitpunkt des Erbfalls eintritt (RGZ 95, 97 (98)). Der Wegfall **vor** Eintritt des Erbfalls kann durch Tod des Erben, § 1923 I, durch Totgeburt der als Erben eingesetzten Leibesfrucht, § 1923 II, durch Eintritt einer auflösenden Bedingung (Staudinger/*Otte* Rn. 6) oder durch Zuwendungsverzicht nach § 2352 begründet sein. **Nach** dem Erbfall muss ein Wegfall eines Miterben in folgenden Fällen berücksichtigt werden: Bei Ausschlagung gem. § 1953 I, auch des Erbeserben, § 1952 und als Fiktion der Annahmeanfechtung, § 1957 I Hs. 1 (BayObLG FamRZ 2005, 1127 f.; OLG München ZEV 2006, 554 f.) sowie bei der Erbunwürdigkeitserklärung, § 2344 I). Auch im Rahmen der Nichterteilung einer nach Art. 86 EGBGB erforderlichen Genehmigung (RGZ 95, 97 (98)) oder im Zweifel bei Nichterleben einer aufschiebenden Bedingung, § 2074 (MüKoBGB/*Schlichting* Rn. 3) ist ein Fall des nachträglichen Wegfalls iSd Vorschrift gegeben. Ebenso kann eine Anwachsung bei einer auflösenden Bedingung erfolgen (OLG München ZEV 2006, 411 f.). Der als Schlusserbe in einem Ehegattentestament eingesetzte Abkömmling verlangte hier nach dem ersten Todesfall trotz testamentarisch vorgesehener Verwirkungsklausel seinen Pflichtteil: Die Schlusserbeneinsetzung entfällt in diesem Fall – idR auch mit Wirkung für seinen Abkömmling (BayObLG NJW-RR 1996, 262 f.). Die Anwachsung nach § 2094 gilt anstatt des § 2069 als gewollt (OLG München FamRZ 2011, 1691 f.; ZEV 2008, 341 f.).

5   Umstritten ist, ob auch bei der **Nichtigkeit oder Unwirksamkeit einer Erbeinsetzung** ein Fall des nachträglichen Wegfalls eines Miterben iSd Vorschrift vorliegt. Nach wohl noch herrschender Meinung (RGZ 95, 97; Palandt/*Weidlich* Rn. 2; RGRK/*Johannsen* Rn. 2; Jauernig BGB/*Stürner* Rn. 2; diff. nach dem Nichtigkeitsgrund: Staudinger/*Otte* Rn. 2, § 2089 Rn. 9; Soergel/*Loritz* Rn. 6) ist § 2094 dann nicht anwendbar. Die rückwirkende Anfechtung gem. §§ 2078, 2079 und erst recht die anfängliche Unwirksamkeit oder Nichtigkeit einer Erbeinsetzung (Verstoß gegen §§ 7, 27 BeurkG; aufgrund von § 2077, § 2070 oder wegen Sittenwidrigkeit gem. § 138) seien kein „Wegfall" eines Miterben (bejahend nur bei Feststellung der Nichtigkeit von Anfang an, bei Anfechtung (§§ 2078, 2079) jedoch als Wegfall wertend: Palandt/*Weidlich* Rn. 2). Wegfallen könne nur ein zuvor berufener Erbe. Eine Erbenstellung bestehe unter diesen Umständen nicht. § 2089 käme gerade im Fall der anfänglichen Unwirksamkeit zur Anwendung. Dieser Ansicht ist jedoch entgegenzusetzen, dass ihr sprachliches Argument Schwächen aufweist, auch insoweit, als ähnliche Bedenken nicht zu dem gleichlautenden Wortlaut des § 2096 angeführt werden (MüKoBGB/*Schlichting* Rn. 3). Im Rahmen einer teleologischen Auslegung gebührt dem Sinn und Zweck der Anwachsungsregel der Vorrang. Auch ist für eine Anwachsung der Wille des Erblassers maßgebend. Nach dem Regelungszweck des Gesetzes ist davon auszugehen, dass grds. eine vollständige und umfassend geregelte Erbfolge gewollt ist (vgl. Lange/Kuchinke ErbR § 27 Kap. VIII Rn. 2). Folglich wird es dem Erblasser gleichgültig sein, aus welchem Grund eine von ihm getroffene Verfügung keine Rechtswirkungen entfaltet. Aufgrund der vergleichbaren Ausgangslage ist § 2094 daher nach einer im Vordringen befindlichen Ansicht auch in allen Nichtigkeitsfällen einschlägig (KG NJW 1956, 1523; MüKoBGB/*Schlichting* Rn. 3; Bamberger/Roth/*Litzenburger* Rn. 2; für analoge Anwendung Erman/ *M. Schmidt* Rn. 2).

6   **3. Ausschluss der Anwachsung.** Gem. § 2094 III kann der Erblasser die Anwachsung durch eine testamentarische Verfügung ausschließen, und zwar allgemein, im Hinblick auf alle Erben, als auch nur hinsichtlich einzelner Miterben. Für den Ausschluss genügt die nicht ausdrückliche Erklärung in der Verfügung von Todes wegen, solange sich der Ausschluss nach § 2094 III aus dem Gesamtinhalt der Verfügung mit hinreichender Sicherheit entnehmen lässt (BayObLG FamRZ 1993, 736; KG FamRZ

1977, 344). Ein gesetzlich vorgesehener Fall der Ausschließung ist die Einsetzung eines Ersatzerben, der der Anwachsung gem. § 2099 vorgeht (BayObLG FamRZ 1993, 736). Eine Ersatzerbenberufung kann sich auch aus der Auslegungsregel des § 2069 ergeben (BayObLG FamRZ 1991, 614). Ersatzerbe ist gem. § 2102 I im Zweifel auch der Nacherbe. Fällt ein Nacherbe nach dem Erbfall weg, geht die Vererblichkeit des Nacherbenrechts im Zweifel dem Anwachsungsrecht vor (§ 2108 II 1), sofern nicht ein entgegenstehender Wille des Erblassers festzustellen ist (BayObLG FamRZ 1996, 1240). Entgegen § 2304 ist die Erbeinsetzung auf den „Pflichtteil" idR auch als dessen Ausschluss von der Anwachsung anzuerkennen (RG HRR 1928 Nr. 960). Voraussetzung ist, dass sich der Erblasserwille auch tatsächlich auf die Vorstellung des möglichen Wegfalls eines Miterben bezieht und dementsprechend eine abweichende gesetzliche Regelung getroffen wurde (RGRK/*Johannsen* Rn. 7). Um keinen Anwachsungsausschluss handelt es sich grds. bei der bloßen Einsetzung der Erben auf bestimmte Bruchteile (BayObLG FamRZ 1993, 736). **Beweislast:** Da grds. die Anwachsung dem wirklichen oder mutmaßlichen Erblasserwillen entgegenkommt, trägt derjenige die Beweislast für den Ausschluss, der sich auf ihn beruft (allgemeine Beweislastregel bei bestimmter Testamentsauslegung: BGH NJW 1993, 2168f.; BayObLG NJW-RR 1992, 73; OLG Hamburg FamRZ 1988, 1322f.).

4. Folgen der Anwachsung. Infolge der Anwachsungsregel nach § 2094 werden die Erbteile der anwachsungsberechtigten Miterben vergrößert. Zu beachten ist, dass niemals gesetzliche Erben anwachsungsberechtigt sind, sondern nur eingesetzte Erben. Die Erbteile der übrigen Miterben erhöhen sich nach dem Verhältnis ihrer Erbteile, so dass also kein neuer Erbteil hinzukommt. Der anwachsende Erbteil kann nicht gesondert angenommen oder ausgeschlagen werden, § 1950. Grundsätzlich ist er somit nicht selbständig. Lediglich die Vorschrift des § 2095 führt dazu, dass der zu errechnende angewachsene Erbteil als selbständiger Erbteil fingiert wird. Dies dient der Erhaltung vorteilhafter Rechtspositionen, die eigentlich nur mit dem zugewachsenen Erbteil verknüpft sind. Entsprechend besonders wird der angewachsene Teil in folgenden Fällen behandelt: Im Zusammenhang mit der Beschwerung mit Vermächtnissen und Auflagen sowie mit der Ausgleichungspflicht, § 2095, bei der Haftung für Nachlassverbindlichkeiten, § 2007, sowie beim Umfang des Nacherbenrechts, § 2110, und hinsichtlich des Rechts des Erbschaftskäufers, § 2374 S. 1. **Bsp.:** Der Erblasser hat durch letztwillige Verfügung A auf $^1/_3$, B auf $^1/_2$ und C auf $^1/_6$ des gesamten Nachlasses eingesetzt. Fällt A weg, wächst sein Anteil B und C an. B und C erhalten also den frei gewordenen Anteil von A nach dem Verhältnis ihrer Bruchteile zueinander (3 : 1). B erhält also $^3/_4$ von dem frei gewordenen $^1/_3$ (= $^1/_4$) und C bekommt $^1/_4$ (= $^1/_{12}$) davon hinzu. IErg erhalten B $^3/_4$ und C $^1/_4$ des gesamten Nachlasses. Da die Anwachsung mit Wirkung auf den Zeitpunkt des Erbfalls erfolgt, profitiert auch der Erbeserbe beim Wegfall eines Miterben gem. § 2094. Sind einzelne Miterben von der Anwachsung ausgeschlossen worden, nehmen nur diese nicht an der Anwachsung teil. Fallen Sie selbst weg, wächst ihr frei gewordener Anteil den übrigen Miterben im Verhältnis ihrer Erbteile an. IdR entspricht es nämlich nicht dem Willen des Erblassers, nun teilweise doch die gesetzliche Erbfolge eintreten zu lassen. Ist die Anwachsung jedoch gem. § 2094 III insgesamt ausgeschlossen, gilt bei Wegfall eines Miterben die gesetzliche Erbfolge nach dem Erblasser.

5. Schlusserbeneinsetzung und Wechselbezüglichkeit. Bei der Anwachsung erstreckt sich die Bindungswirkung eines gemeinschaftlichen Testaments, auch wenn sie sich nicht aus der individuellen Auslegung ergibt, sondern nur aus der Zweifelsregelung des § 2270 II folgt, auf den Erbteil insgesamt einschließlich des ihm angewachsenen Erbteils. Die Anwachsung stellt keine Auslegungsregel dar, sondern ist eine gesetzliche Ausgestaltung der Erbeinsetzung. Der angewachsene Erbteil hat keine rechtliche Selbständigkeit. Durch § 2094 wird unmittelbar der Erbteil des verbliebenen Schlusserben umgestaltet und erweitert (OLG Nürnberg FamRZ 2017, 1624). Dies gilt auch bei Anwachsung infolge des Auslösens der Pflichtteilsstrafklausel (BayObLG FamRZ 2004, 1672) oder bei Anwachsung infolge Zuwendungsverzichts gegen Abfindung (OLG Hamm FamRZ 2015, 1057). Soll der überlebende Ehegatte nach Auslösen der Pflichtteilsstrafklausel oder im Falle eines späteren Zuwendungsverzichts über den betreffenden Erbteil wieder frei verfügen können, muss sich dies bereits aus dem gemeinschaftlichen Testament ergeben, zB durch Ausschluss der Anwachsung oder Wegfall der Bindungswirkung für diese Fälle.

6. Recht in den neuen Bundesländern. Der § 2094 ist vergleichbar mit der Regelung des § 379 I u. II ZGB, die jedoch nicht den Begriff der Anwachsung verwenden. Diese Vorschrift greift dabei ausdrücklich nur bei Tod des eingesetzten Erben vor dem Erbfall, Erbschaftsausschlagung oder Erbunwürdigkeitserklärung ein, so dass bei Nichtigkeit der Unwirksamkeit keine Anwachsung eintritt. Die Anwachsung gem. § 379 I ZGB erfolgt jedoch nicht, wenn entweder der weggefallene Miterbe ein Nachkomme des Erblassers ist (§ 379 I ZGB) oder der Erblasser einen Ersatzerben bestimmt hat (§ 379 II ZGB) (OLG Naumburg Rpfl 1995, 415). Bei Erbfällen seit dem 3.10.1990 gilt das BGB, auch wenn das Testament vorher unter Geltung des ZGB errichtet wurde (Art. 235 § 1 I EGBGB).

§ 2095 Angewachsener Erbteil

Der durch Anwachsung einem Erben anfallende Erbteil gilt in Ansehung der Vermächtnisse und Auflagen, mit denen dieser Erbe oder der wegfallende Erbe beschwert ist, sowie in Ansehung der Ausgleichungspflicht als besonderer Erbteil.

1. Normzweck und Voraussetzungen. Die Vorschrift dient sowohl dem Schutz des Anwachsungsberechtigten als auch dem Schutz der Vermächtnisnehmer bzw. Auflageberechtigten. Gem. §§ 2161, 2192 bleiben Vermächtnis und Auflage im Zweifel auch bei Wegfall des Beschwerten wirksam. Im Interesse des Anwachsungsberechtigten soll durch die Anwachsung sein ursprünglicher Erbteil nicht wegen der Beschwer des zusätzlichen Erbteils gemindert werden. Vermächtnisnehmer und Auflagenberechtigte sollen wiederum nicht darunter leiden, dass der ursprüngliche Erbteil des Anwachsungsberechtigten höher belastet ist als jener mit dem Vermächtnis bzw. der Auflage beschwerte angewachsene Erbteil. Anwendungsvoraussetzung ist eine Anwachsung iSd § 2094 und dass einer der Erbteile mit Vermächtnissen (vgl. § 1939) oder Auflagen (vgl. § 1940) belastet ist.

2 2. **Rechtsfolgen.** Die Anwachsung gem. § 2094 führt grds. nicht zu zwei selbständigen Erbteilen, sondern bewirkt lediglich eine Bruchteilserhöhung. So kann eine Annahme und Ausschlagung der Erbschaft nur einheitlich erfolgen. § 1951 ist nicht anwendbar (MüKoBGB/*Schlichting* Rn. 2). § 2095 bestimmt, dass diese Einheitlichkeit nicht in Ansehung der Beschwerung des Zuwachses mit Vermächtnissen oder Auflagen und der Ausgleichungspflicht nach § 2052 gilt und **fingiert** deshalb eine **Trennung in zwei selbständige Haftungsmassen** (Bamberger/Roth/*Litzenburger* Rn. 2; Palandt/*Weidlich* Rn. 1). Dies hat zur Folge, dass der Erbe sich bei Erschöpfung des eigentlich belasteten Erbteils auf die § 1991 IV, § 1992 berufen kann (MüKoBGB/*Schlichting* Rn. 3). Auch haftet der Erbe gem. §§ 2095, 2007 S. 2 nur mit dem belasteten Erbteil, wenn der ursprüngliche und der angewachsene Erbteil nicht einheitlich belastet sind. Die Aufteilung der Pflichtteilslast ist gem. § 2318 anteilig auf Erben und Vermächtnisnehmer bzw. Auflageberechtigte für jeden (fiktiven) Erbteil gesondert zu berechnen (allgM Palandt/*Weidlich* Rn. 1; MüKoBGB/*Schlichting* Rn. 3). Die Vorschrift ist dispositiv. Der Erblasser kann eine abweichende Bestimmung anordnen, soweit er damit nicht in zwingende Rechte eingreift, wie jene der Pflichtteilsberechtigten nach §§ 2306 I, 2318 III bzw. der zwingenden Vorschriften über die Beschränkung der Erbenhaftung gem. § 2007 (Staudinger/*Otte* Rn. 2; Palandt/*Weidlich* Rn. 2).

3 3. **Recht in den neuen Bundesländern.** Im ZGB besteht zwar keine dem § 2095 entsprechende Vorschrift, dennoch wird man im Rahmen der Ausdehnungsregel des § 372 ZGB zu gleichen Ergebnissen gelangen (Damrau/Tanck/*Stehlin* Rn. 1). Bei Erbfällen seit dem 3.10.1990 gilt das BGB, auch bei Testamentserrichtung vorher unter Geltung des ZGB (Art. 235 § 1 I EGBGB).

§ 2096 Ersatzerbe

Der Erblasser kann für den Fall, dass ein Erbe vor oder nach dem Eintritt des Erbfalls wegfällt, einen anderen als Erben einsetzen (Ersatzerbe).

1 1. **Normzweck und Voraussetzungen.** Die Norm erweitert den Gestaltungsrahmen für letztwillige Verfügungen und stärkt damit den Erblasserwillen. Im Rahmen der **gewillkürten Erbfolge** hat der Erblasser dadurch die Möglichkeit, seine Erbanordnungen, auch seine gesetzliche Erbfolge, durch Anordnung von Nacherbschaft (§ 2100) und/oder Ersatzerbschaft (§§ 2096-2099) zu ergänzen und erweiternd zu testieren. Die **Unterscheidung Ersatzerbschaft zur Nacherbschaft** erfolgt dadurch, dass der Ersatzerbe sofort mit dem Erbfall Rechtsnachfolger des Erblassers wird und nicht erst später, nachdem zunächst ein anderer (Vor-)Erbe war. In der Praxis bereitet die Abgrenzung der Ersatz- von der Nacherbschaft oft Schwierigkeiten, weil die Worte „Ersatzerbe", „Schlusserbe" und „Nacherbe" im allgemeinen Sprachgebrauch oft ohne Unterscheidung verwendet werden. Was gewollt ist, ist durch Auslegung zu ermitteln, wobei auf den Erblasserwillen zum Zeitpunkt der Testamentserrichtung abzustellen ist, insbes. darauf, welchen Zweck der Erblasser mit seiner Regelung erreichen wollte (OLG Hamm Rpfl 2003, 436 (438)). Führt die Auslegung zu keinem Ergebnis, greift die Auslegungsregel des § 2102 II und es ist im Zweifel von einer Ersatzerbschaft auszugehen (BayObLG FamRZ 2000, 983 (985); 1998, 1332 f.). Durch die Benennung von Ersatzerben kann der Erblasser die von ihm gewünschte Erbfolge auch für den Fall sichern, dass der zunächst Berufene nicht Erbe sein kann bzw. will. Mit der Ersatzerbfolge werden die Anwachsung (§ 2099) und der Eintritt der gesetzlichen Erbfolge ausgeschlossen.

2 2. **Tatbestandsvoraussetzungen. a) Wegfall des Erben.** Der Ersatzerbe wird nur dann Erbe, wenn der Erstberufene (Mit-)Erbe niemals Erbe geworden ist. Daher ist die Einsetzung des Ersatzerben aufschiebend bedingt durch den Wegfall des Erstberufenen. Der Wegfall kann vor oder nach dem Erbfall eintreten. Die Wegfallgründe sind vielfältig. Anders als bei der Anwachsung (§ 2094, bei der dies höchst umstritten ist) löst auch die **Nichtigkeit der Erbeinsetzung** (zB Anfechtung §§ 2078, 2079) – trotz gleichen Wortlauts wie § 2094 – oder der **Widerruf** (§ 2253) nach allg. Ansicht und unstreitig die Ersatzerbfolge aus. Vor dem Erbfall kommt ein Wegfall des Erstberufenen in Betracht zB durch **Vorversterben** (§ 1923) oder durch Zuwendungs**verzicht** (§ 2352). Nach dem Erbfall kann der Wegfall eintreten zB durch **Ausschlagung** (§ 1953), **Erbunwürdigkeit** (§ 2344), Tod des Erstberufenen vor Eintritt einer **aufschiebenden Bedingung** nach § 2074 (zB Schlusserbeneinsetzung im Rahmen eines gemeinschaftlichen Testaments). Soweit der Erstberufene erst nach dem Erbfall wegfällt, wirkt dieser Wegfall „ex tunc" rückwirkend auf den Zeitpunkt des Erbfalls zurück, als wäre er nie Erbe gewesen, als wäre er bereits vor dem Erbfall weggefallen. Der Erblasser kann den Eintritt der Ersatzerbschaft auch auf bestimmte Wegfallgründe beschränken, so dass bei einzelnen Wegfallgründen die Ersatzerbschaft ausgeschlossen sein kann. Ohne Konkretisierung bzw. Einschränkung der Wegfallgründe gilt die Auslegungsregel des § 2097, dass der Ersatzerbe „im Zweifel" für alle Wegfallgründe berufen ist.

3 Eine Einschränkung gilt jedoch bei **Erbausschlagung mit Pflichtteilsverlangen** bzw. Zuwendungs-/Erbverzicht gegen Abfindung. Dann gilt die tatsächliche Vermutung, dass die als Ersatzerben in Betracht

kommenden Abkömmlinge des Ausschlagenden/Verzichtenden von der Erbfolge ausgeschlossen sein sollen, da es anderenfalls zu einer Benachteiligung der anderen Stämme des Erblassers kommen würde, was idR nicht dem Willen des Erblassers entspricht (BGH NJW 1974, 43; OLG Hamm ZEV 2009, 566 (567)). Für alle Erbfälle seit dem 1.1.2010 gilt ohnehin der um Satz 3 erweiterte § 2352, der nun auf § 2349 verweist. Damit wirkt der Zuwendungsverzicht im Zweifel auch für Abkömmlinge.

Hatte der Erstberufene die Erbschaft bereits angetreten und verstirbt er danach, rückt sein eigener 4 Erbe nach, nicht der Ersatzberufene. Stirbt der Erstberufene nach dem Erbfall, ohne die Erbschaft angenommen zu haben, geht die Erbschaft bzw. das Annahmerecht ebenso wie das Ausschlagungsrecht (§ 1952) auf dessen Erben über. Schlägt dieser innerhalb der Frist des § 1944 aus, ist der Erstberufene nie Erbe geworden.

b) Einsetzung von Ersatzerben. Die Erbeinsetzung als Ersatzerbe muss durch den Erblasser entwe- 5 der im **Testament** oder im **Erbvertrag** angeordnet sein. Eine gesetzliche Ersatzerbfolge gibt es nicht. Der Erblasser kann einen oder mehrere Ersatzerben bestimmen. Es können Miterben, gesetzliche Erben oder Dritte sein. Sie können sowohl **nebeneinander** als auch **hintereinander** ersatzweise eingesetzt sein. Mehrere nebeneinander berufene Ersatzerben sind gemeinschaftlich und im Zweifel zu gleichen Teilen (§ 2091) berufen, es sei denn, die Ersatzerben setzen sich nur aus Miterben zusammen, dann gilt die Einsetzung im Verhältnis ihrer Bruchteile (§ 2098). Hintereinander können ebenfalls mehrere Ersatzfälle angeordnet werden, so dass der zuletzt Genannte nach Wegfall des vorgenannten Ersatzerben zum Zuge kommt. Ein Ersatzerbe kann sowohl ersatzweise für einen gewillkürten Erben als auch für den Wegfall eines gesetzlichen Erben eingesetzt sein. Die Ersatzerbfolge kann ausdrücklich angeordnet oder ausgeschlossen sein („Zu meinem Erben bestimme ich A, ersatzweise B"; „Ersatzerbbestimmungen werden nicht getroffen", BayObLG FamRZ 2005, 1127), sich aus der Auslegung der letztwilligen Verfügung (§§ 133, 2084, zu den Auslegungsmöglichkeiten und deren Überprüfbarkeit → § 2084 Rn. 2 ff., 25) oder aus allgemeinen Auslegungsregeln gem. §§ 2069, 2102 ergeben.

c) Vorrang der individuellen Auslegung. aa) Eine **ausdrückliche und eindeutige** testamentarisch 6 verfügte Ersatzerbeneinsetzung schließt § 2069 aus. Auch eine ausdrückliche Erklärung des Erblassers im Testament, er wolle eine Bestimmung von Ersatzerben nicht treffen, enthält bewusst und gewollt den Ausschluss der Ersatzerbfolge nach Stämmen, so dass § 2069 nicht anwendbar ist (BayObLG FamRZ 2005, 1127). Denn es fehlt an Zweifeln, die die Anwendung der Auslegungsregel des § 2069 voraussetzen würde. Trotz Ersatzerbenbenennung kann die Auslegung des mutmaßlichen Willens zum Zeitpunkt der Testamentserrichtung ergeben, dass die Berufung nicht für sämtliche Wegfallgründe gelten soll (OLG Dresden ZEV 2010, 257 (260)).

bb) Bei einer **nicht eindeutigen Ersatzerbenbestimmung** in einer letztwilligen Verfügung ist in **Kon-** 7 **kurrenz zu § 2069** die Auslegung in die eine oder andere Richtung nach dem anhand der Umstände des Einzelfalls – konkret – zu ermittelnden Erblasserwillen vorzunehmen (BayObLG ZEV 1995, 25 f.). Der konkret zu ermittelnde Erblasserwille muss also auch in diesen Fällen der Zweifelsregel des § 2069 vorgehen (so BayObLG FamRZ 2005, 1127; sowie MüKoBGB/*Schlichting* Rn. 8; Soergel/*Loritz* Rn. 3). Ein Vorrang der Ersatzerbschaft der Abkömmlinge gem. der Auslegungsregel nach § 2069 vor ausdrücklichen Ersatzerbeneinsetzungen kann somit nicht angenommen werden (aA aber die früher hL im Jahre 1966, dargestellt in BayObLG ZEV 1995, 25 (26)). Dies gilt jedoch nur, soweit die Ersatzerbeneinsetzung reicht. Ist sie nur für einen bestimmten Fall geregelt, kann die Auslegung ergeben, dass § 2069 BGB für andere Fälle nicht generell ausgeschlossen ist (OLG München FamRZ 2012, 398 f.). Auch im Verhältnis zu § 2102 gilt, dass eingesetzte Ersatzerben für den Vorerben den Rückgriff auf diese Auslegungsregel für den Zweifelsfall ausschließen (aA Erman/*M. Schmidt* Rn. 3).

cc) Die **Auslegungsregeln gem. §§ 2069, 2102** sind anwendbar, soweit sich aus Wortlaut und Ausle- 8 gung (§ 133) nicht bereits eine – ggf. auch anders lautende – Ersatzerbeneinsetzung ergibt. Auch bei der wechselbezüglichen Schlusserbeneinsetzung eines Abkömmlings ist bei dessen Vorversterben nach dem ersten Erbfall, wenn sich aus der letztwilligen Verfügung nicht ausdrücklich oder durch Auslegung des Erblasserwillens etwas anderes ergibt, die Auslegungsregel des § 2069 anzuwenden. Dem Willen des vorverstorbenen Ehepartners würde es idR zuwider laufen, wenn beim Wegfall des Abkömmlings der überlebende Ehegatte trotz des Vorhandenseins von Enkelkindern in der Verfügung über seinen Nachlass völlig frei würde (BayObLG ZEV 1994, 362 f.). Die Auslegungsregel des § 2069 ist jedoch weder direkt noch entsprechend anwendbar, wenn der Erblasser eine Person eingesetzt hat, die nicht zu seinen Abkömmlingen gehört. Nur bei Stiefkindern kommt ausnahmsweise bei einem gemeinschaftlichen Testament/Erbvertrag, ähnlich einem „Berliner Testament", eine analoge Anwendung in Betracht, wenn einseitige Abkömmlinge des Erstversterbenden, also Stiefkinder des Längerlebenden, zu Schlusserben des Längerlebenden eingesetzt sind (BGH ZEV 2001, 237 (238)). Bei der Ersatzerbeinsetzung der Abkömmlinge bedachter Geschwister kann die Auslegungsregel des § 2069 nicht analog angewandt werden. Es ist jedoch anhand der Umstände des Einzelfalls zu prüfen, ob im Wege der – ggf. ergänzenden – Testamentsauslegung ein entsprechender (hypothetischer) Wille des Erblassers für die Berufung der Kinder der nach Testamentserrichtung weggefallenen Geschwister als Ersatzerben festgestellt werden kann. Kriterien sind zB, ob die Geschwister wie bei der gesetzlichen Erbfolge gleichmäßig bedacht sind und ob der Erblasser sich mehr vom formalen Kriterium der Gleichbehandlung hat leiten lassen oder davon, mit wem er ein gutes oder weniger gutes Verhältnis hatte (OLG München FamRZ 2011, 1692). Für die Annahme eines derartigen Erblasserwillens kann bereits die Tatsache der Berufung der Geschwister als nahestehende Verwandte des Erblassers unter Hinweis auf die verwandtschaftliche Funktion angesehen werden (BayObLG ZEV 2004, 463 f.; OLG München ZEV 2007, 383 (385); → § 2099 Rn. 1 mwN). Gleiches gilt bei Ehegatten, und auch der langjährige Lebensgefährte ist eine dem Erblasser so nahestehende Person, dass zu prüfen ist, ob er nur persönlich oder als Erster seines Stammes bedacht ist (OLG Düsseldorf ZEV 2012, 662). In allen anderen Fällen, in denen der Bedachte nicht mit dem Erblasser verwandt oder verschwägert ist, kann die bloße Einsetzung des Bedachten nie zugleich auch als Ausdruck der Ersatzberufung seiner Abkömmlinge oder seines Ehegatten gewürdigt werden (OLG München ZErb 2013, 63).

9   **3. Rechtsstellung des Ersatzerben. a) Vor dem Erbfall** hat der Ersatzerbe keine gesicherte Rechtsposition, die er vererben oder übertragen könnte.

10   **b) Mit dem Erbfall** erlangt der Ersatzerbe ein **Anwartschaftsrecht,** das als gesicherte Rechtsposition grds. vererblich und übertragbar ist, es sei denn, der Erblasser schließt dies in seiner letztwilligen Verfügung aus (zB durch mehrere Ersatzerbenberufungen nacheinander oder ausdrückliche Verfügung der Nichtvererblichkeit und Nichtübertragbarkeit). Voraussetzung für die Erlangung des Anwartschaftsrechts ist, dass der Ersatzerbe den Erbfall erlebt bzw. jedenfalls gem. § 1923 II als erbfähig gilt. Trotz der Konstellation der Ersatzerbfolge als aufschiebende Bedingung durch Wegfall des Erstberufenen findet § 2074 grds. keine Anwendung, so dass der Ersatzerbe zwar den Erbfall, nicht jedoch den Ersatzerbfall erleben muss, es sei denn, der Erblasser trifft auch hierfür eine anderweitige letztwillige Verfügung. Dies kann sein die Benennung mehrerer Ersatzerben nacheinander oder bspw. die ausdrückliche Beschränkung auf den Wegfallsgrund des Vorversterbens oder der Ausschlagung. In diesem Fall handelt es sich dann um echte aufschiebend bedingte Ersatzberufungen iSd § 2074, so dass der Ersatzerbe hier auch den Bedingungseintritt (Ersatzerbfall) erleben muss (BayObLG NJW 1960, 965 (966)). Hat der Erblasser nicht anderweitig verfügt und stirbt der Ersatzerbe nach dem Erbfall jedoch vor dem Ersatzerbfall, geht das Anwartschaftsrecht für den Ersatzerbfall auf seine Erben über. Auch ein für den Nacherben eingesetzter **Ersatznacherbe** muss den Nacherbfall erleben, damit in seiner Person ein vererbbares und übertragbares Anwartschaftsrecht entsteht, ebenfalls jedoch nicht notwendig den Wegfall des Nacherben (s. § 2102), es sei denn, der Erblasser bestimmt in seiner letztwilligen Verfügung etwas anderes. Der Ersatzerbe hat bereits mit Eintritt des Erbfalls das Recht, die „Ersatz"-Erbschaft anzunehmen oder auszuschlagen und ist darum Beteiligter iSd § 2262 (OLG Hamm NJW-RR 1994, 75).

11   **c) Mit dem Ersatzerbfall** tritt der Ersatzerbe mit Wirkung auf den Zeitpunkt, zu dem der Erstberufene Erbe geworden wäre an dessen Stelle (zur Rückwirkung → Rn. 2) und wird unmittelbarer Rechtsnachfolger des Erblassers. In Abgrenzung zum Vorerben ist der Erstberufene hier nie Erbe geworden. Soweit der Erblasser nichts anderes verfügt hat, tritt der Ersatzerbe in alle Rechte und Pflichten des weggefallenen Erstberufenen ein, also auch in die Pflichten zur Ausgleichung (§ 2050 II) oder zur Erfüllung von Vermächtnissen und Auflagen (§§ 2161, 2192). Das Voraus (§ 1932) kann dem Ersatzerben nicht zustehen, da dies nur dem Ehegatten und nur diesem als gesetzlichem Erben, also nicht bei gewillkürter Erbfolge zusteht.

12   **4. Praxishinweis.** Bei Vor- und Nacherbfolge (zB Patchworkfamilie, Behindertentestament) ist abzuwägen, ob ein Ersatznacherbe bestimmt wird oder ob der Erblasser das Nacherbenanwartschaftsrecht als vererblich bestimmt, falls der Nacherbe nach Eintritt des Erbfalls, aber vor Eintritt der Nacherbfolge verstirbt (s. Auslegungsregel § 2108). Die jeweils gewünschte Alternative sollte ausdrücklich geregelt werden. Bei weitreichender Ersatznacherbfolge (zB Erstreckung allgemein auf Abkömmlinge statt auf konkrete Personen) sind Verträge zwischen Vor- und Nacherben mangels Bestimmbarkeit des Nacherbenkreises kaum möglich, es sei denn, die Nacherbfolge ist für diese Fälle auflösend bedingt geregelt.

13   **5. Recht in den neuen Bundesländern.** Das ZGB enthält in § 378 ZGB eine dem § 2096 entsprechende Regelung. Bei Erbfällen seit dem 3.10.1990 gilt das BGB, auch wenn das Testament vorher unter Geltung des ZGB errichtet wurde (Art. 235 § 1 I EGBGB).

§ 2097 Auslegungsregel bei Ersatzerben

Ist jemand für den Fall, dass der zunächst berufene Erbe nicht Erbe sein kann, oder für den Fall, dass er nicht Erbe sein will, als Ersatzerbe eingesetzt, so ist im Zweifel anzunehmen, dass er für beide Fälle eingesetzt ist.

1   **1. Normzweck und Voraussetzungen.** Die Vorschrift ist **Auslegungsregel** und besagt, dass der Erblasser den Ersatzerben „im Zweifel" für **alle Wegfallsgründe** berufen hat. Wegfallsgründe können sein, dass der zunächst Berufene nicht Erbe sein kann (Vorversterben, Erbunwürdigkeit, Eintritt einer auflösenden, Wegfall einer aufschiebenden Bedingung, Widerruf, Nichtigkeit der Erbeinsetzung) oder nicht Erbe sein will (Erbverzicht, Ausschlagung). Es steht dem Erblasser grds. frei, ob er für alle oder nur einzelne Wegfallsgründe Ersatzerbfolge anordnet. Die Auslegungsregel gilt nur für den Fall, dass der Erblasser **unbeabsichtigt** die Ersatzerbenberufung nur auf bestimmte Wegfallgründe bezogen hat. Insbesondere bei **privatschriftlichen Testamenten** kann die Beschränkung auf einen einzigen Wegfallsgrund, idR der Fall des Vorversterbens, auf einer mangelhaften Ausdrucksweise beruhen oder auf Unkenntnis des Erblassers von den anderen möglichen Wegfallsgründen (BayObLG FamRZ 1989, 666 (667)). Wie immer, hat die am Einzelfall orientierte Auslegung Vorrang. Die Auslegungsregel greift somit dann nicht, wenn die Ersatzerbenberufung nach dem festgestellten Erblasserwillen auf eine bestimmt Art des Wegfalls beschränkt ist. Ein vorrangiger Erblasserwille kann sich ausdrücklich aus dem Testament oder durch vorrangige Auslegung (§ 133) ergeben. Bei **notariellen Testamenten** kann idR nicht angenommen werden, dass nur eine mangelhafte Ausdrucksweise in Folge Unkenntnis sämtlicher möglicher Wegfallsgründe vorliegt. Bei der Mitwirkung eines Notars, dem alle gesetzlichen Wegfallsgründe bekannt sind, bezieht sich die Vermutung der Vollständigkeit und Richtigkeit der notariellen Urkunde auch darauf, dass alles erklärt worden ist, was zur vollständigen Regelung der Erbangelegenheit erforderlich gewesen ist (BayObLG FamRZ 1989, 666 ff.; aA diff. OLG Frankfurt a. M. BeckRS 2011, 26566, eine generelle Vollständigkeitsvermutung notarieller Testamente bezweifelnd).

2. Einzelfälle. Die Auslegungsregel gilt grds. auch bei **Berliner Testamenten** (§ 2269) mit Schlusserbeneinsetzung. Schlägt der überlebende Ehegatte das testamentarische Erbe aus, fällt es im Zweifel dem Schlusserben als Ersatzerben zu. Nur wenn feststeht, dass die Ehegatten für diesen Fall eine Ersatzerbfolge nicht wollten, kann der Überlebende gesetzlicher Erbe werden (OLG Stuttgart BWNotZ 1979, 11). Die Frage, ob trotz der Bezeichnung nur eines einzigen Grundes, nämlich des Vorversterbens, auch für den Fall des Erbverzichts oder allgemein für alle Möglichkeiten eines Wegfalls der Erben, eine Ersatzerbenregelung getroffen werden soll, ist aus dem Gesamtzusammenhang der Verfügungen festzustellen. Eine ausdrücklich unter Änderungsvorbehalt nur für den Fall des Vorversterbens angeordnete Ersatzerbschaft in einem notariellen Testament ist eng auszulegen und erstreckt sich nicht auf einen Erbverzicht (BayObLG FamRZ 1989, 666 (667)). 2

Bei **Erbausschlagung**, verbunden mit einem **Pflichtteilsverlangen**, ist § 2097 jedenfalls dann nicht anwendbar, wenn die Ausschlagung durch einen Abkömmling geschieht und es durch die Ersatzberufung weiterer Abkömmlinge zu einer über die Absichten des Erblassers hinausgehende Benachteiligung der anderen Stämme führen würde, da dies in aller Regel nicht dem Willen des Erblassers entspricht (OLG Stuttgart OLGZ 1982, 271 f. = Rpfl 1982, 106). Dann sind im Zweifel die als Ersatznacherben in Betracht kommenden Abkömmlinge des Ausschlagenden von der Erbfolge ausgeschlossen (BayObLG ZEV 2000, 274 (275)). Für die Auslegung einer Ersatzerbenbestimmung gilt in diesem Fall die tatsächliche Vermutung, dass die Abkömmlinge des Erben von der (Nach-)Erbfolge ausgeschlossen sein sollen (OLG Stuttgart OLGZ 1982, 271 f.). Auch bei einem Erbverzicht infolge vollständiger Abfindung besteht die tatsächliche Vermutung, dass die Abkömmlinge des Verzichtenden für diesen Fall nicht berufen sind (BGH NJW 1974, 43 (44); OLG Hamm ZEV 2009, 566 (567)). Für Erbfälle seit dem 1.1.2010 vgl. nunmehr §§ 2352 S. 3, 2349, so dass sich der Zuwendungsverzicht im Zweifel auf Abkömmlinge erstreckt. 3

3. Praxishinweise. Bei einer Ersatzerbenberufung gibt es für den zunächst berufenen Erben kein Wahlrecht iSd § 1948 zwischen gewillkürter und gesetzlicher Erbfolge. Die gewillkürte Erbfolge mit der Ersatzerbenberufung geht dann der gesetzlichen Erbfolge vor. Dies ist bei der Gestaltung von Berliner Testamenten (§ 2269) mit Schlusserbeneinsetzung mit den betroffenen Eheleuten zu erörtern, da die Schlusserbeneinsetzung als Ersatzerbeneinsetzung gilt. Auf Vermächtnisse bzw. Ersatzvermächtnisse ist die Vorschrift gem. § 2190 entsprechend anwendbar. 4

4. Recht in den neuen Bundesländern. Im ZGB besteht zwar keine dem § 2097 verwandte Vorschrift, dennoch wird man im Rahmen der Auslegungsregel des § 372 ZGB zu gleichen Ergebnissen gelangen (Damrau/Tanck/*Stehlin* Rn. 1). Bei Erbfällen seit dem 3.10.1990 gilt das BGB, auch dann, wenn das Testament vorher unter Geltung des ZGB errichtet wurde (Art. 235 § 1 I EGBGB). 5

§ 2098 Wechselseitige Einsetzung als Ersatzerben

(1) **Sind die Erben gegenseitig oder sind für einen von ihnen die übrigen als Ersatzerben eingesetzt, so ist im Zweifel anzunehmen, dass sie nach dem Verhältnis ihrer Erbteile als Ersatzerben eingesetzt sind.**

(2) **Sind die Erben gegenseitig als Ersatzerben eingesetzt, so gehen Erben, die auf einen gemeinschaftlichen Erbteil eingesetzt sind, im Zweifel als Ersatzerben für diesen Erbteil den anderen vor.**

1. Normzweck und Voraussetzungen. Die **Auslegungsregel** betrifft den Sonderfall, dass der Erblasser **alle Miterben** als Ersatzerben **ohne Bruchteilsbestimmung** nebeneinander eingesetzt hat. Abweichend von § 2091 bestimmt § 2098 I, dass die Miterben dann nicht zu gleichen Teilen erben, sondern im Verhältnis ihrer ursprünglichen Erbteile. Es müssen entweder alle Erben gegenseitig oder für einen von ihnen die Übrigen als Ersatzerben eingesetzt sein. Möglich für diesen zweiten Fall ist auch, dass jeweils sämtliche Miterben für einige, aber nicht für alle Miterben als Ersatzerben eingesetzt sind. Nach Abs. 2 gehen die Erben vor, die auf einen gemeinschaftlichen Erbteil gesetzt sind. Hat der Erblasser nicht sämtliche Miterben oder zusätzlich einen Dritten als Ersatzerben eingesetzt, ist § 2098 nicht anwendbar, sondern es gilt das Kopfteilsprinzip entsprechend der Ergänzungsregel des § 2091. 1

2. Rechtsfolgen. Die Miterben des weggefallenen Erben treten nicht nach Kopfteilen, sondern – wie bei der Anwachsung (§ 2094) – im Verhältnis ihrer Bruchteile an dessen Stelle. Bsp.: Ist A zu $1/2$, B zu $1/4$ sowie C und D je zu $1/8$ als Erbe eingesetzt und fällt A weg, so gilt das Verhältnis 2 zu 1 zu 1. B erhält $2/8$, C und D jeweils $1/8$ hinzu. Im Unterschied zur Anwachsung bleiben die als Ersatzerbschaft erlangten Erbteile jedoch rechtlich selbstständig; dies ist insbes. für die Anwendung von § 2007 wichtig. Eine getrennte Annahme oder Ausschlagung der Erbteile ist gleichwohl nur unter den Voraussetzungen des § 1951, 2 dh bei Einsetzung auf verschiedene Berufungsgründe, statthaft (Palandt/*Weidlich* Rn. 1). Auf Vermächtnisse bzw. Ersatzvermächtnisse ist die Vorschrift gem. § 2190 entsprechend anwendbar.

3. Recht in den neuen Bundesländern. Im ZGB besteht zwar keine dem § 2098 entsprechende Vorschrift, dennoch wird man im Rahmen der Auslegungsregel des § 372 ZGB zu gleichen Ergebnissen gelangen (Damrau/Tanck/*Stehlin* Rn. 1). Bei Erbfällen seit dem 3.10.1990 gilt das BGB, auch wenn das Testament vorher unter Geltung des ZGB errichtet wurde (Art. 235 § 1 I EGBGB).

§ 2099 Ersatzerbe und Anwachsung

Das Recht des Ersatzerben geht dem Anwachsungsrecht vor.

1. Normzweck. Die zwingende Vorschrift bestimmt den **Vorrang der Ersatzerbeneinsetzung** (§ 2096) vor der Anwachsung (§ 2094). Sie gilt gem. § 2190 entsprechend bei Anordnung eines Ersatzvermächtnisses.

2. Rechtsfolgen. Der Vorrang der Ersatzerbeinsetzung hat zur Folge, dass in einer Ersatzerbeinsetzung zugleich eine **Ausschließung der Anwachsung** gem. § 2094 III zu sehen ist. Auch greift § 2099 bei **widersprüchlichen letztwilligen Verfügungen**, in denen der Erblasser für den Wegfall eines bestimmten Erben gleichzeitig Ersatzerben bestimmt und die Anwachsung angeordnet hat, und stellt klar, dass dann die Ersatzerbeinsetzung gilt. Die Ersatzerbfolge geht auch dann vor, wenn sie nicht Folge einer Verfügung des Erblassers und nicht Folge der individuellen Auslegung, sondern „nur" Folge einer **gesetzlichen Auslegungs- oder Ergänzungsregel** ist (zB §§ 2069, 2097). Treten aufgrund der Auslegungsregel des § 2069 bei einem als Erben eingesetzten **Abkömmling des Erblassers** wiederum dessen Abkömmlinge an seine Stelle, kommt eine Anwachsung nicht in Betracht (OLG Karlsruhe NJW-RR 1992, 1482). Bei der Auslegung eines Testament als Ersatzerbeinsetzung der **Abkömmlinge bedachter Geschwister** kann die Auslegungsregel des § 2069 nicht – auch nicht analog – angewandt werden. Es ist jedoch anhand der Umstände des Einzelfalls zu prüfen, ob im Wege der – ggf. ergänzenden – Testamentsauslegung ein entsprechender (hypothetischer) Wille des Erblassers für die Berufung der Kinder der nach Testamentserrichtung weggefallenen Geschwister als Ersatzerben festgestellt werden kann. So zB, wenn Geschwister gleichmäßig bedacht werden, so wie es formal der gesetzlichen Erbfolge entspräche (OLG München FamRZ 2011, 1692) Die für die Annahme eines derartigen Erblasserwillens notwendige Andeutung in der letztwilligen Verfügung selbst kann in solchen Fällen bereits in der Tatsache der Berufung der Geschwister als nahestehender Verwandter des Erblassers unter Hinweis auf diese verwandtschaftliche Funktion gesehen werden (BayObLG ZEV 2004, 463 f.; NJW-RR 2004, 158 (159); OLG München 21.5.2007 ZEV 2007, 383 (385); 2007, 93 (94)). **Die Anwachsung** gilt nur, wenn sie ausdrücklich und widerspruchsfrei angeordnet ist und iÜ nur dann, wenn der Erblasser keine Ersatzerben bestimmt hat, alle Ersatzerben weggefallen sind und auch die Auslegung der letztwilligen Verfügung, auch außerhalb der Testamentsurkunde liegende Umstände (BayObLG NJW-RR 1992, 73), und die Anwendung gesetzlicher Auslegungs- und Ergänzungsregeln (§§ 2069, 2097) nicht zum Ergebnis einer Ersatzerbenberufung führt (OLG Karlsruhe NJW-RR 1992, 1482 f.) bzw. die Auslegungsregeln wegen ausdrücklichen Ausschlusses der Ersatzerbfolge nicht anwendbar sind (BayObLG FamRZ 2005, 1127). Erhebliche Konsequenzen ergeben sich für die Bindungswirkung gemeinschaftlicher Testamente: Während der vorrangigen Ersatzerbeneinsetzung, die sich nicht aus der individuellen Auslegung, sondern nur unter Heranziehung der Auslegungsregel des § 2069 ergibt, eine Bindungswirkung und Wechselbezüglichkeit, die nicht in der Auslegung, sondern nur in der Zweifelsregelung des § 2270 II begründet wäre, infolge des Kumulationsverbotes ausscheidet (BGH ZEV 2002, 150) (→ § 2069 Rn. 6), erstreckt sich bei der Anwachsung die Bindungswirkung, auch wenn sie nur aus der Zweifelsregelung des § 2270 II folgt, auf den gesamten durch Anwachsung erweiterten Erbteil (OLG Nürnberg FamRZ 2017, 1624). (→ § 2094 Rn. 8).

3. Recht in den neuen Bundesländern. Dem § 2099 entspricht sachlich die Regelung des § 379 II ZGB (Bamberger/Roth/*Litzenburger* Rn. 3). Bei Erbfällen seit dem 3.10.1990 gilt das BGB, auch wenn ein Testament vorher unter Geltung des ZGB errichtet wurde (Art. 235 § 1 I EGBGB).

Titel 3. Einsetzung eines Nacherben

§ 2100 Nacherbe

Der Erblasser kann einen Erben in der Weise einsetzen, dass dieser erst Erbe wird, nachdem zunächst ein anderer Erbe geworden ist (Nacherbe).

I. Normzweck

Die §§ 2100 ff. BGB bezwecken den Schutz des Nacherben durch eine Beschränkung der Rechte des Vorerben. Die Rechtsnormen ermöglichen es dem Erblasser **mehrere Erben** **nacheinander bzw. gestaffelt** einzusetzen und so in den zeitlichen Grenzen des § 2109 über Generationen hinweg Einfluss auf die Vermögensnachfolge zu nehmen (vgl. *Reich* ZEV 2013, 188) bzw. zu bestimmen, wer nach dem

Vorerben ungeteilter Erbe des Erblassers werden soll. Auf diese Weise ist eine finanzielle Absicherung des Vorerben (zB des Ehepartners) möglich. Andererseits findet das Rechtsinstitut oft auch bei Wiederverheiratungsklauseln in Ehegatten- (Rn. 46) oder Geschiedenentestamenten ebenso Anwendung, wie bei Behindertentestamenten. Auch ist ein **Vollstreckungsschutz** zugunsten eines überschuldeten Vorerben möglich. Obwohl ein Mensch erst mit seiner Zeugung erbfähig wird, können als Ausnahme davon noch nicht gezeugte Personen als Nacherben eingesetzt werden (§ 2101). Das Ereignis mit dem die Vorerbschaft endet kann gewiss oder ungewiss sein. Der Erblasser kann durch auflösende oder aufschiebende Bedingungen (§ 2075) (bzw. Befristungen) versuchen, posthum Einfluss auf das Verhalten des Vor- oder Nacherben zu nehmen, wie zB eine erfolgreich absolvierte Ausbildung (Unternehmenserbe).

II. Begriffe (Kurzzusammenfassung)

1. Vorerbe. Der Vorerbe ist wahrer Erbe des Erblassers, aber nur auf Zeit. Er ist durch die §§ 2112 ff. in der Verwaltungs- und Verfügungsbefugnis beschränkt. Verfügungen über Grundstücke (§ 2113 I) sowie unentgeltliche Verfügungen (§ 2113 II) werden mit Eintritt des Nacherbfalls ohne Zustimmung des Nacherben unwirksam. Der Vorerbe ist zwar kein Vollerbe, kann jedoch durch den Erblasser von einem wesentlichen Teil der gesetzlichen Beschränkungen befreit werden (§ 2136). Dies gilt für § 2113 I, nicht aber für Abs. 2 dieser Norm.

2. Nacherbe. Der Nacherbe wird erst dann Erbe, wenn „zunächst ein anderer Erbe geworden ist" (Legaldefinition § 2100). Er wird nicht Erbe des Vorerben, sondern – wie der Vorerbe – Gesamtrechtsnachfolger des Erblassers. Vom Erbfall bis zum Nacherbfall ist er Inhaber eines Anwartschaftsrechts, das dann zum Vollrecht erstarkt. Der Nacherbe muss sich also nicht mit einer bloßen Aussicht auf einen späteren erbrechtlichen Erwerb begnügen.

3. Nacherbfall. Der Nacherbfall ist das Ereignis mit dem die Erbenstellung des Vorerben endet und das Sondervermögen dem Nacherben kraft Gesetz im Wege eines Vonselbsterwerbs anfällt (vgl. § 2139). Sämtliche Rechte des Vorerben erlöschen.

4. Nacherbschaft. Die Nacherbschaft ist ein von dem restlichen Vermögen des Vorerben getrenntes Sondervermögen.

5. Voranfall. Mit dem Erbfall erwirbt der Nacherbe ein Anwartschaftsrecht an dem Erbe, während der Nacherbe zuvor nur von der rechtlich ungesicherten Hoffnung lebt, später einmal Erbe zu werden.

III. Grundsätze

1. Funktion von Vor- und Nacherbschaft. Der **Vorerbe** rückt als wahrer Erbe des Erblassers unmittelbar in die Rechtsstellung des Erblassers ein und wird Eigentümer des Nachlasses. Seine Erbenstellung ist jedoch zeitlich beschränkt. Mit dem Eintritt des Nacherbfalls hört der Vorerbe auf, Erbe zu sein und die Erbschaft fällt kraft Gesetz dem Nacherben an (§ 2139). Der Vorerbe muss den Nachlass dann an den Nacherben herausgeben (§ 2130) und zwar in dem Zustand, in dem sich der Nachlass zum Zeitpunkt des Nacherbfalls befindet. Will der Nacherbe nach dem Tod des Erblassers den **Pflichtteil** fordern (Beckmann ZEV 2012, 637), so muss er zuvor die Nacherbschaft ausschlagen (§ 2306 II). Das gilt für Fälle einer befristeten und einer aufschiebend bedingten Nacherbschaft (OLG Köln ZEV 2015, 280). Vor einer Ausschlagung steht dem Nacherben kein Auskunftsanspruch nach § 2314 zu (OLG Karlsruhe ErbR 2014, 498).

Es gilt der Grundsatz, dass die **Substanz dem Nacherben** zusteht und der **Vorerbe** die aus dem Vermögensstamm erzielten **Nutzungen** für sich behalten darf, wobei § 2136 dem Erblasser ermöglicht, von diesem Grundsatz in einer Verfügung von Todes wegen weitgehend abzuweichen und dem Vorerben eine stärkere Stellung einzuräumen. Der Vorerbe hat die gewöhnlichen Erhaltungskosten (§ 2124 I) zu tragen. Tätigt er Verwendungen, die nicht zu den gewöhnlichen Erhaltungskosten zählen, so ist der Nacherbe mit Eintritt der Nacherbfolge nach den Vorschriften der Geschäftsführung ohne Auftrag zum Ersatz verpflichtet (§ 2125).

2. Dingliche Ersetzungsprinzip. Auch im Fall einer befreiten Vorerbschaft gilt das dingliche Ersetzungsprinzip: Was der Vorerbe auf Grund eines zur Erbschaft gehörenden Rechts oder als Ersatz für die Zerstörung, Beschädigung oder Entziehung eines Erbschaftsgegenstands oder durch Rechtsgeschäft mit Mitteln der Erbschaft **erwirbt,** wird **unmittelbarer Nachlassbestandteil** und damit durch das Nacherbenrecht gebundenes Vermögen. Der Vermögenserwerb erfolgt willensunabhängig und mit unmittelbarer dinglicher Wirkung ohne einen sachenrechtlichen Übertragungsakt. Allerdings sind die Verfügungsbeschränkungen der §§ 2113 ff. zu beachten (→ § 2111 Rn. 2 ff.).

3. Rechtsfolgen des Nacherbfalls. In der Regel ist als Nacherbfall der Tod des Vorerben angeordnet. Dann ist zwischen zwei Erbfällen zu unterscheiden. Der Vorerbe wird von seinen gesetzlichen oder gewillkürten Erben beerbt. Die Erbschaft umfasst aber (nur) das von der Nacherbschaft getrennte **Eigenvermögen.** Das den Beschränkungen der Nacherbschaft unterworfene **Sondervermögen** des ursprünglichen Erblassers fällt dem Nacherben an.

4. Verfügungsbefugnis des Vorerben. a) Beschränkung. Während der Vorerbschaft besitzt der Vorerbe die alleinige Verwaltungsbefugnis und kann wirksam über den Nachlass verfügen. Deswegen ist die

10 BGB § 2100 Buch 5. Abschnitt 3. Titel 3. Einsetzung eines Nacherben

Einsetzung des alleinigen Vorerben als Testamentsvollstrecker mit der Aufgabe, die Verwaltungs- und Verfügungsbefugnis des Vorerben auszuüben, unwirksam (OLG Jena ZEV 2000, 244). Ob Verfügungen des Vorerben bei einer Beeinträchtigung der Nacherbenrechte mit Eintritt des Nacherbfalls unwirksam sind, richtet sich nach §§ 2113 ff. ZB bei Verfügungen über Grundstücke (§ 2113 I) und unentgeltlichen Verfügungen (§ 2113 II) ist der Vorerbe kraft Gesetzes in seiner **Verfügungsmacht** beschränkt. Der Nacherbe kann aber in den Fällen des § 2120 verpflichtet sein, einer Verfügung zuzustimmen.

12 **b) Befreiung.** § 2136 gibt aber dem **Erblasser** die Möglichkeit, von diesem Grundprinzip abzuweichen, den Vorerben von bestimmten Beschränkungen zu befreien und so die Stellung des Vorerben zu Lasten des Nacherben stärken. Das gilt insbes. für Substanzeingriffe und kann – je nach Umfang der Befreiung – bis zu einer Umkehr der obigen Grundregel führen. Eine Befreiung von dem Verbot unentgeltlicher Verfügungen nach § 2113 II ist nicht möglich, entgeltliche Grundstücksverfügungen (2113 I) jedoch schon. Der Erblasser kann den Vorerben von allen in § 2136 erwähnten Verpflichtungen bzw. Beschränkungen oder auch nur von einer oder mehreren davon befreien. Über diesen gesetzlichen Rahmen hinaus, ist dies jedoch nicht möglich.

13 **c) Haftung des Vorerben.** Verletzt der Vorerbe seine Verwaltungspflichten, so kann dies zu einer Haftung **gegenüber dem Nacherben** führen (§§ 2131 ff.). Der Haftungsmaßstab bestimmt sich nur nach derjenigen Sorgfalt, welche der Vorerbe in eigenen Angelegenheiten anzuwenden pflegt.

14 **5. Anwartschaftsrecht des Nacherben. a) Zeitpunkt des Entstehens.** Bis zum Tod des Erblassers lebt der Nacherbe nur von der rechtlich ungesicherten Aussicht, künftig einmal Erbe zu werden. **Mit dem späteren Erbfall** erwirbt er ein Anwartschaftsrecht an dem Erbe, also eine sein künftiges Erbrecht sichernde unentzieh- und unbeschränkbare Rechtsstellung. Der Nacherbe kann über sein Anwartschaftsrecht bis zum Eintritt des Nacherbfalles im Grundsatz frei verfügen. Rechte der Ersatznacherben bleiben aber unberührt (OLG Schleswig ZEV 2010, 574). Das Anwartschaftsrecht kann damit veräußert oder nach § 2108 II vererbt werden. Schon vor dem Nacherbfall stellt es damit einen gegenwärtigen Vermögenswert in der Hand der Nacherben dar (BGH NJW 1983, 2244). Wird die Übertragung der Nacherbenanwartschaft durch einen vollmachtlosen Vertreter genehmigt, so ändert der zwischenzeitliche Eintritt des Nacherbfalls nichts an der Wirksamkeit. Die Genehmigung wirkt auf den Zeitpunkt der Vornahme des Rechtsgeschäfts zurück. (OLG Hamm ZEV 2017, 520).

15 **b) Weitere Nacherben und Ersatznacherben.** Eine zeitliche Staffelung mehrerer Nacherben ist möglich, wobei erst mit Eintritt des weiteren Nacherbfalls und nur mit Zustimmung des ersten Nacherben erfolgten Verfügungen des Vorerben unwirksam werden (OLG München NJW-RR 2014, 8). Der nach dem ursprünglichen Nacherben eingesetzte weitere Nacherbe wird mit dem Erbfall **Anwartschaftsrechtsinhaber** (OLG Hamm OLGZ 1975, 150; KG DNotZ 1955, 408). Das gilt auch für den Ersatznacherben (BayObLG FamRZ 1992, 728; diff. OLG Hamm NJW 1970, 1606; → § 2102 Rn. 16 ff.).

16 **6. Ungeregelter Nacherbfallszeitpunkt.** Hat der Erblasser den Zeitpunkt des Nacherbfalls nicht geregelt, so gilt ggf. die Auslegungsregel des **§ 2106**, wonach die Erbschaft im Zweifel dem Nacherben mit dem Tod des Vorerben anfällt.

17 **7. Arten der Nacherbschaft.** Der Erblasser kann den **Vorerben** zugleich auch zusammen mit anderen Personen **als Mitnacherben** einsetzen oder **mehrere Nacherben** hintereinander. Er ist dabei nur an die **zeitliche Grenze** des § 2109 mit den beiden Ausnahmeregelungen des Abs. 1 S. 2 Nr. 1 u. 2 gebunden.

18 **8. Ungeregelte oder auslegungsbedürftige Bestimmung des Vor- oder Nacherben.** Die Vor- und Nacherbfolge ist auch **wirksam** angeordnet, wenn der Erblasser es übersehen hat die Person des Vorerben oder des Nacherben zu bestimmen. Es sind dann im Zweifel die gesetzlichen Erben des Erblassers Vorerben (§ 2105) bzw. Nacherben (§ 2104). Sind aber weder Vor- noch Nacherben benannt, ist die Verfügung von Todes wegen mangels einer Erbeinsetzung unwirksam (MüKoBGB/*Grunsky* § 2104 Rn. 1). Die bis zum Eintritt des Nacherbfalls unbestimmten Nacherben erwerben kein Anwartschaftsrecht (BayObLG ZEV 2001, 440). Werden die lebenden Abkömmlinge des Vorerben zu Nacherben nach Stämmen eingesetzt, dann ist im Zweifel anzunehmen, dass auch zukünftige Abkömmlinge als Nacherben bedacht werden sollen (OLG München ZEV 2017, 353). Die Nacherben sind nicht als unbekannt anzusehen, wenn dem Vorerben trotz namentlicher Benennung der Nacherbem das Recht eingeräumt ist, „durch Verfügung von Todes wegen einen anderen Abkömmling von mir zum Nacherben zu berufen" (Verstoß § 2065 II -Umdeutung § 140 (OLG Hamm ErbR 2014, 549, s. auch Rn. 29).

19 **9. Ersatzerben.** Der Erblasser kann sowohl **für den Vor- als auch für den Nacherben** jeweils Ersatzerben einsetzen. Nach § 2102 I ist der Versterben des Vorerben vor Eintritt des Erbfalls – sofern kein entgegenstehender Wille des Erblassers festzustellen ist – der Nacherbe zugleich als Ersatzerbe für den Vorerben eingesetzt. Das gilt auch dann, wenn einer von mehreren Vorerben ausschlägt und dieser den Pflichtteil fordert (§ 2306 I). Wenn kein abweichender Erblasserwille feststellbar ist, wird ein als Nacherbe eingesetzter Abkömmling des Ausschlagenden damit Ersatzerbe (OLG München NJW-RR 2012, 211). Im Fall des Versterbens des Nacherben vor Eintritt des Nacherbfalls ist § 2108 II zu beachten (→ § 2108 Rn. 5 ff.).

20 **10. Wegfall eines Vor- oder Nacherben.** Die **Erbrechtslage** kann sich dadurch **ändern**, dass der Vor- oder Nacherbe wegfällt. Unter Wegfall versteht man neben dem Tod zB auch die Ausschlagung, Anfechtung, Erbunwürdigkeit oder in Bezug auf den Nacherben auch Fälle in denen der Nichteintritt des

Nacherbfalls feststeht (zB misslungener Studienabschluss). Ist kein Ersatznacherbe eingesetzt worden, wird der Vorerbe im Zweifel zum Vollerben. Entfällt die Erbenstellung des Vorerben infolge einer begründeten Anfechtung rückwirkend, dann ist er von Anfang an als Erbschaftsbesitzer iSv § 2018 I anzusehen (BGH NJW 1985, 3068; OLG Koblenz NJW-RR 2015, 72).

Wegen der Auswirkungen eines Wegfalls ist danach zu differenzieren, wann dies geschieht und welche Person betroffen ist:

a) **Vorerbe.** Wenn der Vorerbe **vor dem Tod des Erblassers** wegfällt, ist im Zweifel der Nacherbe zugleich auch Ersatzerbe (§ 2102 I). Ihm fällt die Erbschaft dann unmittelbar an. Bei dem Tod des Vorerben **zwischen dem Erbfall und dem Eintritt des Nacherbfalls** ist danach zu differenzieren, ob der Nacherbfall – entgegen dem Regelfall – erst durch ein von der Lebenszeit des Vorerben unabhängiges Ereignis eintreten soll, wie zB einem Studienabschluss des Nacherben. In diesem Fall treten im Zweifel die gesetzlichen Erben des Erblassers an die Stelle des vorverstorbenen Vorerben, wenn kein anderer Erblasserwille ermittelbar ist. 21

b) **Nacherbe.** Bei einem Wegfall des Nacherbens **vor dem Erbfall** wird der Vorerbe im Zweifel Vollerbe, es sei denn es wurde ein Ersatznacherbe bestimmt. Bei dem Tod des Nacherben **zwischen dem Erbfall und dem Eintritt des Nacherbfalls**, ist die Auslegungsregel des § 2108 II 1 anwendbar. Das Anwartschaftsrecht des Nacherben ist vererblich ist und geht damit auf die gesetzlichen oder gewillkürten Erben des Nacherben über, es sei denn der Erblasser hat etwas anderes gewollt (→ § 2108 Rn. 5 ff.). 22

11. Vor- und Nacherbe. Vorerbe und Nacherbe bilden **keine Erbengemeinschaft**. Das gilt auch für einen Alleinerben des Vorerben, da sich die Erbenstellung von zwei unterschiedlichen Erblassern ableitet (BayObLG NJW-RR 2005, 233). Anders ist dies bei der **parallelen Einsetzung** mehrerer Vor- oder Nacherben im Verhältnis untereinander, bei letzteren jedoch erst mit Eintritt des Nacherbfalls (§ 2139). Bis dahin besteht nur ein Nacherbenanwartschaftsrecht, das keine (Mit-)Erbenstellung begründet. Diese entsteht erst kraft Gesetz mit dem Erbfall (BGH NJW 1993, 1582). 23

Aus den og Gründen ist es auch vor dem Nacherbfall nicht möglich durch eine Parteivereinbarung zwischen den Nacherben eine zwischen diesen bestehende **Nacherbengemeinschaft** zu begründen (KG ZEV 1999, 28 Erwerb von Erbanteilen zur Fortführung eines Handelsgeschäfts). Das gilt auch für eine vertragliche Übertragung der Erbanteile auf die Nacherben. Der Vorerbe bleibt im Rechtssinne Erbe des Erblassers; der Nacherbfall tritt nicht bereits mit der Übertragung der Erbanteile ein (KG ZEV 1999, 28). 24

12. Nießbrauch. Da die Rechtsstellung des Vorerben häufig mit einem Nießbraucher **vergleichbar** ist, sind im Einzelfall die §§ 1030 ff. entsprechend anwendbar (MüKoBGB/*Grunsky* Rn. 3), ggf. kraft gesetzlicher Verweisung in § 2128 II auf § 1052. 25

13. Vollmacht. Der Erblasser kann einen Dritten zur rechtsgeschäftlichen Vertretung des Vorerben, nicht aber des Nacherben ermächtigen. Ansonsten wäre der Nacherbe schutzlos gestellt, weil er vor dem Nacherbfall nicht zum Vollmachtswiderruf berechtigt ist (aA *Keim* DNotZ 2008, 175; KG OLGE 18, 338). Eine Vollmachtserteilung zu Lasten des Nacherben würde der Systematik der Nacherbfolge widersprechen (MüKoBGB/*Grunsky* § 2112 Rn. 10). 26

14. Anordnung der Nacherbschaft. a) Letztwillige Verfügung. Die Nacherbschaft **muss** in einer (formwirksamen) letztwilligen Verfügung, also durch Testament oder Erbvertrag, angeordnet werden. Eine als Vor- oder Nacherbfolge ausgestalte gesetzliche Erbfolge gibt es nicht. 27

b) **Rechtsnatur der Vor- und Nacherbschaft.** Da die Anordnung der Vor- und Nacherbschaft eine **Erbeinsetzung** darstellt, kann eine Nacherbfolge nicht lediglich für einzelne Nachlassgegenstände erfolgen (OLG Düsseldorf ZEV 2017, 733; OLG München ZErb 2017, 79; OLG Hamburg ZEV 2016, 384; OLG Hamm ZErb 2015, 288; OLG Frankfurt a.M. OLGR Frankfurt 2002, 74; OLG Hamm NJW-RR 2000, 78; Palandt/*Weidlich* Rn. 2; *Hahn* ZEV 2016, 360). Eine hypothetische Auslegung des Erblasserwillens kann aber ergeben, dass für die entsprechenden Nachlassgegenstände Testamentsvollstreckung angeordnet wird oder die nach dem Erblasserwillen nicht gebundenen Nachlassgegenstände durch Vorausvermächtnisse verteilt und iÜ der gesamte Nachlass der Vor- und Nacherbschaft unterliegt, → § 2110 Rn. 8. Der Erblasser kann aber die Nacherbfolge auf **Bruchteile** des Nachlasses beschränken (BGH NJW 1980, 1276; OLG Frankfurt a.M. NJW-RR 2005, 380) oder den Erben für einen Bruchteil des Nachlasses zum Vollerben und ansonsten zum Vor- oder Nacherben einsetzen (OLG Hamm ZErb 2015, 288; BayObLG NJW-RR 2003, 297), wobei ein (Bruchteils-) Vorerbe den Beschränkungen des § 2113 BGB unterliegt (OLG Hamm ZErb 2015, 288). 28

c) **Anordnung durch einen Dritten.** Es gilt der Grundsatz des **§ 2065 II,** wonach die Bestimmung des Empfängers oder des Gegenstands der Zuwendung **nicht** einem anderen überlassen werden kann. Kein Verstoß gegen § 2065 liegt jedoch vor, wenn die Einsetzung des Nacherben – ggf. im Wege einer Umdeutung (§ 140) – unter der **Bedingung** erfolgt, dass der Vorerbe keine abweichende Verfügung über die Erbschaft trifft (OLG Düsseldorf ZEV 2014, 218) oder der Erblasser umgekehrt den Vorerben zu Änderungen bei der Nacherbfolge ermächtigt, insbes. einer anderen Verteilung oder einer Auswahl unter mehreren potentiellen Nacherben bzw. auch der Anordnung eines Vermächtnisses unter Ausschluss von der Nacherbfolge. Das gilt auch für den Fall, dass der Eintritt der Nacherbfolge von einem vom Willen des Vorerben abhängigen Bedingungseintritt abhängig ist und die Änderungsbefugnis des Vorerben den gesamten Nachlass umfasst (BGHZ 59, 220; NJW 1981, 2051; BayObLG NJW-RR 2001, 1588; OLG 29

Lang

Hamm ErbR 2014, 549; ZEV 2000, 197; OLG Oldenburg NJW-RR 1991, 646; BayObLGZ 1982, 331; Palandt/*Weidlich* Rn. 7).

30 **d) Gesetzliche Auslegungsregeln §§ 2066 ff.** Bei einer nicht eindeutigen Bezeichnung der **Person des Vor- oder Nacherben** ist auf die gesetzlichen Auslegungsregeln der §§ 2066 ff., insbes. § 2069 abzustellen, wenn der (mutmaßliche) Erblasserwille auch nicht im Wege einer ergänzenden Auslegung feststellbar ist (BayObLG FamRZ 2001, 1561; OLG Hamm NJWE-FER 1999, 127).

31 **e) Höfeordnung.** Eine landwirtschaftliche Besitzung, die im Zeitpunkt des Eintritts des Vorerbfalls ein Hof im Sinne der HöfeO war, wird auch dann nach dem Sondererbrecht vererbt, wenn die Hofeigenschaft vor dem Eintritt des Nacherbfalls weggefallen ist (BGH BeckRS 2013, 02148; OLG Hamm FamRZ 2014, 1068). Der nach Eintritt des Vorerbfalls eingetretene Wegfall der Hofeigenschaft führt dazu, dass ausnahmsweise die Nacherbfolge sich nicht nach der HöfeO, sondern nach dem im Zeitpunkt des Nacherbfalls anzuwendenden allgemeinen Recht richtet (OLG Oldenburg BeckRS 2013, 07788).

Für die Aufgabe der Hofeigenschaft ist die Zustimmung des Nacherben nötig, wenn die landwirtschaftliche Besitzung im Zeitpunkt des Vorerbfalls ein Hof im Sinne der HöfeO ist (BGH BeckRS 2012, 23854). Ist keiner der potentiellen Nacherben wirtschaftsfähig, dann wird der Vorerbe im Zeitpunkt des Nacherbfalls zum Vollerben (OLG Hamm FamRZ 2014, 1068).

IV. Auslegungsfragen

32 **1. Wortlaut der letztwilligen Verfügung.** Dem Wortlaut der letztwilligen Verfügung kann bei Laientestamenten oft keine entscheidende Bedeutung zugemessen werden (BGH ZEV 2015, 343). Bei der Auslegung muss berücksichtigt werden, dass juristisch nicht vorgebildete Erblasser die Begriffe „Vorerbe" und „Nacherbe" rechtstechnisch oft falsch verstehen, so dass die Wortwahl den Testamentsinhalt noch nicht eindeutig macht (OLG Schleswig ZEV 2016, 722 mN OLG Hamm ZEV 2003, 334; OLG Hamm ZErb 2015, 288; BeckRS 2016, 06164; OLG Karlsruhe ErbR 2015, 499). Es kann auch ein zeitliches Nacheinander zweier Erben ohne Beschränkungen nach dem ersten Erbfall gemeint gewesen sein. Es ist dann zu prüfen, ob alternativ eine Vollerbeneinsetzung oder ein aufschiebend bedingtes Herausgabevermächtnis dem Erblasserwillen entsprach, zB im Fall des vorzeitigen Ablebens des eigenen Abkömmlings, der dann von dessen Ehegatten gesetzlich oder testamentarisch beerbt wird (Einzelheiten → § 2103 Rn. 1 ff.). Bei einer Testamentsänderung kann die nunmehrige Nichterwähnung einer Nacherbfolge für eine entsprechende Willensänderung sprechen (OLG Düsseldorf FamRZ 2014, 1230). Wird in einem notariellen Einzeltestament ein Ehegatte als Alleinerbe und eine dritte Person als „Schlusserbe" bezeichnet, muss das Grundbuchamt die Anordnung einer Nacherbfolge in Betracht ziehen (OLG Hamm ZEV 2015, 726) (→ Rn. 77). Wenn der den wesentlichen Nachlass umfassende Grundbesitz nach dem Willen von Eheleuten nach dem Tod ihrer als Erben des Längstlebens eingesetzten Kinder auf dritte Verwandte übergehen soll, so muss (in Abgrenzung von einer Auflage) eine Nacherbeneinsetzung geprüft werden, wobei die Zweifelsregelung des § 2087 II BGB (Nachvermächtnis § 2177) ausscheidet (OLG Schleswig ZEV 2015, 471). Für eine Vollerbschaft kann entgegen eines anderslautenden Wortlauts („als befreite Vorerben") sprechen, dass der länger lebende Elternteil Pflichtteilsansprüche erfüllt hat, obwohl dies nach § 2306 II bei einem Nacherben eine Erbausschlagung vorausgesetzt hätte (BGH ZEV 2015, 343).

33 Der Wortlaut bildet keine Grenze der Auslegung. Vielmehr ist der **wirkliche Wille** des Erblassers zu erforschen und nicht am buchstäblichen Sinn des Ausdrucks zu haften (§ 133). Es geht darum, was der Erblasser mit seinen Worten sagen wollte, so dass die Auslegung eine Deutung ergeben kann, die vom üblichen Wortsinn abweicht, wenn der Erklärende mit seinen Worten einen anderen Sinn verbunden hat, als es dem allgemeinen Sprachgebrauch entsprach (BGH NJW 1993, 256; BGHZ 86, 41; BayObLG ZEV 1995, 71).

34 Vor- und Nacherbschaft kann insbes. auch dann angenommen werden, wenn es zu einer sprachlichen **Umschreibung** der Erblasserwünsche kommt oder irrtümlich eine **falsche Terminologie** verwendet wird. Sogar eine Beratung durch Anwälte, Notare oder (Voll)Juristen ist nur ein Indiz, dass der Wortlaut der Verfügung dem Erblasserwillen entspricht (BGH LM BGB § 2100 Nr. 1; OLG Hamm ZErb 2013, 265; KG NJW-RR 1987, 451).

35 **a) Abgrenzungskriterium.** Das entscheidende Abgrenzungskriterium ist die Frage, ob es dem Erblasserwillen entspricht, von zwei oder mehr Personen **nacheinander beerbt** zu werden, wobei der erste Erbe nur Erbe auf Zeit sein und Beschränkungen dahingehend unterliegen soll, dass der Nachlassstamm dem Nacherben zukommen soll und der Vorerbe (nur) die bis zum Eintritt des Nacherbfalls erzielten Nutzungen aus dem Vermögensstamm für sich behalten kann (Palandt/*Weidlich* Rn. 5; MüKoBGB/*Grunsky* Rn. 7). Entscheidend ist, ob der Erblasser den zweimaligen Anfall der Erbschaft gewollt oder ohne zweite Erbeinsetzung nur ein befristetes Auseinandersetzungsverbot zugunsten Dritter anordnen wollte (OLG Köln BeckRS 2017, 135609)

Der Erblasser kann durch Befreiungen nach § 2136 von diesem Grundsatz weitgehend abweichen und dem Vorerben eine stärkere Stellung einräumen.

36 **b) Bedingte oder befristete Nacherbeneinsetzung.** Der Erblasser muss im Sinn gehabt haben, die Erbeinsetzung von dem Eintritt **aufschiebender oder auflösender** Bedingungen oder Befristungen abhängig zu machen, zB Ausbildungsabschluss, Geburt von Nachkommen, Wiederverheiratung (BGH NJW 1988, 59) etc. Die Einsetzung eines Nacherben unter der auflösenden Bedingung einer anderweiti-

gen Testierung des Vorerben ist rechtlich möglich (BGH NJW 1981, 2051; OLG München ZEV 2017, 114; KG ErbR 2016, 337). Dies ist ggf. im Wege einer Umdeutung festzustellen und begründet dann keinen Verstoß gegen § 2065 II, da der (ggf. nicht befreite) Vorerbe mit Bedingungseintritt über seinen eigenen Nachlass verfügt (OLG München ZEV 2016, 390). Soll sich die Vorerbschaft in eine Vollerbschaft umwandeln, sobald der Vorerbe „leibliche eheliche Abkömmlinge erhält", so ist fraglich, ob **Adoptivkinder** dazu zählen. (verneint OLG Düsseldorf FGPrax 2015, 33 für ein Testament aus dem Jahr 1969 unter Bezugnahme auf die damaligen Moralvorstellungen und die damalige diskriminierende Gesetzeslage).

Wirksam soll eine Verfügung sein, die den Eintritt der Nacherbfolge daran anknüpft, dass die Vorerbin einem Dritten das Betreten eines zum Nachlass gehörenden Anwesens untersagt (BayObLG ZEV 2001, 189). Wenn die Nacherbfolge bedingt durch die Erfüllung eines vom Bedachten gegebenen Versprechens angeordnet wurde und die Bedingung von dem Bedachten ohne sein Verschulden nicht erfüllt werden kann, so muss – ggf. unter Rückgriff auf den **hypothetischen Willen** des Erblassers – geprüft werden, ob die bedingte Nacherbeneinsetzung auch in diesem Falle gültig bleiben soll (OLG München OLGR München 2005, 502). 37

c) **Zur Abgrenzung Nacherbe – Ersatzerbe** → § 2102 Rn. 9 ff. 38

d) **Bezugnahme auf bestimmte Rechtsfolgen.** Eine Nacherbeneinsetzung kann sich auch daraus ergeben, dass in der letztwilligen Verfügung auf bestimmte Rechtsfolgen aus den §§ 2112 ff. Bezug genommen wird (MüKoBGB/*Grunsky* Rn. 9). 39

e) **Vorausvermächtnis.** Wenn die bei der Verteilung des Grundbesitzes zugewandten Nachlassgegenstände den Nachlass nicht erschöpfen, kann sich aus **§ 2087 II** ergeben, dass statt einer Nacherbschaft vielmehr Vorausvermächtnisse angeordnet wurden (OLG Karlsruhe OLGR 2003, 487). 40

f) **Nießbrauch.** Die Zuwendung eines Nießbrauches in **Vermächtnisform** kann als Einsetzung zum Vorerben ausgelegt werden, wenn die bedachte Person die Rechtsstellung des Erblassers einnehmen und Verfügungsmacht über den Nachlass erhalten soll und nicht nur einen schuldrechtlichen Anspruch auf Vermächtniserfüllung (BGH LM BGB § 2100 Nr. 2; BayObLGZ 65, 457). Anders herum kann für ein Nießbrauchsvermächtnis sprechen, dass die Erbschaft dem Bedachten mit dem Erbfall nicht unmittelbar anfallen soll. Auch der bei der Vor- und Nacherbschaft doppelte Anfall von **Erbschaftsteuer** (§ 6 ErbStG) kann für ein Nießbrauchsvermächtnis sprechen. (BayObLG Rpfleger 1981, 64; BayObLG München NJW 1960, 1765). Das Nutzungsrecht unterliegt der Besteuerung nur einmal und zwar entweder mit dem vollen Kapitalwert oder wegen der Privilegierung in § 23 ErbStG verteilt auf die Laufzeit der jeweils eingehenden Erträge. 41

g) **Testamentarisches Verbot.** Ein testamentarisches Verbot der Erbeinsetzung **nicht blutsverwandter** Personen kann als Vor- und Nacherbschaft ausgelegt werden (BayObLGZ 1958, 22). 42

h) **Erweiterung der Verfügungsbeschränkung.** Der Erblasser kann die Verfügungsbeschränkungen des Vorerben über §§ 2112 ff. hinaus mittels **Vermächtnis** erweitern, indem der Vorerbe für bestimmte Verfügungen die Zustimmung des Nacherben benötigt (BGH LM BGB § 2100 Nr. 2). 43

i) **Testamentsvollstreckung.** Notwendig ist eine Abgrenzung zu einer Testamentsvollstreckeranordnung, wenn eine **Person** nach dem Willen des Erblassers den Nachlass **zeitlich begrenzt verwalten** soll (MüKoBGB *Grunsky* Rn. 7). Der Erblasser kann auch wirksam anordnen, dass die Testamentsvollstreckung neben der Vor- und Nacherbschaft besteht, um zu gewährleisten, dass der Nachlassstamm dem Nacherben ungeschmälert erhalten bleibt (BGHZ 40, 115). Bei einer nur für den Vorerben angeordneten Testamentsvollstreckung ist nicht zwangsläufig von einer umfassenden Verfügungsbefugnis auch für den Nacherben auszugehen. Die Verfügung von Todes wegen ist insoweit auszulegen (OLG München ZEV 2016, 325). 44

j) **Wünsche und Appelle.** Stets ist – ggf. im Wege einer Auslegung – zu prüfen, ob die Beschränkungen nur **rechtlich unverbindliche** Wünsche bzw. moralische Appelle sein sollen (OLG Schleswig ZEV 2015, 471). 45

2. Gemeinschaftliche Ehegattentestamente. Hier ist im Rahmen einer Auslegung darauf zu achten, ob die Testierenden in Bezug auf ihr Vermögen die **„Trennungslösung"** (Vor- und Nacherbschaft) oder die **„Einheitslösung"** (§ 2269) gewollt haben. Für letzteres spricht im Zweifel die Auslegungsregel des § 2269. Bei der gemeinsamen Wahl der Trennungslösung ohne ausdrückliche Erbeinsetzung nach dem Letztversterbenden muss – vorrangig – durch individuelle Auslegung und – nachrangig – durch Heranziehung der Auslegungsregel des § 2102 I geprüft werden, ob die im Testament benannten Nacherben auch Erben nach dem Letztversterbenden sein sollen (OLG Schleswig ErbR 2014, 448). Die wechselseitige Einsetzung von Eheleuten als Vorerben und der jeweils eigenen Abkömmlinge bzw. eines Adoptivkindes als Nacherben ist regelmäßig bereits im Wege der Auslegung als Einsetzung der Nacherben zu Schlusserben des Längstlebenden zu verstehen (OLG Frankfurt a. M ZEV 2013, 86). Der Testamentswortlaut „Frau ... soll die ... Ertragsüberschüsse erhalten. Sie soll berechtigt sein, auch über das Nachlassvermögen aus der Vorerbschaft nach ihrem freien Ermessen bei Bedarf zu verfügen." ist als befreite Vorerbschaft auszulegen (OLG Hamm BeckRS 2011, 02644). 46

Wenn eine Auslegung ergibt, dass kein gemeinschaftliches Testament vorliegt, kann es sich bei den Zuwendungen des Erblassers nicht um eine Voll- und Schlusserbfolge handeln (§ 2269 I), so dass dann nur die Möglichkeit der Vor- und Nacherbfolge verbleibt (OLG Düsseldorf ZEV 2017, 178).

47 **a) Wortlaut.** Bei der Auslegung von Laientestamenten bildet der Wortlaut **keine Grenze,** wenn der „Nacherbe beim Tode des Letztlebenden" ein gemeinschaftliches Kind werden soll (BGH NJW 1983, 277; BayObLG FamRZ 1996, 1502; MDR 1990, 1118). Das gilt auch für den Fall, dass der überlebende Ehegatte vermögenslos ist (BayObLG NJW 1966, 1223).

48 **b) Testamentarisches Verbot.** Ein testamentarisches Verbot, den im wesentlichen nur Grundbesitz umfassenden Nachlass an andere als die Abkömmlinge der Söhne zu „übergeben", kann als Anordnung einer Vor- und Nacherbschaft ausgelegt werden (BGH NJW 1980, 1276; BayObLG München FamRZ 1986, 608). Auch das durch den Erblasser ausgesprochene Verbot, zugewandten Grundbesitz, den Hausrat und das Urkundsarchiv einer Adelsfamilie **zu veräußern,** kann zur Anordnung der Nacherbfolge führen (OLG Karlsruhe NJW-RR 1999, 806). Die Formulierung in einem gemeinschaftlichen Ehegattentestament, dass das den wesentlichen Teil des Nachlasses des Erstverstorbenen umfassende Hausgrundstück **nicht verkauft** werden darf und von einem der gemeinschaftlichen Kinder **übernommen** werden soll, kann eine Vor- und Nacherbschaft begründen (OLG Hamm OLGR 2003, 299).

49 **c) Nachvermächtnis.** Wendet der Erblasser ein Hausgrundstück einem seiner Kinder zu und drückt den Wunsch aus, dass ein Enkel dieses Haus nach dem Tode des Bedachten erhalten soll, ist eine Auslegung geboten, ob das Testament eine **Nacherbfolge,** ein **Nachvermächtnis** oder nur einen **unverbindlichen Wunsch** des Erblassers enthält (vgl. auch OLG Schleswig ZEV 2015, 471). Für eine Nacherbfolge kann sprechen, dass der Grundbesitz im Wesentlichen den Nachlass ausmacht und im Testament unter mehreren Abkömmlingen eine bestimmte Person benannt ist (BayObLG Rpfleger 1990, 208).

50 Umfasst der Nachlass im Wesentlichen ein Grundstück, das aus dem **Familienbesitz** des Erblassers stammt und verwendet der Erblasser die Formulierung „vermache ich zwar auch meinem Mann, allein nach seinem Tod soll es ohne weiteres meiner Nichte zufallen", so kann darin die Anordnung einer Nacherbfolge gesehen werden (BayObLG FamRZ 1996, 1502). Eine Nacherbeneinsetzung kann auch darin liegen, dass in **Gütergemeinschaft** lebende Ehegatten in einem gemeinschaftlichen Testament **einzelne Grundstücke aus dem Gesamtgut** ihren Abkömmlingen nach dem Tod des Überlebenden zuwenden (BayObLG FamRZ 1988, 542).

V. Verfahrensrecht

51 **1. Vertragliche Vereinbarungen. Ab dem Erbfall** können Vor- und Nacherbe über den Nachlass vertragliche Regelungen treffen (BGH ZEV 2001, 19; Palandt/*Weidlich* Rn. 12; *Weidlich* ZErb 2014, 325; *Keim* DNotZ 2003, 822; *Hartmann* ZEV 2009, 107). Zu den Möglichkeiten einer Aufhebung der Nacherbschaftsbeschränkungen durch Vereinbarung zwischen Vor- und Nacherben s. *Hartmann* ZEV 2009, 107.

52 **2. Erkenntnisverfahren. a) Anwartschaftsrecht.** Das Bestehen oder Nichtbestehen des Anwartschaftsrechts kann Gegenstand einer **Feststellungsklage** gem. § 256 ZPO sein.

53 **b) Prozessführungsbefugnis und Prozessstandschaft.** Der Vorerbe ist als wahrer Erbe von dem Erbfall bis zum Eintritt des Nacherbfalls als Prozesspartei aktiv und passiv prozessführungsbefugt (BFH NJW 1970, 79 Revisionsrücknahme durch Vorerben; Palandt/*Weidlich* vor Rn. 2). Ab dem Nacherbfall muss man zeitlich differenzieren: Da der Nacherbe mit dem Nacherbfall nicht Rechtsnachfolger des Vorerben wird, ist § 239 ZPO nicht direkt anwendbar. § 242 ZPO regelt für Aktivprozesse über der Nacherbfolge unterliegende Nachlassgegenstände aber die entsprechende Anwendbarkeit von § 239 ZPO. Das bedeutet, dass bei Aktivprozessen des Vorerben im Fall der Nacherbfolge eine Unterbrechung des Verfahrens eintritt, wenn der Nacherbe der streitigen Verfügung zugestimmt hat oder der Vorerbe ohne Zustimmung des Nacherben verfügen durfte und der klagende Vorerbe nicht durch einen Prozessbevollmächtigten vertreten ist. Ist letzteres der Fall, dann tritt keine Unterbrechung ein, sondern es kommt auf Antrag zu einer Aussetzung (§ 246 ZPO). Vorerben besitzen ein Antrags- und Beschwerderecht im Rahmen eines Gläubigeraufgebots (§§ 1970 ff., 455 FamFG, vgl. OLG Frankfurt a M. ErbR 2017, 559). Zur gewillkürten Prozessstandschaft bei gestaffelter Vor- und Nacherbschaft OLG Hamm ErbR 2016, 269.

54 **c) Rechtskräftiges Urteil.** Ein zugunsten des Vorerben **vor dem Eintritt der Nacherbfolge** rechtskräftig gewordenes Urteil wirkt nach § 326 I ZPO grds. für den Nacherben. Eine dem Vorerben nachteilige Entscheidung wirkt nicht gegenüber dem Nacherben. Bei einem teilweisen Unterliegen kommt es darauf an, ob sich Feststellungen einzeln trennen lassen. In anderen Fällen kommt es in Ausnahme von diesem Grundsatz zu einer Rechtskrafterstreckung gegenüber dem Nacherben, sofern der Vorerbe befugt war, ohne Zustimmung des Nacherben über den Gegenstand zu verfügen (§ 326 II ZPO). Dann kann entweder der Prozessgegner des Vorerben eine Klauselumschreibung betreiben (§ 728 I ZPO). Wenn der Kläger eine Bindung des Nacherben erreichen will, müssen Vor- und Nacherben als Streitgenossen verklagt werden (MüKoBGB/*Grunsky* Rn. 29 für den Fall einer Klage auf Abgabe einer Willenserklärung, § 894 I ZPO). Ein noch **zu Lebzeiten des Erblassers** gegen diesen ergangenes Urteil wirkt für und gegen den Vor- und Nacherben als wahre Erben des Erblassers unter den Voraussetzungen des § 325 ZPO. § 727 ZPO ermöglicht dann eine Umschreibung des Titels.

55 **d) Beschwerdebefugnis.** Beruft sich der Eigenerbe eines Vorerben auf die Wirksamkeit seiner Ausschlagung der (Vor-)Erbschaft, steht ihm gegen einen Feststellungsbeschluss hinsichtlich der Nacherbfolge keine Beschwerdebefugnis zu (OLG Hamm ZEV 2017, 519). Wenn ein Feststellungsbeschluss die

mit dem Tod eingetretene Nacherbfolge ausweist, ist der Eigenerbe des Vorerben beschwerdebefugt, wenn er geltend macht, sein Rechtsvorgänger wäre nicht Vorerbe, sondern Vollerbe geworden (OLG Hamm ZErb 2013, 263).

e) **Geschäftswertfestsetzung.** Mit dem Eintritt des Nacherbfalls durch den Tod des Vorerben ist eine gesonderte Wertfestsetzung für das Eigenvermögen des Vorerben und das der Nacherbfolge unterliegende Vermögen erforderlich, wobei im letzteren Fall auf den Zeitpunkt des Nacherbfalls abzustellen ist (OLG Hamm ZErb 2015, 354). 56

3. Nacherbfall während eines Gerichtsverfahrens. Bei einem während eines Gerichtsverfahrens mit Beteiligung des Vorerben eintretenden Nacherbfall, ist der Nacherbe ab der **Annahme** der Erbschaft zur Aufnahme des Rechtsstreits verpflichtet, sofern der Vorerbe befugt war, ohne Zustimmung des Nacherben über den Gegenstand zu verfügen (§§ 242, 239 ZPO). 57

4. Haftungsbeschränkung. Der Vorerbe kann nach den §§ 1975 ff. seine Haftung für Nachlassverbindlichkeiten **auf den Nachlass** beschränken. 58

VI. Zwangsvollstreckung

1. Gegen den Vorerben. Bis zum Nacherbfall können Gläubiger des Vorerben wahlweise statt in das Privatvermögen des Vorerben in die zum Vorerbe gehörenden Nachlassgegenstände vollstrecken. Im letzteren Fall sind nach § 2115 aber die Verwertungsmaßnahmen unwirksam, **soweit das Recht des Nacherben** vereitelt oder beeinträchtigt wird. Der Nacherbe kann dann bereits vor Eintritt des Nacherbfalls gem. § 773 S. 2 ZPO **Drittwiderspruchsklage** (§ 771 ZPO) erheben, solange nicht wegen Nachlassverbindlichkeiten oder aufgrund dinglicher Rechte vollstreckt wird und dies im Falle des Eintritts der Nacherbfolge dem Nacherben gegenüber wirksam wäre (§ 2115 S. 2). Gläubiger können einer Drittwiderspruchsklage zuvorkommen und den Nacherben auf Duldung verklagen. Die dem Vorerben zustehenden **Nutzungen** sind pfändbar. Bei Anordnung einer Testamentsvollstreckung sind dem Vorerben zustehenden Mieteinnahmen mangels einer unmittelbaren Nutzungsziehung nur nach § 850b I Nr. 3 ZPO beschränkt pfändbar (OLG Frankfurt a. M. ZEV 2001, 156). 59

2. Gegen den Nacherben. Das **Nacherbenanwartschaftsrecht** kann von und gegen den Nacherben verpfändet (§ 1274 I) und gepfändet werden (§ 857 ZPO). Der erst mit dem Nacherbfall entstehende Herausgabeanspruch nach § 2130 ist hingegen unpfändbar (MüKoBGB/*Grunsky* Rn. 41). Der Nacherbe kann aber bereits mit dem Erbfall die Ausschlagung erklären (§ 2142), so dass das Anwartschaftsrecht dann erlischt. 60

Strittig ist, ob der **Pfändungsbeschluss** neben dem Nacherben auch an den Vorerben zugestellt werden muss, was die hM verneint ((Palandt/*Weidlich* Einf. Rn. 4); Brox/Walker ErbR Rn. 346; Soergel/ *Harder* Rn. 14; Staudinger/*Behrens*/*Avenarius* Rn. 63; aA MüKoBGB/*Grunsky* Rn. 42). Drittschuldner sind aber in jedem Fall andere Mitnacherben (MüKoBGB/*Grunsky* Rn. 42). 61

Ein **Vorkaufsrecht** der Vorerben ist gesetzlich nicht geregelt. § 2034 erfasst nur Fälle des freiwilligen von einem Miterben vorgenommenen Verkaufs (BGH NJW 1977, 37 für die Veräußerung eines Miterbenanteils durch einen Konkursverwalter). 62

Bei der **Zwangsversteigerung** eines Nachlassgrundstücks ist ein Nacherbenvermerk auch dann nicht in das geringste Gebot aufzunehmen, wenn das Anwartschaftsrecht des Nacherben verpfändet und die Verpfändung im Grundbuch gleichfalls eingetragen ist. Aus diesem Grunde ist hier kein Zuzahlungsbetrag nach §§ 50, 51 ZVG festzusetzen (BGH NJW 2000, 3358). 63

VII. Familienrecht

Minderjährige. Entsprechend dem Umfang der elterlichen Sorge haben Eltern gem. **§ 1640** ein Verzeichnis des ererbten Vermögens zu erstellen und bei dem Familiengericht einzureichen, soweit kein Ausnahmefall gem. § 1640 II Nr. 1, 2 vorliegt. Diese Verpflichtung gilt auch dann, wenn ein Elternteil als Vorerbe und das Kind als Nacherbe eingesetzt ist. Zur Erbausschlagung bei minderjährigen Nach- und Ersatzerben: Sagmeister ZEV 2012; 121. 64

VIII. Insolvenzverfahren

Mit der Eröffnung eines Insolvenzverfahren geht die **Verfügungsbefugnis** über das Schuldnervermögen auf den Insolvenzverwalter über (§ 80 I InsO).

1. Insolvenz des Vorerben. Das Verfügungsrecht des Verwalters ist aber bei einer Insolvenz des Vorerben durch § 83 II InsO iVm § 2115 **eingeschränkt.** Die Vorerbschaft bleibt Bestandteil der Insolvenzmasse, der Nacherbe hat kein Aussonderungsrecht. Es ist dem Insolvenzverwalter aber untersagt, Nachlassgegenstände zur Befriedigung der Insolvenzgläubiger zu veräußern, auch wenn dies auf einer von dem Vorerben eingegangenen rechtsgeschäftlichen Verpflichtung beruht. Auch dürfen die Verfügungen nicht den §§ 2113, 2114 widersprechen. Die dem Vorerben bis zum Nacherbfall zustehenden **Nutzungen** fallen aber in die Insolvenzmasse, da es zu keiner Beeinträchtigung oder Vereitelung von Nacherbenrechten kommen kann, solange nicht ein Ausnahmefall nach § 2115 S. 2 erfüllt ist. 65

66 **2. Insolvenz des Nacherben.** Bei einer Insolvenz des Nacherben ist dessen **Anwartschaftsrecht** Bestandteil der Insolvenzmasse (Palandt/*Weidlich* Einf. Rn. 4).

67 **3. Miterben.** Die Miterben haben **kein Vorkaufsrecht,** wenn der Insolvenzverwalter einen zur Masse gehörigen Miterbenanteil verkauft (zur damaligen Konkursordnung BGH NJW 1977, 37).

IX. Handels- und Gesellschaftsrecht

68 **1. Handelsregister.** Da mit dem Erbfall einzig und alleine der Vorerbe zum wahren Erbe des Erblassers wird, ist auch nur dieser in das Handelsregister **einzutragen** (MüKoBGB/*Grunsky* Rn. 47; *Krug* ZEV 2001, 51). Der Nacherbe haftet für Verbindlichkeiten aus dem Geschäftsbetrieb eines von dem Vorerben unter Beibehaltung des Firmennamens fortgeführten Handelsunternehmens weiter.

69 **2. Verfügungsbefugnis des Vorerben.** Die Fortführung oder Aufgabe eines kaufmännischen Unternehmens ist keine Verfügung über einzelne Nachlassgegenstände und obliegt daher auch dann nicht der Zustimmung des Nacherben, wenn zum **Betriebsvermögen** Grundstücke gehören (MüKoBGB/ *Grunsky* § 2112 Rn. 4). Das gilt auch für eine Handelsregistereintragung des Vorerben. Der unternehmerischen Entscheidungsfreiheit des Vorerben stehen aber bei einer Pflichtverletzung im Rahmen der der Nachlassverwaltung Schadenersatzpflichten nach den §§ 2130, 2131 entgegen.

70 Die Anteile an einer **Kapitalgesellschaft** sind für den Vorerben frei veräußerbar, ohne dass der Nacherbe zustimmen muss. Gehört zum Nachlass eine **Personenhandelsgesellschaft,** so obliegt dem Vorerben im Rahmen seiner Verwaltungsbefugnis über den Nachlass die Entscheidung, ob er Eintritts- oder Fortsetzungsklauseln entsprechend (unmittelbar) in die Gesellschafterstellung des Erblassers eintritt. War der Erblasser persönlich haftender Gesellschafter, wird die Personenhandelsgesellschaft bei dessen Tode mit dem Vorerben fortgesetzt, wenn der Gesellschaftsvertrag im Rahmen erbrechtlicher Nachfolgeklauseln nichts Abweichendes bestimmt (BGH NJW 1977, 1540). Das kann zB auch ein vertragliches Eintrittsrecht sein, das dann dem Vorerben zusteht. Der Vorerbe ist in diesem Fall mit Wirkung gegen den Nacherben im Rahmen der Ausübung seiner Gesellschafterrechte zB befugt, den Gesellschaftsvertrag zu kündigen oder an Änderungen des Gesellschaftsvertrags mitzuwirken (Palandt/*Weidlich* § 2112 Rn. 3; MüKoBGB/*Grunsky* § 2112 Rn. 5). Die Veräußerung des Gesellschaftsanteils an einer **Kommanditgesellschaft** durch einen Vorerben unterliegt der Verfügungsbeschränkung des § 2113 II (BGH NJW 1977, 1540).

71 **3. Kommanditist.** Der **Vorerbe** kann – ggf. auch gegen den Willen des Nacherben – fordern, dass ihm die Stellung eines Kommanditisten eingeräumt wird (§ 139 I HGB). Der Nacherbe kann dann im Nacherbfall keine Umwandlung zum Komplementär mehr verlangen (BGH NJW 1977, 1540). Auch das Kündigungsrecht nach § 139 II HGB steht dem Vorerben zu (BGH NJW 1981, 1560).

X. Erbschein

72 **1. Inhalt des Erbscheins.** In einem Erbschein des **Vorerben** sind neben der Anordnung der Nacherbschaft auch der zukünftige Zeitpunkt des Eintritts des Nacherbfalls sowie der Bedingungseintritt zu vermerken. Das Grundbuchamt muss eine Eintragung so vornehmen, wie sich dies aus dem Erbschein ergibt. Dies gilt auch, wenn eine Lücke durch die Auslegungsregel des § 2106 geschlossen wird (OLG Frankfurt a. M. FamRZ 2004, 486). Auch ist eine Befreiung im Erbschein aufzunehmen (§ 352b FamFG), da der Umfang der Verfügungsbefugnisse aus Sicht des Rechtsverkehrs feststehen muss. Dies gilt bei Befristungen und Bedingungen auch dann, wenn die mit den entsprechenden Formulierungen verbundenen Auslegungsschwierigkeiten im Gegensatz zum Normzweck stehen können, für eine Klarheit im Rechtsverkehr zu sorgen (OLG Schleswig ErbR 2015, 154 zu § 2363 idF bis 16.8.2015). Das gilt auch für die Person des (Ersatz-)Nacherben, auch wenn sich die Ersatzerbenanordnung erst im Auslegungsweg ergibt. Ansonsten bestünde bei einem vorzeitigen Wegfall des Nacherben die Gefahr, dass im Rechtsverkehr der Vorerbe als Vollerbe angesehen wird (MüKoBGB/*Grunsky* § 2102 Rn. 15). Ergibt eine Auslegung, dass auch später hinzutretende Abkömmlinge Nacherben werden sollen, so ist die personelle Vorläufigkeit im Erbschein zu erwähnen, zB mit einem Zusatz „derzeit" (OLG München ZEV 2017, 353). Beantragt der Vorerbe einen Erbschein, muss daraus hervorgehen, ob das **Anwartschaftsrecht** des Nacherben vererblich ist oder nicht. Das Nachlassgericht muss deshalb (im Auslegungsweg) entsprechende Ermittlungen anstellen und ggf. im Erbschein vermerken, dass ein von der gesetzlichen Regelung in Abs. 2 S. 1 abweichender Erblasserwille besteht und dass die Nacherbenanwartschaft nicht vererblich ist. Fehlt ein solcher Eintrag, ist vom Regelfall einer Vererblichkeit auszugehen (OLG München ZErb 2012, 113; MüKoBGB/*Grunsky* § 2108 Rn. 6). Die Nacherbschaft muss im Erbschein nicht vermerkt werden, wenn der Vorerbe die Anwartschaft des Nacherben rechtsgeschäftlich erworben hat und die Beschränkung des Vorerben damit gegenstandslos geworden ist (OLG Köln ZEV 2018, 138).

73 Im Falle des § 2110 II muss der Erbschein eine Klarstellung enthalten, dass das Nacherbenrecht sich nicht auf einen bestimmten, dem Vorausvermächtnis unterliegenden Gegenstand bezieht, da so eine Abgrenzung zu den durch eine Nacherbfolge nicht beschwerten Gegenständen erfolgt („Das Recht des Nacherben erstreckt sich nur auf ..." (OLG München ZErb 2014, 306, *Schäuble* ZEV 2016, 675). Der weitere nach Eintritt des Nacherbfalls zu erteilende Erbschein muss eindeutig zum Ausdruck bringen, wer mit welchem Anteil (Nach-)Erbe ist und inwieweit das (Nach-)Erbrecht beschränkt ist. Bei beiden

Erscheinen ist eine Wertangabe des Vermächtnisses im Verhältnis zu dem Wert des Gesamtnachlasses nicht erforderlich (OLG München aaO).

Nach Eintritt des Nacherbenfalls reicht der Nacherbenvermerk in Verbindung mit der Sterbeurkunde des Vorerben für eine Grundbuchberichtigung nicht aus (OLG München ErbR 2014, 343; ZEV 2011, 587; (OLG Zweibrücken NJW-RR 2011, 525; OLG Frankfurt a. M. BeckRS 2010, 12092; OLG Celle ZEV 2010, 95 für ein Ehegattentestament mit Regelung der Vor- und Nacherbfolge; OLG München ZEV 2011, 587).

Gegen die **Einziehung** eines dem Vorerben erteilten Erbscheins hat der Nacherbe **kein Beschwerderecht** (OLG Karlsruhe ZErb 2009, 208). 74

2. Gutglaubenserwerb. Dass der Vorerbe einen ihm erteilten Erbschein vorlegen kann, rechtfertigt **keinen** Gutglaubenserwerb, da eine Verfügungsbeschränkung dort nicht eingetragen werden darf. Bei einem gutgläubigen lastenfreien Erwerb ist zu berücksichtigen, dass sich auf den öffentlichen Glauben des Erbscheins nach § 2366 nur der Erwerber einzelner Nachlassgegenstände, nicht aber der Erbschafts- oder Erbteilskäufer berufen kann. § 2113 greift nicht ein, wenn es um einzelne Erbschaftsgegenstände geht. 75

3. Eintritt des Nacherbfalls. Mit Eintritt des Nacherbfalls wird der Erbschein **unrichtig** und ist von Amts wegen einzuziehen (§ 2361). Der Nacherbe kann eine Herausgabe an das Nachlassgericht verlangen (§ 2362). 76

XI. Grundbuch

Allgemeines. (*Zimmer* ZEV 2014, 526) Der Nacherbe benötigt für seine Grundbucheintragung einen Erbschein. Ein zugunsten des Vorerben ausgestellter Erbschein ist ebenso wie ein Nacherbenvermerk im Grundbuch nicht ausreichend (OLG Zweibrücken NJW-RR 2011, 525; OLG Frankfurt a. M. BeckRS 2010, 12092; OLG Celle ZEV 2010, 95 für ein Ehegattentestament mit Regelung der Vor- und Nacherbfolge; OLG München ZEV 2011, 587). Der dem Vorerben erteilte Erbschein bezieht sich nur auf dessen Erbrecht und ist für den Nachweis eines Rechts der dort genannten Nacherben ohne Bedeutung. Deswegen lässt sich auch eine Offenkundigkeit iSv § 29 I 2 GBO nicht begründen (OLG München ZEV 2011, 587). 77

Das Grundbuchamt und das Beschwerdegericht müssen auch rechtlich umstrittene Fragen entscheiden und außerhalb der Verfügung liegende Umstände berücksichtigen, welche aus den vorgelegten Urkunden ersichtlich sind. Die Notwendigkeit der Auslegung endet erst dort, wo zur Aufklärung des Erblasserwillens Ermittlungen notwendig sind, die dem Grundbuchamt verwehrt sind (OLG München ZEV 2017, 114; OLG Naumburg ZEV 2016, 54). Das gilt insbes. für die Ermittlung des Erblasserwillens oder der tatsächlichen Verhältnisse (OLG Köln ZEV 2017, 96). Wird in einem notariellen Einzeltestament der Ehegatte als Alleinerbe und eine dritte Person als „Schlusserbe" bezeichnet, muss das Grundbuchamt die Vorlage eines Erbscheins fordern (OLG Hamm ZEV 2015, 726); das gilt auch für die Auslegung einer Notarurkunde, in der für den ersten und zweiten Sterbefall von Vollerben und Nacherben die Rede ist (OLG Hamm ZErb 2013, 265). Allerdings ist die gesetzliche Auslegungsregel des § 2102 I auch durch das Grundbuchamt zu beachten (OLG Hamm aaO). Ein Nachweis des Fehlens unbekannter Nacherben kann durch eine eidesstattliche Versicherung geführt werden, wonach keine weiteren gemeinschaftlichen Abkömmlinge existieren (OLG Köln ZEV 2017, 96). Werden künftig vom Vorerbin geborene leibliche Kinder als Nacherben eingesetzt, so reicht eine Erklärung an Eides statt einer 59-jährigen Vorerbin wegen der Möglichkeiten der Reproduktionsmedizin nicht aus (OLG Hamm ZEV 2016, 200). Der Vorerbe ist bis zum Eintritt des Nacherbfalls Erbe iSv § 40 Abs. 1 GBO (OLG Hamm ErbR 2017, 290). Wenn der Nacherbe sein Anwartschaftsrecht auf den Vorerben überträgt, ist dennoch ein Nacherbenvermerk im Grundbuch einzutragen, um die Übertragung der Nacherbenstellung nachzuweisen (OLG München ZEV 2015, 347). Ein Nacherbenvermerk ist nicht notwendig, wenn der Nacherbe der Verfügung des Vorerben zugestimmt hat (OLG Hamm aaO).

Der Nacherbenvermerk (§ 51 GBO) bewirkt keine Grundbuchsperre. (OLG Hamm NJW-RR 2015, 1359). Das gilt auch dann, wenn der Grundbuchvermerk im Zusammenhang mit einer Verfügung der Vorerbin gelöscht werden soll. (OLG Hamm ZEV 2017, 595). Zum Schutz des Nacherben ist die endgültige Wirksamkeit der Verfügungen des Vorerben zeitlich hinausgeschoben auf den Eintritt des Nacherbfalls. Die Eintragung einer Verfügung des Vorerben ist dem Nacherben nicht bekannt zu geben (OLG Hamm NJW-RR 2015, 1359). Der **Nacherbenvermerk** ist zu **löschen**, wenn dem Grundbuchamt nachgewiesen wird, dass das Grundstück mit Zustimmung des Nacherben aus dem Nachlass ausgeschieden ist (BGH NJW 2014, 1593). Liegt eine Löschungsbewilligung des Nacherben vor, darf das Grundbuchamt nach Eintritt des Nacherbenfalls eine Verfügung der eigenen Erben des Vorerben über das Grundstück nicht davon abhängig machen, dass zunächst die Nacherbfolge im Berichtigungswege im Grundbuch eingetragen werden muss (OLG Hamm ZErb 2014, 350).

Für **unbekannte Nacherben** ist eine Pflegerbestellung notwendig (BGH NJW 2014, 1593; OLG München NJW-RR 2014, 1161). Ein nur abstrakt bestimmter Nacherbe ist im Zweifel ebenso bekannt wie ein namentlich bezeichneter Erbe, wenn feststeht, wer die abstrakte Bestimmung erfüllt und sich daran bis zum Nacherbfall außer durch den Tod der bestimmten Person nichts mehr ändern kann (BGH aaO). Auch bei einer sehr geringen Wahrscheinlichkeit einer Volljährigenadoption durch den Vorerben, bedarf die Löschung eines Nacherbenvermerks der Zustimmung unbekannter Nacherben (OLG München NJW-RR 2014, 1161). Nach OLG Celle ErbR 2010, 395 ist eine Pflegerbestellung nicht notwendig, wenn offensichtlich ist, dass andere als die namentlich benannten Nacherben nicht vorhanden sind und nicht mehr hinzutreten können (OLG Hamm NJW-RR 1997, 1095).Wenn der Nacherbenvermerk die Person des Nacherben und einen Ersatznacherben bezeichnet, ist nach dem nicht zum Nacherbfall führenden Tod des Nacherben, keine Berichtung geboten, dass der Ersatznacherbe an die Stelle des Verstorbenen getreten ist (OLG Hamm ZEV 2015, 727).

78 Wenn dem Grundbuchamt beglaubigte Abschriften eines Erbvertrags und der Niederschrift über seine Eröffnung vorliegen, dann ist ein Nacherbenvermerk einzutragen, ohne dass es der Vorlage eines Erbscheins bedarf; dasselbe gilt für Ersatznacherben (OLG München ZEV 2015, 347 mN BayObLGZ 1970, 137).

Nach OLG Hamm (ZEV 2011, 589) ist bei einer Wiederverheiratungsklausel ein Nacherbenvermerk in das Grundbuch einzutragen. Das Grundbuchamt muss ein Testament auch hinsichtlich einer etwa einzutragenden Nach- und Ersatznacherbfolge sowie Befreiungen des Vorerben auslegen (OLG München ZEV 2013, 4).

79 Wenn der Vorerbe im Weg der Erbauseinandersetzung ein Grundstück erwirbt, so führt die dadurch entstehende dingliche Surrogation (§ 2111 Rn. 19) dazu, dass nach dem Eintritt des Nacherbfalls die Eigentümereintragung berichtigt werden kann (OLG München ErbR 2014, 343; OLG Hamm NJW-RR 2002, 1518).

80 Ist eine Grundstücksverfügung des Vorerben im Nacherbfall weiter wirksam, so ist die Eintragung eines **Wirksamkeitsvermerks** möglich, wonach der fortbestehende Nacherbenvermerk keine Unwirksamkeit bedeutet (BGH NJW 1999, 2275; OLG München ZEV 2016, 224 mN BayObLG ZEV 1997, 452).

81 Die Bewilligung der Löschung und der Verzicht auf die Eintragung des Nacherbenvermerks sind zulässig und als Verzicht des Nacherben auf den Schutz des Nacherbenvermerks zu verstehen. (OLG München ZErb 2017, 118). Für die Löschung eines Nacherbenvermerks ist es ausreichend, wenn der eingetragene Nacherbe zustimmt. Eine Erklärung von **Ersatznacherben** ist dann nicht erforderlich (BGHZ 40, 115; OLG München ZEV 2015, 345 und 2015, 347; NJW-RR 2014, 1161; OLG Karlsruhe ZEV 2015, 599; OLG Hamm ZEV 2016, 638; aA OLG Rostock ErbR 2017, 52; OLG Hamm ZErb 2014, 350: Eintragung eines Amtswiderspruchs § 53 I GBO); OLG Düsseldorf FamRZ 2014, 874: Pflegerbestellung für unbekannte Nacherben (→ § 2113 Rn. 20). Dem Nacherben ist vor einer Löschung auch dann **rechtliches Gehör** zu gewähren, wenn die Entgeltlichkeit aufgrund der Person des Käufers ernstlich nicht anzweifelbar ist (OLG Bamberg ZEV 2015, 599 mN OLG München ZEV 2012, 674; BayObLG, NJW-RR 1994, 1360; OLG Hamm FGPrax 1995, 14; Henn DNotZ 2013, 246).

Zum Nachweis der Vollentgeltlichkeit iSd § 2113 II bei Vereinbarung einer Kaufpreiszahlung in Kombination mit einem unentgeltlichen Nießbrauch (Freibeweis: OLG München ErbR 2014, 545) → § 2113 Rn. 24ff.).

82 Nach Eintritt des Nacherbenfalls reicht der Nacherbenvermerk in Verbindung mit der Sterbeurkunde des Vorerben für eine Grundbucberichtigung nicht aus (OLG München ErbR 2014, 343).

Der Nacherbe besitzt vor Eintritt des Nacherbfalls **kein Beschwerderecht** mit dem Ziel die Eintragung eines Amtswiderspruchs gegen die Eintragung des Eigentümers zu verhindern. (OLG München ZEV 2017, 541; ZEV 2011, 587).

83 **2. Immobilien.** Bei Immobilien darf für einen gutgläubigen Erwerb gem. § 892 ua keine positive Kenntnis hinsichtlich einer Eintragung einer Verfügungsbeschränkung bestehen. Denn dann kann sich der Erwerber nicht auf § 2113 III berufen. Um einen solchen gutgläubigen Erwerb zu verhindern, schreibt § 51 GBO vor, dass dem Grundbuch die materiell-rechtlichen Verfügungsbeschränkungen des Vorerben zu entnehmen sein müssen **(Nacherbenvermerk)**. Ihm kommt aber neben der Sicherungsfunktion im Verhältnis zu anderen Grundstücksrechten keine rangwahrende Bedeutung zu (OLG Hamm Rpfleger 1957, 19; Palandt/*Weidlich* Vor § 2100 Rn. 5). Er bewirkt auch keine Grundbuchsperre gegenüber Verfügungen des Vorerben (OLG Frankfurt a.M. FamRZ 2012, 745; MüKoBGB/*Grunsky* § 2113 Rn. 2). Der Nacherbenvermerk schützt den Nacherben vor einem gutgläubigen Dritterwerb durch Verfügungen des Vorerben und einer Weiterveräußerung des Erwerbers (OLG München ZEV 2018, 50).

84 **3. Berechtigung.** Der Nacherbe kann daher gegenüber dem Vorerben die Grundbuchberichtigung verlangen, ggf. auch nach der Eintragung eines Grundstückserwerbers bei einer dem Nacherben gegenüber unwirksamen Veräußerung.

85 **4. Folgen.** Durch die Eintragung des Nacherbenvermerks entsteht aber kein dingliches Recht. Denn bestehen bzgl. eines Grundstücks trotz Vor- und Nacherbschaft keine Verfügungsbeschränkungen, so ist ein Nacherbenvermerk nicht eintragungsfähig (BGH NJW 1982, 2499; ZEV 2007, 323).

86 **5. Eindeutigkeit.** Der Nacherbenvermerk muss den Berechtigten eindeutig bezeichnen (BayObLGZ 1982, 252), in der Regel namentlich; andernfalls ist er inhaltlich unzulässig. (OLG Zweibrücken Rpfleger 1977, 305) und damit gem. § 53 I 2 GBO von Amts wegen zu löschen. Eine Ergänzung verbietet sich (OLG Zweibrücken Rpfleger 1977, 305).

Das Grundbuchamt darf auf die Vorlage eines Erbscheins (§ 35 I GBO) bestehen (OLG Hamm Rpfleger 1966, 19; BayObLG DNotZ 1984, 502). Liegt ein Erbschein vor, der eine Nacherbschaft nicht ausweist, so ist es dem Grundbuchamt wegen des Legalitätsprinzips verwehrt, auf der Grundlage einer Berichtigungsbewilligung einen Nacherbenvermerk einzutragen (OLG München BeckRS 2012, 05137).

6. Kostenrecht. Die Gebührenbefreiung für Erben des im Grundbuch eingetragenen Eigentümers bei Eintragungen binnen zwei Jahren seit dem Erbfall gilt auch für die Eintragung von Nacherben und zwar unabhängig davon, ob der Vorerbe eingetragen wurde oder nicht. Für die Zweijahresfrist kommt es auf den Zeitpunkt an, in dem die Nacherbfolge eintritt (OLG München FamRZ 2015, 1829).

Der Streitwert für die Löschung des Nacherbenvermerks bemisst sich idR nach einem Bruchteil von $1/10$ bis maximal $1/3$ des Grundstückwerts (OLG Bamberg ZEV 2012, 549).

§ 2101 Noch nicht gezeugter Nacherbe

(1) ¹Ist eine zur Zeit des Erbfalls noch nicht gezeugte Person als Erbe eingesetzt, so ist im Zweifel anzunehmen, dass sie als Nacherbe eingesetzt ist. ²Entspricht es nicht dem Willen des Erblassers, dass der Eingesetzte Nacherbe werden soll, so ist die Einsetzung unwirksam.

(2) Das Gleiche gilt von der Einsetzung einer juristischen Person, die erst nach dem Erbfall zur Entstehung gelangt; die Vorschrift des § 84 bleibt unberührt.

1. Normzweck der Auslegungsregel (Abs. 1). a) Noch nicht gezeugte Person. Die Vorschrift ist im Zusammenhang mit § 1923 zu lesen. Grundsätzlich gilt: Wer erbfähig sein soll, muss bei dem Erbfall bereits geboren sein. § 1923 II regelt aber, dass eine bei dem Erbfall bereits gezeugte Person, als vor dem Erbfall geboren gilt. Im Umkehrschluss: Wer noch nicht gezeugt war, ist nicht erbfähig. § 2101 I schützt aber den Erblasserwillen und rettet die eigentlich unwirksame Erbeinsetzung eines noch nicht gezeugten Kindes durch **Umdeutung** in eine Nacherbeneinsetzung.

b) Testamentsauslegung. Die Norm setzt aber voraus, dass eine **Erbeinsetzung** als solches feststeht. Bestehende Unklarheiten sind durch eine Auslegung zu klären, bevor man auf § 2101 I zurückgreifen kann. § 2101 I ist auf **Vermächtnisanordnungen** nicht anwendbar. Die Norm wird nur selten zur Anwendung kommen. Denn oft wird schon die Ermittlung des tatsächlichen Willens des Erblassers nach § 133 oder eine ergänzende Auslegung der testamentarischen Anordnung nach den allgemeinen Auslegungsregeln zum Ergebnis kommen, dass das als Erbe bezeichnete noch nicht gezeugte Kind Nacherbe werden soll. § 2101 schließt damit nur eine **Lücke** für die Fälle, in denen der tatsächliche oder mutmaßliche Erblasserwille in der Verfügung von Todes wegen nicht einmal einen (versteckten) Anklang gefunden hat (**Andeutungstheorie**).

c) Eindeutige Nacherbenbestimmung. Abs. 1 S. 1 betrifft nur die Frage des „Wie" einer Erbeinsetzung, nicht jedoch die Frage des „Ob". Steht die Person des Erben wie auch dessen Einsetzung als Erbe jeweils nicht fest, so ist der Anwendungsbereich des S. 1 nicht eröffnet. Die Norm begründet also gerade keine Erbenstellung. Nicht notwendig ist aber, dass der Erblasser eine Nacherbeneinsetzung im Sinn hatte. Die Norm kommt auch zur Anwendung, wenn nur generell an eine Erbeinsetzung gedacht war. Nach **Abs. 1 S. 2** ist die Aufrechterhaltung als Nacherbeneinsetzung nur dann ausgeschlossen, wenn dies dem festgestellten Willen des Erblassers widerspricht. Die Erbeinsetzung eines noch nicht gezeugten Kindes ist dann unwirksam.

Abs. 1 gilt erst recht, wenn das noch nicht gezeugte Kind ausdrücklich als Nacherbe eingesetzt ist. Im Zweifel sind dann in entsprechender Anwendung von § 2104 die gesetzlichen Erben Nacherben.

d) Gesetzliche Erben als Vorerben. Trifft der Erblasser **keine Regelung, wer Vorerbe** des noch nicht gezeugten Nacherben werden soll, so sind nach § 2105 II die gesetzlichen Erben des Erblassers Vorerben. Die Erbschaft fällt dann **mit Geburt** an, vgl. § 2106 II 1. Da ungewiss ist, ob und wann der Nacherbfall eintritt, regelt § 2109 I, dass die Nacherbfolge 30 Jahre nach dem Erbfall unwirksam wird.

e) Grundbuch. Das Nacherbenrecht des noch nicht erzeugten Kindes ist in das Grundbuch **einzutragen** (§ 51 GBO). Die notwendige Bestimmtheit und Individualisierung wird dadurch gewährleistet, dass ein Zusatz wie zB Nachkommenschaft der namentlich zu benennenden Eltern aufgenommen wird.

2. Juristische Person (Abs. 2). a) Wirksame Erbanordnung. Auch die Erbeinsetzung einer bei dem Erbfall noch nicht zur Entstehung gelangten juristischen Person kann im Wege der **Umdeutung** in eine Nacherbeneinsetzung zur Wirksamkeit einer Erbanordnung führen. Vorerben sind dann gem. § 2105 II die gesetzlichen Erben des Erblassers. Die juristische Person wird dann mit ihrer Entstehung zur Nacherbin (§ 2106 II 2).

b) Stiftungen. Besonderheiten gelten über den Verweis in **Abs. 2 Hs. 2** auf **§ 84** für von dem **Erblasser errichtete Stiftungen,** die erst nach dem Erbfall genehmigt werden. Diese gelten bzgl. der Zuwendungen als bereits vor dem Tod des Erblassers entstanden. Die Stiftung wird dann unmittelbar zur Vollerbin. Da die Genehmigung Voraussetzung für die Rechtsfähigkeit ist und ein Vorerbe nicht existiert, muss bis zur Genehmigung ein Nachlasspfleger bestellt werden (§§ 1960 ff.; MüKoBGB/*Grunsky* Rn. 6). Das gilt auch für die Errichtung ausländischer Stiftungen (BayObLG NJW 1965, 1438).

3. Verfahrensrecht. Die **Beweislast** trägt nach allgemeinen Grundsätzen, wer sich auf die Unwirksamkeit der Verfügung beruft, da die Zweifelsregelung in § 2101 den Regelfall normiert. Es dürften aber zumeist Beweisschwierigkeiten auftreten.

Für den noch nicht gezeugten Nacherben kann gem. § 1913 S. 2 zur Wahrung seiner Rechte bis zum Eintritt der Nacherbfolge ein **Pfleger** bestellt werden. Dies ist regelmäßig erforderlich, weil das Betreuungsgericht nicht befugt ist Schutzmaßnahmen für den noch nicht geborenen Nacherben zu ergreifen.

Das notwendige Fürsorgebedürfnis kann jedoch entfallen, wenn eine Testamentsvollstreckung (§ 2222) auch die Wahrnehmung der Rechte des bereits gezeugten Nacherben umfasst. Der Pfleger ist nur für den noch nicht Gezeugten zu bestellen (Palandt/*Weidlich* Rn. 2); nicht auch für bereits vorhandene Nacherben (MüKoBGB/*Grunsky* Rn. 5).

§ 2102 Nacherbe und Ersatzerbe

(1) Die Einsetzung als Nacherbe enthält im Zweifel auch die Einsetzung als Ersatzerbe.

(2) Ist zweifelhaft, ob jemand als Ersatzerbe oder als Nacherbe eingesetzt ist, so gilt er als Ersatzerbe.

1   1. **Normzweck.** Die Vorschrift enthält **zwei Auslegungsregeln** zum Verhältnis zwischen Nach- und Ersatzerbschaft. Wer einen Nacherben einsetzt, hat sich dafür entschieden, den zunächst bedachten Vorerben nur als Erben auf Zeit einzusetzen. Der Nacherbfall muss dabei nicht immer mit dem Tod des Vorerben zusammenfallen. Der Ersatzerbe hingegen soll nur dann das Erbe antreten, wenn eine vorrangig und dauerhaft eingesetzte Person wegfällt. Der Ersatzerbe muss im Regelfall also davon ausgehen, dass er nicht **Erbe** wird. Für den Nacherben gilt dies nur dann, wenn der Bedingungseintritt für den Anfall seiner Nacherbschaft sehr unwahrscheinlich ist. Abs. 1 erfasst aber auch diesen Fall (→ Rn. 7; MüKoBGB/*Grunsky* Rn. 1, 3).

2   2. **Nacherbe als Ersatzerbe (Abs. 1).** Oft bedenken Erblasser nicht, dass der Erbe vor dem Erbfall wegfallen kann und dann Unklarheit über die Erbfolge entsteht. § 2101 normiert daher in Abs. 1 eine Auslegungsregel, dass der Nacherbe **im Zweifel** auch Ersatzerbe sein soll. Denn der Nacherbe nach dem Erblasserwillen in jedem Fall bedacht werden. Und es gibt im Zweifel keinen Grund, den Erbantritt des Nacherben weiter hinaus zu schieben. Dies gilt auch für den Nach-Nacherben (MüKoBGB/*Grunsky* Rn. 2).

3   a) **Wegfall des Vorerben.** Neben dem Vorversterben vor dem Erbfall geht man von einem Wegfall des Vorerben auch in den Fällen der Ausschlagung und der Unwirksamkeit einer Erbeinsetzung (BayObLG NJW-RR 2001, 950) oder eines Testaments zugunsten des zwischenzeitlich geschiedenen Ehegatten (§ 2077) aus, ebenso bei Erbverzicht, Anfechtung und Erbunwürdigkeit. **Rechtsfolge** ist, dass die ursprünglich zum Nacherben eingesetzte Person bereits mit dem Erbfall zeitlich unbegrenzter Erbe wird. Von einem Wegfall ist auch auszugehen, wenn die gesetzlichen Erben eines verstorbenen Vorerben nach Eintritt des Nacherbfalles innerhalb der laufenden Ausschlagungsfrist ausschlagen (BGH NJW 1965, 2295; MüKoBGB/*Grunsky* Rn. 2). Wenn einer von mehreren Vorerben ausschlägt und den Pflichtteil fordert (§ 2306 I), wird mangels eines abweichenden Erblasserwillens, ein als Nacherbe eingesetzter Abkömmling des Ausschlagenden Ersatzerbe (OLG München NJW-RR 2012, 211).

4   b) **Ersatzerbe ist kein Nacherbe.** Die Auslegungsregel gilt aber nicht in umgekehrter Richtung. Der Ersatzerbe ist **im Zweifel nicht** auch gleichzeitig Nacherbe. Denn der Nacherbe soll nach dem Erblasserwillen in jedem Fall in den Genuss der Erbschaft kommen, während der Ersatzerbe grds. nur Erbe zweiter Wahl ist.

5   c) **Noch nicht gezeugter Ersatzerbe.** Ist der Ersatzerbe zum Zeitpunkt des Erbfalls noch nicht gezeugt, so ist er nicht erbfähig (§ 1923). § 2101 I schützt aber in Zweifelsfällen den Erblasserwillen und rettet die eigentlich unwirksame Erbeinsetzung eines noch nicht gezeugten Kindes durch **Umdeutung** in eine Nacherbeneinsetzung. Diese Regelung ist gegenüber § 2102 vorrangig. Denn eine entsprechende Zweifelsregelung für Ersatzerben existiert nicht, so dass die Erblasseranordnung dann endgültig unwirksam wäre.

6   aa) **Vorrang des Erblasserwillens.** Auf die Auslegungsregel des § 2102 darf – wie bei anderen Auslegungsregeln auch – erst dann (auch durch das Grundbuchamt, vgl. OLG Hamm ZErb 2013, 265) zurückgegriffen werden, wenn nicht im Gesamtzusammenhang des Testaments ein (abweichender) Erblasserwille durch eine **individuelle Auslegung nach § 133** unzweifelhaft ermittelt werden konnte.

7   bb) **Abgrenzungskriterien.** Entscheidend für die Abgrenzung ist, warum der Erblasser sich für eine Vor- und Nacherbschaft entschieden hat. Geht es um eine **finanzielle Absicherung** des Vorerben, so fällt dieses Motiv mit dessen Vorversterben weg. Das ist regelmäßig gegeben, wenn der Tod des Vorerben zum Nacherbfall führt. Es ist dann im Zweifel davon auszugehen, dass ein sofortiger Erbantritt des Nacherben als Ersatzerben gewollt war. Wollte der Erblasser die Nacherbfolge aber von einem bestimmten **Verhalten** des Nacherben oder einem in seiner Person begründeten **Ereignis** abhängig machen oder einen bestimmten, vom Ableben des Vorerben unabhängigen Zeitpunkt für die Nacherbfolge festlegen bzw. den Nacherbfall von einem Ereignis (Eheschließung, Ausbildungsabschluss etc) abhängig machen, so kann man daraus zumeist schließen, dass der Nacherbe nicht vorzeitig als Ersatzerbe die Erbschaft antreten soll (BGH NJW 1965, 2295; MüKoBGB/*Grunsky* Rn. 3). Dann werden entweder die gesetzlichen Erben des Erblassers zu Vorerben (§ 2105) oder es tritt unter mehreren Mitvorerben Anwachsung (§§ 2094, 2099) ein. Gerade bei **minderjährigen Nacherben** kann es dem Erblasserwillen widersprechen, dass der Bedachte das Erbe vor Erreichen des Volljährigkeitsalters sofort antritt oder einen bestimmten Ausbildungsabschluss die Unternehmensführung übernimmt. Je unwahrscheinlicher der Bedingungseintritt ist, desto strengere Anforderungen muss man an die Ermittlung des Erblasserwillens

stellen (MüKoBGB/*Grunsky* Rn. 3). In einem zweiten Schritt trägt die **Beweislast** für einen von der Zweifelsregelung abweichenden Erblasserwillen, wer sich darauf beruft (MüKoBGB/*Grunsky* Rn. 3).

d) Gemeinschaftliches Testament. Wenn Ehepartner sich in einem gemeinschaftlichen Testament **gegenseitig** zu Vorerben und einen **Dritten** als „Nacherben des Letztversterbenden" einsetzen, dann kann Abs. 1 bei einem entsprechenden Willen beider Erblasser trotzdem anwendbar sein. Wenn also gewollt war, dass der Nacherbe bei einem Wegfall des Vorerben als Ersatzerbe zum Zuge kommen soll, dann ist der „Nacherbe" tatsächlich Vollerbe des Überlebenden (BGH ZEV 1999, 26; OLG Hamm Rpfleger 2001, 595; OLG Köln FGPrax 2000, 89; OLG Hamburg FGPrax 1999, 1225; 1999, 225; BayObLG FamRZ 1992, 476; KG NJW-RR 1987, 451; MüKoBGB/*Grunsky* Rn. 4; Palandt/*Weidlich* Rn. 3, § 2269 Rn. 5). Bei der gemeinsamen Wahl der Trennungslösung ohne ausdrückliche Erbeinsetzung nach dem Letztversterbenden muss – vorrangig – durch individuelle Auslegung und – nachrangig – über § 2102 I BGB geprüft werden, ob die im Testament benannten Nacherben auch Erben nach dem Letztversterbenden sein sollen (OLG Schleswig ErbR 2014, 448, dort offen gelassen, ob eine Kombination mit der Zweifelsregel des § 2270 II möglich ist, dafür Palandt/*Weidlich* Rn. 3).

3. Ersatzerbe oder Nacherbe (Abs. 2). Bestehen Zweifel, ob jemand als Ersatz- oder Nacherbe eingesetzt ist, so ist er als **Ersatzerbe anzusehen.** Denn der Ersatzerbe soll nach dem Erblasserwillen – anders als Nacherbe – nicht in jedem Fall in den Genuss der Erbschaft kommen, sondern nur bei dem Wegfall eines anderen Erben. In Zweifelsfällen soll die vom Erblasser benannte Person nur die rechtlich schwächere und ungewisse Stellung als Ersatzerbe innehaben und nicht in der Lage sein, die vom Erblasser vorrangig bedachte Person dauerhaften Beschränkungen iSd §§ 2112 ff. BGB zu unterwerfen. Die Nacherbschaft ist danach in Zweifelsfällen die Ausnahme.

Selbst bei Verwendung des Begriffs „Ersatzerbe" kann die **Berufung als Nacherbe** gemeint sein (BGH MDR 1951, 474). Verfügt der Erblasser aber andererseits, dass „beim Tode eines meiner Kinder (…) die vererbten Grundstücke und Häuser direkt in den Besitz meiner Enkelkinder" übergehen, wurde kein Ersatzerbfolge, sondern die Anordnung einer Nacherbschaft der Enkelkinder nach den Kindern des Erblassers angeordnet (OLG Hamm Rpfleger 2003, 436). Der Wortlaut eines Laientestaments, wonach der Sohn zum Miterben und für den Fall seiner kinderlosen Ehe bzw. bei seinem „Vorableben" die Ehefrau jeweils zur Vorerbin und die Kinder der als weitere Miterbin eingesetzten Tochter zu Nacherben berufen sind, spricht für eine gewollte Vor- und Nacherbeneinsetzung und nicht für eine Ersatzerbschaft (OLG Hamm NJW-Spezial 2008, 40).

a) Erblasserwille. Die Anwendung der **Auslegungsregel** des Abs. 2 setzt voraus, dass der Erblasserwille nicht im Gesamtzusammenhang der unklaren letztwilligen Verfügung durch eine individuelle Auslegung nach **§ 133** unzweifelhaft ermittelt werden konnte (OLG München FamRZ 2016, 1400). Es ist deshalb zu klären, ob der Erblasser ein zeitliches Nacheinander von zwei Personen als Erben gewollt hat (*Diederichsen* NJW 1965, 671 ff.).

Bei der Auslegung muss über den Wortlaut der letztwilligen Verfügung hinaus der aus den **Umständen und ermittelten Fakten** entnehmbare Wille des Erblassers berücksichtigt werden. Bei Laientestamenten steht auch bei der Verwendung des Begriffs Ersatzerbschaft nicht fest, ob der Erblasser dies wirklich so wollte oder rechtstechnische **Begriffe** verwechselt wurden. Gerade in Fällen einer **Erbunwürdigkeit** des Vorerben ist genau zu prüfen, ob der Nacherbe auch dann als Ersatzerbe gewollt wäre.

b) Einzelfälle. Es ist auch bei **Abkömmlingen** keine allgemeine Lebenserfahrung feststellbar, dass Eltern als Erblasser ihnen im Zweifel die stärkere Stellung des Nacherben einräumen und sie nicht nur auf die Stellung als Ersatzerbe reduzieren wollen. Wird der eindeutige Wille des Erblassers erkennbar, einen bestimmten gesetzlichen Erben von der testamentarischen Erbfolge **auszuschließen**, so kann dies für eine Nacherbschaft sprechen. Das BayObLG nimmt an, dass selbst eine **Sicherung des Familienvermögens** nicht automatisch für die Vor- und Nacherbfolge spricht (BayObLG NJWE-FER 2000, 127).

c) Noch nicht gezeugter Testamentserbe. Ist der Testamentserbe noch nicht gezeugt, so scheidet eine Berufung als Ersatzerbe aus. Denn § 1923 macht eine Zeugung zur Voraussetzung für eine Fiktion der Erbfähigkeit, so dass die eigentlich unwirksame Erbeinsetzung eines noch nicht gezeugten Kindes in eine **Nacherbeneinsetzung umgedeutet** wird (§ 2101 I). Die zuletzt genannte Norm geht der Anwendung des Abs. 2 vor (Palandt/*Weidlich* § 2101 Rn. 1). Denn der Ersatzerbe ist nach § 2096 nur für den Fall eingesetzt, dass ein Erbe vor oder nach dem Erbfall wegfällt. Die Einsetzung nur als Ersatzerbe wäre deshalb unwirksam (aA MüKoBGB/*Grunsky* Rn. 7: Vorrang des § 2102 II, da § 2101 I noch nicht gezeugte Erben weder ungleich behandeln, noch bevorzugen soll).

d) Bedingung. Hat der Erblasser die Einsetzung von einer Bedingung **abhängig** gemacht, wird man im Regelfall von einer **Nacherbeneinsetzung** ausgehen müssen (OLG Schleswig FamRZ 2011. 675; OLG Celle RdL 1961, 183: nicht jedoch bei einer Rechtsbedingung; Palandt/*Weidlich* Rn. 3).

4. Ersatznacherbe. Die Norm ist auf Ersatznacherben entsprechend **anwendbar.** Das betrifft Fälle, in denen der Nacherbe wegfällt und der Erblasser für diesen Fall eine Ersatzperson eingesetzt hat. **In zeitlicher Hinsicht** ist es unerheblich, ob der Ersatznacherbfall vor oder nach dem Erbfall eintritt. Denn auch nach dem Nacherbfall kann das entsprechende Ereignis Rückwirkung besitzen (Ausschlagung, Anfechtung, Erbunwürdigkeit etc; MüKoBGB/*Grunsky* Rn. 9).

17 **a) Verfügungen.** Eine Verfügung des **Vorerben** iSv § 2113 ist wirksam, wenn der Nacherbe zustimmt; einer Zustimmung des Ersatznacherben bedarf es nicht (BGHZ 40, 115). Der Nacherbe kann über sein Anwartschaftsrecht ab dem Erbfall im Grundsatz frei verfügen. Die Übertragung des Anwartschaftsrechts auf den Vorerben oder einen Dritten lässt aber das Recht des eingesetzten Ersatznacherben im Grundsatz unberührt (OLG Schleswig ZEV 2010, 574). Verfügungen des **Nacherben** werden im Ersatznacherbfall unwirksam, wenn der Nacherbe seine Rechte aus der Erbschaft auf einen Dritten überträgt (BayObLGZ 70, 137). Zum Streitstand bei einer fehlenden Zustimmung von Ersatznacherben (→ § 2100 Rn. 15).

18 **b) Vermächtnis.** Eine Anwendung der Vorschriften der §§ 2191 II 2102 II, wonach im Zweifel der eingesetzte Vermächtnisnehmer als Ersatzvermächtnisnehmer gilt, kommt nur dann in Betracht, wenn nach Ausschöpfung aller Auslegungsmöglichkeiten ernsthafte Zweifel bestehen, ob jemand als Ersatz- oder Nachvermächtnisnehmer eingesetzt ist (OLG Karlsruhe OLGR 2003, 487).

19 **5. Verfahrensrecht.** Für einen von der Auslegungsregel abweichenden Erblasserwillen ist **beweispflichtig**, wer daraus Rechte ableiten will. Im **Erbschein** ist ggf. ein Ersatznacherbenvermerk aufzunehmen, auch wenn sich die Ersatzerbenanordnung nur im Auslegungsweg ergibt. Ansonsten bestünde bei einem vorzeitigen Wegfall des Nacherben die Gefahr, dass im Rechtsverkehr der Vorerbe als Vollerbe angesehen wird (MüKoBGB/*Grunsky* Rn. 16).

20 **6. Grundbuch.** Die Verhinderung eines gutgläubigen Erwerbs gilt auch für eine Grundbucheintragung. Der **Ersatznacherbenvermerk** darf im Grundbuch nicht gelöscht werden, wenn der Nacherbe sein Anwartschaftsrecht auf einen Dritten oder den Vorerben überträgt (OLG Hamm NJW 1970, 1606; MüKoBGB/*Grunsky* Rn. 15). Der Vorerbe und der Nacherbe können aber ohne **Zustimmung** des Ersatznacherben ein zur Erbschaft gehörendes Grundstück auf den Vorerben zu Alleineigentum übertragen, so dass das Grundstück aus dem Nachlass ausscheidet und damit von der Nacherbeneinsetzung nicht mehr erfasst wird. Das Grundbuch kann nach § 22 GBO berichtigt werden, ohne dass es einer Bewilligung des Ersatznacherben bedarf (BGH ZEV 2001, 19; BayObLG NJW-RR 2005, 956).

§ 2103 Anordnung der Herausgabe der Erbschaft

Hat der Erblasser angeordnet, dass der Erbe mit dem Eintritt eines bestimmten Zeitpunkts oder Ereignisses die Erbschaft einem anderen herausgeben soll, so ist anzunehmen, dass der andere als Nacherbe eingesetzt ist.

1 Die Vorschrift berücksichtigt, dass Laien oft den Rechtsgrund (Nacherbenstellung) und die daraus resultierende Rechtsfolge (Herausgabe des Nachlasses § 2130) verwechseln und statt der Nacherbfolge nur die Herausgabe der Erbschaft an den Nacherben in ihrem Testament erwähnen. Dann ist zu klären, ob mit der gewählten Formulierung eine **Erbeinsetzung** als Nacherbe oder nur ein schuldrechtlicher **Vermächtnisanspruch** gemeint war, der ggf. erst nach dem Erbfall als aufschiebend bedingtes Vermächtnis zu erfüllen ist

2 Wenn bei einer stets vorrangigen **individuellen Auslegung** nach § 133 der Erblasserwille im Gesamtzusammenhang der letztwilligen Verfügung nicht ohne verbleibende Zweifel ermittelt werden kann, kommt die Auslegungsregel zur Anwendung, wonach der Erblasser im Zweifel eine Vor- und Nacherbeneinsetzung und keine Vermächtnisregelung gewollt hat. Die Herausgabepflicht des Vorerben ist dann dinglicher Natur, was im Zweifel dem Erblasserwillen entspricht.

3 **Abgrenzungskriterium** ist, ob der Erblasser über den Nachlass als Ganzen oder nur über einzelne Nachlassgegenstände verfügt hat (dann nur Quotenvermächtnis). Beide Alternativen sind möglich, wenn die Herausgabe eines Bruchteils oder eines Wertanteils angeordnet wird. In diesem Fall wird als Abgrenzungskriterium von Bedeutung sein, was bzgl. der restlichen Bruch- oder Wertanteile angeordnet ist. Die Vorschrift setzt voraus, dass nach dem Wortlaut der letztwilligen Verfügung ein Herausgabepflichtiger – zumindest für kurze Zeit – als Erbe auf Zeit eingesetzt werden soll. Der **Herausgabezeitpunkt** muss also nach dem Erbfall liegen. Unerheblich ist, ob der Herausgabepflichtige gewillkürter oder gesetzlicher Erbe wurde.

4 Ordnet der Erblasser hingegen die **sofortige Herausgabe** des Nachlasses an einen Dritten an, so liegt keine Vorerbeinsetzung vor und der testamentarischen Anordnung droht die Nichtigkeit. Der Erblasserwille kann aber eine Umdeutung in eine unmittelbare Erbeinsetzung des Dritten als Herausgabeempfänger verbunden mit einer Testamentsvollstreckereinsetzung des Herausgabepflichtigen ergeben (MüKoBGB/*Grunsky* Rn. 3; Palandt/*Weidlich* Rn. 2).

5 Der **BGH** hat entschieden, dass der Erblasser den Zeitpunkt des **Eintritts der Nacherbfolge** selbst bestimmen muss und nicht berechtigt ist, einem Testamentsvollstrecker die Befugnis einzuräumen, nach eigenem Ermessen einen anderen Zeitpunkt für den Eintritt der Nacherbfolge zu bestimmen, vgl. § 2065 II (BGH NJW 1955, 100). In einer solchen Konstellation kommt ggf. eine Umdeutung in ein Vermächtnis in Betracht (BayObLG NJW-RR 1998, 727; 1993, 138).

6 Praktisch bedeutsam ist die Norm in Fällen einer unzureichend formulierten **Wiederverheiratungsklausel**, wobei hier immer auch die Frage einer Schlusserbeneinsetzung im Rahmen eines Berliner Testaments geprüft werden muss.

Hat ein **Nießbrauchsberechtigter** die Erbschaft zu einem bestimmten Zeitpunkt herauszugeben, so kann bei einem entsprechenden Erblasserwillen eine Vor- und Nacherbschaft in Betracht kommen (BGH LM BGB § 2100 Nr. 2).

§ 2104 Gesetzliche Erben als Nacherben

¹Hat der Erblasser angeordnet, dass der Erbe nur bis zu dem Eintritt eines bestimmten Zeitpunkts oder Ereignisses Erbe sein soll, ohne zu bestimmen, wer alsdann die Erbschaft erhalten soll, so ist anzunehmen, dass als Nacherben diejenigen eingesetzt sind, welche die gesetzlichen Erben des Erblassers sein würden, wenn er zur Zeit des Eintritts des Zeitpunkts oder des Ereignisses gestorben wäre. ²Der Fiskus gehört nicht zu den gesetzlichen Erben im Sinne dieser Vorschrift.

1. Normzweck. Die §§ 2104 u. 2105 sind im Zusammenhang zu lesen. Sie ergänzen als Auslegungsregeln unvollständige Verfügungen von Todes wegen. Es ist zwar Vor- und Nacherbschaft angeordnet worden. Der Erblasser hat aber die Person des Vorerben (§ 2105) oder Nacherben (§ 2104) nicht bestimmt (konstruktive Erbfolge). Die Auslegungsregel ergibt, dass im Zweifel die gesetzlichen Erben des Erblassers zu Nacherben berufen sind, wenn – was hier anders unterstellt wird – der Vorerbe durch Eintritt eines Ereignisses oder durch Zeitablauf beschränkt ist. Diese besonderen Umstände rechtfertigen einen entsprechenden Willen des Erblassers, dass es dem Erblasser unabhängig von der Person des Nacherben darauf ankam, den Vorerben auf jeden Fall zu beschränken (BGH NJW 1986, 1812).

2. Vorrang des Erblasserwillens. Vorrangig ist aber immer eine **individuelle Auslegung** nach § 133 (BGH NJW 1986, 1812). Führt diese nicht zum Ziel, dann regelt das Gesetz in § 2104, dass die gesetzlichen Erben als Nacherben berufen sind. So wird der Erblasserwille, dass der Vorerbe nur Erbe auf Zeit ist, verwirklicht. Es ist aber immer zu prüfen, ob kein anders lautender Erblasserwille erkennbar ist, den Nachlass im Falle einer Lückenhaftigkeit doch auf Dauer in der Hand des Vorerben zu belassen (OLG Hamm ErbR 2008, 120).

3. Fehlende Bestimmung des Nacherben. Nach dem Wortlaut der Norm („Erbe nur bis zu dem Eintritt eines bestimmten Zeitpunkts oder Ereignisses") ist **Voraussetzung,** dass a) nach dem Erblasserwillen ein Wechsel in der Erbenstellung erfolgen soll, b) der Erblasser die benannte Person nur zum Vorerben einsetzen wollte, aber c) keinen Nacherben bestimmt hat und d) dieser sich nicht durch Auslegung ermitteln lässt (Palandt/*Weidlich* Rn. 3; OLG Frankfurt a.M. ZEV 2001, 316).

War die Unvollständigkeit jedoch vom Erblasser nicht gewollt, sondern ist aus von seinem **Willen unabhängigen** Gründen entstanden (zB dem Tod des Nacherben, Ausschlagung, Anfechtung etc), dann ist § 2104 nicht anwendbar (BGH NJW 1986, 1812: Irrtumsanfechtung wegen einer vom Nacherben begangenen Straftat; Palandt/*Weidlich* Rn. 3; MüKoBGB/*Grunsky* Rn. 3). Dann ist im Zweifel davon auszugehen, dass der Vorerbe zum Vollerben wird, wenn nicht in seiner Person Gründe bestehen, die dagegen sprechen (*Coing* NJW 1975, 521; MüKoBGB/*Grunsky* Rn. 3).

4. Anwendungsbereich. a) Fortbestehen der Nacherbfolge. § 2104 ist anwendbar, wenn die Person des Nacherben in der letztwilligen Verfügung **gestrichen,** die Nacherbfolge nach dem Erblasserwillen aber fortbestehen soll. Diese Konstellation wird also mit dem Fall gleichgestellt, dass ein Nacherbe von vornherein nicht bestimmt war (BayObLG FamRZ 1991, 1114).

b) Auswahl des Nacherben durch Dritten. Wollte der Erblasser hingegen die Auswahl des Nacherben einem Dritten überlassen, so verstößt dies gegen § 2065 II. § 2104 ist dann aber **entsprechend anwendbar,** da so der Erblasserwille hinsichtlich einer Nacherbeneinsetzung verwirklicht wird. In diesem Fall hat das Grundbuchamt die Erbfolge eigenständig zu prüfen und ein Erbschein ist nicht erforderlich, wenn die Person der Nacherben durch Personenstandsurkunden und der Nachweis der Nichtexistenz weiterer Abkömmlinge durch eine eidesstattliche Versicherung festgestellt werden kann (OLG Hamm FamRZ 2012, 485). Wenn die vom Erblasser getroffene Regelung aus von ihm nicht bedachten rechtlichen Gründen keinen Bestand hat, dann muss man diesen Fall mit einer hinsichtlich einer gewollten Nacherbeinsetzung von Anfang an unvollständigen letztwilligen Verfügung gleich behandeln. Andernfalls würde entgegen dem erklärten Erblasserwillen der Vorerbe zum Vollerben oder es träte die gesetzliche Erbfolge ein. Entgegen den Fallkonstellationen des § 2142 II beruht die Lückenhaftigkeit der Verfügung aber nicht auf einem **Willensakt des Nacherben** (Anfechtung etc; OLG Hamm ZEV 1995, 376; NJW-RR 1995, 1477, vgl. auch LG München I FamRZ 1998, 1261 „Als Nacherbe kommt der Würdigste meiner Verwandten in Betracht. (...) Die befreite Vorerbin bestimmt diesen Nacherben (...) nach eigenem Ermessen").

c) Fehlende zeitliche Bestimmung des Nacherbfalls. Wenn der Erblasser versehentlich neben der Person des Nacherben auch noch den Zeitpunkt des Nacherbfalls ungeregelt ließ, so sind die **§§ 2104 u. 2106** nebeneinander anwendbar (BayObLGZ 1966, 227).

d) Keine Benennung von Vor- und Nacherben. Sind weder Vor- noch Nacherbe benannt, ist die Verfügung von Todes wegen mangels einer Erbeinsetzung **unwirksam** (MüKoBGB/*Grunsky* Rn. 1). Die §§ 2104 f. sind dann nicht nebeneinander anwendbar.

e) Gesetzliche Erben. Sollte der Erblasser seine gesetzlichen Erben als **Nacherben** eingesetzt haben, ist § 2104 unanwendbar, da die Erben bezeichnet sind und auszulegen ist, ob der Erblasser den Kreis der gesetzlichen Erben auf den Erb- oder den Nacherbfall bezogen hat (BayObLGZ 1966, 227).

Lang

10 BGB § 2105   Buch 5. Abschnitt 3. Titel 3. Einsetzung eines Nacherben

10 f) **Miterbe.** Setzt der Erblasser einen von mehreren Miterben als Vorerben ein, liegt der Schluss nahe, dass der Erblasser abweichend von der gesetzlichen Erbfolge entsprechend dem Rechtsgedanken des § 2094 im Nacherbfall eine **Anwachsung** zugunsten der anderen Miterben im Sinn gehabt hatte und nicht etwa die gesetzlichen Erben des Vorerben einsetzen wollte (Palandt/*Weidlich* Rn. 5).

11 **5. Der Personenkreis** der „**gesetzlichen Erben**" ist vorrangig nach dem Erblasserwillen und nur in zweiter Linie nach §§ 1924 ff. zu bestimmen. Es kann also dabei personelle wie zeitliche Abweichungen geben. Denn im Zweifel bestimmt sich der Kreis nach dem von dem Erblasser bestimmten Zeitpunkt des Eintritts des Nacherbfalls (Palandt/*Weidlich* Rn. 5; MüKoBGB/*Grunsky* Rn. 5). Die Zweifelsregelung des § 2066 S. 2 ist anwendbar. Da es auf die Erbenstellung ankommt, scheiden Personen aus, die einen Erbverzicht geschlossen haben oder erbunwürdig sind (Palandt/*Weidlich* Rn. 5). Gesetzlich geregelt ist, dass der Fiskus zu den gesetzlichen Erben gehört (S. 2).

12 **6. Verfahrensrecht.** Für den bis zum Nacherbfall noch unbekannten Nacherben ist ein **Pfleger** als gesetzlicher Vertreter des unbekannten Nacherben zu bestellen (§ 1913 S. 2). Die Rspr. geht davon aus, dass der Pfleger für alle gesetzlichen Erben des Erblassers zu bestellen ist, also über den Gesetzeswortlaut hinaus auch für bereits vorhandene gesetzliche Erben. Denn insoweit ist ungewiss, ob diese bei Eintritt des Nacherbfalls noch vorhanden sein werden und somit ist bis dann unklar, wer tatsächlich einmal Nacherbe sein wird. Die Erbenstellung kann bis zum Eintritt des Nacherbfalls auch entfallen (OLG Hamm DNotZ 1970, 360; BayObLG NJW 1960, 965; KG OLGE 41, 80; Palandt/*Weidlich* § 2100 Rn. 12; aA MüKoBGB/*Grunsky* Rn. 8).

§ 2105 Gesetzliche Erben als Vorerben

(1) **Hat der Erblasser angeordnet, dass der eingesetzte Erbe die Erbschaft erst mit dem Eintritt eines bestimmten Zeitpunkts oder Ereignisses erhalten soll, ohne zu bestimmen, wer bis dahin Erbe sein soll, so sind die gesetzlichen Erben des Erblassers die Vorerben.**

(2) **Das Gleiche gilt, wenn die Persönlichkeit des Erben durch ein erst nach dem Erbfall eintretendes Ereignis bestimmt werden soll oder wenn die Einsetzung einer zur Zeit des Erbfalls noch nicht gezeugten Person oder einer zu dieser Zeit noch nicht entstandenen juristischen Person als Erbe nach § 2101 als Nacherbeinsetzung anzusehen ist.**

1 Die §§ 2104 und 2105 sind im Zusammenhang zu lesen. Sie ergänzen zur Vermeidung eines herrenlosen Nachlasses als Auslegungsregeln unvollständige Verfügungen von Todes wegen. Es ist zwar Vor- und Nacherbschaft angeordnet worden, der Erblasser hat aber die Person des Vorerben (§ 2105 **konstruktive Vorerbschaft**) oder Nacherben (§ 2104 konstruktive Nacherbschaft) nicht bestimmt.

2 Die Auslegungsregel des § 2105 ergibt, dass **im Zweifel** die gesetzlichen Erben des Erblassers zum Zeitpunkt des Erbfalls zu Vorerben berufen sind, wenn – was der Wortlaut der Norm unterstellt – der Erblasser dem Erben den Nachlass erst mit Eintritt eines bestimmten Zeitpunktes oder Ereignisses zuwenden möchte, für die Zeit zuvor aber keine Regelung getroffen hat. Praxisrelevant kann dies werden, wenn eine Auslegung ergibt, dass eine Person einen wesentlichen Teil des Vermögens erst ab Erreichen einer bestimmten Altersgrenze erhalten soll, ohne dass eine Erbenbestimmung für die Zeit erfolgt ist oder im Auslegungsweg möglich war. Es ist dann aber stets zu prüfen, ob nicht eine Testamentsvollstreckung gewollt war (OLG Düsseldorf ZEV 2017, 737).

3 **Vorrangig** ist immer eine individuelle Auslegung nach § 133. Es kann aber gerade der Erblasserwille darin bestehen, dass alle oder einzelne der gesetzlichen Erben erbrechtlich (nicht) bedacht werden sollen.

4 Zu den **gesetzlichen Erben des Erblassers** zählen die Erben aller Erbordnungen des Verwandtenerbrechts nach den §§ 1924 ff., aber auch (anders als bei § 2104 auch der Fiskus nach § 1936 (vgl. Palandt/*Weidlich* Rn. 1). Nicht dazu zählen Personen, die enterbt oder erbunwürdig sind bzw. einen Erbverzicht erklärt haben (MüKoBGB/*Grunsky* Rn. 2, 5).

5 Abs. 1 ist immer dann anwendbar, wenn der **Verfügung des Erblassers** entnommen werden kann, dass der Letztbedachte nicht sofort Erbe werden soll bzw. der Erstbedachte nur Erbe auf Zeit sein soll. Setzt der Erblasser aber einen von **mehreren Miterben** als **Vorerben** ein, liegt der Schluss nahe, dass der Erblasser abweichend von der gesetzlichen Erbfolge entsprechend dem Rechtsgedanken nach § 2094 für den Nacherbfall eine Anwachsung zugunsten der anderen Miterben im Sinn gehabt hätte und nicht etwa die gesetzlichen Erben des Vorerben einsetzen wollte. Sind von mehreren Miterben nur einige zu **Nacherben** berufen, so ist im Wege der Auslegung zu prüfen, ob anstelle einer konstruktiven Vorerbschaft der gesetzlichen Erben nicht die übrigen Miterben im Wege der Anwachsung zu Vorerben berufen sein sollen (MüKoBGB/*Grunsky* Rn. 1; Palandt/*Weidlich* Rn. 1).

6 Sind aber **weder Vor- noch Nacherbe** benannt, ist die Verfügung von Todes wegen mangels einer Erbeinsetzung unwirksam (MüKoBGB/*Grunsky* § 2104 Rn. 1). Die §§ 2104 f. sind dann nicht nebeneinander anwendbar.

7 Ebenso wie § 2104 ist die Vorschrift auch dann anwendbar, wenn der Testierende die Vorerbfolge aufrechterhalten will, aber ohne Nachfolgerbenennung die Einsetzung eines konkreten Vorerben widerruft (MüKoBGB/*Grunsky* Rn. 3). Hier führt eine **willentliche Änderung der Erbfolge** durch den Erblasser zu einer Lücke in der letztwilligen Verfügung, die durch § 2105 geschlossen wird.

8 Entsteht jedoch die Lücke in der letztwilligen Verfügung aus vom **Willen des Erblassers unabhängigen Gründen** (Tod des Vorerben, Anfechtung, Erbunwürdigkeit, Ausschlagung), dann ist § 2105 unan-

wendbar (MüKoBGB/*Grunsky* Rn. 2). Existiert kein Ersatz(vor)erbe, muss per Auslegung geklärt werden, ob die gesetzlichen Erben berufen sind bzw. der Nacherbe zum Vollerben wird oder die Verfügung insgesamt unwirksam ist. Eine Gegenmeinung (Palandt/*Weidlich* Rn. 1) hält bei einem Wegfall des benannten Vorerben § 2105 für entsprechend anwendbar, da die Nacherbeneinsetzung davon unberührt bleibt und der Erblasserwille zu beachten sei, dass der Nacherbe erst mit dem Nacherbfall zum Zuge kommen und die gesetzlichen Erben des Vorerben Erben auf Zeit werden sollen. Dazu steht aber die zu § 2104 ergangene BGH-Rechtsprechung im Widerspruch (BGH NJW 1986, 1812).

Während Abs. 1 den Fall regelt, dass der benannte Erbe nach dem Erblasserwille nicht sofort Erbe werden, soll, regelt **Abs. 2** zwei Fallgruppen, in denen der Vorerbe im Zeitpunkt des Erbfalls noch nicht Erbe werden kann. 9

Damit ist in **Abs. 2 Alt. 1** der Fall gemeint, in dem die Person des Erben erst durch ein **Ereignis nach dem Erbfall** bestimmt werden soll. Das kann zB eine künftige Eheschließung sein. Der Vorerbe darf im Erbfall also noch nicht objektiv bestimmbar sein. Subjektive Unkenntnis reicht nicht aus. Denn dann fällt die Erbschaft dem tatsächlichen existierenden Vorerben unmittelbar an und es ist bis zu dessen Auffinden ggf. ein Nachlasspfleger zu bestellen (Palandt/*Weidlich* Rn. 2). 10

Nach **Abs. 2 Alt. 2** wird die Erbeinsetzung einer zur Zeit des Erbfalls **noch nicht gezeugten Person** (oder einer noch nicht entstandene juristischen Person) nach § 2101 als Nacherbeinsetzung normiert. Der Nacherbfall tritt dann mit der Geburt, ggf. bei einer zahlenmäßig unbestimmten Erbeinsetzung dann ein, wenn weitere Nacherben nicht mehr geboren werden können. Ist der Vorerbe zum Zeitpunkt des Erbfalls bereits gezeugt, so sind die §§ 2105 II, 2101 unanwendbar. Vielmehr wird der Abkömmling mit Geburt rückwirkend Erbe (§ 1923 II). 11

§ 2106 Eintritt der Nacherbfolge

(1) Hat der Erblasser einen Nacherben eingesetzt, ohne den Zeitpunkt oder das Ereignis zu bestimmen, mit dem die Nacherbfolge eintreten soll, so fällt die Erbschaft dem Nacherben mit dem Tode des Vorerben an.

(2) ¹Ist die Einsetzung einer noch nicht gezeugten Person als Erbe nach § 2101 Abs. 1 als Nacherbeinsetzung anzusehen, so fällt die Erbschaft dem Nacherben mit dessen Geburt an. ²Im Falle des § 2101 Abs. 2 tritt der Anfall mit der Entstehung der juristischen Person ein.

Die Norm **(Abs. 1)** regelt den Fall, dass der **Zeitpunkt** des Nacherbfalls **nicht bestimmt** ist und auch nicht durch eine individuelle Auslegung des Erblasserwillens nach § 133 ermittelt werden kann. Dann fällt die Erbschaft dem Nacherben mit dem Tode des Vorerben an. Ohne die gesetzliche Regelung wäre die Nacherbeneinsetzung ansonsten unwirksam (BayObLGZ 1975, 62 = Rpfleger 1975, 224). 1

Sollte dem Erblasser zusätzlich das Versehen unterlaufen sein, neben dem Zeitpunkt des Nacherbfalls auch die Person des **Nacherben ungeregelt** zu lassen, so sind die §§ 2104 und 2106 nebeneinander anwendbar (MüKoBGB/*Grunsky* Rn. 1 mN; BayObLG FamRZ 1967, 695, 1967, 695; 1976, 104; 1996, 1577). 2

Die Norm ist auch einschlägig, wenn der Erblasser unter Verstoß gegen § 2065 die Auswahl der Person des Nacherben einem **Dritten** überlassen hat (BGH NJW 1955, 100). Die Lücke ist dann im Wege der ergänzenden Vertragsauslegung bzw. der Umdeutung gem. dem mutmaßlichen Erblasserwillen zu füllen (OLG Stuttgart OLGR 2005, 536). 3

Die zeitliche Grenze des § 2109 ist zu beachten, wonach die Einsetzung eines Nacherben **30 Jahre** nach dem Erbfall grds. unwirksam wird, wenn nicht bis dahin der Nacherbfall eingetreten ist oder die Ausnahmen in § 2109 I 2 Nr. 1 oder Nr. 2 erfüllt sind 4

Die Norm ist auch dann anwendbar, wenn die Anordnung der Nacherbfolge von einer **zeitlichen Bedingung** (Studienabschluss etc) abhängig ist, da der Zeitpunkt an dem die Berufung zum Nacherben feststeht und der Anfall der Nacherbschaft nicht notwendig zusammenfallen müssen. Der Erblasser kann trotzdem stillschweigend davon ausgegangen sein, dass der Nacherbfall erst mit dem Tod des Vorerben eintritt. 5

Notwendig ist aber, dass dem Erblasser bzgl. des ungeregelten Zeitpunkts des Eintritts der Nacherbfolge ein bewusstes oder unbewusstes **Versehen** unterlaufen ist (OLG Bremen OLGR 2004, 87). 6

Bei **mehreren Vorerben** tritt der Nacherbfall personenbezogen in Höhe der Erbquote ein (MüKoBGB/*Grunsky* Rn. 1).

Abs. 2 ist im Zusammenhang mit § 2101 zu verstehen. Nach dieser Norm kann eine eigentlich unwirksame Einsetzung eines noch nicht gezeugten Kindes „als Erbe" im Zweifel durch **Umdeutung** in eine Nacherbeneinsetzung wirksam bleiben. § 2106 regelt, dass die Erbschaft dann dem Nacherben mit seiner Geburt anfällt, und nicht etwa rückwirkend mit Zeugung. Verstirbt der Vorerbe vor der Geburt des im Wege einer Umdeutung bestimmten Nacherben, so fällt die Vorerbschaft zunächst bis zum Eintritt des Nacherbfalls dessen Erben zu (Palandt/*Weidlich* Rn. 2; MüKoBGB/*Grunsky* Rn. 5). 7

Unanwendbar ist Abs. 2 hingegen, wenn eine **ausdrückliche Erklärung** des Erblassers hinsichtlich einer Nacherbeneinsetzung vorliegt. Denn damit bleibt kein Raum für eine Umdeutung nach § 2101. Dann führt § 2106 I im Zweifel dazu, dass der Nacherbfall nicht mit der Geburt des Nacherben, sondern mit dem Tode des Vorerben eintritt. Nach dem Wortlaut ist die Norm auch auf eine noch nicht entstandene **juristische Person** anwendbar, die dann mit Entstehung zum Nacherben wird. 8

Lang

9   In einen **Erbschein** muss der zukünftige Zeitpunkt des Eintritts des Nacherbfalls ausdrücklich vermerkt werden. Das **Grundbuchamt** muss eine Eintragung vornehmen, wenn sich der Inhalt aus dem Erbschein ergibt, obwohl die letztwillige Verfügung lückenhaft ist und diese Lücke durch die Auslegungsregel des § 2106 geschlossen wurde (OLG Frankfurt a. M. FamRZ 2004, 486).

§ 2107 Kinderloser Vorerbe

Hat der Erblasser einem Abkömmling, der zur Zeit der Errichtung der letztwilligen Verfügung keinen Abkömmling hat oder von dem der Erblasser zu dieser Zeit nicht weiß, dass er einen Abkömmling hat, für die Zeit nach dessen Tode einen Nacherben bestimmt, so ist anzunehmen, dass der Nacherbe nur für den Fall eingesetzt ist, dass der Abkömmling ohne Nachkommenschaft stirbt.

1   **1. Normzweck.** Die in Irrtumsfällen oder bei einer **lückenhaften Willensbildung** anwendbare Auslegungsregel beruht auf dem Grundgedanken, dass die Erbeinsetzung eines kinderlosen Abkömmlings zum Vorerben im Zweifel nicht gleichzeitig auch bedeutet, dass dessen Abkömmlinge im Nacherbfall zugunsten familienfremder Dritter enterbt werden sollen (BGH NJW 1980, 1276). Bei **Abkömmlingen** wird vermutet, dass der Erblasser einem Irrtum über die Notwendigkeit der Einsetzung eines Nacherben unterlag. Die Nacherbschaft kann dann **unwirksam** sein, wenn der Erblasser zum Zeitpunkt des Erbfalls davon ausging, sein Nachkomme werde kinderlos versterben oder er nichts von der Geburt von Enkeln oder Urenkeln weiß.

2   **2. Vorrang des Erblasserwillens.** Vorrangig ist aber eine Ermittlung des Erblasserwillens nach den **allgemeinen Auslegungsregeln**. Dieser kann im Einzelfall ergeben, dass der Erblasser gerade bezwecken wollte, spätere Abkömmlinge des Vorerben zugunsten einer dem Erblasser nahe stehenden Person von der Nacherbfolge auszuschließen und dieses Motiv gewichtiger war, als die Erhaltung des Vermögens für den Stamm in gerader Linie. Allerdings müssen dafür gewisse Anhaltspunkte in der letztwilligen Verfügung enthalten sein, die im Zusammenhang mit den sonstigen hinzuzuziehenden Umständen außerhalb des Testaments den entsprechenden Willen des Erblassers erkennen lassen (BGH NJW 1981, 2743; 1980, 1276). Nach BGH (NJW 1981, 2743; 1980, 1276) ist die Anwendung der Auslegungsregel nicht dadurch ausgeschlossen, dass ein anderer Abkömmling zum Nacherben eingesetzt ist.

3   Wollte der Erblasser durch die Anordnung der Nacherbfolge sicherstellen, dass der Nachlass möglichst unabhängig von etwaigen Verbindlichkeiten erhalten bleibt, kann ein der Anwendung von § 2107 BGB entgegenstehender Erblasserwille vorliegen. Das gilt auch für ein Notartestament, in dem § 2107 BGB nicht erwähnt wird (OLG Nürnberg NJW-RR 2013, 330).

4   **3. Voraussetzungen.** Die Norm setzt voraus, dass der Vorerbe im Zeitpunkt der Errichtung der Verfügung tatsächlich **kinderlos** war oder der Erblasser die Existenz von Abkömmlingen **nicht kannte**.

5   **4. Rechtsstellung des Nacherben. a) Auflösend bedingte Anwartschaft.** In den Fällen des § 2107 ist die rechtliche Stellung des Nacherben durch die Zeugung oder Geburt **eines Abkömmlings** des Vorerben auflösend bedingt. Beim Fehlen entgegenstehender Umstände ist anzunehmen, dass der Vorerbe von den gesetzlichen Beschränkungen befreit sein soll. (BayObLG Rpfleger 1981, 64 = FamRZ 1981, 403; MüKoBGB/*Grunsky* Rn. 7). Das mit dem Erbfall in der Person des Nacherben entstehende Anwartschaftsrecht entfällt mit Bedingungseintritt. Der Vorerbe wird ex-tunc zum Vollerben. Von ihm getätigte zustimmungspflichtige Verfügungen werden wirksam.

6   **b) Ersatzerbe.** Wenn die Erbeinsetzung des Vorerben **nachträglich rückwirkend entfallen** ist (Erbverzicht, Erbunwürdigkeit oder Ausschlagung), ist § 2107 unanwendbar. In diesem Fall ist der Nacherbe gem. § 2102 I im Zweifel als Ersatzerbe anzusehen (Palandt/*Weidlich* Rn. 4; MüKoBGB/*Grunsky* Rn. 5).

7   **5. Bewusste Enterbung zugunsten Dritter.** Wenn der Erblasser nach Testamentserrichtung von der Existenz von Abkömmlingen erfährt und keine **testamentarische Änderung** vornimmt, so spricht dies dafür, dass er Erblasser die Abkömmlinge zugunsten Dritter enterben wollte (MüKoBGB/*Grunsky* Rn. 5; Palandt/*Weidlich* Rn. 3).

8   **6. Anordnung der Nacherbschaft durch den Erblasser.** Die Norm setzt voraus, dass der Erblasser eine **ausdrückliche** Nacherbeneinsetzung für den Fall des Todes des Vorerben angeordnet hat oder sich der Zeitpunkt des Nacherbfalls nach der den Erblasserwillen ergänzenden Zweifelsregelung des § 2106 I ergibt. Ist hingegen die Verfügung von Todes wegen hinsichtlich der Person des Vorerben unvollständig (§ 2105) oder ist nach § 2106 II die Einsetzung einer noch nicht erzeugten Person im Wege der Umdeutung als Nacherbeneinsetzung anzusehen, ist § 2107 nicht anwendbar (MüKoBGB/*Grunsky* Rn. 6). Das gilt auch für die Erbeinsetzung einer noch nicht gezeugten Person (§ 2101 I 1). Denn der Nacherbfall tritt in beiden Fällen nicht mit dem Tod des Vorerben ein und der Wille des Erblassers die Abkömmlinge des Vorerben bei dessen Tod von der Erbfolge auszuschließen, ist deutlich erkennbar geworden.

9   **7. Personenkreis. a) Abkömmling.** Die Norm ist nur anwendbar, wenn gerade ein Abkömmling zum Vorerben eingesetzt ist. Mangels einer personellen Einschränkung gehören **alle leiblichen** Abkömmlinge, also auch Enkel und Urenkel dazu; bei nichtehelich geborenen Kindern, wenn die Voraussetzungen des § 1592 Nr. 2, 3 alternativ erfüllt sind.

10 **b) Adoptivkinder.** Bestimmt der Erblasser für den Fall, dass als Erben eingesetzte Kinder ohne Abkömmlinge versterben, andere Kinder als Nacherben, so kann die Auslegung ergeben, dass nicht als Ab-

kömmling anzusehen ist, wer nach dem Tod des Erblassers von einem Erben als Volljähriger adoptiert worden ist (BayObLGZ 1985, 246). Bei Adoptivkindern sind an den Erblasserwillen **strenge Anforderungen** zu stellen. Nach dem BayObLG ist im Falle eines kinderlosen Versterbens des Adoptiverben davon auszugehen, dass andere (leibliche) Kinder eingesetzt sind (BayObLG NJW-RR 1992, 839; 1991, 1094). Auch bei einer sehr geringen Wahrscheinlichkeit einer Volljährigenadoption durch den Vorerben, bedarf die Löschung eines Nacherbenvermerks der Zustimmung dieser unbekannten Nacherben (OLG München NJW-RR 2014, 1161). Bei einer rechtsmissbräuchlichen Zwecken dienenden Adoption kann die Nacherbeneinsetzung unwirksam sein (Rechtsgedanke des § 162, aA MüKoBGB/*Grunsky* Rn. 3).

c) **Dritte.** Bei einer Erbeinsetzung sonstiger Dritter, auch anderer Familienangehöriger, ist § 2107 erst recht anwendbar MüKoBGB/*Grunsky* Rn. 1). Man muss bei der Ermittlung des Erblasserwillens aber vorrangig auf die **allgemeinen Auslegungsgrundsätze** zurückgreifen.

d) **Erbe ohne eigene leibliche Abkömmlinge.** Wenn als Ersatzerben die „Abkömmlinge" des Erben eingesetzt sind und Erben ohne „eheliche leibliche Abkömmlinge" nur befreite Vorerben sein sollen, kann eine Auslegung rechtfertigen, dass die Nacherbfolge dem **Willen des Erblassers** entsprach. Ein von einem Erben nach dem Erbfall an Kindes statt angenommenes Enkel des Erblassers ist dabei den leiblichen Abkömmlingen nicht gleichzustellen (BayObLG NJW-RR 1992, 839). Der BGH nimmt an, dass die Norm auch dann anwendbar ist, wenn der eingesetzte Nacherbe ebenfalls ein Abkömmling des Erblassers und mit diesem gleich nah oder sogar näher verwandt ist als der Nachkomme des eingesetzten Vorerben (BGH NJW 1981, 2743; 1980, 1276). Allerdings wird man dann idR von einem Erblasserwillen ausgehen müssen, von der Regelung in § 2107 abweichend zu testieren.

e) **Bereits gezeugter Abkömmling.** Es ist gem. § 1923 II ausreichend, wenn der Abkömmling im **Zeitpunkt des Nacherbfalls** bereits gezeugt (aber noch nicht geboren) ist. Er muss aber beim Tod des Vorerben selbst noch am Leben sein, da nach dem Sinn und Zweck sowie Wortlaut der Norm sonst kein Grund besteht, an der Nacherbeneinsetzung etwas zu ändern.

8. Rechtsstellung des Vorerben. Solange der Vorerbe lebt, bleibt er stets nur Vorerbe. Erst bei seinem **Ableben** entscheidet, ob es zu einer Nacherbschaft kommt oder diese unwirksam ist und der Vorerbe posthum rückwirkend zum Vollerben wird, wovon dann seine gesetzlichen Erben profitieren. Denn erst mit dem Ableben des Vorerben ist geklärt, ob dieser Abkömmlinge hinterlässt, ggf. im Adoptionsweg (→ Rn. 10). Die zu Lebzeiten vorgenommenen Verfügungen des Vorerben unterliegen aus diesem Grund keinen Beschränkungen nach den §§ 2113 ff. und sind mangels Eintritt eines Nacherbfalls iErg auch nicht unwirksam. Verstirbt der Vorerbe aber tatsächlich kinderlos, so bleibt es bei der Nacherbeneinsetzung des Dritten.

9. Vermächtnis. Die Vorschrift ist **nicht anwendbar,** wenn der Erblasser einen zum Erben berufenen Abkömmling mit einem erst bei dessen Tode fälligen Vermächtnis beschwert. Indessen kann der § 2107 zugrunde liegende Erfahrungssatz im Rahmen der Testamentsauslegung bedeutend sein (BGH NJW 1980, 1276).

10. Ableben des Vorerben vor dem Erbfall. Bei einem Ableben des Vorerben vor dem Erbfall (oder einer Erbunwürdigkeit bzw. Ausschlagung) ist hingegen **§ 2102** anwendbar und nicht § 2107. Die Einsetzung als Nacherbe enthält im Zweifel auch die Einsetzung als Ersatzerbe. Die Nacherbeneinsetzung ist nicht unwirksam. Eine ansonsten notwendige Anfechtung der Nacherbeneinsetzung nach den §§ 2078 II, 2079 ist so entbehrlich. Ist die Vermutung hingegen durch einen anders lautenden Erblasserwillen widerlegt, so oblag der Erblasser auch keinem Irrtum, so dass eine Anfechtung nach § 2079 nicht durchgreifen wird. Als Anfechtungsgrund kommt aber § 2078 II mit der irrigen Annahme oder Erwartung des Eintritts oder Nichteintritts eines Umstandes in Betracht. Dieser kann zB darin liegen, dass der Erblasser bereits zu Lebzeiten mit warmer Hand seinen Abkömmling hätte bedenken wollen (MüKoBGB/*Grunsky* Rn. 6).

11. Verfahrensrecht. Die **Beweislast,** dass die Nacherbeneinsetzung trotz der Existenz von Abkömmlingen wirksam bleiben soll, obliegt damit demjenigen, der sich auf einen von der Auslegungsregel abweichenden Erblasserwillen beruft. Bei einer **Anfechtung** nach § 2078 II ist der Anfechtende für den Irrtum des Erblassers beweispflichtig (BGH NJW 1985, 2025; → § 2078 Rn. 14).

§ 2108 Erbfähigkeit; Vererblichkeit des Nacherbrechts

(1) **Die Vorschrift des § 1923 findet auf die Nacherbfolge entsprechende Anwendung.**

(2) ¹**Stirbt der eingesetzte Nacherbe vor dem Eintritt des Falles der Nacherbfolge, aber nach dem Eintritt des Erbfalls, so geht sein Recht auf seine Erben über, sofern nicht ein anderer Wille des Erblassers anzunehmen ist.** ²**Ist der Nacherbe unter einer aufschiebenden Bedingung eingesetzt, so bewendet es bei der Vorschrift des § 2074.**

1. Normzweck. Abs. 1 regelt Fallkonstellationen in denen der Nacherbe **zur Zeit des Erbfalls** nicht (mehr) am Leben ist. Die Norm ist im Zusammenhang mit den §§ 1923 I, 2101 I zu sehen. **Abs. 2** normiert eine Auslegungsregel für den Fall, dass der Nacherbe nach dem Erbfall, aber **vor Eintritt des Nacherbfalls** verstirbt. Man muss also danach differenzieren, ob der Nacherbe den Erbfall erlebt hat oder nicht.

Lang

2. Erleben des Erbfalls (Abs. 1). a) Erbfähigkeit. Durch den Verweis auf den entsprechend anwendbaren § 1923 ist klargestellt, dass der Nacherbe den Erblasser überleben muss. Ansonsten ist er nicht erbfähig. Denn Erbe, also auch **Nacherbe,** kann grds. nur werden, wer zum Zeitpunkt des Erbfalls lebt (§ 1923 I) oder damals bereits gezeugt war (Abs. 2). § 2101 I bildet aber eine Ausnahmeregelung, wonach auch Nacherbe werden kann, wer bei Eintritt des Erbfalls **noch nicht gezeugt** war, sofern der Nacherbe vor dem Nacherbfall lebend zur Welt kommt und dann mit Geburt (und nicht rückwirkend auf den Nacherbfall) in die Nacherbenstellung einrückt (vgl. § 2106 II). Er ist dann zweiter Nacherbe, wobei im Zweifel erste Nacherben die gesetzlichen Erben des Erblassers sind (§ 2104 entsprechende Anwendung, MüKoBGB/*Grunsky* Rn. 3). Anderenfalls muss man bei einer Erbunfähigkeit des Nacherben auf den tatsächlichen oder mutmaßlichen Erblasserwillen abstellen, ob ein weiterer Nacherbe oder ein Ersatznacherbe berufen ist (MüKoBGB/*Grunsky* Rn. 2).

b) Versterben vor dem Erbfall. Das Gesetz behandelt im Falle des **Vorversterbens** den Nacherben wie den Vollerben. Ist der **Nacherbe** vor dem Erbfall verstorben, so ist die Erbeinsetzung dieser Person gegenstandslos. Der Vorerbe wird entweder Vollerbe oder es tritt eine Ersatznacherbfolge ein. Wenn ein Abkömmling des Erblassers berufen ist, so ist die Zweifelsregelung des § 2069 zu beachten (OLG Bremen NJW 1970, 1923). Wenn **kein Ersatzerbe** das Erbe antritt, ist der Erblasserwille zu ermitteln, ob der Vorerbe im Regelfall nur Erbe auf Zeit bis zu einem bestimmten Zeitpunkt oder bis zum Eintritt eines bestimmten Ereignisses sein soll (entsprechende Anwendung von → § 2104 Rn. 1).

Sofern der Erblasser ausdrücklich **mehrere Nacherben hintereinander** eingesetzt hat, muss der erste Nacherbe nur den Erbfall erleben. Denn dann ist das Nacherbenanwartschaftsrecht bereits entstanden (KG DNotZ 1955, 408). Werden mehrere Nacherben **nebeneinander** eingesetzt, so ist beim Ableben eines der Nacherben vor dem Erbfall zu differenzieren, ob nach dem Erblasserwillen eine Anwachsung unter den anderen Nacherben eintritt (§ 2094) oder der Vorerbe bzgl. des potentiellen Erbanteils des Vorverstorbenen zum Vollerben wird, was im Regelfall nicht dem Erblasserwillen entsprechen wird (MüKoBGB/*Grunsky* Rn. 2).

3. Versterben nach dem Erbfall – (Abs. 2 S. 1). Das Gesetz normiert die Vererblichkeit des Anwartschaftsrechts als den Regelfall (OLG Düsseldorf ZEV 2017, 178). **Abs. 2 S. 1** legt in Form einer Auslegungsregel fest, dass bei einem Ableben des Nacherben zwischen Erbfall und Nacherbfall das **Anwartschaftsrecht des Nacherben** vererblich ist und damit auf die gesetzlichen oder gewillkürten **Erben des Nacherben** übergeht, es sei denn der Erblasser hat etwas anderes gewollt. Hintergrund ist, dass der Nacherbe mit dem Erbfall eine gegen seinen Willen nicht entziehbare Anwartschaft an dem ihm zugewandten Erbe erwirbt (**sog. Voranfall** BGH NJWE-FER 1999, 185). Der Nacherbe soll im Rechtsverkehr über ein sicheres Vermögensrecht verfügen können, das nur durch einen abweichenden Willen des Erblassers in ein unvererbliches Recht umgestaltet werden kann (OLG Düsseldorf ZEV 2017, 178). In der Konsequenz daraus ist der Nacherbe berechtigt, über das Anwartschaftsrecht mit dinglicher Wirkung zu verfügen. Die Auslegungsregel ist auch bei weiteren Nacherben anwendbar (MüKoBGB/*Grunsky* Rn. 4).

a) Vorrang des Erblasserwillens. Der mit Hilfe der **allgemeinen Auslegungsregeln** einzelfallbezogen zu ermittelnde Erblasserwille ist stets vorrangig (BGHZ 33, 60; OLG Hamm NJW-Spezial 2013, 264; BayObLG ZEV 1995, 25). Der Ausschluss der Vererblichkeit kann ausdrücklich oder stillschweigend erklärt sein. Es reicht aus, wenn der Wille sich aus den für die Auslegung maßgebenden Umständen ergibt (OLG Düsseldorf ZEV 2017, 178). Bei einer lückenhaften Verfügung ist der hypothetische Erblasserwille im Wege der ergänzenden Auslegung zu ermitteln (OLG Düsseldorf ZEV 2017, 178). Dabei ist entscheidend, was der Erblasser gewollt hätte, wenn er Kenntnis von dem Vorversterben des Nacherben gehabt hätte. Stets muss aber ein der Verfügung von Todes wegen zumindest andeutungsweise zu entnehmender Wille ermittelbar (BGH NJW 1963, 1150) oder ein – wenn auch noch so unvollkommener – Anknüpfungspunkt dafür zu finden sein (OLG Düsseldorf ZEV 2017, 178).

Bei einem **gemeinschaftlichen Ehegattentestament** ist der Wille beider Eheleute maßgeblich (KG KGR 2002, 13).

Wenn kein auf den Ausschluss der Vererblichkeit der Nacherbenanwartschaft gerichteter Erblasserwille feststellbar ist, geht das Anwartschaftsrecht auf die Erben über, da der Ausschluss den Ausnahmefall darstellt (OLG Brandenburg FamRZ 1999, 188; BayObLG ZEV 1995, 25).

Die Vererbbarkeit kann auch auf einen bestimmten Personenkreis (OLG Düsseldorf ZEV 2017, 178) oder **Teile der Erbschaft** beschränkt sein (BGH NJW 1963, 1150), jedoch nicht auf einzelne Nachlassgegenstände. Eine solche Anordnung kann aber als Vermächtnis auszulegen sein. Gehören bei einem teilweisen Ausschluss der Vererblichkeit die Erben des Nacherben nur teilweise dem ausgeschlossenen Personenkreis an, erhalten die übrigen Erben den Nachlass ganz (OLG Düsseldorf ZEV 2017, 178).

Von einer Vererblichkeit ist auszugehen, wenn der Erblasser dem Nacherben bereits zu dessen Lebzeiten eine **„verwertbare Rechtsstellung"** einräumen wollte (MüKoBGB/*Grunsky* Rn. 9; Palandt/*Weidlich* Rn. 5).

Bei der Frage, ob die Vererblichkeit ausgeschlossen ist, kommt es darauf an, wer Vor- und Nacherbe geworden ist und in welchem persönlichen und verwandtschaftlichen **Verhältnis** diese Personen zu dem Erblasser standen, ferner welcher **Zweck** mit der Nacherbschaft verbunden war und warum der Erblasser sich dafür entschieden hat. Entscheidend ist auch, ob der Erblasser gerade den Nacherben finanziell absichern wollte, zB bei einer langjährigen nichtehelichen Lebensgemeinschaft. Soll der **Nachlass in der Familie verbleiben,** so dürfte der Erblasser eine **Nichtvererblichkeit** gewollt haben, wobei allein der

Umstand, dass ein Abkömmling zum Nacherben eingesetzt wird, nicht ausreicht, um einen Ausschluss der Vererblichkeit anzunehmen (OLG Düsseldorf ZEV 2017, 178). Für eine Nichtvererblichkeit spricht, dass der Erblasser die Ehefrau nur als nicht befreite Vorerbin eingesetzt hat (KG DNotZ 1943, 218). Das gilt zumeist erst recht bei der Hofnachfolge, wobei auch im Bereich des Höferechts das Nacherbenanwartschaftsrecht grds. vererblich sein kann (OLG Oldenburg BeckRS 1978, 01842). Betrifft eine letztwillige Verfügung **ausschließlich engste Familienangehörige** und enthält sie keine Regelung über die Vererblichkeit, so sind bestehende Bedenken im Wege ergänzender Auslegung durch weitere Ermittlungen zu klären (OLG Oldenburg Rpfleger 1989, 106).

b) Ersatznacherbeneinsetzung. Aus der **ausdrücklichen Einsetzung** eines Ersatznacherben kann 12 nicht zwingend auf einen Ausschluss der Vererblichkeit des Anwartschaftsrechts geschlossen werden (BGH LM BGB § 2108 Nr. 1; OLG Braunschweig NJW-RR 2005, 1027; offen gelassen in BGH NJW 1963, 1150; Palandt/*Weidlich* Rn. 6; MüKoBGB/*Grunsky* § 2102 Rn. 7). Es ist vielmehr eine **Auslegung** notwendig, ob der Erblasser bei der Ersatzerbenregelung nicht an das Vorversterben des Erben gedacht, sondern einen „Wegfall" des Erben (§ 2096) im Sinn hatte, der durch Ausschlagung, Erbunwürdigkeit, Anfechtung, Nichtigkeit einer Erbeinsetzung (zB landesrechtliche Heimgesetze) entstehen kann. Nur wenn zweifelsfrei feststeht, dass die Ersatzerbschaft auch für den Fall des vorzeitigen Versterbens des Nacherben bezweckt war, ist die Vererblichkeit des Nacherbenanwartschaftsrechts ausgeschlossen (BayObLG ZEV 2001, 440 = NJWE-FER 2001, 125).

Die Nacherbeneinsetzung **eines Abkömmlings** und das **Fehlen einer Ersatzerbenregelung** führen 13 isoliert betrachtet noch nicht zu einer **Unvererblichkeit** des Anwartschaftsrechts (BGH NJW 1963, 1150). „Doch wird hier im Einzelfall ein solcher Wille zur Unvererblichkeit besonders häufig sein" (BGH NJW 1963, 1150). Ist die Vererblichkeit ausgeschlossen und kein Ersatznacherbe bestimmt, wird der Vorerbe mit dem Tod des Nacherben Vollerbe (OLG Düsseldorf ZEV 2017, 178). Bei Abkömmlingen des vorverstorbenen Nacherben ist § 2069 auf die Nacherbeneinsetzung entsprechend anwendbar (BGHZ 33, 60), weshalb im Zweifel die Abkömmlinge des Vorverstorbenen Ersatzerben werden. Das ist durch Auslegung zu ermitteln, wobei ein entsprechender Wille in der Verfügung von Todes wegen zumindest andeutungsweise erkennbar sein muss (OLG Braunschweig MDR 1956, 296). In Zweifelsfällen geht aber § 2069 dem § 2108 II 1 nicht vor (BGH NJW 1963, 1150).

Dass der Erblasser die **Weitervererbung** seines Nachlasses auf die familienfremden Erben des Nach- 14 erben hingenommen hat, spricht nicht gegen die Annahme, der Erblasser habe bei einem Ableben des Nacherben zwischen Erbfall und Nacherbfall die Weitervererbung nicht gewollt (BGH NJW 1963, 1150). Bei einem **kinderlos versterbenden Nacherben** wird der Wille des Erblassers im Regelfall sein, dass die gesetzlichen Erben 2. bis 4. Ordnung nicht zum Zug kommen.

c) Konstitutive Vorerbenberufung. Wenn der Erblasser eines seiner Kinder als Vorerben und seine 15 übrigen Abkömmlinge sowie die Abkömmlinge der Vorerbin „zu gleichen Teilen nach Stämmen" zu Nacherben einsetzt, stehen nach den gesetzlichen Auslegungsregeln der §§ 2066 f. die Nacherben erst mit dem Eintritt des Nacherbfalles fest, so dass in der Zeit zuvor **kein vererbliches Anwartschaftsrecht** entstehen kann (Fälle der konstitutiven Vorerbenberufung nach § 2104; BayObLG ZEV 2001, 440).

d) Ausschluss der Vererblichkeit. Ergibt der Erblasserwille, dass die Anwartschaft nicht (voll) vererb- 16 lich sein soll, so hängt es von dem **Willen des Erblassers** ab, ob diese auf andere vorhandene Nacherben übergeht oder die gesetzlichen Erben (gem. § 2104) an die Stelle des Verstorbenen treten bzw. der Vorerbe zum unbeschränkten Vollerben wird (OLG Karlsruhe NJWE-FER 1999, 185).

e) Zeitpunkt des Versterbens. Bei einem Ableben des Nacherben vor dem **Erbfall** greift die Vermu- 17 tungsregelung nach dem Gesetzeswortlaut nicht ein. Denn dann ist kein Anwartschaftsrecht entstanden, das vererbbar gewesen wäre. Auch für den Fall des **gleichzeitigen Versterbens** von Erblasser und Nacherben ist § 2108 unanwendbar (OLG Hamm MDR 1952, 359). Verstirbt der Nacherbe nach Eintritt des **Nacherbfalles** ist er bereits Vollerbe geworden und wird von seinen gesetzlichen oder testamentarischen Erben beerbt, so dass es einer Auslegungsregel nicht mehr bedarf. Versterben aber Vorerbe und Nacherbe gleichzeitig, dann ist § 2108 anwendbar (MüKoBGB/*Grunsky* Rn. 4).

f) Personenmehrheit auf Nacherbenseite. Zwischen mehreren Nacherben besteht vor dem Nacherb- 18 fall **keine Erbengemeinschaft.** Denn das würde ein ihr zugeordnetes Vermögen voraussetzen (§ 2032 I). Ein solches gemeinschaftliches Vermögen besteht vor dem Nacherbfall jedoch nicht. Das Erblasservermögen liegt bis zum Nacherbfall (§ 2139) ausschließlich in der Hand des Vorerben (BGH NJW 1993, 1582). Davon ist aber der Fall zu unterscheiden, dass im Falle der Vererblichkeit der Nacherbe von mehreren Personen beerbt wird. Dann liegt das Anwartschaftsrecht in den Händen einer Erbengemeinschaft. Das Anwartschaftsrecht kann auch Gegenstand eines Vermächtnisses oder einer Testamentsvollstreckung sein (MüKoBGB/*Grunsky* Rn. 5). Bei einem Versterben eines von mehreren Nacherben geht die **Vererblichkeit des Anwartschaftsrechts** der Anwachsung vor, sofern nicht ein entgegenstehender Wille des Erblassers festzustellen ist (BayObLG BayObLGR 1996, 35; OLG Stuttgart FamRZ 1994, 1553). Die Vererblichkeit des Anwartschaftsrechts kann auf eine oder mehrere Personen(gruppen) aus dem Erbenkreis beschränkt sein, zB auf nächste Angehörige, wenn der eingesetzte Nacherbe ebenfalls zu diesem Personenkreis gehörte (OLG Karlsruhe NJWE-FER 1999, 185).

g) Juristische Person. Ist eine als Nacherbin eingesetzte juristische Person beim Nacherbfall bereits 19 **erloschen**, so scheitert die Anwendung der Auslegungsregel des § 2108 II daran, dass keine Erben existieren, denen das Anwartschaftsrecht im Wege des Erbgangs zufallen könnte. Eine Nacherbfolge kann

10 BGB § 2109

daher nicht stattfinden, so dass auszulegen ist, ob der Vorerbe zum Vollerben wird, eine Anwachsung stattfindet oder eine Ersatznacherbschaft gewollt war.

20 **4. Nacherbeneinsetzung unter einer aufschiebenden Bedingung (Abs. 2 S. 2).** Der Nacherbe muss den Nacherbfall erleben (§ 1923 I). Diese Bedingung ist von Abs. 2 S. 2 nicht gemeint. Vielmehr wird dort in Abweichung von Abs. 2 S. 1 durch Verweis auf die Auslegungsregel des § 2074 normiert, dass der Nacherbe im Zweifel den Eintritt einer von dem Erlebensfall **unabhängigen und zusätzlich angeordneten aufschiebenden Bedingung** erleben muss, um die Erbschaft als Nacherbe antreten zu können (Palandt/*Weidlich* Rn. 7). Das kann zB die Wiederverheiratung des als Vorerben eingesetzten Ehepartners sein (BayObLGZ 1966, 227), aber zB auch ein bestimmter Ausbildungsabschluss.

21 **Vorrangig** ist aber immer eine Auslegung nach den allgemeinen Grundsätzen, ob eine Vererblichkeit nicht doch dem Erblasserwillen entsprach (OLG Braunschweig MDR 1956, 296). Ist dies nicht der Fall, so tritt wegen der aufschiebenden Bedingung ein Schwebezustand ein, welcher der Vererblichkeit eines Anwartschaftsrechts entgegensteht. Mit **Versterben des Nacherben** vor Bedingungseintritt wird entweder der Vorerbe zum Vollerben oder die Erbschaft fällt einem Ersatzerben zu. Für einen abweichenden Erblasserwillen kann sprechen, dass ein Abkömmling zum Vorerben und einen anderer unter der Bedingung zum Nacherben eingesetzt hat, dass der Vorerbe kinderlos verstirbt (OLG Braunschweig MDR 1956, 296).

22 Abs. 2 S. 2 ist nach dem Gesetzeswortlaut **nicht** auf **auflösende Bedingungen** anwendbar. Denn es tritt hier kein Schwebezustand ein. Der auflösend bedingte eingesetzte Nacherbe ist Rechtsinhaber einer Anwartschaft, solange der Bedingungseintritt nicht erfolgt ist und zu einem rückwirkenden Fortfall des Anwartschaftsrechts führt (OLG Hamm NJW 1976, 575; Palandt/*Weidlich* Rn. 7).

23 **5. Verfahrensrecht. a)** Beantragt der Vorerbe einen **Erbschein,** muss daraus hervorgehen, ob das **Anwartschaftsrecht** des Nacherben vererblich ist oder nicht. Das Nachlassgericht muss deshalb (im Auslegungsweg) entsprechende Ermittlungen anstellen und ggf. im Erbschein vermerken, dass ein von der gesetzlichen Regelung in Abs. 2 S. 1 abweichender Erblasserwille besteht und die Nacherbenanwartschaft nicht vererblich ist. Fehlt ein solcher Eintrag, ist vom Regelfall einer Vererblichkeit auszugehen (MüKoBGB/*Grunsky* Rn. 4; OLG München ZEV 2012, 672).

24 Bestehen jedoch für das **Grundbuchamt** Zweifel tatsächlicher Art, die nur durch weitere Ermittlungen über den Willen des Erblasser geklärt werden können, so scheidet eine **Berichtigung** insoweit aus; das Grundbuchamt kann dann die Berichtigung von der Vorlage von Urkunden abhängig machen, welche die Unrichtigkeit in ausreichender Form belegen (OLG Oldenburg Rpfleger 1989, 106).

25 Eine zwischen Erbfall und Nacherbfall erfolgte **Übertragung** des Anwartschaftsrechts ist im **Erbschein** nicht anzugeben (BayObLG NJW-RR 1992, 200; Rpfleger 1985, 183. OLG Düsseldorf MDR 1981, 143). Die Erbschaft geht mit dem Nacherbfall unmittelbar auf den Dritten über. Gleichwohl ist in einem Erbschein nicht der Dritte, sondern der Nacherbe als Erbe auszuweisen (OLG Düsseldorf MDR 1981, 143).

26 Ein dem Vorerben erteilter Erbschein wird auch dann **unrichtig,** wenn der dort aufgeführte Nacherbe vor Eintritt des Nacherbfalls stirbt und das Nacherbenrecht auf seine Erben übergegangen ist (BayObLG FamRZ 1988, 542).

27 **b) Beweislast.** Die Beweislast für einen von Abs. 1 S. 1 abweichenden Erblasserwillen trägt, **wer sich darauf beruft** (*Goerke* Rpfleger 1983, 11; BayObLG 5.8.1982 – 1 Z 83/81; OLG Karlsruhe ZEV 2009, 34; OLG Braunschweig NJW-RR 2005, 1027; Palandt/*Weidlich* Rn. 5; MüKoBGB/*Grunsky* Rn. 6). Das gilt auch dann, wenn sich Ehegatten zu befreiten Vorerben und ihren einzigen und kinderlosen Sohn zum Nacherben einsetzen (OLG Karlsruhe ZEV 2009, 34).

§ 2109 Unwirksamwerden der Nacherbschaft

(1) ¹Die Einsetzung eines Nacherben wird mit dem Ablauf von 30 Jahren nach dem Erbfall unwirksam, wenn nicht vorher der Fall der Nacherbfolge eingetreten ist. ²Sie bleibt auch nach dieser Zeit wirksam,
1. wenn die Nacherbfolge für den Fall angeordnet ist, dass in der Person des Vorerben oder des Nacherben ein bestimmtes Ereignis eintritt, und derjenige, in dessen Person das Ereignis eintreten soll, zur Zeit des Erbfalls lebt,
2. wenn dem Vorerben oder einem Nacherben für den Fall, dass ihm ein Bruder oder eine Schwester geboren wird, der Bruder oder die Schwester als Nacherbe bestimmt ist.

(2) Ist der Vorerbe oder der Nacherbe, in dessen Person das Ereignis eintreten soll, eine juristische Person, so bewendet es bei der dreißigjährigen Frist.

1 **1. Normzweck.** Die Nacherbschaft ermöglicht es dem Erblasser, weit über den Tod hinaus, den Nachlass zu steuern. Der Gesetzgeber hat aber zur Verhinderung eines Missbrauchs der Testierfreiheit eine **zeitliche Grenze** gesetzt und die Wirksamkeit der **Anordnung der** Nacherbfolge vom Erbfall an auf die Dauer von 30 Jahren beschränkt, davon aber **zwei Ausnahmefälle** zugelassen, die in Abs. 1 S. 2 Nr. 1 u. 2 geregelt sind und bei denen es dann keine zeitliche Höchstgrenze gibt. Sind diese Ausnahmefälle nicht erfüllt, wird die Nacherbeneinsetzung nach dem Ablauf von 30 Jahren unwirksam, so dass der Vorerbe nunmehr Vollerbe wird. Dies gilt auch, wenn mehrere Nacherbschaften angeordnet sind (Palandt/

Unwirksamwerden der Nacherbschaft § 2109 BGB 10

Weidlich Rn. 1; MüKoBGB/*Grunsky* Rn. 1). Es soll ein **Ausgleich** zwischen dem Interesse des Erblassers an einer Steuerung des Vermögenstransfers – ggf. im Familienkreis – und den schutzwürdigen Interessen des Nacherben an einer zeitlichen Begrenzung des Schwebezustands geschaffen werden (OLG Köln ZEV 2009, 443).

2. Grundsatz der 30-jährigen Frist. Das Gesetz lässt nach dem Ablauf von 30 Jahren **Ausnahmen** zu, 2 wenn – trotz des Zeitablaufs – noch ein zeitlicher Bezug zu Geschehnissen zu Lebzeiten der Erbengeneration besteht (BGH NJW 2008, 1157). Nach dem Gesetzeswortlaut ist eine kumulative Verlängerung der Fristen in den Alt. 1 u. 2 nicht möglich. Sollte der Erblasser in zeitlicher Hinsicht über die gesetzliche Regelung hinausgehen, so ist die Nacherbeinsetzung unwirksam. Der Vorerbe wird zum Vollerben, es sei denn, mit Hilfe der allgemeinen Auslegungsregeln kann ein **Erblasserwille ermittelt werden,** wonach die Einsetzung des Nacherben dadurch gerettet wird, dass er die Erbschaft nach Ablauf von 30 Jahren in jedem Fall erwirbt (MüKoBGB/*Grunsky* Rn. 2). Bei mehreren Mitnacherben und einem in der Person eines Mitnacherben eintretenden Ereignisses, dauert die Vorerbschaft auch nur in Bezug auf den betroffenen Miterben fort (MüKoBGB/*Grunsky* Rn. 4).

3. Ausnahmeregelungen von der 30-jährigen Frist. a) Personenbezogenes Ereignis Abs. 1 S. 2 r. 1. 3 Auch mehr als 30 Jahre nach dem Erbfall kann die Nacherbfolge weiter ausnahmsweise wirksam bleiben, wenn in der Person des Vorerben oder des Nacherben ein bestimmtes Ereignis eintritt, und derjenige, in dessen Person das Ereignis eintreten soll, **zur Zeit des Erbfalls lebt.** Der Gesetzgeber wollte einerseits zeitlich unbegrenzte Nacherbschaften verhindern, andererseits aber die Dauer einer Nacherbschaft über einen Generationenabstand von 30 Jahren hinaus auf die Dauer eines Menschenlebens ermöglichen. Hinzu kommt, dass man nach § 1923 II auch von einem Erleben des Erbfalles ausgehen muss, wenn der Vor- oder Nacherbe damals bereits gezeugt war (MüKoBGB/*Grunsky* Rn. 3). Eine weitergehende Durchbrechung der 30-Jahres-Regel ist aber auch bei **mehrfacher Nacherbfolge** nicht möglich (OLG Köln ZEV 2009, 443; OLG Hamburg FamRZ 1985, 538). Maßgebend ist hier, dass die Vorerbenbindung solange wirksam wird, wie der letzte Vorerbe am Leben ist (oder in dessen Person ein Ereignis eintritt), der zum Zeitpunkt des Erbfalls geboren oder wenigstens gezeugt war. Das OLG Hamm prüft bei einer gestaffelten Nacherbfolge S. 2 Nr. 1 für jeden Nacherbfall gesondert. Wenn 30 Jahre nach dem Erbfall vergangen sind und der zweite Nacherbe zur Zeit des Erbfalls noch nicht lebte, dann wird die Nacherbeneinsetzung unwirksam (OLG Hamm ZEV 2011, 320). Ereignisse in der Person eines Dritten sind unerheblich und verlängern die Vorerbschaft über die Grenze von 30 Jahren hinaus nicht. Aus dem Umkehrschluss zu Abs. 2 ergibt sich, dass die Regelung in Abs. 1 S. 2 Nr. 1 nur für **natürliche Personen** gilt. Wenn der Eintritt des Nacherbfalls – außer dem Tod der Vorerbin – auch an ein kinderloses Versterben als Witwe geknüpft ist, dann sind alle Bedingungen als Qualifizierung des Todes der Vorerbin anzusehen (KG ErbR 2016, 331).

aa) Die Personenbezogenheit wird dabei **weit ausgelegt.** Das Ereignis muss keinen unmittelbaren 4 Personenbezug haben. Es ist auch nicht entscheidend, ob dessen Eintritt unabhängig von dem Willen des Vor- oder Nacherben untersteht.

bb) Vermögensrechtliche Stellung. Ausreichend ist, wenn die vermögensrechtliche Stellung betroffen 5 ist (BGH NJW 1969, 1112: Konkursfall nach mehr als 30 Jahren) oder eine sonstige **rechtliche oder wirtschaftliche Beziehung zu dem Vor- oder Nacherben** besteht (Palandt/*Weidlich* Rn. 3). Beispiele sind ein erfolgreicher Ausbildungsabschluss, das Erreichen eines bestimmten Lebensalters oder eine Eheschließung. Der **praktisch häufigste Fall** ist der **Tod des Vorerben** (OLG Hamm NJW-Spezial 2013, 264; BayObLG NJW-RR 1990, 199; BayObLGZ 1975, 62; KG Rpfleger 1976, 249), so dass damit die Ausnahmefallregelung des Abs. 1 S. 2 Nr. 1 im Regelfall wird und bei Erbfällen in jungen Jahren dazu führt, dass der Nacherbe den Erblasser nach deutlich mehr als 30 Jahren noch wirksam beerben kann.

cc) Abgrenzung. Man muss aber immer eine Abgrenzung zwischen den og personenbezogenen Ver- 6 änderungen im Leben des Vor- oder Nacherben einerseits und Ereignissen ohne direkte Auswirkungen auf diesen Personenkreis andererseits vornehmen. Ohne **Personenbezug** gilt die 30-Jahres-Frist (Palandt/*Weidlich* Rn. 3; aA MüKoBGB/*Grunsky* Rn. 5 mit dem Argument, dass ein zu Lebzeiten des Vorerben eintretendes Ereignis erst recht unbeachtlich sein müsse, wenn schon der Tod des Vorerben mehr als 30 Jahre nach dem Erbfall für den Fristablauf unschädlich ist). Anders ist dies, wenn sich das Ereignis auf das Leben einer dritten Person bezieht, die nicht mit dem Vor- oder Nacherben identisch ist (MüKoBGB/*Grunsky* Rn. 5).

dd) Für die Fristberechnung sind die §§ 187 I, 188 II maßgebend (OLG Köln ZEV 2009, 443). Bei ei- 7 nem innerhalb der Frist gezeugten, aber noch nicht geborenen Nacherben kommt es gem. §§ 2108 I, 1923 II zu einer Verlängerung, da der Nacherbfall dann als vor dem Fristablauf eingetreten gilt (→ § 2108 Rn. 2).

b) Nacherbfolge und Geburt weiterer Geschwister. Abs. 1 S. 2 Nr. 2 regelt Fälle, in denen später ge- 8 borene Geschwister des Vor- oder Nacherben für den Fall der Geburt als Nacherben eingesetzt sind. Die 30-Jahres-Grenze ist also nicht **maßgeblich,** wenn der Erblasser zum einen eine lebende Person als Vorerben und dessen noch nicht geborenen Geschwister als Nacherben eingesetzt bzw. Geschwister des Nacherben als weitere Nacherben bestimmt hat. Die Nacherbeneinsetzung bleibt solange wirksam, wie der Eintritt des Nacherbfalles möglich ist, was von der Lebensdauer des letztversterbenden Elternteils bzw. der zeitlichen Grenze der Gebärfähigkeit abhängt (OLG Köln NJW-RR 1992, 1417) bzw. dem

Lang 477

10 BGB § 2110   Buch 5. Abschnitt 3. Titel 3. Einsetzung eines Nacherben

medizinischen Fortschritt. Anders wäre dies zu beurteilen, wenn man zu dem Geschwisterkreis neben Halbgeschwistern und (nichtehelichen) Kindern auch **Adoptivkinder** (Volljährigenadoption!) zählen würde (Palandt/*Weidlich* Rn. 5 für eine Minderjährigenadoption mit Wirkung des § 1754 BGB; ebenso MüKoBGB/*Grunsky* Rn. 6: anders bei einer Volljährigenadoption).

9   **4. Juristische Personen (Abs. 2).** Da juristische Personen länger bestehen können als ein Menschenalter und nicht kraft Gesetz nach einer bestimmten Zeit erlöschen, hat der Gesetzgeber geregelt, dass die 30-jährige Frist bei juristischen Personen nicht durch Ausnahmeregelungen umgangen werden kann. Ggf. wird der Vorerbe dann zum Vollerben. Aus dem Normzweck ergibt sich, dass die Norm auch auf **Personengesellschaften GbR** (BGH ZEV 2001, 107), **OHG** und **KG** anwendbar ist. Abs. 2 ist auf Gesamthandsgemeinschaften wie zB Erbengemeinschaften entsprechend anwendbar (MüKoBGB/*Grunsky* Rn. 7).

10   **5. Verfahrensrecht.** Die **Beweislast** trägt, wer sich auch die Ausnahmeregelungen des Abs. 1 S. 2 Nr. 1 und Nr. 2 beruft und mit einer Wirksamkeit der Nacherbeneinsetzung über die 30-Jahres-Grenze hinaus argumentiert.

§ 2110 Umfang des Nacherbrechts

(1) **Das Recht des Nacherben erstreckt sich im Zweifel auf einen Erbteil, der dem Vorerben infolge des Wegfalls eines Miterben anfällt.**

(2) **Das Recht des Nacherben erstreckt sich im Zweifel nicht auf ein dem Vorerben zugewendetes Vorausvermächtnis.**

1   Die beiden nur „im Zweifel" anwendbaren Auslegungsregeln kommen nur dann zum Tragen, wenn nicht ein vorrangiger entgegenstehender Erblasserwille erwiesen ist. Sie beruhen auf dem Grundgedanken, dass der Erblasser in der Regel dem Nacherben all das, aber auch nur das zuwenden möchte, was auch der Vorerbe im Rahmen seiner Erbenstellung erhalten hat. Ausdrücklich normiert ist einerseits eine dem Nacherben auch zugutekommende Vergrößerung des Erbteils bei Wegfall eines von mehreren Miterben und andererseits die Ausklammerung eines dem Vorerben zugewandten Vorausvermächtnisses, auf das sich das Nacherbenrecht im Regelfall nicht erstreckt.

2   Erhöht sich der Erbteil des Vorerben durch Wegfall eines Mitvorerben, so kommt der Nacherbe bei Eintritt des Nacherbfalls in den Genuss des **gesamten Erbteils** des Vorerben, sofern kein abweichender Erblasserwille feststellbar ist **(Abs. 1).** Das gilt unabhängig von einer testamentarischen oder gesetzlichen Erbfolge (vgl. § 1935). Anwendungsfälle sind die Berufung eines Ersatzerben nach § 2096 aufgrund des Wegfalls eines Mit-Vorerben, und die Anwachsung (§ 2094). Wenn der Miterbe nach dem Nacherbfall wegfällt, ist die Norm anwendbar, wenn der Erbteil sich rückwirkend auf den Erbfall vergrößert (Ausschlagung (§ 1953), Anfechtung (§ 2078 f.), Erbunwürdigkeit (§ 2344)). Wenn der Vorerbe hingegen den Miterben beerbt, dann verbleibt ihm das Erbe endgültig, so dass die Auslegungsregel des Abs. 1 nicht greift.

3   Beim **Vorausvermächtnis** (§ 2150) soll der Bedachte im Regelfall die Zuwendung unabhängig von seiner Stellung als (Vor)Erbe erhalten, und zwar zusätzlich zu der Vorerbschaft und im Gegensatz dazu endgültig **(Abs. 2). Im Zweifel** erstreckt sich damit die Vorerbschaft **nicht** auf ein dem Vorerben zugewandtes **Vorausvermächtnis**. Dieses geht nicht auf den Nacherben über. Denn durch den Vorerbfall ist nur ein schuldrechtlicher Vermächtnisanspruch (§ 2174) entstanden. Es ist zu keinem erbrechtlichen Von-Selbst-Erwerb des Vorerben gekommen und deshalb soll der Nacherbe nicht erhalten, was der Vorerbe kraft Erbenstellung nie erhalten hat.

4   Zunächst ist aber durch **Auslegung** zu ermitteln, ob der Erblasser überhaupt ein Vorausvermächtnis anordnen wollte. Bejaht man das, so ist dann zu prüfen, ob es nicht doch dem Erblasserwillen entsprach, dass die Nacherbschaft sich auch auf das Vorausvermächtnis erstreckt. Das ist insbes. bei der Einsetzung des Nacherben als Nach- oder Ersatzvermächtnisnehmer (§§ 2190, 2191) genau zu prüfen. Dazu gehört auch die Frage, ob es dem Erblasser nur darum ging, innerhalb der Miterbengemeinschaft einen der Vorerben zu bevorzugen oder ob er zusätzlich den Vermächtnisgegenstand dem Nacherben vorenthalten wollte.

5   Die Bestimmung: „Die Vorerbin darf die unbebaute Grundstücksparzelle nicht verkaufen und nicht bebauen. Über das ererbte Haus kann sie verfügen wie sie es will" enthält **kein Vorausvermächtnis**, sondern eine Klarstellung, dass sich die Auflagen hinsichtlich des unbebauten Grundstücks nicht auch auf das Hausgrundstück erstrecken sollten (OLG München BeckRS 2008, 08705).

6   Dem als gesetzlichen Erben berufenen **Ehegatten** steht als gesetzliches Vorausvermächtnis der sog. Voraus zu (§ 1932). Abs. 2 ist in einer solchen Konstellation auf den nur zum Vorerben berufenen Ehegatten entsprechend anwendbar.

7   Wegen der **Rechtswirkung** ist danach zu differenzieren, ob der zum Empfänger des Vorausvermächtnisses bestimmte Vorerbe Allein- oder Miterbe ist. Wenn es **keine Mitvorerben** gibt, erfolgt der Rechtserwerb des Vorerben als Vollerbenrecht im Zeitpunkt des Vorerbfalls mit (ausnahmsweise) unmittelbarer dinglicher Wirkung und frei von Rechten des Nacherben (BGHZ 32, 60; OLG Hamm ZErb 2015, 288). Denn der Vermächtnisgegenstand wurde nie Bestandteil der Vorerbmasse. Bei einer **Erbengemeinschaft,** scheidet ein dinglicher Direkterwerb aus und es kommt zum Durchgangserwerb. Dem Mitvorerben

steht nur ein schuldrechtlicher Anspruch gegen die Mitglieder der Erbengemeinschaft auf Verschaffung des Vermächtnisgegenstandes zu.

Die **Beweislast** für einen von den Vermutungswirkungen der Norm abweichenden Erblasserwillen, trägt wer sich darauf beruft. Im Falle des **Abs. 2** muss der **Erbschein** eine Klarstellung enthalten, dass das Nacherbenrecht sich nicht auf einen bestimmten, dem Vorausvermächtnis unterliegenden Gegenstand bezieht (OLG Hamm ZEV 2016, 384; ZErb 2015, 288; OLG München ZErb 2014, 306). (→ § 2100 Rn. 28 u. 70).

§ 2111 Unmittelbare Ersetzung

(1) ¹Zur Erbschaft gehört, was der Vorerbe auf Grund eines zur Erbschaft gehörenden Rechts oder als Ersatz für die Zerstörung, Beschädigung oder Entziehung eines Erbschaftsgegenstands oder durch Rechtsgeschäft mit Mitteln der Erbschaft erwirbt, sofern nicht der Erwerb ihm als Nutzung gebührt. ²Die Zugehörigkeit einer durch Rechtsgeschäft erworbenen Forderung zur Erbschaft hat der Schuldner erst dann gegen sich gelten zu lassen, wenn er von der Zugehörigkeit Kenntnis erlangt; die Vorschriften der §§ 406 bis 408 finden entsprechende Anwendung.

(2) Zur Erbschaft gehört auch, was der Vorerbe dem Inventar eines erbschaftlichen Grundstücks einverleibt.

1. Normzweck. Die Rechtsstellung des Vorerben ist zeitlich beschränkt. Er ist nur Erbe auf Zeit. Dem Nacherben muss die Erbschaft – soweit wie möglich – ungeschmälert erhalten bleiben. Dazu gehören nach dem Willen des Gesetzgebers nicht nur der gegenständliche Nachlass, sondern auch dessen **Surrogate**. Daraus erklärt sich die zentrale Bedeutung der Norm für das Nacherbenrecht in Form des Prinzips der dinglichen Ersetzung bei Veränderungen in dem Nachlassbestand bzw. einer Nachlassaufteilung im Verhältnis der Nach- und Vorerben. Ferner wird zwischen der Nachlasssubstanz einschließlich Surrogaten einerseits und der dem Vorerben gebührenden Nutzungen andererseits getrennt. Hintergrund ist, dass der Nachlassbestand nach dem Vorerbfall raschen Veränderungen unterworfen sein kann. Die Norm soll aber aus **Gläubigersicht nicht** sicherstellen, dass die Nachlasswerte unabhängig von einem Bestandswechsel wirtschaftlich erhalten bleiben (BGH NJW 1981, 2350).

2. Surrogation (Abs. 1). a) Allgemeine Voraussetzungen. Die dingliche Surrogation hat den Zweck, die beim Erbfall vorhandenen **realen Werte** des Nachlasses zu binden, und zwar unabhängig von konkreten Nachlassgegenständen. Das wird dadurch erreicht, dass die im Laufe der wirtschaftlichen Entwicklung des Sondervermögens eintretenden Änderungen in konkreten Bestand in den vom Gesetz angeordneten Surrogationsfällen zu einer entsprechenden rechtlichen (dinglichen) Zuordnung der Ersatzstücke (Surrogate) zu **Sondervermögen** führen (BGH NJW 1990, 514). Dahinter steht der Gedanke, dass der Wert des Sondervermögens und nicht seine konkrete bzw. wandelbare Erscheinungsform ausschlaggebend ist. Die Surrogation ist auf das Verhältnis zwischen Vor- und Nacherbe beschränkt. Nachlassgläubiger können daraus keine Rechte ableiten (BGH NJW 1981, 235; aA MüKoBGB/*Grunsky* Rn. 8 ebenso schutzbedürftig).

b) Dingliches Ersetzungsprinzip. In Abgrenzung von der lediglich schuldrechtlichen Surrogation gilt – auch für den Fall einer befreiten Vorerbschaft (BGH NJW 1983, 2874) – das dingliche Ersetzungsprinzip: Was der Vorerbe auf Grund eines zur Erbschaft gehörenden Rechts oder als Ersatz für die Zerstörung, Beschädigung oder Entziehung eines Erbschaftsgegenstands oder durch Rechtsgeschäft mit Mitteln der Erbschaft erwirbt, wird **unmittelbarer Nachlassbestandteil** und damit durch das Nacherbenrecht gebundenes Vermögen, das aber bis zum Nacherbfall weiter Eigentum des Vorerben bleibt. Der Vermögenserwerb erfolgt willensunabhängig mit unmittelbar dinglicher Wirkung und ohne sachenrechtlichen Übertragungsakt. Allerdings sind die **Verfügungsbeschränkungen** der §§ 2113ff. zu beachten. Dadurch wird verhindert, dass dem Nacherben nach Eintritt des Nacherbfalls lediglich schuldrechtliche Ersatzansprüche zustehen. Vielmehr wird er Eigentümer des gegenständlichen Nachlasses, wie er sich nach der gesetzlichen Regelung in § 2111 darstellt. Die für den bisherigen Nachlassgegenstand geltenden Verfügungsbeschränkungen setzen sich nicht automatisch an dem Surrogat fort. Vielmehr ist zu prüfen, ob das Surrogat selbst den §§ 2113ff. unterfällt, zB ein aus Nachlassvermögen erworbenes Grundstück (§ 2113 I).

c) Wirkungen der Surrogation. Mit Eintritt des Nacherbfalls fällt die Erbschaft dem Nacherben an (§ 2139) und dazu gehört auch der Surrogatserwerb des Vorerben, nicht aber die vom Vorerben gezogenen Nutzungen. An den obigen Grundsätzen ändert sich auch nichts, wenn das Surrogat selbst einer weiteren Surrogation unterliegt (**Kettensurrogation**, BGH ZEV 2000, 62).

Da das Gesetz auf einen Erwerb gerade durch den Vorerben abstellt, ist die Norm in **zeitlicher Hinsicht** nur auf nach Eintritt des Erbfalls erfolgende Veränderungen im Nachlassbestand anwendbar. Erfolgen diese vor dem Erbfall, fallen sie auch im Verhältnis zwischen Vor- und Nacherben in den Nachlass (Palandt/*Weidlich* Rn. 1). Allerdings ist bei einem Eintreten des Vorerbfalls vor dem Inkrafttreten des Vermögensgesetzes am 29.9.1990 § 2111 I 1 BGB entsprechend anzuwenden, wenn dem Vorerben durch Rückübertragungsbescheid Vermögenswerte nach § 3 VermG übertragen werden (BGH ZEV 2010, 147). Für Erbfälle nach dem Inkrafttreten des VermG ist § 2111 BGB unmittelbar anwendbar, da die Ansprüche in der Person des Erblassers entstanden sind. (BGH aaO).

6   **d) Substanzveränderungen.** Nach dem Wortlaut greift die Norm nur bei Substanzveränderungen. Der Gesetzgeber geht aber unausgesprochen davon aus, dass ohne einen Eingriff in die Substanz eines Nachlassgegenstandes dieser erst recht uneingeschränkt ohne Durchgangserwerb in das Nacherbenvermögen übergeht. Das führt dazu, dass auch **Wertsteigerungen** bei einzelnen Nachlassgegenständen dem Nacherben zugutekommen und zwar auch dann, wenn der Vorerbe sie aus eigenen Mitteln finanziert hat (MüKoBGB/*Grunsky* Rn. 2). Insofern findet ein interner Ausgleich nach den §§ 2124 II 2, 2125 I statt.

7   **e) Anwendungsfälle.** Voraussetzung ist, dass es sich um einen Erbschaftsgegenstand oder ein zur Erbschaft gehörendes Recht handelt (BGH ZEV 2010, 147). Die Norm umfasst drei Anwendungsfälle des Prinzips der dinglichen Surrogation, und zwar den **Erwerb** auf Grund eines zur Erbschaft gehörenden Rechts, den **Ersatz** für die Zerstörung, Beschädigung oder Entziehung eines Erbschaftsgegenstandes, sowie den **Erwerb durch Rechtsgeschäft** mit Mitteln der Erbschaft. Diese sind aber wegen des **Ausnahmecharakters der Norm** eng auszulegen (BGH NJW 1993, 3198). Denn der Normzweck führt zu einer Einschränkung des Verkehrsschutzes. Daraus folgt, dass die drei Fallgruppen abschließenden Charakter haben. Soweit der Ersatz oder Erwerb aber zugleich als eine Nutzung des Nachlasses einzustufen ist, verbleibt er dem Vorerben (MüKoBGB/*Grunsky* Rn. 2).

8   **aa) Erwerb aufgrund eines zur Erbschaft gehörenden Rechts (Abs. 1 S. 1 Alt. 1).** Dazu zählen nur Fälle eines Erwerbs kraft Gesetz (in Abgrenzung kraft Rechtsgeschäfts nach Abs. 1 S. 1 Alt. 3). Der Vermögenserwerb muss unmittelbar auf diesem Recht beruhen und ohne ein dazwischen geschaltetes Rechtsgeschäft des Vorerben eintreten. Ein anderer Fall ist der Ersatz für Beeinträchtigungen eines Nachlassgegenstandes (Palandt/*Weidlich* Rn. 4).

9   Zu der **Fallgruppe 1** zählen insbes. der Lotteriegewinn (§ 753), die Ersitzung (§ 937), Verbindung, Vermischung, Verarbeitung (§§ 946 ff.), der Schatzfund (§ 984), sowie die Annahme einer dem Erblasser angefallenen Erbschaft (MüKoBGB/*Grunsky* Rn. 10; Palandt/*Weidlich* Rn. 3, mN), Zinserträge und Dividenden, sofern diese nicht als Nutzungen zu klassifizieren sind (→ Rn. 35 ff.). **Nicht dazu gehören** insbes. der Erwerb des Grundstückseigentums auf Grund eines Ausschlussurteils nach § 927 (MüKoBGB/*Grunsky* Rn. 10) und der Zuschlag in der **Zwangsversteigerung** (→ Rn. 32).

10 **bb) Ersatz für die Zerstörung, Beschädigung oder Entziehung eines Erbschaftsgegenstands (Abs. 1 S. 1 Alt. 2).** Surrogate sind insbes. Schadenersatzansprüche aus Delikt und auch Gefährdungshaftung (Palandt/*Weidlich* Rn. 4; MüKoBGB/*Grunsky* Rn. 11), Versicherungsleistungen (insbes. aus Sach- und Haftpflichtversicherungen), Reinerlös aus der Zwangsversteigerung eines Nachlassgrundstücks (BGH NJW 1993, 3198), Bereicherungsansprüche wegen eines Verlusts eines Nachlassgegenstandes, Ansprüche nach dem VermG, wenn diese noch zu Lebzeiten des Erblassers entstanden sind. **Nicht dazu zählt** der Aufwendungsersatz als freiwilliges Vermögensopfer.

11 **cc) Erwerb durch Rechtsgeschäft mit Mitteln der Erbschaft (Abs. 1 S. 1 Alt. 3).** Die sog. **Mittelsurrogation** ist der praktisch häufigste Anwendungsfall.

12 **(1) Mit Mitteln der Erbschaft.** Davon erfasst wird **jeder Erwerb** durch den Vorerben mit einer aus dem Nachlass entnommenen Gegenleistung. Dabei kommt es alleine darauf an, dass die erbrachte Gegenleistung objektiv dem Nachlass zuzurechnen ist. Das Rechtsgeschäft muss also keinen unmittelbaren Nachlassbezug haben, ein objektiver Zusammenhang genügt. Daraus folgt, dass auch zum Eigengebrauch des Vorerben erworbene Gegenstände zum Nachlass gehören, wenn sie mit Nachlassmitteln finanziert wurden (MüKoBGB/*Grunsky* Rn. 12). Nicht maßgeblich ist jedoch, ob der Vorerbe (ggf. irrtümlich) für sich persönlich oder als **Vorerbe** handeln wollte und wie sein Handeln insoweit im Rechtsverkehr aufgefasst wurde. Setzt er für den Erwerb tatsächlich **Privatvermögen** ein, so kommt es – auch bei einem objektiven Nachlassbezug – zu keiner dinglichen Surrogation. Das gilt auch dann, wenn der Vorerbe dies gewollt hätte. Auf den hinter dem Rechtsgeschäft stehenden Zweck kommt es daher nicht an.

13 Bei der Frage, wann ein Gegenstand mit „Mitteln aus der Erbschaft" erworben ist, wendet der **BGH** nicht einen formal engen, sondern unter Berücksichtigung schutzwürdiger Interessen des Nacherben, einen **wirtschaftlichen Maßstab** an (BGH NJW 1993, 3198). Daraus folgt, dass nicht die konkrete Zusammensetzung des Sondervermögens im Zeitpunkt des Erbfalls entscheidend ist, sondern die wirtschaftlichen Veränderungen im Nachlassbestand, insbes. bei Wertsteigerungen des Gesamtnachlasses, die unmittelbar auf einzelne Nachlassgegenstände zurückzuführen sind. **Erwerbsgegenstand** ist die Gegenleistung für die Weggabe eines Nachlassgegenstands.

14 **(2) Ein rechtsgeschäftlicher Erwerb mit Mitteln der Erbschaft** liegt vor, wenn der Gegenwert **objektiv** aus dem Nachlass stammt, wozu alle Vorteile zählen, die dem Erblasser zugestanden haben, insbes. Forderungen oder andere Rechte (OLG Celle OLGR 1995, 134). Eine Ausnahme bilden die dem Vorerben zustehenden Nutzungen (Abs. 1 S. 1 aE) und höchstpersönliche Rechte wie zB ein Nießbrauch (§ 1059). Bei einem Verkauf eines Nachlassgegenstands fällt der Kaufpreisanspruch daher in den Nachlass. Unerheblich ist, ob der Vorerbe die Gegenleistung für sich selbst vereinnahmt (Palandt/*Weidlich* Rn. 5; MüKoBGB/*Grunsky* Rn. 12).

15 **(3) Rechtsgeschäft des Vorerben.** Voraussetzung ist, dass im Rahmen des Vollzugs eines durch den Vorerben abgeschlossenen Rechtsgeschäfts Mittel aus der Erbschaft entnommen werden und im Gegenzug dafür vom Vorerben ein Gegenwert erworben wird (Mittelsurrogation). Ohne Abschluss eines Rechtsgeschäfts kommt es daher zu keinem Surrogationserwerb nach Fallgruppe 3. Das ist die Abgrenzung zu der Fallgruppe 1 (→ Rn. 8 ff.). Der **Vorerbe muss selbst Vertragspartner** sein, wobei eine Stell-

vertretung möglich ist. Auch mit Zustimmung des Vorerben durch Dritte getätigte Rechtsgeschäfte sind von § 2111 erfasst (MüKoBGB/*Grunsky* Rn. 14). Nach dem Surrogationszweck einer Erhaltung des Nachlasses in seinem Wert, ist der Begriff „**Rechtsgeschäft**" weit auszulegen. Der Vertragstyp oder die Vertragsbezeichnung ist unerheblich, ebenso, ob der dem Nachlass entnommene Gegenwert sich unmittelbar oder nur mittelbar in dem erworbenen Surrogat widerspiegelt.

Erbringt der Vorerbe die Gegenleistung trotz getrennter Zahlungsflüsse teils mit Mitteln der Erbschaft 16 und teils mit seinem Privatvermögen, so werden nur die ersteren Surrogate Nachlassbestandteil (**Surrogation nach Bruchteilen**, BGH NJW 1977, 1631; Palandt/*Weidlich* Rn. 6; MüKoBGB/*Grunsky* Rn. 13). Wird die Stammeinlage in eine Gesellschaft vom Vorerben nur zur Hälfte aus Mitteln des Nachlasses erbracht, so fällt nur der geleistete Teil in die Nacherbschaft (OLG Köln BeckRS 2011, 00058).

f) **Erbauseinandersetzung bei einer Mehrheit von Vor- oder Nacherben.** Eine Mehrheit von Vorerben bildet eine **Gesamthandsgemeinschaft**. Es ist in Rspr. und Lit. anerkannt, dass mit Mitteln der Erbschaft auch diejenigen Gegenstände erworben sind, die der Vorerbe im Wege der vereinbarten Erbauseinandersetzung aufgrund seiner Miterbenstellung erhält (BGH NJW 1963, 2320; MDR 1959, 290 = FamRZ 1959, 111; OLG München ZEV 2012, 669: mehrere Vorerben; MüKoBGB/*Grunsky* Rn. 18 mN). Dies dient dem Schutz des Nacherben, dessen Anwartschaft im Falle einer Auseinandersetzung der Miterben ohne Anordnung einer Surrogation erlöschen würde.

Sind Erben hinsichtlich eines **Gesamthandanteils zusätzlich noch Nacherben**, so kann im Einzelfall 18 bei einer Erbauseinandersetzung zwischen ihnen und dem Vorerben das auf den Vorerben übertragene Grundstück mit Mitteln der Erbschaft erworben worden sein (BGH ZEV 2001, 19). Es ist zu prüfen, ob eine mit Mitwirkung der Nacherben abschließende Erbauseinandersetzung gewollt war. Dann scheiden die dem Vorerben übertragenen Gegenstände aus dem Nachlass aus und werden damit von der Nacherbeneinsetzung nicht mehr erfasst. Denn auseinandersetzen können sich auch Vor- und Nacherben (BGH ZEV 2001, 19). Die Rechtsfolge des § 2111 tritt dann nicht ein. Es kann aber auch der **Wille der Vertragschließenden** gewesen sein, dass der Erbschaftsgegenstand Nachlassbestandteil bleiben soll und damit § 2111 greift. Das kann der Fall sein, wenn die Erbauseinandersetzung ausdrücklich dem Zweck diente, die nach Meinung der Vertragsparteien dem Willen des Erblassers widersprechende steuerliche Behandlung der Grundstücke zu ändern (BGH ZEV 2001, 19).

Erhält ein nicht befreiter Vorerbe im Zug einer **Erbauseinandersetzung** Alleineigentum an einem zum 19 **Nachlass gehörenden Grundstück**, so setzt sich die Nacherbfolgebindung im Wege der dinglichen Surrogation an dem Grundstück fort (OLG München ErbR 2014, 343), sofern die Miterben bei der Auseinandersetzung unter Mitwirkung der Nacherben nicht ausdrücklich etwas anderes vereinbart haben. Denn mit Vollzug des Erbteilungsvertrags geht zwar ein Eigentumserwerb einher, doch ist damit wegen § 2111 keine Befreiung von der Nacherbenbindung verbunden, wenn kein anderer Parteiwille feststellbar ist (BayObLG NJW-RR 2005, 233).

g) **Beispielsfälle. aa) Immobilienkredite. (1) Kreditaufnahme.** Unerheblich ist bei einer Kreditauf- 20 nahme, ob diese vom Vorerben persönlich oder zu Lasten des Nachlasses aufgenommen wurde. Entscheidend für eine Surrogation ist, ob das Darlehen aus **Nachlass- oder Privatmitteln getilgt** wird. Im letzteren Fall steht dem Vorerben ein Ausgleichsanspruch zu (MüKoBGB/*Grunsky* Rn. 22).

Fraglich ist, ob der Surrogationsgegenstand bereits mit dem kreditfinanzierten Erwerb oder erst mit 21 Darlehenstilgung **Nachlassbestandteil** wird. *Grunsky* bejaht mit dem Argument des Nacherbenschutzes in der Tilgungsphase ersteres (MüKoBGB/*Grunsky* Rn. 22, ebenso Bamberger/Roth/*Litzenburger* Rn. 5). *Brox* hingegen meint, dass bei Abschluss des Kreditvertrags letztendlich noch nicht endgültig feststeht, ob tatsächlich Nachlassmittel verwendet werden (Brox/Walker ErbR Rn. 579).

(2) **Immobilien.** Erwirbt ein Vorerbe aus **eigenen Mitteln ein Grundstück** und errichtet er darauf mit 22 **Nachlassmitteln ein Haus**, dann gehört das Hausgrundstück mit dem Teil zum Nachlass, der dem Wertanteil des Hauses entspricht (BGH NJW 1977, 1631). Der BGH lehnt eine Ungleichbehandlung gegenüber der Fallkonstellation ab, dass von vornherein ein Hausgrundstück zT mit eigenen und zT mit Nachlassmitteln erworben wurde. Es soll der Anwendung des § 2111 nicht entgegenstehen, dass das Haus gem. §§ 946, 93 f. nicht Gegenstand besonderer Rechte sein kann.

Der Vorerbe erwirbt ein **Grundstück mit Mitteln der Erbschaft**, wenn er das Erblassergrundstück 23 verkauft und den Verkaufserlös später für die Ablösung eines Kredits für den Erwerb eines anderen Grundstücks verwendet. Der Mittel-Surrogation steht nicht entgegen, dass zur Zwischenfinanzierung zusätzlich noch ein anderes Kreditinstitut eingeschaltet und der Kaufvertrag über das neue Grundstück bereits vor dem Verkauf des alten Grundstücks zustande gekommen war (BGH NJW 1990, 1237).

Die Belastung eines Nachlassgrundstücks mit einer **Grundschuld**, um so ein Darlehen zur Anschaf- 24 fung von Grundstückszubehör zu finanzieren, steht einer Surrogation nicht entgegen (OLG Celle OLGR 1995, 134).

Erwirbt ein durch Nacherbeinsetzung beschränkter **Miterbe** durch **Tilgung seiner Darlehensschuld** 25 gegenüber der Erbengemeinschaft die der Erbengemeinschaft an seinem Grundstück bestellte Hypothek, so gehört seine dadurch entstehende Eigentümergrundschuld zur (Vor-)Erbschaft (BGH NJW 1963, 2320). Trotz der kraft Gesetz erfolgenden Umwandlung ist durch die Erfüllung der Darlehensschuld ein rechtsgeschäftlicher Erwerb eingetreten.

Tilgt der Vorerbe hingegen mit freien Mitteln ein schon beim Erbfall bestehendes **Grundpfandrecht**, 26 fällt die dadurch entstehende Eigentümergrundschuld in sein freies, nicht der Nacherbfolge unterliegendes Vermögen (BGH NJW 1993, 3198).

27 **bb) Bankkonten.** Führt der Vorerbe ein vom Erblasser geführtes Bankkonto fort, erfolgt beim **Nacherbfall** kein Eintritt des Nacherben in das Giroverhältnis. Die oft nicht identisch zu beantwortende Frage, wer aber **Inhaber** eines bei Eintritt des Nacherbfalls etwa vorhandenen Konto-Guthabens ist, richtet sich aber nach § 2111. Wegen des bei Eintritt des Nacherbfalls vorhandenen Kontenguthabens treten nachträglich Beweisprobleme auf, ob das beim Tod des Erblassers vorhandene Guthaben auf zwischenzeitlich nach § 2111 zuzurechnende Zuflüsse zurückzuführen oder als Nutzung in das freie Vermögen des Vorerben fällt. Dabei ist jeder Zufluss gesondert zu prüfen (BGH ZEV 1996, 62). Eine Surrogation findet nur insoweit statt, als Nachlassmittel verwendet wurden (Palandt/*Weidlich* Rn. 7; MüKoBGB/*Grunsky* Rn. 3). Obige Grundsätze gelten auch für in Depots verwahrte **Wertpapiere**.

28 **cc) Gesellschaftsrecht. (1) Personengesellschaften – nicht übertragbare Rechtspositionen.** Bringt ein Vorerbe Nachlassgegenstände als Einlage in eine **Kommanditgesellschaft** ein, dann gehört seine Kommanditistenstellung als Surrogat zum Nachlass. Auch die aufgrund dieser Rechte gezogenen Gewinne gehören zur Vorerbschaft (**sog. Rechtssurrogation**). (BGH NJW 1990, 514 mit ausdrücklicher Aufgabe BGH NJW 1977, 433 „Höchstpersönlichkeit"). Auch wenn die bisherigen Mitgesellschafter einem Eintritt trotz Vorliegens der Voraussetzungen der dinglichen Surrogation nicht zustimmen müssen (BGH NJW 1987, 952), so wäre die dingliche Surrogation nicht wirkungslos. Als unverzichtbarer Mindestschutz für den Nacherben muss die Surrogation vielmehr mit dem Inhalt aufrechterhalten werden, dass der Vorerbe die vermögensrechtlichen Vorteile aus der Gesellschafterstellung ungeschmälert an den Nacherben weiterzugeben hat. Das gilt vornehmlich für den Anspruch auf das Auseinandersetzungsguthaben, die laufenden Gewinnansprüche und auch darüber hinausgehende Entnahmerechte. Die Surrogation umfasst dann zumindest diese Rechtspositionen (BGH NJW 1990, 514). § 2111 BGB ist auch auf den Beitritt zu einer Gesellschaft mit Mitteln aus dem Nachlass anwendbar (OLG Köln BeckRS 2011, 00058).

29 Die obigen Grundsätze sind auf **Komplementäre** und **OHG-Gesellschafter** ebenfalls anwendbar (MüKoBGB/*Grunsky* Rn. 24).

30 Der **vertragliche Abfindungsanspruch** eines ausscheidenden Vorerben tritt gem. § 2111 an die Stelle des Erblasseranteils (BGH NJW 1984, 362). Dies gilt auch bei einer fortgesetzten Gütergemeinschaft, wenn der Anspruch mit seiner Entstehung in das Gesamtgut fällt und die bis dahin bestehende Sondergüteigenschaft des Gesellschaftsanteils weggefallen ist. Denn die Vor- und Nacherbschaft erstreckt sich dann auf einen Anspruch auf Einräumung eines wertentsprechenden Anteils am Gesamtgut und einen Auseinandersetzungsanspruch bei Beendigung der Gütergemeinschaft (BGH NJW 1984, 362).

31 **(2) Kapitalgesellschaften.** Frei übertragbare Beteiligungen an Kapitalgesellschaften – wie zB GmbH-Anteile und Aktien fallen in den Nachlass (BayObLG BeckRS 2001, 16021; MüKoBGB/ *Grunsky* Rn. 23).

32 **dd) Teilungs- und Zwangsversteigerung.** Der Zuschlag in eine Teilungs- und Zwangsversteigerung führt zu einem **Eigentumserwerb kraft staatlichen Hoheitsakts** (§§ 180 ff. ZVG) und nicht aufgrund einer rechtsgeschäftlichen Verfügung. Der Nacherbenvermerk ist mit rechtskräftigem Zuschlag zu löschen (OLG Hamm NJW 1969, 516; Palandt/*Weidlich* Rn. 5; MüKoBGB/*Grunsky* Rn. 19; aA *Najdecki* DNotZ 2007, 643 § 2113 analog).

33 **ee) Absprachen zwischen Vor- und Nacherben.** Vor- und Nacherbe können sich über die Zugehörigkeit eines Nachlassgegenstands im Wege einer **Vereinbarung** einigen und zB einen Nachlassgegenstand auf den Nacherben übertragen, der diesen dann an den Vorerben zurückveräußert (*Maurer* DNotZ 81, 223). Sofern aber keine marktgerechte Gegenleistung vereinbart wird, ist eine unzulässige Umgehung von § 2113 II zuprüfen. Ein Ersatznacherbe ist an eine Vereinbarung nur dann gebunden, wenn er Rechtsnachfolger der Vor- oder Nacherben geworden ist. Durch eine **einseitigen Willensentschluss** des Vorerben ist aber in keinem Fall eine **Umwidmung** möglich. Der Vorerbe kann keinen **nachlassfremden Gegenstand** in die Vorerbschaft einbeziehen und deshalb auch kein Nachlassgrundstück gegen ein Privatgrundstück eintauschen. Das ergibt sich aus § 181 und gilt für befreite und nicht befreite Vorerben (BGH NJW 1963, 2320; OLG Stuttgart MittRhNotK 1987, 80; OLG Köln NJW-RR 1987, 267; OLG Stuttgart DNotZ 1974, 365).

34 **3. Nutzungen (Abs. 1 S. 1). a) Erzielte und erzielbare Nutzungen.** Der Vorerbe hat die gewöhnlichen Erhaltungskosten (§ 2124 I) zu tragen. Als wahrer Erbe ist er im Verhältnis zum Nacherben aber berechtigt, bis zum Eintritt des Nacherbfalls sämtliche (BGH FamRZ 1986, 900) erzielten oder erzielbaren Nutzungen (§ 100) aus dem Vermögensstamm für sich zu behalten. Es bedarf keines schuldrechtlichen Herausgabeanspruchs. Die Nutzungen werden von der **Surrogationswirkung nicht erfasst.** Diese Ausnahmevorschrift gilt aber nur im Verhältnis des Vor- zum Nacherben. Gegenüber Nachlassgläubigern kann nicht eingewandt werden, dass Nutzungen nur dem Vorerben zustehen (MüKoBGB/*Grunsky* Rn. 29). Die den Vorerben als Steuerpflichtigen treffenden Nachteile, zB durch das Entstehen von Veräußerungsgewinnen sind ebenso durch den Nacherben auszugleichen, wie die Senkung der Einkommensteuerlast des Vorerben durch aus Nachlassgegenständen resultierende steuerliche Verluste (vgl. MüKoBGB/*Grunsky* Rn. 41, 42).

35 **b) Maßgeblicher Zeitraum und Umfang.** Der Umfang der dem Vorerben zustehenden Nutzungen ist im Zweifel **kalenderjährlich** zu ermitteln und umfasst neben den **Gebrauchsvorteilen** auch die **Früchte** (§ 99). Ist vom Erblasser eine laufende Versorgung beabsichtigt, so kann auch ein Monatszeitraum – zB bei Mieteinnahmen – in Betracht kommen. Die Verteilung richtet sich nach § 101. Die Fruchtziehungskosten weist § 102 dem Vorerben zu. Die Gewinnermittlung ist nicht isoliert für einzelne Nachlassgegenstände zu betrachten. Verluste aus anderen Anlagen mindern im Zweifel die Entnahmen des Vorerben (MüKoBGB/*Grunsky* Rn. 32).

c) Berechtigung. Die Nutzungen fallen mit dinglicher Wirkung unmittelbar dem **Vorerben** zu. Er ist 36 frei verfügungsberechtigt. Dies gilt auch für im Übermaß gezogene Früchte. Der Vorerbe ist dann gegenüber dem Nacherben gem. § 2133 schadenersatzpflichtig. Mit **Eintritt des Nacherbfalls** fallen die Nutzungen dem Nacherben zu. Zu diesem Zeitpunkt noch nicht entnommene Nutzungen können jederzeit nachgeholt werden, weiter gezogene sind nach § 2130 herauszugeben. Dies gilt aber nicht bei **Unternehmen** nicht für nicht getätigte Gewinnentnahmen, die zur Eigenkapitalbildung herangezogen wurden (BGH NJW 1981, 115).

d) Nutzungen eines Unternehmens. Auf Unternehmensebene ist der Handelsbilanzgewinn bzw. das 37 Ergebnis der Einnahmen-/Überschuss-Rechnung maßgebend (Palandt/*Weidlich* Rn. 9; MüKoBGB/ *Grunsky* Rn. 34 „Reingewinn nach Abzug Steuern", „bereinigte Bilanz"). Einzelheiten kann der Erblasser testamentarisch bestimmen (Palandt/*Weidlich* Rn. 9). Eine Beschränkung auf einen Höchstbetrag in Abhängigkeit von erwirtschafteten „Reinerträgnissen der Vorerbschaft" ist möglich (OLG München ZEV 2009, 622). Für **Personengesellschaften** gilt die Spezialnorm § 122 HGB, wonach jeder Gesellschafter bis zu 4 % seines Kapitalanteils unabhängig von der Gewinnlage entnehmen kann (MüKoBGB/ *Grunsky* Rn. 39). Hinzu kommen seine Gewinnanteile (BGH NJW 1990, 514). Bei **Kapitalgesellschaften** stehen Aktien-Dividenden- und GmbH-Gewinnanteile sowie sonstige Erträge ohne Einschränkungen dem Vorerben zu. Nach dem **Gesellschaftsvertrag** gebilligte Gewinnentnahmen sind als Nutzungen anzusehen (BGH NJW 1972, 1755).

4. Gutgläubiger Forderungserwerb. Abs. 1 S. 2 entspricht dem § 2019 II und schützt den Schuldner 38 einer durch Rechtsgeschäft erworbenen Forderung. Die Zugehörigkeit zur Erbschaft hat der Schuldner erst dann gegen sich gelten zu lassen, wenn er davon positive Kenntnis erlangt. Praktisch relevant wird die Vorschrift **erst ab Eintritt des Nacherbfalls,** da zuvor der Grundsatz der dinglichen Surrogation nicht von einer Kenntnis eines Forderungsschuldners abhängig ist. Mit Eintritt des Nacherbfalls wird der Vorerbe zum Nichtberechtigten. Hat der Schuldner davon keine Kenntnis, ist weiter eine Leistung an den Vorerben mit befreiender Kenntnis möglich. Der Umfang der Schutzvorschrift ergibt sich aus den §§ 406–408. Erfolgt der **Forderungserwerb kraft Gesetz** und nicht durch Rechtsgeschäft, so ist Abs. 1 S. 2 unanwendbar. Der Schuldner wird aber über die §§ 851, 893, 2367 geschützt (Palandt/*Weidlich* Rn. 10). Ein Irrtum über den Eintritt des Nacherbfalls wird von Abs. 1 S. 2 hingegen nicht erfasst.

5. Grundstücksinventar (Abs. 2). Zur Erbschaft zählt auch, was der Vorerbe dem Inventar eines 39 Nachlassgrundstücks einverleibt. Dazu gehören vor allem Transaktionen aus dem **Privatvermögen des Vorerben,** da ansonsten bei der Verwendung von Nachlassmitteln bereits Abs. 1 S. 1 Alt. 3 (Mittelsurrogation) einschlägig wäre. Voraussetzung ist, dass der Vorerbe in **objektiver Sicht** tatsächlich tätig wird und dabei Gegenstände in das Grundstücksinventar einbringt und das **subjektiv** auch beabsichtigt. Nur dann kommt es zu einer automatischen Zuordnung der Inventargegenstände zum Nachlass. Ob der Vorerbe darüber hinaus auch die Rechtsfolge einer Nachlasszuordnung gewollt hat, ist unerheblich (MüKoBGB/*Grunsky* Rn. 27). Dem Vorerben können Wegnahme- und Ersatzansprüche nach den §§ 2124, 2125 zustehen.

6. Gestaltungsempfehlungen in Verfügungen von Todes wegen. Von obigen Grundsätzen ist mit 40 Ausnahme von § 2133 keine „Befreiung" (Beschränkung) möglich (BGH NJW 1963, 2320). Der Katalog des **§ 2136** ist abschließend. Der Erblasser kann den Vorerben aber schuldrechtlich verpflichten (Vermächtnis, Auflage), die Nutzungen ganz oder zT an den Nacherben herauszugeben.

7. Verfahrensrecht. a) Beweislast. Verlangt der Nacherbe von dem (befreiten) Vorerben (oder dessen 41 Erben) nach Eintritt des Nacherbfalles die Herausgabe von Gegenständen, die nicht von Anfang an zum Nachlass gehört haben, dann trägt der **Nacherbe** die Darlegungslast und die Beweislast für die während der Dauer der Vorerbschaft eingetretenen Surrogationsvorgänge (BGH NJW 1983, 2874).

Bei einem **gemischten Erwerb** mit Nachlassmitteln und Privatvermögen des Vorerben führt die obige 42 Beweislastverteilung zu einer Benachteiligung des Nacherben, der keinen Einblick in die Vermögensverhältnisse des Vorerben hat. Daran würde dann im Regelfall eine Surrogation scheitern. Eine Surrogation nach Bruchteilen scheitert an Praktikabilitätsgründen und würde dem Vorerben eine Manipulation erleichtern. Deswegen kann eine **Beweislastumkehr** auf den Vorerben in Betracht kommen, wenn dieser das Nachlassvermögen und sein Privatvermögen nicht transparent getrennt hat. Den Vorerben trifft die sekundäre Darlegungslast. Einfaches Bestreiten ist nicht ausreichend (MüKoBGB/*Grunsky* Rn. 15).

b) Nacherbenvermerk. Bei einem Nachlassgrundstück ist im **Grundbuch** gem. § 51 GBO von Amts 43 wegen ein Nacherbenvermerk einzutragen, um einen gutgläubigen Erwerb (§ 2113 III) zu verhindern. Das gilt auch, wenn ein Vorerbe im Wege der Nachlassauseinandersetzung ein Grundstück erhält (BGH NJW 1970, 138; 1969, 2043; BayObLGZ 1986, 208).

§ 2112 Verfügungsrecht des Vorerben

Der Vorerbe kann über die zur Erbschaft gehörenden Gegenstände verfügen, soweit sich nicht aus den Vorschriften der §§ 2113 bis 2115 ein anderes ergibt.

1. Normzweck. Der Gesetzgeber sieht mit Eintritt des Erbfalls den Vorerben als den **wahren Erben** an, der die Eigentümerstellung des Erblassers auflösend befristet oder bedingt bis zum Nacherbfall einnimmt. Ab dem Erbfall ist der Vorerbe bis zum Eintritt des Nacherbfalls berechtigt, über die zum Nachlass gehörenden Gegenstände frei zu verfügen, und zwar mit dinglicher Wirkung gegenüber dem Nacherben. Die Beschränkungen nach Maßgabe der §§ 2113–2115 greifen erst **mit Eintritt des Nacherbfalls** und dann mit absoluter Wirkung ein. Man muss differenzieren, ob Verfügungen gegen die Beschränkungen der §§ 2113–2115 verstoßen und damit unwirksam sind oder über den Nacherbfall hinaus wirksam bleiben.

2. Verfügungsbegriff. Der Begriff der Verfügung deckt sich mit § 185, so dass darunter die dingliche Übertragung, Belastung, Inhaltsänderung sowie die Aufgabe von zum Nachlass gehörenden Sachen und Rechten fällt. Unerheblich ist, ob die Verfügung entgeltlich oder unentgeltlich erfolgt. Auch die Bestellung eines Erbbaurechts fällt darunter (BGH NJW 1969, 2043), ebenso Abtretung und Verpfändung, der Erlass sowie die Ausübung von Gestaltungsrechten wie Kündigungs-, Anfechtungs- und Rücktrittserklärungen.

3. Schuldrechtliche Verpflichtungsgeschäfte kann der Vorerbe **unbeschränkt** gültig eingehen, da die §§ 2113–2115 nur Verfügungen erfassen. Sie verpflichten den Nacherben aber nur im Rahmen einer ordnungsgemäßen Nachlassverwaltung (BGH NJW 1973, 1690; → § 2144 Rn. 5 ff. zur Haftung des Nacherben). Der Vorerbe kann sich schadensersatzpflichtig gem. §§ 2130, 2131 machen bzw. für Eigenverbindlichkeiten mit seinem Privatvermögen haften. Man muss also zwischen der gesetzlich eingeräumten Verfügungsfreiheit („können") und dem Pflichtenkreis („dürfen") trennen.

4. Umfang der Verfügungsbefugnis. Das grds. unbeschränkte Verfügungsrecht ist **beschränkt**, soweit sich in den §§ 2113–2115 eine anderweitige Regelung findet. Insoweit kann der Erblasser den Vorerben in den Grenzen des § 2136 **befreien**. Strengere Beschränkungen der Verfügungsbefugnis als in den §§ 2113–2115 angeordnet, sind mit dinglicher Wirkung nicht möglich (vgl. § 137 S. 1, BGH NJW 1971, 1805).

5. Anwendungsfälle. a) Erbrechtliche Gestaltungsrechte. Der Vorerbe kann mit Wirkung gegen den Nacherben eine dem **Erblasser angefallene Erbschaft** annehmen oder ausschlagen (vgl. § 1952 I). Das gilt auch für Vermächtnisse (§ 2180) und auch bei einem sich im Nachlass befindlichem Grundstück. Die Ausübung erbrechtlicher Gestaltungsrechte ist keine Verfügung und fällt damit nicht unter § 2112. Der Vorerbe kann aber für die Richtigkeit seiner Entscheidung nach der Maßgabe der §§ 2130, 2131 auf Schadenersatz haftbar sein, wenn die Annahme oder Ausschlagung für den Nacherben vorteilhafter gewesen wäre.

b) Miterbenanteil. Da die §§ 2112 ff. nur Beschränkungen einer Verfügung über einzelne Nachlassgegenstände normieren, kann der Vorerbe über seinen Erbteil oder seinen gesamthänderisch gebundenen Miterbenanteil als Ganzes **gem. § 2033 I verfügen** (BayObLG DNotZ 1983, 320; MüKoBGB/*Grunsky* Rn. 2). Das Recht des Nacherben wird hierdurch nicht beeinträchtigt, da der Erwerber des Nachlass oder den Erbteil belastet mit der Nacherbschaft erhält (vgl. auch § 2376 I). Die zum Vollzug des Erbschaftskaufs notwendigen Verfügungsgeschäfte unterliegen jedoch der **Zustimmungspflicht**. Ein gutgläubiger lastenfreier Erwerb scheitert daran, dass sich auf den öffentlichen Glauben des Erbscheins nach § 2366 nur der Erwerber einzelner Nachlassgegenstände, nicht aber der Erbschafts- oder Erbteilskäufer berufen kann.

c) Für die Auseinandersetzung einer Mit(vor)erbengemeinschaft (§ 2042) muss der Vorerbe keine Zustimmung des Nacherben einholen. Die Nacherbenrechte erstrecken sich nur auf das im Rahmen der Erbauseinandersetzung auf den Mit(vor)erben entfallende Auseinandersetzungsguthaben (BGH NJW 1981, 1560). Für in dem **Teilungsplan** vorgesehene Einzelverfügungen sind aber die Beschränkungen der §§ 2113–2115 zu beachten. Nach dem OLG Dresden (OLGE 35, 373) besteht für den Nacherben jedoch eine Zustimmungspflicht, da er ansonsten eine Erbauseinandersetzung blockieren könnte. Er ist auch nicht schutzlos, da die Verfügungsbeschränkungen der §§ 2113–2115 sich an den Einzelgegenständen fortsetzen.

d) Vereinbarung der Gütergemeinschaft. Nach dem BayObLG (NJW-RR 1989, 836) stehen die §§ 2112 ff. der Vereinbarung einer Gütergemeinschaft zwischen dem Vorerben und seinem Ehegatten **nicht entgegen**, da über keine einzelnen Nachlassgegenstände verfügt, sondern durch Verfügungen über das Vermögen im Ganzen gemeinschaftliches Vermögen geschaffen wird. Die Bindungen durch die Nacherbfolge bleiben aber bestehen. Mit Eintritt des Nacherbfalls steht dem Nacherben der Nachlass aus dem Gesamtgut zu.

e) Letztwillige Verfügungen. In der Errichtung von letztwilligen Verfügungen ist der Vorerbe frei und unterliegt keinen Beschränkungen. Dessen Erben müssen aber die **Beschränkungen** durch die Nacherbschaft gegen sich gelten lassen. In dem Regelfall des Eintritts des Nacherbfalls mit dem Tod des Vorerben erfasst die letztwillige Verfügung des Vorerben jedoch nicht das Erblasservermögen, da dieses an den Erben des Vorerben vorbei unmittelbar auf den Nacherben übergeht. Anders ist dies nur, wenn die Erbenstellung des Nacherben infolge Ausschlagung rückwirkend wegfällt.

f) Betriebsvermögen im Nachlass. aa) Kaufmännische Unternehmen. Auch die Fortführung oder Aufgabe eines kaufmännischen Unternehmens ist keine Verfügung über einzelne Nachlassgegenstände und obliegt daher auch dann nicht der Zustimmung des Nacherben, wenn zum **Betriebsvermögen** Grundstücke gehören. Das gilt auch für eine Handelsregistereintragung des Vorerben. Der unternehmerischen Entscheidungsfreiheit des Vorerben stehen aber im Falle einer möglichen Pflichtverletzung bei der Nachlassverwaltung Schadenersatzpflichten nach Maßgabe der §§ 2130, 2131 entgegen.

bb) Die Anteile an einer Kapitalgesellschaft sind für den Vorerben **frei veräußerbar**, ohne dass der 11 Nacherbe zustimmen müsste. Das gilt auch für die Zugehörigkeit von Grundstücken zum Gesellschaftsvermögen, da über die Gesellschaftsanteile insgesamt und nicht über Einzelgrundstücke verfügt wird (MüKoBGB/*Grunsky* Rn. 4).

cc) Personengesellschaft. Gehört zum Nachlass eine Personenhandelsgesellschaft, so obliegt dem Vor- 12 erben im Rahmen seiner Verwaltungsbefugnis über den Nachlass die Entscheidung, ob er aufgrund von **Eintritts- oder Fortsetzungsklauseln** (unmittelbar) in die Gesellschaft(erstellung) eintritt. War der Erblasser persönlich haftender Gesellschafter, wird die Gesellschaft bei dessen Tode mit dem Vorerben fortgesetzt, wenn der Gesellschaftsvertrag im Rahmen erbrechtlicher Nachfolgeklauseln nichts Abweichendes bestimmt (BGH NJW 1977, 1540). Das kann zB auch ein vertragliches Eintrittsrecht sein, das dann dem Vorerben zusteht. Der Vorerbe ist dann mit Wirkung gegen den Nacherben im Rahmen der Ausübung seiner Gesellschafterrechte zB befugt, den Gesellschaftsvertrag zu kündigen oder an Änderungen des Gesellschaftsvertrags mitzuwirken (Palandt/*Weidlich* Rn. 3; MüKoBGB/*Grunsky* Rn. 7). Die Veräußerung des Gesellschaftsanteils an einer **Kommanditgesellschaft** durch einen Vorerben unterliegt der Verfügungsbeschränkung des § 2113 II (BGH NJW 1977, 1540).

dd) Kommanditist. Der Vorerbe kann – ggf. auch gegen den Willen des Nacherben – fordern, dass 13 ihm die Stellung eines Kommanditisten eingeräumt wird (**§ 139 I HGB**). Der Nacherbe kann dann im Nacherbfall keine Umwandlung zum Komplementär fordern (BGH NJW 1977, 1540). Auch das Kündigungsrecht nach § 139 II HGB steht dem Vorerben zu (BGH NJW 1981, 1560).

ee) Postmortale Vollmacht. Eine vom Erblasser dem Vorerben erteilte postmortale Vollmacht **erlischt** 14 mit dem Erbfall wegen der Personenidentität zwischen Eigentümer und dem für den Eigentümer handelnden Bevollmächtigten. Vollmachtsbefugnisse können also nicht zu einer Erweiterung der Verfügungsbefugnis führen. Eine vom Erblasser einem **Dritten** gegenüber erteilte postmortale Vollmacht führt dazu, dass der Dritte bis zum Nacherbfall nur für den Vorerben als Vertreter handeln und ihn rechtsgeschäftlich beschränken kann (MüKoBGB/*Grunsky* Rn. 10). Der Vorerbe ist aber zum Vollmachtswiderruf berechtigt. Eine vom Vorerben erteilte Vollmacht erlischt mit Eintritt des Nacherbfalls, soweit nicht der Nacherbe der Bevollmächtigung zustimmt (KG NJW 1957, 754). Der Nacherbe kann aber die Vollmacht widerrufen.

6. Gestaltungsmöglichkeiten in Verfügungen von Todes wegen. Der Erblasser kann den Vorerben 15 nach § 2136 von den Beschränkungen der §§ 2113 I, 2114, 2116–2119, 2123, 2127–2131, 2133, 2134 befreien. Zur Entziehung der Verfügungsbefugnis durch Einsetzung eines **Testamentsvollstreckers** (§ 2205) s. die Komm. → § 2136 Rn. 7; → § 2205 Rn. 5.

7. Verfahrensrecht. Das zwischen Vorerben und Nacherben bestehende gesetzliche Schuldverhältnis 16 kann Grundlage für einen Anspruch auf **Unterlassung** einer Verfügung sein.

Der Vorerbe ist in der **Prozessführung** frei und kann unbeschränkt ohne Zustimmung des Nacherben 17 Prozesshandlungen vornehmen (BFH NJW 1970, 79), da dies als Maßnahme der Nachlassverwaltung und nicht als Verfügung über Nachlassgegenstände anzusehen ist.

Ein zugunsten des Vorerben **vor dem Eintritt der Nacherbfolge** rechtskräftiges Urteil wirkt nach 18 § 326 I ZPO grds. für den Nacherben. Eine dem Vorerben nachteilige Entscheidung wirkt nicht gegenüber dem Nacherben. Bei einem teilweisen Unterliegen kommt es darauf an, ob sich Feststellungen einzeln trennen lassen. In anderen Fällen kommt es in Ausnahme von diesem Grundsatz zu einer Rechtskrafterstreckung gegenüber den Nacherben, sofern der Vorerbe befugt war, ohne Zustimmung des Nacherben über den Gegenstand zu verfügen (§ 326 II ZPO). Dann kann entweder der Nacherbe oder der Prozessgegner des Vorerben eine Klauselumschreibung betreiben (§ 728 I ZPO).

Bei Klagen auf **Abgabe von Willenserklärungen** wird mit Rechtskraft des Urteils die Abgabe der Wil- 19 lenserklärung fingiert (§ 894 I ZPO). Solche Urteilsverfügungen lösen aber eine Zustimmungspflicht des Nacherben aus, so dass nach den §§ 2112 ff. eine Verurteilung sich nur auf die Zeit bis zum Eintritt des Nacherbfalls beschränken kann. Das gilt auch bei einer Vollstreckung einer Verurteilung zur Übereignung nach § 897 ZPO.

§ 2113 Verfügungen über Grundstücke, Schiffe und Schiffsbauwerke; Schenkungen

(1) Die Verfügung des Vorerben über ein zur Erbschaft gehörendes Grundstück oder Recht an einem Grundstück oder über ein zur Erbschaft gehörendes eingetragenes Schiff oder Schiffsbauwerk ist im Falle des Eintritts der Nacherbfolge insoweit unwirksam, als sie das Recht des Nacherben vereiteln oder beeinträchtigen würde.

(2) [1]Das Gleiche gilt von der Verfügung über einen Erbschaftsgegenstand, die unentgeltlich oder zum Zwecke der Erfüllung eines von dem Vorerben erteilten Schenkungsversprechens erfolgt. [2]Ausgenommen sind Schenkungen, durch die einer sittlichen Pflicht oder einer auf den Anstand zu nehmenden Rücksicht entsprochen wird.

(3) **Die Vorschriften zugunsten derjenigen, welche Rechte von einem Nichtberechtigten herleiten, finden entsprechende Anwendung.**

1 **1. Normzweck.** Die Vorschrift schränkt den Grundsatz der Verfügungsfreiheit in § 2112 ein und soll es dem Vorerben unmöglich machen, die Substanz des Nachlassvermögens durch Verfügungen über Grundstücke oder unentgeltliche Verfügungen gegen den Willen des Nacherben auszuhöhlen. Die nur im **Verhältnis zwischen Vor- und Nacherben** anwendbare Norm steht zu § 2112 in einem Regel-Ausnahme-Verhältnis. Die Anwendungsfälle sind abschließend formuliert und damit nicht auf zu gravierende wirtschaftliche Beeinträchtigungen der Nacherbenrechte führende Verfügungen analog übertragbar.

2 **2. Aufbau.** Die **Abs. 1 u. 2** enthalten jeweils eine Fallgruppe der Beschränkung der Verfügungsfreiheit. Verfügungen sind dann im Falle des Eintritts der Nacherbfolge insoweit unwirksam, als sie das Recht des Nacherben vereiteln oder beeinträchtigen würde. **Abs. 3** regelt den Schutz gutgläubiger Erwerber durch Verweis auf die für die jeweilige Verfügung geltenden allgemeinen Vorschriften.

3 **3. Testamentsvollstreckung.** Soweit Testamentsvollstreckung für den Vor- und Nacherbfall angeordnet ist, ist § 2113 **unanwendbar** (BGH NJW 1963, 2320; OLG Düsseldorf FamRZ 2012, 1332; BayObLG MittBayNot 1991, 122; OLG Stuttgart BWNotZ 1980, 92). Wenn die Testamentsvollstreckerrechte zeitlich nicht auf die Dauer der Vorerbschaft begrenzt sind, ist nur § 2205 S. 2, S. 3 einschlägig. Besteht hingegen nur eine **Vorerbentestamentsvollstreckung**, ist streitig ob die Beschränkungen des § 2113 anwendbar sind. Wegen Einzelheiten wird auf die Kommentierung zu § 2205 verwiesen. Zur **Zustimmungspflicht** des Testamentsvollstreckers s. MüKoBGB/*Zimmermann* § 2205 Rn. 61 ff.

4 **4. Verfügungen über Grundstücksrechte und eingetragene Schiffe (Abs. 1).** Die **Verfügungsbeschränkung** umfasst Grundstücke, Rechte an Grundstücken sowie auch im Schiffsregister eingetragene Schiffe (Bundesflagge) und Schiffsbauwerke in Werften (§ 76 SchiffsRG). Die Verfügung ist im Nacherbfall insoweit unwirksam, als sie das Nacherbenrecht vereiteln oder beeinträchtigen würde.

5 **a) Verfügungen über Grundstücke und Rechte an diesen. aa) Begriff der Verfügung.** Mit dem Begriff der Verfügung wird gesetzestechnisch an **§ 185** angeknüpft, so dass darunter jede dingliche Übertragung, Belastung, Aufgabe, Aufhebung und Inhaltsänderung eines Rechts fällt. Eine wirtschaftliche Betrachtungsweise ist unerheblich (→ Rn. 15). Unerheblich ist, ob die Verfügung entgeltlich oder unentgeltlich (Abs. 3) erfolgt. **Dazu zählen die im Grundbuch einzutragenden dinglichen Rechte:** Eigentumsübertragung durch Auflassung, die Belastung mit einem Grundpfandrecht oder dessen Rangrücktritt (LG Frankenthal MDR 1976, 666), Bestellung eines Erbbaurechts (BGH NJW 1969, 2043), eine Grundstücksveräußerung im Rahmen einer Erbauseinandersetzung (OLG Hamm NJW-RR 1995, 1289 mit zust. Anm. *Graf* ZEV 1995, 339), Rangrücktritt zur Sicherung des Erbbauzinses (LG Braunschweig Rpfleger 1976, 310), aber auch das Abkaufrecht als Gestaltungserklärung des Vorerben bei einem Grundstücksüberbau § 915 (KG Rpfleger 1974, 222) und die Übernahme einer öffentlich-rechtlichen Baulast (VG Schleswig DNotZ 1986, 95; VGH Mannheim NJW 1990, 268; Palandt/*Weidlich* Rn. 2). Auch die erneute Nutzung einer bestehenden Grundschuld gehört dazu. Streitig ist, ob auch die Bewilligung einer **Vormerkung** darunter fällt (dafür MüKoBGB/*Grunsky* Rn. 7; Lange/Kuchinke ErbR § 28 Rn. 91; dagegen Erman/Westermann/*Schmidt* Rn. 9). Erwirbt der Eigentümer eines **ideellen Hälftebruchteils eines Grundstücks** dessen andere Hälfte als Vorerbe hinzu, so kann er trotz § 1114 die ihm schon vor dem Erbfall gehörende Grundstückshälfte gesondert mit einem Grundpfandrecht belasten (BayObLG NJW 1968, 1431).

6 **Keine Verfügung** ist der Zuschlag im Rahmen einer Teilungsversteigerung, da der Eigentumsübergang aufgrund staatlichen Hoheitsaktes erfolgt (§§ 180 ff. ZVG). Der Nacherbenvermerk ist mit rechtskräftigem Zuschlag zu löschen (OLG Hamm NJW 1969, 516; Palandt/*Weidlich* Rn. 5, MüKoBGB/*Grunsky* Rn. 7 mwN, aA *Najdecki* DNotZ 2007, 643 § 2113 analog). Dies gilt auch für die Kündigung und die Einziehung von Hypothekenforderungen, einer Grundschuld, eine Rentenschuld oder eine Schiffshypothekenforderung (§ 2114).

7 **bb) Grundstück im Gesamthandsvermögen.** Abs. 1 greift nicht ein, wenn der **Vorerbe Mitglied** einer Gesamthandsgemeinschaft ist und deren Mitglieder ein zum Nachlass gehörendes Grundstück veräußern (BGH ZEV 2007, 323; BGH NJW 1978, 698; 1976, 893). Denn Bestandteil des Nachlasses ist nur der Gesamthandsanteil des Vorerben und nicht ein Grundstücksanteil. Die Gesamthänder haben keine unmittelbare Berechtigung an einzelnen Nachlassgegenständen. Die Miterben können nach § 2040 I nur gemeinschaftlich verfügen, so dass der Nacherbe im Falle einer Zustimmungspflicht faktisch ein Blockaderecht gegenüber Dritten hätte. § 2113 ist daher auch nicht entsprechende anwendbar (Palandt/*Weidlich* Rn. 3). Nach der Veräußerung ist aber ggf. am Surrogat ein Nacherbenvermerk einzutragen (OLG München ZEV 2012, 669). § 2113 ist auch bei einer Verfügung über den kompletten Gesamthandsanteil unanwendbar (MüKoBGB/*Grunsky* Rn. 5).

8 Die **Rspr.** hat daher die Anwendbarkeit des Abs. 1 auf folgende Konstellationen verneint: eine aus zwei Gesellschaftern bestehende **BGB-Gesellschaft** bei der einer den anderen als Vorerbe beerbt (OLG Hamburg NJW-RR 1994, 1231; LG Stuttgart NJW-RR 1993, 1455). Das Gleiche gilt für eine oHG, ferner die Verfügung eines Vorerben, der seinen in **Gütergemeinschaft** verbundenen Ehegatten beerbt, wenn das Grundstück Gesamtgut ist (BGH NJW 1976, 893).

Der überlebende Ehegatte kann als alleiniger und (befreiter) Vorerbe des anderen Ehegatten, mit dem er in allgemeiner **Gütergemeinschaft** lebte, frei über ein Grundstück verfügen, das zum Gesamtgut gehörte. Ein Nacherbenvermerk ist an einem solchen Grundstück nicht einzutragen (BGH NJW 1976, 893; OLG München ZEV 2016, 393; BayObLG ZEV 1996, 64; ferner dazu auch DNotI-Report 2005, 92). Eine Anwendung von § 2113 würde den ganzen Nachlassgegenstand erfassen, obwohl dieser Gesamtgut ist.

Es ist kein Nacherbenvermerk in das **Grundbuch** einzutragen, wenn bei einer aus zwei Miterben bestehenden ungeteilten Erbengemeinschaft der eine Miterbe durch eine Erbengemeinschaft und später der andere Miterbe durch ein Mitglied der zuletzt genannten Erbengemeinschaft als Vorerbe beerbt wird (OLG Zweibrücken NJW-RR 1998, 666). 9

Wenn ein Vorerbe einen hälftigen **Anteil an einer Erbengemeinschaft** erwirbt, die Miteigentümerin eines Grundstücks ist, und dieser Miterbe den zweiten Miterbenanteil hinzuerwirbt, kann ein Nacherbenvermerk im Grundbuch gleichwohl nicht gelöscht werden, sofern die Nacherbfolge als Belastung des Miterbenanteils originär vom Erblasser angeordnet war (OLG Saarbrücken ZEV 2000, 27). 10

cc) Schuldrechtliche Verpflichtungsgeschäfte. Die den Verfügungen zugrunde liegenden schuldrechtlichen Verpflichtungsgeschäfte unterliegen **keinen Beschränkungen.** Sie fallen nicht unter § 2113. Eine Zustimmung des Nacherben ist nicht notwendig. (BGH NJW 1969, 2043). Der Vorerbe haftet jedoch gegenüber seinem Vertragspartner nach den Vorschriften der Rechtsmängelhaftung. 11

dd) Zugehörigkeit zum Nachlass. Die genannten Gegenstände und Rechte müssen zum **Zeitpunkt des Vorerbfalls** zum Nachlass gehören oder als Nachlasssurrogat später hinzukommen. Über eigenes, nicht ererbtes Vermögen kann der Vorerbe frei verfügen (§ 2286). Ob seine Erben dadurch wirtschaftlich beeinträchtigt werden, ist unerheblich. 12

ee) Rechte an Grundstücken. Das sind zB Hypotheken, Grund- und Rentenschulden, Grunddienstbarkeiten (§ 1018), Vorkaufsrechte (§ 1094) und Reallasten (§ 1105). Auch zur Löschung von Grundstücksrechten muss die **Zustimmung des Nacherben** vorliegen. Die Rspr. macht von diesem Grundsatz eine Ausnahme, wenn das zu löschende Recht an der letzten Rangstelle steht oder weitere Belastungen nicht bestehen (OLG Hamm ZEV 2012, 671; LG Hildesheim MDR 1961, 692). Argumentiert wird, dass Nacherbenrechte nicht beeinträchtigt sind. 13

b) Beeinträchtigung oder Vereitelung des Nacherbenrechts. In einer Belastung des Rechts liegt eine Beeinträchtigung. Eine Vereitelung ist bei einer vollständigen Entziehung gegeben. Maßgebend ist insoweit der **Zeitpunkt** des Eintritts des Nacherbfalls, da erst ab dann eine Unwirksamkeit möglich ist. 14

aa) Rechtliche Gesichtspunkte. Ob eine Verfügung mit dem Eintritt des Nacherbfalls unwirksam ist, ist **ausschließlich** nach **rechtlichen** und nicht nach wirtschaftlichen Gesichtspunkten zu entscheiden (MüKoBGB/*Grunsky* Rn. 11; Palandt/*Weidlich* Rn. 5). Ein wertgleicher Austausch ist dem Vorerben also nicht gestattet. Der Normzweck einer Erhaltung der Substanz des Nachlassvermögens bezieht sich auf die konkreten Nachlassgegenstände und nicht nur auf den wirtschaftlichen Wert des Nachlasses. Jede **Grundstücksveräußerung** eines nicht befreiten Vorerben beeinträchtigt das Nacherbenrecht, auch wenn sie sich für diesen wegen eines hohen Kaufpreises (Surrogat § 2111), als lohnendes Geschäft erweist (MüKoBGB/*Grunsky* Rn. 11). Die Rechtsfolge einer absoluten Unwirksamkeit kann der Nacherbe dadurch vermeiden, dass er die Grundstücksverfügung genehmigt. Dies ist bei einem von der Beschränkung des Abs. 1 befreiten Vorerben nicht erforderlich. 15

bb) Vermächtnis. Die Verfügung eines nicht befreiten Vorerben über einen Nachlassgegenstand bedarf aber dann **nicht der Zustimmung** der Nacherben, wenn damit ein vom Erblasser angeordnetes **Vermächtnis** erfüllt wird (OLG München ErbR 2018, 111; OLG Düsseldorf FGPrax 2003, 151; BayObLG NJW-RR 2001, 1665; NJW 1974, 2323; Palandt/*Weidlich* Rn. 5). Diese Rspr. ist auch auf die Erfüllung anderer Nachlassverbindlichkeiten **übertragbar.** Denn eine vom Erblasser selbst eingegangene Verbindlichkeit kann Nacherbenrechte ebenso wenig beeinträchtigen, wie kraft Gesetz (Beerdigungskosten) oder kraft einer Verfügung von Todes wegen entstandene Verbindlichkeiten (hM Palandt/*Weidlich* Rn. 5; Soergel/*Harder* Rn. 13; Staudinger/*Behrens/Avenarius* Rn. 54; Erman/Westermann/*Schmidt* Rn. 4; aA Brox/Walker ErbR Rn. 350; MüKoBGB/*Grunsky* Rn. 13 f., der zwar von einer Unwirksamkeit der Verfügung ausgeht, aber eine Zustimmungspflicht des Nacherben nach § 2120 annimmt). 16

cc) Teilungsanordnung. Enthält ein Testament sowohl eine Teilungsanordnung als auch die Einsetzung eines Nacherben, so ist der Vorerbe hinsichtlich der Ausführung der Teilungsanordnung von den Beschränkungen **befreit** (LG Hanau Rpfleger 1986, 433). Die Verfügung über ein Nachlassgrundstück bedarf nicht der Zustimmung der Nacherben, wenn sie allein der Erfüllung einer Teilungsanordnung des Erblassers dient. Dies gilt nicht bei einer von der Teilungsanordnung abweichenden Verfügung (OLG Hamm ZEV 1995, 336; BayObLG FamRZ 1992, 728; NJW 1974, 2323). 17

c) Zustimmung des Nacherben. Eine Verfügung des Vorerben iSv § 2113 ist **voll wirksam,** wenn der Nacherbe zustimmt (BGH NJW 1963, 2320; MüKoBGB/*Grunsky* Rn. 16; Palandt/*Weidlich* Rn. 6). Das ergibt sich auch aus § 2120, der einen Anspruch auf Einwilligung zu, für die ordnungsmäßige Verwaltung des Nachlasses erforderlichen Verfügungen normiert, wenn der Vorerbe diese nicht ohne Einwilligung des Nacherben vornehmen kann. 18

aa) Vermächtnis. Der Erblasser kann den Nacherben durch Vermächtnis damit **beschweren,** bestimmten unentgeltlichen Verfügungen zuzustimmen (OLG Düsseldorf ZEV 2000, 29; aA Soergel/*Harder* § 2136 Rn. 2; *Ludw*ig DNotZ 2001, 102). 19

10 BGB § 2113   Buch 5. Abschnitt 3. Titel 3. Einsetzung eines Nacherben

20   bb) **Die Zustimmungserklärung** (§§ 182–184) kann auch **konkludent** erklärt werden. Erklärungsempfänger können neben dem Vorerben auch der durch die Verfügung begünstigte Dritte sein (OLG Hamm NJW 1965, 1489; Palandt/*Weidlich* Rn. 6). Einer Zustimmung des **Ersatznacherben** bedarf es nicht (BGH NJW 1963, 2320; OLG München ZEV 2015, 345 und 2015, 347; NJW-RR 2014, 1161; OLG Karlsruhe ZEV 2015, 599; OLG Hamm ZEV 2016, 638; Palandt/*Weidlich* Rn. 7; aA OLG Rostock ErbR 2017, 52; OLG Hamm ZErb 2014, 350; OLG Düsseldorf FamRZ 2014, 874: Pflegerbestellung für unbekannte Nacherben; zur Löschung eines Nacherbenvermerks → § 2100 Rn. 77, anders jedoch bei einem bedingt eingesetzten Nacherben (OLG Hamm DNotZ 1970, 360; Palandt/*Weidlich* Rn. 7) und einem Nachnacherben (OLG Zweibrücken NJW-RR 2011, 666). Bei **mehreren Nacherben** müssen alle zustimmen (MüKoBGB/*Grunsky* Rn. 17). Für unbekannte Nacherben ist eine Pflegerbestellung notwendig (BGH NJW 2014, 1593; OLG München NJW-RR 2014, 1161). Ein nur abstrakt bestimmter Nacherbe ist im Zweifel ebenso bekannt wie ein namentlich bezeichneter Erbe, wenn feststeht, wer die abstrakte Bestimmung erfüllt und sich daran bis zum Nacherbfall außer durch den Tod der bestimmten Person nichts mehr ändern kann (BGH aaO).

21   cc) **Minderjähriger Nacherbe.** Bei einem minderjährigen Nacherben muss der **gesetzliche Vertreter** zustimmen und bei Grundstücksverfügungen zusätzlich die Genehmigung des **Betreuungsgerichts** einholen (§ 1821 I Nr. 1). Ist der minderjährige Nacherbe zusammen mit seinem gesetzlichen Vertreter und Vorerben zugleich Miterbe und veräußert er durch seinen gesetzlichen Vertreter mit Genehmigung des Betreuungsgerichts ein zur Erbschaft gehörendes Grundstück, so ist der gesetzliche Vertreter von der Erklärung der Zustimmung des Nacherben und der Bewilligung der Löschung des Nacherbenvermerks schon deshalb nicht ausgeschlossen, weil er damit nur eine Verpflichtung des Nacherben aus dem Kaufvertrag erfüllt; der Bestellung eines Ergänzungspflegers bedarf es aus diesem Grunde nicht (BayObLG NJW-RR 1995, 1032).

22   Ist der gesetzliche Vertreter des Nacherben in Personalunion auch Vorerbe, so steht einer Zustimmung aber **§ 181** entgegen (Palandt/*Weidlich* Rn. 6; MüKoBGB/*Grunsky* Rn. 16; BGH NJW 1980, 1577) und zwar auch dann, wenn diese nur gegenüber dem Verfügungsempfänger erklärt wird. Aus der in der Lit. als Gegenmeinung zitierten BGH-Entscheidung (BGH NJW 1963, 2320; so auch OLG Hamm NJW 1965, 189; offen gelassen in BayObLG NJW-RR 1995, 1032) ergibt sich faktisch nichts anderes. Denn ein Interessenkonflikt hängt nicht von der subjektiven Wahl des Erklärungsempfängers ab (MüKoBGB/*Grunsky* Rn. 16).

23   Für unbekannte oder **noch nicht gezeugte Nacherben** ist gem. § 1913 S. 2 bis zum Eintritt der Nacherbfolge ein Pfleger zu bestellen (OLG München ErbR 2018, 111; OLG Frankfurt a M. FGPrax 2010, 175; MüKoBGB/*Grunsky* Rn. 16). Dies gilt nicht, wenn ein **Nacherbentestamentsvollstrecker (§ 2222)** eingesetzt ist, und zwar auch bei bereits lebenden minderjährigen Nacherben. Für diese bedarf es auch keiner Genehmigung durch das Betreuungsgericht. Der Nacherbentestamentsvollstrecker ist alleine für die Abgabe der Zustimmungserklärung zuständig.

24   **5. Unentgeltliche Verfügungen (Abs. 2).** Abs. 2 ist nur im Verhältnis zwischen Vor- und Nacherben anwendbar. Auch der nach § 2136 umfassend befreite Vorerbe kann nicht über den Nacherbfall hinaus ohne Zustimmung des Nacherben wirksam unentgeltliche Verfügungen vornehmen, die nicht bloße Anstandsschenkungen nach Abs. 2 S. 2 sind. Nach OLG Zweibrücken (NJW-RR 2011, 666) muss auch der Nacherbe zustimmen. Da im Gegensatz zu Abs. 1 **alle Nachlassgegenstände,** also bewegliche wie unbewegliche Sachen, Forderungen als sonstige Rechte von der Schutzvorschrift erfasst sind (Palandt/*Weidlich* Rn. 9; MüKoBGB/*Grunsky* Rn. 23), spielt der Verfügungsgegenstand keine Rolle, soweit keine Gegenleistung erbracht wird. Ein Testamentsvollstrecker kann mit Zustimmung der Nacherben (und weiterer Erben) über einen zum Nachlass gehörenden Gegenstand auch unentgeltlich verfügen, wenn damit einer anderslautenden Erblasseranordnung widersprochen wird (OLG München ErbR 2018, 111).

25   a) **Verfügung.** Der Begriff der Verfügung deckt sich – wie in Abs. 1 – mit **§ 185,** so dass auf die Komm. unter → Rn. 5 verwiesen werden kann. Aus dem Wortlaut „Verfügungen" ergibt sich keine Beschränkung auf **zweiseitige Rechtsgeschäfte** iSv § 516, so dass auch einseitige Verfügungen des Vorerben von Abs. 2 erfasst sind (BGH ZEV 1999, 270: Eigentumsverzicht für ein unverkäufliches Grundstück). Eine unentgeltliche Verfügung des Vorerben verstößt auch dann gegen Abs. 2, wenn sie nicht zugunsten Dritter, sondern zugunsten eines von mehreren Nacherben erfolgt. Dies gilt nicht, soweit die Zuwendung den Wert des Nacherbenteils des begünstigten Nacherben nicht übersteigt und darauf anzurechnen ist (OLG Braunschweig FamRZ 1995, 443). Dass das Schenkungsversprechen durch den Vorerben gegeben wurde, ändert gerade nichts an der Anwendbarkeit von Abs. 2 (BayObLG NJW 1974, 2323).

26   b) **Begriff der Unentgeltlichkeit.** Für eine Einstufung als unentgeltlich müssen zwei Kriterien erfüllt sein. In **objektiver Hinsicht** steht der Verfügung keine wirtschaftlich (nicht rechtlich) betrachtet gleichwertige Gegenleistung entgegen. Aus dem Nachlass erfolgt ein Wertabfluss, ohne dass die dadurch eingetretene Verringerung durch Zuführung eines entsprechenden Vermögensvorteils ausgeglichen wird (BGH NJW 1991, 842; 1963, 1613). In **subjektiver Hinsicht** muss hinzukommen, dass der Vorerbe weiß oder bei ordnungsmäßiger Verwaltung hätte wissen müssen, dass die Leistung der Gegenleistung nicht entsprach (BGH NJW 1991, 842; OLG Rostock ZEV 2016, 601) und ihn wegen seiner Pflicht zur Herausgabe des Nachlasses im Nacherbfall hätte berücksichtigen müssen (BGH NJW 1999, 2037 = ZEV 1999, 270; NJW 1991, 842; 1984, 366; 1971, 2264; 1963, 1613; 1953, 219; 1952, 698; Palandt/*Weidlich* Rn. 10; MüKoBGB/*Grunsky* Rn. 25). Zu klären ist, ob für den Vorerben unter dem Gesichtspunkt ord-

nungsgemäßer Verwaltung und späterer Herausgabepflicht an den Nacherben sich Leistung und Gegenleistung als gleichwertig darstellen (OLG Rostock ZEV 2016, 601). Der Nachweis der Vollentgeltlichkeit iSd § 2113 II bei Vereinbarung einer Kaufpreiszahlung in Kombination mit einem unentgeltlichen Nießbrauch kann auch durch einen allgemeinen Erfahrungssatz (im Freibeweisverfahren) geführt werden, wonach ein Kaufvertrag mit einem unbeteiligten Dritten ein entgeltlicher Vertrag und keine verschleierte Schenkung ist, wenn die Gegenleistung an den Vorerben bzw. Testamentsvollstrecker erbracht wird. Unbeteiligter Dritter ist dabei eine Person, die bis zum Vertragsschluss in keiner persönlichen oder familiären Nähe zum Nacherben stand. (OLG München ErbR 2014, 545).

Die Lebenserfahrung spricht dafür, dass Vorerben regelmäßig kein Interesse an einem Verkauf unter 27 Wert haben. Sind aber dem Vorerben nahe stehenden Personen die Käufer, so ist an die Prüfung der Entgeltlichkeit ein strenger Maßstab anzulegen (OLG Düsseldorf FGPrax 2008, 94: Lebensgefährtin; KG FamRZ 2012, 1979: Ehemann der Erblasserin) bzw. nicht zu geringe Anforderungen zu stellen (OLG Rostock ZEV 2016, 601 mN OLG Hamm NJW-RR 1996, 1230). Der Nachweis der Entgeltlichkeit ist bei Veräußerung eines Nachlassgrundstücks an den Ehemann der Erblasserin entbehrlich, wenn dieser durch letztwillige Verfügung dieselben Vor- und Nacherben bestimmt hat (KG FamRZ 2012, 1979; BeckRS 080290). Erwirbt ein Vorerbe ein Grundstück zu dem von einem Gutachterausschuss mitgeteilten Qm-Preis, so spricht dies gegen eine teilweise Unentgeltlichkeit (OLG Karlsruhe ZEV 2015, 599). Ein Gegenargument wäre, dass auf Grundstücksmärkten mit hoher Nachfrage Grundstücke im Regelfall teurer als zum Verkehrswert veräußert werden. Die Entgeltlichkeit kann gegenüber dem Grundbuchamt regelmäßig nicht durch öffentliche oder öffentlich beglaubigte Urkunden (§ 29 GBO) nachgewiesen werden. Stattdessen müssen alle Umstände des Einzelfalles unter dem Gesichtspunkt geprüft werden, ob die Entgeltlichkeit offenkundig ist. Dabei können auch Wahrscheinlichkeitserwägungen angestellt werden, die sich auf allgemeine Erfahrungssätze stützen (OLG Rostock ZEV 2016, 601).

Eine **teilweise Unentgeltlichkeit** ist ausreichend (OLG Bamberg FamRZ 2009, 1784). Sie führt aber im Nacherbfall zur Unwirksamkeit insgesamt (MüKoBGB/*Grunsky* Rn. 47).

Ob ein **Grundstückskauf** des Vorerben als eine (teilweise) unentgeltliche Verfügung iSv Abs. 2 einzu- 28 stufen ist, beurteilt sich nach einem Wertvergleich zwischen der Leistung des Vorerben und der Gegenleistung des Erwerbers. Dabei ist ein vom Erwerber bestellter Nießbrauch keine Gegenleistung, sondern es wird der Wert der Leistung des Vorerben gemindert (OLG Braunschweig FamRZ 1995, 443).

Zur Gewährung rechtlichen Gehörs für den Nacherben auch in eindeutigen Fällen einer Vollentgelt- 29 lichkeit → § 2100 Rn. 51 ff.

aa) Sittenwidrigkeit – Missverhältnis von Leistung und Gegenleistung. Für die Feststellung einer 30 Unentgeltlichkeit einer Verfügung des befreiten Vorerben kommt es auf ein augenfälliges Missverhältnis der **Verkehrswerte** von Leistung und Gegenleistung an; Buchwerte bleiben dabei außer Betracht (BayObLG OLGR 2005, 238 für die Veräußerung eines Grundstücks gegen Erhöhung des Kapitalanteils des Vorerben an dieser Personengesellschaft). Die langfristige **Verleihung** von Wohn- und Geschäftsräumen durch den Vorerben ist nicht wegen einer Umgehung sittenwidrig, da der Nacherbe daran nicht gebunden ist (BGH ZEV 2016, 267, s. dazu auch *Küpper* ZEV 2017, 61).

bb) Verfügungen des Vorerben. Die Verfügung des **befreiten Vorerben** über einen Nachlassgegen- 31 stand kann auch dann entgeltlich sein, wenn die ausbedungene **Gegenleistung** nicht der Nachlassmasse, sondern **dem Vorerben** zufließt (BGH NJW 1984, 366; 1955, 1354). Denn der befreite Vorerbe ist berechtigt, Erbschaftsgegenstände für sich zu verwenden (§§ 2136, 2134). Ein Verstoß gegen Abs. 2 kann nur bejaht werden, wenn trotz Eigenverwendungsabsicht ein Nachlassgegenstand ohne entsprechende Gegenleistung veräußert oder verschenkt wird. Grunsky vertritt in MüKoBGB/*Grunsky* Rn. 29 die Gegenauffassung, wonach die Gegenleistung gem. § 2111 automatisch in den Nachlass fließt und eine widerrechtliche Verwendung durch den Vorerben nichts an der Entgeltlichkeit und Wirksamkeit der Verfügung ändert.

Lässt sich der **nicht befreite** Vorerbe bei der Veräußerung von Nachlassgegenständen als Gegenleis- 32 tung eine **Leibrente** versprechen, die für den persönlichen Verbrauch durch ihn bestimmt ist, dann ist diese nicht eine in den Nachlass fließende Gegenleistung und somit nicht ein Entgelt iSd Abs. 2 (BGH NJW 1977, 1540). Eine Beeinträchtigung der Rechte des Nacherben liegt jedoch bei einem von § 2134 **befreiten** Vorerben in dem Umfang nicht vor, in dem er die Gegenleistung (Kaufpreis, Leibrente) für sich verwendet. (BGH NJW 1977, 1631). Wird für ein Grundstück eine Kaufpreisrente vereinbart, dann müssen zur Vermeidung einer Teil-Entgeltlichkeit eine Mindestdauer der Rentenzahlungen und ein kapitalisierter Rentenbetrag als gleichwertige Gegenleistung vereinbart sein. Bei einem Ableben des Vorerben muss vertraglich geregelt sein, dass die noch ausstehenden Gegenleistungen im Umfang des Nacherbenrechts dem Nacherben zufließen (OLG Hamm FamRZ 1991, 113).

Der **Tilgung von Nachlassverbindlichkeiten** aus dem Nachlass steht als Gegenleistung die Befreiung 33 von der Verbindlichkeit entgegen, was dem Nachlass zugutekommt. Tilgt der befreite Vorerbe hingegen Eigenverbindlichkeiten, so ist die Rechtslage umstritten. MüKoBGB/*Grunsky* Rn. 32 verweist darauf, dass die Befreiung grds. auch zu Substanzverbrauch berechtigt und man dann aber im Einzelfall den Umfang der Befreiung nach dem Erblasserwillen ermitteln müsse.

cc) Ordnungsgemäße Verwaltung. Der **befreite Vorerbe** muss die Verbindlichkeiten im Rahmen 34 ordnungsmäßiger Verwaltung des Nachlasses eingegangen sein, da anderenfalls die auch für ihn geltende Schranke des Abs. 2 unterlaufen werden könnte (BGH NJW 1984, 366). Für die Frage, ob der Vorerbe bei ordnungsmäßiger Verwaltung hätte erkennen müssen, dass die Leistung der Gegenseite nicht ent-

10 BGB § 2113   Buch 5. Abschnitt 3. Titel 3. Einsetzung eines Nacherben

sprach, kommt es nicht nur auf seine individuellen Fähigkeiten an. Vielmehr wird der **subjektive Maßstab** durch die Bezugnahme auf eine ordnungsgemäße Verwaltung insoweit **objektiviert**. Entscheidend ist also auch, was im konkreten Fall für Verwaltungsanforderungen zu erwarten gewesen wären (BGH NJW 1984, 366; MüKoBGB/*Grunsky* Rn. 25; Palandt/*Weidlich* Rn. 10).

35   **dd) Irrtum über die Unentgeltlichkeit.** Der Gesetzeswortlaut stellt alleine darauf ab, ob eine Unentgeltlichkeit vorliegt. Ob der Vorerbe sich insoweit getäuscht hat, ist damit **unerheblich**. Auf die Vorstellung des Verfügungsempfängers kommt es iRd Abs. 2 ebenso nicht an (MüKoBGB/*Grunsky* Rn. 36).

36   **ee) Verfügung zugunsten eines Nacherben. Unerheblich** für die Unentgeltlichkeit ist, wenn die Verfügung nicht zugunsten Dritter, sondern eines von mehreren Nacherben erfolgt (BGH NJW 1953, 219; OLG Braunschweig FamRZ 1995, 443).

37   **ff) Zeitpunkt der Vornahme der Verfügung.** Bei der Prüfung der Unentgeltlichkeit ist auf den Zeitpunkt der Vornahme der Verfügung abzustellen (BayObLGZ 1957, 285; OLG Hamm FamRZ 2005, 938; MüKoBGB/*Grunsky* Rn. 34; Palandt/*Weidlich* Rn. 10). Selbst wenn der Verfügungsempfänger an den Nacherben zum Ausgleich zwischen Leistung und Gegenleistung eine **weitere Zahlung** erbringt, so bleibt die Verfügung mit Eintritt des Nacherbfalls unwirksam, wenn der Nacherbe im Gegenzug keine Zustimmung erklärt. Wenn der Vertragspartner des Vorerben seine Gegenleistung abredewidrig nicht oder erst nach dem Nacherbfall erbringt, dann ändert dies an der Entgeltlichkeit nichts (MüKoBGB/ *Grunsky* Rn. 35). Ist eine **unzureichende Gegenleistung** erbracht, dann liegt die Beeinträchtigung lediglich in der Differenz, um die diese Gegenleistung wertmäßig hinter dem weggegebenen Nachlassgegenstand zurückbleibt. Dabei ist es jedenfalls bei der befreiten Vorerbschaft gleichgültig, ob die Gegenleistung in den Nachlass gelangt (§ 2111) oder ob sie lediglich dem Vorerben persönlich zugutegekommen ist (BGH NJW 1985, 382). Der Verfügungsempfänger hat im Zeitpunkt der Unwirksamkeit der Verfügung dann aber einen **Anspruch auf Rückgewähr** seiner bereits erbrachten teilentgeltlichen Gegenleistung. Für dieses Rückabwicklungsschuldverhältnis fehlt es in Höhe der Gegenleistung an einer Beeinträchtigung des Nacherbenrechts, so dass die Veräußerung insoweit „wirksam" ist und die Gegenleistung vom Nacherben herausverlangt werden kann (BGH NJW 1985, 382).

38   **gg) Sonstiges.** Die sog. **unbenannte Zuwendung** unter **Ehegatten** ist im Erbrecht grds. wie eine Schenkung zu behandeln (BGH NJW 1992, 564; MüKoBGB/*Grunsky* Rn. 38).

39   Ein **Verzicht** ist grds. unentgeltlich. Ausnahmsweise kann der Verzicht des befreiten Vorerben auf das Eigentum an einem unverkäuflichen Mietwohngrundstück, das nur Kosten verursacht hat, den Nacherben gegenüber wirksam sein (BGH ZEV 1999, 270). Ferner kann der überlebende Ehegatte, der mit den Abkömmlingen in fortgesetzter Gütergemeinschaft lebt, auf künftige Gewinne als Gesellschafter einer handelsrechtlichen **Personengesellschaft** auch ohne Einwilligung der Abkömmlinge unentgeltlich verzichten (BGH NJW 1984, 362).

40   Eine **Vergleichserfüllung** kann eine unentgeltliche Verfügung darstellen. Wo genau die Grenze verläuft, ist einzelfallabhängig. Es besteht ein Ermessensspielraum. Die Grenze ist jedenfalls überschritten, wenn der Nachlass infolge des Vergleichs nahezu zwei Drittel des Wertes der aufgegebenen Forderung eingebüßt hat (BGH NJW 1991, 842).

41   **hh) Gesellschaftsrecht.** Bei einem Ausscheiden eines Vorerben aus einer handelsrechtlichen **Personengesellschaft** ist für die Frage einer teilweisen Unentgeltlichkeit der Wert eines gesellschaftsvertraglichen Abfindungsanspruchs zu ermitteln. Objektiv vollwertig ist dieser, wenn die gesetzliche Regelung des § 738 anzuwenden ist. Mangels feststehender Bewertungsrichtlinien kommen als gleichwertige Entgelte auch Abfindungen nach Vertragsklauseln in Betracht, wenn dadurch Streit über die Bewertungsmethoden vermieden wird. Aufgrund von Bewertungsschwierigkeiten sind Pauschalsätze zur Ermittlung des Abfindungsguthabens möglich (BGH NJW 1991, 842).

42   Die Zustimmung des Gesellschafter-Vorerben zu einer Änderung des **Gesellschaftsvertrages,** die in seine Mitgliedschaftsrechte eingreift, ist in der Regel keine unentgeltliche Verfügung, wenn die Vertragsänderung alle Gesellschafter gleichmäßig betrifft oder der Vorerbe zwar einseitigen Änderungen zu Lasten seines Gesellschaftsanteils zustimmt, dies aber eine Konzession dafür ist, dass die Mitgesellschafter zusätzliche Leistungen für die Erhaltung und Stärkung des Gesellschaftsunternehmens erbringt (BGH NJW 1981, 115; MüKoBGB/*Grunsky* Rn. 26 ff.).

43   Die Zustimmung des Vorerben zur Änderung des **Gewinnverteilungsschlüssels** kann eine unentgeltliche Verfügung über den Gesellschaftsanteil sein, soweit hierdurch bei Auflösung der Gesellschaft die Verteilung der stillen Reserven berührt wird (BGH NJW 1981, 1560).

44   **6. Anstandsschenkungen (Abs. 2 S. 2).** Der Regelfall der Unwirksamkeit ist für den Ausnahmefall von sittlichen Pflichten oder dem Anstand entsprechenden Schenkungen durchbrochen. Da der Gesetzeswortlaut von Abs. 2 S. 2 ausdrücklich auf Schenkungen Bezug nimmt, kann auf die Anwendungsfälle des § 534 abgestellt werden.

45   **a) Begriff.** Eine sittliche Pflicht bestimmt sich nach dem Gebot der Nächstenliebe. Dem Schenker obliegt der Nachweis einer aus den konkreten Umständen erwachsende Pflicht, wobei das Vermögen und die Lebensstellung der Beteiligten sowie ihre persönlichen Beziehungen untereinander zu berücksichtigen sind. Eine sittliche Pflicht ist nur zu bejahen, wenn das Handeln geradezu **sittlich geboten** ist (BGH NJW 1986, 1926 zu § 534).

46   **b) Sittliche Pflicht des Erblassers.** Es ist dabei zum Schutz des Nacherben nicht auf die Person des Vorerben abzustellen, sondern darauf, ob diesem als wahrer Erbe des Erblassers eine den Erblasser be-

490   *Lang*

treffende sittliche Pflicht obliegt und die Erfüllung der Verpflichtung gerade aus dem Nachlass dringlich geboten ist (MüKoBGB/*Grunsky* Rn. 39). Maßstab sind **gesellschaftliche Konventionen und örtliche Bräuche.** Das können zB Zuwendungen an Pflegepersonen des Erblassers oder andere ihm nahe stehende Personen im bisherigen Rahmen, Festtagsgeschenke oder Trinkgelder sein (MüKoBGB/*Grunsky* Rn. 39).

c) **Rechtliche Verpflichtungen** sind aus rechtlichen und nicht aus sittlichen Gründen zu erfüllen, so dass man insoweit von **keiner Schenkung** aus einer Anstandspflicht heraus sprechen kann. 47

d) **Pflichtteilsanspruch.** Das Zurückstellen der Geltendmachung eines Pflichtteilsanspruchs ist als eine sittlich anzuerkennende **Rücksichtnahme** auf den Elternteil anzusehen. Umgekehrt wird es meist als sittlich gerechtfertigt angesehen werden müssen, wenn der Vorerbe sich nicht auf die Einrede der Verjährung beruft und den Pflichtteilsanspruch dann erfüllt oder anerkennt (BGH NJW 1973, 1690). 48

7. **Gutgläubiger Erwerb (Abs. 3).** In einer Parallele zu dem im Erbrecht unanwendbaren § 161 III werden die Vorschriften über den gutgläubigen **Erwerb von einem Nichtberechtigten** für entsprechend anwendbar erklärt. Denn der Vorerbe agiert als wahrer Erbe grds. als Berechtigter. Der Erwerber kann gutgläubig bzgl. der Nacherbenbindung des Verfügungsgegenstandes (also der Existenz eines Vorerben) oder der Befreiung des Vorerben (bzw. ihres Umfangs) sein. Nicht geschützt wird jedoch der **Irrtum über die Unentgeltlichkeit oder die Befreiung von Abs. 2** (Palandt/*Weidlich* Rn. 16). Denn eine Befreiung von Abs. 2 ist nach § 2136 nicht möglich. Der gutgläubige Dritte ist in Abgrenzung davon bzgl. einer fehlenden Verfügungsbefugnis des Vorerben durch § 2140 S. 2 geschützt. 49

a) **Bewegliche Sachen.** Bei beweglichen Sachen hindert bereits **grobe Fahrlässigkeit** einen gutgläubigen Erwerb (Abs. 3 iVm § 932 III). Wenn die Nacherbfolge jedoch in einem Erbschein vermerkt ist, schadet nur positive Kenntnis (§ 2366, vgl. Palandt/*Weidlich* Rn. 16). 50

b) **Forderungen.** Da ein gutgläubiger Erwerb von Forderungen aus Rechtsgründen nicht möglich ist, ist eine entsprechende Verfügung stets **unwirksam** (MüKoBGB/*Grunsky* Rn. 42). 51

c) **Unbewegliche Sachen.** Bei Immobilien steht einem gutgläubigen Erwerb gem. § 892 die positive Kenntnis einer Eintragung einer Verfügungsbeschränkung im Grundbuch entgegen. Um einen solchen gutgläubigen Erwerb zu verhindern, schreibt § 51 GBO vor, dass dem Grundbuch die materiellrechtlichen Verfügungsbeschränkungen des Vorerben zu entnehmen sein müssen **(Nacherbenvermerk).** Ein gutgläubiger Erwerb setzt also eine fehlende Eintragung voraus. Ist allerdings der Vorerbe nach dem Tod des Erblassers noch nicht im Grundbuch eingetragen, so wird der gute Glaube eines Grundstückserwerbers an die Stellung als Vollerbe nicht nach § 892 I 2 geschützt (BGH NJW 1970, 943). 52

Entsteht mit Rückzahlung einer Hypothekenschuld aus Erbschaftsmitteln eine **Eigentümergrundschuld,** so liegt in der Aufgabe eine unentgeltliche Verfügung, solange nicht das Grundpfandrecht die letzte Grundbuchstelle einnimmt oder es keine weiteren dinglich gesicherten Gläubiger gibt (Palandt/*Weidlich* Rn. 14). 53

d) **Rechtsfolge.** Die Rechtsfolge ist eine **absolute Unwirksamkeit** der Verfügung ab Eintritt des Nacherbfalls. Bis dahin sind Verfügungen wirksam. Es tritt also vor und nach dem Nacherbfall keine Nichtigkeit ein, so dass der Nacherbe das Rechtsgeschäft genehmigen kann. Trotzdem kann sich jeder, also nicht nur der Nacherbe darauf berufen (BGHZ 52, 269). Die Unwirksamkeit tritt allerdings nur **in dem Maße** ein, in dem die von der Verfügung drohende Vereitelung oder Beeinträchtigung vermieden wird und das Recht des Nacherben ungeschmälert erhalten bleibt (BGH FamRZ 1990, 1344; NJW 1985, 382). Bis zum Nacherbfall ist die Verfügung stets wirksam. Davon zu trennen ist aber, dass im Fall einer Teil-Unentgeltlichkeit die gesamte Verfügung im Nacherbfall unwirksam ist. 54

Der Nacherbe kann im **Unwirksamkeitsfall** Ansprüche nach den §§ 985, 987 ff., 894 I geltend machen. Ein Ausgleich für Aufwendungen, welche der Vorerbe vor dem Eintritt der Nacherbfolge getätigt hat, erfolgt nach den §§ 2124–2126, so dass in dieser Zeit von dem Vorerben auch die gewöhnlichen Erhaltungskosten zu tragen sind (BGH NJW 1985, 382). 55

e) **Gemischte Schenkung.** Hat der Vorerbe ein **Nachlassgrundstück** aufgrund einer gemischten Schenkung an einen Dritten übereignet und wird die Verfügung mit Eintritt des Nacherbfalles unwirksam, so braucht der Dritte die Berichtigung des Grundbuchs nur Zug um Zug gegen Auskehr seiner Gegenleistung zu bewilligen (BGH NJW 1985, 382). Bei teilentgeltlichen Leistungen besteht ferner ein Zurückbehaltungsrecht des Erwerbers gem. § 273. 56

8. **Gestaltungsmöglichkeiten in Verfügungen von Todes wegen.** Der Erblasser kann den Vorerben nach § 2136 von der Beschränkung des § 2113 I, nicht aber von Abs. 2 **befreien.** 57

9. **Verfahrensrecht.** Die Befreiung von Abs. 1 ist in das **Grundbuch** einzutragen (§ 51 GBO). 58

Der Nacherbe kann bereits vor Eintritt des Nacherbfalls mit einer **Feststellungsklage** die Unwirksamkeit einer Verfügung des Vorerben (OLG Oldenburg NJW-RR 2002, 728) oder die Feststellung der Ersatzfähigkeit zukünftigen Schadens geltend machen (MüKoBGB/*Grunsky* Rn. 10, 41).

Bei **Grundstücksverfügungen** ist der Anspruch des Nacherben auf Grundbuchberichtigung nicht vormerkungsfähig (OLG Oldenburg NJW-RR 2002, 728). 59

In analoger Anwendung des § 2314 steht dem Nacherben ein **Auskunftsanspruch** gegen den vom Vorerben Beschenkten zu, wenn eine gerechte Abwägung der beiderseitigen Interessen dies rechtfertigt. Ein solcher Anspruch besteht jedoch nach dem **BGH** nicht, wenn der Nacherbfall bereits zu Lebzeiten 60 des Vorerben eingetreten ist und der Nacherbe die erforderlichen Auskünfte ohne größere Schwierigkeiten vom Vorerben nach § 2130 II verlangen kann. Es müssen gewisse Anhaltspunkte für die vom Nacherben behauptete unentgeltliche Verfügung vorliegen und das Auskunftsverlangen darf nicht nur auf eine reine Ausforschung hinauslaufen.

61 Verpflichtet sich der Vorerbe gegenüber Dritten zu einer Verfügung iSd Abs. 1, kann der Nacherbe die **Sicherungsrechte nach §§ 2127–2129** geltend machen. Soweit der Vorerbe davon befreit ist, ist der Nacherbe auf die Mittel des **einstweiligen Rechtsschutzes** beschränkt (→ § 2128 Rn. 10).

62 § 2113 bezweckt nur den Schutz des Nacherben, nicht aber eine weitergehende Beschränkung des Vorerben. Die Löschung eines Grundpfandrechts, wenn keine weiteren Belastungen nachrangig eingetragen sind, beeinträchtigt die Rechte des Nacherben nicht (OLG Hamm BeckRS 2012, 18883 mN; MüKoBGB/*Grunsky* Rn. 12).

63 Wird die Grundbuchlöschung des Nacherbenvermerks auf eine wirksame Verfügung des (befreiten) Vorerben gestützt, ist den hierdurch betroffenen Nacherben rechtliches Gehör zu gewähren (OLG Düsseldorf FamRZ 2012, 1762).

§ 2114 Verfügungen über Hypothekenforderungen, Grund- und Rentenschulden

¹Gehört zur Erbschaft eine Hypothekenforderung, eine Grundschuld, eine Rentenschuld oder eine Schiffshypothekenforderung, so steht die Kündigung und die Einziehung dem Vorerben zu. ²Der Vorerbe kann jedoch nur verlangen, dass das Kapital an ihn nach Beibringung der Einwilligung des Nacherben gezahlt oder dass es für ihn und den Nacherben hinterlegt wird. ³Auf andere Verfügungen über die Hypothekenforderung, die Grundschuld, die Rentenschuld oder die Schiffshypothekenforderung findet die Vorschrift des § 2113 Anwendung.

1 **1. Normzweck. a)** Die Norm regelt als **lex specialis** zu § 2113 I bestimmte Verfügungen über Rechte an Grundstücken, nämlich die ohne Zustimmung des Nacherben mögliche Kündigung und die Einziehung von Hypotheken-, Grund- und Rentenschulden. **Mangels einer Zustimmung ist dann aber nur eine Hinterlegung für den Vor- und Nacherben möglich.** Damit wird ein **Ausgleich** zwischen einer im Rechtsverkehr notwendigen Verfügungsbefugnis des Vorerben und dem schützenswertem Interesse des Nacherben an einer gemeinsamen Empfangszuständigkeit von Vor- und Nacherbe geschaffen. Durch S. 3 ist klargestellt, dass es für alle anderen Verfügungen bei der Grundregel in § 2113 I verbleibt. Das sind ua die Aufrechnung, Abtretung und Verpfändung, die Umwandlung von Hypothek in eine Grundschuld oder umgekehrt (§ 1198), die Erteilung einer Löschungsbewilligung sowie eine vom Vorerben erklärte Aufrechnung.

2 **b) Anwendungsbereich.** Die Norm ist auf Hypotheken- und Schiffshypothekenforderungen, Grundschulden und Rentenschulden beschränkt, und zwar auf die jeweilige **Hauptforderung** ohne Nebenforderungen wie Zinsen etc. Das gilt auch dann, wenn diese keine dem Vorerben gebührenden Nutzungen sind, sondern zu dem Vorerben-Nachlass gehören. Insoweit verbleibt es bei dem freien Verfügungsrecht des Vorerben (§ 2112; MüKoBGB/*Grunsky* Rn. 3).

3 Ob das Grundstücksrecht bereits beim **Erbfall bestand oder später** Bestandteil eines Surrogationserwerbs nach § 2111 wurde, ist unerheblich (MüKoBGB/*Grunsky* Rn. 1). Fällt aber die dingliche Absicherung nach dem Erbfall weg, so ist eine Kündigung und Einziehung in den Grenzen der §§ 2115 ff. unbeschränkt möglich.

4 Anwendbar ist die Norm auf einen **Kündigungsausspruch** sowohl gegenüber dinglichen als auch dem persönlichen Schuldner (MüKoBGB/*Grunsky* Rn. 1), wobei es keine Rolle spielt, ob Grundstückseigentümer und Schuldner personengleich sind oder ob eine akzessorische Verknüpfung zwischen der Forderung und dem dinglichen Recht besteht (MüKoBGB/*Grunsky* Rn. 1).

5 **2. Das Kündigungs- und Einziehungsrecht des Vorerben. a)** Das **Kündigungsrecht** des Vorerben besteht auch dann, wenn dies **nicht** den Grundsätzen **ordnungsmäßiger Verwaltung** entspricht. Der Schuldner muss die Verfügung dennoch als wirksam (§§ 1141, 1185 II, § 1193) gegen sich gelten lassen und sich auf etwaige Schadensersatzansprüche nach § 2131 verweisen lassen. Der Vorerbe ist für die Entgegennahme von Kündigungserklärungen zuständig (Palandt/*Weidlich* Rn. 2; MüKoBGB/*Grunsky* Rn. 2).

6 **b) Einziehungsrecht. aa) Begriff.** Das Einziehungsrecht umfasst alle Maßnahmen, die der **Durchsetzung der Hauptforderung**, ggf. prozessual oder im Wege der Zwangsvollstreckung, dienen, also auch eine Klage auf Duldung der Zwangsvollstreckung oder einen Zwangsversteigerungsantrag (Palandt/*Weidlich* Rn. 2; MüKoBGB/*Grunsky* Rn. 2).

7 **bb) Beschränkte Empfangszuständigkeit.** Das Einziehungsrecht ist nach S. 2 aber dadurch beschränkt, dass der Vorerbe die Zahlung an sich selbst nur nach Vorlage der **Einwilligung** des Nacherben verlangen kann. Ansonsten kommt nur eine Hinterlegung für sich und den Nacherben in Betracht. Ohne Einwilligung des Nacherben an den Vorerben geleistete Zahlungen sind daher unwirksam und haben keine befreiende Wirkung (BGH FamRZ 70, 192). Das gilt über den Wortlaut hinaus („Zahlung verlangen") auch bei einer **freiwilligen Leistung** des Schuldners; hier gilt S. 2 entsprechend (BGH FamRZ 70, 192). Erfolgt die Zahlung an den Vorerben ohne Einwilligung des Nacherben, so ist der Vorerbe verpflichtet, eine Hinterlegung für sich und den Nacherben herbeizuführen. Der Nacherbe kann ggf. eine **Sicherheitsleistung** gem. § 2128 verlangen.

Der Nacherbe kann die Zahlung jedoch entsprechend §§ 362, 185 II **genehmigen** (MüKoBGB/ *Grunsky* Rn. 4), da er wegen seiner beschränkten Empfangszuständigkeit nach S. 2 einem Nichtberechtigten iSv § 362 II gleichsteht (MüKoBGB/*Grunsky* Rn. 4).

cc) Zustimmungserklärung. Bei Vorlage einer ggf. nachträglichen Zustimmungserklärung (Einwilligung oder Genehmigung) fällt die Zahlung als **Surrogat** gem. § 2111 in den Nachlass. Sind **mehrere Nacherben oder Nachnacherben** vorhanden, müssen alle zustimmen, wobei das nicht für **Ersatznacherben** gilt. Die Einwilligung ist grds. an kein Formerfordernis gebunden. Sofern allerdings infolge der Zahlung ein Anspruch auf Grundbuchberichtigung besteht, ist gem. § 29 GBO eine öffentliche Beglaubigung nötig.

dd) Hinterlegung. Kommt es mangels einer Einwilligung des Nacherben zu einer Hinterlegung, so können Vorerbe und Nacherbe nur **gemeinschaftlich** über den Hinterlegungsbetrag verfügen.

3. Gestaltungsmöglichkeiten in Verfügungen von Todes wegen. Eine **Befreiung** durch den Erblasser ist möglich (§ 2136), trotz des Wortlauts aber nur beschränkt auf S. 2 der Norm. Denn im Anwendungsbereich von S. 3 ist das nicht abdingbare Verbot unentgeltlicher Verfügungen nach § 2113 II zu beachten.

4. Verfahrensrecht. Für die Hinterlegung gelten die §§ 372–386 sowie die landesgesetzlichen Hinterlegungsgesetze. Der Nacherbe ist im Rahmen ordnungsgemäßer Verwaltung zur **Einwilligung verpflichtet** (§ 2120), wobei die Abgabe einer entsprechenden Erklärung gerichtlich erzwungen werden kann.

§ 2115 Zwangsvollstreckungsverfügungen gegen Vorerben

¹Eine Verfügung über einen Erbschaftsgegenstand, die im Wege der Zwangsvollstreckung oder der Arrestvollziehung oder durch den Insolvenzverwalter erfolgt, ist im Falle des Eintritts der Nacherbfolge insoweit unwirksam, als sie das Recht des Nacherben vereiteln oder beeinträchtigen würde. ²Die Verfügung ist unbeschränkt wirksam, wenn der Anspruch eines Nachlassgläubigers oder ein an einem Erbschaftsgegenstand bestehendes Recht geltend gemacht wird, das im Falle des Eintritts der Nacherbfolge dem Nacherben gegenüber wirksam ist.

1. Normzweck. Die Norm verfolgt zwei Ziele. Einmal soll der **Schutz des Nacherben** vor einer Zwangsvollstreckung in den Nachlass durch Eigengläubiger des Vorerben gewährleistet werden. Das betrifft wiederum zwei Fallgruppen. Erstens eine rechtsgeschäftliche Verpflichtung des Vorerben, die auch dann bestünde, wenn er nicht Vorerbe geworden wäre und zweitens eine solche, die gerade auf seiner Stellung als Vorerbe beruht, aber Nacherbenrechte beeinträchtigt (Fälle des § 2113 und Verstöße gegen das Gebot der ordnungsgemäßen Verwaltung). Durch § 2115 werden aber auch **Nachlassgläubiger** vor einer Aushöhlung des Nachlasses durch einen Vermögensabfluss ohne entsprechende Gegenleistung **geschützt**. Denn Zwangsvollstreckungsmaßnahmen von Gläubigern des Vorerben sind unwirksam. Das ergibt sich auch aus § 2115 S. 2, wonach nur ein Nachlassgläubiger die Zwangsvollstreckung in den Vorerben-Nachlass wirksam betreiben kann. § 2115 ist somit das haftungsrechtliche Pendant zu § 2113. Der Rechtsgedanke des § 2113 II gilt daher entsprechend.

Weiter gefasst als § 2113 erfasst die Norm nicht nur Verfügungen über Grundstücke und unentgeltliche Verfügungen, sondern die Zwangsvollstreckung in **alle zur Nacherbfolge gehörenden Gegenstände** und zwar einschließlich der **Surrogate** (§ 2111).

2. Unwirksamkeit von Zwangsverfügungen (S. 1). Deren Unwirksamkeit setzt voraus, dass eine **Zwangsvollstreckung** in einen **Erbschaftsgegenstand** erfolgt und das **Recht des Nacherben** vereitelt oder beeinträchtigt ist.

a) Zwangsverfügung. aa) Vollstreckung wegen einer Geldforderung. Ausgehend von Normzweck und Gesetzeswortlaut sind von S. 1 nur Pfändungen in bewegliche oder unbewegliche **Nachlassgegenstände** wegen Geldforderungen erfasst. Dazu gehört auch eine wegen einer Geldforderung ergangene einstweilige Verfügung (MüKoBGB/*Grunsky* Rn. 7). Anwendbar ist § 2115 aber auch auf die Kündigung einer **Personengesellschaft** durch Gläubiger des Vorerben (§ 135 HGB; Soergel/*Harder-Wegmann* Rn. 4; MüKoBGB/*Grunsky* Rn. 6; Palandt/*Weidlich* Rn. 1).

Unter S. 1 fallen **nicht** Urteile auf Abgabe einer Willenserklärung (§§ 894, 895 ZPO) oder auf Vornahme rechtsgeschäftlicher Verfügungen wie die Erwirkung der Herausgabe von Sachen (§§ 883 ff. ZPO) und die Vollstreckung gem. § 897 ZPO. Der Nacherbe ist diesbzgl. durch die §§ 2112, 2113 geschützt (→ § 2112 Rn. 19).

Auch die **Teilungsversteigerung** (§§ 180 ff. ZVG) gehört nicht dazu. Denn die Auseinandersetzung der Gemeinschaft erfolgt außerhalb der Zwangsvollstreckung (BayObLG NJW 1965, 1966) und der Nacherbe muss es akzeptieren, wenn ein Mitglied einer aus Vorerben bestehenden Erbengemeinschaft von seinem gesetzlichen Recht auf Durchführung der Auseinandersetzung Gebrauch macht (§§ 2042 I, 753). Der **Versteigerungserlös** selbst ist kraft Surrogation nach § 2111 geschützt. Das OLG Celle (NJW 1968, 801) hielt deswegen die Pfändung eines Erbanteils durch den Privatgläubiger eines Vorerben für treuwidrig, weil der Nacherbe sich auf die Unwirksamkeit berufen kann und der Vollstreckungsmaßnahme widersprechen wird.

7 Der Nacherbe muss eine von einem Gläubiger des Vorerben gegen eine Nachlassforderung erklärte **Aufrechnung** nicht gegen sich gelten lassen (§ 394; MüKoBGB/*Grunsky* Rn. 9).

8 **bb) Arrestvollziehung.** Die Norm ist auf Zwangsverfügungen bei der Vollziehung eines Arrests (§§ 928 ff. ZPO) **anwendbar**.

9 **cc) Verfügung eines Insolvenzverwalters.** Mit der Eröffnung eines Insolvenzverfahren geht die Verfügungsbefugnis über das Schuldnervermögen auf den Insolvenzverwalter über (§ 80 I InsO). Dessen Verfügungsrecht ist aber bei einer **Insolvenz des Vorerben** durch § 83 II InsO iVm § 2115 eingeschränkt. Die Vorerbschaft bleibt Bestandteil der Insolvenzmasse, der Nacherbe hat kein Aussonderungsrecht. Es ist dem Insolvenzverwalter aber untersagt, Nachlassgegenstände zur Befriedigung der Insolvenzgläubiger zu veräußern, auch wenn diese auf einer vom Vorerben eingegangenen rechtsgeschäftlichen Verpflichtung beruht. Auch dürfen die Verfügungen nicht den §§ 2113 f. widersprechen.

10 **b) Beeinträchtigung und Vereitelung von Rechten des Nacherben.** Die Beschränkungen greifen erst dann ein, wenn und soweit Rechte des Nacherben beeinträchtigt oder vereitelt sind. Maßgeblich ist hier eine **rechtliche**, nicht eine wirtschaftliche Betrachtungsweise (→ § 2113 Rn. 17). Da dem Vorerben die **Nutzungen** zustehen und in sein nicht den Beschränkungen der §§ 2100 ff. unterworfenes Privatvermögen fallen, sind Zwangsvollstreckungsmaßnahmen gegen den Vorerben insoweit unbeschränkt möglich. Denn Nacherbenrechte sind nicht berührt. Deswegen ist eine auf den Zeitpunkt bis zum Eintritt des Nacherbfalls beschränkte Zwangsverwaltung eines Nachlassgrundstücks möglich (MüKoBGB/*Grunsky* Rn. 3).

11 **c) Rechtsfolge von S. 1** ist eine mit dem Eintritt der Nacherbfolge eintretende Unwirksamkeit der Zwangsverfügung, und zwar mit **absoluter Rechtswirkung** gegenüber jedermann. Die vor dem Nacherbfall erfolgten Vollstreckungsmaßnahmen sind bis dahin zunächst wirksam.

12 **3. Wirksamkeit von Zwangsverfügungen (S. 2). a) Erfüllung einer Nachlassverbindlichkeit (S. 2 Alt. 1).** Soll mittels Zwangsvollstreckung der **Anspruch eines Nachlassgläubigers** durchgesetzt werden, so ist die Verfügung nach S. 2 auch gegenüber dem Nacherben wirksam. Denn dieser besteht unabhängig von der Anordnung einer Vor- und Nacherbschaft und beeinträchtigt nicht Nacherbenrechte. Denn der Nacherbe hätte Ansprüche von Nachlassgläubigern ohnehin erfüllen müssen. Der Zeitpunkt der Rechtsentstehung ist deswegen unerheblich (MüKoBGB/*Grunsky* Rn. 5). Von der Norm **sind** alle Nachlassverbindlichkeiten iSv **§ 1967 II** erfasst, also die vom Erblasser herrührenden Erblasserschulden, die den Erben als solchen treffenden Erbfallschulden, aber auch bei der Verwaltung des Nachlasses entstehende Nachlassschulden. Abzugrenzen sind die Nachlassverbindlichkeiten von den Eigenverbindlichkeiten des Erben. Der BGH lässt auch Verbindlichkeiten, die im Rahmen der ordnungsmäßigen Verwaltung entstanden sind, unter § 2115 fallen (BGH NJW 1990, 1238). Die rechtliche Konsequenz ist, dass der Nachlassgläubiger im Rahmen der zwangsweisen Verwertung keinen **Duldungstitel** gegen den Nacherben benötigt (MüKoBGB/*Grunsky* Rn. 5).

13 S. 2 Alt. 2 erfasst auch Verfügungen des **Insolvenzverwalters,** die zur ausschließlich zur Befriedigung der Nachlassgläubiger bestimmt sind.

14 **b) Gegenüber dem Nacherben wirksame Rechte an einem Nachlassgegenstand (S. 2 Alt. 2).** Wenn ein an einem Erbschaftsgegenstand bestehendes Recht geltend gemacht wird, das im Falle des Eintritts der Nacherbfolge dem Nacherben gegenüber wirksam ist, so ist eine zur Erfüllung dieser Verbindlichkeit erfolgende Zwangsvollstreckungsmaßnahme ebenfalls **wirksam**. Ein Duldungstitel gegen den Nacherben wird auch hier nicht benötigt. Zu den Rechten iSd S. 2 Alt. 2 gehören **dingliche Rechte** an Erbschaftsgegenständen (zB Hypotheken und Grundschulden), und zwar unabhängig davon, ob sie vor dem Erbfall entstanden sind oder erst nach dem Erbfall, wobei dann entweder eine Verfügungsbefugnis des Vorerben nach Maßgabe des § 2113 I bestanden bzw. eine Einwilligung des Nacherben vorgelegen haben muss (Palandt/*Weidlich* Rn. 6). Umstritten ist, ob ein **Vermieterpfandrecht** (§ 562) darunter fällt (Palandt/*Weidlich* Rn. 6; Soergel/*Harder* Rn. 12; MüKoBGB/*Grunsky* Rn. 5; Staudinger/*Behrens/Avenarius* Rn. 7).

15 **4. Gutgläubiger Erwerb. a) Anwendbarkeit.** Eine dem § 2113 III entsprechende Regelung fehlt. Der **Zwangsvollstreckungsgläubiger** kann sich im Falle einer nach S. 1 unwirksamen Vollstreckungsmaßnahme nicht darauf berufen, hinsichtlich der Nichtexistenz des Nacherbenrechts gutgläubig gewesen zu sein. Denn die §§ 892 ff., 932 ff. setzen einen rechtsgeschäftlichen Erwerb voraus (Palandt/*Weidlich* Rn. 6; MüKoBGB/*Grunsky* Rn. 11) und sind nicht auf einen Eigentumserwerb kraft staatlichen Hoheitsakts anwendbar. Führt also der Gerichtsvollzieher auf Antrag des Gläubigers oder des Schuldners eine **freihändige Veräußerung** durch, so ist ein Gutglaubenserwerb möglich (MüKoBGB/*Grunsky* Rn. 11). Das gilt theoretisch auch für eine Veräußerung durch den **Insolvenzverwalter.** Ein gutgläubiger Erwerb im Rahmen einer nach § 83 II InsO iVm § 2115 S. 1 unwirksamen Veräußerung ist möglich. Bei einer **Versteigerung eines Grundstücks** muss ein Nacherbenvermerk (§ 51 GBO) im Grundbuch eingetragen oder eine rechtzeitige Anmeldung gem. § 37 Nr. 4, Nr. 5 ZVG erfolgt sein (Palandt/*Weidlich* Rn. 6; MüKoBGB/*Grunsky* Rn. 11).

16 **b) Haftbarkeit.** Ist die Zwangsverfügung wirksam, so kann der Nacherbe bei dem Erwerber keinen Regress nehmen (MüKoBGB/*Grunsky* Rn. 11), soweit nicht gegen einen **vorsätzlich bösgläubigen Erwerber** Ansprüche nach §§ 823 I, 826 möglich sind. Gegen den **Gläubiger** besteht ein Bereicherungsanspruch (§ 812 I 1 Alt. 2 Eingriffskondiktion) und ggf. ein Schadensersatzanspruch gem. § 823 I (Nacher-

benanwartschaft als sonstiges Recht; MüKoBGB/*Grunsky* Rn. 11). Gegen den **nicht befreiten Vorerben** kann ein Erstattungsanspruch gem. § 2134 bestehen und ggf. Amtshaftungsansprüche gem. § 839 bei einem Verstoß gegen § 773 ZPO. Der **Insolvenzverwalter** kann gem. § 60 InsO oder gem. § 823 I u. II wegen eines Verstoßes § 83 II InsO haftbar sein.

5. Anwartschaftsrecht des Nacherbe: In der Pfändung gem. § 2115 Satz 1 liegt eine Verfügung über einen Erbschaftsgegenstand, so dass dieser bei Eintritt der Nacherbfolge absolut unwirksam geworden ist (BGH, NJW 1960, 2093; OLG Nürnberg, ErbR 2018, 237). 17

6. Gestaltungsmöglichkeiten in Verfügungen von Todes wegen. Der Erblasser kann den Vorerben nach § 2136 **nicht** von der Beschränkung des § 2115 **befreien**. 18

7. Verfahrensrecht. a) Vollstreckungsrechtliche Ergänzung. Die Norm ist eine vollstreckungsrechtliche Ergänzung zu **§ 326 ZPO** (→ § 2100 Rn. 53). 19

b) Zwangsversteigerung eines Grundstücks. Kommt es zur Anordnung einer Zwangsversteigerung eines Grundstücks, muss der Vollstreckungsschuldner einen **Duldungstitel** gegen den Nacherben beibringen, wenn er kein befreiter Vorerbe ist und nicht die Zustimmung des eingetragenen Nacherben vorlegen kann. Sonst ist das Versteigerungsverfahren vorläufig einzustellen. 20

c) Verstoß gegen Verwertungsverbote. Wird gegen die og Verwertungsverbote (→ Rn. 3ff.) verstoßen, so kann der Nacherbe bereits vor Eintritt des Nacherbfalls gem. § 773 S. 2 ZPO **Drittwiderspruchsklage** (§ 771 ZPO) erheben. Das gilt auch bei einem Verstoß gem. § 83 II InsO. Eine Klage nach § 771 ZPO scheidet hingegen aus, wenn Verwertungsmaßnahmen auf Nachlassverbindlichkeiten beruhen. Gläubiger können einer Drittwiderspruchsklage zuvorkommen und den Nacherben auf Duldung verklagen. 21

§ 2116 Hinterlegung von Wertpapieren

(1) ¹Der Vorerbe hat auf Verlangen des Nacherben die zur Erbschaft gehörenden Inhaberpapiere nebst den Erneuerungsscheinen bei einer Hinterlegungsstelle mit der Bestimmung zu hinterlegen, dass die Herausgabe nur mit Zustimmung des Nacherben verlangt werden kann. ²Die Hinterlegung von Inhaberpapieren, die nach § 92 zu den verbrauchbaren Sachen gehören, sowie von Zins-, Renten- oder Gewinnanteilscheinen kann nicht verlangt werden. ³Den Inhaberpapieren stehen Orderpapiere gleich, die mit Blankoindossament versehen sind.

(2) Über die hinterlegten Papiere kann der Vorerbe nur mit Zustimmung des Nacherben verfügen.

1. Normzweck. Der Nacherbe soll durch ein Hinterlegungsrecht gegen Verfügungen des Vorerben über besonders verkehrsfähige Wertpapiere **geschützt** werden. Ohne Aufforderung durch den Nacherben ist der Vorerbe nicht zur Hinterlegung auf einem Sperrkonto verpflichtet. Er kann aber alternativ nach § 2117 die **Umschreibung** auf sich mit der gleichzeitigen Anordnung veranlassen, dass er nur zusammen mit dem Nacherben verfügungsberechtigt ist, sofern der Vorerbe nicht ohnehin nach § 2117 von der Hinterlegungspflicht befreit ist (§ 2136). Eine Gefährdung von Nacherbenrechten muss nicht nachgewiesen werden. 1

2. Hinterlegungspflichtige Papiere. Hinterlegt werden müssen **Inhaberpapiere** (nebst Erneuerungsscheinen, § 805), vgl. Abs. 1 S. 1 und die mit einem **Blankoindossament** versehenen Orderpapiere (Abs. 1 S. 3). 2

a) Inhaberpapiere (Abs. 1 S. 1). Bei Inhaberpapieren kann der Aussteller ohne weitere Legitimation an den Inhaber des Papiers im Umfang der verbrieften Rechte leisten, da durch die Vorlage bei dem Aussteller die widerlegbare Vermutung der **materiellen Berechtigung** begründet wird. Solche Papiere sind: Inhaberschuldverschreibungen (§§ 793 ff.), Inhabergrund- und -rentenschuldbriefe (§§ 1195, 1199) als Forderungsrechte sowie Inhaber- und indossierte Namensaktien (§§ 10, 68, 278 III AktG) als körperschaftliche Mitgliedschaftsrechte. 3

Nicht zu den **Inhaberpapieren** gehören qualifizierte Legitimationspapiere (§ 808) wie zB **Sparbuchurkunden** oder Pfandscheine, da der Schuldner an den Inhaber zu zahlen berechtigt, aber nicht verpflichtet ist. Die Verkehrsfähigkeit ist insoweit eingeschränkt, als die Vorlage der Urkunde für eine Leistungspflicht nicht ausreichend ist, so dass entsprechende Papiere nicht unter den Normzweck des § 2116 fallen. 4

Nach **Abs. 1 S. 2** sind von der Hinterlegungspflicht Inhaberpapiere ausgeschlossen, die nach § 92 zu den **verbrauchbaren Sachen** gehören. Dazu zählen zum einen Banknoten, welche aber durch die Verpflichtung in § 2119 zur mündelsicheren Anlage geschützt sind. Zum anderen gehören dazu Urkunden nach § 807. Ob ein Wertpapier als verbrauchbare Sache einzustufen ist, hängt von dem Zweck des Erwerbs ab (Wertpapierspekulation ja, Umlaufvermögen einer Bank: nein etc). 5

b) Mit Blankoindossament versehene Orderpapiere (Abs. 1 S. 3). Den Inhaberpapieren stehen Orderpapiere gleich, die mit Blankoindossament versehen sind, also einem Vermerk auf der Urkunde, wonach das Eigentum und das Recht aus dem Papier vom bisherigen Inhaber auf einen namentlich nicht bezeichneten („Blanko") neuen Eigentümer übertragen werden. Das führt zu einer **erhöhten Verkehrsfähigkeit** von Namenspapieren, die dann zugleich dem Schutzzweck des § 2116 unterfallen. Dazu zählen 6

Wechsel, Schecks (Art. 14 ScheckG), Namensaktien (§ 68 AktG), kaufmännische Orderpapiere (§ 363 HGB) und Orderschuldverschreibungen. Der Vorerbe kann die Hinterlegungspflicht durch Ausfüllen des Blankoindossaments abwenden (§ 2117).

7 Aus der Gleichstellung von Orderpapieren mit Inhaberpapieren in Abs. 1 S. 3 ergibt sich, dass die Hinterlegungspflicht entfällt, wenn das Orderpapier als eine **verbrauchbare Sache (§ 92)** zu qualifizieren ist **(Abs. 1 S. 2).**

8 **3. Verfügung über hinterlegte Papiere (Abs. 2).** Bis zur Hinterlegung kann der Vorerbe in den Grenzen des § 2113 II unbeschränkt verfügen Die Verfügungsbefugnis wird auch durch das Hinterlegungsverlangen an sich nicht eingeschränkt. Dem Vorerben drohen aber nach Eintritt des Nacherbfalls Schadenersatzansprüche. Bereits vorher kann der Nacherbe aber auf Hinterlegung klagen (→ Rn. 12). Nach der Hinterlegung bedarf der Vorerbe gem. Abs. 2 für Verfügungen aber der **Zustimmung** des Nacherben. Dies bedeutet umgekehrt, dass die Verfügungsbeschränkung erlischt, wenn die Hinterlegungsstelle die Papiere absprachewidrig an den Vorerben herausgibt. Denn dann ist der Zustand vor Hinterlegung wieder hergestellt.

9 Ein **gutgläubiger Erwerb** vom Vorerben würde voraussetzen, dass die Hinterlegungsstelle die Papiere an den Erwerber selbst aushändigt, § 934 (MüKoBGB/*Grunsky* Rn. 2). Die Hinterlegung hat mit der **Bestimmung** zu erfolgen, dass die Herausgabe nur mit Zustimmung des Nacherben verlangt werden kann, Abs. 2. Eine dennoch vorgenommene Verfügung ist dinglich unwirksam, und das – anders als bei den §§ 2113, 2115 – nicht erst mit Eintritt des Nacherbfalls (MüKoBGB/*Grunsky* Rn. 2). Der Nacherbe kann aber eine einseitig vorgenommene Verfügung genehmigen.

10 Ist eine Verfügung zur ordnungsgemäßen Verwaltung erforderlich, kann die Zustimmung des Nacherben **erzwungen** werden (§ 2120).

11 **4. Gestaltungsmöglichkeiten in Verfügungen von Todes wegen.** Der Erblasser kann den Vorerben nach § 2136 von der Beschränkung des § 2116 **befreien.**

12 **5. Verfahrensrecht. a) Klage auf Hinterlegung.** Der Nacherbe sollte im eigenen Interesse die Rechte des § 2116 geltend machen. Das Hinterlegungsverlangen kann **vor dem Eintritt des Nacherbfalls** bei dem Prozessgericht eingeklagt (OLG Oldenburg Rpfleger 1966, 18) und ggf. gem. § 883 ZPO vollstreckt werden (Übergabe der Papiere durch den Gerichtsvollzieher an die Hinterlegungsstelle).

13 **b) Pflegerbestellung.** Setzt der Erblasser einen Abkömmling zum Vorerben und dessen Abkömmling wiederum zum Nacherben ein, so ist eine Pflegerbestellung zur Sicherung der Rechte des Minderjährigen nur geboten, wenn ein **konkreter Anlass** für die Befürchtung besteht, dass der Vorerben-Abkömmling den Bestand der Nachlasssubstanz gefährdet (OLG Frankfurt a. M. FamRZ 1964, 154).

14 **c) Die Hinterlegungsstellen** waren mit dem Außerkrafttreten der HintO zum 30.11.2010 landesgesetzlich geregelt. Mit Wirkung ab dem 15.12.2010 ist § 2116 Abs. 1 S. 1 geändert worden, so dass nunmehr eine Hinterlegung bei den Amtsgerichten zu erfolgen hat. Die Hinterlegung bei einer Bank ist aus Sicht des Nacherben die unkompliziertere Regelung, da das von Förmlichkeiten geprägte Hinterlegungsrecht (Herausgabe) nicht gilt.

§ 2117 Umschreibung; Umwandlung

¹Der Vorerbe kann die Inhaberpapiere, statt sie nach § 2116 zu hinterlegen, auf seinen Namen mit der Bestimmung umschreiben lassen, dass er über sie nur mit Zustimmung des Nacherben verfügen kann. ²Sind die Papiere vom Bund oder von einem Land ausgestellt, so kann er sie mit der gleichen Bestimmung in Buchforderungen gegen den Bund oder das Land umwandeln lassen.

1 § 2117 ist im Zusammenhang damit zu sehen, dass der Nacherbe nach § 2116 bei bestimmten Wertpapieren wegen deren besonderer Verkehrsfähigkeit eine Hinterlegung fordern kann. Der Vorerbe kann nach § 2117 das umständliche **Hinterlegungsverfahren** dadurch abwenden, dass er die Wertpapiere zu auf sich selbst lautenden Namenspapieren umschreiben lässt, gleichzeitig aber Verfügungen nur mit Zustimmung des Nacherben möglich sind. Dem Sicherungsinteresse des Nacherben wird entsprochen, in dem ein Gutglaubenserwerb nach den §§ 932 II, 935 (§§ 398 ff.) verhindert wird.

2 S. 2 erklärt dieses Verfahren für Inhaberpapiere von **Bund und Ländern** anwendbar, die in Buchforderungen umgewandelt werden. Nach allgM gilt dies über den Gesetzestext hinaus auch für Inhaberpapiere kommunaler Gebietskörperschaften, nicht aber für Sparkassenbücher, da diese keine Inhaberpapiere sind und damit nicht unter § 2116 fallen. Die Umwandlung in Buchforderungen gegen den Bund oder einzelne Bundesländern ist in dem BSchuWG geregelt.

3 Das Verlangen nach Umschreibung oder Umwandlung steht der **nachträglichen Forderung nach Hinterlegung** der Papiere gem. § 2117 entgegen. Andersherum ist es unschädlich, wenn nach der Geltendmachung der Hinterlegung dann die Umschreibung oder Umwandlung nach § 2116 gefordert wird.

4 Der Erblasser kann den Vorerben nach **§ 2136** von der Beschränkung des § 2117 **befreien.** Gegenüber einem nicht befreiten Vorerben, sollte der Nacherbe die Rechte aus den §§ 2116–2119 geltend machen.

5 Die **Umschreibung** regelt sich nach § 806 und kann nur durch den Aussteller auf der Urkunde selbst vorgenommen werden. Im Streitfall ist das Prozessgericht zuständig. Die Zwangsvollstreckung erfolgt nach § 894 I ZPO. Ausnahmen davon regeln landesgesetzliche Vorschriften (Art. 101 EGBGB).

§ 2118 Sperrvermerk im Schuldbuch

Gehören zur Erbschaft Buchforderungen gegen den Bund oder ein Land, so ist der Vorerbe auf Verlangen des Nacherben verpflichtet, in das Schuldbuch den Vermerk eintragen zu lassen, dass er über die Forderungen nur mit Zustimmung des Nacherben verfügen kann.

Normzweck ist der Schutz des Nacherben gegen Verfügungen des Vorerben. Aus Praktikersicht ist zu 1 raten, von der gesetzlichen Befugnis Gebrauch zu machen und bei Buchforderungen gegen den Bund oder ein Bundesland von dem Vorerben die Eintragung eines Sperrvermerks in das Schuldbuch zu fordern, da ein Eintrag weder von Amts wegen, noch auf alleinige Initiative des Vorerben erfolgt. **Rechtsfolge** der Eintragung ist, dass ab dann eine Verfügung über die Forderung nur mit Zustimmung des Nacherben möglich ist, die aber nach § 2120 BGB verpflichtend sein kann. Die Zustimmung zu dem Schuldbucheintrag ist gegen den Vorerben ggf. über das Prozessgericht **einklagbar.** Nach Eintragung gilt das gesetzliche Abtretungsverbot des § 399. Wenn die von dem Vorerben dennoch gewünschte Verfügung zu einer ordnungsmäßigen Verwaltung notwendig ist, besteht eine Zustimmungspflicht des Nacherben nach § 2120. Zudem ist zu beachten, dass der Sperrvermerk nur die Hauptforderung erfasst und nicht die Zinsen, welche als Nutzungen dem Vorerben zustehen. Der Erblasser kann den Vorerben nach § 2136 von der Beschränkung des § 2118 **befreien.**

§ 2119 Anlegung von Geld

Geld, das nach den Regeln einer ordnungsmäßigen Wirtschaft dauernd anzulegen ist, darf der Vorerbe nur nach den für die Anlegung von Mündelgeld geltenden Vorschriften anlegen.

Normzweck ist eine die Nachlasssubstanz erhaltende **mündelsichere Kapitalanlage** zugunsten des 1 Nacherben entsprechend den für Vormundschaften geltenden Anlagevorschriften der §§ 1806 f. Anders als in § 2131 reicht damit als Maßstab die Sorgfalt in eigenen Angelegenheiten nicht aus.

Die Verpflichtung des Vorerben besteht **kraft Gesetz** und setzt nicht eine entsprechende Aufforde- 2 rung durch den Nacherben voraus. Trotzdem sollte der Nacherben in seinem eigenen Interesse den Vorerben dazu auffordern, das gesetzliche Gebot zu beachten (→ Rn. 10).

Die Norm beinhaltet aber keine Verpflichtung des Vorerben, eine **Anlageentscheidung des Erblassers** 3 zu korrigieren und eine nicht mündelsichere Anlage aufzulösen (MüKoBGB/*Grunsky* Rn. 1). Der Vorerbe sollte dies aber in eigenem Interesse tun, da er nach § 2130 für eine ordnungsgemäße Verwaltung zu sorgen hat und drohende Verluste durch eine Änderung der Anlagestrategie abwenden muss. Dies gilt jedenfalls dann, wenn man insoweit von einem mutmaßlichen Erblasserwillen ausgehen muss. Dann gilt für Entscheidungen des Vorerben der Haftungsmaßstab des § 2131, da der Anwendungsbereich des § 2119 nicht eröffnet ist.

Es besteht auch eine Einschränkung dahingehend, dass **nur dauernde Anlagen** mündelsicher verwal- 4 tet werden müssen. Dabei ist auf die Regeln ordnungsgemäßer Verwaltung, also auf objektive wirtschaftliche Kriterien und nicht die Person des Vorerben betreffende subjektive Gründe abzustellen. Es ist also unmaßgeblich, ob der Vorerbe sein Privatvermögen risikoreich angelegt hat und selbiges auch mit dem Erblasservermögen beabsichtigt. Der Vorerbe muss also prüfen, welche Geldmittel er kurzfristig objektiv benötigt, um das Vorerbe mit der ihm obliegenden Sorgfalt zu verwalten. Denn diese müssen nicht mündelsicher angelegt werden. Das können Rücklagen für unmittelbar anstehende Hausreparaturen ebenso sein, wie laufende Betriebsmittel für ein Unternehmen. Der Vorerbe ist dabei nur durch den in § 2130 normierten Grundsatz beschränkt, wonach er im Nacherbfall die Erbschaft in einem ordnungsgemäßer Verwaltung entsprechenden Zustand herausgeben muss.

Ferner erstreckt sich § 2119 nur auf beim Erbfall bereits **vorhandenes Geldvermögen** sowie **Surroga-** 5 **te** nach § 2111. Erfasst sind neben Bargeld auch Buchgeldforderungen bzw. Sichtgeldeinlagen bei Sparkassen- und Bankinstituten in Euro oder anderen Währungen, nicht aber die dem Vorerben zustehenden Nutzungen. Umstritten ist, ob bei Sparkassen oder dem Einlagesicherungsfonds angehörenden Bankinstituten ein Sperrvermerk eingetragen werden muss (§ 1809 iVm § 1807 I Nr. 5), wenn der Vorerbe ein Konto anlegt oder Geld abhebt (vgl. *Ordemann* MDR 1967, 642; MüKoBGB/*Grunsky* Rn. 4; Palandt/ *Weidlich* Rn. 1). Ansonsten wäre der Nacherbe schutzlos. Dies ist er aber auch bei einem vom Erblasser selbst eröffneten Konto der Fall, das dann auch keinen Sperrvermerk trägt.

Die **mündelsicheren Arten der Geldanlage** ergeben sich aus den §§ 1806 f. sowie einem Verweis in 6 Art. 212 EGBGB auf landesrechtliche Vorschriften.

Der Nacherbe muss der Geldanlage nicht zustimmen. Er hat die Anlageentscheidungen des Vorerben 7 ohne Korrekturmöglichkeit zu respektieren und ist für den Nacherbfall auf mögliche **Schadenersatzansprüche** im Falle von Pflichtverletzungen verwiesen. Daran ändert sich nichts, wenn der Vorerbe **zugleich Vormund** des Nacherben ist. Denn die Vermögenssphären des Vorerben und des Mündels sind strikt zu trennen. Der Vorerbe kann demgemäß in einem solchen Fall nicht vom Betreuungsgericht zur Sperrung eines zur Erbschaft gehörenden Sparkassenkontos gezwungen werden. Da es sich nicht um Mündelgeld handelt, ist der Nacherbe auf die Geltendmachung der allgemeinen Nacherbenrechte nach §§ 2127–2129 verwiesen (OLG Hamburg OLGE 32, 55). Andererseits können sich Vor- und Nacherbe auf eine bestimmte Form der Geldanlage verständigen.

Lang

8 Der Erblasser kann im Rahmen seiner **Gestaltungsmöglichkeiten in Verfügungen von Todes** wegen den Vorerben nach § 2136 von der Beschränkung des § 2119 befreien, und zwar auch eingeschränkt auf bestimmte zinsgünstige Anlageformen. Immer möglich ist aber – auch ohne Befreiung – eine Einigung zwischen Vor- und Nacherben auf eine von dem Katalog in § 1806 I Nr. 1–5 abweichende Anlageform.

9 **Verfahrensrechtlich** ist aus Sicht des Nacherben die Wahrnehmung dieses Rechts ebenso wie der Rechte aus den §§ 2116, 2118 f. unbedingt **anzuraten.**

10 Der Nacherbe kann Versäumnissen des Vorerben dadurch begegnen, dass er bereits vor dem Nacherbfall den Vorerben auf Vornahme einer mündelsicheren Geldanlage **verklagt.** Darüber hinaus kann der Nacherbe seinen Herausgabeanspruch nach § 2130 durch das Verlangen einer Sicherheitsleistung (§ 2128) sichern sowie den Entzug der Verwaltungsbefugnisse beantragen (§ 2129).

11 Praktisch gesehen wird der Nacherbe – gerade in Fällen einer vorsätzlichen Pflichtverletzung des Vorerben – nicht über die notwendigen Informationen zur Erzwingung einer Klage auf mündelsichere Anlage verfügen. Das Landgericht Berlin billigte deshalb dem Nacherben gegen den nicht befreiten Vorerben einen auf § 242 gestützten **Auskunftsanspruch** zu, der nicht von § 2127 als lex specialis verdrängt wird (LG Berlin ZEV 2002, 160 mit abl. Anm. *Krug*).

§ 2120 Einwilligungspflicht des Nacherben

¹Ist zur ordnungsmäßigen Verwaltung, insbesondere zur Berichtigung von Nachlassverbindlichkeiten, eine Verfügung erforderlich, die der Vorerbe nicht mit Wirkung gegen den Nacherben vornehmen kann, so ist der Nacherbe dem Vorerben gegenüber verpflichtet, seine Einwilligung zu der Verfügung zu erteilen. ²Die Einwilligung ist auf Verlangen in öffentlich beglaubigter Form zu erklären. ³Die Kosten der Beglaubigung fallen dem Vorerben zur Last.

1 **1. Normzweck** der Vorschrift ist es dem Vorerben eine **ordnungsgemäße Nachlassverwaltung zu ermöglichen,** und zwar durch einen Anspruch auf Einwilligung in notwendige Verfügungen, wenn der Vorerbe diese nicht ohne Einwilligung des Nacherben vornehmen kann. Sofern im Rahmen der Verwaltungstätigkeit objektiv erforderliche Verfügungen bei Eintritt des Nacherbfalls gegenüber Dritten unwirksam wären, wird eine Zustimmungspflicht des Nacherben normiert. So kann für Dritte keine Ungewissheit bestehen, ob der Nacherbe mit Eintritt des Nacherbfalls die Verfügung gegen sich gelten lassen muss. Ohne die Zustimmung des Nacherben ist die Verfügung aber zunächst unwirksam. Es kommt also durch die Norm zu keiner automatischen Erweiterung der Verfügungsbefugnis.

2 § 2120 dient auch dem Zweck, dass der Vorerbe im **Innenverhältnis** gegenüber dem Nacherben vor Schadensersatzansprüchen (§§ 2130, 2131) geschützt ist, wenn er den Nacherben ausreichend über die Notwendigkeit der anstehenden Verfügung informiert hat (MüKoBGB/*Grunsky* Rn. 2). Das OLG Düsseldorf (NJW-RR 1996, 905) schließt unabhängig von einer vollständigen Information des Nacherben Schadenersatzansprüche bereits für den Fall seiner Zustimmung aus.

3 **2. Begriff der Verfügung.** Unter § 2120 fallen zum einen nur Verfügungen nach den **§§ 2113–2115,** also Fälle in denen der Vorerbe nicht mit Wirkungen zu Lasten des Nacherben handeln kann und zum anderen Konstellationen, in denen nach den **§§ 2116–2118** die Zustimmung des Nacherben erforderlich ist.

4 Über den auf Verfügungen beschränkten Wortlaut der Norm hinaus wird § 2120 auch auf **schuldrechtliche Verpflichtungsgeschäfte** entsprechend angewandt (MüKoBGB/*Grunsky* Rn. 3). Denn der Vorerbe und sein Vertragspartner müssen bereits dann Gewissheit über den dauerhaften Bestand der Verfügung haben. Auch der Nacherbe hat ein Interesse daran, dass der Umfang seiner Haftung für Nachlassverbindlichkeiten möglichst früh geklärt wird.

5 **3. Notwendigkeit der Verfügung.** Wenn der Vertragsgegner die Vorlage einer Zustimmungserklärung des Nacherben zur Veräußerung eines Nachlassgrundstücks fordert, ist § 2120 analog anwendbar (OLG Frankfurt a. M. FamRZ 2011, 1620; aA MüKoBGB/*Grunsky* Rn. 3, wonach eine Drucksituation nicht ausreichend ist).

6 **4. Ordnungsgemäße Verwaltung.** Die Zustimmungspflicht des Nacherben erstreckt sich nur auf ordnungsgemäßer Verwaltung entsprechende Verfügungen. Ansonsten wird keine Zustimmung geschuldet. Der Umfang der Befreiung ist unerheblich. Es gilt ein **objektiver Maßstab,** der sich konkret an den Besonderheiten des Nachlasses und der im Einzelfall zu ergreifenden Maßnahme zu orientieren hat. Entscheidend sind dabei in erster Linie wirtschaftliche Kriterien. Was generell und abstrakt aus Nachlasssicht dienlich wäre, zählt dabei nicht. Ob der Vorerbe die Verwaltung insgesamt ordnungsgemäß führt, ist unerheblich, wenn die konkrete Verfügung aus objektiver Sicht zu beanstanden ist. Die **subjektive Sichtweise** des Vorerben bzw. seine persönlichen Verhältnisse sind nicht entscheidend. Denn der Vorerbe hat das objektive Interesse des Nacherben an dem Erhalt und der Vermehrung des Nachlasses zu wahren.

7 Für nach diesen Maßstäben eigentlich nicht zu beanstandende Verfügungen kann die Ordnungsmäßigkeit im Ausnahmefall fehlen, wenn insgesamt gesehen eine **Misswirtschaft** betrieben wird (BGH MDR 1973, 749).

8 **a) Beispielsfälle für eine Einwilligungspflicht.** Bei der **Aufnahme eines Kredits** (→ § 2124 Rn. 14) ist nach dessen Notwendigkeit und danach zu differenzieren, ob die Leistungen für Zinsen und Tilgung aus

den Erträgen bestritten werden können oder zu einer Aushöhlung des Nachlasses führen (BGH NJW 1993, 1582; 1991, 1736; 1990, 1237). Die Bestellung eines „erfahrenen und zuverlässigen **Treuhänders**" garantiert, dass die Darlehenssumme zweckgebunden zB für notwendige Reparaturen oder die Begleichung einer Nachlassverbindlichkeit verwendet wird (BGH NJW 1993, 1582).

Ist unter diesen Voraussetzungen eine Finanzierung nicht möglich, so muss – um ggf. den größtmöglichen Teil des verbliebenen Wertes für Vorerben und Nacherben zu retten – die **Veräußerung eines Nachlassgegenstandes** erfolgen, wenn keine ausreichenden liquiden Mittel vorhanden sind, um Nachlassverbindlichkeiten zu begleichen. Das gilt auch, wenn die **Enteignung eines Grundstücks** droht und die Entschädigung wesentlich geringer ausfallen würde, als der bei dem freiwilligen Verkauf zu erzielende Erlös (BGH NJW 1972, 580). Ein weiterer Anwendungsfall ist die Zustimmung zur **Erbauseinandersetzung**, wenn ein Vorerbe wegen eines Bruchteils des Nachlasses als Vollerbe eingesetzt ist (BayObLGZ NJW 1958, 1684). 9

b) **Keine Einwilligungspflicht. Unentgeltliche Verfügungen** sind wegen § 2113 II nie ordnungsgemäß. Erfolgen sie bezogen auf den Nacherben in Benachteiligungsabsicht, so steht bereits die Schadensersatzpflicht nach § 2138 II dem entgegen. 10

5. **Einwilligung des Nacherben.** Nach der Legaldefinition in § 183 ist unter einer Einwilligung die vorherige **Zustimmung** zu verstehen. Über den Wortlaut hinaus reicht aber auch die Genehmigung als nachträgliche Zustimmung aus (§ 184). Die Einwilligung kann gegenüber dem Vorerben, aber auch gegenüber einem **Dritten** (zB einem Vertragspartner) erklärt werden (§ 182 I). Das OLG Hamm hat es in diesem Zusammenhang für ausreichend angesehen, wenn der Vorerbe als gesetzlicher Vertreter des Nacherben […] die Zustimmung einem Dritten gegenüber erklärt (NJW 1965, 1489, aA aber MüKoBGB/*Grunsky* Rn. 8 § 181). Der Wortlaut in S. 1 „dem Vorerben gegenüber" steht dem nicht entgegen, weil die Formulierung die Zustimmungspflicht und nicht den Erklärungsempfänger regeln soll. Der Anspruch ist aber an Dritten abtretbar (MüKoBGB/*Grunsky* Rn. 8; Palandt/*Weidlich* Rn. 3). 11

Sind **mehrere Nacherben** nebeneinander oder auch nacheinander eingesetzt, so trifft die Zustimmungspflicht alle, nicht aber die Ersatzerben. Jedoch muss der für den Nacherben eingesetzte **Testamentsvollstrecker** die Zustimmung erklären, ebenso wie ein **Pfleger**, der für noch nicht gezeugte oder unbekannte Nacherben bestellt ist (§§ 1912 f.). Nach den §§ 1643, 1821, 1915 muss eine **betreuungsgerichtliche** Genehmigung eingeholt werden (BayObLG NJW 1960, 965). 12

6. **Form der Einwilligung.** Die Abgabe der Einwilligungserklärung ist grds. **formfrei**. Nach S. 2 ist die Einwilligung aber auf Verlangen des Nacherben in **öffentlich beglaubigter Form** zu erklären (§ 129, §§ 39, 40 BeurkG). Bei **Grundstücksverfügungen** ergibt sich das Formerfordernis zwingend aus § 29 GBO, wobei die Verpflichtung des Nacherben, einem Verkauf eines Nachlassgrundstücks zuzustimmen, notariell beurkundet werden muss (BGH NJW 1972, 580), vgl. auch § 311b. 13

7. **Kosten der Beglaubigung.** Nach S. 3 treffen die Kosten der Beglaubigung den **Vorerben** persönlich, ohne dass er diese aus Nachlassmitteln begleichen dürfte oder der Nacherbe dafür aufkommen müsste. 14

8. **Voraussetzung der Zustimmungsverpflichtung.** Der Nacherbe ist erst dann zur Zustimmung verpflichtet, wenn er über alle für die Beurteilung der Ordnungsmäßigkeit der Verfügung notwendigen Einzelheiten **nachvollziehbar und überprüfbar informiert** worden ist und daher die Möglichkeit einer eigenständigen Prüfung hatte und zur Erteilung der Zustimmung aufgefordert wurde (OLG Düsseldorf NJW-RR 1996, 905). 15

9. **Verfahrensrecht.** Die **Beweislast** liegt beim Vorerben, und zwar auch in Grenzfällen, in denen Zweifel bestehen, ob eine Verfügung noch ordnungsgemäßer Verwaltung entspricht. Der Vorerbe muss auch dann darlegen und unter Beweis stellen, dass die Verfügung sich in den Grenzen ordnungsgemäßer Verwaltung hält und der Nacherbe seine Einwilligung erteilen muss. Wird diese Erklärung trotz einer Aufforderung nicht abgegeben, kann der Vorerbe auf Abgabe der entsprechenden Willenserklärung (§ 894 I ZPO) bzw. auf **Feststellung klagen,** dass keine Einwilligungspflicht des Nacherben besteht. 16

§ 2121 Verzeichnis der Erbschaftsgegenstände

(1) ¹**Der Vorerbe hat dem Nacherben auf Verlangen ein Verzeichnis der zur Erbschaft gehörenden Gegenstände mitzuteilen.** ²Das Verzeichnis ist mit der Angabe des Tages der Aufnahme zu versehen und von dem Vorerben zu unterzeichnen; der Vorerbe hat auf Verlangen die Unterzeichnung öffentlich beglaubigen zu lassen.

(2) Der Nacherbe kann verlangen, dass er bei der Aufnahme des Verzeichnisses zugezogen wird.

(3) Der Vorerbe ist berechtigt und auf Verlangen des Nacherben verpflichtet, das Verzeichnis durch die zuständige Behörde oder durch einen zuständigen Beamten oder Notar aufnehmen zu lassen.

(4) Die Kosten der Aufnahme und der Beglaubigung fallen der Erbschaft zur Last.

1. **Normzweck.** Die Norm gibt dem Nacherben die Möglichkeit bereits während der Dauer der Vorerbschaft **Sicherungs-, Kontroll- und Informationsrechte** auszuüben. Das von dem Vorerben auf An- 1

10 BGB § 2121   Buch 5. Abschnitt 3. Titel 3. Einsetzung eines Nacherben

forderung zu erstellende Erbschaftsverzeichnis dient im Nacherbfall als Beweismittel, soll aber zugleich den Vorerben im eigenen Interesse vor Haftungsansprüchen schützen (Palandt/*Weidlich* Rn. 1).

2   **2. Anspruchsvoraussetzungen. a) Anspruchsberechtigt** ist nur der **Nacherbe**, ggf. einer von mehreren gegen den Willen der anderen bzw. nacheinander (vgl. Palandt/*Weidlich* Rn. 2; Soergel/*Harder-Wegmann* Rn. 5; aA MüKoBGB/*Grunsky* Rn. 3). Der Vorerbe muss dann jedem Nacherben ein jeweils aktuelles Verzeichnis vorlegen. Der Anspruch kann von jedem Nacherben nur einmal geltend gemacht werden (BGH NJW 1995, 456; OLG Karlsruhe NJW-RR 2017, 904; ErbR 2017, 569). Anschließend eingetretene Veränderungen ändern daran nichts (MüKoBGB/*Grunsky* Rn. 3). Dem Nacherben steht dann nur ein Anspruch gem. § 2127 zu.

3   **Mehrere Vorerben** sind Gesamtschuldner. Ein zum Schutz des Nacherben bis zum Nacherbfall eingesetzter **Testamentsvollstrecker** (Nacherbenvollstrecker § 2222) kann entsprechend seines Aufgabenkreises während der Vorerbfalls für den Nacherben tätig werden, und zwar nur er alleine (BGH NJW 1995, 456).

4   **b) Zeitliche Begrenzung des Anspruchs.** Der Anspruch ist zeitlich auf die Dauer der Vorerbschaft begrenzt, kann aber in diesem Zeitraum jederzeit, also auch noch kurz vor dem zu erwartenden Nacherbfall geltend gemacht werden. Der Anspruch ist **unverjährbar**. Ist der Nacherbfall bereits eingetreten, besteht immer noch eine Rechenschaftspflicht des Vorerben nach § 2130 II.

5   **c) Sonstiges.** Die Vorschrift ist Bestandteil der **allgemeinen Informations- und Sicherungsbefugnissen** des Nacherben in den §§ 2121–2123. Anders als § 2127 setzt die Norm nicht voraus, dass eine Gefährdung der Nacherbenrechte zu befürchten wäre (*Sarres* ZEV 2004, 56) und ist nicht an materielle Voraussetzungen geknüpft. Ansonsten gibt es zwischen beiden Anspruchsgrundlagen trotz des unterschiedlichen Wortlauts (Auskunft § 2127 BGB) keinen inhaltlichen Unterschied (OLG Karlsruhe NJW-RR 2017, 904; ErbR 2017, 569). Der Anspruch kann auf einzelne Nachlassgegenstände beschränkt werden. Setzt das Nachlassgericht auf Antrag eines Nachlassgläubigers dem Nacherben eine Frist zur **Inventarerrichtung** (§ 1994 I), so dient das von dem Vorerben nach § 2121 erstellte Verzeichnis als Arbeitsgrundlage für den Nacherben. Nach § 2144 II kommt aber das von dem Vorerben errichtete Inventar auch dem Nacherben zugute → § 2144 Rn. 18 ff.

6   **d) Inhalt, Form und Erstellung des Verzeichnisses. aa) Umfang des Verzeichnisses.** Das Verzeichnis muss **zum Zeitpunkt seiner Errichtung die** „zur Erbschaft gehörenden Gegenstände" enthalten, damit also auch Surrogate nach § 2111 und Veränderungen bei den Erbschaftsgegenständen (OLG Karlsruhe NJW-RR 2017, 904; ErbR 2017, 569). Das Verzeichnis muss sich auch dann auf den Tag der Aufnahme beziehen, wenn es erst mehrere Jahre nach dem Tod des Erblassers erstellt wird (OLG Karlsruhe NJW-RR 2017, 904; ErbR 2017, 569). Stichtag ist also nicht der Erbfall (BGH NJW 1995, 456), so dass Gegenstände, die sich bei Errichtung nicht mehr im Nachlass befinden, nicht angegeben werden müssen. Der Nacherbe kann dies nur im Rahmen des Auskunftsanspruches nach § 2127 zu klären versuchen.

7   Die Rspr. geht ausgehend vom Gesetzeswortlaut davon aus, dass sich der Inhalt nur auf die **Vermögenswerte im Nachlass** und nicht auf die Nachlassverbindlichkeiten zu erstrecken hat. Es besteht auch kein Wertmittlungsanspruch.

8   Bei **Unternehmen** besteht keine Verpflichtung zu einer Bilanzvorlage (MüKoBGB/*Grunsky* Rn. 5; Erman/Westermann/*Schmidt* Rn. 1; Staudinger/*Avenarius* Rn. 4), was dann auch für eine E/Ü nach § 4 III EStG zu gelten hat. Bei einer Gesellschaftsbeteiligung im Nachlass sind Angaben zu der Beteiligungsquote notwendig, nicht jedoch eine Aufzählung der Gegenstände im Gesellschaftsvermögen.

9   **bb) Form.** Schriftform ist ausreichend, Datum und Unterschrift sind erforderlich, **Abs. 1 S. 2**. Der Nacherbe aber kann eine **Unterschriftsbeglaubigung** fordern (§§ 39, 40 BeurkG) vgl. Abs. 1 S. 2 Hs. 2 und darauf bestehen bei „der Aufnahme des Verzeichnisses hinzugezogen zu werden" Abs. 1 S. 3 Eine inhaltliche Redaktionsbefugnis hat er aber wegen des Verzeichnisinhalts nicht. Ihm dürfte auch kein Recht zustehen, mit dem Vorerben den Verzeichnisinhalt zu diskutieren.

10   **cc) Aufnahme durch Dritte (Abs. 3).** Der Vorerbe ist berechtigt und auf Verlangen des Nacherben verpflichtet, das Verzeichnis durch die **zuständige Behörde** oder durch einen zuständigen Beamten oder Notar aufnehmen zu lassen, Abs. 3, § 20 BNotO.

11   **dd) Eidesstattliche Versicherung.** Mangels einer gesetzlichen Regelung kann die Abgabe einer eidesstattlichen Versicherung nicht auf § 2121 gestützt werden (Palandt/*Weidlich* Rn. 4), jedoch iRd **§ 2127** und **§ 2130 II** gefordert werden.

12   **3. Rechtswirkung des Verzeichnisses.** Aus einem Wortlautvergleich mit § 2009 (Inventarerstellung) ergibt sich, dass für das Verzeichnis nach § 2121 keine Vermutung der Vollständigkeit spricht, sondern nur als der **freien Beweiswürdigung** (§ 286 ZPO) unterliegendes einfaches Beweismittel dem Nacherben hinsichtlich der Nachlasszugehörigkeit dient. Anders ist dies nur bei einem nach Abs. 2 durch einen Notar oder eine Behörde aufgenommenen Verzeichnis (§§ 415, 418 ZPO).

13   **4. Nachlassgläubiger.** Im Verhältnis zu Nachlassgläubigern ist nicht § 2121, sondern allein **die §§ 1993 ff.** maßgeblich.

14   **5. Befreiung.** Von der Pflicht zur Verzeichniserstellung kann der Vorerbe **nicht** befreit werden (vgl. § 2136).

6. Kosten (Abs. 4). Die Kosten der Aufnahme und Beglaubigung eines vom Nacherben geforderten Nachlassverzeichnisses fallen dem Nachlass zur Last. Sie sind damit **Nachlassverbindlichkeiten**. Legt der Vorerbe hingegen freiwillig ein Verzeichnis vor, so hat er für die Kosten grds. selbst aufzukommen. Etwas anderes kann sich aus §§ 2124f. ergeben. Nach KV 23500 GNotKG werden von Notaren für die Aufnahme von Vermögensverzeichnissen zwei volle Gebühr erhoben. Bemessungsgrundlage ist der Wert der im Verzeichnis aufgeführten Gegenstände.

7. Verfahrensrecht. Es besteht keine Zuständigkeit des Nachlassgerichts (OLG Stuttgart OLGE 8, 274; MüKoBGB/*Grunsky* Rn. 4; § 410 Nr. 2 FamFG). Die Vollstreckung richtet sich nach § 888 ZPO (MüKoBGB/*Grunsky* Rn. 4).

§ 2122 Feststellung des Zustands der Erbschaft

¹Der Vorerbe kann den Zustand der zur Erbschaft gehörenden Sachen auf seine Kosten durch Sachverständige feststellen lassen. ²Das gleiche Recht steht dem Nacherben zu.

Vor- und Nacherbe können den Zustand der zur Erbschaft gehörenden Sachen jeweils auf eigene Kosten durch einen Sachverständigen feststellen lassen, um so beidseits **Beweisschwierigkeiten** hinsichtlich der künftigen Ansprüche des Nacherben anlässlich der Herausgabe der Nacherbschaft zu vermeiden.

Der Sachverständige hat lediglich den **aktuellen Zustand** einschließlich der Surrogate (§ 2111), nicht jedoch den Wert des Nachlassgegenstandes zu ermitteln (MüKoBGB/*Grunsky* Rn. 2), da der Wert für den Herausgabeanspruch des Nacherben nach § 2130 ohne Belang ist. Deshalb kann nicht die Vorlage einer Unternehmensbilanz gefordert werden (MüKoBGB/*Grunsky* Rn. 2). Der Anspruch kann auf einzelne Nachlassgegenstände beschränkt werden (Palandt/*Weidlich* Rn. 1). Bei **mehreren Nacherben** ist jeder selbständig unabhängig voneinander anspruchsberechtigt, ebenso Vorerbe und Nacherbe, die sogar nacheinander eine Begutachtung fordern können. Der Wortlaut der Norm beschränkt sich auf Sachen, so dass eine Begutachtung von Rechten ausscheidet.

Der Anspruch besteht, ohne dass der Vorerbe durch sein Verhalten einen **Anlass** für eine Gefährdung des Nachlasses gegeben haben muss. Die Rechte aus § 2122 können jedoch nur bis zum Eintritt des Nacherbfalls geltend gemacht werden. Danach steht dem Nacherben nur noch der Anspruch gem. den §§ 2130 II, 260 zu.

Der Erblasser kann im Rahmen der **Gestaltungsmöglichkeiten in Verfügungen von Todes wegen** den Vorerben **nicht** von seiner Duldungspflicht **befreien** (§ 2136).

In **verfahrensrechtlicher Hinsicht** ist für die Sachverständigen-Bestellung das **Amtsgericht** zuständig (§ 410 Nr. 2, § 412 II FamFG). Der Antrag kann wiederholt gestellt werden, da der Zustand der Sache sich regelmäßig ändern kann. Eine Grenze bildet das Schikaneverbot (§ 226).

Nach § 809 besteht eine **Vorzeigepflicht** gegenüber dem Sachverständigen, wobei der Anspruch nach § 883 ZPO zwangsweise durchsetzbar ist (OLG Hamm NJW 1974, 653).

§ 2123 Wirtschaftsplan

(1) ¹Gehört ein Wald zur Erbschaft, so kann sowohl der Vorerbe als der Nacherbe verlangen, dass das Maß der Nutzung und die Art der wirtschaftlichen Behandlung durch einen Wirtschaftsplan festgestellt werden. ²Tritt eine erhebliche Änderung der Umstände ein, so kann jeder Teil eine entsprechende Änderung des Wirtschaftsplans verlangen. ³Die Kosten fallen der Erbschaft zur Last.

(2) Das Gleiche gilt, wenn ein Bergwerk oder eine andere auf Gewinnung von Bodenbestandteilen gerichtete Anlage zur Erbschaft gehört.

§ 2123 bezweckt die Vermeidung von Streit zwischen Vor- und Nacherben durch die Aufstellung eines für beide Seiten **verbindlichen Wirtschaftsplans**, der dann den Umfang der ordnungsgemäßen Bewirtschaftung von **Wäldern** und Anlagen zur Gewinnung von **Bodenschätzen** (Bergwerken etc) regelt. **Gesetzliche Sondervorschriften** wie § 2133 (übermäßige Fruchtziehung) sind vorrangig (Palandt/*Weidlich* § 2123 Rn. 1).

Die Vorschrift entspricht in weiten Teilen wortgleich der **Nießbrauchsregelung** in § 1038. Der wesentliche Unterschied ist aber, dass die Kosten des Wirtschaftsplans als Nachlassverbindlichkeiten gem. § 1967 aus dem Nachlass zu begleichen sind und nicht hälftig geteilt werden. Der Plan soll das Maß der Nutzungen und die Art der wirtschaftlichen Behandlung im Detail regeln (Abholzung, Aufforstung).

In **verfahrensrechtlicher Hinsicht** können der Vor- und Nacherbe die Erstellung getrennt voneinander fordern. Ggf. kann auf Zustimmung zu einem bestimmtem Planinhalt geklagt werden (§ 894 I ZPO). Vor- und Nacherbe sind an den Inhalt gebunden und können gerichtet zur Einhaltung eines verbindlich beschlossenen Plans gezwungen werden. Schuldhafte Verstöße führen zu einer Schadenersatzpflicht (MüKoBGB/*Petzoldt* § 1038 Rn. 5). Bei einer erheblichen **Änderung** der Umstände kann jeder Teil eine entsprechende Änderung des Wirtschaftsplans fordern.

Der Erblasser kann im Rahmen der **Gestaltungsmöglichkeiten in Verfügungen von Todes wegen** den Vorerben nach § 2136 von der Verpflichtung zur Aufstellung eines Wirtschaftsplans befreien.

§ 2124 Erhaltungskosten

(1) Der Vorerbe trägt dem Nacherben gegenüber die gewöhnlichen Erhaltungskosten.

(2) ¹Andere Aufwendungen, die der Vorerbe zum Zwecke der Erhaltung von Erbschaftsgegenständen den Umständen nach für erforderlich halten darf, kann er aus der Erbschaft bestreiten. ²Bestreitet er sie aus seinem Vermögen, so ist der Nacherbe im Falle des Eintritts der Nacherbfolge zum Ersatz verpflichtet.

1   **1. Normzweck.** Die §§ 2124–2126 regeln die Verteilung von Kosten- und Lasten im Innenverhältnis von Vor- und Nacherben. Durch Abs. 1 wird die Haftung für Nachlassverbindlichkeiten nach § 1967 nicht eingeschränkt (KG FamRZ 2009, 2122). Es wird zwischen **Erhaltungskosten (§ 2124)**, **sonstigen Verwendungen** (§ 2125) und auf der Erbschaft ruhenden **außerordentlichen Lasten** (§ 2126) unterschieden. Im **Außenverhältnis** gegenüber Nachlassgläubigern kann sich der Vorerbe aber nicht auf die §§ 2124–2126 berufen, sondern haftet unbeschränkt. Die konkrete Ausgestaltung im Innenverhältnis richtet sich nach dem Grundsatz, wonach dem Vorerben die Nutzungen zustehen, während dem Nacherben der Vermögensstamm zufallen soll. Der Vorerbe trägt also faktisch die von ihm durch die Nutzung verursachten Kosten und finanziert damit den Erhalt des Erbschaftsgegenstandes für den Nacherben.

2   **2. Anwendungsbereich.** § 2124 differenziert zwischen den **gewöhnlichen Erhaltungskosten (Abs. 1)** und **anderen Aufwendungen**, die der Vorerbe zum Zweck der Erhaltung von Erbschaftsgegenständen für erforderlich halten durfte **(Abs. 2)**. Zur Abgrenzung ist auf die Unterteilung im Nießbrauchsrecht zwischen Maßnahmen der gewöhnlichen Unterhaltung iSv § 1041 und außergewöhnlichen Aufwendungen abzustellen (*de Leve* ZEV 2005, 16 ff.).

3   **a) Gewöhnliche Erhaltungskosten (Abs. 1). aa) Begriff.** Der **BGH** definiert diese als „Kosten, die nach den rechtlichen und wirtschaftlichen Umständen des Nachlasses regelmäßig aufgewendet werden müssen, um das Vermögen in seinen Gegenständen tatsächlich und rechtlich zu erhalten" (BGH NJW 1993, 3198). Wem nur die Nutzungen zustehen, der muss auch nur die üblicherweise anfallenden laufenden Kosten bestreiten.

4   **bb) Keine Kostendeckung durch den Nachlass.** Wenn die Erträge nicht kostendeckend sind, muss der Vorerbe aber die Kosten aus seinem **eigenen Vermögen** aufbringen (MüKoBGB/*Grunsky* Rn. 2). Greift der Vorerbe pflichtwidrig bei einer mangelnden Ertragskraft auf Nachlassmittel zurück, so steht dem Nacherben mit Eintritt des Nacherbfalls ein Erstattungsanspruch zu. Unterlässt der Vorerbe zur gewöhnlichen Erhaltung notwendige Maßnahmen, so ist er schadenersatzpflichtig (§§ 2130, 2131; MüKoBGB/*Grunsky* Rn. 2).

5   **cc) Zeitpunkt des Entstehens.** Die **vor dem Erbfall** entstandenen Erhaltungskosten darf der Vorerbe noch aus Nachlassmitteln begleichen. Vom Eintritt des Erbfalls an ist er bis zum **Nacherbfall** zur Tragung der gewöhnlichen Erhaltungskosten verpflichtet. Bei der zeitlichen Differenzierung kommt es nicht auf die Fälligkeit an (MüKoBGB/*Grunsky* Rn. 2). Entscheidend ist vielmehr, in welchen Zeitraum die Verbindlichkeit fällt. Denn § 103 Alt. 1 regelt, dass regelmäßig wiederkehrenden Lasten nach dem Verhältnis der Dauer der Verpflichtung zu entrichten sind. Ggf. müssen sich Vor- und Nacherbe anteilig beteiligen.

6   **dd) Gewöhnlicher Erhaltungskosten iSv Abs. 1.** In folgenden Fallgruppen sind gewöhnliche Erhaltungskosten zu **bejahen**: Typische Verschleißreparaturen bzw. Renovierungsarbeiten an einer Immobilie, **nicht aber** Einbau einer neuen Heizungsanlage oder einer Isolierverglasung (BGH ZEV 1994, 166, → Rn. 15).

7   Unter Abs. 1 fallen auch **öffentliche Lasten** wie zB die Grundsteuer, Brand- und Gebäudeversicherung, Verwalterkosten, Steuern (vgl. § 10 ZVG) und sonstige wiederkehrende Abgaben, ferner regelmäßige **Betriebsausgaben** wie Düngemittel (BGH FamRZ 1973, 187), Anschaffungs- und Personalkosten und laufend notwendige Investitionen. Dies ist aber umstritten, da die Höhe der Betriebsausgaben sich auf den dem Vorerben zustehenden Ertrag auswirkt bzw. zu den gewöhnlichen Lasten zu zählen ist. Dies ist abzulehnen, da betriebliche Aufwendungen den Gewinn mindern, der dem Vorerben als Nutzung gebührt. Müsste der Vorerbe für Betriebsausgaben aufkommen, so wäre dem Nacherben das wesentliche Verlustrisiko abgenommen, obwohl der Vorerbe für unternehmerische Verluste nur in den engen Grenzen des § 2130 verschuldensabhängig haftet (MüKoBGB/*Grunsky* Rn. 3).

8   Zwar geht der **BGH** davon aus, dass die Höhe der Einkünfte eines **Gewerbeobjekts** (neben anderen Kriterien) mitentscheidend für die Frage ist, ob bestimmte Erhaltungsmaßnahmen nach der Verkehrsanschauung bei ordnungsgemäßer Bewirtschaftung regelmäßig zu erwarten und insofern „gewöhnlich" sind. Man darf aber nicht darauf abstellen, welche Maßnahmen sich aus den Erträgen mehrerer Jahre (möglicherweise mit Hilfe von Krediten) finanzieren lassen. Denn ansonsten würde die vom Gesetzgeber gezogene Grenze zwischen den Abs. 1 u. 2 verwischt. Dass gewerbliche Vermieter aus den laufenden Einnahmen Rücklagen auch für größere Investitionen zu bilden haben, macht solche Aufwendungen nicht zu gewöhnlichen Erhaltungskosten iSv Abs. 1 (BGH ZEV 1994, 16).

9   **b) Außergewöhnliche Erhaltungskosten (Abs. 2). aa) Langfristige wertsteigernde Wirkung.** In Abgrenzung zu außergewöhnlichen Erhaltungskosten muss eine langfristig wertsteigernde Wirkung gegeben sein (BGH ZEV 1994, 166) und die Kosten müssen grds. aus **Nachlassmitteln** bestritten worden

sein. Trotz des Wortlauts („kann") besteht eine Verpflichtung des Vorerben entsprechende Ausgaben zu tätigen. Der Nacherbe muss ggf. nach § 2120 seine Zustimmung erklären (MüKoBGB/*Grunsky* Rn. 7) und zwar gerade auch dann, wenn dazu bei einer Veräußerung von Nachlassgegenständen in die Nachlasssubstanz eingegriffen wird.

bb) Zum Zwecke der Erhaltung. Voraussetzung ist, dass der Vorerbe die Aufwendungen zum Zwecke der Erhaltung von **Erbschaftsgegenständen** den Umständen nach für erforderlich halten durfte. Da dem Vorerben nur die Nutzungen zustehen, muss er daher nicht für nur einmalig oder unregelmäßig anfallende außergewöhnliche Aufwendungen subsidiär mit seinem Privatvermögen einstehen. Aus dem Wortlaut der Vorschrift ergibt sich, dass es (auch rückblickend) nicht darauf ankommt, ob die Ausgaben tatsächlich erforderlich waren, sondern es ausreichend ist, dass der Vorerbe sie damals für **erforderlich hielt**. Wie bei § 670 ist das gutgläubig ausgeübte Ermessen entscheidend (MüKoBGB/*Grunsky* Rn. 7). 10

Wenn außerordentliche Aufwendungen **nicht der Erhaltung** eines Nachlassgegenstandes dienen bzw. kraft gesetzlicher Verpflichtung geschuldet werden, so sie fallen unter **§ 2125**. 11

cc) Grundpfandrechte. Tilgungszahlungen für zu **Lebzeiten des Erblassers** begründete Grundpfandrechte sind keine gewöhnlichen Erhaltungskosten nach Abs. 1 (BGH NJW 2004, 2981; *de Leve* ZEV 2004, 427). Die Grundpfandrechte stellen vielmehr stets **außerordentliche,** auf den Stammwert von Erbschaftsgegenständen gelegte Lasten (§ 2126) dar, auch wenn sie langfristig zu tilgen sind. Denn eine Abgrenzung nach der Höhe, Häufigkeit und Dauer der Tilgungsleistungen würde keine Rechtssicherheit bieten. Dem Vorerben stehen die vollen Nutzungen zu. Er hat im Nacherbfall nur die Nachlasssubstanz herauszugeben (§ 2130). Er hat neben den Fruchtziehungskosten nur die gewöhnlichen Erhaltungskosten nach Abs. 1 zu tragen. Deshalb stellen Grundpfandrechte für den Vorerben stets außerordentliche, auf den Stammwert von Erbschaftsgegenständen gelegte Lasten dar, deren **Tilgung** gem. § 2126 oder § 2124 II immer aus der Nachlasssubstanz zu erfolgen hat oder später vom Nacherben zu erstatten ist. Ansonsten müsste der Vorerbe den Nachlassstamm finanzieren, so dass sein Recht zur Fruchtziehung geschmälert wäre. 12

Es gibt noch keine gesicherte Rspr., ob die og Grundsätze auch für die Tilgung von Grundpfandrechten gelten, die **nach dem Erbfall** durch den Vorerben zur Bestreitung von Aufwendungen iSv Abs. 2 entstanden sind. 13

dd) Kreditaufnahme. Nach den Regeln einer **ordnungsmäßigen Verwaltung** darf der Vorerbe für Aufwendungen iSv Abs. 2 sogar einen Kredit aufnehmen (BGH NJW 1993, 1582; ZEV 1994, 166). Unter Berücksichtigung der Grundsätze des § 2120 darf die Kreditaufnahme aber nicht zu einer **Auszehrung** der Substanz führen und es muss sichergestellt sein, dass die zu erwartenden fortlaufenden Kreditkosten (Zinsen etc) rechtzeitig und vollständig bezahlt werden. Zudem darf der Vorerbe auch die Tilgung jedenfalls nicht vollständig dem Nacherben überlassen. Vielmehr muss er angemessene fortlaufende Tilgungsleistungen aus den ihm durch die finanzierte Maßnahme erhalten gebliebenen Nutzungen erbringen. Ist eine Finanzierung nicht möglich und finden die Beteiligten keine andere einvernehmliche Lösung, bleibt als letzte Möglichkeit ordnungsgemäßer Verwaltung eines anders nicht mehr zu erhaltenden Erbschaftsgegenstandes nur seine **Veräußerung**, um so jedenfalls den größtmöglichen Teil des verbliebenen Wertes für Vorerben und Nacherben zu retten (BGH ZEV 1994, 166). 14

ee) Aufwendungen iSv Abs. 2 können sein: Einbau einer moderneren Heizungsanlage und von Isolierglasscheiben (BGH ZEV 1994, 166), Neueindeckung des Dachs oder Verputzarbeiten an Hausfassaden, Betonsanierungen, Wiederaufbau eines Hauses (MüKoBGB/*Grunsky* Rn. 3). 15

ff) Ersatzanspruch des Vorerben. Bis zum Nacherbfall ist der Vorerbe berechtigt, seine Aufwendungen direkt aus Nachlassmitteln zu entnehmen, wenn dies einer ordnungsgemäßen Verwaltung angemessen ist. Nach dem Nacherbfall kann der Vorerbe nach **Abs. 2 S. 2** aus seinem **Privatvermögen** bestrittene Aufwendungen von dem Nacherben ersetzt verlangen, einschließlich Zinsen (§ 256) bzw. die Befreiung von einer Verbindlichkeit fordern (§ 257). 16

3. Gestaltungsmöglichkeiten in Verfügungen von Todes wegen. Der Erblasser kann dem Vorerben ein **Vermächtnis** auferlegen, wonach er zur Tilgung von Grundpfandrechten auf die Nutzungen der Erbschaft zurückzugreifen hat (BGH NJW 2004, 2981). Eine **Befreiung** des Vorerben von den Pflichten nach den §§ 2124–2126 ist nach **§ 2136 ist nicht möglich.** Vorerbe und Nacherbe können aber einvernehmlich von dem gesetzlichen Verteilungsmaßstab abweichen (MüKoBGB/*Grunsky* Rn. 1). Eine testamentarisch angeordnete Befreiung kann im Wege der Auslegung eine Vermächtnisanordnung ergeben (MüKoBGB/*Grunsky* Rn. 1). 17

§ 2125 Verwendungen; Wegnahmerecht

(1) Macht der Vorerbe Verwendungen auf die Erbschaft, die nicht unter die Vorschrift des § 2124 fallen, so ist der Nacherbe im Falle des Eintritts der Nacherbfolge nach den Vorschriften über die Geschäftsführung ohne Auftrag zum Ersatz verpflichtet.

(2) Der Vorerbe ist berechtigt, eine Einrichtung, mit der er eine zur Erbschaft gehörende Sache versehen hat, wegzunehmen.

Die §§ 2124–2126 regeln die Verteilung von Kosten- und Lasten im Innenverhältnis von Vor- und Nacherben. Es wird zwischen **Erhaltungskosten** (§ 2124), **sonstigen Verwendungen** (§ 2125) und **au-** 1

10 BGB § 2126 Buch 5. Abschnitt 3. Titel 3. Einsetzung eines Nacherben

ßerordentlichen Lasten (§ 2126) unterschieden. Im **Außenverhältnis** gegenüber Nachlassgläubigern kann sich der Vorerbe nicht auf die §§ 2124–2126 berufen, sondern haftet unbeschränkt.

2 **Abs. 1** regelt die Vornahme von **Verwendungen** durch den Vorerben, die er entweder nach § 2124 II zum Zwecke der Erhaltung von Nachlassgegenständen nicht für erforderlich halten durfte oder die über die Erhaltung von Nachlassgegenständen hinausgehen (Palandt/*Weidlich* Rn. 1).

3 In beiden Fällen besteht nur ein **Erstattungsanspruch** des Vorerben nach den Vorschriften über die Geschäftsführung ohne Auftrag (Abs. 1 Rechtsgrundverweisung) bzw. ein Wegnahmerecht (Abs. 2). Entsprechende Ausgaben darf der Vorerbe vor Eintritt des Nacherbfalls nicht aus dem Nachlass entnehmen, da der Erstattungsanspruchs erst mit dem Nacherbfall entsteht. Der Vorerbe kann ferner Zinsen (§ 256) bzw. die Befreiung von einer Verbindlichkeit fordern (§ 257).

4 Nicht erforderlich sind **Luxusaufwendungen und** rein **werterhöhende Maßnahmen,** also alles was über die Vornahme von Erhaltungsmaßnahmen hinausgeht und sich nicht mehr im Rahmen einer ordnungsgemäßen Verwaltung bewegt.

5 Die Aufwendungen müssen dem **Interesse** sowie dem wirklichen bzw. mutmaßlichen Willen des Nacherben entsprechen (§§ 683, 670) oder die Voraussetzungen des § 679 liegen vor bzw. der Nacherbe genehmigt die Verwendung (§ 684 S. 2). Andernfalls besteht nach § 684 nur ein Bereicherungsanspruch.

6 Das **Wegnahmerecht (Abs. 2)** an vom Vorerben angebrachten **Einrichtungen** besteht nach dem Wortlaut unabhängig von Abs. 1 und setzt deshalb nicht voraus, dass ein Erstattungsanspruch besteht. Es kann also anders als nach Abs. 1 auch schon vor dem Nacherbfall geltend gemacht werden. Es besteht keine Wegnahmepflicht. Der Nacherbe kann also keine Entfernung fordern. Das Wegnahmerecht ist nicht subsidiär gegenüber dem Ersatzanspruch nach Abs. 1. Bei Ausübung muss sich der Vorerbe aber den Wert der weggenommenen Sache auf seinen Anspruch nach Abs. 1 anrechnen lassen, so dass dieser ggf. anteilig gekürzt wird oder ganz wegfällt (MüKoBGB/*Grunsky* Rn. 4).

7 **Einrichtungen iSv Abs. 2** sind alle miteinander aus wirtschaftlichen Gründen körperlich verbundenen Sachen (*de Leve* ZEV 2005, 16). Das sind in der Regel **Einrichtungsgegenstände** wie Lampen und Einbauschränke und zwar unabhängig davon, ob diese als wesentliche Bestandteile (§§ 93 ff.) zu klassifizieren sind (MüKoBGB/*Grunsky* Rn. 4; Palandt/*Weidlich* Rn. 2). Das ist sachgerecht, da der Vorerbe gem. § 258 S. 1 die Sache auf seine Kosten in den vorigen Stand zu setzen bzw. Schadensersatz zu leisten hat. Nach § 258 S. 2 kann der Nacherbe eine Sicherheitsleistung fordern.

8 Das Wegnahmerecht setzt voraus, dass der Vorerbe die Einrichtung aus **eigenen Mitteln** finanziert hat. Hat er auf Nachlassmittel zurückgegriffen, scheidet ein Wegnahmerecht aus, da es zu einer Surrogation nach § 2111 gekommen ist und der Gegenstand damit unmittelbar zur Erbschaft gehört. Nach der hM zählen dazu auch Fälle in denen ein Gegenstand als Inventar einem Grundstück einverleibt wurde (§ 2111 II; MüKoBGB/*Grunsky* Rn. 4; Palandt/*Weidlich* Rn. 2), was aber wegen die nicht eindeutigen Wortlauts umstritten ist.

9 Im Rahmen der **Gestaltungsmöglichkeiten in Verfügungen von Todes wegen** ist eine **Befreiung** des Vorerben von den Pflichten nach den §§ 2124–2126 **nach § 2136 nicht möglich.** Der Erblasser kann aber durch ein Vermächtnis zugunsten des Nacherben anordnen, dass der Vorerbe auch die sonstigen Verwendungen zu tragen hat.

10 Vorerbe und Nacherbe können einvernehmlich von dem gesetzlichen Verteilungsmaßstab abweichen (MüKoBGB/*Grunsky* § 2124 Rn. 1) und **vereinbaren,** dass nicht der Norm entsprechende Verwendungen trotzdem als ordnungsgemäß iSv § 2130 gelten.

§ 2126 Außerordentliche Lasten

¹**Der Vorerbe hat im Verhältnis zu dem Nacherben nicht die außerordentlichen Lasten zu tragen, die als auf den Stammwert der Erbschaftsgegenstände gelegt anzusehen sind.** ²**Auf diese Lasten findet die Vorschrift des § 2124 Abs. 2 Anwendung.**

1 Die §§ 2124–2126 regeln die Verteilung von Kosten- und Lasten im Innenverhältnis von Vor- und Nacherben. Es wird zwischen **Erhaltungskosten** (§ 2124), **sonstigen Verwendungen** (§ 2125) und auf der Erbschaft ruhenden **außerordentlichen Lasten** (§ 2126) unterschieden. Im **Außenverhältnis** gegenüber Nachlassgläubigern kann sich der Vorerbe aber nicht auf die §§ 2124–2126 berufen, sondern haftet unbeschränkt.

2 Die konkrete Ausgestaltung im **Innenverhältnis** richtet sich bei § 2126 nach dem Grundsatz, dass dem Vorerben die Nutzungen zustehen, während dem Nacherben der Vermögensstamm der Erbschaft zufallen soll. Der Vorerbe trägt also faktisch, die durch seine Nutzung verursachten Kosten bzw. Lasten und finanziert damit den **Erhalt des Erbschaftsgegenstandes** für den Nacherben. § 2126 regelt, wann der Vorerbe wegen außerordentlicher Lasten von dem Nacherben Kostenersatz fordern kann, und zwar soweit die Lasten „als auf den Stammwert der Erbschaftsgegenstände gelegt anzusehen sind". Die Vorschrift ist auch auf den **befreiten Vorerben** anwendbar, weil die Lastentragung nicht davon abhängen kann, ob und in welchem Umfang der befreite Vorerbe von den ihm nach § 2136 eingeräumten Rechten Gebrauch macht und den Nachlass ungeschmälert an den Nacherben herausgibt (BGH NJW 1980, 2465).

3 Zu den **außerordentlichen Lasten** zählen Leistungspflichten, die den Eigentümer, Besitzer oder Rechtsinhaber als solchen treffen (BGH NJW 1980, 2465), grds. nur einmal zu erbringen und nicht regelmäßig wiederkehrend sind (BGH NJW 1980, 2465; 1956, 1070). „Auf den Stammwert gelegt" ist eine

Last, wenn sie aus dem Stamm und nicht aus den Nutzungen zu bestreiten ist (BGH NJW 1980, 2465). Dazu gehört auch die bei einer Vorerbschaft angefallene Erbschaftsteuer (LG Bonn ZEV 2012, 321; Palandt/*Weidlich* Rn. 1; MüKoBGB/*Grunsky* Rn. 5).

Die **Höhe der Last** spielt keine Rolle. Sie kann privater oder öffentlich-rechtlicher Natur sein. 4

Zu den **privatrechtlichen Lasten** gehören Nachlassverbindlichkeiten (Erblasserschulden und Erbfall- 5 schulden), soweit der Erblasser diese nicht dem Vorerben aufgebürdet hat (MüKoBGB/*Grunsky* Rn. 2), ferner Vermächtnisse, auch gesetzliche nach § 1969, Auflagen, Pflichtteilsansprüche, Kosten der Todeserklärung, Beerdigungskosten, Gerichtskosten für eine Testamentsvollstreckung, Testamentseröffnung, Nachlasspflegschaft sowie Nachlassverwaltung und -insolvenz, ebenso wie die Vergütungsansprüche von Nachlasspflegern und -verwaltern, Testamentsvollstreckern und Insolvenzverwaltern.

Zu den privatrechtlichen Lasten gehört nach neuer BGH-Rechtsprechung auch der Tilgungsanteil für 6 **Grundpfandrechte** (BGH NJW 2004, 2981; Palandt/*Weidlich* Rn. 1). Bei der Tilgungshypothek ist der Tilgungsanteil aus dem Stamm der Erbschaft zu bestreiten (MüKoBGB/*Grunsky* Rn. 3). Ob die Schuld insgesamt als Einmalzahlung oder in Raten fällig wird, ist wegen des Ausnahmecharakters unerheblich. Es findet keine Differenzierung nach Höhe, Häufigkeit und Dauer der Tilgungsleistungen statt. Jede Zahlung hat eine langfristig wertsteigernde Wirkung (BGH NJW 2004, 2981).

Zu den **öffentlich-rechtlichen Lasten** gehören Erschließungs-, Straßenanlieger- und kommunale An- 7 schlussbeiträge (auch wenn dem Beitragspflichtigen Ratenzahlungen bewilligt werden). Nicht dazu gehören laufende Benutzungsgebühren und die regelmäßig anfallende Grundsteuer, Kfz- oder Gewerbesteuer (MüKoBGB/*Grunsky* Rn. 4). Die auf den Vorerben entfallende **Erbschaftsteuer** ist nach § 20 IV ErbStG aus den Mitteln der Vorerbschaft zu entrichten und damit von § 2126 erfasst, ferner auch Veräußerungsgewinne von Anteilen an Kapitalgesellschaften nach § 17 EStG (BGH LM BGB § 2126 Nr. 3) sowie Einkünfte aus Gewerbebetrieb infolge einer Veräußerung (§ 16 ErbStG; BGH NJW 1980, 2465). Dem Vorerben steht gegen den Nacherben ein Anspruch auf Freistellung bzw. Erstattung zu, der sich aber nicht auf Säumniszuschläge oder Vollstreckungskosten erstreckt (OLG Frankfurt a. M. ZEV 2016, 271).

S. 2 regelt als **Rechtsfolge,** dass die Lasten entsprechend der Verweisung auf § 2124 II aus dem Stamm 8 der Erbschaft zu bestreiten sind (→ § 2124 Rn. 9 ff.). Obwohl der Erblasser zugunsten des Vorerben Befreiungen anordnen kann, ist eine **Abweichung** von der Kosten- und Lastenverteilung in den §§ 2124–2126 nicht möglich (§ 2136). Vor- und Nacherben können sich aber auf einen anderen Verteilungsmaßstab einigen.

Verfahrensrechtlich ist zu beachten, dass der Erstattungsanspruch des Vorerben als Nachlassverbind- 9 lichkeit einzustufen ist und daher der besondere Gerichtsstand der Erbschaft gem. § 28 ZPO gilt (*de Leve* ZEV 2005, 16).

Im Rahmen der **Gestaltungsmöglichkeiten in Verfügungen von Todes wegen** ist eine **Befreiung** des 10 Vorerben von den Pflichten nach den §§ 2124–2126 **nach § 2136 nicht möglich.** Der Erblasser kann den Vorerben mit einem Vermächtnis zugunsten des Nacherben belasten, wonach der Vorerbe die zur Tilgung von Grundpfandrechten erforderlichen Aufwendungen aus den regelmäßig zu ziehenden Nutzungen der Erbschaft aufzubringen hat.

§ 2127 Auskunftsrecht des Nacherben

Der Nacherbe ist berechtigt, von dem Vorerben Auskunft über den Bestand der Erbschaft zu verlangen, wenn Grund zu der Annahme besteht, dass der Vorerbe durch seine Verwaltung die Rechte des Nacherben erheblich verletzt.

1. Normzweck. Die §§ 2127–2129 normieren **Kontroll- und Sicherungsrechte** des Nacherben und 1 bilden einen Ausgleich dafür, dass Schadensersatz- und Unterlassungsansprüche gegen den Vorerben wegen nicht ordnungsgemäßer Verwaltung erst ab dem Nacherbfall durchsetzbar sind und die Beschränkungen der §§ 2113 ff. nur zu einer Unwirksamkeit von Verfügungen ab dem Eintritt des Nacherbfalls führen.

Das Auskunftsrecht gem. § 2127 liefert aber die **notwendigen Informationen** zur Vorbereitung späte- 2 rer Schadensersatzansprüche sowie für die Entscheidung, ob bereits während der Vorerbschaft eine Sicherheitsleistung (§ 2128) oder sogar die Entziehung der Verwaltung (§ 2129) gefordert werden soll. Die Auskunftsrechte des Nacherben sind aber durch die Norm nicht abschließend geregelt (LG Berlin ZEV 2002, 160 mAnm *Krug*).

2. Anspruchsvoraussetzungen. a) Anspruchsinhaber. Bei nebeneinander eingesetzten **Nacherben** 3 kann jeder unabhängig von den anderen die Auskunft einfordern, ggf. auch gegen deren Willen. Der **Ersatznacherbe** ist aber ausgeschlossen. Ein **Nacherbentestamentsvollstrecker** (§ 2222) ist hingegen alleine anspruchsbefugt (MüKoBGB/*Grunsky* Rn. 2).

b) Besorgnis der Verletzung des Nacherbenrechts. Der Auskunftsanspruch setzt voraus, dass Grund 4 zur Annahme besteht, wonach der Vorerbe durch seine Verwaltung die Rechte des Nacherben erheblich verletzt. Damit ist vor allem der zukünftige Herausgabeanspruch des Nacherben gem. § 2130 gemeint. Ein **objektiver Verstoß** gegen die Pflicht zur ordnungsgemäßen Verwaltung iSv § 2120 ist ausreichend. Eine **begründete Annahme** einer zukünftigen Rechtsverletzung ist Mindestvoraussetzung. Andererseits muss der Nacherbe nicht abwarten, bis eine Pflichtverletzung eingetreten ist. Der Nacherbe muss als

Anspruchsinhaber entsprechend substantiiert vortragen. Reine Spekulationen ohne konkrete Anhaltspunkte reichen nicht aus.

5 Die **Gefährdung** muss ferner auf Verwaltungsmaßnahmen des Vorerben beruhen. Die Besorgnis muss also die Art und Weise der Verwaltung betreffen. Eine schlechte Vermögenslage reicht – im Gegensatz zu § 2128 – alleine genommen nicht aus. Bei einer wiederholten Gefährdung kann der Anspruch erneut geltend gemacht werden (MüKoBGB/*Grunsky* Rn. 2).

6 c) **Erhebliche Verletzung.** Nach dem Gesetzeswortlaut ist eine erhebliche Verletzung der Nacherbenrechte notwendig, so dass geringfügige Pflichtverstöße nicht ausreichend sind, ebenso Fälle in denen nur unwesentliche Bestandteile des Nachlasses betroffen sind. Man muss dabei den Wert einzelner Nachlassgegenstände in **Relation zum Gesamtnachlass** setzen. Darüber hinaus ist eine Verletzung auch dann zu verneinen, wenn die Maßnahme des Vorerben zwar (finanziell) nachteilig war, jedoch noch nicht die Grenze der Pflichtwidrigkeit überschritten hat.

7 d) **Ein Verschulden** des Vorerben ist nicht erforderlich, so dass das Entstehen künftiger Schadenersatzansprüche nicht Anspruchsvoraussetzung ist. **Kein Auskunftsanspruch** besteht, wenn der Vorerbe der **Verwaltungsmaßnahme gem. § 2120** zustimmen muss. Da der Gesetzeswortlaut auf eine Verletzung von Nacherbenrechten abstellt, ist es aber – anders als bei § 2128 – unerheblich, ob der Vorerbe mit seinem Privatvermögen für künftige Schadenersatzansprüche haftet oder selbst in finanzielle Schwierigkeiten geraten ist.

8 **3. Anspruchsinhalt.** Der Anspruchsumfang umfasst den aktuellen **Bestand der Erbschaft** einschließlich von Surrogaten. Er bezieht sich nicht rückwirkend auf den Zeitpunkt des Erbfalls. Da der Gesetzeswortlaut keine Einschränkung enthält, ist der gesamte Nachlass einschließlich nachträglicher Surrogate erfasst (MüKoBGB/*Grunsky* Rn. 4). Der aktuelle Bestand ist aber von dem Verbleib einzelner Nachlassgegenstände zu trennen. Letzteres ist nicht über § 2127 aufklärbar (MüKoBGB/*Grunsky* Rn. 4; OLG Celle ZEV 2006, 361). Zwischen einer Auskunft und einem Verzeichnis der zur Erbschaft gehörenden Nachlassgegenstände iSv § 2121 besteht kein inhaltlicher Unterschied (OLG Karlsruhe ErbR 2017, 569).

9 Liegt bereits ein vom Vorerben auf Verlangen des Nacherben erstelltes **Bestandsverzeichnis** nach § 2121 vor, so kann der Nacherbe lediglich dessen – ggf. wiederholte – Ergänzung fordern (MüKoBGB/*Grunsky* Rn. 4). Ein wichtiger Anwendungsbereich der Norm sind also Fälle, in denen der Nacherbe den nur einmal bestehenden Anspruch gem. § 2121 auf Erstellung eines Verzeichnisses der Erbschaftsgegenstände bereits geltend gemacht und sich so über Änderungen im Nachlassbestand informieren kann. Die beiden Normen unterscheiden sich aber dadurch, dass – im Gegensatz zu § 2121 – ein Gefährdungstatbestand vorgetragen werden muss.

10 **4. Grenzen des Anspruchs. Nach dem Nacherbfall** steht dem Nacherben nur das Recht aus § 2130 II zu, nicht aber die Rechte aus § 2127. Nach dem Gesetzeswortlaut kann nur eine Auskunftserteilung und keine Rechenschaftslegung gefordert werden. Aus dem insoweit maßgeblichen § 260 ergibt sich die Verpflichtung zur Vorlage eines Verzeichnisses (Abs. 1) und ggf. der Abgabe einer Erklärung an Eides statt (Abs. 2).

11 **5. Gestaltungsmöglichkeiten in Verfügungen von Todes wegen.** Der Erblasser kann den Vorerben nach § 2136 von der Beschränkung des § 2127 **befreien**. Von dem nach § 2127 befreiten Vorerben kann der Nacherbe trotzdem nach § 2121 eine Verzeichniserstellung fordern oder auf eigene Kosten den Zustand der Erbschaft durch einen Sachverständigen feststellen lassen (§ 2122). Der BGH bejaht bei **Schenkungen des Vorerben** einen Auskunftsanspruch des Nacherben gegenüber dem Zuwendungsempfänger analog § 2314 wenn eine gerechte Abwägung der beiderseitigen Interessen es rechtfertigt, ihm diesen Anspruch zu gewähren (BGH NJW 1972, 907). Aus seiner **Pflichtteilsberechtigung** alleine kann der Nacherbe nicht zusätzlich zu § 2127 einen Anspruch aus § 2314 ableiten (BGH NJW 1981, 2051). *Krug* bejaht einen auf § 242 gestützten Auskunftsanspruch (*Krug* ZEV 2002, 160).

12 **6. Verfahrensrecht.** Der Auskunftsanspruch muss ggf. eingeklagt werden. Die **Darlegungs- und Beweislast** hinsichtlich des Vorliegens der Anspruchsvoraussetzungen obliegt dem Nacherben, der Umstände angeben muss, aus denen sich die Vermutung einer bereits eingetretenen oder bevorstehenden Rechtsverletzung ergibt (Baumgärtel/Laumen/Prütting Beweislast-HdB/*Schmitz* Rn. 1).

§ 2128 Sicherheitsleistung

(1) Wird durch das Verhalten des Vorerben oder durch seine ungünstige Vermögenslage die Besorgnis einer erheblichen Verletzung der Rechte des Nacherben begründet, so kann der Nacherbe Sicherheitsleistung verlangen.

(2) Die für die Verpflichtung des Nießbrauchers zur Sicherheitsleistung geltende Vorschrift des § 1052 findet entsprechende Anwendung.

1 **1. Normzweck.** Die §§ 2127–2129 normieren **Kontroll- und Sicherungsrechte** des Nacherben. Sie bilden einen Ausgleich dafür, dass Schadensersatz- und Unterlassungsansprüche gegen den Vorerben wegen einer nicht ordnungsgemäßen Verwaltung erst ab dem Nacherbfall durchsetzbar sind und die

Beschränkungen der §§ 2113 ff. nur zu einer Unwirksamkeit von Verfügungen mit Eintritt des Nacherbfalls führen.

Wenn eine Besorgnis einer erheblichen Verletzung der Rechte des Nacherben (insbes. des Herausgabeanspruchs nach § 2130) besteht, kann dieser eine **Sicherheitsleistung** nach Maßgabe der §§ 232–240 und zusätzlich die Anordnung einer **Zwangsverwaltung** (Abs. 2) verlangen. Voraussetzung ist eine auf konkrete Umstände gestützte Befürchtung, ohne dass diese bereits eingetreten sein muss. Erst recht genügt aber ein bereits eingetretener objektiver Pflichtverstoß. Eine subjektiv übersteigerte Sichtweise des Nacherben ist nicht ausreichend.

2. Verhalten und Vermögenslage des Vorerben. Die **Besorgnis** muss entweder auf der Art und Weise oder der künftigen Besorgung der Vermögensverwaltung beruhen (zB Verschenken von Nachlassgegenständen, Misswirtschaft, Vornahme von zustimmungsbedürftigen Verfügungen etc). Ein schuldhaftes Handeln ist nicht erforderlich (OLG Schleswig ErbR 2016, 23); MüKoBGB/*Grunsky* Rn. 1; Palandt/*Weidlich* Rn. 1). Ein Verstoß gegen die § 2113 I, §§ 2114, 2116–2119 reicht im Regelfall aus. Ausreichend ist die Gefahr, dass der Vorerbe seinen Pflichten nach § 2130 nicht (ordnungsgemäß bzw. vollständig) nachkommt oder auf Verlangen keine Rechenschaft über die Verwaltung des Nachlasses ablegt (OLG Schleswig ErbR 2016, 23). Die Norm setzt voraus, dass der Vorerbe die Grenzen ordnungsgemäßer Verwaltung überschreitet und damit für den Nacherben keine Einwilligungspflicht gem. § 2120 besteht.

Im Gegensatz zu § 2127 reicht alternativ auch eine **ungünstige Vermögenslage** des Vorerben aus, wenn der Nacherbe in Gefahr gerät, dass Eigengläubiger in Nachlassgegenstände vollstrecken und der Vorerbe insolvent ist oder wird. Der Gesetzeswortlaut differenziert nicht danach, ob die (Besorgnis einer) Vermögensgefährdung bereits vor dem Erbfall bestanden hat.

3. Erhebliche Pflichtverletzung. Die Rechtsverletzung muss so erheblich sein, dass geringfügige Pflichtverstöße ebenso nicht ausreichend sind wie Fälle, in denen nur unwesentliche Bestandteile des Nachlasses betroffen sind (OLG Schleswig ErbR 2016, 23). Man muss dabei den Wert einzelner Nachlassgegenstände in **Relation zum Gesamtnachlass** setzen.

4. Inhalt des Anspruchs. Der Inhalt des Anspruchs richtet sich nach den §§ 232 ff. Für die **Höhe** ist der Wert des Nachlasses maßgeblich, sofern und soweit der Vorerbe bzgl. des gesamten Nachlasses verfügungsberechtigt ist und auch insoweit die Besorgnis einer Rechtsverletzung besteht (Palandt/*Weidlich* Rn. 1). Der Nacherbe kann unter den **Sicherungsmitteln** des § 232 frei wählen. Der Vorerbe haftet mit seinem Privatvermögen für die Sicherheitsleistung (MüKoBGB/*Grunsky* Rn. 3).

Bei einer aus **mehreren Nacherben** bestehenden **Erbengemeinschaft** ist jeder einzelne anspruchsberechtigt, **Ersatznacherben** allerdings erst wenn sie die Erbenstellung antreten. Im Gegensatz zu der Anordnung einer Zwangsverwaltung ist für den Anspruch auf eine Sicherheitsleistung nicht erforderlich, dass dieser eine Verurteilung des Vorerben vorausgeht.

5. Zwangsverwaltung (Abs. 2). a) Anspruchsvoraussetzungen. Durch die Verweisung auf § 1052 ist klargestellt, dass Voraussetzung für die Anordnung der Zwangsverwaltung die rechtskräftige **Verurteilung zur Sicherheitsleistung** und das erfolglose Verstreichen einer gerichtlich gesetzten Frist ist (OLG Schleswig ErbR 2016, 23). Wenn aufgrund besonderer Umstände von Anfang an absehbar ist, dass eine Sicherheitsleistung ungeeignet oder zwecklos wäre, kommt ausnahmsweise sogleich eine gerichtliche Verwaltung in Betracht (OLG Schleswig aaO). Die Verwaltungsanordnung kann auf Teile des Nachlasses beschränkt werden, wenn nur insoweit ein Sicherungsbedürfnis besteht.

b) Rechtsfolgen. Mit Ablauf der Frist wird dem Vorerben die Verwaltungsbefugnis entzogen und auf einen unter der Aufsicht des Gerichts stehenden **Verwalter** übertragen. Aus § 1052 II 2 ergibt sich, dass auch der Nacherbe zum Verwalter bestellt werden kann, nicht jedoch der Vorerbe (Palandt/*Weidlich* Rn. 2). Die nachträgliche Stellung einer Sicherheit führt zur Aufhebung der Verwaltung (§ 1052 III). Die weiteren rechtlichen Folgen des Entziehungsbeschlusses sind in § 2129 geregelt. Eine Schadenersatzpflicht (§ 280 I) bleibt davon unberührt (OLG Schleswig ErbR 2016, 23).

6. Gestaltungsmöglichkeiten in Verfügungen von Todes wegen. Der Erblasser kann den Vorerben nach § 2136 von der Beschränkung des § 2128 I **befreien**. Da Abs. 2 auf der Anwendung des Abs. 1 aufbaut, kann die Befreiung auch für die Zwangsverwaltung nach Abs. 2 angeordnet werden.

7. Verfahrensrecht. Der Antrag auf Fristsetzung (§ 255 II ZPO) kann mit dem Anspruch nach Abs. 1 in zwei **Klageanträgen verbunden** werden. Dann ist einheitlich das Prozessgericht zuständig. Ansonsten kann die Fristsetzung nur durch das Vollstreckungsgericht (§ 764 ZPO) erfolgen, was zu einem Zeitverlust führt.

Der **Nacherbe** kann sich entscheiden, ob er wegen der Sicherheitsleitung die Zwangsvollstreckung nach § 887 ZPO betreibt oder aber – was regelmäßig effektiver sein wird – die Anordnung der Zwangsverwaltung beantragt. Denn oft werden Vollstreckungsmaßnahmen mangels Masse nicht zum Erfolg führen.

Mit der Vollstreckung geht das **Wahlrecht** hinsichtlich der Sicherungsmittel nach § 232 auf den Nacherben über. Der Anspruch nach Abs. 1 kann auch vom Nacherben als Einrede nach § 273 gegenüber der Aufforderung des Vorerben einer Verfügung zuzustimmen, erhoben werden.

Der drohenden Geltendmachung der Rechte nach § 2128 durch den Nacherben kann der Vorerbe mit einer **Feststellungsklage** (§ 256 ZPO) begegnen und klären lassen, ob die Besorgnis einer erheblichen Verletzung der Rechte des Nacherben begründet ist.

15 **Arrest und einstweilige Verfügung** (§§ 916 ff., 935 ff. ZPO: vorläufige gerichtliche Verwaltung) sind neben Maßnahmen nach § 2128 weiter möglich. Das gilt insbes. für Fälle, in denen das gestufte Verfahren mit rechtskräftiger Verurteilung zur Sicherheitsleistung und fruchtlosem Ablauf einer gerichtlich gesetzten Frist zu zeitintensiv ist (OLG Schleswig ErbR 2016, 32). Diese allgemeinen Sicherungsmittel sind gegenüber einem befreiten Vorerben die alleine noch möglichen Sicherungsmittel, da **§ 2136 eine Befreiung von den §§ 2127–2129** möglich macht. Allerdings ist zu berücksichtigen, dass der befreite Vorerbe in der Verwaltung des Nachlasses weitgehend frei ist, so dass Verstöße gegen die Grundsätze ordnungsgemäßer Verwaltung nur in Ausnahmefällen anzunehmen sind.

16 Bei Grundstücken ist auf einen **Grundbuchvermerk** nach § 51 GBO zu achten.

§ 2129 Wirkung einer Entziehung der Verwaltung

(1) Wird dem Vorerben die Verwaltung nach der Vorschrift des § 1052 entzogen, so verliert er das Recht, über Erbschaftsgegenstände zu verfügen.

(2) ¹Die Vorschriften zugunsten derjenigen, welche Rechte von einem Nichtberechtigten herleiten, finden entsprechende Anwendung. ²Für die zur Erbschaft gehörenden Forderungen ist die Entziehung der Verwaltung dem Schuldner gegenüber erst wirksam, wenn er von der getroffenen Anordnung Kenntnis erlangt oder wenn ihm eine Mitteilung von der Anordnung zugestellt wird. ³Das Gleiche gilt von der Aufhebung der Entziehung.

1 Die §§ 2127–2129 normieren **Kontroll- und Sicherungsrechte** des Nacherben. Sie bilden einen Ausgleich dafür, dass Schadensersatz- und Unterlassungsansprüche gegen den Vorerben wegen einer nicht ordnungsgemäßen Verwaltung erst ab dem Nacherbfall durchsetzbar sind und die Beschränkungen der §§ 2113 ff. nur zur Unwirksamkeit von Verfügungen mit Eintritt des Nacherbfalls führen.

2 § 2129 ist im Zusammenhang mit § 2128 zu sehen und regelt die Rechtsfolgen einer **gerichtlichen Entziehung** des Verwaltungsrechts des Vorerben, der trotz Fristsetzung keine Sicherheitsleistung (§ 1052) erbracht hat, obwohl die Besorgnis einer erheblichen Verletzung der Rechte des Nacherben bestand. Der gerichtliche Beschluss erfolgt durch das Vollstreckungsgericht und hat im Innenverhältnis zum Vorerben den Verlust des Verwaltungsrechts und in dem in § 2129 geregelten Außenverhältnis gegenüber Dritten den Entzug der Verfügungsbefugnis zur Folge. Der Vorerbe muss dann den Nachlass an den **Verwalter** herausgeben. Der gerichtliche Beschluss sollte die Gegenstände möglichst genau bezeichnen. Über die Nachlasszugehörigkeit muss dann im Erinnerungsverfahren § 766 ZPO gestritten werden (MüKoBGB/*Grunsky* Rn. 2).

3 Der Vorerbe ist aber weiterhin berechtigt, die **Nutzungen** aus dem Nachlass für sich zu beanspruchen. Der Verwalter muss dies entsprechend berücksichtigen. Da dieser an die Stelle des Vorerben getreten ist, steht ihm keine weitergehende Verfügungsbefugnis zu, als sie der Vorerbe besaß. Der Verwalter hat deshalb insbes. auch die Verfügungsbeschränkungen der §§ 2113–2115 zu beachten. Auch die Einwilligungspflicht des Nacherben nach § 2120 bleibt bestehen, wobei der Anspruch durch den Verwalter geltend zu machen ist (MüKoBGB/*Grunsky* Rn. 2).

4 Verfügt der Vorerbe dennoch weiter über Nachlassgegenstände, so ist zunächst der Gutglaubensschutz nach Abs. 2 zu prüfen. Ansonsten ist die **Verfügung unwirksam,** es sei denn der Verwalter willigt ein (§ 185). Das gilt auch für den Nacherben, da die §§ 2127–2129 zu seinen Gunsten Kontroll- und Sicherungsrechte normieren.

5 Abs. 2 ermöglicht einen **gutgläubigen Erwerb** vom Vorerben. Die Vorschriften über den gutgläubigen Erwerb von einem Nichtberechtigten sind danach entsprechend anwendbar. Denn der Vorerbe wird aus Sicht des Rechtsverkehrs grds. als verfügungsbefugt angesehen. Maßstab ist also aus Erwerbersicht bei beweglichen Sachen § 932 (keine Kenntnis bzw. grob fahrlässige Unkenntnis von der Entziehung der Verfügungsbefugnis) und bei Grundstücken bzw. Grundstücksrechten § 892 (positive Kenntnis bzw. Eintragung einer Verfügungsbeschränkung). Bei einer gegen § 2113 I, II verstoßenden Grundstücksverfügung hindert eine entsprechende Grundbucheintragung auch einen gutgläubigen Erwerb nach § 2113 III. Dass der Vorerbe einen auf ihn lautenden **Erbschein** vorlegen kann, ermöglicht keinen Gutglaubenserwerb, da eine Verfügungsbeschränkung dort nicht eingetragen werden darf. Bei einer Zustimmung des Nacherben ist eine Zustimmung des Verwalters entbehrlich (MüKoBGB/*Grunsky* Rn. 2).

6 Durch **Abs. 2 S. 2** werden **Nachlassschuldner** dergestalt geschützt, dass die Entziehung der Verwaltung dem Schuldner gegenüber erst wirksam wird, wenn er von der Anordnung der Zwangsverwaltung Kenntnis erlangt oder wenn ihm auf Antrag des Verwalters oder des Nacherben eine Mitteilung von der Anordnung zugestellt wird. Der Schuldner kann dann trotz einer fehlenden Empfangszuständigkeit des Vorerben noch schuldbefreiend an diesen leisten. Es liegt also im Interesse des Nacherben, dass er auf eine möglichst rasche Zustellung dringt. Umgekehrt kann der gutgläubige Schuldner aber trotz Aufhebung der Zwangsverwaltung weiter schuldbefreiend an den Verwalter leisten (Abs. 2 S. 3). Für Personen, an die eine Nachlassforderung im Rahmen eines Forderungserwerbs **abgetreten** worden sind, gilt dies jedoch nicht (Palandt/*Weidlich* Rn. 2).

7 Der Eintrag der Verfügungsbeschränkung in das **Grundbuch** erfolgt auf Antrag des Verwalters, des Nacherben (§§ 13, 22 GBO) oder auf Ersuchen des Vollstreckungsgerichts (§ 38 GBO). Der Nachweis erfolgt durch Vorlage der Entscheidung, die den Entzug der Verwaltung enthält.

8 Im Rahmen seiner **Gestaltungsmöglichkeiten in Verfügungen von Todes** wegen kann der Erblasser den Vorerben nach § 2136 von der Beschränkung des § 2129 **befreien**. Wegen des Gesamtzusammen-

hangs mit § 2128 kann die Befreiung auch auf die Möglichkeit einer Zwangsverwaltung nach § 2128 II beschränkt werden.

Die gerichtliche Entscheidung ist mit dem Erlass sofort vollstreckbar ist (§§ 793, 794 I Nr. 3 ZPO). Sie ist dem Vorerben zuzustellen. 9

Arrest und **einstweilige Verfügung** (§§ 916 ff., 935 ff. ZPO) sind gegenüber einem befreiten Vorerben die einzig möglichen Sicherungsmittel. 10

§ 2130 Herausgabepflicht nach dem Eintritt der Nacherbfolge, Rechenschaftspflicht

(1) ¹Der Vorerbe ist nach dem Eintritt der Nacherbfolge verpflichtet, dem Nacherben die Erbschaft in dem Zustand herauszugeben, der sich bei einer bis zur Herausgabe fortgesetzten ordnungsmäßigen Verwaltung ergibt. ²Auf die Herausgabe eines landwirtschaftlichen Grundstücks findet die Vorschrift des § 596a, auf die Herausgabe eines Landguts finden die Vorschriften der §§ 596a, 596b entsprechende Anwendung.

(2) Der Vorerbe hat auf Verlangen Rechenschaft abzulegen.

1. Normzweck. Mit Eintritt des Nacherbfalls endet die Erbenstellung des Vorerben. Das Vermögen 1 des Vorerben wird in den Nacherben-Nachlass und das sonstige Vorerben-Vermögen getrennt. Die Erbschaft fällt dem Nacherben an (§ 2139). Als zentrale Vorschrift des Nacherbschaftsrechts normiert § 2130 einen **Herausgabeanspruch** des Nacherben gegen den Vorerben ab Eintritt des Nacherbfalls und legt den vom Vorerben einzuhaltenden Sorgfaltsmaßstab im Sinne einer materiellen Fürsorgepflicht fest. Auch der befreite Vorerbe ist zur Herausgabe verpflichtet.

Abs. 2 normiert eine Verpflichtung des Vorerben, dem Nacherben auf Verlangen **Rechenschaft** abzu- 2 legen, womit die Durchsetzung des Herausgabeanspruchs vorbereitet werden kann.

2. Anspruchsgegner. Wenn – wie in der Regel – die Nacherbfolge mit dem Tod des Vorerben eintritt, 3 so sind die **Erben des Vorerben** Anspruchsgegner und haben eine Nachlassverbindlichkeit des Vorerben zu erfüllen (OLG Frankfurt a.M. OLGR 1994, 223; Palandt/*Weidlich* Rn. 1; MüKoBGB/*Grunsky* Rn. 3). Dies geht aus dem Gesetzeswortlaut nicht hervor, ergibt sich aber aus dem Grundsatz der Universalsukzession (§ 1922).

3. Weitere Anspruchsgrundlagen. Für die Zeit **bis zum Eintritt des Nacherbfalls** ist der Nacherbe 4 auf die Rechte aus §§ 2127–2129 beschränkt. Er kann aber ab dem Nacherbfall (§ 2139) als wahrer Erbe, als Eigentümer der Erbschaftsgegenstände und Inhaber der Nachlassforderungen Abtretungs- und Herausgabeansprüche wegen einzelner dem Nachlass zugehöriger Sachen und Rechte geltend machen (zB §§ 985, 894; vgl. Palandt/*Weidlich* Rn. 2; MüKoBGB/*Grunsky* Rn. 2). § 2018 ist nicht ergänzend anwendbar, da der befreite Vorerbe sich anders als der Erbschaftsbesitzer kein Erbrecht zu Unrecht anmaßt, sondern er – während der Dauer der Vorerbschaft – der rechtmäßige und kraft Erblasserwillen sogar frei gestellte Eigentümer des Nachlasses ist (BGH NJW 1983, 2874). Bestreitet der Vorerbe den Eintritt des Nacherbfalls bzw. die Anordnung einer Nacherbfolge, wird Abs. 1 nicht von § 2018 verdrängt (Palandt/*Weidlich* Rn. 2).

4. Herausgabeanspruch (Abs. 1). Neben den vorgenannten Anspruchsgrundlagen kann der Nacherbe 5 nach Abs. 1 den Gesamtnachlass (also auch die Surrogate nach § 2111) von dem Vorerben herausverlangen und so den Wechsel in der Rechtszuständigkeit unmittelbar herbeiführen. § 2130 ist also auf **Herausgabe von Erbschaftsgegenständen** kraft Eigentumsstellung als Erbe und nicht auf Verschaffung der Erbenstellung gerichtet.

§ 2130 scheidet als Anspruchsgrundlage gegenüber **Dritten** aus, die im Besitz von Nachlassgegenstän- 6 den sind. Keine Herausgabe wird geschuldet, wenn für den Vor- und Nacherben derselbe **Testamentsvollstrecker** ernannt ist und dieser den Nachlassgegenstand daher an sich selbst herausgeben müsste (Palandt/*Weidlich* Rn. 1).

Der Nacherbe muss die Erbschaft in dem Zustand hinnehmen, den sie in der Hand des Vorerben – 7 egal ob befreit oder nicht – bei **Eintritt der Nacherbfolge** gehabt hat (BGH NJW 1977, 1540).

a) Inhalt des Anspruchs. Der Anspruch richtet sich deshalb auf die Herausgabe des **gesamten vor-** 8 **handenen Nachlasses** einschließlich der Surrogate nach § 2111 und für die Rechtsverfolgung notwendiger Urkunden (zB Vollstreckungstitel – Nebenpflicht aus dem gesetzlichen Schuldverhältnis). Ob der vorgefundene Nachlassbestand den Grundsätzen ordnungsmäßiger Verwaltung entspricht, ist eine Frage einer möglichen Schadenersatzpflicht. Andersherum ist auch das herauszugeben, was im Rahmen einer bestmöglichen Verwaltung durch den Vorerben erwirtschaftet wurde (MüKoBGB/*Grunsky* Rn. 4).

Ist ein Kaufvertrag bereits abgeschlossen, die Kaufsache aber noch nicht übereignet, so muss der 9 Nacherbe die **schuldrechtliche Verpflichtung** gegen sich gelten lassen und der Vorerbe kann eine Befreiung von der Verbindlichkeit verlangen. Die Kaufsache steht aber als Surrogat (§ 2111) dem Nacherben zu. Dies gilt für den Fall, dass eine **Grundstücksauflassung** bereits erklärt, die Grundbucheintragung aber noch aussteht (KG DNotZ 1942, 107; MüKoBGB/*Grunsky* Rn. 4).

Die bis zum Nacherbfall gezogenen **Nutzungen** stehen dem Vorerben zu und müssen deshalb nicht 10 dem Nacherben herausgegeben werden, selbst wenn sie dem Nachlass noch nicht entnommen sind. Das kann auch noch nach Eintritt des Nacherbfalls geschehen (MüKoBGB/*Grunsky* Rn. 4).

11 **Aufwendungen**, die der Vorerbe zum Zwecke der Erhaltung von Erbschaftsgegenständen den Umständen nach für erforderlich halten darf, kann er aus der Erbschaft bestreiten. Bestreitet er sie aus seinem Vermögen, so ist der Nacherbe im Falle des Eintritts der Nacherbfolge zum Ersatz verpflichtet (MüKoBGB/*Grunsky* Rn. 5). Dem Vorerben kann insoweit auch ein **Zurückbehaltungsrecht** (§ 273 II) zustehen. Andere Fälle sind Aufwendungsersatzansprüche gem. § 2125 I iVm den §§ 683 f. Für die Verteilung der **Früchte** gilt §§ 101–102.

12 **b) Herausgabe eines landwirtschaftlichen Grundstücks und Landguts.** Abs. 1 S. 2 regelt, dass auf die Herausgabe eines landwirtschaftlichen Grundstücks die Vorschrift des **§ 596a**, auf die Herausgabe eines Landguts die Vorschriften der **§§ 596a, 596b** entsprechende Anwendung finden.

13 **5. Schadensersatzanspruch des Nacherben. a) Sorgfaltspflichtverletzung.** Verletzt der Vorerbe schuldhaft seine Pflicht zur Herausgabe des Nachlasses in einem Zustand ordnungsgemäßer Verwaltung, so kann er dem Nacherben gegenüber schadensersatzpflichtig (§ 280 I) sein. Dies setzt voraus, dass die Verwaltung des Nachlasses insgesamt (und nicht nur bzgl. einzelner Verwaltungsmaßnahmen) **nicht ordnungsgemäß** war (Palandt/*Weidlich* Rn. 6) Das ist einzelfallbezogen zu ermitteln. Pauschalisierungen verbieten sich. Entscheidend sind allein **objektive** Gesichtspunkte aus der Sicht eines sorgfältigen Verwalters (BGH MDR 1973, 749 = WM 1973, 361). Allerdings dürfen schuldhaft verursachte Vermögenseinbußen bzgl. eines Nachlassgegenstands nicht mit überobligatorischen Gewinnen bei einem anderen Erbschaftsgegenstand verrechnet werden, um so zu einem insgesamt positiven Ergebnis zu kommen.

14 **b) Verschulden.** Bei der Verschuldensprüfung ist abweichend von den allgemeinen Grundsätzen zu beachten, dass der Vorerbe nicht für einfache Fahrlässigkeit, sondern nur für die **Sorgfalt in eigenen Angelegenheiten** (diligentia quam in suis) haftet (Palandt/*Weidlich* § 2131 Rn. 1; MüKoBGB/*Grunsky* § 2131 Rn. 1, vgl. 2131 Rn. 1 ff.). Ausschlaggebend ist also, wie der Vorerbe sein eigenes Vermögen verwaltet. Er haftet dabei nur für grob fahrlässige Verstöße gegen die generelle Pflicht zur ordnungsgemäßen Verwaltung des Nachlasses. Weitergehende gesetzliche Pflichten, wie zB die mündelsichere Geldanlage nach § 2119 oder die Wertpapieranlage (§§ 2116–2118) etc bleiben unberührt.

15 **c) Entstehen des Schadensersatzanspruches.** Aus der gesetzgeberischen Verknüpfung der Pflicht zu einer ordnungsgemäßen Verwaltung mit der Herausgabe des Nachlasses an den Vorerben ergibt sich, dass ein aus einer Pflichtverletzung resultierender Schadensersatzanspruch erst **mit dem Nacherbfall** entsteht.

16 **d) Der Umfang des Schadensersatzanspruches** richtet sich nach den §§ 249 ff., so dass die Naturalrestitution vorrangig vor einem Wertersatz ist. Ergibt sich die Pflichtverletzung jedoch aus einem Unterwert-Verkauf oder ist aus anderen Gründen keine adäquate Gegenleistung für das Ausscheiden eines Gegenstandes aus dem Nachlassbestand geflossen, wird Geldersatz geschuldet (MüKoBGB/*Grunsky* Rn. 7).

17 **6. Auskunftsanspruch.** Der Nacherbe hat gegen den vom Vorerben **Beschenkten** einen Auskunftsanspruch **analog § 2314**, wenn eine Abwägung der beiderseitigen Interessen dies rechtfertigt. Wenn der Nacherbfall bereits zu Lebzeiten des Vorerben eingetreten ist und der Nacherbe die erforderlichen Auskünfte ohne größere Schwierigkeiten vom Vorerben nach Abs. 2 verlangen kann, besteht kein Anspruch. Auch ist erforderlich, dass gewisse Anhaltspunkte für eine unentgeltliche Verfügung des Vorerben vorliegen und sein Auskunftsverlangen nicht nur auf eine Ausforschung hinausläuft. Das kann im Regelfall bejaht werden, wenn sich der Auskunftsanspruch gegen Personen richtet, die mit dem Vorerben in Beziehungen gestanden haben, welche nach den besonderen Umständen die Vermutung nahe legen, der Vorerbe könne ihnen aus dem der Nacherbfolge unterliegenden Nachlass unentgeltliche Zuwendungen gemacht haben (BGH NJW 1972, 907).

18 **7. Abdingbarkeit.** Für den **befreiten Vorerben** ist in § 2138 I 1 eine Ausnahme von dem für den nicht befreiten Vorerben geltenden Grundsatz einer Schadenersatzpflicht bei einer schuldhaften Unmöglichkeit der Herausgabe geregelt. Da er nicht zu einer ordnungsgemäßen Verwaltung des Nachlasses verpflichtet ist, kann er Nachlassgegenstände für sich verbrauchen. Damit scheidet wegen des Normzwecks auch ein Geldersatz aus. Der befreite Vorerbe haftet damit nur für eine unmittelbare Benachteiligungsabsicht, aber ansonsten nicht einmal für grobe Fahrlässigkeit (→ § 2138 Rn. 4).

19 **8. Rechenschaftspflicht des Vorerben (Abs. 2).** Abs. 2 erleichtert dem Nacherben die praktische Durchsetzung des Herausgabeanspruchs, indem der Vorerbe auf **Verlangen** des Nacherben zur Rechenschaftsleistung verpflichtet ist (vgl. § 259). Die sich aus § 260 I ergebende Pflicht zur Erstellung eines Bestandsverzeichnisses bleibt daneben bestehen. Die Rechenschaftspflicht ist aber entsprechend dem tragenden Grundsatz der §§ 2100 ff. auf den Stamm des Nachlasses beschränkt und umfasst ebenso wenig die dem Vorerben zustehenden Nutzungen wie die diesen treffenden gewöhnlichen Erhaltungskosten nach § 2124 I (Palandt/*Weidlich* Rn. 5; MüKoBGB/*Grunsky* Rn. 8). Der Pflichtenkreis ist also auf den Umfang der Rechtsstellung des Nacherben beschränkt. Keine Rechenschaftspflicht besteht, wenn im Wege eines Vorausvermächtnisses – unter Befreiung von § 2134 BGB – Geldvermögen von dem Vorerben für sich selbst verbraucht werden durfte (OLG Karlsruhe ZEV 2017, 296).

20 Auf früher erteilte Auskünfte und Verzeichnisse des nach §§ 2121, 2127 soll der Vorerbe **Bezug** nehmen können, wenn er ergänzend Veränderungen mitteilt. Bei Zweifeln an einer sorgfältigen Erstellung kann von dem Vorerben eine **Versicherung an Eides statt** (§ 259 II) gefordert werden. Eine Belegvorla-

ge verbunden mit dem Angebot ergänzender mündlicher Erläuterungen reicht nicht aus (OLG Köln NJW-RR 1989, 528).

9. Gestaltungsmöglichkeiten in Verfügungen von Todes wegen. Der Erblasser kann den Vorerben nach § 2136 von der Beschränkung des § 2130 **befreien.** Dies erstreckt sich aber nur auf den Maßstab der Verwaltungspflichten. Der Herausgabeanspruch des Nacherben kann aber nicht in einer letztwilligen Verfügung ausgeschlossen werden (MüKoBGB/*Grunsky* Rn. 1). Die Herausgabepflicht erstreckt sich aber immer nur auf den noch vorhandenen Nachlass (einschließlich der Surrogate). Auch eine Befreiung von der Rechenschaftspflicht des Abs. 2 ist – zB im Wege eines Vorausvermächtnisses möglich, vgl. OLG Karlsruhe ZEV 2017, 296, Rn 19), nicht aber von der Erstellung eines Bestandverzeichnisses nach § 260 I. 21

10. Verfahrensrecht. Der Herausgabeanspruch ist nach **30 Jahren** der Einrede der **Verjährung** ausgesetzt (§ 197 I Nr. 1 nF ab 1.1.2010). Dem Vorerben obliegt bei dem Verschuldensnachweis die **Beweislast,** dass er bei der konkreten Verwaltungsmaßnahme auch in eigenen Angelegenheiten nicht sorgfältiger verfährt. Verlangt der Nacherbe von dem befreiten Vorerben (oder dessen Erben) nach Eintritt des Nacherbfalles Herausgabe von Gegenständen, die nicht von Anfang an zum Nachlass des Erblassers gehört haben, dann trägt der **Nacherbe** die Darlegungslast und die Beweislast für die während der Dauer der Vorerbschaft eingetretenen **Surrogationsvorgänge.** 22

Die Ansprüche auf Herausgabe, Rechenschaftsablegung und Abgabe der eidesstattlichen Versicherung können im Wege der **Stufenklage** geltend gemacht werden (§ 254 ZPO). 23

§ 2131 Umfang der Sorgfaltspflicht

Der Vorerbe hat dem Nacherben gegenüber in Ansehung der Verwaltung nur für diejenige Sorgfalt einzustehen, welche er in eigenen Angelegenheiten anzuwenden pflegt.

Da der Erblasser den Vorerben zum wahren Erben auf Zeit eingesetzt hat, geht der Gesetzgeber von dem mutmaßlichen Willen aus, dass der Vorerbe bei der Verwaltung nicht für einfache Fahrlässigkeit, sondern nur für die **Sorgfalt in eigenen Angelegenheiten (diligentia quam in suis)** haftet (Palandt/*Weidlich* Rn. 1; MüKoBGB/*Grunsky* Rn. 1). Diese Haftungserleichterung ist das subjektive Gegenstück zu dem objektiven Haftungsmaßstab des § 2130. Ausschlaggebend ist also, wie der Vorerbe sein eigenes Vermögen verwaltet, ob er zB selbst Versicherungsverträge abschließt. Er haftet dabei nur für vorsätzliche und grob fahrlässige Verstöße gegen die generelle Pflicht zur ordnungsgemäßen Verwaltung des Nachlasses (§ 277). 1

Anders ist dies jedoch, wenn ein mutmaßlicher Erblasserwille dadurch widerlegt ist, dass der Erblasser dem Vorerben zusätzliche Verwaltungs- oder Sorgfaltspflichten auferlegt hat. Dann haftet der Vorerbe auch für **einfache Fahrlässigkeit** (§ 276). Entsprechende Pflichten können sich aus § 2116 (Hinterlegung von Wertpapieren), § 2117 (Umschreibung von Inhaberpapieren), § 2118 (Sperrvermerke), § 2119 (Geldanlage) und § 2123 (Wirtschaftsplan) ergeben. Bei der Frage, ob eine Verfügung unentgeltlich iSv § 2113 II ist, kann sich der Vorerbe auf keine Haftungsprivilegierung berufen. Auch die Rechte des Nacherben aus den § 2133 (pflichtwidrige Fruchtziehung) und § 2134 (Wertersatz für eigennützige Verwendung) bleiben gesondert bestehen. 2

Im Rahmen der **Gestaltungsmöglichkeiten in Verfügungen von Todes** wegen kann der Erblasser gem. § 2136 von dem Sorgfaltsmaßstab des § 2131 **Befreiung** erteilen, womit auch die iRd § 2131 gem. § 277 fortbestehende Haftung aus grober Fahrlässigkeit entfällt. Der Vorerbe haftet dann nur noch gem. § 2138 II – von dem nicht befreit werden kann – für unentgeltliche Verfügungen oder die Verminderung des Nachlasses in Benachteiligungsabsicht. Auch bei einer vollständigen Befreiung des Vorerben bleibt der Maßstab der ordnungsgemäßen Verwaltung jedoch für die Beurteilung der Unentgeltlichkeit einer Verfügung des Vorerben, also ob eine Gegenleistung bei ordnungsgemäßer Verwaltung ein vollwertiges Entgelt darstellt, von Bedeutung (Soergel/*Harder-Wegmann* Rn. 3; MüKoBGB/*Grunsky* Rn. 3). Der Erblasser kann aber auch eine **strengere Haftung** des Vorerben anzuordnen. 3

In **verfahrensrechtlicher Hinsicht** muss der Nacherbe beweisen, dass ein Verstoß gegen die Grundsätze ordnungsmäßiger Verwaltung iSv § 2130 vorliegt. Dem Vorerbe obliegt dann die **Beweislast** dafür, wie er sich in eigenen Angelegenheiten verhält, da der Nacherbe idR über keine Informationen aus der Sphäre des Vorerben verfügt, (Baumgärtel/Laumen/Prütting Beweislast-HdB/*Schmitz* Kap. II Rn. 1). Der Nacherbe muss ggf. auch den Beweis erbringen, dass der Erblasser eine von der Norm abweichende strengere Haftung angeordnet hat. 4

§ 2132 Keine Haftung für gewöhnliche Abnutzung

Veränderungen oder Verschlechterungen von Erbschaftssachen, die durch ordnungsmäßige Benutzung herbeigeführt werden, hat der Vorerbe nicht zu vertreten.

Die Vorschrift ist im Zusammenhang mit §§ 2130 u. 2133 zu lesen und enthält die Klarstellung, dass den Vorerben bei ordnungsgemäßer Nutzung **keine Haftung** für Veränderungen oder Verschlechterungen von Nachlassgegenständen trifft. Die Norm gilt auch, wenn vollständiger Verschleiß eintritt (Palandt/*Weidlich* Rn. 1). Entsprechende Vorschriften finden sich im BGB auch bei den Schuldverhältnissen **Miete** (§ 538) und **Leihe** (§ 602) sowie dem **Nießbrauch** (§ 1050). 1

10 BGB §§ 2133, 2134 — Buch 5. Abschnitt 3. Titel 3. Einsetzung eines Nacherben

2 Im Gegensatz zu § 2130 ist die Norm in der Aufzählung der Vorschriften in **§ 2136** nicht genannt, von deren Beschränkungen der Erblasser den Vorerben befreien kann. Trotzdem kann der Vorerbe insoweit **Befreiung** erlangen, wenn dies bzgl. der Verpflichtung des § 2130 geschehen ist. Denn dies schließt mit ein, dass der Vorerbe insoweit dann auch nicht haftbar zu machen ist.

3 Aus dem Wortlaut der Norm ergibt sich eine **Beweislastregel**, dass der Vorerbe vortragen und beweisen muss, objektiv im Rahmen ordnungsgemäßer Verwaltung (§ 2130) gehandelt und subjektiv der Sorgfaltspflicht in eigenen Angelegenheiten nach § 2131 entsprochen zu haben. Hat der Vorerbe die Grenzen ordnungsgemäßer Verwaltung überschritten, so haftet er nur im Umfang der Grenzüberschreitung.

§ 2133 Ordnungswidrige oder übermäßige Fruchtziehung

Zieht der Vorerbe Früchte den Regeln einer ordnungsmäßigen Wirtschaft zuwider oder zieht er Früchte deshalb im Übermaß, weil dies infolge eines besonderen Ereignisses notwendig geworden ist, so gebührt ihm der Wert der Früchte nur insoweit, als durch den ordnungswidrigen oder den übermäßigen Fruchtbezug die ihm gebührenden Nutzungen beeinträchtigt werden und nicht der Wert der Früchte nach den Regeln einer ordnungsmäßigen Wirtschaft zur Wiederherstellung der Sache zu verwenden ist.

1 Die Vorschrift normiert einen **schuldrechtlichen Anspruch** des Nacherben auf Wertersatz, wenn der Vorerbe einer ordnungsgemäßen Wirtschaft zuwider handelt oder Übermaßfrüchte zieht. Hintergrund der Regelung ist, dass der Vorerbe als wahrer Erbe Eigentümer des Nachlasses und damit auch Eigentümer der von ihm (ggf. im Übermaß) gezogenen Früchte wird.

2 Der Wille des Gesetzgebers ist aber, dass dem Vorerben im Verhältnis zum Nacherben nur die bei **ordnungsmäßiger Verwaltung** anfallenden Früchte gebühren (MüKoBGB/*Grunsky* Rn. 1). Denn er hat gem. §§ 2124, 2126, auch nur die gewöhnlichen Erhaltungskosten zu tragen. Die Norm normiert eine schuldrechtliche Korrekturmöglichkeit der sich aus § 953 ergebenden dinglichen Rechtslage.

3 Aus dem Wortlaut der Norm ergibt sich, dass der Anspruch **verschuldensunabhängig** besteht. Solange eine übermäßige Fruchtziehung vorliegt, ist der Grund hierfür, sei es eine nicht ordnungsgemäße Verwaltung oder ein besonderes Ereignis, unerheblich (zB Abholzung nach Wind- und Schneebruch, vgl. MüKoBGB/*Grunsky* Rn. 1). Der Anspruch kann neben einem dann verschuldensabhängigen Schadensersatzanspruch gem. §§ 2130, 2131 bestehen.

4 Sind hingegen die Grenzen ordnungsgemäßer Verwaltung eingehalten, so stehen die Nutzungen dem Vorerben dauerhaft zu. Es wird dann auch **kein Schadenersatz** geschuldet. Der Nacherbe kann keine Herausgabe der Übermaßfrüchte, sondern nur **Wertersatz** verlangen (MüKoBGB/*Grunsky* Rn. 1; Palandt/*Weidlich* Rn. 1). Dazu muss man von dem Umfang des Übermaßes, die bei ordnungsmäßiger Nutzung erwirtschafteten Früchte in Abzug bringen.

5 Es gibt aber **zwei Einschränkungen**. Durch den ordnungswidrigen oder den übermäßigen Fruchtbezug dürfen die **zukünftigen Nutzungen** des Vorerben nicht beeinträchtigt werden. Dies ist der Fall, wenn die Ernte der Übermaßfrüchte in der Zukunft automatisch zu einer Beeinträchtigung der ordnungsgemäßen Fruchtziehung führt. Der Vorerbe schuldet dann in dem entsprechenden Umfang keinen Wertersatz. Der Übermaßanteil verbleibt ihm. Eine Verrechnung mit zukünftigen Erträgen ist also möglich, nicht jedoch mit vergangenen.

6 Ferner ist ein Wertersatz ausgeschlossen, wenn und insoweit der Wert der Früchte nach den Regeln einer ordnungsmäßigen Wirtschaft zur **Wiederherstellung der Sache** (frühere Ertragssituation) benötigt wird. Der Übermaßanteil verbleibt in diesem Fall auch nicht bei dem Vorerben. Wenn selbst eine Wiederherstellung nicht möglich ist, sind dem Vorerben nach § 2124 II ausnahmsweise Eingriffe in die Nachlasssubstanz gestattet. Soweit er die erforderlichen Maßnahmen selbst finanziert, kann ihm ein **Verwendungsersatzanspruch** nach den §§ 2124 II 2, 2126 gegen den Nacherben zustehen.

7 Der Anspruch auf Wertersatz kann erst **nach Eintritt des Nacherbfalls** geltend gemacht werden. Eine **Sicherheitsleistung** muss der Vorerbe nur unter den Voraussetzungen des § 2128 erbringen.

8 Der Erblasser kann den Vorerben nach **§ 2136** von der Beschränkung des § 2133 **befreien**. Dann stehen diesem auch die Übermaßfrüchte dauerhaft zu. Ausnahmsweise kann sich jedoch ein Schadenersatzanspruch ergeben, wenn der Vorerbe gem. § 2138 II unentgeltlich iSv § 2113 II über einen Erbschaftsgegenstand verfügt oder in der Absicht den Nacherben zu benachteiligen gehandelt hat.

§ 2134 Eigennützige Verwendung

¹Hat der Vorerbe einen Erbschaftsgegenstand für sich verwendet, so ist er nach dem Eintritt der Nacherbfolge dem Nacherben gegenüber zum Ersatz des Wertes verpflichtet. ²Eine weitergehende Haftung wegen Verschuldens bleibt unberührt.

1 **1. Normzweck.** Die Norm stellt klar, dass es dem Vorerben verboten ist, Nachlassgegenstände für sich zu verwenden und den Nacherben dann auf einen **Wertersatz** für Eingriffe in die Nachlasssubstanz zu verweisen (S. 1). Tut er dies dennoch ist er mit Eintritt des Nacherbfalls einerseits zum Wertersatz **verpflichtet** und haftet darüber hinaus **verschuldensabhängig** auf **Schadensersatz (S. 2)**. Der Verweis auf die Verschuldenshaftung zeigt auch, dass dem Vorerbe kein Wegnahmerecht gegen Wertersatz zusteht (MüKoBGB/*Grunsky* Rn. 1).

Die Intention des Gesetzgebers ist, dass dem nicht befreiten Vorerben nur die Nutzungen zustehen, die Substanz des Nachlasses soll mit dem Nacherbfall aber ungeschmälert auf den Nacherben übergehen. Die Vorschrift kommt in der Praxis hauptsächlich bei vertretbaren Sachen wie zB Geld zur Anwendung.

2. Wertersatzanspruch. Ein Wertersatzanspruch besteht nicht, soweit der Nacherbe anderweitig vor Substanzverlusten geschützt ist. Das ist zB bei einem **gesetzlichen Surrogat** nach § 2111 der Fall, das der Vorerbe auf Grund eines zur Erbschaft gehörenden Rechts oder als Ersatz für die Zerstörung, Beschädigung oder Entziehung eines Erbschaftsgegenstandes oder durch Rechtsgeschäft mit Mitteln der Erbschaft erworben hat (sofern nicht der Erwerb ihm als Nutzung gebührt). Denn dann ist für einen Wertersatz kein Raum mehr (MüKoBGB/*Grunsky* Rn. 1). Hauptfälle sind entgeltliche Verfügungen bei denen anstelle des veräußerten Gegenstandes dann der Kaufpreis tritt (BGH NJW 1963, 2320). 2

a) Unmöglichkeit der Herausgabe. Ein Anspruch auf Wertersatz setzt voraus, dass dem Vorerben eine **Herausgabe** des Nachlassgegenstandes nach § 2130 unmöglich ist. 3

b) „Für sich verwenden". Der Vorerbe muss einen Erbschaftsgegenstand für sich verwendet haben. Darunter fallen neben einem **Verbrauch** eines Nachlassgegenstandes **alle Verfügungen** über Sachen und Rechte, ebenso über bereits sich im Nachlass befindliche gesetzliche Surrogate gem. § 2111 (MüKoBGB/*Grunsky* Rn. 1). Das gilt auch für einen Eigentumserwerb kraft Gesetz durch Verbindung, Vermischung oder Verarbeitung (§§ 946 ff.), zB einem vom Vorerben finanzierten Hausbau auf einem Nachlassgrundstück (Palandt/*Weidlich* Rn. 1). Einschlägig ist auch, wenn der Vorerbe mit Nachlassmitteln private Anschaffungen tätigt. **Nutzungen** fallen nicht darunter, da sie dem Vorerben zustehen und daher nicht unter den Schutzweck der Norm fallen. 4

Es ist eine Abgrenzung zwischen einer **gewöhnlichen Abnutzung** einerseits und einer über die ordnungsgemäße Benutzung hinausgehenden Verwendung iSv § 2134 andererseits vorzunehmen (MüKoBGB/*Grunsky* Rn. 3). Denn für erstere wird kein Wertersatz geschuldet. Ein von dem Vorerben genutzter Pkw unterliegt zB einer laufenden Alterung bis hin zu einem Schrottwert. 5

c) Geltendmachung des Anspruchs. Der Anspruch auf Wertersatz kann **erst nach Eintritt des Nacherbfalls** geltend gemacht werden. Vorher stehen dem Nacherben nur die allgemeinen Sicherungs- und Informationsrechte nach den §§ 2127–2129 zu, wenn die Verwendung eines Nachlassgegenstandes zugleich einen der dort aufgeführten Gefährdungstatbestände erfüllt. Ist eine nach § 2113 II unentgeltliche Verfügung deswegen unwirksam und stellt sie zugleich eine Verwendung iSv § 2134 dar, so kann der Nacherbe sich entscheiden, ob er sich auf die Unwirksamkeit beruft oder die Verfügung genehmigt und Wertersatz fordert (BGH NJW 1963, 2320; MüKoBGB/*Grunsky* Rn. 2). 6

3. Höhe des Wertersatzanspruchs. Der schuldrechtliche Ersatzanspruch umfasst der Höhe nach den **objektiven Wert** des Gegenstandes zum Zeitpunkt seiner Verwendung (MüKoBGB/*Grunsky* Rn. 4). Denn der Surrogatersatz (zB Versicherungsleistung) bemisst sich in der Regel auch nach dem Zeitwert. Andersherum sind nach der Verwendung eintretende Wertveränderungen für die Anspruchshöhe unbeachtlich. Das Übermaß an Früchten ist nur insoweit beachtlich, als davon bei der Ermittlung der Anspruchshöhe die Fruchtziehung bei einer ordnungsmäßigen Nutzung in Abzug zu bringen ist. 7

4. Verschuldensunabhängigkeit. Der Anspruch ist verschuldensunabhängig, wie sich aus der Verweisung auf weitergehende verschuldensabhängige Ansprüche in S. 2 ergibt. Kann also ein Verschulden des Vorerben nachgewiesen werden, so muss er auch einen den aktuellen Wert des verwendeten Gegenstandes **übersteigenden Schaden** ebenso wie zwischenzeitlich eingetretene Wertsteigerungen ersetzen (§ 280 I iVm §§ 249 ff.; MüKoBGB/*Grunsky* Rn. 5). 8

5. Gestaltungsmöglichkeiten in Verfügungen von Todes wegen. Der Erblasser kann den Vorerben nach § 2136 von der Beschränkung des § 2134 **befreien**. 9

Der befreite Vorerbe muss nur Schadenersatz leisten, wenn er gem. § 2138 II unentgeltlich iSv § 2113 II über einen Erbschaftsgegenstand verfügt oder in Absicht den Nacherben zu benachteiligen gehandelt hat. Durch Auslegung ist ggf. zu ermitteln, wie weit die Befreiung reicht (MüKoBGB/*Grunsky* Rn. 6). Abgrenzungskriterium kann dabei sein, ob der Erblasser primär den Vermögensstamm für den Nacherben erhalten oder vorrangig den Vorerben finanziell zu Lasten des Nacherben absichern wollte. Dies ist insbes. dann zu prüfen, wenn in einer vom Erblasser nicht vorhergesehenen Wirtschaftskrise die Vermögenserträge nicht mehr für die Absicherung des Vorerben ausreichen (MüKoBGB/*Grunsky* Rn. 6). 10

§ 2135 Miet- und Pachtverhältnisse bei der Nacherbfolge

Hat der Vorerbe ein zur Erbschaft gehörendes Grundstück oder eingetragenes Schiff vermietet oder verpachtet, so findet, wenn das Miet- oder Pachtverhältnis bei dem Eintritt der Nacherbfolge noch besteht, die Vorschrift des § 1056 entsprechende Anwendung.

Ist der Vorerbe ein entsprechendes **Miet- oder Pachtverhältnis** eingegangen, so verweist die Norm für den Nacherbfall auf § 1056, der für das **Nießbrauchrecht** wiederum auf § 566 (Kauf bricht nicht Miete) verweist. Der Nacherbe tritt also in den von dem Vorerben abgeschlossenen Vertrag ein. 1

Aus dem Wortlaut ergibt sich, dass diese gesetzgeberische **Ausnahmeregelung** der Erstreckung von Vertragspflichten auf nicht am Vertragsabschluss beteiligte Personen im Nacherbenrecht nur für Grundstücke und eingetragene Schiffe anwendbar ist. Für alle anderen unbeweglichen und beweglichen 2

10 BGB § 2136   Buch 5. Abschnitt 3. Titel 3. Einsetzung eines Nacherben

Sachen verbleibt es bei dem **Grundsatz**, dass der (nicht zum Erben des Vorerben gewordene) Nacherbe aus den vom Vorerben abgeschlossenen Verträgen nicht berechtigt und verpflichtet wird. Er kann daher mit Eintritt des Nacherbfalls einen Herausgabeanspruch nach § 985 geltend machen, dem der Vertragspartner dann kein Recht zum Besitz iSv § 986 entgegenhalten kann (MüKoBGB/*Grunsky* Rn. 1). Den Vorerben treffen dann Ersatzansprüche wegen einer Nichterfüllung des Vertrages.

3   Kraft § 2135 BGB kann der Vorerbe über die Miet- oder Pachtsache einen (aufschiebend bedingten) Vertrag zu Lasten des Nacherben schließen, der als solcher sein zugrundeliegendes Recht überdauert. Der Nacherbe kann im Rahmen einer ordnungsgemäßen Verwaltung zur Zustimmung zum Vertragsabschluss verpflichtet sein und dann im Nacherbfall selbst unter Einhaltung gesetzlicher Fristen kündigen (§ 1056 II 1). Nach OLG Frankfurt a. M. (FamRZ 2011, 1693 mN) scheidet ein vorzeitiges Kündigungsrecht nach § 1056 II aber dann aus, wenn der Eigentümer persönlich an den Miet- oder Pachtvertrag gebunden ist oder wenn er dem vom Nießbraucher abgeschlossenen Miet- oder Pachtvertrag persönlich beigetreten ist (BGH ZEV 2010, 639). Das außerordentliche Kündigungsrecht unter Einhaltung der gesetzlichen Frist setzt ein berechtigtes Interesse des Nacherben an der Beendigung des Mietverhältnisses voraus (§§ 573d I; 573 I S. 1, vgl. BGH NJW 2015, 2650). Ein mit dem Vorerben vereinbarter Ausschluss einer ordentlichen Kündigung steht dem Kündigungsrecht des Nacherben nicht entgegen (BGH aaO). Die Kündigung kann aber treuwidrig sein, wenn der Nacherbe anderweitig an den Mietvertrag gebunden ist oder dem Vertragsabschluss zugestimmt hatte bzw. dieser einer ordnungsgemäßen Verwaltung entsprach, so dass der Nacherbe gegenüber dem Vorerben verpflichtet gewesen wäre, dem Mietvertrag zuzustimmen (BGH aaO).

Die Norm ist auf eine als Leihvertrag einzustufende unentgeltliche Gebrauchsüberlassung von Wohn- oder Geschäftsräumen iSv § 598 durch den Vorerben nicht anwendbar (BGH ZEV 2016, 267; noch offen gelassen OLG Hamm BeckRS 2016, 04471).

4   Aus dem Wortlaut der Norm ergibt sich auch die Unanwendbarkeit auf vom **Erblasser** vermietete bzw. verpachtete Grundstücke und Schiffe. Da der Nacherbe den Erblasser (und nicht den Vorerben) beerbt, tritt er kraft seiner Erbenstellung in die Vertragsverhältnisse ein, ohne dass eine Anwendung der Ausnahmeregelung in den §§ 566, 1056 notwendig wäre.

§ 2136 Befreiung des Vorerben

Der Erblasser kann den Vorerben von den Beschränkungen und Verpflichtungen des § 2113 Abs. 1 und der §§ 2114, 2116 bis 2119, 2123, 2127 bis 2131, 2133, 2134 befreien.

1   **1. Normzweck. a) Befugnisse des Erblassers.** Wenn der Erblasser sich für einen zeitlich gestaffelten Übergang des Nachlasses auf mehrere Personen entscheidet, dann normiert das Gesetz grds. vom Vorerben zu beachtende Regelungen zum Schutz des Nacherben während und über die Vorerbschaft hinaus. Dem Vorerben gebühren die im Rahmen einer pflichtgemäßen Verwaltung erwirtschafteten Nutzungen. Die Nachlasssubstanz hingegen soll dem Nacherben erhalten bleiben. § 2136 gibt aber dem Erblasser die Möglichkeit, von diesem Grundprinzip abzuweichen und den Vorerben von bestimmten **Beschränkungen zu befreien** (vgl. *Mayer* ZEV 2000, 1; *Müller* ZEV 1996, 179) und so die Verwaltungs- und Verfügungsbefugnis des Vorerben zu Lasten des Nacherben zu stärken. Das gilt insbes. für Substanzeingriffe und kann – je nach Umfang der Befreiung – bis zu einer Umkehr des obigen Grundprinzips führen.

2   **b) Umfang der Befreiung.** Es ist dem Erblasser möglich, den Vorerben von allen in § 2136 erwähnten Verpflichtungen und Beschränkungen befreien (BGHZ 7, 274). Über diesen gesetzlichen Rahmen hinaus, ist eine Befreiung nicht möglich. Der Umfang ist durch eine individuelle Auslegung zu ermitteln. Wenn dies kein eindeutiges Ergebnis ergibt, greift die (widerlegbare) Auslegungsregel des § 2137 II (OLG Düsseldorf ZEV 2017, 234). Der umfassend **befreite Vorerbe** muss nicht das Gebot einer ordnungsgemäßen Verwaltung beachten und er darf Grundstücke veräußern (§ 2113 I) oder Nachlassgegenstände für sich verbrauchen (§ 2134). Er macht sich nicht schadenersatzpflichtig, wenn er im Nacherbfall nur die bei ihm noch vorhandenen Erbschaftsgegenstände an den Nacherben herausgibt. Das gilt aber **nicht für unentgeltliche Verfügungen** (§ 2138 II), welche ihm stets untersagt sind.

3   Die Befreiung ist grds. **personenbezogen**. Im Zweifel gilt sie nur für den Vorerben und nicht für dessen Erben (Palandt/*Weidlich* Rn. 3). Die Befreiung kann auch nur auf einzelne von mehreren Nacherben beschränkt werden (LG Frankfurt a. M. Rpfleger 1980, 387). Die Befreiung kann auch **gegenständlich** erfolgen. Es ist auch möglich in Bezug auf denselben Nachlassgegenstand zB eine Veräußerung zu untersagen, aber eine dingliche Belastung zu ermöglichen (MüKoBGB/*Grunsky* Rn. 8).

4   **2. Anordnung durch den Erblasser. a) Form der Anordnung.** Der Erblasser muss für die Befreiung zwingend die Form einer **letztwilligen Verfügung** wählen.

5   Eine ausdrückliche Erklärung oder eine bestimmte Wortwahl ist nicht erforderlich (OLG Rostock ZEV 2016, 601 mN OLG Hamm ZEV 1997, 73). Es genügt, wenn der Erblasserwille auch nur andeutungsweise oder versteckt zum Ausdruck kommt (OLG Köln FamRZ 2011, 1693; OLG Naumburg FamRZ 2014, 1404 mN BayObLG FamRZ 2005, 65; OLG Hamm ZErb 2010, 273) (→ Rn. 9). Das gilt insbes. dann, wenn der Testierende eine Vererbung des Familienvermögens an die Ehefrau des Vorerben ausschließen wollte und es ihm demgegenüber nicht entscheidend darauf ankam, Immobilienbesitz im Familienbesitz zu erhalten (OLG Hamm ZErb 2010, 273).

Die Befreiung kann auch unter einer **Bedingung oder Befristung** erklärt werden (BayObLG FamRZ 6
1984, 1273; OLG Karlsruhe ZErb 2009, 208). Dies gilt auch soweit sie an das „Eingehen einer eheähnlichen Lebensgemeinschaft" anknüpft (OLG Schleswig ErbR 2015, 154) Zur Notwendigkeit der Klarstellung in einem Erbschein → § 2100 Rn. 72ff.).

b) Erblasserwille. Dem Wortlaut der letztwilligen Verfügung kann – vor allem bei Laientestamenten – 7
keine entscheidende Bedeutung zugemessen werden, da die rechtliche Terminologie oft unbekannt ist.

Nach § 2137 sind sinngemäße Formulierungen wie „Einsetzung des Nacherben auf den Überrest" 8
oder „Einräumung der freien Verfügung des Vorerben über die Erbschaft" im Zweifel als Befreiung von
allen in § 2136 bezeichneten Beschränkungen und Verpflichtungen auszulegen.

3. Verschiedene Fallgruppen. a) Wortwahl. Bei von Laien verwendeten Gesetzesbegriffen oder laien- 9
haften Umschreibungen ist der Erblasserwille im Weg der **Auslegung** oder **Umdeutung** zu erforschen.
Es kommt nicht auf den genauen Wortlaut an. Eine ausdrückliche Bezeichnung als Vor- oder Nacherbe
ist nicht erforderlich (OLG Hamm NJW-RR 1997, 453). Es ist ausreichend, wenn der Erblasserwille nur
andeutungsweise oder versteckt zum Ausdruck kommt (BayObLG MittBayNot 2004, 450 = FamRZ
2005, 65; OLG Hamm NJW-RR 1997, 453). Dabei können frühere formunwirksame Verfügungen
(BGH FamRZ 70, 192) ebenso wie außerhalb des Testaments liegende Umstände bei einer Auslegung
nach den allgemeinen Regeln herangezogen werden (BGH 12.11.1980 – 15 W 161/80; 29.12.1986 – 15 W
404/86; vgl. auch Palandt/*Weidlich* Rn. 5).

Sogar eine **Beratung** durch Juristen ist nur ein Indiz, dass der Wortlaut der Verfügung dem Erblasser- 10
willen entspricht (BGH LM BGB § 2100 Nr. 1; KG NJW-RR 1987, 451). Bei einem **Notartestament**
muss bis zum Beweis des Gegenteils angenommen werden, dass der Notar den Inhalt des Testaments
eingehend mit dem Erblasser erörtert und diesen auch über die Bedeutung der in dem Testament verwandten Begriffe Vor- und Nacherbe aufgeklärt hat (BGHZ 7, 274).

Die Bezeichnung als **Allein- oder Miterbe** sagt nichts über mögliche Verwaltungsbeschränkungen aus 11
(BGH FamRZ 1970, 192; aA für den Einzelfall OLG Düsseldorf NJWE-FER 1998, 12 „laienhafte Vorstellung einer unbeschränkten (Vor-)Erbenstellung"). Das gilt auch, wenn der Vorerbe zugleich auch als
Vollerbe eingesetzt worden ist (BayObLGZ 1963, 26; BayObLG NJW 1958, 1683). Der vorläufige Hoferbe
(**Hofvorerbe**) hat nicht die rechtliche Stellung eines befreiten Vorerben (BGHZ 21, 234 = WM 1956, 1237).

Für die Frage der Befreiung kann es aber bei der Auslegung eine Rolle spielen, wie nahe Vor- und 12
Nacherbe zu dem Erblasser standen (MüKoBGB/*Grunsky* Rn. 3), zB die Einsetzung des an der Vermögensbildung beteiligten Vorerben, wenn es sich bei dem Nacherben um einen entfernten
Verwandten handelt (OLG Naumburg FamRZ 2014, 1404 mN OLG Hamm NJW-RR 1997, 453). Außerdem kann von Bedeutung sein, dass Grundstücke nach dem Testamentsinhalt gerade zur Absicherung
des Lebensbedarf der Vorerben gedacht waren (BayObLG FamRZ 1984, 1272) oder der Erblasser die
Nachlasssubstanz dauerhaft erhalten wollte. Bei einer befreiten Vorerbschaft muss der Befreiungswille
auch nur andeutungsweise oder versteckt zum Ausdruck kommen. Die Erhaltung des Familienvermögens ist gewährleistet, wenn sich die Nacherbenrechte gemäß § 2111 im Wege der Surrogation an dem
Erlös fortsetzen (OLG Köln BeckRS 2017, 135609).

Der **teilweise als Vollerbe,** eingesetzte Vorerbe ist nicht ohne weiteres von den Beschränkungen eines 13
Vorerben befreit (BayObLG NJW 1958, 1683).

b) Testamente von Ehegatten. Ordnen Ehegatten in einem gemeinschaftlichen Testament den Nach- 14
erbfall mit der **Wiederverheiratung** des überlebenden Ehegatten an, so ist im Zweifel mangels konkreter
Anhaltspunkte eine stillschweigende Befreiung anzunehmen (BGH FamRZ 1961, 275; OLG Düsseldorf
ZEV 2017, 236; MüKoBGB/*Grunsky* Rn. 4; Palandt/*Weidlich* Rn. 8). Denn regelmäßig wird man von
dem Willen ausgehen müssen, dass der Längerlebende Vollerbe sein soll, solange es zu keiner Wiederheirat kommt. Diese Annahme muss dann im Zweifel auch für ein Einzeltestament eines Ehegatten gelten.
Wenn die Alleinerbenstellung des überlebenden Ehegatten im Falle einer Wiederverheiratung entfallen
soll, dann kommt selbst dann eine (befreite) Vor- und Nacherbschaft in Betracht, wenn der Testamentswortlaut eine (befreite) Vorerbschaft eigentlich ausschließt (KG ErbR 2017, 30).

Sind bei gegenseitiger Erbeinsetzung der Ehegatten die **Kinder auf** den Tod eines Elternteils zu Nach- 15
erben eingesetzt, so ist im Zweifel keine Befreiung gewollt (BGH FamRZ 1970, 192; OLG Celle
ZEV 2013, 40; BayObLGZ 1960, 432; 1958, 109). Eine Auslegungsregel, wonach bei einem gemeinschaftlichen Testament von kinderlosen Ehegatten mit Nacherbeneinsetzung der Wille regelmäßig auf eine
befreite Vorerbschaft gerichtet ist, besteht nach einer BGH-Entscheidung aus dem Jahr 1951 nach damaliger Anschauung jedenfalls für ländliche Verhältnisse nicht (BGH NJW 1951, 354).

Setzt in einem gemeinschaftlichen Testament der Ehemann seine Ehefrau als Erbin ein und bestimmt, 16
dass trotz Vorhandensein gemeinschaftlicher Abkömmlinge nach beiderseitigem Tode seine Enkelin den
wesentlichen Nachlassgegenstand (hier: Hausgrundstück) erhalten soll, so ist zu erwägen, ob die
Ehefrau als befreite Vorerbin eingesetzt ist. Anhaltspunkte können darin liegen, dass anstatt der Kinder
des Erblassers eine entferntere Verwandte begünstigt wird und die Ehefrau erheblich zum Erwerb des
vom Erblasser hinterlassenen Vermögens beigetragen hat (OLG Hamm ZEV 1997, 73).

Die Einsetzung eines Nacherben für den Fall, dass der Vorerbe ohne leibliche Nachkommen stirbt, ist 17
auflösend bedingt. Im Zweifel ist von einer Befreiung auszugehen (BayObLG Rpfleger 1981, 64).

c) Erbeinsetzung unter Bedingungen. Ist der Nacherbfall an eine mit der **Person des Vorerben** ver- 18
bundene Bedingung geknüpft (Eheschließung, kinderloses Versterben), so ist im Zweifel keine Befreiung
gewollt.

19 Hat der Erblasser eine Nacherbfolge unter der Bedingung angeordnet, dass der Vorerbe nicht **anderweitig testiert,** liegt ebenfalls keine Befreiung vor (MüKoBGB/*Grunsky* Rn. 3). Dies ist aber streitig. Der Vorerbe verfügt nicht von Todes wegen über das Vermögen des Erblassers, sondern über sein eigenes Vermögen, in dem das des Erblassers enthalten ist (BGH MDR 1970, 490 = WM 1970, 640).

20 d) **Verwaltungsanordnungen und sonstige Verpflichtung des Vorerben.** Wenn der ersten als Erben eingesetzten Person die „**unbeschränkten Verwaltung**" eingeräumt wird, so spricht dies für eine Befreiung (Palandt/*Weidlich* Rn. 7). Denn nach dem üblichen Sprachgebrauch ist darunter auch eine Verfügungsberechtigung zu verstehen. Dieser Gedanke liegt auch § 2137 II zugrunde. Man muss aber prüfen, ob nicht im Vorausvermächtnis bzgl. eines einzelnen Nachlassgegenstandes gewollt war.

21 Mit der Zuwendung des **Nießbrauchs** am Nachlass – unter gleichzeitiger Ernennung zum Testamentsvollstrecker – kann eine Einsetzung als befreiter Vorerbe gewollt sein, wenn der so Bedachte eigenverantwortlicher Herr des Nachlasses sein und eine dem Eigentümer gleichkommende Stellung haben soll (BayObLG Rpfleger 1981, 64 = FamRZ 1981, 40; Palandt/*Weidlich* Rn. 7).

22 Wenn die Verfügungsbefugnis der zur Vorerbin eingesetzten Schwester daran geknüpft ist, dass diese „die Grundstücke für ihren **persönlichen Unterhalt nicht brauchen**" sollte, so kann dies als Befreiung von § 2113 I auszulegen sein (BayObLG FamRZ 1984, 1272).

23 Ordnet der Erblasser testamentarisch ein **zeitlich befristetes Veräußerungsverbot** für eine Immobilie an, so ist nicht von einer Befreiung auszugehen (BayObLG Rpfleger 1984, 403).

24 Die Verpflichtung, sich jeweils „**gegenseitig das Vorkaufsrecht** auf den gesamten Grundbesitz, der an sie fällt, einzuräumen", lässt auf eine Befreiung von § 2113 I schließen. Die Verpflichtung ergibt nämlich nur dann einen Sinn, wenn der Verpflichtete zur Verfügung über das Grundstück befugt ist (BayObLG FamRZ 2005, 65).

25 Ordnet der Erblasser durch Vermächtnis oder Teilungsanordnung an, dass **ein Grundstück einem anderen zu übereignen ist,** ist im Regelfall von einer Befreiung auszugehen (BayObLGZ 1960, 407; Palandt/*Weidlich* Rn. 7).

26 4. **Mögliche Befreiungstatbestände iSv § 2136.** Entgeltliche Verfügungen über Grundstücke, Schiffe, Schiffsbauwerke sowie Rechte an solchen (**§ 2113 I; § 2114 S. 2**) Einziehungs- und Hinterlegungsrecht. Hinterlegung, Umschreibung von Wertpapieren und zur Eintragung eines Sperrvermerks (**§§ 2116–2118**). Mündelsichere Kapitalanlage (**§ 2119**). Erstellung eines Wirtschaftsplans (**§ 2123**). Auskunftserteilung über den Nachlassbestand (**§ 2127**). Sicherheitsleistung (**§§ 2128, 2129**). Übermäßige Fruchtziehung (**§ 2133**). Wertersatz bei eigennützigem Verbrauch (**§ 2134**). Sorgfaltsmaßstab bei der Nachlassverwaltung, Rechenschaftspflicht und Wertersatz (**§§ 2130–2131**), insoweit ist aber keine Befreiung von dem Herausgabeanspruch des Vorerben möglich.

27 5. **Keine Befreiungsmöglichkeit.** Dingliche Surrogation (**§ 2111**), unentgeltliche Verfügungen über **Erbschaftsgegenstände (§ 2113 II**), Nacherbenschutz vor Zwangsvollstreckungsmaßnahmen (**§ 2115**), Verzeichnis von Erbschaftsgegenständen (**§ 2121**), Begutachtung des Nachlasses (**§ 2122**), Schadensersatzpflicht bei einer Nachlassschmälerung in Benachteiligungsabsicht (**§ 2138 II**).

28 6. **Ausweitung der gesetzlichen Beschränkungen. a) Testamentsvollstrecker.** Dem Erblasser steht es frei, die gesetzlichen Beschränkungen auszuweiten, in dem er die Vorerbeneinsetzung mit der Einsetzung eines Dritten als Testamentsvollstrecker hinsichtlich der Vorerbenrechte kombiniert, der dann im Wege einer Dauervollstreckung (§ 2209) alleine zur Verwaltung des Nachlasses befugt ist (BGH NJW 1990, 2055; Palandt/*Weidlich* Rn. 1). Der Testamentsvollstrecker kann dabei nicht mehr Rechte haben als der Vorerbe, für den er eingesetzt ist (MüKoBGB/*Grunsky* § 2112 Rn. 7). Trotzdem ist der Testamentsvollstrecker bei einem umfassend befreiten Vorerben auch zu **Substanzeingriffen** berechtigt und nicht nur auf die Ziehung von Nutzungen beschränkt. Eine freie Verfügungsbefugnis iRd § 2205 besteht für den Testamentsvollstrecker dann, wenn er für das Vor- und Nacherbenrecht eingesetzt ist. Die Befugnisse des Vorerben dürfen jedoch nicht dadurch erweitert werden, dass er selbst unter Befreiung von § 181 BGB zum Testamentsvollstrecker des Nacherben eingesetzt wird (OLG München ZEV 2016, 325; Palandt/*Weidlich* Rn. 1).

29 b) **Schuldrechtliche Wirkung.** Da nach § 137 S. 1 die Verfügungsbefugnis nicht durch Rechtsgeschäft mit dinglicher Wirkung beschränkt werden kann, sind über die §§ 2113–2115 **hinausgehende Beschränkungen** nur mit schuldrechtlicher Wirkung möglich (BGHZ 56, 275). Der Erblasser kann den Vorerben dabei schuldrechtlich verpflichten (Vermächtnis, Auflage) die Nutzungen ganz oder zT an den Nacherben herauszugeben (Palandt/*Weidlich* Rn. 1; → § 2111 Rn. 37). Ferner ist er anzuordnen berechtigt, dass bestimmte Verfügungen von der Zustimmung des Vorerben abhängig sind. Der **alleinige Vorerbe** kann wegen des damit verbundenen Interessengegensatzes nicht zum Testamentsvollstrecker des Nacherben oder Generalbevollmächtigten unter Befreiung von § 181 eingesetzt werden (MüKoBGB/*Grunsky* Rn. 5; Palandt/*Weidlich* Rn. 2).

30 c) **Vermächtnisanordnungen.** Der Erblasser ist berechtigt, per **Vorausvermächtnis** anzuordnen, dass einzelne Nachlassgegenstände an den Nacherben nicht herauszugeben sind (Palandt/*Weidlich* Rn. 1; *Mayer* ZEV 2000, 1). Durch Vermächtnisanordnungen können die Beschränkungen der §§ 2111, 2113 II, 2121 und 2134 abgeschwächt werden. Der Erblasser kann den Nacherben durch ein **Vermächtnis** damit beschweren, bestimmten unentgeltlichen Verfügungen zuzustimmen (OLG Düsseldorf ZEV 2000, 29; aA Soergel/*Harder* Rn. 2; *Ludwig* DNotZ 2001, 102).

7. Verfahrensrecht. Unklarheiten gehen zu Lasten dessen, der sich darauf beruft (MüKoBGB/ 31
Grunsky Rn. 2). Die befreite Vorerbschaft stellt die gesetzestechnische Ausnahme dar. Bei den typischen Fällen der bedingten Nacherbschaft (Wiederverheiratung des Ehegatten oder Versterben ohne leibliche Abkömmlinge) kann eine Vermutung für eine befreite Vorerbschaft bestehen (BGH NJW 1969, 1111; FamRZ 1961, 275). Eine Befreiung sowie deren Umfang sind in einen **Erbschein** aufzunehmen (§ 352b FamFG), da der Umfang der Verfügungsbefugnisse aus Sicht des Rechtsverkehr feststehen muss. Dies gilt bei **Befristungen und Bedingungen** auch dann, wenn die mit der Befreiung verbundenen Formulierungen verbundenen Auslegungsschwierigkeiten im Gegensatz zum Normzweck stehen können, für eine Klarheit im Rechtsverkehr zu sorgen (OLG Schleswig ErbR 2015, 154). Im **Grundbuch** sind in den Nacherbenvermerk auch die Befreiungen und deren Umfang von Amts wegen aufzunehmen (§ 51 GBO).

§ 2137 Auslegungsregel für die Befreiung

(1) **Hat der Erblasser den Nacherben auf dasjenige eingesetzt, was von der Erbschaft bei dem Eintritt der Nacherbfolge übrig sein wird, so gilt die Befreiung von allen in § 2136 bezeichneten Beschränkungen und Verpflichtungen als angeordnet.**

(2) **Das Gleiche ist im Zweifel anzunehmen, wenn der Erblasser bestimmt hat, dass der Vorerbe zur freien Verfügung über die Erbschaft berechtigt sein soll.**

Die Vorschrift berücksichtigt in **zwei Fällen** eine in Laientestamenten häufig vorkommende Wort- 1
wahl, nämlich die „Einsetzung des Nacherben auf den Überrest" (Abs. 1) bzw. die „Einräumung der freien Verfügung des Vorerben über die Erbschaft" (Abs. 2) und regelt dann als Rechtsfolge, dass der Vorerbe von allen in § 2136 bezeichneten Beschränkungen und Verpflichtungen befreit ist.

Die Norm ist nur anwendbar, wenn die **Anordnung einer Vor- und Nacherbschaft** durch den Erb- 2
lasser – nötigenfalls im Wege einer Auslegung – feststeht und nur das Ob und Wie einer Befreiung ungeklärt bleibt. Erst wenn eine Auslegung zum Umfang kein eindeutiges Ergebnis ergibt, greift die (widerlegbare) Auslegungsregel des § 2137 II (OLG Düsseldorf ZEV 2017, 234). Eine Wortwahl des Erblassers iSv Abs. 1 oder Abs. 2 führt noch nicht zwingend zur Anwendbarkeit der §§ 2100 ff.

Andererseits ist es für die Anwendbarkeit der Norm nicht erforderlich, dass in der letztwilligen Verfü- 3
gung eine gegenüber dem Gesetzestext identische Formulierung verwendet wird. Jede **Formulierung**, die das gleiche Ziel wie die beiden gesetzlich geregelten Fallbeispiele hat („darf Geld ausgeben", „die Erbschaft verbrauchen" etc), kann zu der in § 2137 geregelten Rechtsfolge führen (OLG München ZEV 2013, 4; MüKoBGB/*Grunsky* Rn. 1; Palandt/*Weidlich* Rn. 7).

Mit der **Nacherbeneinsetzung auf den Überrest (Abs. 1)** ist nach dem allgemeinen Sprachgebrauch 4
das noch Übriggebliebene gemeint, in erbrechtlicher Hinsicht also das, was bei dem Nacherbfall von dem Erblasservermögen noch vorhanden ist. Mit einer entsprechenden Wortwahl der Erblassers könnte auch eine Vollerbeneinsetzung verbunden mit einer Vermächtnisanordnung mit Anfall auf das Ableben des Vollerben gemeint sein (Palandt/*Weidlich* Rn. 1; MüKoBGB/*Grunsky* Rn. 3). Der Vollerbe wäre dann nicht einmal an die nicht abdingbaren Grenzen des § 2136 gebunden.

„**Zur freien Verfügung über die Erbschaft berechtigt" (Abs. 2)**. Der Verfügungsbegriff ist nicht 5
rechtstechnisch zu verstehen, da es um die Auslegung laienhafter Formulierungen geht. Vor einer Anwendung der Auslegungsregel muss in Zweifelsfällen erst der **Erblasserwille** ermittelt werden und zwar ob als Rechtsfolge eine weitest mögliche Befreiung iSv § 2136 oder nur eine teilweise gewollt war. Wie auch bei Abs. 1 ist eine andere Wortwahl mit demselben Ziel unschädlich, zB die Erlaubnis von unentgeltlichen Verfügungen, die Einräumung eines uneingeschränkten Verwaltungs- und Verfügungsrechts etc.

Die **Rechtsfolgen** von Abs. 1 u. 2 sind gleich, nämlich eine in den Grenzen des § 2136 weitestmögliche 6
Befreiung. In der Rspr. noch nicht abschließend geklärt ist die Frage, ob im Falle des **Abs. 1** eine Auslegung auch zum Ergebnis einer teilweisen Befreiung führen kann. Zu verneinen ist dies, wenn man die Norm als eine in der Rechtsfolge zwingende **Ergänzungsregel** ansieht (RGRK/*Johannsen* § 2138 Rn. 1; Soergel/*Harder* Rn. 1. Anders ist dies, wenn Abs. 1 als **widerlegliche Auslegungs- oder Vermutungsregel** qualifiziert wird (MüKoBGB/*Grunsky* Rn. 1; Palandt/*Weidlich* Rn. 1; Kipp/Coing ErbR § 51 Kap. II Rn. 1b). Von Letzterem ist auszugehen, weil der Erblasser seinen Willen hinsichtlich einer nur eingeschränkten Befreiung auch ausdrücklich äußern kann und es sinnwidrig wäre, dies ihm bei einem im Wege der Auslegung ermittelten Willen zu versagen. Das Wortlautargument (Abs. 1 „gilt" und Abs. 2 „im Zweifel") überzeugt nicht, weil kein Grund ersichtlich ist, warum der Gesetzgeber ohne erkennbaren Differenzierungsgrund an zwei häufig vorkommende Laienformulierungen unterschiedliche Rechtsfolgen knüpfen wollte.

Nicht umstritten ist, dass die Auslegungsregel des **Abs. 2** auch eine nur teilweise Befreiung möglich 7
macht.

In **verfahrensrechtlicher Hinsicht** ist die Befreiung im Grundbuch einzutragen (§ 51 GBO) und in 8
den Erbschein aufzunehmen (§ 2363 I 2).

§ 2138 Beschränkte Herausgabepflicht

(1) ¹**Die Herausgabepflicht des Vorerben beschränkt sich in den Fällen des § 2137 auf die bei ihm noch vorhandenen Erbschaftsgegenstände.** ²**Für Verwendungen auf Gegenstände, die er infolge dieser Beschränkung nicht herauszugeben hat, kann er nicht Ersatz verlangen.**

10 BGB § 2138 Buch 5. Abschnitt 3. Titel 3. Einsetzung eines Nacherben

(2) Hat der Vorerbe der Vorschrift des § 2113 Abs. 2 zuwider über einen Erbschaftsgegenstand verfügt oder hat er die Erbschaft in der Absicht, den Nacherben zu benachteiligen, vermindert, so ist er dem Nacherben zum Schadensersatz verpflichtet.

1   **1. Normzweck.** Entgegen des Wortlauts von Abs. 1 regelt die Vorschrift in beiden Absätzen Modifikationen der **Schadensersatzpflicht des befreiten Vorerben.** Aus Abs. 1 S. 1 ergibt sich, dass der von der Pflicht zur ordnungsmäßen Verwaltung befreite Vorerbe sich nicht schadensersatzpflichtig macht, wenn er nur die bei ihm noch vorhandenen Erbschaftsgegenstände an den Nacherben herausgibt. Abs. 2 regelt eine Schadenersatzpflicht in **zwei Fällen,** nämlich bei gegen § 2113 II verstoßenden unentgeltlichen Verfügungen (insoweit ist eine Befreiung nach § 2136 nicht möglich) und für die nicht der Zustimmungspflicht des Nacherben unterliegenden Verfügungen, die aber in Benachteiligungsabsicht erfolgen.

2   Durch die Verweisung auf § 2137 soll – entgegen dem Wortlaut von § 2138 – klargestellt werden, dass § 2138 unabhängig von der konkreten Formulierung in Laientestamenten auf **alle Fälle der befreiten Vorerbschaft** anwendbar ist. Denn Formulierungen mit demselben Ziel wie die Beschränkung des Nacherben auf den Überrest (§ 2137 I) und die Erlaubnis von unentgeltlichen Verfügungen und die Einräumung eines uneingeschränkten Verwaltungs- und Verfügungsrechts etc. (§ 2137 II) führen zur Anwendung des § 2137 (vgl. → § 2137 Rn. 4 ff.).

3   **2. Herausgabepflicht (Abs. 1 S. 1). a)** Der **Umfang der Herausgabepflicht** ist beschränkt auf die **Erbschaftsgegenstände,** die sich im Zeitpunkt des Nacherbfalls tatsächlich im Nachlass befinden, einschließlich der Surrogate nach § 2111 (BGH NJW 1990, 515; Palandt/*Weidlich* Rn. 1; MüKoBGB/*Grunsky* Rn. 1) und der für die Rechtsverfolgung notwendigen Urkunden (zB Vollstreckungstitel – Nebenpflicht aus dem gesetzlichen Schuldverhältnis).

4   **b) Anwendungsbereich.** Abs. 1 S. 1 legt fest, dass der befreite Vorerbe nicht schadensersatzpflichtig ist, wenn ihm nach dem Nacherbfall die Herausgabe von Erbschaftsgegenständen **unmöglich** ist. Da er nicht zu einer ordnungsgemäßen Verwaltung des Nachlasses verpflichtet ist, kann er Nachlassgegenstände für sich verbrauchen. Damit scheidet wegen des Normzwecks auch ein Geldersatz aus. Der tatsächlich vorhandene Nachlass muss aber herausgegeben werden, ohne dass der Vorerbe mit der theoretischen Möglichkeit eines Eigenverbrauchs argumentieren könnte (MüKoBGB/*Grunsky* Rn. 1). Der befreite Vorerbe haftet für eine unmittelbare Benachteiligungsabsicht in Bezug auf den Nacherben, aber ansonsten nicht einmal für grobe Fahrlässigkeit. Abs. 1 S. 1 regelt damit eine **Ausnahme** von dem für den nicht befreiten Vorerben geltenden Grundsatz einer Schadensersatzpflicht für den Fall einer schuldhaften Unmöglichkeit der Herausgabe.

5   Hat der befreite Vorerbe einen **Gegenstand verkauft,** diesen jedoch noch nicht übereignet, so ist dem Nacherben herauszugeben. Der Nacherbe muss jedoch den Vorerben von der Pflicht zur Übereignung iSd § 433 I 1 befreien; der nach § 433 II geschuldete Kaufpreis steht kraft Surrogation dem Nacherben zu (Palandt/*Weidlich* Rn. 1).

6   Die bis zum Nacherbfall gezogenen **Nutzungen** gebühren dem Vorerben und müssen deshalb nicht dem Nacherben herausgegeben werden, selbst wenn sie dem Nachlass noch nicht entnommen sind.

7   **3. Anspruch auf Verwendungsersatz (Abs. 1 S. 2).** Da der befreite Vorerbe bei einer Unmöglichkeit der Herausgabe keinen Wertersatz schuldet, kann er umgekehrt auch **keinen Verwendungsersatzanspruch** nach den § 2124 II, § 2125 I, § 2126 fordern. Anders ist dies aber, wenn es tatsächlich zu einer Herausgabe kommt oder der Unmöglichkeit nicht auf der Befreiung eingeräumten Verfügungsbefugnis beruht (zufälliger Untergang, vgl. Palandt/*Weidlich* Rn. 1; MüKoBGB/*Grunsky* Rn. 4).

8   Abs. 1 ist auf den **nicht befreiten Vorerben** unanwendbar. Dessen Haftung regelt sich nach § 2130 I.

9   **4. Anspruch auf Schadensersatz (Abs. 2). a) Unentgeltliche Verfügungen (Abs. 2 Alt. 1).** Für nicht befreiten Vorerben ergibt sich die Schadensersatzpflicht bei unentgeltlichen Verfügungen bereits aus § 2130, da diese dem Gebot einer ordnungsgemäßen Verwaltung widersprechen. Da aber ein Vorerbe nicht von der Beschränkung der Unwirksamkeit unentgeltlicher Verfügungen (§§ 2113 II iVm 2136) befreit werden kann, ist in Abs. 2 geregelt, dass solche Verfügungen **mit Eintritt des Nacherbfalls** zu einer Schadenersatzpflicht führen können. Mit dem Begriff der **Verfügung** wird gesetzestechnisch an § 185 angeknüpft, so dass darunter die dingliche Übertragung, Belastung, Inhaltsänderung sowie die Aufgabe von zum Nachlass gehörenden Sachen und Rechten fällt. Auf die Verleihung von Wohn- oder Geschäftsräumen durch den Vorerben im Wege einer unentgeltlichen Gebrauchsüberlassung ist Abs. 2 nicht anwendbar (BGH ZEV 2016, 267).

10   Der Schadensersatzanspruch ist **verschuldensabhängig.** Die Pflichtverletzung des Vorerben besteht darin, dass er die Unentgeltlichkeit der Verfügung entweder gekannt oder hätte kennen müssen. Schließlich weiß er oder sollte er wissen, ob dem Nachlass ein Vermögenswert als Gegenleistung für die von ihm vorgenommene Verfügung zufließt. Eine den Nacherben betreffende **Benachteiligungsabsicht** ist nicht erforderlich, was sich schon aus dem Wortlautvergleich Alt. 1 mit Alt. 2 ergibt (MüKoBGB/*Grunsky* Rn. 5; Bamberger/Roth/*Litzenberger* Rn. 3). Ansonsten würde sich auch ein Wertungswiderspruch zu § 2113 II ergeben, der zum Schutz des Nacherben eine Schmälerung des Nachlasses durch unentgeltliche Verfügungen verhindern soll. Der BGH hat aber ohne Begründung in einer Entscheidung aus dem Jahr 1958 (NJW 1958, 708) eine andere Auffassung vertreten und eine Benachteiligungsabsicht gefordert.

b) Verminderung des Nachlasses in Benachteiligungsabsicht (Abs. 2 Alt. 2). In Abgrenzung zu 11
Abs. 2 Alt. 1 sind nur **entgeltliche Verfügungen** erfasst. Vorsätzliches Handeln in Form der Kenntnis der Schmälerung des Nachlasses (oder gar bedingter Vorsatz) sind nicht ausreichend. Es muss eine in **Benachteiligungsabsicht** vorgenommene Verminderung der Erbschaft durch den Vorerben bewiesen sein (BGH NJW 1983, 287). Das Verhalten des Vorerben muss gerade darauf zielen, den Nacherben zu benachteiligen. Das ergibt sich aus einem Wortlautvergleich mit Abs. 2 Alt. 1. Zum anderen bildet die Norm ein Korrektiv zu den ansonsten weiten Befreiungsmöglichkeiten des Vorerben nach § 2136. Bei einer entsprechenden Erblasseranordnung wird es gesetzlich respektiert, dass der befreite Vorerbe den Nachlass schmälert. Dass er im Rahmen seiner Befugnisse entsprechend planmäßig vorgeht, kann – von Fällen unentgeltlicher Verfügungen nach Abs. 2 Alt. 1 abgesehen – zu keiner Schadensersatzpflicht führen. Wo er aber zielgerichtet den Nacherben schädigen will, ist die Grenze des durch die Befreiung für den Vorerben gesteckten Rahmens erreicht. Es sind dann auch Ansprüche aus den §§ 812, 826 u. 985 zu prüfen.

c) Höhe des Schadensersatzanspruches. Für die Höhe des Schadensersatzanspruches sind die 12
§§ 249 ff. anwendbar. Maßgebend ist insoweit der Zeitpunkt der Ersatzleistung und nicht wann der Nachlass geschmälert wurde (MüKoBGB/*Grunsky* Rn. 5).

d) Zeitpunkt der Geltendmachung. Der Anspruch nach Abs. 2 kann erst **vom Nacherbfall an** gel- 13
tend gemacht werden (BGH NJW 1977, 1631).

e) Rechtsfolge des Verstoßes gegen die §§ 2138 II, 2113 II ist, dass die Verfügung dem Nacherben ge- 14
genüber absolut **unwirksam** ist. Der Nacherbe muss aber nicht den oftmals aus tatsächlichen Gründen schwierigen Versuch unternehmen, gegen den Erwerber Herausgabe- und Schadensersatzansprüche durchzusetzen. Er kann sich stattdessen auch an den befreiten Vorerben wenden, diesem gegenüber den gesamten ihm entstandenen Schaden geltend machen und im Gegenzug dem Vorerben seine Ansprüche gegen den Erwerber abtreten (MüKoBGB/*Grunsky* Rn. 4).

5. Gestaltungsmöglichkeiten in Verfügungen von Todes wegen. Der Erblasser kann den Vorerben 15
nicht von dem Verbot unentgeltlicher Verfügungen befreien, da § 2113 II in § 2136 ausgeklammert ist. Damit kann auch **keine Befreiung** von dem Haftungsmaßstab nach Abs. 2 erfolgen. Es wird in der Kommentarliteratur aber weit überwiegend nicht als gesetzwidrige Umgehung der Grundprinzipien der §§ 2100 ff. angesehen, wenn der Vorerbe für den Fall einer unentgeltlichen Verfügung in der letztwilligen Verfügung faktisch von den rechtlichen Folgen befreit wird, in dem der Nacherben mit einem **Vermächtnis** beschwert, die Verfügung des Vorerben zu genehmigen oder ihn freizustellen (Palandt/ *Weidlich* § 2136 Rn. 4; *Hölscher* ZEV 2009, 213).

6. Verfahrensrecht. Der Nacherbe ist schon vor dem Nacherbfall berechtigt, eine **Feststellungsklage** 16
zu erheben (BGH NJW 1977, 1631).

Arrest und einstweilige Verfügung (§§ 916 ff., 935 ff. ZPO) sind gegenüber dem befreiten Vorerben 17
dann die alleine verbleibenden Sicherungsmittel (Palandt/*Weidlich* Rn. 2, § 2128 Rn. 2), da § 2136 eine Befreiung von den §§ 2127–2129 möglich macht. Allerdings ist zu berücksichtigen, dass der befreite Vorerbe in der Verwaltung des Nachlasses weitgehend frei ist, so dass Verstöße gegen die Grundsätze ordnungsgemäßer Verwaltung nur in Ausnahmefällen anzunehmen sind. Der Nacherbe sollte gegenüber dem befreiten Vorerben im Falle einer Beweisnot die Erstellung eines Verzeichnisses nach § 2121 und eine Sachverständigenbegutachtung nach § 2122 fordern (BGH NJW 1983, 2874). Wegen des Anspruchs des Vorerben gegen den Nacherben gem. §§ 260, 2138 auf Auskunftserteilung wird auf die Komm. zu → § 2130 Rn. 17 verwiesen.

§ 2139 Wirkung des Eintritts der Nacherbfolge

Mit dem Eintritt des Falles der Nacherbfolge hört der Vorerbe auf, Erbe zu sein, und fällt die Erbschaft dem Nacherben an.

1. Normzweck. Das Ereignis, das den Übergang des Erbvermögens vom Vorerben auf den Nacherben 1
bewirkt, bezeichnet das Gesetz als Eintritt des Falles der Nacherbfolge (§ 2139), **sog. Nacherbfall.** Damit ist die Erbenstellung des Vorerben beendet. Es findet ein **Von-Selbst-Erwerb** statt, ohne Notwendigkeit gesonderter Übertragungsakte durch den Vorerben oder dessen Erben. § 2139 normiert das Grundprinzip der Nacherbschaft, wonach mit dem Nacherbfall kraft Gesetz der Nacherbe den Erblasser (und nicht etwa den Vorerben) beerbt. Aus den §§ 2140–2146 ergeben sich dann die rechtlichen Auswirkungen des Nacherbfalls.

Es gilt der **Grundsatz,** wonach die Substanz dem Nacherben zukommen soll und der Vorerbe die bis 2
zum Eintritt des Nacherbfalls erzielten Nutzungen aus dem Vermögensstamm für sich behalten kann, wobei § 2136 es dem Erblasser ermöglicht, von diesem Grundsatz weitgehend abzuweichen und dem Vorerben eine stärkere Stellung zukommen zu lassen.

2. Eintritt des Nacherbfalls. a) Zeitpunkt des Nacherbfalls. Wann der Nacherbfall eintritt, ist nicht 3
gesetzlich geregelt, sondern hängt von dem **Erblasserwillen** ab. Danach tritt in den meisten Fällen der Nacherbfall mit dem Tod des Vorerben ein, was sich im Zweifel aus § 2106 ergeben kann.

b) Eigen- und Sondervermögen. Im Nacherbfall ist zwischen **zwei Erbfällen** zu unterscheiden. Der 4
Vorerbe wird von seinen gesetzlichen oder testamentarischen Erben beerbt. Das betrifft (nur) sein von

der Nacherbschaft getrenntes Eigenvermögen. Das den Beschränkungen der Nacherbschaft unterworfene Sondervermögen des ursprünglichen Erblassers fällt dem Nacherben an. Der Nacherbe wird **unmittelbar Eigentümer und** Schuldner bzw. Gläubiger in Bezug auf **Nachlassforderungen und -verbindlichkeiten**. Der Nacherbe wird aber ohne Übertragungsakt nicht unmittelbarer Besitzer. § 857 ist hier unanwendbar. Sonst wäre eine nach § 2140 wirksame Verfügung nicht möglich (MüKoBGB/*Grunsky* Rn. 2). Anders ist dies, wenn der Vorerbe nie unmittelbaren Besitz erlangt hat (MüKoBGB/*Grunsky* Rn. 2).

5   c) **Ausschlagungsfrist.** Bei dem Eintritt des Nacherbfalls kann für den ersten Erbfall die Ausschlagungsfrist für den **Vorerben** noch nicht abgelaufen sein. Dass der Nacherbe im Erbscheinsverfahren des Vorerben Kenntnis vom Inhalt des Testaments erhält, setzt die Ausschlagungsfrist nicht in Lauf (OLG München ZEV 2011, 218). Das Ausschlagungsrecht des Vorerben bzw. seiner Erben besteht weiter und aus Sicht des **Nacherben** völlig unabhängig von dessen Möglichkeit zur Erbausschlagung (§ 2142). Auch die gesetzlichen Erben eines Vorerben, denen die Nacherbschaft nicht zufällt, können nach Eintritt des Nacherbfalles den Anfall der Erbschaft an ihren Rechtsvorgänger ausschlagen, solange die Ausschlagungsfrist noch läuft (BGH NJW 1965, 2295; MüKoBGB/*Grunsky* Rn. 6).

6   **3. Erbschaftskauf.** In dem Zeitraum **zwischen Erbfall und Nacherbfall** können der Vorerbe und der Nacherbe die Erbschaft im Wege eines Erbschaftskaufs (§§ 2371 ff.) auf den Nacherben übertragen. Ein Miterbe kann seinen Anteil übertragen. Der Eintritt des Nacherbfalls kann jedoch rechtsgeschäftlich nicht vereinbart werden, so dass der Vorerbe wegen seiner fortdauernden Erbenstellung mit Vertragsabschluss nicht kraft Gesetz von seiner Haftung für Nachlassverbindlichkeiten frei wird (Palandt/*Weidlich* Rn. 7). Der Nacherbe haftet aber als Erbschaftskäufer nach § 2382 gegenüber den Nachlassgläubigern (MüKoBGB/*Grunsky* Rn. 11).

7   **4. Verzichtsvertrag.** Die **Vorerbenrechte** sind verzichtbar, so dass der Vorerbe vor dem Nacherbfall den Nachlass an den Nacherben herausgeben kann, wenn ein Verzichtsvertrag geschlossen wird (MüKoBGB/*Grunsky* Rn. 11). Aber dies ändert nichts an der Schuldenhaftung des Vorerben.

8   **5. Gesamthandanteil.** Sind Erben hinsichtlich eines Gesamthandanteils zusätzlich Nacherben, so kann bei einer **Erbauseinandersetzung** zwischen ihnen und dem Vorerben der auf den Vorerben übertragene Nachlassgegenstand mit Mitteln der Erbschaft iSd § 2111 I erworben werden (BGH ZEV 2001, 19).

9   **6. Anwartschaftsrecht. a) Übertragung an den Nacherben.** Selbst wenn Vorerben ihre Erbanteile in Vorwegnahme der Erbfolge auf den Eintritt des Nacherbfalls vor dem Nacherbfall unter den Nacherben übertragen wollen, entsteht bis zum Nacherbfall unter den Nacherben **keine Erbengemeinschaft,** da sie weiterhin nur Inhaber von Anwartschaftsrechten sind. Auch die Erbengemeinschaft mehrerer Nacherben kann nur kraft Gesetz, also erst mit dem Nacherbfall, entstehen (BGH NJW 1993, 1582; KG ZEV 1999, 28).

10   **b) Übertragung auf Dritte.** Überträgt **der Vorerbe** ein Anwartschaftsrecht auf einen Dritten, so geht die Erbschaft mit dem Nacherbfall **unmittelbar** mit dinglicher Wirkung auf den Dritten über. Überträgt der Nacherbe die Anwartschaft **auf den Vorerben,** so wird dieser im Zeitpunkt der Übertragung Vollerbe. Überträgt **der Nacherbe** sein Recht nach dem Erbfall, aber vor dem Nacherbfall auf einen Dritten, so geht die Erbschaft mit dem Nacherbfall unmittelbar auf den Dritten über (OLG Düsseldorf MDR 1981, 143).

11   **7. Verfahrensrecht. a) Prozessführungsbefugnis.** Der Vorerbe ist als wahrer Erbe von dem Erbfall **bis zum Eintritt des Nacherbfalls** aktiv und passiv prozessführungsbefugt (BFH NJW 1970, 79 Revisionsrücknahme durch Vorerbin; Palandt/*Weidlich* vor § 2100 Rn. 2).**Ab dem Nacherbfall** muss man zeitlich **differenzieren:** § 242 ZPO regelt für Aktivprozesse über der Nacherbfolge unterliegende Nachlassgegenstände die entsprechende Anwendbarkeit von § 239 ZPO, obwohl der Nacherbe nicht Rechtsnachfolger des Vorerben wird. Das bedeutet, dass bei Aktivprozessen des Vorerben über Nachlassgegenstände, im Fall der Nacherbfolge eine Unterbrechung des Verfahrens eintritt, wenn der Nacherbe der streitigen Verfügung zugestimmt hat oder der Vorerbe ohne Zustimmung des Nacherben verfügen darf und der klagende Vorerbe nicht durch einen Prozessbevollmächtigten vertreten ist. Ist letzteres der Fall, dann tritt keine Unterbrechung ein, sondern es kommt auf Antrag zu einer Aussetzung (§ 246 ZPO).
Der Nacherbe besitzt vor Eintritt des Nacherbfalls kein Beschwerderecht, um die Eintragung eines Amtswiderspruchs die Eintragung des Eigentümers zu verhindern. (OLG München ZEV 2017, 541).

12   **b) Rechtskräftiges Urteil.** Ein zugunsten des Vorerben **vor dem Eintritt der Nacherbfolge** rechtskräftig gewordenes Urteil wirkt nach § 326 I ZPO grds. für den Nacherben. Eine dem Vorerben nachteilige Entscheidung wirkt nicht gegen den Nacherben. Bei einem teilweisen Unterliegen kommt es darauf an, ob sich Feststellungen einzeln trennen lassen. In anderen Fällen kommt es in Ausnahme von diesem Grundsatz zu einer Rechtskrafterstreckung gegenüber den Nacherben, sofern der Vorerbe befugt war, ohne Zustimmung des Nacherben über den Gegenstand zu verfügen (§ 326 II ZPO). Dann kann der Nacherbe oder der Prozessgegner des Vorerben eine Klauselumschreibung betreiben (§ 728 I ZPO). Ein noch zu **Lebzeiten des Erblassers** gegen diesen ergangenes Urteil wirkt für und gegen den Vor- und Nacherben als wahre Erben des Erblassers unter den Voraussetzungen des § 325 ZPO. § 727 ZPO ermöglicht dann eine Umschreibung des Titels.

c) Ein Erbschein wird mit Eintritt des Nacherbfalls **unrichtig** und ist von Amts wegen einzuziehen (§ 2361). Der Nacherbe kann nach § 2362 die Herausgabe an das Nachlassgericht fordern. Gegen die Einziehung eines dem Vorerben erteilten Erbscheins hat der Nacherbe kein Beschwerderecht (OLG Karlsruhe ZErb 2009, 208).

d) Das Grundbuch wird mit dem Eintritt des Nacherbfalls ebenfalls **unrichtig.** Der Nacherbe kann nach Vorlage eines den Zeitpunkt des Nacherbfalls (BayObLG Rpfleger 1985, 183) benennenden Erbscheins eine Umschreibung auf sich beantragen (§ 35 I GBO). Das gilt auch für eine Löschung des Nacherbenvermerks (§ 51 GBO).

§ 2140 Verfügungen des Vorerben nach Eintritt der Nacherbfolge

¹ Der Vorerbe ist auch nach dem Eintritt des Falles der Nacherbfolge zur Verfügung über Nachlassgegenstände in dem gleichen Umfang wie vorher berechtigt, bis er von dem Eintritt Kenntnis erlangt oder ihn kennen muss. ² Ein Dritter kann sich auf diese Berechtigung nicht berufen, wenn er bei der Vornahme eines Rechtsgeschäfts den Eintritt kennt oder kennen muss.

Mit dem Eintritt der Nacherbfolge hört der Vorerbe auf Erbe zu sein und die Erbschaft fällt dem Nacherben an (§ 2139). Die Verfügungsbefugnis des Vorerben erlischt damit. Da der Vorerbe aber in vielen Fällen von dem Nacherbfall zunächst nichts weiß oder wissen kann, wird sein **guter Glaube** an das eigene Verfügungsrecht geschützt. Sein Verfügungsrecht bleibt dann in demselben Umfang bestehen, wie es während der Vorerbschaft bestand. Das gilt insbes. bei an Bedingungen geknüpfte Nacherbenanordnungen (Studienabschluss, Eheschließung, Geburt etc). Wenn der Nacherbfall mit dem Tod des Vorerben eintritt, ist die Norm gegenstandslos.

Der hinsichtlich seiner Verfügungsbefugnis gutgläubige Vorerbe kann trotzdem noch Dritten gegenüber wirksam verfügen. Er ist dann gegenüber dem Nacherben nicht haftbar. S. 2 regelt, dass zudem nur **gutgläubige Dritte** sich auf die eigentlich nicht mehr bestehende Verfügungsbefugnis berufen können. Es müssen also beide Vertragspartner gutgläubig sein. Sonst ist die Verfügung absolut unwirksam (MüKoBGB/*Grunsky* Rn. 5).

Die Norm setzt voraus, dass den Vorerben hinsichtlich des Eintritts der Nacherbfolge weder positive Kenntnis, noch **fahrlässige Unkenntnis** (kennen musste iSv § 122 II) trifft. Fahrlässiges Handeln schadet also. **Ob der Vorerbe** die Person des **Nacherben kennt, ist unerheblich.** Der Vorerbe kann sich nicht auf § 2140 berufen, wenn er infolge eines Personenirrtums die Erbschaft an den Falschen herausgibt (Palandt/*Weidlich* Rn. 1; MüKoBGB/*Grunsky* Rn. 1).

Ausgehend vom Wortlaut sind als **Verfügungen** alle Rechtsgeschäfte anzusehen, die unmittelbar darauf gerichtet sind, auf ein bestehendes Recht einzuwirken, es zu verändern, zu übertragen oder aufzuheben oder es sonst wie in seinem Inhalt zu ändern. Der Gesetzeswortlaut differenziert nicht nach Verfügungsgegenständen. Nach dem Schutzzweck der Norm sind auch **schuldrechtliche Verpflichtungsverträge** des Vorerben entsprechend erfasst (MüKoBGB/*Grunsky* Rn. 4). Der Vorerbe ist daher befugt über den Nacherbfall hinaus Nachlassverbindlichkeiten zu begründen, von denen ihn dann der Nacherbe im Rahmen einer ordnungsmäßigen Nachlassverwaltung, zu befreien hat (Palandt/*Weidlich* Rn. 1; MüKoBGB/*Grunsky* Rn. 4). Der Vorerbe ist gegenüber Nachlassschuldnern weiterhin zur Entgegennahme berechtigt. Streitig ist, wem dann der Erlös zusteht: Dem Nacherben gem. § 816 (MüKoBGB/*Grunsky* Rn. 3; Bamberger/Roth/*Litzenburger* Rn. 3) oder es tritt wegen der weiter bestehenden Berechtigung nach § 2111 eine dingliche Surrogation ein (HK-BGB/*Hoeren* Rn. 7).

Die Norm wird auf **tatsächliches Handeln und Verwaltungsmaßnahmen** entsprechend angewandt, nicht aber auf den Erben des Vorerben, welcher in Unkenntnis der Nacherbenanordnung gutgläubig über das Sondervermögen verfügt. Bei tatsächlichem Handeln ist auf den Haftungsmaßstab des § 2131 abzustellen.

Leistet der Nachlassschuldner nach Eintritt des Nacherbfalls gutgläubig an den Vorerben, so sind die §§ 406–408, 412 zu seinen Gunsten analog anwendbar. Die fahrlässige Unkenntnis von dem Nacherbfall ist der Kenntnis gleichzustellen (KG ZEV 2003, 110; Palandt/*Weidlich* Rn. 2; MüKoBGB/*Grunsky* Rn. 6).

Ist der Vorerbe zum Zeitpunkt der Verfügung bzw. des schuldrechtlichen Rechtsgeschäftes gutgläubig, so wird er nach dieser Vorschrift weiterhin als **verfügungsbefugt** behandelt. Sein Verfügungsrecht bleibt also auch nach Eintritt des Nacherbfalls bestehen und zwar in denselben Grenzen wie während der Vorerbschaft. War ihm keine Befreiung erteilt worden, ist diese Beschränkung weiterhin gültig; umgekehrt wirken vom Erblasser angeordnete Befreiungen weiterhin zu Gunsten des Vorerben.

Der **Schutz des Dritten durch § 2140 S. 2** setzt zunächst voraus, dass der Vorerbe bzgl. seiner fehlenden Verfügungsbefugnis gutgläubig ist. Der Dritte wird ansonsten nur nach den §§ 932, 892, 2366 geschützt. Grundsätzlich ist die Verfügung dann absolut und damit gegenüber jedermann unwirksam. Erst dann kommt es darauf an, ob der Dritte gutgläubig ist. Der Schutz des Vorerben besteht jedoch bereits dann, wenn der **Dritte bösgläubig ist.** Zwar ist dann die Verfügung des Vorerben im Verhältnis des Dritten zum Nacherben unwirksam, sie bleibt aber im Verhältnis des Vorerben zum Nacherben weiter wirksam.

Die **Beweislast** für die Kenntnis oder fahrlässige Unkenntnis des Vorerben obliegt demjenigen, der sich auf die Unwirksamkeit beruft. Dabei ist zwischen dem Vorerben und Nacherben zu trennen.

§ 2141 Unterhalt der werdenden Mutter eines Nacherben

Ist bei dem Eintritt des Falles der Nacherbfolge die Geburt eines Nacherben zu erwarten, so findet auf den Unterhaltsanspruch der Mutter die Vorschrift des § 1963 entsprechende Anwendung.

1   Mit der gesetzgeberischen Formulierung einer bei dem Eintritt des Nacherbfalls zu erwartenden Geburt eines Nacherben ist der Fall gemeint, dass der Nacherbe bei Eintritt des Nacherbfalls **bereits gezeugt** und damit gem. § 1923 II ausnahmsweise bereits vor der Geburt erbfähig ist.

2   Die Vorschrift gilt nach Sinn und Zweck erst recht, wenn als **Nacherbfall die Geburt** des Nacherben angeordnet ist (vgl. § 2106 II 1, § 2101 I).

3   In diesen beiden Fällen gewährt die Norm der Kindsmutter einen Unterhaltsanspruch in entsprechender Anwendung des § 1963, dessen Tatbestandsvoraussetzungen infolge der **Rechtsgrundverweisung** vollständig gegeben sein müssten. Der Anspruch entsteht erst mit Empfängnis des Kindes.

4   Wenn der Nacherbfall vor der Geburt eintritt, muss für das bereits gezeugte Kind ein **Pfleger** bestellt werden. Der Unterhaltsanspruch ist aus Nachlassmitteln zu erfüllen. Anspruchsgläubigerin ist die Kindsmutter. Wenn der Nacherbfall jedoch mit der Geburt des Nacherben eintritt, so richtet sich der Anspruch gegen den Vorerben, der ihn ebenfalls aus Nachlassmitteln zu erfüllen hat (MüKoBGB/*Grunsky* Rn. 2). Greift er auf eigenes Vermögen zurück, so kann er von dem Nacherben eine Erstattung verlangen (MüKoBGB/*Grunsky* Rn. 2). Das Maß des Unterhalts richtet sich nach § 1610.

5   Wegen der Verweisung auf § 1963 ist auf die dortige **Beweislastregel** zurückzugreifen, wonach die Kindsmutter als Gläubigerin die anspruchsbegründenden Tatsachen beweisen muss, insbes. die Bedürftigkeit. Im Gegensatz zu den Ansprüchen nach den §§ 1361 ff., 1569 ff. u. 1601 ff. (vgl. § 119 I FamFG) ist ein Antrag auf Erlass einer einstweiligen Verfügung (§ 940 ZPO) möglich.

§ 2142 Ausschlagung der Nacherbschaft

(1) Der Nacherbe kann die Erbschaft ausschlagen, sobald der Erbfall eingetreten ist.

(2) Schlägt der Nacherbe die Erbschaft aus, so verbleibt sie dem Vorerben, soweit nicht der Erblasser ein anderes bestimmt hat.

1   **1. Normzweck.** Abs. 1 ist im Zusammenhang mit § 1946 zu sehen, wonach die Annahme und Ausschlagung der Erbschaft (erst) mit Eintritt des Erbfalls möglich sind. Es wird durch § 2142 klargestellt, dass dem Nacherben bereits **mit Eintritt des Vorerbfalls** ein Ausschlagungsrecht zusteht und er nicht erst den Nacherbfall abwarten muss. Abs. 2 regelt für den Fall der Ausschlagung den **Verbleib der Erbschaft** bei dem Vorerben, soweit kein anderer Erblasserwille feststellbar ist (Auslegungsregel).

2   **2. Ausschlagungsrecht (Abs. 1).** Das gegenüber dem Vorerben eigenständige Ausschlagungsrecht des Nacherben steht diesem auch bei einer Einsetzung unter einer aufschiebenden **Bedingung** oder **Befristung** zu. Existieren **mehrere Nacherben** so kann jeder unabhängig von den anderen von seinem Ausschlagungsrecht Gebrauch machen.

3   a) **Tod des Vor- oder Nacherben.** Ist bei Tod des Vor- oder Nacherben, die für diesen laufende Ausschlagungsfrist noch nicht abgelaufen, so ist wie folgt zu **differenzieren:**

4   aa) **Tod des Vorerben.** Das noch laufende Ausschlagungsrecht geht auf **dessen Erben** und nicht etwa auf den Nacherben über. Ist die Ausschlagungsfrist länger als die Zeitspanne zwischen Vor- und Nacherbfall, so kann der Vorerbe auch noch nach dem Nacherbfall ausschlagen. Wenn sein eigener Tod den Zeitpunkt des Nacherbfalls bildet, dann sind dessen Erben befugt (→ § 2139 Rn. 5). Das ist insbes. in den Fällen des § 1954 III relevant.

5   bb) **Verstirbt der Nacherbe** zwischen Erbfall und Nacherbfall, so sind **dessen Erben** zur Ausschlagung berechtigt, wenn dies dem Erblasserwillen entsprach und die Anwartschaft auf die Erben überging (vgl. § 2108 II 1). Ist das nicht der Fall tritt dieselbe Rechtsfolge ein wie in Abs. 2. Die Erbschaft verbleibt bei dem Vorerben und das Ausschlagungsrecht erlischt. Verstirbt der Nacherbe nach dem Nacherbfall während der noch laufenden Ausschlagungsfrist, so sind dessen Erben zur Ausschlagung berechtigt.

6   b) **Minderjähriger Nacherbe.** Steht die Erbausschlagung für einen minderjährigen Nacherben an, so ist in Fällen einer konkreten Interessenkollision ein **Pfleger** zu bestellen, wenn ein Elternteil als Vorerbe eingesetzt ist. Das OLG Frankfurt a. M. (NJW 1964, 552) nahm dies in einem Fall an, bei dem der als Vorerbe eingesetzte Elternteil pflichtwidrig in die Nachlasssubstanz eingegriffen hatte.

7   c) **Sonstiges. aa) Anwartschaftsrecht.** Nach Eintritt des Erbfalls steht dem Nacherben ein Anwartschaftsrecht zu, das er auf einen Dritten und auch auf den Vorerben **übertragen** kann. Gegenstand eines Verzichtsvertrages kann das Nacherbrecht mangels einer gesetzlichen Regelung jedoch nicht sein. Bei einer entsprechenden vertraglichen Vereinbarung muss jedoch eine Umdeutung in eine Übertragung des Anwartschaftsrechtes geprüft werden.

8   bb) **Der Insolvenzfall** des Erben ändert an dem Ausschlagungsrecht des Nacherben nichts. Denn § 83 I 1 InsO enthält für den Nacherben keine seine Rechtsstellung **einschränkende Regelung**.

Wiederaufleben erloschener Rechtsverhältnisse § 2143 BGB 10

3. Ausschlagungsfristen. a) Beginn der Ausschlagungsfrist. Die für den Nacherben geltende Ausschlagungsfrist gem. § 1944 beginnt frühestens mit **Kenntnis des Nacherbfalls.** Das ergibt sich aus § 1944 II, wonach der Fristanlauf in jedem Fall auch die Kenntnis des Anfalls der Erbschaft voraussetzt, die für den Nacherben frühestens mit Eintritt des Nacherbfalls gegeben sein kann (§ 2139). 9

b) Erbrechtsreform 2010. Zu beachten ist, dass für den pflichtteilsberechtigten Nacherben auch nach der am 1.1.2010 in Kraft getretenen **Erbrechtsreform** die Ausschlagungsfrist (erst) beginnt, wenn der **Pflichtteilsberechtigte** von der Beschränkung des Erbes durch seine Einsetzung als Nacherbe Kenntnis erlangt hat. Das im Falle der Ausschlagung entstehende Pflichtteilsrecht unterliegt aber der dreijährigen Regelverjährung ab Eintritt des Erbfalls (und nicht erst mit dem Nacherbfall), so dass der Nacherbe ggf. bereits vor dem Nacherbfall gezwungen sein kann, die Ausschlagung zu erklären. 10

c) Auslandsbezug des Erblassers. § 1944 III normiert eine **sechsmonatige** Ausschlagungsfrist ua in Fällen, in denen der Erblasser nur über einen Wohnsitz im Ausland verfügte oder sich beim Erbfall dort aufhielt. Die Lebensverhältnisse des Vorerben sind insoweit nicht entscheidend. 11

4. Annahme der Erbschaft. a) Zeitpunkt der Annahme. Der Nacherbe kann bereits **nach dem Erbfall** eine Annahmeerklärung abgeben und muss nicht erst den Nacherbfall abwarten. Dies ist aus Gründen der Rechtssicherheit notwendig, da die Annahme den Erwerber oder Pfändungsgläubiger vor dem Verlust des Nacherbenrechts schützt und einen rechtlichen Schwebezustand verhindert. Dies wird dies aus dem Wortlaut des immer im Zusammenhang mit § 2142 zu lesenden § 1946 deutlich, wo die Annahme ausdrücklich erwähnt ist. 12

b) Form der Annahme. Die **formfreie** Annahme kann ausdrücklich oder durch schlüssiges Verhalten erfolgen. Letzteres ist bei einer Verfügung über das Anwartschaftsrecht im Einzelfall zu prüfen. 13

5. Rechtsfolgen der Ausschlagung (Abs. 2). a) Wegfall des Nacherben. Die Norm ist **unanwendbar,** wenn der Nacherbe durch Ableben vor dem Erbfall, durch Erbverzicht oder durch Erbunwürdigkeit wegfällt. § 2142 II ist auf Fälle der Ausschlagung beschränkt. 14

b) Vorrang des Erblasserwillens. Abs. 2 ordnet an, dass im Falle der Ausschlagung die Nacherbschaft gegenstandslos wird und die **Erbschaft dem Vorerben** endgültig verbleibt, sofern kein abweichender Erblasserwille festgestellt werden kann. Der ausdrücklich oder ggf. konkludent geäußerte Wille ist im Wege der Auslegung (§ 2084) zu ermitteln. Dieser kann sich zB in der Berufung von Ersatzerben äußern (§ 2096), wobei nach § 2102 I die Einsetzung als Nacherbe im Zweifel auch die Einsetzung als Ersatzerbe zur Folge hat. 15

c) Mehrere Nacherben. Sind mehrere Personen zu Nacherben eingesetzt, so ist deren **Anwachsungsrecht** nach § 2094 vorrangig (BayObLGZ 1962, 239), wobei der Erblasser dies ausschließen kann (§ 2094 III). In diesem Fall kann § 2142 nur zur Anwendung kommen, wenn alle Nacherben ausgeschlagen haben. 16

d) Ersatznacherben. Bei der Benennung von Ersatznacherben ist regelmäßig von dem Erblasserwillen auszugehen, dass diese bei einer Ausschlagung durch den Nacherben nicht zu **Ersatzerben** berufen sein sollen (OLG Düsseldorf NJW 1956, 1880). Dies gilt insbes. dann, wenn die Ausschlagung den Zweck hatte, sich über § 2306 den Pflichtteil zu sichern (BayObLG NJW-RR 2000, 1391). Aufgrund besonderer Umstände kann man jedoch im **Ausnahmefall** auch zu dem Ergebnis gelangen, dass das Erbe unbedingt in der Familie verbleiben solle und deshalb zB Abkömmlinge als Ersatznacherben zum Zug kommen (MüKoBGB/*Grunsky* Rn. 5). 17

Es ist also Vorsicht geboten, ob man über die Auslegungsregel des § 2069 zu dem Ergebnis kommt, dass die Abkömmlinge eines durch Ausschlagung weggefallenen Abkömmlings Erben werden sollen. Denn bei Einforderung des Pflichtteils durch den weggefallenen Nacherben kommt es zu einer **Doppelbegünstigung eines Familienstamms,** da der Abkömmling Ersatzerbe wird und sein Elternteil den Pflichtteil erhält. So kann es auch zu einer Ungleichbehandlung gegenüber Abkömmlingen aus anderen Stämmen kommen (BGHZ 33, 60; BayObLG NJW-RR 2000, 1391; OLG Frankfurt a.M. OLGZ 1971, 208; OLG Düsseldorf NJW 1956, 1880; OLG Celle NdsRpfl 1953, 69; Brox/Walker ErbR Rn. 348; Palandt/*Weidlich* Rn. 4; MüKoBGB/*Grunsky* Rn. 5). 18

§ 2143 Wiederaufleben erloschener Rechtsverhältnisse

Tritt die Nacherbfolge ein, so gelten die infolge des Erbfalls durch Vereinigung von Recht und Verbindlichkeit oder von Recht und Belastung erloschenen Rechtsverhältnisse als nicht erloschen.

Die Norm regelt für die Zeit ab Eintritt des Nacherbfalls die Rechtsfolgen von **Rechtsbeziehungen** zwischen dem noch lebenden Erblasser und dem Vorerben. Da der Vorerbe als wahrer Erbe anzusehen ist, fallen bei einer schuldrechtlichen Forderung des Erblassers gegen den Vorerben (oder umgekehrt) mit dem Eintritt des Vorerbfalls Gläubiger und Schuldner in einer Person zusammen (Konfusion = Vereinigung von Recht und Verbindlichkeit). Bei dinglichen Rechten spricht man von einer Konsolidation (Vereinigung von Recht und Belastung). Die **Rechtsfolge** ist in beiden Fällen das Erlöschen des Rechtsverhältnisses. Der Vorerbe ist aber nur Erbe auf Zeit. Mit Eintritt des Nacherbfalls fällt die Erbschaft dem Nacherben an (§ 2139). Das Vermögen des Vorerben spaltet sich in den Nachlass und sein sonstiges Vermögen auf. § 2143 regelt daher, dass die erloschenen Rechtsverhältnisse ab diesem Zeitpunkt automatisch wieder aufleben (BGH NJW 1967, 2399). Denn in Bezug auf die Person des Nacherben kommt es 1 zu keiner Konfusion oder Konsolidation. Die Folge für den Vorerben ist, dass er nunmehr zum Nachlassgläubiger bzw. Nachlassschuldner einer Forderung wird, deren Schuldner oder Gläubiger nunmehr der Nacherbe geworden ist. Voraussetzung ist also, dass die **Konfusion** oder **Konsolidation** bis zum Eintritt des Nacherbfalls bestanden haben und das erloschene Rechtsverhältnis zu Lebzeiten des Erblassers bereits begründet war.

2 § 2143 ist daher in **zwei Fallgruppen nicht anwendbar,** in denen die vorstehenden Rechtswirkungen vor dem Nacherbfall nie entstanden sind oder später entfallen sind. 1. Der Nachlass wird zu einem von dem sonstigen Vermögen des Erblassers getrennten **Sondervermögen.** Das ist zB bei der Testamentsvollstreckung (BGH NJW 1967, 2399), der Nachlassverwaltung oder in einem Nachlassinsolvenzverfahren der Fall. 2. Eine Konfusion oder Konsolidation tritt auch nicht ein, wenn auf Schuldner- oder Gläubigerseite **keine vollständige Personenidentität** besteht.

3 Ausgehend davon muss man differenzieren, ob bei Eintritt des Erbfalls **mehrere Personen als Mitvorerben** eingesetzt wurden und nur einer davon eine Forderung gegen den Erblasser hatte (oder Gläubiger des Erblassers war). Da der Nachlass zum Gesamthandsvermögen wurde, kann es zu keiner Verschmelzung kommen. § 2143 ist dann nicht einschlägig.

4 Ordnet hingegen der Erblasser eine Nacherbfolge nur hinsichtlich **eines Bruchteils der Erbschaft** an, so kommt es innerhalb dessen mit dem Nacherbfall zu einer Personenidentität, so dass § 2143 anwendbar ist. Es entsteht eine **Erbengemeinschaft,** die aus dem Vorerben und hinsichtlich des nicht der Vorerbschaft unterliegenden Erbteils aus dem Nacherben und der Person des Vorerben als Vollerben besteht (MüKoBGB/*Grunsky* Rn. 1).

5 § 2143 ist **entsprechend anzuwenden,** wenn die noch bestehende Mitvorerbengemeinschaft auf Gläubigerseite im Wege der Auseinandersetzung ein Forderungsrecht gegen einen Mitvorerben auf diesen übertragen hat. Der Nacherbe ist dann mit Eintritt des Nacherbfalls berechtigt, die Forderung gegen den Schuldner als früheren Vorerben einzuziehen (BGH NJW 1963, 2320).

6 Mit Eintritt des Nacherbfalls werden die erloschenen Rechtsverhältnisse automatisch wieder begründet und zwar nur mit Wirkung ab sofort (**ex-nunc**), also nicht rückwirkend auf den Erbfall. Deswegen hat für gelöschte Grundpfandrechte ein Neueintrag im Grundbuch zu erfolgen. Zwischenzeitlich neu entstandene Belastungen sind aber vorrangig.

7 Der **Vorerbe** kann sich bis zum Nacherbfall auf eine eigene Rechtsposition berufen. Er schuldet daher auch keine Verzinsung. Ist der Vorerbe Gläubiger des Erblassers gewesen, so erhält er für die Zeit der Vorerbschaft ebenfalls keine Zinsen, da ihm die Nutzungen zustanden und er den Nachlass zu verwalten hatte.

8 Die Rechtswirkungen treten auch in Bezug auf **Nebenrechte** (Pfandrecht, Bürgschaft etc) ein und nicht nur im Verhältnis zwischen dem Vor- und Nacherben, sondern auch gegenüber Dritten (Palandt/*Weidlich* Rn. 1; MüKoBGB/*Grunsky* Rn. 2). Anders als bei § 2377 ist der Wortlaut insoweit nicht eingeschränkt.

9 **Verjährung.** Es ist streitig, ob es während der Vorerbschaft zu einer Hemmung der Verjährung kommt. Dies ist aber abzulehnen, da § 205 anders als § 202 I aF nicht mehr „andere rechtliche Hindernisse" als Hemmungsgrund ansieht (sa Palandt/*Heinrichs* § 205 Rn. 3; aA MüKoBGB/*Grunsky* Rn. 2; HK-BGB/*Hoeren* Rn. 5).

10 **Verfahrensrecht:** Einem späteren Verjährungseinwand können Nacherbe und Vorerbe schon vor dem Eintritt der Nacherbfolge durch eine **Feststellungsklage** begegnen. Der Klageantrag richtet sich auf die Feststellung des Wiederauflebens der vorübergehend erloschenen Forderung gegen den Vorerben (BGH LM BGB § 2100 Nr. 5).

§ 2144 Haftung des Nacherben für Nachlassverbindlichkeiten

(1) **Die Vorschriften über die Beschränkung der Haftung des Erben für die Nachlassverbindlichkeiten gelten auch für den Nacherben; an die Stelle des Nachlasses tritt dasjenige, was der Nacherbe aus der Erbschaft erlangt, mit Einschluss der ihm gegen den Vorerben als solchen zustehenden Ansprüche.**

(2) **Das von dem Vorerben errichtete Inventar kommt auch dem Nacherben zustatten.**

(3) **Der Nacherbe kann sich dem Vorerben gegenüber auf die Beschränkung seiner Haftung auch dann berufen, wenn er den übrigen Nachlassgläubigern gegenüber unbeschränkt haftet.**

1 **1. Normzweck.** Die §§ 2144–2146 betreffen die Besonderheiten der **Haftung** für Nachlassverbindlichkeiten durch den Vor- und Nacherben und sind daher im Gesamtzusammenhang zu betrachten. Abs. 1 u. 2 regeln die Haftung des Nacherben im **Außenverhältnis** gegenüber den Nachlassgläubigern, wobei in Abs. 1 als Grundsatz auf die allgemeinen Regelungen über die Haftungsbeschränkung des Erben für Nachlassverbindlichkeiten verwiesen wird. Da der Nachlassbestand als Haftungsmasse aber während der Vorerbschaft Veränderungen unterworfen ist, ist die Haftung auf den Bestand des Nachlasses bei Eintritt des Nacherbfalls beschränkt. Abs. 2 regelt den Fall einer Inventarerstellung durch den Vorerben und erstreckt die Folgen der Haftungsbeschränkungen auf den Nacherben. Abs. 3 betrifft die Haftung im **Innenverhältnis** zwischen Vor- und Nacherben.

2 **2. Haftung des Nacherben. a) Vor Eintritt des Nacherbfalls.** Bis zum Nacherbfall ist der Vorerbe der **wahre Erbe** und haftet deshalb alleine, selbst wenn der Nacherbe die ihm noch nicht angefallene

Erbschaft bereits angenommen hat (MüKoBGB/*Grunsky* Rn. 1), wobei sich in diesem Fall ein Nachlassgläubiger nicht auf § 1958 berufen kann.

b) Nach Eintritt des Nacherbfalls. Mit dem Nacherbfall besteht eine Haftung des Vorerben nur noch im Rahmen der Ausnahmeregelung des § 2145 fort. Da der **Nacherbe** dann bereits zum wahren Erben geworden ist, haftet er als Gesamtrechtsnachfolger des Erblassers (und nicht des Vorerben) ohne rechtsgeschäftliche Schuldübernahme **kraft Gesetz** unbeschränkt mit seinem ganzen Vermögen, jedoch beschränkbar auf das, was er als Nacherbe erlangt hat (Abs. 1 S. 2). Das ist nicht der vom Vorerben vorgefundene Nachlassbestand, sondern nur der nach §§ 2111, 2130 vom Vorerben im Zeitpunkt des Nacherbfalls herauszugebende Nachlass bzw. eine Haftung für im Zeitpunkt des Nacherbfalls bestehende Verbindlichkeiten. Der Nacherbe „erlangt" auch die ihm gegen den Vorerben zustehenden Ansprüche, wie den Herausgabeanspruch nach § 2130 oder Ersatzansprüche nach den §§ 2130–2134, 2138 II.

aa) Nachlassverbindlichkeiten. Der Nacherbe hat grds. für alle Arten von Nachlassverbindlichkeiten iSv **§ 1967** einzustehen, und zwar für **Erblasserschulden,** welche bereits von dem Erblasser begründet worden sind. Aber auch für **Erbfallschulden,** die erst durch den Tod des Erblassers entstanden sind und kraft Gesetz oder letztwilliger Verfügungen von den Erben zu tragen sind wie zB Pflichtteilsrechte, der Voraus (§ 1932), der Dreißigste (§ 1969), Vermächtnisse, Auflagen (§ 1967 II). Dabei muss immer differenziert werden, ob der Erblasser ausnahmsweise nur den Vorerben oder nur den Nacherben verpflichten oder beschweren wollte. Eine Ausnahme gilt für die Beerdigungskosten des Erblassers. Diese sind gem. § 1968 von dessen Erben zu tragen (aA MüKoBGB/*Grunsky* Rn. 2: Haftung des Nacherben).

bb) Rechtsgeschäfte des Vorerben. Wegen der den Nachlass betreffenden Rechtsgeschäfte des Vorerben ist aber zusätzlich zu unterscheiden, ob diese im Rahmen einer ordnungsgemäßen Verwaltung abgeschlossen wurden. Der Vorerbe haftet im Falle einer unbeschränkten **rechtsgeschäftlichen Eigenverpflichtung** einerseits ggf. neben dem Nacherben als Gesamtschuldner. Er kann andererseits mit dem Gläubiger eine Beschränkung der Haftung auf den Nachlass vereinbaren.

(1) Ordnungsgemäße Verwaltung. Die vom Vorerben in ordnungsmäßiger Verwaltung des Nachlasses begründeten Schulden sind auch für den Nacherben Nachlassverbindlichkeiten (BGH NJW 1960, 959). Vorerbe und Nacherbe haften dann als **Gesamtschuldner.**

(2) Nicht unter eine ordnungsmäßige Verwaltung fallende Rechtsgeschäfte sind vom Vorerben als nur ihn treffende Eigenverbindlichkeiten zu erfüllen. Die ordnungsgemäße Verwaltung wird anhand eines **objektiven Maßstabs** ermittelt, der sich konkret an den Besonderheiten des Nachlasses und der im Einzelfall zu ergreifenden Maßnahme orientiert. Maßgebend sind dabei in erster Linie wirtschaftliche Kriterien. Was generell und abstrakt aus Nachlasssicht dienlich wäre, zählt dabei nicht. Ob der Vorerbe die Verwaltung insgesamt ordnungsgemäß führt, ist unerheblich, wenn die konkrete Verfügung aus objektiver Sicht zu beanstanden ist. Die subjektive Sichtweise des Vorerben bzw. seine persönlichen Verhältnisse sind nicht entscheidend. Denn der Vorerbe hat das objektive Interesse des Nacherben an dem Erhalt und Vermehrung des Nachlasses zu wahren. Die Grenzen der ordnungsmäßigen Verwaltung sind auch aus **Gläubigersicht** in Bezug auf einen nach Eintritt des Nacherbfalls zusätzlichen Schuldner bereits zur Zeit der Vorerbschaft von Bedeutung.

(3) Befreiung. Der Vorerbe kann den Nacherben nach § 2136 von der Beschränkung des § 2130 befreien. Diese erstreckt sich aber nur auf den **Maßstab der Verwaltungspflichten,** so dass danach immer zu prüfen ist, ob überhaupt eine Pflicht zur ordnungsmäßigen Verwaltung bestand oder der Nacherbe unabhängig von dem Sorgfaltsmaßstab stets haftet (MüKoBGB/*Grunsky* Rn. 2).

cc) Handelsgeschäft. Eine Ausnahme von den obigen Grundsätzen gilt aber bei der Fortführung eines zum Nachlass gehörenden Handelsgeschäfts unter der bisherigen Firma durch Vorerben und Nacherben. Dann haftet der Nacherbe auch für die von dem Vorerben begründeten Verbindlichkeiten. Ob die Eingehung im Rahmen ordnungsmäßiger Verwaltung des Nachlasses erfolgte, ist für die **handelsrechtliche Haftung** nicht entscheidend (BGH NJW 1960, 959). Statt nach den erbrechtlichen Vorschriften richtet sich die Haftung nach den §§ 25, 27 HGB.

3. Umfang der Haftungsbeschränkung. Der Umfang einer Haftungsbeschränkung richtet sich nach den allgemeinen Vorschriften der Erbenhaftung (**§§ 1975 ff.**) (Palandt/*Weidlich* Rn. 3; MüKoBGB/*Grunsky* Rn. 5). Ob der Vorerbe sich auf eine beschränkte Haftung berufen kann oder nicht, ist für die Frage, ob der Nacherbe für seine Person eine Haftungsbeschränkung herbeiführen kann, nicht maßgeblich.

4. Arten von Haftungsbeschränkungsmaßnahmen. a) Die Nachlassverwaltung. Wird die Nachlassverwaltung **auf Antrag des Vorerben** angeordnet, so ist umstritten, ob sie mit Eintritt des Nacherbfalls von Amts wegen (Soergel/*Harder* Rn. 5; Staudinger/*Behrens/Avenarius* Rn. 9; RGRK/*Johannsen* Rn. 4) oder auf Antrag des Nacherben aufzuheben ist (MüKoBGB/*Grunsky* Rn. 5; Bamberger/Roth/*Litzenburger* Rn. 2).

Wird die Nachlassverwaltung **auf Antrag eines oder mehrerer Nachlassgläubiger** angeordnet, so ist danach zu differenzieren, ob letzteres während der Dauer der Vorerbschaft erfolgt. Dann bleibt die Nachlassverwaltung über den Eintritt des Nacherbfalls hinaus bestehen, sofern der Anordnungsgrund (§ 1981 II fortbesteht oder in der Person des Nacherben ein anderer Grund hinzugetreten ist. Ansonsten ist die Nachlassverwaltung aufzuheben (MüKoBGB/*Grunsky* Rn. 5).

Lang

13 Dem Nacherben bleibt es unbenommen **nach Eintritt des Nacherbfalls** einen (neuen) Antrag zu stellen. Ebenso ist dies den Nachlassgläubigern möglich. Diese müssen jedoch § 1981 II beachten, wonach das Antragsrecht nur zeitlich beschränkt auf zwei Jahre nach Annahme der Erbschaft durch den Nacherben besteht und wenn diese bereits vor dem Nacherbfall erfolgt, zwei Jahre nach Eintritt des Nacherbfalls (Palandt/*Weidlich* Rn. 3) möglich ist.

14 b) **Die Nachlassinsolvenz – Antragsrecht.** Hier gelten die gleichen Grundsätze wie bei der Nachlassverwaltung. Der Nacherbe ist mit **Eintritt des Nacherbfalls** antragsberechtigt, der Vorerbe nicht mehr. Das Antragsrecht der Nachlassgläubiger ist ebenfalls auf zwei Jahre beschränkt (§ 319 InsO). Dem Nacherben kommt eine Haftungsbeschränkung durch ein Verfahrensende vor dem Nacherbfall zugute.

15 c) **Dürftigkeitseinrede.** Ist die Anordnung der Nachlassverwaltung oder die Eröffnung des Nachlassinsolvenzverfahrens mangels Masse unterblieben oder wird aus diesem Grunde die Nachlassverwaltung aufgehoben oder das Insolvenzverfahren eingestellt, so kann der Erbe die Befriedigung eines Nachlassgläubigers insoweit **verweigern**, als der Nachlass nicht ausreicht (§ 1990 I). Der Nacherbe ist dann berechtigt, die Dürftigkeitseinrede zu erheben. Dies gilt auch bei einer Überschuldung des Nachlasses aufgrund von Auflagen und Vermächtnissen (§ 1992).

16 d) **Dreimonatseinrede und Einrede des Aufgebotsverfahrens.** Der Nacherbe kann ferner die Dreimonatseinrede (§ 2014) wie auch die Einrede des Aufgebotsverfahrens (§ 2015) erheben, wenn er den **Antrag binnen eines Jahres** seit Annahme der Nacherbschaft stellt. Wurde die Nacherbschaft schon vor dem Nacherbfall angenommen, beginnt die Frist mit Eintritt des Nacherbfalls.

17 e) **Aufgebotsverfahren.** Ein auf Antrag des Vorerben eingeleitetes **Nachlassgläubigeraufgebot** nach den §§ 1970 ff. wirkt auch zu Gunsten des Nacherben (§§ 460 f. FamFG). Entscheidet sich also der Nacherbe zu einem neuen Aufgebotsverfahren, so kann dies wegen von erst nach Erlass des Ausschlussurteils neu entstandenen Gläubigern sinnvoll sein. Die Fünfjahresfrist des § 1974 beginnt mit dem Erbfall und nicht mit dem Nacherbfall (MüKoBGB/*Grunsky* Rn. 5).

18 5. **Nachlassinventar (Abs. 2). a) Wirkung des Nachlassinventars.** Auch der Nacherbe ist auf Antrag eines Nachlassgläubigers verpflichtet, ein Nachlassinventar iSd §§ 1994 ff., also ein bei dem örtlich zuständigen Nachlassgericht einzureichendes **Verzeichnis der Nachlassaktiva und -passiva**, zu errichten. So kann er sich die Möglichkeit einer Haftungsbeschränkung erhalten und gerät – von Fällen des § 2005 II (unvollständiges Inventar) abgesehen – nicht in die Gefahr ein zweites Inventar errichten zu müssen und bei Fehlern unbeschränkt zu haften. Nach Abs. 2 kommt das bereits vom Vorerben errichtete ordnungsgemäße Inventar auch dem Nacherben zustatten, ohne dass dieser sich auf § 2144 berufen muss. Das bedeutet, dass er kein neues Inventar mehr zu errichten braucht, wenn der Vorerbe sich auf die **Inventarwirkung** berufen kann („auch"). Auch der Nacherbe kann sich dann auf die Vermutungswirkung des § 2009 hinsichtlich einer Vollständigkeit berufen. Das setzt voraus, dass der Vorerbe frist- und formgerecht gehandelt hat und seine Inventarangaben vollständig sind (vgl. §§ 2002 ff.). Wenn das der Fall ist, kann der Nacherbe auch nicht mit dem Argument von Veränderungen im Nachlassbestand seit dem Vorerbfall zu einer neuen Inventarerrichtung gezwungen werden. Abs. 2 würde ansonsten leer laufen.

19 b) **Pflicht der Nacherben zur Inventarerrichtung.** Hat der Vorerbe kein zeitlich, inhaltlich und formgerecht **ordnungsgemäßes Inventar** errichtet, so ist der Nacherbe verpflichtet, selbst tätig zu werden. Dazu kann ihm das Nachlassgericht auf Antrag eines Nachlassgläubigers eine Frist setzen. Nach fruchtlosem Fristablauf oder bei nicht vollständigen Angaben haftet der Nacherbe wegen der Inventarunrichtigkeit unbeschränkt.

20 c) Der **Umfang des Nachlassinventars** muss in zeitlicher Sicht auf den **Erbfall bezogen** sein und nicht auf den Nacherbfall (Palandt/*Weidlich* Rn. 4; MüKoBGB/*Grunsky* Rn. 10). Denn die Nachlassgläubiger haben sonst keine andere Informationsquelle über den Nachlassbestand. Ein Gegenargument ist, das feststehen muss, was der Vorerbe im Nacherbfall an den Nacherben herauszugeben hat.

21 d) **Pflicht zur Auskunftserteilung.** Der Nacherbe hat die Pflicht gem. §§ 1978, 1991 über Veränderungen im Nachlassbestand seit Eintritt des Erbfalls Auskunft zu erteilen. Die dazu notwendigen Informationen kann er sich ggf. von dem Vorerben besorgen, der ein Verzeichnis über die zur Erbschaft gehörenden Gegenstände, einschließlich der Surrogate nach § 2111, vorlegen muss (**§ 2121**). In zeitlicher Sicht bezieht sich das aber auf den Tag der **Errichtung**. Deshalb besteht ein effektives Informationsrecht nur gegenüber dem nach § 2136 nicht befreiten Vorerben, der gem. § 2130 II auf Verlangen der Nacherben zur Rechenschaftsleistung verpflichtet ist (vgl. § 259).

22 e) **Eidesstattliche Versicherung.** Nach § 2006 können Nachlassgläubiger die Abgabe einer eidesstattlichen Versicherung von dem Nacherben verlangen, wobei unter der Voraussetzung des Abs. 4 eine von dem Vorerben bereits abgegebene Erklärung nichts daran ändert, dass der Nacherbe zur **Wiederholung** verpflichtet ist.

23 6. **Beschränkte Haftung gegenüber dem Vorerben (Abs. 3).** Gegenüber dem Vorerben kann sich der Nacherbe stets auf seine nur auf den Nachlass beschränkte Haftung berufen und zwar gerade auch dann, wenn er im **Außenverhältnis** gegenüber Nachlassgläubigern unbeschränkt haftet.

24 7. **Verfahrensrecht.** Der Nacherbe muss sich auf seine Beschränkungsmöglichkeit nach § 2144 III ausdrücklich berufen und ggf. einen Urteilsvorbehalt nach § 780 ZPO erwirken. Nachlassgläubiger können bereits vor Eintritt des Nacherbfalls eine **Feststellungsklage** gegen den Nacherben auf Bestehen einer

rechtlich umstrittenen Nachlassverbindlichkeit erheben. Sie können vom Nacherben Auskunft über den Nachlassbestand fordern (§ 260 I; Palandt/*Weidlich* Rn. 5). Soweit **Nachlassverbindlichkeiten** betroffen sind, steht dem Nacherben keine Drittwiderspruchsklage (§ 773 S. 2 iVm § 771 ZPO) zu.

§ 2145 Haftung des Vorerben für Nachlassverbindlichkeiten

(1) ¹Der Vorerbe haftet nach dem Eintritt der Nacherbfolge für die Nachlassverbindlichkeiten noch insoweit, als der Nacherbe nicht haftet. ²Die Haftung bleibt auch für diejenigen Nachlassverbindlichkeiten bestehen, welche im Verhältnis zwischen dem Vorerben und dem Nacherben dem Vorerben zur Last fallen.

(2) ¹Der Vorerbe kann nach dem Eintritt der Nacherbfolge die Berichtigung der Nachlassverbindlichkeiten, sofern nicht seine Haftung unbeschränkt ist, insoweit verweigern, als dasjenige nicht ausreicht, was ihm von der Erbschaft gebührt. ²Die Vorschriften der §§ 1990, 1991 finden entsprechende Anwendung.

Die §§ 2144–2146 regeln die Besonderheiten der **Haftung für Nachlassverbindlichkeiten** durch den Vor- und Nacherben und sind daher im Gesamtzusammenhang zu betrachten. 1

Mit Eintritt des Nacherbfalls beginnt die Erbenstellung des Nacherben und endet die des Vorerben. Danach bestimmt sich grds. auch die Haftung von Verbindlichkeiten. 2

Vor Eintritt des Nacherbfalls ist der Vorerbe der wahre Erbe und haftet deshalb alleine, selbst wenn der Nacherbe die Erbschaft bereits angenommen hat (MüKoBGB/*Grunsky* § 2144 Rn. 1), wobei sich in diesem Fall ein Nachlassgläubiger nicht auf § 1958 berufen kann. 3

Nach Eintritt des Nacherbfalls tritt grds. ein **Haftungswechsel** ein. Der Nacherbe haftet mit dem Anfall der Erbschaft (§ 2139) als endgültiger Erbe des Erblassers grds. alleine und die Haftung des Vorerben erlischt, sofern sich aus der Ausnahmeregelung des **§ 2145** nichts anderes ergibt. Hierbei ist zwischen **drei Punkten zu differenzieren:** dem Haftungsgrund der Verbindlichkeit, wieweit der Nachlassgläubiger bereits befriedigt wurde und welche Möglichkeiten der Haftungsbeschränkung es für den Vorerben gibt. Rechtfertigender Grund für diese Nachhaftung ist, dass die Nutzungen über den Nacherbfall hinaus bei dem Vorerben verbleiben. 4

Der Nacherbfall ändert an der Haftung des Vorerben nichts, wenn dieser zuvor für Nachlassverbindlichkeiten **unbeschränkt haftete.** Dies ergibt sich mittelbar aus dem Wortlaut von **Abs. 1 S. 2** („auch"). Es kommt dann durch den mit dem Nacherbfall verbundenen Erbenwechsel ausnahmsweise zu keiner Enthaftung. Der Vorerbe hat dann keine Möglichkeit sein Haftung zu beschränken. Es haften **gesamtschuldnerisch** der Vorerbe mit seinem Privatvermögen und der Nacherbe beschränkt. Ein Ausgleich untereinander als weiterer Ausnahmefall einer fortdauernden Haftung des Vorerben erfolgt über die §§ 2124 ff. (zB rückständige Zinsen auf die Nachlassschuld während der Zeit der Vorerbschaft; gewöhnliche Erhaltungskosten). 5

Auch in Fällen einer nicht bestehenden Haftung des Nacherben kann sich eine Haftung des Vorerben ergeben (vgl. Abs. 1 S. 1). Das können erbrechtliche Ansprüche sein, die nur den Vorerben treffen sollen. Auch bei einer wirksamen Haftungsbeschränkung durch den Nacherben kann in den Fällen eines dürftigen Nachlasses der Vorerbe subsidiär haften. 6

Der **Vorerbe** haftet zeitlich unbeschränkt für von ihm begründete **Eigenverbindlichkeiten,** die er zB im Rahmen der Verwaltung des Nachlasses eingegangen ist. Bei vom Vorerben in ordnungsmäßiger Verwaltung des Nachlasses begründeten Schulden kann sich der Gläubiger auch an den Nacherben wenden (BGH NJW 1960, 959). Der Nacherbe selbst ist Gläubiger von Ansprüchen nach den §§ 2130ff., 2138 II, Nachlassgläubiger können sich hingegen bei einer Verletzung von Verwaltungspflichten (§§ 1978, 1991) an den Vorerben wenden (MüKoBGB/*Grunsky* Rn. 4). 7

Dürftigkeitseinrede, Abs. 2. Bei einer unbeschränkten Haftung des Vorerben und bei einer Haftung für Eigenverbindlichkeiten muss der Vorerbe auf sein Privatvermögen zurückgreifen. Ansonsten kann er die Dürftigkeitseinrede erheben. Aus dem Gesetzeswortlaut in Abs. 2 ergibt sich mittelbar, dass dem Vorerben weitere Haftungsbeschränkungsmöglichkeiten nicht zustehen. 8

In **verfahrensrechtlicher** Hinsicht trifft die **Beweislast** für die unbeschränkte Haftung des Vorerben den Nachlassgläubiger. Zum Nachweis einer Nichtdurchsetzbarkeit von Ansprüchen gegenüber dem Nacherben muss kein Vollstreckungstitel geschaffen werden (MüKoBGB/*Grunsky* Rn. 6). Der Vorerbe muss ggf. beweisen, dass ihm keine aus dem Erbfall stammenden Vermögenswerte mehr gehören. Sofern der Vorerbe im vor dem Nacherbfall laufenden Verfahren nicht mehr haftet, ist dieser nicht mehr **passivlegitimiert,** so dass rechtshängige Verfahren unterbrochen sind (§§ 242, 246, 239 ZPO). Wird gegen den Vorerben aus Titeln vollstreckt, die aus der Zeit vor Eintritt des Nacherbfalls stammen, so kann er Vollstreckungsgegenklage (§§ 767, 769 ZPO) erheben. 9

§ 2146 Anzeigepflicht des Vorerben gegenüber Nachlassgläubigern

(1) ¹Der Vorerbe ist den Nachlassgläubigern gegenüber verpflichtet, den Eintritt der Nacherbfolge unverzüglich dem Nachlassgericht anzuzeigen. ²Die Anzeige des Vorerben wird durch die Anzeige des Nacherben ersetzt.

(2) Das Nachlassgericht hat die Einsicht der Anzeige jedem zu gestatten, der ein rechtliches Interesse glaubhaft macht.

10 BGB Vor §§ 2147–2191   Buch 5. Abschnitt 3. Titel 4. Vermächtnis

1   Die §§ 2144–2146 regeln die Besonderheiten der **Haftung für Nachlassverbindlichkeiten** bei der Vor- und Nacherbschaft. **Abs. 1 S. 1** begründet zum Schutz der Nachlassgläubiger eine Verpflichtung des Vorerben zu einer **unverzüglichen** (§ 121 ohne schuldhaftes Zögern) **Anzeige** des Eintritts des Nacherbfalls gegenüber dem Nachlassgericht (§§ 343 f. FamFG). Die Vorschrift soll verhindern, dass der Nacherbfall unentdeckt bleibt und der Nacherbe nichts von dem durch den Nacherbfall eintretenden Haftungswechsel erfährt (§ 2145). Der Gesetzgeber ist aber nicht so weit gegangen, dass die Nachlassgläubiger unmittelbar informiert werden müssen. Selbst wenn (nur) dies geschieht, so wird der Vorerbe von seiner Anzeigepflicht nicht frei.

2   Wenn die Nacherbfolge – wie sehr oft – mit dem Tod des Vorerben eintritt, dann sind die Erben des Vorerben zur Anzeige des Sterbefalls verpflichtet. Keine Pflicht zur **Anzeigeerstattung** trifft den Nacherben. Wird dieser dennoch tätig, so wird die Anzeige des Vorerben durch die Anzeige des Nacherben ersetzt (**Abs. 1 S. 2**). Vor- und Nacherbe können sich also entsprechend absprechen.

3   Dem **Nachlassgericht** obliegt jedoch keine Pflicht, den Nacherben über die entgegengenommene Erklärung zu informieren. Es prüft auch nicht, ob der Inhalt der Anzeige zutreffend ist. Im Gegensatz zu § 1953 III existiert auch keine Sollregelung, die zu dem Gebot einer pflichtgemäßen Ermessensausübung führen würde.

4   **Abs. 2** beschränkt den Pflichtenkreis des Nachlassgerichts bei Glaubhaftmachung eines rechtlichen Interesses, den Nachlassgläubigern **Akteneinsicht** zu gewähren. Berechtigt ist darüber hinaus jeder, der ein rechtliches Interesse nachweisen kann, also auch Nachlassschuldner oder Dritte, die von einer Verfügung über Nachlassgegenstände betroffen sind (§ 2140, vgl. auch MüKoBGB/*Grunsky* Rn. 2).

5   Bleibt der Nacherbe untätig, so steht den Nachlassgläubigern wegen dieser Pflichtverletzung ein **Schadensersatzanspruch** in Höhe des durch die nicht erfolgte Anzeige entstandenen Schadens zu (MüKoBGB/*Grunsky* Rn. 1; Palandt/*Weidlich* Rn. 1). Das Gleiche gilt auch bei einer nicht unverzüglich abgegebenen Benachrichtigung.

6   Für die Entgegennahme der Anzeige durch das Nachlassgericht fällt nach KV 12410 I Nr. 3 GNotKG eine Gebühr von 15 EUR an.

Titel 4. Vermächtnis

Vorbemerkungen zu den §§ 2147–2191

1   **1. Allgemeines. a) Abgrenzung.** Vom Vermächtnis abzugrenzende Verfügungen sind insbes. folgende: Die Erbeinsetzung nach § 2087, die Auflage nach §§ 1940, 2192–2196, der Vertrag zu Gunsten Dritter auf den Todesfall nach §§ 328, 331, die Schenkung unter Lebenden nach § 516 und von Todes wegen nach § 2301, die Pflichtteilsbelastung nach § 2304.

2   **b) Die Vermächtnisanordnung.** Das Vermächtnis kann in der Form des Testaments oder des Erbvertrages angeordnet werden, s. §§ 1939, 1941. Der dadurch bestehende Anspruch des Vermächtnisnehmers bzw. Bedachten gegen den Beschwerten aus § 2147 entsteht frühestens mit dem Erbfall, §§ 2197-2178. Zu diesem Zeitpunkt fällt das Vermächtnis an. Aufgrund der schuldrechtlichen Wirkung der Vermächtnisanordnung erlangt der Bedachte seinen Vermögensvorteil erst mit der Erfüllung des Anspruchs durch die tatsächliche Zuwendung des Vermächtnisgegenstandes.

3   **2. Anwendbarkeit und Konkurrenz anderer Vorschriften.** Zunächst sind § 1939 und §§ 2147–2191 die eindeutigen Vorschriften zum Vermächtnis. Daneben sind §§ 2064–2086 anwendbar, wobei zu beachten ist, dass § 2065 II teilweise von §§ 2151–2156 verdrängt wird. Als Nachlassverbindlichkeit nach § 1967 II sind auf das Vermächtnis überdies die Vorschriften der §§ 1967 ff. anwendbar. Den Nachlassgläubigern wird jedoch zT Vorrang gegenüber dem Vermächtnisnehmer eingeräumt (zB §§ 1, 89, 217ff., 327 f. InsO, § 5 AnfG). Das Vermächtnis kann zudem als vertragsmäßige Verfügung in einem Erbvertrag (s. § 2278 II) oder als wechselbezügliche Verfügung in einem gemeinschaftlichen Testament (s. § 2270 III) angeordnet sein. Weitere anwendbare Vorschriften sind: Die Anordnung der §§ 2306–2308 aus dem Pflichtteilsrecht; die §§ 2203, 2208 II, § 2223 aus der Testamentsvollstreckung; § 2345 für den Fall der Vermächtnisunwürdigkeit und § 2352 für den Fall des Verzichts auf ein Vermächtnis.

4   **3. Unwirksamkeitsgründe.** Folgende Vorschriften behandeln die Unwirksamkeit von Vermächtnissen: § 2160 (Vorversterben des Bedachten), § 2161 (Wegfall des Beschwerten), §§ 2162, 2163 (Fristablauf vor Vermächtnisanfall), § 2169 I beim Stückvermächtnis (Nichtzugehörigkeit des Vermächtnisgegenstands zum Nachlass), § 2171 (Unmöglichkeit) und § 2306 I 1 für den Fall, dass der beschwerte Erbe pflichtteilsberechtigt ist.

5   **4. Umfang der Zuwendung.** Die Zuwendung gegenüber dem Beschwerten kann den Erbteil des Beschwerten bzw. das ihm zugewandte Vermächtnis vollständig umfassen oder darüber hinausgehen. Haftungsbeschränkende Schutzvorschriften zu Gunsten des Beschwerten stellen die §§ 1975 ff. dar, wobei die §§ 1192, 2187 hervorzuheben sind. Mit dieser Möglichkeit soll verhindert werden, dass der Beschwerte auf sein Privatvermögen zurückgreifen muss.

6   **5. Erbschaftsteuer.** Die Erbschaftsteuerpflicht für den Erwerb eines Vermächtnisses ergibt sich aus § 3 I Nr. 1 ErbStG. Der hierfür maßgebliche Zeitpunkt ist der **Anfall des Vermächtnisses**, § 9 I Nr. 1

ErbStG (FG München ZEV 2017, 735; vgl. insbes. zum Vor- und Nachvermächtnis FG Düsseldorf ZEV 2017, 111; zu Saldierung, wenn der Vermächtnisnehmer auch Erbe ist FG Münster ZEV 2017, 731). Zu beachten ist die Steuerpflicht für gesetzliche Vermächtnisse nach § 3 I Nr. 3 ErbStG. Von der Erbschaftsteuer befreit ist der von § 1969 („Dreißigste") Betroffene, § 13 I Nr. 4 ErbStG. Gem. § 13 I Nr. 1 besteht eine besondere Regelung für den Voraus nach § 1932, wonach ein Teil steuerfrei bleibt.

6. Internationales Privatrecht. Unter Geltung der EuErbVO kommen die erbrechtlichen Vorschriften des BGB zur Anwendung, wenn der Erblasser seinen letzten gewöhnlichen Aufenthalt in Deutschland hatte oder eine entsprechende Rechtswahl getroffen hat, Art. 21 f. EuErbVO. Für Erbfälle außerhalb des Anwendungsbereichs der EuErbVO verweist Art. 25 EGBGB dennoch auf die kollisionsrechtlichen Vorschriften der Verordnung.

§ 2147 Beschwerter

¹Mit einem Vermächtnis kann der Erbe oder ein Vermächtnisnehmer beschwert werden. ²Soweit nicht der Erblasser ein anderes bestimmt hat, ist der Erbe beschwert.

1. Normzweck. Das Gesetz sieht vor, dass nur derjenige mit einem Vermächtnis beschwert werden darf, dem der Erblasser etwas aus dem Nachlass zugewendet hat. Beschwerung mit einem Vermächtnis bedeutet im Innenverhältnis, dass der Beschwerte zur Erfüllung des Vermächtnisanspruchs verpflichtet ist und hierfür die Verantwortung trägt. Nach Außen bewirkt die Beschwerung mit einem Vermächtnis die Passivlegitimation für den Anspruch des Vermächtnisnehmers.

2. Beschwerte. Als Beschwerte kommen somit nur **Erben und Vermächtnisnehmer** in Betracht. Die Frage, ob die Erbenstellung durch Testament, Erbvertrag oder Gesetz entstanden ist, spielt dabei keine Rolle. Insoweit gilt lediglich für den Vertragserben die Grenze des § 2289 I 2. Der Fall der Beschwerung des Vermächtnisnehmers wird als Untervermächtnis bezeichnet, § 2186. Der Beschwerte kann überdies zugleich Erbe und Vermächtnisnehmer sein, sog. **Vorausvermächtnisnehmer** nach § 2150, wobei sich die Beschwerung auf die eine oder andere Zuwendung beziehen kann (Staudinger/*Otte* Rn. 2).

a) Miterben. Sind Miterben beschwert, können mehrere oder ein einziger betroffen sein.

b) Ersatzerben. Für die wirksame Beschwerung eines Ersatzerben muss der Ersatzerbfall eingetreten sein, vgl. § 2096.

c) Nacherben. Gleiches gilt für die Beschwerung des Nacherben, wofür der Eintritt des Nacherbfalls Voraussetzung ist und den Fall des aufschiebend bedingten Vermächtnisses darstellt, vgl. § 2177. Wird der Nacherbe vor dem Nacherbfall mit Leistungen belastet, stellt dies allenfalls für den Eintritt der Nacherbfolge gesetzte **Bedingung** dar, aber keine Beschwerung (BayObLG NJW 1967, 446). Ist nur der Vorerbe beschwert, überdauert die mit dem Erbfall einsetzende Haftung den Nacherbfall, § 2145 I 1. Bei unbestimmter Angabe der Beschwerung im Falle der Vor- und Nacherbschaft, gilt im Zweifel der Vorerbe als zunächst beschwert, wobei die Verpflichtung bei Nichterfüllung des Vorerben auf den Nacherben übergehen kann.

d) Hoferbe. Auch der Hoferbe, der den Hof durch Übergabevertrag erhalten hat, kommt als Beschwerter in Betracht (BGHZ 37, 192). Die Beschwerung mit einem Vermächtnis ist dann in entsprechender Anwendung von § 17 II HöfeO vorzunehmen (BGH NJW-RR 1986, 164).

e) Der Begünstigte aufgrund einer Schenkung nach § 2301. Überdies kann der durch eine Schenkung auf den Todesfall gem. § 2301 I Begünstigte beschwert werden, da die Vorschriften der Verfügungen von Todes wegen und daraus folgend die Regeln des Vermächtnisses anwendbar sind. Handelt es sich indes um eine vollzogene Schenkung unter Lebenden ist die Beschwerung durch ein Vermächtnis ausgeschlossen, auch wenn der Rechtserwerb bis zum Tod des Erblassers aufgeschoben ist (BGH NJW-RR 1986, 164).

f) Vertrag zu Gunsten Dritter nach §§ 328, 331. Nach überwiegender Meinung handelt es sich bei dem Vertrag zu Gunsten Dritter auf den Todesfall gem. §§ 328, 331 nicht um Schenkungen iSv § 2301. Liegt ein solcher Vertrag vor, gilt anerkanntermaßen die Anordnung des iRd Befugnisvorbehalts nach § 332 handelnden Versprechensempfängers gegenüber dem Leistungsempfänger, eine Leistung an eine andere Person zu erbringen, als inhaltlich dem Vermächtnis nahekommend (*Kipp/Coing* ErbR § 54 Kap. I Rn. 3; *Schlüter* ErbR Rn. 891).

g) Pflichtteilsberechtigter. Die Beschwerung des Pflichtteilsberechtigten ist ausgeschlossen, da dieser kein Erbe ist und der Pflichtteil vollständig erhalten bleiben muss.

h) Erbeserben. Die Erbeserben, dh die Erben eines beschwerten Erben oder Vermächtnisnehmers haften gem. § 1967 II für nichterfüllte Verbindlichkeiten aus Vermächtnissen. Möglich ist auch die Beschwerung des Erbeserben, die erst mit dem Tod des Beschwerten beginnen soll, dh eine aufschiebend befristete Beschwerung des Erben oder Vermächtnisnehmers (RG SeuffA 87 Nr. 10).

i) Gesetzlich bestimmte Person. Als Beschwerte gilt auch der **durch Gesetz** Bestimmte, etwa der überlebende Ehegatte im Hinblick auf den Voraus nach § 1932 (BayObLG FamRZ 1994, 853). Auch die Rechte aus § 1969 (der Dreißigste), können mit einem Vermächtnis beschwert werden.

3. Vermächtnisarten. Als **Untervermächtnis** wird die Beschwerung eines Vermächtnisnehmers bezeichnet, § 2186. **Vorausvermächtnisnehmer** ist derjenige, der zugleich als Erbe und als Vermächtnisnehmer eingesetzt ist, § 2150. Gem. § 2190 handelt sich um ein **Ersatzvermächtnis**, wenn der zunächst Bedachte den Gegenstand nicht erwirbt und an dessen Stelle ein anderer treten soll. Bei einem **Nachvermächtnis** fällt das Vermächtnis zunächst dem Vorvermächtnisnehmer an und wird nach Eintritt eines bestimmten Zeitpunktes oder Ereignisses an den Nachvermächtnisnehmer zugewendet, § 2191. Als **Pflichtteilsvermächtnis** wird ein Vermächtnis bezeichnet, wenn ein Geldbetrag in Höhe des Pflichtteilsanspruchs zugewendet wird. Bei einem **Wahlvermächtnis** soll der Bedachte von mehreren Gegenständen nur den einen oder anderen erhalten, § 2154. Bei einem Vermächtnis nach bestimmten Sache handelt es sich um ein **Gattungsvermächtnis** gem. §§ 2155, 2182, 2183. Ein **Stückvermächtnis** liegt vor, wenn ein bestimmter zum Nachlass gehörender Gegenstand vermacht ist, §§ 2169, 2184, 2185. Ein nicht zur Erbschaft gehörender Gegenstand kann in der Form des **Verschaffungsvermächtnisses** zugewendet werden, § 2170. Der Erblasser kann den Zweck eines Vermächtnisses angeben und vom Beschwerten oder einem Dritten bestimmen lassen, sog. **Zweckvermächtnis** gem. § 2156. Bei einem **Forderungsvermächtnis** nach § 2173 besteht der zugewendete Vermögensvorteil in einer Forderung. Bei einem sog. **Quotenvermächtnis** wird ein Bruchteil vom Barerlös des verbleibenden Nachlassrests vermacht (BayObLG RPfleger 1989, 22). Wird der gesamte, nach Erfüllung aller Nachlassverbindlichkeiten verbleibende Nachlassrest vermacht, handelt es sich um ein **Universalvermächtnis**.

13   **4. Auslegungsregel nach S. 2. Soweit nichts anderes bestimmt ist,** ist der **Erbe beschwert,** bei Erbenmehrheit alle Miterben. In dem besonderen Fall, dass das Vermächtnis in der Zuwendung einer **Geldsumme** besteht, die erst mit dem Verkauf eines vermachten Grundstückes nach Erzielung eines bestimmten Erlöses ausbezahlt werden soll, ist nicht der Erbe, sondern der Grundstücksvermächtnisnehmer beschwert (OLG Celle ZEV 2000, 200). Fällt in den Nachlass eine im Zeitpunkt der Testamentserrichtung noch nicht bezifferte Entschädigungsforderung, so kann die Zuwendung von Grundstücken, die zusammen mit der Entschädigungsforderung den größten Wertanteil des Nachlasses darstellen, als Erbeinsetzung ausgelegt werden (OLG Brandenburg NJW-RR 2009, 14).

14   **5. Bezug zu anderen Staaten. a) Interlokal.** Ist der Erblasser in der **DDR** vor dem Inkrafttreten des ZGB der DDR (1.1.1976) verstorben, ist das Erbrecht des 5. Buches des BGB anwendbar, jedenfalls gelten die Bestimmungen über das Vermächtnis nach §§ 2147ff. BGB (OLG Naumburg ZEV 2009, 195). Der Beginn der Verjährung und die Verjährungsfrist des Vermächtnisanspruchs richten sich dann nach §§ 194, 195, 198 BGB aF (OLG Naumburg ZEV 2009, 195).

15   **b) International.** Unter Geltung der EuErbVO ist für die Anwendung deutschen Rechts der letzte gewöhnliche Aufenthalt des Erblassers im Zeitpunkt seines Todes maßgeblich, Art. 21 EuErbVO. Es besteht jedoch auch die Möglichkeit einer Rechtswahl nach Art. 22 EuErbVO. Außerhalb des Anwendungsbereichs der EuErbVO verweist Art. 25 EGBGB ebenfalls auf die kollisionsrechtlichen Regelungen der Verordnung.

§ 2148 Mehrere Beschwerte

Sind mehrere Erben oder mehrere Vermächtnisnehmer mit demselben Vermächtnis beschwert, so sind im Zweifel die Erben nach dem Verhältnis der Erbteile, die Vermächtnisnehmer nach dem Verhältnis des Wertes der Vermächtnisse beschwert.

1   **1. Normzweck.** Bei der Vorschrift handelt es sich um eine **Auslegungsregel** für den Fall mehrerer Beschwerter, die bei feststellbarem Erblasserwillen nicht zur Anwendung kommt.

2   **2. Anwendungsbereich.** Die Vorschrift regelt nach hM die Aufteilung der Beschwerten im **Innenverhältnis** (*Brox/Walker* ErbR Rn. 455, 457). **Im Außenverhältnis** haften **die Miterben** somit gem. **§ 2058 als Gesamtschuldner.** Der Erblasser kann eine von der gesetzlichen Regelung abweichende Aufteilung im Außenverhältnis anordnen sowie die Haftung im Außenverhältnis abweichend von der Beschwerung im Innenverhältnis regeln (s. Soergel/*Wolf* Rn. 2). Auch wenn nur ein Teil der Miterben beschwert ist, besteht gesamtschuldnerische Haftung nach § 2058 (Staudinger/*Otte* Rn. 3; aA Erman/*Schmidt* Rn. 2). Dies gilt für die alternative Beschwerung (Staudinger/*Otte* Rn. 7). Allerdings sind die §§ 2058ff. nur eingeschränkt anwendbar, da keine „gemeinschaftlichen Nachlassverbindlichkeiten" vorliegen (Staudinger/*Otte* Rn. 2). Der Vermächtnisnehmer kann in diesem Fall nur in die einzelnen Erbteile der Beschwerten vollstrecken. Für die **Beschwerung von Vermächtnisnehmern** gelten indes die §§ 2286f., denn sie haften nicht als Erben und begründen somit keine Nachlassverbindlichkeiten nach §§ 1967ff.

3   **3. Ausgleichsmaßstab.** Für den Ausgleich unter mehreren **Miterben** kommt es auf das **Verhältnis der Erbteile** an, wobei Vorausvermächtnisse oder einen einzelnen Miterben beschwerende Vermächtnisse unberücksichtigt bleiben. Unter mehreren **Vermächtnisnehmern** ist der **Wert der Vermächtnisse** zum Zeitpunkt des Erbfalls maßgebend. Sind **Erben und Vermächtnisnehmer** gemeinsam beschwert, ist der Maßstab nach § 2148 dahingehend auszulegen, dass es einheitlich auf den **Wert der Zuwendung** ankommt (RGRK/*Johannsen* Rn. 2).

§ 2149 Vermächtnis an die gesetzlichen Erben

¹Hat der Erblasser bestimmt, dass dem eingesetzten Erben ein Erbschaftsgegenstand nicht zufallen soll, so gilt der Gegenstand als den gesetzlichen Erben vermacht. ²Der Fiskus gehört nicht zu den gesetzlichen Erben im Sinne dieser Vorschrift.

1. Normzweck. Die Vorschrift enthält eine **Ergänzungsregel**, falls der Erblasser eine lückenhafte Verfügung dahingehend getroffen hat, dass dem eingesetzten Erben ein Erbschaftsgegenstand nicht zufallen soll, eine Bezeichnung des Begünstigten jedoch fehlt (BGH NJW 1986, 1812). In diesem Fall gilt die Anordnung als Vermächtnis und die gesetzlichen Erben sind Vermächtnisnehmer. Es kommen die Vorschriften über die gesetzliche Erbfolge zur Anwendung. Für die Frage der Begünstigten im Fall einer gesetzten Bedingung ist auf § 2066 S. 2 zurückzugreifen.

2. Anwendungsbereich. Die Regelung kommt nur zur Anwendung, wenn **ein einzelner Gegenstand** dem eingesetzten Erben (Vor- oder Nacherbschaft, Allein- oder Miterbschaft) vorenthalten sein soll. Dies ist durch **Auslegung** zu ermitteln. Die unwirksame Zuwendung bestimmter Gegenstände als Vermächtnis gilt nicht als „Vorenthalten" dieser Gegenstände (*Lange/Kuchinke* ErbR § 29 Kap. IV Rn. 2b Fn. 115). Die Bestimmung des Erblassers, der die gesetzliche Erbfolge belässt und bestimmte Gegenstände den Erben vorenthält, ohne dass die Auslegung Klarheit über die Frage des Begünstigten hergibt, ist unwirksam (RGRK/*Johannsen* Rn. 3). Dann kommt iÜ § 2085 zur Anwendung. Beim Verfügungsvorbehalt bestimmter Gegenstände gilt § 2086; beim Vorenthalten eines Bruchteils der Erbschaft gilt § 2088. Richtet der Erblasser ein Verfügungsverbot an den Erben, ist dies nur in Form des Nachvermächtnisses gem. § 2191, der Auflage gem. § 2192 oder der auflösend bedingten Zuwendung relevant.

3. Satz 2. Die Bestimmung über die Vorenthaltung eines Erbschaftsgegenstands ist unwirksam, wenn **der Fiskus gesetzlicher Erbe** ist. In diesem Fall gibt es keinen Vermächtnisnehmer, so dass der Gegenstand dem eingesetzten Erben verbleibt.

§ 2150 Vorausvermächtnis

Das einem Erben zugewendete Vermächtnis (Vorausvermächtnis) gilt als Vermächtnis auch insoweit, als der Erbe selbst beschwert ist.

1. Normzweck. Als **Vorausvermächtnis** wird das Vermächtnis zu Gunsten des Erben bezeichnet, unabhängig davon, ob dieser damit beschwert ist oder nicht. **Sinn und Zweck** dieser Vorschrift ist, dass der Erbe mit einem Vermächtnis beschwert und zugleich begünstigt sein kann. Vor Inkrafttreten des BGB sah das gemeine Recht darin ein Widerspruch und betrachtete ein Vorausvermächtnis, das den begünstigten Erben beschwert als nichtig (vgl. *Kipp/Coing* ErbR § 55 Kap. I Rn. 2 Fn. 3; *Lange/Kuchinke* ErbR § 29 Kap. V Rn. 1d). Nach heutiger Auffassung des Gesetzgebers sei an dem **Erblasserwillen** festzuhalten, wobei zu beachten ist, dass der Bedachte nicht gegen sich selbst den Anspruch des Vermächtnisnehmers nach § 2174 geltend machen kann. Der Gesetzgeber hat sich deshalb mit einer Fiktion („gilt als Vermächtnis") ausgeholfen (vgl. Mot. V 139f.). Für den Erben kann es neben der Nachlassinhaberschaft vorteilhaft sein, auch Nachlassgläubiger durch Zuwendung eines Vermächtnisses zu sein.

2. Vorausvermächtnis an den Alleinerben. Der mit einem Vermächtnis begünstigte und zugleich beschwerte Alleinerbe kann sich in seiner „Doppelrolle" mit der richtigen Vorgehensweise rechtliche Vorteile verschaffen. Er hat die Möglichkeiten der **Ausschlagung oder Annahme der Erbschaft bzw. des Vermächtnisses**, s. § 2085. Der Verkauf der Erbschaft betrifft nicht das Vorausvermächtnis, § 2373 in Form des § 1992 ist der Erbe berechtigt, das Vorausvermächtnis mit zu berücksichtigen. Dem Erben kann ausnahmsweise ein Anspruch aus § 2174 zustehen, wenn ein erloschenes Rechtsverhältnis dennoch weiterbesteht, weil sich durch den Erbfall Recht und Verbindlichkeit in einer Person vereinigt haben, etwa in Form der Nachlassverwaltung und -insolvenz gem. § 1976, Dürftigkeitseinrede gem. § 1991 II, Erbschaftskauf gem. § 2377. Zwischen dem Erben und anderen Vermächtnisnehmern besteht iÜ Gleichrangigkeit, § 327 I Nr. 2 InsO. Bei Testamentsvollstreckung (gem. § 2209) ist der Erbe als Vermächtnisnehmer für den Anspruch auf Herausgabe des Vermächtnisgegenstands nicht an die Voraussetzungen des § 2217 I 1 gebunden.

3. Vorausvermächtnis an den Vorerben. a) Die Vermutung nach § 2110 II. Hiernach fällt der Vermächtnisgegenstand bei einem an einen Vorerben zugewandten Vorausvermächtnis **im Zweifel nicht dem Nacherben** an. §§ 2139 u. 2113 gelten demzufolge nicht. Handelt es sich bei dem Gegenstand des Vorausvermächtnisses um ein Grundstück, darf der Nacherbenvermerk nicht eingetragen werden (KG OLGE 30, 202). Bestimmt der Erblasser jedoch, dass das Vorerben gemachte Vorausvermächtnis dem Recht des Nacherben unterliegen soll, ist umstritten, ob der Nacherbe den Vermächtnisgegenstand gem. § 2139 als Erbe erwirbt (so Staudinger/*Behrends/Avenarius* § 2110 Rn. 5) oder als Anspruchsinhaber und Nachvermächtnisnehmer gem. § 2191 (MüKoBGB/*Grunsky* § 2110 Rn. 3). Sinn des Vorausvermächtnisses ist es, dem Vorerben einen Vorteil gegenüber dem Nacherben zu verschaffen. Demzufolge bedeutet die Anordnung des Erblassers, dass das Recht des Nacherben sich auf den Vermächtnisgegenstand erstrecken soll, für den Nacherben auf den Erwerb der schwächeren Position eines Nachvermächtnisnehmers.

b) Dingliche Wirkung. Nach hM hat das zu Gunsten des alleinigen Vorerben gemachte **Vorausvermächtnis dingliche Wirkung** (BGHZ 32, 60; Soergel/*Harder* § 2110 Rn. 2; *Ludwig* DNotZ 2001, 114). Hiernach geht der Vermächtnisgegenstand mit dem Erbfall automatisch aus dem Nachlass in das Eigenvermögen des Vorerben über (aA Ausscheidung des Vermächtnisgegenstands mit dem Erbfall aus der „Vorerbmasse", s. MüKoBGB/*Grunsky* § 2110 Rn. 3; Staudinger/*Otte* Rn. 4). Es handelt sich dabei um den Fall der sog. **gegenständlich beschränkten Vollerbschaft** (s. Staudinger/*Avenarius*, 2003, § 2110 Rn. 7). Grundsätzlich sind Vermächtnisse im Erbschein nicht zu bezeichnen. Folge der dinglichen Wirkung ist jedoch die ausnahmsweise erforderliche **Angabe im Erbschein**, dass der Gegenstand des Vorausvermächtnisses nicht dem Recht des Nacherben unterliegt.

5 **4. Vorausvermächtnis an den Miterben. a) Beschwerung.** Ein Miterbe, der ein Vorausvermächtnis erhalten hat, ist nach § 2147 S. 2 mitbeschwert. In diesem Fall stellt **das Vorausvermächtnis einen Abzugsposten** von der Teilungsmasse dar (Palandt/*Weidlich* Rn. 3). Der bedachte Miterbe erhält den Wert des Vermächtnisses ungekürzt, während sich zugleich der zu verteilende Nachlasswert vermindert und sich dadurch die Erbquoten reduzieren. Für das Verhältnis der Beschwerung mehrerer Miterben gilt § 2148. Hinsichtlich des jeweiligen Anteils am Vermächtnisgegenstand sind alle zu gleichen Teilen gem. §§ 2157, 2091 bedacht.

6 **b) Abgrenzung zur Teilungsanordnung. aa) Begünstigung.** Der Erblasser kann einem Miterben einen Einzelgegenstand durch ein Vorausvermächtnis oder eine Teilungsanordnung zuwenden. Die Rspr. zieht den **Begünstigungswillen des Erblassers** als für das Vermächtnis maßgebliches Kriterium heran (BGH NJW 1962, 343; dagegen *Grunsky* JZ 1963, 250). Im Unterschied zur **Teilungsanordnung,** die auf Auseinandersetzung gerichtet ist, erwirbt der Miterbe durch ein Vorausvermächtnis einen über seine Erbquote hinausgehenden Vermögensvorteil (BGH NJW-RR 1990, 1220; NJW 1998, 682). Ein Vermögensvorteil kann auch aus der Anordnung in einem entgeltlichen Erbvertrag hervorgehen (BGHZ 36, 115). Soll der Bedachte das Vermächtnis nach dem Willen des Erblassers auch dann erhalten, falls er unerwartet nicht Erbe wird, ist zwingend von einem Vorausvermächtnis auszugehen (BGH ZEV 1995, 144; OLG Saarbrücken ZErb 2015, 153). Es kann auch dann **von einem Vorausvermächtnis auszugehen** sein, wenn **es an einer Begünstigung fehlt**, zB weil die Zuwendung nach dem Testament auf den Erbteil des Bedachten anzurechnen ist. Voraussetzung hierfür ist, dass **der Erblasser einen selbständig hinzutretenden Grund für seine Anordnung** hatte, einem bestimmten Miterben einen einzelnen Gegenstand zuzuwenden (BGH ZEV 1995, 144; OLG Düsseldorf ZEV 1996, 72). Der Vermögensvorteil muss nicht zwingend in einer finanziellen Besserstellung des Vermächtnisnehmers liegen, sondern kann auch durch Zuwendung einer in Geld nicht messbaren Rechtsposition begründet werden.

7 **bb) Miterbe.** Eine testamentarische Verfügung, wonach der Miterbe sich den Wert eines ihm zugewiesenen Gegenstands nur teilweise auf seine Erbquote anrechnen lassen muss, stellt eine **Kombination von Vorausvermächtnis und Teilungsanordnung** dar (BGH NJW-RR 1990, 1220).

8 **cc) Bindungswirkung der Teilungsanordnung.** Aufgrund der Bindungswirkung der Teilungsanordnung, ist ein Vorausvermächtnis anzunehmen, wenn der Erblasser dem Bedachten die Entscheidung überlässt, ob er den Übernahmegenstand erwerben will oder nicht (BGHZ 36, 115; OLG Hamburg MDR 1950, 420). Wollte der Erblasser den Bedachten hingegen **auf die Übernahme des Gegenstandes festlegen,** handelt es sich daher um eine Teilungsanordnung. Wollte der Erblasser den Miterben nicht über die zugewiesene Quote hinaus durch Vorausvermächtnis begünstigen, muss er sich bei der Auseinandersetzung den zugewiesenen Gegenstand zum wirklichen Wert anrechnen lassen. Falls dieser Wert höher ist als seine Erbquote, muss er die Differenz ausgleichen (BGH NJW 1985, 51). Es handelt sich dabei entweder um eine **aufschiebende Bedingung** für die Teilungsanordnung oder um die Voraussetzung für ihre Durchführbarkeit (BGH ZEV 1996, 69).

9 **c) Wirkungen.** Voraussetzung für die Geltendmachung seines Pflichtteilsanspruchs ist, dass **der mit dem Vorausvermächtnis bedachte Miterbe den Erbteil** (s. § 2306 I 2) **und das Vermächtnis ausschlägt.** Wenn er nicht ausschlägt, hat er einen Pflichtteilsrestanspruch nur, wenn die Zusammenlegung des ihm verbleibende Erbteiles nach § 2305 mit dem Vermächtnis weniger als die Hälfte des gesetzlichen Erbteils ergibt (Staudinger/*Otte* Rn. 8). Bei der Berechnung der Erbquote wird das Vorausvermächtnis nicht berücksichtigt. Während der Miterbe sich gegenüber Nachlassgläubigern, die bei Nachlassinsolvenz dem Vermächtnisnehmer im Rang vorgehen würden, auf sein Vorausvermächtnis berufen kann, steht dies dem Alleinerben, der kein Vermächtnisanspruch hat, nicht zu (Staudinger/*Otte* Rn. 8).

10 **d) Durchsetzung.** Der mit dem Vorausvermächtnis bedachte Miterbe kann die Erfüllung des Vermächtnisanspruchs als Nachlassgläubiger bereits vor der Erbauseinandersetzung im Wege der **Gesamthandsklage** gem. § 2059 II geltend machen, §§ 1967 II, 2046 I (OLG Saarbrücken ZEV 2007, 579). In Form der **Gesamtschuldklage** nach § 2058 gilt für das Innenverhältnis § 2148. Der Miterbegläubiger haftet hier, im Gegensatz zur Gesamthandsklage, selbst als Gesamtschuldner. Während des Bestehens der Erbengemeinschaft ist die Gesamtschuldklage hingegen ausgeschlossen, denn die Miterben sind im Innenverhältnis keine Gesamtschuldner, sondern haften anteilig nach der jeweiligen Erbquote.

§ 2151 Bestimmungsrecht des Beschwerten oder eines Dritten bei mehreren Bedachten

(1) Der Erblasser kann mehrere mit einem Vermächtnis in der Weise bedenken, dass der Beschwerte oder ein Dritter zu bestimmen hat, wer von den mehreren das Vermächtnis erhalten soll.

(2) Die Bestimmung des Beschwerten erfolgt durch Erklärung gegenüber demjenigen, welcher das Vermächtnis erhalten soll; die Bestimmung des Dritten erfolgt durch Erklärung gegenüber dem Beschwerten.

(3) ¹Kann der Beschwerte oder der Dritte die Bestimmung nicht treffen, so sind die Bedachten Gesamtgläubiger. ²Das Gleiche gilt, wenn das Nachlassgericht dem Beschwerten oder dem Dritten auf Antrag eines der Beteiligten eine Frist zur Abgabe der Erklärung bestimmt hat und die Frist verstrichen ist, sofern nicht vorher die Erklärung erfolgt. ³Der Bedachte, der das Vermächtnis erhält, ist im Zweifel nicht zur Teilung verpflichtet.

1. Normzweck. Die §§ 2151–2154 u. 2156 sind Vorschriften, die **das Prinzip der Höchstpersönlichkeit** von Verfügungen von Todes wegen (§ 2065 II) nicht beinhalten. Angesichts der geringeren Bedeutung des Vermächtnisses im Vergleich zur Erbeinsetzung ist nach § 2151 eine allg. Bestimmung des Personenkreises der Vermächtnisnehmer durch den Erblasser ausreichend, während ein anderer den Begünstigten endgültig auswählt (vgl. RGRK/*Johannsen* Rn. 2). Die Regelung ist insofern bedenklich, als die Zuwendung das Vermögen des Erblassers ganz oder nahezu ganz umfassen kann. So kann der Erblasser einer durch einen Dritten ausgewählten Person, bspw. ein Unternehmen, das den gesamten Nachlass ausmacht, zuwenden, ohne dass darin eine Umgehung des § 2065 II zu sehen ist (hM s. BayObLG FamRZ 1996, 1036; Soergel/*Wolf* Rn. 1; *Brox/Walker* ErbR Rn. 432; ausführlich zum Problem des sog. frühzeitigen Unternehmertestaments als Fall des Bestimmungsvermächtnisses *Hölscher* ZEV 2015, 676; zum sog. „Supervermächtnis" um erbschaftssteuerrechtliche Nachteile des Berliner Testaments auszugleichen s. *Keim* ZEV 2016, 6). § 2065 I bleibt unberührt.

2. Bezeichnung eines Personenkreises. Der Erblasser muss einen Kreis von Personen, aus welchem der Vermächtnisempfänger ausgewählt werden soll, hinreichend **bestimmt** bezeichnet haben (BayObLG ZEV 1998, 385). Fehlt die Bestimmbarkeit, ist die Vorschrift wegen unwirksamer Verfügung nicht anwendbar. Da der Erblasser bei der Auflage keine bestimmte Angabe über den Personenkreis machen muss, sofern er den Zweck bestimmt hat, ist eine Umdeutung in eine Auflage möglich (bei einem Vermächtnis an Vereine, wohltätige Anstalten sowie bedürftige Personen s. RGZ 96, 15; OLG München ZEV 2017, 325). Zu dem Personenkreis zählen auch **Erben** durch Vorausvermächtnis, **Beschwerte** und der **Bestimmungsberechtigte** bei entsprechend feststellbarem Erblasserwillen (*Lange/Kuchinke* ErbR § 29 Kap. III Rn. 2b Fn. 97). Scheidet der Bedachte **nach dem Erbfall** aus, bleibt dies unberücksichtigt; so ist der Vermächtnisanspruch bspw. vererblich (*Kipp/Coing* ErbR § 55 Kap. III Rn. 4). Fällt der Bedachte indes **vor dem Erbfall** weg, kann er entsprechend § 2160 nicht mehr ausgewählt werden. Es kommt dann allenfalls eine Ersatzberufung gem. § 2069 in Betracht.

3. Bestimmungsberechtigung. Die Auswahl steht entweder dem Beschwerten oder einem Dritten zu. Geht aus der Verfügung von Todes wegen hervor, dass der Erblasser die Auswahl unter mehreren Bedachten will, ohne eine bestimmte Anordnung zu treffen, ist der Beschwerte als bestimmungsberechtigt anzusehen (vgl. § 2152). Als Dritte können zB der Testamentsvollstrecker oder der überlebende Ehegatte bestimmt sein. Ist die Auswahl mehreren Dritten übertragen, gilt Abs. 3, es sei denn es liegt der Fall des § 317 II vor, wonach sie im Zweifel übereinstimmend entscheiden müssen. Bei mehreren Testamentsvollstreckern kommt § 2224 in Betracht. Das Bestimmungsrecht ist nicht übertragbar.

4. Bestimmungsrecht. a) Erklärung, Abs. 2. Die Bestimmungserklärung bedarf **keiner Form**. Ist der Beschwerte bestimmungsberechtigt, ist die Erklärung gegenüber demjenigen abzugeben, der das Vermächtnis erhalten soll. Ansonsten ist der Beschwerte der Erklärungsgegner, Abs. 2. Gehört der bestimmungsberechtigte Beschwerte selbst zum begünstigten Personenkreis und will er sich den Vermächtnisgegenstand selbst zuwenden, genügt als Erklärung der dahingehende nach Außen erkennbar geäußerte Wille. Die Bestimmung ist **unwiderruflich**. Die Anfechtung ist zulässig, wobei ein Irrtum über die Eignung der Person als Motivirrtum unbeachtlich ist (vgl. Palandt/*Edenhofer* Rn. 2).

b) Gerichtliche Kontrolle. Nach überwiegender Auffassung scheidet eine gerichtliche Überprüfung der Bestimmung aus, es sei denn es handelt sich um Arglist oder ein Verstoß gegen die guten Sitten. Dies kann bspw. anzunehmen sein, wenn der Bestimmungsberechtigte seinen todkranken Ehegatten, dessen Alleinerbe er ist, auswählt, den der Erblasser gerade nicht als Begünstigten wollte (MüKoBGB/*Rudy* Rn. 12). Die Überprüfung der Bestimmung, **ob** diese der **Billigkeit entspricht,** ist ausgeschlossen, da der Gesetzgeber dies im Gegensatz zu § 2156 S. 2 nicht vorgesehen hat (Palandt/*Weidlich* Rn. 3). Eine Ersetzung der Bestimmung durch Urteil im Falle offenbarer Unbilligkeit ist nicht möglich. Sonst müsste eine gerichtliche Nachprüfbarkeit entsprechend §§ 319, 2156 zugelassen werden. Hiergegen spricht jedoch Abs. 3, der bei Unmöglichkeit eine andere Regelung vorsieht. Liegt ein Verstoß gegen die Billigkeit vor, ist für die Frage der Wirksamkeit der Bestimmung entscheidend, ob die Anordnung des Erblassers Kriterien für eine Auswahlentscheidung in eine bestimmte Richtung enthält (Bamberger/Roth/*Müller-Christmann* Rn. 5). Ist dies nicht der Fall, können die Bestimmungsberechtigten die Auswahl treffen. Die gerichtliche Kontrolle scheidet ebenfalls entsprechend § 319 II aus, auch wenn der Bestimmungsberechtigte sich selbst als Vermächtnisempfänger bezeichnet hat (Bamberger/Roth/*Müller-Christmann* Rn. 5). Hat der Erblasser Auswahlkriterien aufgestellt, ist die Bestimmung nur dann mit der möglichen Unwirksamkeitsfolge entsprechend § 319 I 1 (**offensichtliche Unbilligkeit**) gerichtlich überprüfbar, wenn der Erblasserwille dies hergibt. Im Zweifel ist es indes naheliegend, dass der Wille des Erblassers nicht zur gerichtlichen Kontrolle tendieren wird. Ein Sittenverstoß bei der Auswahlentscheidung führt zur Nichtigkeit gem. § 138 I.

c) Erlöschen, Abs. 3. Der Tod oder die Geschäftsunfähigkeit des Bestimmungsberechtigten führt, anders als nach § 2154 II, nicht dazu, dass das **Wahlrecht** auf eine andere Person übergeht, sondern es erlischt. Dies gilt auch dann, wenn er eine vom Nachlassgericht gesetzte Frist nach § 2151 III 2 nicht eingehalten hat (zu den Voraussetzungen des Verfahrens vgl. OLG Düsseldorf ZEV 2018, 33). Bei der Fristsetzung handelt es sich nunmehr nach dem neuen Nachlassverfahrensrecht um eine Nachlasssache gem. § 342 I Nr. 9 FamFG. Es finden die Verfahrensvorschriften der §§ 343 ff. FamFG Anwendung. Mit Inkrafttreten des 2. KostRMoG am 1.8.2013 (Zweites Gesetz zur Modernisierung des Kostenrechts v. 23.7.2013, BGBl. I 2586) regelt das Gerichts- und Notargesetz (GNotKG) nunmehr die Gerichts- und Notargebühren auch für nachlassgerichtliche Verfahren und ersetzt die Kostenordnung (KostO). Das GNotKG gilt für alle seit 1.8.2013 anhängigen Verfahren oder eingelegten Rechtsmittel. Die KostO gilt weiter für alle bis 30.7.2013 anhängig gewordenen Verfahren oder eingelegten Rechtsmittel (§ 136 I, Ziff. 1 u. 2 GNotKG). Gebühr für die Fristbestimmung durch das Nachlassgericht: 25 EUR KV Nr. 12411. Der Kostenschuldner ist der Antragsteller (§ 29 Nr. 1 GNotKG). Das Rechtsmittel der Beschwerde richtet sich nach § 58 I FamFG, das der Rechtsbeschwerde nach §§ 70 ff. FamFG. Bei Unmöglichkeit der Bestimmung und Fristversäumung sind alle Bedachte **Gesamtgläubiger** nach § 428, so dass der Beschwerte mit befreiender Wirkung an jeden der Gesamtgläubiger leisten und gegenüber einem Titel die Einwendung nach § 767 ZPO erheben kann. Im Gegensatz zu § 430 ist der Bedachte, der das Vermächtnis erhalten hat, nicht verpflichtet, mit den übrigen Mitgläubigern zu teilen.

§ 2152 Wahlweise Bedachte

Hat der Erblasser mehrere mit einem Vermächtnis in der Weise bedacht, dass nur der eine oder der andere das Vermächtnis erhalten soll, so ist anzunehmen, dass der Beschwerte bestimmen soll, wer von ihnen das Vermächtnis erhält.

1   Diese Vorschrift betrifft wie § 2151 den Fall, dass der Erblasser mehrere Personen bedacht hat, wobei er hier die Bedachten **alternativ zur Wahl** stellt (sog. Personenwahlvermächtnis). Im Unterschied zu § 2151 sind die Personen nicht nach Gattungsmerkmalen bestimmt. In diesem Fall soll im Zweifel der Beschwerte die Auswahl darüber treffen, wer das Vermächtnis erhält. Insoweit gilt § 2151 II u. III.

§ 2153 Bestimmung der Anteile

(1) ¹Der Erblasser kann mehrere mit einem Vermächtnis in der Weise bedenken, dass der Beschwerte oder ein Dritter zu bestimmen hat, was jeder von dem vermachten Gegenstand erhalten soll. ²Die Bestimmung erfolgt nach § 2151 Abs. 2.

(2) ¹Kann der Beschwerte oder der Dritte die Bestimmung nicht treffen, so sind die Bedachten zu gleichen Teilen berechtigt. ²Die Vorschrift des § 2151 Abs. 3 Satz 2 findet entsprechende Anwendung.

1   **1. Normzweck.** Die Vorschrift ermöglicht dem Erblasser, abweichend von § 2065 II, die reale oder ideelle (Bruchteile) Verteilung des Vermächtnisgegenstands unter mehreren Bedachten einem anderen zu überlassen.

2   **2. Anwendungsbereich.** Die Vorschrift kommt nur zur Anwendung, wenn der **Kreis der Personen** sowie **der zu verteilende Gegenstand vom Erblasser selbst bestimmt** sind. Es ist auch die Beschränkung des Bestimmungsrechts auf die Verteilung von feststehenden realen Teilen möglich. Bei einer zulässigen Kombination von § 2153 und § 2151 (RGZ 96, 15) darf der Bestimmungsberechtigte, je nach den Umständen des Einzelfalles, einzelne Personen des vom Erblasser genannten Personenkreises bei der Verteilung übergehen oder ungleich verteilen (OLG Braunschweig OLGE 42, 137).

3   **3. Bestimmungsrecht.** Der Erblasser kann **die Bestimmung der Anteile dem Beschwerten oder einem Dritten übertragen**, wobei auch hier das Bestimmungsrecht einem der Bedachten zufallen kann. Die Bestimmung muss den ganzen Gegenstand und alle Bedachten erfassen, außer es liegt eine Kombination von § 2153 und § 2151 vor (s. oben).

4   a) **Erklärung.** Die Bestimmungserklärung ist entsprechend § 2151 II vom Beschwerten gegenüber dem Bedachten und vom Dritten gegenüber dem Beschwerten abzugeben. Sie ist formlos möglich und muss nicht gleichzeitig an alle Bedachten erfolgen. Bzgl. der Bestandskraft der Erklärung wird auf die Komm. zu § 2151 verwiesen.

5   b) **Unmöglichkeit, Fristversäumung, Abs. 2.** Abs. 2 iVm § 2151 enthält die Rechtsfolgen, wonach die Bedachten bei unmöglichem Handeln des Bestimmungsberechtigten zu gleichen Teilen am Vermächtnisgegenstand berechtigt sind. Dies gilt auch für den Fall, dass der Bestimmungsberechtigte eine vom Nachlassgericht gesetzte Frist zur Abgabe der Erklärung ungenutzt verstreichen lassen hat. Bei der Fristbestimmung handelt es sich um eine **Nachlasssache** gem. § 342 I Nr. 8 FamFG. Es kommen die § 420 (teilbarer Gegenstand) und § 432 (unteilbar) zur Anwendung. Überdies führt die unvollständige oder in sich widerspruchsvolle Verteilung zur Unwirksamkeit der Bestimmung mit der Folge des Abs. 2 und der Berechtigung zu gleichen Teilen (s. Bamberger/Roth/*Müller-Christmann* Rn. 2).

§ 2154 Wahlvermächtnis

(1) ¹Der Erblasser kann ein Vermächtnis in der Art anordnen, dass der Bedachte von mehreren Gegenständen nur den einen oder den anderen erhalten soll. ²Ist in einem solchen Falle die Wahl einem Dritten übertragen, so erfolgt sie durch Erklärung gegenüber dem Beschwerten.

(2) ¹Kann der Dritte die Wahl nicht treffen, so geht das Wahlrecht auf den Beschwerten über. ²Die Vorschrift des § 2151 Abs. 3 Satz 2 findet entsprechende Anwendung.

1. Normzweck. Die Vorschrift regelt das **Wahlvermächtnis**, wonach der Erblasser anordnet, dass der Vermächtnisnehmer von mehreren Gegenständen nur den einen oder anderen erhalten soll. Das dadurch entstandene Schuldverhältnis gem. § 2174 begründet eine **Wahlschuld iSd §§ 262–265**.

2. Anwendungsbereich. Der Anwendungsbereich umfasst sowohl individuell als auch der Gattung nach bestimmte Gegenstände, wobei in letzterem Fall § 2155 zusätzlich heranzuziehen ist (RGZ 96, 15). Sind die Gegenstände vom Beschwerten noch zu verschaffen, hängt die Wirksamkeit des Vermächtnisses gem. § 2169 I davon ab, ob der Erblasser auch einen nicht zum Nachlass gehörenden Gegenstand zuwenden wollte (sog. **Wahlverschaffungsvermächtnis**). Auch bei **ungenauer Bezeichnung** des Vermächtnisgegenstands, die auf mehrere Gegenstände im Nachlass zutrifft (RGRK/*Johannsen* Rn. 1, 2), ist § 2154 anwendbar. Da der Erblasser ursprünglich eine Stückschuld begründen wollte, aber durch die ungenaue Bezeichnung den Vermächtnisgegenstand nur der Gattung nach bestimmt hat, beschränkt sich die Gattung auf die unter die Bezeichnung fallenden Gegenstände (das sog. *beschränkte Gattungsvermächtnis*, s. Staudinger/*Otte* Rn. 10). Ein bedingtes Vermächtnis, bei welchem der Erblasser die Bestimmung des Vermächtnisgegenstands von einem festgelegten Ereignis abhängig macht, fällt nicht in den Anwendungsbereich des § 2154.

3. Auswahlberechtigte. a) Wahlrecht des Beschwerten. Gem. § 262 ist im Zweifel zunächst der Beschwerte wahlberechtigt. Er muss eine **unwiderrufliche Erklärung** gegenüber dem Bedachten gem. § 263 I abgeben mit der Folge der **Fiktion der Leistung** als von Anfang an geschuldete nach § 263 II. Hierdurch geht die Gefahr des zufälligen Untergangs auf den Bedachten über. Betreibt der Bedachte die Zwangsvollstreckung, genügt die bloße Erklärung für die Ausübung seines Wahlrechts nicht mehr. Gem. § 264 I kann der Bedachte auswählen, auf welchen Gegenstand sich die Zwangsvollstreckung beziehen soll. Der Beschwerte kann sich nur von seiner Verpflichtung befreien, indem er an den Bedachten leistet. Bei **Unmöglichkeit der Leistung** beschränkt sich das Schuldverhältnis grds. auf die andere Leistung, es sei denn der Bedachte hat schuldhaft gehandelt, § 265 S. 2.

b) Wahlrecht des Bedachten. Die Vorschrift ermöglicht dem Erblasser, den Bedachten selbst die Auswahl zwischen den Gegenständen treffen zu lassen (OLG München ZEV 2014, 656 Rn. 20 f.). Dieser übt sein Wahlrecht durch **Erklärung gegenüber dem Beschwerten** aus, § 263 I. Hierdurch bewirkt er die Fiktion der gewählten Leistung gem. § 263 II (→ Rn. 1). Bei **Annahmeverzug** des Bedachten (s. § 295) gilt § 264 II, wonach das Wahlrecht bei nicht rechtzeitiger Ausübung auf den Beschwerten übergeht. Wird die **Leistung** durch Verschulden des Beschwerten **unmöglich**, kann der Bedachte nach § 280 I, III, § 283 statt der Leistung Schadensersatz verlangen.

c) Wahlrecht eines Dritten. Der Erblasser kann auch einem Dritten das Wahlrecht übertragen. Die Ausübung des Wahlrechts geschieht durch **Erklärung gegenüber dem Beschwerten**, Abs. I 2. Kann der Dritte die Wahl nicht treffen, geht das Wahlrecht nach Abs. II 1 auf den Beschwerten über. Nach Abs. II 2 iVm § 2151 III 2 geht das Wahlrecht auch dann auf den Beschwerten über, wenn **der Dritte die Wahl verzögert** und die **vom Nachlassgericht** zur Vornahme der Wahl **gesetzte Frist** verstrichen ist. Bei der Fristbestimmung handelt es sich um eine Nachlasssache gem. § 342 I Nr. 8 FamFG. Nur die zufällige **Unmöglichkeit der Leistung** führt hier gem. § 265 zur Beschränkung der Schuld auf die andere Leistung. Bei einer vom Beschwerten zu vertretenen Unmöglichkeit der vom Dritten gewählten Leistung kann der Bedachte Schadensersatz statt der Leistung aus § 280 I, III, § 283 verlangen. Bei Verschulden des Bedachten wird der Beschwerte von seiner Leistungspflicht gem. § 275 I, § 280 I S. 2 befreit.

d) Mehrere Wahlberechtigte. Das vom Erblasser auf mehrere Personen übertragene Wahlrecht können diese nur gem. § 747 S. 2 gemeinschaftlich ausüben. Handelt es sich bei den Wahlberechtigten um beschwerte Miterben gilt § 2040 I, wonach die Übereinstimmung erforderlich ist. Entsprechendes gilt gem. § 317 II für mehrere wahlberechtigte Dritte und gem. § 2224 für Testamentsvollstrecker.

e) Auskunftspflicht. Der Beschwerte ist gem. §§ 242, 809 zur Auskunft über die zur Wahl stehenden Gegenstände verpflichtet, falls der jeweilige Wahlberechtigte dies verlangt.

§ 2155 Gattungsvermächtnis

(1) Hat der Erblasser die vermachte Sache nur der Gattung nach bestimmt, so ist eine den Verhältnissen des Bedachten entsprechende Sache zu leisten.

(2) Ist die Bestimmung der Sache dem Bedachten oder einem Dritten übertragen, so finden die nach § 2154 für die Wahl des Dritten geltenden Vorschriften Anwendung.

(3) Entspricht die von dem Bedachten oder dem Dritten getroffene Bestimmung den Verhältnissen des Bedachten offenbar nicht, so hat der Beschwerte so zu leisten, wie wenn der Erblasser über die Bestimmung der Sache keine Anordnung getroffen hätte.

1 **1. Normzweck.** Bei einem vom Erblasser nur der Gattung nach bestimmten Vermächtnisgegenstand handelt es sich um ein sog. **Gattungsvermächtnis.** Die Unbestimmtheit des Vermächtnisgegenstands muss durch Leistung konkretisiert werden, § 243.

2 **2. Anwendungsbereich. a) Gegenstand.** Umstr. ist, ob die Vorschrift iVm § 90 nur das Vermächtnis „**körperlicher Gegenstände**" (so Palandt/*Weidlich* Rn. 1; Soergel/*Wolf* Rn. 2; Erman/*Schmidt* Rn. 1) umfasst oder auch **andere Gegenstände**, insbes. **Rechte oder Dienstleistungen.** Zumindest in bestimmten Fällen macht die bestehende Lücke es erforderlich, die Vorschrift entsprechend anzuwenden, zB wenn es um das Vermächtnis eines Wohnrechts geht, denn dieser Anspruch ist eng mit der Einräumung des Besitzes einer Sache (Wohnung) verbunden (OLG Bremen ZEV 2001, 401). Wenn es um einen Anspruch auf eine Dienstleistung geht, ist zunächst das Vorliegen eines Zweckvermächtnisses gem. § 2156 naheliegend. Das Vermächtnis einer **Geldsumme** fällt nicht in den Anwendungsbereich der Vorschrift, da der Leistungsinhalt nicht genau zu bestimmen ist (Palandt/*Weidlich* Rn. 1). § 2169 ist auf das Gattungsvermächtnis nicht anwendbar, so dass die Frage, ob der betreffende **Gegenstand zzt. des Erbfalls im Nachlass vorhanden** war oder nicht, für die Wirksamkeit des Vermächtnisses irrelevant ist.

3 **b) Beschränktes Gattungsvermächtnis. aa) Inhalt.** Diese Vermächtnisart, auch als gemischtgenerisches Vermächtnis bezeichnet, enthält die Anordnung des Erblassers, dass eine der Gattung nach bestimmte Sache nur aus dem Nachlass zu leisten ist (vgl. hierzu OLG Düsseldorf ZEV 2018, 33). Mit diesem Vermächtnis kann der Erblasser die Wirkung des nicht anwendbaren § 2169 herbeiführen, denn zzt. des Erbfalls nicht im Nachlass vorhandene Sachen kommen hierfür nicht in Betracht. Die Abgrenzung zum Wahlvermächtnis ist durch Auslegung vorzunehmen. Bei nicht zu ermittelndem Erblasserwillen ist **im Zweifel ein Gattungsvermächtnis** anzunehmen, um dem Bedachten einen Anspruch auf eine ihm gerechte Sache zu ermöglichen (s. RGRK/*Johannsen* Rn. 1).

4 **bb) Vermutung.** Im Zweifel wird ein Gattungsvermächtnis darin gesehen, dass nicht alle Nachlassgegenstände der Gattung auf die Verhältnisse des Bedachten zutreffen, da der Bedachte einen Anspruch auf eine für ihn angemessene Sache hat. Als zu weitgehend ist jedoch die Annahme eines beschränkten Gattungsvermächtnisses, wonach sich die Gattungssachen im Nachlass befinden, auf welche sich die Schuld beschränke (Staudinger/*Otte* Rn. 4).

5 **c) Zuwendung eines Gegenstands zu Lebzeiten des Erblassers.** Durch die Unanwendbarkeit des § 2169 kommt eine dem Vermächtnis entsprechende Zuwendung schon zu Lebzeiten in Betracht. Die Frage, ob der Erblasser das Vermächtnis unter der stillschweigenden Bedingung angeordnet hat, dass er selbst eine Zuwendung an den Bedachten unter Lebenden vornimmt, ist durch Auslegung zu ermitteln (OLG Hamm MDR 1995, 1236). Der Erblasser könnte im Rahmen dessen auch auf einen künftigen Vermächtnisanspruch geleistet haben (OLG Hamm MDR 1995, 1236).

6 **3. Bestimmung der Sache. a) Maßstab.** Der Beschwerte muss eine **den Verhältnissen des Bedachten entsprechende Sache** leisten. Auf die Bedürfnisse des Bedachten kommt es nicht an. Der Maßstab des § 243 I, wonach die Sache von mittlerer Art und Güte sein muss, gilt nicht, kann aber hilfsweise herangezogen werden. Dies ist bspw. dann erforderlich, wenn keine Anhaltspunkte ersichtlich sind, die darauf schließen, welche Sache der Erblasser für den Bedachten als passend vorgesehen hat.

7 **b) Bestimmungsberechtigung.** Der Erblasser kann die konkrete Bestimmung dem Beschwerten, Bedachten oder einem Dritten übertragen, wobei sie im Zweifel dem Beschwerten zusteht (vgl. § 243 II).

8 **aa) Der Beschwerte.** Grundsätzlich ist der Beschwerte bestimmungsberechtigt (OLG Bremen ZEV 2001, 402). Gem. § 243 II muss er das **zur Leistung der geschuldeten Sache seinerseits Erforderliche tun.** Mangelt es jedoch daran, indem er etwa nicht eine den Verhältnissen entsprechende Sache geleistet hat, braucht der Bedachte die Leistung nicht anzunehmen. **Klagt der Bedachte** auf Leistung dieser Sache, ist das Gericht nicht befugt, die Sache zu bestimmen, sondern lediglich Grundsätze für die Auswahl der Sache aufzustellen (OLG Bremen ZEV 2001, 402). Für die Vollstreckung gilt dann § 884 ZPO, es sei denn die entsprechenden Gattungssachen befinden sich nicht im Nachlass. In letzterem Fall hat der Bedachte stattdessen einen Anspruch auf Schadensersatz gem. § 280 I, III, §§ 281, 283 (s. § 893 ZPO). Beim beschränkten Gattungsvermächtnis (s. oben II) richtet sich die Vollstreckung nach §§ 883, 897 ZPO, wenn nur eine Sache den Verhältnissen des Bedachten entspricht.

9 **bb) Der Bedachte oder ein Dritter.** Stehen dem Bedachten oder einem Dritten das Bestimmungsrecht zu, findet § 2154 (Wahlrecht des Dritten) Anwendung. Nach § 2154 II 2, § 2151 III 2 geht das Bestimmungsrecht bei Unmöglichkeit oder Verstreichenlassen einer vom Nachlassgericht gesetzten Frist (s. § 342 I Nr. 8 FamFG) auf den Beschwerten über. Der Rechtsübergang tritt auch in Form des **Abs. 3** ein, wenn die vom Bedachten oder Dritten getroffene Bestimmung den Verhältnissen des Bedachten **offenbar** nicht entspricht. Bsp. hierfür sind die Fälle des Missbrauchs und des groben Irrtums bei Ausübung des Bestimmungsrechts. Das Gericht hat jedoch nicht die Möglichkeit, eine unbillige Bestimmung nach § 319 I 2 zu ersetzen. Eine „offenbare" Fehleinschätzung liegt erst dann vor, wenn die entsprechenden Verhältnisse des Bedachten nach erfolgter Beweisaufnahme feststehen.

§ 2156 Zweckvermächtnis

¹Der Erblasser kann bei der Anordnung eines Vermächtnisses, dessen Zweck er bestimmt hat, die Bestimmung der Leistung dem billigen Ermessen des Beschwerten oder eines Dritten überlassen. ²Auf ein solches Vermächtnis finden die Vorschriften der §§ 315 bis 319 entsprechende Anwendung.

1. Normzweck. Die Vorschrift enthält eine Ausnahmeregel zum Grundsatz der Höchstpersönlichkeit von letztwilligen Verfügungen iSv § 2065. Sie gilt für den Fall, dass der Erblasser die konkrete Bestimmung des Vermächtnisgegenstands dem billigen Ermessen dem Beschwerten oder einem Dritten überlassen will. Der Erblasser hat auch die Möglichkeit ein Vermächtnis anzuordnen, das eine Kombination zwischen §§ 2151 u. 2156 darstellt. Von dieser Kombination wird insbes. beim sog. Berliner Testament mit der Zwecksetzung Gebrauch gemacht, die erbschaftssteuerlichen Freibeträge bestmöglich ausnutzen („Supervermächtnis" Nieder/Kössinger Testamentsgestaltung S. 356f.). So kann die Anordnung etwa beinhalten, dass ein Enkel des Erblassers von dessen Sohn ausgewählt werden soll, in die Firma des Erblassers einzutreten (BGH NJW 1984, 2570). Eine wirksame Vermächtnisanordnung setzt voraus, dass **die Person**, die die zweckbestimmte Leistung erhalten soll, **vom Erblasser bestimmt** oder zumindest nach §§ 2151f. bestimmbar ist. Der Erblasser kann dabei Art und Gegenstand der Leistung offen lassen. Er darf einem anderen indes nicht die Entscheidung überlassen, **ob** eine Zuwendung erfolgen soll (RG WarnR 1911 Nr. 42). Sind die Voraussetzungen nicht erfüllt, kommt die Anwendung des weitergehenden § 2193 (Auflage) in Betracht.

2. Vermächtniszweck. Bei der Bezeichnung des Vermächtniszwecks muss der Erblasser dem Bestimmungsberechtigten genügend **Anhaltspunkte** (BayObLG FamRZ 1999, 1386) liefern, damit dieser sein Ermessen ausüben kann. So ist es nicht ausreichend, wenn es dem Erben überlassen wird, die Höhe der Geldbeträge zu Gunsten von bestimmten gemeinnützigen Vereinen festzusetzen (BayObLG FamRZ 1999, 1386). Als ausreichende Zweckbestimmung ist hingegen eine in einem gemeinschaftlichen Testament angeordnete Abfindung für den übergangenen Erben und die Zuweisung der Position als persönlich haftender Gesellschafter anzusehen (BGH NJW 1983, 277).

3. Bestimmung der Leistung. Der Erblasser kann die **Bestimmung** von Art und Umfang der Leistung **dem Beschwerten oder einem Dritten** überlassen. Der Bedachte ist als Bestimmungsberechtigter jedoch ausgeschlossen (so die hM, BGH NJW 1991, 1885; *Kipp/Coing* ErbR § 57 Kap. II; aA Erman/ *Schmidt* Rn. 1). Die **Gegenansicht** verweist auf die in § 315 I enthaltene Zweckbestimmung. Hiergegen sprechen aber die mangelnde Verweisung in § 2156 und die sonst drohende Gefahr übertriebener Forderungen. Eine Vermächtnisanordnung, die die Entscheidung dem Beschwerten oder einem Dritten nach freiem Belieben überlässt, ist unwirksam. Die Frage, ob der Erblasser die Entscheidung des Bestimmungsberechtigten an dessen billiges Ermessen knüpfen wollte, ist auch durch Auslegung feststellbar (BayObLG FamRZ 1999, 1387).

4. Satz 2. Für die Bestimmung gelten nach Abs. 2 die **§§ 315–319**. Steht **dem Beschwerten** das Bestimmungsrecht zu, hat dieser die unwiderrufliche Erklärung gegenüber dem Bedachten abzugeben. Die Auswahl durch mehrere Beschwerte geschieht einstimmig. Der bestimmungsberechtigte **Dritte** muss die Erklärung gegenüber dem Beschwerten oder dem Bedachten abgeben (§ 318 I). Bei mehreren Dritten gilt die Auslegungsregel des § 317 II, wonach diese im Zweifel übereinstimmend entscheiden. Zur **Anfechtung** der Bestimmungserklärung des Dritten sind gem. § 318 II nur der Beschwerte und der Bedachte anfechtungsberechtigt. Bei **Unbilligkeit oder Verzögerung** der Bestimmung durch den Beschwerten ist diese durch Urteil gem. § 315 III 2 ersetzen. Von Verzögerung ist auch dann auszugehen, wenn der Beschwerte selbst dafür gesorgt hat, dass er das Vermächtnis selbst nicht mehr erfüllen kann (BGH NJW 1984, 2570). Ist die Bestimmung durch den Dritten offenbar unbillig, ist die Bestimmung durch Urteil zu treffen, § 319 I. Das gleiche gilt, wenn es dem Dritten unmöglich ist, die Bestimmung zu treffen, er sich weigert oder bei Verzögerung.

§ 2157 Gemeinschaftliches Vermächtnis

Ist mehreren derselbe Gegenstand vermacht, so finden die Vorschriften der §§ 2089 bis 2093 entsprechende Anwendung.

1. Normzweck. Die Vorschrift regelt den Fall, dass der Erblasser mehreren Bedachten denselben Gegenstand vermacht hat, ohne dass ein Bestimmungsberechtigter gem. §§ 2151–2153 eingesetzt ist (das sog. **gemeinschaftliche Vermächtnis**). Mit der Verweisung auf die §§ 2089–2093 wird gewährleistet, dass das Vermächtnis auch dann den ganzen Gegenstand erfasst, wenn die Aufteilung des Vermächtnisses durch Wegfall eines Bedachten unvollständig oder teilunwirksam ist. §§ 2157–2159 regeln die Rechtsfolgen des gemeinschaftlichen Vermächtnisses insofern, dass sie Ergänzungen des Erblasserwillens enthalten.

2. Voraussetzungen. a) Auslegung. Die Frage, ob mehrere selbständige Vermächtnisse oder ein gemeinschaftliches Vermächtnis vorliegen, ist durch **Auslegung** des Erblasserwillens zu ermitteln. Die Tatsache, dass der Erblasser den einzelnen Bedachten reale Anteile zugewiesen hat, bedeutet nicht automatisch, dass die Auslegung ausgeschlossen ist (Staudinger/*Otte* Rn. 3; aA Soergel/*Wolf* Rn. 2; Mot. V

184). Hierbei kann es sich nämlich auch, ähnlich wie bei der Teilungsanordnung nach § 2048, um eine ergänzende Anordnung zu einer gemeinschaftlichen Zuwendung des Vermächtnisgegenstands handeln. Die Zuwendung kann auch in verschiedenen Verfügungen angeordnet sein, muss aber auf die gemeinschaftliche Zuwendung gerichtet sein. Der Vermächtnisgegenstand muss nicht in Natur teilbar sein. Gegenstand eines gemeinschaftlichen Vermächtnisses können auch Forderungen oder Mengen vertretbarer Sachen sein (Prot. V 163).

3 b) **Beispiele für die Annahme eines gemeinschaftlichen Vermächtnisses.** Dieses liegt in folgenden Fällen vor: Der Erblasser hat keine Angaben über die Teilungsverhältnisse unter mehreren Bedachten gemacht; der Erblasser hat die Bestimmung der Anteile dem Beschwerten oder einem Dritten übertragen, § 2153 I.

4 3. **Verweisung.** Gem. §§ 2089, 2090 erhöhen oder vermindern sich die Bruchteile verhältnismäßig, wenn die den einzelnen Bedachten zugewandten Bruchteile das Ganze nicht erschöpfen oder übersteigen. Hat der Erblasser die Anteile an dem Gegenstand nicht bestimmt, gelten die Bedachten als zu gleichen Teilen eingesetzt, § 2091, es sei denn §§ 2066–2069 geben etwas anderes her. § 2092 regelt die Verteilung der Anteile für den Fall, dass nur einige Bedachte bestimmte Anteile erhalten haben. Für die Verteilung des gemeinschaftlichen Bruchteils gelten die §§ 2089–2092 entsprechend (§ 2093). „Entsprechend" heißt, dass zunächst nur ideelle Anteile an dem Vermächtnisanspruch erworben werden, nicht jedoch schon Anteile am Vermächtnisobjekt (*Muscheler* NJW 2012, 1399).

5 4. **Vermächtnisnehmer als Gläubiger.** Die Bedachten haben einen gemeinsamen Anspruch gegen den Beschwerten auf Leistung des vermachten Gegenstands, § 2174. Sie sind jedoch **nicht Gesamtgläubiger** iSv § 428. Bei Teilbarkeit des Vermächtnisgegenstands sind sie Teilgläubiger; bei Unteilbarkeit, wie zB ein bebautes Grundstück, sind sie Mitgläubiger gem. § 432 (*Lange/Kuchinke* ErbR § 29 Kap. III Rn. 2c). Die Vorschrift des § 432 soll daneben auch anwendbar sein, wenn die Aufteilung nach dem Willen des Erblassers nur für das Innenverhältnis zwischen den Bedachten gelten soll (OLG Hamm Urt. v. 16.7.2015 – 10 U 38/14, BeckRS 2016, 03142; *Hölscher* ErbR 2016, 244). Unter den Bedachten entsteht eine Gemeinschaft nach Bruchteilen (*Muscheler* NJW 2012, 1399). Ist die Leistung erbracht, gelten die §§ 741 ff., die das Verhältnis der Bedachten untereinander regeln.

§ 2158 Anwachsung

(1) ¹Ist mehreren derselbe Gegenstand vermacht, so wächst, wenn einer von ihnen vor oder nach dem Erbfall wegfällt, dessen Anteil den übrigen Bedachten nach dem Verhältnis ihrer Anteile an. ²Dies gilt auch dann, wenn der Erblasser die Anteile der Bedachten bestimmt hat. ³Sind einige der Bedachten zu demselben Anteil berufen, so tritt die Anwachsung zunächst unter ihnen ein.

(2) Der Erblasser kann die Anwachsung ausschließen.

1 1. **Normzweck.** Bei der Vorschrift geht es, wie bei der Erbeinsetzung nach § 2094, um die **Anwachsung** beim gemeinschaftlichen Vermächtnis, wenn ein Bedachter vor oder nach dem Erbfall wegfällt.

2 2. **Wegfall des Bedachten. a) Zeitpunkt des Erbfalls.** Es kommen folgende Fälle des Wegfalls des Bedachten in Betracht: **vor dem Erbfall** durch Tod (§ 2160) und Verzicht (§ 2352); **nach dem Erbfall** durch Ausschlagung des Vermächtnisses (§§ 2180 III, 1953 I), Vermächtnisunwürdigkeit (§ 2345), Anfechtung (§ 2078), Eintritt einer Bedingung (§§ 2177, 2074). Bei **Tod eines Bedachten** nach dem Erbfall müssen die Erben das Vermächtnis wirksam ausschlagen, um die Rechtsfolgen der Anwachsung herbeizuführen (Bamberger/Roth/*Müller-Christmann* Rn. 2).

3 b) **Späterer Anfall des Vermächtnisses.** Auch bei einer **nach Ablauf von 30 Jahren** noch nicht eingetretenen **aufschiebenden Bedingung** oder **Ablauf eines Anfangstermins** nach § 2162 I liegt ein Wegfall des Bedachten vor. Das Gleiche gilt, wenn der Bedachte nach Ablauf der 30 Jahresfrist noch nicht gezeugt oder das Ereignis iSv § 2162 II nicht eingetreten ist. Die dreißigjährige Frist kommt aber unter den Voraussetzungen des § 2163 nicht zum Tragen.

4 c) **Gegenstandslosigkeit und Unwirksamkeit der Vermächtnisanordnung.** Es liegt auch dann Wegfall des Bedachten vor, wenn **ein Bedachter vor Eintritt der Bedingung stirbt** und die Vererblichkeit ausgeschlossen ist. Auch die Nichtigkeit und anfängliche Unwirksamkeit der Vermächtnisanordnung führt zum Wegfall des Bedachten.

5 d) **Auflösende Bedingung oder Endtermin.** Liegt ein Wegfall des Bedachten wegen Eintritts einer **auflösenden Bedingung oder eines Endtermins** vor, kommt die **analoge Anwendung des § 2158** in Betracht, auch dann wenn der Eintritt nach dem Anfall des Vermächtnisses geschehen ist (bejaht in den Fällen der Zuwendung der lebenslänglichen Nutznießung am Nachlass und einer Geldrente an den Nachfolger beim Tode eines Bedachten, s. RGZ 148, 336; OLG Braunschweig OLGE 42, 137). Im Unterschied zur Erbfolge, bei welcher Nacherbfolge die Rechtsfolge ist, kann der Eintritt einer auflösenden Bedingung in der Person eines Vermächtnisnehmers die Anwachsung von jetzt an herbeiführen. Demgegenüber steht die Erbfolge mit dem Eintritt des Erbfalls fest (Grundsatz der unmittelbaren Gesamtnachfolge, s. Staudinger/*Otte* Rn. 4). Bsp. für einen Fall eines Endtermins mit der Folge, dass dem anderen Vermächtnisnehmer ein höherer Anteil an dem Vermächtnisgegenstand zusteht: Das Vermächtnis ist auf die Lebenszeit der Vermächtnisnehmer beschränkt und einer von ihnen stirbt (Staudinger/*Otte* Rn. 4).

3. Rechtsfolge. Die Anwachsung bewirkt, dass sich die Vermächtnisanteile der anwachsungsberechtigten Bedachten in dem entsprechenden Verhältnis ihrer Anteile erhöhen. Die Erhöhung bezieht sich nur auf den schuldrechtlichen Anspruch des einzelnen Bedachten gegen den Beschwerten gem. § 2174. Dadurch, dass der anwachsende Vermächtnisteil nicht rechtlich selbständiger Natur ist, führt er lediglich zur Vergrößerung des anfänglichen Anteils. Die Annahme und Ausschlagung des anwachsenden Teils ist daher ausgeschlossen (s. § 2180 III, § 1950). Der anwachsende Teil gilt jedoch als besonderes Vermächtnis gem. § 2159. Nach I 3 wirkt sich die Rechtsfolge der Anwachsung zunächst nur unter den Bedachten eines gemeinschaftlichen Anteils an dem Vermächtnisgegenstand (§§ 2157, 2093) aus. Auf das Nachvermächtnis wirkt sich die Anwachsung insofern aus, dass es im Zweifel auch den anwachsenden Teil erfasst, § 2191 II, § 2110 I.

4. Ausschluss der Anwachsung. a) Ersatzvermächtnis. Die Rechtsfolge der Anwachsung ist ausgeschlossen, wenn der Erblasser ein Ersatzvermächtnis bei Wegfall des Vermächtnisnehmers vorgesehen hat, vgl. §§ 2190, 2099. Die Ausschlusswirkung wird auch dann ausgelöst, wenn ein Ersatzvermächtnisnehmer kraft Gesetzes (§ 2069) eingesetzt ist.

b) Anordnung. Der Erblasser kann durch Anordnung ausdrücklich oder konkludent die Anwachsung gem. Abs. 2 ausschließen.

§ 2159 Selbständigkeit der Anwachsung

Der durch Anwachsung einem Vermächtnisnehmer anfallende Anteil gilt in Ansehung der Vermächtnisse und Auflagen, mit denen dieser oder der wegfallende Vermächtnisnehmer beschwert ist, als besonderes Vermächtnis.

Die Vorschrift enthält eine **Fiktion**, wonach der angewachsene Anteil des Vermächtnisses als **besonderes Vermächtnis** gilt, soweit dieser von der Beschwerung des Bedachten oder des wegfallenden Bedachten mit Vermächtnissen und Auflagen betroffen ist. Dadurch erlangt der anwachsende Anteil eine gewisse Selbständigkeit (→ § 2158 Rn. 6). § 2095 enthält die gleiche Regelung für den anwachsenden Erbteil. Bedeutung hat die Vorschrift im Hinblick auf das Leistungsverweigerungsrecht nach § 2187, da sich die Haftung des einzelnen Vermächtnisses nur auf dessen entsprechende Beschwerung bezieht. Der Erblasser kann die Fiktionswirkung abbedingen, indem er die Anordnung trifft, den anfänglichen und angewachsenen Anteil **einheitlich** zu behandeln.

§ 2160 Vorversterben des Bedachten

Ein Vermächtnis ist unwirksam, wenn der Bedachte zur Zeit des Erbfalls nicht mehr lebt.

1. Normzweck. a) Zeitpunkt. Die Wirksamkeit des Vermächtnisses hängt zwar, anders als bei der Erbeinsetzung, nicht davon ab, dass der Bedachte zzt. des Erbfalls bereits lebt oder erzeugt ist. Der Bedachte darf jedoch nicht durch **Tod zzt. des Erbfalls** weggefallen sein.

b) Ersatzvermächtnisnehmer. Sobald ein **Ersatzvermächtnisnehmer** oder Anwachsungsberechtigter zzt. des Erbfalls lebt, ist die Vorschrift ausgeschlossen. Hierzu kann § 2069 angewandt werden. So ist etwa ein Vermächtnis zu Gunsten eines namentlich bezeichneten und verstorbenen Gründers eines Ordens oder gemeinnützigen Vereins dahingehend auslegbar, dass es dem Orden oder Verein zugutekommen soll (s. Bamberger/Roth/*Müller-Christmann* Rn. 2). Auf juristische Personen und uU auch deren Rechtsnachfolge (Bamberger/Roth/*Müller-Christmann* Rn. 2) ist die Vorschrift nach allg. Meinung **analog** anwendbar.

2. Rechtsfolgen. Mit der Unwirksamkeit des Vermächtnisses wird der Beschwerte von der Belastung des Vermächtnisses befreit. Es findet kein Übergang des Anspruchs des Bedachten auf seine Erben statt. Zu beachten ist jedoch, dass die Wirksamkeit des Untervermächtnisses von dem Wegfall des Hauptvermächtnisses unberührt bleibt (Bamberger/Roth/*Müller-Christmann* Rn. 3).

§ 2161 Wegfall des Beschwerten

¹*Ein Vermächtnis bleibt, sofern nicht ein anderer Wille des Erblassers anzunehmen ist, wirksam, wenn der Beschwerte nicht Erbe oder Vermächtnisnehmer wird.* ²*Beschwert ist in diesem Falle derjenige, welchem der Wegfall des zunächst Beschwerten unmittelbar zustatten kommt.*

1. Normzweck. Die Vorschrift zeigt auf, wie der Fall zu behandeln ist, wenn der Beschwerte nicht Erbe oder Vermächtnisnehmer wird. Es wird insbes. klargestellt, dass das Vermächtnis auch bei Wegfall des Beschwerten bestehen bleibt.

2. Wegfall des zunächst Beschwerten. Als „weggefallen" **im weiten Sinne** gilt der zunächst Beschwerte in folgenden Fällen: Vorversterben, Ausschlagung oder Erbunwürdigkeit sowie Widerruf der ursprünglichen Erbeinsetzung (Bamberger/Roth/*Müller-Christmann* Rn. 2). Geht das Miterbe auf den Bedachten über, ist von einem Vorausvermächtnis auszugehen (Bamberger/Roth/*Müller-Christmann* Rn. 2).

3 3. **Nachfolge.** Dem weggefallenen Beschwerten folgt als **Ersatzbeschwerter** derjenige, welchem der Wegfall des zunächst Beschwerten unmittelbar zustattenkommt. **Bsp.:** Der Ersatzberufene, der Anwachsungsberechtigte, der gesetzliche Erbe bei Wegfall des durch Verfügung eingesetzten Erben. Gem. § 2187 II beschränkt sich die Haftung auf den Umfang des bisher Beschwerten.

4 4. **Abweichender Erblasserwille.** Ein abweichender Erblasserwille wird dann anzunehmen sein, wenn zB eine persönliche Belastung nur des zunächst Beschwerten gewollt war oder die vermachte Leistung, wie zB bei bestimmten Dienst- und Werkleistungen, nur vom zunächst Beschwerten erbracht werden kann.

§ 2162 Dreißigjährige Frist für aufgeschobenes Vermächtnis

(1) Ein Vermächtnis, das unter einer aufschiebenden Bedingung oder unter Bestimmung eines Anfangstermins angeordnet ist, wird mit dem Ablauf von 30 Jahren nach dem Erbfall unwirksam, wenn nicht vorher die Bedingung oder der Termin eingetreten ist.

(2) Ist der Bedachte zur Zeit des Erbfalls noch nicht gezeugt oder wird seine Persönlichkeit durch ein erst nach dem Erbfall eintretendes Ereignis bestimmt, so wird das Vermächtnis mit dem Ablauf von 30 Jahren nach dem Erbfall unwirksam, wenn nicht vorher der Bedachte gezeugt oder das Ereignis eingetreten ist, durch das seine Persönlichkeit bestimmt wird.

1 1. **Normzweck.** Mit der Vorschrift des § 2162 wird **das Wirksamwerden eines Vermächtnisses** zeitlich auf **30 Jahre nach dem Erbfall** begrenzt, so dass nach Ablauf dieser Frist der erbrechtliche Schwebezustand beendet wird. Die zeitliche Grenze ist erforderlich, um der Rechtssicherheit gerecht zu werden und zu lange andauernde Verfügungsbeschränkungen der Beteiligten zu vermeiden.

2 2. **Anwendungsbereich.** § 2162 erfasst die Fälle **aufschiebend bedingter oder befristeter Vermächtnisse**, woraus ein Schwebezustand folgt. Dieser entsteht dadurch, dass die Bedingung bzw. der Termin erst nach Erbfall eintritt oder der Bedachte zzt. des Erbfalls noch nicht erzeugt ist oder iSv § 2178 von einem Ereignis nach dem Erbfall bestimmt werden soll. Mit Ablauf von dreißig Jahren nach dem Erbfall wird das Vermächtnis nach Abs. 1 trotz Nichteintritt der Bedingung oder des Termins wirksam. Die Fälligkeit des Vermächtnisanspruchs ist dabei unerheblich (Bamberger/Roth/*Müller-Christmann* Rn. 2). Für die Fristberechnung ist § 188 II Alt. 1 heranzuziehen.

§ 2163 Ausnahmen von der dreißigjährigen Frist

(1) Das Vermächtnis bleibt in den Fällen des § 2162 auch nach dem Ablauf von 30 Jahren wirksam:
1. wenn es für den Fall angeordnet ist, dass in der Person des Beschwerten oder des Bedachten ein bestimmtes Ereignis eintritt, und derjenige, in dessen Person das Ereignis eintreten soll, zur Zeit des Erbfalls lebt,
2. wenn ein Erbe, ein Nacherbe oder ein Vermächtnisnehmer für den Fall, dass ihm ein Bruder oder eine Schwester geboren wird, mit einem Vermächtnis zugunsten des Bruders oder der Schwester beschwert ist.

(2) Ist der Beschwerte oder der Bedachte, in dessen Person das Ereignis eintreten soll, eine juristische Person, so bewendet es bei der dreißigjährigen Frist.

1 1. **Normzweck.** Die Vorschrift stellt eine **Ausnahmeregel** zur dreißigjährigen Frist nach § 2162 dar, die Fallbeispiele hierfür vorgibt. Liegen diese vor, gilt die zeitliche Grenze nicht mehr. Für die Fälle hingegen, in denen der Beschwerte oder Bedachte **eine juristische Person** ist, bleibt es bei der dreißigjährigen Frist, Abs. 2.

2 2. **Fallbeispiele.** Bsp. für **Abs. 1 Nr. 1** sind Scheidung oder Wiederverheiratung, dh Ereignisse, die vom Willen des Bedachten oder Beschwerten abhängig sind. Das Ereignis muss nicht unmittelbar mit dem Bedachten oder Beschwerten als Person zusammenhängen, sondern kann sich auch auf seine vermögensrechtliche Position beziehen, wie zB bei Insolvenz oder dem Grundstücksverkauf. Erforderlich ist aber ein gewisser Zusammenhang des Ereignisses mit der Person des Betroffenen (Bamberger/Roth/*Müller-Christmann* Rn. 2). Die **Analogie** der Vorschrift ist ausgeschlossen, um den Verkehrsschutz nicht zu gefährden (Bamberger/Roth/*Müller-Christmann* Rn. 2). Die Geburt von Halbgeschwistern ist von **Abs. 1 Nr. 2** mitumfasst. Dies gilt auch für die Annahme eines Minderjährigen an Kindes Statt, die nach § 1754 der Geburt eines Kindes des Annehmenden gleichzustellen ist.

§ 2164 Erstreckung auf Zubehör und Ersatzansprüche

(1) Das Vermächtnis einer Sache erstreckt sich im Zweifel auf das zur Zeit des Erbfalls vorhandene Zubehör.

(2) Hat der Erblasser wegen einer nach der Anordnung des Vermächtnisses erfolgten Beschädigung der Sache einen Anspruch auf Ersatz der Minderung des Wertes, so erstreckt sich im Zweifel das Vermächtnis auf diesen Anspruch.

1. Normzweck. Die Vorschrift ist Ausdruck des Gedankens von **wirtschaftlicher Einheit**. Sie bezieht sich auf die Tatsache, dass der Erblasser das Vermächtnis idR nur unter Bezeichnung der Hauptsache anordnen wird, obwohl auch das Zubehör dazu gehören soll. Genauso gut könnte der Erblasser Ersatzansprüche aus einer möglichen Beschädigung des Vermächtnisgegenstands nicht bedacht haben, die er aber dem Bedachten ebenso zuwenden will, vgl. Abs. 2.

2. Erstreckung auf das Zubehör. a) Zubehör. aa) Begriff. Der Begriff des Zubehörs beurteilt sich nach den §§ 97, 98. Hiernach ist für die Begriffsbestimmung nicht erforderlich, dass der Erblasser Eigentümer des Zubehörs ist.

bb) Nichteigentum des Zubehörs. Gehörte das Zubehör nicht dem Erblasser, ist es aber in dessen Besitz, muss der Beschwerte dem Bedachten den Besitz daran verschaffen, § 2169 II. Es ist nicht automatisch von einem Verschaffungsvermächtnis auszugehen (s. Staudinger/*Otte* Rn. 2). Der Beschwerte darf jedoch nicht der Gefahr der Haftung ausgesetzt werden, dh die Überlassung an Dritte muss zulässig und er rechtmäßiger Besitzer sein. Gehört bereits die Hauptsache nicht zur Erbschaft und ist diese gem. § 2170 I zu verschaffen, so ist § 2164 anwendbar. Danach gilt das Zubehör der fremden Sache als mitvermacht und muss mitverschafft werden. Zu beachten ist aber § 2169 I, der der Wirksamkeit des Vermächtnisses nicht entgegenstehen darf.

cc) Übertragung. Für die Frage, in welcher Form das Zubehör zu übertragen ist, ist dessen **rechtlicher Zustand zzt. des Erbfalls** maßgeblich, bspw. aufschiebend bedingtes Eigentum (→ Rn. 5). Für den Eigentumserwerb bei noch ausstehenden Kaufpreisraten muss der Bedachte die Rate aber selbst begleichen, vgl. § 2165 I 1. § 2164 erfasst zwar nicht Bestandteile einer vermachten Sache. Sie können aber dennoch als wesentliche oder unwesentliche Bestandteile einer Sache zum Gegenstand eines Vermächtnisses gemacht werden oder vom Vermächtnis ausgenommen werden (Staudinger/*Otte* Rn. 5).

b) Zeitpunkt des Erbfalls. Umstr. ist die Frage, ob bei einem aufschiebend bedingten oder befristeten Vermächtnis das Zubehör in dem Zustand mitvermacht ist, wie es **zzt. des Erbfalls oder des Anfalls des Vermächtnisses** (so Planck/*Flad* Anm. 1) vorhanden war. Für den Zeitpunkt des Erbfalls spricht neben dem Wortlaut des § 2164 I das Argument, dass die durch den Beschwerten herbeigeführte Vermehrung oder Verringerung des Zubehörbestandes für den Bedachten weder von Vorteil noch von Nachteil sein darf (Staudinger/*Otte* Rn. 4). Überdies ist es fernliegend, dass der Erblasser den Bestand der Zubehörstücke nach dem Erbfall einschätzen kann. Die bis zum Anfall des Vermächtnisses eingetretenen Verluste und Verschlechterungen trägt demnach der Beschwerte durch Ersatzleistung gem. §§ 2179, 160 I. Der Beschwerte ist indes berechtigt, zzt. des Erbfalls vorhandene Zubehörstücke durch andere zu ersetzen, soweit es die ordnungsgemäße Wirtschaft erlaubt.

3. Analogie. a) Sachgesamtheit (Inbegriff). Die Vorschrift ist analog auf das **Vermächtnis einer Sachgesamtheit**, zB Hausrat, Briefmarkensammlung, oder **einer Rechtsgesamtheit**, zB Vermögen, Unternehmen, anwendbar. Hierzu gehören die Gegenstände, die zzt. des Erbfalls zu der Sachgesamtheit gehören (Staudinger/*Otte* Rn. 7). Die Frage, ob die Bezeichnung des Vermächtnisses durch den Erblasser als ein Vermächtnis einer Sachgesamtheit anzusehen ist, ergibt sich durch Auslegung. Hierzu gibt es jedoch keine Auslegungshilfen durch entsprechende Regelungen, sondern lediglich Beispielsfälle: Das Vermächtnis eines „Schreibtisches mit Inhalt" bedeutet nicht, dass auch Hypotheken hiervon erfasst sind, deren Briefe sich im Schreibtisch befanden; das Vermächtnis einer „Erbschaft" ist im Zweifel nach Abs. 1 dahingehend auszulegen, dass der Bestand an Vermögensgegenständen gemeint ist, den der Erblasser selbst hinterlässt; der Erblasserwille kann jedoch auch dahin gehen, dass der Bestand erfasst sein soll, den der Erblasser gem. § 1922 erworben hat oder der zzt. der Testamentserrichtung übrig war (Staudinger/*Otte* Rn. 7).

b) Andere Gegenstände. Auch eine durch Auslegung ermittelbare **konkludente Erstreckung** des Vermächtnisses auf andere Gegenstände ist möglich. Dies ist der Fall, wenn diese in einem wirtschaftlichen Zusammenhang zum vermachten Gegenstand stehen, zB bei einem Grundstücksvermächtnis und die unentgeltliche Verwendung eines Notwegs über ein Grundstück des Beschwerten (vgl. Planck/*Flad* Anm. 4).

4. Bestandteile. Im Hinblick auf Bestandteile eines Vermächtnisgegenstands bedarf es keiner gesetzlichen Regelung, da Bestandteile, die einer Sache zzt. des Erbfalls angehören, grds. als mitvermacht gelten. Der Erblasser schließt nämlich bei der Bestimmung der vermachten Sache stets deren Bestandteile ein, unabhängig davon, ob diese unwesentliche oder wesentliche Bestandteile sind. Sollen bestimmte Bestandteile nicht vom Vermächtnis erfasst sein, muss der Erblasser diese in der Anordnung konkret benennen. Angesichts der schuldrechtlichen Natur des Vermächtnisses widerspricht eine solche Anordnung auch nicht § 93.

5. Erstreckung auf Ersatzansprüche. a) Inhalt. aa) Ansprüche nach Anordnung des Vermächtnisses. Nach Abs. 2 sind die Ansprüche des Erblassers wegen Beschädigung des Vermächtnisgegenstands mitvermacht. Dies gilt **ausdrücklich** für die Ersatzansprüche wegen Wertminderung **nach Anordnung des Vermächtnisses**. Diesen sind solche Ansprüche gleichzustellen, die zwar **vorher** durch Beschädigung des Vermächtnisgegenstands entstanden sind, wovon der Erblasser jedoch bei Errichtung des Vermächtnisses **keine Kenntnis** hatte (Staudinger/*Otte* Rn. 9; Soergel/*Wolf* Rn. 5; aA RGRK/*Johannsen* Rn. 11). Auf den Rechtsgrund des Ersatzanspruchs kommt es nicht an. Abs. 2 erfasst sowohl vertragliche als auch deliktische Ersatzansprüche sowie Ansprüche aus Versicherungsverträgen. Bei Unmöglichkeit stehen die § 2169 III, § 2172 II 2 (Verbindung, Vermischung, Verarbeitung) zur Verfügung. Bei Beschädigung der Sache erst nach Eintritt des Erbfalls steht dem Beschwerten kein Ersatzanspruch aus Abs. 2, sondern aus § 285 zu. Die Ansprüche muss der Beschwerte dem Bedachten abtreten, § 2174. Unter die möglichen Ersatzansprüche fallen solche aus Vertrag (zB Miete, Versicherung) oder aus unerlaubter Handlung. Auch Gewährleistungsansprüche sind von der Vorschrift mitumfasst, wobei die Fälle der Wandelung bzw. des Rücktritts davon ausgenommen sind. Grund hierfür ist, dass es an einer Wertminderung, wie es Abs. 2 vorsieht, mangelt (Staudinger/*Otte* Rn. 9; aA MüKoBGB/*Rudy* Rn. 5).

10 **bb) Ansprüche vor Anordnung des Vermächtnisses.** Für die Ansprüche, die der Erblasser vor Anordnung des Vermächtnisses erworben hat, gilt Abs. 2 ebenso, wenn der Erblasser zzt. der Anordnung von ihnen keine Kenntnis hatte (Staudinger/*Otte* Rn. 9; Soergel/*Wolf* Rn. 5). Unumstritten ist, dass die Vorschrift Ansprüche, die der Erblasser durch freiwillige Veräußerung der Sache erworben hat, nicht erfasst.

11 **b) Umfang.** Der **Umfang** des Ersatzanspruchs richtet sich nach dem **Substanzwert** der Sache und geht folglich nicht darüber hinaus (Bamberger/Roth/*Müller-Christmann* Rn. 5). Von einem Ausfall durch unmöglich gewordene Erfüllung des Ersatzanspruchs des Erblassers ist der Beschwerte befreit. § 2173 erfasst den Fall, dass der Ersatzanspruch vor dem Erbfall erfüllt wird.

§ 2165 Belastungen

(1) ¹Ist ein zur Erbschaft gehörender Gegenstand vermacht, so kann der Vermächtnisnehmer im Zweifel nicht die Beseitigung der Rechte verlangen, mit denen der Gegenstand belastet ist. ²Steht dem Erblasser ein Anspruch auf die Beseitigung zu, so erstreckt sich im Zweifel das Vermächtnis auf diesen Anspruch.

(2) Ruht auf einem vermachten Grundstück eine Hypothek, Grundschuld oder Rentenschuld, die dem Erblasser selbst zusteht, so ist aus den Umständen zu entnehmen, ob die Hypothek, Grundschuld oder Rentenschuld als mitvermacht zu gelten hat.

1 **1. Normzweck.** Mit der Auslegungsregel nach Abs. 1 bringt der Gesetzgeber den üblichen Willen des Erblassers zum Ausdruck, dem Bedachten die Sache mit den zzt. des Erbfalls bestehenden Begünstigungen und Belastungen zu vermachen. Deshalb soll der Bedachte im Zweifel nicht die Beseitigung der auf dem Vermächtnisgegenstand beruhenden Belastung verlangen können. Auf die Kenntnis des Erblassers von der Belastung kommt es dabei nicht an. Steht indes dem Erblasser ein Beseitigungsanspruch zu, so ist dieser im Zweifel auf den Bedachten übertragbar. Für Eigentümerpfandrechte gilt Abs. 2, wonach es für die Frage, ob sie mitvermacht werden auf die Umstände des Einzelfalls ankommt.

2 **2. Auf den Bedachten übergehende Belastungen. a) Anwendungsbereich. aa) Zugehörigkeit der vermachten Sache.** Die Vorschrift ist nur anwendbar, wenn es sich um ein zzt. des Erbfalls **zur Erbschaft gehörenden Vermächtnisgegenstand** handelt. Gehört der Gegenstand nicht zur Erbschaft, liegen aber die Voraussetzungen des § 2170 (Verschaffungsvermächtnis) vor, richtet sich die Haftung des Beschwerten für das Lastenfreiheit nach § 2182 II u. III. Liegt ein Gattungsvermächtnis vor, gelten § 2182 I u. III. Auf ein beschränktes Gattungsvermächtnis (s. Komm. zu § 2155) ist die Anwendung des § 2165 hingegen möglich.

3 **bb) Zur Sicherheit übertragene Gegenstände.** Ein zur Sicherheit übertragener Gegenstand gehört nicht mehr zur Erbschaft. Ob er wirksam vermacht ist, wird nach § 2169 I beurteilt. Nach hM (s. RGRK/*Johannsen* Rn. 4) ist idR von einem Verschaffungsvermächtnis auszugehen, so dass der Beschwerte zur Auslösung der Sache verpflichtet ist, ohne aber gegenüber dem Bedachten Ersatz für den aufgewendeten Betrag verlangen zu können (OLG Kiel SchlHAnz 1939, 37). Ergibt die Auslegung dies ausnahmsweise nicht, ist zumindest der Rückübertragungsanspruch hinsichtlich der Sache gem. § 2169 III vermacht (s. Staudinger/*Otte* Rn. 5). Tilgt der Erbe die Schuld gegenüber dem Sicherungsnehmer (§ 1967), wächst dem Bedachten das Eigentum an der Sache zu. Dies gilt auch für den Fall, dass der Erbe eine mit einem Pfandrecht belastete Sache auslöst. Der Bedachte haftet nicht persönlich, sondern muss die Belastung lediglich dulden. Erfüllt er dennoch die Forderung des Gläubigers, geht die Forderung gegen den Erben gem. §§ 1249, 268 III auf ihn über.

4 **cc) Dingliche Belastungen.** § 2165 erfasst nur dingliche Belastungen, dh nicht Vermietung und Verpachtung (s. §§ 566, 986 II). Die Art des Rechtes ist unerheblich und kann auch dem Beschwerten zustehen. Für Grundpfandrechte kommen auch die Sonderregelungen gem. Abs. 2 und § 2166–2168a in Betracht. Bei einer Belastung des vermachten Grundstücks mit einer Fremdhypothek, für welche der Erblasser persönlich gehaftet hat, kommt § 2166 zur Anwendung. § 2167 gilt für den ähnlichen Fall einer Gesamtbelastung mit anderen, nicht vermachten Grundstücken des Erblassers. Ist das vermachte Grundstück neben anderen, nicht vermachten Grundstücken mit einer Gesamtgrundschuld belastet, gilt § 2168.

5 **dd) Pfandrechte.** Aus denselben Gründen, die beim Sicherungseigentum (→ Rn. 3) zur Annahme eines Verschaffungsvermächtnisses führen, ist bei dem mit einem Pfandrecht belasteten Vermächtnisgegenstand idR von dem Recht des Bedachten auszugehen, gegenüber dem Beschwerten die Ablösung des Pfandrechts geltend zu machen. (1) Führt die Auslegung jedoch zu einem anderen Ergebnis, nämlich zur Anwendung des § 2165 I, muss der Bedachte die dingliche Belastung auf sich nehmen, ohne aber eine bestehende Schuld zu übernehmen (Staudinger/*Otte* Rn. 8). Bei **persönlicher Haftung des Erblassers**

hinsichtlich eines Pfandrechts an der vermachten Sache, geht diese auf den Erben als Nachlassverbindlichkeit über, der diese erfüllen muss, ohne hierfür Ersatz vom Bedachten verlangen zu können. Erfüllt der Bedachte hingegen die persönliche Schuld des Erblassers gegenüber den Gläubigern, hat er Ansprüche gegen den Erben aus Geschäftsführung ohne Auftrag, Bereicherung oder gem. §§ 1249, 268 III.

(2) Für den Fall, dass die vermachte Sache mit **Rückständen wiederkehrender Leistungen** vor dem Erbfall belastet ist, ist der Erblasserwille idR dahingehend auszulegen, dass der Erbe hierfür haftet und den Bedachten von der Haftung freistellen muss (Staudinger/*Otte* Rn. 9). Handelt es sich um wiederkehrende Leistungen aus der Zeit nach dem Erbfall, liegt ein Fall von § 2185 vor (Staudinger/*Otte* Rn. 9).

b) Beseitigungsanspruch. Ein dem Erblasser zustehender Beseitigungsanspruch, etwa auf Aufhebung oder Rückübertragung einer nicht mehr valutierten Sicherungsgrundschuld ist gem. Abs. 1 S. 2 im Zweifel mitvermacht, auch wenn er bedingt ist (BGH WM 1980, 310). Der Bedachte hat in diesem Fall einen Anspruch gegen den Beschwerten auf Abtretung des Beseitigungsanspruchs. Unübertragbare Ansprüche, zB aus § 894 gehen indes automatisch auf den Bedachten über. 6

3. Grundpfandrechte des Erblassers, Abs. 2. Abs. 2 behandelt den Fall, dass dem Erblasser selbst an dem Grundstück eine Hypothek, Grundschuld oder Rentenschuld zusteht. Hierfür ist die materiellrechtliche Lage, nicht die Eintragung im Grundbuch entscheidend. Die Frage, ob diese Belastung mitvermacht ist, richtet sich gem. Abs. 2 nach den **Umständen des Einzelfalls** unter Berücksichtigung des Erblasserwillens. Es handelt sich demnach nicht um eine Auslegungsregel. Die Grundpfandrechte können im Grundbuch entweder mit dem Namen des Erblassers oder mit dem eines fremden Gläubigers eingetragen sein (§ 1163, 1168 I, § 1170 II, § 1177). In letzterem Fall müssen die Rechte dem Erblasser als Grundstückseigentümer zustehen. Erwirbt der Erblasser das Eigentümergrundpfandrecht durch Auslösung gegenüber dem Gläubiger, ist davon auszugehen, dass er das Grundstück, wirtschaftlich gesehen, vollständig ohne Belastung vermachen wollte (BayObLG NJW-RR 2001, 1665). Die Umstände sind hingegen anders auszulegen, wenn eine Eigentümergrundschuld gem. § 1196 oder eine vorläufige Eigentümergrundschuld gem. § 1163 I 1, Abs. 2 vorliegt (s. *Lange/Kuchinke* ErbR § 29 Fn. 205). Die **Beweislast** trägt **der Bedachte** (Baumgärtel/Laumen/Prütting Beweislast-HdB/*Schmitz* Rn. 3). Ist der Erblasserwille nicht feststellbar, gilt die Auslegungsregel des Abs. 1 S. 1, so dass der Bedachte lediglich die Übertragung des belasteten Grundstücks verlangen kann. 7

§ 2166 Belastung mit einer Hypothek

(1) ¹Ist ein vermachtes Grundstück, das zur Erbschaft gehört, mit einer Hypothek für eine Schuld des Erblassers oder für eine Schuld belastet, zu deren Berichtigung der Erblasser dem Schuldner gegenüber verpflichtet ist, so ist der Vermächtnisnehmer im Zweifel dem Erben gegenüber zur rechtzeitigen Befriedigung des Gläubigers insoweit verpflichtet, als die Schuld durch den Wert des Grundstücks gedeckt wird. ²Der Wert bestimmt sich nach der Zeit, zu welcher das Eigentum auf den Vermächtnisnehmer übergeht; er wird unter Abzug der Belastungen berechnet, die der Hypothek im Range vorgehen.

(2) Ist dem Erblasser gegenüber ein Dritter zur Berichtigung der Schuld verpflichtet, so besteht die Verpflichtung des Vermächtnisnehmers im Zweifel nur insoweit, als der Erbe die Berichtigung nicht von dem Dritten erlangen kann.

(3) Auf eine Hypothek der in § 1190 bezeichneten Art finden diese Vorschriften keine Anwendung.

1. Normzweck. Die Regelung befasst sich mit dem Fall, dass das vermachte Grundstück mit einer **Hypothek zu Gunsten eines Dritten** belastet ist und der Erblasser für die Schuld persönlich haftet. Da der Bedachte jedoch keinen Anspruch auf lastenfreie Übertragung des Vermächtnisgegenstands gem. § 2165 I 1 hat, haftet er dinglich vom Zeitpunkt des Erwerbs des belasteten Grundstücks an. Diese Regelung könnte der Bedachte jedoch umgehen, indem er den Hypothekengläubiger vor Eigentumsübergang befriedigt und dadurch den Übergang der persönlichen Forderung gegen den nach § 1967 haftenden Erben gem. § 1143 auf ihn erreichen würde. Die Belastung des Grundstücks darf jedoch nicht wirtschaftlich den Erben treffen (Prot. V 188 ff.), denn nach dem üblichen Erblasserwillen hat der Bedachte auch die Hypothekenschulden mitzutragen. Aus diesen Gründen normiert **Abs. 1 S. 1** eine **Auslegungsregel** mit dem Inhalt, dass **der Bedachte** dem Erben gegenüber im Zweifel **zur rechtzeitigen Befriedigung des Gläubigers** im Rahmen seiner Haftung **verpflichtet** sein soll. Begleicht der Erbe die gesicherte Schuld, obwohl der Vermächtnisnehmer hierzu verpflichtet ist, hat der Erbe gegen den Vermächtnisnehmer ein Anspruch auf Verwendungsersatz (§§ 670, 683 S. 1, 677; OLG Celle FamRZ 2016, 582). 1

2. Die Pflicht des Bedachten zur Befriedigung des Gläubigers. a) Allgemeines. Die Verpflichtung des Bedachten aus Abs. 1 S. 1 besteht nur gegenüber dem Erben, dh **im Innenverhältnis**. Es handelt sich hierbei jedoch nicht um eine zwingende Regelung, sondern vielmehr um eine Auslegungsregel („im Zweifel"). Überdies kann der Erblasser durch Untervermächtnis zu Gunsten des Erben anordnen, dass der Bedachte die persönliche Schuld auch im Außenverhältnis übernimmt (BGH NJW 1963, 1612). Ist weder der Auslegungsregel entkräftet noch eine Anordnung des Erblassers ersichtlich, ist der Bedachte gem. Abs. 1 S. 1 verpflichtet, den Gläubiger bei fälliger Schuld zu befriedigen, soweit die Schuld durch den Grundstückswert gedeckt ist. Weitergehende Pflichten (zB Freistellung des Erben oder Sicherheitsleistung) bestehen nicht (Staudinger/*Otte* Rn. 3). 2

3 b) **Voraussetzungen. aa) Abs. 1.** Das vermachte Grundstück muss **zur Erbschaft gehören** und mit einer Hypothek belastet sein, die wegen einer eigenen, **persönlichen Schuld des Erblassers** in das Grundbuch eingetragen wurde. Es kann sich auch um eine Schuld handeln, die er dem Schuldner gegenüber berichtigen muss. Weitere Voraussetzung ist, dass dem Bedachten das Grundstück **bereits übereignet** wurde, vgl. Abs. 1 S. 1 letzter Hs. S. 2.

4 bb) **Abs. 3.** Hiernach ist eine Verpflichtung des Bedachten bei einer **Höchstbetragshypothek (§ 1190)** ausgeschlossen. Der Bedachte soll nämlich nicht durch eine ständig wechselnde persönliche Forderung belastet werden (BGH NJW 1963, 1612). Überdies ist Hintergrund der Vorschrift, dass die Hypothek ausschließlich der Sicherung einer Forderung aus einer dauernden Geschäftsbeziehung dient und das aufgenommene Geld letztlich nicht für das Grundstück verwendet wird und die Ertragskraft des Grundstücks bei der Hypothekenbestellung keine Rolle spielt (s. Staudinger/*Otte* Rn. 9). Dies trifft indes nicht mehr auf die Hypotheken zu, die zzt. des Erbfalls nur dem Namen nach als Höchstbetragshypothek gelten und eine der Höhe nach bestimmte, unveränderliche Forderung sichern. Bsp.: die Sicherung eines wechselnden Kredits des Erblassers als laufender, aber durch Tod beendeter Geschäftsverbindung oder die Sicherung einer Forderung bei einer Grundschuld, deren Wert sich nur aufgrund des schwankenden Währungskurses verändert (BGH NJW 1963, 1612). Der Anspruch des Bedachten aus § 2165 I 1 richtet sich auf den Erwerb der Forderung und Hypothek nach § 1143 I 1, §§ 1153, 1177 II, nicht aber auf die Beseitigung der Hypothek.

5 cc) **Subsidiarität, Abs. 2. Der Bedachte** soll von der Verpflichtung gegenüber dem Erben **befreit** sein, wenn der Erblasser **gegen einen Dritten einen Anspruch** auf Berichtigung der Schuld hat und der Erbe sie von dem Dritten erlangen kann. Bsp.: Der Erblasser als Bürge, vgl. § 775 oder als Gesamtschuldner, vgl. § 426; der Erblasser hatte einen Aufwendungs- oder Schadensersatzanspruch auf Befreiung der Verbindlichkeit; der Erblasser kann die Befriedigung des Gläubigers vom Eigentümer eines nicht zum Nachlass gehörenden Grundstücks, das neben dem vermachten Grundstück mit einer Gesamthypothek oder Gesamtgrundschuld belastet ist, verlangen (Staudinger/*Otte* Rn. 8). Die Verpflichtung des Bedachten gegenüber besteht nur subsidiär. Kann der Erbe keine Erfüllung vom Dritten erlangen, ist er nicht zur **Vorausklage** verpflichtet (Staudinger/*Otte* Rn. 8), hat aber die Beweislast zu tragen (Baumgärtel/Laumen/Prütting Beweislast-HdB/*Schmitz* Rn. 2). Erfüllt der Bedachte die Schuld nach Eigentumsübergang des Grundstücks, findet ein **Forderungsübergang nach § 1143 I 1** statt.

6 dd) **Analogie.** Die Vorschrift ist nach hM **analog auf Grundschulden** zur Sicherung einer persönlichen Schuld des Erblassers anwendbar (BGH NJW 1962, 1715). Sicherungsgrundschulden gleichen in ihrer wirtschaftlichen Art der Höchstbetragshypothek durch laufende, wechselnde Forderungen und werden daher von Abs. 3 analog erfasst (BGH NJW 1962, 1715).

7 c) **Umfang.** Die Anspruchshöhe ist aus der **Differenz zwischen Grundstückswert und den Abzugsposten** zu berechnen. Die Verpflichtung des Bedachten ist auf den Wert des Grundstücks als höchsten Maßstab begrenzt. Der für die Wertermittlung erforderliche Zeitpunkt ist der **Eigentumsübergang** des Grundstücks auf den Bedachten, Abs. 1 S. 2. Die Berechnung findet unter Abzug der Belastungen statt, die gegenüber der Hypothek **vorrangig** sind. Zahlt der Bedachte über den Betrag der persönlichen Verpflichtung hinaus, führt dies zu einem Anspruch des Bedachten gegen den Erben, der von seiner Verpflichtung aus § 1967 ohne Rechtsgrund befreit wurde. Zahlt er weniger als er persönlich haftet, bleibt seine Verpflichtung auch nach Verwertung des Grundstücks gegenüber dem Erben bestehen. Bei freiwilliger Leistung des Bedachten in vollem Umfang, gilt § 1143 in Höhe des übersteigenden Betrages. Bei Leistung durch den Erben auf die Schuld, geht die Hypothek in entsprechender Höhe gem. § 1164 auf ihn über. Er kann gegenüber dem Bedachten die Berichtigung der Schuld geltend machen. Bei Wertminderung des Grundstücks nach dem Eigentumsübergang besteht die Möglichkeit der Erschöpfungseinrede, §§ 2187, 786 ZPO (BGH LM Nr. 2 aE).

8 aa) **Verkehrswert als Maßstab.** Auszugehen ist vom Verkehrswert als Ausgangswert (vgl. § 194 BauGB, § 9 II BewG) zzt. des Eigentumsübergangs auf den Bedachten. Bei der Zuwendung eines Grundstücks an mehrere Bedachte, ist die einzelne Haftung auf den Wert seines jeweiligen Anteils begrenzt (beachte auch § 2167 in analoger Anwendung). Als obere Grenze des möglichen Verkehrswertes gelten „Höchstpreise" (Staudinger/*Otte* Rn. 5; aA RGRK/*Johannsen* Rn. 5, der auf die „wahren Wertverhältnisse" abstellen will), denn sonst müsste der Vermächtnisnehmer uU die Verpflichtung aus Abs. 1 S. 1 in einem Umfang übernehmen, die über den Erlös aus der Verwertung des Grundstückes hinausginge.

9 bb) **Abzuziehende Belastungen.** Der Hypothek im Range vorgehende **Belastungen** stellen Abzugsposten dar. Vom Grundstückswert abzuziehen sind Belastungen zzt. **des Eigentumsübergangs**. Die Frage, ob Grundpfandrechte, deren Forderung von einem Dritten oder dem Erben zu erfüllen ist, abgezogen werden können, ist iE zu verneinen (so auch Soergel/*Wolf* Rn. 3). Dies muss insbes. für Höchstbetragshypotheken gelten (§ 1190), da § 2166 III die Anwendung von Abs. 1 S. 2 Hs. 2 auf diese Art von Hypotheken ausdrücklich ausschließt (Palandt/*Weidlich* Rn. 2; MüKoBGB/*Rudy* Rn. 9). Die Gegenansicht weist darauf hin, dass der Bedachte insgesamt zu einem über den Verkehrswert hinaus gehenden Betrag in Anspruch genommen werden könnte (Bamberger/Roth/*Müller-Christmann* Rn. 7). Höchstbetragshypotheken und Sicherungsgrundschulden für einen Kontokorrentkredit sind nicht abzuziehen (BGHZ 37, 246; BGH NJW 1963, 1612), zumal sie grds. keine Kapitalanlage darstellen, die sich aus dem Grundstück verzinst und amortisiert (Palandt/*Weidlich* Rn. 2). Der Bedachte kann zwar gem. § 2165 I 1 im Zweifel kein lastenfreies Grundstück, jedoch Forderung und Hypothek gem. § 1143 I 1, §§ 1153, 1177 II erwerben. Die gem. § 2165 II mitvermachten Grundpfandrechte sind nicht abzuziehen, es sei denn der Erblasserwille geht dahin, dem Bedachten den wirtschaftlichen Wert beizubehalten.

§ 2167 Belastung mit einer Gesamthypothek

¹Sind neben dem vermachten Grundstück andere zur Erbschaft gehörende Grundstücke mit der Hypothek belastet, so beschränkt sich die in § 2166 bestimmte Verpflichtung des Vermächtnisnehmers im Zweifel auf den Teil der Schuld, der dem Verhältnis des Wertes des vermachten Grundstücks zu dem Werte der sämtlichen Grundstücke entspricht. ²Der Wert wird nach § 2166 Abs. 1 Satz 2 berechnet.

1. Normzweck. Die Vorschrift enthält eine § 2166 **ergänzende Auslegungsregel**, falls neben dem vermachten Grundstück andere zur Erbschaft gehörende Grundstücke mit einer **Gesamthypothek** belastet sind. Die Verpflichtung des Bedachten beschränkt sich in diesem Fall auf die Berichtigung der persönlichen Schuld im Verhältnis des Wertes des vermachten Grundstücks zum Wert der anderen Grundstücke. Die Wertberechnung erfolgt nach § 2166 I 2. Von der Vorschrift betroffen ist nur das Verhältnis zwischen dem Bedachten und dem Erben. Für die Haftung nach Außen gilt § 1132 I, wonach das Grundstück für die ganze Forderung haftet. 1

2. Anwendungsbereich. Die Anwendung der Vorschrift hängt von der Frage ab, ob **dem Erblasser** neben dem vermachten, belasteten Grundstück **auch das nicht vermachte** andere belastete **Grundstück** gehörte. § 2167 ist ausgeschlossen, dh nur § 2166 anwendbar, wenn ausschließlich das vermachte Grundstück dem Erblasser gehörte. Gehörte dem Erblasser indes auch ein nicht vermachtes Grundstück, das mit einer Gesamthypothek belastet ist, **mindert sich die Verpflichtung** des Bedachten **anteilig** gegenüber dem Erben nach Maßgabe des Wertes des anderen dem Erblasser gehörenden belasteten Grundstücks. Das nicht zur Erbschaft gehörende Grundstück wird insofern berücksichtigt, dass der Erblasser gegenüber dessen Eigentümer die Verpflichtung hatte, den Gläubiger zu befriedigen. Demzufolge ist der Bedachte zur Berichtigung der Schuld gem. § 2168 II analog, §§ 2166 I, 2167 verpflichtet (MüKoBGB/*Rudy* Rn. 2). 2

3. Sonstiges. Besteht der Vermächtnisgegenstand in einem **ideellen Anteil an einem Grundstück**, das mit einer Hypothek belastet ist, kommt die **analoge Anwendung** des § 2167 in Betracht (Staudinger/*Otte* Rn. 4). Mehrere Vermächtnisnehmer, die ein belastetes Grundstück durch Vermächtnis erhalten, sind verpflichtet, ihren jeweiligen Anteil an dem Grundstück entsprechenden Teil der Schuld zu erfüllen (Staudinger/*Otte* Rn. 4). 3

§ 2168 Belastung mit einer Gesamtgrundschuld

(1) ¹Besteht an mehreren zur Erbschaft gehörenden Grundstücken eine Gesamtgrundschuld oder eine Gesamtrentenschuld und ist eines dieser Grundstücke vermacht, so ist der Vermächtnisnehmer im Zweifel dem Erben gegenüber zur Befriedigung des Gläubigers in Höhe des Teils der Grundschuld oder der Rentenschuld verpflichtet, der dem Verhältnis des Wertes des vermachten Grundstücks zu dem Wert der sämtlichen Grundstücke entspricht. ²Der Wert wird nach § 2166 Abs. 1 Satz 2 berechnet.

(2) Ist neben dem vermachten Grundstück ein nicht zur Erbschaft gehörendes Grundstück mit einer Gesamtgrundschuld oder einer Gesamtrentenschuld belastet, so finden, wenn der Erblasser zur Zeit des Erbfalls gegenüber dem Eigentümer des anderen Grundstücks oder einem Rechtsvorgänger des Eigentümers zur Befriedigung des Gläubigers verpflichtet ist, die Vorschriften des § 2166 Abs. 1 und des § 2167 entsprechende Anwendung.

1. Normzweck. Abs. 1 der Vorschrift stellt nach einhelliger Auffassung **das Äquivalent zu § 2167** für den Fall des Bestehens einer Grundschuld oder Rentenschuld dar, wenngleich der Wortlaut unklar ist. **Abs. 2** enthält eine **Erweiterung des § 2166 I** für den Fall, dass der Erblasser gegenüber dem Eigentümer des anderen, nicht zur Erbschaft gehörenden Grundstücks zur Befriedigung des Gläubigers verpflichtet war. 1

2. Voraussetzungen. a) Abs. 1. Abs. 1 setzt zwar nicht ausdrücklich voraus, dass der Erblasser zur Berichtigung der Schuld verpflichtet war. Dennoch muss auch hier der Erblasser zur Tilgung einer akzessorischen, dh mit der Grund- oder Rentenschuld zusammenhängenden, Forderung verpflichtet gewesen sein (MüKoBGB/*Rudy* Rn. 2). Die fehlende Verweisung auf § 2166 I 1 und II wird nach allg. Meinung als Redaktionsversehen angesehen (Bamberger/Roth/*Müller-Christmann* Rn. 2). Es ist nämlich kein Grund ersichtlich, die Verpflichtung des Bedachten zur Befriedigung des Gläubigers auf die persönliche Schuld des Erblassers nicht auf die maximale Höhe des Grundstückswertes zu beschränken. Überdies findet die Wertberechnung nach § 2168 I 2 iVm § 2166 I 2 statt. 2

b) Abs. 2. Auch in Form des Abs. 2 ist der Bedachte gegenüber dem Erben zur Befriedigung des Gläubigers einer Forderung verpflichtet, zu deren Sicherheit eine Gesamtgrundschuld oder Rentenschuld auf ein nicht zur Erbschaft gehörendes Grundstück bestellt wurde. Aus Sinn und Zweck der Vorschrift er- 3 gibt sich auch die darüber hinausgehende Anwendung der Vorschrift auf den Fall, dass der Erblasser nicht gegenüber dem Eigentümer, sondern dem Schuldner zur Befriedigung des Gläubigers verpflichtet war (MüKoBGB/*Rudy* Rn. 3). Der durch Abs. 2 zur Anwendung kommende § 2167 enthält dort in S. 1 eine vollständige Verweisung auf § 2166, so dass auf diese Weise hier auch § 2166 II Berücksichtigung finden muss.

§ 2168a Anwendung auf Schiffe, Schiffsbauwerke und Schiffshypotheken

§ 2165 Abs. 2, §§ 2166, 2167 gelten sinngemäß für eingetragene Schiffe und Schiffsbauwerke und für Schiffshypotheken.

1   Die Vorschrift ist in Zusammenhang mit dem **SchiffRG** entstanden. Die fehlende Verweisung auf § 2168 liegt daran, dass das SchiffRG bei eingetragenen Schiffen als Pfandrecht nur die **Schiffshypothek** vorsieht. Der Nießbrauch gem. § 9 SchiffRG bestimmt sich nach § 2165 I; § 2165 II ist unbedeutend, da die Schiffshypothek mit der Forderung gem. § 57 SchiffRG erlischt; § 2165 II kommt iRd § 57 III SchiffRG nicht zum Tragen, da kein Recht am Schiff besteht; § 2166 gilt entsprechend für den häufigen Fall des Vorliegens einer Schiffshypothek als Fremdhypothek; § 2167 ist auf die Gesamtschiffshypothek anwendbar (vgl. § 28 SchiffRG). § 2168a findet iÜ auch Anwendung auf die in die Luftfahrzeugrolle eingetragenen **Luftfahrzeuge**, wobei das Registerpfandrecht für die Schiffshypothek steht (s. § 98 II des Gesetzes über Rechte an Luftfahrzeugen v. 26.2.1959, BGBl. I 57).

§ 2169 Vermächtnis fremder Gegenstände

(1) Das Vermächtnis eines bestimmten Gegenstands ist unwirksam, soweit der Gegenstand zur Zeit des Erbfalls nicht zur Erbschaft gehört, es sei denn, dass der Gegenstand dem Bedachten auch für den Fall zugewendet sein soll, dass er nicht zur Erbschaft gehört.

(2) Hat der Erblasser nur den Besitz der vermachten Sache, so gilt im Zweifel der Besitz als vermacht, es sei denn, dass er dem Bedachten keinen rechtlichen Vorteil gewährt.

(3) Steht dem Erblasser ein Anspruch auf Leistung des vermachten Gegenstands oder, falls der Gegenstand nach der Anordnung des Vermächtnisses untergegangen oder dem Erblasser entzogen worden ist, ein Anspruch auf Ersatz des Wertes zu, so gilt im Zweifel der Anspruch als vermacht.

(4) Zur Erbschaft gehört im Sinne des Absatzes 1 ein Gegenstand nicht, wenn der Erblasser zu dessen Veräußerung verpflichtet ist.

1   **1. Normzweck.** Die Vorschrift enthält den Grundgedanken, dass der Erblasser idR nur Gegenstände zuwenden will, die zzt. des Erbfalls zu seinem Vermögen gehören (BGHZ 31, 13). Nach Abs. 1 ist er aber berechtigt, von diesem Grundsatz abzuweichen und eine andere Bestimmung vorzunehmen. Durch die Auslegungsregel des Abs. 2 kann der Erblasser dem Bedachten auch einen rechtlichen Vorteil durch Zuwendung des sich in seinem Besitz befindlichen Gegenstandes verschaffen. Überdies besteht für den Erblasser die Möglichkeit, ein Leistungsanspruch oder Ersatzanspruch zu vermachen, Abs. 3. Nach dieser Auslegungsregel tritt ein Anspruch og Art an die Stelle des vermachten Gegenstandes (sog. Surrogationsgedanke), insbes. wenn die vermachte Sache untergegangen ist oder entzogen wurde und nicht mehr zur Erbschaft gehört. Ist der Erblasser indes zur Veräußerung der Sache verpflichtet, ist diese von einer Zuwendung im Wege des Vermächtnisses ausgeschlossen, Abs. 4.

2   **2. Voraussetzungen. a) Gegenstände eines Vermächtnisses, Abs. 1. aa) Vermächtnisart.** Voraussetzung ist, dass der Erblasser einen bestimmten Gegenstand durch Testament oder Erbvertrag vermacht hat, das sog. **Stückvermächtnis**. Dies gilt auch, wenn es Gegenstand eines **Wahlvermächtnisses** ist (s. Komm. zu § 2154). Für das **Gattungsvermächtnis** gilt § 2155, während auf das beschränkte Gattungsvermächtnis § 2169 Anwendung findet (Soergel/*Wolf* Rn. 3).

3   **bb) Vermächtnis einer Sache oder eines Rechts.** Bei dem Vermächtnisgegenstand kann es sich um eine **Sache oder ein Recht** handeln (BGH NJW 1983, 937). Das Vermächtnis kann auch auf eine Handlung oder ein Unterlassen des Beschwerten gerichtet sein, wovon jedoch die Arbeitskraft, Entschlussfreiheit und die persönliche Haftung des Beschwerten ausgeschlossen sind (Staudinger/*Otte* Rn. 3). Für den Fall, dass das Recht an einem Gegenstand für den Vermächtnisnehmer erst neu begründet werden soll, kommt es hinsichtlich der Anwendung des § 2169 darauf an, dass der Gegenstand zum Nachlass gehört (KG NJW 1964, 1808; Staudinger/*Otte* Rn. 4; Soergel/*Wolf* Rn. 5). Geht es bei dem Vermächtnis um das Recht des Vermächtnisnehmers **auf** eine bestimmte Sache, ist darauf abzustellen, ob das Recht dem Erblasser bereist zustand, woraufhin Abs. 3 anwendbar ist oder ob das Recht auf den zum Nachlass gehörigen Gegenstand erst neu begründet wird, woraufhin Abs. 1 anwendbar ist (Staudinger/*Otte* Rn. 4).

4   **cc) Vermächtnis einer „Erbschaft".** Hier kommt im Zweifel die Anwendung des § 2164 I in Betracht, wenn der Erblasser Gegenstände vermachen wollte, die er aus dem früheren Nachlass seinerseits hinterlässt (Staudinger/*Otte* Rn. 4). Dies gilt nicht, wenn der Erblasserwille dahin geht, dass der Erblasser den Bestand an Gegenständen zu einem früheren Zeitpunkt zuwenden wollte, so dass ein Vermächtnis von Surrogaten naheliegend ist. Veräußert der Erblasser zu Lebzeiten den Vermächtnisgegenstand, kann dies zum Vorliegen des Tatbestands des § 2169 I führen (BGHZ 31, 13).

Vermächtnis fremder Gegenstände § 2169 BGB 10

b) Nichteigentum des Erblassers. Abs. 1 setzt weiter voraus, dass **der Gegenstand zzt. des Erbfalls dem Erblasser gehört,** wobei der Zeitpunkt der Vermächtnisanordnung keine Rolle spielt. Die Kenntnis des Erblassers von der Nichtzugehörigkeit des vermachten Gegenstandes ist uU bedeutend für die Ermittlung des Willens gem. Abs. 1 Hs. 2, jedoch für die Anwendung des § 2169 nicht erforderlich (BGH FamRZ 1984, 41). Für die Anwendung der Vorschrift ist allein die **rechtliche Zugehörigkeit** maßgeblich, dh das Nichtvorhandensein des Gegenstands als Teil der Erbschaft, zB durch freiwillige Veräußerung, ist unerheblich, (BGH NJW 1957, 421).

aa) Nichtzugehörigkeit der Gegenstände. Als **nicht** dem Vermögen des Erblassers **zugehörig** gelten Gegenstände, die zu einem **Gesamthandsvermögen** gehören, woran der Erblasser beteiligt ist, zB durch Erbengemeinschaft, Gütergemeinschaft oder Personengesellschaft (BGH NJW 1984, 731). Auch ein Anteil kann nicht zum Vermögen des Erblassers gehören, da die Beteiligung nur mit dem Vermögen insgesamt zusammenhängt und nicht unmittelbar mit dem einzelnen Gegenstand. Der Wille des Erblassers ist bei der Frage, ob die Gegenstände zum Vermögen des Erblassers gehören, unerheblich. Dies gilt auch hinsichtlich der Kenntnis des Erblassers von der Nichtzugehörigkeit des Gegenstands zu seinem Vermögen, die aber für die Feststellung des Willens iSv Abs. 1 Hs. 2 relevant sein kann (BGH FamRZ 1984, 41).

bb) Das Vermächtnis eines ideellen Bruchteils. Dieses ist, bezogen auf den dem Erblasser gehörenden Anteil wirksam (§ 2085). Bzgl. des nicht dem Erblasser gehörenden Anteils kommt ein Verschaffungsvermächtnis in Betracht (§ 2170). Entspricht dies indes nicht dem Erblasserwillen, ist das Vermächtnis diesbzgl. unwirksam, wovon die Wirksamkeit des dem Erblasser gehörenden Anteils jedoch unberührt bleibt.

cc) Schuldrechtliche Verpflichtung, Abs. 4. Wegen der rechtlichen Beurteilung der Eigentumsfrage, führt eine schuldrechtliche Verpflichtung des Erblassers zur Veräußerung des Vermächtnisgegenstandes nach **Abs. 4** dazu, dass dieser nicht zur Erbschaft gerechnet wird (ausführlich zu diesem Prinzip *Löhnig/Plettenberg* ZEV 2016, 293). Die Verpflichtung muss **zzt. des Erbfalls wirksam** sein, wobei die Rückwirkung einer nach dem Erbfall erteilten Genehmigung nach § 184 I miteinzubeziehen ist. Demgegenüber findet § 184 II keine Anwendung, da die Vermächtnisanordnung nicht unter den dortigen Verfügungsbegriff fällt.

c) Vermutete Unwirksamkeit des Vermächtnisses als Rechtsfolge. Liegen die Voraussetzungen von Abs. 1 vor und ist kein Verschaffungsvermächtnis gem. Abs. 1 letzter Hs. anzunehmen, hat der Bedachte keinen Anspruch auf den Vermächtnisgegenstand. Gehört der Gegenstand nur **teilweise** zur Erbschaft, ist das Vermächtnis insoweit wirksam, § 2085. Dies gilt auch bei Bestehen eines Anwartschaftsrechts im Rahmen eines Abzahlungskaufes, dh die **Anwartschaft** ist auf jeden Fall vermacht. Bei Unwirksamkeit iSv Abs. 1 können stattdessen „im Zweifel" die Ansprüche nach Abs. 2 oder Abs. 3 bestehen, sog. „Restvermächtnis" (MüKoBGB/*Rudy* Rn. 8). Auch ein Anspruch auf Verschaffung des Gegenstands nach § 2170 kommt in Betracht, wobei hier die Vermutungsregel „im Zweifel" nicht gilt.

d) Pflicht zur Verschaffung des Vermächtnisgegenstands, Abs. 1 letzter Hs. Falls der Erblasser den Gegenstand trotz Nichtzugehörigkeit zuwenden wollte, hat der Beschwerte den Gegenstand nach § 2170 zu verschaffen (vgl. hierzu auch *Roth* NJW-Spezial 2015, 743). Die **Beweislast** hierfür trägt der Bedachte. Dem Erblasser muss dabei nicht bewusst gewesen sein, dass der vermachte Gegenstand zur Erbschaft gehört (BGH NJW 1983, 937; OLG München OLGR 1997, 225). Die **Kenntnis des Erblassers** kann indes ein Indiz für den Zuwendungswillen und damit für das Verschaffungsvermächtnis darstellen (BGH NJW 1984, 731). Die Sicherungsübereignung oder -abtretung spricht auch für ein Verschaffungsvermächtnis (Soergel/*Wolf* Rn. 11). Ein solches liegt ferner nahe, wenn der Vermächtnisgegenstand in wirtschaftlicher Hinsicht in der Erbschaft enthalten ist (BGH NJW 1984, 731; BayObLG NJW-RR 2003, 293), zB das anzulegende Sparbuch aus Mitteln des Nachlasses (BayObLG ZEV 1998, 385) oder die Zuwendung einer nicht zur Erbschaft gehörigen Lebensversicherungssumme zu Gunsten des Erben (OLG Düsseldorf ZEV 1996, 142).

e) Beweislast für die Nichtzugehörigkeit des Vermächtnisgegenstands. Der Beschwerte trägt nach hM die Beweislast dafür, dass der Vermächtnisgegenstand nicht zur Erbschaft gehört (Baumgärtel/Laumen/Prütting Beweislast-HdB/*Schmitz* Rn. 2). Den Zuwendungswillen des Erblassers trotz Nichtzugehörigkeit des Gegenstands muss der Bedachte beweisen (Baumgärtel/Laumen/Prütting Beweislast-HdB/*Schmitz* Rn. 2). Weiter muss der Bedachte für die Fälle der Abs. 2 u. 3 den Besitz des Erblassers und den Anspruch des Erblassers beweisen. Demgegenüber trifft den Beschwerten die Beweislast für den Willen des Erblassers, den Gegenstand nicht zu vermachen (Baumgärtel/Laumen/Prütting Beweislast-HdB/*Schmitz* Rn. 3). Bei der Ermittlung des Erblasserwillens kommt es stets auf den wirklichen oder hypothetischen Willen zzt. der Anordnung des Vermächtnisses an (BGHZ 31, 14).

f) Besitzvermächtnis, Abs. 2. Das im Zweifel anzunehmende Besitzvermächtnis setzt voraus, dass dem Bedachten dadurch **ein Vermögensvorteil** iSd § 1939 zukommt. Günstige mit dem Besitz zusammenhängende Rechtsfolgen, wie zB Besitzschutz, Eigentumsvermutung, Ersitzung, Verwendungsersatz, reichen für die Annahme eines rechtlichen Vorteils nicht aus. Entscheidend ist vielmehr, dass der Eigentümer ernstlich und in naher Zukunft, zumindest konkludent, in Aussicht gestellt hat, seinen begründeten Herausgabeanspruch geltend zu machen (vgl. Staudinger/*Otte* Rn. 14). Auf die Rechtmäßigkeit des Besitzes kommt es für die Ausnahmeregelung nach Abs. 2 nicht an.

Burandt

13 g) **Vermächtnis des Leistungs- oder Ersatzanspruchs. aa) Analogie.** Nach der Auslegungsregel des Abs. 3 kann im Zweifel ein Anspruch auf Leistung des Vermächtnisgegenstands oder ein Ersatzanspruch an die Stelle des Gegenstands treten. Eine **analoge Ausdehnung** des Abs. 3 auf den Fall der **freiwilligen Veräußerung** des Vermächtnisgegenstands kommt nicht in Frage, denn nach hM kennt das Vermächtnisrecht keine **allgemeine Surrogationsregel** (BGH NJW 1957, 421). Die ergänzende Testamentsauslegung kann indes ergeben, dass der Veräußerungserlös vermacht werden sollte, insbes. wenn der Vermächtniszweck hauptsächlich in der Zuwendung des wirtschaftlichen Werts zu sehen war (BGH NJW 1959, 2252).

14 **bb) Anwendungsbereich.** Der **Leistungsanspruch** des Bedachten gestaltet sich genauso wie er dem Erblasser zustand. Abs. 3 setzt nicht voraus, dass dem Erblasser die Nichtvollendung des Erwerbs bekannt war. Der Leistungsanspruch kann auch gegenüber dem Bedachten selbst bestehen (sog. Befreiungsvermächtnis, s. Komm. zu § 2173). Abs. 3 findet auch Anwendung auf **Wertersatzansprüche** wegen Untergangs oder Entzugs des Vermächtnisgegenstandes. Hierzu zählen Schadensersatz-, Bereicherungs-, Enteignungsentschädigungs-, Lastenausgleichs- (BGH NJW 1972, 1369) und Rückerstattungsansprüche (OLG München RzW 1967, 538). Ansprüche wegen **Beschädigung der Sache** fallen nicht in den Anwendungsbereich des Abs. 3, sondern des Abs. 2. Der Ersatzanspruch ist begrenzt auf den Ersatz des Wertverlustes unter Ausschluss eines darüber hinaus gehenden Schadens des Erblassers (MüKoBGB/*Rudy* Rn. 14).

§ 2170 Verschaffungsvermächtnis

(1) Ist das Vermächtnis eines Gegenstands, der zur Zeit des Erbfalls nicht zur Erbschaft gehört, nach § 2169 Abs. 1 wirksam, so hat der Beschwerte den Gegenstand dem Bedachten zu verschaffen.

(2) ¹Ist der Beschwerte zur Verschaffung außerstande, so hat er den Wert zu entrichten. ²Ist die Verschaffung nur mit unverhältnismäßigen Aufwendungen möglich, so kann sich der Beschwerte durch Entrichtung des Wertes befreien.

1 **1. Normzweck.** Nach dieser Vorschrift ist das Vermächtnis auch wirksam, wenn der Gegenstand **nicht zur Erbschaft gehört**, der Erblasserwille jedoch dahin geht, dem Bedachten den Gegenstand dennoch zukommen zu lassen (vgl. hierzu insgesamt *Roth* NJW-Spezial 2014, 231). In diesem Fall besteht für den Beschwerten die Pflicht, dem Bedachten den Gegenstand zu verschaffen, Abs. 1. Das Vermächtnis kann demnach auch Vermächtnisse umfassen, die nicht zum Nachlass gehören (BGH NJW 1964, 2298). Durch **Abs. 2** wird deutlich gemacht, dass der Beschwerte nicht durch Eigenverantwortlichkeit zur Erfüllung des Vermächtnisses verpflichtet ist, sondern den Erblasserwillen auszuführen hat. Deshalb ist er nicht zum Schadensersatz verpflichtet, wenn ihm die Erfüllung des Vermächtnisses unmöglich ist. Er muss lediglich Wertersatz leisten. Ist die Verschaffung mit unverhältnismäßigen Aufwendungen verbunden, soll er sich durch Entrichtung des Wertes befreien können.

2 **2. Verschaffungspflicht.** Sind die Erben beschwert, stellt die Pflicht zur Verschaffung des Vermächtnisgegenstands eine **Nachlassverbindlichkeit** gem. § 1967 II dar. Die Rechtslage richtet sich danach, ob der nicht zur Erbschaft gehörende Gegenstand einem Dritten, dem Beschwerten oder dem Bedachten gehört. Die Entlastung des Beschwerten nach Abs. 2 kommt nur für den Fall in Betracht, dass der vermachte Gegenstand einem Dritten gehört. Die Anordnung durch den Erblasser muss von einem erkennbar gewordenen unbedingten Zuwendungswillen gekennzeichnet sein („besondere Intensität des Zuwendungswillens", s. BGH FamRZ 1984, 41; OLG München ZEV 1997, 336; OLG Oldenburg FamRZ 1999, 532).

3 **a) Eigentum eines Dritten.** Zu den Vermächtnisgegenständen zählen insbes. **Sachen, Forderungen, Rechte an einer Sache**; eine Geldsumme hingegen nicht. Auf welche Weise der Beschwerte seiner Verschaffungspflicht nachkommt, bleibt ihm überlassen. Er hat zum einen die Möglichkeit, den Gegenstand selbst zu erwerben und anschließend an den Bedachten zu übertragen. Zum anderen kann er den Dritten veranlassen, den Gegenstand unmittelbar zu übertragen (etwa durch die Auseinandersetzung des Gesamtguts) oder den Bedachten beauftragen, sich den Gegenstand zu verschaffen. Bei einem Recht an einer nicht zur Erbschaft gehörenden Sache muss der Beschwerte auch hier dem Bedachten das Recht übertragen und es sich ggf. von dem Dritten bestellen lassen oder diesen dazu veranlassen, dem Bedachten das Recht unmittelbar zu bestellen oder zu übertragen (Staudinger/*Otte* Rn. 3). Der Bedachte kann auch **Klage** gegen den Beschwerten auf Verschaffung des Gegenstands erheben. Hat der Beschwerte seinerseits einen Anspruch gegen den Dritten auf den Vermächtnisgegenstand, kann der Bedachte aufgrund eines Titels gegen den Beschwerten ohne weiteres durch Pfändung und Überweisung des Anspruchs des Beschwerten vollstrecken. Hat der Beschwerte jedoch keinen Anspruch gegen den Dritten, ist der Bedachte auf die Mitwirkung des Dritten angewiesen. Die Vollstreckung richtet sich dann nach § 887 ZPO, indem der Beschwerte die Leistung durch den Dritten herbeiführen soll. Nach § 887 II kann der Bedachten den Beschwerten auch zur Vorschusszahlung verurteilen lassen.

4 **b) Eigentum des Beschwerten.** Gehört der Gegenstand dem Beschwerten selbst, ist dieser gem. § 2174 unmittelbar zur Leistung des Gegenstands verpflichtet. Als Miterbe kann der Beschwerte die Leistung bis zur Teilung verweigern, § 2059 I (MüKoBGB/*Rudy* Rn. 8). Die Vollstreckung erfolgt hinsichtlich der Einigung nach § 894 ZPO und der Übergabe nach § 897 ZPO (Staudinger/*Otte* Rn. 16).

c) Eigentum des Bedachten. Gehört dem Bedachten der Gegenstand bereits, kann dieser nicht von einem Verschaffungsvermächtnis umfasst sein. Letztlich ist der Erblasserwille entscheidend, der für die Pflicht des Beschwerten spricht, den Wert zu entrichten oder die Auslagen für die Beschaffung des Gegenstands zu ersetzen. Überdies kommt ein sog. **Befreiungsvermächtnis** in Betracht, wenn der Beschwerte ein Recht an dem Gegenstand hat, wovon der Bedachte befreit werden soll (Bamberger/Roth/ *Müller-Christmann* Rn. 5).

d) Gesamthandsvermögen. Gegenstände, die zu einem Gesamthandsvermögen gehören, werden auch als nicht zur Erbschaft zugehörig angesehen. Wenngleich der Erblasser mit einem Dritten oder dem Beschwerten an dem Gesamthandsvermögen beteiligt ist, gehören die Gegenstände hieraus nicht dem Erblasser und somit nicht zum Nachlass.

e) Zur Vorerbschaft gehörender Gegenstand. Nicht zur Erbschaft gehört weiterhin das Vermächtnis einer zur Vorerbschaft gehörenden Gegenstands, mit welchem der Vorerbe seinen eigenen Erben beschwert (Staudinger/*Otte* Rn. 1).

3. Pflicht zum Wertersatz. a) Unvermögen. aa) Inhalt. Ist der Beschwerte iSv Abs. 2 S. 1 dauerhaft außerstande, seiner Verschaffungspflicht nachzukommen, stellt dies ein Fall des Unvermögens dar und führt zur Pflicht des Beschwerten auf Leistung des Wertersatzes. Es handelt sich idR um den Fall, dass **der Gegenstand einem Dritten gehört** und die Verschaffung daran scheitert, dass der Dritte die Veräußerung verweigert oder einen zu hohen Kaufpreis ansetzt. Die Tatsache, dass dem Beschwerten der Gegenstand nicht gehört genügt nicht (BGH ZEV 1998, 68). Es geht vielmehr darum, dass der Beschwerte den Gegenstand weder für sich noch für den Bedachten verschaffen kann. Die **Beweislast** hierfür trägt der Beschwerte. Fehlgeschlagene Versuche des Beschwerten, die darauf beruhen, dass dieser den falschen Zeitpunkt gewählt hat, reichen nicht aus (Planck/*Flad* Anm. 2b). Der Erblasser kann den Handlungsspielraum des Beschwerten einschränken, indem er in der Vermächtnisanordnung einen Endtermin für die Verschaffung durch den Beschwerten festsetzt. Überdies kann er die erfolglose Verschaffung zur auflösenden Bedingung des Vermächtnisses machen (Staudinger/*Otte* Rn. 5). Das Unvermögen ist von der erbrechtlichen Haftungsbeschränkung, die durch den beschwerten Erben herbeigeführt wird, zu unterscheiden. Da sich dadurch der Schuldinhalt nicht verändert, bleibt es bei der Verschaffungspflicht des ihm gehörenden Gegenstands (Staudinger/*Otte* Rn. 9). An der Dauerhaftigkeit des Unvermögens mangelt es, wenn die Veräußerung des Vermächtnisgegenstands durch den Beschwerten an den künftigen Alleinerben erfolgt (OLG Köln FamRZ 1998, 198).

bb) Verfahrensrechtliches. Eine Verbindung des Verschaffungs- mit dem Wertersatzanspruch bietet sich an, wenn der Eigentümer sich etwa endgültig weigert, den Gegenstand auf den Bedachten zu übertragen. Auch bei erfolgreicher Klage auf Verschaffung des Gegenstands im Sinne dieser Vorschrift, kann sich im Nachhinein Unvermögen des Beschwerten ergeben. In diesem Fall empfiehlt es sich, dem Beschwerten ein Frist in entsprechender Anwendung des § 281 I zu setzen und diese gerichtlich gem. § 255 ZPO analog festsetzen lassen. Besteht die Besorgnis der Nichterfüllung des Wertersatzanspruchs (§ 259 ZPO analog), kann der Bedachte durch Klagehäufung auf Wertersatz klagen, falls die Frist erfolglos verstreicht.

b) Inhalt des Wertersatzes. Die einmal entstandene Wertersatzpflicht kann nicht wieder rückgängig gemacht werden, wenn das Unvermögen wegfällt, etwa durch plötzliche Geldeinnahme des Beschwerten (RGRK/*Johannsen* Rn. 13). Für die Wertbestimmung sind **objektive Kriterien** anzusetzen, wie zB der Verkehrswert. Der Erblasser kann jedoch eine andere Wertbemessung anordnen. Der für die Bestimmung des Wertes maßgebliche **Zeitpunkt** ist **die Entstehung des Ersatzanspruchs.** Hierfür muss das Unvermögen des Beschwerten zur Verschaffung feststehen (Staudinger/*Otte* Rn. 11).

c) Nachträgliche Unmöglichkeit. aa) Nicht zu vertretende Unmöglichkeit. Bei objektiver Unmöglichkeit der Verschaffung des Gegenstands zzt. des Erbfalls ist § 2171 anwendbar. Liegt Unmöglichkeit nach dem Erbfall vor, die der Beschwerte nicht zu vertreten hat, etwa bei Versagung einer behördlichen Genehmigung, hat der Bedachte nach hM einen Anspruch aus § 285 I. Der Beschwerte ist von der Wertersatzpflicht befreit, soweit er nicht einen nach § 285 herauszugebenden Ersatz oder Ersatzanspruch aufgrund der eingetretenen Unmöglichkeit erlangt hat.

bb) Zu vertretende Unmöglichkeit. Etwas anderes gilt, wenn im Rahmen einer ergänzenden Auslegung Anhaltspunkte gegeben sind, die auf die Zuwendung von Wertersatz hinweisen. Hat der Beschwerte die Unmöglichkeit durch **schuldhafte Zerstörung des** einem Dritten gehörenden **Vermächtnisgegenstands** zu vertreten, gilt Abs. 2, ohne von den §§ 280, 283 verdrängt zu werden. Eine Schadensersatzpflicht würde keinen Sinn machen, da der Bedachte durch die Zerstörung des vermachten Gegenstands keinen Vermögensnachteil erleiden kann. § 2170 II wird nur dann von § 280 verdrängt, wenn der Beschwerte im Fall der zu vertretenden Unmöglichkeit ohne die Unmöglichkeit zur Leistung des Vermächtnisses imstande gewesen wäre, etwa wenn ihm der Gegenstand gehörte. Bei zu vertretendem nachträglichen Unvermögen, wenn der Beschwerte zB außerstande ist, den von ihm veräußerten und ihm gehörenden Vermächtnisgegenstand zurückzuerlangen, ist der Beschwerte hingegen zum Schadensersatz nach § 275 IV, §§ 280, 283, 285 verpflichtet (MüKoBGB/*Rudy* Rn. 13).

d) Ersetzungsbefugnis nach Abs. 2 S. 2. Für den Beschwerten besteht die Möglichkeit, sich durch Entrichtung des Wertes zu befreien, wenn die Verschaffung nur mit unverhältnismäßigen Aufwendungen verbunden ist. **Unverhältnismäßigkeit** ist anzunehmen, wenn ein übermäßiges Ungleichgewicht zwischen dem Wert des Vermächtnisgegenstands und der vom Dritten hierfür verlangten Forderung besteht (Bamberger/Roth/*Müller-Christmann* Rn. 9). Der maßgebliche Zeitpunkt ist die tatsächliche Leistung.

14 **4. Vollstreckbarkeit des Verschaffungsanspruchs. a) Eigentum eines Dritten.** Für den Fall, dass der Vermächtnisgegenstand einem Dritten gehört, kann er in dessen Vermögen nicht vollstrecken, da er keinen Anspruch gegen diesen hat. Er hat lediglich die Möglichkeit den Anspruch des Beschwerten gegen den Beschwerten auf den Vermächtnisgegenstand durch Erwirkung eines Titels gegen den Beschwerten zu **pfänden und sich überweisen** zu lassen. IÜ kann der Bedachte grds. gegen den Beschwerten die Vollstreckung bewirken. Mit der Vollstreckungsmaßnahme geht es dem Bedachten darum, den Dritten zu veranlassen, den Vermächtnisgegenstand an den Beschwerten oder den Bedachten zu übertragen. Dies stellt eine vertretbare Handlung dar, so dass die Vollstreckung nach § 887 ZPO zu beurteilen ist. Da die Leistung der Sache durch den Dritten erfolgt und nicht durch den Beschwerten selbst, ist die Anwendbarkeit des § 887 III ZPO, wonach der Bedachte auf Schadensersatzansprüche zu verweisen ist, ausgeschlossen (Staudinger/*Otte* Rn. 13; BLAH/*Hartmann* ZPO § 887 Rn. 41). Hins. der Kosten führt eine Haftungsbeschränkung, die sich der Beschwerte im Urteil vorbehalten hat (§ 780 I ZPO), sind diese auf den Nachlass begrenzt, §§ 781, 784. Das Privatvermögen des Beschwerten bleibt dann unberührt.

15 **b) Eigentum des Beschwerten.** Steht der Vermächtnisgegenstand im Eigentum des Beschwerten, ist die Zwangsvollstreckung, die auf Übereignung des Vermächtnisgegenstands vom Beschwerten auf den Bedachten gerichtet ist, nach § 894 ZPO (Einigung) und § 897 ZPO (Übergabe) zu beurteilen (Staudinger/*Otte* Rn. 10).

16 **c) Ein Miterbe als Beschwarter.** Bei Beschwerung nur eines Miterben mit einem Verschaffungsvermächtnis wirkt sich dies auf die Vollstreckung folgendermaßen aus. Steht der Vermächtnisgegenstand im Eigentum des beschwerten Miterben, ist sein **Privatvermögen** betroffen. Die Vollstreckung des Urteils, das die Übereignung des vermachten Gegenstands beinhaltet, kann er hinsichtlich seines Privatvermögens abwehren, indem er den noch ungeteilten Nachlass nachweist. Dies ist aufgrund des § 780 I ZPO möglich, der auch auf die Haftungsbeschränkung nach § 2059 anwendbar ist. Erst mit der Teilung des Nachlasses ist der Vermächtnisanspruch vollstreckbar, da der Gegenstand sich dann im Nachlass befindet. Vorher kann er lediglich die Verurteilung des Beschwerten auf Wertersatz herbeiführen (§§ 255, 259 ZPO).

§ 2171 Unmöglichkeit, gesetzliches Verbot

(1) Ein Vermächtnis, das auf eine zur Zeit des Erbfalls für jedermann unmögliche Leistung gerichtet ist oder gegen ein zu dieser Zeit bestehendes gesetzliches Verbot verstößt, ist unwirksam.

(2) Die Unmöglichkeit der Leistung steht der Gültigkeit des Vermächtnisses nicht entgegen, wenn die Unmöglichkeit behoben werden kann und das Vermächtnis für den Fall zugewendet ist, dass die Leistung möglich wird.

(3) Wird ein Vermächtnis, das auf eine unmögliche Leistung gerichtet ist, unter einer anderen aufschiebenden Bedingung oder unter Bestimmung eines Anfangstermins zugewendet, so ist das Vermächtnis gültig, wenn die Unmöglichkeit vor dem Eintritt der Bedingung oder des Termins behoben wird.

1 **1. Normzweck.** Anlässlich der Schuldrechtsreform ist ein Vertrag nunmehr bei anfänglicher objektiver Unmöglichkeit gem. § 311a wirksam. § 2171 enthält hingegen eine **Ausnahmeregelung** für den Fall, dass es sich um ein auf eine (anfängliche objektive) unmögliche Leistung gerichtetes Vermächtnis handelt. Danach ist **das Vermächtnis**, entsprechend der schuldrechtlichen Regelung vor der Schuldrechtsreform, weiterhin **unwirksam**. Zuvor grenzte sich die Unmöglichkeit dieser Vorschrift von den §§ 306, 308, 309 aF und § 275 I nF nur dadurch ab, dass es für die Frage der Wirksamkeit des Vermächtnisses auf den Zeitpunkt des Erbfalls bzw. des Eintritts der Bedingung oder des Termins und nicht auf die Errichtung der letztwilligen Verfügung ankommen sollte. In Abkehr von der grundsätzlichen Unwirksamkeitsfolge nach Abs. 2 stellen Abs. 2 u. 3 Sonderregelungen auf, wonach das Vermächtnis gültig sein soll, wenn das Hindernis beseitigt werden kann und das Vermächtnis für diesen Fall ausgesetzt worden ist (Palandt/*Grüneberg* BGB § 311a Rn. 3). Für die nachträgliche, dh nach dem Erbfall eintretende, objektive Unmöglichkeit gelten die schuldrechtlichen Vorschriften der §§ 283, 285.

2 **2. Unmöglichkeit.** Nach Abs. 1 muss, entsprechend der Regelung in § 275 I, eine **dauernde** objektive Unmöglichkeit vorliegen („für jedermann"). Für die Anwendung der Vorschrift ist es unerheblich, ob der Erblasser bei Anordnung des Vermächtnisses die Unmöglichkeit bzw. den Verstoß gegen ein gesetzliches Verbot kannte. Sonderregelungen sind in § 2172 für die Unmöglichkeit wegen Verbindung, Vermischung oder Verarbeitung, in § 2169 III für den Untergang des vermachten Sache und in §§ 2173, 2175 für das Erlöschen einer Forderung enthalten. Die Unmöglichkeit kann auf **tatsächlichen oder rechtlichen Gründen** (Bsp.: Begründung eines von der Rechtsordnung nicht anerkannten Rechts an einem Nachlassgegenstand; der Gegenstand gehört dem Bedachten bereits).

3 **a) Maßgeblicher Zeitpunkt.** Die Unwirksamkeitsfolge tritt nur ein, wenn die Leistung zzt. des Erbfalls unmöglich ist. Liegen eine aufschiebende Bedingung oder ein Anfangstermin vor, kommt es auf den Eintritt der Bedingung oder des Termins an, s. Abs. 3. Nach dessen Wortlaut „einer **anderen** aufschiebenden Bedingung" ist in der möglich gewordenen Leistung eine aufschiebende Bedingung zu sehen.

Die Wirksamkeit nach Abs. 3 setzt voraus, dass die Unmöglichkeit noch vor Eintritt der Bedingung oder des Termins behoben wird. IRd § 2178 ist dementsprechend auf den Zeitpunkt der Geburt des Bedachten oder des Eintritts des Ereignisses abzustellen. Ist die nach Abs. 1 oder 3 unmöglich gewordene Leistung nur vorübergehend, ist von der Wirksamkeit des Vermächtnisses auszugehen (KG ZEV 1999, 494). Kommt Abs. 2 zum Tragen, sind die zeitlichen Grenzen der §§ 2162, 2163 heranzuziehen.

b) Eigentum des Bedachten. Ein Fall objektiver Unmöglichkeit liegt auch dann vor, wenn der Vermächtnisgegenstand bereits im Eigentum des Bedachten ist. Hierfür kommt es nicht darauf an, dass der Vermächtnisgegenstand dem Bedachten bereits bei Anordnung des Vermächtnisses gehörte. Auch der spätere Erwerb des Vermächtnisgegenstands führt zur Unwirksamkeit des Vermächtnisses nach § 2171. Zu beachten sind jedoch die Fälle vorweggenommener Erfüllung eines künftigen Vermächtnisanspruchs, dh wenn der Erblasser nach Errichtung des Vermächtnisses die vermachte Sache bereits übertragen hat. Hierauf findet § 2171 keine Anwendung (OLG Frankfurt a.M. ZEV 1997, 295), da das Vermächtnis sonst wirkungslos wird und damit die Grundlage für die Übertragung und das Behalten des Gegenstands entzogen würde (Staudinger/*Otte* Rn. 3). 4

c) Genehmigung. Ein Vermächtnis, das einer **behördlichen Genehmigung** bedarf (notwendige Genehmigung), bedeutet keine Unmöglichkeit der Leistung und ist bis zur Entscheidung über die Genehmigung **schwebend unwirksam** (BGHZ 37, 233). Erst bei **endgültiger Versagung** der Genehmigung wird die Leistung unmöglich, so auch bei einer genehmigungsbedürftigen Übertragung von Teilen eines GmbH-Geschäftsanteils nach § 17 GmbHG (BGH NJW 1960, 864). Um nachträgliche Unmöglichkeit handelt es sich jedoch, wenn die Leistung aus dem Vermächtnis aufgrund anderer behördlicher Maßnahmen unmöglich wird, zB das dem Bedachten vermachte Wohnrecht an einem Wohnraum, der zwangsvermietet wird (s. Staudinger/*Otte* Rn. 4). 5

3. Rechtsfolge. Im Gegensatz zur Nichtigkeitsfolge des § 306 aF, ist das Vermächtnis nach Abs. 1 nicht wirkungslos, sondern **unwirksam**. Dies liegt daran, dass ein Vermächtnis nicht von vornherein wirkungslos sein kann, wenn der Erbfall als maßgeblicher Zeitpunkt für die Unmöglichkeit bestimmt ist (Staudinger/*Otte* Rn. 6). Die Unwirksamkeit des Vermächtnisses nach Abs. 1 kann dazu führen, dass der Erblasser im Zweifel einen Ersatzanspruch nach § 2169 III verschaffen wollte. Die Unwirksamkeitsfolge des Abs. 1 hat aber kaum Relevanz, da entweder Abs. 2 u. 3 eingreifen oder die Anwendung der Vorschrift bei den praktisch bedeutsamen Fällen der genehmigungsbedürftigen Geschäfte wegen endgültiger Versagung der Genehmigung ausscheidet. Hierfür gelten dann die Vorschriften der §§ 283, 285. 6

4. Verstoß gegen gesetzliches Verbot. Für den Fall, dass das Vermächtnis gegen ein gesetzliches Verbot verstößt, ist wieder der **Zeitpunkt des Erbfalls** oder des Eintritts einer aufschiebenden Bedingung oder eines Endtermins maßgeblich. Die Verbotswidrigkeit führt zur Nichtigkeit gem. § 134. 7

§ 2172 Verbindung, Vermischung, Vermengung der vermachten Sache

(1) **Die Leistung einer vermachten Sache gilt auch dann als unmöglich, wenn die Sache mit einer anderen Sache in solcher Weise verbunden, vermischt oder vermengt worden ist, dass nach den §§ 946 bis 948 das Eigentum an der anderen Sache sich auf sie erstreckt oder Miteigentum eingetreten ist, oder wenn sie in solcher Weise verarbeitet oder umgebildet worden ist, dass nach § 950 derjenige, welcher die neue Sache hergestellt hat, Eigentümer geworden ist.**

(2) ¹**Ist die Verbindung, Vermischung oder Vermengung durch einen anderen als den Erblasser erfolgt und hat der Erblasser dadurch Miteigentum erworben, so gilt im Zweifel das Miteigentum als vermacht; steht dem Erblasser ein Recht zur Wegnahme der verbundenen Sache zu, so gilt im Zweifel dieses Recht als vermacht.** ²**Im Falle der Verarbeitung oder Umbildung durch einen anderen als den Erblasser bewendet es bei der Vorschrift des § 2169 Abs. 3.**

1. Normzweck. Die Vorschrift dient der Klarstellung, wenn auch auf umständliche Art und Weise, dass auch dann Unmöglichkeit iSv § 2171 anzunehmen ist, wenn sich das Eigentum an der verbundenen, vermischten, vermengten (§§ 946–948) oder verarbeiteten (§ 950), anderen Sache auf die vermachte Sache erstreckt. Das Gleiche soll für den Fall gelten, dass an der gemeinsamen Sache entstandenes Miteigentum entstanden ist. Nach Abs. 2 tritt Unmöglichkeit auch bei Verbindung, Vermischung etc durch einen Dritten ein, wobei dem Erblasser aber im Zweifel erworbenes Miteigentum oder ein Wegnahmerecht (§ 951 II) zustehen soll. 1

2. Voraussetzungen. a) Zeitraum. Die Anwendung von § 2172 erfasst nur eine Verbindung, Vermischung etc in der Zeit **bis zum Erbfall** (Staudinger/*Otte* Rn. 2). Für die Zeit danach kommen Ansprüche des Bedachten nach §§ 280ff. oder bei Verzug nach §§ 286, 287 in Betracht. § 2172 setzt voraus, dass die Verbindung, Vermischung etc auf die Veränderung der vermachten Sache gerichtet war. Stellt der Vermächtnisgegenstand indes die Hauptsache (§ 947 II, § 948 I, § 947 II) oder ein Grundstück iSv § 946 dar oder liegt der Wert der Verarbeitung weit hinter dem Wert des vermachten Stoffes iSv § 950 I zurück, scheidet die Anwendung von § 2172 aus (Staudinger/*Otte* Rn. 8). Es kommt ausschließlich darauf an, dass kein Eigentum mehr vorliegt, da die Sache durch Verbindung, Vermischung etc untergegangen und zu einer anderen Sache geworden ist. 2

b) Auslegung. In Abs. 2 geht es um die Veränderung der Sache durch einen Dritten mit der Folge der Unmöglichkeit iSv Abs. 1. Wird die Verbindung, Vermischung etc der Sache durch den Erblasser selbst 3 vorgenommen, ist durch Auslegung zu ermitteln, ob der Erblasser nicht den unveränderten Vermächtnisgegenstand, sondern ein Wegnahmerecht, Miteigentumsanteil oder der Wert der Sache vermachen wollte (Bamberger/Roth/*Müller-Christmann* Rn. 4).

4 **3. Rechtsfolgen.** Hinsichtlich des ursprünglichen Vermächtnisgegenstands ist das Vermächtnis jedenfalls gem. Abs. 1 iVm § 2171 unwirksam. Die Auslegung kann aber einen anderen Erblasserwillen ergeben, denn § 2172 ist abdingbar (Bamberger/Roth/*Müller-Christmann* Rn. 3). Zu den weiteren Rechtsfolgen → Rn. 1.

§ 2173 Forderungsvermächtnis

¹Hat der Erblasser eine ihm zustehende Forderung vermacht, so ist, wenn vor dem Erbfall die Leistung erfolgt und der geleistete Gegenstand noch in der Erbschaft vorhanden ist, im Zweifel anzunehmen, dass dem Bedachten dieser Gegenstand zugewendet sein soll. ²War die Forderung auf die Zahlung einer Geldsumme gerichtet, so gilt im Zweifel die entsprechende Geldsumme als vermacht, auch wenn sich eine solche in der Erbschaft nicht vorfindet.

1 **1. Normzweck.** Die Vorschrift steht für den Fall, dass der Erblasser eine Forderung vermacht hat, deren beinhaltete Leistung aber bereits vor dem Erbfall erbracht wird. Dies führt zur Unwirksamkeit der Vermächtnisanordnung gem. § 2171, da das Vermächtnis nunmehr eine anfänglich unmögliche Leistung enthält. Dieses für den Bedachten nachteilige Ergebnis entspräche im Regelfall jedoch nicht dem Erblasserwillen. Die **Auslegungsregel des S. 1** lässt daher die Schlussfolgerung zu, dass der Erblasser statt der Forderung den durch die Erbringung der Leistung erlangten Gegenstand zuwenden wollte. S. 2 stellt denselben Grundsatz für Zahlungsansprüche auf, auch wenn sich die Geldsumme nicht in der Erbschaft befindet.

2 **2. Voraussetzungen. a) Forderung des Erblassers.** Voraussetzung ist, dass der Erblasser eine ihm zustehende Forderung vermacht hat. Handelt es sich um eine zu verschaffende Forderung zu Gunsten eines Dritten oder des Beschwerten gelten die §§ 2169, 2170. Die Vorschrift ist anwendbar auf **Wertpapiere**, die eine Forderung verbriefen, auf Hypotheken- und Grundschuldbriefe und Anteile an Investment-Gesellschaften und Immobilienfonds (Staudinger/*Otte* Rn. 2). Auch das Vermächtnis eines **Sparbuchs** (→ Rn. 4) wird von § 2173 erfasst, wobei es sich auf das beim Erbfall vorhandene Guthaben beschränkt (hM OLG Koblenz FamRZ 1998, 579; Soergel/*Wolf* Rn. 2). Auch der Ersatzanspruch des Erblassers wegen Beschädigung oder Untergang der vermachten Sache (§§ 2164 II, 2169 III) sowie dingliche Verwertungsrechte stellen Forderungen im Sinne dieser Vorschrift dar.

3 **b) Erfüllung vor dem Erbfall.** Die Leistung muss vor dem Erbfall erbracht worden sein. Die Leistung nach dem Erbfall führt zu Ansprüchen nach §§ 275 ff. Es spielt grds. keine Rolle, von wem die Leistung erbracht wird, ob die Forderung durch die Leistung gem. § 362 erlischt oder auf den Leistenden übergeht (§ 426 II; § 774 I, § 1143 I). Der Schulderlass reicht für die Gleichstellung mit einer Leistung im Sinne dieser Vorschrift nicht. Etwas anderes ist bei **Erfüllungssurrogaten** anzunehmen, die ggf. mit der Leistung gleichgestellt werden können, nämlich wenn der Erblasser dadurch etwas erlangt. Dies trifft uU auf die Aufrechnung gegenüber der vermachten Geldforderung zu (s. Staudinger/*Otte* Rn. 6). Der Erlös für den Verkauf einer Forderung ist § 2173 gleichzustellen, da er in Bezug auf die Erfüllung durch Leistung als gleichwertig anzusehen ist (Soergel/*Wolf* Rn. 5; Staudinger/*Otte* Rn. 3).

4 **c) Der geleistete im Nachlass vorhandene Gegenstand.** Der Gegenstand muss noch in der Erbschaft vorhanden sein, wobei die **Leistung einer Geldsumme** von dieser Voraussetzung nach S. 2 ausgenommen ist. Es spielt idR keine Rolle, ob der Erblasser den geleisteten Geldbetrag angelegt oder verbraucht hat. Hat der Erblasser die Leistung ersatzlos verbraucht, kann das Vermächtnis nach dem hypothetischen Erblasserwillen ausnahmsweise entgegen S. 2 zu kürzen oder ausgeschlossen sein (OLG Rostock OLGE 42, 138). Handelt es sich um Guthaben auf laufenden Konten, insbes. Sparkonten, ist der Erblasserwille idR dahin auszulegen, dass d. des Erbfalls vorhandene Guthaben zu vermachen. Dies gilt jedoch nicht in Bezug auf vom Erblasser nach der Vermächtnisanordnung vom Konto abgehobene Beträge (OLG Koblenz FamRZ 1998, 579). Nur, wenn der Erblasser den vom Guthaben abgehobenen Betrag noch nicht verbraucht hat (OLG Düsseldorf OLGR 1995, 300), kann dieser im Zweifel nach § 2173 mitvermacht sein (OLG Karlsruhe ZEV 2005, 396).

5 **3. Zahlung einer Geldsumme, S. 2.** Eine Geldsumme, worauf sich die vermachte Forderung bezieht, muss sich nicht im Nachlass befinden. Dies gilt auch für den Wert eines Erfüllungssurrogates. Der hypothetische Erblasserwille kann aber dahingehend auszulegen sein, dass das Vermächtnis wegfallen soll, wenn der Erblasser die Leistung ersatzlos verbraucht hat (OLG Rostock OLGE 42, 138; Staudinger/*Otte* Rn. 9).

6 **4. Rechtsfolge.** Nach der Auslegungsregel des S. 1 gilt der auf die Forderung geleistete Gegenstand als vermacht. Besteht die Leistung in der Zahlung einer geschuldeten Geldsumme an den Erblasser, entsteht ein **Geldvermächtnis** anstelle des Forderungsvermächtnisses. Ein Geldvermächtnis bleibt auch dann bestehen, wenn das Geld durch Barzahlung auf ein Bankkonto geleistet wird (OLG Oldenburg ZEV 2001, 276). Bei einer bloßen Umbuchung durch den Erblasser wird die neue Forderung als vermacht anzusehen sein, während der Erblasser mit einer Wiederanlage eine neue Entscheidung treffen wollte und diese nun zum Vermächtnis zählt (vgl. Staudinger/*Otte* Rn. 10).

5. Sonderfälle. a) Befreiungsvermächtnis. Ein Vermächtnis, das den Bedachten von einer Schuld befreit, ist mit einem Forderungsvermächtnis vergleichbar. § 2173 ist analog anwendbar, wenn der Bedachte seine Schuld vor dem Erbfall erfüllt hat. Demzufolge ist das vom Bedachten an den Erblasser Geleistete als vermacht anzusehen, so dass der Bedachte vom Beschwerten den entsprechenden Geldbetrag soll verlangen können (MüKoBGB/*Rudy* Rn. 7). Hat der Bedachte die Schuld gegenüber dem Erblasser noch nicht erfüllt, ist der Beschwerte gegenüber dem Bedachten zum Schulderlass verpflichtet, § 397; der Anfall der Erbschaft führt nämlich nicht automatisch zum Erlöschen der Schuld (BGH ZEV 1997, 376). Besteht die Schuld gegenüber einem Dritten, wovon der Erblasser den Bedachten befreien will, ist der Beschwerte zur Befreiung verpflichtet.

b) Schuldvermächtnis. Der Fall, dass der Erblasser eine eigene Schuld gegenüber einem Gläubiger an diesen selbst vermachen will, ist von § 2173 nicht erfasst. Der Gläubiger erhält dadurch einen zusätzlichen unabhängigen Anspruch aus § 2174 auf Leistung der bestehenden Schuld. Mit Anfall des Vermächtnisses kommt das Schuldvermächtnis einem **Anerkenntnis** gleich (KG OLGE 12, 363). Erfüllt der Erblasser seine Schuld vor dem Erbfall, fällt das dann wirkungslose Schuldvermächtnis weg. Das Schuldvermächtnis hat uU Beweiswirkung eines Schuldscheines, wenn es im Testament Erwähnung findet (BGH WM 1985, 1206). Bei Irrtum des Erblassers über das Bestehen der Schuld, kommt die Anfechtung nach § 2078 in Betracht (Bamberger/Roth/*Müller-Christmann* Rn. 7).

§ 2174 Vermächtnisanspruch

Durch das Vermächtnis wird für den Bedachten das Recht begründet, von dem Beschwerten die Leistung des vermachten Gegenstands zu fordern.

1. Normzweck. In dieser Vorschrift vereint sich das gesamte Vermächtnisrecht. Mit ihrer Entstehung hat sich das BGB von dem sog. **Vindikationslegat** des römischen und gemeinen Rechts verabschiedet, wonach der Bedachte den aus der Vermächtnisanordnung zugewandten Vermögensvorteil unmittelbar erwarb. Der Bedachte erhält nunmehr lediglich einen Anspruch gegen den Beschwerten auf Leistung des vermachten Gegenstands. Die dadurch geschwächte Rechtsstellung des Bedachten gegenüber dem Erben, auf dessen Mitwirkung er nun angewiesen ist (zB bei der Eigentumsübertragung oder Begründung von Rechten an einem Nachlassgegenstand), nahm der Gesetzgeber in Kauf, da die Belange der Nachlassgläubiger Priorität haben sollten. Das Vindikationslegat findet nur noch Ausdruck im Vorausvermächtnis des alleinigen Vorerben und in den Fällen, wo das Landesrecht iRd Art. 139 EGBGB dem Fiskus oder einer anderen juristischen Person hinsichtlich des Nachlasses einer unterstützten Person ein dingliches Recht auf bestimmte Sachen zubilligt (Staudinger/*Otte* Rn. 2). Zur Anerkennung von **ausländischen Vindikationslegaten** unter Geltung der EuErbVO s. die Kommentierung zu Art. 31 EuErbVO und EuGH NJW 2017, 3767 – Kubicka.

2. Rechtsgeschichtliche und -politische Gründe für die Abschaffung des Vindikationslegats. a) Die Entscheidung des Gesetzgebers. Die Gesetzgeber entschlossen sich, das früher geltende Vindikationslegat abzuschaffen und dem Vermächtnis lediglich **schuldrechtliche Wirkung** einzuräumen, um dem Interesse der Nachlassgläubiger entgegenzukommen (s. Mot. V 133, VI 213; Prot. V 207). Diese suchten Befriedigung ihrer Forderungen und würden bei einer dinglichen Wirkung des Vermächtnisses Gefahr laufen, ihre Forderung zu verlieren, indem der Vermächtnisgegenstand aus dem Nachlass entzogen werden könnte. Der Vermächtnisnehmer, der lediglich eine unentgeltliche Zuwendung erhält, sei vergleichsweise weniger schutzwürdig. Diese bei Annahme des dinglich wirkenden Vermächtnisses ungerechtfertigte, unterschiedliche Behandlung der Zuwendung eines Vermächtnisgegenstands und einer Erbeinsetzung sei auch nicht dadurch auszugleichen, dass die Anfechtung nach § 322 InsO, § 5 AnfG ausgedehnt würde. Aufgrund der Schwierigkeiten, einen Ausgleich der beiden Positionen herzustellen, hat der Gesetzgeber von vornherein den Nachlassgläubigern die Möglichkeit eingeräumt, zur Befriedigung ihrer Forderungen auf den gesamten Nachlass zuzugreifen. Selbst bei Überschuldung des Nachlasses seien die Vermächtnisnehmer durch die bloß schuldrechtliche Wirkung des Vermächtnisses nicht benachteiligt, da sie ohnehin im Rang den anderen Nachlassverbindlichkeiten nachstünden, s. § 327 InsO. Dem Erblasser würde es zwar durch die Abschaffung des Vindikationslegats erleichtert, die Erfüllung des Vermächtnisses zu vereiteln, indem er den Vermächtnisgegenstand zur Erfüllung anderer Nachlassverbindlichkeiten verwertet. Bei Annahme der dinglichen Wirkung des Vermächtnisses könnte der Erblasser dies jedoch im Wege des gutgläubigen Erwerbs (§§ 932, 892) ebenso durchführen. Der Vermächtnisnehmer hätte in diesem Fall Ansprüche aus § 816 I 1; §§ 280, 283; 823 I; § 687 II, § 678. Nunmehr stehen dem Vermächtnisnehmer indes Ansprüche aus §§ 280, 283; 285 zu.

b) Schutzvorschriften zu Gunsten des Vermächtnisnehmers. Dieser ist als Besitzer des Vermächtnisgegenstands gegenüber den Gläubigern des Erben gem. §§ 809, 766 ZPO, gegenüber insolventer Erben durch Beantragung der Nachlassverwaltung gem. § 1981 II, § 784 II ZPO. Bei Aufrechterhaltung des Vindikationslegats wäre die Situation des Vermächtnisnehmers gegenüber den Gläubigern des Erben nicht besser und ebenso für den Fall, dass die Nachlassverwaltung zu spät herbeigeführt würde. Die dem Vermächtnisnehmer dann mögliche Drittwiderspruchsklage gem. § 771 ZPO wäre ebenso verspätet (s. zum Ganzen Staudinger/*Otte* Rn. 5).

3. Rechtsnatur des Vermächtnisses und Auswirkung auf die Position des Bedachten. Die Vorschrift stellt die ausschließliche **schuldrechtliche Wirkung** des Vermächtnisses klar, auch wenn der vermachte

Gegenstand zum Nachlass gehört. Der Anspruch richtet sich grds. nach §§ 241 ff., es sei denn aus dem Erblasserwillen geht etwas anderes hervor oder erbrechtliche Regelungen sind vorzuziehen (zB die beschränkte Erbenhaftung). Auch allgemein geltende Grundsätze, wie Treu und Glauben nach § 242, sind miteinzubeziehen (BGH NJW 1962, 1715). Der Bedachte ist also nicht dinglich am Nachlass oder an Teilen davon beteiligt bzw. berechtigt. Er ist lediglich Nachlassgläubiger und im Vergleich zu den anderen Gläubigern eingeschränkt, zB im Nachlasskonkurs durch eine schlechtere Rangstelle gem. § 327 I Nr. 2 InsO; vgl. auch § 39 III, § 225 I, §§ 322, 328 InsO; § 1991 IV (MüKoBGB/*Rudy* Rn. 2). Auch gegenüber dinglichen Sicherheiten zur Absicherung von Darlehen die zur Begleichung der Nachlassverbindlichkeiten aufgenommen wurden, sind dinglich vermachte Rechte nachrangig zu behandeln (BGH NJW 2014, 3370). Überdies haben die ausgeschlossenen Gläubiger im Aufgebotsverfahren gem. §§ 1973, 1974 ihm gegenüber Vorrang. Seine geschwächte Position zeigt sich auch darin, dass ihn erbrechtliche Belastungen treffen können, etwa durch Beschwerung mit einem Vermächtnis seinerseits gem. § 2147 oder einer Auflage gem. §§ 2192, 2147 oder durch Testamentsvollstreckung. Weiter kommen das Bestehen von Pflichtteilsrechten neben dem Vermächtnisanspruch (§§ 2306, 2318, 2322–2324) und das Erlöschen des Vermächtnisses durch Vermächtnisunwürdigkeit nach § 2345 in Betracht.

5   **4. Vermächtnisanspruch. a) Entstehung.** Der Anspruch entsteht frühestens **mit dem Anfall des Vermächtnisses**, dh mit dem Erbfall, § 2176 (vgl. grds. BGH NJW 1954, 633); in den Fällen der §§ 2177 ff. wird ein entsprechend des Ereignisses späterer Zeitpunkt angesetzt. Die Fälligkeit des Anspruchs richtet sich idR nach § 271 I („sofort"), die der Erblasser jedoch abbedingen kann. Vgl. auch §§ 2181, 2186 (Untervermächtnis), in denen die Fälligkeit hinausgeschoben wird.

6   **b) Inhalt. aa) Allgemeines.** Der Anspruch beinhaltet grds. die Übereignung der vermachten Sache oder die Abtretung des vermachten Rechts aus der Erbschaft. Es finden **die Vorschriften des Allgemeinen Schuldrechts** Anwendung, wenn der Erblasserwille nichts anderes hergibt oder erbrechtliche Vorschriften vorgehen (zB beschränkte Erbenhaftung). Der Bedachte ist der Gläubiger des Anspruchs, der Beschwerte ist der Schuldner. Beschwerbare Personen sind Erben und Vermächtnisnehmer, § 2147 S. 1. Grundsätzlich bestimmt der Erblasser den Bedachten, in den Fällen der 2151 I und § 2152 ausnahmsweise der Beschwerte oder ein Dritter. Die beschwerte oder bedachte Seite kann aus mehreren Personen bestehen. Bei einem Kaufrechtsvermächtnis ist für die Frage des Vermächtniserwerbs auf die Art des Vermächtnisgegenstands abzustellen (BGH ZEV 2001, 362). Zum Auskunftsanspruch → Rn. 8.

7   **bb) Umfang.** Der Anspruch bezieht sich auf alles, was mit der Übertragung des vermachten Gegenstands notwendig zusammenhängt. So ist neben dem Eigentum auch der Besitz zu übertragen (OLG Colmar OLGE 21, 327). Zur Einbeziehung von Zubehör und Bestandteilen in das Vermächtnis wird auf die Komm. zu § 2164 verwiesen. Grundsätzlich sind beim Vermächtnis einer Forderung auch nicht akzessorische Sicherheiten und Beweisurkunden mit zu übertragen (Staudinger/*Otte* Rn. 11). Die Vermächtnisforderung ist nur bei Verzug und Rechtshängigkeit (§§ 288 I, 291) zu verzinsen, es sei denn der Erblasser hat etwas anderes bestimmt. Der Anspruch kann auch Nebenpflichten erfassen, soweit dies durch Auslegung der Vermächtnisanordnung feststellbar ist oder sich aus anderen analog anwendbaren Vorschriften oder nach § 242 ergibt. Dem Bedachten kommt **vor dem Erbfall kein Anwartschaftsrecht** zugute, denn er erhält lediglich eine tatsächliche Aussicht auf einen künftigen Anspruch (MüKoBGB/*Rudy* Rn. 24). Demzufolge sind die Vormerkung sowie die Klage auf Feststellung, dass ein Vermächtnis entstanden sei, ausgeschlossen. Das Vermächtnis, das unter einer aufschiebenden Bedingung oder Befristung angeordnet worden ist, begründet indes **ein dingliches sicherbares Anwartschaftsrecht nach dem Erbfall** bis zum Anfall des Vermächtnisses.

8   **cc) Auskunft.** Auf der Grundlage von § 242 (aA MüKoBGB/*Rudy* Rn. 8: Ableitung nur aus dem Erblasserwillen mit der abzulehnenden Folge der Ausschlussmöglichkeit der Auskunft durch den Erblasser) ist ein Anspruch des Bedachten gegen den Beschwerten auf Erteilung von Auskünften, die für den Vermächtnisanspruch erforderlich sind, als mitvermacht anzusehen (OLG Naumburg OLGE 26, 341; OLG München OLGE 42, 137; BGH WM 1964, 950 (953)). Hierzu gehören jedoch **nicht Auskünfte über den Bestand und die Höhe der Erbschaft**, es sei denn es handelt sich um ein Quotenvermächtnis, Vermächtnis eines Sachinbegriffs oder Vermächtnisse, deren Umfang über den Wert anderer Nachlassbestandteile zu bestimmen ist (BGH WM 1964, 950). Der Bedachte kann auch Wertermittlung beanspruchen, muss indes die Kosten hierfür selbst tragen (BGH NJW-RR 1991, 706).

9   **dd) Leistungsstörungen.** Es sind die allgemeinen Regeln des Schuldrechts für Schadensersatz wegen Pflichtverletzung anwendbar, §§ 280 ff. Spezialvorschriften stellen § 2171 für **die anfängliche objektive Unmöglichkeit** und § 2170 für das **Unvermögen beim Verschaffungsvermächtnis** dar. Dem Schuldner bzw. Beschwerten steht uU eine Einrede (Leistungsverweigerungsrecht) zu, wenn es um eine faktische und persönliche Unmöglichkeit gem. § 275 II u. III geht. Bei zu vertretender nachträglicher Unmöglichkeit ist der Beschwerte nach § 275 I, IV, § 280 I, III, §§ 283–285 zum Ersatz verpflichtet. Liegt ein Gattungsvermächtnis vor, hat der Beschwerte die nachträgliche Unmöglichkeit nach den allgemeinen Vorschriften der §§ 276, 278 zu vertreten; er trägt das Beschaffungsrisiko (OLG München OLGE 30, 203). Gem. § 285 ist der Beschwerte zur Herausgabe des Surrogats verpflichtet, das er aufgrund des zur nachträglichen Unmöglichkeit geführten Umstands erlangt hat. Hierzu zählen insbes. Schadensersatzansprüche gegen Dritte wegen Zerstörung oder Entziehung der vermachten Sache. Bei zufälliger Schadensverlagerung vom Beschwerten auf den Bedachten ist die Drittschadensliquidation anerkannt. Geht ein Ersatzanspruch, der bereits dem Erblasser zugestanden hat, unter oder wird entzogen, ist § 2169 III an-

wendbar. Bei **Beschädigung der Sache** gilt dann § 2164 II. Die Haftung des Beschwerten für Sach- und Rechtsmängel bestimmt sich auf für den Fall des Gattungsvermächtnisses nach §§ 2182, 2183. Das Stückvermächtnis lässt indes keine Sachmängelhaftung zu, so dass es für den konkreten Inhalt des Anspruchs des Bedachten auf den Zustand der Sache zzt. des Erbfalls ankommt. Beim Stückvermächtnis kann die vermachte Sache mit Rechten Dritter belastet sein, wovon der Bedachte sich nach den §§ 2165–2168a befreien lassen kann.

ee) **Erfüllungsort.** Wenn die Anordnung des Vermächtnisses nichts anderes hergibt, ist der Erfüllungsort für das Vermächtnis gem. § 269 I der Wohnort des Beschwerten. Die Anordnung muss nicht eine ausdrückliche Bestimmung hierüber enthalten, sondern kann durch äußere Umstände für eine abweichende Bestimmung des Erblassers sprechen, zB: Der Wohnort des Bedachten, wenn sich der Vermächtnisgegenstand dort befindet; dort, wo sich die vermachte Sache befindet, wenn mehrere Personen mit einem Stückvermächtnis beschwert sind; der letzte Wohnsitz des Erblassers bei einem Gattungsvermächtnis (Staudinger/*Otte* Rn. 14).

ff) **Fälligkeit und Verjährung.** Die Fälligkeit des Vermächtnisanspruchs richtet sich nach § 271 I und liegt im Zweifel mit dem Erbfall bzw. dem Anfall des Vermächtnisses vor. Ein späterer Fälligkeitszeitpunkt ergibt sich aus den §§ 2177, 2178. Der Erblasser kann den Fälligkeitszeitpunkt hinausschieben, etwa bei einem Geldvermächtnis erst, wenn wieder genügend Geldmittel zur Verfügung stehen (OLG Hamburg OLGE 34, 295). Mit dem vom Bundestag am 2.7.2009 verabschiedeten (und am 18.9. vom Bundesrat angenommenen) Gesetz zur Veränderung des Erb- und Verjährungsrechts (BR-Drs. 693/09) wurde nunmehr die 30jährige Verjährung erbrechtlicher Ansprüche gem. § 197 I Nr. 2 BGB aF aufgehoben und hierfür die Regelverjährung von drei Jahren gem. § 195 eingeführt. Ausschließlich für den Herausgabeanspruch des Erben gegen den Erbschaftsbesitzer nach § 2018, den Herausgabeanspruch des Nacherben gegen den Vorerben nach § 2130 und den Anspruch auf Herausgabe eines unrichtigen Erbscheins an das Nachlassgericht nach § 2362 gilt weiterhin die 30jährige Verjährungsfrist, s. § 197 I Nr. 2 (für einen Anspruch aus einem Grundstückvermächtnis die Anwendbarkeit der zehnjährigen Frist bejahend OLG München NJW-RR 2017, 1418).

b) **Wegfall der Geschäftsgrundlage.** Ändern sich die Verhältnisse kommen die Regeln die Regeln über den Wegfall der Geschäftsgrundlage nicht zur Anwendung. Der Erbe, der die Erbschaft angenommen hat, ist dem Willen des Erblassers und dessen Anordnungen unterworfen und ist zu deren vollständigen Erfüllung verpflichtet. Auf unklaren bzw. nachträglich geänderten Umständen beruhender oder fehlender Testierwille ist nur im Wege der Anfechtung oder ergänzender Auslegung zu klären (BGH NJW 1993, 850; OLG Düsseldorf ZEV 1996, 466).

c) **Übertragbarkeit.** Der Vermächtnisanspruch ist **abtretbar und vererblich.** Die Abtretbarkeit eines künftigen Anspruchs ist hingegen aufgrund des § 311b IV ausgeschlossen. Nach hM ist die entsprechende Anwendung des § 399 zu verneinen, so dass der Erblasser die Abtretbarkeit hiernach nicht ausschließen kann. Er kann jedoch dasselbe Ergebnis dadurch erzielen, dass er ein durch die Abtretung auflösend bedingtes Vermächtnis anordnet (MüKoBGB/*Rudy* Rn. 14; Staudinger/*Otte* Rn. 18). Die Ansicht der hM erscheint daher fragwürdig. Der BGH hat sich zumindest für den Fall des Vermächtnisses eines zustimmungsbedürftigen OHG-Anteils für den Ausschluss nach § 399 ausgesprochen (BGH JZ 1958, 665). Die Abtretbarkeit soll ausgeschlossen sein, wenn dies nur unter Veränderung des Inhalts möglich ist (OLG München FamRZ 2017, 146).

d) **Erfüllung. aa) Art des Vermächtnisgegenstands.** Aufgrund der schuldrechtlichen Natur des Vermächtnisses erfolgt der Übergang des vermachten Gegenstands auf den Bedachten erst durch **ein Erfüllungsgeschäft.** Dabei kommt es auf die **Art der vermachten Sache** an. Geht es um ein Grundstück ist demnach Auflassung und Eintragung, bei einer beweglichen Sache Einigung und Übergabe und bei einer Forderung Abtretung erforderlich. Das Vermächtnis eines Nießbrauchs wird nicht unmittelbar, sondern durch einen Anspruch auf Einräumung des Nießbrauchs erfüllt (KG NJW 1964, 1808). Ein dingliches Wohnrecht muss an der beim Erbfall zuständigen Stelle eingetragen werden (OLG Hamm WM 1998, 1949). Beim Befreiungsvermächtnis (s. Komm. zu § 2169 und § 2170) erfolgt die Erfüllung erst durch Abschluss eines Erlassvertrages oder durch Übertragung der Forderung. Der Erfüllungsort ist nach § 269 I der Wohnort des Beschwerten, es sei denn der Erblasser hat etwas anderes angeordnet oder die Art des Schuldverhältnisses spricht dagegen (Staudinger/*Otte* Rn. 14).

bb) **Genehmigung.** Die für die Erfüllung des Vermächtnisanspruchs erforderliche Auflassung ist genehmigungspflichtig nach der HöfeO, dem BauGB, dem Grundstücksverkehrsgesetz (BGH MDR 1953, 669). Ist der Beschwerte beschränkt geschäftsfähig, bedarf es der Einwilligung bzw. Genehmigung des gesetzlichen Vertreters nach §§ 107 ff. Sind die §§ 1821 ff. betroffen, muss das Familiengericht genehmigen. Teilweise wird vertreten, dass, wenn die Eltern eines begünstigten Minderjährigen die Beschwerten sind, diese im Rahmen der Erfüllung dieses Vermächtnisses nicht von der Vertretung ausgeschlossen sind (OLG München ZEV 2013, 202; arg: § 1795 Abs. 1 Nr. 1 HS. 2). Dies erscheint in Anbetracht der Möglichkeit eines nachteiligen Erfüllungsgeschäfts und des notwendigen Schutzes des Minderjährigen zweifelhaft (so auch *Jänicke/Braun* NJW 2013, 2474, *Keim* ZEV 2011, 563). Weiter kommt Genehmigungsbedürftigkeit nach § 2113; §§ 15, 17 GmbHG; § 12 WEG in Betracht. Die endgültige Versagung einer notwendigen Genehmigung, meist durch die Behörde, führt zur Unwirksamkeit des Vermächtnisses (→ § 2171 Rn. 5). Der Erblasserwille kann aber bei verweigerter Genehmigung eines zu übereignenden

Grundstücks dahingehend auszulegen sein, dass ersatzweise ein dem Grundstückswert entsprechender Geldbetrag zugewendet wird.

16   cc) **Erfüllung zu Lebzeiten.** Für den Erblasser besteht die Möglichkeit, den Vermächtnisanspruch **bereits vor seinem Tod** zu erfüllen (OLG Köln FamRZ 2014, 1945; OLG Frankfurt a. M. ZEV 1997, 295; OLG Hamm MDR 1995, 1236; allg.: BGH NJW 1984, 974). Als Rechtsgrund für die Leistung ist jedoch das Vermächtnis zugrunde zu legen, wenn keine andere Rechtsgrundlage geschaffen wurde, oder das Vermächtnis widerrufen oder aus anderen Gründen als Rechtsgrund weggefallen ist (zB wenn das Vermächtnis bedingt war; zum Fortbestehen eines Unter- oder Nachvermächtnisses OLG Köln ZEV 2014, 386). Insbesondere kann uU stattdessen eine Schenkung vorliegen (OLG Frankfurt a. M. ZEV 1997, 295; OLG Hamm MDR 1995, 1236). Handelt es sich um ein Stückvermächtnis, kann die Vorerfüllung zur Unwirksamkeit des Vermächtnisses gem. § 2171 führen. Ein Gattungsvermächtnis bleibt hingegen wirksam, wobei die Möglichkeit miteinzubeziehen ist, dass der Erblasser auf einen künftigen Vermächtnisanspruch geleistet hat (OLG Hamm MDR 1995, 1236).

17   e) **Sicherung des Vermächtnisanspruchs. aa) Nach dem Anfall des Vermächtnisses.** Die Frage, ob der Erblasser dem Vermächtnisnehmer in seiner Anordnung ein Recht auf Sicherung des Vermächtnisanspruchs eingeräumt hat, ist durch Auslegung festzustellen (BGH ZEV 2001, 363). In Betracht kommen (Staudinger/*Otte* Rn. 20): Die Beantragung der Nachlassverwaltung gem. § 1981 II durch den Vermächtnisnehmer, wenn sein Anspruch gefährdet ist; für das Geldvermächtnis der Arrest gem. § 916 ZPO und für das Stückvermächtnis die einstweilige Verfügung gem. § 935; die Vormerkung gem. § 883 I 2, einschließlich bedingter Ansprüche (BGH ZEV 2001, 363).

18   bb) **Vor dem Anfall des Vermächtnisses.** Zu diesem Zeitpunkt ist insbes. die **Vormerkung** als Sicherungsrecht nicht zulässig, auch wenn der Erblasser das Vermächtnis erbvertraglich angeordnet hat (hM, BGHZ 12, 115; *Coing* JZ 1954, 436). Eine bereits vor dem Erbfall zugelassene Vormerkung des Vermächtnisanspruchs des Vermächtnisnehmers würde dem Grundsatz der Verfügungsfreiheit des Erblassers zu dessen Lebzeiten entgegenstehen. Nur wenn sich der Erblasser durch Übernahme einer Verpflichtung gebunden hat, etwa dem Vermächtnisnehmer das vermachte Grundstück durch lebzeitiges Rechtsgeschäft zu übertragen, kommt eine Sicherung des Vormerkungsanspruchs durch Vormerkung in Betracht (Soergel/*Wolf* Rn. 4). Hiervon ist der von der Vormerkung auszunehmende Fall zu unterscheiden, dass der Erblasser die Verpflichtung übernommen hat, zu seinen Lebzeiten nicht anderweitig über das vermachte Grundstück zu verfügen (Staudinger/*Otte* Rn. 21). Stattdessen kommt die Erwirkung eines gerichtlichen Verfügungsverbots in Betracht (Staudinger/*Otte* Rn. 21).

19   d) **Verfahren. aa) Gerichtsstand.** Für den Vermächtnisanspruch ist gem. § 27 I ZPO neben dem Wohnsitz des Beschwerten gem. § 13 ZPO das Gericht, bei dem der Erblasser zzt. des Erbfalls den allgemeinen Gerichtsstand hatte. Der Gerichtsstand des Erfüllungsortes gem. § 29 ZPO ist mangels Vorliegens eines Vertragsverhältnisses ausgeschlossen (MüKoBGB/*Rudy* Rn. 22).

20   bb) **Aktiv- und Passivlegitimation.** Je nach Art des Vermächtnisgegenstands ist der Anspruch uU gegenüber dem Nachlasspfleger, -verwalter, -konkursverwalter oder dem Testamentsvollstrecker geltend zu machen. Gegenüber dem Erben ist dies erst nach dessen Annahme der Erbschaft (§ 1958) möglich. Ist für den Bedachten Testamentsvollstreckung angeordnet, ist nicht der Bedachte, sondern der Testamentsvollstrecker zur Geltendmachung des Anspruchs berechtigt und verpflichtet.

21   cc) **Einwendungen und Einreden.** Der Beschwerte kann Einreden und Einwendungen entgegenbringen, die aus dem durch das Vermächtnis begründeten Schuldverhältnis hervorgehen. Bsp.: Ein **Zurückbehaltungsrecht**, wenn der Bedachte zur Vorleistung verpflichtet ist; **Verwendungsersatz** wegen eines Ersatzanspruchs des Beschwerten, § 2185; im Pflichtteilsrecht nach §§ 2306, 2318, 2322, 2323; die Berufung auf **Entreicherung** nach § 818 III ist dem Beschwerten jedoch verwehrt (OLG Naumburg FamRZ 2007, 1047). Die **Verjährungseinrede** hatte früher wenig Bedeutung aufgrund der für den Vermächtnisanspruch bestehenden 30jährigen Frist gem. § 197 I Nr. 2. Diese Frist galt auch für Folge- und Sekundäransprüche des Bedachten, untermalt vom BGH, der die 30jährige Frist auf **alle** Ansprüche aus dem Erbrecht ausgeweitet hat (BGH ZEV 2007, 322). Nach der Reform des Erb- und Verjährungsrechts (vom BT verabschiedet am 2.7.2009) gilt nunmehr die Regelverjährung gem. § 195. Für Schadensersatzansprüche gilt der neue § 199 IIIa; IV, wonach entweder die 30jährige oder 10jährige Frist gilt. Bei regelmäßig wiederkehrenden Leistungen oder Unterhalt gilt indes die dreijährige Verjährungsfrist auf die einzelne Teilleistung nach § 197 II, wobei die Frist nach § 199 I beginnt.

22   dd) **Stufenverhältnis.** Wird mit der Klage oder Widerklage ein Antrag auf Vorlage eines notariell aufgestellten Nachlassverzeichnisses mit einem Antrag auf Leistungen aus dem Nachlass, etwa die Erfüllung eines Vermächtnisses, verbunden, so handelt es sich nicht nur um eine objektive Klagehäufung iSv § 260 ZPO, sondern um zueinander in einem Stufenverhältnis stehende Anträge, so dass zunächst über den Auskunftsanspruch zu entscheiden ist (OLG Naumburg ZEV 2008, 241).

23   ee) **Sonstiges.** Ein Recht des Bedachten auf **Sicherheitsleistung** durch den Beschwerten ist gesetzlich nicht vorgesehen, kann aber durch Auslegung im Einzelfall als mitvermacht angesehen werden (BGH NJW 2001, 2883). Ähnliche Wirkung kann indes auch durch Beurkundung der dinglichen Einigung durch den Erblasser noch zu dessen Lebzeiten, durch postmortale, unwiderrufliche Vollmachtserteilung zur Erfüllung des Anspruchs oder durch Testamentsvollstreckung erzielt werden (MüKoBGB/*Rudy* Rn. 23). Schließlich kommt auch eine Verfügungsbeschränkung als Möglichkeit in Betracht (BGH NJW 1963, 1602).

5. Haftung. a) Schadensersatzansprüche. Der Beschwerte haftet nach den Regeln, die für schuldrechtliche Verträge gelten: Bei **zu vertretender nachträglicher Unmöglichkeit** gem. §§ 280 I, III, 283; bei **Verzug** gem. §§ 280 I, II, 286; bei **anfänglicher objektiver Unmöglichkeit** gem. § 2171; bei **anfänglicher subjektiver Unmöglichkeit** gem. § 2170 II unter der Voraussetzung, dass es sich um ein **Stückvermächtnis und Verschaffungsvermächtnis** (dann auch für nachträgliches Unvermögen) handelt; bei **nachträglicher subjektiver Unmöglichkeit** beim Gattungsvermächtnis richtet sich das Verschulden des Beschwerten nach §§ 276, 278 (OLG München OLGE 30, 203); bei **vorsätzlicher sittenwidriger Verursachung der Unmöglichkeit** gem. § 826, wobei sowohl der Beschwerte als auch ein beteiligter Dritter Anspruchsgegner sein kann (BGH NJW 1992, 2152). Bei Veräußerung des Vermächtnisgegenstands vom Beschwerten an einen Dritten, der künftig sein Erbe wird, ist nur vorübergehende Unmöglichkeit anzunehmen (Staudinger/*Otte* Rn. 31). Für die **Haftung des Beschwerten für Rechts- und Sachmängel beim Gattungsvermächtnis** sind die §§ 2182, 2183 maßgeblich, während beim **Stückvermächtnis** §§ 2165–2168a gelten. Dem Bedachten steht ein Schadensersatzanspruch aus §§ 280 I oder §§ 280 I, III, 281 zu, wenn der Beschwerte den Mangel an der vermachten Sache zu vertreten hat. Inhalt oder Rechtswirkungen eines Vermächtnisses können auch dann zum Inhalt einer Feststellungsklage des Bedachten gemacht werden, wenn möglicherweise nur noch Wertersatz- oder Schadensersatzansprüche in Betracht kommen, es sei denn der Beschwerte weist nach, dass keinerlei Ansprüche mehr bestehen (OLG Koblenz Urt. v. 31.10.2012 – 5 U 232/12, BeckRS 2013, 15006).

b) Surrogate. Den Beschwerten trifft auch die Pflicht, ein durch Unmöglichkeit der Erfüllung des Vermächtnisses erlangtes Surrogat herauszugeben, § 285. Hiervon erfasst sind insbes. **Schadensersatzansprüche gegen Dritte** wegen Zerstörung oder Entziehung des Vermächtnisgegenstands. Da das Vermächtnis nicht dinglich wirkt, kann der Vermächtnisnehmer vor Erfüllung des Vermächtnisanspruches selbst keinen Schadensersatzanspruch aus Delikt gegen den Dritten geltend machen (Staudinger/*Otte* Rn. 30). Diese zufällige Schadensverlagerung vom Beschwerten auf den Vermächtnisnehmer wird als zulässiger Grund für die Annahme der **Drittschadensliquidation** angesehen (Staudinger/*Otte* Rn. 30).

c) Die Haftung vor dem Anfall des Vermächtnisses. Bsp.: Ein beschwerter Nacherbe oder die aufschiebende bedingte Zuwendung an einen beschwerten Vermächtnisnehmer. Der Beschwerte haftet in diesem Fall in entsprechender Anwendung des § 1978 I 2 (Staudinger/*Otte* Rn. 32) mit der Folge der Haftung nach den Grundsätzen der GoA. Bis zur wirksamen Beschwerung mit dem Vermächtnisgegenstand haftet der Beschwerte bei schuldhafter Zerstörung oder Beschädigung des Vermächtnisgegenstands ausschließlich aus Delikt.

d) Verjährung. Die Verjährung richtet sich nach den allgemeinen Vorschriften. Mithin verjährt der Vermächtnisanspruch innerhalb von drei Jahren ab Kenntnis (oder grob fahrlässiger Unkenntnis) der anspruchsbegründenden Umstände und der Person des durch das Vermächtnis Beschwerten, §§ 195, 199 Abs. 1. Teilweise wird vertreten, dass die Verjährung nicht beginnt, wenn die beschwerten Erben unbekannt sind und lediglich durch einen Nachlasspfleger vertreten werden (LG Köln Teilurt. v. 15.7.2014 – 2 O 534/13, BeckRS 2014, 14466). Für Schadensersatzansprüche des Vermächtnisnehmers ist § 199 IIIa einschlägig, wonach für Ansprüche, die auf einem Erbfall beruhen oder deren Geltendmachung die Kenntnis einer Verfügung von Todes wegen voraussetzt, eine Höchstfrist von **30 Jahren** vorgesehen ist. Der Gesetzgeber hat die **10jährige Verjährungsfrist nach § 199 III Nr. 1** als zu kurz angesehen, da sich die Durchsetzung des Anspruchs durch die Einholung der nötigen Information bei erbrechtlichen Ansprüchen für den Berechtigten als schwierig herausstellen kann. Für Ansprüche aus § 285 auf Surrogate des Vermächtnisgegenstands gilt vom Zeitpunkt ihrer Entstehung an die Höchstfrist von **zehn Jahren** gem. § 199 IV, ohne Rücksicht auf Kenntnis oder grob fahrlässige Unkenntnis. Bei erbrechtlichen Ansprüchen, die sich aus Handlungen oder Rechtsgeschäften bei Abwicklung des Erbfalls ergeben und daher nicht auf dem Erbfall oder der Verfügung von Todes wegen beruhen, gilt die 10jährige Frist nach § 199 III Nr. 1.

6. Vermächtnisvollstreckung. Gem. § 2223 kann die angeordnete Testamentsvollstreckung sich auch darauf beziehen, dass der sog. Vermächtnisvollstrecker für die Umsetzung der Beschwerungen eines Vermächtnisnehmers verantwortlich sein soll, zB die Herbeiführung der Erfüllung eines Untervermächtnisses vom Hauptvermächtnisnehmer oder die Vollziehung einer Auflage, mit welcher der Vermächtnisnehmer beschwert ist (Staudinger/*Otte* Rn. 35).

7. Erbschaftsteuer. Aus § 20 I ErbStG ergibt sich die Pflicht des Bedachten, die aufgrund eines Vermächtnisses zu entrichtende Erbschaftsteuer (§ 3 I Nr. 1) zu entrichten. Bei mehreren am Nachlass Beteiligten haften diese bis zur Auseinandersetzung des Nachlasses für die Erbschaftsteuerschulden gem. § 20 III ErbStG. Wurde die Steuer vom Erben geleistet, hat dieser einen Anspruch gegen den Bedachten auf Ersatz. Grunderwerbsteuer entsteht beim Grundstücksvermächtnis nicht (s. § 3 Nr. 2 GrEStG, § 3 ErbStG). Eine Ausnahme soll gelten, wenn dem Bedachten lediglich das Recht vermacht wird, ein Grundstück vom Beschwerten zum Verkehrswert zu kaufen (FG Köln ZEV 2016, 407).

§ 2175 Wiederaufleben erloschener Rechtsverhältnisse

Hat der Erblasser eine ihm gegen den Erben zustehende Forderung oder hat er ein Recht vermacht, mit dem eine Sache oder ein Recht des Erben belastet ist, so gelten die infolge des Erbfalls durch Vereinigung von Recht und Verbindlichkeit oder von Recht und Belastung erloschenen Rechtsverhältnisse in Ansehung des Vermächtnisses als nicht erloschen.

1 **1. Normzweck.** Ohne diese Vorschrift würde das Vermächtnis einer Forderung des Erblassers gegen den Erben oder einem Recht, mit dem eine Sache oder ein Recht des Erben belastet ist, wegen der nur schuldrechtlichen Wirkung gem. §§ 2169, 2171 unwirksam sein. Grund hierfür ist, dass sich mit dem Erbfall in der Person des Erben Schuld und Forderung oder Eigentum und Belastung vereinen würden (sog. **Konfusion oder Konsolidation**). Um dies zu verhindern, ist die Wirkung der Konfusion und Konsolidation beim Vermächtnis ausgeschlossen bzw. gilt als nicht eingetreten. Hat der Erbe indes an dem zur Erbschaft gehörenden Vermächtnisgegenstand ein Recht, greift die Vorschrift des § 2165 ein.

2 **2. Voraussetzungen.** Die **Forderung** muss vererblich sein (BGH NJW 2001, 2883). Wurde Unvererblichkeit vereinbart, erlischt das Vermächtnis durch Vereinigung von Anspruch und Schuld, s. oben. Die Konsolidation ist weniger bedeutend, da für Grundstücke bereits eine sachenrechtliche Vorschrift, § 889, existiert. Für bewegliche Sachen gilt bspw. § 1063 unter der Voraussetzung, dass ein rechtliches Interesse des Eigentümers besteht.

3 **3. Rechtsfolge.** Der Gesetzgeber formulierte die Rechtsfolge als „relatives Nichterlöschen" (Mot. V, 177), dh das **Fortbestehen wird fingiert** und akzessorische Sicherheiten, etwa Pfandrechte und Bürgschaften, bleiben bestehen. Die Konfusion bzw. Konsolidation scheidet nur insoweit aus, als es zur Wirksamkeit des Vermächtnisses erforderlich ist (MüKoBGB/*Rudy* Rn. 4), was sich insbes. auf die Zuwendung einer Teilforderung auswirkt. Der Bedachte erlangt die fingierte Forderung, indem er die Übertragung mit den für sie bestehenden Sicherheiten beansprucht. Es besteht die Möglichkeit der Klageverbindung zwischen der Klage auf Forderungsabtretung und deren Erfüllung, während die Vollstreckung aus dem Leistungsurteil erst bei rechtskräftigem, die Einwilligung ersetzendem Urteil gültig ist (Planck/*Flad* Anm. 4).

§ 2176 Anfall des Vermächtnisses

Die Forderung des Vermächtnisnehmers kommt, unbeschadet des Rechts, das Vermächtnis auszuschlagen, zur Entstehung (Anfall des Vermächtnisses) mit dem Erbfall.

1 **1. Normzweck.** Die Vorschrift befasst sich mit dem **Entstehungszeitpunkt** (Anfall des Vermächtnisses) und der **Ausschlagung des Vermächtnisses**. Die Ausschlagungsmöglichkeit des Bedachten ist jedoch nach § 2180 I ausgeschlossen, sobald der Bedachte das Vermächtnis angenommen hat. Der Vermächtnisanspruch nach § 2174 entsteht mit dem Erbfall durch Vonselbsterwerb (MüKoBGB/*Rudy* Rn. 1), setzt also kein Handeln (etwa die Annahme der Erbschaft) oder Kenntnis des Bedachten voraus. §§ 2176, 2177, 2178 stellen Ausnahmevorschriften dar. Der Wegfall des zunächst Beschwerten hat keinen Einfluss auf den einmal entstandenen Vermächtnisanspruch (§ 2161).

2 **2. Anfall.** Der Anfall des Vermächtnisses tritt **mit dem Erbfall** ein. Ein Sonderfall stellt die vorweggenommene Hoferbfolge dar, die den Zeitpunkt des Erbfalls ersetzt (BGH MDR 1962, 728; bei vorweggenommenen Nacherbfall OLG Celle FamRZ 1998, 1335). Bei der Beschwerung eines Nacherben mit einem Vermächtnis entsteht der Anspruch erst mit dem Nacherbfall und § 2177 ist anwendbar (Palandt/ *Weidlich* § 2177 Rn. 3). In Form des Untervermächtnisses kommt es grds. auf den Zeitpunkt des Erbfalls an, es sei denn die §§ 2177, 2178 kommen zur Anwendung oder die Fälligkeit verschiebt sich nach § 2186. Das Vermächtnis kann in den Fällen der §§ 2269 II, § 2280 auch mit dem Tod des letztversterbenden Ehegatten anfallen. Der Tod des Bedachten vor dem Erbfall beeinflusst die Wirksamkeit des Vermächtnisses nur, wenn Ersatzberufung oder Anwachsung außer Betracht bleiben, vgl. § 2160. Stirbt der Bedachte nach dem Erbfall, bleibt der einmal entstandene Anspruch bestehen.

3 **3. Fälligkeit.** Da die Vorschrift keine Bestimmung über die Fälligkeit des Anspruchs enthält, ist § 271 I heranzuziehen, wonach der Bedachte die Leistung **sofort** verlangen kann. Hierbei sind **die erbrechtlichen Einschränkungen der §§ 2014 u. 1958** zu berücksichtigen. Insbesondere ist nach § 1958 die Klage gegen den Erben vor Annahme unzulässig. Zu beachten ist, dass § 1958 nicht für Klagen gegen den Testamentsvollstrecker gilt. Ein Grund für einen Aufschub der Fälligkeit ist nicht mit Anordnung von Testamentsvollstreckung anzunehmen (LG Oldenburg ZErb 2010, 152). Die Fälligkeit beim Untervermächtnis richtet sich nach § 2186. Sie tritt ein, sobald der Hauptvermächtnisnehmer Erfüllung verlangen kann. IRd Auslegung der Erblasseranordnung ist zu unterscheiden, ob der Erblasser **die Entstehung des Anspruchs oder die Fälligkeit hinausschieben** (beachte § 813 II) wollte. Auch die Abgrenzung einer Verfügungsbeschränkung von einer Regelung des Anfalls des Vermächtnisses ist eine Frage der Auslegung im Einzelfall (VG Schleswig Urt. v. 27.2.2013 – 15 A 122/12, BeckRS 2013, 49889). In ersterem Fall greift § 2177. Machte der Erblasser in seiner Anordnung das Entstehen des Anspruchs von einem bestimmten Alter abhängig, ist dies nicht unbedingt mit dem Hinausschieben des Anfalls gleichzusetzen (RG Recht 1913 Nr. 2883). Bsp. für Anordnungen zur Fälligkeit: die Einsetzung eines Testamentsvollstreckers (OLG Hamburg OLGE 34, 295); Stundung des Anspruchs und Einverständnis durch den Bedachten (BGH WM 1974, 838). In dem Fall, dass Entstehung und Fälligkeit des Anspruchs sich zeitlich unterscheiden, ist im Hinblick auf den maßgeblichen Zeitpunkt, zB der Wertberechnung, auf die Umstände des Einzelfalls abzustellen (BGH WM 1974, 838, Tilgung als maßgeblicher Zeitpunkt bei einem

Quotenvermächtnis nach einer Geldentwertung und BGH WM 1971, 1151, Frage der Testamentsauslegung, welcher Zeitpunkt für die Bemessung eines Geldvermächtnisses in Währungseinheiten zu bestimmen ist).

4. Vor dem Erbfall. Der Bedachte erlangt vor dem Erbfall keine Rechtsposition, insbes. kein Anwartschaftsrecht, sondern lediglich eine tatsächliche Aussicht auf den Erwerb des Vermächtnisgegenstands (BGHZ 112, 115). Da ihm demnach zu diesem Zeitpunkt noch kein Anspruch zusteht, kann er auch keine Sicherungsmaßnahme durch Eintragung einer Vormerkung in das Grundbuch ergreifen, falls der Vermächtnisgegenstand ein Grundstück oder ein Grundstücksrecht ist. Es würde ein Verstoß gegen den Grundsatz der Verfügungsfreiheit des Erblassers unter Lebenden bedeuten, wenn man dem Bedachten bereits vor dem Erbfall eine gesicherte Rechtsposition einräumen würde, § 2286.

§ 2177 Anfall bei einer Bedingung oder Befristung

Ist das Vermächtnis unter einer aufschiebenden Bedingung oder unter Bestimmung eines Anfangstermins angeordnet und tritt die Bedingung oder der Termin erst nach dem Erbfall ein, so erfolgt der Anfall des Vermächtnisses mit dem Eintritt der Bedingung oder des Termins.

1. Normzweck. Die Vorschrift enthält eine Ausnahmeregelung zu § 2176, indem sie das Hausschieben des Anfalls des Vermächtnisses zulässt, wenn der Erblasser das Vermächtnis unter einer aufschiebenden Bedingung oder der Bestimmung eines Anfangstermins entsprechend der §§ 158 I, 163 anordnet. Hiernach fällt das Vermächtnis erst mit der nach dem Erbfall eintretenden Bedingung oder des Termins an. Der zwischen dem Erbfall und dem späteren Anfall des Vermächtnisses zwar noch nicht begründete Vermächtnisanspruch führt aber zu einer geschützten **anwartschaftsrechtlichen Position des Bedachten** (vgl. § 2179). Es sind allerdings die nach §§ 2162, 2163 gesetzten zeitlichen Grenzen zu berücksichtigen.

2. Aufschiebende Bedingung. Die Frage, ob die Anordnung des Erblassers ein aufschiebend bedingtes Vermächtnis angeordnet hat, ist anhand der **Umstände des Einzelfalls** zu klären (BGH NJW 1961, 1915). Außer der Abgrenzung zu Anordnungen des Erblassers über die Fälligkeit ist festzustellen, ob der Erblasser lediglich einen Anfangstermin bestimmen wollte und § 2074 anwendbar ist. Ist die Zuwendung an den Beschwerten, etwa als Hauptvermächtnisnehmer, aufschiebend bedingt, ist das Vermächtnis nicht automatisch auch aufschiebend bedingt. Kommt nämlich die Auslegungsregel des § 2161 zur Anwendung, ist dies abzulehnen (MüKoBGB/*Rudy* Rn. 2). Der Erblasserwille kann auch dahingehend auszulegen sein, dass das Vermächtnis mit Eintritt der Bedingung bei dem Erben des Bedachten anfällt, insbes. in Form von § 2069. Eine aufschiebende Bedingung kann auch zur Anordnung mehrerer Vermächtnisse, die in gestaffelter Reihenfolge zugewandt werden sollen, verwendet werden (BGH NJW-RR 1992, 643; FamRZ 1992, 800). Eine aufschiebende Bedingung ist überdies in der **Beschwerung des Nacherben** mit einem Vermächtnis zu sehen, so dass das Vermächtnis mit dem Nacherbfall anfällt. Ein vorheriger Anfall des Vermächtnisses kommt in Betracht, wenn der Vorerbe dem Nacherben den Nachlassgegenstand zu Lebzeiten unentgeltlich zuwendet (OLG Celle FamRZ 1998, 1335). Macht der Erblasser den Anfall des zugewendeten Vermächtnisses mit der Gewährung einer Belohnung davon abhängig, dass der Bedachte innerhalb einer bestimmten Frist einen vom Erblasser angestrebten Erfolg herbeigeführt hat, so spricht dies für eine Vermächtnisanordnung unter einer aufschiebenden Bedingung (OLG Bamberg Urt. v. 17.12.2007 – 4 U 33/07, FD-ErbR 2008, 261038). Der Wegfall der Bedingung führt dazu, dass der Schwebezustand nach § 2179 beendet wird.

3. Bestimmung eines Anfangstermins. a) Aufschub des Anfalls. Hat der Erblasser einen **Anfangstermin** für das Vermächtnis **bestimmt**, fällt dieses mit dem Eintritt des von ihm angeordneten Termins an. Aus der Unanwendbarkeit des § 2074 für die Befristung folgt, dass die Anwartschaft auf das Vermächtnis auf die Erben des Bedachten übergeht. Dies gilt nicht, wenn der Erblasserwille dahin geht, dass der Bedachte den Anfangstermin oder die Erfüllung erleben sollte (OLG Düsseldorf Urt. v. 20.11.2015 – I-7 U 148/14, BeckRS 2016, 18987).

b) Aufschub der Fälligkeit. Von der Befristung durch Aufschub der Entstehung des Anspruchs ist die sog. **Betagung** zu unterscheiden, die sich durch den Aufschub der Fälligkeit kennzeichnet (Staudinger/*Otte* Rn. 4). Dies ist anhand der **Umstände des Einzelfalls** zu prüfen. Diese Unterscheidung ist insbes. im Hinblick auf den Ausschluss der Bereicherung nach § 813 II, die Anwendbarkeit von §§ 2162, 2163 und den Zeitpunkt des Rechts auf Fruchtziehung nach § 2184 relevant.

c) Wiederkehrende Leistungen. Bei einem Vermächtnis, das wiederkehrende Leistungen beinhaltet, ist die zeitliche Begrenzung nach §§ 162 f. zu verneinen, wenn das Recht **einheitlich** sofort anfällt und nur die Ansprüche auf die einzelnen Teilleistungen jeweils fällig werden. Handelt es sich bei dem Anspruch auf jede weitere Teilleistung indes um ein **selbständiges Recht**, ist der Erwerb weiterer Teilansprüche nach Ablauf der Frist aus §§ 2162 f. ausgeschlossen. Bei Leibrenten ist der Anspruch als einheitliches Recht inzwischen anerkannt, so dass das Vermächtnis einer Leibrente einheitlich anfällt (BGH WM 1966, 248; Staudinger/*Otte* Rn. 6). Ausgehend vom gewöhnlichen Willen des Erblassers ist der Ansicht zu folgen, die es als naheliegend betrachtet, dass auch bei anderen wiederkehrenden Leistungen ein einheitliches Recht anzunehmen ist und die §§ 2162 f. hinsichtlich der Teilleistungen unerheblich sind (Staudinger/*Otte* Rn. 6; a*Kipp/Coing* ErbR § 62 Kap. III Rn. 7).

10 BGB §§ 2178, 2179   Buch 5. Abschnitt 3. Titel 4. Vermächtnis

6   **4. Auflösende Bedingung und Bestimmung eines Endtermins.** § 2177 enthält keine Regelung für ein unter einer auflösenden Bedingung oder **Bestimmung eines Endtermins** angeordnetes Vermächtnis. Das Vermächtnis ist unwirksam, wenn die Bedingung oder der Termin bereits vor dem Erbfall eintritt (s. zu einem auflösend bedingten Vermächtnis mit Belohnungscharakter OLG Bamberg Urt. v. 17.12.2007 – 4 U 33/07, FD-ErbR 2008, 261038). Der Erblasser kann aber stattdessen ein Ersatzvermächtnis gem. § 2190 angeordnet haben. Bei Eintritt der Bedingung oder des Termins nach dem Erbfall hat der Beschwerte einen Anspruch auf Rückgabe der vermachten Sache. Dieser ist jedoch bei Anordnung eines Nachvermächtnisses iSv § 2191 ausgeschlossen, welches dann die auf § 2174 beruhende Grundlage für den Rückgewähranspruch bildet und auch als Rückvermächtnis bezeichnet wird (Staudinger/*Otte* Rn. 8).

§ 2178 Anfall bei einem noch nicht erzeugten oder bestimmten Bedachten

Ist der Bedachte zur Zeit des Erbfalls noch nicht gezeugt oder wird seine Persönlichkeit durch ein erst nach dem Erbfall eintretendes Ereignis bestimmt, so erfolgt der Anfall des Vermächtnisses im ersteren Falle mit der Geburt, im letzteren Falle mit dem Eintritt des Ereignisses.

1   **1. Normzweck.** Die Vorschrift stellt eine **Ausnahmeregel von § 2176** dar. Auch eine zzt. des Erbfalls noch nicht gezeugte Person oder eine, deren Persönlichkeit noch nicht feststeht, kann als Bedachte in der Vermächtnisanordnung vorgesehen werden. Hintergrund der Regelung ist, dass der Bedachte zzt. des Erbfalls nicht leben muss, damit der Vermächtnisanspruch begründet ist. Da der Bedachte nicht unmittelbarer Rechtsnachfolger des Erblassers ist, bedarf es keiner Regelung wie beim Recht der Erbfolge nach § 1923 I. Es gelten auch hier die zeitlichen Grenzen der §§ 2161–2163.

2   **2. Anwendungsbereich. a) Anfall des Vermächtnisses mit Geburt des Bedachten.** Bei einem noch nicht Gezeugten tritt der Anfall des Vermächtnisses mit Geburt ein. Bis dahin ist es als **aufschiebend bedingtes Vermächtnis** anzusehen, § 2179. Der Anfall des Vermächtnisses kann nicht auf den Zeitpunkt der Zeugung rückbezogen werden, wenn der Bedachte zzt. des Erbfalls noch nicht gezeugt ist (Palandt/*Weidlich* Rn. 1). Ist der Bedachte hingegen zzt. des Erbfalls bereits gezeugt, kommt § 1923 II mit der Folge zur Anwendung, dass das Vermächtnis mit dem Erbfall anfällt, § 2176 (Bamberger/Roth/*Müller-Christmann* Rn. 2).

3   **b) Bestimmung durch ein Ereignis nach dem Erbfall.** Hängt die Persönlichkeit des Bedachten von einem nach dem Erbfall eintretenden Ereignis ab, fällt diesem das Vermächtnis mit Eintritt dieses Ereignisses an. Die Bestimmung des Bedachten durch eine Erklärung gem. §§ 2151, 2152 ist kein Fall der Bestimmung iSv § 2178.

4   **c) Noch nicht entstandene juristische Personen.** Solche kommen auch als Bedachte in Betracht, worauf § 2178 analog anwendbar ist. Sobald die juristische Person also entstanden ist, fällt ihr das Vermächtnis an (Staudinger/*Otte* Rn. 4). Die Rückbeziehung auf den Zeitpunkt des Erbfalls gilt für den Fall, dass eine vom Erblasser selbst errichtete, erst nach seinem Tod genehmigte Stiftung bedacht ist (beachte die Fiktion des § 84).

§ 2179 Schwebezeit

Für die Zeit zwischen dem Erbfall und dem Anfall des Vermächtnisses finden in den Fällen der §§ 2177, 2178 die Vorschriften Anwendung, die für den Fall gelten, dass eine Leistung unter einer aufschiebenden Bedingung geschuldet wird.

1   **1. Normzweck.** Während beim Vermächtnis nach §§ 2174, 2176 der Anspruch mit dem Erbfall entsteht, ist der Anfall nach §§ 2177, 2178 hinausgeschoben und der Bedachte bis zum späteren Anfall in einer unsicheren Position. Mit dieser **Schutzbedürftigkeit des Bedachten, die bereits in der Zeit zwischen Erbfall und Anfall des Vermächtnisses** besteht, befasst sich die Vorschrift des § 2179. Danach sollen die für den Fall einer aufschiebenden Bedingung geschuldeten Leistung geltenden Vorschriften anwendbar sein. Von dieser Regelung ausgenommen sind auflösend bedingte oder mit einem Endtermin bestimmte Vermächtnisse.

2   **2. Verweisung. a) Schadensersatz.** Wird sein Recht während der **Schwebezeit** durch **Verschulden des Beschwerten** vereitelt oder beeinträchtigt, hat der Bedachte mit Anfall des Vermächtnisses einen Schadensersatzanspruch gegen den Beschwerten nach § 160 I (OLG Frankfurt a.M. OLGR 1999, 112). Die Sorgfaltspflicht des Beschwerten umfasst die ordnungsgemäße Verwaltung des Vermächtnisgegenstands (BGH NJW 1991, 1736). IÜ haftet er für jedes Verschulden. Eine Haftungsmilderung durch den Erblasser ist möglich (OLG Frankfurt a.M. OLGR 1999, 112). Das Verschulden eines Erfüllungsgehilfen kann dem Beschwerten nach § 278 zugerechnet werden. Bei eigenem treuwidrigen Verhalten des Bedachten gilt § 162 (OLG Stuttgart FamRZ 1981, 818). Der Bedachte ist indes nicht gegen Zwischenverfügungen iSv § 161 geschützt, denn für den Vermächtnisanspruch selbst besteht auch kein Schutz gegen Zwischenverfügungen des Beschwerten. Die Anwartschaft auf den Vermächtnisanspruch kann nicht weiter reichen als der Anspruch selbst (*Brox/Walker* ErbR Rn. 429; *Bungeroth* NJW 1967, 1357).

3   **b) Surrogate.** Schließlich ist auch § 285 anwendbar, so dass der Beschwerte bei Eintritt der Bedingung zum Ersatz für eine vermachte Sache verpflichtet ist, deren Herausgabe nach dem Erbfall unmöglich

geworden ist (Staudinger/*Otte* Rn. 3). Die Vorschrift gilt nicht für Vermächtnisse unter einer auflösenden Bedingung oder Bestimmung eines Endtermins, denn hier ist der Zeitpunkt des Erbfalls nach § 2176 maßgeblich.

c) **Treuwidriges Handeln des Beschwerten hinsichtlich des Bedingungseintritts.** Vereitelt der Beschwerte den Bedingungseintritt durch treuwidriges Verhalten, gilt das Vermächtnis durch Eintritt der Bedingung nach § 162 I als angefallen (OLG Stuttgart FamRZ 1981, 818). Führt sein gegen Treu und Glauben verstoßendes Verhalten zum Eintritt der Bedingung, gilt dieser gem. § 162 II als nicht erfolgt und das Vermächtnis als nicht angefallen (Staudinger/*Otte* Rn. 4).

3. Anwartschaft. a) Inhalt. Der Bedachte erlangt auf der Grundlage der anwendbaren § 160 I, §§ 162, 285 in der Zeit zwischen Erbfall und Anfall des Vermächtnisses eine rechtlich geschützte Aussicht auf den Vermächtnisanspruch (BGH MDR 1963, 824). Diese **Anwartschaft** ist **vererblich, übertragbar und vollstreckbar.** Annahme und Ausschlagung des Vermächtnisses ist vor dessen Anfall möglich. Nach dem Erbfall ist diese Möglichkeit ausgeschlossen, § 2180 II 2 (BGH NJW 2001, 520). Im Hinblick auf die Vererblichkeit bei aufschiebend bedingten Vermächtnissen ist allerdings die Auslegungsregel des § 2074 zu berücksichtigen, wonach der Bedachte den Eintritt der Bedingung erleben muss.

b) Sicherung. Der Bedachte kann seine Position während der Schwebezeit durch **Arrest oder einstweilige Verfügung** sichern, wenn der Bedingungseintritt realistisch ist und dem Anspruch ein gegenwärtiger Vermögenswert zukommt (s. §§ 916 II, 936 ZPO). Bei **Insolvenz** des Beschwerten kommen die §§ 95, 191 InsO zum Tragen. Eine Sicherung des Anspruchs ist überdies durch eine Hypothek möglich und kann durch letztwillige Verfügung mitvermacht sein (Staudinger/*Otte* Rn. 11). Handelt es sich bei dem Vermächtnisgegenstand um ein Grundstück oder ein Recht daran, kann eine **Vormerkung** für den künftigen (ohne Einschränkung nunmehr auch der BGH ZEV 2001, 363) oder bedingten Vermächtnisanspruch in das Grundbuch eingetragen werden. Hierfür genügt es, wenn die Bindung des künftigen Schuldners nicht mehr einseitig zu beseitigen ist (Staudinger/*Otte* Rn. 12; Palandt/*Bassenge* Rn. 15). Die Vormerkungsfähigkeit an die Voraussetzung zu knüpfen, dass die Entstehung des Anspruchs nur noch vom Willen des künftig Berechtigten abhängt (so früher der BGH in BGHZ 12, 115; BayObLG NJW 1977, 1781), steht indes § 883 I 2 entgegen.

c) Auskunft. Vor Anfall des Vermächtnisanspruchs kann der Bedachte einen auf § 242 beruhenden Anspruch auf Auskunft sowie auf Vorlegung eines Verzeichnisses gem. § 260 geltend machen. Ist der Nacherbfall entscheidend für den Anfall des Vermächtnisses, ist auch der befreite Vorerbe auskunftspflichtig (OLG Oldenburg NJW-RR 1990, 650).

§ 2180 Annahme und Ausschlagung

(1) **Der Vermächtnisnehmer kann das Vermächtnis nicht mehr ausschlagen, wenn er es angenommen hat.**

(2) ¹**Die Annahme sowie die Ausschlagung des Vermächtnisses erfolgt durch Erklärung gegenüber dem Beschwerten.** ²**Die Erklärung kann erst nach dem Eintritt des Erbfalls abgegeben werden; sie ist unwirksam, wenn sie unter einer Bedingung oder einer Zeitbestimmung abgegeben wird.**

(3) **Die für die Annahme und die Ausschlagung einer Erbschaft geltenden Vorschriften des § 1950, des § 1952 Abs. 1, 3 und des § 1953 Abs. 1, 2 finden entsprechende Anwendung.**

1. Normzweck. Wenngleich der Bedachte den Vermächtnisanspruch kraft Gesetzes erwirbt, ist der Erwerb nicht endgültig. Denn der Bedachte ist berechtigt, das Recht aus dem Vermächtnis auszuschlagen. Das Ausschlagungsrecht ist jedoch **hinfällig, wenn der Bedachte das Vermächtnis angenommen hat.** Hintergrund der Vorschrift ist, dass niemand zum Empfang einer Zuwendung verpflichtet ist. Möchte der Bedachte das Vermächtnis nicht in Anspruch nehmen, muss er dieses Begehren jedoch nicht im Wege der Ausschlagung umsetzen. Er kann es ebenso gut einfach unterlassen, seine Forderung geltend zu machen. Im Gegensatz zur Erbschaft, ist das Ausschlagungsrecht des Vermächtnisses unbefristet (vgl. § 1943) und ist daher nur durch die Annahme des Vermächtnisses ausgeschlossen.

2. Annahme und Ausschlagung. a) Erklärung. aa) Empfangsbedürftigkeit. Annahme und Ausschlagung stellen **empfangsbedürftige Willenserklärungen** dar, die gegenüber dem Beschwerten als Erklärungsempfänger abzugeben sind, Abs. 2 S. 1. Im Gegensatz zur Erbschaft genügt für die Annahme des Vermächtnisses ein Verhalten des Bedachten, das der Erklärungsempfänger nicht als solches erkennt. Die Erklärung kann grds. nicht, wie bei der Erbschaft gem. § 1945, gegenüber dem Nachlassgericht erfolgen. Eine Ausnahme besteht jedoch, wenn das Nachlassgericht die ihm gegenüber abgegebene Erklärung dem Beschwerten mitteilt und dies dem **mutmaßlichen Willen des Bedachten** entspricht (RGZ 113, 234). Der Bedachte kann jedoch berechtigt sein, die Annahme oder Ausschlagung gegenüber dem Nachlasspfleger oder Testamentsvollstrecker geltend zu machen, wenn für den Vermächtnisanspruch dasselbe gilt. Ist der Erbe der Erklärungsempfänger, bleibt die Wirksamkeit unberührt, auch wenn er selbst ausschlägt (§ 1959 III). Strikt zu trennen ist die Frage der Wirksamkeit der Annahme von der Frage nach der Wirksamkeit des Erfüllungsgeschäfts. Das GBA prüft lediglich die Wirksamkeit der Auflassung und gerade nicht die Wirksamkeit der Annahme des Vermächtnisses (OLG München ZEV 2011, 658; *Keim* ZEV 2011, 566).

3   **bb) Zeitpunkt.** Die Abgabe der Erklärung ist erst **nach dem Erbfall** möglich, Abs. 2 S. 2, wobei das Vermächtnis nicht notwendigerweise bereits angefallen sein muss. Letzteres ergibt sich aus einer Analogie zu § 2142 S. 1. IRd § 2179 können Annahme und Ausschlagung **auch während der Schwebezeit** abgegeben werden (Staudinger/*Otte* Rn. 6). Das Vermächtnis kann selbst nach der wirksamen Anfechtung nach § 2078 ausgeschlagen werden, um eine Beweiserleichterung herbeizuführen (Soergel/*Wolf* Rn. 4). Ist der Beschwerte von seiner Leistungspflicht gem. § 275 befreit, besteht dennoch die Möglichkeit das Vermächtnis noch auszuschlagen (Soergel/*Wolf* Rn. 4). Grundsätzlich besteht für die Annahmeerklärung keine Frist (anders bei der Ausschlagung § 1944). Dies gilt auch bei Wechselbezüglichkeit des Vermächtnisses gem. § 2270 (BGH NJW 2011, 1353 ff.). Die Nichtgebundenheit an eine Frist ist insbes. für das „Behindertentestament" mit Vermächtnislösung von Bedeutung (Staudinger/*Otte* Rn. 12). Der Erblasser kann eine **Frist bestimmen**, bis zu welchem Zeitpunkt der Bedachte die Annahme erklärt haben muss („Vermächtnis unter der Bedingung der Annahme innerhalb einer bestimmten Frist" Staudinger/*Otte* Rn. 13). **Den Pflichtteilsberechtigten als Bedachten** kann der beschwerte Erbe nach § 2307 II unter Bestimmung einer angemessenen Frist zur Annahme des Vermächtnisses durch Erklärung **auffordern**. Bei Ablauf der Frist geht das Vermächtnis verloren.

4   **cc) Form und Inhalt.** Die **unwiderrufliche Erklärung** bedarf keiner Form, anders bei der Ausschlagung der Erbschaft nach § 1945. **Konkludentes Verhalten,** das auf eine Annahme- oder Ausschlagungserklärung hindeutet, ist somit **bei Erkennbarkeit durch den Beschwerten** ausreichend (OLG München ZEV 2013, 507). Die Annahme setzt nicht voraus, dass der Bedachte Kenntnis von der Ausschlagungsmöglichkeit hat (BGH ZEV 1998, 24). Lebte der Bedachte bereits vor dem Erbfall in einer ihm vermachten Wohnung und möchte er dies weiterhin tun, stellt keinen ausreichenden Hinweis auf die Bejahung eines Willens dar, das Vermächtnis anzunehmen (OLG Oldenburg FamRZ 1999, 1618).

5   **dd) Stellvertretung.** Der Erklärende kann sich vertreten lassen, da es sich bei der Annahme und Ausschlagung nicht um höchstpersönliche Geschäfte handelt (OLG Colmar OLGE 4, 442). Genehmigungen des Vormundschaftsgerichts sind nur iRd Ausschlagung notwendig (§ 1822 Nr. 2, § 1643 II). Genehmigungsbedürftig ist dennoch die Annahme eines beschränkt Geschäftsfähigen von Vermächtnissen mit Untervermächtnis oder solchen, die mit Auflagen beschwert sind und idF des § 2307 I (OLG München ZEV 2011, 658; *Keim* ZEV 2011, 565). Besteht eine Gütergemeinschaft ist nur der Bedachte gem. §§ 1432 I 1, 1455 Nr. 1 zur Annahme des Vermächtnisses berechtigt (OLG Stuttgart ZEV 1998, 24); vgl. auch § 83 InsO betreffend den Gemeinschuldner.

6   **ee) Bedingung und Befristung.** Schließlich lassen Annahme und Ausschlagung des Vermächtnisses keine Bedingung oder Befristung zu, Abs. 2 S. 2 Hs. 2. Wegen der Verweisung in Abs. 3 auf § 1950 ist die Beschränkung der Annahme oder Ausschlagung auf einen Teil des Vermächtnisses ausgeschlossen, wenn das Vermächtnis eine Einheit bildet. Dies ist bei Anwachsung der Fall. Bei der Ausschlagung handelt es sich um vererbliches Recht, § 2180 III, § 1952 I, III.

7   **ff) Beschränkung auf einen Teil des Vermächtnisses.** Im Hinblick auf Annahme und Ausschlagung ist **das Vermächtnis unteilbar** und kann daher nicht gem. § 2180 III, § 1950 auf einen Teil beschränkt werden. Der Erklärende kann nur bei mehreren Vermächtnissen die Auswahl treffen, welches Vermächtnis angenommen oder ausgeschlagen wird (s. Prot. V 219). Zu beachten ist aber, dass der Erblasser nicht mehrere Vermächtnisgegenstände in einem einzigen Vermächtnis vereint hat und in diesem Fall nur die Ausschlagung oder Annahme des einheitlichen Vermächtnisses möglich ist. Als solches wird das Vermächtnis des gesamten Hausrats indes nicht angesehen, welches vielmehr mehrere Einzelvermächtnisse darstellt (Staudinger/*Otte* Rn. 13).

8   **3. Rechtsfolgen.** Die Annahme bewirkt lediglich, dass der Bedachte das Vermächtnis nicht mehr ausschlagen kann, so dass **Annahmeverzug** nach §§ 293 ff. in Betracht kommt. Erst mit der Annahme des Vermächtnisses entsteht die Verpflichtung des Schuldners aus § 295 Abs. 1 Nr. 1 InsO, die Hälfte des Werts des Vermächtnisses an den Treuhänder abzuführen (BGH ZEV 2011, 327). Die Ausschlagung hat zur Folge, dass der Vermächtnisanfall an den Bedachten als nicht erfolgt gilt, § 2180 III, § 1953 I. Nach § 1952 II fällt das Vermächtnis demjenigen an, der berufen sein würde, wenn der Ausschlagende zzt. des Erbfalls nicht gelebt hätte. Dies bedeutet jedoch nicht, dass die Erben an die Stelle des Bedachten treten. Vielmehr kommt **Ersatzberufung** nach § 2190 in Betracht, einschließlich § 2069 (gesetzlich vermutete Ersatzberufung eines bedachten Abkömmlings). Der **Erblasserwille** entscheidet darüber, ob der Ersatzberufene zzt. des Erbfalls bereits leben oder gezeugt sein muss (Staudinger/*Otte* Rn. 15). **Maßgeblicher Zeitpunkt** für die Frage, wer ersatzweise berufen ist, ist **der Erbfall** bzw. in Form der §§ 2177, 2178 der entsprechend spätere Anfall. Ist kein Ersatzberufener feststellbar und liegt auch keine Anwachsung vor (§ 2158), geht das Vermächtnis verloren. Für die Ausschlagung fällt keine Erbschaftsteuer an, jedoch für eine für die Ausschlagung geleistete Abfindung, die eine Zuwendung des Erblassers beinhaltet (MüKoBGB/*Rudy* Rn. 9).

9   **4. Verzicht und Erlass.** Die Ausschlagung ist vom vertraglichen, **vor dem Erbfall** zu erklärende Verzicht auf ein Vermächtnis (§ 2352) und vertraglichen Erlass (§ 397) abzugrenzen. Hilfreich ist hierfür, dass der Erlassvertrag nur zu Gunsten des Beschwerten wirkt, während dem Ersatzberufenen oder Anwachsungsberechtigten von der Begünstigung ausgenommen sind. Die Annahme des Vermächtnisses stellt idR ein Verzicht auf die Ausschlagung dar (so die hM; aA *van Venrooy,* Annahme und Ausschlagung von Vermächtnissen, S. 12 ff., Annahme und Ausschlagung beziehen sich auf eine Rechtsgrundabrede, so dass die Rechtslage durch die Annahme des Vermächtnisses klärt).

5. Anfechtung. Die Erklärungen der Annahme und Ausschlagung sind nach den **allgemeinen Regeln der §§ 199 ff.** anfechtbar, einschließlich der Frist nach §§ 121, 124, da es sich um Willenserklärungen handelt. Die für die Anfechtung der Annahme- und Ausschlagungserklärungen einer Erbschaft vorgesehenen Vorschriften der §§ 1954–1957 finden keine Anwendung (Mot. V 188). Auch wenn § 1957 I nicht gilt, kann die Auslegung der Anfechtungserklärung ergeben, dass die Anfechtung der Annahme zugleich die Ausschlagung erhält und umgekehrt die Anfechtung der Ausschlagung zugleich die der Annahme (Staudinger/*Otte* Rn. 10). Einen besonderen Anfechtungsgrund stellt § 2308 dar, der den Fall betrifft, dass ein bedachter Pflichtteilsberechtigter das Vermächtnis ausgeschlagen hat.

§ 2181 Fälligkeit bei Beliebigkeit

Ist die Zeit der Erfüllung eines Vermächtnisses dem freien Belieben des Beschwerten überlassen, so wird die Leistung im Zweifel mit dem Tode des Beschwerten fällig.

1. Normzweck. Die **Auslegungsregel** des § 2181 bezieht sich auf die Fälligkeit des Vermächtnisses. Demgegenüber wird der Anfall des Vermächtnisses nach den §§ 2176–2178 geregelt. Die Vorschrift ist notwendig, da der Beschwerte, dem die Erfüllung des Vermächtnisses nach seinem freien Belieben überlassen bleibt, seine Verpflichtung uU für lange Zeit hinausschiebt (MüKoBGB/*Rudy* Rn. 1).

2. Inhalt. Die Vorschrift beinhaltet den **Aufschub der Fälligkeit,** dh der Erblasser muss den Zeitpunkt der Erfüllung dem freien Belieben des Beschwerten überlassen haben. Soll der Vermächtnisgegenstand dem Bedachten erst später zugewendet werden, ist idR von einem angeordneten Aufschub der Fälligkeit auszugehen (BayObLG FamRZ 1996, 1036). Dem Beschwerten steht es frei, die Leistung dennoch vorher gem. § 271 II zu bewirken. Der Bedachte kann die Erfüllung seines Vermächtnisanspruches jedoch nicht geltend machen. **Erst mit dem Tod des Beschwerten wird die Leistung fällig** und der Bedachte kann sich hinsichtlich der Erfüllung an die Erben des Beschwerten wenden. Soll der Bedachte die vermachte Sache erst mit dem Tod des Beschwerten erhalten, ist darin kein Aufschub der Fälligkeit zu sehen, sondern eine Zeitbestimmung gem. § 2177 (Staudinger/*Otte* Rn. 4). Enthält die Anordnung des Erblassers der Erblasser die Erfüllung des Vermächtnisanspruchs des Bedachten.

3. Wirkung. Die Vorschrift bewirkt den Aufschub der Fälligkeit. Die Erben des Beschwerten sollen zur Erfüllung seiner nicht erbrachten aus dem Vermächtnis als Nachlassverbindlichkeit verpflichtet sein, sobald er stirbt. Vor seinem Tod, kann der Beschwerte seinerseits zwar erfüllen, der Bedachte jedoch keinen Anspruch auf Erfüllung geltend machen. Der Bedachte kann auf **Feststellung der befristeten Verpflichtung** nach **§ 256 I ZPO** klagen (Bamberger/Roth/*Müller-Christmann* Rn. 2; für die Möglichkeit einer Sicherung durch Arrest: *Keim* ZEV 2016, 6, 11). Liegt eine Haftungsbeschränkung vor, gilt diese auch den Erben zum Vorteil gelangen (Soergel/*Wolf* Rn. 2). Nach hM sollen dem Beschwerten bis zu seinem Tod die **Früchte des Vermächtnisgegenstands** zuteilwerden, sofern der Erblasserwille dafür spricht (s. § 2184). Er kann indes kein Ersatz für seine Verwendungen verlangen, s. § 2185.

§ 2182 Haftung für Rechtsmängel

(1) ¹Ist ein nur der Gattung nach bestimmter Gegenstand vermacht, so hat der Beschwerte die gleichen Verpflichtungen wie ein Verkäufer nach den Vorschriften des § 433 Abs. 1 Satz 1, der §§ 436, 452 und 453. ²Er hat den Gegenstand dem Vermächtnisnehmer frei von Rechtsmängeln im Sinne des § 435 zu verschaffen. ³§ 444 findet entsprechende Anwendung.

(2) Dasselbe gilt im Zweifel, wenn ein nicht zur Erbschaft gehörender Gegenstand vermacht ist, unbeschadet der sich aus dem § 2170 ergebenden Beschränkung der Haftung.

(3) Ist ein Grundstück Gegenstand des Vermächtnisses, so haftet der Beschwerte im Zweifel nicht für die Freiheit des Grundstücks von Grunddienstbarkeiten, beschränkten persönlichen Dienstbarkeiten und Reallasten.

1. Normzweck. Die Vorschrift befasst sich mit der **Haftung für Rechtsmängel bei einem Gattungs-** (**§§ 2155, 2183**) **oder Verschaffungsvermächtnis** (**§ 2170**). Dadurch, dass sich der Beschwerte durch Ausschlagung der Erbschaft oder des Vermächtnisses dem Vermächtnisanspruch entledigen kann, ist die Einstandspflicht des Beschwerten bei Rechts- und Sachmängeln (§ 2183) als angemessen anzusehen. Handelt es sich hingegen um ein **Stückvermächtnis,** geht der **mutmaßliche Erblasserwille** dahin, dass sich der Bedache mit dem rechtlichen und tatsächlichen Zustand, wie er im Nachlass vorhanden ist, zufrieden geben muss (MüKoBGB/*Rudy* Rn. 1). Der Erblasser kann dem Beschwerten jedoch in der Anordnung auferlegen, den Gegenstand frei von Rechten Dritter zu übertragen oder Sachmängel zu beseitigen. Trotz der Schuldrechtsreform hält der Gesetzgeber hier an früheren Begrifflichkeiten fest, indem er zwischen Gattungs- und Stückvermächtnis sowie zwischen den Rechtsfolgen von Sach- und Rechtsmängeln differenziert. Die Vorschrift ist auf das beschränkte Gattungsvermächtnis nur insoweit anwendbar, als sämtliche zum Nachlass gehörende Gegenstände nicht den gleichen Rechtsmangel aufweisen (Bamberger/Roth/*Müller-Christmann* Rn. 2). Schließlich sind §§ 2182, 2183 von den Regeln wegen Verschlechterung und Untergang der vermachten Sache vor dem Erbfall gem. § 2164 II, § 2169 III und nach dem Erbfall (s. Komm. zu § 2174) abzugrenzen.

2 2. Haftung für Rechtsmängel beim Gattungs- und Verschaffungsvermächtnis. a) Verpflichtung des Beschwerten. aa) Inhalt. Nach **Abs. 1** ist der Beschwerte gleichermaßen verpflichtet wie ein Verkäufer, so dass er gegenüber dem Bedachten gem. § 433 I 1 zur Übergabe der den Verhältnissen des Bedachten entsprechenden Sache und zur Verschaffung des Eigentums daran verpflichtet ist. Entsprechend § 435 S. 1 muss die Sache frei von Rechten Dritter sein, es sei denn die Vermächtnisanordnung enthält die Pflicht des Bedachten zur Übernahme der Rechte. Bei dem Vermächtnis von Grundstücken handelt es sich idR um ein Verschaffungsvermächtnis, wobei uU auch ein (beschränktes) Gattungsvermächtnis vorliegen kann (zB Vermächtnis eines „Bauplatzes" aus einem großen Grundbesitz, s. Staudinger/*Otte* Rn. 3). Es kommt dann **Abs. 3** zur Anwendung, wonach der Beschwerte im Zweifel nicht für die Freiheit von Grunddienstbarkeiten, beschränkten persönlichen Dienstbarkeiten und Reallasten Art haften muss. Rechte dieser Art sind nämlich sehr eng auf das Grundstück bezogen und idR als nebensächlich zu behandeln, so dass deren Aufhebung unangemessen wäre und daher nicht als Mängel anzusehen sind (Prot. V 229). Eine Haftung von Rechten iSv § 435 S. 1 kommt in Bezug auf andere dingliche Rechte, wie zB das Erbbaurecht, Nießbrauch, Vorkaufsrecht, Grundpfandrechte oder auf solche Rechte oder die Auflassung sichernde Vormerkungen in Betracht. Gem. § 435 S. 2 sind nicht bestehende, aber eingetragene Rechte mit einem Rechtsmangel gleichzusetzen. Für Erschließungs- und sonstige Anliegerbeiträge wegen bis zum Anfall des Vermächtnisses bautechnisch begonnener Maßnahmen haftet der Beschwerte nach § 436 I. Demgegenüber ist er gem. § 436 II von der Haftung befreit, wenn das Grundstück von anderen öffentlichen Abgaben oder nicht eintragungsfähigen öffentlichen Lasten betroffen ist. Bei einem Verschaffungsvermächtnis kann zunächst die Begründung des Rechts notwendig sein. Gem. § 453 III muss der Beschwerte bei einem Vermächtnis eines Rechts, das zum Besitz der Sache berechtigt, nicht nur das Besitzrecht, sondern auch den Besitz als solches verschaffen.

3 bb) Eine Forderung oder ein sonstiges Recht. Eine Forderung oder ein sonstiges Recht kann auch von einem **Gattungsvermächtnis** erfasst sein, während das Recht beim Verschaffungsvermächtnis uU erst vom Beschwerten begründet werden muss. Ein **nicht existierendes vermachtes Recht** führt zu einem Anspruch des Bedachten gegen den Beschwerten, dieses Recht zu begründen und auf ihn zu übertragen (→ Rn. 5). Ist ein Besitzrecht mitvermacht, muss der Beschwerte auch den Besitz an der Sache verschaffen, § 453 III.

4 b) Haftung. aa) Allgemein. Bei Nichterfüllung seiner Verpflichtung aus dem Vermächtnis, haftet der Beschwerte nach den Vorschriften der Verkäuferhaftung bei Nichterfüllung nach den in Abs. 1 genannten Vorschriften des Kaufrechts. § 2182 enthält zwar keine konkrete Verweisung auf § 437, der zur Anwendung der kaufrechtlichen Haftungsregeln auch bei Rechtsmängeln führt. Der Wortlaut „gleiche Verpflichtungen wie ein Verkäufer" spricht aber für die **entsprechende Anwendung des § 437**. Der Bedachte kann den Bedachten somit zunächst zur **Beseitigung des Rechtsmangels** gem. §§ 437 Nr. 1, 439 I verpflichten. Ein **Rücktritts- oder Minderungsrecht** (§ 437 Nr. 2) scheidet beim Vermächtnis als einseitig verpflichtendes Schuldverhältnis aus. **Kommt der Beschwerte seiner Nacherfüllungspflicht nicht nach,** hat der Bedachte über § 453 iVm § 437 Nr. 3 **Schadensersatz- oder Aufwendungsersatzansprüche gem. §§ 440, 280, 281, 283, 284.** Die Beweislast trägt nach § 363 der Bedachte. Der Beschwerte ist iÜ zur Auskunft über die rechtlichen Verhältnisse und Herausgabe beweisdienlicher Urkunden verpflichtet.

5 bb) Verschaffungsvermächtnis im Besonderen. In Abs. 2 wird darauf hingewiesen, dass **die Verpflichtungen des Beschwerten gem. § 2170 II eingeschränkt sind,** etwa in Bezug auf das Unvermögen und der Begrenzung auf Wertersatz. Ist die Verschaffung mit unverhältnismäßigen Aufwendungen verbunden, kann der Beschwerte sich durch Entrichtung des Wertes befreien. Für die **Verschaffung eines Rechts,** das nicht oder zzt. des Erbfalls bereits nicht mehr besteht, ist ausschließlich § 2171 anwendbar. In diesem Fall entspricht es nicht dem hypothetischen Erblasserwillen, den Beschwerten auf Schadensersatz oder Wertersatz in Anspruch nehmen zu können. Eine Ausnahme besteht nur, wenn die Vermächtnisanordnung ausdrücklich darauf hindeutet. Hat der Erblasser ein seiner Ansicht nach bestehendes Recht vermacht, das tatsächlich nie oder zzt. des Erbfalls nicht mehr bestanden hat, ist ein Fall, der nach § 2171 zu beurteilen ist. Ein hypothetischer Erblasserwille, der auf eine Schadensersatz- oder Wertersatzpflicht geht, ist unwahrscheinlich, so dass hierfür die Grundlage fehlt.

6 3. Sonstiges. a) Anwendung auf das Wahlvermächtnis. Bei einem Wahlvermächtnis (§ 2154) gilt § 2182 nur, wenn die Auswahl auf einen der Gattung nach bestimmten oder einen nicht zur Erbschaft gehörenden Gegenstand fällt (vgl. Staudinger/*Otte* Rn. 9).

7 b) Verjährung. Die Verjährung richtete sich bisher, durch den BGH (ZEV 2007, 322) gefestigt, nicht nach der kurzen Verjährung gem. § 438 (so Staudinger/*Otte* Rn. § 2183 Rn. 4), sondern nach dreißig Jahren iSv § 197 I Nr. 2 aF. Mit dem vom Bundestag am 2.7.2009 verabschiedeten und vom Bundesrat am 18.9.2009 angenommenen **Gesetz zur Änderung des Erb- und Verjährungsrechts** gilt für erbrechtliche Ansprüche nunmehr die **Regelverjährung von drei Jahren gem. § 195.** Bei Schadensersatzansprüchen kommt indes § 199 III Nr. 3a und Abs. 4 zur Anwendung, wonach für Ansprüche, die auf einem Erbfall beruhen oder die Kenntnis einer Verfügung von Todes wegen voraussetzen, die 30jährige Frist und für Ansprüche, die sich aus Handlungen oder Rechtsgeschäften bei der Abwicklung des Erbfalls ergeben die 10jährige Verjährungsfrist gilt.

§ 2183 Haftung für Sachmängel

¹Ist eine nur der Gattung nach bestimmte Sache vermacht, so kann der Vermächtnisnehmer, wenn die geleistete Sache mangelhaft ist, verlangen, dass ihm anstelle der mangelhaften Sache eine mangelfreie geliefert wird. ²Hat der Beschwerte einen Sachmangel arglistig verschwiegen, so kann der Vermächtnisnehmer anstelle der Lieferung einer mangelfreien Sache Schadensersatz statt der Leistung verlangen ohne dass er eine Frist zur Nacherfüllung setzen muss. ³Auf diese Ansprüche finden die für die Sachmängelhaftung beim Kauf einer Sache geltenden Vorschriften entsprechende Anwendung.

1. Normzweck. Die Vorschrift regelt die **Sachmängelhaftung des Beschwerten**, die nur **für das Gattungsvermächtnis** gilt, nicht auch für das Verschaffungsvermächtnis und das Vermächtnis eines bestimmten zum Nachlass gehörenden Gegenstands. Es kommen die kaufrechtlichen Vorschriften insoweit zur Anwendung, als sie keine Gegenleistung voraussetzen, so dass Minderung und Rücktritt ausgeschlossen sind. Somit beschränken sich die Rechtsfolgen auf Nacherfüllung und Schadensersatz. 1

2. Anwendbare kaufrechtliche Vorschriften. Folgende Vorschriften des Kaufrechts sind entsprechend auf den Nachlieferungsanspruch und Schadensersatzanspruch bei wegen mangelhafter Gattungssache anwendbar: 2

a) **Verjährung.** Grundsätzlich gilt für das Vermächtnis nach der **Reform des Erb- und Verjährungsrechts die Regelverjährung nach § 195** bzw. für Schadensersatzansprüche nach § 199 III Nr. 3a, Abs. 4 die 30jährige oder 10jährige Frist. Die grundsätzliche Frist von 30 Jahren für erbrechtliche Ansprüche nach § 197 I Nr. 2 aF hat der Gesetzgeber abgeschafft. Insofern erübrigt sich die Frage, ob die Ansprüche des Bedachten aus Vermächtnis für eine mangelhafte vermachte Sache nach Maßgabe der kaufrechtlichen kürzeren Verjährungsfrist zu beurteilen sind (→ § 2182 Rn. 6). 3

b) **Nacherfüllung.** Für den Fall der Nacherfüllungspflicht ist § 439 anwendbar mit der Folge, dass der Beschwerte nach § 439 II die Nachlieferungskosten begleichen muss. Wird die Sache nachgeliefert, hat er gem. § 439 V einen Anspruch auf Rückgewähr der mangelhaften Sache iSd §§ 346 ff. 4

c) **Nachrangigkeit des Schadensersatzes.** Der Bedachte muss den Beschwerten zunächst eine Frist zur Nacherfüllung gesetzt haben, die erfolglos, auch durch Verweigerung, verstrichen ist, bevor er den Schadensersatzanspruch geltend machen kann, s. § 440 S. 1, § 281. Dies gilt nicht im Fall des arglistigen Verschweigens, wie Abs. 1, S. 2 nunmehr deutlich macht; der Vermächtnisnehmer kann vielmehr ohne Fristsetzung idF Schadensersatz statt der Leistung verlangen. 5

d) **Haftungsausschluss.** Der Beschwerte kann sich nicht auf einen vereinbarten Haftungsausschluss oder eine Haftungsbeschränkung berufen, sofern er den Mangel an der vermachten Sache arglistig verschwiegen hat. Insoweit gilt § 444 auch hinsichtlich einer vermachten Sache. 6

3. Nacherfüllung. Der Nacherfüllungsanspruch des Bedachten ist dem Wortlaut nach auf die **Nachlieferung einer mangelfreien Sache** beschränkt. Die Nachbesserung ist demnach ausgeschlossen, denn diese Pflicht trifft im Kaufrecht idR einen Unternehmer. Im Vermächtnisrecht wäre nicht nur außerhalb des Fall und würde den Beschwerten, der vom Erblasser lediglich zur Lieferung verpflichtet hat, überfordern (s. Staudinger/*Otte* Rn. 2). Das Vorliegen eines Sachmangels beurteilt sich unter Berücksichtigung von § 2155 I („eine den Verhältnissen des Bedachten entsprechende Sache") nach § 434. Es kann in diesem Zusammenhang auf die Erblasseranordnung zurückzugreifen sein. § 434 I 3 ist auf Vermächtnisse nicht anwendbar. 7

4. Schadensersatz. Dem Bedachten steht Schadensersatz wegen Nichterfüllung zu, wenn der Beschwerte ihm einen Sachmangel arglistig verschwiegen hat, S. 2. Hierbei ist das Vorspiegeln einer Eigenschaft dem arglistigen Verschweigen gleichzusetzen (Bamberger/Roth/*Müller-Christmann* Rn. 4; MüKo-BGB/*Rudy* Rn. 3). Eine weitere Haftung auf Schadensersatz ist von § 2183 auch nicht durch die Verweisung in S. 3 auf die Vorschriften über die kaufrechtliche Mängelhaftung. Die Verweisung bezieht sich lediglich auf die S. 1 u. 2. Es besteht kein Grund, den Beschwerten beim Gattungsvermächtnis auch wegen fahrlässiger Herbeiführung eines Sachmangels auf Schadensersatz leisten zu lassen (Staudinger/*Otte* Rn. 3). 8

§ 2184 Früchte; Nutzungen

¹Ist ein bestimmter zur Erbschaft gehörender Gegenstand vermacht, so hat der Beschwerte dem Vermächtnisnehmer auch die seit dem Anfall des Vermächtnisses gezogenen Früchte sowie das sonst auf Grund des vermachten Rechts Erlangte herauszugeben. ²Für Nutzungen, die nicht zu den Früchten gehören, hat der Beschwerte nicht Ersatz zu leisten.

1. Normzweck. Während § 2164 die Einbeziehung von Zubehör in das Vermächtnis regelt, behandelt § 2184 die Herausgabe von Früchten und sonstigen Nutzungen durch den Beschwerten. § 2184 gilt nur, wenn ein **Stückvermächtnis** besteht, dessen bestimmter Gegenstand zzt. des Erbfalls zur Erbschaft gehören muss und die **Früchte nach dem Vermächtnisanfall** gezogen wurden. Der Erblasser kann hiervon abweichende Anordnungen treffen, was insbesondere aus steuerrechtlichen Gründen sinnvoll sein 1 kann (vgl. zu den Gestaltungsmöglichkeiten: *Roth/Maulbetsch* NJW-Spezial 2012, 167). Der für **das Verschaffungsvermächtnis** maßgebliche Zeitpunkt für die Anwendung der Vorschrift ist **die Erlangung des Besitzes durch den Beschwerten** (Bamberger/Roth/*Müller-Christmann* Rn. 1). Auf das **Wahlvermächtnis** ist die Vorschrift von dem Zeitpunkt der Wahl an anwendbar. Eine Analogie der Vorschrift auf Teilungsanordnungen ist nach überwiegender Meinung zulässig (Staudinger/*Otte* Rn. 9).

2 **2. Herausgabe der Früchte aus dem Vermächtnis. a) Gezogene Früchte.** Der Beschwerte hat die seit dem Anfall des Vermächtnisses gezogenen Früchte (§ 99) herauszugeben, S. 1. Mieteinnahmen, die der Beschwerte durch Vermietung einer vom Bedachten nicht bewohnten, diesem vermachten Wohnung erzielt, stellen keine Früchte des Wohnungsrechts, sondern des vermieteten Gebäudes dar (OLG Stuttgart OLGE 6, 313). Insoweit ist § 2184 nicht anwendbar; dem Bedachten steht jedoch ein Ersatzanspruch nach § 285 zu. Beim Vermächtnis von Nießbrauch an einer Sache sind Früchte der vermachten Sache erst ab der Bestellung des Nießbrauchs als solche anzusehen (KG NJW 1964, 1808).

3 **b) Nicht gezogene Früchte.** Diese werden vom Herausgabeanspruch nicht erfasst, es sei denn der Beschwerte ist mit seiner Leistung in Verzug (§§ 280 I, II; 286) oder der Vermächtnisanspruch ist rechtshängig (§§ 292, 987 II). Die bloße Kenntnis von der Rechtshängigkeit führt indes noch nicht zur verschärften Haftung (hM).

4 **c) Maßgeblicher Zeitpunkt der Fruchtziehung.** Die Herausgabepflicht beschränkt sich auf die seit dem Vermächtnisanfall gezogenen Früchte, es sei die Anordnung des Erblassers schließt die Einbeziehung die vor dem Anfall des Vermächtnisses gezogenen Früchte mit ein.

5 **3. Herausgabe des sonstigen Erlangten.** Als „sonstig erlangt" (S. 1) gelten Surrogate, die der Bedachte bereits aus § 285 verlangen kann. Somit ist § 2184 nur relevant, wenn es sich bei dem Erlangten nicht um Surrogate handelt. Bsp.: Zuwachs nach § 946, 947 II, § 948 und Schatzfund nach § 984. Für Nutzungen, die keine Früchte darstellen (Gebrauchsvorteile, s. § 100; zB die Benutzung von Wohnraum eines vermachten Hauses), ist der Beschwerte indes nicht ersatzpflichtig.

6 **4. Ersatzpflicht des Beschwerten bei nicht mehr vorhandenen Früchten.** Für den Fall, dass der Beschwerte die aus dem Vermächtnis gezogenen Früchte bereits verbraucht hat, ist er nach den allgemeinen Vorschriften des Schuldrechts zum Ersatz gem. §§ 280, I, III, 283 verpflichtet. Hat er für die nicht mehr vorhandenen Früchte ein Surrogat erhalten, so ist er gem. § 285 zu dessen Herausgabe verpflichtet.

7 **5. Verjährung.** IdR stellen herauszugebende Früchte **wiederkehrende Leistungen** von Beginn der ersten Fruchtziehung an dar, so dass sich die Verjährung nach § 197 II richtet. Für die anderen Ansprüche auf Früchte und das sonst Erlangte gilt, wie beim Vermächtnisanspruch, die seit dem am 2.7.2009 verabschiedeten **Gesetz zur Veränderung des Erb- und Verjährungsrechts** (BR-Drs. 693/09) geltende Regelverjährung von drei Jahren gem. § 195. Die dreißigjährige Verjährungsfrist gem. § 197 I Nr. 2 aF hat der Gesetzgeber abgeschafft. Für Ansprüche aus Schadensersatz gilt nunmehr der neu eingeführte § 199 III 3a, Abs. 4.

§ 2185 Ersatz von Verwendungen und Aufwendungen

Ist eine bestimmte zur Erbschaft gehörende Sache vermacht, so kann der Beschwerte für die nach dem Erbfall auf die Sache gemachten Verwendungen sowie für Aufwendungen, die er nach dem Erbfall zur Bestreitung von Lasten der Sache gemacht hat, Ersatz nach den Vorschriften verlangen, die für das Verhältnis zwischen dem Besitzer und dem Eigentümer gelten.

1 **1. Normzweck.** Der Anspruch aus § 2185 bezieht sich auf Ersatz von Verwendungen, die der Beschwerte auf eine bestimmte zur Erbschaft gehörende Sache (**Stückvermächtnis**) gemacht hat. Für das Gattungsvermächtnis ist die Regelung ausgeschlossen. Auf das Verschaffungsvermächtnis ist die Vorschrift nicht anwendbar, es sei denn der Erblasserwille gibt etwas anderes her. In diesem Fall kommt indes eine analoge Anwendbarkeit zu dem Zeitpunkt in Betracht, in dem der Beschwerte die vermachte Sache zum Zwecke der Erfüllung erwirbt (Staudinger/*Otte* Rn. 10). Bzgl. des Wahlvermächtnisses gilt dasselbe wie in § 2184 (→ Rn. 1). Die Verweisung auf die für das Verhältnis zwischen Eigentümer und Besitzer geltenden Vorschriften der §§ 994 ff. ist nicht zwingend und kann durch Erblasseranordnung abbedungen werden.

2 **2. Anwendungsbereich. a) Stückvermächtnis.** Beim Stückvermächtnis behandelt das Gesetz den Beschwerten durch die Heranziehung der §§ 994–1003 für seine nach dem Erbfall auf die Sache gemachten Verwendungen bzw. Aufwendungen wie den nichtberechtigten Besitzer und den Vermächtnisnehmer wie den Eigentümer. **aa)** Dies bedeutet, dass er berechtigt ist, für die **gutgläubig** vor Kenntnis des eingetretenen Anfalls oder vor Rechtshängigkeit gemachten notwendigen und nützlichen Verwendungen Ersatz und Zinsen gem. §§ 994, 996, 256 zu verlangen. **bb)** War der Beschwerte indes **bösgläubig**, richtet sich sein Anspruch nach § 994 II. Zu beachten ist, dass die Bösgläubigkeit beim bedingten Vermächtnis bereits bei Kenntnis der Vermächtnisanordnung oder Kenntnis von dem sicheren Eintritt des Vermächtnisanfalls anzunehmen ist (BGH NJW 1991, 1736).

3 **b) Andere Vermächtnisarten.** Auf das Verschaffungsvermächtnis ist § 2185 entsprechend anwendbar, sobald der Beschwerte den Besitz an der vermachten Sache erhalten hat. Die Anwendbarkeit des § 2185

auf ein Gattungsvermächtnis ist jedoch ausgeschlossen. Hierfür kann lediglich § 304, der für alle Vermächtnisse gilt, herangezogen werden.

3. Verwendungen. a) Zeitpunkt der Verwendungen. Die Verwendungen sind nach § 2185 ersatzfähig, wenn sie **nach dem Erbfall** gemacht worden sind, unabhängig davon, ob das Vermächtnis zzt. der Verwendungen bereits angefallen war. Kommt der Beschwerte nach dem Erbfall für **rückständige Lasten des Erblassers** auf, ist **der Erblasserwille** entscheidend für die Frage, ob sie als nach dem Erbfall gemachte Verwendungen anzusehen sind. So wird die Anwendung des § 2185 zu bejahen sein, wenn der Erblasser dem Beschwerten keine weiteren Unkosten bzgl. der vermachten Sache auferlegen wollte; ist der Wille des Erblassers auf Zuwendung des vollen Wertes des Vermächtnisgegenstands an den Beschwerten gerichtet, scheidet § 2185 indes aus (Staudinger/*Otte* Rn. 4).

b) Verwendungen. Darunter sind **freiwillige Vermögensopfer** zu verstehen, **die unmittelbar der Sache zugutekommen sollen** (Staudinger/*Otte* Rn. 3). Es kommen alle **nach dem Erbfall gemachten Verwendungen oder Aufwendungen** in Betracht, die der Beschwerte gemacht hat, ohne dass dabei der Anfall oder die Annahme des Vermächtnisses eine Rolle spielt. Bei der Frage, ob auch rückständige Kosten für vom Erblasser veranlasste Verwendungen oder rückständige Lasten des Erblassers als Verwendungen nach dem Erbfall unter § 2185 fallen, kommt es auf den Erblasserwillen an. Dieser kann entweder auf die ungeschmälerte Zuwendung des Werts des Vermächtnisgegenstands oder auf den Schutz des Bedachten vor weiteren Unkosten gerichtet sein (Staudinger/*Otte* Rn. 4).

c) Notwendige Verwendungen. Solche werden vom Beschwerten nach §§ 994 I 1 unter der Voraussetzung ersetzt, dass der Beschwerte diese **vor Rechtshängigkeit des Vermächtnisanspruchs und vor Eintritt der Bösgläubigkeit** macht. Gewöhnliche Erhaltungskosten und die gewöhnlichen Lasten bestehen jedoch für die Zeit nicht (§ 994 I 2), für welche dem Beschwerten die Nutzungen iSv § 2184, nämlich zwischen Erbfall und Anfall des Vermächtnisses verbleiben. **Nach dem Vermächtnisanfall** verbleiben dem Beschwerten die **Nutzungen**, dh Gebrauchsvorteile gem. § 2184 S. 2. Notwendige Verwendungen, die **nach der Rechtshängigkeit oder Bösgläubigkeit** gemacht werden, werden gem. § 994 II von den Regeln über die Geschäftsführung ohne Auftrag erfasst (vgl. hierzu OLG Celle FamRZ 2016, 582). Der Ersatzanspruch nach §§ 683, 670 scheidet aus, wenn ein entgegenstehender wirklicher Wille des Bedachten feststellbar ist. Die Verpflichtung des Bedachten kann auf den Wert beschränkt, der ihn durch die notwendigen Verwendungen bereichert hat (§ 684). Der entgegenstehende Wille des Bedachten ist indes unbedeutend, wenn es sich bei der Verwendung um eine gebotene Verwaltungsmaßnahme (§ 1978) handelt. Leistungen des Erben im Rahmen der Rückzahlung eines Darlehens, mit dem der Erblasser den Erwerb des vermachten Grundstücks finanziert hat, sind nur dann erstattungsfähig, wenn das Darlehen selbst durch Grundpfandrechte gesichert ist (OLG Karlsruhe ZEV 2015, 365). **Bösgläubigkeit vor dem Vermächtnisanfall** liegt nach hM vor, wenn der Beschwerte die Vermächtnisanordnung kennt oder grob fahrlässig nicht kennt und der künftige Vermächtnisanfall nicht zweifelhaft ist (Staudinger/*Otte* Rn. 2). Die Kenntnis der bloßen Möglichkeit des künftigen Vermächtnisanfalls reicht für die Annahme von Bösgläubigkeit nicht aus (Bsp.: aufschiebend bedingtes Vermächtnis). Bei ungewissem Vermächtnisanfall soll der Beschwerte nützliche Verwendungen machen dürfen.

4. Sonstiges. Inhaltlich wird auf §§ 997–1003 verwiesen. Hervorzuheben ist § 999 I, wonach ein beschwerter Nacherbe Verwendungen des Vorerben verlangen kann. Das Gleiche gilt im Verhältnis von beschwertem Bedachten und des Erben. Die Geltendmachung des Verwendungsersatzanspruchs wird in den §§ 1000–1003 geregelt. Ist das Vermächtnis **aufschiebend bedingt oder befristet**, so sind die Regelungen erst **ab Vermächtnisanfall** anwendbar und der Beschwerte ist berechtigt, die vermachte Sache als Sicherheit für seine bei Anfall des Vermächtnisses zu ersetzende Verwendungen zu benutzen (BGHZ 114, 16). Der Beschwerte hat die Erbringung von Verwendungen zu beweisen. Der Anspruch verjährt nach der Reform des Erb- und Verjährungsrechts (vom Bundestag verabschiedet am 2.7.2009) gem. § 195 nach drei Jahren.

§ 2186 Fälligkeit eines Untervermächtnisses oder einer Auflage

Ist ein Vermächtnisnehmer mit einem Vermächtnis oder einer Auflage beschwert, so ist er zur Erfüllung erst dann verpflichtet, wenn er die Erfüllung des ihm zugewendeten Vermächtnisses zu verlangen berechtigt ist.

1. Normzweck. Bei den §§ 2186–2188 geht es um die Haftung des beschwerten Bedachten bzw. Vermächtnisnehmer bzgl. des Vermächtnisses und der Auflage. § 2186 betrifft die **Fälligkeit der Beschwerung eines Bedachten.** Nach § 2147 kann auch der Bedachte mit einem Vermächtnis beschwert werden (sog. **Untervermächtnis**). Demgegenüber steht das dem beschwerten Bedachten zugewendete Vermächtnis (sog. **Hauptvermächtnis**). Für das Untervermächtnis gelten grds. die allgemeinen Regeln über das Vermächtnis. Etwas anderes gilt dann, wenn sich dadurch, dass der Anspruchsgegner des Untervermächtnisnehmers nicht der Erbe ist, zu große Unterschiede ergeben. Mit einer dem Erben zugutekommenden Ausschlagung des Hauptvermächtnisses können diese Unterschiede entfallen (beachte aber § 2187 II). Das **Nachvermächtnis gem. § 2191 I** stellt einen gesetzlichen Fall des Untervermächtnisses dar und bestimmt den ersten Bedachten als beschwert. Im Gegensatz zum Nachvermächtnis ist beim Untervermächtnis möglich, dass es sich auf einen anderen Gegenstand als das Hauptvermächtnis

10 BGB § 2187
Buch 5. Abschnitt 3. Titel 4. Vermächtnis

bezieht, zB Vermächtnis eines Grundstücks an den Hauptvermächtnisnehmer und gleichzeitige Zahlungsverpflichtung aus dem Untervermächtnis.

2 **2. Der Anspruch des Untervermächtnisnehmers. A) Entstehung.** Der Anspruch entsteht gem. § 2176 **mit dem Erbfall**, es sei denn das Untervermächtnis ist iSv §§ 2177, 2178 aufschiebend bedingt oder befristet. Ist **das Untervermächtnis nicht bedingt oder befristet,** während **das Hauptvermächtnis aber aufschiebend bedingt** ist, entsteht das Untervermächtnis erst **bei Anfall des Hauptvermächtnisses** (MüKoBGB/*Rudy* Rn. 4). Dies macht deutlich, dass Unter- und Hauptvermächtnis miteinander zusammenhängen.

3 b) **Fälligkeit.** Im Hinblick auf den bereits entstandenen Anspruch aus dem Untervermächtnis gilt grds. § 271 I, dh **sofort.** Die Fälligkeitsregelung ist zwingend. Gem. § 2186 kann **der Hauptvermächtnisnehmer seine Leistung verweigern,** solange er nicht berechtigt ist, die Erfüllung des ihm zugewandten Vermächtnisses zu verlangen. Eine Nichtberechtigung kann etwa daraus hervorgehen, dass der Erbe ein Leistungsverweigerungsrecht § 2014 geltend macht oder die Dürftigkeitseinrede erhebt oder die Erbschaft ausschlägt. Seine Berechtigung ist unerheblich, wenn sein Anspruch tatsächlich erfüllt wurde (so auch für die Vorerfüllung zu Lebzeiten, wenn ein entsprechender Wille des Erblassers besteht OLG Köln Zerb 2014, 203). Demgegenüber kommt es für den Anspruch des Untervermächtnisnehmers nicht darauf an, ob die Leistung an den Hauptvermächtnisnehmer bereits erfolgt ist (auch die Annahme des Hauptvermächtnisses ist insofern nicht entscheidend OLG München NJW-RR 2013, 1231). Eine zwischen Hauptvermächtnisnehmer und Erbe bestehende Stundungsabrede wirkt sich auf den Anspruch des Untervermächtnisnehmers nicht aus (Bamberger/Roth/*Müller-Christmann* Rn. 3).

4 c) **Beweislast.** Der Hauptvermächtnisnehmer hat die Umstände zu beweisen, aus denen hervorgeht, dass er die Erfüllung seines Anspruchs nicht verlangen kann. Demgegenüber muss der Untervermächtnisnehmer die Entstehung seines Anspruchs beweisen (MüKoBGB/*Rudy* Rn. 6).

§ 2187 Haftung des Hauptvermächtnisnehmers

(1) Ein Vermächtnisnehmer, der mit einem Vermächtnis oder einer Auflage beschwert ist, kann die Erfüllung auch nach der Annahme des ihm zugewendeten Vermächtnisses insoweit verweigern, als dasjenige, was er aus dem Vermächtnis erhält, zur Erfüllung nicht ausreicht.

(2) Tritt nach § 2161 ein anderer an die Stelle des beschwerten Vermächtnisnehmers, so haftet er nicht weiter, als der Vermächtnisnehmer haften würde.

(3) Die für die Haftung des Erben geltende Vorschrift des § 1992 findet entsprechende Anwendung.

1 **1. Normzweck.** Die Vorschriften der §§ 2187, 2188 betreffen den **Umfang der Haftung des beschwerten Hauptvermächtnisnehmers** mit einem Untervermächtnis oder einer Auflage. Es bedarf einer gesonderten Regelung, da die Verbindlichkeiten aus einem Untervermächtnis oder einer Auflage keine Nachlassverbindlichkeiten (§ 1967 II) darstellen und die Haftungsbeschränkungen iSv §§ 1975–1992 daher keine Anwendung finden (Ausnahme nach Abs. 3 für § 1992).

2 **2. Haftungsbeschränkung. A) Abs. 1.** Wenn dem beschwerten Bedachten das aus dem ihm zugewandten Vermächtnis Erlangte nicht zur Erfüllung seiner Beschwerung ausreicht, soll er **die Erfüllung verweigern** können. Erhält derselbe Bedachte **mehrere Vermächtnisse,** muss das Untervermächtnis aus dem jeweils beschwerten Vermächtnis erfüllt werden können. Die **Haftung des Bedachten ist auf das beschränkt, was ihm aus dem Hauptvermächtnis tatsächlich zukommt,** dh ihm wirtschaftlich zugeflossen ist (gegenständliche Beschränkung, s. Staudinger/*Otte* Rn. 2). Vorher kann der Untervermächtnisnehmer sich allenfalls den Anspruch des Hauptvermächtnisnehmers abtreten lassen (Staudinger/*Otte* Rn. 2). Für den Fall, dass der Erblasser dem Hauptvermächtnisnehmer zu Lebzeiten Grundstücke übereignet hat, beschränkt sich dessen Haftung für das Untervermächtnis auf das durch letztwillige Verfügung erhaltene Vermögen (OLG Celle ZEV 2000, 200).

3 b) **Abs. 2.** Im Falle von § 2161 soll die Haftungsbeschränkung nach Abs. 1 ebenso gelten, wobei der Ersatzvermächtnisnehmer oder der anwachsungsberechtigte Mitvermächtnisnehmer (beachte § 2159) bereits unter Abs. 1 fallen. Abs. 2 hat somit nur Bedeutung, wenn es in einem Erben als Ersatz für den ursprünglich beschwerten Vermächtnisnehmer geht **(Ersatzbeschwerter).** Die zusätzliche Möglichkeit der Haftungsbeschränkung nach dieser Vorschrift wirkt sich insbes. Dann aus, wenn der Erbe wegen Wegfalls anderer Haftungsbeschränkungen, die ihm als Erben in Erfüllung der Beschwerung als Nachlassverbindlichkeit zukommen, letztlich unbeschränkt haften müsste (RGRK/*Johannsen* Rn. 6).

4 **3. Wirkung der Haftungsbeschränkung. A) Erfüllungsverweigerung.** Nach Abs. 3 ist auf die Haftungsbeschränkung § 1992 analog anwendbar, wonach der Hauptvermächtnisnehmer unter den Voraussetzungen von Abs. 1 u. 2 die Erfüllung verweigern kann (§ 1992 iVm § 1990 I 1).

5 b) **Duldungspflicht bei Zwangsvollstreckung.** Er ist indes gem. § 1990 I 2 zur Duldung der Zwangsvollstreckung in den Gegenstand des Hauptvermächtnisses zum Zwecke der Befriedigung des Untervermächtnisnehmers oder der Erfüllung der Auflage verpflichtet. Dem Erfüllungsverweigerungsrecht des Hauptvermächtnisnehmers stehen indes nicht im Wege der Zwangsvollstreckung herbeigeführte

Sicherungsrechte entgegen, wie etwa die Eintragung eines Pfandrechts, einer Hypothek oder einer Vormerkung in das Grundbuch, § 1990 II.

c) Schadensersatzpflicht. Bei Nichterfüllung seiner Verpflichtung wegen fehlerhafter Verwaltung des Vermächtnisgegenstands ist der Hauptvermächtnisnehmer zum Schadensersatz nach § 1991 I, § 1978 I verpflichtet. Je nachdem, ob der Hauptvermächtnisnehmer das Vermächtnis bereits angenommen hat oder nicht, gelten entweder die Regeln des Auftragsrechts (§ 1978 I 1) über die Geschäftsführung ohne Auftrag (§ 1978 I 2). Ein über § 2185 hinausgehender Aufwendungsersatzanspruch hinsichtlich des Gegenstands des Hauptvermächtnisses ergibt sich aus § 1991 III. § 1991 II ist wegen der schuldrechtlichen Wirkung des Vermächtnisses nicht anwendbar (Staudinger/*Otte* Rn. 7).

d) Mehrere Vermächtnisse. Bei der Beschwerung des Vermächtnisnehmers mit mehreren Vermächtnissen ist er zur Berichtigung wie in Form von Insolvenz gem. § 1991 IV verpflichtet. Liegt kein entgegengesetzter Erblasserwille vor (§ 2289), muss der Hauptvermächtnisnehmer die jeweiligen Beschwerungen kürzen, da sämtliche Vermächtnisse oder Auflagen den gleichen Rang haben (§ 327 I Nr. 2 InsO). Wird er dieser Pflicht nicht gerecht, führt dies zur Schadensersatzpflicht gem. § 1991 I, § 1978 I 1.

4. Verfahren. Für die Haftungsbeschränkungen nach dieser Vorschrift gelten verfahrensrechtlich die § 786 iVm § 780 I, §§ 781, 785 ZPO. Danach muss die Haftungsbeschränkung im Urteil vorbehalten sein (§ 780 I ZPO). Mit der Vollstreckungsgegenklage kann der Hauptvermächtnisnehmer gegen die Vollstreckung Einwendungen aufgrund der Haftungsbeschränkung geltend machen, §§ 785, 767 ZPO.

5. Nachlassinsolvenz. Für die Ermittlung der Insolvenz des Hauptvermächtnisnehmers für die Beantragung des Nachlassinsolvenzverfahrens ist **die Pflicht aus dem Untervermächtnis mit einzubeziehen**, da diese nicht aufgrund eines Vermächtnisses des Erblassers iSd § 1980 I 3 entstanden ist. Überdies nimmt der Untervermächtnisnehmer am Insolvenzverfahren des Hauptvermächtnisnehmers nur als gewöhnlicher Gläubiger, nicht als Nachlassgläubiger teil. Er kann weder Nachlassverwaltung noch -insolvenz beantragen.

§ 2188 Kürzung der Beschwerungen

Wird die einem Vermächtnisnehmer gebührende Leistung auf Grund der Beschränkung der Haftung des Erben, wegen eines Pflichtteilsanspruchs oder in Gemäßheit des § 2187 gekürzt, so kann der Vermächtnisnehmer, sofern nicht ein anderer Wille des Erblassers anzunehmen ist, die ihm auferlegten Beschwerungen verhältnismäßig kürzen.

1. Normzweck. Während § 2187 den Schutz des Bedachten gegen eine Überschwerung mit einem Untervermächtnis beinhaltet, behandelt § 2188 den Fall, dass der Erblasser in seiner Vermächtnisanordnung eine bestimmte **Wertaufteilung zwischen dem Hauptvermächtnisnehmer und dessen Beschwerungen** festgelegt hat und bestehen bleiben soll. Deshalb soll bei der Kürzung des Hauptvermächtnisses aus den in § 2188 genannten Gründen eine entsprechende **Kürzung der Beschwerungen des Hauptvermächtnisnehmers** einhergehen.

2. Voraussetzungen. Die Vorschrift setzt voraus, dass der Vermächtnisanspruch des Vermächtnisnehmers gekürzt wurde. Kürzungsgründe: Haftungsbeschränkungen des Erben (§§ 327 InsO, 1990–1992), Pflichtteilsanspruch (§§ 2318, 2322–2324; vgl hierzu *Schmidt* ZEV 2016, 612) und in Form von § 2187. Eine Analogie kommt in Betracht, wenn eine Kürzung eines Vermächtnisanteils nach §§ 2157, 2090 vorgenommen wurde (so auch *Lutz* notar 2014, 347).

3. Rechtsfolgen. A) Kürzung. Liegen die Voraussetzungen vor, braucht der Hauptvermächtnisnehmer den Anspruch des Untervermächtnisnehmers nur gemäß der quotenmäßigen Reduzierung des ihm zustehenden Anspruchs erfüllen. Handelt es sich jedoch um einen **unteilbaren Gegenstand,** ginge es zu Lasten des Hauptvermächtnisnehmers, wenn er zur Herausgabe des Gegenstands verpflichtet wäre, während sein eigener Anspruch gekürzt ist. Für diesen Fall bietet sich an, den herausgabeverlangenden Untervermächtnisnehmer im Gegenzug zur Zahlung eines der Kürzungsquote entsprechenden Betrags zu verpflichten (MüKoBGB/*Rudy* Rn. 3). Unterlässt er die Zahlung des Ausgleichsbetrags, kann sich der Hauptvermächtnisnehmer seiner Schuld entledigen, indem er den gekürzten Wert des Untervermächtnisses zahlt. Dies gilt indes nur, wenn kein abweichender Erblasserwille feststellbar ist.

b) Einrede. Der Hauptvermächtnisnehmer kann seine Kürzungsbefugnis einredeweise (Leistungsverweigerungsrecht) geltend machen (BGH MDR 1965, 274). Er muss die Berechtigung seines Vorbringens beweisen; hierüber wird bereits im Erkenntnisverfahren entschieden (anders in Form von § 2187, → § 2187 Rn. 8).

§ 2189 Anordnung eines Vorrangs

Der Erblasser kann für den Fall, dass die dem Erben oder einem Vermächtnisnehmer auferlegten Vermächtnisse und Auflagen auf Grund der Beschränkung der Haftung des Erben, wegen eines Pflichtteilsanspruchs oder in Gemäßheit der §§ 2187, 2188 gekürzt werden, durch Verfügung von Todes wegen anordnen, dass ein Vermächtnis oder eine Auflage den Vorrang vor den übrigen Beschwerungen haben soll.

1   Die Vorschrift soll dem Erblasser ermöglichen, im Rahmen von Kürzungen mehrerer Vermächtnisse oder Auflagen eine **rangmäßige Verteilung der Unteransprüche** vorzunehmen (vgl. § 327 II 2 InsO im Insolvenzverfahren). Ohne diese Regelung würden die Unteransprüche im Verhältnis von Hauptvermächtnisnehmer und Untervermächtnisnehmer oder den Vollzugsberechtigten bei der Auflage gleichrangig anteilig gekürzt.

§ 2190 Ersatzvermächtnisnehmer

Hat der Erblasser für den Fall, dass der zunächst Bedachte das Vermächtnis nicht erwirbt, den Gegenstand des Vermächtnisses einem anderen zugewendet, so finden die für die Einsetzung eines Ersatzerben geltenden Vorschriften der §§ 2097 bis 2099 entsprechende Anwendung.

1   **1. Normzweck.** Die Vorschrift erfasst das sog. **Ersatzvermächtnis,** welches sich dadurch kennzeichnet, dass der Erblasser einen anderen Bedachten bestimmt, wenn der zunächst Bedachte den Vermächtnisgegenstand nicht erwirbt. Demgegenüber erwirbt bei einem Nachvermächtnis (§ 2191) zunächst ein anderer das Vermächtnis.

2   **2. Voraussetzungen.** Das Vermächtnis zu Gunsten des Ersatzberufenen steht unter der Bedingung, dass der zunächst Bedachte das Vermächtnis nicht erwirbt. **Nichterwerb** bedeutet, dass dem zunächst Bedachten das Vermächtnis nicht angefallen sein darf; Bsp.: Tod vor dem Erbfall (§ 2160), Verzicht (§ 2352), Ausschlagung des Vermächtnisses (§ 2180), Nichtigkeit der Anordnung und deren Anfechtung (§ 2078), Eintritt einer auflösenden Bedingung oder eines Endtermins. Der Erblasser kann den Ersatzvermächtnisnehmer ausdrücklich, aber auch stillschweigend bestimmen. Der Ersatzvermächtnisnehmer muss zzt. Des Erbfalls noch nicht gelebt haben oder gezeugt worden sein, § 2178. Die Einsetzung des Nachvermächtnisnehmers gilt im Zweifel zugleich als Berufung zum Ersatzvermächtnisnehmer, § 2191 II 2 iVm § 2102 I.

3   **3. Rechtsfolgen.** Es gelten die für die Einsetzung des Ersatzerben maßgeblichen Vorschriften der §§ 2097–2099 entsprechend. Die Ersatzberufung für den Fall, dass der zunächst Bedachte nicht Vermächtnisnehmer sein **kann** stellt im Zweifel zugleich eine Einsetzung als Ersatzvermächtnisnehmer für den Fall dar, dass er nicht Vermächtnisnehmer sein **will**, § 2097. § 2098 erfasst die gemeinschaftliche, anteilige Zuwendung eines Vermächtnisgegenstandes an mehrere Bedachte. Diese sind entweder nach dem Verhältnis ihrer Anteile berufen, § 2098 I oder falls ihnen gemeinschaftlich ein Anteil zusteht, den anderen gegenüber bzgl. dieses Anteils als Ersatzvermächtnisnehmer vorrangig, § 2098 II. Liegt hingegen eine Zuwendung verschiedener Vermächtnisse an mehrere Personen vor, erfolgt die Ersatzberufung zu gleichen Anteilen gem. § 2157 iVm § 2091. Zu beachten ist iÜ der Vorrang des Ersatzvermächtnisses gegenüber dem Anwachsungsrecht (§ 2158) gem. § 2099.

§ 2191 Nachvermächtnisnehmer

(1) Hat der Erblasser den vermachten Gegenstand von einem nach dem Anfall des Vermächtnisses eintretenden bestimmten Zeitpunkt oder Ereignis an einem Dritten zugewendet, so gilt der erste Vermächtnisnehmer als beschwert.

(2) Auf das Vermächtnis finden die für die Einsetzung eines Nacherben geltenden Vorschriften des § 2102, des § 2106 Abs. 1, des § 2107 und des § 2110 Abs. 1 entsprechende Anwendung.

1   **1. Normzweck.** Mit dieser Vorschrift wird dem Erblasser ermöglicht, den vermachten Gegenstand einem Dritten zuzuwenden und diese Zuwendung von einem ab dem Anfall des Vermächtnisses eintretenden Zeitpunkt oder Ereignis abhängig zu machen (das sog. **Nachvermächtnis**). Es sollen dann die genannten Regelungen der Nacherbeneinsetzung gelten. **Abs. 1** enthält eine **Auslegungsregel** dahingehend, dass der erste Vermächtnisnehmer als beschwert gilt, da der Nachvermächtnisnehmer keinen Anspruch gegen den Erben hat. Das Nachvermächtnis stellt daher ein Untervermächtnis dar, das zur Anwendung der §§ 2186–2188 führt. In Abweichung vom Nachvermächtnis bleibt der erste Vermächtnisnehmer als solcher bestehen, um den ihm nicht mehr zustehenden Vermächtnisgegenstand an den Nachvermächtnisnehmer zu leisten. Praktische Relevanz hat das Nachvermächtnis inzwischen beim sog. „Behindertentestament mit Vermächtnislösung" (s. Staudinger/*Otte* Rn. 8 zum in der Lit. umstr. Verhältnis des Erstattungsanspruchs des Sozialhilfeträgers zum Anspruch des Nachvermächtnisnehmers).

2   **2. Das Nachvermächtnis. a) Inhalt.** Bei dem Nach- bzw. Untervermächtnis wird derselbe Gegenstand an einen Dritten (den Nachvermächtnisnehmer) zugewendet, nachdem ihn der erste Vermächtnisnehmer erlangt hatte. Wird ein **Sachinbegriff** vermacht, handelt es sich noch um den identischen Gegenstand, wenn dieser sich nicht grundlegend verändert hat oder lediglich Teile davon ausgetauscht werden, bspw. Reparaturen (Bamberger/Roth/*Müller-Christmann* Rn. 3). Nach hM können auch **reale oder ideelle Teile der vermachten Sache, eine bestimmte Menge vertretbarer Sachen oder eine bestimmte Geldsumme** durch das Nachvermächtnis zugewendet werden. Das Recht des ersten Vermächtnisnehmers auf einen Vermächtnisanteil, der infolge Wegfalls eines Mitvermächtnisnehmers anfällt, geht im Zweifel auf den Nachvermächtnisnehmer über, s. § 2191 II, § 2110 I (Ersatzberufung bei Anwachsung). Zulässig ist überdies ein Nachvermächtnis, das sich auf den „Überrest" bezieht, dh was dem Beschwerten hinsichtlich des Gegenstands des Vorvermächtnisses noch übriggeblieben ist (Staudinger/*Otte*

Rn. 2). Der Nießbrauch stellt keinen wirksamen Gegenstand eines Nachvermächtnisses dar, da es sich um ein an die Lebenszeit des Nießbrauchers gebundenes unübertragbares Recht handelt. Es muss vielmehr für den zweiten Vermächtnisnehmer ein Nießbrauchsrecht neu bestellt werden.

b) Anordnung des Nachvermächtnisses. Sie kann durch den Erblasser **ausdrücklich** getroffen sein oder ist **anhand des geäußerten Erblasserwillens** auszulegen. So kann eine Anordnung eines Nachvermächtnisses in der „Vererbung" von Werten an einige der gemeinsamen Kinder verbunden mit einem angemessenen Ausgleich gegenüber einem anderen gemeinsamen Kind gesehen werden (MüKoBGB/*Rudy* Rn. 2; BGH BWNotZ 1961, 229). Für den Fall, dass der Erblasser die vermachte Sache zunächst durch **Teilungsanordnung** einem Erben zugewandt hat und diesen zur Herausgabe der Sache an einen Dritten verpflichtet, ist der Erbe und nicht ein Vermächtnisnehmer beschwert (Staudinger/*Otte* Rn. 3). Ist die **Unterscheidung zwischen Nachvermächtnis und Ersatzvermächtnis durch Auslegung** nicht feststellbar, gilt die Person gem. Abs. 2 iVm § 2102 II als Ersatzvermächtnisnehmer. § 2107 greift als Auslegungsregel für den Fall ein dass, der Erblasser einem Abkömmling für die Zeit nach dessen Ableben einen Nachvermächtnisnehmer bestimmt und der Abkömmling zzt. der Anordnung selbst keine Abkömmlinge hatte. Die Einsetzung des Nachvermächtnisnehmers soll gem. § 2107 nur dann anzunehmen sein, wenn der Abkömmling ohne Nachkommenschaft stirbt. Bei der Anordnung mehrerer Vermächtnisse hintereinander (BGH NJW 1991, 1736) sind die zeitlichen Grenzen der §§ 2162, 2163 zu berücksichtigen. Nachvermächtnisnehmer kann auch der mit dem Vermächtnis seinerseits Beschwerte sein, ein sog. **Rückvermächtnis** (Bamberger/Roth/*Müller-Christmann* Rn. 2).

c) Anfall und Sicherung der Rechtsposition des Nachvermächtnisnehmers. aa) Bedingung und Befristung. Das Nachvermächtnis fällt mit dem vom Erblasser bestimmten künftigen Ereignis oder Termin an und stellt somit ein aufschiebend bedingtes oder befristetes Vermächtnis (s. § 2177) dar. Bei fehlender Bestimmung ist der Tod des ersten Vermächtnisnehmers der maßgebliche Zeitpunkt für den Anfall des Nachvermächtnisses, §§ 2191 II iVm 2106 I. Stirbt der Nachvermächtnisnehmer sind seine Abkömmlinge im Zweifel Ersatz-Nachvermächtnisnehmer (BGH NJW 1958, 22).

bb) Schwebezeit. Für die Zeit zwischen dem Erbfall und dem Anfall des Vermächtnisses gilt § 2179, wonach der Nachvermächtnisnehmer eine **Anwartschaft** erlangt (s. Komm. Zu § 2179). Während dieser Schwebezeit kann sich der Nachvermächtnisnehmer nicht der Vorschriften zum Schutz des Nacherben bedienen (OLG Köln OLGE 26, 337; KG OLGE 41, 31). Der erste Vermächtnisnehmer ist uU **zum Ersatz des Schadens gem. §§ 2177, 2179, 160** verpflichtet, der aus einer nicht ordnungsgemäßen Verwaltung des Vermächtnisgegenstands resultiert. Der Erblasser kann den Schadensersatzanspruch des Nachvermächtnisnehmers einschränken oder nur den „Überrest" vermachen (MüKoBGB/*Rudy* Rn. 6).

cc) Vormerkung. Ist Gegenstand des Vermächtnisses ein Grundstück oder ein Grundstücksrecht, kann der Nachvermächtnisnehmer zur Sicherung seines Anspruchs eine Vormerkung in das Grundbuch eintragen lassen. Hierbei muss der Schuldner des vorgemerkten Anspruchs bei Eintragung der Vormerkung als Berechtigter im Grundbuch eingetragen sein (BayObLG Rpfleger 1981, 190; OLG Stuttgart NJW-RR 1999, 1321; Staudinger/*Otte* Rn. 5). Dies bedeutet, dass **eine Vormerkung bei Nichterfüllung des Vorvermächtnisses ausgeschlossen** ist, da der mit dem Nachvermächtnis Beschwerte noch in das Grundbuch eingetragen ist. Die Frage, ob der Nachvermächtnisnehmer einen **Anspruch auf Bewilligung der Vormerkung** hat, ist durch **Auslegung der Erblasseranordnung** festzustellen (OLGR Frankfurt hat dies für den Fall bejaht, dass der Vorvermächtnisnehmer das Grundstück sonst an einen Dritten veräußert hätte). Gegen drohende Veräußerung oder Pfändung des Gegenstandes des Nachvermächtnisses ist der Nachvermächtnisnehmer nicht durch § 771 ZPO geschützt, weil der Anspruch kein die Veräußerung hinderndes Recht darstellt (*Baltzer* ZEV 2008, 116). Er kann sich vielmehr nur durch einstweilige Verfügung schützen.

d) Vermächtnisanspruch. Der nach den Regeln des Untervermächtnisses zu bestimmende Anspruch entsteht **mit dem Anfall.** Der Anspruch ist gegenüber dem ersten Vermächtnisnehmer geltend zu machen. Hierfür ist unerheblich, ob der Erbe den Anspruch des ersten Vermächtnisnehmers bereits erfüllt hat, Vor- und Nachvermächtnis angenommen wurden (OLG München ZEV 2013, 507), oder der Erbe noch als Erbe des vermachten Grundstücks eingetragen ist (MüKoBGB/*Rudy* Rn. 9). Das Verhältnis zwischen Nachvermächtnisnehmer und erstem Vermächtnisnehmer sowie dessen Verhältnis zu dem Erben sind nur schuldrechtlicher Natur. Die Regelungen für die Vor- und Nacherbschaft nach §§ 2121 ff. können nicht auf das hier vorliegende Schuldverhältnis übertragen werden. Das Nachvermächtnis wird schuldrechtlich gem. §§ 280 ff. bestimmt. Als treuwidrig ist die verweigerte Zustimmung des Nachvermächtnisnehmers zur Veräußerung eines baufälligen Hauses zu sehen, denn der Erlös kommt ihm anstelle des Vermächtnisgegenstands zu (BGHZ 114, 16).

Titel 5. Auflage

Vorbemerkungen zu den §§ 2192–2196

1. Normzweck. Das typische Merkmal der Auflage besteht darin, den Beschwerten zu verpflichten, während bei einem Vermächtnis die Zuwendung vordergründig ist. Aus § 1940 geht hervor, dass der Erblasser den Erben oder Vermächtnisnehmer mit einer Auflage zu einer Leistung oder einem Unterlassen jeglicher Art verpflichten kann, ohne einen Begünstigten miteinzubeziehen. Bsp.: Grabpflege, Tierbetreuung; im Interesse des Beschwerten: Sicherung einer lebenslangen Rendite durch Anlegen von vermachtem Kapital (BayObLG 1995 ZEV 1996, 33), bestimmte Maßnahmen zur Verwaltung des Nachlasses (OLG Köln 1990 NJW-RR 1991, 525); ebenso ein persönliches Verhalten des Beschwerten, wenn die verlangte Leistung nicht verbotswidrig oder sittenwidrig ist, wobei die Nichterzwingbark beachten ist, vgl. § 1297, § 888 III ZPO (Soergel/*Dieckmann* Vor § 2192; zum Konflikt mit der Testierfreiheit und alternativen Auslegungsmöglichkeiten OLG Schleswig ZEV 2015, 471). Nur bestimmte Personen sind zur Vollziehung berechtigt, s. § 2194. Die **Auflage** führt nicht zu einer unmittelbaren Rechtsänderung, sondern **wirkt**, ebenso wie das Vermächtnis, **nur schuldrechtlich**. Auf sie sind die Bestimmungen über letztwillige Verfügungen ausdrücklich anwendbar. Es können jedoch auch nicht ausdrücklich für anwendbar erklärte Vorschriften herangezogen werden.

2 **2. Erbrechtliche Vorschriften über die Auflage.** Die Anordnung einer Auflage erscheint in folgenden erbrechtlichen Vorschriften: Im gemeinschaftlichen Testament nach § 2270 III; im Erbvertrag mit bindender Wirkung gem. §§ 1941, 2278, 2279, 2291; im Pflichtteilsrecht gem. §§ 2306, 2307, 2318, 2322 und 2323; Beschwerung mit einer Auflage als Nachlassverbindlichkeit gem. §§ 1967, 1972, 1980, 1991 IV, §§ 1992, 2060 Nr. 1; bei der Erbteilserhöhung oder Anwachsung gem. §§ 1935, 2095, 2159; im Erbschaftskauf gem. § 2376.

3 **3. Entsprechende Anwendbarkeit ausdrücklich genannter Vorschriften.** § 2192 erklärt bestimmte Vorschriften über letztwillige Verfügungen für entsprechend anwendbar. Dort nicht erwähnte Vorschriften können dennoch anwendbar sein, wenn die Voraussetzungen für eine Analogie gegeben sind und sie den Beschwerten betreffen. Bsp.: Aufgrund des Wortlauts §§ 2186–2188 bzgl. der Beschwerungen eines Vermächtnisnehmers und § 2189 hinsichtlich des Vorrangs bei Kürzungen; § 2159 hinsichtlich eines aufgrund Anwachsung erlangten Vermächtnisanteils; § 2307 I 2 hinsichtlich der Beschwerung eines pflichtteilsberechtigten Vermächtnisnehmers (Staudinger/*Otte* Rn. 11).

4 **4. Erbschaftsteuer.** Die Erbschaftsteuerpflicht aus der Erfüllung einer Auflage ergibt sich aus § 3 II Nr. 2 ErbStG. Die Beschwerung mit einer Auflage ist für den Beschwerten als Verbindlichkeit iSv § 10 V Nr. 2 ErbStG abzugsfähig. Soll mit der Auflage ein bestimmter Zweck erreicht werden (§ 1 I Nr. 3 ErbStG), ist § 8 ErbStG maßgeblich (Staudinger/*Otte* Rn. 5; ausf. Soergel/*Dieckmann* Rn. 11).

§ 2192 Anzuwendende Vorschriften

Auf eine Auflage finden die für letztwillige Zuwendungen geltenden Vorschriften der §§ 2065, 2147, 2148, 2154 bis 2156, 2161, 2171, 2181 entsprechende Anwendung.

1 **1. Anordnung. a) Allgemeines. aa) Höchstpersönlichkeit.** Der Erblasser kann gem. § 2065 I nur höchstpersönlich eine Auflage anordnen, dh ausschließlich er kann darüber bestimmen, ob die Auflage gelten soll oder nicht. Unter den Voraussetzungen der §§ 2156 u. 2193 kann der Erblasser die Bestimmung der Person des Empfängers oder des Gegenstands einer Auflage einem Dritten überlassen. Insoweit wirkt sich das Verbot nach § 2065 II daher nicht aus.

2 **bb) Form.** Die Form der Anordnung richtet sich **nach den Regeln der Verfügungen von Todes wegen.** Der Erblasser kann die Bindungswirkung der Anordnung auch durch Vertrag (§ 2278 II) oder wechselbezüglich durch gemeinschaftliches Testament (§ 2270 III) herbeiführen.

3 **cc) Bestimmung des Beschwerten.** Da die Auflage keine Zuwendung darstellt, ist zwingende Voraussetzung der Anordnung, dass ein Beschwerter bestimmt ist. Kommt die Auflage einem Dritten zugute (Begünstigter), ist nur der Vollziehungsberechtigte (§ 2194) zur Erzwingung der Erfüllung berechtigt.

4 **dd) Fälligkeit.** Hat der Erblasser keine Fälligkeit der Leistung des Beschwerten bestimmt, wird die Leistung gem. § 2181 im Zweifel erst mit dem Tod des Beschwerten fällig.

5 **b) Wahl-, Gattungs- und Zweckauflage.** Unter einer Wahlauflage ist die Anordnung des Erblassers zu verstehen, dass der Beschwerte (oder ein Dritter, § 2154 I 2, Abs. 2) unter mehreren Leistungen die eine oder andere Leistung auswählen kann (§ 2154 I). Auch dem Begünstigten kann das Wahlrecht übertragen werden, da er wie ein Dritter anzusehen ist. Eine Auflage, deren Leistung nur der Gattung nach bestimmt ist, richtet sich nach § 2155 I, wonach die Leistung den Verhältnissen des Leistungsempfängers entsprechen muss. Die zweckbestimmte Auflage ist dadurch gekennzeichnet, dass der Erblasser die Bestimmung der Leistung dem billigen Ermessen des Beschwerten oder des Dritten überlassen kann; es gelten die § 2156 iVm §§ 315–319.

6 **c) Unmöglichkeit oder Verstoß gegen gesetzliches Verbot.** Eine durch eine Auflage bestimmte objektiv unmögliche oder gesetzliche verbotene Leistung ist unwirksam, § 2171 I. Für den Fall des Möglichwerdens der unmöglichen Leistung, etwa durch Genehmigung, gilt § 2171 II. Ist die Auflage **aufschiebend bedingt oder befristet,** ist für die Frage der Unmöglichkeit der **Zeitpunkt des Eintritts der Bedingung oder des Termins** maßgeblich.

7 **2. Weiterer Anwendungsbereich. a) Übriges Vermächtnisrecht.** Da es sich bei der Auflage um keine Zuwendung handelt, sind solche Vorschriften, die einen Bedachten voraussetzen nicht anwendbar, einschließlich die der Ausschlagung und Annahme. Weitere **nicht anwendbare Vorschriften:** §§ 2151–2153 (§ 2193 füllt die bestehende Lücke aus); die zeitlichen Grenzen nach §§ 2162, 2163, um mit der Auflage stiftungsähnliche Ziele erreichen zu können (Prot. V 243 f., 308); § 2185, da die Geltendmachung eines

Verwendungsersatzanspruchs als Gegenrecht gem. § 1000 mangels Vollziehungsanspruchs der Auflage des Begünstigten nicht geltend gemacht werden kann. **Anwendbare Vorschriften:** §§ 2157–2160; §§ 2176–2179 als Regeln für den Entstehungszeitpunkt der Leistungspflicht des Beschwerten; die Regeln der §§ 2164–2170, 2172 f.) über Inhalt und Umfang der Leistungspflicht, wobei der Auflagengegenstand ebenso wie beim Verschaffungsvermächtnis nicht zum Nachlass gehören muss (BGH WM 1985, 174); die Vorschriften der §§ 2182–2184 über die Haftung des Beschwerten für Rechtsmängel, Sachmängel und Nutzungen unter Ausschluss des Schadensersatzes statt der Leistung.

b) Allgemeines Erbrecht. Es gelten die allgemeinen Vorschriften der §§ 2064–2086 über das Testament mit beliebigem Inhalt. Soweit die Vorschriften jedoch eine Zuwendung bzw. einen Bedachten voraussetzen, sind sie hinsichtlich der Auflage nicht anwendbar, zB § 2307. Eine Ausnahme besteht für § 2065, der in § 2192 ausdrücklich für anwendbar erklärt wird. 8

3. Stellung der Beteiligten. A) Beschwerter. Es können **nur Erben oder Vermächtnisnehmer** mit der Auflage beschwert werden, wobei **im Zweifel der Erbe** beschwert ist (§ 2147 S. 2). Für den Fall, bei mehreren Beschwerten hilft § 2148 weiter. Fällt der Beschwerte weg, gilt § 2161, wonach die Auflage auch dann wirksam ist und die Beschwerung trifft auf denjenigen, dem der Wegfall unmittelbar zugutekommt. Es finden weiterhin folgende Vorschriften Anwendung: §§ 2187, 2188 für den Umfang der Leistungspflicht des beschwerten Bedachten; §§ 2182, 2183 für die Haftung wegen Rechts- und Sachmängel; § 2184 für den Anspruch auf Früchte. Die Beschwerung des durch eine Auflage Begünstigten mit einer Auflage (sog. Unterauflage) ist ausgeschlossen (Staudinger/*Otte* Rn. 3; aA *Muscheler* ErbR 2016, 358). 9

b) Begünstigter. aa) Anwartschaft. Der Begünstigte ist für die Definition der Auflage zwar nicht erforderlich, da sich die Begünstigung auch auf die Allgemeinheit oder einen Zweck beziehen kann, zB Pflege der Grabstätte des Erblassers, keine Veräußerung von Familiengut. Ist ein **Begünstigter** vorgesehen, weist dies auf die Anordnung einer **Auflage** und nicht eines Vermächtnisses hin, wenn ein nicht abgrenzbarer, von § 2151 nicht erfasster, Personenkreis begünstigt wird (BGH NJW 1993, 2168). Für den Fall, dass ein Begünstigter in der Auflagenanordnung genau bezeichnet ist, gibt es keine Regelung, denn die Begünstigung stellt lediglich ein Reflex der dem Beschwerten auferlegten Verpflichtung dar (Staudinger/*Otte* Rn. 12). Der Begünstigte ist nicht zur Vollziehung der Auflage berechtigt, sondern nur die Vollziehungsberechtigte nach § 2194. Dennoch leistet der Beschwerte an ihn nicht ohne Rechtsgrund, so dass das Bereicherungsrecht nicht anwendbar ist. Ein Verstoß gegen § 138 I kann in einer Vereinbarung zu sehen sein, die die Durchsetzung des Vollziehungsanspruchs nach § 2194 vereiteln soll (BGH NJW 1993, 2168). Die Auflage kann eine bestimmte Person begünstigen, wobei **der Begünstigte keine Rechtsposition erlangt.** Auch eine sog. „schuldrechtlichen Anwartschaft" (so *Lange/Kuchinke* ErbR § 30 Kap. III Rn. 2) des Begünstigten ist nicht anzunehmen, da diesem bei einer Auflage mangels Forderungsrechts kein Vollrecht zukommt (Bamberger/Roth/*Müller-Christmann* Rn. 10). 10

bb) Keine Annahme oder Ausschlagung. Da der Begünstigte kein Recht auf die Leistung begründet, sind die Vorschriften des Vermächtnisses hinsichtlich des Vermächtnisnehmers als Bedachten nicht anwendbar. Deshalb ist auch die Annahme oder Ausschlagung der Auflage ausgeschlossen, vgl. § 2180 für das Vermächtnis. 11

4. Sonstiges. Die **Erbschaftsteuerpflicht** gem. § 3 II Nr. 2 ErbStG entsteht durch den Erwerb einer Leistung infolge einer vollzogenen Auflage, welche eine bestimmte Person begünstigt. Die Verpflichtung des Beschwerten aus der Auflage, die eine Nachlassverbindlichkeit ist, kann der Beschwerte als Abzugsposten geltend machen, § 10 V Nr. 2, Abs. 9 ErbStG (BFH 2002 NJW 2002, 3047). Die Anordnung einer Auflage muss im Erbschein nicht angegeben werden. 12

§ 2193 Bestimmung des Begünstigten, Vollziehungsfrist

(1) Der Erblasser kann bei der Anordnung einer Auflage, deren Zweck er bestimmt hat, die Bestimmung der Person, an welche die Leistung erfolgen soll, dem Beschwerten oder einem Dritten überlassen.

(2) Steht die Bestimmung dem Beschwerten zu, so kann ihm, wenn er zur Vollziehung der Auflage rechtskräftig verurteilt ist, von dem Kläger eine angemessene Frist zur Vollziehung bestimmt werden; nach dem Ablauf der Frist ist der Kläger berechtigt, die Bestimmung zu treffen, wenn nicht die Vollziehung rechtzeitig erfolgt.

(3) ¹Steht die Bestimmung einem Dritten zu, so erfolgt sie durch Erklärung gegenüber dem Beschwerten. ²Kann der Dritte die Bestimmung nicht treffen, so geht das Bestimmungsrecht auf den Beschwerten über. ³Die Vorschrift des § 2151 Abs. 3 Satz 2 findet entsprechende Anwendung; zu den Beteiligten im Sinne dieser Vorschrift gehören der Beschwerte und diejenigen, welche die Vollziehung der Auflage zu verlangen berechtigt sind.

1. Normzweck. Bei der Auflage ist die **Abweichung von dem Grundsatz des § 2065 II**, wonach der Erblasser die Bestimmung der begünstigten Person oder des Zuwendungsgegenstands nicht auf einen anderen übertragen kann, am deutlichsten (beim Vermächtnis iRd §§ 2151–2156). Dies liegt daran, dass der Begünstigte einer Auflage nicht einmal einen Anspruch erhält und das Interesse des Erblassers, selbst das Bestimmungsrecht auszuüben, nicht besonders ausgeprägt ist. Insoweit kann er sich gem. § 2193 auf 1 die Zweckbestimmung der Auflage beschränken und das Bestimmungsrecht hinsichtlich des Begünstigten und des Gegenstands einem anderen überlassen, s. Abs. 1 (Zweck und Bestimmungsbefugnis müssen jedoch vom Erblasser hinreichend konkret bestimmt werden, OLG Celle FamRZ 2017, 1720). Falls der bestimmungsberechtigte Dritte die Bestimmung nicht treffen kann, gilt Abs. 3; Abs. 2 erfasst den Fall, dass der Beschwerte sein Bestimmungsrecht nicht ausübt, die Auflage aber dennoch vollziehbar sein soll.

2 **2. Zweckbestimmung. a) Fallbeispiele:** Für die **Zweckbestimmung** wird ein **großzügiger Maßstab** angesetzt. Es genügt für eine wirksame Zweckbestimmung des Erblassers zwar nicht, wenn der Erblasser den Erben auffordert, das hinterlassene Geld schnell „unter die Leute zu bringen" (s. MüKoBGB/*Rudy* Rn. 2). Für ausreichend erachtet wird in der Rspr.: Verteilung einer bestimmten Geldsumme für mildtätige und gemeinnützige Zwecke an Vereine, Anstalten oder bedürftige Personen (BGH WM 1987, 564); Übertragung eines Grundstücks auf eine gemeinnützige Organisation (BGH NJW 1993, 2168); die Verteilung des Nachlasses an die bedürftigen Verwandten je nach Grad der Bedürftigkeit (KG OLGE 21, 350); das gesamte Vermögen soll den Tieren zugutekommen (BayObLG NJW 1988, 2742) oder einem wohltätigen Zweck „Kinderkrebshilfe, Kinder in Not, Kranke in Not, Tierschutz etc." (OLG Düsseldorf BeckRS 2014, 21228); Errichtung einer unselbstständigen Stiftung mit hinreichend konkreter Zweckbestimmung (OLG München NJW 2014, 2448); das Vermögen soll römisch-katholischen Zwecken zugute kommen (OLG Köln OLGE 18, 319). In diesen Fällen hat der Erblasser den Zweck hinreichend genau bestimmt (vgl. auch OLG München ZEV 2017, 325). **Allgemein gehaltene Angaben** zum Zweck der Auflage reichen für eine wirksame Auflage nicht aus, sondern stellen lediglich **einen unverbindlichen Wunsch des Erblassers** dar (Soergel/*Dieckmann* Rn. 4). Die bloße Angabe des Personenkreises nach § 2151, aus dem der Bestimmungsberechtigte wählen soll, kann die Zweckbestimmung zwar nicht ersetzen (Staudinger/*Otte* Rn. 1). Hieraus kann sich jedoch die Zweckbestimmung durch Auslegung ergeben (Prot. V 31).

3 **b) Gerichtliche Nachprüfbarkeit.** § 2193 überlässt die Bestimmung zwar **nicht dem billigen Ermessen** wie es nach § 2156 der Fall ist und verweist auch nicht auf §§ 315–319. Es sprechen jedoch folgende Gründe dafür, diese Vorschriften in bestimmten Fällen dennoch anzuwenden und **die gerichtliche Nachprüfbarkeit der Bestimmung auf offensichtliche Verfehlung oder Arglist zuzulassen** (anerkannt, s. BGHZ 121, 357; Palandt/*Weidlich* Rn. 1; RGRK/*Johannsen* Rn. 4): Im Unterschied zu § 2151, bei welchem die gerichtliche Nachprüfbarkeit abgelehnt wird, weil der Erblasser dies nicht gewollt hätte, betrifft die Bestimmung nach § 2193 jedoch nicht die Auswahl aus einem bestimmten Personenkreises. § 2193 knüpft die Bestimmung vielmehr an einen vom Erblasser angegebenen Zweck. Insofern erscheint es sinnvoll und auch dem Willen des Erblassers entsprechend, die Entscheidung des Bestimmungsberechtigten iSd §§ 315 III 1, 319 I 1 gerichtlich auf offensichtliche Verfehlung des Zwecks oder Arglist hin überprüfen zu lassen (Staudinger/*Otte* Rn. 4). Dies ist nur dann abzulehnen, wenn die Bestimmung dem freien Belieben des Bestimmungsberechtigten überlassen ist, worauf § 319 II anwendbar ist (BGHZ 121, 357; sich selbst korrigierend Staudinger/*Otte* 2013 Rn. 7).

4 **3. Bestimmung des Begünstigten. a) Bestimmungsberechtigte.** Als solche kommen **nur der Beschwerte**, dh Erbe oder Vermächtnisnehmer oder ein Dritter in Betracht (zB ein Testamentsvollstrecker OLG München NJW 2014, 2448; krit. *Muscheler* ZEV 2014, 573). Der Beschwerte übernimmt die Bestimmung durch **tatsächliche Erfüllung der Auflage**, ohne eine Erklärung abgeben zu müssen. Unterlässt er dies, findet Abs. 2 Anwendung, wonach das Bestimmungsrecht auf einen Vollziehungsberechtigten (§ 2194) übergeht. Dies setzt voraus, dass der Vollziehungsberechtigte auf Erfüllung der Auflage klagt. Der Dritte muss hingegen eine Erklärung hinsichtlich der Bestimmung der Auflage gegenüber dem Beschwerten abgeben. Kann er die Erklärung nicht treffen, geht sein Bestimmungsrecht auf den Beschwerten über. Dies gilt auch, wenn der Dritte eine vom Nachlassgericht auferlegte Frist, die Bestimmung bis zu einem bestimmten Zeitpunkt zu treffen, nicht eingehalten hat (Abs. 3 S. 3 iVm § 2151 III 2).

5 **b) Unwirksamkeit der Bestimmung.** Der Dritte kann sein **Bestimmungsrecht nach freiem Belieben** ausüben, es sei denn der Erblasser hat eine **Vorauswahl** getroffen, vgl. § 2156 (BGHZ 121, 357). In diesem Fall ist die **gerichtliche Überprüfbarkeit** der Bestimmung auf deren Wirksamkeit beschränkt. Die Bestimmung ist nur dann unwirksam, wenn dem Bestimmungsberechtigten arglistiges Verhalten vorzuwerfen ist oder die Bestimmung den Zweck verfehlt (→ Rn. 3; BGHZ 121, 357). Der Bestimmungsberechtigte verliert sein Recht nicht bereits durch eine unwirksame Ausübung, sondern erst nach Ablauf der Frist gem. Abs. 2 (BGHZ 121, 357).

6 **4. Verfahren. a) Beweislast.** Der nach § 2194 vorgehende vollziehungsberechtigte Kläger muss die Unwirksamkeit der Bestimmung beweisen. Demgegenüber hat der Anspruchsgegner uU die Darlegungslast zu tragen (BGHZ 121, 357).

7 **b) Fristsetzung.** Übt der Beschwerte sein Bestimmungsrecht nicht aus, kann der nach § 2194 aktivlegitimierte Vollziehungsberechtigte vor Gericht einen Antrag auf Fristsetzung stellen, woraufhin gem. § 255 II ZPO eine Frist im Urteil, das die Verurteilung zur Vollziehung der Auflage ausspricht, gesetzt wird. Abs. 2 enthält weiterhin die Möglichkeit, dass er nach rechtskräftiger Verurteilung selbst eine Frist setzt. Nach Ablauf der Frist geht das Bestimmungsrecht auf den Vollziehungsberechtigten über, Abs. 2 Hs. 2.

§ 2194 Anspruch auf Vollziehung

¹Die Vollziehung einer Auflage können der Erbe, der Miterbe und derjenige verlangen, welchem der Wegfall des mit der Auflage zunächst Beschwerten unmittelbar zustatten kommen würde. ²Liegt die Vollziehung im öffentlichen Interesse, so kann auch die zuständige Behörde die Vollziehung verlangen.

1. Normzweck. Ohne die Vorschrift würde die Vollziehung der Auflage dem freien Belieben des Beschwerten überlassen, da ein durch die Auflage Begünstigter kein Recht auf die Leistung beanspruchen kann. Der Beschwerte ist aber zur Vollziehung verpflichtet und soll daher auch im Klageweg belangt werden können (OLG Schleswig Urt. v. 8.9.2017 – 3 U 16/17, BeckRS 2017, 132055). Dieses Recht steht den in § 2194 genannten Personen bzw. der zuständigen Behörde bei Bestehen eines öffentlichen Interesses zu.

2. Vollziehungsberechtigte Personen. a) Erbe. Zur Vollziehung der Auflage berechtigt ist **der Erbe**, insbes. wenn der Vermächtnisnehmer beschwert ist. Erbe im Sinne dieser Vorschrift ist **auch der Nacherbe zzt. des Nacherbfalls**. Ebenso kann **der Miterbe** die Vollziehung der Auflage verlangen, wobei unerheblich ist, ob er selbst durch die Auflage mitbeschwert ist. Er ist nicht auf das Mitwirken der anderen Miterben angewiesen, da es sich nicht um eine gemeinschaftliche Verwaltungsmaßnahme nach § 2038 handelt. Auch dem **Ersatzerben** steht das Recht bei Wegfall des zunächst Berufenen zu, auch wenn er dabei begünstigt wird (→ Rn. 3). Begünstigt und vollziehungsberechtigt sind überdies **die nichtberufenen gesetzlichen Erben, ein anwachsungsberechtigter Miterbe, der Ersatzvermächtnisnehmer, der mit dem beschwerten Vermächtnis beschwerte Erbe**. Zur Vollziehung berechtigt ist auch **eine der in § 2194 genannte Person**, die zum Kreis der Begünstigten gehört (OLG Karlsruhe NJW-RR 2004, 1307; aA Kein Anspruch des Begünstigten und daher kein Vollziehungsrecht s. RGRK/*Johannsen* Rn. 4). Dadurch werden etwaige personelle Veränderungen berücksichtigt, da der Vollziehungsberechtigte in die Position des Begünstigten, zB als dessen Erbe, gelangen kann. Überdies wird der vom Erblasser gewollten Vollziehung der Auflage Rechnung getragen (s. dazu Staudinger/*Otte* Rn. 9).

b) Unmittelbar Begünstigte. Vollziehungsberechtigt ist auch **derjenige, dem der Wegfall des mit der Auflage Beschwerten unmittelbar zugutekommen würde.** Dabei kommt es nur darauf an, dass die Person an die Stelle des weggefallenen Beschwerten treten würde, zB beim gesetzlichen Erben als Beschwerten die nach der Erbfolge nächsten gesetzlichen Erben; bei der Erbeinsetzung die Ersatzerben oder falls solche nicht vorhanden sind, die anwachsungsberechtigten Miterben oder sonst die gesetzlichen Erben; ist der Vermächtnisnehmer beschwert, kommt der Ersatzvermächtnisnehmer oder falls dies nicht möglich ist, der anwachsungsberechtigte Mitvermächtnisnehmer und schließlich der mit dem Vermächtnis Beschwerte in Betracht (Staudinger/*Otte* Rn. 3). Sind mehrere Personen durch den Wegfall des mit der Auflage Beschwerten begünstigt, ist jeder für sich berechtigt, die Vollziehung der Auflage zu verlangen.

c) Testamentsvollstrecker. Die Vorschrift enthält keine abschließende Aufzählung der Vollziehungsberechtigten. So ist anerkannt, dass auch der Testamentsvollstrecker hierunter fällt (BayObLGZ 1986, 34; OLG Saarbrücken Urt. v. 2.11.2011 – 5 U 562/10-85, BeckRS 2014, 06248), vorausgesetzt, er ist selbst außerstande die Auflage zu erfüllen. Nichtsdestotrotz kann es aber notwendig sein, durch Auslegung zu ermitteln, ob die jeweilige Vollziehung in seinen Aufgabenbereich fällt (OLG Karlsruhe FamRZ 2017, 1975). Seine Befugnis beruht auf §§ 2203, 2208 II, § 2223. Die Vollziehungsberechtigung anderer in § 2194 ausdrücklicher genannter Personen bleibt hiervon unberührt (MüKoBGB/*Rudy* Rn. 4).

d) Vererblichkeit des Rechts auf Vollziehung. Bei Tod des Erben und des Miterben geht deren Recht auf Vollziehung der Auflage auf ihre Erben über (Staudinger/*Otte* Rn. 7; MüKoBGB/*Rudy* Rn. 6). Stirbt der durch den Wegfall des mit der Auflage Beschwerten unmittelbar Begünstigte, geht seine Vollziehungsberechtigung indes nicht automatisch auf seine Erben über. Der Rechtsübergang bestimmt sich vielmehr wieder danach, wer durch den Wegfall des zunächst Beschwerten nunmehr begünstigt wäre (Staudinger/*Otte* Rn. 7).

e) Zuständige Behörde. Liegt die Vollziehung der Auflage im öffentlichen Interesse, kann nach S. 2 die zuständige Behörde die Erfüllung der Auflage verlangen. Die landesrechtlichen Vorschriften (aufgezählt in Staudinger/*Otte* Rn. 10) regeln die Zuständigkeit. Das Bestehen eines öffentlichen Interesses entscheidet im Streitfall das ordentliche Gericht im Rahmen seines Ermessens.

3. Vollziehungsberechtigung. a) Inhalt des Vollziehungsanspruchs. Der nach § 2194 Berechtigte ist befugt, vom Beschwerten die Vollziehung zu verlangen und ist daher nach hM **als Anspruchsinhaber** anzusehen (BGH NJW 1993, 2168). Es steht ihm dabei frei, ob er von seiner Befugnis Gebrauch macht. Mit Ausnahme des Testamentsvollstreckers oder der zuständigen Behörde ist der Vollziehungsberechtigte jedoch nicht zur Geltendmachung seines Anspruchs verpflichtet. Ein mit dem Beschwerten **vereinbarter Verzicht auf die Befugnis** ist zulässig, es sei denn der mutmaßliche Erblasserwille gibt etwas anderes her (Palandt/*Weidlich* Rn. 1). Es besteht keine Gesamtgläubigerschaft (§ 428) bei mehreren Vollziehungsberechtigten. Die Frage, ob eine inhaltliche Änderung des Gegenstands der Auflage herbeigeführt werden kann, insbes. ob ein Ersatzgegenstand einbezogen ist, hängt von den Umständen des Einzelfalles ab (BGH NJW 1965, 688). Der Vollziehungsberechtigte kann keinen Schadensersatz geltend machen, da er nicht Leistung an sich selbst verlangen kann. Das Gleiche gilt für den Begünstigten, der keinen Anspruch hat und ein Ersatz für die Nichterfüllung daher auszuschließen ist.

8   b) **Entstehung des Anspruchs.** Der Anspruch entsteht zzt. des Erbfalls. Bei einer aufschiebend bedingten oder befristeten Auflage ist der Eintritt der Bedingung oder des Termins der maßgebliche Zeitpunkt. Die **Verjährungsfrist** beträgt **nach der Reform des Erb- und Verjährungsrechts** nicht mehr nach § 197 I Nr. 2 aF dreißig Jahre, sondern **nach der Regelverjährung des § 195 drei Jahre** und beginnt gem. § 199 I mit dem Schluss des Jahres, in dem Anspruch entstanden ist und der Gläubiger von den anspruchsbegründenden Umständen und der Person des Schuldners Kenntnis erlangt hat oder grob fahrlässig hätte erkennen müssen (OLG Schleswig Urt. v. 8.9.2017 – 3 U 16/17, BeckRS 2017, 132055 Rn. 74 ff.). Enthält die Auflage wiederholtes oder dauerndes Handeln beginnt die Verjährungsfrist mit der jeweiligen Erfüllungshandlung neu zu laufen, s. § 212 I Nr. 1 (Staudinger/*Otte* Rn. 14a). Enthält die Auflage ein dauerndes oder wiederholtes Unterlassen beginnt die Verjährung nach § 199 V mit der Zuwiderhandlung.

9   c) **Durchsetzung.** Der Vollziehungsberechtigte kann im Klagewege die Erfüllung der Auflage durch den Beschwerten verlangen. Der Gerichtsstand richtet sich nach § 27 ZPO. Für die richtige Klageart und die Vollstreckung kommt es auf den Gegenstand der Auflage an (gleiches gilt für die notwendige Bestimmtheit des Klageantrags OLG Schleswig Urt. v. 8.9.2017 – 3 U 16/17, BeckRS 2017, 132055). Die Klage kann auch gegenüber dem Testamentsvollstrecker nach § 2213 I 1, § 2223 geltend gemacht werden. Die Kosten der Rechtsverfolgung fallen nicht in den Nachlass, sondern trägt der Kläger persönlich. Gegen den durch die Auflage Begünstigten ist ein Ersatzanspruch via GoA möglich (Soergel/*Dieckmann* Rn. 12). Der Beschwerte trägt die Kosten der Erfüllung. Ein Verstoß gegen § 138 ist in einer Vereinbarung zu sehen, die die Durchsetzung des Vollziehungsanspruchs vereiteln soll (BGH NJW 1993, 2168).

§ 2195 Verhältnis von Auflage und Zuwendung

Die Unwirksamkeit einer Auflage hat die Unwirksamkeit der unter der Auflage gemachten Zuwendung nur zur Folge, wenn anzunehmen ist, dass der Erblasser die Zuwendung nicht ohne die Auflage gemacht haben würde.

1   **1. Normzweck.** Die Vorschrift greift den in § 2085 für letztwillige Verfügungen geltenden Grundsatz für den Fall auf, dass bei einer unter der Auflage gemachten Zuwendung die Auflage unwirksam ist. Hängt die Zuwendung von der Auflage ab, führt dies zur Unwirksamkeit der Zuwendung. Die Vorschrift gilt indes nicht für den umgekehrten Fall, weil dann die entsprechende Anwendung des § 2161 in Betracht kommt. Motivation des Gesetzgebers war letztlich die Klarstellung, dass zwischen der Wirksamkeit der Zuwendung und der Wirksamkeit der sie beschwerenden Auflage kein zwingender rechtlicher Zusammenhang besteht (MüKoBGB/*Rudy* Rn. 2).

2   **2. Erläuterungen.** Nach der Vorschrift ist **die Auflage idR selbstständig**, es sei denn der Erblasser hätte die Zuwendung nicht ohne die Auflage gemacht. Der Erblasserwille muss auf die Erfüllung der Auflage abzielen bzw. muss die Erfüllung der Auflage der einzige Zweck der Zuwendung sein. Bsp.: Zuwendung einer monatlichen Geldzahlung für die Grabpflege, die als nicht mehr vom Erblasser gewollt anzusehen ist, wenn das Grab wegfällt (Bamberger/Roth/*Müller-Christmann* Rn. 1). Von der **Abhängigkeit einer Zuwendung von der Wirksamkeit einer Auflage** ist auszugehen, **wenn es dem Erblasser als ungeeignet erscheinen musste, den Bedachten eine Beschwerung durch Vermächtnis aufzuerlegen.** Dies ist bspw. der Fall, wenn die Beschwerung eine Begünstigung des Bedachten oder der Allgemeinheit enthält oder der Bedachte nicht den Beschwerten belangen soll (Staudinger/*Otte* Rn. 3). Eine Abhängigkeit ist überdies für den Fall zu bejahen, dass der Erblasser den Wert der Zuwendung in voller Höhe für die Vollziehung der Auflage verwendet wissen wollte (Staudinger/*Otte* Rn. 3).

3   **3. Unwirksamkeitsgründe.** Der Grund der Unwirksamkeit der Auflage ist für die Anwendung der Vorschrift unerheblich, genauso wie die Frage, ob sie von Anfang an besteht (etwa wegen Unmöglichkeit, Sittenwidrigkeit, Anfechtung) oder nachträglich eintritt (etwa wegen Ausfall oder Eintritt einer Bedingung). **Veränderte Umstände** führen nicht unbedingt zur Unwirksamkeit der Auflage, insbes. wenn dem Erblasserwille durch eine andere Art der Vollziehung entsprochen werden kann (BGH NJW 1965, 688). Derjenige, der sich auf den der Regel des § 2195 entgegenstehenden Erblasserwillen beruft, trägt die Beweislast (Baumgärtel/Laumen/Prütting Beweislast-HdB/*Schmitz* Rn. 1). Häufige Gründe, die zur Unwirksamkeit der Auflage führen sind Sittenwidrigkeit, Verstoß gegen ein Gesetz, Anfechtung, Unmöglichkeit der Vollziehung, Fehlen einer hinreichend konkreten Bestimmung des Zwecks bei einer Zweckauflage (OLG Celle FamRZ 2017, 1720), Ausfall einer aufschiebenden oder Eintritt einer auflösenden Bedingung (s. auch Staudinger/*Otte* Rn. 2).

4   **4. Folge der unwirksamen Zuwendung hinsichtlich der Wirksamkeit der Auflage.** Die Frage, ob die Auflage von der Wirksamkeit der beschwerten Zuwendung abhängt, ist grds. nach § 2161, wonach § 2192 entsprechend gilt, zu beurteilen. Dies bedeutet, dass der Wegfall des zunächst mit der Auflage Beschwerten zur Folge hat, dass der hierdurch Begünstigte mit der Auflage beschwert ist. Ist hingegen ein Vermächtnisnehmer mit einer Auflage beschwert und ist das Vermächtnis etwa wegen Nichtzugehörigkeit des Vermächtnisgegenstands zur Erbschaft gem. § 2169 I unwirksam, wird dadurch keine Person begünstigt, so dass auch die Auflage unwirksam ist (Staudinger/*Otte* Rn. 4).

§ 2196 Unmöglichkeit der Vollziehung

(1) Wird die Vollziehung einer Auflage infolge eines von dem Beschwerten zu vertretenden Umstands unmöglich, so kann derjenige, welchem der Wegfall des zunächst Beschwerten unmittelbar zustatten kommen würde, die Herausgabe der Zuwendung nach den Vorschriften über die Herausgabe einer ungerechtfertigten Bereicherung insoweit fordern, als die Zuwendung zur Vollziehung der Auflage hätte verwendet werden müssen.

(2) Das Gleiche gilt, wenn der Beschwerte zur Vollziehung einer Auflage, die nicht durch einen Dritten vollzogen werden kann, rechtskräftig verurteilt ist und die zulässigen Zwangsmittel erfolglos gegen ihn angewendet worden sind.

1. Normzweck. Die Vorschrift befasst sich mit dem **unbilligen Ergebnis,** das entstehen kann, **wenn der Beschwerte die Vollziehung der Auflage vereitelt** und dennoch die Zuwendung, die er zur Erfüllung der Leistung aus der Auflage hätte verwenden müssen, **für sich behält.** Es geht hier um den Fall, dass **die Vollziehung infolge eines vom Beschwerten zu vertretenden Umstands unmöglich wird.** Der Beschwerte hat das Erlangte dann nach Bereicherungsrecht an denjenigen, dem der Wegfall des zunächst Beschwerten zustattenkommen würde herauszugeben.

2. Anspruchsvoraussetzungen. a) Allgemein. Voraussetzung ist, dass die Zuwendung an den Beschwerten trotz der unmöglich gewordenen Erfüllung der Auflage wirksam ist bzw. bleibt (§ 2195). Die Zuwendung ist bspw. auch dann unwirksam, wenn die Zuwendung durch die Erfüllung der Auflage auflösend bedingt ist. **Der Erblasser kann die Vorschrift abbedingen,** indem er etwa anordnet, dass bei Unmöglichkeit der Herausgabe der Sache stattdessen ein Geldbetrag zu leisten sei (MüKoBGB/*Rudy* Rn. 2). Die Vorschrift ist analog anzuwenden, wenn die Beschwerung mit einer Auflage den gesetzlichen Erben trifft (BGH NJW 1965, 688; umstr. s. RGRK/*Johanssen* Rn. 6; Soergel/*Dieckmann* Rn. 9; MüKoBGB/*Rudy* Rn. 2). Dies muss gleichermaßen für **ein gesetzliches Vermächtnis** gelten, das mit einer Auflage beschwert ist (Staudinger/*Otte* Rn. 9). Weiter setzt § 2196 I voraus, dass der Beschwerte die Unmöglichkeit der Vollziehung der Auflage iSv §§ 276, 278 zu vertreten hat. Ist dies nicht der Fall, wird er von seiner Leistungspflicht frei (§ 275) und er behält die vollständige Zuwendung (OLG Schleswig Urt. v. 8.9.2017 – 3 U 16/17, BeckRS 2017, 132055). Die gleiche Folge tritt nach Abs. 2 **bei rechtskräftiger Verurteilung des Beschwerten,** die Auflage zu vollziehen und erfolglos angewendeten Zwangsmitteln ein. Für die Zwangsvollstreckung gelten die §§ 888, 890 ZPO im Hinblick auf unvertretbare Handlungen sowie Unterlassung und Duldung.

b) Berechtigung. Den Herausgabeanspruch hat nur derjenige **Vollziehungsberechtigte, welchem der Wegfall des zunächst Beschwerten unmittelbar zustattenkommen würde.** Hierzu zählt auch der **Auflagebegünstigte,** während der Testamentsvollstrecker und die vollzugsberechtigte Behörde nach hM von der Berechtigung ausgenommen ist (vgl. BeckOGK/*Grädler* Rn. 15; OLG Schleswig Urt. v. 8.9.2017 – 3 U 16/17, BeckRS 2017, 132055). Handelt es sich um eine **teilbare Leistung und mehrere Wegfallbegünstigte** kommt eine anteilige Berechtigung gem. § 420 in Betracht; **Unteilbare Leistungen** werden von § 432 erfasst. Im Hinblick auf Abs. 2 ist hervorzuheben, dass das Urteil auch von den unter § 2194 fallenden Vollziehungsberechtigten veranlasst worden sein kann.

c) Inhalt. Mit dem Anspruch gegen den Beschwerten wird erreicht, dass dieser keinen Vorteil aus der Nichterfüllung der Auflage erlangt. Demzufolge muss die Auflage keine geldwerte Leistung enthalten, damit der Anspruch entsteht. Es genügt vielmehr, wenn die Erfüllung der Auflage mit Kosten verbunden gewesen wäre, wie zB bei der Grabpflege (Soergel/*Dieckmann* Rn. 8).

d) Verjährung. Der Anspruch verjährt innerhalb der regelmäßigen Verjährungsfrist von drei Jahren. Der Anspruchsgegner kann sich auch dann erfolgreich auf die Verjährung berufen, wenn der Anspruch auf Vollziehung nach § 2194 bereits verjährt ist und danach die Unmöglichkeit der Vollziehung der Auflage eintritt, selbst dann, wenn der Anspruch aus § 2196 selbst noch nicht verjährt ist (OLG Frankfurt Urt. v. 15.11.2012 – 16 U 39/12, BeckRS 2012, 25305).

3. Herausgabepflicht. Die Pflicht zur Herausgabe bezieht sich auf das, was der Beschwerte zur Vollziehung der Auflage hätte verwenden müssen. Der **Umfang** des Herausgabeanspruchs wird nach den bereicherungsrechtlichen Grundsätzen bemessen. **Gem. § 818 I** muss der Beschwerte die aus dem Gegenstand der herauszugebenden Zuwendung gezogenen Nutzungen sowie das, was der Zuwendungsempfänger aufgrund des erlangten Rechts oder als Ersatz für die Zerstörung, Beschädigung oder Entziehung des zugewandten Gegenstands erlangt hat, herauszugeben. Unter den Voraussetzungen des § 818 II ist auch Wertersatz möglich. Ein **Ausschluss** des Bereicherungsanspruchs ist **bei Entreicherung des Zuwendungsempfängers** gegeben, § 818 III. Bei Bösgläubigkeit oder ab Eintritt der Rechtshängigkeit des Anspruchs aus § 2194 tritt jedoch die verschärfte Haftung nach den allgemeinen Regeln § 818 IV, § 819 I ein. Zum Bereicherungsanspruch kommt es wegen Entreicherung erst gar nicht, wenn die Auflage durch einen bestimmten Gegenstand zu erfüllen ist, der aufgrund von Umständen untergeht, die der Beschwerte zu vertreten hat (MüKoBGB/*Rudy* Rn. 7).

Titel 6. Testamentsvollstrecker

Vorbemerkungen zu den §§ 2197–2228

1. Zweck. Die Anordnung der Testamentsvollstreckung dient in erster Linie dem Interesse des Erblassers an dem künftigen Schicksal seines Vermögens (Palandt/*Weidlich* Rn. 1) und führt idR dazu, dass dem Erben die Ausübung seiner Rechte verwehrt ist (§ 2211), soweit die Ausübung dem Testamentsvollstrecker durch letztwillige Verfügung übertragen wurde (§§ 2205, 2208). Durch diese Aufspaltung ist der der Testamentsvollstreckung unterliegende Nachlass als Sondervermögen zu qualifizieren. Aus diesem Grund haftet der Nachlass auch nur den Nachlassgläubigern und nicht den Privatgläubigern des Erben, vgl. § 2214.

2. Rechtsstellung Die Frage, welche Rechtstellung der Testamentsvollstrecker einnimmt, ist zwar in der Rechtstheorie umstritten, sie hat aber nur geringe praktische Bedeutung (vgl. zu den älteren Theorien ausf.: Soergel/*Damrau* Rn. 2 ff.). Nach der Rspr. und dem überwiegenden Schrifttum hat der Testamentsvollstrecker nach der sog. **Amtstheorie** die Stellung eines Treuhänders und ist Inhaber eines privaten Amtes (BGH NJW 2000, 3781 mwN). Er ist weder Vertreter des Erblasser noch der Erben (BGH NJW 2000, 3781). Vielmehr übt er sein zugewiesenes Amt aus eigenem Recht fremdnützig und selbständig entsprechend dem Gesetz und dem letzten Willen des Erblassers aus. Der Erbe ist Inhaber des Nachlasses, der Testamentsvollstrecker der Verwalter des Nachlasses. Daher können die Vertretungsvorschriften der §§ 166 I, 168 ff., 181 sowie §§ 211, 254 u. 278 analog Anwendung finden. § 2218 verweist nur aus technischen Gründen auf einige Vorschriften des Auftragsrechts. Grundsätzlich ist die Stellung des Testamentsvollstreckers gegenüber dem Erben sowie dem Nachlassgericht frei und unabhängig. Lediglich in den §§ 2198, 2200, 2202 II 1, Abs. 3, 2216 II 2 u. 3, 2224 I, 2226 S. 2, 2227 I und 2368 I sind Mitwirkungs- und Entscheidungsbefugnisse des Nachlassgerichtes normiert. Darüber hinaus kennt das Gesetz keine gerichtliche oder behördliche Beaufsichtigung des Testamentsvollstreckers (Palandt/*Weidlich* Rn. 4). Auch bei minderjährigen oder geschäftsunfähigen Erben kann der Testamentsvollstrecker im Gegensatz zu dem gesetzlichen Vertreter nicht der vormundschafts- bzw. familiengerichtlichen Aufsicht unterstellt werden (aber → § 2218 Rn. 7 ff.).

Parallelen bestehen zur Rechtsstellung eines Insolvenzverwalters, der ebenfalls kraft Amtes bestimmte Rechte und Pflichten – gegenüber der Gläubigergemeinschaft – innehat. Beide Ämter zeichnen sich durch die Sorge für fremdes Vermögen aus, das idR einer Gemeinschaft von mehreren Personen zusteht und das unter ihnen dem Erb- bzw. Insolvenzrecht entsprechend zu verteilen ist. Nicht um fremdes Vermögen handelt es sich für den Testamentsvollstrecker dann, wenn er für eine Erbengemeinschaft tätig wird, welcher er als Miterbe selbst angehört. Er übt dann eine Tätigkeit aus, bei der eine Vermutung dafür spricht, dass es sich für ihn um eine private und nicht um eine gewerbliche Angelegenheit handelt. Dies erlangt Bedeutung für die Unterscheidung, ob er als Verbraucher (§ 13) oder als Unternehmer (§ 14) handelt (OLG Düsseldorf ZEV 2010, 417). Testamentsvollstrecker und Insolvenzverwalter können grundsätzlich nur aus wichtigem Grund auf Antrag eines Berechtigten entlassen werden (§ 2227 I bzw. § 70 S. 1 InsO). Die Parallele zieht sich bis in vergleichbare Haftungsnormen fort. Der Testamentsvollstrecker haftet der Erbengemeinschaft gem. § 2219 für vorsätzliche und fahrlässige Pflichtverletzungen. Entsprechendes gilt für den Insolvenzverwalter, der gem. § 60 I InsO allen Parteien entsprechend haftet. Zur Parallele der beiden Rechtsinstitute hinsichtlich des gutgläubigen Erwerbes → § 2211 Rn. 5 f. und hinsichtlich der Freigabe von Gegenständen → § 2217 Rn. 10 f.

3. Systematik. Die Regelungen zur Testamentsvollstreckung sind im BGB nicht insgesamt sinnvoll und systematisch gegliedert (MüKoBGB/*Zimmermann* Rn. 3) und beginnen mit den Vorschriften über die Ernennung des Testamentsvollstreckers (§§ 2197–2201) und der Annahme des Amtes (§ 2202). Daran schließen sich die Vorschriften über die Aufgaben des Testamentsvollstreckers bei dem Regelfall der Abwicklungs- und Auseinandersetzungsvollstreckung (§§ 2203 f.) sowie der dabei einschlägigen Verwaltungs- und Verpflichtungsbefugnisse (§§ 2205–2207) an. § 2208 stellt klar, dass sämtliche Befugnisse des Testamentsvollstreckers vom Erblasser bestimmt werden. Es folgen die Regelungen zur Verwaltungs- und Dauervollstreckung (§§ 2209 f.). Die §§ 2211–2214 bestimmen als Folge der dem Testamentsvollstrecker übertragenen rechtlichen Herrschaft über den Nachlass den Ausschluss des Erben von der Verfügung über verwaltete Nachlassgegenstände (§ 2211), die Verteilung der Prozessführungsbefugnis (§ 2212 f.) und das Vollstreckungsverbot der Eigengläubiger des Erben (§ 2214). Die Vorschriften der §§ 2215–2221 regeln das gesetzliche Schuldrechtsverhältnis zwischen Erben und Testamentsvollstrecker. §§ 2222 f. sehen die Sonderformen der Nacherben- und Vermächtnisvollstreckung vor. Danach folgen die Regelungen zur Beendigung des Amtes (§§ 2225–2227) und das Recht auf Einsicht der nachlassgerichtlichen Akten (§ 2228).

4. Arten. Das Gesetz lässt verschiedene Arten der Testamentsvollstreckung zu. Ohne nähere Angaben ist von dem Grund- und Regeltypus der grds. den gesamten Nachlass umfassenden **Abwicklungs- und** (bei Vorhandensein mehrerer Erben) **Auseinandersetzungsvollstreckung** nach §§ 2203 f. auszugehen (MüKoBGB/*Zimmermann* Rn. 4), bei dem der Testamentsvollstrecker als Regelaufgaben obliegt, den Nachlass in Besitz zu nehmen, die Nachlassverbindlichkeiten zu begleichen, die Nachlasswerte zu liquidieren sowie die Erbauseinandersetzung durchzuführen (→ § 2203 Rn. 2 f.).

Daneben sieht das Gesetz als weitere **Sonderformen** die Verwaltungs- und die Dauervollstreckung 6 nach § 2209 sowie die Nacherbenvollstreckung nach § 2222 und die Vermächtnisvollstreckung nach § 2223 vor. Regelaufgabe bei der Verwaltungsvollstreckung ist die schlichte, befristete Verwaltung des Nachlasses (→ § 2209 Rn. 1). Die Dauervollstreckung stellt eine zeitlich aneinander gereihte Kombination von Abwicklungs- und Verwaltungsvollstreckung dar (→ § 2209 Rn. 2). Bei der Nacherbenvollstreckung obliegt es dem Testamentsvollstrecker die Rechte des Nacherben, die ihm gegenüber dem Vorerben zustehen, im eigenen Namen wahrzunehmen (→ § 2222 Rn. 1 ff.). Bei der Vermächtnisvollstreckung hat der Testamentsvollstrecker für die Ausführung der dem Vermächtnisnehmer auferlegten Vermächtnisse zu sorgen (→ § 2223 Rn. 1 ff.). Zudem kann der Erblasser nach § 2208 innerhalb der vom Gesetz gezogenen Grenzen den Wirkungskreis und die Befugnisse des Testamentsvollstreckers nach seinem freien Willen ausgestalten, also gegenüber dem gesetzlich vorgeschriebenen Normalstatus die Rechte des Testamentsvollstreckers in gegenständlicher, inhaltlicher und zeitlicher Hinsicht einschränken, insbes. die verschieden Vollstreckungsarten kombinieren (MüKoBGB/*Zimmermann* Rn. 4).

5. Pflichtteilsrecht. Die Anordnung der Testamentsvollstreckung ist eine Beschränkung des sich aus 7 den §§ 2303 ff. ergebenden Pflichtteilsanspruchs des Pflichtteilsberechtigten (MüKoBGB/*Lange* § 2306 Rn. 11). Insoweit ist das grds. zwingende **Pflichtteilsrecht als Gestaltungsgrenze für die Testamentsvollstreckung** anzusehen. Die Beschränkung durch Anordnung der Testamentsvollstreckung war für alle Erbfälle, die vor dem 1.1.2010 eintraten (Art. 229 § 23 IV 2 EGBGB iVm § 2306 I 1 aF) unwirksam, wenn der hinterlassene Erbteil die Hälfte des gesetzlichen Erbteils nicht überstieg. Selbst wenn dies bei der Testamentsgestaltung berücksichtigt wurde, bleibt weiter die Wahlmöglichkeit des § 2306 I 2 aF zu beachten. Danach kann der Pflichtteilsberechtigte entweder den höheren, mit Testamentsvollstreckung belasteten Erbteil annehmen oder aber den belasteten Erbteil ausschlagen und den unbelasteten Pflichtteil verlangen. Mit der Erbrechtsreform wurde § 2306 I 1 aF gestrichen, so dass dem Pflichtteilsberechtigten bei Erbfällen, die ab dem 1.1.2010 eintreten, ein generelles Wahlrecht zusteht. Der Pflichtteilsberechtigte kann daher nach der neuen Rechtslage ausschlagen, wenn er seinen Pflichtteil geltend machen will, ohne dass es dabei auf die Größe des hinterlassenen Erbteils ankommt (§ 2306 I nF).

Soll der **Ausschluss des elterlichen Verwaltungsrechts hinsichtlich des Pflichtteilsanspruchs** des auf 8 den Pflichtteil gesetzten Kindes erreicht werden, verbleibt nur der Weg über eine familiengerichtliche Anordnung nach § 1638 I. Denn zum Erwerb von Todes wegen iSv § 1638 I gehört nach hA alles, was das Kind aufgrund letztwilliger Verfügung oder gesetzlicher Erbfolge oder als Pflichtteil erlangt (Palandt/*Götz* § 1638 Rn. 3).

6. Legitimation. Nach § 2202 beginnt die Testamentsvollstreckung mit Annahme des Amtes. Zur Le- 9 gitimation im Rechtsverkehr erhält der Testamentsvollstrecker ein in eingeschränktem Umfang mit öffentlichem Glauben versehenes Testamentsvollstreckerzeugnis (§ 2368), was auch dann zu erteilen ist, wenn bereits ein Entlassungsantrag gestellt ist (OLG München ZErb 2010, 210 (211)). Das Testamentsvollstreckerzeugnis bezeichnet namentlich den Erblasser und den Testamentsvollstrecker. Fehlt es darüber hinaus an weiteren Angaben, kann daraus der Schluss gezogen werden, dass der Erblasser die Anordnung der Testamentsvollstreckung ohne Abweichungen von den gesetzlichen Befugnissen nach §§ 2203 ff. vorgenommen hat und es sich mithin um den Regelfall einer Abwicklungsvollstreckung handelt, da jede Abweichung nach § 2368 I 2 im Zeugnis festgehalten werden muss (→ § 2203 Rn. 2; *Wollaschek* ZEV 2011, 167 (168)). Im Erbschein wird die Testamentsvollstreckung ebenfalls angegeben, vgl. § 352b II FamFG. Im Grundbuch ist mit Rücksicht auf § 52 GBO der Testamentsvollstreckervermerk von Amts wegen einzutragen. Entsprechende Vermerke ergeben sich auch aus § 55 SchiffRegO und § 86 I LuftfzRG.

a) Grundbucheintragung. Die Erben sind bei angeordneter Testamentsvollstreckung nicht verfü- 10 gungsbefugt, so dass eine etwaige Verfügung unwirksam wäre. Dennoch besteht aufgrund des § 2211 II die Möglichkeit des gutgläubigen Erwerbs. Um diese Möglichkeit zu unterbinden, wird die Testamentsvollstreckung als Verlautbarung der Verfügungsbeschränkung der Erben im Grundbuch vermerkt, § 52 GBO. Da nach dem Erbfall das Grundbuch unrichtig geworden ist, hat der Testamentsvollstrecker die Eintragung der Erben im Grundbuch mit der Eintragung der Testamentsvollstreckung zu veranlassen, Grundbuchberichtigungszwang nach § 82 GBO (*Wollaschek* ZEV 2011, 167 (169)). Bei der Eintragung des Testamentsvollstreckervermerks im Grundbuch ist das Grundbuchamt grds. befugt, mehrere notarielle Verfügungen von Todes wegen, die sich inhaltlich nicht decken, auszulegen (OLG München ZErb 2009, 185 (186) = RNotZ 2008, 619 zur Einsetzung eines Testamentsvollstreckers durch den lebenden Ehegatten). Eine Auslegung durch das Grundbuchamt scheidet aber aus, wenn das Grundbuchamt anhand der Eintragungsunterlagen nicht zu einer abschließenden Würdigung in der Lage ist (OLG München ZErb 2009, 185 (186) = RNotZ 2008, 619). Mit Eintragung des Testamentsvollstreckervermerks sind den Erben Verfügungen über das Nachlassgrundstück gesperrt. Die Löschung des Vermerks bedarf eines Unrichtigkeitsnachweises (§§ 22, 84 GBO), der regelmäßig in der Form des § 29 GBO zu erbringen ist. Die Bewilligung durch den Testamentsvollstrecker allein oder mit dem Erben gemeinsam ist insoweit nicht ausreichend (OLG München Beschl. v. 11.12.2014 – 34 Wx 429/14, BeckRS 2015, 02066, Rn. 13).

Durch Anerkennung der Rechtsfähigkeit der GbR (BGH Urt. v. 29.1.2001 – II ZR 331/00, BeckRS 2002, 30240041) hat sich die Rechtslage in Bezug auf die Eintragungsfähigkeit von Verfügungsbeschränkungen geändert. Die GbR ist Rechtsträgerin des Gesellschaftsvermögens, dh Grundstücke stehen in deren Alleineigentum (BGH Beschl. v. 28.4.2011 – V ZB 194/10, BeckRS 2011, 13420 Rn. 26). Deshalb könne bezüglich eines Gesellschaftsanteils kein Verpfändungs- oder Pfändungsvermerk (BGH Beschl. v. 20.5.2016 – V ZB 142/15, BeckRS 2016, 17237), kein Nacherben- oder Testamentsvollstreckervermerk (Schöner/Stöber, GrundbuchR Rn. 4290), kein Nießbrauch und keine Verfügungsbeschränkung (MüKo-BGB/*Kohler* § 899a Rn. 14) eingetragen werden (*Bestelmeyer* Rpfleger 2010, 169 (188f.)). Der BGH hat allerdings entschieden, dass ein Insolvenzvermerk eintragungsfähig sei, wenn eine GbR mangels abweichender Vereinbarung (bspw. einer „Nachfolgeklausel") nach § 727 I durch den Tod eines Gesellschafters aufgelöst werde (Beschl. v. 13.7.2017 – V ZB 136/16, BeckRS 2017, 128302). Obwohl die Entscheidung inkonsequent ist (so auch *Altmeppen* NZG 2017, 1281), müsste somit in diesem Fall auch ein Testamentsvollstreckervermerk eintragungsfähig sein.

11   **b) Verfügungsbefugnis.** Die Verfügungsbefugnis des Testamentsvollstreckers über ein Grundstück kann neben der Vorlage des Testamentsvollstreckerzeugnisses auch durch Vorlage einer in einer öffentlichen Urkunde enthaltenen Verfügung von Todes wegen nebst Eröffnungsniederschrift und Nachweis der Amtsannahme erbracht werden, vgl. § 35 II iVm I 2 GBO. Hierbei ist zu beachten, dass eine in den Nachlassakten befindliche privatschriftliche Annahmeerklärung nicht ausreichend ist. Eine solche Annahmeerklärung muss vielmehr zum Nachlassgericht eingereicht werden, welches ein Zeugnis über den Eingang ausstellt, der dann als Nachweis gem. § 29 GBO dient (OLG Hamm Beschl. v. 10.2.2017 – I-15 W 482/16, BeckRS 2017, 103965; Schöner/Stöber GrundbuchR Rn. 3462). **Gegenstand der inhaltlichen Prüfung** bilden die Erbeinsetzung sowie die Beschränkungen durch eine Testamentsvollstreckung. Verfügt also der Testamentsvollstrecker über Grundbesitz, so hat das Grundbuchamt lediglich zu prüfen, ob die Verfügung des Testamentsvollstreckers in den Grenzen seiner Befugnisse gem. §§ 2203–2205, also insbes. entgeltlich erfolgt (KG ZErb 2009, 158; OLG Hamm NJW-RR 2002, 729 (730)). Verfügt der Testamentsvollstrecker über Immobilienrechte so ist strittig, in welcher Form das Testamentsvollstreckerzeugnis dem Grundbuchamt vorzulegen ist. Das OLG Hamm ist der Ansicht, dass nur die Urschrift oder eine Ausfertigung ausreichend sei (Beschl. v. 27.5.2016 – 15 W 209/16, BeckRS 2016, 105825; zustimmend DNotI-Report 2017, 65 (66)). Eine Ausnahme sei davon nur zulässig, wenn das Grundbuchamt gleichzeitig das Nachlassgericht oder eine Zweigstelle davon sei und deshalb auf die Nachlassakten verwiesen werden könne (Schöner/Stöber GrundbuchR Rn. 3462). Dies ist allerdings praxisuntauglich, da der Testamentsvollstrecker während des Vollzuges keinen Legitimationsnachweis hätte. Zum anderen entfalte das Testamentsvollstreckerzeugnis ohnehin keinen Gutglaubensschutz wie bspw. der Erbschein (OLG Hamm MittBayNot 2017, 249 mit Anm. *Berger* MittBayNot 2017, 250 (251). Deshalb habe sich in der Praxis durchgesetzt, dass dem Notar das Testamentsvollstreckerzeugnis in Original bzw. Ausfertigung vorgelegt wird und dann in beglaubigter Abschrift zur Urkunde genommen wird (Schöner/Stöber GrundbuchR Rn. 3462). Legt der Notar diese Urkunde sodann zeitnah dem Grundbuchamt vor, so könne das Grundbuchamt nicht verlangen, dass ihm das Original bzw. die Ausfertigung nochmal vorgelegt werde oder der Notar bestätige, dass diese(s) ihm auch bei der Antragsstellung noch vorliege (KG Beschl. v. 21.11.2011 – 1 W 652/11, BeckRS 2011, 27065 betr. Insolvenzverwalter).

12   **aa) Entgeltlichkeit.** Die Entgeltlichkeit der Verfügung (§ 2205 S. 3) ist daher vom Grundbuchamt nach § 26 FamFG von Amts wegen zu prüfen. Abweichend von § 29 GBO genügt für den Nachweis der Entgeltlichkeit, dass das Grundbuchamt im Wege der freien Beweiswürdigung festgestellt, dass die für die Verfügung angegebenen maßgebenden Beweggründe im Einzelnen verständlich und der Wirklichkeit gerecht werdend erscheinen und begründete Zweifel an der Pflichtmäßigkeit der Verfügung des Testamentsvollstreckers nicht ersichtlich sind (OLG München Beschl. v. 16.11.2017 – 34 Wx 266/17, BeckRS 2017, 131385 Rn. 17; Beschl. v. 7.11.2017 – 34 Wx 321/17, BeckRS 2017, 130676). So kann zB der Nachweis der Unentgeltlichkeit durch Vorlage eines eröffneten Testaments erbracht werden, aus dem sich ergibt, dass die Verfügung der Erfüllung einer letztwilligen Verfügung dient (→ § 2205 Rn. 9). Hinsichtlich der Frage, ob eine entgeltliche Verfügung vorliegt und wie dies zB dem Grundbuchamt gegenüber nachzuweisen ist, kann iÜ auf die Rspr. und Lit. zu § 2113 II betreffend die Verfügungen des Vorerben verwiesen werden.

13   **bb) Auslegung.** Die inhaltliche Überprüfung umfasst auch die Auslegung des Testaments (OLG Zweibrücken ZEV 2001, 274). Eine Auslegung kommt allerdings nur dort in Betracht, wo dem Grundbuchamt auf Grund der Eintragungsunterlagen eine abschließende Würdigung möglich ist und Zweifel tatsächlicher Art an der Rechtsfolge nicht verbleiben sowie dann, wenn die Auslegung zu einem eindeutigen Ergebnis führt (OLG Zweibrücken ZEV 2001, 274 mwN).

14   **c) Handelsregistereintragung.** Umstritten war bislang, ob ein Testamentsvollstreckungsvermerk im Handelsregister eingetragen werden kann (nicht muss). In einer Entscheidung aus dem Jahre 1989 hatte der BGH die Möglichkeit der Testamentsvollstreckung an Kommanditanteilen anerkannt, jedoch offen gelassen, ob ein Testamentsvollstreckervermerk im Handelsregister eingetragen werden kann (BGHZ 108, 187 (190)). Auf dieser Frage hatte nur das KG Stellung bezogen und entgegen der hM in der Lit. (vgl. Palandt/*Weidlich*, 71. Aufl. 2012, Rn. 7 mwN) die Eintragungsfähigkeit verneint, da weder ein dringendes Bedürfnis noch eine gesetzliche Anordnung bestehe (KG ZEV 1996, 67). Der BGH schloss sich der hM an und entschied für den Fall, dass über den Nachlass eines Kommanditisten Dauertestamentsvollstreckung angeordnet ist, dass auf Antrag des Testamentsvollstreckers ein Testamentsvollstreckervermerk in das Handelsregister einzutragen ist (BGH ZIP 2012, 623 = GWR 2012, 178). In seiner Entscheidung bejaht der BGH ein schutzwürdiges Bedürfnis des Rechtsverkehrs an der Eintragung eines entsprechenden Vermerks im Handelsregister. Unter anderem ergeben sich aus der Testamentsvoll-

streckung unmittelbare Folgen für die Haftungsverhältnisse, denn den Eigengläubigern der Gesellschafter-Erben ist der Zugriff auf das Nachlassvermögen wegen § 2214 verwehrt. Somit dient das der Testamentsvollstreckung unterliegende Nachlassvermögen und damit auch der Kommanditanteil nur den Nachlassgläubigern und nicht auch den Eigengläubigern der Gesellschafter-Erben als Haftungsmasse. Insoweit entfaltet die Testamentsvollstreckung eine unmittelbare haftungsrechtliche Außenwirkung. Obliegt dem Testamentsvollstrecker die Verwaltung eines Geschäftsanteils, ist er gegenüber dem Registergericht zur **Anmeldung** des Eintritts der Gesellschafter-Erben berechtigt und verpflichtet, soweit seine Befugnis reicht (BGH NJW 1989, 3152 (3153)). Mithin ist zwischen der sog. Abwicklungsvollstreckung einerseits und der Dauervollstreckung oder Verwaltungsvollstreckung (§ 2209) andererseits zu unterscheiden, da der Abwicklungsvollstrecker im Unterschied zu dem Dauer- oder Verwaltungsvollstrecker nicht befugt ist, den durch den Tod des Kommanditisten eingetretenen Gesellschafterwechsel anstelle der Erben, die im Wege der Sondererbfolge Kommanditisten geworden sind, zum Handelsregister anzumelden (BGH NJW 1989, 3152 (3153); OLG München RNotZ 2009, 666 (667) = NJW-RR 2010, 15; *Krug* ZEV 2001, 52 (54); → § 2205 Rn. 42). Das Ausscheiden eines Erben kann der Testamentsvollstrecker dagegen immer und unabhängig von der Art der Testamentsvollstreckung anmelden.

Anders als bei Personengesellschaften werden die Gesellschafter einer Kapitalgesellschaft nach § 40 I **15** GmbHG in eine Gesellschafterliste eingetragen, welche beim Handelsregister in den elektronischen Dokumentenordner aufgenommen wird. Die Gesellschafterliste fungiert nach der Umgestaltung durch das MoMiG zum einen als Legitimationsbasis der Gesellschafter gegenüber der Gesellschaft gem. § 16 I GmbHG und zum anderen als Anknüpfungspunkt für den Rechtsscheinerwerb nach § 16 III GmbHG (vgl. auch Baumbach/Hueck/*Noack* GmbHG § 40 Rn. 1). Für unter Testamentsvollstreckung stehende Gesellschaftsanteile ergab sich abermals die Frage, ob der Testamentsvollstreckervermerk in die Gesellschafterliste als sog. Kürangabe eingetragen werden kann. Hier jedoch verneinte der BGH die Eintragungsfähigkeit des Testamentsvollstreckervermerk (BGH Beschl. v. 24.2.2015 – II ZB 17/14, ZEV 2015, 285). Es fehle am Bestehen einer Rechtsgrundlage und damit stehe die Eintragung dem Grundsatz der Registerklarheit entgegen. Außerdem bestehe kein erhebliches praktisches Bedürfnis an der Eintragung, sodass eine Erweiterung der gesetzlich vorgesehen Angaben nicht notwendig sei. Als Legitimationsnachweis gegenüber der Gesellschaft genüge das Testamentsvollstreckerzeugnis. Auch sei die Eintragung des Vermerks nicht erforderlich, da der gute Glaube an die Verfügungsbefugnis des Eingetragenen und die freie Übertragbarkeit des Geschäftsanteils nicht durch § 16 III GmbHG geschützt werde (so bereits BGH DNotZ 2011, 943 (945)). Teile der Lit. sind der gleichen Ansicht (Ulmer/Habersack/*Löbbe/ Paefgen*, GmbHG – Großkommentar, Band II § 40 Rn. 27; BeckOK GmbHG/*Heilmeier* § 40 Rn. 45; *Bayer* GmbHR 2012, 1 (6); so auch Baumbach/Hueck/*Noack* § 40 Rn. 15b). Eine Gegenansicht wiederum befürwortet die Möglichkeit der Eintragung des Testamentsvollstreckervermerk in die Gesellschafterliste. Der Testamentsvollstreckervermerk stelle eine Beschränkung der Verfügungsmacht dar und somit eine für den Rechtsverkehr hilfreiche Angabe. In Anlehnung an das Aktienrecht könne eine maßvolle Erweiterung um erläuternde Zusatzangaben, wie die des Testamentsvollstreckervermerks, daher sinnvoll sein (Heckschen/Heidinger/*Heidinger*, Die GmbH in der Gestaltungs- und Beratungspraxis, Kap. 13 Rn. 459; *Heckschen/Strnad* EWiR 2015, 303 (304); *Jeep* NJW 2012, 658; befürwortend auch, MüKoGmbHG/*Heidinger* § 40 Rn. 69; Staudinger/*Reimann* Rn. 105a). Der Gesetzgeber hat allerdings im Rahmen der Umsetzung der Vierten EU-Geldwäscherichtlinie mit Wirkung zum 26.6.2017 (BT-Drs. 18/11555) die Vorschrift des § 40 GmbHG modifiziert, ohne dabei die Möglichkeit der Eintragung des Testamentsvollstreckervermerks in die Gesellschafterliste aufzunehmen.

7. Erbstatut. In Kollisionsfällen richtet sich das für die Testamentsvollstreckung maßgebliche Recht **16** nach dem jeweiligen Erbstatut. In Deutschland ist die EuErbVO am 17.8.2015 in Kraft getreten, dh die Verordnung ist auf alle Personen, welche am 17.8.2015 oder nach diesem Tag verstorben sind, anwendbar. Wurde allerdings vor diesem Stichtag eine Rechtswahl getroffen, ist und bleibt sie auch darüber hinaus wirksam. Nach der EuErbVO erfolgt die Anknüpfung an den letzten gewöhnlichen Aufenthalt des Erblassers, wenn keine Rechtswahl bezüglich des Erbstatuts getroffen worden ist (vgl. Art. 21 EuErbVO).

Soll bei Auslandsbezug ein Testamentsvollstreckerzeugnis beantragt werden, so bestehen nach dem FamFG zwei Möglichkeiten. Es kann ein unbeschränktes Testamentsvollstreckerzeugnis betreffend den gesamten, im In- und Ausland belegenen Nachlass, oder ein auf im Inland befindliche Gegenstände beschränktes Testamentsvollstreckerzeugnis beantragt werden (§§ 354 I, 352c I FamFG). Im ersteren Fall kann es demnach ein sog. „Doppeltestamentsvollstreckerzeugnis" eines deutschen Gerichtes geben, das für den einen Nachlassteil eine Testamentsvollstreckung nach deutschem Recht und für einen anderen Nachlassteil die Testamentsvollstreckung nach einem ausländischen Recht bescheinigt. Die deutschen Nachlassgerichte sind gem. §§ 105, 343 FamFG international zuständig, wenn sie örtlich zuständig sind.

Bei grenzüberschreitenden Nachlassfällen kann zudem das Europäische Nachlasszeugnis (ENZ) beantragt werden, Art. 62–73 EuErbVO (vgl. ausführlich *Reimann* ZEV 2015, 510 (512)).

8. Vollmacht. Der Erblasser kann dem Testamentsvollstrecker oder einer anderen Person eine trans- **17** mortale oder postmortale Vollmacht erteilen. Die Vollmacht steht selbständig neben der Testamentsvollstreckung. Auf die zeitliche Reihenfolge von Vollmachts- und Testamentserrichtung kommt es dabei nicht an (OLG München ZErb 2012, 18). Die Bezeichnung der Vollmacht als „Generalvollmacht" in Vermögensangelegenheiten lässt auf den Willen schließen, eine Vertretung im gesetzlich weitest möglichen Umfang, soweit (Vermögens-)Angelegenheiten betroffen sind, zu ermöglichen (OLG München ZErb 2012, 18). Die Vollmacht kann jederzeit durch den Erben widerrufen werden, sofern nicht die Erbenstellung unter die auflösende Bedingung des Widerrufs der Vollmacht gestellt wird. Der Erblasser ist nicht befugt, das Recht der Erben auf Widerruf der Vollmacht aus wichtigem Grund auszuschließen (*Sagmeister* MittBayNot 2013, 107; *Amann* MittBayNot 2013, 367 (378)). Nach dem Widerruf der Vollmacht ist es dem vormals Bevollmächtigten verboten, von der Vollmacht weiterhin Gebrauch zu machen. Macht er dennoch von der Vollmacht Gebrauch, ist dies zwar pflichtwidrig, gegenüber dem Vertragspartner ist das Geschäft jedoch wirksam, da dessen guter Glaube am Fortbestand der Vollmacht geschützt ist. Insoweit entfaltet die transmortale oder postmortale Vollmacht Rechtsscheinwirkung gem. §§ 170–172. Bei einer Erbengemeinschaft bleibt durch den Widerruf eines Miterben die Vertretungsmacht der anderen Miterben unberührt. Allerdings führt der Widerruf eines Miterben zum Verlust der alleinigen Verfügungsbefugnis über Rechtsgeschäfte, die der Zustimmung aller Miterben bedürfen. Insbesondere ist der Bevollmächtigte dann nicht mehr zur Verfügung über Nachlassgegenstände befugt (§ 2040 I). Ist die Vollmacht im Erbvertrag enthalten, so kann der Erbvertrag nicht nach § 2300 II aus der amtlichen Verwahrung zurückgenommen werden, da die Vollmacht keine Verfügung von Todes wegen ist. Zur Vollmachtserteilung durch den Testamentsvollstrecker → § 2218 Rn. 14.

18 Zum Teil wird die Frage, ob der Bevollmächtigte von der Vollmacht auch dann Gebrauch machen und mit dieser Rechtsgeschäfte abschließen kann, wenn er Alleinerbe des Vollmachtgebers ist, verneint (OLG München Beschl. v. 31.8.2016 – 34 Wx 273/16, BeckRS 2016, 15621; OLG Hamm ZEV 2013, 341; BeckOK BGB/*Lange* § 2197 Rn. 43; *Sikora* NJW 2018, 1572 (1575 f.)). Hiernach erlischt die Vollmacht durch Konfusion, also der Vereinigung von Forderung und Schuld in einer Person, da der Bevollmächtigte mit dem Erbfall gleichzeitig auf Grund seiner Alleinerbenstellung Gesamtrechtsnachfolger des Erblassers wird und somit in Person auch die Stellung als Vollmachtgeber einnimmt. Die rechtsgeschäftliche Vertretung nach § 164 setzt jedoch Personenverschiedenheit zwischen Vertreter und Vertretenem voraus (OLG Hamm DNotI-Report 2013, 70; *Amann* MittBayNot 2013, 367). Der bevollmächtigte Alleinerbe kann sich demnach nicht mehr selbst vertreten. Im Fall, dass der Erblasser aber zusätzlich einen Testamentsvollstrecker eingesetzt hat, ist in der transmortalen oder postmortalen Vollmacht eine Ermächtigung des Erblassers zu sehen, mittels derer der Bevollmächtigte auch ohne Zustimmung des Testamentsvollstreckers Verfügungen über Nachlassgegenstände vornehmen kann, für die er anderenfalls die Zustimmung des Testamentsvollstreckers einholen müsste (MüKoBGB/*Schubert* § 168 Rn. 56; *Keim* MittBayNot 2017, 111 (112); *Amann* MittBayNot 2013, 367). Überzeugender ist die Gegenauffassung: Die Vollmacht bleibt auch dann bestehen, wenn der Bevollmächtigte Alleinerbe des Vollmachtgebers ist. Der Alleinerbe ist dann auf Grund der Vollmacht ohne Nachweis seines Erbrechts zu Rechtsgeschäften über den Nachlass befugt (Palandt/*Ellenberger* § 168 Rn. 4). Vor diesem Hintergrund erscheint die Anwendung des Grundsatzes der Konfusion nicht zielführend, da der Alleinerbe durch den Verlust seiner Vollmacht in seiner Rechtsstellung geschwächt würde. Durch den Entzug der Vollmacht würde er der Verfügungsbeschränkung des § 2211 unterliegen. Die damit offensichtliche Schlechterstellung des Alleinerben gegenüber einem bevollmächtigten Miterben oder gegenüber einem bevollmächtigten Dritten ist nicht zu rechtfertigen. Die Schlechterstellung könnte nur durch Fortgeltung der Vollmacht trotz Konfusion vermieden werden (*Weidlich* MittBayNot 2013, 196 (199)).

19 Ebenfalls hätte die Konfusion eine erhöhte Komplexität des Rechtsverkehrs, va bei nicht erkennbarer Rechtsstellung des Erben, zur Folge. Das zuständige Grundbuchamt wäre verpflichtet, eine Alleinerbenstellung bei jeder Bevollmächtigung abzuprüfen. Der Fortbestand der trans- und postmortalen Vollmacht liegt regelmäßig im Interesse des Erblassers. Die Vollmacht wird gerade für die Phase erteilt, in der die Erbfolge noch nicht zweifelsfrei geklärt ist, um die Handlungsfähigkeit zu wahren. Somit ist in der Aufrechterhaltung der Vollmacht ein berechtigtes Interesse des Erblassers zu sehen (*Herrler* DNotZ 2017, 508 (520); NotBZ 2013, 454 (458); Palandt/*Ellenberger* § 168 Rn. 4).

20 Der Erblasser wird auch deswegen die Vollmacht erteilen, um das Verbot der unentgeltlichen Verfügung und die damit zusammenhängenden Probleme, welchen den Testamentsvollstrecker gem. § 2205 S. 3 treffen, zu umgehen.

In der Summe der Argumente, va unter Beachtung des berechtigten Interesses des Erblassers, sprechen die überzeugenderen Gründe für den Fortbestand der trans- und postmortalen Vollmacht. Dem Testamentsvollstrecker bleibt allerdings die Möglichkeit, die Vollmacht zu widerrufen.

21 **9. Testamentsvollstreckung im FamFG.** Das „Gesetz über das Verfahren in Familiensachen und in Angelegenheiten der freiwilligen Gerichtsbarkeit" (FamFG) ist am 1.9.2009 in Kraft getreten. Nach Art. 111 FGG-ReformG sind auf Verfahren, die bis zum Inkrafttreten eingeleitet oder deren Einleitung beantragt wurde, weiter die bis dahin geltenden Vorschriften anzuwenden. Das ist vor allem für die Rechtsmittel und den Instanzenzug von Bedeutung. Von den Verfahrensregelungen des Nachlassrechts wurden lediglich die Regelungen zur Eröffnung der letztwilligen Verfügungen, insbes. die §§ 2260 ff., 2273, 2300 f. in das FamFG überführt.

22 **a) Nachlasssachen.** Verfahren, die Testamentsvollstreckerzeugnisse und Testamentsvollstreckung betreffen, sind Nachlasssachen (§ 342 I Nr. 6, 7 FamFG) und damit Angelegenheiten der freiwilligen Gerichtsbarkeit (§ 23a II Nr. 2 GVG). Für diese Verfahren sind die Amtsgerichte zuständig (§ 23a I Nr. 2 GVG). Für die Testamentsvollstreckung als Nachlasssache finden sich Regelungen im allgemeinen Teil des FamFG (§§ 1–110 FamFG) sowie im 4. Buch (§ 342 ff. FamFG). Es unterfallen jedoch nicht alle Streitigkeiten, die Testamentsvollstreckung betreffen, der freiwilligen Gerichtsbarkeit. Streitigkeiten über Vergütung, Haftung, Schadensersatz, Amtsbeendigung usw. sind im Zivilprozess zu klären (*Zimmermann* ZErb 2009, 86). Für diese Verfahren hat sich nichts geändert.

b) Zuständigkeit. Die **örtliche Zuständigkeit** richtet sich nach den §§ 343 f. FamFG. Danach ist das 23 (deutsche) Nachlassgericht zuständig, in dessen Bezirk der Erblasser seinen letzten Wohnsitz, hilfsweise seinen Aufenthalt hatte. Sonderfälle mit Auslandsbezug regelt der § 343 II, III FamFG. Für den Nachlass eines Ausländers ist ein deutsches Nachlassgericht zuständig, wenn es auch international zuständig ist (*Zimmermann* ZErb 2009, 86). Das FamFG hat den früheren, ohnehin durch § 2369 BGB aF und der Rspr. durchbrochenen Gleichlaufgrundsatz (Zuständigkeit nur, wenn deutsches Erbrecht anwendbar) aufgegeben (BT-Drs. 16/6308, 221). Nach § 105 FamFG sind nunmehr deutsche Gerichte auch international zuständig, wenn sie örtlich zuständig sind, wobei sich die **internationale Zuständigkeit** nicht auf in Deutschland belegene Vermögen beschränkt (arg. e § 2368 I).

c) Beteiligter. Beteiligter ist im Antragsverfahren der Antragssteller (§ 7 I FamFG). Als sog. „Muss- 24 Beteiligte" sind weiter diejenigen hinzuzuziehen, deren Recht durch das Verfahren *unmittelbar betroffen* wird sowie diejenigen, die aufgrund des FamFG oder eines anderen Gesetzes zu beteiligen sind (§ 7 II FamFG). Ferner können sog. „Kann-Beteiligte" hinzugezogen werden, wenn dies im FamFG oder einem anderen Gesetz vorgesehen ist (§ 7 III FamFG). § 345 FamFG regelt, wer in Testamentsvollstreckersachen Beteiligter ist. Abweichend von § 7 FamFG ist der Testamentsvollstrecker nach § 345 III FamFG Beteiligter im Verfahren zur Ernennung eines Testamentsvollstreckers und zur Erteilung eines Testamentsvollstreckerzeugnisses. Daneben *kann* das Gericht und *muss* auf ihren Antrag die Erben und Mitvollstrecker als Beteiligte hinzuziehen. Weitere, auch unmittelbar Betroffene, können im Fall des § 345 III FamFG nicht hinzugezogen werden. In Abweichung zu § 7 FamFG ist nach § 345 IV 1 Nr. 2 FamFG der Testamentsvollstrecker sog. „Muss-Beteiligter" im Testamentsvollstreckerentlassungsverfahren. Dagegen ist bei Bestimmung erbrechtlicher Fristen nach § 345 IV 1 Nr. 3 FamFG, zB die Frist zur Erklärung der Annahme des Testamentsvollstreckeramtes nach § 2198 II, nur derjenige sog. „Muss-Beteiligter", dem die Frist gesetzt wird. Im Gegensatz zu den Fallgruppen des § 345 III FamFG kann oder muss auf Antrag nach § 345 IV 2 und 3 FamFG das Gericht alle Übrigen als Beteiligte hinzuziehen, deren Recht durch das Verfahren unmittelbar betroffen ist. Sonstige Fälle, zB die Entscheidung eines Streits unter mehreren Testamentsvollstreckern (§ 2224) oder die Außerkraftsetzung bestimmten Nachlass gefährdender Erblasseranordnungen (§ 2216 II) unterliegen der Grundregel in § 7 FamFG.

d) Aufgaben des Nachlassgerichts. In Testamentsvollstreckungsangelegenheiten hat das **Nachlassge-** 25 **richt** nur wenige Aufgaben: Erteilung des Erbscheins mit Testamentsvollstreckervermerk (§ 2364), Erteilung des Testamentsvollstreckerzeugnisses (§ 2368), Entscheidung eines Streits unter mehreren Testamentsvollstreckern (§ 2224), Ernennung des Testamentsvollstreckers nach § 2200, Fristsetzung für die Annahme des Testamentsvollstreckeramtes auf Antrag eines Beteiligten nach § 2202 III, Außerkraftsetzung von Erblasseranordnungen nach § 2216 II 2 und Entlassung des Testamentsvollstreckers nach § 2227 (*Zimmermann* ZErb 2009, 86 (89)). Ein Zeugnis über die Fortdauer der Testamentsvollstreckung ist in Ermangelung einer ausdrücklichen gesetzlichen Regelung dagegen nicht zu erteilen (OLG Köln 16.11.2010 – 2 Wx 153/10, MittBayNot 2011, 322). Die Bestimmung der Person des Testamentsvollstreckers kann nach § 2198 einem Dritten überlassen werden. Der Dritte kann zwar nicht zur Ausübung seines Bestimmungsrechts gezwungen werden, jedoch kann ihm das Nachlassgericht auf Antrag eines Beteiligten eine angemessene Frist zur Bestimmung des Testamentsvollstreckers setzen (vgl. Palandt/*Weidlich* § 2198 Rn. 3). Der Testamentsvollstrecker ist Inhaber eines privaten Amtes und nicht lediglich gesetzlicher Vertreter der Erben (BGH Urt. v. 5.11.2014 – IV ZR 104/14, BeckRS 2014, 21970 Rn. 11). Der Testamentsvollstrecker leitet seine Rechtsmacht somit nicht von den Erben, sondern vom Erblasser ab und ist daher nur in Bezug auf den Erblasserwillen weisungsgebunden. Er unterliegt keiner effektiven Kontrolle durch das Nachlassgericht. Dies gilt auch dann, wenn das Nachlassgericht auf Ansuchen des Erblassers im Fall des § 2200 die Ernennung ausspricht (*Reimann* FamRZ 1995, 588 (589 ff.); Staudinger/*Reimann* Rn. 25; *Walloschek* ZEV 2011, 167 (170)). Die Befugnis des Nachlassgerichtes im Wege der einstweiligen Anordnung in die Amtsführung des Testamentsvollstreckers einzugreifen wurde zumindest bis zum Inkrafttreten des FamFG einstimmig abgelehnt, da es hierfür an einer gesetzlichen Grundlage fehlte (Staudinger/*Reimann*, Bearb. 2003, Vorb. 30 Vor §§ 2197 ff.). Nach der Einführung des FamFG eröffnet § 49 I FamFG die Möglichkeit, auch in Verfahren der freiwilligen Gerichtsbarkeit vorläufige Maßnahmen durch einstweilige Anordnungen zu treffen. Fraglich ist, ob hierauf gestützt auch das Nachlassgericht in die Amtsführung des Testamentsvollstreckers einstweilen eingreifen kann. Die Rspr. verneint diese Möglichkeit. Da dem Nachlassgericht kein Aufsichtsrecht gegenüber dem Testamentsverwalter zustehe, sei es auch nicht befugt durch endgültige Anordnungen im Hauptsacheverfahren oder ihnen vorgelagerte einstweilige Anordnungen in die Verwaltung des Nachlasses dadurch einzugreifen, dass einzelne Handlungen geboten oder verboten würden (OLG Karlsruhe ZEV 2013, 205 im Einklang mit den Entscheidungen des OLG Hamm ZEV 2010, 574; OLG Schleswig ZEV 2010, 367; OLG Köln DNotZ 1987, 324). Allein aus der ausdrücklichen Normierung der einstweiligen Anordnung in den §§ 49 ff. FamFG werde keine inhaltliche Erweiterung der Eingriffsbefugnisse in die Rechte des Testamentsvollstreckers vorgenommen (BeckOK BGB/*Lange* § 2197 Rn. 9 mwN). Insoweit hat die Neuerung am grundsätzlichen Verhältnis zwischen Nachlassgericht und Testamentsvollstrecker nichts geändert. Eine gerichtliche oder behördliche Kontrolle des Testamentsvollstreckers ist dem deutschen Erbrecht fremd (*Meyer* ZEV 2013, 469 (470) mwN). Das BGB ist vom Gesetzgeber so konzipiert worden, dass es die Abwicklung des Erbfalls bewusst den Parteien überlässt und die Tätigkeit des Nachlassgerichtes auf das unerlässliche Maß beschränkt (Staudinger/*Mešina* § 1960 Rn. 1; BayObLG ZEV 2000, 276 (277); *Meyer* ZEV 2013, 469). Es wird zutreffend darauf hingewiesen, dass für die betroffenen Erben keine Schutzlücke bestehe, die eine Ausweitung des einstweiligen Rechtsschutzes erforderlich machen würde. Die Erben können vor den allgemeinen Zivilgerichten Rechtsschutz durch Erlass einer einstweiligen Verfügung erlangen (OLG Köln DNotZ 1987, 324; OLG Karlsruhe ZEV 2013, 205). Zum Teil wird dem Testamentsvollstrecker auch die Grundrechtsfähigkeit eingeräumt und ihm zugestanden, dass er sich auf Art. 2 I GG berufen kann (vgl. ausf. *Meyer* ZEV 2013, 469 (472); BVerfG FamRZ 2010, 530 ohne weiteres lässt das BVerfG in dem zitierten Urteil ein Berufen des Testamentsvollstreckers auf die Verletzung seines Grundrechts auf Rechtsschutzgleichheit zu). Das würde jedoch aus verfassungsrechtlichen Gründen erforderlich machen, die Eingriffsbefugnisse des Nachlassgerichtes gesetzlich zu normieren. Die Gegenmeinung muss sich dann vorhalten lassen, dass die von ihr dem Nachlassgericht eingeräumte Möglichkeit als hoheitliche Maßnahmen ohne spezialgesetzliche Regelungen in die allgemeine Handlungsfreiheit des Testamentsvollstreckers eingreifen würde (vgl. *Meyer* ZEV 2013, 468 (471)).

26 Im Gegensatz dazu halten Teile der Lit. unter Geltung des neuen FamFG eine einstweilige Anordnung des Nachlassgerichtes gegenüber dem Testamentsvollstrecker für zulässig (vgl. *Zimmermann* ZEV 2012, 338). Dies wird damit begründet, dass seit Einführung des FamFG ausdrücklich in den §§ 49 ff. FamFG die Möglichkeit zum Erlass vorläufiger Maßnahmen vorgesehen ist. Insbesondere da das Verfahren der einstweiligen Anordnung als ein von dem Hauptsacheverfahren unabhängiges und selbständiges Verfahren ausgestaltet (§ 51 III FamFG) ist, wird auch kein gleichartiges Hauptsacheverfahren vorausgesetzt (*Zimmermann* ZEV 2010, 367). Da dem Nachlassgericht jedoch kein eigenes Aufsichtsrecht gegenüber dem Testamentsvollstrecker zukommt, ist die einstweilige Anordnung nur zulässig, wenn ein Berechtigter einen entsprechenden Antrag gestellt hat (*Zimmermann* ZErb 2009, 89). Unter diesen Voraussetzungen kann das Nachlassgericht eine vorläufige Maßnahme treffen, soweit dies nach den für das Rechtsverhältnis maßgebenden Vorschriften gerechtfertigt ist und ein dringendes Bedürfnis für ein sofortiges Tätigwerden besteht. Eine inhaltliche Einschränkung soll für den Anwendungsbereich des § 49 FamFG nicht bestehen. Denn wenn das Nachlassgericht berechtigt ist, den Testamentsvollstrecker zu entlassen, so soll es erst recht berechtigt sein, dem Testamentsvollstrecker (als Vorstufe) bestimmte Handlungen zu untersagen (arg. a maiore ad minus; *Zimmermann* ZEV 2013, 205). Soweit demnach in die Amtstätigkeit des Testamentsvollstreckers mittels einstweiliger Anordnung eingegriffen werden kann, ist dies nur insoweit zulässig, soweit die Amtstätigkeit des Testamentsvollstreckers iÜ unangetastet bleibt. Insbesondere darf es auch unter der Geltung von den §§ 49 ff. FamFG nicht zu einer Vorwegnahme der Hauptsache kommen. So ist das Nachlassgericht nicht berechtigt, den Testamentsvollstrecker vorläufig zu entlassen oder vorläufig einen anderen zu bestellen (*Zimmermann* ZEV 2010, 367).

27 **e) Rechtsmittel.** Unbefristete Beschwerden kennt das FamFG nicht mehr. Die grundsätzliche Beschwerdefrist beträgt nach § 63 I FamFG einen Monat ab Bekanntgabe, soweit sie nicht gesetzlich, zB im Fall des § 355 II FamFG (Meinungsverschiedenheit mehrerer Testamentsvollstrecker) auf zwei Wochen verkürzt ist. Die Bezeichnung „sofortige Beschwerde" verwendet das FamFG nur für die Beschwerden, die in entsprechender Anwendung der §§ 567–572 ZPO eingelegt werden müssen, zB im Fall des § 355 I FamFG. Beschwerdegericht nach dem FamFG ist das Oberlandesgericht (§ 119 I Nr. 1b GVG), gegen dessen Beschwerdebeschluss nur die zulassungsabhängige Rechtsbeschwerde zum BGH möglich ist (§§ 70 ff. FamFG, § 133 GVG). Durch das FamFG wurde mithin die zulassungsfreie dritte Instanz abgeschafft (*Zimmermann* ZErb 2009, 86 (90)). Dafür ist nunmehr in § 39 FamFG eine Rechtsmittelbelehrung vorgesehen.

§ 2197 Ernennung des Testamentsvollstreckers

(1) **Der Erblasser kann durch Testament einen oder mehrere Testamentsvollstrecker ernennen.**

(2) **Der Erblasser kann für den Fall, dass der ernannte Testamentsvollstrecker vor oder nach der Annahme des Amts wegfällt, einen anderen Testamentsvollstrecker ernennen.**

1 **1. Ernennung.** Die Ernennung des Testamentsvollstreckers kann durch Verfügung von Todes wegen (also auch über den Wortlaut hinaus durch gemeinschaftliches Testament und Erbvertrag) und gem. § 2065 nur durch den Erblasser selbst erfolgen. Lediglich die Bestimmung der Person des Testamentsvollstreckers kann nach den §§ 2198–2200 Dritten überlassen werden. Tritt der Ernannte sein Amt nicht an und hat der Erblasser insoweit keine Vorkehrungen (Benennung eines Ersatztestamentsvollstreckers) getroffen, ist durch Auslegung zu ermitteln, ob die Testamentsvollstreckung insgesamt entfallen soll oder ob entsprechend § 2084 im Zweifel das Nachlassgericht einen Testamentsvollstrecker ernennen soll (OLG Düsseldorf Beschl. v. 21.3.2018 – 3 Wx 211/17, BeckRS 2018, 6585, → § 2200 Rn. 1). In der Vertragspraxis empfiehlt sich deshalb unbedingt ein Drittbenennungsrecht nach den §§ 2198–2200 zu regeln. Die Testamentsvollstreckung kann auch bei gesetzlicher Erbfolge sowie bei fortgesetzter Gütergemeinschaft (§ 1514 iVm §§ 1512, 1513, 1516) angeordnet werden. Sie kann bedingt und befristet werden, sich auf einen bestimmten Erbteil, Vermächtnis oder Nachlassgegenstand sowie nur auf einen Miterben (§ 2338 I 2) beziehen.

2 **a) Auslegung.** Die **ausdrückliche Nennung** des Wortes „Testamentsvollstreckung" ist nicht notwendig. So kann im Einzelfall die Bezeichnung als Verwalter (BGH NJW 1983, 40), Pfleger, Treuhänder, Beistand usw. ausreichend sein, sofern sich durch Auslegung ergibt, dass eine Verwaltung in fremdem Interesse gewollt ist. Insofern ist die Ernennung vor allem von einer Erbeinsetzung unter Auflage (BayObLG ZEV 1996, 33), einer Vor- und Nacherbfolge, eines Verwaltungsvermächtnisses, einer Teilungsanordnung oder einem Nießbrauch abzugrenzen (Staudinger/*Reimann* Rn. 29 ff.).

b) Gemeinschaftliches Testament. Haben Ehegatten in einem gemeinschaftlichen Testament einen 3
Dritten zum Testamentsvollstrecker bestimmt, so ist dieser für den Nachlass des Erstversterbenden sowie für den Nachlass des Überlebenden eingesetzt, soweit sich durch Auslegung nicht ein anderes ergibt (Palandt/*Weidlich* Rn. 3 mwN). Haben sich die Ehegatten jedoch gegenseitig zu Alleinerben eingesetzt, so wird in Ermangelung anderweitiger Anhaltspunkte eine Testamentsvollstreckung nur für den Nachlass des Letztversterbenden angeordnet sein (Palandt/*Weidlich* Rn. 3 mwN). Die Ernennung kann auch bei gemeinschaftlichen Testament jederzeit widerrufen werden (§ 2270 III), eine Bindungswirkung kann somit nur durch Erbvertrag erreicht werden. Dagegen kann der Überlebende den wechselbezüglich bedachten Schlusserben nicht mehr durch Anordnung einer Testamentsvollstreckung beschweren, da dies einem teilweisen Widerruf des gemeinschaftlichen Testament gleich kommen würde. Derartige Beschränkungen sind nur bei einem entsprechenden Vorbehalt sowie in den Fällen der §§ 2294, 2336, 2338 zulässig.

c) Person. Zum Testamentsvollstrecker kann jede Person ernannt werden, sofern sie nicht nach § 2201 4
untauglich ist. Auch juristische Personen und teilrechtsfähige Personen(handels)gesellschaften sind ernennungsfähig (vgl. § 2210 S. 3). Die Organe der juristischen Person haben das Amt im Namen derselben wahrzunehmen (Soergel/*Damrau* Rn. 8). Dagegen kann eine Behörde nicht als Testamentsvollstrecker eingesetzt werden, da der Erblasser nicht befugt ist den gesetzlich festgelegten Aufgabenkreis der Behörde zu erweitern. Der jeweilige Träger eines öffentlichen Amtes oder der Mitarbeiter einer bestimmten Behörde kann jedoch zum Testamentsvollstrecker ernannt werden. Beschränkungen können sich allerdings für die entsprechende Person aus dem öffentlichen Recht ergeben (zB Erfordernis einer Nebentätigkeitserlaubnis; → Rn. 7). In der Änderung der Person des Testamentsvollstreckers in einem späteren Testament kann im Einzelfall eine Beeinträchtigung des vertragsmäßig Bedachten liegen. Denn aufgrund der erbvertraglichen Bindung sind dem Vertragserblasser testamentarische Verfügungen untersagt, die den Vertragserben in seiner im Erbvertrag nach Inhalt und Umfang von den Parteien formulierten Rechtstellung beeinträchtigen. Auch die bloße Auswechselung des Testamentsvollstreckers durch eine spätere testamentarische Verfügung kann eine Beeinträchtigung der Rechte des Vertragserben ausmachen. Ob eine Beeinträchtigung iSv § 2289 I 2 vorliegt, ist aus einem Vergleich der im Erbvertrag und dem Testament festgelegten Rechtstellung des Erben zu ermitteln. Dabei kommt es darauf an, ob die nachfolgende testamentarische Verfügung die Rechte des vertragsmäßig Bedachten mindert, beschränkt, belastet oder gegenstandslos machen würde (BGH ZEV 2011, 306; dem vorausgehend KG RNotZ 2010, 137 f. = ZErb 2010, 59 (60) = ZEV 2010, 40 (42); vgl. *Klingelhöffer* jurisPR-BGHZivilR 12/2011 Anm. 3; DNotZ 2011, 774).

aa) Alleinerbe. Der Alleinerbe (bzw. der Vermächtnisnehmer) kann grds. nicht Testamentsvollstrecker 5
(bzw. Vermächtnisvollstrecker hinsichtlich des ihm vermachten Gegenstandes) sein, da diese Doppelstellung in der Regel sinnlos ist. So kann zB der Alleinerbe oder der alleinige Vorerbe nicht zugleich Testamentsvollstrecker seines eigenen Nachlasses sein, da er sich nicht selbst in seiner Herrschaftsmacht beschränken kann (BayObLG ZEV 2002, 24 (25)). Von diesem Grundsatz hat der BGH eine eng begrenzte Ausnahme zugelassen. Danach ist die Bestimmung eines alleinigen Erben oder Vorerben zum Testamentsvollstrecker auch wirksam, sofern sich dessen Aufgabe auf den sofortigen Vollzug bestimmter Vermächtnisse zu Lasten der Erbschaft und im Interesse des Begünstigten beschränkt und bei groben Pflichtverstößen des Erben ein anderer Testamentsvollstrecker an seine Stelle tritt (BGH ZEV 2005, 205). Dagegen wäre die Ernennung des Alleinerben zum Vermächtnisvollstrecker bei einem Beschwerten (§ 2223) oder zum Mitvollstrecker (§ 2224) sinnvoll und mithin zulässig. Unzulässig ist jedoch die Einsetzung des alleinigen Vorerben zum Nacherbenvollstrecker, da mit dieser Gestaltung alle Kontrollrechte des Nacherben ausgeschaltet würden (MüKoBGB/*Zimmermann* Rn. 11; BGH NJW-RR 2005, 591 (592)). Gemeinsam mit weiteren Vollstreckern kann auch der alleinige Vorerbe zum Testamentsvollstrecker ernannt werden, wenn die Testamentsvollstreckung durch ein Kollegium ausgeübt wird und gewährleistet ist, dass der Wegfall der übrigen Mitvollstrecker nicht zur alleinigen Vollstreckung durch den Vorerben führt (BayObLG NJW 1976, 1692 (1693)).

bb) Vertreter des Erben. Die gesetzlichen Vertreter des Erben (Eltern, Vormund, Betreuer) können 6
ebenso zum Testamentsvollstrecker ernannt werden. Führt die Doppelstellung in einem konkreten Einzelfall aufgrund eines konkreten Anlasses zu einem erheblichen Interessenkonflikt (§§ 1629 II 3, 1796) ist ein Ergänzungspfleger (§ 1909) zu bestellen (BGH NJW-RR 2008, 963 (964); OLG Zweibrücken ZEV 2007, 333, → § 2218 Rn. 7 ff.). Besteht ein erheblicher Interessenkonflikt, hilft auch die Befreiung von § 181 nicht weiter. Daher sollte dem Vertreter eingeräumt werden, einen Dritten gem. § 2199 benennen zu können.

cc) Notar. Die Ernennung des beurkundenden Notars (oder dessen Sozius) führt wegen eines Verstoßes gegen §§ 7, 27 BeurkG zur Nichtigkeit der Ernennung (§§ 125, 2084) (aA Bonefeld/Wachter FA 7
ErbR/*Bonefeld* § 17 Rn. 76: da § 3 I Nr. 4 BeurkG nur Soll-Vorschrift und somit führt Verstoß nur zu disziplinarrechtlichen Maßnahmen). Der Erblasser ist aber nicht gehindert, den beurkundenden Notar durch gesonderte letztwillige Verfügung, an der Notar nicht mitwirkt, zu ernennen (vgl. ausf. auch DNotI-Report 2012, 143; OLG Köln Beschl. v. 5.2.2018 – 2 Wx 275/17, BeckRS 2018, 1427), selbst wenn diese zusammen in einem Brief zur amtlichen Verwahrung durch den Urkundsnotar zum Nachlassgericht gegeben wird (OLG Bremen Beschl. v. 10.3.2016 – 5 W 40/15, BeckRS 2016, 05594). Unwirksam ist eine Regelung, wonach der Urkundsnotar die Person des Testamentsvollstreckers bestimmen soll. Die Einräumung dieses Rechts in der notariellen beurkundeten letztwilligen Verfügung stellt für den

Urkundsnotar einen rechtlichen Vorteil iSd § 7 Nr. 1 BeurkG dar, so dass die diesbezügliche Beurkundung unwirksam ist (BGH ZErb 2013, 44). Ein Notar verstößt gegen seine Pflichten aus § 14 I 2 iVm III 2 BNotO, wenn er einen Testamentsvollstrecker einsetzt und dadurch unmittelbare oder mittelbare wirtschaftliche Vorteile für bei ihm beschäftigte Personen (iSv § 14 IV 2 BNotO) begründet werden (BGH Beschl. v. 13.11.2017 – NotSt(Brfg) 3/17, BeckRS 2017, 140120).

8 **dd) Sonstige.** Der **Rechtsanwalt** kann nach § 45 II BRAO (oder dessen Sozius nach § 45 III BRAO) nicht zum Testamentsvollstrecker ernannt werden, wenn er zuvor gegen den Träger des zu verwaltenden Vermögens tätig geworden ist. Der sich anwaltlich selbst vertretende Testamentsvollstrecker kann Mehrwertsteuer berechnen und festsetzen lassen (LG Bonn ZErb 2010, 122 (123)). Von einem Rechtsanwalt, der die Bezeichnung „zertifizierter Testamentsvollstrecker" führt, wird bei dem hierdurch angesprochenen Verkehr die Vorstellung einer besonderen Qualifikation auf dem Gebiet der Testamentsvollstreckung geweckt. Insbesondere wird neben einer besonderen Kenntnis auch die Erwartung hervorgerufen, dass der Rechtsanwalt über praktische Erfahrungen auf dem Gebiet der Testamentsvollstreckung verfügt (BGH ZEV 2012, 105). **Banken, Wirtschaftsprüfer** und **Steuerberater** können geschäftsmäßig das Amt des Testamentsvollstreckers übernehmen (und dafür werben), ohne dass hierfür eine Erlaubnis erforderlich wäre, da Testamentsvollstreckung keine Besorgung fremder Rechtsangelegenheiten iSv Art. 1 § 1 I RBerG ist (BGH NJW 2005, 968; zur Werbung mit der Bezeichnung „Zertifizierter Testamentsvollstrecker" s. OLG Nürnberg NJW-Spezial 2010, 447 = DStR 2010, 1590; *Grunewald* ZEV 2010, 69). Strittig ist, ob ein **Vorstands- oder Aufsichtsratsmitglied** einer Aktiengesellschaft testamentsvollstrecker sein kann, wenn Aktien der Gesellschaft Bestandteil des Nachlasses sind. Nach Ansicht von *Frank* soll eine Testamentsvollstreckung durch Mitglied des Gesellschaftsorgans wegen der Gefahr von Interessenkonflikten unzulässig sein (*Frank* NZG 2002, 898). Dem hält *Gursky* entgegen, dass die Ausübung des Amtes als Testamentsvollstrecker und als Mitglied des Vorstandes oder Aufsichtsrates nicht an einem Interessenkonflikt scheitern könne (*Gursky* ZEV 2008, 1 (4)). Die Sachlage sei mit dem, zweifelsos zulässigen, Fall vergleichbar, dass ein Organmitglied selbst Aktionär der Gesellschaft sei. Überdies werde die Kumulation von Ämtern bei einer GmbH auch für unbedenklich gehalten.

9 **2. Ersatztestamentsvollstrecker.** Nach Abs. 2 kann ein Ersatztestamentsvollstrecker ernannt werden. Unter Wegfall ist auch die Nichtannahme (§ 2202 II u. III) sowie die unwirksame Ernennung (§ 2201) zu verstehen (Palandt/*Weidlich* Rn. 1). Bei der testamentarischen Ausgestaltung ist auf eine exakte Bestimmung der Ersatztestamentsvollstreckung zu achten. Ohne einen eindeutigen Hinweis darauf, dass bei Ausfall des eigentlichen Testamentsvollstreckers ersatzweise ein Dritter das Amt übernehmen soll, ist eine Ersatztestamentsvollstreckung nicht vorzunehmen (OLG Düsseldorf ZErb 2013, 127). Auch hier ist zu empfehlen ein Ernennungsrecht nach den §§ 2198–2200 zu verfügen.

10 **3. Aufschiebend bedingte Anordnung der Testamentsvollstreckung.** Der Erblasser kann als Ausdruck seiner Testierfreiheit bestimmen, dass die Anordnung der Testamentsvollstreckung unter einer aufschiebenden oder auflösenden Bedingung oder unter Bestimmung eines Anfangs- oder Endtermins erfolgen kann (Staudinger/*Reimann* § 2211 Rn. 8; DNotI-Report 2013, 24). Für den Erblasser besteht somit ua die Möglichkeit, den Beginn der Testamentsvollstreckung auf einen Zeitpunkt festzusetzen, der deutlich nach seinem Tod liegt. Hierdurch kann er dem Erben die Verwaltungs- und Verfügungsbefugnis bis zu diesem Zeitpunkt belassen. Es stellt sich dabei jedoch die Frage, **ob die bedingt angeordnete Testamentsvollstreckung bereits in der Schwebezeit zwischen Erbfall und Bedingungseintritt gewisse Vorwirkungen entfaltet.** Hierzu ist auf der einen Seite zu berücksichtigen, dass der Erblasser durch die Anordnung der Testamentsvollstreckung, auch wenn diese zu einem späteren Zeitpunkt in Kraft treten soll, selbst davon ausgeht, dass bei Eintritt der Bedingung der Nachlass als solcher noch erkennbar vorhanden ist. Unter diesem Gesichtspunkt könne es geboten sein, zur Umsetzung des Willens des Erblassers eine Vorwirkung der Testamentsvollstreckung anzunehmen (vgl. DNotI-Report 2013, 24 (26) mwN). Dem ist mit *Hartmann* (RNotZ 2008, 150 (152 f.)) zu entgegnen, dass eine Vorwirkung in dem Sinne, dass dem Erben die Verfügungsbefugnis bereits in der Schwebezeit, in der auch noch kein Testamentsvollstrecker im Amt ist, genommen wird, zum untragbaren Ergebnis führe, dass niemand die Verfügungsbefugnis über den Nachlass habe. Wenn sich der Erblasser gerade bewusst (und in sehr seltenen Fällen, zB bei hohem Alter, Geschäftsunfähigkeit, wirtschaftliche Krisensymptome) dazu entscheidet, die Testamentsvollstreckung erst zu einem späteren Zeitpunkt eintreten zu lassen, muss dies uneingeschränkt gelten. Schwebezustände kann die Rechtsordnung insoweit nicht hinnehmen. Dies wurde auch durch das OLG Köln (Beschl. v. 3.11.2014 – 2 Wx 304/14, BeckRS 2015, 01900) bestätigt. Nach dessen Ansicht ist eine aufschiebend bedingt angeordnete Testamentsvollstreckung weder im Erbschein noch im Grundbuch zu vermerken, denn sie schränke die rechtlich unbeschränkte Verfügungsmacht der Erben in unzulässigerweise ein.

§ 2198 Bestimmung des Testamentsvollstreckers durch einen Dritten

(1) ¹Der Erblasser kann die Bestimmung der Person des Testamentsvollstreckers einem Dritten überlassen. ²Die Bestimmung erfolgt durch Erklärung gegenüber dem Nachlassgericht; die Erklärung ist in öffentlich beglaubigter Form abzugeben.

(2) Das Bestimmungsrecht des Dritten erlischt mit dem Ablauf einer ihm auf Antrag eines der Beteiligten von dem Nachlassgericht bestimmten Frist.

1. Bestimmung. § 2065 schließt die Vertretung des Erblassers im Willen aus. § 2198 enthält hiervon 1 eine Ausnahme. Es ist dem Erblasser gestattet die Bestimmung (nicht die Anordnung) des Testamentsvollstreckers einem Dritten zu überlassen. Die Bestimmung durch den Dritten wird mit Eingang bei dem zuständigen Nachlassgericht (§ 343 FamFG) wirksam und ist dann unwiderruflich. Die Bestimmung erfolgt, soweit nicht vom Erblasser anders angeordnet, nach freiem Ermessen. Der Dritte kann sämtliche Personen zum Testamentsvollstrecker bestimmen, die auch der Erblasser hätte benennen können. Der Erblasser kann aber auch den Kreis derjenigen beschränken, unter denen der Dritte aussuchen darf (zB nur Rechtsanwälte – MüKoBGB/*Zimmermann* Rn. 4). Der Dritte kann also auch sich selbst bestimmen, sofern er nicht Alleinerbe ist (→ § 2197 Rn. 5).

2. Form. Die Erklärung des Dritten muss in öffentlich beglaubigter Form (§ 129, §§ 39 ff. BeurkG) ab- 2 gegeben werden. Nach der Rspr. wird zT die Beglaubigung für entbehrlich gehalten, wenn die Bestimmung in einer öffentlichen Urkunde erfolgt ist, die im Rahmen ihrer Zuständigkeit von Gerichten, Ämtern oder Behörden errichtet wurde (OLG Stuttgart NJW-RR 1986, 7 (8); Palandt/*Weidlich* Rn. 2 mwN). Die Kostentragungslast für die Beglaubigung richtet sich nach § 2218.

3. Frist. Auf Antrag eines Beteiligten kann dem Dritten zur Bestimmung nach Abs. 2 eine Frist gesetzt 3 werden. Beteiligter ist jeder, der ein rechtliches (nicht lediglich wirtschaftliches) Interesse hat. Beteiligte sind also zB der Erbe, der Vor- und Nacherbe, der Vermächtnisnehmer, der Pflichtteilsberechtigte, der Nachlassgläubiger oder der Auflagenvollziehungsberechtigte (Palandt/*Weidlich* Rn. 3 mwN). Dagegen wird das rechtliche Interesse für den Auflagenbegünstigten zT verneint (Soergel/*Damrau* Rn. 9). Auch die vom Erblasser gesetzte Frist kann durch das Nachlassgericht geändert werden. Über die Anordnung der Frist entscheidet der Rechtspfleger nach § 3 Nr. 2c RPflG durch Beschluss. Gemäß § 345 IV 1 Nr. 3 FamFG ist im Fristsetzungsverfahren derjenige als sog. Muss-Beteiligter hinzuzuziehen, dem gegenüber die Frist gesetzt wird (→ Vor § 2197 Rn. 20). Nach 355 I FamFG ist gegen die Fristsetzung die sofortige Beschwerde in entsprechender Anwendung der §§ 567–572 ZPO statthaft. Mit fruchtlosem Fristablauf oder Ablehnung vor Fristablauf erlischt das Bestimmungsrecht des Dritten.

§ 2199 Ernennung eines Mitvollstreckers oder Nachfolgers

(1) **Der Erblasser kann den Testamentsvollstrecker ermächtigen, einen oder mehrere Mitvollstrecker zu ernennen.**

(2) **Der Erblasser kann den Testamentsvollstrecker ermächtigen, einen Nachfolger zu ernennen.**

(3) **Die Ernennung erfolgt nach § 2198 Abs. 1 Satz 2.**

1. Ermächtigung. Die Ermächtigung zur Ernennung eines Mitvollstreckers (§ 2224) und/oder eines 1 Nachfolgers kann im Wege der letztwilligen Verfügung durch den Erblasser selbst erfolgen. Sie kann auch einem Dritten (§ 2198) oder dem Nachlassgericht (§ 2200) überlassen werden. Voraussetzung für die Ernennung durch den Testamentsvollstrecker ist, dass er bei Ernennung selbst im Amt ist, also ab der Annahme (§ 2202) bis zur Beendigung des Amtes. Für die Ernennung kann im Gegensatz zu § 2198 keine Frist gesetzt werden. In der Praxis wird dieser Weg häufig gewählt, um dem Testamentsvollstrecker, der zB auch gesetzlicher Vertreter des Erben ist, in Fällen der Interessenkollision eine Handlungsmöglichkeit zu eröffnen. Er kann dann beschränkt auf die jeweiligen Konfliktsituationen einen Dritten benennen.

2. Nachfolger. Für den Fall der Beendigung des Amtes (§§ 2225–2227) können ein oder (wenn der 2 Erblasser dies angeordnet hat) mehrere Nachfolger ernannt werden. Das Ernennungsrecht endet mit dem Tod des letzten Testamentsvollstreckers, der innerhalb von 30 Jahren seit dem Erbfall ernannt wurde (BGH ZEV 2008, 138; KG ZEV 2008, 528, → § 2210 Rn. 4). Soll der zur Ernennung eines Nachfolgers ermächtigte Testamentsvollstrecker nach § 2227 entlassen werden, so muss ihm das Nachlassgericht grds. Gelegenheit zur Ernennung eines Nachfolgers geben (OLG Hamm NJW-RR 2007, 1194). Grundsätzlich ist der Testamentsvollstrecker auch ermächtigt seinen Nachfolger zu benennen, wenn er aus dem Amt wegen Pflichtverletzung entlassen wurde, sofern sich aus dem Testament nichts anderes ergibt (OLG Schleswig Urt. v. 18.3.2014 – 3 U 34/13, BeckRS 2014, 14275). Die Auslegung (§§ 133, 2084) kann allerdings ergeben, dass die Ernennung dann nicht gelten soll (OLG München ZEV 2008, 532 (535)).

§ 2200 Ernennung durch das Nachlassgericht

(1) **Hat der Erblasser in dem Testament das Nachlassgericht ersucht, einen Testamentsvollstrecker zu ernennen, so kann das Nachlassgericht die Ernennung vornehmen.**

(2) **Das Nachlassgericht soll vor der Ernennung die Beteiligten hören, wenn es ohne erhebliche Verzögerung und ohne unverhältnismäßige Kosten geschehen kann.**

1. Ersuchen. Nur der Erblasser kann das Nachlassgericht durch letztwillige Verfügung ersuchen, ei- 1 nen Testamentsvollstrecker zu ernennen. Der testamentarischen Anordnung steht es dabei nicht entgegen, wenn der Erblasser die Testamentsvollstreckung lediglich auf einem verschlossenen Briefumschlag angeordnet hat. Mit der eigenhändigen Erklärung auf einem Briefumschlag kann eine den Formerfordernissen des § 2247 entsprechende testamentarische Anordnung getroffen werden, da es allein auf die vom

Gesetz zu beachtende Formstrenge und den subjektiven Testierwillen ankommt (OLG Karlsruhe NJW-Spezial 2010, 583). Der Begriff des Ersuchens wird durch die Rspr. zwar sehr weit ausgelegt und soll bereits dann gegeben sein, wenn dem Nachlassgericht ein Auswahlermessen bei der Auswahl des Testamentsvollstreckers zukommt (BayObLG NJW-RR 2003, 224 (226)). Für eine solche ergänzende Vertragsauslegung ist jedoch immer eine Andeutung iSd Andeutungstheorie erforderlich (BGH NJW 1983, 672 (673); LG Heidelberg ZEV 2009, 535 (536)). Behält sich der Erblasser im notariellen Testament vor, den Testamentsvollstrecker gesondert privatschriftlich zu bestimmen, liege darin jedenfalls kein Ersuchen (so OLG Frankfurt a. M. Beschl. v. 20.9.2016 – 20 W 158/16, BeckRS 2016, 19206 Rn. 6 ff.). Im Falle, dass alle im Testament durch den Erblasser benannten Personen wegfallen, muss die Gesamtheit der testamentarischen Verfügung den Willen des Erblassers erkennen lassen, dass die Testamentsvollstreckung bis zur Erledigung der Aufgaben durch- bzw. weitergeführt werden soll (OLG Düsseldorf Beschl. v. 21.3.2018 – 3 Wx 211/17, BeckRS 2018, 6585 Rn. 34). Das Nachlassgericht hat durch Auslegung zu ermitteln, ob der Erblasser bei Berücksichtigung der später eingetretenen Sachlage mutmaßlich die Ernennung eines Testamentsvollstreckers durch das Nachlassgericht gewollt hätte (OLG Düsseldorf s. o.). Dazu sind die Gründe zu ermitteln, die den Erblasser zu seiner Anordnung bestimmt haben und ob diese Gründe von seinem Standpunkt auch dann noch fortbestehen, wenn die benannten Personen wegfallen (OLG Düsseldorf s. o.). In der Kautelarpraxis wird daher angeraten, ausdrücklich aufzuführen, ob es dem Erblasser primär auf die Testamentsvollstreckung ankommt oder ob bei Wegfall oder Nichtannahme auch die Testamentsvollstreckung wegfallen soll. Die Entscheidung des Nachlassgerichtes einen Testamentsvollstrecker zu bestellen, ist für das Prozessgericht nicht bindend, wenn sie mit der materiellen Rechtslage nicht in Einklang steht und somit ins Leere geht (BGH ZEV 2008, 138 (139); NJW 1964, 1316 (1319); stRspr). Daher muss das Prozessgericht auch die Frage des Vorliegens eines „Ersuchens" am materiellen Recht gesondert prüfen (LG Heidelberg ZEV 2009, 535). Die Gefahr widersprüchlicher Entscheidungen ist insoweit hinzunehmen (LG Heidelberg ZEV 2009, 535 (536)).

2   **2. Ernennung.** Die Ernennung sowie die Auswahl der Person erfolgt durch Beschluss des nach § 343 FamFG örtlich zuständigen Nachlassgerichtes nach pflichtgemäßen Ermessen und kann daher auch abgelehnt werden, wenn die Anordnung oder Fortdauer nicht (mehr) zweckmäßig ist (BayObLG ZEV 2004, 287). Unzweckmäßigkeit liegt insbes. vor, wenn die Anordnung infolge von Veränderungen ihren Sinn verloren hat oder die Aufgaben des Testamentsvollstreckers bereits erfüllt sind (Palandt/*Weidlich* Rn. 4 mwN). Gegen die Ablehnung der Ernennung ist die befristete Beschwerde nach §§ 58 ff. FamFG statthaft.

3   **3. Beschwerdeberechtigung.** Beschwerdeberechtigt ist, wer durch den Beschluss (§ 59 FamFG) in seinem Recht beeinträchtigt ist. Erforderlich ist ein unmittelbarer nachteiliger Eingriff in ein dem Beschwerdeführer zustehendes Recht. Ein bloßes rechtliches Interesse an der Abänderung der angegriffenen Entscheidung ist ebenso wenig wie ein lediglich wirtschaftliches Interesse ausreichend (OLG München ZEV 2009, 342 (343)). Dies gilt auch für die Ernennung nach § 2200. Für die Beschwerdeberechtigung genügt allein die formelle Beteiligteneigenschaft nicht. Vielmehr ist die Rüge, in einem eigenen Recht betroffen zu sein, erforderlich (OLG München ZEV 2009, 342 (343)). Beschwerdeberechtigt ist daher ein vom Erblasser aufschiebend bedingt bestimmter Ersatztestamentsvollstrecker, wenn durch die gerichtliche Ernennung der Eintritt der Bedingung hinausgeschoben wird (OLG München ZEV 2009, 342 (343)). Dagegen kann ein Miterbe, dessen Erbanteil nicht der Testamentsvollstreckung unterliegt, nicht die Ernennung mit dem beschränkten Ziel der Abänderung der Auswahlentscheidung zur Person des Testamentsvollstreckers anfechten (OLG Hamm MittBayNot 2008, 390). Anders als bei der Ernennung oder Ablehnung eines Testamentsvollstreckers nach § 2200 I wird ein Miterbe, dessen Erbanteil nicht von der Testamentsvollstreckung erfasst wird, durch die Auswahlentscheidung nicht in seiner eigenen Rechtsposition betroffen (OLG Hamm MittBayNot 2008, 390 (391)).

4   Die Beschwerdeberechtigung nach § 59 I FamFG kann im Fall der Ablehnung der Ernennung eines Testamentsvollstreckers auch einem Vermächtnisnehmer zustehen, wenn es gerade zu der Aufgabe des Testamentsvollstreckers gehören soll, das Vermächtnis zu erfüllen. Zwar hat der Vermächtnisnehmer nach § 2174 nur einen schuldrechtlichen Anspruch gegen die Erben, dennoch kann die Ablehnung der Ernennung des Testamentsvollstreckers den Vermächtnisnehmer in eigenen subjektiven Rechten verletzen. Der Vermächtnisnehmer könnte nach § 2213 I 1 den Testamentsvollstrecker unmittelbar in Anspruch nehmen, so dass durch die Ablehnung der Ernennung des Testamentsvollstreckers eine Beeinträchtigung oder zumindest Gefährdung der Rechte des Vermächtnisnehmers besteht (BGH ZErb 2013, 203). Ein unabhängiger Dritter ist nicht beschwerdeberechtigt, da es kein allgemeines Recht auf Ernennung zum Testamentsvollstrecker gibt, das diese alleine dem Interesse des Erben diene (OLG München Beschl. v. 5.4.2016 – 31 Wx 395/15, BeckRS 2016, 06691).

5   **4. Hinzuziehung.** Erfolgt die Ernennung durch das Nachlassgericht (§ 2200) so ist nach § 345 III 1 FamFG die zu ernennende Person zwingend hinzuzuziehen. Erben und eventuelle Mitvollstrecker können hinzugezogen werden (§ 345 III 2 FamFG). Dagegen können Vermächtnisnehmer nicht hinzugezogen werden, obwohl ein Testamentsvollstrecker nach § 2223 auch nur für einen Vermächtnisnehmer bestellt werden kann. Dies ist wohl im Gesetzgebungsverfahren übersehen worden. Zumindest im Fall des § 2223 muss schon mit Rücksicht auf Art. 103 GG der Vermächtnisnehmer hinzugezogen werden können (*Zimmermann* ZErb 2009, 86 (87)). Andernfalls würde nur das Anhörungsrecht nach § 2200 II verbleiben. § 2200 II ordnet parallel zu § 345 III FamFG an, dass das Nachlassgericht vor der Ernennung

„die Beteiligten" hören soll, und überlässt es dem Gericht, wen es als Beteiligten einstuft (*Zimmermann* ZErb 2009, 86 (87)), so dass der der Vermächtnisvollstreckung unterliegende Vermächtnisnehmer zumindest gehört werden kann.

5. Anhörung. Unterbleibt die vorherige Anhörung nach der Sollvorschrift des **Abs.** 2 führt dies nicht zur Unwirksamkeit der Ernennung (BeckOK BGB/*Lange* Rn. 3).

§ 2201 Unwirksamkeit der Ernennung

Die Ernennung des Testamentsvollstreckers ist unwirksam, wenn er zu der Zeit, zu welcher er das Amt anzutreten hat, geschäftsunfähig oder in der Geschäftsfähigkeit beschränkt ist oder nach § 1896 zur Besorgung seiner Vermögensangelegenheiten einen Betreuer erhalten hat.

Liegt einer der drei abschließend aufgezählten **Unfähigkeitsgründe** (Geschäftsunfähigkeit nach § 104, beschränkte Geschäftsunfähigkeit nach § 106, sowie Betreuerbestellung nach § 1896, die sich auf sämtliche Vermögensangelegenheiten beziehen muss, wobei vorläufige Betreuerbestellung nach § 300 FamFG jedoch ausreichend ist) vor, so ist auch die Ernennung unwirksam, ohne dass es eines Entlassungsantrag nach § 2227 bedarf.

Für die Beurteilung der Unwirksamkeit ist auf den Zeitpunkt abzustellen, in dem der Ernannte sein Amt anzutreten hat. Stirbt der Testamentsvollstrecker oder tritt dagegen die Unfähigkeit nachträglich ein, liegt ein Fall des § 2225 vor. Entfällt dagegen die Unfähigkeit nachträglich, so bleibt die Ernennung unwirksam (Staudinger/*Reimann* Rn. 5). Andere Untauglichkeitsgründe wie zB Eröffnung des Insolvenzverfahrens oder Vorstrafen führen nicht zur Unwirksamkeit der Ernennung, können aber iRd § 2227 zur Entlassung herangezogen werden.

§ 2202 Annahme und Ablehnung des Amts

(1) **Das Amt des Testamentsvollstreckers beginnt mit dem Zeitpunkt, in welchem der Ernannte das Amt annimmt.**

(2) ¹**Die Annahme sowie die Ablehnung des Amts erfolgt durch Erklärung gegenüber dem Nachlassgericht.** ²**Die Erklärung kann erst nach dem Eintritt des Erbfalls abgegeben werden; sie ist unwirksam, wenn sie unter einer Bedingung oder einer Zeitbestimmung abgegeben wird.**

(3) ¹**Das Nachlassgericht kann dem Ernannten auf Antrag eines der Beteiligten eine Frist zur Erklärung über die Annahme bestimmen.** ²**Mit dem Ablauf der Frist gilt das Amt als abgelehnt, wenn nicht die Annahme vorher erklärt wird.**

1. Amtsannahme. Das Amt eines Testamentsvollstreckers beginnt mit seiner Annahme. Gem. § 2202 II 2 kann diese erst nach dem Erbfall abgegeben werden. Die Annahme bedarf entsprechend § 2228 zumindest privatschriftlicher Form. Eine mündliche Erklärung ist zu Protokoll des Nachlassgerichtes abzugeben (BeckOK BGB/*Lange* Rn. 6; Palandt/*Weidlich* Rn. 1; Staudinger/*Reimann* Rn. 8; aA Soergel/*Damrau* Rn. 3). Im Antrag auf Erteilung des Testamentsvollstreckerzeugnisses liegt zugleich die Annahmeerklärung. Die Annahmeerklärung kann nicht unter einer Bedingung oder Zeitbestimmung abgegeben werden und wird mit Eingang beim zuständigen Nachlassgericht wirksam und unwiderruflich (Palandt/*Weidlich* Rn. 1), jedoch besteht die Kündigungsmöglichkeit nach § 2226. Der Annehmende kann vom Nachlassgericht eine Annahmebestätigung verlangen. Die **Ablehnung** unterliegt dem gleichen Formerfordernis wie die Annahme. Eine spätere Annahme eines einmal abgelehnten Amtes ist nicht möglich. Die Annahme des Amtes steht grds. im freien Ermessen des Ernannten. Auch im Falle, dass gem. § 2200 die Ernennung durch das Nachlassgericht erfolgt, besteht keine Verpflichtung zur Amtsübernahme (Palandt/*Weidlich* Rn. 2; MüKoBGB/*Zimmermann* Rn. 2; Soergel/*Damrau* Rn. 1). Zutreffend wird die Ansicht vertreten, dass aufgrund einer vertraglichen Verpflichtung zwischen Erblasser oder dem Erben und dem Ernannten eine Verpflichtung zur Annahme des Amtes begründet werden kann. Aus einem solchen Vertrag soll dann, sofern sich der Ernannte weigert, auf Annahme des Amtes, auf eine eventuell vereinbarte Vertragsstrafe oder auf Schadensersatz geklagt werden können (Staudinger/*Reimann* Rn. 26; Soergel/*Damrau* Rn. 2). Die Gegenansicht hält dem jedoch entgegen, dass der notfalls erzwungene Amtsantritt mit dem Wesen dieses Vertrauensamtes unvereinbar sei. Zu bedenken sei auch, dass der in das Amt gezwungene dieses, wegen der Möglichkeit nach § 2226, jederzeit auch wieder durch Kündigung niederlegen könne (Palandt/*Weidlich* Rn. 2; MüKoBGB/*Zimmermann* Rn. 2; BeckOK BGB/*Lange* Rn. 11). Die Annahme erfordert Geschäftsfähigkeit. Ist jedoch mit dem Wegfall der Beschränkung bis zum Amtsantritt, insbes. bei aufschiebend bedingter oder befristet angeordneter Testamentsvollstreckung zu rechnen, kommt eine Annahmeerklärung durch den gesetzlichen Vertreter in Betracht.

2. Genehmigung. Vor Annahme des Amtes vom Testamentsvollstrecker **getätigte Rechtsgeschäfte** sind grds. unwirksam. Jedoch kann der Testamentsvollstrecker nach Annahme die zuvor getätigten Rechtsgeschäfte nach Maßgabe der §§ 177, 180 genehmigen. Verfügungen, die er zuvor als Nichtberechtigter vorgenommen hat, werden dann nach Maßgabe des § 185 II 1 wirksam. Genehmigt der Testamentsvollstrecker allerdings nicht, ist die sog. Konvaleszenz gem. § 185 II 1 Alt. 2 nicht, auch nicht analog, anwendbar (OLG Nürnberg Beschl. v. 22.9.2016 – 15 W 509/16, BeckRS 2016, 20649).

3. Fristsetzung. Antragsberechtigt zur Fristsetzung sind alle Personen, die ein rechtliches Interesse hieran haben (→ § 2198 Rn. 3). Das Nachlassgericht kann auch von Amts wegen den Ernannten zur Erklärung über die Annahme auffordern, dann gilt jedoch nicht S. 2 (Palandt/*Weidlich* Rn. 3). Gemäß § 355 I FamFG ist gegen die Fristsetzung die sofortige Beschwerde in entsprechender Anwendung der §§ 567–572 ZPO statthaft. Zudem ist nach § 345 IV 1 Nr. 3 FamFG im Fristsetzungsverfahren als Muss-Beteiligter derjenige hinzuzuziehen, dem gegenüber die Frist gesetzt wird (→ Vor § 2197 Rn. 20).

§ 2203 Aufgabe des Testamentsvollstreckers

Der Testamentsvollstrecker hat die letztwilligen Verfügungen des Erblassers zur Ausführung zu bringen.

1. Normzweck. Diese Vorschrift verdeutlicht, dass der Testamentsvollstrecker sich allein am letzten Willen des Erblassers zu orientieren hat. Auf diesem Willen beruhen seine Befugnisse (Palandt/*Weidlich* Rn. 2). Insbesondere ist der Testamentsvollstrecker nicht an die Weisungen der Erben gebunden (BGH Urt. v. 5.11.2014 – IV ZR 104/14, BeckRS 2014, 21970 Rn. 11). Soweit in der letztwilligen Verfügung nichts anderes bestimmt ist, ist der Testamentsvollstrecker sog. Generalvollstrecker und hat für die Ausführung aller letztwilligen Bestimmungen zu sorgen.

2. Aufgabe. Bei der Anordnung der Testamentsvollstreckung sind die dem Testamentsvollstrecker zukommenden Aufgaben genau zu bezeichnen. Anderenfalls ist vom **Regelfall der Abwicklungsvollstreckung** der §§ 2203–2207 auszugehen. Die Verwaltungsvollstreckung (§ 2209 S. 1 Hs. 1) und die Dauervollstreckung (§ 2209 S. 1 Hs. 2) sind die Ausnahme. Daneben sieht das Gesetz noch die Nacherbenvollstreckung (§ 2222) sowie die Vermächtnisvollstreckung (§ 2223) vor. Kombinationen der Vollstreckungsarten sind ebenso möglich.

3. Regelaufgabe. Regelaufgaben bei der Abwicklungsvollstreckung sind vor allem die Inbesitznahme des Nachlasses, die Begleichung der Nachlassverbindlichkeiten, die Liquidation der Nachlasswerte und die Durchführung der Erbauseinandersetzung. Bei der Erledigung seiner Aufgaben hat der Testamentsvollstrecker auch für die Erfüllung und Sicherstellung von Vermächtnissen und Auflagen sowie gem. §§ 32 I 2, 31 V 1 ErbStG für die Begleichung der Erbschaftsteuer zu sorgen (zu den steuerlichen Rechten und Pflichten des Testamentsvollstreckers s. *Tolksdorf* ErbStB 2008, 336 ff.; *Siebert* ZEV 2010, 121 ff.; *Roth* NJW-Spezial 2015, 679). Verletzt der Testamentsvollstrecker seine Pflichten im Erbschaftsteuerverfahren so haftet er nach § 69 AO. Um Erbschaftssteuern handelt es sich auch bei Nachsteuern, die durch den Wegfall des Verschonungsabschlags nach § 13a III 5, VI 1 ErbStG entstehen (*Hannes/Onderka/v. Oertzen* ZEV 2011, 642 (644)). Bei der Dauervollstreckung ist auch eine Haftung des Testamentsvollstreckers für Nachsteuern möglich, zumindest sollten entsprechende Rückstellungen gebildet werden; bei einer Abwicklungsvollstreckung dagegen ist die Haftung abzulehnen (*Purrucker* ZErb 2011, 265). Zur Inbesitznahme gehört bei Grundstücken die Eintragung des Testamentsvollstreckervermerks nach § 52 GBO. Darüber hinaus hat er die „ihm sonst zugewiesenen Aufgaben" iSv § 2209 S. 1, wie zB Bestattung (soweit diese nicht wegen Zeitablaufs bereits erfolgt) oder Leistung von Rechtsbeistand, zu erledigen (Palandt/*Weidlich* Rn. 3). Um Streitigkeiten zwischen den Erben und sonstiger am Nachlass Beteiligter zu entscheiden, kann der Erblasser den Testamentsvollstrecker auch zum Schiedsrichter ernennen. Für Streitigkeiten mit dem Testamentsvollstrecker kann dieser, auf Grund des sich ergebenden Interessenkonfliktes, nicht als Schiedsrichter entscheiden (OLG Frankfurt a. M. ZEV 2012, 665).

4. Ausführung. Die Ausführung der letztwilligen Verfügung setzt ihre Gültigkeit voraus, so dass die Prüfung der Wirksamkeit der letztwilligen Verfügung und ggf. deren Auslegung erste Pflicht des Testamentsvollstreckers ist.

a) Auslegung. Der Auslegung durch den Testamentsvollstrecker kommt dabei kein rechtsverbindlicher Charakter zu, da dies gegen das erbrechtliche Drittbestimmungsverbot nach § 2065 verstoßen würde (MüKoBGB/*Zimmermann* Rn. 3, 17; *Storz* ZEV 2009, 265 (267 ff.) mwN, der dies allerdings mit der Rechtsstellung des Testamentsvollstreckers selbst begründet). Aus den gleichen Gründen ist dem Erblasser verwehrt, die Auslegung des Testaments dem Testamentsvollstrecker zu übertragen. Dies gilt jedenfalls hinsichtlich solcher Bestimmungen, die den Bestand des Testamentsvollstreckeramtes selbst betreffen (BGH NJW 1964, 1316). Allerdings kann ihm vom Erblasser die Aufgabe des Schiedsrichters (§ 1066 ZPO) zur Beilegung von Meinungsverschiedenheiten zwischen den Erben zuerkannt worden sein, die ihm dann auch die Befugnis zur Auslegung streitiger letztwilliger Bestimmungen verleiht (*Storz* ZEV 2009, 265 (269); zur Schiedsfähigkeit von erbrechtlichen Streitigkeiten im Allgemeinen *Heinze* RNotZ 2009, 663 (664 ff.); → § 2220 Rn. 4). Die fehlerhafte Beurteilung der Wirksamkeit oder der Tragweite der letztwilligen Verfügung kann zur Haftung nach § 2219 führen. Bei einem Streit mit dem Erben oder einem Dritten über Wirksamkeit und Inhalt einer letztwilligen Verfügung ist dem Testamentsvollstrecker eine Feststellungsklage nach § 256 ZPO bzw. ein Antrag nach § 2216 II 2 anzuraten.

b) Anfechtung. Ein Anfechtungsrecht nach § 2078 steht dem Testamentsvollstrecker nur gegen Verfügungen zu, die seine Rechte beschränken oder gar aufheben, soweit er nicht selbst Erbe ist (Palandt/*Weidlich* Rn. 2). Für die Einrede der Anfechtbarkeit gem. § 2083 benötigt der Testamentsvollstrecker die Zustimmung des Erben (Palandt/*Weidlich* Rn. 2).

§ 2204 Auseinandersetzung unter Miterben

(1) **Der Testamentsvollstrecker hat, wenn mehrere Erben vorhanden sind, die Auseinandersetzung unter ihnen nach Maßgabe der §§ 2042 bis 2057a zu bewirken.**

(2) **Der Testamentsvollstrecker hat die Erben über den Auseinandersetzungsplan vor der Ausführung zu hören.**

1. Auseinandersetzung. Der Testamentsvollstrecker hat die Auseinandersetzung der Erbengemeinschaft zu bewirken, soweit sie ihm nicht nach den §§ 2208 I 1, 2209 I entzogen ist. Er hat den Nachlass entsprechend den Anordnungen des Erblassers (§ 2048) und gemäß den gesetzlichen Regelungen (§§ 2042–2056) zu teilen, ohne hierbei Weisungen der Erben zu unterliegen. Der Auseinandersetzung steht nicht entgegen, dass über einen Teil des Nachlasses Streit herrscht oder der Testamentsvollstrecker selbst Miterbe ist. Der Testamentsvollstrecker kann auch bei der Auseinandersetzung einer Vereinbarung aller Erben folgen, wenn die Anordnungen des Erblassers dem nicht entgegenstehen. Ein vom Erblasser angeordnetes Auseinandersetzungsverbot steht der Wirksamkeit einer im Rahmen einer Auseinandersetzung getätigten Verfügung über Nachlassgegenstände nicht entgegen, wenn diese einvernehmlich vom Testamentsvollstrecker und allen Schutzbedürftigen, insbes. allen Erben einschließlich etwaiger Nacherben getroffen wird (BGH NJW 1971, 1805; 1963, 2320; Palandt/*Weidlich* Rn. 2 mwN). Die Auseinandersetzung ist jedoch zu unterlassen, wenn die Erben die Fortsetzung der Erbengemeinschaft vereinbart haben, da sie zwar ein Recht auf Auseinandersetzung, nicht jedoch die Pflicht zu ihrer Duldung haben (Palandt/*Weidlich* Rn. 1).

2. Teilvollstreckung. Bei Teilvollstreckung, also wenn die Testamentsvollstreckung nur für einen Erbteil oder einen bestimmten Erben angeordnet ist, kann er auch nur Rechte des Miterben wahrnehmen. Gleiches gilt für den Nacherbenvollstrecker (§ 2222) und den Vermächtnisvollstrecker (§ 2223). Insbesondere kann er nur die Rechte aus §§ 2034, 2039 geltend machen und nicht die Auseinandersetzung allein bewirken, sondern allenfalls diese fordern. Ist der Testamentsvollstrecker für den Vor- und den Nacherben ernannt, dann ist die Auseinandersetzung spätesten unter den Nacherben durchzuführen.

3. Fehlende Auseinandersetzungsanordnung Hat der Erblasser keine Auseinandersetzungsanordnung vorgegeben, hat die Teilung ausschließlich nach den gesetzlichen Regeln der §§ 2042–2046 und §§ 749–758 stattzufinden. Dies hat zur Folge, dass nach § 2046 zunächst alle Nachlassverbindlichkeiten zu berichtigen sind. Bei Verzögerungen kann der Testamentsvollstrecker jedoch die erforderlichen Beträge zurücklegen und die Auseinandersetzung weiter betreiben (Soergel/*Damrau* Rn. 17). In diesem Fall besteht eine erhöhte Haftungsgefahr, da die Miterben ab der Teilung den Nachlassgläubigern mit ihrem Eigenvermögen haften (§ 2059). Weitere Folge der §§ 2042 ff. ist, dass der Testamentsvollstrecker unter Umständen gezwungen ist, Gegenstände im Weg des Pfandverkaufs oder Immobilien im Wege der Teilungsversteigerung zu einer teilbaren Masse in Natur zu machen. Zwar ist nach § 2205 S. 2 die Vorschrift des § 753 nicht zwingend anzuwenden. Es ist daher auch ohne ausdrückliche Anordnung des Erblassers die Zuteilung der einzelnen Nachlassgegenstände möglich. Diese Handhabung kann aber höchst haftungsträchtig sein (vgl. § 2219), insbes. wenn sich im Nachhinein abweichende Werte für die zugeteilten Nachlassgegenstände herausstellen. Zudem hat der Testamentsvollstrecker die Teilung in den Fällen der §§ 2043–2045 aufzuschieben. Ein Verstoß hiergegen führt nicht zur Unwirksamkeit der Teilung (Palandt/*Weidlich* Rn. 2), sondern allenfalls zur Schadensersatzpflicht.

4. Auseinandersetzungsplan. Der Testamentsvollstrecker hat einen formlosen Auseinandersetzungsplan aufzustellen. Er erfüllt seine Pflicht, wenn der von ihm aufgestellte Plan zumindest einer möglichen Auslegung des Erblasserwillens entspricht (OLG Köln ZEV 1999, 226). Der Plan bedarf weder der Genehmigung der Erben noch des Gerichts. So ist auch bei minderjährigen oder unter Betreuung stehenden Miterben keine vormundschaftliche bzw. familiengerichtliche Genehmigung erforderlich, sofern der Testamentsvollstrecker einen Plan aufstellt, der sich im Rahmen seiner Befugnisse bewegt. Sobald jedoch im Auseinandersetzungsplan besondere Vereinbarungen enthalten sind, die zu den Anordnungen des Erblassers oder zu den gesetzlichen Vorschriften in Widerspruch stehen, ist die Genehmigung des Gerichtes erforderlich. Ist der Testamentsvollstrecker zugleich Elternteil des minderjährigen Erben oder Vormund und führt die Doppelstellung im konkreten Fall zu einer erheblichen Interessenkollision, kann er nicht als dessen gesetzlicher Vertreter an der Auseinandersetzung mitwirken. Es ist dann ein Ergänzungspfleger (§ 1909) zu bestellen (BGH NJW-RR 2008, 963 (964); Palandt/*Weidlich* § 2197 Rn. 7 mwN; → § 2218 Rn. 7 ff.). In der Praxis sollte dem Testamentsvollstrecker für diese Konstellation vom Erblasser das Recht eingeräumt werden, einen anderen Testamentsvollstrecker zu bestellen (§ 2199). Dann muss und darf kein Ergänzungspfleger bestellt werden.

Dem Teilungsplan kommt grds. nur **schuldrechtliche Wirkung** zu. Er ersetzt den sonst bei einer Erbauseinandersetzung erforderlichen Auseinandersetzungsvertrag und verpflichtet und berechtigt die Erben. Sobald der Plan vom Testamentsvollstrecker für endgültig erklärt wird, ist dieser für alle Beteiligten verbindlich und die Auseinandersetzung ist entsprechend dem Plan auszuführen. Der Testamentsvollstrecker sowie jeder Erbe kann mit einer Feststellungsklage (§ 256 ZPO) Einwendungen gegen den Auseinandersetzungsplan abwehren bzw. durchsetzen, ohne dass alle Miterben mitverklagt werden müssen, da keine notwendige Streitgenossenschaft besteht (OLG Karlsruhe NJW-RR 1994, 905).

6 **5. Anhörung.** Vor der Ausführung des Auseinandersetzungsplanes und am besten bereits vor der endgültigen Planaufstellung sind zur Vermeidung von unnötigen Prozessen die Erben anzuhören. Die Anhörungspflicht nach **Abs.** 2 besteht gegenüber jedem Erben, der durch die Auseinandersetzung tatsächlich betroffen wird. Für nicht anwesende, ungeborene sowie unter Umständen minderjährige Erben ist ein Pfleger nach §§ 1909, 1911 ff. zu bestellen (Staudinger/*Reimann* Rn. 48).

7 **6. Ausführung.** Die Ausführung der Auseinandersetzung erfolgt in der Weise, dass der Testamentsvollstrecker kraft seiner Verfügungsmacht (§ 2205) die durch den Plan geschaffenen Übertragungsverpflichtungen unter Wahrung der hierfür erforderlichen Übertragungsformen erfüllt. Kostenschuldner der Auseinandersetzung sind die Erben (§§ 2218, 670).

8 **7. Schadensersatz.** Verletzt der Testamentsvollstrecker die Auseinandersetzungsvorschriften, so wird hiervon die Wirksamkeit seiner Verfügung nicht berührt. Jedoch kommt dann eine Haftung nach § 2219 in Betracht. Verstößt der Testamentsvollstrecker gegen Anordnungen des Erblassers, ist unter Umständen eine Schadensersatzpflicht gegenüber der gesamten Erbengemeinschaft gegeben. Es droht eine Klage auf Feststellung, dass der Auseinandersetzungsplan unwirksam ist. Ist dies der Fall, sind die Leistungen an die Miterben ohne Rechtsgrund erfolgt, so dass der Erbengemeinschaft gegen die Empfänger Ansprüche aus ungerechtfertigter Bereicherung zustehen (Palandt/*Weidlich* Rn. 5).

9 **8. Auseinandersetzungsvertrag.** Erteilen alle Erben ihre ausdrückliche Zustimmung zu dem Auseinandersetzungsplan, kann regelmäßig ein konkludent geschlossener Auseinandersetzungsvertrag angenommen werden, der an die Stelle des Auseinandersetzungsplanes tritt. Wirken an einem Auseinandersetzungsvertrag der Testamentsvollstrecker, alle Erben nebst Nacherben sowie die Vermächtnisnehmer, deren Vermächtnisse noch nicht erfüllt sind, mit, kann von dem Willen des Erblassers abgewichen werden (BGH NJW 1971, 1805; 1963, 2320). Dies bringt den Vorzug einer Befriedungsfunktion und einer Reduzierung der Haftungsgefahr für den Testamentsvollstrecker mit sich. Der Vertrag selbst ist nicht formbedürftig, soweit keine nach den allgemeinen Vorschriften formbedürftigen Vereinbarungen (zB § 311b I, III, § 15 III GmbHG) enthalten sind (vgl. *Heckschen*, Die Formbedürftigkeit mittelbarer Grundstücksgeschäfte, 1987, 116 ff.). Immer dann, wenn Immobilien oder GmbH-Geschäftsanteile von der Auseinandersetzungsvereinbarung erfasst sind, ist die Auseinandersetzungsvereinbarung somit zu beurkunden. Es ist grds. nicht ausreichend, wenn die Erben und der Testamentsvollstrecker in einer solchen Situation lediglich die Vereinbarung über die Auseinandersetzung der Immobilie oder der GmbH-Geschäftsanteile beurkunden und die restlichen Vereinbarungen privatschriftlich treffen. Insbesondere § 311b I 1 fordert die Beurkundung der gesamten Vereinbarung, die (ua) eine Erwerbs- oder Veräußerungsverpflichtung betreffend einer Immobilie beinhaltet. Jedenfalls wenn die Erwerbs-/Veräußerungsverpflichtung nicht ohne die restlichen Auseinandersetzungsvereinbarungen abgeschlossen worden wäre (sog. „einseitige Abhängigkeit", BGH WM 2010, 1817), ist eine Beurkundung der gesamten Auseinandersetzungsvereinbarung zwingend erforderlich. Wird – wie in der Praxis häufig (ua aus Kostengründen) – hiergegen verstoßen, so ist die gesamte Vereinbarung nichtig. Es ist grds. nicht treuwidrig, wenn sich einer der Beteiligten der Vereinbarung darauf beruft. Eine Heilung kann erst mit dem Vollzug der Immobilienübertragung durch Umschreibung der (ggf. letzten) Immobilie im Grundbuch gem. § 311b I 2 eintreten. Etwaige Genehmigungserfordernisse oder Zustimmungspflichten hinsichtlich des Auseinandersetzungsvertrages richten sich nach den allgemeinen Bestimmungen (zB §§ 1365, 1629, 1795, 1822 Nr. 2).

§ 2205 Verwaltung des Nachlasses, Verfügungsbefugnis

¹Der Testamentsvollstrecker hat den Nachlass zu verwalten. ²Er ist insbesondere berechtigt, den Nachlass in Besitz zu nehmen und über die Nachlassgegenstände zu verfügen. ³Zu unentgeltlichen Verfügungen ist er nur berechtigt, soweit sie einer sittlichen Pflicht oder einer auf den Anstand zu nehmenden Rücksicht entsprechen.

1 **1. Inbesitznahme.** Der Testamentsvollstrecker hat sich bei Amtsantritt umfassende Kenntnis über den von ihm zu verwaltenden Nachlass zu verschaffen (OLG Düsseldorf ZEV 1999, 226). Soweit sein Amt reicht, hat er den Nachlass in Besitz zu nehmen (§ 854) und ordnungsgemäß zu verwalten (§§ 2205, 2216 I). Mit Inbesitznahme wird der Erbe mittelbarer Besitzer (§§ 857, 868).

2 **2. Verwaltungsrecht.** Grundsätzlich erstreckt sich das Verwaltungsrecht des Testamentsvollstreckers auf den gesamten Nachlass und ermächtigt zu allen Handlungen, die den Zwecken der Testamentsvollstreckung dienen und korrespondiert mit der Pflicht zu dessen ordnungsgemäßer Verwaltung (§ 2216). Hierzu gehören alle erforderlichen und zweckdienlichen Maßnahmen zur Sicherung, Erhaltung und Bewirtschaftung des Nachlasses, nicht jedoch zwingend dessen Mehrung (BGH NJW-RR 1989, 642). Darunter fallen ua die Verfügung über Nachlassgegenstände, die Eingehung von Verbindlichkeiten, die Prozessführung, die Mitwirkung in Zwangsversteigerungsverfahren (BGH ZEV 2001, 358), die Kündigung und Einziehung von Nachlassforderungen, die Zahlung von Nachlassverbindlichkeiten, die Kündigung von Mietverträgen, der Widerruf eines Bezugsrecht aus einer Lebensversicherung, der Antrag auf Todeserklärung usw. Sogar der Zuerwerb von Grundbesitz aus Nachlassmitteln ist möglich (s. dazu DNotI-Report 2018, 33 (34)). Von der Pflicht zur ordnungsgemäßen Verwaltung (§ 2216) kann der Erblasser den Testamentsvollstrecker nicht befreien (§ 2220).

§ 2205 BGB 10

3. Erlöschen. Das Verwaltungsrecht erlischt mit Überlassung der Nachlassgegenstände an den Erben 3
zur freien Verfügung (§ 2217 I 2). Hierzu ist er verpflichtet, wenn dies der Erbe verlangt und der Testamentsvollstrecker sie zur Erfüllung seiner Obliegenheiten offenbar nicht mehr bedarf (§ 2217 I 1). Berechtigt hierzu ist er, ohne dass es der Voraussetzung des § 2217 bedarf, wenn er trotz eines Verfügungsverbotes des Erblassers über einen Nachlassgegenstand verfügen darf oder eine unentgeltliche Verfügung vornehmen kann. Das Verwaltungsrecht erlischt zudem durch Anordnung einer Nachlassverwaltung (§§ 1981, 1984, 1985), es sei denn der Testamentsvollstrecker wird selbst zum Verwalter bestellt. Gleiches gilt bei Eröffnung des Nachlassinsolvenzverfahrens. Dagegen bleiben die Rechte im Insolvenzverfahren über das Eigenvermögen des Erben unberührt (§§ 2211, 2214).

4. Höchstpersönliche Rechte. Von der Verwaltungsbefugnis ausgenommen sind allerdings höchst- 4
persönliche Rechte, da dem Testamentsvollstrecker nur die Verwaltung des Nachlasses obliegt. Hierzu zählen insbes. die Erbenrechte im Erbprätendenstreit, das Ausschlagungsrecht (§ 1942), der Herausgabeanspruch nach § 2287, die Anfechtungsrechte aus §§ 2078, 2079 sowie die Einrede nach § 2083, ebenso die Anfechtungsrechte wegen Erbunwürdigkeit nach §§ 2341, 2345, das Sondererbrecht nach § 564, das Widerrufsrecht aus § 530 II, die Anfechtung einer vormundschaftlichen Genehmigung über den Vergleich über ein Erbrecht des Betroffenen (Palandt/*Weidlich* Rn. 4) und die Verfügung über den Erbteil. Ein in den Nachlass fallender Pflichtteilsanspruch ist jedoch kein höchstpersönliches Recht, weil er gem. § 2317 II vererblich und übertragbar ist (BGH Urt. v. 5.11.2014 – IV ZR 104/14, BeckRS 2014, 21970).

5. Verfügungsbefugnis. Aufgrund der Verfügungsbefugnis nach S. 2 Hs. 2 ist der Testamentsvollstrecker 5
grds. uneingeschränkt verfügungsberechtigt. Einer Zustimmung der Erben bedarf er zur Wirksamkeit der Verfügungen grds. nicht (BeckOK BGB/*Lange* Rn. 14). Daraus folgt, dass es auch bei geschäftsunfähigen oder beschränkt geschäftsfähigen Erben keiner ansonsten notwendigen familien- oder betreuungsgerichtlichen Genehmigung bedarf (OLG Karlsruhe Beschl. 1.6.2015 – 11 Wx 29/15, BeckRS 2015, 10424; DNotI-Report 2018, 33 (34)). Dies gilt nicht, sofern der Erblasser die Zustimmung verfügt hat (§ 2208). Unter Verfügungen sind alle einseitigen oder vertraglichen Rechtsgeschäfte zu verstehen, durch die unmittelbar auf ein bestehendes Recht eingewirkt oder dieses unmittelbar übertragen, belastet, aufgehoben oder inhaltlich verändert wird. Die Bewilligung der Löschung eines Widerspruchs oder die Geltendmachung von Rechten im Verfahren stellen dagegen noch keine Verfügung dar (Soergel/*Damrau* Rn. 64). Die freie Verfügungsbefugnis des Testamentsvollstreckers wird lediglich nach S. 3 (Verbot unentgeltlicher Verfügungen) sowie nach § 2208 per Erblasserwillen beschränkt. Das dinglich wirkende Verbot unentgeltlicher Verfügungen dient der Sicherstellung des Erhalts der Erbmasse. Lediglich Anstandsschenkungen und Schenkungen, die einer sittlichen Pflicht entsprechen, sind hiervon ausgenommen. Demgemäß kann auch der Erblasser den Testamentsvollstrecker nicht wirksam zur Vornahme unentgeltlicher Verfügungen ermächtigen. Hierfür bedarf es einer unwiderruflich ausgestalteten speziellen postmortalen Vollmacht des Erblassers zur Vornahme der beabsichtigten unentgeltlichen Verfügung (MAH ErbR/*Lorz* § 19 Rn. 120). Ein Verstoß gegen das Selbstkontrahierungs- sowie Schenkungsverbot führt zur Unwirksamkeit der Verfügung. Haben alle Erben, Nacherben und Vermächtnisnehmer der Verfügung zugestimmt, liegt kein Verstoß des Testamentsvollstreckers gegen das dingliche Verfügungsverbot vor (hM; vgl. ua BGH NJW 1971, 2264). Verstößt der Testamentsvollstrecker gegen eine Erblasseranordnung nach § 2216 oder gegen seine Pflicht zur ordnungsgemäßen Verwaltung, berührt dies die Vertretungsbefugnis dagegen nicht, es sei denn der Testamentsvollstrecker handelte für einen Dritten erkennbar missbräuchlich (Bonefeld/Wachter FA ErbR/*Bonefeld* § 17 Rn. 194). Endet das Amt des Testamentsvollstreckers durch Tod, Niederlegung oder Entlassung, so fällt auch dessen Verfügungsbefugnis fort. Probleme bringt dies immer dann mit sich, wenn der Testamentsvollstrecker ein Grundstück aus der Erbmasse veräußert und die Eintragung einer Auflassungsvormerkung bzw. der Auflassung bereits beantragt hat, diese jedoch noch nicht im Grundbuch vollzogen wurde. Strittig ist, ob hier die Vorwirkungen des § 878 Anwendungen finden können. Die bisher hM in der Rspr. lehnte eine (auch analoge) Anwendung des § 878 ab, da der Verlust der Verfügungsbefugnis über fremdes Vermögen dem Verlust der Rechtsinhaberschaft gleichwertig sei, bei letzterem § 878 aber ebenfalls nicht zur Anwendung gelangen könne (AG Starnberg FamRZ 1999, 743; OLG Celle NJW 1953, 945 zum staatlichen Treuhänder; OLG Frankfurt a. M. OLGZ 1980, 100; OLG Köln MittRhNotK 1981, 139; wohl auch BayObLG MittBayNot 1999, 82). Die wohl hM in der Lit., der sich auch einige Gerichte angeschlossen haben, befürwortet jedoch aufgrund des Schutzbedürfnisses des Erwerbers und der Behinderung des Grundstücksverkehrs bei Rechtsgeschäften mit Testamentsvollstreckern (und auch Insolvenzverwaltern oder Nachlasspflegern) die Anwendung von § 878 (vgl. ua Staudinger/*Gursky* § 878 Rn. 58; MüKoBGB/*Kohler* § 878 Rn. 11; BeckOK BGB/*H.-W. Eckert* § 878 Rn. 14f.; OLG Brandenburg OLG-NL 1995, 127; LG Neubrandenburg MDR 1995, 491; AG Rostock NotBZ 2004, 203; RNotZ 2004, 405; LG Mönchengladbach RNotZ 2010, 540).

6. Insichgeschäfte. Auf Insichgeschäfte des Testamentsvollstreckers ist **§ 181 analog** anwendbar 6
(BGH NJW 1981, 1271 (1272); OLG München ZEV 2012, 333). Mithin sind ihm Rechtsgeschäfte mit sich selbst untersagt, soweit das Rechtsgeschäft nicht ausschließlich in der Erfüllung einer Verbindlichkeit besteht oder der Erblasser dem Testamentsvollstrecker das Selbstkontrahieren ausdrücklich oder stillschweigend gestattet hat. An eine konkludente Gestattung sind allerdings strenge Anforderungen zu stellen. Zudem muss sich das Insichgeschäft im Rahmen einer ordnungsgemäßen Verwaltung (§ 2216) bewegen, da der Erblasser den Testamentsvollstrecker hiervon nicht befreien kann (§ 2220) (OLG Düs-

Heckschen

seldorf DNotI-Report 2013, 159). Eine Befreiung des Testamentsvollstreckers von § 181 durch den Erblasser führt somit nicht zu der Möglichkeit einer freiheitlichen Gestaltung ohne Beachtung der Grenzen einer ordnungsgemäßen Verfügung. Von diesen Beschränkungen kann der Erblasser den Testamentsvollstrecker vollständig nur durch die zusätzliche Erteilung einer trans- oder postmortalen Vollmacht befreien (*Walloschek* ZEV 2011, 167 (170)). Im Einzelfall ist darauf abzustellen, ob der Erblasser die Gefahr des Interessenkonfliktes erkannt hat und dem Testamentsvollstrecker dennoch die Möglichkeit zu Insichgeschäften übertragen wollte. Dies kann anzunehmen sein, wenn der Testamentsvollstrecker zugleich Miterbe der Vermächtnisnehmer ist und einen Anspruch gegen den Nachlass hat. **Beweispflichtig** für die Gestattung des Selbstkontrahierens ist der Testamentsvollstrecker (BGH NJW 1959, 1429 (1430)). Verfügt der Testamentsvollstrecker zu seinen Gunsten über ein Grundstück, ist er grds. an die Verfügungsbeschränkung des § 181 gebunden und es ist Aufgabe des Grundbuchamtes, die Voraussetzungen des § 181 zu prüfen. Ist der Testamentsvollstrecker von den Einschränkungen des § 181 befreit, braucht der Nachweis gegenüber dem Grundbuchamt nicht in Form des § 29 GBO erfolgen. Es gelten die gleichen Grundsätze wie für den Nachweis der Entgeltlichkeit einer Grundstücksverfügung und das Grundbuchamt kann den Nachweis im Wege der freien Beweiswürdigung feststellen (OLG München Beschl. v. 16.11.2017 – 34 Wx 266/17, BeckRS 2017, 131385 Rn. 13; OLG Köln FGPrax 2013, 105; OLG Düsseldorf DNotI-Report 2013, 159).

7 Ein unwirksames Insichgeschäft kann durch die Zustimmung aller Erben einschließlich Nacherben (nicht auch Ersatzerben) **analog § 177** geheilt werden. Bei minderjährigen oder unter Vormundschaft stehenden Erben ist bei unentgeltlichen Verfügungen wegen des aus den §§ 1641, 1804 folgenden Schenkungsverbotes in aller Regel eine Zustimmung durch den gesetzlich Vertreter ausgeschlossen und damit ein Heilung nicht möglich (Bonefeld/Wachter FA ErbR/*Bonefeld* § 17 Rn. 201). Problematisch und höchstrichterlich noch nicht geklärt sind Konstellationen, in denen für den Testamentsvollstrecker ein vollmachtloser Vertreter auftritt, der seinerseits Vertragspartei des Rechtsgeschäfts ist (zB bei Grundstückskauf vertritt der Käufer den veräußernden Testamentsvollstrecker als vollmachtlosen Vertreter). Es ist umstritten, ob auf den vollmachtlosen Vertreter § 181 Anwendung findet. Teilweise wird dies aufgrund einer stark formalen Betrachtungsweise bejaht (BayObLG MittBayNot 1986, 68; OLG Düsseldorf MittBayNot 1999, 470; Palandt/*Ellenberger* § 181 Rn. 3; *Tebben* DNotZ 2005, 173 ff.). Dem ist entgegen zu treten. Sinn und Zweck des § 181 gehen dahin, Interessenkollisionen zu vermeiden. Zu einer solchen kommt es hier aber nicht, da der Testamentsvollstrecker sich die Genehmigung vorbehält (so auch *Schneeweiß* MittBayNot 2001, 341; *Neumayer* RNotZ 2001, 249 (265 f.); *Vollhardt* DNotZ 2000, 309; *Lichtenberger* MittBayNot 1999, 471). In der Praxis ist anzuraten, bis zu einer Klärung durch den BGH solche Konstellationen durch die Zwischenschaltung eines nicht am Rechtsgeschäft beteiligten Dritten als vollmachtlosem Vertreter zu vermeiden. Zur vergleichbaren Konstellation bei der vollmachtlosen Vertretung des Insolvenzverwalters und § 181 vgl. Reul/Heckschen/Wienberg InsR/*Heckschen* § 7 Rn. 26 ff.

8 **7. Verbot unentgeltlicher Verfügungen.** Der Testamentsvollstrecker ist nach **S. 3** zu unentgeltlichen Verfügungen nicht berechtigt. Ausgenommen sind hiervon Pflicht- und Anstandsschenkungen (§ 534) sowie Schenkungen, zu denen alle Erben (nicht auch Ersatzerben) und Vermächtnisnehmer (soweit deren Vermächtnisse noch nicht erfüllt sind) zugestimmt haben (BGH NJW 1971, 2264). Von dem Verbot unentgeltlicher Verfügungen kann der Erblasser den Testamentsvollstrecker nicht befreien (§ 2207 S. 2). Insoweit hilft hier nur die Erteilung einer (von den Erben widerrufbaren) postmortalen Vollmacht (BGH NJW 1962, 1718).

9 **a) Unentgeltlichkeit.** Unentgeltlichkeit der Verfügung ist gegeben, wenn objektiv dem Nachlass keine gleichwertige Gegenleistung zufließt und subjektiv der Testamentsvollstrecker um die Unzulänglichkeit der Gegenleistung, die in den Nachlass fließen muss, weiß oder dies bei ordnungsgemäßer Verwaltung hätte erkennen können (BGH NJW 1991, 842 f.; NJW 1963, 1613 (1615)). Dem Testamentsvollstrecker verbleibt daher ein gewisser Ermessensspielraum (BGH NJW 1991, 842 (843)). Der unentgeltlichen Verfügung steht die rechtsgrundlose Verfügung (Palandt/*Weidlich* Rn. 28 mwN) sowie die teilunentgeltliche Verfügung gleich (BGH NJW 1991, 842 (843)). Für den für die Beurteilung der Unentgeltlichkeit maßgeblichen Zeitpunkt, ist auf die Vornahme der Verfügung abzustellen (BeckOK BGB/*Lange* Rn. 22; Soergel/*Damrau* Rn. 76).

10 Besondere Probleme in der Praxis bereitet der Abschluss von Vergleichen durch den Testamentsvollstrecker. Nach der Rspr. des BGH ist hierbei eine genau Grenzziehung zwischen Entgeltlichkeit und Unentgeltlichkeit nicht möglich, jedoch sei idR die Grenze zur Unentgeltlichkeit überschritten, wenn der Nachlass in Folge des Vergleichs nahezu zwei Drittel des Wertes der aufgegebenen Forderung einbüßt (BGH NJW 1991, 842 (843)).

11 **Entgeltlich** sind aber insbes. solche Verfügungen, die der Testamentsvollstrecker zur Erfüllung wirksamer letztwilliger Anordnungen des Erblassers (zB Vermächtnisse, Zweckauflagen (OLG München Beschl. v. 3.2.2017 – 34 Wx 342/16, ZErb 2017, 115) oder bestehender Nachlassverbindlichkeiten vornimmt (BGH NJW 1963, 1613; 1614; OLG München RNotZ 2012, 397). Von einer Entgeltlichkeit kann weiterhin dann ausgegangen werden, wenn die für die Verfügung maßgeblichen Beweggründe iE angegeben werden, verständlich und der Wirklichkeit gerecht werden erscheinen und begründete Zweifel an der Pflichtmäßigkeit der Handlung nicht ersichtlich sind. Bei einem Kaufvertrag mit einem unbeteiligten Dritten kann aus einem allg. Erfahrungssatz von einem entgeltlichen Vertrag ausgegangen werden, wenn die Gegenleistung tatsächlich an den Testamentsvollstrecker erbracht wird (OLG München RNotZ

2012, 175 (177)). Hieraus folgend hat auch das Grundbuchamt grds. von einer entgeltlichen Leistung auszugehen, wenn der Testamentsvollstrecker an einen unbeteiligten Dritten veräußert (OLG München RNotZ 2012, 175 (177); auch *Amann* MittBayNot 2012, 267 (269)). Ein weiteres Indiz für eine entgeltliche Verfügung kann eine nachträgliche Genehmigung sein (KG NotBZ 2012, 219 (221)). Um die Gegenleistung als entgeltlich qualifizieren zu können, muss sie grds. in den Nachlass gelangen, darf also nicht an Dritte fließen (Palandt/*Weidlich* Rn. 29; Soergel/*Damrau* Rn. 77).

In der Praxis stellt sich weiterhin die Frage, wie die Entgeltlichkeit der Verfügung, insbes. bei Verfügungen über Immobilien, nachzuweisen ist (vgl. *Keim* ZEV 2007, 470). Ausgangspunkt ist § 20 GBO, wonach das Grundbuchamt die Antrags- und Bewilligungsberechtigung des Testamentsvollstreckers zu prüfen hat. Der Testamentsvollstrecker weist seine Verfügungsbefugnis gegenüber dem Grundbuchamt regelmäßig gem. § 35 II GBO iVm § 2368 durch sein Testamentsvollstreckerzeugnis nach (→ Vorb. Rn. 11). **12**

Der Testamentsvollstrecker verfügt nicht unentgeltlich, wenn er in Erfüllung einer letztwilligen Verfügung des Erblassers (Vermächtnis, Teilungsanordnung, Vorausvermächtnis, Zweckauflage) handelt. Der Nachweis erfolgt durch die Vorlage des Testaments (OLG München RNotZ 2010, 397 (398)). **13**

Fraglich ist, welche Pflichten den Testamentsvollstrecker und das Grundbuchamt treffen, wenn eine Verfügung an einen Dritten erfolgt. Wirken sämtliche Erben, einschließlich der Nacherben, und Vermächtnisnehmer an der Verfügung mit, bedarf es keines weiteren Nachweises (Schöner/Stöber GrundbuchR Rn. 3441). Sind Nacherben unbekannt oder noch nicht geboren, muss für sie ein Pfleger bestellt werden (OLG München Beschl. v. 7.11.2017 – 34 Wx 321/17, BeckRS 2017, 130676 Rn. 24). **14**

Der Nachweis der Entgeltlichkeit muss nicht den strengen Anforderungen des § 29 GBO entsprechen. (LG Köln MittRhNotK 1989, 172 (173)). Grundsätzlich genügt es, wenn der Testamentsvollstrecker dem Grundbuchamt privatschriftlich die Beweggründe seiner Maßnahme im Allgemeinen angibt, diese auf Grund allgemeiner Erfahrungssätze verständlich und der Wirklichkeit gerecht werdend erscheinen und keine begründeten Zweifel an der Pflichtmäßigkeit der Handlung ersichtlich sind (BayObLG NJW-RR 1989, 266; LG Köln MittRhNotK 1989, 172 (173)) mwN. Die bloße Versicherung des Testamentsvollstreckers, die Verfügung sei entgeltlich, genügt hingegen nicht (BayObLG 1986, 208 (211)).

Das Grundbuchamt kann jedoch auch verlangen, dass der Testamentsvollstrecker die erforderlichen Unterlagen beibringt. Eine vergleichbare Befugnis hat das Grundbuchamt auch gegenüber dem nicht durch Nacherbschaftsvermerk im Grundbuch eingetragenen Vorerben (Schöner/Stöber GrundbuchR Rn. 3491). Auch hier soll jedoch eine privatschriftliche Erklärung des Testamentsvollstreckers, welche den eben genannten inhaltlichen Anforderungen entspricht, ausreichen (BayObLGZ 1986, 208 (211)). **15**

Als wichtige Beweiserleichterung ist von der Rspr. anerkannt, dass Verfügungen, die Bestandteil eines Rechtsgeschäfts mit einem Dritten sind, welcher nicht zugleich Miterbe ist oder dem Testamentsvollstrecker weder wirtschaftlich noch persönlich nahe steht, regelmäßig als vollständig entgeltlich einzustufen sind (OLG München ZErb 2012, 45). In diesen Fällen ist das Grundbuchamt nur zur Beanstandung berechtigt, wenn bestimmte Anhaltspunkte zu berechtigten Zweifeln daran führen, dass eine erhebliche Wertdifferenz zwischen den ausgetauschten Leistungen besteht. Die Bedenken müssen sich jedoch anhand konkreter, nicht zwingend aus den Eintragungsunterlagen stammender, Anhaltspunkte aufdrängen. Bloße Vermutungen genügen nicht (BayObLGZ 1956, 54; 1969, 278). Das Grundbuchamt darf hierzu keine eigenen Ermittlungen anstellen (OLG Düsseldorf Rpfleger 2008, 299). Es kann jedoch dann, und nur dann, wenn es ganz konkrete Anhaltspunkte hat, zum Zweck des Nachweises der Gleichwertigkeit zwischen Leistung und Gegenleistung im Wege einer Zwischenverfügung ein Sachverständigen- bzw. Verkehrswertgutachten verlangen und anfordern (*Schmenger* BWNotZ 2004, 97 (109)). Standardmäßig darf es derartige Gutachten nicht verlangen. Diese Ausgangslage gilt auch dann, wenn die Verfügung zugunsten eines Miterben oder einer dem Testamentsvollstrecker nahestehenden Person erfolgt, soweit die Gegenleistung nicht evident als zu niedrig erscheint (Bengel/Reimann TV-HdB/*Schaub* § 5 Rn. 36). **16**

Die Rspr. hat bisher keine konkreten Kriterien festgelegt, wann ein erhebliches Missverhältnis der Leistungen vorliegt. Das Grundbuchamt trifft die Pflicht, bei seiner Beweiswürdigung zwischen dem Ermessen des Testamentsvollstreckers bei der Preisfindung und dem Interesse der Erben abzuwägen (*Keim* ZEV 2007, 470 (471)). In Zeiten steigender Grundstückswerte soll jedoch eine objektive Teilunentgeltlichkeit zumindest dann vorliegen, wenn der Kaufpreis nur etwa 2/3 des durch das Ortsgericht ermittelten Bodenrichtwerts entspricht (LG Tübingen BWNotZ 1982, 172). **17**

b) Rechtsfolge. Rechtsfolge einer unentgeltlichen Verfügung ist die schwebende Unwirksamkeit. Sie wird mit Zustimmung aller durch das Verfügungsverbot geschützten Personen (Erben nebst Vor- und Nacherben, Vermächtnisnehmer, soweit Vermächtnisse noch nicht erfüllt sind, nicht jedoch Ersatzerben) wirksam (BGH NJW 1971, 1805; Palandt/*Weidlich* Rn. 30 mwN). Ein gutgläubiger Erwerb scheidet aus, weil der gute Glauben an die Verfügungsbefugnis des Testamentsvollstreckers im BGB grds. nicht geschützt ist (Soergel/*Damrau* § 2211 Rn. 8). Ein gutgläubiger Erwerb ist jedoch bei Vorliegen eines Testamentsvollstreckerzeugnisses gem. § 2368 II möglich (zur Problematik des gutgläubigen Erwerbs vom Erben → § 2211 Rn. 5). Zu beachten ist jedoch, dass § 2205 S. 3 stets eine unmittelbare Einwirkung auf das Vermögen des Erben in Form einer Übertragung, Belastung oder sonstigen inhaltlichen Änderung erfordert (OLG Koblenz NJW-RR 2008, 965 f.). Daher ist zB gegenüber einer kontoführenden Bank die Vorschrift nicht anwendbar, wenn der Testamentsvollstrecker auf das Guthaben des Erben zugreift (OLG Koblenz NJW-RR 2008, 965 f.). IÜ haftet in einem solchen Fall die Bank für veruntreuende Ver- **18**

fügungen eines Testamentsvollstreckers über ein Konto des Erben nur, wenn massive Verdachtsmomente vorliegen (OLG Koblenz NJW-RR 2008, 965 f.).

19 **c) Auflassung.** Hat der Testamentsvollstrecker als Veräußerer die Auflassung erklärt, muss das Grundbuchamt im Rahmen der Prüfung, ob eine wirksame Einigung vorliegt (§ 20 GBO), dessen Ernennung und Verfügungsbefugnis prüfen (OLG München Beschl. v. 3.2.2017 – 34 Wx 342/16, ZErb 2017, 115 (116)). Außerdem ist der Nachweis der Entgeltlichkeit zu erbringen. Der Testamentsvollstrecker muss also entweder die Gegenleistung oder die Erfüllung einer Nachlassverbindlichkeit nachweisen, wobei dieser Nachweis nicht in der Form des § 29 GBO geführt werden muss (BayObLG NJW-RR 1989, 587; OLG München NJW-Spezial 2010, 264 = RNotZ 2010, 397 (398)). Vielmehr genügt, dass Zweifel an der Pflichtmäßigkeit der Verfügung ausgeräumt werden (Palandt/*Weidlich* Rn. 31 mwN; → Rn. 8 ff.). Dem Grundbuchamt obliegt die Feststellung aufgrund freier Beweiswürdigung (OLG München Beschl. v. 17.6.2016 – 34 Wx 93/17, RNotZ 2016, 528; OLG München Beschl. v. 5.7.2013 – 34 Wx 191/13, MittBayNot 2014, 69). So kann zB der Nachweis der Unentgeltlichkeit durch Vorlage eines eröffneten (auch privatschriftlichen) Testaments erbracht werden, aus dem sich ergibt, dass die Verfügung der Erfüllung einer letztwilligen Verfügung, etwa der Erfüllung eines Vorausvermächtnisses (§ 2150) oder einer entsprechenden Teilungsanordnung dient (OLG München NJW-Spezial 2010, 264 = RNotZ 2010, 397 (398); KG ZEV 2009, 313 (314)). Dasselbe gelte für den Nachweis, dass der Bedachte seinen Vermächtnisanspruch an einen Dritten abgetreten habe (OLG München Beschl. v. 17.6.2016 – 34 Wx 93/17, RNotZ 2016, 528). Bei begründeten Zweifeln an der Entgeltlichkeit hat das Grundbuchamt jedoch die Vorlage geeigneter Nachweise aufzugeben, auch wenn diese nicht in grundbuchmäßiger Form erbracht werden können (OLG München Beschl. v. 7.11.2017 – 34 Wx 321/17, BeckRS 2017, 130676 Rn. 17).

20 **8. Einzelhandelsgeschäft.** Gehört ein Einzelhandelsgeschäft zum verwalteten Nachlass, kann der Testamentsvollstrecker dieses im Rahmen der **Abwicklungsvollstreckung** nach § 2203 verpachten, veräußern, stilllegen oder nach § 2217 dem Erben überlassen (MüKoBGB/*Zimmermann* Rn. 18). Der Erbe kann es dann unter der bisherigen Firma (§ 22 HGB) fortführen (BGH NJW 1954, 636 (637); Palandt/ *Weidlich* Rn. 7). Bei mehreren Erben kann der Testamentsvollstrecker das Handelsgeschäft einem der Erben zuteilen oder der Erbengemeinschaft freigeben (§ 2204; MüKoBGB/*Zimmermann* Rn. 18). Im letzten Fall wandelt sich das Handelsgeschäft mit ungenutzten Ablauf der Frist des § 27 II HGB nicht ohne weiteres in eine OHG um. Vielmehr ist zur Umwandlung eine Teilauseinandersetzung und eine Sachgründung erforderlich (Palandt/*Weidlich* § 2032 Rn. 7). Sofern das Handelsgeschäft nicht freigegeben (§ 2217) oder in eine andere Rechtsform überführt wird, so erlischt die Abwicklungsvollstreckung automatisch mit Ablauf der Dreimonatsfrist des § 27 II HGB, da die Fortführung eines Handelsgeschäfts durch den Testamentsvollstrecker mit Ablauf dieser Frist unzulässig ist (Bonefeld/Wachter/*Bonefeld* § 17 Rn. 225). Führt der Testamentsvollstrecker dennoch nach Ablauf von drei Monaten die Vollstreckung fort, haftet er analog §§ 177, 179 (Bengel/Reimann TV-HdB/*Pauli* § 5 Rn. 116). Die Veräußerungsbefugnis eines Einzelhandelsgeschäfts obliegt ausschließlich dem Testamentsvollstrecker (§ 2205 S. 1), sofern es zum Nachlassvermögen gehört und Testamentsvollstreckung über den Nachlass angeordnet ist. Verstößt der Testamentsvollstrecker bei der Veräußerung gegen die ordnungsgemäße Verwaltung, macht er sich unter Umständen schadensersatzpflichtig. (Zum Unternehmensverkauf durch den Testamentsvollstrecker s. *Werkmüller* ZEV 2006, 491 ff.). Geht der Testamentsvollstrecker während der Abwicklung Verbindlichkeiten ein, so ist die Haftungsbeschränkung auf den Nachlass hinzunehmen. Ein dadurch auftretender Widerspruch zwischen erb- und handelsrechtlichen Grundsätzen, wie er nachfolgend im Rahmen der Dauervollstreckung zu thematisieren ist, lässt sich damit rechtfertigen, dass der Vollstrecker nicht unternehmerisch sondern nur als Abwickler auftritt (Bengel/Reimann TV-HdB/*Pauli* § 5 Rn. 116 f.; *Bisle* DStR 2013, 1037).

21 Häufig will der Erblasser den Bestand des Unternehmens langfristig gesichert wissen, so dass der Testamentsvollstrecker das Unternehmen erhalten und fortführen soll, insbes. wenn er seine Erben noch nicht für geeignet ansieht. Insoweit würde eine **Dauervollstreckung** (§ 2209) in Betracht kommen. Es ist jedoch zu beachten, dass die Fortführung eines Handelsgeschäfts durch den Testamentsvollstrecker auf die Führung eines Handelsgeschäfts mit beschränkter Haftung hinaus laufen würde, was in Widerspruch zum Handelsrecht stehen würde, wonach derjenige, der ein Handelsgeschäft führt auch mit seinem ganzen Vermögen haftet (BGH NJW 1954, 636). Wegen dieses Gegensatzes von Erb- und Handelsrecht (vgl. § 2 EGHGB) bestehen für die Fortführung nach der hM zwei Ersatzlösungen, nämlich die Vollmachtslösung und die Treuhandlösung (BGH NJW 1954, 636 f.; Staudinger/*Reimann* Rn. 148 ff.; Bengel/Reimann TV-HdB/*Pauli* § 5 Rn. 119; iE auch *Weidlich* NJW 2011, 641; *Bisle* DStR 2013, 1037).

22 **a) Vollmachtslösung.** Der Testamentsvollstrecker kann sich von den Erben zur Fortführung des Handelsgeschäfts bevollmächtigen lassen. Als Inhaber werden im Handelsregister die Erben eingetragen, diese sind auch anmeldepflichtig (*Plank* ZEV 1998, 325 (326)). Der Erbe haftet nach den §§ 25, 27 I HGB für die Altverbindlichkeiten und für alle neu entstehenden Verbindlichkeiten aus dem Handelsgeschäft persönlich und unbeschränkt (Bengel/Reimann TV-HolB/*Pauli* § 5 Rn. 130). Der Testamentsvollstrecker ist dann zur Prokuraerteilung befugt und kann eine vom Erblasser erteilte Prokura widerrufen (KG NJW 1959, 1086). Da es notwendig ist, eine Vollmacht zu erteilen, bedarf es der Mitwirkung aller Erben. In der Praxis sollte die Erbeinsetzung unter der Bedingung erfolgen, dass der Erbe eine Vollmacht erteilt (BeckOK BGB/*Lange* Rn. 28). Des Weiteren ist anzuraten, die Erbeinsetzung für den Fall auflösend zu bedingen, dass die Vollmacht grundlos widerrufen wird (Bonefeld/Wachter FA ErbR/*Bonefeld* § 17

Rn. 226). Der Erbe kann weiterhin mit einer Auflage nebst zusätzlichen Straf- oder Verwirkungsklauseln zur Erteilung einer Vollmacht angehalten werden (Bonefeld/Wachter FA ErbR/*Bonefeld* § 17 Rn. 226). Dabei ist zu beachten, dass es teilweise für unzulässig erachtet wird, wenn der Erbe testamentarisch gezwungen wird, dem Testamentsvollstrecker die Verpflichtungsbefugnis über sein Privatvermögen einzuräumen (MüKoBGB/*Zimmermann* Rn. 26; BGH WM 1969, 492 (493)). Dieser Auffassung ist entgegen zu treten, da sich der Erbe ohne weiteres gegenüber diesen Anordnungen durch Ausschlagung schützen kann (BeckOK BGB/*Lange* Rn. 28). Ungeeignet sind jedenfalls Klauseln, wonach der Erbe lediglich aufgefordert wird, dem Testamentsvollstrecker eine Vollmacht zu erteilen. Die Vollmacht sollte besser konkret vorgegeben und unwiderruflich gestellt werden oder zumindest nur in den Fällen widerrufbar sein, in denen die Voraussetzungen des § 2227 gegeben sind bzw. das Amt erlischt (Bonefeld/Wachter FA ErbR/*Bonefeld* § 17 Rn. 226).

Um dem Vorwurf vorzubeugen, die Erteilung einer **unwiderruflichen Generalvollmacht** sei sittenwidrig, empfiehlt es sich, die Vollmacht im Außenverhältnis sowohl inhaltlich als auch zeitlich zu begrenzen. So kann zB die Dauer der Bevollmächtigung an die Dauer der Amtszeit der Testamentsvollstreckung gekoppelt werden. Sofern eine Gefährdung des Privatvermögens der Erben durch die Erteilung der Vollmacht im Raum steht, könnte auch die Eingehung von Verbindlichkeiten von der Zustimmungspflicht der Erben abhängig gemacht werden (Bonefeld/Wachter FA ErbR/*Bonefeld* § 17 Rn. 228). 23

b) Treuhandlösung. Bei der Treuhandlösung führt der Testamentsvollstrecker das Handelsgeschäft im eigenen Namen treuhänderisch für die Erben fort. Im Handelsregister wird der Testamentsvollstrecker persönlich eingetragen (OLG Hamm NJW 1963, 1554), der nach außen nicht als Testamentsvollstrecker sondern als Inhaber auftritt (Bonefeld/Wachter FA ErbR/*Bonefeld* § 17 Rn. 230). Bei der Treuhandlösung sind zwei Formen zu unterscheiden: zum einen die Verwaltungs- bzw. Ermächtigungstreuhand, zum anderen die Vollrechtstreuhand. In der Rspr. (BGH NJW 1975, 54 f.) wird die Treuhand als Ermächtigungstreuhand begriffen und dem Testamentsvollstrecker lediglich das Recht zur Verfügung über die seiner Verwaltung unterliegenden Geschäftsgegenstände eingeräumt. Er wird damit nicht Eigentümer des Geschäftsvermögens und zB auch nicht Versicherungsnehmer eines Firmenwagens (BGH NJW 1975, 54). Bei der Vollrechtstreuhand wird der Testamentsvollstrecker Eigentümer des Geschäftsvermögens, welches jedoch erst noch in einem Umsetzungsakt auf ihn übertragen werden muss (*John* BB 1980, 757 (758 ff.)). Nach wohl hM kann der Testamentsvollstrecker die Haftung analog §§ 27, 25 HGB auf den Nachlass beschränken (BeckOK BGB/*Lange* Rn. 32; Bengel/Reimann TV-HdB/*Pauli* § 5 Rn. 125; Palandt/*Weidlich* Rn. 8). Mehrere das Handelsgeschäft fortführende Testamentsvollstrecker bilden keine OHG (Palandt/*Weidlich* Rn. 8). Der Testamentsvollstrecker ist zur Erteilung der Prokura befugt und kann eine vom Erblasser erteilte Prokura widerrufen (KG NJW 1959, 1086). 24

Die Erben können bei der Treuhandlösung durch **Auflage** oder **Bedingung** verpflichtet werden, eine treuhänderische Übertragung auf den Testamentsvollstrecker vorzunehmen. Ist eine ausdrückliche Anordnung durch den Erblasser nicht vorgenommen worden, kann idR nicht von einer Vollrechtstreuhand ausgegangen werden (MüKoBGB/*Zimmermann* Rn. 27). Eine vormundschafts- bzw. familiengerichtliche Genehmigung für die Fortführung des Unternehmens bei minderjährigen Erben nach § 1822 Nr. 3 ist anders als bei der Vollmachtslösung nicht notwendig (Bengel/Reimann TV-HdB/*Pauli* § 5 Rn. 128, 131). 25

Gegen Zwangsvollstreckungsmaßnahmen von Eigengläubigern des Testamentsvollstreckers kann der Erbe Drittwiderspruchsklage (§ 771 ZPO) erheben. Der als Inhaber des Unternehmens im Außenverhältnis gegenüber Dritten unbeschränkt persönlich haftende Testamentsvollstrecker hat im Innenverhältnis gegenüber den Erben, für deren Rechnung und zu deren Vorteil er das Geschäft geführt hat, gem. §§ 2218, 670 einen Anspruch auf Befreiung von der unbeschränkten **Haftung**, soweit die Eingehung der Verbindlichkeit für die ordnungsgemäße Verwaltung erforderlich war (Bonefeld/Wachter FA ErbR/ *Bonefeld* § 17 Rn. 232). Die Erben können dabei ihre Haftung gegenüber dem Testamentsvollstrecker auf den Nachlass beschränken, so dass dann der Testamentsvollstrecker für aus dem Nachlass nicht zu deckende Schadensersatzansprüche persönlich haftet (strittig, siehe BeckOK BGB/*Lange* Rn. 29). Insoweit sollte der Testamentsvollstrecker durch letztwillige Verfügung im Innenverhältnis von der unbeschränkten persönlichen Haftung freigestellt werden, da ansonsten die Amtsannahme von ihm kaum erwartet werden kann (Bonefeld/Wachter FA ErbR/*Bonefeld* § 17 Rn. 233). 26

c) Weitere Lösungsmöglichkeiten. Aufgrund der **Rspr. zur sog. beaufsichtigenden Testamentsvollstreckung** an Personengesellschaftsanteilen (BGH NJW 1986, 2431) wird zT eine Testamentsvollstreckung am einzelkaufmännischen Handelsgeschäft in der Gestalt für zulässig erachtet, dass der Erbe das Handelsgeschäft lediglich unter der Aufsicht des Testamentsvollstreckers fortführt. Insoweit ist die Rechtslage nicht anders als bei einer vollhaftenden Beteiligung an einer Personengesellschaft (BeckOK BGB/*Lange* Rn. 34; Bengel/Reimann TV-HdB/*Pauli* § 5 Rn. 147; Staudinger/*Reimann* Rn. 160). Im Innenverhältnis können die Erben agieren, im Außenverhältnis jedoch können sie nicht ohne den Testamentsvollstrecker über das Handelsgeschäft teilweise oder im Ganzen verfügen. Ferner ist eine Zwangsvollstreckung durch Eigengläubiger der Erben wegen § 2214 nicht möglich (Bonefeld/Wachter FA ErbR/*Bonefeld* § 17 Rn. 239). Angesichts der bei dieser Gestaltung bestehenden zahlreichen ungeklärten Fragen (zB Zugriffsmöglichkeit von Neugläubigern auf das Geschäftsvermögen) sollte die Praxis von dieser Gestaltung nur sehr zurückhaltend Gebrauch machen (Bonefeld/Wachter FA ErbR/*Bonefeld* § 17 Rn. 239). Für die Gestaltungspraxis gilt es zudem zu beachten, dass die Begrifflichkeit der „beaufsichtigenden Testamentsvollstreckung" doppelt besetzt ist. Einmal in dem vorgenannten Sinne wo sie für ein 27 ausgewogenes Gewaltenteilungsmodell mit einer umfassenden Kompetenzverteilung zwischen Gesellschafter und Testamentsvollstrecker steht. Zum anderen wird der Begriff aber auch in einem anderen Sinne verwandt und zwar für die Fälle des § 2208 II. Hierbei steht sie für die lediglich beaufsichtigende Funktion des Testamentsvollstreckers der ohne die Befugnisse der §§ 2203–2206 ausgestattet ist (vgl. *Schmidl* NJW-Spezial 2010, 615). Eine weitere Möglichkeit stellt die Weisungsgeberlösung dar. Sie ist das Gegenteil der soeben dargestellten Lösungsmöglichkeit. Der Testamentsvollstrecker gibt im Außenverhältnis das Handelsgeschäft an die Erben frei, aber behält sich im Innenverhältnis die Entscheidungsbefugnis vor (BeckOK BGB/*Lange* Rn. 33).

28 Für die Testamentsvollstreckung an einem Einzelunternehmen besteht, auch im Hinblick auf die mehr oder weniger großen Unzulänglichkeiten der Ersatzlösungen, ein praktisches Bedürfnis. Vermehrt kommen daher Überlegungen hin zu einer **echten Testamentsvollstrecker-Lösung** auf. Dem bestehenden Haftungskonflikt zwischen handelsrechtlich unbeschränkter Haftung des Inhabers eines Handelsgeschäftes und der beschränkbaren Erbenhaftung, wird mit dem Argument zu begegnen versucht, dass der Grundsatz der persönlichen Haftung im Handelsrecht durch die Schaffung von Ein-Mann-Gesellschaften durchbrochen sei. Darüber hinaus habe sich der Gesetzgeber durch Einführung des MoMiG und der Möglichkeit der Gründung einer UG (haftungsbeschränkt), welche mit einem Kapital von einem Euro gegründet werden kann, selbst von dem Grundsatz verabschiedet, dass den Gläubigern als Ausgleich für eine persönliche Haftung ein gesetzlich garantiertes Mindestkapital zur Verfügung stehen muss (Bengel/Reimann TV-HdB/*Pauli* § 5 Rn. 119; Palandt/*Weidlich* Rn. 7; *Weidlich* NJW 2011, 641 (645)). Angesichts dieser Entwicklung, bei der der Gesetzgeber ganz eindeutig die Belange der Gläubiger zurückgestellt hat (ausf. krit. *Heckschen*, Das MoMiG in der notariellen Praxis, 2009, Rn. 12), erscheint die Auffassung, die eine Testamentsvollstreckung auch an Einzelunternehmen zulässt, folgerichtig. Der Rechtsverkehr kann durch eine Eintragung im Handelsregister auf die besondere Haftungssituation hingewiesen werden. In der Praxis sollte man dennoch bis zu einer Klärung durch den BGH auf eine der beiden Ersatzlösungen zurückgreifen.

Aufgrund der Schwächen aller aufgezeigten Lösungswege sollte dem Einzelnen geraten werden, sein Unternehmen rechtzeitig in eine der Testamentsvollstreckung zugängliche Rechtsform umzuwandeln. Es bietet sich die Umwandlung gem. § 152 UmwG in eine Kapitalgesellschaft zur Neugründung oder die Ausgliederung auf eine zuvor gegründete GmbH & Co. KG an (BeckOK BGB/*Heckschen* Abschn. D Rn. 177).

29 **9. Personengesellschaften.** Die Testamentsvollstreckung am Gesellschaftsanteil wurde zunächst für unzulässig gehalten, und zwar sowohl für den Bereich der stets durch persönliche Haftung gekennzeichneten Anteile an einer GbR, OHG sowie Komplementäranteilen an einer KG (BGH NJW 1981, 749 (750)) als auch für den Bereich der durch beschränkte Haftung gekennzeichneten Anteilen. Allerdings galt dies nicht für die reine Abwicklungsvollstreckung. Anders als die Verwaltungsvollstreckung wurde die reine Abwicklungsvollstreckung wegen des zeitlich eng beschränkten Auftritts im Rechtsverkehr und dem beschränkten Aufgabenkreis des Testamentsvollstreckers schon bisher für zulässig erachtet.

Einen umfassenden Überblick zur Testamentsvollstreckung an Personengesellschaftsanteilen bieten *Freiherr v. Proff* in DStR 2018, 415 und *Kämper* in RNotZ 2016, 625 bzw. notar 2018, 125.

30 **a) Abwicklungsvollstreckung.** Im Bereich der Abwicklungsvollstreckung gelten hinsichtlich der durch persönliche Haftung gekennzeichneten Anteile an GbR, OHG sowie Komplementäranteilen an KG dieselben Grundsätze wie beim einzelkaufmännischen Handelsgeschäft (Bonefeld/Wachter FA ErbR/*Bonefeld* § 17 Rn. 244), so dass hier auch die Vollmachts- oder Treuhandlösung praktiziert wird (→ Rn. 22 ff.). Fällt der Anteil eines alleinigen Komplementärs einer KG in den Nachlass, kann der Testamentsvollstrecker zumindest für die dreimonatige Übergangsfrist aus § 139 III HGB sämtliche Rechte der Gesellschafter-Erben wahrnehmen. Mit Ablauf der Frist ist die Testamentsvollstreckung nur noch unter der Voraussetzung möglich, dass durch entsprechende Gestaltung und Maßnahmen ein neuer Komplementär in die Gesellschaft eintritt (Bonefeld/Wachter FA ErbR/*Bonefeld* § 17 Rn. 244).

31 **b) Dauervollstreckung.** Die frühere Auffassung, wonach eine Dauervollstreckung über Personengesellschaften wegen der mit dem Gesellschaftsanteil verflochtenen personenrechtlichen Elemente und der unterschiedlichen Haftungsgrundsätze von Erbrecht und Gesellschaftsrecht unzulässig sei (BGH NJW 1981, 749 (550)), wurde vom BGH mit Urteil v. 14.5.1986 (DNotZ 1987, 116) teilweise aufgegeben. Der BGH bestätigte jedoch seine Auffassung dahingehend, dass der Testamentsvollstrecker in der Gesellschaft (sog. Innenseite) keine Mitwirkungsrechte wie zB Stimmrechte haben könne. Dagegen unterliege die Wahrnehmung der Rechte iÜ (sog. Außenseite) der Testamentsvollstreckung. Mittlerweile gibt es jedoch einige Stimmen in der Literatur, die den Umfang der Testamentsvollstreckung bei der Nachfolge in persönliche haftende Gesellschaftsanteile nicht beschränkt sehen (Beck Notar-HdB/*Lange* Rn. 44 f.; MüKoBGB/*Zimmermann* Rn. 37, 42).

32 **aa) Umfang.** Immer noch wird in Anwendung der **Kernbereichslehre** dem Testamentsvollstrecker ohne Zustimmung des Erben verwehrt, in dessen unentziehbaren Rechte einzugreifen. Die im Gesellschaftsrecht entwickelte „Kernbereichslehre" zum Schutz von Minderheitengesellschaftern gegen Mehrheitsbeschlüsse sei auf das Testamentsvollstreckerrecht zu übertragen (BGH NJW 1956, 1198 (1199); zur Fortentwicklung der Kernbereichslehre s. BGH NJW 2007, 1685 (1687) = NJW-Spezial 2007, 224; NJW 2010, 65 = JuS 2010, 162 mAnm *K. Schmidt*). Danach sind die Gesellschafterrechte im eigentlichen Sinne wegen ihrer höchstpersönlichen Natur der Ausübung durch einen Dritten unzugänglich (Bonefeld/

Wachter FA ErbR/*Bonefeld* § 17 Rn. 253). Folglich können Verwaltungsmaßnahmen des Testamentsvollstreckers grds. nicht die Innenseite der Beteiligung betreffen. Demnach sind dem Testamentsvollstrecker gesellschaftsrechtliche Mitwirkungsrechte, wie zB die Teilnahme an Gesellschafterversammlungen und Beschlüssen, das Informations- und Kontrollrecht sowie das Stimmrecht der Kompetenz des Testamentsvollstreckers zwingend entzogen (Bonefeld/Wachter FA ErbR/*Bonefeld* § 17 Rn. 254; *Kämper* notar 2018, 125 (126)). Ausnahmsweise ist eine Zustimmungsbedürftigkeit des Testamentsvollstreckers anzuerkennen, wenn die Mitwirkungsrechte auch die vermögensrechtliche Außenseite der Beteiligung betreffen (zB die Verwaltung und Fälligkeit von Gewinnansprüchen oder das Auseinandersetzungsguthaben) und der Testamentsvollstrecker eine den Erben **beaufsichtigende Funktion** hinsichtlich dieser sog. Außenseite wahrnimmt, da der Erbe dann ohne Mitwirkung des Testamentsvollstreckers nicht über seinen geerbten Gesellschaftsanteil verfügen kann (Bengel/Reimann TV-HdB/*Pauli* § 5 Rn. 160 ff.). Ist dies der Fall, so unterliegt der Gesellschaftsanteil wegen § 2214 auch nicht dem Zugriff von Eigengläubigern des Erben (BGHZ 98, 48 (57) = DNotZ 1987, 116; OLG Düsseldorf RNotZ 2008, 303 (304); Bonefeld/Wachter FA ErbR/*Bonefeld* § 17 Rn. 255).

Eine **Gegenansicht** ist allerdings der Auffassung, dass die Kernbereichslehre nicht auf die Testamentsvollstreckung anwendbar sei, da schon der entwickelte Schutzzweck nicht passe (BeckOK BGB/*Lange* Rn. 44 f.; MüKoBGB/*Zimmermann* Rn. 37, 42). Die Erben seien genügend durch die Ausschlagungsmöglichkeit und gesetzlich Vorschriften über die Testamentsvollstreckung geschützt. Außerdem wird hervorgebracht, dass der BGH selbst in neueren Entscheidungen Abstand von der Kernbereichslehre nehme (Urt. v. 21.10.2014 – II ZR 84/13, BeckRS 2014, 20283; Urt. v. 13.5.2014 – II ZR 250/12, BeckRS 2014, 14302; hierzu *Heckschen/Bachmann* NZG 2015, 531).

bb) Zustimmung. In der Lit. wird darauf hingewiesen, dass die übrigen Gesellschafter bei durch persönliche Haftung gekennzeichneten Anteilen an Personengesellschaften die Ausübung der Mitgliedschaftsrechte gegen ihren Willen nicht hinnehmen müssen. Eine Testamentsvollstreckung – auch in Gestalt von Ersatzlösungen – sei insoweit nur zulässig, wenn sie entweder im Gesellschaftsvertrag vorgesehen ist oder wenn die übrigen Mitgesellschafter nachträglich zustimmen (Staudinger/*Reimann* Rn. 181; *Winkler* TV Rn. 346 ff.; MüKoBGB/*Zimmermann* Rn. 34). Diese hM wird in der Praxis nicht immer beachtet. Schon bei der Konzeption des Gesellschaftsvertrages und der Kontrolle, ob die Vereinbarungen noch dem Willen der Gesellschafter entsprechen, ist zu überprüfen, ob im Todesfall (oder auch bei Geschäftsunfähigkeit, vgl. *Heckschen* NotBZ 2012, 321 (322 ff.)) die Rechte durch Bevollmächtigte (zB den bevollmächtigten Testamentsvollstrecker) wahrgenommen werden dürfen. Dies muss ausdrücklich geregelt werden. Der Gesellschaftsvertrag kann an die Person des Bevollmächtigten weitere Anforderungen stellen (zB Rechtsanwalt, Steuerberater). Wurde dies nicht vorab berücksichtigt, so muss der bevollmächtigte Testamentsvollstrecker sich sofort um eine Zustimmung der Gesellschafter zur Ausübung der Rechte für die Erben bemühen. Wird die Zustimmung verweigert, so wird dadurch zwar die vom Erblasser bevorzugte Ersatzlösung (Vollmacht) nicht verwirklicht werden können, die Testamentsvollstreckung ist aber nicht generell unzulässig. Vielmehr bezieht sich dann die Testamentsvollstreckung lediglich auf die Außenseite der Anteils, also lediglich auf die vermögensrechtlichen Ansprüche des Erben (vgl. zB § 717 S. 2), wie zB das Recht auf das Auseinandersetzungsguthaben sowie das Recht auf Gewinn (zumindest auf Gewinn bis zum Erbfall, BGH NJW 1986, 2431 (2432)). Auch Gewinnansprüche, die auf persönlichen Leistungen des Erben beruhen, stehen den Erben zu und fallen bei verweigerter Zustimmung nicht in den Nachlass (BGH NJW 1984, 2104 (2105); Winkler TV Rn. 348). Trotz verweigerter Zustimmung ist der Erbe gehindert, den Anteil zu veräußern und die Erbengläubiger sind gehindert, in den Anteil zu vollstrecken. Die Ausübung der Mitgliedschaftsrechte steht bei verweigerter Zustimmung der Erben zu, obwohl oft der Erblasser gerade Testamentsvollstreckung anordnet, weil er den Erben noch nicht als geeignet ansieht, in der Gesellschaft seine Rechte selbst auszuüben.

cc) Trennung beider Gesellschaftsanteile. Wird ein Mitgesellschafter von einem Gesellschafter beerbt, kommt es zu einer vermögensmäßigen Trennung beider Gesellschaftsanteile (BGH NJW 1986, 2431 (2432)). Der ererbte Gesellschaftsanteil ist dem Nachlassvermögen zuzuordnen und unterliegt somit grds. der Testamentsvollstreckung, während der beim Erbfall bereits vorhandene Gesellschaftsanteil zum Privatvermögen des Gesellschafters gehört.

dd) Praxis. Da im Bereich der Testamentsvollstreckung an Personengesellschaftsanteilen die Rechtslage noch nicht eindeutig ist, sollte in der Praxis der Erblasser – wenn er nicht zu Lebzeiten in die Kapitalgesellschaft umwandelt – in seiner letztwilligen Verfügung dem Testamentsvollstrecker das Recht zur Umwandlung der Personengesellschaft in eine Kapitalgesellschaft ausdrücklich einräumen (→ Rn. 53; Bonefeld/Wachter FA ErbR/*Bonefeld* § 17 Rn. 258). Zur Entschärfung der Haftungsproblematik bei den Ersatzlösungen könnte eine gesellschaftsvertragliche Regelung in Erwägung gezogen werden, wonach die Geschäftsführungs- und Vertretungsbefugnis mit dem Erblassertod erlischt und die Vertretungsbefugnis des Testamentsvollstreckers durch Erteilung einer Vollmacht bzw. einer Prokura durch die übrigen Gesellschafter herbeigeführt wird (*Weidlich* ZEV 1994, 205 (207)). Um eine direkte Testamentsvollstreckung über eine der vorgenannten Beteiligungen zu erreichen, bietet sich nur die sog. beaufsichtigende Testamentsvollstreckung an (→ Rn. 27; → § 2208 Rn. 6). Angesichts der noch weitgehend ungeklärten Abgrenzungsfragen zur Innen- und Außenseite ist dringend zu empfehlen, bei einer bestehenden Testamentsvollstreckung nur bei der laufenden Geschäftsführung und bei Gesellschaftsvertragsänderungen, die nur geringfügig in die Rechtsstellung des Gesellschafter-Erben eingreifen, auf die Zustimmung des Testamentsvollstreckers zu verzichten (Bonefeld/Wachter FA ErbR/*Bonefeld* § 17 Rn. 257 ff.).

37 **c) Nachfolgeklausel.** Des Weiteren kommt eine Fremdverwaltung bei Anteilen an einer Personengesellschaft nur bei einer Nachfolgeklausel in Betracht, nach der die Erben in die Gesellschafterstellung eintreten. Wurde eine solche Nachfolgeklausel vereinbart, vollzieht sich die Vererbung durch Sondererbfolge, sofern mehrere Erben vorhanden sind (BGH Beschl. v. 13.7.2017 – V ZB 136/16, BeckRS 2017, 128302 Rn. 19). Da der Erbe eine Beteiligung entsprechend seiner Erbquote durch diese Sondererbfolge erwirbt, erübrigt sich insoweit die Auseinandersetzung bzw. Verwaltung durch den Testamentsvollstrecker, so dass er über den Gesellschaftsanteil auch nicht verfügen kann (BGH NJW 1977, 1339 (1340); Bonefeld/Wachter FA ErbR/*Bonefeld* § 17 Rn. 243). IÜ unterliegt die Beteiligung als Teil des Nachlasses – auch bei der Abwicklungsvollstreckung – der Testamentsvollstreckung (Soergel/*Damrau* Rn. 29 ff.). Verwaltungs- und Vermögensrecht am Gesellschaftsanteil werden einheitlich vererbt, so dass keine Aufspaltung eintritt (*Lorz* ZEV 1996, 112 (113); *Weidlich* ZEV 1994, 205 (206)). Wird dagegen die Gesellschaft bei Tod eines Gesellschafters unter den verbleibenden Gesellschaftern fortgesetzt, sei es aufgrund einer Fortsetzungsklausel oder weil der Erbe von seinem Kündigungsrecht nach § 139 II HGB Gebrauch gemacht hat, hat der Testamentsvollstrecker nur die Möglichkeit, den Abfindungsanspruch geltend zu machen (Bonefeld/Wachter FA ErbR/*Bonefeld* § 17 Rn. 243).

38 **d) Eintrittsklausel.** Sofern eine Eintrittsklausel vorliegt, scheidet eine Testamentsvollstreckung vollständig aus, weil das Eintrittsrecht nicht durch Verfügung von Todes wegen, sondern durch Vertrag zu Gunsten Dritter auf den Todesfall auf den Nachfolger übergeht und nicht in den Nachlass fällt (BGH NJW 1957, 180; Palandt/*Weidlich* Rn. 11; *Freiherr v. Proff* DStR 2018, 415).

39 **e) Kommanditanteil.** Die Testamentsvollstreckung am Kommanditanteil ist sowohl hinsichtlich der Abwicklungsvollstreckung als auch hinsichtlich der Verwaltungsvollstreckung anerkannt (BGH Beschl. v. 14.2.2012 – II ZB 15/11, BeckRS 2012, 6235; BGH NJW 1989, 3152 (3153); MüKoHGB/*K. Schmidt* § 177 Rn. 24; allg. dazu *Schneider* NJW 2015, 1142). Während für den Komplementäranteil zwischen Innen- und Außenseite der Gesellschaftsbeteiligung zu unterscheiden ist (→ Rn. 32), wird die Dauervollstreckung an einem Kommanditanteil, sowohl hinsichtlich der Innen- als auch der Außenseite grds. für zulässig gehalten, da nach der Ausgestaltung des Rechtsstellung eines Kommanditisten seine Haftung auf die geleistete Einlage beschränkt ist (§ 171 I HGB), er grds. nicht geschäfts- und vertretungsbefugt ist (§§ 164, 170 HGB) und die wenigen Ausnahmen, in denen es zu einer persönlichen Haftung kommen kann, keine unüberwindlichen Schwierigkeiten bereiten (BGH NJW 1989, 3152 (3154); aA Sudhoff Unternehmensnachfolge/*Jäger* § 34 Rn. 33 f. der ebenfalls nach Innen- und Außenseite differenziert). Allerdings ist hierzu die Zustimmung aller Mitgesellschafter erforderlich, da sich die Gesellschafter einer KG wegen ihres persönlichen Verbunds niemanden aufdrängen lassen müssen (*Ullmer* NJW 1990, 73 (75); Palandt/*Weidlich* Rn. 17).

40 **aa) Zustimmung.** Mithin wird die Gesellschaft durch den Tod des Kommanditisten nicht aufgelöst, sondern mit den Erben gem. § 177 HGB fortgesetzt, es sei denn, der Gesellschaftsvertrag ordnet eine andere Folge an. Demnach ist an einer vererblichen Kommanditbeteiligung Testamentsvollstreckung möglich, soweit die übrigen Gesellschafter zustimmen. Die Zustimmung kann sowohl durch eine Klausel im Gesellschaftsvertrag als auch nachträglich – ggf. konkludent – erteilt werden (BGH Beschl. v. 14.2.2012 – II ZB 15/11, BeckRS 2012, 6235 Rn. 14; BGH NJW 1989, 3152 (3153)). Eine konkludente Zustimmung soll bei einer Publikums-KG, bei der der Anteil im Gesellschaftsvertrag frei veräußerlich gestellt ist, sogar unterstellt werden können (*Ulmer* NJW 1990, 73 (75 f.)). Dagegen kann eine einfache Duldung regelmäßig nicht als stillschweigende Zustimmung interpretiert werden (Bonefeld/Wachter FA ErbR/*Bonefeld* § 17 Rn. 263).

41 **bb) Befugnisse.** Fehlt die Zustimmung, weil zB ein anderer Gesellschafter diese verweigert, wird dadurch die Anordnung der Testamentsvollstreckung nicht insgesamt unwirksam. Lediglich im Innenverhältnis gilt die Testamentsvollstreckung als nicht angeordnet, so dass der Testamentsvollstrecker nur seine Rechte im Außenverhältnis wahrnehmen kann (Bonefeld/Wachter FA ErbR/*Bonefeld* § 17 Rn. 263). Haben die übrigen Gesellschafter zugestimmt, kann der Testamentsvollstrecker grds. alle mit der Beteiligung verbundenen Mitgliedschaftsrechte ausüben (*Ulmer* NJW 1990, 73 (74)), so dass der Testamentsvollstrecker dann auch in den Kernbereich der Mitgliedschaft eingreifen darf. Einschränkungen können sich insbes. daraus ergeben, dass der Testamentsvollstrecker nicht befugt ist, den Erben persönlich zu verpflichten (Palandt/*Weidlich* Rn. 16, → Rn. 30).

42 **cc) Handelsregisteranmeldung.** Obliegt dem Testamentsvollstrecker die Verwaltung eines Geschäftsanteils einer Beteiligung an einer Personenhandelsgesellschaft, ist er zur Handelsregisteranmeldung des Eintritts der Gesellschafter-Erben berechtigt und verpflichtet, soweit seine Befugnis reicht (BGH NJW 1989, 3152 (3153)). Diese Befugnis kann hinsichtlich eines Kommanditanteils jedoch nur bei einer Verwaltungs- oder Dauertestamentsvollstreckung nach § 2209 gegeben sein, nicht jedoch bei einer reinen Abwicklungsvollstreckung (OLG München RNotZ 2009, 666 (667) = ZIP 2009, 2059 = NJW-RR 2010, 15; OLG Hamm NZG 2011, 437 (438) = MittBayNot 2011, 248; KG NJW 1991, 835 f.; *Krug* ZEV 2001, 51 (54)). Bei der reinen Abwicklungsvollstreckung hat der Testamentsvollstrecker nur den Nachlass abzuwickeln, sowie die Auseinandersetzung unter den Miterben zu bewirken. Der Übergang des Kommanditanteils vollzieht sich dabei ohne Mitwirkung des Testamentsvollstreckers im Wege der Sonderrechtsnachfolge. Es verbleibt hier kein Raum für eine entsprechende Befugnis des Testamentsvollstreckers (OLG München RNotZ 2009, 666 (667) = ZIP 2009, 2059 = NJW-RR 2010, 15). Enthält demnach das Testamentsvollstreckerzeugnis (§ 2368) keinen Hinweis auf eine Dauer- oder Verwaltungsvollstre-

ckung (§ 2209), gilt der Regelfall der Abwicklungsvollstreckung (§ 2203). Die Handelsregisteranmeldung ist dann von allen Erben (und allen anderen Gesellschaftern) gem. § 12 HGB in öffentlich beglaubigter Form einzureichen. Liegt dagegen eine Dauer- oder Verwaltungsvollstreckung vor, ist der Testamentsvollstrecker selbst zur Anmeldung berechtigt, wobei er zum Nachweis die Ausfertigung des Testamentsvollstreckerzeugnisses vorzulegen hat (*Wachter* EWiR 2009, 773 (774)).

Hiervon abzugrenzen ist der Fall, dass sich **der Kommanditistenwechsel aufgrund Vermächtniserfüllung** vollzieht. Ist die Beteiligung einem Vermächtnisnehmer zugedacht, liegt die Pflicht und Befugnis zur Anmeldung bei dem Testamentsvollstrecker, und zwar auch bei der Abwicklungsvollstreckung (LG Mainz MittRhNotK 1982, 118; *Damrau* NJW 1984, 2785 (2786)). 43

10. Partnerschaftsgesellschaft. Mit dem Tod eines Partners einer Partnerschaftsgesellschaft scheidet dieser mangels abweichender vertraglicher Bestimmung nach § 9 I PartGG iVm § 131 III Nr. 1 HGB aus der Gesellschaft aus und der Abfindungsanspruch fällt in den Nachlass und kann somit vom Testamentsvollstrecker geltend gemacht werden (Bonefeld/Wachter FA ErbR/*Bonefeld* § 17 Rn. 268). Ist der Gesellschaftsanteil an der Partnerschaft nach § 9 IV 2 PartGG vererblich gestellt und erfüllt der Erbe dieselben berufsrechtlichen Qualifikationen, wird die Partnerschaftsgesellschaft mit dem Erben fortgeführt. Hinsichtlich der Reichweite der Testamentsvollstreckung gelten die Grundsätze, die für persönlich haftenden Gesellschafter einer Personengesellschaft Anwendung finden (Bonefeld/Wachter FA ErbR/*Bonefeld* § 17 Rn. 269; → Rn. 20ff.). 44

11. Stille Gesellschaft. Nach der gesetzlichen Regelung des § 234 II HGB wird die stille Gesellschaft durch den **Tod eines stillen Gesellschafters** vorbehaltlich abweichender gesellschaftsvertraglicher Vereinbarungen nicht aufgelöst. Die stille Beteiligung ist vom Testamentsvollstrecker als Nachlassbestandteil zu verwalten (MüKoBGB/*Zimmermann* Rn. 49). Dies gilt auch bei der atypischen stillen Gesellschaft (MHdB GesR II/*Polzer* § 91 Rn. 32; *Blaurock*, Handbuch Stille Gesellschaft, 8. Aufl. 2016, § 15.57; aA *Rasner*, Die atypische stille Gesellschaft, 139 der bereits einen konkludenten Ausschluss des § 234 II HGB annimmt). Die Ausübung der Rechte des stillen Gesellschafters durch den Testamentsvollstrecker bedarf der Zustimmung des Geschäftsinhabers (MüKoBGB/*Zimmermann* Rn. 49; MHdB GesR II/*Polzer* § 91 Rn. 32; *Blaurock*, Handbuch Stille Gesellschaft, 8. Aufl. 2016, § 15.57; aA Soergel/*Damrau* Rn. 47). 45

Wird mangels anderweitiger gesellschaftsvertraglicher Bestimmung durch den **Tod des Geschäftsinhabers** die stille Gesellschaft aufgelöst, so ist die stille Gesellschaft beendet und es findet eine Auseinandersetzung mit dem stillen Gesellschafter statt (§ 727 I). Der Testamentsvollstrecker hat dann das Guthaben des stillen Gesellschafters zu befriedigen (§ 235 I HGB). Sofern jedoch der Gesellschaftsvertrag gem. § 727 I etwas anderes bestimmt, wird die Gesellschaft fortgeführt. Es gelten dann die Grundsätze der Testamentsvollstreckung hinsichtlich der Fortführung eines Einzelunternehmens (Bonefeld/Wachter FA ErbR/*Bonefeld* § 17 Rn. 265, → Rn. 12ff.). Das im Gesellschaftsvertrag vorgesehene Eintrittsrecht eines einzelnen Miterben wird durch die Testamentsvollstreckung nicht berührt (MüKoBGB/*Zimmermann* Rn. 49). IÜ kann der Testamentsvollstrecker weder das Handelsgeschäft in eine Kapitalgesellschaft noch die an dem Handelsgeschäft entstandenen Mitgliedschaftsrechte der Erben in stille Beteiligungen umwandeln (*Blaurock*, Handbuch Stille Gesellschaft, 8. Aufl. 2016, § 15.47). Hierzu sind allein die Erben selbst berechtigt. 46

12. Genossenschaft. Mit dem Tod des Genossen endet die Mitgliedschaft des Erben grds. nach § 77 I GenG mit dem Schluss des Geschäftsjahres, in dem der Erbfall eingetreten ist, soweit nicht nach § 77 II GenG von dieser befristeten Nachfolgeklausel abgewichen wurde. Bis zur Beendigung werden alle Mitgliedschaftsrechte vom Testamentsvollstrecker wahrgenommen. Der Testamentsvollstrecker darf nach hM die nach § 77 II GenG erforderliche Erklärung zur Fortsetzung der Mitgliedschaft abgeben, wenn dadurch keine weitergehenden Verpflichtungen für den Erben entstehen (BeckOK BGB/*Lange* Rn. 55; Bengel/Reimann TV-HdB/*Pauli* § 5 Rn. 268; Palandt/*Weidlich* Rn. 21; einschränkungslos befürwortend: MüKoBGB/*Zimmermann* Rn. 54; grds. ablehnend: Staudinger/*Reimann* Rn. 211). 47

13. GmbH. Der Anteil an einer Kapitalgesellschaft ist stets und ohne Beschränkung vererblich (ausf. Heckschen/Heidinger/*Heckschen*, Die GmbH in der Gestaltungs- und Beratungspraxis, Kap. 4 Rn. 587). Die Satzung kann jedoch durch Einziehungs-, Zwangsabtretungs- und Abtretungsermächtigungsklauseln und (str.) durch eine sog. antizipierte Anteilsübertragung auf den Todesfall (vgl. zu den Gestaltungen sehr ausf. Heckschen/Heidinger/*Heckschen*, Die GmbH in der Gestaltungs- und Beratungspraxis, Kap. 4 Rn. 587) verhindern, dass der Erbe in der Gesellschaft bleibt und kann somit auch dem Testamentsvollstrecker den zu verwaltenden Anteil wieder entziehen. Eine Testamentsvollstreckung an einem GmbH-Anteil oder der Sonderform der GmbH, der UG (haftungsbeschränkt) gem. § 5a GmbHG, ist ohne weiteres zulässig, wobei der Geschäftsanteil vollumfänglich durch den Testamentsvollstrecker unter Ausschluss des Erben verwaltet werden kann (BGH NJW 1959, 1820 f.; BayObLG NJW-RR 1991, 1252 (1254)). Die Verwaltung erstreckt sich grds. auf alle Vermögens- und Mitverwaltungsrechte des Gesellschafters einschließlich des Stimmrechts (BGH Urt. v. 13.5.2014 – II ZR 250/12, BeckRS 2014, 14302; BayObLG NJW-RR 1991, 1252 (1254); *Mayer* ZEV 2002, 209 (210)) und etwaiger Sonderrechte, zB des Rechts zur Geschäftsführung (MüKoBGB/*Zimmermann* Rn. 51 mwN). Ebenso ist er zur entgeltlichen Anteilsveräußerung und zur Kündigung der Mitgliedschaft befugt (MüKoBGB/*Zimmermann* Rn. 51 mwN). Nach § 18 III GmbHG ist Adressat für Rechtshandlungen der Gesellschaft gegenüber der anteilsberechtigten Erbengemeinschaft der Testamentsvollstrecker. **Beschränkungen der** 48

Verwaltungsbefugnisse können sich aber sowohl aus gesellschaftsrechtlichen als auch aus erbrechtlichen Gründen ergeben (*Mayer* ZEV 2002, 209 (211 ff.)). Die Satzung kann die Wahrnehmung der Rechte eines verstorbenen Gesellschafters durch einen Testamentsvollstrecker ganz weitgehend beschränken (Grenze: Teilnahmerecht) oder aber – wie häufig – durch die erweiterten Einziehungs- und Abtretungsklauseln das Eindringen der Erben und ihres Testamentsvollstreckers verhindern.

Einen umfassenden Überblick zur Testamentsvollstreckung an GmbH-Anteilen bietet *Todtenhöfer* in RNotZ 2017, 557 und *Werner* in ZEV 2018, 252.

49 **a) Erbrechtliche Beschränkungen.** Aus erbrechtlicher Sicht können sich Beschränkungen zum einen aus den Anordnungen des Erblassers und zum anderen aus dem Gesetz ergeben. So besteht die Beschränkung der Verpflichtungsbefugnis des Testamentsvollstreckers auf die Eingehung von Verbindlichkeiten „für den Nachlass" (§§ 2206, 2207). Bei der Teilnahme an einer Kapitalerhöhung gegen Einlagen kann nur der Nachlass durch den Testamentsvollstrecker verpflichtet werden (MüKoBGB/*Zimmermann* Rn. 52). Zudem ist das Verbot unentgeltlicher Verfügungen (§ 2205 S. 3) zu beachten. Folglich ist eine Stimmabgabe unwirksam, durch die aus der Sicht einer ordnungsgemäßen Verwaltung die Mitgliedschaftsrechte ohne entsprechenden Vorteil beeinträchtigt werden sowie eine Kündigung der Mitgliedschaft ohne angemessene Abfindung (MüKoBGB/*Zimmermann* Rn. 52). Weiterhin ist § 181 zu beachten, zB bei der Wahl des Testamentsvollstrecker zum Geschäftsführer (BGH NJW 1969, 841) oder bei seiner Entlastung als Geschäftsführer (BGH NJW 89, 2694 (2695)).

50 **b) Gesellschaftsrechtliche Beschränkungen.** Aus gesellschaftsrechtlicher Sicht kann durch Gesellschaftsvertrag die Ausübung von Verwaltungsrechten durch Außenstehende, also auch durch den Testamentsvollstrecker, wirksam beschränkt oder ausgeschlossen werden (OLG Frankfurt a. M. ZEV 2008, 606; *Mayer* ZEV 2002, 209 (212)). Schließt die Satzungsregelung lediglich die sog. Innenseite des vererbten GmbH-Anteils aus, werden die vermögensrechtlichen Ansprüche hiervon nicht erfasst, so dass – vergleichbar mit der Rechtslage bei Personengesellschaften – eine Testamentsvollstreckung an der „Außenseite" der Mitgliedschaft, insbes. den Gewinn- und Abfindungsansprüchen sowie der Beteiligung selbst, zulässig bleibt (*Floeth* EWiR 2009, 83 (84)). Hat in solchen Fällen der Testamentsvollstrecker gleichwohl an der Gesellschafterversammlung und an der Stimmrechtsausübung unter Billigung der Gesellschaft teilgenommen, so ließe sich an eine konkludente Abbedingung der einschränkenden Satzungsbestimmungen denken. Eine solche stillschweigende Satzungsänderung muss jedoch vor dem Hintergrund des §§ 53 II, 54 GmbHG ausscheiden, da es danach einer notariell beurkundeten Satzungsänderung nebst Eintragung im Handelsregister bedarf (*Floeth* EWiR 2009, 83 (84); zur Problematik der satzungsdurchbrechenden Beschlüsse vgl. Heckschen/Heidinger/*Heckschen*, Die GmbH in der Gestaltungs- und Beratungspraxis, Kap. 9 Rn. 24 ff.). Im Falle eines gesetzlichen Stimmrechtsausschlusses nach § 47 IV GmbHG tritt an die Stelle des Testamentsvollstreckers der Erbe (Bonefeld/Wachter FA ErbR/ *Bonefeld* § 17 Rn. 272).

51 **14. AG und SE.** Bei der Aktiengesellschaft und der Europäischen Gesellschaft (SE) mit Satzungssitz in Deutschland gelten für die in den Nachlass gelangten Inhaber- und Namensaktien im Wesentlichen die gleichen Grundsätze wie bei der GmbH (*Frank* ZEV 2002, 389 (394)). Es besteht mithin eine Verwaltungsbefugnis des Testamentsvollstreckers, der auch die Stimmrechte sowie das Bezugsrecht aus § 186 AktG ausüben kann (Bonefeld/Wachter FA ErbR/*Bonefeld* § 17 Rn. 273).

52 **15. Unternehmensumstrukturierungen.** Maßnahmen, die den Kernbereich der Mitgliedschaft der Gesellschafter betreffen, erfordern die Zustimmung der Gesellschafter(-Erben) (*Werkmüller* ZEV 2006, 491 mwN). Hierzu zählen insbes. Umwandlungsvorgänge, die mit einem Rechtsformwechsel verbunden sind (*Werkmüller* ZEV 2006, 491 mwN). Aus wirtschaftlicher und steuerlicher Sicht kann es jedoch angezeigt sein, derartige Unternehmensumstrukturierungen vorzunehmen. Da die Rechtsform der Kapitalgesellschaft gegenüber der Rechtsform der Personen(handels)gesellschaft besser geeignet ist, um deren Anteile der Testamentsvollstreckung zu unterstellen, sollte der Erblasser zu Lebzeiten durch Gründung einer „Vorratsgesellschaft" oder durch Umwandlung des Unternehmens in eine der Kapitalgesellschaft selbst dafür Sorge tragen.

53 **a) Testamentarische Umwandlungsanordnung.** Soll die Kapitalgesellschaft erst nach dem Tod des Erblassers entstehen, kann der Weg über eine testamentarische Umwandlungsanordnung gegangen werden (*Mayer* ZEV 2002, 209). Hierbei wird der Erbe zB beauflagt (§ 1940), die notwendigen Umstrukturierungsmaßnahmen zu dulden bzw. zu genehmigen. Der Testamentsvollstrecker, der die letztwilligen Verfügungen zur Ausführung zu bringen hat (§ 2203), überwacht als Vollziehungsberechtigter iSv § 2194 die Einhaltung der Auflagen. Zusätzlich wird letztwillig angeordnet, dass der Testamentsvollstrecker das in den Nachlass fallende Unternehmen in die gewünschte Rechtsform zu transformieren hat (*Frank* ZEV 2003, 5 (7)). Bei personalistisch strukturierten Gesellschaften, die die höchstpersönliche Ausübung von Mitgliedschaftsrechten satzungsmäßig vorsehen (zB Stimmrecht), ist die an die Erben gerichtete Auflage zur Erteilung begleitender Vollmachten zu Gunsten des Testamentsvollstreckers zweckmäßig (*Frank* ZEV 2003, 5 (7)). Soll der Testamentsvollstrecker nicht auf Einzelmaßnahmen beschränkt werden, kann der Erblasser ihn zur Auseinandersetzung des Nachlasses nach billigem Ermessen ermächtigen (§ 2048 I 2 iVm § 2204 I). Die Befugnis, die Auseinandersetzung des Nachlasses gem. §§ 2042–2056 zu bewirken, beinhaltet dann die Aufgabe der Umstrukturierung (*Frank* ZEV 2003, 5 (7)).

54 **b) Eigenmächtige Umwandlung.** Die Zulässigkeit einer eigenmächtigen, also ohne eine entsprechende Erblasseranordnung getätigten Umwandlung durch den Testamentsvollstrecker ist umstritten (zum

Meinungsstand vgl. *Mayer* ZEV 2002, 209 (214)). Gegen die Zulässigkeit sprechen insbes. gesellschaftsrechtliche Grundsätze, wie die persönlich unbeschränkte Haftung eines Unternehmensbeteiligungen erwerbenden Erben oder bei Neugründung die Haftung der Erben als Gründer (zB § 46 AktG) (*Mayer* ZEV 2002, 209 (213)). Zudem sind bei einer die Erben persönlich verpflichtenden Neugründung höchstpersönliche, dem „Kernbereich der Mitgliedschaft" zugehörige Rechte des Erben betroffen (*Frank* ZEV 2003, 5 (6); *Mayer* ZEV 2002, 209 (213)). Es zeichnet sich jedoch die Tendenz ab, dass der Testamentsvollstrecker die Erben an der Gründung beteiligen kann, sofern die Kapitalaufbringung gesichert ist. Das ist dann der Fall, wenn die Einlage voll und sofort aus Nachlassmitteln erbracht werden kann (*Frank* ZEV 2003, 5 (6) mwN). Die Umwandlung einer GmbH in eine AG wird als zulässig erachtet, sofern für die Erben keine zusätzlichen Verpflichtungen begründet werden (*Frank* ZEV 2003, 5 (6); *Mayer* ZEV 2002, 209 (213); *Dörrie* ZEV 1996, 370 (373)). Bei der Umwandlung einer KG in eine AG ist umstritten, ob hierdurch der Kernbereich der Mitgliedschaft der Personengesellschafter verletzt wird und der Testamentsvollstrecker folglich ohne Zustimmung der Erben das Stimmrecht zur Mitwirkung an den zur Umwandlung erforderlichen Beschlüssen ausüben kann (*Frank* ZEV 2003, 5 (6) mwN; *Mayer* ZEV 2002, 209 (215)).

Liegt keine letztwillige Umwandlungsanordnung vor, kann der Testamentsvollstrecker eine Umwandlung nur initiieren, wenn dies der ordnungsgemäßen Verwaltung des Nachlasses entspricht (§ 2216 I). Ein Verstoß gegen § 2216 berührt deren Wirksamkeit nicht, kann jedoch zur Haftung nach § 2219 führen (→ § 2216 Rn. 17). Dabei wird man idR dem Testamentsvollstrecker ein nur eingeschränkt gerichtlich überprüfbaren Ermessensspielraum zubilligen müssen (→ § 2216 Rn. 7; → § 2227 Rn. 9). IÜ darf durch die Umwandlung keine persönliche Verpflichtung für die Erben begründet werden (arg. § 2206; *Mayer* ZEV 2002, 209 (214); *Dörrie* ZEV 1996, 370 (373)). Darüber hinaus stellt sich die Frage, wer an dem Umwandlungsbeschluss zu beteiligen ist. Auf Grund der hierzu bestehenden Streitigkeiten (vgl. hierzu *Mayer* ZEV 2002, 209 (214f.)) empfiehlt sich für die **Praxis**, den sichersten Weg zu gehen, so dass die Zustimmung des Gesellschafter-Erben und des Testamentsvollstrecker einzuholen ist. Inwieweit solche Umwandlungen steuerwirksam auf einen Tag vor Eintritt des Erbfalls gestaltet werden können, ist streitig (vgl. *Lüdicke* ZEV 1995, 132). Zur Umwandlung, wenn die juristische Person oder die Personen(handels)gesellschaft selbst zum Testamentsvollstrecker ernannt ist, → § 2225 Rn. 4. 55

§ 2206 Eingehung von Verbindlichkeiten

(1) ¹Der Testamentsvollstrecker ist berechtigt, Verbindlichkeiten für den Nachlass einzugehen, soweit die Eingehung zur ordnungsmäßigen Verwaltung erforderlich ist. ²Die Verbindlichkeit zu einer Verfügung über einen Nachlassgegenstand kann der Testamentsvollstrecker für den Nachlass auch dann eingehen, wenn er zu der Verfügung berechtigt ist.

(2) Der Erbe ist verpflichtet, zur Eingehung solcher Verbindlichkeiten seine Einwilligung zu erteilen, unbeschadet des Rechts, die Beschränkung seiner Haftung für die Nachlassverbindlichkeiten geltend zu machen.

1. Verpflichtungsbefugnis. Soweit der Erblasser den Testamentsvollstrecker nicht befreit hat (§§ 2207, 2209 S. 2), ist dieser nach **Abs. 1 S. 1** nur im Rahmen ordnungsgemäßer Verwaltung (§ 2216) zur Eingehung von Verbindlichkeiten für den Nachlass befugt. Bewegt sich die getroffene Maßnahme außerhalb der ordnungsgemäßen Verwaltung, kann eine wirksame Nachlassverbindlichkeit dennoch zustande kommen, wenn der Vertragspartner ohne Fahrlässigkeit annehmen durfte, dass die Eingehung zur ordnungsgemäßen Nachlassverwaltung erforderlich ist (BGH NJW 1983, 40). Konnte der Dritte dies nicht annehmen, ist das Verpflichtungsgeschäft unwirksam und der Dritte erlangt keine Rechte gegen den Nachlass. Auch dürfte ihm aus dem Gesichtspunkt des § 179 III kein Anspruch gegen den Testamentsvollstrecker zustehen (Bonefeld/Wachter FA ErbR/*Bonefeld* § 17 Rn. 215). 1

2. Verfügungen. Nach **Abs. 1 S. 2** ist bei Verfügungen über Nachlassgegenstände die Vertretungsmacht hinsichtlich des zugrunde liegenden Verpflichtungsgeschäfts nicht auf Geschäfte der ordnungsgemäßen Verwaltung beschränkt. Ein Auseinanderfallen von obligatorischen und dinglichen Geschäft wird auf diese Weise verhindert. Im praktischen Ergebnis wird damit die Einschränkung des Abs. 1 S. 1 beseitigt (Soergel/*Damrau* Rn. 1). Verstößt also zB der Testamentsvollstrecker bei einem Kaufvertrag über einen Nachlassgegenstand gegen seine Pflicht aus § 2216, so macht er sich ggf. schadensersatzpflichtig, der Vertrag ist jedoch nach Abs. 1 S. 2 wirksam (Palandt/*Weidlich* Rn. 2), soweit nicht der Vertrag wegen kollusiven Zusammenwirkens ausnahmsweise nach § 138 I nichtig ist. Dem Erbe verbliebe dann nur der Einwand der unzulässigen Rechtsausübung, wenn sich der Testamentsvollstrecker ersichtlich verdächtig verhalten hatte (BGH NJW-RR 89, 642). 2

3. Einwilligung. Die Einwilligung ist zwar nicht Voraussetzung für das Entstehen der Nachlassverbindlichkeit (Bonefeld/Wachter FA ErbR/*Bonefeld* § 17 Rn. 218). Durch die aus **Abs. 2** folgende **Verpflichtung des Erben zur Einwilligung** kann sich aber der Testamentsvollstrecker gegen Schadenersatzansprüche aus § 2219 schützen, indem er gerichtlich klären lässt, ob sich die angedachte oder bereits durchgeführte Maßnahme im Rahmen ordnungsgemäßer Verwaltung bewegt, wenn der Erbe keine Zustimmung bzw. Einwilligung zur geplanten Maßnahme erteilen will. Die Verpflichtung zur Einwilligung besteht nur dann, wenn die Eingehung der Verpflichtung auch zur ordnungsgemäßen Verwaltung erforderlich ist. Der Erbe und bei Vorerbschaft der Vorerbe, nicht jedoch der Nacherbe (OLG Neustadt NJW 3

1956, 1881), kann danach die Zustimmung verweigern, wenn es sich um eine Verbindlichkeit zu einer Verfügung nach Abs. 2 S. 1 handelt, zu der der Testamentsvollstrecker nach §§ 2205, 2208 zwar berechtigt ist, deren Eingehung jedoch nicht einer ordnungsgemäßen Verwaltung entspricht (Staudinger/*Reimann* Rn. 16).

4 Die Einwilligung befreit den Testamentsvollstrecker von seiner Haftung nach § 2219 (Staudinger/*Reimann* Rn. 17). Der Erbe kann die Einwilligung zu einer Verfügung auch nachträglich erteilen (§ 184), selbst wenn der Testamentsvollstrecker hierbei ohne Verpflichtungsbefugnis oder gar entgegen der ordnungsgemäßen Verwaltung gehandelt hat (MüKoBGB/*Zimmermann* Rn. 12). Durch diese **Genehmigung** wird entsprechend § 177 eine wirksame Nachlassverbindlichkeit begründet (Soergel/*Damrau* Rn. 5).

§ 2207 Erweiterte Verpflichtungsbefugnis

¹Der Erblasser kann anordnen, dass der Testamentsvollstrecker in der Eingehung von Verbindlichkeiten für den Nachlass nicht beschränkt sein soll. ²Der Testamentsvollstrecker ist auch in einem solchen Falle zu einem Schenkungsversprechen nur nach Maßgabe des § 2205 Satz 3 berechtigt.

1 **1. Ermächtigung.** Der Erblasser kann den Testamentsvollstrecker durch letztwillige Verfügung von den Beschränkungen des § 2206 I befreien. Wird dem Testamentsvollstrecker die ausschließliche Verwaltungsbefugnis übertragen, gilt die Ermächtigung des § 2207 im Zweifel als erteilt (§ 2209 S. 2). Durch die Ermächtigung nach S. 1 kann – wie sich aus dem Wortlaut der S. 2 ergibt – nicht von dem Schenkungsverbot des § 2205 S. 3 befreit werden. Die Befreiung ist nach § 2368 I 2 im Testamentsvollstreckerzeugnis aufzunehmen. Sind keine über die gesetzlichen Einschränkungen hinausgehenden Beschränkungen des Testamentsvollstreckers im Testament niedergeschrieben, sind diese Anordnungen dagegen nicht im Testamentsvollstreckerzeugnis aufzunehmen (OLG Hamm ZEV 2011, 648 (649) = NJW Spezial 2011, 263).

2 **2. Verhältnis zum Erben.** Im Verhältnis zum Erben verbleibt es bei der Maßgeblichkeit des § 2206, so dass der Testamentsvollstrecker insbes. zur ordnungsgemäßen Verwaltung nach § 2216 verpflichtet bleibt. Der Erblasser kann von dieser Verpflichtung keine Befreiung erteilen (§ 2220).

§ 2208 Beschränkung der Rechte des Testamentsvollstreckers, Ausführung durch den Erben

(1) ¹Der Testamentsvollstrecker hat die in den §§ 2203 bis 2206 bestimmten Rechte nicht, soweit anzunehmen ist, dass sie ihm nach dem Willen des Erblassers nicht zustehen sollen. ²Unterliegen der Verwaltung des Testamentsvollstreckers nur einzelne Nachlassgegenstände, so stehen ihm die im § 2205 Satz 2 bestimmten Befugnisse nur in Ansehung dieser Gegenstände zu.

(2) Hat der Testamentsvollstrecker Verfügungen des Erblassers nicht selbst zur Ausführung zu bringen, so kann er die Ausführung von dem Erben verlangen, sofern nicht ein anderer Wille des Erblassers anzunehmen ist.

1 **1. Beschränkungen.** Jegliche Befugnisse des Testamentsvollstreckers bestimmt der Erblasser. Folglich kann der Erblasser durch letztwillige Verfügung nach § 2208 auch beliebige Einschränkungen gegenüber den gesetzlichen Regelbefugnissen (§§ 2203–2206) ausdrücklich oder konkludent anordnen. Die Möglichkeiten der Beschränkungen können verschiedenster Natur sein. So kann die Testamentsvollstreckung in inhaltlicher, gegenständlicher oder zeitlicher Hinsicht beschränkt sein oder sich nur auf einen Erbteil beziehen. Bei der Auslegung von konkludenten Beschränkungsanordnungen ist Zurückhaltung geboten, so dass bei einer Teilungsanordnung oder bei einer Anordnung einer befreiten Vorerbschaft (BGH NJW 1963, 2320 (2322 f.)) nach außen wirkende Verfügungsbeschränkungen nicht ohne weiteres angenommen werden kann, sondern eventuell nur nach innen wirkende schuldrechtliche Verpflichtungen vorliegen (Palandt/*Weidlich* Rn. 1 mwN).

2 **a) Inhaltliche Beschränkungen.** Gesetzlich geregelte Fälle der inhaltlichen Beschränkungen sind die Nacherbenvollstreckung (§ 2222), die Vermächtnisvollstreckung (§ 2223) sowie die Verwaltungsvollstreckung (§ 2209 S. 1). Darüber hinaus kann der Erblasser ohne weiteres die Testamentsvollstreckung auf bestimmte einzelne Aufgaben beschränken.

3 **b) Gegenständliche Beschränkungen.** Hat der Erblasser dem Testamentsvollstrecker nur bestimmte Gegenstände zur Verwaltung unterstellt, so liegt eine gegenständliche Beschränkung vor, auch wenn der Gegenstand noch zu einem nicht unter einer ungeteilten Erbengemeinschaft gehört. Ist dies der Fall, sind die Vorschriften, die die Verwaltung des gesamten Nachlasses durch den Testamentsvollstrecker voraussetzen, wie zB § 2213 I; §§ 748 I, 779 II 2, 780 II ZPO; § 317 II InsO; § 359 II FamFG; § 40 II GBO, nicht anwendbar (BeckOK BGB/*Lange* Rn. 9). Für Verbindlichkeiten, die der Testamentsvollstrecker nach § 2206 eingegangen ist, haftet der gesamte Nachlass (Palandt/*Weidlich* § 2206 Rn. 4).

4 **c) Beschränkung auf den Erbteil.** Ebenso ist die Beschränkung der Testamentsvollstreckung auf den Erbteil eines Miterben möglich (BGH NJW 1997, 1362 (1363)). Der Testamentsvollstrecker ist dann grds. zur Ausübung aller Miterbenrechte innerhalb der Erbengemeinschaft bis zur Auseinandersetzung berechtigt (BGH ZEV 2005, 22 (23)). Solange die Erbengemeinschaft nicht vollständig auseinanderge-

setzt ist, bezieht sich die Verwaltung des Erbteilstestamentsvollstreckers auf den gesamten Nachlass, so dass er in einem gesetzlichen Schuldverhältnis zu allen (auch den vollstreckungsfreien) Erben steht (BGH NJW 1997, 1362 (1363)). Die Verwaltung des Erbteils berechtigt den Testamentsvollstrecker grds. zur Ausübung aller Miterbenrechte innerhalb der Erbengemeinschaft. Der Testamentsvollstrecker kann daher Ansprüche, die zum Nachlass gehören, gem. § 2039 allein geltend machen. Wenn er iRd § 2038 I 2 Hs. 2 zur Erhaltung von Nachlassgegenständen notwendige Verträge mit Dritten schließt, verpflichtet er damit alle Miterben. Die Verwaltungsbefugnis des Testamentsvollstreckers beschränkt sich aber nur auf die Ausübung des Mitverwaltungsrechts des konkret beschwerten Miterben, wenn die Testamentsvollstreckung nur für einen einzelnen Miterben bestimmt ist; daran ändert sich auch nichts, wenn der Testamentsvollstrecker für den Nachlass Verbindlichkeiten eingehen darf (OLG Hamm ZErb 2012, 210 = NJW-Spezial 2011, 264 = ZEV 2011, 648). Verweigert er den anderen Miterben die Mitwirkung an derartigen, zur ordnungsmäßigen Verwaltung des Nachlasses erforderlichen Maßregeln, haftet er nicht nur dem Miterben, dessen Erbteil er verwaltet, sondern auch den anderen Miterben unmittelbar auf Schadensersatz aus § 2219 (BGH NJW 1997, 1362 (1363)). Auch bei der gewöhnlichen Verwaltung des Nachlasses gem. § 2038 I 1 sowie bei Verfügungen über Nachlassgegenstände gem. § 2040 I sind die vollstreckungsfreien Miterben auf die Mitwirkung des Erbteilstestamentsvollstreckers angewiesen, da er unentgeltlichen Verfügungen grds. nicht zustimmen darf (§ 2205 S. 3; BGH NJW 1997, 1362 (1363)).

2. **Dingliche Wirkung.** Liegt eine Beschränkung nach § 2208 vor, hat diese auch dingliche Wirkung. 5 Entgegenlaufende Verfügungen des Testamentsvollstreckers sind unwirksam. Die Beschränkung wirkt auch gegenüber Dritten, sofern die Beschränkung im Testamentsvollstreckerzeugnis gem. § 2368 I 2 eingetragen ist. Andernfalls kann sich der Dritte nur dann nicht auf die unbeschränkte Verfügungsbefugnis berufen, wenn er die Beschränkung positiv kannte (§§ 2366, 2368 I u. III) oder noch kein Testamentsvollstreckerzeugnis durch das Nachlassgericht ausgestellt wurde (BeckOK BGB/*Lange* Rn. 14). Da der Erblasser nach § 2208 auch einem verwaltenden Testamentsvollstrecker die Verfügungsbefugnis entziehen kann und der Erbe gem. § 2211 in der Verfügungsmacht beschränkt ist, könnte der Erblasser Nachlassgegenstände dauerhaft dem Rechtsverkehr entziehen. Daher sind in einem solchen Fall der Erbe und der Testamentsvollstrecker zur gemeinsamen und einvernehmlichen Verfügung gegen den Erblasserwillen berechtigt (BGH NJW 1963, 2320).

3. **Beaufsichtigende Testamentsvollstreckung.** Bei der beaufsichtigenden Testamentsvollstreckung 6 nach Abs. 2 stehen dem Testamentsvollstrecker die Befugnisse der §§ 2203–2206 nicht zu. Vielmehr kann er nur die Ausführung der letztwilligen Verfügungen (zB Vermächtnisse, Auflagen, Teilungsanordnungen oder Herausgabe der Erbschaft an den Nacherben) vom Erben verlangen. Mangels Verpflichtungs- und Verfügungsbefugnis hat der Testamentsvollstrecker lediglich beaufsichtigende Funktion. Im Erbschein ist die beaufsichtigende Testamentsvollstreckung nicht einzutragen (OLG Köln Beschl. v. 3.4.2017 – 2 Wx 72/17, BeckRS 2017, 112803). § 2211 (Verfügungsbeschränkung des Erben) und § 2214 (Eigengläubiger des Erben) finden bei der beaufsichtigenden Vollstreckung keine Anwendung (Bonefeld/Wachter FA ErbR/*Bonefeld* § 17 Rn. 286). Um die Ausführung durch den Erben sicherzustellen, hat der Testamentsvollstrecker einen **klagbaren Anspruch** gegen den Erben. Er prozessiert nur nicht in Verwaltung des Nachlasses. Im Falle seines Unterliegens hat er die Prozesskosten zu tragen. Ihm steht lediglich ein Rückgriffsrecht gegen den Erben aus § 2218 zu (BeckOK BGB/*Lange* Rn. 15). Bei Auflagen besteht zudem mangels Berechtigten kein Schadensersatzanspruch wegen Nichterfüllung der Auflage (Palandt/*Weidlich* Rn. 6).

4. **Erweiterung.** Eine Erweiterung der gesetzlichen Befugnisse des Testamentsvollstreckers ist im 7 Rahmen der §§ 2209, 2220 möglich. Daneben können dem Testamentsvollstrecker auch Befugnisse eingeräumt werden, die ohnehin jedem Dritten übertragen werden können (zB die Bestimmungsrechte aus §§ 2048 S. 2, 2151, 2153–2156, 2193). Die Befreiung von den Beschränkungen des § 181 sowie die Erteilung einer erweiterten Verpflichtungsbefugnis nach § 2207 ist ebenso zulässig wie die Anordnung einer Dauertestamentsvollstreckung nach § 2209. Darüber hinaus kann der Erbe durch Auflagen oder bedingte Erbeinsetzung zur Erteilung einer Vollmacht an den Testamentsvollstrecker verpflichtet werden.

§ 2209 Dauervollstreckung

¹Der Erblasser kann einem Testamentsvollstrecker die Verwaltung des Nachlasses übertragen, ohne ihm andere Aufgaben als die Verwaltung zuzuweisen; er kann auch anordnen, dass der Testamentsvollstrecker die Verwaltung nach der Erledigung der ihm sonst zugewiesenen Aufgaben fortzuführen hat. ²Im Zweifel ist anzunehmen, dass einem solchen Testamentsvollstrecker die in § 2207 bezeichnete Ermächtigung erteilt ist.

1. **Verwaltungsvollstreckung.** Abweichend vom Regelfall der Abwicklungsvollstreckung kann der 1 Erblasser dem Testamentsvollstrecker iSd § 2209 S. 1 Hs. 1 lediglich die schlichte, befristete Verwaltung des Nachlasses zuweisen. Bei der Verwaltungsvollstreckung stehen dem Testamentsvollstrecker die Rechte aus §§ 2203, 2204 nicht zu. Weitere Beschränkung auf einzelne Verwaltungsaufgaben sind möglich (Palandt/*Weidlich* Rn. 1).

2. **Dauervollstreckung.** Neben der Verwaltungsvollstreckung besteht nach § 2209 S. 1 Hs. 2 die weite- 2 re Ausnahme der Dauervollstreckung. Dies stellt eine zeitlich aneinander gereihte Kombination von

Abwicklungs- und Verwaltungsvollstreckung dar, wobei sich die Verwaltungsvollstreckung an die Abwicklungsvollstreckung anschließt und somit den Zeitraum der Vollstreckung verlängert. Mit dieser erheblichen Beschränkung des Erben bezweckt der Erblasser in aller Regel eine Art fürsorgliche Bevormundung des Erben. Diese Ausgestaltung ist auch grds. nicht sittenwidrig, wenn damit unter Ausschluss des Sozialträgers ein behinderter Erbe abgesichert werden soll (sog. Behindertentestament); eine Sittenwidrigkeit liegt weiterhin nicht vor, wenn die Abwicklungs- und Verwaltungsvollstreckung in einem Ehegattentestament bestimmt ist und ein Erbteilverzicht des behinderten Sozialempfängers vorliegt (BGH MittBayNot 2012, 138 (142)). Sie kann trotz fehlender ausdrücklicher Anordnung bei Aufeinandertreffen von Alleinerbeneinsetzung und Testamentsvollstreckung angenommen werden, sofern dem Testamentsvollstrecker keine besonderen Aufgaben zugewiesen wurden (BGH NJW 1983, 2247 (2248)) oder wenn dem überlebenden Ehegatten als Miterben neben den Abkömmlingen nicht nur der Nießbrauch, sondern auch die Nachlassverwaltung eingeräumt wurde.

3. Erbengemeinschaft. Ist Dauervollstreckung hinsichtlich einer Erbengemeinschaft angeordnet, so ist grds. davon auszugehen, dass keine Auseinandersetzung erfolgen soll, solange die Testamentsvollstreckung besteht (OLG Karlsruhe ZEV 2005, 256 (257); aA *Scheuren-Brandes* ZEV 2007, 306 ff.). Der Testamentsvollstrecker kann jedoch unter Umständen im Einvernehmen mit allen Erben entgegen dem Erblasserwillen die Auseinandersetzung durchführen (BGH NJW 1971, 1805; 1963, 2320).

4. Befugnisse und Pflichten. Der Dauerverwaltungsvollstrecker hat zusätzlich zu seiner Verwaltungsaufgabe grds. die gleichen Befugnisse wie der reine Abwicklungsvollstrecker. Auch hinsichtlich der Pflichten gelten bei der Dauertestamentsvollstreckung die §§ 2215–2218, soweit sich nicht aus dem Wesen der Verwaltungsaufgabe ein anderes ergibt. So kann der Erbe nach § 2217 nur Herausgabe hinsichtlich solcher Gegenstände verlangen, an denen eine Verwaltung nicht möglich ist. Der Erbe kann dafür jährlich Rechnungslegung verlangen (§ 2218 II, § 2220). Der Testamentsvollstrecker ist grds. nicht zur Herausgabe von Erträgen des Nachlasses verpflichtet, es sei denn, die Herausgabe entspricht den Grundsätzen der ordnungsgemäßen Verwaltung gem. § 2216 (BGH NJW-RR 1988, 386) oder sie wurde vom Erblasser ausdrücklich angeordnet. Der Dauertestamentsvollstrecker ist nach S. 2 im Zweifel in der Eingehung von Verbindlichkeiten für den Nachlass nicht beschränkt. Die Grenze besteht auch bei Schenkungsversprechen, die über § 2205 S. 3 hinausgehen.

5. Vor- und Nacherbschaft. Bei vom Erblasser angeordneter Vor- und Nacherbschaft ist die beiderseitige Interessenlage zu berücksichtigen. Der Vorerbe ist daran interessiert, Gewinne zu realisieren und auszuschütten, der Nacherbe hingegen, dass die Erträge zur Erhaltung der Substanz eingesetzt werden. Der Testamentsvollstrecker muss in diesem Fall die §§ 2124–2126 beachten und darf dabei weder die dem Vorerben zustehenden Nutzungen verringern, noch die dem Nacherben zugutekommende Substanz mindern oder gefährden (Palandt/*Weidlich* Rn. 5). Ist die Testamentsvollstreckung sowohl für den Vorerben als auch für den Nacherben angeordnet, gelten für den Testamentsvollstrecker die Verfügungsbeschränkungen des § 2113 nicht. Denn in diesem Fall vereinigen sich in der Person des Testamentsvollstreckers die beschränkte Verfügungsbefugnis des Vorerben und das Zustimmungsrecht des Nacherben (OLG Düsseldorf BeckRS 2012, 04248 mwN). Hieraus folgt insbes., dass ungeachtet des § 2113 I entgeltliche Verfügungen über Grundstücke gegenüber dem Nacherben auch ohne dessen Zustimmung wirksam sind (OLG Düsseldorf BeckRS 2012, 04248 mwN).

6. Wirkungen. Die Dauervollstreckung hat grds. die gleichen Wirkungen wie die Abwicklungsvollstreckung. So werden die Erben und Erbengläubiger von der Verwaltung des Nachlasses bzw. vom Zugriff auf den Nachlass ausgeschlossen. Ebenso werden durch sie die gesetzlichen Verwaltungsrechte nach §§ 1626, 1638 f., 1793, 1803 sowie die Pflegerbestellung nach § 1909 I 2 ausgeschlossen (Palandt/*Weidlich* Rn. 6 mwN). Der Testamentsvollstrecker unterliegt nicht der Aufsicht des Vormundschaftsgerichts. Eine Beschränkung des volljährigen Erben in guter Absicht (§§ 2211, 2214, 2338) ist ebenfalls möglich (Palandt/*Weidlich* Rn. 6). Verfügungen des Erben sind unwirksam (§ 2211), es sei denn, der Testamentsvollstrecker stimmt zu (§§ 182–185) oder die Verwaltung wird aufgehoben (§ 185 II). Da die Dauervollstreckung die Rechte des Erben erheblich beschränkt (→ Rn. 2), bietet sich die Verwaltungsvollstreckung alternativ zu § 1638 an. Sie kann dazu dienen, einen Ausschluss des unfähigen oder verschuldeten gesetzlichen Vertreters des Erben zu erreichen, sowie den Nachlass vor Zugriffen Dritter bei überschuldeten oder unreifen Erben zu schützen, insbes. beim sog. Behindertentestament. Die Grundsätze zum Behindertentestament sind auch auf den Bereich des Grundsicherungsgesetztes übertragbar, so dass mit der Anordnung einer Testamentsvollstreckung erreicht werden kann, dass zB ein Geldvermächtnis nicht als „verwertbarer Gegenstand" klassifiziert werden kann und damit kein Vermögen iSv § 12 I SGB II gegeben ist (BSG Urt. v. 17.2.2015 – B 14 KG 1/14 R, ZEV 2015, 484; LSG Baden-Württemberg NJW-Spezial 2007, 536). Zu beachten ist weiter, dass das Handeln des Dauertestamentsvollstreckers den Erben im Rahmen der Beurteilung der personellen Verflechtung von Besitz- und Betriebsunternehmen (§ 15 EStG) zugerechnet werden kann (BFH ZEV 2008, 495 (496)). Pfändet der Gläubiger des als Vorerben eingesetzten Schuldners die diesem zufließenden Nachlasserträge, kann es Aufgabe des Testamentsvollstreckers sein, gerichtliche Maßnahmen zu ergreifen, um die Durchsetzung dieser Ansprüche abzuwehren. Denn die Pfändung von Nachlasserträgen, die der Schuldner aufgrund der Führsorge und Freigiebigkeit eines Dritten erhält, unterliegen dem Pfändungsschutz nach § 850b I Nr. 3 ZPO (*Roth* NJW-Spezial 2010, 743).

7. Kombination von Testamentsvollstreckung und familiengerichtlicher Anordnung. Mit einer 7
Kombination von Testamentsvollstreckung und familiengerichtlicher Anordnung nach § 1638 I kann die
weitestgehende Ausschaltung des kraft Gesetzes oder gerichtlicher Anordnung berufenen Sorgeberechtigten erreicht werden. Der nach § 1638 I bestellte Ergänzungspfleger nimmt die Rechte des minderjährigen Erben hinsichtlich des ererbten Vermögens wahr. Ist allerdings ein Testamentsvollstrecker bestellt,
werden die Befugnisse des Ergänzungspflegers durch die Rechte des Testamentsvollstreckers verdrängt,
da dem Ergänzungspfleger keine weitergehenden Rechte als dem Erben selbst zustehen können (*Weidlich* MittBayNot 2009, 236). Mithin beschränken sich die Rechte des Ergänzungspflegers auf die Wahrnehmung derjenigen Rechte, die dem Erben aus dem gesetzlichen Schuldverhältnis zwischen Erben und
Testamentsvollstrecker gegen den Testamentsvollstrecker zustehen (*Weidlich* MittBayNot 2009, 236). Bei
einer angeordneten Dauertestamentsvollstreckung sind das im Wesentlichen die Rechte aus §§ 2215,
2216, 2218 iVm §§ 666 f., 2219 u. 2227 (zur Beschränkung des Pflichtteilsberechtigten → Vor § 2197
Rn. 7 f.).

8. Testamentsvollstreckerzeugnis. Die Dauer- sowie die Verwaltungsvollstreckung nebst Dauer sind 8
im Gegensatz zu gesellschaftsrechtlichen Befugnissen oder Beschränkungen im Testamentsvollstreckerzeugnis anzugeben (BGH NJW-RR 1991, 835 (836 f.)). Die danach aufzunehmenden Angaben wirken
sich erheblich auf die Befugnisse des Testamentsvollstreckers aus, da andernfalls das Testamentsvollstreckerzeugnis bezeugt, dass dem Testamentsvollstrecker (lediglich) die Rechte aus den §§ 2203–2206
zustehen. Daher hat das Nachlassgericht auf Antrag das Testamentsvollstreckerzeugnis einzuziehen,
wenn diese Angaben nicht darin aufgenommen wurden (OLG Zweibrücken FamRZ 1998, 581). Das
Testamentsvollstreckerzeugnis ist daher so abzufassen, dass alle von den gesetzlichen Bestimmungen der
§§ 2203 ff. abweichenden Inhalte konkret angegeben werden, soweit die Abweichungen für den Umgang
mit Dritten im rechtlichen Verkehr Bedeutung erlangen kann (OLG Düsseldorf BeckRS 2012, 04248;
BayObLG Rpfleger 1999, 25 f. mwN).

§ 2210 Dreißigjährige Frist für die Dauervollstreckung

¹Eine nach § 2209 getroffene Anordnung wird unwirksam, wenn seit dem Erbfall 30 Jahre verstrichen sind. ²Der Erblasser kann jedoch anordnen, dass die Verwaltung bis zum Tode des Erben oder
des Testamentsvollstreckers oder bis zum Eintritt eines anderen Ereignisses in der Person des einen
oder des anderen fortdauern soll. ³Die Vorschrift des § 2163 Abs. 2 findet entsprechende Anwendung.

1. 30-Jahrefrist. Sowohl die Verwaltungs- als auch die Dauervollstreckung endet nach S. 1 grds. mit 1
Ablauf der 30-Jahrefrist, sofern ohnehin nicht eine vorherige Beendigung, etwa durch eine kürzere Frist
oder durch eine auflösende Bedingung bestimmt wurde. Der Erblasser kann auch bestimmen, dass der
Testamentsvollstrecker ermächtigt ist, die vorzeitige Beendigung selbst zu bestimmen (Palandt/*Weidlich*
Rn. 1). Die Fristberechnung beginnt mit dem Erbfall (S. 1 aE).

2. Ausnahme zu S. 1. Der Erblasser kann nach S. 2 als Ausnahme zu S. 1 anordnen, dass die Verwal- 2
tung bis zum Tode des Erben oder des Testamentsvollstreckers oder bis zum Eintritt eines anderen Ereignisses in der Person des einen oder anderen fortdauern soll. Erbe iSd Vorschrift ist auch der Nacherbe
(*Reimann* NJW 2007, 3034 (3035)). Als Ereignis kommen insbes. das Erreichen eines bestimmten Lebensalters oder einer bestimmten Lebensstellung in Betracht. Zulässig ist auch die Kombination unterschiedlicher Beendigungsgründe (KG ZEV 2007, 335). Im Testamentsvollstreckerzeugnis sind alle Ereignisse,
die zum Ende der Dauervollstreckung führen können, als Einschränkung zu vermerken (OLG Düsseldorf ZEV 2011, 650 = NJW-Spezial 2011, 168).

3. Juristische Person. Auf den Eintritt eines Ereignisses in einer juristischen Person kann der Erblasser 3
jedoch nach S. 3 iVm § 2163 II nicht abstellen, da andernfalls wegen der „Unsterblichkeit" der juristischen Person die Frist des S. 1 unterlaufen würde. Hat der Erblasser gleichwohl darauf abgestellt, bleibt
es bei der 30jährigen Frist (Palandt/*Weidlich* Rn. 2).

4. Zeitliche Begrenzung. Die Erblasseranordnung kann also unter Umständen dazu führen, dass die 4
30-Jahresfrist deutlich überschritten wird. Nach dem Wortlaut des S. 2 kann der Erblasser anordnen,
dass die Verwaltung des Nachlasses bis zum Tode des Testamentsvollstreckers fortdauern soll. IVm den
§§ 2198 I 1, 2199 II, 2200 I gäbe dies dem Erblasser die Möglichkeit, durch einen Dritten, den jeweils
amtierenden Testamentsvollstrecker oder das Nachlassgericht einen Testamentsvollstrecker-Nachfolger
ernennen zu lassen. Dies könnte nahe legen, dass das BGB eine ewige Testamentsvollstreckung zulasse.
Dies widerspricht jedoch dem Zweck und der Entstehungsgeschichte des § 2210. Die Testamentsvollstreckung unterliegt bei Fortdauer über 30 Jahre hinaus gem. § 2210 einer zeitlichen Begrenzung (BGH
ZEV 2008, 138 (139)). Die Rspr. gelangt auf Grundlage der sog. Amtstheorie hinsichtlich der längst möglichen Dauer einer Testamentsvollstreckung zu dem Ergebnis, dass die Testamentsvollstreckung bis zum
Tode des letzten Testamentsvollstreckers, der innerhalb von 30 Jahren seit dem Erbfall ernannt wurde,
fortbesteht und bis dahin zwar weitere Ersatztestamentsvollstrecker ernannt werden können, jedoch mit
der Maßgabe, dass dadurch die Laufzeit der Testamentsvollstreckung insgesamt nicht verlängert wird
(BGH ZEV 2008, 138 (141); KG ZEV 2008, 528). Die Dauertestamentsvollstreckung endet daher jedenfalls mit dem Tod des letzten Testamentsvollstreckers, der innerhalb von 30 Jahren seit dem Erbfall er-

nannt wurde (*Reimann* ZEV 2008, 532). Eine Ersatztestamentsvollstreckerernennung ist also insoweit auf diesen Zeitpunkt befristet (*Reimann* ZEV 2008, 532).

§ 2211 Verfügungsbeschränkung des Erben

(1) **Über einen der Verwaltung des Testamentsvollstreckers unterliegenden Nachlassgegenstand kann der Erbe nicht verfügen.**

(2) **Die Vorschriften zugunsten derjenigen, welche Rechte von einem Nichtberechtigten herleiten, finden entsprechende Anwendung.**

1   **1. Verfügungsbeschränkung.** Die Beschränkung des Verfügungsrechts nach Abs. 1 hat in aller Regel dingliche Wirkung und stellt nicht lediglich ein relatives Veräußerungsverbot nach § 135 dar (BGH NJW 1984, 2464; 1971, 1805 f.). Der Entzug des Verfügungsrechts tritt mit dem Erbfall ein, selbst wenn der Testamentsvollstrecker noch nicht im Amt oder noch nicht ernannt ist (BGH NJW 1967, 2399; 1971, 1805 (1806)). Für den Zeitraum zwischen Erbfall und Amtsantritt des Testamentsvollsteckers fehlt es daher an einem Verfügungsberechtigten für die der Testamentsvollstreckung unterworfenen Nachlassgegenstände. Die in diesem Zeitraum von dem Erben getätigten Verfügungen sind gegenüber jedermann unwirksam, jedoch nicht nichtig, so dass der Testamentsvollstrecker die Verfügung nachträglich genehmigen kann (§§ 184 I, 185) (vgl. RGZ 87, 432; Staudinger/*Reimann* Rn. 3). Mit Einwilligung des Testamentsvollstreckers getätigte Verfügungen sind ohnehin wirksam (§ 183), selbst wenn der Erblasser dies durch letztwillige Verfügung verboten hat (BGH NJW 1971; 1805, 1805; 1963, 2320). Sie werden ex tunc wirksam, wenn kein Testamentsvollstrecker das Amt annimmt und ex nunc, wenn das Verwaltungsrecht des Testamentsvollstreckers später wegfällt, soweit er nicht eine abweichende Verfügung getroffen hat (Palandt/*Weidlich* Rn. 2). Zur Vermeidung von Unsicherheiten während der Schwebezeit und um insbes. die Handlungsfähigkeit des Nachlasses sicherzustellen, kann es sich empfehlen, dem anvisierten Testamentsvollstrecker mit einer post- bzw. transmortalen Vollmacht auszustatten (vgl. *Damrau* ZEV 1996, 81 (84); DNotI-Report 2013, 37 (38)).

2   **2. Gesetzlicher Vertreter.** Das Verfügungsverbot gilt auch für den gesetzlichen Vertreter, Betreuer (auch die Vergütung richtet sich daher nach den Vorschriften über mittellose Betreute so BGH Beschl. v. 1.2.2017 – XII ZB 299/15, BeckRS 2017, 103144), Vormund, Pfleger und, sofern über das Vermögen des Erben das Insolvenzverfahren eröffnet ist, auch für den **Insolvenzverwalter** des Erben. Der der Testamentsvollstreckung unterliegende Nachlass fällt zwar mit Eröffnung des Insolvenzverfahrens über das Vermögen des Erben in die Insolvenzmasse, bildet jedoch bis zur Beendigung der Testamentsvollstreckung eine Sondermasse, auf die die Nachlassgläubiger, nicht aber Erbengläubiger (§ 2214) zugreifen können, so dass der Insolvenzverwalter den Nachlass auch erst nach Beendigung der Testamentsvollstreckung verwerten kann (BGH NJW 2006, 2698).

3   **3. Reichweite der Verfügungsbeschränkung.** Nur soweit die Verwaltungsbefugnis des Testamentsvollstreckers reicht, wird die Verfügungsbefugnis des Erben eingeschränkt (§§ 2208 I, 2217). Daher kann der Erbe über seinen Erbanteil, zB durch Verpfändung oder Abtretung nach § 2033 verfügen, da der Miterbenanteil wegen § 2205 nicht der Testamentsvollstreckung unterliegt (Bonefeld/Wachter FA ErbR/ *Bonefeld* § 17 Rn. 292). Der Antrag des Erben auf Grundbuchberichtigung stellt keine Verfügung dar (LG Stuttgart Rpfleger 1998, 243; OLG Stuttgart MittBayNot 2013, 489). Dagegen können die Erben nur mit Zustimmung des Testamentsvollstreckers die Teilungsversteigerung beantragen. Der Antrag selbst stellt zwar keine Verfügung dar, jedoch kann das beantragte Verfahren dazu führen, dass es zum Verlust des Eigentums kommt. Daher ist bereits der Versteigerungsantrag wie eine Verfügung zu behandeln (BGH NJW 2007, 3124; *Kiderlen/Roth* NJW-Spezial 2012, 39). Entsprechendes gilt, wenn die Antragsstellung durch Gläubiger des Erben erfolgt, da es keinen Unterschied darstellt, ob der Erbe selbst die Teilungsversteigerung beantragt oder von einem Pfändungsgläubiger eines Erben beantragt wird (BGH NJW 2009, 2458; *Kiderlen/Roth* NJW-Spezial 2012, 39). Auch der Abschluss eines Darlehensvertrages bedarf der Zustimmung des Testamentsvollstreckers, zumindest wenn dieser Verfügungen, wie bspw. Abtretung von Rückgewähransprüchen auf vor- und gleichrangige Grundschulden, enthält (KG Urt. v. 24.2.2014 – 8 U 157/12, BeckRS 2014, 06105).

4   **4. Surrogationserwerb.** Der Surrogationserwerb ist für die Testamentsvollstreckung nicht ausdrücklich im Gesetz geregelt. Nach überwiegender Meinung gilt das Surrogationsprinzip auch für die Testamentsvollstreckung (BayObLG NJW-RR 1992, 328; OLG Hamm ZEV 2001, 275). Wird das Rechtsgeschäft mit Mitteln des Nachlasses vorgenommen, fällt das Surrogat gem. § 2041 selbst bei entgegenstehenden Willen des Testamentsvollstreckers oder des Erben unter die Testamentsvollstreckung und ist damit der Verfügungsbefugnis des Erben entzogen (OLG Hamm ZEV 2001, 275). § 2041 ist analog auf den der Dauertestamentsvollstreckung unterliegenden Alleinerben anzuwenden (RGZ 138, 132 (133)).

5   **5. Gutgläubiger Erwerb.** Abs. 2 schützt den gutgläubigen Dritten, da er die §§ 892, 893, 932 ff., 1032, 1207, 1244, 2368 iVm 2365 f. für anwendbar erklärt. Ein Dritter kann daher Nachlassgegenstände vom Erben erwerben, wenn er hinsichtlich der Nichtzugehörigkeit der Gegenstände zum der Verwaltung des Testamentsvollstreckers unterliegenden Nachlass, also hinsichtlich des Verfügungsrechts in gutem Glauben ist. Der gutgläubige Erwerb ist idR ausgeschlossen, wenn die Testamentsvollstreckung nach außen bekannt gemacht wurde. Die Bekanntgabe erfolgt durch Eintragung der Verfügungsbeschränkung im

Erbschein (§ 352b II FamFG), durch Vermerk im Grundbuch (§ 52 GBO, § 55 SchiffsRegO) oder bei beweglichen Sachen durch Inbesitznahme (§ 2205), wobei im letzteren Fall bei Besitzentzug durch den Erben § 935 eingreift. Der gute Glaube an die Verfügungsbefugnis des Testamentsvollstreckers wird allerdings nicht geschützt (Palandt/*Weidlich* Rn. 5 mwN; zur Anwendung des § 878 → § 2225 Rn. 7).

Ein GmbH-Geschäftsanteil kann nach hM jedoch trotz der Einführung des § 16 III GmbHG nicht **6** gutgläubig erworben werden, da der gute Glaube an die uneingeschränkte Verfügungsbefugnis nicht geschützt sein soll (in diese Richtung BGH NZG 2011, 1268). Das Bestehen einer Testamentsvollstreckung muss daher nicht in die Gesellschafterliste eingetragen werden und kann es auch nicht (krit. Heckschen/Heidinger/*Heidinger*, Die GmbH in der Gestaltungs- und Beratungspraxis, Kap. 13 Rn. 459 f.).

Die rechtliche Ausgangslage entspricht für das Immobiliarsachenrecht der insolvenzrechtlichen **Rege- 7 lung in § 32 InsO**, wonach die Eintragung eines Insolvenzvermerks im Grundbuch einen gutgläubigen Erwerb verhindert. In Bezug auf die tatsächliche Verfügungsbefugnis des Insolvenzverwalters kann guter Glaube jedoch nicht entstehen. Auch ein entsprechender im Grundbuch eingetragener Insolvenzvermerk schafft insoweit keinen Rechtsschein, da erstens der Vermerk keine Auskunft über die Zugehörigkeit des Grundstücks zur Insolvenzmasse geben kann und zweitens der Insolvenzverwalter den Grundbesitz jederzeit formlos freigeben kann (vgl. auch Reul/Heckschen/Wienberg InsR/*Gehlich* § 8 Rn. 112; *Kesseler* RNotZ 2004, 176 (214)). Ein gutgläubiger Erwerb von beweglichen Sachen ist in der Insolvenz gem. § 91 InsO ausgeschlossen.

Leistet der Dritte gutgläubig an den Erben anstatt an den Testamentsvollstrecker, wird der Dritte **8** nach überwiegender Auffassung **analog § 407** von seiner Leistungspflicht frei (OLG Bremen MDR 1964, 328; Soergel/*Damrau* Rn. 10; zur entsprechenden Rechtslage im Insolvenzverfahren s. § 82 InsO).

§ 2212 Gerichtliche Geltendmachung von der Testamentsvollstreckung unterliegenden Rechten

Ein der Verwaltung des Testamentsvollstreckers unterliegendes Recht kann nur von dem Testamentsvollstrecker gerichtlich geltend gemacht werden.

1. Aktivprozesse. § 2212 legitimiert den Testamentsvollstrecker ausschließlich für Aktivprozesse, so- **1** weit die geltend gemachten Rechte seiner Verwaltung unterliegen (§§ 2008 f.; OLG Hamm NJW-RR 2002, 729; OLG Frankfurt a. M. NJW-Spezial 2010, 648). IÜ ist der Erbe prozessführungsbefugt. Dem Testamentsvollstrecker fehlt die Prozessführungsbefugnis, wenn der verfolgte Anspruch nicht oder nicht mehr seiner Verwaltung unterliegt. Zur Führung eines Prozesses über innere Angelegenheiten einer Gesellschaft, die unmittelbar die Mitgliedschaftsrechte der Erben betreffen, ist er grds. nicht berechtigt (BGH NJW 1998, 1313 (1314)). Gleiches gilt für die Feststellung des Erbrechts (BGH NJW 1960, 523). Die Berechtigung fehlt ihm auch, wenn er ein Vorkaufsrecht des Erben geltend machen will, welches in Ermangelung einer anderweitigen im Grundbuch eingetragenen Bestimmung nach § 473 nicht übertragbar ist (OLG Celle ZErb 2012, 173 ff.). Auch die Prozessführung in gewillkürter Prozessstandschaft ist unzulässig, da der Testamentsvollstrecker bei höchstpersönlichen Rechten kein eigenes wirtschaftliches Interesse hat (OLG Celle ZErb 2012, 173 ff.). Ausnahmsweise kann er aber unter besonderen Umständen gerade in seiner Eigenschaft als Testamentsvollstrecker ein rechtliches Interesse auf Feststellung des Erbrechts haben, etwa wenn Unklarheiten bestehen, die zu seiner Haftung führen könnten (BGH NJW-RR 1987, 1090). Das Anfechtungsrecht nach § 2080 oder wegen Erbunwürdigkeit nach §§ 2341, 2345 muss der Erbe selbst geltend machen (BGH NJW 1962, 1058 (1059)). Gleiches gilt für den Schenkungswiderruf nach § 530 II oder den Herausgabeanspruch nach §§ 2287, 2288. Zur Vertretung des Erben im Steuerprozess ist der Testamentsvollstrecker mangels Vollmacht nicht berechtigt (Bonefeld/Wachter FA ErbR/*Bonefeld* § 17 Rn. 316). § 2212 ist bei Streitigkeiten des Erben gegen den Testamentsvollstrecker ebenfalls nicht anwendbar. Insbesondere kann der Erbe selbst den Anspruch verfolgen, wenn der Testamentsvollstrecker selbst Nachlassschuldner ist (BGH NJW-RR 2003, 217).

2. Partei kraft Amtes. Der Testamentsvollstrecker ist im Prozess nicht Vertreter des Erben oder des **2** Nachlasses, sondern Partei kraft Amtes (§ 116 S. 1 Nr. 1 ZPO; BeckOK ZPO/*Reichling* § 116 Rn. 2). Er klagt im eigenen Namen und in seiner Eigenschaft als Testamentsvollstrecker, also für Rechnung des Nachlasses und mit Wirkung für und gegen den Erben (§ 2212, § 327 I ZPO). Er kann damit auch nur als Partei nach §§ 445 ff. ZPO vernommen werden, während der Erbe als Zeuge nach §§ 373 ff. ZPO aussagen sowie als Nebenintervenient (§§ 66, 69 ZPO) auftreten oder als Hauptintervenient (§ 64 ZPO) beitreten kann, wenn das Recht des Testamentsvollstreckers bestritten wird. Besteht eine Haftungsgefahr des Testamentsvollstreckers nach § 2219, kann dem Erben der Streit verkündet werden (§ 72 ZPO).

3. Gewillkürte Prozessstandschaft. Will der Testamentsvollstrecker, zB auf Grund des Prozessrisikos **3** nicht selbst klagen, kann er im Wege der gewillkürten Prozessstandschaft den Erben zur Prozessführung ermächtigen (Bonefeld/Wachter FA ErbR/*Bonefeld* § 17 Rn. 309). Das Kostenrisiko trägt dann der Erbe und nicht der Nachlass. Ist der Testamentsvollstrecker auch hierzu nicht bereit, verbleibt dem Erben nur, den Testamentsvollstrecker nach § 2216 zur Durchführung der Klage zu verklagen oder dessen Entlassung nach § 2227 zu beantragen. Dient die gewillkürte Prozessstandschaft dem alleinigen Zweck, das Kostenrisiko zu verschieben, ist sie wegen Missbrauchs unzulässig (BGH NJW 1961, 1528). Ein gegen den Erben als Prozessstandschafter ergangenes Urteil entfaltet auch gegen den Testamentsvollstrecker Rechtskraft.

10 BGB § 2213

4. Verjährungshemmung. Der Ablauf der Verjährungshemmung nach § 211 beginnt nicht vor Amtsannahme des Testamentsvollstreckers, soweit der Anspruch der Testamentsvollstreckung unterliegt (Bonefeld/Wachter FA ErbR/*Bonefeld* § 17 Rn. 309). Bei einem **Wechsel in der Person** des Testamentsvollstreckers während des Prozesses sind die §§ 241, 246 ZPO anzuwenden. Verliert der Testamentsvollstrecker sein Verwaltungsrecht oder fällt sein Amt insgesamt weg, so sind die §§ 239, 246 ZPO analog anzuwenden.

5. Rechtskraft. Hat der Testamentsvollstrecker in einem Prozess, zu dessen Führung er berechtigt war (→ Rn. 1), ein Urteil erwirkt, entfaltet das Urteil gem. § 327 ZPO Rechtskraft für und gegen den Erben. Ein trotz Fehlens der Prozessführungsbefugnis durch den Erben erwirktes Urteil entfaltet weder für noch gegen den Testamentsvollstrecker Wirkung (Zöller/*Vollkommer* ZPO § 327 Rn. 3). Der Erbe kann sich nach Beendigung der Testamentsvollstreckung eine vollstreckbare Ausfertigung nach §§ 727, 728 II ZPO erteilen lassen. Im Rahmen der Klauselumschreibung hat er den Nachweis seiner Erbenstellung sowie den Nachweis der Beendigung der Testamentsvollstreckung in der Form des § 727 ZPO – also durch öffentliche oder öffentlich beglaubigte Urkunde – zu erbringen.

a) Klauselumschreibung. Nach allgemeiner Ansicht kann eine Klausel auf den Testamentsvollstrecker **analog § 727 ZPO** umgeschrieben werden. Auch in diesem Fall muss der Nachweis der Annahme in der Form des § 727 ZPO geführt werden. In der Regel erfolgt dies durch Vorlage des Testamentsvollstreckerzeugnisses (Zöller/*Stöber* § 749 Rn. 6). Teilweise wird vertreten, dass es nach § 35 II GBO analog bereits genügt, wenn neben dem Testament nebst Eröffnungsniederschrift noch ein Zeugnis des Nachlassgerichts über die Annahme des Testamentsvollstreckeramtes vorgelegt wird (MüKoZPO/*Wolfensteiner* § 727 Rn. 56). Hierfür spricht, dass grds. die Ernennung des Testamentsvollstreckers, die Amtsannahme und der Umfang der Befugnisse nachzuweisen ist (Zöller/*Stöber* ZPO § 749 Rn. 6). Aus dem Testament ergeben sich die Ernennung und der Umfang der Befugnisse und aus dem Zeugnis des Nachlassgerichts über die Amtsannahme ergibt sich die Annahme des Testamentsvollstreckeramtes. Die analoge Anwendung von § 35 II GBO wird in der Lit. anerkannt (*Scheel* NotBZ 2000, 45 (47); MüKoZPO/*Wolfensteiner* § 727 Rn. 56). Stellungnahmen der Rspr. hierzu sind – soweit ersichtlich – nicht zu finden.

b) Klauselerteilung. Ein bereits für den Erblasser bestehendes Urteil oder sonstiger Vollstreckungstitel nach § 794 ZPO wirkt für den Testamentsvollstrecker, so dass er sich eine vollstreckbare Ausfertigung nach **§§ 727, 749 ZPO** erteilen lassen kann. Es muss dann lediglich die Vollstreckungsklausel umgeschrieben werden, wobei nachzuweisen ist, dass das betreffende Recht seiner Verwaltung unterliegt. Dieser Nachweis kann idR durch Vorlage des Testamentsvollstreckerzeugnisses geführt werden (Bonefeld/Wachter FA ErbR/*Bonefeld* § 17 Rn. 324).

6. Prozesskosten. Wird der Testamentsvollstrecker zur Tragung der Prozesskosten verurteilt, trägt der Nachlass die Kosten (Zöller/*Herget* ZPO § 91 Rn. 8). Hat der Testamentsvollstrecker bei Führung des Prozesses seine Pflicht zur ordnungsgemäßen Verwaltung (§ 2216) schuldhaft verletzt, so hat er die Kosten nach § 2219 als Schaden zu ersetzen. Unter den Voraussetzungen der §§ 114, 116 S. 1 Nr. 1 ZPO ist dem Testamentsvollstrecker Prozesskostenhilfe zu gewähren. Unterliegt der Testamentsvollstrecker im Prozess über eine Nachlassforderung gegen einen Miterben, so kann er grds. die Erstattung der Prozesskosten auch von dem obsiegenden Miterben verlangen (BGH ZEV 2003, 413).

§ 2213 Gerichtliche Geltendmachung von Ansprüchen gegen den Nachlass

(1) ¹Ein Anspruch, der sich gegen den Nachlass richtet, kann sowohl gegen den Erben als gegen den Testamentsvollstrecker gerichtlich geltend gemacht werden. ²Steht dem Testamentsvollstrecker nicht die Verwaltung des Nachlasses zu, so ist die Geltendmachung nur gegen den Erben zulässig. ³Ein Pflichtteilsanspruch kann, auch wenn dem Testamentsvollstrecker die Verwaltung des Nachlasses zusteht, nur gegen den Erben geltend gemacht werden.

(2) Die Vorschrift des § 1958 findet auf den Testamentsvollstrecker keine Anwendung.

(3) Ein Nachlassgläubiger, der seinen Anspruch gegen den Erben geltend macht, kann den Anspruch auch gegen den Testamentsvollstrecker dahin geltend machen, dass dieser die Zwangsvollstreckung in die seiner Verwaltung unterliegenden Nachlassgegenstände dulde.

1. Prozesse gegen den Nachlass. § 2213 regelt die Passivlegitimation bei Prozessen gegen den Nachlass bei angeordneter Testamentsvollstreckung. Unter Passivprozess iSd Vorschrift ist jeder Rechtsstreit zu verstehen, in dem wegen einer Nachlassverbindlichkeit (§§ 1967, 1968) eine Leistung aus dem Nachlass verlangt oder ihr Bestehen festgestellt wird. Gleiches gilt für Verbindlichkeiten aus einem vom Testamentsvollstrecker geschlossenen Vertrag nach § 2206. Es ist nicht nach Gerichtsbarkeit oder Verfahrensart zu unterscheiden (Palandt/*Weidlich* Rn. 1). Die formelle Parteirolle ist ebenfalls nicht ausschlaggebend. Entscheidend ist allein, ob ein gegen den Nachlass gerichteter Anspruch abgewehrt wird (Bonefeld/Wachter FA ErbR/*Bonefeld* § 17 Rn. 329). Eine negative Feststellungsklage gegen einen Dritten, der sich eines Anspruchs gegen den Nachlass berühmt, fällt nicht unter § 2212, sondern kann lediglich durch den Erben im eigenen Namen nach § 2213 erhoben werden (MüKoBGB/*Zimmermann* Rn. 2). Wird dagegen ein Recht aus dem Nachlass verteidigt, so handelt es sich um einen Aktivprozess nach § 2212, auch wenn der Rechtsstreit sich gegen die Erben richtet (BGH NJW 1966, 2059). Keine Passivprozesse sind zudem Streitigkeiten der Erbprätendenten um das Erbrecht, der Miterben über das Bestehen der Ausgleichspflicht nach §§ 2050 ff. oder die Klage wegen eines Erbschaftsanspruch gegen den Testamentsvollstrecker nach § 2018 (Staudinger/*Reimann* Rn. 10).

a) Erbe als Beklagter. Nach § 2213 ist der Erbe als Beklagter **immer prozessführungsbefugt,** auch wenn ein Verwaltungsrecht des Testamentsvollstreckers besteht, da der Erbe grds. persönlich – wenn auch beschränkbar (§§ 780 I, 781, 785 ZPO) – haftet. Machen also Dritte Ansprüche gegen den Nachlass geltend, kann immer der Erbe, der die Erbschaft nach § 1958 angenommen hat, verklagt werden (Bonefeld/Wachter FA ErbR/*Bonefeld* § 17 Rn. 325). Hat jedoch der Testamentsvollstrecker das Verwaltungsrecht über den Nachlass oder den geforderten Nachlassgegenstand inne, entfaltet das gegen den Erben gerichtete Urteil keine Rechtskraft gegen den Testamentsvollstrecker. Es ist dann noch ein Titel gegen den Testamentsvollstrecker erforderlich, um nach § 748 ZPO erfolgreich die Zwangsvollstreckung in den vom Testamentsvollstrecker verwalteten Nachlass betreiben zu können (Palandt/*Weidlich* Rn. 1).

b) Verwaltung des ganzen Nachlasses. Abs. 1 S. 1 bietet dem Nachlassgläubiger die Möglichkeit, bei Verwaltung des ganzen Nachlasses durch den Testamentsvollstrecker den Testamentsvollstrecker allein, den Erben allein oder beide gleichzeitig auf Leistung und Feststellung zu verklagen. Es besteht weiterhin die Möglichkeit, gegen den Erben auf Leistung und – dies lässt Abs. 3 ausdrücklich zu – gegen den Testamentsvollstrecker auf Duldung der Zwangsvollstreckung zu klagen, da der Nachlassgläubiger zur Zwangsvollstreckung ohnehin nur einen Titel gegen den Testamentsvollstrecker gem. § 748 I ZPO benötigt (Bonefeld/Wachter FA ErbR/*Bonefeld* § 17 Rn. 335).

c) Verwaltung einzelner Gegenstände. Obliegt dem Testamentsvollstrecker nicht die Verwaltung des Nachlasses oder hat er nur einzelne Gegenstände zu verwalten (§ 2208 I 2), ist gem. **Abs. 1 S. 2** einzig der Erbe passivlegitimiert (Soergel/*Damrau* Rn. 4). Im letzteren Fall ist gem. **Abs. 3** die Klage auf Duldung der Zwangsvollstreckung gegen den Testamentsvollstrecker zulässig und notwendig, um in den der Testamentsvollstreckung unterliegenden Nachlass zu vollstrecken (§ 748 II). Unterbleibt in diesem Fall eine Duldungsklage, ist die Vollstreckung nur in das Eigenvermögen des Erben oder in den nicht der Testamentsvollstreckung unterliegenden Nachlass möglich. IÜ besteht keine Rechtskrafterstreckung zwischen dem Erbentitel und dem gegen den Testamentsvollstrecker gerichteten Duldungstitel. Das gegen den Erben ergangene Leistungsurteil wirkt nicht gegen den Testamentsvollstrecker, da kein Fall des § 327 ZPO vorliegt. Der gegen den Testamentsvollstrecker ergangene Duldungstitel wirkt nicht gegen die Erben, da der Testamentsvollstrecker nach hM nicht zur Führung des Rechtsstreits iSv § 327 II ZPO berechtigt ist (MüKoBGB/*Zimmermann* Rn. 11; Staudinger/*Reimann* Rn. 13).

d) Kein Verwaltungsrecht. Hat der Testamentsvollstrecker kein Verwaltungsrecht, ist der Erbe allein passivlegitimiert und es bedarf keines Duldungstitels gegen den Testamentsvollstrecker, um die Zwangsvollstreckung in den Nachlass oder das Eigenvermögen des Erben zu betreiben, sofern keine beschränkte Erbenhaftung gegeben ist (§ 780 I, §§ 781, 785 ZPO).

e) Widerklage und Aufrechnung. Will der im Passivprozess verklagte Erbe die Widerklage oder die Aufrechnung mit einem vom Testamentsvollstrecker verwalteten Anspruch erheben bzw. erklären, ist die Zustimmung des Testamentsvollstreckers erforderlich, die dieser aber im Regelfall nicht verweigert, da ansonsten keine ordnungsgemäße Verwaltung nach § 2216 vorläge (Bonefeld/Wachter FA ErbR/*Bonefeld* § 17 Rn. 332).

f) Nebenintervenient. Im Passivprozess kann der Erbe dem Testamentsvollstrecker und der Testamentsvollstrecker dem Erben als Nebenintervenient nach § 66 ZPO beitreten. Das rechtliche Interesse iSd § 66 ZPO ergibt sich bereits aus der Gefahr eines nachteiligen Beweisergebnisses (Staudinger/*Reimann* Rn. 23). Der beitretende Testamentsvollstrecker wird hierdurch im Gegensatz zum beitretenden Erben nicht Streitgenosse, da die Rechtskraft des gegen den Erben ergangenen Urteils nicht gegen ihn wirkt (Bonefeld/Wachter FA ErbR/*Bonefeld* § 17 Rn. 333).

2. Prozessunterbrechung. Führt der Tod des Erblassers zur Unterbrechung des Prozesses, so kann der Testamentsvollstrecker bei Vorliegen der Voraussetzungen nach §§ 241, 249 ZPO den Prozess nach § 239 ZPO wieder aufnehmen. Er muss ihn (auch gegen seinen Willen aufnehmen), wenn ihn der Gegner durch Anzeige seiner Fortsetzungsbereitschaft in das Verfahren hineinzieht und der Testamentsvollstrecker zur Prozessführung berechtigt ist (BGH NJW 1988, 1390). Erlischt das Amt des Testamentsvollstreckers oder dessen Verwaltungsrecht während des Prozesses aus einem nicht in der Person des Testamentsvollstreckers liegenden Grund, führt dies automatisch oder auf Antrag eines bestellten Prozessbevollmächtigten nach § 246 ZPO (BGH NJW 1964, 2301) zur Unterbrechung des Verfahrens gem. § 239 ZPO. Der Erbe kann dann den Prozess fortsetzen.

3. Mehrere Testamentsvollstrecker. Üben mehrere Testamentsvollstrecker das Amt nach § 2224 gemeinschaftlich aus, sind sie grds. notwendige Streitgenossen nach § 61 I Alt. 2 ZPO (Soergel/*Damrau* § 2224 Rn. 7). Ein Testamentsvollstrecker kann den Prozess allein führen, wenn er nach § 2224 I 3 zur alleinigen Verwaltung des betroffenen Rechts berufen ist oder die Prozessführung zur Erhaltung des Nachlasses gem. § 2224 II erforderlich ist (Staudinger/*Reimann* § 2212 Rn. 6). Besteht zwischen den Mitvollstreckern Streit, ob die von einem Testamentsvollstrecker angestrebte Klage der letztwilligen Verfügung des Erblassers entspricht, liegt kein Streit über den Nachlass vor. Es ist dann nicht das Nachlassgericht, sondern es sind die ordentlichen Gerichte zur Entscheidung berufen (BGH NJW 1956, 986).

4. Pflichtteilsanspruch. Eine **Ausnahme** im Bereich des § 2213 bilden die Pflichtteils- und Pflichtteilsergänzungsansprüche. Diese können gem. **Abs. 1 S. 3** nur gegen den Erben geltend gemacht werden, auch wenn der gesamte Nachlass der Verwaltung des Testamentsvollstreckers unterliegt. Hierzu gehört nicht nur die Zahlungsklage, sondern auch die Klage auf Auskunft und Wertermittlung nach § 2314 (Palandt/*Weidlich* Rn. 6). Dementsprechend ist der Testamentsvollstrecker weder verpflichtet, den Pflichtteilsberechtigten Auskunft zu erteilen, noch kann eine bestrittene Pflichtteilsforderung gegen den Willen des Erben mit rechtsgeschäftlicher Wirkung gegen diese anerkennen (BGH NJW 1969, 424). Der Pflichtteilsberechtigte muss zur gerichtlichen Durchsetzung seines Zahlungsanspruches nach §§ 2303, 2317 I sowohl den Erben auf Leistung als auch den Testamentsvollstrecker auf Duldung (§ 748 III ZPO) verklagen. Eine Rechtskrafterstreckung zwischen den Verfahren findet nicht statt (*Roth/Maulbetsch* NJW-Spezial 2008, 711). Allerdings soll der Testamentsvollstrecker unter Umständen zur Erfüllung von unstreitigen Pflichtteilsforderungen berechtigt sein und diese dann auch mit Wirkung nach § 212 I 1 anerkennen (Bonefeld/Wachter FA ErbR/*Bonefeld* § 17 Rn. 341 mwN). Dennoch sollte der Testamentsvollstrecker Pflichtteilsansprüche nur erfüllen, wenn diese unstreitig sind und die Erben vorher zugestimmt haben. Er könnte sich ansonsten haftbar machen.

a) Anerkenntnis des Erben. Auch Anerkenntnisse des Erben können den Testamentsvollstrecker nicht binden (Palandt/*Weidlich* Rn. 6). Erkennt demnach ein Erbe einen zu hohen Pflichtteil an, bindet dies den Testamentsvollstrecker nicht (*Klingelhöffer* ZEV 2000, 261 (262)). Es ist dann ein weiterer Duldungstitel gegen den Testamentsvollstrecker gem. Abs. 3, § 748 III ZPO erforderlich. Beide Titel können in einem oder in getrennten Prozessen geltend gemacht werden (§ 59 ZPO).

b) Insolvenz des Erben. Mit Eröffnung des Insolvenzverfahrens über das Vermögen des Erben geht das Verwaltungs- und Verfügungsrecht des Schuldners gem. § 80 I InsO auf den Insolvenzverwalter über, soweit es sich nicht – wie im Fall des Abs. 1 S. 3 – beim Testamentsvollstrecker befindet. Die Pflichtteilszahlungsklage ist daher statt gegen den Erben nunmehr gegen den Insolvenzverwalter zu richten (BGH NJW 2006, 2698). Bei der Verurteilung des Insolvenzverwalters zur Zahlung wegen eines Pflichtteils- und Pflichtteilsergänzungsanspruchs gegen den Schuldner ist zu beachten, dass dieser Titel auf den vom Testamentsvollstrecker verwalteten Nachlass zu beschränken ist (BGH NJW 2006, 2698).

c) Auskunftstitel gegen den Erben. Der Pflichtteilsberechtigte kann nach § 888 ZPO aus einem Auskunftstitel gegen den Erben die Zwangsvollstreckung betreiben, ohne dass es eines Duldungstitels gegen den Testamentsvollstrecker bedarf (OLG Dresden ZEV 2003, 289). § 748 III ZPO steht in diesem Fall nicht entgegen. Alleiniger Schuldner des Auskunftsanspruchs nach § 2314 ist der Erbe, dem bei angeordneter Testamentsvollstreckung die Verfügungsbefugnis fehlt (vgl. § 2211). Daher muss der Erbe zunächst den Testamentsvollstrecker nach §§ 2218, 666 zur Auskunft hinsichtlich des Nachlassbestandes auffordern und ggf. das Auskunftsbegehren klageweise geltend machen, um seiner Auskunftsverpflichtung gegenüber den Pflichtteilsberechtigten nachzukommen. Ein Duldungstitel nach § 748 III ZPO geht in diesem Fall ins Leere, da dieser Titel den Testamentsvollstrecker nicht zur Auskunft und Wertermittlung nach § 2314 verpflichten kann (*Roth/Maulbetsch* NJW-Spezial 2008, 711). *Klingelhöffer* schlägt daher vor, dem Pflichtteilsberechtigten durch teleologische Reduktion des § 2213 I ein direktes Auskunfts- und Wertermittlungsrecht nach § 2314 gegen den Testamentsvollstrecker zuzubilligen. Als vorsorgende Maßnahme käme es auch in Betracht, den Testamentsvollstrecker mittels postmortaler Vollmacht zu ermächtigen, sich um die Pflichtteilsansprüche zu kümmern. Da der Testamentsvollstrecker dabei nicht aufgrund seines Amtes sondern durch Vollmacht handelt, besteht auch kein Widerspruch zu § 2213 I 3. Weil es den Erben frei steht eine solche Vollmacht jederzeit zu widerrufen, sollte in der Gestaltungspraxis darauf geachtet werden, Sanktionen an einen etwaigen Widerruf zu knüpfen (*Klingelhöffer* ZEV 2000, 261 (262)). Generell ist auch darüber nachzudenken, ob es sich bei § 2213 I 3 um dispositives Recht handelt (OLG Stuttgart ZEV 2009, 396 hat die Beantwortung dieser Frage jedoch letztlich offen gelassen; engagierter Beitrag auch von *Köpf* ZEV 2013, 235).

5. Persönliche Ansprüche des Testamentsvollstreckers. Eine weitere **Ausnahme** bilden persönliche Ansprüche des Testamentsvollstreckers, die nicht unter § 2213 fallen und daher gegen ihn selbst einzuklagen sind. Diese liegen insbes. vor, wenn keine Amtshandlung von dem Testamentsvollstrecker begehrt wird (Bonefeld/Wachter FA ErbR/*Bonefeld* § 17 Rn. 349). Hierzu gehören ua die Ansprüche auf Schadensersatz nach § 2219, auf Herausgabe gegen den vermeintlichen Testamentsvollstrecker sowie auf Herausgabe der Erbschaft nach Beendigung der Testamentsvollstreckung (§§ 2218, 667). Weiterhin ist die Feststellungsklage über die Wirksamkeit der Ernennung des Testamentsvollstreckers oder über deren Beendigung sowie Streitigkeiten über die Anstellung und die Befugnisse des Testamentsvollstreckers hier einzuordnen (Bonefeld/Wachter FA ErbR/*Bonefeld* § 17 Rn. 351 mwN; Palandt/*Weidlich* Rn. 5 mwN).

6. Rechtskraftwirkung. Ein gegen den Testamentsvollstrecker ergangenes Urteil über ein der Verwaltung unterliegendes Nachlassrecht entfaltet gem. § 327 II ZPO Rechtskraftwirkung für und gegen den Erben, soweit der Testamentsvollstrecker zur Führung des Rechtsstreit berechtigt war. In diesem Fall kann der Gläubiger in den Nachlass vollstrecken (§ 748 I ZPO). Aufgrund des Duldungstitels gegen den Testamentsvollstrecker kann nicht in das eigene Vermögen des Erben vollstreckt werden (Staudinger/*Reimann* Rn. 13). In Ermangelung einer § 327 II ZPO entsprechenden Regelung wirkt ein zu Ungunsten des Erben ergangenes Leistungsurteil nicht auch gegen den Testamentsvollstrecker (MüKoBGB/*Zimmermann* Rn. 7). Obsiegt dagegen der beklagte Erbe, kann sich der Testamentsvollstrecker auf das für den Erben günstige Urteil berufen. Dies hat zur Folge, dass eine weitere gegen den Testamentsvollstrecker gerichtete Klage unzulässig ist (BeckOK BGB/*Lange* Rn. 14). Sofern dem Testamentsvollstrecker nicht die Verwaltung des ganzen Nachlasses obliegt, wird eine Rechtskraftwirkung nach hM verneint (→ Rn. 4).

7. Klauselumschreibung. Eine Klauselumschreibung eines gegen den Testamentsvollstrecker ergangenen Leistungsurteils nach § 728 ZPO auf den Erben ist jederzeit möglich, sofern der Titel nach § 327 II ZPO für und gegen den Erben wirkt. Aus dem auf den Erben umgeschriebenen Titel kann auch in das Eigenvermögen des Erben vollstreckt werden, wobei sich der Erbe auf seine beschränkte Haftung berufen kann, auch wenn dies im Ausgangsurteil nicht nach § 780 II ZPO vorbehalten wurde (Soergel/*Damrau* Rn. 14; Palandt/*Weidlich* Rn. 8). Für die Umschreibung der Klausel vom Erblasser auf den Testamentsvollstrecker gelten die §§ 749, 779 II ZPO. 16

§ 2214 Gläubiger des Erben

Gläubiger des Erben, die nicht zu den Nachlassgläubigern gehören, können sich nicht an die der Verwaltung des Testamentsvollstreckers unterliegenden Nachlassgegenstände halten.

1. Normzweck. Normzweck des § 2214 ist die Sicherung des Verfügungsverbotes nach § 2211 sowie die Erleichterung der Erfüllung der dem Testamentsvollstrecker zugewiesenen Aufgaben (BGH NJW 2006, 2698 (2699)). Dieser soll insbes. nicht verpflichtet sein, den Erbengläubigern ständig Auskunft über den Bestand des Nachlasses zu erteilen (BGH NJW 2006, 2698 (2699)). Zudem wird durch § 2214 der Vermächtnisnehmer geschützt: Vermächtnisse können nicht durch Zugriffe Dritter vereitelt werden. Der Schutz des § 2214 entsteht bereits mit dem Erbfall und nicht erst mit Amtsannahme durch den Testamentsvollstrecker. Die Norm hat für die Praxis eine große Bedeutung. Nicht selten wird die Testamentsvollstreckung nur deswegen angeordnet, um Zugriffe der Gläubiger des besicherten oder des in Vermögensverfall befindlichen oder von einem solchen bedrohten Erben auf das Vermögen zu verhindern (vgl. Reul/Heckschen/Wienberg InsR/*Reul* § 5 Rn. 98 ff.). Das Zugriffsverbot endet, bzgl. einzelner Nachlassgegenstände, wenn der Testamentsvollstrecker diese nach § 2217 freigibt, und sobald die Testamentsvollstreckung bzgl. einzelner Nachlassgegenstände oder des gesamten Nachlasses endet (vgl. hinsichtlich der Gestaltungsmöglichkeit für überschuldete Erben *Mayer* MittBayNot 2011, 445). 1

2. Sondervermögen. Durch das Vollstreckungsverbot des § 2214 wird Sondervermögen geschaffen und klargestellt, dass die Eigengläubiger des Erben nicht mehr Rechte haben können, als der Erbe selbst, welcher durch das Verwaltungs- und Verfügungsrecht des Testamentsvollstreckers nach §§ 2205, 2211 eingeschränkt ist (BeckOK BGB/*Lange* Rn. 1). Daher haben die Eigengläubiger des Erben keinen Zugriff auf das der Verwaltung des Testamentsvollstreckers unterliegende Vermögen (BGH NJW 2006, 2698). Andernfalls könnte der Testamentsvollstrecker insbes. bei überschuldeten Nachlässen oder sog. Behindertentestamenten zahlreiche Aufgaben nicht erfüllen. 2

3. Vollstreckungsverbot. Auf Grund des Vollstreckungsverbotes des § 2214 ist die Vollstreckung zugunsten der Eigengläubiger in den der Testamentsvollstreckung unterliegenden Nachlass unzulässig und auf Erinnerung nach § 766 ZPO des Testamentsvollstreckers aufzuheben (Palandt/*Weidlich* Rn. 2). Eigengläubiger ist auch, wer mit dem Erben ein Geschäft über einen der Verwaltung unterliegenden Gegenstand abschließt, da auf Grund der fehlenden Verfügungsbefugnis des Erben (§ 2211) nur der Erbe, nicht jedoch der Nachlass verpflichtet wird. Der Antrag eines Miterben, ein zum Nachlass gehörendes Grundstück zum Zwecke der Aufhebung der Gemeinschaft zu versteigern (§ 180 I ZVG) ist der Verfügung über das betroffenen Grundstück gleichzusetzen (BGH ZNotP 2009, 358; NJW 2007, 3124 (3126) zu § 1365). Daher schließt die Ernennung eines Testamentsvollstreckers die Anordnung der Versteigerung eines Grundstücks zum Zwecke der Aufhebung der Gemeinschaft an einem der Testamentsvollstreckung unterliegenden Grundstück auch gegenüber einem Gläubiger eines Miterben aus, der den Miterbenanteil am Nachlass – und damit auch dessen Anspruch auf Aufhebung der Gemeinschaft am Grundstück – gepfändet hat (BGH ZEV 2009, 391 (392) = DNotZ 2010, 64 (66) = MittBayNot 2010, 136). Hat der Sozialhilfeträger Pflichtteilsansprüche eines behinderten Kindes nach seinem erstverstorbenen Elternteil übergeleitet, so ist der Erbteil des behinderten Kindes nach dem Längstlebenden seiner Eltern durch die Testamentsvollstreckung geschützt (BGH NJW-RR 2005, 369 (371)). 3

4. Pfändbare Rechte. § 2214 betrifft nicht die Gläubiger dinglicher Rechte an Nachlassgegenständen. Das dingliche Recht wirkt auch gegen den Testamentsvollstrecker und kann trotz der Verwaltung des Gegenstandes geltend gemacht werden (MüKoBGB/*Zimmermann* Rn. 6). Pfändbar sind ferner **Ansprüche des Erben gegen den Testamentsvollstrecker**, zB wegen Überlassung von Nachlassgegenständen aus § 2217 I (MüKoBGB/*Zimmermann* Rn. 4) sowie der **Erbteil des Miterben** (BGH NJW 1984, 2464 (2465); Palandt/*Weidlich* Rn. 4). 4

5. Insolvenzverfahren. Wird über das Vermögen des Erben das Insolvenzverfahren eröffnet, so bildet der unter Testamentsvollstreckung stehende Nachlass eine Sondermasse in der Insolvenzmasse, auf die nur die Nachlassgläubiger, nicht aber die Eigengläubiger des Erben Zugriff nehmen können (BGH NJW 2006, 2698). 5

§ 2215 Nachlassverzeichnis

(1) Der Testamentsvollstrecker hat dem Erben unverzüglich nach der Annahme des Amts ein Verzeichnis der seiner Verwaltung unterliegenden Nachlassgegenstände und der bekannten Nachlassverbindlichkeiten mitzuteilen und ihm die zur Aufnahme des Inventars sonst erforderliche Beihilfe zu leisten.

(2) Das Verzeichnis ist mit der Angabe des Tages der Aufnahme zu versehen und von dem Testamentsvollstrecker zu unterzeichnen; der Testamentsvollstrecker hat auf Verlangen die Unterzeichnung öffentlich beglaubigen zu lassen.

(3) Der Erbe kann verlangen, dass er bei der Aufnahme des Verzeichnisses zugezogen wird.

(4) Der Testamentsvollstrecker ist berechtigt und auf Verlangen des Erben verpflichtet, das Verzeichnis durch die zuständige Behörde oder durch einen zuständigen Beamten oder Notar aufnehmen zu lassen.

(5) **Die Kosten der Aufnahme und der Beglaubigung fallen dem Nachlass zur Last.**

1 **1. Nachlassverzeichnis.** Das Nachlassverzeichnis stellt die unverzichtbare Grundlage für die ordnungsgemäße Amtsführung des Testamentsvollstreckers dar. Es bildet die Grundlage für die spätere Rechenschaftsablegung (§§ 2218, 666), für die Kontrolle des Verwaltungshandelns insgesamt (§ 2216) und besonders für die kontrollierbare Herausgabe des Nachlasses nach Amtsbeendigung (§§ 2218, 667) sowie für die Feststellung einer etwaigen Haftung des Testamentsvollstreckers (§ 2219). Nur auf Grundlage des Nachlassverzeichnisses können die Erben ihre verbliebenen Kontrollrechte ausüben und haben ein Beweismittel gegenüber dem Testamentsvollstrecker hinsichtlich der ordnungsgemäßen Abwicklung der Testamentsvollstreckung (OLG Schleswig ZErb 2007, 15 (16) mwN).

2 **2. Erstellung.** Die unverzügliche Erstellung und unaufgeforderte Übermittlung des Nachlassverzeichnisses an die Erben ist daher eine wesentliche Pflicht des Testamentsvollstreckers. Die Missachtung kann zur Entlassung des Testamentsvollstreckers nach § 2227 führen (OLG Schleswig ZErb 2007, 15 (18)). Die Verpflichtung besteht nur gegenüber dem Erben (MüKoBGB/*Zimmermann* Rn. 2 mwN). Der Testamentsvollstrecker kann nicht durch den Erblasser von der Verpflichtung zur Übermittlung des Nachlassverzeichnisses befreit werden, § 2220. Die Erben können ihn hingegen von dieser Verpflichtung freistellen (Soergel/*Damrau* Rn. 1).

3 **a) Kündigung des Testamentsvollstreckeramtes.** Die Kündigung des Testamentsvollstreckeramtes (§ 2226) lässt die Pflicht zur Erstellung und Übermittlung des Nachlassverzeichnisses entfallen (OLG Koblenz NJW-RR 1993, 462). Haben die Erben zunächst auf die Erstellung eines Nachlassverzeichnisses durch den Testamentsvollstrecker verzichtet, können sie jedoch zu einem späteren Zeitpunkt die Anfertigung eines entsprechenden Verzeichnisses verlangen (OLG Koblenz NJW-RR 2005, 94 (95 f.)).

4 **b) Erbteilsvollstreckung.** Ist die Testamentsvollstreckung nur für den Erbteil eines Miterben angeordnet, so sind zwar bis zur Auseinandersetzung der Erbengemeinschaft keine der alleinigen Verwaltung des Testamentsvollstreckers unterliegenden Nachlassgegenstände vorhanden, da in diesem Fall die Verwaltung des Nachlasses der Erbengemeinschaft obliegt und der Testamentsvollstrecker nur die Rechte des Miterben innerhalb der Erbengemeinschaft ausübt. Dennoch erfordert der Zweck des § 2215, dass der Testamentsvollstrecker ein Verzeichnis auch über die Nachlassgegenstände zu erstellen hat, die seiner Mitverwaltung nicht unterliegen (OLG München ZErb 2009, 92 (95) = ZEV 2009, 293 (295)). Solange noch *keine* Auseinandersetzung stattgefunden hat, erstreckt sich die Erbteilsvollstreckung nicht auf einzelne Nachlassgegenstände (vgl. § 2208 I 2), sondern auf den gesamten Nachlass. Das Nachlassverzeichnis muss dann den gesamten Nachlass erfassen (OLG München ZErb 2009, 92 (95) = ZEV 2009, 293 (295)).

5 **3. Inhalt.** Der Inhalt des Nachlassverzeichnisses ergibt sich aus **Abs. 1**. Danach sind alle Nachlassgegenstände, die der Testamentsvollstreckung unterliegen, sowie alle bekannten Nachlassverbindlichkeiten aufzulisten. Dies gilt auch für Verbindlichkeiten, deren Zugehörigkeit zum Nachlass zweifelhaft oder bestritten ist (OLG Karlsruhe NJWE-FER 1998, 255). Der Testamentsvollstrecker muss feststellen, welche Gegenstände zum Nachlass gehören und zu diesem Zweck alle verfügbaren Unterlagen sichten (BGH NJW 1981, 1271 (1272)). Alle Nachlassgegenstände müssen anhand des Nachlassverzeichnisses individualisiert werden können (BayObLG ZEV 2002, 155 (157)). Eine summarische Bezeichnung von Wertpapieren genügt zB nicht (Soergel/*Damrau* Rn. 2). Eine Beschreibung der Nachlassgegenstände sowie eine Wertangabe (§ 2001 II) ist dagegen nicht geboten (Soergel/*Damrau* Rn. 2), sondern allenfalls dann zweckmäßig, wenn eine Inventarerrichtung durch den Erben (§§ 1993 ff.) in Betracht kommt, weil der Testamentsvollstrecker den Erben in diesem Fall bei der Beschreibung und Wertermittlung unterstützen muss. Zudem benötigt der Erbe die Bestands- und Wertangaben, wenn er gem. §§ 2314, 2213 I 3 einem Pflichtteilsberechtigten zur Auskunft verpflichtet ist (MüKoBGB/*Zimmermann* Rn. 4).

6 **4. Abs. 1 Hs. 2.** Müssen die Erben ein Inventar (§§ 1993 ff., 2001 ff.) erstellen, so hat der Testamentsvollstrecker nach Abs. 1 Hs. 2 die **zur Aufnahme des Inventars sonst erforderliche Beihilfe** zu leisten, insbes. Einsicht in den Nachlass sowie Auskunft zu gewähren (Palandt/*Weidlich* Rn. 3). Auf die erforderliche Hilfe hat der Erbe, dem durch die Testamentsvollstreckung die Inventarerrichtung in den Fällen

der §§ 1993 und 1994 nicht abgenommen wird, einen klagbaren Anspruch. Nur der Erbe kann sich durch die Inventarerrichtung nach § 1993 die Möglichkeit der Haftungsbeschränkung erhalten und nur ihm kann das Nachlassgericht nach § 1994 eine Frist zur Errichtung des Inventars setzen (MüKoBGB/ *Zimmermann* Rn. 10).

5. Einzelheiten. Das Nachlassverzeichnis ist nach Abs. 2 mit der Angabe des Tages der Aufnahme zu versehen und von dem Testamentsvollstrecker zu unterzeichnen. Nach Abs. 2 Hs. 2 kann der Erbe vom Testamentsvollstrecker verlangen, seine Unterzeichnung öffentlich beglaubigen zu lassen. Der Erbe kann nach **Abs. 3** seine Hinzuziehung zur Aufnahme des Nachlassverzeichnisses verlangen. Dagegen ist der Erbe nicht verpflichtet bei der Aufnahme des Verzeichnisses mitzuwirken (Soergel/*Damrau* Rn. 6). 7

Des Weiteren kann der Erbe nach **Abs. 4** die **Aufnahme durch einen Notar oder eine Behörde** verlangen. Ist das von dem Notar bzw. der Behörde aufgenommene Verzeichnis mangelhaft, so ist hierfür der Testamentsvollstrecker verantwortlich, da der Testamentsvollstrecker zur Vorlage eines ordnungsgemäßen amtlichen Verzeichnisses verpflichtet ist (OLG Düsseldorf RNotZ 2008, 105 (106) zu § 2314; aA Soergel/*Damrau* Rn. 6). Der Testamentsvollstrecker muss sich eine verzögerte Erstellung durch den Notar zurechnen lassen (OLG Nürnberg NJW-Spezial 2009, 727). Aus dem Sinn und Zweck des amtlichen Verzeichnisses folgt, dass der Notar bzw. die Behörde selbst alle zur Erstellung eines Verzeichnisses notwendigen Handlungen in eigener Person vorzunehmen hat (OLG Düsseldorf RNotZ 2008, 105 zu § 2314 mwN). Der Notar darf sich nicht darauf beschränken, ihm vom Testamentsvollstrecker vorgelegte Belege auf Plausibilität zu überprüfen und sich iÜ auf die Angaben des Testamentsvollstreckers verlassen. Der Hinweis des Notars an den Testamentsvollstrecker, dass er seine Angaben vollständig und der Wahrheit entsprechend zu machen habe, genügt daher nicht (OLG Oldenburg NJW-RR 1993, 782 (783) zu § 2314). Der Notar darf mithin ein notarielles Verzeichnis grds. nicht auf Angaben Dritter stützen, auch wenn möglicherweise die erforderlichen Ermittlungen sehr zeitintensiv sind. Eine Ausnahme besteht aber dann, wenn die Ermittlungsmöglichkeiten des Notars beschränkt sind und der Notar auf Angaben des Dritten angewiesen ist. Dies wäre der Fall, wenn etwa Auskunft nicht über den vorhandenen, sondern den fiktiven Nachlass verlangt wird (zB lebzeitige Zuwendungen des Erblassers an einen Dritten). Daher kann es im Einzelfall gerechtfertigt sein, dass der Notar lediglich die Angaben des Dritten übernimmt und als Druckmittel zur Erlangung einer wahrheitsgemäßen Auskunft die Abgabe einer eidesstattlichen Versicherung verlangt. 8

6. Testamentsvollstrecker zugleich gesetzlicher Vertreter. Ist der Testamentsvollstrecker zugleich gesetzlicher Vertreter der Erben (Eltern, Betreuer, Vormund oder Pfleger), ist er nicht von der Verpflichtung nach Abs. 1 befreit und muss das Verzeichnis nach § 1640 I dem Familiengericht bzw. nach § 1802 dem Vormundschafts- bzw. Betreuungsgericht einreichen. Nach der früheren Rspr. musste zur Prüfung des Nachlassverzeichnisses zwingend ein Ergänzungspfleger nach § 1909 bestellt werden (OLG Hamm MittBayNot 1994, 53 (55); OLG Nürnberg ZEV 2002, 158; aA *Damrau* ZEV 1994, 1; *Schlüter* ZEV 2002, 158 f.; *Kirchner* MittBayNot 2002, 368 ff.; → § 2218 Rn. 7 ff.). Nach aktueller Auffassung des BGH ist die Ergänzungspflegschaft nur im Falle eines erheblichen Interessengegensatzes erforderlich (BGH ZEV 2008, 330; → § 2218 Rn. 9). 9

7. Eidesstattliche Versicherung. Zur Abgabe einer eidesstattlichen Versicherung ist der Testamentsvollstrecker nur nach Maßgabe der §§ 2218, 666, 259, 260, zB bei Vorliegen von Anhaltspunkten für mangelhafte Sorgfalt, verpflichtet (Palandt/*Weidlich* Rn. 2; MüKoBGB/*Zimmermann* Rn. 6). 10

8. Kosten. Die Kosten der Verzeichnisaufnahme und der Beglaubigung fallen nach **Abs. 5** dem Nachlass zur Last. Im Rahmen des Nachlassinsolvenzverfahren sind sie Masseschulden (§ 324 I Nr. 5 InsO). Die Kosten einer gegen den Testamentsvollstrecker gerichteten Klage aus § 2215 fallen dem unterlegenen Testamentsvollstrecker persönlich zur Last, es sei denn, er durfte das von ihm erstellte Verzeichnis als ausreichend ansehen (MüKoBGB/*Zimmermann* Rn. 7). 11

§ 2216 Ordnungsmäßige Verwaltung des Nachlasses, Befolgung von Anordnungen

(1) Der Testamentsvollstrecker ist zur ordnungsmäßigen Verwaltung des Nachlasses verpflichtet.

(2) ¹Anordnungen, die der Erblasser für die Verwaltung durch letztwillige Verfügung getroffen hat, sind von dem Testamentsvollstrecker zu befolgen. ²Sie können jedoch auf Antrag des Testamentsvollstreckers oder eines anderen Beteiligten von dem Nachlassgericht außer Kraft gesetzt werden, wenn ihre Befolgung den Nachlass erheblich gefährden würde. ³Das Gericht soll vor der Entscheidung, soweit tunlich, die Beteiligten hören.

1. Normzweck. Das Gegenstück zum Recht, den Nachlass zu verwalten, bildet die Pflicht, den Nachlass ordnungsmäßig zu verwalten (Abs. 1). Im Rahmen der ihm zugeteilten Aufgabe entscheidet der Testamentsvollstrecker über die zu treffenden Verwaltungsmaßnahmen und deren Art und Weise unter Beachtung des Gebots der ordnungsmäßigen Verwaltung nach eigenem Ermessen (MüKoBGB/*Zimmermann* Rn. 1). Der Testamentsvollstrecker hat zunächst nach Abs. 2 S. 1 die durch letztwillige Verfügung getroffenen Verwaltungsanordnungen des Erblassers zu befolgen (BayObLG FamRZ 1997, 905 (907)). Abs. 2 S. 2 räumt die Möglichkeit ein, dass Verwaltungsanordnungen des Erblassers, deren Befolgung den Nachlass erheblich gefährden würde, vom Nachlassgericht außer Kraft gesetzt werden können. Letztlich entscheidet bei einem Interessenkonflikt über die Art und Weise der Verwaltung **das objektive** 1

10 BGB § 2216 Buch 5. Abschnitt 3. Titel 6. Testamentsvollstrecker

Nachlassinteresse. Die Beurteilung liegt insoweit im pflichtgemäßen Ermessen des Testamentsvollstreckers (BayObLG FamRZ 1997, 905 (907)). Der Testamentsvollstrecker kann sich zudem im Einvernehmen mit den Erben über eine Anordnung des Erblassers hinwegsetzen und dann wegen der Verwaltungsmaßnahme zumindest nicht auf Schadensersatz in Anspruch genommen werden. § 2216 ist zwingendes Recht, von dem der Testamentsvollstrecker seitens des Erblasser nicht befreit werden kann (§ 2220).

2 **2. Pflicht zur ordnungsmäßigen Verwaltung. Abs. 1** verpflichtet den Testamentsvollstrecker zur ordnungsgemäßen Verwaltung des Nachlasses. Inhalt und Umfang der Pflicht zur ordnungsmäßigen Verwaltung werden dabei durch die dem Testamentsvollstrecker vom Erblasser übertragenen Aufgaben und etwaige Verwaltungsanordnungen des Erblassers bestimmt. Die ordnungsmäßige Verwaltung bei der regelmäßigen Abwicklungsvollstreckung nach §§ 2203 ff. ist folglich eine andere als bei der Verwaltungsvollstreckung nach § 2209 sowie bei der inhaltlich oder gegenständlich beschränkten Testamentsvollstreckung nach § 2208.

3 **a) Gläubiger der Verpflichtung.** Gläubiger der Verpflichtung sind die Erben und die Vermächtnisnehmer (§ 2219 I), nicht jedoch der Nachlassgläubiger oder Nachlassschuldner und auch nicht der Pflichtteilsberechtigte (BayObLG FamRZ 1997, 905 (909)) oder der Auflagenbegünstigte. Jeder einzelne Miterbe kann den Testamentsvollstrecker auf Erfüllung der Verpflichtung verklagen (BGH NJW 1983, 40 (41)), sei es auf Vornahme einer bestimmten nach ordnungsmäßiger Verwaltung gebotenen Verwaltungshandlung oder auf Unterlassung einer ordnungswidrigen Maßnahme. Dem Gläubiger steht der einstweilige Rechtsschutz gem. §§ 935 ff. ZPO zur Verfügung (MüKoBGB/*Zimmermann* Rn. 3).

4 **b) Ordnungsmäßigkeit der Nachlassverwaltung.** An die Ordnungsmäßigkeit der Nachlassverwaltung sind hohe Anforderungen zu stellen. Die Maßstäbe für eine ordnungsgemäße Verwaltung ergeben sich aus objektiven Gesichtspunkten und richten sich in erster Linie nach den durch letztwillige Verfügung getroffenen Anordnungen des Erblassers. IÜ sind sie nach dem vom Erblasser mit der Anordnung der Testamentsvollstreckung verfolgten Zweck unter Berücksichtigung der Umstände des Einzelfalls zu bestimmen (BayObLG FamRZ 1997, 905 (907) mwN). Mithin wird die Ordnungsmäßigkeit der Nachlassverwaltung durch das **objektive Nachlassinteresse** und die allgemeinen Regeln der Wirtschaftlichkeit konkretisiert (Bonefeld/Wachter FA ErbR/*Bonefeld* § 17 Rn. 357). Der Testamentsvollstrecker ist zu besonderer Gewissenhaftigkeit sowie Sorgfalt angehalten und hat dabei umsichtig, solide wie ein dynamischer Geschäftsführer zu handeln, der die Risiken und Chancen kalkuliert und dementsprechend zielstrebig handelt (BGH NJW-RR 1995, 577 (578); NJW 1987, 1070 (1071)). Der Testamentsvollstrecker muss wie ein ordentlicher Verwalter fremden Vermögens seine Verwaltung an dem Ziel ausrichten, das Vermögen zu erhalten oder zu mehren, Verluste zu verhindern und **alles zu unterlassen**, was sich **für Erben und Vermächtnisnehmer nachteilig** auswirken kann (BGH NJW 1959, 1820 (1821)). Dazu gehört die Prüfung der Kosten einer für den Nachlass tätigen Grundstücksverwaltung (BGH ZEV 1999, 26). Die Versteigerung eines Nachlassgrundstückes zur Hälfte des Verkehrswertes widerspricht der ordnungsgemäßen Verwaltung, sofern sich der Testamentsvollstrecker nicht zuvor um eine bessere Verwertung – etwa durch freihändigen Verkauf – nachhaltig bemüht hat (BGH NJW-RR 2001, 1369). Der § 31 V ErbStG regelt eine Verpflichtung des Testamentsvollstreckers zur Abgabe einer Erbschaftsteuererklärung. Hierbei handelt es sich jedoch nicht um eine uneingeschränkte Erklärungspflicht. Aus der Gesamtschau mit § 31 I ErbStG ergibt sich, dass der Testamentsvollstrecker nur dann zu Abgabe einer Erbschaftsteuererklärung verpflichtet ist, wenn sich die Testamentsvollstreckung auf den Gegenstand des Erwerbs bezieht und das Finanzamt die Abgabe der Erklärung vom Testamentsvollstrecker verlangt (BFH ZEV 2013, 633, vgl. FG Düsseldorf EFG 2011, 1081; *Tolksdorf* ErbStB 2008, 336).

5 Bei der Erfüllung seiner Pflichten ist dem Testamentsvollstrecker ein **angemessener Ermessensspielraum** zuzubilligen, der genügend Raum für wirtschaftlich sinnvolle Eigeninitiative lässt (BGH NJW 1987, 1070 (1071)). In diesem Ermessensrahmen kann der Testamentsvollstrecker nach seinen eigenen Vorstellungen und Fähigkeiten über die Art und Weise einer ordnungsmäßigen Verwaltung disponieren. Die Grenze der ordnungsmäßigen Verwaltung wird vom Testamentsvollstrecker nicht schon dann überschritten, wenn er in subjektiver Beziehung die erforderliche Sorgfalt vermissen lässt. Vielmehr werden Inhalt und Grenze der Ordnungsmäßigkeit durch objektive Maßstäbe bestimmt (MüKoBGB/*Zimmermann* Rn. 2 mwN).

6 Mithin ist der Testamentsvollstrecker berechtigt wirtschaftlich kalkulierbare Risiken einzugehen. Eine ordnungsmäßige Verwaltung liegt jedenfalls dann nicht mehr vor, wenn der Testamentsvollstrecker **Risikogeschäfte** abschließt, die im Falle ihres Misslingens den Bestand des gesamten Nachlasses in Mitleidenschaft ziehen könnten (BayObLG NJWE-FER 1998, 110 (112) = ZEV 1998, 348).

7 Reine **Zweckmäßigkeitsfragen** hat der Testamentsvollstrecker allein zu entscheiden, da andernfalls seine Tätigkeit lahmgelegt wäre (Palandt/*Weidlich* Rn. 2). Obliegt dem Testamentsvollstrecker etwa die Verwaltung eines GmbH-Anteils, so sind seine **unternehmerischen Entscheidungen** vom Nachlassgericht nur im beschränkten Umfang nachprüfbar (BayObLG FamRZ 1997, 905 (909)).

8 **3. Aufgaben im Rahmen der ordnungsgemäßen Verwaltung.** Hat der Erblasser keine besonderen Verwaltungsanordnungen getroffen, kommen insbes. folgende Aufgaben im Rahmen der ordnungsgemäßen Verwaltung in Betracht:

9 **a) Geltendmachung aller Nachlassrechte.** Zunächst hat der Testamentsvollstrecker den Nachlassbestand anhand der verfügbaren Unterlagen vollständig zu erfassen (§ 2215) und alle Nachlassrechte gel-

tend zu machen, insbes. ausstehende Forderungen einzuziehen und Rechtsbehelfe zu ergreifen. Er darf jedoch keine aussichtslosen Prozesse führen (MüKoBGB/*Zimmermann* Rn. 4).

b) Ausführung der letztwilligen Verfügungen. Vor Ausführung der letztwilligen Verfügungen des 10 Erblassers (§ 2203) hat der Testamentsvollstrecker deren Rechtswirksamkeit zu prüfen und dabei das Testament grds. in eigener Verantwortung auszulegen (BGH NJW 1964, 1316; *Storz* ZEV 2009, 265 (266 ff.)) und in Streitfällen eine Klärung im Wege einer Feststellungsklage herbeizuführen (MüKoBGB/ *Zimmermann* Rn. 5). Ist der Testamentsvollstrecker bei der Auslegung zu einem vertretbaren Auslegungsergebnis gekommen, haftet er nicht nach § 2219 (BGH ZEV 2002, 499 (500); NJW-RR 1992, 775 (776)).

c) Pflicht zur Unterhaltszahlung an den Erben/Ausbildungskosten. Auch wenn der Erblasser die 11 Aushändigung von Nutzungen nicht bestimmt hat, ergibt sich ein Anspruch auf die Erträge des Nachlasses vielfach aus dem Willen des Erblassers und der Tatsache, dass die Erbenstellung nicht völlig ihres wirtschaftlichen Inhalts beraubt werden darf (Staudinger/*Reimann* Rn. 17). Der Testamentsvollstrecker muss in jedem Fall den Unterhalt für den Erben und seine Angehörigen leisten, wenn von ihnen anderenfalls Sozialhilfe beansprucht werden müsste (so in MüKoBGB/*Zimmermann* § 2209 Rn. 12; Soergel/ *Damrau* Rn. 5). Der Testamentsvollstrecker hat dabei für einen angemessenen Unterhalt des Erben zu sorgen und die aus dem Nachlass gezogenen Nutzungen in entsprechendem Umfang herauszugeben (*Reimann* ZEV 2010, 8 (10); Staudinger/*Reimann* Rn. 11). Das Bedürfnis, im Rahmen einer ordnungsmäßigen Vermögensverwaltung Rücklagen zu bilden und Neuinvestitionen zu machen, muss dabei jedoch angemessen berücksichtigt werden (MüKoBGB/*Zimmermann* § 2209 Rn. 12). Nur im Falle der Pflichtteilsbeschränkung in guter Absicht steht dem Abkömmling nach § 2338 I 2 der Reinertrag gesetzlich zu. Ebenso stehen dem Vorerben bei einer angeordneten Testamentsvollstreckung die Nutzungen zu, während dem Nacherben die Substanz erhalten werden muss (MüKoBGB/*Zimmermann* § 2209 Rn. 12).

d) Dauerschuldverträge. Der Abschluss von Dauerschuldverträgen (zB Miet- und Pachtverträge) 12 über einen Nachlassgegenstand kann bei der Verwaltungstestamentsvollstreckung auch dann der ordnungsmäßigen Verwaltung entsprechen, wenn die Vertragsdauer die Amtszeit des Testamentsvollstreckers überschreitet, sofern die Vertragsabschlüsse zur Verwirklichung der Zwecke der Testamentsvollstreckung erforderlich waren. Dies gilt auch für andere Verwaltungsmaßnahmen, deren Wirkungen das Testamentsvollstreckeramt überdauern, zB die Belastung von Nachlassgrundstücken (MüKoBGB/ *Zimmermann* Rn. 6). Ferner ist der Testamentsvollstrecker berechtigt den im Pflegeheim genutzten Telefonanschluss des Erblassers gem. § 314 I bereits vor Ende der Vertragslaufzeit zu kündigen (AG Rüsselsheim NJW-Spezial 2010, 424).

e) Nachlasserträge. Hat der Erblasser keine besonderen Verwaltungsanordnungen getroffen, hat der 13 Testamentsvollstrecker auch die Befugnis zur Thesaurierung der Nachlasserträge (OLG Frankfurt a. M. Beschl. v. 15.2.2015 – 8 W 59/15, BeckRS 2016, 06891). Herausgabe und Nutzungen der Nachlasserträge kann der Erbe von dem Testamentsvollstrecker nur dann verlangen, wenn dies den Grundsätzen der ordnungsmäßigen Verwaltung entspricht (BGH NJW-RR 1988, 386). Erträge sind an den Erben insoweit auszukehren, als dies für seinen angemessenen Unterhalt, die Erfüllung seiner gesetzlichen Unterhaltspflichten oder zur Begleichung fälliger Steuerschulden (Erbschaftssteuer) erforderlich ist (OLG Frankfurt a. M. Beschl. v. 15.2.2015 – 8 W 59/15, BeckRS 2016, 06891; aA *Muscheler* ZEV 2017, 65 (67)). Bei weitergehenden Erträgen kann es im Sinne ordnungsmäßiger Verwaltung geboten sein, sie vorteilhaft zu investieren (*Reimann* ZEV 2010, 8 (10)). Unterliegt der verwaltete Nachlass der Vor- und Nacherbschaft, muss der Testamentsvollstrecker diesen Interessengegensatz berücksichtigen. In diesem Fall darf er weder die dem Vorerben gebührenden Nutzungen schmälern noch die Substanz zum Nachteil des Nacherben mindern oder gefährden (BGH NJW-RR 1988, 386). Dabei hat er auch die §§ 2124–2126 zu beachten, die den Ausgleich von Aufwendungen zwischen Vor- und Nacherben regeln (BGH NJW 1985, 382 (384)).

f) Geldanlage. Bei der Anlage von Geld und der Verwaltung von Wertpapieren ist der Testamentsvoll- 14 strecker entsprechend dem Bild eines umsichtigen, soliden und dabei dynamischen und erfolgsorientierten Geschäftsführers nicht an den sichersten Weg (zB mündelsichere Anlage) gebunden (Palandt/ *Weidlich* Rn. 3). Ihm sind nur solche Anlagen verwehrt, die nach Lage des Falles den Grundsätzen einer wirtschaftlichen Vermögensverwaltung zuwiderlaufen (BGH NJW-RR 1995, 377). Daher ist der Testamentsvollstrecker auch nicht in jedem Fall verpflichtet, die Bank zu wechseln, wenn ihn die Erben auf andere Anlagemöglichkeiten mit besseren Konditionen hinweisen (BGH NJW-RR 1995, 377).

g) Verkehrssicherungspflicht. Die Verkehrssicherungspflichten im Zusammenhang mit einem Nach- 15 lassgegenstand gehören zur ordnungsmäßigen Verwaltung und sind daher vom Testamentsvollstrecker zu erfüllen (MüKoBGB/*Zimmermann* Rn. 9). Er kann sich, zB zur Erfüllung von Streu- und Beleuchtungspflichten, Hilfspersonen bedienen. Gehören Geschäftsanteile einer GmbH zum Nachlass, dann treffen den Testamentsvollstrecker im Rahmen der gegebenen gesetzlichen und vertraglichen Möglichkeiten **Überwachungspflichten** hinsichtlich des Geschäftsführers der GmbH (BGH NJW 1959, 1820).

h) Herbeiführung von Haftungsbeschränkungen. Zur ordnungsgemäßen Verwaltung zählt ebenfalls 16 die Herbeiführung von Haftungsbeschränkungen bei Nachlassüberschuldung durch Beantragung des Nachlassinsolvenzverfahrens sowie ein etwa erforderlicher Antrag auf Nachlassverwaltung nach § 1981 oder die Einleitung des Aufgebotsverfahrens zum Zwecke der Ausschließung von Nachlassgläubigern

10 BGB § 2216

nach §§ 1970 ff., §§ 433 ff., 454 ff. FamFG. Ein Inventarerrichtungsrecht (§ 1993) steht allein dem Erben zu, so dass auch nur dem Erben durch das Nachlassgericht eine Inventarfrist (§ 1994) bestimmt werden kann (MüKoBGB/*Zimmermann* Rn. 10).

17   **4. Verstoß gegen die ordnungsmäßige Verwaltung.** Bei einem Verstoß gegen die ordnungsmäßige Verwaltung haben die Berechtigten einen Anspruch auf Erfüllung der sich aus § 2216 ergebenden Testamentsvollstreckerpflichten. Daneben besteht der Anspruch auf Schadensersatz im Falle schuldhafter Pflichtverletzung aus § 2219. Die Pflichtverletzung kann einen wichtigen Grund für die Entlassung des Testamentsvollstreckers darstellen. Das Nachlassgericht hat dann auf Antrag eines der Beteiligten den Testamentsvollstrecker zu entlassen (§ 2227).

18   IÜ berührt ein Verstoß gegen § 2216 I grds. die **Wirksamkeit des Rechtsgeschäfts** nicht, sondern hat nur schuldrechtliche Folgen nach § 2219 (BGH NJW 1959, 1429 (1430)). Daher ist eine zwar ordnungsmäßiger Verwaltung widersprechende, aber von der allgemeinen Verfügungsbefugnis gem. § 2205 gedeckte Verfügung des Testamentsvollstreckers über einen Nachlassgegenstand ungeachtet der Pflichtverletzung wirksam, es sei denn, der Dritte hat den ordnungswidrigen Charakter der Verfügung erkannt oder erkennen müssen (BGH NJW 1959, 1429 (1430)). Unwirksam ist ferner ein von der ordnungsgemäßen Verwaltung nicht gedecktes Insichgeschäft entsprechend § 181 (BGH NJW 1959, 1429 (1430)).

19   Der Testamentsvollstrecker ist nur im Rahmen der ordnungsmäßigen Verwaltung ermächtigt, **Verbindlichkeiten für den Nachlass** einzugehen (§ 2206 I 1). Ein ordnungswidriges Verpflichtungsgeschäft ist für den Nachlass grds. nicht verbindlich. Eine Ausnahme besteht nur dann, wenn der Testamentsvollstrecker die erweiterte Verpflichtungsbefugnis nach § 2207 innehat oder wenn der Vertragspartner ohne Fahrlässigkeit annehmen durfte, dass die Eingehung zur ordnungsgemäßen Nachlassverwaltung erforderlich ist (BGH NJW 1983, 40; → § 2206 Rn. 1).

20   **5. Besondere Anordnungen.** Hat der Erblasser besondere Anordnungen für die Verwaltung getroffen, ist der Testamentsvollstrecker nach Abs. 2 S. 1 hieran gebunden. Daher können Erben und Vermächtnisnehmer auch vom Testamentsvollstrecker die Befolgung der Verwaltungsanordnungen des Erblassers verlangen. Derartige besondere Anordnungen können ua die Verwendung von Nachlasserträgen, die Zuteilung von Nachlassgegenständen bei der Nachlassteilung oder das Verbot, über bestimmte Nachlassgegenstände zu verfügen, darstellen.

21   **a) Bloße Wünsche.** Bindende Verwaltungsanordnungen des Erblassers sind zu unterscheiden von bloßen Wünschen und Vorschlägen des Erblassers, die dieser in der letztwilligen Verfügung oder auf sonstige Weise geäußert hat. Letztere sind vom Testamentsvollstrecker nicht unbedingt zu befolgen (BayObLG FamRZ 1999, 562; NJW 1976, 1692; *Edenfeld* ZEV 2004, 141). Eine bereits zu Lebzeiten vom Erblasser außerhalb einer letztwilligen Verfügung erteilte **Weisung** an den Testamentsvollstrecker ist für den Erben gem. § 671 widerruflich (MüKoBGB/*Zimmermann* Rn. 15).

22   **b) Schuldrechtliche Wirkung.** Die Anordnungen nach § 2216 sind von den Beschränkungen nach § 2208 abzugrenzen, da den Anordnungen nach § 2216 im Gegensatz zu den Beschränkungen nach § 2208 nur schuldrechtliche Wirkung zukommt. Die Verfügungsbefugnis im Außenverhältnis wird gegenüber Dritten nicht eingeschränkt. Auch das Nachlassgericht kann die Befolgung von Verwaltungsanordnungen nicht durchsetzen, da ihm kein allgemeines Aufsichtsrecht über den Testamentsvollstrecker zusteht (MüKoBGB/*Zimmermann* Rn. 16).

23   **c) Übermäßige Beschränkung.** Verwaltungsanordnungen, die eine übermäßige Beschränkung des Erben in seiner unentbehrlichen Bewegungsfreiheit bewirken, können nach § 138 I nichtig sein (Palandt/*Weidlich* Rn. 4).

24   **6. Außerkraftsetzung der Anordnung.** Wenn die Befolgung der Anordnungen den Nachlass erheblich gefährden würde, kann auf Antrag die Außerkraftsetzung der Anordnungen durch das Nachlassgericht (**Abs. 2 S. 2 u. 3**) angeordnet werden. Durch die Außerkraftsetzung der Anordnungen bleibt das Verwaltungsrecht des Testamentsvollstreckers (§ 2211) unberührt (LG Bonn RNotZ 2002, 234 (235)). Der Erblasser kann das Antragsrecht nach Abs. 2 S. 2 ausschließlich und erst recht nicht generell die Befugnis des Nachlassgerichts zur Außerkraftsetzung von Verwaltungsanordnungen einschränken, § 2220.

25   **a) Erheblichen Nachlassgefährdung.** Voraussetzung einer derartigen Entscheidung des Nachlassgerichts ist die Besorgnis einer erheblichen Nachlassgefährdung, also in erster Linie die Gefährdung der Substanz des Nachlasses. Zudem muss der Zweck der Testamentsvollstreckung berücksichtigt werden, denn in dessen Gefährdung kann zugleich eine Gefährdung des Nachlasses gesehen werden. Dies ist zB der Fall, wenn die Befolgung der Anordnungen die wirtschaftliche Existenz des Erben bedrohen würde, die der Erblasser mit der Anordnung gerade sichern wollte (MüKoBGB/*Zimmermann* Rn. 18 mwN). Daher kann bereits in der Schädigung der an dem Nachlass interessierten Personen eine erhebliche Gefährdung liegen, sodass mittelbar die Vollziehung von Teilungsanordnungen verhindert werden kann (Palandt/*Weidlich* Rn. 5). Unerheblich ist, ob die Nachlassgefährdung von Anfang an vorliegt, oder ob sie sich aus einer **späteren Umstandsänderung** ergibt, die der Erblasser nicht vorhergesehen hat (MüKoBGB/*Zimmermann* Rn. 18 mwN).

26   **b) Nachlassgerichtliche Entscheidung.** Das Nachlassgericht kann zwar die Anordnung oder nur einen abtrennbaren Teil aufheben, aber keine eigene Anordnung treffen (KG MittBayNot 1971, 256). Hat sich der Testamentsvollstrecker eigenmächtig über eine den Nachlass gefährdende Anordnung hinweggesetzt und liegt deshalb eine Nachlassgefährdung nicht mehr vor, kann das Nachlassgericht die Außer-

kraftsetzung der Anordnung dennoch beschließen. Der Testamentsvollstrecker sollte zur Haftungsvermeidung auch noch nachträglich eine nachlassgerichtliche Entscheidung nach Abs. 2 S. 2 herbeiführen, wenn er dies zuvor versäumt hat (MüKoBGB/*Zimmermann* Rn. 19; aA Staudinger/*Reimann* Rn. 40).

c) Letztwillige Verfügung. Abzugrenzen von den Verwaltungsanordnungen des Erblassers iSv Abs. 2 S. 1 (zB Veräußerungs- und Auseinandersetzungsverbote, Auszahlungs- und Verwendungsanordnungen), die außer Kraft gesetzt werden können, sind andere letztwillige Verfügungen des Erblassers, die vom Nachlassgericht nicht aufgehoben werden können. Dies gilt insbes. für die Anordnung der Testamentsvollstreckung selbst, ihre Dauer, die Zahl der Vollstrecker, die Bestimmungen über die Vergütung des Testamentsvollstreckers, die Anordnung der Nacherbfolge, Auflagen und Teilungsanordnungen. Treffen Verwaltungsanordnungen mit nicht aufhebbaren Teilungsanordnungen aufeinander, verbleibt es bei der Aufhebbarkeit der Verwaltungsanordnung, selbst wenn dadurch die Vollziehung der Teilungsanordnung mittelbar verhindert wird (Staudinger/*Reimann* Rn. 42). 27

d) Antragsberechtigte. Das Nachlassgericht wird nicht von Amts wegen, sondern nur auf Antrag tätig, der von allen Personen gestellt werden kann, die an der Aufhebung ein rechtliches Interesse haben (BGH NJW 1961, 1717f.). Antragsberechtigt sind somit neben dem Testamentsvollstrecker die Erben, Vermächtnisnehmer und die Auflageberechtigten, nicht aber gewöhnliche Nachlass- oder Privatgläubiger, weil deren Rechtsstellung durch die Art der Verwaltung nicht unmittelbar betroffen werden kann (BGH NJW 1961, 1717f.). Ein privater Gläubiger ist auch dann nicht antragsberechtigt, wenn ihm ein Pfandrecht am Miterbenanteil zusteht (BayObLG DB 1983, 708). Liegt eine unmittelbare Betroffenheit vor, sind diese Personen nach § 7 FamFG auch dem Verfahren hinzuzuziehen. Führen mehrere Testamentsvollstrecker das Amt gemeinschaftlich (§ 2224), können sie den Antrag nur gemeinschaftlich stellen. Bei getrennten Aufgabenbereichen ist derjenige von mehreren Testamentsvollstreckern antragsberechtigt, dessen Aufgabengebiet die Verwaltungsanordnung betrifft (MüKoBGB/*Zimmermann* Rn. 23). 28

e) Pflicht zur Antragstellung. Der Testamentsvollstrecker kann dann nach Abs. 2 S. 2 verpflichtet sein, einen Antrag zu stellen, wenn eine ordnungsmäßige Nachlassverwaltung die Beseitigung der Verwaltungsanordnung erfordert (BayObLG NJW-RR 2000, 298 (301)). Da auch jeder Erbe und Vermächtnisnehmer den Antrag auf Außerkraftsetzung stellen kann, kommt in der Regel keine Haftung des Testamentsvollstreckers aus § 2219 in Betracht. Eine Haftung kann ausnahmsweise dann bestehen, wenn nur der Testamentsvollstrecker die erforderliche Übersicht hat und daher nur er allein feststellen kann, ob die Befolgung einer Verwaltungsanordnung des Erblassers den Nachlass erheblich gefährden würde (*Schmidt* ZErb 2010, 251 (253ff.)). 29

f) Anhörung. Nach § 16 I Nr. 3 RPflG entscheidet der Richter am Nachlassgericht. Nach Abs. 2 S. 3 soll das Nachlassgericht vor der Entscheidung die Beteiligten tunlichst hören. Diese Anhörungspflicht ist Ausdruck des Verfassungsgebotes des rechtlichen Gehörs (Art. 103 I GG). 30

g) Beschwerde. Gegen die Entscheidung des Nachlassgerichts ist die Beschwerde (§§ 58ff., 355 III FamFG) statthaft. Bei mehreren das Amt gemeinschaftlich führenden Testamentsvollstreckern ist jeder der Testamentsvollstrecker selbständig beschwerdeberechtigt (§ 355 III FamFG). Bei Zurückweisung des Antrags ist nur der unterlegene Antragsteller beschwerdeberechtigt (§ 59 II FamFG), mehrere das Amt gemeinschaftlich führende Testamentsvollstrecker müssen dann gemeinschaftlich handeln (MüKoBGB/*Zimmermann* Rn. 25). 31

§ 2217 Überlassung von Nachlassgegenständen

(1) ¹Der Testamentsvollstrecker hat Nachlassgegenstände, deren er zur Erfüllung seiner Obliegenheiten offenbar nicht bedarf, dem Erben auf Verlangen zur freien Verfügung zu überlassen. ²Mit der Überlassung erlischt sein Recht zur Verwaltung der Gegenstände.

(2) Wegen Nachlassverbindlichkeiten, die nicht auf einem Vermächtnis oder einer Auflage beruhen, sowie wegen bedingter und betagter Vermächtnisse oder Auflagen kann der Testamentsvollstrecker die Überlassung der Gegenstände nicht verweigern, wenn der Erbe für die Berichtigung der Verbindlichkeiten oder für die Vollziehung der Vermächtnisse oder Auflagen Sicherheit leistet.

1. Normzweck. Die Reglung des § 2217 betrifft das gesetzliche Rechtsverhältnis zwischen Testamentsvollstrecker und Erben. Bereits vor Beendigung der Verwaltung hat der Testamentsvollstrecker Nachlassgegenstände, deren er zur Erfüllung seiner Obliegenheiten offenbar nicht bedarf, dem Erben auf Verlangen zur freien Verfügung zu überlassen. Erst mit Überlassung der Nachlassgegenstände an den Erben (Freigabe) erlangt der Erbe die ihm gem. § 2205 entzogenen Verwaltungs- und Verfügungsrecht und die ihm nach § 2212 vorenthaltende aktive Prozessführungsbefugnis zurück. Da der Erbe jedoch möglichst frühzeitig die uneingeschränkte Verfügungsmacht über die Nachlassgegenstände erhalten soll, gewährt § 2217 dem Erben einen **Freigabeanspruch**. Der Erblasser kann jedoch den Freigabeanspruch des Erben einschränken oder gar ausschließen, da § 2220 nicht auf die Vorschrift des § 2217 verweist. § 2217 stellt somit vom Erblasser abdingbares Recht dar. Ein Testamentsvollstrecker kann auch dann, wenn keiner der Erben den Freigabeanspruch geltend machen will, zur Freigabe von Nachlassgegenständen berechtigt sein (vgl. *Keim* ZEV 2012, 450). Welche Gegenstände nicht zur Erfüllung seiner Obliegenheiten benötigt werden, liegt nach § 2216 I grds. im Ermessen des Testamentsvollstreckers. Darüber hinaus kann auch bei einer entsprechenden Vereinbarung mit den Erben eine wirksame Freigabe vorliegen. 1

2 § 2217 betrifft nur das **Innenverhältnis** zwischen Erben und Testamentsvollstrecker und regelt nur die Frage, unter welchen Voraussetzungen der Erbe die Freigabe verlangen kann. Ob der Testamentsvollstrecker zur Freigabe berechtigt ist, richtet sich nicht nach § 2217 (BGH NJW 1971, 1805 (1807)). Die Verpflichtung des Testamentsvollstreckers zur Herausgabe des Nachlasses bei Beendigung seines Amtes ergibt sich aus den §§ 2218, 667.

3 **2. Verpflichtung zur Überlassung.** Die Verpflichtung zur Überlassung von Gegenständen nach Abs. 1 S. 1 bezieht sich nur auf freigabefähige Nachlassgegenstände. Freigabefähige Nachlassgegenstände sind nur solche Gegenstände, die der Testamentsvollstrecker zur Erfüllung seiner Aufgabe **offenbar** nicht mehr benötigt. Im Streitfall muss dies ohne weitläufige Beweisaufnahme feststellbar sein (Palandt/*Weidlich* Rn. 3) bzw. mit solcher Evidenz feststehen, dass keine eingehende Beweiserhebung nötig ist (MüKoBGB/*Zimmermann* Rn. 3; OLG Köln ZEV 2000, 231 f.). Daraus folgt, dass die **Freigabefähigkeit** von dem Zweck der Testamentsvollstreckung abhängt. Nicht freigabefähig sind demnach alle Gegenstände, die zur Ausführung letztwilliger Verfügungen des Erblassers benötigt werden (§ 2203). Eine Freigabeverpflichtung nach § 2217 besteht auch hinsichtlich solcher Gegenstände, die der Testamentsvollstrecker aus **Rechtsgründen** nicht verwalten kann (BGH NJW 1954, 636).

4 **a) Abwicklungsvollstreckung.** Im Rahmen der Abwicklungsvollstreckung benötigt der Testamentsvollstreckung diejenigen Gegenstände, die zur Ausführung letztwilliger Verfügungen erforderlich sind, also insbes. die Gegenstände, die zur Erfüllung von Vermächtnissen, Auflagen und Nachlassverbindlichkeiten benötigt werden (Palandt/*Weidlich* Rn. 1; MüKoBGB/*Zimmermann* Rn. 3). Daher ist ein Freigabeanspruch nicht gegeben, solange der Nachlassgegenstand vom Testamentsvollstrecker zur Erfüllung seiner steuerrechtlichen Pflichten benötigt wird. Überlässt der Testamentsvollstrecker einen solchen Nachlassgegenstand dennoch dem Erben, so kann der Testamentsvollstrecker persönlich zur **Steuerzahlung** herangezogen werden (§§ 34, 69 AO; §§ 31 V, 32 I ErbStG; MüKoBGB/*Zimmermann* Rn. 10).

5 **b) Auseinandersetzung.** Ist die Auseinandersetzung unter den Miterben zu bewirken (§ 2204), so benötigt der Testamentsvollstrecker hierzu alle Nachlassgegenstände, sofern nicht alle Erben den Ausschluss der Auseinandersetzung vereinbaren (MüKoBGB/*Zimmermann* Rn. 3 mwN).

6 **c) Verwaltungs- und Dauervollstreckung.** Bei der Verwaltungs- und Dauervollstreckung (§ 2209) besteht bis zu deren Beendigung grds. keine Freigabeverpflichtung (MüKoBGB/*Zimmermann* Rn. 3 mwN). Doch auch hier muss der Zweck der Testamentsvollstreckung beachtet werden. Eine Freigabepflicht ist zu bejahen, wenn es gegenständlich nichts mehr iSd Anordnung des Erblassers zu verwalten gibt (MüKoBGB/*Zimmermann* Rn. 3 mwN). Anders ist dies zu bewerten, wenn eine Dauertestamentsvollstreckung bestimmt und Erbe eine Stiftung ist. Da es bei einer Stiftung unabdingbar ist, dass die Stiftungsorgane den Vermögensstock verwalten, ist der Testamentsvollstrecker bei einer Dauertestamentsvollstreckung zur Freigabe nach § 2217 I 1 verpflichtet (OLG Frankfurt a. M. DNotZ 2012, 217 = ZEV 2011, 609 mAnm *Reimann* (NZB vom BGH zurückgewiesen); *Neuhoff* ZErb 2013, 81; aA *Schewe* ZEV 2012, 236; *Ponath/Jestaedt* ZErb 2012, 253).

7 **d) Nutzungen.** Auf Nutzungen ist § 2217 nicht anzuwenden. Die Frage, ob Nutzungen aus Nachlassgegenständen dem Erben herauszugeben sind, richtet sich nach dem Grundsatz der ordnungsmäßigen Verwaltung nach § 2216 I (BGH NJW-RR 1988, 386; → § 2216 Rn. 12).

8 **e) Belastung eines Nachlassgegenstandes.** Eine teilweise Freigabe in dem Sinne, dass der Testamentsvollstrecker die Belastung eines Nachlassgegenstandes gestattet, ist nicht möglich. In diesem Fall bedarf es der vollständigen Freigabe oder der Einwilligung des Testamentsvollstreckers in die Belastung (MüKoBGB/*Zimmermann* Rn. 4).

9 **3. Freigabeanspruch.** Der Freigabeanspruch nach § 2217 ist abtretbar und pfändbar. Auf den Nachlassgegenstand selbst können die Erbengläubiger jedoch erst nach Freigabe zugreifen. Ein Zurückbehaltungsrecht wegen seines Vergütungsanspruchs steht dem Testamentsvollstrecker nicht zu (BeckOK BGB/*Lange* Rn. 5 mwN; aA Palandt/*Weidlich* Rn. 3). Mehrere Miterben müssen den Anspruch gemeinsam geltend machen, weil seine Geltendmachung den Charakter einer Verfügung über den verlangten Nachlassgegenstand hat (§ 2040 I). Demnach ist § 2039 unanwendbar, da der Freigabeanspruch nicht zum Nachlass gehört, sondern im Rechtsverhältnis des Erben zum Testamentsvollstrecker selbst begründet ist (MüKoBGB/*Zimmermann* Rn. 5; aA *Muscheler* ZEV 1996, 401 f.: jeder Erbe kann allein Freigabe an alle Erben verlangen). Die Klage ist gegen den Testamentsvollstrecker persönlich und nicht als Partei kraft Amtes zu richten, da es um sein Verwaltungsrecht geht. Folglich hat der unterlegene Testamentsvollstrecker die Prozesskosten zu tragen, ohne Erstattung aus dem Nachlass verlangen zu können, es sei denn, seine Verteidigung war vertretbar (MüKoBGB/*Zimmermann* Rn. 5; *Garlichs* ZEV 1996, 447 (448)).

10 **4. Freigabe.** Die Freigabe wird durch formlose einseitige empfangsbedürftige Erklärung des Verzichts auf das Verwaltungs- und Verfügungsrecht über den betreffenden Nachlassgegenstand ausgeübt (Palandt/*Weidlich* Rn. 5). Die Freigabe kann sich auch **konkludent** aus den Umständen ergeben, sofern zum Ausdruck gelangt, dass der Testamentsvollstrecker den Gegenstand endgültig aus seiner Verfügungsmacht entlassen wollte, etwa durch Überlassung eines Handelsgeschäfts an den Erben zur Führung im eigenen Namen (BGH NJW 1954, 636 (637)), durch Verteilung des Verkaufserlöses bei Teilauseinandersetzung (BayObLG DNotZ 1993, 399) oder durch die Ermächtigung des Erben, ein Nachlassrecht gerichtlich geltend zu machen (MüKoBGB/*Zimmermann* Rn. 7). Eine Freigabe liegt nicht vor, wenn der

Testamentsvollstrecker einen Nachlassgegenstand dem Erben nur zur Verwaltung und Nutznießung überlässt. Die Verfügungsbefugnis bleibt in diesem Fall bei dem Testamentsvollstrecker (Palandt/*Weidlich* Rn. 5). Ebenso wenig genügt die bloße Zustimmung des Testamentsvollstreckers zur Eintragung eines Vorkaufsrechts an einem Nachlassgrundstück (OLG Düsseldorf NJW 1963, 162).

Parallelen ergeben sich zur sog. „Freigabe" durch den Insolvenzverwalter. Die **Freigabe des Insolvenzverwalters** erfolgt ebenfalls im Wege einer formlosen einseitigen empfangsbedürftigen Willenserklärung (Reul/Heckschen/Wienberg InsR/*Gehlich* § 8 Rn. 138 f.). Eine echte Freigabe löst den Gegenstand vollständig und dauerhaft aus der Insolvenzmasse. Im Falle der Veräußerung durch den Schuldner unterliegt der Erlös damit auch nicht dem Insolvenzbeschlag (Reul/Heckschen/Wienberg InsR/*Gehlich* § 8 Rn. 123). Davon zu unterscheiden ist die sog. modifizierte Freigabe, bei der der Insolvenzverwalter einen freigegebenen Gegenstand zur Verfügung überlässt, dessen Wert jedoch in die Masse fällt (vgl. Reul/Heckschen/Wienberg InsR/*Gehlich* § 8 Rn. 123).   11

Der Freigabenachweis ist gegenüber dem **Grundbuchamt** in der Form des § 29 GBO nachzuweisen (OLG Hamm MittBayNot 1973, 105 f.). Ist dies der Fall, hat das Grundbuchamt den Testamentsvollstreckervermerk (§ 52 GBO) im Wege der Grundbuchberichtigung (§ 22 GBO) zu löschen, ohne dass dem Grundbuchamt die Prüfung der Freigabeberechtigung obliegt (MüKoBGB/*Zimmermann* Rn. 7).   12

5. Wirkung. Mit der Freigabe verliert der Testamentsvollstrecker mit dinglicher Wirkung seine Verwaltungs-, Verfügungs- und Prozessführungsrecht bzgl. der freigegebenen Gegenstände (Abs. 1 S. 2) und die Erbengläubiger können auf den Nachlassgegenstand zugreifen (§ 2214). Dies gilt selbst dann, wenn die Freigabe rechtsgrundlos oder entgegen der Anordnungen des Erblassers erfolgte (BGH NJW 1971, 1805). Dagegen bewirkt die Veräußerung der streitbefangenen Sache im prozessualen Sinne des § 265 ZPO keine Freigabe (MüKoBGB/*Zimmermann* Rn. 8).   13

6. Rechtsgrundlose Freigabe. Erfolgte die Freigabe, obwohl die materiell-rechtlichen Voraussetzungen für einen Freigabeanspruch des Erben aus § 2217 nicht vorlagen, ist die Freigabe dinglich wirksam. Im Falle einer schuldhaften Pflichtverletzung bei der Freigabeentscheidung haftet der Testamentsvollstrecker dem Erben und ggf. einem Vermächtnisnehmer auf Schadensersatz aus § 2219. Hat der Testamentsvollstrecker einen vermeintlichen Freigabeanspruch erfüllt, ohne den Mangel der Freigabepflicht zu kennen (§ 814), kann er nach § 812 I 1 vom Erben die Wiederherstellung seines Verwaltungsrechts, bei Unmöglichkeit der Herausgabe des freigegebenen Gegenstands Wertersatz nach § 818 II verlangen (BGH Beschl. v. 10.5.2017 – XII ZB 614/16, BeckRS 2017, 113026 Rn. 18; BGH NJW 1954, 636 (637); 1957, 1026 (1027); MüKoBGB/*Zimmermann* Rn. 9).   14

Nach **Abs. 2** kann der Testamentsvollstrecker wegen Nachlassverbindlichkeiten, die nicht auf einem Vermächtnis oder einer Auflage beruhen, sowie wegen bedingter und betagter Vermächtnisse oder Auflagen die Überlassung der Gegenstände nicht verweigern, wenn der Erbe für die Berichtung der Verbindlichkeiten oder für die Vollziehung der Vermächtnisse oder Auflagen Sicherheit leistet. Abs. 2 räumt dem Erben also die Möglichkeit ein, die Überlassung eines Nachlassgegenstandes trotz fehlender Freigabeverpflichtung zu erreichen. Nach wohl hM findet Abs. 2 bei auflösend bedingten Vermächtnissen keine Anwendung, da der Nachlassgegenstand für die Vollziehung der Vermächtnisse sofort benötigt wird, auch wenn er ggf. mit Bedingungseintritt an einen Dritten herauszugeben (§ 2191) oder an den Erben zurückzugewähren ist (MüKoBGB/*Zimmermann* Rn. 11; aA Soergel/*Damrau* Rn. 12). Für die **Sicherheitsleistung** gelten die §§ 232 ff. Berechtigter iSd § 233 ist der Testamentsvollstrecker. Die Sicherheit kann auch dem Nachlassgläubiger, Vermächtnisnehmer oder Auflagenberechtigten gegenüber geleistet werden und ist dann aber dem Testamentsvollstrecker nachzuweisen (Palandt/*Weidlich* Rn. 3; MüKoBGB/*Zimmermann* Rn. 11; Staudinger/*Reimann* Rn. 24). Der Erblasser kann den Testamentsvollstrecker von der erweiterten Freigabepflicht des Abs. 2 befreien. Eine Befreiung des Erben durch Sicherheitsleistung von der Testamentsvollstreckung als solcher ist selbstverständlich nicht möglich.   15

§ 2218 Rechtsverhältnis zum Erben; Rechnungslegung

(1) **Auf das Rechtsverhältnis zwischen dem Testamentsvollstrecker und dem Erben finden die für den Auftrag geltenden Vorschriften der §§ 664, 666 bis 668, 670, des § 673 Satz 2 und des § 674 entsprechende Anwendung.**

(2) **Bei einer länger dauernden Verwaltung kann der Erbe jährlich Rechnungslegung verlangen.**

1. Normzweck. Den Testamentsvollstrecker verbindet mit dem Erben ein **gesetzliches Schuldrechtsverhältnis eigener Art,** welches auf dem Willen des Erblassers beruht und durch das Gesetz ausgestaltet wird (BGH NJW 1959, 1429 (1430)). §§ 2218 u. 2226 verweisen auf einzelne Bestimmungen des Auftragsrechts. Dennoch ist das Rechtsverhältnis kein Auftragsverhältnis, vor allem ist der Testamentsvollstrecker dem Erben gegenüber nicht weisungsgebunden (BGH NJW 1959, 1429 (1430); → Vor § 2197 Rn. 2). Die übrigen auftragsrechtlichen Bestimmungen der §§ 665, 669, 671 I, §§ 672, 673 S. 1 sind nicht anwendbar.   1

2. Allgemeines. Der Erblasser kann den Testamentsvollstrecker von den Verpflichtungen aus § 2218 nicht befreien (§ 2220). Der Erbe kann jedoch auf Rechte verzichten und mit dem Testamentsvollstrecker weitergehende Vereinbarungen treffen (Palandt/*Weidlich* Rn. 1). Diese **Gestaltungsfreiheit** ist jedoch   2 nicht unbeschränkt und findet ihre Grenze dort, wo die gesetzlichen Grundlagen des Testamentsvollstreckeramtes tangiert werden (MüKoBGB/*Zimmermann* Rn. 2 mwN).

3 Die **Ansprüche aus § 2218** sind gegen den Testamentsvollstrecker persönlich zu richten, weil er in diesen Fällen nicht Repräsentant des Nachlasses ist (BGH NJW 1964, 1316 (1317)). Jeder Miterbe kann allein, aber nur auf Leistung an alle Erben klagen (BGH NJW 1965, 396).

4 **3. Anspruchsinhaber. a) Erbe.** § 2218 bezieht sich nach dem Wortlaut nur auf das Rechtsverhältnis des Testamentsvollstreckers zum Erben. Hierzu zählt auch der **Vorerbe**. Grundsätzlich ist der **Nacherbe** erst mit dem Eintritt der Nacherbfolge an dem Rechtsverhältnis mit dem Testamentsvollstrecker beteiligt. Lediglich die Sondervorschrift des § 2127 gewährt dem Nacherben bereits vor Eintritt des Nacherbfalls einen Auskunftsanspruch zum Bestand der Erbschaft gegenüber dem Testamentsvollstrecker, sofern durch die Verwaltung eine erhebliche Verletzung seiner Rechte als Nacherbe zu besorgen ist (MüKoBGB/*Zimmermann* Rn. 4). Dagegen haben **Pflichtteilsberechtigte** keine Rechte aus § 2218. § 2218 I gilt sinngemäß auch für das Rechtsverhältnis zwischen Erben und dem Amtsnachfolger des Testamentsvollstreckers (BGH NJW 1972, 1660).

5 **b) Vermächtnisnehmer.** Gegenüber dem Vermächtnisnehmer bestehen zwar grds. keine Verpflichtungen aus § 2218. Der Vermächtnisnehmer hat aber dann einen Anspruch auf Auskunftserteilung und Rechnungslegung, wenn ein solcher ausdrücklich oder konkludent mitvermacht wurde. Dies ist insbes. dann zu bejahen, wenn der Vermächtnisgegenstand nur auf diesem Wege bestimmt werden kann, zB wenn sich das Vermächtnis auf einen Sachinbegriff mit wechselndem Bestand oder auf eine bestimmte Quote aus dem Nachlass oder auf eine andere Bezugsgröße bezieht (OLG Oldenburg ZEV 2001, 276 (277)). Darüber hinaus wird dem Vermächtnisnehmer ein Anspruch auf Erstellung eines Nachlassverzeichnisses und Auskunftserteilung zuerkannt, wenn ihm zugleich der Nießbrauch am Nachlass eingeräumt wurde (Bonefeld/Wachter FA ErbR/*Bonefeld* § 17 Rn. 88).

6 **c) Erwerber und Pfändungsgläubiger.** Erwerber und Pfändungsgläubiger des Erbteils sind ebenfalls auskunfts- und rechenschaftsberechtigt (Bonefeld/Wachter FA ErbR/*Bonefeld* § 17 Rn. 89). Wird die Erbschaft im Wege des Erbschaftskaufs (§ 2371) an einen Dritten verkauft, gehen mit dinglichem Vollzug des schuldrechtlichen Vertrages die Informationsrechte als Nebenrechte entsprechend §§ 401, 413 durch Einzelübertragung der Rechte und Sachen über (Palandt/*Weidlich* § 2371 Rn. 3).

7 **4. Testamentsvollstrecker. a) Testamentsvollstrecker als gesetzlicher Vertreter.** Ist der Testamentsvollstrecker zugleich gesetzlicher Vertreter, ist fraglich, ob hinsichtlich der Rechte aus § 2218 immer ein Pfleger gem. § 1909 bestellt werden muss. Der Testamentsvollstrecker ist gem. § 2218 I iVm § 666 verpflichtet, den Erben unaufgefordert die erforderlichen Nachrichten zu geben, sowie auf Verlangen Auskunft zu erteilen und gem. § 2218 II bei länger als ein Jahr dauernder Testamentsvollstreckung Rechnung zu legen. Über diese Rechte des minderjährigen Erben hat der gesetzliche Vertreter zu wachen und ggf. Ansprüche geltend zu machen. Nach **früherer Rspr.** (OLG Nürnberg ZEV 2002, 158; OLG Hamm FamRZ 1993, 1122 = MittBayNot 1994, 53; BayObLG Rpfleger 1977, 440) folgte aus dieser Doppelstellung als Testamentsvollstrecker einerseits und als gesetzlicher Vertreter andererseits zwingend ein erheblicher Interessengegensatz iSv § 1629 II iVm § 1796, der die Wahrnehmung der Aufgaben beider Ämter durch ein und dieselbe Person ausschließen sollte. Nach dieser Auffassung war stets ein Ergänzungspfleger zu bestellen. Begründet wurde dies vor allem mit der These, niemand sein eigener Aufseher sein kann (OLG Hamm MittBayNot 1994, 53 (54)). Diese pauschale Begründung steht in Widerspruch zu der zutreffenden Erkenntnis des OLG Hamm (MittBayNot 1994, 53 (54)) in eben dergleichen Entscheidung, nach der die Bejahung des erheblichen Interessengegensatzes einen konkreten und gegenwärtigen Anlass voraussetzt (*Schmidt* MittBayNot 1994, 55 (56), so jetzt auch BGH ZEV 2008, 330 = NJW-RR 2008, 963).

8 In der **Lit.** wurde jedoch vermehrt die Ansicht vertreten, dass die Bestellung eines Ergänzungspflegers zumindest in den Fällen des § 1640 entbehrlich sei, da hier das betreffende Elternteil unabhängig von seiner Stellung als Testamentsvollstrecker ohnehin verpflichtet sei, ein Verzeichnis über das ererbte Vermögen zu erstellen und dieses mit der Versicherung und Vollständigkeit dem Familiengericht vorzulegen. Auf diese Weise ist der minderjährige Erbe ausreichend geschützt (*Damrau* ZEV 1994, 1; *Schlüter* ZEV 2002, 158 mwN). § 1796 kann nach der vertretenen Auffassung auch bei der Aufstellung von Nachlassverzeichnissen (§ 2215) sowie im Rahmen der Auskunftspflichten (§§ 2218, 666) nicht herangezogen werden. Die Aufstellung von Nachlassverzeichnissen, die Erteilung von Rechnungslegungen und Auskünften und deren Entgegennahme sind keine Willenserklärungen, sondern geschäftsähnliche Handlungen. Die Regelungen zur Stellvertretung können allenfalls analog angewandt werden. Eine derartige Analogie wäre jedoch mit den gesetzgeberischen Zielen der Reformgesetze der letzten Jahren, welche gerade auch die Stärkung der Elternverantwortung und die Einschränkung gerichtlicher Kontrollbefugnisse bezwecken, nicht in Einklang zu bringen (*Schlüter* ZEV 2002, 158 (159) mwN). Gegen die Ergänzungspflegerbestellung bei minderjährigen Erben spricht weiter, dass der gesetzliche Vertreter für die Dauer seiner elterlichen Gewalt mit Ausnahme der Missbrauchsfällen der §§ 1666, 1667 dem Vormundschaftsgericht gegenüber nicht rechenschaftspflichtig ist (Bonefeld/Wachter FA ErbR/*Bonefeld* § 17 Rn. 93; *Schlüter* ZEV 2002, 158 (159) mwN).

9 Das OLG Zweibrücken hatte in Abweichung zur vorgehenden Rspr. die umstrittene Frage, ob aufgrund der Doppelstellung von Eltern als Testamentsvollstrecker und zugleich gesetzlicher Vertreter des Erben mit Rücksicht auf § 1629 I 3 iVm § 1796 immer ein Ergänzungspfleger zu bestellen sei, verneint

(OLG Zweibrücken ZEV 2007, 333). Der **BGH** hat dies grds. bestätigt und festgestellt, dass die generelle Anordnung einer Ergänzungspflegschaft unzulässig sei, es aber im Einzelfall im richterlichen Ermessen liegt, ob eine Ergänzungspflegschaft zur Wahrnehmung der Rechte des Minderjährigen angeordnet werden muss (BGH ZEV 2008, 330 = NJW-RR 2008, 963 = MittBayNot 2008, 297). Einer Ergänzungspflegschaft bedarf es insbes. zB dann nicht, wenn auf Grund der bisherigen Erfahrungen und des engen persönlichen Verhältnisses zwischen Vater und Kind kein Anlass zur Annahme besteht, der Vater werde unbeschadet seiner eigenen Interessen die Belange des Kindes nicht in gebotenem Maße fördern (BGH ZEV 2008, 330 = NJW-RR 2008, 963 = MittBayNot 2008, 297).

Mit der Begründung seiner Entscheidung hat der BGH der **Praxis** neue Probleme bereitet, da nicht abzusehen ist, wie die Amtsgerichte mit dieser Entscheidung künftig umgehen werden. Daher sollte weiterhin im Testament Vorsorge getroffen werden: zB durch die Ermächtigung des Testamentsvollstreckers zur Bestellung eines Mittestamentsvollstreckers für den Fall, dass das Gericht ansonsten auf die Bestellung eines Ergänzungspfleger besteht (*Odersky* Notar 2009, 296 (299)). 10

b) **Ergänzungspfleger zur Vermögenssorge.** Eine ähnliche Frage besteht darin, ob es möglich ist, dass Testamentsvollstrecker und Ergänzungspfleger personenidentisch sein können. Der Erblasser kann dies in einer letztwilligen Verfügung bestimmen, um bspw. bei geschiedenen Ehegatten zu verhindern, dass der andere Elternteil Einfluss auf sein Vermögen im Todesfalle hat, § 1638 I. Das OLG Hamm entschied, dass eine solche Verfügung grundsätzlich wirksam sei (Beschl. v. 15.5.2017 – 7 WF 240/16, BeckRS 2017, 113582). Widerspräche allerdings der Minderjährige der Bestellung der vom Erblasser als Ergänzungspfleger berufenen Person, so entfalle die Bindung des Gerichts an die Benennung durch den Erblasser, so dass dem Gericht nach § 1779 II ein Ermessen bei der Auswahl des Ergänzungspflegers eingeräumt sei (OLG Hamm Beschl. v. 15.5.2017 – 7 WF 240/16, BeckRS 2017, 113582). In der Praxis sollte daher bedacht werden, dass auch hier die Entscheidung im Ermessen des Gerichts liegt. Deshalb sollte dazu geraten werden verschiedene Personen als Pfleger bzw. Testamentsvollstrecker in der letztwilligen Verfügung zu benennen (OLG Hamm MittBayNot 2018, 46 mit Anm. Ott MittBayNot 2018, 49). 11

5. § 664. Der Testamentsvollstrecker hat sein Amt höchstpersönlich auszuführen und kann es somit nicht auf einen Dritten übertragen, auch nicht mit Zustimmung des Erben (RGZ 81, 166 (170)). Ist der Testamentsvollstrecker berechtigt, einen Nachfolger zu ernennen, kann er sein Amt kündigen und einen Nachfolger ernennen (§§ 2226, 2199 II). Das **Übertragungsverbot** gilt grds. auch für die Übertragung der Ausführung der Testamentsvollstreckeraufgaben an einen Dritten zu dessen eigener Verantwortung (Substitution). Einzelne Aufgaben zur selbständigen Ausführung kann der Testamentsvollstrecker jedoch mit Einwilligung des Erblassers übertragen. Die Einwilligung kann sich auch aus den Umständen unter Berücksichtigung der ordnungsgemäßen Verwaltung ergeben (Palandt/*Weidlich* Rn. 2). Ist die Substitution gestattet, so haftet der Testamentsvollstrecker nur für Auswahl- und Aufsichtsverschulden (§ 664 I 2). War die Übertragung dagegen nicht gestattet, so haftet er für jeden Schaden, der nicht entstanden wäre, wenn der Testamentsvollstrecker selbst gehandelt hätte (MüKoBGB/*Zimmermann* Rn. 5). 12

a) **Erfüllungsgehilfen.** In den Grenzen einer ordnungsgemäßen Verwaltung kann sich der Testamentsvollstrecker eines Erfüllungsgehilfen bedienen. Dabei haftet der Testamentsvollstrecker für eigenes Verschulden bei der Auswahl, Anweisung und Aufsicht sowie gem. § 664 I 3 für (fremdes) Gehilfenverschulden nach § 278 (BeckOK BGB/*Lange* Rn. 4). 13

b) **Selbständige Vertragspartner.** Bei Aufgaben, die der Testamentsvollstrecker entsprechend dem Willen des Erblassers nicht selbst zu erledigen, sondern nur zu veranlassen hat, kann er sich selbständiger Vertragspartner (zB Handwerker, Rechtsanwälte, Steuerberater) bedienen. Hierbei haftet der Testamentsvollstrecker nur für sorgfältige Auswahl, Anweisung und Aufsicht. Der Testamentsvollstrecker kann bei gegebener eigener Qualifikation den Auftrag selbst übernehmen und dann auch ein angemessenes Entgelt verlangen, sofern dem nicht der Erblasserwillen entgegensteht (MüKoBGB/*Zimmermann* Rn. 6). 14

c) **Vollmachten.** Unstreitig kann der Testamentsvollstrecker Vollmachten für einzelne Geschäfte oder Geschäftsbereiche an Dritte erteilen (zB Bankvollmacht, Prozessvollmacht, Vermietungsvollmacht), sofern dies in den Grenzen ordnungsmäßiger Verwaltung geschieht. Führt der Testamentsvollstrecker im eigenen Namen für den Erben ein Handelsgeschäft fort, so kann er Prokura erteilen (MüKoBGB/ *Zimmermann* Rn. 7). Nach überwiegender Meinung kann der Testamentsvollstrecker auch eine Generalvollmacht erteilen, wenn kein entgegenstehender Wille erkennbar ist und die Erteilung der Generalvollmacht keine verbotene Vollübertragung der Amtsausführung darstellt. Die interne Entscheidungsbefugnis gegenüber dem Generalbevollmächtigten muss beim Testamentsvollstrecker verbleiben. Die Vollmacht muss jederzeit widerrufbar sein (MüKoBGB/*Zimmermann* Rn. 7). Vollmachtgeber ist in allen Fällen der Testamentsvollstrecker und nicht der Erbe. Gem. § 168 erlischt mit Wegfall der Testamentsvollstreckung insgesamt auch die Vollmacht (OLG Düsseldorf ZEV 2001, 281 (282)). Der Testamentsvollstrecker kann nicht durch eine Vollmacht mehr Rechte übertragen, als ihm selbst zustehen (*Winkler* ZEV 2001, 282 (284) mit Verweis auf § 2368 III, wonach mit Beendigung des Amtes des Testamentsvollstreckers sogar mit öffentlichem Glauben versehene Zeugnis kraftlos wird). Er kann somit den Bevollmächtigten auch nicht von den Beschränkungen gem. § 181 befreien, wenn er selbst eine solche Rechtsmacht nicht innehat (→ § 2205 Rn. 6). Die Frage, ob die Vollmacht mit dem Wechsel des Amtsträgers erlischt, wenn die Testamentsvollstreckung als solche fortbesteht, wurde zwar im Nichtannahmebe- 15

10 BGB § 2218   Buch 5. Abschnitt 3. Titel 6. Testamentsvollstrecker

schluss des BGH (ZEV 2001, 282) ausdrücklich offengelassen, sie wird aber im Schrifttum überwiegend verneint (*Winkler* ZEV 2001, 282 (283 f.); MüKoBGB/*Zimmermann* Rn. 7; Palandt/*Weidlich* Rn. 2; zur vergleichbaren Konstellation der Auswechslung des Insolvenzverwalters vgl. Reul/Heckschen/Wienberg InsR/*Heckschen* § 7 Rn. 34 f. und des Verwalters Palandt/*Ellenberg* § 168 Rn. 4).

16   **d) § 664 II.** Entsprechend § 664 II kann der Erbe seine Rechtsstellung gegenüber dem Testamentsvollstrecker nicht im Ganzen auf einen anderen übertragen. Die Übertragung von Einzelansprüchen, zB die Abtretung des Anspruchs aus § 2217 I auf die Freigabe von Nachlassgegenständen, ist dagegen möglich (MüKoBGB/*Zimmermann* Rn. 8). Der Erwerber oder Pfändungsgläubiger eines Erbteils kann Ansprüche auf Auskunft und Rechnungslegung als mitübergegangen bzw. mitgepfändet (§ 401 I, § 859 II ZPO) gegen den Testamentsvollstrecker geltend machen (Staudinger/*Reimann* Rn. 17).

17   **6. Auskunftserteilung.** § 2218 iVm **§ 666** enthält die Pflicht des Testamentsvollstreckers zur Auskunftserteilung im weiteren Sinne und umfasst im Wesentlichen drei Arten von Informationspflichten, nämlich die Benachrichtigungspflicht, die Auskunftspflicht und die Pflicht zur Rechenschaftslegung (vgl. ausf. *Sarres* ZEV 2000, 90).

18   **a) Benachrichtigung.** Der Testamentsvollstrecker hat gem. § 2218, **§ 666 Alt. 1** den Erben über die je nach Lage des Einzelfalls rechtserheblichen und wirtschaftlich bedeutsamen Vorgänge unverzüglich und unaufgefordert zu benachrichtigen (*Sarres* ZEV 2000, 90 (91) mwN).

19   **b) Auskunft zum Stand der Verwaltung.** Den Erben ist auf dessen Aufforderung Auskunft über den Stand der Verwaltung nach **§ 666 Alt. 2** zu erteilen. § 666 Alt. 2 tritt neben § 2215. Die Auskunftspflicht erstreckt sich im Einzelfall, insbes. bei bevorstehenden Risikogeschäften, auf bevorstehende Geschäfte (MüKoBGB/*Zimmermann* Rn. 10). In einfachen Fällen soll die mündliche Auskunftserteilung genügen (*Sarres* ZEV 2000, 90 (91) mwN). Nach OLG München (FamRZ 1995, 737) ist die Auskunft eine Wissenserklärung, die der Schriftform bedarf und vom Auskunftspflichtigen persönlich zu unterzeichnen ist. Der Nacherbentestamentsvollstrecker (§ 2222) hat den Nacherben unter Umständen schon vor dem Nacherbfall und selbst dann, wenn er zugleich als Testamentsvollstrecker zur Verwaltung des Nachlasses während der Vorerbschaft eingesetzt ist, auf Verlangen Auskunft zu erteilen (BGH NJW 1995, 456).

20   **c) Rechenschaftslegung.** Nur auf Verlangen ist der Testamentsvollstrecker zur Rechenschaftslegung verpflichtet. Unter Rechenschaftslegung ist die Mitteilung einer geordneten, übersichtlichen und schriftlichen Zusammenstellung von Aktiva und Passiva unter Vorlage der üblichen Belege zu verstehen (§ 259).

21   **aa) Anforderungen an die Rechenschaftslegung.** Die Pflicht zur Rechenschaftslegung geht in Bezug auf die Informationsdichte und -intensität über die Auskunftspflicht hinaus. Die Anforderungen an die Rechenschafslegung ergeben sich aus der Übersichtlichkeit, Transparenz und Belegbarkeit der wirtschaftlichen Vorgänge (*Sarres* ZEV 2000, 90 (92)). Art und Ausmaß der Rechenschaftslegung sind einzelfallbezogen und werden vom Umfang des Nachlasses unter Berücksichtigung des Rechnungszwecks einerseits und der Zumutbarkeit andererseits bestimmt (MüKoBGB/*Zimmermann* Rn. 12).

22   **bb) Zeitpunkt.** Zeitlich hat die Rechenschaftslegung nach Erfüllung der Testamentsvollstreckeraufgaben zu erfolgen. Im Einzelfall kann diese Verpflichtung bereits nach einer Einzelaufgabe bestehen (MüKoBGB/*Zimmermann* Rn. 11). Da die Schlussabrechnung grds. den Abschluss der dem Testamentsvollstrecker obliegenden Pflichten darstellt, ist der Testamentsvollstrecker gegenüber seinem Vergütungsanspruch vorleistungspflichtig und kann mithin kein Zurückbehaltungsrecht geltend machen (MüKoBGB/*Zimmermann* Rn. 11).

23   **cc) Jährliche Rechnungslegung.** Gem. **§ 2218 II** kann der Erbe bei einer länger als ein Jahr dauernden Testamentsvollstreckung jährliche Rechnungslegung verlangen. Dies gilt unabhängig davon, ob es sich um eine Verwaltungs-, Dauer oder reine Abwicklungsvollstreckung handelt. Strittig ist, ob die §§ 1840, 1841 entsprechend herangezogen werden können (MüKoBGB/*Zimmermann* Rn. 12; Bonefeld/Wachter FA ErbR/*Bonefeld* § 17 Rn. 128 mwN).

24   **dd) Eidesstattliche Versicherung.** Liegen die Voraussetzungen der §§ 259 II, 260 II vor, ist der Testamentsvollstrecker zur Abgabe einer eidesstattlichen Versicherung verpflichtet (MüKoBGB/*Zimmermann* Rn. 13). Den Anspruch auf Rechnungslegung einschließlich des Anspruchs auf Abgabe der eidesstattlichen Erklärung kann jeder **Miterbe** allein in der Weise geltend machen, dass er Leistung an alle Miterben verlangt (BGH NJW 1965, 396). Bei einem **Testamentsvollstreckerwechsel** kann der Nachfolger von seinem Vorgänger verlangen, Rechenschaft zu legen (BGH NJW 1972, 1660).

25   **7. Herausgabepflicht.** Gem. § 2218 iVm **§ 667** hat der Testamentsvollstrecker nach Beendigung des Amtes den vollständigen Nachlass nebst Surrogaten und einschließlich der Unterlagen seiner Amtsführung an die Erben herauszugeben (BGH NJW 1972, 1660). § 260 findet Anwendung. Der Testamentsvollstrecker hat dem Erben ein Bestandsverzeichnis vorzulegen und ggf. die Vollständigkeit an Eides Statt zu versichern (MüKoBGB/*Zimmermann* Rn. 16). Der Erbe kann den Anspruch auf Auskunft, Abgabe einer eidesstattlichen Versicherung und Herausgabe im Wege einer Stufenklage geltend machen (vgl. *Roth* NJW-Spezial 2012, 295). Allerdings genügt die Bezugnahme auf das nach § 2215 mitgeteilte Anfangsverzeichnis, sofern dies noch zutrifft (Palandt/*Weidlich* Rn. 4). Die Herausgabepflicht nach Beendigung des Amtes nach §§ 2218, 667 ist von der Freigabeverpflichtung aus § 2217 während laufender Verwaltung hinsichtlich einzelner Nachlassgegenstände zu unterscheiden (MüKoBGB/*Zimmermann* Rn. 16). Der Herausgabeanspruch des Erben aus § 667 ist ebenfalls abtretbar und pfändbar.

Dem Erben steht mit Rücksicht auf seinen Herausgabeanspruch ein **Zurückbehaltungsrecht** gem. 26
§§ 273, 274 gegen die Ansprüche auf Aufwendungsersatz und Vergütung des Testamentsvollstreckers zu. Der Testamentsvollstrecker seinerseits hat wegen seiner Ansprüche auf Aufwendungsersatz und Vergütung ein Zurückbehaltungsrecht gegenüber den Anspruch auf Herausgabe seitens des Erben (MüKoBGB/*Zimmermann* Rn. 16).

Die Herausgabepflicht erstreckt sich auch auf einen vom Testamentsvollstrecker treuhänderisch übernommenen **Gesellschaftsanteil** an einer Personenhandelsgesellschaft, wobei die Übertragung des Gesellschaftsanteils auf den Erben nicht der Zustimmung der Gesellschafter bedarf (MüKoBGB/*Zimmermann* Rn. 17). 27

8. Zinsen. Hat der Testamentsvollstrecker Nachlassgelder für sich verwendet, so sind diese nach 28
§ 2218 iVm § 667 mit dem gesetzlichen Zinssatz von 4 % (§ 246) unabhängig von einer Bösgläubigkeit des Testamentsvollstreckers zu verzinsen (MüKoBGB/*Zimmermann* Rn. 18). Unter den Voraussetzungen der §§ 2219, 288 kann sich darüber hinaus ein höherer Verzugszinssatz ergeben. Ansprüche auf Zahlungen von Zinsen sind gegen den Testamentsvollstrecker persönlich zu richten.

9. Aufwendungsersatz. Nach § 2218 iVm **§ 670** ist der Erbe zum Ersatz verpflichtet, wenn der Testamentsvollstrecker zum Zwecke der Ausführung der ihm übertragenen Aufgaben Aufwendungen tätigte, die er den Umständen nach für erforderlich halten durfte. Dieser Aufwendungsersatzanspruch ist im Gegensatz zu dem Vergütungsanspruch nach § 2221 gem. § 271 sofort fällig. Der Aufwendungsersatzanspruch ist als Nachlassverbindlichkeit iSd § 1967 zu qualifizieren und stellt daher im Nachlassinsolvenzverfahren gem. § 324 I Nr. 6 InsO eine Masseverbindlichkeit dar (Bonefeld/Wachter FA ErbR/*Bonefeld* § 17 Rn. 135). Da der Testamentsvollstrecker zur Selbstentnahme aus dem Nachlass berechtigt ist (§ 2205) ist keine Vorschusspflicht des Erben erforderlich. § 2218 verweist zu Recht nicht auf § 669 (Bonefeld/Wachter FA ErbR/*Bonefeld* § 17 Rn. 136). Musste der Testamentsvollstrecker aus seinem Privatvermögen vorschießen, so hat er einen Anspruch auf Verzinsung seiner Aufwendung nach § 256 sowie einen Befreiungsanspruch gem. § 257. 29

Zu den erstattungsfähigen Aufwendungen gehören auch **Prozesskosten**, die der Testamentsvollstrecker nach den Umständen für erforderlich halten durfte (BGH NJW 1977, 1726 (1727)). Gleiches gilt für Anwaltskosten, wenn der Testamentsvollstrecker das Verfahren zur Verteidigung des Erblasserwillens für erforderlich halten durfte (BGH NJW 1977, 1726 (1727); OLG Oldenburg NJW-RR 1996, 582). Die Kosten eines leichtfertigen oder überflüssigen Prozesses (BGH NJW 2003, 3268 (3269)) sowie die Kosten eines persönlichen Prozesses, den der Testamentsvollstrecker weder als Repräsentant des Erben noch zur Verteidigung des Erblasserwillens geführt hat, sind nicht erstattungsfähig (MüKoBGB/*Zimmermann* Rn. 20 mwN). 30

a) Besondere berufliche Dienste. Beauftragt sich der Testamentsvollstrecker im Rahmen ordnungsmäßiger Verwaltung und in Übereinstimmung mit dem wirklichen oder mutmaßlichen Erblasserwillen selbst, besondere berufliche Dienste oder sonstige Leistungen für den Nachlass zu erbringen, dann ist sein Anspruch nicht auf Aufwendungsersatz, sondern auf die Vergütung aus dem Vertrag gerichtet (MüKoBGB/*Zimmermann* Rn. 21). 31

b) Vermeintlicher Testamentsvollstrecker. Einem sog. vermeintlichen Testamentsvollstrecker steht in Ermangelung eines bestehenden Rechtsverhältnisses zwischen den Erben und dem Testamentsvollstrecker grds. kein auf 2218 gestützter Aufwendungsersatz zu (BGH NJW 1977, 1726f.). Allenfalls könnten ausnahmsweise Ersatzansprüche begründet sein, wenn der Testamentsvollstrecker guten Glaubens ist und die Erben der Ernennung nicht widersprechen (BGH NJW 1977, 1726 (1727)). Liegt der Ausnahmefall nicht vor, scheidet gem. § 683 wegen Fehlens mutmaßlicher Willensübereinstimmung des Erben auch ein sonst in Betracht kommender Aufwendungsersatzanspruch aus Geschäftsführung ohne Auftrag aus (BGH NJW 1977, 1726 (1727)). Wird die Wirksamkeit der Ernennung von Anfang an durch die Erben bestritten, kann der Testamentsvollstrecker selbst bei eigener Gutgläubigkeit weder Vergütung (→ § 2221 Rn. 20) noch Auslagenersatz beanspruchen, sofern tatsächlich keine wirksame Ernennung vorlag (BGH NJW 1977, 1726 (1727); aA Winkler TV Rn. 632ff.; Soergel/*Damrau* Rn. 20: Zubilligung eines Anspruchs allein nach Vertrauensgesichtspunkten). Insofern trägt der Testamentsvollstrecker immer das Risiko einer entgegen der Meinung des Erben verfolgten unzutreffenden Testamentsauslegung (BGH NJW 1977, 1726 (1727)). Soweit eine Bereicherung des Nachlasses eintritt, kommt ein Anspruch des Testamentsvollstreckers aus § 812 in Betracht. 32

10. Tod des Testamentsvollstreckers. Gem. § 2225 erlischt mit dem Tod des Testamentsvollstreckers sein Amt. Der Erbe des Testamentsvollstreckers muss den Tod unverzüglich anzeigen und hat bei Gefahr im Verzug die sich aus **§ 673 S. 2** ergebende einstweilige Besorgungspflicht. Das gesetzliche Rechtsverhältnis wird insoweit als fortbestehend fingiert. Der Testamentsvollstreckererbe kann die Todesanzeige an den Erben oder an das Nachlassgericht richten (MüKoBGB/*Zimmermann* Rn. 22). 33

11. Fiktion des Fortbestehens. Nach § 2218 iVm **§ 674** gilt das Testamentsvollstreckeramt zu Gunsten des Testamentsvollstreckers solange als fortbestehend, bis der Testamentsvollstrecker vom Erlöschen seines Amtes Kenntnis erlangt hat oder das Erlöschen kennen musste (§ 122 II). Im Fall der Entlassung nach § 2227 ist jedoch die Bekanntmachung der Entlassungsverfügung maßgeblich (§ 40 I FamFG). Die Fiktion nach § 674 gilt nur zu Gunsten des Testamentsvollstreckers. Daher kann sich ein gutgläubiger Dritter, der auf den Fortbestand des Testamentsvollstreckeramtes vertraut hat, nicht auf den Fortbestand des 34

Amtes berufen, wenn der Testamentsvollstrecker hinsichtlich des Fortbestehens seines Amtes nicht im guten Glauben war (MüKoBGB/*Zimmermann* Rn. 23). War der Dritte bösgläubig, so genießt er ohnehin keinen Schutz (§ 169).

35 Die Fiktion des Fortbestehens gem. § 674 setzt voraus, dass die Tätigkeit des Testamentsvollstreckers zumindest einmal von dem wirklichen Erblasserwillen gedeckt war. Daher kann auch der **vermeintliche Testamentsvollstrecker** von dem Erben keinen Aufwendungsersatz verlangen, wenn er gegen den Willen des Erben auf Grund irriger Testamentsauslegung Aufwendungen tätigte (BGH NJW 1977, 1726 f.; → Rn. 31). War die Ernennung eines (neuen) Testamentsvollstreckers von vornherein gegenstandslos, weil bereits in diesem Zeitpunkt alle Testamentsvollstreckeraufgaben ausgeführt waren, so ist § 674 ebenfalls nicht anwendbar, so dass das Testamentsvollstreckeramt auch nicht zugunsten des Ernannten als bestehend gilt, selbst wenn dieser irrig an das Vorhandensein von Testamentsvollstreckeraufgaben glaubt (BGH NJW 1964, 1316).

§ 2219 Haftung des Testamentsvollstreckers

(1) **Verletzt der Testamentsvollstrecker die ihm obliegenden Verpflichtungen, so ist er, wenn ihm ein Verschulden zur Last fällt, für den daraus entstehenden Schaden dem Erben und, soweit ein Vermächtnis zu vollziehen ist, auch dem Vermächtnisnehmer verantwortlich.**

(2) **Mehrere Testamentsvollstrecker, denen ein Verschulden zur Last fällt, haften als Gesamtschuldner.**

1 **1. Normzweck.** Ein pflichtwidriges Verfügungs- oder Verpflichtungsgeschäft des Testamentsvollstreckers ist nur unwirksam, wenn der Testamentsvollstrecker seine Verfügungsmacht bzw. seine Verpflichtungsbefugnis überschreitet. Dies betrifft insbes. verbotene Insichgeschäfte und verbotene Schenkungen und Missbrauchsfälle, in denen der Dritte den Missbrauch der Verwaltungsbefugnisse erkannt hat oder hätte erkennen können (MüKoBGB/*Zimmermann* Rn. 9). Liegt demnach ein pflichtwidriges, aber wirksames Handeln vor, kommt eine Haftung aus § 2219 in Betracht. Danach haftet der Testamentsvollstrecker für jede schuldhaft (§ 276) begangene Pflichtverletzung persönlich. Diese strenge Haftung für Vorsatz und Fahrlässigkeit bildet das Gegenstück zu seiner umfassenden Machtstellung und dient neben § 2227 dem Erben als Schutzinstrument gegen einen seine Pflichten vernachlässigenden Testamentsvollstrecker (MüKoBGB/*Zimmermann* Rn. 1). Der Erbe kann und sollte, um ein Mitverschulden nach § 254 zu vermeiden, vor Ausführung einer pflichtwidrigen sowie im Falle der Unterlassung einer pflichtmäßigen Maßnahme auf Unterlassung bzw. Vornahme, ggf. auf Feststellung klagen (MüKoBGB/*Zimmermann* Rn. 2). Demgegenüber kann sich der Testamentsvollstrecker vor der Ausführung einer fraglichen Verwaltungsmaßnahme durch Einholung der Zustimmung des Erben (oder des Vermächtnisnehmers) vor einer Haftung absichern (MüKoBGB/*Zimmermann* Rn. 2).

2 **2. Befreiungsverbot.** Von der Haftung nach § 2219 kann der Erblasser den Testamentsvollstrecker nicht befreien, § 2220. Eine Umgehung des Befreiungsverbotes durch Abmilderung des Haftungsmaßstabes durch den Testamentsvollstrecker, etwa auf grobe Fahrlässigkeit, oder durch ein sog. Befreiungsvermächtnis in der Weise, dass etwa dem Testamentsvollstrecker ein Anspruch auf Befreiung von der Schadensersatzforderung oder auf deren Übertragung zugewendet wird, ist nicht möglich (MüKoBGB/*Zimmermann* Rn. 3). Allerdings kann der Erbe (bzw. Vermächtnisnehmer) den Testamentsvollstrecker schon im Voraus mit Ausnahme für Vorsatz (§ 276 III) von seiner Haftung freistellen oder im Nachhinein auf einen Schadensersatzanspruch verzichten (Palandt/*Weidlich* Rn. 1). Mehrere Erben können nur gemeinschaftlich auf zum Nachlass gehörenden Schadensersatzanspruch verzichten (§ 2040 I).

3 In der Lit. wird diskutiert, ob der Testamentsvollstrecker sich durch **Entlastung** seitens der Erben, also durch Billigung einer in der Vergangenheit liegenden Verwaltung des Testamentsvollstreckers, von einer Haftung befreien kann. Dies ist zu bejahen, wenn der Testamentsvollstrecker vollumfänglich für den entsprechenden Zeitraum Rechenschaft gelegt hat. Diese Auffassung ist umso mehr gerechtfertigt, wenn man berücksichtigt, dass der Erbe bzw. der Vermächtnisnehmer von dem Testamentsvollstrecker durch eine zusätzliche Abrede einen eventuell bereits entstandenen Schadensersatzanspruch erlassen sowie durch eine sog. Haftungsfreizeichnung auf künftige Ersatzansprüche unter Beachtung des § 276 III verzichten kann (Palandt/*Weidlich* Rn. 1; Staudinger/*Reimann* Rn. 16). Ist der Testamentsvollstrecker zugleich Anwalt, so stellt sich die Frage, ob nicht aufgrund des durch die § 52 I 1 Nr. 2 BRAO und §§ 305 ff. bestehenden Risikos auf eine zusätzliche Haftungsfreizeichnung verzichtet werden sollte (*Schmidl* ZEV 2009, 123 (124)). Ob der Testamentsvollstrecker vom Erben ganz allgemein Entlastung verlangen kann, ihm mithin eine **Entlastungsanspruch** zusteht, wird zwar uneinheitlich beantwortet, ist aber zu verneinen (Bonefeld/Wachter FA ErbR/*Bonefeld* § 17 Rn. 402; MüKoBGB/*Zimmermann* § 2218 Rn. 15 mwN).

4 **3. Anspruchsinhaber eines Schadensersatzanspruchs gegen den Testamentsvollstrecker.** Anspruchsinhaber ist der **Erbe** und der **Vorerbe**. Der Nacherbe wird erst mit Eintritt des Nacherbfalls und der Schlusserbe erst mit Eintritt des Schlusserbfalls Erbe, so dass diese (noch) nicht anspruchsberechtigte Gläubiger aus § 2219 sind (Bonefeld/Wachter FA ErbR/*Bonefeld* § 17 Rn. 377). Der Schadensersatzanspruch – mit Ausnahme der des Vermächtnisnehmers – fällt als Surrogat (§ 2041) in den Nachlass. Die Geltendmachung eines Ersatzanspruchs gegen den früheren Testamentsvollstrecker obliegt seinem Nachfolger (BeckOK BGB/*Lange* Rn. 2).

Soweit ein Vermächtnis zu vollziehen ist, ist auch der **Vermächtnisnehmer** (einschließlich des Unter- und Nachvermächtnisnehmers im Falle des § 2223) anspruchsberechtigt (MüKoBGB/*Zimmermann* Rn. 7). Der Schadensersatzanspruch des Vermächtnisnehmers, etwa wegen Unmöglichkeit der Leistung des vermachten Gegenstandes oder Verletzung der Auskunftspflicht, sofern diese mitvermacht wurde (→ § 2218 Rn. 5), gehört nicht zum Nachlass und kann daher vom Vermächtnisnehmer direkt gegen den Testamentsvollstrecker geltend gemacht werden (Palandt/*Weidlich* Rn. 3). Allen sonstigen Personen, zu denen auch Pflichtteilsberechtigte, Nachlassgläubiger, Nachlassschuldner und Auflagenbegünstigte gehören, haftet der Testamentsvollstrecker aus § 2219 nicht (bzgl. Letztere vgl. eing. *Muscheler* ZEV 2013, 229 (234)). Letzteren wird von Teilen der Lit. ein Haftungsanspruch zugebilligt, wenn durch Auflage ein Vermögensvorteil zugewandt wurde, da dann der Auflagenbegünstigte einem Vermächtnisnehmer gleichkomme (Bonefeld/Wachter FA ErbR/*Bonefeld* § 17 Rn. 377). 5

Gegenüber **jedermann** haftet der Testamentsvollstrecker persönlich aus unerlaubter Handlung, auch wenn er diese bei der Verwaltung des Nachlasses begangen hat (MüKoBGB/*Zimmermann* Rn. 8). Der Erbe haftet in diesem Fall nicht anstelle des Testamentsvollstreckers (BGH WM 1957, 514 (516)). Umstritten ist jedoch, ob der Erbe in diesem Fall *neben* dem Testamentsvollstrecker haftet. Eine Haftung aus § 831 kommt nicht in Betracht, da der Erbe den Testamentsvollstrecker nicht „bestellt" hat und ein Entlastungsbeweis nach dieser Vorschrift von vornherein nicht möglich wäre (BeckOK BGB/*Lange* Rn. 20; MüKoBGB/*Zimmermann* Rn. 18; Palandt/*Weidlich* Rn. 5; aA *Burgard* FamRZ 2000, 1269 der für eine Analogie zu § 831 plädiert). Auch die analoge Anwendung der §§ 31, 89 ist abzulehnen (*Burgard* FamRZ 2000, 1269). Nach anderer Auffassung ist § 31 entsprechend anwendbar und der Erbe haftet neben dem Testamentsvollstrecker, wenn bei der Ausführung der dem Testamentsvollstrecker zustehenden Obliegenheiten eine unerlaubte Handlung gegenüber einem Dritten begangen wird (MüKoBGB/*Zimmermann* Rn. 18; Palandt/*Weidlich* Rn. 5). Die analog § 31 begründete Deliktshaftung des Erben führt dann zu einer Nachlassverbindlichkeit, die beschränkbar ist, und einen Rückgriff gegen den Testamentsvollstrecker aus § 2219 rechtfertigt (Palandt/*Weidlich* Rn. 5; MüKoBGB/*Zimmermann* Rn. 18). 6

4. Haftungsschuldner. Haftungsschuldner aus § 2219 ist der Testamentsvollstrecker persönlich. Ein Gehilfenverschulden hat er sich nach § 278 zurechnen zulassen. Hat der Testamentsvollstrecker eine eigene Obliegenheit berechtigterweise auf einen Dritten übertragen, dann haftet er für die sorgfältige Auswahl, Anweisung und Überwachung. War er dagegen zur Übertragung nicht berechtigt, dann haftet er für jeden Schaden, der ausgeblieben wäre, wenn er selbst gehandelt hätte (MüKoBGB/*Zimmermann* Rn. 4). 7

5. Mehrere Testamentsvollstrecker. Nach Abs. 2 haften mehrere Testamentsvollstrecker, denen ein Verschulden zu Last fällt, bei gemeinschaftlicher Amtsführung (§ 2224) nach §§ 421 ff. als Gesamtschuldner. Bei geteiltem Aufgabenkreis haftet jeder Testamentsvollstrecker in seinem Bereich für sich allein, sofern die Aufgabenzuweisung auf der letztwilligen Verfügung des Erblassers beruht (MüKoBGB/*Zimmermann* Rn. 5). Dagegen vermag eine lediglich interne Zuständigkeitsverteilung unter mehreren Testamentsvollstreckern an der gesamtschuldnerischen Haftung nichts zu ändern (Soergel/*Damrau* Rn. 9). 8

6. Voraussetzungen. Voraussetzung für die Haftung des Testamentsvollstreckers ist, dass ein Schaden durch eine objektive Verletzung der ihm obliegenden Verpflichtungen entstanden ist und den Testamentsvollstrecker (subjektiv) ein Verschulden trifft. Wie bei jedem Schadensersatzanspruch müssen haftungsbegründende und haftungsausfüllende Kausalität vorliegen. Ob dem Testamentsvollstrecker ein Verschulden zur Last fällt, richtet sich nach den allgemeinen Regeln der §§ 276 ff. 9

a) **Sorgfaltsmaßstab.** Der anzuwendende Sorgfaltsmaßstab richtet sich nach den konkreten Umständen des Einzelfalls. Insoweit ist zu beachten, dass von einem durchschnittlich gebildeten Bürger, anders bei einem Rechtsanwalt oder Steuerberater, als Testamentsvollstrecker nicht erwartet werden kann, dass er schwierige rechtliche, wirtschaftliche oder steuerliche Zweifelfragenfragen erkennt oder gar überblickt (*Reimann* ZEV 2006, 186 (187)). Dennoch kann bereits die Annahme oder Beibehaltung des Amtes ein Verschulden begründen, wenn dem Testamentsvollstrecker die für die Amtsführung nötigen Kenntnisse und Erfahrungen fehlen und er dies erkennt. Auf jeden Fall hat er sachkundigen Rat einzuholen (MüKoBGB/*Zimmermann* Rn. 11). 10

b) **Verpflichtungen.** Die dem Testamentsvollstrecker obliegenden Verpflichtungen ergeben sich aus dem Gesetz (§§ 2203–2209, 2215–2218, 2226 S. 3) und den Anordnungen des Erblassers. Daher geht es bei Bemessung der dem Testamentsvollstrecker obliegenden Pflichten hauptsächlich darum, die ihm übertragene Aufgabe richtig abzugrenzen und das generalklauselartige Gebot der ordnungsmäßigen Verwaltung (§ 2216 I) anzuwenden. Die nachgenannten Fallgruppen haben folglich für die Beurteilung des jeweils vorliegenden Einzelfalles nur begrenzten Wert (MüKoBGB/*Zimmermann* Rn. 13). Eine objektive Pflichtverletzung kann sich insbes. in folgenden **Fallgruppen** (vgl. auch *Zimmemann* Testamentsvollstreckung Rn. 770; MüKoBGB/*Zimmermann* Rn. 14; zu den Risiken gerade am Beginn der Testamentsvollstreckung vgl. *Schmidt* ZErb 2010, 251) ergeben: 11

aa) **Ordnungswidrige Verwaltung des Nachlasses.** Der Testamentsvollstrecker darf sich bei der Verwaltung nicht mit einem mäßigen Erfolg begnügen. Unternehmen, denen bspw. die Hausverwaltung überlassen wird, müssen kontrolliert werden (BGH FamRZ 1999, 435). Der Testamentsvollstrecker ist verpflichtet, alle zum Nachlass gehörenden Rechte wahrzunehmen und ggf. gerichtlich geltend zu ma- 12 chen (Soergel/*Damrau* Rn. 4). Dazu gehören rechtmäßige Mieterhöhungen und Zwangsversteigerungsmaßnahmen. Hingegen sind überflüssige und leichtfertige (BGH ZEV 2000, 195) oder durch eigene persönliche Interessen beeinflusste Prozesse sowie das Einlegen erkennbar unsinniger Rechtsmittel (BGH ZEV 2000, 195) pflichtwidrig; ebenso die Grundstücksversteigerung für die Hälfte des Verkehrswertes (BGH FamRZ 1999, 435) sowie die öffentliche Versteigerung statt günstigerem freihändigen Verkauf (BGH NJW-RR 2001, 1369 = ZEV 2001, 358; *Kiderlen/Roth* NJW-Spezial 2012, 39); ferner die verspätete Klageerhebung, die Erfüllung erkennbar unwirksamer Vermächtnisse und die nichtvertretbare Testamentsauslegung (BGH NJW-RR 1992, 1775). Kann der Testamentsvollstrecker die zur ordnungsgemäßen Verwaltung erforderlichen Tätigkeiten selbst erbringen, ist es ihm nicht gestattet Hilfspersonen auf Kosten des Nachlasses zu beschäftigen (OLG Köln NJW-Spezial 2012, 232).

13 **bb) Fehler bei der Geldanlage.** Größere Summen dürfen nicht längere Zeit unverzinst auf dem Girokonto gelassen werden (LG Bremen Rpfleger 1993, 338). Bei Anlage von Festgeld sind ggf. Vergleichsangebote zu erholen (BGH NJW-RR 1995, 577 = ZEV 1995, 110). Lohnende Aktienbezugsrechte müssen ausgeübt werden (BGH WM 1967, 25). Im Kurs sinkende Aktien sind unter Umständen abzustoßen und dafür festverzinsliche Papiere zu beschaffen (aA MüKoBGB/*Zimmermann* Rn. 14 unter Hinweis auf OLG Köln AG 1967, 308).

14 **cc) Sonstige Pflichtverletzungen.** Nichtbeachtung der Verkehrssicherungspflichten bei Grundstücken; fehlende Tätigkeit des Testamentsvollstreckers (OLG Koblenz NJW 2009, 1153 = verzögerte Aufstellung des Nachlassverzeichnisses); Unterlassen oder Verzögerung der Erbauseinandersetzung ohne Grund; Fehlerhafte Erstellung der **Erbschaftsteuererklärung** (zu den Rechten und Pflichten des Testamentsvollstreckers hierzu vgl. *Tolksdorf* ErbStB 2008, 336 ff.); Nachsteuerhaftung (hierzu *Hannes/Reich* ZEV 2016, 318).

15 **c) Beweislast.** Für den Testamentsvollstreckerregress gelten die allgemeinen Darlegungs- und Beweislastgrundsätze (BGH NJW-RR 2001, 1369 (1370)). Der Gläubiger (→ Rn. 4 f.) hat den Schaden, die Kausalitätsgesichtspunkte, die für die gerichtliche Würdigung iRd § 287 ZPO ausreichen, und die objektive Pflichtverletzung sowie grds. das Verschulden darzulegen und zu beweisen (*Reimann* ZEV 2006, 186 (189)). Wird ein Anspruch aus § 2219, also aus einem gesetzlichen Schuldverhältnis eigener Art (→ § 2218 Rn. 1) geltend gemacht, kann sich der Schuldner gem. § 280 I 2 in Bezug auf die subjektive Seite der Pflichtverletzung exkulpieren (*Reimann* ZEV 2006, 186 (187)). Dagegen muss der Testamentsvollstrecker im Falle des Selbstkontrahierens die Gestattung des Erblassers nachweisen (Palandt/*Weidlich* Rn. 2). Besonderheiten können gelten, wenn dem Testamentsvollstrecker die Verwaltung von Geschäftsanteilen obliegt (*Reimann* ZEV 2006, 186 (189)).

16 **7. Verjährung.** Bis zum 31.12.2001 verjährten Ansprüche aus § 2219 gem. § 195 BGB aF in 30 Jahren. Seit der Schuldrechtsreform (1.1.2002) war streitig, ob der Anspruch in drei Jahren nach § 195 BGB nF oder in 30 Jahren nach § 197 I Nr. 2 BGB nF („erbrechtlicher Anspruch") verjährt (MüKoBGB/*Zimmermann* Rn. 15 mwN). Der BGH hat sich beiläufig für die Frist von 30 Jahren entschieden (NJW 2002, 3773). Mit in Krafttreten des Gesetzes zur Reform des Erb- und Verjährungsrechts wird § 197 I Nr. 2 gestrichen, so dass für alle ab dem 1.1.2010 entstandenen Ansprüche aus § 2219 die Regelverjährung gilt.

17 **8. Pflichtwidriges Rechtsgeschäft.** Ob ein vom Testamentsvollstrecker pflichtwidrig eingegangenes Rechtsgeschäft den Erben verpflichtet, richtet sich nach den §§ 2206 und 2207. Entsteht danach eine wirksame Verbindlichkeit gegen den Erben und trifft den Testamentsvollstrecker ein Verschulden bei der Eingehung der Verbindlichkeit, haftet er dem Erben aus § 2219 auf Befreiung und Rückgriff (MüKoBGB/*Zimmermann* Rn. 16). Gem. § 278 wird dem Erben das Verschulden des Testamentsvollstreckers bei der Erfüllung einer Nachlassverbindlichkeit zugerechnet (MüKoBGB/*Zimmermann* Rn. 17; für den Fall, dass der Erbe von einem Vermächtnisnehmer für ein Fehlverhalten des Vollstreckers bei der Erfüllung des Vermächtnisses in Anspruch genommen werden soll, ist nach Ansicht von *Muscheler* § 278 unanwendbar. Nach seiner Ansicht passt § 278 in diesem Fall allein schon deswegen nicht, weil der Vollstrecker die Interessen des Vermächtnisnehmers ebenso wahrnimmt wie die des Erben. Zudem spricht auch nichts dafür, den Vermächtnisnehmer gegenüber dem Erben dadurch zu privilegieren, in dem man ihm gleich zwei Ersatzschuldner verschafft (vgl. *Muscheler* ZEV 2013, 229 (231)). Die den Erben treffende Haftung begründet eine Nachlassverbindlichkeit, die auf den Nachlass beschränkbar ist (MüKoBGB/*Zimmermann* Rn. 17). Zur **Haftung des Erben** bei unerlaubter Handlung → Rn. 6.

§ 2220 Zwingendes Recht

Der Erblasser kann den Testamentsvollstrecker nicht von den ihm nach den §§ 2215, 2216, 2218, 2219 obliegenden Verpflichtungen befreien.

1 **1. Normzweck.** § 2220 dient dem Schutz des Erben. Danach kann der Erblasser den Testamentsvollstrecker nicht von den Verpflichtungen nach §§ 2215, 2216, 2218 und 2219 befreien, da der Erbe sonst der Willkür des Testamentsvollstreckers ausgeliefert wäre (Palandt/*Weidlich* Rn. 1). Das **Befreiungsverbot** erstreckt sich auf die Pflicht zur Erstellung eines Nachlassverzeichnisses nach § 2215, auf die ordnungsgemäße Verwaltung des Nachlasses sowie auf die Befolgung von Anordnungen nach § 2216. Infolge der Einbeziehung des § 2218 gilt dies ferner für die Verpflichtungen des Testamentsvollstreckers zur

Auskunftserteilung, zur Rechenschaftslegung, zur Abgabe einer eidesstattlichen Versicherung nach §§ 259, 260, zur Anzeige- und Fortführung und zur Herausgabe des Nachlasses bei Beendigung des Amtes (§§ 2218, 666, 667, 673 S. 2). IÜ kann nicht von der Schadensersatzpflicht nach § 2219 befreit werden.

2. Über den Wortlaut des § 2220 hinausgehend. Jede sonstige Anordnung des Erblassers, durch die der Erbe davon abgehalten werden soll, den geschützten Verpflichtungen entsprechende Rechte geltend zu machen, unterfallen über den Wortlaut des § 2220 hinausgehend dem Befreiungsverbot (MüKo-BGB/*Zimmermann* Rn. 3). Da der Erbe die Möglichkeit haben muss, seine Rechte und die Folgen einer Pflichtverletzung geltend zu machen, unterfällt das Recht, die Entlassung des Testamentsvollstreckers nach § 2227 zu beantragen ebenfalls dem Befreiungsverbot (Palandt/*Weidlich* Rn. 1). Ebenso wenig kann der Erblasser den Testamentsvollstrecker von dem Verbot der unentgeltlichen Verfügung (§ 2205 S. 3) und des Schenkungsversprechens (§ 2207 S. 2) befreien (MüKoBGB/*Zimmermann* Rn. 5). Dagegen ist die Befreiung von dem Verbot des Selbstkontrahierens (§ 181) zulässig, wenn dies dem Gebot ordnungsmäßiger Verwaltung des Nachlasses nicht widerspricht (BGH NJW 1959, 1429).

3. Umgehungsversuche. Das Befreiungsverbot umfasst auch dessen Umgehungsversuche (Palandt/*Weidlich* Rn. 1). Der Erbe darf nicht gehindert werden, seine Rechte aus den §§ 2215, 2216, 2218, 2219 durchzusetzen. Ein unzulässiger Befreiungsversuch liegt vor, wenn der Schutzzweck des § 2220 ausgehöhlt wird. So darf der Erblasser insbes. nicht die Haftung des Testamentsvollstreckers aus §§ 2219, 276 durch Einführung eines für den Testamentsvollstrecker günstigeren Haftungsmaßstabes oder sog. Befreiungsvermächtnisse einschränken (→ § 2219 Rn. 2).

Das Umgehungsverbot ist auch zu beachten, wenn der dem Erben durch das FamFG- Entlassungsverfahren eingeräumte Verfahrensschutz (zB Amtsermittlungsgrundsatz oder Anordnungen von Zwangsmaßnahmen) mittels einer **Schiedsvereinbarung** (§ 1066 ZPO) abgedungen werden soll, da § 1066 ZPO insoweit das „prozessuale Seitenstück" der materiellen Testierfreiheit darstellt und damit der Erblasser bereits hier in seiner Testierfreiheit beschränkt ist (OLG Karlsruhe NJW-Spezial 2009, 632 = RNotZ 2009, 661 (663)). Der Erblasser kann nur die Entscheidungen über solche Fragen dem Schiedsgericht zuweisen, über die er kraft seiner Testierfähigkeit verfügen kann. IÜ darf der Erbe nicht der Willkür des Erblassers ausgesetzt werden (*Heinz* RNotZ 2009, 663 (664 f.) nebst Kritik hieran). Dem Erblasser kann folglich nicht durch verfahrensrechtliche Gestaltung gewährt werden, was ihm nach materiellen Recht verwehrt ist. Da dem Erblasser die Disposition über die Verbote der §§ 2215, 2216, 2218 u. 2219 ebenso materiell untersagt ist, wie es ihm verwehrt ist, die Abberufung des Testamentsvollstrecker auszuschließen oder zu erschweren, kann dies nicht durch verfahrensrechtliche Gestaltung, etwa mittels der grds. zulässigen Schiedsverfahrensklausel, unterlaufen werden (BGH Beschl. v. 17.5.2017 – IV ZB 25/16; OLG Karlsruhe RNotZ 2009, 661 (663); BeckOK BGB/*Lange* § 2220 Rn. 3; MüKoBGB/*Zimmermann* Rn. 1; *Litzenburger* FD-ErbR 2017, 392154; aA *Muscheler* ZEV 2009, 317). Mithin können derartige Verbote auch nicht der Entscheidung des Schiedsgerichts überlassen werden.

4. Unwirksamkeit. Die dem § 2220 widersprechenden Erblasseranordnungen sind schlechthin unwirksam. Hiervon wird das Testament oder die Testamentsvollstreckeranordnung nicht berührt. Der Erbe selbst hingegen kann sowohl den Testamentsvollstrecker von den in § 2220 erwähnten Verpflichtungen befreien – nicht jedoch im Voraus für die Haftung wegen Vorsatz (§ 276 III) – als auch auf entstandene Einzelansprüche gegen den Testamentsvollstrecker verzichten (→ § 2219 Rn. 3). Mehrere Erben können hinsichtlich eines dem Nachlass zustehenden Schadensersatzanspruches aus § 2219 nur gemeinschaftlich verzichten (§ 2040 I). Grundsätzlich – von besonders gelagerten Ausnahmefällen abgesehen – wird bei konsequenter Anwendung des § 2220 kein Raum für die Nichtigkeit unter dem Gesichtspunkt der **Sittenwidrigkeit** nach § 138 I hinsichtlich einer den Erben übermäßig belastenden Ausgestaltung der Testamentsvollstreckung verbleiben (Palandt/*Weidlich* Rn. 1; MüKoBGB/*Zimmermann* Rn. 5).

§ 2221 Vergütung des Testamentsvollstreckers

Der Testamentsvollstrecker kann für die Führung seines Amts eine angemessene Vergütung verlangen, sofern nicht der Erblasser ein anderes bestimmt hat.

1. Normzweck. Der Vergütungsanspruch des Testamentsvollstreckers richtet sich grds. nach dem Willen des Erblassers. Dieser kann durch letztwillige Verfügung verbindlich festlegen, ob und in welcher Höhe der von ihm eingesetzte Testamentsvollstrecker eine Vergütung erhält (Palandt/*Weidlich* Rn. 1). Dabei kann einerseits veranlasst sein, die Vergütung gering zu halten, um den Nachlass nicht unnötig zu schmälern. Andererseits kann geboten sein, die Vergütung im Interesse einer bestmöglichen Aufgabenerfüllung hoch anzusetzen, um entsprechend qualifizierte Personen für das Testamentsvollstreckeramt zu gewinnen. Nur wenn der Erblasser keine formgültige Bestimmung hinterlassen hat, kann der Testamentsvollstrecker gem. § 2221 eine angemessene Vergütung verlangen. Für deren Höhe gibt es keine gesetzliche detaillierte Festlegung (umfassend zur Problematik der Testamentsvollstreckervergütung: *Rott* notar 2018, 43 ff.). Dies führt häufig zu langwierigen Streitigkeiten zwischen dem Testamentsvollstrecker und dem Erben, die letztlich vom Prozessgericht zu entscheiden sind. Daher erweist sich eine Bestimmung der Vergütung durch den Erblasser in der Regel als zweckmäßig (MüKoBGB/*Zimmermann* Rn. 1).

2 **2. Bestimmte Vergütung.** Der Erblasser kann durch letztwillige Verfügung die Höhe und Art der Vergütung bestimmen. Dabei kann er auch auf Vergütungstabellen Bezug nehmen (*Reithmann* ZEV 2001, 385; aA *Zimmermann* ZEV 2001, 334 (335)) oder einen Dritten mit der Festsetzung betrauen, für den dann die §§ 317, 2156 entsprechend gelten (Palandt/*Weidlich* Rn. 2). Der Erblasser kann auch durch letztwillige Verfügung anordnen, dass der Testamentsvollstrecker berechtigt ist, seine Vergütung selbst zu bestimmen (BGH NJW 1957, 947 (948)), wobei dann § 315 entsprechend anwendbar ist (Palandt/*Weidlich* Rn. 2). Hat der Erblasser eine bestimmte Vergütung festgelegt oder ausgeschlossen, so ist die Bestimmung nicht von einem Gericht überprüfbar. Akzeptiert der Testamentsvollstrecker die Vergütungsbestimmung des Erblassers nicht, so verbleibt ihm nur, das Amt nicht anzunehmen bzw. niederzulegen oder eine anderweitige Vergütungsregelung – auch abweichend von der Vergütungsbestimmung des Erblassers – mit dem Erben individuell zu treffen (OLG Schleswig ZEV 2009, 625 (628)). Dagegen ist eine Vereinbarung mehrerer Mitvollstrecker untereinander über ihre Vergütung unzulässig, soweit dies nicht vom Erblasser gestattet wurde (BGH NJW 1957, 947 (948)).

3 **3. Vergütungsanspruch.** Der Vergütungsanspruch stellt eine Nachlassverbindlichkeit dar (§ 1967 II). Gläubiger des Vergütungsanspruchs ist der Testamentsvollstrecker. Schuldner sind die Erben. Ist die Testamentsvollstreckung auf einen Erbteil beschränkt, liegt dennoch eine gemeinschaftliche Nachlassverbindlichkeit vor, wobei im Innenverhältnis ein Rückgriff gem. § 426 unter Berücksichtigung der Höhe des jeweiligen Erbteils erfolgt (BGH ZEV 2005, 22 (23)). Zur Problematik, wer Schuldner des Vergütungsanspruchs während der Vorerbschaft bei Testamentsvollstreckung bei Vor- und Nacherbschaft ist, *Schmidt* ZErb 2018, 193 ff. Bei mehreren Testamentsvollstreckern kann jeder eine Vergütung entsprechend seiner Tätigkeit unabhängig von den anderen beanspruchen (BGH NJW 1967, 2400 (2401)). Wenn das Amt durch Kündigung, Entlassung oder aus einem sonstigen Grunde vorzeitig endet, ist eine vom Erblasser festgesetzte Vergütung, soweit dies dem mutmaßlichen Erblasserwillen entspricht, zu kürzen (BGH DRiZ 1966, 398). Ob neben dem Vergütungsanspruch ein **Aufwendungsersatzanspruch** besteht, richtet sich nach den §§ 2218, 670. Überschreitet die vom Erblasser bestimmte Vergütung die angemessene Höhe, so unterliegt die Überschreitung im Regelfall nicht der Erbschaftsteuer, vielmehr unterliegt die gesamte Vergütung in vollem Umfang der **Einkommensteuer** (BFH NJW 2005, 1967).

4 **4. Angemessene Vergütung.** Hat der Erblasser nicht „*ein anderes bestimmt*", so kann der Testamentsvollstrecker gem. § 2221 eine angemessene Vergütung verlangen. Die Angemessenheit der Vergütung ist funktionell bezogen auf die vom Testamentsvollstrecker durchzuführenden Aufgaben zu beurteilen und kann ihrer Natur nach nur im Rahmen eines Ermessensspielraums bestimmt werden. Die bindende Festsetzung der angemessenen Vergütung, die in der Revision nur auf Ermessensfehler geprüft werden kann, obliegt in erster Linie dem Prozessgericht und nicht dem Testamentsvollstrecker (OLG Köln RNotZ 2007, 548 f.).

5 Nach der Rspr. ist dabei von folgenden **Grundsätzen** auszugehen: Maßgebend für die Vergütung des Testamentsvollstreckers sind der ihm im Rahmen der Verfügung von Todes wegen nach dem Gesetz obliegende Pflichtenkreis, der Umfang der ihn treffenden Verantwortung und die von ihm geleistete Arbeit. Dabei sind die Schwierigkeit der gelösten Aufgaben, die Dauer der Abwicklung und der Verwaltung, die Verwertung besonderer Kenntnisse und Erfahrungen und die Bewährung einer sich im Erfolg auswirkenden Geschicklichkeit zu berücksichtigen (BGH ZEV 2005, 22 (23)). Diese ausfüllungsbedürftigen und auf Einzelfallumstände abstellenden Grundsätze können durch das Abstellen auf den Wert des Nachlasses (Wertgebühr) oder auf den Zeitaufwand des Testamentsvollstreckers (Zeitgebühr) ermittelt werden. Die Rspr. stellt grds. auf die Wertgebühr ab, da es die Vergütung nach Bruchteilen des Nachlasswertes für möglich hält. Grundsätzlich diene sie der Rechtssicherheit und dem Rechtsfrieden (BGH ZEV 2005, 22 (23)). Stellt man auf die Wertgebühr ab, so ist grds. vom Bruttowert des Nachlasses im Zeitpunkt des Erbfalls (ohne Schuldenabzug) auszugehen, wenn die Regulierung der Nachlassverbindlichkeiten von der Vollstreckungstätigkeit umfasst ist (OLG Schleswig ZEV 2009, 625 (629); MüKo-BGB/*Zimmermann* Rn. 8 mwN). Dies gilt nicht, wenn die Verwaltung gegenständlich beschränkt ist. Selbst bei Erbteilsvollstreckung sei es durchaus gerechtfertigt sei, zur Ermittlung der Vergütung auf den Gesamtnachlass abzustellen (BGH ZEV 2005, 22 (23)). Eine Erhöhung des Bruttonachlasswertes um Vorausempfänge des Erben findet nicht statt. Vielmehr ist die etwaige Befassung des Testamentsvollstreckers mit dieser Problematik im Rahmen von Zuschlägen bei der rechnerischen Bestimmung der einheitlichen Vergütung zu berücksichtigen (OLG Schleswig ZEV 2009, 625 (629)). Bei längerer Dauer der Testamentsvollstreckung kann es gerechtfertigt sein, insbes. für die Honorierung einer späteren Einzeltätigkeit einen anderen als den ursprünglichen Wert zugrunde zu legen, wenn inzwischen eine wesentliche Wertveränderung eingetreten ist (MüKoBGB/*Zimmermann* Rn. 8 mwN). In den ursprünglichen, auch für die Konstituierungsgebühr maßgeblichen Bruttonachlasswert sind vom Erblasser hinterlassene Unternehmen und Personengesellschaftsbeteiligungen, selbst wenn sie nicht verwaltet werden können sowie alsbald freizugebende Nachlassgegenstände einzubeziehen, weil sich die anfängliche Ordnung der Nachlassverhältnisse als Grundlage der gesamten weiteren Abwicklung auf diese Gegenstände erstreckt (MüKoBGB/*Zimmermann* Rn. 8 mwN).

6 **a) Sondergebühren.** Bei längerer Verwaltung können Sondergebühren dergestalt zulässig sein, dass die Vergütung entsprechend den Zeit- und Arbeitsabschnitten der Konstituierung des Nachlasses (Konstituierungsgebühr) und der sich daran je nach Anordnung des Erblassers anschließenden weiteren Verwaltung (periodische Verwaltungsgebühr) sowie einer eventuellen Auseinandersetzung (Auseinandersetzungsgebühr) in Teilen gezahlt wird (OLG Köln NJW-RR 1995, 202 (203); Palandt/*Weidlich* Rn. 7 ff. mwN). Die Geltendmachung der vorbezeichneten Konstituierungsgebühr setzt, um als gerechtfertigt anerkannt zu werden, voraus, dass die Ermittlung und Inbesitznahme des Nachlasses besonders schwierig oder besonders zeitraubend war (KG MittBayNot 2012, 54 (57)).

b) Vergütungstabellen. Da im Einzelfall die Feststellung der angemessenen Vergütung problematisch ist, wurden von Rspr. und Lit. verschiedene Vergütungstabellen entwickelt, die jedoch nicht schematisch angewandt werden dürfen, da sich die angemessene Vergütung an den Umständen des Einzelfall zu orientieren hat (BGH ZEV 2005, 22 (23); NJW 1967, 2400; OLG Schleswig ZEV 2009, 625 (629) = MittBayNot 2010, 139 = RNotZ 2010, 267; OLG Köln NJW-RR 1995, 202). Die am längsten gebräuchliche, jedoch veraltete Rheinische Tabelle des Notarvereins für Rheinpreußen von 1925 (abgedr. bei OLG Köln NJW-RR 1994, 269) empfiehlt für Notare bei normaler Abwicklung eine Staffelung von 4% bis 1% je nach Nachlasswert. Weitere Vergütungstabellen sind ua die Möhring'sche Tabelle (abgedr. bei *Möhring/Beisswingert/Klingelhöfer*, Vermögensverwaltung in Vormundschafts- und Nachlasssachen, 7. Aufl., 1992, 224 ff.), die Eckelskemper'sche Tabelle (abgedr. bei Bengel/Reimann TV-HdB/*Eckelskemper* Kap. X Rn. 57 ff.) und Tschischgale Tabelle (*Tschischgale* JurBüro 1965, 89). Eine Fortentwicklung der alten Rheinschen Tabelle stellen auch die Vergütungsempfehlungen des Deutschen Notarvereins (ZEV 2000, 181) dar (zur Übersicht zu den Vergütungstabellen vgl. Bonefeld/Wachter FA ErbR/*Bonefeld* § 17 Rn. 433 ff.; zur Kritik an den Tabellen vgl. *Zimmermann* ZEV 2001, 334). 7

c) Vorschlag des Deutschen Notarvereins. Die zahlreichen Vorschläge zur Testamentsvollstreckervergütung beruhen überwiegend auf willkürlich festgesetzten Prozentzahlen und willkürlich gewählten Bezugszahlen (Bonefeld/Wachter FA ErbR/*Bonefeld* § 17 Rn. 444). Daher soll nachfolgend nur der Vorschlag des Deutschen Notarvereins kurz dargestellt werden, da dieser durch die Anlehnung an die Insolvenzrechtliche Vergütungsverordnung (InsVV) v. 19.8.1998 eine tätigkeitsbezogene Vergütung aufweist. Er ist für die Erben noch am ehesten transparent und verständlich und damit grds. geeignet, die angemessene Vergütung in typisierter und kalkulierbarer Weise zu ermitteln, wobei natürlich die Besonderheiten des Einzelfalls zu würdigen sind (OLG Schleswig RNotZ 2010, 267 (268 f.) = MittBayNot 2010, 139 mAnm *Reimann*). 8

aa) Vergütungsgrundbetrag. Die Vergütungsempfehlungen des Deutschen Notarvereins (ZEV 2000, 181 (182 ff.)) unterscheiden zwischen einer Regelvergütung und verschiedenen Vergütungszuschlägen. Die Regelvergütung (Vergütungsgrundbetrag) deckt die einfache Testamentsvollstreckung ab und beträgt bei einem Bruttonachlasswert bis 250.000 EUR 4,0%, bis 500.000 EUR 3,0%, bis 2.500.000 EUR 2,5%, bis 5.000.000 EUR 2,0% und über 5.000.000 EUR 1,5%, mindestens aber den höchsten Betrag der Vorstufe. Bsp.: Bei einem Nachlass von 260.000 EUR beträgt der Grundbetrag nicht 7.800 EUR (= 3,0% aus 260.000 EUR), sondern 10.000 EUR (= 4% aus 250.000 EUR). Besteht die Aufgabe des Testamentsvollstreckers lediglich in der Erfüllung von Vermächtnissen, erhält er nur den Vergütungsgrundbetrag, welcher sich nach dem Wert der Vermächtnisgegenstände bemisst. Der Vergütungsgrundbetrag ist zur Hälfte nach Abschluss der Konstituierung und iÜ mit Abschluss der Erbschaftsteuerveranlagung bzw. Abschluss der Tätigkeit fällig. 9

bb) Nacherbentestamentsvollstreckung. Bei Nacherbentestamentsvollstreckung oder lediglich beaufsichtigender Testamentsvollstreckung erhält der Testamentsvollstrecker wegen der dann geringeren Belastung anstelle des vollen Grundbetrages $2/10$ bis $5/10$ des Grundbetrages. 10

cc) Abwicklungsvollstreckung. Zum vorgenannten Vergütungsgrundbetrag kommen bei der Abwicklungsvollstreckung folgende Zuschläge hinzu, dabei soll die Gesamtvergütung jedoch nicht das Dreifache des Vergütungsgrundbetrages überschreiten (vgl. Nr. II der Empfehlungen; Auflistung nach Bonefeld/Wachter FA ErbR/*Bonefeld* § 17 Rn. 439): 11

a) Aufwändige Grundtätigkeit:	Konstituierung des Nachlasses aufwendiger als im Normalfall	Zuschlag von $2/10$ bis $10/10$	Fällig mit Beendigung der entspr. Tätigkeit
b) Auseinandersetzung:	Aufstellung eines Teilungsplans und dessen Vollzug oder Vermächtniserfüllung	Zuschlag von $2/10$ bis $10/10$	Fällig mit der zweiten Hälfte des Vergütungsgrundbetrages
c) Komplexe Nachlassverwaltung:	Aus der Zusammensetzung des Nachlasses resultierende Schwierigkeiten (Auslandsvermögen, Gesellschaftsbeteiligung, Beteiligung an Erbengemeinschaft, Problemimmobilie, hohe oder verstreute Schulden, Rechtsstreitigkeiten, besondere Beteilige)	Zuschlag von $2/10$ bis $10/10$ Zusammen mit Zuschlag nach d) idR nicht mehr als $15/10$	Fällig wie vor

d) Aufwändige oder schwierige Gestaltungsaufgaben:	Bei Vollzug der Testamentsvollstreckung, die über die bloße Abwicklung hinausgehen (Umstrukturierung, Umschuldung, Verwertung)	Zuschlag von 2/10 bis 10/10 Zusammen mit dem Zuschlag gemäß c) in der Regel nicht mehr als 15/10	Fällig wie vor
e) Steuerangelegenheiten:	Lit. a (Aufwendige Grundtätigkeit) umfasst nur die durch den Erbfall entstehenden inländischen Steuern (Erbschaftsteuer), nicht jedoch zuvor bereits entstandene oder danach entstehende Steuern oder ausländische Steuerangelegenheiten	Zuschlag von 2/10 bis 10/10	Fällig bei Abschluss der Tätigkeit

12   **dd) Dauervollstreckung.** Die Vergütung ist bei Dauervollstreckung zeitgleich in Teilbeträgen, die der Dauer und dem Ausmaß der Tätigkeit entsprechen, fällig. Zusätzlich zu den Vergütungen nach I. und II. der Empfehlungen wird folgende Dauertestamentsvollstreckungsvergütung geschuldet: Im **Normalfall**, dh Verwaltung über den Zeitpunkt der Erbschaftsteuerveranlagung hinaus: Pro Jahr 1/3–1/2 % des in diesem Jahr gegebenen Nachlassbruttowerts oder – wenn höher – 2–4 % des jährlichen Nachlassbruttoertrags. Der Zusatzbetrag ist fällig nach Ablauf des üblichen Rechnungslegungszyklus, idR jährlich.

13   (1) Bei Testamentsvollstreckung über **Geschäftsbetrieb/Unternehmen**: Bei Übernahme und Ausübung der Unternehmerstellung bei Personengesellschaften, ggf. im Wege der Vollrechtstreuhand (Eintragung des Testamentsvollstreckers im Handelsregister): 10 % des jährlichen Reingewinns. Bei Tätigkeit als Organ einer Kapitalgesellschaft, GmbH & Co KG, Stiftung & Co, bei Ermächtigungstreuhand oder Handeln als Bevollmächtigter der in ihre Rechte Eingesetzten: Branchenübliches Geschäftsführer- bzw. Vorstandsgehalt und branchenübliche Tantieme. Bei lediglich beaufsichtigender Tätigkeit (Aufsichtsratsvorsitz, Beiratsvorsitz, Beteiligung mit Zwerganteil und der Bestimmung, dass der Testamentsvollstrecker nicht überstimmt werden darf, Weisungsunterwerfung der in ihre Rechte eingesetzten Erben) wird die branchenübliche Vergütung eines Aufsichtsratsvorsitzenden bzw. Beiratsvorsitzenden geschuldet. Die Vergütung ist mit branchenüblicher Fälligkeit solcher Zahlungen auszuzahlen.

14   (2) **Berufsdienste** (zB von Rechtsanwalt, Steuerberater Wirtschaftsprüfer, Bank, Makler, Vermögensverwalter) werden gesondert vergütet. Der **Auslagenersatz** richtet sich nach Auftragsrecht. Bei berufsmäßiger Testamentsvollstreckung geschuldete Umsatzsteuer ist zusätzlich geschuldet (OLG Köln ZErb 2010, 122).

15   **ee) Mehrere Testamentsvollstrecker.** Üben mehrere Testamentsvollstrecker das Amt gemeinschaftlich (ohne oder mit gleichwertiger Aufgabenverteilung im Innenverhältnis) aus, ist die Vergütung nach Köpfen aufzuteilen. Bei gemeinsamer Verantwortung der Testamentsvollstrecker nach außen, aber nicht gleichwertiger Geschäftsverteilung im Innenverhältnis ist die Vergütung angemessen unter Berücksichtigung der Aufgabenbereiche aufzuteilen. Hat der Erblasser dagegen eine gegenständliche Verteilung der Aufgaben im Außenverhältnis angeordnet, ist die Vergütung entsprechend der jeweiligen Verantwortung des Testamentsvollstreckers aufzuteilen. Bei sukzessiver Tätigkeit erhält der Nachfolger die Vergütung nur für die Tätigkeit, die nicht bereits der Vorgänger abgeschlossen hat.

16   **5. Fälligkeit.** Mangels anderweitiger Bestimmung durch den Erblasser ist die Vergütung erst nach Beendigung des Amtes fällig (§§ 614, 628). Nur bei länger währender Verwaltung kann der Testamentsvollstrecker nach Erfüllung der Rechenschaftslegungspflicht nach §§ 666, 2218 Vergütung in periodischen (jährlich nachträglich, vgl. § 2218 II) Abschnitten verlangen (Palandt/*Weidlich* Rn. 13). Mangels Verweis auf § 669 in § 2218 besteht kein Anspruch auf Vorschuss.

17   **6. Recht zur Entnahme.** Der Testamentsvollstrecker kann die von ihm als angemessen erachtete Vergütung dem Nachlass selbst entnehmen. Da ihm kein Bestimmungsrecht hinsichtlich der Vergütungshöhe zusteht (→ Rn. 4), trägt er bei der Selbstentnahme das Risiko, dass der entnommene Betrag tatsächlich geschuldet ist (BGH NJW 1963, 1615 f.; *Eckelskemper* RNotZ 2009, 551). Das Recht zur Entnahme der Vergütung berechtigt den Testamentsvollstrecker im Innenverhältnis zu den Erben grds. nicht, zur Beschaffung der dazu benötigten Geldmittel Sachwerte des Nachlasses zu veräußern. Maßgebend ist im Einzelfall, ob eine solche Art der Geldbeschaffung im Rahmen einer ordnungsmäßigen Verwaltung des Nachlasses (§ 2216) liegt (BGH NJW 1963, 1615 (1616)).

18   **7. Verjährung.** Der Vergütungsanspruch unterliegt der 30-jährigen Verjährungsfrist des § 197 I Nr. 2 (BGH NJW 2007, 2174). Mit Inkrafttreten der Erbrechtsreform (1.1.2010) gilt grds. die dreijährige Regelverjährung der §§ 195 ff. Hinsichtlich der Übergangsregelung gilt folgendes: Soweit ein Anspruch ab dem 1.1.2010 entsteht, richtet sich die Verjährung nach neuem Recht. Soweit der Anspruch jedoch vor dem 1.1.2010 entstanden ist, ist die alte Verjährung mit der neuen Verjährung, die ab 1.1.2010 zu laufen beginnt, zu vergleichen. Maßgeblich ist dann die kürzere Frist.

Eine **Verwirkung** des Vergütungsanspruchs kommt nur in Ausnahmefällen in Betracht, zB bei beson- 19
ders schwerwiegenden vorsätzlichen oder mindestens grob fahrlässigen Verstößen gegen die Amtspflich-
ten des Testamentsvollstreckers (LG Mainz Urt. v. 13.12.2017 – 3 O 23/17, ZErb 2018, 66 (67); OLG
Schleswig ZEV 2009, 625 (631 f.) = MittBayNot 2010, 139; Palandt/*Weidlich* Rn. 15). Ein solcher Verstoß
liege vor, wenn sich der Testamentsvollstrecker bewusst über Interessen derjenigen hinwegsetzt, für die
er eingesetzt wurde, sodass keine ordnungsgemäße und pflichtmäßige Amtsführung vorliege (LG Mainz
Urt. v. 13.12.2017 – 3 O 23/17, ZErb 2018, 66 (67)). Keine Verwirkung sei anzunehmen, wenn der Testamentsvollstrecker aufgrund irriger Beurteilung der Sach- und Rechtslage, aber im Bestreben sein Amt
zum Wohle der betreuten Personen auszuüben, fehlerhafte Entschlüsse bzw. Entscheidungen trifft (LG
Mainz Urt. v. 13.12.2017 – 3 O 23/17, ZErb 2018, 66 (67)).

8. Vermeintlicher Testamentsvollstrecker. Wer als vermeintlicher Testamentsvollstrecker tätig gewe- 20
sen ist, kann im Falle seiner Gutgläubigkeit und je nach Lage des Einzelfalls auch dann, wenn sich seine
Ernennung als rechtsunwirksam herausstellt, Vergütung wie ein Testamentsvollstrecker verlangen (BGH
NJW 1963, 1615). Im Einzelfall kann nach Meinung des BGH (NJW 1963, 1615) ein Geschäftsbesorgungsvertrag angenommen werden, aus dem sich ein Anspruch (§§ 675, 612, vgl. 632) auf billige Vergütung ergibt (§§ 316, 315 III). Da die tatsächliche Arbeit und Verantwortlichkeit des vermeintlichen
Testamentsvollstreckers denselben Umfang hat, ist kein Unterschied in der Höhe zwischen der angemessenen Vergütung des wirklichen Testamentsvollstreckers und der billigen Vergütung des vermeintlichen
Testamentsvollstrecker zu machen (BGH NJW 1963, 1615). Hingegen kann der vermeintliche Testamentsvollstrecker, dessen wirksame Ernennung vom Erben bestritten wird, keine Vergütung für seine
Tätigkeit verlangen, weil er dann das Risiko der im Gegensatz zum Erben verfochtenen irrigen Testamentsauslegung trägt (BGH NJW 1977, 1726 (1727)). Nach anderer Ansicht soll zumindest der gutgläubig handelnde Testamentsvollstrecker trotz Widerspruch der Erben durch analoge Anwendung der
§§ 2218, 2221 davor geschützt werden, das alleinige Risiko einer unwirksamen Ernennung zu tragen, da
sich die Erben den durch die testamentarische Anordnung der Testamentsvollstreckung gesetzten
Rechtsschein zurechnen lassen müssen (*Roth* NJW-Spezial 2011, 679).

§ 2222 Nacherbenvollstrecker

*Der Erblasser kann einen Testamentsvollstrecker auch zu dem Zwecke ernennen, dass dieser bis
zu dem Eintritt einer angeordneten Nacherbfolge die Rechte des Nacherben ausübt und dessen
Pflichten erfüllt.*

1. Normzweck. Bei Vor- und Nacherbfolge kann der Erblasser eine Testamentsvollstreckung für den 1
Vorerben während der Vorerbschaft, für den Nacherben während der Vorerbschaft, für den Nacherben
ab Eintritt der Nacherbfolge und für Vor- und Nacherben anordnen. Im Zweifel ist durch Auslegung zu
ermitteln, welche Testamentsvollstreckung gewollt ist. Bei einer Testamentsvollstreckung für den Vorerben ist nicht ohne weiteres von einer umfassenden Verfügungsbefugnis auch für den Nacherben auszugehen (so OLG München Beschl. v. 15.4.2016 – 34 Wx 158/15, BeckRS 2016, 07465). § 2222 betrifft nur
den Fall der **Testamentsvollstreckung für den Nacherben während der Vorerbschaft** und eröffnet
dem Erblasser die Möglichkeit, einen Testamentsvollstrecker für die Sonderaufgabe zu ernennen, die
darin besteht bis zum Eintritt der Nacherbfolge die Rechte und Pflichten des Nacherben wahrzunehmen
(MüKoBGB/*Zimmermann* Rn. 2). Die anderen Testamentsvollstreckungen sind keine Fälle der Nacherbenvollstreckung iSv § 2222. Die Nacherbenvollstreckung iSv § 2222 beschränkt nur den Nacherben und
nicht den Vorerben. Sie ist insbes. dann zweckmäßig, wenn absehbar ist, dass der Nacherbe bis zum Eintritt der Nacherbfolge nicht oder nur ungenügend zur Wahrnehmung seiner Rechtsposition fähig ist
(MüKoBGB/*Zimmermann* Rn. 2). Auch im Falle der Pflichtteilsbeschränkung in guter Absicht gem.
§ 2338 I 1 kann der Schutz des Nacherben durch die Ernennung eines Testamentsvollstreckers für die
Dauer der Vorerbschaft zweckmäßig sein (MüKoBGB/*Zimmermann* Rn. 2).

2. Rechtsstellung. Dem Nacherben-Testamentsvollstrecker obliegt nicht die Verwaltung des Nachlas- 2
ses, sondern lediglich die Wahrnehmung der Rechte und Pflichten aus und auf Grund der bis zum Eintritt des Nacherbfalls bestehenden Anwartschaft des Nacherben (Palandt/*Weidlich* Rn. 3). Er hat demnach genau diejenigen Rechte und Pflichten, die dem Nacherben gegenüber dem Vorerben zustehen
(BGH NJW 1995, 456). Nur in diesem Rahmen finden die allgemeinen Vorschriften der Testamentsvollstreckung auf den Nacherben-Testamentsvollstrecker Anwendung, insbes. trifft ihm die Pflicht zur ordnungsgemäßen Verwaltung (§ 2216) der Nacherbenrechte (Palandt/*Weidlich* Rn. 5). Insoweit unterliegt
er auch der Haftung aus § 2219. Die Rechtsstellung des Nacherben-Testamentsvollstreckers unterscheidet sich damit erheblich von dem Normaltypus, da sich die Rechte und Pflichten im Wesentlichen aus
den §§ 2116 ff., und nicht aus den §§ 2203 ff. ergeben (MüKoBGB/*Zimmermann* Rn. 2; → Rn. 3). Der
Erblasser kann dem gem. § 2222 ernannten Testamentsvollstrecker nicht das Recht einräumen, den Zeitpunkt des Eintritts der Nacherbfolge zu bestimmen, § 2065 (BGH NJW 1955, 100 (101)). Es liegt nicht
in der Macht des Nacherbenvollstreckers, über die Rechtsstellung des Nacherben zu verfügen, namentlich auf die Anwartschaft zu verzichten oder sie zu übertragen (MüKoBGB/*Zimmermann* Rn. 6). Dagegen kann der Nacherbentestamentsvollstrecker gem. § 2222 wirksam auf die Eintragung des Nacherbenvermerks im Grundbuch verzichten. Das Grundbuchamt ist nicht befugt, die Zweckmäßigkeit eines
derartigen Verzichts zu prüfen (BayObLG NJW-RR 1989, 1096). Handelt es sich um eine entgeltliche

Verfügung und bestehen auch ansonsten keine Zweifel an ihrer Pflichtmäßigkeit, kann das Grundbuchamt auch keinen Amtswiderspruch gegen die Löschung eines Nacherbenvermerks eintragen (OLG München ErbBstg 2012, 244). IÜ ist im Grundbuch mit dem Nacherbenvermerk der Testamentsvollstreckervermerk einzutragen (§§ 51, 52 GBO), weil die Nacherbenvollstreckung den Nacherben in seinen Rechten beschränkt (Demharter GBO § 51 Rn. 17). Im Erbschein des Vorerben (§ 2363) ist die Ernennung eines Nacherbenvollstreckers anzugeben.

3. Rechte und Pflichten. Die Rechte und Pflichten des Nacherben-Testamentsvollstreckers ergeben sich aus der Rechtstellung des Nacherben, nämlich aus den §§ 2116–2119, 2121–2123, 2127, 2128 sowie § 773 ZPO (Rechte) und den §§ 2120, 2123 (Pflichten). Insoweit unterliegt der Nacherben-Testamentsvollstrecker gegenüber dem Nacherben der Verpflichtung und Haftung aus § 2216 I, § 2219. Darüber hinaus erteilt er die nach §§ 2113 ff. erforderliche Zustimmung zu einer Verfügung des Vorerben über Nachlassgegenstände. Eine gerichtliche Genehmigung ist hier nicht erforderlich (BayObLG NJW-RR 1989, 1096; Palandt/*Weidlich* Rn. 4). Innerhalb seines Aufgabenbereichs stehen dem Nacherbenvollstrecker die Prozessführungsrechte gem. § 2212 u. 2213 zu. Er ist bei einer Klage des oder gegen einen mit der Nacherbenvollstreckung beschränkten Nacherben aktiv und passiv legitimiert. Das gegen ihn ergangene Urteil wirkt gem. § 327 ZPO für und gegen den Nacherben. Da der Nacherben-Testamentsvollstrecker nicht die Nachlassgegenstände, sondern nur die Rechte und Pflichten des Nacherben während der Vorerbschaft verwaltet, ist er nicht nach § 2215 gegenüber dem Nacherben inventarpflichtig (MüKoBGB/*Zimmermann* Rn. 5). Dagegen ist er verpflichtet, den Anspruch auf Verzeichnis der Erbschaftsgegenstände gegen den Vorerben aus § 2121 geltend zu machen, selbst wenn er zugleich der Vorerben ernannt ist. Er ist dem Nacherben, soweit er dessen Rechte wahrgenommen hat, gem. §§ 2218, 666 jedenfalls auf Verlangen auskunftspflichtig (BGH NJW 1995, 456 (457)).

4. Sonstiges. Das Amt des Nacherbentestamentsvollstreckers beginnt mit dem Eintritt der Vorerbfolge und endet mit dem Eintritt der Nacherbfolge gem. § 2139, soweit nicht die Testamentsvollstreckung für den Nacherben nach dem Eintritt der Nacherbfolge – mit entsprechender inhaltlicher Änderung der dem Testamentsvollstrecker obliegenden Aufgaben – fortdauern soll (MüKoBGB/*Zimmermann* Rn. 8). Tritt die Vorerbschaft gar nicht ein, etwa wegen Ausschlagung des Vorerben, so entfällt auch die Testamentsvollstreckung für den Nacherben infolge Gegenstandslosigkeit (BGH NJW 1977, 1726). Der Vergütungsanspruch des Nacherbenvollstreckers richtet sich nach wohl hM nur gegen den Nacherben, den die Verpflichtung als Nachlassverbindlichkeit (§ 1967 II) trifft (MüKoBGB/*Zimmermann* Rn. 8; Palandt/*Weidlich* Rn. 6).

§ 2223 Vermächtnisvollstrecker

Der Erblasser kann einen Testamentsvollstrecker auch zu dem Zwecke ernennen, dass dieser für die Ausführung der einem Vermächtnisnehmer auferlegten Beschwerungen sorgt.

1. Normzweck. § 2223 ist Ausprägung des Grundsatzes, dass der Erblasser berechtigt ist, seinen letzten Willen durch einen Testamentsvollstrecker ausführen zu lassen. Diese Gestaltungsfreiheit erstreckt sich auch auf eine Testamentsvollstreckung an einem Vermächtnisgegenstand (BGH NJW 1954, 1036). Zu beachten ist, dass der Gesetzgeber in § 2223 lediglich die Ausführung der dem Vermächtnisnehmer auferlegten Beschwerungen (zB Untervermächtnisse oder Auflagen) durch den Testamentsvollstrecker normiert hat. § 2223 soll den zulässigen Wirkungskreis eines Vermächtnisvollstreckers nicht auf die Ausführung der dem Vermächtnisnehmer auferlegten Beschwerungen beschränken (BGH NJW 1954, 1036). Daher ist anerkannt, dass über den Wortlaut des § 2223 hinaus der Erblasser die Verwaltung des Vermächtnisgegenstandes in der Hand des Vermächtnisnehmers durch den Testamentsvollstrecker anordnen kann, und zwar auch in der Form der Dauertestamentsvollstreckung nach §§ 2209, 2210 (BGH NJW 1954, 1036; OLG Hamm RNotZ 2010, 587 (589); Palandt/*Weidlich* Rn. 2). Die Fürsorge für ein Untervermächtnis oder einer Auflage nach § 2223 kann dem Testamentsvollstrecker neben seinen anderen oder als einzige Aufgabe übertragen sein (Palandt/*Weidlich* Rn. 1). Umstritten ist, welche Art von Verbindlichkeiten der Testamentsvollstrecker bei der Verwaltung des Vermächtnisgegenstandes begründet. Nach der hM kann der Testamentsvollstrecker nur Verbindlichkeiten in Bezug auf das Vermächtnis eingehen (vgl. eing. *Muscheler* ZEV 2011, 230 (231)).

2. Alleinerben als Vermächtnisvollstrecker. Bei jeder Art der Vermächtnisvollstreckung iSd § 2223 tritt das beschwerte Vermächtnis an die Stelle des Nachlasses. Diese Art der Testamentsvollstreckung beschwert daher nicht den Erben, sondern den Vermächtnisnehmer. In diesem Fall kann daher abweichend vom sonst geltenden Grundsatz der Alleinerbe Testamentsvollstrecker sein (Palandt/*Weidlich* Rn. 1; BGH NJW-RR 2005, 591 = ZEV 2005, 205 zu einer eng begrenzten Ausnahme wenn dem Testamentsvollstrecker der sofortige Vollzug bestimmter Vermächtnisse obliegt). Mithin ist die Einsetzung des Alleinerben zum Vermächtnisvollstrecker iSd § 2223 ebenso zulässig, wie dem Alleinerben die dauerhafte Verwaltung des Vermächtnisgegenstandes zu übertragen.

3. Vermächtnisvollstreckung. Mangels anderweitiger Anordnungen durch den Erblasser gelten die allgemeinen Vorschriften über die Testamentsvollstreckung – unter Berücksichtigung des eingeschränkten Aufgabenkreises hinsichtlich des Vermächtnisgegenstandes –, entsprechend. Der Testamentsvollstrecker hat demnach insbes. das Recht und die Pflicht, die Forderung des Vermächtnisnehmers aus § 2174 geltend zu machen, den Vermächtnisgegenstand in Besitz zu nehmen, ihn zu verwalten und im Rahmen seiner Aufgabe nach § 2205 darüber zu verfügen (OLG München ZEV 2013, 620; MüKoBGB/*Zimmermann* Rn. 4). Unabhängig davon, ob bereits eine Annahme des Vermächtnisses vorliegt, erstreckt sich die Verfügungsbefugnis auch auf die Entgegennahme der Auflassung durch den Erben (OLG München ZEV 2013, 620). Nach dem OLG Frankfurt a. M. (Beschl. v. 2.1.18 – 20 W 331/17, BeckRS 2018, 13119) ist außerdem durch Auslegung im Einzelfall möglich, dass sich die Verfügungsbefugnis des Testamentsvollstreckers auch auf die Entgegennahme der Auflassung durch den Vermächtnisnehmer erstreckt. Dafür spreche, wenn der Testamentsvollstrecker in der letztwilligen Verfügung mit der Erfüllung von Grundstücksvermächtnissen beauftragt und ausdrücklich von den Beschränkungen des § 181 befreit sei. Der Vermächtnisvollstrecker kann in Bezug auf den Vermächtnisgegenstand Verbindlichkeiten eingehen (§ 2206). IÜ unterscheidet sich die Rechtsstellung des Vermächtnisvollstreckers im Verhältnis zum Vermächtnisnehmer und nach außen nicht von der eines „normalen" Testamentsvollstreckers. Der Vermächtnisnehmer kann nicht über den Vermächtnisgegenstand verfügen (§ 2211) (MüKoBGB/*Zimmermann* Rn. 4). Nur der Vermächtnisvollstrecker kann den Hauptvermächtnisanspruch einklagen (§ 2212). Das Urteil wirkt dann gem. § 327 I ZPO für und gegen den Vermächtnisnehmer. Für den Vermächtnisgegenstand betreffende Passivprozesse gilt § 2213. Während der Vermächtnisvollstreckung bildet der Vermächtnisgegenstand ein Sondervermögen, so dass die Privatgläubiger des Vermächtnisnehmers nicht auf den Vermächtnisgegenstand zugreifen können (§ 2214). Nach § 2219 ist der Vermächtnisvollstrecker gegenüber dem Vermächtnisnehmer und dem durch die Beschwerung Begünstigten verantwortlich (MüKoBGB/*Zimmermann* Rn. 4). Die Vermächtnisvollstreckung nach § 2223 endet mit der Erledigung der Aufgabe, also mit der Ausführung der Beschwerungen. Der Vergütungsanspruch des Vermächtnisvollstreckers aus § 2221 richtet sich im Falle des § 2223 gegen den Vermächtnisnehmer, soweit nicht ein entgegenstehender (mutmaßlicher) Wille des Erblassers erkennbar ist (MüKoBGB/*Zimmermann* Rn. 5).

4. Legitimation. Auf Antrag ist dem Vermächtnisvollstrecker ein **Testamentsvollstreckerzeugnis** nach § 2368 zu erteilen, in die Beschränkung auf die Vermächtnisverwaltung anzugeben ist (MüKoBGB/*Zimmermann* Rn. 7). Im **Erbschein** erscheint die Vermächtnisvollstreckung dagegen nicht. Wenn ein Grundstück, oder ein Recht an einem solchen, Vermächtnisgegenstand ist, ist die Testamentsvollstreckung entsprechend § 52 GBO im **Grundbuch** zu vermerken (BayObLG NJW-RR 1990, 844). Die Eintragung eines Testamentsvollstreckervermerks im Grundbuch kann auch hinsichtlich eines Anteils an einer GbR zulässig sein (LG Hamburg ZIP 2008, 2125 (2126)).

§ 2224 Mehrere Testamentsvollstrecker

(1) ¹Mehrere Testamentsvollstrecker führen das Amt gemeinschaftlich; bei einer Meinungsverschiedenheit entscheidet das Nachlassgericht. ²Fällt einer von ihnen weg, so führen die übrigen das Amt allein. ³Der Erblasser kann abweichende Anordnungen treffen.

(2) Jeder Testamentsvollstrecker ist berechtigt, ohne Zustimmung der anderen Testamentsvollstrecker diejenigen Maßregeln zu treffen, welche zur Erhaltung eines der gemeinschaftlichen Verwaltung unterliegenden Nachlassgegenstands notwendig sind.

1. Normzweck. Nach § 2224 kann der Erblasser mehrere Testamentsvollstrecker benennen, wobei sich die Ernennung nach den §§ 2197–2220 richtet. Die Ernennung von mehreren Testamentsvollstreckern ist insbes. bei größeren Nachlässen zweckmäßig, da so eine Verteilung der Verantwortung und eine gegenseitige Kontrolle geschaffen wird. Allerdings können damit aber auch Konfliktsituationen sowie Mehrkosten für den Nachlass entstehen (MüKoBGB/*Zimmermann* Rn. 1). Abs. 1 bestimmt, dass mehrere Testamentsvollstrecker das Amt gemeinschaftlich führen, wobei bei Meinungsverschiedenheiten über die Amtsführung das Nachlassgericht entscheidet, und nicht die Mehrheit der Testamentsvollstrecker. Weiter bestimmt Abs. 1, dass bei Wegfall eines Testamentsvollstreckers, die übrigen das Amt allein führen (bzw. der übrige das Amt alleine führt). Abs. 1 S. 3 stellt klar, dass die vorgenannten gesetzlichen Regelungen nur subsidiär gelten und folglich der Erblasser – durch Verfügung von Todes wegen – **abweichende Anordnungen** treffen kann. Zur Vermeidung der aus dem Prinzip des Gesamthandelns und der Entscheidungszuständigkeit des Nachlassgerichts folgenden Schwerfälligkeiten sind solche abweichenden Anordnungen in aller Regel zweckmäßig (MüKoBGB/*Zimmermann* Rn. 1). Abs. 2 berechtigt jeden Testamentsvollstrecker zur Vornahme notwendiger Erhaltungsmaßnahmen.

2. Ernennung. Der Erblasser kann mehrere Testamentsvollstrecker ernennen, wobei keine zahlenmäßige Beschränkung besteht (§ 2197 I). Er kann dazu auch einen Dritten ermächtigen, das Nachlassgericht ersuchen (§§ 2198, 2200) oder es dem Testamentsvollstrecker überlassen, einen oder mehrere Mitvollstrecker zu ernennen (§ 2199 I). Die Anordnung des Erblassers, dass der Testamentsvollstrecker bei gewissen Geschäften den Rat oder die Zustimmung eines Dritten einzuholen hat, ist grds. nicht als Ernennung des Dritten zum Mitvollstrecker zu verstehen, sondern wird in der Regel eine den Testamentsvollstrecker bindende Verwaltungsanordnung nach § 2216 II darstellen (MüKoBGB/*Zimmermann* Rn. 2).

3. Gemeinschaftliche Amtsführung (Abs. 1). § 2224 I 1 bestimmt, soweit der Erblasser keine abweichenden Anordnungen durch Verfügung von Todes wegen getroffen hat für Abs. 1 S. 3, dass mehrere Testamentsvollstrecker das Amt gemeinsam führen, sie also Gesamtvollstrecker sind. Es gilt mithin das Einstimmigkeitsprinzip (Soergel/*Damrau* Rn. 4). Kommt es zu Meinungsverschiedenheiten über die

10 BGB § 2224

Amtsführung, entscheidet nicht die Mehrheit der Testamentsvollstrecker, sondern das Nachlassgericht (I 1 Hs. 2). Eine abweichende Anordnung nach Abs. 1 S. 3 wird oft zur Vermeidung der mit dem Prinzip des Gesamthandelns und der Entscheidungszuständigkeit des Nachlassgerichts verbundenen Schwerfälligkeiten zweckmäßig sein. Mehrere Testamentsvollstrecker führen das Amt gemeinschaftlich nach innen wie nach außen (BGH NJW 1967, 2400 (2401 f.)). Jedoch können sie vorbehaltlich ihrer Haftung (§§ 2218, 664) die Ausführung einem anderen Testamentsvollstrecker oder einem Dritten übertragen oder den Wirkungskreis unter sich aufteilen (Palandt/*Weidlich* Rn. 1). Aus der gemeinschaftlichen Amtsführung folgt, dass die Testamentsvollstrecker grds. nur gemeinsam Anträge (zB auf Eröffnung des Nachlassinsolvenzverfahrens; auf Grundbuchberichtigung; auf Aufhebung einer Verwaltungsanordnung nach § 2216 II) stellen können und auch nur – mit Ausnahme von § 355 III FamFG – gemeinsam Beschwerde einlegen können (Palandt/*Weidlich* Rn. 2). Eine weitere Ausnahme bilden die Informations- und Rechenschaftspflichten gem. §§ 2218, 666 und der Antrag auf eine nachlassgerichtliche Streitentscheidung im Falle des I 1 Hs. 2. Die Nachfolgerbenennung (§ 2199 II) ist keine Amtsführung iSd § 2224 (BeckOK BGB/*Lange* Rn. 3).

4 **a) Gesamtvollstreckungsprinzip.** Gemeinschaftliche Amtsführung bedeutet, dass jede Verwaltungsentscheidung im Innenverhältnis einstimmig getroffen werden muss und jedes Rechtsgeschäft nach außen zu seiner Wirksamkeit der Mitwirkung aller Testamentsvollstrecker bedarf (BGH NJW-RR 1994, 516). Solange die erforderliche Zustimmung eines Mitvollstreckers fehlt, ist das Rechtsgeschäft schwebend unwirksam und wird erst (rückwirkend) wirksam, wenn alle übrigen Mitvollstrecker das Rechtsgeschäft genehmigen (§§ 184, 185). Wurde einem Mitvollstrecker von den übrigen Testamentsvollstreckern eine Generalvollmacht erteilt, so kann hierin eine Umgehung des Gesamtvollstreckungsprinzips des § 2224 gesehen werden. Eine auf einzelne Geschäfte beschränkte und widerrufliche Generalvollmacht ist jedoch wirksam (BGH NJW 1961, 506 f. allerdings zur GmbH-Gesamtvertretungsberechtigung).

5 **b) Streitgenossen.** Im Bereich der gemeinschaftlichen Amtsführung müssen mehrere Testamentsvollstrecker bei einem Aktivprozess des Nachlasses (§ 2212) gemeinschaftlich klagen und sind notwendige Streitgenossen gem. § 62 ZPO (BeckOK BGB/*Lange* Rn. 3; *Damrau* ZEV 2013, 475). Wenn ein Anspruch von mehreren Testamentsvollstreckern erfüllt werden kann, sind diese in einem möglichen Passivprozess notwendige Streitgenossen (MüKoBGB/*Zimmermann* Rn. 6). Das gilt jedoch zB nicht für eine Klage auf Informations- und Rechenschaftspflichten gem. §§ 2218, 666, die gegen jeden Testamentsvollstrecker einzeln gerichtet werden kann, da hierzu auch jeder einzelne Testamentsvollstrecker verpflichtet ist. Ob bei einer notwendigen Streitgenossenschaft der eine Streitgenosse dem anderen den Streit verkünden kann, um bspw. Schadensersatzansprüche wegen schuldhaften Prozessverhaltens – welches zum Prozessverlust geführt hat – vorbereiten zu können, ist strittig (*Damrau* ZEV 2013, 475 (477); Musielak/Voit/*Weth* ZPO § 72 Rn. 7). Bei dem Testamentsvollstrecker ist zu beachten, dass dieser als Partei kraft Amtes nach § 2219 persönlich haftet (→ § 2219 Rn. 7; MüKoBGB/*Zimmermann* § 2219 Rn. 1). Bei einer notwendig werdenden Streitverkündung ist somit dem Inhaber des Amtes persönlich der Streit zu verkünden (*Damrau* ZEV 2013, 475). Klagerücknahme und Erledigungserklärung können als reine Prozesshandlungen, die nicht über den Streitgegenstand verfügt wird, auch durch nur einen der Gesamtvollstrecker vorgenommen werden. Das führt jedoch jeweils dazu, dass die Klagen der anderen Gesamtvollstrecker unzulässig werden. Ihnen fehlt die Prozessführungsbefugnis, da diese ihnen nur gemeinsam zusteht (BGH BeckRS 2009, 217117; MüKoZPO/*Schultes* § 62 Rn. 49; *Damrau* ZEV 2013, 475). Anders sieht es beim Prozessvergleich auf Grund dessen Doppelrechtsnatur aus: da dieser neben der prozessualen verfahrensbeendenden Wirkung zugleich auch einen materiell-rechtlichen Vergleich darstellt, bedarf es der Zustimmung aller Gesamtvollstrecker. Bis zur Zustimmung aller Gesamtvollstrecker ist der Prozessvergleich daher unwirksam (MüKoZPO/*Schultes* § 62 Rn. 49; *Damrau* ZEV 2013, 475).

6 **c) Wegfall.** Fällt ein Testamentsvollstrecker weg, so führen in Ermangelung besonderer Erblasseranordnungen (Abs. 1 S. 3) die Übrigen bzw. führt der Übrige das Amt allein (Abs. 1 S. 2). Ein Mitvollstrecker ist „weggefallen", wenn er das Amt abgelehnt, gekündigt hat oder das Amt beendet ist (§§ 2202, 2225–2227). Dem steht es gleich, wenn der Mitvollstrecker aus rechtlichen oder tatsächlichen Gründen dauernd verhindert ist, das Amt überhaupt zu führen oder bei einem bestimmten Rechtsgeschäft oder einer Prozesshandlung mitzuwirken (MüKoBGB/*Zimmermann* Rn. 19). Dies betrifft zB Interessenkollisionen und verbotene Insichgeschäfte (§ 181). Wenn ein Mitvollstrecker nur vorübergehend verhindert ist, kann Abs. 1 S. 2 im Hinblick auf die nahe liegende Missbrauchsgefahr nicht entsprechend angewendet werden, da entweder in Dringlichkeitsfällen Abs. 2 hilft oder das Nachlassgericht entscheiden muss (Palandt/*Weidlich* Rn. 7).

7 **4. Ausnahme vom Gesamtvollstreckungsprinzip.** Abs. 2 legt eine Ausnahme vom Gesamtvollstreckungsprinzip fest. Jeder Testamentsvollstrecker ist allein zur Vornahme notwendiger Erhaltungsmaßnahmen ohne Zustimmung der anderen Testamentsvollstrecker berechtigt. Vergleichbare Regelungen sieht der Gesetzgeber auch bei der Gemeinschaft (§ 744 II) und der Erbengemeinschaft (§ 2038 I 2) vor. Die Vorschrift des § 2224 II „trifft Vorsorge für den Fall, dass die Substanz des Nachlasses eine Beeinträchtigung erfahren könnte, wenn eine dringende Erhaltungsmaßnahme zwar notwendig, ein gemeinschaftliches Handeln der Testamentsvollstrecker jedoch nicht zu erreichen ist. Ebenso wie jedem Teilhaber an einer Gemeinschaft gem. §§ 741 f. oder jedem Mitglied einer Erbengemeinschaft zur Wahrung seines eigenen Interesses die Möglichkeit verbleiben muss, den gemeinschaftlichen Gegenstand auch

ohne oder gegen den Willen der sonstigen Beteiligten vor Verlust oder Schädigung zu bewahren, verliert die von den Erblasser angeordnete Machtverteilung unter mehreren Testamentsvollstreckern dann ihre Berechtigung, wenn die Erhaltung des Nachlasses der Substanz oder dem Werte nach in Frage steht. Es entspricht weder dem Willen des Erblassers noch wird das Interesse des Erben gewahrt, würde auch unter derartigen Umständen die – aus wie immer gearteten Gründen – nicht zu erlangende Gemeinschaftlichkeit des Handelns der Testamentsvollstrecker erfordert" (OLG Saarbrücken NJW 1967, 1137). Die unter diesen Gesichtspunkten vorzunehmende, die Deutung der genannten verwandten Bestimmungen mitberücksichtigende Auslegung des § 2224 II verlangt daher, dass die Maßnahme zur Erhaltung des Nachlassgegenstandes objektiv notwendig gewesen sein muss. Nicht ausreichend ist, dass der Mitvollstrecker sie für erforderlich halten durfte. Zur Erhaltung eines Nachlassgegenstandes kann es unter anderem notwendig sein, die Klage wegen einer Nachlassforderung zu erheben oder eine Forderung einzutreiben (RGZ 98, 173 (174)), Rechtsmittel einzulegen (OLG Saarbrücken NJW 1967, 1137), unaufschiebbare werterhaltende, ertragsfördernde oder schadensabwendende Maßnahmen zu ergreifen oder dringende Verbindlichkeiten zu befriedigen (MüKoBGB/*Zimmermann* Rn. 16). Das unter den Voraussetzungen des Abs. 2 abgeschlossene Rechtsgeschäft des allein handelnden Mitvollstreckers ist nach außen wirksam. Hat ein Mitvollstrecker dagegen ein Rechtsgeschäft allein vorgenommen und lagen die Voraussetzungen des Abs. 2 objektiv nicht vor, hängt die Wirksamkeit des Rechtsgeschäft von der Genehmigung durch den oder die anderen Testamentsvollstrecker ab (§§ 177 ff., 185). Wird die Genehmigung versagt, bleibt nur der Weg, das Nachlassgericht gem. Abs. 1 über die Meinungsverschiedenheit entscheiden zu lassen.

5. Meinungsverschiedenheiten. Nach § 2224 I 1 Hs. 2 entscheidet das Nachlassgericht bei Meinungsverschiedenheit hinsichtlich der gemeinschaftlichen Amtsführung unter mehreren Testamentsvollstreckern. Nach dem Wortlaut besteht die ausschließliche Kompetenz des Nachlassgerichtes nur bei Meinungsverschiedenheiten über die Art und Weise der Amtsausübung. Dies setzt einen Streit innerhalb einer gemeinschaftlichen Verwaltung über die Ordnungsmäßigkeit und Zweckmäßigkeit der sachlichen Amtsführung voraus (BGH NJW 1956, 986 (987)). Dagegen ist das Prozessgericht zuständig, wenn Mitvollstrecker darüber uneinig sind, ob eine Verwaltungshandlung überhaupt zum gemeinschaftlichen Verwaltungskreis gehört, so etwa, wenn in Zweifel gezogen wird, ob eine von einem Testamentsvollstrecker angestrebte Verwaltungsmaßnahme mit dem Gesetz oder der letztwilligen Verfügung in Einklang steht (BGH NJW 1956, 986 (987)). Hierbei macht es keinen Unterschied, ob die Meinungsverschiedenheit unmittelbar eine Rechtsfrage betrifft, oder diese als Vorfrage für die beabsichtigte Amtsführung erheblich ist (BGH NJW 1956, 986 (987)). Da nicht einzusehen ist, weshalb das Nachlassgericht über die Rechtsfrage nur dann als Vorfrage mitzuentscheiden hat, wenn die Testamentsvollstrecker lediglich über die Zweckmäßigkeitsfrage streiten, wird zT gefordert, dass das Nachlassgericht über Rechtsfragen, die eine Vorfrage für eine umstrittene Amtshandlung darstellen, ebenfalls inzident zu entscheiden habe (Palandt/*Weidlich* Rn. 6; MüKoBGB/*Zimmermann* Rn. 12; str.).

a) **Antrag.** Bei Meinungsverschiedenheiten iSd § 2224 I entscheidet das Nachlassgericht durch den Richter (§ 16 I Nr. 4 RPflG) auf Antrag eines Mitvollstreckers. Nach überwiegender Auffassung sind auch alle anderen Beteiligten, namentlich Erben, Vermächtnisnehmer und Pflichtteilsberechtigte antragsberechtigt (Staudinger/*Reimann* Rn. 28; MüKoBGB/*Zimmermann* Rn. 13 mwN). Nach anderer Auffassung ist nur jeder Mitvollstrecker allein antragsberechtigt. Andernfalls besteht die Gefahr unterschiedlicher Entscheidungen, da die vorgenannten anderen Beteiligten aus § 2216 schon vor dem Prozessgericht klagen können (Soergel/*Damrau* Rn. 13). Ein Dritter, mit dem das umstrittene Rechtsgeschäft geschlossen werden soll, hat kein Antragsrecht (MüKoBGB/*Zimmermann* Rn. 13).

b) **Beteiligter.** Wer als Beteiligter dem Verfahren hinzuzuziehen ist, entscheidet sich nach der Grundregel des § 7 FamFG (→ Vor § 2197 Rn. 20). Danach sind bei einem Streit zwischen zwei Testamentsvollstreckern nach § 2224 sowohl beide Vollstrecker als auch der belastete Erbe und je nach Einzelfall der Vermächtnisnehmer und der Pflichtteilsberechtigte zu beteiligen (*Zimmermann* ZErb 2009, 86 (87)). Dagegen ist der Dritte, mit dem das streitige Rechtsgeschäft abgeschlossen werden soll, nicht unmittelbar betroffen und somit nicht Beteiligter (*Zimmermann* ZErb 2009, 86 (87)).

c) **Entscheidung.** Das Nachlassgericht ist nicht befugt im Rahmen einer Entscheidung anlässlich einer Meinungsverschiedenheit mehrerer Testamentsvollstrecker eine selbständige Entscheidung über die Art der Verwaltung auszusprechen, es kann lediglich den Vorschlag eines Testamentsvollstreckers – allenfalls mit unbedeutenden Modifikationen (Staudinger/*Reimann* Rn. 29) – billigen oder ablehnen (Palandt/*Weidlich* Rn. 4). Eine von keinem Testamentsvollstrecker vorgeschlagene Entscheidung darf das Nachlassgericht nicht treffen (Palandt/*Weidlich* Rn. 4). Bei der Billigung eines umstrittenen Entscheidungsvorschlages ist grds. auszusprechen, dass der widerstrebende Testamentsvollstrecker zuzustimmen hat (Palandt/*Weidlich* Rn. 4). Die Entscheidung des Nachlassgerichts, dem widerstrebenden Testamentsvollstrecker die Zustimmung aufgibt, ergeht durch Beschluss (§ 38 FamFG). Dieser wird erst nach §§ 355 II, 40 III FamFG grds. erst mit der Rechtskraft wirksam. Bei Gefahr in Verzug kann das Nachlassgericht jedoch nach § 40 III FamFG die sofortige Wirksamkeit anordnen.

Eine **Ersetzungswirkung** für die Zustimmung des Testamentsvollstreckers sieht das Gesetz nicht vor (Palandt/*Weidlich* Rn. 4). Daher muss der die Zustimmung verweigernde Mitvollstrecker vor einem Prozessgericht auf Zustimmung verklagt werden oder ein Entlassungsverfahren angestrengt werden, auch wenn eine Entscheidung des Nachlassgerichtes vorliegt, die eine Pflicht zur Zustimmung bejaht (BeckOK BGB/*Lange* Rn. 8; Staudinger/*Reimann* Rn. 29; aA MüKoBGB/*Zimmermann* Rn. 5, 14).

13 d) **Beschwerde.** Jeder Testamentsvollstrecker kann selbständig Beschwerde (§§ 58 ff. FamFG) binnen einer Frist von zwei Wochen einlegen (§ 355 II, III FamFG). Die **Verfahrenskosten** können die Testamentsvollstrecker nicht zusätzlich zu ihrer Vergütung (§ 2221) aus dem Nachlass ersetzt verlangen (BGH NJW 2003, 3268).

§ 2225 Erlöschen des Amts des Testamentsvollstreckers

Das Amt des Testamentsvollstreckers erlischt, wenn er stirbt oder wenn ein Fall eintritt, in welchem die Ernennung nach § 2201 unwirksam sein würde.

1 **1. Beendigung des konkreten Testamentsvollstreckeramtes.** Die §§ 2225–2227 enthalten eine nicht abschließende Aufzählung von Gründen, aus denen das Amt des Testamentsvollstreckers vorzeitig endet. Zu unterscheiden ist zwischen der Beendigung des konkreten Testamentsvollstreckeramtes und der Beendigung der Testamentsvollstreckung insgesamt. Das konkrete Testamentsvollstreckeramt endet mit dem Tod des Testamentsvollstreckers nach § 2225 Alt. 1, Eintritt der Amtsunfähigkeit des Testamentsvollstreckers nach § 2225 Alt. 2 iVm § 2210, Verlust der Rechtsfähigkeit bei juristischen Personen analog § 2225, Kündigung des Testamentsvollstreckers nach § 2226 und Entlassung durch das Nachlassgericht nach § 2227. Ob mit der konkreten Beendigung des Testamentsvollstreckeramtes auch die Testamentsvollstreckung als solche insgesamt endet, richtet sich letztendlich nach dem ggf. durch Auslegung zu ermittelnden Erblasserwillen und setzt zumindest entsprechende Andeutungen in der letztwilligen Verfügung voraus (OLG Düsseldorf ZEV 2012, 484). Das Testamentsvollstreckeramt endet weiter durch Anordnung des Erblassers (zB bei einer vom Erblasser angeordneten Befristung oder auflösenden Bedingung des Testamentsvollstreckeramtes), mit Ablauf der Höchstfrist nach § 2210 kraft Gesetzes bei einer nach § 2209 angeordneten Verwaltungsvollstreckung oder von selbst mit Erledigung aller dem Testamentsvollstrecker zugewiesenen Aufgaben (BGH NJW 1964, 1316 (1318f.); OLG München Beschl. v. 11.12.2014 – 34 Wx 429/14, BeckRS 2015, 02066, Rn. 15). Zum letzten Fall gehört neben der vollständigen Erledigung aller Abwicklungs- und Auseinandersetzungsaufgaben (§§ 2203, 2204) auch die vollständige Nachlasserschöpfung sowie die Entstehung einer rechtsfähigen Stiftung, sofern der Testamentsvollstrecker nur für deren Errichtung bestellt war (MüKoBGB/*Zimmermann* Rn. 1). Eine Erledigung der Testamentsvollstreckung liegt auch vor, wenn die vom Erblasser bestimmte Tätigkeit nicht mehr erreicht werden kann, wie etwa bei dem Verkauf von Gesellschaftsanteilen und der Erlösauskehr bei Auflösung der Durchführung eines Insolvenzverfahrens oder Auflösung der Gesellschaft durch Liquidation (KG ZEV 2012, 483). Nicht zur Beendigung des Testamentsvollstreckeramtes führt grundsätzlich der Tod des Erben, außer der Erblasser hat die Testamentsvollstreckung nur für den konkreten Erben angeordnet (DNotI-Report 2016, 71).

2 Gesetzlich nicht geregelt sind die in der Praxis häufig anzutreffenden **Vereinbarungen** zwischen den Erben und den Testamentsvollstrecker über die Beendigung der Testamentsvollstreckung (*Reimann* NJW 2005, 789 (790)). Diese allein wirken nur im Innenverhältnis zwischen Erben und Testamentsvollstrecker und führen nicht ohne weiteres zur Beendigung des Testamentsvollstreckeramtes (Palandt/*Weidlich* Rn. 4). Allerdings kann sich der Testamentsvollstrecker wirksam verpflichten, sein Amt zu kündigen oder das Amt zu einer bestimmten Zeit oder bei Eintritt eines bestimmten Ereignisses niederzulegen (BGH NJW 1962, 912 (913); NJW 2005, 789 (790)). Vereinbaren die Miterben bei angeordneter Abwicklungsvollstreckung (nicht bei Verwaltungs- oder Dauertestamentsvollstreckung nach § 2209 S. 1) die Auseinandersetzung des gesamten Nachlasses (oder nur hinsichtlich bestimmter Gegenstände) auf Dauer auszuschließen, so führt eine derartige Vereinbarung der Miterben zur Beendigung der Testamentsvollstreckung insgesamt (oder hinsichtlich der bestimmten Gegenstände), ohne dass es weiterer Maßnahmen bedarf (OLG Nürnberg GWR 2010, 272). Heben die Erben später ihre Vereinbarung wieder auf oder verlangt ein Erbe die Auseinandersetzung aus wichtigem Grund, so lebt die Testamentsvollstreckung wieder auf (*van de Loo* GWR 2010, 272). Umstritten ist, ob statt der Beendigung der Testamentsvollstreckung eine gegenständliche **Freigabe** nach § 2217 vereinbart und vorgenommen werden kann. Der BGH erachtet die Freigabe „nach der allgemeinen Erwägung, dass die Interessen des Erben, denen die Testamentsvollstreckung dient, durch die Nichtbeachtung einer vom Erblasser für den Testamentsvollstrecker gesetzten Verfügungsschranke dann nicht rechtserheblich beeinträchtigt werden, wenn der Erbe selbst zustimmt" (NJW 1971, 1805 (1807)). Der Meinung des BGH wird zT entgegengehalten, dass sie sich mehr an den Interessen der Erben als an den Anordnungen des Erblassers orientiert, obwohl der Testamentsvollstrecker seine Rechtsmacht im Wesentlichen vom Erblasser ableitet (*Reimann* NJW 2005, 789 (792) mwN; vgl. *Werner* ZEV 2010, 126 (130)).

3 **2. Tod des Testamentsvollstreckers.** Mit Tod des Testamentsvollstreckers endet nach § 2225 Alt. 1 sein Amt, ohne dass es auf seinen Erben übergeht. Der Erbe des Testamentsvollstreckers ist lediglich nach §§ 2218, 673 S. 2 anzeige- und einstweilen besorgungspflichtig.

4 Der **Verlust der Rechtsfähigkeit** bei juristischen Personen bzw. der Teilrechtsfähigkeit bei Personengesellschaften (insbesondere bei Umwandlungen) führt grundsätzlich nicht zur Beendigung des Testamentsvollstreckeramtes (MüKo/*Zimmermann* § 2225 Rn. 4; aA *Reimann* ZEV 2000, 381 (385)). Ernennt ein Erblasser eine juristische Person oder eine Person mit einer eigenen Rechtspersönlichkeit zum Testamentsvollstrecker komme es ihm gerade nicht auf ein persönliches Vertrauensverhältnis an, sondern auf die aufgrund ihrer Organisation fachmännische Ausführung (ganz ähnlich beim Wohnungsverwalter:

BGH Urt. v. 21.2.2014 – V ZR 164/13, BeckRS 2014, 6950). Die analoge Anwendung des § 2225 iVm § 20 I Nr. 2 UmwG überzeugt daher nicht. Ausnahmsweise kann eine Auslegung des Testaments auf eine andere Rechtsfolge schließen lassen, dafür müssten jedoch klare und in der Praxis seltene Anhaltspunkte vorliegen.

3. Amtsunfähigkeit. Wird der Testamentsvollstrecker geschäftsunfähig iSd § 104, in seiner Geschäftsfähigkeit beschränkt oder erhält er zur Besorgung seiner Vermögensangelegenheiten einen Betreuer nach § 1896, liegt Amtsunfähigkeit vor, sodass gem. § 2225 Alt. 2 iVm § 2201 das Amt ebenfalls erlischt. Das Amt lebt beim Wegfall des Unfähigkeitsgrundes nicht wieder auf (MüKoBGB/*Zimmermann* Rn. 5). 5

4. Rechtsfolgen der Amtsbeendigung. Mit Erlöschen des Amtes verliert der Testamentsvollstrecker alle Verwaltungs-, Verfügungs- und Verpflichtungsbefugnisse und ist zur Herausgabe des durch die Testamentsvollstreckung Erlangten und in Besitz Genommenen sowie zur Rechenschaft verpflichtet (§§ 2218, 666, 667, 259–261). Das Testamentsvollstreckerzeugnis wird von selbst kraftlos (§ 2368 III), im Grundbuch ist der Testamentsvollstreckervermerk auf Antrag (§§ 13, 22 GBO) oder von Amts wegen (§ 84 GBO) zu löschen. Anhängige Prozesse werden nach § 239 ZPO unterbrochen oder, wenn der Testamentsvollstrecker durch einen Prozessbevollmächtigten vertreten ist, nach § 246 ZPO auf Antrag ausgesetzt. Handelt der Testamentsvollstrecker, obwohl sein Amt beendet ist, so sind diese Handlungen grds. unwirksam. Folgt man der Auffassung, dass mit der Amtsbeendigung die vom Testamentsvollstrecker erteilten Vollmachten erlöschen (vgl. zum Meinungsstand → § 2218 Rn. 14), droht Haftung analog § 179. 6

Im **Grundstücksverkehr** ist umstritten, ob § 878 analog Anwendung findet, wenn das Testamentsvollstreckeramt vor Grundbuchvollzug beendet wird (dazu Palandt/*Herrler* § 878 Rn. 11 mwN). Entgegen der verbreiteten Auffassung der Rspr. (OLG Celle DNotZ 1953, 158 = NJW 1953, 945; BayObLG NJW 1956, 1279; MittBayNot 1999, 82 = Rpfleger 1999, 25; OLG Frankfurt a.M. OLGZ 1980, 100; OLG Köln MittRhNotK 1981, 139; LG Osnabrück KTS 1972, 202; OLG Düsseldorf BeckRS 2011, 23539) ist § 878 auch auf den Wegfall der Verfügungsmacht des Testamentsvollstreckers (und des Insolvenzverwalters, vgl. Reul/Heckschen/Wienberg InsR/*Reul* § 3 Rn. 76 ff.) entsprechend anzuwenden: Es besteht auch in diesen Fällen ein unabweisbares Bedürfnis für einen Schutz des § 878. Anderenfalls wäre der Grundstücksverkehr mit einem amtlichen Verwalter praktisch lahmgelegt. Dem Erwerber könnte vor der Eintragung im Grundbuch die Entrichtung seiner Gegenleistung kaum zugemutet werden (Reul/Heckschen/Wienberg InsR/*Reul* Rn. 68 ff. mwN). Gleichwohl ist in der Kautelarpraxis auf die zitierte Rspr. hinzuweisen und der Kauf ggf. über ein Notaranderkonto abzuwickeln. Dieser Auffassung (sa Schöner/Stöber GrundbuchR Rn. 124; Palandt/*Herrler* § 878 Rn. 11; Staudinger/*Gursky* § 878 Rn. 57; MüKoBGB/*Kohler* § 878 Rn. 11 mwN) hat sich dann auch die Rspr. – insbes. in Hinblick auf den Vertrauensschutz – angeschlossen und § 878 bei nachträglichem Wegfall der Verfügungsmacht für anwendbar erklärt (bzgl. staatlicher Verwalter: OLG Brandenburg VIZ 1995, 365 (366) = OLG NL 1995, 127; zur Aufhebung der Gesamtvollstreckung: LG Neubrandenburg MDR 1995, 491). Ein Ende der vorbezeichneten Diskussion könnte der BGH durch eine aus dem Jahre 2012 stammende Entscheidung (MittBayNot 2013, 130) eingeläutet haben. In dem zugrunde liegenden Fall hatte der V. Senat über die Frage zu entscheiden, ob die Erklärung eines Wohnungseigentumsverwalters auch dann wirksam ist, wenn der Verwalter zwar noch im Zeitpunkt der Veräußerungszustimmung nach § 12 WEG im Amt ist, die Bestellung zu diesem Amt jedoch im Zeitpunkt des Umschreibungsantrages bereits beendet war. In seiner Entscheidung stellt der BGH darauf ab, dass die Wirksamkeit der Erklärung des Verwalters nicht davon abhängt, dass er das Verwaltungsamt noch in dem in § 878 genannten Zeitpunkt innehat. Bedeutung erlangt diese Entscheidung dadurch, dass der BGH zur Begründung auf einen Vergleich zu anderen Trägern eines vergleichbaren Amtes abstellt und so unter anderem eben auch auf den Testamentsvollstrecker. Es liegt nahe, dass der BGH diesen Vergleich bewusst gezogen hat (in diese Richtung auch *Kessler* RNotZ 2013, 480). 7

Stellt sich nachträglich heraus, dass die **Testamentsvollstreckung tatsächlich noch nicht beendet** ist, so kann der Testamentsvollstrecker seine Tätigkeit wieder aufnehmen und sich das zu den Akten des Nachlassgerichts gezogene Testamentsvollstreckerzeugnis zurückgeben lassen (OLG München NJW 1951, 74). Entsteht aufgrund nachträglicher Ereignisse eine neue Verwaltungsaufgabe, für die der Erblasser ebenfalls die Testamentsvollstreckung angeordnet hat, so lebt die Testamentsvollstreckung wieder auf (MüKoBGB/*Zimmermann* Rn. 9). 8

§ 2226 Kündigung durch den Testamentsvollstrecker

¹Der Testamentsvollstrecker kann das Amt jederzeit kündigen. ²Die Kündigung erfolgt durch Erklärung gegenüber dem Nachlassgericht. ³Die Vorschrift des § 671 Abs. 2, 3 findet entsprechende Anwendung.

1. Normzweck. Durch § 2226 wird dem Testamentsvollstrecker das Recht eingeräumt, sein Amt jederzeit und ohne Angabe von Gründen mit sofortiger Wirkung zu kündigen. Der Erblasser kann das Kündigungsrecht des Testamentsvollstreckers nicht ausschließen. Allenfalls kommt ein vertraglicher Kündigungsverzicht mit dem Testamentsvollstrecker – vorbehaltlich der Kündigung aus wichtigem Grund (§ 671 III) – oder eine Erschwerung der Kündigung dergestalt in Betracht, dass der Testaments- 1 vollstrecker eine Zuwendung erhält, die unter der auflösenden Bedingung der Ausübung des Kündigungsrechtes steht (MüKoBGB/*Zimmermann* Rn. 1).

2. Kündigung. Die Kündigung erfolgt gem. S. 2 durch formfreie und empfangsbedürftige Erklärung (§ 130) gegenüber dem Nachlassgericht. Mit Zugang ist sie unwiderruflich und kann dann nur noch gem. §§ 119, 123, ebenfalls durch Erklärung gegenüber dem Nachlassgericht, angefochten werden. Die Anfechtung der Kündigung verpflichtet allenfalls, ebenso wie die Kündigung zur Unzeit, zum Schadensersatz nach § 2219, dagegen nicht mangels Schadens des Nachlassgerichtes zum Schadensersatz nach § 122 (Palandt/*Weidlich* Rn. 1).

a) Kündigung zur Unzeit. Der Testamentsvollstrecker unterliegt dem Verbot der Kündigung zur Unzeit, es sei denn es liegt ein wichtiger Grund (schwere Erkrankung, anderweitige Überlastung, Verfeindung mit den Erben) für die unzeitige Kündigung vor (§§ 2226 S. 2, 671 II). Die ohne einen solchen wichtigen Grund erklärte unzeitige Kündigung ist dennoch sofort wirksam, verpflichtet den Testamentsvollstrecker jedoch zum Schadensersatz (§ 671 II). Mit dem Verbot der unzeitigen Kündigung soll vermieden werden, dass eine schädliche Verwaltungsunterbrechung infolge eines unpassenden Kündigungszeitpunktes eintritt. So muss der Kündigungszeitpunkt so gewählt sein, dass der Erbe die laufenden Verwaltungsgeschäfte selbst in die Hand nehmen kann oder dass für eine alsbaldige Ersatzernennung gesorgt ist (MüKoBGB/*Zimmermann* Rn. 3). Daher ist für die Annahme eines wichtigen Grundes für eine unzeitige Kündigung ein strenger Maßstab anzulegen (MüKoBGB/*Zimmermann* Rn. 3).

b) Teilkündigung. Die Wirksamkeit einer gesetzlich nicht ausdrücklich geregelten Teilkündigung ist nach allgemeiner Auffassung davon abhängig, ob einzelne abtrennbare Aufgabenbereiche vorliegen und die Teilkündigung dem (zumindest mutmaßlichen) Willen des Erblassers entspricht (OLG Hamm NJW-RR 1991, 837 (838)). Lässt sich ein solcher Erblasserwille nicht feststellen, bleibt es bei dem Grundsatz, dass der Testamentsvollstrecker sein Amt nur insgesamt niederlegen kann (OLG Hamm NJW-RR 1991, 837 (838)). Eine unzulässige Teilkündigung führt nicht automatisch zur Kündigung des Testamentsvollstreckeramtes.

c) Vereinbarungen. Durch Vereinbarungen zwischen den Erben und dem Testamentsvollstrecker kann nicht mit konstitutiver Wirkung das Ende des Amtes festgelegt werden. Eine Absprache, dass der Testamentsvollstrecker verpflichtet ist, sein durch Anzeige beim Nachlassgericht niederzulegen, ist dagegen möglich (BGH NJW 1962, 912 (913)). Diese Pflicht ist nicht einklagbar, ihre Nichterfüllung ist jedoch durch Schadensersatz sanktionierbar (*Muscheler* NJW 2009, 2081 (2087)). Die Verpflichtung sein Amt zu kündigen, darf jedoch nicht dazu führen, dass sich der Testamentsvollstrecker damit seiner Unabhängigkeit und Selbstständigkeit gegenüber den Erben völlig begibt und auf diese Weise die Erfüllung seiner Aufgaben unmöglich macht (BGH NJW 1962, 912 (913)). Dies wäre etwa dann der Fall, wenn sich der Testamentsvollstrecker den Erben gegenüber verpflichtet, sein Amt jederzeit auf Verlangen eines Miterben niederzulegen (BGH NJW 1962, 912 (913)). Eine Ausnahme ist nur dann zu machen, wenn der Erblasser dies in der letztwilligen Verfügung ausdrücklich oder stillschweigend gebilligt haben sollte. Ansonsten würde der Testamentsvollstrecker in eine Abhängigkeit zu den einzelnen Miterben geraten, die mit der Natur seines Amtes unvereinbar ist. Denn es bestünde dann die Gefahr, dass er bei seinen Entschlüssen innerlich nicht mehr frei wäre. Er würde sich den Wünschen und persönlichen Interessen einzelner Miterben fügen, wodurch die vom Erblasser mit der Anordnung der Testamentsvollstreckung verfolgten Zwecke gefährdet oder vereitelt würden (BGH NJW 1962, 912 (913)).

3. Beendigung des Amtes. Die Kündigung führt zur vorzeitigen Beendigung des Amtes, jedoch nicht notwendig zur Beendigung der Testamentsvollstreckung insgesamt, insbes. wenn der Erblasser Ersatzbestimmungen getroffen hat (→ § 2225 Rn. 1). Dies kann sich auf die Vergütung auswirken (MüKoBGB/*Zimmermann* § 2221 Rn. 19). Bei Streit über die Wirksamkeit der Kündigung entscheidet das Prozessgericht (Palandt/*Weidlich* Rn. 2).

§ 2227 Entlassung des Testamentsvollstreckers

Das Nachlassgericht kann den Testamentsvollstrecker auf Antrag eines der Beteiligten entlassen, wenn ein wichtiger Grund vorliegt; ein solcher Grund ist insbesondere grobe Pflichtverletzung oder Unfähigkeit zur ordnungsmäßigen Geschäftsführung.

1. Normzweck. Der Testamentsvollstrecker kann unter den Voraussetzungen des § 2227 gegen seinen Willen durch das Nachlassgericht entlassen werden. Die Vorschrift stellt damit das schärfste Mittel gegen den Testamentsvollstrecker dar, weil sie den Erben und die anderen Beteiligten davor schützt, der Rechtsmacht des Testamentsvollstreckers mit „gebundenen Händen" ausgeliefert zu sein (RGZ 133, 128 (135)). Deshalb ist, obwohl § 2227 nicht in § 2220 aufgezählt ist, dem Erblasser jede Anordnung verwehrt, durch die das Recht des Erben oder eines anderen Beteiligten, den Testamentsvollstrecker zu entlassen, ausgeschlossen, beschränkt oder erschwert wird (RGZ 133, 128 (135)). So ist zB die Bindung dieses Rechts an die Vorentscheidung eines Dritten oder eines Schiedsgerichts unwirksam (MüKoBGB/*Zimmermann* Rn. 1). Nach *Muscheler* ist es zulässig, die Entlassung als solche (nicht den Antrag) einem Schiedsgericht zu unterwerfen, da der Erblasser in seiner letztwilligen Verfügung die Einsetzung des Testamentsvollstreckers durch das objektive Eintreten eines wichtigen Grundes auflösend bedingen kann. Dann kann auch die Entlassung iSd § 2227 einem Schiedsgericht übertragen werden (*Muscheler* ZEV 2009, 317 (319f.)).

2. Entlassungsantrag. Der formlose Entlassungsantrag ist bei dem zuständigen Nachlassgericht (§ 343 **2** FamFG) zu stellen, das nicht von Amts wegen tätig werden kann, auch wenn es ihn ernannt hat (§ 2200). Die Erben und der Testamentsvollstrecker können ein Schiedsgericht vereinbaren (MüKoBGB/*Zimmermann* § 2220 Rn. 4). Der Antrag kann bis zur Rechtskraft der Entscheidung zurückgenommen werden.

a) Antragsberechtigung. Antragsberechtigt sind nach § 2227 die Beteiligten. Das Gesetz verwendet **3** den Begriff „Beteiligter" regelmäßig zur Bezeichnung eines umfassenden Interessentenkreises (BGH NJW 1961, 1717 (1718)). Ausreichend, aber auch erforderlich ist damit, dass die in Frage kommende Person ein rechtliches Interesse daran hat, von welcher Person und auf welche Weise die Testamentsvollstreckung geführt wird (BGH NJW 1961, 1717 (1718)). Antragsberechtigt sind daher Erben, Miterben, die ihren Erbanteil nach § 2033 veräußert oder verpfändet haben, Nacherben, Vermächtnisnehmer, Auflageberechtigte (MüKoBGB/*Zimmermann* Rn. 5; Palandt/*Weidlich* Rn. 7 mwN), Mitvollstrecker (OLG Köln NJW-RR 1987, 1098) und Pflichtteilsberechtigte (KG NJW-RR 2005, 809). Antragsberechtigt kann ein Miterbe auch dann sein, wenn sein Anteil nicht der Testamentsvollstreckung unterliegt (OLG Hamm NJW-Spezial 2009, 599 (600) = ZEV 2003, 565 = ZErb 2009, 298 (299); aA OLG München NJW-RR 2006, 14 (15)). Bei Vorliegen der Voraussetzungen des § 1638 kann der minderjährige Erbe beim Entlassungsantrag nicht von den Eltern vertreten werden (BGH NJW 1989, 984).

b) Nicht antragsberechtigt. Nicht antragsberechtigt sind dagegen Auflagenbegünstigte, gewöhnliche **4** Nachlassgläubiger, Eigengläubiger des Erben, auch wenn sie den Erbteil gepfändet haben, ein früherer Testamentsvollstrecker (OLG München ZEV 2011, 651 = ZErb 2011, 165 (166)), die Staatsanwaltschaft oder sonstige Behörden (MüKoBGB/*Zimmermann* Rn. 6; Palandt/*Weidlich* Rn. 8 mwN). Ein Nachlassgläubiger kann jedoch nach § 1981 II eine Nachlassverwaltung beantragen, wenn der Erbe trotz Kenntnis der Misswirtschaft des Testamentsvollstreckers keinen Antrag nach § 2227 stellt; die Antragsberechtigung nach § 1981 II soll für den Nachlassgläubiger auch dann bestehen, wenn ein gläubigergefährdendes Verhalten des Testamentsvollstreckers vorliegt (*Storz* ZEV 2010, 549 (550)).

3. Wichtiger Grund. Voraussetzung für die Entlassung nach § 2227 ist, dass ein „wichtiger Grund" **5** vorliegt. Das Gesetz nennt als Beispiele eine grobe Pflichtverletzung des Testamentsvollstreckers sowie dessen Unfähigkeit zur ordnungsgemäßen Geschäftsführung. Diese Aufzählung ist nicht abschließend (Palandt/*Weidlich* Rn. 2; Staudinger/*Reimann* Rn. 13).

a) Grobe Pflichtverletzung. Eine grobe Pflichtverletzung setzt in aller Regel Verschulden des Testa- **6** mentsvollstreckers voraus (MüKoBGB/*Zimmermann* Rn. 8). Zudem muss die Pflichtverletzung „*grob*", also erheblich sein. Nicht jeder Fehler, wie zB die Verspätung oder die Unvollständigkeit beim Nachlassverzeichnis oder bei der Abrechnung kann ohne weiteres zur Entlassung führen (Fälle zur Pflichtverletzung hinsichtlich Informationspflichten und Nachlassverzeichnis: OLG Koblenz NJW 2009, 1153; OLG München ZErb 2009, 92; BayObLG FamRZ 2002, 989 = ZEV 2002, 158; BayObLG FamRZ 1998, 325; OLG Karlsruhe NJWE-FER 1998, 255; OLG Zweibrücken FGPrax 1997, 109; BayObLG NJW-RR 1988, 645, → Rn. 11).

b) Unfähigkeit zur ordnungsmäßigen Geschäftsführung. Die Unfähigkeit zur ordnungsmäßigen **7** Geschäftsführung setzt kein Verschulden des Testamentsvollstreckers voraus, jedoch eine derart nachhaltige Beeinträchtigung der Vollstreckungstätigkeit, dass von ordnungsgemäßer Verwaltung nicht mehr gesprochen werden kann (Palandt/*Weidlich* Rn. 4). Sie kann sich aus Untätigkeit ergeben, zB bei langjähriger Dauer der normalen Abwicklungsvollstreckung, soweit die Verzögerung auf dem Verhalten des Testamentsvollstreckers beruht (OLG Köln NJW-RR 2005, 94 = ZEV 2005, 207). Unfähigkeit kann auch dann vorliegen, wenn sich der Testamentsvollstrecker nach seinem persönlichkeitsbedingten Verhalten zu einer sachlichen Auseinandersetzung mit anderen Personen über die im Rahmen seiner Amtsführung zu regelnden Angelegenheiten als nicht in der Lage erweist (OLG Hamm NJW-RR 2007, 878). Unfähigkeit kann auch bei Krankheit, Abwesenheit, Verschollenheit oder Haft für dauernde oder längere Zeit sowie aus völliger Nichteignung, Untätigkeit, Insolvenz oder Vermögensverfall des Testamentsvollstreckers oder bei Ableistung der eidesstattlichen Versicherung vorliegen (MüKoBGB/*Zimmermann* Rn. 9).

c) Vollstreckungsfreie Miterben. Soweit dem nicht der Testamentsvollstreckung unterliegenden Mit- **8** erben ein Antragsrecht nach § 2227 zugebilligt wird (→ Rn. 3), muss der „wichtige Grund" des § 2227 I in einem pflichtwidrigen Verhalten liegen, das zu einer „nachhaltigen" Gefährdung der Rechte des vollstreckungsfreien Miterben bei der Verwaltung und Auseinandersetzung der Erbengemeinschaft führt. Insbesondere muss der Testamentsvollstrecker „in angemessener Zeit sachlich" konkrete Auseinandersetzungsvorschläge beachten (OLG Hamm NJW-Spezial 2009, 599 (600) = ZErb 2009, 298 (300)). Dagegen sind lediglich persönlich Interessen des vollstreckungsfreien Miterben bei der Auswahl des Testamentsvollstreckers unbeachtlich (OLG Hamm NJW-Spezial 2009, 599 (600)).

d) Unternehmensbezogene Vollstreckertätigkeit. Bei unternehmensbezogener Vollstreckertätigkeit **9** sind die unternehmerischen Entscheidungen im Entlassungsverfahren nur beschränkt überprüfbar. Eine grobe Pflichtverletzung iSv § 2227 kann daher nur bei besonders schwerwiegenden Verstößen angenommen werden (BayObLG FamRZ 1997, 905 (909)). Eine grobe Pflichtverletzung liegt daher nur vor, wenn schon einfachste und ganz naheliegende Überlegungen nicht angestellt werden und wenn nicht beachtet wird, was im konkreten Fall jedem eingeleuchtet hätte (BayObLG FamRZ 1997, 905 (909) mwN).

10 e) **Andere Gründe.** Neben den im Gesetz genannten, nicht abschließenden zwei Beispielen kann ein wichtiger Grund ohne Rücksicht auf ein Verschulden auch dann vorliegen, wenn durch das **persönliche Verhalten** des Testamentsvollstreckers oder durch die bei ihm bestehenden **Verhältnisse** begründeter Anlass zu der Annahme entsteht, dass ein längeres Verbleiben im Amt der Ausführung des letzten Willens des Erblassers hinderlich sei oder dass sich dadurch eine Schädigung oder erhebliche Gefährdung der Interessen der an der Ausführung oder am Nachlass Beteiligten ergeben würde (OLG München ZEV 2009, 293 (294); Palandt/*Weidlich* Rn. 5). Auch ein nicht nur auf subjektiven Gefühlsmomenten, sondern auf Tatsachen beruhendes **Misstrauen** eines Beteiligten, zu dem der Testamentsvollstrecker Anlass gegeben hat, kann zur Entlassung des Testamentsvollstreckers führen (OLG München ZEV 2009, 293 (294)). Es ist jedoch zu beachten, dass das Amt des Testamentsvollstreckers kein Vertrauensverhältnis zu den Erben oder den sonstigen durch die Testamentsvollstreckung betroffenen Beteiligten voraussetzt. Der Testamentsvollstrecker kann daher grds. unabhängig von diesen gegen den Willen des Erblassers ausführen (BayObLGZ 1997, 1 (26); MüKoBGB/*Zimmermann* Rn. 11). An eine Entlassung des Testamentsvollstreckers wegen berechtigten Misstrauens ist ein strenger Maßstab anzulegen, damit die Beteiligten nicht in die Lage versetzt werden, einen ihnen möglicherweise lästigen Testamentsvollstrecker durch eigenes feindseliges Verhalten oder aus einem für sich genommen unbedeutendem Anlass aus dem Amt zu drängen (OLG München ZEV 2009, 293 (294); OLG Hamm ZEV 2001, 278). Zudem kann auch ein **erheblicher Interessengegensatz** zwischen Testamentsvollstrecker und Erben ein wichtiger Grund zur Entlassung sein (BayObLG ZEV 2005, 207). Ein erheblicher Interessengegensatz ist nicht allein dadurch gegeben, dass der Testamentsvollstrecker zugleich Miterbe oder Nachlassgläubiger ist, er dem Nachlass etwas schuldet (MüKoBGB/*Zimmermann* Rn. 10) oder dass der Testamentsvollstrecker in einer strittigen Auslegungsfrage eine ihm als Vermächtnisnehmer günstige Testamentsauslegung vertritt (BayObLG NJW 2002, 77 = ZEV 2002, 155).

11 f) **Beispiele.** Ein wichtiger Grund iSv § 2227 kann im **Einzelfall** ua vorliegen bei: Völliger Untätigkeit (BGH NJW 1962, 912), Untätigkeit wegen längerer Abwesenheit oder Krankheit und dadurch bedingter nachhaltiger Beeinträchtigung der Testamentsvollstreckung (BayObLG NJWE-FER 1998, 110 (111) = ZEV 1998, 348), gegenständlich beschränkte Untätigkeit, zB Nichtverwaltung eines in der Schweiz belegenen und möglicherweise der Steuerhinterziehung dienenden Kontos (OLG Schleswig ZErb 2009, 32 = ZEV 2009, 296), eigennütziger Amtsführung (OLG Karlsruhe NJW-RR 2005, 527; BayObLG ZEV 2000, 315; OLG Frankfurt a. M. ZEV 1998, 350), Ungleichbehandlung der Miterben (BGH NJW 1957, 1916), Nichtbefolgung von Erblasseranordnungen (BayObLG FamRZ 2000, 573), Verstoß gegen eine Vereinbarung mit den Erben (OLG Hamm NJW-RR 2008, 1687 = ZEV 2008, 337), völlig unwirtschaftliche Verwaltung, wobei unternehmerische Entscheidungen nur einer eingeschränkten Nachprüfung unterliegen (BayObLG FamRZ 1997, 905 (909); 1990 NJW-RR 1990, 1420; → Rn. 9), ungerechtfertigte Prozessführung, Verletzung der Anhörungspflicht, Nichtvorlegen oder mangelhafte Erstellung des Nachlassverzeichnisses (OLG Schleswig Beschl. v. 1.12.2015 – 3 Wx 42/15, BeckRS 2016, 03776; BayObLG FamRZ 2002, 272; OLG Zweibrücken FGPrax 1997, 109, → Rn. 6), pflichtwidrige Amtsübertragung oder Bevollmächtigung sowie Verlangen einer unverhältnismäßigen Vergütung (OLG Köln NJW-RR 1987, 1097). Im Einzelfall die Bedienung eigener Forderungen aus dem Nachlass ohne dies den Erben nachvollziehbar dazutun (OLG Düsseldorf ZErb 2013, 61). Dem Testamentsvollstrecker steht nach § 2221 nur ein Anspruch auf eine angemessene Vergütung zu. Die Inanspruchnahme einer überhöhten Vergütung kann daher zu einer Entlassung führen (KG MittBayNot 2012, 54 (55) mwN). Zerwürfnisse zwischen dem Testamentsvollstrecker und den Erben im Sinne einer tiefgreifenden Feindschaft oder eines erheblichen Interessenkonfliktes, kann ein Entlassungsgrund darstellen. Um dem Erben nicht die Möglichkeit an die Hand zu geben, den unliebsamen Testamentsvollstrecker all zu leicht aus dem Amt zu drängen, ist dabei jedoch ein strenger Maßstab anzulegen (vgl. insbes. *Werner* ZEV 2010, 126; *Roth* NJW-Spezial 2011, 39).

12 **4. Entscheidung.** Über den Entlassungsantrag entscheidet nach § 16 I Nr. 5 RpflG der Nachlassrichter durch Beschluss, der mit Zustellung beim Testamentsvollstrecker wirksam wird (§ 40 I FamFG; OLG München NJW-Spezial 2010, 391 (392) = ZErb 2010, 210 (211)). Es gilt der Amtsermittlungsgrundsatz (§ 26 FamFG). Der Nachlassrichter darf sich nicht auf die im Antrag enthaltenen Gründe beschränken. Die Entlassung des Testamentsvollstreckers steht nach § 2227 im Ermessen des Gerichts, welches zu prüfen hat, ob trotz Vorliegen eines wichtigen Grundes nicht überwiegende Gründe für den Verbleib des Testamentsvollstreckers sprechen (KG MittBayNot 2012, 54 (55)). Die Entlassung kann bereits vor der Annahme des Testamentsvollstreckeramtes ausgesprochen werden (MüKoBGB/*Zimmermann* Rn. 3). Da nach der Beendigung des Amtes das Testamentsvollstreckeramt erledigt ist und somit der Testamentsvollstrecker nicht mehr entlassen werden kann, muss das Nachlassgericht bei seiner Entscheidung das Bestehen des Amtes als Vorfrage prüfen (BGH NJW 1964, 1316 (1317); BayObLG ZEV 1995, 370). Ist der zu entlassende Testamentsvollstrecker einem Amtsnachfolger zu benennen (§ 2199 II), so muss ihm hierzu vor der Amtsenthebung Gelegenheit gegeben werden (OLG Hamm NJW-RR 2007, 878), sofern dem nicht der (ggf. durch Auslegung zu ermittelnde) Erblasserwille entgegensteht (OLG München ZEV 2008, 532 (535)). Das Verfahren über den Antrag auf Entlassung des Testamentsvollstreckers kann nicht bis zur rechtskräftigen Entscheidung eines Zivilprozesses wegen fehlerhafter Tätigkeit des Testamentsvollstreckers ausgesetzt werden. Da der Testamentsvollstrecker bis zu einer Entscheidung zunächst weiter handeln darf, besteht die Gefahr der Schädigung des Nachlasses, insbes. in Anbetracht einer ggf. jahrelangen Verfahrensdauer des Zivilprozesses (OLG Schleswig NJW-Spezial

2010, 616). Das Nachlassgericht kann nicht die Testamentsvollstreckung im Ganzen aufheben, jedoch kann die Entlassung des Testamentsvollstreckers das Ende der Testamentsvollstreckung zur Folge haben. Dies ist jedoch nicht zwingend, sodass nicht allein aus dem Umstand, dass der Testamentsvollstrecker entlassen wurde, geschlussfolgert werden könnte, dass die Testamentsvollstreckung als solche aufgehoben ist. Es kommt dabei entscheidend auf den Willen des Erblassers an. Es ist danach zu unterscheiden, ob der Erblasser die Testamentsvollstreckung nur für einen bestimmten Testamentsvollstrecker gewollt hat oder ob er unabhängig von der Entlassung des bisherigen Testamentsvollstreckers eine Vollstreckung wollte (KG MittBayNot 2012, 54 (55)). Die **einstweilige Verfügung** gem. §§ 935 ff. ZPO durch das Prozessgericht ist nur hinsichtlich der Unterlassung oder Vornahme einzelner Verwaltungsmaßnahmen zulässig, nicht dagegen auf die Untersagung der gesamten Testamentsvollstreckerhandlung, weil letzteres faktisch eine (zumindest vorübergehende) Entlassung des Testamentsvollstreckers wäre, die nach § 2227 ausschließlich dem Nachlassgericht obliegt und diesem (sowie auch dem Gericht der weiteren Beschwerde, OLG Hamm ZErb 2010, 262 (263)) unter Geltung des FGG einstweilige Anordnungen mangels gesetzlicher Grundlage nicht möglich sind (OLG Schleswig ZEV 2010, 367 (368) = NJW-Spezial 2010, 328). Seit dem 1.9.2009 kann nunmehr auch das Nachlassgericht nach § 49 I FamFG durch einstweilige Anordnung vorläufig Maßnahmen treffen. Zu beachten ist aber, dass die Hauptsache nicht vorweggenommen werden darf. Daher ist das Nachlassgericht nicht befugt durch einstweilige Anordnung den Testamentsvollstrecker „vorläufig" seines Amtes zu entheben (*Zimmermann* ZEV 2010, 368 f.). Nach bisheriger Rspr. fehlte den deutschen Nachlassgerichten nach dem Gleichlaufgrundsatz die internationale Zuständigkeit, soweit die Testamentsvollstreckung ausländischem Erbrecht unterlag (BayObLG NJW-RR 2005, 594 (595); 2000, 298). Mit der allgemeinen Norm des § 105 FamFG sind die Nachlassgerichte künftig immer dann zuständig, wenn eine örtliche Zuständigkeit (§ 343 FamFG) besteht (*Odersky* Notar 2009, 335 (336); → Vor § 2197 Rn. 15, 19). Die Gerichtskosten richten sich nach § 65 GNotKG. Inwieweit der Testamentsvollstrecker seine ihm entstandenen oder auferlegten **Kosten** aus den Nachlass entnehmen kann, hängt davon ab, ob er das Verfahren zur Durchsetzung des Erblasserwillens für erforderlich halten durfte (OLG Oldenburg NJW-RR 1996, 582).

5. Verfahren und Rechtsmittel. Der Testamentsvollstrecker ist nach § 345 IV 1 Nr. 2 FamFG hinzuzuziehen, wenn ein Entlassungsantrag gestellt wurde. Dies entspricht im Wesentlichen dem früheren § 2227 II (*Zimmermann* ZErb 2009, 86 (88 f.)). Daneben kann und muss auf Antrag das Gericht alle Übrigen als **Beteiligte hinzuziehen,** deren Rechte durch das Verfahren unmittelbar betroffen werden (§ 345 IV 2 u. 3 FamFG). Es besteht keine Pflicht des Gerichts, Adressen zu ermitteln (BT-Drs. 16/6308, 179). Verneint das Nachlassgericht die unmittelbare Betroffenheit und lehnt es deswegen den Zuziehungsantrag ab, steht dem Antragsteller die sofortige Beschwerde zu (§ 7 V 2 FamFG).

Die Entlassung erfolgt durch Beschluss mit Rechtsmittelbelehrung (§§ 38, 39 FamFG) und wird mit Bekanntgabe an den Testamentsvollstrecker wirksam (§ 40 I FamFG). **Rechtsmittel** gegen den Entlassungsbeschluss ist die Beschwerde nach §§ 58 ff. FamFG, die binnen eines Monats einzulegen ist. Eine gegen die Entlassung eingelegte Beschwerde des Testamentsvollstreckers hat keine aufschiebende Wirkung. Das Beschwerdegericht kann durch eine einstweilige Anordnung nach § 64 III FamFG den Testamentsvollstrecker vorläufig im Amt belassen. Bei Ablehnung eines Entlassungsantrags ist gem. § 59 II FamFG in Einschränkung zu § 59 I FamFG nur dem Antragsteller eine Beschwerdeberechtigung (*Zimmermann* ZErb 2009, 86 (89)). Zu § 20 II FGG vertrat die Rspr. die Auffassung, dass es genügt, wenn der Beschwerdeführer selbst den Entlassungsantrag hätte stellen können (BGH NJW 1993, 662 zum WEG; *Zimmermann* ZErb 2009, 86 (89)).

6. Schiedsfähigkeit. Der Streit über die Entlassung des Testamentsvollstreckers kann durch den Erblasser nicht einem Schiedsgericht unterstellt werden (BGH Beschl. v. 17.5.2017 – IV ZB 25/16, ZEV 2017, 412 mit Anm. *Muscheler* ZEV 2018, 120). Der IV. Senat folgt hier der Linie des I. Senats der fehlenden Schiedsfähigkeit von Streitigkeiten im Bereich des Pflichtteilsrechts, wenn diese Schiedsgerichtsabrede nicht durch die Beteiligten des Pflichtteilsverfahrens (Berechtigte und Verpflichtete), sondern durch den Erblasser angeordnet wird (Beschl. v. 16.3.2017 – I ZB 49/16 u. I ZB 50/16, WM 2017, 1111). Vorschläge in der Literatur, die dahin gehen nicht die Entlassung selbst, sondern die Frage, ob ein wichtiger Grund vorliegt, einer Entscheidung des Schiedsgerichts zu unterstellen, sollte in der Praxis angesichts der kritischen Haltung des BGH mit Zurückhaltung begegnet werden (vgl. aber *Muscheler* ZEV 2018, 120).

§ 2228 Akteneinsicht

Das Nachlassgericht hat die Einsicht der nach § 2198 Abs. 1 Satz 2, § 2199 Abs. 3, § 2202 Abs. 2, § 2226 Satz 2 abgegebenen Erklärungen jedem zu gestatten, der ein rechtliches Interesse glaubhaft macht.

Das Nachlassgericht ist im Rahmen der Testamentsvollstreckung Empfangsstelle für rechtsgestaltende Erklärungen (Drittbestimmung iSv § 2198 I 2, Mitvollstreckerbestimmung nach § 2199 III, Amtsannahme nach § 2202 II, Kündigungserklärung § 2226 S. 2). Daher bestimmt § 2228, dass jeder, der ein rechtliches Interesse glaubhaft macht, vom Nachlassgericht Einblick in die ihn interessierende Erklärung verlangen kann. Die Norm entspricht den § 1953 III 2, § 1957 II 2, §§ 2010, 2081 II 2, § 2146 II, §§ 2264, 2384 II und eröffnet iVm den §§ 13, 357 FamFG dem Kreis der rechtlichen Interessenten die Möglichkeit, sich beim Nachlassgericht die erforderlichen Informationen über rechtliche Nachlassverhältnisse zu verschaffen (MüKoBGB/*Zimmermann* Rn. 1). Das Recht zur Akteneinsicht setzt die Glaubhaftmachung eines rechtlichen (nicht nur berechtigten oder wirtschaftlichen) Interesses voraus, das dann zu bejahen ist, wenn die Kenntnis der Erklärung für die Rechtsverhältnisse des Interessenten von Bedeutung ist (MüKoBGB/*Zimmermann* Rn. 2). Wird die (gebührenfreie) Akteneinsicht verweigert, ist die Beschwerde nach §§ 58, 372 FamFG statthaft.

Titel 7. Errichtung und Aufhebung eines Testaments

Vorbemerkungen zu den §§ 2229–2264

1 **1. Inhalt.** Der Siebte Titel enthält in den §§ 2229, 2231–2233, 2247–2258, 2259 u. 2263 die maßgeblichen Vorschriften über die Errichtung und Aufhebung von Testamenten. Mit § 2229 wird die Testierfähigkeit als wesentliches Element der durch Art. 14 I 1 GG **verfassungsrechtlich garantierten Testierfreiheit** mit ihren näheren Anforderungen festgeschrieben. Hieran schließen sich die Regelungen zu den ordentlichen (§§ 2231–2248) und außerordentlichen Testamentsarten (§§ 2249–2252) an. Die §§ 2253–2258 enthalten sodann Regelungen zum Widerruf, also der Aufhebung eines Testaments bzw. einzelner darin enthaltener Verfügungen. Den Abschluss dieses Titels mit dem Testamentsrecht im eigentlichen Sinne bilden §§ 2259 u. 2263 mit Bestimmungen über die Ablieferungspflicht der Besitzer von Testamenten sowie über die Nichtigkeit des Verbots der Testamentseröffnung durch den Erblasser.

2 **2. Entwicklung.** Seit Inkrafttreten des BGB ist der Siebte Titel mehrfach geändert worden. Die in ihrer ursprünglichen Fassung noch überaus strengen Formvorschriften wurden ab dem 4.8.1938 durch das Gesetz über die Errichtung von Testamenten und Erbverträgen v. 31.7.1938 (**TestG**; BGBl. I S. 973) aus dem BGB ausgegliedert und entschärft. Inhaltlich wurden die Vorschriften des TestG durch das Gesetz zur Wiederherstellung der Gesetzeseinheit auf dem Gebiet des bürgerlichen Rechts (**GesEinhG** v. 5.3.1953; BGBl. I S. 33) mit dem 1.4.1953 wieder in das BGB eingefügt. Allein § 51 des TestG blieb bestehen, da er wesentliche Übergangsbestimmungen für vor dem 4.8.1938 errichtete Testamente enthält.

3 Umfangreiche Änderungen für die Errichtung öffentlicher Testamente traten durch das **BeurkG** ab 1.1.1970 ein. Die Verfahrensvorschriften für die gerichtliche und notarielle Beurkundung von Testamenten und Erbverträgen wurden durch Regelungen des BeurkG ersetzt.

4 Mit dem 1.1.1975 wurde die Volljährigkeitsgrenze vom 21. auf das 18. Lebensjahr herabgesetzt. Eine weitere Änderung zur Frage der Testierfähigkeit brachte das Gesetz zur Reform des Rechts der Vormundschaft und Pflegschaft für Volljährige (**BtG** v. 12.9.1990; BGBl. I S. 2002) ab dem 1.1.1992, mit welchem Entmündigung und Gebrechlichkeitspflegschaft abgeschafft und durch Betreuung ersetzt wurden mit der Vermutung der vollen Testierfähigkeit für den Betreuten.

5 Durch den Beitritt der neuen Bundesländer im Jahre 1990 sind gem. Art. 235 § 2 EGBGB in bestimmten Fällen bei der Feststellung der Formgültigkeit der Errichtung und Aufhebung einer Verfügung von Todes wegen auch Vorschriften des **ZGB** zu beachten.

§ 2229 Testierfähigkeit Minderjähriger, Testierunfähigkeit

(1) Ein Minderjähriger kann ein Testament erst errichten, wenn er das 16. Lebensjahr vollendet hat.

(2) Der Minderjährige bedarf zur Errichtung eines Testaments nicht der Zustimmung seines gesetzlichen Vertreters.

(3) (weggefallen)

(4) **Wer wegen krankhafter Störung der Geistestätigkeit, wegen Geistesschwäche oder wegen Bewusstseinsstörung nicht in der Lage ist, die Bedeutung einer von ihm abgegebenen Willenserklärung einzusehen und nach dieser Einsicht zu handeln, kann ein Testament nicht errichten.**

1 **1. Normzweck.** Testierfähigkeit ist ein wesentliches Element der in Art. 14 I 1 GG verfassungsrechtlich verankerten **Erbrechtsgarantie**. Wer eine gewisse geistige Reife besitzt, soll auch seinen letzten Willen verbindlich festlegen können. Um die Selbständigkeit des im Testament zum Ausdruck kommenden Willens zu gewährleisten und dabei dem jeweiligen körperlichen und geistigen Zustand des Erblassers weitestgehend gerecht werden zu können, beschreitet der Gesetzgeber mit § 2229 zwei unterschiedliche Wege. Darum bemüht, eine unangebrachte Formstrenge zu vermeiden, arbeitet er hier – vergleichbar den Regelungen zur Geschäftsfähigkeit – einerseits mit festen Altersgrenzen (§ 2229 I), daneben mit einer auf den Einzelfall abstellenden variablen Regelung in § 2229 IV.

2 **2. Testierfähigkeit. a) Begriff.** Der Begriff der Testierfähigkeit wird vom Gesetz nicht konkret beschrieben. Das regelt vielmehr nur die Testierunfähigkeit (Abs. 4). Die Testierfähigkeit ist eine **spezielle Ausprägung der Geschäftsfähigkeit** auf dem Gebiet des Erbrechts (BayObLG FamRZ 2002, 64). § 2229 enthält insoweit Sonderregelungen, die den allgemeinen Grundsätzen des § 104 Nr. 2 und § 105 I, II vorgehen. Unterschiede ergeben sich vor allem im Minderjährigenrecht (→ Rn. 9). Wer voll geschäftsfähig ist, ist allerdings immer zugleich auch testierfähig; desgleichen ist jeder Geschäftsunfähige auch testierunfähig.

Testierfähigkeit meint die persönliche Befähigung des Erblassers zur rechtswirksamen Errichtung, 3
Aufhebung oder Änderung eines Testaments (OLG Frankfurt a.M. NJW-RR 1998, 870). Sie setzt voraus, dass der Testierende eine **konkrete Vorstellung** seines letzten Willens hat und in der Lage ist, sich in Bezug auf die **Tragweite seiner Verfügungen** und ihre Auswirkungen auf die persönlichen und wirtschaftlichen Verhältnisse der Betroffenen ein **klares Urteil** zu bilden; entsprechendes gilt für die Gründe, die für und wider die **sittliche Berechtigung seiner Anordnungen** sprechen (BGH FamRZ 1958, 127; BayObLG FamRZ 1996, 635; OLG Hamm FamRZ 1989, 439). Eine nur vage Vorstellung über die Errichtung eines Testaments und seines Inhalts genügt nicht (OLG Hamm FamRZ 1989, 439). Sittliche Fehlvorstellungen des Erblassers führen solange nicht zur Unwirksamkeit des Testaments, wie die Verfügungen nicht selbst gegen die guten Sitten verstoßen. Ist der Testierende nicht fähig, in sittlichen Kategorien zu denken, wird jedenfalls von Testierunfähigkeit auszugehen sein (Staudinger/*Baumann* Rn. 11). Konkret ist erforderlich, dass sich der Erblasser bei der Testamentserrichtung an Sachverhalte und Ereignisse erinnern, Informationen aufnehmen, Zusammenhänge erfassen und in die erforderliche Abwägung einfließen lassen kann (OLG München ErbR 2008, 85). Desgleichen muss er imstande sein, sich in Bezug auf sein Vermögen tragfähige Vorstellungen zu machen (OLG Celle FamRZ 2007, 417) sowie mit Zahlen dieser Größenordnung einfache Rechnungen durchführen zu können (*Wetterling/Neubauer/Neubauer* ZEV 1995, 48). Die Testierfähigkeit setzt schließlich voraus, dass der Erblasser imstande ist, den Inhalt seiner letztwilligen Verfügung von sich aus zu bestimmen und auszudrücken (BayObLG FamRZ 1986, 730). Er muss nach eigenem Urteil **frei von Einflüssen interessierter Dritter** handeln können (BGH FamRZ 1958, 127; OLG Köln NJW-RR 1994, 369; BayObLG FamRZ 1985, 314 (315); OLG Hamm FamRZ 1989, 439). Eine Mitwirkung Dritter ist allerdings nicht ausgeschlossen, wenn der Erblasser trotz der Beratung durch dieselben noch zu eigenständigen Entschlüssen fähig ist (BayObLG FamRZ 1990, 318). Die Testierfähigkeit beinhaltet daher das Wissen, überhaupt ein Testament zu errichten, die Fähigkeit zur Einsicht in die Bedeutung der einzelnen Verfügungen und schließlich dementsprechende Handlungsfähigkeit.

Anders als bei der allgemeinen Geschäftsfähigkeit, welche sich auf einen bestimmten, gegenständlich 4
abgegrenzten Kreis von Angelegenheiten beschränken kann, gibt es keine beschränkte bzw. **partielle Testierfähigkeit** (BGHZ 18, 184; BGH Rpfleger 1991, 205; BayObLG NJW 1992, 248 (249); *Klingelhöffer* ZEV 1997, 92 ff.). Die hM und vor allem die neuere Rspr. lassen insoweit keine Ausnahme vom Grundsatz der Unteilbarkeit der Einsichtsfähigkeit zu (BayObLG NJW 1992, 248 (249); Staudinger/*Baumann* Rn. 13, 18; MüKoBGB/*Hagena* Rn. 16). Die Testierfähigkeit ist entweder vorhanden oder fehlt ganz, sie kann aber nicht für einen gegenständlich beschränkten Bereich fehlen. Allerdings ist selbst von der hM anerkannt, dass eine partielle geistige Insuffizienz, welche sich nur auf bestimmte tatsächliche Gegebenheiten bezieht, sich als Testierunfähigkeit nur dann auswirkt, wenn die letztwillige Verfügung diese tatsächlichen Gegebenheiten (zumindest auch) betrifft (vgl. MüKoBGB/*Hagena* Rn. 16 mwN).

Umstritten ist auch, ob es eine nach dem Umfang und/oder dem Grad der Schwierigkeit der zu errich- 5
tenden Verfügung von Todes wegen abgestufte **relative Testierfähigkeit** gibt, wonach ein Erblasser zwar ein Testament mit einfachen Regelungen (zB Erbeinsetzung), nicht aber mit schwierigen und komplexen Anordnungen (zB mehrfache Vor- und Nacherbschaften) errichten kann (dagegen BGH NJW 1959, 1587; 1970, 1680 (1681); Staudinger/*Baumann* Rn. 19; dafür OLG Köln NJW 1960, 1389; MüKoBGB/*Hagena* Rn. 15). Die hM lehnt eine derartige Relativierung unter Hinweis auf die Gefährdung der Rechtssicherheit zu Recht ab. Es ist schwierig genug, sichere Kriterien zur Beurteilung der Testierfähigkeit zu finden. Außerdem ist die Errichtung, Änderung oder Aufhebung von Testamenten ein bereits derart eng begrenzter Lebensbereich, dass es nicht sachdienlich erscheint, diesen noch weiter zu begrenzen und zu differenzieren (OLG Hamburg MDR 1950, 731).

Zur **Testierfähigkeit in einem weiteren Sinne** gehört auch die Beherrschung der persönlichen Techni- 6
ken wie Schreiben, Lesen, Sprechen und Hören, die notwendig sind, um ein form- und damit rechtswirksames Testament zu errichten (zB Schreibfähigkeit bei eigenhändigem Testament). Fehlen einzelne dieser Befähigungen, so schließt dies die Möglichkeit der Testamentserrichtung nicht gänzlich aus, erfordert jedoch uU die Einhaltung besonderer Verfahren (s. §§ 22, 23, 24 BeurkG) oder schränkt die Wahl der möglichen Testamentsformen ein (vgl. § 2233 II, § 2247 IV).

b) Maßgeblicher Zeitpunkt. Die Testierfähigkeit muss **bei Errichtung des Testaments** vorliegen 7
(BGHZ 30, 294 ff.; BayObLG ZEV 1996, 392). Das ist beim **eigenhändigen Testament** grds. der Zeitpunkt der Unterschrift (vgl. Staudinger/*Baumann* Rn. 52 ff.). Da die Unterschrift nach hM auch zeitlich vor der Fertigung der Schrift erfolgen kann (→ § 2247 Rn. 36) bzw. auch Nachträge möglich sind (→ § 2247 Rn. 38), ist in solchen Fällen auf den Zeitpunkt abzustellen, in dem ein abgeschlossenes Testament vorliegt. Enthält das Testament keine Angaben über seinen Errichtungszeitpunkt und lässt sich die Zeit auch nicht ermitteln, so hat dies gem. § 2247 V 1 bereits dann die Unwirksamkeit desselben zur Folge, wenn feststeht, dass der Testierende zu irgendeinem Zeitpunkt testierunfähig war (Frieser Strategien Rn. 11 mwN). Ein im testierunfähigen Zustand errichtetes Testament wird, da sich der Erblasser zur Testamentserrichtung früherer Aufzeichnungen bedienen darf, durch eine erneute Unterschrift im Zustand der Testierfähigkeit wirksam – man spricht insoweit von einer Bestätigung. War der Erblasser also nur in einem früheren Zeitpunkt testierunfähig, so steht dies der Gültigkeit des Testaments nicht entgegen (RGZ 111, 252). Umgekehrt kann ein testierunfähiger Erblasser sein im Zustand der Testierfähigkeit errichtetes Testament nicht rechtswirksam aufheben oder ändern. Demgemäß bleiben spätere Streichun-

Lauck 645

gen oder Einschübe des Testierunfähigen in das ursprünglich wirksam errichtete Testament unbeachtlich. Zu Beweisfragen → Rn. 22 ff.

8 Bei der Errichtung eines **öffentlichen Testaments** ist der Zeitpunkt der Erklärung des Erblassers gegenüber dem Notar bzw. der Übergabe der Schrift sowie die Genehmigung der Niederschrift entscheidend. Ein Wegfall der Testierfähigkeit nach der Testamentserrichtung ist ohne Bedeutung für die Wirksamkeit der letztwilligen Verfügung. Kann der Erblasser seinen Willen dem Notar noch bei voller Geistesfähigkeit erklären, verschlechtert sich sein Geisteszustand aber bis zur Verlesung und Genehmigung der Niederschrift, so ist die testierfähig vorgenommene Testamentserrichtung dessen ungeachtet wirksam, wenn er noch allgemein die Bedeutung des Testaments erkennen und sich auf das Vorgelesene zustimmend oder ablehnend äußern kann (BGHZ 30, 294 (298); aA *Lange/Kuchinke* ErbR § 18 Kap. II Rn. 1 Fn. 10).

9 **3. Testierfähigkeit von Minderjährigen (Abs. 1 u. 2).** § 2229 I knüpft die Testierfähigkeit an die **Vollendung des 16. Lebensjahres (Testiermündigkeit)**, da mit dieser Altersstufe regelmäßig die geistige Reife erlangt wird, die zu selbständigen und überlegten Willenserklärungen erforderlich ist. Zur Berechnung des Alters ist gem. § 187 II 2 der Tag der Geburt mitzurechnen. Wer noch nicht sechzehn Jahre alt ist, ist testierunfähig, selbst wenn er im Einzelfall nach seiner geistigen und sittlichen Entwicklung durchaus zur Errichtung eines eigenen Testaments imstande ist. Der Minderjährige bedarf zur Errichtung einer letztwilligen Verfügung gem. § 2229 II nicht der Zustimmung seines gesetzlichen Vertreters; sie kann dem Testament eines testierunfähigen Minderjährigen auch nicht zur Wirksamkeit verhelfen. Da die Errichtung eines Testamentes ein höchstpersönliches Rechtsgeschäft darstellt (§ 2064), ist gesetzliche Vertretung hierbei unzulässig.

10 Um das Defizit gegenüber der Fähigkeit eines Volljährigen zur Selbstbestimmung auszugleichen, ist der Minderjährige nach Vollendung des 16. bis zur Vollendung des 18. Lebensjahres trotz der gegebenen allgemeinen Testierfähigkeit in der Auswahl der Testamentsformen **Beschränkungen** unterworfen. Ein Minderjähriger kann ein öffentliches Testament nur durch Erklärung oder – soweit er nicht leseunfähig ist – durch Übergabe einer offenen Schrift zur Niederschrift einer Urkundsperson errichten, während ihm die Möglichkeit der Errichtung eines privatschriftlichen Testaments oder des Dreizeugentestaments verwehrt bleibt (§ 2233 I, II, § 2247 IV, § 2249 I, § 2250 I). Dies gewährleistet eine den Minderjährigen hinreichend schützende Beratung und Belehrung durch den Notar (vgl. § 17 BeurkG). Nach der Neufassung des § 2233 und der Aufhebung des § 31 BeurkG durch das OLGVertrÄndG v. 23.7.2002 (BGBl. I S. 2850) können seit dem 1.8.2002 auch stumme Minderjährige, die nicht schreiben können, wirksam durch nonverbale Erklärung ihres letzten Willens gegenüber dem Notar testieren (→ § 2232 Rn. 6).

11 **4. Testierunfähigkeit nach Abs. 4. a) Allgemeines.** Nach § 2229 IV ist testierunfähig, wer wegen krankhafter Störung der Geistestätigkeit, wegen Geistesschwäche oder wegen Bewusstseinsstörung nicht in der Lage ist, die Bedeutung einer von ihm abgegebenen Willenserklärung einzusehen und nach dieser Einsicht zu handeln (BayObLG FamRZ 2002, 1066 f.). Die Regelung ergänzt § 104 Nr. 2 dahin, dass sie die Geistesschwäche – eine sich von der Geisteskrankheit nur graduell unterscheidende Störung der Geistestätigkeit (RGZ 130, 69 (70); 162, 223 (228)) – gesondert aufführt. Nicht jede „**geistige Insuffizienz**" – so der Oberbegriff für die drei von Abs. 4 zusammengefassten Zustände – schließt die Testierfähigkeit einer Person, die das 16. Lebensjahr vollendet hat, aus. Dies ist vielmehr nur dann der Fall, wenn die Insuffizienz dazu führt, dass dem Erblasser nicht bewusst ist, ein Testament zu errichten, oder er die Tragweite der einzelnen Anordnungen, insbes. ihre Auswirkungen auf die persönlichen und wirtschaftlichen Verhältnisse der Betroffenen, nicht beurteilen (**Einsichtsfähigkeit**) oder er den Inhalt nicht selbst ohne bestimmenden Einfluss Dritter gestalten (**Handlungsfähigkeit**) kann (→ Rn. 3). Entscheidend ist stets, ob durch die geistige Insuffizienz die **freie Willensbildung** des Erblassers **im Zeitpunkt der Testamentserrichtung** (→ Rn. 7 f.) ausgeschlossen war. Steht die geistige Erkrankung in keiner Weise mit der letztwilligen Verfügung in Verbindung und hat sie daher nicht beeinflusst, ist sie unerheblich. Die **Ursache der Testierunfähigkeit** – ob sie etwa angeboren, durch Krankheit oder Unfall verursacht worden ist oder auf vorübergehender Einnahme von Medikamenten oder Rauschmitteln beruht – ist **unerheblich**.

12 **b) Einsichts- und Handlungsfähigkeit.** Für die Einsichtsfähigkeit genügt es nicht, wenn der Erblasser nur die verfügte Vermögenszuordnung als solche versteht. Ihm muss vielmehr bewusst sein, dass ihn die Testierfreiheit auch zu **willkürlichen und ungerechten Verfügungen** berechtigt; die getroffenen Anordnungen muss er gerade in diesem Bewusstsein nach einem Abwägungsprozess auch wollen (MüKoBGB/*Hagena* Rn. 22). Dass der Inhalt der letztwilligen Verfügung objektiv unvernünftig und von Dritten nicht nachvollziehbar ist, ist für die Beurteilung der Handlungsfähigkeit irrelevant (BayObLGZ 2001, 289 (295); OLG Frankfurt a. M. FamRZ 1996, 635). Die privatautonome Gestaltung des Testamentsinhalts findet in § 138 seine Grenzen. Die Handlungsfähigkeit kann durch Störungen aus der Sphäre des Erblassers selbst (zB Sucht oder Wahnvorstellungen), aber auch durch Einwirkungen Dritter ausgeschlossen werden, soweit sie den Erblasser daran hindern, entsprechend seiner Einsicht zu testieren. Die Testierfähigkeit ist bei **Mitwirkungen Dritter** nicht ausgeschlossen, wenn der Erblasser trotz der Vorschläge und sonstigen Unterstützung des Dritten noch entsprechend einem selbstbestimmten Willen handeln und sich damit von dem Einfluss desselben lösen kann. Kann der Erblasser sich – etwa aus Angst vor seelischen und körperlichen Verletzungen – den Vorschlägen des Dritten nicht widersetzen, ist nicht mehr von Handlungs- und damit Testierfähigkeit zu sprechen (KG NJW 2001, 903 (905)). Weder einsichts- noch handlungsfähig und damit testierunfähig ist der Testierende, wenn er geistig so abgestumpft ist, dass er nur noch mechanisch auf Fragen und Vorschläge reagiert (MüKoBGB/*Hagena* Rn. 24 mwN).

Testierunfähig ist der Erblasser jedenfalls auch dann, wenn sich seine Erwägungen und Willensschlüsse nach allgemeiner Verkehrsauffassung selbst unter entsprechender Würdigung der Außendinge und der besonderen Lebensumstände sowie seiner subjektiven – auch irrationalen – Einstellungen nicht mehr als freie Willensentscheidungen darstellen, sondern als **krankheits- bzw. zustandsbedingt zwanghafte Entscheidungen.** Ist der Erblasser bei seiner Willensentscheidung von Vorstellungen in einer Weise beeinflusst worden, die zwanghaft andere vernünftige Entscheidungen von vornherein ausgeschlossen haben, ist die Testierfähigkeit daher nicht mehr gegeben (LG Stuttgart BWNotZ 1986, 13), da das Testament dann nur noch Ausdruck zwanghafter Vorstellungen und gerade nicht einer freien und selbstbestimmten Willensentscheidung ist.

c) Testierunfähigkeit wegen Geisteskrankheit oder Geistesschwäche, Krankheitsbilder. Obwohl eine Störung der freien Willensbestimmung häufig erst ab einem bestimmten **Grad der Erkrankung** eintritt und hinsichtlich der Beurteilung letztlich das gesamte Verhalten des Erblassers sowie das Gesamtbild seiner Persönlichkeit im **Einzelfall** entscheidend ist, dienen folgende von der Rspr. bislang als zur Testierunfähigkeit führend anerkannte Krankheitsbilder als grobe Orientierungshilfe: Die häufigsten Fälle von Testierunfähigkeit beruhen auf altersbedingter Arteriosklerose (Zerebralsklerose): BGH NJW 1951, 481 (482); BayObLG NJW-RR 1991, 1098 (1100); FamRZ 1996, 969); degenerativer **Demenz** (Demenz vom Alzheimer-Typ; OLG München ErbR 2008, 85; BayObLG FamRZ 1999, 819f.; OLG Düsseldorf FamRZ 1998, 1064 ff. mit Unterscheidung der Demenzformen) in seinen mittelschweren und schweren Ausprägungsformen (vgl. hierzu *Zimmermann* BWNotZ 2000, 97 (104 f.)); Demenz bei Parkinson-Syndrom (*Wetterling/Neubauer/Neubauer*) ZEV 1995, 46 (47)); seniler Demenz (BayObLG ZEV 1998, 230); globaler Hirnatrophie, Hirninfarkten (BayObLG NOTBZ 2001, 423 (424)); manischer Depression, insbes. in den manischen Phasen, wenn und soweit diese von die eigene Willensentschließung ausschließenden Vorstellungen geprägt sind (RG WarnR 1928 Nr. 167); schweren und schwersten **Intelligenzminderungen** (IQ unter 35; MüKoBGB/*Hagena* Rn. 19; Einzelheiten bei Frieser Strategien Rn. 17), sowie auf anderen Störungen der Geistestätigkeit und Geisteskrankheiten wie hirnorganischen Syndromen (BayObLG FamRZ 1990, 801; OLG Frankfurt a. M. NJW-RR 1998, 870 (871)); Schwachsinn; schizophrenen Psychosen mit dem Glauben, die eigenen Gedanken und Handlungen würden von anderen gelenkt oder gesteuert oder man sei ausführendes Werkzeug dritter Kräfte (BayObLG Rpfleger 1984, 317 (318)); paranoiden Wahnvorstellungen, insbes. hinsichtlich einer als Erbe in Betracht kommenden Person (BayObLG FamRZ 2000, 701; BayObLGZ 2001, 289 (294f.)). Hinsichtlich letzterer Krankheitsbilder ist zu beachten, dass dort auch lichte Momente (→ Rn. 17) denkbar sind.

Nur bei **weiteren eingehenden Feststellungen** können nach der Rspr. dagegen folgende Krankheitsbilder zur Testierunfähigkeit führen: krankhafte Eifersucht (BayObLG NJW 1992, 248; anders noch BayObLG FamRZ 1985, 539 (541)); Epilepsie (Soergel/*Mayer* Rn. 16); Psychopathie, bei der selbst bei besonders hohem Grad nur in Ausnahmefällen zwanghaftes Verhalten und damit Testierunfähigkeit vorliegen soll (BayObLG NJW 1992, 248); abnorme Persönlichkeitsbildung (BayObLG FamRZ 1992, 724); Verwahrlosungstendenzen (BayObLG FamRZ 2002, 1066 (1067)); paranoid-halluzinatorisches Syndrom mit Wahnvorstellungen, solange sich diese Wahnvorstellungen nicht auf eine als Erbe in Betracht kommende Person beziehen (BayObLG NJW-RR 2000, 6f.; NJW 1992, 248). **Irrtumsbedingte Vorstellungen,** die nicht das Ausmaß krankhafter Wahnvorstellungen erreichen, können als Motivirrtum gem. § 2078 II zur Anfechtung berechtigen (BayObLG NJW-RR 2002, 1088; NJW 1992, 248). Reine **Entscheidungsschwäche** und die damit einhergehende leichte Beeinflussbarkeit schließen die Testierfähigkeit dann nicht aus, wenn dadurch nicht der Grad übermäßiger Beherrschung durch Dritte erreicht wird. Auch lässt eine zeitnah nach der Testamentserrichtung erfolgende Selbsttötung des Erblassers allein noch nicht den Schluss auf Testierunfähigkeit wegen Geistesstörung zu, soweit nicht entsprechende weitere krankheitsbezogene Umstände hinzutreten (BGH NJW 1951, 481; BayObLG FamRZ 1985, 539; 1990, 801).

d) Bewusstseinsstörung. Der krankhaften Störung der Geistestätigkeit und der Geistesschwäche gleichgestellt sind Bewusstseinsstörungen. Der Begriff entspricht der Bewusstlosigkeit des § 105 II (Staudinger/*Baumann* Rn. 40). Bewusstseinsstörung meint jede – nicht unbedingt durch Krankheit verursachte – **erhebliche Bewusstseinstrübung,** wobei auch schon eine vorübergehende Störung genügt, die dem Erblasser die Fähigkeit nimmt, den Inhalt und die Tragweite seines Handelns zu erkennen und nach dieser Einsicht zu handeln (→ Rn. 11 ff.). Beispiele sind: hochgradige Trunkenheit, schwerer Rausch, Entziehungserscheinungen bei einem Alkohol- oder Rauschgiftsüchtigen (BayObLGZ 1956, 377 (382)), Hypnose, manisch-seelische Depressionen, schwere Gedächtnisschwäche, epileptische Anfälle, hochgradiges Fieber sowie Erschöpfungszustände seelischer oder körperlicher Art. Gewaltanwendung oder die Drohung mit Gewalt oder einem für den Erblasser empfindlichen Übel (etwa Einstellung der Betreuung oder Androhen des Verlassens) können den Grad einer Bewusstseinsstörung erreichen, wenn dadurch der Wille des Testierenden zwanghaft auf eine bestimmte Entscheidung gerichtet und damit kein Raum für eine eigenständige Abwägung oder Entscheidung gelassen wird. Eine Alkoholabhängigkeit allein führt noch nicht zu einer Geschäftsunfähigkeit. Dazu ist ein Hinzutreten weiterer Befunde erforderlich (BGH XII ZB 7/16; BayObLG 1 Z BR 60/03).

e) Lichte Momente. Vor allem in den Fällen der Bewusstseinsstörungen, aber grds. auch bei Geisteskrankheit und Geistesschwäche ist zu beachten (insbesondere vaskulären Demenzen), dass Testamente, die von derart Betroffenen in einem sog. **lichten Augenblick** („lucidum intervallum") errichtet werden, wirksam sein können (BGHZ 30, 294; BayObLG FamRZ 1996, 970; OLG Karlsruhe Justiz 1982, 130; ausf. *Wetterling/Neubauer/Neubauer* ZEV 1995, 46 (48 f.)). In diesen Fällen ist es zunächst notwendig, dass durch ein nervenärztliches oder psychiatrisches Gutachten nachgewiesen wird, dass überhaupt bei der jeweiligen Erkrankung des Erblassers die grundsätzliche Möglichkeit zum Vorliegen eines lichten Intervalls besteht (in der Regel wie bei chronisch-progredienter Demenz: OLG München 31 Wx 266/12). Wird dies durch den Gutachter bestätigt, genügt dann zum Nachweis des lichten Intervalls der Nachweis einer ernsthaften Möglichkeit einer vorübergehenden Besserung des Geisteszustands des Erblassers (OLG Köln FamRZ 1992, 729; BayObLG ZEV 1994, 303). Zur Beweiswürdigung → Rn. 25.

18   **5. Testierfähigkeit Entmündigter bzw. Betreuter.** Mit der Folge, dass sie nach damaligem Recht ein Testament nicht wirksam errichten konnten, war bis zum 31.12.1991 eine **Entmündigung** Volljähriger wegen Geisteskrankheit, Geistesschwäche, Trunksucht, Verschwendung oder Rauschgiftsucht möglich. Die Testierunfähigkeit trat mit Stellung des Antrags ein, aufgrund dessen die Entmündigung ausgesprochen wurde. Zwar hat das Betreuungsgesetz (BtG v. 12.9.1990; BGBl. I S. 2002) durch Art. 9 § 1 BtG mit dem 1.1.1992 die Entmündigung in einen Fall der Betreuung umgewandelt. Allerdings bleiben – da jener Umwandlung keine rückwirkende Kraft zukommt (vgl. MüKoBGB/*Hagena* Rn. 10 mwN) – die vor diesem Zeitpunkt errichteten Testamente weiter unwirksam (Art. 214 I, 235 § 2 EGBGB). Unter der Voraussetzung, dass sie testierfähig sind, können die ehemals Entmündigten jedoch ein neues Testament errichten oder ihr bisher unwirksames, aber formgültiges Testament nach § 141 bestätigen (MüKoBGB/*Hagena* Rn. 10 mwN). Die ehemalige Entmündigung kann allerdings ein Indiz dafür bilden, dass die Voraussetzungen des § 2229 IV vorliegen und damit Testierunfähigkeit besteht (*Lange/Kuchinke* ErbR § 18 Kap. II Rn. 3; näher zu den Auswirkungen des neuen Betreuungsrechts auf das Erbrecht *Hahn* FamRZ 1991, 27).

19   Anders als die Entmündigung hat die Anordnung einer **Betreuung** (§ 1896) keine Auswirkungen auf die Geschäfts- oder Testierfähigkeit des Betreuten (BayObLG FamRZ 1994, 593). Wird ein Betreuer mit dem Aufgabenkreis Aufenthaltsbestimmung und Vermögenssorge bestellt, so berührt dies die Testierfähigkeit des Erblassers regelmäßig nicht (BayObLG FamRZ 1996, 635). Zwar ist der Betreuer gem. § 1902 in seinem Aufgabenkreis gesetzlicher Vertreter des Betreuten. Er kann jedoch wegen des Höchstpersönlichkeitsgebots (§§ 2064, 2274) keine Verfügungen von Todes wegen für den Betreuten errichten. Ebenso kann sich gem. § 1903 II ein uU angeordneter Einwilligungsvorbehalt nicht auf Verfügungen von Todes wegen erstrecken. Der Betreute kann sich grds. aller Testamentsformen bedienen sowie auch ein Testament jederzeit widerrufen. Ist der Betreute lese- oder sprachunfähig, greifen die Beschränkungen des § 2233 ein. In der Vielzahl der Fälle wird der Betreute jedoch testierunfähig iSv § 2229 IV sein. Zur Beurteilung der Testierfähigkeit wird sich die Praxis an den alten Grundsätzen der Rspr. zu Testamenten von Erblassern, die im Zeitpunkt der Errichtung des Testaments unter **Gebrechlichkeitspflegschaft** (§ 1910 BGB aF) standen, orientieren können (BayObLG FamRZ 1985, 743; MDR 1983, 131). Das Gericht kann die in den früheren Entmündigungs-/Vormundschaftsakten enthaltenen Stellungnahmen und Gutachten und jetzt den Akten des Betreuungsverfahrens heranziehen, um hieraus Rückschlüsse auf die Testierfähigkeit des Betreuten zu ziehen.

20   **6. Feststellung der Testierfähigkeit durch den Notar.** Die Testierfähigkeit ist bei einem öffentlichen Testament vom beurkundenden Notar **von Amts wegen** zu prüfen. Er ist daher verpflichtet, sich vor der Beurkundung einer letztwilligen Verfügung – konkret, bis zur Genehmigung der Niederschrift und der Unterzeichnung durch den Erblasser (dem maßgeblichen Zeitpunkt in dem Testierfähigkeit gegeben sein muss, → Rn. 8) – **von der Testierfähigkeit des Erblassers zu überzeugen.** Grundsätzlich genügt der Notar dieser Pflicht, wenn er sich im Rahmen der Erörterung des Sachverhalts und der Testierwünsche des Erblassers – ggf. durch eine entsprechende Befragung desselben – seinen Eindruck von der Testierfähigkeit verschafft und auf Grundlage dessen mit an Sicherheit grenzender Wahrscheinlichkeit bejahen oder verneinen kann (BGHZ 40, 54; BayObLG ZEV 1994, 303; NJW-RR 1990, 1419). Dabei liegt es im **pflichtgemäßen Ermessen** des Notars, wie er sich die erforderliche Überzeugung verschafft (MüKoBGB/*Hagena* Rn. 44 mwN). Ist er von der Testierfähigkeit überzeugt, so hat er seine entsprechenden **Wahrnehmungen in der Niederschrift zu vermerken** (§ 28 BeurkG). Fehlen entsprechende Vermerke in der Niederschrift, so führt dies zwar nicht zur Ungültigkeit des Testaments, doch nehmen dann die Feststellungen zur Testierfähigkeit nicht an der **Beweiskraft** des § 418 ZPO teil. Fehlt demjenigen, der ein Testament errichten möchte, nach der Überzeugung des Notars die Testierfähigkeit, so ordnet § 11 I BeurkG an, dass die Beurkundung abgelehnt werden soll. Da dem Erblasser sein verfassungsrechtlich garantiertes Recht auf Testierfreiheit (Art. 14 I GG) nicht beschnitten werden darf, berechtigen reine **Zweifel an der Testierfähigkeit** noch nicht zur Ablehnung der Beurkundung. In diesen Fällen empfiehlt es sich, im Einvernehmen mit dem Testator die Vormundschafts- bzw. Betreuungsakten beizuziehen (→ Rn. 19) und mit Verwandten oder Betreuungspersonen sowie dem behandelnden Arzt Rücksprache zu halten. Hat der Notar Zweifel an der Testierfähigkeit und wird dennoch eine Beurkundung gewünscht, so sollte er die Vorlage eines ärztlichen Attests anregen, welches dem Testament beigefügt werden kann.

21   **7. Rechtsfolge der Testierunfähigkeit.** Das mangels Testierfähigkeit nach § 2229 I oder IV errichtete Testament ist seinem gesamten Inhalt nach **unheilbar nichtig.** Dieser Nichtigkeitsgrund kann jederzeit und durch jeden Begünstigten geltend gemacht werden; auch ist die Geltendmachung – im Gegensatz zur Anfechtung – nicht fristgebunden. Die **nachträgliche Beseitigung des Hindernisses** (Eintritt der Volljährigkeit bei einem von einem Minderjährigen errichteten Testament, Eintritt der Testierfähigkeit

nach Wiedererlangen der vollen Geisteskräfte) allein führt nicht zur Gültigkeit des im Zustand der Testierunfähigkeit errichteten Testaments. Erforderlich ist vielmehr eine ausdrückliche und formgerechte **Bestätigung** des Testaments **im testierfähigen Zustand,** § 141 I. Die Anerkennung oder Genehmigung eines unwirksamen Testaments durch die Erben ist ebenfalls nicht möglich. Allerdings kann eine diesbezügliche Abrede rein schuldrechtliche Verpflichtungen begründen, die Rechtslage so zu gestalten, wie es in dem unwirksamen Testament vorgesehen war.

8. Beweisfragen. a) Allgemeines. Nach der Konzeption des § 2229, wonach die **Störung der Geistestätigkeit die Ausnahme** bildet, gilt grds. jedermann, der das 16. Lebensjahr (§ 2229 I) vollendet hat, solange als testierfähig, bis das Gegenteil zur vollen Überzeugung des Gerichts bewiesen ist (StRspr, ua BayObLG FamRZ 2002, 497; 2001, 1329 (1330); 1996, 1438 (1439) mwN; OLG Köln NJW-RR 1994, 396). Dieser Grundsatz gilt auch dann, wenn für den Erblasser eine Gebrechlichkeitspflegschaft (§ 1910 BGB aF) oder eine Betreuung (§ 1896 I) angeordnet war (BayObLG FamRZ 1996, 635), beim Erblasser im Zeitpunkt der notariellen Testamentserrichtung eine altersbedingte psychische Leistungsminderung vorlag (BayObLG FamRZ 1998, 514), aber auch, wenn der Erblasser alkoholsüchtig war, da Alkoholsucht an sich noch nicht eine geistige Insuffizienz nach § 2229 IV darstellt (→ Rn. 16). Solange die Testierunfähigkeit nach freier Überzeugung des Gerichts ggf. nach einer Beweisaufnahme in Würdigung aller maßgebenden Umstände und unter Berücksichtigung der allgemeinen Lebenserfahrung nicht nachgewiesen ist, also nicht behebbare Zweifel bleiben, muss es von der Testierfähigkeit des Erblassers ausgehen (allgM; BayObLG FamRZ 2003, 713; 1594; 2002, 62 (64); ZEV 1996, 390 (391); OLG Frankfurt a. M. FamRZ 1996, 970). Die **Beweislast** für eine nicht auf fehlendem Lebensalter beruhende Testierunfähigkeit des Erblassers trifft denjenigen, der sich auf sie beruft (RGZ 162, 223 (239); BayObLG FamRZ 1989, 1346 (1347)).

b) Anknüpfungstatsachen. Bestehen Zweifel über die Testierfähigkeit, so sind zunächst die Anknüpfungstatsachen – die konkreten Verhaltensweisen des Erblassers, die die Annahme einer Testierunfähigkeit stützen können – **vom Gericht festzustellen** und ggf. ist hierüber Beweis zu erheben. Orientiert am Einzelfall entscheidet der Richter dabei ohne Bindung an Beweisanträge nach pflichtgemäßem Ermessen über Art und Umfang der dafür erforderlichen Ermittlungen und Beweiserhebungen (BayObLG NJW-RR 1996, 1159; KG NJW 2001, 903). Es ist durchaus sachgerecht, **zunächst Zeugenbeweis** zu erheben und erst danach zu entscheiden, ob ein (medizinischer) Sachverständiger (→ Rn. 24) beauftragt werden muss. Hinsichtlich der Feststellung der Tatsachen ist zu beachten, dass geistige Erkrankungen aufgrund einfacher sozialer Kontakte mit dem Erblasser durch Laien häufig nicht erkannt werden (BayObLG NJW-RR 1990, 1420); der altersbedingte Abbau der geistigen Fähigkeiten des Erblassers bleibt oftmals selbst den **Angehörigen und Verwandten** des Erblassers verborgen, sodass der Erkenntniswert der Aussagen solcher Zeugen gering sein kann (BayObLG FamRZ 1985, 314 (315); OLG Köln NJW-RR 1991, 1412 (1413)). Allerdings eignen sich Aussagen von dem Erblasser nahe stehenden Personen, wie auch jene von **Ärzten und Pflegepersonal** über charakteristische Verhaltens- und Wesensauffälligkeiten desselben für eine entsprechende Demenzdiagnostik (OLG Düsseldorf FamRZ 1998, 1064 (1066)).

c) Sachverständigengutachten. Zur endgültigen Beurteilung der Testierfähigkeit ist nach stRspr in der Regel nur ein **psychiatrischer Sachverständiger** in der Lage (BayObLG FamRZ 2001, 55 (56); BayObLGZ 1995, 383 (391); BayObLG FamRZ 1985, 742 (743)); ohne nervenärztliches oder psychiatrisches Gutachten wird das Gericht die Voraussetzungen des § 2229 IV regelmäßig nicht bejahen können (Staudinger/*Baumann* Rn. 70). Ein psychiatrisches Sachverständigengutachten ist allerdings nur erforderlich, soweit aufgrund konkreter Anhaltspunkte Anlass besteht, an der Testierfähigkeit des Erblassers zu **zweifeln** (BayObLG FamRZ 2001, 55 (56); 1998, 1242 (1243); 1997, 1029). Allein der Umstand, dass der Erblasser sich im fortgeschrittenen Stadium einer Krebserkrankung befunden hat, stellt keinen solchen Anhaltspunkt dar (OLG Bamberg NJW-RR 2012, 1289). Kommt das Gericht zu dem Schluss, dass die vorliegenden Beweismittel genügen, um die Testierunfähigkeit mithilfe eines Sachverständigen zu begründen, darf es von der Einholung eines Sachverständigengutachtens absehen (FamRZ 2000, 120 (122); 1998, 515 (516); BayObLG NJW-RR 1990, 1420). Der psychiatrische Sachverständige hat nicht nur den medizinischen Befund einer Geisteskrankheit oder -schwäche zu ermitteln, sondern insbes. deren Auswirkungen auf die Einsichts- und Willensbildungsfreiheit des Erblassers abzuklären (BayObLG ZEV 2002, 234 (236); BayObLGZ 1995, 383 (384)). Der zu begutachtende Sachverhalt, dh die Anknüpfungstatsachen, hierfür sind gem. § 404a III ZPO vom Gericht selbst zu ermitteln und festzustellen (BayObLG FamRZ 2002, 1066 (1068); OLG Frankfurt a. M. NJW-RR 1998, 870 (871)). Das Gericht hat das Gutachten daraufhin zu überprüfen, ob es von dem Sachverhalt ausgeht, den das Gericht selbst für erwiesen hält, diesen umfassend würdigt und in sich logisch schlüssig ist (BayObLG FamRZ 2002, 1066; ZEV 1997, 510 (511); NJW-RR 1991, 1098 (1100)). **Einwendungen gegen das Gutachten** muss das Gericht nachgehen, gem. §§ 411, 412 ZPO kann es den Sachverständigen auffordern, sein Gutachten schriftlich zu ergänzen oder ihn zur mündlichen Erläuterung laden. Schließlich kann es auch ein weiteres Gutachten sowie auch ein Obergutachten einholen. Ein **Obergutachten** ist nur bei besonders schwierigen Fragen, bei groben Mängeln des vorliegenden Gutachtens (etwa widersprüchlichen Aussagen) oder wenn der Obergutachter über überlegene Forschungsmittel verfügt, geboten (BGHZ 53, 254 (258 f.); BayObLG ZEV 2002, 154; FamRZ 1990, 801). Sachverständigengutachten unterliegen der freien Beweiswürdigung des Richters der Tatsacheninstanz (BayObLG FamRZ 2002, 1066 (1067)). Der Richter kann sich nach Maßgabe seiner richterlichen Überzeugung auch gegen das psychiatrische Gutachten entscheiden.

25 d) **Beweiserleichterung.** Bei einem ordnungsgemäß errichteten öffentlichen Testament oder Erbvertrag spricht eine tatsächliche Vermutung für das Vorliegen der Testierfähigkeit (OLG Hamm FGPrax 1997, 68 (69)). Dasselbe gilt, soweit sich ein eigenhändiges Testament seiner Form und dem Inhalt nach als wohlüberlegt, sinnvoll und zweckentsprechend darstellt (Staudinger/*Baumann* Rn. 47 mwN). Ist festgestellt, dass der Erblasser einige Zeit vor und nach der Testamentserrichtung testierunfähig war, so spricht der **erste Anschein** dafür, dass Testierunfähigkeit auch im konkreten Zeitpunkt der Testamentserrichtung bestand (OLG Frankfurt a. M. NJW-RR 1998, 870; BayObLG FGPrax 1998, 62 (63); OLG Köln NJW-RR 1991, 1412). Die Beweiserleichterung durch den prima-facie-Beweis hat zur Folge, dass nun derjenige, der das Vorliegen der Testierfähigkeit im Zeitpunkt der Testamentserrichtung behauptet, dies nicht voll beweisen, sondern lediglich den dem Anscheinsbeweis zugrundeliegenden **Erfahrungssatz erschüttern** muss (OLG Köln Rpfleger 1992, 25 (26); OLG Karlsruhe OLGZ 1982, 280 (281)). Hierfür ist ausreichend aber auch erforderlich, dass nach den Umständen im konkreten Einzelfall ein lichter Augenblick (→ Rn. 17) im Zeitpunkt der Testamentserrichtung ernsthaft in Betracht kommt; der (Gegen-)Beweis der Testierfähigkeit in diesem Zeitpunkt ist hingegen nicht erforderlich (OLG Frankfurt a. M. NJW-RR 1998, 870; BayObLG ZEV 1994, 303 (304); MüKoBGB/*Hagena* Rn. 62 mwN). Hat der Erblasser ein undatiertes oder ein falsch datiertes eigenhändiges Testament errichtet und steht die Testierfähigkeit desselben für einen bestimmten Zeitraum fest, so muss derjenige, der aus diesem Testament Rechte herleitet, den vollen Beweis dafür erbringen, dass dieses undatierte Testament nicht innerhalb dieser Frist errichtet wurde (BayObLG ZEV 2001, 399; NJW-RR 1996, 1160 mwN).

26 e) **Zeugnisverweigerungsrechte.** Ein Hindernis bei der Beweisführung zur Feststellung der Testierfähigkeit des Erblassers stellen Zeugnisverweigerungsrechte des Arztes und des Notars dar. Diese Personen können allerdings von der **Schweigepflicht** bzw. der Amtspflicht zur Verschwiegenheit (§ 18 BNotO) entbunden sein, mit der Folge, dass ein Zeugnisverweigerungsrecht (§ 383 I Nr. 6 ZPO; § 53 I Nr. 3 StPO) nicht mehr besteht. Der Erblasser kann bereits zu Lebzeiten eine **Befreiung von der Schweigepflicht** ausdrücklich erklärt haben. Ist eine solche nicht gegeben, kommt eine stillschweigend erklärte und überdies eine mutmaßliche Entbindung von der Schweigepflicht in Betracht. Da die Befugnis, von der Schweigepflicht Befreiung zu erteilen, die höchstpersönliche Sphäre des Erblassers betrifft, geht dieselbe nicht auf die Erben über (BayObLG NJW 1987, 1492; OLG Stuttgart OLGZ 1983, 6 (9)). Einzelheiten bei MüKoBGB/*Hagena* Rn. 49.

27 **9. Recht der neuen Bundesländer.** Für die Gültigkeit von vor dem 3.10.1990 in der ehemaligen DDR errichteten Testamenten gilt gem. Art. 235 § 2 EGBGB das zum Zeitpunkt der Errichtung geltende Recht, auch wenn der Erbfall erst danach eintritt. Nach §§ 49, 370 I ZGB war die altersgemäße Testierfähigkeit auf die Vollendung des 18. Lebensjahres festgelegt. Ein vor dem 3.10.1990 von einem Sechzehnjährigen errichtetes Testament ist also abweichend von § 2229 I unwirksam. Ferner musste der Erblasser gem. §§ 52, 370 I 2 ZGB bei der Testamentserrichtung handlungsfähig gewesen sein. Insoweit dürften sachliche Unterschiede zu § 2229 IV allerdings nicht bestehen.

§ 2230 *(weggefallen)*

1 Aufgehoben mWz 1.1.1992 durch das Gesetz zur Reform des Rechts der Vormundschaft und Pflegschaft für Volljährige (**Betreuungsgesetz**, BGBl. I S. 2002) v. 12.9.1990. Die Regelung ist nach Abschaffung der Entmündigung, der Vormundschaft und Pflegschaft für Volljährige über die Testamente Entmündigter obsolet geworden. Für alle bis zum 31.12.1991 errichteten Testamente Entmündigter bleibt sie jedoch weiterhin anwendbar.

§ 2231 Ordentliche Testamente

> Ein Testament kann in ordentlicher Form errichtet werden
> 1. zur Niederschrift eines Notars,
> 2. durch eine vom Erblasser nach § 2247 abgegebene Erklärung.

1 **1. Normzweck.** Die Vorschrift normiert abschließend die möglichen Formen der Errichtung ordentlicher Testamente. So kann der Erblasser entweder nach Nr. 1 ein öffentliches Testament zur Niederschrift eines Notars oder nach Nr. 2 ein eigenhändiges Testament errichten. Diese zwingenden Errichtungsformen sollen ein verantwortliches Testieren fördern und Auseinandersetzungen potentieller Erben über den Inhalt letztwilliger Verfügungen vorbeugen (BGH NJW 1981, 1737 (1738)). Zum Schutze der **Willensautonomie** des Erblassers soll insbes. sichergestellt werden, dass der Erblasserwille nicht verfälscht wird, bloße Entwürfe von der maßgeblichen Verfügung klar abgegrenzt werden können sowie im Falle der notariellen Beratung falsche oder unklare Formulierungen ausgeschlossen werden.

2 Beide Testamentsformen sind in ihrer erbrechtsgestaltenden Wirkung **gleichwertig**. Daher kann ein öffentliches Testament auch durch ein eigenhändiges Testament aufgehoben, geändert oder ergänzt werden und umgekehrt. Der Erblasser hat grds. die freie Wahl zwischen beiden Testamentsformen. Allerdings bestehen Einschränkungen zum Schutz testierfähiger Minderjähriger (vgl. § 2229 I) und derer, die Geschriebenes zu lesen nicht imstande sind; sie können nach §§ 2233, 2247 IV ausschließlich öffentliche Testamente errichten (vgl. dazu näher bei §§ 2233, 2247). Die Entwürfe zum BGB sahen zunächst nur das öffentliche Testament als ordentliche Errichtungsform vor. Grund hierfür waren erhebliche Beden-

ken gegen privatschriftliche Testamente, denen die Gefahr der Ungültigkeit mangels rechtskundiger Beratung sowie – sofern sie nicht gem. § 2248 in amtliche Verwahrung gegeben werden – der Verfälschung oder etwa Unterdrückung durch Dritte zeitnah zum Erbfall anhaftet. Trotz dieser Einwände wurde an dem Privattestament ua wegen seiner großen Volkstümlichkeit, der leichten Änderungsmöglichkeit sowie dem hohen Maß an absoluter Diskretion festgehalten. Zu den Vor- und Nachteilen der beiden Testamentsformen → Rn. 4, 5.

2. Ordentliche Testamentsformen. § 2231 benennt als Formen der ordentlichen Testamentserrichtung 3 das öffentliche zur Niederschrift des Notars gefertigte (§ 2231 Nr. 1, §§ 2232, 2233) sowie das eigenhändige (einseitige oder gemeinschaftliche) privatschriftliche Testament (§ 2231 Nr. 2, §§ 2247, 2267) und stellt diese gleichberechtigt nebeneinander (→ Rn. 2). Eine besondere Form des ordentlichen öffentlichen Testaments stellt daneben aber auch das sog. Konsulartestament gem. § 10 III, § 11 KonsularG dar. Nach § 10 II KonsularG stehen die von Deutschen im Ausland vor einem Konsularbeamten errichteten Testamente den von inländischen Notaren aufgenommenen Urkunden gleich. In Abgrenzung zu den außerordentlichen Testamenten (→ Rn. 14) ist den ordentlichen Testamentsformen gemeinsam, dass sie in der Dauer ihrer **Geltung** unbeschränkt sind und ihre Errichtung **keine Notsituation** voraussetzt.

a) Vor- und Nachteile des öffentlichen Testaments (Nr. 1). Der Vorteil des öffentlichen Testaments 4 liegt vor allem in seiner Beweiskraft, der umfassenden Rechtsberatung durch den fachkundigen Notar sowie der besonderen amtlichen Verwahrung bei demselben. Es gewährleistet damit in der Regel Schutz vor Auslegungsstreitigkeiten, vor unzulässigen Beeinflussungen des Erblassers durch Dritte, vor Unterdrückungen, Veränderungen und Fälschungen des Testaments und dient damit nicht zuletzt der **Rechtssicherheit**.

Als öffentliche Urkunde erbringt das öffentliche Testament gem. § 415 I ZPO **vollen Beweis** des beur- 5 kundeten Vorgangs, dh hinsichtlich des Ortes und der Zeit der Errichtung, der Urkundsperson, der vollständigen und richtigen Erklärung mit dem wiedergegebenen Inhalt und schließlich der Identität (BayObLG ZEV 2000, 66 (68)) wie auch der Sprechfähigkeit des Testierenden; bzgl. der Testierfähigkeit dies allerdings nur für die sachlichen Wahrnehmungen des Notars, nicht aber für die vom Notar daraus gezogenen Schlussfolgerungen (Soergel/*Mayer* BeurkG § 28 Rn. 4). Damit ist dem Richter jede andere und gerade die freie Beweiswürdigung verwehrt (BayObLG ZEV 2000, 66 (68)). Zulässig ist es gem. § 415 II ZPO allerdings, den Beweis der unrichtigen Beurkundung anzutreten. Die Beweiskraft des öffentlichen Testaments unterstreicht, dass zum Nachweis der Erbfolge bzw. der Rechtsnachfolge vielfach eine beglaubigte Abschrift desselben nebst einer beglaubigten Abschrift des Testamentseröffnungsprotokolls genügt, wie insbes. bei Grundbuchberichtigungen nach § 35 I 2 GBO, bei Handelsregisteranmeldungen gem. § 12 II 2 HGB oder etwa nach § 41 I 2 SchiffsregisterVO bei Berichtigungen im Schiffsregister. Bestehen jedoch begründete Zweifel hinsichtlich der Erbfolge, so kann die Vorlegung eines Erbscheins oder Testamentsvollstreckerzeugnisses verlangt werden (vgl. § 35 I 2 GBO). Schließlich kann zum Nachweis der Erbfolge entsprechend der AGB der Banken und Sparkassen auch bei der Verfügung über Spar- und Wertpapierguthaben anstelle eines Erbscheins das öffentliche Testament vorgelegt werden (BGH ZEV 2005, 388; AG Mannheim ZIP 2007, 2119).

Die **Beratung und Betreuung** durch den Notar soll die Aufklärung des wirklichen Erblasserwillens, 6 den Hinweis auf die Regelung häufig übersehener Zweckmäßigkeiten (ua Pflichtteilsklauseln oder Ersatzerbfolge), das Aufzeigen der verfügbaren Gestaltungsmöglichkeiten, die Feststellung der Testierfähigkeit und die klare Formulierung des Testaments ermöglichen. Sie kann somit das Risiko entsprechender Anfechtungen oder Streitigkeiten hinsichtlich der Auslegung verringern und den Erblasser vor übereilten, unüberlegten Verfügungen bewahren. Dass diese Erwartungen des Erblassers oft enttäuscht werden, ergibt sich aus der umfangreichen Kasuistik zur Notarhaftung (vgl. BeckNotar-HdB/*Schlee* Abschn. K Rn. 58 ff. mwN).

Nach § 34 I 4 BeurkG ist das öffentliche Testament vom Notar in **besondere amtliche Verwahrung** 7 zu verbringen. Ebenfalls im Interesse der Rechtssicherheit ist das Testament damit vor allem vor dem versehentlichen Verlust, der Unterdrückung, Verfälschung oder der widerrechtlichen Vernichtung geschützt.

Zu berücksichtigen ist schließlich die **Notarhaftung** für etwaige Amtspflichtverletzungen bei der Be- 8 urkundung des öffentlichen Testaments. Diese gilt gegenüber jedem, dessen Rechtskreis durch das Testament betroffen wird, also auch gegenüber jedem testamentarisch Bedachten (§§ 19, 39 IV, §§ 46, 57 I, § 61 BNotO).

Dem stehen der Aufwand bei der Errichtung sowie die Kosten gegenüber. Insoweit ist allerdings zu 9 bedenken, dass den Kosten für die Beurkundung des öffentlichen Testaments (KV Nr. 21200 GNotKG für ein Einzeltestament: eine volle Gebühr) im Erbfall oftmals **Kostenersparnisse** gegenüberstehen, da in vielen Fällen die Vorlage eines Erbscheins entbehrlich wird. Dieser Vorteil kommt allerdings nicht mehr dem Testierenden sondern seinen Erben zugute.

Nachteil ist, dass der Erblasser seinen letzten Willen dem Notar bzw. seinen Mitarbeitern und mögli- 10 cherweise weiteren Dritten offenbaren muss. Für erstgenannte nicht aber für Dritte wie Zeugen, Dolmetscher etc gilt die notarielle Verschwiegenheitspflicht.

b) Vor- und Nachteile des eigenhändigen Testaments (Nr. 2). Das eigenhändige Testament kann 11 leicht und kostenfrei jederzeit an jedem Ort errichtet, abgeändert oder aufgehoben werden. Der Testierende braucht seinen letzten Willen niemandem zu offenbaren. Diese **Vorteile**, welche Grund für die große Beliebtheit des Privattestaments sind, bergen allerdings – vor allem zulasten der Rechtssicherheit –

die Gefahr der Ungültigkeit, der Verfälschung oder Unterdrückung des Testaments (→ Rn. 2). Dies gilt insbes. dann, wenn der Testierende auch auf anwaltliche Beratung, zB durch einen Fachanwalt für Erbrecht, verzichtet.

12 Dass das eigenhändige Testament einfach ohne die Formalien einer Beurkundungsverhandlung, mithin ohne sachkundige Beratung durch eine neutrale Person, wie zB einen Notar oder einen Fachanwalt für Erbrecht, errichtet und abgeändert werden kann, birgt stets die Gefahr **unklarer, mehrdeutiger** und uU **widersprüchlicher Testamentsinhalte.** Diese belasten im Erbfall häufig den familiären Frieden. Es existiert weiter keine Kontrolle, dass der Erblasser seine Verfügung ohne Beeinflussung Dritter vornimmt. Die Abgrenzung zu bloßen Entwürfen ist oft gar nicht möglich, zumal die Rspr. in ihrem Bemühen, dem Erblasserwillen zur Geltung zu verhelfen, auch solche Schriftstücke, die nach ihrer äußeren Form Zweifel an der Ernsthaftigkeit begründen (zB Brief, Postkarte, Bierdeckel, Zettelnotiz), als Testament einordnet. Mangels Pflicht zur amtlichen Verwahrung – anders als beim öffentlichen Testament (→ Rn. 7) – besteht stets die Gefahr des unfreiwilligen Verlustes, der Nichtauffindbarkeit, der widerrechtlichen Unterdrückung oder Verfälschung des Testaments.

13 Dem Vorteil der Kostenfreiheit steht gegenüber, dass zum Nachweis der Erbfolge durch ein eigenhändiges Testament im Erbfall ein Erbschein beantragt werden muss, wodurch zwar nicht dem Erblasser, doch aber den Erben **höhere Kosten** etwa für eine Grundbuchberichtigung oder eine Handelsregisteranmeldung anfallen.

14 **3. Außerordentliche Testamentsformen.** Den ordentlichen Testamenten gem. § 2231 stehen die außerordentlichen Testamente gegenüber. Diesen Testamentsformen ist gemeinsam, dass ihre **Gültigkeitsdauer** nur **begrenzt** ist (vgl. § 2252) und ferner deren Errichtung grds. nur zulässig ist, wenn aus bestimmten Gründen, die den einzelnen Vorschriften zu entnehmen sind, ein ordentliches Testament nicht verfasst werden kann.

15 Das Gesetz kennt als sog. Nottestamente das Bürgermeistertestament (§§ 2249, 2250 I), das Testament vor drei Zeugen (§§ 2250 I, III) und das Seetestament (§ 2251). Zu den außerordentlichen Testamentsformen gehört auch das nach den Rückerstattungsgesetzen (Art. 80 AmZ., Art. 67 Brit. Z. Art. 69 REAO Berlin, § 73 EntschädG RhPf. und Württ.-Hohenzollern, § 68 REG Baden) in der Zeit v. 30.1.1933 bis zum 8.5.1945 zulässige Verfolgtentestament (näher Staudinger/*Baumann*, 1996, Vor § 2229 Rn. 38) sowie das Militärtestament, das unter Geltung des WehrmFGG v. 24.4.1934 (RGBl. I S. 335) von Angehörigen der deutschen Wehrmacht oder diesen nahestehenden Personen errichtet werden konnte (näher Staudinger/*Baumann*, 1996, Vor § 2229 Rn. 38 ff.).

16 **4. Recht in den neuen Bundesländern.** Nach dem Recht der ehemaligen DDR (§ 383 ZGB) konnten ordentliche Testamente durch notarielle Beurkundung oder durch eigenhändige schriftliche Erklärung errichtet werden. Daneben war die Errichtung in besonderen Notfällen durch mündliche Erklärung gegenüber zwei Zeugen möglich. Seit dem 3.10.1990 können Testamente auch in den neuen Bundesländern nur nach den erbrechtlichen Bestimmungen des BGB errichtet werden. Nach Art. 235 §§ 1 u. 2 EGBGB allerdings ist bei Erbfällen vor dem 3.10.1990 das Erbrecht der ehemaligen DDR und dann maßgebend, wenn der Erblasser nach dem Wirksamwerden des Beitritts mit dem 3.10.1990 gestorben ist. Damit bleiben alle vor diesem Zeitpunkt nach den Vorschriften der §§ 383 ff. ZGB errichteten einseitigen oder gemeinschaftlichen Testamente gültig. Hinsichtlich der Testamente, die vor dem Inkrafttreten des ZGB am 1.1.1976 errichtet wurden, richtet sich die Gültigkeit gem. § 8 II 1 EGZGB allein nach den Bestimmungen des ZGB.

§ 2232 Öffentliches Testament

¹Zur Niederschrift eines Notars wird ein Testament errichtet, indem der Erblasser dem Notar seinen letzten Willen erklärt oder ihm eine Schrift mit der Erklärung übergibt, dass die Schrift seinen letzten Willen enthalte. ²Der Erblasser kann die Schrift offen oder verschlossen übergeben; sie braucht nicht von ihm geschrieben zu sein.

1 **1. Normzweck.** Die Vorschrift regelt materiell-rechtlich abschließend die Errichtungsformen ordentlicher öffentlicher Testamente. Die ergänzenden verfahrensrechtlichen Bestimmungen finden sich in den §§ 1–11, 13, 16, 17–19, 22–26, 27–35 BeurkG. Das ordentliche öffentliche Testament wird zur Niederschrift durch Erklärung gegenüber dem Notar oder durch Übergabe einer Schrift an denselben errichtet, wobei es dem Testierenden freisteht, welche Errichtungsform er wählt sowie ob und inwieweit er sie kombiniert (→ Rn. 18). Die **Wahlfreiheit** ist nur durch § 2233 eingeschränkt (→ Rn. 11). Die beiden Errichtungsarten unterscheiden sich dadurch, dass im ersten Falle der vom Erblasser erklärte letzte Wille (zu den Erklärungsformen → Rn. 3) Gegenstand der Beurkundung ist, im zweiten Fall hingegen allein die Tatsache der Übergabe und die Erklärung des Testierenden, dass die übergebene Schrift seinen letzten Willen enthalte.

2 Das öffentliche Testament soll die **umfassende sachkundige Beratung** und Belehrung des Testierenden sichern. Aus diesem Grunde, aber auch aus Gründen des Übereilungs- und Fälschungsschutzes, der Identitätsfeststellung sowie der Sicherstellung der Echtheit, der Klarheit, Vollständigkeit und Beweiskraft der letztwilligen Verfügung sind die durch § 2232 abschließend geregelten Errichtungsformen ordentlicher öffentlicher Testamente an strenge Formvorschriften gebunden. Aufgrund der Mitwirkung des Notars kann die Wahrscheinlichkeit sonst häufig auftretender Formfehler praktisch ausgeschlossen

werden. Die Verbringung des öffentlichen Testaments in die besondere amtliche Verwahrung sorgt überdies für den Schutz vor Vernichtung, Unterdrückung oder Verfälschung desselben. Schließlich ist die Eröffnung des Testaments nach Eintritt des Erbfalls in jedem Falle sichergestellt. Damit gewährleistet das ordentliche öffentliche Testament im Regelfall Rechtsklarheit und Rechtssicherheit. Das ordentliche öffentliche Testament kann in einigen Fällen die Vorlage eines Erbscheins ersparen (→ § 2231 Rn. 5).

2. Errichtung durch Erklärung (S. 1 Alt. 1). a) Erklärungsformen. Bis zur Neufassung des § 2232 durch das OLGVertRÄndG v. 23.7.2002 (BGBl. I S. 2850) war es zwingend erforderlich, dass sich der Testierende **mündlich**, dh durch phonetisch-stimmliche Artikulation erklärt. Mit dem Inkrafttreten des OLGVertRÄndG am 1.8.2002 ist das Mündlichkeitserfordernis zur Errichtung öffentlicher Testamente weggefallen, sodass der Erblasser seinen letzten Willen nun in jeder Form erklären kann, die zur hinreichend sicheren Feststellung des Inhalts seines letzten Willens geeignet ist. Die Erklärung kann unter dieser Voraussetzung damit auch mittels Gebärdensprache oder anderer Zeichen (Gestik, Mimik) zum Ausdruck gebracht werden. Eine konkludente Erklärung des letzten Willens, bei der weder phonetische noch gestikale Zeichen benutzt werden, soll jedoch – gerade im Hinblick auf das gegenüber den Rechtsgeschäften unter Lebenden im Erbrecht bestehende höhere Bedürfnis an Rechtssicherheit in Bezug auf die Authentizität einer Willenserklärung – nicht ausreichen (so etwa *Reimann* FamRZ 2002, 1383 (1384); aA Soergel/*Mayer* Rn. 10). Der Testierende kann seinen letzten Willen auch erklären, indem er auf Fragen und Vorschläge des Notars hin **schriftlich** antwortet. Testamentserrichtung durch Übergabe einer offenen Schrift (S. 1 Alt. 2, → Rn. 10) liegt erst vor, wenn die schriftliche Erklärung den ausformulierten Willen des Erblassers darstellt. Trotz des Wegfalls des Zwangs zur mündlichen Erklärung wird Regelfall jedoch künftig bleiben, dass der Erblasser durch das verständlich gesprochene Wort testiert.

b) Verbale Erklärung. Die Testamentserrichtung durch Erklärung kann verbal, dh durch **lautliche Bildung von Worten,** die ein anderer verstehen kann, erfolgen. Der Testierende kann sich dabei grds. jeder Sprache bedienen, allerdings muss der Notar diese sicher beherrschen. Die Urkunde des Notars ist dann gem. der § 5 I, §§ 16, 32 BeurkG grds. in deutscher Sprache zu errichten. Da Adressat der Erklärung allein der Notar ist – nicht auch etwa hinzugezogene Zeugen oder ein zweiter Notar –, ist entscheidend, dass dieser die mündliche Erklärung wahrnimmt, unabhängig davon, ob er sich der Tragweite der beurkundeten Erklärung bewusst ist (RG JW 1910, 61) sowie akustisch versteht (Reimann/Bengel/Mayer/*Voit* Rn. 9; aA OGHZ 2, 45; 3, 383). Daher ist eine Erklärung des letzten Willens unter Einsatz von Lautverstärkern oder einer Sprech- und/oder Videoanlage (etwa wenn ein Testament in der Isolierstation eines Krankenhauses aufgenommen wird) und/oder Videoanlage grds. zulässig, soweit der Notar sicher ist, dass die wechselseitige Verständigung mit dem Erblasser unter bestehender Sichtverbindung unverfälscht stattfindet (OLG Frankfurt a.M. NJW 1973, 1131 (1132); Reimann/Bengel/Mayer/*Voit* Rn. 10; aA aber OLG Hamm DNotZ 1978, 54 (55ff.)). Die Wiedergabe mündlicher Erklärungen mittels technischer Aufzeichnungen (zB Tonband, Kassette, Video, DVD, CD-ROM) genügt nur, wenn das Medium in persönlicher Anwesenheit des Erblassers vor dem Notar abgespielt und vom Testierenden erklärt wird, dass dieses seinen letzten Willen enthalte (Reimann/Bengel/Mayer/*Voit* Rn. 10). Aufgrund des fehlenden persönlichen Kontaktes genügen mündliche Erklärungen mittels (Bild-)Telefon oder Sprachcomputer den Anforderungen an eine mündliche Erklärung iSd § 2232 S. 1 Alt. 1 dagegen nicht, da dann eine Gewähr dafür, dass das übermittelte Wort tatsächlich vom Erblasser stammt, nicht besteht (dazu *Lange/Kuchinke* ErbR § 18 Kap. III Rn. 3a). Die telefonische Erklärung kann insofern grds. nur die Bedeutung einer Vorbesprechung haben.

Die mündliche Erklärung des Erblassers muss **nicht in ausführlicher und zusammenhängender Rede** erfolgen. Ausreichend ist bereits eine Erklärung im Wege der Rede und Gegenrede, Frage und Antwort zwischen Notar und Erblasser (RGZ 63, 86; OGHZ 3, 383) oder auch das Ersetzen einzelner Begriffe durch Zeichen oder geschriebene Worte. Zulässig ist daher auch, wenn der Testierende seine Zustimmung bei den Einzelpunkten durch Gebärden zum Ausdruck bringt und die abschließende Frage, ob dies nun insgesamt seinem Willen entspreche, mündlich bejaht (BayObLG FamRZ 2000, 1051 (1052)) oder zu einem zusammenhängend vorgelesenen Testamentsentwurf – der vom Erblasser selbst, vom Notar oder auch von einem Dritten stammen kann (BGHZ 37, 79 (85)) – ein jedenfalls für den Notar und ggf. die mitwirkenden Personen verständliches „Ja" sagt (BGHZ 2, 172 (175); 37, 79 (84); BayObLG DNotI-Report 1999, 199; OLG Hamm NJW 2002, 3410 (3412)). Nicht ausreichend für eine verbale Erklärung ist dagegen allein das wortlose Unterschreiben der Niederschrift gem. § 13 I 1 BeurkG (KG DNotZ 1960, 485), da in diesem Falle jede Äußerung fehlt. Kann der Erblasser seine Zustimmung allenfalls durch unverständliches Lallen oder durch Gebärden ausdrücken, so kann er ein Testament durch verbale Erklärung nicht errichten (BGHZ 2, 172; BayObLG DNotZ 1969, 301 (303); aA RGZ 161, 378 (382f.)), wohl aber durch nonverbale Erklärung (→ Rn. 6).

c) Nonverbale Erklärung. Seit dem 1.8.2002 (zur Übergangsregelung → Rn. 7) kann die Erklärung auch in jeder anderen nonverbalen Form erfolgen, soweit der letzte Wille des Testierenden mit der erforderlichen Bestimmtheit erkennbar ist. Die verbale Errichtung wird jedoch auch weiterhin der Regelfall bleiben. Anlass für die **Gesetzesänderung** war, dass nach alter Rechtslage aufgrund der bis dahin zwingend erforderlichen Mündlichkeit der Erblassererklärung ein kleiner Kreis mehrfachbehinderter Personen von der Testamentserrichtung faktisch ausgeschlossen war. Testierfähigen Personen, die (zzt. der Beurkundung) weder schreiben noch sprechen konnten, war die Möglichkeit der Testamentserrichtung generell verwehrt. Durch die Entscheidung des BVerfG v. 19.11.1999 (BGBl. I S. 699 = ZEV 1999, 147) wurden die §§ 2232 aF, 2233 BGB aF iVm § 31 aF BeurkG wegen Verstoßes gegen den allgemeinen

Gleichheitssatz (Art. 3 I GG), das Benachteiligungsverbot für Behinderte (Art. 3 III 2 GG) sowie gegen die Erbrechtsgarantie (Art. 14 I GG) insoweit für mit dem GG unvereinbar erklärt. Um den verfassungswidrigen Zustand zu beseitigen, hat der Gesetzgeber anstelle einer Gesetzesänderung, die dem betroffenen Personenkreis unter Hinziehung von Verständigungspersonen das Testieren ermöglicht hätte, das Mündlichkeitserfordernis insgesamt beseitigt. Dies eröffnet nun vor allem Menschen mit Behinderung die Möglichkeit, den letzten Willen in jeder anderen Art und Weise zu erklären, die eine zuverlässige Verständigung ermöglicht.

7 Unter der Bedingung, dass hiermit eine hinreichend sichere Feststellung des Inhalts des Erblasserwillens gewährleistet ist, sind denkbare Kommunikationsmittel von Seiten des Testierenden nunmehr auch **schriftliche Äußerungen, Zeichen,** Kopfnicken, Wimpernschlag sowie vor allem auch **Gebärden** in der Deutschen Gebärdensprache und lautsprachbegleitenden Gebärden gem. § 6 Behindertengleichstellungsgesetz (BGG) v. 27.4.2002 (BGBl. I S. 1467), Lormen (Handtastensprache) sowie taktil wahrnehmbare Gebärden iSv § 2 KommunikationshilfenVO zu § 9 BGG (vgl. *v. Dickhuth-Harrach* FamRZ 2003, 493). Dieser Kommunikationsmittel darf sich jeder bedienen, selbst wenn er der Sprache mächtig ist (BT-Drs. 14/9266, 49; krit. BT-Drs. 14/9531, 4). Erforderlich bleibt aber, dass der Testierende selbst aktiv wird und auch zur gegenteiligen Meinungsäußerung in der Lage ist (*Reimann* FamRZ 2002, 1383). Bei mehrdeutigen Gebärden oder Gesten (zB Hand heben, Mimik) muss sich der Notar vergewissern, dass er und der Erblasser der Gebärde oder Geste dieselbe Bedeutung geben. Selbst das allgemein verständliche Kopfnicken kann ein rein mechanischer, vom Willen des Testierenden völlig losgelöster Vorgang sein (BGHZ 2, 172).

8 Die Erklärung kann in der Weise abgegeben werden, dass der Testierende seine Zustimmung oder Ablehnung durch nonverbale Erklärung im vorstehenden Sinne zu einer bereits vorformulierten Erklärung jeweils abschnittsweise sowie am Ende des Verlesens kundtut. Ausreichend ist es ebenfalls, wenn der Erblasser nach dem Verlesen eines bereits vorliegenden Urkundenentwurfs diesen etwa durch Gebärden oder Gesten unmissverständlich genehmigt. Bei einem hörbehinderten Erblasser kann der Notar die Fragen auch schriftlich vorlegen. Wie auch bei der mündlichen Erklärung (→ Rn. 4) muss die Kommunikation zwischen Notar und Testierendem **unmittelbar** stattfinden, ggf. unter Hinzuziehung einer Verständigungsperson (vgl. § 24 BeurkG) oder eines Gebärden- oder Sprachdolmetschers (vgl. §§ 22 bzw. 16 BeurkG). Der Notar muss die nonverbale Erklärung ohne technische Hilfsmittel (zB Video, Bildtelefon, DVD, CD-ROM) persönlich wahrnehmen können. Umgekehrt gilt diese Beschränkung hinsichtlich der mündlichen oder schriftlichen Fragen und Erklärungen des Notars gegenüber dem Testierenden nicht. Bei schriftlichen Äußerungen muss der Notar das Niederschreiben durch den Testierenden (zB die Eingabe über die Tastatur in den Computer) persönlich überwachen. Im Gegensatz zur mündlichen Erklärung des Erblassers kommt es bei nonverbaler Kommunikation noch viel stärker darauf an, dass der Notar die wechselseitige optische sowie akustische Verständigung unmittelbar selbst verfolgen und sicher überwachen kann. Denselben trifft hier eine enorme Verantwortung, welche mit nicht unerheblichen Haftungsrisiken verbunden ist. Empfehlenswert ist es für den beurkundenden Notar daher, in der Niederschrift neben dem Inhalt der Erklärung über den letzten Willen auch die Art und Weise der Kommunikation – und zwar so präzise wie nur möglich – festzuhalten, da diese Feststellungen dann auch an der Beweiskraft gem. § 415 ZPO teilnehmen können. Auch sollte er die für die Beteiligung behinderter Personen vorgesehenen Verfahrensvorschriften einhalten. Unterbleibt insbes. die Zuziehung einer Verständigungsperson gem. § 24 I BeurkG bei einem hör- und sprachbehinderten Erblasser, mit dem eine Verständigung nicht möglich ist oder die Einschaltung eines Schreibers gem. § 25 BeurkG, soweit ein schreibunfähiger Erblasser testiert, so führt dies zur Unwirksamkeit der Beurkundung.

9 d) **Übergangsregelungen.** Für alle **bis zum 31.7.2002** errichteten Verfügungen von Todes wegen ist ungeachtet des Zeitpunkts des Erbfalls am Mündlichkeitserfordernis festzuhalten, soweit es sich um einen nicht behinderten bzw. behinderten, aber **sprachfähigen Erblasser** handelt. Eine Heilung wegen Nichtbeachtung der alten Regelung unwirksamer Testamente durch das Inkrafttreten der leichteren Formvorschriften mit dem OLGVertrÄndG tritt nicht ein.

10 Im Falle des Testierens eines **mehrfachbehinderten Erblassers** ist dagegen zu differenzieren: Wurde das Testament zwischen dem 19.1.1999 und dem 31.7.2002 in Ermangelung anderer Regelungen entsprechend den Anforderungen der §§ 22–26 BeurkG errichtet, muss dieses aufgrund der partiellen Verfassungswidrigkeit von § 2232 BGB aF und § 2233 BGB aF sowie § 31 BeurkG aF als rechtswirksam anerkannt werden. Der Zeitpunkt des Erbfalls ist dabei irrelevant. Ist der Erbfall zwischen dem 1.9.1991 – seit diesem Zeitpunkt wurde die mögliche Verfassungswidrigkeit der alten Regelungen erstmals problematisiert (vgl. MüKoBGB/*Hagena* Fn. 34) – und dem 18.1.1999 eingetreten und ein Verfahren zur Feststellung der Erbfolge rechtskräftig abgeschlossen, so bleibt dieses von der Änderung der Rechtslage unberührt. Im Falle eines nicht rechtskräftig abgeschlossenen Verfahrens kann sich der testamentarische Erbe auf die Formwirksamkeit des Testaments berufen, soweit er sich in der Vergangenheit nicht auf die Verfassungswidrigkeit der gesetzlichen Formvorschriften berufen und durch dieses Vorgehen Begünstigte in schutzwürdiger Weise auf die gesetzliche Rechtslage vertraut hat. Wurde vor dem 19.1.1999 testiert und ist der Erbfall vor diesem Tag eingetreten, bleibt das Testament – soweit die §§ 22–26 BeurkG beachtet wurden – unter Vertrauensschutzgesichtspunkten beachtlich. Näheres zur Behandlung von Altfällen s. Staudinger/*Baumann* § 2233 Rn. 29.

11 **3. Errichtung durch Übergabe einer Schrift (S. 2 Alt. 2). a) Allgemeines.** Das Testament kann gem. § 2232 S. 1 Alt. 2, § 30 S. 1 BeurkG zur Niederschrift eines Notars auch durch die Übergabe einer Schrift

Öffentliches Testament

und die Erklärung, sie enthalte den letzten Willen, errichtet werden. Die Schrift kann offen oder verschlossen übergeben werden, § 2232 S. 2 Hs. 1. **Minderjährige** und jene Erblasser, die nach eigenen Angaben oder nach Überzeugung des Notars **leseunfähig** sind, können ein Testament in dieser Form nicht uneingeschränkt errichten. Nach § 2233 I kann ein minderjähriger Erblasser nicht durch Übergabe einer verschlossenen Schrift testieren, doch aber durch Übergabe einer offenen Schrift oder durch Erklärung gegenüber dem Notar (→ Rn. 17; → § 2233 Rn. 2), Leseunfähige dagegen gem. § 2233 II nur nach letzterer Errichtungsform (→ § 2233 Rn. 4).

b) Die übergebene Schrift. „Schrift" iSd Vorschrift ist weit gefasst und meint **jede Verkörperung von** 12 **Schriftzeichen**, sodass hinsichtlich der Art der Verkörperung (Papier, Karton, Holz, etc), der verwendeten Schriftzeichen (lateinische Schrift, Stenographie, Bilderschrift, Maschinen- oder Blindenschrift, Chiffrierung, etc) und der Sprache grds. keine Beschränkungen gelten (BGHZ 37, 79 (85); KG DNotZ 1960, 485 (487)). Je ungewöhnlicher sich das Material des Schriftstücks allerdings darstellt, umso genauer hat der Notar den Testierwillen des Erblassers zu hinterfragen (Reimann/Bengel/Mayer/*Voit* Rn. 15). Mangels Schriftlichkeit kann ein öffentliches Testament aber nicht durch Übergabe von Bildern, Tonbändern, Disketten, CDs oder DVDs errichtet werden. Auch sollten in Anbetracht des Zwecks der Testamentserrichtung bei einer nicht allgemein verständlichen oder chiffrierten Schrift die Übersetzungsmittel bzw. der Code mitgeliefert werden (aA Reimann/Bengel/Mayer/*Voit* Rn. 17). Dass der Notar die Sprache und Schriftzeichen versteht, ist nach § 30 S. 4 BeurkG irrelevant, soweit es nur irgendjemanden gibt, der die in der Schrift enthaltene Erklärung versteht (Bamberger/Roth/*Litzenburger* Rn. 12); daher eignet sich diese Errichtungsform für ausländische Erblasser. Versteht sie der Notar im Falle der Übergabe einer offenen Schrift nicht, so muss er sich die zur Erfüllung seiner Prüfungs- und Belehrungspflicht gem. § 30 S. 4 BeurkG erforderlichen Kenntnisse durch Nachfragen verschaffen. Zwingend erforderlich ist jedenfalls, dass der Erblasser die Schrift lesen kann und ihre Bedeutung versteht sowie eine Sprache wählt, die er selbst versteht, da er andernfalls als leseunfähig gilt und damit nicht durch Übergabe einer Schrift testieren kann (Reimann/Bengel/Mayer/*Voit* Rn. 17; aA *Lange/Kuchinke* ErbR § 19 Kap. III Rn. 3a Fn. 44). Der Notar hat in diesem Fall diese Art der Testamentserrichtung gem. § 4 BeurkG abzulehnen.

Die übergebene Schrift braucht nach S. 2 Hs. **2 nicht** vom Erblasser **eigenhändig geschrieben** zu sein. 13 Eine Unterschrift desselben sowie eine Orts- und Zeitangabe unter der Schrift sind ebenfalls nicht erforderlich; letztere werden durch die notarielle Niederschrift ersetzt (§ 9 II BeurkG), die insoweit maßgebend ist. Werden dem Notar (offen oder verschlossen) Schriften verschiedenen Datums übergeben, gelten sie daher als gleichzeitig errichtet. Widersprechen sie einander, wird der Notar bei offener Übergabe hierauf hinweisen (§§ 30 S. 4, 17 BeurkG). Unterbleibt eine Abänderung – etwa weil ein Hinweis nicht erging –, so entspricht sich die Rechtslage wie bei der offener Widersprüche in notariellen Niederschriften. Besteht der Testierende trotz Hinweises auf einer Beurkundung des Übergabeprotokolls, so ist jedenfalls ein Vermerk über den Widerspruch in der Niederschrift zu empfehlen. Werden sich widersprechende Schriften mit unterschiedlichem Errichtungsdatum verschlossen übergeben, heben sie sich gegenseitig auf. Erfüllen diese jedoch die Formerfordernisse des § 2247, gilt auch hier § 2258, sodass die spätere die frühere Verfügung aufhebt. Umstritten ist, ob der Notar vom Inhalt des Schriftstücks kennen muss (dafür Palandt/*Weidlich* Rn. 3; MüKoBGB/*Hagena* Rn. 30; dagegen RGZ 76, 94 (95); Soergel/*J. Mayer* Rn. 17). Da die Erklärung des Erblassers bei der Übergabe, die Schrift enthalte seinen letzten Willen, andernfalls inhaltslos wäre und überdies den Gedanken der §§ 2064, 2065 II, dass der Erblasser seine Erbfolge verantwortungsbewusst selbst wissentlich zu gestalten hat, zuwiderliefe, muss derselbe zumindest eine Vorstellung vom Inhalt der Schrift haben, wenn er sie nicht selbst verfasst hat. Letztendlich betrifft diese Frage nicht die Errichtung, sondern die Anfechtbarkeit des Testaments wegen Irrtums (§ 2078 I).

c) Übergabe der Schrift. „Übergabe" meint primär das Ingeltungsetzen des Testaments und ist nicht 14 iSd Sachenrechts entsprechend der §§ 929, 854 zu verstehen. Die körperliche Übergabe von der Hand des Erblassers in die des Notars ist nicht erforderlich. Ausreichend aber auch unerlässlich ist, dass die Schrift nach außen erkennbar mit dem **Willen des Erblassers** aus seinem **Verfügungsbereich** in den des Notars gelangt (RGZ 150, 189 (191)). Zwingend ist auch, dass das Schriftstück bei der Übergabe vorhanden ist (RGZ 150, 192). Der Hinweis des Erblassers auf eine Schrift, die sich an einem anderen Ort oder im Besitz einer anderen Person befindet, genügt nicht. Weil mit der Übergabe der letzte Wille präzise festgelegt – etwa von bloßen Entwürfen unterschieden – wird, muss Sicherheit darüber bestehen, dass die Schrift in einer allen erkennbaren Weise mit dem Willen des Erblassers in die Hand des Notars gelangt. Als hinreichend ist es zB anzusehen, wenn der Notar die nicht in der Hand des Erblassers befindliche Schrift in dessen Gegenwart und mit dessen Zustimmung (etwa vom Nachttisch im Zimmer eines) an sich nimmt oder eine Krankenschwester die Schrift in Gegenwart des Erblassers dem Notar übergibt (*Lange/Kuchinke* ErbR § 19 Kap. III Rn. 3a; Soergel/*J. Mayer* Rn. 19). Hat der Notar die Schrift selbst gefertigt, genügt es, wenn er sie dem Erblasser vorzeigt und damit so in dessen Herrschaftsbereich bringt, dass dieser die tatsächliche Gewalt daran ausüben kann. Allerdings muss der Erblasser für den Notar erkennbar das Bewusstsein und den Willen besitzen, die Verfügungsgewalt über die Urkunde innezuhaben und sich dieser wieder zu entäußern (RGZ 150, 191).

d) Erklärung des Erblassers. Gem. § 2232 S. 1 Alt. 2 muss der Erblasser bei der Übergabe erklären, 15 dass die übergebene Schrift seinen letzten Willen enthalte. Wie auch bei der Errichtung des Testaments durch Erklärung gegenüber dem Notar (S. 1 Alt. 1; → Rn. 3–8) kann er seine Erklärung durch Worte,

Lauck

schriftlich oder auf andere Weise, insbes. durch Gestik oder Gebärden abgeben, sofern **sein Wille sicher feststellbar** ist. So zB kann die Erklärung durch ein Kopfnicken des Erblassers auf die Frage des Notars, ob es sich bei der übergebenen Schrift um seinen letzten Willen handle, abgegeben werden. Hat der Erblasser die Niederschrift genehmigt und eigenhändig unterschrieben, so liegt darin konkludent auch die erforderliche Erklärung (BGH NJW 1962, 1149).

16 e) **Offene oder verschlossene Schrift.** Der Erblasser kann nach § 2232 S. 2 Hs. 2 selbst entscheiden, ob er dem Notar das Schriftstück offen oder verschlossen übergibt. Eine **offen übergebene Schrift** hat der Notar zu lesen, sofern er der Sprache, in der die Schrift verfasst ist, hinreichend kundig ist (§ 30 S. 4 BeurkG), und den Erblasser gem. § 17 BeurkG zu belehren. Aufgrund seiner Prüfungs- und Belehrungspflicht ist er verpflichtet, die in der Schrift getroffenen Verfügungen auf ihre Rechtswirksamkeit hin zu überprüfen und seine Mitwirkung zu verweigern, wenn er von der Unwirksamkeit der Anordnung überzeugt ist (BGH DNotZ 1974, 296 (297)). Andernfalls macht er sich schadenersatzpflichtig (→ Rn. 36). Versteht der Notar die Sprache der offen übergebenen Schrift nicht oder wird diese verschlossen übergeben, ist zu empfehlen, dass er den Erblasser über den Inhalt befragt und zumindest darüber belehrt, dass im Falle des Bestehens eines Mitwirkungsverbots gem. §§ 6, 7, 27 BeurkG das Testament ganz bzw. teilweise nichtig ist.

17 Übergibt der Erblasser eine **verschlossene Schrift,** so darf der Notar sie nicht ohne Zustimmung des Erblassers öffnen. Da er von der verschlossenen Schrift ohne Willen des Erblassers keine Kenntnis nehmen darf, wird diese Variante zwar einem möglichen Geheimhaltungswunsch des Erblassers auch gegenüber dem Notar gerecht. Allerdings besteht dann auch nur eine eingeschränkte Beratungsmöglichkeit. Der Notar ist aber berechtigt, den Erblasser nach dem Inhalt zu fragen und auf etwaige Bedenken – etwa das Eingreifen eines Mitwirkungsverbotes (→ Rn. 16) – hinzuweisen (Palandt/*Weidlich* Rn. 3). Um die Beratung und Belehrung durch den Notar zu gewährleisten, können Minderjährige nicht durch Übergabe einer verschlossenen Schrift testieren (§ 2233 I). Da der Minderjährige durch Übergabe einer offenen Schrift testieren kann, die in einer Sprache abgefasst sein darf (→ Rn. 12), die der Notar nicht versteht, ist dieser Schutz allerdings unvollkommen.

18 **4. Verbindung mehrerer Testamentsformen.** Alle drei in § 2232 vorgesehenen Testamentsformen können miteinander verbunden werden, vorausgesetzt, die für die angewandten Testamentsformen vorgeschriebenen **Formerfordernisse** werden jeweils gewahrt (RGZ 82, 149 (154f.)). So kann eine offene und eine verschlossene Schrift übergeben und dazu zusätzlich ergänzende Erklärungen gegenüber dem Notar abgegeben werden. Ebenso ist es möglich und zulässig, bei Abgabe der Erklärung auf ein als Anlage zum Protokoll übergebenes Schriftstück zur Erläuterung und Ergänzung gem. § 9 BeurkG Bezug zu nehmen. Eine Kombination der Errichtungsformen bietet sich insbes. bei sehr umfangreichen Vermächtnissen an, oder dann, wenn aufgrund der Beratung des Notars der in einer Schrift niedergelegte Wille geändert bzw. ergänzt werden soll oder wenn der Erblasser Teile seiner Verfügungen auch gegenüber dem Notar geheim halten will oder der Erblasser einen Teil seiner Verfügungen vorformuliert hat.

19 **5. Eigenhändiges Testament und öffentliches Testament.** Wird ein formgerecht gem. § 2247 errichtetes eigenhändiges Testament nach § 2232 S. 1 Alt. 2 übergeben, so liegen damit nicht zwei Testamente – ein eigenhändiges und ein inhaltsgleiches öffentliches Testament – vor. Auch wird hierdurch das Privattestament nicht unwirksam (KG KGJ 50, 81 (83f.)). Vielmehr wird das übergebene Testament **Bestandteil der öffentlichen Urkunde** und damit öffentliches Testament (RGZ 84, 163 (165)). Sollte sich der öffentliche Errichtungsakt jedoch aus irgendwelchen Gründen als unwirksam erweisen, so bleibt die übergebene Schrift über § 140 als eigenhändiges Testament weiterhin gültig, solange sie nur selbst den Erfordernissen des § 2247 genügt (BGH BWNotZ 1965, 128 (Ls.); MüKoBGB/*Hagena* Rn. 34–36).

20 **6. Verfahren der öffentlichen Beurkundung. a) Allgemeines.** Das Beurkundungsverfahren sowie der erforderliche Inhalt der Niederschrift sind im BeurkG geregelt. Sie finden sich in den §§ 27–35 BeurkG. Die §§ 1–11, 13, 16–18 BeurkG enthalten allgemeine Vorschriften, Gründe für die Ausschließung des Notars, Regelungen zur nach § 8 BeurkG zwingend aufzunehmenden Niederschrift sowie zu Prüfungs- und Belehrungspflichten des Notars (→ Rn. 23 ff.). Für öffentliche Testamente, die vor dem 1.1.1970 errichtet wurden, gelten noch die vor In-Kraft-Treten des Beurkundungsgesetzes im BGB selbst enthaltenen Beurkundungsvorschriften.

21 b) **Beurkundung durch den Notar.** Gem. § 1 BeurkG muss als **Urkundsperson** bei der Errichtung eines öffentlichen Testaments grds. ein Notar mitwirken.

22 aa) **Zuständigkeit des Notars.** Die Zuständigkeit des Notars ergibt sich aus § 11 I BNotO, wonach der Notar nur innerhalb seines Amtsbezirks tätig werden soll. Unbeschadet dieser notarrechtlichen Beschränkung seiner Amtstätigkeit kann jeder deutsche Notar gem. § 2 BeurkG außerhalb seines Amtsbezirks innerhalb des **Gebiets der Bundesrepublik Deutschland** Verfügungen von Todes wegen beurkunden. Eine Beurkundung eines deutschen Notars im Ausland ist dagegen jedoch unwirksam. § 11a S. 1 BNotO gestattet dem deutschen Notar keine Auslandsbeurkundung, sondern nur die Unterstützung des ausländischen Notars. Im Ausland – hiervon ausgenommen sind deutsche Seeschiffe und Flugzeuge – liegt die Beurkundungszuständigkeit ausschließlich beim Konsularbeamten. Durch Art. 231 § 7 I EGBGB sind vor dem 3.10.1990 von Notaren der Bundesrepublik Deutschland auf dem Gebiet der ehemaligen DDR vorgenommene Beurkundungen rückwirkend (BGH DtZ 1993, 210) als formgültig anzusehen.

bb) Beurkundungsverbote. Der Notar hat die Beurkundungsverbote der §§ 3, 6, 7 u. 27 BeurkG zu **23** beachten (ausf. *Lange/Kuchinke* ErbR § 19 Kap. II Rn. 4). **Unzulässig** ist die Beurkundung eines Testaments durch den Notar insbes. dann, wenn der Erblasser sein Ehegatte, ein mit ihm in gerader Linie Verwandter (§ 6 I BeurkG) ist oder der Notar selbst, sein Ehegatte oder naher Verwandter eine Zuwendung erhält oder als Testamentsvollstrecker eingesetzt ist (§§ 7, 27 BeurkG). Die Nichtbeachtung der in §§ 6 u. 7 enthaltenen Verbote führt dazu, dass die Beurkundung sogar ganz bzw. bzgl. der den Notar oder dessen Angehörigen begünstigenden Verfügung unwirksam ist. Ein Verstoß gegen ein Mitwirkungsverbot nach § 3 I BeurkG (Sollvorschrift) führt dagegen nicht zur Unwirksamkeit der Verfügung.

c) Vorbereitende Prüfungen und Hinweise. Gem. § 17 I BeurkG hat der Notar den Willen des Erb- **24** lassers zu erforschen, den Sachverhalt zu klären, die Beteiligten über die rechtliche Tragweite des aufzunehmenden Testaments zu belehren (*Haug* DNotZ 72, 389) sowie deren Erklärung klar und unzweideutig in der Niederschrift wiederzugeben und in die jeweils erforderliche rechtliche Form zu bringen. Auf etwaige Bedenken, ob die Verfügung dem wahren Willen des Erblassers entspricht und solche, die der Wirksamkeit des Testaments entgegenstehen, hat er hinzuweisen, sie mit den Beteiligten zu erörtern und in der Niederschrift zu vermerken (§ 17 II BeurkG). Dasselbe gilt nach § 17 III BeurkG auch für Zweifel über die Anwendbarkeit ausländischen Rechts. Die Wahrnehmung der **Prüfungs- und Belehrungspflichten** des Notars nach §§ 30, 17 BeurkG ist bei Übergabe einer verschlossenen Schrift eingeschränkt, da er vom Inhalt keine Kenntnis nehmen darf (→ Rn. 17). Die Pflichten nach § 17 BeurkG treffen den Notar überdies nicht nur dem Erblasser, sondern auch Dritten gegenüber, in deren Interesse die Beurkundung erfolgen soll – etwa die Klärung, ob etwaige Bindungen bestehen (zB gemeinschaftliches Testament, Erbvertrag). Der Notar muss sich Gewissheit über die Identität (§ 10 BeurkG) sowie die Geschäfts- und Testierfähigkeit (§§ 11, 28 BeurkG) des Erblassers verschaffen und diesbezügliche Zweifel in der Niederschrift aufnehmen (§ 11 I BeurkG). Im Allgemeinen ist ein kurzes Gespräch mit dem Erblasser nicht ausreichend, um volle Gewissheit hierüber zu erlangen (OLG Oldenburg DNotZ 1974, 19). Hinsichtlich der Feststellung der Testierfähigkeit allerdings genügt es, wenn der Notar nach dem Umständen und seinem persönlichen Eindruck keinen Anlass zu Zweifeln haben muss.

d) Mitwirkung von Zeugen oder eines zweiten Notars. Auf **Verlangen der Beteiligten** sind zur Be- **25** urkundung bis zu zwei Zeugen oder ein zweiter Notar beizuziehen (§ 29 S. 1 BeurkG). Der Notar selbst ist nicht berechtigt, diese von sich aus zu einer Beurkundungsverhandlung hinzuziehen, selbst wenn er dies zur Sicherung eines einwandfreien Beweises für die Testierfähigkeit des Erblassers und den Inhalt des Testaments für zweckmäßig hält. Er kann die Zuziehung lediglich anregen. Aufgrund seiner Verschwiegenheitsverpflichtung (§ 18 BNotO) ist die Zuziehung eines zweiten Notars gegenüber einem nicht zur Verschwiegenheit verpflichteten Zeugen für die Beteiligten vorteilhafter.

e) Niederschrift. aa) Inhalt der Niederschrift. Nach § 8 BeurkG muss bei der Beurkundung eines öf- **26** fentlichen Testaments stets eine Niederschrift über die Verhandlung aufgenommen werden; ein bloßer Vermerk (§ 39 BeurkG) genügt nicht (BGHZ 37, 79 (86) mAnm *Mattern* = NJW 1962, 1149). **Verhandlung** meint dabei nicht die gesamte Besprechung einschließlich der Vorbesprechungen zwischen den Beteiligten und dem Notar, sondern deren Ergebnis, die rechtsgeschäftliche Erklärung des letzten Willens. Die Nichtbeachtung von § 8 BeurkG macht das Testament unheilbar nichtig. § 8 BeurkG gilt ebenfalls für Beurkundungen durch Konsularbeamte (§ 10 III KonsularG) sowie für das Bürgermeistertestament (§ 2249 I 4) oder das Testament von drei Zeugen (§ 2250 III 2).

Verhandlungs- und Urkundssprache ist grds. die deutsche Sprache. Der Notar kann die Niederschrift **27** gem. § 5 BeurkG in deutscher oder auch in einer anderen Sprache abfassen, soweit er dieser hinreichend kundig ist. Beherrscht der Erblasser die Urkundssprache nicht hinreichend, so ist für die mündliche und schriftliche Übersetzung ein Dolmetscher beizuziehen (§§ 16, 32 BeurkG). Die Niederschrift muss die Bezeichnung des Notars und der Beteiligten sowie die Erklärung des letzten Willens (§ 9 I BeurkG) vollständig enthalten. Bei Übergabe einer Schrift muss in der Niederschrift auch die Übergabe festgestellt werden (§ 30 S. 1 BeurkG). Die Niederschrift soll Ort und Tag der Verhandlung (§ 9 II BeurkG), die Feststellungen des Notars zur Identität (§ 10 BeurkG) und Testierfähigkeit des Erblassers (§ 28 BeurkG) sowie über etwaige Zuziehung von Zeugen, einem zweiten Notar oder einer Vertrauensperson (§§ 22, 24, 25, 29 BeurkG) enthalten. Wurde durch Übergabe einer Schrift testiert (§ 2232 S. 1 Alt. 2), so soll in der Niederschrift vermerkt werden, ob die Schrift offen oder verschlossen übergeben worden ist (§ 30 S. 3 BeurkG).

Ein Verstoß gegen die **Mussvorschriften** führt – anders als die Nichteinhaltung der Sollvorschriften **28** des BeurkG – zur Nichtigkeit des Testaments. Die Erklärungen brauchen nicht in der zeitlichen Reihenfolge, in der sie abgegeben wurden, niedergeschrieben zu werden (Soergel/*Mayer* BeurkG § 8 Rn. 7). Über die äußere Form enthalten weder das BeurkG noch das BGB besondere Vorschriften, doch aber die §§ 28–31 DONot, deren Nichtbeachtung allerdings – da sie nur allgemeine Verwaltungsvorschriften sind – keinen Einfluss auf die Wirksamkeit der Urkunde hat. Die Niederschrift kann handschriftlich, mit Schreibmaschine, im Druckverfahren, aber auch durch Verwendung von Formularen aufgenommen werden. Nach § 29 I DONot ist jedenfalls erforderlich, dass die Urkunde gut lesbar, dauerhaft und fälschungssicher ist. Die Verwendung von Filzschreibern oder Bleistiften ist daher unzulässig.

Unter den Voraussetzungen des § 9 I 2 BeurkG kann auf Schriftstücke, Karten, Zeichnungen oder Ab- **29** lichtungen als **Anlagen** verwiesen werden. Nach § 44 S. 2 BeurkG sind diese dann mit der Niederschrift durch Schnur und Prägesiegel zu verbinden. Ebenfalls zulässig sind Verweisungen auf andere notarielle Niederschriften, behördliche Karten, Zeichnungen oder Verzeichnisse (§ 13a BeurkG). Lässt der Erblasser der Niederschrift eine mitübergebene (offene oder verschlossene) Schrift mit der Erklärung, diese enthalte seinen letzten Willen, beifügen (zur Verbindung mehrerer Testamentsformen → Rn. 18), so wird die übergebene Schrift jedoch keine Anlage iSv § 9 I 2 BeurkG und braucht daher weder vorgelesen noch mit Schnur und Siegel mit der Niederschrift verbunden zu werden.

30 bb) **Vorlesen, Genehmigung und Unterschreiben der Urkunde.** (1) **Vorlesen der Urkunde.** Die Niederschrift ist dem Erblasser gem. § 13 I 1 BeurkG in ununterbrochener Anwesenheit des Notars vorzulesen, vom Erblasser zu genehmigen und eigenhändig zu unterschreiben. Verweist die Niederschrift auf Karten, Zeichnungen oder Abbildungen, müssen diese zur Durchsicht vorgelegt werden (§ 13 I Hs. 2 BeurkG). Das Vorlesen soll die Richtigkeit der notariellen Beurkundung sichern, indem dem Testierenden vor der Genehmigung die **Überprüfung** ermöglicht werden soll, ob der Wortlaut der Niederschrift seine Erklärungen vollständig, zutreffend und eindeutig wiedergibt (BayObLG Rpfleger 1979, 458, mwN). Ein „lautes Diktat" oder das Selbstlesen durch den Erblasser genügt daher nicht. Der Notar braucht die Urkunde nicht selbst zu verlesen. Vielmehr kann ein Mitarbeiter des Notars, ein Beteiligter selbst, eine zur Beurkundung zugezogene Person oder eine sonst mit Zustimmung der Beteiligten anwesende Person vorlesen. Werden Mussangaben (→ Rn. 26) nicht vorgelesen, so führt dies zur Unwirksamkeit der Beurkundung. Das Nichtvorlesen von Sollangaben hat dagegen keinen Einfluss auf die Wirksamkeit (RGZ 79, 366 (368)).

31 (2) **Genehmigung der Urkunde.** Die Genehmigung muss der Vorlesung zeitlich nachfolgen und in Gegenwart des Notars, einer etwaigen Verständigungsperson (§ 24 I 2 BeurkG) und eines etwaigen Schreibzeugen oder zweiten Notars (§ 25 S. 1 BeurkG) geschehen. Nach Wegfall des Mündlichkeitserfordernisses ist es für die Genehmigung ausreichend, wenn der Erblasser sein Einverständnis nach vollständiger Verlesung auf die Frage nach der Richtigkeit des Vorgelesenen **erkennbar zum Ausdruck bringt.** Entscheidend ist, dass jeder Zweifel hinsichtlich der Genehmigung ausgeschlossen ist (OLG Frankfurt a. M. NJW-RR 1990, 717), sodass auch Zeichen und Gebärden (zB Kopfnicken, widerspruchslose Unterzeichnung) genügen. Stillschweigen zum Vorlesen der Niederschrift sowie bloßes Zuhören mit dem Ausdruck der Befriedigung sind hingegen nicht als ausreichende Genehmigung anzusehen (zu letzterem BayObLG NJW 1966, 56). Die Erklärung des letzten Willens und die Genehmigungserklärung können auch in einer (mündlichen) Erklärung zusammenfallen, wenn ein vorher gefertigter Entwurf verwendet und dem Erblasser vorgelesen wird (BayObLG NJW-RR 2000, 456 (458)).

32 (3) **Unterschreiben der Urkunde.** Nach der Genehmigung ist die Niederschrift von den Beteiligten und vom Notar zu unterschreiben (§ 13 I 1, III 1 BeurkG). Die Unterschrift des Erblassers unter einer letztwilligen Verfügung muss vom äußeren Erklärungsbild her geeignet sein, zu dokumentieren, dass er sich seine Erklärungen zurechnen lässt, an der **Ernstlichkeit seiner Willenserklärungen** also keine Zweifel bestehen (BGHZ 113, 48 (51); BGH NJW 1992, 829 (830)). Eine Unterschrift auf einem Blankobogen, die nicht im räumlichen Verhältnis zur Niederschrift steht, genügt hierfür nicht (BayObLG ZEV 2001, 21 (22)). Die Unterschrift muss die zweifelsfreie Identifizierung des Erblassers ermöglichen. Der Familienname, oder auch ein Künstlername kann hierzu ausreichen, wenn der Unterzeichner dadurch einwandfrei gekennzeichnet wird, grds. nicht jedoch allein der Vorname (BGH NJW 2003, 1120; MüKoBGB/*Hagena* Rn. 116 mwN) oder ein erfundener Name, den der Erblasser sonst nicht verwendet (KG FamRZ 1996, 1242), da hier Zweifel an der Ernsthaftigkeit des Testierwillens bestehen. Eine Unterzeichnung mit Handzeichen und Kreuzen ist ebenfalls nicht ausreichend (BGH NJW 1958, 1915). Die Unterzeichnung muss eigenhändig erfolgen. Eine unterstützende Schreibhilfe durch einen Dritten ist zulässig, sofern der Erblasser noch aktiv mitwirkt, die Schriftzüge also nicht allein vom Helfenden hergestellt und geformt werden. Bei Zweifeln ist es empfehlenswert, einen Schreibzeugen nach § 25 BeurkG hinzuzuziehen. Die Niederschrift muss gem. § 13 III 1 BeurkG auch vom Notar unterschrieben werden, was nicht in Anwesenheit des Erblassers geschehen muss. Statt auf der Niederschrift zu unterschreiben, kann der Notar nach § 35 BeurkG auch auf dem verschlossenen Testamentsumschlag unterschreiben, in den dieselbe aufzunehmen ist (§ 34 I BeurkG). Nach der Beurkundung hat der Notar nach § 34 I BeurkG die Niederschrift über die Errichtung des Testaments zu verschließen und zu veranlassen, dass das Testament unverzüglich in besondere amtliche Verwahrung gebracht wird.

33 f) **Verfahrensbesonderheiten bei Behinderung des Erblassers.** Im Falle der Beteiligung behinderter Personen sind die **besonderen Verfahrensvorschriften** der §§ 22–26 BeurkG für sprach-, hör- oder sehbehinderte Erblasser zu beachten. Vermag der Erblasser nach seinen Angaben oder nach Überzeugung des Notars nicht hinreichend zu hören, zu sehen, zu sprechen, beherrscht jener die Urkundssprache nicht hinreichend oder kann er seinen Namen oder sogar überhaupt nicht schreiben, so soll dies in der Niederschrift vermerkt werden (§§ 16 I, 22 I, 24 I 1, 25 S. 1 und 2 BeurkG). Einem Erblasser, der nicht hinreichend hören kann, muss gem. §§ 23, 22 BeurkG die Niederschrift anstelle des Vorlesens zur Durchsicht vorgelegt werden. Ist mit demselben auch eine schriftliche Verständigung nicht möglich, ist nach § 24 BeurkG zusätzlich eine Vertrauensperson hinzuzuziehen. Bei einem sehbehinderten Erblasser soll ein Zeuge oder ein zweiter Notar an der Beurkundung teilnehmen (§ 22 BeurkG). Ist der Erblasser der Urkundssprache nicht mächtig, so ist gem. §§ 32, 16 BeurkG die Niederschrift sowohl mündlich als auch schriftlich zu übersetzen. Kann der Erblasser nur seinen Namen nicht schreiben, so ist nach § 25 BeurkG ein Schreibzeuge oder ein zweiter Notar hinzuzuziehen.

34 7. **Kosten eines öffentlichen Testaments.** Für die Beurkundung eines öffentlichen Testaments fällt eine $^{10}/_{10}$-Gebühr nach dem **Wert des Nachlasses** zum Zeitpunkt der Errichtung des Testaments an (KV

Nr. 21200 GNotKG). Ob der Erblasser den letzten Willen erklärt oder eine Schrift übergibt, ist dabei unerheblich. Werden in einer Urkunde mehrere selbständige Verfügungen von Todes wegen beurkundet, so ist getrennt zu bewerten. Hinzu kommen Auslagen, Aufwendungen sowie die Umsatzsteuer (KV Nr 32000 bis 32015 GNotKG). Für die Errichtung eines gemeinschaftlichen Testaments oder Erbvertrags wird eine $20/10$-Gebühr erhoben (KV 21100 GNotKG), zu denen ebenfalls Auslagen und die Umsatzsteuer hinzukommen. Der Geschäftswert bemisst sich nach den getroffenen Verfügungen. Je nachdem, ob der Erblasser eine Erbeinsetzung hinsichtlich des gesamten Nachlasses oder eines rechnerischen Bruchteils verfügt hat, wird der Wert bzw. der Bruchteil des Wertes des reinen Vermögens nach Abzug der Verbindlichkeiten – sofern sie bereits vom Erblasser begründet wurden – zugrunde gelegt (§ 102 GNotKG). Die Werte der einzelnen Vermögensgegenstände sind nach den allgemeinen Vorschriften der §§ 35 ff. GNotKG festzustellen. IÜ sind die Wertangaben des Verfügenden zugrunde zu legen. Spätere Wertsteigerungen des Vermögens bleiben unberücksichtigt.

8. Beweiskraft des öffentlichen Testaments, Beweislast. Das notariell beurkundete Testament in den 35
Errichtungsformen des § 2232 ist eine öffentliche Urkunde iSv § 415 ZPO (→ § 2231 Rn. 5). Sie begründet damit **vollen Beweis** der beurkundeten Erklärung (§ 415 ZPO) und der anderen bezeugten Tatsachen (§ 418 ZPO), insbes. die Identität des Erblassers (LG Berlin NJW 1962, 1353) oder die Überzeugung des Notars von dessen Testierfähigkeit (OGH BrZ 2, 45). Jede andere Beweiswürdigung hinsichtlich des beurkundeten Vorgangs ist damit ausgeschlossen (BGH WM 1978, 636; OLG Frankfurt a. M. NJW-RR 1990, 717 mwN). Weist das äußere Erscheinungsbild der Urkunde jedoch Mängel (zB nicht unterschriebene Streichungen, Lücken, Risse, Radierungen) auf, so fehlt insoweit die Beweiskraft (§ 419 ZPO) und das Gericht entscheidet nach den allgemeinen Beweisregeln. Dem nicht betroffenen Teil kommt jedoch weiterhin volle Beweiskraft zu. Sind die Änderungen unter Beachtung der gesetzlichen Vorschriften erfolgt, so bleibt die volle Beweiskraft dennoch erhalten (BGH DNotZ 1967, 177).

Die **Beweislast** hinsichtlich der Unrichtigkeit der Beurkundung wegen außergewöhnlicher, regelmäßig 36
nicht zu vermutender Mängel trägt derjenige, der diese behauptet und hieraus Rechte für sich ableitet (RGZ 76, 94; Staudinger/*Baumann* Rn. 61 mwN).

9. Haftung des Notars. Der Notar haftet grds. gem. §§ 19, 39 IV, 46, 57 BNotO **persönlich, unmit-** 37
telbar und unbeschränkt mit seinem gesamten Vermögen für Schäden, die aus einer unklaren Fassung des Testaments herrühren, bei Unwirksamkeit desselben wegen Nichtbeachtung gesetzlicher Vorschriften oder für solche Schäden, die wegen unrichtiger oder mangelhafter Belehrung eintreten. Dies gilt auch, soweit die Schäden durch seine Mitarbeiter verursacht worden sind. In Baden-Württemberg haftet dagegen gem. Art. 34 GG iVm § 839 der Staat. Ist ein Mitverschulden des Erblassers an der Formungültigkeit des Testaments festzustellen, so muss der testamentarische Erbe sich dies anrechnen lassen (BGH NJW 1997, 2327 (2328)). Das Nichtunterschreiben eines vollendeten Testamentsentwurfs jedenfalls begründet stets – selbst bei Vorliegen außergewöhnlicher Umstände (BGH NJW 1955, 788) – ein Verschulden des Notars.

10. Recht der neuen Bundesländer. In der ehemaligen DDR konnte in der Zeit v. 1.1.1976 bis zum 38
2.10.1990 ein **notarielles Testament** gem. § 384 S. 1 ZGB durch mündliche oder schriftliche Erklärung gegenüber dem staatlichen Notar errichtet werden. Die schriftliche Erklärung brauchte nicht eigenhändig ge- oder unterschrieben zu sein, allerdings musste die notarielle Niederschrift nach § 384 S. 2 ZGB notwendigerweise sowohl vom Notar wie vom Erblasser unterzeichnet werden. Das Testament musste sodann vom Staatlichen Notariat bis zur Eröffnung verwahrt werden. Auch vor dem 1.1.1976 errichtete Testamente sind nur gültig, wenn sie diesen Regelungen entsprechen, da nach dem einschlägigen Überleitungsrecht in § 8 II 1 EGZGB ausschließlich auf das geltende Recht des ZGB und nicht mehr auf das bei der früheren Testamentserrichtung zur Anwendung kommende Recht des BGB abgestellt werden sollte. Die Frage der wirksamen Errichtung, Änderung oder Aufhebung notarieller Testamente in der DDR vor dem Wirksamwerden des Beitritts am 3.10.1990 beurteilt sich daher ausschließlich nach dem ZGB-DDR, auch wenn der Erblasser erst nach dem Beitritt verstorben ist (vgl. Art. 235 § 2 S. 1 EGBGB).

§ 2233 Sonderfälle

(1) Ist der Erblasser minderjährig, so kann er das Testament nur durch eine Erklärung gegenüber dem Notar oder durch Übergabe einer offenen Schrift errichten.

(2) Ist der Erblasser nach seinen Angaben oder nach der Überzeugung des Notars nicht im Stande, Geschriebenes zu lesen, so kann er das Testament nur durch eine Erklärung gegenüber dem Notar errichten.

1. Normzweck. Die Vorschrift des § 2233 regelt Sonderfälle der Testamentserrichtung für bestimmte 1
als schützenswert erachtete Personenkreise – Minderjährige und des Lesens Unfähige – und schränkt für diese damit sowohl die Möglichkeit zur Errichtung eigenhändiger Testamente iSv § 2247 als auch öffentlicher Testamente iSv § 2232 ein. Der **Minderjährige**, dessen Testierfähigkeit bereits mit Vollendung des 16. Lebensjahres beginnt (→ § 2229 Rn. 9), soll vor übereilten Entschlüssen bewahrt werden, indem er darauf beschränkt wird, ein öffentliches Testament entweder durch Erklärung gegenüber dem Notar oder durch Übergabe einer offenen Schrift zu errichten. Der **leseunfähige Erblasser** bedarf ebenfalls eines besonderen Schutzes. Um sicherzustellen, dass derselbe seinen letzten Willen klar erkennt und ihm

nicht ein Schriftstück mit fremden Willenserklärungen untergeschoben wird, wird er auf die Möglichkeit zur Errichtung eines öffentlichen Testaments durch Erklärung gegenüber dem Notar verwiesen; alle anderen Testamentsformen – Errichtung eines eigenhändigen Testaments oder Testieren durch Übergabe einer offenen oder verschlossenen Schrift – bleiben ihm versperrt. Der frühere § 2233 III, der **Sprachbehinderte** und des Sprechens Unfähige auf die Form des Testierens durch Übergabe einer Schrift beschränken wollte, ist wegen der Aufgabe des Mündlichkeitsprinzips (→ § 2232 Rn. 6) und der damit einhergehenden Anerkennung der Gebärdensprache im Testamentsrecht ersatzlos gestrichen worden.

2 **2. Testamentserrichtung durch Minderjährige (Abs. 1). a) Eingeschränkte Testiermöglichkeit.** Minderjährige können ein Testament mit dem Erreichen der Testierfähigkeit nach Vollendung des 16. Lebensjahres (§ 2229 I) nur durch Willenserklärung gegenüber dem Notar oder durch Übergabe einer offenen, nicht aber einer verschlossenen Schrift und nicht in der Form eines eigenhändigen Testaments errichten. Nach Wegfall des Mündlichkeitserfordernisses in §§ 2232, 2233 mit Inkrafttreten des OLGVertrÄndG am 1.8.2002 (→ § 2232 Rn. 3, 6) kann die Erklärung auch vom Minderjährigen durch Gebärden, Gesten, Zeichen oder in sonstiger Weise abgegeben werden. Einer Zustimmung des gesetzlichen Vertreters bedarf es nicht (§ 2229 II). Allerdings ist im Hinblick auf die Zielsetzung des § 2233 I – Unterbindung der Gefahr der Formnichtigkeit und Willensbeeinflussung sowie Gewährleistung des Schutzes durch notarielle Beratung und Belehrung über die rechtliche Tragweite des Testaments (§§ 17, 30 S. 4 BeurkG) – weiter einschränkend zu fordern, dass der Minderjährige ein Testament durch Übergabe einer Schrift nur errichten kann, wenn der Notar diese seinerseits lesen kann, dh sowohl deren Schriftzeichen als auch deren Sprache versteht. Die Beschränkung des § 2233 I endet mit Eintritt der Volljährigkeit, der Vollendung des 18. Lebensjahres (§ 2). Für Testamente, die vor dem 1.1.1975 errichtet worden sind, ist zu beachten, dass damals die Volljährigkeitsgrenze erst mit Vollendung des 21. Lebensjahres erreicht war, sodass bis dahin jüngere Personen Testamente auch in privatschriftlicher Form oder durch Übergabe einer verschlossenen Schrift nur errichten konnten, wenn sie auf Grund der damaligen §§ 3–5 durch Gerichtsbeschluss für volljährig erklärt worden waren. § 2233 I gilt gem. § 2249 I 4 entsprechend für das Nottestament vor dem Bürgermeister und gem. § 11 I 2 KonsularG auch für das Konsulartestament.

3 **b) Rechtsfolge bei Verstoß.** War der Erblasser im Zeitpunkt der Errichtung, dh bei Übergabe einer verschlossenen Schrift (etwa eines privatschriftlichen Testaments), noch nicht volljährig, so ist das Testament nach § 125 S. 1 **unheilbar nichtig.** Ein unter Verstoß gegen die Beschränkungen des § 2233 I errichtetes Testament kann auch nicht durch Eintritt der Volljährigkeit rückwirkend in Kraft gesetzt werden, selbst dann nicht, wenn es den Erfordernissen eines privatschriftlichen Testaments nach § 2247 entspricht (Staudinger/*Baumann* Rn. 12). Andernfalls würde der Schutzzweck des § 2233 I, wonach ein minderjähriger Erblasser nur mit notarieller Beratung und Belehrung testieren können soll, unterlaufen. Eine ausdrückliche Bestätigung des formnichtigen Testaments durch den inzwischen Volljährigen (zB durch Bezugnahme) kann dieses daher ebenso wenig heilen. Erforderlich ist hierzu gem. § 141 eine vollständige Neuerrichtung in der Form eines seinerseits wirksamen öffentlichen oder eines eigenhändigen Testaments nach Eintritt der Volljährigkeit.

4 **3. Testamentserrichtung durch Leseunfähige (Abs. 2). a) Leseunfähigkeit.** Die Unfähigkeit, Geschriebenes lesen zu können, schließt die Errichtung eines eigenhändigen Testaments (§ 2247 IV) sowie eines öffentlichen Testaments durch Übergabe einer Schrift (§ 2233 II) aus. Leseunfähige Personen können **nur durch Erklärung** gegenüber dem Notar testieren. Wer schriftlich testieren will, muss zumindest imstande sein, sich durch eigenes Lesen Kenntnis vom Inhalt der Schrift zu verschaffen (Mot. V 277). Leseunfähig ist daher, wer den Text einer Schrift nicht sinnlich (insbes. optisch) wahrnehmen kann oder jedenfalls nicht den Sinn des Geschriebenen zu erfassen und zu verstehen vermag (BayObLG NJW-RR 1997, 1438). Lesefähigkeit erfordert allerdings kein Schreibvermögen. Die Ursache für das Unvermögen, Geschriebenes zu lesen, ist unerheblich. Die Leseunfähigkeit kann sich ergeben aus Blindheit (BayObLG FamRZ 2000, 322 (323)), schwerer – auch vorübergehender (zB wegen Fehlens der Sehhilfe oder infolge einer akuten Augenerkrankung) – Beeinträchtigung der Sehkraft (OLG Hamm DNotZ 1967, 317ff.), hochgradiger Geistesschwäche, Analphabetismus, aber auch daraus, dass der Testierende das Gelesene hirnorganisch bedingt nicht mehr umsetzen kann (BayObLG NJW-RR 1997, 1438). Jedenfalls muss die Leseunfähigkeit in der Person des Testierenden begründet sein. Äußere Einflüsse (zB schlechte Lichtverhältnisse) genügen für die Annahme der Leseunfähigkeit nicht. Unwesentlich für das Vermögen, Geschriebenes zu lesen, ist, mit welchen Schriftzeichen und in welcher Sprache die Schrift verfasst wurde (RGZ 38, 242 (244); 76, 94 (95)), sodass auch Blinde, die die Blindenschrift beherrschen, mittels einer in Blindenschrift verfassten Schrift durch deren Übergabe an den Notar testieren können (MüKoBGB/*Hagena* Rn. 10; aA OLG Koblenz NJW 1958, 1784). Ebenso unerheblich ist es, ob der Erblasser das Geschriebene nur mit Mühe und besonderem Zeitaufwand sowie unter Zuhilfenahme von Hilfsmitteln (zB Lupe, Wörterbuch) lesen kann. Nicht ausreichend ist es jedenfalls, wenn der Erblasser nur seinen Namen lesen oder schreiben kann, sonst aber Schriftzeichen weder zu lesen noch zu schreiben vermag. Kann der schreibunfähige Erblasser allerdings Geschriebenes lesen, so kann er nicht nur durch Erklärung gegenüber dem Notar, sondern auch durch Übergabe einer Schrift testieren, da diese auch ein anderer für ihn schreiben kann (→ § 2232 Rn. 13). Die Beschränkung des § 2233 II gilt wie auch Abs. 1 (→ Rn. 2) auch für das Bürgermeistertestament (§ 2249 I 4) und für das Konsulartestament (§ 11 I 2 KonsularG).

b) Feststellung der Leseunfähigkeit. Die Leseunfähigkeit des Testierenden ist nur dann rechtlich relevant, wenn er sie zugibt oder der Notar von dieser überzeugt ist (§ 2233 II). Beide Alternativen stehen sich gleichwertig gegenüber. Divergieren die Einschätzungen von Erblasser und Notar im Hinblick auf die Lesefähigkeit des Erblassers, so gilt: Erklärt sich der Erblasser für leseunfähig, so ist der Notar hieran gebunden, selbst wenn er gegenteiliger Überzeugung ist. Umgekehrt, gibt der Erblasser an, imstande zu sein, Geschriebenes zu lesen, und gelangt der Notar nicht zu dieser Überzeugung, so hat er eine Testamentserrichtung durch Übergabe einer Schrift nach § 4 BeurkG abzulehnen. Wie der Notar sich seine Überzeugung verschafft, ist seinem pflichtgemäßen Ermessen überlassen. Um etwaigen Amtshaftungsansprüchen zu entgehen, sollte er aber im Zweifel von der Leseunfähigkeit ausgehen und sich damit für die Testamentserrichtung durch mündliche oder nonverbale Erklärung entscheiden. Obwohl dies ausdrücklich nur bei blinden Erblassern vorgeschrieben ist (vgl. § 22 I 3 BeurkG), soll der Notar jedenfalls die Erklärung des Erblassers und die jeweilige Überzeugung von der Leseunfähigkeit in der Niederschrift aufnehmen (vgl. MüKoBGB/*Hagena* Rn. 13). Bei der Errichtung eines Testaments durch einen blinden oder sehbehinderten Erblasser soll ferner gem. § 22 I 1 BeurkG ein Zeuge oder zweiter Notar hinzugezogen werden, es sei denn, der Erblasser verzichtet hierauf.

c) Rechtsfolge bei Verstoß. Ein Verstoß gegen die Beschränkung der Testierformen nach § 2233 II – indem entweder ein tatsächlich leseunkundiger Erblasser bei Übergabe einer Schrift an den Notar diese mangelnde Fähigkeit offenbart oder der Notar von der Leseunfähigkeit des Erblassers überzeugt war, aber die Schrift dennoch entgegengenommen hat – macht das Testament gem. § 125 **unheilbar nichtig**. Ein Irrtum des Notars über die Lesefähigkeit des Erblassers hat keine Auswirkungen auf die Wirksamkeit des Testaments. Hat der Erblasser seine Leseunfähigkeit zur Überzeugung des Notars verschwiegen und hielt ihn der Notar des Lesens kundig, so ist das Testament demnach grds. voll wirksam. Dies gilt selbst dann, wenn der Irrtum des Notars auf grober Fahrlässigkeit beruht (Staudinger/*Baumann* Rn. 22). Wer sich auf die Leseunfähigkeit des Erblassers beruft, ist dafür beweispflichtig (RGZ 76, 94 f.; KG JW 1936, 3484 f.). Wurde allerdings die Angabe des Erblassers, nicht lesen zu können, bzw. die Überzeugung des Notars von der Leseunfähigkeit in die Niederschrift aufgenommen, so kann aufgrund der vollen Beweiskraft der Urkunde gem. § 415 I ZPO die Feststellung des Notars nicht durch spätere Ermittlungen des Gerichts beseitigt werden. Möglich ist allenfalls der Beweis, dass der Notar die in der Urkunde niedergelegte Überzeugung nicht gehabt habe (RGZ 108, 397 (402); OLG Hamm ZNotP 1999, 443).

4. Testamentserrichtung durch sprechunfähige und mehrfachbehinderte Erblasser (Abs. 3 aF). Sprachbehinderte Erblasser – solche, die mit dem Mund gar keine Laute abgeben oder nur unartikuliert lallen können (OLG Köln MDR 1957, 740; BayObLG DNotZ 1969, 301) – konnten bis zum 1.8.2002 nach § 2233 III BGB aF ein öffentliches Testament nur durch Übergabe einer Schrift errichten. Zweck der Regelung war es, zum Schutze der Sprachbehinderten Missverständnisse auszuschließen, die durch das mangelnde Sprachvermögen bei der Testamentserrichtung entstehen können. Stumme, taubstumme oder zumindest zur Zeit der Beurkundung nicht sprechfähige Personen, die nicht schreiben und/oder lesen konnten, konnten ein Testament nach der alten Rechtslage gar nicht errichten. Nachdem der Gesetzgeber auf Grundlage der Entscheidung des BVerfG v. 19.11.1999 (BGBl. I S. 699 = ZEV 1999, 147) das **Erfordernis einer mündlichen Erklärung** durch das OLGVertrÄndG v. 23.7.2002 (BGBl. I S. 2850) **insgesamt beseitigt** hat (→ § 2232 Rn. 6), ist die Testierung vor dem Notar nunmehr auch nonverbal möglich, sodass die frühere Sonderregelung über Sprechunfähige (§ 2233 III BGB aF) entbehrlich und aufgehoben wurde. Das Bestehen geistiger Testierfähigkeit des Erblassers vorausgesetzt, ist nach nunmehr geltendem Recht ein gänzlicher Ausschluss von der Errichtung eines Testaments aufgrund einer Mehrfachbehinderung nicht mehr denkbar, es sei denn, der Erblasser kann sich keiner der denkbaren sonstigen Kommunikationsformen bedienen (→ § 2232 Rn. 7) und sich dem Notar oder der nach § 24 BeurkG zugezogenen Person verständlich machen. Zum Übergangsrecht → § 2232 Rn. 9 f.

§§ 2234–2246 *(weggefallen)*

1. Vorbemerkung. Die §§ 2234–2246 sind mit dem Ziel, die bisherigen Bestimmungen des BGB mit **verfahrensrechtlichem Inhalt** in das neue Recht des BeurkG v. 28.8.1969 (BGBl. I S. 1522) aufzunehmen, mit Inkrafttreten desselben am 1.12.1970 aufgehoben worden. Für die bis zum 31.12.1969 errichteten öffentlichen Testamente sind die aufgehobenen Vorschriften des BGB jedoch weiterhin maßgebend, sodass diese öffentlichen Testamente den früheren Regelungen entsprechen müssen (Rechtsgedanke aus § 51 I u. II TestG, Art. 213, 214 EGBGB).

2. Wortlaut der aufgehobenen §§ 2234–2246 zum Zeitpunkt der Aufhebung:

Die Vorschrift wurde durch §§ 3 I Nr. 2, 3, 6 I Nr. 2, 3 BeurkG ersetzt.
Die Vorschrift wurde durch §§ 7, 27 BeurkG ersetzt.
Die Vorschrift wurde durch §§ 26, 27 BeurkG ersetzt.
Die Vorschrift wurde der Sache nach durch § 26 BeurkG ersetzt.
Die Vorschrift wurde durch §§ 2232, 2233 BGB nF ersetzt.
Die Vorschrift wurde durch § 13 I, §§ 22, 24 I BeurkG ersetzt.
Die Vorschrift wurde durch § 5 I, 8 BeurkG ersetzt.
Die Vorschrift wurde durch §§ 9, 30 BeurkG ersetzt.
Die Vorschrift wurde durch §§ 10, 11, 28 BeurkG ersetzt.

10 BGB § 2247 Buch 5. Abschitt 3. Titel 7. Errichtung und Aufhebung eines Testaments

12   Die Vorschrift wurde durch §§ 17, 30 BeurkG ersetzt.
13   Abs. 1 der Vorschrift wurde durch § 13 I BeurkG, Abs. 2 durch §§ 23, 24 BeurkG, Abs. 3 durch § 25 BeurkG und Abs. 4 durch § 13 III, § 22 II, § 24 I 3, §§ 29, 35 BeurkG ersetzt.
14   Die Vorschrift wurde durch § 2233 III BGB aF und § 31 aF BeurkG ersetzt.
15   Die Vorschrift wurde durch § 16 BeurkG ersetzt.
16   Die Vorschrift wurde durch § 5 II BeurkG ersetzt.
17   Die Vorschrift wurde durch § 34 I BeurkG ersetzt.

§ 2247 Eigenhändiges Testament

(1) Der Erblasser kann ein Testament durch eine eigenhändig geschriebene und unterschriebene Erklärung errichten.

(2) Der Erblasser soll in der Erklärung angeben, zu welcher Zeit (Tag, Monat und Jahr) und an welchem Orte er sie niedergeschrieben hat.

(3) ¹Die Unterschrift soll den Vornamen und den Familiennamen des Erblassers enthalten. ²Unterschreibt der Erblasser in anderer Weise und reicht diese Unterzeichnung zur Feststellung der Urheberschaft des Erblassers und der Ernstlichkeit seiner Erklärung aus, so steht eine solche Unterzeichnung der Gültigkeit des Testaments nicht entgegen.

(4) Wer minderjährig ist oder Geschriebenes nicht zu lesen vermag, kann ein Testament nicht nach obigen Vorschriften errichten.

(5) ¹Enthält ein nach Absatz 1 errichtetes Testament keine Angabe über die Zeit der Errichtung und ergeben sich hieraus Zweifel über seine Gültigkeit, so ist das Testament nur dann als gültig anzusehen, wenn sich die notwendigen Feststellungen über die Zeit der Errichtung anderweit treffen lassen. ²Dasselbe gilt entsprechend für ein Testament, das keine Angabe über den Ort der Errichtung enthält.

1   **1. Normzweck.** § 2247 normiert die Zulässigkeit des Privattestaments und enthält **Formvorschriften** für dessen Errichtung. Die Vorschrift ist Ausdruck der durch Art. 14 I GG verfassungsrechtlich garantierten Testierfreiheit. Sie soll das Recht des Erblassers sicherstellen, frei bestimmen zu können, an wen er in welcher Weise sein Vermögen vererben will. Die Formerfordernisse dienen in ihrer Gesamtheit dazu, vor Übereilung zu schützen, den wirklichen Willen des Erblassers zur Geltung zu bringen und den Beweis zu sichern, also wenigstens ein **verantwortliches Testieren** zu fördern und Streitigkeiten der potentiellen Erben über den Inhalt der letztwilligen Verfügung gering zu halten (BGH 80, 242). Denn trotz seiner Vorteile – einfache, kostenfreie Errichtung ohne die Formalien einer Beurkundungsverhandlung (zur Gegenüberstellung der ordentlichen Testamentsformen → § 2231 Rn. 4 ff.) –, die es sehr beliebt machen, birgt das privatschriftliche Testament stets in besonderem Maße die Gefahr der Ungültigkeit, der Verfälschung oder Unterdrückung (→ § 2231 Rn. 2). Ein Mindestmaß an Formerfordernissen für ein ordentliches eigenhändiges Testament ist daher im Interesse von **Rechtssicherheit** und **privatem Rechtsfrieden** unerlässlich (BGHZ 47, 68).

2   **2. Allgemeines. a) Testierfähigkeit.** Grundvoraussetzung für die Wirksamkeit eines eigenhändigen Testaments ist die Testierfähigkeit des Erblassers, dh die Fähigkeit, ein Testament rechtswirksam zu errichten, abzuändern oder aufzuheben (Einzelheiten → § 2229 Rn. 2 ff.). Die Testierfähigkeit wird nach Vollendung des 16. Lebensjahres (Testiermündigkeit, → § 2229 Rn. 9) vermutet, sofern nicht einer der Ausschlussgründe des § 2229 VI vorliegt, also der Erblasser wegen eines Falles geistiger Insuffizienz (→ § 2229 Rn. 11 ff.) nicht imstande ist, die Bedeutung einer von ihm abgegebenen Willenserklärung zu erkennen oder nach dieser Einsicht zu handeln (→ § 2229 Rn. 22). Testierunfähig sind damit zwingend Minderjährige unter 16 Jahren (§ 2229 I). Minderjährige vor Vollendung des 18. Lebensjahres (§ 2) allerdings können gem. § 2247 IV jedenfalls ein eigenhändiges Testament nicht errichten (zu Abs. 4 → Rn. 39). Nach § 2233 I haben sie nur die Möglichkeit der Errichtung eines öffentlichen Testaments durch Erklärung gegenüber dem Notar oder Übergabe einer offenen Schrift. Von der Möglichkeit der Errichtung eines eigenhändigen Testaments ausgeschlossen sind nach § 2247 IV neben Minderjährigen auch Leseunfähige (→ Rn. 41). Leseunfähige können nach § 2233 II allenfalls ein öffentliches Testament durch Erklärung gegenüber dem Notar errichten.

3   **b) Testierwille. aa) Rechtsverbindliche Willenserklärung, Feststellung des Testierwillens.** Letztwillige Verfügungen müssen als **einseitige, nicht empfangsbedürftige Willenserklärungen** mit einem auf die Herbeiführung eines rechtsgeschäftlichen Erfolges gerichteten Willen getroffen werden. Zweite (ungeschriebene) – mittelbar aus § 2247 III 2 abzuleitende – Voraussetzung ist der Wille des Erblassers, **ernstlich** ein rechtsverbindliches Testament zu errichten (Testierwille). Der Erblasser muss das Bewusstsein haben, eine **rechtsverbindliche Erklärung für den Fall seines Todes abzugeben** (BayObLG FamRZ 2001, 944 (945); NJW-RR 1989, 1092). Ob dieser gegeben ist, die Erklärung also nicht bloß einen **Entwurf** oder eine Ankündigung darstellt, ist beim eigenhändigen Testament im Unterschied zum öffentlichen Testament im Hinblick auf Form, Urkundsmaterial und Inhalt häufig zweifelhaft. Die Ernstlichkeit der Erklärung muss sich in solchen Zweifelsfällen im Wege der Auslegung (§ 133) aus einer Prüfung des Gesamtverhaltens des Erklärenden einschließlich aller Nebenumstände ergeben (KG Rpfleger 2004, 44; BayObLG ZEV 2000, 365; FamRZ 1999, 534; NJW 1970, 2300), wobei auch außerhalb der

Lauck

Urkunde liegende Umstände sowie die allgemeine Lebenserfahrung zu berücksichtigen sind (MüKo-BGB/*Burkart* Rn. 5).

bb) Vermutung des Testierwillens, Grenzfälle. Entspricht das Testament in vollem Umfang den Anforderungen des § 2247, so wird **vermutet,** dass der Testierwille bei Errichtung vorhanden war (KG OLGZ 1991, 144; aA BayObLG ZEV 2000, 365 mit abl. Anm. *Kroppenberg*). Kein Anlass zur Prüfung, ob nur ein Entwurf vorliegt, besteht ebenso dann nicht, wenn eine Urkunde mit „Letztwillige Verfügung", „Testament" oder „Mein letzter Wille" überschrieben und unterzeichnet ist. Gegen das Vorliegen des Testierwillens spricht jedenfalls eine Erklärung, die keine auf den Tod bezogene Verfügung enthält (Staudinger/*Baumann* Rn. 18 mwN). **Zweifel** am Testierwillen tauchen regelmäßig nur in Grenzfällen auf, also etwa bei Verwendung ungewöhnlicher Schreibmaterialien (→ Rn. 13 f.), unüblicher Schrift oder Sprache (→ Rn. 15 ff.), bei nicht einwandfreier Unterzeichnung (→ Rn. 32 f.), oder bei einem in sich unvollständigen oder widersprüchlichen Dokument. Entspricht dasselbe seiner äußeren Form nach nicht den üblichen Gepflogenheiten (zB Brief, Vollmacht, Notizzettel), sind an den Nachweis des Testierwillens strenge Anforderungen zu stellen (OLG München ZEV 2008, 596 (597); BayObLG Rpfleger 1999, 184). 4

cc) Geheimer Vorbehalt, Simulation. Da letztwillige Verfügungen keine empfangsbedürftigen Willenserklärungen darstellen, ist ein geheimer Vorbehalt für die Wirksamkeit derselben ohne Einfluss (OLG Frankfurt a. M. FamRZ 1993, 858 (860)). § 116 S. 2 findet insoweit keine Anwendung. Das Interesse des Rechtsverkehrs erfordert es, dass der Testierende an seiner Erklärung festgehalten wird. Dasselbe gilt für die Anwendung des § 117 (Simulation), der ebenfalls eine empfangsbedürftige Willenserklärung voraussetzt (OLG Frankfurt a. M. FamRZ 1993, 858 (860); OLG Düsseldorf WM 1968, 811). 5

3. Eigenhändige Niederschrift (Abs. 1). a) Eigenhändigkeit. Unabdingbare Voraussetzung für die Gültigkeit des eigenhändigen Testaments ist gem. § 2247 I, dass der Erblasser den gesamten Inhalt seiner letztwilligen Verfügung eigenhändig niederschreibt. Dies ermöglicht eine Nachprüfung der Echtheit (Authentizität) und Einheit des Testaments und erschwert die Nachahmung durch Dritte. Das Erfordernis der eigenhändigen Niederschrift stellt damit die Urheberschaft und Ernsthaftigkeit der Willenserklärung sicher (BGHZ 47, 68 (70)). 6

Eigenhändigkeit der Niederschrift bedeutet, dass der Erblasser das Testament **von Anfang bis zum Ende selbst** persönlich in der für ihn üblichen Art seiner individuellen Handschrift schriftlich verfasst haben muss. Das Erfordernis der Eigenhändigkeit ist damit strenger als die Vorschrift des § 126 für die gesetzliche Schriftform, wonach lediglich die eigenhändige Unterschrift des Ausstellers der Urkunde erforderlich ist. Das eigenhändige Testament wird **idR unmittelbar mit der Hand** verfasst. Aufgrund der individuellen Schriftzüge, welche die Handschrift eines jeden Menschen aufweist, gewährleistet dies in besonderem Maße die Nachprüfung der Echtheit des Testaments (BGHZ 47, 68 (70); 80, 246). Dem steht nicht entgegen, dass die Testamentserrichtung bei vorübergehenden oder dauerhaften körperlichen Beeinträchtigungen mit der anderen Hand, einer Prothese, mit dem Fuß oder Mund erfolgt. Der Begriff „eigenhändig" ist insofern nicht wörtlich zu nehmen. Allerdings bedeutet dies auch, dass der **überhaupt nicht Schreibfähige** nicht eigenhändig, sondern lediglich notariell testieren kann (BGH NJW 1981, 1900, BayObLG NJW 1999, 1118). 7

Da Eigenhändigkeit zwingend voraussetzt, dass der Erblasser die Niederschrift selbst angefertigt hat (OLG Karlsruhe ZNotP 2003, 194 (195)), sind **durch Dritte oder mechanisch hergestellte Niederschriften** stets unwirksam. Das gilt selbst dann, wenn auf diese Weise nur ein einzelnes Wort gefertigt worden ist, vorausgesetzt die Verfügung ist ohne den nicht handschriftlichen Teil inhaltlich sinnlos (aA OLG Hamm FGPrax 2000, 31). Das Erfordernis der Eigenhändigkeit bezieht sich nur auf die **rechtlich relevanten Bestandteile** der letztwilligen Verfügung, nicht jedoch auf Zusätze, die fehlen könnten, ohne dass die Verfügung damit unwirksam würde (zB Kopfzeile mit Name und Anschrift sowie Ort und Datum, → Rn. 25) (OLG Köln ZEV 1998, 435). Zulässig ist es auch, dass der Erblasser einen vorformulierten Text **abschreibt** oder etwa mit Kohlepapier oder Blaupause **durchschreibt,** sofern er auch mehrere Urschriften und nicht bloß eine Abschrift erstellen wollte (BGH NJW 1967, 1124; BayObLG FamRZ 1986, 1043; 1981, 99; KG FamRZ 1995, 897; NJW 1966, 664). Ein formwirksames Testament kann schließlich dadurch hergestellt werden, dass der Testierende eine Fotokopie eines von ihm eigenhändig geschriebenen unvollständigen Textes eigenhändig ergänzt (OLG Karlsruhe NJW-RR 2003, 653). 8

Eine **Ausnahme von der Eigenhändigkeit** stellt das **gemeinschaftliche Testament** gem. der §§ 2265 ff. dar, das nur von einem Ehegatten eigenhändig geschrieben, aber von beiden Ehepartnern unterschrieben sein muss (§ 2267 S. 1). Ein nur vom Verfasser unterschriebenes „gemeinschaftliches" Testament kann als Einzeltestament des Verfassers nach § 2247 wirksam sein (OLG Frankfurt a. M. FGPrax 1998, 145), desgleichen ein von Nichtehegatten bzw. Nichtpartnern verfasstes unwirksames gemeinschaftliches Testament, sofern sich ein entsprechender Erblasserwille feststellen lässt. Ein formwirksames Einzeltestament scheidet damit aber für denjenigen, der das Testament lediglich unterschrieben hat, aus. 9

b) Mitwirkung von Dritten, Grenzen der Schreibhilfe. Das Erfordernis der Eigenhändigkeit schließt es aus, dass Dritte den Schreibvorgang beherrschen. Als vom Erblasser „eigenhändig" geschrieben gilt daher nicht, was er unter Herrschaft und Leitung eines anderen abgefasst hat (BGH FamRZ 1981, 651). Der Testierende muss die **Gestaltung der Schriftzüge selbst bestimmen** und **uneingeschränkte Tatherrschaft über sein Handeln** haben (BGH FamRZ 1981, 651; OLG Hamm FamRZ 2002, 769 (771)). Er kann keinen anderen ermächtigen oder beauftragen, die Niederschrift für ihn vorzunehmen (Bay- 10

ObLG FamRZ 1990, 441 (442); Staudinger/*Baumann* Rn. 46 mwN). Die Hand des Erblassers darf beim Schreiben zwar gestützt, jedoch nicht geführt werden. Formt ein Dritter die Schriftzüge, so ist das Testament mangels Eigenhändigkeit nichtig (BGH NJW 1967, 1124; 1981, 1900; OLG Hamm NJW-RR 2002, 222). Eine **zulässige Unterstützung** – etwa durch Halten der Schreibunterlage, durch Abstützen des Armes oder Halten der zitternden oder geschwächten Hand – liegt vor, wenn dadurch das eigenhändige Schreiben in der dem Erblasser möglichen individuellen Schrift beibehalten wird (BayObLG FamRZ 1985, 1286), selbst wenn derselbe seine gewöhnlichen Schriftzüge nicht mehr zustande bringt (BayObLG Rpfleger 1985, 493).

11 Werden einzelne Absätze von Dritten geschrieben, so sind diese wegen Verstoßes gegen die Eigenhändigkeit nach § 125 unwirksam, selbst wenn dies dem Wunsch des Testierenden entspricht (OLG Hamm FGPrax 2013, 29; BayObLG FamRZ 1986, 726). Allerdings kann das übrige Testament wirksam sein, wenn der eigenhändig niedergeschriebene Teil des Testaments eine in sich geschlossene Verfügung darstellt (§ 2085). Allein eigenhändig verfasste Zusätze machen ein iÜ fremdverfasstes Testament nicht gültig (RGZ 63, 23; BayObLG FamRZ 1986, 726 (727)). Ein Testament kann daher auch nicht dergestalt wirksam errichtet werden, dass der Erblasser sich darauf beschränkt, in den von einem anderen geschriebenen Entwurf lediglich einen Namen einzusetzen und diesen zu unterschreiben (BGH NJW 1958, 547; Rpfleger 1980, 337; BayObLG NJW-RR 1990, 1481). In Rspr. und Lit. ebenfalls nicht als formgültig angesehen wird ein Testament, bei welchem der Erblasser die Schriftzüge eines Dritten durchgepaust, also lediglich nachgezogen hat (BGHZ 47, 68 (1) mwN), ferner, wenn ein leseunfähiger Erblasser ein fremdverfasstes Schriftstück wie ein Gemälde nachmalt (BayObLGZ 1965, 261).

12 c) **Äußere Form der Niederschrift.** Da das Gesetz hierfür **keine Beschränkungen** vorsieht, kann die Niederschrift auf und mit jedem Material erfolgen. Der Erblasser kann das **Schreibmaterial** (zB Papier, Holz, Tafel, Glas, Kohlepapier, gebrauchter Umschlag) (BayObLG Rpfleger 1977, 438) ebenso frei wählen wie das **Schreibgerät** (zB Füllfederhalter, Kugelschreiber, Filzstift, Bleistift, Kreide, Pinsel mit Farbe). Die Veränderung des Stoffes der Urkunde muss allerdings unmittelbar mit dem Schreibgerät des Erblassers herbeigeführt werden, sodass der **Ausdruck** einer Telefaxvorlage oder im **Kopierverfahren** hergestellte Testamente – da nicht durch die Hand des Testierers, sondern mittels technischer Hilfsmittel erzeugt – die Urschrift nicht ersetzen können (Staudinger/*Baumann* Rn. 24). Bei der **Verwendung völlig ungewöhnlicher** oder nicht dauerhaft haltbarer **Materialien** ist genau festzustellen, ob die Endgültigkeit und Ernstlichkeit des Testierwillens (→ Rn. 3) gegeben sind. Bereits die Wahl des Materials kann Hinweise auf das Vorliegen eines bloßen Entwurfs geben.

13 Möglich ist die Errichtung eines Testament auf einer Postkarte (KG JFG 16, 91) – wobei zu beachten ist, dass die Absenderangabe regelmäßig keine formgültige Unterschrift bedeutet –, auf einem Briefumschlag (BayObLG FamRZ 1992, 227), Schuldschein, Formular der Erbschaftsteuerbehörde (RG DR 1942, 1370) oder Grundbuchauszug (OLG Naumburg FamRZ 2003, 407); in einem Buch (OLG Stuttgart Recht 1918 Nr. 880); auf Schiefertafel mit Schieferstift (RG JW 1910, 291) oder auf der vermachten Sache selbst (Staudinger/*Baumann* Rn. 26). Auch Eintragungen im Notiz- oder Tagebuch sowie Notizzettel selbst können ein Testament sein (BayOblG FGPrax 2004, 243; vgl. dagegen OLG München ZEV 2008, 596 (597)), wobei ein Testierwille fraglich sein kann, wenn der Erblasser seinen letzten Willen auf einem Papierstück, kleinen zugeschnittenen, oder Pergamentpapier verfasst (OLG Hamm, Beschl. v. 27.11.2015 – 10 W 153/15, NJW-Spezial 2016, 168). Zur formwirksamen Errichtung eines eigenhändigen Testaments kann der Erblasser überdies auf früher von ihm selbst geschriebene Schriftstücke zurückgreifen. Entscheidend ist letztlich, dass im Zeitpunkt seines Todes eine Unterschrift vorhanden ist, die nach seinem Willen seine gesamten Erklärungen deckt (→ Rn. 31; OLG Zweibrücken FamRZ 1998, 581). Unschädlich ist, wenn die Niederschrift auf **mehreren, nicht miteinander verbundenen Blättern** erfolgt, sofern diese inhaltlich zusammenhängen. Einmalige Unterschrift ist hier ausreichend, allerdings muss sich diese dann auf dem letzten Blatt befinden (BayObLG FamRZ 1991, 370 (371); 1988, 1211 (1212) mwN; Staudinger/*Baumann* Rn. 54 mwN).

14 Eine Bezeichnung der Niederschrift als „Testament" oder eine Kennzeichnung als „Mein letzter Wille", „Verfügung von Todes wegen" oder eine vergleichbare **Überschrift ist nicht erforderlich,** erleichtert jedoch in Zweifelsfällen den Nachweis des Testierwillens. Aus diesem Grunde ist es auch unschädlich, wenn die Überschrift mit der Maschine oder dem Computer geschrieben ist (BayObLG NJW-RR 2005, 1025). Selbst das Wort „Entwurf" auf dem Testament schadet nicht, wenn auf Grund der besonderen Umstände des Einzelfalls am Testierwillen des Erblassers keine Zweifel bestehen (BayObLGZ 1970, 173). Auch bei irrtümlicher Verwendung der Überschrift „Vollmacht" kann sich ein Testierwille aus den Gesamtumständen ergeben, zB keine vorherige Verwendung im Rechtsverkehr und keine Aushändigung an den Bevollmächtigten (OLG Hamm, Urt. v. 11.5.2017 – 10 U 64/16, BeckRS 2017, 138759 Rn. 36–38).

15 d) **Sprache, Schriftzeichen.** Die Niederschrift kann **in jeder** lebenden, toten (Latein, Alt-Griechisch) oder Kunstsprache (Esperanto) sowie jedem Dialekt abgefasst sein, soweit der Erblasser die Sprache bzw. den Dialekt und die Schriftzeichen hinreichend beherrscht und lesen kann (OLG Zweibrücken FamRZ 1992, 608 (609); KGJ 22, 49).

16 Ein bestimmter Schrifttyp bzw. die Verwendung bestimmter Schriftzeichen ist nicht vorgeschrieben. Es muss sich allerdings um Handschriftzeichen handeln. Da sie keine **persönlichen Schriftzüge** enthalten und insofern eine Individualisierung nicht ermöglichen, sind mittels Schreibmaschine, Stempel, Prägung, Ablichtung oder Druck eigenhändig errichtete Testamente nichtig (Staudinger/*Baumann* Rn. 29). In **Blindenschrift** verfasste Testamente genügen daher den Anforderungen eines eigenhändigen Testa-

ments nicht, selbst wenn die Zeichen manuell geprägt sind (OLG Koblenz NJW 1958, 2247; LG Hannover NJW 1975, 1204; MüKoBGB/*Hagena* Rn. 13 mwN; aA *Neuner* NJW 2000, 1822 (1826)). Die Blindenschrift ist allerdings bei der Errichtung eines öffentlichen Testaments durch Übergabe einer Schrift verwendbar (→ § 2232 Rn. 12). Ist das Testament teils eigenhändig, teils mechanisch geschrieben, so kann der formgerecht verfasste Teil gültig sein, soweit er für sich einen abgeschlossenen Sinn ergibt und der Wille des Erblassers einer nur teilweisen Gültigkeit nicht entgegensteht (§ 2085; Staudinger/*Baumann* Rn. 29; aA OLG Hamm FGPrax 2000, 31). Ein gedruckter Briefkopf oder etwa eine mit fremder Hand geschriebene Kopfzeile, die Name und Anschrift des Erblassers, Ort sowie Datum enthält, steht der Wirksamkeit nicht entgegen (OLG Köln NJWE-FER 1999, 40).

Das Testament kann in Schreibschrift oder Rundschrift, selbst in Druckbuchstaben, mittels Kurzschrift sowie fremden (zB griechischen, kyrillischen, japanischen) Schriftzeichen – die nicht mit der Sprache übereinstimmen müssen (zB Testament in deutscher Sprache, aber mit kyrillischen Schriftzeichen) – errichtet werden, soweit an der Ernstlichkeit der Willenserklärung keine Zweifel bestehen und der Erblasser diese Schriftzeichen hinreichend versteht und beherrscht. Die Errichtung eines eigenhändigen Testaments durch einen **Analphabeten** ist daher ausgeschlossen, und zwar selbst dann, wenn er die von ihm nicht beherrschten Buchstaben von einer Vorlage abmalt. Aus praktischen Gründen ist von der Verwendung von Kurzschrift abzuraten, da sie stark für das Vorliegen eines bloßen Entwurfs spricht bzw. den Echtheitsbeweis erschwert (OLG Hamm FamRZ 1992, 356). 17

Nicht zulässig ist die Verwendung von Pfeildiagrammen, da eine Überprüfung der Echtheit der Pfeilverbindungen, bspw. durch Schriftsachverständigengutachten, grds. nicht möglich ist. Dies gilt auch für eine Kombination von Pfeildiagramm und handschriftlichen Worten (OLG Frankfurt a.M. ZEV 2013, 334).

e) Lesbarkeit. Die Niederschrift muss lesbar errichtet sein, sodass ein Dritter den Wortlaut der Niederschrift aus dem **Schriftstück selbst** heraus ermitteln kann (OLG Hamm NJW-RR 1991, 1352; BayObLG Rpfleger 2001, 181 (182)). Um die Schrift entziffern zu können, darf auch auf Umstände außerhalb der Urkunde (zB Dechiffrierschlüssel bei Geheimschriften) oder das Gutachten eines Schriftsachverständigen zurückgegriffen werden (KG ZEV 1998, 388 mwN). Außerhalb der Urkunde liegende Umstände (zB auch Zeugen) dürfen allerdings nicht zur Feststellung des Inhalts selbst herangezogen werden (KG NJW-RR 1998, 1298; JW 1937, 2831; OLG Hamm NJW-RR 1991, 1352). Verfügungen, die bereits im Zeitpunkt der Niederschrift überhaupt nicht entziffert werden können, sind unwirksam, da insoweit die Verkörperung einer Gedankenerklärung nicht gegeben ist. Sind lediglich Teile des Testaments völlig unleserlich, so bleiben die übrigen verständlichen Teile mit einem selbständigen Regelungsinhalt wirksam, wenn sie nach dem erkennbaren Willen des Erblassers ohne die unlesbaren Teile gelten sollen (§ 2085). Hiervon zu unterscheiden ist der Fall erst **nach der Niederschrift eintretender Unleserlichkeit** des Testaments, etwa durch Verblassen der Tinte, durch Beschädigung oder Zerstörung der Urkunde. Da ein originär wirksames Testament vorliegt, berühren diese Umstände die Formgültigkeit des Testaments – vergleichbar der Situation des Fehlens des Originals eines Testaments (s. KG FamRZ 2007, 1197) – nicht, sofern ein Beweis noch möglich ist (KG JW 1938, 1601). 18

f) Zeitraum der Errichtung. In Abweichung vom Erfordernis der unitas actus (Einheit der Errichtung), das bei der Errichtung eines privaten Testaments nicht gilt (BGH NJW 1974, 1084; 1959, 1822; BayObLG FamRZ 1991, 370 (371); BayObLGZ 1970, 173 (178); 1974, 440), ist es **nicht** erforderlich, dass die Niederschrift in einem **einheitlichen zusammenhängenden Errichtungsakt** erfolgt (OLG Karlsruhe ZNotP 2003, 194 (196); OLG Celle NJW 1996, 2938). Die Abfassung kann sich vielmehr über einen längeren Zeitraum erstrecken (KG OLGE 44, 98; BayObLG FamRZ 1999, 1392 (1393); MDR 1984, 1024: 17 Jahre) und an verschiedenen Orten erfolgen (KG JW 1922, 1392). Die Form des § 2247 ist auch dann gewahrt, wenn der Erblasser frühere Entwürfe oder Entwurfsteile benutzt und sie eigenhändig so ergänzt, dass sie seinen nunmehr gewollten letzten Willen wiedergeben (BayObLG Rpfleger 2003, 190 (192); FamRZ 1995, 246 (247)). Selbst eine durch Zerreißen der handschriftlichen Testamentsurkunde aufgehobene letztwillige Verfügung kann zum Bestandteil einer neuen, gleichlautenden letztwilligen Verfügung gemacht werden, indem sie der Testierende wieder zusammenklebt und in einen verschlossenen Briefumschlag steckt und diesen mit dem eigenhändig so geschriebenen und unterschriebenen Vermerk „Mein Testament" versieht (s. OLG Düsseldorf JZ 1951, 309 Ls.). 19

g) Durchstreichungen, Berichtigungen, Lücken. Durchstreichungen, Rasuren und Änderungen durch den Erblasser lassen die Formgültigkeit grds. unberührt (vgl. Staudinger/*Baumann* Rn. 54), können jedoch den Beweiswert der Urkunde erheblich beeinträchtigen (§ 419 ZPO). Sie können, soweit sie nicht offensichtliche Unrichtigkeiten betreffen, einen teilweisen Widerruf nach § 2255 darstellen. Problematisch sind Streichungen dann, wenn sie zu einer positiven Veränderung des Testamentsinhalts führen (zB Streichung einer Miterbeneinsetzung). Daher ist bei jeder Durchstreichung die Urheberschaft sorgfältig zu prüfen, wobei im Regelfall, insbes. bei offensichtlicher Verwendung des gleichen Schriftgeräts, zu vermuten sein wird, dass die Streichung vom Erblasser herrührt. **Änderungen** des Testamentstextes **von fremder Hand,** sind schon mangels handschriftlicher Erklärung durch den Erblasser unwirksam und gelten als nicht geschrieben; die Wirksamkeit eines iÜ formwirksam errichteten Testaments wird damit nicht beeinträchtigt (BayObLG FamRZ 1986, 726). Sind die Veränderungen durch Dritte mit Einwilligung des Erblassers erfolgt, so ist nach § 2085 durch Auslegung zu ermitteln, ob der Erblasser den von ihm verfassten übrigen Text auch ohne die wirksame Verfügung geschrieben hätte (BayObLG FamRZ 1986, 726). 20

21 Die **Berichtigung von Schreibfehlern** oder **vergleichbaren Unrichtigkeiten** ist jederzeit ohne neue Unterschrift zulässig (RG JW 1917, 925; OLG Jena OLGE 24, 95). Steht die Berichtigung außerhalb des Testamentstextes, so ist sie dann nicht von der abschließenden Unterschrift gedeckt, wenn sie eine über den berichtigten Testamentstext hinausgehende, neue Verfügung enthält.

22 **Lücken** im Testament können im Einzelfall als Ergänzungsvorbehalt gem. § 2086 zu verstehen sein und führen dann nicht zur Unwirksamkeit desselben, sofern nicht anzunehmen ist, dass die Wirksamkeit des Testaments von der Ausfüllung der Lücke abhängig sein soll. Lücken können eine Verfügung aber auch zu einer unvollständigen bzw. unvollendeten machen (zB Offenlassen eines Vermächtnisbetrags); dies lässt dann den Schluss zu, dass die Verfügung nur für den Fall der späteren Ausfüllung gelten soll (KG OLGE 9, 394).

23 **h) Bezugnahme auf andere Schriftstücke und Anlagen.** Das Testament muss **insgesamt eigenhändig** verfasst sein. Hieraus ergibt sich eine besondere Problematik bei der Bezugnahme auf andere Schriftstücke oder dem Verweis auf Anlagen. Die Bezugnahme auf ein Schriftstück, welches nicht eigenhändig vom Erblasser geschrieben wurde oder aus anderen Gründen der Testamentsform nicht entspricht, ist grds. unwirksam (BayObLGZ 1973, 35; OLG Hamm FGPrax 2000, 31; NJW-RR 1991, 1352). Erfolgt die Bezugnahme allerdings nur **zum Zwecke der näheren Erläuterung** der testamentarischen Bestimmungen, so ist – ausgenommen, das räumliche Erscheinungsbild steht einer solchen Auslegung entgegen – die Bezugnahme auf eine andere, der Testamentsform nicht entsprechende Urkunde zulässig (OLG Zweibrücken NJW-RR 1989, 1413). Unter dieser Voraussetzung, dass das in Bezug genommene Schriftstück nur der Auslegung des bereits formgerecht erklärten letzten Willens dient, nicht aber zur inhaltlichen Bestimmung der letztwilligen Verfügung selbst, brauchen auch Anlagen, auf welche – etwa zur Kennzeichnung der im Testament vermachten einzelnen Vermögensgegenstände (OLG Zweibrücken NJW-RR 1989, 1413) – Bezug genommen wird, nicht eigenhändig geschrieben und unterschrieben zu werden. Nimmt der Erblasser in einem eigenhändig geschriebenen Testament hinsichtlich der Bezeichnung der Erben auf eine maschinengeschriebene Liste Bezug, so ist die Erbeinsetzung mangels Einhaltung der Form des § 2247 nichtig (BGH Rpfleger 1980, 337; BayObLG FamRZ 1990, 1404 (1405); BayObLGZ 1979, 215), da sie keine Erläuterung der Bestimmung, sondern diese selbst darstellt.

24 Die Bezugnahme auf **eigene eigenhändig errichtete frühere Testamente** des Erblassers ist zulässig (OLG Zweibrücken OLGR 1998, 34), die Inbezugnahme Testamente Dritter dagegen ist zwingend ausgeschlossen (OLG Hamm NJW-RR 1991, 1352 (1353) mwN). Zulässig sind weiter Bezugnahmen auf ein öffentliches Testament, das nicht aus der besonderen amtlichen Verwahrung zurückgenommen ist (§ 2256 I). Ausreichend ist es auch, wenn der Erblasser eine früher zum Zwecke der Errichtung eines öffentlichen Testaments (§ 2232) übergebene, eigenhändig geschriebene Schrift, die als Teil des öffentlichen Testaments aus der amtlichen Verwahrung zurückgenommen wurde, (erneut) mit seiner Unterschrift versieht, wodurch ein neues eigenhändiges Testament errichtet wird (MüKoBGB/*Hagena* Rn. 20). Bezieht sich der Erblasser dagegen auf ein durch Rücknahme aus der amtlichen Verwahrung unwirksam gewordenes Testament, so ist der Form des § 2247 nicht genügt. Bei Bezugnahmen auf Nottestamente ist deren begrenzte Gültigkeitsdauer nach § 2252 zu beachten; mit Fristablauf werden auch die Bezugnahme und das bezugzunehmende Testament zumindest teilweise unwirksam (Staudinger/ *Baumann* Rn. 73). Ist das in Bezug genommene Schriftstück ein formgültig errichtetes gemeinschaftliches Ehegattentestament und von dem einen Ehegatten verfasst, so ist die Bezugnahme durch den anderen Ehegatten zulässig, da die Testamentsform auch hinsichtlich des in Bezug Genommenen gewahrt wurde (OLG Frankfurt a. M. NJW-RR 2002, 7; OLG Hamm FamRZ 1992, 356). Weitere Bsp. bei Staudinger/*Baumann* Rn. 71 ff.

25 **4. Zeit- und Ortsangabe (Abs. 2 und 5). a) Allgemeines.** Die Angabe von Ort und Zeit der Errichtung wird von § 2247 II als **Soll-Voraussetzung** normiert. Damit ist das eigenhändige Testament grds. auch ohne diese Angaben wirksam. Nach dem früheren Wortlaut des § 2231 Nr. 2 BGB aF war die eigenhändige Orts- und Zeitangabe zwingendes Erfordernis, dessen Nichtbeachtung Hauptgrund der Nichtigkeit damaliger Testamente wegen Formmangels war.

26 Obwohl Ort und Zeit der Testamentserrichtung nicht mehr zwingend angegeben werden müssen, ist dies aus Beweisgründen jedoch dringend anzuraten. Die eigenhändigen Zeit- und Ortsangaben haben bis zum Beweis des Gegenteils die **Vermutung der Richtigkeit** für sich (BayObLG ZEV 2001, 399; NJW 1990, 262; FamRZ 1994, 594 mwN; 1991, 237), allerdings greift diese nur, wenn die Angaben eigenhändig und formgerecht vom Erblasser geschrieben sind. Als bloße Zeugnisse des Erblassers über Zeit und Ort der Testamentserrichtung sind sie keine Willenserklärungen (BayObLG FamRZ 1991, 237; 1983, 836; OLG Naumburg FamRZ 2003, 407 (408)) und unterliegen nicht dem Formzwang der Eigenhändigkeit. Die Angaben können daher auch mit Schreibmaschine oder Computer geschrieben oder es kann ein Vordruck verwendet werden. Auch ein Irrtum des Testierenden über das Datum ist damit grds. unbeachtlich. Ist die Orts- und Zeitangabe unleserlich, so steht dies einer fehlenden Angabe gleich (BayObLG FamRZ 1995, 898 (899)), sofern die Unlesbarkeit bereits bei Errichtung des Testaments bestand. Trat die Unleserlichkeit erst nach der Errichtung ein und kann die exakte frühere Angabe nachgewiesen werden, so gilt für diese Angabe zunächst die Richtigkeitsvermutung. Können die Ortsangabe oder der Errichtungszeitpunkt nicht festgestellt werden, so steht das Testament einem nicht datierten gleich, womit § 2247 V, der keine Formvorschrift, sondern lediglich eine Beweisvermutung enthält, in entsprechender Anwendung greift (Staudinger/*Baumann* Rn. 128).

b) Zeitangabe. Der Erblasser soll gem. § 2247 II Alt. 1 in seinem eigenhändigen Testament festhalten, 27
zu welchem Zeitpunkt nach Tag, Monat **und** Jahr er dieses niedergeschrieben hat. Entscheidendes Datum ist dabei der **Zeitpunkt des Abschlusses des Testaments** (MüKoBGB/*Hagena* Rn. 39). Enthält das eigenhändig errichtete Testament keine Angabe über die Zeit der Errichtung und ergeben sich hieraus Zweifel über seine Gültigkeit, so ist das Testament nur dann als gültig anzusehen, wenn sich die notwendigen Feststellungen über die Zeit der Errichtung anderweit treffen lassen (Abs. 5).

Das **Fehlen der Zeitangabe** macht das Testament zwar nicht mehr ungültig (→ Rn. 26), kann aber er- 28
hebliche Probleme mit sich bringen: Die Volljährigkeit, die Testierfähigkeit (BayObLG ZEV 2001, 399 mAnm *J. Mayer*) sowie die Lesefähigkeit (BayObLG FamRZ 1995, 898) müssen gerade im Zeitpunkt der Errichtung des eigenhändigen Testaments gegeben sein, so dass bei Nichtangabe des Errichtungstags Zweifel an der Gültigkeit aufkommen können. War der Erblasser zeitweilig testierunfähig und lässt sich selbst unter Zuhilfenahme aller außerhalb der Testamentsurkunde liegenden zulässigen Beweismittel nicht ausschließen, dass der Erblasser während dieses Zeitraumes das Testament errichtet hat, so ist es ungültig (BayObLG ZEV 1996, 390; FamRZ 1995, 898 (899) mwN). Liegen zwei sich widersprechende Testamente ohne Datierung vor, so heben sie einander auf, es sei denn, es wird für den Errichtungszeitpunkt eines oder beider ein Beweis erbracht (Staudinger/*Baumann* Rn. 122). Bei sich widersprechenden Testamenten, von denen nur das eine undatiert ist, ist der Inhalt des datierten Testaments maßgebend, es sei denn, es wird nachgewiesen, dass das undatierte Testament später errichtet worden ist.

Eine **unleserliche** (→ Rn. 27) **oder unrichtige Zeitangabe** steht der fehlenden gleich (OLG Koblenz 29
DNotZ 1970, 426; aA *Lange/Kuchinke* ErbR § 20 Kap. IV Rn. 2b Fn. 58). Nach § 2247 V 1 ist die fehlende, unleserliche oder nachweislich falsche (BayObLG FamRZ ZEV 2001, 399; 1994, 593) Datumsangabe jedoch dann unschädlich, wenn für die sichere Datierung andere Angaben im Testamentstext enthalten sind (zB „Nach dem Tod meines Mannes ..."). Wird das Datum nur gestempelt oder mit der Schreibmaschine bzw. dem Computer geschrieben, berührt dies die Wirksamkeit des eigenhändigen Testaments nicht (→ Rn. 27), allerdings muss in diesem Fall sicher festgestellt werden, dass das so geschriebene Datum den Errichtungszeitpunkt zutreffend wiedergibt. Ohne Bedeutung ist ferner, ob die **Zeitangabe vor, neben oder nach der eigenhändigen Unterschrift** steht. Enthält ein Testament **mehrere Datierungen**, so ist im Zweifel davon auszugehen, dass das vor der Unterschrift stehende richtig ist (RGZ 115, 112; KG JW 1932, 3122). Ein **Irrtum des Erblassers über das Datum** schadet nicht, sofern sich das richtige Datum aus dem sonstigen Inhalt der Urkunde unter Verwendung offenkundiger Tatsachen (zB verschriebene Jahreszahl) ermitteln lässt.

c) Ortsangabe. Der Erblasser soll gem. § 2247 II Alt. 2 auch den Ort der Errichtung angeben. Für 30
die Ortsangabe **gelten die gleichen Grundsätze** wie für die Angabe des Errichtungszeitpunkts (→ Rn. 28 ff.). Die fehlende oder unleserliche Angabe ist nach § 2247 V 2 unschädlich, wenn sich die notwendigen Feststellungen anderweitig treffen lassen. Abkürzungen sind zulässig, soweit sie verständlich und üblich sind (zB „Bln." statt „Berlin", „DD" statt „Dresden", „Dipps" statt „Dippoldiswalde"). Die fehlende Ortsangabe kann auch auf dem Testamentsumschlag ergänzt werden (MüKoBGB/*Hagena* Rn. 45). Das Fehlen der Ortsangabe kann für die Formwirksamkeit von Testamenten mit Auslandsberührung von erheblicher Bedeutung sein, soweit das eigenhändige Testament nicht den Formerfordernissen des für den Erbfall maßgebenden Erbstatuts nach Art. 25 I EGBGB entspricht. In diesen Fällen bestimmt Art. 26 I Nr. 2 EGBGB, dass ein Testament auch dann wirksam ist, wenn es den Formerfordernissen des Rechts des Ortes der Testamentserrichtung entspricht.

5. Eigenhändige Unterschrift (Abs. 1 u. 3). a) Eigenhändigkeit und Art der Unterschrift. Nach 31
§ 2247 I muss die Erklärung eigenhändig unterschrieben sein. Dieses **zwingende Gültigkeitserfordernis** soll – im Interesse der Rechtssicherheit – die einwandfreie Feststellung der Urheberschaft ermöglichen, Zweifel an der Identität des Erblassers ausschließen sowie die Gewähr dafür bieten, dass der selbst geschriebene Text von dessen Testierwillen getragen ist, also nicht mehr dem Stadium der Vorüberlegungen und des Entwerfens zuzuordnen ist. Diesem Erfordernis genügt jeder die Identität ausreichend kennzeichnende individuelle Schriftzug, der nicht lesbar sein muss (BGH Rpfleger 1976, 127; 1964, 211). Nach § 2247 III 1 soll die Unterzeichnung zwar mit Vor- und Familiennamen erfolgen, jedoch genügt gem. § 2247 III 2 jede Unterzeichnung „in anderer Weise", die keine Zweifel an der Identität des Erblassers und der Ernstlichkeit seiner Erklärung aufkommen lässt. Die Anforderungen an die Unterschrift sind insoweit geringer als die des § 126 oder § 130 Nr. 6 ZPO (BGH NJW 1967, 2310).

Solange die Feststellung der Urheberschaft gewährleistet ist, sind auch **andere Formen der Unter-** 32
schrift denkbar. Um der Namens- und Unterscheidungsfunktion zu genügen, muss die gewählte Form ein Schriftzeichen (mindestens Buchstaben) enthalten, mit dem der Unterzeichnende sich gegenüber der Allgemeinheit oder auch nur dem Adressaten zur Unterscheidung von anderen Personen zu nennen oder genannt zu werden pflegt. Unter dieser Voraussetzung genügt daher auch die Unterzeichnung mit der Bezeichnung des Verwandtschaftsverhältnisses (zB „Euer Vater") (BayObLG Rpfleger 1983, 836; MDR 1980, 403; 1979, 1024; OLG Naumburg FamRZ 2003, 407), mit einem Pseudonym, Spitz-, Kose-, Firmen- oder einem Künstlernamen (BGHZ 27, 274; BayObLG FamRZ 1999, 1093; BayObLGZ 1965, 58; KG Rpfleger 2004, 44 (48); NJW-RR 1996, 1414; OLG Celle ZEV 1996, 193), mit dem Vor- oder nur mit dem Nachnamen. Derartige Unterzeichnungen können aber ein Indiz dafür sein, dass es sich zunächst nur um einen Testamentsentwurf oder – insbes. beim Brieftestament (→ Rn. 35) – um eine Mitteilung handelt, weshalb in diesen Fällen besonders streng zu prüfen ist, ob ein ernstlicher, endgültiger Testierwille gegeben ist. Dasselbe gilt vor allem auch für die Unterzeichnung mit den Anfangsbuchstaben von

Vor- und Zunamen, die unter der Voraussetzung, dass die Urheberschaft hinreichend zu ermitteln ist (zB aus dem Zusammenhang des Testaments, der Verwendung des Briefpapiers des Erblassers, der Bekanntheit des Erblassers unter der Abkürzung, die er stets verwendet hat), nach hM ebenfalls zulässig ist (OLG Celle OLG NJW 1977, 1690; OLG Stuttgart Justiz 1977, 378). In keinem Falle ausreichend sind mangels individuellen Namenszuges dagegen bloße Handzeichen (§ 126 I), der Fingerabdruck, Schnörkel oder „drei Kreuze" (RGZ 134, 310). Ebenfalls nicht ausreichend ist der Zusatz „persönlich" in Verbindung mit der Selbstbenennung zu Beginn des Testamentstextes (BayObLG MDR 1979, 1024 mwN). Der Erblasser darf sich ebenso wenig wie beim Schreiben des Textes beim Unterschreiben die Hand führen lassen (→ Rn. 11 f.). Jede nachhaltige Abweichung von der für den Erblasser üblichen Unterschrift – selbst die Verwendung von Druckbuchstaben – kann zur Nichtigkeit des Testaments führen (FAKomm ErbR/*Kahl* Rn. 15). Die Mitunterzeichnung durch den Erben schadet nicht (BayObLG FamRZ 1997, 1029).

33 **b) Ort der Unterschrift.** Um die Abgrenzung gegenüber bloßen Vorentwürfen und den Schutz vor Verfälschungen durch Nachträge zu gewährleisten (RGZ 110, 166 (168)), muss die Unterschrift Fortsetzung und Abschluss der Testamentserrichtung sein, sodass sie grds. an den **Schluss der Urkunde** gehört (BayObLG FGPrax 2004, 38 (39); Rpfleger 2002, 626 (627); OLG Hamm FamRZ 2002, 642 (643) mwN). Es genügt aber, wenn sich die Unterschrift in einem solchen räumlichen Verhältnis und Zusammenhang mit dem Testamentstext befindet, dass sie die Erklärung nach der Verkehrsauffassung als abgeschlossen deckt (LG Konstanz NJW-FER 2001, 180). Ist das Blatt bis zum unteren Rand vollgeschrieben, reicht bis zum unteren Rand vollgeschrieben, reicht ausnahmsweise auch die neben oder sogar über dem Text stehende Unterzeichnung aus (BGH NJW 1992, 892; BayObLG FamRZ 1986, 728; BayObLGZ 1981, 79; OLG Köln MittRhNotK 2000, 30; OLG Celle ZEV 2012, 41; OLG Hamm FamRZ 1986, 728). Die Selbstbenennung des Testierenden im Texteingang (zB „Ich, ..., verfüge") ersetzt die den Text abschließende Unterschrift am Ende keinesfalls (BayObLG NJW-RR 1997, 1302; FamRZ 1988, 1211; OLG Hamm OLGZ 1986, 292; OLG Köln OLGZ 1967, 69; aA *Grundmann* AcP 187 (1987), 429 (457)). Die Selbstbenennung am Ende des Textes (zB „Dies bestimme ich, ..., als meinen letzten Willen.") hingegen ist zulässig, wenn diese erkennbar ausschließlich Unterschriftsfunktion hat (Palandt/*Weidlich* Rn. 15). Eine **Oberschrift** des Erblassers ist keine Unterschrift, da sie den Text der Urkunde räumlich nicht abdeckt (BGH NJW 1991, 487 (488)).

34 Besteht das Testament aus **mehreren Blättern oder Anlagen,** welche die letztwillige Verfügung nicht nur erläutern, sondern inhaltlich ergänzen (vgl. zur Abgrenzung → Rn. 23), so braucht nicht auf jedem Blatt unterschrieben zu werden, wenn aufgrund des fortlaufenden Textes, wechselseitiger Verbindungshinweise (zB fortlaufende Nummerierung, Seitenzahlen), oder aufgrund fester mechanischer Verknüpfungen kein Zweifel daran möglich ist, dass diese Dokumente zusammengehören (BayObLG NJW-RR 1997, 389 (390); Rpfleger 1979, 383; OLG Hamm NJW 2003, 2391 (2392)). Maßgeblich ist, dass aus der Gesamturkunde die Einheitlichkeit der Willenserklärung erkennbar ist (OLG Hamm NJOZ 2013, 625). Bei einer mechanischen Verbindung mit einer Büro- oder Heftklammer oder in einem Ringbuch mit Öffnungsmechanik (OLG Hamm NJW 1983, 689) dürfte eine Unterschrift allein auf dem letzten Blatt nicht ausreichen, vor allem dann nicht, wenn auf jedem Blatt in sich abgeschlossene Verfügungen stehen; anderes gilt dagegen bei einer Verknüpfung mittels stabiler Ösen.
Erfolgt die Erbeinsetzung und die Unterschrift auf zwei separaten Aufklebern, die untereinander angebracht sind aber keinen weiteren inhaltlichen Bezug zueinander aufweisen, so dürfte dies als wirksame Unterschrift nicht ausreichen, ein Schutz gegen Manipulation besteht in diesem Fall in keinerlei Hinsicht (OLG Hamburg, Beschl. v. 8.1.2013 – 2 W 80/13, BeckRS 2014, 05745; NJW-Spezial 2014, 200).

35 Die Unterschrift auf einem fest verschlossenen **Briefumschlag,** in dem das Testament aufbewahrt wird, kann ausnahmsweise die fehlende Unterschrift auf dem Schriftstück selbst ersetzen, wenn sie mit dem Testamentstext in einem so engen inneren Zusammenhang steht, dass sie nach dem Willen des Erblassers und der Verkehrsauffassung als äußere Fortsetzung und Abschluss der einliegenden Erklärung darstellt und der Unterschrift keine selbständige Bedeutung zukommt (BayObLG FamRZ 1988, 1211 (1212)). Eine solche Verbindung ist insbes. anzunehmen, wenn der Umschlag zusätzlich eine Aufschrift „Mein letzter Wille" oder eine sinngemäße Formulierung besitzt (BayObLG FamRZ 1988, 1211 (1212); MDR 1982, 581; OLG Celle NJW-RR 1996, 1038; OLG Hamm ZEV 2002, 552; OLG Köln 86, 292; aA BayObLG Rpfleger 1986, 294). Der Vermerk „Nach meinem Tod zu öffnen" oder „Hier liegt mein Testament" hingegen spricht eher dafür, dass die Unterschrift auf dem Kuvert nur die Anweisung, nicht aber die Fortsetzung des eigenhändigen, aber nicht unterschriebenen Testamentstextes deckt (RGZ 110, 166; BGHZ 47, 8; BayObLG NJW-RR 1991, 1222; OLG Braunschweig OLGZ 35, 376). Ist das Kuvert nicht fest verschlossen, reicht die Unterschrift auf diesem auch nicht aus, da der Inhalt desselben jederzeit austauschbar ist und es sich damit nur um eine vorläufige Verbindung handelt (BGH NJW 1972, 260; OLG Hamm NJW-RR 1986, 873; aA BayObLG Rpfleger 1986, 294). Während der handgeschriebene Vor- und Familienname in der Funktion als Absenderangabe selbst auf einem verschlossenen Briefumschlag wegen seiner selbständigen Bedeutung nicht als für § 2247 I und III ausreichende Unterschrift beurteilt wird (Reimann/Bengel/Mayer/*Voit* Rn. 29; aA KG JFG 21, 36), kann eine solche Angabe auf einer Postkarte mit dem Text eines Testaments im Einzelfall eine hinreichende Namensunterschrift des Erblassers darstellen (MüKoBGB/*Hagena* Rn. 33; KG JFG 16, 91).

36 **c) Zeitpunkt der Unterschrift.** Eine bestimmte zeitliche Reihenfolge ist nicht vorgeschrieben. Die Unterschrift muss zeitlich nicht unmittelbar nach Abschluss des Testaments erfolgen; zwischen Nieder- und Unterschrift kann auch ein erheblicher Zeitraum liegen (BGH NJW 1974, 1083; BayObLGZ 84,

194; OLG Zweibrücken FamRZ 1998, 581). Die Unterschrift kann sogar zeitlich vor der Niederschrift geleistet werden (BayObLG MDR 1984, 1024; KG KGJ 49, 59).

d) Mehrere Urschriften. Der Erblasser kann von seinem eigenhändigen Testament auch mehrere Urschriften gleichen Inhalts anfertigen. Diese haben dann nebeneinander gleichberechtigte Gültigkeit; jede Urschrift ist Trägerin des letzten Willens. Die Herstellung mehrerer Urschriften bietet sich insbes. dann an, wenn der Verlust einer Urschrift zu besorgen ist (BayObLG FamRZ 1995, 244; 1990, 1281; NJW-RR 1989, 1092; KG NJW-RR 1991, 392). Um schwierige Auslegungsfragen zu unterbinden, sollte der Erblasser auf den genauen Gleichlaut der Urkunden achten. Ein als „Abschrift" bezeichnetes Schriftstück kann uU nur einen Entwurf darstellen (OLG München HRR 1936 Rn. 27; weitere Beispiele bei Staudinger/*Baumann* Rn. 114). Die Vernichtung der einen Urschrift kann bei Bestehenbleiben der anderen einen Widerruf enthalten. Ist das Duplikat nicht auffindbar, so besagt dies allein noch nicht, dass der Erblasser es in Widerrufsabsicht vernichtet hatte (BayObLG MDR 1980, 403).

e) Nachträge, Einschübe, Zusätze. Zusätze, Einschübe oder Nachträge müssen grds. der Form des § 2247 genügen (zu Berichtigungen → Rn. 20 f.). Da regelmäßig anzunehmen ist, dass der Erblasser ein bereits gültiges Testament nicht in der Absicht eigenhändig ändert oder ergänzt, lediglich eine spätere Verfügung zu entwerfen, sind jedoch hinsichtlich der Unterschrift Einschränkungen geboten. Eine erneute Unterzeichnung ist nicht erforderlich, wenn der Nachtrag nach dem Willen des Erblassers **von der ursprünglichen Unterschrift gedeckt** ist und das äußere Erscheinungsbild nicht entgegensteht (BGH NJW 1974, 1083, BayObLG FamRZ 1985, 537; 1984, 1268). Dies gilt sowohl dann, wenn sie sich auf dem gleichen Blatt wie die Unterschrift befinden, als auch dann, wenn das Testament aus mehreren fortlaufenden Blättern besteht, bei denen der Verknüpfungswille erkennbar ist (→ Rn. 34). Befinden sich die Zusätze, Einschübe oder Nachträge zwar auf dem gleichen Blatt, ohne von der Unterschrift räumlich gedeckt zu sein, oder gar auf einem besonderen Blatt ohne feste Verbindung mit dem unterschriebenen Blatt (zB Ringbuch, Heftklammern), so führt das Fehlen der erneuten Unterzeichnung zur Unwirksamkeit derselben (BGH NJW 1974, 1083; BayObLG Rpfleger 2004, 286; OLG Frankfurt a.M. NJW-RR 1995, 711; OLG Köln NJW-RR 1994, 74). Etwas anderes gilt, wenn sich aus dem sonstigen Wortlaut des Testaments vor der Unterschrift ergibt, dass auch diese vom Testierwillen gedeckt sind (zB „Nachstehende Ergänzung soll gelten"). Ausreichend ist es ebenfalls, wenn der Text des unterschriebenen Dokuments nur unter Zuhilfenahme dieser auf einem besonderen, nicht unterschriebenen Blatt stehenden Zusätze, Einschübe und Nachträge einen Sinn ergeben (BGH NJW 1974, 1083; OLG Frankfurt a.M. NJW-RR 1995, 711). In allen übrigen Fällen sind auf einem besonderen Blatt stehende Zusätze, Einschübe oder Nachträge ohne Unterschrift ungültig (BayObLG FGPrax 2004, 38 (39); FamRZ 1984, 1270; OLG Hamm Rpfleger 1984, 468).

6. Minderjährige und Leseunfähige (Abs. 4). Von der Errichtung eines eigenhändigen Testaments **ausgeschlossen** sind nach § 2247 IV Minderjährige und Personen, die Geschriebenes nicht zu lesen vermögen (BayObLG FamRZ 2000, 322; BayObLGZ 1997, 200). Zu den Testiermöglichkeiten, die diese Personengruppen haben → § 2233 Rn. 1 ff.

a) Minderjährigkeit (Abs. 4 Alt. 1). Wer ein eigenhändiges Testament errichten will, muss das 18. Lebensjahr vollendet haben, also volljährig sein. **Ausnahmen** galten insoweit zum einen für minderjährige Wehrmachtsangehörige im mobilen Verhältnis, die mit der Vollendung des 16. Lebensjahres ein privatschriftliches Testament errichten konnten (vgl. Wehrmachts-FGG v. 24.4.1934, BGBl. I S. 335 (352)), und zum anderen für die nach früherem Recht bereits vor der Vollendung des 21. Lebensjahres nach den §§ 3–5 BGB aF für volljährig Erklärten (→ § 2233 Rn. 2). War der Erblasser im Zeitpunkt der Errichtung, also bei Unterzeichnung des Testaments, minderjährig, so ist das Testament gem. § 125 unheilbar nichtig und kann auch nicht durch formlose Genehmigung nach Eintritt der Volljährigkeit rückwirkend in Kraft gesetzt werden (→ § 2229 Rn. 21, → § 2233 Rn. 3). Der Erblasser kann jedoch in einem nach Erreichen der Volljährigkeit errichteten gültigen Testament auf das gem. § 2247 IV Alt. 1 unwirksame Schriftstück Bezug nehmen (→ Rn. 23 f.) und damit den Text des nichtigen Testaments zum Inhalt des wirksamen machen, und zwar sowohl durch einfache Bestätigung (zB Unterzeichnung mit neuem Datum (OLG Dresden NJWE-FER 1998, 61) oder durch „Ergänzung", mit der der Inhalt des ungültigen Testaments in den Testierwillen für die neue letztwillige Verfügung aufgenommen wird (zB „Ich ändere das Testament vom").

b) Leseunfähigkeit (Abs. 4 Alt. 2), sonstige Behinderungen des Erblassers. Ein Erblasser, der Geschriebenes nicht zu lesen vermag (→ § 2233 Rn. 4 f.), kann gem. § 2247 IV Alt. 2 ein eigenhändiges Testament nicht errichten (BayObLG FamRZ 1997, 1028). Der Erblasser muss sein Testament nicht nur eigenhändig schreiben, sondern auch lesen können. Dies setzt voraus, dass er die Sprache, in der er das Testament abgefasst hat, soweit verstehen können muss, dass er sich mit dem Sinn des geschriebenen Wortes geistig vertraut machen kann (RGZ 76, 94 f.). Das Erfordernis des eigenhändigen Schreibens schließt auch die Errichtung durch eine schreibunfähige Person aus. Auch ein Blinder kann, selbst wenn er die Blindenschrift lesen kann, ein eigenhändiges Testament nicht errichten, weil die Blindenschrift nur auf mechanischem Weg hergestellt werden kann und daher nicht den Erfordernissen an die Eigenhändigkeit entspricht (→ Rn. 16). Dagegen können **taube** und/oder stumme Menschen ohne weiteres ein Testament eigenhändig schreiben und unterschreiben.

7. Rechtsfolgen bei Verstoß gegen § 2247. Die Verletzung der **zwingenden Formvorschriften** des § 2247 führt zur **Nichtigkeit** des Testaments nach § 125 S. 1. Dies gilt selbst dann, wenn eindeutig feststeht, dass die Verfügung dem Willen des Erblassers entspricht (OLG Hamm NJW-RR 2002, 22). Dem Erblasserwillen darf in diesem Falle daher auch nicht nachträglich über § 242 zum Erfolg verholfen werden (OLG Köln NJW-RR 2006, 225; OLG Stuttgart NJW 1989, 2700). IÜ könnte der Erblasser bewusst formungültig gehandelt haben (FAKomm ErbR/*Kahl* Rn. 2). Der Grundsatz der wohlwollenden Auslegung (vgl. § 2084) ist bei Zweifeln über die Formwirksamkeit eines Testaments nicht anwendbar (BayObLG FamRZ 1983, 836; Palandt/*Weidlich* Rn. 17). Ein vom Erblasser nicht eigenhändig ge- und unterschriebenes Testament ist **unheilbar nichtig** (BGH NJW 1981, 1900; aA *Kegel* FS Flume, 1978, 545 (554 ff.)), während das Fehlen der Zeit- und/oder Ortsangabe regelmäßig die Wirksamkeit nicht beeinträchtigt. Sind Nachträge bzw. Ergänzungen des Testaments nichtig, weil die notwendige zusätzliche Unterschrift fehlt (→ Rn. 38), so hat dies auf die Wirksamkeit des Testaments iÜ keinen Einfluss.

43   Weder die Erben noch der sonstigen Zuwendungsempfänger können auf die Einhaltung der Formvorschriften **verzichten** (aA jedoch OLG Frankfurt a.M. OLGZ 1990, 15 f.); allein eine schuldrechtliche Deutung solcher Erklärungen als Anerkenntnisvertrag bleibt möglich (BGH NJW 1986, 1812 f.).

44   **8. Beweisfragen.** Wer in einem Rechtsstreit aus einem eigenhändigen Testament Rechte herleitet, trägt die Darlegungs- und Beweislast für die Existenz der Urkunde, deren Echtheit (vgl. § 440 I ZPO), insbes. die Eigenhändigkeit des geschriebenen Textes und der Unterschrift, den Testierwillen des Erblassers (hierzu → § 2229 Rn. 22 ff.), den Inhalt des Testaments und für den Zeitpunkt und den Ort der Testamentserrichtung, wobei eine Vermutung für die Richtigkeit der im Testament gemachten Orts- und Zeitangaben spricht (→ Rn. 26). Der Prozessgegner hat umgekehrt die Umstände nachzuweisen, aus denen er die Unwirksamkeit herleitet – etwa, dass der Erblasser im Zeitpunkt der Testamentserrichtung testierunfähig war oder nicht lesen konnte, in der Testierfähigkeit beschränkt war oder das Testament später wieder aufgehoben wurde. Grundsätzlich ist davon auszugehen, dass ein äußerlich formgültiges eigenhändiges Testament auch echt ist, also in dieser Form und mit diesem Inhalt vom Erblasser rechtswirksam verfasst worden ist (BayObLG NJW 1970, 2300). Da § 2247 I neben der Unterschrift die eigenhändige Niederschrift fordert, kann entgegen § 440 II ZPO nicht von der Echtheit der Unterschrift auf die der Niederschrift geschlossen werden.

45   Im **Erbscheinsverfahren** ist die Gültigkeit des Testaments von Amts wegen zu prüfen (§ 2358) (BayObLG ZEV 97, 125 zur Lesefähigkeit). Die Feststellungslast trägt jedoch der Antragsteller, da bei nicht aufzuklärenden Zweifeln an der Gültigkeit der Antrag abgewiesen wird.

46   **9. Recht der neuen Bundesländer.** Ist der Erblasser noch vor dem 3.10.1990 verstorben und hat er sein eigenhändiges Testament unter Geltung des ZGB (1.1.1976 bis 2.10.1990) errichtet, so ist die Wirksamkeit desselben nach den bis zum 2.10.1990 gültig gewesenen Bestimmungen der §§ 370, 383, 385 ZGB zu beurteilen (Art. 235 § 1 I EGBGB), welche eine §§ 2247 I u. II entsprechende Regelung beinhalteten. Art. 235 § 2 1 EGBGB ordnet aber an, dass sich die vor dem 3.10.1990 erfolgte Errichtung oder Aufhebung eines eigenhändigen Testaments selbst dann nach den bis zum 2.10.1990 gültig gewesenen Bestimmungen beurteilt, wenn der Erblasser erst nach dem 2.10.1990 gestorben ist oder erst stirbt. Das eigenhändige Testament musste vom Erblasser handschriftlich geschrieben und unterschrieben sein; es sollte Ort und Datum der Errichtung enthalten (§ 385 S. 1 ZGB) und konnte dem Staatlichen Notariat in Verwahrung gegeben werden (§ 385 S. 2 ZGB). Der Erblasser musste volljährig und handlungsfähig sein (§ 370 I 2 ZGB) und konnte das Testament nur persönlich errichten (§ 370 II ZGB).

§ 2248 Verwahrung des eigenhändigen Testaments

Ein nach § 2247 errichtetes Testament ist auf Verlangen des Erblassers in besondere amtliche Verwahrung zu nehmen.

1   **1. Normzweck.** Das öffentliche Testament muss (§ 34 I 4 BeurkG), das eigenhändige kann in die amtliche Verwahrung des Amtsgerichts gebracht werden (§ 2248). Der **Sinn der Verwahrung** des eigenhändigen Testaments besteht darin, die gegen das eigenhändige Testament erhobenen Bedenken (→ § 2231 Rn. 2) hinsichtlich der Gefahr der Nichtauffindung, des Verlustes, der Unterdrückung, Beschädigung oder Fälschung zu mildern. Damit dient sie zugleich dem öffentlichen Interesse, wie auch dem Sicherungs- und Geheimhaltungsinteresse des Erblassers. Die amtliche Verwahrung eines eigenhändigen Testaments macht dieses allerdings nicht zu einem öffentlichen Testament. Auch etwaige Formmängel werden durch die Verwahrung nicht geheilt. In analoger Anwendung des § 2248 kann auch ein Dreizeugentestament iSd §§ 2250, 2251 in die amtliche Verwahrung gegeben werden (→ § 2250 Rn. 17).

2   **2. Verlangen des Erblassers.** Die besondere amtliche Verwahrung erfolgt nur auf Verlangen des Erblassers. Da es nicht Teil der Verfügung ist, muss das Verlangen **weder in einer bestimmten Form noch persönlich** geäußert werden. Das Verlangen kann daher auch durch Vertreter oder Boten – auch mittels Übersendung durch die Post (KG OLGE 1, 294) – gestellt werden. Eine Prüfung der Identität des Antragstellers mit dem Erblasser durch die verwahrende Stelle findet nicht statt (KG RJA 1, 146), es sei denn, es besteht begründeter Verdacht, dass ein Testament untergeschoben oder damit ein sonstiger Missbrauch – zB Hinterlegung gegen den Willen des Erblassers – betrieben werden soll. In diesen Fällen sollte ausnahmsweise ein Nachweis der Identität verlangt werden.

3   **3. Zuständigkeit.** Sachlich zuständig zur amtlichen Verwahrung ist gemäß der §§ 342 I Nr. 3, 344 I 1 Nr. 3 FamFG jedes **Amtsgericht**. In Baden-Württemberg sind gem. Art. 147 I EGBGB, § 1 I, III, §§ 38,

46 III LFGG für die Durchführung der amtlichen Verwahrung allerdings die Notariate zuständig (OLG Karlsruhe BWNotZ 1977, 45; OLG Stuttgart BWNotZ 1976, 175). Die örtliche Zuständigkeit unterliegt gem. § 344 I 2 FamFG der freien Disposition des Erblassers, sodass einem entsprechenden Verlangen ohne weitere Prüfung nachzukommen ist. Aufgrund der Pflicht der Standesämter, das verwahrende Amtsgericht bzw. Notariat über den Sterbefall zu informieren (§ 347 I 5 FamFG), ist selbst bei einem Wohnsitzwechsel des Erblassers eine anderweitige Disposition über das verwahrte Testament nicht erforderlich.

4. Verfahren. Das Verfahren der besonderen amtlichen Verwahrung richtet sich nach § 346 FamFG. Nach § 346 I FamFG ist die Annahme eines Testaments in besondere amtliche Verwahrung vom Richter anzuordnen und von diesem und dem Urkundsbeamten der Geschäftsstelle gemeinschaftlich zu bewirken. Das zu verwahrende **Testament** ist grds. **weder formell noch inhaltlich zu prüfen.** Wird dem Gericht jedoch offensichtlich nicht das Original eines eigenhändigen Testaments (zB nur Fotokopie) oder eine den Formerfordernissen des § 2247 nicht genügende Abschrift des Testaments zur Verwahrung vorgelegt, so kann der Verwahrungsantrag abgelehnt werden (MüKoBGB/*Hagena* Rn. 12). Eine weitergehende Prüfung findet nicht statt. Gem. § 346 III 1 FamFG soll dem Erblasser über das in Verwahrung genommene Testament ein Hinterlegungsschein erteilt werden. Bei gemeinschaftlichen Testamenten erhält jeder Erblasser einen eigenen Hinterlegungsschein, bei einem Erbvertrag jeder Vertragschließende (§ 346 III 2 FamFG). Da dieser nicht mehr als eine bloße Empfangsquittung darstellt (MüKoBGB/*Hagena* Rn. 15) und ausschließlich dem Nachweisinteresse des Erblassers dient, kann der Erblasser auch hierauf verzichten. Über jedes in amtliche Verwahrung genommene Testament ist das für den Geburtsort des Erblassers zuständige Standesamt schriftlich zu unterrichten (§ 347 I 1 FamFG). Hat der Erblasser keinen inländischen Geburtsort, so ist die Mitteilung an das Amtsgericht Berlin-Schöneberg zu richten (§ 347 I 2 FamFG). Nach § 347 I 3 FamFG werden dort Verzeichnisse über die in amtlicher Verwahrung befindlichen Testamente geführt.

5. Kosten der amtlichen Verwahrung und Registrierung. Gem. Nr. 12100 KV GNotKG fällt für die amtliche Verwahrung eines Testaments eine wertunabhängige Gebühr in Höhe von 75 EUR an. Die Weiterleitung des Testaments an ein anderes Amtsgericht auf Verlangen des Erblassers löst keine weitere Gebühr aus. Zudem erfolgt nach Hinterlegung des eigenhändigen Testaments seit 1.1.2012 kraft Gesetzes eine elektronische Registrierung gem. § 347 FamFG in dem Zentralen Testamentsregister der Bundesnotarkammer durch Übermittlung der Daten zur Hinterlegung eines eigenhändigen Testaments durch das Nachlassgericht. Die Gebühr nach § 1 II 2 der Testamentsregister-Gebührensatzung (ZTR-GebS) beläuft sich derzeit je Testierenden auf 18 EUR.

6. Rückgabe. Der Erblasser kann jederzeit die Rückgabe seines eigenhändigen Testaments aus der besonderen amtlichen Verwahrung verlangen (§ 2256 II 2, III). Dies bewirkt aber im Unterschied zur Rückgabe eines öffentlichen Testaments gem. § 2256 III keinen Widerruf. Einzelheiten → § 2256 Rn. 7.

7. Recht der neuen Bundesländer. Nach dem Recht der ehemaligen DDR konnte der Erblasser das eigenhändige Testament selbst oder bei einer Vertrauensperson aufbewahren oder gem. § 385 S. 2 ZGB beim Staatlichen Notariat in Verwahrung geben.

§ 2249 Nottestament vor dem Bürgermeister

(1) ¹Ist zu besorgen, dass der Erblasser früher sterben werde, als die Errichtung eines Testaments vor einem Notar möglich ist, so kann er das Testament zur Niederschrift des Bürgermeisters der Gemeinde, in der er sich aufhält, errichten. ²Der Bürgermeister muss zu der Beurkundung zwei Zeugen zuziehen. ³Als Zeuge kann nicht zugezogen werden, wer in dem zu beurkundenden Testament bedacht oder zum Testamentsvollstrecker ernannt wird; die Vorschriften der §§ 7 und 27 des Beurkundungsgesetzes gelten entsprechend. ⁴Für die Errichtung gelten die Vorschriften der §§ 2232, 2233 sowie die Vorschriften der §§ 2, 4, 5 Abs. 1, §§ 6 bis 10, 11 Abs. 1 Satz 2, Abs. 2, § 13 Abs. 1, 3, §§ 16, 17, 23, 24, 26 Abs. 1 Nr. 3, 4, Abs. 2, §§ 27, 28, 30, 32, 34, 35 des Beurkundungsgesetzes; der Bürgermeister tritt an die Stelle des Notars. ⁵Die Niederschrift muss auch von den Zeugen unterschrieben werden. ⁶Vermag der Erblasser nach eigenen Angaben oder nach der Überzeugung des Bürgermeisters seinen Namen nicht zu schreiben, so wird die Unterschrift des Erblassers durch die Feststellung dieser Angabe oder Überzeugung in der Niederschrift ersetzt.

(2) ¹Die Besorgnis, dass die Errichtung eines Testaments vor einem Notar nicht mehr möglich sein werde, soll in der Niederschrift festgestellt werden. ²Der Gültigkeit des Testaments steht nicht entgegen, dass die Besorgnis nicht begründet war.

(3) ¹Der Bürgermeister soll den Erblasser darauf hinweisen, dass das Testament seine Gültigkeit verliert, wenn der Erblasser den Ablauf der in § 2252 Abs. 1, 2 vorgesehenen Frist überlebt. ²Er soll in der Niederschrift feststellen, dass dieser Hinweis gegeben ist.

(4) *(aufgehoben)*

(5) ¹Das Testament kann auch vor demjenigen errichtet werden, der nach den gesetzlichen Vorschriften zur Vertretung des Bürgermeisters befugt ist. ²Der Vertreter soll in der Niederschrift angeben, worauf sich seine Vertretungsbefugnis stützt.

(6) Sind bei Abfassung der Niederschrift über die Errichtung des in den vorstehenden Absätzen vorgesehenen Testaments Formfehler unterlaufen, ist aber dennoch mit Sicherheit anzunehmen, dass das Testament eine zuverlässige Wiedergabe der Erklärung des Erblassers enthält, so steht der Formverstoß der Wirksamkeit der Beurkundung nicht entgegen.

1 **1. Normzweck.** Zweck der Norm ist es, dem Erblasser auch noch in **Notsituationen** die Möglichkeit zu geben, ein Testament zu errichten. Fallbeispiele sind us Unglücks- oder Krankheitsfälle oder Naturkatastrophen, bei denen der Erblasser aufgrund seines gesundheitlichen Zustandes nicht mehr in der Lage ist, einen Notar aufzusuchen (KG NJW 1948, 188; MüKoBGB/*Hagena* Rn. 1). In diesen Fällen ist ihm die Erstellung auch vor dem Bürgermeister gestattet. Weiterhin hatte der Gesetzgeber zwei Zielrichtungen. Er wollte zum einen die strengen Vorschriften des BeurkG nicht außer Acht lassen um eine zuverlässige Wiedergabe des letzten Willens zu erhalten. Andererseits verzichtet der Gesetzgeber auf eine Reihe von gesetzlichen Erfordernissen, um gerade kleineren Gemeinden mit nicht juristisch vorgebildeten Kräften die Möglichkeit zur Erstellung eines Testaments einzuräumen. Der damit einhergehende Verlust der Rechtssicherheit wird aber durch die zeitlich begrenzte Geltung von Nottestamenten gem. § 2252 wieder beschränkt (BGH NJW 1962, 1149; MüKoBGB/*Hagena* Rn. 1). In der Rechtspraxis scheint es in einer immer vernetzteren Welt mit modernen Kommunikations- und Verkehrsmitteln letztlich aber so, dass ein Notar zu jeder Tages- oder Nachtzeit erreichbar ist. Dem gegenüber mangelt es wohl an der Erreichbarkeit von Bürgermeistern. Ein rechtspolitisches Bedürfnis ist daher sehr zweifelhaft (vgl. Soergel/*Mayer* Rn. 2).

2 **2. Grundsätzliches.** Bei dem Nottestament vor dem Bürgermeister handelt es sich um eines der drei **außerordentlichen Testamentsformen** (sa §§ 2250, 2251). Es stellt eine **öffentliche Urkunde** nach § 35 GBO dar. Ferner kommt den nach beurkundungsrechtlichen Vorschriften ordnungsgemäß errichteten Testamenten die erhöhte Beweiskraft gem. § 415 ZPO zu (Staudinger/*Baumann* Rn. 11). Erforderlich ist die Zuziehung von zwei Zeugen (BayObLG Rpfleger 1996, 248).

3 **3. Voraussetzungen eines Nottestaments. a) Besorgnis des Bürgermeisters.** Der beurkundende Bürgermeister muss die Besorgnis hegen, dass der Erblasser aufgrund seines gesundheitlichen Zustandes nicht mehr in der Lage ist, rechtzeitig ein Testament vor einem Notar errichten zu können. Gleichgültig ist es, ob der Notar zwar erreichbar ist, aber dieser nicht tätig werden kann oder will (BGH RdL 1952, 300; OLG Karlsruhe JZ 1957, 380; Soergel/*Mayer* Rn. 4). Dazu bedarf es allein der **subjektiven Vorstellung** des Bürgermeisters, auf die Vorstellung der beiden Zeugen kommt es nicht an. Eine sachliche Rechtfertigung wird ebenfalls nicht vorausgesetzt (RGZ 109, 368 (372)). Sollte dennoch eine Todesgefahr zum Zeitpunkt der Errichtung vorhanden gewesen sein, so ist das Testament gleichwohl gültig, auch wenn der Bürgermeister diese Ansicht nicht geteilt hatte (BGH NJW 1952, 181). Sollte andererseits der Bürgermeister in Ansehung seiner Pflicht solch eine Besorgnis nicht hegen, so hat er die Errichtung des Testaments abzulehnen (BayVGH JW 1921, 1148). Sofern eine Feststellung laut der Sollvorschrift des Abs. 2 S. 1 getroffen wird, ist ein Gegenbeweis unzulässig (RG JW 1902 Beil. 216 Nr. 65). Gleichzustellen mit dieser Situation ist ein Zustand, bei dem es dem Testierenden bis zu seinem Ableben gänzlich unmöglich ist, ein Testament zu erstellen. Darunter fallen diejenigen Fälle, bei denen aufgrund eines Unfalles der **Verlust der Geschäftsfähigkeit droht**. Diese Personen haben aus der Verfassung heraus ein abzuleitendes Recht auf würdige Errichtung ihres Testaments (BGH NJW 1952, 181; Staudinger/*Baumann* Rn. 18; aA Brox/*Walker* ErbR Rn. 132).

4 **b) Nichterreichbarkeit eines Notars.** Voraussetzung ist die wohl ausnahmsweise Nichterreichbarkeit eines Notars (→ Rn. 1).

5 **c) Unbegründetheit der Besorgnis.** Allein die Abwesenheit des Notars genügt nicht, erforderlich ist weiterhin die Besorgnis, dass wegen des Zustands des Erblassers ein notarielles Testament nicht mehr errichtet werden kann. Darüber hinaus bleibt das Testament nach Abs. 2 S. 2 dennoch gültig, auch wenn die Besorgnis nicht begründet war. Ein Gegenbeweis, dass die Besorgnis begründet war, ist damit nicht statthaft (MüKoBGB/*Hagena* Rn. 6). Sollte der Bürgermeister aber wiederum überhaupt keine Besorgnis hegen, so ist der Beweis dieses Umstands zulässig (RGZ 171, 27; Staudinger/*Baumann* Rn. 17).

6 **4. Zuständigkeit. a) Sachliche.** Zuständig ist der **Bürgermeister der Gemeinde,** in der sich der Erblasser aufhält (Abs. 1). Der „Vorsteher eines Gutsbezirks" (§ 2249 IV BGB aF) ist durch FamFG weggefallen. Weiterhin ist zuständig, wer nach den gesetzlichen Regeln (Gemeindeordnungen der Länder) zur **Vertretung** des Bürgermeisters befugt ist (Abs. 5 S. 1). In Hamburg ist ebenfalls der Standesbeamte zuständig (vgl. Hmb. AGBGB v. 1.7.1958; Palandt/*Weidlich* Rn. 5). Für spezielle Regelungen der einzelnen Bundesländer sei auf die jeweiligen **kommunalrechtlichen Bestimmungen** verwiesen. Vorsteher eines Gemeindeteils oder dessen Stellvertreter sind nur zur Erstellung eines Nottestaments befugt, wenn diese Personen selbst Stellvertreter des Bürgermeisters sind (Soergel/*Mayer* Rn. 6). In der Urkunde soll die Grundlage der Vertretung mit angegeben werden (Abs. 5 S. 2). Sollte es an der Vertretungsbefugnis ermangeln, so ist das Testament unwirksam (RG JW 1938, 810; Soergel/*Mayer* Rn. 6).

7 **b) Örtliche Zuständigkeit.** Zuständig ist der Bürgermeister der Gemeinde, in der sich der Erblasser, wenn auch nur zufällig, aufhält. Die Beurkundung bleibt weiterhin wirksam, wenn sie außerhalb des Gemeindebezirks erfolgt ist (§ 2 BeurkG).

Nottestament vor dem Bürgermeister §2249 BGB 10

c) Ausschließungsgründe. Unwirksam ist die Beurkundung, wenn der **Bürgermeister selbst**, sein 8
Ehegatte, sein Lebenspartner oder ein mit ihm in gerader Linie Verwandter oder früherer Verwandter oder ein Vertreter, der für diese Personen handelt, an der Beurkundung mit teilnimmt (vgl. Abs. 1 S. 4, § 6 I Nr. 1–4 BeurkG). Die Beurkundung wird ebenfalls unwirksam, wenn die beurkundeten Willenserklärungen darauf gerichtet sind, dem Bürgermeister, seinem Ehegatten, seinem Lebenspartner oder früheren Lebenspartner oder einer Person, die mit ihm in gerader Linie verwandt oder verschwägert, bzw. in der Seitenlinie bis zum 3. Grad verwandt oder bis zum 2. Grad verschwägert ist oder war, einen **rechtlichen Vorteil** zu verschaffen (Abs. 1 S. 4, § 7 BeurkG).

5. Beurkundungstätigkeit des Bürgermeisters. a) Belehrungspflicht. Dem Bürgermeister obliegt es, 9
das Nottestament aufzunehmen. Er selbst verhandelt mit dem Erblasser und fungiert als **Urkundsperson**. Der Erblasser hat ihm gegenüber seinen letzten Willen zu bekunden (Soergel/*Mayer* Rn. 9). Es genügt nicht, dass der Bürgermeister lediglich anwesend ist und nur am Ende das Testament unterschreibt (BayObLGZ 17, 82; 16, 139 (147): Pfarrer beurkundet in Gegenwart des Bürgermeisters). Demgemäß bestehen Sorgfaltspflichten nicht nur gegenüber dem Erblasser, sondern auch gegenüber dem Bedachten (vgl. MüKoBGB/*Hagena* Rn. 15). So ist vor allem die Identität des Erblassers zu prüfen nach § 10 BeurkG. Die rechtserheblichen Umstände haben sich ebenfalls aus der Urkunde zu ergeben. In Gegenwart der mitwirkenden Personen müssen sie schriftlich niedergelegt sein und durch Unterschrift bezeugt (MüKoBGB/*Hagena* Rn. 15). Schadensersatzansprüche eines in einem nichtigen Testament eingesetzten Erben können, ohne das auf ein Selbstverschulden des Erblassers verwiesen werden kann, geltend gemacht werden (BGH NJW 1956, 260). Sollte der Bürgermeister eine Person hinzuziehen, die nach dem Gesetz ausgeschlossen ist, so begeht er eine Amtspflichtverletzung. Etwaige Eilbedürftigkeit oder Mangel an Erfahrung steht hierbei nicht entgegen, führt aber zu einer Milderung der Anforderungen. Die Gemeinde haftet wiederum nach Art. 34 GG, § 839 für die Amtspflichtverletzung des Bürgermeisters.

b) Inhalt der Belehrung. Dem Bürgermeister obliegt die gleiche Belehrungspflicht wie dem Notar. So 10
klärt er den Sachverhalt, belehrt die Beteiligten über die rechtliche Tragweite und gibt ihre Erklärungen klar und unzweideutig wieder. Darüber hinaus soll er darauf achten, dass unerfahrene und ungewandte Beteiligte nicht benachteiligt werden. Wahrnehmungen über die erforderliche Geschäftsfähigkeit soll die Urkunde ebenfalls enthalten. Sollte ein Beteiligter schwer krank sein, ist dies mit in die Urkunde aufzunehmen, insbes. welche Feststellungen zur Geschäftsfähigkeit getroffen worden sind (vgl. §§ 11, 28 BeurkG).

6. Testamentserrichtung durch Erklärung. a) Errichtung des Testaments. Die Errichtung erfolgt 11
durch **mündliche Erklärung** gem. §§ 2232, 2233 und den Vorschriften des BeurkG, die in Abs. 1 S. 4 aufgezählt sind, oder durch **Übergabe** einer verschlossenen oder offenen **Schrift**, mit der Erklärung, sie enthalte den letzten Willen des Erblassers (§ 30 BeurkG). Die Errichtung von Verfügungen von Todes wegen bei Minderjährigen kann nur in einer offenen Schrift erfolgen. Wer nach eigenen Angaben oder nach Überzeugung des Bürgermeisters des Lesens nicht mächtig ist, kann nur durch eine Erklärung vor dem Bürgermeister testieren.

b) Übergabe einer Schrift. Für die Errichtung eines Testaments durch Übergabe einer Schrift s. § 30 12
BeurkG. Die Niederschrift muss demgemäß den Vermerk enthalten, dass die Schrift übergeben wurde. Dabei soll ebenfalls mit aufgenommen werden, ob die Schrift offen oder verschlossen war.

c) Pflicht zur Zuziehung von Zeugen. Der Bürgermeister hat stets **zwei Zeugen** mit hinzuziehen. 13
Diese müssen auch während der ganzen Verhandlung ohne Unterbrechung mit anwesend sein, um eine Überwachungsfunktion wahrzunehmen (BGHZ 54, 89 (95); Staudinger/*Baumann* Rn. 45; BayObLG Rpfleger 1977, 439) Das Fehlen führt daher zur Nichtigkeit des Testaments. Eine getrennte Beurkundung vor jedem Zeugen ist wegen der Kontrollfunktion nicht möglich (Staudinger/*Baumann* Rn. 43; aA KG NJW 1957, 953). Beim Vorgang selbst kann nicht verlangt werden, dass die Zeugen den oftmals schwierigen Verhandlungen genau folgen können. Es genügt, dass sie den Gesamtvorgang erfassen und bestätigen können, dass das Niedergeschriebene dem Willen des Erblassers entspricht (MüKoBGB/*Hagena* Rn. 22). Weiterer Zeugen bedarf es nicht, eine Zuziehung schadet aber auch nicht. Des Weiteren darf kein Ausschlussgrund nach Abs. 1 S. 3 vorliegen. Hier gilt es aber zu differenzieren. So gibt es **Mitwirkungsverbote,** die zur Nichtigkeit, und solche, die nicht zur Nichtigkeit führen (BGH NJW 1973, 843). Seine Rechtfertigung findet der Zeugenzwang in der mangelnden kautelarjuristischer Ausbildung des Bürgermeisters im Vergleich zu einem Notar (Staudinger/*Baumann* Rn. 43).

7. Fertigung der Niederschrift. a) Allgemeines. Zu **Lebzeiten** des Erblassers muss eine Niederschrift 14
bei der Beurkundung mit aufgenommen werden. Dies muss im **Beisein** der mitwirkenden **Personen** geschehen (vgl. § 8 BeurkG). Sie muss die Bezeichnung des Bürgermeisters und der Beteiligten beinhalten, des Weiteren den Inhalt der Erblassererklärung bzw. die Erklärung, dass der letzte Wille in der übergebenen Schrift enthalten sei (§ 2232 S. 1). Weiterhin muss die Niederschrift enthalten: Feststellung der Übergabe, sofern ein Schriftstück übergeben wurde (vgl. § 30 S. 1 BeurkG), die **Unterschriften** des Erblassers und der mitwirkenden Personen (vgl. §§ 13, 25 BeurkG, § 2249 I 5, 6). Ein lückenloser Bericht ist nicht zwingend, wenn es auf den allgemeinen Sinn ankommt. Zu dessen Ermittlung kann auch auf außerhalb liegende Umstände zurückgegriffen werden (BGH NJW 1962, 1149; 1963, 200).

b) Sprache. Die Niederschrift muss in Deutsch aufgenommen werden (vgl. Abs. 1 S. 4, § 5 I BeurkG). 15
Die Beurkundung in einer anderen Sprache ist untersagt. Sollte ein Beteiligter der deutschen Sprache

Lauck 673

nicht mächtig sein, so muss dies in die Niederschrift mit aufgenommen werden. Die Niederschrift ist den Beteiligten dann zu übersetzen. Für diese Übersetzung muss, falls der Bürgermeister nicht sogleich selbst übersetzt, ein **Dolmetscher** hinzugezogen werden. Die Ausschließungsgründe in §§ 6, 7 BeurkG gelten auch für den Dolmetscher. Die Niederschrift muss dann vom Dolmetscher unterschrieben werden. Etwaige Nichtbeachtung führt zur Nichtigkeit des Testaments.

16 c) **Abschluss der Niederschrift.** Abgeschlossen wird die Niederschrift mit **Ort und Tag** der Verhandlung (Abs. 1 S. 4, § 9 II BeurkG). Sollte die Verhandlung mehrere Tage dauern, so ist die Datumsangabe am Tag der Unterschrift maßgeblich (BGH NJW 1959, 626; DNotZ 1963, 313). Fehlende Orts- und Zeitangaben machen die Urkunde nicht ungültig. Des Weiteren sollen die **Beteiligten** so genau wie möglich in der Urkunde bezeichnet werden, damit es zu keinen Verwechslungen kommt (vgl. Abs. 1 S. 4, § 10 I BeurkG). Dabei ist Vor- und Zuname, Adresse und Geburtsdatum anzugeben. Weiterhin soll die Besorgnis, dass die Niederschrift nicht mehr vor einem Notar errichtet werden konnte mit aufgenommen werden. Fehlt dieser Vermerk über die Besorgnis, so muss derjenige, der sich auf das Testament berufen will, beweisen, dass die Besorgnis vorgelegen hat (MüKoBGB/*Hagena* Rn. 25).

17 d) **Verlesung/Genehmigung.** Die Niederschrift muss mit all ihren Anlagen im Beisein vom Bürgermeister und den Beteiligten, soweit erforderlich gem. Abs. 1 S. 4, § 24 I BeurkG der Verständigungsperson, **vorgelesen**, von ihnen **genehmigt** und **eigenhändig unterschrieben** werden (Abs. 1 S. 4, § 13 I, 3 BeurkG). Die Unterzeichnung eines anderen Schriftstücks, zB einer Abschrift genügt nicht. Eine etwaige Verwechslung wird somit vermieden (BGH NJW 1991, 3210). Ein abschnittsweises Vortragen der Niederschrift ist zulässig. Bei der Beurkundung müssen sich die Beteiligten nicht zwangsläufig in einem Raum aufhalten, sofern sie sich noch gegenseitig sehen und hören können (BGH NJW 1964, 2055; OLG Frankfurt a.M. Rpfleger 1979, 206). Sollte eine Niederschrift nicht gefertigt werden oder aber nicht unterschrieben, so ist das Testament ungültig. Ein offensichtliches Versehen bei der Niederschrift ist unschädlich, wenn es wieder berichtigt werden kann (KG DNotZ 1960, 485; OLG Zweibrücken NJW-RR 1987, 135).

18 e) **Vorlage zur Durchsicht.** Insofern es der Erblasser verlangt, ist ihm die Niederschrift vorzulegen. Dabei genügt der Entwurf, der auch von einer dritten Person geschrieben sein kann. Ein abschnittsweises Vorlesen, wobei der Erblasser mit „ja" antwortet ist ebenfalls zulässig (BGH NJW 1962, 1149; RGZ 161, 378; OLG Zweibrücken MDR 1987, 142). Alle mitwirkenden Personen bezeugen mit ihrer Unterschrift, dass die Niederschrift vorgelegt wurde (BGH NJW 1970, 1601). Eigenes Lesen ersetzt dabei nicht das Vorlesen der Urkunde. Eine „Unterkreuzung" reicht aus, sofern der Erblasser zum Unterschreiben nicht mehr in der Lage ist; dies muss die Urkundsperson aber in der Niederschrift hervorheben (MüKoBGB/*Hagena* Rn. 27).

19 f) **Genehmigung.** Die Genehmigung erfordert keine explizite Form, kann aber nicht im Zuhören allein angenommen werden. Im Einzelfall kann die Genehmigung auch in der bloßen Unterschrift zu sehen sein (RGZ 92, 27; RG JW 1929, 587). Die Genehmigung sollte in der Niederschrift festgestellt werden, um etwaige Unklarheiten zu vermeiden. Ein Zeugenbeweis als Ersatz für die Unterschrift ist nicht statthaft (MüKoBGB/*Hagena* Rn. 28). Es genügt aber für die Erklärung des Erblassers, dass er bei dem Satz, so habe er es haben wollen, „Ja" sagt; selbst der Versuch, seinen Namen auf ein Papier zu schreiben, genügt den Anforderungen (BayObLG NJW 1966, 56).

20 g) **Schreibunfähige.** Sollte der Erblasser nach seinen Angaben oder nach der Überzeugung des Bürgermeisters nicht schreiben können, so wird die Unterschrift in der Niederschrift ersetzt (vgl. § 2249 I 6). Bei Nichtfeststellung liegt ein unschädlicher Formfehler vor. Die Aussage des Erblassers sowie die Überzeugung des Bürgermeisters sind gleichwertig. Sollte sich eine Person in einem Krankenlager befinden, so kann daraus nicht sogleich die Schreibunfähigkeit gefolgert werden (BGH NJW 1955, 787). Des Weiteren hat auch der Blinde zu unterschreiben (RGZ 86, 387 (388); aA OLG Stuttgart NJW 1949, 755 [hält den Blinden für schreibunfähig]). Die Verweisung von Abs. 1 S. 4 auf § 22 BeurkG, dass die Hinzuziehung eines Gebärdensprachedolmetschers nicht erforderlich ist, stellt ein gesetzgeberisches Versehen dar, da die Mitwirkung von zwei Zeugen keinesfalls einen Gebärdendolmetscher obsolet macht (vgl. MüKoBGB/*Hagena* Rn. 29).

21 h) **Verschluss und Verwahrung.** Die Niederschrift ist in einen Umschlag zu legen und zu versiegeln. Auf den Umschlag sind der Name des Erblassers und das Datum der Errichtung zu notieren. Diese Aufschrift hat der Bürgermeister zu unterschreiben. Danach ist die Niederschrift unverzüglich in amtliche Verwahrung zu bringen (vgl. Abs. 1 S. 4, § 34 I BeurkG). Der Anwesenheit der übrigen Personen bedarf es nicht mehr, wenn der Umschlag verschlossen wird (MüKoBGB/*Hagena* Rn. 29). Die bundeseinheitlichen Bekanntmachungen der Länder über die Benachrichtigung im Nachlassverfahren findet auf Bürgermeistertestamente keine Anwendung. Örtlich zuständig ist das Amtsgericht (in Baden Württemberg das Notariat), in dessen Bezirk das Nottestament errichtet wurde.

22 8. **Formfehler. a) Allgemeines.** Nach Abs. 4 führen Formfehler nicht zur Unwirksamkeit des Testaments, wenn mit Sicherheit angenommen werden kann, dass das Testament zuverlässig und sicher den Erblasserwillen wiedergibt.

23 b) **Unschädliche Formverstöße.** Unter die Formverstöße, die nicht zur Unwirksamkeit führen, fallen ua: Feststellung, dass die Errichtung nicht mehr vor einem Notar möglich sein werde (Abs. 2 S. 1); fehlende Unterschrift der Zeugen; die in Abs. 1 S. 6 vorgeschriebene Aufnahme in der Niederschrift, dass

der Erblasser unfähig ist, eigenhändig zu unterschreiben (OLG Zweibrücken NJW-RR 1987, 136); falsche Funktionsbezeichnung des beurkundenden Bürgermeisters in der Niederschrift (s. weitere Nachw. MüKoBGB/*Hagena* Rn. 32).

c) Nichtigkeitsgründe. Das Unterlassen des Vorlesens, der Genehmigung und Unterzeichnung durch die Urkundsperson führen zur Nichtigkeit ((BGH NJW 1970, 1601; OLG Köln Rpfleger 1994, 65)). Die Unterschrift des Bürgermeisters kann zu Lebzeiten des Erblassers noch nachgeholt werden (Soergel/ *Mayer* Rn. 13). Zur Nichtigkeit führt weiterhin die Nichtzuziehung von zwei Zeugen (Abs. 1 S. 2) und die Nichteinhaltung der Sondervorschriften bei Behinderten (vgl. §§ 23, 24 BeurkG). Letztlich ist im Falle der Nichtigkeit zu ermitteln, ob das Testament nicht doch noch in Form eines Dreizeugentestaments gem. § 2250 II u. III aufrechterhalten werden kann.

9. Rechtswirkungen. Bei einem Nottestament handelt es sich um eine öffentliche Urkunde iSv § 35 GBO. Die Beweiskraft ergibt sich aus § 415 ZPO (Palandt/*Weidlich* Rn. 9). Wer Rechte aus dieser Urkunde herleiten will, muss die Wirksamkeitsvoraussetzungen darlegen und beweisen (eing. Baumgärtel/ Laumen/Prütting/*Schmitz* Rn. 1ff.). Die Beweisführung erleichtert sich, wenn die Niederschrift den Anforderungen des BeurkG entspricht und damit § 415 ZPO Anwendung findet (Soergel/*Mayer* Rn. 19). Fehlt es daran, insbes. an dem Vermerk, dass der Erblasser die Erklärung vor Urkundspersonen abgegeben hat, so liegt lediglich eine private Urkunde gem. § 416 ZPO vor. Der Beweis für die Zuverlässigkeit der Erklärungswiedergabe iSv Abs. 6 ist ebenfalls mit Beweismitteln zu führen, die außerhalb der Testamentsurkunde liegen (Soergel/*Mayer* Rn. 19).

§ 2250 Nottestament vor drei Zeugen

(1) Wer sich an einem Orte aufhält, der infolge außerordentlicher Umstände dergestalt abgesperrt ist, dass die Errichtung eines Testaments vor einem Notar nicht möglich oder erheblich erschwert ist, kann das Testament in der durch § 2249 bestimmten Form oder durch mündliche Erklärung vor drei Zeugen errichten.

(2) Wer sich in so naher Todesgefahr befindet, dass voraussichtlich auch die Errichtung eines Testaments nach § 2249 nicht mehr möglich ist, kann das Testament durch mündliche Erklärung vor drei Zeugen errichten.

(3) ¹Wird das Testament durch mündliche Erklärung vor drei Zeugen errichtet, so muss hierüber eine Niederschrift aufgenommen werden. ²Auf die Zeugen sind die Vorschriften des § 6 Abs. 1 Nr. 1 bis 3, der §§ 7, 26 Abs. 2 Nr. 2 bis 5 und des § 27 des Beurkundungsgesetzes; auf die Niederschrift sind die Vorschriften der §§ 8 bis 10, 11 Abs. 1 Satz 2, Abs. 2, § 13 Abs. 1, 3 Satz 1, §§ 23, 28 des Beurkundungsgesetzes sowie die Vorschriften des § 2249 Abs. 1 Satz 5, 6, Abs. 2, 6 entsprechend anzuwenden. ³Die Niederschrift kann außer in der deutschen auch in einer anderen Sprache aufgenommen werden. ⁴Der Erblasser und die Zeugen müssen der Sprache der Niederschrift hinreichend kundig sein; dies soll in der Niederschrift festgestellt werden, wenn sie in einer anderen als der deutschen Sprache aufgenommen wird.

1. Normzweck. Das Dreizeugentestament nach § 2250 ist eine der zwei Formen des Nottestaments, welches für die außerordentlichen Notfälle vorgesehen ist, in denen aufgrund einer tatsächlich vorhandenen Absperrung **ein Notar nicht erreichbar** ist (sog. Absperrungstestament; § 2250 I), sowie bei drohender Todesgefahr (sog. Notlagentestament; § 2250 II). Unter Verzicht auf das Schriftformerfordernis eröffnet § 2250 dem Erblasser die Möglichkeit, sein Testament in diesen Fällen gegenüber drei Zeugen durch mündliche Erklärung wirksam zu errichten. Das eigentliche Testament stellt dabei jedoch nicht die Erklärung des Erblassers, sondern die von den drei Zeugen niedergeschriebene, verlesene, genehmigte und vom Erblasser selbst unterschriebene Urkunde dar. Im Gegensatz zu § 2249 handelt es sich hier allerdings nicht um ein öffentliches Testament, sondern um eine Privaturkunde von Laien, die grds. juristisch nicht vorgebildet sind. Aus diesem Grunde ist die Rspr. bei der Beurteilung der Wirksamkeit dieser Testamente auch recht großzügig (MüKoBGB/*Hagena* Rn. 1). Da die Errichtung des Dreizeugentestaments keine Errichtung einer öffentlichen Urkunde darstellt, kann dasselbe nur von geschäftsfähigen Personen errichtet werden, nicht jedoch von testierfähigen Minderjährigen (→ § 2229 Rn. 10).

Gem. § 2266, § 10 IV LPartG ist § 2250 auch auf gemeinschaftliche Testamente von Ehegatten oder Lebenspartnern anzuwenden. Ausreichend ist es, wenn die Voraussetzungen der Absperrung bzw. der nahen Todesgefahr nur bei einem der Testierenden vorliegen. Aus § 2276 lässt sich entnehmen, dass ein Erbvertrag nicht gem. § 2250 abgeschlossen werden kann.

2. Absperrungstestament (Abs. 1). Hält sich der Erblasser an einem Ort auf, der infolge außerordentlicher Umstände dergestalt abgesperrt ist, dass die Errichtung eines Testaments vor einem Notar nach § 2232 nicht möglich oder erheblich erschwert ist, so hat er die Wahl zwischen der Errichtung eines Testaments in der Form des Bürgermeistertestaments (vgl. die Komm. zu § 2249) oder eines Dreizeugentestaments.

Ort ist jede Örtlichkeit (zB Haus, stehen gebliebener Schwebelift, Gletscherspalte, Berghütte). **Aufenthalt an einem Ort** meint den tatsächlichen Aufenthalt, also nicht den Wohnsitz des Erblassers zur Zeit der Testamentserrichtung. Die Absperrung kann verschiedene **Ursachen** haben, zB lokale Naturereignisse (etwa Hochwasser, Erdrutsch, Lawinen, Wegzerstörungen, Hauseinsturz), aber auch Quarantäne infolge von Seuchen, Generalstreik, Aufruhr, terroristische Ereignisse sowie militärische oder behördliche Absperrungen, die den Verkehr behindern (vgl. Staudinger/*Baumann* Rn. 15–17). Die Absperrung muss objektiv vorliegen oder nach der Überzeugung des Bürgermeisters oder der drei Zeugen gegeben sein (BGHZ 3, 372). Halten letztere irrtümlich eine Absperrung für gegeben, ist das für die Wirksamkeit eines nach § 2250 I errichteten Testaments ohne Einfluss. Ist die Überzeugung bei dem Bürgermeister oder den drei Zeugen überhaupt nicht gegeben und liegt auch objektiv keine Absperrung vor, ist das dennoch errichtete Testament nichtig (BGHZ 3, 372). Subjektive Hemmungen des Erblassers (zB Furcht vor einer Bestrafung, vgl. KG MDR 1968, 146) genügen nicht. § 2250 I setzt voraus, dass ein Notar unerreichbar ist. Um eine Umgehung der Zuständigkeit des Notars und der strengen Formen des öffentlichen Testaments (§ 2232) auszuschließen, ist eine Ausnahmesituation zu fordern; eine nur kurzfristige Absperrung genügt daher grds. nicht. Im Gegensatz zu § 2249 ist die Besorgnis des Versterbens, bevor die Testamentserrichtung vor einem Notar möglich ist, keine Voraussetzung für das Nottestament gem. § 2250 I.

5 3. **Notlagentestament (Abs. 2).** Befindet sich der Erblasser in so naher **Todesgefahr,** dass voraussichtlich die Errichtung eines Bürgermeistertestaments nach § 2249 nicht mehr möglich ist, kann das Testament nach § 2250 II durch mündliche Erklärung vor drei Zeugen errichtet werden. Grund für die Todesgefahr können zB ein akuter Unfall oder eine schwere Erkrankung (BayObLGZ 1990, 294), der unmittelbar bevorstehende Eintritt der bis zum Tod dauernden oder nur kurzzeitig unterbrochenen Testierunfähigkeit des Erblassers, für den Lebensgefahr besteht, sein (BGH NJW 1952, 181; LG Freiburg ZEV 2003, 370 mAnm *Dümig;* aA Brox/*Walker* ErbR Rn. 130). § 2250 II setzt objektiv eine nahe Todesgefahr voraus. Dies ist etwa dann gegeben, wenn der Erblasser wenige Tage nach der Testamentserrichtung verstirbt (BayObLGZ 1990, 294; LG München I FamRZ 2000, 855). Nahe Todesgefahr kann aber auch dann bejaht werden, wenn bei den Zeugen subjektiv die ernste Besorgnis bestanden hat, dass aufgrund der nahen Todesgefahr eine Testamentserrichtung weder vor einem Notar noch einem Bürgermeister möglich sei (BGHZ 3, 372; BayObLG ZEV 2003, 370; BayObLGZ 1990, 297).

Allerdings reiche es zur Feststellung einer objektiven nahen Todesgefahr nicht aus, dass der Erblasser an einer bösartigen metastasierenden Grunderkrankung leide, aufgrund der er nach Bewertung des tätigen Arztes innerhalb von ein bis zwei Tagen versterben könne. Entscheidend sei vielmehr, dass aufgrund der Umstände der Tod vor dem Eintreffen eines Notars zu befürchten ist, zB beginnende kleinere Organausfälle (zu streng und praxisfern: KG, Beschl. v. 29.12.2015 – 6 W 93/15, FamRZ 2016, 1966 f.; OLG Hamm, Beschl. v. 10.2.2017 – 15 W 587/15, BeckRS 2017, 103966).

Die Besorgnis muss nach pflichtgemäßem Ermessen der Zeugen angesichts der objektiven Sachlage als gerechtfertigt angesehen werden können (BGHZ 3, 372). Die Zeugen sollen in der Niederschrift feststellen, dass sie diese Besorgnis subjektiv hatten (§ 2249 II 1, § 2250 III 2). Das Fehlen des Vermerks macht die Beurkundung nicht nichtig. Die Vorstellungen des Erblassers über den Grad der Todesgefahr sind irrelevant (LG München I FamRZ 2000, 855). Auch muss die Todesgefahr nicht tatsächlich zum Tod des Erblassers geführt haben (RG JW 1943, 274; RGZ 171, 27 (29)). Maßgeblicher Zeitpunkt für die Beurteilung des Vorliegens einer nahen Todesgefahr ist der Zeitpunkt der Testamentserrichtung. Unschädlich ist, wenn dem Erblasser bereits zuvor ein hinreichender Zeitraum zu Errichtung eines Testaments vor einem Notar zur Verfügung stand (OLG Hamm, Beschl. v. 10.2.2017 – 15 W 587/15, BeckRS 2017, 103966).

6 4. **Form des Dreizeugentestaments (Abs. 3).** Die Errichtung des Dreizeugentestaments geschieht dadurch, dass der Erblasser gegenüber den drei Zeugen seinen letzten Willen mündlich erklärt, eine Niederschrift hierüber angefertigt, diese verlesen und unterzeichnet wird. Die Zeugen treten insofern an die Stelle der amtlichen Urkundsperson (Notar, Bürgermeister bzw. Gutsbezirksvorsteher), übernehmen deren Beurkundungsfunktion (BGHZ 54, 89) und tragen gemeinsam Verantwortung dafür, dass der erklärte letzte Wille fehlerfrei aufgefasst und zutreffend niedergelegt wird (BGH FamRZ 1971, 162 (163)).

7 a) **Anwesenheit und Person der Zeugen, Ausschließungsgründe.** Die Testamentserrichtung muss sich gem. § 2250 II vor den drei Zeugen vollziehen. Alle drei Zeugen müssen **während des gesamten Vorgangs der Testamentserrichtung,** also für die mündliche Erklärung, die Aufnahme und Verlesung der Niederschrift, die Genehmigung (insoweit aA KG NJW 1957, 953) und die Unterzeichnung durch den Erblasser **gleichzeitig und persönlich anwesend** sein (BGH 1970, 1601 (1603); OLG Zweibrücken NJW-RR 1987, 135). Die bloße Anwesenheit dreier Personen und deren zufällige Wahrnehmung des Erblasserwillens genügt nicht. Sie müssen vielmehr zur Mitwirkung unter Übernahme der damit verbundenen Verantwortlichkeit für die richtige Wiedergabe des Erblasserwillens bereit sein (BGH NJW 1972, 202). Das Fehlen eines Zeugen hat die Nichtigkeit des Testaments zur Folge, die nicht gem. § 2250 II 2, 2249 VI geheilt werden kann. Die Verlesung der Niederschrift vor zwei Zeugen und das nachträgliche Durchlesen derselben durch den dritten Zeugen ist ebenfalls nicht hinreichend, um dem letzten Willen zur Wirksamkeit zu verhelfen (MüKoBGB/*Hagena* Rn. 11). Dasselbe gilt, wenn der Erblasser allen drei Zeugen nacheinander seinen letzten Willen erklärt. Es genügt aber, wenn sich ein Zeuge in einem anderen Raum aufhält, soweit er die Möglichkeit hat, die Vorgänge optisch und akustisch selbst wahrnehmen zu können (BGH WM 1971, 254; BayObLG Rpfleger 1991, 195; BayObLGZ 1970, 53).

8 Zeuge kann **jede natürliche Person** sein, die nicht gem. §§ 6, 7, 26 I Nr. 3, 4, II BeurkG, § 2250 III 2 von der Mitwirkung ausgeschlossen ist, ferner weiß, dass sie an der Testamentserrichtung als Zeuge teil-

nimmt, und auch die damit verbundene Verantwortung übernehmen will. Personen, die im Zeitpunkt der Errichtung nur zufällig anwesend sind, also um die verantwortliche Teilnahme an der Beurkundung weder wissen noch diese wollen, können nicht Zeuge sein (BGH FamRZ 1971, 162; NJW 1972, 162). Sind mehr als drei Zeugen zugezogen, so genügt es, wenn wenigstens drei von ihnen die vorstehenden Anforderungen erfüllen (BGH NJW 1991, 3210; aA OLG Frankfurt a.M. NJW 1981, 2421).

Nach § 2250 III 2 finden auf die Zeugen die **Ausschließungsgründe** bzw. **Mitwirkungsverbote** des § 6 I bis III, der §§ 7, 26, II Nr. 2–5 sowie des § 27 BeurkG Anwendung. Als Zeuge ausgeschlossen sind insbes. der Ehegatte oder in gerader Linie mit dem Erblasser verwandte Personen sowie alle Personen, die als Erben, Vermächtnisnehmer oder Testamentsvollstrecker eingesetzt sind (§§ 6, 7, 27 BeurkG). Minderjährige, Geisteskranke oder -schwache, Taube, Stumme oder Blinde sollen nicht als Zeugen zugezogen werden (§ 26 I Nr. 3, 4, II BeurkG). Während ein Verstoß gegen § 6 BeurkG zur Nichtigkeit der gesamten Verfügung führt, wird die Wirksamkeit des Testaments bei dem Verstoß gegen ein Verbot des § 7 BeurkG sowie einer Verletzung eines Mitwirkungsverbots gem. § 26 BeurkG insgesamt nicht berührt, sondern hat lediglich die Unwirksamkeit der betreffenden Einzelzuwendung gem. § 125 zur Folge (BayObLG NJW-RR 1996, 9). 9

b) Errichtung durch mündliche Erklärung. Die Errichtung des Dreizeugentestaments kann **nur durch mündliche Erklärung** des Erblassers (→ § 2232 Rn. 4 f.) erfolgen, nicht aber durch Übergabe einer offenen oder verschlossenen Schrift an die Zeugen wie beim Bürgermeistertestament (§ 2249 I 4 iVm § 2232) oder durch nonverbale Erklärung iSv § 2232 S. 1 Alt. 1 (→ § 2232 Rn. 7) durch Gebärden, Gesten oder andere Zeichen (OLG Frankfurt a.M. HEZ 1, 236). Der Erblasser muss seinen Willen durch lautlich geäußerte Sprache erklären. Ein stummer oder sprechbehinderter Erblasser kann daher ein Dreizeugentestament nicht errichten (zu den verfassungsrechtlichen Bedenken s. Bamberger/Roth/*Litzenburger* Rn. 7 mwN). Der letzte Wille ist auch dann mündlich erklärt, wenn die drei Zeugen diesen auf der Basis früherer Äußerungen des Erblassers formulieren und der Erblasser zustimmt. Dies gilt selbst dann, wenn die Äußerungen nur gegenüber einem Zeugen gemacht wurden (BayObLGZ 1990, 294 (297)). 10

c) Niederschrift über die Errichtung. Das durch mündliche Erklärung gegenüber den drei Zeugen errichtete Nottestament setzt für seine Gültigkeit **zwingend** eine Niederschrift voraus, vgl. § 2250 III 1, § 2250 III 2 iVm § 8 BeurkG. Die Niederschrift über die Verhandlungen ist Ausdruck und Verkörperung des letzten Willens des Erblassers und noch zu Lebzeiten desselben aufzunehmen. Sie kann von einem der Zeugen oder einem beliebigen Dritten erstellt werden (Staudinger/*Baumann* Rn. 25). Aus ihr muss sich ergeben, dass die in ihr zum Ausdruck gekommenen Erklärungen vor den Zeugen abgegeben wurden, verbunden mit der Feststellung, dass eine Absperrung vorliege bzw. sich der Erblasser in Todesgefahr befinde und dass die Errichtung eines Bürgermeistertestaments nicht möglich sei (MüKoBGB/ *Hagena* Rn. 14). 11

§ 2250 III 2 verweist auf die §§ 8–10, 11 I 2, Abs. 2, § 13 I, III 1, §§ 23, 28 BeurkG sowie auf § 2249 I 5, 6, II, VI, die entsprechend anzuwenden sind. Die Niederschrift muss die **Bezeichnung der Zeugen und des Erblassers** sowie die mündliche **Erklärung des Erblassers** in ihrem rechtlich relevanten Ergebnis enthalten (§ 9 I BeurkG); Ort und Tag der Verhandlung soll angegeben werden (§ 9 II BeurkG). Schließlich soll die Niederschrift auch die Feststellungen der Zeugen zur Identität (§ 10 BeurkG) und Testierfähigkeit des Erblassers (§ 28 BeurkG) vollständig enthalten. Unter den Voraussetzungen des § 9 I 2, 3 BeurkG kann auch auf Schriftstücke, Karten, Zeichnungen und Ablichtungen als Anlagen verwiesen werden. 12

Die schriftliche Aufzeichnung in Kurzschrift genügt (BayObLGZ 1979, 232). Die Niederschrift kann gem. § 2250 III 3 außer in der deutschen, auch in jeder **anderen Sprache** abgefasst werden, die allerdings der Erblasser und alle drei Zeugen tatsächlich beherrschen müssen (§ 2250 III 4 Hs. 1); dies soll gem. § 2250 III 4 Hs. 2 in der Niederschrift vermerkt werden. Da § 2250 III 2 nicht auf §§ 16 u. 32 BeurkG verweist, ist die Zuziehung eines Dolmetschers hier ausgeschlossen. 13

d) Verlesung, Genehmigung und Unterschriften. Die Niederschrift ist dem Erblasser gem. § 13 I 1 BeurkG **bei** gleichzeitiger, persönlicher **Anwesenheit aller drei Zeugen** vorzulesen (BayObLGZ 1979, 232; OLG Frankfurt a.M. Rpfleger 1979, 206), vom Erblasser zu genehmigen (BGHZ 115, 169 (174); BayObLG NJW 1991, 928) und eigenhändig zu unterschreiben. 14

Das **Verlesen** kann nicht dadurch ersetzt werden, dass der Erblasser die Niederschrift selbst durchliest (OLG Frankfurt a.M. Rpfleger 1979, 206 f.), da auf diese Weise nicht sichergestellt werden kann, dass der Erblasser den Inhalt der Niederschrift tatsächlich wahrgenommen hat. Bloßes lautes Diktat ist ebenfalls nicht ausreichend (BGH NJW 1991, 3210; BayObLG NJW 1991, 928; OLG Zweibrücken NJW-RR 1987, 135). Ist der Erblasser hörbehindert, so ist ihm die Niederschrift zur Durchsicht vorzulegen (§ 2250 III 2 iVm § 23 S. 1 BeurkG). Die **genehmigte Niederschrift** ist gem. § 2250 III 2 iVm § 13 I 1 BeurkG vom Erblasser im Beisein der drei Zeugen zu **unterschreiben**. Ist er nach seiner Auffassung oder nach Auffassung der drei Zeugen zurzeit der Errichtung (OLG Hamm FamRZ 1991, 1111) hierzu nicht imstande, so kann die Unterzeichnung durch den Erblasser unterbleiben, wenn ein entsprechender Vermerk in der Niederschrift enthalten ist (§ 2250 III 2 iVm § 2249 I 6). Die Unterschrift des Erblassers kann nicht durch außerhalb der Niederschrift liegende Umstände ersetzt werden (BGHZ 28, 190). Als ausreichend ist es ebenfalls anzusehen, wenn er nach dem Vorlesen und Genehmigen nur die Abschrift des vorgelesenen Schriftstücks unterschreibt (BGH NJW 1991, 3210). Die Niederschrift muss gem. § 2250 III 2 iVm § 2249 I 5 iVm § 13 III 1 BeurkG **auch von den drei Zeugen** unterschrieben wer- 15 den. Ihre Unterschrift kann bis zur Eröffnung des Testaments nachgeholt werden (BayObLGZ 1979, 232). Zur Unterschrift der Zeugen bedarf es nicht der Anwesenheit des Erblassers. Unterzeichnen die Zeugen nicht am Ende, sondern am Anfang der Niederschrift die Urkunde, so handelt es sich um einen unschädlichen Formfehler (BayObLGZ 1979, 232). Ebenso ist es in der Regel unschädlich, wenn die Niederschrift auf mehreren, miteinander nicht verbundenen Blättern erfolgt, sofern diese erkennbar inhaltlich zusammenhängen (OLG München, Beschl. v. 12.5.2015 – 31 Wx 81/15, BeckRS 2015, 09003).

16   **5. Formverstöße, die nicht zur Unwirksamkeit führen (Abs. 3 S. 2 iVm § 2249 VI).** Nach dem entsprechend anwendbaren § 2249 VI können Formverstöße, die bei der Abfassung der Niederschrift geschehen, unschädlich sein. Die in diesem Zusammenhang entwickelten Grundsätze gelten für das Dreizeugentestament entsprechend. Hierzu zählen die fehlende Bezeichnung des Erblassers und der mitwirkenden Personen, soweit deren Identität feststellbar ist (BGH NJW 1962, 1149; BayObLG ZEV 1995, 341), ferner das Fehlen der Feststellung bzgl. der Überzeugung der Zeugen von der Absperrung (Abs. 1), der nahen Todesgefahr (Abs. 2) bzw. der Schreibunfähigkeit in der Niederschrift. Dasselbe gilt auch hinsichtlich der Angabe, dass das Testament durch mündliche Erklärung errichtet wurde sowie hinsichtlich mangelnder Feststellungen zur Testierfähigkeit des Erblassers (Abs. 3 S. 2, §§ 7 I 2, 28 BeurkG).

17   **6. Verwahrung des Dreizeugentestaments.** Da es sich bei dem Dreizeugentestament um eine Privaturkunde handelt (→ Rn. 1) und die drei Zeugen keine hoheitlichen Funktionen wahrnehmen, muss es nicht zwingend in amtliche Verwahrung gegeben werden, wie es für öffentliche Testamente nach § 34 I 4 BeurkG vorgeschrieben ist, es sei denn, es ist in der Form des § 2249 vor dem Bürgermeister errichtet worden (Abs. 1). Dies schließt aber nicht aus, dass das Testament auf Verlangen des Erblassers und der Zeugen gem. § 2248 in besondere amtliche Verwahrung genommen werden kann.

18   **7. Gültigkeitsdauer.** Gem. § 2252 wird das Dreizeugentestament nach Ablauf von drei Monaten ungültig, sofern der Erblasser zu diesem Zeitpunkt noch am Leben ist. Zu den Einzelheiten vgl. die Komm. zu § 2252.

19   **8. Beweisfragen.** Die Beweiskraft dieser Privaturkunde (→ Rn. 1) ergibt sich aus §§ 416, 419, 440 ZPO. Da dem Dreizeugentestament mangels Qualität einer öffentlichen Urkunde iSv § 415 ZPO die volle Beweiskraft fehlt, hat das Gericht **im Zivilprozess** über die Gültigkeit desselben aufgrund der **allgemeinen Beweisregeln** zu entscheiden (BGH LM ZPO § 416 Nr. 1; BayObLGZ 1979, 232). Die materielle Beweislast für die Gültigkeit des Testaments, vor allem aber für die Unschädlichkeit von Formmängeln gemäß Abs. 4, trägt daher diejenige Partei, welche sich auf diese letztwillige Verfügung beruft. Im Erbscheinsverfahren ist die Gültigkeit des Testaments von Amts wegen zu prüfen (§ 2358). Da bei nicht aufzuklärenden Zweifeln an der Gültigkeit der Antrag abgewiesen wird, trägt allerdings der Antragsteller die Feststellungslast.

20   **9. Recht der neuen Bundesländer.** Die Errichtung eines Nottestamentes war in den §§ 383 II, 386 ZGB geregelt. War in besonderen Notfällen die Errichtung eines öffentlichen oder eigenhändigen Testaments nicht möglich, so konnte nach § 383 II ZGB ein Testament durch mündliche Erklärung gegenüber zwei Zeugen errichtet werden. Dieses Nottestament war damit – anders als in der Regelung in § 2250 – gegenüber einem eigenhändigen Testament nur subsidiär zulässig. Die Einzelheiten der Errichtung regelte § 386 ZGB. Danach musste die Niederschrift über das Nottestament Ort und Datum der Errichtung sowie die Unterschriften der beiden Zeugen enthalten; die Unterschrift des Erblassers war hingegen nicht erforderlich. Das Nottestament sollte unverzüglich dem Staatlichen Notariat in Verwahrung gegeben werden.

21   Für die unter Geltung des ZGB (1.1.1976-2.10.1990) errichteten Nottestamente ist das bisherige Recht der DDR maßgebend, auch wenn der Erblasser erst nach dem 2.10.1990 verstorben ist (Art. 235 § 2 S. 1 EGBGB). Demgemäß könnten sowohl Nottestamente, die bis 31.12.1975 nach dem in der der DDR bis dahin gültig gewesenen § 2250 errichtet worden sind, als auch seit dem 1.1.1976 gem. § 386 ZGB DDR errichtete Nottestamente noch Bedeutung haben.

§ 2251 Nottestament auf See

Wer sich während einer Seereise an Bord eines deutschen Schiffes außerhalb eines inländischen Hafens befindet, kann ein Testament durch mündliche Erklärung vor drei Zeugen nach § 2250 Abs. 3 errichten.

1   **1. Normzweck.** Mit § 2251 wollte der Gesetzgeber dem Erblasser, der sich an Bord eines Schiffes befindet, auf dem regelmäßig weder ein Notar noch ein Bürgermeister bzw. Gutsbezirksvorsteher greifbar sein wird, der ein Testament beurkunden könnte, die Errichtung eines außerordentlichen Testaments ermöglichen. Da im Unterschied zu §§ 2249, 2250 eine **Notlage nicht vorausgesetzt** wird – Seenot, Todesgefahr, eine Erkrankung ist nicht erforderlich –, gehört das Seetestament nicht zu den Nottestamenten im eigentlichen Sinne. Wie auch das Dreizeugentestament ist das Seetestament kein öffentliches Testament, sondern eine **Privaturkunde**.

2   **2. Voraussetzungen. a) Deutsches Schiff.** Der Erblasser muss sich an Bord eines deutschen Schiffes befinden. Die Frage, ob ein deutsches Schiff vorliegt, richtet sich nach dem Flaggenrechtsgesetz v.

8.2.1951 (BGBl. 1951 I S. 79). Gem. §§ 1–3 **Flaggenrechtsgesetz** ist ein Schiff deutsch, soweit der Eigentümer des Schiffes Deutscher oder einem solchen gleichgestellt und dieser berechtigt ist, die deutsche Flagge zu führen. Ohne Belang ist, ob das Schiff im deutschen Schiffsregister eingetragen ist oder ein Schiffszertifikat oder Flaggenzeugnis erteilt wurde. Ein deutsches Schiff auf Seereise wird in Übereinstimmung mit den völkerrechtlichen Regelungen als schwimmendes Gebietsteil der Bundesrepublik Deutschland angesehen. Dies gilt selbst dann, wenn es in einem ausländischen Hafen ankert. Aus diesem Grund kann auch ein deutscher Notar wirksam in ausländischen Gewässern beurkunden. Da die Vorschrift nicht auf die Voraussetzungen des § 2250 I oder II verweist, hindert die Anwesenheit eines Notars die Testamentserrichtung gem. § 2251 nicht (Staudinger/*Baumann* Rn. 4 mwN).

Die **Art des Schiffes** (Motor- oder Segelboot, Binnenschiff, Küstenfahrzeug oder Floß) ist ohne Bedeutung. § 2251 gilt ebenfalls für Schiffe der Bundesmarine. Keine Schiffe iSd Vorschrift stellen allerdings fest verankerte schwimmende Anlagen, zB Bohrinsel, Feuerschiffe sowie Flugzeuge oder Luftschiffe über See dar (Soergel/*Mayer* Rn. 3). Eine analoge Anwendung der Vorschrift auf Luftfahrzeuge ist ausgeschlossen, da der Terminus des „Fahrzeugs", der in der früheren Gesetzesfassung verwendet wurde, aufgegeben wurde. In einem Flugzeug kann der Erblasser jedoch ein Dreizeugen- oder ein eigenhändiges Testament nach § 2247 errichten.

b) **Seereise.** Das Schiff muss sich auf einer Seereise befinden. Die **Mindestdauer** der Seereise, die zur Errichtung eines Seetestaments berechtigt, ist davon abhängig, ob es erforderlich ist, die erleichterte Form des Seetestaments in Anspruch zu nehmen (Soergel/*Mayer* Rn. 2). Nur wenige Stunden dauernde Fischerei-, Fähr- oder Vergnügungsfahrten genügen hierfür jedenfalls nicht, ebenso wenig der Aufenthalt auf einer künstlichen Insel (zB Bohrplattform) oder einem fest verankerten Schiff (zB Feuerschiff). Die Seereise **beginnt,** sobald das Schiff im Hafen abgelegt hat, selbst wenn es sich noch in Küsten- und Zufahrtsgewässern befindet (Staudinger/*Baumann* Rn. 7) und **endet** in dem Moment, in dem der Erblasser in einem deutschen oder ausländischen Hafen an Land geht.

c) **Ausländischer Hafen.** Das Schiff muss sich außerhalb eines inländischen Hafens befinden. Auf einem deutschen Schiff als deutschem Hoheitsgebiet kann auch dann, wenn es sich in ausländischen Hoheitsgewässern oder in einem ausländischen Hafen befindet, nur nach deutschem Recht testiert werden, nicht in der Ortsform des fremden Staates. Die Gültigkeit des auf einem deutschen Schiff nach deutschem Recht errichteten Seetestaments eines ausländischen Staatsangehörigen richtet sich nach internationalem Privatrecht. Entsprechendes gilt für die Gültigkeit des auf einem ausländischen Schiff nach ausländischem Recht errichteten (See-)Testaments eines deutschen Staatsangehörigen (Haager Testamentsformabkommen v. 5.10.1961 (Gesetz v. 27.8.1965, BGBl. II S. 1144) und Art. 26 EGBGB).

3. Form. Das Nottestament auf See ist ein **Dreizeugentestament.** Die Testamentserrichtung erfolgt durch mündliche Erklärung des letzten Willens durch den Erblasser gegenüber drei Zeugen gem. § 2250 III. Um sie besonders in Notsituationen nicht von ihren seemännischen Pflichten abzuhalten, ist eine Mitwirkung des Schiffskapitäns oder sonstiger Mitglieder der Schiffsbesatzung nicht erforderlich (Staudinger/*Baumann* Rn. 10). Das **Verfahren** und die Beachtlichkeit von **Mängeln** richtet sich nach § 2250 III. Auf die Ausführungen zu § 2250 wird verwiesen.

4. Verwahrung, Wirkung und Gültigkeitsdauer. Da es sich bei dem Seetestament als Unterart des Dreizeugentestaments um eine private Privaturkunde handelt, ist zum Nachweis der Erbfolge ein Erbschein erforderlich (→ § 2250 Rn. 19). Überdies ist es nicht in besondere amtliche Verwahrung zu geben.

Gem. § 2252 wird das Seenottestament nach Ablauf von drei Monaten ungültig, sofern der Erblasser zu diesem Zeitpunkt noch am Leben ist. Beginn und Lauf dieser Frist sind gehemmt, solange der Erblasser nicht imstande ist, ein Testament vor einem Notar zu errichten (§ 2252 II). Tritt der Erblasser nach Errichtung eines Seetestaments, aber noch vor Fristablauf eine neue Seereise an, so wird die Frist mit der Wirkung unterbrochen, dass nach Beendigung der neuen Reise die volle Frist von neuem zu laufen beginnt (§ 2252 III). Zu den Einzelheiten vgl. die Komm. zu § 2252.

5. Recht der neuen Bundesländer. Das Recht der DDR sah kein dem § 2251 vergleichbares Seetestament vor, sondern nur das allgemeine Nottestament gem. §§ 383 II, 386 ZGB; → § 2250 Rn. 19f.

§ 2252 Gültigkeitsdauer der Nottestamente

(1) Ein nach § 2249, § 2250 oder § 2251 errichtetes Testament gilt als nicht errichtet, wenn seit der Errichtung drei Monate verstrichen sind und der Erblasser noch lebt.

(2) Beginn und Lauf der Frist sind gehemmt, solange der Erblasser außerstande ist, ein Testament vor einem Notar zu errichten.

(3) Tritt im Falle des § 2251 der Erblasser vor dem Ablauf der Frist eine neue Seereise an, so wird die Frist mit der Wirkung unterbrochen, dass nach Beendigung der neuen Reise die volle Frist von neuem zu laufen beginnt.

(4) Wird der Erblasser nach dem Ablauf der Frist für tot erklärt oder wird seine Todeszeit nach den Vorschriften des Verschollenheitsgesetzes festgestellt, so behält das Testament seine Kraft, wenn die Frist zu der Zeit, zu welcher der Erblasser nach den vorhandenen Nachrichten noch gelebt hat, noch nicht verstrichen war.

10 BGB § 2252 Buch 5. Abschitt 3. Titel 7. Errichtung und Aufhebung eines Testaments

1. Normzweck. Die §§ 2249–2251 sind auf konkrete Ausnahmesituationen zugeschnitten. Unter Durchbrechung der grds. geltenden und der Rechtssicherheit dienenden Formvorschriften sollen sie es dem Erblasser ermöglichen, in diesen Situationen wirksam ein Nottestament als **vorläufige letztwillige Verfügung** zu errichten. Die Rechtfertigung der auf diese Weise errichteten Testamente und des mit ihnen einhergehenden Nachteils reduzierter Sicherheit für die richtige Dokumentation des letzten Willens des Erblassers und dem Mangel erschöpfender rechtlicher Beratung entfällt jedoch mit Beendigung der Ausnahmesituation. Von da an ist es dem Erblasser zumutbar, sich der ordentlichen Testamentsformen zu bedienen, wenn er seine im Nottestament getroffenen Verfügungen aufrechterhalten will.

2. Nichtigkeitsfiktion (Abs. 1). Gem. § 2252 I gilt das außerordentliche Testament rückwirkend als nicht errichtet, wenn seit der Errichtung des Testaments **drei Monate** verstrichen sind und der Erblasser dann noch lebt.

Die Berechnung der Frist erfolgt nach den allgemeinen Vorschriften der § 187 I, § 188 II. Die **Frist beginnt** mit dem letzten Akt, der zum Wirksamwerden des Testaments erforderlich ist (Reimann/Bengel/Mayer/*Voit* Rn. 6). Der Tag der Testamentserrichtung wird also nicht mitgerechnet. Streitig ist, ob § 193 Anwendung findet, wonach sich die Frist bis zum folgenden Werktag verlängert, wenn das Fristende auf einen Sonntag, Feiertag oder Samstag fällt (dafür MüKoBGB/*Hagena* Rn. 3; dagegen Soergel/*Mayer* Rn. 4). Dafür spricht, dass eine Verfügung von Todes wegen auch nicht mit einer Willenserklärung gleich ist. Bei einem Nottestament nach § 2250 I beginnt die Frist erst an dem auf die Absperrung folgenden Tag; bei einem Seetestament am Tag nach Beendigung der Seereise (Bamberger/Roth/*Litzenburger* Rn. 1). Das **Fristende** tritt mit Ablauf des Tages des letzten Monats ein, dessen Zahl dem Tag entspricht, an dem das Testament errichtet wurde.

Mit Fristablauf verliert das außerordentliche Testament jegliche **Wirkung.** Dies hat zur Folge, dass zugleich die etwaig aufhebende bzw. widerrufende Wirkung (§§ 2253, 2254, 2258) des außerordentlichen Testaments gegenüber einem früher errichteten Testament beseitigt wird (Reimann/Bengel/Mayer/*Voit* Rn. 4). Das frühere Testament bleibt also wirksam bzw. tritt wieder in Kraft. Desgleichen bleibt ein außerordentliches Testament, das die Wirksamkeitserfordernisse eines eigenhändigen Testaments gem. § 2247 erfüllt, als solches gültig. Etwas anderes gilt ausnahmsweise dann, wenn ein zeitlich begrenzter Testierwille anzunehmen ist (Soergel/*Mayer* Rn. 3). Ein gemeinschaftliches außerordentliches Testament von Ehegatten (§ 2265) oder Lebenspartnern (§ 10 IV LPartG) bleibt in Kraft, wenn – unabhängig davon in wessen Person die Voraussetzungen für das außerordentliche Testament erfüllt sind – einer der beiden Erblasser innerhalb von drei Monaten stirbt.

3. Fristhemmung (Abs. 2). Nach § 2252 II sind Beginn und Lauf der Frist gehemmt, solange der Erblasser nicht in der Lage ist, ein Testament vor einem Notar zu errichten. Der Zeitraum, in dem Fristbeginn und -lauf gehemmt sind, wird in die Dreimonatsfrist nicht eingerechnet, § 209. „Außerstande" ist grds. im Wortsinne zu verstehen, dh eine nur erhebliche Schwierigkeit, einen Notar zu erreichen, reicht für die Hemmung der Frist grds. nicht aus, ausgenommen der Fall der Absperrung gem. § 2250 I. Die Gründe der Unmöglichkeit können sowohl **objektiver** (zB Überschwemmung, Krieg, Absperrung, Quarantäne) als auch **subjektiver Art** (zB vorübergehende Testierunfähigkeit wegen Krankheit) sein. Die Möglichkeit der Errichtung eines eigenhändigen Testaments oder der Errichtung eines Testaments vor einem deutschen Konsul oder einer nichtdeutschen Behörde hat auf die Hemmung der Frist keinen Einfluss (MüKoBGB/*Hagena* Rn. 4).

4. Fristunterbrechung bei Seetestamenten (Abs. 3). Nach § 2252 III gilt bei Seetestamenten (§ 2251) die Besonderheit, dass die Dreimonatsfrist bei **Antritt einer neuen Seereise** unterbrochen wird, sodass nach deren Beendigung die volle Dreimonatsfrist von neuem zu laufen beginnt. Dabei darf es sich nicht nur um die Fortsetzung der alten Seereise handeln. In diesem Fall würde die Frist lediglich nach Abs. 2 gehemmt (MüKoBGB/*Hagena* Rn. 5). Unerheblich ist, ob der Erblasser die neue Seereise von einem inländischen oder ausländischen Hafen aus antritt (Soergel/*Mayer* Rn. 5).

5. Todeserklärung (Abs. 4). Wird der Erblasser nach dem Ablauf der Dreimonatsfrist **für tot erklärt** oder wird seine Todeszeit nach den Vorschriften des Verschollenheitsgesetzes festgestellt, so bestimmt Abs. 4, dass das Testament in Kraft bleibt, wenn der Erblasser nach den vorhandenen Nachrichten innerhalb der Frist gelebt hat. § 2252 IV modifiziert insofern den Fristablauf. Die **Todes- und Lebensvermutungen** der § 9 I, X, § 44 II VerschG greifen nicht. Die Vermutung, dass der Verschollene zum festgestellten, nach dem Ablauf der Dreimonatsfrist liegenden Zeitpunkt gestorben ist, soll nicht dazu führen, dass das Nottestament seine Wirksamkeit verliert, obwohl der Erblasser den vorhandenen Nachrichten zufolge innerhalb der Frist und nicht darüber hinaus lebte (Soergel/*Mayer* Rn. 6). Gibt es allerdings eine Nachricht vom Leben des Erblassers nach dem Ablauf der Frist, so ist Abs. 1 anwendbar und das Testament damit unwirksam (Staudinger/*Baumann* Rn. 9).

6. Beweislast. Derjenige, der sich auf die Wirksamkeit eines außerordentlichen Testaments beruft, trägt die **Beweis- und Feststellungslast** dafür, dass der Erblasser noch vor Fristablauf verstorben ist oder dessen letzte Nachricht aus einer Zeit vor deren Ende stammt (Reimann/Bengel/Mayer/*Voit* Rn. 10). Wer sich auf die Ungültigkeit des außerordentlichen Testaments beruft, muss hingegen beweisen, dass der Erblasser den Fristablauf überlebt hat oder danach noch Nachricht gegeben hat (MüKoBGB/*Hagena* Rn. 9). Dies betrifft jeweils die Beweislast für Fristbeginn und -hemmung ebenso wie für den Tag des Todes oder der letzten Nachricht.

7. Recht der neuen Bundesländer. Das in § 386 ZGB geregelte Zweizeugentestament wurde nach Abs. 4 gegenstandslos, wenn seit seiner Errichtung drei Monate vergangen waren und der Erblasser noch lebte. Die ebenfalls vorgesehene Fristhemmung galt im Unterschied zum BGB schon dann nicht mehr, sobald der Erblasser imstande war, ein eigenhändiges oder ein öffentliches Testament zu errichten.

§ 2253 Widerruf eines Testaments

Der Erblasser kann ein Testament sowie eine einzelne in einem Testament enthaltene Verfügung jederzeit widerrufen.

1. Normzweck. Zweck ist die Wahrung der **Testierfreiheit**. Dem Erblasser muss es unbenommen bleiben seine letztwillige Verfügung, gänzlich oder zT, jederzeit widerrufen zu können. Etwaige Verzichtserklärungen bzgl. des Widerrufsrechts (§ 1302), bestimmte Formbindungen oder aber vertragliche Verpflichtungen zum Widerruf (BGH FamRZ 1960, 28) sind nicht möglich. Dennoch kann eine Bindungswirkung iRd gemeinschaftlichen Testaments (§§ 2270, 2271, 2272) oder bei einem Erbvertrag (§§ 2278, 2291, 2293 ff.) bestehen. So wie die Errichtung des Testaments **Testierfähigkeit voraussetzt**, ist diese auch bei einem Widerruf erforderlich.

Darüber hinaus erwirbt der Erbe seitens des Erblassers kein Anwartschaftsrecht, sondern lediglich eine tatsächliche Aussicht, die zB bei einem Vermächtnis nicht durch eine Auflassungsvormerkung gesichert werden kann.

2. Form des Widerrufs. Um die Rechtssicherheit nicht zu gefährden und um den Erblasser vor unüberlegten Entschlüssen zu warnen, kann ein Widerruf nur in bestimmten Formen vollzogen werden.

Das BGB kennt dabei vier Formen des Widerrufs: a) Widerruf durch Testament (§ 2254), b) Widerruf durch Vernichtung oder Veränderung der Urkunde (§ 2255), c) Widerruf des vor einem Notar oder nach § 2249 errichteten Testaments durch Rücknahme aus der amtlichen Verwahrung (§ 2256) und d) durch späteres widersprechendes Testament (§ 2258). Andere Möglichkeiten des Widerrufs, zB durch schlüssiges Verhalten, gibt es nicht.

3. Folgen des Widerrufs. Als Folge des Widerrufs wird das Testament oder Teile des Testaments **aufgehoben** (RGZ 104, 320; BayObLGZ 1960, 490). Ab dem Zeitpunkt, in dem der Erblasser das Widerrufstestament unterzeichnet, treten die Wirkungen des ursprünglichen Testaments nicht mehr ein.

Dies stellt aber noch keine Endgültigkeit dar, da der Widerruf seinerseits widerrufen werden kann, insofern mit der Rechtsfolge, dass das ursprüngliche Testament wieder wirksam wird (s. §§ 2257, 2258 II).

Endgültig wirksam wird das Widerrufstestament damit erst im **Zeitpunkt des Erbfalls**. Dennoch kommt auch einem widerrufenen Testament eine gewisse Bedeutung hinsichtlich der Auslegung zu, weshalb es beim Nachlassgericht abzuliefern ist (§ 2259), zu eröffnen ist (§ 2260 BGB aF ist seit 1.9.2009 durch Gesetz v. 17.12.2008 [BGBl. I S. 2586] aufgehoben worden und nun in § 348 FamFG geregelt) und den Beteiligten zur Kenntnis zu geben ist.

Gem. § 2078 BGB kann der **Widerruf angefochten** werden. Die Erklärung ist gegenüber dem Nachlassgericht (§ 2081) und bei einem Vermächtnis gegenüber dem Vermächtnisnehmer (§§ 143, 2147 ff.) abzugeben.

4. Testierfähigkeit. Da es sich bei einem Widerruf selbst um eine letztwillige Verfügung handelt, wird **Testierfähigkeit des widerrufenden Erblassers** vorausgesetzt (§ 2229). Die nach § 2253 II BGB aF besonders vorgesehene Widerrufsmöglichkeit eines Entmündigten, sog. „negative Testierfreiheit" ist seit dem 1.1.1992 durch die Abschaffung der Entmündigung durch das BetrVG obsolet geworden. Demgemäß kann seit dem 1.1.1992 ein Betreuter, der nach § 2229 IV testierfähig ist, **ohne Zustimmung des Betreuers**, gem. § 1903 II, ein Testament wirksam widerrufen.

§ 2254 Widerruf durch Testament

Der Widerruf erfolgt durch Testament.

1. Normzweck. Die Vorschrift (kürzeste des BGB) normiert den Regelfall für einen Testamentswiderruf. In Betracht kommt hier ebenfalls das **privatschriftliche oder öffentliche Testament**. Daraus folgt, dass für das Widerrufstestament nicht die Form des Testaments erforderlich ist, das widerrufen werden soll. Ein **Prozessvergleich** als Widerrufsform ist **nicht zulässig** (BGH FamRZ 1960, 28 (30); BayObLG NJW 1965, 1276). Dagegen ist ein bedingter Widerruf nach §§ 2074–2076 in Form einer Verwirkungsklausel als rechtmäßig anzusehen. Weiterhin kann der Erblasser sein Testament auch durch ein sog. Nottestament widerrufen, dies allerdings nur zeitlich beschränkt (§ 2252).

Da § 2254 lediglich ein früheres Testament aufheben will und § 2258 die gesetzliche Aufhebung durch eine widersprechende Verfügung regelt, ist eine klare Abgrenzung zu erkennen. Zudem soll durch die Formvorschriften des Testaments der **Rechtssicherheit** gedient werden und gleichzeitig der Erblasser vor Übereilung geschützt werden.

2. Form des Widerrufs. Zunächst sind die allgemeinen Anforderungen, insbes. der **Testierwille, die Testierfähigkeit** und die **persönliche Errichtung** erforderlich. Insofern der Widerrufsvermerk als Widerruf erkennbar und somit wirksam ist (→ Rn. 4), kommt es auf die Vermerkunterlage nicht mehr an

(OLG Hamm NJW-RR 2000, 742). Ein Vermerk auf dem Umschlag, indem sich das Testament befindet, genügt, insofern der Vermerk gesondert unterzeichnet wurde. Die Unterschrift des Testaments, das sich im Umschlag befindet, reicht damit für die neue Verfügung nicht aus (BayObLG NJW 1963, 1622). Wenn dagegen die Unterschrift des Testaments, welches widerrufen werden soll, sich auf dem Umschlag befindet, so bedarf es einer gesonderten Unterschrift für den Widerrufsvermerk nicht mehr (FAKomm ErbR/*Assenmacher* Rn. 5).

3 **3. Inhalt und Umfang des Widerrufs.** Darüber hinaus muss aus dem Testament klar hervorgehen, dass im Zeitpunkt der Errichtung ein **Widerrufswille** bestanden hat und der Testierende den **Widerruf beabsichtigt** hat (BGH NJW 1966, 201). Bloße Vermerke, wie „ungültig" oder „aufgehoben", genügen nicht. Wenn das spätere Testament keinen inhaltlichen Bezug zum Widerruf der früheren Verfügung aufweist, ist die Rechtslage nach § 2258 zu beurteilen.

4 Der **Umfang** des Widerrufs ist gänzlich dem **Erblasser vorbehalten** (NJW 1951, 559; Soergel/*Mayer* Rn. 6). So kann sich der Widerruf auch auf Teile des ursprünglichen Testaments beziehen und bei teilweiser Unwirksamkeit des Widerrufs der übrige Teil des Widerrufs wirksam bleiben (OLG Zweibrücken ZEV 2003, 367). Bei ständig neuen Verfügungen von Todes wegen, bei denen standardmäßig alle früheren Verfügungen widerrufen werden, kann es sich um eine bloße „Formel" handeln, welche eben nicht alle früheren Verfügungen tatsächlich aufheben soll, insofern dies nach dem wirklichen Willen des Erblassers zu weit gehen würde (BayObLG NJW-RR 1990, 1480).

5 **4. Widerruf gemeinschaftlicher Testamente.** Bzgl. des gemeinschaftlichen Testaments bestehen Sondervorschriften gem. §§ 2271, 2296, da es sich um wechselseitige Verfügungen handelt (BGH NJW 1987, 901).

6 **5. Eröffnung des widerrufenen Testaments/Verfahrensfragen.** Ein widerrufenes Testament ist **ebenfalls zu eröffnen** (§ 2260 BGB aF, neu geregelt durch Gesetz v. 17.12.2008 [BGBl. I S. 2586] in § 348 FamFG). Damit soll das Widerrufstestament überprüft werden können. Demgemäß bleibt das widerrufene Testament gültig, sollte der Widerruf nicht rechtsgültig sein oder aber der Widerruf seinerseits widerrufen sein (§ 2257). Hat der Erblasser zwei Testamente errichtet, das zweite ist aber durch sein Zutun abhandengekommen und der positive Inhalt des zweiten nicht feststellbar, der Wille des Erblassers zur Aufhebung des ersten Testaments aber feststeht, so greift in diesem Fall der Widerruf durch und es tritt gesetzliche Erbfolge ein (DNotZ 1935, 824).

7 Die **Gebühr** für ein öffentliches Widerrufstestament bestimmt sich nach **KV Nr. 21201 Ziff. 1 GNotKG** ($^5/_{10}$ Gebühr). Soll sogleich mit dem Widerruf eine neue Verfügung von Todes wegen aufgesetzt werden, so bestimmt sich die Gebühr nach KV Nr. 21200 GNotKG ($^{10}/_{10}$). Dabei unterbleibt eine eigenständige Ansetzung des Widerrufs, wenn der Geschäftswert der neu errichteten Verfügung nicht hinter dem der widerrufenen Verfügung zurückbleibt. Berechnet wird der Wert gem. § 102 Abs. 1 GNotKG.

8 Die **Beweislast** richtet sich nach den Grundsätzen, die auch für die Testamentserrichtung nach § 2247 gelten.

§ 2255 Widerruf durch Vernichtung oder Veränderungen

¹Ein Testament kann auch dadurch widerrufen werden, dass der Erblasser in der Absicht, es aufzuheben, die Testamentsurkunde vernichtet oder an ihr Veränderungen vornimmt, durch die der Wille, eine schriftliche Willenserklärung aufzuheben, ausgedrückt zu werden pflegt. ²Hat der Erblasser die Testamentsurkunde vernichtet oder in der bezeichneten Weise verändert, so wird vermutet, dass er die Aufhebung des Testaments beabsichtigt habe.

1 **1. Normzweck.** Die Vorschrift schützt den Erblasser vor zu schnellen und unüberlegten Handlungen in Bezug auf sein Testament. So wird neben dem **Willen zum Widerruf** auch noch eine **Handlung** gefordert, die üblicherweise als Aufhebung einer Willenserklärung angesehen wird. Dabei sind die Formvorschriften streng auszulegen.

2 **2. Voraussetzungen. a) Testierfähigkeit.** Zum wirksamen Widerruf durch Vernichtung oder Veränderung der Testamentsurkunde bedarf es der **vollen Testierfähigkeit des Erblassers** im Zeitpunkt der Widerrufshandlung (BayObLG FamRZ 1996, 1110 (1112)). Für weitere Einzelheiten auch bzgl. der negativen Testierfähigkeit, die bis zum 31.12.1991 gegolten hat → § 2253 Rn. 5.

3 **b) Testament.** Die Norm betrifft insbes. **privatschriftliche Testamente,** da diese in häuslicher Verwahrung des Erblassers schnell griffbereit sind. Darüber hinaus gilt die Norm aber auch für **öffentliche Testamente.** Dies scheint dem Erfordernis zu widersprechen, dass notarielle Testamente und Nottestamente vor dem Bürgermeister in amtliche Verwahrung zu geben sind (s. § 34 I 4 BeurkG). So verstößt ein Notar nicht gegen die Verfassung oder die Unabhängigkeit des Notars, wenn er trotz entgegenstehenden Willens des Testierenden das öffentliche Testament in amtliche Verwahrung gibt (vgl. Soergel/*Mayer* § 34 BeurkG Rn. 4). Dennoch bleibt die theoretische Möglichkeit, dass ein solches Testament entgegen der gesetzlichen Vorschrift wiederum in die Hände des Erblassers fällt. In solch einem Fall kann das Testament auch gem. § 2255 widerrufen werden (BGH NJW 1959, 2113 (2114); Staudinger/*Baumann* Rn. 3). Dabei muss nicht einmal die Rückgabe explizit an den Erblasser erfolgen, sondern kann auch an einen Dritten geschehen (OLG Saarbrücken NJW-RR 1992, 586).

c) **Vernichtung oder Veränderung.** Die vorzunehmende tatsächliche Handlung des Erblassers besteht entweder im Vernichten oder im Verändern. Bei der Vernichtung muss der Stoff der Urkunde zerstört werden, zB durch **Verbrennen, Zerreißen, Zerschneiden.** Die Urkunde darf nicht mehr vorhanden sein. Demgegenüber muss die Veränderungshandlung dergestalt sein, dass die Vornahme eine Aufhebung der Willenserklärung bedeutet. Eine bloße Willensäußerung genügt nicht. Es muss vielmehr eine gewisse **körperliche Veränderung** am Testament vorliegen (BayObLG FamRZ 1990, 1283), die in einer der Vernichtung gleichkommende Weise erfolgt. Andere, wenn auch schlüssige Handlungen, genügen nicht, um das Testament aufzuheben (RGZ 104, 323). Darüber hinaus bedarf es einer **Absicht,** die die Aufhebung einer schriftlichen Willenserklärung zum Ausdruck bringt. Es wird auf einen **objektivierenden und losgelösten Maßstab** abgestellt (RG JW 1913, 41 (42); Staudinger/*Baumann* Rn. 8; Lange/*Kuchinke* ErbR § 23 Kap. II Rn. 2b). Dabei sollen die individuellen Eigenarten des Erblassers in eine Wertung mit einbezogen werden. So ist eine Veränderung iSv § 2255 insbes. dann anzunehmen, wenn mit der Urkunde die Veränderungshandlungen geschehen sind, die ein Dritter, welcher mit den Gewohnheiten des Erblassers vertraut ist, als Aufhebung derselben versteht (Soergel/*Mayer* Rn. 5). Unter solche Veränderungshandlungen fallen zB **Ungültigkeitsvermerke** (Palandt/*Weidlich* Rn. 6), **Durchstreichen, Zerreißen, Zerschneiden, Austilgen, Unleserlichmachen** (weitere Beispiele s. Rpfleger 1980, 283). Strittig ist, ob das Wegwerfen in den Papierkorb einer Widerrufshandlung genügt. Die wohl hM bejaht dies, wenn das Papier durch zerknittern eine körperliche Veränderung vollzogen hat. Damit will sich der Aussteller nach allgemeiner Verkehrssitte vom Inhalt letztlich trennen und seine schriftliche Willenserklärung aufheben (vgl. Rpfleger 1980, 183). Beim unzerknitterten Wegwerfen, wobei das Papier jederzeit aus dem Papierkorb unbeschädigt wieder herausgenommen werden kann, ist das Merkmal einer Vernichtung nicht zu bejahen (Staudinger/*Baumann* Rn. 10 mwN).

d) **Persönliches Handeln.** Da es sich bei dem Widerruf um eine letztwillige Verfügung handelt ist **keine Stellvertretung** (Vertretung im Willen) erlaubt (Staudinger/*Baumann* Rn. 22). Dennoch ist die Vernichtung oder Änderung auch durch die Beauftragung von Dritten möglich, wenn sich der Erblasser des **Dritten** nur als **Werkzeug** bedient (KG JW 1937, 476). Dabei darf dem Dritten aber kein Entschluss- und Handlungsspielraum eingeräumt werden (NJW-RR 2002, 222). Kontrovers diskutiert wird die Frage, inwiefern es darauf ankommt, ob bei der Durchführung der Ausführungshandlung der Erblasser mit anwesend sein soll oder gar der Dritte nur unter „Tatherrschaft" handeln kann. Dies kann wohl nicht gefordert werden (BayObLG FamRZ 1992, 1350 (1351); Soergel/*Mayer* Rn. 11; abl. Staudinger/*Baumann* Rn. 23, fordert Anwesenheit, nur so kann Erblasser Testamentsvernichtung beherrschen). Sollte der Auftrag zur Veränderung oder Vernichtung erst nach dem Tod des Erblassers ausgeführt worden sein, so liegt kein wirksamer Widerruf vor, da die erbrechtlichen Verhältnisse grds. im Erbfall vorliegen müssen.

Demnach müssen Vernichtungen noch zu Lebzeiten des Erblassers erfolgen (BayObLG FamRZ 1992, 1350 (1351)). Gänzlich unzulässig ist aber eine Bevollmächtigung bei der der Bevollmächtigte Entschlussfreiheit erhält das Testament aufzuheben (*Schmidt* MDR 1951, 323; *Müller/Freienfels* JuS 1967, 125). Sollte das Testament von einem Dritten ohne Wissen und Wollen des Erblassers verändert worden sein, so kann auch nicht durch nachträgliche Zustimmung die Aufhebung des Testaments erlangt werden, da § 185 auf nichtrechtsgeschäftliches Handeln eines Dritten keine Anwendung findet (BGH NJW 1951, 559).

e) **Widerrufsabsicht – subjektive Voraussetzung.** Erforderlich ist eine Absicht, das Testament zu widerrufen noch im Zeitpunkt des Vollzugs. Nach S. 2 wird die **Absicht vermutet,** insoweit der Erblasser persönlich die Testamentsurkunde vernichtet oder verändert. Etwaige Handlungen, durch die nach allgemeinen Gepflogenheiten dem Willen Ausdruck verliehen wird, dass eine bestimmte rechtsgeschäftliche Willenserklärung aufzuheben, genügt nicht den Anforderungen, um ein Testament außer Kraft zu setzen (RGZ 71, 293 (302); MüKoBGB/*Hagena* Rn. 4). Ein Testament, das **unfreiwillig verloren geht, vernichtet** wurde oder dessen Inhalt unleserlich wurde, **bleibt gültig,** da es an der Absicht des Widerrufs mangelt (RG JW 1912, 798; BayObLG BGH NJW-RR 1992, 1358 mwN; BGH NJW 1951, 559; BayObLG FamRZ 1985, 194 mwN; Rpfleger 1980, 60). Die Tatsache, dass das Originaltestament verschwunden ist, begründet demnach keine Vermutung des Widerrufs nach S. 2 (OLG Köln, Beschl. v. 2.12.2016 – 2 Ws 550/16, NJW-Spezial 2017, 40; BayObLG FamRZ 1998, 1469 (1470); 1993, 117).

3. Beweisfragen. Im Prozess muss derjenige, der sich auf die Gültigkeit des Testaments beruft, beweisen, dass es formwirksam errichtet wurde und welchen Inhalt es hat. Der Prozessgegner hingegen hat die rechtsvernichtenden Tatsachen zu beweisen. Sollte das **Testament objektiv vernichtet oder verändert oder gar unauffindbar** sein, so spricht zwar einiges dafür, dass der Erblasser etwaige Handlungen zu verantworten hat, dennoch besteht **keine gesetzliche Vermutung** (→ Rn. 6). Die Beweislast für die Widerrufshandlung trägt derjenige, der die Aufhebung des Testaments behauptet (RG JW 1912, 798; OLG Saarbrücken DNotZ 1950, 68 – Entscheidung hebt hervor, dass Anforderungen nicht allzu hoch zu spannen sind). Demnach muss das Nachlassgericht vom Weiterbestehen des Testaments ausgehen, wenn sich keine Beweise für eine Vernichtung seitens des Erblassers ergeben (OLG Hamm DNotZ 1950, 43). Allein die Nichtauffindbarkeit der Originalurkunde nach dem Tod des Erblassers begründet noch keine tatsächliche Vermutung, dass das Testament vom Erblasser mit Widerrufswillen vernichtet worden ist (OLG Naumburg BeckRS 2012, 10199). Steht aber fest, dass das Testament vom Erblasser vernichtet wurde, steht die Widerrufsvermutung nach S. 2 im Raum. Bei dieser sog. gesetzlichen Tatsachenbehauptung gem. § 292 S. 1 ZPO ist die Behauptung und der Beweis des Gegenteils mit allen vorgesehenen Beweismitteln als zulässig zu erachten (Staudinger/*Baumann* Rn. 37).

§ 2256 Widerruf durch Rücknahme des Testaments aus der amtlichen Verwahrung

(1) ¹Ein vor einem Notar oder nach § 2249 errichtetes Testament gilt als widerrufen, wenn die in amtliche Verwahrung genommene Urkunde dem Erblasser zurückgegeben wird. ²Die zurückgebende Stelle soll den Erblasser über die in Satz 1 vorgesehene Folge der Rückgabe belehren, dies auf der Urkunde vermerken und aktenkundig machen, dass beides geschehen ist.

(2) ¹Der Erblasser kann die Rückgabe jederzeit verlangen. ²Das Testament darf nur an den Erblasser persönlich zurückgegeben werden.

(3) **Die Vorschriften des Absatzes 2 gelten auch für ein nach § 2248 hinterlegtes Testament; die Rückgabe ist auf die Wirksamkeit des Testaments ohne Einfluss.**

1   **1. Normzweck.** Die Rückgabeoption des Testaments gibt dem Testierenden einen Weg, sein öffentliches Testament völlig „privat" werden zu lassen. Damit soll dem Erblasser eine Möglichkeit gegeben werden, ein **inhaltlich überholtes öffentliches Testament** jederzeit widerrufen zu können, damit es nicht eröffnet und verkündet wird. Lediglich die Rückgabe muss an den Erblasser persönlich erfolgen, um sicher festzustellen, dass ein Rückgabewille auch noch im Zeitpunkt der Aushändigung vorhanden ist (BGH NJW 1959, 2113; OLG Saarbrücken NJW-RR 1992, 586).

2   **2. Widerruf durch Rücknahme. a) Rücknahmegegenstand.** Erforderlich ist ein Testament, das vor einem Notar oder nach § 2249 errichtet worden ist. Bzgl. eines Konsulartestaments schweigt das Gesetz. Dennoch findet Abs. 1 analog Anwendung, da es ebenfalls gem. § 10 III, § 11 I KonsularG iVm § 34 BeurkG in amtliche Verwahrung zu geben ist (Soergel/*Mayer* Rn. 3). Damit wird dem Umstand Rechnung getragen, dass eine Beurkundung im Ausland nicht möglich ist. Bei gemeinschaftlichen Testamenten sind die Sonderregelungen gem. § 2272 zu beachten.

3   **b) Besondere amtliche Verwahrung.** Weiterhin muss sich das Testament in **amtlicher Verwahrung** befinden (BGH NJW 1959, 2113). Der Notar muss das Testament unverzüglich abliefern (→ § 2255 Rn. 3). Die §§ 2258a, 2258b, welche die amtliche Verwahrung im BGB geregelt haben, sind mWv 1.1.2009 durch das PStRG v. 19.2.2007 (BGBl. I S. 122), v. 1.1.2009 bis 31.8.2009 geregelt in §§ 73, 82a FGG, seit 1.9.2009 geregelt in **§§ 344, 346 FamFG**, aufgehoben worden.
Dabei ist der Begriff des Vorstehers eines Gutsbezirkes (vgl. § 2258a II Nr. 2 BGB aF) in § 73 IV Nr. 2 FGG und in § 344 I 1 Nr. 2 FamFG nicht mehr mit aufgenommen worden. Verwahrungsbehörde bleibt somit grds. das **Amtsgericht** (vgl. § 344 FamFG; in Baden Württemberg das Notariat – vgl. § 1 II, § 46 III LFGG). Sollte das Testament versehentlich ausgehändigt werden oder aber nur in einfache Verwahrung gelangen, so ist darin kein Widerruf zu sehen (Palandt/*Weidlich* Rn. 4).

4   **c) Rückgabeverlangen.** Der Erblasser kann die hinterlegten Testamente jederzeit mit einem **formlosen Antrag beim Amtsgericht** zurückverlangen. Strittig ist, ob eine Vertretung möglich ist. Befürworter der Vertretungsansicht beziehen sich auf § 2256 II 2, wonach die Rückgabe an den Erblasser nur persönlich erfolgen darf. Nur bei Erfüllung des mehraktigen Tatbestandes (persönliches Verlangen und persönliche Rückgabe) greift die Widerrufsfiktion ein. Da die Rücknahme als Verfügung von Todes wegen angesehen wird, so muss auch das Rückgabeverlangen dieser Form entsprechen (LG Augsburg Rpfleger 1998, 344 (345); Soergel/*Mayer* Rn. 5). Letztlich scheint dieser Streit aber nur von theoretischer Natur zu sein, da im Gesetz klar festgeschrieben ist, dass eine Rückgabe nur persönlich erfolgen kann (vgl. Abs. 2 S. 2; MüKoBGB/*Hagena* Rn. 6; Reimann/Bengel/Mayer/*Voit* Rn. 6). Dabei ist das Rückgabeverlangen keine Willenserklärung, sondern eine **geschäftsähnliche Handlung**. Der Vorlegung eines Hinterlegungsscheines bedarf es auch nicht, wenn die Identität eindeutig geklärt ist (MüKoBGB/*Hagena* § 2248 Rn. 25 mwN). Die Rückgabe eines gemeinschaftlichen Testaments aus der amtlichen Verwahrung kann nur auf einen Antrag beider Eheleute unter der weiteren Voraussetzung erfolgen, dass diese bei Antragstellung geschäftsfähig sind (OLG Hamm LSK 2012, 460490).

5   **d) Ausführung der Rückgabe.** Die Rückgabe darf nur höchstpersönlich erfolgen. Demnach ist Stellvertretung und Botenschaft ausgeschlossen (OLG Zweibrücken NJW-RR 1992, 586). Die Übergabe an einen Rechtsanwalt ist ebenfalls kein Widerruf. Durch die strengen Vorschriften soll erreicht werden, dass der Widerrufswille im Zeitpunkt der Übergabe immer noch fortbesteht. Ist es dem Erblasser nicht möglich, das Amtsgericht oder Konsulat aufzusuchen, so muss der Rechtspfleger zwecks der Rückgabe den Erblasser persönlich aufsuchen. Eine bloße Einsichtnahme ist kein Widerruf, auch nicht die versehentliche Zusendung seitens des Notars an den Erblasser statt der Hinterlegung (MüKoBGB/*Hagena* Rn. 8).

6   **e) Wirkung der Rücknahme.** Die ordnungsgemäße Rückgabe führt zum **Widerruf des Testaments**, selbst bei entgegenstehendem Willen des Erblassers. Dabei tritt auch bei erneuter Rückgabe in amtliche Verwahrung keine Heilung ein (BayObLG DNotZ 1973, 630; Staudinger/*Baumann* Rn. 17). Der Widerruf durch Rücknahme kann auch nicht durch ein Widerrufstestament widerrufen werden. Selbst die Bezugnahme in einem eigenhändigen späteren Testament auf das zurückgenommene Testament ist nicht zulässig. Unabdingbar ist die Erstellung eines neuen Testaments.

3. Rücknahme eines hinterlegten Testaments nach Abs. 3. Ein **eigenhändiges Testament** gem. § 2247 kann ebenfalls aus amtlicher Verwahrung zurückgenommen werden. In analoger Anwendung des § 2248 können die **Dreizeugentestamente** gem. §§ 2250, 2251 auch verwahrt werden. Durch die analoge Anwendung von § 2256 III können auch diese wieder herausverlangt werden. Hierbei finden die gleichen Regeln wie bei den öffentlichen Testamenten Anwendung. Dabei hat die Rücknahme gem. Abs. 3 auf die Wirksamkeit keinen Einfluss. Strittig ist letztlich nur, ob ein privates Testament, was der Form des § 2247 entspricht und als Schrift gem. § 2232 zum Bestandteil eines öffentlichen Testaments wurde, bei Rücknahme als widerrufen anzusehen ist oder ob es als privat-schriftliches Testament weiter gültig bleibt (für Gültigkeit: *Lange/Kuchinke* ErbR § 36 Kap. III Rn. 2b; *Firsching* DNotZ 1955, 214; *Cohn* DNotZ 1914, 353; Gegenansicht: BGB-RGRK/*Kregel* Rn. 10; MüKoBGB/*Hagena* Rn. 4; Palandt/*Weidlich* Rn. 1; Soergel/*Mayer* Rn. 9). Die Ansicht, die von einem wirksamen Widerruf ausgeht, erscheint vorzugswürdig, da es sich durch die Übergabe in amtliche Verwahrung um ein öffentliches Testament handelt, es sei denn, der Erblasser wollte schon mit Niederschrift des Testaments seinen letzten Willen nachweislich erklären, und demnach durch die Verwahrung nur eine Verstärkung des Willens herbeiführen (MüKoBGB/*Hagena* Rn. 4).

§ 2257 Widerruf des Widerrufs

Wird der durch Testament erfolgte Widerruf einer letztwilligen Verfügung widerrufen, so ist im Zweifel die Verfügung wirksam, wie wenn sie nicht widerrufen worden wäre.

1. Normzweck. Der Widerruf des Widerrufs ist Ausfluss der Testierfreiheit. Dem Erblasser steht zu Lebzeiten die Möglichkeit zu, seinem ursprünglich widerrufenem Testament wiederum Gültigkeit zu verleihen (vgl. MüKoBGB/*Hagena* Rn. 1). Die gesetzliche Vermutung des § 2257 kann widerlegt werden; dies ist im Einzelfall zu prüfen.

2. Regelungsgegenstand. Ein Widerruf ist nur bei einem **durch Testament erklärten Widerruf** nach § 2254 ganz oder teilweise möglich, da nur ein Widerruf, der letztwillige Verfügung ist, seinerseits widerrufen werden kann (Soergel/*Mayer* Rn. 2). Bei §§ 2255, 2256, der Rücknahme eines Testaments aus der amtlichen Verwahrung bzw. bei Vernichtung oder Veränderung, handelt es sich zwar um eine letztwillige Verfügung, jedoch nicht um ein „Testament" im technischen Sinn. Hier muss ein neues Testament erstellt werden (Rpfleger 1996, 349; *Hohmann* ZEV 1996, 271). Dies gilt auch bei Ungültigkeitsvermerken, die nicht die Anforderungen eines Widerrufstestaments erfüllen und bei Streichungen (vgl. MüKoBGB/*Hagena* Rn. 3). Sollte bei einem privatschriftlichen Testament lediglich die Unterschrift durchgestrichen sein, so genügt die Neuunterzeichnung. Der Widerruf gem. § 2257 ist selbst letztwillige Verfügung.

3. Wirkung. Das ursprüngliche **Testament tritt „im Zweifel" wieder in Kraft**, so als wäre es nie widerrufen worden. Dabei ist die Vermutung widerlegbar. Abweichend hiervon kann bestimmt werden, dass das ursprüngliche Testament ganz oder teilweise widerrufen bleiben soll oder aber der Widerruf eines Widerrufstestaments einer Bedingung unterliegt (BayObLG FamRZ 1997, 1353; OLG Köln Rpfleger 2006, 322 (323); 1973, 401). Sollte ein zweiter Widerruf wiederum widerrufen werden, so erlangt der erste Widerruf wieder Gültigkeit mit der Wirkung, dass das Testament widerrufen ist. Sollte das erste widerrufene Testament abhandengekommen sein, so gilt bei Widerruf des Widerrufs die gesetzliche Erbfolge (MüKoBGB/*Hagena* Rn. 4). Setzen sich Ehegatten in einem notariellen Testament gegenseitig als Alleinerben ein und widerrufen gleichzeitig alle früheren letztwilligen Verfügungen, in denen sie sich auch schon gegenseitig als Alleinerben eingesetzt hatten, dann soll bei Widerruf der zweiten Verfügung erstere nicht wieder aufleben, da der Widerruf sonst überflüssig gewesen wäre (OLG Hamm LSK 2012, 310123).

4. Beweislast. Wer sich auf ein widerrufenes Testament berufen will, hat die Beweislast für dessen Gültigkeit zu tragen. Demgegenüber ist der Gegenbeweis, dass eben durch den Widerruf des Widerrufstestaments der Widerrufende die erste Verfügung nicht mehr wirksam machen wollte, möglich (BayObLG ZEV 1996, 275).

§ 2258 Widerruf durch ein späteres Testament

(1) Durch die Errichtung eines Testaments wird ein früheres Testament insoweit aufgehoben, als das spätere Testament mit dem früheren in Widerspruch steht.

(2) Wird das spätere Testament widerrufen, so ist im Zweifel das frühere Testament in gleicher Weise wirksam, wie wenn es nicht aufgehoben worden wäre.

1. Normzweck. Hinterlässt ein Erblasser mehrere sich widersprechende Testamente, führt das spätere Testament – soweit es zu dem früheren im Widerspruch steht – zu dessen Aufhebung, ohne dass der Erblasser dies ausdrücklich angeordnet haben muss (Grundsatz der Posteriorität). Ein **Aufhebungswille** wird **nicht gesondert gefordert**. Aus der systematischen Stellung des § 2258 I ergibt sich, dass es sich um eine Fiktion eines Widerrufstestaments handelt, das von dem vermuteten Widerrufswillen bei Neuerrichtung getragen wird. Diese Fiktion tritt unabhängig davon ein, ob der Erblasser überhaupt noch Kenntnis von einem älteren Testament hat oder aber den Widerspruch selbst überhaupt bemerkt hat (BGH NJW 1981, 2745; 1987, 901).

Eine Aufspaltung des neueren, inhaltlich veränderten Testaments in einen negativen Widerruf und eine positive neue letztwillige Verfügung ist nicht möglich, denn ansonsten wäre § 2258 gegenüber § 2254 überflüssig (Mot. V 303). Abs. 2 entspricht § 2257. Auch bei gemeinschaftlichen Testamenten findet die Norm Anwendung (Reimann/Bengel/Mayer/*Voit*, Testament und Erbvertrag, Rn. 5).

2 **2. Aufhebung früherer Testamente (Abs. 1). a) Späteres Testament.** Erforderlich ist zunächst, dass ein Testament später als das andere errichtet wurde. Dabei darf das jüngere keine Regelung zur Fortgeltung bzgl. des älteren enthalten. Ohne Belang ist dagegen, ob das eine Testament ein privatschriftliches oder öffentliches ist oder umgekehrt (BayObLGZ 1987, 59; Soergel/*Mayer* Rn. 3). Dahingegen muss das jüngere Testament rechtswirksam sein (BGH NJW 1981, 2745; BayObLG Rpfleger 1987, 59 (60); MüKoBGB/*Hagena* Rn. 3).

3 **b) Früheres Testament.** Das früher errichtete Testament muss auch gültig sein. Sollte es sich um ein gemeinschaftliches Testament handeln, so ist zwischen einseitigen und wechselbezüglichen Verfügungen zu unterscheiden. Hierbei ist der Widerruf wechselbezüglicher Bestimmungen in § 2271 geregelt. Andererseits ist bei einseitigen letztwilligen Verfügungen § 2258 I anzuwenden.

4 **c) Datierungsprobleme.** Da nach Abs. 1 es insbes. auf den **Zeitpunkt der Errichtung** des jüngeren und des älteren Testaments ankommt, kommt der zeitlichen Komponente eine entscheidende Bedeutung zu. Insofern mehrere Verfügungen Zeitangaben über ihren Errichtungszeitpunkt enthalten, sind diese als wirksam anzusehen, außer sie sind nachweislich falsch. Bei Errichtung unter **gleichem Datum** ist § 2258 nicht anwendbar. Sollten sich in solch einem Fall die Verfügungen widersprechen, so sind sie in ihren unvereinbaren Teilen unwirksam (BayObLG NJW-RR 1991, 312; KG OLG NJW-RR 1991, 392). Sollten ein **datiertes und ein undatiertes Testament** errichtet sein, ist das undatierte im Zweifel als das ältere und damit als ungültig anzusehen, insofern es im Widerspruch zu dem datierten steht. Diese Vermutung gilt jedenfalls, wenn weitere Angaben fehlen und auch keine weiteren Feststellungen möglich sind (KG Rpfleger 1991, 154 (155); FamRZ 1991, 237).

5 **d) Inhaltlicher Widerspruch.** Dieser liegt vor, insofern die letztwilligen Anordnungen sachlich nicht übereinstimmen. Letztlich kann schon bei Weglassung einer Anordnung sich ein Widerspruch ergeben (zB bei der Ersatzerbenbestimmung, OLG Köln NJW-RR 1992, 1418). Andererseits kann auch bei sachlicher Übereinstimmung ein Widerspruch vorliegen, nämlich dann, wenn sich im Wege der Auslegung des späteren Testaments ergibt, dass es allein gelten soll (BGH NJW 1981, 2745 (2746); BayObLG DNotZ 1989, 583 (584)). Sollte nur ein Teilbereich durch den Erblasser neu geregelt werden, greift § 2258 I („insoweit") ein (BGH NJW 1985, 969). Demgemäß wird das frühere Testament nicht vollständig, sondern nur in dem bestimmten Bereich aufgehoben. Anhand des Erblasserwillens lässt sich feststellen, ob und inwieweit ein Widerspruch vorliegt. Hier können auch Umstände außerhalb des Testaments herangezogen werden. Aber es darf weder dem älteren noch dem jüngeren Testament mehr Gewicht beigemessen werden, beide stehen auf gleicher Stufe. Sollte bei der Wiederholung einer früheren Verfügung ein Teil weggelassen werden, so liegt darin die Aufhebung des nicht wiederholten Teils (BayObLG NJW 1965, 1276).

6 **3. Recht der neuen Bundesländer.** § 387 II 1 ZGBDDR enthält eine Regelung, die inhaltlich dem § 2258 I entspricht. Dagegen fehlt eine dem § 2258 II entsprechende Regelung, dass bei Widerruf eines später errichteten widersprechenden Testaments das ursprüngliche Testament wieder gültig wird. Aus diesem Grund ist eine durch ein späteres Testament widerrufene letztwillige Verfügung auch dann noch als unwirksam anzusehen, wenn das spätere Testament seinerseits widerrufen wird. Dies gilt nur dann nicht, wenn in dem Widerruf des Widerrufstestaments eine zulässige Bezugnahme auf das Ursprungstestaments enthalten ist.

§§ 2258a, 2258b *(aufgehoben)*

1 Aufgehoben mWv 1.1.2009 durch PStRG v. 19.2.2007 (BGBl. I S. 122), v. 1.1.2009 bis 31.8.2009 geregelt in §§ 73, 82a FGG (Begriff des Vorstehers eines Gutsbezirks in § 73 FGG entfallen), seit 1.9.2009 geregelt in §§ 344, 346 FamFG – s. Komm. dort.

§ 2259 Ablieferungspflicht

(1) Wer ein Testament, das nicht in besondere amtliche Verwahrung gebracht ist, im Besitz hat, ist verpflichtet, es unverzüglich, nachdem er von dem Tode des Erblassers Kenntnis erlangt hat, an das Nachlassgericht abzuliefern.

(2) ¹Befindet sich ein Testament bei einer anderen Behörde als einem Gericht in amtlicher Verwahrung, so ist es nach dem Tode des Erblassers an das Nachlassgericht abzuliefern. ²Das Nachlassgericht hat, wenn es von dem Testament Kenntnis erlangt, die Ablieferung zu veranlassen.

1 **1. Normzweck.** Die Vorschrift hat den Zweck, den Willen des Erblassers durch Erfassung aller Testamente zu ermitteln und die Unterdrückung von Verfügungen von Todes wegen zu verhindern. Mit der Vorschrift soll sichergestellt werden, dass jedes Testament an das Nachlassgericht gelangt, gleichgültig wo es sich zuvor befunden hat (OLG Hamm NJW-RR 1987, 835). Damit sich jeder Beteiligte **Gewissheit über die Rechtsverhältnisse am Nachlass** verschaffen kann, soll das Nachlassgericht als Sammel-

stelle fungieren (BayObLG FamRZ 1992, 226 (227)). Somit ist ebenfalls ein funktionierendes Nachlassverfahren gesichert (§§ 2260 ff.: Benachrichtigung der Erben, Gewährung der Einsicht, Erteilung von Abschriften, Erteilung eines Erbscheins).

2. Gegenstand der Ablieferungspflicht. Die Ablieferungspflicht besteht hinsichtlich jeder Urkunde die nach ihrer Form und/oder ihrem Inhalt sich als letztwillige Verfügung darstellt (BayObLG FamRZ 1988, 659). Darunter fallen alle **Schriftstücke des Erblassers**, in denen er **Rechtsverhältnisse nach seinem Tod regeln** will. Bloße Ankündigungen und Entwürfe fallen nicht darunter. Bei Zweifeln sind aber auch diese Schriftstücke an das Nachlassgericht abzuliefern (KG Rpfleger 1977, 256; OLG Hamm Rpfleger 1983, 252 (253)). Unter § 2259 fallen auch die gemeinschaftlichen Testamente. Ferner müssen auch gem. § 2255 I widerrufene öffentliche Testamente, widerrufene privatschriftliche Testamente, aufgehobene Erbverträge, durch Zeitablauf ungültig gewordene Nottestamente, formnichtige Testamente, sowie Testamente mit Widerrufs- oder Ungültigkeitsvermerken abgeliefert werden. Dabei spielt es auch keine Rolle, ob das Testament verschlossen oder offen ist und formell oder sachlich wirksam ist (BayObLG FamRZ 1988, 658 (659)). Die im **Ausland errichteten Verfügungen** von Todes wegen deutscher Staatsangehöriger unterliegen ebenfalls der Ablieferungspflicht (MüKoBGB/*Hagena* Rn. 8, 46 mwN). Andererseits sind Verfügungen von Todes wegen von **ausländischen Bürgern**, welche sich im Inland befinden, ebenfalls abzuliefern, gleichgültig wo der Ausländer seinen Wohnsitz hat (MüKoBGB/*Hagena* Rn. 3, 46). Dabei sind die Schriftstücke vollständig herauszugeben, selbst wenn Teile von ihnen keinen Bezug zum Testament haben. Das öffentliche Interesse der Beteiligten am Nachlassverfahren ist höher als ein Geheimhaltungsinteresse einzelner Beteiligter (BayObLG MDR 1984, 233). Auch Anordnungen, welche unter anderem die Bestattung regeln, sind abzuliefern, außer sie beschränken sich lediglich auf die Art der Bestattung, zB Feuer- oder Seebestattung (Reimann/Bengel/Mayer/*Voit* Rn. 4). Erbverzichtsverträge und Aufhebungsverträge sind nicht abzuliefern (OLG Düsseldorf MittRhNotK 1973, 199). Bei Ausstellung der Urkunde seitens eines Notars oder eines Konsularbeamten ist die Urschrift abzuliefern, nicht nur eine Ausfertigung oder eine beglaubigte Kopie.

3. Ablieferungspflichtige. a) Ablieferungspflicht Privater. Ablieferungspflichtig ist jede Person, die auf dem Gebiet der BRD gem. § 857 den **unmittelbaren Besitz** an einer im Inland befindlichen Verfügung von Todes wegen hat (BayObLG FamRZ 1988, 658), wobei unmittelbarer Mitbesitz iSv § 866 genügt. Die Ablieferungspflicht kann durch **Boten oder Vertreter** erfüllt werden. Nach Kenntniserlangung von dem Tod des Erblassers hat die Ablieferung **unverzüglich** (§ 121, ohne schuldhaftes Zögern) zu erfolgen. Darüber hinaus kann jede Person, die Rechte aus der abzuliefernden Verfügung von Todes wegen geltend machen kann, den Besitzer auf Herausgabe an das Nachlassgericht verklagen (BayObLG Rpfleger 1984, 19). Der Erblasser kann den Besitzer von der Obliegenheit der Ablieferung nicht befreien (LG Bonn MittRhNotK 2000, 439). Erlangt das Nachlassgericht Kenntnis, dass eine Person im Inland unmittelbaren Besitz an einer Verfügung von Todes wegen hat, so muss diese zur Abgabe aufgefordert werden. Sollte diese Person der gesetzten angemessenen Frist nicht nachkommen, so kann die Ablieferung durch **Zwangsgeld**, ersatzweise **Zwangshaft** (§§ 358, 35 I–III FamFG) oder durch unmittelbaren Zwang (§§ 358, 35 IV FamFG) erzwungen werden. Gegen die zwangsweise Durchsetzung ist seitens des Betroffenen der Rechtsbehelf der Beschwerde zulässig (OLG Karlsruhe Justiz 1978, 141). Nach § 63 FamFG ist diese ab dem 1.9.2009 innerhalb eines Monates nach Bekanntgabe der ablehnenden Entscheidung einzulegen. Bei Nichtablieferung oder bei Vernichtung der Urkunde ist der Besitzer zu **Schadensersatz** verpflichtet gem. § 823 II (OLG Brandenburg BeckRS 2008, 5198). Eine Strafbarkeit wegen Urkundenunterdrückung nach § 274 I Nr. 1 StGB ist ebenfalls möglich. Außerdem könnte der Besitzer der Urkunde für erbunwürdig erklärt werden nach § 2339 I Nr. 4.

b) Ablieferungspflicht von Behörden. Als Behörde sind alle auf Grund öffentlichen Rechts tätigen Stellen anzusehen. Darunter fallen Notare, Bürgermeister, Konsulate, Polizeibehörden oder Staatsanwaltschaften. Hierbei sind Notare, Bürgermeister und Konsulate bereits verpflichtet ihrer Ablieferungspflicht nachzukommen und ein Testament unverzüglich in besondere amtliche Verwahrung an das Amtsgericht zu geben (vgl. § 34 I BeurkG § 2249 I 4 bzw. § 11 II KonsularG). In Baden Württemberg ist das Notariat selbst für die Eröffnung zuständig. Bei Verweigerung einer Behörde besteht kein Zwangsmittel. Allenfalls kann durch die übergeordnete Behörde eine Auslieferung erreicht werden. Die Verweigerung kann aber zur Amtspflichtverletzung führen, welche letztlich wiederum zu einem Schadensersatzanspruch führt.

4. Zuständigkeit und Verfahren. Die Ablieferung erfolgt an das **örtlich zuständige Nachlassgericht**, also dasjenige, in dessen Bezirk der Erblasser zur Zeit seines Todes seinen Wohnsitz hatte (§ 343 I–III FamFG). Sollte der Erblasser Deutscher sein, hatte er aber zum Zeitpunkt seines Todes weder seinen Wohnsitz noch seinen Aufenthalt in Deutschland, so ist das Amtsgericht Schöneberg in Berlin zuständig. Funktional zuständig ist der Rechtspfleger nach § 3 Nr. 2c RPflG. Sollte die Verfügung dennoch bei einem unzuständigen Gericht abgegeben worden sein, so ist der Verpflichtung aus § 2259 genüge getan. Das unzuständige Gericht hat die Verfügung an das zuständige Gericht weiterzuleiten. Nach Ablieferung wird die Verfügung auch nicht in besondere amtliche Verwahrung gegeben, sondern lediglich zu den Nachlassakten genommen (vgl. § 27 XI AktO).

5. Recht der neuen Bundesländer. Gem. § 394 ZGBDDR war ein Bürger, der ein Testament aufbewahrt oder auffindet, verpflichtet, es unverzüglich nach Kenntnis vom Erbfall beim staatlichen Notariat abzuliefern. Ein Verstoß gegen diese Testamentsablieferungsverpflichtung konnte zum Schadensersatz gem. den §§ 330 ff. ZGBDDR führen. Eine Sonderregelung für die neuen Bundesländer sieht Art. 235 EGB in diesem Zusammenhang nicht vor. Das hat zur Folge, dass die §§ 2259, 2300 I gem. Art. 230 EGBGB auch auf Testamente und Erbverträge anzuwenden sind, die in der DDR errichtet oder abgeschlossen worden sind und bislang noch nicht abgeliefert worden sind.

§§ 2260–2262 (aufgehoben)

1   Aufgehoben mWv 1.9.2009 durch FamFG v. 17.12.2008 (BGBl. I S. 2568), jetzt geregelt in §§ 348, 350 FamFG – s. Komm. dort.

§ 2263 Nichtigkeit eines Eröffnungsverbots

Eine Anordnung des Erblassers, durch die er verbietet, das Testament alsbald nach seinem Tode zu eröffnen, ist nichtig.

1   **1. Normzweck.** Die Norm sichert die ordnungsgemäße Abwicklung des Nachlasses. Durch die rasche Kenntnisnahme können die Erben die erforderlichen Dispositionen veranlassen, um die Erbschaft abzuwickeln (vgl. Soergel/*Mayer* Rn. 1; MüKoBGB/*Hagena* Rn. 1). Darüber hinaus ist eine zügige Testamentseröffnung **für Dritte**, die in einem Rechtsverhältnis zum Erblasser standen, ebenfalls von hohem Interesse, um Rechtsklarheit herzustellen. Ein zeitweiser herrenloser Nachlass soll durch diese Vorschrift vermieden werden. § 2263 ist auf Testamente, einschließlich gemeinschaftlicher Testamente (KG FamRZ 1980, 505) anwendbar, ferner gem. § 2300 I auf Erbverträge.

2   **2. Verbotsumfang. a) Eröffnungsverbot (§ 2263).** Eine Anordnung des Erblassers, das Testament für eine bestimmte Zeit oder gar nicht zu eröffnen, ist nichtig. Trotz der Anordnung bleibt das Testament gültig (LG Freiburg BWNotZ 1982, 115). Sollte bei einem gemeinschaftlichen Testament oder einem Erbvertrag die Eröffnung erst nach Ableben des Längstlebenden vereinbart worden sein, so ist diese Vereinbarung nichtig und verstößt gegen § 2263 (LG Bonn MittRhNotK 2000, 439). Einzig strittig ist die Frage, ob kurzzeitige Eröffnungsverbote, welche sich auf ca. 2 Wochen belaufen, zulässig sind. Zur Vermeidung der schwierigen Grenzziehung und wegen der damit verbundenen Rechtsunklarheit sind diese Verbote als nichtig zu behandeln (vgl. MüKoBGB/*Hagena* Rn. 4; Bamberger/Roth/*Litzenburger* Rn. 1 – aA bejaht kurzzeitiges Eröffnungsverbot: Soergel/*Mayer* Rn. 2; Lange/Kuchinke ErbR § 38 Kap. III Rn. 2a). Die Anordnung, das Testament sei durch eine bestimmte Person zu eröffnen, ist ebenfalls nichtig (vgl. Bengel/Reimann/Mayer/*Voit*, Testament und Erbvertrag, Rn. 3). Nichtig ist auch ein Verzicht der Erben auf Eröffnung des Testaments (Staudinger/*Baumann* Rn. 7).

3   **b) Verbot der Ablieferung (§ 2259).** Etwaige Anordnungen des Erblassers, das Testament nach seinem Ableben nicht an das zuständige Nachlassgericht abzuliefern sind ebenfalls nichtig (BayObLG FamRZ 1988, 658; MüKoBGB/*Hagena* Rn. 7). Gleiches gilt für entsprechende Absprachen sonstiger Beteiligter.

4   **c) Verbot der Benachrichtigung (§ 348 FamFG).** Nichtig ist auch eine Anordnung des Erblassers, Beteiligte oder gewisse Personen zeitweise oder für immer von dem sie betreffenden Inhalt des Testaments nicht in Kenntnis zu setzen (RG LZ 1919, 1241; DNotZ 1966, 112). Verzichtet hingegen ein Beteiligter auf eine Benachrichtigung, so ist dies möglich (MüKoBGB/*Hagena* Rn. 8; Staudinger/*Baumann* Rn. 9).

5   **d) Verbot der Einsichtnahme (§ 357 FamFG).** Eine Anordnung des Erblassers, in der er die Einsichtnahme verbietet, ist ebenfalls nichtig (BayObLG FamRZ 1988, 658; MüKoBGB/*Hagena* Rn. 9).

6   **3. Rechtsfolgen. a) Eröffnungsverbot.** Verbietet der Erblasser mit seiner Anordnung auf gewisse Dauer oder für immer die Eröffnung, so ist diese Anordnung nichtig und damit unwirksam. Bei einem dauerhaften Eröffnungsverbot könnte dies uU als eine nicht ernstlich gewollte Willenserklärung gedeutet werden (MüKoBGB/*Hagena* Rn. 10) bzw. als Zeichen eines fehlenden Testierwillens (Bengel/Reimann/Mayer/*Voit*, Testament und Erbvertrag, Rn. 4). Beides hätte zur Folge, dass die gesamte Verfügung von Todes wegen unwirksam wäre.

7   **b) Wirkung auf das Testament.** Ein Eröffnungsverbot kann sich derart auf das Testament auswirken, dass es als **widerrufen** gilt (Bamberger/Roth/*Litzenburger* Rn. 2; Palandt/*Weidlich* Rn. 1). Zutreffend scheint dies aber nur bei einem **dauerhaften Eröffnungsverbot**, welches selbst in der Form verfügung von Todes wegen ausgesprochen ist. Ein **Eröffnungsverbot auf Zeit** stellt keinen Widerruf dar (RG LZ 1919, 1241; OLG Düsseldorf DNotZ 1966, 112). Sollte nach der Verfügung von Todes wegen ein dauerhaftes Eröffnungsverbot seitens des Erblassers angeordnet werden, so kann dies als Widerruf in Form eines Ungültigkeitsvermerks verstanden werden (Staudinger/*Baumann* Rn. 4).

8   **4. Rechtsmittel.** Die Beschwerde zum Landgericht ist gegeben, sollte die Eröffnung seitens des Rechtspflegers abgelehnt werden gem. § 11 I RpflG, § 58 FamFG (OLG Frankfurt a. M. FamRZ 1977, 482).

9   **5. Recht der neuen Bundesländer.** Eine ausdrückliche Regelung zum Eröffnungsverbot ist beim Recht der ehemaligen DDR nicht enthalten. § 395 ZGBDDR bestimmt, dass ein beim staatlichen Notariat verwahrtes oder abgeliefertes Testament nach Kenntnis vom Erbfall unverzüglich durch das staatliche Notariat zu eröffnen war. Das Eröffnungsverfahren (§ 395 ZGBDDR, § 26 NotG v. 5.2.1976 (GBl. I S. 93)) stand nicht zur Disposition des Erblassers, da es nach der Rechtsordnung der ehemaligen DDR

auch öffentlichen Interessen diente. Unter diesen Umständen ist davon auszugehen, dass auch nach dem Recht der ehemaligen DDR ein Eröffnungsverbot unwirksam gewesen wäre (Bengel/Reimann/Mayer/ *Voit,* Testament und Erbvertrag, Rn. 2). Für die Verfügungen von Todes wegen, die aus der Verwahrung in den staatlichen Notariaten der ehemaligen DDR in die Verwahrung der Amtsgerichte übernommen worden sind, ist nun § 2263 anzuwenden.

§ 2263a *(aufgehoben)*

Aufgehoben mWv 1.9.2009 durch FamFG v. 17.12.2008 (BGBl. I S. 2586), jetzt geregelt in § 351 FamFG – s. Komm. dort. 1

§ 2264 *(aufgehoben)*

Aufgehoben mWv 1.9.2009 durch FamFG v. 17.12.2008 (BGBl. I S. 2586), jetzt geregelt in § 357 FamFG – s. Komm. dort. 1

Titel 8. Gemeinschaftliches Testament

§ 2265 Errichtung durch Ehegatten

Ein gemeinschaftliches Testament kann nur von Ehegatten errichtet werden.

1. Normzweck, Überblick. Das gemeinschaftliche Testament ist kein Vertrag, sondern eine besondere Art des Testaments, es steht somit zwischen dem Erbvertrag und dem Testament. Aus diesem Grund sollte es ursprünglich nicht in das BGB aufgenommen werden (Mot. V 253). Wegen der Verbreitung des gemeinschaftlichen Testamentes in „weiten Kreisen" der Gesellschaft wurde jedoch in der II. Kommission beschlossen, gemeinschaftliche Testamente nicht zu verbieten (Prot. V 426). Das gemeinschaftliche Testament dient der **erleichterten Nachlass- und Vermögensplanung** zweier Ehegatten. Es ist letztlich eine Konsequenz des ehelichen Güterrechts, so dass es auch mit dem Grundgesetz vereinbar ist, die Anwendbarkeit des gemeinschaftlichen Testaments auf Ehegatten zu beschränken (BVerfG Beschl. v. 26.4.1989 – 1 BvR 512/89, NJW 1989, 1986). Mit dem LPartG wurde das gemeinschaftliche Testament auch gleichgeschlechtlichen Partnern einer eingetragenen Lebenspartnerschaft zugänglich gemacht, § 10 LPartG. Durch die Neufassung des § 1353 I 1 zum 1.10.2017 und die Öffnung der Ehe für gleichgeschlechtliche Paare beschränkt sich die Bedeutung dieser Verweisung auf die Paare, die die Lebenspartnerschaft vor dem 1.10.2017 begründet und von der Möglichkeit der Umwandlung in eine Ehe nach § 20a LPartG (noch) keinen Gebrauch gemacht haben. 1

Der Begriff des gemeinschaftlichen Testaments wird – anders als beim einseitigen Testament (§ 1937) und beim Erbvertrag (§ 1941) – im BGB **nicht definiert.** Von den Vorschriften der §§ 2265 ff. wird die Existenz eines gemeinschaftlichen Testaments notwendigerweise vorausgesetzt, ohne dass sich aus diesen Vorschriften konkrete Rückschlüsse auf ihren Anwendungsbereich ziehen lassen. Die Regelungen im 8. Titel sind unzureichend und erfassen das gemeinschaftlichen Testamentes nur **lückenhaft** (Staudinger/*Kanzleiter* Vorbem. zu §§ 2265 ff. Rn. 4). Die Lücken sind durch einen Rückgriff auf die für das einseitige Testament geltenden Vorschriften zu füllen; weiter sind zB die beim Erbvertrag geltenden Vorschriften über die Anfechtung (§§ 2281 ff.) und Verfügungen unter Lebenden (§§ 2286 ff.) auf unwiderruflich gewordene Verfügungen in einem gemeinschaftlichen Testament anwendbar (stRspr; → § 2271 Rn. 63, 69). 2

2. Gemeinschaftliches Testament. a) Anders als der Erbvertrag ist das gemeinschaftliche Testament keine vertragliche Verfügung von Todes wegen (allgemeine Auffassung). Es handelt sich um **mehrere Verfügungen** von Todes wegen, die weitgehend miteinander verknüpft werden (*Lange/Kuchinke* ErbR § 24 Kap. I Rn. 3). Jeder Beteiligte verfügt – wie im einseitigen Testament auch – über sein eigenes Vermögen. Allerdings knüpft das Gesetz an die Gemeinschaftlichkeit bestimmte Rechtsfolgen (zB für den weiteren Bestand bei einer Scheidung und die Bindung an die Verfügung nach dem Tod eines Beteiligten) und gewährt Erleichterungen (zB bei der Errichtung eines eigenhändigen gemeinschaftlichen Testamentes). Es ist somit zu klären, was diese „Zusammenfassung von Verfügungen" zu einem gemeinschaftlichen Testament macht (vielfach wird diese Gemeinschaftlichkeit auch als das „Wesen" des gemeinschaftlichen Testamentes bezeichnet; vgl. Reimann/Bengel/Mayer/*Mayer* Vor § 2265 Rn. 11; Staudinger/*Kanzleiter* Vorbem. zu §§ 2265 ff. Rn. 11). 3

b) Nach nahezu unbestrittener Auffassung ist die Ehe der Testierenden Wirksamkeitsvoraussetzung und nicht etwa begriffliches Erfordernis des gemeinschaftlichen Testamentes (*Lange/Kuchinke* ErbR § 24 Kap. I Rn. 4b mit Nachw. zur aA). Aus diesem Grund kann aus der **Person der Beteiligten** bzw. ihrer Beziehung zueinander kein Rückschluss darauf gezogen werden, ob es sich um ein gemeinschaftliches Testament handelt. Ein gemeinschaftliches Testament kann daher auch von Nichtehegatten errichtet werden. Es ist sogar denkbar, dass (wie beim mehrseitigen Erbvertrag; vgl. dazu grdl. *Reithmann* DNotZ 1957, 527 ff.) mehr als zwei Personen ein gemeinschaftliches Testament errichten. Zu den Folgen der Errichtung durch Nichtehegatten → Rn. 44 ff. 4

5   c) Einigkeit herrscht auch darüber, dass ein gemeinschaftliches Testament nur vorliegt, wenn eine eigene letztwillige **Verfügung jedes der Beteiligten** enthalten ist. Verfügt nur einer der Beteiligten, so handelt es sich nicht um ein gemeinschaftliches Testament, sondern ein einseitiges Testament, auch wenn der andere zustimmt (Staudinger/*Kanzleiter* Vorbem. zu §§ 2265 ff. Rn. 13, 40). Nicht notwendig ist dagegen, dass die Verfügungen oder eine der Verfügungen auch wechselbezüglich iSd § 2270 sind. Auch bei einer Zusammenfassung mehrerer einseitiger, voneinander unabhängiger Verfügungen kann ein gemeinschaftliches Testament vorliegen (Staudinger/*Kanzleiter* Vorbem. zu §§ 2265 ff. Rn. 13, 40). Die (für die Beteiligten mitunter überraschende) Bindung der Beteiligten untereinander tritt jedoch nur ein, wenn mindestens eine wechselbezügliche Verfügung vorliegt (BeckOK BGB/*Litzenburger* Rn. 2).

6   d) Seit der Einführung des BGB ist umstritten, wie der für die Gemeinschaftlichkeit der Verfügungen erforderliche **Errichtungszusammenhang** zu ermitteln ist (ausf. Reimann/Bengel/Mayer/*Mayer* Vor § 2265 Rn. 12 ff.; *Pfeiffer* FamRZ 1993, 1266 ff.).

7   aa) Nach einer vor allem vom Reichsgericht vertretenen Auffassung kommt es für die zwischen den Verfügungen bestehende „Klammer" allein auf die äußere Form der Erklärung an (sog. **objektive Theorie**, frühere hM). Ein gemeinschaftliches Testament liegt nach dieser Auffassung vor, wenn sich die Erklärungen in einer „einheitlichen Urkunde" (die auch aus mehreren Bögen oder Blättern bestehen kann) befinden; eine besondere Absicht der Beteiligten ist nicht erforderlich (RGZ 72, 204). Diese Ansicht wird zwischenzeitlich weitgehend als zu formalistisch abgelehnt (so zB OGH, Urt. v. 7.1.1949 – I. ZS 138/48, NJW 1949, 304 (305)).

8   bb) Mittlerweile ist anerkannt, dass für die Annahme eines gemeinschaftlichen Testamentes nicht auf die rein äußeren Umstände abzustellen ist. Maßgeblich ist vielmehr der **Wille der Beteiligten**, der auf die Errichtung eines gemeinschaftlichen Testamentes gerichtet ist (sog. subjektive Theorien; vgl. umf. zu den Spielarten *Pfeiffer* FamRZ 1993, 1266 ff.; Reimann/Bengel/Mayer/*Mayer* Vor § 2265 Rn. 15 ff.). Nicht ausreichend ist es dagegen, wenn die Beteiligten nur (äußerlich) gemeinschaftlich testieren wollten, ohne ein gemeinschaftliches Testament zu errichten. Es ist jedoch nicht erforderlich, dass sich die Beteiligten sämtliche Rechtsfolgen der Gemeinschaftlichkeit (insb. die Bindung bei wechselbezüglichen Verfügungen) auch bewusst machen (Staudinger/*Kanzleiter* Vorbem. zu §§ 2265 ff. Rn. 21).

9   Umstritten ist innerhalb der subjektiven Theorien, ob der gemeinschaftliche Wille einen Ausdruck im Testament gefunden haben muss. Die **streng subjektive Theorie** (OGH, Urt. v. 7.1.1949 – I. ZS 138/48, NJW 1949, 304 (305)) sieht in der willentlichen Verklammerung der Einzeltestamente zu einem gemeinschaftlichen Testament eine tatsächliche Rechtshandlung (NK-BGB/*Radlmayer* Rn. 7) bzw. eine rechtsgeschäftsähnliche Willensäußerung (Staudinger/*Kanzleiter* Vorbem. zu §§ 2265 ff. Rn. 18). Sie lässt es daher ausreichen, dass der gemeinschaftliche Wille vorliegt. Er kann durch sämtliche, auch außerhalb der Testamentsurkunde liegende Umstände ermittelt werden, eine Andeutung in der Testamentsurkunde ist nicht erforderlich.

10   Dagegen verlangt die **vermittelnde Auffassung**, aus der Testamentsurkunde müsse sich selbst zumindest andeutungsweise ergeben, dass es sich um eine gemeinschaftliche Erklärung handelt; allein außerhalb der Urkunde liegende Umstände genügen nicht (hM; vgl. BGH, Urt. v. 12.3.1953 – IV ZR 131/52, NJW 1953, 698; OLG München, Beschl. v. 23.7.2008 – 31 Wx 34/08, ZEV 2008, 485 (486)). Die Notwendigkeit einer Andeutung begründet die überwiegende Auffassung innerhalb der vermittelnden Theorie, die dem Errichtungswillen ebenfalls einen rein tatsächlichen Charakter zuschreibt (BayObLG, Beschl. v. 2.5.2002 – 1Z BR 24/01, BayObLGZ 2002, 128 (134); BeckOK BGB/*Litzenburger* Rn. 6; MüKoBGB/*Musielak* Vor § 2265 Rn. 8; nach NK-BGB/*Radlmayer* Rn. 9 verlagert diese Ansicht prozessrechtliche Beweisfragen auf die materiell-rechtliche Ebene), mit dem Bedürfnis nach Rechtssicherheit, das eine zuverlässig Wiedergabe des Willens des Erblassers erforderlich macht. Richtigerweise wird man eine Aufteilung des Testierens in einen tatsächlichen Teil (Wille, ein gemeinschaftliches Testament zu errichten) und einen rechtsgeschäftlichen Teil (Errichtung des Testamentes) verneinen müssen. Der Wille ist Teil der Testamentserrichtung und hat ebenfalls rechtsgeschäftlichen Charakter. Er ist daher im Testament niederzulegen. Ob dies erfolgt ist, ist – wie für alle anderen Verfügungen auch – durch Auslegung unter Berücksichtigung der Andeutungstheorie zu ermitteln (so ebenfalls Reimann/Bengel/Mayer/*Mayer* Vor § 2265 Rn. 21 f.).

11   Ausreichend, aber auch erforderlich, ist daher, wenn der Wille, ein gemeinschaftliches Testament zu errichten, bei allen Beteiligten vorliegt und im Testament wenigstens angedeutet wurde. Dabei kann eine Andeutung auch in der bloßen Gestaltung liegen (→ § 2267 Rn. 15 für den Fall der Errichtung eines Testamentes in Ich-Form und Mitunterzeichnung durch den anderen Ehegatten); in diesem Fall ist jedoch eine besonders genaue Prüfung des Willens erforderlich (vgl. Reimann/Bengel/Mayer/*Mayer* § 2267 Rn. 20 zum eben geschilderten Fall).

12   cc) Nach den subjektiven Theorien ist die Errichtung eines gemeinschaftlichen Testamentes in **getrennten Urkunden** zulässig. Dabei ist es unerheblich, ob diese zeitgleich oder mit einem zeitlichen Abstand errichtet werden; die sukzessive Errichtung ist möglich (BayObLG, Beschl. v. 23.6.1983 – 1 Z 41/83, FamRZ 1984, 211; BeckOK BGB/*Litzenburger* Rn. 7; Staudinger/*Kanzleiter* Vorbem. zu §§ 2265 ff. Rn. 20, jeweils mwN). Die Errichtung an getrennten Orten, zu verschiedenen Zeiten und in gesonderten Urkunden ist unschädlich, soweit Kenntnis und Billigung der Erklärung des anderen Ehegatten gegeben ist (→ Rn. 30). Weiter muss der **Wille** zum gemeinschaftlichen Testieren jeweils **bei Errichtung der eigenen Verfügung** vorliegen, bis zur vollständigen Errichtung der Verfügung des anderen Teils fortbestehen (OLG München, Beschl. v. 1.12.2011 – 31 Wx 249/10, ZEV 2012, 153 (154) mit zust.

Anm. *Braun* MittBayNot 2012, 303 f. bei einem Abstand von sechs Jahren; Reimann/Bengel/Mayer/*Mayer* Vor § 2265 Rn. 25; Staudinger/*Kanzleiter* Vor §§ 2265 ff. Rn. 20) und in den Urkunden angedeutet sein (→ Rn. 10). Ein gemeinsamer Entschluss, das Testament zu errichten, ist nicht erforderlich (anders Palandt/*Weidlich* Einf v. § 2265 Rn. 2, der einen gemeinsamen Entschluss vorauszusetzen scheint). Hat ein Testator bei Errichtung seiner Verfügung den nachträglichen Beitritt nicht bedacht und in seinen Willen aufgenommen, kann kein gemeinschaftliches Testament entstehen (Reimann/Bengel/Mayer/*Mayer* Vor § 2265 Rn. 25). Unzulässig ist nämlich nach hM die **nachträgliche Vergemeinschaftung** eines als einseitig geplanten Testamentes durch den Beitritt des anderen Ehegatten, da der Wille zum gemeinschaftlichen Testieren bereits bei Errichtung der Verfügung vorliegen muss (NK-BGB/*Radlmayer* § 2267 Rn. 14; BeckOK BGB/*Litzenburger* Rn. 7; Reimann/Bengel/Mayer/*Mayer* § 2267 Rn. 23; aA *Lange/Kuchinke* ErbR § 24 Kap. III Rn. 2d); hier muss durch beide Beteiligte eine (für den ersten Testator neue) Verfügung von Todes wegen errichtet werden, die jeweils vom Gemeinschaftswillen getragen ist (zu weitgehend insoweit Staudinger/*Kanzleiter* Vorbem. zu §§ 2265 ff. Rn. 20, der auch spätere, also nach Errichtung der eigenen Verfügungen getätigte Zustimmungen ausreichen lässt).

dd) Nach der **Rspr,** die mittlerweile überwiegend der vermittelnden subjektiven Theorie folgt, wird zB die bloße inhaltliche Abstimmung der Verfügungen aufeinander allein (zu Recht) als nicht ausreichend angesehen. So hat das BayObLG (BayObLG, Beschl. v. 21.7.1992 – 1 Z 62/91, NJW-RR 1992, 1356) bei einer zeit- und wortgleichen Errichtung in verschiedenen Erklärungen ein gemeinschaftliches Testament abgelehnt, wenn in den Verfügungen kein Plural und kein Verweis auf gemeinsames Vermögen enthalten ist (ähnlich KG, Beschl. v. 11.4.2000 – 1 W 8565/98, ZEV 2000, 512). Testieren Ehegatten im zeitlichen Abstand von acht Wochen am gleichen Ort in verschiedenen Verfügungen wesentlich inhaltsgleich, ohne einen Plural zu verwenden, ist ebenfalls nicht von einem gemeinschaftlichen Testament auszugehen (OLG Zweibrücken, Beschl. v. 17.7.2002 – 3 W 82/02, ZEV 2002, 414).

Nach dem BayObLG (BayObLG, Beschl. v. 11.2.1991 – 1a Z 66/90, FamRZ 1991, 1485 (1486)) soll ein gemeinschaftliches Testament selbst dann ausscheiden, wenn zeit- und wortgleich in verschiedenen Erklärungen testiert wird und dabei neben der Ich-Form auch über „unser gesamtes Hab und Gut" verfügt wird. Im Hinblick auf die letzte Formulierung wird man diese Entscheidung als zu eng ansehen müssen. Dagegen liegt ein gemeinschaftliches Testament vor, wenn Ehegatten zeit- und wortgleich in verschiedenen Erklärungen testieren und dabei „wir", „uns" und „beiderseitiger Nachlass" benutzen (BayObLG, Beschl. v. 3.2.1995 – 1 Z BR 68/94, FamRZ 1995, 1447 (1448)) bzw. wenn für den Schlusserbfall von „unser Vermögen" gesprochen wird (LG Kiel, Beschl. v. 28.11.2001 – 3 T 565/00, NJOZ 2002, 2067). Setzen sich Ehegatten zuerst in getrennten Verfügungen gegenseitig zu Erben ein und erweitern dies in getrennten Verfügungen, die mit „Zusatz zum Testament" bzw. „Nachtrag zum Testament" überschrieben sind, dann kann darin die Andeutung dafür gesehen werden, dass es sich bei der Gesamtregelung um ein gemeinschaftliches Testament handelt (OLG München, Beschl. v. 23.7.2008 – 31 Wx 34/08, ZEV 2008, 485 (487)).

Die Errichtung je einer eigenen Verfügung auf einem einheitlichen Papierbogen, verbunden mit einer gegenseitigen Erbeinsetzung, ist ein gemeinschaftliches Testament (BayObLG, Beschl. v. 23.7.1993 – 1Z BR 26/93, DNotZ 1994, 791 (792); OLG Nürnberg, Urt. v. 30.9.2009 – 14 U 2056/08, ZEV 2010, 411 (412); das OLG Zweibrücken, Beschl. v. 21.8.2000 – 3 W 144/00, RPfleger 2000, 551, hat bei jeweils eigener Verfügung auf einem einheitlichen Bogen von einer Vermutung für die Gemeinschaftlichkeit gesprochen). Ein Indiz für ein gemeinschaftliches Testament liegt vor, wenn jeder Ehegatte ein eigenes Testament errichtet, das vom jeweils anderen Ehegatten mitunterzeichnet wird (BayObLG, Beschl. v. 6.3.1997 – 1Z BR 118/96, ZEV 1997, 259 (260)). Zu weit geht das BayObLG (BayObLG, Beschl. v. 8.6.1993 – 1Z BR 95/92, NJW-RR 1993, 1157 (1158)) jedoch, wenn es die bloße Beitrittserklärung auf einem gesonderten Blatt als eigenständiges Testament auffasst (so auch Reimann/Bengel/Mayer/*Mayer* Vor § 2265 Rn. 27; gegen die Umdeutung des Beitritts in ein eigenes Testament auch BayObLG, Beschl. v. 29.11.1968 – 1a Z 87/68, BayObLGZ 1968, 311 (314 f.) = NJW 1969, 797 (798)).

3. Inhalt und Arten des gemeinschaftlichen Testaments. a) Inhaltlich ergeben sich für das gemeinschaftliche Testament keine Beschränkungen. Jede Verfügung, die in einem einseitigen Testament getroffen werden kann, kann auch in einem gemeinschaftlichen Testament getroffen werden (Palandt/*Weidlich* Einf. § 2265 Rn. 8). Unerheblich ist es dabei, ob es sich um originär erbrechtliche Anordnungen (wie Erbeinsetzung, Enterbung, Vermächtnis, Auflage, Anordnung der Testamentsvollstreckung) oder um familienrechtliche Anordnungen, die der erbrechtlichen Form bedürfen (wie die Beschränkung der Vermögenssorge nach § 1638 oder die Vormundsbenennung nach § 1777 III), handelt. Der zulässige Inhalt wird über § 1516 III (Beteiligung gemeinschaftlicher Abkömmlinge an der fortgesetzten Gütergemeinschaft) und § 2292 (Aufhebung eines Erbvertrages) erweitert. Allerdings muss jeder der Beteiligten eine eigene Verfügung treffen. Um welche Verfügung es sich dabei handelt, spielt keine Rolle (Staudinger/*Kanzleiter* Vorbem. zu §§ 2265 ff. Rn. 13, 39), so dass ein gemeinschaftliches Testament zB auch „nur" aus zwei Vormundsbenennungen bestehen kann. Dies unterscheidet ein gemeinschaftliches Testament vom Erbvertrag, der mindestens eine vertragsmäßige Verfügung (Palandt/*Weidlich* § 2278 Rn. 1) und damit mindestens eine Erbeinsetzung, ein Vermächtnis oder eine Auflage enthalten muss (§ 2278 II).

b) Ein gemeinschaftliches Testament kann auch mit **Rechtsgeschäften unter Lebenden** (zB mit einem Pflichtteilsverzicht oder einer Übertragung von Vermögenswerten) kombiniert werden (Staudinger/*Kanzleiter* Vorbem. zu §§ 2265 ff. Rn. 41). Bei diesen Rechtsgeschäften handelt es sich typischerweise um beurkundungspflichtige Vorgänge (vgl. § 2348 zum Pflichtteilsverzicht und § 311b I zur Übertragung von Grundbesitz), so dass das gemeinschaftliche Testament in diesen Fällen als öffentliches errichtet wird. Bei öffentlichen Testamenten ordnet § 34 I BeurkG die Pflicht zur sofortigen Ablieferung an das Nachlassgericht an, während bei sonstigen Rechtsgeschäften die Urschrift in der amtlichen Verwahrung des Notars zu verbleiben hat. Dies führt dazu, dass die Urschrift des Rechtsgeschäfts unter Lebenden verloren gehen kann, wenn das Testament später aus der besonderen amtlichen Verwahrung zurückgegeben wird (der Rückgabe kommt nach § 2272 Widerrufswirkung zu, die sich – sofern durch die Beteiligten keine Wirksamkeitsabhängigkeit vereinbart wurde – nicht auf das verbundene Geschäft erstreckt).

c) Man unterscheidet folgende **Arten:**

18   **aa)** Beim (praktisch seltenen) gleichzeitigen oder **äußerlich gemeinschaftlichen Testament** (testamentum mere simultaneum) handelt es sich um ein gemeinschaftliches Testament, das nur einseitige Verfügungen enthält. Die Verfügungen werden nur äußerlich zu einem einheitlichen Testament zusammengefasst, eine inhaltliche Beziehung besteht nicht. Sofern ein gemeinsamer Errichtungswille vorliegt, handelt es sich auch hier um ein gemeinschaftliches Testament (aA wohl BeckOK BGB/*Litzenburger* Rn. 13, der von zwei Einzeltestamenten ausgeht). Bedeutung hat diese Art des Testamentes bei der Inanspruchnahme der Formerleichterung. Weiter ist zu bedenken, dass durch die gemeinsame Errichtung die einseitige Rücknahme aus der besonderen amtlichen Verwahrung unmöglich gemacht wird. Entgegen der früher von *Litzenburger* (Bamberger/Roth/*Litzenburger*, 2. Aufl. 2008, Rn. 13) vertretenen Ansicht wird man die Beurkundung eines äußerlich gemeinschaftlichen Testamentes durch einen Notar nicht als Amtspflichtverletzung ansehen können, da jeder Beteiligte seine einseitigen Verfügungen auch anders als durch Rücknahme aus der besonderen amtlichen Verwahrung ohne Mitwirkung des anderen beseitigen kann. Sofern die Beurkundung höhere Kosten auslöst und über diese Rechtsfolge nicht belehrt wurde, kann dies über (früher) § 16 KostO bzw. (jetzt) § 21 GNotKG korrigiert werden, da der Notar auf einen billigeren Weg hinzuweisen hat, wenn dieser für die Erreichung des gewollten Erfolgs angemessen und in gleicher Weise sicher ist (vgl. Korintenberg/*Tiedtke*, GNotKG, 20. Aufl. 2017, § 21 Rn. 23).

19   **bb)** Das **gegenseitige gemeinschaftliche Testament** (testamentum reciprocum oder mutuum) enthält nur Verfügungen, mit denen sich die Beteiligten gegenseitig bedenken. Die Verfügungen können wechselbezüglich sein, müssen es aber nicht. Mit dem Tod eines Beteiligten werden die Verfügungen des Längerlebenden zwingend gegenstandslos.

20   **cc)** Beim **wechselbezüglichen gemeinschaftlichen Testament** (testamentum correspectivum) steht mindestens eine Verfügung eines Beteiligten mit einer Verfügung des anderen Beteiligten in einem Abhängigkeitsverhältnis, so dass die Verfügungen miteinander stehen und fallen (§§ 2270, 2271). Die Wechselbezüglichkeit kann gegenseitig sein, sie muss es aber nicht. Denkbar sind auch gemeinschaftliches Testamente, bei denen nur (eine oder alle) Verfügungen des einen Teils von einer Verfügung des anderen Teils abhängen. Die Wechselbezüglichkeit ist für jede einzelne, in einem gemeinschaftlichen Testament enthaltene Verfügung separat festzustellen.

21   **4. Errichtung des gemeinschaftlichen Testaments. a)** Das BGB baut für die Errichtung eines gemeinschaftlichen Testaments keine besonderen **Hürden** auf. Die §§ 2266, 2267 enthalten lediglich Erweiterungen bzw. Erleichterungen, die von den Beteiligten ausgenutzt werden können (§ 2266: „auch"; § 2267: „genügt es"), aber nicht müssen. Somit gelten die allgemeinen Vorschriften des BGB (§§ 2229 ff.) und des BeurkG (§§ 8 ff., 27 ff.). Sämtliche Formen des einseitigen Testaments stehen auch für das gemeinschaftliche Testament zur Verfügung. Das Testament kann als ordentliches Testament (sei es als eigenhändiges, sei es als öffentliches Testament) und auch als Nottestament errichtet werden. Da die objektive Theorie abzulehnen ist, kann ein gemeinschaftliches Testament auch in **verschiedenen Erklärungen** niedergelegt sein (→ Rn. 12). Dies gilt auch für die Errichtung eines gemeinschaftlichen Testamentes mittels öffentlicher Urkunden, da eine dem § 2276 I 1 entsprechende Regelung fehlt. Desgleichen können verschiedene Testamentsformen (öffentlich, eigenhändig bzw. Nottestament) nebeneinander verwendet werden (→ § 2267 Rn. 2; MüKoBGB/*Musielak* § 2267 Rn. 3 hält dagegen bei verschiedenen Testamentsformen das Vorliegen eines Gemeinschaftlichkeitswillens für fraglich und übersieht dabei, wie BeckOK BGB/*Litzenburger* § 2267 Rn. 1 betont, dass es verschiedene Gründe – Behinderung, Notsituation, Bedürfnis nach Beratung – für die Wahl der Testamentsform geben kann).

22   **b)** Ein gemeinschaftliches **öffentliches Testament** kann gem. § 2232 durch mündliche Erklärung oder durch Übergabe einer (offenen oder verschlossenen) Schrift errichtet werden. Die verschiedenen Arten des öffentlichen Testaments können nach Wahl der Beteiligten auch nebeneinander verwendet werden. Wird das gemeinschaftliche Testament in getrennten Urkunden errichtet, kann dies auch vor unterschiedlichen Notaren erfolgen (BeckOK BGB/*Litzenburger* § 2267 Rn. 2).

23   Es ergeben sich mithin folgende Möglichkeiten der Errichtung des gemeinschaftlichen Testamentes in einer einheitlichen Urkunde:
– beide Beteiligte erklären mündlich;
– beide Beteiligte erklären durch Übergabe einer gemeinsamen (offenen oder verschlossenen) Schrift;
– ein Beteiligter erklärt mündlich, ein Beteiligter durch Übergabe einer (offenen oder verschlossenen) Schrift;
– beide Beteiligte erklären durch Übergabe verschiedener (offener und/oder verschlossener) Schriften.

24   Bei der Errichtung in getrennten Urkunden ergeben sich folgende Möglichkeiten:
– beide Beteiligte erklären mündlich;

- ein Beteiligter erklärt mündlich, ein Beteiligter durch Übergabe einer (offenen oder verschlossenen) Schrift;
- beide Beteiligte erklären durch Übergabe je einer (offenen und/oder verschlossenen) Schrift;
- ein Beteiligter erklärt durch öffentliches Testament, ein Beteiligter durch eigenhändiges Testament bzw. Nottestament.

Eine Ausnahme gilt bei Beteiligung eines **Minderjährigen**. Dieser kann ein Testament nur durch Erklärung gegenüber dem Notar oder durch Übergabe einer offenen Schrift errichten, §§ 2233 I, 2247 IV. Um die Belehrung des Minderjährigen (auch hinsichtlich der Bindung) sicherzustellen, muss daher auch die Verfügung des anderen Teils in der Form des § 2233 I erklärt werden und bei Beurkundung bereits vorliegen oder zusammen mit der Verfügung des Minderjährigen abgegeben werden (Staudinger/ *Kanzleiter* § 2267 Rn. 8). 25

Auch wenn ein Beteiligter **Geschriebenes nicht zu lesen** vermag, gelten Besonderheiten. In diesem Fall kann er das Testament nur durch eine Erklärung gegenüber dem Notar errichten, §§ 2233 II, 2247 IV. Da er von einer schriftlichen Erklärung des anderen Teils nicht Kenntnis nehmen kann, gilt diese Einschränkung auch für den anderen Teil (so wie hier Reimann/Bengel/Mayer/*Mayer* § 2267 Rn. 9; NK-BGB/*Radlmayer* § 2267 Rn. 3; jurisPK-BGB/*Reymann* § 2267 Rn. 14; nach aA ist der Leseunfähige durch die Belehrungspflicht des Notars ausreichend geschützt Staudinger/*Kanzleiter* § 2267 Rn. 6; Lange/Kuchinke ErbR § 24 Kap. II Rn. 1d; MüKoBGB/*Musielak* § 2267 Rn. 7). 26

Die für **Sprachbehinderte** geltenden Sonderregelungen in § 2233 III wurden aufgehoben; insoweit gelten die allgemeinen Reglungen der §§ 22 ff. BeurkG. 27

Da § 2267 nur für das eigenhändige Testament gilt, muss jeder Ehegatte seine Verfügung vollständig erklären. Bei Errichtung in getrennten Urkunden ist insoweit eine **Bezugnahme** nach § 13a BeurkG jedoch zulässig. Zudem ist es bei Errichtung getrennter Urkunden unerheblich, ob die Urkunden unmittelbar hintereinander errichtet werden oder ein zeitlicher Abstand vorliegt; auch die Errichtung vor verschiedenen Notaren ist zulässig. 28

Die Vorschriften des **BeurkG** sind in jedem Fall zu beachten. Besonderheiten, die in der Person eines Beteiligten begründet sind (Zuziehung von Zeugen, Übersetzung der Niederschrift bzw. Ausschließungsgründe), sind bei gemeinsamer Beurkundung für die gesamte Urkunde zu beachten. Bei getrennter Beurkundung gelten diese – von den eben geschilderten Ausnahmen abgesehen – nur für die jeweilige Urkunde. 29

Sowohl bei einheitlicher als auch bei getrennter Beurkundung ist jedoch in jedem Fall ein anfänglicher **Wille zum gemeinschaftlichen Testieren** erforderlich, der auch in der Urkunde/den Urkunden zum Ausdruck kommt (→ Rn. 10 f.). Zusätzlich ist es in beiden Fällen unerlässlich, dass jeder Beteiligte vom Inhalt der Verfügungen des anderen kennt und billigt. Problematisch sind diesbzgl. die Fälle, in denen getrennte Schriften übergeben oder die Einzelverfügungen in getrennten Beurkundungsverhandlungen errichtet werden. Da es sich bei der **Kenntnis** um einen tatsächlichen Vorgang handelt, ist allein die Aufnahme einer Erklärung in die Urkunde, wonach die Beteiligten Kenntnis vom Inhalt der Verfügungen des anderen Teils haben, nicht ausreichend (nach MüKoBGB/*Musielak* § 2267 Rn. 4f. soll die bloße Aufnahme der Erklärung die Kenntnis sicherstellen). Da diese Feststellung auf der Beweisebene jedoch erhebliche Bedeutung hat (Reimann/Bengel/Mayer/*Mayer* § 2267 bei Fn. 12), sollte sie auf keinen Fall unterbleiben. Eine Verpflichtung des Notars, die tatsächliche Kenntnis zu prüfen oder gar herbeizuführen, besteht jedoch nicht; bei Übergabe einer verschlossenen Schrift wäre diese auch praktisch nicht durchsetzbar. 30

c) Zu den Möglichkeiten der Errichtung eines **Nottestamentes** → § 2266 Rn. 2 f.; zum **eigenhändigen Testament** → § 2267 Rn. 3 ff. 31

5. Anwendbare Vorschriften. Das gemeinschaftliche Testament ist kein Vertrag, sondern eine besondere Art des Testaments. Daher sind alle Regelungen über das Testament auch auf das gemeinschaftliche Testament anwendbar. Eine Ausnahme besteht natürlich insoweit, als §§ 2265 ff. Sonderregelungen enthalten. 32

a) Aus dem eben Gesagten folgt, dass ein gemeinschaftliches Testament **nichtig** sein kann, weil (mindestens) einem der Beteiligten die nach § 2229 notwendige Testierfähigkeit fehlt, die gesetzlichen Formvorschriften nicht eingehalten wurden (§§ 2231 ff., 2266 f. iVm § 125), das gemeinschaftliche Testament nicht von Ehegatten errichtet wurde (§ 2265) oder ein Verstoß gegen ein gesetzliches Verbot bzw. die guten Sitten vorliegt (§§ 134, 138). Liegt ein Verstoß gegen § 2265 oder die Formvorschriften vor, so können über § 140 unter Umständen die Verfügungen auch von ihnen als Einzeltestament aufrechterhalten werden (→ Rn. 44 ff.; → § 2267 Rn. 33 ff.). Liegen sonstige Nichtigkeitsgründe nur in einer Person vor, ist die Frage, ob auch die Erklärungen des anderen Teils nichtig sind, allein nach § 2270 I zu beantworten (Reimann/Bengel/Mayer/*Mayer* Vor § 2265 Rn. 57). 33

b) Auch können Verfügungen in einem gemeinschaftliches Testament nach §§ 2078 ff. **angefochten** werden. Allgemein anerkannt ist, dass auch über eine Selbstanfechtung des Erblassers analog §§ 2281 ff. eine rückwirkende Vernichtung der Verfügungen möglich ist. Vgl. umf. zur Anfechtung → § 2271 Rn. 64 ff. 34

c) Die in a) und b) genannten Unwirksamkeitsgründe führen zu einer Unwirksamkeit von Anfang an. Daneben kommt aber auch eine Unwirksamkeit mit Wirkung für die Zukunft in Frage. Eine solche kann sich zum einen aus einer **Scheidung** der Ehe ergeben, § 2268. Weiter können Verfügungen in einem gemeinschaftlichen Testament **widerrufen** werden (→ § 2271 Rn. 7 ff.). 35

36   d) Auch für die **Auslegung** gelten die allgemeinen Vorschriften, einschließlich der im BGB enthaltenen Auslegungsregeln. Bei einseitigen Verfügungen ist daher auf den Willen des Erblassers im Zeitpunkt der Testamentserrichtung abzustellen, sofern er im Testament wenigstens einen unvollkommenen Ausdruck gefunden hat (nahezu allgA; nach NK-BGB/*Gierl* § 2269 Rn. 39 sind jedoch einseitige und wechselbezügliche Verfügungen gleich zu behandeln). Anders ist die Situation bei wechselbezüglichen Verfügungen. Diese führen nach dem Tod eines Ehegatten zu einer Bindung des Längerlebenden, sind also den vertraglich bindenden Verfügungen in einem Erbvertrag nicht unähnlich. Daher ist zunächst der gemeinsame Wille der Beteiligten im Zeitpunkt der Testamentserrichtung zu ermitteln. Bei der Auslegung (unerheblich, ob es sich um die Ermittlung des realen, mutmaßlichen oder hypothetischen Willens handelt) ist stets zu fragen, ob ein nach dem Verhalten des einen Ehegatten mögliches Auslegungsergebnis auch dem Willen des anderen entsprochen hat (BGH, Urt. v. 7.10.1992 – IV ZR 160/91, NJW 1993, 256; BGH, Urt. v. 26.9.1990 – IV ZR 131/89, NJW 1991, 169 (170)). Liegt eine Übereinstimmung nicht vor, ist bei der Auslegung zunächst auf den Willen des Erblassers abzustellen. Da jedoch der andere Ehegatte die Möglichkeit haben muss, sich für seine Verfügungen auf die Verfügungen des anderen einzustellen, muss die Beurteilung aus der Sicht des Empfängerhorizontes dieses anderen Ehegatten erfolgen, §§ 133, 157 (BGH, Urt. v. 7.10.1992 – IV ZR 160/91, NJW 1993, 256).

37   **6. Erbvertrag und gemeinschaftliches Testament. a)** Sowohl Erbvertrag als auch gemeinschaftliches Testament sind Verfügungen, an denen mehrere Personen beteiligt sind. Auch ist bei beiden eine Bindung des anderen Teils denkbar. Wegen dieser **Ähnlichkeiten** wendet die Rspr. nicht nur die Regelungen der §§ 2281 ff. zur Anfechtung beim gemeinschaftlichen Testament analog an. Vielmehr nach stRspr auch die Vorschriften über die Auswirkungen lebzeitiger Verfügungen (§§ 2286 ff.) analoge Anwendung, wenn die Verfügungen in einem gemeinschaftlichen Testament nach dem Tod eines Teils unwiderruflich geworden sind (BGH, Urt. v. 23.9.1981 – IVa ZR 185/80, NJW 1982, 43 (44)).

38   **b)** Während das gemeinschaftliche Testament nur Ehegatten oder Partnern einer eingetragenen Lebenspartnerschaft offen steht, kann im **Unterschied** dazu am Erbvertrag jede natürliche Person beteiligt sein. Auch ist es beim Erbvertrag nicht erforderlich, dass jeder Beteiligte eine eigene Verfügung von Todes wegen abgibt. Die Rolle eines Beteiligten kann sich darauf beschränken, dass er die Verfügung(en) des anderen Teils annimmt und damit die den Erbvertrag charakterisierende Bindung herbeiführt. Es ist nicht einmal erforderlich, dass dieser andere Teil Begünstigter der Verfügung ist (vgl. § 1941 II zum „Erbvertrag zugunsten eines Dritten"). Der Erbvertrag ist zwingend zu beurkunden, eine Vertretung nur zulässig, wenn der Vertretene nicht letztwillig verfügt. Da beim gemeinschaftlichen Testament jeder Ehegatte verfügt, ist eine Vertretung ausgeschlossen; es kann in jeder Form, auch als Nottestament, errichtet werden. Beim gemeinschaftlichen Testament ist Testierfähigkeit erforderlich, also die Vollendung des 16. Lebensjahres (§ 2229 I). Demgegenüber verlangt der Erbvertrag grds. unbeschränkte Geschäftsfähigkeit, lässt aber in § 2275 II für Ehepartner und in § 2275 III auch für Verlobte beschränkte Geschäftsfähigkeit genügen. Die Bindung ist beim Erbvertrag umfassender, da sie unmittelbar mit dem Abschluss eintritt. Ein Rücktritt von vertragsmäßigen Verfügungen ist nur zulässig, wenn er vorbehalten wurde oder Verfehlungen des Bedachten vorliegen; er bedarf der notariellen Beurkundung. Beim gemeinschaftlichen Testament können wechselbezügliche Verfügungen zu Lebzeiten frei durch notariell beurkundete Erklärungen widerrufen werden. Auch der Schutz der §§ 2286 ff. greift beim gemeinschaftlichen Testament erst nach dem Tod eines Ehepartners. Bei einem gemeinschaftlichen notariellen Testament ist die besondere Verwahrung zwingend, bei einem Erbvertrag obligatorisch (§ 34 BeurkG). Die Rücknahme aus der amtlichen Verwahrung führt unter den Voraussetzungen des § 2272 (gemeinschaftliches Testament) bzw. des § 2300 II (Erbvertrag in amtlicher oder notarieller Verwahrung) zur Unwirksamkeit. Beim Erbvertrag entstehen zwingend die Kosten der Beurkundung.

39   **c)** Welcher Form der Verfügung der **Vorzug** zu geben ist, kann pauschal nicht beantwortet werden. Die Wahl wird sich im Wesentlichen danach richten, ob nennenswertes gemeinschaftliches Vermögen vorhanden ist und daher bereits zu Lebzeiten eine umfassende Bindung gewünscht wird.

40   **7. Ehegatten.** Die Ehe der Testierenden ist – wie bereits erwähnt – Wirksamkeitsvoraussetzung und nicht etwa begriffliches Erfordernis des gemeinschaftlichen Testamentes. Sofern also ein gemeinschaftliches Testament vorliegt (→ Rn. 11), ist dieses nur wirksam, wenn die Beteiligten im Zeitpunkt der Errichtung in einer **wirksamen Ehe** gelebt haben. Das Bestehen der Ehe kann im Erbscheinsverfahren mit jedem Beweismittel nachgewiesen werden, da § 352 I Nr. 2, III 1 FamFG den Nachweis durch öffentliche Urkunde (Heiratsurkunde) nur für das gesetzliche Erbrecht des überlebenden Ehegatten vorschreiben (BayObLG, Beschl. v. 28.6.1990 – 1a Z 27/90, FamRZ 1990, 1284 zu §§ 2356 I, 2354 I Nr. 2 BGB). Bei sukzessiver Errichtung des gemeinschaftlichen Testamentes muss die Ehe bis zur vollständigen Errichtung des zweiten Testamentes bestehen. Bei Errichtung des Testamentes durch notarielle Urkunde ist die Unterschrift des Testators ausreichend; die Unterschrift des Notars kann nach diesem Zeitpunkt erfolgen.

41   Haben **Verlobte** ein gemeinschaftliches Testament errichtet, führt die spätere Heirat nicht zur Wirksamkeit (RG, Urt. v. 20.5.1915 – IV 699/14, RGZ 87, 33; OLG Düsseldorf, Beschl. v. 26.7.1996 – 3 Wx 278/96, FamRZ 1997, 518; aA *Wacke* FamRZ 2001, 457 (461)). Für diese Ansicht spricht schon der eindeutige Wortlaut des § 2265; außerdem gilt es, Schwebezustände zu vermeiden (*Kanzleiter* FamRZ 2001, 1198). Weiter ist zu berücksichtigen, dass (auch minderjährigen) Verlobten der Erbvertrag offen steht, § 2275. Aus den genannten Gründen ist auch eine analoge Anwendung des § 2265 auf Verlobte abzuleh-

nen (Reimann/Bengel/Mayer/*Mayer* Rn. 3). Bei späterer Heirat bleibt somit nur die Neuvornahme des Testamentes, um eine „Heilung" zu erreichen.

Wird die Ehe nach Errichtung des gemeinschaftlichen Testamentes aufgehoben (die Aufhebung wirkt nach § 1313 2 ex nunc) oder **geschieden,** richten sich die Folgen für das gemeinschaftliche Testament allein nach § 2268. 42

Andere Personen als Ehegatten (oder Partner einer eingetragenen Lebenspartnerschaft), insb. also Geschwister, Verlobte, Partner einer nichtehelichen Lebensgemeinschaft, können ein gemeinschaftliches Testament nicht errichten. Sofern eine echte erbrechtliche Bindung gewünscht ist, bleibt ihnen nur der Erbvertrag. Eine Abhängigkeit ohne echte Bindung lässt sich auch über die Aufnahme von **Bedingungen** erreichen. Allerdings ist eine (rein formale) Testamentsgemeinschaft mehrerer nichtverheirateter Personen dahingehend denkbar, dass diese ihre jeweiligen Verfügungen auf einem Bogen Papier errichten, sofern ein Gemeinschaftlichkeitswille vorliegt (RGZ 72, 204 (205); LG Braunschweig, Beschl. v. 28.7.65 – 8 T 310/65, DNotZ 1966, 378); die §§ 2265 ff. finden insoweit keine Anwendung. 43

8. Rechtsfolgen von Verstößen, Umdeutung. a) Sofern tatsächlich ein gemeinschaftliches Testament vorliegt und die Beteiligten im Zeitpunkt der Errichtung **nicht miteinander verheiratet** sind, sind die Verfügungen aller Beteiligter **grds. nichtig.** Zu prüfen ist dann für jeden Beteiligten und für jede einzelne Verfügung getrennt, ob die Erklärung in eine wirksame Verfügung **umgedeutet** werden kann. Nach nunmehr allgemeiner Ansicht kann der Reglung des § 2265 ein Umdeutungsverbot nicht entnommen werden (grdl. KG DNotZ 1943, 137; aus neuerer Zeit OLG München, Beschl. v. 23.7.2014 – 31 Wx 204/14, NJW-RR 2014, 1354 (1355); sa MüKoBGB/*Musielak* Rn. 4, mit weiteren Nachw. auch zur früheren Ansicht, die mit RG, Urt. v. 20.5.1915 – IV 699/14, RGZ 87, 33, die Zulässigkeit der Umdeutung generell abgelehnt hat); die Umdeutung entspricht vielmehr den in §§ 2084, 2085 niedergelegten Rechtsgedanken (bei der Ermittlung, ob ein Wille zur Umdeutung vorliegt, kann jedoch nicht auf § 2084 zurückgegriffen werden; BayObLG, Beschl. v. 29.6.2000 – 1Z BR 40/00, ZEV 2000, 448 (449)). Eine Umdeutung ist nur zulässig, § 140, wenn die aufrecht zu erhaltende Verfügung selbst formwirksam erklärt ist und die Aufrechterhaltung vom (wirklichen oder mutmaßlichen) Willen des Testierenden gedeckt ist (Palandt/*Ellenberger* § 140 Rn. 5, 8). Da die Prüfung für jede Verfügung getrennt zu erfolgen hat, sind für verschiedene Verfügung auch unterschiedliche Ergebnisse denkbar. Die im Folgenden geschilderten Grundsätze zur Umdeutung gelten – ohne Rücksicht auf den Grund der Unwirksamkeit – auch für **andere Fälle der Unwirksamkeit** (BGH, Urt. v. 16.6.1987 – IVa ZR 74/86, DNotZ 1988, 178 zum Entwurf eines gemeinschaftlichen Testamentes von Nichtehegatten; OLG München, Beschl. v. 23.7.2014 – 31 Wx 204/14, NJW-RR 2014, 1354 bei Testierunfähigkeit eines Ehegatten; allgemein BeckOK BGB/*Litzenburger* Rn. 22 mwN), zB auch für den **Entwurf** eines gemeinschaftlichen Testamentes (→ § 2267 Rn. 35), bei dem noch die Unterschrift des zweiten Ehegatten fehlt (BGH, Urt. v. 16.6.1987 – IVa ZR 74/86, DNotZ 1988, 178 zum Entwurf eines gemeinschaftlichen Testamentes von Nichtehegatten). 44

b) Der erste Schritt bei der Umdeutung ist die Prüfung, ob die umzudeutende Verfügung selbst den **Formerfordernissen** des BGB entspricht. Nur wenn dies bejaht werden kann, braucht man die Frage nach einem Umdeutungswillen überhaupt zu stellen. Handelt es sich um Verfügungen, die in einem notariell errichteten gemeinschaftlichen Testament enthalten sind (wenn auch notarielle gemeinschaftliche Testamente von Nichtehegatten selten sein dürften), ist das Formerfordernis für beide Beteiligte gewahrt. In diesem Fall wird regelmäßig die Umdeutung in einen Erbvertrag in Betracht kommen (BeckOK BGB/*Litzenburger* Rn. 23; MüKoBGB/*Musielak* Rn. 9); sofern die mit einem Erbvertrag verbundene Bindung nicht dem Willen der Beteiligten entspricht, kommt die Umdeutung der Verfügungen in zwei Einzeltestamente in Betracht. Problematischer sind eigenhändige gemeinschaftliche Testamente. Sofern jeder der Beteiligten seine Verfügungen selbst geschrieben und unterschrieben hat (die Testamente können dabei durchaus auch auf einem einheitlichen Bogen Papier stehen), sind beide Erklärungen formwirksam. In der Mehrzahl der Fälle werden die Beteiligten jedoch ein gemeinschaftliches Testament unter Rückgriff auf die Formerleichterung in § 2267 errichtet haben. Dann kann die bloße Beitrittserklärung bzw. Mitunterzeichnung eines Beteiligten nicht als eigenes Testament angesehen werden (BayObLG, Beschl. v. 29.11.1968 – 1a Z 87/68, BayObLGZ 1968, 311 = NJW 1969, 797; bei der Frage, ob ein gemeinschaftliches Testament vorliegt, hat das BayObLG (BayObLG, Beschl. v. 8.6.1993 – 1Z BR 95/92, NJW-RR 1993, 1157 (1158)) die Beitrittserklärung dagegen als eigene Verfügung angesehen, → Rn. 15); die Umdeutung als Einzeltestament kommt hier nur für den Teil in Betracht, der die Verfügung eigenhändig niedergelegt hat und somit die in § 2247 genannten Voraussetzungen erfüllt. 45

c) Die **Umdeutung** muss dem (wirklichen oder mutmaßlichen) **Willen** eines Beteiligten entsprechen, der im Wege der erläuternden, ersatzweise der ergänzenden Testamentsauslegung zu ermitteln ist (*Litzenburger* MittBayNot 2015, 244 (245)). Sind die Erklärungen beider Teile formwirksam, wird ein Umdeutungswille meist vorliegen, sofern der Bestand der einen Verfügung nicht von dem der anderen abhängig sein sollte oder der Bedingungszusammenhang zwischen den Verfügungen gewahrt bleibt oder über § 2078 II die Interessen der Beteiligten beachtet werden können (Reimann/Bengel/Mayer/*Mayer* Rn. 12). Sind nur die Erklärungen des einen Teils formwirksam, wird der Umdeutungswille dieses Teils regelmäßig vorliegen, wenn die Wirksamkeit der von ihm getroffenen Verfügungen nicht von einer entsprechenden Erklärung des anderen Teils abhängig sein sollte, zB weil ihm die Begünstigung einer bestimmten Person wichtiger war als die Wirksamkeit der letztwilligen Verfügung des anderen Teils (OLG Frankfurt aM, Beschl. v. 20.3.1998 – 20 W 489/95, NJWE-FER 1998, 182, zum Entwurf eines gemeinschaftlichen Testamentes). Bei der Willensermittlung macht es einen Unterschied, ob die Verfügung als 46

Braun

einseitige oder als wechselbezügliche Verfügung geplant war. Pauschale Aussagen lassen sich jedoch nicht treffen.

47 aa) Bei Verfügungen, die als **einseitige** geplant waren, wird in aller Regel der Wille zur Aufrechterhaltung vorliegen, da die Rechtswirkungen einseitiger Verfügungen in einem gemeinschaftlichen Testament mit denen von Verfügungen in einem einseitigen Testament vergleichbar sind. Der Inhalt der Verfügungen (gegenseitiges Bedenken bzw. Drittbezug) und die Frage, ob nur die Verfügungen des einen Teils formwirksam niedergelegt sind oder die Erklärungen beider Beteiligter, spielt dabei regelmäßig keine Rolle. Der Umdeutungswille liegt jedoch auch bei einseitigen Verfügungen nicht zwingend vor (MüKoBGB/*Musielak* Rn. 7). Eine Umdeutung scheidet daher aus, wenn zwar keine Wechselbezüglichkeit im eigentlichen Sinn, aber ein Bedingungszusammenhang vorliegt (BeckOK BGB/*Litzenburger* Rn. 21). Dieser Zusammenhang ist zB bei einem bloßen Entwurf eines gemeinschaftlichen Testamentes, den ein Teil (formwirksam) errichtet hat, bei dem aber noch der Beitritt des anderen Teils fehlt, denkbar, wenn der eine Teil seine Verfügungen von der Wirksamkeit der gegenläufigen Verfügungen des anderen Teils abhängig gemacht hat (OLG Frankfurt aM, Beschl. v. 20.3.1998 – 20 W 489/95, NJWE-FER 1998, 182).

48 bb) Bei Verfügungen, die als **wechselbezügliche** geplant waren, wurde früher die Umdeutung generell abgelehnt (RG, Urt. v. 20.5.1915 – IV 699/14, RGZ 87, 33; sa die Nachw. in MüKoBGB/*Musielak* Rn. 4). Mittlerweile wird auch bei wechselbezüglichen Verfügungen ganz allgemein eine Umdeutung für zulässig erachtet (BeckOK BGB/*Litzenburger* Rn. 22; MüKoBGB/*Musielak* Rn. 7 f.; Reimann/Bengel/Mayer/*Mayer* Rn. 9 ff.; Staudinger/*Kanzleiter* Rn. 8 ff., jeweils mwN sowie die in Rn. 44 genannten Entscheidungen); zu weit geht jedoch das KG (KG, Beschl. v. 15.8.1972 – 1 W 2500/71, NJW 1972, 2133), wenn es wechselbezügliche Verfügungen generell als einseitige Verfügungen aufrechterhalten will. Die Rspr. umgeht die Frage oftmals, indem sie die Verfügungen als einseitige ansieht und dann eine Umdeutung vornimmt (so zB der Fall bei BayObLG, Beschl. v. 27.4.1993 – 1Z BR 120/92, BeckRS 1993, 30850919 = FamRZ 1993, 1370). Bei der Ermittlung des Willens zur Aufrechterhaltung ist ein Rückgriff auf § 2270 I ausgeschlossen, weil diese Norm nur auf wirksame Verfügungen in einem gemeinschaftlichen Testament angewendet werden kann (*Litzenburger* MittBayNot 2015, 244 (245)); im Übrigen wird man zwischen gegenseitigen Verfügungen und Verfügungen mit Drittbezug unterscheiden müssen.

49 Wechselbezügliche Verfügungen, bei denen sich die Wechselbezüglichkeit ausschließlich aus der **Gegenseitigkeit der Verfügungen** ergibt, dienen regelmäßig der Versorgung des anderen Teils (*Kanzleiter* ZEV 1996, 307). Bei diesen gegenseitigen Verfügungen ist von Anfang an klar, dass eine der beiden Verfügungen (die des Längerlebenden) gegenstandslos ist und keinen Einfluss erlangen kann. Woraus sich die fehlende Bedeutung der Verfügung des anderen Teils ergibt (sei es das Vorversterben des einen Teils, sei es ein Verstoß gegen § 2265), ist aber in aller Regel für den Testierenden unbedeutend (BeckOK BGB/*Litzenburger* Rn. 22). Daher wird in diesen Fällen der Wille zur Umdeutung regelmäßig selbst dann gegeben sein, wenn nur die Verfügungen des einen Teils formwirksam sind (BeckOK BGB/*Litzenburger* Rn. 22; Staudinger/*Kanzleiter* Rn. 12; vorsichtiger, aber iErg vergleichbar, Reimann/Bengel/Mayer/*Mayer* Rn. 13; aA OLG Hamm, Beschl. v. 25.4.1996 – 15 W 379/95, ZEV 1996, 304 mit zutreffender abl. Anm. *Kanzleiter*). Zu weit geht das BayObLG (BayObLG, Beschl. v. 9.6.2000 – 1Z BR 40/00, ZEV 2000, 448 (449)), wenn es ausführt, dass bei einseitiger Formwirksamkeit die Lebenserfahrung gegen eine Umdeutung spricht. Eine Umdeutung bei nur einseitiger Formwirksamkeit scheidet jedoch naturgemäß aus, wenn der eine Teil seine Verfügung von der Wirksamkeit der Verfügung des anderen Teils abhängig gemacht hat (LG Karlsruhe, Beschl. vom 10.1.1989 – 11 T 629/88, BWNotZ 1989, 62).

50 Sofern die Einsetzung des anderen Teils wechselbezüglich mit der von dem anderen Teil vorgenommenen **Zuwendungen an einen Dritten** ist, tritt der Versorgungscharakter in den Hintergrund. Die Einsetzung des anderen Teils erfolgt hier auch aus dem Grund, dass man nach dem beiderseitigen Tod den Dritten bedacht wissen will (BeckOK BGB/*Litzenburger* Rn. 22; Reimann/Bengel/Mayer/*Mayer* Rn. 14; Staudinger/*Kanzleiter* Rn. 13). Die Aufrechterhaltung der Einsetzung des anderen Teils als einseitige Verfügung wird daher grundsätzlich nicht in Betracht kommen (BeckOK BGB/*Litzenburger* Rn. 22; so auch BayObLG, Beschl. v. 8.6.1993 – 1Z BR 95/92, NJW-RR 1993, 1157 (1159) für den Fall der Scheidung der Ehe; nach BayObLG, Beschl. v. 29.6.2000 – 1Z BR 40/00, ZEV 2000, 448 (449) spricht gegen die Aufrechterhaltung überdies, dass eine Schlusserbeinsetzung nur durch gemeinschaftliche Verfügung getroffen werden kann). Denkbar ist aber, dass die Verfügung unter Beifügen einer Bedingung, dass der Dritte das ihm Zugewendete auch erhält (*Kanzleiter* DNotZ 1973, 133 (149 f.); BeckOK BGB/*Litzenburger* Rn. 22; Reimann/Bengel/Mayer/*Mayer* Rn. 14; Staudinger/*Kanzleiter* Rn. 13), umgedeutet wird oder die Verfügung wirksam bleibt, jedoch ein Anfechtungsrecht nach § 2078 II (Reimann/Bengel/Mayer/*Mayer* Rn. 14; Soergel/*Wolf* Rn. 5) eingeräumt wird. Sind beide Verfügungen formwirksam errichtet, wird dieser Wille leichter anzunehmen sein. Anders ist die Umdeutung natürlich zu beurteilen, wenn es um die eigene Einsetzung des Dritten geht. Sofern diese überhaupt wechselbezüglich ist, ist die Situation mit der bei gegenseitigen Verfügungen vergleichbar. Hier gelten somit die bei → Rn. 49 gemachten Ausführungen.

51 cc) Abschließend ist nochmals klarzustellen, dass die Umdeutung immer vom (mutmaßlichen) Willen des Testators abhängig ist und keine Verallgemeinerungen zulässig sind. Daher ist im Rahmen der **Beweislast** auch zu beachten, dass es keinen Satz der allgemeinen Lebenserfahrung gibt, der gegen die Umdeutung wechselbezüglicher Verfügungen spricht (Reimann/Bengel/Mayer/*Mayer* Rn. 15; Soergel/*Wolf* Rn. 5; anders MüKoBGB/*Musielak* Rn. 8).

d) S. zur Umdeutung bei bloßen Formmängeln → § 2267 Rn. 33 ff.

9. **Lebenspartnerschaft.** Gem. § 10 IV 1 LPartG kann ein gemeinschaftliches Testament auch durch eingetragene Lebenspartner errichtet werden. Es gelten die §§ 2266–2277 entsprechend, § 10 IV 2 LPartG (→ LPartG § 10 Rn. 21).

§ 2266 Gemeinschaftliches Nottestament

Ein gemeinschaftliches Testament kann nach den §§ 2249, 2250 auch dann errichtet werden, wenn die dort vorgesehenen Voraussetzungen nur bei einem der Ehegatten vorliegen.

1. **Normzweck.** Auch für das gemeinschaftliche Testament gelten die allgemeinen Vorschriften über Testamente. Daher kann ein gemeinschaftliches Testament auch als Nottestament vor dem Bürgermeister (§ 2249), als Nottestament vor drei Zeugen (§ 2250) sowie als Nottestament zur See (§ 2251; aA wohl MüKoBGB/*Musielak* Rn. 1, der für ein gemeinschaftliches Seetestament kein Bedürfnis sieht, da die Ehegatten auch ein Testament in ordentlicher Form errichten könnten) errichtet werden. § 2266 **erweitert** nun den Anwendungsbereich des Nottestamentes, indem er die Notsituation bei einem Ehegatten als ausreichend erklärt.

2. **Voraussetzungen. a)** Nach § 2266 kann ein gemeinschaftliches Testament als Nottestament vor dem Bürgermeister (§ 2249) bzw. als Nottestament vor drei Zeugen (§ 2250) auch dann wirksam errichtet werden, wenn die dort genannten spezifischen Voraussetzungen nur bei einem der Ehegatten vorliegen. Sofern die Voraussetzungen für beide erfüllt sind, bedarf es des Rückgriffs auf § 2266 nicht. Dabei hindert die Vorschrift die Ehegatten nicht, das gemeinschaftliche Testament **in getrennten Verfügungen** (dazu allgemein → § 2265 Rn. 12; → § 2267 Rn. 2, 6) zu errichten (BeckOK BGB/*Litzenburger* Rn. 2; Staudinger/*Kanzleiter* Rn. 2), da § 2266 die Handlungsmöglichkeiten der Ehegatten erweitern und diese nicht einschränken will. Nach anderer Ansicht (MüKoBGB/*Musielak* Rn. 2) kann ein gemeinschaftliches Nottestament nur als einheitliches Testament errichtet werden, da es mit dem Wesen des gemeinschaftlichen Testamentes nicht vereinbar ist, dass ein Teil mit Ablauf der in § 2252 genannten Frist außer Kraft tritt, während der andere Teil fortbesteht. Bei gemeinschaftlichen Testamenten ist es jedoch immer denkbar, dass die Verfügungen der Ehegatten in ihrer Wirksamkeit ein unterschiedliches Schicksal nehmen. Die Folgen lassen sich über § 2270 I (Unwirksamkeit der wechselbezüglichen Verfügungen des anderen Teils) lösen (BeckOK BGB/*Litzenburger* Rn. 2; Reimann/Bengel/Mayer/*Mayer* Rn. 2), so dass die herrschende Ansicht Zustimmung verdient. Wird ein gemeinschaftliches Testament (zB bei räumlicher Trennung) in getrennten Verfügungen errichtet, so kann sich der Ehegatte, bei dem die Notsituation nicht vorliegt, sämtlicher ordentlicher Testamentsformen bedienen. Weiter wird man es für zulässig halten müssen, dass er sich in den Fällen der Todesgefahr (§ 2249 bzw. § 2250 II) auch bei getrennter Errichtung selbst der außerordentlichen Form bedient, wenn die Gefahr besteht, dass der andere Ehegatte verstorben ist, bevor er ein ordentliches Testament errichten konnte (so auch Staudinger/*Kanzleiter* Rn. 2).

b) Das **Seetestament** ist in § 2266 nicht erwähnt, so dass es als gemeinschaftliches Testament grds. nur errichtet werden kann, wenn sich beide Ehegatten auf demselben Schiff aufhalten (vgl. Reimann/Bengel/Mayer/*Mayer* Rn. 1; für eine entsprechende Anwendung des § 2266 plädieren Soergel/*Wolf* Rn. 1 und Staudinger/*Kanzleiter* Rn. 2, der die Möglichkeit einer zB telefonischen Absprache mit dem anderen Ehegatten ins Spiel bringt). Ob des klaren Wortlauts des § 2266 ist von einer analogen Anwendung jedoch abzusehen. Allerdings sind – bei Errichtung in getrennten Verfügungen – durchaus Fälle denkbar (wenn auch praktisch selten), bei denen beide Ehegatten sich auf jeweils einem anderen Schiff befinden und nach vorheriger Absprache (wie von Staudinger/*Kanzleiter* Rn. 2 erwähnt) gemeinschaftlich testieren wollen. In diesen Fällen ist das Seetestament denkbar, wenn auch das eigenhändige Testament den Vorrang verdient.

3. **Gültigkeitsdauer. a)** Ein Nottestament wird nach § 2252 I unwirksam, wenn seit der Errichtung drei Monate verstrichen sind und der Erblasser noch lebt. Bei einem gemeinschaftlichen Testament sind insoweit drei Fallgruppen zu unterscheiden:

aa) **Sterben beide Ehegatten** innerhalb der genannten Frist, so bleibt das gemeinschaftliche Testament in vollem Umfang wirksam.

bb) **Überleben beide Ehegatten** die Dreimonatsfrist, so ist das gemeinschaftliche Testament seinem ganzen Inhalt nach unwirksam. Dies gilt unabhängig davon, ob es in einer oder in zwei getrennten Urkunden errichtet wurde (Reimann/Bengel/Mayer/*Mayer* Rn. 4; Staudinger/*Kanzleiter* Rn. 4; aA BeckOK/*Litzenburger* Rn. 5; jurisPK-BGB/*Reymann* Rn. 9, die für den Fall der getrennten Errichtung § 2252 I nur auf das eigentliche Nottestament anwenden und zur Nichtigkeit der wechselbezüglichen Verfügungen des anderen Teils über § 2270 I kommen, so dass dessen einseitige Verfügungen weiter Bestand haben).

cc) Umstritten sind die Auswirkungen, wenn nur **einer der beiden Ehegatten** innerhalb der genannten Frist **verstirbt**. Unstreitig bleiben die Verfügungen des verstorbenen Ehegatten wirksam. Dabei ist unerheblich, ob der Ehegatte, bei dem die Voraussetzungen des Nottestamentes vorlagen, oder der andere Ehegatte verstirbt (Soergel/*Wolf* Rn. 3; Staudinger/*Kanzleiter* Rn. 5). Einigkeit besteht auch darüber, dass die wechselbezüglichen Verfügungen des überlebenden Teils ihre Gültigkeit behalten, da ansonsten dieser das gemeinschaftliche Testament aushebeln könnte. Ein Teil der Lit. geht dagegen von der Un-

10 BGB § 2267 — Buch 5. Abschitt 3. Titel 8. Gemeinschaftliches Testament

wirksamkeit der einseitigen Verfügungen des Überlebenden aus (Staudinger/*Kanzleiter* Rn. 5 bei einheitlicher Testamentserrichtung bzw. Rn. 6 bei getrennter Errichtung). Dies würde dazu führen, dass der Überlebende einen Teil seiner Verfügungen neu errichten müsste bzw. Gefahr liefe, dass sein letzter Wille keine vollständige Umsetzung findet. Da es sich um ein einheitliches gemeinschaftliches Testament handelt (dies legt auch § 2266 nahe), ist davon auszugehen, dass alle Verfügungen des Überlebenden gültig bleiben (hM, vgl. BeckOK BGB/*Litzenburger* Rn. 6; MüKoBGB/*Musielak* Rn. 4; Reimann/Bengel/Mayer/*Mayer* Rn. 6).

8 **b)** Nach § 2252 II ist der Lauf der dreimonatigen **Frist gehemmt**, solange der Erblasser außerstande ist, ein Testament vor einem Notar zu errichten. Dafür ist es bei einem gemeinschaftlichen Testament ausreichend, wenn einer der Ehegatten (unerheblich welcher) an der Errichtung gehindert ist (MüKoBGB/*Musielak* Rn. 5). Die Hemmung gilt einheitlich für beide Ehegatten (nach aA läuft für jeden Ehegatten eine eigene Frist, die eigenen Regelungen unterworfen ist, vgl. Staudinger/*Kanzleiter* Rn. 3). Auch § 2252 III u. IV finden auf das gemeinschaftliche Nottestament bereits dann Anwendung, wenn die Voraussetzungen nur bei einem Ehegatten vorliegen (Reimann/Bengel/Mayer/*Mayer* Rn. 7; MüKoBGB/*Musielak* Rn. 5 für § 2252 IV, wobei zu berücksichtigen ist, dass dieser in seiner Rn. 1 ein gemeinschaftliches Seetestament abzulehnen scheint).

9 **4. Lebenspartnerschaft.** Gem. § 10 IV 2 LPartG ist § 2266 auf das gemeinschaftliche Testament eingetragener Lebenspartner entsprechend anwendbar.

§ 2267 Gemeinschaftliches eigenhändiges Testament

¹Zur Errichtung eines gemeinschaftlichen Testaments nach § 2247 genügt es, wenn einer der Ehegatten das Testament in der dort vorgeschriebenen Form errichtet und der andere Ehegatte die gemeinschaftliche Erklärung eigenhändig mitunterzeichnet. ²Der mitunterzeichnende Ehegatte soll hierbei angeben, zu welcher Zeit (Tag, Monat und Jahr) und an welchem Orte er seine Unterschrift beigefügt hat.

1 **1. Normzweck.** Wie schon der Wortlaut der Vorschrift zeigt („genügt"), will § 2267 die Errichtung des eigenhändigen gemeinschaftlichen Testaments nicht abschließend regeln und auch die sonstigen nach dem Gesetz zulässigen Errichtungsformen nicht ausschließen (allgM; BGH, Beschl. v. 28.1.1958 – V BLw 52/57, NJW 1958, 547; OLG Zweibrücken, Beschl. v. 21.8.2000 – 3 W 144/00, FGPrax 2000, 244; Reimann/Bengel/Mayer/*Mayer* Rn. 1). Durch § 2267 wird die **Errichtung** eines gemeinschaftlichen eigenhändigen Testamentes **erleichtert**, da die allgemeinen Formvorschriften des § 2247 auch dann für beide Testierenden als eingehalten gelten, wenn nur einer der beiden den gemeinsamen Text des Testamentes niederschreibt und beide diesen Text unterschreiben.

2 **2. Errichtungsformen des gemeinschaftlichen Testaments.** Da es sich beim gemeinschaftlichen Testament um eine Sonderform des Testamentes handelt, gelten alle Formvorschriften, die für die Errichtung des Testamentes gelten, auch für das gemeinschaftliche Testament. Das gemeinschaftliche Testament kann als **ordentliches Testament** in der Form des eigenhändigen Testamentes und in der Form des notariellen Testamentes errichtet werden, §§ 2231f., 2247. Es kann auch als **außerordentliches Testament** (Nottestament) errichtet werden, §§ 2249ff. Das gemeinschaftliche Testament kann in einer Urkunde errichtet werden. Es ist aber auch eine Errichtung in zwei separaten Urkunden denkbar, soweit ein einheitlicher Errichtungswille vorliegt und dieser in den Testamenten angedeutet ist (sog. subjektive Theorie; zum Theorienstreit → § 2265 Rn. 6ff.). Bei separater Errichtung ist es ebenfalls zulässig (wenn in der Praxis auch selten), die einzelnen Testamente in unterschiedlichen Formen (zB ein Ehegatte in einem öffentlichen Testament, ein Ehegatte eigenhändig) zu errichten, soweit die jeweils vorgeschriebenen Vorschriften eingehalten werden, Kenntnis von der Verfügung des anderen Teils tatsächlich vorliegt und der Wille zur Gemeinschaftlichkeit besteht (Reimann/Bengel/Mayer/*Mayer* Rn. 2). Die Errichtung beider Einzeltestamente in einer **einheitlichen Form** ist grds. nicht erforderlich (→ § 2265 Rn. 12f.; zu den Ausnahmen → § 2265 Rn. 25f.; → § 2266 Rn. 3).

3 Zur Errichtung eines gemeinschaftlichen **öffentlichen Testamentes** → § 2265 Rn. 22f.; zum gemeinschaftlichen **Nottestament** → § 2266 Rn. 2f.

4 **3. Das eigenhändige gemeinschaftliche Testament.** Ein gemeinschaftliches Testament kann nach § 2267 errichtet werden, indem ein Ehegatte den gesamten Text niederschreibt und beide Ehegatten den gesamten Text unterschreiben. Da es sich bei § 2267 um eine Formerleichterung handelt, kann ein gemeinschaftliches eigenhändiges Testament darüber hinaus auch in der Form des § 2247 errichtet werden, indem beide Ehegatten ihre jeweiligen Verfügungen selbst schreiben und unterschreiben. Eine dritte Form des eigenhändigen Testamentes (durch Kombination von §§ 2267 u. 2247) gibt es nicht. Ein wirksames gemeinschaftliches Testament liegt somit nur dann vor, wenn ein Gemeinschaftlichkeitswille vorliegt und dieser Wille von beiden Ehegatten auch formgerecht umgesetzt wird. Zu beachten ist, dass nach § 2247 IV die Errichtung eines eigenhändigen Testamentes ausgeschlossen ist (was dann nach hM für beide Beteiligte gilt, → § 2265 Rn. 25f.), wenn ein Ehegatte minderjährig ist oder Geschriebenes nicht zu lesen vermag.

5 **a)** Bei der Errichtung eines eigenhändigen Testamentes durch zwei Personen sind folgende **Varianten** denkbar:

aa) Die Beteiligten errichten die Verfügungen in getrennten Schriftstücken. Jeder schreibt die ihn betreffenden Verfügungen selbst und unterschreibt seinen Teil. Dabei handelt es sich um den Grundfall der Errichtung nach § 2247 in getrennten Urkunden. Sofern ein einheitlicher Errichtungswille vorliegt, dieser in den Testamenten angedeutet ist und jeder den Inhalt der Verfügungen des anderen kennt und billigt (→ § 2265 Rn. 10 ff.), handelt es sich um ein gemeinschaftliches Testament.

bb) Die Beteiligten errichten die Verfügungen in einem einheitlichen Schriftstück. Jeder schreibt die ihn betreffenden Verfügungen selbst und unterschreibt am Ende nach sämtlichen Verfügungen. Hier sind für die jeweiligen Verfügungen die Formvorschriften des § 2247 eingehalten. Der einheitliche Errichtungswille ist (zumindest) in der gemeinschaftlichen Unterschrift angedeutet; ein gemeinschaftliches Testament liegt vor (BeckOK BGB/*Litzenburger* Rn. 8).

cc) Die Beteiligten errichten die Verfügungen in einem einheitlichen Schriftstück. Jeder schreibt die ihn betreffenden Verfügungen selbst und unterschreibt seinen Teil. Die Vorschrift des § 2247 ist für jede einzelne Verfügung eingehalten. Allerdings reicht die bloße Zusammenfassung der beiden Testamente in einem einheitlichen Schriftstück noch nicht, um von einem gemeinschaftlichen Errichtungswillen auszugehen. Dieser muss auf eine andere Art angedeutet sein (BeckOK BGB/*Litzenburger* Rn. 8). Kommt zu der Errichtung auf einem Blatt die inhaltliche Abstimmung und die Errichtung am selben Tag hinzu, kann dies jedoch ausreichen (LG Mainz, Beschl. v. 4.5.2000 – 8 T 304/99, MittRhNotK 2000, 347 (348)).

dd) Die Beteiligten errichten die Verfügungen in einem einheitlichen Schriftstück. Jeder schreibt die ihn betreffenden Verfügungen selbst und unterschreibt jeweils beide Teile. Eine formgültige Errichtung nach § 2247 liegt für beide Teile vor (Reimann/Bengel/Mayer/*Mayer* Rn. 32). Zumindest in der wechselseitigen Unterzeichnung liegt die Andeutung des Gemeinschaftswillens.

ee) Die Beteiligten errichten die Verfügungen in einem einheitlichen Schriftstück. Jeder schreibt sowohl die Verfügungen, die ihn betreffen, als auch die Verfügungen, die den anderen betreffen. Jeder unterschreibt den von ihm geschriebenen Teil. Da jeder „nur" seinen Teil unterschrieben hat, handelt es sich nicht um ein gemeinschaftliches Testament iSd „2267. Allerdings sind – wie bei dd) – für jeden Teil die Voraussetzungen des § 2247 beachtet. In der Unterzeichnung des gesamten Inhalts kann eine Andeutung des gemeinsamen Errichtungswillens gesehen werden.

ff) Die Beteiligten errichten die Verfügungen in einem einheitlichen Schriftstück. Jeder schreibt sowohl die Verfügungen, die ihn betreffen, als auch die Verfügungen, die den anderen betreffen. Jeder unterschreibt nur die Verfügungen, die ihn selbst betreffen. Jeder Ehegatte hat für seine Verfügung die Form des § 2247 gewahrt. Der gemeinschaftliche Wille wird hier in aller Regel vorliegen und ist auch angedeutet (Reimann/Bengel/Mayer/*Mayer* Rn. 31 bei (aa)).

gg) Die Beteiligten errichten die Verfügungen in einem einheitlichen Schriftstück. Jeder schreibt sowohl die Verfügungen, die ihn betreffen, als auch die Verfügungen, die den anderen betreffen. Jeder unterschreibt jeweils beide Teile. Hierbei handelt es sich um ein gemeinschaftliches Testament nach § 2267 in doppelter Ausführung. Wegen der Inhaltsgleichheit ist dies jedoch unschädlich (Reimann/Bengel/Mayer/*Mayer* Rn. 31 bei (bb); MüKoBGB/*Musielak* Rn. 19).

hh) Die Beteiligten errichten die Verfügungen in einem einheitlichen Schriftstück. Jeder schreibt sowohl die Verfügungen, die ihn betreffen, als auch die Verfügungen, die den anderen betreffen. Jeder unterschreibt am Ende nach sämtlichen Verfügungen. Es handelt sich – wie bei gg) – um ein zulässiges gemeinschaftliches Testament in doppelter Ausführung.

ii) Die Beteiligten errichten die Verfügungen in einem einheitlichen Schriftstück. Einer schreibt sowohl die Verfügungen, die ihn betreffen, als auch die Verfügungen, die den anderen betreffen. Jeder unterschreibt nur die Verfügungen, die ihn selbst betreffen. Die Voraussetzungen des § 2267 sind hier nicht gewahrt, da dieser die Errichtung des gesamten Testamentes durch beide Ehegatten voraussetzt (BGH, Beschl. v. 28.1.1958 – V BLw 52/57, NJW 1958, 547; OLG Hamm, Beschl. v. 1.10.1971 – 15b W 112/71, OLGZ 1972, 139 (140) = NJW 1972, 770 (LS)). Ob ein gemeinschaftlicher Errichtungswille vorlag oder nicht, ist unerheblich, da dieser Wille in keinem Fall über eine fehlende Form hinweghilft. Die Form des § 2247 ist nur für den Ehegatten gewahrt, der das Testament selbst geschrieben hat; die Verfügungen des anderen Teils sind mangels Einhaltung der notwendigen Form nichtig (MüKoBGB/*Musielak* Rn. 21, der zu Recht darauf hinweist, dass die Form der Errichtung und der Errichtungszusammenhang zu unterscheiden sind; Reimann/Bengel/Mayer/*Mayer* Rn. 33; aA Wirksamkeit als gemeinschaftliches Testament OLG Celle, Beschl. v. 17.9.1956 – 7 Wlw 45/56, NJW 1957, 876 (877 f.) m.abl. Anm. *Rötelmann*; BeckOK BGB/*Litzenburger* Rn. 4). Der weitere Bestand der an sich formgültig erklärten Verfügungen des schreibenden Teils richtet sich nach den in → Rn. 33 ff. dargestellten Grundsätzen.

jj) Die Beteiligten errichten die Verfügungen in einem einheitlichen Schriftstück. Einer schreibt sowohl die Verfügungen, die ihn betreffen, als auch die Verfügungen, die den anderen betreffen. Beide unterschreiben das gesamte Schriftstück. Hierbei handelt es sich um den in § 2267 angesprochenen Fall. Problematisch ist der Fall, in dem der Text in der Ich-Form geschrieben wurde und vom anderen Ehegatten (mit oder ohne Beifügung einer Beitrittserklärung) nur mitunterzeichnet wurde. Nach der hM kann hier ein gemeinschaftliches Testament mit gleich lautenden Verfügungen beider Ehegatten angenommen werden (BayObLG, Beschl. v. 9.6.1959 – 1 Z 211/58, NJW 1959, 1969; MüKoBGB/*Musielak* Rn. 10). Da diese Auslegung der Mitunterzeichnung die Erklärung beimisst, dass die Anordnungen des anderen Ehegatten auch für den unterzeichnenden Ehegatten gelten sollen, ist in diesen Fällen aber eine besonders sorgfältige Auslegung und Willensermittlung erforderlich (so ausdrückl. Reimann/Bengel/Mayer/*Mayer* Rn. 20; in diese Richtung auch BayObLG, Beschl. v. 14.11.2003 – 1Z BR 106/02, FGPrax 2004, 33 (34) = FamRZ 2004, 1237, in einem Fall, in dem der mitunterzeichnende Ehegatte seiner Unterschrift die Formulierung „Dieses Testament ist auch mein letzter Wille." voranstellte).

16 **kk)** Die Beteiligten errichten die Verfügungen in einem einheitlichen Schriftstück. Beide schreiben den Text der Verfügungen gemischt. Beide unterschreiben das gesamte Schriftstück. Hier wird zT davon ausgegangen, dass ein formwirksames gemeinschaftliches Testament nicht vorliegt, da § 2267 die Errichtung durch einen der Ehegatten und nicht durch beide vorschreibt. Es könnten somit nur die jeweils selbst geschriebenen Teile als Testament aufrechterhalten werden, sofern sie inhaltlich einen Sinn ergeben (MüKoBGB/*Musielak* Rn. 22). Nach der ganz überwiegenden Auffassung ist diese Art der Errichtung jedoch unschädlich. Begründet wird dies damit, dass § 2267 eine Formerleichterung darstellt, die eine Nichtigkeit wegen Formmangels weitgehend verhindern will (LG München I, Beschl. v. 29.7.1996 – 16 T 7591/96, FamRZ 1998, 1391 (1392); NK-BGB/*Radlmayer* Rn. 15; Reimann/Bengel/Mayer/*Mayer* Rn. 34; Staudinger/*Kanzleiter* Rn. 15).

17 **b)** Das eigenhändige gemeinschaftliche Testament muss – unabhängig, ob es unter Anwendung des § 2267 oder unter Rückgriff auf § 2267 errichtet wird – die Anforderungen eines gemeinschaftlichen Testamentes erfüllen → § 2265 Rn. 3 ff.

18 **aa)** Zwingend erforderlich ist es daher, dass **Verfügungen beider Ehegatten** vorliegen. Enthält die Erklärung nur Verfügungen eines Ehegatten, dann kommt eine Aufrechterhaltung nur in Frage, wenn dieser die Verfügungen selbst ge- und unterschrieben hat. Eine **Urkundeneinheit** ist unter Geltung der sog. subjektiven Theorie (→ § 2265 Rn. 12) natürlich nur bei Anwendung des § 2267 erforderlich (zu den Details → § 2265 Rn. 21 ff.); iRd § 2247 ist die Urkundeneinheit allenfalls ein Indiz für den gemeinschaftlichen Errichtungswillen. Fehlt der **Gemeinschaftlichkeitswille**, so ist ein Rückgriff auf § 2267 mangels Vorliegens eines gemeinschaftlichen Testamentes nicht möglich. Hier kann jeder Beteiligte nur in der Form des § 2247 testieren.

19 **bb)** Für die Anforderungen an die **Schriftlichkeit der Haupterklärung** iRd § 2267 gelten die Ausführungen zu § 2247. Da § 2267 auf die Einheitlichkeit des Testamentes abstellt, gilt das Formprivileg nicht nur für gemeinschaftliche und einseitige Verfügungen dessen, die die Haupterklärung niederschrieb. Die Form gilt natürlich auch für gemeinschaftliche und einseitige Verfügungen des mitunterzeichnenden Ehegatten als gewahrt. Wenn die Haupterklärung in der Ich-Form gehalten ist, geht die hM trotzdem von einem gemeinschaftlichen Testament mit gleichlautenden Verfügungen der Ehegatten aus (detailliert dazu → Rn. 15). Weiter hält es die hM für ausreichend, wenn die Haupterklärung von beiden Ehegatten gemeinsam geschrieben und von beiden unterschrieben wird (→ Rn. 16). Eine **Bezugnahme** auf andere Erklärungen, die selbst materielle Verfügungen enthalten, ist nur zulässig, wenn diese selbst die Formerfordernisse des gemeinschaftlichen Testamentes erfüllen (BayObLG, Beschl. v. 6.7.1990 – 1a Z 30/90, NJW-RR 1990, 1481 (1482) unter II 3e): Unzulässigkeit der Bezugnahme in einem eigenhändigen Testament auf ein durch Rücknahme aus der amtlichen Verwahrung unwirksam gewordenes öffentliches Testament, da die Erklärungen darin maschinengeschrieben sind; jurisPK-BGB/*Reymann* Rn. 44). Bei einem Verweis auf Dokumente, die keine materiellen Verfügungen (zB reine Erläuterungen) enthalten, ist dies dagegen nicht erforderlich.

20 **cc)** Für die inhaltlichen Anforderungen an die **Unterschrift** gelten für beide Ehegatten die Ausführungen zu § 2247 III. Die bloße **Selbstbezeichnung** kann ausreichen, sofern damit die Urkunde abgeschlossen und unterfertigt werden sollte (zB „Ich, ..., schließe mich an" beim mitunterzeichnenden Ehegatten; OLG Düsseldorf, Beschl. v. 21.2.1954 – 3 W 317/53, DNotZ 1954, 487 (zur Selbstbezeichnung als Unterschrift beim eigenhändigen Testament); Reimann/Mayer/*Mayer* Rn. 28). Bei Mitunterzeichnung ist das Vorliegen eines **Testierwillens** nötig; eine Unterschrift, die allein zur Kenntnisnahme und Billigung der Verfügungen des anderen abgegeben wurde, reicht nicht. Allerdings spricht eine tatsächliche Vermutung für das Vorliegen des Testierwillens, eine bloße Billigung wird nur in seltenen Ausnahmefällen vorliegen (BeckOK BGB/*Litzenburger* Rn. 6). Zur zeitlichen Komponente des Testierwillens → Rn. 24. Fehlt die Unterschrift des Beitretenden, so handelt es sich um den Entwurf eines gemeinschaftlichen Testamentes (dazu → Rn. 35). Unschädlich ist es natürlich, wenn sich auf dem Testament die Unterschrift einer weiteren Person, die als Zeuge fungiert, befindet (OLG Koblenz, Hinweisbeschl. vom 27.9.2012 – 2 U 963/11, BeckRS 2013, 00610; MüKoBGB/Musielak, § 226 Rn. 12).

21 **dd)** Für den Mitunterzeichner ist – anders als dies nach früherer Rechtslage der Fall war – die Abgabe einer **Beitrittserklärung** nicht mehr nötig, aber unschädlich (BayObLG, Beschl. v. 8.6.1993 – 1Z BR 95/92, NJW-RR 1993, 1157 (1158)). Sofern solche Erklärungen jedoch vorhanden sind, müssen sie (da nicht erforderlich) auch nicht vom „Beitretenden" selbst geschrieben sein (LG Tübingen, Beschl. v. 1.8.1984 – 5 T 81/84, BWNotZ 1986, 17). Einseitige Zusätze durch den Beitretenden, die über die Bekräftigung hinausgehen, sind unschädlich, sofern sie nicht im Widerspruch zu den Ausführungen in der Haupterklärung stehen (detailliert dazu → Rn. 25 ff.).

22 **ee)** Die Angabe von **Ort und Zeit der Errichtung** bzw. des Beitritts ist nach der Formulierung des § 2247 bzw. des § 2267 nicht zwingend erforderlich („soll"). Daher ist auch eine falsche Angabe unschädlich (hM). Dies gilt sogar dann, wenn die Mitunterzeichnung auf einen Zeitpunkt vor der Haupterklärung datiert ist, sofern sie nur tatsächlich zeitlich nachfolgt (Staudinger/*Kanzleiter* Rn. 15). Führt das Fehlen der Zeit- bzw. Ortsangabe bei der Haupt- bzw. Beitrittserklärung zu Zweifeln über die Wirk-

samkeit des Testamentes, gilt § 2247 V direkt bzw. bei der Unterschrift des Beitretenden entsprechend (Staudinger/*Kanzleiter* Rn. 15).

ff) In **räumlicher Hinsicht** müssen die Unterschriften die Haupterklärung decken und diese abschließen. Dies gilt für die Unterschrift des Ehegatten, der die Haupterklärung geschrieben hat, und für den Ehegatten, der mitunterzeichnet. Sofern dies gegeben ist, spielt die räumliche Anordnung der beiden Unterschriften zueinander keine Rolle, so dass die Unterschrift des Mitunterzeichners auch vor oder über der Unterschrift des anderen Ehegatten stehen kann (OLG Frankfurt aM, Beschl. v. 17.7.1953 – 6 W 358/53, NJW 1953, 1554). Befindet sich die Unterschrift auf der Rückseite oder dem Rand der Erklärung, kann dies ausreichen, wenn sich aus der Anordnung zweifelsfrei ergibt, dass die gesamte Haupterklärung gedeckt werden soll, zB weil unter dem Text kein Platz mehr war (BayObLG, Beschl. v. 12.3.1981 – 1 Z 3/81, BayObLGZ 1981, 79 (85); OLG Köln, Beschl. v. 5.11.1999 – 2 Wx 37/99, FGPrax 200, 116 (117) = ZEV 2000, 282 (LS) zum einseitigen Testament; MüKoBGB/*Musielak* Rn. 11). Befindet sich die Unterschrift auf der Vorderseite und ein Teil des Testamentes auf der Rückseite, dann ist dies ausreichend, wenn durch einen auf der Vorderseite enthaltenen Verweis auf die Rückseite eine Bezugnahme hergestellt wird (OLG Karlsruhe, Beschl. v. 18.8.2011 – 11 Wx 46/10, BeckRS 2011, 22186 = FamRZ 2012, 400). Die Unterzeichnung auf einem Umschlag oder einem gesonderten Blatt reicht dagegen nur aus, wenn zweifelsfrei eine Beziehung zur Haupterklärung und somit eine Einheit festgestellt werden kann. Dies kann sich zB aus einer der Haupterklärung beigefügten Beitrittserklärung ergeben (BayObLG, Beschl. v. 8.6.1993 – 1Z BR 95/92, NJW-RR 1993, 1157; Reimann/Bengel/Mayer/*Mayer* Rn. 22; Staudinger/*Kanzleiter* Rn. 14; aA MüKoBGB/*Musielak* Rn. 11). Sofern ein Ehegatte die Verfügungen beider schreibt und jeder nur seine Verfügungen unterschreibt, liegt kein gemeinschaftliches Testament iSd § 2267 vor (detailliert zu dieser Frage → Rn. 14).

gg) Bei der **zeitlichen Abfolge der Unterschriften** ist gleichzeitige Unterzeichnung durch die Ehegatten die Regel. Verpflichtend ist dies allerdings nicht. Der Mitunterzeichner kann zeitlich auch **vor** dem anderen Ehegatten unterschreiben, sofern die Haupterklärung in diesem Zeitpunkt bereits errichtet ist; die Abgabe einer Blankounterschrift ist dagegen nicht zulässig (OLG Hamm, Beschl. v. 19.10.1992 – 15 W 235/92, NJW-RR 1993, 269 (270)). Der Mitunterzeichner kann ebenfalls **nach** dem Ehegatten, der die Haupterklärung errichtet und unterschrieben hat, unterzeichnen. Dies ist zulässig, solange und soweit dieser Ehegatte den späteren Beitritt einkalkuliert hat und bei Errichtung der eigenen Erklärung und im Zeitpunkt der Mitunterzeichnung ein gemeinschaftliches Testament errichten wollte (OLG München, Beschl. v. 1.12.2011 – 31 Wx 249/10, ZEV 2012, 153 mit zust. Anm. *Braun* MittBayNot 2012, 303f. bei einem Abstand von sechs Jahren; NK-BGB/*Radlmayer* Rn. 14). Je größer der zeitliche Abstand zwischen den Unterschriften ist, desto größere Anforderungen werden an das Vorliegen eines (anfänglichen und fortbestehenden) Gemeinschaftlichkeitswillens zu stellen sein (BeckOK BGB/*Litzenburger* Rn. 6; Reimann/Bengel/Mayer/*Mayer* Rn. 23). In jedem Fall muss die Mitunterzeichnung zu Lebzeiten des anderen Ehegatten erfolgen. Lag der Gemeinschaftlichkeitswille im Zeitpunkt der Mitunterzeichnung nicht mehr vor, kommt unter Umständen die Aufrechterhaltung als einseitiges Testament in Betracht (→ Rn. 35). Unzulässig ist dagegen nach hM die **nachträgliche Vergemeinschaftung** eines als einseitig geplanten Testamentes durch den Beitritt des anderen Ehegatten, da der Wille zum gemeinschaftlichen Testieren bereits bei Errichtung der Verfügung vorliegen muss (NK-BGB/*Radlmayer* Rn. 14; BeckOK BGB/*Litzenburger* § 2265 Rn. 6; Reimann/Bengel/Mayer/*Mayer* Rn. 23; aA *Lange/Kuchinke* ErbR § 24 Kap. III Rn. 2d); hier muss durch beide Beteiligte eine (für den ersten Testator neue) Verfügung errichtet werden, die jeweils vom Gemeinschaftswillen getragen ist. Sofern das Testament den äußeren Anschein eines ordnungsgemäß errichteten gemeinschaftlichen Testaments macht, spricht eine **tatsächliche Vermutung** für die Richtigkeit der zeitlichen Abfolge der Unterschriftsleistung. Sofern ein anderer Geschehensablauf nach den festgestellten Umständen des Einzelfalls ernsthaft in Betracht zu ziehen ist, kann jedoch dieser Anschein entkräftet werden (OLG Hamm, Beschl. v. 19.10.1992 – 15 W 235/92, NJW-RR 1993, 269 (270); Reimann/Bengel/Mayer/*Mayer* Rn. 24; jurisPK-BGB/*Reymann* Rn. 47).

4. Zusätze und Ergänzungen. a) Zusätze und Ergänzungen eines gemeinschaftlichen Testamentes sind zulässig, wenn auch sie von beiden Ehegatten und mit einem **gemeinschaftlichen Testierwillen** vorgenommen werden. Durch einen gemeinschaftlichen Nachtrag entsteht ein **einheitliches gemeinschaftliches Testament** mit den früheren Erklärungen (BayObLG, Beschl. v. 23.7.1993 – 1Z BR 26/93, DNotZ 1994, 791 (792)). Dies kann nach hM selbst dann der Fall sein, wenn es sich bei den ursprünglichen Erklärungen um Einzeltestamente gehandelt hat (OLG München, Beschl. v. 23.7.2008 – 31 Wx 34/08, ZEV 2008, 485 (486); umf. → § 2270 Rn. 8ff.).

b) Den Ehegatten steht es frei, ob sie das gesamte frühere Testament ersetzen oder es in einzelnen Teilen ergänzen bzw. abändern. Auch ein reines Widerrufstestament (§ 2253) ist denkbar. Das Änderungstestament kann dabei in der **Form** des § 2267 errichtet werden. Allerdings können – wie bei der Errichtung – die Änderungen von jedem Ehegatten auch in der Form des § 2247 vorgenommen werden. Nach hM ist es darüber hinaus zulässig, dass ein Ehegatte mit dem Willen das anderen das Original in der Art ändert, dass die Änderungen noch von den ursprünglichen Unterschriften gedeckt sind (OLG Karlsruhe, Beschl. v. 18.8.2011 – 11 Wx 46/10, BeckRS 2011, 22186 = FamRZ 2012, 400; NK-BGB/*Radlmayer* Rn. 18; Palandt/*Weidlich* Rn. 3; Staudinger/*Kanzleiter* Rn. 18; skeptisch MüKoBGB/*Musielak* Rn. 24; aA *Zacher-Röder/Eichner* ZEV 2010, 63, die eine nochmalige Unterzeichnung des Nachtrags durch den anderen Ehegatten fordern). *J. Mayer* (Reimann/Bengel/Mayer/*Mayer* Rn. 36) weist jedoch zu Recht darauf hin, dass dieses Vorgehen zu Beweisproblemen führen kann und daher unterbleiben sollte.

c) Werden Ergänzungen und Zusätze **nicht durch beide Unterschriften gedeckt,** sind verschiedene Varianten zu unterscheiden:

Sind die **Zusätze unnötig,** weil sie zB die Verfügungen wiederholen, das Einverständnis mit den Verfügungen ausdrücken oder eine Beitrittserklärung enthalten, sind sie auch unschädlich; sie brauchen nicht von beiden Unterschriften gedeckt sein. Dies gilt immer, wenn auch ohne diese Zusätze bei bloßer Unterzeichnung durch den zweiten Ehegatten ein gemeinschaftliches Testament mit demselben Inhalt zustande gekommen wäre (Staudinger/*Kanzleiter* Rn. 16).

Weiter sind, wie bei § 2247, Zusätze unschädlich, die nicht von der Unterschrift gedeckt werden, der Bezug zu dem über der Unterschrift stehenden **Text** aber so eng ist, dass dieser **erst mit dem Zusatz sinnvoll wird,** zB weil das Testament ohne die vorgenommenen Ergänzungen lückenhaft, unvollständig oder nicht durchführbar ist (BayObLG, Beschl. v. 10.12.2003 – 1 Z BR 71/03, DNotZ 2004 801, (802) mwN).

Handelt es sich um eine Ergänzung des Testamentes, die von einem Ehegatten ge- und unterschrieben ist, ist dies zulässig, sofern es sich um die Änderung bzw. Ergänzung einer seiner einseitigen Verfügungen handelt. Soll dagegen eine wechselbezügliche Verfügung abgeändert bzw. ergänzt werden, so ist die Ergänzung als **einseitiges Änderungstestament** nach § 2271 I 2 ohne vorherigen Widerruf unwirksam. Auf die Wirksamkeit des ursprünglichen Testamentes hat dies jedoch keine Auswirkung (Reimann/Bengel/Mayer/*Mayer* Rn. 37).

Wird der Zusatz zeitnah zur Haupterklärung errichtet, kann dies auch ein Indiz für einen **abweichenden Testierwillen** dieses Ehegatten sein. Ein Indiz für einen abweichenden Willen kann selbst in einem nicht unterschriebenen (und damit an sich formnichtigen) Zusatz gesehen werden. Lag ein solcher abweichender Wille vor, kann dieser nach einer vertretenen Ansicht über § 139 zur Unwirksamkeit der gesamten Erklärung dieses Ehegatten führen (Staudinger/*Kanzleiter* Rn. 18; BayObLG, Beschl. v. 10.12.2003 – 1Z BR 71/03, DNotZ 2004, 801 (803) [mit abl. Anm. *Leipold* FamRZ 2004, 1143] für einen nicht unterschriebenen handschriftlich angefügten Zusatz ohne auf den zeitlichen Zusammenhang zur Errichtung der Haupterklärung einzugehen). Nach vorzugswürdiger Ansicht sind wegen der Abschlussfunktion der sich unter dem Testament befindlichen Unterschriften diese Ergänzungen – ebenso wie ein einseitiges Änderungstestament – selbständig zu behandeln. Ein etwa abweichender Wille kann in diesem Fall aber ein Anfechtungsrecht hinsichtlich der Haupterklärung nach § 2078 begründen oder bei ausreichender Andeutung im Rahmen der Auslegung berücksichtigt werden (Reimann/Bengel/Mayer/*Mayer* Rn. 37; *Leipold* FamRZ 2004, 1143).

d) Streichungen im gemeinschaftlichen Testament können auch von einem Dritten als unselbständiges Werkzeug vorgenommen werden. Die fehlende Gegenzeichnung beider Ehegatten kann aber Zweifel nähren, ob die Streichung vom Willen der Ehegatten gedeckt ist (BeckOK BGB/*Litzenburger* Rn. 9).

5. Fehlerfolgen, Umdeutung. Ein Formfehler führt grds. zur **Nichtigkeit** des gemeinschaftlichen Testamentes. Unter den Voraussetzungen des § 140 kommt jedoch eine **Umdeutung** in ein Einzeltestament in Betracht (zur Umdeutung auch → § 2265 Rn. 44 ff.).

a) Wird ein gemeinschaftliches Testament unter Rückgriff auf § 2267 errichtet und liegt der **Formfehler in der Haupterklärung,** dann hat der reine Beitritt (mit oder ohne bekräftigende Erklärung) keinen eigenen materiellen Gehalt (BayObLG, Beschl. v. 29.11.1968 – 1a Z 87/68, BayObLGZ 1968, 311 (314 f.) = NJW 1969 797 (798), wonach insb. die Umdeutung des Beitritts („Dies ist auch mein Testament und Wille") in ein eigenes Testament des Beitretenden ausscheidet). In diesem Fall sind die Erklärungen beider Teile formnichtig.

b) Von einem **Entwurf** des gemeinschaftlichen Testamentes spricht man, wenn die Erklärung von einem Ehegatten ge- und unterschrieben wurde, die Unterschrift des anderen jedoch fehlt (BGH, Urt. v. 16.6.1987 – IVa ZR 74/86, DNotZ 1988, 178). Bei der Behandlung spielt es keine Rolle, ob die Unterschrift nie vorgenommen wurde aus sonstigen Gründen unwirksam ist. Ein **fehlerhafter Beitritt** (zB bei einer Unterzeichnung nach Erlöschen des Gemeinschaftlichkeitswillens oder durch einen Testierunfähigen) ist somit wie ein Entwurf zu behandeln. Hier kommt, wie bei der vergleichbaren Problematik der Errichtung eines gemeinschaftlichen Testamentes durch Nichtehegatten, eine Umdeutung in Betracht. Eine Aufrechterhaltung als einseitiges Testament ist danach möglich, wenn die Wirksamkeit der von dem einen Teil getroffenen Verfügungen nicht von einer entsprechenden Erklärung des anderen Teils abhängig sein sollte (OLG München, Beschl. v. 23.4.2014 – 31 Wx 22/14, NJW-RR 2014, 838 für den Fall der fehlenden Unterschrift des anderen Ehegatten; OLG München, Beschl. v. 19.5.2010 – 31 Wx 38/10, ZEV 2010, 471 (472) m. Anm. *Zimmer* für den Fall der Testierunfähigkeit des anderen Ehegatten; OLG Frankfurt aM, Beschl. v. 20.3.1998 – 20 W 489/95, NJWE-FER 1998, 182 für den Fall des Fehlens der Unterschrift des anderen Ehegatten). Es gelten die in → § 2265 Rn. 46 ff. dargestellten Grundsätze.

c) Mit den in b) dargestellten Grundsätzen ist auch der Fall zu lösen, in dem ein Ehepartner das gesamte Testament schreibt und jeder nur seinen Teil unterschreibt (→ Rn. 14).

d) Wird das gemeinschaftliche Testament in **zwei Urkunden** errichtet und ist eine davon formnichtig, ist ebenfalls zu prüfen, ob eine Aufrechterhaltung der formwirksamen Verfügung in Betracht kommt (Reimann/Bengel/Mayer/*Mayer* Rn. 42). Zur Auslegung gelten die in → § 2265 Rn. 46 ff. dargestellten Grundsätze.

6. Beweislast. Die Beweislast hinsichtlich der Wirksamkeit eines gemeinschaftlichen Testamentes trägt derjenige, der Rechte aus diesem Testament herleiten will (BayObLG, Beschl. v. 6.3.1997 – 1Z BR

118/96, ZEV 1997, 259 (260)). Eine Beschränkung auf bestimmte Beweismittel besteht dabei nicht (BayObLG, Beschl. v. 6.3.1997 – 1Z BR 118/96, ZEV 1997, 259 (260)). Allerdings spricht eine tatsächliche Vermutung dafür, dass die Unterschriften unter einem nach seinem äußeren Erscheinungsbild ordnungsgemäßen gemeinschaftlichen Testament in der richtigen Reihenfolge geleistet wurden (→ Rn. 24).

7. Lebenspartnerschaft. Gem. § 10 IV 2 LPartG ist § 2267 auf das gemeinschaftliche Testament eingetragener Lebenspartner entsprechend anwendbar.

§ 2268 Wirkung der Ehenichtigkeit oder -auflösung

(1) Ein gemeinschaftliches Testament ist in den Fällen des § 2077 seinem ganzen Inhalt nach unwirksam.

(2) Wird die Ehe vor dem Tode eines der Ehegatten aufgelöst oder liegen die Voraussetzungen des § 2077 Abs. 1 Satz 2 oder 3 vor, so bleiben die Verfügungen insoweit wirksam, als anzunehmen ist, dass sie auch für diesen Fall getroffen sein würden.

1. Normzweck, Vorbemerkung. Die Ehe ist nicht nur Wirksamkeitsvoraussetzung für die Errichtung eines gemeinschaftlichen Testamentes (vgl. § 2265). Die Ehe selbst und (zumindest stillschweigend) ihr weiterer Bestand dürften in aller Regel auch in subjektiver Hinsicht der Testierenden Anlass der Errichtung des gemeinschaftlichen Testamentes sein. Insoweit spiegelt § 2268 eine allgemeine Lebenserfahrung dahingehend wieder, dass bei einem Scheitern der Ehe regelmäßig auch die Erbeinsetzung des Partners gegenstandslos sein soll. Es handelt sich dabei nach hM um eine **Auslegungsregel** (BGH, Urt. v. 7.7.2004 – IV ZR 187/03, NJW 2004, 3113 (3114); Staudinger/*Kanzleiter* Rn. 1; nach aA handelt es sich um einen dispositiven Rechtssatz: so Reimann/Bengel/Mayer/*Mayer* Rn. 3), die eine Anfechtung nach § 2078 II (wegen Irrtums über den Fortbestand der Ehe) entbehrlich macht (Reimann/Bengel/Mayer/*Mayer* Rn. 1).

§ 2268 ist **lex specialis zu § 2077**. Im Gegensatz zu diesem bestimmt § 2268, dass sämtliche in dem gemeinschaftlichen Testament enthaltenen Verfügungen, nicht nur die den anderen Ehegatten begünstigenden Verfügungen, unwirksam werden. Nach § 2268 werden die Verfügungen somit unabhängig davon, ob sie einseitig, gegenseitig oder wechselbezüglich sind (BGH, Urt. v. 7.7.2004 – IV ZR 187/03, NJW 2004, 3113 (3114)), und unabhängig davon, ob der Ehepartner oder Dritte bedacht sind, unwirksam. Welche Art des gemeinschaftlichen Testamentes vorliegt (→ § 2265 Rn. 18ff.), ist unerheblich. Der Verweis auf § 2077 („in den Fällen des § 2077") umfasst daher ausschließlich die dort genannten Aufhebungs- und Beseitigungsfälle, nicht jedoch die darin enthaltenen Rechtsfolgen (*Muscheler* DNotZ 1994, 733 (735)).

2. Auflösung der Ehe. Der Tatbestand des § 2268 ist erfüllt, wenn einer der in § 2077 I genannten Fälle eingetreten ist. Die von § 2077 II erfassten Zuwendungen an einen Verlobten spielen im Bereich des gemeinschaftlichen Testamentes keine Rolle, da ein gemeinschaftliches Testament unter Verlobten unwirksam ist (vgl. dazu und zu den Folgen → § 2265 Rn. 41, 44ff.). Durch die Aufhebung des Ehegesetzes zum 1.7.1998 und die damit verbundene Überführung der Aufhebungsvorschriften in das BGB (§§ 1313ff.) ist die früher vorgenommene Unterscheidung zwischen der für nichtig erklärten Ehe (keine Anwendung des § 2268 II) und der aufgehobenen Ehe (Anwendung von § 2268 I u. II) entfallen.

a) Der in § 2077 I 1genannte Grundfall ist die **Auflösung der Ehe** vor dem Tod eines Ehegatten. Eine Ehe wird in den vorgesehenen Fällen (§§ 1314, 1315, 1319, 1320) mit Rechtskraft eines Aufhebungsbeschlusses ex nunc (Palandt/*Brudermüller* § 1313 Rn. 5) aufgelöst, § 1313 2. Eine Ehe wird auch dann aufgelöst, wenn im Anschluss an eine (falsche) Todeserklärung eine neue Ehe eingegangen wird, es sei denn, dass beide neuen Ehegatten bei der Eheschließung wussten, dass der für tot erklärte (frühere) Ehegatte im Zeitpunkt der Todeserklärung noch lebte, § 1319 II 1. Schließlich wird eine Ehe mit Rechtskraft des Scheidungsausspruchs aufgelöst, § 1564 2.

b) Dem bereits rechtskräftigen Abschluss eines Scheidungsverfahrens werden nach § 2077 I 2 die Fälle gleichgestellt, in denen im Zeitpunkt des Todes eines Ehegatten die Voraussetzungen für die Scheidung der Ehe gegeben waren (§§ 1565ff.; dazu → § 1933 Rn. 3ff.; → § 2077 Rn. 4ff.) und zugleich der **Erblasser selbst die Scheidung beantragt** oder ihr zugestimmt hat. Liegen diese Voraussetzungen vor, dann ist die Rücknahme des Scheidungsantrages durch den Längerlebenden nach Eintritt des Todes des Erstversterbenden unbeachtlich (OLG Frankfurt aM, Beschl. v. 11.7.1997 – 20 W 254/95, NJW 1997, 3099; OLG Stuttgart, Beschl. v. 11.8.2006 – 8 W 52/06, ZEV 2007, 224).

Umstritten ist, ob § 2077 I 2 auf die Fälle analog anzuwenden ist, bei denen die Scheidungsvoraussetzungen vorlagen und der **überlebende Ehegatte die Scheidung beantragt** hat und der Erblasser dem Scheidungsantrag nicht selbst zugestimmt hat. Teilweise wird hier die Anwendung bejaht, da die Initiative zur Aufhebung der Ehe vom überlebenden Ehepartner ausgehe und es daher dem Erblasser nicht zumutbar sei, dass der überlebende Ehegatte mit einer Aufrechterhaltung des Testamentes „belohnt" werde (MüKoBGB/*Musielak* Rn. 12 mwN). Dem ist jedoch der eindeutige Wortlaut der §§ 2268 I, 2077 I 2 entgegen zu halten. § 2077 I 2 fordert neben dem Vorliegen der Scheidungsvoraussetzungen zusätzliche Handlung des Erblassers selbst, aus der der Eheaufhebungswille hervorgeht (BayObLG, Beschl. v. 30.10.1989 – 1a Z 19/88, NJW-RR 1990, 200 (201) = FamRZ 1990, 322; BeckOK BGB/*Litzenburger* Rn. 4; Reimann/Bengel/Mayer/*Mayer* Rn. 19; Staudinger/*Kanzleiter* Rn. 8). Erst diese nach außen gerichtete Verfahrenshandlung erlaubt es, die weitreichende Rechtsfolge des § 2268 eintreten zu lassen. In den Fällen der fehlenden Zustimmung kommt daher allein eine **Anfechtung** des Testamentes nach § 2078 II (Irrtum über den Fortbestand der Ehe) in Betracht (Reimann/Bengel/Mayer/*Mayer* Rn. 19).

7 c) Gleichgestellt sind auch die Fälle, in denen die **Aufhebung der Ehe beantragt** wurde und über den Antrag zu Lebzeiten des Erblassers nicht entschieden wurde. Lagen die Voraussetzungen für die Aufhebung tatsächlich vor und wurde der Antrag durch den Erblasser selbst gestellt, steht dies nach § 2077 I 3 der zu Lebzeiten rechtskräftig gewordenen Aufhebung gleich. Wurde der Antrag dagegen vom anderen Ehegatten gestellt, kommt eine Analogie nicht in Betracht (→ Rn. 6); hier ist wieder an eine Anfechtung nach § 2078 II zu denken.

8 d) Keine Anwendung findet § 2268 auf die sog. **Nichtehe.** Eine solche liegt vor, wenn die (vermeintliche) Eheschließung an schweren formellen oder materiellen Mängeln leidet (zB wenn die Eheschließungserklärungen nicht vor einem Standesbeamten abgegeben wurden oder der Standesbeamte nach seinen Angaben zur Mitwirkung an der Eheschließung nicht bereit ist; vgl. Palandt/*Brudermüller* Einf. v. § 1313 Rn. 5f.). In diesen Fällen liegt eine wirksame Ehe nicht vor, das gemeinschaftliche Testament ist schon nach § 2265 nichtig. Hier kommt – wie in den anderen Fällen des Verstoßes gegen § 2265 – eine **Umdeutung** in Betracht, sofern für die umzudeutende Verfügung die jeweiligen Formvorschriften eingehalten wurden (→ § 2265 Rn. 44ff.). Der Vorschrift des § 2268 I kann ein Umdeutungsverbot nach hM nicht entnommen werden (OLG Frankfurt aM, Beschl. v. 21.12.1987 – 20 W 347/187, DNotZ 1988, 181 (182); MüKoBGB/*Musielak* Rn. 14). Eine Umdeutung kommt auch bei Verfügungen, die den vermeintlichen Ehepartner bedenken, in Betracht (iE auch Reimann/Bengel/Mayer/*Mayer* Rn. 6, der hier aber strenger als bei § 2265 die Umdeutung bei Verfügungen zugunsten des anderen „Ehegatten" regelmäßig ausschließt (die dort zitierte Entscheidung des OLG Frankfurt aM, Beschl. v. 21.12.1987 – 20 W 347/187, DNotZ 1988, 181 musste sich nach ihrem Wortlaut nur mit der Verfügung zugunsten eines Dritten beschäftigen)).

9 e) Eine **spätere Wiederverheiratung** der Ehegatten führt nicht zu einem Wiederaufleben des Testamentes, da es sich bei der neuen Ehe rechtlich nicht um die Fortsetzung der einmal aufgehobenen Ehe handelt (hM; BayObLG, Beschl. v. 23.5.1995 – 1Z BR 128/94, NJW 1996, 133; Reimann/Bengel/ Mayer/*Mayer* Rn. 18, jeweils mwN). Die Wiederverheiratung kann daher nur ein Indiz für einen bei Errichtung des Testamentes vorhandenen Fortgeltungswillen (→ Rn. 11ff.) sein (BayObLG, Beschl. v. 23.5.1995 – 1Z BR 128/94, NJW 1996, 133). Sofern der Aufrechterhaltungswille zu verneinen ist, bleibt nur die Errichtung eines neuen Testamentes (die bei Wiederheirat in jedem Fall zu empfehlen ist).

10 **3. Unwirksamkeit, Aufrechterhaltungs- bzw. Fortgeltungswille.** a) Die Scheidung der Ehe und die weiteren in § 2077 I genannten Fälle führen grds. zur Unwirksamkeit des Testamentes. Anders als bei § 2077 sind jedoch nicht nur die Verfügungen, mit denen der Ehepartner bedacht wurde, unwirksam. § 2268 I führt zur **Unwirksamkeit aller** in dem gemeinschaftlichen Testament enthaltenen **Verfügungen.** Dabei spielt es keine Rolle, ob diese Verfügungen einseitig, gegenseitig oder wechselbezüglich sind (BGH, Urt. v. 7.7.2004 – IV ZR 187/03, NJW 2004, 3113 (3114)).

11 b) Da es sich bei § 2268 I um eine Auslegungsregel handelt, greift diese Rechtsfolge jedoch nicht ein, sofern ein Wille des Erblassers vorliegt, der auf Fortgeltung seiner Verfügung gerichtet ist. Nach § 2268 II ist dabei nicht nur ein tatsächlich geäußerter Wille zu beachten. Vielmehr kann auch ein mutmaßlicher Wille des Erblassers die Fortgeltung begründen. § 2268 II erklärt für die Ermittlung des **Fortgeltungswillens** auch die ergänzende Testamentsauslegung für anwendbar (Reimann/Bengel/Mayer/*Mayer* Rn. 8).

12 aa) Sofern im gemeinschaftlichen Testament keine ausdrückliche Regelung für den Fall der Scheidung vorhanden ist (was insb. bei privatschriftlichen Testamenten regelmäßig der Fall sein dürfte), ist der tatsächliche oder – hilfsweise – mutmaßliche Wille des Erblassers im **Zeitpunkt der Errichtung** des Testamentes zu ermitteln. Dabei ist, wie im Rahmen der Auslegung üblich, auf alle Umstände, die Rückschlüsse auf den Erblasserwillen zulassen, zurückzugreifen. Diese Umstände können auch außerhalb der Testamentsurkunde liegen, sofern der Erblasserwille im Testament wenigstens andeutungsweise zum Ausdruck kommt (BGH, Urt. v. 7.10.1992 – IV ZR 160/91, NJW 1993, 256). Ein durch den Erblasser nach Errichtung des Testamentes selbst geäußerter Wille kann nicht zwingend zur Begründung der Annahme eines Aufrechterhaltungswillens im Zeitpunkt der Testamentserrichtung herangezogen werden. Ein derartig geäußerter Wille stellt allerdings ein Indiz für den Willen bei Errichtung dar (allg. zur Indizfunktion späterer Umstände BayObLG, Beschl. v. 23.5.1995 – 1Z BR 128/94, NJW 1996, 133 (134)).

13 bb) Bei der Auslegung ist für jede einzelne Verfügung und für jeden der beiden Erblasser der **Aufrechterhaltungswille getrennt zu ermitteln.** Es ist damit durchaus denkbar, dass einzelne Verfügungen wirksam bleiben und andere nicht (§ 2268 II: „soweit"). Anders als bei der Umdeutung (→ § 2265 Rn. 44ff.) spielt es in diesem Kontext jedoch keine Rolle, ob jeder Ehegatte hinsichtlich seiner Verfügungen die Formerfordernisse des § 2247 gewahrt hat oder das Testament unter Rückgriff auf § 2267 errichtet wurde. Das gemeinsame Testament bleibt (formwirksame Errichtung unterstellt) wirksam, soweit der Fortgeltungswille reicht (Reimann/Bengel/Mayer/*Mayer* Rn. 10).

14 Im Rahmen der Willensermittlung sind folgende **Kriterien** zu beachten: Handelt es sich um einseitige Verfügungen, ist im Rahmen der Auslegung allein auf den Willen des jeweils verfügenden Erblassers abzustellen; der Empfängerhorizont ist insoweit ohne Bedeutung (Reimann/Bengel/Mayer/*Mayer*

Rn. 10). Anders ist die Situation bei wechselbezüglichen Verfügungen. Hier ist bei der Auslegung stets zu prüfen, ob ein nach dem Verhalten des einen Ehegatten mögliches Auslegungsergebnis auch dem Willen des anderen Teiles entsprochen hat (BGH, Urt. v. 7.10.1992 – IV ZR 160/91, NJW 1993, 256; BGH, Urt. v. 26.9.1990 – IV ZR 131/89, NJW 1991, 169 (170)). Eine Aufrechterhaltung ist zulässig, wenn diese von beiden Ehegatten gewollt war. Wollte dagegen lediglich ein Ehegatte die Aufrechterhaltung (Ehegatte A), dann werden über § 2268 I nur die Verfügungen des Ehegatten ohne Aufrechterhaltungswillen (Ehegatte B) unwirksam. Die Wirksamkeit der Verfügungen des Ehegatten A richtet sich dann nach § 2270 I. Sind Verfügungen von Ehegatte A wechselbezüglich zu Verfügungen des Ehegatten B, die nach § 2268 I unwirksam werden, dann sind diese wechselbezüglichen Verfügungen des Ehegatten A ebenfalls unwirksam, § 2270 I. Weiter ist für einseitige Verfügungen § 2085 zu beachten (→ § 2270 Rn. 21). Eine Aufrechterhaltung bei abweichendem Willen des Ehepartners ist allerdings dann denkbar, wenn eine sog. **partiell einseitige Wechselbezüglichkeit** (*Muscheler* DNotZ 1994, 733 (741); Reimann/Bengel/Mayer/*Mayer* Rn. 11) vorliegt. Von dieser ist auszugehen, wenn ein Ehegatte seine an sich wechselbezügliche Verfügung unabhängig vom Willen des anderen Ehegatten wirksam sein lassen will (→ § 2270 Rn. 15).

cc) Bei **einseitigen Verfügungen** spricht die Lebenserfahrung dafür, dass diese auch bei Scheidung der 15 Ehe weiter gelten sollen. Ein Aufrechterhaltungswille wird hier in aller Regel angenommen werden können (BeckOK BGB/*Litzenburger* Rn. 7); pauschale Aussagen sind aber nicht möglich.

Allgemeingültige Aussagen lassen sich auch für den Bereich der **wechselbezüglichen Verfügungen** 16 schwer treffen. Hier spricht die Lebenserfahrung dafür, dass die Ehegatten die Geltung vom Fortbestand der Ehe abhängig gemacht haben (OLG Frankfurt aM, Beschl. v. 20.3.2014 – 20 W 520/11, BeckRS 2015, 06817 bei Rn. 41; BayObLG, Beschl. v. 8.6.1993 – 1 Z BR 95/92, NJW-RR 1993, 1157 (1159)). Daher wird bei gegenseitigen Verfügungen und bei Verfügungen zugunsten von Personen, die nur mit einem Ehegatten verwandt sind, der Fortgeltungswille meist ausgeschlossen sein (Staudinger/*Kanzleiter* Rn. 10). Ein Aufrechterhaltungswille kann aber uU dann anzunehmen sein, wenn zu dem als Erbe bedachten Dritten eine besondere Beziehung besteht, insb. wenn schon beim Tod des Erstversterbenden eine wenigstens teilweise Erbeinsetzung oder Vermächtnisanordnung zugunsten der (gemeinsamen) Kinder vorliegt (BayObLG, Beschl. v. 8.6.1993 – 1 Z BR 95/92, NJW-RR 1993, 1157 (1159); OLG Stuttgart, Beschl. v. 1.9.1975 – 8 W 121/75, OLGZ 1976, 17 (19)). Teilweise wird die besondere Beziehung auch dann angenommen, wenn die gemeinsamen Kinder nicht unmittelbar nach dem Tod des Erstversterbenden (zT) als Erben eingesetzt wurden, sondern wenn es sich lediglich um die Einsetzung als Nacherben handelt (OLG Brandenburg, Beschl. v. 24.10.1994 – 10 Wx 17/94, OLGR 1995, 138 ff.). Schwierig ist die Frage zu beurteilen, wie es sich mit der Einsetzung der gemeinsamen Kinder als Schlusserben verhält. Hier hatte das OLG Hamm (OLG Hamm, Beschl. v. 8.11.1993 – 15 W 267/91, OLGZ 1994, 326) im Hinblick auf eine Schlusserbeneinsetzung eines Kindes im Ehegattenerbvertrag bedenken, ob die vom überlebenden Ehegatten „abhängige" Rechtsposition des Schlusserben mit Scheidung der Ehe wegfalle. IErg hat das OLG Hamm die Verfügung fortbestehen lassen, aber eine vertragliche Bindungswirkung der Verfügung nach Scheidung verneint.

c) Sofern Verfügungen nach dem Willen der Ehegatten auch über die Scheidung hinaus fortbestehen, 17 ist in einem zweiten Schritt zu klären, ob die fortbestehenden Verfügungen auch nach einer Scheidung ihre bis dahin vorhandene Bindungswirkung behalten. Beide Schritte (Fortbestehen der Verfügung einerseits und Wechselbezüglichkeit der Verfügung andererseits) sind bei der Beurteilung des Sachverhalts streng zu trennen. Der BGH (BGH, Urt. v. 7.7.2004 – IV ZR 187/03, NJW 2004, 3113) hat die Streitfrage dahin entschieden, dass eine wechselbezügliche Verfügung auch nach einer Scheidung **als wechselbezügliche Verfügung fortbesteht**. Dies hat zur Folge, dass sie vom Ehegatten, der sich hiervon lösen will, nur durch notariell beurkundete Erklärung gegenüber dem anderen Ehegatten gem. §§ 2271 I 1, 2296 widerrufen werden kann. Diese Entscheidung wird in der Lit. angenommen (vgl. Palandt/*Weidlich* Rn. 4; *Keim* ZEV 2004, 425) aber auch abgelehnt (mit umf. Argumentation und weiteren Nachw. Reimann/Bengel/Mayer/*Mayer* Rn. 13 ff., der von einer Weitergeltung als einseitige Verfügung ausgeht; so auch vor der Entscheidung schon *Muscheler* DNotZ 1994, 733 (741 ff.)). Dies wird in der Konsequenz dazu führen, dass bei wechselbezüglichen Verfügungen die Frage des Aufrechterhaltungswillens häufiger verneint werden muss (*Keim* ZEV 2004, 425; Reimann/Bengel/Mayer/*Mayer* Rn. 15). Richtigerweise wird aber auch über die Frage, ob die Bindung fortgelten soll, der Erblasserwille zu entscheiden haben; dies schließt pauschale Lösungen aus (so ausdrücklich auch BeckOK BGB/*Litzenburger* Rn. 9). Eine Bindung über die Scheidung hinaus ist zB denkbar, wenn Ehepartner im Scheidungsverfahren ein gemeinschaftliches Testament errichtet haben und dabei zum Zweck der Vermögensauseinandersetzung gemeinsame Abkömmlinge bedacht haben (so das Bsp. bei BeckOK BGB/*Litzenburger* Rn. 9). Umgekehrt sind Fälle denkbar (zB bei der Einsetzung einseitiger Verwandter), bei denen der Fortbestand der Bindung nicht gewünscht ist. Dieses Ergebnis ist auch im Wortlaut des § 2268 II („soweit") angelegt und vom Wortlaut der Entscheidung des BGH (BGH, Urt. v. 7.7.2004 – IV ZR 187/03, NJW 2004, 3113 (3115); in diese Richtung bei grundsätzlicher Zustimmung zum Urteil auch *Keim* ZEV 2004, 425) gedeckt („Wie weit diese nachehelich wirkenden letztwilligen Verfügungen inhaltlich reichen sollen, wird von der jeweiligen durch die übereinstimmenden Vorstellungen der Ehepartner geprägten Willensrichtung bestimmt").

4. Beweislast. Die Frage der Wirksamkeit des Testamentes im Erbscheinsverfahren sowie im Zivilpro- 18 zess ist vom Nachlass- bzw. Prozessgericht zu entscheiden. Kann dabei ein Fortgeltungswille nicht festgestellt werden, sind alle Verfügungen in dem gemeinschaftlichen Testament unwirksam. Die Feststellungs- bzw. Beweislast trägt somit derjenige, der aus dem gemeinschaftlichen Testament Rechte herleiten will (BGH, Urt. v. 7.7.2004 – IV ZR 187/03, NJW 2004, 3113 (3114)).

19 **5. Lebenspartnerschaft.** Gem. § 10 IV 2 LPartG ist § 2268 auf das gemeinschaftliche Testament eingetragener Lebenspartner entsprechend anwendbar.

§ 2269 Gegenseitige Einsetzung

(1) Haben die Ehegatten in einem gemeinschaftlichen Testament, durch das sie sich gegenseitig als Erben einsetzen, bestimmt, dass nach dem Tode des Überlebenden der beiderseitige Nachlass an einen Dritten fallen soll, so ist im Zweifel anzunehmen, dass der Dritte für den gesamten Nachlass als Erbe des zuletzt versterbenden Ehegatten eingesetzt ist.

(2) Haben die Ehegatten in einem solchen Testament ein Vermächtnis angeordnet, das nach dem Tode des Überlebenden erfüllt werden soll, so ist im Zweifel anzunehmen, dass das Vermächtnis dem Bedachten erst mit dem Tode des Überlebenden anfallen soll.

Übersicht

	Rn.		Rn.
I. Überblick, Normzweck	1–3	V. Die rechtlichen Folgen der Trennungslösung	38–41
II. Vorrang der Auslegung	4–19	1. Die Stellung des Längerlebenden nach dem Tod des Erstversterbenden	39
1. Zentrale Fragestellung	5	2. Die Stellung des Dritten nach dem Tod des Erstversterbenden	40
2. Erläuternde Auslegung	6–9	3. Die Situation nach dem Tod beider Ehegatten	41
3. Ergänzende Auslegung	10	VI. Die rechtlichen Folgen der Nießbrauchsvermächtnislösung	42
4. Verhältnis zu § 2084	11	VII. Der Tatbestand des § 2269 II	43–47
5. Begrifflichkeiten	12–19	VIII. Erneute Heirat des Überlebenden	48–68
a) Begrifflichkeiten, die vermögensbezogenen Charakter haben	13	1. Allgemeines zur Wiederverheiratungsklausel	49–52
b) Begrifflichkeiten, die die Verfügungsbefugnis des Längerlebenden betreffen	14	2. Ausgestaltung im Wege der sog. Erbschaftslösung	53–60
c) Begrifflichkeiten, die personenbezogenen Charakter haben	15	a) Trennungslösung	54
d) Zeitbezogene Formulierungen	16	b) Einheitslösung	55–60
e) Vermögensverhältnisse der Ehegatten	17	3. Ausgestaltung im Wege der sog. Vermächtnislösung	61/62
f) Verwandte als Erben	18	4. Zu den Folgen der erneuten Heirat	63–68
g) Regelungen zum gleichzeitigen Versterben und unvollständige Schlusserbeneinsetzung	19	a) Auswirkungen auf die Wechselbezüglichkeit	64–66
III. Der Tatbestand des § 2269 I	20–30	b) Auswirkungen auf den Bestand der Verfügungen	67
1. Gemeinschaftliches Testament	21	c) Auswirkungen auf den Pflichtteil	68
2. Gegenseitige Erbeinsetzung	22	IX. Pflichtteil	69–88
3. Regelung zum Schlusserbfall	23–25	1. Pflichtteil und Trennungslösung	70
4. Regelung zum gleichzeitigen Versterben	26–29	2. Pflichtteil und Einheitslösung	71
5. Rechtsfolge	30	3. Umgehung des Pflichtteils	72–88
IV. Die rechtlichen Folgen der Einheitslösung	31–37	a) Pflichtteilsverzicht	73/74
1. Auswirkungen zu Lebzeiten beider Ehegatten	32	b) Anrechnung	75//76
2. Die Stellung des Längerlebenden nach dem Tod des Erstversterbenden	33	c) Pflichtteilsklauseln	77–86
3. Die Stellung des Dritten nach dem Tod des Erstversterbenden	34	aa) Tatbestandsseite	78–81
4. Rechtsschutz nach dem Tod des Erstversterbenden	35/36	bb) Rechtsfolgenseite	82–86
5. Die Situation nach dem Tod beider Ehegatten	37	d) Jastrow'sche Klausel	87
		e) Anfechtung	88
		X. Beweisfragen	89
		XI. Steuer	90
		XII. Eingetragene Lebenspartnerschaft	91

I. Überblick, Normzweck

1 Durch die Errichtung eines gemeinschaftlichen Testaments wollen Ehegatten regelmäßig die Versorgung des Überlebenden sichern und auch die Verteilung des Vermögens nach dem beiderseitigen Tod regeln. Je nachdem, ob die Handlungsfähigkeit des Überlebenden (insb. der Zugriff auf die Vermögenssubstanz), die Versorgung der bedachten Dritten und/oder der Schutz immer im Vordergrund stehen, bieten sich grds. **drei Regelungsmodelle** an (wobei natürlich auch Kombinationen möglich sind):
– Die Ehegatten können sich gegenseitig zu (Voll-)Erben einsetzen und einen oder mehrere Dritte zu Schlusserben bestimmen. Da der Dritte nach dem Tod des Überlebenden das vereinigte Vermögen beider Ehegatten erhält, wird diese Konstruktion auch als **Einheitslösung** bezeichnet (→ Rn. 31 ff.).
– Die Ehegatten können weiter bestimmen, dass der andere Ehegatte „nur" Vorerbe wird. Zum Nacherben und zugleich zum Ersatzerben (zB für den Fall des eigenen Überlebens) bestimmen sie den oder die Dritten. Da der Dritte hier von jedem Ehegatten separat erbt (einmal als Nacherbe, einmal als Vollerbe), spricht man bei dieser Konstruktion von **Trennungslösung** (→ Rn. 38 ff.).

– Schließlich kann jeder Ehegatte sofort den oder die Dritten zu Erben bestimmen und den anderen Ehegatten durch die Anordnung von Vermächtnissen absichern. In der Regel erfolgt dies durch ein Nießbrauchsvermächtnis an einzelnen Nachlassgegenständen oder dem Gesamtnachlass, da auf diese Weise dem Erben die Substanz des Nachlasses erhalten bleibt. Diese Konstruktion wird im Folgenden als **Nießbrauchsvermächtnislösung** bezeichnet (→ Rn. 42).

Vor allem bei eigenhändigen Testamenten kommt es nicht selten vor, dass die Testatoren das Gewollte in rechtlich unzutreffenden Begriffen wiedergeben. § 2269 (und § 2280 für den Erbvertrag) enthält daher eine **Auslegungsregel** (BGH, Urt. v. 8.11.1972 – IV ZR 123/70, WM 1973, 41; Staudinger/*Kanzleiter* Rn. 5) dahingehend, dass bei Zweifeln, die durch eine Auslegung des Testamentes nicht beseitigt werden konnten, von der Anordnung der Einheitslösung auszugehen ist. Der Gesetzgeber folgt damit dem Umstand, dass viele Ehepartner – unabhängig von den rechtlichen Gegebenheiten – das „Familienvermögen" als Einheit ansehen und daher verschiedene Rechtslagen für beide Vermögen zu Lebzeiten des Längerlebenden und eine Trennung der Vermögen nach dem Tod beider Ehegatten ausschließen wollen (Reimann/Bengel/Mayer/*Mayer* Rn. 5). Zu beachten ist, dass es sich bei § 2269 nicht um eine gesetzliche Vermutung handelt. Der Inhalt des Testamentes ist daher primär durch Auslegung zu ermitteln; § 2269 dient nur der Behebung von trotzdem fortbestehenden Zweifeln.

In der Praxis wird die Einheitslösung häufig als **„Berliner Testament"** bezeichnet (vgl. MüKoBGB/*Musielak* Rn. 11). Da im preußischen Recht die Trennungslösung vorherrschend war, ist diese Verwendung des Begriffs jedoch umstritten (vgl. *J. Mayer* (Reimann/Bengel/Mayer/*Mayer* Rn. 1 mwN), der vorschlägt, den Begriff für beide Varianten zu gebrauchen). Im Folgenden ist daher nur von Einheits- oder Trennungslösung die Rede.

II. Vorrang der Auslegung

Da es sich bei § 2269 um eine Auslegungsregel handelt, ist vorrangig der Wille der Ehegatten im Wege der (erläuternden, hilfsweise ergänzenden) Auslegung zu ermitteln. Nur wenn Zweifel hinsichtlich des Inhalts verbleiben, die durch Auslegung nicht geklärt werden können, kann auf § 2269 zurückgegriffen werden (Staudinger/*Kanzleiter* Rn. 26). Die Auslegung darf auch nicht unterlassen oder „vorzeitig" abgebrochen werden, weil das vermeintliche Ergebnis mit dem des § 2269 übereinstimmt.

1. Zentrale Fragestellung. Bei der Auslegung ist danach zu fragen, in welchem **Umfang** der Längerlebende über das ererbte Vermögen **verfügen** darf (BeckOK BGB/*Litzenburger* Rn. 15). Maßgeblich dafür ist, ob die Ehegatten ihr Vermögen als Einheit angesehen haben oder nicht. Die Einheitslösung ist dadurch gekennzeichnet, dass die beiderseitigen Vermögen in der Hand des Längerlebenden verschmelzen und erst nach seinem Tod eine Verteilung stattfindet. Bei der Trennungslösung ist der Längerlebende Inhaber auf Zeit, er hat in Bezug auf sei eigenes Vermögen und das ererbte Vermögen eine unterschiedliche rechtliche Stellung; mit seinem Tod gehen die beiden Vermögen rechtlich getrennte Wege. Bei der Abgrenzung spielt zB eine Rolle, ob das Vermögen einer dritten Person erhalten bleiben oder mangels gemeinsamer Abkömmlinge in die eigene Familie gelangen soll; beides spricht für die Trennungslösung (Reimann/Bengel/Mayer/*Mayer* Rn. 31). Soll dagegen primär der längerlebende Ehegatte versorgt werden und dieser für den Fall des eigenen Finanzbedarfs (zB bei Krankheit oder Pflegebedürftigkeit) auf das Familienvermögen zurückgreifen können, spricht dies für die Einheitslösung.

2. Erläuternde Auslegung. Wenn auch der Wortlaut der Erklärung am Anfang der **erläuternden Auslegung** steht, so ist doch maßgeblich das, was der Erblasser wirklich wollte (§ 133). Bei der Auslegung eines gemeinschaftlichen Testamentes ist dabei zwischen einseitigen und wechselbezüglichen Verfügungen zu unterscheiden. Bei einseitigen Verfügungen sind die allgemeinen Kriterien, die auch bei der Auslegung eines einseitigen Testamentes gelten, heranzuziehen (hM; vgl. Reimann/Bengel/Mayer/*Mayer* Vor § 2265 Rn. 62 mwN zur anderen Ansicht). Bei **wechselbezüglichen Verfügungen** ist dagegen nicht nur der Wille des Testierenden selbst zu ermitteln. Vielmehr ist zu fragen, ob ein mögliches Auslegungsergebnis auch vom Willen des anderen Ehegatten getragen ist (BGH, Urt. v. 7.10.1992 – IV ZR 160/91, NJW 1993, 256). Abzustellen ist somit auf den **übereinstimmenden Willen beider Ehegatten im Zeitpunkt der Errichtung der Verfügung** (BGH, Urt. v. 26.9.1990 – IV ZR 131/89, NJW 1991, 169 (170)). Soweit ein übereinstimmender gemeinschaftlicher Wille nicht ermittelbar ist, muss auf den Willen des Verfügenden zurückgegriffen werden. Dieser Wille ist (analog § 157) jedoch vom Empfängerhorizont des anderen Ehegatten, der sich auf die Verfügung einstellen musste, zu beurteilen. Maßgeblich ist somit bei fehlender Willensübereinstimmung der Wille des Testierenden in der Form, wie ihn der andere Ehegatte verstehen konnte (BeckOK BGB/*Litzenburger* Rn. 8).

Die Auslegung darf sich dabei **nicht auf den Wortlaut beschränken.** Auch bei einer ihrem Wortlaut nach scheinbar eindeutigen Willenserklärung hat eine Auslegung zu erfolgen, wenn sich aus den Umständen ergibt, dass der Verfügende mit seinen Worten einen anderen Sinn verbunden hat, als es dem allgemeinen Sprachgebrauch entspricht (BGH, Urt. v. 8.12.1982 – IVa ZR 94/81, NJW 1983, 672 (673) mwN). Dabei ist gerade bei Laien zu beachten, dass sie juristische Fachbegriffe oftmals nicht richtig verwenden. Neben dem Wortlaut der einzelnen Verfügungen ist bei der Auslegung auch auf die Gesamtheit der Verfügungen und auch auf **außerhalb der Urkunde liegende Umstände** zurückzugreifen BeckOK BGB/*Litzenburger* Rn. 7; detailliert → § 2084 Rn. 9). Lässt sich ein tatsächlicher Wille nicht ermitteln, ist auf den mutmaßlichen Erblasserwillen abzustellen (*W. Kössinger* (Nieder/Kössinger/*W. Kössinger* Testamentsgestaltung § 23 Rn. 25) weist zutreffend darauf hin, dass es sich dabei – anders als bei der ergänzenden Auslegung – nicht um einen unterstellten hypothetischen Willen, sondern um den wirklichen Willen, den der Erblasser bei Testamentserrichtung mutmaßlich gehabt hat, handelt).

8 Auch ein vor einem Notar errichtetes **öffentliches Testament** ist der Auslegung zugänglich. Bei einem solchen darf grds. davon ausgegangen werden, dass vor Errichtung des Testamentes der Wille der Beteiligten ermittelt wurde und dieser Wille im Testament auch umgesetzt ist (Reimann/Bengel/Mayer/*Mayer* Rn. 38). Sofern sich jedoch Zweifel ergeben, ob das Testament den wirklichen Willen ordnungsgemäß wiedergibt, ist auch ein öffentliches Testament auszulegen (BeckOK BGB/*Litzenburger* Rn. 9). Solche Zweifel sind zB dann angebracht, wenn der Gesamtinhalt des Testamentes nicht mit einzelnen darin verwendeten Rechtsbegriffen übereinstimmt (Reimann/Bengel/Mayer/*Mayer* Rn. 38). Die Auslegung hat dabei nicht aus Sicht des Notars zu erfolgen; maßgeblich ist, wie die Verfügenden die Erklärungen aufgefasst haben (KG Beschl. v. 17.10.1986 – 1 W 732/85, NJW-RR 1987, 451).

9 Ist das Ergebnis der Auslegung gefunden worden, so ist in einem zweiten Schritt zu fragen, ob dieses Ergebnis auch formgerecht umgesetzt wurde. Nach der sog. **Andeutungstheorie** ist dies nur dann der Fall, wenn der durch Auslegung ermittelte Wille im Testament selbst einen wenigstens unvollkommenen Ausdruck gefunden hat, indem er dort zumindest vage oder versteckt angedeutet ist (Palandt/*Weidlich* § 2084 Rn. 4).

10 **3. Ergänzende Auslegung.** Führt die erläuternde Auslegung zu keinem eindeutigen Ergebnis und kann auch ein mutmaßlicher Wille nicht ermittelt werden, so ist, bevor auf die Auslegungsregel des § 2269 zurückgegriffen werden kann, eine **ergänzende Auslegung** vorzunehmen. Diese untersucht anders als die erläuternde Auslegung nicht den tatsächlich vorhandenen Willen des Erblassers. Bei der ergänzenden Auslegung wird vielmehr der hypothetische Erblasserwille ermittelt, also der Wille, den der Erblasser vermutlich gehabt haben würde, wenn er die entsprechende Frage bedacht hätte (Nieder/Kössinger/W. *Kössinger* Testamentsgestaltung § 23 Rn. 35). Maßgeblich ist bei der ergänzenden Auslegung wechselbezüglicher Verfügungen ebenfalls der übereinstimmende Wille beider Ehegatten bzw. der für den anderen Ehegatten erkennbare Wille des Verfügenden (Reimann/Bengel/Mayer/*Mayer* Vor § 2265 Rn. 62 f.). Auch bei der ergänzenden Auslegung ist auf außerhalb des Testamentes liegende Umstände zurückzugreifen und zu fragen, ob das durch Auslegung gefundene Ergebnis in der Testamentsurkunde andeutungsweise seinen Niederschlag gefunden hat (Nieder/Kössinger/W. *Kössinger* Testamentsgestaltung § 23 Rn. 36).

11 **4. Verhältnis zu § 2084.** Bei der Auslegung eines gemeinschaftlichen Testamentes findet auch **§ 2084** Anwendung (sog. Grundsatz der wohlwollenden Auslegung (Palandt/*Weidlich* § 2084 Rn. 13)). Die hM geht dabei davon aus, dass § 2269 hinter § 2084 zurückzutreten hat, wenn eine Verfügung des einen Ehegatten nichtig ist und die Anwendung des § 2269 (wegen der Wechselbezüglichkeit der Verfügungen, § 2271) zur Nichtigkeit einer Verfügung des anderen Ehegatten führen würde, während bei der Anwendung des § 2084 die fragliche Verfügung des anderen Ehegatten fortbestehen könnte (NK-BGB/*Gierl* Rn. 41; MüKoBGB/*Musielak* Rn. 24; Reimann/Bengel/Mayer/*Mayer* Rn. 34). In der Praxis dürfte sich die Frage der Konkurrenz jedoch nur selten stellen, da der Anwendungsbereich des § 2269 nur eröffnet ist, wenn wirksame Verfügungen beider Ehegatten vorliegen (MüKoBGB/*Musielak* Rn. 24; Reimann/Bengel/Mayer/*Mayer* Rn. 34).

12 **5. Begrifflichkeiten.** Mit der Auslegung soll geklärt werden, ob die Ehegatten ihr Vermögen als Einheit, über die der Längerlebende im Rahmen der Wechselbezüglichkeit frei verfügen kann, angesehen haben (dann Einheitslösung) oder nicht (dann Trennungslösung oder Nießbrauchsvermächtnis). Bei der Ermittlung der Verfügungsbefugnis des Längerlebenden spielen in der Praxis oft **Begrifflichkeiten** aus folgenden Bereichen eine Rolle:

13 a) **Begrifflichkeiten, die vermögensbezogenen Charakter haben.** Bei der Auslegung kann auf Begrifflichkeiten, die **vermögensbezogenen Charakter** haben, abgestellt werden. Für die Einheitslösung spricht es dabei, wenn die Ehegatten im Testament Regelungen für ihr **beiderseitiges, gemeinsames** oder **einheitliches** Vermögen treffen (BeckOK BGB/*Litzenburger* Rn. 16) oder ihr **gemeinschaftliches Vermögen** einer bestimmten Person (OLG Frankfurt aM, Beschl. v. 3.3.1998 – 20 W 143/95, NJWE-FER 1998, 134) zuwenden. Auch die Formulierung „**unser Vermögen**" deutet an, dass die Ehegatten von einer Verschmelzung der Vermögensmassen in der Hand des Überlebenden und damit von der Einheitslösung ausgehen (BeckOK BGB/*Litzenburger* Rn. 16). Erwähnen die Ehegatten im Testament ausdrücklich, dass sie ihr Vermögen „**gemeinsam erarbeitet**" haben und daher dem überlebenden Teil das gesamte Vermögen bis zu seinem Tode verbleiben soll, spricht dies ebenfalls für die Einheitslösung (OLG Karlsruhe, Beschl. v. 3.9.2006 – 14 Wx 49/05, FGPrax 2007, 87). Soll dem überlebenden Ehegatten der „**Besitz und Genuss**" am Vermögen des Erstversterbenden zukommen, ist eine eindeutige Zuordnung nicht möglich (MüKoBGB/*Musielak* Rn. 21), da ihm „Besitz und Genuss" sowohl bei der Einheits- als auch bei der Trennungslösung und dem Nießbrauchsvermächtnis zustehen. Sofern zu dieser Formulierung andere Aussagen, die für eine freie und uneingeschränkte Verfügungsbefugnis sprechen, hinzutreten, kann von der Einheitslösung ausgegangen werden (Staudinger/*Kanzleiter* Rn. 33). Die Unterscheidung nach der **Herkunft des Vermögens** allein ist ebenfalls neutral; für die Trennungslösung spricht jedoch, wenn sowohl nach der Herkunft als auch nach dem Verbleib des Vermögens nach dem Tod des Längerlebenden differenziert wird (BeckOK BGB/*Litzenburger* Rn. 16). Nach dem BayObLG (BayObLG, Beschl. v. 9.6.1999 – 1Z BR 53/99, NJWE-FER 1999, 273 (274)) führt die in einem Einzeltestament enthaltene Einsetzung des Ehepartners als Erbe und des Sohnes als **Gesamterbe** nach dem Tod

beider Ehegatten zur Vor- und Nacherbfolge. In einem gemeinschaftlichen Testament ist die Formulierung dagegen als neutral anzusehen, da sprachlich als Gesamterbe auch der Erbe des gesamten (also vereinigten) Vermögens bezeichnet werden kann; es wird somit darauf ankommen, ob weitere Indizien gefunden werden können. Sind die Ehegatten im Güterstand der **Gütergemeinschaft** verheiratet und wenden sie Grundbesitz aus dem Gesamtgut nach dem Tod des Längerlebenden einem Dritten zu, kann dies für die Trennungslösung sprechen (BayObLG, Beschl. v. 29.9.1987 – 1 Z 66/86, FamRZ 1988, 542; BeckOK BGB/*Litzenburger* Rn. 16).

b) Begrifflichkeiten, die die Verfügungsbefugnis des Längerlebenden betreffen. Eine wesentliche 14 Bedeutung bei der Auslegung haben alle Begrifflichkeiten, die die **Verfügungsbefugnis** des Längerlebenden betreffen. Im Rahmen der Abgrenzung ist dabei die Formulierung, dass der Längerlebende über den Nachlass des Erstversterbenden „**frei verfügen**" kann bzw. in der Verfügung nicht beschränkt wird, neutral, da auch der befreite Vorerbe über den Nachlass durch Rechtsgeschäft unter Lebenden verfügen kann (OLG Hamm, Beschl. v. 12.6.2001 – 15 W 127/00, RPfleger 2001, 595 (598); BeckOK BGB/*Litzenburger* Rn. 15). Sofern keine weiteren Argumente hinzutreten, bezieht sich diese Gestattung nur auf Verfügungen unter Lebenden (BayObLG, Beschl. v. 30.8.1984 – 1 Z 71/84, FamRZ 1985, 209). Auch die Aufnahme einer **Pflichtteilsklausel** in das gemeinschaftliche Testament gibt keine Richtung für die Auslegung vor, da auch bei der Trennungslösung der Nacherbe schon nach dem ersten Erbfall die Erbschaft ausschlagen (§ 2142 I) sowie seinen Pflichtteil verlangen kann (§ 2306 II) und ohne Sanktion weiter als Erbe des Längerlebenden in Betracht kommt (Reimann/Bengel/Mayer/*Mayer* Rn. 37; so auch BeckOK BGB/*Litzenburger* Rn. 15; aA OLG Düsseldorf, Beschl. v. 14.6.1996 – 7 U 153/95, NJW-RR 1997, 136: „gewichtiges Indiz für Einheitslösung"). Für sich alleine ebenso ergebnisneutral ist weiter das **Recht, den Nachlass zu verbrauchen,** da dieses Recht sowohl dem Vollerben als auch dem befreiten Vorerben zusteht (BeckOK BGB/*Litzenburger* Rn. 15). In all diesen Fällen sind in die Auslegung weitere Umstände einzubeziehen. Für die Einheitslösung spricht das dem Längerlebenden vorbehaltene **Recht zur anderweitigen Verfügung über das Ererbte und sein eigenes Vermögen** (OLG Frankfurt aM, Beschl. v. 3.3.1998 – 20 W 143/95, NJWE-FER 1998, 134; BeckOK BGB/*Litzenburger* Rn. 15). Wird dem Längerlebenden **untersagt,** über ein **Hausgrundstück,** das das wesentliche Vermögen des erstversterbenden Ehegatten ausmacht, unter Lebenden **zu verfügen,** spricht dies für die Berufung des Überlebenden zum Vorerben und damit für die Trennungslösung (OLG Hamm, Beschl. v. 10.2.2003 – 15 W 216/02, FamRZ 2003, 1503; mit MüKoBGB/*Musielak* Rn. 21 ist generell bei einem Verfügungsverbot, das wesentliches Vermögen betrifft, von der Trennungslösung auszugehen; weitergehend wohl BeckOK BGB/*Litzenburger* Rn. 15, der bei einem Verfügungsverbot über den Nachlass oder Teile davon zur Trennungslösung tendiert). Soll der Längerlebende den Nachlass des Erstversterbenden **gemeinsam mit dem Dritten verwalten,** indem zB dem Dritten Kontroll- und Zustimmungsrechte eingeräumt werden (BeckOK BGB/*Litzenburger* Rn. 15), ist dies als Trennungslösung zu werten (RG, Urt. v. 7.2.1905 – Rep. VII. 312/04, RGZ 60, 115 (118); MüKoBGB/*Musielak* Rn. 21; Staudinger/*Kanzleiter* Rn. 33). Das gleiche gilt, wenn der Erstversterbende den Längerlebenden verpflichtet, den **Nachlass für den Dritten zu erhalten** oder seine Tätigkeit als reine Verwaltung beschreibt (BeckOK BGB/*Litzenburger* Rn. 15). Sofern die Stellung des Dritten nach der Intention des Erstversterbenden ausnahmsweise besonders stark sein soll, kommt in den Fällen, in denen die Tätigkeit des Überlebenden als Verwaltung umschrieben wird, auch die Auslegung einer direkten Erbeinsetzung des Dritten verbunden mit einer Testamentsvollstreckung in Betracht. Darf der Längerlebende nur über den **Ertrag des Nachlasses** verfügen, den Nachlass also nutzen, aber nicht verbrauchen, ist im Allgemeinen von der Trennungslösung auszugehen (MüKoBGB/*Musielak* Rn. 21; Reimann/Bengel/Mayer/*Mayer* Rn. 46). Die Auslegung kann in diesen Fällen jedoch auch ergeben, dass eine direkte Erbeinsetzung des Dritten vorliegt, die mit einem Nießbrauchsvermächtnis verbunden ist (BeckOK BGB/*Litzenburger* Rn. 15).

c) Begrifflichkeiten, die personenbezogenen Charakter haben. In eine dritte Gruppe lassen sich Be- 15 grifflichkeiten einordnen, die **personenbezogenen Charakter** haben. Neutral ist dabei die Einsetzung des Ehegatten zum **Alleinerben,** da dies nur besagt, dass neben dem Ehepartner kein weiterer Erbe vorgesehen ist; auch der alleinige Vorerbe ist ein Alleinerbe (BeckOK BGB/*Litzenburger* Rn. 14; Staudinger/*Kanzleiter* Rn. 29; so auch NK-BGB/*Gierl* Rn. 50; bei BayObLG, Beschl. v. 16.5.2001 – 1Z BR 2/01, NJWE-FER 2001, 213 war der Alleinerbe ebenfalls „nur" Vorerbe). Auch der **Universalerbe** ist als Begriff nicht eindeutig, da damit „nur" das Fehlen eines Miterben angedeutet wird (BayObLG, Beschl. v. 31.1.1997 – 1Z BR 180/95, BayObLGZ 1997, 59 (65); NK-BGB/*Gierl* Rn. 50; BeckOK BGB/*Litzenburger* Rn. 14); bezüglich des Umfangs der Verfügungsbefugnis sagt der Begriff alleine nichts aus. Die Verwendung des Begriffs **Vollerbe** zur Umschreibung der Position des Überlebenden spricht, soweit keine sonstigen auslegungsrelevanten Gesichtspunkte hinzutreten, für die Einheitslösung (OLG Oldenburg, Urt. v. 2.2.1999 – 5 U 166/98, NJWE-FER 1999, 213; BeckOK BGB/*Litzenburger* Rn. 14). Bei der Auslegung ist aber immer auch zu berücksichtigen, dass der Begriff Vollerbe bei Laien wenig gebräuchlich ist. Es kann somit sein, dass sie an sich neutrale Begriffe wie Allein- oder Universalerbe wählen, um eine Vor- und Nacherbfolge auszuschließen (NK-BGB/*Gierl* Rn. 50; Reimann/Bengel/Mayer/*Mayer* Rn. 40; Staudinger/*Kanzleiter* Rn. 29), so dass diese Begriffe beim Hinzutreten weiterer Umstände im Sinne der Einheitslösung auszulegen sind. Eindeutiger im Sinne der Einheitslösung auszulegen ist die Verwendung des Begriffs „**ausschließlicher Erbe**" (NK-BGB/*Gierl* Rn. 50; Reimann/Bengel/Mayer/*Mayer* Rn. 40). Sind der oder die Dritten als **Schlusserben** bezeichnet, ist grds. von der Einheitslösung auszugehen (BayObLG, Beschl. v. 14.12.1966 – 1b Z 75/66, NJW 1967, 1136; OLG Karlsruhe, Beschl. v. 14.1.1998 –

4 W 89/98, BWNotZ 1999, 150 (151); Reimann/Bengel/Mayer/*Mayer* Rn. 340 Staudinger/*Kanzleiter* Rn. 30). Der Begriff ist jedoch der Auslegung zugänglich, so dass beim Hinzutreten von Verfügungsbeschränkungen eine Vor- und Nacherbfolge vorliegen kann (BeckOK BGB/*Litzenburger* Rn. 14; in der dort zitierten Entscheidung des OLG Karlsruhe, Beschl. v. 14.1.1998 – 4 W 89/98, BWNotZ 1999, 150 (151 ff.) war der Schlusserbe selbst wegen der angeordneten Verfügungsbeschränkungen als Vorerbe anzusehen). Das eben Gesagte gilt auch, wenn der Dritte als **Ersatzerbe** eingesetzt wurde (BeckOK BGB/*Litzenburger* Rn. 14). Auch beim Gebrauch der Begriffe **Vorerbe** und **Nacherbe** ist eine Auslegung nicht ausgeschlossen (BGH, Urt. v. 22.9.1982 – IVa ZR 26/81, NJW 1983, 277 (278); BayObLG, Beschl. v. 8.10.1991 – 1 Z 34/91, NJW-RR 1992, 200; MüKoBGB/*Musielak* Rn. 19; Staudinger/*Kanzleiter* Rn. 27). Dies gilt insb. bei einer Verwendung durch juristische Laien. Gerade in diesem Fall werden die Begriffe oft in einem zeitlichen Kontext verstanden, ohne dass den Beteiligten die verfügungsbeschränkende Wirkung bewusst ist (BeckOK BGB/*Litzenburger* Rn. 14). Eine Auslegungsbedürftigkeit liegt insb. dann vor, wenn der Dritte als **„Nacherbe nach dem zuletzt verschiedenen Ehegatten"** bezeichnet wird (OLG Jena, Beschl. v. 21.10.1993 – 6 W 16/93, FamRZ 1994, 1208). Diese Konstruktion ist technisch nicht möglich, da der Dritte immer Nacherbe nach dem Erstversterbenden ist und Vollerbe nach dem Letztversterbenden (Reimann/Bengel/Mayer/*Mayer* Rn. 39). Aber auch bei einem notariellen Testament ist die Auslegung nicht ausgeschlossen, wenn der Inhalt des Testamentes nicht dem Sinn der darin verwendeten Rechtsbegriffe entspricht (→ Rn. 8).

16 d) **Zeitbezogene Formulierungen.** Besondere Vorsicht ist bei der Verwendung zeitbezogener Formulierungen geboten. Dies liegt darin begründet, dass sich sowohl die Trennungslösung als auch die Einheitslösung als zeitliche Abfolge mehrerer Erbfälle darstellen. Bei der Trennungslösung wird der Erstversterbende zuerst von dem überlebenden Ehegatten und im Nacherbfall vom Dritten beerbt; weiter wird der überlebende Ehegatte vom Dritten beerbt. Bei der Einheitslösung wird der Erstversterbende vom überlebenden Ehegatten beerbt und dieser dann vom Dritten. Aus diesem Grund können zeitbezogene Formulierungen (der Dritte wird als Erbe nach dem Überlebenden eingesetzt) auf die Trennungslösung hindeuten. Da sie aber auch die Erbfolge nach dem Längerlebenden bei der Einheitslösung umschreiben können, sind sie als alleinige Abgrenzungskriterien allerdings nicht tauglich (BeckOK BGB/*Litzenburger* Rn. 17; nach dem OLG Köln (OLG Köln, Beschl. v. 27.12.2002 – 2 Wx 36/02, RPfleger 2003, 193) soll die Formulierung „der Ehefrau […] bis zu ihrem Lebensende übertrage und im Besitz halten soll" zusammen mit weiteren Anhaltspunkten als Trennungslösung auszulegen sein).

17 e) **Vermögensverhältnisse der Ehegatten.** Die Vermögensverhältnisse der Ehegatten im Zeitpunkt der Errichtung des gemeinschaftlichen Testamentes sind für sich allein ebenfalls nicht geeignet, Rückschlüsse auf die Einheits- oder die Trennungslösung zuzulassen. Die frühere Rspr. ging bei Vermögenslosigkeit eines Ehegatten oder wesentlichen Unterschieden in den Vermögensverhältnissen davon aus, dass der vermögendere Ehegatte die Vermögenstrennung zu Lebzeiten auch über den Tod hinaus aufrecht erhalten möchte und bejahten somit die Trennungslösung (RG, Urt. v. 23.4.1912 – Rep. VII. 85/12, RGZ 79, 277 (278); KG, Urt. v. 21.6.54 – 1 W 1948/54, DNotZ 1955, 408 (412)). Dem lässt sich entgegenhalten, dass es keinen Erfahrungssatz gibt, dass der Vermögendere den anderen Ehegatten nur zum Vorerben einsetzen möchte (BeckOK BGB/*Litzenburger* Rn. 18). Vielmehr ist auch bei wesentlichen Unterschieden in den Vermögen anhand der Umstände des Einzelfalls zu ermitteln, ob die Vermögen getrennt bleiben sollen oder das Familienvermögen als einheitliches Vermögen angesehen wird (BayObLG, Beschl. v. 8.2.1966 – 1a Z 64/65, BayObLGZ 1966, 49 (62 f.); umf. NK-BGB/*Gierl* Rn. 51 f.; sowie MüKoBGB/*Musielak* Rn. 22). Sofern die Ehegatten das Vermögen gemeinsam erwirtschaftet haben, etwa weil ein Ehegatte im Betrieb des anderen mitgearbeitet hat, kann dies ein Kriterium dafür sein, dass das Vermögen als einheitliches Vermögen angesehen wird (so OLG Hamm, Beschl. v. 7.11.1994 – 15 W 288/94, NJW-RR 95, 777 (778) für die Auslegung iRd § 2270).

18 f) **Verwandte als Erben.** Setzen sich die Ehegatten gegenseitig zu Erben ein und die Verwandten als Erben des Letztversterbenden, ohne zu unterscheiden, wessen Verwandte zu Erben berufen sein sollen, so ist dies als Indiz für die Einheitslösung zu werten (BeckOK BGB/*Litzenburger* Rn. 14; Reimann/Bengel/Mayer/*Mayer* Rn. 43). Im Zweifel ist davon auszugehen, dass die Verwandten beider Ehegatten zu Erben berufen sind. In diesen Fällen ist weiter durch Auslegung zu klären, ob entweder die Verwandten nach Kopfteilen berufen sind oder beide Gruppen von Verwandten je zur Hälfte erben (was der Regelfall sein dürfte; so auch OLG München, Beschl. v. 9.5.2012 – 31 Wx 269/11, ZEV 2012, 367 (368)) oder der Umfang der Verwandten im Verhältnis der Vermögen von Ehemann und Ehefrau erben sollen (wobei hier weiter zu klären ist, ob auf das Verhältnis im Zeitpunkt des ersten oder des zweiten Erbfalls abzustellen ist; umf. MüKoBGB/*Musielak* Rn. 41; Reimann/Bengel/Mayer/*Mayer* Rn. 43). Im Zweifel sind nicht die im Zeitpunkt der Errichtung des Testamentes bzw. ersten Erbfalles vorhandenen Verwandten berufen, sondern die im Zeitpunkt des Todes des Längerlebenden vorhandenen Verwandten (MüKoBGB/*Musielak* Rn. 42; Reimann/Bengel/Mayer/*Mayer* Rn. 44; Staudinger/*Kanzleiter* Rn. 37). Zu beachten ist es auch, dass die Ehegatten nur die **Person der Schlusserben bestimmen und die Erbquoten offen lassen**, so dass der Längerlebende diese Quoten bestimmen kann (Staudinger/*Kanzleiter* Rn. 36). Dies stellt keinen Verstoß gegen § 2065 dar, da der Längerlebende als Vollerbe über sein eigenes Vermögen verfügt; es handelt sich vielmehr um einen Fall des eingeschränkten Abänderungsvorbehalts (→ § 2271 Rn. 28 ff.). Verweisen die Ehegatten auf die **gesetzliche Erbfolge**, ist an Hand weiterer Umstände zu ermitteln, ob dies als Verzicht auf eine Erbeinsetzung oder auf die Einsetzung der gesetzlichen Erben als Schlusserben anzusehen ist (BayObLG, Beschl. v. 17.2.1965 – 1b Z 299/64, NJW 1965, 916 (917); BeckOK BGB/

Litzenburger Rn. 22). Auch hier ist – wenn eine Erbeinsetzung vorliegt – von der Einheitslösung auszugehen, wenn keine entgegenstehenden Umstände bestehen.

g) Regelungen zum gleichzeitigen Versterben und unvollständige Schlusserbeneinsetzung. Die 19 Bedeutung von Regelungen zum gleichzeitigen Versterben (→ Rn. 26 ff.) und die aus einer unvollständigen Schlusserbeneinsetzung (→ Rn. 24) resultierenden Auslegungsprobleme werden iRd Tatbestandes des § 2269 I behandelt, da in diesen Fällen weniger die Abgrenzung der Einheits- von der Trennungslösung zu klären ist, sondern vielmehr die Frage, ob das gemeinschaftliche Testament überhaupt Anordnungen für den Tod beider Ehegatten enthält.

III. Der Tatbestand des § 2269 I

Soweit nach der Auslegung des gemeinschaftlichen Testamentes Zweifel verbleiben (und nur dann), 20 kann mit der Auslegungsregel des § 2269 I die bestehende Lücke geschlossen werden.

1. Gemeinschaftliches Testament. Die Anwendung des § 2269 I setzt ein gemeinschaftliches Testa- 21 ment voraus, das die in 2. und 3. genannten Verfügungen enthält. Das Testament muss im Hinblick auf diese Verfügungen auch **wirksam** sein. Die Unwirksamkeit einzelner anderer Verfügungen steht der Anwendung des § 2269 I daher nicht unbedingt entgegen. Sofern jedoch die Regelungen eines Ehegatten vollständig ungültig sein sollten (unabhängig davon, aus welchem Grund dies der Fall ist) kommt § 2269 I nicht (auch nicht analog) zur Anwendung (BeckOK BGB/*Litzenburger* Rn. 20). Eine analoge Anwendung auf einseitige Testamente scheidet mangels Vergleichbarkeit der Interessenlage ebenfalls aus (MüKoBGB/*Musielak* Rn. 7). Für die Anwendung des § 2269 spielt es keine Rolle, ob die Verfügungen wechselbezüglich sind oder nicht (BeckOK BGB/*Litzenburger* Rn. 20). Unerheblich ist auch, ob die Verfügungen in einer oder mehreren Urkunden niedergelegt wurden, soweit es sich nur um ein gemeinschaftliches Testament handelt (→ § 2265 Rn. 12). Denkbar ist es auch, dass Ehegatten ein gemeinschaftliches Testament mit einem späteren Nachtrag versehen. Der Inhalt der Verfügungen ist in diesen Fällen aus einer Gesamtschau der Urkunden zu ermitteln (in diese Richtung BayObLG, Beschl. v. 23.7.1993 – 1Z BR 26/93, DNotZ 1994, 791 (792 f.) m. Anm. *Musielak*); eine andere Frage ist, ob die Verfügungen zueinander wechselbezüglich sind (dazu → § 2270 Rn. 8 ff.).

2. Gegenseitige Erbeinsetzung. Erforderlich ist weiter, dass sich die Ehegatten im gemeinschaftlichen 22 Testament **gegenseitig zu Erben eingesetzt** haben, und zwar als **alleinigen Erben.** Zu fordern ist daher, dass das Vermögen des Erstversterbenden vollständig auf den anderen Ehegatten übergeht, da nur so die der Reglung des § 2269 I zugrundeliegende Vermögenseinheit ausgedrückt wird. Setzen Ehegatten den anderen nur zum Miterben ein oder wenden sie ihm nur Teile ihres Vermögens zu, kommt § 2269 I nicht (auch nicht analog) zur Anwendung (BeckOK BGB/*Litzenburger* Rn. 21; MüKoBGB/*Musielak* Rn. 12; Staudinger/*Kanzleiter* Rn. 23 hält dagegen eine analoge Anwendung für möglich). Unerheblich ist, ob die gegenseitige Erbeinsetzung im gemeinschaftlichen Testament ausdrücklich niedergelegt wurde oder sich ihm erst im Wege der Auslegung entnehmen lässt (MüKoBGB/*Musielak* Rn. 12). Dies ist insb. dann relevant, wenn die Ehegatten in dem Testament nur Schlusserben bestimmen, ohne eine gegenseitige Erbeinsetzung anzuordnen. Da die Schlusserbeneinsetzung begrifflich eine gegenseitige Erbeinsetzung voraussetzt, liegt hier der Schluss dahingehend, dass das Testament auch eine gegenseitige Erbeinsetzung enthält, nahe (so das BayObLG (BayObLG, Beschl. v. 14.12.1966 – 1b Z 75/66, NJW 1967, 1136 f.) für einen Fall, in dem die Personen als „Schlusserben" bezeichnet wurden; das OLG München (OLG München, Beschl. v. 19.12.2012 – 31 Wx 434/12,DNotZ 2013, 217) ging dagegen für ein als Vollmacht bezeichnetes Dokument, in dem allgemein der Tochter ein Verfügungsrecht für den Fall des Todes beider Eltern eingeräumt wurde, von einer fehlenden Regelung des ersten Erbfalls aus.

3. Regelung zum Schlusserbfall. Schließlich muss im gemeinschaftlichen Testament eine Erbeinset- 23 zung für den Fall des Versterbens des längerlebenden Ehegatten enthalten sein (sog. **Schlusserbfall**). Unbedeutend ist dabei, ob ein Dritter oder mehrere Dritte zu Schlusserben berufen sind. Der Wortlaut des Gesetzes („an einen Dritten") steht der Erbeinsetzung mehrerer Personen nicht entgegen, da Grundgedanke des § 2269 I nicht die Erhaltung des Vermögens für eine Person, sondern die einheitliche Behandlung des Gesamtvermögens der Ehegatten ist (MüKoBGB/*Musielak* Rn. 13; Reimann/Bengel/Mayer/*Mayer* Rn. 17 f.). Für die Anwendung des § 2269 I spielt es auch keine Rolle, ob der oder die Dritten selbst als Vor- oder als Vollerben eingesetzt sind (BeckOK BGB/*Litzenburger* Rn. 22), da diese Frage auf die rechtliche Stellung des Ehepartners keinen Einfluss hat.

Die Schlusserbeneinsetzung kann ausdrücklich im Testament enthalten sein. Ausreichend ist es aber 24 auch, wenn die **Schlusserbeneinsetzung erst durch Auslegung ermittelt** werden kann. Bei der Auslegung ist zu berücksichtigen, dass eine Schlusserbeinsetzung nicht zum „standardmäßigen" Inhalt eines gemeinschaftlichen Testamentes gehört, die Ehegatten diesen Erbfall bewusst auch offen gelassen haben können (so auch Reimann/Bengel/Mayer/*Mayer* Rn. 11). Fraglich kann die Schlusserbeinsetzung zB sein, wenn die Ehegatten für den Fall des Todes des Überlebenden nur auf die **gesetzliche Erbfolge** Bezug nehmen. Hier ist an Hand weiterer Umstände zu ermitteln, ob dies als Verzicht auf eine Erbeinsetzung oder auf die Einsetzung der gesetzlichen Erben als Schlusserben anzusehen ist (BayObLG, Beschl. v. 17.2.1965 – 1b Z 299/64, NJW 1965, 916 (917); nach OLG München, Beschl. v. 9.5.2012 – 31 Wx 269/11, ZEV 2012, 367 (368) liegt in der Formulierung „erst nach unserem Tode sind dan die Angehörige berechtigt zu Erben" eine Schlusserbeinsetzung); *Litzenburger* (BeckOK BGB/*Litzenburger* Rn. 22) weist zutr. darauf hin, dass bei einem Verzicht auf eine Erbeinsetzung § 2269 nicht zur Anwendung gelangt. Die Schlusserbeneinsetzung kann sich auch aus **§ 2069** ergeben, wenn ein Kind (bzw. Stiefkind) zum Erben eingesetzt ist und nicht Erbe werden kann oder will (→ Rn. 37). Umstritten ist, ob aus einer im Testament enthaltenen Pflichtteilsklausel (→ Rn. 77 ff.) oder einer Wiederverheiratungsklausel (→ Rn. 49 ff.) auf eine Schlusserbeinsetzung geschlossen werden kann. Bei einer **Pflichtteilsklausel** ist zu bedenken, dass dieser Regelung primär eine enterbende Wirkung zukommt (so zutr. Reimann/Bengel/Mayer/*Mayer* Rn. 13); ein Kind, das nach dem Tod des Erstversterbenden seinen Pflichtteil fordert, soll nach dem Tod des überlebenden Ehegatten nur den Pflichtteil erhalten. Eine positive Komponente (Erbeinsetzung oder Anwachsung) kann mit einer Pflichtteilsklausel verknüpft sein, muss es aber nicht (Nieder/Kössinger/*R. Kössinger* Testamentsgestaltung § 14 Rn. 77 ff.; BeckFormB ErbR/*Braun* Kap. E Abschn. III 2 Anm. 2). Aus diesem Grund kann ohne Hinzutreten weiterer Umstände aus einer bloßen Pflichtteilsklausel allein noch nicht auf eine Schlusserbeneinsetzung der den Pflichtteil nicht fordernden Kinder geschlossen werden (OLG Karlsruhe, Beschl. v. 31.1.1995 – 11 Wx 63/93, BWNotZ 1995, 168 (169); Reimann/Bengel/Mayer/*Mayer* Rn. 13; in diese Richtung auch NK-BGB/*Gierl* Rn. 13; aA dagegen OLG Frankfurt aM, Beschl. v. 28.8.2001 – 20 W 432/2000, ZEV 2002, 109 (110); OLG Köln, Beschl. v. 30.4.1993 – 2 Wx 58/92, NJW-RR 1994, 397 (398); offen gelassen bei OLG München, Beschl. v. 16.7.2012 – 31 Wx 290/11, NJW-RR 2013, 202 (203), da weitere Umstände vorlagen). Gleiches gilt für eine **Wiederverheiratungsklausel,** da auch diese primär sanktionierenden Charakter hat; eine Schlusserbeneinsetzung kann dieser Klausel daher ebenfalls nur entnommen werden, wenn weitere Umstände in diese Richtung vorliegen (BeckOK BGB/*Litzenburger* Rn. 22; Reimann/Bengel/Mayer/*Mayer* Rn. 14). Dagegen sind das OLG Saarbrücken (OLG Saarbrücken, Beschl. v. 6.1.1994 – 5 W 119/93 – 70, NJW-RR 1994, 844) und das OLG München (OLG München, Beschl. v. 16.7.2012 – 31 Wx 290/11, NJW-RR 2013, 202 (204)) bei der Kombination von Pflichtteilsklausel und Wiederverheiratungsklausel von einer durch Auslegung ermittelbaren Schlusserbeneinsetzung ausgegangen.

25   Zu beachten ist schließlich, dass gerade bei einer durch Auslegung ermittelten Schlusserbeneinsetzung die Frage der **erbrechtlichen Bindung** einer besonderen Prüfung bedarf (so auch BayObLG, Beschl. v. 19.9.1997 – 1Z BR 261/96, NJWE-FER 1998, 14; BeckOK BGB/*Litzenburger* Rn. 26). Ansonsten wird durch die Annahme einer Schlusserbeinsetzung eine erbrechtliche Bindung (unter Umständen über § 2270) geschaffen, die so von den Ehegatten nie gewollt war (Reimann/Bengel/Mayer/*Mayer* Rn. 14 weist zu Recht darauf hin, dass gerade die Pflichtteilsklausel die Dispositionsfreiheit des Längerlebenden erhöhen soll). Bei einer durch Auslegung ermittelten Schlusserbeneinsetzung ist daher die Bindung tendenziell zu verneinen (BeckOK BGB/*Litzenburger* Rn. 26; → § 2270 Rn. 33 f. zur kumulativen Anwendung mehrerer Auslegungsregeln).

26   **4. Regelung zum gleichzeitigen Versterben.** Probleme bereiten in der Praxis die Fälle, in denen die Dritten zu Erben für den Fall des **gleichzeitigen Versterbens** eingesetzt wurden. Im Bereich des § 2269 I folgt dies daraus, dass diese Auslegungsregel nur dann angewendet werden kann, wenn neben der gegenseitigen Erbeinsetzung auch eine Schlusserbeneinsetzung für den zweiten Erbfall vorhanden ist. Nimmt man die im Testament enthaltene Formulierung wörtlich, so scheidet die Anwendung des § 2269 I aus, da nur der gleichzeitige Tod (der nach § 11 VerschG vermutet wird, wenn nicht bewiesen werden kann, ob von mehreren gestorbenen oder für tot erklärten Personen eine den anderen überlebt hat), nicht aber auch das sukzessive Versterben im Testament eine Regelung gefunden hat (vgl. umf. zu diesen Klauseln, insb. auch aus steuerlicher Sicht, *Keim* ZEV 2005, 10 ff.; *Feick* ZEV 2006, 16 ff.).

27   Die **frühere Rspr.** ging davon aus, dass Klauseln zum „gleichzeitigen Versterben" eindeutig und damit keiner weiteren Auslegung zugänglich sein sollen, also auch nur in dem genannten (wenn auch seltenen) Fall eingreifen können (KG, Beschl. v. 15.1.68 – 1 W 2269/67, FamRZ 1968, 217; OLG Karlsruhe, Beschl. v. 28.4.1987 – 11 W 152/86, NJW-RR 1988, 9 für die Formulierung „für den Fall unseres gemeinsamen Ablebens"). Demgegenüber hat sich mittlerweile die Auffassung durchgesetzt, dass die Auslegung nicht am reinen Wortlaut der Erklärung kleben darf, insb. der Wortlaut nicht die Grenze der Auslegung bildet (grdl. BGH, Beschl. v. 9.4.1981 – IVa ZB 6/80, BGHZ 80, 246 = NJW 1981, 1736; zum gleichzeitigen Versterben vgl. BayObLG, Beschl. v. 18.12.2003 – 1Z BR 130/02, ZEV 2004, 200 (201)). Maßgeblich ist vielmehr das von den Ehegatten Gewollte, das aber nur Berücksichtigung finden kann, wenn es im Testament wenigstens rudimentär angedeutet ist.

28   Dabei ist davon auszugehen, dass die Ehegatten den häufigeren Fall, dass der Tod zu verschiedenen Zeiten eintritt, ebenso regeln wollten (so ausdrücklich OLG Stuttgart, Beschl. v. 29.12.1993 – 8 W 583/92, NJW-RR 1994, 592 (593)). Die **Auslegung** führt daher regelmäßig zu dem Ergebnis, dass in den genannten Fällen nicht nur der (unwahrscheinliche) Fall des tatsächlich **gleichzeitigen Versterbens** von der testamentarischen Regelung erfasst ist, sondern die Erbeinsetzung auch für ein zeitnahes Versterben aufgrund eines einheitlichen Ereignisses gilt (KG, Beschl. v. 29.11.2005 – 1 W 17/05, RPfleger 2006, 127: „plötzlicher Tod"; BayObLG, Beschl. v. 18.12.2003 – 1Z BR 130/02, ZEV 2004, 200: „sollten wir gleichzeitig sterben"; OLG Düsseldorf, Beschl. v. 1.7.2015 – I-3 Wx 193/14, MittBayNot 2016, 333: „Sollten wir beide durch einen Unfall zu gleicher Zeit sterben"; OLG Frankfurt aM, Beschl. v. 3.3.1998 – 20 W 143/95, NJW-FER 1998, 134: „zugleich versterben"; OLG Stuttgart, Beschl. v. 29-12-1993 – 8 W 583/92, NJW-RR 1994, 592 (593): „dass wir beide gleichzeitig versterben"; MüKoBGB/*Musielak* Rn. 25; Reimann/Bengel/Mayer/*Mayer* Rn. 22, jeweils mit weiteren Beispielen aus der Rspr.). Aber auch die Fälle, in denen ein zeitnaher Tod auf verschiedenen Umständen beruht, sind von der Formulierung erfasst (so auch BayObLG, Beschl. v. 30.9.1996 – 1Z BR 42/96, NJW-RR 1997, 329 (330); Reimann/Bengel/Mayer/

Mayer Rn. 23; iErg wohl auch BeckOK BGB/*Litzenburger* Rn. 24, der für die Begründung des Auslegungsergebnisses weitere Umstände „nur" fordert, wenn unterschiedliche Ereignisse und ein erheblicher Zeitraum vorliegen); maßgeblich dürfte iErg sein, dass der Überlebende nach dem Tod des Erstversterbenden praktisch keine Möglichkeit mehr hat, ein Testament zu errichten (OLG, Beschl. v. 14.10.2010 – 31 Wx 84/10, München ZEV 2011, 31; Reimann/Bengel/Mayer/*Mayer* Rn. 22 f.). Sofern weitere Anhaltspunkte vorliegen, die für eine umfassende Regelung der Vermögensnachfolge sprechen, und diese besonderen Umstände des Einzelfalls auch einen Anhaltspunkt im Testament finden, spielt ein zeitlicher Abstand überhaupt keine Rolle, so dass einer solchen Klausel (zusammen mit den weiteren Anhaltspunkten) dann auch eine allgemeine Schlusserbeneinsetzung entnommen werden kann (OLG München, Beschl. v. 14.10.2010 – 31 Wx 84/10, ZEV 2011, 31 (34); BayObLG, Beschl. v. 18.12.2003 – 1Z BR 130/02, ZEV 2004, 200 (201)).

Testamente, die **weiter formuliert** sind und nicht primär auf die Gleichzeitigkeit abstellen, sind ebenfalls auszulegen. Je weniger eng die Formulierung im Testament gefasst wird, desto auslegungsfähiger ist sie (so ausdrücklich Reimann/Bengel/Mayer/*Mayer* Rn. 25, der bei nachfolgend genannten, weiter gefassten Formulierungen (zu Recht) von einer zweiten Fallgruppe spricht). Auch hier ist zu klären, ob nur der Fall des zeitnahen Versterbens (so zB bei BayObLG, Beschl. v. 28.12.1989 – 1a Z 1/89, MittRhNotK 1990, 110: „im Falle unseres beiderseitigen Ablebens") gemeint war oder allgemein eine Regelung für den Fall des Todes des Längerlebenden getroffen werden sollte (so die Fälle bei OLG München, Beschl. v. 30.7.2008 – 31 Wx 29/08, JuS 2009, 380: „dass wir beide Ehegatten miteinander durch irgendein Ereignis sterben"; BayObLG, Beschl. v. 25.1.2000 – 1Z BR 181/99, NJW-FER 2000, 155: „bei gemeinsamem Tode"; BayObLG, Beschl. v. 30.9.1996 – 1Z BR 104/96, NJW-RR 1997, 327 (328): „sollte mir und meiner Ehefrau gemeinsam was passieren und wir beide mit dem Tod abgehen"; OLG Köln, Beschl. v. 2.10.1995 – 2 Wx 33/95, NJW-RR 1996, 394: „im Falle des Ablebens von uns beiden"; BayObLG, Beschl. v. 17.12.1979 – 1 Z 76/79, BayObLGZ 1979, 427 (432): „wenn mir oder uns etwas zustoßen sollte"; BeckOK BGB/*Litzenburger* Rn. 25 hält dieses Ergebnis zu Recht für die Regel; in diese Richtung auch Staudinger/*Kanzleiter* Rn. 31; für eine einschränkende Auslegung dagegen MüKoBGB/*Musielak* Rn. 25). Maßgeblich ist auch in den hier geschilderten Fällen der individuelle Wille der Ehegatten; dabei weist *Kanzleiter* (Staudinger/*Kanzleiter* Rn. 31) mE zu Recht darauf hin, dass die Vorstellung der Ehegatten dahin gehen dürfte, dass die im Testament Genannten beim beiderseitigen Tod werden sollen. Die für die Andeutungstheorie notwendigen Anhaltspunkte in der Verfügung dürften in diesen weiter gefassten Fällen regelmäßig zu finden sein (so auch Reimann/Bengel/Mayer/*Mayer* Rn. 26). Unabhängig von der Frage des Vorliegens einer Schlusserbeinsetzung ist in einem zweiten Schritt zu klären, ob der Überlebende an die Verfügung gebunden ist. Für eine fehlende Wechselbezüglichkeit wird oft sprechen, dass die Ehegatten bei derartigen Formulierungen von einer Befugnis zur endgültigen Regelung durch den Längerlebenden ausgegangen sind (Staudinger/*Kanzleiter* Rn. 31; iE auch Reimann/Bengel/Mayer/*Mayer* Rn. 27).

5. Rechtsfolge. Sind die Tatbestandsvoraussetzungen des § 2269 I gegeben, so ist die nach Durchführung der Auslegung verbliebene Lücke dahingehend zu schließen, dass als Rechtsfolge vom Vorliegen der Einheitslösung auszugehen ist.

IV. Die rechtlichen Folgen der Einheitslösung

Die rechtlichen Auswirkungen richten sich danach, ob beide Ehegatten noch am Leben oder ein bzw. beide Ehegatten verstorben sind.

1. Auswirkungen zu Lebzeiten beider Ehegatten. Zu Lebzeiten beider Ehegatten ergeben sich nur minimale Folgen. Keiner der Ehegatten wird durch die Errichtung des gemeinschaftlichen Testaments gehindert, **Verfügungen unter Lebenden** vorzunehmen. Dabei ist es unerheblich, ob diese Verfügungen unter Lebenden entgeltlich oder unentgeltlich erfolgen. Weiter ist es ohne Bedeutung, ob die Verfügungen im Testament einseitiger oder wechselbezüglicher Natur sind. Durch das gemeinschaftliche Testament werden die Ehegatten weiter nicht gehindert, auch einseitig eine **neue Verfügung von Todes wegen** zu errichten. Lediglich soweit bindende Verfügungen des gemeinschaftlichen Testamentes beeinträchtigt werden, ist in formeller Hinsicht § 2271 zu beachten; die bindende Verfügung ist regelmäßig nach der für den Rücktritt vom Erbvertrag geltenden Vorschrift des § 2296 zu widerrufen (detailliert zum Widerruf und anderen Arten der Aufhebung → § 2271 Rn. 7 ff.; → § 2271 Rn. 24 ff.). Der Widerruf dieser Verfügung führt grds. zur Unwirksamkeit aller weiteren Verfügungen, die zu ihr im Verhältnis der Wechselbezüglichkeit stehen (→ § 2271 Rn. 23). Ein bedachter Dritter hat in diesem Zeitraum keinerlei geschützte Rechtsposition.

2. Die Stellung des Längerlebenden nach dem Tod des Erstversterbenden. Nach dem Tod des erstversterbenden Ehegatten wird der Längerlebende alleiniger und unbeschränkter Vollerbe. Die Vermögensmasse des vorverstorbenen Ehegatten vereinigt sich mit seinem eigenen Vermögen zu einer einheitlichen Vermögensmasse. **Unter Lebenden** kann der länger lebende Ehegatte grds. frei verfügen, § 2286 ist analog anzuwenden (BGH, Urt. v. 23.9.1981 – IVa ZR 185/80, NJW 1982, 43 (44) = BGHZ 82, 274 (276)). Er unterliegt nicht den Verfügungsbeschränkungen eines Nacherben (§§ 2113 ff.) und kann somit auch ohne ausdrücklich Erlaubnis im gemeinschaftlichen Testament Vermögensgegenstände verschenken. Die Herkunft des von der Verfügung betroffenen Vermögensgegenstandes spielt dabei keine Rolle.

Es ist somit unerheblich, ob es sich um das eigene Vermögen des Längerlebenden, das vom Erstversterbenden stammende Vermögen oder Vermögen, das nach dem Tod des Erstversterbenden erworben wurde, handelt (NK-BGB/*Gierl* Rn. 24 f.). Die Verfügungsbefugnis des Längerlebenden kann (außerhalb einer Testamentsvollstreckung bzw. der – hier gerade nicht vorliegenden – Vor- und Nacherbfolge) wegen § 137 auch nicht durch eine Anordnung im Testament mit unmittelbarer Wirkung eingeschränkt werden (Reimann/Bengel/Mayer/*Mayer* Rn. 51 für das eigene Vermögen des überlebenden Ehegatten). Denkbar sind jedoch mittelbare Einschränkungen der Verfügungsbefugnis, zB über bedingte (Verschaffungs-) Vermächtnisse oder §§ 2287, 2288 (→ Rn. 37). Will der überlebende Ehegatte eine neue **Verfügung von Todes wegen** errichten, sind Einschränkungen zu beachten, soweit die Stellung der wechselbezüglich Bedachten beeinträchtigt wird. Hinsichtlich der Einzelheiten wird auf → § 2271 Rn. 7 ff. verwiesen.

34   **3. Die Stellung des Dritten nach dem Tod des Erstversterbenden.** Der zum Schlusserben bestimmte **Dritte** erlangt mit dem Tod des erstversterbenden Ehegatten kein Anwartschaftsrecht auf die Erbschaft nach dem Längerlebenden (unstreitig; vgl. MüKoBGB/*Musielak* Rn. 34). Die mit dem Tod des Erstversterbenden erworbene Position des Schlusserben ist weder vererblich – wie § 851 ZPO zeigt – auch nicht pfändbar (Reimann/Bengel/Mayer/*Mayer* Rn. 47 mwN). Sie ist mit der eines Nacherben nicht vergleichbar, sie ist wesentlich schwächer. Aus diesem Grund wird regelmäßig von einer bloßen Anwartschaft oder – um die Verwechslung von Anwartschaft und Anwartschaftsrecht zu verhindern – besser von einer tatsächlichen Erwerbsaussicht gesprochen (MüKoBGB/*Musielak* Rn. 34; Reimann/Bengel/Mayer/*Mayer* Rn. 54 mwN). IErg handelt es sich dabei jedoch um eine begriffliche Diskussion ohne inhaltliche Bedeutung (MüKoBGB/*Musielak* Rn. 34).

35   **4. Rechtsschutz nach dem Tod des Erstversterbenden.** Unzulässig ist eine **Klage** mehrerer Erbprätendenten vor Eintritt des Schlusserbfalls auf Klärung des zwischen ihnen bestehenden Rechtsverhältnisses (zB im Hinblick auf die Wirksamkeit eines Vorausvermächtnisses). Zu diesem Zeitpunkt besteht weder ein Rechtsverhältnis zwischen den Erbprätendenten noch das für eine Feststellungsklage erforderliche Rechtsschutzbedürfnis (Reimann/Bengel/Mayer/*Mayer* Rn. 55). Zur Frage, ob vor Eintritt des Schlusserbfalls Klage auf Feststellung des Verstoßes einer Verfügung unter Lebenden gegen § 2287 zulässig ist, → § 2287 Rn. 17.

36   Zulässig ist dagegen eine (negative) Feststellungsklage des überlebenden Ehegatten gegen den (potentiellen) Schlusserben dahingehend, dass das gemeinschaftliche Testament keine bindende Verfügung enthält bzw. wirksam angefochten oder widerrufen wurde (Reimann/Bengel/Mayer/*Mayer* Rn. 55). Ebenfalls zulässig ist eine (positive) Feststellungsklage des wechselbezüglich eingesetzten Schlusserben gegen den überlebenden Ehegatten auf Feststellung des Bestehens der erbrechtlichen Bindung (die das Rechtsverhältnis iSd § 256 ZPO darstellt), wenn er ein Feststellungsinteresse geltend machen kann. Dieses liegt zB vor, wenn fraglich ist, ob der Überlebende die Schlusserbeinsetzung angefochten (BGH, Urt. v. 4.7.1962 – V ZR 206/60, NJW 1962, 1913 (1914)) oder widerrufen hat oder Klärungsbedarf wegen einer durch den Längerlebenden errichteten, abweichenden Verfügung von Todes wegen besteht (MüKoBGB/*Musielak* Rn. 39, mit weiteren Beispielen NK-BGB/*Gierl* Rn. 140 ff.; aA (jedoch mit weiteren Beispielen) Staudinger/*Kanzleiter* Rn. 15a ff.).

37   **5. Die Situation nach dem Tod beider Ehegatten.** Mit dem **Tod des überlebenden Ehegatten** geht das vereinigte Vermögen (so wie es sich nach dem Tod des Erstversterbenden entwickelt hat) auf den bedachten Dritten über. Der Dritte wird deshalb regelmäßig auch als Schlusserbe bezeichnet. Der Schlusserbe erbt dabei nur vom überlebenden Ehegatten und zwar aus einem einheitlichen Berufungsgrund. Er ist nicht Erbe des erstversterbenden Ehegatten. Der vorgesehene Schlusserbe muss zu diesem Zeitpunkt noch leben (§ 1923). Sofern der vorgesehene Schlusserbe nicht zur Erbfolge gelangt und das Testament keine ausdrückliche Ersatzerbenregelung trifft, ist die Person des Schlusserben durch Auslegung zu ermitteln. Dabei kann auch auf die Auslegungsregel des § 2069 zurückgegriffen werden, wenn ein Abkömmling des länger lebenden Ehegatten zum Schlusserben eingesetzt ist. Aber auch, wenn der zum Schlusserben eingesetzte Dritte allein Abkömmling des erstversterbenden Ehegatten, nicht aber Abkömmling des länger lebenden Ehegatten ist, kann § 2069 angewendet werden, da die Ehegatten die Erbeinsetzung der Abkömmlinge des vorgesehenen Schlusserben wohl nicht von der Reihenfolge ihres Versterbens abhängig gemacht haben (BayObLG, Beschl. v. 4.9.1990 – 1a Z 59/89, NJW-RR 1991, 8). Nach dem Tod des Längerlebenden kann der eingesetzte Schlusserbe bzw. ein wechselbezüglich eingesetzter Vermächtnisnehmer Ansprüche aus **§ 2287** bzw. **§ 2288** in Bezug auf Verfügungen unter Lebenden, die der Längerlebende nach dem Tod des Erstversterbenden vorgenommen hat, geltend machen. Nach allgemeiner Ansicht sind diese Schutzvorschriften auf das gemeinschaftliche Testament anzuwenden, wenn die Verfügungen des Längerlebenden zugunsten des Bedachten wechselbezüglich zu Verfügungen des erstversterbenden Ehegatten sind und mit dem Tod des Erstversterbenden bindend geworden sind (BGH, Urt. v. 23.9.1981 – IVa ZR 185/80, NJW 1982, 43 (44) = BGHZ 82, 274 (276)). Unerheblich ist es dabei, ob der verschenkte Gegenstand aus dem Nachlass des Erstversterbenen herrührt oder zum eigenen (vor oder nach dem Tod des anderen Ehegatten erworbenen) Vermögen des Längerlebenden gehört. Maßgeblich ist allein, ob es sich um eine Schenkung mit Beeinträchtigungsabsicht handelt. Dies ist zu verneinen, wenn der Längerlebende ein lebzeitiges Eigeninteresse an der Schenkung hatte (→ § 2287 Rn. 9 ff.; zum lebzeitigen Eigeninteresse auch BeckFormB ErbR/*Braun* Kap. I Abschn. I 2 Anm. 11).

V. Die rechtlichen Folgen der Trennungslösung

Die Trennungslösung unterscheidet sich zu Lebzeiten beider Ehegatten nicht von der Einheitslösung (→ Rn. 32). Lediglich nach dem Tod eines Ehegatten bzw. nach dem Tod beider Ehegatten ergeben sich Unterschiede. **38**

1. Die Stellung des Längerlebenden nach dem Tod des Erstversterbenden. Mit dem Tod des erstversterbenden Ehegatten wird der Längerlebende Vorerbe. Als solcher kann er über das ererbte Vermögen unter Lebenden nur iRd §§ 2113 ff. verfügen, sofern er nicht von den Beschränkungen befreit ist, § 2136. Für das im Zeitpunkt des Erbfalls vorhandene eigene Vermögen des Längerlebenden und das Vermögen, das er nach dem Tod des anderen Ehegatten selbst erwirbt, ergeben sich bzgl. etwaiger Verfügungen unter Lebenden bzw. etwaiger Verfügungen von Todes wegen keine Unterschiede zur Einheitslösung (→ Rn. 33). Hinsichtlich des ererbten Vermögens sind Verfügungen von Todes wegen dagegen ausgeschlossen, da der Längerlebende nur Vorerbe und damit nicht Erblasser ist, § 2065. Einigkeit herrscht allerdings darüber, dass der Erstversterbende dem Längerlebenden die Möglichkeit einräumen kann, über das gesamte Vermögen beider Ehegatten von Todes wegen zu verfügen. Dies erfolgt dadurch, dass zum einen hinsichtlich der eigenen Verfügungen des Längerlebenden ein Abänderungsrecht im gemeinschaftlichen Testament vereinbart oder die Wechselbezüglichkeit vollständig ausgeschlossen wird. Zum anderen stellt der Erstversterbende die Anordnung der Vor- und Nacherbfolge unter die auflösende Bedingung der anderweitigen Verfügung durch den länger lebenden Ehegatten. Trifft dieser eine neue Verfügung von Todes wegen (und – je nach Ausgestaltung der Bedingung – hat diese im Zeitpunkt seines eigenen Todes noch Bestand, so tritt die Bedingung ein: er wird Vollerbe nach dem Erstversterbenden und kann somit über das gesamte vereinigte Vermögen von Todes wegen verfügen (BGH, Urt. v. 26.4.1951 – IV ZR 4/50, NJW 1951, 959; dazu auch → § 2065 Rn. 15). **39**

2. Die Stellung des Dritten nach dem Tod des Erstversterbenden. Der als Nacherbe vorgesehene Dritte erwirbt mit dem Tod des Erstversterbenden ein Anwartschaftsrecht (MüKoBGB/*Grunsky* § 2100 Rn. 34). Dieses ist grds. vererblich, sofern durch den Erblasser (also den erstversterbenden Ehegatten) nichts anderes bestimmt wurde, § 2108. Das Anwartschaftsrecht kann auch unter Beachtung der Vorschriften des § 2033 übertragen werden, wenn durch den Erblasser die Übertragung nicht ausgeschlossen wurde (MüKoBGB/*Grunsky* § 2100 Rn. 34 ff.). Fällt der als Erbe vorgesehene Ehegatte weg (zB weil der die Erbschaft ausschlägt), ist der als Nacherbe vorgesehene Dritte im Zweifel als Ersatzerbe anzusehen, § 2102. Hinsichtlich des eigenen Vermögens des Längerlebenden besteht ein Anwartschaftsrecht des Dritten nicht; hier gelten die Ausführungen zur Trennungslösung entsprechend (→ Rn. 34). Auch für den Rechtsschutz gelten diesbzgl. die in → Rn. 35 f. dargestellten Grundsätze. **40**

3. Die Situation nach dem Tod beider Ehegatten. Mit dem **Tod des Längerlebenden** wird der **Dritte** als Nacherbe Vollerbe des Erstversterbenden. Er wird weiter – sofern sich beide Ehegatten auf eine einheitliche Nachfolge geeinigt hatten – Vollerbe des länger lebenden Ehegatten, so dass sich in seiner Person beide Vermögen vereinigen. Hinsichtlich lebzeitiger Verfügungen des Längerlebenden genießt der Dritte Schutz über §§ 2287, 2288, soweit das eigene Vermögen des länger lebenden Ehegatten betroffen ist (→ Rn. 37). Hinsichtlich des Vermögens des erstversterbenden Ehegatten ist der Dritte als Nacherbe über § 2130 geschützt, sofern der Erblasser nichts anderes bestimmt hat, §§ 2136 ff. **41**

VI. Die rechtlichen Folgen der Nießbrauchsvermächtnislösung

Auch die Nießbrauchsvermächtnislösung unterscheidet sich zu Lebzeiten beider Ehegatten in ihren rechtlichen Auswirkungen nicht von der Einheitslösung (→ Rn. 32). Mit dem Tod des erstversterbenden Ehegatten wird der Dritte dessen Vollerbe. Er ist mit einem Vermächtnis zugunsten des Längerlebenden beschwert und muss diesem ein Nießbrauchsrecht an einzelnen Nachlassgegenständen oder der ganzen Erbschaft einräumen. Der Inhalt des Nießbrauchs und dessen Dauer richten sich nach dem Inhalt der Verfügungen des Erblassers. Regelmäßig wird der Nießbrauch auf die Lebensdauer des überlebenden Ehegatten eingeräumt sein; er kann aber auch – je nach Versorgungs- bzw. Sicherungsinteresse – bis zur Erreichung eines bestimmten Alters oder bis zum Eintritt eines bestimmten Ereignisses (Wiederheirat) beschränkt sein. Über die zum Nachlass gehörenden Gegenstände kann der Längerlebende nur in dem vom Nießbrauch zugelassenen Rahmen (und somit nur bei verbrauchbaren Sachen, § 1067) verfügen. Mit dem Tod des Längerlebenden erbt der Dritte – sofern sich die Ehegatten auf eine einheitliche Nachfolge geeinigt hatten – auch dessen Vermögen, so dass beide Vermögensmassen vereinigen. Der Nießbrauch erlischt spätestens in diesem Moment. **42**

VII. Der Tatbestand des § 2269 II

Der Regelung des § 2269 I liegt der Gedanke zugrunde, dass Ehegatten ihr Vermögen oftmals als Einheit verstehen, die beim Längerlebenden gebündelt werden soll. Dieser Gedanke wird von § 2269 II aufgegriffen und auf die Anordnung von Vermächtnissen übertragen. Im Zweifel ist danach davon auszugehen, dass es sich um ein Vermächtnis des Längerlebenden handelt und das Vermächtnis somit erst mit dessen Tod anfällt (BGH, Urt. v. 22.9.1982 – IVa ZR 26/81, NJW 1983, 277 (278)). Bei § 2269 II handelt es sich – wie bei der Regelung in Abs. 1 – um eine **Auslegungsregel**. Sie kann nur angewendet werden, wenn nach vorheriger Auslegung offen geblieben ist, von welchem Ehegatten das Vermächtnis **43** herrührt. Diese Auslegung (oder die ausdrückliche Anordnung der Erblasser) kann natürlich auch ergeben, dass es sich um ein Vermächtnis des Erstversterbenden handelt, das mit seinem Tod anfällt und erst nach dem Tod des überlebenden Ehegatten erfüllt werden soll. Diese Konstruktion kommt zB dann in Betracht, wenn der Erstversterbende das weitere Schicksal des vermachten Gegenstandes sichergestellt wissen will (wie zB bei einem Familienerbstück; vgl. Reimann/Bengel/Mayer/*Mayer* Rn. 127).

44 Die **Anwendung der Auslegungsregel** setzt – neben der vorherigen, ergebnislosen Auslegung der Verfügung – voraus, dass ein gemeinschaftliches Testament iSd § 2269 I vorliegt (→ Rn. 21 ff.). Weiter muss es sich bei der fraglichen Regelung um ein Vermächtnis handeln; auf Auflagen ist § 2269 II nicht (auch nicht analog) anwendbar (BeckOK BGB/*Litzenburger* Rn. 54). Schließlich muss klar sein, dass das besagte Vermächtnis erst nach dem Tod beider Ehegatten erfüllt werden soll. Der in § 2269 II niedergelegte Gedanke kann auch dann Anwendung finden, wenn sich die Ehegatten in zwei Einzeltestamenten gegenseitig zu Erben eingesetzt haben und diese Verfügungen durch die in einem gemeinschaftlichen Testament oder einem Erbvertrag enthaltene Vermächtnisanordnung zugunsten eines Dritten ergänzt haben (BGH, Urt. v. 9.6.1960 – IV ZR 233/59, FamRZ 1960, 432 (433)).

45 Durch ein Vermächtnis iSd § 2269 II wird der überlebende Ehegatte **erbrechtlich gebunden,** soweit das Vermächtnis wechselbezüglich ist (§ 2270) und kein Änderungsvorbehalt besteht (→ § 2271 Rn. 28 ff.). Dient das Vermächtnis der Absicherung eines (nicht als Erben bedachten) Kindes und hat der Längerlebende die Höhe der Abfindung zu bestimmen (so der Fall bei BGH, Urt. v. 22.9.1982 – IVa ZR 26/81, NJW 1983, 277), sind der Änderung Grenzen gesetzt. Der Längerlebende kann die Änderung (also die Höhe der Abfindung) nicht frei bestimmen, da der Zweck des Vermächtnisses die Grenzen der Abänderbarkeit festlegt. Die Grenzen sind im Zweifel im Wege der Auslegung zu ermitteln (MüKoBGB/*Musielak* Rn. 70).

46 **Unter Lebenden** kann der überlebende Ehegatte über den Vermächtnisgegenstand dagegen grds. frei verfügen (§ 2286 analog). Das Vermächtnis wird mit der Verfügung unwirksam, § 2169, soweit es sich nicht ausnahmsweise um ein Verschaffungsvermächtnis handelt. Dies folgt daraus, dass der Vermächtnisgegenstand – wie der sonstige Nachlass des Erstversterbenden auch – sich mit dem Vermögen des überlebenden Ehegatten zu einer Einheit verbindet und das Vermächtnis erst mit seinem Tod anfällt; §§ 2177, 2179 finden keine Anwendung (Reimann/Bengel/Mayer/*Mayer* Rn. 128).

47 **Der Vermächtnisnehmer** erlangt mit dem Tod des Erstversterbenden keine geschützte Rechtsstellung (MüKoBGB/*Musielak* Rn. 71) und auch kein Anwartschaftsrecht. Verstirbt er vor dem Tod des überlebenden Ehegatten, entfällt das Vermächtnis, soweit keine Ersatzvermächtnisnehmer bestimmt sind (bei Abkömmlingen ist insoweit § 2069 anwendbar). Der Vermächtnisnehmer hat vor dem Anfall keine vererbliche oder übertragbare Rechtsposition. Er kann nach dem Tod des Längerlebenden Ansprüche analog § 2288 II geltend machen, soweit das Vermächtnis wechselbezüglich ist und nach dem Tod des Erstversterbenden über den Gegenstand des Vermächtnisses mit Beeinträchtigungsabsicht verfügt wurde (BGH, Urt. v. 24.1.1958 – IV ZR 234/57, NJW 1958, 547 (548) und → Rn. 37). Weiter können die Erblasser in Ergänzung des gemeinschaftlichen Testamentes einen sog. Verfügungsunterlassungsvertrag schließen (sei es unter Beteiligung des Dritten sei es als Vertrag zugunsten Dritter). Dann kann der begünstigte Vermächtnisnehmer bei einem Verstoß Schadensersatzansprüche geltend machen oder – je nach Gestaltung – die Übertragung verlangen. Der aus dem Verfügungsunterlassungsvertrag herrührende (bedingte) Übertragungsanspruch kann auch durch Vormerkung gesichert werden, wenn dies im Verfügungsunterlassungsvertrag vereinbart wird (→ § 2286 Rn. 8).

VIII. Erneute Heirat des Überlebenden

48 Die erneute Heirat durch den länger lebenden Ehegatten kann den von den Erblassern mit dem gemeinschaftlichen Testament verfolgten **Verteilungsplan stören.** Die Heirat führt zu einem eigenen Pflichtteilsrecht des neuen Partners am Nachlass des Überlebenden und schmälert somit den den Schlusserben (meist handelt es sich dabei um die gemeinsamen Kinder der Testierenden) zur Verfügung stehenden Nachlass. Diese Schmälerung tritt unabhängig davon ein, ob der länger lebende Ehegatte eine neue Verfügung von Todes wegen trifft oder das frühere Testament nach § 2079 anficht. Da die Schlusserben im Vertrauen auf die vorhandene Regelung oftmals ihren Pflichtteil nach dem Erstversterbenden nicht geltend gemacht haben, können sie nach Eintritt der Verjährung nicht mehr reagieren. Auch haben manche Ehegatten Angst, dass der Überlebende versucht ist, dem neuen Partner unter Lebenden Zuwendungen zu machen oder gemeinsam mit dem neuen Partner das Vermögen zu verbrauchen.

49 **1. Allgemeines zur Wiederverheiratungsklausel.** Eine (ausdrücklich oder konkludent angeordnete) Wiederverheiratungsklausel bestimmt daher, dass der Längerlebende für den Fall der erneuten Heirat den Nachlass des Erstversterbenden ganz oder teilweise auf eine andere Person übertragen muss (BeckOK BGB/*Litzenburger* Rn. 30). Die Klausel verfolgt somit den **Zweck,** andere als die in der Verfügung bedachten Personen, insb. einen neuen Partner und dessen Verwandte, vom Nachlass auszuschließen (BeckOK BGB/*Litzenburger* Rn. 30; MüKoBGB/*Musielak* Rn. 47) sowie den Schlusserben den Nachlass zu sichern und deren Stellung zu stärken (Reimann/Bengel/Mayer/*Mayer* Rn. 65). Da **eingetragene Lebenspartnerschaften** nicht mehr neu begründet werden können (Art. 3 III des Gesetzes zur Einführung des Rechts auf Eheschließung für Personen gleichen Geschlechts vom 20.7.2017, BGBl I 2017, 2787), ist dieser Fall bei neu gestalteten Wiederverheiratungsklauseln nicht mehr zu berücksichtigen. Bei Altklauseln kann sich jedoch die Frage stellen, ob diese bei einer zwischenzeitlich durch den Längerlebenden begründeten Lebenspartnerschaft eingreifen. Soweit dies nicht ausdrücklich geregelt ist, spricht viel dafür, die Wiederverheiratungsklausel dahingehend auszulegen, dass sie auch auf die Begründung einer Lebenspartnerschaft Anwendung findet, da durch die hinzutretende Person die Stellung der Schlusserben in beiden Fällen gleich beeinträchtigt wird (vgl. Gutachten DNotI-Report 2002, 33 (34); Reimann/Bengel/Mayer/*Mayer* Rn. 65).

Der geschilderte Zweck macht es erforderlich, dass (spätestens) mit der Wiederverheiratung das Vermögen des Erstversterbenden und das des Längerlebenden getrennt werden oder das Vermögen des Längerlebenden mit Ansprüchen, die nach seinem Tod den hinzutretenden Pflichtteilsrechten vorgehen, belastet wird (Nieder/Kössinger/*R. Kössinger* Testamentsgestaltung § 14 Rn. 111). Denkbar ist daher zum einen die Anordnung einer Vor- und Nacherbfolge für den Fall der erneuten Heirat des Erstversterbenden („**Erbschaftslösung**" → Rn. 53 ff.). Zum anderen kann der Erstversterbende in dem gemeinschaftlichen Testament bestimmen, dass der Überlebende einzelne Vermögensgegenstände (dies können im Wege eines Verschaffungsvermächtnisses auch eigene Vermögenswerte des Überlebenden sein; vgl. Reimann/Bengel/Mayer/*Mayer* Rn. 65) im Falle der Wiederheirat herauszugeben hat („**Vermächtnislösung**" → Rn. 61 f.). Schließlich können auch Herausgabeverpflichtungen begründet werden, die als Vertrag zugunsten Dritter unter Lebenden zu erfüllen sind; soweit Grundbesitz betroffen ist, bedürfen diese jedoch der notariellen Beurkundung (§ 311b I).

Soweit das gemeinschaftliche Testament keinen eindeutigen Wortlaut hat oder die enthaltene Regelung unvollständig ist, ist im Wege der **Auslegung** zu klären, ob es sich um die Erbschafts- oder die Vermächtnislösung handelt. Bei dieser Auslegung ist zu berücksichtigen, ob der gesamte Nachlass des Erstversterbenden von der Wiederverheiratungsklausel umfasst wird (pro Erbschaftslösung) oder nur einzelne Gegenstände betroffen sind (pro Vermächtnislösung). Weiter ist bei der Auslegung zu beachten, ob das Interesse des Erblassers auf die Absicherung der Schlusserben oder auf eine möglichst weitgehende Freiheit des überlebenden Ehegatten gerichtet ist. Die Absicherung der Schlusserben ist bei Anordnung der Vor- und Nacherbfolge besser gewährleistet, die Freiheit bei Anordnung eines Vermächtnisses (BeckOK BGB/*Litzenburger* Rn. 31). Sobald feststeht, welche Variante der Erblasser gewollt hat, kann in einem zweiten Schritt untersucht werden, welchen Umfang die Bindungen des Längerlebenden haben (für dieses gestufte Vorgehen auch BeckOK BGB/*Litzenburger* Rn. 31).

Gegen die grundsätzliche **Zulässigkeit der Wiederverheiratungsklauseln** bestehen keine Bedenken (Reimann/Bengel/Mayer/*Mayer* Rn. 66; Staudinger/*Kanzleiter* Rn. 39). In der juristischen Lit. wird (verstärkt durch die sog. Hohenzollern-Entscheidung des BVerfG (BVerfG (3. Kammer des Ersten Senats), Beschl. v. 22.3.2004 – 1 BvR 2248/01, NJW 2004, 2008)) zunehmend die Frage erörtert, wann eine Wiederverheiratungsklausel im Einzelfall **gegen die guten Sitten verstößt** und damit nichtig ist (NK-BGB/*Gierl* Rn. 119 f.; *Scheuren-Brandes* ZEV 2005, 185; sehr umf. Reimann/Bengel/Mayer/*Mayer* Rn. 66 ff.); Rspr. zur Sittenwidrigkeit einer Wiederverheiratungsklausel liegt, soweit ersichtlich, noch nicht vor. Eine Sittenwidrigkeit kommt immer dann in Betracht, wenn der überlebende Ehegatte durch die Wiederheirat seine bisherige Stellung vollständig verliert (BeckOK BGB/*Litzenburger* Rn. 30). Verbleibt dem überlebenden Ehegatten dagegen auch nach der Wiederverheiratung eine Beteiligung am Nachlass (und sei es nur als Vorerbe), die (mindestens) seinem gesetzlichen Erbteil entspricht (NK-BGB/*Gierl* Rn. 120; Palandt/*Weidlich* Rn. 17), oder wird der Verlust durch andere Vorteile (zB Aussetzung von Vermächtnissen) angemessen kompensiert (BeckOK BGB/*Litzenburger* Rn. 30), scheidet eine Sittenwidrigkeit grds. aus.

2. Ausgestaltung im Wege der sog. Erbschaftslösung. Die Erbschaftslösung führt zur Trennung der Vermögensmassen des Erstversterbenden und des Längerlebenden durch Anordnung einer Vor- und Nacherbfolge.

a) Trennungslösung. Bei der Trennungslösung bereitet dies keine konstruktiven Probleme, da diese durch das Vorliegen einer Vor- und Nacherbfolge gekennzeichnet ist. Zusätzlich zum Tod des Längerlebenden werden eben auch an dessen Wiederverheiratung Wirkungen geknüpft. Da nicht die Anordnung der Vor- und Nacherbfolge selbst unter einer Bedingung steht, sondern lediglich der Eintritt des Nacherbfalls, ist § 2108 II 2 nicht anwendbar. Das Anwartschaftsrecht des Nacherben ist daher ein im Zweifel vererblich, § 2108 II 1 (Nieder/Kössinger/*R. Kössinger* Testamentsgestaltung § 14 Rn. 115; Reimann/Bengel/Mayer/*Mayer* Rn. 74). Dem Erblasser steht es frei, zu bestimmen, welche Wirkungen die Wiederverheiratung haben soll. Üblicherweise ist gewollt, dass auch die **Wiederverheiratung** zum **Eintritt der Nacherbfolge** führt. Bis dahin ist – soweit nicht die konkrete Verfügung etwas anderes bestimmt oder die Auslegung etwas anderes ergibt – der Längerlebende regelmäßig von den gesetzlichen Beschränkungen weitestgehend befreit (BayObLG, Beschl. v. 27.6.1961 – 1 Z 77/60, BayObLGZ 1961, 200 (204 f.); Palandt/*Weidlich* Rn. 21, 18; so grds. auch Staudinger/*Kanzleiter* Rn. 44, allerdings mit fehlender Befreiung von §§ 2133, 2134). Soweit nichts anderes angeordnet ist, gilt der Eintritt der Nacherbfolge für den gesamten Nachlass des Erstversterbenden (so auch Reimann/Bengel/Mayer/*Mayer* Rn. 75). Zugunsten des Überlebenden kann jedoch auch angeordnet werden, dass der mit Wiederverheiratung eintretende Nacherbfall sich nur auf einen Bruchteil des Nachlasses bezieht, so dass dem Überlebenden ein Teil des Nachlasses verbleibt (zB Bruchteile nach den Regeln der gesetzlichen Erbfolge bei Wiederverheiratung; *Musielak* (MüKoBGB/*Musielak* Rn. 49) und *Litzenburger* (BeckOK BGB/*Litzenburger* Rn. 32) gehen sogar davon aus, dass in der Regel der Ehegatte mit seinem gesetzlichen Erbteil Vollerbe wird). Zusätzlich ist für den beim Überlebenden verbleibenden Bruchteil zu regeln, ob dieser weiterhin der Vor- und Nacherbfolge (Eintritt des Nacherbfalls mit dem Tod des Überlebenden) unterliegt oder der Überlebende hinsichtlich dieses Bruchteils (aufschiebend bedingt auf die Wiederheirat) Vollerbe wird

(Nieder/Kössinger/*R. Kössinger* Testamentsgestaltung § 14 Rn. 117). Beim Fehlen einer Anordnung dürfte von einem Fortgelten der Vor- und Nacherbfolge auszugehen sein (Nieder/Kössinger/*R. Kössinger* Testamentsgestaltung § 14 Rn. 117; aA MüKoBGB/*Musielak* Rn. 49 und BeckOK BGB/*Litzenburger* Rn. 32: im Zweifel Vollerbschaft). Als zusätzliche (wirtschaftliche) Sicherung für den Überlebenden kann diesem auch ein **Nießbrauch** an den den Nacherben zufallenden Erbteilen oder ein sonstiges Vermächtnis zugedacht werden (Nieder/Kössinger/*R. Kössinger* Testamentsgestaltung § 14 Rn. 116; Reimann/Bengel/Mayer/*Mayer* Rn. 76). Schließlich kann auch vorgesehen werden, dass die Wiederverheiratung nicht zum Eintritt der Nacherbfolge führt, sondern der Längerlebende ab diesem Zeitpunkt als von den gesetzlichen Beschränkungen nicht befreiter Vorerbe zu behandeln ist und etwaige **Befreiungen** damit **entfallen** (Nieder/Kössinger/*R. Kössinger* Testamentsgestaltung § 14 Rn. 114). Mit dieser letzten Regelung wird allerdings die zugunsten der Nacherben angedachte Sicherung kaum erreicht werden können (BeckOK BGB/*Litzenburger* Rn. 32).

55 **b) Einheitslösung.** Schwieriger gestaltet sich die konstruktive Umsetzung der Vermögenstrennung, wenn abgesehen von der Wiederverheiratungsklausel die Einheitslösung zum Tragen kommt. Diese zeichnet sich ja gerade dadurch aus, dass die Anordnung einer Vor- und Nacherbfolge nicht gewünscht wird und sich damit in der Hand des Überlebenden die beiden Vermögensmassen vereinigen. Ohne Vor- und Nacherbfolge lässt sich aber andererseits der Ausschluss des neuen Ehepartners vom Vermögen des Erstversterbenden nicht erreichen.

56 Problematisch ist die Behandlung der Fälle, in denen (wie in privatschriftlichen Testamenten regelmäßig) die rechtliche Konstruktion der Wiederverheiratungsklausel nicht dargelegt wird. Dabei stehen sich mehrere Meinungen gegenüber. Nach hM ist der überlebende Ehegatte auflösend bedingt auf den Fall der Wiederheirat zum Vollerben eingesetzt und wird gleichzeitig zum auf den Fall der Wiederheirat aufschiebend bedingt eingesetzten Vorerben bestimmt (BGH, Beschl. v. 6.11.1985 – IVa ZB 5/85, NJW 1988, 59; Palandt/*Weidlich* Rn. 17; Staudinger/*Kanzleiter* Rn. 42). In der logischen Sekunde vor dem Tod des Überlebenden entscheidet sich dann, ob er Vollerbe oder Vorerbe ist und die im gemeinschaftlichen Testament vorgesehenen Dritten (meist die Abkömmlinge) als Erben des Überlebenden oder als Nacherben nach dem Erstversterbenden zur Erbfolge gelangen. Da die Verfügungsbeschränkungen der §§ 2113 ff. nach der genannten hM auch auf bedingt eingesetzten Vorerben Anwendung finden (Staudinger/*Kanzleiter* Rn. 43), steht in diesem Zeitpunkt ebenfalls fest, ob Verfügungen, die der Überlebende vorgenommen hat, den vorgesehenen Dritten gegenüber wirksam sind oder nicht. Da die Ehegatten dem Überlebenden grds. die Stellung eines Vollerben einräumen wollten, geht die überwiegende Ansicht in der hM davon aus, dass der überlebende Ehegatte als Vorerbe in weitest möglichem Umfang von den gesetzlichen Beschränkungen befreit ist, soweit keine entgegenstehenden Anhaltspunkte vorliegen (BayObLG, Beschl. v. 22.6.1966 – 1b Z 12/66, BayObLGZ 1966, 227 (233); BeckOK BGB/*Litzenburger* Rn. 36; Palandt/*Weidlich* Rn. 18; diff. hinsichtlich § 2133, § 2134 dagegen Staudinger/*Kanzleiter* Rn. 44).

57 Eine andere Ansicht verkehrt das Verhältnis von Vollerbschaft und Vorerbschaft. Der überlebende Ehegatte ist nach dieser Ansicht auflösend bedingt auf das Fehlen der Wiederheirat als Vorerbe und aufschiebend bedingt auf diesen Fall als Vollerbe anzusehen (so im Grundsatz MüKoBGB/*Musielak* Rn. 56). Auch hier entscheidet sich erst in der logischen Sekunde vor dem Tod des Überlebenden, ob die vorgesehenen Dritten als Schlusserben des Überlebenden oder als Nacherben des Erstversterbenden zur Erbfolge gelangen. Die Verfügungsbeschränkungen der §§ 2113 ff. finden hier ebenfalls Anwendung; soweit keine anderen Anhaltspunkte bestehen, dürfte von einer weitest gehenden Befreiung auszugehen sein.

58 Eine dritte Ansicht lehnt die geschilderten Doppelkonstruktionen ab und löst die Probleme der Wiederverheiratungsklausel allein über eine Vor- und Nacherbfolge. In der „strengen Variante" führt dies dazu, dass eine reine Trennungslösung angenommen wird (*Wilhelm* NJW 1990, 2857 (2863)). Eine abgemilderte Version (Reimann/Bengel/Mayer/*Mayer* Rn. 79) will den Nacherbfall aber nur für den Fall der Wiederheirat, nicht jedoch für den Fall des Todes des überlebenden Ehegatten eintreten lassen. Folgt man dieser Ansicht, so steht ebenfalls erst in der juristischen Sekunde vor dem Tod des Überlebenden fest, ob der Nacherbfall eintritt und die vorgesehenen Dritten als Schlusserben des Überlebenden oder Nacherben des Erstversterbenden zur Erbfolge gelangen.

59 Eine vierte Ansicht schließlich will den Ehegatten auch erlauben, eine auflösend bedingte Vollerbschaft mit einer aufschiebend bedingten Vorerbschaft dergestalt zu kombinieren, dass die Verfügungsbeschränkungen der Vor- und Nacherbfolge erst ab dem Bedingungseintritt gelten, ohne auf den Zeitraum vor dem Bedingungseintritt zurückzuwirken (MüKoBGB/*Musielak* Rn. 60; unter Berufung auf *Musielak* jetzt auch OLG Celle, Beschl. v. 4.10.2012 – 6 W 180/12, ZEV 2013, 40 mit abl. Anm. *Weidlich* ZEV 2013, 41 und abl. Anm. *Braun* MittBayNot 2013, 253). Es gelten somit bis zum Bedingungseintritt allein die Regelungen der Vollerbschaft und ab dem Bedingungseintritt allein die Regelungen der Vor- und Nacherbfolge; die Ehegatten können sich nach dieser Ansicht somit entscheiden, ob bis zum Bedingungseintritt die Beschränkungen der Vor- und Nacherbfolge haben wollen oder nicht.

60 Die eben geschilderte vierte Ansicht ist abzulehnen, da sie sich nicht in das System des BGB einfügt. Zwar wäre es wünschenswert, dass die Ehegatten die Wirkungen ihrer Verfügungen frei bestimmen können, doch sind sie insoweit an die Typenstrenge des Erbrechts gebunden (iErg auch Reimann/Bengel/Mayer/*Mayer* Rn. 77 bei Fn. 296). IÜ ist mE eine Lösung über die Auslegung der vom Erblasser errichteten Verfügung zu suchen (so auch BeckOK BGB/*Litzenburger* Rn. 35). Ergibt diese, dass eine Ein-

Gegenseitige Einsetzung § 2269 BGB 10

heitslösung gewollt ist, dann kann eine Vor- und Nacherbfolge, die auch beim Tod des Überlebenden eingreift, nicht gewollt sein. Die anderen Ansichten (Kombination aus Vor- und Nacherbfolge mit Vollerbschaft bzw. Vor- und Nacherbfolge nur für den Fall der Wiederverheiratung) führen regelmäßig zu gleichen Ergebnissen, so dass keine von ihnen prinzipiell zu bevorzugen ist. Die von der hM geschilderte Ansicht dürfte jedoch regelmäßig am ehesten dem Willen des Erblassers entsprechen. In jedem Fall ist die aus der Wiederverheiratungsklausel folgende Verfügungsbeschränkung im Erbschein und im Grundbuch anzugeben (OLG Hamm, Beschl. v. 18.4.2011 – 15 W 518/10, ZEV 2011, 589; Reimann/Bengel/Mayer/*Mayer* Rn. 80). Das Grundbuchamt hat, soweit erforderlich, die in einer öffentlichen Urkunde enthaltene Wiederverheiratungsklausel selbst auszulegen. Dabei sind auch außerhalb der Verfügung liegende Umstände zu berücksichtigen, wenn sich diese aus öffentlichen, dem Grundbuchamt vorliegenden Urkunden ergeben, auch wenn bei der Auslegung rechtlich schwierige Fragen zu beurteilen sind. Nur wenn diese Auslegung nicht zu einem eindeutigen Ergebnis führt, und somit weitere Ermittlungen hinsichtlich des Willens des Erblassers erforderlich werden, kann ein Erbschein verlangt werden (OLG Zweibrücken, Beschl. v. 14.3.2011 – 3 W 150/10, FGPrax 2011, 176).

3. Ausgestaltung im Wege der sog. Vermächtnislösung. Eine vor allem in der Kautelarpraxis verbreitete Alternative zu der eben geschilderten Erbschaftslösung ist die **Vermächtnislösung.** Zugunsten des oder der Dritten wird dabei ein durch die Wiederheirat aufschiebend bedingtes Vermächtnis ausgesetzt. Das Vermächtnis kann dabei einen bestimmten Geldbetrag, Grundbesitz, andere Vermögensgegenstände oder auch eine bestimmte Quote am Nachlass des Erstversterbenden umfassen (Zawar DNotZ 1986, 515 (516)). Die Gestaltungsmöglichkeiten sind – wie bei Vermächtnissen üblich – vielfältig (Reimann/Bengel/Mayer/*Mayer* Rn. 98). Das Vermächtnis fällt in diesen Fällen regelmäßig mit der Wiederheirat an, § 2177. Der Schutz des Vermächtnisnehmers ist schwächer ausgestaltet als der des Nacherben. So gelten über § 2179 zwar die §§ 158, 159, 160 und 162, nicht jedoch § 161 (Reimann/Bengel/Mayer/*Mayer* Rn. 97). Verfügungen des überlebenden Ehegatten als Erben sind daher dem Vermächtnisnehmer gegenüber wirksam; dem Vermächtnisnehmer stehen allenfalls Schadensersatzansprüche zu. Der Erblasser kann zwar durch zusätzliche Anordnungen die Rechtsstellung des Vermächtnisnehmers verbessern (zB durch die zusätzliche Zuwendung eines Anspruchs auf Eintragung einer Vormerkung bei einem Grundstücksvermächtnis), Verfügungsverbote können durch die zusätzlichen Anordnungen aber nicht geschaffen werden (Zawar DNotZ 1986, 515 (525 f.)).

61

Die Vermächtnislösung hat aber auch **Nachteile** (umf. Reimann/Bengel/Mayer/*Mayer* Rn. 100 f.). Das Vermächtnis (wie auch die im Rahmen der Erbschaftslösung zugewendete Position) gewährt dem Bedachten einen Vermögensvorteil nur, wenn der Überlebende tatsächlich wieder heiratet. Unterbleibt die Wiederheirat, dann verliert der Bedachte auch seine Pflichtteilsansprüche am Nachlass des Erstversterbenden, wenn er sie nicht innerhalb der Verjährungsfrist geltend gemacht hat. Allerdings lässt die hM bedingte Vermächtnisse auch vor Eintritt der Bedingung nach § 2307 I 2 auf den Pflichtteilsanspruch anrechnen (Reimann/Bengel/Mayer/*Mayer* Rn. 101 mwN), so dass der volle Pflichtteil nur bei Ausschlagung des Vermächtnisses geltend gemacht werden kann (Reimann/Bengel/Mayer/*Mayer* Rn. 101). Da auch die über § 2179 gewährten Schadensersatzansprüche nur bei Anfall des Vermächtnisses greifen, kann der Überlebende Vermögen an einen neuen Partner (den er nicht heiratet) übertragen oder zusammen mit diesem verbrauchen, ohne dass dem Bedachten etwas verbleibt (von Ansprüchen nach §§ 2287 f. abgesehen). Allerdings bietet auch die Trennungslösung hiergegen nur im Rahmen der Verfügungsbeschränkungen der §§ 2113 ff. (soweit sie im konkreten Fall gelten) Schutz. Die Abwanderung von Vermögen kann daher nur wirksam nur durch eine direkte Erbeinsetzung der Endbedachten (evtl. verbunden mit Nießbrauchsvermächtnissen zugunsten des überlebenden Ehegatten) verhindert werden.

62

4. Zu den Folgen der erneuten Heirat. Die erneute Heirat des überlebenden Ehegatten hat nicht nur Auswirkungen auf die Erbfolge nach dem Erstversterbenden. Von Bedeutung ist auch, wie sich die **Wiederheirat** auf die **eigenen Verfügungen des überlebenden Ehegatten** selbst und auf seinen Pflichtteil am Nachlass des Erstversterbenden **auswirkt.** Dies gilt unabhängig davon, ob das gemeinschaftliche Testament in Form der Einheits- oder der Trennungslösung errichtet wurde (Staudinger/*Kanzleiter* Rn. 45).

63

a) Auswirkungen auf die Wechselbezüglichkeit. Für den überlebenden Ehegatten ist es von entscheidender Bedeutung, ob er nach einer erneuten Heirat die für den Fall seines Todes bereits vorhandenen Verfügungen von Todes wegen abändern kann. Sofern seine in gemeinschaftlichen Testament enthaltenen Verfügungen wechselbezüglich (bzw. bei einem Erbvertrag vertraglich bindend) sind, ist eine derartige Abänderung an sich ausgeschlossen. Soweit das gemeinschaftliche Testament keine ausdrücklichen Ausführungen zur Frage der **Fortgeltung der Wechselbezüglichkeit** enthält, ist der (wirkliche bzw. mutmaßliche) Wille der Ehegatten zu ermitteln, das gemeinschaftliche Testament ist auszulegen. Nach hM entspricht es dabei dem Willen der Ehegatten, dass mit Eingreifen der Wiederverheiratungsklausel auch die Bindung des Überlebenden an seine eigenen Verfügungen zumindest insoweit, als er der Beteiligung am Nachlass des Erstverstorbenen verlustig geht, entfällt, er also neu testieren kann (BayObLG, Beschl. v. 9.11.2001 – 1Z BR 31/01, NJW-RR 2002, 366 (367); NK-BGB/*Gierl* Rn. 131; Staudinger/*Kanzleiter* Rn. 48 f.; dagegen scheinen zB BayObLG, Beschl. v. 17.4.1962 – 1 Z 180/61, BayObLGZ 1962, 137 und BeckOK BGB/*Litzenburger* Rn. 40 von einem vollständigen Entfallen der Bindung auszugehen). Etwas anderes gilt danach nur, wenn ausdrücklich ein Fortgeltungswille ermittelt werden kann. Die hM übersieht, dass der Wegfall der Bindung dem mit dem gemeinsamen Testament verfolgten

64

Braun 719

Verteilungsplan (der ja durch die Wiederverheiratungsklausel gestärkt werden sollte) entgegenläuft. Die Ehegatten wollten ursprünglich erreichen, dass ihr beider Vermögen bestimmten Personen (regelmäßig den gemeinsamen Abkömmlingen) anfällt. Im Vertrauen auf die Verfügung des anderen Teils haben sie ihre eigenen Verfügungen errichtet. Diese Solidarität wäre nun durchbrochen, wenn der überlebende Ehegatte seine eigenen Verfügungen ändern könnte; *J. Mayer* (Reimann/Bengel/Mayer/*Mayer* Rn. 90) weist zusätzlich noch darauf hin, dass die Wiederverheiratungsklausel sich bei dieser Auslegung für den Längerlebenden – vor allem, wenn er der Vermögendere ist – als Glücksfall erweisen würde. Es wird daher, sofern keine anderen Anhaltspunkte vorliegen sollten, regelmäßig von einem Willen zum Fortbestand der Wechselbezüglichkeit auszugehen sein (so auch Reimann/Bengel/Mayer/*Mayer* Rn. 90). Eine Änderung der Verfügungen des Erstversterbenden scheidet naturgemäß aus (vgl. nur BGH, Urt. v. 28.10.1998 – IV ZR 275/97, ZEV 1999, 26), da der Überlebende insoweit nicht Erblasser ist. Bei einem dem Längerlebenden eingeräumten **Abänderungsrecht,** das bei Wiederheirat entfällt, kann sich der Längerlebende der Sanktion nicht entziehen, indem er erst das Testament ändert und dann erneut heiratet; er muss vielmehr bis seinem Tod unverheiratet bleiben, um das Änderungsrecht ausüben zu können (OLG Hamm, Beschl. v. 31.5.2011 – 15 W 360/10, ZErb 2011, 279; MüKoBGB/*Musielak* Rn. 61).

65 Bleibt die Wechselbezüglichkeit der Verfügungen auch nach der Wiederverheiratung bestehen, scheidet eine **Selbstanfechtung** der eigenen Verfügungen durch den überlebenden Ehegatten entsprechend §§ 2281, 2079 regelmäßig aus (BayObLG, Beschl. v. 17.4.1962 – 1 Z 180/61, BayObLGZ 1962, 137 (139)), da die Aufnahme der Wiederverheiratungsklausel zeigt, dass gerade dieser Fall bedacht und in seiner Kenntnis testiert wurde (Reimann/Bengel/Mayer/*Mayer* Rn. 95; Staudinger/*Kanzleiter* Rn. 45; für eine grundsätzliche Zulassung der Anfechtung dagegen BeckOK BGB/*Litzenburger* Rn. 40; neutraler MüKoBGB/*Musielak* Rn. 62: „kann in Betracht kommen"). Die individuelle Auslegung geht jedoch vor, so dass im Einzelfall auch eine Anfechtung zulässig sein kann (Staudinger/*Kanzleiter* Rn. 45).

66 Sofern die Wechselbezüglichkeit mit Wiederverheiratung entfällt, bleibt die dadurch gewonnene Verfügungsfreiheit auch bei einer **späteren Scheidung** bestehen (RG DJZ 1934, 281; Staudinger/*Kanzleiter* Rn. 51).

67 **b) Auswirkungen auf den Bestand der Verfügungen.** Zu weit dürfte es gehen, allein die Aufnahme einer Wiederverheiratungsklausel in einem gemeinschaftlichen Testament als Indiz dafür anzusehen, dass nicht nur die Bindung des Überlebenden an seine Verfügungen entfällt, sondern die **Verfügungen mit Wiederheirat gegenstandslos werden,** also auflösend bedingt sind (so zB KG, Beschl. v. 10.1.1957 – 1 W 2398/56, NJW 1957, 1073; OLG Hamm, Beschl. v. 23.6.1994 – 15 W 265/93, NJW-RR 1994, 1355). Ein solches Entfallen kann nur angenommen werden, wenn zur Wiederverheiratungsklausel weitere Umstände hinzutreten oder diese Wirkung ausdrücklich im Testament angeordnet wird. Im Regelfall bleiben die Verfügungen somit bestehen und müssen durch eine neue Verfügung geändert werden (NK-BGB/ *Gierl* Rn. 134; BeckOK BGB/*Litzenburger* Rn. 41; Reimann/Bengel/Mayer/*Mayer* Rn. 92). Sofern der überlebende Ehegatte irrtümlich von einem Entfallen der Verfügung ausgeht und daher die Errichtung eines neuen Testamentes unterlässt, kommt eine Anfechtung nach § 2078 II in Betracht. Die Möglichkeit zur Anfechtung würde jedoch genommen werden, wenn man ein automatisches Entfallen der früheren Verfügungen annimmt, der überlebende Ehegatte jedoch irrtümlich von einer Fortgeltung ausging (darauf weist zB NK-BGB/*Gierl* Rn. 134 ausdrücklich hin).

68 **c) Auswirkungen auf den Pflichtteil.** Sofern dem überlebenden Ehegatten ohne Berücksichtigung der Wiederverheiratungsklausel ein Erbteil zugewendet wurde, der geringer ist als die Hälfte des gesetzlichen Erbteils ist, kann er nach § 2305 einen Zusatzpflichtteil verlangen. Ist der überlebende Ehegatte nur Vermächtnisnehmer, so gilt für seinen Pflichtteil § 2307. Diese Regelungen werden auch durch die Wiederverheiratung nicht berührt. Anders ist die Situation allerdings, wenn dem überlebenden Ehegatten (wie regelmäßig) ein Erbteil zugewendet war, der die Hälfte des gesetzlichen Erbteils überstieg, und er diese Zuwendung durch die erneute Heirat ganz oder teilweise (durch Anordnung einer Nacherbfolge oder die Aussetzung bedingter Vermächtnisse) wieder verliert. Hier hätte er die Erbeinsetzung ausschlagen müssen, um nach § 2306 I seinen **Pflichtteil** fordern zu können. Da die Ausschlagungsfrist im Zeitpunkt der erneuten Heirat jedoch regelmäßig abgelaufen ist, scheidet dieser Weg aus. Auch eine Anfechtung der Annahme der Erbschaft nach §§ 1954, 119 scheidet aus, da ein Irrtum im Hinblick auf die Folgen der erneuten Heirat wegen der Aufnahme der Wiederverheiratungsklausel in das gemeinschaftliche Testament nicht vorliegen kann (NK-BGB/*Gierl* Rn. 128; BeckOK BGB/*Litzenburger* Rn. 42). Die Anfechtung kann auch nicht auf einen Irrtum über den Verlust des Pflichtteilsrechts durch Annahme der belasteten Erbschaft gestützt werden, da es sich insoweit um einen unbeachtlichen Rechtsirrtum handelt (NK-BGB/*Gierl* Rn. 128; Reimann/Bengel/Mayer/*Mayer* Rn. 85).

IX. Pflichtteil

69 Bei der Bestimmung des Pflichtteils ist zwingend zu beachten, dass dieser für jeden Erbfall und damit auch für jeden Erblasser getrennt ermittelt werden muss.

70 **1. Pflichtteil und Trennungslösung.** Bei Vereinbarung der **Trennungslösung** kann der von der Erbfolge nach dem **erstversterbenden Ehegatten** ausgeschlossene Pflichtteilsberechtigte seinen Pflichtteil fordern. Soweit er zum Nacherben des Erstversterbenden eingesetzt ist, kann er den Pflichtteil aber nur verlangen, wenn er die Nacherbschaft ausschlägt (§ 2306 II iVm I). Die Höhe des Erbteils des Nacherben spielt seit dem Gesetz zur Änderung des Erb- und Verjährungsrechts v. 24.9.2009 und der dabei erfolgten

Änderung von § 2306 I keine Rolle mehr. Die Ausschlagung kann schon vor dem Eintritt des Nacherbfalls (in der Regel ist dies der Tod des Längerlebenden), nicht jedoch vor Eintritt des Erbfalls erfolgen, § 2142 I. Die Ausschlagungsfrist des § 1944 beginnt unabhängig davon jedoch nicht vor dem Eintritt des Nacherbfalls zu laufen (Palandt/*Weidlich* § 2142 Rn. 2). Allerdings kann sich der Nacherbe schon vor dem Ablauf der Ausschlagungsfrist des § 1944 zur Ausschlagung gezwungen sehen, da der Beginn der dreijährigen Verjährungsfrist (§ 195) für den Pflichtteilsanspruch nach § 199 I Nr. 2 uA von der Kenntnis vom Erbfall (nicht vom Nacherbfall!) abhängt; *Weidlich* (Palandt/*Weidlich* § 2317 Rn. 12) weist zutr. darauf hin, dass bei Eintritt des Nacherbfalls keine neue Frist läuft. Die Folgen der Ausschlagung richten sich nach § 2142 II. Der Vorerbe wird Vollerbe, soweit der Erblasser nichts anderes bestimmt hat. Vorrangig ist somit zu prüfen, ob der Erblasser (also der Erstversterbende) Ersatznacherben bestimmt hat oder Anwachsung bei weiteren Nacherben eintreten soll (→ § 2142 Rn. 14 ff.). Die Rechtslage nach dem Tod des Längerlebenden bleibt von der Geltendmachung des Pflichtteils nach dem Erstversterbenden unberührt, soweit die Ehegatten im gemeinschaftlichen Testament nichts anderes (zB eine Ausschlussklausel oder eine Änderungsvorbehalt) angeordnet haben (BeckOK BGB/*Litzenburger* Rn. 44). Ein Pflichtteilsberechtigter kann ebenfalls nach dem **Tod des Längerlebenden** seinen Pflichtteil fordern, soweit er enterbt ist. Für die Berechnung ist dabei nur das (isolierte) Vermögen des Längerlebenden heranzuziehen.

2. Pflichtteil und Einheitslösung. Auch bei der Einheitslösung können die von der Erbfolge ausgeschlossenen Pflichtteilsberechtigten unabhängig davon, ob sie zu Schlusserben berufen sind oder nicht, ihren Pflichtteil nach dem erstversterbenden Ehegatten fordern. Eine Ausschlagung ist hierfür nicht erforderlich, da sie bei der Einheitslösung im ersten Erbfall nicht bedacht werden. Die Geltendmachung des Pflichtteils hat, soweit im gemeinschaftlichen Testament nichts anderes vereinbart wurde (→ Rn. 75 ff.), keinen Einfluss auf die Schlusserbeneinsetzung. Insbesondere kann (schon aus Formgründen) in der Geltendmachung des Pflichtteils kein Verzicht auf den Schlusserbteil und auch keine Ausschlagung des Schlusserbteils gesehen werden (vgl. BeckOK BGB/*Litzenburger* Rn. 45; Reimann/Bengel/Mayer/*Mayer* Rn. 105, 119). Die Geltendmachung hat auch keinen Einfluss auf den Pflichtteil nach dem Längerlebenden. Dies kann zB dazu führen, dass sich eines von mehreren Kindern gegenüber seinen Geschwistern einen Vorteil verschafft, wenn sich die Ehegatten gegenseitig und die Kinder zu gleichen Teilen als Schlusserben bedacht haben. Das den Pflichtteil fordernde Kind erhält in diesem Fall seinen Pflichtteil aus dem Vermögen des Erstversterbenden und auch seinen (vollen) Erbteil aus dem Vermögen des länger lebenden Elternteils. Da sich im Vermögen des Längerlebenden auch das ererbte Vermögen des anderen Ehegatten befindet, wird das den Pflichtteil nach dem Erstversterbenden fordernde Kind aus dem Vermögen dieses Elternteils zweifach bereichert. Zudem kann dieses Verhalten den überlebenden Ehegatten in Liquiditätsprobleme bringen.

3. Umgehung des Pflichtteils. Da ein einseitiger Ausschluss des Pflichtteils grds. nicht möglich ist, können die geschilderten Probleme entweder nur auf mittelbarem Weg, also durch entsprechende Gestaltung des Testamentes, oder unter direkter Mitwirkung der Pflichtteilsberechtigten gelöst werden:

a) Pflichtteilsverzicht. Die von den Ehegatten angestrebte Nachlassverteilung kann sichergestellt werden, wenn die Pflichtteilberechtigten bereit sind, einen Pflichtteilsverzicht (§ 2346 II) abzugeben. Soweit die Pflichtteilsberechtigten auch als Schlusserben vorgesehen sind (und die Zuwendung mindestens den Pflichtteil erreicht), genügt ein Pflichtteilsverzicht nach dem erstversterbenden Ehegatten. Ansonsten ist – soweit nach beiden Ehegatten ein Pflichtteilsrecht besteht – ein Pflichtteilsverzicht nach beiden Ehegatten erforderlich. Der Berechtigte wird den Verzicht in aller Regel nur abgeben, wenn er eine Abfindung als Gegenleistung erhält (bzw. bereits erhalten hat) oder wenn die Erbeinsetzung bzw. Vermächtnisanordnung sichergestellt ist. Dies kann dadurch erfolgen, dass der Pflichtteilsverzicht unter eine Bedingung gestellt wird (→ § 2346 Rn. 29) oder die Zuwendung in einem Erbvertrag (an dem der Pflichtteilsberechtigte beteiligt werden kann) erfolgt. Zu beachten ist jedoch, dass auch letzteres keine endgültige Sicherheit gibt, da durch eine Verfügung unter Lebenden oder Anfechtungsrechte anderer Pflichtteilsberechtigter (§ 2079) auch eine erbvertragsmäßige Zuwendung ausgehebelt werden kann (vgl. BeckOK BGB/*Litzenburger* Rn. 43). Nach der Rspr. des BGH (BGH, Urt. v. 19.1.2011 – IV ZR 7/10, NJW 2011, 1586) ist der Verzicht durch einen behinderten Sozialhilfeempfänger grds. nicht sittenwidrig; diese Ansicht dürfte auch auf den nicht behinderten Bedürftigen übertragbar sein (*Ivo* DNotZ 2011, 387 (389)).

Der BGH hat in Einzelfällen auch die **konkludente** Vereinbarung von **Pflichtteilsverzichten** angenommen. Eine solche (des Kindes) kann zB dann vorliegen, wenn Ehegatten in einem (mehrseitigen) Erbvertrag mit den Kindern sich gegenseitig als Alleinerben und das am Vertrag beteiligte Kind als Schlusserben einsetzen, während den anderen Kindern Vermächtnisse für den Fall zugewendet werden, dass sie keine Pflichtteilsansprüche geltend machen (BGH, Urt. v. 15.12.1956 – IV ZR 101/56, NJW 1957, 422). In einem zweiten Fall hat der BGH (BGH, Urt. v. 9.3.1977 – IV ZR 114/75, NJW 1977, 1728) einen stillschweigenden Pflichtteilsverzicht (des anderen Ehegatten) angenommen, wenn Ehegatten in einem vor einem Notar errichteten gemeinschaftlichen Testament jeweils ihre eigenen Kinder aus erster Ehe als Erben einsetzen und jeweils dem anderen Ehegatten ein Vermächtnis aussetzen. Wenn der BGH davon ausgeht, dass auch ohne das hinzutreten besonderer Umstände in der Annahme der Verfügungen zugleich ein Pflichtteilsverzicht gesehen werden könne (BGH NJW, Urt. v. 15.12.1956 – IV ZR 101/56, 1957, 422 (423 f.)), dann geht er zu weit (so ausdrücklich *Keim* ZEV 2001, 1 (4); krit. auch BeckOK

BGB/*Litzenburger* Rn. 43 und Reimann/Bengel/Mayer/*Mayer* Rn. 125). Vielmehr ist davon auszugehen, dass der Notar den Willen der Beteiligten zutreffend wiedergibt und einen Pflichtteilsverzicht, soweit ein solcher tatsächlich gewollt ist, auch ausdrücklich niederlegt (*Keim* ZEV 2001, 1 (3 f.)).

75 **b) Anrechnung.** Weiter können die Ehegatten im gemeinschaftlichen Testament anordnen, dass ein Schlusserbe, der nach dem Tod des Erstversterbenden seinen Pflichtteil erhalten hat, sich den Wert des Pflichtteils **auf seinen Erbteil** nach dem länger lebenden Ehegatten **anrechnen** lassen muss. Dies ist unstreitig zulässig (vgl. BeckOK BGB/*Litzenburger* Rn. 49). Teilweise wird sogar davon ausgegangen, dass diese Anrechnungsbestimmung stillschweigend getroffen ist (BeckOK BGB/*Litzenburger* Rn. 49; Reimann/Bengel/Mayer/*Mayer* Rn. 121); dies dürfte jedoch nur bei Vorliegen entsprechender Anhaltspunkte gelten (NK-BGB/*Gierl* Rn. 110). Mit dieser Klausel soll erreicht werden, dass die Schlusserben wirtschaftlich gleich gestellt werden; der Liquiditätsabfluss beim Längerlebenden kann damit jedoch nicht vermieden werden. Rechtlich handelt es sich um ein Vorausvermächtnis zu Lasten des fordernden Schlusserben und zugunsten der weiteren Schlusserben (Nieder/Kössinger/*R. Kössinger* Testamentsgestaltung § 14 Rn. 84). Der belastete Schlusserbe kann das Vermächtnis jedoch „umgehen", indem er nach dem Tod des länger lebenden Ehegatten ausschlägt und den unbelasteten Pflichtteil aus dem vereinigten Vermögen fordert (vgl. § 2306 I). Damit erhält er den Pflichtteil aus dem Vermögen des Erstversterbenden wirtschaftlich gesehen doppelt. Sofern dies verhindert werden soll, muss zusätzlich die in → Rn. 87 dargelegte Jastrow'sche Klausel verwendet werden (Nieder/Kössinger/*R. Kössinger* Testamentsgestaltung § 14 Rn. 84; Reimann/Bengel/Mayer/*Hammann* Teil A Rn. 653 ff.).

76 Eine **Anrechnung** der nach dem Tod des Erstversterbenden erhaltenen Zahlungen **auf den Pflichtteil nach dem Längerlebenden** kann dagegen einseitig nicht angeordnet werden, da dadurch der zwingende Charakter des Pflichtteils umgangen würde (NK-BGB/*Gierl* Rn. 111; Reimann/Bengel/Mayer/*Mayer* Rn. 105).

77 **c) Pflichtteilsklauseln.** Durch sog. Pflichtteilsklauseln (auch Pflichtteilsstrafklauseln oder Verwirkungsklauseln genannt) soll der Pflichtteilsberechtigte abgeschreckt und die Geltendmachung des Pflichtteils nach dem Erstversterbenden durch wirtschaftliche Einbußen verhindert werden. Die Ehegatten können mit einer solchen Regelung den Schutz des Längerlebenden vor übermäßigem Vermögensabfluss, die Belohnung von Abkömmlingen, die sich im ersten Erbfall „loyal" verhalten, und/oder auch die Sicherung der Verteilungsgerechtigkeit zwischen mehreren Stämmen bezwecken (vgl. nur *J. Mayer* MittBayNot 1996, 80 ff.). Konstruktiv wird dabei derjenige, der nach dem Tod des Erstversterbenden seinen Pflichtteil fordert, von der Erbfolge nach dem Längerlebenden ausgeschlossen; die Einsetzung zum Erben nach dem Längerlebenden (bei der Trennungslösung kann zusätzlich auch die Einsetzung als Nacherbe nach dem Erstversterbenden betroffen sein (vgl. Schlitt/Müller Pflichtteils-HdB/*G. Müller* § 10 Rn. 221)) ist auflösend bedingt (**automatische Ausschlussklausel**). Er erhält somit nach dem Tod des länger lebenden Ehegatten allenfalls seinen Pflichtteil (bei der Einheitslösung aus dem vereinigten Vermögen der Ehegatten, → Rn. 71, bei der Trennungslösung aus dem Vermögen des Längerlebenden, → Rn. 70). Sofern er nach dem Längerlebenden nicht nach § 2303 abstrakt pflichtteilsberechtigt ist (zB einseitige Kinder des Erstversterbenden), erhält er nichts (→ Rn. 83). Alternativ kann auch vorgesehen werden, dass die Wirkung nicht automatisch eintritt. In diesem Fall handelt es sich um eine Einschränkung der Bindungswirkung für den Fall der Geltendmachung von Pflichtteilsansprüchen (**spezifischer Änderungsvorbehalt**; vgl. dazu und detailliert zur rechtlichen Konstruktion Reimann/Bengel/Mayer/*Mayer* § 2269 Rn. 107 sowie § 2271 Rn. 66 ff.). Gegen die Zulässigkeit solcher Klauseln bestehen keine Bedenken (BayObLG, Beschl. v. 9.6.1994 – 1 Z BR 117/93, DNotZ 1995, 710 (712 ff.)). Zu beachten ist jedoch, dass die Pflichtteilsklausel in der Regel nicht dazu führt, dass die Verwertung des Pflichtteils durch den Berechtigten unwirtschaftlich iSd § 12 III 1 Nr. 6 Alt. 1 SGB II wird; es handelt sich beim Pflichtteil weiterhin um verwertbares Vermögen nach § 12 I SGB II, sofern nicht die Verwertung nach den Umständen des Einzelfalls eine besondere Härte iSd § 12 III 1 Nr. 6 Alt. 2 SGB II darstellt (BSG, Urt. v. 6.5.2010 – B 14 AS 2/09 R, ZEV 2010, 585).

78 **aa) Tatbestandsseite.** Auf der Tatbestandsseite einer Pflichtteilsklausel sind vier Problemkreise zu trennen.
In einem ersten Schritt ist zu klären, **wer** die zum Eingreifen der Klausel erforderliche Handlung vornehmen muss. Sofern die Klausel nicht eindeutig ist, ist die Frage im Wege der (auch ergänzenden) Auslegung zu klären. Unstreitig führt eine Handlung des **Pflichtteilsberechtigten selbst** zur Erfüllung des Tatbestands. Auch das Handeln des **gesetzlichen Vertreters** (zB des Betreuers oder Ergänzungspflegers) muss sich der Pflichtteilsberechtigte zurechnen lassen (BayObLG, Beschl. v. 20.3.1990 – 1 Z 65/88, NJW-RR 1990, 969 (970); OLG Braunschweig, Beschl. v. 13.1.1976 – 2 Wx 30/75, OLGZ 1977, 185 (188)), sofern das gemeinschaftliche Testament nichts anderes bestimmt. Auch die Geltendmachung durch einen **Dritten, der den Pflichtteil geerbt hat,** kann die Klausel auslösen (BayObLG, Beschl. v. 18.9.1995 – 1Z BR 34/9, NJW-RR 1996, 262; Reimann/Bengel/Mayer/*Mayer* Rn. 110); in diesem Fall ist die Rechtsfolgenseite besonders sorgfältig zu prüfen. Der **Sozialhilfeträger** kann durch eine Überleitung des Pflichtteilsanspruchs diesen geltend machen (BGH, Urt. v. 8.12.2004 – IV ZR 223/03, NJW-RR 2005, 369 (370 f.)). Hier ist, sofern keine ausdrückliche Regelung im Testament enthalten ist, wiederum durch Auslegung zu ermitteln, ob dadurch die mit der Pflichtteilsklausel angeordneten Sanktionen auslöst werden. Im Rahmen eines Behindertentestamentes kann diese Auslegung dazu führen, dass die Klausel nicht eingreift, da der Wille der Eltern nicht dahin geht, dass die dem behinderten Kind zugedachten Vorteile entfallen und der Sozialleistungsträger den vollen Zugriff auf den Pflichtteil nach den Eltern erhält

(BGH, Urt. v. 8.12.2004 – IV ZR 223/03, NJW-RR 2005, 369 (371); BGH, Urt. v. 9.10.2005 – IV ZR 235/03, NJW-RR 2006, 223 (224 f.); zust. Reimann/Bengel/Mayer/*Mayer* Rn. 110). Dagegen hat das OLG Hamm (OLG Hamm, Beschl. v. 28.2.2013 – 10 U 71/12, RNotZ 2013, 307 (310 f.)) bei einer Pflichtteilsklausel in einem gemeinschaftlichen Testament ohne Regelungen im Sinne eines Behindertentestamentes eine einschränkende Auslegung bei Geltendmachung durch den Sozialhilfeträger nach Überleitung abgelehnt.

In einem zweiten Schritt ist zu untersuchen, **welches Verhalten** zum Ausschluss von der Erbfolge 79 führt (umf. *Radke* ZEV 2001, 136; *Lübbert* NJW 1988, 2706). Auch hier lassen sich pauschale Aussagen nicht treffen, da das Ergebnis vom individuellen Willen der Erblasser abhängt. In Zweifelsfällen ist eine Auslegung nach den allgemeinen Grundätzen erforderlich. Bestimmt die Verwirkungsklausel, dass der Pflichtteil „**verlangt**" oder „**geltend gemacht**" werden muss, ist eine Auszahlung des Pflichtteils an den Berechtigten nicht erforderlich. Vielmehr reicht es aus, dass er versucht hat, den Pflichtteil zu erhalten und der Versuch ernsthaft war (BayObLG, Beschl. v. 20.3.1990 – 1a Z 65/88, NJW-RR 1990, 969 (970); OLG Düsseldorf, Beschl. v. 18.7.2011 – I-3 Wx 124/11, FGPrax 2011, 300 (301)). Unerheblich ist, ob der Versuch gerichtlich oder außergerichtlich unternommen wurde (Reimann/Bengel/Mayer/*Mayer* Rn. 111). Ein Verlangen kann auch darin gesehen werden, dass ein Kind im Erbscheinsverfahren nach dem Erstversterbenden die Ungültigkeit des gemeinschaftlichen Testamentes behauptet und seinen gesetzlichen Erbteil fordert (OLG München, Beschl. v. 7.4.2011 – 31 Wx 227/10, NJW-RR 2011, 1164). Es kommt für das Geltendmachen nicht darauf an, ob der Unterhalt des überlebenden Ehegatten gefährdet wird (BayObLG, Beschl. v. 20.1.2004 – 1Z BR 134/02, ZEV 2004, 202 (204) mit insoweit zust. Anm. *Ivo*). Wird der Pflichtteil dem überlebenden Ehegatten hochverzinslich gestundet und die Zahlung durch eine Grundschuld abgesichert, kann darin ein Verlangen im Sinne der Pflichtteilsklausel gesehen werden (OLG München, Beschl. v. 29.3.2006 – 31 Wx 7/06 u. 8/06, ZEV 2006, 411). Wenn die Klausel darauf abstellt, dass der Berechtigte den Pflichtteil „geltend gemacht und **erhalten**" hat, ist jedoch die Auszahlung zur Verwirklichung des Tatbestandes erforderlich (OLG Zweibrücken, Beschl. v. 30.10.1998 – 3 W 116/98, NJW-RR 1999, 374 (375)). Macht der Berechtigte nur seinen **Auskunftsanspruch** nach § 2314 (gerichtlich) geltend, liegt darin üblicherweise allein noch kein Pflichtteilsverlangen im Sinne einer Pflichtteilsklausel (BayObLG, Beschl. v. 23.10.1990 – 1a Z 50/90, NJW-RR 1991, 394 (395)). Macht der Berechtigte dagegen neben dem Auskunftsanspruch im Wege einer Stufenklage gleichzeitig seinen Pflichtteilsanspruch geltend, so ist davon auszugehen, dass die Sanktionswirkung ausgelöst wird (Reimann/Bengel/Mayer/*Mayer* Rn. 114). Tritt der Pflichtteilsberechtigte nach dem Tod des Erstversterbenden mit dem Erben in **Verhandlungen**, um die Erbfolge beim Längerlebenden zum Gegenstand zu machen, kann darin kein Pflichtteilsverlangen gesehen werden (OLG Schleswig, Urt. v. 25.6.1996 – 3 U 8/95, ZEV 1997, 331), auch wenn eine Drohung mit der Pflichtteilsgeltendmachung im Raum steht (NK-BGB/*Gierl* Rn. 99). Sofern der Längerlebende ohne ernsthaftes Verlangen des Berechtigten den Pflichtteil **freiwillig zahlt** oder eine anderweitige freiwillige Zuwendung erbringt, ist dies nicht als Pflichtteilsverlangen anzusehen (BayObLG, Beschl. v. 16.10.1963 – 1 Z 173/62, FamRZ 1964, 472; BayObLG, Beschl. v. 14.11.1994 –1Z BR 66/94, FamRZ 1995, 1019). Problematisch wird die Situation, wenn der Pflichtteil **im Einvernehmen mit dem Längerlebenden geltend gemacht** wird, zB um erbschaftsteuerliche Vorteile auszunutzen. Sofern die Pflichtteilsklausel ausdrücklich auf eine Geltendmachung gegen den Willen des überlebenden Ehegatten abstellt, kann dieser Weg gegangen werden (*Müller/Grund* ZErb 2007, 205 (206)). Anderenfalls ist durch Auslegung zu ermitteln, ob bei steuermotivierter oder sonst einvernehmlicher Pflichtteilszahlung mit dem Testament verfolgte, als gerecht angesehene Nachlassverteilung gestört wird (so zur steuermotivierten Zahlung Reimann/Bengel/Mayer/*Mayer* Rn. 114). Pauschale Aussagen lassen sich hierzu nicht treffen. Bei einvernehmlicher Geltendmachung durch alle Kinder, verbunden noch mit einer überobligationsmäßigen Auszahlung durch den Längerlebenden wird man jedoch nicht davon ausgehen können, dass die Kinder „auf Auszahlung ihres Pflichtteils bestanden" haben (anders OLG Frankfurt aM, Beschl. v. 2.8.2010 – 20 W 49/09, DNotZ 2011, 552 mit abl. Anm. *Kanzleiter* DNotZ 2011, 555 und krit. Anm. *Reymann* MittBayNot 2011, 411 unter Berufung auf den in diesem Fall nicht notwendigen Schutz des Längerlebenden vor Vermögensabfluss; das OLG Schleswig, Beschl. v. 24.1.2013 – 3 Wx 59/12, DNotZ 2013, 461 (464) mit krit. Anm. *Reymann* sieht dagegen auch in einer Zahlung des Pflichtteils im Einverständnis mit der Erbin ein „Fordern" iSd Pflichtteilsklausel). Nach *Litzenburger* führt eine einvernehmliche Zahlung nie zum Eingreifen der Pflichtteilsklausel (BeckOK BGB/*Litzenburger* Rn. 46; in diese Richtung auch Staudinger/*Kanzleiter* Rn. 58b; *Kanzleiter* DNotZ 2011, 555 (556)). Im Lichte der Pflichtteilsklausel unproblematisch ist dagegen ein Verzicht auf den entstandenen Pflichtteil gegen Abfindung (*Müller/Grund* ZErb 2007, 205 (208)). Nach *Muscheler* (*Muscheler* ZEV 2001, 377 (379)) greift eine Pflichtteilsklausel auch dann nicht ein, wenn die Initiative zur Zahlung vom Schuldner ausgeht. Sofern die Klausel nicht auf eine Geltendmachung gegen den Willen des Verpflichteten abstellt (was ggf. durch Auslegung zu ermitteln ist), wird man das eigene Verhalten des Berechtigten aber auch in diesem Fall nicht außer Acht lassen können.

In einem dritten Schritt ist die Pflichtteilsklausel darauf zu untersuchen, ob sie Beschränkungen hin- 80 sichtlich des **Zeitpunktes der Pflichtteilsgeltendmachung** enthält. Dabei ist zu berücksichtigen, dass der mit dem Tod des Erstversterbenden entstandene Pflichtteil auch noch nach dem Tod des Längerlebenden geltend gemacht werden kann; in der Annahme der Erbschaft oder eines Vermächtnisses vom Längerlebenden kann ohne Hinzutreten weiterer Umstände kein Verzicht auf den Pflichtteil nach dem Erstversterbenden gesehen werden (BGH, Urt. v. 12.7.2006 – IV ZR 298/03, NJW 2006, 3064). Für die Anwendbarkeit der Pflichtteilsstrafklausel selbst spielt es grds. keine Rolle, ob das „strafwürdige" Verhalten vor oder nach dem Tod des länger lebenden Ehegatten erfolgt (BGH, Urt. v. 12.7.2006 – IV ZR 298/03, NJW 2006, 3064; anders OLG Stuttgart, Beschl. v. 9.8.2017 – 8 W 336/15, ZEV 2017, 708). Anders ist dies natürlich dann, wenn die Ehegatten ausdrücklich bestimmt haben, dass das Verhalten zu Lebzeiten des überlebenden Ehegatten erfolgt sein muss. Eine Geltendmachung des Pflichtteils nach dem Tod des Längerlebenden ist auch dann unschädlich, wenn sich aus der Pflichtteilsklausel (eventuell im Wege der Auslegung) ergibt, dass sie nur den Längerlebenden vor Liquiditätsproblemen schützen soll und nicht einer gleichmäßigen Verteilung unter den Abkömmlingen dient (*Keim* NJW 2007, 974 (975 f.)). Macht der Berechtigte den Pflichtteil **nach Eintritt der Verjährung** geltend, so führt dies nicht zum Eingreifen der Pflichtteilsklausel (*Keim* NJW 2007, 974 (975 f.); BeckOK BGB/*Litzenburger* Rn. 46; aA BGH, Urt. v. 12.7.2006 – IV ZR 298/03, NJW 2006, 3064). Die Liquidität und auch die Verteilungsgerechtigkeit (und damit die von den Erblassern mit der Pflichtteilsklausel verfolgten Ziele) sind hier nicht in Gefahr, da der überlebende Ehegatte (bzw. die Schlusserben bei einem Pflichtteilsverlangen nach dem Tod beider Ehegatten) es in der Hand hat, durch die Einrede der Verjährung (§ 214 I) dem Verlangen entgegenzutreten (*Keim* NJW 2007, 974 (975 f.)).

81 Auf der **subjektiven Seite des Tatbestandes** wurde früher ein böswilliges Verhalten und somit eine verwerfliche Gesinnung des Pflichtteilsberechtigten gefordert (BayObLG, Beschl. v. 16.10.1963 – 1 Z 173/62, BayObLGZ 1963, 271 = NJW 1964, 205 (LS)). Die nunmehr hM ist davon abgerückt und verlangt lediglich, dass der Pflichtteilsberechtigte von der Pflichtteilsklausel und ihrem Inhalt Kenntnis hat, also einen bewussten Verstoß begeht (OLG München, Beschl. v. 29.3.2006 – 31 Wx 7/06 u. 8/06, ZEV 2006, 411 (412); BayObLG, Beschl. v. 20.3.1990 – 1a Z 65/88, NJW-RR 1990, 969; OLG Rostock Beschl. v. 11.12.2014 – 3 W 138/13, NJW-RR 2015, 776 (777 unter Ziff. 20); BeckOK BGB/*Litzenburger* Rn. 46; Staudinger/*Kanzleiter* Rn. 58a; für den Regelfall auch MüKoBGB/*Musielak* Rn. 65). Aber auch diese Auffassung geht zu weit. Soweit die Ehegatten nichts anderes angeordnet haben, genügt für die Verwirklichung der Pflichtteilsklausel der objektive Verstoß; eine subjektive Komponente ist nicht erforderlich. Nur so kann der Wille der Erblasser sicher umgesetzt werden (so auch Reimann/Bengel/Mayer/*Mayer* Rn. 109).

82 **bb) Rechtsfolgenseite.** Hinsichtlich der **Rechtsfolgen** ist je nach Konstruktion der Pflichtteilsklausel zu unterscheiden.

Haben die Ehegatten einen **spezifischen Änderungsvorbehalt** angeordnet, führt allein die Verwirklichung des Tatbestandes noch nicht zu einer Enterbung des Pflichtteilsberechtigten. Vielmehr muss der länger lebende Ehegatte in einem zweiten Schritt von seiner Änderungsmöglichkeit Gebrauch machen. Sofern die zulässigen Änderungsmöglichkeiten nicht genau umschrieben sind, ist der Umfang im Wege der Auslegung des gemeinschaftlichen Testamentes zu ermitteln.

83 Haben sich die Ehegatten für eine **automatische Ausschlussklausel** entschieden, führt die Verwirklichung des Tatbestandes zum Eintritt der **auflösenden Bedingung** für die Erbeinsetzung (§ 2075) und damit zur Enterbung des Pflichtteilsberechtigten, ohne dass es einer weiteren Handlung bedarf. Bzgl. der Rechtsfolge kann die Ausschlussklausel einen **rein enterbenden** Charakter haben. Die Enterbung umfasst dabei grds. den gesamten Stamm des Pflichtteilsberechtigten (BayObLG, Beschl. v. 18.9.1995 – 1Z BR 34/94, NJW-RR 1996, 262), da ansonsten dieser Stamm doppelt begünstigt wäre. Anders ist dies uU bei einer Geltendmachung des Pflichtteils durch den Rechtsnachfolger des Pflichtteilsberechtigten. Hier kann die (ergänzende) Auslegung der Klausel ergeben, dass die Abkömmlinge weiterhin Erben bleiben (BayObLG, Beschl. v. 18.9.1995 – 1Z BR 34/94, NJW-RR 1996, 262 (263)); die Reichweite der Enterbung sollte daher klar geregelt werden. Die Ausschlussklausel kann aber auch den Verbleib der frei werdenden Erbteils regeln, indem die **Anwachsung** bei den verbleibenden Erben nach dem Längerlebenden bzw. den verbleibenden Nacherben (§§ 2094 f.) oder eine **Ersatzberufung** (§ 2096) angeordnet werden. Enthält die Klausel keine ausdrückliche Regelung, ist der Wille der Ehegatten durch (ergänzende) Auslegung zu ermitteln (die wohl hM geht von einem „Vorrang" der Anwachsung vor der Ersatzberufung aus; OLG München, Beschl. v. 29.3.2006 – 31 Wx 7/06 und 8/06, ZEV 2006, 411 (412); DNotI-Report 2012, 192 (193) mwN). Unter Umständen kann der Ausschlussklausel auch ein **Vermächtnis** entnommen werden. Dies kommt in Betracht, wenn einseitige Kinder des Erstversterbenden vorhanden sind und die Ausschlussklausel bestimmt, dass die den Pflichtteil fordernden Kinder nach dem länger lebenden Ehegatten nur den Pflichtteil erhalten sollen. Nach Ansicht des BGH (BGH, Urt. v. 27.2.1991 – IV ZR 293/89, NJW-RR 1991, 706 (707); OLG Celle, Beschl. v. 12.11.2009 – 6 W 142/09, ZErb 2010, 86; OLG Schleswig, Beschl. v. 24.1.2013 – 3 Wx 59/12, DNotZ 2013, 461 (462) m. Anm. *Reymann*) kann daraus nicht gefolgert werden, dass die einseitigen Kinder nach dem Tod des Stiefelternteils nichts erhalten sollen. Es kommt vielmehr die Aussetzung eines Vermächtnisses für die einseitigen Abkömmlinge in Betracht. Durch weitere Auslegung ist zu ermitteln, welchen Umfang das Vermächtnis hat. Dabei kann es der Höhe nach dem (bereits erhöhten) Pflichtteil nach dem Erstversterbenden entsprechen (so tendenziell BGH, Urt. v. 27.2.1991 – IV ZR 293/89, NJW-RR 1991, 706 (707) mit dem ausdrücklichen Hinweis, dass die noch vorzunehmende Auslegung maßgeblich ist). Alternativ kommt eine Berechnung auf fiktiver Basis in Betracht, als ob das einseitige Kind nach dem länger lebenden Ehegatten selbst pflichtteilsberechtigt wäre (OLG Schleswig, Beschl. v. 24.1.2013 – 3 Wx 59/12, DNotZ 2013, 461 (462) m. Anm. *Reymann*).

84 Hat die (automatische) Ausschlussklausel rein enterbenden Charakter, so kann sie nicht **wechselbezüglich** sein, da die Enterbung nicht zu den in § 2270 III genannten Verfügungen gehört. Ein bindender Charakter kann somit nur dann vorliegen, wenn die Ausschlussklausel neben dem enterbenden Charak-

ter noch eine positive Regelung (Anwachsung oder Ersatzberufung) enthält (*Ivo* ZEV 2004, 204 (205); Reimann/Bengel/Mayer/*Mayer* Rn. 116; iE auch BayObLG, Beschl. v. 20.1.2004 – 1Z BR 134/02, ZEV 2004, 202 (204)). In diesem Fall ist freilich nicht die Pflichtteilsklausel als solche wechselbezüglich, sondern die in ihr enthaltenen (positiven) Verfügungen (so zutr. *Ivo* ZEV 2004, 204 (205), der auch darauf hinweist, dass die Anwachsung wechselbezüglich sein kann, wenn die Erbeinsetzung des durch sie Begünstigten wechselbezüglich ist; vgl. dazu → § 2270 Rn. 18). Denkbar ist auch eine Regelung dahingehend, dass die im gemeinschaftlichen Testament enthaltenen Verfügungen grds. wechselbezüglich sind, nicht jedoch die in der Pflichtteilsklausel enthaltenen (positiven) Verfügungen. In diesem Fall ist der Längerlebende zur Änderung der von der Pflichtteilsklausel erfassten Erbteile (auch bei Anwachsung) berechtigt; im Rahmen der Auslegung kann nur aufgrund besonderer Umstände im Einzelfall dieses Ergebnis erzielt werden (OLG Hamm, Beschl. v. 27.11.2012 – I-15 W 134/12, MittBayNot 2013, 313 m. Anm. *Braun*). Weiter kann hinsichtlich der von der Pflichtteilsklausel erfassten Erbteils ein Änderungsrecht für den Längerlebenden denkbar sein (BayObLG, Beschl. v. 20.3.1990 – 1a Z 65/88, NJW-RR 1990, 969). Die Frage der Wechselbezüglichkeit ist – sofern eine ausdrückliche Regelung nicht vorhanden ist – durch Auslegung oder Rückgriff auf § 2270 zu klären (umfassend → § 2270 Rn 18 und → § 2270 Rn. 22 ff., insb. → § 2270 Rn. 33 f. zur Kumulation mehrerer Auslegungsregeln).

85 Eine spätere **Rückzahlung des Pflichtteils** führt nicht zu einem Entfallen der einmal eingetretenen Rechtsfolgen (BayObLG, Beschl. v. 20.1.2004 – 1Z BR 134/02, ZEV 2004, 202 (204)). Der frühere Zustand kann nur durch eine neue Verfügung des länger lebenden Ehegatten hergestellt werden. Dies setzt aber voraus, dass die Schlusserbenregelung nicht bindend ist. Allerdings ist bei bindender Schlusserbeinsetzung auch eine Auslegung des Testamentes dahingehend denkbar, dass bei einer Rückzahlung durch den Pflichtteilsberechtigten ein Änderungsvorbehalt besteht, da dann eine Belastung des Überlebenden und auch der weiteren Schlusserben nicht mehr in Betracht kommt (*Ivo* ZEV 2004, 204 (205); Reimann/Bengel/Mayer/*Mayer* Rn. 116). Verlangt die Ausschlussklausel, dass der Berechtigte den Pflichtteil „geltend machen und erhalten" muss, kann die Auslegung der Klausel ergeben, dass in der Phase zwischen Geltendmachung und tatsächlicher Auszahlung dem Berechtigten die Möglichkeit verbleibt, von der Geltendmachung Abstand zu nehmen (OLG Zweibrücken, Beschl. v. 30.10.1998 – 3 W 116/98, NJW-RR 1999, 374 (375 f.)). Macht er dies, tritt die Ausschlusswirkung nicht ein. Unter der Prämisse, dass die Verwirkung von Pflichtteilsklausel die Kenntnis von deren Inhalt erfordern (→ Rn. 81), hat das OLG Rostock (OLG Rostock Beschl. v. 11.12.2014 – 3 W 138/13, NJW-RR 2015, 776 (777 unter Ziff. 21 ff.)) das Eingreifen einer Pflichtteilsklausel verneint, wenn ein Abkömmling, der zunächst seinen Pflichtteilsanspruch geltend gemacht hat, bei späterer Erlangung der Kenntnis von der Pflichtteilsstrafklausel von der **Verfolgung** seines Anspruchs umgehend **Abstand genommen** hat.

86 Eine automatische Ausschlussklausel führt dazu, dass die Nichtgeltendmachung eines Pflichtteils (und damit der Nichteintritt der Ausschließungswirkung) auch bei einem notariellen Testament dem **Grundbuch** nachzuweisen ist (§ 35 GBO). Ob dabei neben einem Erbschein auch die Abgabe einer eidesstattlichen Versicherung (durch alle Erbprätendenten) in Betracht kommt, ist umstritten, wird von der hM aber zu Recht bejaht (BeckOK GBO/*Wilsch* § 35 Rn. 117 mwN; OLG Köln, Beschl. v. 14.12.2009 – 2 Wx 59/09, NJW-RR 2010, 665 m. Anm. *Böttcher* RNotZ 2010, 264; OLG Hamm, Beschl. v. 8.2.2011 – 15 W 27/11, ZEV 2011, 592 m. Anm. *Reimann* MittBayNot 2012, 148).

87 **d) Jastrow'sche Klausel.** Trotz Ausschlussklausel steht der Pflichtteilsberechtigte bei Verwendung der Einheitslösung besser als bei Anordnung der Trennungslösung. Er erhält, soweit er bei beiden Erblassern pflichtteilsberechtigt ist, seinen Pflichtteil zweimal, wobei der Pflichtteil nach dem länger lebenden Ehegatten aus dem vereinigten Vermögen berechnet wird. Durch die sog. **Jastrow'sche Klausel** soll auch dies vermieden werden. Bei dieser Konstruktion wird zusätzlich zu der eben geschilderten Ausschlussklausel bestimmt, dass diejenigen, die den Pflichtteil nicht fordern, ein (uU verzinsliches) Geldbetragsvermächtnis erhalten, das mit dem Tod des Längerlebenden fällig wird (*Jastrow* DNotV 1904, 424 ff.; umf. *J. Mayer* ZEV 1995, 136). Diese Vermächtnisse sind beim Längerlebenden als Nachlassverbindlichkeit abzuziehen und mindern somit den Pflichtteil nach dem Längerlebenden (*Reimann* MittBayNot 2002, 4 (7 f.)). Dafür schränken sie den Längerlebenden in seiner Verfügungsfreiheit ein und führen bei Verzinslichkeit im Jahr des Zuflusses zu nicht unerheblichen Steuerbelastungen (BeckOK BGB/*Litzenburger* Rn. 52).

88 **e) Anfechtung.** Sofern das gemeinschaftliche Testament weder eine automatische Ausschlussklausel noch einen Änderungsvorbehalt enthält, ist der Längerlebende zur **Anfechtung** nach § 2078 II berechtigt (BeckOK BGB/*Litzenburger* Rn. 48). Diese Anfechtung führt ausnahmsweise nicht zum Entfallen der wechselbezüglichen Alleinerbeinsetzung des Längerlebenden durch den Erstversterbenden, da im Wege der Auslegung von einer Einschränkung der Wechselbezüglichkeit ausgegangen werden kann (Nieder/Kössinger/*R. Kössinger* Testamentsgestaltung § 14 Rn. 83; Reimann/Bengel/Mayer/*Mayer* Rn. 122; zu einer Anfechtung nach § 2079 auch OLG Hamm, Beschl. v. 4.2.1972 – 15 W 18/72, NJW 1972, 1088 (1089)). Sofern entsprechende Anhaltspunkte vorliegen, kommt auch eine Auslegung dahingehend in Betracht, dass der Pflichtteil auf den Schlusserbteil **anzurechnen** ist (→ Rn. 75) oder der Schlusserbeinsetzung unter der stillschweigenden **Bedingung** steht, dass der Pflichtteil nach dem Erstversterbenden nicht geltend gemacht wird (BeckOK BGB/*Litzenburger* Rn. 48; MüKoBGB/*Musielak* Rn. 67 mit Nachw. zur aA, die generell von einer solchen Bedingung ausgeht).

X. Beweisfragen

89 § 2269 enthält in beiden Absätzen Auslegungsregeln. Sofern durch die vorrangig durchzuführende Auslegung ein (wirklicher oder mutmaßlicher) Erblasserwille nicht festgestellt werden kann, wird angenommen, dass das Testament den in der Auslegungsregel niedergelegten Inhalt hat. Sofern eine Partei in einem Rechtsstreit einen von der Auslegungsregel abweichenden Erblasserwillen behauptet, trägt diese Partei die subjektive Beweislast für diesen Willen (MüKoBGB/*Musielak* Rn. 73; Reimann/Bengel/Mayer/*Mayer* Rn. 131). Sie muss damit entsprechende Tatsachen vorlegen und beweisen (NK-BGB/*Gierl* Rn. 148). Da bei offenen Zweifeln die Auslegungsregel greift, ist im Rahmen ihres Anwendungsbereichs ein non liquet nicht denkbar (MüKoBGB/*Musielak* Rn. 73).

XI. Steuer

90 Die Anordnung der Einheitslösung kann erbschaftsteuerlich zu Nachteilen führen, da das gesamte Vermögen beim Längerlebenden vereinigt und von diesem auf die Schlusserben übertragen wird. Etwaige Freibeträge nach dem erstversterbenden Ehegatten werden somit nicht ausgenutzt.

XII. Lebenspartnerschaft

91 Gem. § 10 IV 2 LPartG ist § 2269 auf das gemeinschaftliche Testament eingetragener Lebenspartner entsprechend anwendbar.

§ 2270 Wechselbezügliche Verfügungen

(1) Haben die Ehegatten in einem gemeinschaftlichen Testament Verfügungen getroffen, von denen anzunehmen ist, dass die Verfügung des einen nicht ohne die Verfügung des anderen getroffen sein würde, so hat die Nichtigkeit oder der Widerruf der einen Verfügung die Unwirksamkeit der anderen zur Folge.

(2) Ein solches Verhältnis der Verfügungen zueinander ist im Zweifel anzunehmen, wenn sich die Ehegatten gegenseitig bedenken oder wenn dem einen Ehegatten von dem anderen eine Zuwendung gemacht und für den Fall des Überlebens des Bedachten eine Verfügung zugunsten einer Person getroffen wird, die mit dem anderen Ehegatten verwandt ist oder ihm sonst nahe steht.

(3) Auf andere Verfügungen als Erbeinsetzungen, Vermächtnisse, Auflagen und die Wahl des anzuwendenden Erbrechts findet Absatz 1 keine Anwendung.

1 **1. Normzweck.** Das gemeinschaftliche Testament dient der erleichterten Vermögens- und Nachlassplanung von Ehegatten. Dabei sehen die beteiligten Ehegatten das gemeinschaftliche Testament oftmals nicht nur als gemeinsame Hülle an (was das BGB in § 2267 berücksichtigt). Vielmehr liegt der gemeinsamen Umsetzung regelmäßig nicht nur eine gemeinsame Planung, sondern auch eine innere Abhängigkeit der Verfügungen zugrunde. Diesem Umstand trägt § 2270 Rechnung, wenn er anordnet, dass bei Nichtigkeit oder Widerruf einer Verfügung auch solche Verfügungen unwirksam sind, die zu der nichtigen oder widerrufenen in einem inneren Abhängigkeitsverhältnis stehen (Abs. 2 enthält insoweit eine Auslegungsregel). Ergänzt wird die Bindung durch den von § 2271 bezweckten Vertrauensschutz (→ § 2271 Rn. 1).

2 **2. Gemeinschaftliches Testament, unechte Wechselbezüglichkeit.** § 2270 ist auf Verfügungen in gemeinschaftlichen Testamenten anwendbar und ordnet für den Fall ihrer Wechselbezüglichkeit die gegenseitige Unwirksamkeit an. Auf Verfügungen in einem (einfachen) Testament und Verfügungen in einem Erbvertrag dagegen ist die Vorschrift nicht (auch nicht entsprechend) anwendbar (BeckOK BGB/*Litzenburger* Rn. 1); für Verfügungen in einem gegenseitigen Erbvertrag enthält § 2298 eine vergleichbare Regelung. Ob es sich bei dem gemeinschaftlichen Testament, das die auf ihre Wechselbezüglichkeit zu untersuchenden Verfügungen enthält, um ein eigenhändiges oder öffentliches, ein ordentliches oder ein Nottestament handelt, ist dabei unerheblich; § 2270 findet auf **alle Formen des gemeinschaftlichen Testamentes** Anwendung. Es spielt auch keine Rolle, ob das gemeinschaftliche Testament in einer oder in getrennten Urkunden niedergelegt wurde (BeckOK BGB/*Litzenburger* Rn. 1; allg. zur Errichtung in getrennten Verfügungen → § 2265 Rn. 12 mwN). Nach hM können Verfügungen in einem gemeinschaftlichen Testament auch zu Verfügungen, die in einem früher errichteten gemeinschaftlichen Testament oder Erbvertrag enthalten sind, wechselbezüglich sein (→ Rn. 9f.).

3 Auf Verfügungen von Ehegatten, die nicht in einem gemeinschaftlichen Testament enthalten sind, auf Verfügungen, die nicht von § 2270 III erfasst werden (→ Rn. 18ff.), sowie auf sämtliche Verfügungen von Personen, die nicht miteinander verheiratet sind (→ § 2265 Rn. 40ff. zum persönlichen Anwendungsbereich des gemeinschaftlichen Testamentes), kann § 2270 I nicht angewendet werden. Eine gegenseitige Abhängigkeit kann hier aber erreicht werden, wenn die Unwirksamkeit einer Verfügung zur (auflösenden) **Bedingung** für eine oder mehrere andere Verfügungen gemacht wird. Allerdings wirkt die Bedingung nach § 158 II nur zurück, so dass für die „Schwebezeit" eine sog. konstruktive Nacherbfolge bzw. ein konstruktives Nachvermächtnis besteht, während die echte Wechselbezüglichkeit von Anfang an wirkt und zum Eintritt einer Ersatzerbfolge bzw. eines Ersatzvermächtnisses führt (Nieder/Kössinger/*R. Kössinger* Testamentsgestaltung § 11 Rn. 26). Weiter besteht, soweit ein entsprechender

Motivzusammenhang vorliegt, bei Unwirksamkeit einer Verfügung die Möglichkeit, wegen Motivirrtums nach § 2078 II **anzufechten** (Irrtum über die beiderseitige Abhängigkeit der Verfügungen; Nieder/Kössinger/*R. Kössinger* Testamentsgestaltung § 11 Rn. 26; Reimann/Bengel/Mayer/*Mayer* Rn. 6). Nach hM kann der Rechtsgedanke des § 2270 II auch im Rahmen der Anfechtung angewendet werden und so dem Anfechtenden den Kausalitätsnachweis erleichtern (Reimann/Bengel/Mayer/*Mayer* Rn. 6; NK-BGB/*Müßig* Rn. 47, beide mwN auch zur aA). Zur Abgrenzung kann man bei der Anordnung von Bedingungen bzw bei der Anfechtung auch von einer **unechten Wechselbezüglichkeit** sprechen (vgl. Nieder/Kössinger/*R. Kössinger* Testamentsgestaltung § 11 Rn. 26; Reimann/Bengel/Mayer/*Mayer* Rn. 6).

3. Wechselbezüglichkeit. Ein gemeinschaftliches Testament kann zwei Arten von Verfügungen enthalten: selbständige, also unabhängige Verfügungen, und wechselbezügliche, also abhängige Verfügungen (wobei bei den wechselbezüglichen Verfügungen der Grad der Bindung unterschiedlich stark ausfallen kann). 4

a) Abhängigkeit. Wechselbezüglichkeit liegt nach den Bestimmungen in § 2270 I dann vor, wenn die Verfügung eines Ehegatten nicht ohne die Verfügung des anderen getroffen sein würde. Die Wechselbezüglichkeit beschreibt somit ein Abhängigkeitsverhältnis zweier Verfügungen zueinander. Jede der beiden Verfügungen ist mit Rücksicht auf die andere getroffen worden; die Verfügungen sollen nach dem Willen der Testierenden **miteinander stehen und fallen** (Prot. V 451). Es handelt sich (anders als beim Erbvertrag) nicht um eine Art vertraglicher Vereinbarung zwischen den Testierenden, sondern um eine innere Abhängigkeit der Verfügungen aus dem „Zusammenhang des Motivs" (NK-BGB/*Müßig* Rn. 6). Das Motiv muss dabei kausal für die Errichtung des gemeinschaftlichen Testamentes sein (NK-BGB/*Müßig* Rn. 7). Da einer Nachlassplanung jedoch immer eine Art Motivbündel zugrundeliegt, ist es ausreichend, wenn der Wunsch nach Wechselbezüglichkeit mitbestimmend war (Reimann/Bengel/Mayer/*Mayer* Rn. 13). Die Verfügungen können nicht nur gegenseitig, sondern auch einseitig abhängig sein (→ Rn. 15). Daher richtet sich die Wechselbezüglichkeit immer nach dem Willen des Erblassers, der seine Verfügung als abhängige gestalten und sich damit dem Willen des anderen unterordnen will; der Wille ist dem anderen Ehegatten erkennbar zu machen (*Lange/Kuchinke* ErbR § 24 Kap. V Rn. 2a; Reimann/Bengel/Mayer/*Mayer* Rn. 15). Bei einer gegenseitigen Abhängigkeit ist folglich ein gemeinschaftlicher Unterordnungswille erforderlich. 5

b) Zwei Verfügungen. Wechselbezüglichkeit beschreibt das Verhältnis zweier Verfügungen zueinander (*J. Mayer* (Reimann/Bengel/Mayer/*Mayer* Rn. 7, unter Berufung auf *Kegel* FS Jahrreiß, 1964, 143) spricht insoweit plastisch von einer „tragenden" und einer „abhängigen" Verfügung). Wechselbezüglich kann somit immer nur eine einzelne Verfügung, nie aber das gemeinschaftliche Testament als solches sein (BayObLG, Beschl. v. 27.8.1985 – 1 Z 20/85, FamRZ 1986, 604 (606)). Da sich ein gemeinschaftliches Testament als Zusammenfassung mehrerer Verfügungen darstellt, ist die Wechselbezüglichkeit **immer für jede einzelne Verfügung zu ermitteln** (BayObLG, Beschl. v. 31.12.1982 – 1 Z 98/82, BayObLGZ 1982, 474 (477)). Dabei kann eine Verfügung durchaus auch zu mehreren Verfügungen des anderen Teils im Verhältnis der Wechselbezüglichkeit stehen. Soweit ein Teil einer Verfügung selbständig ist, kann auch dieser selbständige Teil wechselbezüglich sein (MüKoBGB/*Musielak* Rn. 4). Eine Verfügung ist nicht schon allein deshalb, weil sie in einem gemeinschaftlichen Testament enthalten ist, wechselbezüglich (BGH, Urt. v. 16.6.1987 – IVa ZR 74/86, NJW-RR 1987, 1410). Den Ehegatten steht es frei, nur die Formerleichterung des § 2267 in Anspruch zu nehmen (oder ohne Inanspruchnahme der Formerleichterung gemeinschaftlich zu testieren), ohne eine innere Abhängigkeit der Verfügungen herzustellen, so dass keine der im gemeinschaftlichen Testament enthaltenen Verfügungen wechselbezüglich ist. Nur wenn zu dem Gemeinschaftlichkeitswillen (→ § 2265 Rn. 8 ff.) auch noch das in → Rn. 5 näher bezeichnete Motiv hinzutritt, handelt es sich um eine wechselbezügliche Verfügung. 6

Bei der Ermittlung der Wechselbezüglichkeit spielt es **keine Rolle, ob die Verfügungen auch tatsächlich wirksam** sind (NK-BGB/*Müßig* Rn. 4; Staudinger/*Kanzleiter* Rn. 4). Diese Frage spielt allein auf der Rechtsfolgenseite eine Rolle. Würde man die Wirksamkeit zur Tatbestandsvoraussetzung machen, würde man § 2270 I weitgehend aushebeln. Wechselbezüglichkeit liegt somit schon dann vor, wenn die Errichtung der abhängigen Verfügung ohne die tatsächliche Errichtung der tragenden Verfügung nicht erfolgt wäre (Staudinger/*Kanzleiter* Rn. 4). Selbst wenn das gemeinschaftliche Testament insgesamt unwirksam ist (zB bei der Errichtung des Testamentes durch Personen, die nicht miteinander verheiratet sind), kann die Frage der Wechselbezüglichkeit eine Rolle spielen, wenn es um die Umdeutung in Einzeltestamente geht (→ § 2265 Rn. 44 ff.). 7

c) Mehrere Urkunden. Die tragende und die abhängige Verfügung müssen nicht zwingend in ein und derselben Testamentsurkunde niedergelegt sein. Dabei sind zwei Fälle zu unterscheiden. Nach der subjektiven Theorie kann ein gemeinschaftliches Testament auch in mehreren Urkunden niedergelegt sein, sofern von Anfang an ein gemeinschaftlicher Errichtungswille vorliegt. Hier handelt es sich um ein gemeinschaftliches Testament, das auf zwei getrennte Urkunden verteilt ist, so dass auch die tragende und die abhängige Verfügung auf mehrere Urkunden verteilt sind. 8

Denkbar ist es nach der Rspr. aber auch, dass ein gemeinschaftliches Testament mit einer zeitlich früheren Verfügung **nachträglich** zu einer **erbrechtlichen Gesamtregelung** verbunden wird. So hat die Rspr. entschieden, dass Wechselbezüglichkeit auch zwischen Verfügungen in einem nachfolgenden gemeinschaftlichen Testament und einem früheren gemeinschaftlichen Testament (BayObLG, Beschl. v. 9

29.8.1985 – 1 Z 47/85, FamRZ 1986, 392) bzw. auch in einem früheren Erbvertrag (BayObLG, Beschl. v. 20.2.2003 – 1Z BR 77/02, NJW-RR 2003, 658 f.) bestehen kann. Der Unterschied zur ersten Fallgruppe besteht hier darin, dass die gegenseitige Abhängigkeit nicht von Anfang an geplant war und erst nachträglich hergestellt werden soll. Grundvoraussetzung für die Herbeiführung einer derartigen Gesamtregelung ist es, dass die Verfügungen in dem nachfolgenden gemeinschaftlichen Testament die früheren Verfügungen ergänzen (zB durch das „Nachschieben" einer Schlusserbenregelung zu einer früheren gegenseitigen Erbeinsetzung). Anderenfalls läge in der späteren Verfügung ein Widerruf (§ 2258), was nach § 2292 auch bei einem zeitlich vorgehenden Erbvertrag gelten würde); die Frage einer Gesamtregelung würde sich nicht stellen. Weiter muss der Wille zur Herbeiführung einer Gesamtregelung vorliegen. Ein solcher Wille liegt vor, wenn die zunächst ohne Rücksicht auf eine Verfügung des anderen Ehegatten getroffene Verfügung durch das spätere Testament modifiziert wird. Die Modifikation muss darauf gerichtet sein, dass die frühere Verfügung nunmehr nur noch mit Rücksicht auf die Verfügung des anderen Ehegatten im späteren Testament gelten soll. Der früheren Verfügung muss also ausdrücklich oder stillschweigend nachträglich eine Bindung im Sinne von Wechselbezüglichkeit beigefügt werden (so zB OLG Schleswig, Beschl. v. 11.1.2016 – 3 Wx 95/15, BeckRS 2016, 03777 = FamRZ 2016, 1306, bei Rn. 39 und BayObLG, Beschl. v. 26.1.1999 – 1Z BR 44/98, NJW-RR 1999, 878 (879) mit Nachw. aus der früheren Rspr.; zust. zB *Schmucker* MittBayNot 2001, 526 (529); Reimann/Bengel/Mayer/*Mayer* Rn. 8; Staudinger/*Kanzleiter* Rn. 3). Kann dieser Wille bejaht werden, hat das zur Folge, dass Verfügungen im späteren gemeinschaftlichen Testament zu früheren Verfügungen in einem gemeinschaftlichen Testament oder einem Erbvertrag wechselbezüglich sind und umgekehrt (BayObLG, Beschl. v. 26.1.1999 – 1Z BR 44/98, NJW-RR 1999, 878 (879); BayObLG, Beschl. v. 29.8.1985 – 1 Z 47/85, FamRZ 1986, 392 (393) und zB allg. NK-BGB/*Müßig* Rn. 9 sowie BeckOK BGB/*Litzenburger* Rn. 1, 9a und Staudinger/*Kanzleiter* Rn. 3). Der Wille ist, sofern er nicht im Testament ausdrücklich niedergelegt ist, durch Auslegung zu ermitteln. Im Rahmen dieser Auslegung kann nicht auf die Auslegungsregel des § 2270 II zurückgegriffen werden, da das Ergebnis dieser Auslegung für die Anwendung des § 2270 II vorgreiflich ist (OLG Schleswig, Beschl. v. 11.1.2016 – 3 Wx 95/15, BeckRS 2016, 03777 = FamRZ 2016, 1306, bei Rn. 39; BayObLG, Beschl. v. 26.1.1999 – 1Z BR 44/98, NJW-RR 1999, 878 (879); *Schmucker* MittBayNot 2001, 526 (529 f.)). Erst ist zu ermitteln, ob eine Gesamtregelung vorliegt, dann kann die Frage der Wechselbezüglichkeit (nur diese ist in § 2270 II angesprochen) geklärt werden. An die Begründung einer solchen Abhängigkeit sind hohe Anforderungen zu stellen (*Schmucker* MittBayNot 2001, 526 (529)). Kriterien für eine Gesamtregelung können der zeitliche Abstand (je größer der Abstand, desto unwahrscheinlicher ist die Verknüpfung; nach dem BayObLG (BayObLG, Beschl. v. 26.1.1999 – 1Z BR 44/98, NJW-RR 1999, 878 (879)) und dem OLG Schleswig (OLG Schleswig, Beschl. v. 11.1.2016 – 3 Wx 95/15, BeckRS 2016, 03777 = FamRZ 2016, 1306, bei Rn. 40) spricht ein Abstand von mehr als zwei Jahren grds. gegen die Verknüpfung), eine inhaltliche Bezugnahme (BayObLG, Beschl. v. 23.7.1993 – 1Z BR 26/93, DNotZ 1994, 791 (792 f.), wo die Ergänzung als „Nachtrag" bezeichnet wurde und zusätzlich nur wenige Tage nach dem vorhergehenden gemeinschaftlichen Testament auf dem gleichen Papierbogen errichtet wurde) sowie die gemeinsame Verwahrung der verschiedenen Urkunden (OLG Saarbrücken, Beschl. v. 21.6.1990 – 5 W 95/90, FamRZ 1990, 1285 (1286)) sein.

10 Die eben geschilderte Auffassung **kann nicht unwidersprochen bleiben.** Liegt eine auf mehrere Verfügungen verteilte Gesamtregelung vor (die von der in → Rn. 8 geschilderten Errichtung eines gemeinschaftlichen Testamentes in mehreren Urkunden zu unterscheiden ist), so können unproblematisch Verfügungen, die allein in dem nachträglich errichteten gemeinschaftlichen Testament enthalten sind, zueinander wechselbezüglich sein. Für diese Verfügungen kann nichts anderes gelten, als wenn es nur dieses gemeinschaftliche Testament gäbe. Auch ist es möglich, in dem nachträglichen gemeinschaftlichen Testament eine Verfügung aufzunehmen, die abhängig zu einer früher errichteten Verfügung ist. Dabei spielt es keine Rolle, ob diese tragende frühere Verfügung in einem gemeinschaftlichen Testament, einem Erbvertrag oder in einem „einfachen" Testament enthalten ist. Der Erblasser gibt bei Errichtung der Verfügung zu verstehen, dass diese abhängige Verfügung nur gelten soll, wenn eine bestimmte frühere Verfügung auch wirksam ist; er errichtet gerade diese neue Verfügung nur, weil der andere Ehegatte die frühere Verfügung errichtet hat. Da es sich dabei genau um die in → Rn. 5 beschriebene Motivation handelt, dürfte sich dieser Zusammenhang nicht nur über eine Bedingung (→ Rn. 3) sondern auch über eine echte Wechselbezüglichkeit iSd § 2270 herstellen lassen. Aus dem Wortlaut des § 2270 I („in einem gemeinschaftlichen Testament") lassen sich keine Einwendungen gegen die Wechselbezüglichkeit herleiten, da die abhängige Verfügung in einem gemeinschaftlichen Testament enthalten ist; eine Analogie ist daher mE entbehrlich. Problematisch ist es aber, wenn nicht nur eine einseitige Abhängigkeit der späteren zur früheren Verfügung hergestellt werden soll, sondern eine Abhängigkeit der früheren Verfügung von der späteren Verfügung begründet werden soll (womit die frühere Verfügung zur abhängigen Verfügung wird). Handelt es sich bei der früheren Verfügung um ein einseitiges Testament, ergibt sich dies schon daraus, dass im Zeitpunkt der früheren Verfügung kein Gemeinschaftlichkeitswille vorhanden war. Würde man eine Abhängigkeit von der späteren Verfügung begründen, dann würde der Charakter der früheren Verfügung nachträglich in doppelter Weise geändert. Zum einen würde man eine Verfügung, die nie als Teil eines gemeinschaftlichen Testamentes gedacht war, nachträglich vergemeinschaften. Eine nachträgliche Vergemeinschaftung ist jedoch nach nahezu allgemeiner Auffassung nicht möglich (→ § 2265 Rn. 12). Zum anderen würde man dieser Verfügung nachträglich einen wechselbezüglichen Charakter geben. Der Inhalt einer Verfügung wird jedoch im Zeitpunkt ihrer Errichtung festgelegt (MüKoBGB/*Musielak* Rn. 7 mit Nachw. aus der Rspr.). Nachträgliche Willensäußerungen oder Festle-

gungen sind allenfalls Indizien für einen im Zeitpunkt der Errichtung bereits vorhandenen Willen. Das zuletzt geschilderte Argument spricht auch gegen eine Verknüpfung mit einem früheren Erbvertrag bzw. einem früheren gemeinschaftlichen Testament. Handelt es sich bei der früheren Verfügung um eine solche in einem Erbvertrag, ist zusätzlich zu beachten, dass nach § 2270 I wechselbezügliche Verfügungen nur in einem gemeinschaftlichen Testament enthalten sein können. Der Erbvertrag kennt seine eigene Bindung; wechselbezügliche Verfügungen kann er jedoch nicht enthalten. IErg kann daher eine Gesamtregelung nur dann vorliegen, wenn die frühere Verfügung bei Errichtung des neuen gemeinschaftlichen Testamentes wiederholt und bei Wiederholung (also im Zeitpunkt der Errichtung der neuen Verfügung) ein Wille zur Wechselbezüglichkeit vorhanden ist. Diese Wiederholung wird in den seltensten Fällen wörtlich erklärt werden. Das nachträglich errichtete gemeinschaftliche Testament ist in den genannten Fällen daher darauf zu untersuchen, ob ihm im Wege der Auslegung (für die die allgemeinen Kriterien gelten, → § 2265 Rn. 36) die Wiederholung der früheren Verfügung entnommen werden kann und dieses Auslegungsergebnis formgerecht angedeutet worden ist. Dies kann in den Fällen, in denen von der Rspr. eine nachträgliche Gesamtregelung bejaht wurde, auch der Fall sein.

d) **Doppelte Verknüpfung.** Aus der Wechselbezüglichkeit zweier Verfügungen ergibt sich eine doppelte Verknüpfung. Diese beruht zum einen auf dem in § 2270 I geregelten **Wirksamkeitszusammenhang**; der Widerruf oder die Nichtigkeit einer Verfügung führt dabei grds. auch zur Unwirksamkeit der davon abhängigen Verfügung. Weiter führt die Wechselbezüglichkeit auch zu einer **erbrechtlichen Bindung.** Zu Lebzeiten beider Ehegatten ist ein einseitiger Widerruf nur nach den für den Rücktritt vom Erbvertrag geltenden Vorschriften möglich (§§ 2271 I 1, 2296); der Widerruf muss persönlich erklärt werden, die Erklärung bedarf der notariellen Beurkundung und sie muss dem anderen Teil zugehen. Nach dem Tod eines Ehegatten und Annahme der Zuwendung durch den Überlebenden ist schließlich der Widerruf und die Abänderung der wechselbezüglichen Verfügungen ausgeschlossen, § 2271 II (mit wenigen Ausnahmen nach § 2271 II 2). 11

e) **Arten.** Es sind verschiedene **Arten der Wechselbezüglichkeit** zu unterscheiden. Nach dem Wortlaut der in § 2270 I enthaltenen Rechtsfolge geht das Gesetz von einer strengen, also **gegenseitigen Wechselbezüglichkeit** aus. Die Verknüpfung der in dem gemeinschaftlichen Testament enthaltenen Verfügungen besteht nach dem Willen der Testierenden in beiden Richtungen; bei jeder der Verfügungen handelt es sich jeweils um eine tragende und eine abhängige Verfügung. 12

Diese Art der Verknüpfung ist aber nicht zwingend. Da es aufgrund der Privatautonomie (Reimann/Bengel/Mayer/*Mayer* Rn. 20) den Beteiligten frei steht, ihre Verfügungen als einseitige oder wechselbezügliche zu treffen, steht es ihnen auch frei, die vom Gesetz an die Wechselbezüglichkeit geknüpften **Rechtsfolgen ganz oder teilweise auszuschließen** (BGH, Urt. v. 26.4.1951 – IV ZR 4/50, NJW 1951, 959 (960)). Die Modifikation der Rechtsfolge kann sich dabei auf die in § 2270 I angeordnete Bestandsabhängigkeit, die in § 2271 enthaltene erbrechtliche Bindung (→ § 2271 Rn. 28) oder auf beides beziehen. 13

So kann die Wechselbezüglichkeit auf **selbständige Teile** einer Verfügung beschränkt werden (zB auf die Einsetzung einzelner von mehreren Miterben; Reimann/Bengel/Mayer/*Mayer* Rn. 20). Denkbar ist auch eine Beschränkung der Wechselbezüglichkeit in **zeitlicher Hinsicht,** so dass sie nur bis zu einem bestimmten Ereignis oder ab einem bestimmten Ereignis gelten soll (Reimann/Bengel/Mayer/*Mayer* Rn. 20). Die Beteiligten können auch vereinbaren, dass zwar eine Bindung iSd § 2271 II besteht, aber die Bestandsabhängigkeit nach § 2270 I nicht eintreten soll (Reimann/Bengel/Mayer/*Mayer* Rn. 21), und umgekehrt (Staudinger/*Kanzleiter* Rn. 11). Die Bestandsabhängigkeit kann weiter auf **bestimmte einzelne Fälle** beschränkt werden für einzelne Fälle ausgeschlossen werden, so zB für den Fall der Wiederverheiratung des Längerlebenden (Staudinger/*Kanzleiter* Rn. 13). 14

Denkbar ist ferner, dass die Ehegatten nur eine **einseitige Abhängigkeit** ihrer Verfügung wünschen (grdl. KG JFG 10, 67 (zitiert nach Reimann/Bengel/Mayer/*Mayer* Rn. 17); sa MüKoBGB/*Musielak* Rn. 3). Dabei handelt es sich um eine Beschränkung der Wechselbezüglichkeit **in persönlicher Hinsicht** dahingehend, dass nur die Verfügung eines Ehegatten von der des anderen Ehegatten abhängig ist, nicht aber umgekehrt. Die hM wendet auf diese Art der Abhängigkeit § 2270 I analog an (BeckOK BGB/*Litzenburger* Rn. 8; MüKoBGB/*Musielak* Rn. 3). Richtigerweise wird man § 2270 I hier direkt anwenden können, da dem Wortlaut des § 2270 I („die Verfügung des einen nicht ohne die Verfügung des anderen getroffen") eine Anwendungsbeschränkung auf die gegenseitige Wechselbezüglichkeit nicht entnommen werden kann (so auch Reimann/Bengel/Mayer/*Mayer* Rn. 18 mwN). Muscheler (*Muscheler* DNotZ 1994, 733 (741)) spricht von **partiell einseitiger Wechselbezüglichkeit,** wenn für eine bestimmte Situation (zB Scheidung der Ehe) ein Ehegatte seine wechselbezügliche Verfügung aufrechterhalten will, der andere die seine dagegen nicht. 15

Die Vereinbarung eines **Abänderungsvorbehalts** für den Überlebenden (→ § 2271 Rn. 28 ff.) schließt die Bestandsabhängigkeit nach § 2270 I für den Fall der Ausübung dieses Abänderungsrechts nicht zwingend aus (BGH, Urt. v. 3.7.1964 – V ZR 57/62, NJW 1964, 2056; BGH, Urt. v. 10.12.1986 – IVa ZR 169/85, NJW 1987, 901). Soweit die Auswirkungen auf den Bestand der wechselbezüglichen Verfügungen (wie in der Regel) im Abänderungsrecht nicht ausdrücklich geregelt sind, ist durch Auslegung der Wille der Beteiligten zu ermitteln. Dabei kann auch auf den Wortlaut der Erklärungen zurückgegriffen werden. Feste Regeln lassen sich hierbei jedoch nicht bilden. Ist der Überlebende „nach Belieben" oder „aufs Freieste" zur Änderung berechtigt, kann dies nach *Litzenburger* (BeckOK BGB/*Litzenburger* Rn. 9; ähnlich Staudinger/*Kanzleiter* Rn. 9) für eine fehlende Bestandsabhängigkeit sprechen; anders jedoch der BGH (BGH, Urt. v. 3.7.1964 – V ZR 57/62, NJW 1964, 2056) für die Abänderbarkeit „aufs 16 freieste unter Lebenden und auch von Todes wegen". Weiter ist zu berücksichtigen, dass dieses Abänderungsrecht für den Längerlebenden bei einer zu Lebzeiten beider Ehegatten eintretenden Unwirksamkeit (einem Widerruf) regelmäßig die Wirkungen des § 2270 I nicht ausschließen wird (Staudinger/*Kanzleiter* Rn. 10).

17 **f) Zeitpunkt.** Die Wechselbezüglichkeit zweier Verfügungen wird grds. bei ihrer Errichtung festgelegt; nach hM kann die Wechselbezüglichkeit einer erbrechtlichen Gesamtregelung auch nachträglich herbeigeführt werden (detailliert zu den einzelnen Fallgruppen → Rn. 9 f. mit Gegenargumenten). Aber auch die **nachträgliche Aufhebung** der Wechselbezüglichkeit ist denkbar. Diese kann zum einen dergestalt erfolgen, dass die Ehegatten ein weiteres gemeinschaftliches Testament (oder einen Erbvertrag) errichten und darin die Bindung ausdrücklich aufheben; die Verfügungen gelten dann als einseitige fort (MüKoBGB/*Musielak* Rn. 5). Denkbar ist es natürlich auch, dass sie das gesamte Testament aufheben und neue (einseitige) Verfügungen treffen. Aber auch durch **einseitiges Testament** können beide Rechtsfolgen der Wechselbezüglichkeit nachträglich ausgeschlossen werden (→ § 2271 Rn. 26). Da dabei der andere Ehegatte besser gestellt wird, handelt es sich nicht um einen Verstoß gegen § 2271 (BGH, Beschl. v. 13.7.1959 – V ZB 4/59, NJW 1959, 1730 (1731); Staudinger/*Kanzleiter* Rn. 17). Dabei sind zwei Wege denkbar. So kann zum einen ein Ehegatte in einem nachfolgenden Einzeltestament anordnen, dass seine Verfügungen ohne Rücksicht auf die des Anderen gelten sollen. Es handelt sich dabei um einen einseitigen Verzicht auf den der Wechselbezüglichkeit zugrundeliegenden Vertrauensschutz, da der Verzichtende weiter gebunden bleibt (Reimann/Bengel/Mayer/*Mayer* Rn. 23). Waren die Verfügungen ursprünglich streng wechselbezüglich (→ Rn. 12), führt der Verzicht dazu, dass nachträglichen eine einseitige Abhängigkeit entsteht (Reimann/Bengel/Mayer/*Mayer* Rn. 24). Zum anderen kann ein Ehegatte seine Anordnungen auch in einem neuen Testament wiederholen, so dass sie künftig nicht mehr von der Wirksamkeit der wechselbezüglichen Verfügungen des anderen Ehegatten abhängen (BGH, Beschl. v. 13.7.1959 – V ZB 4/59, NJW 1959, 1730 (1731); KG, Beschl. v. 16.12.1937, DNotZ 1938, 179). Ist die Bestandsunabhängigkeit in diesem Testament nicht ausdrücklich erwähnt, kann sie auch durch Auslegung ermittelt werden (BGH, Beschl. v. 13.7.1959 – V ZB 4/59, NJW 1959, 1730 (1732); Staudinger/*Kanzleiter* Rn. 16); dabei kann die fehlende Bezugnahme auf das frühere gemeinschaftliche Testament ein Indiz für die Selbständigkeit sein (BeckOK BGB/*Litzenburger* Rn. 9a).

18 **g) Wechselbezugsfähigkeit.** Die Wechselbezugsfähigkeit einer Verfügung richtet sich nach § 2270 III. Danach können Erbeinsetzungen, Vermächtnisse oder Auflagen wechselbezüglich sein. Seit der Neufassung zum 17.8.2015 (Gesetz zum Internationalen Erbrecht und zur Änderung von Vorschriften zum Erbschein sowie zur Änderung sonstiger Vorschriften vom 29.6.2015, BGBl I 2015, 1042) kann auch eine Rechtswahl wechselbezüglich sein. Dies dient der Rechtssicherheit, damit nicht durch einseitigen Widerruf der Rechtswahl der in dem Testament niedergelegten, an sich gemeinschaftlichen Nachlassplanung der Boden entzogen werden kann (BeckOK BGB/*Litzenburger* Rn. 4a; MüKoBGB/*Musielak* Rn. 1). Auch die Anwachsung (§ 2094) kann nach hM (OLG Nürnberg, Beschl. v. 24.4.2017 – 1 W 642/17, ZEV 2017, 642 m. zust. Anm. *Litzenburger* = DNotZ 2018, 148 m.abl. Anm. *S. Braun;* OLG Hamm, Beschl. v. 28.1.2014 – I-15 W 503/14, FGPrax 2015, 128 (129); OLG Hamm, Beschl. v. 27.11.2012 – I-15 W 134/12, MittBayNot 2013, 313 m. Anm. *Braun;* BeckOK BGB/*Litzenburger* Rn. 4; jurisPK-BGB/*Reymann* Rn. 57; DNotI-Report 2012, 192 (193); *Ivo* ZEV 2004, 205, *Keller* ZEV 2002, 439 (440)) wechselbezüglich sein, da sie auf einer Erbeinsetzung beruht (*Ivo* ZEV 2004, 205 unter 3.2; *Keller* ZEV 2002, 439 (440)) und diese selbst wechselbezüglich sein kann (zur Kombination von § 2094 und § 2270 II → 33a). Andere Verfügungen können, auch wenn die Ehegatten dies wollen, nicht wechselbezüglich sein. Für diese anderen Verfügungen bleibt eine unechte Wechselbezüglichkeit (→ Rn. 3), sei es durch Vereinbarung eines Bedingungszusammenhangs (der uU durch Auslegung zu ermitteln ist; NK-BGB/*Müßig* Rn. 15) sei es durch Anfechtung wegen eines Motivirrtums nach § 2078 II (Irrtum über die beiderseitige Abhängigkeit der Verfügungen).

19 **Nicht wechselbezüglich** können demnach sein: die Errichtung einer Stiftung nach § 83, familienrechtliche Anordnungen (Beschränkung der elterlichen Vermögenssorge nach §§ 1638, 1639; Benennung eines Vormunds oder Pflegers nach §§ 1777 III, 1803), ein Erb- und/oder Pflichtteilsverzicht nach § 2347, eine Enterbung nach § 1938, die Entziehung des Pflichtteils nach §§ 2233 ff., eine sog. echte (und damit nicht wertverschiebende) Teilungsanordnung nach § 2048, die Ernennung eines Testamentsvollstreckers nach § 2197, der Ausschluss der Auseinandersetzung nach § 2044 (vgl. NK-BGB/*Müßig* Rn. 15; Reimann/Bengel/Mayer/*Mayer* Rn. 16), der Widerruf früherer Verfügungen nach § 2258 (OLG Hamm, Beschl. v. 29.12.2011 – I-15 W 692/10, ZErb 2012, 223) sowie die Anordnung einer Schiedsklausel (OLG Frankfurt aM, Urt. v. 4.5.2012 – 8 U 62/11, ZEV 2012, 665 (666 f.)).

20 *Litzenburger* (BeckOK BGB/*Litzenburger* Rn. 4, 5) dagegen versteht § 2077 III gegenstandsbezogen und hält damit alle Verfügungen, die den Zuwendungsgegenstand selbst betreffen, für wechselbezugsfähig. Bedeutung hat dies vor allem für echte Teilungsanordnungen, die nach hM nicht unter § 2077 III fallen und somit von Vermächtnissen abzugrenzen sind (→ § 2048 Rn. 21 ff.). Noch weiter geht *M. Wolf* (FS Musielak, 2004, 693 ff.), der eine **Ausdehnung der Wechselbezüglichkeit** auf alle mit erbrechtlichen Zuwendungen verbundene belastende Verfügungen propagiert, solange nicht ein sachlich rechtfertigender Grund gegen die Ausdehnung spricht. Wenn die Ausdehnung teilweise auch wünschenswert wäre (insb. die von *Litzenburger* (BeckOK BGB/*Litzenburger* Rn. 4, 5) angesprochene Abgrenzung von Vermächtnis und echter Teilungsanordnung ist sehr problematisch), ist sie wegen des eindeutigen Wortlauts des § 2077 III jedoch abzulehnen (Reimann/Bengel/Mayer/*Mayer* Rn. 16).

h) Selbständige Verfügungen. Selbständige Verfügungen schließlich sind solche, die von den Verfügungen des anderen Ehegatten unabhängig sind. Sie können jederzeit (auch ohne Mitwirkung des anderen) aufgehoben oder abgeändert werden. Für sie gilt § 2270 nicht, so dass sie von der Nichtigkeit oder vom Widerruf der Verfügungen des anderen Teils nicht automatisch erfasst werden (NK-BGB/*Müßig* Rn. 9). Allerdings kann § 2085 auf die einseitige Verfügung angewendet werden. Somit kann für den Fall des Nachweises eines Einheitlichkeitswillens (→ § 2085 Rn. 5) Unwirksamkeit eintreten. Dabei ist jedoch zu beachten, dass § 2085 nur innerhalb der im gemeinschaftlichen Testament enthaltenen (wechselbezüglichen und einseitigen) Verfügungen eines der beiden Erblasser angewendet werden kann (RG, Urt. v. 14.2.1927 – IV 766/26, RGZ 116, 148 (149); MüKoBGB/*Leipold* § 2085 Rn. 13; Nieder/Kössinger/*R. Kössinger* Testamentsgestaltung § 11 Rn. 30), da dieser ein Einzeltestament voraussetzt und für die Auswirkungen von Nichtigkeit bzw. Widerruf im Verhältnis zwischen den beiden Erblassern § 2270 spezieller ist. Denkbar ist somit, dass bei Nichtigkeit oder Widerruf einer Verfügung von Erblasser A über § 2270 I eine dazu wechselbezügliche Verfügung von Erblasser B unwirksam wird und dies zur Unwirksamkeit einer weiteren einseitigen Verfügung von Erblasser B führt. Schließlich kann die Nichtigkeit oder der Widerruf von Verfügungen des anderen Teils ein Anfechtungsrecht nach § 2078 II begründen (Reimann/Bengel/Mayer/*Mayer* Rn. 7).

4. Ermittlung der Wechselbezüglichkeit. Ausgangspunkt für die Ermittlung der Wechselbezüglichkeit ist immer die von den Ehegatten getroffene Verfügung. Den Ehegatten steht es frei, den Umfang der Wechselbezüglichkeit festzulegen. Bei der Gestaltung sollte daher immer ausdrücklich bestimmt werden, ob eine Verfügung (ganz oder teilweise) wechselbezüglich ist oder nicht. Fehlt eine **ausdrückliche Bestimmung** zur Wechselbezüglichkeit, so ist die Wechselbezüglichkeit im Wege der (auch ergänzenden) **Auslegung** zu ermitteln. Sofern auch die Auslegung zu keinem eindeutigen Ergebnis führt, ist die Frage der Wechselbezüglichkeit im Wege des Rückgriffs auf die **Auslegungsregel des § 2270 II** zu klären.

a) Auslegung. Im Rahmen der Auslegung ist für jede einzelne Verfügung (unter Umständen auch für einen selbständigen Teil der Verfügung) zu ermitteln, ob und in welchem Umfang Wechselbezüglichkeit vorliegt. Wie bei gemeinschaftlichen Testamenten üblich, ist dabei auch für diese Frage zu ermitteln, ob das nach dem Verhalten des einen Ehegatten mögliche Auslegungsergebnis ebenso vom Willen des anderen gedeckt wird oder nicht (BayObLG, Beschl. v. 12.3.1981 – 1 Z 3/81, BayObLGZ 1981, 79 (82)). Dabei ist immer auf den Willen der Beteiligten im Zeitpunkt der Errichtung des gemeinschaftlichen Testamentes abzustellen (Palandt/*Weidlich* Rn. 4). Aus dem Verhalten eines der Ehegatten nach Errichtung des Testamentes sowie aus späteren Äußerungen können Rückschlüsse auf den Willen im Zeitpunkt der Errichtung gezogen werden (MüKoBGB/*Musielak* Rn. 7); abzugrenzen sind diese jedoch von unbeachtlichen (OLG München, Beschl. v. 24.10.2013 – 31 Wx 139/13, NJW-RR 2014, 71 (73)) späteren Willensänderungen, so dass sie mit Vorsicht zu bewerten sind. Der Wille muss im Testament auch angedeutet sein. In einem ersten Schritt ist daher der Inhalt der maßgeblichen Verfügung zu ermitteln. Danach ist zu klären, ob diese Verfügung zu einer Verfügung des anderen Ehegatten in dem von § 2270 I geschilderten Abhängigkeitsverhältnis steht. Feste Regeln, die Schlüsse in die eine oder die andere Richtung zulassen, gibt es dabei nicht (BayObLG, Beschl. v. 28.4.1992 – 1Z BR 17/92, NJW-RR 1992, 1223 (1224)). Das (Nachlass- oder Prozess-) Gericht hat vielmehr im Rahmen einer Gesamtbeurteilung aller für oder gegen die Wechselbezüglichkeit sprechenden Umstände, einschließlich der Nebenumstände, das Auslegungsergebnis zu ermitteln (BayObLG, Beschl. v. 12.3.1981 – 1 Z 3/81, BayObLGZ 1981, 79 (82); Reimann/Bengel/Mayer/*Mayer* Rn. 29). Dabei darf auch auf die allgemeine Lebenserfahrung zurückgegriffen werden (Palandt/*Weidlich* Rn. 4). Weiter kann die Wechselbezüglichkeit auch im Wege der **ergänzenden Auslegung** ermittelt werden. Dabei ist zu fragen, ob die Erblasser, wenn sie die spätere Entwicklung der Verhältnisse bei der Errichtung des Testaments vorausschauend bedacht hätten, die Wechselbezüglichkeit ausgeschlossen oder angeordnet haben würden (KG, Beschl. v. 3.1.1963 – 1 W 2345/62, NJW 1963, 766 (768)); ein bloßer Sinneswandel eines Ehegatten ist dabei jedoch nicht ausreichend. Bei der ergänzenden Auslegung ist Zurückhaltung geboten (KG, Beschl. v. 3.1.1963 – 1 W 2345/62, NJW 1963, 766 (768)).

b) Bei Anwendung dieser allgemeinen Auslegungskriterien kann auf folgende Beispiele zurückgegriffen werden, die jedoch die individuelle Beurteilung des Einzelfalls nicht ersetzen können:

aa) Gestaltung. Die Zusammenfassung der Verfügungen in einem gemeinschaftlichen Testament sagt noch nichts über die Wechselbezüglichkeit aus (BayObLG, Beschl. v. 16.5.2001 – 1Z BR 2/01, NJWE-FER 2001, 213 (214) für die Errichtung in einer einheitlichen Testamentsurkunde; BayObLG, Beschl. v. 12.8.1994 – 1Z BR 152/93, ZEV 1994, 362 unter II. 2. c) aa) (1) für die Errichtung in getrennten Texten auf einem Doppelbogen Papier). Weiter ist es unerheblich, ob es sich um ein Berliner Testament iSd § 2269 handelt oder nicht (BayObLG, Beschl. v. 26.1.1999 – 1Z BR 44/98, NJW-RR 1999, 878 (879)). Aus dem zeitlichen Abstand zwischen der Abfassung durch einen Ehegatten und dem Beitritt des Anderen (im konkreten Fall sechs Jahre) können keine Rückschlüsse auf die Wechselbezüglichkeit gezogen werden (OLG München, Beschl. v. 1.12.2011 – 31 Wx 249/10, ZEV 2012, 153 (155) = MittBayNot 2012, 300 (302) m. Anm. *Braun*). Ebenso kann aus dem in einem notariellen Testament enthaltenen Hinweis auf die Bindungswirkung wechselbezüglicher Verfügungen noch nicht auf den Charakter der einzelnen Verfügungen geschlossen werden (BeckOK BGB/*Litzenburger* Rn. 11). Enthält ein notarielles Testament keine Aussage über die Wechselbezüglichkeit, so kann daraus allein auch noch kein Rückschluss gezogen werden (BayObLG, Beschl. v. 7.9.1992 – 1Z BR 15/92, DNotZ 1993, 127 (129)). Umgekehrt ist bei einer in einem notariellen Testament enthaltenen Verfügung, die ausdrücklich als wechselbezüglich

10 BGB § 2270   Buch 5. Abschnitt 3. Titel 8. Gemeinschaftliches Testament

bezeichnet ist, von Wechselbezüglichkeit auszugehen (Reimann/Bengel/Mayer/*Mayer* Rn. 50). Im letzten Fall wird sich, wenn nicht besondere Umstände hinzutreten, eine Auslegung erübrigen.

26   **bb) Formulierung.** Die Tatsache, dass sich Ehegatten in einem gemeinschaftlichen Testament gegenseitig bedenken, spricht im Rahmen der Auslegung weder für noch gegen die Wechselbezüglichkeit (BayObLG, Beschl. v. 17.5.1991 – 1a Z 80/90, NJW-RR 1991, 1288 (1289)); das gegenseitige Bedenken hat allein im Rahmen der Auslegungsregel des § 2270 II Bedeutung. Dagegen spricht die Verschiedenartigkeit der gemachten Zuwendungen gegen die Wechselbezüglichkeit (BayObLG, Beschl. v. 16.5.2001 – 1Z BR 2/01, NJWE-FER 2001, 213 (215)). Die sprachliche Zusammenfassung der Verfügungen („Wir setzen ... ein") spricht nach wohl hM für eine wechselbezügliche Verfügung (vgl. BayObLG, Beschl. v. 26.1.1999 – 1Z BR 44/98, NJW-RR 1999, 878 (879f.); Reimann/Bengel/Mayer/*Mayer* Rn. 50). Man hat dabei aber *Litzenburger* (BeckOK BGB/*Litzenburger* Rn. 11) zuzugeben, dass dies als alleiniges Indiz nicht ausreicht. Wird in einem gemeinschaftlichen Testament die lebzeitige Verfügungsbefugnis der Ehegatten/eines Ehegatten ausdrücklich hervorgehoben, lässt sich allein daraus noch kein Schluss auf die Bindung von Todes wegen ziehen (so auch BeckOK BGB/*Litzenburger* Rn. 11; aA BayObLG, Beschl. v. 25.2.1994 – 1Z BR 110/93, FamRZ 1994, 1422; MüKoBGB/*Musielak* Rn. 14; Reimann/Bengel/Mayer/*Mayer* Rn. 45). Ebenso sagt das Fehlen einer Wiederverheiratungsklausel nichts über die Wechselbezüglichkeit aus (BayObLG, Beschl. v. 12.8.1994 – 1Z BR 152/93, ZEV 1994, 362 unter II. 2. c) aa) (4); BeckOK BGB/*Litzenburger* Rn. 11); die ausdrückliche Anordnung einer solchen Wiederverheiratungsklausel kann dagegen für eine Wechselbezüglichkeit (der Einsetzung eines Kindes als Schlusserben durch den Längerlebenden zur Einsetzung dieses Längerlebenden durch den Erstversterbenden) sprechen (BGH, Beschl. v. 16.1.2002 – IV ZB 20/01, NJW 2002, 1126).

27   **cc) Verhältnis zum Bedachten.** Allein der Grad der **Verwandtschaft** oder Schwägerschaft spricht noch nicht für oder gegen die Wechselbezüglichkeit einer Verfügung (BayObLG, Beschl. v. 28.4.1992 – 1Z BR 17/92, NJW-RR 1992, 1223 (1224)). Fehlt es aber an einer Verwandtschaft oder Schwägerschaft zwischen dem Erstversterbenden und dem oder den Schlusserben, so spricht die Lebenserfahrung für eine fehlende Bindung des längerlebenden Ehegatten (BayObLG, Beschl. v. 16.5.2001 – 1Z BR 2/01, NJWE-FER 2001, 213 (214)). Gleiches gilt, wenn die Schlusserben nur mit dem Längerlebenden verwandt sind (OLG Frankfurt aM, Beschl. v. 1.7.1999 – 20 W 320/98, NJWE-FER 2000, 37). Für eine Wechselbezüglichkeit können aber besondere Umstände, wie zB langjährige Dienste für den Erstversterbenden (BayObLG, Beschl. v. 19.1.2001 – 1Z BR 126/00, NJWE-FER 2001, 128 (129)) oder eine enge Verbundenheit zum Erstversterbenden, sprechen. Eine solche Verbundenheit kann auch dann vorliegen, wenn es sich bei den Schlusserben um die Stiefkinder des Erstversterbenden handelt (so zB BayObLG, Beschl. v. 28.4.1992 – 1Z BR 17/92, NJW-RR 1992, 1223 (1224)); die Verbundenheit liegt aber nicht schon allein in der Tatsache, dass es sich um das Stiefkind handelt (so richtig Reimann/Bengel/Mayer/*Mayer* Rn. 51; anders wohl BayObLG, Beschl. v. 28.4.1992 – 1Z BR 17/92, NJW-RR 1992, 1223 (1224)). Setzen sich Ehegatten gegenseitig zu Erben und die gemeinschaftlichen **Kinder** zu Schlusserben ein, spricht dies nach der Lebenserfahrung für eine Wechselbezüglichkeit (der Einsetzung des anderen Ehepartners als Erben zu dessen Einsetzung der Kinder als Schlusserben) und eine Bindung des Längerlebenden an die Schlusserbeinsetzung (OLG München, Beschl. v. 13.9.2010 – 31 Wx 119/10, MittBayNot 2011, 156 m. Anm. *Musielak; KG*, Beschl. v. 19.12.2014, 6 W 155/14, MittBayNot 2016, 154; vgl. auch → Rn. 37); dagegen sind die Verfügungen, mit denen die Ehegatten jeweils die Kinder zu Schlusserben einsetzen, nach der allgemeinen Lebenserfahrung nicht wechselbezüglich zueinander (BGH, Beschl. v. 16.1.2002 – IV ZB 20/01, NJW 2002, 1126). Die sofortige Einsetzung des einzigen gemeinsamen Sohnes durch beide Ehegatten spricht dagegen für ein einseitiges Versorgungsbedürfnis und damit gegen eine Wechselbezüglichkeit (BayObLG, Beschl. v. 4.3.1996 – 1 Z BR 160/95, ZEV 1996, 188; Reimann/Bengel/Mayer/*Mayer* Rn. 49). Setzen sich Ehegatten gegenseitig zu Erben und die einseitigen Kinder des Erstversterbenden zu Schlusserben ein, ist die Einsetzung der Kinder durch den Längerlebenden wechselbezüglich zu seiner Einsetzung durch den Erstversterbenden (OLG München, Beschl. v. 28.3.2011 – 31 Wx 93/10, NJW-RR 2011, 1020 m. Anm. *Kanzleiter* MittBayNot 2011, 508); sofern der Längerlebende nach dem Tod des Erstversterbenden von seiner Verwandtschaft erhebliches Vermögen erhalten hat, ist das Testament dahingehend auszulegen, ob ein Änderungsvorbehalt (→ § 2271 Rn. 28 ff.) enthalten ist (nach OLG München (OLG München, Beschl. v. 28.3.2011 – 31 Wx 93/10, NJW-RR 2011, 1020) ist dabei sowohl hinsichtlich der Annahme eines Änderungsvorbehalts als auch hinsichtlich seines Umfangs ein strenger Maßstab anzulegen). Die Schlusserbeinsetzung einer **caritativen Vereinigung** oder einer Stiftung ist zur gegenseitigen Erbeinsetzung grds. nicht wechselbezüglich. Ausnahmen können sich ergeben, wenn es sich um eine vom Erstversterbenden gegründete Stiftung (OLG München, Urt. v. 1.10.1999 – 23 W 1996/99, NJW-RR 2000, 526 (527)) handelt, die Vereinigung das Lebenswerk des Erstversterbenden umsetzt oder einen nahen Angehörigen versorgt.

28   **dd) Motive, Verhalten des Erblassers.** Allein aus dem **Alter** der Testatoren kann kein Rückschluss auf die Wechselbezüglichkeit gezogen werden (BayObLG, Beschl. v. 7.9.1992 – 1Z BR 15/92, DNotZ 1993, 127 (128) für zwei ca. 40jährige Erblasser). Ein wesentlicher Altersunterschied und die damit verbundenen Unterschiede in der Lebenserwartung können aber eine fehlende Wechselbezüglichkeit nahe legen (Reimann/Bengel/Mayer/*Mayer* Rn. 34). Ebenso ist bei einem erheblichen **Vermögensunterschied** in aller Regel nicht davon auszugehen, dass sich der Vermögendere für den Fall seines Überlebens binden wollte; er will regelmäßig nur den anderen Ehegatten versorgt wissen (OLG Hamm, Beschl. v. 7.11.1994 – 15 W 288/94, NJW-RR 1995, 777). Hier können aber die Besonderheiten des Einzelfalls auch zu einer

Wechselbezüglichkeit führen. So kann eine lange Ehe oder die Mitwirkung des anderen Ehegatten beim Vermögenserwerb (Mitarbeit) für eine Bindung sprechen (OLG Hamm, Beschl. v. 7.11.1994 – 15 W 288/94, NJW-RR 1995, 777). Ist das Testament anlässlich eines **konkreten Anlasses** getroffen worden (zB Reise, Operation), ist besonders sorgfältig zu prüfen, ob eine Bindung wirklich gewollt war (BeckOK BGB/*Litzenburger* Rn. 13). Stellt das gemeinschaftliche Testament eine **Ergänzung zum Erbvertrag** dar, so spricht dies für eine Bindung (BayObLG, Beschl. v. 8.6.1956 – 1 Z 85/56, BayObLGZ 1956, 205 (207); im konkreten Fall wurde der Erbvertrag, der die gegenseitige Erbeinsetzung enthielt, durch die Schlusserbeinsetzung eines Enkels ergänzt). Auch aus den **Meinungsäußerungen** oder dem Verhalten eines Beteiligten nach der Testamentserrichtung kann ein Schluss auf den Willen bei Testamentserrichtung gezogen werden; allerdings ist hier immer sorgfältig zu prüfen, ob den Äußerungen nicht ein unbeachtlicher (OLG München, Beschl. v. 24.10.2013 – 31 Wx 139/13, NJW-RR 2014, 71 (73)) Meinungswandel zugrundelag (Reimann/Bengel/Mayer/*Mayer* Rn. 46).

c) Auslegungsregel des § 2270 II. Die Auslegungsregel des § 2270 II (nach aA handelt es sich insoweit um eine Rechtsvermutung, was iE jedoch ohne praktische Relevanz ist, vgl. die Nachw. bei NK-BGB/*Müßig* Rn. 22 bei Fn. 73) kann nur angewendet werden, wenn nach der individuellen und einer ergänzenden Auslegung Zweifel verbleiben, die nur unter Rückgriff auf § 2270 II behebbar sind (Reimann/Bengel/Mayer/*Mayer* Rn. 59). Es verbietet sich daher, die konkrete Auslegung im Hinblick auf die Auslegungsregel offen zu lassen (BeckOK BGB/*Litzenburger* Rn. 14). Die Auslegungsregel ist auch auf Verfügungen in getrennten Urkunden anwendbar, soweit diese ein gemeinschaftliches Testament (→ Rn. 8 ff.) darstellen (BayObLG, Beschl. v. 23.7.1993 – 1Z BR 26/93, DNotZ 1994, 791 (794) mit zust. Anm. *Musielak*). § 2270 II regelt **zwei Fälle**. Die Wechselbezüglichkeit wird vermutet („im Zweifel") zwischen Ehegattenzuwendungen und bei Verfügungen, mit denen Personen bedacht werden, die mit dem anderen Ehegatten verwandt sind oder ihm sonst nahe stehen. Zu beachten ist, dass auch die Anwendung von § 2270 II nicht dazu führt, dass alle Verfügungen wechselbezüglich mit allen anderen Verfügungen werden. Auch iRd § 2270 II ist für jede einzelne Verfügung zu untersuchen, ob es sich um eine tragende oder abhängige Verfügung handelt und zu welchen anderen Verfügungen dieses Verhältnis besteht (BayObLG, 6.3.1964 – 1 Z 16/64, BayObLGZ 1964, 94 (97)); eine Verfügung kann durchaus wechselbezüglich zu mehreren anderen Verfügungen sein. Dabei kommt in der Praxis durchaus häufig vor, dass die in § 2270 II enthaltenen Fallgruppen kombiniert werden (zB bei gegenseitiger Erbeinsetzung durch die Ehegatten und Einsetzung der gemeinsamen Kinder zu Schlusserben). Zur Bestimmung der Wechselbezüglichkeit einer **Rechtswahl** (→ Rn. 18) kann nicht auf § 2270 II zurückgegriffen werden, da die Rechtswahl keine Zuwendung im Sinne dieser Vorschrift ist (BeckOK BGB/*Litzenburger* Rn. 4a). Sofern die Wechselbezüglichkeit der Rechtswahl nicht im gemeinschaftlichen Testament ausdrücklich geregelt ist, ist sie durch (ergänzende) Auslegung zu ermitteln. 29

aa) Gegenseitiges Bedenken. Wechselbezüglich sind im Zweifel Verfügungen, mit denen sich Ehegatten gegenseitig bedenken. Nicht erforderlich ist es dabei, dass sich die Ehegatten gegenseitig zu Alleinerben einsetzen. Es reicht vielmehr jede Art der Erbeinsetzung, also auch die Einsetzung als Miterbe, Vorerbe, Nacherbe oder Ersatzerbe (BeckOK BGB/*Litzenburger* Rn. 15). Ausreichend ist auch die Aussetzung eines Vermächtnisses zugunsten des anderen Ehegatten. Dabei können die Zuwendungen auch unterschiedlicher Art sein, so zB wenn ein Ehegatte den anderen zum Erben und dieser den einen Ehegatten zum Vermächtnisnehmer einsetzt. Umstritten ist die Anwendung auf Auflagen, da diese kein eigenes Forderungsrecht begründen. Soweit aber die Auflage zu einer vermögenswerten Leistung an den anderen Ehegatten führt, liegt nach hM ein Bedenken iSd § 2270 II vor (MüKoBGB/*Musielak* Rn. 10 mwN; Reimann/Bengel/Mayer/*Mayer* Rn. 60; nach NK-BGB/*Müßig* Rn. 23 handelt es sich um einen Fall der entsprechenden Anwendung). Auch die testamentarische Anordnung der gesetzlichen Erbfolge enthält eine Zuwendung iSd § 2270 II, die wechselbezüglich sein kann (BayObLGZ 1964, 94 (97f.); MüKoBGB/*Musielak* Rn. 10). Der ausdrücklichen Erbeinsetzung steht es nach hM gleich, wenn die Ehegatten der gesetzlichen Erbfolge bewusst freien Lauf gelassen haben (NK-BGB/*Müßig* Rn. 23; Reimann/Bengel/Mayer/*Mayer* Rn. 60). 30

bb) Zweite Fallgruppe. Die zweite Fallgruppe des § 2270 II regelt Fälle, in denen ein Ehegatte (A) Zuwendungen (Erbeinsetzung, Vermächtnis, Auflage) zugunsten des anderen Ehegatten (B) aussetzt und dieser (also B) für den Fall seines Überlebens eine Verfügung (Erbeinsetzung, Vermächtnis, Auflage) zugunsten einer Person getroffen hat, die mit dem anderen Ehegatten (also A) verwandt ist oder diesem sonst nahe steht. 31

(1) Ob **Verwandtschaft** vorliegt, bestimmt sich nach § 1589. Die Verwandtschaft muss nicht zu beiden Ehegatten bestehen (Reimann/Bengel/Mayer/*Mayer* Rn. 66); maßgeblich ist vielmehr das Verhältnis des bedachten Dritten zu dem den anderen Ehegatten begünstigenden Ehegatten (hier A). Für die Feststellung, ob ein Verwandtschaftsverhältnis gegeben ist, kommt es auf den Zeitpunkt der Testamentserrichtung an (BGH, Beschl. v. 16.1.2002 – IV ZB 20/01, NJW 2002, 1126 (1127)). Allerdings reicht es aus, wenn die bedachte Person erst nach der Errichtung der Verfügung geboren wird (KG, Beschl. v. 8.10. 1982 – 1 W 1573/82, RPfleger 1983, 26). Wird das Verwandtschaftsverhältnis erst später (zB durch Adoption) begründet, kommt § 2270 II allenfalls unter dem Blickwinkel des sonstigen Näheverhältnisses in Betracht (BeckOK BGB/*Litzenburger* Rn. 16). Bei Verwandten ist es nicht erforderlich, dass über die Verwandtschaft hinaus ein Näheverhältnis festgestellt wird (BeckOK BGB/*Litzenburger* Rn. 17). Die Verwandtschaft beurteilt sich nach dem Recht des Wohnsitzes des testierenden Ehegatten (Palandt/*Weidlich* Rn. 8). 32

32a Haben die Ehegatten ein gemeinschaftliches Kind im Testament als Schlusserben bedacht und fällt dieses vor dem Eintritt des Schlusserbfalls weg, so sind dessen Kinder (also die Enkel) im Zweifel als Ersatzerben anzusehen, § 2069. Würde man, um die Wechselbezüglichkeit der Einsetzung der Enkel als Erben zu ermitteln, auf § 2270 II zurückgreifen, käme es zu einer **Kumulation der Auslegungsregeln.** Nach Ansicht des BGH (BGH, Beschl. v. 16.1.2002 – IV ZB 20/01, NJW 2002, 1126) ist die Kumulation in diesem Fall nicht zulässig. Bei **Ersatzpersonen** ist daher § 2270 II nur anwendbar, wenn sich die Ersatzerbenberufung auf einen (zumindest durch Auslegung ermittelbaren) Willen der testierenden Ehegatten zurückführen lässt und somit nicht allein auf der Auslegungsregel des § 2069 beruht (BGH, Beschl. v. 16.1.2002 – IV ZB 20/01, NJW 2002, 1126 (1127) unter Abkehr von seiner bisherigen Rspr.; OLG Hamm, Beschl. v. 15.7.2003 – 15 W 178/03, FGPrax 2003, 270 (271); OLG München, Beschl. v. 20.4.2010 – 13 Wx 83/09, ZErb 2010, 157; OLG München, Beschl. v. 28.9.2011 – 31 Wx 216/11, NJW-RR 2012, 9 (10); OLG Schleswig, Beschl. v. 25.6.2010 – 3 W 13/10, ZErb 2010, 264; Palandt/*Weidlich* Rn. 10; Reimann/Bengel/Mayer/*Mayer* Rn. 41; für eine generelle Zulässigkeit der Kumulation von Auslegungsregelungen dagegen (unter Berufung auch auf teilweise anderslautende Literaturfundstellen) OLG Frankfurt aM, Beschl. v. 12.3.2012 – 21 W 35/12, NJW-RR 2012, 776 (778)). Eine Wechselbezüglichkeit der Einsetzung der Ersatzberufenen kommt daher in Betracht, wenn sich entweder Ersatzberufung und Wechselbezüglichkeit durch Auslegung ermitteln lassen oder wenn die Ersatzberufung auf einer Auslegungsregel beruht und die Wechselbezüglichkeit durch Auslegung ermittelt werden kann oder wenn die Wechselbezüglichkeit auf einer Auslegungsregel beruht und die Ersatzberufung durch Auslegung ermittelt werden kann. Die genannte Rspr. darf jedoch nicht dazu führen, im Rahmen der Auslegung des Testamentes vorschnell ausreichende Anhaltspunkte für eine Ersatzerbeinsetzung anzunehmen (in diese Richtung auch *Keim* ZEV 2004, 245 f.). Das OLG München (OLG München, Beschl. v. 20.4.2010 – 13 Wx 83/09, ZErb 2010, 157 (158)) weist dabei zutreffend darauf hin, dass von der Wechselbezüglichkeit der Schlusserbeinsetzung nicht auf die Wechselbezüglichkeit der Ersatzschlusserbeinsetzung geschlossen werden darf und vielmehr – wie üblich – die Wechselbezüglichkeit für jede Verfügung getrennt ermittelt werden muss. Außerhalb der Verfügung gefundene Indizien müssen zu einem eindeutigen Auslegungsergebnis führen (Palandt/*Weidlich* Rn. 10). Sofern sich aus der Testamentsurkunde einschließlich aller Nebenumstände kein zweifelsfreies Auslegungsergebnis ergibt (das auch in der Urkunde seinen muss), kann eine Ersatzerbfolge nur aus § 2069 BGB gewonnen werden (BayObLG, Beschl. v. 9.1.2004 – 1Z BR 95/03, ZEV 2004, 244 (245) mit zust. Anm. *Keim*); für die Anwendung von § 2270 II ist in diesem Fall kein Platz. Zu weitgehend ist daher die Entscheidung des OLG Hamm (OLG Hamm, Beschl. v. 15.7.2003 – 15 W 178/03, FGPrax 2003, 270 (272)), das die bestehenden guten familiären Bindungen zu den Enkeln als ausreichendes Kriterium für die Annahme einer Ersatzschlusserbeinsetzung angesehen hat (krit. ebenso Palandt/*Weidlich* Rn. 10; jurisPK-BGB/*Reymann* Rn. 53 f.; *Keim* ZEV 2004, 245 f.).

33 Die genannte Rspr. des BGH findet nach hM dagegen keine Anwendung, wenn die Ergänzungsregel des § 2094 I bei Wegfall eines vorgesehenen Erben zur **Anwachsung** bei den übrigen Erben führt und die Wechselbezüglichkeit dieser Erbeinsetzung im Raum steht (OLG Nürnberg, Beschl. v. 24.4.2017 – 1 W 642/17, ZEV 2017, 642 m. zust. Anm. *Litzenburger* = DNotZ 2018, 148 m. abl. Anm. *S. Braun*; OLG Hamm, Beschl. v. 28.1.2014 – I-15 W 503/14, FGPrax 2015, 128 (129); jurisPK-BGB/*Reymann* Rn. 57; DNotI-Report 2012, 192 (193); iErg ebenso *Ivo* ZEV 2004, 205); sofern die individuelle Auslegung nicht zu einem anderen Ergebnis führt, können § 2094 und § 2270 II danach kombiniert angewendet werden. Die Personen, bei denen die Anwachsung eintritt, sind (anders als bei der Ersatzerbenberufung in § 2069 BGB) ausdrücklich durch den Erblasser im Testament genannt (*Ivo* ZEV 2004, 205). Eine Differenzierung zwischen der Berufung der Person und der Berufung der Sache nach (originärer Erbteil einerseits und angewachsener Erbteil andererseits) ist nach dieser Ansicht nicht sachgerecht (DNotI-Report 2012, 192 (193) im Rahmen der Auslegung einer Pflichtteilsklausel). *S. Braun* (*S. Braun* DNotZ 2018, 151 (155 f.)) ist zuzugeben, dass beide Situationen durchaus vergleichbar sind. Sowohl bei § 2069 als auch § 2094 tritt aufgrund (dispositiver) gesetzlicher Vorschriften eine Rechtsfolge ein, die so im Testament nicht ausdrücklich vorgesehen war. Auch erscheint es nicht gerechtfertigt, der Anwachsung eine stärkere erbrechtliche Bindung zukommen zu lassen, als der Ersatzerbfolge. Es sprechen somit die besseren Gründe dafür, auch im Rahmen der Anwachsung die Auslegungsregeln nicht kumulativ anzuwenden. Dass damit der angewachsene Erbteil uU eine andere Bindungswirkung hat, als der ursprüngliche Erbteil, ist dogmatisch nicht zu beanstanden, da, wie § 2095 zeigt, ursprünglicher Erbteil und angewachsener Erbteil selbständig betrachtet werden können. Die Rspr. des BGH zur Kumulation der Auslegungsregeln ist jedoch dann nicht anwendbar, wenn sich die Schlusserbeneinsetzung aus der Auslegungsregel des **§ 2102 I** ergibt; in diesem Fall können die Auslegungsregeln kumulativ angewendet werden (*Keim* ZEV 2002, 437 (438); ohne den Streitstand genauer aufzuarbeiten hat auch das OLG Karlsruhe (OLG Karlsruhe, Beschl. v. 20.12.2002 – 11 Wx 91/01, NJW-RR 2003, 582 (584)), in einem Fall, in dem sich die Wechselbezüglichkeit schon aus der Auslegung ergeben hatte, darauf hingewiesen, dass sich die Wechselbezüglichkeit überdies auch aus § 2270 II ergeben würde).

34 (2) Bei der Ermittlung, ob eine Person dem Erblasser **nahe steht,** gibt es keine verallgemeinerungsfähigen Tatbestandsvorgaben. Maßgeblich ist daher, ob aufgrund der festgestellten Umstände des Einzelfalles enge persönliche Beziehungen und Bindungen bestanden, die deutlich über das normale Maß hinausgehen und den unter normalen Verhältnissen üblichen Beziehungen zu den nächsten Verwandten gleichkommen (OLG Hamm, Beschl. v. 25.1.2001 – 15 W 218/00, FamRZ 2001, 1647 (1649)). Dabei ist ein **strenger Maßstab** anzulegen, um die Ausnahme nicht zur Regel werden zu lassen und die besondere

Bindung des länger lebenden Ehegatten zu rechtfertigen (Reimann/Bengel/Mayer/*Mayer* Rn. 67). Der Begriff der nahestehenden Person kann sich dabei nicht auf Personen erstrecken, die im Zeitpunkt der Testamentserrichtung noch nicht geboren oder dem Erblasser sonst noch unbekannt waren (KG, Beschl. v. 8.10.1982 – 1 W 1573/82, RPfleger 1983, 26). Als nahestehende Personen kommen nach den Umständen des Einzelfalls Personen, die später adoptiert werden, Stiefkinder (BayObLG, Beschl. v. 2.7.1985 – 1 Z 42/85, FamRZ 1985, 1287; bei Stiefkindern des Erstversterbenden aufgrund der größeren Nähe zum Längerlebenden zurückhaltend OLG Düsseldorf, Urt. v. 15.4.2011 – 7 U 230/09, NJOZ 2012, 246 (247)) oder Pflegekinder, enge Freunde, verschwägerte Personen, bewährte Hausgenossen oder langjährige Angestellte in Betracht (BayObLG, Beschl. v. 31.12.1982 – 1 Z 98/82, BayObLGZ 1982, 474 (479)). Gute nachbarschaftliche Beziehungen alleine reichen nicht aus (BayObLG, Beschl. v. 31.12.1982 – 1 Z 98/82, BayObLGZ 1982, 474 (479); BayObLG, Beschl. v. 10.4.1991 1a Z 60/90, FamRZ 1991, 1232). Bei Patenkindern ist allein der Umstand, dass der Pate seine Funktion durchaus ernst genommen und an der persönlichen Entwicklung des Patenkindes lebhaft Anteil genommen hat, nicht ausreichend, um ein besonderes Näheverhältnis zu begründen (OLG Hamm, Beschl. v. 10.12.2009 – 15 Wx 344/08, FGPrax 2010, 136 (138)). Juristische Personen können nahe stehen, wenn eine besondere persönliche Bindung besteht (LG Stuttgart, Beschl. v. 20.4.1999 – 2 T 28/99, 29/99, ZEV 1999, 411; str.; zum Streitstand auch Reimann/Bengel/Mayer/*Mayer* Rn. 69).

(3) Nochmals zu erwähnen ist allerdings, dass es sich bei § 2270 II um eine Auslegungsregel handelt, so dass immer die **individuellen Verhältnisse Vorrang** haben. So kann auch bei Verwandten das völlige Fehlen einer engeren Beziehung gegen eine Wechselbezüglichkeit der Einsetzung sprechen (BeckOK BGB/*Litzenburger* Rn. 17).

Bei **kinderlosen Paaren,** die Verwandte zu Schlusserben einsetzen, ist sorgfältig zu prüfen, ob die Sicherung der Bedachten oder die Verfügungsfreiheit des Längerlebenden Vorrang haben soll. Soweit die Schlusserben nur im Wege eines Gattungsbegriffes („gesetzliche Erben", „Geschwister", „Neffe", „Patenkind", …) bezeichnet werden, kann dies als Indiz gegen eine Bindung herangezogen werden (BeckOK BGB/*Litzenburger* Rn. 18). Werden sowohl Verwandte des Mannes als auch Verwandte der Frau zu Schlusserben eingesetzt, so besteht idR eine Wechselbezüglichkeit iRd § 2270 II nur für die Einsetzung der Verwandten des Erstversterbenden; die Einsetzung der eigenen Verwandten kann durch den länger lebenden Ehegatten dagegen widerrufen werden (BayObLG, Beschl. v. 2.7.1985 – 1 Z 42/85, FamRZ 1985, 1287 (1288)). Die Einsetzung **einseitiger Kinder** des Erstversterbenden als Schlusserben ist grds. wechselbezüglich zur Einsetzung des länger lebenden Ehegatten durch den Erstversterbenden, soweit nicht ausnahmsweise ein anderer Wille durch Auslegung ermittelt werden kann (BeckOK BGB/*Litzenburger* Rn. 20).

Die Einsetzung der **gemeinschaftlichen Kinder** zu Schlusserben ist nicht in jedem Fall wechselbezüglich zur gegenseitigen Erbeinsetzung, da die Kinder nicht nur mit dem erstversterbenden, sondern auch mit dem länger lebenden Ehegatten selbst verwandt sind. Der Erbeinsetzung liegt daher nicht nur das in § 2270 II enthaltenene Gegenleistungsmotiv, sondern auch ein eigener Versorgungswille des Längerlebenden zugunsten seiner Kinder zugrunde. Allerdings wird von den Beteiligten in der Regel auch die gesicherte Teilhabe der Kinder (die ja für den ersten Erbfall enterbt wurden) am gemeinschaftlichen Vermögen angestrebt werden, so dass Wechselbezüglichkeit regelmäßig vorliegen wird; nach dem BayObLG (BayObLG, Beschl. v. 7.9.1992 – 1Z BR 15/92, DNotZ 1993, 127 (128)) spricht die Lebenserfahrung in diesen Fällen für die Wechselbezüglichkeit (vgl. zur Auslegung bei der Einsetzung von Kindern → Rn. 27). Zu prüfen ist in diesen Fällen aber auch, ob nicht ein Fall der einseitigen Wechselbezüglichkeit vorliegt (die Einsetzung der Kinder zu Schlusserben ist tragend für die gegenseitige Erbeinsetzung, nicht aber umgekehrt) (Reimann/Bengel/Mayer/*Mayer* Rn. 63).

5. Nichtigkeit, Widerruf, Rechtsfolgen. Die Nichtigkeit oder der Widerruf einer wechselbezüglichen Verfügung führt nach § 2270 I zur Unwirksamkeit aller Verfügungen des anderen Ehegatten, die von der unwirksamen Verfügung abhängig sind (soweit die Bestandsabhängigkeit nach dem Willen der Beteiligten nicht eingeschränkt ist, → Rn. 13). Die Rechtsfolge tritt kraft Gesetzes ein und damit unabhängig vom weiteren Willen der Beteiligten und ohne, dass es einer weiteren Handlung bedürfte.

a) Nichtigkeit. Bei der Nichtigkeit ist es ohne Bedeutung, ob diese auf formellen oder sachlichen Mängeln beruht, anfänglich vorlag oder nachträglich eingetreten ist (Reimann/Bengel/Mayer/*Mayer* Rn. 72). Die Verfügung kann daher wegen eines Formverstoßes (§ 125), wegen der Verletzung eines gesetzlichen Verbotes (§ 134), wegen Sittenwidrigkeit (§ 138), wegen Anfechtung (§§ 2078, 142), wegen Auflösung der Ehe (§§ 2268, 2077, zu den Ausnahmen → § 2268 Rn. 11ff.) oder wegen eines Widerspruchs zu einer früheren bindenden Verfügung (§§ 2271, 2289) unwirksam sein (dies ist unstreitig, auch wenn es sich bei § 2268 und § 2289 nicht um Fälle der Nichtigkeit im eigentlichen Sinn handelt).

b) Widerruf. Der Widerruf nach § 2271 führt zur Unwirksamkeit der abhängigen Verfügungen des anderen Teils im Zeitpunkt des Zugangs der Widerrufserklärung (NK-BGB/*Müßig* Rn. 44). Eine Billigung des Widerrufs oder eine tatsächliche Kenntnisnahme ist dagegen nicht erforderlich. Auch ein teilweiser Widerruf einer wechselbezüglichen Verfügung ist zulässig (→ § 2271 Rn. 21). In diesem Fall kommt es darauf an, ob der andere (nicht widerrufende) Ehegatte seine abhängigen wechselbezüglichen Verfügungen auch dann so getroffen hätte, wenn die (teilweise widerrufene) Verfügung des anderen Ehegatten schon anfänglich so gefasst gewesen wäre (NK-BGB/*Müßig* Rn. 44; Reimann/Bengel/Mayer/*Mayer* Rn. 76).

41 c) **Gegenstandslosigkeit.** Nicht von § 2270 I erfasst sind dagegen die Fälle, in denen eine **Verfügung** bloß **gegenstandslos** und damit unanwendbar wird. Die Gegenstandslosigkeit einer Verfügung ist denkbar, wenn keine wechselbezügliche Ersatzberufung bzw. Anwachsung vorliegt und eine als Erbe oder Vermächtnisnehmer vorgesehene Person wegfällt (sei es durch Vorversterben, Ausschlagung, Erbunwürdigkeit oder Zuwendungsverzicht) oder wenn der Gegenstand eines Vermächtnisses nicht mehr zum Nachlass gehört (und es sich nicht um ein Verschaffungsvermächtnis handelt). Auch der endgültige Ausfall einer Bedingung kann zur Gegenstandslosigkeit einer Verfügung führen (Reimann/Bengel/Mayer/*Mayer* Rn. 78). Diese Fälle lassen, sofern die Ehegatten nicht einen über die Wechselbezüglichkeit hinausgehenden Bedingungszusammenhang (**unechte Wechselbezüglichkeit**, → Rn. 3) vereinbart haben, die von der gegenstandslosen Verfügung abhängigen Verfügungen des anderen Teils unberührt, § 2270 I ist nicht anwendbar. Sofern keine anderweitige Wechselbezüglichkeit vorliegt, entfällt für diese fortbestehende Verfügung die Bindung, so dass auch eine unter Verstoß gegen die (ursprüngliche) Bindung errichtete dritte Verfügung wirksam werden kann (OLG Frankfurt aM, Beschl. v. 27.6.1994 – 20 W 108/94, NJW-RR 1995, 265 (266)).

42 d) **Rechtsfolge.** Die Nichtigkeit und der Widerruf haben nach § 2270 I die Unwirksamkeit der Verfügungen des anderen Ehegatten, die von der nichtigen bzw. widerrufenen Verfügung abhängig waren, zur Folge. § 2084 ist nicht anwendbar (BayObLG, Beschl. v. 29.10.1991 – 1 Z 2/91, NJW-RR 1992, 332). Alle weiteren Verfügungen bleiben grds. wirksam (§ 2085; vgl. dazu auch → Rn. 21), sofern für sie nicht eine unechte Wechselbezüglichkeit (→ Rn. 3) vorliegt. Den Beteiligten steht es frei, diese **Rechtsfolge** abzumildern bzw. auszuschließen. Der Wille kann auch durch Auslegung ermittelt werden (Staudinger/*Kanzleiter* Rn. 6). So kann eine Verfügung fortbestehen, wenn dem Verfügenden die Nichtigkeit der dazu wechselbezüglichen Verfügung schon bei Errichtung bekannt war; gleiches gilt, wenn ihm die Nichtigkeit zwar nicht bekannt war, er seine Verfügungen aber auch bei Kenntnis der Nichtigkeit so getroffen hätte (Reimann/Bengel/Mayer/*Mayer* Rn. 73). Eine Einschränkung der Rechtsfolgen (und damit eine Fortgeltung der Verfügung) kommt auch bei einem Verstoß gegen § 2265 (→ § 2265 Rn. 44 ff.) oder bei bestimmten Formmängeln (→ § 2267 Rn. 33 ff.) in Betracht.

43 6. **Prozessuales, Beweislast.** Die Feststellung der Wechselbezüglichkeit obliegt dem Richter der **Tatsacheninstanz** (BayObLG, Beschl. v. 19.1.2001 – 1Z BR 126/00, NJWE-FER 2001, 128 (129)). Dieser hat bei Auslegungen alle wesentlichen Umstände zu berücksichtigen und ein Ergebnis zu finden, das nach den Denkgesetzen und der Erfahrung möglich ist, mit den gesetzlichen Auslegungsregeln in Einklang steht und dem klaren Sinn und Wortlaut des Testaments nicht widerspricht (BayObLG, Beschl. v. 19.1.2001 – 1Z BR 126/00, NJWE-FER 2001, 128 (129)). Die Schlussfolgerungen des Tatrichters müssen hierbei nicht zwingend sein; es genügt, wenn der vom Tatrichter gezogene Schluss möglich ist (BayObLG, Beschl. v. 19.1.2001 – 1Z BR 126/00, NJWE-FER 2001, 128 (129)).

44 Die **Beweislast** im Prozess bzw. die materielle Feststellungslast im Erbscheinsverfahren richtet sich danach, ob die Wechselbezüglichkeit unter Anwendung der Auslegungsregel des § 2270 II ermittelt wird oder nicht. Grundsätzlich trägt die Beweislast der, der sein Erbrecht auf die Wechselbezüglichkeit stützt (NK-BGB/*Müßig* Rn. 52). Im Bereich des § 2270 II Alt. 1 (gegenseitiges Bedenken) und des § 2270 II Alt. 2, Unterfall 1 (Verfügungen zugunsten Verwandter) trägt dagegen die Beweislast der, der einen von den Auslegungsregeln abweichenden Erblasserwillen behauptet. Anders ist dies wiederum im Bereich des § 2270 II Alt. 2, Unterfall 2 (Verfügungen zugunsten nahe stehender Personen). Hier trägt derjenige die Beweislast, der sein Erbrecht auf die Wechselbezüglichkeit stützt, denn im Zweifel ist nach der Lebenserfahrung von einem fehlenden Näheverhältnis auszugehen (NK-BGB/*Müßig* Rn. 52 f.; Reimann/Bengel/Mayer/*Mayer* Rn. 82).

45 Zur Auslegung im **Grundbuchverfahren** vgl. die Ausführungen bei § 33 GBO.

46 7. **Eingetragene Lebenspartnerschaft.** § 2270 ist nach § 10 IV 2 LPartG auf gemeinschaftliche Testamente eingetragener Lebenspartner entsprechend anwendbar.

§ 2271 Widerruf wechselbezüglicher Verfügungen

(1) ¹Der Widerruf einer Verfügung, die mit einer Verfügung des anderen Ehegatten in dem in § 2270 bezeichneten Verhältnis steht, erfolgt bei Lebzeiten der Ehegatten nach der für den Rücktritt von einem Erbvertrag geltenden Vorschrift des § 2296. ²Durch eine neue Verfügung von Todes wegen kann ein Ehegatte bei Lebzeiten des anderen seine Verfügung nicht einseitig aufheben.

(2) ¹Das Recht zum Widerruf erlischt mit dem Tode des anderen Ehegatten; der Überlebende kann jedoch seine Verfügung aufheben, wenn er das ihm Zugewendete ausschlägt. ²Auch nach der Annahme der Zuwendung ist der Überlebende zur Aufhebung nach Maßgabe des § 2294 und des § 2336 berechtigt.

(3) Ist ein pflichtteilsberechtigter Abkömmling der Ehegatten oder eines der Ehegatten bedacht, so findet die Vorschrift des § 2289 Abs. 2 entsprechende Anwendung.

1 1. **Normzweck.** Die in § 2271 enthaltene Regelung ergänzt die Vorschrift des § 2270. § 2270 führt zu einer gegenseitigen Abhängigkeit wechselbezüglicher Verfügungen für den Fall der Nichtigkeit oder des Widerrufs. Dagegen schützt § 2271 das **Vertrauen** eines jeden Ehegatten auf den Bestand der gemeinsam getroffenen Nachlassplanung (BGH, Beschl. v. 16.4.1953 – IV ZB 25/53, NJW 1953, 938; MüKoBGB/

Widerruf wechselbezüglicher Verfügungen § 2271 BGB 10

Musielak Rn. 1). Dies erfolgt dadurch, dass eine Änderung der Nachlassplanung zu Lebzeiten beider Ehegatten nicht heimlich (§ 2271 I) sowie nach dem Tod eines Ehegatten und Annahme des Zugewendeten durch den Überlebenden grds. gar nicht mehr (§ 2271 II u. III) erfolgen kann.

2. Aufhebung des gesamten Testaments. § 2271 regelt nur den Widerruf wechselbezüglicher Verfügungen. Der Widerruf bzw. die Aufhebung des gesamten gemeinschaftlichen Testaments ist dagegen von § 2271 nicht erfasst; hierfür gelten die allgemeinen Vorschriften (MüKoBGB/*Musielak* Rn. 3). Der Widerruf bzw. die Aufhebung des gesamten gemeinschaftlichen Testaments bedarf daher der Mitwirkung beider Ehegatten. Die Ehegatten können ein gemeinschaftliches Testament aufheben,
– durch Errichtung eines widersprechenden **Ehegattenerbvertrags** (§ 2289 I 1). Nicht ausreichend ist es, wenn ein Ehegatte mit einem Dritten einen Erbvertrag abschließt und der andere Ehegatte diesem Erbvertrag formlos zustimmt (MüKoBGB/*Musielak* Rn. 3); vgl. aber unten letztes Aufzählungszeichen;
– durch Errichtung eines **neuen gemeinschaftlichen Testaments.** Das nachfolgende Testament kann dabei als reines Widerrufstestament (§ 2254) ausgestaltet werden; denkbar ist aber auch der Widerruf durch Anordnung widersprechender Verfügungen (§ 2258);
– durch **Veränderung oder Vernichtung der Testamentsurkunde** (§ 2255). Dabei ist es zulässig, dass ein Ehegatte die Vernichtung alleine vornimmt, wenn der andere vorher (formlos) zugestimmt hat; die nachträgliche Billigung ist nicht ausreichend (Reimann/Bengel/Mayer/*Mayer* Rn. 2). Wenn auch die formlose Zustimmung ausreichend ist, sollte die Zustimmung aus Gründen der Nachweisbarkeit mindestens schriftlich erfolgen (zur Beweislast → § 2255 Rn. 7). Nimmt nur ein Ehegatte die Streichung und Eintragung eines Änderungsvermerkes vor, lässt dies noch keine Rückschlüsse auf den gleichlautenden Willen des anderen Ehegatten zu (BayObLG, Beschl. v. 3.2.1997 – 1Z BR 114/96, NJWE-FER 1997, 157 unter II 2c; zum Widerruf einzelner Verfügungen auch Reimann/Bengel/Mayer/*Mayer* Rn. 7).
– durch **gemeinschaftliche Rücknahme** aus der amtlichen Verwahrung (§ 2272 iVm § 2256);
– durch **Prozessvergleich** (OLG Köln, Beschl. v. 20.10.1969 – 2 Wx 125/69, OLGZ 1970, 114; Staudinger/*Kanzleiter* Rn. 2); dabei ist jedoch zu beachten, dass für erbrechtliche Erklärungen auch bei einem gerichtlichen Vergleich das persönliche Erscheinen der Beteiligten erforderlich und eine Stellvertretung bei der Abgabe der Erklärung ausgeschlossen ist (zur Erforderlichkeit der persönlichen Anwesenheit OLG Bremen, Beschl. v. 1.8.2012 – 5 W 18/12, MittBayNot 2013, 55 mit zust. Anm. *Soutier*, der auch den Streitstand zur persönlichen Abgabe der Erklärung und der Umsetzung im gerichtlichen Protokoll darstellt; zum Erbvertrag MüKoBGB/*Musielak* § 2276 Rn. 8);
– im Einzelfall durch zwei **einseitige Testamente** (die Aufhebungsverfügung kann auch in einem neuen gemeinschaftlichen Testament oder Erbvertrag mit einer dritten Person enthalten sein (MüKoBGB/*Musielak* § 2291 Rn. 3)). Dies setzt jedoch bei Aufhebung des gesamten gemeinschaftlichen Testaments in entsprechender Anwendung des § 2291 voraus, dass das aufzuhebende Testament nur Vermächtnisse und/oder Auflagen enthält und die Ehegatten dem einseitigen Testament des anderen jeweils in notariell beurkundeter Form zustimmen (Staudinger/*Kanzleiter* Rn. 2; dagegen scheinen MüKoBGB/*Musielak* Rn. 3 und Reimann/Bengel/Mayer/*Mayer* Rn. 2 davon auszugehen, dass zur gesamten Aufhebung des gemeinschaftlichen Testaments auch das mit notarieller Zustimmung des anderen Ehegatten errichtete einseitige Testament eines Ehegatten ausreicht; da § 2291 aber nur von der Aufhebung eigener Verfügungen spricht, ist ein Aufhebungstestament jedes Ehegatten erforderlich).

3. Aufhebung (einzelner oder mehrerer) einseitiger Verfügungen. Verfügungen, die nicht wechselbezüglich sind oder nicht wechselbezüglich sein können (→ § 2270 Rn. 18 ff.), können jederzeit (zu Lebzeiten des anderen Ehegatten und auch nach dessen Tod) und auch **ohne Zustimmung des anderen Ehegatten widerrufen, aufgehoben oder abgeändert** werden. Dabei kann sich der Erblasser aller Möglichkeiten bedienen, die auch zur Aufhebung bzw. zum Widerruf eines einseitigen Testaments zur Verfügung stehen. Eine Änderung ist daher möglich
– durch Errichtung eines widersprechenden **Erbvertrags** (§ 2289 I 1), wobei es unerheblich ist, mit wem dieser abgeschlossen wird;
– durch einseitige Errichtung eines **neuen Testaments** (auch eines gemeinschaftlichen Testaments mit einer dritten Person) als reines Widerrufstestament (§ 2254) oder durch Anordnung widersprechender Verfügungen (§ 2258);
– durch einseitige **Streichung einer Verfügung** oder **Vernichtung der Testamentsurkunde** (§ 2255). Die Zustimmung des anderen Ehegatten ist dazu nicht erforderlich. Die Streichung oder Vernichtung kann durch den Erblasser selbst erfolgen. Er kann sich aber auch eines Dritten als unselbständiges Werkzeug bedienen (Palandt/*Weidlich* § 2255 Rn. 4), indem er dem Handeln vorher zustimmt; eine nachträgliche Genehmigung genügt in keinem Fall (BeckOK BGB/*Litzenburger* Rn. 4). Mit dieser Zustimmung kann ein Ehegatte somit auch einseitige Verfügungen des anderen Ehegatten vernichten. Die körperliche Vernichtung der Testamentsurkunde (sowie die Streichung) setzt voraus, dass sich die Verfügungen der Ehegatten sowie die einseitigen und wechselbezüglichen Verfügungen des Widerrufenden trennen lassen (Staudinger/*Kanzleiter* Rn. 4). Die Streichung bzw. Vernichtung scheidet ebenfalls dann aus, wenn sich das Testament in der besonderen amtlichen Verwahrung befindet oder nach dem Tod eines Ehegatten an das Nachlassgericht abgeliefert wurde (Reimann/Bengel/Mayer/*Mayer* Rn. 4).

Braun

4   Den Ehegatten steht es natürlich auch frei, einseitige Verfügungen in der für wechselbezügliche Verfügungen geltenden Form aufzuheben. Eine Aufhebung durch einseitige **Rücknahme** aus der amtlichen Verwahrung scheidet dagegen aus, da die Rücknahme nach § 2272 nur durch gemeinschaftliches Handeln beider Ehegatten erfolgen kann.

5   **4. Aufhebung (einzelner oder mehrerer) wechselbezüglicher Verfügungen zu Lebzeiten beider.** Sollen einzelne (oder mehrere) wechselbezügliche Verfügungen zu Lebzeiten beider Ehegatten widerrufen, aufgehoben oder abgeändert werden, sind verschiedene Wege gangbar. Denkbar ist es zum einen, dass die Ehegatten die Verfügungen einvernehmlich aufheben. Zum anderen kommen auch einseitige Änderungen in Betracht, sei es durch Errichtung eines neuen Testaments oder durch Widerruf iSd § 2271 I 1.

6   a) **Einvernehmlichkeit.** Sind sich die Ehegatten einig und wollen einzelne wechselbezügliche Verfügungen **einvernehmlich widerrufen, aufheben oder ändern**, können sie sich der gleichen Formen bedienen, die ihnen zur Änderung des gesamten Testaments zur Verfügung stehen (→ Rn. 2). Denkbar ist somit die Errichtung eines neuen gemeinschaftlichen Testaments oder eines Ehegattenerbvertrags. Die **Vernichtung** bzw. Veränderung muss einvernehmlich erfolgen, wobei auch ein Ehegatte mit vorheriger Zustimmung des anderen handeln kann (→ Rn. 3 letzter Spiegelstrich). Sofern Vermächtnisse oder Auflagen geändert werden sollen, ist auch die Errichtung eines einseitigen Testamentes, dem der andere Ehegatte in notarieller Form zustimmt, denkbar (→ Rn. 2 aE).

7   b) **Einseitigkeit.** Will sich ein Ehegatte **einseitig** von einer wechselbezüglichen Verfügung lossagen, kann er dies nach § 2271 I 1 grds. nur durch **Widerruf** (zu den Ausnahmen → Rn. 2 aE). Dabei ist der für den Rücktritt vom Erbvertrag vorgesehene Weg (§ 2296) zu beschreiten. Der Widerruf ist sowohl Verfügung von Todes wegen als auch einseitige, empfangsbedürftige Willenserklärung (Staudinger/*Kanzleiter* Rn. 9, 11). Das Widerrufsrecht ist unverzichtbar; eine Verfügung, die als gemeinschaftliches Testament bezeichnet, bei der das Widerrufsrecht aber ausgeschlossen ist, ist bei Wahrung der Form als Erbvertrag anzusehen (Staudinger/*Kanzleiter* Rn. 1).

8   aa) Der Widerruf ist Verfügung von Todes wegen und damit **höchstpersönlicher Natur.** Daher kann der Widerruf nur durch den Widerrufenden selbst abgegeben werden; eine Stellvertretung ist ausgeschlossen, § 2296 I 1. Unerheblich ist es dabei, ob die Vertretung durch einen gesetzlichen Vertreter oder im Wege der gewillkürten Vertretung erfolgen soll (Staudinger/*Kanzleiter* Rn. 9). Zulässig ist es jedoch, dass der durch den Widerrufenden persönlich erklärte Widerruf durch einen Boten dem anderen Ehegatten übermittelt wird (Staudinger/*Kanzleiter* Rn. 9).

9   Die Abgabe eines Widerrufs setzt weiter voraus, dass der Widerrufende im Zeitpunkt der Abgabe der Erklärung **testierfähig** iSd § 2229 ist (NK-BGB/*Müßig* Rn. 9). Die Anordnung einer Betreuung (mit oder ohne Einwilligungsvorbehalt) schließt somit die Fähigkeit nicht zwingend aus, da sie über die Testierfähigkeit selbst nichts aussagt (BeckOK BGB/*G. Müller* § 1896 Rn. 43). Eine nach Abgabe der Erklärung eintretende Testierunfähigkeit ist unbedeutend, § 130 II. Auch ein minderjähriger (mindestens 16 Jahre alter, § 2229 I) Ehegatte kann seine wechselbezüglichen Verfügungen widerrufen, da die für den Rücktritt vorgesehene Form des § 2296 der in § 2233 I, § 2247 IV für die Errichtung eines Testamentes durch einen Minderjährigen vorgeschriebenen Form gleichwertig ist (Reimann/Bengel/Mayer/*Mayer* Rn. 10). Der Minderjährige bedarf dabei nicht der Zustimmung seines gesetzlichen Vertreters, § 2296 I 2.

10 Ein Widerrufsrecht für den gesetzlichen Vertreter lässt sich auch nicht in **analoger Anwendung des § 2282 II** begründen. Beim Widerruf handelt es sich nämlich um eine freie Willensentscheidung, während es sich bei der Anfechtung um ein Instrument zur Beseitigung von Willensmängeln handelt; der Widerruf kann grundlos erfolgen, die Anfechtung bedarf eines nachvollziehbaren Grundes (BeckOK BGB/*Litzenburger* Rn. 8; MüKoBGB/*Musielak* Rn. 6; Reimann/Bengel/Mayer/*Mayer* Rn. 9 mit umf. Nachw.). Somit fehlt es an der Vergleichbarkeit der Interessenlage, die Grundvoraussetzung für jede Analogie ist.

11 **bb)** Nach § 2296 II 2 (iVm § 2271 I 1) bedarf der Widerruf der **notariellen Beurkundung.** Dabei ist es unerheblich, ob das gemeinschaftliche Testament als eigenhändiges Testament oder als öffentliches Testament errichtet wurde (BeckOK BGB/*Litzenburger* Rn. 9) und ob es sich in der amtlichen Verwahrung befindet oder nicht. Der Widerruf kann auch in einem nachfolgenden Testament enthalten sein, sofern dieses notariell beurkundet ist (die wirksame Errichtung eines Testamentes in anderer Form ist nach dem Wortlaut der §§ 2271 I 1, 2296 II 2 nicht ausreichend, vgl. OLG Frankfurt aM, Urt. v. 14.5.2009 – 26 U 31/08, ZEV 2009, 516, für ein nach österreichischem Recht wirksam errichtetes Testament) und beim anderen Ehegatten zugeht (→ Rn. 12).

12 cc) Als einseitige, empfangsbedürftige Erklärung wird der Widerruf erst mit **Zugang** beim anderen Ehegatten wirksam, § 2296 II 1 (iVm § 2271 I 1). Ob der Ehegatte bei oder nach dem Zugang von der Widerrufserklärung tatsächlich Kenntnis nimmt, ist unerheblich (MüKoBGB/*Einsele* § 130 Rn. 16). Für den Zugang gelten §§ 130–132. Da der Widerruf formgebunden ist, muss die Erklärung in der Form zugehen, die für ihre Abgabe vorgeschrieben ist (MüKoBGB/*Einsele* § 130 Rn. 33). Nach § 45 BeurkG bleibt die Urschrift einer notariellen Urkunde grds. in der Verwahrung des beurkundenden Notars. Aus diesem Grund ist es ausreichend, wenn bei Abgabe gegenüber Abwesenden dem anderen Ehegatten eine **Ausfertigung der Urkunde** zugeht. Die Übersendung einer beglaubigten oder einfachen Abschrift reicht dagegen nach hM nicht aus, da gem. § 47 BeurkG nur die Ausfertigung die Urschrift im Rechts-

verkehr vertritt (BGH, Urt. v. 7.6.1995 – VIII ZR 125/94, NJW 1995, 2217; Reimann/Bengel/Mayer/*Mayer* Rn. 13, der zutr. darauf hinweist, dass die vom BGH zugelassene Vereinbarung über Zugangserleichterungen in der Praxis nur selten eine Rolle spielen dürfte, da die Vereinbarung für das konkrete Zustellungsverfahren zu treffen ist. Zur anderen Ansicht mit gewichtigen Gründen *Kanzleiter* DNotZ 1996, 931 und Staudinger/*Kanzleiter* § 2296 Rn. 8 mwN). War der andere Ehepartner bei der Abgabe des Widerrufs (also bei der Beurkundungsverhandlung) **anwesend**, geht der Widerruf mit Abschluss der Beurkundungsverhandlung zu (OLG Hamm Beschl. v. 5.11.2013 – I-15 W 17/13, FGPrax 2014, 71 (72); BeckOK BGB/*Litzenburger* Rn. 11). Der aA (OLG Frankfurt a. M. Urt. v. 14.5.2009 – 26 U 31/08, ZEV 2009, 516 (518); BeckOGK/*S. Braun* § 2271 Rn. 41 f. (unter Berufung auf MüKoBGB/*Einsele* § 130 Rn. 27, der für den Zugang verkörperte Willenserklärung unter Anwesenden die Einhaltung der gleichen Voraussetzungen wie beim Zugang unter Abwesenden fordert)) kann nicht gefolgt werden, da das Beurkundungserfordernis zwar für die (Form)Wirksamkeit der Erklärung von Bedeutung ist, sich aus ihm aber keine Konsequenzen für die Form des Zugangs der beurkundeten Erklärung ergeben (*Kanzleiter* DNotZ 1996, 931 (935)). Aus Nachweisgründen empfiehlt es sich aber auch in diesen (seltenen) Fällen, das unter Abwesenden erforderliche Verfahren einzuhalten. Sofern der andere Ehegatte bereit ist, an der Beurkundungsverhandlung teilzunehmen, empfiehlt es sich, statt des Widerrufs ein Aufhebungstestament zu errichten. Der Widerruf unter Anwesenden dürfte, wenn überhaupt, eine Rolle spielen, wenn der andere Ehegatte nicht mehr geschäftsfähig ist und ein Bevollmächtigter oder Betreuer anwesend ist (so der Fall bei OLG Hamm Beschl. v. 5.11.2013 – I-15 W 17/13, FGPrax 2014, 71).

Ein wirksamer Zugang setzt weiter voraus, dass die Erklärung **mit dem Willen des Widerrufenden** in **13** den Rechtsverkehr gelangt ist (BGH, Urt. v. 18.12.2002 – IV ZR 39/02, NJW-RR 2003, 384; MüKoBGB/*Einsele* § 130 Rn. 13). Ein wirksamer Zugang liegt demnach nicht vor, wenn der Notar die Ausfertigung entgegen einer gültigen Anweisung eigenmächtig zugestellt hat (BeckOK BGB/*Litzenburger* Rn. 11a).

Der Widerruf wird weiter nicht wirksam, wenn dem anderen Ehegatten vor oder mit dem Zugang des **14** Widerrufs der **Widerruf des Widerrufs** zugeht, § 130 I 2. Dieser Widerruf des Widerrufs ist formlos möglich (BeckOK BGB/*Litzenburger* Rn. 11a). Ist dagegen der Widerruf durch Zugang wirksam geworden, kann er nicht durch ein Widerrufstestament nach § 2257 beseitigt werden (hM; BeckOK BGB/*Litzenburger* Rn. 11a; Staudinger/*Kanzleiter* Rn. 26); eine Anfechtung des Widerrufs nach § 2078 ist dagegen zulässig (MüKoBGB/*Musielak* Rn. 11).

Nach § 130 II ist es auf die Wirksamkeit des Widerrufs ohne Einfluss, wenn der **Widerrufende nach** **15** **der Abgabe geschäftsunfähig** (hier: testierunfähig) **wird oder verstirbt**. Der Widerruf kann somit dem anderen Ehegatten auch noch nach dem Tod des Widerrufenden zugehen. Allerdings ist § 130 II im Bereich des Widerrufs eines gemeinschaftlichen Testaments **einschränkend auszulegen**. Die Gültigkeit eines Testaments sollte grds. im Zeitpunkt des Todes des Erblassers feststehen, da auch nur so die Rechte potentieller Erben (zB das Recht auf Ausschlagung) geltend gemacht werden können (NK-BGB/*Müßig* Rn. 13). Erforderlich ist daher, dass der Widerrufende alles getan hat, was von seiner Seite erforderlich ist, damit der Zugang alsbald erfolgen kann; wegen § 130 II muss der Zugang auch alsbald nach dem Tod tatsächlich erfolgen (BGH, Beschl. v. 19.10.1967 – III ZB 18/67, NJW 1968, 496 (497 f.); vgl. zur Zugangsvereitelung Palandt/*Ellenberger* § 130 Rn. 16 ff.). Die Erklärung muss sich, bildlich gesprochen, im Todeszeitpunkt auf dem Weg zum Adressaten befunden haben (Reimann/Bengel/Mayer/*Mayer* Rn. 15). Ein wirksamer Zugang liegt somit nicht vor, wenn der Erklärende den Zugang **bewusst** auf einen Zeitpunkt nach seinem Tod **verzögert** hat, etwa indem er eine Anweisung gegeben hat, dass der Widerruf erst nach seinem Tod zugestellt werden soll (Reimann/Bengel/Mayer/*Mayer* Rn. 15). An einem Zugang fehlt es nach hM ebenfalls, wenn dem anderen Ehegatten zu Lebzeiten eine einfache oder beglaubigte Abschrift des Widerrufs zugegangen ist und eine Ausfertigung nach dem Tod des Widerrufenden auf den Weg gebracht wird; eine **Heilung** ist nicht möglich (BeckOK BGB/*Litzenburger* Rn. 12). Dies gilt selbst dann, wenn der Widerrufende in der Erklärung eine Zustellung der Ausfertigung beantragt hat (und damit das von seiner Seite Erforderliche getan hat), diese Zustellung aber erst Monate nach dem Tod (und damit nicht mehr zeitnah) vorgenommen wurde (so der Fall bei BGH Beschl. v. 19.10.1967 – III ZB 18/67, NJW 1968, 496: Zustellung 7 Monate nach dem Tod). Das OLG Oldenburg (OLG Oldenburg Beschl. v. 19.12.2017 – 3 W 112/17, DNotI-Report 2018, 37) geht jedoch zu Recht davon aus, dass die Zustellung einer beantragten Ausfertigung 12 Tage nach dem Tod des Widerrufenden ausreichend ist, selbst wenn er im Zeitpunkt der Erteilung des Zustellungsauftrags durch den Notar schon verstorben war und zu Lebzeiten eine beglaubigte Abschrift zugestellt wurde. Die Zustellung der beglaubigten Abschrift „verbraucht" nicht den Zustellungsauftrag des Erblassers; maßgeblich ist, dass die Ausfertigung zeitnah nach dem Tod, also innerhalb eines Zeitraums, in dem unter normalen Umständen mit einer Zustellung gerechnet werden kann, zugeht.

Stirbt der andere Teil vor dem Zugang der Widerrufserklärung, so bleibt der Widerruf ohne Wir- **16** kung. Mit dem Tod erlischt nach § 2271 II 1 die Möglichkeit zum Widerruf; der Widerruf muss somit einem Lebenden zugehen (RG, Urt. v. 9.3.1907 – Rep. V. 329/06, RGZ 65, 270).

Bei **Geschäftsunfähigkeit des anderen Ehegatten** ist nach hM ein Widerruf immer noch möglich **17** (OLG Hamm, Beschl. v. 5.11.2013 – I-15 W 17/13, FGPrax 2014, 71; OLG Nürnberg, Beschl. v. 6.6.2013 – 15 W 764/13, NJW 2013, 2909 m. Anm. *Keim* ZEV 2013, 450; LG Hamburg, Beschl. v. 17.2.2000 – 301 T 264/99, DNotI-Report 2000, 86; *Helms* DNotZ 2003, 104 (106); *Zimmer* ZEV 2007, 159 (160); Palandt/*Weidlich* Rn. 6; MüKoBGB/*Musielak* Rn. 8; aA *Damrau/Bittler* ZErb 2004, 77). Begründet wird dies damit, dass § 2271 II 1 den Verlust der Geschäftsfähigkeit nicht dem Tod des anderen

10 BGB § 2271   Buch 5. Abschitt 3. Titel 8. Gemeinschaftliches Testament

Ehegatten gleichstellt (Müller/Renner BetreuungsR/*G. Müller* Rn. 187; *Zimmer* ZEV 2007, 159 (160)). Unerheblich ist, dass der geschäftsunfähige Ehegatte auf den Widerruf nicht mehr mit einer neuen Verfügung reagieren kann; ansonsten würde man dem widerrufswilligen Ehegatten die Möglichkeit nehmen, sich aus der erbrechtlichen Bindung zu lösen, und damit seine Testierfreiheit einschränken (OLG Nürnberg, Beschl. v. 6.6.2013 – 15 W 764/13, NJW 2013, 2909 (2910) unter c mwN).

17a   Dem Geschäftsunfähigen geht die ihm gegenüber abgegebene Widerrufserklärung erst dann zu, wenn sie seinem gesetzlichen Vertreter zugeht, § 131 I. Bei Volljährigen muss der Widerruf somit dem Betreuer (§§ 1896 ff.) zugehen (rein zufällige Kenntnisnahme des Betreuers reicht nicht (vgl. Palandt/*Ellenberger* § 131 Rn. 2; BeckOGK BGB/*S. Braun* Rn. 47)). Zu beachten ist dabei, dass die Anordnung einer Betreuung allein noch keine Auswirkungen auf die Geschäftsfähigkeit des Betreuten hat (BeckOK BGB/*G. Müller* § 1896 Rn. 40) und dem Betreuungsbedürfnis auch nicht zwingend entnommen werden kann, dass der Betreute geschäftsunfähig ist. In der Praxis wird man daher in den Fällen, in denen eine eindeutige Aussage über die Geschäftsfähigkeit nicht getroffen werden kann, die Widerrufserklärung sowohl dem anderen Ehegatten selbst als auch dem **Betreuer** in je einer eigens für den jeweiligen Adressaten bestimmten Ausfertigung zukommen lassen (so auch *Helms* DNotZ 2003, 104 (106, 108)). Die Entgegennahme der Widerrufserklärung muss vom **Aufgabenkreis** des Betreuers erfasst sein. Dies ist auf jeden Fall dann gegeben, wenn der Betreuer eigens für die Entgegennahme des Widerrufs bestellt wurde. Aber auch dann, wenn der Betreuer allgemein für Vermögensangelegenheiten bestellt wurde, ist dies ausreichend (OLG Hamm, Beschl. v. 5.11.2013 – I-15 W 17/13, FGPrax 2014, 71 (73); OLG Nürnberg, Beschl. v. 6.6.2013 – 15 W 764/13, NJW 2013, 2909 (2910); LG Hamburg, Beschl. v. 17.2.2000 – 301 T 264/99, DNotI-Report 2000, 86; BeckOK BGB/*Litzenburger* Rn. 14. *Helms* DNotZ 2003, 104 (108) empfiehlt als sichersten Weg, den Zugang des Widerrufs ausdrücklich in den Aufgabenkreis des Betreuers aufnehmen zu lassen); eine Betreuung mit dem Aufgabenkreis „Postvollmacht" reicht dagegen nicht (OLG Karlsruhe, Beschl. v. 9.6.2015 – 11 Wx 12/15, NJW-RR 2015, 1031 (1033)). Ist der **Widerrufende selbst Betreuer** des anderen Ehegatten, ist er nach §§ 1908i I 1, 1795 II, 181 an der Empfangnahme für den anderen Ehegatten gehindert, so dass ein Ergänzungsbetreuer (§ 1899 IV) zu bestellen ist (allgM, vgl. AG München, Beschl. v. 13.10.2010 – 705 XVII 1559/08, ZEV 2011, 81 (82); *Helms* DNotZ 2003, 104 (108)). Umstritten ist, ob Abkömmlinge des Widerrufenden zum Betreuer bestellt werden können. Die wohl hM bejaht dies, da § 1795 I Nr. 1 nur solche einseitigen Rechtsgeschäfte erfassen soll, die durch den Betreuer erklärt werden; Rechtsgeschäfte, die gegenüber dem Betreuer erklärt werden, sind danach zulässig, da es sich nicht um ein Rechtsgeschäft zwischen den Beteiligten handelt (OLG Nürnberg, Beschl. v. 6.6.2013 – 15 W 764/13, NJW 2013, 2909 (2910 f.) mwN; BayObLG, Beschl. v. 17.5.1976 – 1 Z 37/76, FamRZ 1977, 141 (143) und die Nachw. bei Reimann/Bengel/Mayer/*Mayer* Rn. 18. BeckOGK/*S. Braun* Rn. 52 erwägt eine teleologische Reduktion des § 1795 I 1, da die Abkömmlinge sowohl dem Widerrufenden als auch dem Widerrufsempfänger gleich nahe stehen). Da diese auf den Wortlaut abstellende Argumentation sehr formalistisch wirkt, sollte zur Sicherheit von der Bestellung eines Abkömmlings des Widerrufenden zum Betreuer abgesehen werden (so mit umf. Begründung ausdrücklich *Keim* ZEV 2013, 452 f. in seiner Anm. zu OLG Nürnberg, Beschl. v. 6.6.2013 – 15 W 764/13, NJW 2013, 2909; auch *Helms* DNotZ 2003, 104 (108 f.); zweifelnd bzgl. der hM auch Reimann/Bengel/Mayer/*Mayer* Rn. 18).

17b   Sofern (noch) kein Betreuer für den anderen Ehegatten bestellt worden ist, ist die Rechtslage strittig. Richtigerweise wird man einen **Anspruch** des widerrufswilligen Ehegatten **auf Bestellung eines Betreuers** für den anderen Teil (zum Zweck der Entgegennahme der Widerrufserklärung) zu bejahen haben (so auch BeckOK BGB/*Litzenburger* Rn. 14b mwN und dem zutreffenden Argument, dass man ohne Bestellung eines Betreuers zur Ermöglichung des Widerrufs dem widerrufswilligen Ehegatten ein Anfechtungsrecht zu seinen Lebzeiten zusprechen müsste). Da die Betreuung hauptsächlich im Interesse eines Dritten und nicht des Betreuten selbst liegt, geht das AG München (AG München, Beschl. v. 13.10.2010 – 705 XVII 1559/08, ZEV 2011, 81 (82)) davon aus, dass ein Anspruch auf Bestellung des Betreuers jedenfalls dann besteht, wenn der geschäftsunfähige Widerrufsempfänger der Aufhebung der Bindung zugestimmt hätte. Dem kann so nicht gefolgt werden; der Anspruch besteht unabhängig von der Motivationslage des geschäftsunfähigen Ehegatten. Die Ansicht des Amtsgerichts macht den Widerruf von einer Wertung bzw. Prüfung abhängig. Eine solche Prüfung (dann als echtes Genehmigungserfordernis) ist zwar in einigen Bereichen des Erbrechts (zB § 2282 II) vorgesehen, nicht jedoch im Bereich des § 2271. Der Widerruf ist selbst dann zulässig, wenn der andere Ehegatte darauf nicht mehr reagieren kann (OLG Nürnberg, Beschl. v. 6.6.2013 – 15 W 764/13, NJW 2013, 2909 (2910) unter c zur Zulässigkeit des Widerrufs, auch wenn dies sich nicht ausdrücklich mit der Frage des Anspruchs auf Betreuerbestellung befasst). Schließlich ist zu berücksichtigen, dass (soweit man bei Geschäftsunfähigkeit den Widerruf mit der hM richtigerweise für zulässig erachtet) nur durch einen Betreuer ein unbestritten wirksamer Zugang des Widerrufs herbeigeführt werden kann und diese Rechtssicherheit auch für den anderen (geschäftsunfähigen) Ehegatten von Vorteil ist (BeckOK BGB/*Litzenburger* Rn. 14b).

17c   Hat der andere Ehegatte eine umfassende **Vorsorgevollmacht** errichtet, wird der Widerruf mit Zugang beim Bevollmächtigten wirksam (LG Leipzig, Beschl. v. 1.10.2009 – 4 T 549/08, FamRZ 2010, 403; Müller/Renner BetreuungsR/*G. Müller* Rn. 197; s. mit umf. Begründung auch *Keim* ZEV 2010, 358 ff., der zutr. darauf hinweist, dass jeder mit ausreichender Vollmacht ausgestattete Bevollmächtigte zur Entgegennahme berechtigt ist; aA *Zimmer* ZEV 2007, 159 (162); *Zimmer* ZEV 2013, 307 (309 f.)); dies gilt unabhängig davon, ob der Widerrufsempfänger geschäftsfähig ist oder nicht. Begründen lässt sich dies damit, dass § 131 I nur den Zugang einer Willenserklärung beim gesetzlichen Vertreter regelt und dadurch die Möglichkeit des Zugangs einer Willenserklärung bei einem Empfangsbevollmächtigten nach

§ 164 III nicht verdrängt wird (BeckOK BGB/*Litzenburger* Rn. 14c mit weiteren Argumenten; jurisPK-BGB/*Reymann* Rn. 27). Ist der Ehegatte selbst bevollmächtigt, kann er den Widerruf nur entgegennehmen, wenn er von den Beschränkungen des § 181 befreit ist und kein Fall des Missbrauchs der Vertretungsmacht (§ 242) vorliegt (*Keim* ZEV 2010, 358 (360); BeckOK BGB/*Litzenburger* Rn. 14c; Gutachten DNotI-Report 2015, 105 (106), wonach ein Missbrauch u. a. dann vorliegt, wenn durch das Handeln des Widerrufenden auch als Bevollmächtigter des Empfängers die Ausübung des Widerrufs verschleiert werden soll). Da die Frage des wirksamen Zugangs beim Bevollmächtigten obergerichtlich noch nicht geklärt ist und in der Rspr. (bei dem Beschluss des LG Leipzig, Beschl. v. 1.10.2009 – 4 T 549/08, FamRZ 2010, 403, handelt es sich um eine Beschwerdeentscheidung im Erbscheinsverfahren) selbst Unsicherheit besteht, sollte vorsorglich ein Betreuer bestellt werden; dies kann durch das Betreuungsgericht wegen der unklaren Rechtslage auch nicht verweigert werden (*Keim* ZEV 2010, 358 (360); *Gockel* ZErb 2012, 72 (77); Müller/Renner BetreuungsR/*G. Müller* Rn. 199).

Ist der Widerrufsempfänger in seiner **Geschäftsfähigkeit beschränkt**, so ist § 131 II zu beachten. Der Widerruf muss auch in diesem Fall dem gesetzlichen Vertreter zugehen, wobei dieser jedoch vorab seine Einwilligung zur Empfangnahme durch den Widerrufsempfänger erteilen kann. 18

Ist der **Widerrufsempfänger testierunfähig,** kann er nicht mehr auf die durch den Widerruf ausgelöste geänderte Situation reagieren. Dies schließt jedoch die Möglichkeit des Widerrufs nicht aus, da man ansonsten dem gesunden Ehepartner das gesetzlich vorgesehene Recht zur Lösung von der Bindung nehmen würde (Reimann/Bengel/Mayer/*Mayer* Rn. 17; aA *Damrau/Bittler* ZErb 2004, 77 (79 f.)). 19

dd) Eine besondere Form ist für das **Zustellungsverfahren** nicht vorgeschrieben (MüKoBGB/ *Musielak* Rn. 8). Zur Beweissicherung ist ein förmliches Zustellungsverfahren in jedem Fall zu empfehlen; die Praxis bedient sich in der Regel der Übermittlung durch den Gerichtsvollzieher nach §§ 132 I und 192 ff. ZPO. Dabei ist darauf zu achten, dass auch tatsächlich die Ausfertigung und nicht nur eine vom Gerichtsvollzieher beglaubigte Abschrift zugestellt wird (so auch BeckOGK BGB/*S. Braun* Rn. 56). Nach §§ 132 II BGB und 185 ff. ZPO ist bei Unkenntnis des Aufenthalts des Empfängers auch eine **öffentliche Zustellung** zulässig. Dies gilt selbst dann, wenn sich nachträglich herausstellt, dass die Voraussetzungen der öffentlichen Zustellung gar nicht vorlagen (BGH, Urt. v. 31.1.1975 – IV ZR 18/74, NJW 1975, 827 (828); BeckOK BGB/*Litzenburger* Rn. 11b). Allerdings kann der Einwand der unzulässigen Rechtsausübung gegeben sein, zB wenn der widerrufende Ehegatte die öffentliche Zustellung in Kenntnis des Aufenthalts erschlichen hat (BGH, Urt. v. 31.1.1975 – IV ZR 18/74, NJW 1975, 827 (828 f.)). 20

ee) Bezogen auf den **Inhalt der Widerrufserklärung** ist ein bestimmter Wortlaut nicht vorgeschrieben (BeckOK BGB/*Litzenburger* Rn. 10; Reimann/Bengel/Mayer/*Mayer* § 2296 Rn. 8). Maßgeblich, aber auch ausreichend ist es, wenn sich aus Sicht des Empfängerhorizontes (für den Widerruf als empfangsbedürftige Willenserklärung gelten die §§ 133, 157) ergibt, dass der Widerrufende seine wechselbezüglichen Verfügungen ganz oder teilweise aufheben oder ändern will (BeckOK BGB/*Litzenburger* Rn. 10). Fraglich ist, ob in der Errichtung eines einseitigen notariell beurkundeten Testaments durch einen Ehegatten nach dem gemeinschaftlichen Testament ein Widerruf iSd § 2271 I 1 erblickt werden kann. Grundvoraussetzung dafür ist, dass das einseitige Testament (welches durch die Beurkundung die Formvorschriften der §§ 2271 I 1, 2296 II 2 erfüllt) dem anderen Ehegatten in Ausfertigung zugeht; eine bloße Mitteilung reicht auch in diesen Fällen natürlich nicht aus (BGH, Urt. v. 8.2.1989 – IVa ZR 98/87, DNotZ 1990, 50 (51)). Die überwiegende Meinung in der Lit. geht davon aus, dass auch unter Wahrung dieser Voraussetzungen ein Widerruf nur ausnahmsweise angenommen werden kann, da der Widerruf gegenüber dem anderen Ehegatten erfolgen und daher an diesen „adressiert" sein muss. Nur wenn dies eindeutig der Fall ist, könne bei einem nachfolgenden Testament von einem **konkludenten Widerruf** iSd § 2271 I 1 ausgegangen werden (so zB Reimann/Bengel/Mayer/*Mayer* Rn. 11 mwN und unter Hinweis auf BGH, Urt. v. 8.2.1989 – IVa ZR 98/87, DNotZ 1990, 50 (51), der iRd § 2296 ausdrücklich erwähnt hat, dass der Rücktritt gegenüber dem anderen Teil erfolgen muss). Demgegenüber wird man davon ausgehen können, dass jedes nachfolgende (notariell beurkundete) Testament, das dem anderen Ehepartner in Ausfertigung zugeht, nach den äußeren Umständen auch an diesen gerichtet und für ihn bestimmt ist (Staudinger/ *Kanzleiter* Rn. 11; auch BeckOK BGB/*Litzenburger* Rn. 10 für den Zugang der Ausfertigung eines Widerrufstestamentes), so dass der Widerruf dem anderen gegenüber erfolgt. Das Problem wird im Einzelfall eher darin liegen, ob dem nachfolgenden Testament auch eindeutig ein Widerruf der früheren Verfügung entnommen werden kann (verneinend im Hinblick auf einen Widerruf der Schlusserbeneinsetzung zB OLG Stuttgart, Urt. v. 19.3.2015, 19 U 134/14, MittBayNot 2016, 518 (520), wenn das nachfolgende Einzeltestament ohne weitere Ausführungen nur die gegenseitige Erbeinsetzung wiederholt und die Schlusserbeneinsetzung weglässt) oder es sich aus Sicht des Empfängers um eine Ergänzungs- bzw. Ersatzregelung handelt. Dies ist jedoch eine Frage der Auslegung des Inhalts der Erklärung und nicht ihrer Adressatenbezogenheit. Auf eine eindeutige Formulierung sollte daher Wert gelegt werden. 21

Auch ein **teilweiser Widerruf** einer wechselbezüglichen Verfügung ist denkbar; dafür gilt ebenfalls § 2271 (MüKoBGB/*Musielak* Rn. 10). Um einen teilweisen Widerruf handelt es sich auch dann, wenn ein **bereits Bedachter schlechter gestellt** wird, da ihn spätere Anordnungen beschränken oder beschweren (NK-BGB/*Müßig* Rn. 18). Als Maßstab kann man auf die Kriterien zurückgreifen, die für die Zulässigkeit der Errichtung eines Testamentes nach dem Tod eines Ehegatten entwickelt wurden (→ Rn. 37 ff.). 22

ff) Der **Widerruf** einer Verfügung **führt zu ihrer Unwirksamkeit.** Über § 2270 I sind damit auch alle Verfügungen des anderen Ehegatten, die zu der widerrufenen Verfügung wechselbezüglich waren, un- 23 wirksam (sofern nicht eine einseitige Wechselbezüglichkeit vorlag, → § 2270 Rn. 15). Diese Unwirksamkeit der Verfügungen des anderen Ehegatten kann sich wiederum nach § 2270 I auf nicht widerrufene Verfügungen des widerrufenden Ehegatten auswirken. Ein früheres einseitiges Testament, das im Widerspruch zu einer nunmehr unwirksamen Verfügung stand, wird wirksam (RG, Urt. v. 9.3.1907 – Rep. V. 329/06, RGZ 65, 270 (275)). Ein Widerruf des wirksamen Widerrufs nach § 2257 ist nach hM nicht zulässig (→ Rn. 14).

24 **c) Einseitiges Testament.** Eine Änderung oder Aufhebung ist auch durch ein einseitiges Testament, welches einem gemeinschaftlichen Testament nachfolgt, denkbar. Werden durch dieses nachfolgende Einzeltestament nur einseitige Verfügungen von Todes wegen widerrufen, aufgehoben oder abgeändert, ergeben sich keine Probleme (→ Rn. 3).

25 **aa)** Enthält das nachfolgende Einzeltestament jedoch Regelungen, die sich nicht oder nicht nur auf einseitige Verfügungen beziehen, ist § 2271 I 2 zu beachten. Dieser stellt klar, dass durch einseitige Verfügungen frühere wechselbezügliche Verfügungen grds. nicht aufgehoben werden können. Die nachfolgenden Verfügungen sind aber nicht nichtig; vielmehr ist ihre Wirkung so lange gehemmt, wie sie der wechselbezüglichen Verfügung widersprechen (Reimann/Bengel/Mayer/*Mayer* Rn. 25). Wird die wechselbezügliche Verfügung später widerrufen oder gegenstandslos, kommt die einseitige Verfügung zur Anwendung (MüKoBGB/*Musielak* Rn. 12).

26 § 2271 I 2 soll nicht verhindern, dass ein Ehegatte die wechselbezüglichen **Verfügungen** in einem einseitigen Testament **wiederholt.** Dies kann sinnvoll sein, um die eigene Verfügung in ihrer Wirksamkeit von der des anderen Ehegatten unabhängig zu machen (MüKoBGB/*Musielak* Rn. 12) oder – bei notarieller Beurkundung – den Grundbuchvollzug zu erleichtern (Reimann/Bengel/Mayer/*Mayer* Rn. 25). Durch einseitiges Testament kann auch nachträglich die Bindung des anderen Ehegatten an wechselbezügliche Verfügungen aufgehoben und eine einseitige Abhängigkeit herbeigeführt werden (→ § 2270 Rn. 17).

27 **bb) Ausnahmsweise** kann aber auch durch ein einseitiges Testament eine frühere bindende Verfügung aufgehoben oder geändert werden. Dies gilt **analog § 2291** dann, wenn nur Vermächtnisse oder Auflagen aufgehoben werden sollen und der andere Ehegatte in einer notariell beurkundeten Erklärung zustimmt (→ Rn. 2 aE). Weiter ist ein einseitiges Testament zulässig, solange und soweit es sich im Rahmen eines vereinbarten **Änderungsvorbehalts** bewegt (→ Rn. 28 ff.). Auch ist ein **konkludenter Widerruf** durch ein notariell beurkundetes Testament im Einzelfall denkbar (→ Rn. 21). Ferner können die Anordnung nach **§ 2271 III** (→ Rn. 60) schon vor dem ersten Erbfall getroffen werden (Reimann/Bengel/Mayer/*Mayer* Rn. 28). Schließlich sind Anordnungen, die **neutral** sind oder durch die wechselbezüglich Bedachte rechtlich nur besser gestellt werden, nach hM wirksam (NK-BGB/*Müßig* Rn. 22, mwN auch zur aA). Von der Rspr. wird eine neue Verfügung sogar dann für zulässig erachtet, wenn sie eine **für den anderen Ehegatten vorteilhaftere Verfügung** enthält, selbst wenn dies zur Beeinträchtigung anderer wechselbezüglich Bedachter führt (BGH, Beschl. v. 13.7.1959 – V ZB 4/59, NJW 1959, 1730 mit abl. Anm. *Bärmann* NJW 1960, 142). *J. Mayer* (Reimann/Bengel/Mayer/*Mayer* Rn. 26 mwN) weist jedoch zu Recht darauf hin, dass durch diesen Eingriff in die Wechselbezüglichkeit die gesamte gegenseitige Nachlassplanung gefährdet sein kann.

28 **d) Änderungsvorbehalt.** Der Umfang der Wechselbezüglichkeit und der erbrechtlichen Bindung obliegt der Bestimmung der Beteiligten. Den Ehegatten steht es frei, zu bestimmen, ob eine Verfügung wechselbezüglich oder einseitig ist. Es steht ihnen weiter frei, zu bestimmen, ob die Abänderbarkeit einer Verfügung über die in § 2271 vorgesehenen Möglichkeiten hinaus erweitert wird. Eine solche Vereinbarung wird überwiegend als Änderungsvorbehalt bezeichnet. Gegen die Zulässigkeit eines Änderungsvorbehalts bestehen keine rechtlichen Bedenken (MüKoBGB/*Musielak* Rn. 31 mwN). Ein Änderungsvorbehalt führt nicht automatisch zum Entfallen der Wechselbezüglichkeit (→ 33).

29 **aa)** Da es sich bei dem Änderungsvorbehalt um einen Teil der erbrechtlichen Regelung handelt, muss der Vorbehalt **in einer wirksamen Verfügung von Todes wegen angeordnet** sein (MüKoBGB/*Musielak* Rn. 31); die mündliche oder maschinenschriftliche Ermächtigung zur Änderung reicht nicht aus. Es genügt jedoch, wenn sich Bestand und Umfang des Änderungsvorbehalts im Wege der Auslegung ermitteln lassen. Bei der ergänzenden Auslegung ist insoweit der hypothetische Erblasserwille beider Ehegatten im Zeitpunkt der Testamentserrichtung maßgeblich (vgl. Reimann/Bengel/Mayer/*Mayer* Rn. 72 ff.). Das durch Auslegung gefundene Ergebnis muss dabei wegen der Formstrenge des Erbrechts im Testament wenigstens angedeutet sein (umf. zur Auslegung → § 2269 Rn. 6 ff.). Der Vorbehalt muss nicht zwingend in dem ursprünglich errichteten Testament enthalten sein. Er kann zB auch durch einen gemeinschaftlichen Nachtrag begründet werden. Das Änderungsrecht kann sich auch aus einer Gesamtschau mehrerer Verfügungen ergeben (BayObLG, Beschl. v. 13.6.1996 – 1Z BR 132/95, ZEV 1996, 432; Reimann/Bengel/Mayer/*Mayer* Rn. 68 mit Beispielen). Weiter kann ein Ehegatte einseitig, dh ohne Zustimmung des anderen Ehepartners, diesem ein Abänderungsrecht einräumen; er kann dies in einem einseitigen Testament oder auch in einem Erbvertrag mit einem Dritten tun (BeckOK BGB/*Litzenburger* Rn. 20).

30 **bb)** Die Ausgestaltung des **Umfangs** der Änderungsbefugnis unterliegt der freien Vereinbarung der Ehegatten. Bei Zweifeln ist der Umfang durch Auslegung zu ermitteln, wobei bei einer Auslegung, die zu einer weitreichenden Änderungsbefugnis führt, Vorsicht angezeigt ist (NK-BGB/*Müßig* Rn. 36). Die zur Verfügung stehenden Möglichkeiten lassen sich – stark vereinfacht – in drei Kategorien einteilen, wobei auch Kombinationen aller Kategorien möglich sind.

– Zum einen können die Ehegatten bestimmen, ob die Ausübung des Änderungsvorbehaltes **zeitlichen Beschränkungen** unterliegen soll oder nicht. Unterliegt die Befugnis **keinen zeitlichen Vorgaben**, sind sowohl die Beschränkungen des § 2271 I als auch die Beschränkungen des § 2271 II gelockert. Der Berechtigte kann (einseitig) ein neues Testament zu Lebzeiten des anderen Ehegatten errichten, er kann dies aber auch erst nach dem Tod des anderen tun. Weiter kann der Änderungsvorbehalt so gestaltet sein, dass er **erst nach dem Tod des anderen Ehegatten** ausgeübt werden kann. Zu Lebzeiten beider Ehegatten bleibt in diesem Fall der förmliche Widerruf nach § 2271 I, der dem anderen (nicht widerrufenden) Ehegatten die Möglichkeit zur Reaktion gibt (Offenheitsprinzip; Nieder/Kössinger/ *R. Kössinger* Testamentsgestaltung § 11 Rn. 87). Sofern die Ehegatten nichts anderes vereinbart haben (was uU durch Auslegung zu ermitteln ist), ist es in diesem zweiten Fall erforderlich, dass das Änderungstestament erst nach dem Tod des anderen Ehegatten errichtet wird. Ein Testament, das vor dem ersten Erbfall errichtet wird und das unter einer „Überlebensbedingung" des Testierenden steht, erfüllt dann nicht die Voraussetzungen des Änderungsvorbehalts (BayObLG, Beschl. v. 9.11.1995 – 1Z BR 31/95, DNotZ 1996, 316 (318)); unter besonderen Umständen (zB Koma eines Ehegatten) kann jedoch auch in diesen Fällen eine ergänzende Auslegung des Änderungsvorbehalts zur Wirksamkeit des vor dem Tod des anderen errichteten Testamentes führen (BayObLG, Beschl. v. 9.11.1995 – 1Z BR 31/95, DNotZ 1996, 316 (318)).

– Der Änderungsvorbehalt kann auch **inhaltlichen Beschränkungen** unterliegen (vgl. Nieder/Kössinger/*R. Kössinger* Testamentsgestaltung § 11 Rn. 87). So können die Ehegatten vereinbaren, dass nur bestimmte der in dem gemeinschaftlichen Testament enthaltenen Verfügungen abänderbar sind. Weiter können sie festlegen, dass Änderungen nur zugunsten bestimmter Personen oder eines bestimmten Kreises von Personen (zB innerhalb der Abkömmlinge) zulässig sind. Möglich sind auch Klauseln, die zusätzliche Anordnungen (zB Vermächtnisse) nur bis zu einem bestimmten Wert oder hinsichtlich einzelner Vermögensgegenstände bzw. Gruppen von Vermögensgegenständen (Grundbesitz) erlauben. Schließlich kann – gerade bei jungen Ehegatten – gewollt sein, dass der Längerlebende über das nach dem Tod des Erstversterbenden (oder einer etwaigen Wiederheirat) erworbene Vermögen frei verfügen kann; die Änderungsbefugnis kann sich auch auf das Vermögen, das dem Längerlebenden im Zeitpunkt des Todes des Erstversterbenden bereits gehört, beziehen. Allerdings bereitet in den am Schluss geschilderten Fällen oftmals die Abgrenzung zum sonstigen Vermögen Schwierigkeiten, weshalb ein nach dem Tod des Erstversterbenden (oder dem sonst maßgeblichen Zeitpunkt) errichtetes (notarielles) Nachlassverzeichnis zwingend zu empfehlen ist (Reimann/Bengel/Mayer/*Mayer* Rn. 78); die Praxistauglichkeit ist damit beschränkt.

– Schließlich können die Ehegatten bestimmen, ob die Ausübung des Änderungsvorbehalts vom freien Willen des Ändernden abhängt oder **an den Eintritt bestimmter Faktoren geknüpft** ist. Denkbar ist, dass der Berechtigte vom Änderungsvorbehalt nur bei bestimmten Auslösern Gebrauch machen darf, zB bei Wiederheirat, dem Pflichtteilsverlangen von Abkömmlingen nach dem Erstversterbenden, einem Fehlverhalten der Bedachten oder eigener Bedürftigkeit des Ändernden. Auch kann die Ausübung an bestimmte Fristen geknüpft werden. Ist die Abhängigkeit von derartigen Auslösern vereinbart, ist deren Vorliegen der vollen gerichtlichen Kontrolle unterworfen; die Ehegatten können aber auch vereinbaren, dass diese Kontrolle ausgeschlossen ist (BGH Urt. v. 26.4.1951 – IV ZR 4/50, NJW 1951, 959). Ohne Verstoß gegen § 2065 zulässig dürfte es auch sein, die Änderbarkeit von der Zustimmung eines Dritten abhängig zu machen (OLG Bremen, Beschl. v. 30.8.2017 – 5 W 27/16, ZEV 2018, 90 m.abl. Anm. *Wolffskeel v. Reichenberg*, ZEV 2018, 92 und krit., aber iErg zust. Anm. *Braun*, MittBayNot 2018, 259; zustimmend auch BeckOGK BGB/*Röhl* § 2278 Rn. 31 und BeckOGK BGB/*S. Braun* Rn. 152; ablehnend auch BeckOGK BGB/*Gomille* § 2065 Rn. 29; auch wegen der Gefahr der willkürlichen Einflussnahme des Dritten ist davon jedoch abzusehen.

Wegen der von **§ 2065** geforderten Höchstpersönlichkeit erbrechtlicher Verfügungen kann sich die Änderungsbefugnis nur auf die eigenen Verfügungen des Ändernden beziehen (RG, Urt. 4.3.1912 – Rep. IV. 428/11, RGZ 79, 32). Es ist aber anerkannt, dass dem Längerlebenden mittelbar Einfluss auf die Verfügungen des Erstversterbenden eingeräumt werden kann. So kann ein Ehegatte seine Vermächtnisse mit einer auflösenden Bedingung („Widerruf durch den Anderen") versehen (Reimann/Bengel/Mayer/ *Mayer* Rn. 81). Auch die Anordnung einer Vor- und Nacherbfolge kann unter die auflösende Bedingung gestellt werden, dass der Vorerbe über sein eigenes Vermögen in einer bestimmten Weise verfügt; mit dieser Verfügung wird der Vorerbe Vollerbe des Erstversterbenden (MüKoBGB/*Musielak* Rn. 32 mwN; dazu → § 2269 Rn. 39). Haben die Ehegatten im Wege der Einheitslösung testiert (→ § 2269 Rn. 31 ff.), steht der Änderung der Schlusserben durch den Überlebenden § 2065 nicht entgegen, da der Längerlebende hier über das vereinigte Vermögen als eigenes Vermögen verfügt. 31

cc) Der **Änderungsvorbehalt** wird durch Errichtung einer neuen Verfügung von Todes wegen (in jeder vom Gesetz zugelassenen Form) **ausgeübt**. Die in § 2271 I 1 aufgestellten Förmlichkeiten müssen, auch wenn die Ausübung des Änderungsvorbehalts zum Widerruf der früheren Verfügungen führt, dabei nicht berücksichtigt werden (BeckOK BGB/*Litzenburger* Rn. 22). Der Änderungsvorbehalt kann für die Ausübung jedoch bestimmte formelle Anforderungen begründen (BeckOK BGB/*Litzenburger* Rn. 22). Durch Vernichtung der ursprünglichen Testamentsurkunde nach § 2255 kann der Änderungsvorbehalt nicht ausgeübt werden (OLG Hamm, Beschl. v. 12.10.1995 – 15 W 134/95, NJW-RR 1996, 1095). Ein Grund für die Änderung muss nicht angegeben werden (NK-BGB/*Müßig* Rn. 39), soweit die Ehegatten im Änderungsvorbehalt nichts anderes vereinbart haben. 32

33 dd) Die **Wirkungen des Änderungsvorbehaltes** unterliegen ebenfalls der Vereinbarung der Ehegatten. In jedem Fall entbindet der Änderungsvorbehalt von der in § 2271 angeordneten **Bindung** und erlaubt dem Ehegatten die Änderung der an sich bindenden Verfügung. Damit ist jedoch noch nicht entschieden, ob auch die Wirkungen der **Wechselbezüglichkeit** (§ 2270) entfallen und somit die zur geänderten Verfügung in diesem Verhältnis stehenden Verfügungen des anderen Ehegatten weiter Bestand haben. Diese Frage sollte daher iRd Änderungsvorbehalts ausdrücklich geregelt werden. Liegt keine Regelung vor, tendiert die Rspr. dazu, nur eine Befreiung von der in § 2271 angeordneten Bindung anzunehmen und die Wirkungen der Wechselbezüglichkeit der Verfügung aufrechtzuerhalten (BGH, Urt. v. 10.12.1986 – IVa ZR 169/85, NJW 1987, 901). Dagegen lässt sich aber einwenden, dass der von den Ehegatten angestrebte Wille (zB Änderung der Schlusserben) oft nur erreicht werden kann, wenn auch bei einer Ausübung des Änderungsrechts die Verfügungen des anderen Teils (zB Einsetzung des Längerlebenden zum Alleinerben) weiter Bestand haben; daher dürfte in der Regel auch eine Einschränkung der Wirkungen der Wechselbezüglichkeit gewollt sein (so mit umf. Begründung Reimann/Bengel/Mayer/*Mayer* Rn. 86 f., der auch darauf hinweist, dass die Rspr. der Problematik oft dadurch entgeht, dass sie die Verfügungen als einseitig und somit nicht wechselbezüglich ansieht).

34 ee) **Einzelfälle.** Enthält das gemeinschaftliche Testament die Klausel, dass „beiden Eltern (dh den Ehegatten) die Abänderung vorbehalten" bleibt, spricht dies nicht für einen Abänderungsvorbehalt; diese Klausel ist vielmehr als Hinweis auf die nach dem Gesetz bestehende Befugnis zur gemeinsamen Änderung zu Lebzeiten beider aufzufassen (BayObLG, Beschl. v. 28.2.1989 – 1a Z 33/88, NJW-RR 1989, 587). Auch die Ermächtigung, dass der Längerlebende „in der Verfügung über den Nachlass des Erstversterbenden nicht beschränkt sein" soll, ist ohne weitere Anhaltspunkte nicht als Änderungsvorbehalt aufzufassen, sondern als Verweis auf die lebzeitige Verfügungsbefugnis (BayObLG, Beschl. v. 30.8.1984 – 1 Z 71/84, FamRZ 1985, 209). Dagegen enthält nach hM eine Wiederverheiratungsklausel (vgl. dazu → § 2269 Rn. 48 ff.) regelmäßig einen (bedingten) Änderungsvorbehalt (MüKoBGB/*Musielak* Rn. 32); eine Pflichtteilssanktionsklausel (vgl. dazu → § 2269 Rn. 77 ff.) kann hinsichtlich des Erbteils des den Pflichtteil Fordernden einen Änderungsvorbehalt beinhalten (BayObLG, Beschl. v. 20.3.1990 – 1a Z 65/88, NJW-RR 1990, 969 zum Erbvertrag). Setzen sich Ehegatten gegenseitig zu Erben und die einseitigen Kinder des Erstversterbenden zu Schlusserben ein und erhält der Längerlebende nach dem Tod des Erstversterbenden von seiner Verwandtschaft erhebliches Vermögen kann dem Testament im Wege der (ergänzenden) Auslegung uU ein Änderungsvorbehalt zu entnehmen sein; dabei ist sowohl hinsichtlich der Annahme eines Änderungsvorbehalts als auch hinsichtlich seines Umfangs ein strenger Maßstab anzulegen (OLG München, Beschl. v. 28.3.2011 – 31 Wx 93/10, NJW-RR 2011, 1020, mit insoweit zust. Anm. *Kanzleiter* MittBayNot 2011, 508 (509)).

35 **5. Aufhebung sowohl einseitiger als auch wechselbezüglicher Verfügungen zu Lebzeiten beider.** Sollen zu Lebzeiten beider Ehegatten sowohl einseitige Verfügungen als auch wechselbezügliche Verfügungen aufgehoben werden, sind für die jeweilige Verfügung die spezifischen Regelungen zu beachten; für die einseitigen Regelungen gelten die in → Rn. 3 f. dargelegten Grundsätze, für die wechselbezüglichen diejenigen in → Rn. 5 ff.

36 **6. Aufhebung (einzelner oder mehrerer) wechselbezüglicher Verfügungen nach dem Tod eines Ehegatten.** Das oben näher beschriebene Widerrufsrecht erlischt mit dem Tod eines Ehegatten, § 2271 II 1. Mit diesem Zeitpunkt tritt für den Längerlebenden eine endgültige **Bindung** an die von ihm errichteten, in dem gemeinschaftlichen Testament enthaltenen wechselbezüglichen Verfügungen von Todes wegen ein. Einseitige Verfügungen von Todes wegen kann der Längerlebende dagegen auch weiterhin frei widerrufen. Diese Rechtsfolge des § 2271 II 1 ist zwingend. Sie erfolgt unabhängig davon, ob der länger lebende Ehegatte durch den Erstverstorbenen bedacht wurde oder nicht (Reimann/Bengel/Mayer/*Mayer* Rn. 33). Auch eine etwaige Wertlosigkeit oder Überschuldung des Nachlasses und das damit verbundene Fehlen einer (wirtschaftlichen) Bereicherung ist für die Bindung ohne Bedeutung (MüKoBGB/*Musielak* Rn. 15). Die Bindung tritt unmittelbar mit dem Tod des Erstversterbenden ein; auf die Annahme der Erbschaft kommt es nicht an. Der länger lebende Ehegatte kann sich aber in den unter b) bis e) genannten Fällen von der Bindung lösen.

37 a) **Umfang der Bindungswirkung.** Hinsichtlich des Umfangs der von § 2271 II 1 angeordneten Bindungswirkung ergeben sich große Ähnlichkeiten mit der für den Erbvertrag aus § 2289 I 2 folgenden Bindung. Die Vorschrift des **§ 2289 I 2** ist daher auf die mit dem Tod des Erstversterbenden bei gemeinschaftlichen Testamenten eintretende Bindung **analog** anwendbar (OLG Frankfurt aM, Beschl. v. 27.6.1994 – 20 W 108/94, NJW-RR 1995, 265 (266)), so dass ergänzend auf die Kommentierung zu dieser Vorschrift verwiesen werden kann. Einseitige Verfügungen, die nach dem gemeinschaftlichen Testament errichtet wurden, sind somit nicht nichtig (§ 2289 I 2); sie entfalten vielmehr in dem Umfang, in dem sie die wechselbezüglichen Verfügungen beeinträchtigen, keine Wirkung (→ Rn. 25). Die Reichweite der Bindungswirkung hängt somit davon ab, ob durch die spätere Verfügung der durch die wechselbezügliche Verfügung Bedachte (ganz oder teilweise) beeinträchtigt wird (NK-BGB/*Müßig* Rn. 26). Sind in dem gemeinschaftlichen Testament bindende Erbeinsetzungen für den gesamten Nachlass des Längerlebenden enthalten, kann dieser nicht neu verfügen; die Bindung betrifft auch das Vermögen, das er im Zeitpunkt des Todes des Erstversterbenden bereits besessen hat, sowie das Vermögen, das er erst nach dem Tod des Erstversterbenden selbst erwirbt (NK-BGB/*Müßig* Rn. 24; Staudinger/*Kanzleiter* Rn. 30). Für Verfügungen, die zeitlich vor dem gemeinschaftlichen Testament errichtet wurden, ist § 2289 I 1

dagegen nicht analog anwendbar; die Widerrufswirkung des gemeinschaftlichen Testamentes ergibt sich insoweit allein aus § 2258 (Reimann/Bengel/Mayer/*Mayer* Rn. 36).

Die Bindung führt dazu, dass der Längerlebende **den Bedachten durch die neue Verfügung nicht** 38 **schlechter stellen darf,** als dies in dem gemeinschaftlichen Testament vorgesehen ist. Er kann allerdings neutrale Anordnung treffen oder den Bedachten besser stellen (NK-BGB/*Müßig* Rn. 26). Daher ist die Anordnung eines neuen (Mit-)**Erben,** eines **Vermächtnisses** oder einer **Auflage** zulasten des bindend Bedachten nicht möglich; der Erbe kann auch nicht mit einer Nacherbfolge beschwert werden (BeckOK BGB/*Litzenburger* Rn. 1 mwN). Bei der Anordnung einer nachträglichen Beschwerung kommt es auch nicht darauf an, ob diese sittlich gerechtfertigt ist oder nicht. Die Ausnahmen von der Bindungswirkung sind im Gesetz geregelt oder werden von den Ehegatten selbst bestimmt, eine Erweiterung ist aus Gründen des Vertrauensschutzes nicht zulässig (BeckOK BGB/*Litzenburger* Rn. 17; nach jurisPK-BGB/*Reymann* Rn. 51 mwN) sollen jedoch Vermächtnisse mit geringfügigen Zuwendungen, die entweder Dritten aus Dankbarkeit oder Belohnung für jahrelange Dienste oder hilfs- bzw. pflegebedürftigen Familienangehörigen aus Solidarität zur Unterstützung gewährt werden, zulässig ein; skeptisch insoweit MüKoBGB/*Musielak* Rn. 18).

Bei der nachträglichen Anordnung einer **Teilungsanordnung** wird man unterscheiden müssen. Han- 39 delt es sich um eine Teilungsanordnung iSd § 2048, die nicht zu einer Wertverschiebung führt (oftmals als sog. „echte Teilungsanordnung" bezeichnet), ist diese zulässig. Das Vertrauen des Erben wird nur im Hinblick auf eine wertmäßige Beteiligung am Nachlass und nicht auf die Zuwendung konkreter Einzelgegenstände geschützt (Reimann/Bengel/Mayer/*Mayer* Rn. 38). Bei den sog. wertverschiebenden Teilungsanordnungen handelt es sich dagegen eigentlich nicht um Teilungsanordnungen, sondern um Vorausvermächtnisse (→ § 2048 Rn. 21 ff.). Diese können nachträglich nicht angeordnet werden, auch wenn für den Begünstigten die Pflicht zum schuldrechtlichen Ausgleich aus seinem sonstigen Vermögen begründet wird (so auch MüKoBGB/*Musielak* Rn. 17; anders Reimann/Bengel/Mayer/*Mayer* Rn. 38). Eine Ausgleichspflicht lässt zwar einen Benachteiligungsvorsatz des Testierenden iSd § 2287 entfallen (vgl. *Spellenberg* NJW 1986, 2531 (2534) mwN; BeckFormB ErbR/*Braun* Kap. I Abschn. I 3 Anm. 3), doch kommt es auf diese subjektive Komponente im Bereich der §§ 2271 II 1, 2289 I 2 nicht an. Der Erbe ist beeinträchtigt, da er gezwungen ist, Befriedigung aus einer Vermögensmasse zu suchen, auf die er – anders als beim Nachlass – keinen durch den Erbfall eröffneten Zugriff hat.

Auch wenn die Anordnung einer **Testamentsvollstreckung** selbst einseitiger Natur ist, beschwert sie 40 den Bedachten, kann also nicht nachgeschoben werden. Auch die nachträgliche Erweiterung des Aufgabenkreises des Testamentsvollstreckers ist unzulässig. Die Aufhebung einer im gemeinschaftlichen Testament enthaltenen Testamentsvollstreckung ist dagegen möglich. Die nachträgliche Auswechslung der Person des Testamentsvollstreckers ist grds. zulässig, wenn nicht ausnahmsweise die Ehegatten mit der konkreten Person besondere Sachkunde oder ähnliches verbunden haben (Reimann/Bengel/Mayer/ *Mayer* Rn. 38).

Der länger lebende Ehegatte wird durch die bindenden Verfügungen nicht gehindert, neu zu heiraten, 41 und auch nicht gehindert, mit diesem Partner **Gütergemeinschaft** zu vereinbaren. Die aus der Heirat resultierenden Pflichtteilsrechte hat der Erbe hinzunehmen (MüKoBGB/*Musielak* Rn. 19). Der Ehegatte kann auch **Anordnungen nach § 1638** (Beschränkung der Vermögenssorge) **oder § 1418 II Nr. 2** (Bestimmung von Vermögenswerten zu Vorbehaltsgut) treffen, da dadurch der Erbe nicht belastet wird (Reimann/Bengel/Mayer/*Mayer* Rn. 40).

b) **Gegenstandslosigkeit.** Da die nachträgliche einseitige Verfügung nicht nichtig, sondern nur in ihrer 42 Wirkung gehemmt wird, kommt sie zum Tragen, wenn die widersprechende wechselbezügliche Verfügung später **gegenstandslos** wird (MüKoBGB/*Musielak* Rn. 20). Dies liegt zB vor, wenn der Bedachte vorverstirbt, die Zuwendung ausschlägt, einen Zuwendungsverzicht erklärt, auflösende Bedingungen eintreten oder die bindende Verfügung wirksam angefochten wird. Zu berücksichtigen ist dabei, dass (bei Ausschlagung oder Vorversterben) eine Gegenstandslosigkeit nur vorliegt, wenn keine Ersatzerben- bzw. Ersatzvermächtnisnehmerregelung im gemeinschaftlichen Testament enthalten ist und auch keine Anwachsung eintritt (NK-BGB/*Müßig* Rn. 123 f.). Bei einer Ersatzerben- bzw. Ersatzvermächtnisnehmerregelung ist jedoch ausdrücklich zu prüfen, ob die Wechselbezüglichkeit auch die Ersatzpersonen (dazu → § 2270 Rn. 33) erfasst (Reimann/Bengel/Mayer/*Mayer* Rn. 43).

Neue Verfügungen sind auch im Rahmen eines von den Beteiligten angeordneten **Änderungsvorbe-** 43 **halts** (→ Rn. 28 ff.) möglich. Auch ein **Zuwendungsverzicht** führt zur Wirksamkeit einer neuen Verfügung. Dabei ist zu beachten, dass eine formlose Zustimmung des Bedachten nicht genügt und damit eine Befreiung nur durch eine Erklärung nach § 2352 erfolgen kann. Da § 2352 3 nunmehr auch auf § 2349 verweist, wirkt der Zuwendungsverzicht auch für die Abkömmlinge (vgl. umf. zu den Problemen des § 2352, insb. der Frage, ob die Erstreckung auf die Abkömmlinge auch gilt, wenn diese ausdrücklich zu Ersatzerben eingesetzt sind, *Everts* ZEV 2010, 392 ff.; *G. Müller* ZNotP 2011, 256 ff.), nicht aber für sonstige Ersatzberufene.

c) Durch **Ausschlagung** kann sich der länger lebende Ehegatte das eigentlich mit dem Tod des Erst- 44 versterbenden erlöschende Widerrufsrecht erhalten, § 2271 II 1. Anders als beim Erbvertrag ist diese Regelung zwingend und daher nicht abdingbar (BGH, Urt. v. 12.1.2011 – IV ZR 230/09, NJW 2011, 1353 (1354 unter Ziff. 11); *Langenfeld* NJW 1987, 1577 (1581)).

aa) Die Ausschlagung muss **durch den Überlebenden persönlich** erfolgen. Dies ergibt sich aus dem 45 Wortlaut des § 2271 II 1 („der Überlebende"; „er"). Von Bedeutung ist dies, wenn der Überlebende innerhalb der Ausschlagungsfrist verstirbt, ohne dass er ausgeschlagen oder die Zuwendung ausdrücklich angenommen hat. Dabei ist zu beachten, dass die Ausschlagungsfrist des § 1944 nur für eine Erbeinsetzung gilt und auf Vermächtnisse nicht analog angewendet werden kann (BGH, Urt. v. 12.1.2011 – IV ZR 230/09, NJW 2011, 1353 (1354 unter Ziff. 12)). Bei einem Vermächtnis läuft somit keine Ausschlagungsfrist; das Ausschlagungsrecht kann nur durch Annahme der Verfügung beseitigt werden, § 2180 I. Wenn auch das Ausschlagungsrecht vererblich ist (§§ 1952, 2180 III) und daher durch die Erben des Überlebenden ausgeübt werden kann, hat diese Ausschlagung durch die Erben für § 2271 II 1 keine Bedeutung, macht also einseitige Verfügungen des länger lebenden Ehegatten, die gegen die Bindungswirkung des gemeinschaftlichen Testamentes verstoßen, nicht wirksam (Staudinger/*Kanzleiter* Rn. 44; Reimann/Bengel/Mayer/*Mayer* Rn. 55 m. umf. Nachw. auch zur aA). Da das einseitige Testament des Überlebenden wegen des Widerspruchs zum gemeinschaftlichen Testament nicht zur Anwendung gelangt (§ 2271 I 2), können erst Recht die darin vorgesehenen Erben das übergegangene Ausschlagungsrecht nicht geltend machen und ihre eigene Position dadurch legitimieren (OLG Zweibrücken, Beschl. v. 1.7.2004 – 3 W 102/04, NJW-RR 2005, 8).

45a   Nach dem OLG Zweibrücken ist die Ausschlagung durch einen **Bevollmächtigten** nicht möglich, da das Ausschlagungsrecht als unselbständiges an die Erbenstellung geknüpftes Gestaltungsrecht nicht übertragbar ist und daher nicht aufgrund einer Vollmacht durch einen Dritten für den Überlebenden ausgeübt werden kann (OLG Zweibrücken, Beschl. v. 13.11.2007 – 3 W 198/07, NJW-RR 2008, 239 = ZEV 2008, 194 m. Anm. *Zimmer* = DNotZ 2008, 384 m. abl. Anm. *G. Müller*). Das OLG Zweibrücken übersieht dabei, dass es sich um einen Fall der Stellvertretung und nicht um einen Fall der Übertragung des Ausschlagungsrechts handelt (so ausdrücklich BeckOGK BGB/*S. Braun* Rn. 90). Die Ausschlagung durch einen (Vorsorge-)Bevollmächtigten ändert nichts daran, dass die Ausschlagung durch den Überlebenden erfolgt ist. Sie ist, wie § 1945 III zeigt, zulässig, solange die Ausschlagung vom Umfang der Vollmacht gedeckt ist und die Vollmacht in der erforderlichen Form erteilt ist (*G. Müller* DNotZ 2008, 385 (387); BeckOGK BGB/*S. Braun* Rn. 90; jurisPK-BGB/*Reymann* Rn. 68; skeptisch, ob die Ausschlagung durch einen Bevollmächtigten im Rahmen des § 2271 II 1 ausreichend ist, dagegen *Zimmer* ZEV 2008, 194 (195 f.) und *Zimmer* ZEV 2013, 307 (308)); nur so können Widersprüche zwischen § 1945 und § 2271 verhindert werden (jurisPK-BGB/*Reymann* Rn. 68). Zusätzlich ist für § 2271 II 1 erforderlich, dass die Ausschlagung zu Lebzeiten des Überlebenden erfolgt (→ Rn. 45; eigentlich eine der einer der entscheidenden Punkte in der der Entscheidung des OLG Zweibrücken, Beschl. v. 13.11.2007 – 3 W 198/07, NJW-RR 2008, 239, worauf G. Müller zu Recht hinweist; die Ausschlagung war nicht formgerecht und sie erfolgte nach dem Tod des Überlebenden). Dass der Bevollmächtigte damit mittelbar Einfluss auf die Verfügung von Todes wegen nimmt, ist kein Verstoß gegen § 2065 BGB; diese Möglichkeit wird vom BGB vielmehr selbst in § 1945 III geschaffen. Hinzunehmen muss man eine Widerrufshandlung des Überlebenden (→ Rn. 53), bei der eine Stellvertretung natürlich ausgeschlossen ist; diese ist vor oder nach der Anfechtungshandlung (für den Fall der Anfechtung durch einen Bevollmächtigten ausdrücklich jurisPK-BGB/*Reymann* Rn. 68 mwN zur teilweise aA; für die Ausschlagung durch den Überlebenden selbst ist dies allgemeine Meinung → Rn. 54) aber zwingend nach dem Tod des Erstversterbenden vorzunehmen.

46   bb) Was unter **Zuwendung** zu verstehen ist, ist im Gesetz nicht ausdrücklich definiert. Für den Bereich des § 2271 II 1 sind dies unstreitig die Erbschaft, ein Erbteil oder ein Vermächtnis. Dabei spielt es keine Rolle, ob die Zuwendung werthaltig sind oder nicht (Staudinger/*Kanzleiter* Rn. 40). Aber auch die **Auflage** ist als Zuwendung iSd § 2271 II 1 anzusehen. Zwar gewährt sie dem Berechtigten kein Forderungsrecht, doch ist mit ihr eine Begünstigung verbunden. Aus diesem Grunde muss auch dem aus einer Auflage Begünstigten (unabhängig von der Frage, ob bei einer Auflage eine Ausschlagung im eigentlichen Sinne zulässig ist) die Möglichkeit eingeräumt werden, durch Verzicht auf die Zuwendung seine Testierfreiheit wieder zu erlangen (allgM, vgl. MüKoBGB/*Musielak* Rn. 21). Anderenfalls würde man ihn im Bereich der Bindungswirkung schlechter stellen als den mit einem eigenen Forderungsrecht ausgestatteten Vermächtnisnehmer (BeckOK BGB/*Litzenburger* Rn. 24). Dabei kann es keine Rolle spielen, ob mit der Auflage eine vermögenswerte Leistung verbunden ist (in diese Richtung MüKoBGB/*Musielak* Rn. 21; Reimann/Bengel/Mayer/*Mayer* Rn. 47; NK-BGB/*Müßig* Rn. 50) oder nicht (in diese Richtung BeckOK BGB/*Litzenburger* Rn. 24). Nach der Intention des § 2271 II 1 soll der Längerlebende Testierfreiheit erlangen, wenn er auf den Genuss aus der Zuwendung verzichtet; ein Genussverzicht ist aber auch bei Leistungen ohne Vermögenswert denkbar. Zuwendung iSd § 2271 II 1 kann auch der **gesetzliche Erbteil** sein, wenn die Ehegatten der gesetzlichen Erbfolge (zB im Hinblick auf angeordnete Vermächtnisse) bewusst freien Lauf gelassen (Staudinger/*Kanzleiter* Rn. 42) haben bzw. die gesetzliche Erbfolge erkennbar in ihren Willen aufgenommen (BeckOK BGB/*Litzenburger* Rn. 24); haben sofern diese besonderen Umstände nicht vorliegen, ist die gesetzliche Erbfolge dagegen nicht als Zuwendung anzusehen.

47   cc) Schlägt der überlebende Ehegatte die ihm gemachte Zuwendung aus und wird er, zB weil eine Ersatzregelung im Testament nicht enthalten ist und auch gesetzliche Vermutungen nicht greifen, gesetzlicher Erbe (dabei ist im Rahmen der Ausschlagung § 1948 zu beachten), so muss er nach dem Wortlaut des § 2271 II 1 („das Zugewendete") nicht auch noch zusätzlich diesen **gesetzlichen Erbteil ausschlagen,** um die Testierfreiheit wieder zu erlangen (NK-BGB/*Müßig* Rn. 56).

48   Da auf diese Weise der länger lebende Ehegatte annähernd risikolos ausschlagen könnte, geht die wohl hM davon aus, dass eine Ausschlagung des gesetzlichen Erbteils nur dann nicht erforderlich ist, wenn der länger lebende Ehegatte durch die Ausschlagung der testamentarischen Zuwendung ein ausreichendes

Opfer erbracht hat (sog. Opfer- oder Drucktheorie; KG, Beschl. v. 24.7.1990 – 1 W 949/89, NJW-RR 1991, 330; vgl. allg. Reimann/Bengel/Mayer/*Mayer* Rn. 49 ff.; NK-BGB/*Müßig* Rn. 55 ff., jeweils mit einer umf. Darstellung des Streitstandes). Dies wird bejaht, wenn der gesetzliche Erbteil (unter Berücksichtigung von § 1371 I) erheblich hinter der testamentarischen Zuwendung zurückbleibt (nach KG, Beschl. v. 24.7.1990 – 1 W 949/89, NJW-RR 1991, 330 ist dies nicht der Fall, wenn der gesetzliche Erbteil nur ¼ kleiner ist; nach BeckOK BGB/*Litzenburger* Rn. 27 reichen dagegen 10 % aus). Dieser Ansicht ist zugute zu halten, dass es dem Ehegatten hinsichtlich der Nachlassplanung regelmäßig nicht auf den Berufungsgrund, sondern auf die Stellung als Begünstigter als solche ankommt; zu berücksichtigen ist jedoch auch, dass die Differenzierung dem Gesetz und der Entstehungsgeschichte nicht zu entnehmen ist (NK-BGB/*Müßig* Rn. 57; Reimann/Bengel/Mayer/*Mayer* Rn. 51). Da der gesetzliche Erbteil nur unter den in → Rn. 46 geschilderten Ausnahmefällen als Zuwendung iSd § 2271 II 1 angesehen werden kann, führt auch eine (extensive) Auslegung der Vorschrift nicht weiter (Reimann/Bengel/Mayer/*Mayer* Rn. 53). Der BGH (BGH, Urt. v. 12.1.2011 – IV ZR 230/09, NJW 2011, 1353) hat die Frage offen gelassen.

Die Lösung ist daher richtigerweise über eine (erläuternde, meist aber ergänzende) Auslegung des Testamentes selbst zu suchen. In diesem kann uU eine **bedingte Enterbung** des Längerlebenden hinsichtlich des gesetzlichen Erbteils für den Fall enthalten sein, dass er die Zuwendung ausschlägt und seine Verfügung aufhebt (oft als sog. Bedingungstheorie bezeichnet; MüKoBGB/*Musielak* Rn. 25; zur Begrifflichkeit auch NK-BGB/*Müßig* Rn. 60). Im Rahmen dieser Auslegung ist das Verhältnis von testamentarischem und gesetzlichem Erbteil zu berücksichtigen. Ist der testamentarische Erbteil kleiner als der gesetzliche Erbteil, wird regelmäßig nicht gewollt sein, dass der Überlebende den gesetzlichen Erbteil vollständig behält; insoweit ist eine teilweise Enterbung denkbar, soweit der gesetzliche Erbteil über die testamentarische Zuwendung hinausgeht. Gegen eine Enterbung kann sprechen, dass der gesetzliche Erbteil wesentlich hinter der Zuwendung im Testament zurückbleibt; in diesem Fall sind vielmehr weitere Anhaltspunkte nötig (MüKoBGB/*Musielak* Rn. 25). 49

IErg ist daher eine Ausschlagung des gesetzlichen Erbteils nur erforderlich, wenn es sich dabei ausnahmsweise um eine Zuwendung handelt. Im Testament kann jedoch im Einzelfall eine bedingte Enterbung enthalten sein. Dies ist durch individuelle Auslegung zu ermitteln, wobei die Kriterien der Bedingungstheorie als Anhaltspunkt herangezogen werden können; schematische Ergebnisse verbieten sich jedoch (für die individuelle Auslegung auch Reimann/Bengel/Mayer/*Mayer* Rn. 54). Bei der Gestaltung eines gemeinschaftlichen Testamentes sollte die Frage daher ausdrücklich geregelt werden. 50

dd) Ist dem länger lebenden Ehegatten **nichts zugewendet,** kommt eine Ausschlagung nicht in Frage. In diesem Fall kann er seine Testierfreiheit nicht wieder erlangen. Teilweise wird vertreten, dass es in diesem Fall ausreichend sei, wenn ein dem Überlebenden nahe stehender und bedachter Dritter auf dessen Veranlassung hin die Verfügung ausschlägt (*Pfeiffer* FamRZ 1993, 1266 (1280); Soergel/*Wolf* Rn. 20 ohne Beschränkung auf nahe stehende Personen). Dies kann jedoch nicht überzeugen. § 2271 II 1 will widersprüchliches Verhalten des Überlebenden verhindern. Dieser soll nicht einerseits seine Zuwendung behalten und andererseits die gemeinsame Vermögensplanung abändern. Bei einem Dritten besteht diese Gefahr nicht. Bei fehlender Zuwendung an den Längerlebenden bleibt somit nur eine Änderung nach § 2271 II 2 bzw. § 2771 III oder eine Anfechtung der Verfügungen (MüKoBGB/*Musielak* Rn. 23). 51

Enthält das gemeinschaftliche Testament **sowohl Zuwendungen an den Überlebenden als auch an einen Dritten,** so muss nur der Überlebende ausschlagen, um die Testierfreiheit zu erlangen. Allerdings können durch eine nachfolgende Aufhebung seiner Verfügung über § 2270 I auch Verfügungen des Erstversterbenden unwirksam werden, soweit sie wechselbezüglich zu den geänderten Verfügungen sind. 52

ee) Die Ausschlagung allein führt nach dem Wortlaut des § 2271 II 1 nicht zu einer Aufhebung der Verfügungen des Überlebenden. Neben der Ausschlagung ist daher **zusätzlich** eine (formgültige) Widerrufshandlung erforderlich. Diese kann durch ein reines Widerrufstestament (§ 2254) oder ein widersprechendes Testament (§ 2258; BGH, Urt. v. 12.1.2011 – IV ZR 230/09, NJW 2011, 1353 (1354) stellt ausdrücklich klar, dass auch in einem abändernden Testament ein Widerruf iSd § 2271 II 1 liegt) vorgenommen werden. Auch der Abschluss eines Erbvertrages oder eines gemeinschaftlichen Testamentes mit einem neuen Ehepartner ist denkbar. Die Vernichtung der Testamentsurkunde oder die Rücknahme aus der amtlichen Verwahrung sind nach dem Tod eines Ehegatten jedoch nicht mehr möglich (Staudinger/*Kanzleiter* Rn. 45). Ist die Widerrufshandlung des Überlebenden in einem widersprechenden Testament enthalten und wird dieses Testament wieder aufgehoben, hat das auf die einmal eingetretenen Widerrufsfolgen keinen Einfluss (BGH, Urt. v. 12.1.2011 – IV ZR 230/09, NJW 2011, 1353). 53

Die Widerrufshandlung kann auch schon **vor der Ausschlagung** vorgenommen werden (OLG Bremen, Beschl. v. 1.8.2012 – 5 W 18/12, MittBayNot 2013, 55 (56) mit zust. Anm. *Soutier;* aA OLG Karlsruhe, Urt. v. 8.7.1998 – 6 U 138/96, NJWE-FER 1999, 14), da die Ausschlagung nach § 1953 auf den Zeitpunkt des Todes zurückwirkt (NK-BGB/*Müßig* Rn. 62). Sie muss allerdings zwingend nach dem Tod des Erstversterbenden vorgenommen werden (und im Zeitpunkt der Ausschlagung noch bestehen), da vor dem Tod der Widerruf nur nach den Vorschriften des § 2271 I erfolgen kann. Ein vor dem Tod des Erstversterbenden errichtetes Einzeltestament kommt daher nur dann zur Anwendung (da es nicht mehr im Widerspruch zu einer bindenden Verfügung steht), wenn zur Ausschlagung eine nach dem Tod erfolgte Widerrufshandlung tritt. 54

Die Verfügungen des Erstversterbenden kann der Überlebende nicht widerrufen, § 2065. Allerdings führt der Widerruf seiner Verfügungen über § 2270 I zur Unwirksamkeit von Verfügungen des Erstver- 55 sterbenden, die zu den widerrufenen Verfügungen wechselbezüglich sind. Dies kann dazu führen, dass nach dem Erstversterbenden gesetzliche Erbfolge eintritt und die Schlusserben so weniger als gewollt oder gar nichts erhalten. Daher ist im Wege der Auslegung zu prüfen, ob der Erstversterbende seine Verfügung auch dann getroffen hätte, wenn ihm die Unwirksamkeit der Verfügung des anderen Ehegatten bekannt gewesen wäre (BGH, Urt. v. 12.1.2011 – IV ZR 230/09, NJW 2011, 1353 (1354)). Diese (ergänzende) Auslegung kann zu einer Beschränkung der Wechselbezüglichkeit dahin führen, dass vom Fortbestand einer vom Erstversterbenden angeordneten Ersatzerbenregelung auszugehen ist (nach NK-BGB/*Müßig* Rn. 65 mwN ist diese Auslegung eher die Regel als die Ausnahme). Sofern eine Erstzerbenregelung für den ersten Erbfall nicht vorhanden ist, wird regelmäßig nicht davon ausgegangen werden können, dass die Schlusserben als Ersatzerben anzusehen sind (OLG Hamm, Beschl. v. 14.3.2014 – I-15 W 136/13, NJW-RR 2014, 781; *Soutier*, MittBayNot 2014, 511; MüKoBGB/*Musielak* Rn. 22); dann verbleibt es bei der gesetzlichen Erbfolge.

56 d) **Verfehlungen.** Auch nach der Annahme des Zugewendeten kann der Überlebende bei **Verfehlungen des Bedachten** zur Änderung seiner wechselbezüglichen Verfügungen berechtigt sein, §§ 2271 II 2, 2294, 2333. Die zur Änderung berechtigenden Verfehlungen des Bedachten sind dabei in § 2333 für alle Pflichtteilsberechtigten einheitlich und erschöpfend aufgezählt. Ob der Bedachte tatsächlich pflichtteilsberechtigt nach dem Erblasser ist, ist unbedeutend (*G. Müller* ZEV 2011, 240 (241)). Zur Aufhebung berechtigen Verfehlungen, die gegenüber dem Längerlebenden oder dem Erstversterbenden begangen wurden (BeckOK BGB/*Litzenburger* Rn. 29; Reimann/Bengel/Mayer/*Mayer* Rn. 58). Ist in § 2333 von Verfehlungen gegenüber dem Ehegatten des Erblassers die Rede, so kann dies sowohl der Erstversterbende als auch ein späterer Ehegatte sein (Staudinger/*Kanzleiter* Rn. 49).

57 Verfehlungen, die **nach dem Tod des Erstversterbenden begangen** wurden, berechtigen immer zur Aufhebung. Wurden die Verfehlungen **nach Errichtung des gemeinschaftlichen Testamentes** und vor dem Tod des Erstversterbenden begangen, kommt es entscheidend auf den Zeitpunkt der Kenntniserlangung an. Erfolgt die Kenntniserlangung nach dem Tod des Erstversterbenden, ist § 2271 II 2 anwendbar. Auf Verfehlungen, die schon zu Lebzeiten des anderen Ehegatten bekannt wurden, kann einseitig dagegen nur durch einen Widerruf nach §§ 2271 I 1, 2296 reagiert werden (Staudinger/*Kanzleiter* Rn. 49; aA BeckOK BGB/*Litzenburger* Rn. 29, der eine Aufhebung auch bei Kenntniserlangung vor dem Tod des Erstversterbenden für zulässig erachtet). Maßgeblich ist dabei immer die Kenntnis durch den Ehegatten, der letztlich der Überlebende ist, da es auf seine Befugnis zur Änderung seiner im gemeinschaftlichen Testament enthaltenen Verfügungen ankommt (Staudinger/*Kanzleiter* Rn. 48); eine Kenntnis allein durch den Erstversterbenden ist daher unschädlich. Bei Verfehlungen, die **vor Errichtung des gemeinschaftlichen Testamentes begangen** wurden und die bei Errichtung bekannt waren, ist eine Aufhebung ausgeschlossen (Staudinger/*Kanzleiter* Rn. 49). Wurden sie nach Errichtung, aber vor dem Tod des Erstversterbenden bekannt, kommt nur ein Widerruf nach §§ 2271 I 1, 2296 nicht aber eine Aufhebung in Betracht. Werden die vor Errichtung begangenen Verfehlungen erst nach dem Tod des Erstversterbenden bekannt, kommt statt der Aufhebung eine Selbstanfechtung analog §§ 2078 II, 2281 ff. in Betracht (Reimann/Bengel/Mayer/*Mayer* Rn. 58). Bei **Tatbeständen mit Dauerwirkung** kommt auch bei einem Beginn vor Errichtung des Testamentes oder dem ersten Erbfall eine Aufhebung in Betracht, wenn der Tatbestand zu Lebzeiten des Längerlebenden fortbesteht und bisher unbekannt war (Reimann/Bengel/Mayer/*Mayer* Rn. 58).

58 Die Aufhebung erfolgt **durch letztwillige Verfügung,** in der der Grund der Änderung anzugeben ist, §§ 2294, 2336 I, II. Der Grund muss im Zeitpunkt der Entziehung bestehen. Die Beweislast trägt der, sich auf die Entziehung beruft, § 2336 III. Eine **Verzeihung** nach Errichtung des Aufhebungstestamentes ist unerheblich, da § 2294 nicht auf § 2337 verweist (KG, Beschl. v. 19.10.2010 – 1 W 361/10, ZEV 2011, 266). Dagegen scheidet eine Aufhebung aus, wenn der Längerlebende dem Bedachten schon vor der Aufhebung verziehen hat, da in diesem Fall nicht mehr das von § 2294 geforderte Recht zur Pflichtteilsentziehung vorliegt (MüKoBGB/*Musielak* Rn. 24; *G. Müller* ZEV 2011, 240 (242)).

59 Der Überlebende kann immer **nur seine eigenen Verfügungen aufheben,** nicht aber die des Erstversterbenden. Die Aufhebung bewirkt **nicht** die Unwirksamkeit der wechselbezüglichen Verfügungen des Erstversterbenden nach § 2270 I; insoweit ist von einer Beschränkung der Wechselbezüglichkeit auszugehen (Reimann/Bengel/Mayer/*Mayer* Rn. 59; nach MüKoBGB/*Musielak* Rn. 28 (zu § 2335 BGB aF) ist dagegen ausnahmsweise dann von der Anwendbarkeit des § 2270 I auszugehen, wenn es sich um eine Verfehlung handelt, die der Erstversterbene nach Errichtung des gemeinschaftlichen Testamentes begangen hat und die dem anderen Teil erst nach dessen Tod bekannt wird). Das Änderungsrecht bezieht sich immer nur auf Verfügungen zugunsten desjenigen, dem die Verfehlungen nach § 2333 vorzuwerfen sind; die Verfügungen zugunsten anderer Personen können dagegen nicht aufgehoben werden (MüKoBGB/*Musielak* Rn. 26). Die Aufhebung führt nach hM nicht zum Wegfall des Bedachten iSd § 2069; der Überlebende kann den **Ersatzberufungen** gebunden sein (BayObLG, Beschl. v. 16.10.1963 – 1 Z 173/62, BayObLGZ 1963, 271; Palandt/*Weidlich* Rn. 25; Staudinger/*Kanzleiter* Rn. 53; aA *G. Müller* ZEV 2011, 240 (243 f.), die – dogmatisch überzeugend – die Aufhebung iRd Vorschriften über die Ersatzberufung bzw. Anwachsung wie jeden anderen Wegfall behandelt und die Frage der Abänderbarkeit durch den Längerlebenden auf die Ebene der Bindungswirkung verschiebt). Anders ist dies dann, wenn der (evtl. durch Auslegung zu ermittelnde) Wille der Ehegatten auf eine Bindung an die Ersatzberufenen gerichtet ist (NK-BGB/*Müßig* Rn. 71), oder im Testament ausdrücklich eine wechselbezügliche Ersatzberufung vorgenommen wurde (Staudinger/*Kanzleiter* Rn. 53).

e) Bei **Verschwendung oder Überschuldung** eines Abkömmlings können nach §§ 2271 III, 2289 II die in § 2338 genannten Maßnahmen hinsichtlich der gesamten für diesen Abkömmling vorgesehenen Zuwendung getroffen werden. Dabei ist es unerheblich, ob es sich um einen eigenen Abkömmling oder einen des anderen Ehegatten handelt, § 2271 III. Allerdings können immer nur eigene Zuwendungen beschränkt werden, nicht dagegen diejenigen des anderen Ehegatten (§ 2289 II „der Erblasser"). Die Anordnungen können sowohl zu Lebzeiten beider Ehegatten als auch nach dem Tod des Erstversterbenden getroffen werden (NK-BGB/*Müßig* Rn. 73). Sie sind unwirksam, wenn der Grund für die Anordnung im Zeitpunkt des Todes des Erblassers nicht mehr besteht, § 2338 II 2. Die Anordnung erfolgt durch letztwillige Verfügung, die den Grund für die Beschränkung nennen muss, §§ 2338 II 1, 2336 I, II. Die Angabe eines im Gesetz nicht vorgesehenen Grundes, wie zB drohende Überschuldung oder das Unvermögen, mit Geld umzugehen, reicht nicht aus (Reimann/Bengel/Mayer/*Mayer* Rn. 65). Die Anordnung der in § 2338 genannten Maßnahmen führt nicht zu einem Widerruf iSd § 2270 I, so dass die wechselbezüglichen Verfügungen der Ehegatten unverändert bestehen bleiben (Reimann/Bengel/Mayer/*Mayer* Rn. 65). 60

7. Rechtsgeschäfte unter Lebenden. Der Abschluss eines gemeinschaftlichen Testaments schränkt die Ehegatten in ihrer Möglichkeit, Verfügungen unter Lebenden zu treffen, grds. nicht ein. Allerdings können Verfügungen Ansprüche der im Testament Bedachten nach sich ziehen. Die Rechtsfolgen hängen maßgeblich davon ab, zu welchem Zeitpunkt die Verfügung getroffen wird. 61

a) Soweit die Verfügung eines der Ehegatten **zu Lebzeiten beider** erfolgt, findet eine Einschränkung nicht statt; die §§ 2287, 2288 sind nicht analog anwendbar (allgM; vgl. NK-BGB/*Müßig* Rn. 125 mwN). Ein Ehegatte kann somit auch zulasten des Überlebenden seinen Nachlass verringern; missfallen einem Ehegatten die Verfügungen des anderen, kann er seine wechselbezüglichen Verfügungen nach § 2271 I 1 widerrufen. Ein Teil der Lit. will jedoch § 2287 analog auch auf Verfügungen, die zu Lebzeiten beider Ehegatten vorgenommen wurden, anwenden, wenn der überlebende Ehegatte erst nach dem Tod des anderen Ehegatten von diesen Verfügungen Kenntnis erlangt und er diese nicht mehr widerrufen kann (MüKoBGB/*Musielak* Rn. 47; NK-BGB/*Müßig* Rn. 135 mwN; Staudinger/*Kanzleiter* § 2287 Rn. 2 will dies auf die Fälle beschränken, in denen die Wirkungen der Zuwendung – wie bei § 331 – erst beim Tod des Zuwendenden eintreten). Diese Ansicht ist jedoch abzulehnen. Zu Lebzeiten beider Ehegatten entfaltet das gemeinschaftliche Testament keine dem Erbvertrag vergleichbare Bindungswirkung; diese Bindungswirkung ist aber Voraussetzung für eine analoge Anwendung der Vorschriften des Erbvertrags. Es besteht somit in diesen Fällen allenfalls die Möglichkeit zur Anfechtung nach § 2078 II (so auch Reimann/Bengel/Mayer/*Mayer* Rn. 119). 62

b) Auf **nach dem Tod eines Ehegatten** vorgenommene Verfügungen sind die §§ 2286–2288 analog anzuwenden, soweit wechselbezügliche Verfügungen im Testament durch den Tod bindend geworden sind; dies ergibt sich aus der mit dem Erbvertrag vergleichbaren Interessenlage (ganz hM; BGH, Urt. v. 23.9.1981 – IVa ZR 185/80, NJW 1982, 43 (44); MüKoBGB/*Musielak* Rn. 47). Der Überlebende ist daher frei, Verfügungen unter Lebenden vorzunehmen (§ 2286 analog); die Rspr. zur Aushöhlungsnichtigkeit hat der BGH (BGH, Urt. v. 5.7.1972 – IV ZR 125/70, NJW 1973, 240) aufgegeben. Nur unter den in §§ 2287, 2288 genannten Voraussetzungen kommen Bereicherungsansprüche der Schlusserben bzw. der für den Schlusserbfall bedachten Vermächtnisnehmer in Betracht, wenn der Überlebende nach dem Tod das anderen Ehegatten Verfügungen unter Lebenden vornimmt (zu den Einzelheiten vgl. die Komm. zu den §§ 2287, 2288; BeckFormB ErbR/*Braun* Kap. I Abschn. I 2 Anm. 11). Eine Verfügungsbeschränkung des Überlebenden besteht nur, wenn sie sich direkt aus seiner Erbenstellung ergibt. Dies ist der Fall, wenn der Überlebende zum Vorerben bestimmt ist (vgl. zB § 2113); durch das Beifügen auflösender Bedingungen kann eine „untechnische Verfügungsbeschränkung" erreicht werden. Weiter kommt beim Hinzutreten besonderer Momente eine Nichtigkeit der Verfügung nach § 138 in Betracht (NK-BGB/*Müßig* Rn. 139). Die Anwendung der §§ 2287 f. auf bindende Verfügungen kann von den Ehegatten im Testament abgedungen oder eingeschränkt werden (NK-BGB/*Müßig* Rn. 137). Weiter kann die Bindung verstärkt werden, indem die Ehegatten neben dem gemeinschaftlichen Testament zusätzliche schuldrechtliche Vereinbarungen in Form eines Verfügungsunterlassungsvertrages treffen (Reimann/Bengel/Mayer/*Mayer* Rn. 121). Aus diesen Vereinbarungen kann, sofern von den Ehegatten gewünscht und vereinbart, der Bedachte, anders als aus den Regelungen in den §§ 2287, 2288, auch schon zu Lebzeiten des Überlebenden Rechte herleiten, die zB auch durch eine Vormerkung oder eine Hypothek gesichert werden können. 63

8. Anfechtung. Auch die in einem gemeinschaftlichen Testament enthaltenen Verfügungen von Todes wegen können angefochten werden. Hinsichtlich der zu beachtenden Förmlichkeiten hängt es maßgeblich davon ab, zu welchem Zeitpunkt die Anfechtung vorgenommen werden soll und durch wen die Anfechtung erfolgt. Ergänzend zu den folgenden Ausführungen sind die Kommentierungen zu §§ 2078 ff. sowie §§ 2281 ff. zu beachten. 64

a) **Zu Lebzeiten beider Ehegatten** ist eine Anfechtung nicht möglich. Für die Ehegatten selbst ergibt sich die Unzulässigkeit der Anfechtung aus der Möglichkeit zum Widerruf, § 2271 I 1; Dritte können nicht anfechten, da noch kein Erbfall iSd §§ 2078 ff. vorliegt (BeckOK BGB/*Litzenburger* Rn. 34). 65

b) Soll **nach dem Tod des Erstversterbenden** (und zu Lebzeiten des Überlebenden) eine Verfügung angefochten werden, ist zu unterscheiden, ob es sich um eine Verfügung des Erstversterbenden oder um eine Verfügung des Überlebenden handelt. 66

10 BGB § 2271   Buch 5. Abschnitt 3. Titel 8. Gemeinschaftliches Testament

67   **aa) Der überlebende Ehegatte** kann **Verfügungen des Erstversterbenden** nach dessen Tod nach den allgemeinen Regelungen der §§ 2078 ff. anfechten. Dabei spielt es keine Rolle, ob es sich um eine einseitige oder eine wechselbezügliche Verfügung handelt. Eine Anfechtung nach § 2079 durch den überlebenden Ehegatten scheidet jedoch aus, da er entweder bedacht oder bewusst übergangen wurde (Reimann/Bengel/Mayer/*Mayer* Rn. 92). Die Anfechtung erfolgt durch formfreie Erklärung gegenüber dem Nachlassgericht, § 2081. Für die Frist gilt § 2082, wobei die Jahresfrist des § 2082 I nicht vor dem Tod des Erstversterbenden beginnt (BeckOK BGB/*Litzenburger* Rn. 38). Die Anfechtung kann auch noch nach Annahme durch den Überlebenden erfolgen (Palandt/*Weidlich* Rn. 28).

68   **bb)** Bei der **Anfechtung eigener Verfügungen** durch den **Überlebenden** ist zwischen seinen einseitigen und seinen wechselbezüglichen Verfügungen zu unterscheiden. Eine Anfechtung **einseitiger Verfügungen** ist ausgeschlossen, da diese auch nach dem Tod des Erstversterbenden jederzeit einseitig aufgehoben werden können, so dass ein Bedürfnis für die Anfechtung nicht besteht. Dies gilt auch dann, wenn der Überlebende mangels Testierfähigkeit an der Aufhebung faktisch gehindert ist (OLG Bamberg, Beschl. v. 22.5.2015 – 4 W 16/14, RNotZ 2015, 655; BeckOK BGB/*Litzenburger* § 2078 Rn. 2; aA MüKoBGB/*Musielak* Rn. 35 mwN). Da die Abgrenzung zwischen einseitigen und wechselbezüglichen Verfügungen jedoch nicht immer eindeutig vorgenommen werden kann, sollte in Zweifelsfällen an eine vorsorgliche Selbstanfechtung gedacht werden (NK-BGB/*Müßig* Rn. 81).

69   **Wechselbezügliche Verfügungen werden** nach § 2271 II 1 durch ausdrückliche Annahme oder Ablauf der Ausschlagungsfrist bindend. Diese bindend gewordenen Verfügungen können nach allgemeiner Meinung analog §§ 2281 ff. angefochten werden, wenn auch kein Aufhebungsrecht nach § 2271 II 2 mehr besteht (BGH, Urt. v. 4.7.1962 – V ZR 206/60, NJW 1962, 1913 mwN; MüKoBGB/*Musielak* Rn. 36). Ansonsten würden wechselbezügliche Verfügungen in einem gemeinschaftlichen Testament eine stärkere Bindungswirkung entfalten als vertragsmäßige Verfügungen in einem Erbvertrag (NK-BGB/*Müßig* Rn. 82).

69a   Bei der Anfechtung nach § 2078 ist dabei allein auf die Person des überlebenden Ehegatten abzustellen, der Wille des Verstorbenen ist nicht zu berücksichtigen (MüKoBGB/*Musielak* Rn. 38 mwN auch zur aA). Dies lässt sich damit rechtfertigen, dass auch wechselbezügliche Verfügungen eigenständige Willenserklärungen sind und die Interessen des anfechtenden Ehegatten (dh des Verstorbenen) über § 2270 I gewahrt werden (NK-BGB/*Müßig* Rn. 85). Eine Anfechtung wegen der Übergehung eines Pflichtteilsberechtigten nach § 2079 ist nur zulässig, wenn die Ehegatten nicht schon im Testament auf dieses Anfechtungsrecht verzichtet haben (BeckOK BGB/*Litzenburger* Rn. 36); die Anfechtung scheidet auch aus, wenn der Erblasser die Verfügung auch bei Kenntnis der Sachlage getroffen hätte (§ 2079 I 2). Die Anfechtung ist weiter **ausgeschlossen**, wenn der Überlebende die Anfechtungsgründe durch sittenwidriges oder gegen Treu und Glauben verstoßendes Verhalten selbst herbeigeführt hat (MüKoBGB/*Musielak* Rn. 39) oder die anfechtbare Verfügung bestätigt hat (was auch formlos sowie konkludent möglich ist; vgl. NK-BGB/*Müßig* Rn. 89). Die Anfechtungserklärung bedarf analog § 2283 III der notariellen Beurkundung. Die **Frist** des § 2283 analog beginnt nicht vor dem Tod des Erstversterbenden; § 2082 III ist nicht anzuwenden (Reimann/Bengel/Mayer/*Mayer* Rn. 104).

69b   Ob die Anfechtung auf einen **Irrtum** über die mit dem Tod des Erstversterbenden eintretende **Bindungswirkung** der wechselbezüglichen Verfügungen gestützt werden kann, ist umstritten. Die Rechtsprechung und mit ihr ein Teil der Literatur verneinen das Anfechtungsrecht (OLG München Beschl. v. 28.3.2011 – 31 Wx 93/10, NJW-RR 2011, 1020 (1022 f.) = MittBayNot 2011, 505 m. Anm. *Kanzleiter*; bestätigt von OLG München Beschl. v. 1.12.2011 – 31 Wx 249/10, ZEV 2012, 153 (155); so auch OLG Hamm Urt. v. 29.3.2011 – 10 U 112/10, BeckRS 2011, 18455 und OLG Bamberg Beschl. v. 6.11.2015 – 4 W 105/15, ZEV 2016, 397; das BayObLG Beschl. v. 1.4.2004 – 1Z BR 57/03, ZEV 2004, 466 (467) ging noch von einer solchen Anfechtungsmöglichkeit aus, hat jedoch an den Nachweis des Irrtums strenge Anforderungen gestellt, da den Ehegatten der Sache nach bekannt sei, dass bei einem gemeinschaftlichen Testament eine Abhängigkeit der Verfügungen eintreten können. So auch Palandt/*Weidlich* § 2078 Rn. 3; MüKoBGB/*Musielak* Rn. 37; vgl. auch die Nachweise bei Musielak ZEV 2016, 353 (357 f.) bzw. Rn. 45). Argumentiert wird v.a. damit, dass sich die Bindung unabhängig von der Vereinbarung als gesetzliche Folge aus § 2271 BGB ergibt (detailliert dazu Kanzleiter MittBayNot 2012, 264, 265 f.); der Irrtum ist als bloßer Rechts(folgen)irrtum nicht anfechtungsrelevant. Dem wird entgegengehalten, dass damit das gemeinschaftliche Testament im Ergebnis stärker binden würde als ein Erbvertrag, bei dem die Anfechtung von der hM zugelassen wird (Reimann/Bengel/Mayer/*Mayer* Rn. 95; auch NK-BGB/*Müßig* Rn. 86 plädiert für eine Anwendung der beim Erbvertrag geltenden Regelungen. M. E. (vgl. auch *Braun* MittBayNot 2017, 279 f.) muss man unterscheiden. Wenn das gemeinschaftliche Testament ausdrückliche Regelungen zur Bindung enthält, die von den Ehegatten bei der Errichtung falsch verstanden worden sind (und die auch nicht ausgelegt werden können), dann handelt es sich um einen Inhaltsirrtum; dieser berechtigt nach §§ 2281 I, 2078 I Alt. 1 analog zur Anfechtung. Enthält das Testament dagegen (wie so oft) keine Aussage über die Bindung und stimmen die Vorstellung des Erblassers bezüglich der Bindung und die tatsächlichen Gegebenheiten (im Zeitpunkt der Errichtung des Testamentes) nicht überein, so handelt es sich um einen Motivirrtum, der nach §§ 2281 I, 2078 II Alt. 1 zur Anfechtung berechtigt. Natürlich muss in beiden Fällen der Irrtum auch kausal gewesen sein, dies ist der Fall, wenn die Verfügung ohne den Irrtum so nicht getroffen worden wäre (was praktisch so gut wie nie der Fall sein wird bzw. nicht nachgewiesen werden kann). Sofern sich der verfügende Ehegatte über die Bindung gar keine Gedanken gemacht hat, dann liegt kein Irrtum vor; eine Anfechtung ist nicht möglich (so auch *Kanzleiter* MittBayNot 2012, 264, 267 bei Ziffer 2).

cc) Auch Dritte können **Verfügungen des Erstversterbenden** nach dessen Tod nach den §§ 2078 ff. anfechten. Der praktisch häufigste Fall ist die Anfechtung nach § 2079 durch Personen, die zwischen Errichtung des Testamentes und dem ersten Erbfall geboren oder sonst pflichtteilsberechtigt wurden. Der Anfechtungsausschluss nach **§ 2285** ist auf diese Anfechtung nicht analog anwendbar (BGH, Urt. v. 25.5.2016 – IV ZR 205/15, NJW 2016, 2566 (2566 f. ab Rn. 14); MüKoBGB/*Musielak* Rn. 43 mwN; Reimann/Bengel/Mayer/*Mayer* Rn. 91; aA OLG Stuttgart, Urt. v. 19.3.2015 – 19 U 134/14, ZEV 2015, 476 m. abl. Anm. *Weidlich* = MittBayNot 2016, 518 m. abl. Anm. *Braun*; LG Karlsruhe, Beschl. v. 14.2.1958 – 7 T 91/57, NJW 1958, 714), da es an einer Vergleichbarkeit der Interessenlage fehlt. § 2285 schließt die Anfechtung durch Dritte für solche Verfügungen aus, bei denen ein Anfechtungsrecht des Erblassers ursprünglich bestand, dieses aber im Zeitpunkt des Erbfalls erloschen ist. Für den Erstversterbenden bestand aber wegen des in § 2271 I 1 eingeräumten Widerrufsrechts nie ein Anfechtungsrecht zu seinen Lebzeiten (→ Rn. 65). Dieses Widerrufsrecht kann aber zu Lebzeiten beider Ehegatten nicht durch Gründe zum Erlöschen gebracht werden, die beim Erbvertrag zu einem Erlöschen des Anfechtungsrechts führen würden (NK-BGB/*Müßig* Rn. 101; MüKoBGB/*Musielak* Rn. 43). Hatte der Erstversterbende zu Lebzeiten Kenntnis von Umständen, die ihn bei einem Erbvertrag zur Anfechtung berechtigt hätten (§§ 2281 I 1 iVm 2078 f.), und hat er den Widerruf unterlassen, spricht dies in aller Regel dafür, dass er die Verfügungen auch in Kenntnis der Sachlage getroffen hätte. Dann scheidet eine Anfechtung schon nach den allgemeinen Regeln aus (§§ 2078 I aE, 2079 I 2); einer analogen Anwendung des § 2285 bedarf es nicht (MüKoBGB/*Musielak* Rn. 43). Die Anfechtung erfolgt durch formfreie Erklärung gegenüber dem Nachlassgericht, § 2081 (vgl. MüKoBGB/*Musielak* Rn. 44; missverständlich insoweit Reimann/Bengel/Mayer/*Mayer*, der in Rn. 90 auf die Vorschriften der §§ 2078 ff. verweist und in Rn. 91 § 2281 II 1 analog verwendet). Die Frist des § 2082 I beginnt nicht vor dem Tod des Erstversterbenden.

dd) Verfügungen des Überlebenden können **Dritte** zu dessen Lebzeiten nicht anfechten, da noch kein Erbfall iSd §§ 2078 ff. vorliegt.

c) Nach dem Tod beider Ehegatten kommt eine Anfechtung nur noch durch Dritte in Betracht.

aa) Diese können dabei die **Verfügungen des Erstversterbenden** weiterhin anfechten, soweit die Anfechtungsfrist nicht abgelaufen ist. Auch nach dem Tod des Überlebenden findet auf diese Anfechtung § 2285 keine (analoge) Anwendung (→ Rn. 70).

bb) Weiter können Dritte nun auch **Verfügungen des Überlebenden** nach §§ 2078 ff. anfechten. Bedeutung erlangt dies vor allem für einen neuen Ehepartner oder Kinder, die nach Errichtung des gemeinschaftlichen Testamentes geboren werden, § 2079, soweit nicht auf das Anfechtungsrecht verzichtet wurde bzw. § 2079 I 2 greift. Da der Überlebende seine eigenen wechselbezüglichen Verfügungen schon zu Lebzeiten anfechten konnte (→ Rn. 69 ff.) ist auf deren Anfechtung § 2285 analog anwendbar (BayObLG, Beschl. v. 28.2.1989 – 1a Z 33/88, NJW-RR 1989, 587 (588); MüKoBGB/*Musielak* Rn. 43 mwN). Die Anfechtung ist somit ausgeschlossen, wenn der Überlebende zu Lebzeiten das Recht zur Selbstanfechtung, zB durch Fristablauf oder Bestätigung, verloren hatte (BeckOK BGB/*Litzenburger* Rn. 40). Da einseitige Verfügungen durch den Überlebenden selbst nicht angefochten werden konnten, findet § 2285 für diese keine analoge Anwendung. Die Anfechtung erfolgt durch Erklärung nach § 2081; § 2282 findet keine (analoge) Anwendung. Der Lauf der Anfechtungsfrist beginnt frühestens mit dem Tod des Überlebenden. Dies gilt auch, wenn der Anfechtende bereits zu dessen Lebzeiten Kenntnis von den Anfechtungsgründen hatte, da eine Anfechtung vor dem Eintritt des Erbfalls ausgeschlossen war.

d) Nichtigkeit. Die Anfechtung hat nach § 142 I die Nichtigkeit der angefochtenen Verfügung **zur Folge**. Die Wirksamkeit der weiteren Verfügungen des Ehegatten, dessen Verfügung angefochten wurde, richtet sich nach § 2085. Diese Verfügungen haben weiterhin Bestand, wenn anzunehmen ist, dass sie auch ohne die angefochtene Verfügung errichtet worden wären (NK-BGB/*Müßig* Rn. 109).

Die **Auswirkungen auf Verfügungen des anderen Ehegatten** richtet sich nach § 2270 I. Handelt es sich bei der unwirksamen Verfügung um eine einseitige, so bleiben die Verfügungen des anderen Ehegatten bestehen. Ist dagegen eine wechselbezügliche Verfügung unwirksam (sei es durch Anfechtung, sei es über § 2085 → Rn. 75), führt dies regelmäßig zur Unwirksamkeit der dazu wechselbezüglichen Verfügungen des anderen Ehegatten. Dies kann rückwirkend zum Eintritt der gesetzlichen Erbfolge nach dem Erstversterbenden führen, wenn von der Unwirksamkeit die Verfügung zugunsten des Längerlebenden betroffen ist und keine Ersatzregelungen greifen (Reimann/Bengel/Mayer/*Mayer* Rn. 109). Eine Unwirksamkeit der Verfügungen des anderen Ehegatten scheidet dann aus, wenn die Ehegatten diese Verfügungen für den Fall der Anfechtung fortgelten lassen wollten. Dies kann ausdrücklich im Testament bestimmt oder diesem durch (auch ergänzende Auslegung) zu entnehmen sein (NK-BGB/*Müßig* Rn. 112). Sind einzelne Verfügungen des anderen Ehegatten unwirksam, richtet sich die Fortgeltung dessen weiterer Verfügungen wiederum nach § 2085 (NK-BGB/*Müßig* Rn. 114). Zu beachten ist, dass dies wiederum Auswirkungen auf wechselbezügliche Verfügungen des Ehegatten, dessen Verfügung angefochten wurde, haben kann.

Denkbar ist auch eine **teilweise Anfechtung,** wenn sich der Irrtum oder die Drohung nur auf einen (selbständigen) Teil einer Verfügung beziehen und dafür ursächlich waren (NK-BGB/*Müßig* Rn. 115 ff.; Reimann/Bengel/Mayer/*Mayer* Rn. 110). In diesem Fall muss nicht zwingend die gesamte Verfügung unwirksam sein. Vielmehr bleibt der Rest der Verfügung nach § 2085 bestehen, wenn davon auszugehen ist, dass der Erblasser die übrige Verfügung auch ohne den nichtigen Teil errichtet haben würde (MüKoBGB/*Musielak* Rn. 46; BeckOK BGB/*Litzenburger* Rn. 41 mwN auch zur anderen Ansicht, die vollständige Unwirksamkeit annimmt). Bei der Frage, ob die teilweise Nichtigkeit auch Auswirkungen auf die Verfügungen des anderen Ehegatten hat (§ 2270 I), ist zu ermitteln, ob dieser seine Verfügung auch bei Kenntnis der teilweisen Unwirksamkeit getroffen hätte (NK-BGB/*Müßig* Rn. 119; Reimann/Bengel/Mayer/*Mayer* Rn. 111).

78 **e) Beweislast.** Die Beweislast trägt derjenige, der die Anfechtung geltend macht. Die Frage der Wirksamkeit der Anfechtung kann dabei auch in einer Klage auf Feststellung der Gültigkeit des Testamentes geklärt werden. Diese kann auch durch einen bedachten Dritten (selbst vor Eintritt des zweiten Erbfalls) angestrengt werden (BGH, Urt. v. 4.7.1962 – V ZR 206/60, NJW 1962, 1913; NK-BGB/*Müßig* Rn. 120 f.).

79 **9. Neue Bundesländer.** Für gemeinschaftliche Testamente, die vor dem 3.10.1990 auf dem Gebiet der ehemaligen DDR errichtet wurden, richtet sich die Bindungswirkung nach § 390 ZGB (vgl. Art. 235 § 2 2 EGBGB). Verfügungen unter Lebenden sind danach zulässig, die §§ 2287, 2288 gelten hier nicht analog (BGH, Urt. v. 18.1.1995 – IV ZR 88/94, NJW 1995, 1087 (1088)). Zu den Einzelheiten vgl. *Voltz* (*Voltz*, Zehn Jahre Deutsches Notarinstitut, 2003, 193 ff.). Für Verfügungen, die vor dem Inkrafttreten des ZGB (1.1.1976) errichtet wurden, gelten die §§ 2270 ff. (Reimann/Bengel/Mayer/*Mayer* Rn. 124).

80 **10. Eingetragene Lebenspartnerschaft.** § 2271 ist nach § 10 IV 2 LPartG auf gemeinschaftliche Testamente eingetragener Lebenspartner entsprechend anwendbar.

§ 2272 Rücknahme aus amtlicher Verwahrung

Ein gemeinschaftliches Testament kann nach § 2256 nur von beiden Ehegatten zurückgenommen werden.

1 **1. Normzweck.** Für den Widerruf gemeinschaftlicher Testamente gelten, soweit in den §§ 2265 ff. nichts anderes bestimmt ist, die allgemeinen Vorschriften der §§ 2253 ff. Eine Modifikation enthält § 2271 für den Widerruf wechselbezüglicher Verfügungen. § 2272 ergänzt nun die allgemeinen Vorschriften für die Rücknahme aus der amtlichen Verwahrung (§ 2256) und stellt somit eine Verlängerung des § 2265 in den Bereich des Widerrufs hinein dar. So wie ein gemeinschaftliches Testament nur durch den gemeinsamen Willen der Ehegatten geschaffen werden kann, kann die Rücknahme, die unter den Voraussetzungen des § 2256 I zum unabänderlichen Widerruf der in dem gemeinschaftlichen Testament enthaltenen Anordnungen führt (→ Rn. 2 ff.), nicht ohne Zutun beider Ehegatten erfolgen. § 2272 schützt insoweit das Vertrauen jedes der Testierenden in den Fortbestand des in die Verwahrung gebrachten Testamentes (MüKoBGB/*Musielak* Rn. 1; Reimann/Bengel/Mayer/*Mayer* Rn. 1; Soergel/*Wolf* Rn. 1). Darüber hinaus schützt § 2272 die Verwahrungssicherheit und damit den Schutz vor Fälschung bzw. Vernichtung (MüKoBGB/*Musielak* Rn. 1; Soergel/*Wolf* Rn. 1).

2 **2. Rechtsfolge.** Nach § 2256 I 1 gilt das vor einem Notar errichtete Testament oder das vor dem Bürgermeister errichtete Nottestament (§ 2249) als widerrufen, wenn die in amtliche Verwahrung genommene Urkunde dem Erblasser zurückgegeben wird. Für die genannten Testamente enthält das Gesetz daher eine vom Willen des Zurücknehmenden unabhängige (BayObLG, Beschl. v. 15.12.2004 – 1Z BR 103/04, FamRZ 05, 841) **Widerrufsfiktion**, die nur durch eine Neuerrichtung des Testamentes „beseitigt" werden kann (BeckOK BGB/*Litzenburger* Rn. 6). Wurde ein eigenhändiges Testament in die besondere amtliche Verwahrung gebracht, so führt die Rücknahme allein nicht zu einem Widerruf, § 2256 III Hs. 2. Hier ist vielmehr ein separater Aufhebungsakt durch die Ehegatten erforderlich.

3 **3. Tatbestand, Fehlerfolgen. a)** § 2272 gilt nur für **gemeinschaftliche Testamente**. Dabei ist es unerheblich, ob es sich um ein öffentliches oder ein eigenhändiges Testament handelt (BeckOK BGB/*Litzenburger* Rn. 2; MüKoBGB/*Musielak* Rn. 2). Weiter spielt es keine Rolle, ob das Testament nur einseitige Verfügungen oder auch gegenseitige und/oder wechselbezügliche Verfügungen eines oder beider Ehegatten enthält (BeckOK BGB/*Litzenburger* Rn. 2; Soergel/*Wolf* Rn. 2).

4 **b)** Das Testament muss sich in **besonderer amtlicher Verwahrung** befinden, § 346 FamFG. Eine einfache Verwahrung (wie sie zB nach Eröffnung einer Verfügung von Todes wegen durchgeführt wird) ist nicht ausreichend (Reimann/Bengel/Mayer/*Mayer* Rn. 3).

5 **c)** Die Rückgabe der Testamentsurkunde setzt einen formfreien Antrag beider Ehegatten voraus (**Rückgabeverlangen** iSd § 2256 II 1). Dieser Antrag muss weder gleichzeitig (Reimann/Bengel/Mayer/*Mayer* Rn. 6) noch persönlich durch die Beteiligten gestellt werden (BeckOK BGB/*Litzenburger* Rn. 3; nach aA (zB LG Augsburg, Beschl. v. 21.4.1998 – 5 T 629/98, NJWE-FER 1998, 278) ist eine Stellvertretung beim Rückgabeverlangen ausgeschlossen; Staudinger/*Baumann* § 2256 Rn. 11 (mit weiteren Nachw. zur aA) weist jedoch zutr. darauf hin, dass diese Frage keine praktische Relevanz hat, da die Rückgabe selbst an den Erblasser persönlich zu erfolgen hat). Das Verlangen muss nicht ausdrücklich gestellt werden; es reicht, wenn es im Verhalten des Erblassers klar zum Ausdruck kommt.

6 **d)** Die **Rückgabe** selbst kann nur an beide Ehegatten **gemeinsam** erfolgen. Sie ist höchstpersönlicher Natur, so dass eine Stellvertretung bei der Rückgabe, anders als beim Verwahrungsverlangen selbst (OLG München, Beschl. v. 25.6.2012 – 31 Wx 213/12, ZEV 2012, 482), ausgeschlossen ist; ebenso ist eine Versendung an die Beteiligten per Post ausgeschlossen. Die Rückgabe kann daher nur bei persönlicher und gleichzeitiger Anwesenheit erfolgen (BeckOK BGB/*Litzenburger* Rn. 4; MüKoBGB/*Musielak*

Rn. 4; Reimann/Bengel/Mayer/*Mayer* Rn. 4, 6). Verweigert sich ein Ehegatte der Rücknahme oder kann er bei Gericht nicht persönlich erscheinen, so scheidet die Rückgabe aus (Reimann/Bengel/Mayer/*Mayer* Rn. 6). Ist das die Verwahrung durchführende Gericht zu weit vom Wohnort der Ehegatten entfernt, können diese nach § 344 I 2 FamFG die Hinterlegung bei einem anderen (näher gelegenen) Gericht verlangen. Eine bestimmte Form ist für diesen Antrag nicht vorgesehen (Bumiller/Harders/*Schwamb* FamFG § 344 Rn. 6). Können die Ehegatten das Testament nicht bei Gericht entgegennehmen, müssen sie es in einer anderen Form widerrufen.

Erfolgt die **Rückgabe** entgegen dieser Voraussetzungen **an einen Ehegatten allein,** so tritt beim öffentlichen Testament die Widerrufsfiktion des § 2256 I 1 nicht ein, das Testament bleibt gültig (BeckOK BGB/*Litzenburger* Rn. 4; Reimann/Bengel/Mayer/*Mayer* Rn. 4). Dies gilt nach hM nicht nur hinsichtlich der in dem Testament enthaltenen wechselbezüglichen Verfügungen, sondern auch für alle einseitigen Verfügungen, einschließlich der des Zurücknehmenden (vgl. BeckOK BGB/*Litzenburger* Rn. 6; Reimann/Bengel/Mayer/*Mayer* Rn. 4; für die Unwirksamkeit der einseitigen Verfügungen des Zurücknehmenden dagegen Staudinger/*Kanzleiter* Rn. 3). Da § 2272 keine Unterscheidung zwischen einseitigen und wechselbezüglichen Verfügungen trifft, ist der hM zuzustimmen. 7

e) Die Rückgabe setzt nach hM wegen ihrer Wirkung als Widerruf (negative Verfügung von Todes wegen) **Testierfähigkeit** beider Ehegatten im Zeitpunkt der Rückgabe, nicht notwendig bei Stellung des Antrags, voraus (BayObLG Beschl. v. 9.3.2005 – 1Z BR 108/04, ZEV 2005, 480 = FamRZ 2006, 294; OLG Hamm, Beschl. v. 1.8.2012 – I-15 W 266/12, FGPrax 2012, 261 = RNotZ 2013, 183; BeckOK BGB/*Litzenburger* Rn. 4; MüKoBGB/*Musielak* Rn. 4; Staudinger/*Kanzleiter* Rn. 6; da es sich bei der Widerrufswirkung um eine gesetzliche Fiktion handelt, hält Reimann/Bengel/Mayer/*Mayer* Rn. 7 die Testierfähigkeit nicht für erforderlich). Nach hM gilt dies unabhängig davon, ob es sich um ein öffentliches oder um ein eigenhändiges Testament handelt (OLG Hamm, Beschl. v. 1.8.2012 – I-15 W 266/12, FGPrax 2012, 261 = RNotZ 2013, 183 (explizit zum eigenhändigen gemeinschaftlichen Testament); Staudinger/*Kanzleiter* Rn. 6; zweifelnd NK-BGB/*Seiler* Rn. 3 und MüKoBGB/*Musielak* Rn. 4; aA BeckOK BGB/*Litzenburger* Rn. 4 sowie Reimann/Bengel/Mayer/*Mayer* Rn. 7, die natürliche Einsichtsfähigkeit wegen der fehlenden Widerrufswirkung zutreffenderweise für ausreichend halten). Eine Rückgabe unter Verstoß gegen diese Voraussetzungen führt beim öffentlichen Testament nicht zum Widerruf (NK-BGB/*Seiler* Rn. 3; Reimann/Bengel/Mayer/*Mayer* Rn. 8). 8

f) Auch **nach einer Scheidung** der Ehe oder ihrer Aufhebung kann die Rückgabe nur an beide Beteiligte gemeinsam erfolgen (Staudinger/*Kanzleiter* Rn. 4; DNotI-Report 2012, 165 f. mwN). Die Rücknahme kann hier angezeigt sein, um Auslegungsfragen im Anwendungsbereich des § 2268 II zu vermeiden (MüKoBGB/*Musielak* Rn. 3). 9

Nach dem **Tod eines der Beteiligten** ist – unabhängig davon, ob die Eröffnung des Testamentes bereits erfolgt ist oder nicht – eine Rücknahme aus der amtlichen Verwahrung ausgeschlossen (Reimann/Bengel/Mayer/*Mayer* Rn. 5). 10

g) Nach hM kann die **Rücknahme** aus der amtlichen Verwahrung nach §§ 2256 I 1 iVm 2078 ff. **angefochten** werden, und zwar auch dann, wenn der Erblasser einem Irrtum über die rechtliche Bedeutung der Rücknahme als Widerruf des Testaments unterlegen ist (KG JFG 21, 323 (zitiert nach Brand/Kleeff, Die Nachlaßsachen in der gerichtlichen Praxis, 2. Aufl. 1961, S. 165); BayObLG, Beschl. vom 9.3.2005 – 1Z BR 108/04, ZEV 2005, 480 (481) unter 2b) bb); offen gelassen bei BayObLG, Beschl. v. 6.7.1990 – 1a Z 30/90, NJW-RR 1990, 1481 (1482) unter II 3d)). Ein solcher Inhaltsirrtum (§ 2078 I 1 Alt. 1) ist allerdings relativ unwahrscheinlich, da die zurückgebende Stelle gem. § 2256 I 2 den Erblasser über die Widerrufswirkung der Rücknahme belehren, dies auf der Urkunde vermerken und aktenkundig machen soll, dass beides geschehen ist. Diese Förmlichkeiten sind zwar nicht Voraussetzung für die Widerrufswirkung der Rücknahme, dürften aber regelmäßig das Vorliegen eines Inhaltsirrtums ausschließen (BayObLG, Beschl. v. 6.7.1990 – 1a Z 30/90, NJW-RR 1990, 1481 (1482) unter II 3d)). 11

4. **Einsichtnahme.** Nicht vom Anwendungsbereich der §§ 2256, 2272 umfasst ist die bloße Einsichtnahme in das hinterlegte Testament. Einsicht kann auch von einem Ehegatten allein (MüKoBGB/*Musielak* Rn. 4) und sogar gegen den Willen des anderen genommen werden. Die bloße Einsichtnahme führt unabhängig von der Art der Errichtung des gemeinschaftlichen Testamentes nicht zu dessen Widerruf. 12

5. **Recht in den neuen Bundesländern.** Für ein gemeinschaftliches Testament, das vor dem 3.10.1990 auf dem Gebiet der ehemaligen DDR errichtet wurde, richtet sich der Widerruf nach den Vorschriften des ZGB. Nach §§ 392 I 1, 2 iVm 387 II Nr. 2 ZGB kann ein gemeinschaftliches notarielles Testament durch Rücknahme aus der Verwahrung widerrufen werden. Diese Rücknahme kann – wie bei § 2272 auch – wohl nur gemeinschaftlich erfolgen (NK-BGB/*Seiler* Rn. 6; Reimann/Bengel/Mayer/*Mayer* Rn. 11). 13

6. **Lebenspartnerschaft.** Gem. § 10 IV 2 LPartG ist § 2272 auf das gemeinschaftliche Testament eingetragener Lebenspartner entsprechend anwendbar. 14

§ 2273 *(aufgehoben)*

Aufgehoben durch Art. 50 Nr. 62 des FGG-Reformgesetzes und ersetzt durch § 349 FamFG. 1

Abschnitt 4. Erbvertrag

Vorbemerkungen zu den §§ 2274–2302

1. Entstehungsgeschichte. Im römischen Recht wurde die vertragliche Bindung im Erbrecht noch als unsittliche Beschränkung der Testierfreiheit abgelehnt (*Battes*, Gemeinschaftliches Testament und Ehegattenerbvertrag als Gestaltungsmittel für die Vermögenszuordnung der Familie, § 2). **Die Verfasser des BGB** hielten es jedoch für erforderlich, den Erbvertrag in das BGB für bestimmte Bereiche aufzunehmen (Mot. V 311; Prot. V 371 ff.). So sollte dadurch individuellen Wünschen von Personen, die miteinander verwandt oder durch sonstige Beziehungen (zB Ehe, Verlöbnis) miteinander nahe verbunden sind, Rechnung getragen werden, insbs. wenn der Wunsch bestünde, dass der Überlebende nach dem Tode des Erstversterbenden die Möglichkeit haben sollte, das bisherige Leben, das in gemeinschaftlichem Haushalt geführt wurde, durch Übernahme des beiderseitigen Vermögens weiterführen zu können. Ein ähnliches Interesse an einem Erbvertrag sahen die Gesetzgeber im Bereich der Landwirtschaft, wenn ein jüngerer Landwirt den Hof des Älteren weiterführen sollte. Überdies gab das Verhältnis zwischen Eltern und Kindern Anlass für das Bedürfnis, den Erbvertrag zuzulassen. Hiermit sollte die Möglichkeit geschaffen werden, dass die Ängste der Kinder davor, dass die Eltern ihr Vermögen Fremden zuwenden könnten, beseitigt werden oder den Eltern die Sicherung der Familienerbfolge zu gewähren. Weitere Gründe für die Einbeziehung des Erbvertrages in das BGB bestand für folgende Bereiche: Die Gleichstellung von Kindern aus verschiedenen Ehen, „Verpfründungsverträge", Versorgung einer zu pflegenden Person gegen Zuwendung eines Erbrechts.

2. Abgrenzung des Erbvertrages vom Testament. a) Gemeinsamkeiten und Unterschiede. Erbvertrag und Testament sind gem. §§ 1937, 1941, 2278 Verfügungen von Todes wegen, die vom Erblasser gem. §§ 2274, 2064 höchstpersönlich gestaltet werden müssen. Die Verfügungen unterscheiden sich im Wesentlichen in der **Widerruflichkeit.** Während das Testament grds. widerruflich ist (§§ 2253 ff.), ist der Erbvertrag in Bezug auf die darin enthaltenen vertragsmäßigen Verfügungen grds. unwiderruflich (§ 2289 I 2). Auch **die Formvorschriften und die Anfechtung** enthalten unterschiedliche Regelungen (s. §§ 2229, 2265 ff., 2275, 2276, 2281 ff.). Ähnlichkeiten bestehen hinsichtlich der **Wechselbezüglichkeit der Verfügungen** und der Rechtsfolgen zwischen einem gemeinschaftlichen Testament und einem Erbvertrag (*Coing* NJW 1958, 689).

b) Bindungswirkung beim Erbvertrag. Die Bindungswirkung der in dem Erbvertrag enthaltenen vertragsmäßigen Verfügungen stellt **das wesentliche Unterscheidungsmerkmal des Erbvertrags** dar. Zumindest eine vertragsmäßige Verfügung muss Inhalt des Erbvertrags sein (OLG München FGPrax 2015, 88; OLG Koblenz FamRZ 2016, 405). Ein Änderungsvorbehalt durch einseitige Verfügung, dh Testament, ist unzulässig, da sonst das typische Wesensmerkmal des Erbvertrags wegfallen würde (BGH MDR 1958, 223; BGHZ 26, 204; *Lange/Kuchinke* ErbR § 24 Kap. IV Rn. 3). **Die Bindung** an den Erbvertrag ist **erbrechtlicher Natur,** so dass gem. § 2289 I frühere und spätere letztwillige Verfügungen des Erblassers grds. unwirksam sind, soweit sie das Recht des erbvertraglich Bedachten beeinträchtigen (vgl. hierzu das gemeinschaftliche Testament, § 2271). Die die Testierfreiheit einschränkende Bindungswirkung kann nur durch Anfechtung gem. §§ 2281 ff. (beim Erbvertrag auch durch den Erblasser selbst), Aufhebung gem. §§ 2290 ff., Rücktritt gem. §§ 2293 ff., Ausschlagung gem. § 1953, Erbunwürdigkeit gem. §§ 2344, 2345 oder Erbverzicht gem. §§ 2346, 2352 entkräftet werden. Dadurch, dass nur die Testierfreiheit des Erblassers für Verfügungen von Todes wegen und nicht für Verfügungen unter Lebenden eingeschränkt ist, steht dem erbvertraglich Bedachten **keine rechtliche gesicherte Anwartschaft** auf das ihm zugewendete Vermögen zu (BGH NJW 1954, 633; VGH München, Beschluss vom 21.10.2013 – 15 ZB 12.2274, BeckRS 2013, 59058). **Der Vertragserbe** erlangt, wie der testamentarische eingesetzte Erbe, **lediglich eine tatsächliche Aussicht auf das Vermögen des Erblassers.** Dabei handelt es sich um eine rechtlich begründete Erwartung auf das Erbrecht. Diese Stellung als Erbanwärter begründet keinen Anspruch, ist nicht vererblich und nicht übertragbar, nicht pfändbar, unterliegt nicht der Zwangsvollstreckung und gehört nicht zur Insolvenzmasse (BVerwG NJW 1994, 470). Die Sicherung der Erbanwärterstellung durch Vormerkung ist unzulässig (BGHZ 12, 115); so entschieden im Fall einer zu Lebzeiten des Erblassers geführten Auseinandersetzung eines künftigen Nachlassgrundstückes zwischen erbvertraglich eingesetzten Miterben (OLG Hamm OLGZ 1965, 347). Das Vorliegen einer Eintragungsbewilligung des Erblassers ändert nichts an der unzulässigen Eintragung einer Vormerkung (BGH NJW 1954, 633; OLG Hamm DNotZ 1956, 151). Gleiches gilt für die Sicherung durch einstweilige Verfügung.

c) Umdeutung. Wird eine Verfügung von Todes wegen ohne darin enthaltene vertragsmäßige Verfügung als „Erbvertrag" bezeichnet, so ist eine Umdeutung iSv § 140 entbehrlich, da es sich in diesem Fall um ein Testament handelt (Staudinger/*Kanzleiter* Rn. 12). Für sonstige wegen Formmangels oder Geschäfts- und Testierunfähigkeit des Erblassers unwirksame Erbverträge besteht die Möglichkeit der Umdeutung gem. § 140 in ein gemeinschaftliches oder einseitiges Testament (Mot. I 218; Mot. V 317; KG OLGE 10, 313; OLG München MittBayNot 2015, 239). Unter den Voraussetzungen des § 2299 sind die im unwirksamen Erbvertrag enthaltenen einseitigen Verfügungen uU wirksam. Die Möglichkeit der

Umdeutung kommt überdies für den Fall unzulässiger vertragsmäßiger Verfügungen in Betracht, die als einseitige Verfügungen bestehen bleiben können (KG OLGE 11, 256).

d) Andere ähnliche Verträge. aa) Nichtiger Vertrag nach § 311b. Ein Vertrag über den Nachlass eines noch lebenden Dritten hat gem. § 311b IV die Nichtigkeit zur Folge. Im Unterschied zum Erbvertrag wirkt der Erblasser bei dem Abschluss des Vertrages nicht mit. Bei einem nach § 311b II nichtigen Vertrag über die Übertragung künftigen Vermögens kommt die Umdeutung gem. § 140 in einen Erbvertrag in Betracht (BGHZ 28, 34).

bb) Das Schenkungsversprechen auf den Todesfall. Dieses wird nach § 2301 wie ein Erbvertrag behandelt, wenn das Schenkungsversprechen für den Fall des Todes des Schenkers, geknüpft an die Überlebensbedingung des Beschenkten, besteht und der Vollzug der Schenkung erst nach dem Tod des Schenkers stattfinden soll. Bei Erfüllung des Schenkungsversprechens zu Lebzeiten des Schenkers gelten indes die Regeln der Schenkung unter Lebenden.

3. Auslegung. Die Auslegung findet nach den Rechtsgrundsätzen statt, die für das Testament gelten. Überdies gelten die Auslegungsregeln der § 2279 I, § 2299 II, wobei für die vertragsmäßigen Verfügungen **die allgemeinen Rechtsgrundsätze für die Auslegung von Verträgen** heranzuziehen sind. Auszugehen ist von **dem gemeinsamen Willen der Vertragspartner zzt. des Abschlusses des Erbvertrages** (BGH FamRZ 1973, 189; BayObLG FamRZ 1976, 549; BGH ZEV 2011, 422). Ist dieser nicht feststellbar, ist gem. § 157 der für den jeweiligen Vertragspartner erkennbare Sinn der vertragsmäßigen Verfügung des anderen maßgeblich (BGH NJW 1951, 960; KG FamRZ 2016, 1486). Der mutmaßliche Wille ist anhand der Willensrichtung beider Vertragspartner zu ermitteln (KG OLGZ 1966, 503). Scheitert die Auslegung wegen nicht wirksam zustande gekommenen Erbvertrages, bleibt die Möglichkeit der Umdeutung in ein Testament (→ Rn. 4).

4. Unwirksamkeitsgründe. a) Nichtigkeitsgründe. Der Erbvertrag ist nichtig, wenn ein Formmangel gem. § 125, ein Verstoß gegen ein gesetzliches Verbot gem. § 134 (zB iVm § 14 HeimG und den entsprechenden landesrechtlichen Vorschriften, BGH NJW 1990, 1603; OLG Frankfurt NJW 2015, 2351; BeckOGK/*Röhl* § 2274 Rn. 47) oder die guten Sitten gem. § 138 vorliegt. Hervorzuheben ist **die Sittenwidrigkeit von Erbverträgen**, die sich nach den engen allgemeinen Voraussetzungen des § 138 richtet. Sie ist anhand **der Lebensverhältnisse zzt. des Abschlusses des Erbvertrages** zu ermitteln ist (BGH NJW 1956, 865). Bsp. für nicht sittenwidrige Erbverträge: Die Ungleichbehandlung der Abkömmlinge im Erbvertrag durch den Erblasser (BVerfG DNotZ 2000, 391); eine Heiratsklausel, die weder gegen Art. 14 I, 6 I GG noch gegen die Generalklauseln des § 138, 242 verstößt, wenn der wegen einer Heirat Enterbte seine Zustimmung zu einer ihm zumutbaren Lösung (zB Verwaltung des Familienvermögens), ohne enterbt zu werden, versagt hat (BVerfG DNotZ 2000, 391); die Antidiskriminierungsrichtlinie der EG (Staudinger/*Kanzleiter* Rn. 31). Bsp. für sittenwidrige Erbverträge: Eine sog. „Ebenbürtigkeitsklausel" des Hochadels, die die Eheschließungsfreiheit des Erben derart beeinträchtigt, dass auf ihn ein unzumutbarer Druck lastet, die Ehe nicht einzugehen bzw. einzugehen (BVerfG NJW 2004, 2008; BGHZ 140, 118; *Otte* ZEV 2004, 393); der Erbvertrag eines unter Geistesschwäche leidenden Erblassers, welcher von seiner ihn pflegenden Schwester zum Erbvertrag bestimmt wurde (BGH LM BGB § 138 Nr. 1).

b) Anfechtungsgründe. Zunächst sind bei Willensmängeln **die allgemeinen Regeln der §§ 116 ff. auch auf vertragsmäßige Verfügungen anwendbar,** da diese empfangsbedürftige Willenserklärungen beinhalten. Beim Erbvertrag ist auch der Erblasser zur Anfechtung berechtigt, § 2281, denn er hat kein unbeschränktes Widerrufsrecht wie der Testierende. Für die Anfechtung durch Dritte gilt die Einschränkung gem. § 2285, dass das Anfechtungsrecht des Erblassers zzt. seines Todes bestanden hat. In Bezug auf die Voraussetzungen wird auf die Irrtümer beim Testament verwiesen, s. §§ 2078 ff.; 2281. Im Gegensatz zur allgemeinen Anfechtung nach § 119 ist auch der Motivirrtum mit umfasst. Für den Vertragspartner des Erblassers bleibt lediglich die Möglichkeit der Anfechtung nach den allgemeinen Regeln der §§ 119 ff. Neben der Anfechtung nach §§ 2281 ff. kann der Erbvertrag auch durch Aufhebung gem. §§ 2290–2292 oder durch Rücktrittserklärung des Erblassers gem. §§ 2293–2297, 2298 II zu Unwirksamkeit führen.

5. Vorteile des Erbvertrages. Der Erbvertrag bietet den Vertragspartnern insofern Sicherheit, als seine Rechtsfolgen, insbes. hinsichtlich der Bindungswirkung, klar umrissen sind und auch von einem juristischen Laien nachzuvollziehen sind. Überdies erlangen die Vertragspartner durch die Pflicht zur notariellen Beurkundung zusätzlich eine **Beratung und Aufklärung des Notars** über die Rechtsfolgen des abgeschlossenen Erbvertrages. Diese Möglichkeit der Beseitigung von Zweifeln und Irrtümern besteht beim gemeinschaftlichen Testament, das idR eigenhändig verfasst wird, indes nicht. Aufgrund der Wechselbezüglichkeit der Verfügungen eines solchen Testaments und daraus folgenden Bindungswirkung wie beim Erbvertrag sind die Nachteile ersichtlich.

6. Internationales Privatrecht. Für Erbfälle ab den 16.8.2015 gilt (neben weiterhin anwendbaren Staatsverträgen) die **Europäische Erbrechtsverordnung,** Art. 84, 75 EuErbVO. Das anwendbare Recht richtet sich gem. Art. 21 EuErbVO nach dem **letzten gewöhnlichen Aufenthalt** des Erblassers, wobei daneben nach Art. 22 die Möglichkeit einer **Rechtswahl** eröffnet ist (vgl. insbesondere die Rechtswahlvermutung nach Art. 83 IV EuErbVO, wenn vor dem 17.6.2015 eine Verfügung von Todes wegen errichtet wurde; für genauere Ausführungen s. die Kommentierung dort). Liegt keine Rechtswahl vor, so richten sich die Zulässigkeit, die materielle Wirksamkeit und die Bindungswirkungen eines Erbvertrags, der

10 BGB § 2274

den Nachlass einer einzigen Person betrifft, einschließlich der Voraussetzungen für seine Auflösung, nach dem Recht, das nach Art. 21 EuErbVO anzuwenden wäre, wenn die Person zu dem Zeitpunkt verstorben wäre, in dem der Erbvertrag geschlossen wurde (sog. Errichtungsstatut). Betrifft der Erbvertrag hingegen den Nachlass mehrerer Personen, so ist er nur zulässig, wenn er nach jedem der Rechte zulässig ist, die nach Art. 21 EuErbVO auf die Rechtsnachfolge der einzelnen beteiligten Personen anzuwenden wären, wenn sie zu dem Zeitpunkt verstorben wären, in dem der Erbvertrag geschlossen wurde (auch hier besteht jedoch gem. Art. 25 Abs. 3 EuErbVO eine Rechtswahlmöglichkeit).

§ 2274 Persönlicher Abschluss
Der Erblasser kann einen Erbvertrag nur persönlich schließen.

1 **1. Normzweck.** Mit dem Erbvertrag besteht die Möglichkeit, mindestens einen Vertragsteil erbrechtlich iSd § 2289 gegenüber dem anderen Vertragsteil zu binden. Häufig soll der Erblasser an seine erbrechtlichen Verfügungen gebunden werden, etwa bei Ehegatten, die eine erbrechtliche Gleichbehandlung ihrer aus verschiedenen Ehen stammenden Kinder erreichen wollen. Da diese Bindungswirkung durch das widerrufliche Testament nicht erreicht werden kann und das Bedürfnis bestand, eine unwiderrufliche Verfügung von Todes wegen zu ermöglichen, nahm der Gesetzgeber den Erbvertrag als Rechtsinstitut neu in das Gesetz auf (Mot. V 310; s. hierzu Staudinger/*Kanzleiter* Rn. 1 f.). Mit dem Gebot des persönlichen Abschlusses des Erbvertrages wollte der Gesetzgeber dem Erblasser selbst die sittliche Verantwortung für die Ausgestaltung der Erbfolge überlassen und zudem verhindern, dass ein Vertreter dem Erblasserwillen nicht gerecht werden könnte (BGH NJW 1955, 100).

2 **2. Der Erbvertrag. a) Wesen. aa) Einheitliches Rechtsgeschäft.** Nach allg. Meinung handelt es sich beim Erbvertrag um einen Vertrag, der den Erblasser an seine vertragsmäßigen Verfügungen von Todes wegen bindet. Er ist **Vertrag und zugleich Verfügung von Todes wegen** in einem (Doppelnatur). Dies wird dadurch deutlich, dass die Bindungswirkung zwar sofort mit dem Abschluss des Vertrages entsteht.

3 **bb) Verfügung von Todes wegen.** Der Erbvertrag ist eine Verfügung von Todes wegen, die der Erblasser anordnet, um die Rechtsverhältnisse im Hinblick auf seinen Nachlass zu regeln. Im Unterschied zu einem Rechtsgeschäft unter Lebenden entstehen die Rechte und Pflichten der Bedachten bei einer Verfügung von Todes wegen im Gegensatz zu den Rechtsgeschäften unter Lebenden erst mit dem Erbfall (OLG Koblenz ZEV 1997, 255), es sei denn sie schlagen die Zuwendung aus.

4 **cc) Der Erbvertrag als unabhängiges Rechtsgeschäft.** Der Abschluss eines Erbvertrages begründet keine schuldrechtliche Verpflichtung. **Die Bindung wirkt sich ausschließlich auf die vertraglichen Erbeinsetzungen, Vermächtnisse und Auflagen aus.** Enthält die Verpflichtung des anderen Vertragsteils eine Leistung, die zu Lebzeiten des Erblassers erbracht wird, stellt sie **ein Rechtsgeschäft unter Lebenden** dar, zB Abschluss eines Erbvertrages mit Rücksicht auf die Versorgungszusage des anderen Vertragspartners (BGHZ 8, 31). Da die beiden Zuwendungen nicht in einem Verhältnis von Leistung und Gegenleistung stehen, sind die §§ 320 ff. nicht anwendbar (BayObLG NJW-RR 1998, 729). Auch in der vertraglich übernommenen Verpflichtung des Vertragspartners bzw. Bedachten gegenüber dem Erblasser, diesem Unterhalt zu gewähren (§ 2295), ist keine Gegenleistung iSd §§ 320 ff. für die vertragliche Erbeinsetzung zu sehen (BayObLG NJW-RR 1998, 729). Dies gilt ebenso für die vertraglich übernommene Pflege des Erblassers bis zu dessen Tod (BayObLG NJW-RR 1998, 729). Das zu Lebzeiten getätigte Rechtsgeschäft ist lediglich als Beweggrund bzw. Rechtsgrund nach § 812 I 2 Alt. 2 anzusehen (Staudinger/*Kanzleiter* Einf. §§ 2274 ff. Rn. 7). Den Vertragspartnern bleibt die Möglichkeit, die an die Erbeinsetzung verknüpfte Leistung bzw. Verpflichtung des Bedachten als Bedingung der letztwilligen Verfügung gem. §§ 2279, 2074 zu vereinbaren.

5 **dd) Bindungswirkung.** Durch den Erbvertrag bindet sich der Erblasser an die darin enthaltenen vertragsmäßigen Verfügungen. Da die Bindung das typische Merkmal des Erbvertrages ist, muss dieser zumindest eine vertragsmäßige Verfügung beinhalten (BGH MDR 1958, 223; *Lange/Kuchinke* ErbR § 24 Kap. IV Rn. 3). Im Weiteren wird auf die → Vorb. Rn. 3 verwiesen.

6 **b) Begriff.** Der Begriff des Erbvertrages wird unterschiedlich behandelt. So ist darunter in § 2177 die Erbvertragsurkunde, in § 2281 die vertragsmäßigen Verfügungen oder in § 2299 I sämtliche Verfügungen zu verstehen sein. Es muss somit jede Vorschrift daraufhin überprüft werden, inwiefern der Begriff sinngemäß gebraucht wird.

7 **c) Arten des Erbvertrages und Inhalt. aa) Arten.** Je nach Anzahl der Personen, die eine Erbeinsetzung vornehmen oder Anordnungen von Vermächtnissen oder Auflagen treffen, handelt es sich um **ein-, zwei- und mehrseitigen Erbverträgen**. Bei einem mehrseitigen Vertrag verpflichten sich die Vertragspartner untereinander. Der Erbvertrag kann eine **Erbeinsetzung**, eine **Vermächtnisanordnung** oder eine **Auflagenanordnung** enthalten. Verpflichtet sich der andere Vertragsteil zu einer lebzeitigen Leistung mit Rücksicht auf die erbrechtliche Zuwendung, so wird diese Vereinbarung trotz mangelnder Gegenleistung iSv §§ 320 ff. (→ Rn. 4) zT als **entgeltlicher Erbvertrag** bezeichnet.

8 **bb) Widerruflichkeit.** Im Unterschied zu vertragsmäßigen Verfügungen ist der Erblasser an einseitige Verfügungen nicht gebunden. Er kann sie, wie bei testamentarischen Verfügungen (§ 2299 II 1), ohne weiteres widerrufen. Einseitige Verfügungen können in ein Testament umgedeutet werden (aA *Kipp/Coing* ErbR § 42 Fn. 1), wobei bei Nichtverheirateten wohl eher die **Umdeutung** in ein Einzeltestament

(MüKoBGB/*Musielak* Rn. 7) in Betracht kommt. Dadurch wird vermieden, dass das ausschließlich für Ehegatten zulässige gemeinschaftliche Testament umgangen wird. Weitere Gründe für eine Umdeutung in ein Testament oder umgekehrt in einen Erbvertrag: Unwirksamkeit des Erbvertrages wegen Formmangel, fehlende Geschäftsfähigkeit des Erblassers oder unzulässigen Inhalts; Nichtigkeit eines gemeinschaftlichen Testaments, da die Partner nicht verheiratet sind (s. Staudinger/*Kanzleiter* Rn. 12).

cc) **Dritte.** Aus § 1941 II geht hervor, dass auch **Dritte** als Erben oder Vermächtnisnehmer bedacht werden können. Auch wenn sie den ausschließlichen Inhalt des Erbvertrages ausmachen, ist die Zuwendung an sie zulässig (BGHZ 12, 118). 9

d) **Gebot der persönlichen Errichtung.** Der **Erblasser** kann sich bei Abschluss des Erbvertrages **in keiner Form vertreten lassen,** weder rechtsgeschäftlich noch gesetzlich durch die Eltern, den Vormund oder Betreuer. Grundsätzlich ist auch die Vertretung ohne Vollmacht bei der Errichtung des Vertrages ausgeschlossen. Bei Abschluss eines Erbvertrages im gerichtlichen Vergleich müssen die erforderlichen Erklärungen gemeinsam vom Prozessbevollmächtigten und dem Erblasser abgegeben werden (OLG Stuttgart NJW 1989, 2700). Ist nach der Sitzungsniederschrift ein gerichtlicher Vergleich genehmigt worden, bedarf es zur Annahme eines wirksamen Erbvertragsschlusses der ausdrücklichen Feststellung, dass die Genehmigung nicht nur durch den Prozessbevollmächtigten, sondern auch durch die persönlich anwesende Partei erteilt worden ist (OLG Düsseldorf NJW 2007, 1290). Demgegenüber kann sich **der Vertragspartner,** solange er selbst keine vertragsmäßige oder einseitige Verfügung trifft, vertreten lassen. Verfügt er jedoch vertragsmäßig, ist auch für ihn die Vertretung ausgeschlossen. Für die einseitige Verfügung im Testament gilt § 2064. Der Verstoß gegen das Gebot der persönlichen Errichtung führt zur Nichtigkeit des Erbvertrages ohne Heilungsmöglichkeit. 10

3. Anwendbarkeit anderer Vorschriften. Grundsätzlich gelten für den Erbvertrag die **allgemeinen Vorschriften des Vertragsrechts. Ausnahmen** hiervon sind: §§ 145 ff. (außer § 147 I) aufgrund der Regelung des § 2276 I 1; §§ 320 ff. (→ Rn. 4); §§ 328 ff., da keine schuldrechtliche Verpflichtungen eingegangen werden. Anwendbar sind dagegen insbes.: §§ 104 ff. u. 116 ff. (Anfechtung nach § 123: BGH FamRZ 1996, 605); für die Annahme eines Sittenverstoßes nach § 138 muss das Verhalten des anderen Vertragsschließenden über eine nur selbstsüchtige Handlungsweise hinausgehen (BGH WM 1906, 899; BGHZ 50, 59; verneint bei einem Behindertentestament BGH NJW 1994, 248; OLG Karlsruhe FamRZ 1993, 482; auch dann keine Sittenwidrigkeit, wenn es sich um ein erhebliches Vermögen handelt OLG Hamm ZEV 2017, 158). Im Hinblick auf die Anfechtung vertragsmäßiger Verfügungen sind §§ 2281, 2285 anwendbar. Zu beachten ist überdies § 2279 I, wonach die für letztwillige Verfügungen und Auflagen geltenden Vorschriften entsprechende Anwendung finden. IRd **Auslegung** sind für vertragsmäßige Verfügungen die **§§ 133, 157** heranzuziehen, während **für einseitige Verfügungen die Auslegungsgrundsätze- und regeln der letztwilligen Verfügungen** gelten, vgl. § 2299 II 1 (BayObLG NJW-RR 2003, 293; insbes. die Andeutungstheorie s. BGH ZEV 2002, 20; OLG Düsseldorf NJW-RR 2012, 391). 11

4. Sonstiges. a) Recht der DDR. Bei Erbfällen vor dem Inkrafttreten des ZGB vom 1.1.1976 gilt das bisherige Recht nach § 8 EGZGB, nämlich das zu dieser Zeit noch für beide Teile Deutschlands geltende BGB. Mit § 8 II 1 EGZGB wird die erbrechtliche Bindungswirkung dadurch ausgeschlossen, dass für vor dem 1.1.1976 geschlossene Erbverträge und danach eingetretene Erbfälle die Wirkungen eines gemeinschaftlichen Testaments zwischen Ehegatten und ansonsten eines einseitigen Testaments eintreten sollen (OLG Frankfurt a.M. FamRZ 1993, 858; OLG Jena FamRZ 1994, 786). In dem Zeitraum v. 31.12.1975 bis 3.10.1990 konnte der DDR-Bürger einen Erbvertrag in der BRD abschließen, für welchen eine Umdeutung in ein Testament oder gemeinschaftliches Testament in Betracht kommt. 12

b) Steuerrecht. Zuwendungen durch Erbvertrag werden steuerrechtlich genauso berücksichtigt wie durch Testament oder gesetzliche Erbfolge, §§ 3 I Nr. 1, 9 I Nr. 1 ErbStG. Als Abzugsposten können Zuwendungen geltend gemacht werden, die der Erbe noch vor dem Erbfall an den Erblasser als Gegenleistung für eine vereinbarte Erbeinsetzung erbracht hat, § 10 V Nr. 3 ErbStG. 13

§ 2275 Voraussetzungen

Einen Erbvertrag kann als Erblasser nur schließen, wer unbeschränkt geschäftsfähig ist.

1. Normzweck. Da es sich beim Erbvertrag auch um einen echten Vertrag handelt, ist die **Geschäftsfähigkeit** des Erblassers gem. §§ 104 ff. eine wichtige Wirksamkeitsvoraussetzung (Soergel/*Wolf* Rn. 8). Weder ein geschäftsunfähiger noch ein beschränkt geschäftsfähiger Erblasser soll einen Erbvertrag, auch nicht durch seinen Vertreter, schließen können (Mot. V 249). Die zuvor in Abs. 2 u. 3 aF für beschränkt Geschäftsfähige für den Fall einer Eheschließung vorgesehenen Ausnahmen (vgl. Prot. V 375 ff.) wurden durch das Gesetz zur Bekämpfung von Kinderehen mit Wirkung zum 22.7.2017 aufgehoben (BGBl. 2017 I 2429). Bei der Aufhebung handelt es sich um eine Folgeregelung der Aufhebung von § 1303 II aF. Eine Eheschließung von Minderjährigen ist danach nicht mehr möglich, mithin waren auch die entsprechenden Sonderregelungen zum Erbvertrag aufzuheben. Vor dem Inkrafttreten dieses Gesetzes wirksam errichtete Erbverträge bleiben jedoch gültig, Art. 229 § 44 EGBGB. Ein Minderjähriger, der das 16. Lebensjahr vollendet hat, kann somit zwar nach § 2229 ein Testament errichten, nicht jedoch als Erblasser einen Erbvertrag schließen (BeckOK BGB/*Litzenburger* Rn. 3). Daneben war auch die besondere Regelung für Lebenspartnerschaften nach dem LPartG in Abs. 3 aF nicht mehr notwendig, da seit 1

Inkrafttreten des Gesetzes zur Einführung des Rechts auf Eheschließung für Personen gleichen Geschlechts (BGBl. 2017 I 2787) seit 1.10.2017 keine Lebenspartnerschaften mehr begründet werden können (BeckOGK/*Röhl* Rn. 2).

2 2. **Unbeschränkte Geschäftsfähigkeit des Erblassers. a) Volljährige. aa) Voraussetzungen.** Der Erblasser muss nach dieser Vorschrift zzt. des wirksamen Vertragsschlusses **unbeschränkt geschäftsfähig** sein, wofür die §§ 104 ff. maßgeblich sind. Für das Testament sind indes die besonderen Vorschriften der §§ 2229, 2247 IV zur sog. Testierfähigkeit geschaffen worden. Zu beachten ist, dass bei einem zwei- oder mehrseitigen Vertrag ggf. alle Vertragsteile Erblasser sein können und daher die Voraussetzung des Abs. 1 erfüllen müssen. Ist der Erblasser geschäftsunfähig kann er somit keinen Erbvertrag schließen. Ein unter Betreuung stehender Erblasser bleibt geschäftsfähig. Der Einwilligungsvorbehalt erstreckt sich nach § 1903 II nicht auf den Abschluss eines Erbvertrages, so dass dieser keiner Zustimmung des Betreuers bedarf. In Form der Betreuung ist stets eine sorgfältige Überprüfung der Frage erforderlich, ob der Erblasser tatsächlich zzt. des Vertragsschlusses voll geschäftsfähig ist. Zur **Beweislast** betr. der Geschäftsunfähigkeit gelten **die allgemeinen Grundsätze** (BGH FamRZ 1984, 1003; BayObLG FamRZ 2002, 62). Im Zweifel ist der Erblasser als geschäftsfähig anzusehen.

3 bb) **Rechtsfolge.** Die beschränkte Geschäftsfähigkeit oder Geschäftsunfähigkeit des Erblassers zzt. des Vertragsschlusses führt zur **Nichtigkeit des Erbvertrages**. Es besteht keine Heilungsmöglichkeit, wenngleich der Erblasser unbeschränkt geschäftsfähig wird oder den Erbvertrag genehmigen sollte (Mot. V 346). Der nichtige Erbvertrag kann gem. § 140 in ein Testament umgedeutet werden, sofern dies dem Willen des Erblassers entspricht, was idR zu bejahen ist.

4 cc) **Erweiterter Anwendungsbereich.** Fraglich ist, ob die Regelung auch auf den Vertragsteil anwendbar ist, der eine **einseitig testamentarische Verfügung** iSd § 2299 getroffen hat. Die hM bejaht dies (so Staudinger/*Kanzleiter* § 2299 Rn. 5). Demgegenüber betrachtet die Gegenansicht Testierfähigkeit iSv 2229 als ausreichende Voraussetzung für die einseitig testamentarische Verfügung (Reimann/Bengel/Mayer/*Mayer* Rn. 10), bei welcher die Anforderungen mangels Bindungswirkung geringer sein können, insbes. wenn sie als Testament ausgelegt würde. Für die hM spricht jedoch, dass kein Anlass besteht, den Erblasserbegriff in § 2274 anders als in § 2275 zu definieren. Überdies bestätigt der Wortlaut des § 2299 diese Ansicht, wonach jedem Vertragsschließenden gestattet sein soll, in dem Erbvertrag jede Verfügung zu treffen, die er auch in einem einseitigen Testament treffen könnte.

5 3. **Geschäftsfähigkeit des Vertragspartners.** Es gelten die **allgemeinen vertraglichen Vorschriften** (§§ 104, 106), es sei denn der Vertragspartner verfügt ebenso als Erblasser. Bei Geschäftsunfähigkeit des Vertragspartners ist der gesetzliche Vertreter befugt, den Erbvertrag abzuschließen, denn § 2174 ist nicht anwendbar. Ist er beschränkt geschäftsfähig, ist die Zustimmung seines gesetzlichen Vertreters für den wirksamen Abschluss des Erbvertrages nicht erforderlich, da er lediglich einen rechtlichen Vorteil iSv § 107 erlangt. Verpflichtet sich der Vertragspartner indes im Gegenzug, den Erblasser zu unterhalten (§ 2295), muss der gesetzliche Vertreter dem Erbvertrag zustimmen.

6 4. **Beweislast.** Die Beweislastverteilung für die unklare Frage der Geschäftsfähigkeit des Erblassers oder des anderen Vertragsteils ist nach den allgemeinen Regeln, die für Verträge gelten, vorzunehmen. So ist grds. so lange Geschäftsfähigkeit anzunehmen, bis das Gericht das Gegenteil festgestellt hat (BayObLG FamRZ 2002, 62). Liegen indes Anhaltspunkte für die fehlende Geschäftsfähigkeit des Erblassers vor, ist die Einholung eines psychiatrischen Gutachtens erforderlich (BGH WM 1984, 1063; BayObLG NJW-RR 2000, 1029).

§ 2276 Form

(1) ¹**Ein Erbvertrag kann nur zur Niederschrift eines Notars bei gleichzeitiger Anwesenheit beider Teile geschlossen werden.** ²Die Vorschriften des § 2231 Nr. 1 und der §§ 2232, 2233 sind anzuwenden; was nach diesen Vorschriften für den Erblasser gilt, gilt für jeden der Vertragschließenden.

(2) Für einen Erbvertrag zwischen Ehegatten oder zwischen Verlobten, der mit einem Ehevertrag in derselben Urkunde verbunden wird, genügt die für den Ehevertrag vorgeschriebene Form.

1 1. **Normzweck.** Die Vorschrift entspringt aus dem im Erbrecht herrschenden Grundsatzes der Formstrenge, um dem Interesse der Beweisbarkeit, Vollständigkeit und Authentizität der Erklärung Rechnung zu tragen (Kipp/*Coing* ErbR § 19 Kap. I, II; Kap. IV Rn. 1). Sie dient letztlich dem Schutz des Erblasserwillens. Die Beteiligung des Notars an dem Vertragsschluss dient dazu, dem Erblasser eine sachkundige Beratung und Belehrung zukommen zu lassen sowie die Wirksamkeit des Erbvertrages zu überprüfen (MüKoBGB/*Musielak* Rn. 1). In der Vorschrift sind dieselben Grundsätze enthalten wie beim Ehevertrag (§ 1410). Die Regelung in Abs. 2 hat geringe praktische Bedeutung, da zum einen die Form von Erbverträgen unterdessen gelockert wurden und auch der Ehevertrag die gleichzeitige Anwesenheit beider Teile zur Niederschrift eines Notars voraussetzt (vgl. § 1410). Überdies gilt auch dort das Beurkundungsgesetz.

2 2. **Erbvertrag. a) Form.** Der Erbvertrag bedarf der gleichen Form wie ein öffentliches Testament, wie sich aus der Verweisung in Abs. 1 S. 2 auf § 2231 Nr. 1, §§ 2232, 2233 ergibt. Gem. §§ 2233 kann der Erblasser zwischen der mündlichen Erklärung zur Niederschrift eines Notars und der Übergabe einer offenen oder verschlossenen Schrift auswählen, sofern keine Ausnahmefälle der dort genannten Art vorliegen. Im Ausland nimmt der Konsularbeamte die Aufgaben des Notars wahr, so dass dort die Erklärung zur Niederschrift möglich ist (§§ 2, 10, 11 I KonsularG).

b) Erklärungen. Die Vertragsschließenden können ihre Erklärungen auf unterschiedliche Weise abgeben, **mündlich oder durch Überreichung einer Schrift** (Soergel/*Wolf* Rn. 7). Bei einem zweiseitigen Vertrag, der durch Schriftüberreichung erklärt wird, sind getrennte Schriften oder eine Schrift möglich, worin die Verfügungen enthalten sind. Der Vertragspartner muss dabei Kenntnis vom Inhalt der Verfügung des anderen haben, um die Annahme der Erklärung in entsprechender Weise zu ermöglichen (Bamberger/Roth/*Litzenburger* Rn. 4). Für die Annahme der Erklärung des Erblassers verweist Abs. 1 S. 2 Hs. 2 auf die Formvorschriften für vertragsmäßige Verfügungen. Entsprechendes gilt iÜ nach § 33 BeurkG im Beurkundungsverfahren (Palandt/*Edenhofer* Rn. 7).

c) Gleichzeitige Anwesenheit. Mit dieser Voraussetzung scheidet die Anwendung von § 128 aus, wonach bei notariellen Beurkundungen zulässig ist, dass zunächst ein Vertragsangebot des Erblassers vom Notar beurkundet wird, worauf die Beurkundung der Annahme dieses Antrages durch den anderen Vertragsteil folgt. Der Erblasser muss persönlich anwesend sein, während der andere Vertragsteil sich vertreten lassen kann, so lange dieser keine Verfügungen von Todes wegen trifft. Die Zustimmung des gesetzlichen Vertreters nach Abs. 2 kann nachträglich erteilt werden, woraus eine Anwesenheitspflicht für den gesetzlichen Vertreter entfällt.

d) Umfang des Formerfordernisses. Die Formvorschrift des § 2276 bezieht sich grds. ausschließlich auf den Erbvertrag selbst, es sei denn **das mit dem Erbvertrag zusammenhängende Rechtsgeschäft bildet eine rechtliche Einheit mit dem Erbvertrag** (BGH NJW 1962, 249; DNotZ 1969, 759; aA *Kanzleiter* DNotZ 1994, 275). Andere Rechtsgeschäfte, die zwar mit dem Erbvertrag verbunden sind, ohne ein einheitliches Rechtsgeschäft darzustellen, sind von dem erbvertraglichen Formerfordernis indes nicht erfasst (*Kanzleiter* DNotZ 1994, 275; BGH NJW 1962, 249; DNotZ 1969, 759). Verpflichtet sich der Erblasser, über ein von Todes wegen zugewendetes Grundstück nicht unter Lebenden anderweitig zu verfügen, ist die Form des § 311b nicht erforderlich (BGH FamRZ 1967, 470).

e) Verfahren. aa) Gerichtlicher Vergleich. Wird der Erbvertrag in einem gerichtlichen Vergleich geschlossen, wird die **notarielle Beurkundung durch die Aufnahme der Erklärungen beider Vertragsteile in das gerichtliche Protokoll gem. § 127a ersetzt** (BGHZ NJW 1954, 1886). Auf Beschlussvergleiche nach § 278 VI ZPO soll § 126a grundsätzlich analog anwendbar sein, soweit es um den Streitgegenstand des Verfahrens geht (BGH NJW 2017, 1946; krit. *Reetz* RNotZ 2017, 645). Seiner Anwesenheitspflicht und persönlichen Abgabe der Erklärung muss der Erblasser dann vor Gericht nachkommen (OLG Bremen MittBayNot 2013, 55). Der Erbvertrag ist wirksam, wenn er sowohl von den Verfahrensbevollmächtigten als auch von den Vertragsbeteiligten persönlich **genehmigt** wird. Die Tatsache der persönlichen Genehmigung bedarf einer **ausdrücklichen Feststellung,** wenn sie sich nicht bereits aus der Niederschrift ergibt (OLG Düsseldorf ZEV 2007, 95). Bei einem Verfahren mit Anwaltszwang müssen der Erblasser und sein Verfahrensbevollmächtigter die Erklärungen gemeinsam abgeben (BGH NJW 1980, 2307; OLG Stuttgart NJW 1989, 2700; OLG Frankfurt a.M., Beschl. v. 20.3.2014 – 20 W 520/11, BeckRS 2015, 06817). Nur die Billigung des Vergleichs durch den Erblasser muss festgestellt werden (OLG Stuttgart NJW 1989, 2700).

bb) Beurkundung. Gem. Abs. 1 S. 2 sind die für das öffentliche Testament geltenden Formvorschriften der § 2231 Nr. 1, §§ 2232 u. 2233 einzuhalten, die für jeden Vertragsbeteiligten gelten und gesondert zu prüfen ist. Im Beurkundungsverfahren muss nach § 8 BeurkG eine Niederschrift über den Abschluss des Erbvertrages aufgenommen werden, die auch den Erklärungen der Beteiligten enthält (§ 9 I Nr. 2 BeurkG). Wird der Erbvertrag durch mündliche Erklärungen geschlossen, muss die Niederschrift die Annahmeerklärung des entsprechenden Vertragsteils betr. der Verfügungen beinhalten. Weiter gelten die §§ 30, 33 BeurkG bei Übergabe einer Schrift, die in der Niederschrift aufgenommen werden muss. Der Erbvertrag kann gem. § 2232 durch mündliche Erklärung und durch Übergabe einer offenen oder verschlossenen Schrift abgeschlossen werden. Die Beteiligten können zwischen den verschiedenen Formen, unabhängig von den anderen Verfahrensbeteiligten wählen oder sie verfassen eine gemeinsame Schrift über die Verfügungen von Todes wegen und deren erbvertragliche Regelung.

3. Verbindung des Erbvertrages mit einem Ehevertrag. a) Inhalt der Formerleichterung. Mit der Regelung in Abs. 2 für mit einem Ehevertrag verbundene Erbverträge soll eine Formerleichterung für Erbverträge geschaffen werden. Diese müssen lediglich die Formerfordernisse, die für den Ehevertrag gem. § 1410 iVm §§ 8 ff. BeurkG über die Beurkundung von Rechtsgeschäften unter Lebenden gelten, einhalten. Für den **Ehevertrag** selbst soll dies nicht gelten, so dass dieser nicht in der Form des Erbvertrages geschlossen werden kann (Palandt/*Weidlich* Rn. 6). Die Vorschrift des Abs. 2 wirkt sich angesichts der Ähnlichkeit der Formvorschriften von Ehe- und Erbvertrag heute nur noch in bestimmten Fällen aus, wie zB bei Beteiligung behinderter Personen (Staudinger/*Kanzleiter* Rn. 7). In Form des Todes eines **Verlobten** noch vor der Eheschließung hat nicht die Unwirksamkeit des mit einem Ehevertrag verbundenen Erbvertrages zur Folge, da die Beteiligten idR lediglich in der Auflösung der Verlobung einen Unwirksamkeitsgrund sehen (Soergel/*Wolf* Rn. 15). Die **Anfechtung oder der Rücktritt des einen Vertrages** führt nach hM **im Zweifel nicht zur Nichtigkeit des anderen Vertrages,** denn es ist nicht notwendigerweise von einer **rechtlichen Einheit der Verträge iSv § 139** auszugehen (BGH WM 1966, 899; BGHZ 50, 63; *Kipp/Coing* ErbR § 36 Kap. IV Rn. 1; Soergel/*Wolf* Rn. 15; aA *Häsemeyer* FamRZ 1967,

30). Letztlich entscheidet hierüber der Wille der Vertragschließenden (BGH WM 1966, 899; BGHZ 50, 63). Die Beweislast trägt derjenige, der die Einheitlichkeit der Verträge behauptet, da grds. davon auszugehen ist, dass die Verträge unabhängig voneinander bestehen (Staudinger/*Kanzleiter* Rn. 7).

9   **b) Voraussetzungen. aa) Verbindung.** Die beiden Verträge müssen in derselben Urkunde verbunden, dh in einer Niederschrift beurkundet sein (Staudinger/*Kanzleiter* Rn. 8). Hierfür müssen beide Verträge gem. §§ 8 ff. BeurkG in einer einheitlichen Verhandlung abgeschlossen sein. Die rein äußerliche Verbindung, etwa durch Zusammenheften getrennter Niederschriften, ist nicht ausreichend (Staudinger/*Kanzleiter* Rn. 8).

10   **bb) Zeitpunkt der Errichtung des Ehevertrages.** Maßgeblicher Zeitpunkt für den tatsächlichen Abschluss des Ehevertrages iSv Abs. 2 ist die gleichzeitige Errichtung des Erbvertrages. Nach hM wird für einen Ehevertrag auch die mit einem Erbvertrag verbundene Vereinbarung Verlobter als ausreichend angesehen, wonach in ihrer künftigen Ehe das gesetzliche Güterrecht bestehen soll (Staudinger/*Kanzleiter* Rn. 9).

11   **c) Geltungsbereich.** Die Formerleichterung des Abs. 2 betrifft alle Formvorschriften im materiellen und verfahrensrechtlichen Sinne (nur im Verfahrensrecht Soergel/*Wolf* Rn. 13). §§ 30, 31 BeurkG bleiben für die Errichtung außer Betracht, da die Errichtung eines Erbvertrages durch Schriftübergabe nicht zulässig ist. Diese Beurkundungsform kann nur für den Erbvertrag ausgewählt werden. § 2299 findet auch auf Eheverträge Anwendung, die mit einem Erbvertrag verbunden sind, Anwendung. Überdies kommt die Verbindung eines Vertrages über die Aufhebung eines Erbvertrages mit einem Ehevertrag in Betracht, vgl. § 2290 IV.

12   **4. Rechtsfolge.** Ein formnichtiger Erbvertrag kann gem. § 140 in ein Testament umgedeutet werden (*Lange/Kuchinke* ErbR § 25 Kap. III Rn. 1 Fn. 33). Hierbei ist der im Erbrecht herrschende Grundsatz der Formstrenge und der Schutz der in § 2276 enthaltenen Interessen zu beachten. So bleibt es selbst dann bei der Formbedürftigkeit im Sinne dieser Vorschrift, wenn der zu beurkundende Sachverhalt eindeutig ist und die Formvorschriften nur wegen außergewöhnlichen Umständen nicht eingehalten wurden (*Lange/Kuchinke* ErbR § 16 Kap. IV Rn. 6).

13   **5. Formloser Ehevertrag im Höferecht.** Einzig im Höferecht hat die Rspr. die formlose Errichtung eines Erbvertrages unter dem Gesichtspunkt von Treu und Glauben als Ausnahme befürwortet (BGH NJW 1954, 1644), allerdings noch vor Inkrafttreten des Zweiten Gesetztes zur Änderung der Höfeordnung am 1.7.1976. Grundlage der Entscheidung war der Fall, in dem ein Hofeigentümer durch Art, Umfang und Dauer der Beschäftigung des Abkömmlings auf dem Hof zu erkennen gegeben habe, dass dieser den Hof übernehmen solle, worauf sich der Abkömmling eingestellt habe. Darin sei eine den Hofeigentümer nach Treu und Glauben bindende Vereinbarung über die künftige Hoffolge des Abkömmlings und dessen Einsetzung zum Hoferben zu sehen. Es folgten weitere Entscheidungen des BGH, die eine solche Auslegung geringfügig einschränkten (BGH NJW 1955, 1065; DNotZ 1956, 138). Diese Grundsätze gelten indes nicht über das Höferecht hinaus (BGH NJW 1957, 787; BGHZ 47, 184; weitergehend aber OLG Karlsruhe ZEV 2015, 65). Ein später abgeschlossener, dem Hofübergabevertrag widersprechender Erbvertrag kann in der Folge unwirksam sein (OLG Karlsruhe ZEV 2015, 65).

§ 2277 *(aufgehoben)*

§ 2278 Zulässige vertragsmäßige Verfügungen

(1) **In einem Erbvertrag kann jeder der Vertragschließenden vertragsmäßige Verfügungen von Todes wegen treffen.**

(2) **Andere Verfügungen als Erbeinsetzungen, Vermächtnisse, Auflagen und die Wahl des anzuwendenden Erbrechts können vertragsmäßig nicht getroffen werden.**

1   **1. Normzweck.** Die Vorschrift enthält eine **klarstellende Ergänzung zu § 1941** insofern, dass jeder Vertragschließende vertragsmäßige Verfügungen von Todes wegen treffen kann, dh auch demjenigen, der die vertragsmäßige Verfügung annimmt (s. § 1941 II). Andere Verfügungen als Erbeinsetzungen, Vermächtnisse und Auflagen, wie zB die Anordnung der Testamentsvollstreckung, können nach Abs. 2 vertragsmäßig nicht getroffen werden. Solche Verfügungen können dennoch im Erbvertrag geregelt werden, aber nur einseitig, § 2299 I. Abs. 2 enthält die gleiche Regelung wie § 2270 III für wechselbezügliche Verfügungen in gemeinschaftlichen Testamenten. Dahinter steht das frühere gemeine Recht, das ausschließlich Erbeinsetzungs- und Vermächtnisverträge erfasste (Mot. V 336). Auflageverträge wurden später von der II. Kommission aufgenommen (Prot. V 405). Abs. 2 der Vorschrift wurde durch das Gesetz zum Internationalen Erbrecht und zur Änderung von Vorschriften zum Erbschein sowie zur Änderung sonstiger Vorschriften mWv 17.8.2015 (BGBl. 2015 I 1042) neu gefasst und um die Wahl des anzuwendenden Erbrechts ergänzt.

2   **2. Vertragsmäßige Verfügungen. a) Wesen.** Für den Erbvertrag wesensbestimmend sind die darin enthaltenen **vertragsmäßigen Verfügungen.** Der Erbvertrag muss nach hM **wenigstens eine wirksame vertragsmäßige Verfügung** enthalten, um wirksam zu sein (BGHZ 26, 204; BGH MDR 1958, 223; OLG München FGPrax 2015, 88; OLG Koblenz FamRZ 2016, 405; *Lange/Kuchinke* ErbR § 25 Kap. IV

Rn. 3 Fn. 59; Soergel/*Wolf* Rn. 3; *Küster* JZ 1958, 395). Ist dies nicht der Fall, ist der „Erbvertrag" als Testament oder mehrere zusammengefasste Testamente (uU auch ein gemeinschaftliches Testament) zu behandeln und die Vorschriften für Testamente heranzuziehen. Nach Abs. 2 ist die Vertragsmäßigkeit von Verfügungen von Todes wegen zwar auf Erbeinsetzungen, Vermächtnisse und Auflagen beschränkt. Der Erbvertrag kann aber auch einseitige Verfügungen von Todes wegen og Art enthalten (BGH NJW 1958, 498). Die Unterscheidung, ob solcher Verfügungen vertragsmäßig oder einseitig gestaltet sind, hat folgende Bewandtnis. Zum einen entfalten nur vertragliche Verfügungen Bindungswirkung (BGHZ 26, 207; OLG Köln MDR 1994, 71) und zum anderen setzt der Erbvertrag zumindest eine vertragliche Verfügung voraus (Staudinger/*Kanzleiter* Rn. 3).

b) Inhalt iE. aa) Zweiseitiger Erbvertrag. Ein solcher liegt vor, wenn beide Vertragspartner vertrags- 3 mäßige Verfügungen von Todes wegen treffen. Es handelt sich dabei zwar **nicht um einen gegenseitigen Erbvertrag gem. §§ 320 ff.** Dennoch besteht die gesetzliche Vermutung gem. § 2298, dass die vertragsmäßigen derart miteinander zusammenhängen, dass die nichtige Verfügung oder der Rücktritt des einen Vertragsteils zur Unwirksamkeit bzw. Aufhebung des ganzen Vertrages führt. Etwas anderes gilt bei entgegenstehendem Willen der Vertragspartner. Ein von einer Unterhaltsregelung abhängiger Erbvertrag ist in § 2295 geregelt.

bb) Begünstigter. Als in einem Erbvertrag Bedachter kommt der Vertragspartner oder ein Dritter 4 (§ 1941 II) in Betracht (zur Bindungswirkung bei Zuwendungen an einen Dritten OLG München FGPrax 2015, 88). Der Erbvertrag kann auch ausschließlich in einer Zuwendung an einen Dritten bestehen, ohne einen Vertrag zu Gunsten Dritter iSv § 328 darzustellen (BGH DNotZ 1954, 264).

cc) Abgrenzung zu Verträgen unter Lebenden. Erbvertrag ist vom Vertrag unter Lebenden zu un- 5 terscheiden. Entscheidendes Unterscheidungsmerkmal ist **der auslegungsfähige Wille der Vertragspartner** dahingehend, ob die Wirksamkeit des Rechtsgeschäfts an den Tod des Erblassers bzw. des Verpflichtenden als Bedingung anknüpft oder ob nur der Vollzug der Verfügung bzw. die Erfüllung der Verpflichtung hinausgeschoben ist (OLG Düsseldorf NJW 1954, 1041; BGH NJW 1953, 182; s. Staudinger/*Kanzleiter* Rn. 6).

dd) Erbeinsetzung. (1) Erben. Jeder Vertragschließende kann im Erbvertrag seinen Vertragspartner 6 oder Dritte hinsichtlich des gesamten Nachlasses oder einem Teil davon zu Erben einsetzen. Dabei spielt keine Rolle, ob andere testamentarische oder gesetzliche Erben ebenfalls bestimmt sind. Überdies kommt die Einsetzung zum Vor- oder Nacherben nach §§ 2100 ff. und zum Ersatzerben nach § 2096 in Betracht (BGHZ 26, 208). Ob eine Ersatzerbenberufung, die auf der Zweifelsregelung des § 2069 beruht, als vertragsmäßig angesehen werden kann, ist umstritten (diese Frage zutreffend verneinend: OLG München NJW-RR 2012, 9; aA OLG Celle MittBayNot 2013, 315 m. krit. Anm. *Keim*).

(2) Verzicht. Für den Fall, dass der Vertragspartner des Erblassers gesetzlicher Erbe ist, kommt es bei 7 der Auslegung auf die Frage an, ob **der andere Vertragsteil** durch die Vereinbarung im Erbvertrag auf sein Erbrecht oder Pflichtteil **verzichtet** (BGH NJW 1957, 422). Ein Verzicht auf weitere Ansprüche könnte in der Motivation der Vertragschließenden liegen, mit dem Erbvertrag die künftige Erbfolge zu regeln (Mot. V 326). So spricht etwa eine im Erbvertrag enthaltene Regelung für einen Verzicht auf einen Pflichtteilsanspruch, wenn der Schlusserbe die Verfügungen billigt und auf Ansprüche verzichtet, die der Motivation des Abschlusses eines Erbvertrages nicht entsprechen (BGHZ 22, 367). Wurde der Erbvertrag abgeschlossen, um dem Vertragsgegner die künftige Erbfolge zu sichern und **verzichtet der Erblasser** darin gegenüber seinen gesetzlichen Erben auf das Recht, die Erbfolge durch Verfügung von Todes wegen zu ändern, ist von einem Erbeinsetzungsvertrag anzusehen. Eine Vorschrift für diesen Fall hat der Gesetzgeber indes nicht vorgesehen (Mot. V 314). Bezieht sich ein solcher erbvertraglicher Verzicht des Erblassers auf die Änderung einer testamentarischen Erbeinsetzung, ist auch darin ein Erbeinsetzungsvertrag zu sehen (OLG Stuttgart NJW 1989, 2700).

(3) Pflichtteilsbeschränkung. Werden **die Kinder der Vertragschließenden** auf den Pflichtteil be- 8 schränkt, sofern der Erbvertrag angefochten wird, kann daraus keine Erbeinsetzung der Kinder zu Erben des letztversterbenden Elternteils geschlossen werden (OGH MDR 1950, 669).

(4) Berufung zur Erbfolge. Aus einem Erbeinsetzungsvertrag folgt die Berufung des Bedachten zur 9 Erbfolge, die im Gegensatz zur testamentarischen Erbeinsetzung grds. unwiderruflich ist. Der Erblasser kann aber Rechtsgeschäfte unter Lebenden gem. §§ 2286 ff. tätigen und der Bedachte hat die Möglichkeit, die Erbschaft gem. §§ 1942 ff. auszuschlagen.

ee) Vermächtnis. Der Vertragspartner oder ein Dritter können auch mit einem Vermächtnis bedacht 10 werden. Als Beschwerter kommt nur ein Erbe in Betracht, sei es der gesetzliche, vertraglich oder testamentarische bestimmte Erbe oder der vertragsmäßig bzw. durch letztwillige Verfügung berufene Vermächtnisnehmer gem. §§ 2147, 2279 (dazu → § 2147 Rn. 2). IÜ kommt ein vertragsmäßiges Vorausvermächtnis gem. § 2150 in Betracht. Gem. § 2289 I ist das vertragsmäßige Vermächtnis gegenüber einem früheren testamentarischen Vermächtnis oder einer späteren Verfügung von Todes wegen vorrangig.

ff) Auflage. Zur Vollziehung einer durch Erbvertrag angeordneten Auflage ist ausschließlich eine in 11 § 2194 bezeichnete Person berechtigt. Der andere Vertragsteil kann die Vollziehung nur verlangen, wenn er unter die in § 2194 genannten Personen fällt (MüKoBGB/*Musielak* Rn. 9).

gg) Rechtswahl. Nach Änderung der Vorschrift durch das Gesetz zum Internationalen Erbrecht und 12 zur Änderung von Vorschriften zum Erbschein sowie zur Änderung sonstiger Vorschriften (BGBl. 2015

10 BGB § 2278 Buch 5. Abschnitt 4. Erbvertrag

I 1042) kann auch eine Rechtswahl nach Art. 22, 25 III EuErbVO mit erbvertragsmäßiger Bindung vereinbart werden. Zur Rechtswahl selbst vgl. die Kommentierung zu Art. 22 u. 25 EuErbVO.

13 hh) **Stiftung.** Der Erblasser kann die vertragsmäßige letztwillige Verfügung auch zu Gunsten einer Stiftung treffen (sog. Stiftungsgeschäft § 83; BGH NJW 1978, 943).

14 ii) **Teilungsanordnungen.** Fraglich ist, ob auch Teilungsanordnungen (§ 2048) vertragsmäßig vereinbart werden können (vgl. § 2270 III). Die hM verneint dies und verweist auf den Gesetzeswortlaut. Die Gegenansicht lässt es zu, dass Teilungsanordnungen vertragsmäßig getroffen werden, um schwierige Abgrenzungen zu Vorausvermächtnissen zu vermeiden (Bamberger/Roth/*Litzenburger* Rn. 1). Die hier vertretene Auffassung folgt der hM, denn der Gesetzgeber hat insoweit eindeutig geregelt, dass andere Verfügungen als die in Abs. 2 genannten nur einseitig im Erbvertrag vereinbart werden können und frei widerrufbar sein sollen, so auch die Teilungsanordnung.

15 c) **Abgrenzung zu einseitigen Verfügungen. aa) Allgemein.** Die in Abs. 2 genannten Verfügungen werden nicht bereits allein durch die Aufnahme in den Erbvertrag zu vertragsmäßige Verfügungen. Es muss vielmehr im Einzelfall darüber entschieden werden, ob die Vertragschließenden einseitig oder vertragsmäßig verfügen wollten. Ist dies im Erbvertrag ausdrücklich für jede Verfügung geregelt, bleibt kein Raum für eine hiervon abweichende Auslegung (OLG Stuttgart ZEV 2003, 79). Es ist daher ratsam, Zweifel von vornherein zu vermeiden, indem **der Wille der Vertragschließenden hinsichtlich der Bindungswirkung klar und deutlich im Erbvertrag niedergelegt wird** und die Verfügungen genau bezeichnet sind (Palandt/*Weidlich* Rn. 3). Enthält der Erbvertrag nur allgemeine Hinweise über die Verbindlichkeit und Vertragsmäßigkeit „aller" Bestimmungen, obwohl darunter Verfügungen sind, die nur einseitig getroffen werden können, ist er weiterhin auslegungsbedürftig (BayObLG ZEV 1997, 160). Für die **Auslegung** gelten **die allgemeinen Vorschriften der Vertragsauslegung nach §§ 133, 157** (BayObLG NJW-RR 1990, 200; FamRZ 1994, 190; OLG Saarbrücken NJW-RR 1994, 844; OLG München FGPrax 2015, 88). Entscheidung über die Auslegungsfrage basiert auf **der Interessenlage der Vertragschließenden und nicht allein auf dem Erblasserwillen** (BGH NJW 1961, 120; WM 1970, 482; BayObLG FamRZ 1997, 911). Dabei darf kein Erfahrungssatz in der Weise aufgestellt werden, dass die Vertragschließenden idR eine vertragliche Gestaltung der Verfügungen wollten (BayObLG NJW-RR 1997, 835). Entscheidend ist der Inhalt der einzelnen Verfügungen, insbes. inwieweit sie zu Gunsten des Vertragspartners oder einem Dritten erfolgen (BGH NJW 1961, 120).

16 bb) **Zuwendungen zu Gunsten des Vertragspartners.** Verfügungen, die den Vertragspartner begünstigen, sind **im Zweifel als vertragsmäßig getroffen** anzusehen (BGH DNotZ 1990, 50; BayObLG FamRZ 1989, 1353). Die Lebenserfahrung zeigt, dass ein Vertragschließender, der durch eine Verfügung im Erbvertrag begünstigt wird, an dem Bestand dieser Verfügung interessiert sein wird (BayObLG NJW-RR 2003, 293). Dies wird insbes. auch dann der Fall sein, wenn er sich seinerseits in einem Rechtsgeschäft unter Lebenden zu einer Leistung verpflichtet hat oder auf das Erbe verzichtet (BGHZ 106, 359; BGH NJW 1962, 343).

17 cc) **Verfügungen von Todes wegen zu Gunsten Dritter.** Die Tatsache, dass ein Erbvertrag eine Verfügung enthält, spricht bereits für deren Vertragsmäßigkeit (BGH DNotZ 1970, 356; OLG Oldenburg DNotZ 1966, 249 m. krit. Anmerkung *Mattern*). Auch hier ist **das Interesse der Vertragschließenden an dem Bestand der Verfügung** zur Feststellung, ob die Verfügung vertragsmäßig oder einseitig ist, der entscheidende Maßstab (BGH NJW 1961, 120; OLG Zweibrücken FamRZ 1995, 1021; OLG München FGPrax 2015, 88). Hinzu kommt, dass festzustellen ist, wie **das Verhältnis zwischen dem Dritten und den Vertragspartnern** ausgestaltet ist. So ist der Vertragspartner nach hM idR daran interessiert, den Erblasser an eine seine Verwandten begünstigende Verfügung zu binden, während das Interesse nicht besteht, wenn es sich bei den Begünstigten um die Verwandten des Erblassers handelt (BGH NJW 1961, 120; BayObLG NJW-RR 2003, 293). Für ein Interesse beider Vertragschließenden an der vertraglichen Bindungswirkung spricht die Einsetzung der gemeinsamen Kinder zu Erben (BGH WM 1970, 482; BayObLG FamRZ 1989, 1353; OLG Saarbrücken NJW-RR 1994, 844; OLG Hamm FamRZ 1996, 637). Als Auslegungshilfe dient uU die Regelung des § 2270 über die Wechselbezüglichkeit von Verfügungen in einem gemeinschaftlichen Testament (BGH DNotZ 1970, 356; OLG Zweibrücken FamRZ 1995, 1021). Kommt die Verfügung gemeinsamen Kindern der Ehegatten, die den Erbvertrag geschlossen haben, zugute, ist idR ein Interesse des Erblassers an einer Bindung des Erbvertrages zu bejahen (OLG Saarbrücken NJW-RR 1994, 844). Haben Ehegatten für den Fall des Todes des Überlebenden Verwandte als Erben bedacht, so ist idR davon auszugehen, dass die keiner der Ehegatten an einer Bindung seiner Verfügung gebunden sein sollte (BGH DNotZ 1970, 356). Etwas anderes kann gelten, wenn ein jüdischer Ehemann und eine nichtjüdische Ehefrau ihre Verwandten in einem Ehevertrag als Schlusserben eingesetzt haben (BayObLG NJW-RR 1999, 1167). Für eine bindende Einsetzung der Kinder der Vertragspartner spricht, wenn sich Ehegatten gegenseitig zu Erben unter Einbeziehung einer Pflichtteilsverwirkungs- und Wiederverheiratungsklausel, eingesetzt haben und keine Schlusserbenregelung in dem Erbvertrag enthalten ist (OLG Saarbrücken NJW-RR 1994, 844; vgl. zum Problem der fehlenden Schlusserbeneinsetzung auch OLG Düsseldorf NJW-RR 2014, 837; OLG München NJW-RR 2015, 775; OLG Düsseldorf ZEV 2015, 222).

18 d) **Auslegung.** Die Frage, ob die in einem Erbvertrag getroffene Erbeinsetzung, Anordnung eines Vermächtnisses oder einer Auflage als vertragsmäßige Verfügung anzusehen ist, hängt von dem **Willen der Vertragspartner** ab. Ist ein solcher nicht feststellbar, ist die Frage der Vertragsmäßigkeit der Verfügung

durch Auslegung nach den allgemeinen Grundsätzen (Staudinger/*Kanzleiter* Rn. 7) zu ermitteln (BGH NJW 1958, 498; BayObLG FamRZ 1994, 196). Enthält der Erbvertrag im Hinblick auf die Anordnung einer Verfügung den Wortlaut „im Wege des Erbvertrages", spricht dies für die Annahme einer vertragsmäßig gewollten Verfügung (BayObLG FamRZ 1996, 566). Die hM sieht in einer Zuwendung, die einem am Abschluss des Erbertrages Beteiligten begünstigen, eine vertragsmäßige Verfügung (BGH DNotZ 1990, 50). Letztlich entscheidet das Interesse eines Vertragspartners an der vertragsmäßigen Bindung des anderen (BayObLG FamRZ 2004, 59).

3. Änderungsvorbehalt. a) Wesen. Die vertragliche Bindung an die Verfügungen im Erbvertrag kann unter dem Vorbehalt einer nachträglichen anderweitigen Verfügung stehen (BGH WM 1982, 211). Der Vorbehalt dient dem Erblasser dazu, vertragsmäßige Verfügungen im Erbvertrag nachträglich durch einseitige Verfügung abzuändern. 19

b) Zulässigkeit. Da der Erblasserwille der entscheidende Faktor für die Beurteilung Verfügungen von Todes wegen ist, ist **der Änderungsvorbehalt** als zulässig anzusehen (BGH NJW 1982, 441; BayObLG DNotZ 1990, 812; 1995, 306; OLG Stuttgart DNotZ 1986, 551; MüKoBGB/*Musielak* Rn. 15; Soergel/*Wolf* Rn. 7; Erman/*Schmidt* Rn. 4; *Lange/Kuchinke* ErbR § 25 Kap. VI Rn. 4). Voraussetzung ist aber, dass **der Erbvertrag zumindest eine vertragsmäßige Verfügung,** die auch eingeschränkt sein kann, beinhaltet (BGH NJW 1982, 441; BayObLG DNotZ 1995, 306; OLG Köln NJW-RR 1994, 651; OLG Stuttgart DNotZ 1986, 551). Sonst würde der Vertrag wirkungslos, wofür jedoch die §§ 2290 ff., 2293 ff. vorgesehen sind. In Anbetracht dessen darf im Wege des Vorbehalts nicht der Rücktritt vom Erbvertrag nach §§ 2292 ff. umgangen werden. Somit kann sich der Erblasser im Erbvertrag nicht vorbehalten, eine vertragsmäßige Verfügung zu widerrufen. Letztlich kann darin nur eine einseitige Verfügung gesehen werden. Ein Vorbehalt, der die Änderung aller Verfügungen zum vertragsmäßig einseitig vorsieht, stellt indes einen Rücktrittsvorbehalt dar, sofern der Wille der Vertragschließenden dies hergibt. IÜ ist der Änderungsvorbehalt Ausdruck der Vertrags- und Testierfreiheit. Der Vorbehalt kann die Änderung auch nur unter gewissen Voraussetzungen zulassen (zB Änderung nur bei Zustimmung eines Dritten (OLG Bremen FGPrax 2017, 264); Änderung bei enttäuschter Pflegeerwartung (FamRZ 2015, 1836)). 20

c) Reichweite des Vorbehalts. Die inhaltliche Ausgestaltung des Änderungsvorbehalts steht den Beteiligten frei, denn es gilt auch hier der **Grundsatz der Testierfreiheit.** Bsp. für Änderungsvorbehalte verschiedenen Inhalts: Änderung der Erbregelung, indem der Erblasser nur Abkömmlinge bedenken darf; gegenständliche Einschränkung durch Quotenänderung (BayObLG DNotZ 1990, 812; BayObLG DNotZ 1986, 551), auf eigenes Vermögen (BayObLG NJW-RR 1991, 586) oder auf den Nachlass außer das Eigenheim (OLG Düsseldorf OLGZ 1966, 68); Einschränkung des Kreises der Begünstigten aus der geänderten Zuwendung (BayObLG NJW-RR 1997, 1027; BGH WM 1986, 1221); Zulassung von Testamentsvollstreckung oder Vermächtnis (OLG Köln RNotZ 2001, 397); Bedingungen, etwa triftige Gründe (sachlich vernünftig und gerecht) für die Änderung der Erbfolge der an sich gleichberechtigt bedachten gemeinsamen Kinder durch den überlebenden Ehegatten in einem Ehegattenerbvertrag (OLG Koblenz DNotZ 1998, 218; OLG München DNotZ 2009, 138). Bei **anderen zwei- oder mehrseitige Erbverträgen** steht das Änderungsrecht dem Überlebenden nur zu, es sei denn es geht um seine eigenen Verfügungen (Bamberger/Roth/*Litzenburger* Rn. 14). Im Rahmen von **Wiederverheiratungsklauseln und Pflichtteilssanktionsklauseln** betrifft der Änderungsvorbehalt regelmäßig nur die eigenen Verfügungen des Überlebenden (OLG Karlsruhe NJW 1961, 1410; s. die Ausführungen zu § 2269). Bei entsprechendem Willen der Vertragschließenden kann ein Änderungsrecht zur Folge haben, dass die Änderung auch zur Unwirksamkeit der vertragsmäßigen Verfügung des anderen Vertragsteils führen soll (Bamberger/Roth/*Litzenburger* Rn. 14). 21

d) Form. Nach allg. Meinung muss der Vorbehalt in der für den Erbvertrag vorgeschriebenen Form (§ 2276) vereinbart werden, da es sich dabei um eine Bestimmung im Erbvertrag handelt (BGHZ 26, 210; BayObLGZ 1961, 210; OLG Hamm NJW 1974, 1774). Dies erfordert jedoch nicht die ausdrückliche Erwähnung des Vorbehalts im Erbvertrag, denn ein mittels Auslegung festgestellter Änderungsvorbehalt könnte diese Voraussetzung niemals erfüllen. Hierfür reicht es aus, wenn die für Vorbehalte allgemein zu beachtenden Grenzen eingehalten werden (BGH BGHZ 26, 210; BayObLG ZEV 1995, 229). Der **stillschweigende Vorbehalt** ist indes nach hM erst wirksam, wenn er aus den formbedürftig niedergelegten vertraglichen Bestimmungen durch Auslegung ermittelbar ist (BGH BGHZ 26, 210; OLG Hamm FamRZ 1996, 637; OLG Köln NJW-RR 1994, 651). Für die Feststellung eines stillschweigenden Vorbehalts sind dieselben Kriterien heranzuziehen wie für die Ermittlung des Willens, ob vertragsmäßig oder einseitig verfügt wird (→ Rn. 15). 22

§ 2279 Vertragsmäßige Zuwendungen und Auflagen; Anwendung von § 2077

(1) Auf vertragsmäßige Zuwendungen und Auflagen finden die für letztwillige Zuwendungen und Auflagen geltenden Vorschriften entsprechende Anwendung.

(2) Die Vorschrift des § 2077 gilt für einen Erbvertrag zwischen Ehegatten, Lebenspartnern oder Verlobten (auch im Sinne des Lebenspartnerschaftsgesetzes) auch insoweit, als ein Dritter bedacht ist.

1. Normzweck. Die Verweisung in Abs. 1 bezieht sich nur auf vertragsmäßige Verfügungen. Für einseitige Verfügungen verweist § 2299 II 1 auf das Testamentsrecht. Im Unterschied zu einseitigen Verfü- 1 gungen iRd § 2299 ist die Anwendbarkeit des Testamentsrechts auf vertragsmäßige Verfügungen insoweit eingeschränkt, als sie nicht unmittelbar gelten und sich nichts anderes aus den §§ 2274–2298 oder dem Wesen des Erbvertrages ergibt (Staudinger/*Kanzleiter* Rn. 1). Abs. 2 wurde durch das LPartG ergänzt. § 2077 soll auch auf Erbverträge zwischen Angehörigen der in Abs. 2 bezeichneten Personengruppen anwendbar sein. Aber auch ohne die klarstellende Verweisung in Abs. 2 würden Verfügungen dort genannter Art ihre Wirksamkeit mit der Scheidung oder Auflösung der Ehe bzw. des Verlöbnisses einbüßen.

2 **2. Entsprechende Anwendungen des Testamentsrechts.** Die Vorschriften des Testamentsrechts sind insoweit heranzuziehen, als ausdrücklich in den §§ 2274 ff. auf sie verwiesen wird. Es gelten die Auslegungs- und Ergänzungsregeln der §§ 2066–2076 und §§ 2084–2093 entsprechend. Hinsichtlich der Wechselbezüglichkeit der Verfügungen gilt nicht § 2085, sondern die Spezialvorschrift des § 2298.

3 **3. Anwendung der allgemeinen Vorschriften. a) Die allgemeinen Vorschriften über Rechtsgeschäfte.** Es finden die allgemeinen Vorschriften über Rechtsgeschäfte auch beim Erbvertrag Anwendung, soweit es keine Sonderregelungen gibt. Anwendungsbeispiel: § 133 für die Auslegung; §§ 134, 138 bei Verstoß gegen ein gesetzliches Verbot oder gegen die guten Sitten mit Nichtigkeitsfolge und § 158 ff. bei bedingtem Erbvertrag.

4 **b) Die allgemeinen Vorschriften über Verträge.** Für die Frage der Anwendung der Vorschriften des Allgemeinen Teils über Verträge ist die **besondere Rechtsnatur des Erbvertrages** entscheidend (Mot. V 321). Da ein iSv §§ 145 ff. bindendes Vertragsangebot beim Erbvertrag gem. § 2276 I 1 nicht zulässig ist, finden diese Vorschriften keine Anwendung. Überdies sind die Vorschriften der §§ 305 ff. über schuldrechtliche Verträge beim Erbvertrag ausgeschlossen, da dieser nicht zivilrechtlichen Charakter hat. Demgegenüber können die §§ 54 I, 155, 157 herangezogen werden (BGH DNotZ 1990, 50; BayObLG FamRZ 1991, 493; Staudinger/*Kanzleiter* Rn. 11). Hervorzuheben ist, dass bei der Auslegung vertragsmäßiger Verfügungen in Erbverträgen nicht allein auf den Erblasserwillen abzustellen ist, sondern die Interessen der anderen Vertragsteile mit in die Überlegung einzubeziehen sind, § 157.

5 **4. Erbvertrag zwischen Ehegatten, Lebenspartnern oder Verlobten. a) Anwendungsbereich des § 2077.** Der in Abs. 2 enthaltene Verweis auf § 2077 gilt nur für vertragsmäßige Verfügungen. Nach dessen Abs. 3 ist von der Unwirksamkeit vertragsmäßiger Verfügungen auszugehen, es sei denn der Erblasser hätte sie trotz Scheiterns der Beziehung getroffen. Für die Annahme, dass die Verfügungen auch für den Fall des Scheiterns der Beziehung Bestand haben sollen, müssen jedoch **besondere Umstände unter Berücksichtigung des mutmaßlichen hypothetischen Erblasserwillens** vorliegen (OLG München FGPrax 2008, 116). So reicht allein die Tatsache, dass die nunmehr geschiedene Ehe bei Abschluss des Erbvertrages bereits in der Krise war, nicht aus (OLG Zweibrücken NJW-RR 1998, 941), vielmehr müssen die Voraussetzungen für die Scheidung der Ehe gegeben gewesen sein und der Erblasser die Scheidung beantragt oder ihr zugestimmt haben (OLG München NJW 2013, 3732) Ein Wiederaufleben des Erbvertrages bei Wiederheirat ist ausgeschlossen (BayObLG NJW 1996, 133). Der in Abs. 2 vorgesehene Verweis gilt nicht für Partner einer nichtehelichen Lebensgemeinschaft (OLG Frankfurt ErbR 2016, 453).

6 **b) Rechtsfolgen bei Tod eines Ehegatten vor Rechtskraft des Scheidungs- bzw. Aufhebungsurteils.** In Form des Todes des Antragstellers vor Erlass des Aufhebungs- oder Scheidungsurteils sind seine Verfügungen zu Gunsten seines Ehegatten gem. § 2077 unwirksam. Umstritten ist der Fall, wenn nicht der Ehegatte verstirbt, der den Scheidungsantrag gestellt oder diesem zugestimmt oder den Aufhebungsantrag gestellt hat, sondern der andere Ehegatte. Es wird die Ansicht vertreten, dass bei einem zweiseitigen Erbvertrag dieser aufgrund der §§ 2279, 2298 unwirksam ist (MüKoBGB/*Musielak* Rn. 8, 9; Erman/ *Schmidt* Rn. 3). Hiergegen sprechen indes der Wortlaut des § 2077 und die Verknüpfung der Unwirksamkeit des Erbvertrages mit dem Vorliegen bestimmter Voraussetzungen. Die Unwirksamkeit nach § 2077 ist nämlich an die Voraussetzungen geknüpft, dass der zuwendende Ehegatte die Scheidung beantragt hat und zu Lebzeiten des Erblassers zugestellt wurde (BGH FamRZ 1994, 1173) oder die Aufhebung der Ehe beantragt hat. Insofern muss für die Anwendung des § 2077 entscheidend sein, dass **der zuerst versterbende Ehegatte den Scheidungsantrag- oder Aufhebungsantrag gestellt oder der Scheidung zugestimmt hat** (BayObLG NJW-RR 1990, 200; OLG Hamm FamRZ 1965, 78). Der **Aufhebungswille muss eindeutig sein,** um mit Sicherheit über die Gültigkeit der vertragsmäßigen Verfügungen befinden zu können. Tritt der Fall ein, dass der andere Ehegatte während des Scheidungsverfahrens verstirbt, berührt dies somit die Wirksamkeit seiner Verfügungen nicht. Es bleibt für beide Seiten nur die Möglichkeit, die für den Fall ihres Todes getroffenen Anordnungen mit der Folge anzufechten (§§ 2281 ff.), dass der gesamte Erbvertrag gem. § 2298 unwirksam ist (BayObLG NJW-RR 1990, 200). Nach wirksamer Anfechtung kommt die Unwirksamkeit des gesamten Erbvertrages gem. § 2298 mit der Folge in Betracht, dass die Verfügungen des zuerst verstorbenen Ehegatten rückwirkend erlöschen.

7 **c) Vertragsmäßige Verfügungen zu Gunsten Dritter, Abs. 2.** Werden in einem Erbvertrag Dritte durch vertragsmäßige Verfügungen begünstigt, sind diese mit Auflösung der Ehe, dem Verlöbnis oder der Lebenspartnerschaft unwirksam. Rechtsgrundlage für die Unwirksamkeit zweiseitiger Ehegatten- bzw. Verlobtenverträge zu Gunsten Dritter ist § 2298 I, während bei unwirksamen, einseitigen vertragsmäßigen Verfügungen zu Gunsten Dritter § 2279 II, § 2077 gilt. Die Unwirksamkeitsfolge nach § 2077 kommt jedoch auch hier nicht in Betracht, **wenn der andere Ehegatte vor rechtskräftiger Auflösung**

der Ehe verstirbt und der zuwendende Ehegatte das Scheidungs- oder Aufhebungsverfahren durch Antragstellung eingeleitet hat (→ Rn. 4; Staudinger/*Kanzleiter* Rn. 14; aA MüKoBGB/*Musielak* Rn. 10). Dasselbe muss gelten, wenn im umgekehrten Fall der zuwendende Ehegatte vor rechtskräftiger Auflösung der Ehe verstirbt und der andere Ehegatte die Scheidung oder Aufhebung der Ehe beantragt hat (s. Staudinger/*Kanzleiter* Rn. 14).

d) Widerlegung der Auslegungsregeln des § 2077 I u. II durch III. Gem. § 2077 III kommt die Widerlegung der Auslegungsregeln der § 2077 I u. II in Betracht, wenn besondere Umstände vorliegen (OLG Frankfurt FamRZ 2015, 1318), insbes. wenn der Bedachte dem Erblasser nahe stand, etwa die Kinder und Enkel (Staudinger/*Kanzleiter* Rn. 16). Als Maßstab ist der hypothetische Erblasserwille heranzuziehen, nachdem die Ehegatten die Ehe aufgelöst haben. Gemessen daran wurde die Widerlegung zu Gunsten der im Ehegattenerbvertrag aus erster Ehe eingesetzten Abkömmlinge bejaht (OLG Stuttgart OLGZ 1976, 17). Zu beachten ist jedoch, dass die bindende Wirkung des Erbvertrages grds. wegfällt (OLG Hamm ZEV 1994, 367). Sollte einer der Ehegatten später erneut heiraten, so soll sich für den Ehegatten (selbst wenn man von einem Fortbestehen der Bindungswirkung ausgeht) ein Anfechtungsrecht nach § 2079 iVm § 2285 ergeben können (OLG Hamm NJW-RR 2015, 524). Um Auslegungsschwierigkeiten zu vermeiden, sollte der Erblasser grds. eine eindeutige neue letztwillige Verfügung treffen (BayObLG FamRZ 2001, 944). 8

§ 2280 Anwendung von § 2269

Haben Ehegatten oder Lebenspartner in einem Erbvertrag, durch den sie sich gegenseitig als Erben einsetzen, bestimmt, dass nach dem Tode des Überlebenden der beiderseitige Nachlass an einen Dritten fallen soll, oder ein Vermächtnis angeordnet, das nach dem Tode des Überlebenden zu erfüllen ist, so findet die Vorschrift des § 2269 entsprechende Anwendung.

1. Normzweck. Nach dieser Vorschrift sind die Auslegungsregeln des § 2269 (insbes. das „Berliner Testament") auf vergleichbare Sachverhalte, die erbvertraglich geregelt sind, entsprechend anwendbar. Insofern wird auf die Kommentierung zu § 2269 verwiesen. Es gilt das sog. **Einheitsprinzip**, wonach sich Ehegatten in einem Erbvertrag gegenseitig als Erben eingesetzt haben und angeordnet haben, dass nach dem Tod des überlebenden Ehegatten der Dritte für den gesamten Nachlass Vollerbe des zuletzt Versterbenden sein soll. Der **Dritte** ist daher **Ersatzerbe des überlebenden Ehegatten.** Enthält ein Erbvertrag solchen Inhalts die Anordnung eines Vermächtnisses, das **nach dem Tod des überlebenden Ehegatten vollzogen** werden soll, so tritt der Anfall des Vermächtnisses im Zweifel erst mit dem Tod des überlebenden Ehegatten ein (Staudinger/*Kanzleiter* Rn. 1). Als Auslegungsregel bewirkt § 2280, dass **der überlebende Ehegatte im Zweifel Vollerbe** ist und hat volle Verfügungsfreiheit hinsichtlich des Vermögens aus dem Nachlass. § 2280 findet iÜ auch Anwendung auf die gleichgeschlechtliche Lebenspartnerschaft iSd § 1 I 1 LPartG. Probleme bereiten insbesondere Fälle, in denen die Ehegatten sich zwar gegenseitig als Erben eingesetzt und bezügl. der Kinder eine Pflichtteilsstrafklausel aufgenommen haben, aber eine Schlusserbeneinsetzung der Kinder fehlt. Ohne weitere Anhaltspunkte kann hier nicht von der Schlusserbeneinsetzung der Kinder ausgegangen werden (OLG Düsseldorf NJW-RR 2014, 837). Erst bei hinzutreten weitere Umstände, kann eine solche angenommen werden (OLG München FamRZ 2015, 1835; FGPrax 2012, 205; OLG Düsseldorf NJW-RR 2014, 837). 1

2. Anwendungsbereich in besonderen Fällen. a) Einseitige Verfügungen. Die Anwendbarkeit des § 2280 ist bei nur einseitiger Verfügung eines Vertragsteils (§ 2299) ausgeschlossen. Dies gilt grds. auch für Ehegatten, die für den ersten Erbfall andere Personen zu Erben einsetzen, wobei uU die analoge Anwendung der Vorschrift in Betracht kommt (Staudinger/*Kanzleiter* Rn. 4). 2

b) Nichtehegatten. Im Gegensatz zum gemeinschaftlichen Testament ist es auch für Nichtehegatten möglich, einen Erbvertrag mit dem Inhalt von § 2280 abzuschließen. In diesem Fall kommt die analoge Anwendung des § 2280 in Betracht. Dies setzt voraus, dass zwischen den Vertragschließenden ein vergleichbares Vertrauensverhältnis bzw. Lebensgemeinschaft wie zwischen Ehegatten besteht, ein eheähnliches Lebens- oder Vertrauensverhältnis (BayObLG FamRZ 1986, 1151; OLG Köln FamRZ 1974, 387). 3

c) Pflichtteilsberechtigte. Pflichtteilsberechtigte des erstversterbenden Ehegatten sind berechtigt, bei dessen Tod ihren Pflichtteilsanspruch geltend zu machen. Dies gilt auch für den Fall, dass sie als Erben des überlebenden Ehegatten eingesetzt sind, denn sie haben nach dem Tod des erstverstorbenen Ehegatten nichts aus dem Nachlass erhalten. 4

d) Ehegatten. Die sich gegenseitig bedachten Ehegatten können die Kinder, die den Erbvertrag uU als Erben des Überlebenden anfechten könnten, erbvertraglich auf den Pflichtteil verweisen. Nehmen die Kinder den Pflichtteil nicht in Anspruch, ist der Erbvertrag iSv § 2280 auslegungsfähig (BGHZ 22, 364). 5

§ 2281 Anfechtung durch den Erblasser

(1) Der Erbvertrag kann auf Grund der §§ 2078, 2079 auch von dem Erblasser angefochten werden; zur Anfechtung auf Grund des § 2079 ist erforderlich, dass der Pflichtteilsberechtigte zur Zeit der Anfechtung vorhanden ist.

10 BGB § 2281

(2) ¹ **Soll nach dem Tode des anderen Vertragschließenden eine zugunsten eines Dritten getroffene Verfügung von dem Erblasser angefochten werden, so ist die Anfechtung dem Nachlassgericht gegenüber zu erklären.** ² Das Nachlassgericht soll die Erklärung dem Dritten mitteilen.

1   **1. Normzweck.** Mit dem Anfechtungsrecht nach dieser Vorschrift soll dem Erblasser, der an die vertragsmäßigen Verfügungen des Erbvertrages gebunden ist, ermöglicht werden, sich vom dem Vertrag zu lösen, wenn ein Anfechtungsgrund vorliegt. Die Anfechtung eines Testaments, woran der Erblasser nicht gebunden ist, ist für den Erblasser indes von geringerer Bedeutung, weil er jederzeit von seinem Widerrufsrecht Gebrauch machen kann. Das Anfechtungsrecht des erbvertraglich gebundenen Erblassers dient dazu, diesem **die volle Verfügungsfreiheit zurück zu geben** (BGH FamRZ 1970, 79), wenngleich es auch im Interesse des Pflichtteilsberechtigten nach § 2079 ausgeübt werden kann. Die Regelung erfasst nur die Anfechtung vertragsmäßiger Verfügungen. Bei einseitigen Verfügungen ist ein Anfechtungsrecht entbehrlich, da sie keine Bindungswirkung entfalten und vom Erblasser jederzeit widerrufen werden können.

2   **2. Anwendbare Vorschriften.** Die Anfechtung des Erbvertrages erfolgt über § 2279 nach den Vorschriften über die Anfechtung letztwilliger Verfügungen gem. §§ 2078 ff. Hierzu ergänzende Vorschriften für den Erbvertrag sind die §§ 2281–2285, wonach der Erblasser (§§ 2281–2284) und andere Personen (§ 2285) anfechten können. IÜ gelten ergänzend die allgemeinen Vorschriften der §§ 119 ff., 142 ff.

3   **3. Analogie beim gemeinschaftlichen Testament.** Die §§ 2281–2285 sind auf wechselbezügliche Verfügungen eines gemeinschaftlichen Testaments analog anwendbar (BGH FamRZ 1962, 426; NJW 1970, 279; OLG Düsseldorf DNotZ 1972, 42). Dies gilt jedoch nicht für einseitige Verfügungen in einem gemeinschaftlichen Testament (BGH FamRZ 1956, 83).

4   **4. Abgrenzung der Anfechtung des Erbvertrages von der Anfechtung des Testaments und des Rücktritts vom Erbvertrag.** Der wesentliche Unterschied zwischen den Anfechtungsregeln des Erbvertrages und des Testaments ist **die Anfechtungsberechtigung des Erblassers beim Erbvertrag (§ 2281 I)**. Dieses Recht benötigt der Erblasser beim Testament aufgrund der jederzeitigen Widerrufsmöglichkeit nicht. Der Rücktritt vom Erbvertrag bestimmt sich nach den Vorschriften der §§ 2293 ff. und muss nach § 2293 im Erbvertrag vorbehalten sein. Ein gesetzliches Rücktrittsrecht gewähren die §§ 2294, 2295 nur in besonders schwerwiegenden Einzelfällen. Die Rücktrittserklärung kann uU **in eine Anfechtungserklärung umgedeutet werden** und umgekehrt, wenn Rücktritts- und Anfechtungsgrund gleichermaßen vorliegen und miteinander zusammenhängen, Bsp.: Der Erblasser irrt sich über die Erfüllung einer erbvertraglich vom Vertragserben übernommenen Verpflichtung (Staudinger/*Kanzleiter* Rn. 3).

5   **5. Anfechtungsberechtigte. a) Anfechtung durch den Erblasser.** Obwohl zur Anfechtung von Verfügungen von Todes wegen idR nur Dritte berechtigt sind (vgl. §§ 2078 ff.), ist es beim Erbvertrag grds. der Erblasser selbst, der die darin enthaltenen **vertragsmäßigen Verfügungen** anfechten kann, Abs. 1 (sog. Selbstanfechtung). Für einseitige Verfügungen gilt das Widerrufsrecht aus § 2299 II.

6   **b) Anfechtung durch andere Personen.** Aus der Formulierung „auch" ergibt sich, dass zu den Anfechtungsberechtigten **auch Dritte** zählen, soweit ihnen die Aufhebung unmittelbar zugutekommen würde (§ 2080 I). Die Anfechtung erfolgt nach den allgemeinen Vorschriften der §§ 2078 f., 2080, 2279. Sie können ihr Recht aber **erst nach dem Erbfall** geltend machen, während der Erblasser bereits zu Lebzeiten anfechten kann. Überdies steht dem zzt. des Erbfalls Pflichtteilsberechtigten ein Anfechtungsrecht zu (§§ 2079, 2080 III). Die Anfechtung durch Dritte ist ausgeschlossen, wenn das Anfechtungsrecht des Erblassers zt. des Erbfalls, etwa durch Bestätigung des Erbvertrages (§§ 144, 2284) oder Fristablauf (§ 2283) erloschen ist (§ 2085).

7   **c) Anfechtung durch den Vertragspartner.** Der Vertragspartner, der die Verfügungen des Erblassers bloß annimmt, fällt **nicht in den Kreis der Anfechtungsberechtigten nach Abs. 1**. Dieser ist nur gem. §§ 2078, 2079, 2279 zur Anfechtung der Verfügungen des Erblassers nach dessen Tod berechtigt, wenn ihm die Aufhebung des Erbvertrages oder ein darin enthaltene Verfügung unmittelbar zugutekommen würde. IÜ ist er vor oder nach dem Tod des Erblassers zur Anfechtung seiner eigenen erbvertraglichen Erklärungen nach den allgemeinen Vorschriften der §§ 119 ff., 142 ff. aufgrund eines Irrtums berechtigt (Staudinger/*Kanzleiter* Rn. 7). Mit der durch die Anfechtung bewirkten Unwirksamkeit seiner Erklärung, kommt dann die Umdeutung des Erbvertrages in ein Testament des Erblassers in Betracht.

8   **6. Anfechtungserklärung. a) Anfechtung vor dem Tod des Vertragspartners.** In diesem Fall muss der Erblasser die Anfechtung gem. § 143 I in notariell beurkundeter Form (vgl. § 2282 III) erklären. Die Erklärung ist empfangsbedürftig und muss dem Vertragspartner gegenüber erklärt werden und diesem gem. § 130 ff. zugehen. Die Anfechtung muss nicht als solche in der Erklärung bezeichnet sein, sie kann auch in einer „Rücktrittserklärung" zu sehen sein (RG DNotZ 1935, 678).

9   **b) Nach dem Tod des Vertragspartners. aa) Formelle Voraussetzungen.** In diesem Fall ist die Anfechtung von Verfügungen des Erblassers, die den Vertragspartner begünstigen, ausgeschlossen. Für Verfügungen des Erblassers, die er zu Gunsten Dritter getroffen hat, ist die notarielle Beurkundung seiner Anfechtungserklärung gem. Abs. 2 S. 1 erforderlich. Er muss sie gegenüber dem für den verstorbenen Vertragspartner örtlich zuständigen Nachlassgericht abgeben. **Die Erklärung** muss **bestimmt** sein und **dem Nachlassgericht zugehen**, wofür ausreichend ist, dass für **das Gericht die vom Erblasser gewollte Annahme der Erklärung erkennbar** ist. Die Übergabe der Erklärung an den mit dem Nachlass

befassten Notar, der sie an das Gericht durch bloße Erwähnung in einem Schriftsatz an das Gericht weiterleitet, genügt nicht (BayObLGZ 9, 603). Das Nachlassgericht hat die Anfechtung dem bedachten Dritten gem. Abs. 2 S. 2 mitzuteilen.

bb) Besonderheiten. (1) Zuwendung. Auch wenn der überlebende Vertragspartner vom verstorbenen 10 Vertragspartner eine Zuwendung erhalten hat, kommt die Anfechtung einer vertragsmäßigen Verfügung, die einen Dritten begünstigt, in Betracht (Staudinger/*Kanzleiter* Rn. 30). In diesem Zusammenhang ist jedoch bei erfolgreicher Anfechtung der vertragsmäßigen Verfügung und deren Nichtigkeitsfolge zu beachten, dass dies zur Nichtigkeit des gesamten Erbvertrages führen kann, § 2298.

(2) Anfechtung. Die Anfechtung von Verfügungen des Vertragspartners, die den Erblasser begünstigen, ist ausgeschlossen, § 2080. 11

(3) Regeln. Für die Anfechtung von Verfügungen des Vertragspartners, die Dritte begünstigen, gelten 12 die Anfechtungsregeln der §§ 2078 ff., 2079.

7. Anfechtungsgründe. Da vertragsmäßige Verfügungen in einem Erbvertrag aus den gleichen Grün- 13 den anfechtbar sind wie einseitig testamentarische, ist auf die Kommentierung zu § 2078 und § 2079 verwiesen werden.

a) Irrtümer. aa) Beispielsfälle. Der Erblasser kann die vertragsmäßigen Verfügungen **wegen Inhalts-,** 14 **Erklärungs- oder Motivirrtums** anfechten, wofür die **Grundsätze für die Irrtumsanfechtung letztwilliger Verfügungen** heranzuziehen sind (s. die Kommentierung zu § 2078). Bsp.: Irrtum über die rechtliche Tragweite des Erbvertrages, insbes. dass er daran gebunden ist (BayObLG NJW-RR 1997, 1027; OLG Frankfurt a. M. FamRZ 1998, 194); Irrtum darüber, dass künftig keine Streitereien zwischen den Vertragsschließenden vorkommen werden (BGH NJW 1963, 246; BayObLG NJW-RR 1999, 86); die enttäuschte Erwartung des Erblassers, der Vertragspartner werde die vereinbarten Pflichten, wie zB Pflege oder Unterhaltszahlungen, erfüllen (BGH FamRZ 1973, 539; BayObLG NJW 1964, 205; OLG München ZEV 2007, 530; vgl. auch OLG Jena FamRZ 2015, 1836); die enttäuschte Erwartung, die Beziehung zu dem am Vertragsschluss beteiligten Dritten werde sich bessern (BGH FamRZ 73, 539; OLG Karlsruhe ZEV 2015, 365). Für die Annahme eines Anfechtungsgrundes kommt es allein darauf an, dass der Bedachte mit seinem Verhalten nicht den Erwartungen des Erblassers gerecht wurde. Ein Verschulden des Bedachten muss nicht vorliegen (BGH NJW 1963, 247; BayObLG FamRZ 2000, 1053). Grundsätzlich soll die Anfechtung auf wirklichen Vorstellungen und Erwartungen beruhen. Als ausreichend wird vom BGH aber erachtet, wenn unbewusste oder selbstverständliche Vorstellungen die Anfechtung begründen (BGH NJW-RR 1987, 1412).

bb) Besonderheit im Falle arglistiger Täuschung. Aufgrund der umfassenden Irrtumsregelung der 15 §§ 2078, 2079, 2279, 2281 ist auch die arglistige Täuschung darin mitgeregelt, so dass die allgemeinen Regeln der §§ 119, 123, grds. (Ausnahme: Anfechtung wegen Irrtums des annehmenden Vertragspartners) irrelevant sind. Deshalb reicht es für das Vorliegen eines auf arglistigen Verhalten beruhenden Irrtumes aus, wenn dieses durch einen Dritten, also nicht durch den Vertragspartner des Erblassers, hervorgerufen wurde.

cc) Irrtümer nach § 2078 II. Hierunter fallen auch **auf einem Irrtum beruhende unbewusste** (BGH 16 FamRZ 1983, 898; BayObLG FamRZ 1984, 1270) **Vorstellungen oder Erwartungen** (BGHZ 4, 95). Als Maßstab dient letztlich d**er hypothetische Erblasserwille** (vgl. Staudinger/*Kanzleiter* Rn. 14). Bsp. im Besonderen: Vom Bedachten oder Vertragspartner unerfüllte Erwartungen des Erblassers (BGH BWNotZ 1961, 181; BayObLG NJW 1964, 205); vom Erblasser nicht erwarteter Konflikt einer Vertrauensbeziehung, die vor Gericht ausgetragen wird (BayObLG NJW-RR 1999, 86); für den Fall eines **Motivirrtums** des Erblassers sind die umfassenden Vorstellungen des Erblassers anhand seiner Persönlichkeit maßgeblich (BGH FamRZ 1983, 898); der Motivirrtum muss auf dem letzten Willen des Erblassers beruhen (BGH NJW-RR 1987, 1412; BayObLG FamRZ 2001, 1254); kein Irrtum iSv Abs. 2 liegt vor, wenn der Erblasser hinsichtlich seiner Erwartungen im Unklaren ist und im Testament alternative Regelungen anordnet (BayObLG FamRZ 2001, 873).

b) Übergehung eines Pflichtteilsberechtigten. aa) Inhalt. § 2281 I modifiziert die Voraussetzungen 17 des § 2079 dahingehend, dass der Pflichtteilsberechtigte **zzt. der Anfechtung** und nicht zzt. des Erbfalls am Leben sein muss. **Fällt der Pflichtteilsberechtigte oder sein Pflichtteilsrecht vor dem Erbfall weg,** bleibt es bei der Wirksamkeit der Anfechtung, denn es kommt auf **das Pflichtteilsrecht im Zeitpunkt der Anfechtung** an (BGH FamRZ 1970, 82). Der Erblasser, der den Erbvertrag aufgrund der Bindungswirkung nicht ohne Weiteres ändern kann, soll diese Bindung durch Anfechtung aufheben können, wenn er Kenntnis davon erlangt, dass ein Pflichtteilsberechtigter vorhanden ist (Mot. V 323). Dadurch wird dem Erblasser ermöglicht, **die Erbfolgenregelung neu zu ordnen** und nunmehr den Pflichtteilsberechtigten mitzuberücksichtigen. Das Anfechtungsrecht des Erblassers dient daher nicht nur dem **Schutz und Interesse des Pflichtteilsberechtigten,** sondern auch **dem Interesse des Erblassers selbst** (BGH NJW 1970, 279). Bei Pflichtteilsentziehung des Erblassers im Erbvertrag fehlt es an der Vertragsmäßigkeit der Verfügungen, so dass er diese anfechten kann. Die Entziehung des Pflichtteils wird bei Verzeihung oder Widerruf durch den Erblasser unwirksam. Der Pflichtteilsberechtigte kann dann zwar wieder den Pflichtteil in voller Höhe geltend machen. Hiermit verbundene Verfügungen, etwa die Erbeinsetzung eines Dritten, bleiben jedoch wirksam. Grundsätzlich ist die Selbstanfechtung des Erblassers auch dann zulässig, wenn der Erblasser durch **Wiederheirat oder Kindesannahme** zur Entstehung eines

10 BGB § 2281

Pflichtteilsrechts beigetragen hat. Als Grenzziehung dienen der **Verstoß gegen Treu und Glauben gem. § 242**, woraus die Unzulässigkeit der Anfechtung folgt, zB wenn einziges Motiv der Kindesannahme die dadurch mögliche Loslösung vom Erbvertrag ist (BGH NJW 1970, 279; s. Staudinger/*Kanzleiter* Rn. 18, der diesen Fall über § 2079 S. 2 lösen will).

18   **8. Allgemeine Einschränkungen des Anfechtungsrechts (Rechtsmissbrauch).** Das Anfechtungsrecht des Erblassers ist ausnahmsweise **ausgeschlossen,** wenn der Erblasser das Handeln des Vertragserben selbst **durch ein nach § 242 treu- und vertragswidriges Verhalten** verstoßen hat (BGH NJW 1952, 419). Dasselbe gilt in Ausnahmefällen bei **einer vom Vertragserben nicht erfüllten Erwartung des Erblassers,** wenn dieser die Situation durch treuwidriges Verhalten herbeigeführt hat (BGH FamRZ 1973, 539). Im Falle der **Scheidung und Wiederheirat** ist die Anfechtung des zwischen den Ehegatten geschlossenen Erbvertrages durch den Erblasser nur dann zulässig, wenn die Wiederheirat ein Kind oder anderen Verwandten begünstigt und dies bereits zzt. der Errichtung des Erbvertrages gewollt hat (s. Staudinger/*Kanzleiter* Rn. 9). Hierzu muss er jedoch seine mangelnde Kenntnis über die Begründung eines Pflichtteilsrechts des Ehegatten durch die Eheschließung nachweisen (OLG Celle OLGE 34, 313). IÜ kann das Anfechtungsrecht nach dem Grundsatz der „venire contra factum proprium" wegen Rechtsmissbräuchlichkeit eingeschränkt sein (Staudinger/*Kanzleiter* Rn. 10).

19   **9. Ausschluss der Anfechtung durch Verzicht.** Der Erblasser kann auf das Recht zur Anfechtung des Erbvertrages ganz oder teilweise verzichten. Eine Einschränkung, wie es in § 2080 vorgesehen ist, besteht für das Anfechtungsrecht nach § 2281 indes nicht. Die grundlegenden Vorschriften für den Verzicht sind die Regelungen der §§ 2078 I, 2079 S. 2. **Der Verzicht ist im Erbvertrag enthalten und führt zum Ausschluss der Anfechtung für die Zukunft,** wenn die den Verzicht begründenden Tatsachen vorliegen (BGH NJW 1983, 2247; BayObLG FamRZ 2000, 1331). Die Umstände, die der Erblasser in den Erbvertrag miteinbezogen hat (zB Wiederverheiratung; künftige Abkömmlinge; Hinzutreten von Pflichtteilsberechtigten), müssen **konkret erkennbar** sein. Verzichtet der Erblasser generell auf die Anfechtung des Erbvertrages ist dahingehend auszulegen, dass der Erblasser von Umständen ausgegangen ist, mit denen er vernünftigerweise rechnen musste (Staudinger/*Kanzleiter* Rn. 20). Die Bestätigung des anfechtbaren Erbvertrages kann eine Verzichtserklärung bedeuten (s. § 2284).

20   **10. Rechtsfolgen. a) Nichtigkeit. aa) Allgemein.** Der wirksam angefochtene Erbvertrag ist als **von Anfang an nichtig** anzusehen. **Mit erfolgter Anfechtungserklärung ist die Rücknahme der Anfechtung ausgeschlossen** (BGH NJW 1983, 2247). Beruht der Anfechtungsgrund lediglich auf der erbvertraglichen Bindungswirkung (BayObLG NJW-RR 1997, 1027) und lässt den Inhalt der Verfügung unberührt, kommt die Umdeutung der Verfügung in eine letztwillige Verfügung gem. § 140 in Betracht (Staudinger/*Kanzleiter* Rn. 33). Bei der Anfechtung bleibt jedoch die Frage unberücksichtigt, auf welche Verfügung der Erblasser zurückgegriffen hätte, wenn er die anfechtungsbegründende Sachlage zzt. der Errichtung des Erbvertrages gekannt hätte. Deshalb bevorzugt die Rspr. häufig die Anwendung der Grundsätze der ergänzenden Vertragsauslegung, die den wirklichen oder mutmaßlichen Willen des Erblassers hervorbringen (BGH MDR 1951, 474; KG NJW 1971, 1992; BayObLG NJW-RR 1997, 1027).

21   **bb) Anfechtungsgegenstand.** Die Anfechtung kann **den gesamten Erbvertrag oder nur einzelne Verfügungen** erfassen. Je nachdem, ob die Anfechtung auf § 2078 oder § 2079 beruht, entscheidet diese Frage über den Umfang des Anfechtungsrechts des Erblassers. Bei einer Anfechtung durch den Erblasser findet die Vermutungsregelung des § 2079 BGB zu seinen Gunsten erst dann Anwendung, wenn der Erblasser seine Verfügung angefochten hat und in der Folge zu klären ist, ob die Verfügung infolge der Anfechtung von Anfang an als nichtig anzusehen ist (BGH ZEV 2014, 660). Die Reichweite der Unwirksamkeit hängt davon ab, inwiefern die angefochtene Verfügung vom Irrtum kausal betroffen ist, so dass die Verfügung teilbar ist. Erfasst die Anfechtung nur Teile eines einseitigen Erbvertrages, führt die Unwirksamkeit dieser Teile zur Nichtigkeit der übrigen vertragsmäßigen Verfügungen, wenn davon auszugehen ist, dass der Erblasser dies ohne die unwirksame Verfügung nicht getroffen haben würde, § 2085 iVm § 2279 I (MüKoBGB/*Musielak* Rn. 19). **Einseitige Verfügungen** werden von **§ 2085** unmittelbar erfasst. Für **zweiseitige Erbverträge** gilt der **Wille beider Vertragschließenden** als Maßstab. Ist ein solcher nicht feststellbar, gilt § 2298, wonach die die Anfechtung einer Verfügung im Erbvertrag die Unwirksamkeit aller darin enthaltenen Verfügungen zur Folge hat.

22   **cc) Wirkung bei übergangenen Pflichtteilsberechtigten. (1) Unwirksamkeit des Erbvertrages bei Anfechtung.** Ficht der Erblasser den Erbvertrag wegen Übergehens eines Pflichtteilsberechtigten an, **ist der gesamte Erbvertrag als unwirksam anzusehen,** um ihm die Neuordnung des Nachlasses zu ermöglichen. **Nach dem Tod des Erblassers** dient die Anfechtung dem Schutz der Interessen des Pflichtteilsberechtigten, so dass der Erbvertrag nur insoweit unwirksam sein soll, als die Verfügungen den Pflichtteilsberechtigten beeinträchtigen. Die Selbstanfechtung nach § 2281 führt zur Unwirksamkeit des gesamten Erbvertrages. Die Anwendung von § 122 (über § 2281 I, § 2279 I), wonach der Erblasser, der selbst den Erbvertrag anficht, dem Vertragspartner Ersatz des Vertrauensschadens leisten müsste, ist gem. § 2078 III ausgeschlossen. (OLG München NJW 1997, 2331; Bamberger/Roth/*Litzenburger* Rn. 10; MüKoBGB/*Musielak* Rn. 20; aA Staudinger/*Kanzleiter* Rn. 37; Soergel/*Wolf* Rn. 6). Der in dem Erbvertrag Bedachte erwirbt weder eine rechtliche gesicherte Anwartschaft noch konnte er darauf vertrauen, eine Zuwendung aus dem Nachlass zu erhalten (MüKoBGB/*Musielak* Rn. 20).

23   **(2) Rechtsfolge der Anfechtung.** Bei Anfechtung des Erbvertrages durch den übergangenen Pflichtteilsberechtigten gem. § 2079, richtet sich die Rechtsfolge nach dieser Vorschrift.

b) Feststellungsklage. In Anbetracht dessen, dass eine Klage auf Feststellung der Wirksamkeit eines Erbvertrages grds. zulässig ist, kann auch der Vertragserbe auf Feststellung klagen, dass die Anfechtung des Erbvertrages durch den Erblasser unbegründet ist (BGH NJW 1962, 1913; aA Staudinger/*Kanzleiter* Rn. 39). Ebenso kann der Erblasser Feststellungsklage erheben (OLG Oldenburg ZEV 1999, 1537; *Johannsen* WM 1969, 1230).

11. Beweislast. Derjenige, der sich auf die Anfechtung beruft, trägt auch die Beweislast für das Bestehen eines Anfechtungsgrundes (BGH NJW 1962, 1913; BayObLG NJW 1964, 205; OLG München FamRZ 2008, 550).

§ 2282 Vertretung, Form der Anfechtung

(1) Die Anfechtung kann nicht durch einen Vertreter des Erblassers erfolgen.
(2) Für einen geschäftsunfähigen Erblasser kann sein Betreuer den Erbvertrag anfechten; die Genehmigung des Betreuungsgerichts ist erforderlich.
(3) Die Anfechtungserklärung bedarf der notariellen Beurkundung.

1. Normzweck. Die Anfechtung kann der Erblasser nur höchstpersönlich erklären, Abs. 1. Bei der Anfechtung von vertragsmäßigen Verfügungen im Erbvertrag muss **die Willensentscheidung des Erblassers** der entscheidende Maßstab sein, denn sie kann weitreichende Folgen haben (Mot. V 324). Der Ausschluss der Vertretung gilt aus den og Gründen überdies auch beim Abschluss des Erbvertrags, der Bestätigung, der Aufhebung und dem Rücktritt (s. §§ 2274, 2284, 2290, 2296). Die zuvor in Abs. 1 S. 2 aF für beschränkt Geschäftsfähige vorgesehene Sonderregelung (keine Notwendigkeit einer Zustimmung des gesetzlichen Vertreters bei einer Anfechtung durch den beschränkt Geschäftsfähigen) wurde durch das Gesetz zur Bekämpfung von Kinderehen mit Wirkung zum 22.7.2017 aufgehoben (BGBl. 2017 I 2429). Daneben wurde auch Abs. 2 neu gefasst und das Erfordernis einer familiengerichtlichen Genehmigung für den Fall, dass der Erblasser unter elterlicher Sorge oder Vormundschaft steht, gestrichen. Bei diesen Aufhebungen handelt es sich um Folgeregelungen der Aufhebung von § 1303 II aF. Eine Eheschließung von Minderjährigen ist danach nicht mehr möglich, mithin waren auch die entsprechenden Sonderregelungen zum Erbvertrag aufzuheben. Ein Minderjähriger, der das 16. Lebensjahr vollendet hat, kann somit zwar nach § 2229 ein Testament errichten, nicht jedoch als Erblasser einen Erbvertrag schließen (BeckOK BGB/*Litzenburger* Rn. 3).

2. Höchstpersönlichkeit. Nach Abs. 1 ist die **Vertretung des Erblassers** bei der Anfechtung weder im Willen noch in der Erklärung, mit Ausnahme von Abs. **2, ausgeschlossen.** Das Anfechtungsrecht erlischt mit dem Tod des Erblassers. Dann steht anderen Personen ein Anfechtungsrecht nach §§ 2080, 2078, 2079 zu.

3. Geschäftsunfähigkeit. Nach Abs. 2 ist der Betreuer des geschäftsunfähigen Erblassers zur Anfechtung des Erbvertrages mit **Genehmigung des Betreuungsgerichts** berechtigt. Da es uU eine lange Zeit dauern kann bis der geschäftsunfähige Erblasser zur selbständigen Anfechtung fähig ist, soll zur Beschleunigung der Anfechtung der Betreuer berechtigt sein, den Erbvertrag mit Genehmigung des Betreuungsgerichts anzufechten (Prot. V 386). Lässt der gesetzliche Vertreter die Anfechtungsfrist verstreichen, steht dem Erblasser ein Anfechtungsrecht zu, wenn er geschäftsfähig wird, § 2283 III. Ob die Vorschrift auch auf einseitige Verfügungen analog anzuwenden ist, ist umstritten, aber richtigerweise zu verneinen (so auch OLG Bamberg ZErb 2015, 314; BeckOGK/*Röhl* Rn. 8).

4. Formerfordernisse. a) Allgemein. Das Formerfordernis der notariellen Beurkundung (§§ 6ff. BeurkG) nach Abs. 3 beruht darauf, dass sonst eine formelle Verfügung von Todes wegen durch eine formlose Anfechtungserklärung beseitigt werden könnte. Dies wollte der Gesetzgeber vermeiden (Prot. V 386). Die Formvorschrift ist auch bei einer Erklärung gegenüber dem Nachlassgericht nach § 2281 II zu beachten. Allein die Vollzugsanweisung an den Notar, die notarielle Anfechtungserklärung zu übermitteln, unterliegt nicht dem Formerfordernis des Abs. 3, da die bloße Mitteilung bzw. Bitte um die Übermittlung der bereits zuvor unbedingt erklärten Anfechtungserklärung gerade kein Bestandteil der Erklärung ist (BGH ZEV 2013, 495; hierzu *Bergmann* MittBayNot 2014, 220; OLG Frankfurt a. M. ZEV 2012, 542; aA OLG Frankfurt a. M. ZEV 2012, 417).

b) Notarielle Beurkundung. Nach Abs. 3 bedarf die Anfechtungserklärung des Erblassers und die seines Betreuers nach Abs. **2 der notariellen Beurkundung.** Dies gilt jedoch nicht bei Dritten, die den Erbvertrag formlos anfechten können (Soergel/*Wolf* Rn. 3). Die Beurkundung ist nur für die Erklärung als solche erforderlich, nicht aber für deren Zugang beim Empfänger (Staudinger/*Kanzleiter* Rn. 6). Der **Zugang einer beglaubigten Abschrift der Erklärung genügt nicht** den Formerfordernissen. Sie muss vielmehr in **Urschrift oder Ausfertigung** zugehen, § 130 (BayObLG NJW 1964, 205). Die bedingte oder befristete Anfechtungserklärung ist nicht zulässig. Es bleibt aber ohnehin dem Erblasser überlassen, iRd Anfechtungsrechts frei über den Anfechtungsgegenstand (einzelne vertragsmäßige Verfügungen oder den ganzen Erbvertrag) zu bestimmen. Aus der Erklärung muss hinreichend deutlich hervorgehen, welche Verfügung der Erblasser anfechten will, wohingegen der Grund der Anfechtung nicht bezeichnet sein muss. Die Angabe des Grundes ist aber für die Frage, ob die Anfechtung fristgemäß erfolgt ist (§ 2283), entscheidend (BayObLG FamRZ 1990, 322).

§ 2283 Anfechtungsfrist

(1) Die Anfechtung durch den Erblasser kann nur binnen Jahresfrist erfolgen.

(2) ¹Die Frist beginnt im Falle der Anfechtbarkeit wegen Drohung mit dem Zeitpunkt, in welchem die Zwangslage aufhört, in den übrigen Fällen mit dem Zeitpunkt, in welchem der Erblasser von dem Anfechtungsgrund Kenntnis erlangt. ²Auf den Lauf der Frist finden die für die Verjährung geltenden Vorschriften der §§ 206, 210 entsprechende Anwendung.

(3) Hat im Falle des § 2282 Abs. 2 der gesetzliche Vertreter den Erbvertrag nicht rechtzeitig angefochten, so kann nach dem Wegfall der Geschäftsunfähigkeit der Erblasser selbst den Erbvertrag in gleicher Weise anfechten, wie wenn er ohne gesetzlichen Vertreter gewesen wäre.

1   **1. Normzweck.** Die Vorschrift erfasst nur die **Anfechtung durch den Erblasser** und beinhaltet eine einjährige Frist. Im Gegensatz zu anderen Fristbestimmungen der Anfechtung bedarf es hier keiner weiteren Frist von 30 Jahren, denn es besteht keine lebenslange Widerrufsmöglichkeit wie im Testamentsrecht. Die Anfechtungsfrist für andere Vertragsteile oder Dritte iSv §§ 2078 u. 2079 richtet sich nach § 2082. Für den Vertragspartner, der die Annahmeerklärung nach §§ 119 u. 123 anficht, gilt die Frist gem. §§ 121 u. 124. Die Frist nach Abs. 1 stellt eine Ausschlussfrist dar, die zum Ausschluss der Anfechtung führt, sobald die Frist versäumt ist. Deshalb ist die der §§ 206 u. 210 über die Fristhemmung entsprechend anwendbar, Abs. 2 S. 2. Ein Leistungsverweigerungsrecht in analoger Anwendung § 2083 für den Fall der Fristversäumung durch den Erblasser ist ausgeschlossen (BGH DNotZ 1990, 50).

2   **2. Fristbeginn. a) Drohung.** Bei der Anfechtung wegen Drohung (§ 2078 II) wird für den Fristbeginn auf den Zeitpunkt, in dem die Zwangslage aufhört, abgestellt, Abs. 2 S. 1.

3   **b) Irrtum.** Besteht der Anfechtungsgrund in einem **Irrtum** des Erblassers (§ 2078 I, § 2079), beginnt die Frist mit dessen Kenntnis von dem Anfechtungsgrund (BGH NJW 2016, 2566; OLG Koblenz ZEV 2015, 365). Die Kenntnis setzt voraus, dass sich der Erblasser über Inhalt und Tragweite seiner Verfügung klar wird oder von dem Nichteintritt des ihn zur Verfügung bewogenen Umstands erfährt oder ein unerwarteter Umstand eintritt. Für den Fall, dass ein Pflichtteilsberechtigter übergangen wurde, kommt es auf den Zeitpunkt an, wann er von dem Pflichtteilsrecht erfährt. Entscheidend ist die tatsächliche Kenntnis von dem Anfechtungsgrund (OLG Frankfurt a. M. FamRZ 1998, 194), dh die sichere und überzeugte Kenntnis aller die Anfechtung begründende Umstände, nicht aber sämtlicher Einzelheiten (BGH FamRZ 1973, 539; BayObLG NJW 1964, 205) oder wann er die Kenntnis hätte erlangen können. Davon ist bspw. bei der Anfechtung der Schlusserbeneinsetzung wegen einer Wiederverheiratung auszugehen, wenn sich der Erblasser **sicher an diese Bestimmung erinnert** (BayObLG ZEV 1995, 105; Bamberger/Roth/*Litzenburger* Rn. 1) und einem **Rechtsirrtum als solchen** (vgl. aber → Rn. 4 zum Rechtsirrtum, der auf der Unkenntnis der gesetzlichen Vorschriften über die Tatumstände beruht) unterliegt, da er keine Kenntnis von der erbrechtlichen Bindung hatte (oder von der Erforderlichkeit der Anfechtung oder von der Anfechtungsberechtigung des Erblassers auch beim gemeinschaftlichen Testament, BGH DNotZ 1970, 167; BayObLG ZEV 1997, 380). Liegt ein entgeltlicher Erbvertrag vor, der von dem Vertragspartner nicht rechtzeitig, etwa durch Pflegeleistung oder Unterhaltszahlung erfüllt wird, beginnt die Frist erst mit der Erkenntnis des Erblassers zu laufen, dass er den Vertrag nicht abgeschlossen hätte, wenn er die ihn belastenden Umstände vorausgesehen hätte.

4   **c) Besonderheiten beim Rechtsirrtum.** Beruht der Rechtsirrtum auf der **Unkenntnis der gesetzlichen Vorschriften über Tatumstände,** ist die Anfechtung ausgeschlossen, so dass auch keine Frist zu laufen beginnt (Staudinger/*Kanzleiter* Rn. 8). Es muss also zwischen einem zur Anfechtung berechtigenden Rechtsirrtum bezüglich des subjektiven Rechts (zB die Anfechtungsberechtigung, → Rn. 3) und einem die Anfechtung ausschließenden Rechtsirrtum bezüglich des objektiven Anfechtungsrechts unterschieden werden (s. Staudinger/*Kanzleiter* Rn. 8). Bsp. für einen das subjektive Recht betreffenden Rechtsirrtum: Der Erblasser hat keine Kenntnis von der pflichtteilsberechtigten zweiten Ehefrau (BGH DNotZ 1970, 167). Bsp. für einen das objektive Recht betreffenden Rechtsirrtum und damit keine Kenntnis vom Anfechtungsgrund: Der Erblasser geht davon aus, dass die Wiederheirat (→ Rn. 3), der Scheidungsantrag oder sonstige veränderte Verhältnisse automatisch zur Unwirksamkeit des Erbvertrages führen würden (BayObLG NJW-RR 1991, 454; 1992, 1223; BGH DNotZ 1970, 167). Fehlende Kenntnis von der Anfechtbarkeit der Verfügung schließt den Fristbeginn grds. aus (BayObLG ZEV 1995, 105).

5   **d) Voraussetzungen.** Zunächst muss für die Bestimmung des Fristbeginns **der Anfechtungsgrund genau festgestellt werden** (BayObLG NJW-RR 1990, 200). Erwartet der Erblasser bei Abschluss des Erbvertrages, dass sich das unfriedliche Verhältnis mit dem Bedachten bessern wird, beginnt die Anfechtungsfrist erst, wenn er davon überzeugt ist, dass sich keine harmonische Beziehung mehr entwickeln kann (BGH FamRZ 1973, 539; BayObLG FamRZ 1983, 1275; OLG Koblenz FamRZ 2016, 405). Die Frist kann neu zu laufen beginnen, wenn die Erwartung auf eine verbesserte Beziehung zum Bedachten wieder aufgelebt ist und der Erblasser später erneut die Überzeugung gewinnt, dass die Erwartung nicht erfüllt wird (BayObLG FamRZ 1983, 1275). Vertraut der Erblasser irrtümlich darauf, dass die Ehe weiter besten wird, kommt es für den Fristbeginn auf den Zeitpunkt des Scheidungsantrages an (BayObLG NJW-RR 1990, 200). Für den Fall der Anfechtung wegen Übergehens eines Pflichtteilsberechtig-

ten ist zu beachten, dass jeder weitere hinzukommende Pflichtteilsberechtigte zu einem weiteren Anfechtungsgrund führt und die Frist jeweils neu beginnt (Staudinger/*Kanzleiter* Rn. 7).

3. Lauf der Frist. Die Fristberechnung erfolgt nach §§ 187, 188. In entsprechender Anwendung von § 206 ist der Lauf der Frist gehemmt, solange der Erblasser innerhalb der letzten sechs Monate der Frist daran gehindert, sein Anfechtungsrecht zu verfolgen. Dies gilt sowohl für die Erklärung gegenüber dem Nachlassgericht (insbes. in Form des Stillstands der Rechtspflege) als auch gegenüber dem Vertragspartner. Bsp. für § 206: falsche Belehrung über das Anfechtungsrecht (BayObLGZ 1960, 490); unrichtiger Erbschein (BayObLGZ 1989, 116; BGH NJW 1960, 283). Entsprechend § 210 erhält der geschäftsunfähige Erblasser oder sein gesetzlicher Vertreter eine Nachfrist zur Anfechtung.

4. Beweislast. Der Anfechtende trägt die Beweislast für die fristgemäße Anfechtung. Der Anfechtungsgegner muss nach hM die angeblich frühere Kenntnis des Anfechtenden vom Anfechtungsgrund oder die frühere Beendigung der Zwangslage in Form der Drohung beweisen (BayObLG ZEV 1995, 105; aA MüKoBGB/*Musielak* Rn. 6). Derjenige, der die durch Verstreichenlassen der Anfechtungsfrist verspätete Anfechtung behauptet, trägt die Beweislast hierfür (BayObLG NJW 1964, 205; aA MüKoBGB/*Musielak* Rn. 6).

§ 2284 Bestätigung

Die Bestätigung eines anfechtbaren Erbvertrags kann nur durch den Erblasser persönlich erfolgen.

1. Normzweck. a) Allgemein. Die Vorschrift enthält eine **Ergänzung zu § 144 I** zum Ausschluss der Anfechtung, wenn das anfechtbare Rechtsgeschäft vom Anfechtungsberechtigten bestätigt wird. Die Bestätigung kann ausschließlich der Erblasser persönlich vornehmen. Sie gleicht ihrem Wesen nach dem Verzicht auf das Anfechtungsrecht (Mot. V 323). Mit dem Recht der Bestätigung wird dem Erblasser ermöglicht, über den Bestand des Erbvertrages trotz Vorliegens eines Anfechtungsgrundes zu entscheiden. Der zuvor in S. 2 aF vorgesehene Ausschluss der Bestätigung im Falle eines beschränkt Geschäftsfähigen wurde durch das Gesetz zur Bekämpfung von Kinderehen mit Wirkung zum 22.7.2017 aufgehoben (BGBl. 2017 I 2429). Bei diesen Aufhebungen handelt es sich um Folgeregelungen der Aufhebung von § 1303 II aF. Eine Eheschließung von Minderjährigen ist danach nicht mehr möglich, mithin waren auch die entsprechenden Sonderregelungen zum Erbvertrag aufzuheben. Ein Minderjähriger kann als Erblasser keinen Erbvertrag schließen.

b) Begriff. Die Bestätigung kommt einem Verzicht auf das Anfechtungsrecht nahe. Ein Unterschied besteht jedoch für den Fall, dass mehrere zur Anfechtung berechtigt sind und sich der Verzicht eines Einzelnen nicht auf das Anfechtungsrecht der anderen auswirkt. Die Bestätigung durch den Erblasser führt hingegen zum Ausschluss der Anfechtung des Dritten, wenn sie mit dem Bestehen des Anfechtungsrechts des Erblassers zusammenhängt.

2. Voraussetzungen. a) Gegenstand. Das Bestätigungsrecht des Erblassers bezieht sich nur auf den **anfechtbaren Erbvertrag**. Ist dieser bereits wirksam angefochten, ist er nichtig. Die Rücknahme der Anfechtung ist ausgeschlossen (BGH NJW 1983, 2247). Die Vorschrift erfasst nur die Bestätigung der Anfechtung von **vertragsmäßigen Verfügungen** aus dem Erbvertrag. Einseitige Verfügungen (s. § 2299) kann der Erblasser nicht anfechten und demzufolge auch nicht bestätigen. Die einseitige Bestätigung durch den Erblasser ist ausgeschlossen, wenn vertragsmäßige Verfügungen nichtig sind, etwa durch bereits erfolgte wirksame Anfechtung (Staudinger/*Kanzleiter* Rn. 4). Die Bestätigung stellt dann vielmehr eine neue Vornahme des Rechtsgeschäfts iSd § 141 I dar, die allen an eine neue Verfügung von Todes wegen zu stellende Anforderungen entsprechen muss (MüKoBGB/*Musielak* Rn. 3).

b) Kenntnis des Anfechtungsgrundes. Wie beim Verzicht, setzt auch die Bestätigung die Kenntnis des Anfechtungsrechts voraus (Bamberger/Roth/*Litzenburger* Rn. 2). Kennt der Erblasser nur einen von mehreren Anfechtungsgründen, bleibt ihm sein Anfechtungsrecht erhalten, wenn er nachträglich von einem Anfechtungsgrund erfährt (RGZ 128, 116).

c) Erklärung. Die Bestätigung ist eine **einseitige, nicht empfangsbedürftige und formlose Willenserklärung**, die **auch durch konkludentes Verhalten** erfolgen kann (BayObLG NJW 1954, 1039). Für Geschäftsunfähige scheidet die Bestätigung aus, da es sich um ein **höchstpersönliches Recht** handelt, wonach die Erklärung nicht vom gesetzlichen Vertreter erklärt werden kann.

3. Rechtsfolge. Die wirksame Bestätigung einer anfechtbaren Verfügung eines Erbvertrages hat den Ausschluss einer späteren Anfechtung durch den Erblasser (§§ 2281, 2078, 2079) oder Dritten (§§ 2078, 2079) zur Folge.

§ 2285 Anfechtung durch Dritte

Die in § 2080 bezeichneten Personen können den Erbvertrag auf Grund der §§ 2078, 2079 nicht mehr anfechten, wenn das Anfechtungsrecht des Erblassers zur Zeit des Erbfalls erloschen ist.

1. Normzweck. Da das Anfechtungsrecht des Erblassers höchstpersönlicher Natur ist, ist es nicht vererblich und entsteht gegenüber den nach §§ 2078 ff., 2281 anfechtungsberechtigten Dritten in neuer

Form (MüKoBGB/*Musielak* Rn. 1). Durch die Verknüpfung der Anfechtungsberechtigung Dritter mit dem erloschenen Anfechtungsrecht des Erblassers soll dem Erblasser primär die Möglichkeit eingeräumt werden, den Erbvertrag anzufechten. Der **Erblasserwille** entscheidet somit darüber, ob eine anfechtbare Verfügung von Todes wegen ihre Gültigkeit behält (Bestätigung, § 2284 oder Verstreichenlassen der Frist nach § 2283), woran die Erben gebunden sein sollen. Die von dem Erblasser gewollte und daraufhin gesteuerte Regelung der Erbfolge soll nicht nachträglich durch die Anfechtungsmöglichkeit Dritter unterlaufen werden können (MüKoBGB/*Musielak* Rn. 1).

2 **2. Anfechtungsberechtigung.** Sobald **der Erbfall mit dem Tod des Erblassers** eingetreten ist, besteht für Dritte die Möglichkeit der Anfechtung des Erbvertrages nach den §§ 2078 ff., der Vertragsgegner eingeschlossen. Die Aufhebung des Erbvertrags muss dem Dritten unmittelbar zustattenkommen, § 2080 I. Für die Anfechtung durch Pflichtteilsberechtigte muss das Pflichtteilsrecht erst zzt. des Erbfalls bestehen (§ 2079). Die Anfechtungsfrist folgt aus § 2082 (BGH DNotZ 1970, 167). Der anfechtungsberechtigte Beschwerte kann die Leistung nicht nach § 2083 verweigern, wenn der Erblasser die Frist nach § 2283 hat verstreichen lassen (BGH DNotZ 1990, 50), weil dann § 2285 greift.

3 **3. Anfechtungsgegner.** Die Anfechtung muss der Dritte gegenüber dem Nachlassgericht erklären, wenn die vertragsmäßige Verfügung eine Erbeinsetzung, ein Ausschluss eines gesetzlichen Erbes von der Erbfolge, die Ernennung eines Testamentsvollstreckers, die Anordnung einer Auflage oder Aufhebung einer solchen Verfügung enthält, § 2081. Bei Vermächtnissen hat die Erklärung gegenüber dem Bedachten, nicht dem Vertragsgegner oder seinen Erben, zu erfolgen (Staudinger/*Kanzleiter* Rn. 3).

4 **4. Erlöschen des Anfechtungsrechts des Erblassers. a) Wirkung.** Das Anfechtungsrecht des Dritten ist zwar als **eigenes, selbständiges Recht** von dem Anfechtungsrecht des Erblassers zu unterscheiden. Es hängt aber vom Anfechtungsrecht des Erblassers insofern ab, dass es mit diesem erlischt. Dies bedeutet iSv § 2285, **dass Dritte (§ 2080) den Erbvertrag nicht mehr anfechten können,** wenn das Anfechtungsrecht des Erblassers zzt. des Erbfalls durch Bestätigung oder Fristablauf erloschen ist (BayObLG ZEV 1995, 105). Ist das aus mehreren Gründen bestehende Anfechtungsrecht des Erblassers nur teilweise erloschen, so sind Dritte berechtigt, den nicht erloschenen Anfechtungsgrund geltend zu machen. Das ohne Erfolg ausgeübte Anfechtungsrecht führt indes nicht zu dessen Erlöschen, zB bei rechtskräftiger Abweisung der Klage auf Feststellung der Nichtigkeit des Erbvertrags (BGH NJW 1952, 419). Die Rechtskraft des Urteils wirkt nicht gegen den anfechtungsberechtigten Dritten, weil er ein eigenes Anfechtungsrecht wahrnimmt und nicht Rechtsnachfolger iSv § 325 I ZPO ist.

5 **b) Nichterlöschen des Anfechtungsrechts des Erblassers.** Dies ist der Fall, wenn die Ausübung des Anfechtungsrechts erfolglos bleibt, Bsp.: Die rechtskräftige Abweisung der auf Nichtigkeit des Erbvertrages gerichtete Feststellungsklage (BGH NJW 1952, 419). Die Rechtskraft des Urteils berührt das Anfechtungsrecht des Dritten nicht, denn dieses hat er nicht durch Rechtsnachfolge erlangt (BGH NJW 1952, 419).

6 **5. Sonstiges. a) Verzicht durch Dritte.** Während der Erblasser den Erbvertrag gem. § 2284 bestätigen kann, haben anfechtungsberechtigte Dritte nur die Möglichkeit, auf ihr eigenes Anfechtungsrecht durch Abschluss eines Vertrages mit dem Vertragsgegner zu verzichten.

7 **b) Analogie beim gemeinschaftlichen Testament.** Die Vorschrift ist auf wechselbezügliche Verfügungen des überlebenden Ehegatten im gemeinschaftlichen Testament analog anwendbar (BayObLG NJW 1954, 1039; BGH NJW 2016, 2566; OLG Stuttgart ZEV 2015, 476). § 2285 findet indes keine analoge Anwendung auf Verfügungen im gemeinschaftlichen Testament, die nicht wechselbezüglich sind (BGH FamRZ 1956, 83). Hierfür und für wechselbezügliche Verfügungen des erstverstorbenen Ehegatten gelten ausschließlich die allgemeinen Anfechtungsregeln der §§ 2078 ff. (BGH FamRZ 1956, 83; BGH DNotZ 2016, 797 mAnm *Kanzleitner;* aA OLG Stuttgart ZEV 2015, 476 m. krit. Anm *Weidlich*).

8 **c) Beweislast.** Der Anfechtungsgegner muss das Erlöschen des Anfechtungsrechts des Erblassers und den daraus folgenden Ausschluss des Anfechtungsrechts des Dritten beweisen (OLG Stuttgart FamRZ 1982, 1137; BayObLG FamRZ 1995, 1024). Dies gilt auch für die Anfechtung eines gemeinschaftlichen Testaments, worauf § 2285 analog anwendbar (BayObLG NJW 1954, 1039; KG FamRZ 1968, 218) ist.

§ 2286 Verfügungen unter Lebenden

Durch den Erbvertrag wird das Recht des Erblassers, über sein Vermögen durch Rechtsgeschäft unter Lebenden zu verfügen, nicht beschränkt.

1 **1. Normzweck und Anwendungsbereich.** Die Vorschrift verdeutlicht, dass sich die erbvertragliche Bindungswirkung nur auf das Erbrecht bezieht, während der Erblasser über sein Vermögen durch Rechtsgeschäft unter Lebenden frei verfügen kann (hierzu die Besonderheiten bei Übergabe von Höfen in → Vorb. § 2274 Rn. 1). Die Vorschrift erfasst zwar dem Wortlaut nach nur Verfügungen, aber auch Verpflichtungsgeschäfte fallen hierunter (Mot. V 327). Die Vorschrift betrifft nur vertragsmäßige Verfügungen im Erbvertrag, wobei sie jedoch auf wechselbezügliche Verfügungen in gemeinschaftlichen Testamenten entsprechend anwendbar ist.

2 **2. Das Recht des Erblassers zur Vermögensverfügung unter Lebenden. a) Allgemeines.** Dem Erblasser ist es durch die vertragsmäßigen Verfügungen im Erbvertrag zwar gem. § 2289 untersagt, über sein

Vermögen von Todes wegen zu verfügen. Zu Vermögensverfügungen unter Lebenden ist er gem. § 2286 jedoch berechtigt, da er durch seine vertragsmäßige Verfügungen nur erbrechtlich gebunden ist (zur Abgrenzung zum Änderungsvorbehalt vgl. OLG Hamm, Urt. v. 8.6.2010 – 10 U 126/09, BeckRS 2010, 27623). Die §§ 2287, 2288 stellen Schutzvorschriften zu Gunsten des Bedachten gegen missbräuchliche Handlungen des Erblassers dar.

b) **Familienrechtliche Rechtsgeschäfte. Die Verfügungsfreiheit ist auf das Vermögen des Erblassers beschränkt**, so dass streng genommen familienrechtliche Rechtsgeschäfte oder tatsächliche Handlungen nicht Gegenstand des § 2286 sein können. Der Gesetzgeber hat es aber als selbstverständlich erachtet, dass solche Rechtsgeschäfte nicht durch den Erbvertrag gehindert werden dürfen. So zählen etwa „**ehebedingte**" Zuwendungen unter Ehegatten zu den Verfügungen iSv § 2286 (BGH DNotZ 1992, 513; ZEV 1996, 25). Auch wenn durch familienrechtliche Geschäfte uU Pflichtteilsrechte begründet werden, wodurch der vertragsmäßig Bedachte einen Nachteil erlangen kann, ist an der Verfügungsfreiheit des Erblassers festzuhalten. Familienrechtliche Geschäfte sind schließlich keine Vermögensverfügungen und überdies darf der Erbvertrag nicht die Wirkungslosigkeit des Pflichtteilsrechts herbeiführen können. Auch bei eheverträglichen Vereinbarungen muss der im Erbvertrag eingesetzte Erbe Nachteile hinnehmen, wie zB Folgen im Pflichtteilsrecht, uU im Zugewinnausgleich, in der Auseinandersetzung oder in der vereinbarten Gütergemeinschaft (BGH FamRZ 1969, 207). Der Bedachte ist aber insoweit geschützt, als die allgemeinen Grundsätze und die §§ 2287, 2288 analog heranzuziehen sind. Bei vereinbarter Gütergemeinschaft ist die restriktive Anwendung des § 2287 zu beachten und nur dann eine Schenkung in diesem Sinne anzunehmen, wenn der Erblasser damit ehefremde Zwecke verfolgt hat (BGH DNotZ 1992, 513).

c) **Vertragswidriges Verhalten des Erblassers an den Maßstäben der §§ 138, 826. In Härtefällen** kann das missbräuchliche Verhalten durch den Verstoß gegen die erbvertragliche Bindung des Erblassers zur **Nichtigkeit des Rechtsgeschäfts unter Lebenden** nach § 138 führen. Es müssen jedoch neben dem Verstoß gegen die erbvertragliche Bindung Umstände vorliegen, die die strengen Voraussetzungen des § 138 erfüllen (BGH FamRZ 1973, 537). Grund hierfür ist, dass das erbvertragswidrige Verhalten des Erblassers selbst nur anhand der Spezialvorschriften der §§ 2287, 2288 zu bemessen ist. Diese Maßstäbe müssen gerade auch für entgeltliche Rechtsgeschäfte des Erblassers gelten. § 138 ist dann nicht durch die §§ 2287, 2288 ausgeschlossen, wenn neben dem Erbvertrag eine Verpflichtung unter Lebenden besteht (Verleitung zum Bruch eines Verfügungsunterlassungsvertrages s. BGH NJW 1991, 1952).

3. Die Rechte des Bedachten vor dem Erbfall. a) Anwartschaftsrecht. Dem Bedachten steht vor dem Erbfall nicht einmal ein bedingtes Recht oder ein Anspruch gegen den Erblasser oder Dritten zu (BGHZ 12, 115; 21, 343). Seine Ansprüche als Erbe oder Vermächtnisnehmer entstehen erst mit dem Erbfall, s. §§ 1922, 2032, 2176. Der Bedachte hat auch kein Anwartschaftsrecht, sondern lediglich eine auf § 2289 (erbrechtliche Bindung des Erblassers) und §§ 2287, 2288 basierende **rechtlich begründete Aussicht**. Diese Aussicht kann aber beeinträchtigt werden, indem der Erblasser über sein Vermögen oder den Vermächtnisgegenstand verfügt, §§ 2286, 2169 oder sein Rücktrittsrecht ausübt, § 2293 oder den Erbvertrag iSv §§ 2290–2292 aufhebt.

b) **Vormerkung.** Dadurch, dass der Bedachte keinen Anspruch gegen den Erblasser vor dem Erbfall hat, scheidet die Sicherung seines künftigen Rechts durch Eintragung einer Vormerkung im Grundbuch bei einem Grundstück des Erblassers aus. Dies gilt auch für die Sicherung durch einstweilige Verfügung (BGH DNotZ 1954, 264; FamRZ 1967, 470; BayObLGZ 1953, 226; OLG Hamm DNotZ 1956, 151).

c) **Herausgabe nach Bereicherungsrecht.** Ist der Bedachte im Erbvertrag **zu Gegenleistungen verpflichtet**, die er bereits erfüllt hat, so kann er diese wegen ungerechtfertigter Bereicherung herausverlangen, wenn der Erblasser zu Lebzeiten Schenkungen an einen Dritten getätigt hat. Weitere Bereicherungsansprüche des Bedachten aus §§ 2287, 2288 können sich etwa bei einem Verstoß gegen einen Verfügungsunterlassungsvertrag, s. unten, ergeben.

d) **Verfügungsunterlassungsvertrag. aa) Schuldrechtliche Verpflichtung des Erblassers. (1) Zu Lebzeiten.** Der Erblasser kann sich erbvertraglich oder durch eine gesonderte schuldrechtliche Vereinbarung zusätzlich verpflichten, **zu seinen Lebzeiten keine Verfügung zu treffen**, die dem Erbvertrag seinem Inhalt nach widerspricht, insbes. den vermachten Gegenstand oder bestimmte Gegenstände nicht zu veräußern oder zu belasten (BGH DNotZ 1957, 548; 1969, 759; OLG Hamm DNotZ 1956, 151). Diese schuldrechtliche Verpflichtung in Form des sog. Verfügungsunterlassungsvertrags kann der Erblasser unmittelbar gegenüber dem begünstigten Vertragspartner oder im Wege des Vertrages zugunsten Dritter eingegangen eingehen. Sie bedarf **keiner Form, es sei denn** die Beteiligten wollten **eine rechtliche Einheit mit dem Erbvertrag** bilden (Bamberger/Roth/*Litzenburger* Rn. 8). Die Formfreiheit gilt auch dann, wenn das Verpflichtungsgeschäft, worauf das Unterlassen beruht, der Form des § 311b I bedarf (BGH FamRZ 1967, 470). Die Vereinbarung ist **stillschweigend möglich** und daher **auslegungsfähig** (BGH DNotZ 1969, 759; FamRZ 1967, 470). Nach hM kann die schuldrechtliche Verpflichtung, entgegen § 137, zu Lebzeiten des Erblassers zu einem **Verfügungs- oder Veräußerungsverbot** durch einstweilige Verfügung führen (Staudinger/*Kanzleiter* Rn. 16; Erman/*Westermann* § 137 Anm. 2). Bei Verstoß gegen das Verfügungsverbot können Schadensersatzansprüche bereits zu Lebzeiten des Erblassers entstehen (BGH NJW 1959, 2252). Verpflichtet sich der Erblasser überdies bei Verstoß gegen das Verfügungsverbot, den vermachten Gegenstand unentgeltlich auf den Bedachten zu übertragen (bedingte lebzeitige Übertragungsverpflichtung), kann sich dieser sein aussichtsreiches Recht bei Grundbesitz durch

10 BGB § 2287   Buch 5. Abschnitt 4. Erbvertrag

Vormerkung im Grundbuch sichern lassen (BayObLG DNotZ 1989, 370). Die Verpflichtung ist in ihrer Wirksamkeit auch nicht auf 30 Jahre begrenzt (BGH NJW 2012, 3162).

9   (2) **Unentgeltliche Übertragung.** Die Verpflichtung des Erblassers kann auch darin bestehen, dass er den vermachten Gegenstand bei Verstoß gegen das vereinbarte Verfügungsverbot **unentgeltlich auf den Bedachten überträgt**. Im Fall von Grundbesitz kommt die Sicherung dieser Übertragungsverpflichtung durch **Vormerkung** im Grundbuch in Betracht (BayObLG DNotZ 1989, 370). Der Übertragungsverpflichtung muss nicht zwingend ein Verfügungsverbot vorausgehen, so dass bspw. Ehegatten vereinbaren können, dass der Überlebende **bei Wiederheirat** zur Übertragung eines Hauses auf bestimmte Abkömmlinge verpflichtet ist. Zu beachten ist in diesem Zusammenhang überdies die Formvorschrift des § 311b I.

10 bb) **Ehegatten.** Bedenken sich die Ehegatten in einem Erbvertrag oder gemeinschaftlichen Testament gegenseitig als Alleinerben und soll der Bedachte zum Erben nach dem Tod des überlebenden Ehegatten bestimmt sein, bestehen folgende Möglichkeiten, das Recht des Bedachten zu sichern: Der Erstverstorbene macht die Vereitelung der Zuwendung an den Dritten durch Verfügung bestimmter Gegenstände **zur auflösenden Bedingung der Erbeinsetzung** des Überlebenden. Überdies kann der überlebende Ehegatte mit einem Vermächtnis zu Gunsten des Bedachten beschwert werden, Verfügungen zu unterlassen (Bamberger/Roth/*Litzenburger* Rn. 10).

11 e) **Sonstiges.** Der Bedachte hat vor dem Erbfall die Möglichkeit, eine Klage auf Feststellung der Wirksamkeit des Erbvertrages gem. § 256 ZPO zu erheben, soweit es hierfür einen Anlass gibt, etwa Anfechtung oder Rücktritt. Hierzu ist der Bedachte ebenso berechtigt, wenn er selbst kein Vertragspartner ist (BGH NJW 1962, 1913). Ein Auskunftsanspruch hinsichtlich der Vermögensverhältnisse des Erblassers zu dessen Lebzeiten steht dem Bedachten nicht zu.

12 **4. Die Rspr. des BGH zur „Aushöhlung" des Erbvertrages. a) Die frühere Rspr.** Die Rspr. des BGH wollte mit ihrer ersten Entscheidung zur Nichtigkeit des Rechtsgeschäfts unter Lebenden im Rahmen von Erbverträgen wegen „Aushöhlung" des Erbvertrages dem als nicht ausreichend angesehenen Schutz des Bedachten durch die §§ 2286 ff. entgegenwirken. Sie dehnte den Wortlaut dieser Schutzvorschriften aus. Zur Begründung der Nichtigkeit des Erbvertrages in diesen Fällen führte der BGH (DNotZ 1958, 654; NJW 1960, 524; 1961, 1111; DNotZ 1965, 357; 1969, 759; NJW 1971, 188) an, dass der Erblasser **den Erbvertrag aushöhle**, wenn er das Rechtsgeschäft unter Lebenden getätigt habe, um den Erbvertrag zu entgehen. Die äußerlich als Rechtsgeschäft unter Lebenden getätigte Verfügung sei dann in der Sache im Grunde als eine Verfügung von Todes wegen anzusehen. In der Lit. erfuhr diese Rspr. überwiegend Kritik (→ Rn. 12), woraufhin der BGH schließlich die dort aufgeführten Gesichtspunkte anerkannte und seine bisherige Rspr. aufgab (BGH DNotZ 73, 421; FamRZ 1977, 314). Zur **neuen Rspr.** wird auf → § 2287 Rn. 9 verwiesen.

13 **b) Ansichten der Lit. zur „Aushöhlungsnichtigkeit".** Die Ansichten aus der Lit. haben die Rspr. des BGH zur Nichtigkeit der Erbvertrag wegen deren „Aushöhlung" überwiegend kritisiert (*Lange* NJW 1963, 1571; *Dittmann* DNotZ 1958, 268; *Brox/Walker* ErbR Rn. 159; *Lüderitz* AcP 168, 329 (339 ff.); *Speckmann* NJW 1971, 176; dem BGH folgend *Kipp/Coing* ErbR § 38 Kap. IV Rn. 3d; RGRK/*Johannsen* Rn. 14). Gegen die Rspr. des BGH führten die Kritiker zur Begründung an, dass sie zu einer nicht zu unterschätzenden **Rechtsunsicherheit** führe und insbes. der gesetzliche Wortlaut der §§ 2286, 2287 nichts hergebe, sondern auch dann nur einen Bereicherungsanspruch vorsieht, wenn der Erblasser sogar in Benachteiligungsabsicht gehandelt habe.

§ 2287 Den Vertragserben beeinträchtigende Schenkungen

(1) Hat der Erblasser in der Absicht, den Vertragserben zu beeinträchtigen, eine Schenkung gemacht, so kann der Vertragserbe, nachdem ihm die Erbschaft angefallen ist, von dem Beschenkten die Herausgabe des Geschenks nach den Vorschriften über die Herausgabe einer ungerechtfertigten Bereicherung fordern.

(2) Die Verjährungsfrist des Anspruchs beginnt mit dem Erbfall.

1   **1. Normzweck.** Die Freiheit des Erblassers, bei einem Erbvertrag weiterhin über sein Vermögen durch Rechtsgeschäft unter Lebenden verfügen zu können, kann zur Vereitelung einer vertragsmäßigen Erbeinsetzung führen. Die Vorschrift erfasst **Schenkungen des Erblassers**, wodurch das Verbot einer beeinträchtigenden Verfügung von Todes wegen umgangen wird. Sinn und Zweck der Vorschrift ist es, dem durch die Schenkung beeinträchtigten Vertragserben einen **Anspruch gegen den Beschenkten auf Herausgabe des Geschenkes** zu gewähren, **wenn der Erblasser die Schenkung in der Absicht vorgenommen hat, den Vertragserben zu beeinträchtigen**. Diese Schutzvorschrift gegen den Missbrauch der Verfügungsfreiheit des Erblassers gilt nicht für entgeltliche Verfügungen, die vielmehr in den Anwendungsbereich des § 826 fallen (Mot. V 330). Nach hM ist die Vorschrift **auf wechselbezügliche Verfügungen von Todes wegen in gemeinschaftlichen Testamenten entsprechend anwendbar** (BGH DNotZ 1951, 344; NJW 1982, 43; ZEV 2014, 98; NJW 2017, 329). Hierfür müssen die Verfügungen indes nach dem Tod des erstverstorbenen Ehegatten bindend geworden sein (BGH NJW 1983, 1487).

2   **2. Analogie bei gemeinschaftlichen Testamenten.** Die Vorschrift findet nach hM (BGH NJW 2017, 329; DNotZ 1951, 344; NJW 1983, 1487) entsprechende Anwendung auf wechselbezügliche, bindende

Verfügungen in gemeinschaftlichen Testamenten. Die Analogie wird damit begründet, dass der überlebende Ehegatte sonst nicht geschützt sein, wenn der Erstversterbende Schenkungen unter Lebenden vornimmt, die ihre Wirkung erst mit dem eingetretenen Tod des Schenkenden entfalten (Staudinger/*Kanzleiter* Rn. 2; *Speth* NJW 1985, 463). Eine analoge Anwendung kommt nicht in Betracht, wenn die Bindungswirkung weggefallen ist (zB im Falle einer Wiederverheiratungsklausel; OLG Zweibrücken ZEV 2013, 395).

3. Voraussetzungen. a) Schenkung in Beeinträchtigungsabsicht. aa) Schenkung. Der Schenkungsbegriff ist aus den §§ 516, 517 zu entnehmen; insoweit wird auf die dortige Kommentierung verwiesen. Das Tatbestandsmerkmal der Schenkung stellt eine, neben der Voraussetzung der Beeinträchtigungsabsicht, selbstständige Voraussetzung dar (BGH NJW 2017, 329 mAnm *Keim*). Grundsätzlich nicht als Schenkung anzusehen sind entgeltliche Verfügungen, etwa die Verfügung über das ganze Vermögen gegen eine Leibrente. Die Einräumung eines unentgeltlichen schuldrechtlichen Wohnrechts stellt selbst bei langer Dauer keine Schenkung, sondern Leihe dar (BGH ZEV 2008, 192). Übergabeverträge von Höfen sind idR gemischte Schenkungen oder Schenkungen unter Auflagen (BGHZ 3, 206), so dass § 2287 hierauf anwendbar ist (genauer zu einer Schenkung unter Vorbehalt von Nutzungsrechten oder Auflagen BGH ZEV 2016, 641). Nur **bei Vorliegen eines groben Missverhältnisses zwischen Leistung und Gegenleistung, wird vermutet, dass sich die Vertragschließenden über die Unentgeltlichkeit einig waren** (BGH DNotZ 1973, 626). Der Wert des zugewandten Gegenstands und dessen Verhältnis zu dem Wert des Nachlasses spielt bei der Frage des Schenkungsbegriffes keine Rolle (Mot. V 329; Prot. V 393). Auch eine Verpflichtung zur Pflege des Erblassers kommt als eine die Schenkung ausschließende Gegenleistung in Betracht (BGH ZEV 2016, 641). 3

bb) Unbenannte Zuwendungen. Zuwendungen dieser Art (s. Komm. zu § 516), auch **ehebedingte oder ehebezogene Zuwendungen** genannt, sieht der BGH als Schenkung iSv § 2287 an, setzt aber voraus, dass sie **objektiv unentgeltlich** sind (BGH NJW-RR 1996, 133; OLG Karlsruhe ZEV 2000, 108; BGH NJW 1994, 2545; Unentgeltlichkeit verneint: OLG Oldenburg FamRZ 2000, 638; OLG Schleswig ZEV 2010, 369). Wenngleich es idR an der Einigung über die Unentgeltlichkeit fehlt, soll dem Verhalten des Erblassers entgegengewirkt werden können, durch Rechtsgeschäft unter Lebenden Pflichtteilsberechtigte und Vertragserben zu benachteiligen und Teile des Nachlasses anderen, ausgewählten Personen zukommen zu lassen (BGHZ 116, 167). Eine unbenannte Zuwendung ist nicht unentgeltlich, wenn ihr eine äquivalente Gegenleistung, auch immaterieller Art, gegenübersteht. Dies ist der Fall, wenn sich der Zuwendende iRd gesetzlichen Verpflichtungen nach § 1360 hält und zB einer angemessenen Alterssicherung dienlich ist (BGH DNotZ 1992, 513). Hierdurch muss überdies die berechtigte Aussicht und Erwartung des Vertragserben auf die Erbschaft beeinträchtigt sein. Der BGH hebt im Hinblick auf die Haushaltstätigkeit hervor, dass diese keine Gegenleistung für unbenannte Zuwendungen darstelle, da sie sonst als geschuldeter Beitrag zum Familienunterhalt gelte, s. § 1360. 4

cc) Begründung einer Gütergemeinschaft. Aus der Vereinbarung von Gütertrennung mit der Folge, dass dem anderen Ehegatten der Anspruch auf Zugewinnausgleich (§§ 1372 ff.) zusteht, resultiert kein Anspruch aus § 2287. Darin ist keine Beeinträchtigung der Erberwartung des Vertragserben zu sehen, da die Zuwendung sich im Rahmen dessen bewegt, was der Ehegatte kraft Gesetzes erlangen würde (Staudinger/*Kanzleiter* Rn. 3a). In der Vereinbarung einer Gütergemeinschaft ist ausnahmsweise **eine Schenkung des Ehegatten, der über mehr Vermögen verfügt,** zu sehen. **Der andere Ehegatte mit geringerem Vermögen** bringt entsprechend weniger in das Gesamtgut ein und **ist** somit mit Abschluss des Ehevertrages **bereichert** (MüKoBGB/*Musielak* Rn. 5). Hierbei mangelt es jedoch idR an der Einigung über die Unentgeltlichkeit (BGH NJW 1992, 558). Da für die vorliegende Bereicherung ein Rechtsgrund in dem familienrechtlichen Vertrag über die Errichtung der Gütergemeinschaft zu sehen ist, hält der BGH für die Annahme einer Schenkung eine zusätzliche Voraussetzung für erforderlich. Es käme auf ehefremde Zwecke an, die durch die Regelung der Gütergemeinschaft verfolgt werden müssten. Die Feststellung dieser Voraussetzungen ist Sache des Tatrichters (BGHZ 116, 178). 5

dd) Weitere Schenkungen. Die **gemischte** oder auch als verschleiert bezeichnete **Schenkung** ist als Schenkung iSv § 2287 anzusehen (RGZ 148, 236; ZEV 2013, 213; ZEV 2016, 641; OLG Hamburg OLGE 32, 73). Auch reine Verpflichtungsgeschäfte, wie Schenkungsversprechen werden von § 2287 erfasst (OLG Celle MDR 1948, 142). Von § 2287 erfasst sind weiter: **Noch vor dem Tod des Erblassers vollzogene Schenkungen auf den Todesfall** unter der Bedingung des Überlebens des Beschenkten; ist die Schenkung **noch nicht vollzogen**, gilt sie als Verfügung von Todes wegen, § 2301 I. Problematisch ist hingegen die Einordnung einer Abfindung im Rahmen eines Erb- oder Pflichtteilsverzichts (BGH ZEV 2016, 90; NJW 2009, 1143). Eine Schenkung im Sinne dieser Vorschrift ist auch dann anzunehmen, wenn der Erblasser die Zuwendung vornimmt, die er aus Nutzungen oder laufenden Einkünften schöpft (Staudinger/*Kanzleiter* Rn. 4). In diesen Fällen ist jedoch das Vorliegen der Beeinträchtigungsabsicht genau zu prüfen. Unbeachtlich ist, ob der Wert der Schenkung dem Begünstigten direkt oder über Umwege (zB über einen Vertrag zugunsten Dritter) zufließt (BGH NJW 1976, 749; OLG Koblenz NJW-RR 2005, 883; OLG Hamm, Urt. v. 21.7.2009 – 10 U 30/09, BeckRS 2010, 03240). 6

ee) Zeitpunkt. Die Vorschrift betrifft nur Schenkungen, die nach dem Abschluss des Erbvertrages erfolgt sind, da der Erbe nur in Form einer ihm gegenüber bestehenden Bindungswirkung beeinträchtigt sein kann. 7

8   ff) **Beeinträchtigung des Vertragserben.** Der Anspruch nach § 2287 setzt voraus, dass die Schenkung die berechtigte Erberwartung des Vertragserben beeinträchtigt. Dies ist zu verneinen, wenn der Erblasser die lebzeitige Zuwendung auch durch Verfügung von Todes wegen hätte vornehmen können (BGHZ 82, 274; 83, 44), etwa durch Anordnung eines Vermächtnisses (BGH WM 1986, 1221), durch eine Teilungsanordnung anstelle vorweggenommener Erbfolge (BGH NJW 1982, 43). Lebzeitige Zuwendungen, die der Erblasser einigen seiner Abkömmlinge im Hinblick auf die Vorempfänge anderer Vertragserben abweichend vom Erbvertrag zukommen lässt, können eine missbräuchliche Benachteiligung von Vertragserben im Sinne des Abs. 1 BGB sein (BGH ZEV 2006, 505). Keine Beeinträchtigung des Vertragserben liegt vor, wenn die Zuwendungen des Erblassers an seinen Ehegatten diesem als Pflichtteil nach der Aufhebung eines Erbverzichts zugestanden hätten (BGH WM 1980, 1126; vgl. auch BGH ZEV 2014, 98; OLG Düsseldorf ZEV 2013, 392).

9   b) **Beeinträchtigungsabsicht. aa) Begriff.** Nach früher hM brauchte für die Annahme von Beeinträchtigungsabsicht die Benachteiligung des Vertragserben zwar nicht der ausschließliche Beweggrund für die Schenkung zu sein, jedoch müsste sie aber der eigentlich leitende und bestimmende, zumindest der überwiegende sein (BGH FamRZ 1961, 72; BGHZ 31, 13; BGH DNotZ 1969, 759). Im Rahmen dessen erging die Rspr. zur Aushöhlungsnichtigkeit, die der BGH schließlich aufgegeben hat (BGH NJW 1973, 240).

10   bb) **Anforderungen nach der neuen Rspr.** Mit der Aufgabe seiner früheren Rspr. ging die grundlegende Änderung des Begriffs der Beeinträchtigungsabsicht einher. Der BGH reduzierte die Anforderungen an die Beeinträchtigungsabsicht und dehnt damit den Anwendungsbereich des § 2287 aus. Nunmehr solle es darauf ankommen, dass die Schenkung auf eine Korrektur des Erbvertrags ausgerichtet war. Dies sei der Fall, wenn der Erblasser kein anerkennenswertes **lebzeitiges Eigeninteresse** daran habe, wesentliche Vermögenswerte an einen anderen als den Bedachten zuzuwenden (BGH DNotZ 1973, 626; NJW 1980, 2307; 1986, 1755; NJW-RR 1998, 577). Die hierfür maßgeblichen Umstände müssen sich seit Abschluss des Erbvertrages geändert haben (BGH NJW 1980, 2307; 1984, 731). Allein das Fehlen des lebzeitigen Eigeninteresses reicht für die Annahme von Beeinträchtigungsabsicht indes nicht aus, denn der Erblasser könnte dem Vertragserben mit der Schenkung gerade einen Vorteil verschaffen wollen (BGH DNotZ 1987, 115). Notwendig ist keine bloß rechnerische Gegenüberstellung, sondern vielmehr eine Gesamtabwägung (BGH ZEV 2016, 641; OLG Karlsruhe, Beschl. v. 4.8.2014 – 8 U 120/13, BeckRS 2014, 23075).

11   (1) **Lebzeitiges Eigeninteresse. Fallbeispiel:** Als anerkennenswertes lebzeitiges Eigeninteresse anzusehen sind: Alterssicherung (BGH FamRZ 1977, 539; ZEV 2016, 641; OLG Düsseldorf FamRZ 1999, 1621), es sei denn sie ist bereits absprachegemäß durch mehrere Kinder sichergestellt (OLG Oldenburg FamRZ 1994, 1423); sittliche Verpflichtung (BGH NJW 1982, 1100); Absicherung seiner Betreuung und Pflege (BGH NJW 1982, 1100; NJW-RR 2012, 207; OLG Köln ZErb 2014, 196); Erhalten der Betreuung und Pflege durch seine Ehefrau (BGH NJW 1992, 2630); das Bestehen eines Anfechtungsrechts des Erblassers bezüglich eines für ihn bindenden gemeinschaftlichen Testaments (BGH ZEV 2006, 505); Sicherung der Unternehmensnachfolge (*Tanck* ZErb 2015, 220; OLG Oldenburg, Urt. v. 5.10.2010 – 12 U 51/10, BeckRS 2011, 23182). Das lebzeitige Eigeninteresse kann sich auch kumulativ aus mehreren Beweggründen ergeben (OLG München FamRZ 2015, 608). Kein anerkanntes lebzeitiges Eigeninteresse: die Schenkung dient nur der nachträglichen Korrektur des Erbvertrags zu Gunsten einer anderen ausgewählten Person (BGH NJW 1980, 2307; OLG München FamRZ 2015, 1531; OLG Hamm ZEV 2018, 93); der beschenkte Ehegatte ist nicht genügend bedacht (BGH WM 1980, 1126; OLG München, Urt. v. 23.11.2016 – 3 U 796/16, BeckRS 2016, 20125).

12   (2) **Schenkungen aus Anstand.** Bei **Pflicht- und Anstandsschenkungen** ist die Beeinträchtigungsabsicht idR zu verneinen. Dies gilt ebenso für belohnende Schenkungen und Schenkungen zu idealen Zwecken oder aus persönlichen Rücksichten (BayObLGZ 7, 511; OLG Hamburg OLGE 24, 105; OLG Düsseldorf ZEV 2017, 328 m. zu Recht kritischer Anm. *Hölscher*).

13   (3) **Beweislast.** Die **Beweislast** für das Fehlen eines anerkennenswerten lebzeitigen Eigeninteresses des Erblassers trägt der Benachteiligte (BGH NJW 1986, 1677; OLG Köln NJW-RR 1992, 200; OLG Hamm ZEV 2018, 93; OLG München FamRZ 2015, 1531). Kannte dieser die Gründe der Verfügung nicht, ist der Begünstigte zur Darlegung der möglicherweise bestehenden Gründe der Zuwendung verpflichtet. Der Anspruch scheidet aus, **wenn sich der Vertragserbe gegenüber dem Erblasser mit der Schenkung einverstanden erklärt,** die Kenntnis von der erbvertraglichen Verfügung vorausgesetzt. Der Vertragserbe verzichtet dadurch auf den Schutz des Gesetzes. Die Annahme einer Beeinträchtigungsabsicht bei Einverständnis des Vertragserben liegt ohnehin fern. Überdies kann nicht von einer „ungerechtfertigten" Bereicherung ausgegangen werden (BGH WM 1973, 680; *Kanzleiter* ZEV 1997, 261; Soergel/*Wolf* Rn. 10; aA BGH NJW 1982, 1100). Das Einverständnis bedarf keiner Form. Ebenso führt die Zustimmung des Vertragserben führt zum Ausschluss der Beeinträchtigungsabsicht.

14   cc) **Kritik der neuen Rspr.** Die Kritiker sehen das Hauptargument, das gegen die neue Rspr. des BGH führt darin, dass **die abgemilderten Voraussetzungen der Beeinträchtigungsabsicht keine gesetzliche Grundlage** haben (*Speckmann* NJW 1974, 341; dem BGH zT zust. Staudinger/*Kanzleiter* Rn. 13). Die Absicht, einen Dritten mit der Schenkung zu begünstigen sei nur in Ausnahmefällen mit der Absicht, hierdurch den erbvertraglich Bedachten zu benachteiligen, verbunden. IdR handle der Erblasser im Hinblick auf die Entziehung des erbvertraglichen Vermögenswertes des Bedachten nur mit bedingtem oder

unbedingt vorsätzlich. Dies als Beeinträchtigungsabsicht anzusehen, finde keine Rechtfertigung im Wortlaut des Gesetzes.

dd) **Vorliegende Ansicht.** Dem BGH ist aus folgenden Gründen zuzustimmen: Die neuen Ausgangspunkte des BGH führen dazu, dass Ergebnisse erzielt werden können, die der Rechtssicherheit dienen. Dem Interesse des Erblassers an seiner Verfügungsfreiheit zu Lebzeiten wird durch den Anknüpfungspunkt des „lebzeitigen Eigeninteresses" gerecht, dessen Fehlen alleine nicht zur Annahme von Beeinträchtigungsabsicht führt. Es müssen vielmehr **besondere Umstände hinzukommen.** Der ursprünglich nicht durch § 2287 aufgefangene Bedachte muss demgegenüber vor lebzeitigen Verfügungen des Erblassers, die darauf abzielen, ihm seinen durch Erbvertrag eingeräumten Vermögenswert zu entziehen, geschützt werden. Würde die Vorschrift des § 2287 nicht ausgedehnt werden, verbliebe nur ein nicht nennenswerter Anwendungsbereich für besondere Härtefälle. 15

c) **Entstehung des Anspruchs mit Anfall der Erbschaft. aa) Zeitpunkt des Erbfalls.** Der Anspruch entsteht mit dem Anfall der Erbschaft bei dem Vertragserben, dh mit dem Tod des Erblassers, §§ 1922, 1942. Nimmt der Vertragserbe sein Ausschlagungsrecht wahr, kann der Anspruch nach § 2287 nicht entstehen, denn der Anfall an den Erben gilt gem. § 1953 als nicht erfolgt. 16

bb) **Vor dem Erbfall.** Dann besteht kein Anspruch aus § 2287, so dass dessen **Sicherung durch Vormerkung, Arrest oder einstweilige Verfügung** ausgeschlossen ist (BayObLG 1952, 289; OLG Koblenz MDR 1987, 935; aA *Hohmann* ZEV 1994, 133). Kann dem Beschenkten sein Anspruch nicht mehr entzogen werden, ist dieser zur **Erhebung der Feststellungsklage** bereits vor dem Erbfall berechtigt, um das Bestehen des Anspruchs klären lassen (OLG Koblenz MDR 1987, 935; *Hohmann* ZEV 1994, 133; Palandt/*Weidlich* Rn. 17; aA Staudinger/*Kanzleiter* Rn. 18). 17

d) **Anspruchsinhaber und -gegner. aa) Der Vertragserbe. (1) Zeitpunkt.** Der Anspruch steht dem Vertragserben frühestens vom Erbfall an zu, gehört aber nicht zum Nachlass (BGH NJW 1989, 2389). Die Geltendmachung durch den Testamentsvollstrecker durch Klage oder Einrede ist ausgeschlossen. Sobald der Nacherbfall eintritt, ist auch der **Nacherbe** zur Geltendmachung des Anspruches aus § 2287 berechtigt, denn der Nacherbe ist in gleicher Weise Erbe wie der Vorerbe (Staudinger/*Kanzleiter* Rn. 19). Für den Fall, dass der Nacherbe zugleich Vertragserbe des Vorerben ist, so kommt ihm der Schutz des § 2287 vor Schenkungen des Vorerben über Gegenstände aus dem Nachlass des erstverstorbenen Erblassers und vor Verfügungen des Vorerben über sein eigenes Vermögen zu (OLG Celle MDR 1948, 142). 18

(2) **Bruchteilsgemeinschaft.** Mehreren Vertragserben als Anspruchsinhaber stellen **eine Bruchteilsgemeinschaft** dar und können die Herausgabe des Geschenkes, sofern es eine teilbare Leistung ist, nach Bruchteilen gem. §§ 420, 741 ff. entsprechend seines jeweilig zustehenden Erbteils verlangen (BGH NJW 1989, 2389). Bei unteilbarer Leistung sind die Vertragserben Mitgläubiger gem. § 432. 19

bb) **Der Vertragsgegner.** Demjenigen Vertragsteil, der den Erbvertrag annimmt, steht kein Anspruch aus § 2287 zu. Auch die Schenkung verleiht ihm keine Rechte. Lediglich die allgemeinen Vorschriften der §§ 138, 826 können herangezogen werden, wenn sich dies aus der Schenkung ergibt. 20

cc) **Anspruchsgegner.** Als solcher ist der Beschenkte anzusehen. Hat der Erblasser mehrere Vermögensverschiebungen zu Lasten des Erben getätigt, verhilft der Rechtsgedanke der §§ 2329 III, 528 II, zum angemessenen, ausgleichenden Ergebnis zu kommen (BGH NJW-RR 1996, 133). Nach wohl überwiegender Ansicht, soll der Anspruchsinhaber auch den Anspruch aus § 822 gegen einen Dritten geltend machen können (BGH NJW 2014, 782). 21

e) **Frist.** Vor Inkrafttreten des ErbRÄndG galt die kurze Verjährungsfrist von drei Jahren vom Zeitpunkt des Erbfalls an. Sie galt für den Herausgabeanspruch und den Auskunftsanspruch sowie sonstige Nebenansprüche (OLG Köln ZEV 2000, 108). Mit dem **ErbRÄndG** (verabschiedet vom Bundestag am 2.7.2009) **wurde die dreißigjährige Verjährung für erbrechtliche Ansprüche abgeschafft** und stattdessen **die Regelverjährung nach § 195** eingeführt. Dadurch ist die Sonderregelung der kurzen Verjährung in Abs. 2 entbehrlich. Sie hat somit nur noch hinsichtlich des von § 199 abweichenden Verjährungsbeginns Bedeutung. Die dreijährige Frist gilt in Abweichung zu § 196 BGB auch in Bezug auf Grundstücke (Schindler ZEV 2017, 7). 22

f) **Ausschluss des Anspruchs.** Der Erblasser kann einen Anspruch nach § 2287 im Erbvertrag ausschließen (OLG Köln ZEV 2003, 76; OLG Oldenburg, Urt. v. 5.10.2010 – 12 U 51/10, BeckRS 2011, 23182; Staudinger/*Kanzleiter* Rn. 28; *Lange/Kuchinke* ErbR § 25 Kap. V Rn. 9; MüKoBGB/*Musielak* Rn. 24; aA *Kipp/Coing* ErbR § 38 Kap. IV Rn. 2c). Aufgrund der grundsätzlichen Vertragsfreiheit ist der Ausschluss nicht sittenwidrig (MüKoBGB/*Musielak* Rn. 24). Als Ausschluss ist der Fall zu werten, dass der Erbvertrag die Bestimmung über die Befugnis des Erblassers enthält, über sein Vermögen zu Lebzeiten nach freiem Belieben zu verfügen (OLG Hamburg OLGE 34, 311). Die Verfügungen im Erbvertrag behalten ihre Vertragsmäßigkeit, da der Erblasser weiterhin daran gebunden ist. Stimmt der Vertragserbe der Schenkung zu, verzichtet er auf den Schutz von § 2287. Der BGH fordert jedoch die Form des § 2348, da die Zustimmung einem Erbverzicht nahe kommt (BGH NJW 1989, 2618). 23

4. **Rechtsfolgen.** Mit dem Anspruch kann der Vertragserbe die **Herausgabe des Geschenkes nach den Vorschriften der ungerechtfertigten Bereicherung** verlangen. Es handelt sich dabei um eine **Rechtsfolgenverweisung**, so dass nur die Regelungen zum Umfang des Anspruchs nach §§ 818 ff. Anwendung finden (auch § 822 ist überwiegender Ansicht nach anwendbar: BGH NJW 2014, 782). Der Empfänger kann sich auf Entreicherung berufen (§ 818 III; OLG Köln ZEV 2000, 106; OLG Koblenz NJW-RR 24

2005, 883; OLG München FamRZ 2015, 1531). Für den Nutzungs-, Wert- und Schadensersatz gelten die §§ 818 I, II, IV, §§ 819, 820. Für die verschärfte Haftung nach § 819 genügt die Kenntnis der Tatsachen, aus denen nach der Lebenserfahrung auf eine Beeinträchtigungsabsicht zu schließen ist (Staudinger/*Kanzleiter* Rn. 23). Richtet sich der Herausgabeanspruch gegen mehrere Beschenkte, schulden sie Herausgabe nicht als Gesamtschuldner, sondern nur nach Kopfteilen (OLG München FamRZ 2015, 1531). Bei einer **Lebensversicherung** hat der gem. § 2287 I BGB beeinträchtigte Vertragserbe keinen Anspruch auf die Versicherungssumme, sondern nur auf die Summe der vom Erblasser aufgewendeten Versicherungsprämien (OLG Köln FD-ErbR 2009, 273797; zum Problem der Ermittlung des zugewendeten Gegenstands bei der sog. mittelbaren Grundstücksschenkung vgl. BGH NJW 1990, 2616; OLG Düsseldorf ZEV 2013, 392). Bei einer **gemischten Schenkung** geht der Anspruch auf Herausgabe des Geschenkes gegen Erstattung der Gegenleistung (BGH FamRZ 1964, 429; Soergel/*Wolf* Rn. 7; MüKoBGB/*Musielak* Rn. 22; bei teilweise anzuerkennendem lebzeitigen Eigeninteresse vgl. BGH NJW-RR 2012, 207). **Überwiegt die Entgeltlichkeit,** richtet sich der Anspruch nach der Differenz zwischen dem Wert des Gegenstands und dem Wert der Gegenleistung (BGH FamRZ 1961, 76; NJW-RR 2012, 207). Die Herausgabe des Gegenstands ist ausgeschlossen. Dies soll auch für die Fälle gelten, in denen ein Pflichtteilsberechtigter Geschenke erhält, die wertmäßig den Pflichtteilsanspruch übersteigen (BGHZ 88, 269). Der bereicherungsrechtliche Anspruch kann mittels Arrest und einstweiliger Verfügung gesichert werden. Bezieht sich der Anspruch auf eine Immobilie, so ist auch eine Sicherung mittels einer Vormerkung möglich (OLG München FamRZ 2015, 1531).

§ 2288 Beeinträchtigung des Vermächtnisnehmers

(1) Hat der Erblasser den Gegenstand eines vertragsmäßig angeordneten Vermächtnisses in der Absicht, den Bedachten zu beeinträchtigen, zerstört, beiseite geschafft oder beschädigt, so tritt, soweit der Erbe dadurch außerstande gesetzt ist, die Leistung zu bewirken, an die Stelle des Gegenstands der Wert.

(2) ¹Hat der Erblasser den Gegenstand in der Absicht, den Bedachten zu beeinträchtigen, veräußert oder belastet, so ist der Erbe verpflichtet, dem Bedachten den Gegenstand zu verschaffen oder die Belastung zu beseitigen; auf diese Verpflichtung findet die Vorschrift des § 2170 Abs. 2 entsprechende Anwendung. ²Ist die Veräußerung oder die Belastung schenkweise erfolgt, so steht dem Bedachten, soweit er Ersatz nicht von dem Erben erlangen kann, der im § 2287 bestimmte Anspruch gegen den Beschenkten zu.

1   1. **Normzweck.** Die Vorschrift soll den Vermächtnisnehmer bzw. Bedachten in gleicher Weise **vor Beeinträchtigungen des Erblassers** schützen wie den Vertragserben nach § 2287. Anderenfalls könnte der Erblasser die Unwirksamkeit des Vermächtnisses dadurch bewirken, dass er den vermachten Gegenstand aus seinem Vermögen durch beeinträchtigende Handlungen herausnimmt. Es darf nicht in der Hand des Erblassers liegen, das Recht des Bedachten durch arglistiges tatsächliches Handeln, Veräußerung oder Belastung zu vereiteln. Deshalb hat der Gesetzgeber mit dieser Vorschrift die Pflichten aus §§ 2147 ff. für die Fälle arglistiger Beeinträchtigung durch tatsächliche Maßnahmen des Erblassers (Abs. 1) und der entgeltlichen oder unentgeltlichen (Abs. 2 S. 2) Veräußerung oder Belastung (Abs. 2 S. 1) erweitert. Die Vorschrift gewährt einen umfassenden Schutz des Bedachten, indem ihm nach Abs. 1 ein Wertersatzanspruch gegen den Erben und nach Abs. 2 einen Bereicherungsanspruch gegen den Beschenkten zusteht. Das Bestehen dieser schuldrechtlichen Ansprüche berührt die Wirksamkeit der Verfügungen des Erblassers unter Lebenden nicht, § 2286. Da die Verfügung über den Gegenstand des Vermächtnisses trotz erbvertraglicher Bindung wirksam ist, bleiben dem Bedachten nur die Ansprüche aus § 2288. Dem Erben, der zugleich Vermächtnisnehmer ist, steht bezügl. einer Beeinträchtigung seiner Stellung als Vermächtnisnehmer nur ein Anspruch aus § 2287 zu (nicht hingegen § 2288; OLG Hamm ZEV 2014, 170). Die Sicherung seines Anspruchs hinsichtlich eines zugewendeten Grundstücks durch Vormerkung ist nicht zulässig, auch wenn der Erblasser ihre Eintragung bewilligt hat (BGH NJW 1954, 633).

2   2. **Anwendungsbereich. a) Anspruchsinhalt. aa) Grundsatz.** Die Vorschrift betrifft nur das **Stückvermächtnis,** denn beim Gattungsvermächtnis bleibt der Anspruch auf Leistung des vermachten Gegenstands gem. § 2174 erhalten. Etwas anderes gilt jedoch, wenn der Erblasser die Leistung einer vermachten Gattungssache aus einem ihm gehörenden **Vorrat** in Beeinträchtigungsabsicht unmöglich macht oder bei einem Geldvermächtnis, wenn der Erblasser erhebliche Teile seines Vermögens beiseiteschafft (BGH NJW 1990, 2063). Wertersatz tritt nach Abs. 1 erst ein, wenn ihm die Leistung des vermachten Gegenstands unmöglich ist. Hat der Erbe zwar den Gegenstand wiederherstellen lassen, hat er den dadurch entstandenen Wertverlust auszugleichen (Staudinger/*Kanzleiter* Rn. 9).

3   **bb) Abs. 2.** Hier wird das Stückvermächtnis zum **Verschaffungsvermächtnis,** worauf § 2170 II entsprechend anwendbar ist. Danach trifft den Erben die Verschaffungspflicht nicht, wenn er zur Verschaffung des vermachten Gegenstands außerstande ist oder dies mit unverhältnismäßigen Aufwendungen verbunden ist. Ist in der Veräußerung oder Belastung eine Schenkung zu sehen, obliegt dem Erben gleichfalls die Verschaffung des Gegenstands oder die Beseitigung der Belastung. Ist er hierzu nicht in der Lage, muss er Wertersatz leisten. Gegen den Beschenkten kann er Ansprüche nur geltend machen, wenn der Erbe kein Ersatz leisten kann, etwa wegen beschränkter Erbenhaftung oder Zahlungsunfähig-

Beeinträchtigung des Vermächtnisnehmers § 2288 BGB 10

keit. Der Anspruch geht gem. § 2288 II 2, § 2287 I iVm §§ 818 ff. auf Herausgabe nach den Grundsätzen der ungerechtfertigten Bereicherung. § 2288 ist auf **Auflagen** nicht anwendbar (MüKoBGB/*Musielak* Rn. 7). Die Verjährung der Ansprüche gegen den Beschenkten richtet sich nach § 2287 II (Soergel/*Wolf* Rn. 8; MüKoBGB/*Musielak* Rn. 7). Abs. 2 S. 2 erfasst auch den Schutz von Geld- und sonstigen Gattungsvermächtnissen (BGH NJW 1990, 2063; Palandt/*Weidlich* Rn. 1). Handelt es sich um ein **Verschaffungs-, Gattungs- oder Summenvermächtnis,** besteht auch dann ein Bereicherungsanspruch, wenn der Erblasser durch die sein Vermögen ausschöpfende Schenkung den Vermächtnisanspruch wirkungslos macht (BGH NJW 1990, 2063; Palandt/*Weidlich* Rn. 4).

b) **Besonderheiten beim Gattungs- und Verschaffungsvermächtnis. aa) Gattungsvermächtnis.** In 4 diesem Fall hängt die Anwendung des § 2288 davon ab, ob das Vermächtnis in der Zuwendung von der Gattung nach bezeichneten Gegenständen besteht, die der Erblasser aus einer bestimmten Menge aus seinem Vorrat herausgenommen hat. Hat er über diesen Vorrat jedoch verfügt und dadurch die Erfüllung des Vermächtnisses verhindert, sind die Voraussetzungen des § 2288 erfüllt (BGH NJW 1984, 731).

bb) **Verschaffungsvermächtnis.** Hierbei ist zu beachten, dass sich die Vorschrift des § 2288 mit den 5 Vorschriften über das Verschaffungsvermächtnis überschneiden kann. So besteht zB keine Notwendigkeit für die Anwendung des § 2288, wenn der Erblasser einen Gegenstand vermacht hat, ohne die Nachlasszugehörigkeit dieses Gegenstandes miteinzubeziehen, so kommen letztlich die Folgen der Beeinträchtigung des Gegenstandes durch dessen Veräußerung und Belastung nach den Vorschriften der §§ 2170, 2182 II iVm § 439 zum Tragen. Das Ergebnis ist das Gleiche wie bei § 2288 II. Demgegenüber erfasst § 2170 I nur den Fall der subjektiven Unmöglichkeit, so dass in den Fällen der Zerstörung oder Beschädigung des Vermächtnisgegenstands die Ersatzpflicht des Erben nach § 2288 I begründet wird. Bei objektiver Unmöglichkeit ist das Vermächtnis indes nach § 2171 unwirksam, ohne dass eine Ersatzpflicht entsteht.

c) **Beeinträchtigung. aa) Handlungen iSv Abs. 1.** Sie müssen **tatsächlicher Natur** sein, zB **die Zer-** 6 **störung, das Beiseiteschaffen oder die Beschädigung,** und vom Erblasser ausgehen. Durch die beeinträchtigende Handlung muss der Vermächtnisgegenstand aus dem Vermögen des Erblassers ausgeschieden sein oder zumindest in seinem Wert gemindert sein. Auf die Beschädigung durch Unterlassen herbeigeführt, zB durch mangelnde Instandhaltung eines Grundstücks, ist § 2288 nicht anwendbar (BGH DNotZ 1994, 386). Unter Abs. 1 fallen auch Handlungen wie **Verbrauch und Verarbeitung, Verbindung oder Vermischung,** die zum Untergang des Gegenstands führen, auch wenn dies nicht ausdrücklich geregelt ist (BGH NJW 1994, 317). Der Erblasser ist indes nicht zur ordnungsgemäßen Verwaltung des Vermächtnisgegenstands verpflichtet, da dies nicht dem Sinn des Vermächtnisses entspricht, wonach der Zustand des Gegenstands zzt. des Erbfalls maßgeblich ist (BGH NJW 1994, 317).

bb) **Handlungen iSv Abs. 2. (1) Veräußerung und Belastung.** Beeinträchtigungshandlungen nach 7 Abs. 2 sind **die Veräußerung und Belastung der vermachten Sache,** auch unentgeltlicher Art (OLG Koblenz FamRZ 2005, 1280). Das Vermächtnis gilt als Verschaffungsvermächtnis mit der von § 2165 abweichenden Folge, dass dem Bedachten stets ein **Beseitigungsanspruch** hinsichtlich der Belastung des Gegenstands zusteht. Die aufgrund dessen vorgesehene entsprechende Anwendung des § 2170 II führt zu dem Ergebnis, dass der Erbe den **Wert ersetzen muss,** wenn er den Gegenstand nicht verschaffen kann bzw. die Verschaffung nur mit unverhältnismäßigen Aufwendungen verbunden ist.

(2) **Schuldrechtliche Verpflichtung.** Hat sich der Erblasser mit Beeinträchtigungsabsicht zur Veräu- 8 ßerung der vermachten Sache **schuldrechtlich verpflichtet,** bleibt das Vermächtnis trotz der entgegenstehenden Regelung des § 2169 IV wirksam (BGH NJW 1959, 2252).

(3) **Bereicherungsansprüche gegen den Erben.** Die Veräußerung oder Belastung iSv Abs. 2 ist wirk- 9 sam, führt jedoch zu Bereicherungsansprüchen des Bedachten gegen den Erben.

(4) **Rückgriff auf den Beschenkten. In Form der Schenkung** kann der Bedachte zunächst gegen den 10 Erben den Anspruch auf Verschaffung des Gegenstandes oder Beseitigung der Belastung verlangen und sonst uU Wertersatz verlangen. Erst wenn er weder den Gegenstand noch den Ersatz erlangt hat, kann er auf den Beschenkten zurückgreifen und von diesem die Herausgabe des Geschenkes nach den Grundsätzen der ungerechtfertigten Bereicherung beanspruchen (§ 2288 II 2; dies gilt auch, wenn aufgrund einer beschränkten Haftung oder Zahlungsunfähigkeit kein Ersatz erlangt werden kann, Palandt/*Weidlich* Rn. 4; aA *Damrau* ZEV 2016, 413). Der Rückgriff auf den Beschenkten, der idR keine Kenntnis von der Beeinträchtigung des Bedachten hat, ist nämlich nur dann angemessen, wenn zuvor der Erbe erfolglos belangt wurde (Prot. V 405). Der mit dem Vermächtnis beschwerte Erbe ist jedoch nicht berechtigt, selbst die Herausgabe des Geschenkes von dem Beschenkten zu verlangen (OLG Frankfurt a. M. NJW-RR 1991, 1157).

cc) **Beeinträchtigungsabsicht. (1) Lebzeitiges Eigeninteresse.** Zum **Begriff** wird auf die Komm. zu 11 § 2287 verwiesen. Beeinträchtigungsabsicht ist gegeben, wenn kein anerkennenswertes lebzeitiges Eigeninteresse des Erblassers an seiner Handlung besteht und sein Verhalten sich in Bezug auf den Erbvertrag als treuwidrig darstellt. Kann der mit der Veräußerung verfolgte Zweck auch auf andere Weise als durch diese bestimmte Handlung erreicht werden, ist kein lebzeitiges Eigeninteresse des Erblassers gegeben. Die Situation muss sich nach Abschluss des Erbvertrages durch andere hinzugekommene oder weggefallene Umstände verändert haben und das Interesse des Erblassers beeinflusst haben (BGH NJW-RR 1984, 731).

10 BGB § 2289   Buch 5. Abschnitt 4. Erbvertrag

12   **(2) Zustimmung des Vertragsgegners.** Hat der Vertragsgegner zu dem das Vermächtnis beeinträchtigenden Verhalten des Erblassers diesem gegenüber **zugestimmt**, ist **die Beeinträchtigungsabsicht ausgeschlossen.** Denn in diesem Fall fehlt es an dem Bewusstsein des Erblassers, gegen die erbvertragliche Bindung verstoßen zu haben. Damit geht schließlich der Ausschluss des Anspruchs aus § 2288 einher.

13   **(3) Rücktritt.** Die Berechtigung des Erblassers zum **Rücktritt vom Erbvertrag** wirkt gegenüber der Beeinträchtigungsabsicht nicht ausschließend, da der Erblasser bis zur erteilten Rücktrittserklärung an den Erbvertrag gebunden ist (s. Staudinger/*Kanzleiter* Rn. 19).

14   **d) Beteiligte.** Der vertragsmäßig mit einem wirksamen Vermächtnis Bedachte ist Anspruchsinhaber. Bei einseitiger Anordnung des Vermächtnisses ist § 2288 indes ausgeschlossen. Anspruchsgegner ist der Erbe oder die Erbengemeinschaft (BGHZ 26, 279), auch wenn nur einer der Erben beschwert ist. Die Erbengemeinschaft haftet für das Verhalten des Erblassers. Die Ersatzpflicht trifft stets den Erben, auch wenn er nicht ursprünglich beschwert war (Staudinger/*Kanzleiter* Rn. 6), denn er haftet für die vom Erblasser verursachten Folgen.

§ 2289 Wirkung des Erbvertrags auf letztwillige Verfügungen; Anwendung von § 2338

(1) ¹Durch den Erbvertrag wird eine frühere letztwillige Verfügung des Erblassers aufgehoben, soweit sie das Recht des vertragsmäßig Bedachten beeinträchtigen würde. ²In dem gleichen Umfang ist eine spätere Verfügung von Todes wegen unwirksam, unbeschadet der Vorschrift des § 2297.

(2) Ist der Bedachte ein pflichtteilsberechtigter Abkömmling des Erblassers, so kann der Erblasser durch eine spätere letztwillige Verfügung die nach § 2338 zulässigen Anordnungen treffen.

1   **1. Normzweck.** Der Erblasser ist zwar nicht daran gehindert über sein Vermögen durch Rechtsgeschäfte unter Lebenden zu verfügen, § 2286, er ist jedoch erbrechtlich an seine vertragsmäßigen Verfügungen gebunden (vgl. BGH NJW 2011, 1733). Dies bedeutet zum einen, dass er keine weiteren den Vertragserben beeinträchtigende Verfügungen von Todes wegen treffen darf. Zum anderen schützt § 2289 den Vertragserben davor, dass der Inhalt der vertragsmäßigen Verfügungen im Erbvertrag nicht durch frühere letztwillige Verfügungen verändert wird, von deren Existenz er idR keine Kenntnis hat (Mot. V 331). Abs. 2 erlaubt dem Erblasser, eine spätere letztwillige Verfügung iRd § 2338 zu treffen, denn der pflichtteilsberechtigte Abkömmling wird im Interesse der Familie regelmäßig mit Anordnungen nach § 2338 einverstanden sein (MüKoBGB/*Musielak* Rn. 3).

2   **2. Aufhebung früherer letztwilliger Verfügungen, Abs. 1 S. 1. a) Wirksamer Erbvertrag. aa) Vertragsmäßige Verfügung(-en).** Nur ein wirksamer Erbvertrag, der eine vertragsmäßige Verfügung enthält, führt zur Aufhebung einer früheren letztwilligen Verfügung. Ist der Erbvertrag durch Anfechtung von Anfang an nichtig, tritt die Aufhebungswirkung daher nicht ein. Bei Aufhebung des Erbvertrages (§§ 2290 ff.) oder Rücktritt (§§ 2293 ff.) wird eine zunächst nach Abs. 1 S. 1 aufgehobene frühere letztwillige Verfügung wieder wirksam. Grundlage hierfür sind die §§ 2257, 2258 II iVm 2279 I. Eine Ausnahme besteht jedoch, wenn der Erbvertrag eine ausdrückliche oder konkludente Widerrufserklärung hinsichtlich der früheren letztwilligen Verfügung enthält (s. §§ 2253 ff. iVm § 2299 II, s. Palandt/*Weidlich* Rn. 6). Liegen andere Gründe für die Wirkungslosigkeit des Erbvertrages vor (Vorversterben des Bedachten nach §§ 1923 I, 2160; Ausschlagung nach §§ 1944 ff., 2180; Verzicht nach § 2352 oder Erbunwürdigkeit nach §§ 2339 ff.), wird nach hM auch dann die frühere letztwillige Verfügung wieder wirksam, wenn kein entgegenstehender Erblasserwille festzustellen ist (OLG Zweibrücken ZEV 1999, 439; aA *Keim* ZEV 1999, 413).

3   **bb) Einseitige Verfügungen im Erbvertrag.** Solche werden vom Anwendungsbereich des § 2289 nicht erfasst (OLG Düsseldorf MDR 1994, 1016). Sie bleiben auch dann wirksam, wenn sie die vertragsmäßigen Verfügungen beeinträchtigen. Der Grund liegt darin, dass der Vertragsgegner der Anordnung einseitiger Verfügungen zumindest stillschweigend zugestimmt hat, da er Kenntnis hiervon hatte.

4   **b) Frühere letztwillige Verfügung. aa) Allgemeines. (1) Aufhebungswirkung.** Angesichts der starken Rechtsnatur des Erbvertrages führt dessen Vorliegen **zur Aufhebung früherer letztwilliger Verfügungen des Erblassers, soweit sie das Recht des vertragsmäßig Bedachten beeinträchtigen würden.** Dagegen führt ein späteres Testament zur Aufhebung eines früheren, ihm widersprechendes Testamentes, § 2258. Die Aufhebungswirkung des Erbvertrages iSv § 2289 tritt auch dann ein, wenn die beiden Verfügungen, trotz Beeinträchtigung, in rechtlicher Hinsicht nebeneinander bestehen könnten (BGHZ 26, 204). **Bei Tod des vertragsmäßig Bedachten vor Eintritt des Erbfalls,** ist die Beeinträchtigung der früheren letztwilligen Verfügung unmöglich geworden und bleibt bestehen, wenn sich aus dem Erblasserwillen im Erbvertrag nichts anderes ergibt (OLG Zweibrücken FamRZ 1999, 1545). Für den Erblasser besteht iÜ die Möglichkeit, die frühere letztwillige Verfügung im Erbvertrag **ausdrücklich zu widerrufen**, §§ 2299, 2253, 2254). In Ausnahmefällen ist der Erbvertrag nicht geeignet, die frühere letztwillige Verfügung aufzuheben, zB wenn die Rechte des Bedachten in der früheren letztwilligen Verfügung erweitert werden. In diesem Fall kommt die Auslegung des Erbvertrages dahingehend in Betracht, dass dieser zudem eine einseitige Aufhebung der letztwilligen Verfügung vorsieht (s. §§ 2299, 2253, 2258).

5   **(2) Erblasserwille.** Im Hinblick auf die Aufhebung der früheren letztwilligen Verfügung ist **der Erblasserwille bedeutungslos** (Mot. V 331). Der Erblasser kann dennoch mit Zustimmung des Vertrags-

partners erbvertraglich festhalten, dass er sich das Recht vorbehalten möchte, die aufhebende Wirkung des Erbvertrages gegenüber früheren letztwilligen Verfügungen auszuschließen. Dies kann sich aus der ergänzenden Vertragsauslegung ergeben (Staudinger/*Kanzleiter* Rn. 4).

bb) Testament. Der wirksam abgeschlossene Erbvertrag führt zur Aufhebung vorheriger errichteter Testamente insoweit, als sie die Rechte des vertragsmäßig Bedachten beeinträchtigen würden, Abs. 1 S. 1. Nach dem Erbvertrag errichtete Testamente sind gem. Abs. 1 ebenfalls unwirksam. Von der Aufhebungswirkung des Erbvertrags betroffen sind auch am gleichen Tag errichtete oder undatierte Testamente. 6

cc) Gemeinschaftliches Testament. Das frühere gemeinschaftliche Testament wird ebenso mit Abschluss des Erbvertrages iSv Abs. 1 S. 1 ungültig, zumindest wenn die beteiligten Ehegatten an Erbvertrag und Testament identisch sind. Abs. 1 S. 1 erfährt jedoch eine Einschränkung für den Fall, dass der Erblasser vor dem Abschluss des Erbvertrags mit einem Dritten ein gemeinschaftliches Testament errichtet hat. Der Erblasser bleibt an die in dem vorher errichteten gemeinschaftlichen Testament enthaltenen wechselbezüglichen Verfügung gebunden, so dass diese nicht aufhebbar sind. **Für nach dem Erbvertrag errichtete gemeinschaftliche Testamente ist Abs. 1 S. 2 anwendbar,** so dass darin enthaltene beeinträchtigende Verfügungen unwirksam sind. Hiervon erfasst ist auch das Testament, das keine Zeitangabe hinsichtlich seiner Errichtung enthält und der Errichtungszeitpunkt auch nicht auf andere Weise herleitbar ist. 7

dd) Erbvertrag. Früher errichtete Erbverträge sind in Abs. 1 S. 1 nicht geregelt. Sind die Beteiligten bei beiden Verträgen die gleichen Personen ist § 2290 anwendbar. Bei verschiedenen Vertragsbeteiligten ist der spätere Erbvertrag nach Abs. 1 S. 2 als unwirksam anzusehen. 8

c) Aufhebungswirkung. aa) Beeinträchtigung des Rechts des Bedachten. Die Aufhebung eines früheren Testaments geht nur so weit, wie dieses das Recht des vertragsmäßig Bedachten beeinträchtigen, dh gemindert, beschränkt oder belastet würde. Ob hierbei eine ausschließlich wirtschaftliche Beeinträchtigung oder eine rechtliche Beurteilung als Maßstab dient, ist unbedeutend, denn auch die Vertreter der wirtschaftlichen Betrachtungsweise wollen § 2289 für den Fall rechtlicher Beeinträchtigung anwenden (keine bloß wirtschaftliche Beeinträchtigung: BGH NJW 2011, 1733; aA wohl Soergel/*Wolf*, Rn. 3). Sie setzen jedoch voraus, dass die spätere Verfügung den Bedachten wirtschaftlich besser stellt, wodurch der Bedachte jedoch niemals iSv § 2289 beeinträchtigt sein könnte. 9

bb) Wirksamer Erbvertrag. Es muss ein wirksamer Erbvertrag vorliegen, damit die Aufhebungswirkung zum Tragen kommt (→ Rn. 2). Unwirksamkeitsgründe können Nichtigkeit, Anfechtung nach den §§ 2078, 2079, 2279, 2281 ff. oder Aufhebung und Rücktritt nach den §§ 2290–2292; 2293 ff.; 2279, 2258 II sein. Weitere Gründe für den Wegfall der Aufhebungswirkung sind das Vorversterben des Bedachten nach §§ 1923, 2160, Ausschlagung nach §§ 1942, 1953, Erbverzicht nach §§ 2346, 2352 S. 2, § 2069 oder Erbunwürdigkeit nach §§ 2339, 2344. 10

d) Rechtsfolge. Der Abschluss des Erbvertrags führt zur Aufhebung des früheren Testaments, soweit die Beeinträchtigung reicht. Wird der Erbvertrag nachträglich unwirksam, wird die frühere testamentarische Verfügung wieder wirksam (MüKoBGB/*Musielak* Rn. 4). Für den Fall, dass die wirtschaftliche Situation des Vertragserben sich durch den abgeschlossenen Erbvertrag vorteilhaft gestaltet, liegt keine Beeinträchtigung iSv § 2289 vor. Es kommen vielmehr §§ 2258, 2279 I zur Anwendung, wodurch das frühere Testament zu Gunsten des Vertragserben aufgehoben wird. 11

3. Unwirksamkeit späterer Verfügungen von Todes wegen, Abs. 1 S. 2. a) Wirksamkeit des früheren Erbvertrages. Der Erbvertrag bindet den Erblasser nur dann iRd Abs. 1 S. 2 an seine vertragsmäßigen Verfügungen, wenn er zzt. des Erbfalls wirksam ist. **Wird ein früher errichteter Erbvertrag vor dem Erbfall unwirksam, treten die späteren Verfügungen von Todes wegen wieder in Kraft** (→ Rn. 2). Auch Abs. 1 S. 2 erfasst ausschließlich vertragsmäßige Verfügungen in einem Erbvertrag, da nur die für die Anwendung von § 2289 erforderliche Bindungswirkung entfalten (BGHZ 26, 208 Fn. 1). Die Beziehung einseitiger Verfügungen im Erbvertrag zu späteren letztwilligen Verfügungen des Erblassers regeln §§ 2253 ff., 2299 II (MüKoBGB/*Musielak* Rn. 1). 12

b) Spätere Verfügungen von Todes wegen. Hierunter fallen sowohl letztwillige Verfügungen als auch Erbverträge. Verändert ein später geschlossener Erbvertrag vertragsmäßige Verfügungen des ersten Erbvertrags, greift § 2290, wonach der erste Erbvertrag aufgehoben wird. Diese Aufhebung kann auf einzelne vertragsmäßige Verfügungen beschränkt werden. Überdies kann die Anwendung von § 2292 in Betracht kommen, wonach die Aufhebung eines Erbvertrages durch gemeinschaftliches Testament der Ehegatten erfolgen kann. 13

c) Beeinträchtigung des vertragsmäßig Bedachten. aa) Voraussetzung. Voraussetzung für die Rechtsfolge der Aufhebung der späteren letztwilligen Verfügung ist, ob das Recht des Vertragserben durch die spätere letztwillige Verfügung beeinträchtigt ist. Hierfür müssen die beiden Verfügungen in rechtlicher Hinsicht verglichen werden. 14

bb) Bsp. der Beeinträchtigung. So liegt eine Beeinträchtigung vor, wenn die Rechtsstellung des Vertragserben durch die spätere Verfügung eingeschränkt wird, beispielsweise, wenn ein Alleinerbe nunmehr nur zum Vorerben oder ein Miterbe wird (OLG Düsseldorf NJW-RR 2012, 391; OLG Hamm RNotZ 2015, 172). Daneben kann eine Beeinträchtigung auch in der Anordnung einer Auflage (OLG Frankfurt NJW-RR 2018, 329) oder einer Teilungsanordnung liegen (str. *Lehmann* ZErb 2009, 351; 15

Staudinger/*Kanzleiter*, Rn. 12b; aA OLG Hamm ErbR 2016, 33) Bei einem vertragsmäßig angeordneten Vermächtnis ist der Vertragserbe beeinträchtigt, wenn der vermachte Gegenstand durch die nachfolgende Verfügung geändert wurde und wertvoller ist (MüKoBGB/*Musielak* Rn. 1). Eine weitere Beeinträchtigung ist in der nachträglichen, einseitigen testamentarischen Anordnung der Testamentsvollstreckung für vertragsmäßig eingesetzte Erben zu sehen (BGH NJW 1962, 912; OLG München DNotZ 2007, 53; zum Problem des bloßen Austausches des Testamentsvollstreckers: BGH NJW 2011, 1733; NJW-RR 2013, 72). Auch die testamentarische Einsetzung eines Schiedsgerichts soll eine Beeinträchtigung darstellen können (OLG Hamm NJW-RR 1991, 455; *Keim*, NJW 2013, 72; aA OLG Celle ZEV 2016, 337). Eine letztwillige Verfügung beeinträchtigt den vertragsmäßig Bedachten auch dann, wenn sie dem Erbvertrag widerspricht und ihn in wirtschaftlicher Hinsicht besserstellt (BGH NJW 1958, 498) anders bei verbesserter Rechtsstellung, → Rn. 16).

16 **cc) Bsp. für das Nichtvorliegen einer Beeinträchtigung.** Dies ist der Fall, wenn die spätere Verfügung einen anderen Gegenstand betrifft oder über denselben Gegenstand auf gleiche Weise verfügt wird wie die vertragsmäßige Verfügung in dem Erbvertrag (Staudinger/*Kanzleiter* Rn. 13). Keine Beeinträchtigung liegt weiter in den Fällen eines vertragsmäßig vereinbarten Vorbehalts (zum Änderungsvorbehalt → Rn. 17). In Form des Rücktrittsvorbehalts (§ 2293), muss der Erblasser zunächst wirksam zurücktreten (§ 2296), bevor er zur Errichtung einer neuen, beeinträchtigenden Verfügung berechtigt ist. Enthält der Erbvertrag eine Wiederverheiratungsklausel soll hiernach der überlebende Ehegatte zum Rücktritt des Erbvertrags berechtigt sein, falls er wieder heiratet. Ein erbvertraglich vereinbarter Vorbehalt, Vermächtnisse und Auflagen hinsichtlich des Umfangs und der Art abzuändern, löst indes kein Rücktrittsrecht aus (OLG Düsseldorf OLGZ 1999, 68). Weitere Bsp.: Die Rechtsstellung des Bedachten wird durch die spätere Verfügung verbessert (BGH NJW 1959, 1730).

17 **d) Ausnahme der Bindung des Erblassers nach Abs. 1 S. 2. aa) Änderungsvorbehalt.** Der Erblasser kann sich im Erbvertrag das Recht vorbehalten, die vertragsmäßigen Verfügungen einseitig und ohne Zustimmung des Vertragspartners aufzuheben oder zu ändern oder beschwerende Anordnungen, wie zB die Ernennung eines Nacherben oder Testamentsvollstreckers, die Vermächtnis- oder Auflagenanordnung, hinzuzufügen (OLG München ZEV 2007, 33; BGH NJW 1958, 498; BayObLG NJW 1961, 1866). Gleichwohl kann eine Änderung des Testamentsvollstreckers nach § 2289 I 2 unwirksam sein. Es gilt durch Auslegung des Vertragsinhalts zu ermitteln, ob die Berechtigung vorliegt (BGH NJW-RR 2013, 73). Ein bedingungsloser und umfassender Änderungsvorbehalt ist hingegen nicht möglich, da der Erbvertrag zumindest eine bindende Verfügung voraussetzt und die bedingungslose Möglichkeit der vollständigen Änderung damit der Natur des Erbvertrags widersprechen würde (OLG München ZEV 2007, 33; vgl. auch OLG München NJW-RR 2017, 1362). Der Vorbehalt muss nicht in der gleichen Vertragsurkunde enthalten sein, sondern **kann auch Inhalt einer späteren ergänzenden Urkunde sein** und muss die **Form des § 2276** aufweisen (BGH NJW 1958, 498). Aufgrund der erbrechtlichen Formstrenge erfordert die hinsichtlich eines solchen Vorbehalts vorgenommene ergänzende Auslegung, dass zumindest ein Anhaltspunkt hierfür aus Erbvertrag hervorgeht (OLG Hamm FamRZ 1996, 637). Setzen Ehegatten in einem Erbvertrag ihre beiden Kinder wechselseitig bindend zu gleichen Teilen als Erben ein und soll andererseits der überlebende Ehegatte befugt sein, die Anordnung – insbes. durch eine anderweitige Festlegung der Erbquoten – zu ändern, so enthält dies nicht die Ermächtigung des letztversterbenden Ehegatten, die „Erbquote" eines der beiden Kinder auf null zu setzen (OLG Düsseldorf ZEV 2007, 275).

18 **bb) Zustimmung.** Weder die formlose Zustimmung des Vertragsgegners noch die Zustimmung des vertragsmäßig Bedachten lassen eine spätere letztwillige Verfügung von Todes wegen wirksam werden, welche den bereits vertragsmäßig Bedachten beeinträchtigen würde. Dies liegt daran, dass der Vertragsgegner für eine solche Zustimmung die Formvorschrift des § 2291 II zu beachten hat. Es kann überdies ein Aufhebungsvertrag hierfür erforderlich sein. **Die Zustimmung des vom Vertragsgegner verschiedenen Bedachten ist wirkungslos** (hM, ua BGH NJW 1989, 2618; OLG Köln NJW-RR 1994, 651; Erman/*Schmidt* Rn. 6; Soergel/*Wolf* Rn. 13 f.; *Kipp/Coing* ErbR § 38 Kap. III Rn. 6). Dieser muss auf die gesetzlichen Möglichkeiten des Zuwendungsverzichtsvertrags (§ 2252) bis zum Erbfall und der Ausschlagung nach dem Erbfall zurückgreifen. Insbes. die Zustimmung des Bedachten kann den Einwand der Arglist begründen, zB wenn er sich erst später mit dem Mittel der Zustimmung auf die Unwirksamkeit der beeinträchtigenden Verfügung beruft (BGH DNotZ 1990, 803; 1958, 495; zum Arglisteinwand bei einer vorherigen unwirksamen Zustimmung: OLG Düsseldorf ZErb 2017, 292).

19 **cc) Rechtsfolge.** Die nach einen bereits abgeschlossenen Erbvertrag vom Erblasser getroffene Verfügung von Todes wegen, die das Recht des vertragsmäßig Bedachten beeinträchtigt, ist absolut unwirksam, also auch nach Außen (Staudinger/*Kanzleiter* Rn. 9).

20 **4. Die Regelung des Abs. 2.** Ist der in einem Erbvertrag Bedachte **ein pflichtteilsberechtigter Abkömmling** des Erblassers, ist dieser trotz erbvertraglicher Bindung berechtigt, die in § 2338 enthaltenen Anordnungen **ohne Zustimmung des Vertragsgegners und ohne dessen Wissen** zu treffen. Zu den nach § 2338 zulässigen Anordnungen zählen die Anordnung einer Nacherbfolge nach § 2100, eines Nachvermächtnisses nach § 2191 zu Gunsten der gesetzlichen Erben des Abkömmlings, einer Verwaltungsvollstreckung nach § 2209. Die Verweisung auf § 2338 bezieht sich aufgrund des Zwecks der Vorschrift auch auf die dort erforderlichen Voraussetzungen der Verschwendung oder Überschuldung, welche iVm § 2289 vorliegen müssen. § 2289 wirkt sich insoweit aus, dass der Gegenstand der Beschränkung hiernach zu bestimmen ist. Demzufolge muss die neue Verfügung nicht nur den Pflichtteil betreffen, sondern kann sich auch auf den gesamten Gegenstand des Erbvertrages beziehen (Erman/*Schmidt* Rn. 7; *Kipp/Coing* ErbR § 38 Kap. II Rn. 5). Der Erblasser kann bei der Anordnung nicht die Form des Rücktritts nach § 2296 wählen. Er muss sie vielmehr in der Form einer letztwilligen Verfügung treffen. Der Anordnungsgrund muss in der Anordnung angegeben sein und zzt. der Anordnung wirksam sein (OLG Köln MDR 1983, 318). Ein bereits vorher erklärter Verzicht des Erblassers auf das Recht nach Abs. 2 ist gem. § 138 I sittenwidrig, denn das Beschränkungsrecht des Erblassers wird mit der Pflicht zur Fürsorge der Eltern begründet (Prot. V 422; Soergel/*Wolf* Rn. 15).

5. Ausdehnung des Anwendungsbereiches des § 2289 auf lebzeitige Schenkungen. a) Ausdehnende Anwendung durch Analogie des § 2289. Eine Ansicht will den Schutz des vertragsmäßig Bedachten dadurch verbessern, dass eine Gesetzeslücke ausgefüllt werden müsse, indem alle **den Nachlass** (nicht den Erblasser selbst) beeinträchtigenden Verfügungen wirtschaftlich betrachtet unter § 2289 analog fielen (*Teichmann* MDR 1972, 1; s. Staudinger/*Kanzleiter* Rn. 23; vgl. auch in diesem Zusammenhang die neue Rspr. zur Beeinträchtigungsabsicht → § 2287 Rn. 10). 21

b) Ausdehnende Auslegung. Eine andere Ansicht sieht zwar keine Gesetzeslücke, will jedoch über den Weg der ausdehnenden Auslegung zu dem Ergebnis gelangen, dass **alle unentgeltlichen Verfügungen als Verfügungen von Todes wegen iSv § 2289 gelten**, die der Erblasser vornehme, ohne sich gegenüber dem Bedachten zu binden, und deren Erwerb bis zum Tode des Erblassers von dessen freien Zuwendungswillen abhinge (*Bund* JuS 1968, 268; *Dittmann* DNotZ 1958, 619). Die dadurch entstehenden Abgrenzungsschwierigkeiten gegenüber § 2301 seien unbedenklich (s. dazu Staudinger/*Kanzleiter* Rn. 23). Hiernach würden folgende Auslegungen als Verfügungen von Todes wegen in den Anwendungsbereich des § 2289 fallen: Schenkungsversprechen mit Überlebensbedingung hinsichtlich des Beschenkten; bis zum Todes des Erblassers frei widerrufliche und mit dessen Tod erfüllende Verfügungen und Schenkungen unter Lebenden, worin der Erblasser sich bis zu seinem Tode alle mit dem Geschenk verbundenen Rechte zurückbehält (s. Lit. Hinweise bei Staudinger/*Kanzleiter* Rn. 24). 22

c) Gegenansicht. Diesen Ansichten ist nicht zu folgen. Hiergegen ist die Rechtssicherheit hervorzubringen, die zum einen aufgrund der Abgrenzungsschwierigkeiten (zB gegenüber § 2301) gefährdet ist. Diese sind nicht unbedenklich, wenn die lebzeitigen Verfügungen nicht der Form einer Verfügung von Todes wegen entsprechen und dadurch Rechtsgeschäfte unter Lebenden zu ihren Gunsten erweitern. Zum anderen besteht die Gefahr, dass die Bedachten benachteiligt würden, da sich in der Praxis bestimmte Gestaltungsformen gegenüber Erbverträgen eingespielt haben und daher mit Unwirksamkeitsfolgen vieler Rechtsgeschäfte zu rechnen ist (Staudinger/*Kanzleiter* Rn. 25). Die vertragsmäßig Bedachten erfahren überdies hinreichend Schutz durch die Möglichkeit, ergänzende Vereinbarungen zu treffen. 23

§ 2290 Aufhebung durch Vertrag

(1) ¹Ein Erbvertrag sowie eine einzelne vertragsmäßige Verfügung kann durch Vertrag von den Personen aufgehoben werden, die den Erbvertrag geschlossen haben. ²Nach dem Tode einer dieser Personen kann die Aufhebung nicht mehr erfolgen.

(2) ¹Der Erblasser kann den Vertrag nur persönlich schließen.

(3) Ist für den anderen Teil ein Betreuer bestellt und wird die Aufhebung vom Aufgabenkreis des Betreuers erfasst, ist die Genehmigung des Betreuungsgerichts erforderlich.

(4) Der Vertrag bedarf der im § 2276 für den Erbvertrag vorgeschriebenen Form.

1. Normzweck. Da der Erbvertrag ein echter Vertrag ist, kann er ganz oder teilweise, dh eine einzelne vertragsmäßige Verfügung, aufgehoben werden. Dies erfolgt durch Vertrag zwischen den Personen, die den Erbvertrag geschlossen haben (Mot. V 339). Die Aufhebung kann auch in Form eines späteren Erbvertrages vorgenommen werden, ohne dass sie die Aufhebung des alten Erbvertrages in dem neuen Erbvertrag ausdrücklich erklären müssen (BayObLG FamRZ 1994, 190). Hierfür sind die allgemeinen Grundsätze über die Auslegung von Verträgen heranzuziehen (Mot. V 341). Die zuvor in Abs. 2 S. 2 aF vorgesehene Entbehrlichkeit der Zustimmung des gesetzlichen Vertreters, wenn der Erblasser in seiner Geschäftsfähigkeit beschränkt ist, wurde durch das Gesetz zur Bekämpfung von Kinderehen mit Wirkung zum 22.7.2017 aufgehoben (BGBl. 2017 I 2429). Bei diesen Aufhebungen handelt es sich um Folgeregelungen der Aufhebung von § 1303 II aF. Eine Eheschließung von Minderjährigen ist danach nicht mehr möglich, mithin waren auch die entsprechenden Sonderregelungen zum Erbvertrag aufzuheben. Ein Minderjähriger kann als Erblasser keinen Erbvertrag schließen. Daneben wurde auch Abs. 3 neu gefasst und auf den Sonderfall der Betreuung beschränkt, die Sonderregeln zur Vormundschaft und elterlichen Sorge hingegen gestrichen. 1

2. Der Aufhebungsvertrag. a) Gegenstand. aa) Allgemein. Es können sowohl vertragsmäßige als auch einseitige Verfügungen im Erbvertrag aufgehoben werden. Die Aufhebung einer einseitigen Verfügung kann der Erblasser **durch einseitige Aufhebung** wie bei einer letztwilligen Verfügung (§ 2299 II 1, § 2253 ff.), durch einen **Aufhebungsvertrag** oder im Wege **des Rücktritts** (§ 2299 II 2, 3) herbeiführen. Gegenstand des Aufhebungsvertrages können auch Verfügungen in einem Testament sein. Ein Ehegattenerbvertrag kann durch die Errichtung eines gemeinschaftlichen Testaments durch die Vertragschlie- 2 ßenden aufgehoben werden. Ein Verzicht auf den Abschluss eines derartigen Aufhebungsvertrages durch den Erblasser ist ausgeschlossen, § 2302.

3   **bb) Aufhebung durch späteren Erbvertrag.** Die Vertragsbeteiligten des Erbvertrages können die Aufhebung auch durch einen späteren Erbvertrag herbeiführen. Es ist **nicht erforderlich,** dass der spätere Erbvertrag die **ausdrückliche Aufhebungserklärung** hinsichtlich des früheren Erbvertrages enthält oder ein ausdrücklicher Aufhebungsvertrag vorliegt (BayObLG FamRZ 1994, 190). Die Wirkung auf den früheren Vertrag ist anhand der **allgemeinen Grundsätze über die Auslegung von Verträgen,** in diesem Fall der spätere Vertrag, zu bestimmen (Mot. V 341). Setzen sich die Ehegatten in dem späteren Erbvertrag gleichermaßen wie in dem früheren Erbvertrag gegenseitig zu Erben, ohne sich jedoch auf die Schlusserbenfolgenregelung des früheren Erbvertrages zu beziehen, ist ein Aufhebungswille nicht notwendigerweise zu erkennen (BayObLG Rpfleger 1993, 448).

4   **b) Vertragsbeteiligte. aa) Der Vertragsgegner des Erbvertrages.** Nur **die Personen, die den Erbvertrag geschlossen haben,** sind zum Abschluss eines Aufhebungsvertrages berechtigt, nicht aber ein im Erbvertrag bedachter Dritter. Bei einem mehrseitigen Erbvertrag, den der Erblasser gegenüber mehrere Vertragspartner bindet, müssen alle Beteiligten am Vertragsschluss mitwirken (OLG Hamm ZEV 2012, 266 mit Hinweis auf die Möglichkeit einer Umdeutung in einen Zuwendungsverzichtsvertrag). Die Aufhebung eines mehrseitigen Erbvertrages ist jedoch ausgeschlossen, sobald nur ein Vertragspartner gestorben ist, Abs. 1 S. 2. Der Erblasser muss dann auf die Möglichkeit zurückgreifen, den Erbvertrag im Wege der Anfechtung (§ 2281 II) oder des Rücktritts (§ 2297) zu beseitigen.

5   **bb) Der bedachte Vertragsgegner des Erbvertrages.** Sofern der Vertragsgegner auch erbvertraglich Bedachter ist, kann der Erblasser mit diesem auch einen **Erbverzichtsvertrag** schließen (KG OLGE 36, 237). Der Erbverzicht ist jedoch nach § 2352 S. 2 ausgeschlossen, wenn der Bedachte der einzige Vertragspartner des Erblassers war und eine einseitige Verfügung zu seinen Gunsten aufgehoben werden soll (OLG Stuttgart DNotZ 1979, 107). Ist dies der Fall, ist nur die Aufhebung nach vorliegender Vorschrift zulässig. Bei mehrseitigen Erbverträgen kommt der Erbverzicht zwischen jedem Erblasser und jedem Bedachten in Betracht (BayObLG NJW 1965, 1552).

6   **c) Vertretung. aa) Der Erblasser.** Nach Abs. 2 kann der Erblasser den Aufhebungsvertrag **nur persönlich** abschließen, darf sich also keiner Hilfsperson, eines Vertreters oder Boten, bedienen. Dies gilt auch für die Einwilligung des Betreuers zum Abschluss des Aufhebungsvertrages, auch wenn ein Einwilligungsvorbehalt angeordnet ist (§ 1903 II; BeckOGK/*G. Müller* Rn. 23). IRd ist zu beachten, dass bei einem gegenseitigen Erbvertrag, in welchem beide Vertragsteile als Erblasser verfügen, Abs. 3 anzuwenden ist, wonach die gerichtliche Genehmigung für die Handlungen des jeweiligen „anderen Vertragsschließenden" erforderlich ist. Nach allg. Meinung kann der geschäftsunfähig gewordene Erblasser keinen Aufhebungsvertrag mehr schließen (s. *Brox/Walker* ErbR Rn. 165).

7   **bb) Der Vertragspartner.** Dieser kann sich einer Hilfsperson, insbes. eines **Vertreters** bedienen, sofern er nicht zugleich Erblasser ist und nicht selbst vertragsmäßige Verfügungen von Todes wegen getroffen hat (ausführlich zu der Problematik: Gutachten DNotI-Report 2013, 186). Für ihn gilt Abs. 3 und zwar auch dann, wenn er selbst nicht im Erbvertrag bedacht ist und durch die Vertragsaufhebung keinen rechtlichen Nachteil erfährt (MüKoBGB/*Musielak* Rn. 6).

8   **d) Zustimmung des bedachten Dritten.** Um die Aufhebung des Erbvertrages herbeizuführen, ist es erforderlich, dass der bedachte Dritte zustimmt. Dadurch soll dieser geschützt werden, da er bis zum Erbfall nur eine tatsächliche Aussicht auf sein erbvertragliches Recht hat (BGHZ 12, 115; → Vorb. §§ 2274ff. Rn. 3). Die Aussicht auf sein Recht schützt den bedachten Dritten lediglich dahingehend, dass der Erblasser nicht befugt ist, das vertragsmäßig erteilte Erbrecht einseitig zu entziehen, §§ 2289 I 2, §§ 2290–2292.

9   **e) Form.** Der Aufhebungsvertrag unterliegt nach Abs. 4 der Form iSv § 2276 und muss daher **zur Niederschrift eines Notars bei gleichzeitiger Anwesenheit beider Vertragschließenden** abgeschlossen werden. Der Notar darf die Willenserklärungen der Vertragsteile nicht getrennt beurkunden (Bamberger/Roth/*Litzenburger* Rn. 5). Die Aufhebung kann auch in einem gerichtlichen Vergleich vereinbart werden (→ § 2276 Rn. 6), wodurch die notarielle Beurkundung ersetzt wird.

10   **f) Verstoß gegen die guten Sitten.** Der Aufhebungsvertrag ist in Ausnahmefällen sittenwidrig, *wenn die* allgemeinen strengen Voraussetzungen hierfür vorliegen. Hiervon sind die Fälle nicht erfasst, die in den Anwendungsbereich des § 2338 I fallen, etwa bei der Zuwendung des dem Sohn des Erblassers vertragsgemäß zustehenden Erbteils an die Abkömmlinge seines Sohnes, um zu verhindern, dass die Gläubiger des Sohnes darauf zugreifen (Staudinger/*Kanzleiter* Rn. 3). Dies gilt auch, wenn der vertragsmäßig Bedachte keinen Anlass für die drittbestimmte Zuwendung des Erbteils gibt (Staudinger/*Kanzleiter* Rn. 3). Führt das arglistige Verhalten des Vertragsgegners zur, dann zunächst wirksamen (*Lange/Kuchinke* ErbR § 25 Kap. VII Rn. 3 Fn. 238), Aufhebung, so ist diese anfechtbar (→ Rn. 9).

11   **g) Wirkung.** Die Aufhebung des gesamten Erbvertrages führt dazu, dass auch die darin getroffenen einseitigen Verfügungen wirkungslos werden, es sei denn der **Erblasserwille** steht dem entgegen (§ 2299 III). Werden lediglich die vertragsmäßigen, den Erblasser bindenden Verfügungen durch Aufhebungsvertrag beseitigt, bleiben diese als einseitige Verfügungen bestehen (Erman/*Schmidt* Rn. 4; Soergel/*Wolf* Rn. 9). Bezieht sich die Aufhebung nur auf einzelne vertragsmäßige Verfügungen, so bleiben die anderen wirksam. Ein unwirksamer Aufhebungsvertrag kann in einen Erbverzicht umgedeutet werden (→ Rn. 5).

h) Ausschluss. Die Aufhebung des Erbvertrages ist ausgeschlossen, **sobald nur einer der Vertrags- 12 partner stirbt,** § 2290 I 2. Dies gilt für den mehrseitigen Erbvertrag, zB zwischen Eltern und Kindern, bereits beim Tod eines Beteiligten, da vermutet wird, dass jeder Beteiligte den Vertrag mit jedem anderen geschlossen hat (BGH, s. *Johannsen* WM 1969, 1222). Durch die Regelung soll verhindert werden, dass die Erben nach dem Tod des Erblassers durch eigenständige Vertragsschlüsse die Anordnungen des Erblassers aufheben, wobei die Berufung auf die Unwirksamkeit der Aufhebung auch treuwidrig sein kann (OLG Schleswig NJW-RR 2006, 1665). Bei Versterben des Vertragsgegners kann der Erblasser nicht auf die Möglichkeit zurückgreifen, den Aufhebungsvertrag mit dem Erben zu schließen (Mot. V 339), sondern nur nach den Vorschriften der Anfechtung oder Rücktritts vorgehen (→ Rn. 13).

3. Beseitigung des Aufhebungsvertrages. Der Aufhebungsvertrag kann durch Vertrag beseitigt wer- 13 den, was zur Folge hat, dass die ursprünglichen erbvertraglichen Verfügungen wieder wirksam werden (*Brox/Walker* ErbR Rn. 165; *Lange/Kuchinke* ErbR § 25 Kap. VII Rn. 3c; Staudinger/*Kanzleiter* Rn. 19). Dies stellt aber kein Fall des § 2290 dar, sondern wird von den Regelungen der §§ 2274–2276 erfasst (Palandt/*Weidlich* Rn. 4). Die hM (*Lange/Kuchinke* ErbR § 25 Kap. VII Rn. 3d Fn. 252; *Kipp/Coing* ErbR § 39 Kap. V; Staudinger/*Kanzleiter* Rn. 20; Palandt/*Weidlich* Rn. 4) wendet für die Anfechtung des den Aufhebungsvertrag beseitigenden Vertrages zutreffend die §§ 2281 ff. iVm §§ 2078 ff. entsprechend an und nicht die allgemeinen Vorschriften der §§ 119 ff. (so *Brox/Walker* ErbR Rn. 250; Soergel/*Wolf* Rn. 10). Aufgrund der Höchstpersönlichkeit der Erklärung ist eine Anfechtung durch Dritte ausgeschlossen (BGH ZEV 2013, 266). Dadurch, dass der Vertrag die Wirksamkeit des Erbvertrages wiederherstellt, sind die Verträge als miteinander verbunden anzusehen. Folglich liegt die Anwendung des erbvertraglichen Anfechtungsrechts näher.

§ 2291 Aufhebung durch Testament

(1) ¹Eine vertragsmäßige Verfügung, durch die ein Vermächtnis oder eine Auflage angeordnet sowie eine Rechtswahl getroffen ist, kann von dem Erblasser durch Testament aufgehoben werden. ²Zur Wirksamkeit der Aufhebung ist die Zustimmung des anderen Vertragschließenden erforderlich; die Vorschrift des § 2290 Abs. 3 findet Anwendung.

(2) **Die Zustimmungserklärung bedarf der notariellen Beurkundung; die Zustimmung ist unwiderruflich.**

1. Normzweck. Mit der Vorschrift hat der Gesetzgeber **für die Aufhebung einzelner vertragsmäßi- 1 ger Verfügungen, die keine Erbeinsetzung sind, eine Formerleichterung** geschaffen, damit für sie der Vertrag nach § 2290 entbehrlich wird (Prot. V S. 417). Das Interesse des Vertragspartners wird gewahrt, indem er der Aufhebung zustimmen muss. Abs. 2 regelt die Form der Zustimmungserklärung, die insbes. Beweiszwecken dient (MüKoBGB/*Musielak* Rn. 1). Überdies ist durch das Erfordernis der notariellen Beurkundung gewährleistet, dass die Beteiligten ausreichend über die Rechtsfolgen der Aufhebung aufgeklärt sind. Abs. 1 S. 1 der Vorschrift wurde durch das Gesetz zum Internationalen Erbrecht und zur Änderung von Vorschriften zum Erbschein sowie zur Änderung sonstiger Vorschriften mWv 17.8.2015 (BGBl. 2015 I 1042) um die Wahl des anzuwendenden Erbrechts ergänzt, vgl. § 2278 II, Art. 22, 25 III EuErbVO.

2. Aufhebung. a) Gegenstand der Aufhebung. Die Vorschrift erfasst **nur vertragsmäßige Verfü- 2 gungen,** denn für einseitige Verfügungen in Erbverträgen besteht die jederzeitige Möglichkeit des Widerrufs (§ 2299 II, § 2253 I). Sie gilt für vertragsmäßige Vermächtnisse oder eine gleichartige Auflagen. Im Rahmen dessen ist zu beachten ist, dass der Vertragspartner bereits im Erbvertrag der einseitigen Aufhebung eines Vermächtnisses oder einer Auflage durch ein Aufhebungstestament des Erblassers zustimmen kann. In diesem Fall ist eine einseitige testamentarische Anordnung gegeben, nicht eine vertragsmäßig.

b) Das aufhebende Testament. Es handelt sich dabei iSv § 2291 um **eine letztwillige Verfügung, auf 3 die alle Vorschriften des Testamentsrechts anwendbar sind.** Letztlich stellt das aufhebende Testament nur der Form nach ein solches dar. Der Erblasser kann die Aufhebung in jeder wirksamen Verfügung von Todes wegen erklären (§§ 2231 ff., 2247, 2249–2251, 2265, 2278), ua auch als Nottestament (§§ 2249, 2250) oder Seetestament (2251) oder eigenhändige letztwillige Verfügung errichtet werden. Die Testierfähigkeit des Erblassers richtet sich nach §§ 2229 ff., nicht nach § 2290 II. Die Verfügung von Todes wegen muss dem Vertragspartner nicht zugehen; dessen Kenntnis ist nicht erforderlich. Mit dem Aufhebungstestament kann die vertragsmäßige Verfügung entweder durch Widerruf oder durch einen ihr widersprechenden Inhalt zumindest teilweise aufgehoben werden (§§ 2254, 2258).

c) Rechtsnatur. Es handelt sich zwar der Form nach um ein Testament, inhaltlich stellt die Aufhebung 4 jedoch ein Vertrag dar (Palandt/*Weidlich* Rn. 1). Da zur Aufhebung die Willenserklärungen der Parteien vorliegen müssen, ist es in Wirklichkeit als ein Vertrag anzusehen (Staudinger/*Kanzleiter* Rn. 2; Palandt/*Edenhofer* Rn. 1). Die Regelung des § 2291 erleichtert lediglich die Form dieser Willenserklärungen. Dies ist insbes. für den Widerruf des Aufhebungstestaments relevant.

d) Zustimmung. aa) Erläuterungen. Zur Zustimmung gem. §§ 182 ff. analog ist derjenige berechtigt, 5 der Vertragspartner im Erbvertrag war, also uU alle, wenn eine Personenmehrheit bestanden hat. Die Zustimmungserklärung ist vertretungsfähig, da sie kein höchstpersönliches Rechtsgeschäft ist. In Bezug auf einen vom Vertragspartner verschiedenen vertragsmäßig Bedachten ist der Abschluss eines Zuwendungsverzichtsvertrag gem. § 2352 denkbar. Befasst sich der Vertragsgegner in dem Erbvertrag mit dem Rücktrittsvorbehalt, ist dies noch nicht als Zustimmung zu beurteilen. Dabei ist nämlich zu beachten, dass für den Rücktritt strengere Formvorschriften gelten als für das Aufhebungstestament, § 2269 II (Staudinger/*Kanzleiter* Rn. 4).

6 **bb) Tod des Vertragsgegners oder Erblassers.** Nach dem Tod des Vertragsgegners ist die Erteilung der Zustimmung ausgeschlossen. Das Recht auf Zustimmung geht nach dem Tod des Vertragspartners jedoch nicht auf dessen Erben über. Dies wird auch dadurch deutlich, dass **aus dem Rücktrittsrecht nach dem Tod des Vertragsgegners ein einseitiges Aufhebungsrecht entsteht,** §§ 2297, 2298 II 3. Eine **nach dem Tod des Zustimmenden** dem Erblasser zugegangene Zustimmungserklärung ist wirksam, § 130. § 2290 I 2 ist analog anwendbar, denn die Aufhebung nach § 2291 ist mit dem Aufhebungsvertrag nach §§ 2290 wesensgleich. Zu den persönlichen Voraussetzungen iSv § 2290 III, auf den S. 2 verweist, kann auf die Komm. zu → § 2290 Rn. 4 ff. verwiesen werden. Bei Zustimmung durch den Vertragsgegner, ist die Aufhebung der vertragsmäßigen Verfügung nur nach dem Tod des Vertragsgegners möglich. Auch **nach dem Tod des Erblassers** ist § 2290 I 2 entsprechend anwendbar. Dies ergibt sich insbes. aus der Universalsukzession nach § 1922, dh der Eintritt der Erbfolge mit dem Erbfall. Die Aufhebung kann in Form des Testaments nur zum Erfolg führen, wenn dieses als Verfügung von Todes wegen abgeschlossen ist (Staudinger/*Kanzleiter* Rn. 6). Aus diesem Grund kann eine bereits erklärte Zustimmung nach dem Tod des Erblassers nicht mehr wirksam zugehen (Soergel/*Wolf* Rn. 3). Die entsprechende Anwendung des § 184 mit seiner Regelung über die Rückwirkung einer nach dem Tod erteilten Zustimmung auf den Zeitpunkt der Errichtung des Aufhebungstestaments ist deshalb ausgeschlossen. Ein Vergleich mit der Anfechtung, die eine Rückwirkung vorsieht (§§ 2978 ff., 2281 ff., 142), ist nicht geeignet, da sie keine Verfügung von Todes wegen darstellt.

7 **cc) Form und Inhalt.** Die Zustimmungserklärung muss zur **Niederschrift eines Notars** erfolgen (OLG Hamm 1974, 1774). Aus der Erklärung muss genau hervorgehen, worauf sich die Aufhebung bezieht. Sie kann weder unter eine Bedingung gestellt noch befristet werden, da sie ausschließlich die Aufhebung der Bindung des Erblassers an die Verfügung zum Ziel haben muss. Aus Gründen der Rechtssicherheit ist die Zustimmung auch nicht beschränkbar. Von der aufhebenden Verfügung braucht der Erklärende nicht zu wissen.

8 **dd) Zugang.** Als empfangsbedürftige Willenserklärung muss die Zustimmungserklärung in notariell beurkundeter und ausgefertigter Form dem Erblasser vor dessen Tod zugehen (§ 2290 I 2 analog, § 130). Nach allg. Meinung ist die Aufhebung sonst nicht wirksam. **Die beglaubigte Abschrift der notariellen Urkunde genügt nicht.**

9 **ee) Unwiderruflichkeit.** Sobald die Zustimmungserklärung dem Erblasser zugegangen ist, ist sie unwiderruflich, auch wenn noch keine aufhebende Verfügung von Todes wegen vorliegt (Bamberger/Roth/*Litzenburger* Rn. 7).

10 **3. Widerruf der Aufhebung.** Die Frage, ob der Erblasser nach erteilter Zustimmung des Vertragspartners das Aufhebungstestament einseitig gem. §§ 2253 ff. widerrufen kann oder der Vertragspartner hierfür eine neue Zustimmung erteilen muss, ist zu bejahen. Grund hierfür ist, dass in der Aufhebung ein Vertrag zu sehen ist (→ § 2290 Rn. 1), für dessen Aufhebung es der Mitwirkung des Vertragspartners bedarf (Palandt/*Weidlich* Rn. 3; Erman/*Schmidt* Rn. 3; Soergel/*Wolf* Rn. 6). Dadurch, dass die hier die einem Aufhebungsvertrag nach § 2290 gleichwertige Willensübereinstimmung den Erblasser daran bindet, lebt das Vermächtnis oder die Auflage im ursprünglichen Erbvertrag durch den Widerruf der aufhebenden Verfügung nicht wieder auf. Hierfür muss ein neuer Erbvertrag abgeschlossen werden.

11 **4. Wirkung.** Mit der erteilten Zustimmung des Vertragspartners hinsichtlich der Aufhebung eines Vermächtnisses oder einer Auflage ist der Erblasser von seiner erbvertraglichen Bindung befreit (§ 2289 I 2 und erlangt aufgrund dessen freie Hand darüber, den Umfang der Aufhebung, uU eine bloße Änderung, zu bestimmen.

§ 2292 Aufhebung durch gemeinschaftliches Testament

Ein zwischen Ehegatten oder Lebenspartnern geschlossener Erbvertrag kann auch durch ein gemeinschaftliches Testament der Ehegatten oder Lebenspartner aufgehoben werden; die Vorschrift des § 2290 Abs. 3 findet Anwendung.

1 **1. Normzweck.** Aufgrund der rechtlichen Möglichkeit von Ehegatten und Lebenspartnern iSv § 1 I LPartG, ein gemeinschaftliches Testament zu errichten, sieht das Gesetz für sie die Aufhebung ihrer erbvertraglichen Verfügungen durch ein solches Testament anstelle eines Aufhebungsvertrags (§ 2290) oder des zustimmungsbedürftigen Aufhebungstestaments (§ 2291) vor. Durch diese **Formerleichterung** kommt das Gesetz den Ehegatten, die ein gemeinschaftliches Testament errichten wollen, entgegen, indem sie sich auf einfacherem Wege von einem Erbvertrag abweichenden Inhalts lösen können (Prot. V 446).

2 **2. Aufhebung des Ehegattenerbvertrags. a) Ehegatten.** Nach der Vorschrift können nur Ehegatten oder Lebenspartner den miteinander geschlossenen Erbvertrag aufheben. Wenngleich der Wortlaut des Gesetzes darauf schließen lässt, dass die Vertragspartner bereits zzt. des Abschlusses des Erbvertrages verheiratet oder als Lebenspartner eingetragen sein müssen, ergibt sich aus der ratio der Vorschrift etwas

anderes. Danach ist es nach der hM als ausreichend zu betrachten, wenn die Ehegatten erst **bei der Errichtung des aufhebenden gemeinschaftlichen Testaments verheiratet bzw. als Lebenspartner eingetragen sind** und bei Abschluss des Erbvertrages lediglich verlobt waren oder sogar noch nicht familienrechtlich miteinander verbunden waren (BayObLGZ 8, 350; BayObLG NJW-RR 1996, 457; Staudinger/*Kanzleiter* Rn. 2).

b) **Gegenstand.** Die Aufhebung eines zwischen Ehegatten geschlossenen Erbvertrags oder eine darin enthaltene vertragsmäßige Verfügung durch ein gemeinschaftliches Testament ist auch zulässig, wenn die Lebenspartner noch nicht miteinander verheiratet waren. Bei mehr Beteiligten als die Ehegatten, ist die Aufhebung nach vorliegender Vorschrift ausgeschlossen, selbst wenn nur der Ehegatte bedacht ist. 3

c) **Inhalt.** Das gemeinschaftliche Testament enthält entweder **die Aufhebung des gesamten Erbvertrags oder einer einzelnen Verfügung** (BayObLGZ 1960, 192). Es können **auch neue Verfügungen** getroffen werden (BayObLG FamRZ 2003, 1509). Es bedarf **keiner ausdrücklichen Erklärung** der Aufhebung im Testament. Auch neue, dem Erbvertrag entgegenstehende Verfügungen können auf den Aufhebungswillen der Ehegatten hindeuten (BayObLG NJW-RR 1996, 457). Auch wenn das gemeinschaftliche Testament nicht in allen Punkten dem Erbvertrag widerspricht, aber als allumfassend bzw. abschließend anzusehen ist, führt es zur Aufhebung des gesamten Erbvertrages (BayObLGZ 2002, 66). Die Ehegatten können überdies eine **einheitliche Gesamterbregelung** schaffen, indem sie den Erbvertrag durch ein gemeinschaftliches Testament ergänzen (BGH WM 1987, 379; BayObLG NJW-RR 2003, 658). Die bisherigen vertragsmäßigen und die neuen testamentarischen Verfügungen können auch wechselbezüglich miteinander verbunden sein (BayObLG FamRZ 1985, 839; Palandt/*Weidlich* Rn. 1). Das Aufhebungstestament kann **den Inhalt eines Widerrufstestaments** entsprechend § 2254 haben oder die Aufhebung entsprechend § 2258 **durch widersprechende Verfügungen** zum Ausdruck bringen (BGH DNotZ 1987, 430; BayObLG FamRZ 2001, 1327). Im gemeinschaftlichen Aufhebungstestament können die Vertragspartner, anders als nach § 2291, auch eine vertragsmäßige Erbeinsetzung aufheben (Staudinger/*Kanzleiter* Rn. 2). 4

d) **Gestaltungsart.** In welcher Art das Aufhebungstestament errichtet wird ist unerheblich, solange es nach §§ 2231, 2232 f., 2247, 2249–2251 zugelassen ist. Danach ist die Errichtung als ordentliches öffentliches oder privates, auch eigenhändiges Testament oder als Nottestament möglich. Es muss ein gemeinschaftliches Testament errichtet werden, so dass zwei selbständige Testamente der Ehegatten nicht ausreichen, auch wenn sie sich über die Aufhebung des Erbvertrages einig sind (MüKoBGB/*Musielak* Rn. 3; Palandt/*Weidlich* Rn. 2; Staudinger/*Kanzleiter* Rn. 3). 5

e) **Testierfähigkeit. aa) Erblasser.** Es ist unerheblich, in welcher Form das gemeinschaftliche Testament errichtet wird. Wollen die Ehegatten die Aufhebung durch zwei Einzeltestamente durchführen, muss ein Errichtungszusammenhang deutlich sein (MüKoBGB/*Musielak* Rn. 3). **Die Aufhebung eines zweiseitigen Erbvertrags** (§ 2298), setzt die **Testierfähigkeit** (→ Rn. 5) **der Ehegatten zzt. der Errichtung des gemeinschaftlichen Testaments** voraus (BayObLG NJW-RR 1996, 457). Für die Aufhebung eines einseitigen Erbvertrags oder einer vertragsmäßigen Verfügung, muss nur der als Erblasser beteiligte Ehegatte testierfähig sein. Dies ist anhand der §§ 2229 ff. zu beurteilen. § 2292 S. 2 ist hierauf nicht anwendbar. § 2290 III verweist nur im Hinblick auf die Beteiligung des Vertragsgegners auf § 2290. Dies lässt die Schlussfolgerung zu, dass für den Erblasser das Testamentsrecht gelten soll (Staudinger/*Kanzleiter* Rn. 6). Als **Geschäftsunfähiger** ist er zur Errichtung des Testaments **nicht berechtigt** (§ 2229 IV). 6

bb) **Der Vertragsgegner.** Der nicht als Erblasser handelnde Vertragsgegner ist hinsichtlich der Fähigkeit zur Mitwirkung beim gemeinschaftlichen Aufhebungstestament nach den Grundsätzen für den Aufhebungsvertrag nach § 2290 zu beurteilen. **Das Testamentsrecht gilt für ihn nicht.** Es gelten **gem. §§ 2290 III die Regeln des Vertragsrechts.** Ist der Vertragsgegner **in seiner Geschäftsfähigkeit beschränkt** ist er zwar zur Mitwirkung bei der Errichtung des gemeinschaftlichen Aufhebungstestaments berechtigt, **bedarf** jedoch **der Zustimmung des gesetzlichen Vertreters** gem. §§ 107, 108. Unterlässt der Vertragsgegner die Herbeiholung der Zustimmung des Vertreter oder die gerichtliche Genehmigung im Betreuungsfall kann er jedoch die Genehmigung selbst nachholen, sobald er die volle Geschäftsfähigkeit erlangt (§ 108 III; MüKoBGB/*Musielak* Rn. 3; Soergel/*Wolf* Rn. 4; Palandt/*Weidlich* Rn. 2; aA Erman/*Schmidt* Rn. 2; Lange/*Kuchinke* ErbR § 37 Fn. 85). Bei **Geschäftsunfähigkeit** des Vertragsgegners ist seine **Stellvertretung durch den gesetzlichen Vertreter ausgeschlossen** (Staudinger/*Kanzleiter* Rn. 8). Schließlich ist die Testierfähigkeit beider Vertragsteile erforderlich, wobei es unerheblich ist, wenn der andere Teil nur Vertragsgegner war (BayObLG NJW-RR 1996, 457). 7

f) **Rechtsfolgen.** Bei Aufhebung des gesamten Erbvertrags, werden auch die darin enthaltenen einseitig testamentarischen Verfügungen unwirksam, § 2299 III analog, es sei denn ein abweichender Wille der Ehegatten spricht dem entgegen. Nur eine oder einzelne vertragsmäßige aufgehobenen Verfügungen im Erbvertrag werden unwirksam, während die übrigen Verfügungen wirksam bleiben. Die Aufhebung kann auch zur Ersetzung einer vertragsmäßigen mit einer einseitig testamentarischen Verfügung führen, wenn die erbvertragliche Bindung des Erblassers wegfallen soll. 8

3. Beseitigung des Aufhebungstestaments. Bei Aufhebung des vollständigen gemeinschaftlichen Testaments oder die darin enthaltene Aufhebung des Erbvertrags durch ein weiteres neues gemeinschaftliches Testament auf, **lebt der ursprüngliche Erbvertrag wieder auf,** es sei denn aus dem Erblasserwillen ergibt sich etwas anderes. Eine einseitige Widerrufsmöglichkeit gem. §§ 2253, 2271 hinsichtlich des Auf- 9 hebungstestaments besteht nicht, denn das gemeinschaftliche Testament ist iRd § 2292 vertragsähnlicher Natur. Somit sind die Ehegatten darauf beschränkt, das gemeinschaftliche Testament zusammen aufzuheben oder einen neuen Erbvertrag abzuschließen.

10 **4. Erbvertrag in einer Lebenspartnerschaft.** Da die Partner einer Lebenspartnerschaft gem. § 10 IV LPartG zur Errichtung einer gemeinschaftlichen Verfügung berechtigt sind, muss ihnen auch die Aufhebung eines Erbvertrags durch ein gemeinschaftliches Testament möglich sein. Hierfür müssen zzt. der Testamentserrichtung alle Voraussetzungen, die die Lebenspartnerschaft rechtlich wirksam machen, vorliegen. Der Abschluss eines Lebenspartnerschaftsvertrags genügt nicht.

§ 2293 Rücktritt bei Vorbehalt

Der Erblasser kann von dem Erbvertrag zurücktreten, wenn er sich den Rücktritt im Vertrag vorbehalten hat.

1 **1. Normzweck. a) Allgemein.** Die Vorschrift dient der Klarstellung, dass der Rücktrittsvorbehalt den Erbvertrag nicht zu einem Testament macht (Mot. V 342). Mit der Rücktrittsmöglichkeit hinsichtlich des Erbvertrags können die Vertragschließenden den Erblasser von seiner Bindung an den gesamten Erbvertrag oder an einzelne darin enthaltene vertragsmäßige Verfügungen auf einseitigem Wege befreien. Das Gesetz sieht den vorbehaltenen Rücktritt gem. § 2293, den Rücktritt wegen Verfehlungen des Bedachten gem. § 2294 und wegen Wegfall wiederkehrender Leistungen gem. § 2295 vor.

2 **b) Begriff.** Mit dem Rücktritt vom Erbvertrag wird dem Erblasser ermöglicht, sich von seiner grds. bestehende Bindung durch einseitige Erklärung von dem Erbvertrag oder einzelnen vertragsmäßigen Verfügungen zu lösen. Der Widerruf ist indes für einseitige Verfügungen, die in einem Erbvertrag getroffen wurden, vorgesehen. Insoweit unterscheiden sich vertragsmäßige von einseitigen Verfügungen.

3 **c) Abgrenzungsfälle. aa) Andere Vorbehalte.** Der Rücktrittsvorbehalt ist von dem **Vorbehalt einer späteren abweichenden Verfügung** von Todes wegen abzugrenzen, welcher nicht ausschließlich die einseitige Aufhebung des Erbvertrages oder einzelner vertragsmäßiger Verfügungen beinhalten kann.

4 Nach Außen kann der Rücktritt überdies nicht durch Verfügung von Todes wegen erfolgen, sondern muss durch öffentliche beurkundete Erklärung gegenüber dem Vertragsgegner erfolgen § 2296 II. Enthält der Vorbehalt die Bestimmung, dass es einem Vertragsteil freisteht, beliebige andere Verfügungen von Todes wegen zu errichten, schließt die Annahme eines Rücktrittsvorbehalts nicht von vornherein aus (BayObLG FamRZ 1989, 1353). Der Vorbehalt des Rücktritts aus einem schuldrechtlichen Vertrag wird von den §§ 346ff. erfasst. Diese sind auf den Rücktritt vom Erbvertrag nicht anwendbar (Staudinger/*Kanzleiter* Rn. 6).

5 **bb) Auflösende Bedingung.** Im Unterschied zum Rücktritt wird der Erbvertrag automatisch ohne Zutun des Erblassers, etwa einer Erklärung wie beim Rücktritt, unwirksam, sobald die Bedingung eintritt, § 158 II. Solange eine auflösende Bedingung nicht der Bindungswirkung des Erbvertrages entgegensteht, ist sie in Verbindung mit dem Erbvertrag zulässig (Mot. V 344). Die Bedingung kann auch eine Handlung des Erblassers beinhalten und dadurch dem Rücktrittsvorbehalt ähnlicher werden. Auf diese Weise kann sich der Erblasser seiner Bindung an den Erbvertrag oder der vertragsmäßigen Verfügung entledigen, ohne die für den Rücktritt vorgesehene Form.

6 **2. Der Rücktrittsvorbehalt. a) Allgemein.** Der Rücktrittsvorbehalt steht mit dem Erbvertrag bzw. der vertragsmäßigen Verfügung im Einklang, da der Erbvertrag bestehen bleibt, so lange der Erblasser nicht zurücktritt. Aus demselben Grund ist der Rücktrittsvorbehalt bei schuldrechtlichen Verträgen nach §§ 346ff. die den Schuldner binden, zulässig. Der Vorbehalt später abweichender Verfügung von Todes wegen stellt keinen Rücktrittsvorbehalt dar und unterscheidet sich von letzterem dadurch, dass der Rücktritt ausschließlich durch öffentlich beurkundete Erklärung gegenüber dem Vertragsgegner erfolgt.

7 **b) Inhalt. aa) Bestimmung und Gegenstand.** Der Rücktritt stellt eine **einseitige, von der Zustimmung des anderen Vertragschließenden unabhängige Aufhebung** der vertraglichen Bestimmung dar (MüKoBGB/*Musielak* Rn. 2). Den Inhalt können die Vertragschließenden frei bestimmen, dh auch eine bedingte oder befristete Gestaltung des Vorbehalts vornehmen (Palandt/*Weidlich* Rn. 2). Vom Vorbehalt betroffen sein können **der gesamte Erbvertrag oder einzelne vertragsmäßige Verfügungen.** Verknüpfen die Vertragschließenden den Vorbehalt mit bestimmten Voraussetzungen, können die Vertragschließenden den Erblasser im Erbvertrag dazu befugen, allein über das Vorliegen der Voraussetzungen zu entscheiden und zugleich die Überprüfung durch das Gericht ausschließen (BGH NJW 1951, 959).

8 **bb) Auslegung.** Der Rücktritt muss im Erbvertrag nicht als solcher bezeichnet sein, sondern durch andere Begriffsverwendungen dennoch in diesem Sinne verstanden werden. Ein im Erbvertrag vereinbarter Vorbehalt, der den Erblasser zu letztwilligen Verfügungen abweichend vom Erbvertrag berechtigt, ist indes nicht als Rücktrittsvorbehalt zu verstehen (BayObLG FamRZ 1989, 1353). Dabei handelt es sich vielmehr um die Befugnis des Erblassers über die Errichtung einer dem Erbvertrag widersprechenden Verfügung, ohne dass ein Rücktritt nach § 2296 erforderlich ist. In einer **Wiederverheiratungsklausel** in einem Ehegattenerbvertrag ist jedoch ein darin enthaltener Rücktrittsvorbehalt zu sehen. IÜ ist der Rücktrittsvorbehalt von der auflösenden Bedingung zu unterscheiden. Ein Vorbehalt, der sich auf bestimmte Gründe beschränkt und ausschließlich den Erblasser dazu befugt, über das Bestehen dieser

Gründe zu entscheiden, bedarf ebenso der Auslegung. Die Vertragsschließenden könnten ebenso ein Rücktrittsrecht vereinbaren, so dass die Bestimmung des Erblassers über die Frage des Vorliegens eines hinreichenden Grundes ausschließlich und endgültig durch diesen vorzunehmen ist. Die gerichtliche Überprüfung ist in dieser Hinsicht deshalb ausgeschlossen (BGH NJW 1951, 959).

c) Vertraglicher Vorbehalt. Für diese Anforderung des Rücktrittsvorbehalts genügt auch die entsprechende Vereinbarung in einem Nachtragsvertrag (MüKoBGB/*Musielak* Rn. 4), worin allein der Rücktrittsvorbehalt geregelt wird. 9

d) Berechtigter. Der Vorbehalt selbst und die Ausübung des Rücktrittsrechts können **nur vom Erblasser selbst** in Anspruch genommen werden. Für den Fall, dass **der andere Vertragschließende** sich im Erbvertrag schuldrechtlich verpflichtet hat, kann er diesbezüglich mit dem Erblasser **einen schuldrechtlichen Rücktrittsvorbehalt iSv §§ 348ff.** zu seinen Gunsten vereinbaren (OLG Hamm DNotZ 1999, 142; *Kipp/Coing* ErbR § 40 Kap. IV Rn. 2; *Lange/Kuchinke* ErbR § 25 Kap. VII Rn. 4). **Die Ausübung des Rücktrittsvorbehalts** ist höchstpersönlicher Natur und ist daher **unvererblich** (Soergel/*Wolf* Rn. 6). Durch den Rücktritt des Vertragsgegners werden die erbrechtlichen Verfügungen nicht automatisch unwirksam, insbes. wenn die vertragsmäßigen Verfügungen des Erblassers nicht durch den Bestand der schuldrechtlichen Verpflichtung des Vertragsgegners bedingt sind, sondern kann zum Rücktritts- oder Anfechtungsrecht des Erblassers führen (Staudinger/*Kanzleiter* Rn. 14). 10

3. Ausübung des Rücktrittsrechts. a) Form. Der Erblasser kann selbst i.R. seines Ermessens entscheiden, ob und wann er das Rücktrittsrecht ausübt. Er hat aber stets **den Kernsachverhalt, woraus das Rücktrittsrecht abgeleitet wird, anzugeben** (OLG Düsseldorf ZEV 1994, 171). Die Form des Rücktritts hängt davon ab, ob die Erklärung vor oder nach dem Tod des Vertragsgegners abgegeben worden ist, s. §§ 2296, 2297. Die Erklärung kann nur höchstpersönlich durch den Erblasser vorgenommen werden, § 2296 I. Deshalb erlischt das Rücktrittsrecht mit dem Tod des Erblassers und ist nicht vererblich. Es besteht keine Verjährungsfrist, da es sich bei dem Rücktritt um ein Gestaltungsrecht handelt (Staudinger/*Kanzleiter* Rn. 9). Eine Ausschlussfrist kann allenfalls aufgrund einer Vereinbarung im Erbvertrag bestehen. 11

b) Treu und Glauben. Hat der Erblasser den Rücktritt daran geknüpft, dass der Vertragserbe die Verpflichtung zu seiner Verpflegung nicht ordnungsgemäß erfüllt, ist der Rücktritt nach § 242 uU erst nach einer erfolgten Abmahnung zulässig. Duldet der Erblasser stillschweigend das zum Rücktritt berechtigende Verhalten des Vertragspartners, führt dies zur Unzulässigkeit des Rücktritts (Staudinger/*Kanzleiter* Rn. 10). Handelt es sich jedoch um eindeutige Rechtsverstöße hält der BGH eine Abmahnung oder Fristsetzung für entbehrlich (BGH DNotZ 1983, 117). Eine Abmahnung kann aufgrund des Grundsatzes von Treu und Glauben erforderlich sein, wenn etwa der Bedachte seine dauerhaft eingegangene Verpflichtung gegenüber dem Erblasser schlecht erfüllt (BGH MDR 1967, 993; OLG Düsseldorf NJW-RR 1995, 141; OLG Hamm DNotZ 1999, 142). 12

4. Wirkung, einschl. Beseitigung. a) Unwirksamkeit. Mit dem Rücktritt werden die entsprechenden vertragsmäßigen Verfügungen, worauf sich der Vorbehalt und die Rücktrittserklärung beziehen, unwirksam. Es werden auch dann die im Erbvertrag enthaltenen einseitigen Verfügungen unwirksam, wenn der gesamte Erbvertrag durch Rücktritt außer Kraft tritt, § 2299 III. Für die Frage der Wirksamkeit der nicht vom Rücktritt betroffenen Verfügungen, wenn der Erblasser nur von einzelnen vertragsmäßigen Verfügungen zurücktritt, ist § 2085 über § 2279 I heranzuziehen (Staudinger/*Kanzleiter* Rn. 11). Der Rücktritt hat **keine Rückwirkung**, da Rechtsgeschäfte grds. erst ab dem Zeitpunkt ihrer Vornahme an Wirkung entfalten (BayObLGZ 1957, 292). 13

b) Widerruf. Die Rücktrittserklärung ist als Gestaltungsrecht **unwiderruflich** (Prot. VI 153), es sei denn der Fall des § 2297 tritt ein, nämlich die Berechtigung des Erblassers, die vertragsmäßige Verfügung stattdessen durch einseitiges, widerrufliches Testament aufzuheben. Der Gesetzgeber hielt eine entsprechende Vorschrift entbehrlich, da es sich beim Rücktritt um ein Gestaltungsrecht handelt, das grds. unwiderruflich ist (Prot. VI 153). 14

5. Verfahren. a) Feststellungsklage. Grundsätzlich kann jeder Erblasser Feststellungsklage erheben und die Wirksamkeit des Erbvertrages oder des Rücktritts klarstellen lassen. Nach hM steht dieses Recht (ausnahmsweise) auch dem Bedachten zu, wenn Zulässigkeit und Feststellungsinteresse gegeben ist (so bejaht bei dem widerklagenden Vertragserben, nachdem der Erblasser Feststellungsklage erhoben hat, s. BGH NJW-RR 1986, 371; s. weiter OLG Düsseldorf NJW-RR 1995, 141; OLG München FamRZ 1996, 253; MüKoBGB/*Musielak* Rn. 11; verneinend: Staudinger/*Kanzleiter* Rn. 13). 15

b) Beweislast. Es gelten folgende Grundsätze (s. MüKoBGB/*Musielak* Rn. 11): Besteht Unklarheit darüber, ob der Rücktritt wirksam ist, geht das Gericht von der Gültigkeit des Erbvertrags aus. Stand der Rücktritt **im Zusammenhang mit einer schuldrechtlichen Verpflichtung des Vertragspartners**, deren Erfüllung im Rechtsstreit unklar bleibt, ist **Nichterfüllung** anzunehmen. Diese Lösung wird von der im Regelfall geltenden Beweislastverteilung getragen, wonach die sich auf die Erfüllung berufende Partei dies zu beweisen hat. 16

6. Beseitigungsrecht des Vertragsgegners. Dem Vertragsgegner steht nach dem Gesetz kein Recht zu, vom Erbvertrag zurückzutreten. Das muss auch für einen vertraglichen Vorbehalt des Rücktritts vom Erbvertrag gelten bzw. von vertragsmäßigen Verfügungen gelten. Ein solcher Vorbehalt ist als unwirk- 17 sam anzusehen (MüKoBGB/*Musielak* Rn. 5; Soergel/*Wolf* Rn. 5; RGRK/*Kregel* Rn. 2). Die Gewährung eines Rücktrittsrechts für den Vertragsgegner macht auch keinen Sinn, denn der Erblasser, der von seiner Bindung befreit werden soll, wird sich auf eine Aufhebung des Vertrages gem. §§ 2290, 2292 stets einlassen. Ein Bedürfnis für ein Rücktrittsrecht des Vertragsgegners kann allenfalls für den Fall angenommen werden, **dass der Erbvertrag selbst einen schuldrechtlichen Vertrag enthält und sich der Rücktrittsvorbehalt auf diesen Vertrag bezieht.** Dies kommt insbes. in Betracht, wenn der Vertragsgegner durch eine schuldrechtliche Vereinbarung im Erbvertrag eine Verpflichtung als Gegenleistung für die erbvertragliche Zuwendung durch den Erblasser übernommen hat (OLG Hamm DNotZ 1999, 142; Staudinger/*Kanzleiter* Rn. 14). Hierauf wären jedoch die §§ 346 ff. anwendbar. Auf einen solchen Rücktritt des Vertragsgegners kann ein die Anfechtung oder der Rücktritt durch den Erblasser folgen, § 2295. Die erbrechtlichen Verfügungen werden indes nicht automatisch durch den Rücktritt des Vertragsgegners unwirksam, es sei denn die erbrechtlichen Verfügungen sind mit der schuldrechtlichen Verpflichtung des Vertragsgegners durch eine Bedingung miteinander verknüpft (Staudinger/*Kanzleiter* Rn. 14).

§ 2294 Rücktritt bei Verfehlungen des Bedachten

Der Erblasser kann von einer vertragsmäßigen Verfügung zurücktreten, wenn sich der Bedachte einer Verfehlung schuldig macht, die den Erblasser zur Entziehung des Pflichtteils berechtigt oder, falls der Bedachte nicht zu den Pflichtteilsberechtigten gehört, zu der Entziehung berechtigen würde, wenn der Bedachte ein Abkömmling des Erblassers wäre.

1   **1. Normzweck.** Die Vorschrift befasst sich mit dem Fall, dass eine weiterbestehende Bindung des Erblassers an den Erbvertrag unzumutbar ist, weil der Bedachte sich einer Verfehlung schuldig gemacht hat, für die er als Pflichtteilsberechtigter einstehen müsste. Der Gesetzgeber begründet dies damit, dass der Erbe durch den Erbvertrag in eine Art familienrechtliches Verhältnis eingetreten sei und deshalb wie ein Pflichtteilsberechtigter zu behandeln sei (Prot. V 396).

2   **2. Voraussetzungen des Rücktritts. a) Verfehlung.** Der Bedachte muss eine Verfehlung iSd Pflichtteilsrechts als Abkömmling des Erblassers oder als Nichtpflichtteilsberechtigter (§ 2333), als Elternteil des Erblassers (§ 2334) oder als Ehegatte des Erblassers (§ 2335) begangen haben. Er muss weder am Erbvertrag beteiligt gewesen sein noch vom Erbvertrag gewusst haben (MüKoBGB/*Musielak* Rn. 2). Ein nicht erbvertraglich bedachter anderer Vertragschließender, der Verfehlungen og Art begangen hat, berechtigt den Erblasser nicht zum Rücktritt. Die Verfehlungshandlung muss nach Abschluss des Erbvertrages vorgenommen worden sein. **Bei früheren Verfehlungen iSv § 2294, die dem Erblasser bei Abschluss des Erbvertrages unbekannt waren,** besteht für den Erblasser **die Möglichkeit der Anfechtung** gem. § 2281 iVm § 2078 (Soergel/*Wolf* Rn. 3; Bamberger/Roth/*Litzenburger* Rn. 1; Palandt/*Weidlich* Rn. 1). Das Rücktrittsrecht entfällt, wenn der Rücktrittsgrund nicht mehr besteht. Führt der Bedachte die Verfehlungen, insbes. der ehrlose und unsittliche Lebenswandel, nach der Errichtung des Erbvertrages weiter, ist der Rücktritt zulässig (BayObLGZ 1963, 271).

3   **b) Entsprechende Anwendung des § 2336 II.** Mangels Verweisung in § 2294, wie es bei § 2297 der Fall ist, können die Regelungen in § 2336 II auf den Rücktritt wegen Verfehlungen des Bedachten nicht entsprechend angewandt werden (BGH NJW 1952, 700; FamRZ 1985, 919; Palandt/*Weidlich* Rn. 1). Der Unterschied zu den §§ 2336, 2297 u. 2271 besteht nämlich darin, dass der Rücktritt durch Erklärung gegenüber dem Vertragsgegner erfolgt und sich die Beweiserhebung als einfacher darstellt (BGH NJW 1952, 700). Der Erblasser ist auch dann zum Rücktritt berechtigt, wenn der Bedachte zzt. **des Erbfalls** mit diesem Lebenswandel aufgehört hat. Hat sich der Bedachte jedoch zzt. **der Rücktrittserklärung des Erblassers** von seinem unsittlichen Lebenswandel abgewendet, ist der Rücktritt des Erblassers ausgeschlossen (Staudinger/*Kanzleiter* Rn. 4). Ist der Rücktritt einmal erklärt, ändert die nachträgliche Änderung des Verhaltens des Bedachten nichts an der Rücktrittswirkung (BayObLGZ 1963, 271; Palandt/*Weidlich* Rn. 2).

4   **c) Verzicht auf das Rücktrittsrecht.** Aufgrund des § 138 kann der Erblasser im Erbvertrag nicht auf sein Rücktrittsrecht gem. § 2294 verzichten (Staudinger/*Kanzleiter* Rn. 6). Handelt es sich um eine vergangene Verfehlung des Bedachten, ist in dem Verzicht auf sein Rücktrittsrecht nach § 2294 eine Verzeihung gem. § 2337 zu sehen. Liegen die Voraussetzungen des § 2337 indes nicht vor, muss der Verzicht als neuer Erbvertrag formuliert werden. Dann liegen die Verfehlungen zurück, da sie vor dem Abschluss des Erbvertrages erfolgt sind, so dass der Rücktritt ausgeschlossen ist (Staudinger/*Kanzleiter* Rn. 6).

5   **d) Verzeihung.** Der Erblasser ist nicht mehr zum Rücktritt berechtigt, wenn er dem Bedachten dessen Verfehlung verziehen hat. Eine Pflichtteilsentziehung durch den Erblasser ist dann zzt. des Rücktritts nicht mehr gerechtfertigt. Der bereits erklärte Rücktritt bleibt indes bei einer nachträglichen Verzeihung des Erblassers wirksam (KG FGPrax 2011, 82). § 2337 S. 2 ist nach allg. Meinung nicht entsprechend anwendbar.

6   **3. Ausübung.** Die Form des Rücktritts richtet sich nach § 2296. Das Rücktrittsrecht ist **höchstpersönlich und unvererblich.** Der **Verzicht auf die Ausübung des Rücktrittsrechts im Voraus** ist ausgeschlossen (Staudinger/*Kanzleiter* Rn. 7). Es liegt im Ermessen des Erblassers, ob und in welchem Umfang er sein Rücktrittsrecht ausübt. Mangels einer Verweisung auf § 2336 II, wie es bei § 2297 der Fall ist, muss der zu Lebzeiten des Vertragspartners keinen Rücktrittsgrund angeben (*Johannsen* WM 1973, 530

mit dortigen Hinweis auf ein unveröffentlichtes Urteil des BGH v. 27.11.1969). **Nach dem Tod des Vertragsgegners** ist der Erblasser nicht mehr zum Rücktritt nach § 2294 berechtigt, sondern muss auf die Form des Testaments nach § 2297 unter entsprechender Anwendung der § 2336 II–III zurückgreifen.

4. Wirkung. Die vom Rücktritt betroffene vertragsmäßige Verfügung wird mit Erklärung des Rücktritts unwirksam. Andere Verfügungen bleiben wirksam. Ist **eine ggf. vereinbarte Gegenleistung** des Vertragsgegners mit der erbvertraglichen Zuwendung des Erblassers nach dem Willen der Vertragsteile als einheitliches Rechtsgeschäft miteinander verbunden, kommt **die entsprechende Anwendung des § 139** in Betracht oder der Bedachte ist nach den Grundsätzen der ungerechtfertigten Bereicherung berechtigt, Befreiung von seiner Verpflichtung zu verlangen (s. Staudinger/*Kanzleiter* Rn. 11; offen gelassen vom BGH NJW 1959, 625). Bei einem **mit einem Ehevertrag verbundenen Erbvertrag** und darin vereinbarter Gütergemeinschaft, ist jeder Ehegatte zum Rücktritt nach § 2294 berechtigt, wobei die Gütergemeinschaft bestehen bleibt (BGH NJW 1959, 625). Der Rücktritt ist unwiderruflich und auch nicht durch nachträgliche Verzeihung des Bedachten rückgängig zu machen (Erman/*Schmidt* Rn. 1).

5. Umfang. Gegenstand des Rücktritts können ausschließlich einzelne vertragsmäßige Verfügungen sein, etwa Erbeinsetzungen, Anordnungen von Vermächtnissen und Auflagen. Die betroffenen Verfügungen müssen solche sein, die den Bedachten, der die Verfehlung begangen hat, begünstigen.

6. Beweislast. Bei unklarem Sachverhalt zur Frage der Wirksamkeit des Rücktritts ist im Zweifel nicht von einem aufhebend wirkenden Rücktritt auszugehen. Der Erblasser hat den Tatbestand des Rücktritts in objektiver und subjektiver Hinsicht zu beweisen (BGH NJW-RR 1986, 371). Hat der Bedachte einen Rechtfertigungs- oder Entschuldigungsgrund für sein Verhalten, hat er den Beweis hierfür zu führen (BGH NJW-RR 1986, 371). Erfolgt der Rücktritt nach dem Tod des Vertragspartners gelten die Grundsätze jedoch nicht. Nach dem Tod des Erblassers hat derjenige, der sich auf den Rücktritt beruft dessen Voraussetzungen zu beweisen (OLG Köln, Beschl. v. 3.7.2017 – 2 Wx 147/17, BeckRS 2017, 124540).

§ 2295 Rücktritt bei Aufhebung der Gegenverpflichtung

Der Erblasser kann von einer vertragsmäßigen Verfügung zurücktreten, wenn die Verfügung mit Rücksicht auf eine rechtsgeschäftliche Verpflichtung des Bedachten, dem Erblasser für dessen Lebenszeit wiederkehrende Leistungen zu entrichten, insbesondere Unterhalt zu gewähren, getroffen ist und die Verpflichtung vor dem Tode des Erblassers aufgehoben wird.

1. Normzweck. Hintergrund der Vorschrift ist, dass der Erblasser, der seine vertragsmäßigen Verfügungen im Zusammenhang mit einer schuldrechtlichen Verpflichtung (zB wiederkehrende Leistungen) des Vertragspartners getroffen hat, zum Rücktritt berechtigt sein soll, wenn die ihm gegenüber bestehende Verpflichtung aufgehoben wird. Die beiden Leistungen stehen zwar im Gegenseitigkeitsverhältnis, aber nicht in der Weise wie die Anwendung der §§ 320 ff. es erfordert (BGH NJW 2011, 224).

2. Voraussetzungen. a) Wiederkehrende Leistungen. Die Verpflichtung des Vertragspartners muss wiederkehrende Leistungen übernommen haben, die er fortlaufend bis zum Tod des Erblassers erbringen muss (Soergel/*Wolf* Rn. 2), zB Gewährung von Unterhalt. Eine gesetzliche Pflicht ist nicht ausreichend (Erman/*Schmidt* Rn. 2). Grundlage der Verpflichtung muss vielmehr **ein Rechtsgeschäft** sein. Nicht erforderlich ist, dass der die Leistungsverpflichtung begründende Vertrag in derselben Urkunde wie der Erbvertrag enthalten ist (Staudinger/*Kanzleiter* Rn. 3). Die schuldrechtliche Verpflichtung des Vertragspartners kann auch in Form einer Bedingung für die Wirksamkeit des Erbvertrages vereinbart sein. Fällt die Verpflichtung weg, tritt der Erbvertrag unmittelbar außer Kraft, § 158 II (MüKoBGB/*Musielak* Rn. 2).

b) Zusammenhang des Erbvertrags und der rechtsgeschäftlichen Verpflichtung. Ein solcher besteht dadurch, dass der Erblasser einen **bestimmten Zweck mit der Verbindung beider Rechtsgeschäfte** verfolgt. Es kommt ihm bei der Vornahme der vertragsmäßigen Verfügung gerade darauf an, dass der Vertragspartner bzw. Bedachte eine bestimmte Verpflichtung übernimmt (OLG München ZEV 2009, 345; Bamberger/Roth/*Litzenburger* Rn. 2; Staudinger/*Kanzleiter* Rn. 3). Dieser Zusammenhang muss **dem Bedachten bekannt** sein. Trotz des ursächlichen oder wirtschaftlichen Zusammenhangs ist die erbrechtliche Verfügung des Erblassers und die schuldrechtliche Verpflichtung des Bedachten **rechtlich selbständig** (OLG Hamburg MDR 1950, 615). **§§ 320 ff. sind nicht anwendbar**, da die erbrechtliche Zuwendung und die schuldrechtliche Verpflichtung keine Leistung und Gegenleistung iSd gegenseitigen Vertrages darstellen (Kipp/*Coing* ErbR § 36 Kap. N Rn. 14). Bei entsprechendem Willen der Vertragsschließenden kann indes ein einheitliches Rechtsgeschäft anzunehmen sein und § 139 zur Anwendung kommen (Staudinger/*Kanzleiter* Rn. 3).

c) Aufhebung der Verpflichtung. Die Aufhebung der Verpflichtung muss **zu Lebzeiten des Erblassers** erfolgt sein und kann sich aus der Ausübung eines Rücktrittsrechts (KG FamRZ 2005, 1573), dem Eintritt einer Bedingung, einer Kündigung (nach § 314 s. OLG Karlsruhe NJW-RR 1997, 2808), der nachträgliche Unmöglichkeit der Leistung (zB Unmöglichkeit der geschuldeten Pflegeleistung nach Umzug in ein Heim, BGH ZEV 2013, 330; OLG Oldenburg, Urt. v. 29.5.2012 – 12 U 67/09, BeckRS 2013, 04994) oder vertragliche Vereinbarung mit dem Erblasser bewirkt ergeben haben. Schlechterfüllung, Verzug oder Nichterfüllung führen jedoch nicht zur Aufhebung der Verpflichtung, da diese als solche bestehen bleibt (OLG München ZEV 2009, 345). Es kommt in diesem Fall Anfechtung der vertragsmäßigen Verfügung durch den Erblasser nach §§ 2078 iVm 2281 in Betracht. Die Aufhebung kann auch erst nach der Rücktrittserklärung erfolgen (OLG Hamm DNotZ 1977, 751). Wichtig ist nur, dass der Rücktritt des Erblassers darauf beruht, dass die Leistungspflicht aufgehoben wird.

5   **d) Nichtiges Rechtsgeschäft.** Ist das der Verpflichtung zugrundeliegende Rechtsgeschäft nichtig, ist **die Anwendung von § 2295 ausgeschlossen,** denn mit der Wirkungslosigkeit geht einher, dass die Verpflichtung nicht besteht (MüKoBGB/*Musielak* Rn. 6). Da der Erblasser beide Rechtsgeschäfte als Einheit sieht, kommt die **Anwendung von § 139** mit der Folge in Betracht, dass die Nichtigkeit des Rechtsgeschäfts hinsichtlich der Verpflichtung des Bedachten zur Unwirksamkeit der vertragsmäßigen Verfügung des Erblassers führt (BGH NJW 1976, 1931; OLG München FamRZ 2013, 244). IÜ kann der Erblasser auf die Möglichkeit der Anfechtung der vertragsmäßigen Verfügung nach §§ 2078, 2281 zurückgreifen (Staudinger/*Kanzleiter* Rn. 6).

6   **e) Anfechtung. aa) Nicht- oder Schlechterfüllung.** Erfüllt der Bedachte die Gegenverpflichtung nicht, nicht rechtzeitig oder schlecht, hat der Erblasser nach überwiegender Meinung kein Rücktrittsrecht nach § 2295, sondern muss die Aufhebung der vertragsmäßigen Verfügung durch Anfechtung herbeiführen (Staudinger/*Kanzleiter* Rn. 7; Planck/*Greiff* Anm. 2; *Kipp/Coing* ErbR § 40 Kap. I Rn. 2b). Es handelt sich dann um den Fall des **Irrtums über den Beweggrund,** worunter iÜ die Insolvenz des Bedachten fällt (Staudinger/*Kanzleiter* Rn. 7).

7   **bb) Irrtum.** Irrt der Erblasser über die vom Inhalt des § 2295 abweichende schuldrechtliche, im Erbvertrag festgehaltene Verpflichtung des Bedachten, berechtigt die Nicht- oder Schlechterfüllung dieser Verpflichtung den Erblasser dazu, seine vertragsmäßige Verfügung gem. §§ 2281 ff., 2078 II anzufechten oder einen Bereicherungsanspruch nach § 812 I 2 gegen den Vertragsgegner auf Zustimmung zur Aufhebung der Verfügung geltend zu machen (Staudinger/*Kanzleiter* Rn. 10).

8   **3. Ausübung.** Das nur dem Erblasser persönlich zustehende Rücktrittsrecht muss bis zum Tod des Vertragspartners durch notariell beurkundete Erklärung gem. § 2296 ausgeübt werden. Die Rücktrittserklärung muss den Rücktrittsgrund enthalten. Nach dem Tod des Vertragspartners erfolgt der Rücktritt indes durch Testament. In Betracht kommt überdies die Umdeutung eines formnichtigen Angebots des Erblassers auf Abschluss eines Aufhebungsvertrages iSd § 2290 in eine Rücktrittserklärung iSv § 2295 (OLG Hamm DNotZ 1977, 751).

9   **4. Rechtsfolgen. a) Einseitige schuldrechtliche Verpflichtung des Bedachten.** Das Rücktrittsrecht bezieht sich nur auf die vertragsmäßige Verfügung, die im Zusammenhang mit der seitens des Vertragspartners eingegangenen schuldrechtlichen Verpflichtung steht. Weitere hiervon unberührte vertragsmäßige Verfügungen richten sich hinsichtlich ihrer Wirksamkeit nach §§ 2085, 2279 I. Für bereits erbrachte Leistungen des Bedachten kann er deren Herausgabe nach den Grundsätzen der ungerechtfertigten Bereicherung verlangen (OLG München ZEV 2009, 345).

10 **b) Zusätzliche Übernahme einer schuldrechtlichen Verpflichtung durch den Erblasser.** Hat auch der Erblasser im Vertrag eine schuldrechtliche Verpflichtung übernommen, ist von **einem gegenseitigen schuldrechtlichen Vertrag** auszugehen. Bei Nichterfüllung der Verpflichtung des Bedachten, ist der Erblasser berechtigt, Schadensersatz gem. §§ 280 ff. statt der Leistung zu verlangen oder von dem schuldrechtlichen Vertrag sowie gem. § 2295 von der erbrechtlichen Verfügung zurückzutreten (Staudinger/*Kanzleiter* Rn. 9).

§ 2296 Vertretung, Form des Rücktritts

(1) Der Rücktritt kann nicht durch einen Vertreter erfolgen.

(2) ¹Der Rücktritt erfolgt durch Erklärung gegenüber dem anderen Vertragschließenden. ²Die Erklärung bedarf der notariellen Beurkundung.

1   **1. Normzweck.** Bei § 2296 handelt es sich um eine **Formvorschrift** für den Rücktritt vom Erbvertrag durch den Erblasser. Wonach sich die Form richtet, ist vom **Zeitpunkt des Todes des Vertragspartners** abhängig. Zu dessen Lebzeiten gilt § 2296; nach dessen Tod unterliegt der Rücktritt den Formvorschriften des Testaments, § 2297. Mit der Regelung in Abs. 2 wollte der Gesetzgeber sicherstellen, dass insbes. der Vertragspartner hinreichend über die Rechtsfolgen des Rücktritts aufgeklärt wird (Mot. V 343). Neben dem Schutzcharakter ist sie auch Beweiszwecken dienlich (*Kanzleiter* DNotZ 1994, 275). Die Vorschrift des § 2296 erfasst den Rücktrittsvorbehalt nach § 2293, den gesetzlichen Rücktritt nach §§ 2294, 2295, den Rücktritt von einer erbvertraglichen Erbeinsetzung sowie den Rücktritt von einer erbvertraglichen Vermächtnis- oder Auflagenanordnung. Zu beachten ist überdies, dass § 2296 auch auf den Widerruf einer wechselbezüglichen Verfügung in einem gemeinschaftlichen Testament anwendbar ist. Die in Abs. 1 S. 2 aF enthaltene Sonderregelung für einen in seiner Geschäftsfähigkeit beschränkten Erblasser wurde durch das Gesetz zur Bekämpfung von Kinderehen mit Wirkung zum 22.7.2017 aufgehoben (BGBl. 2017 I 2429). Bei diesen Aufhebungen handelt es sich um Folgeregelungen der Aufhebung von § 1303 II aF. Eine Eheschließung von Minderjährigen ist danach nicht mehr möglich, mithin waren auch die entsprechenden Sonderregelungen zum Erbvertrag aufzuheben. Ein Minderjähriger kann als Erblasser keinen Erbvertrag schließen.

2. Höchstpersönlichkeit. Der Rücktritt kann nur vom Erblasser persönlich erklärt werden, so dass seine Vertretung ausgeschlossen ist. Damit geht überdies einher, dass das Recht nicht vererblich ist.

3. Geschäftsunfähigkeit. Bei Geschäftsunfähigkeit ist er zum Rücktritt nicht berechtigt und auch der gesetzliche Vertreter kann nicht für ihn handeln, Abs. 1. Neben dem Rücktrittsrecht besteht häufig auch ein Anfechtungsrecht, wobei zu beachten ist, dass für einen Geschäftsunfähigen der Betreuer anfechten kann, § 2282 II.

4. Rücktrittserklärung. a) Zugang. aa) Voraussetzungen. Der Rücktritt muss als **empfangsbedürftige Willenserklärung** zu ihrer Wirksamkeit dem Vertragspartner **zugehen**. Gegenüber mehreren Vertragschließenden muss die Erklärung jedem von ihnen zugehen (BGH WM 1985, 1180). Die Rücktrittserklärung muss **urschriftlich und in ausgefertigter Form** zugehen, dh **die beglaubigte Abschrift reicht nicht aus** (hM, ua BGH NJW 1995, 51; OLG Hamm DNotZ 1977, 751; OLG Zweibrücken ZEV 2005, 483; Palandt/*Weidlich* Rn. 2; Soergel/*Wolf* Rn. 4; Erman/*Schmidt* Rn. 2; *Lange/Kuchinke* ErbR § 25 Kap. VII Rn. 6a Fn. 269).

Die fehlerhafte Zustellung ist **unheilbar**, so dass ein Mangel der Zustellung nicht behoben werden kann (BGH JZ 1976, 243). Der Zugang der Rücktrittserklärung nach § 130 ist unbedingt erforderlich. **Eine andersartige Mitteilung**, etwa durch Vorlesen, ist **nicht ausreichend**; vielmehr muss der Inhalt des § 2296 II vollständig gelesen werden und die Urkunde über die Rücktrittserklärung dem Vertragsgegner übergeben werden bzw. diesem unter den Voraussetzungen des § 130 zugehen (Staudinger/*Kanzleiter* Rn. 9).

bb) Erbvertrag mit Dritten. Wird ein neuer Erbvertrag mit einem Dritten geschlossen, der dem früheren Erbvertrag widerspricht, so ist der Rücktritt erst wirksam erklärt, wenn die neue beurkundete Verfügung **dem früheren Vertragspartner übermittelt wird** (zB im Wege der Zustellung durch den Gerichtsvollzieher zur Beweissicherung nach § 132; BGH NJW 1989, 2885).

cc) § 130 II. Gem. § 130 II steht der nach Abgabe der Erklärung eingetretene **Tod des Erblassers** dem Zugang der Erklärung nicht entgegen (BGH NJW 1989, 2885; OLG Hamm NJW-RR 1991, 1480). Dies ist aber nur der Fall, wenn sich die Willenserklärung beim Tode des Erklärenden „auf dem Weg" zum Empfänger befindet und der Zugang in naher Zukunft folgt (BGH NJW 1968, 496; OLG Celle DNotZ 1964, 238; OLG Hamm NJW-RR 1991, 1480). Musste der Vertragspartner aufgrund der langen Dauer der Zustellung seit dem Tod des Erblassers nicht mehr mit dessen Rücktritt rechnen, ist die Zustellung gescheitert (OLG Hamm NJW-RR 1991, 1480). Der Zugang einer Rücktrittserklärung in beglaubigter Abschrift zu Lebzeiten des Erblassers ist auch dann nicht ausreichend, wenn sie nach dessen Tod in Ausfertigung zugestellt wird, so dass der Rücktritt unwirksam ist (BGH NJW 1968, 496; OLG Hamm NJW-RR 1991, 1480). Ein weiterer Fall der Unwirksamkeit des Rücktritts liegt vor, wenn der Erblasser den Notar anweist, seine beurkundete Rücktrittserklärung dem Vertragsgegner erst nach dem Tod des Erblassers zu übermitteln (BGH NJW 1953, 938). Gerade diese Möglichkeit des Erblassers wollte der Gesetzgeber mit der erforderlichen Erklärung gegenüber dem Vertragsgegner und dem Ausschluss der Testamentsform verhindern. Der Erblasser soll sich nicht ohne das Wissen des Vertragsgegners von seiner vertragsmäßigen Verfügung einseitig befreien können.

dd) Geschäftsunfähigkeit. Für den **erst nach Abgabe der Rücktrittserklärung geschäftsunfähigen Erblasser** kann demgegenüber § 130 II herangezogen werden und der gesetzliche Vertreter für den Zugang der Erklärung des Erblassers sorgen (Staudinger/*Kanzleiter* Rn. 11). Im Falle einer Geschäftsunfähigkeit des Empfängers und einem Zugang bei seinem Betreuer ist genau zu prüfen, ob der Empfang der Erklärung vom übertragenen Geschäftskreis umfasst ist (OLG Karlsruhe NJW-RR 2015, 1031).

ee) Tod des Vertragsgegners. Der Tod des Vertragsgegners lässt den Zugang der Erklärung des Erblassers scheitern. Die Zustellung an die Erben des Vertragsgegners ist ausgeschlossen (OLG Düsseldorf OLGZ 1966, 68). Das Rücktrittsrecht des Erblassers wird dann als Recht zur einseitigen Aufhebung des Erbvertrages oder der vertragsmäßigen Verfügung durch Testament gem. § 2297 angesehen.

ff) Form. Der Rücktritt kann nicht in Form einer Verfügung von Todes wegen erklärt werden, es sei denn § 2297 ist anwendbar. Der Rücktritt ist jedoch wirksam, wenn der Erblasser den Rücktritt in einer notariell beurkundeten Verfügung von Todes wegen erklärt und diese dem Vertragsgegner zustellt (Staudinger/*Kanzleiter* Rn. 14).

gg) Öffentliche Zustellung. Bei unbekanntem Aufenthaltsort ist die öffentliche Zustellung der Rücktrittserklärung möglich, § 132 II, §§ 203 ff. ZPO (KG FamRZ 2006, 1563). Zu beachten ist, dass die Wirksamkeit einer öffentlichen Zustellung nicht davon berührt wird, dass ihre Bewilligung erschlichen worden ist (Staudinger/*Kanzleiter* Rn. 9). War dem Erblasser bspw. bekannt, wo sich der Vertragsgegner zzt. aufhält (insbes. unter Ehegatten), und ließ die öffentliche Zustellung bewilligen, ist darin ein Verstoß gegen Treu und Glauben zu sehen, so dass der Einwand der unzulässigen Rechtsausübung gerechtfertigt ist (BGH NJW 1975, 827). Der vom BGH entschiedene Fall bezog sich zwar auf ein gemeinschaftliches Testament und damit auf die Beziehung zwischen Ehegatten, muss aber aus denselben Erwägungen heraus auch auf den Ehegattenerbvertrag anwendbar sein (Staudinger/*Kanzleiter* Rn. 9, der auch den Erbvertrag zwischen anderen Personen als die Ehegatten darauf anwenden will).

b) Form. Die Rücktrittserklärung muss **in notariell beurkundeter Form** ergehen, Abs. 2 S. 2. Die Beurkundung erfordert die gleichzeitige Anwesenheit beider Vertragsteile, wie es beim Abschluss des Erbvertrages der Fall ist, da sich die Form der Beurkundung nur auf die Rücktrittserklärung bezieht. Die

Annahme der Erklärung durch den Vertragsgegner bleibt dabei außer Betracht. Mit der Formbedürftigkeit soll insbes. **der Vertragsgegner geschützt** werden, der hierdurch die erforderliche Information über das Ausmaß des Rücktritts erlangt. Überdies dient sie **den Interessen desjenigen, der den Rücktritt ausübt**, dh Schutz vor Übereilung, Warnfunktion, Gewähr der Wirksamkeit, Belehrungsfunktion (Staudinger/*Kanzleiter* Rn. 7). Eine hiervon abweichende Formvereinbarung im Erbvertrag ist nicht zulässig (OLG Hamm DNotZ 1999, 142). Der in einer letztwilligen Verfügung erklärte Rücktritt ist ohne Bedeutung. Der Rücktrittsgrund muss grds. nicht angegeben werden (RGRK/*Kregel* § 2294 Rn. 1).

13 c) **Errichtung einer Verfügung von Todes wegen.** Mit Ausnahme des § 2297 kann der Erblasser seine Rücktrittserklärung nicht durch Abschluss eines Erbvertrages oder Errichtung eines Testaments vornehmen. Die formlose Zustimmung des Vertragsgegners ändert daran nichts. Nur für den Fall, dass der Erblasser den Rücktritt in einer notariell beurkundeten Verfügung von Todes wegen erklärt, die dem Vertragsgegner zugeht, ist der Rücktritt wirksam (Staudinger/*Kanzleiter* Rn. 14). Beabsichtigt der Erblasser eine einseitige Änderung einer vertragsmäßigen Verfügung insoweit, dass die vertragsmäßige Verfügung teilweise aufzuheben ist, ist Rücktritt unter Beachtung der Form nach § 2296 anzunehmen (Staudinger/*Kanzleiter* Rn. 14). Sobald der Erblasser die vertragsmäßige Verfügung derart ändern will, dass die erbrechtlichen Verhältnisse neu gefasst werden, handelt es sich um eine Verfügung von Todes wegen.

14 **5. Tod des Vertragsgegners.** Mit dem Tod des Vertragsgegners besteht kein Rücktrittsrecht mehr. An dessen Stelle tritt das Recht zur einseitigen Aufhebung des Erbvertrages oder der vertragsmäßigen Verfügung durch Testament, § 2297. Dies bedeutet, dass die Erklärung nicht wirksam gegenüber den Erben des Vertragsgegners erklärt werden kann (OLG Düsseldorf OLGZ 1966, 68).

§ 2297 Rücktritt durch Testament

¹Soweit der Erblasser zum Rücktritt berechtigt ist, kann er nach dem Tode des anderen Vertragschließenden die vertragsmäßige Verfügung durch Testament aufheben. ²In den Fällen des § 2294 findet die Vorschrift des § 2336 Abs. 2 und 3 entsprechende Anwendung.

1 **1. Normzweck und Anwendungsbereich.** Nach dem Tod des Vertragspartners kann das weiterbestehende Rücktrittsrecht des Erblassers nur noch in der Form des Testaments ausgeübt werden. § 2296 scheidet aus. Dieser gilt jedoch bei mehreren Vertragschließenden, solange zumindest noch ein Vertragschließender lebt. In diesem Fall ist der Rücktritt gegenüber den Erben des Verstorbenen zu erklären. Auch wenn der Rücktrittsgrund erst nach dem Tod des Vertragspartners entstanden ist, erfolgt der Rücktritt wirksam durch testamentarische Verfügung (Bamberger/Roth/*Litzenburger* Rn. 1). Die Berechtigung des Rücktritts muss sich aus einem Vorbehalt nach § 2293 oder einem gesetzlichen Rücktrittsrecht nach §§ 2294, 2295 ergeben.

2 **2. Rücktritt durch Testament. a) Voraussetzungen. aa) Berechtigung.** Der Erblasser muss zzt. der Errichtung des Testaments gem. §§ 2293, 2295 oder 2295 zum Rücktritt **berechtigt** sein. Dabei kommt es auf den Zeitpunkt der Entstehung des Rücktrittsrechts, dh vor oder nach dem Tod des Vertragsgegners nicht an (Staudinger/*Kanzleiter* Rn. 4).

3 **bb) Tod des Vertragsgegners.** Weitere Voraussetzung ist, dass der Vertragsgegner nicht mehr lebt. Errichtet der Erblasser das Aufhebungstestament bereits zu Lebzeiten des Vertragsgegners ist dieses unwirksam und wird auch nicht durch dessen Tod wirksam. Der Erblasser kann lediglich nach § 2296 zurücktreten.

4 **b) Rechtsfolge.** Bei Vorliegen og Voraussetzungen ist der Erblasser zur Aufhebung seiner vertragsmäßigen Verfügung durch Errichtung eines Testaments berechtigt. Der Rücktritt muss nicht ausdrücklich erklärt werden, sondern kann sich zB auch aus der Errichtung neuer widersprechender Verfügungen ergeben oder aus der Wiederholung der im Erbvertrag enthaltenen Regelung in einem neuen Testament und die seinem Willen widersprechende nicht erwähnte Verfügung (OLG Köln NJW-RR 1992, 1418).

5 **c) Zu Lebzeiten errichtetes Aufhebungstestament.** Hat der Erblasser bereits zu Lebzeiten des Vertragsgegners ein Aufhebungstestament errichtet, erlangt es keine Wirksamkeit durch dessen Tod. Zu dieser Zeit kommt nur der Rücktritt gem. § 2296 in Betracht, so dass es sich in Zweifelsfällen hinsichtlich des Todes des Vertragsgegners empfiehlt, beide Aufhebungsarten vorzunehmen, also die Erklärung des Rücktritts und die Errichtung eines Aufhebungstestaments (Staudinger/*Kanzleiter* Rn. 6).

6 **3. Beseitigung des Rücktritts.** Der Rücktritt kann durch Widerruf des Erblassers beseitigt werden, wodurch die aufgehobene vertragsmäßige Verfügung wieder auflebt, vgl. §§ 2257, 2258 II iVm § 2279 I (Staudinger/*Kanzleiter* Rn. 9). Die nachträgliche Verzeihung hat keinen Einfluss auf die Wirksamkeit des Rücktritts, denn § 2337 S. 2 ist mangels Verweisung in § 2297 nicht anwendbar (Erman/*Schmidt* Rn. 2). In diesem Fall bleibt dem Erblasser die Möglichkeit des Widerrufs des Aufhebungstestaments oder der Errichtung einer neuen Verfügung von Todes wegen. Verzeiht der Erblasser dem Vertragspartner hingegen vor Erklärung des Rücktritts, ist der Rücktritt unzulässig.

7 **4. Rücktritt nach § 2294. a) Angabe des Rücktrittsgrunds.** Für den Rücktritt nach § 2294 wegen Verfehlung des Bedachten gelten die besonderen Vorschriften der §§ 2336 II–III über die Entziehung des Pflichtteils entsprechend. In diesem Fall ist der Erblasser nach dem Tod des Vertragsgegners verpflichtet, den Rücktrittsgrund im Aufhebungstestament anzugeben.

b) Unwirksamkeit. Zu berücksichtigen ist der Fall des § 2333 Nr. 5, § 2294, der den Rücktritt wegen ehrlosen und unsittlichen Lebenswandels des Bedachten erfasst. Tritt der Erblasser aus diesem Grund zurück, ist der Rücktritt unwirksam, **wenn der Bedachte diesen Lebenswandel zzt. des Erbfalles nicht mehr führt und dies von Dauer ist** (Staudinger/*Kanzleiter* Rn. 7). Der Rücktritt kann auch aus dem Grund, dass **der Erblasser dem Bedachten vor der Erklärung** des Rücktritts **verziehen** hat unwirksam sein, denn dies führt zum Erlöschen des Rechts zur Pflichtteilsentziehung und daraus folgend auch zum Erlöschen des Rücktrittsrechts, s. § 2337 S. 1, § 2294. Die nachträgliche Verzeihung ist indes ohne Belang, da § 2337 S. 2 in § 2297 nicht aufgeführt ist (Staudinger/*Kanzleiter* Rn. 7; RGRK/*Kregel* Rn. 2; MüKoBGB/*Musielak* Rn. 5; Palandt/*Weidlich* Rn. 2; Erman/*Schmidt* Rn. 2).

§ 2298 Gegenseitiger Erbvertrag

(1) **Sind in einem Erbvertrag von beiden Teilen vertragsmäßige Verfügungen getroffen, so hat die Nichtigkeit einer dieser Verfügungen die Unwirksamkeit des ganzen Vertrags zur Folge.**

(2) ¹**Ist in einem solchen Vertrag der Rücktritt vorbehalten, so wird durch den Rücktritt eines der Vertragschließenden der ganze Vertrag aufgehoben.** ²**Das Rücktrittsrecht erlischt mit dem Tode des anderen Vertragschließenden.** ³**Der Überlebende kann jedoch, wenn er das ihm durch den Vertrag Zugewendete ausschlägt, seine Verfügung durch Testament aufheben.**

(3) **Die Vorschriften des Absatzes 1 und des Absatzes 2 Sätze 1 und 2 finden keine Anwendung, wenn ein anderer Wille der Vertragschließenden anzunehmen ist.**

1. Normzweck. a) Allgemein. aa) Hintergrund. Sinn und Zweck eines zweiseitigen Erbvertrages ist es idR, dass die Vertragschließenden die Wirksamkeit des Erbvertrages davon abhängig machen wollen, dass sämtliche von ihnen getroffenen Verfügungen wirksam sind (Mot. V 345). Vor diesem Hintergrund erstreckt sich die Nichtigkeit einer der Verfügungen nach Abs. 1 auf den ganzen Vertrag insofern, dass dieser auch unwirksam wird. Abs. 3 berücksichtigt den entgegenstehenden Willen der Vertragschließenden. Gleiches soll bei einem vertraglich vorbehaltenen Rücktritt gelten.

bb) Das gemeinschaftliche Testament. Zunächst sollte ausschließlich der zweiseitige Erbvertrag mit Rücktrittsvorbehalt gelten und das gemeinschaftliche Testament ersetzen. Der Gesetzgeber entschied sich letztlich dennoch für die gesetzliche Einbeziehung des gemeinschaftlichen Testaments, das nur zwischen Eheleuten gilt (§ 2265; Staudinger/*Kanzleiter* Rn. 2). Hierdurch wird es möglich, einen unwirksamen zweiseitigen Erbvertrag von Eheleuten in ein gemeinschaftliches Testament nach Maßgabe des § 140 umzudeuten.

b) Begriff des zweiseitigen Erbvertrages. Der zweiseitige oder gemeinschaftliche Erbvertrag ist dadurch gekennzeichnet, dass jeder Vertragsteil eine oder mehrere vertragsmäßige Verfügungen von Todes wegen getroffen hat, die einen Dritten oder den Vertragsgegner begünstigen (Mot. V 344). Da auch ein Dritter begünstigt sein kann, muss es daher kein gegenseitiger Vertrag sein. Er stellt ein einheitliches Rechtsgeschäft dar (Staudinger/*Kanzleiter* Rn. 1).

c) Wechselbezüglichkeit. Die Vorschrift bezieht sich auf die in der Regel bestehende Wechselbezüglichkeit zwischen den beiderseitigen vertragsmäßigen Verfügungen der Parteien. Dies wird gem. Abs. 3 vermutet. Wechselbezüglichkeit bedeutet, dass die beiderseitigen Verfügungen derart vom Willen der Vertragspartner abhängen, dass sie miteinander „stehen und fallen" sollen (Staudinger/*Kanzleiter* Rn. 3). Demzufolge soll die Nichtigkeit einer einzigen vertragsmäßigen Verfügung zur Unwirksamkeit bzw. Aufhebung aller in dem Vertrag getroffener vertragsmäßiger Verfügungen führen, Abs. 1, Abs. 2 S. 1.

d) Auslegungsregeln. Die Vorschrift enthält nur Auslegungsregeln, Abs. 3. Dies muss auch für Abs. 2 S. 3 gelten, der in Abs. 3 versehentlich nicht erwähnt wird. Die Regeln sind ausschließlich auf die vertragsmäßigen Verfügungen anzuwenden, während sich die Folge der Nichtigkeit einer vertragsmäßigen Verfügung auf einseitige Verfügungen nach § 2085 iVm § 2279 richtet (Staudinger/*Kanzleiter* Rn. 4).

e) Abweichender Wille der Vertragschließenden. aa) Inhalt. Die Auslegungsregeln der Abs. 1 u. 2 finden keine Anwendung, wenn ein hiervon abweichender Wille der Vertragsteile vorliegt. Der für die Ermittlung des Parteiwillens maßgebliche Zeitpunkt ist der Vertragsschluss (BayObLG FamRZ 1994, 196; 1995, 1449). Aus dem Parteiwillen muss hervorgehen, inwieweit die beiderseitigen vertragsmäßigen Verfügungen wechselbezüglich und hinsichtlich der Wirksamkeit voneinander abhängig sind (Abs. 1, Abs. 2 S. 1). Überdies muss feststellbar sein, wann und ob das vorbehaltene Rücktrittsrecht beim Tod des Vertragsgegners erlöschen soll oder ob es bei der gesetzlichen Regelung bleibt, wonach das Erlöschen an das nicht ausgeübte Ausschlagungsrecht geknüpft ist (Abs. 2 S. 2, 3). Hervorzuheben ist, dass die Vertragsschließenden auch entgegen der gesetzlichen Regel die Vereinbarung treffen können, dass das Rücktrittsrecht selbst dann erlöschen soll, wenn der überlebende Erblasser von seinem Ausschlagungsrecht Gebrauch macht bzw. dass es trotz Ausschlagung wirksam sein soll (Staudinger/*Kanzleiter* Rn. 21). An die vorgeschriebene Form und Art der Ausübung des Rücktrittsrechts müssen die Vertragsschließenden jedoch festhalten und können etwa nicht einen anderen Erklärungsgegner bestimmen oder die in Abs. 2 S. 2 geregelte Testamentsform umgehen.

bb) Allgemeine Grundsätze. Zur Ermittlung des von den Auslegungsregeln abweichenden Willens der Vertragsschließenden können auch äußere Umstände, dh solche, die nicht den Erbvertrag betreffen, miteinbezogen werden (Palandt/*Weidlich* Rn. 5). Derjenige, der einen von den gesetzlichen Auslegungsregeln abweichenden Willen der Vertragsschließenden behauptet, hat die darauf beruhenden Umstände zu beweisen (BayObLG FamRZ 1994, 196).

8 2. **Unwirksamkeit einer vertragsmäßigen Verfügung. a) Nichtigkeit, Abs. 1. aa) Allgemein.** Die Rechtsfolgenerstreckung auf den Erbvertrag erfolgt nur für den Fall der Nichtigkeit einer vertragsmäßigen Verfügung im Erbvertrag. Es genügt, wenn nur eine vertragsmäßige Verfügung nichtig ist, damit sich diese Rechtsfolge auf alle übrigen Verfügungen erstreckt, wobei uU ein hiervon abweichender Parteiwille zu berücksichtigen ist, Abs. 3. Die Folgen der Unwirksamkeit einer einzelnen vertragsmäßigen Verfügung für einseitige Verfügungen im Erbvertrag richten sich nach § 2085 (Palandt/*Weidlich* Rn. 2). Ist der gesamte Erbvertrag unwirksam, sind davon auch die darin enthaltenen einseitigen Verfügungen betroffen, die aber in ein Testament umgedeutet werden können. Die Nichtigkeit einer einseitigen Verfügung berührt die vertragsmäßigen Verfügungen indes nicht (MüKoBGB/*Musielak* Rn. 2).

9 **bb) Anwendung des § 2085.** Bei Teilnichtigkeit einer vertragsmäßigen Verfügung ist für die Frage, ob sich dies auf die ganze Verfügung auswirkt, die Auslegungsregel des § 2085 heranzuziehen (MüKoBGB/*Musielak* Rn. 3; Soergel/*Wolf* Rn. 3; Staudinger/*Kanzleiter* Rn. 7; aA Erman/*Schmidt* Rn. 2). Dies gilt auch, wenn eine vertragsmäßige Verfügung nachträglich aufgrund des vorzeitigen Todes des Bedachten (§ 1923 I, § 2160), Ausschlagung (§§ 1941 ff., 2180), Erb- oder Vermächtnisunwürdigkeit (§§ 2339 ff.) oder Erbverzicht (§ 2352) gegenstandslos wird (BayObLG FamRZ 2004, 59; *Wendt* ErbR 2015, 408; aA wohl OLG Oldenburg, Beschl. v. 25.11.2013 – 12 W 289/13 (NL), BeckRS 2013, 21779). Bsp.: Die bedachten gemeinsamen Kinder sind vor dem Erbfall noch nicht geboren oder erzeugt (BayObLG FamRZ 2004, 59); Scheidung der Ehe zwischen Erblasser und Bedachtem.

10 **cc) Weitere Nichtigkeitsgründe. (1) Nichtige vertragsgemäße Verfügung.** Auch eine erfolgreich angefochtene als von Anfang an nichtig anzusehende vertragsmäßige Verfügung, fällt in den Anwendungsbereich des Abs. 1 (Prot. V 419).

11 **(2) Beschränkte Geschäftsfähigkeit.** Unter Abs. 1 fällt überdies die Nichtigkeit der vertragsmäßigen Verfügung eines Erblassers, der bei Abschluss des Erbvertrages beschränkt geschäftsfähig war (BayObLG ZEV 1995, 413).

12 **(3) Widerspruch mit früherem Erbvertrag.** Abs. 1 erfasst auch den Fall, dass eine vertragsmäßige Verfügung ursprünglich unwirksam ist, weil sie einem früheren Erbvertrag gem. § 2289 I 2 widerspricht.

13 **dd) Wirkung.** Die Nichtigkeit führt zwar nach dem Wortlaut zur Unwirksamkeit des „ganzen" Vertrages. Da einseitige Verfügungen mangels Bindungswirkung jedoch nicht wechselbezüglich sein können, bezieht sich der ungenaue Wortlaut nur auf die beiderseitigen vertragsmäßigen Verfügungen (Staudinger/*Kanzleiter* Rn. 10).

14 **b) Rücktritt, Abs. 2 S. 1. aa) Ausübung.** Auch die Ausübung des vorbehaltenen Rücktrittsrechts (§ 2293) erstreckt sich in ihrer Wirkung auf den gesamten Erbvertrag mit sämtlichen darin enthaltenen vertragsmäßigen Verfügungen. § 2299 III enthält eine vergleichbare Regelung für einseitige Verfügungen. Für einen Rücktritt nach §§ 2294, 2295 gilt vorliegende Vorschrift nicht, sondern die Auslegungsregel des § 2085 (Lange/*Kuchinke* ErbR § 25 Kap. III Rn. 1b; Staudinger/*Kanzleiter* Rn. 12). Ist der Rücktrittsvorbehalt lediglich auf einzelne vertragsmäßige Anordnungen des Erblassers beschränkt, wird davon auszugehen sein, dass die Vertragschließenden die übrigen vertragsmäßigen Verfügungen gerade nicht in Verbindung mit dem Bestand der Anordnung stehen sollten. Abs. 2 S. 1 ist nicht somit nicht anwendbar.

15 **bb) Erlöschen durch Tod des Vertragsgegners.** Mit dem Tod des Vertragsgegners **erlischt das vorbehaltene Rücktrittsrecht** (nicht das gesetzliche nach §§ 2294, 2295), um zu verhindern, dass der Rücktritt sonst die vertragsmäßigen Verfügungen des verstorbenen Vertragsgegners rückwirkend beseitigen und das Recht der Bedachten beeinträchtigen würde. Das Anfechtungsrecht des rücktrittsberechtigten Erblassers bleibt nach dem Tod des Vertragsgegners bestehen, § 2281 II.

16 **c) Ausschlagung, Abs. 2 S. 3. aa) Voraussetzungen.** Schlägt der überlebende Vertragschließende das ihm erbvertraglich Zugewendete aus, besteht auch nach dem Tode des anderen Vertragschließenden die Möglichkeit, seine Verfügung testamentarisch aufzuheben (§ 2297). Das Rücktrittsrecht bleibt ihm über den Tod des Vertragsgegners hinaus erhalten. Gegenstand der Ausschlagung muss **die gesamte vertragsmäßig erfolgte Zuwendung** sein, nicht aber Zuwendungen in einseitigen Verfügungen (s. § 2299; MüKoBGB/*Musielak* Rn. 6). Hiervon sind Zuwendungen in einseitigen Verfügungen ausgenommen, § 2299 (MüKoBGB/*Musielak* Rn. 6). Die Vorschrift ist ausgeschlossen, wenn der überlebende Vertragschließende keine Zuwendung erhalten hat. Das Ausschlagungsrecht steht dem Dritten nicht zu.

17 **bb) Nur Dritte als Bedachte im Erbvertrag.** Die Möglichkeit der Ausschlagung entfällt, wenn der verstorbene Erblasser im Erbvertrag nur Dritte bedacht hat, denn der überlebende Erblasser hat keine Zuwendung erhalten, die er ausschlagen kann. Somit erlischt in diesem Fall das Rücktrittsrecht mit dem Tode des Vertragsgegners, es sei denn aus dem Willen der Parteien ergibt sich etwas anderes (Staudinger/*Kanzleiter* Rn. 17).

18 **cc) Aufhebung durch Testament.** Macht der überlebende Erblasser von seinem Ausschlagungsrecht Gebrauch, kann er seine vertragsmäßigen Verfügungen durch Testament aufheben, etwa durch Widerrufstestament nach § 2254 oder ein widersprechendes Testament nach § 2258. Auch das Aufhebungstestament ist iSd §§ 2253 ff. mit der Folge widerruflich, dass die eigenen vertragsmäßigen Verfügungen wiederaufleben. Der überlebende Erblasser kann bereits vor der Ausschlagung ein Aufhebungstestament unter der Bedingung errichten, dass er sein Rücktrittsrecht zum richtigen Zeitpunkt ausschlägt (Staudinger/*Kanzleiter* Rn. 20).

dd) Abs. 3. Obwohl Abs. 2 S. 3 in Abs. 3 keine Erwähnung findet, ist diese Regel auch für den Fall der Ausschlagung heranzuziehen. Die Nichterwähnung beruht nämlich auf einem Redaktionsversehen (Planck/*Greiff* Anm. 4). Da die Abs. 1 u. 2 insgesamt Auslegungsregeln darstellen, muss Abs. 3 aufgrund dessen auch auf Abs. 2 S. 3 anwendbar sein (MüKoBGB/*Musielak* Rn. 7; Erman/*Schmidt* Rn. 1).

d) Abweichender Erblasserwille, Abs. 3. Hieraus geht hervor, dass es sich bei Abs. 1 u. 2 um Auslegungsregeln handelt, die nur bei entsprechendem Willen der Vertragschließenden gelten (BayObLG ZEV 1995, 413; OLG Hamm ZEV 1994, 367; OLG München NJW-RR 2006, 82). Hierfür sind die allgemeinen Grundsätze der Auslegung heranzuziehen. Derjenige, der sich auf seinen abweichenden Willen beruft, muss die entsprechenden Tatsachen vortragen und ggf. beweisen (BayObLG ZEV 1995, 413).

§ 2299 Einseitige Verfügungen

(1) Jeder der Vertragschließenden kann in dem Erbvertrag einseitig jede Verfügung treffen, die durch Testament getroffen werden kann.

(2) ¹Für eine Verfügung dieser Art gilt das Gleiche, wie wenn sie durch Testament getroffen worden wäre. ²Die Verfügung kann auch in einem Vertrag aufgehoben werden, durch den eine vertragsmäßige Verfügung aufgehoben wird.

(3) Wird der Erbvertrag durch Ausübung des Rücktrittsrechts oder durch Vertrag aufgehoben, so tritt die Verfügung außer Kraft, sofern nicht ein anderer Wille des Erblassers anzunehmen ist.

1. Normzweck. Die Vorschrift dient der **Klarstellung,** dass **auch einseitige Verfügungen im Erbvertrag** getroffen werden können und stellt die Anforderungen an den Inhalt eines Erbvertrags auf. Einseitige Verfügungen sind solche, die dem Testamentsrecht naheliegen und deshalb nach dessen Vorschriften zu behandeln sind, § 2299 II 1. Abs. 2 S. 2 bezieht die Möglichkeit mit ein, einseitige Verfügungen auch im Wege eines Aufhebungsvertrages nach § 2290 aufheben zu können, obwohl sonst das Testamentsrecht gilt. Abs. 3 stellt eine Auslegungsregel dar, die den Erblasserwillen dahingehend hervorhebt, dass die Aufhebung des Erbvertrags die Unwirksamkeit auch der im Erbvertrag enthaltenen einseitigen Verfügungen bewirken soll (Prot. V 417).

2. Einseitige Verfügungen im Erbvertrag. a) Abgrenzung zu vertragsmäßigen Verfügungen. Wenn nicht gerade der Wortlaut des Erbvertrages eindeutig ist, wird die Abgrenzung einseitiger und vertragsmäßiger Verfügungen erforderlich, da vertragsmäßige Verfügungen nicht bereits durch die Aufnahme in einen Erbvertrag zu solchen werden. Diese Frage hängt vielmehr vom **entsprechenden Willen der Vertragschließenden** ab, der ggf. durch Auslegung zu ermitteln ist. Der Erbvertrag, der die einseitigen Verfügungen beinhaltet, muss wirksam sein. Hierfür muss zumindest eine vertragsmäßige Verfügung getroffen sein. Die Nichtigkeit des Erbvertrags führt auch zur Nichtigkeit der darin enthaltenen einseitigen Verfügungen, welche jedoch in ein Testament bzw. gemeinschaftliches Testament bei miteinander verheirateten Vertragschließenden umgedeutet werden können. Unwirksame vertragsmäßige Verfügungen haben jedoch nicht die Unwirksamkeit der einseitigen Verfügungen zur Folge (Staudinger/*Kanzleiter* Rn. 2).

b) Beispiele. Folgende Verfügungen sind als einseitige anzusehen: einseitige Erbeinsetzungen, Vermächtnisse oder Auflagen; Ausschluss von der gesetzlichen Erbfolge nach § 1939; Pflichtteilsentziehung nach § 2336; der Widerruf und die Aufhebung einer letztwilligen Verfügung nach §§ 2254, 2258; die Anordnung der Testamentsvollstreckung nach §§ 2197ff. (vgl. auch allgemein hierzu OLG München DNotZ 2006, 132). Die einseitigen Verfügungen gehören nur äußerlich zum Erbvertrag, ohne sich auf die Rechtsnatur des Erbvertrages zu beziehen. Sie haben jedoch nicht weniger Bedeutung als die vertragsmäßigen Verfügungen.

c) Wirksamkeit. Die Wirksamkeit der einseitigen Verfügungen als Teil des Erbvertrages von der Wirksamkeit des Erbvertrages abhängig. Der Erbvertrag muss also mindestens eine wirksame vertragsmäßige Verfügung enthalten und der nach § 2276 I oder II vorgeschriebenen Form entsprechen. Bei Unwirksamkeit des Erbvertrages können die darin enthaltenen einseitigen Verfügungen unter den Voraussetzungen der Umdeutung nach § 140 als einseitiges oder gemeinschaftliches Testament aufrechterhalten werden.

3. Anwendung des Testamentsrechts. Abs. 2 S. 1 verweist hinsichtlich einseitiger Verfügungen auf die Vorschriften des Testaments, denn deren Aufnahme in einen Erbvertrag lässt ihre testamentarische Rechtsnatur unberührt. Der verfügende Vertragsteil muss daher testierfähig sein, § 2229. Weiter gilt § 2064, wonach der Erblasser sowie der bloß annehmende Teil die einseitigen Verfügungen persönlich errichten müssen. Bei der Errichtung des Erbvertrages bezieht sich die Wahrung der Höchstpersönlichkeit nur auf den Erblasser, § 2274.

4. Aufhebung. Der Widerruf einer einseitigen Verfügung im Erbvertrag wird wie beim Testament nach §§ 2253, 2254, 2258 vorgenommen. Geschieht dies gemeinsam mit mindestens einer vertragsmäßigen Verfügung ist ein Vertrag nach § 2290 erforderlich. Die einseitige Verfügung wird nach Abs. 3 unwirksam.

7   5. **Rücktritt, Abs. 3.** Die einseitigen erbvertraglichen Verfügungen werden bei Vorliegen des entsprechenden Erblasserwillens in folgenden Fällen unwirksam: Rücktritt des Erblassers vom gesamten Erbvertrag; Aufhebung aller vertragsmäßigen Verfügungen durch Vertrag nach § 2290 ohne Erwähnung seiner einseitigen erbvertraglichen Verfügungen (dann gilt nämlich § 2299 II 2); Aufhebung der vertragsmäßigen Verfügung durch gemeinschaftliches Testament nach § 2292. Bei abweichendem Erblasserwillen trägt im Streitfall der sich darauf Berufende die Feststellungslast. Bei Aufhebung einer einzelnen vertragsmäßigen Verfügung im Erbvertrag ist die Wirksamkeitsfrage hinsichtlich der einseitigen Verfügung anhand des § 2085 zu beurteilen (MüKoBGB/*Musielak* Rn. 6).

§ 2300 Anwendung der §§ 2259 und 2263; Rücknahme aus der amtlichen oder notariellen Verwahrung

(1) Die §§ 2259 und 2263 sind auf den Erbvertrag entsprechend anzuwenden.

(2) ¹Ein Erbvertrag, der nur Verfügungen von Todes wegen enthält, kann aus der amtlichen oder notariellen Verwahrung zurückgenommen und den Vertragsschließenden zurückgegeben werden. ²Die Rückgabe kann nur an alle Vertragsschließenden gemeinschaftlich erfolgen; die Vorschrift des § 2290 Abs. 1 Satz 2, Abs. 2 und 3 findet Anwendung. ³Wird ein Erbvertrag nach den Sätzen 1 und 2 zurückgenommen, gilt § 2256 Abs. 1 entsprechend.

1   **1. Normzweck.** Aus §§ 346 FamFG und § 34 BeurkG ergibt sich, dass Erbverträge idR in besondere amtliche Verwahrung zu nehmen sind. Abs. 1 enthält **seit Inkrafttreten des neuen FamFG (BGBl. I S. 2586) am 1.9.2009** nicht mehr die Verweisung auf die § 2258a, b, §§ 2260–2262, die nunmehr weggefallen sind. An ihre Stelle tritt das FamFG mit seinen entsprechenden Vorschriften. Das neue FamFG hat ua eine **wesentliche Änderung zum bisherigen Recht auch für die Nachlass- und Teilungssachen** herbeigeführt. Die bisherigen Vorschriften des FGG und og Vorschriften des BGB werden nunmehr an die Systematik des FamFG angepasst. Abs. 1 enthält seit Inkrafttreten des FamFG, nur noch die Verweisung auf §§ 2259 u. 2263. Für die Zuständigkeit und das Verfahren gelten §§ 344 u. 346 FamFG. Bei Ausschluss der amtlichen Verwahrung trifft den Notar die Verwahrungspflicht hinsichtlich des Erbvertrags (Vermutung nach § 34 II Hs. 2 BeurkG. Mit der an die amtliche Verwahrung geknüpften Voraussetzungen (s. unten) erlangen Erbverträge erst Wirkung und die Kenntnisnahme der Beteiligten ermöglicht (MüKoBGB/*Musielak* Rn. 1). Mit Abs. 2 sollte dem Erblasser in einem Erbvertrag, ebenso wie bei einem gemeinschaftlichen Testament, ermöglicht werden, seine letztwilligen Verfügungen aus der amtlichen Verwahrung zurückzunehmen und anschließend die Urkunde zu vernichten. Dadurch wird dem uU bestehenden Interesse des Erblassers Rechnung getragen, die Kenntnisnahme der Erben vom Inhalt des Erbvertrags zu verhindern. § 347 FamFG und § 34a BeurkG regeln die Meldung der Verwahrangaben an das Zentrale Testamentsregister.

2   **2. Anwendungsbereich. a) Ablieferungspflicht von Erbverträgen.** Aufgabe des Notars ist es, die besondere amtliche Verwahrung des Erbvertrags zu veranlassen, § 34 II iVm Abs. 1 S. 4 BeurkG. Daraus ergibt sich seine **Verpflichtung zur unverzüglichen Ablieferung an das Nachlassgericht** gem. § 2300 I iVm § 2259, wenn der Erbvertrag in seinem Besitz ist und ihm der Tod des Erblassers bekannt geworden ist. Hierfür ist unerheblich, ob der Erbvertrag Bestand hat (MüKoBGB/*Musielak* Rn. 2). Die Verpflichtung erstreckt sich überdies auch auf andere Personen, die im Besitz des Erbvertrags sind (*Kipp/Coing* ErbR § 123 Kap. II Rn. 1).

3   **b) Eröffnung.** Der Erbvertrag wird gem. §§ 348, 350, 348 III 1 FamFG, § 2263 eröffnet. Hiernach ist für die Eröffnung jeden Erbvertrags, auch ein aufgehobener (BayObLG NJW-RR 1990, 135), das Nachlassgericht bzw. in Form von § 350 FamFG ein anderes Gericht zuständig. Es gilt § 349 FamFG, dessen Abs. 4 ausdrücklich auf die Anwendbarkeit der Vorschrift auf Erbverträge hinweist. Dabei kann es sich auch um einseitige Erbverträge handeln, denn auch sie bedürfen der Verkündung. Zu beachten ist, dass beim Tod eines Vertragschließenden über die Verfügungen des überlebenden Vertragsteils Stillschweigen zu bewahren ist, es sei denn sie sind untrennbar miteinander verbunden (OLG Zweibrücken ZEV 2003, 82). Für den Fall, dass **der Erbvertrag bereits vor der Eröffnung unter amtlicher Verwahrung stand**, ist **die Anfertigung einer beglaubigten Abschrift der Verfügungen des verstorbenen Vertragsteils erforderlich und anschließend wieder amtlich zu verwahren.** Es bedarf einer erneuten Eröffnung und Verkündung des Erbvertrags, wenn der überlebende Vertragspartner stirbt und von diesem erbvertragliche Verfügungen vorliegen (Palandt/*Weidlich* Rn. 5). Wurde der Erbvertrag indes eröffnet, ohne vorher amtlich verwahrt worden zu sein, ist die Rückgabe an den Notar ausgeschlossen. Er verbleibt vielmehr in der amtlichen Verwahrung. Die nachträgliche besondere amtliche Verwahrung auf Veranlassung des überlebenden Vertragsteils ist zulässig (Palandt/*Weidlich* Rn. 5).

4   **c) Rücknahme aus der Verwahrung, Abs. 2.** Erbverträge, die nur Verfügungen von Todes wegen enthalten, können nach Abs. 2 aus der amtlichen oder notariellen Verwahrung zurückgenommen und den Vertragsschließenden zurückgegeben werden (vgl. hierzu *Keim* ZEV 2003, 55). Eine Rücknahme ist hingegen ausgeschlossen, wenn der Vertrag noch weitere Rechtsgeschäfte unter Lebenden enthält (Palandt/*Weidlich* Rn. 3). Als Verfügung von Todes wegen ist auch eine für den Fall des erbrechtlichen Rechtserwerbs getroffene Anordnung nach § 1638 I BGB zu fassen (OLG Hamm NJW 2015, 1187). Sobald die Rückgabe erfolgt, gilt der Erbvertrag als aufgehoben, § 2300 iVm § 2256 I. Deshalb müssen alle Vertragsschließenden ihr Rückgabeverlangen äußern, auch wenn in Abs. 2 S. 2 nur von der Rückgabe

an die Vertragschließenden gemeinschaftlich die Rede ist (MüKoBGB/*Musielak* Rn. 7). **Nach dem Tod eines der Vertragschließenden** ist **die Rückgabe ausgeschlossen,** Abs. 2 S. 2 Hs. 2 iVm § 2290 I 2. Aufgrund der weiteren Verweisung müssen folgende Anforderungen erfüllt sein: Das höchstpersönliche Rückgabeverlangen des Erblassers; Erfordernis der gerichtliche Genehmigung für das Rückgabeverlangen nach Abs. 3.

§ 2300a *(aufgehoben)*

§ 2301 Schenkungsversprechen von Todes wegen

(1) ¹**Auf ein Schenkungsversprechen, welches unter der Bedingung erteilt wird, dass der Beschenkte den Schenker überlebt, finden die Vorschriften über Verfügungen von Todes wegen Anwendung.** ²Das Gleiche gilt für ein schenkweise unter dieser Bedingung erteiltes Schuldversprechen oder Schuldanerkenntnis der in den §§ 780, 781 bezeichneten Art.

(2) **Vollzieht der Schenker die Schenkung durch Leistung des zugewendeten Gegenstands, so finden die Vorschriften über Schenkungen unter Lebenden Anwendung.**

1. Normzweck. a) Gefährdung der Rechtsstellung der Nachlassbeteiligten. Insbes. die Schenkung **1** von Todes wegen durch den Erblasser kann den Erben, Vermächtnisnehmer, Pflichtteilsberechtigten und sonstiger am Nachlass Beteiligter in ihrer Position benachteiligen. Der Erblasser kann nämlich durch eine solche Verfügung unter Lebenden, die erst mit seinem Tod wirksam wird und einer Verfügung von Todes wegen gleicht, die Formvorschriften und die Vorschriften über die Beschränkung der Testierfreiheit, die eigentlich für Verfügungen von Todes wegen einzuhalten sind, umgehen. Demgegenüber steht das in bestimmten Fällen legitime Interesse des Erblassers an der Freiheit, über sein Vermögen für den Fall seines Todes im Wege eines lebzeitigen Rechtsgeschäfts verfügen zu können. Deshalb hat der Gesetzgeber in § 2301 I die Frage, wann eine Schenkung von Todes wegen einer Verfügung von Todes wegen gleichgestellt wird, durch das maßgebliche Kriterium der Überlebensbedingung gelöst. Die Anwendung der Schenkung unter Lebenden hat er an das Kriterium des Vollzugs der Schenkung geknüpft, § 2301 II. Die Unterscheidungen zwischen Schenkungen unter der Überlebensbedingung und bedingten oder anders bedingten Schenkungen sowie zwischen vollzogenen und nicht vollzogenen Schenkungen gestaltet sich in der Praxis jedoch als schwierig (*Kipp/Coing* ErbR § 81 Kap. II Rn. 2c).

b) Kriterien für die Gleichstellung der Schenkung von Todes wegen mit der Schenkung unter Lebenden. 2 Die Vorschrift regelt die Frage, inwieweit die Schenkung von Todes wegen einer Verfügung von Todes wegen gleichgestellt ist und sie als echtes Rechtsgeschäft unter Lebenden in Form der Schenkung anzuerkennen ist. Zur Klärung dieser Frage hat der Gesetzgeber folgenden Kriterien aufgestellt: **Für die Anwendung der Vorschriften über Verfügungen von Todes wegen** muss **die Schenkung unter der Bedingung** stehen, **dass der Beschenkte den Schenker überlebt,** Abs. 1. **Die Vorschriften über Schenkungen unter Lebenden** (§§ 516 ff.) sind nur anwendbar, **wenn der Schenker die Schenkung** durch Leistung des zugewendeten Gegenstands **vollzogen** hat. Die Schenkung von Todes wegen ist vom Gesetzgeber indes nicht mehr vorgesehen (Mot. V 350). Die beiden Verfügungsarten unterscheiden sich vor allen Dingen in den Formvorschriften. Die strengen Formvorschriften für Verfügungen von Todes wegen (§§ 2231 ff., 2247, 2276) bzw. für erbrechtliche Bindung an wechselbezügliche oder vertragsmäßige Verfügungen (§§ 2271 II 2, 2289 I 2) in einem gemeinschaftlichen Testament oder Erbvertrag dürfen nicht durch das Ausweichen auf eine lebzeitige Schenkung auf den Todesfall umgangen werden. Aufgrund der Abgrenzungsschwierigkeiten zwischen unzulässiger Umgehung der erbrechtlichen Vorschriften und dem echten Interesse an einer lebzeitigen Schenkung. Deshalb ist eine für Abs. 1 ausdehnende und für Abs. 2 einschränkende Auslegung abzulehnen (BGH BWNotZ 1964, 331; Palandt/*Weidlich* Rn. 2). Der Vollzug eines echten Vertrages zu Gunsten Dritter auf den Todesfall gem. §§ 328, 331 ist formfrei und findet von selbst statt, so dass diese Verträge von § 2301 nicht erfasst sind. Hierdurch verliert die Vorschrift des § 2301 an praktischer Bedeutung.

c) Abschaffung der Schenkung von Todes wegen als besondere Rechtseinrichtung. Die Schenkung **3** von Todes wegen als besondere Rechtseinrichtung existiert nicht mehr (Mot. V 350). Das BGB sieht nur die Schenkung, die an die Bedingung des Überlebens des Beschenkten geknüpft ist vor, die gem. Abs. 1 als Verfügung von Todes wegen anzusehen ist, wenn der Schenker die Schenkung nicht zu seinen Lebzeiten vollzieht und für diesen Fall eine Schenkung iSd §§ 516 vorliegt, Abs. 2.

aa) Die vollzogene Schenkung. Trifft Abs. 2 zu, wonach wegen Vollzugs der Schenkung die Vor- **4** schriften der Schenkung unter Lebenden anwendbar sind, bedarf es daher grds. keiner besonderen Form, wenn nicht gerade ein Grundstück verschenkt wird. Die Formfreiheit gilt unabhängig davon, ob die **Schenkung ohne vorheriges Versprechen sofort vollzogen** wird, zB bei der Handschenkung oder ob sie versprochen und später vollzogen wird, § 518 II.

bb) Das nicht vollzogene Schenkungsversprechen. Liegt jedoch ausschließlich ein Schenkungsver- **5** sprechen vor, ohne dass dieses vollzogen wird, sind die Vorschriften über den Erbvertrag gem. §§ 2274 ff. anwendbar, da das Versprechen vertraglicher Natur ist (§ 518 I; OLG Hamm FamRZ 1989, 673; *Kipp/Coing* ErbR § 81 Kap. II Rn. 1; RGRK/*Kregel* Anm. 7; Mot. V 350 ff.; Prot. V 460 f.). Dies bedeutet, dass das Schenkungsversprechen in diesem Fall der Form des Erbvertrages bedarf (OLG München

FamRZ 2011, 1757). Ist das Versprechen über ein Grundstück nach dem Tod des Erblassers durch Auflassung und Eintragung in das Grundbuch vollzogen worden, ist der Formmangel zwar gem. § 311b I 2 geheilt; dies genügt jedoch nicht den Anforderungen des §§ 2301 I, 2276 an die erbvertragliche Form (Staudinger/*Otte* Rn. 4). Die Schenkung kann nach den erbvertraglichen Regeln des Rücktritts gem. §§ 2293 ff. rückgängig gemacht werden. Die Anwendung der §§ 530 ff. für den Widerruf der Schenkung ist hingegen ausgeschlossen. IÜ kommt die Auflösung des Schenkungsversprechens durch Anfechtung oder Aufhebung gem. §§ 2281, 2078, 2079, 2290 in Betracht.

6   **2. Schenkungsversprechen von Todes wegen, Abs. 1. a) Begriff. aa) Voraussetzungen.** Unter dem Begriff des Schenkungsversprechens versteht die hM sowohl **das Angebot zum Abschluss eines Schenkungsvertrages** iSv § 518 I als auch die Annahme dieser Erklärung durch den Versprechensempfänger, so dass es sich dabei also um eine vertragliche Vereinbarung handeln muss (OLG Hamm FamRZ 1989, 669; Staudinger/*Kanzleiter* Rn. 5; Palandt/*Weidlich* Rn. 5; *Kipp/Coing* ErbR § 81 Kap. III Rn. 1a; aA Schenkungsversprechen als ein einseitiges, empfangsbedürftiges Angebot des Schenkers s. Bamberger/ Roth/*Litzenburger* Rn. 3; Erman/*Schmidt* Rn. 3). IdR gelangt die hM jedoch zu dem gleichen Ergebnis wie die Gegenansicht, da sie das nicht angenommene Angebot des Schenkers dennoch als letztwillige Verfügung ansieht. Sie stützt sich dabei darauf, dass „schenken" und „vermachen" in dem gleichen Sinn verwendet werden können oder auf die Möglichkeit der Umdeutung des Angebots in ein Testament (MüKoBGB/*Musielak* Rn. 5). § 2301 ist **mangels Vorliegens eines Schenkungsversprechens auf folgende Fälle nicht anwendbar:** die Handschenkung, dh eine sofort vollzogene Schenkung (MüKoBGB/ *Musielak;* Staudinger/*Kanzleiter* Rn. 6); bei gemischten Schenkungen, wenn der Schenkungscharakter überwiegt (Soergel/*Wolf* Rn. 4; MüKoBGB/*Musielak* Rn. 7); eine gesellschaftsvertragliche Nachfolgeregelung ohne Abfindungsverpflichtung der Gesellschafter gegenüber den Erben (BGH DNotZ 1966, 620); die Errichtung eines Kontos auf fremden Namen (BGHZ 46, 198); die formlose Einräumung eines Wohnrechts (BGH NJW 1985, 1553). Ein Zuwendungsversprechen an die langjährige Lebensgefährtin wird hingegen als Schenkungsversprechen angesehen (OLG Düsseldorf OLGZ 1978, 324). Das selbständige Schuldversprechen oder Schuldanerkenntnis gem. §§ 780, 781 stellt Abs. 1 S. 2 einem gleichartigen Schenkungsversprechen ausdrücklich gleich.

7   **bb) Abgrenzungsfälle.** Entgeltliche Rechtsgeschäfte auf den Todesfall werden von § 2301 nicht erfasst (BGHZ 8, 23). Eine sofort vollzogene Schenkung ohne vorangegangenes Schenkungsversprechen, die sog. **Handschenkung,** ist allenfalls entsprechend anwendbar, wenn sie bereits eingeleitet war, wie es ähnlich der Fall ist bei einem Schenkungsversprechen, das nach dem Tod des Erblassers aufgrund des § 130 II noch wirksam zustande kommt (Staudinger/*Otte* Rn. 5). Aufgrund der vertraglichen Natur des Schenkungsversprechens kann nur Schenkungen zum Anwendungsbereich des § 2301, die mit Verbindlichkeit, dh mit rechtsgeschäftlichem Willen, der Sache zuzuwenden, vorgenommen werden.

8   **cc) Einseitiges Schenkungsversprechens.** Wie bereits erwähnt, ist das die Annahme voraussetzende **Schenkungsversprechen als Vertrag anzusehen.** Der Gesetzgeber sieht in einer einseitig erklärten Form der letztwilligen Verfügung, die eine Schenkung bestimmter Gegenstände oder das gesamte Vermögen für den Fall des Todes des Verfügenden an einen anderen beinhaltet, eine letztwillige Verfügung (Mot. V 351). Insofern soll dann ein Testament vorliegen. Setzte der Verfügende die Annahme des Geschenkes durch den Beschenkten voraus, ist die einseitige Erklärung des Schenkers nach dem Gesetzgeber im Sinne einer letztwilligen Verfügung zu deuten, wenn der Beschenkte das Schenkungsversprechen nicht angenommen hat. Dies kann aber nur gelten, wenn der Verfügende den Beschenkten auch ohne Annahme für den Fall seines Todes bedenken wollte (Staudinger/*Otte* Rn. 9).

9   **b) Bedingung des Überlebens. aa) Allgemein.** Das Schenkungsversprechen muss **unter der Bedingung** erteilt werden, **dass der Beschenkte den Schenker überlebt.** Die Bedingung muss nicht ausdrücklich erklärt werden, sondern kann auch aus den Umständen, dem Sinn der Schenkung oder der Interessenlage konkludent hervorgehen (BGH NJW 1987, 840). Es ist dabei zwischen der unbedingten Schenkung, deren Erfüllung auf den Todesfall hinausgeschoben ist und der durch das Überleben des Beschenkten bedingten Schenkung zu unterscheiden. Bei der unbedingten Schenkung geht der Anspruch auf die Erben des Beschenkten über, wenn dieser vorzeitig verstirbt. Demgegenüber ist die bedingte Schenkung bei vorzeitigem Tod des Beschenkten wirkungslos. Die Unterscheidung macht für den Schenker indes keinen Sinn mehr, wenn er mit seinem baldigen eigenen Tod rechnet. In diesem Fall hält der BGH im Zweifel die unbedingte Schenkung mit Hinweis darauf, dass der Erblasserwille dennoch auf eine Schenkung von Todes wegen gerichtet sein könne, für gültig und wendet § 2084 an (BGH NJW 1988, 2731).

10   **bb) Aufschiebende Bedingung.** Die Überlebensbedingung stellt **idR eine aufschiebende Bedingung** dar, kann aber auch auflösend bedingt sein (hM, ua Staudinger/*Kanzleiter* Rn. 10b; Soergel/*Wolf* Rn. 2; aA MüKoBGB/*Musielak* Rn. 9). Die Schenkung unter der Bedingung, dass der Schenker den Beschenkten nicht überlebt oder gleichzeitig verstirbt, wird von § 2301 nicht erfasst, da für den erbrechtlichen Charakter der Schenkung an das Überleben des Bedachten angeknüpft werden muss (*Lange/Kuchinke* ErbR § 33 Kap. I 2 Rn. 17; Palandt/*Weidlich* Rn. 4; aA hinsichtlich der Bedingung des Nichtüberlebens des Schenkers s. Staudinger/*Kanzleiter* Rn. 11).

11   **cc) Die Schenkung unter der Bedingung, dass der Schenker den Beschenkten nicht überlebt.** Diesen Fall ist vom Anwendungsbereich des § 2301 ausgenommen, da der Schenkung der erbrechtliche Bezug fehlt, wenn das Überleben des Bedachten nicht als Bedingung festgelegt ist (Palandt/*Weidlich* Rn. 4;

Soergel/*Wolf* Rn. 3; MüKoBGB/*Musielak* Rn. 11). Die Auslegung wird indes häufig darauf hinauslaufen, dass die Bedingung des Überlebens des Beschenkten gelten soll. Eine Analogie des § 2301 I scheidet dennoch aus, da das Gesetz eine lückenlose Abgrenzung vorsieht (Staudinger/*Kanzleiter* Rn. 13).

dd) Die Schenkung in Erwartung des baldigen Todes des Schenkers. Eine solche Schenkung, die der Schenker vornimmt, ohne die Bedingung des Überlebens des Beschenkten damit zu verbinden, wird von § 2301 nicht erfasst. Auch der Hinweis des Schenkers auf seinen baldigen Tod stellt keine Bedingung iSd Vorschrift dar (MüKoBGB/*Musielak* Rn. 11; Erman/*Schmidt* Rn. 5; *Schreiber* Jura 1995, 159). 12

ee) Hinausschieben der Erfüllung. Bei einem unbedingten Schenkungsversprechen, dessen Erfüllung und Fälligkeit bis zum Tod des Schenkers hinausgeschoben ist, findet § 2301 keine Anwendung (BGH DNotZ 1987, 371). Es sind die Vorschriften über Schenkungen unter Lebenden anwendbar. Derartige Schenkungen unterscheiden sich wesentlich von Verfügungen von Todes wegen, da sie bereits zu Lebzeiten des Schenkers Rechte und Pflichten begründen. Bei Vereitelung der Erfüllung durch den Schenker, gehen gegen ihn bestehende Schadensersatzansprüche auf seine Erben über. Bsp.: Wohnrechtsbestellung auf den Tod des Eigentümers (BGH NJW 1985, 1553); Depotübertragung (BGH WM 1974, 450); Schenkung eines Grundstücks mit bis zum Tod hinausgeschobener Auflassung. 13

ff) Betagtes Schenkungsversprechen. Darunter ist **eine Schenkung** zu verstehen, die zwar **erst nach dem Tod des Schenkers anfallen soll,** aber bei Vorversterben des Beschenkten dessen Erben zustehen soll. Darin ist keine Bedingung zu sehen und wird daher von § 2301 nicht erfasst (BGH DNotZ 1987, 322). Es sind die Vorschriften über Schenkungen unter Lebenden anzuwenden. 14

c) Rechtsfolgen. aa) Anzuwendende Vorschriften. Die Vorschrift verweist auf die Rechtsfolgen der Vorschriften über Verfügungen von Todes wegen und lässt dabei offen, ob darunter nur die erbvertraglichen Bestimmungen nach §§ 2274 ff. fallen sollen (so *Kipp/Coing* ErbR § 81 Kap. III Rn. 2a; Staudinger/*Kanzleiter* Rn. 3; *Rüthers/Hessler* JuS 1984, 953) oder auch die testamentsrechtlichen erfasst sind (RGZ 83, 223; *Kuchinke* FamRZ 1984, 109; *Brox/Walker* ErbR Rn. 726; Erman/*Schmidt* Rn. 6; MüKoBGB/*Musielak* Rn. 13). Da das Schenkungsversprechen nach hM einen Vertrag voraussetzt (→ Rn. 6), können nur die Vorschriften über den Erbvertrag herangezogen werden (vgl. Mot. V 350 ff.). 15

bb) Folgen der Umdeutung in eine Verfügung von Todes wegen. Durch die Umdeutung des Rechtsgeschäfts unter Lebenden in eine Verfügung von Todes wegen wird die Überlebensbedingung gegenstandslos, so dass die §§ 158 ff. nach allg. Meinung auf derartige Schenkungsversprechen nicht anwendbar sind. Demzufolge erwirbt der Beschenkte vor dem Tod des Erblassers auch kein schuldrechtliches Anwartschaftsrecht (MüKoBGB/*Musielak* Rn. 28). Nach hM wird das Schenkungsversprechen mit dem Erbfall wie ein Vermächtnis und bei Zuwendung des gesamten Vermögens oder einem Bruchteil davon, wie eine Erbeinsetzung behandelt. 16

3. Vollzogene Schenkung, Abs. 2. a) Zusammenhang mit Abs. 1. aa) Allgemeine Erläuterung. Im Zusammenhang mit Abs. 1 stehen **auch die Schenkungen, die bereits vollzogen sind, unter der Bedingung, dass der Beschenkte den Schenker überlebt** (hM). Abs. 2 erfasst nicht ausschließlich die für die vollzogene Schenkung typische Handschenkung, die ohne Schenkungsversprechen sofort vollzogen wird. Ebenso fällt die Erfüllung eines Schenkungsversprechens nach Abs. 1 in den Anwendungsbereich von Abs. 2 (Staudinger/*Kanzleiter* Rn. 18). Der Schenker kann demnach das Schenkungsversprechen iSv Abs. 1 zu Lebzeiten noch als Rechtsgeschäft unter Lebenden erfüllen. 17

bb) Form und Widerruflichkeit. Nach Abs. 2 sind die Vorschriften über die Schenkung unter Lebenden anwendbar, wenn der Schenker zu seinen Lebzeiten die Schenkung durch Leistung des Zuwendungsgegenstands vollzieht. Hins. der Schenkung besteht grds. Formfreiheit. **Nur das Schenkungsversprechen bedarf der Form des § 518 I,** wobei **ein Formmangel gem. § 518 II** durch Bewirken der versprochenen Leistung **heilbar** ist (BGH DNotZ 1987, 322). 18

Die vollzogene Schenkung kann durch **Widerruf** nach den Vorschriften über die Schenkung unter Lebenden (§§ 530 ff.) rückgängig gemacht werden. Die Rücktrittsvorschriften des Erbvertrages nach §§ 2293 ff. finden keine Anwendung. Es gebietet die **Rechtssicherheit,** dass auch die lebzeitige vollzogene Schenkung von Todes wegen in allen Bereichen wie Schenkungen unter Lebenden zu behandeln ist (BGH NJW 1976, 749). So ist die Schenkung eines Erblassers, der einen Erbvertrag schließt nicht gem. § 2289 unwirksam und weder bei der Pflichtteilsberechnung noch vor den Nachlassgläubigern gehört der zugewandte Gegenstand zum Nachlass (Staudinger/*Kanzleiter* Rn. 21). 19

b) Vollzug. aa) Dingliche Erfüllung mit Eintritt des Leistungserfolgs. (1) Vollzug. Vollzug bedeutet, dass nicht die Erben des Schenkers, sondern er selbst zu Lebzeiten mit dinglicher Wirkung Vermögensopfer erbracht hat, indem das Geschenk in das Vermögen des Beschenkten übergegangen ist und somit der Leistungserfolg beim Erbfall bereits eingetreten ist. Bsp.: Gutschrift auf ein Konto (BGH NJW 1994, 931); Übertragung und Erlass von Forderungen durch Abtretung der Forderung, ggf. unter aufschiebender Bedingung oder Befristung (BGH ZEV 1997, 416); Einräumung der Mitverfügungsbefugnis bei einem Oder-Konto (BGH FamRZ 1986, 322); Scheckeinlösung (BGH NJW 1978, 2027). Die hM hält es für vereinbar mit dem Vollzug einer Schenkung, wenn sich der Schenker den jederzeitigen Widerruf der Schenkung vorbehält (BGH NJW-RR 1989, 1282; Staudinger/*Kanzleiter* Rn. 21; *Hinz* Jus 1965, 299; MüKoBGB/*Musielak* Rn. 22). 20

(2) Ausnahmen. Bei der Übertragung eines Grundstücks ist die Frage des Vollzugs entbehrlich, da die Auflassung wegen ihrer Bedingungsfeindlichkeit nicht mit der Überlebensbedingung verknüpft werden 21

10 BGB § 2301   Buch 5. Abschnitt 4. Erbvertrag

kann. Vollzug ist jedoch zu bejahen, wenn das Grundstückseigentum jedoch bereits umgeschrieben und das schuldrechtliche Geschäft mit der auflösenden Bedingung verknüpft ist, dass die Erben des Beschenkten für den Fall seines Vorversterbens zur **Rückauflassung** des Grundbesitzes an den Schenker verpflichtet sind (Bamberger/Roth/*Litzenburger* Rn. 11). Bei der Übertragung von Rechten an Grundstücken ist die Schenkung indes durch Einigung, Erteilung der Eintragungsbewilligung und Antragstellung des Beschenkten auf Eintragung im Grundbuch vollzogen (BGH NJW 1968, 493).

22   bb) **Noch nicht eingetretener Leistungserfolg.** Für den Fall, dass die dingliche Erfüllung noch aussteht, reicht für die Annahme des Vollzugs aus, dass der Schenker bereits zu Lebzeiten alles aus seiner Sicht Erforderliche getan hat, damit die Leistung ohne sein weiteres Zutun in das Vermögen des Beschenkten übergehen kann (BGH ZEV 2012, 167; OLG Karlsruhe NJW-RR 1989, 367).

23   (1) **Anwartschaftsrecht.** Als klar zu bestimmendes Unterscheidungsmerkmal ist der Gesichtspunkt, ob der Schenker zu seinen Lebzeiten dem Beschenkten ein **Anwartschaftsrecht** auf den Erwerb der zugewendeten Sache eingeräumt hat (BGH WM 1971, 1338; OLG Hamburg NJW 1961, 76; MüKo-BGB/*Musielak* Rn. 18; Staudinger/*Kanzleiter* Rn. 23; Erman/*Schmidt* Rn. 8; Palandt/*Weidlich* Rn. 10). Denn das Anwartschaftsrecht führt zur unmittelbaren Minderung des Erblasservermögens und Vermehrung des Vermögens des Beschenkten. Es dürfen jedoch keine weiteren Leistungshandlungen zum Erwerb des Zuwendungsgegenstands mehr erforderlich sein (s. oben). Welche Handlungen notwendig sind, ist anhand **objektiver Kriterien festzustellen,** dh nach Art und Weise der Übertragung und Beschaffenheit des zugewendeten Gegenstands (BGH NJW 1970, 1638). Die subjektive Sicht des Schenkers spielt dabei keine Rolle (zur subjektiven Theorie *Hinz* Jus 1965, 299; *Röttelmann* NJW 1959, 661). Eine anwartschaftsrechtlich gesicherte Rechtsposition, die für den Vollzug der Schenkung ausreicht entsteht bei der unter der aufschiebenden Überlebensbedingung stehenden Schenkung, sofern alle übrigen Voraussetzungen für den Rechtserwerb des Beschenkten erfüllt sind (BGH NJW-RR 1986, 1133), etwa aufschiebend bedingte Kontoabtretung (BGH FamRZ 1989, 959), Kontoabtretung mit Bankvollmacht (OLG Hamburg NJW 1963, 449), außer die isolierte Bankvollmacht (BGH NJW 1983, 1487); gesellschaftsvertragliches Übernahmerecht für den Todesfall (BGH NJW-RR 1989, 1282). **Weitere Bsp.** für derart gesicherte Rechtspositionen: bei Grundbesitz Auflassungserklärung und Eingang des Umschreibungsantrags des Beschenkten beim Grundbuchamt (BGH NJW 1968, 493; aA *Schlüter* ErbR Rn. 1261: Bindung bereits bei Einigung ohne Antragstellung; nicht ausreichend ist hingegen die bloße Auflassungserklärung oder eine Auflassungsvormerkung, OLG Hamm NJW-RR 2000, 1389); auch der Antrag auf Eintragung einer Vormerkung zur Sicherung des Übereignungsanspruchs nach erklärter Auflassung, wobei zu berücksichtigen ist, dass allein das Schenkungsversprechen noch keine durch Vormerkung sicherbare Rechtsstellung gibt (OLG Hamm NJW-RR 2000, 1389); Grundstücksrechte, wie Nießbrauch oder Wohnrecht; bei **Forderungen:** die aufschiebend bedingte Abtretung (BGH NJW-RR 1989, 1282) oder aufschiebend bedingter Erlass (OLG Karlsruhe NJW-RR 1989, 367). Die Ansicht, die für den Leistungsvollzug verlangt, dass die Vermögensminderung durch den Schenker selbst vor dessen Tod eingetreten sein muss, ist abzulehnen, da sie kein sicheres Abgrenzungskriterium darstellt. Es stellt sich dann nämlich die weitere Frage, anhand welcher Maßstäbe eine Vermögensminderung bzw. ein Vermögensopfer anzunehmen ist. Keine gesicherte Rechtsposition in Form der Anwartschaft stellt eine Vollmachtserteilung an den Beschenkten zur Verfügung über das Konto, den Grundbesitz oder anderen Gegenständen oder Forderungen dar (BGH NJW 1995, 953).

24   (2) **Rechtserwerb nach dem Tod des Schenkers.** Tritt der Fall ein, dass der Schenker zu Lebzeiten zwar alle zum Eintritt des Leistungserfolges erforderlichen Handlungen vorgenommen hat, **seine Willenserklärungen jedoch erst nach seinem Tod dem Beschenkten zugegangen sind** und von diesem angenommen wurden, ist noch kein Anwartschaftsrecht beim Beschenkten entstanden. Mangels einer gesicherten Rechtsposition würde kein Vollzug der Schenkung nach Abs. 2 vorliegen. Aufgrund der § 130 II, § 153 kann der Beschenkte jedoch auch nach dem Tod des Schenkers durch Annahme der Erklärungen des Beschenkten das ihm zugewendete Recht erwerben. Der Vollzug der Schenkung hinge daher allein von der Zufälligkeit ab, wann der Schenker stirbt. Deshalb ist ausnahmsweise auch dann Vollzug der Schenkung anzunehmen, wenn der Rechtserwerb in Form der §§ 130, 153 erst nach dem Tod des Schenkers eintritt (OLG Düsseldorf ZEV 1996, 423; weitere Nachw. in der Lit. s. MüKoBGB/*Musielak* Fn. 66). Dies kann jedoch nicht gelten, wenn der Schenker den Zugang vor seinem Tod vorsätzlich verhindert hat (OLG Düsseldorf ZEV 1996, 423; MüKoBGB/*Musielak* Rn. 23; aA Staudinger/*Kanzleiter* Rn. 23).

25   (3) **Hilfspersonen des Schenkers.** Bedient sich der Schenker zum Vollzug der Schenkung Hilfspersonen, die ihren Auftrag zzt. des Todes des Schenkers noch nicht ausgeführt hat, ist fraglich, ob eine Nachholung der noch ausstehenden Handlungen der Hilfsperson möglich ist, um den Vollzug der Schenkung iSv Abs. 2 herbeizuführen. Der Erklärungsbote, auf den §§ 130, 153 anwendbar sind, wird den Vollzug der Schenkung regelmäßig herbeiführen können (MüKoBGB/*Musielak* Rn. 24). Auch **der Vertreter des Schenkers kann nach dem Tod des Schenkers die zum Vollzug der Schenkung erforderlichen Erklärungen gem. §§ 168 S. 1, 672 S. 1 nachträglich abgeben (BGH NJW 1995, 250; 1995, 953).** Die bevollmächtigte Hilfsperson kann den Vollzug hingegen nicht durch Nachholen der erforderlichen Handlungen bewirken, so dass sie nunmehr für die Erben tätig wird (BGH NJW 1983, 1487; Brox/*Walker* ErbR Rn. 746).

26   cc) **Die Erteilung einer Vollmacht.** Hat der Schenker einen Dritten bevollmächtigt, die Erfüllung der Schenkung durch Rechtsgeschäft nach dem Tod des Schenkers herbeizuführen, stellt dies keinen Vollzug gem. § 2301 II dar (BGH NJW 1983, 1487; 1988, 2731; 1995, 953; OLG Düsseldorf ZEV 2010, 528; aA MüKoBGB/*Musielak* Rn. 28; *Trapp* ZEV 1995, 314). Bei Vornahme des Erfüllungsgeschäfts durch den Bevollmächtigten **nach dem Tod des Schenkers,** ist der Vollzug der Schenkung als verspätet anzusehen, unabhängig davon ob es sich um eine widerrufliche oder unwiderrufliche Vollmacht handelt (Staudinger/*Kanzleiter* Rn. 38). Dies entspricht dem Wortlaut der Vorschrift, wonach ausdrücklich der Schenker die Schenkung vollziehen muss. Eine Heilungsmöglichkeit durch den Bevollmächtigten würde entgegen dem Grundgedanken des § 2065 dazu führen, dass allein der Bevollmächtigte beeinflussen könnte, ob ein Schenkungsversprechen des Erblassers nach Abs. 1 als Verfügung von Todes wegen anzusehen ist oder nach Abs. 2 als Schenkung unter Lebenden wirksam ist (Staudinger/*Kanzleiter* Rn. 40). Auch eine erteilte Vollmacht, die den Bevollmächtigten von dem Verbot des § 181 befreit und ihn zur Vornahme des Rechtsgeschäfts der Erfüllung in eigenem Namen vorzunehmen, ändert nichts an dem Scheitern des Vollzugs der Schenkung (BGH NJW 1983, 1487). Als Gestaltungsmöglichkeit kommt für die Fälle neben der Vollmacht der Vertrag zu Gunsten Dritter mit dem Vollmachtsadressaten oder die aufschiebend bedingte Abtretung gegenüber dem begünstigten Bevollmächtigten in Betracht (Staudinger/*Kanzleiter* Rn. 40; zur Auslegung der Vollmachtserteilung gegenüber der Bank als Versprechenden hinsichtlich eines Vertrages zu Gunsten Dritter s. BGH DNotZ 1984, 692 und der Vollmachtserteilung gegenüber dem Begünstigten hinsichtlich der Abtretung s. BGH FamRZ 1985, 693). Die Erteilung einer Vollmacht, die den Bevollmächtigten zur Verfügung über Bankkonten des Erblassers gegenüber den Erben berechtigt, wird lediglich als vorbereitende Maßnahme für eine spätere Schenkung nach dem Tod des Schenkers angesehen (BGH WM 1978, 895).

4. Vertrag zu Gunsten Dritter. a) Problemstellung und Lösung der ganz hM Schenkungen auf den **27** Todesfall sind auch in Form von Verträgen zu Gunsten Dritter möglich, zB die Begünstigung eines Dritten in Lebensversicherungsverträgen (BGH NJW 1975, 1361), Bausparverträge (BGH NJW 1965, 1913) und Sparverträge mit Anspruchserwerb Dritter nach dem Tod des Versprechensempfängers (MüKoBGB/*Musielak* Rn. 31). Inhalt eines solchen Vertrages ist die Vereinbarung des Schenkers (Versprechensempfänger) mit dem Versprechenden (zB Bank, Lebensversicherung), dass mit seinem Tod der Beschenkte (Dritte) das Recht schenkweise erwirbt, unmittelbar vom Versprechenden eine bestimmte Leistung zu verlangen (Bamberger/Roth/*Litzenburger* Rn. 16). Mit dem **Vertrag zu Gunsten Dritter** wird der Beschenkte nach allg. Meinung zwar nicht Eigentümer der zugewendeten Sache, sobald der Schenker stirbt, erlangt aber einen schuldrechtlichen Anspruch, den der Versprechende ihm gegenüber zu erfüllen verpflichtet ist (BGH NJW 1964, 1124). Der Dritte erlangt die Leistung somit unmittelbar von dem Versprechenden aufgrund der zwischen dem Schenker und Versprechenden bestehenden Rechtsbeziehung, dem sog. **Deckungsverhältnis.** Dies gilt auch dann, wenn im Verhältnis zwischen Schenker und Dritten, dem sog. **Valutaverhältnis,** eine Schenkung auf den Todesfall vorliegt. Das Deckungsverhältnis stellt zwar ein Rechtsgeschäft unter Lebenden dar, wirkt jedoch auf das Valutaverhältnis wie eine Verfügung von Todes wegen. Fraglich ist, ob deshalb auf das Valutaverhältnis erbrechtliche Vorschriften über § 2301 anwendbar sind. Dies lehnen der BGH (BGH NJW 1964, 1124; 1993, 2171) und die hM (Staudinger/*Kanzleiter* Rn. 43; *Schlüter* ErbR Rn. 1264; *Lange/Kuchinke* ErbR § 33 Kap. II Rn. 2a) ab, auch wenn im Valutaverhältnis eine Schenkung vorgenommen wird. Zwar § 331 hilft insofern nicht weiter, als sich die Regelung nur mir der Frage befasst, wann der Dritte ein Recht erwirbt. Aber auch in § 331 iVm § 330 sieht die hM zutreffend keine Grundlage, aus der hervorginge, dass Verträge zu Gunsten Dritter auf den Todesfall den strengen erbrechtlichen Formvorschriften unterworfen sein sollten (*Harder* FamRZ 1976, 418 Fn. 43). Somit ist allein das Deckungsverhältnis entscheidend für die Frage, welche Form bei Abschluss eines echten Vertrags zu Gunsten Dritter einzuhalten ist. Dies gilt auch dann, wenn das Valutaverhältnis auf einer Schenkung beruht (BGH DNotZ 1976, 555). Insoweit wird auf die Komm. zu § 331 verwiesen.

b) Valutaverhältnis. aa) Rechtsgrund. Vorliegend geht es um das Valutaverhältnis (→ Rn. 27), dessen **28** Rechtsgrund eine **Schenkung** ist, die den Rechtserwerb des Dritten rechtfertigt. Nur dann ist der Dritte berechtigt, die Leistung von dem Versprechenden zu fordern oder die bereits erbrachte Leistung zu behalten (BGH NJW 1993, 2172). Liegt keine Schenkung als Rechtsgrund vor, ist er zur Herausgabe des Erlangten an die Erben nach §§ 812 ff. verpflichtet. Die Formvorschrift des § 518 wie der die Heilungsmöglichkeit durch Leistungsvollzug nach dessen Abs. 2 ist anwendbar. Dabei ist der unmittelbare Anspruch gegen den Versprechensempfänger und nicht die Leistung an sich Gegenstand der Schenkung (BGH NJW 1976, 749). Daraus folgt, dass **der Vollzug der Schenkung mit dem Tod des Schenkers eintritt,** wenn der Dritte den Anspruch gegenüber dem Versprechenden erwirbt. Zugleich tritt die Heilung eines formnichtigen Schenkungsversprechens gem. § 518 II ein (Bamberger/Roth/*Litzenburger* Rn. 18). Das formwidrige, dem Beschenkten zugegangene, nach § 518 II geheilte Angebot zum Vertragsabschluss können die Erben des verstorbenen Schenkers nicht widerrufen (OLG Düsseldorf NJW-RR 1996, 1329). Bis zum Zugang des Angebots beim Dritten haben die Erben des Schenkers indes ein Widerrufsrecht, um zu verhindern, dass der Beschenkte einen Anspruch auf die Leistung mit Rechtsgrund erhält. Das Widerrufsrecht kann nicht durch den Schenker abbedungen werden (Bamberger/Roth/*Litzenburger* Rn. 19).

bb) Sonderfälle. (1) Gutgläubigkeit. Hat der Beschenkte von der beabsichtigten Schenkung **keine 29 Kenntnis,** da der Schenker ausschließlich mit dem Versprechenden den Vertrag zu Gunsten Dritter geschlossen hat, ist dieser als ein Schenkungsangebot an den Beschenkten anzusehen, das dieser nach dem Tod des Schenkers annehmen kann (BGH NJW 1964, 1124; 1975, 382; DNotZ 1984, 692; OLG Köln

10 BGB § 2302   Buch 5. Abschnitt 4. Erbvertrag

FamRZ 1996, 380). Das Schenkungsangebot bedarf keiner Form, da die versprochene Leistung zzt. der Annahme des Beschenkten bereits bewirkt ist (Annahme durch Entgegennahme des Geschenkes; BGH NJW 1964, 1124; 1975, 382; DNotZ 1984, 692; OLG Köln FamRZ 1996, 380).

30   (2) **Heilung.** Bestand zu Lebzeiten des Schenkers bereits ein Schenkungsvertrag, der die Form nach § 518 nicht wahrt, tritt mit dem Tod des Schenkers dadurch Heilung ein, dass der Beschenkte den Anspruch gegen den Versprechenden aufgrund Vertrages zu Gunsten Dritter erlangt (Staudinger/*Kanzleiter* Rn. 44).

31   cc) **Vertrag zu Gunsten Dritter auf den Todesfall.** Die durch wechselbezügliche oder vertragsmäßige Verfügung entstandene erbrechtliche Bindung des Schenkers spricht nicht gegen die Möglichkeit, einen diesbezüglichen Vertrag zu Gunsten Dritter auf den Todesfall abzuschließen (BGH NJW 1976, 749). Der Vertrag unterliegt den Regeln über die Rechtsgeschäfte unter Lebenden (BGH NJW 2013, 3448; NJW 2008, 2702; *Damrau* ZErb 2008, 221). Der benachteiligte Vertragserbe kann aber einen Bereicherungsanspruch nach § 2287 geltend machen (BGH NJW 1976, 749; OLG Koblenz, Hinweisbeschl. v. 7.1.2013 – 10 U 938/12, BeckRS 2014, 15929). Aufgrund der restriktiven Anwendung der Vorschriften über Verfügungen von Todes wegen, ist die Auslegungsregel des § 2069 in diesem Zusammenhang nicht heranzuziehen (BGH NJW 1993, 2172).

32   5. **Gesellschaftsverträge.** Regelungen über die **Nachfolge in Gesellschaftsverträgen** werden von § 2301 nicht erfasst, wenngleich der Anteil eines Gesellschafters mit dessen Tod unentgeltlich auf die anderen Gesellschafter oder Dritte übertragen werden soll (zur Unterbeteiligungsgesellschaft vgl. BGH ZEV 2012, 167). Da die Nachfolgeregelung jedoch idR zusammen mit dem Gesellschaftsvertrag getroffen wird, ist sie als entgeltlich einzustufen (Staudinger/*Kanzleiter* Rn. 51; BGH LM BGB § 2301 Nr. 1; JuS 1972, 157). In den Fällen, in denen ein Gesellschafter entschädigungslos aus der Gesellschaft ausscheidet, kommt es bei der Frage der Entgeltlichkeit auf die subjektive Sicht der Vertragschließenden an (BGH WM 1966, 248). Überdies wird die Nachfolgeregelung idR unbedingt getroffen, zumindest aber nicht durch das Überleben anderer bedingt. Bei einer Nachfolgeregelung über das entschädigungslose Ausscheiden aller Gesellschafter ist bereits aufgrund der Gegenseitigkeit von der Entgeltlichkeit auszugehen (Staudinger/*Kanzleiter* Rn. 51). Demnach ist § 2301 nur in den wenigen Fällen anwendbar, in denen die Nachfolgeregelung an die Bedingung des Überlebens des Beschenkten geknüpft ist. Der Vollzug der Schenkung ist dann idR aufschiebend bedingt. Ein Vertrag zu Gunsten Dritter ist hier ausgeschlossen, da jeder Gesellschaftervertrag auch Pflichten für jeden Gesellschafter bereithält (BGH NJW 1977, 1339).

33   6. **Steuerrechtliches.** Sind aufgrund eines Schenkungsversprechens von Todes wegen wiederkehrende Leistungen an einen vom Vermögensübergeber bestimmten Dritten zu erbringen, sind diese Leistungen erbrechtlichen Verpflichtungen gleichzustellen, deren Ablösung nicht zu steuerlich zu berücksichtigenden Anschaffungskosten führt (BFH ZEV 2007, 602).

§ 2302 Unbeschränkbare Testierfreiheit

Ein Vertrag, durch den sich jemand verpflichtet, eine Verfügung von Todes wegen zu errichten oder nicht zu errichten, aufzuheben oder nicht aufzuheben, ist nichtig.

1   1. **Normzweck.** Die Vorschrift trägt der Testierfreiheit des Erblassers Rechnung, indem sie stets erhalten und nicht durch schuldrechtliche Verträge beschränkt werden soll. Der Gesetzgeber hält ausschließlich Verfügungen von Todes wegen in Form des Erbvertrages und gemeinschaftlichen Testaments für zulässige, die Testierfreiheit des Erblassers einschränkende Rechtsgeschäfte. Zum Schutz der Testierfreiheit sind schuldrechtliche Verträge, die zur Errichtung oder Aufhebung einer Verfügung von Todes wegen vereinbart werden, nichtig (BGH NJW 1977, 950). Dies muss auch für einseitige Verpflichtungen in analoger Anwendung des § 2302 gelten, die auf Errichtung oder Aufhebung einer letztwilligen Verfügung gerichtet sind (BayObLG FamRZ 2001, 771).

2   2. **Anwendungsbereich. a) Verträge.** Sowohl ein Vertrag iSv § 2302 als auch schuldrechtliche Verpflichtungen, eine Verfügung von Todes wegen zu errichten, aufrechtzuerhalten oder aufzuheben, sind unzulässig (vgl. insbesondere zur Anwendung bei Scheidungs- und Scheidungsfolgenvergleichen *Bäßler* ZErb 2017, 245). Darauf beruht auch der unzulässige erbvertragliche Verzicht des Erblassers hinsichtlich seines Aufhebungs- oder Rücktrittsrechts, §§ 2292–2294 und §§ 2294, 2295. Die Aufhebbarkeit einer Verfügung ist ausschließlich anhand der für sie geltenden Vorschriften zu bestimmen, die nicht durch einen individuellen schuldrechtlichen Vertrag umgangen werden dürfen (BGHZ 29, 133).

3   b) **Erbrechtliche Verfügungen.** Dem Erblasser ist es überdies verwehrt, die Testierfreiheit anderer durch Verfügung von Todes wegen einzuschränken. Bsp. für unzulässige Verfügungen: Die Anordnung einer Auflage, wonach der Beschwerte eine bestimmte Verfügung von Todes wegen errichten bzw. nicht errichtet werden soll (OLG Hamm NJW 1974, 60; BayObLGZ 1958, 225), eine nichtige Auflage kann aber in die Anordnung einer Vor- und Nacherbschaft umgedeutet werden (OLG Hamm NJW 1974, 60); die einseitige Verpflichtung, ein Testament nur unter bestimmten Voraussetzungen zu widerrufen (BayObLG NJWE-FER 2001, 126). Als zulässig wird indes die schuldrechtliche Verpflichtung, eine Erbschaft auszuschlagen angesehen, wobei es sich iÜ auch um einen formbedürftigen Erbverzicht (§ 2348) handeln kann (Staudinger/*Kanzleiter* Rn. 5).

3. Rechtsfolgen. a) Nichtigkeit. Verbotswidrig abgeschlossene Rechtsgeschäfte iSv § 2302 sind nichtig. Die Nichtigkeit erstreckt sich sowohl auf ein mit der Verpflichtung zusammenhängendes Vertragsstrafversprechen nach § 344 (BGH NJW 1977, 950) als auch auf die Verpflichtung zur einheitlichen Verfügung in bestehender Vereinbarung (insbes. zur Nichtigkeit von Poolvereinbarungen: *Leitzen* ZEV 2010, 401 ff.). Die Vollstreckung einer aus einem gerichtlichen Vergleich hervorgehenden Verpflichtung iSv § 2302, ist nicht gem. § 888 ZPO erzwingbar (OLG Zweibrücken FamRZ 2015, 614). Ein Versprechen zur Errichtung einer Verfügung von Todes wegen mit einem bestimmten Inhalt, kann aufgrund Wegfalls der Geschäftsgrundlage zur Änderung des Inhalts nach § 242 führen (BGH NJW 1977, 950). 4

b) Umdeutung. Bei Nichtigkeit eines Rechtsgeschäfts iSv § 2302 kommt dessen Umdeutung in ein anderes Rechtsgeschäft in Betracht, § 140 (BGH LM BGB § 140 Nr. 3; BayObLG ZEV 1995, 71). Bsp.: Die in einem Ehegattenerbvertrag übernommene Verpflichtung des überlebenden Ehegatten, sein Vermögen den gemeinsamen Kindern zu überlassen als Erbeinsetzung (Staudinger/*Kanzleiter* Rn. 15); die unwirksame Verpflichtung zur Errichtung eines Testaments in einen Erbvertrag (OLG Hamm FamRZ 1997, 581). 5

Abschnitt 5. Pflichtteil

§ 2303 Pflichtteilsberechtigte; Höhe des Pflichtteils

(1) ¹Ist ein Abkömmling des Erblassers durch Verfügung von Todes wegen von der Erbfolge ausgeschlossen, so kann er von dem Erben den Pflichtteil verlangen. ²Der Pflichtteil besteht in der Hälfte des Wertes des gesetzlichen Erbteils.

(2) ¹Das gleiche Recht steht den Eltern und dem Ehegatten des Erblassers zu, wenn sie durch Verfügung von Todes wegen von der Erbfolge ausgeschlossen sind. ²Die Vorschrift des § 1371 bleibt unberührt.

Literatur: *Dauner-Lieb/Grziwotz* (Hrsg.), Handkommentar Pflichtteilsrecht, 2. Auflage 2017 (zit. HK-PflichtteilsR/Bearbeiter); *Groll* (Hrsg.), Praxishandbuch Erbrechtsberatung, 4. Auflage 2015 (zit. Groll ErbR-HdB/Bearbeiter); *Horn* (Hrsg.), Beck'sche Online-Formulare Erbrecht (zit. BeckOF ErbR/Bearbeiter); *Joachim/Lange*, Pflichtteilsrecht, 3. Auflage 2017; *Klingelhöffer*, Pflichtteilsrecht, 4. Auflage 2014; *Krug* (Hrsg.), Prozesshandbuch Pflichtteilsprozess, 2. Auflage 2018 (zit. PHdb-PflichtteilsR/Bearbeiter); *Mayer/Süß/Tanck/Bittler* (Hrsg.), Handbuch Pflichtteilsrecht, 4. Auflage 2018 (zit. MSTB PflichtteilsR-HdB/Bearbeiter); *Scherer* (Hrsg.), Münchener Anwaltshandbuch Erbrecht, 5. Auflage 2018 (zit. MAH ErbR/Bearbeiter); *Schlitt/Müller* (Hrsg.), Handbuch Pflichtteilsrecht, 2. Auflage 2017 (zit. Schlitt/Müller Pflichtteils-HdB/Bearbeiter).

Übersicht

	Rn.		Rn.
I. Normzweck	1–3	4. Eingetragener Lebenspartner	62–65
II. Frage der Verfassungsmäßigkeit des Pflichtteilsrechts	4–9	VII. Höhe, Durchsetzung und Schuldner des Pflichtteilsanspruchs	66–85
III. Erbrechtsreform zum 1.1.2010	10–12	1. Allgemein	66–68
IV. Pflichtteilsrecht und Pflichtteilsanspruch	13–17	2. Erbfallschuld	69
V. Voraussetzungen des Pflichtteilsanspruchs	18–32	3. Schuldner des Pflichtteilsanspruchs	70–72
1. Ausschluss von der gesetzlichen Erbfolge durch Verfügung von Todes wegen	18–29	4. Innenverhältnis	73, 74
a) Ausschluss von der gesetzlichen Erbfolge	18–20	5. Testamentsvollstreckung	75
b) Ausschluss durch Verfügung von Todes wegen	21–29	6. Bemessung der Pflichtteilsquote beim Ehegatten/eingetragenen Lebenspartner	76–85
2. Verlust des Pflichtteilsrechts	30–32	a) Faktoren für die Bemessung der Pflichtteilsquote	76
VI. Pflichtteilsberechtigte	33–65	b) Pflichtteilsquote bei Zugewinngemeinschaft	77–82
1. Abkömmling	35–51	c) Pflichtteilsquote bei Gütergemeinschaft	83
a) Kreis der pflichtteilsberechtigten Abkömmlinge	35–40	d) Pflichtteilsquote bei Gütertrennung	84
b) Nichteheliche Abkömmlinge	41–45	e) Pflichtteilsquote bei eingetragener Lebenspartnerschaft	85
c) Adoptierte Abkömmlinge	46–51		
2. Eltern	57–56		
3. Ehegatte	57–61		

I. Normzweck

Das Pflichtteilsrecht garantiert Abkömmlingen, Eltern, dem Ehegatten und dem eingetragenen Lebenspartner des Erblassers, dass sie auch dann am Nachlass partizipieren, wenn der Erblasser sie enterbt hat. 1

Das Pflichtteilsrecht sichert eine Mindestbeteiligung am Nachlass, die bedarfsunabhängig und grds. unentziehbar ist. Sie stellt hiermit das „Gegengewicht" zur grundrechtlich geschützten Testierfreiheit dar. Der Erblasser kann grds. frei und ohne Rücksicht auf die gesetzliche Erbfolge testieren, auch die nächsten Angehörigen übergehen, ohne dass die Verfügung sittenwidrig wäre. 2

3 Der Teil des Nachlasses, der von Pflichtteilsrechten erfasst wird, ist der Dispositionsbefugnis des Erblassers entzogen. Dabei gewähren die §§ 2303 ff. nicht wie in einigen ausländischen Rechtsordnungen ein echtes Noterbrecht, das eine dingliche Beteiligung an den Nachlassgegenständen sichert („Zwangsmiterbe"). Der Gesetzgeber des BGB hat sich vielmehr für die Gewährung eines nachlasswertabhängigen **reinen Geldanspruchs** entschieden. Das Motiv des Gesetzgebers war es dabei, eine Vereinfachung der „Abwicklung" des Pflichtteilsfalls zu bewirken und die praktische Handhabbarkeit des „Pflichtteils" zu erhöhen (vgl. MüKoBGB/*Lange* Rn. 1, 14 mwN).

II. Frage der Verfassungsmäßigkeit des Pflichtteilsrechts

4 Die Verfassungsmäßigkeit des Pflichtteilsrechts wurde in der Lit. immer wieder angezweifelt (vgl. *Dauner-Lieb* DNotZ 2001, 460). Das BVerfG hat die Frage nach der Verfassungsmäßigkeit der Pflichtteilsvorschriften jahrelang offen gelassen (vgl. Zusammenstellung der Rspr. bei MüKoBGB/*Lange* Rn. 3).

5 Eine explizite Stellungnahme zur Verfassungsmäßigkeit erfolgte dann in der **Entscheidung des BVerfG v. 19.4.2005** (ZEV 2005, 301). Der Entscheidung lagen zwei Verfassungsbeschwerden zugrunde, in denen sich jeweils die Erben gegen zivilgerichtliche Urteile wandten, die sie zur Zahlung des Pflichtteils bzw. Erteilung von Auskunft über den Nachlassbestand auf Antrag eines pflichtteilsberechtigten Angehörigen verpflichtet hatten. In beiden Fällen beriefen sich die Erben (ein Sohn, im anderen Fall die Witwe des Erblassers) auf die Entziehung des Pflichtteils durch den Erblasser gem. § 2333 Nr. 1 aF (der Abkömmling trachtete dem Erblasser nach dem Leben) und § 2333 Nr. 2 aF (körperliche Misshandlung des Erblassers durch den Abkömmling) sowie im ersten Fall auf die Pflichtteilsunwürdigkeit gem. § 2345 II, § 2339 I Nr. 1.

6 Das BVerfG hat in seiner Entscheidung festgestellt, dass die (damals geltenden) Normen über das Pflichtteilsrecht der Kinder des Erblassers, über die Pflichtteilsentziehungsgründe des § 2333 Nr. 1 u. 2 aF und über den Pflichtteilsunwürdigkeitsgrund der § 2345 II, § 2339 I Nr. 1 **mit dem Grundgesetz vereinbar** sind.

7 Ferner hat das BVerfG iRd Entscheidung zum **Verfassungsrang des Pflichtteilsrechts** Stellung genommen. Dabei ist zu beachten, dass die Entscheidung nur das Pflichtteilsrecht von Kindern des Erblassers betraf. Das Pflichtteilsrecht entfernterer Abkömmlinge, der Eltern, des Ehegatten sowie des eingetragenen Lebenspartners waren ausdrücklich nicht Gegenstand der Entscheidung. Das BVerfG definiert das Pflichtteilsrecht als **grds. unentziehbare** und **bedarfsunabhängige** wirtschaftliche Mindestbeteiligung der Kinder des Erblassers an dessen Nachlass. Es geht ferner davon aus, dass diese Nachlassteilhabe der Abkömmlinge **verfassungsrechtlich gewährleistet** wird und zwar aus dem **Zusammenspiel der Erbrechtsgarantie in Art. 14 I 1 GG und dem Schutzauftrag des Art. 6 I GG**. Begründet wurde dies damit, dass Art. 14 I GG mit der Erbrechtsgarantie nicht nur die Testierfreiheit und das Recht des Erben schützt, kraft Erbfolge zu erwerben, sondern dazu auch eine Institutsgarantie gehört, die die tradierten Kernelemente des deutschen Erbrechts und damit auch das Pflichtteilsrecht beinhaltet (allerdings wohl nur in Verbindung mit Art. 6 I GG).

8 Beachtlich an der Entscheidung des BVerfG ist zum einen die stark historische Argumentation, was die Rechtfertigung des Pflichtteils anbelangt. Zum anderen stellte das BVerfG auf die Verbindung der Erbrechtsgarantie zu dem durch Art. 6 I GG gewährleisteten Schutz der Verhältnisse zwischen dem Erblasser und seinen Kindern ab. Nach Art. 6 I GG ist es Aufgabe des Staates, die familiäre Verantwortung mit wechselseitigen Pflichten zu Beistand und Rücksichtnahme verfassungsrechtlich zu schützen. Im Erbrecht sei die zwingende Nachlassteilhabe Ausdruck dieser Familiensolidarität, so wie im Familienrecht das Unterhaltsrecht. Dabei ist aus Sicht des BVerfG ein Schutz der Familiensolidarität gerade in den Fällen einer Entfremdung und auch bei nichtehelichen Kindern gefordert, um eine unverhältnismäßige Benachteiligung dieser Kinder durch eine vollständige Enterbung abzuschwächen.

9 Damit ist jedenfalls für das Pflichtteilsrecht von Kindern geklärt, dass seine ersatzlose Abschaffung oder eine Beschränkung anhand konkreter Bedürftigkeit am GG scheitern würde (*Gaier* ZEV 2006, 2 (8)). Durch die BVerfG-Entscheidung wurde aber keine vollständige Klarheit über das Pflichtteilsrecht insgesamt geschaffen (vgl. *Stüber* NJW 2005, 2122; *J. Mayer* FamRZ 2005, 1441). Besonders ist anzuzweifeln, dass Eltern bei Nicht-Vorhandensein von Abkömmlingen ein Pflichtteilsrecht zusteht; ein solches Recht passt nicht in die heutige Zeit.

III. Erbrechtsreform zum 1.1.2010

10 Durch das **Gesetz zur Änderung des Erb- und Verjährungsrechts** v. 24.9.2009 (BGBl. 2009 I 3142) wurde das Erb- und Pflichtteilsrecht **zum 1.1.2010** sehr moderat **reformiert**. Dabei hat der Gesetzgeber am Kerngedanken des Pflichtteilsrechts als Ausdruck der gegenseitigen familiären Verantwortung festgehalten. Es ging dem Gesetzgeber primär darum, das Pflichtteilsrecht **zeitgemäß umzugestalten**.

11 IRd Erbrechtsreform wurden ua die Pflichtteilsentziehungsgründe modernisiert (vgl. § 2333), die Stundungsgründe erweitert (vgl. § 2331a BGB) und der haftungsträchtige § 2306 I 1 BGB aF umgestaltet. Zudem wurde eine Abschmelzung des Pflichtteilsergänzungsanspruch (vgl. § 2325 III 1) eingeführt. Die ursprünglich im Gesetz vorgesehene Möglichkeit einer nachträglichen Pflichtteilsanrechnung bzw. nachträglichen Anordnung oder Änderung der Erbausgleichung wurde gestrichen (vgl. BT-Drs. 16/13543, 5, 7). Die nachfolgende Kommentierung basiert auf dem für Erbfälle seit dem 1.1.2010 geltenden

Recht. Nur vereinzelt wird auf das alte Recht hingewiesen. Zu den Übergangsvorschriften → § 2317 Rn. 17.

Trotz der vorgenommenen Änderungen ist das Pflichtteilsrecht eine komplexe und rechtlich schwierige Materie geblieben. Ein fortbestehender Reformbedarf wird bspw. bei dem Elternpflichtteil, der nicht in die heutige Zeit passt, bei dem Auskunftsanspruch gegen den Pflichtteilsberechtigten, dem notariellen Verzeichnis und hins. der Ausgleichung von Pflegeleistungen der nächsten Angehörigen (vgl. § 2057a) reklamiert.

IV. Pflichtteilsrecht und Pflichtteilsanspruch

Es gibt die unterschiedlichsten Pflichtteilsansprüche. Neben dem ordentlichen Pflichtteilsanspruch (§ 2303) kann ein Pflichtteilsrestanspruch (§ 2305) bestehen. Daneben gibt es noch die Pflichtteilsergänzungsansprüche nach den §§ 2325 ff. Allen Ansprüchen ist gemeinsam, dass sie ihre Wurzel im **Pflichtteilsrecht** haben, dem sie entspringen. Das Pflichtteilsrecht ist also die **Quelle der verschiedenen Pflichtteilsansprüche.**

Andererseits sind Pflichtteilsrecht und Pflichtteilsanspruch zu unterscheiden (BGH NJW 1958, 1964; BGH NJW 1997, 521). Nicht aus jedem Pflichtteilsrecht resultiert auch ein Pflichtteilsanspruch.

Das Pflichtteilsrecht steht den Abkömmlingen, den Eltern, dem Ehegatten und eingetragenen Lebenspartner schlechthin zu. Es begründet schon zu Lebzeiten des Erblassers zwischen ihm und dem Pflichtteilsberechtigten ein **Rechtsverhältnis,** das den Tod des Erblassers überdauert und sich mit dessen Erben fortsetzt. Es äußert bereits zu Lebzeiten des Erblassers rechtliche Wirkungen (BGH NJW 1958, 1964).

Das Bestehen oder Nichtbestehen eines Pflichtteilsrechts kann als **gegenwärtiges Recht** bereits zu Lebzeiten des Erblassers Gegenstand einer **Feststellungsklage nach § 256 ZPO** sein (BGH NJW 1990, 911; OLG Saarbrücken NJW 1986, 1182; vgl. PHdB-Pflichtteilsprozess/*Fleischer*/*Horn* § 18 Rn. 48). Der Tod des Erblassers lässt allerdings das Feststellungsinteresse, zB an einer Klage auf Feststellung, dass der Erblasser zur Pflichtteilsentziehung berechtigt sei, entfallen (BGH NJW-RR 1990, 130).

Der Pflichtteilsanspruch ist ein Geldanspruch iHd Hälfte des Wertes des gesetzlichen Erbteils, der dem Pflichtteilsberechtigten entzogen wurde (Abs. 1 S. 2). Einzelheiten zum Anspruch, seiner Übertragung, Vererblichkeit und Pfändung → § 2317.

V. Voraussetzungen des Pflichtteilsanspruchs

1. Ausschluss von der gesetzlichen Erbfolge durch Verfügung von Todes wegen. a) Ausschluss von der gesetzlichen Erbfolge. Ein Pflichtteilsanspruch entsteht nur, wenn der Pflichtteilsberechtigte durch eine Verfügung des Erblassers von Todes wegen **von der gesetzlichen Erbfolge ausgeschlossen** worden ist.

Der Pflichtteilsberechtigte muss zu den **gesetzlichen Erben** gehören, die im Falle des Eintritts der gesetzlichen Erbfolge erbberechtigt wären und nur deshalb nicht zum Zuge kommen, weil der Erblasser den Eintritt der gesetzlichen Erbfolge durch Verfügung von Todes wegen ausgeschlossen hat.

Zu den pflichtteilsberechtigten Personen zählen nur die nächsten Angehörigen. Dies sind die Abkömmlinge, Eltern, der Ehegatte (vgl. § 2303 I, II) sowie der eingetragene Lebenspartner (§ 10 VI LPartG).

b) Ausschluss durch Verfügung von Todes wegen. Damit der Angehörige mit dem Tod des Erblassers einen Pflichtteilsanspruch erlangen kann, muss er **durch Verfügung von Todes wegen** von der gesetzlichen Erbfolge ausgeschlossen worden sein. In welcher Form einer Verfügung von Todes wegen die Erblasserverfügung getroffen wurde, ist nicht von Bedeutung. In Betracht kommen hierfür Testament, gemeinschaftliches Testament und Erbvertrag.

Ein Ausschluss von der gesetzlichen Erbfolge liegt vor bei ausdrücklicher oder stillschweigender **Enterbung** (§ 1938). Eine stillschweigende Enterbung ist dergestalt möglich, dass der Erblasser seinen Nachlass restlos an andere Personen verteilt. Der Erblasser kann auch den Pflichtteilsberechtigten durch sog. negatives Testament von der Erbfolge ausschließen, ohne eine andere Person zum Erben zu berufen.

Eine Enterbung kann sich auch aus einer **Verwirkungsklausel** ergeben (Horn/Kroiß Testamentsauslegung/*Horn* 13). Hierbei handelt es sich um eine letztwillige Verfügung des Erblassers, wonach der Bedachte die Zuwendung nicht erhalten, er sie verlieren oder er auf den Pflichtteil gesetzt sein soll, wenn er sich dem letzten Willen des Erblassers widersetzt. Besonders häufig finden sich solche Verwirkungsklauseln als sog. Pflichtteilsstrafklauseln im Ehegattentestament. Wenn an das Verlangen des Pflichtteils nach dem Tod des erstversterbenden Ehegatten der Verlust der (Schluss-)Erbschaft auf den Tod des letztversterbenden Ehegatten geknüpft ist, enthält die Klausel eine bedingte Enterbung des den Pflichtteilsanspruch geltend machenden Abkömmlings (zur Auslegung: Horn/Kroiß Testamentsauslegung/ *Horn* § 21 Rn. 10 ff.).

Eine Enterbung liegt auch vor, wenn der Erblasser den Pflichtteilsberechtigten lediglich zum **Ersatzerben** (§ 2096) eingesetzt hat. Enterbt beim ersten Erbfall ist auch der sog. Schlusserbe eines Berliner Testaments von Ehegatten (vgl. § 2269 I), da er erst beim zweiten Erbfall zur Erbfolge gelangt.

Eine Enterbung kann ggf. auch gesehen werden in der **Zuwendung nur des Pflichtteils**, da hierin iZw keine Erbeinsetzung zu sehen ist (vgl. § 2304). Liegt in der Pflichtteilszuwendung ein Vermächtnis (→ § 2304 Rn. 9 ff.), gilt nicht § 2303, sondern § 2307.

26 Nicht vom Erblasser enterbt ist derjenige, der vom Erblasser als **Vorerbe** (vgl. § 2100) oder **Nacherbe** eingesetzt worden ist. Denn hierbei handelt es sich lediglich um Beschränkungen der Erbeinsetzung (vgl. § 2306 I, II). Durch eine Ausschlagung kann sich der Vor- bzw. der Nacherbe die Voraussetzung zur Pflichtteilsgeltendmachung schaffen (§ 2306 → § 2306 Rn. 28 ff.).

27 Wer auch ohne die Verfügung von Todes wegen des Erblassers von der gesetzlichen Erbfolge ausgeschlossen wäre, hat kein Pflichtteilsrecht. Dies gilt namentlich für Personen, die **vor dem Erblasser versterben** sind oder gleichzeitig mit dem Erblasser versterben. Diese können mangels Erbfähigkeit nicht Erben sein (§ 1923 I; vgl. aber § 1923 II).

28 Ebenfalls nicht durch Verfügung von Todes wegen von der gesetzlichen Erbfolge ausgeschlossen ist auch, wer sich selbst durch **Ausschlagung** um die unbelastete Erbschaft bringt. Denn der Verlust der Erbschaft beruht dann auf dem freien Willensentschluss des Erben und nicht auf der Verfügung des Erblassers. Ausnahmen gelten dort, wo sich der Erbe ausnahmsweise kraft gesetzlicher Anordnung mit der Ausschlagung den Pflichtteilsanspruch verschaffen kann (§ 1371 III, § 2306 I, § 2307 I).

29 Setzt der Erblasser einen Pflichtteilsberechtigten zwar als Erben ein, beschränkt und beschwert ihn dabei aber, gewährt ihm § 2306 ein Wahlrecht, ob er die belastete Erbschaft annehmen oder sie ausschlagen und den Pflichtteil verlangen will (→ § 2306 Rn. 28 ff.). Bei Zuwendung eines Vermächtnisses an einen Pflichtteilsberechtigten kann dieser nach § 2307 I ebenfalls wählen, ob er das Vermächtnis annimmt (und ggf. noch einen Pflichtteilsrestanspruch geltend macht) oder nach Ausschlagung des Vermächtnisses den vollen Pflichtteil verlangt (→ § 2307 Rn. 12 ff.).

30 **2. Verlust des Pflichtteilsrechts.** Pflichtteilsberechtigt ist auch der durch Verfügung von Todes wegen Ausgeschlossene dann nicht, wenn er sein Pflichtteilsrecht verloren hat. Ein Verlust des Pflichtteilsrechts ist bspw. gegeben bei notariellem Pflichtteilsverzicht (§ 2346 II), wirksamer Pflichtteilsentziehung (§§ 2333, 2336) oder wenn der Pflichtteilsberechtigte pflichtteilsunwürdig ist (§ 2345). Hat der Pflichtteilsberechtigte nach dem Erbfall einen formlosen Erlaßvertrag (§ 397) geschlossen bzw. einen formlosen Verzicht gegenüber dem Erben erklärt, kann er seinen Pflichtteilsanspruch nicht mehr durchsetzen.

31 Ein Verlust des Pflichtteilsrechts tritt ferner durch Rechtshandlungen ein, die das **gesetzliche Erbrecht** beseitigen. Dazu gehört der Abschluss eines **Erbverzichtsvertrages** gem. § 2346 (ohne dass dabei das Pflichtteilsrecht vorbehalten wurde). Ein gesetzliches Erbrecht ist ferner ausgeschlossen, wenn vor dem 1.4.1998 ein sog. **vorzeitiger Erbausgleich** rechtsgültig zustande gekommen ist (vgl. § 1934e aF; Art. 227 I Nr. 2 EGBGB; *Rohlfing* ErbR 2018, 118 (119)). Schließlich lässt auch eine rechtskräftige **Erbunwürdigkeitserklärung** (vgl. § 2344) ein gesetzliches Erbrecht entfallen.

32 Der Ehegatte verliert sein gesetzliches Erbrecht durch **rechtskräftige Scheidung** (→ Rn. 59) oder Aufhebung seiner Ehe mit dem Erblasser (§ 1933). Entsprechendes gilt für eingetragene Lebenspartner (§ 10 III LPartG).

VI. Pflichtteilsberechtigte

33 Der Kreis der pflichtteilsberechtigten Personen ist nach § 2303 I, II **beschränkt** auf Abkömmlinge, Eltern, Ehegatten und eingetragenen Lebenspartner des Erblassers. Der Gesetzgeber hat daher nicht allen gesetzlichen Erben, sondern nur den nächsten Angehörigen ein Pflichtteilsrecht eingeräumt. Kein Pflichtteilsrecht besitzen insbes. Seitenverwandte (wie Geschwister, Neffen, Nichten, usw) oder Großeltern. Entsprechendes gilt auch bei nichtadoptierten Stief- und Pflegekindern.

34 Grundlage für die Pflichtteilsberechtigung ist wie beim gesetzlichen Erbrecht die **rechtlich anerkannte Verwandtschaft**, die durch Abstammung oder Annahme begründet wird. Gleiches gilt für die vom Erblasser rechtsgültig eingegangene und bei seinem Tod noch bestehende Ehe oder eingetragene Lebenspartnerschaft.

35 **1. Abkömmlinge. a) Kreis der pflichtteilsberechtigten Abkömmlinge.** Abkömmlinge sind die mit dem Erblasser in **gerader** (vgl. § 1589 S. 1) **absteigender Linie Verwandten** jeglichen Grades, also Kinder, Enkel, Urenkel usw. Zu den Abkömmlingen iSd § 2303 zählt auch der zurzeit des Erbfalls bereits gezeugte *nasciturus*, wenn er lebend geboren wird (MüKoBGB/*Lange* § 2303 Rn. 26). Maßgebend ist die rechtliche Abstammung vom Erblasser, entweder durch Abstammung (§ 1589) oder durch Annahme (§§ 1754, 1770; OLG Hamm ZEV 2018, 211 (212)). Der **Nachweis** der Abstammung kann durch Vorlage der Geburtsurkunde (PStG) des pflichtteilsberechtigten Abkömmlings erbracht werden (OLG Hamm ZEV 2018, 211 (212); LG Hagen ZErb 2017, 109 (111)).

36 Die Verwandtschaft **des Kindes zur Mutter** und deren Familie richtet sich nach § 1591. Mutter ist nach dieser Vorschrift die Frau, die das Kind geboren hat.

37 Die Verwandtschaft **des Kindes zum Vater** und dessen Familie setzt voraus, dass das Kind iSv § 1592 dem Vater zuzuordnen ist. Auch hier kommt es nicht auf die biologische, sondern auf die **rechtliche Verwandtschaft** an (BGH NJW 1983, 1485; zum Begriff des Abkömmlings: *Karczewski* ZEV 2014, 641). Dies richtet sich nach dem Familienrecht, also nach den §§ 1589 ff. (MüKoBGB/*Leipold* § 1924 Rn. 3). Eine rechtliche Vaterschaftszuordnung zum Kind kann selbst nach dem Tod des Vaters noch hergestellt werden, und zwar durch gerichtliche Feststellung der Vaterschaft. Sobald das Feststellungsurteil rechtskräftig geworden ist, wirkt die Vaterschaftsfeststellung auf den Zeitpunkt der Geburt zurück, so dass das Kind rückwirkend Erb- oder Pflichtteilsansprüche geltend machen kann (BGH NJW 1983, 1485). Hierzu ist ein gesondertes Vaterschaftsfeststellungsverfahren nach dem FamFG durchzuführen. So kommt eine **inzidente Prüfung** der Vaterschaft innerhalb einer Pflichtteilsklage nicht in Betracht

(OLG Koblenz ZEV 2013, 389 (390); vgl. OLG Frankfurt a. M. NJW-RR 2017, 519). Pflichtteilsansprüche können aufgrund von § 1600d IV erst nach rechtskräftiger Feststellung der Abstammung des Pflichtteilsberechtigten geltend gemacht werden (OLG Düsseldorf ZEV 2017, 717; zur Verjährung → § 2332 Rn. 19).

Stiefkinder sind nur dann pflichtteilsberechtigt, wenn sie vom Erblasser adoptiert wurden. 38

Gemeinsame Kinder haben nach ihren Eltern zwei getrennte Pflichtteilsansprüche, auch bei Vorliegen eines gemeinschaftlichen Testaments. 39

Da Abkömmlinge jeglichen Grades (abstrakt) pflichtteilsberechtigt sind, bedarf es einer Einschränkung der Berechtigung wie im Falle gesetzlicher Erbfolge. Dies leistet § 2309, wonach das Pflichtteilsrecht der entfernteren Abkömmlinge nach § 2309 ausgeschlossen ist, wenn nähere Abkömmlinge pflichtteilsberechtigt sind (→ § 2309 Rn. 14 ff.). 40

b) Nichteheliche Abkömmlinge. Bei nichtehelicher Vaterschaft muss zunächst die Verwandtschaft im Rechtssinne feststehen, dh durch wirksame Vaterschaftsanerkennung oder gerichtliche Feststellung (vgl. § 1592; BGH NJW 1983, 1485). **Samenspender:** Seit dem 1.7.2018 ist § 1600d IV BGB neu gefasst, wonach ein Kind, das durch eine ärztlich unterstützte künstliche Befruchtung mit Samen gezeugt wurde, nicht als Kind des Samenspenders festgestellt werden kann (BGBl. 2017 I 2513; zur Entwicklung: Beck-OGK BGB/*Reuß* § 1600d Rn. 24; zur „künstlichen" Befruchtung: *Grziwotz* notar 2018, 163). Vorzeitiger Erbausgleich → Rn. 31). 41

Beim Tod des Vaters (oder väterlicher Verwandter) wird nicht mehr zwischen **nichtehelicher und ehelicher Abstammung** unterschieden, wenn die Vaterschaft förmlich feststeht und das Kind nicht vor dem 1.7.1949 geboren ist. 42

Es wurden allerdings durch das ErbGleichG v. 16.12.1977 (BGBl. 1977 I 2968) nicht neue Erbberechtigungen geschaffen für Kinder, die bislang überhaupt nicht erbberechtigt waren. Die Regelung des Art. 12 § 10 II NEhelG, die auch für Erbfälle, die nach Inkrafttreten des NEhelG eintraten, die **vor dem 1.7.1949 geborene nichteheliche Kinder** von einem gesetzlichen Erb- und Pflichtteilsrecht gegenüber dem nichtehelichen Vater (und umgekehrt) ausschloss, wurde beibehalten. Auch nach Inkrafttreten des ErbGleichG im Jahre 1998 waren daher zunächst die vor dem 1.7.1949 geborenen nichtehelichen Kinder weiterhin gegenüber ihrem nichtehelichen Vater bzw. gegenüber den väterlichen Verwandten (und umgekehrt) nicht erb- und pflichtteilsberechtigt (vgl. MSTB Pflichtteils-HdB/*Hölscher/Mayer* § 2 Rn. 8). Eine Ausnahme galt für die Fälle mit Bezug zum Recht der **ehemaligen DDR**, in denen der Anwendungsbereich der Norm durch Art. 235 § 1 II EGBGB eingeschränkt war (Schlitt/Müller Pflichtteils-HdB/*Trilsch* § 13 Rn. 39 ff.). 43

Allerdings hat der EGMR am 28.5.2009 (ZEV 2009, 510) entschieden, dass Art. 12 § 10 II NEhelG **gegen Art. 14 iVm Art. 8 Europäische Menschenrechtskonvention (EMRK)** verstößt. Auf diese Entscheidung hin wurde durch das zum 16.4.2011 in Kraft getretene **Zweite Gesetz zur erbrechtlichen Gleichstellung nichtehelicher Kinder** v. 12.4.2011 (BGBl. 2011 I 615; ZwErbGleichG) die vollständige Gleichstellung der nichtehelichen Kinder vollzogen. Der Gesetzgeber ordnete eine Rückwirkung dieser Gleichstellung auf den der Entscheidung des EGMR folgenden Tag (**29.5.2009**) an. Die bestehende Ungleichbehandlung wird damit rückwirkend für alle Todesfälle ab diesem Zeitpunkt beseitigt. Die Beschränkung der Rückwirkung auf die seit 29.5.2009 eingetretenen Erbfälle ist nach Ansicht des BGH (ZEV 2012, 32) und des BVerfG (ZEV 2013, 326 ff.) durch sachliche Gründe (Vertrauensschutz) gerechtfertigt und **verfassungsrechtlich nicht zu beanstanden**. Die Entwicklung ging aber weiter: Lt. EGMR vom 9.2.2017 (ErbR 2018, 143 = BeckRS 2017, 101431; vgl. *Litzenburger* FD-ErbR 2017, 387049) diskriminiert Deutschland weiterhin nichteheliche Kinder. Daraufhin hat der BGH in seinem Beschl. v. 12.7.2017 Art. 5 ZwErbGleichG unter Hinweis auf den Einzelfall teleologisch erweitert, dass einer Tochter auch im Erbrecht nach ihrem am 13.6.1993 (und damit vor dem Stichtag 29.5.2009) verstorbenen Vater gewährt wurde (ZEV 2017, 510; vgl. *Rohlfing* ErbR 2018, 118 (121)). 44

Die Gleichstellung durch das ZwErbGleichG gilt auch für das Verhältnis des nichtehelichen Vaters bzw. der väterlichen Verwandten zum Kind. Bei der Prüfung des Bestehens von gesetzlichen Erb- bzw. Pflichtteilsansprüchen ist daher nicht immer vom Sterbezeitpunkt des nichtehelichen Kindes bzw. des nichtehelichen Vaters auszugehen, sondern vom **jeweiligen Erblasser** (vgl. *Rebhan* MittBayNot 2001, 285 (287)). Die Neuregelung hat damit nicht nur dem nichtehelichen Kind bzw. dem nichtehelichen Vater ein neues gesetzliches Erbrecht (und Pflichtteilsrecht) gebracht, sondern ggf. auch den väterlichen Verwandten nach dem Kind (vgl. *Krug* ZEV 2011, 397 (399); *Leipold* FPR 2011, 275 (276)). Die erbrechtliche Gleichstellung gilt iÜ nicht nur für den ordentlichen Pflichtteil nach den §§ 2303 ff., sondern auch für den Pflichtteilsergänzungsanspruch (§§ 2325 ff.). Denn für die Anwendung der neuen Vorschriften kommt es auch insoweit nicht auf den Zeitpunkt der Vornahme der Schenkung, sondern auf den Zeitpunkt des Erbfalls an (vgl. Gutachten DNotI-Report 2011, 185 (186)). 45

c) Adoptierte Abkömmlinge. Zu den Abkömmlingen, die ein gesetzliches Erb- und Pflichtteilsrecht beanspruchen können, zählen grds. auch **Adoptierte** (MSTB Pflichtteils-HdB/*Hölscher/Mayer* § 2 Rn. 25). Nach dem geltenden Recht ist zu unterscheiden zwischen der Minderjährigenadoption (§§ 1741 ff.) und der Volljährigenadoption (§§ 1767 ff.). Eine zu Lebzeiten des Erblassers beantragte Adoption kann auch nach dessen Tod durch familiengerichtlichen Beschl. festgestellt werden (§ 1563 II); eine lebzeitig beantragte Aufhebung wirkt zurück (§ 1764 I). 46

Bei der **Minderjährigenadoption** handelt es sich um eine Adoption mit **starken Wirkungen**. Das Kind wird nach dem Grundsatz der Volladoption vollständig aus den bisherigen verwandtschaftlichen 47

Beziehungen gelöst (§ 1755 I) und vollständig in die neue Familie integriert (vgl. § 1754 I, II). Sonderfälle regeln § 1755 II und § 1756 II. Gegenüber den leiblichen Elternteilen und weiteren Verwandten besteht kein Erb- und damit Pflichtteilsrecht mehr (MAH ErbR/*Horn* § 29 Rn. 11).

48 Eine **Volljährigenadoption** zeitigt demgegenüber (wenn sie nicht ausnahmsweise gem. § 1772 mit den Wirkungen der Minderjährigenadoption erfolgt) nur **schwache Wirkungen.** Der Angenommene wird zwar Kind des bzw. der Annehmenden und auch seine Abkömmlinge werden von der Annahme erfasst. Zwischen dem Angenommenen und den Verwandten des Annehmenden entsteht aber kein Verwandtschaftsverhältnis (§ 1770 I). Andererseits bleiben gem. § 1770 II die Rechtsbeziehungen des Angenommenen und seiner Abkömmlinge zu den leiblichen Verwandten in vollem Umfang bestehen.

49 Von einer „starken" Adoption spricht man, wenn ein Volljähriger durch den Ehegatten seines längerlebenden Elternteils adoptiert wird. Dann besteht das Verwandtschaftsverhältnis zur Familie seines vorverstorbenen Elternteils fort (§§ 1772 I, 1756 II), wenn der verstorbene Elternteil bei Einritt der Volljährigkeit des Kindes oder, wenn er vorher verstorben ist, in diesem Zeitraum die elterliche Sorge hatte (BGH NJW 2010, 678; vgl. MAH ErbR/*Horn* § 29 Rn. 12).

50 Bei der Volljährigenadoption ist entgegen der Minderjährigenadoption das gegenseitige Erb- und Pflichtteilsrecht auf das Verhältnis zwischen dem Angenommenen und dem Annehmenden beschränkt. Der Angenommene hat also bspw. kein gesetzliches Erbrecht (oder Pflichtteilsrecht) gegenüber den Eltern des Annehmenden oder dessen Abkömmlingen, wie er auch umgekehrt nach dem Versterben Verwandter des Annehmenden nicht zu deren Beerbung iRd gesetzlichen Erbfolge berufen ist. Außerdem bleiben bei der Volljährigenadoption gem. § 1770 II die Rechte und Pflichten aus dem Verwandtschaftsverhältnis des Angenommenen und seiner Abkömmlinge zu ihren leiblichen Verwandten unberührt. Damit besteht ein gesetzliches Erb- und Pflichtteilsrecht sowohl gegenüber den Adoptiveltern als auch gegenüber den leiblichen Eltern wie auch umgekehrt **Erb- und Pflichtteilsansprüche beider Elternpaare** gegenüber dem Nachlass des Angenommenen bestehen (beide Elternpaare sind gesetzliche Erben 2. Ordnung iSv § 1925). Da die Verdoppelung der Elternverhältnisse nicht zu einer Verdoppelung des Pflichtteils führen kann, wird der Elternpflichtteil hälftig zwischen den beiden Elternpaaren geteilt.

51 Zu den erbrechtlichen Wirkungen von Altadoptionen vgl. Art. 12 §§ 1, 2 AdoptG (Müller/Sieghörtner/Emmerling de Oliveira/*G. Müller,* Adoptionsrecht in der Praxis, 2. Aufl. 2011, Rn. 401 ff.).

52 **2. Eltern.** Unter „Eltern" sind die Mutter (vgl. § 1591) und der Vater im Rechtssinne (§§ 1592 ff.) zu verstehen. Das Pflichtteilsrecht der Eltern war von Beginn an umstritten, wurde schließlich aber aus Gründen der „Pietät" aufgenommen (vgl. MüKoBGB/*Lange* Rn. 1 mwN). Noch heute wird die Berechtigung des Elternpflichtteils immer wieder diskutiert und zT dessen Abschaffung gefordert. Bislang konnte sich die – angesichts der gesellschaftlichen Veränderungen und der damit einhergehenden Zunahme der Auflösung von Familienverbänden berechtigte – Idee der Verengung des Kreises der pflichtteilsberechtigten Personen nicht durchsetzen.

53 Zu den pflichtteilsberechtigten Personen gehört auch der **nichteheliche Vater,** wenn die Vaterschaft im Rechtssinne förmlich feststeht, wobei bei den vor dem 1.7.1949 geborenen Kindern der Erbfall nach dem 29.5.2009 eintreten muss (→ Rn. 43 ff.).

54 Ein Pflichtteilsrecht des nichtehelichen Vaters ist ausgeschlossen, wenn bis zum 1.4.1998 ein vorzeitiger Erbausgleich wirksam zustande gekommen ist (vgl. § 1934e BGB aF, Art. 227 I Nr. 2 EGBGB).

55 Pflichtteilsberechtigt sind auch Adoptiveltern. Im Falle der Volljährigenadoption besteht aber auch ein Pflichtteilsrecht der leiblichen Eltern, so dass sich die Pflichtteilsquoten halbieren (→ Rn. 48).

56 Das Pflichtteilsrecht der Eltern ist bei Vorhandensein von Abkömmlingen nach § 2309 eingeschränkt, so dass Pflichtteilsansprüche nicht durchsetzbar sind.

57 **3. Ehegatte.** Das gesetzliche Erbrecht sowie Pflichtteilsrecht des Ehegatten hängt davon ab, dass er beim Erbfall **rechtsgültig** mit dem Erblasser **verheiratet** ist.

58 Kein Erbrecht (und damit auch Pflichtteilsrecht) besteht, wenn es sich um eine **aufhebbare Ehe** handelt und der Ehegatte bei der Eheschließung deren Aufhebbarkeit kannte (§ 1318 V).

59 Ein Erb- und Pflichtteilsrecht besteht ferner dann nicht, wenn die Ehe beim Erbfall **bereits geschieden** ist. Im Falle der Scheidung geht allerdings der nacheheliche Unterhaltsanspruch als Nachlassverbindlichkeit auf den Erben über und belastet den Nachlass bis zur Höhe des fiktiven Ehegattenpflichtteils (§ 1586b; MüKoBGB/*Lange* Rn. 32 mwN).

60 Wie das gesetzliche Ehegattenerbrecht entfällt das Pflichtteilsrecht ferner gem. § 1933 I, wenn zur Zeit des Todes des Erblassers die **Voraussetzungen für die Scheidung** der Ehe gegeben waren und der Erblasser die Scheidung **beantragt** oder ihr zugestimmt hatte (OLG Koblenz ZEV 2007, 379; OLG Köln ZEV 2003, 326 mAnm *Werner;* vgl. MAH ErbR/*Horn* § 29 Rn. 26). Das Gleiche gilt gem. § 1933 S. 2, wenn der Erblasser auf Aufhebung der Ehe zu klagen berechtigt war und die Klage erhoben hatte.

61 Besonderheiten ergeben sich bei der Bemessung der Pflichtteilsquote dadurch, dass bei der **Zugewinngemeinschaft** gem. Abs. 2 S. 2 die Vorschrift des § 1371 unberührt bleibt. Damit ist die Ehegattenerbquote und damit auch die Ehegattenpflichtteilsquote güterstandsabhängig (→ Rn. 77 ff.). **Vor dem 1.7. 1958** geschlossene Ehen wurden von Gesetzes wegen in die gesetzliche Zugewinngemeinschaft überführt (Art. 8 I GleichberG). Durch eine einseitige, notariell beurkundete Erklärung an das Amtsgericht, in dessen Bezirk die Ehegatten ihren Wohnsitz hatten, konnte die Gütertrennung fortgeführt werden.

62 **4. Eingetragener Lebenspartner.** Auch der iSd LPartG eingetragene Lebenspartner ist seit Inkrafttreten des Gesetzes zur Beendigung der Diskriminierung gleichgeschlechtlicher Gemeinschaften v. 16.2.

2001 (BGBl. 2001 I 266) seit 1.8.2001 **pflichtteilsberechtigt,** wenn die eingetragene Lebenspartnerschaft zum Zeitpunkt des Eintritts des Erbfalls noch bestand und er von der Erbfolge durch Verfügung von Todes wegen ausgeschlossen ist (§ 10 VI 1 LPartG).

Die Lebenspartnerschaft besteht zur Zeit des Erbfalls fort, wenn sie wirksam begründet wurde und sie bis zum Erbfall nicht gem. § 15 LPartG aufgehoben worden ist. Denn dadurch erlischt wie im Falle der Scheidung das gesetzliche Erbrecht und damit die Grundlage für den Pflichtteilsanspruch. **63**

Daneben entfällt die Pflichtteilsberechtigung gem. § 10 III LPartG, wenn zzt. des Erbfalls die Voraussetzungen für eine Aufhebung der Lebenspartnerschaft nach § 15 II Nr. 1 oder 2 LPartG gegeben waren und der Erblasser die Aufhebung beantragt oder ihr zugestimmt hatte. Gleiches gilt, wenn vom Erblasser einseitig ein begründeter Aufhebungsantrag wegen unzumutbarer Härte nach § 15 II Nr. 3 LPartG gestellt war (*Kaiser* FPR 2005, 286 (289)). **64**

Nach § 10 VI 2 LPartG werden auf den Pflichtteilsanspruch des eingetragenen Lebenspartners die Vorschriften des BGB über den Pflichtteil für entsprechend anwendbar erklärt, wobei der überlebende Lebenspartner wie ein Ehegatte behandelt werden soll. Zur Bemessung der Quoten → Rn. 85 ff. **65**

VII. Höhe, Durchsetzung und Schuldner des Pflichtteilsanspruchs

1. Allgemein. Der Pflichtteilsanspruch ist **auf Geld** gerichtet. Die Höhe des Pflichtteils wird durch zwei Faktoren bestimmt und zwar (1) durch die Pflichtteilsquote und (2) durch den Wert des Nachlasses (vgl. § 2311). Die Pflichtteilsquote wird durch Abs. 1 S. 2 allgemein festgelegt: Der Pflichtteil eines Berechtigten bemisst sich nach der **Hälfte des Wertes seines gesetzlichen Erbteils.** **66**

Der maßgebliche Erbteil ist für jeden Berechtigten gesondert zu bestimmen. Die Größe des Pflichtteils hängt ebenso wie die Größe des Erbteils von der Zahl der gesetzlichen Erben ab, die neben dem Pflichtteilsberechtigten zu berücksichtigen sind. Dabei ist die Erbfolge fiktiv unter Beachtung des § 2310 zu ermitteln. Mitgezählt werden bei der Berechnung alle Personen, die zzt. des Erbfalls Miterben gewesen wären, auch wenn sie konkret durch Enterbung, Erbunwürdigkeit oder Ausschlagung nicht Miterben geworden sind (§ 2310 1) oder einen Pflichtteilsverzicht erklärt haben (§ 2346 II; *v. Proff* ZEV 2016, 173). Nicht mitgezählt wird dagegen derjenige, der auf sein gesetzliches Erbrecht verzichtet hat (Erbverzicht nach § 2346). Die Pflichtteilsquote eines Pflichtteilsberechtigten kann sich folglich dadurch erhöhen, dass ein anderer Pflichtteilsberechtigter gegenüber dem Erblasser einen Erbverzicht erklärt hat. Bei einem in Zugewinngemeinschaft verheirateten Erblasser bzw. eingetragenem Lebenspartner ist die Pflichtteilsquote der Abkömmlinge davon abhängig, ob der längerlebende Ehegatte (Mit-)Erbe bzw. Vermächtnisnehmer ist oder nicht (*Horn* NZFam 2016, 539; → Rn. 77 ff.). **67**

Auch eine Erhöhung des Pflichtteilsanspruches wird dadurch nicht bewirkt, dass einer der Pflichtteilsberechtigten seinen Anspruch nicht geltend macht (BGH NJW 2002, 672 (673)). **68**

2. Erbfallschuld. Bei dem Pflichtteilsanspruch handelt es sich gem. § 1967 II um eine **Erbfallschuld** (Erman/*Horn* 1967 Rn. 6). Er geht Verbindlichkeiten aus Vermächtnissen und Auflagen vor (§ 1991 IV, § 327 I InsO). Die Verbindlichkeit ist wie alle Nachlassverbindlichkeiten vor der Teilung zu erfüllen (§ 2046 I), da ansonsten keine Teilungsreife bei einem geltend gemachten Pflichtteilszahlungsanspruch besteht. **69**

3. Schuldner des Pflichtteilsanspruchs. Das ist im Außenverhältnis allein der Erbe, keinesfalls (auch) der Vermächtnisnehmer bzw. vor dem Nacherbfall der Nacherbe. Mehrere Erben haften im Außenverhältnis als Gesamtschuldner für die Zahlungsansprüche in voller Höhe, wobei gleichgültig ist, ob die Erbengemeinschaft schon auseinandergesetzt ist (zur Auswahl der Beklagten: PHdB-Pflichtteilsprozess/*Fleischer/Horn* § 18 Rn. 8 ff.; Ausnahme: § 2329). Der Pflichtteilsberechtigte kann also vor und nach der Teilung nach seiner Wahl einen Miterben in voller Höhe in Anspruch nehmen. **70**

Das ist aber bei erfolgter **Teilung** dann nicht der Fall, wenn ein pflichtteilsberechtigter Miterbe die Einrede nach § 2319 erhebt: Die Einrede schlägt auf das Außenverhältnis durch; der Pflichtteilsberechtigte kann insoweit diesen Miterben nicht zur Zahlung in Anspruch nehmen (vgl. MüKoBGB/*Lange* § 2319 Rn. 4); für den Ausfall haften die übrigen Miterben (§ 2319 2). Hinsichtlich der vorbereitenden Ansprüche aus § 2314 I besteht Gesamtschuldnerschaft gem. §§ 431, 421; es handelt sich jeweils um eine persönliche Verpflichtung eines jeden Erben (BGH NJW 1989, 2887; Staudinger/*Herzog* § 2314 Rn. 47). **71**

Ob die Teilung schon durchgeführt wurde, hat dagegen **Auswirkungen auf die Zwangsvollstreckung:** (1) **Vor der Teilung** kann der in Anspruch genommene, mit Erbenvorbehalt nach § 780 ZPO (!) zur Zahlung verurteilte Miterbe die **Einrede der ungeteilten Erbengemeinschaft** erheben (§ 2059 I), dh er haftet nicht mit seinem Eigenvermögen, sondern kann im Zwangsvollstreckungsverfahren seine Haftung auf seinen Erbteil beschränken (Damrau/Tanck/*Riedel* Rn. 39). Er haftet also nur mit seinem Anteil am Nachlass, wobei diese Einrede naturgemäß erst im Zangsvollstreckungsverfahren greift (MSTB PflichtteilsR-HdB/*Hölscher/J. Mayer* § 2 Rn. 59; Besonderheit bei unbeschränkt haftendem Miterben s. § 2059 I 2). Der Pflichtteilsberechtigte kann dann in den Anteil des Miterben an der Erbengemeinschaft pfänden und diesen an sich überweisen lassen. (2) **Nach der Teilung** haftet indes jeder Miterbe mit seinem Eigenvermögen (§§ 421, 2058), kann sich ggf. aber auf die nach §§ 2060 ff. beschränkbare Haftung berufen. Hierzu müssen aber die speziellen Voraussetzungen des § 2060 vorliegen. **72**

4. Innenverhältnis. Die Erben sind nicht stets zu gleichen Teilen im Innenverhältnis ausgleichspflichtig, da zB § 2320 bzw. § 2319 zu beachten sind. Liegen aber solche Voraussetzungen nicht vor und hat **73**

der Erblasser nichts Abweichendes verfügt (§ 2324), haften die Miterben im Verhältnis ihrer Erbberechtigung (§§ 2038, 748, 2047 I; MüKoBGB/*Lange* § 2318 Rn. 2). (1) Wird ein Miterbe alleine in Anspruch genommen und hat dieser an den Pflichtteilsberechtigten geleistet, hat er einen Ausgleichsanspruch aus § 426 I gegen den anderen Miterben (BGH NJW 1983, 2378). Soweit der andere Miterbe dem einen Miterben, der von dem Pflichtteilsberechtigten in Anspruch genommen wurde und daraufhin an den Pflichtteilsberechtigten gezahlt hat, ausgleichpflichtig ist, geht gem. § 426 II der Pflichtteilsanspruch auf den einen Miterben (der gezahlt hat) über. (2) Hat der Pflichtteilsberechtigte den einen Miterben in Anspruch genommen und ist von diesem noch nicht befriedigt worden, kann dieser eine Miterbe den anderen Miterben auf verhältnismäßige Befreiung in Anspruch nehmen (MüKoBGB/*Lange* § 2318 Rn. 2; vgl. BeckOK BGB/*Gehrlein* § 426 Rn. 3a; MüKoBGB/*Bydlinski* § 416 Rn. 12, 70ff.). Hierzu der BGH (NJW 2010, 60 (61)): „*Er besteht zunächst als Mitwirkungs- und Befreiungsanspruch und wandelt sich nach Befriedigung des Gläubigers in einen Zahlungsanspruch um.*"

74 Dabei hat der Miterbe, der an den Pflichtteilsberechtigten gezahlt hat, darauf zu achten, dass sein Ausgleichsanspruch nach § 426 I gegenüber den anderen Miterben nicht verjährt. Die dreijährige Verjährung beginnt schon mit Begründung der Gesamtschuld (BeckOK BGB/*Gehrlein* § 426 Rn. 3a; BGH NJW 2010, 60 (61); vgl. PHdB-Pflichtteilsprozess/*Fleischer/Horn* § 18 Rn. 14). Zudem kann er ein Vermächtnis sowie eine Auflage ggf. kürzen, so dass der Vermächtnisnehmer verhältnismäßig an der Pflichtteilsverbindlichkeit zu beteiligen hat (→ § 2318).

75 **5. Testamentsvollstreckung.** Wurde Testamentsvollstreckung angeordnet, ist der Pflichtteilsanspruch unstr. bei der klageweisen Durchsetzung nicht gegenüber dem Testamentsvollstrecker, sondern gegenüber dem Erben geltend zu machen (§ 2213 I 3). Jedoch sollte der Testamentsvollstrecker sogleich auf Duldung der Zwangsvollstreckung mitverklagt werden (§ 748 III ZPO; Antrag bei PHdB-Pflichtteilsprozess/*Fleischer/Horn* § 18 Rn. 18). Bei der außergerichtlichen Durchsetzung ist umstr., ob die Ansprüche gegen den Erben oder auch gegen den Testamentsvollstrecker geltend zu machen sind. Im Hinblick auf die Gesetzesbegründung zu § 2213 I 3, wonach sich aufgrund der familiären Situation der Klageanspruch dieser Nachlassverbindlichkeit nicht gegen den Testamentsvollstrecker richten soll, ist es überzeugend, dass sich der Anspruch auch vorprozessual nicht gegen den Testamentsvollstrecker richten kann. Schließlich kann lt. BGH ein Testamentsvollstrecker nicht mit Wirkung für die Erben außergerichtlich den Pflichtteilsanspruch anerkennen (BGH NJW 1969, 424 (425)). Etwas anderes gilt, wenn letztwillig verfügt ist, dass der Anspruch von dem Testamentsvollstrecker zu regulieren ist; dann können die Ansprüche auch gegen den TV geltend gemacht werden (vgl. *Köpl* ZEV 2013, 235). Erfüllt ein Testamentsvollstrecker einen streitigen Pflichtteilsanspruch, so setzt er sich gegenüber den Erben der Haftung nach § 2219 aus (BGH NJW 1969, 424 (425)).

76 **6. Bemessung der Pflichtteilsquote beim Ehegatten/eingetragenen Lebenspartner. a) Faktoren für die Bemessung der Pflichtteilsquote.** Die Pflichtteilsquote des Ehegatten hängt von dessen Erbquote ab. Diese Quote hat auch Einfluss auf die Pflichtteilsquote der Abkömmlinge. Deren Höhe richtet sich nach der Erbordnung der neben dem Ehegatten vorhandenen Verwandten (vgl. § 1931 I) und dem Güterstand der Ehegatten, § 1931 III u. IV (Entsprechendes gilt für eingetragene Lebenspartner; → Rn. 85). Zur Ermittlung der Erb- bzw. Pflichtteilsquote des Ehegatten muss daher geklärt werden, welche Verwandte in welcher Ordnung neben dem Ehegatten als gesetzliche Erben in Frage kommen. Außerdem ist der Güterstand der Ehegatten beim Tod des Erblassers festzustellen. Aus der Güterstandsabhängigkeit des gesetzlichen Erb- und Pflichtteils folgt, dass durch Wahl des Güterstands die Pflichtteilsquoten beeinflusst werden können.

77 **b) Pflichtteilsquote bei Zugewinngemeinschaft.** Lebten die Ehegatten im Zeitpunkt des Erbfalls im gesetzlichen Güterstand, erhöht sich der gesetzliche Erbteil des Ehegatten um $1/4$, dem pauschalen Zugewinnausgleichsviertel (§ 1931 III iVm § 1371 I). Gleiches gilt, wenn die Zugewinngemeinschaft ehevertraglich modifiziert wurde, insoweit zumindest bei Beendigung der Ehe dem längerlebenden Ehegatten der konkrete Zugewinnausgleich zusteht (vgl. BeckOK BGB/*G. Müller* Rn. 40). § 2303 II 2 ist iRd Gleichberechtigungsgesetz v. 18.6.1957 (BGBl. 1957 I 609) mWv 1.7.1958 eingeführt worden. Die Gesamterbquote wird als „*nach § 1371 I erhöhter gesetzlicher Ehegattenerbteil*" bezeichnet. Dies wirkt sich je nach Ordnung der Verwandten des Erblassers wie folgt aus:
– Neben Abkömmlingen beträgt die Ehegattenerbquote $1/4 + 1/4 = 1/2$ (§ 1931 I, III iVm § 1371 I).
– Neben Eltern des Erblassers und deren Abkömmlingen erhält der Ehegatte $1/2 + 1/4 = 3/4$ (§ 1931 I, III iVm § 1371 I).
– Sonderfall § 1931 I 2: Der Ehegatte erhält, wenn beim Wegfall einzelner Großeltern gem. § 1926 III–V deren Abkömmlinge an ihre Stelle treten würden, zusätzlich auch deren Erbteile.
– Sind lediglich Verwandte der 4. oder fernerer Ordnungen vorhanden, erhält der Ehegatte die volle Erbschaft (§ 1931 II).

78 Die pauschale Erhöhung ist davon unabhängig, ob der Erstverstorbene überhaupt einen Zugewinn erzielt hatte. Das wird oft übersehen: Diese Erhöhung um $1/4$ tritt nur ein, wenn es zur sog. **erbrechtlichen Lösung** kommt: Hierzu muss der längerlebende Ehegatte (Mit-)Erbe oder Vermächtnisnehmer werden (BGH NJW 1962, 1719). Die Pflichtteilsquote ist dann die Hälfte des nach § 1371 I erhöhten Ehegattenerbteils, also etwa bei vorhandenen Kindern $1/4$ (→ Rn. 87). Dies wird als **großer Pflichtteil** bezeichnet. Der längerlebende Ehegatte kann in diesem Fall, also bei Begünstigung durch Erbschaft oder Vermächtnis, wählen,

– ob er den **großen Pflichtteil** geltend macht (sog. erbrechtliche Lösung) oder
– ob er die Erbschaft bzw. das Vermächtnis gem. § 1371 III ausschlägt und als Pflichtteilsberechtigter den **kleinen Pflichtteil** nebst dem **konkreten Zugewinnausgleich** nach den §§ 1373 ff. verlangt (sog. **güterrechtliche Lösung**).

Bei § 1371 III handelt es sich um eine Abweichung von dem allgemeinen Grundsatz des Pflichtteilsrechts, dass unter Ausschlagung zum Verlust des Pflichtteilsanspruchs führt. Da die Gesamtbeteiligung des Ehegatten am Nachlass bei Zugewinngemeinschaft neben Abkömmlingen 1/2 beträgt, ist die Wahl der güterrechtlichen Lösung nur wirtschaftlich sinnvoll, wenn sich hieraus eine Gesamtbeteiligung ergibt, die diese Quote übersteigt. Nach den Berechnungen von *Nieder/W. Kössinger* lohnt sich diese taktische Ausschlagung nur in Fällen, in denen Abkömmlinge vorhanden sind und in denen der Anteil des Zugewinns am Nachlass über 6/7 beträgt (Nieder/Kössinger Testamentsgestaltung-HdB/*Nieder/W. Kössinger* § 2 Rn. 43). Folglich muss der Erblasser 6/7 seines Vermögens während der Ehe aufgebaut haben; sein Anfangsvermögen lag mithin bei 1/7 seines Vermögens per Todestag. Neben Verwandten der 2. und der 3. Ordnung würde sich die taktische Ausschlagung nicht rentieren (vgl. BGH NJW 1964, 2404; NJW 1982, 2497). Hinweis: Bei der Errechnung des konkreten Zugewinnausgleichs sind reduzierend Schenkungen zu berücksichtigen, die unter (konkludenter) Anrechnung auf den Zugewinnausgleich erfolgten (§ 1380 BGB).

79

Ist der längerlebende Ehegatte **enterbt** und ist ihm auch kein Vermächtnis zugewandt (§ 1371 II) oder hat er die Erbschaft oder das Vermächtnis ausgeschlagen (§ 1371 III), hat er nicht die Wahl, statt des güterrechtlichen Ausgleichs und des kleinen Pflichtteils den auf Grund des erhöhten Erbteils berechneten Pflichtteil (sog. großer Pflichtteil) zu verlangen (Staudinger/*Otte* Rn. 66 mwN).

80

Der große Pflichtteil des Ehegatten kommt daher nur zum Ansatz, wenn der überlebende Ehegatte zum (Mit-)Erben eingesetzt oder mit einem Vermächtnis bedacht ist und er trotzdem Pflichtteilsansprüche geltend machen kann (bspw. nach den § 2305, § 2307 oder §§ 2325 ff.; Übersicht zu konkreten Anwendungssituationen: MAH ErbR/*Horn* § 29 Rn. 174 f.). Außerdem hat dies **Auswirkungen auf die Pflichtteile der übrigen Pflichtteilsberechtigten**, die unter Berücksichtigung des erhöhten gesetzlichen Ehegattenerbteils zu berechnen sind, falls nicht die Fälle des § 1371 II u. III vorliegen. Kommt es zur güterrechtlichen Lösung (§ 1371 II), bestimmt sich die Pflichtteilsquote der übrigen Pflichtteilsberechtigten nach dem nicht erhöhten Ehegattenerbteil; allerdings wird der Nachlasswert um die als Nachlassverbindlichkeit abzusetzende Zugewinnausgleichsforderung vorab (uU erheblich) vermindert (BeckOK BGB/*G. Müller* Rn. 41).

81

Ausschlagung gegen Abfindung: Bei einem längerlebenden Erblasser mit vorhandenen Abkömmlingen und einem güterrechtlich nachteiligen Berliner Testament mit Pflichtteilsstrafklausel kann es sinnvoll sein, dass der längerlebende Ehegatte gegen eine Abfindung ausschlägt. Schließlich können in einem solchen Fall idR die Abkömmlinge nicht ihre steuerlichen Freibeträge nach dem erstversterbenden Ehegatten nutzen (§ 16 I ErbStG). Hierzu sollten der längerlebende Ehegatte und die Abkömmlinge vereinbaren, dass unter der aufschiebenden Bedingung der Ausschlagung der Ehegatte eine Abfindung erhält (vgl. § 3 II Nr. 4 ErbStG; Muster bei BeckOF ErbR/*Horn* Form. 5.4.9). Hier ist aber sehr genau zu prüfen, ob tatsächlich die Abkömmlinge ersatzweise nach Ausschlagung durch den längerlebenden Ehegatten den erstversterbenden Ehegatten beerben.

82

c) Pflichtteilsquote bei Gütergemeinschaft. Bei Gütergemeinschaft beträgt die Pflichtteilsquote des überlebenden Ehegatten neben Verwandten der ersten Ordnung grds. 1/8, neben Verwandten der zweiten Ordnung oder neben Großeltern grds. 1/4, § 1931 I. Sind weder Verwandte der ersten noch der zweiten Ordnung bzw. Großeltern vorhanden, beträgt die Pflichtteilsquote des überlebenden Ehegatten stets 1/2, § 1931 II.

83

d) Pflichtteilsquote bei Gütertrennung. Bei Gütertrennung gilt für die Ehegattenerbquote die Sonderregel des § 1931 IV. Danach erben, wenn neben dem Ehegatten ein oder zwei Kinder des Erblassers als dessen gesetzliche Erben berufen sind, der Ehegatte und die Kinder zu gleichen Teilen. Neben einem Kind beträgt die Pflichtteilsquote des Ehegatten daher 1/4 und neben zwei Kindern 1/6. Bei mehr als zwei Kindern beträgt die Pflichtteilsquote des Ehegatten stets 1/8, da nach § 1931 I der gesetzliche Erbteil immer 1/4 beträgt.

84

e) Pflichtteilsquoten bei eingetragener Lebenspartnerschaft. Für die Bemessung der Pflichtteilsquote des eingetragenen Lebenspartners (und die sich hieraus errechnenden Quoten der übrigen Pflichtteilsberechtigten) gelten die obigen Ausführungen entsprechend (vgl. § 10, § 6 II LPartG, wonach für Lebenspartner bei Zugewinngemeinschaft § 1371 entsprechend gilt).

85

Auch durch Gestaltung des Güterstands im Rahmen eines sog. **Lebenspartnerschaftsvertrages** können daher die Erb- und Pflichtteilsquoten des eingetragenen Lebenspartners und der sonstigen Pflichtteilsberechtigten (im Falle der Kinderlosigkeit des Erblassers va diejenigen der Eltern) beeinflusst werden.

86

In der nachfolgenden Tabelle (MAH ErbR/*Horn* § 29 Rn. 183) werden die Pflichtteilsquoten, abhängig ua vom Güterstand, angegeben. In der Zeile „Zugewinngemeinschaft" geht die Tabelle bei den Pflichtteilsquoten der Kinder davon aus, dass der längerlebende Ehegatte erbt. Schlägt hingegen dieser aus oder ist enterbt, beläuft sich der Pflichtteil eines Kindes bei einem Kind auf 3/8, bei zwei Kindern auf 3/16 und bei 3 Kindern auf 1/8. Der Pflichtteil des Zugewinnehegatten neben Kindern beläuft sich nur dann auf 1/4, wenn er entweder eine geringe Erbquote erbt oder ein kleines Vermächtnis erhält. Ist er hingegen enterbt oder schlägt aus, erhält er nur den kleinen Pflichtteil von 1/8 und seinen konkreten Zugewinnausgleich.

87

Güterstand	Pflichtteil je Kind (wenn der Erblasser im Erbfall verheiratet war)			Pflichtteil des Ehegatten (neben 1. Ordnung)		
	bei 1 Kind	bei 2 Kindern	bei 3 Kindern			
Zugewinngemeinschaft	$1/4$	$1/8$	$1/12$	$1/8$ ($1/4$ bei Vermächtnis oder geringer Erbeinsetzung)		
				bei 1 Kind	bei 2 Kindern	bei 3 und mehr Kindern
Gütertrennung	$1/4$	$1/6$	$1/8$	$1/4$	$1/6$	$1/8$
Gütergemeinschaft	$3/8$	$3/16$	$3/24$	$1/8$		

§ 2304 Auslegungsregel

Die Zuwendung des Pflichtteils ist im Zweifel nicht als Erbeinsetzung anzusehen.

1 **1. Normzweck.** Wendet der Erblasser einem Pflichtteilsberechtigten durch Verfügung von Todes wegen den Pflichtteil zu, so ist dies mehrdeutig. Es kann sich hierbei um (1) eine **Erbeinsetzung** iHd Pflichtteilsquote, (2) um eine **Vermächtniszuweisung** iHd Pflichtteils oder (3) um eine **Enterbung** (§ 1938) unter Verweisung auf den gesetzlichen Pflichtteilsanspruch handeln (LG Hamburg BeckRS 2005, 824).

2 Was gewollt ist, ist iZw durch einfache Auslegung nach den allgemeinen Grundsätzen zu ermitteln (§§ 133, 157, 2084). § 2304 gibt in diesem Zusammenhang eine Auslegungshilfe in Form einer **negativen Auslegungsregel**. Die Vorschrift legt fest, dass die Pflichtteilszuwendung iZw nicht als Erbeinsetzung anzusehen ist. Ob die Verfügung positiv als Vermächtnisanordnung oder lediglich als Verweisung auf das gesetzliche Pflichtteilsrecht auszulegen ist, lässt § 2304 allerdings offen.

3 **2. Erbeinsetzung.** Die Zuwendung des Pflichtteils an eine pflichtteilsberechtigte Person durch Verfügung von Todes wegen stellt nach § 2304 iZw **keine Erbeinsetzung** dar. Die gesetzliche Vermutung hat besondere Bedeutung für Verwirkungs- und Wiederverheiratungsklauseln, in denen häufig bestimmt ist, dass bspw. das den Pflichtteil fordernde Kind oder der sich wiederverheiratende Ehegatte nur den Pflichtteil erhalten soll (vgl. Soergel/*Dieckmann* Rn. 2 mwN).

4 Was der Erblasser anordnen wollte, ist aber primär durch einfache **Auslegung** zu ermitteln. Denn die Vorschrift gilt nur, wenn sich kein ausdrücklicher anderer Wille des Erblassers feststellen lässt. Ein ausdrücklicher anderer Wille ist zB anzunehmen, wenn der Erblasser einfach den Pflichtteilsberechtigten in Höhe seiner Pflichtteilsquote zum Miterben eingesetzt hat oder zB verfügt wurde: „… soll Erbe mit der Pflichtteilsquote werden".

5 Es kommt in diesem Zusammenhang entscheidend darauf an, ob nach dem Willen des Erblassers der Pflichtteilsberechtigte mit den Erben auf dieselbe Stufe gestellt werden sollte oder ob auf eine unterschiedliche Stellung zu schließen ist (BGH NJW 2004, 3558). Für eine Gleichstellung mit den anderen Erben und damit eine Erbeinsetzung spricht, wenn anzunehmen ist, dass der Erblasser dem Pflichtteilsberechtigten **unmittelbare Rechte am Nachlass** und das **Recht zur Mitsprache** bei dessen Verwaltung und Verteilung einräumen wollte (jurisPK-BGB/*Birkenheier* Rn. 6 mwN).

6 Vor allem bei notariellen Testamenten oder Erbverträgen kommt der sprachlichen Fassung starke Indizwirkung zu (vgl. MüKoBGB/*Lange* Rn. 7). Denn nach § 17 BeurkG hat der Notar darauf hinzuwirken, dass der Wille des Erklärenden klar und unzweideutig aus der Urkunde hervorgeht. Außerdem muss er den Erblasser auch über die rechtliche Tragweite der Erklärung belehren. Bei Testamenten von juristischen Laien bzw. solchen, die ohne rechtliche Beratung errichtet worden sind, nimmt die Indizwirkung des Wortlautes ab. Hier ist der Wortlaut stärker zu hinterfragen und intensiver zu ermitteln, was der Erblasser mit diesen Worten ausdrücken wollte.

7 Liegt eine Erbeinsetzung vor, schließt dies mangels Enterbung (vgl. § 2303 I) einen Pflichtteilsanspruch aus. Der Eingesetzte ist Erbe mit allen Rechten und Pflichten, einschl. der dinglichen Mitberechtigung am Nachlass (MüKoBGB/*Lange* Rn. 6).

8 Bleiben trotz Auslegung Zweifel hins. der Erbeinsetzung, greift § 2304 ein. Es ist dann keine Erbeinsetzung anzunehmen, sondern zu prüfen, ob es sich um eine Vermächtnisanordnung oder um eine schlichte Enterbung handelt.

9 **3. Vermächtnisanordnung oder Enterbung? a) Auslegungsproblematik.** § 2304 regelt nicht positiv, ob die Verweisung auf den Pflichtteil – die iZw nach der Vorschrift keine Erbeinsetzung darstellt – als Vermächtnisanordnung oder Verweisung auf das gesetzliche Pflichtteilsrecht (Enterbung) anzusehen ist. Für diese Frage gibt es keine gesetzliche Auslegungsregel.

10 Die Frage ist vielmehr im Wege der **Auslegung** der Erblasserverfügung zu klären. Maßgeblich ist insoweit, ob der Erblasser den Bedachten begünstigen, ihm also etwas zuwenden wollte (dann **Vermächt-**

nisanordnung) oder ob er ihm nur belassen wollte, was er ihm nach dem Gesetz nicht entziehen kann (dann **Enterbung**) (BGH NJW 2004, 3558; OLG Nürnberg FamRZ 2003, 1229 = BeckRS 2001, 30181920). Es ist folglich zu ermitteln, ob in der Verfügung ein „beschränkender" oder ein „gewährender" Erblasserwille zum Ausdruck kommt (NK-BGB/*Bock* Rn. 3 mwN).

Formulierungen wie „wende ich den Pflichtteil zu" oder „Vermächtnis iHd Betrages des gesetzlichen 11 Pflichtteils" sprechen für eine Vermächtniszuwendung (NK-BGB/*Bock* Rn. 3). Gleiches gilt für eher positive Formulierungen hins. des Pflichtteils („... soll seinen Pflichtteil erhalten" gegenüber „... wird auf seinen Pflichtteil gesetzt" oder „... wird auf seinen Pflichtteil verwiesen").

Dagegen kann für eine Enterbung (Pflichtteilsverweisung) – und gegen ein Vermächtnis – sprechen, 12 wenn die Erblasseranordnung mit einer Verwirkungs- oder Pflichtteilsklausel versehen ist, wonach der Pflichtteilsberechtigte lediglich den Pflichtteil erhalten soll, wenn er sich gegen den Erblasserwillen auflehnt (vgl. MüKoBGB/*Lange* Rn. 10).

Lässt sich die Frage, ob hins. des Pflichtteils ein Vermächtnis vorliegt, nicht definitiv klären, ist iZw 13 von einer **Enterbung** auszugehen (NK-BGB/*Bock* Rn. 7; Soergel/*Dieckmann* Rn. 3 mwN).

b) Bedeutung der Abgrenzung. Die **Abgrenzung** zwischen Vermächtniszuwendung und Enterbung 14 mit Verweisung auf das gesetzliche Pflichtteilsrecht hat für einige Aspekte Bedeutung, nicht aber mehr bei der Frage der Verjährung; für (grds.) alle erbrechtlichen Ansprüche gilt die (kurze) Regelverjährung der §§ 195, 199 (Staudinger/*Otte* Rn. 26).

Zu nennen sind noch folgende Aspekte (vgl. MüKoBGB/*Lange* Rn. 8): Eine Vermächtnisforderung ist 15 ohne Weiteres pfändbar; ein Pflichtteilsanspruch nur, wenn er durch Vertrag anerkannt oder rechtshängig geworden ist (vgl. § 852 I ZPO; → § 2317 Rn. 46 ff.). Die Auskunfts- und Wertermittlungspflicht ergibt sich bei dem Pflichtteilsanspruch aus § 2314, beim Vermächtnis nur aus § 242 (Staudinger/*Otte* Rn. 13). Das Vermächtnis kann nach dem Erbfall einseitig ausgeschlagen werden (§ 2180), während auf den Pflichtteilsanspruch (bzw. auf die Geltendmachung des Pflichtteilsanspruchs) nur durch einen (formlosen) Vertrag (Achtung: ggf. Schenkung!) mit dem Erben verzichtet werden kann (§ 397). – Beide Ansprüche kann der Gläubiger jedoch einfach verjähren lassen. Die Steuerpflicht der Erbschaftsteuer tritt beim Vermächtnis bereits mit dem Anfall (§ 9 I Nr. 1a ErbStG); beim Pflichtteil hingegen erst mit seiner Geltendmachung ein (§ 10 V Nr. 2 ErbStG). Eine Vermächtnisanordnung kann anders als die bloße Pflichtteilsverweisung vertraglicher Bestandteil eines Erbvertrages (§ 2278 II) oder wechselbezüglicher Verfügungen in einem gemeinschaftlichen Testament (vgl. § 2270 III) sein. Eine Pflichtteilsklage kann trotz einer Testamentsvollstreckung nur gegen den Erben erhoben werden (§ 2213 I 3); das Vermächtnis kann gegen den Erben und gegen den Testamentsvollstrecker gerichtsanhängig gemacht werden.

4. Auslegung der Pflichtteilszuwendung in besonderen Konstellationen. a) Pflichtteilszuwendung 16 **an den Ehegatten im Falle der Zugewinngemeinschaft.** Eine Zuwendung des Pflichtteils an den Ehegatten ist va im Falle der Zugewinngemeinschaft problematisch. Denn je nachdem, ob dem überlebenden Ehegatten eine Erbschaft oder ein Vermächtnis zugewandt wurde oder er enterbt wurde oder eine ihm zugewandte Erbschaft oder ein ihm zugewandtes Vermächtnis ausgeschlagen hat, steht ihm **der „große" oder der „kleine" Pflichtteil** zu (→ § 2303 Rn. 77 ff.).

Wendet der Erblasser seinem überlebenden Ehegatten **schlechthin „den Pflichtteil"** zu, dann können 17 bei Fehlen näherer Angaben Auslegungsschwierigkeiten entstehen, da damit der „kleine" oder der „große" Pflichtteil gemeint sein kann. Was der Erblasser damit ausdrücken wollte, ist im Wege der Auslegung zu klären. Dabei können § 2304 und die oben dargelegten Grundsätze entsprechend angewendet werden. IZw ist der **kleine Pflichtteil** gemeint (jurisPK-BGB/*Birkenheier* Rn. 11; BeckOK BGB/*Müller* Rn. 13; vgl. MüKoBGB/*Lange* Rn. 14, wonach es keine allgemeine Vermutung für die eine oder andere Auslegung gebe). Praktisch bedeutsam ist allerdings letztlich nur die Frage, ob es sich um eine schlichte Pflichtteilsverweisung oder um eine Erbeinsetzung/Vermächtniszuwendung handelt. Denn im letzteren Fall kann der Ehegatte den Wertunterschied zum großen Pflichtteil ohnehin mit dem Pflichtteilsrestanspruch nach § 2305 oder § 2307 I 2 geltend machen (MüKoBGB/*Lange* Rn. 14).

Ergibt die Auslegung, dass der Erblasser dem überlebenden Ehegatten den „großen" Pflichtteil zuge- 18 wandt hat, dann kann es sich hierbei nur um eine Vermächtnisanordnung (oder – nach § 2304 iZw nicht anzunehmen – eine Erbeinsetzung) handeln. Denn dem überlebenden Ehegatten ist dann etwas zugewandt, worauf er kraft Gesetzes im Falle einer Enterbung keinen Anspruch hätte (vgl. MüKoBGB/ *Lange* Rn. 14).

Ergibt die Auslegung, dass der Erblasser dem überlebenden Ehegatten den „kleinen" Pflichtteil zuge- 19 wandt hat, dann kann es sich hierbei um eine Pflichtteilsverweisung, eine Vermächtnisanordnung oder eine Erbeinsetzung handeln. Im Falle der Pflichtteilsverweisung, wenn der überlebende Ehegatte enterbt ist, bleibt ihm infolge Nichtanwendung des § 1371 I der Weg zum großen Pflichtteil verschlossen. Er kann neben dem kleinen Pflichtteil nur den konkreten Zugewinnausgleich beanspruchen. Handelt es sich um eine Erbeinsetzung oder um ein Vermächtnis, dann kann der überlebende Ehegatte die Zuwendung annehmen und über § 2305 oder § 2307 die Wertdifferenz zum großen Pflichtteil verlangen. Er kann aber auch die Zuwendung ausschlagen und den kleinen Pflichtteil nebst güterrechtlichem Zugewinnausgleich verlangen.

Die vorstehenden Grundsätze gelten entsprechend hins. des überlebenden **eingetragenen Lebens-** 20 **partners** iSd LPartG, wenn die Lebenspartner Zugewinngemeinschaft vereinbart hatten.

b) Pflichtteilszuwendung an Eltern oder Abkömmlinge im Falle der Zugewinngemeinschaft. Wird 21 Eltern oder Abkömmlingen der Pflichtteil ohne nähere Bestimmung zugewandt, so ist der durch den erhöhten Ehegattenerbteil fixierte Pflichtteil gemeint, wenn der Ehegatte **Erbe oder Vermächtnisnehmer** wird (vgl. § 1371 I). Kommt es dagegen – etwa infolge **Ausschlagung** der Erbschaft durch den überlebenden Ehegatten – zur güterrechtlichen Lösung (vgl. § 1371 II, III), ist der nicht erhöhte gesetzliche Ehegattenerbteil für die Berechnung der Quoten der übrigen Pflichtteilsberechtigten maßgebend. Dadurch erhöht sich zwar die Pflichtteilsquote von Abkömmlingen oder Eltern, nicht aber unbedingt auch ihr Pflichtteilsanspruch. Denn die etwaige konkrete Zugewinnausgleichsforderung des längerlebenden Ehegatten kann iRd Berechnung der Pflichtteilsansprüche gem. § 2311 als Nachlassverbindlichkeit vom pflichtteilserheblichen Wert des Nachlasses in Abzug gebracht werden.

22 Wurde der überlebende Ehegatte **ersatzlos enterbt,** bestimmt sich der den Abkömmlingen oder Eltern zugewiesene Pflichtteil nach dem nicht erhöhten Ehegattenerbteil (kleiner Pflichtteil). Eine Bruchteilsverschiebung kommt nicht in Betracht, gleichviel ob die Zuwendung als Erbeinsetzung, als Anordnung eines Vermächtnisses oder als schlichte Pflichtteilsverweisung zu deuten ist (Soergel/*Dieckmann* Rn. 9).

23 Die vorstehenden Grundsätze gelten entsprechend hins. des überlebenden **eingetragenen Lebenspartners**, wenn die Lebenspartner Zugewinngemeinschaft vereinbart hatten.

24 **c) Pflichtteilszuwendung an nicht pflichtteilsberechtigte Personen.** Die Zuwendung des Pflichtteils an eine nicht pflichtteilsberechtigte Person (wie zB Stiefkind, Geschwister, Neffe oder Nichte usw) kann ein **Vermächtnis** iHd Hälfte des gesetzlichen Erbteils, uU sogar des gesetzlichen Erbteils, sein (*Ferid* NJW 1960, 121 (122)). In Betracht kommt nach den allgemeinen Auslegungsgrundsätzen je nach Lage des Falles auch die Annahme einer enterbungslosen Anordnung. Es muss daher durch Auslegung der Erblasserverfügung ermittelt werden, ob die genannte Person überhaupt etwas aus dem Nachlass bekommen soll, obwohl ihr kein Pflichtteilsrecht zusteht.

25 Die oben dargelegten Grundsätze zur Auslegung der Erblasserverfügung als Vermächtnis oder Enterbung (→ Rn. 9) können daher nur undifferenziert angewendet werden, wenn hiervon pflichtteilsberechtigte Personen (wie zB Abkömmlinge oder des Erblassers) betroffen sind. Handelt es sich dagegen um eine nicht pflichtteilsberechtigte Person, wie zB ein **Stiefkind des Erblassers**, stellt sich iRd Auslegung nicht die Abgrenzungsfrage zwischen Vermächtniszuwendung und Verweisung auf das gesetzliche Pflichtteilsrecht, sondern das Stiefkind droht leer auszugehen (BGH NJW-RR 1991, 706). Grundsätzlich wird man in solchen Fällen „großzügiger" mit der Annahme eines Vermächtnisses verfahren, als dies bei pflichtteilsberechtigten Personen der Fall ist.

26 Der BGH erkannte in einem Fall auf ein Vermächtnis (NJW-RR 1991, 706 (707): Die Ehegatten hatten sich gegenseitig und alle Kinder, so auch das einseitige Kind des vorverstorbenen Ehemannes, zu Schlusserben berufen. Innerhalb einer Pflichtteilsstrafklausel war verfügt, dass bei Pflichtteilsgeltendmachung im ersten Erbfall dieses Kind „*auch nach dem Tode meiner Frau nur den Pflichtteil erhalten*" soll. Es würde deutlich, dass das Kind „*etwas*" bekommen sollte. Den Umfang des Vermächtnisses ließ der BGH offen und verwies zurück. Besonders, wenn dem Erblasser bewusst war, dass der betreffenden Person kein Pflichtteilsrecht zusteht, wird ein Vermächtnis anzunehmen sein (BeckOK BGB/G. Müller § 2304 Rn. 18). In Betracht kann ein Vermächtnis in Höhe des Pflichtteils bei Unterstellung der Abstammung von dem Erblasser (OLG Schleswig ZEV 2013, 501 (502); OLG Celle ZErb 2010, 86) oder der gleiche Betrag sein, den das Kind aufgrund seines Pflichtteilsanspruchs im ersten Erbfall erhalten hat (angedacht: BGH NJW-RR 1991, 706 (707)).

§ 2305 Zusatzpflichtteil

¹Ist einem Pflichtteilsberechtigten ein Erbteil hinterlassen, der geringer ist als die Hälfte des gesetzlichen Erbteils, so kann der Pflichtteilsberechtigte von den Miterben als Pflichtteil den Wert des an der Hälfte fehlenden Teils verlangen. ²Bei der Berechnung des Wertes bleiben Beschränkungen und Beschwerungen der in § 2306 bezeichneten Art außer Betracht.

1 **1. Normzweck.** Aufgabe der §§ 2305–2307 ist der Schutz des Pflichtteilsberechtigten davor, dass ihn der Erblasser zwar zum Erben oder Vermächtnisnehmer beruft, die Zuwendung aber nicht den Wert des vollen Pflichtteils erreicht. § 2305 im Speziellen verhilft dem unzulänglich bedachten Miterben mit dem Pflichtteilsrestanspruch zu einem „Zusatzpflichtteil" in Geld, der den Wertunterschied zwischen dem zugewendeten Erbteil und dem vollen Pflichtteil (§ 2303 I 2) deckt.

2 Der Anspruch auf den Zusatzpflichtteil wird als Pflichtteilsrestanspruch bezeichnet (Staudinger/*Otte* Rn. 1).

3 **2. Voraussetzungen des Pflichtteilsrestanspruchs. a) Einsetzung des Pflichtteilsberechtigten zum Miterben.** Um den Pflichtteilsanspruch geltend machen zu können, muss der Betreffende nicht nur pflichtteilsberechtigt sein, sondern auch **zum Miterben eingesetzt** worden sein. Dies ist nicht der Fall, wenn der Pflichtteilsberechtigte nur als **Ersatzerbe** (§ 2096) berufen wurde.

4 **b) Erbteil bleibt hinter hälftigem gesetzlichem Erbteil zurück. aa) Bestimmung nach Quotenvergleich.** Erreicht der dem Pflichtteilsberechtigten vom Erblasser zugewandte Erbteil nicht die Hälfte des gesetzlichen Erbteils (und damit die Höhe des Pflichtteils), so kann der pflichtteilsberechtigte Erbe den Wertunterschied **in Geld** zusätzlich zum hinterlassenen Erbteil fordern, und zwar als Pflichtteil.

5 Die Frage, ob der zugewandte Erbteil die Höhe des Pflichtteils erreicht, ergibt sich idR aus einem **Vergleich der beiden Quoten** (sog. Quotentheorie). Der dem Erben hinterlassene quotenmäßige Anteil am Gesamtnachlass wird also mit seiner halben gesetzlichen Erbquote verglichen (OLG Köln ZEV 1997,

298; MüKoBGB/*Lange* Rn. 4). Im Falle einer Erbeinsetzung durch Zuwendung von **Einzelgegenständen** ist die Quote aus dem Wertverhältnis zwischen Zuwendung und Gesamtnachlass zu errechnen (BGH NJW 1993, 1005; vgl. Horn/Kroiß Testamentsauslegung/*Horn* § 5 Rn. 15 ff.).

Ist dem Erben zusätzlich ein **Vermächtnis** zugewandt, ist dieses dem Erbteil hinzuzurechnen (BGH NJW 1981, 1837). 6

Bei Ehegatten in **Zugewinngemeinschaft** bestimmt sich die halbe gesetzliche Erbquote des Überlebenden aus dem um ¼ erhöhten gesetzlichen Erbteil (§ 1371 I) (sog. großer Pflichtteil → § 2303 Rn. 81). 7

bb) Ausnahmsweise Bestimmung durch Wertvergleich. Sind bei der Pflichtteilsberechnung **Anrechnungs- und Ausgleichspflichten** nach den §§ 2315, 2316 zu berücksichtigen, ist der Vergleich ausnahmsweise nach den Werten von Erbteil und Pflichtteil vorzunehmen, weil der Pflichtteil wegen dieser Anrechnung von Vorempfängen nicht dem Wert des halben gesetzlichen Erbteils entspricht. Es entscheidet dann das Verhältnis des (unter Berücksichtigung dieser Vorempfänge) errechneten konkreten Pflichtteilsbetrags zu dem rechnerischen Wert des hinterlassenen Erbteils, der als Rohwert ohne Abzug der Beschränkungen und Beschwerungen des § 2306 zu berechnen ist (OLG Köln ZEV 1997, 298; OLG Zweibrücken ZEV 2007, 97 (zu § 2306 BGB aF); BGH NJW 1993, 1197; OLG Celle ZEV 1996, 307 (308) mAnm *Skibbe,* der sich auch in diesem Fall für die Anwendung der Quotentheorie ausspricht). 8

3. Rechtsfolgen. a) Erbenstellung. Der Pflichtteilsberechtigte, dessen hinterlassener Erbteil nicht seinen Pflichtteil erreicht, bleibt Erbe des ihm hinterlassenen Erbteils (zur Ausschlagung → Rn. 17). Er kann seinen Restanspruch in Geld verlangen. 9

Ist dem Pflichtteilsberechtigten neben dem Erbteil ein Vermächtnis hinterlassen, ist iÜ auch § 2307 zu berücksichtigen (→ § 2307 Rn. 24 ff.). 10

b) Höhe des Zusatzpflichtteils. aa) Höhe allgemein. Die Höhe des Zusatzpflichtteils bestimmt sich nach der Differenz zwischen dem Wert des angenommenen Erbteils und dem Wert des Pflichtteils. 11

bb) Berücksichtigung von Beschränkungen und Beschwerungen. S. 2 stellt klar, dass Beschränkungen und Beschwerungen bei der Berechnung des Wertes des Zusatzpflichtteils **außer Betracht** bleiben. 12

Der angenommene Erbteil bleibt mit den Beschränkungen und Beschwerungen belastet; diese Belastung wird wirtschaftlich nicht durch einen erhöhten Zusatzpflichtteil ausgeglichen (BT-Drs. 16/8954, 19). Der Erbe eines beschränkten bzw. beschwerten Erbteils hat aber gem. § 2306 I **immer die Wahl**, diesen Erbteil auszuschlagen und den vollen Pflichtteil zu verlangen. 13

cc) Bemessung des Pflichtteilsrestanspruchs bei Zugewinngemeinschaftsehe. Nimmt der längerlebende Ehegatte bei **Zugewinngemeinschaft** den zugewandten, nicht den Pflichtteil erreichenden Erbteil an, richtet sich der Pflichtteilsrestanspruch nach dem **erhöhten** gesetzlichen Erbteil (sog. großer Pflichtteil). Dies ist folgerichtig, da dem Ehegatten in diesem Fall der rechnerische Zugewinnausgleich (§ 1371 II) versagt bleibt (MüKoBGB/*Lange* Rn. 12). 14

Soll dem längerlebenden Ehegatten dieser große Pflichtteil vorenthalten werden, muss der Erblasser ihn enterben. Eine andere Variante besteht darin, den überlebenden Ehegatten unter der Bedingung zum Erben zu berufen, dass er seinen Restanspruch nicht erhebt, was nach hA zulässig ist (*Bohnen* NJW 1970, 1531 (1533); MüKoBGB/*Lange* Rn. 12 mwN). Mit der Geltendmachung des Pflichtteilsrestanspruchs würde er dann seine Erbenstellung verlieren. 15

Die vorstehenden Grundsätze gelten entsprechend für den überlebenden **eingetragenen Lebenspartner** iSd LPartG, wenn die eingetragenen Lebenspartner den Güterstand der Zugewinngemeinschaft gewählt hatten. 16

4. Rechtslage bei Ausschlagung. Schlägt der als Erbe eingesetzte Pflichtteilsberechtigte die ihm zugedachte – nicht mit Beschränkungen und Beschwerungen iSv § 2306 versehene – Erbschaft aus, dann erlangt er hierdurch – anders als in den Fällen der § 2306 I, § 2307 I – **nicht den vollen Pflichtteilsanspruch.** Ihm steht dann vielmehr **nur der ggf. bestehende Zusatzpflichtteilsanspruch** zu (RGZ 93, 3 (9); BGH NJW 1958, 1964 (1966); 1973, 995 (996)). Dies verursacht va bei Rechtsunkundigen immer wieder Probleme, wobei die Problematik noch dadurch verschärft wird, dass fraglich ist, ob die Ausschlagung wegen Inhaltsirrtums nach § 119 angefochten werden kann, wenn sich der Ausschlagende nur über die Rechtsfolgen seiner Erklärung geirrt hat (vgl. MüKoBGB/*Lange* Rn. 9; vgl. zur neueren Rspr. des BGH hins. der Beachtlichkeit von Rechtsfolgenirrtümern bei Annahme einer belasteten Erbschaft → § 2308 Rn. 21 ff.). 17

Nur der längerlebende Ehegatte aus einer **Zugewinngemeinschaftsehe** kann auch im Falle der Ausschlagung wegen der ausdrücklichen Regel des § 1371 III Hs. 1 den Pflichtteil verlangen. Dabei bestimmt sich der Pflichtteil im letzteren Fall nach dem nicht erhöhten gesetzlichen Erbteil (sog. kleiner Pflichtteil). Einen Pflichtteilszusatzanspruch auf Ausgleichung der Differenz zwischen dem „großen" und dem „kleinen" Pflichtteil gibt es in diesem Fall nicht. Der überlebende Ehegatte kann aber neben dem kleinen Pflichtteil den rechnerischen Zugewinnausgleich geltend machen (vgl. § 1371 III). 18

Umstritten ist nach wie vor, ob der unterhalb seines Pflichtteils eingesetzte Erbe die Ausschlagung des Erbteils unter „Vorbehalt des vollen Pflichtteils" erklären kann (vgl. HK-PflichtteilsR/*Schmidt-Recla* Rn. 15 mwN). Selbst wenn man davon ausginge, dass es sich hierbei nicht um eine echte rechtsgeschäftliche Bedingung, sondern um eine bloße Rechtsbedingung handelt und somit kein Verstoß gegen § 1947 vorliegt, so kollidiert eine solche Ausschlagungserklärung mit den §§ 2305 ff. Die Erklärung wäre daher unwirksam. 19

20 **5. Behandlung des Pflichtteilsrestanspruchs.** Dieser ist eine Nachlassverbindlichkeit (Anspruchsschreiben: BeckOF ErbR/*Schellenberger* Form. 11.1.19). Die Miterben haften hierfür gesamtschuldnerisch (§ 2058), aber nach § 2063 II nur beschränkt (OLG Düsseldorf ZEV 1996, 72 (73) mAnm *Stein*). Der Pflichtteilsrestanspruch ist innerhalb der Erbauseinandersetzung geltend zu machen (§ 2046; Damrau/Tanck/*Riedel* Rn. 7; vgl. MüKoBGB/*Lange* Rn. 7). Miterben können sich gegenüber einem Miterben, der den Restanspruch fordert, vor Teilung auf die Einrede der beschränkten Erbenhaftung aus § 2059 berufen (Joachim/Lange PflichtteilsR Rn. 188).

21 **6. Verjährung.** Die Verjährung richtet sich nach §§ 195, 199 (BeckOK BGB/*G. Müller* Rn. 4); sie beginnt nicht erst bei Teilungsreife bzw. der finalen Auseinandersetzung durch einen Vertrag unter den Miterben (§ 2042). Lt. Lange beginnt die Verjährung mit Kenntnis, dass der zugewandte Erbteil wertmäßig hinter dem Pflichtteilsanspruch zurückbleibt (MüKoBGB/*Lange* § 2332 Rn. 6).

§ 2306 Beschränkungen und Beschwerungen

(1) **Ist ein als Erbe berufener Pflichtteilsberechtigter durch die Einsetzung eines Nacherben, die Ernennung eines Testamentsvollstreckers oder eine Teilungsanordnung beschränkt oder ist er mit einem Vermächtnis oder einer Auflage beschwert, so kann er den Pflichtteil verlangen, wenn er den Erbteil ausschlägt; die Ausschlagungsfrist beginnt erst, wenn der Pflichtteilsberechtigte von der Beschränkung oder der Beschwerung Kenntnis erlangt.**

(2) **Einer Beschränkung der Erbeinsetzung steht es gleich, wenn der Pflichtteilsberechtigte als Nacherbe eingesetzt ist.**

I. Normzweck

1 Normalerweise entsteht ein Pflichtteilsanspruch nach § 2303 I nur, wenn der pflichtteilsberechtigte Angehörige durch eine Verfügung von Todes wegen **von der Erbfolge ausgeschlossen** worden ist. Grds. steht also demjenigen kein Pflichtteilsanspruch zu, der in einer Verfügung von Todes wegen vom Erblasser mit einem Vermächtnis oder einer Erbeinsetzung bedacht wurde oder der gesetzlicher Erbe ist.

2 Ausnahmen von dieser Regel stellen § 1371 III sowie die §§ 2305–2307 dar. Diese bezwecken, dem pflichtteilsberechtigten Angehörigen auch dann, wenn er durch Verfügung von Todes wegen bedacht worden ist, wertmäßig den vollen Pflichtteilsanspruch zu sichern, so, wie er ihn auch im Falle seiner Enterbung gehabt hätte. Die praktisch wichtigste Vorschrift ist in diesem Zusammenhang § 2306 (Überbl. bei *Horn* NJW 2017, 1083). Die Vorschrift regelt die Fälle, in denen die **Erbeinsetzung** des Pflichtteilsberechtigten **mit Beschränkungen und Beschwerungen** versehen ist, also umgangssprachlich „belastet" ist.

3 § 2306 ist durch die Erbrechtsreform 2010 erheblich vereinfacht worden (→ § 2303 Rn. 10 f.).

II. Voraussetzungen

4 **1. Pflichtteilsberechtigter als Erbe.** § 2306 greift nur ein, wenn den zum Erben berufenen Pflichtteilsberechtigten die in Abs. 1 S. 1 genannten Beschränkungen und Beschwerungen treffen oder wenn der Pflichtteilsberechtigte selbst nur zum Nacherben berufen worden ist (Abs. 2), dieser also mit einer Vorerbschaft beschränkt ist.

5 Voraussetzung für die Anwendbarkeit des § 2306 ist zunächst, dass der Betroffene **Erbe** des Erblassers ist. Dabei ist der Berufungsgrund unerheblich. Es kommen sowohl die gesetzliche als auch die gewillkürte Erbeinsetzung in Betracht. Obgleich der Wortlaut des § 2306 I nur vom hinterlassenen Erbteil spricht, ist anerkannt, dass auch der beschränkte bzw. beschwerte **Alleinerbe** nach dieser Vorschrift ausschlagen kann, um den Pflichtteilsanspruch geltend zu machen (BGH ZEV 2006, 498 = NJW 2006, 3353; OLG Hamm ZEV 2006, 168 (170); OLG Karlsruhe NJW-RR 2008, 316; aA OLG Stuttgart NJW 1959, 1735).

6 § 2306 kommt damit nicht zur Anwendung, wenn der Pflichtteilsberechtigte **keine Erbenstellung** erlangt hat und noch nicht einmal Nacherbe geworden ist. Sie greift daher nicht ein, wenn der Erblasser den Pflichtteilsberechtigten lediglich als **Ersatzerben** berufen hat oder wenn er – wie bspw. auch den Schlusserben eines Berliner Testaments beim ersten Erbfall – **enterbt** hat. Die Ersatzerbeneinsetzung steht damit einem sofortigen Pflichtteilsverlangen des Berechtigten nicht entgegen.

7 **2. Beschränkungen und Beschwerungen. a) Abschließende Aufzählung.** Die in § 2306 enthaltene Aufzählung der Beschränkungen und Beschwerungen, die ein Wahlrecht des pflichtteilsberechtigten Erben auslösen, ist **abschließend**.

8 Auf das **Ausmaß bzw. den Wert der Belastungen** kommt es nicht an. Auch geringfügige Beschränkungen und Beschwerungen erfüllen die Voraussetzungen für ein Wahlrecht nach § 2306 I (MüKoBGB/*Lange* Rn. 6). Dies gilt allerdings nur, wenn die Beschwerungen und Beschränkungen auch den Erbteil des Pflichtteilsberechtigten konkret belasten.

9 Die Belastungen müssen zur Zeit der Ausschlagung **bestehen**. Es liegt kein Fall des § 2306 vor, wenn die Belastungen noch vor dem Erbfall oder – nach dem Erbfall – durch Ausschlagung des Bedachten wegfallen (§§ 1953 I, 2180 III). Hat der Pflichtteilsberechtigte aber die belastete Erbschaft angenommen bzw. ausgeschlagen, bevor die Beschränkung oder Beschwerung weggefallen ist, bleiben seine Erklärungen wirksam (MüKoBGB/*Lange* Rn. 21; vgl. ggf. Anfechtungsmöglichkeit → § 2308).

aa) Einsetzung zum Vorerben. § 2306 I sieht in der Einsetzung eines Nacherben eine Beschränkung. **10** Die Vorschrift greift daher ein, wenn der Erbe lediglich zum **Vorerben** (vgl. §§ 2100 ff.) eingesetzt worden ist. Dabei spielt es keine Rolle, ob es sich um eine befreite (vgl. §§ 2136, 2137) oder um eine nicht befreite Vorerbschaft handelt. Unerheblich ist auch, ob die Nacherbfolge mit dem Tod des Vorerben oder mit einem anderen Ereignis eintritt.

Die Beschränkung des Pflichtteilsberechtigten durch die Anordnung des Erblassers liegt darin, dass **11** der Vorerbe nicht unbeschränkter Erbe ist, also weder unter Lebenden (vgl. §§ 2113, 2136) noch durch Verfügung von Todes wegen frei über die der Nacherbschaft unterliegenden Gegenstände verfügen kann. Bei dem nacherbengebundenen Vermögen handelt es sich vielmehr um ein Sondervermögen, das vom Eigennachlass des Vorerben getrennt bleibt und mit Eintritt des Nacherbfalls ohne Weiteres (vgl. § 2139) auf den oder die Nacherben übergeht.

Problematisch zu beurteilen sind die Fälle der **Wiederverheiratungsklausel** (die allerdings in der Praxis zunehmend an Bedeutung verlieren). Droht dem längerlebenden Ehegatten infolge einer solchen Wiederverheiratungsklausel bei Wiederverheiratung der Verlust der Erbschaft, dann ist er nach hA auflösend bedingter Vollerbe und zugleich aufschiebend bedingter Vorerbe (vgl. BeckOK BGB/*Litzenburger* § 2269 Rn. 35 mwN). Unabhängig von der juristischen Konstruktion sollte man die Fälle § 2306 I unterstellen mit der Folge, dass der Pflichtteilsberechtigte, der die Vorerbschaft angenommen hat, den Pflichtteil auch dann nicht mehr fordern kann, wenn er den Nachlass wegen Eintritts der Bedingung (Nacherbfall) herausgeben muss und der Pflichtteil zu diesem Zeitpunkt noch nicht verjährt ist (Soergel/*Dieckmann* Rn. 5). **12**

bb) Anordnung einer Testamentsvollstreckung. Die Anordnung einer **Testamentsvollstreckung** **13** stellt wegen der damit verbundenen alleinigen Verwaltungs- und Verfügungsbefugnis des Testamentsvollstreckers (§§ 2205, 2211) stets eine Beschränkung des Erben dar. Unerheblich ist dabei, ob es sich um eine „normale" Auseinandersetzungsvollstreckung oder um eine Verwaltungs- oder Dauervollstreckung (vgl. § 2209) handelt.

Die Testamentsvollstreckung muss aber in jedem Fall den Erbteil des Pflichtteilsberechtigten betreffen, **14** da er sonst nicht durch die Belastung iSv § 2306 I beschränkt ist. Dies ist nicht der Fall, wenn durch die Testamentsvollstreckung lediglich der Erbteil eines anderen Miterben oder ein Vermächtnisnehmer beschränkt wird.

cc) Teilungsanordnung. Hierzu zählen positive Anordnungen (§ 2048) und Teilungsverbote nach **15** § 2044 I (Joachim/Lange PflichtteilsR Rn. 201). Eine Teilungsanordnung stellt nur dann eine Beschränkung dar, wenn sie den Pflichtteilsberechtigten **benachteiligt** (BGH NJW-RR 1990, 391). Keine Beschränkung ist die Teilungsanordnung dagegen, wenn sie den Pflichtteilsberechtigten begünstigt oder seinen Erbteil gar nicht berührt (Soergel/*Dieckmann* Rn. 9 mwN). Wurden also bspw. die drei Kinder A, B u. C zu Miterben eingesetzt und zugunsten C eine Teilungsanordnung in Gestalt eines bloßen Übernahmerechts getroffen, kann C nicht nach § 2306 I vorgehen (wohl aber können dies A u. B). Handelt es sich allerdings um eine „herkömmliche" Teilungsanordnung, die auch eine entsprechende Übernahmeverpflichtung des Miterben begründet, greift § 2306 I ein. Zur Auslegung auch bei einer überquotalen Teilungsanordnung: Horn/Kroiß Testamentsauslegung/*Horn* § 6 Rn. 13 ff.

Hat der Erblasser keine Teilungsanordnung getroffen, aber hins. einzelner Nachlassgegenstände Zuweisungen getroffen, die nach Auslegung der Erblasserverfügung entgegen § 2087 II als Erbeinsetzung – **16** verbunden mit einer Teilungsanordnung – anzusehen sind, findet § 2306 I Anwendung (Soergel/*Dieckmann* Rn. 9; jurisPK-BGB/*Birkenheier* Rn. 30). Denn iErg darf es für keinen Unterschied machen, ob der Erblasser den Bruchteil des Pflichtteilserben errechnet und eine Teilungsanordnung hinzufügt oder ob er sich auf eine als Erbeinsetzung gedachte Sachzuweisung beschränkt und die Berechnung des Bruchteils anderen überlässt (so zu Recht Soergel/*Dieckmann* Rn. 9).

Es wird diskutiert, inwieweit iRd Vererbung eines Gesellschaftsanteils an einer Personengesellschaft **17** die (einfache oder qualifizierte) **Nachfolgeklausel** eine Teilungsanordnung iSv § 2306 I darstellt (vgl. Keller ZEV 2001, 297 (302)). Die bisher hA ging davon aus, dass § 2306 I nicht anwendbar ist, wenn ein Erblasser in gesellschaftsrechtlich zulässiger Weise durch letztwillige Verfügung einzelne oder mehrere Miterben zur Nachfolge in seinen Anteil an einer Personengesellschaft berufen hat (OLG Hamm NJW-RR 1991, 837; vgl. Reimann FamRZ 1992, 113; Winkler DNotZ 1992, 323). Dies wurde damit begründet, dass sich die Vererbung eines Anteils an einer Personengesellschaft abweichend vom Grundsatz der Universalsukzession im Wege der Einzelrechtsnachfolge vollziehe, der Anteil also außerhalb des Nachlasses unmittelbar auf den oder die Erben übergehe. Aber die Gesellschaftsbeteiligung bleibt trotz Sondererbfolge nachlasszugehörig (BGH NJW 1983, 2376). Daher ist § 2306 nicht unanwendbar wegen der fehlenden Nachlasszugehörigkeit, sondern allenfalls deswegen, weil etwaige Beschränkungen, mit denen die Gesellschaftsbeteiligung versehen ist (zB Kündigungsrecht usw), nicht von § 2306 erfasst sind.

Zutreffend wird allerdings auch zwischen einfachen und qualifizierten gesellschaftsrechtlichen Nach- **18** folgeklauseln differenziert (vgl. Staudinger/*Otte* Rn. 16 f.): Bei der einfachen Nachfolgeklausel bleibt es bei der Nichtanwendbarkeit des § 2306 I (so auch Joachim/Lange PflichtteilsR Rn. 202; MSTB Pflichtteils-HdB/*Hölscher/Mayer* § 2 Rn. 14; MüKoBGB/*Lange* Rn. 14). Qualifizierte Nachfolgeklauseln, nach denen der Erbe nicht in Höhe seiner Erbquote Gesellschafter wird, sondern den Gesellschaftsanteil unmittelbar im Ganzen erwirbt, wirken wie eine den Miterben belastende Teilungsanordnung, so dass § 2306 I angewendet werden müsse (*Reimann* FamRZ 1992, 113 (117); Staudinger/*Otte* Rn. 17); andere möchten anhand weiterer Kriterien differenzieren (MüKoBGB/*Lange* Rn. 15).

19 **dd) Einsetzung zum Nacherben.** Die Einsetzung zum **Nacherben** steht gem. Abs. 2 einer Beschränkung der Erbeinsetzung gleich. Die Beschränkung liegt darin, dass der Bedachte den ihm zugedachten Erbteil nicht sogleich, sondern erst im Nacherbfall und damit zeitlich nach dem Vorerben erhalten soll. Im Normalfall ist der Nacherbe aufschiebend befristet zum Erben berufen. Sollte ihm rechtsirrig sein Pflichtteil ohne die erforderliche Ausschlagung und damit ohne Rechtsgrund gezahlt worden sein, hat entweder die Rückzahlung nach § 812 oder später eine Verrechung mit dem Erbteil zu erfolgen (Palandt/ *Weidlich* Rn. 3; MAH ErbR/*Horn* § 29 Rn. 116).

20 Ein Nacherbe kann nicht mehr nach Annahme der Nacherbschaft, die auch schon unmittelbar nach dem eigentlichen Erbfall erfolgen kann, die Nacherbschaft ausschlagen. Nach der hier vertretenen Auffassung nimmt der Nacherbe die Erbschaft nicht schon deswegen konkludent an, wenn er seine Auskunftsansprüche nach § 2121 geltend macht (MAH ErbR/*Horn* § 29 Rn. 326). Dann hat er eine Grundlage zur anstehenden Entscheidung, ob er die Nacherbschaft zur Pflichtteilsgeltendmachung ausschlägt. So liegt nach dem RG keine schlüssige Annahme vor, wenn der Nacherbe vor dem Nacherbfall seine Rechte und Pflichten wahrnimmt (RGZ 80, 377 (383); Palandt/*Weidlich* § 2142 Rn. 6).

21 Die Rechtslage des Pflichtteilsberechtigten, der nur **aufschiebend bedingt** zum **Nacherbe** berufen ist, ist umstritten (vgl. *Bonefeld* ZErb 2015, 216). In diesem Fall ist möglich, dass nie die Bedingung eintritt und er somit nicht die Sicherheit hat, letztlich Erbe zu werden. Dennoch ist nach der hM (OLG Köln ZEV 2015, 280 (281); Staudinger/*Otte* Rn. 25 ff.; BeckOK BGB/*G. Müller* Rn. 28; *Schindler* ZEV 2015, 316 (318); Erman/*Röthel* Rn. 13; aA BayObLG FamRZ 1967, 695; RGRK/*Johannsen* § 2306 Rn. 9) eine Ausschlagung der aufschiebend bedingten Nacherbschaft erforderlich, um Pflichtteilsansprüche durchsetzen zu können. Hierfür spricht der Wortlaut des § 2306 II, der nicht differenziert, das Nichtvorliegen einer planwidrigen Regelungslücke (OLG Köln ZEV 2015, 280 (281)) und das Vorliegen eines Anwaltschaftsrechts (MüKoBGB/*Lange* Rn. 10).

22 Wenn eine (ggf. sittenwidrige) **Wiederverheiratungsklausel** dergestalt vorliegt, dass bei Wiederheirat die Erbschaft auf die Schlusserben übergeht, sind die Schlusserben zugleich aufschiebend bedingt als Nacherben eingesetzt. Nach der hM wäre auch eine Ausschlagung erforderlich, um den Pflichtteil geltend machen zu können (vgl. *Schindler* ZEV 2015, 316 (317)).

23 **ee) Vermächtnisse.** Erfasst sind grds. sämtliche Vermächtnisse, sofern der betreffende Erbe beschwert ist. Für **gesetzliche** Vermächtnisse wird aber überwiegend differenziert. So soll der Voraus für den überlebenden Ehegatten, der gem. § 2311 I 2 vom pflichtteilserheblichen Nachlass nicht abzuziehen ist, keine Beschwerung sein (Soergel/*Dieckmann* Rn. 9). Andererseits soll das „gesetzliche Vermächtnis" des „Dreißigsten" (§ 1969) von § 2306 erfasst werden, da dieses gesetzliche Vermächtnis die Pflichtteilserwartungen bei der Berechnung des Pflichtteilsanspruchs nicht schmälere (Soergel/*Dieckmann* Rn. 5; Staudinger/*Otte* Rn. 14).

24 **ff) Auflagen.** Auflagen begründen rechtliche Verpflichtungen und stellen Beschwerungen des Erben dar, die stets die Anwendbarkeit des § 2306 zur Folge haben (sofern der betreffende Erbe auch damit beschwert ist).

25 **b) Nicht erfasste Belastungen.** Nicht erfasst von § 2306 sind familienrechtliche Anordnungen, wie zB der Ausschluss der Eltern von der Verwaltung des Kindesvermögens nach § 1638 I oder Anordnungen gem. § 1418 II Nr. 2 und § 1486 I. Gleiches gilt für Anordnungen im Rahmen einer Pflichtteilsbeschränkung in guter Absicht (§ 2338), wenn deren Voraussetzungen vorliegen. Hinnehmen muss der Pflichtteilsberechtigte die Beschränkungen und Beschwerungen iSv § 2306 ferner dann, wenn die Voraussetzungen der Pflichtteilsentziehung nach § 2333 gegeben sind. Denn dann sind die Belastungen gegenüber der vollständigen Pflichtteilsentziehung das mildere Mittel (MüKoBGB/*Lange* Rn. 7). Hinnehmen muss der Pflichtteilsberechtigte die Einsetzung nur als **Ersatzerbe**, kann aber dafür sogleich seinen Pflichtteil verlangen, ohne ausschlagen zu müssen (OLG Hamm NJW-RR 1996, 1414f.).

26 Auch Beschränkungen und Beschwerungen, die schon vor dem Erbfall oder durch Ausschlagung des Bedachten – also nach dem Erbfall – **entfallen** (vgl. § 1953 I, § 2180 III), sind nicht zu berücksichtigen (Soergel/*Dieckmann* Rn. 8). Hat bspw. der Nacherbe die Nacherbschaft ausgeschlagen und damit dem Vorerben die Vollerbschaft verschafft (vgl. § 2142 II), kann der Vorerbe nicht mehr nach § 2306 I vorgehen und nach Ausschlagung der Erbschaft den Pflichtteil verlangen (zur Anfechtung → § 2308 Rn. 19 ff.).

III. Wahlrecht

27 **1. Grundsatz.** Dem Pflichtteilsberechtigten steht die freie, aber fristgebundene **Wahlmöglichkeit** zu, den belasteten Erbteil anzunehmen oder ihn auszuschlagen und den Pflichtteil zu verlangen. Entscheidet er sich für die Annahme des belasteten Erbteils, so kann der Wert des Erbteils unterhalb des Wertes des Pflichtteilsanspruchs fallen. So hat er mit (aufgrund Fristablaufs) angenommener Erbschaft die Belastungen zu akzeptieren. In der Praxis ist besonders die Beschwerung durch ein Vermächtnis relevant. So steht dem pflichtteilsberechtigten Erben keine Einrede gegen den Vermächtnisanspruch zu, mit der er vom Wert her mindestens seinen Pflichtteilsanspruch sichert (zur Rettung dieser Fälle durch Anfechtung → § 2308 Rn. 19 ff.).

28 **2. Ausschlagung der beschränkten bzw. beschwerten Erbschaft. a) Rechtsfolgen der Ausschlagung.** Die Ausschlagung des belasteten Erbteils bewirkt zwar den **Verlust der Erbstellung**, hat aber ausnahmsweise den Erwerb eines **Pflichtteilsanspruchs** zur Folge.

Der ausgeschlagene Erbteil **fällt rückwirkend** (vgl. § 1953 II) demjenigen an, der berufen gewesen 29 wäre, wenn der Ausschlagende den Erbfall nicht erlebt hätte (BeckOGK BGB/*Obergfell* Rn. 13). Der (gewillkürte oder gesetzliche) Ersatzerbe bleibt dann regelmäßig mit den Beschränkungen und Beschwerungen belastet (vgl. §§ 2161, 2192) und hat als gewillkürter oder gesetzlicher Erbe die Pflichtteilslast iHd erlangten Vorteils zu tragen (§ 2320 I, II). Er kann allerdings nach § 2322 wegen dieser Last Vermächtnisse und Auflagen insoweit kürzen, dass ihm der zur Deckung des Pflichtteils erforderliche Betrag verbleibt.

Mitunter entfällt aber durch die Ausschlagung die Belastung, bspw. wenn der Vormiterbe die Erb- 30 schaft ausschlägt und damit den Nacherben zum Vollmiterben macht (Soergel/*Dieckmann* Rn. 19).

Im Falle der Ausschlagung durch den **Nacherben** ist durch Auslegung zu klären, ob die Nacherb- 31 schaft einem Ersatznacherben anfallen, einem Miterben anwachsen oder die Erbschaft dem Vorerben verbleiben soll (vgl. § 2142 II; vgl. Horn/Kroiß *Testamentsauslegung/Horn* § 19 Rn. 12ff.). Die Ausschlagung zwecks Pflichtteilsverlangen eröffnet Abkömmlingen des Ausschlagenden aber regelmäßig nicht den Weg zu einer Ersatznacherbfolge (BGH NJW 1960, 1899). Dies gilt nicht nur hins. einer Ersatzberufung gem. § 2069, sondern nach hA auch hins. einer ausdrücklichen Ersatznacherbenberufung (BayObLG NJW-RR 2000, 1391).

b) Inhalt. In den meisten Fällen kann wie folgt formuliert werden: „*Ich schlage meine Nacherbeinset-* 32 *zung gem. § 2306 BGB aus, um den Pflichtteilsanspruch geltend machen zu können*" (BeckOF ErbR/ *Horn* Form. 5.4.3). Ebenfalls ist zumeist die Formulierung „*aus allen Berufungsgründen*" nicht zu beanstanden. So kann lt. OLG Schleswig eine solche Formulierung nicht so verstanden werden, dass der Pflichtteilsberechtigte auf jede Nachlassbeteiligung verzichten wollte (OLG Schleswig ZEV 2015, 109 (110)). Jedoch sind die Umstände des Einzelfalls für den Inhalt der Ausschlagungserklärung entscheidend (MüKoBGB/*Lange* Rn. 19; so auch OLG Schleswig ZEV 2015, 109 Rn. 22). Erhält der Pflichtteilsberechtigte durch die Ausschlagung den beschwerten bzw. beschränkten gewillkürten Erbteils im Einzelfall den gesetzlichen Erbteil (s. § 1948), kann er nur dann seinen Pflichtteilsanspruch durchsetzen, wenn dieser gesetzliche Erbteil beschränkt bzw. beschwert ist (Palandt/*Weidlich* Rn. 2). Wer den Pflichtteil verlangen können möchte, dessen Ausschlagung muss sich auf jede Sachverhalte beziehen, bei denen die anfallende Erbteile mit Beschränkungen und Beschwerungen verbunden sind (MüKoBGB/*Lange* Rn. 19; BeckOGK BGB/*Obergfell* Rn. 13). Daher sind im Einzelfall die Auswirkungen zu prüfen, die sich nach den allgemeinen Regeln nach der Ausschlagung eines durch letztwillige Verfügung zugewendeten belasteten Erbteils hinsichtlich der Beschränkungen und Beschwerungen für den gesetzlichen Erbteil ergeben (vgl. OLG Schleswig ZEV 2015, 109 Rn. 21). Zur *cautela socini* nach der Erbrechtsreform 2010 s. *Daragan* ZErb 2018, 1.

c) Frist. Die Entscheidung über die Ausschlagung der belasteten Erbschaft muss der Erbe innerhalb 33 der **Ausschlagungsfrist** treffen. Die Ausschlagungsfrist beträgt grds. nur sechs Wochen (§ 1944 I). Diese beginnt mit **Kenntnis** des pflichtteilsberechtigten Erben von Anfall und Grund seiner Berufung (§ 1944 II) sowie Kenntnis von seinen Beschränkungen und Beschwerungen nach **Abs. 1 Hs. 2** (LG Mönchengladbach BeckRS 2014, 14358). Durch Abs. 1 Hs. 2 wird die Ausschlagungsfrist verzögert. Ansonsten gelten für den Lauf der Ausschlagungsfrist die allgemeinen Bestimmungen. Die Frist läuft daher nie vor Eintritt der sonstigen Voraussetzungen iSv § 1944 II an, insbes. nicht vor Bekanntgabe der eröffneten letztwilligen Verfügung des Erblassers durch das Nachlassgericht (OLG Hamm ErbR 2018, 224 (225); Soergel/*Dieckmann* Rn. 21). Bei einem geschäftsunfähigen Betreuten kommt es auf die Kenntnis des Betreuers an (OLG Hamm ErbR 2018, 224 (225); Palandt/*Weidlich* § 1944 Rn. 6; *Horn* ZEV 2016, 20 (21)). Voraussetzung für den Lauf der Ausschlagungsfrist ist, dass die Belastungen auch wirklich bestehen und nicht nur irrig angenommen werden (BGH NJW 1991, 169). Eine Kenntnis des Nachlasswertes ist dagegen nicht erforderlich (OLG Stuttgart FamRZ 2009, 1182 = RNotZ 2009, 346). Selbstverständlich ist wie üblich eine Ausschlagung dann nicht mehr möglich, wenn der betreffende Erbe die Erbschaft konkludent bzw. durch schlüssiges Verhalten angenommen hat.

Ist der Pflichtteilsberechtigte als **Nacherbe** eingesetzt (Fall des § 2306 II), beginnt die Ausschlagungs- 34 frist an sich nicht vor Eintritt der Nacherbfolge. Er kann allerdings schon vorher ausschlagen (§ 2142). Dies kann ratsam sein, da die Verjährungsfrist für den Pflichtteilsanspruch bereits mit der Kenntnis vom Erbfall (§ 199 I) und nicht erst mit der Ausschlagung anläuft (vgl. § 2332 II).

Mit Ablauf der Ausschlagungsfrist gilt die Erbschaft als **angenommen** (§ 1943). Der Erbe steht daher 35 unter zeitlichem Druck, weil er sich die erforderlichen Kenntnisse über die Art und Bewertung des Nachlasses und der Belastungen relativ kurzfristig beschaffen muss, um seine Belastungen wirtschaftlich zu bewerten bzw. seine Aussichten im Falle der Anordnung der Nacherbfolge einschätzen zu können (Palandt/*Weidlich* Rn. 2). Bei seinen Recherchen muss er darauf achten, die Erbschaft nicht konkludent anzunehmen.

d) Form. Für Form und sonstige Wirksamkeitserfordernisse der Ausschlagung gelten die allgemeinen 36 Bestimmungen (vgl. §§ 1944 ff.).

e) Minderjährige Kinder und Betreute. Die Ausschlagung eines unter Betreuung stehenden Erben 37 hat der Betreuer als dessen gesetzlicher Vertreter zu erklären (§ 1902), wobei die Ausschlagung der betreuungsgerichtlichen Genehmigung bedarf (§§ 1822 Nr. 2, 1908i, 1915). Für einen minderjährigen Erben erklären die sorgeberechtigten Eltern (§ 1629 I 2), der allein sorgeberechtigte Elternteil, der Vormund oder ein Pfleger die Ausschlagung (§§ 1908i, 1915 I, 1643 II). Hat indes der Erblasser durch letztwillige Verfügung gem. § 1638 die Eltern von der elterlichen Vermögenssorge ausgeschlossen, so kann ein ausgeschlossener Elternteil für das Kind nicht die Ausschlagung erklären (BGH NJW 2016, 3032 Rn. 19). Es ist ein Ergänzungspfleger zu bestellen (§ 1909). Es ist die familiengerichtliche Genehmigung erforderlich, außer es liegt der Fall des § 1643 II vor.

38 Der jeweilige gesetzliche Vertreter hat die Ausschlagung gegenüber dem Nachlassgericht innerhalb der Frist des § 1944 zu erklären (zum Fristbeginn: *Horn* ZEV 2016, 20 (21)). Dabei findet § 1831 BGB keine Anwendung, so dass die Genehmigung nachträglich vorgelegt werden kann (RGZ 118, 145 (148); LG Berlin NJOZ 2008, 512 (513)). Zur Erlangung der Genehmigung hat der gesetzliche Vertreter zudem auch die Genehmigung beim Betreuungs- bzw. Familiengericht anzuregen (Muster bei BeckOF ErbR/*Horn* Form. 5.4.9). Die Frist des § 1944 ist so lange gehemmt, wie die Rechtsverfolgung an höherer Gewalt scheitert (§§ 1944 II 3, 206). Dies ist bei der Genehmigung der Fall, wenn diese rechtzeitig – also innerhalb der Ausschlagungsfrist – angeregt wurde und sich die Erteilung verzögert (OLG Saarbrücken ZErb 2011, 246 (248); Palandt/*Weidlich* § 1944 Rn. 7; § 1945 Rn. 6; § 1944 Rn. 7). Ab Anregung zur Genehmigung wird die Frist gehemmt. Die Hemmung endet, sobald die Genehmigung wirksam erteilt wird (OLG Koblenz ZEV 2014, 249 (250)). Entgegen der Rechtslage nach dem FGG wird eine Genehmigung gemäß § 40 II FamFG **erst mit Rechtskraft** wirksam. Nach Erhalt der Genehmigung hat mithin der gesetzliche Vertreter sogleich einen Antrag auf Rechtskraftzeugnis zu stellen (§ 46 FamFG). Mit Bekanntgabe beim gesetzlichen Vertreter des Genehmigungsbeschlusses mit Rechtskraftvermerk endet die Hemmung der Ausschlagungsfrist (NK-BGB/*Ivo* § 1944 Rn. 24; *Zimmermann* ZEV 2013, 315 (317)). Der gesetzliche Vertreter hat nun die Möglichkeit, erneut zu entscheiden, ob die Ausschlagung gewollt ist (OLG Koblenz ZEV 2014, 249 (250)). Innerhalb der noch verbliebenen Ausschlagungsfrist hat der gesetzliche Vertreter den Genehmigungsbeschluss mit Rechtskraftvermerk gegenüber dem Nachlassgericht nachzuweisen (OLG Brandenburg ZEV 2014, 540). Der sicherste Weg besteht darin, (vorab per Telefax) dem Nachlassgericht eine Kopie des Genehmigungsbeschlusses mit Rechtskraftvermerk zukommen zu lassen (*Horn* ZEV 2016, 20 (23), auch zu anderen Möglichkeiten des Nachweises).

39 **f) Überleitung des Ausschlagungsrechts.** Entsprechend den allgemeinen Grundsätzen ist das Ausschlagungsrecht höchstpersönlich und **nicht übertragbar,** aber vererblich.

40 Der **Sozialhilfeträger,** der einen (entstandenen) Pflichtteilsanspruch auf sich überleiten kann, auch wenn dieser noch nicht pfändbar ist (vgl. § 93 SGB XII), kann nach hA das Ausschlagungsrecht des mit Belastungen eingesetzten pflichtteilsberechtigten Erben gem. § 2306 nicht ausüben (BGH ZEV 2011, 258 mAnm *Zimmer;* OLG Frankfurt a. M. ZEV 2004, 24 mAnm *Spall;* OLG Stuttgart NJW 2001, 3484 = ZEV 2002, 367 mAnm *J. Mayer;* NK-BGB/*Ivo* § 1942 Rn. 20; BeckOK BGB/*G. Müller* Rn. 21). Dies wird überwiegend damit begründet, dass es sich beim Ausschlagungsrecht des Erben um ein höchstpersönliches Gestaltungsrecht und nicht um einen Anspruch iSv § 93 SGB XII handelt. Nach hA kann der Sozialhilfeträger daher nicht anstelle des Pflichtteilsberechtigten das Wahlrecht ausüben und bspw. im Falle eines sog. Behindertentestaments die angeordneten Beschränkungen des behinderten Erben durch Ausschlagung der angefallenen Erbschaft hinfällig machen und anschließend den (unbelasteten) Pflichtteil fordern.

41 **g) Anfechtung der Ausschlagung.** Wenn der pflichtteilsberechtigte Erbe in Unkenntnis des Wegfalls von Belastungen seinen Erbteil ausgeschlagen hat, kann er weder seinen Erbteil noch seinen Pflichtteilsanspruch durchsetzen. Er ist aber gemäß § 2308 I BGB zur Anfechtung der Ausschlagung berechtigt. Fällt eine Belastung nach der Ausschlagung mit Rückwirkung weg, so ist ebenso § 2308 BGB einschlägig (BeckOK BGB/*G. Müller* § 2308 Rn. 4; → § 2308).

42 **3. Annahme der beschränkten bzw. beschwerten Erbschaft.** Nimmt der Pflichtteilsberechtigte die Erbschaft an, kann er die Belastungen **nicht beseitigen.** Die bestehenden Beschränkungen und Beschwerungen muss sich der Pflichtteilsberechtigte bei Annahme der Erbschaft vielmehr auch dann gefallen lassen, wenn er dadurch weniger als seinen Pflichtteil erhält. In diesen Fällen kommt oft eine Irrtumsanfechtung in Betracht (→ § 2308 Rn. 19 ff.).

43 Nimmt der Pflichtteilsberechtigte den belasteten Erbteil an, dann besteht daneben ggf. noch ein **Pflichtteilsrestanspruch** nach § 2305, wenn der hinterlassene Erbteil quotenmäßig unter dem Pflichtteil liegt. § 2305 ist auf die mögliche beschwerte und beschränkte Erbteile unterhalb der Pflichtteilsquote anwendbar (*Spall* ZErb 2007, 272 (274); *Keim* MittBayNot 2010, 86). Allerdings müssen gem. § 2305 S. 2 Beschränkungen und Beschwerungen bei der Berechnung des Wertes des Erbteils für den Zusatzpflichtteil außer Betracht bleiben.

44 **4. Zuwendungen eines Vermächtnisses neben dem belasteten Erbteil.** Wurde dem Pflichtteilsberechtigten neben dem belasteten Erbteil noch ein Vermächtnis zugewendet, finden die §§ 2306, 2307 in kombinierter Form Anwendung (→ § 2307 Rn. 38 ff.). Zumeist ist es dann möglich, den Erbteil auszuschlagen und das Vermächtnis anzunehmen.

§ 2307 Zuwendung eines Vermächtnisses

(1) ¹Ist ein Pflichtteilsberechtigter mit einem Vermächtnis bedacht, so kann er den Pflichtteil verlangen, wenn er das Vermächtnis ausschlägt. ²Schlägt er nicht aus, so steht ihm ein Recht auf den Pflichtteil nicht zu, soweit der Wert des Vermächtnisses reicht; bei der Berechnung des Wertes bleiben Beschränkungen und Beschwerungen der in § 2306 bezeichneten Art außer Betracht.

(2) ¹Der mit dem Vermächtnis beschwerte Erbe kann den Pflichtteilsberechtigten unter Bestimmung einer angemessenen Frist zur Erklärung über die Annahme des Vermächtnisses auffordern. ²Mit dem Ablauf der Frist gilt das Vermächtnis als ausgeschlagen, wenn nicht vorher die Annahme erklärt wird.

I. Normzweck

Aufgabe der Vorschrift zum Pflichtteilsrestanspruch ist es, das Verhältnis zwischen einem dem Pflichtteilsberechtigten zugewandten Vermächtnis und seinem Pflichtteilsanspruch klarzustellen. Die Vorschrift legt einerseits fest, dass im Falle der Annahme eines Vermächtnisses dem Pflichtteilsberechtigten noch ein Pflichtteilsrestanspruch bleibt, soweit der Wert des Vermächtnisses hinter dem Wert des Vermächtnisses zurückbleibt, und andererseits, dass der Wert des Vermächtnisses automatisch mit dem Pflichtteil verrechnet wird. 1

Die besondere Bedeutung der Vorschrift besteht aber va in der Gewährung eines Wahlrechts für den pflichtteilsberechtigten Vermächtnisnehmer. Diesem wird die Möglichkeit eingeräumt, durch Ausschlagung des zugewandten Vermächtnisses seinen Pflichtteilsanspruch geltend machen zu können. 2

Durch die Gewährung des Wahlrechts soll verhindert werden, dass der Erblasser, der den Pflichtteilsberechtigten von der Erbfolge ausgeschlossen hat, den Pflichtteilsberechtigten auf ein Vermächtnis abdrängen kann, das zudem von seinem Gegenstand her „unattraktiver" als ein reiner Geldanspruch sein kann. 3

II. Anwendungsbereich

§ 2307 findet im Grundsatz auf **alle Vermächtnisse** Anwendung. Auf die Größe des Vermächtnisses kommt es dabei nicht an. § 2307 gilt daher auch, wenn der Wert des Vermächtnisses den Wert des Pflichtteils weit übersteigt. 4

Die Vorschrift ist auch unabhängig davon anwendbar, ob das Vermächtnis **an Pflichtteils statt** oder **in Anrechnung** auf den Pflichtteil zugewandt worden ist (vgl. zur vermächtnisweisen Zuwendung des Pflichtteils → § 2304 Rn. 9). Nach hM kann die Zuwendung eines Vermächtnisses auch mit der Maßgabe erfolgen, dass damit der **ganze Pflichtteilsanspruch abgegolten** sein soll (BayObLG ZEV 2004, 464 (466); MüKoBGB/*Lange* Rn. 4; BeckOGK BGB/*Obergfell* Rn. 7; jurisPK-BGB/*Birkenheier* Rn. 9). Begründet wird dies damit, dass der Pflichtteilsberechtigte auch in diesem Fall gem. § 2307 I 1 das Vermächtnis ausschlagen und den vollen Pflichtteil verlangen kann. 5

Nicht anwendbar ist § 2307 nach hA nach seinem Sinn und Zweck bei Vermächtnissen, die zusätzlich und **neben dem Pflichtteil** zugewandt wurden (RGZ 129, 239 (241); Soergel/*Dieckmann* Rn. 3; BeckOK BGB/*G. Müller* Rn. 2). Denn in diesem Fall kann der Berechtigte die Pflichtteilszuwendung (die eine Erbeinsetzung oder ein Vermächtnis darstellen kann; → § 2304 Rn. 1) auch ohne Ausschlagung verlangen. 6

Die Vorschrift gilt nach allg. Ansicht auch nicht analog für **Auflagen**, da insoweit eine Ausschlagung nicht in Betracht kommt (Staudinger/*Otte* Rn. 7). 7

Dagegen findet § 2307 Anwendung auch auf **bedingte oder befristete Vermächtnisse** (Soergel/*Dieckmann* Rn. 2 mwN; MAH ErbR/*Horn* § 29 Rn. 106). Bei einem Vermächtnis, das **auflösend bedingt** angeordnet ist, besteht das spätere Risiko des Wegfalls, ohne dass der Pflichtteilsberechtigte die Auffüllung auf seinen vollen Pflichtteil verlangen kann (MüKoBGB/*Lange* Rn. 8); auf der sicheren Seite ist er mit der Ausschlagung eines solchen Vermächtnisses. 8

Umstritten ist dies allerdings für **aufschiebend bedingte Vermächtnisse**, bei denen der Anfall vom Eintritt eines ungewissen Ereignisses abhängt. Zu diesen aufschiebend bedingten Vermächtnissen zählt bspw. auch das Nachvermächtnis (§ 2191), wenn der Anfall des Nachvermächtnisses vom Eintritt einer aufschiebenden Bedingung (und nicht einer Befristung) abhängt. Die hM geht aber bei der Berechnung des Anspruchs nach § 2307 BGB von dem Bestehen i aus (Abzug mithin ein Abzug iHd Wertes (vgl. BGH NJW 2001, 520; OLG Oldenburg NJW 1991, 988 (989); MüKoBGB/*Lange* Rn. 9; Damrau/Tanck/*Riedel* Rn. 19) – trotz zweifelhaften Anfalls. Nach aA soll das Erhaltene bei Eintritt der Bedingung auf das Vermächtnis angerechnet werden (aA BeckOK BGB/*J. Mayer*, bis Ed. 39, Rn. 7; *Schlitt* NJW 1992, 28 (29)). Für die hM spricht, dass der Wortlaut des § 2307 nicht differenziert und dass der aufschiebend bedingte Vermächtnisnehmer anders als der aufschiebend bedingte Nacherbe stets das Vermächtnis ausschlagen und den vollen Pflichtteil verlangen kann. 9

Nach überwiegender Ansicht unterfällt dagegen ein **Ersatzvermächtnis** nicht dem § 2307, obwohl es sich hierbei auch um eine aufschiebend bedingte oder befristete Berufung handelt. Denn dem Ersatzvermächtnisnehmer, der lediglich ersatzweise und damit **anstelle** eines anderen bedacht ist, ist vor Wegfall des primär Berechtigten strenggenommen nichts hinterlassen. Der Ersatzvermächtnisnehmer kann daher sofort den Pflichtteil verlangen, ohne ausschlagen zu müssen (Soergel/*Dieckmann* Rn. 2; Staudinger/*Otte* Rn. 9). Dem entspricht die rechtliche Situation im Falle des § 2306 bei der Einsetzung zum Ersatzerben (→ § 2306 Rn. 36). Allerdings muss sich der Ersatzvermächtnisnehmer später das Erlangte auf das Vermächtnis anrechnen lassen, wenn die Ersatzberufung wirksam wird, etwa weil der primär Berufene ausgeschlagen hat (Staudinger/*Otte* Rn. 7; jurisPK-BGB/*Birkenheier* Rn. 11). Der Ersatzvermächtnisnehmer kann aber die Anrechnungspflicht durch Ausschlagung des Vermächtnisses vermeiden. 10

Höchst umstritten ist die Behandlung bei einem **Bestimmungsvermächtnis** (vgl. MAH ErbR/*Horn* § 29 Rn. 106). Bis zur Erklärung der Bestimmung ist unklar, wer das Vermächtnis erhält. Überzeugend 11 ist es, weder eine aufschiebende noch eine auflösende Bedingung anzunehmen (BeckOGK BGB/ *Hölscher* Rn. 19; NK-BGB/*Horn*/*J. Mayer* § 2151 Rn. 7c).

III. Ausschlagung und Annahme des Vermächtnisses

12 **1. Wahlrecht des Pflichtteilsberechtigten.** Ist der Pflichtteilsberechtigte mit einem Vermächtnis bedacht, so hat er die Wahl: Er kann das Vermächtnis ausschlagen und den Pflichtteil verlangen, ohne dass es dabei auf den Wert des Vermächtnisses und auf etwaige Beschränkungen und Beschwerungen des Vermächtnisses ankäme. Der Pflichtteilsberechtigte kann aber auch das Vermächtnis annehmen und daneben einen Pflichtteilsrestanspruch bis zur Größe des vollen Pflichtteils geltend machen (§ 2307 I 2 Hs. 1). Dabei bleiben für die Wertberechnung Belastungen des Vermächtnisses außer Betracht (§ 2307 I 2 Hs. 2).

13 Der Erblasser kann ein Vermächtnis nach hA zulässigerweise unter die aufschiebende Bedingung stellen, dass der Pflichtteilsberechtigte auf den Pflichtteil oder den Zusatzpflichtteil verzichtet (Staudinger/*Otte* Rn. 19). Denn dem Pflichtteilsberechtigten ist damit nicht verwehrt, seinen vollen Pflichtteil anstelle des Vermächtnisses zu verlangen (BayObLG NJW-RR 2004, 1085; MüKoBGB/*Lange* Rn. 4).

14 **2. Ausschlagung des Vermächtnisses. a) Allgemeines.** Durch Ausschlagung des Vermächtnisses erlangt der Pflichtteilsberechtigte den **vollen Pflichtteilsanspruch** (Abs. 1 S. 1).

15 Der längerlebende Ehegatte einer Zugewinngemeinschaftsehe hat dann Anspruch auf den kleinen Pflichtteil und daneben Anspruch auf güterrechtlichen Zugewinnausgleich (→ § 2303 Rn. 77 ff.). Gleiches gilt für einen überlebenden Lebenspartner iSd LPartG, wenn Zugewinngemeinschaft bestand. Durch die Ausschlagung vergrößert der Ehegatte bzw. der eingetragene Lebenspartner daher die Pflichtteilsquote der übrigen Pflichtteilsberechtigten. Die Zugewinnausgleichsforderung kann aber iRd Berechnung von Pflichtteilsansprüchen gem. § 2311 als Nachlassverbindlichkeit in Abzug gebracht werden.

16 Eine Ausschlagung ist va dann **empfehlenswert**, wenn das Vermächtnis mit Beschränkungen und Beschwerungen versehen ist und das beschränkte oder beschwerte Vermächtnis den Pflichtteil nicht oder nur gerade erreicht. Denn Beschränkungen und Beschwerungen, die das Vermächtnis belasten, sind bei der Ermittlung des Pflichtteilsrestanspruchs nach § 2307 I 2 Hs. 2 nicht zu berücksichtigen, obwohl sie tatsächlich den wirtschaftlichen Wert des Zugewandten reduzieren.

17 **b) Form/Geltendmachung.** Für die Ausschlagung des Vermächtnisses gilt § 2180. Die Ausschlagung erfolgt nicht gegenüber dem Nachlassgericht, sondern **gegenüber dem Beschwerten**. Eine Teilausschlagung ist nicht möglich (vgl. § 2180 III, § 1950). Die Ausschlagungserklärung ist bedingungs- und befristungsfeindlich (vgl. § 2180 II 2 Hs. 2).

18 Die Ausschlagungserklärung muss nicht notwendigerweise ausdrücklich erfolgen. Die hA lässt eine Ausschlagung durch **schlüssige Erklärung** zu (BGH ZEV 2001, 20 (21); Staudinger/*Otte* Rn. 11 mwN). So kann zB in der Geltendmachung des Pflichtteilsanspruchs ggf. eine schlüssige Ausschlagung des Vermächtnisses liegen (OLG Colmar OLGR 12, 390 = Recht 1905 Nr. 2556; MüKoBGB/*Lange* Rn. 13; Soergel/*Dieckmann* Rn. 6). Jedoch betont das OLG Stuttgart zurecht, dass in der Pflichtteilsgeltendmachung nicht „*zwangsläufig*" eine Ausschlagung des Vermmächtnisses zu sehen sei (OLG Stuttgart NJW-RR 2017, 1353 (1354) unter Verweis auf Palandt/*Weidlich* § 2180 Rn. 1).

19 Die Ausschlagung ist **formfrei** und nicht **fristgebunden**. Der Erbe kann dem Pflichtteilsberechtigten aber nach Abs. 2 eine Frist für die Annahme des Vermächtnisses setzen (→ Rn. 31). Die Erklärung ist bedingungs- und befristungsfeindlich (§ 2180 II 2).

20 Ein Vermächtnis, dessen Anfall von einer **aufschiebenden Bedingung oder Befristung** abhängt (zB Nachvermächtnis nach § 2191), kann schon während der Schwebezeit ausgeschlagen werden (BGH ZEV 2001, 20 (21); vgl. Staudinger/*Otte* Rn. 12).

21 Das Ausschlagungsrecht ist **vererblich**, aber nicht übertragbar.

22 Ob bei **Überleitung des Vermächtnisanspruchs** auf den Sozialhilfeträger das Ausschlagungsrecht mit übergeht, ist umstritten (bejahend *van de Loo* ZEV 2006, 473 (477)). Richtigerweise ist dies zu verneinen (so iErg auch jurisPK-BGB/*Birkenheier* Rn. 23). Wie bei dem Recht zur Erbschaftsausschlagung handelt es sich auch beim Recht zur Ausschlagung des Vermächtnisses nicht um einen überleitungsfähigen Anspruch, sondern um ein (höchstpersönliches) Gestaltungsrecht. Mit Rücksicht hierauf verneint die ganz hM in Rspr. und Lit. die Überleitungsfähigkeit des Rechts zur Erbschaftsausschlagung (BGH ZEV 2011, 258 mAnm *Zimmer*; OLG Stuttgart NJW 2001, 3484 (3486); OLG Frankfurt a.M. ZErb 2004, 201). Diese Argumentation gilt für die Ausschlagung von Vermächtnissen entsprechend, da die Interessenlage unabhängig von der Art der Mitberechtigung am Nachlass identisch ist.

23 Zur Tragung der **Pflichtteilslast** bei Ausschlagung des Vermächtnisses → § 2321. Nach dieser Vorschrift hat im Falle der Ausschlagung des Pflichtteilsberechtigten zugewendeten Vermächtnisses im Verhältnis der Erben und der Vermächtnisnehmer zueinander derjenige, welchem die Ausschlagung zustattenkommt (also regelmäßig der mit dem Vermächtnis beschwerte Erbe), die Pflichtteilslast iHd erlangten Vorteils zu tragen.

24 **3. Annahme des Vermächtnisses. a) Form/Frist.** Die Annahme des Vermächtnisses durch den Pflichtteilsberechtigten bedarf keiner Form. Sie kann auch durch schlüssiges Verhalten erklärt werden (Soergel/*Dieckmann* Rn. 9).

25 Für die Annahme ist grds. keine Frist vorgesehen, sofern nicht ein Fall des Abs. 2 vorliegt (→ Rn. 33 ff.).

b) Rechtsfolgen der Annahme. Bei Annahme des Vermächtnisses kann der Pflichtteilsberechtigte nur 26 noch das Vermächtnis verlangen (nicht seinen vollen Pflichtteilsanspruch). Bleibt der Wert des Vermächtnisses hinter seinem Pflichtteil zurück, hat der Pflichtteilsberechtigte (abgesehen von evtl. Pflichtteilsergänzungsansprüchen nach den §§ 2325 ff.) nach **Abs. 1 S. 2** einen Anspruch auf den **Pflichtteilsrest.** Ein Pflichtteilsanspruch kann daher gegenüber dem Erben nicht geltend gemacht werden, soweit der Wert des Vermächtnisses reicht. Sind dem Pflichtteilsberechtigten mehrere Vermächtnisse hinterlassen, so ist eine Gesamtbetrachtung vorzunehmen (Staudinger/*Otte* Rn. 3).

Bei der Wertberechnung des Vermächtnisses bleiben nach Abs. 1 S. 2 Hs. 2 **Beschränkungen und Be-** 27 **schwerungen** des Vermächtnisses iSv § 2306 außer Betracht und wirken sich nicht wertmindernd aus. Als Beschränkungen und Beschwerungen, die das Vermächtnis belasten können, kommen Testamentsvollstreckung (vgl. § 2223), Nachvermächtnis (§ 2191), Untervermächtnis (§§ 2147, 2186) und Auflage (§ 2192) in Betracht (vgl. Soergel/*Dieckmann* Rn. 1). Diese bleiben im Falle der Annahme des Vermächtnisses in jedem Fall bestehen und zwar auch dann, wenn der Wert des Vermächtnisses hinter dem Wert des Pflichtteils zurückbleibt.

Handelt es sich um ein **aufschiebend bedingtes Vermächtnis** und ist der Eintritt der aufschiebenden 28 Bedingung für das Vermächtnis ungewiss, ist umstritten, ob das Vermächtnis wertmäßig zu berücksichtigen ist (→ Rn. 8). Die wohl hM will das Vermächtnis zunächst ohne Rücksicht auf einen etwaigen Eintritt der Bedingung mit seinem vollen Wert auf den Pflichtteil anrechnen lassen (OLG Oldenburg NJW 1991, 988; Staudinger/*Otte* Rn. 8; MüKoBGB/*Lange* Rn. 9). Nach aA kann der aufschiebend bedingt bedachte Vermächtnisnehmer zunächst – ohne ausschlagen zu müssen – seinen vollen Pflichtteil fordern; erst dann, wenn er das Vermächtnis bei Eintritt der Bedingung erwirbt, kann das Erhaltene auf das Vermächtnis angerechnet werden (*Schlitt* NJW 1992, 28 (29); *Strecker* ZEV 1996, 327). Die besseren Argumente sprechen mE für die hM, das aufschiebend bedingte Vermächtnis unter § 2307 zu fassen und das Vermächtnis anrechnen zu lassen (→ Rn. 9). Will der Pflichtteilsberechtigte sich den vollen Pflichtteil sichern, muss er auch das aufschiebend bedingte Vermächtnis ausschlagen (so auch *Schindler* ZEV 2015, 216 (318); entsprechend bei dem aufschiebend bedingten Nacherben → § 2306 Rn. 21).

Ist ein angeordnetes Nachvermächtnis (§ 2191) vom Rechtsnachfolger des Vorvermächtnisnehmers 29 und nicht vom Erben zu erfüllen, kann der vom Erben verlangte und erhaltene Pflichtteil nicht auf das Nachvermächtnis angerechnet werden (BGH NJW 2001, 520 f.).

Da nach dem Erbfall formlos auf den Pflichtteilsanspruch verzichtet werden kann, kommt auch ein 30 Verzicht auf den Pflichtteilsrestanspruch in Betracht. Ein solcher soll sogar in der vorbehaltlosen Forderung des Vermächtnisses liegen können (Palandt/*Weidlich* Rn. 2 mwN).

Die vorbehaltlose Annahme des Vermächtnisses hat zur Folge, dass der volle **Pflichtteilsanspruch** 31 **nicht erworben** werden kann. Fraglich ist, ob ein Irrtum hierüber zur Anfechtung berechtigen kann. Dies wurde zunächst von der Rspr. abgelehnt, da hierin ein unbeachtlicher Rechtsfolgenirrtum zu sehen sei (OLG Colmar OLGR 6, 329). Für die Annahme einer belasteten Erbschaft im Irrtum über die pflichtteilsrechtlichen Folgen der Annahme hat der BGH (ZEV 2016, 574 Rn. 19 ff.; so schon bereits zu § 2306 I aF: NJW 2006, 3353 = ZEV 2006, 498; → § 2308 Rn. 18 ff.) eine Anfechtung wegen Inhaltsirrtums iSv § 119 I zugelassen. Daher dürfte auch der Irrtum über die mit der vorbehaltlosen Annahme des Vermächtnisses eintretenden Pflichtteilsfolgen zur Anfechtung berechtigen (so auch Erman/*Röthel* Rn. 2; aA MüKoBGB/*Lange* Rn. 21).

Zur **Pflichtteilslast** bei Annahme des Vermächtnisses vgl. § 2320. Dort ist geregelt, dass derjenige, der 32 anstelle des Pflichtteilsberechtigten gesetzlicher Erbe wird, im Verhältnis zu Miterben die Pflichtteilslast und, wenn der Pflichtteilsberechtigte ein ihm zugewendetes Vermächtnis annimmt, das Vermächtnis iHd erlangten Vorteils zu tragen hat (sog. Pflichtteilslast des „Ersatzmannes").

IV. Fristsetzung gem. Abs. 2

Anders als für Erbschaften sieht das Gestez für Vermächtnisse **keine Ausschlagungsfrist** vor (vgl. 33 § 2180; OLG München ZErb 2017, 285 (287)). Dies hat zur Folge, dass der Vermächtnisnehmer den Erben, von dem er Erfüllung des Anspruchs verlangen kann (aber nicht muss), innerhalb unverjährter Zeit im Ungewissen über die Geltendmachung des Vermächtnisanspruchs lassen kann. Dies kann sehr lästig sein, da in der Zwischenzeit bspw. für den Vermächtnisgegenstand Unkosten anfallen können, für die der Erbe bis zur Erfüllung des Vermächtnisses einzustehen hat. § 2307 II soll dem Erben Klarheit verschaffen, ob er mit der Geltendmachung des Vermächtnisanspruchs zu rechnen hat (OLG München ZErb 2017, 285 (286)).

Ist der Vermächtnisnehmer **Pflichtteilsberechtigter**, dann besteht ein weiteres Problem darin, dass der 34 Erbe wegen § 2307 I jederzeit damit rechnen muss, dass der Vermächtnisnehmer das Vermächtnis ausschlägt, um den Pflichtteilsanspruch geltend zu machen. Damit der beschwerte Erbe Klarheit darüber erlangen kann, ob er einen Vermächtnis- oder einen Pflichtteilsanspruch zu erfüllen hat, räumt ihm Abs. 2 S. 1 das Recht ein, dem pflichtteilsberechtigten Vermächtnisnehmer eine Frist zur Erklärung über die Annahme des Vermächtnisses zu setzen (Muster: BeckOF ErbR/*Schellenberger* Form. 11.1.17). Mit dem erfolglosen Ablauf der Frist gilt das Vermächtnis gem. Abs. 2 S. 2 als ausgeschlagen, so dass der Pflichtteil geltend gemacht werden kann. Es handelt sich daher nicht um eine Ausschlagungs-, sondern um eine **Annahmefrist** (MüKoBGB/*Lange* Rn. 16).

Die Fristsetzung ist eine einseitige **empfangsbedürftige Willenserklärung**. Sind mehrere Miterben mit 35 demselben Vermächtnis beschwert, kann das Recht zur Fristsetzung gem. Abs. 2 nur **gemeinschaftlich** ausgeübt werden (OLG München FamRZ 1987, 752). Wie bei Verfügungen von Miterben (vgl. § 2040) genügt aber die Fristsetzung durch einen, wenn die anderen zuvor ihre Zustimmung hierzu erklärt haben (Soergel/*Dieckmann* Rn. 13). Die notwendige gemeinschaftliche Ausübung stößt dann auf Probleme, wenn es sich bei dem Vermächtnis um ein Vorausvermächtnis für einen Miterben handelt, mit dem alle Miterben beschwert sind. Damit dieser Miterbe nicht durch seine Verweigerung der Mitwirkung das Fristsetzungsrecht vereiteln kann, sollte man in diesen Fällen eine Fristsetzung nur durch die übrigen Miterben zulassen (vgl. jurisPK-BGB/*Birkenheier* Rn. 34).

36 Ist mit dem Vermächtnis nicht der Erbe, sondern ein **Vermächtnisnehmer** beschwert (liegt also ein sog. Untervermächtnis vor), dann haben weder der Erbe noch der (Haupt-)Vermächtnisnehmer das Fristsetzungsrecht des Abs. 2. Denn beide stehen nicht vor der Alternative, das Vermächtnis oder den Pflichtteil entrichten zu müssen.

37 Die Frist muss in Bezug auf die zu treffende Entscheidung **angemessen** sein. Wird die Frist zu kurz bemessen, setzt dies eine angemessene Frist in Gang (*Gottwald* ZEV 2006, 347 (350)). Die „angemessene" Frist kann regelmäßig nicht vor einer Inventarfrist ablaufen, die der Pflichtteilsberechtigte dem Erben gesetzt hat (RG Recht 1908 Nr. 350; Soergel/*Dieckmann* Rn. 12). Die vom Erben gesetzte Frist soll ferner nicht ablaufen können, bevor der Erbe nicht selbst ein – berechtigtes – Verlangen des Pflichtteilsberechtigten nach Auskunft erfüllt hat iSv § 2314 (Staudinger/*Otte* Rn. 22). Richtig dürfte sein, dass die Frist nicht vor Erfüllung des von dem Pflichtteilsberechtigten geltend gemachten Wertermittlungsanspruchs abläuft (MSTB PflichtteilsR-HdB/*Hölscher*/*Mayer* § 4 Rn. 36).

V. Zuwendung von Vermächtnis und Erbteil an den Pflichtteilsberechtigten

38 **1. Problem.** Zu Schwierigkeiten in der rechtlichen Beurteilung von erbrechtlichen Sachverhalten führt es regelmäßig, wenn dem Pflichtteilsberechtigten nicht nur ein Vermächtnis, sondern daneben auch ein Erbteil zugewandt wurde. Denn dann ist das Zusammenspiel der §§ 2305–2307 für die Beurteilung der Zweckmäßigkeit einer Ausschlagung zu beachten. Für die Beantwortung der Frage, ob es neben § 2307 noch zur Anwendung des § 2305 oder des § 2306 kommt, ist maßgeblich, ob der zugewandte Erbteil iSv § 2306 belastet ist (dann ist § 2306 anwendbar) oder nicht (dann findet § 2305 Anwendung).

39 **2. Zuwendung eines unbelasteten Erbteils und eines Vermächtnisses. a) Unbelasteter Erbteil erreicht oder übersteigt Pflichtteil.** Wurde dem Pflichtteilsberechtigten neben dem Vermächtnis auch ein unbelasteter Erbteil (dh ohne Beschränkungen und Beschwerungen iSv § 2306) zugewandt, der die **Hälfte des gesetzlichen Erbteils erreicht oder übersteigt,** dann muss der Berechtigte es dabei belassen. Mit der Ausschlagung des Erbteils und/oder des Vermächtnisses gewinnt er nichts (auch keinen Pflichtteilsanspruch), sondern kann nur den Erbteil oder das Vermächtnis verlieren (vgl. Soergel/*Dieckmann* Rn. 14).

40 **b) Unbelasteter Erbteil bleibt hinter Pflichtteil zurück.** Erreicht der unbelastete Erbteil die Hälfte des gesetzlichen Erbteils (dh den Pflichtteil) **nicht,** ist eine Ausschlagung der Erbschaft für den Pflichtteilsberechtigten nie von Vorteil. Denn aufgrund der Ausschlagung verliert er den Erbteil, ohne dadurch – wie im Falle des § 2306 I, der mangels Belastung des Erbteils nicht eingreift – einen Pflichtteilsanspruch zu erlangen. Er behält nur seinen Pflichtteilsrestanspruch nach § 2305, auf den er sich den Wert des Vermächtnisses nach § 2307 I 2 anrechnen lassen muss (vgl. Soergel/*Dieckmann* Rn. 14).

41 Schlägt der Pflichtteilsberechtigte neben der Erbschaft **auch das Vermächtnis** aus, kann er hierdurch nicht etwa nach § 2307 I 1 den vollen Pflichtteil gewinnen. Ihm steht vielmehr nur der Pflichtteilsrestanspruch nach § 2305 zu (vgl. Staudinger/*Otte* Rn. 25).

42 Schlägt der Pflichtteilsberechtigte **nur das Vermächtnis** aus, kann er damit auch nicht erreichen, dass ihm gem. § 2307 I 1 der volle Pflichtteilsanspruch zufällt. Denn dem Erben steht noch der unbelastete Erbteil zu, so dass er nur den Pflichtteilsrestanspruch nach § 2305 geltend machen kann (vgl. Soergel/*Dieckmann* Rn. 14; Staudinger/*Otte* Rn. 25). Die Ausschlagung des Vermächtnisses lohnt sich für den Pflichtteilsberechtigten daher nur, wenn das Vermächtnis durch Beschränkungen oder Beschwerungen (die nach § 2307 I 2 Hs. 2 bei der Berechnung des Restpflichtteilsanspruchs nicht abzuziehen sind) entwertet ist oder ihm nichts am Vermächtnisgegenstand liegt, wenn also iErg der Pflichtteilsrestanspruch für ihn „wertvoller" ist als das zugewandte Vermächtnis (Soergel/*Dieckmann* Rn. 14).

43 **3. Zuwendung eines belasteten Erbteils und eines Vermächtnisses.** Nimmt der Pflichtteilsberechtigte den ihm hinterlassenen und mit Beschränkungen oder Beschwerungen iSd § 2306 versehenen Erbteil sowie das ihm zugewandte Vermächtnis an, kann ihm allenfalls noch ein Pflichtteilsrestanspruch nach § 2305 zustehen, wenn Erbteil und Vermächtnis – jeweils ohne Berücksichtigung ihrer Belastungen – hinter dem Pflichtteil zurückbleiben (vgl. Soergel/*Dieckmann* Rn. 17).

44 Schlägt der Pflichtteilsberechtigte den **belasteten Erbteil aus,** erwirbt er hierdurch nach § 2306 I einen Pflichtteilsanspruch. Auf diesen muss sich der Pflichtteilsberechtigte aber den Wert des (angenommenen) Vorausvermächtnisses nach § 2307 I 2 Hs. 1 anrechnen lassen.

45 Den vollen Pflichtteilsanspruch kann der Pflichtteilsberechtigte daher nur dann verlangen, wenn er neben dem belasteten Erbteil **auch das Vermächtnis** ausschlägt.

46 Schlägt der Pflichtteilsberechtigte **nur das Vermächtnis** aus, erwirbt er hierdurch keinen vollen Pflichtteilsanspruch nach § 2307 I 1, da er noch Erbe bleibt. Er kann allenfalls einen Pflichtteilsrestanspruch nach § 2305 geltend machen, wenn der hinterlassene Erbteil hinter der Hälfte des gesetzlichen Erbteils zurückbleibt (vgl. Soergel/*Dieckmann* Rn. 17).

4. Längerlebender Ehegatte als Erbe und Vermächtnisnehmer im Falle einer Zugewinngemeinschaftsehe. Besonderheiten gelten für den überlebenden Ehegatten einer Zugewinngemeinschaftsehe und den überlebenden Lebenspartner einer eingetragenen Lebenspartnerschaft mit Zugewinngemeinschaft, vgl. § 10 VI 2 LPartG (die nachfolgenden Ausführungen zum Ehegatten gelten für den eingetragenen Lebenspartner entsprechend). 47

Will der Ehegatte den kleinen Pflichtteil und güterrechtlichen Zugewinnausgleich verlangen (§ 1371 III), muss er **Erbschaft und Vermächtnis** ausschlagen (→ § 2303 Rn. 78ff.). 48

Nimmt er beides an, hat er einen Pflichtteilsrestanspruch nach § 2305 nur, wenn der hinterlassene Erbteil kleiner ist als der große Pflichtteil und auch der hinzugerechnete Wert des Vermächtnisses nicht ausreicht. 49

Schlägt er **nur die Erbschaft** aus, kann er Ergänzung des Vermächtnisses auf den Wert des großen Pflichtteils verlangen nach § 2307 I 2 (→ § 2303 Rn. 77ff.). Schlägt er **nur das Vermächtnis** aus, kann er in gleichem Umfang Ergänzung des Erbteils nach § 2305 verlangen. Dabei ist zu beachten, dass der überlebende Ehegatte nach § 1371 I einen erhöhten Erb- und damit Pflichtteil hat, so dass sich die Bemessungsgrundlage für den Pflichtteilsrestanspruch vergrößert. Er kann also jeweils Ergänzung zum „großen" Pflichtteil verlangen. 50

§ 2308 Anfechtung der Ausschlagung

(1) Hat ein Pflichtteilsberechtigter, der als Erbe oder als Vermächtnisnehmer in der in § 2306 bezeichneten Art beschränkt oder beschwert ist, die Erbschaft oder das Vermächtnis ausgeschlagen, so kann er die Ausschlagung anfechten, wenn die Beschränkung oder die Beschwerung zur Zeit der Ausschlagung weggefallen und der Wegfall ihm nicht bekannt war.

(2) ¹Auf die Anfechtung der Ausschlagung eines Vermächtnisses finden die für die Anfechtung der Ausschlagung einer Erbschaft geltenden Vorschriften entsprechende Anwendung. ²Die Anfechtung erfolgt durch Erklärung gegenüber dem Beschwerten.

1. Normzweck. Für die Anfechtung der Annahme und Ausschlagung einer Erbschaft gelten nicht die Sonderregeln der §§ 2078f., sondern die allgemeinen Bestimmungen über die Anfechtung von Willenserklärungen und die §§ 119ff. Daraus folgt, dass ein reiner Motivirrtum nicht wie iRd Anfechtung von Erblasserverfügungen gem. § 2078 II zur Anfechtung berechtigt. 1

§ 2308 stellt eine Ausnahmevorschrift dar. Er erkennt den **Irrtum im Beweggrund** (Motivirrtum) des mit einer belasteten Zuwendung ausgestatteten pflichtteilsberechtigten Erben bzw. Vermächtnisnehmers an. Er gewährt ein **besonderes Anfechtungsrecht** nach erfolgter Ausschlagung eines (vermeintlich) belasteten Erbteils und/oder Vermächtnisses. 2

Die Vorschrift will damit dem Pflichtteilsberechtigten die Möglichkeit bieten, mehr als den Pflichtteil zu erhalten (indem er die ausgeschlagene Erbschaft oder das ausgeschlagene Vermächtnis zurückerwerben kann). 3

War der zugewandte Erbteil zur Zeit der Ausschlagung aber tatsächlich nicht (mehr) belastet, besteht bei der Ausschlagung die Gefahr des Doppelverlustes, da durch die Ausschlagung eines Erbteils (unabhängig von der Größe) der Pflichtteil nur erworben werden kann, wenn der Erbteil iSv § 2306 tatsächlich belastet war. War dies nicht der Fall, kann neben dem ausgeschlagenen Erbteil nur ein Pflichtteilsrestanspruch nach § 2305 bestehen, wenn der ausgeschlagene Erbteil nicht die Hälfte des gesetzlichen Erbteils erreichte. 5

Schlägt der Pflichtteilsberechtigte ein **Vermächtnis** aus, erhält er stets den (vollen) Pflichtteilsanspruch nach § 2307 I 1. Der Wegfall einer Belastung des Vermächtnisses (zB durch ein Untervermächtnis oder eine Auflage) wirkt sich also nur auf den Wert des (ausgeschlagenen) Vermächtnisses aus, nicht auf den Pflichtteilsanspruch des Vermächtnisnehmers. Gleichwohl lässt § 2308 in Durchbrechung des Grundsatzes, dass reine Motivirrtümer grds. nicht zur Anfechtung berechtigen, eine Anfechtung der Ausschlagung eines Vermächtnisses zu, wenn eine ursprünglich vorhandene Belastung zur Zeit der Ausschlagung bereits entfallen war und der Vermächtnisnehmer dies bei der Ausschlagung nicht wusste. 6

2. Anfechtung der Erbschaftsausschlagung gem. Abs. 1. a) Anfechtungsgrund. Anfechtungsgrund ist der Irrtum des Ausschlagenden über das **Wegfall einer** (ursprünglich bestehenden) **Belastung** zum Zeitpunkt der Ausschlagung. **Objektiv** muss daher die zugewandte Erbschaft zunächst mit einer Beschränkung oder Beschwerung iSv § 2306 I versehen gewesen sein, die im Zeitpunkt der Ausschlagung weggefallen ist. Dabei genügt es für die Anfechtbarkeit nach § 2308, wenn nur eine von mehreren Belastungen bis zur Ausschlagung weggefallen ist (Staudinger/*Otte* Rn. 20). **Subjektiv** ist zusätzlich Voraussetzung, dass der Ausschlagende zum Zeitpunkt der Ausschlagung keine Kenntnis vom Wegfall der Belastung hatte. Für beide Umstände trägt der Anfechtende die Beweislast (MüKoBGB/*Lange* Rn. 3). 7

Bei den **Beschränkungen und Beschwerungen** iSv § 2306 handelt es sich um die Einsetzung eines Nacherben (also Berufung nur zum Vorerben), die Ernennung eines Testamentsvollstreckers, eine Teilungsanordnung, durch ein Vermächtnis oder eine Auflage (§ 2306 I) oder die Einsetzung zum bloßen Nacherben (§ 2306 II). Die Belastung muss zum Zeitpunkt des Erbfalls vorhanden gewesen und zum Zeitpunkt der Ausschlagung weggefallen sein. Der Wegfall der Belastung muss daher **zwischen Eintritt des Erbfalls und Ausschlagung der Erbschaft** erfolgen, bspw. durch Ablehnung des Amtes durch den Testamentsvollstrecker iSv § 2202 (ohne dass ein Ersatztestamentsvollstrecker vom Erblasser eingesetzt 8 war (vgl. Horn/Kroiß Testamentsauslegung/*Horn* § 11 Rn. 18 ff.)). Das bisweilen zitierte Fallbeispiel der Ausschlagung des Vermächtnisses (vgl. HK-PflichtteilsR/*Schmidt-Recla* Rn. 1) scheidet mE dagegen regelmäßig als Anfechtungsgrund aus, da die Ausschlagung nach § 2180 II gegenüber dem Beschwerten zu erfolgen hat, hier also gegenüber dem Erben, der sich dann schwerlich iRd § 2308 auf fehlende Kenntnis vom Wegfall der Belastung berufen können wird.

9 Ein Wegfall der Belastung **nach der Ausschlagung** ist grds. nicht anfechtungserheblich. Der BGH hat allerdings die Anfechtung der Ausschlagung nach § 2308 auch dann zugelassen, wenn die Belastung **mit Rückwirkung auf den Zeitpunkt des Erbfalls** weggefallen ist (BGH NJW 1991, 169, wo der Pflichtteilsberechtigte nach der Ausschlagung der Erbschaft eine ihn belastende Beschränkung oder Beschwerung durch Testamentsanfechtung mit Rückwirkung selbst beseitigt hat). So bestehe der Zweck des § 2308 nicht nur darin, dem Pflichtteilsberechtigten seinen Pflichtteil zu retten, sondern diesem darüber hinaus auch die unbelastete Erbschaft zu erhalten. Dem ist grds. zuzustimmen. Allerdings ist für die Irrtumsanfechtung die Diskrepanz zwischen Vorstellung und Wirklichkeit zum Zeitpunkt der Erklärung maßgeblich, so dass es darauf ankommt, wann die zum Wegfall der Beschränkung oder Beschwerung führende Erklärung abgegeben wurde, und nicht darauf, auf welchen Zeitpunkt sie zurückwirkt (MüKo-BGB/*Lange* Rn. 5). Da die Anfechtungserklärung im BGH-Fall erst nach der Ausschlagung abgegeben wurde, wirkt sich dies jedoch für den entschiedenen Fall nicht aus.

10 In **subjektiver Hinsicht** darf der Ausschlagende nicht vom Wegfall der Belastung Kenntnis gehabt haben. Beruht die Unkenntnis auf grober Fahrlässigkeit, schließt dies eine Anfechtung nicht aus (MüKoBGB/*Lange* Rn. 7; BeckOK BGB/*G. Müller* Rn. 5). Der Irrtum muss nach allgemeinen Grundsätzen (vgl. § 119 I) kausal für die Ausschlagung gewesen sein.

11 **b) Form und Frist.** Hins. der Anfechtung der Erbausschlagung sind die §§ 1954, 1955, 1945 zu beachten. Die Anfechtung muss daher binnen sechs Wochen erfolgen, und zwar durch Erklärung gegenüber dem Nachlassgericht.

12 **c) Wirkungen.** Die erfolgreiche Anfechtung wirkt als Annahme der Erbschaft (§ 1957) und führt zum Verlust des Pflichtteilsanspruchs, den die Ausschlagung ausgelöst hatte.

13 Die Anfechtung enthält nach hA dennoch keinen rechtsgeschäftlichen Verzicht auf den Pflichtteilsanspruch. Sie bedarf deshalb im Falle unter Vormundschaft oder Betreuung stehender Mündel nicht der familien- oder betreuungsgerichtlichen Genehmigung nach § 1822 Nr. 2 (MüKoBGB/*Lange* Rn. 12; Soergel/*Dieckmann* Rn. 5).

14 **3. Anfechtung der Vermächtnisausschlagung. a) Grundsätzliches.** Auch für die Anfechtung der Ausschlagung eines Vermächtnisses gelten grds. die allgemeinen Vorschriften (§§ 119 ff.). Durch Abs. 1 S. 1 werden die herkömmlichen Anfechtungsgründe für die Anfechtung der Ausschlagung eines belasteten Vermächtnisses erweitert. Voraussetzung ist, dass der Pflichtteilsberechtigte ein ihm zugewandtes Vermächtnis, das (ursprünglich) mit einer Belastung iSv § 2306 versehen war, ausgeschlagen hat, die Beschränkung oder Beschwerung aber – ohne dass er dies wusste – zur Zeit der Ausschlagung bereits entfallen war.

15 Da durch den Wegfall einer Beschränkung oder Beschwerung das Pflichtteilsrecht des Vermächtnisnehmers nicht tangiert wird, wird die Zulassung der Anfechtung in diesem Fall von einem Teil der Lit. als **rechtspolitisch bedenklich** eingestuft (MüKoBGB/*Lange* Rn. 2; aA Staudinger/*Otte* Rn. 26). Denn letztlich irrt der Ausschlagende nur über die Werthaltigkeit seines Vermächtnisses, da das (tatsächlich) belastete Vermächtnis hinter dem Wert des (vermeintlich) unbelasteten Vermächtnisses zurückbleibt. Solche Motivirrtümer berechtigen herkömmlicherweise nicht zur Anfechtung, so dass § 2308 als Privilegierung dieser Fälle angesehen werden muss.

16 **b) Form und Frist.** Die Anfechtung bedarf **keiner Form.** Sie ist nach Abs. 2 S. 2 gegenüber dem **Beschwerten** (nicht gegenüber dem Nachlassgericht) zu erklären. IÜ gelten – im Gegensatz zu den sonstigen Fällen der Anfechtung der Ausschlagung eines Vermächtnisses – die Vorschriften über die Anfechtung der Ausschlagung einer Erbschaft gem. Abs. 2 S. 1 sinngemäß. Deshalb gilt für die Anfechtung die **Anfechtungsfrist** des § 1954 (Anfechtung nur binnen sechs Wochen).

17 **c) Wirkungen.** Durch form- und fristgerechte Anfechtung der Ausschlagung des Vermächtnisses erlangt der Berechtigte das Vermächtnis zurück. Deckt das Vermächtnis den Pflichtteil nicht, kann er auch einen Restanspruch gem. § 2307 I 2 Hs. 1 geltend machen. Belastungen, die das Vermächtnis (nach wie vor) entwerten, bleiben allerdings nach Hs. 2 der Vorschrift hierbei unberücksichtigt.

18 Die Anfechtung beinhaltet keinen rechtsgeschäftlichen Verzicht auf den Pflichtteil, so dass die Einholung einer familien- oder betreuungsgerichtlichen Genehmigung nach § 1822 Nr. 2 nicht erforderlich ist (MüKoBGB/*Lange* Rn. 12).

19 **4. Anfechtung der Annahme einer belasteten Zuwendung.** § 2308 regelt nur die Anfechtung einer Ausschlagung einer vermeintlich belasteten Zuwendung, nicht aber die Anfechtung der **Annahme** einer vermeintlich unbelasteten Zuwendung, die tatsächlich belastet ist. Nach allg. Ansicht ist § 2308 wegen seines Ausnahmecharakters auf diese Fälle **nicht analog** anwendbar (OLG Stuttgart OLGZ 1983, 304 (307) = MDR 1983, 751; MüKoBGB/*Lange* Rn. 13; BeckOK BGB/*G. Müller* Rn. 8). Ob die Annahme anfechtbar ist, richtet sich vielmehr nach den **allgemeinen Vorschriften** (BayObLGZ 1995, 120 = NJW-RR 1995, 904 (906); Staudinger/*Otte* Rn. 13).

20 Nach den allgemeinen Vorschriften (§§ 119 ff.) ist die Annahme nur anfechtbar, wenn einer der dort geregelten Anfechtungsgründe (ua Inhalts- und Erklärungsirrtum) vorliegt, wobei die §§ 119 ff. gerade keine Anfechtung wegen (reinen) Motivirrtums zulassen. Nach hA kann derjenige, der eine Erbschaft oder ein Vermächtnis in Unkenntnis bestehender Beschränkungen und Beschwerungen angenommen hat, die Annahme nach § 119 II wegen **Eigenschaftsirrtums** anfechten. Die Belastung des Nachlasses mit Vermächtnissen und Auflagen sowie Beschränkungen durch Testamentsvollstreckung und Nacherbeneinsetzung werden als **verkehrswesentliche Eigenschaft des Nachlasses** (bzw. der Erbschaft oder des Vermächtnisses) angesehen (Staudinger/*Otte* Rn. 13; MüKoBGB/*Lange* Rn. 13; *Keim* ZEV 2003, 358 (360)).

Nach Ansicht des BGH (BGH NJW 1989, 2885) ist eine Anfechtung nach § 119 II zulässig, wenn der 21 Pflichtteilsberechtigte die Erbschaft in Unkenntnis eines die Erbschaft belastenden Vermächtnisses angenommen hat, das den Pflichtteil des (vorl.) Erben gefährdet. Das BayObLG (ZEV 1996, 425 (426 f.) m. abl. Anm. *Edenfeld* = NJW-RR 1997, 72; so auch OLG Hamm ZEV 2004, 286 (287)) hat in der Beschränkung durch eine Nacherbfolge ebenfalls eine verkehrswesentliche Eigenschaft des Nachlasses iSd § 119 II gesehen, die im Falle eines Irrtums hierüber zu einer Anfechtung berechtigt. Eine Anfechtung wurde ferner zugelassen hins. des Irrtums über die quotenmäßige Beteiligung am Gesamtnachlass (BayObLGZ 1995, 120 (127) = NJW-RR 1995, 904 (906); OLG Hamm NJW 1966, 1080). Die wirksame Anfechtung der Annahme hat die Ausschlagung der Erbschaft zur Folge (§ 1957 I).

Nicht zur Anfechtung berechtigen aber Fehlvorstellungen über die **rechtliche Tragweite** erkannter 22 Beschränkungen oder Beschwerungen oder über den **wirtschaftlichen Wert** der Zuwendung (Soergel/*Dieckmann* Rn. 9 mwN).

Umstritten war lange Zeit, ob im Falle des § 2306 I 2 aF auch der Irrtum des Erben über die Notwen- 23 digkeit der Ausschlagung zwecks Erlangung eines Pflichtteilsanspruchs zur Anfechtung berechtigt (verneinend BayObLGZ 87, 356 (359) = NJW-RR 1988, 645; NJWE-FER 1998, 178 ff.; bejahend OLG Hamm ZEV 2006, 168 (170); OLG Düsseldorf ZEV 2001, 109; *Keim* ZEV 2003, 358 (360 f.); Staudinger/*Otte* Rn. 15). Der BGH hat die Anfechtung zu 2306 I aF zugelassen, da sich der Rechtsirrtum nicht nur auf eine mittelbare Folge der Annahme, sondern auf deren **unmittelbare Rechtsfolge** (Verlust des Pflichtteilsrechts als Hauptwirkung der Annahme) bezieht und somit ein zur Anfechtung berechtigender **Inhaltsirrtum** iSv § 119 I vorliegt (BGH ZEV 2006, 498 mAnm *Leipold*). Durch Urt. v. 29.6.2016 hat der BGH seine Rechtsprechung zu § 2306 I bestätigt (ZEV 2016, 574 Rn. 19 ff. mit krit. Anm. *Lange*; ebenso OLG Düsseldorf FGPrax 2017, 82 (83); zuvor schon Staudinger/*Otte* § 1954 Rn. 8 f., 13 und Palandt/*Weidlich* § 2306 Rn. 5; § 1954 Rn. 4); zuvor war umstritten, ob in dieser Konstellation auch der durch die Erbrechtsreform 2010 (→ § 2303 Rn. 10 ff.) neu gefasste § 2306 I eine Irrtumsanfechtung zuläßt. Der belastete Erbe weiß in der Regel halt, dass er die Erbschaft ausschlagen muss, um seinen Pflichtteilsanspruch nicht zu verlieren (vgl. *Keim* MittBayNot 2010, 85 (87)). Der BGH hatte am 29.6. 2016 über den „Klassiker" zu entscheiden, da eine pflichtteilsberechtigte Miterbin durch ein Vorausvermächtnis beschwert war. § 2319 sichert in einer solchen Situation nicht dem belasteten Miterben vom Wert her mindestens seinen Pflichtteilsanspruch. Vielmehr hat er nach § 2306 auszuschlagen, um seinen Pflichtteil verlangen zu können (Muster bei *Horn* NJW 2017, 1083 (1084) und bei BeckOF ErbR/*Horn* Form. 5.4.3 und Form. 5.4.4).

§ 2309 Pflichtteilsrecht der Eltern und entfernteren Abkömmlinge

Entferntere Abkömmlinge und die Eltern des Erblassers sind insoweit nicht pflichtteilsberechtigt, als ein Abkömmling, der sie im Falle der gesetzlichen Erbfolge ausschließen würde, den Pflichtteil verlangen kann oder das ihm Hinterlassene annimmt.

1. Normzweck. Aufgabe der Norm ist es, eine Vervielfältigung der Pflichtteilslast zu verhindern und 1 sicherzustellen, dass allen Pflichtteilsberechtigten zusammen nicht mehr als die Hälfte dessen zukommt, was ihnen bei gesetzlicher Erbfolge zufiele. Zu diesem Zweck schränkt § 2309 bei entfernteren Abkömmlingen oder Eltern eine an sich gegebene Pflichtteilsberechtigung ein.

Mit der Einschränkung einer vorhandenen Pflichtteilsberechtigung regelt die Vorschrift letztlich das 2 **Rangverhältnis** zwischen mehreren Pflichtteilsberechtigten. Dadurch soll verhindert werden, dass demselben Stamm der Pflichtteil zweimal gewährt wird und es zu einer Vervielfältigung der Pflichtteilslast kommt (vgl. Mot. V, 401; RGZ 93, 193 (196)).

Die inhaltlich komplexe Regelung ist schwer verständlich und kann von daher als wenig geglückt an- 3 gesehen werden (vgl. MüKoBGB/*Lange* Rn. 1).

2. Voraussetzungen. a) Voraussetzungen des Pflichtteilsrechts entfernterer Pflichtteilsberechtig- 4 **ter.** § 2309 schränkt das an sich gem. § 2303 gegebene Pflichtteilsrecht von Eltern und entfernteren Abkömmlingen dahingehend ein, dass ein Pflichtteilsrecht entfernterer Berechtigter nur gegeben ist,
– wenn der entferntere Berechtigte selbst potentiell erbberechtigt ist (→ Rn. 5 ff.),
– wenn er durch eine für ihn nachteilige Verfügung von Todes wegen nach §§ 2303 ff. enterbt und damit pflichtteilsberechtigt ist (→ Rn. 6) und
– wenn der näher Berechtigte nicht selbst „den Pflichtteil verlangen kann" oder „das ihm Hinterlassene" annimmt (→ Rn. 16 f.).

b) Eigene Erbberechtigung des entfernteren Abkömmlings oder des Elternteils im Falle gesetzli- 5 **cher Erbfolge.** Lebt beim Erbfall ein näher Berechtigter, besteht eine eigene Erbberechtigung der Eltern oder entfernterer Abkömmlinge nur, wenn der näher Berechtigte (1) unter **Pflichtteilsentzug** (§ 2333)

10 BGB § 2309   Buch 5. Abschnitt 5. Pflichtteil

enterbt wurde (→ Rn. 6), (2) die Erbschaft **ausgeschlagen** hat (§§ 1942, 1957) (→ Rn. 7), (3) einen notariellen **Erbverzicht** erklärt hat (§ 2346) → Rn. 8 ff.) oder (4) für **erbunwürdig** (§ 2344) erklärt wurde (→ Rn. 12).

6   aa) **Enterbung und Pflichtteilsentzug.** Hat der Erblasser einen näher berechtigten Abkömmling enterbt, rücken dessen Abkömmlinge (§ 1924 III) oder sonst der Erbe der nächsten Ordnung nach (§ 1930). Ein Pflichtteilsrecht steht dem entfernter Berechtigten zwar grds. dann nicht zu, wenn der näher Berechtigte iSd § 2309 „den Pflichtteil verlangen kann". Das Pflichtteilsverlangen durch den näheren Pflichtteilsberechtigten ist aber nicht möglich, wenn ihm der Pflichtteil iSd §§ 2333 ff. wirksam entzogen wurde (BGH ZEV 2011, 366 (369) mit abl. Anm. *Haas/Hoßfeld;* LG Hagen ZErb 2017, 109 (111); MüKoBGB/*Lange* Rn. 12). Folglich kann ein entfernterer Pflichtteilsberechtigter den Pflichtteil verlangen (OLG Hamm ZEV 2018, 211 (212)). Voraussetzung hierzu ist aber, dass auch der entferntere Abkömmling enterbt ist (vgl. auch zur Auslegung Staudinger/*Otte* Rn. 26).

7   bb) **Ausschlagung der Erbschaft.** Durch die Ausschlagung der Erbschaft wird der entfernter Berechtigte nicht mehr durch den näher Berechtigten bei Feststellung der gesetzlichen Erbfolge ausgeschlossen (vgl. § 1953 II). Ob der entferner Berechtigte nunmehr den Pflichtteil verlangen kann, hängt davon ab, ob der näher Berechtigte den **Pflichtteil verlangen** kann. Dies ist im Regelfall zu verneinen, da mit der Ausschlagung der Erbschaft ein Verlust des Pflichtteilsanspruchs einhergeht. Anders ist dies im Falle des § 2306, wenn dem Pflichtteilsberechtigten ein beschränkter oder beschwerter Erbteil zugewendet worden ist und er daher trotz einer Ausschlagung den Pflichtteil verlangen kann (→ § 2306 Rn. 27 ff.). Ebenfalls anders bei Ausschlagung eines unbelasteten Erbteils, der hinter der Hälfte des gesetzlichen Erbteils zurückbleibt, da dann ein Pflichtteilsrestanspruch nach § 2305 besteht, der trotz Ausschlagung verlangt werden kann (BGH NJW 1973, 995 (996); Palandt/*Weidlich* § 2305 Rn. 5). Bei Ausschlagung der unbelasteten Erbschaft kann – im Gegensatz zum ordentlichen Pflichtteilsanspruch (§ 2303) – der Pflichtteilsberechtigte den Pflichtteilsergänzungsanspruch (§ 2325) verlangen.

8   cc) **Erbverzicht.** Hat der näher Berechtigte uneingeschränkt auf sein Erbrecht durch notarielle Erklärung verzichtet, gilt dieser gem. § 2346 I 2 beim Erbfall als nicht vorhanden und hat damit auch kein eigenes Pflichtteilsrecht. Damit eröffnet er dem entfernter Berechtigten bei Vorliegen der weiteren Voraussetzungen (insbes. der eigenen Enterbung) ein eigenes Pflichtteilsrecht (BGH NJW 2012, 3097; zum Fall der Erbeinsetzung desjenigen, der auf seinen Erbteil verzichtet hat → Rn. 11).

9   Allerdings ist § 2349 zu beachten, wonach sich iZw der Erbverzicht auch **auf die Abkömmlinge des Verzichtenden erstreckt.** Ergibt sich aus der Verzichtserklärung nichts anderes, schließt der Erbverzicht daher auch ein Pflichtteilsrecht der Abkömmlinge und damit der entfernter Pflichtteilsberechtigten aus.

10   Für die Eltern des Erblassers entsteht aus der Erstreckung des Erbverzichts auf die Abkömmlinge nur dann ein Pflichtteilsrecht, wenn entgegen der Vermutung des § 2350 II der Erbverzicht nicht nur zugunsten der anderen Abkömmlinge und des Ehegatten des Erblassers wirken sollte (vgl. jurisPK-BGB/*Birkenheier* Rn. 19).

11   Wenn der reine notarielle **Pflichtteilsverzicht** (§ 2346 II) sich aufgrund des Wortlautes oder im Zweifelsfall nach § 2349 sich auch auf die Abkömmlinge erstreckt, können diese als entferntere Abkömmlinge keinen Pflichtteilsanspruch durchsetzen. Falls der reine Pflichtteilsverzicht sich nicht auf die entfernteren Abkömmlinge bezieht, wird vereinzelt vertreten, dass ein entfernter Berechtigter pflichtteilsberechtigt geworden ist (NK-BGB/*Bock* Rn. 4). Überzeugend begründet *Lange,* dass entferntere Berechtigte nicht pflichtteilsberechtigt werden (MüKoBGB/*Lange* Rn. 14; *Lange* ErbR 2017, 250 (254)): Da idS ein Verzicht mit einer Abfindung verbunden ist, würde der Stamm doppelt begünstigt werden. Mit seinem Verzicht hätte der näher Berechtigte den Pflichtteil iSd § 2309 Var. 1 geltend gemacht. Zum gleichen Ergebnis gelangt *Otte* über einen anderen Weg: Der Pflichtteilsverzicht ließe die entfernteren Verwandten in der gesetzlichen Erbfolge nicht aufrücken (Staudinger/*Otte* Rn. 23, 30).

12   dd) **Erbunwürdigkeit.** Im Falle der Erbunwürdigkeitserklärung gilt der Anfall der Erbschaft gem. § 2344 II an ihn als nicht erfolgt. Die Erbschaft fällt dann gem. § 2344 II demjenigen an, der berufen wäre, wenn der für unwürdig Erklärte zzt. des Erbfalls nicht gelebt hätte. Wird der näher Berechtigte für erbunwürdig erklärt, kann er die entfernter Berechtigten nicht mehr verdrängen (§ 1924 II, § 1930). Jedoch wird bei einer naturgemäß vom Erblasser nicht bedachten Erbunwürdigkeit nur selten eine Enterbung der entfernteren Berechtigten gegeben sein (MüKoBGB/*Lange* Rn. 10). Da bei einer **Pflichtteilsunwürdigkeit** (§ 2345 II) keine Vorversterbensfiktion eintritt, schließt nach *Lange* der pflichtteilsunwürdige Angehörige nicht die entfernteren Pflichtteilsberechtigten von der gesetzlichen Erbfolge aus (MüKoBGB/*Lange* Rn. 12; ebenso BeckOK BGB/*G. Müller* Rn. 5; *Bestelmeyer* FamRZ 1997, 1124 (1229)). Dagegen wird vertreten, dass die entfernteren Berechtigten stattdessen den Pflichtteil verlangen können, da durch die Anfechtung die Sperre des § 2309 beseitigt wird; das soll aber nicht bei nach Ablauf der Frist nur einredeweisen Geltendmachung der Unwürdigkeit gelten (MüKoBGB/*Helms* § 2345 Rn. 9; Staudinger/*Olshausen* § 2345 Rn. 18). *Otte* differenziert (Staudinger/*Otte* Rn. 20, 32).

13   c) **Eigene Pflichtteilsberechtigung des entfernter Berechtigten.** Aus der eigenen Erbberechtigung des entfernter Berechtigten muss eine **eigene Pflichtteilsberechtigung** herrühren. Dies ist der Fall, wenn der entferntere Berechtigte enterbt ist (§ 2303), ihm ein zu geringer Erbteil oder ein zu geringes Vermächtnis zugewandt wurde (§§ 2305, 2307 I 2) oder er einen beschränkten oder beschwerten Erbteil oder das Vermächtnis ausgeschlagen hat (§ 2306 I, § 2307 I 1).

3. Wirkung der Vorschrift. Die Vorschrift schränkt den Pflichtteilsanspruch des einem entfernter Berechtigten an sich zustehenden Pflichtteils in zwei Fällen ganz oder teilweise ein, und zwar wenn der näher Berechtigte selbst den Pflichtteil verlangen kann oder ein näher Berechtigter das ihm Hinterlassene annimmt. 14

a) Pflichtteilsanspruch des näher Berechtigten. Der Pflichtteilsanspruch des entfernter Berechtigten ist nach der Vorschrift ausgeschlossen, wenn einem näher Berechtigten ein **Pflichtteilsanspruch zusteht**. Ohne Bedeutung ist in diesem Zusammenhang, ob der Anspruch auch geltend gemacht wird; ausschlaggebend ist nur, ob er ihn geltend machen kann (Staudinger/*Otte* Rn. 7 mwN). Dies ist nicht der Fall, wenn ihm der Pflichtteil nach § 2333 wirksam entzogen wurde oder er den Pflichtteil unberechtigt forderte und erhielt. Unschädlich ist es dagegen, wenn der Geltendmachung des Anspruchs die Einrede der Verjährung entgegengehalten werden kann (OLG Köln NJWE-FER 1998, 229; Staudinger/*Otte* Rn. 7; Soergel/*Dieckmann* Rn. 18). 15

b) Annahme des Hinterlassenen. Ein Pflichtteilsanspruch des entfernter Berechtigten ist ferner nicht gegeben, wenn der näher Berechtigte zwar den Pflichtteil nicht verlangen kann, aber eine den Pflichtteil deckende **Zuwendung angenommen** hat. Dazu gehören unstreitig Zuwendungen, die durch **Verfügung von Todes wegen** erfolgen, wie etwa ein **Vermächtnis**, das anstelle des Pflichtteils zugewandt wurde (BGH MittBayNot 2012, 475 ff. mAnm *G. Müller*). Bei Erbteilen, die hinter der Hälfte des gesetzlichen Erbteils zurückbleiben, hat der näher Berechtigte bei Annahme der Erbschaft einen Pflichtteilsrestanspruch nach § 2305, so dass ein Pflichtteilsanspruch des entfernter Berechtigten ausscheidet. Nicht ganz klar ist nach dem Wortlaut, ob nach dem Zweck der Vorschrift auch eine **lebzeitige** Zuwendung erfasst ist. Die hA nimmt dies für zu Lebzeiten erfolgte **anrechnungs- oder ausgleichungspflichtige Zuwendungen** an (§ 2315, §§ 2316, 2050), die den Pflichtteil des zunächst Berechtigten gemindert hätten, wenn er selbst pflichtteilsberechtigt geworden wäre (OLG Celle NJW 1999, 1874; MüKoBGB/*Lange* Rn. 18; aA *Muscheler* ErbR Rn. 4103). Das Gleiche gilt für **Abfindungen** aufgrund eines entgeltlichen Erb- und Pflichtteilsverzichts (OLG Celle NJW 1999, 1874; Staudinger/*Otte* Rn. 22; aA *Pentz* NJW 1999, 1835 (1836)). 16

Lt. BGH (NJW 2012, 3097) gelten als „hinterlassen" iSd § 2309 Alt. 2 nicht letztwillige oder lebzeitige Zuwendungen des Erblassers an den näheren, trotz Erb- und Pflichtteilsverzicht zum gewillkürten Alleinerben bestimmten Abkömmling, wenn dieser und der entferntere Abkömmling **demselben, allein bedachten Stamm** gesetzlicher Erben angehören. Zu diesem Ergebnis gelangt der BGH aufgrund einer **teleologischen Reduktion** des in § 2309 Alt. 2 enthaltenen Tatbestandsmerkmals „das Hinterlassene annimmt", da der nähere und der entferntere Abkömmling demselben, allein bedachten Stamm gesetzlicher Erben angehören und so eine von § 2309 nur erfasste „Doppelbegünstigung eines Stammes" bzw. „Doppelbelastung des Nachlasses" nicht einträte. Der BGH billigte damit im entschiedenen Fall der Enkelin überraschenderweise einen Pflichtteilsanspruch iHd Hälfte des Nachlasswertes zu, obwohl die ursprünglich enterbte und durch Erbverzicht ausgeschiedene Tochter iErg aufgrund des Testaments des Erblassers mehr als ihren Pflichtteil – die ganze Erbschaft als testamentarische Alleinerbin – erhalten hat. Die Entscheidung des BGH wird überwiegend **kritisiert** (vgl. MüKoBGB/*Lange* Rn. 8; *Röhl* DNotZ 2012, 724 (727 ff.); *G. Müller* MittBayNot 2012, 478 ff.). Es besteht kein überzeugender Grund für eine teleologische Reduktion der Bestimmung bei Vorhandensein nur eines Stammes. Denn eine „Doppelbelastung des Nachlasses" ist nicht nur ein Problem im Hinblick auf eine etwaige Doppelbegünstigung eines Stammes bei Vorhandensein von mehreren Abkömmlingen, sondern va im Hinblick auf den Erblasser, der hierdurch übermäßig und daher ggf. unzulässig in seiner nach Art. 14 II GG grundsätzlich geschützten Testierfreiheit eingeschränkt wird. Denn zum Normzweck des § 2309 gehört es auch (wenn nicht sogar va) zu verhindern, dass das Gesamtvolumen der allen Pflichtteilsberechtigten insgesamt zufließenden Vermögenswerte erhöht wird (→ Rn. 2), wobei diese Gefahr ua daraus resultiert, dass § 2303 I allen enterbten Abkömmlingen des Erblassers – gleich welchen Grades – ein Pflichtteilsrecht zubilligt. Dieser Normzweck ist auch tangiert, wenn wie in dem vom BGH entschiedenen Fall nur ein Stamm von Abkömmlingen vorhanden ist. Für die Praxis bleibt va darauf zu achten, dass im Falle der Beurkundung eines Erbverzichts die Verzichtswirkung auf die Abkömmlinge erstreckt wird (§ 2349), um einen Pflichtteilsanspruch der entfernteren Abkömmlinge auszuschließen. 17

c) Umfang der Pflichtteilsberechtigung. § 2309 schränkt den Pflichtteilsanspruch des entfernter Pflichtteilsberechtigten nur **insoweit** ein, als der näher Berechtigte den Pflichtteil verlangen kann oder das ihm Hinterlassene angenommen hat. Eltern und entfernte Abkömmlinge können daher den vollen Pflichtteil verlangen, wenn der näher Berechtigte überhaupt nicht pflichtteilsberechtigt ist und ihm nichts zugewandt wurde. Dagegen entfällt der Pflichtteilsanspruch des entfernter Pflichtteilsberechtigten, wenn der näher Berechtigte einen Anspruch auf den vollen Pflichtteil hat oder er das ihm Hinterlassene in mindestens der Höhe des Pflichtteils annimmt. Der Pflichtteilsanspruch des entfernter Pflichtteilsberechtigten besteht aber nur iHd Wertunterschieds, wenn das angenommene Hinterlassene hinter dem Wert des Pflichtteils zurückbleibt (MüKoBGB/*Lange* Rn. 20). Nach Ausschlagung des unbelasteten Erbteils verbleibt dem Pflichtteilsberechtigten der Pflichtteilsergänzungsanspruch (→ Rn. 7). Der entferntere Pflichtteilsberechtigte, der durch die Ausschlagung des näheren Pflichtteilsberechtigten zum Zuge kommt, hat sich dann die Zahlung auf den Pflichtteilsergänzungsanspruch an den näheren Pflichtteilsberechtigten („Annahme des Hinterlassenen") anrechnen zu lassen. 18

§ 2310 Feststellung des Erbteils für die Berechnung des Pflichtteils

¹ Bei der Feststellung des für die Berechnung des Pflichtteils maßgebenden Erbteils werden diejenigen mitgezählt, welche durch letztwillige Verfügung von der Erbfolge ausgeschlossen sind oder die Erbschaft ausgeschlagen haben oder für erbunwürdig erklärt sind. ² Wer durch Erbverzicht von der gesetzlichen Erbfolge ausgeschlossen ist, wird nicht mitgezählt.

1 **1. Normzweck.** Der Pflichtteil bemisst sich nach § 2303 I 2 nach der Hälfte des gesetzlichen Erbteils. Maßgeblich ist hierfür jedoch nicht die tatsächlich eingetretene gesetzliche Erbfolge. Die für die Berechnung des Pflichtteilsbruchteils maßgebliche Erbfolge ist vielmehr **abstrakt** zu bestimmen. § 2310 klärt insoweit bestimmte Zweifelsfragen, indem dort geregelt ist, welche (anderen) Personen bei der Bestimmung des abstrakten (fiktiven) gesetzlichen Erbteils zu berücksichtigen sind und welche nicht. Sie ist davon unabhängig, wer tatsächlich Erbe wird, wer von der Erbfolge durch Verfügung von Todes wegen ausgeschlossen ist, wer ausgeschlagen hat oder für erbunwürdig erklärt wurde.

2 Der gesetzgeberische Hintergrund der Regelung ist, dass der Erblasser zu seinen Lebzeiten die Möglichkeit haben soll, die Höhe der in Betracht kommenden Pflichtteilsansprüche im Interesse einer sachgerechten Nachlassplanung zu überblicken. Nur vorhersehbare Ereignisse wie der Erbverzicht sollen daher die Pflichtteilsquote beeinflussen (S. 2), während die Erbausschlagung und Erbunwürdigkeit als unvorhersehbare Ereignisse bei der Pflichtteilsberechnung der pflichtteilsberechtigten Seitenverwandten außen vor bleiben (vgl. Staudinger/Otte Rn. 2). Solche nicht vorhersehbaren Ausschließungsgründe von der gesetzlichen Erbfolge werden folglich nur bei dem hiervon Betroffenen berücksichtigt (Staudinger/Otte Rn. 2).

3 **2. Bestimmung der Pflichtteilsquote nach S. 1. a) Voraussetzungen des S. 1.** Nach S. 1 wird bei der Ermittlung der Pflichtteilsquote des Berechtigten derjenige **mitgezählt**, der durch Enterbung, Ausschlagung der Erbschaft oder Erbunwürdigkeitserklärung von der gesetzlichen Erbfolge ausgeschlossen ist. Keine Rolle spielt in diesem Zusammenhang, ob demjenigen, der nach S. 1 mitzuzählen ist, im konkreten Fall selbst ein Pflichtteilsanspruch zugestanden hätte (Staudinger/Otte Rn. 4 mwN). Daher ist nicht maßgeblich, ob der Betreffende zum Kreis der pflichtteilsberechtigten Personen gehört, ihm der Pflichtteil wirksam entzogen wurde oder er für pflichtteilsunwürdig erklärt worden ist (MüKoBGB/Lange Rn. 1).

4 Die Vorschrift ändert für die Berechnung auch nicht die Grundsätze der Verwandtenerbfolge. Nicht mitgezählt bei der Bemessung des Pflichtteilsbruchteils wird daher auch derjenige, der den Erbfall nicht erlebt hat (zur Todeserklärung nach § 1 VerschG: OLG Schleswig ZEV 2015, 350) oder bei dem durch Adoption das Verwandtschaftsverhältnis zu den leiblichen Verwandten erloschen ist (§ 1755; Palandt/Weidlich Rn. 1).

5 Im Verhältnis zu § 2309 stellt § 2310 S. 1 eine Sonderregelung dar (vgl. MüKoBGB/Lange Rn. 10 mwN). Tritt mithin an die Stelle eines weggefallenen Pflichtteilsberechtigten ein entfernterer iSv § 2309, kann bei der Berechnung der Pflichtteilsquote des Eintretenden der Weggefallene nicht mitgezählt werden (Soergel/Dieckmann Rn. 7).

6 **aa) Enterbung.** Mitzuzählen ist nach S. 1 zunächst derjenige, der durch Enterbung von der gesetzlichen Erbfolge ausgeschlossen ist. Dies trifft auf denjenigen zu, der durch „negatives" Testament (§ 1938) oder dadurch enterbt wird, dass der Nachlass erschöpfend anderen Personen zugewiesen wird.

7 **bb) Ausschlagung.** Auch derjenige, der seinen Erbteil ausgeschlagen hat, wird nach S. 1 bei der Ermittlung der Pflichtteilsquote des Berechtigten mitgezählt. Dies ist unabhängig davon, ob die gesetzliche oder eine durch Verfügung von Todes wegen zugewandter Erbteil ausgeschlagen wird, ob er durch die Ausschlagung seinen Pflichtteilsanspruch einbüßt oder nach § 2306 I erst einen Pflichtteilsanspruch erwirbt.

8 **cc) Erbunwürdigkeit.** Mitzuzählen bei der abstrakten gesetzlichen Erbfolge zur Bestimmung der Pflichtteilsquote anderer Pflichtteilsberechtigter ist schließlich auch derjenige, der für erbunwürdig erklärt worden ist (vgl. §§ 2339ff.). Dies gilt unabhängig davon, ob die Erbunwürdigkeitserklärung im konkreten Fall den Anfall eines gesetzlichen oder eines gewillkürten Erbteils beseitigt.

9 **b) Rechtsfolgen des S. 1.** Die Mitzählung der betreffenden Personen hat zur Folge, dass deren Wegfall den Pflichtteilsbruchteil des Berechtigten nicht erhöht. Der Wegfall dieser Personen kommt daher **allein dem Erben**, nicht dem Pflichtteilsberechtigten, zugute.

10 **3. Ausschluss von der gesetzlichen Erbfolge durch Erbverzicht (S. 2).** Nach S. 2 ist derjenige bei der Bemessung des Pflichtteilsbruchteils **nicht** mitzuzählen, der durch Erbverzicht von der gesetzlichen Erbfolge ausgeschlossen ist (und damit selbst sein Pflichtteilsrecht verloren hat). Dies lässt sich damit begründen, dass der Verzichtende für seinen Verzicht in aller Regel eine Abfindung erhält, die später im Nachlass fehlt (Staudinger/Otte Rn. 14). Die vermutete Reduzierung des Nachlasses durch Leistung einer Abfindung wird folglich dadurch „ausgeglichen", dass sich der Pflichtteilsbruchteil der (übrigen) Pflichtteilsberechtigten **erhöht**. Andernfalls käme der Verzicht zu Lasten des Pflichtteilsberechtigten doppelt in Ansatz: bei der Berechnung des Bruchteils und bei der Feststellung des im Zeitpunkt des Erbfalls vorhandenen Nachlasswerts.

Nach der gesetzlichen Regelung ist die Leistung einer Abfindung aber **keine zwingende Voraussetzung** für den „Wegfall" des Verzichtenden. Diese Entscheidung dient der Vereinfachung der gesetzlichen Regelung und der Rechtssicherheit (vgl. Staudinger/*Otte* Rn. 14).

Der Erbverzicht kommt iErg – anders als die in S. 1 genannten Umstände – nicht den Erben, sondern den **übrigen Pflichtteilsberechtigten** zugute (OLG Hamm NJW 1999, 3643 = ZEV 2000, 277 (278)).

Der Erbverzicht wirkt sich allerdings dann nicht auf die Pflichtteilsberechnung der übrigen Berechtigten aus, wenn sich dieser entgegen der **Auslegungsregel in § 2349** nicht auf die Abkömmlinge des Verzichtenden erstreckt. § 2349 vermutet, dass sich der Verzicht eines Abkömmlings oder eines Seitenverwandten auf dessen Abkömmlinge erstreckt. Denn die eintretenden Abkömmlinge (§ 1924 III) sind dann zu Lasten der übrigen Pflichtteilsberechtigten iRd Quotenberechnung zu berücksichtigen (Soergel/*Dieckmann* Rn. 11).

S. 2 gilt aber auch, wenn die Voraussetzungen des S. 1 zusätzlich vorliegen, wenn der Betreffende also ohne Verzicht auch nicht gesetzlicher Erbe geworden wäre (Soergel/*Dieckmann* Rn. 13).

Umstritten war lange Zeit, ob die durch S. 2 bewirkte Erhöhung des Pflichtteilsbruchteils zur Folge hat, dass die für einen Erbverzicht geleistete **Abfindung** als entgeltliche Leistung anzusehen ist oder ob in Bezug auf die geleistete Abfindung **Pflichtteilsergänzungsansprüche** nach den §§ 2325 ff. in Betracht kommen (vgl. Staudinger/*Schotten* (2004) § 2346 Rn. 122 ff.). Der BGH hat das Eingreifen der Pflichtteilsergänzungsvorschriften in einer aktuellen Entscheidung (zumindest) für den Erbverzicht verneint (BGH ZEV 2009, 77 = NJW 2009, 1143; → § 2325 Rn. 59 ff.).

Die durch den Erbverzichtsvertrag ausgelöste Erhöhung der Pflichtteilsquote der anderen Berechtigten ist vom Erblasser in den meisten Fällen **nicht gewünscht**. Daher wird in der kautelarjuristischen Lit. regelmäßig vom Abschluss eines Erbverzichtsvertrages **abgeraten**. Soll nur erreicht werden, dass der Verzichtende gegen den Willen des Erblassers nichts aus dessen Nachlass erhält, genügt der Abschluss eines Pflichtteilsverzichtsvertrages (§ 2346 II) in Verbindung mit einer enterbenden Verfügung des Erblassers. Der Erbverzicht hat daher in der Praxis nur noch eine **geringe Bedeutung** (bspw. im Rahmen von Trennungsvereinbarungen).

Der Abschluss eines reinen **Pflichtteilsverzichtsvertrages** (§ 2346 II) wirkt nicht für die anderen Pflichtteilsberechtigten pflichtteilserhöhend (BGH NJW 1982, 2497; *v. Proff* ZEV 2016, 173). Dies lässt sich aus einem Umkehrschluss zu S. 2 herleiten. Derjenige, der einen Pflichtteilsverzicht erklärt hat, wird mithin mitgezählt.

§ 2311 Wert des Nachlasses

(1) ¹Der Berechnung des Pflichtteils wird der Bestand und der Wert des Nachlasses zur Zeit des Erbfalls zugrunde gelegt. ²Bei der Berechnung des Pflichtteils eines Abkömmlings und der Eltern des Erblassers bleibt der dem überlebenden Ehegatten gebührende Voraus außer Ansatz.

(2) ¹Der Wert ist, soweit erforderlich, durch Schätzung zu ermitteln. ²Eine vom Erblasser getroffene Wertbestimmung ist nicht maßgebend.

Übersicht

	Rn.		Rn.
I. Grundsätze/Überblick	1–3	IV. Wert des Nachlasses	48–89
II. Stichtagsprinzip	2–4	1. Stichtagsprinzip	48/49
III. Bestand des Nachlasses	5–47	2. Wertbestimmungen durch den Erblasser	50/51
1. Allgemeine Grundsätze	5–8	3. Wertermittlung	52–55
2. Aktivbestand	9–24	4. Einzelfälle	56–88
a) Vererbliche Vermögenswerte	9–13	a) Grundbesitz	56–62
b) Surrogate	14	b) Wertpapiere	63
c) Konfusion und Konsolidation	15	c) Unternehmen	64–70
d) Gemeinschaftliche Berechtigungen	16–18	d) Gesellschaftsbeteiligungen	71–81
e) Einzelfälle	19–24	e) Kunstgegenstände	82/83
3. Passivbestand	25–47	f) Bankvermögen	84
a) Abzugsfähigkeit von Nachlassverbindlichkeiten	25–28	g) Forderungen	85
b) Erblasserschulden	29–33	h) Hausrat	86
c) Erbfallschulden	34–42	i) Schmuck	87
d) Voraus des überlebenden Ehegatten und Lebenspartners	43–47	j) Darlehensrückzahlungsforderungen	88
		5. Darlegungs- und Beweislast	89

I. Grundsätze/Überblick

Die Höhe des Pflichtteilsanspruchs wird zum einen durch die Pflichtteilsquote (vgl. §§ 2303, 2310) und zum anderen durch den Wert des Nachlasses bestimmt. Die §§ 2311–2313 enthalten Vorschriften über die Bestimmung des Bestands und des Wertes des Nachlasses. Zentrale Norm ist dabei das in § 2311 normierte Stichtagsprinzip: Dort ist festgelegt, dass der Berechnung des Pflichtteils der Bestand und der Wert des Nachlasses zur Zeit des Erbfalls zugrunde gelegt wird. Wertbestimmungen des Erblassers sind hins. der Wertermittlung unerheblich (Abs. 2 S. 2). Dafür spricht der zwingende Charakter des Pflichtteilsrechts (MüKoBGB/*Lange* Rn. 1).

II. Stichtagsprinzip

2 Sowohl für den für die Pflichtteilsberechnung maßgeblichen Nachlassbestand als auch für die Bewertung der Nachlassgegenstände ist auf den **Zeitpunkt des Erbfalls** abzustellen. Sind Vermögensgegenstände des Erblassers vor dem Erbfall untergegangen oder werden sie nach dem Erbfall hinzuerworben, scheiden sie aus der Pflichtteilsberechnung aus.

3 Die klare Regelung durch das **Stichtagsprinzip** kann im Einzelfall zu Härten führen. Dies gilt bspw., wenn Nachlassgegenstände nach dem Erbfall untergehen oder gestohlen werden. Die Anwendung des Stichtagsprinzips kann im Einzelfall auch dann Unbilligkeiten bewirken, wenn Gegenstände zum Nachlass gehören, die starken Wertschwankungen unterliegen, wie zB Aktien. Da die nach dem Erbfall eintretenden Wertveränderungen nicht berücksichtigt werden, kann dies dazu führen, dass ein nachträglicher Kursverfall, zB aufgrund der allgemeinen Entwicklung der Finanzmärkte, zur Folge hat, dass sich der Pflichtteilsanspruch aus dem höheren Kurswert der Aktien zur Zeit des Erbfalls errechnet und der Erbe zur Zahlung eines dementsprechenden Pflichtteilsanspruchs verpflichtet ist, den Nachlass aber aufgrund der nachträglichen Wertentwicklung die Pflichtteilsansprüche nicht mehr deckt. Gleiches gilt dann, wenn wertvolle Gegenstände, die zur Berechnung des Pflichtteilsanspruchs herangezogen wurden, nachträglich untergegangen sind.

4 Insoweit könnte erwogen werden, aus **Billigkeitserwägungen (§ 242)** Ausnahmen vom Stichtagsprinzip zuzulassen. Allerdings würde hiermit der Vorteil der Einfachheit und Klarheit der Regelung aufgegeben (vgl. MüKoBGB/*Lange* Rn. 2). Außerdem ist zu berücksichtigen, dass dem Gesetz durch das Stichtagsprinzip eine klare Risikoverteilung zugrunde liegt, die durchbrochen würde, wenn man einen nachträglichen Wertverfall von Nachlassgegenständen beim Erben berücksichtigen würde. Regelmäßig kann daher unter Berufung auf § 242 keine Ausnahme vom Stichtagsprinzip zugelassen werden.

III. Bestand des Nachlasses

5 **1. Allgemeine Grundsätze.** Für die Berechnung des Pflichtteils muss zunächst der Bestand des Nachlasses ermittelt werden. Dabei geht es um die Feststellung der zum Nachlass zugehörigen Vermögenspositionen.

6 Der Bestand des Nachlasses ergibt sich aus dem Vergleich der im Zeitpunkt des Erbfalls vorhandenen **Aktiva** (Aktivbestand) und **Passiva** (Passivbestand). Auf beiden Seiten sind Vermögensgegenstände zu erfassen und zu berücksichtigen, die vererblich sind und zzt. des Erbfalls Vermögensbestandteil waren. Gegenstände, die zum Zeitpunkt des Erbfalls bereits aus dem Vermögen des Erblassers ausgeschieden waren, können ggf. iRd Pflichtteilsergänzung (§§ 2325 ff.) Berücksichtigung finden, nicht aber iRd Berechnung des ordentlichen Pflichtteils nach § 2303 BGB.

7 Mit den nachfolgenden **Grundlagen des Pflichtteilsrechts** lässt sich beantworten, ob eine Position pflichtteilsrelevant ist oder nicht – und wie sie zu bewerten ist (*Horn* ErbR 2017, 685): Aus den Motiven geht hervor, „*dass der Pflichtteilsberechtigte durch den Pflichtteil materiell in Geld so viel erhalten soll (...), wie er erhalten würde, wenn er zu dem Pflichtteile entsprechenden Bruchteile Erbe wäre*" (Mot. V, 407). Hierzu hat das BVerfG am 26.4.1988: „*Der Pflichtteilsberechnung wird daher der Erbteil zugrunde gelegt, der dem betreffenden Berechtigtem gebührt hätte, wenn er im Augenblick des Erbfalls Erbe geworden wäre (...). Dem Berechtigten soll in Geld der Teil des Nachlasses zukommen, der der Hälfte seines gesetzlichen Erbteils gleichsteht*" (BVerfG NJW 1988, 2723 (2725)). Der BGH formuliert am 13.5.2015 wie folgt: „*einen Geldanspruch in Höhe der Hälfte des Wertes seines gesetzlichen Erbteils*" (NJW 2015, 2336 (2337)). Hinzu kommt aber konkretisierend eine Veräußerungsfiktion, etwa im Urt. v. 8.4.2015 wie folgt: „*Der Pflichtteilsberechtigte ist wirtschaftlich so zu stellen, als sei der Nachlass beim Tod des Erblassers in Geld umgesetzt worden.*" (BGH ZEV 2015, 349 (350)); ebenfalls NJW 2015, 2336 (2337)).

8 Das Pflichtteilsrecht hat eine Erbersatzfunktion (Staudinger/*Herzog* Rn. 21). Folglich sind solche Verbindlichkeiten pflichtteilsreduzierend in Ansatz zu bringen, die der Pflichtteilsberechtigte auch in seiner Eigenschaft als gesetzlicher Erbe hätte tragen müssen (HK-PflichtteilsR/*Wartenburger/Leiß* Rn. 17; MüKoBGB/*Lange* Rn. 13).

9 **2. Aktivbestand. a) Vererbliche Vermögenswerte.** Zu dem Aktivbestand gehören **alle vererblichen Vermögensgegenstände** des Erblassers. Darunter fallen nicht nur die zum Zeitpunkt des Erbfalls begründeten Rechtspositionen, sondern alle vermögensrechtlichen Positionen oder künftigen Rechtsbeziehungen, die der Erblasser noch zu seinen Lebzeiten eingeleitet hat, die aber erst mit seinem Tod oder nach seinem Tod endgültige Rechtswirkungen entfalten (OLG Düsseldorf FamRZ 1996, 1440 (1441); Staudinger/*Herzog* Rn. 22 f.). Eine derartige „unfertige" Rechtsbeziehung liegt bspw. vor, wenn der Erblasser noch vor seinem Tod bei einer Teilungsversteigerung im Meistgebot abgegeben hat und der Zuschlag erst nach seinem Tod erteilt worden ist, mit der Folge, dass das Grundstück dem Aktivbestand zuzurechnen ist (OLG Düsseldorf FamRZ 1996, 1440 (1441); ABC der Aktiva bei Schlitt/Müller Pflichtteils-HdB/*Blum* § 3 Rn. 48). Umfasst ist auch ein Pflichtteilsanspruch, der dem Erblasser gegen einen weiteren Nachlass zustand; auf die lebzeitige Geltendmachung kommt es nicht an (*Schindler* ZEV 2018, 60 (61)). Zinsen, die bis zum Erbfall angefallen sind, sind einzustellen, auch wenn sie erst später dem Konto gutgeschrieben wurden. Nachlasszugehörig ist auch der digitale Nachlass (*Uhrenbacher* ZEV 2018, 248 (249)).

Nicht in den Nachlass fallen dagegen vermögenswerte Rechtspositionen, die kraft Gesetzes oder aufgrund vertraglicher Vereinbarung **nicht vererblich** sind bzw. beim Tod des Erblassers erlöschen, wie zB ein **Nießbrauchsrecht**, eine persönliche Dienstbarkeit oder ein Wohnungsrecht iSv § 1093 (Staudinger/Herzog Rn. 39).

Nicht zu berücksichtigen iRd § 2311 sind schließlich alle Vermögenspositionen, die **außerhalb der Erbfolge** auf Dritte kraft Gesetzes, rechtsgeschäftlich oder aber aufgrund einer anderweitigen Verfügung von Todes wegen übertragen werden (Staudinger/Herzog Rn. 40 f.). War der Erblasser selbst **Vorerbe** und tritt der Nacherbfall mit dem Tod des Vorerben ein, fällt das nacherbengebundene Vermögen nicht in den Nachlass des Vorerben, da es aufgrund der Anordnung der Nacherbfolge von seinem Eigenvermögen getrennt blieb und dieses Sondervermögen mit Eintritt des Nacherbfalls ohne Weiteres (vgl. § 2139) auf den oder die Nacherben übergeht. Zum Eigenvermögen des Vorerben, das auch iRd § 2311 zur Pflichtteilsberechnung heranzuziehen ist, zählen nur die Nutzungen aus der Vorerbschaft (§ 2111 I 1) sowie etwaige Ersatz- und Verwendungsansprüche nach den §§ 2124, 2134 (vgl. Schlitt/Müller Pflichtteils-HdB/*Blum* § 3 Rn. 45). Daher kann durch die Anordnung der Nacherbfolge iSv § 2100 vermieden werden, dass sich durch den erbrechtlichen Zuerwerb des in Aussicht genommenen Erben der pflichtteilserhebliche Nachlass desselben (im vollen Umfang des Zuerwerbs) vergrößert. Damit vergrößert sich die Berechungsgrundlage für die Pflichtteilsansprüche im zweiten Erbfall. So „verdoppelt" sich bei dem Berliner Testament der Pflichtteil (*Giesen* ErbR 2018, 13).

Zu den Vermögenspositionen, die **rechtsgeschäftlich auf Dritte übertragen** werden, gehören ua aufschiebend mit dem Erbfall übertragene Forderungen oder Leistungen aus einem **Vertrag zugunsten Dritter auf den Todesfall** (§§ 328, 331), wenn der Erblasser einen Bezugsberechtigten bestimmt hat und zwar unabhängig davon, ob es sich um ein widerrufliches oder um ein unwiderrufliches Bezugsrecht handelte (vgl. Staudinger/Herzog Rn. 42). Nur dann, wenn der Erblasser keinen Bezugsberechtigten benannt hatte (auch nicht „den Erben" oder „die Erben"), fällt die Versicherungssumme als Aktivposten in den Nachlass und ist zur Berechnung des ordentlichen Pflichtteils heranzuziehen.

Hat der Erblasser als Versicherungsnehmer seine Ansprüche aus einer Lebensversicherung aber als Sicherheit an einen Kreditgeber **abgetreten** und widerruft er zu diesem Zweck ein widerruflich eingeräumtes Bezugsrecht, gehört der Anspruch auf die Versicherungssumme im Todesfall **iHd gesicherten Schuld** zu seinem Aktivnachlass und ist ebenso wie die gesicherte Schuld bei der Berechnung des Pflichtteils zu berücksichtigen (BGH NJW 1996, 2230).

b) Surrogate. Zum Aktivnachlass zählen neben den beim Erbfall tatsächlich vorhandenen Nachlassgegenständen auch **Surrogate** für nicht mehr vorhandene Werte, wie zB Ansprüche auf Rückübertragung von Gegenständen, Entschädigung nach dem **Vermögensgesetz** (BGH NJW 1993, 2176 mAnm *Dieckmann* ZEV 1994, 198) oder Ansprüche nach dem **Lastenausgleichsgesetz** (BGH WM 1972, 803 f.; 1977, 176). Dies gilt selbst dann, wenn die Ansprüche erst in der Person des Erben entstanden sind, sofern der Schaden nur bereits zum Zeitpunkt des Erbfalls eingetreten war (BGH WM 1972, 803 f.).

c) Konfusion und Konsolidation. IRd § 2311 werden Rechtsverhältnisse, die infolge des Erbfalls durch **Konfusion** (Vereinigung von Recht und Verbindlichkeit in einer Hand) oder durch **Konsolidation** (Zusammenfallen von Recht und dinglicher Belastung) erloschen sind, in analoger Anwendung der Rechtsgedanken der §§ 1978, 1991 II, §§ 2143, 2175 u. 2377 **als nicht erloschen angesehen** (BGH NJW 1987, 1260 (1262); BGH DNotZ 1978, 487; OLG Frankfurt a. M. FamRZ 2014, 1149 = BeckRS 2013, 21409; OLG Schleswig NJW-RR 2008, 16). Anderenfalls würde der Pflichtteilsberechtigte ungerechtfertigter Weise davon profitieren, dass der Erblasser nicht einen Dritten, sondern den Gläubiger bzw. Rechtsinhaber zum Erben eingesetzt hat. Daher darf die Höhe des Pflichtteilsbetrages nicht davon abhängen, wer zufällig Erbe wird und ob in der Person des Erben die Voraussetzungen der Konfusion oder Konsolidation gegeben sind (MüKoBGB/*Lange* Rn. 7).

d) Gemeinschaftliche Berechtigungen. Bei gemeinschaftlichen Berechtigungen, zB **gemeinschaftlichen Bankkonten**, ist für die Pflichtteilsberechnung die Beteiligung des Erblassers im **Innenverhältnis** entscheidend (BeckOK BGB/*G. Müller* Rn. 3). Dies gilt unabhängig davon, ob es sich um ein sog. Und-Konto oder ein Oder-Konto handelt. Bei einem Und-Konto ist nach §§ 741, 742 iZw von gleichen Anteilen auszugehen. Bei einem Oder-Konto von Ehegatten bzw. eingetragenen Lebenspartnern wird nach § 430 (widerleglich) vermutet, dass das Guthaben beiden zur Hälfte zusteht (BGH NJW 2000, 2347; BGH NJW 1997, 1434). Wer eine andere als die vermutete hälftige Beteiligung der Kontoinhaber oder einen Ausschluss der Ausgleichspflicht behauptet, trägt hierfür die Darlegungs- und Beweislast (NJW-RR 1993, 2; BGH NJW 1990, 705).

Bei **Steuerrückerstattungen** von Ehegatten ist eine Aufteilung nach dem Verhältnis der steuerpflichtigen Einkünfte vorzunehmen (Schlitt/Müller Pflichtteils-HdB/*Blum* § 3 Rn. 48).

Lebte der Erblasser mit seinem Ehegatten (oder eingetragenen Lebenspartner) in **Gütergemeinschaft**, fällt das Sonder- und Vorbehaltsgut des Erblassers voll in den Nachlass, hins. des Gesamtgutes nur der Anteil des Erblassers hieran (§ 1482). IZw ist von hälftiger Beteiligung der Ehegatten am Überschuss nach Auseinandersetzung auszugehen (vgl. § 1476 I).

e) Einzelfälle. Eine dem Erblasser angefallene **Erbschaft** oder ein ihm von einem Dritten zugewandtes Vermächtnis gehören erst dann zu den berücksichtigungsfähigen Aktiva, wenn die Erbschaft oder das Vermächtnis nicht mehr ausgeschlagen werden können. Gehört zum Nachlass eine Erbschaft nach einem früheren Erblasser und schlägt der Erbe diese aus, mindert sich dadurch folglich der Nachlass auch für den Pflichtteilsberechtigten (BeckOK BGB/*G. Müller* Rn. 5; aA *de Leve* ZEV 2010, 75 ff.). Entsprechendes gilt für den Pflichtteilsanspruch gegenüber dem Nachlass eines anderen Nachlasses (*Heindl* ZErb 2015, 8).

20 Ein bereits aufgelassenes **Grundstück** des Erblassers gehört noch so lange zum Aktivnachlass, als es im Grundbuch noch nicht umgeschrieben ist. Allerdings ist der Eigentumsverschaffungsanspruch des Erwerbers als Passivposten mit gleichem Wert anzusetzen, so dass sich dies iErg nicht auf die Pflichtteilsberechnung auswirkt (OLG Schleswig ZEV 2007, 277 = NJW-RR 2008, 16).

21 Zu den vererblichen Vermögenswerten gehören uU auch die vermögenswerten Bestandteile des **Persönlichkeitsrechts** oder Verwertungsrechte aus **Urheberrecht** nach § 28 UrhG.

22 Nimmt die als Vorerbin eingesetzte Ehefrau des Erblassers trotz bestehender Ausschlagungsmöglichkeit gem. § 2306 I ihr Pflichtteilsrecht nicht in Anspruch, so ist der unterlassene **Pflichtteilsanspruch** bei der Berechnung des Pflichtteils von Abkömmlingen nicht ihrem eigenen Nachlass hinzuzurechnen (BGH NJW 2002, 672 = ZEV 2002, 21).

23 Zum Aktivnachlass zählen auch die **Steuerrückerstattungsansprüche** des Erblassers und zwar sowohl die für die Veranlagungszeiträume vor dem Todesjahr wie auch für den Veranlagungszeitraum des Todesjahres (Schlitt/Müller Pflichtteils-HdB/*Blum* § 3 Rn. 15).

24 Der Anspruch nach § 2287 fällt nicht in den Nachlass. Die Schenkung löst ggf. nach den allgemeinen Regeln Pflichtteilsergänzungsansprüche aus (→ § 2325 Rn. 24 ff.; → § 2329 Rn. 25 ff.).

25 **3. Passivbestand. a) Abzugsfähigkeit von Nachlassverbindlichkeiten.** Vom ermittelten Aktivbestand ist der sog. **Passivbestand** abzuziehen, da der Pflichtteilsberechtigte den anderen Nachlassgläubigern nachgeht und er Befriedigung erst aus dem schuldenfreien Nachlass verlangen darf (Palandt/*Weidlich* Rn. 3; ABC der Passiva bei MSTB PflichtteilsR-HdB/*Riedel* § 5 Rn. 30 und bei Schlitt/Müller Pflichtteils-HdB/*Blum* § 3 Rn. 66). Zu berücksichtigen sind nur unverjährte Forderungen (Damrau/Tanck/ *Riedel* Rn. 50).

26 Auch für die Ermittlung des Passivbestandes ist nach dem oben dargelegten Stichtagsprinzip auf den **Zeitpunkt des Erbfalls** abzustellen, so dass bspw. unberücksichtigt bleibt, wenn eine zweifelsfreie Verbindlichkeit des Erblassers dem Erben nach Eintritt des Erbfalls erlassen wird (Palandt/*Weidlich* Rn. 3). War das Bestehen der Verbindlichkeit aber zum Zeitpunkt des Erbfalls bzw. der Verzeichniserstellung unsicher oder zweifelhaft, gilt § 2313.

27 Nicht gleichzusetzen ist der Passivbestand mit dem Begriff der Nachlassverbindlichkeiten iSv § 1967. Denn nicht alle der dort genannten Verbindlichkeiten gehören zu den iRd Pflichtteilsberechnung abzugsfähigen Verbindlichkeiten. Zum Passivbestand zählen vielmehr nur solche Nachlassverbindlichkeiten, die auch beim **Eintritt der gesetzlichen Erbfolge** entstanden wären (OLG Hamm FamRZ 2014, 1149 = BeckRS 2014, 11567). Nicht zu berücksichtigen sind damit insbes. Verbindlichkeiten, die aus Verfügungen von Todes wegen des Erblassers, wie Vermächtnisse oder Auflagen, herrühren. Sonst hätte es der Erblasser in der Hand, durch entsprechende Anordnungen einseitig den pflichtteilserheblichen Nachlass zu reduzieren.

28 Übersteigt der Wert der abzuziehenden Passiva den Wert der Aktiva, ist der Nachlass also überschuldet, entsteht kein Pflichtteilsanspruch (OLG Stuttgart NJW-RR 1989, 1283). Eine Überschuldung reduziert auch ggf. bestehende Pflichtteilsergänzungsansprüche (→ § 2325 Rn. 77 ff.).

29 **b) Erblasserschulden.** Von den Nachlassverbindlichkeiten zu berücksichtigen sind die vom Erblasser herrührenden Schulden iSv § 1967 I Alt. 1 (sog. Erblasserschulden). Weitere Voraussetzung ist, dass diese Schulden vererblich und nicht verjährt sind (Staudinger/*Herzog* Rn. 65; Schlitt/Müller Pflichtteils-HdB/ *Blum* § 3 Rn. 50). Zu den berücksichtigungsfähigen Erblasserschulden gehören auch Ansprüche aus einem aufschiebend mit dem Tod des Erblassers befristeten **Herausgabevermächtnis** sowie Ansprüche aus einem mit dem Erbfall fälligen Nachvermächtnis iSv § 2191, mit denen der Erblasser aufgrund eines früheren erbrechtlichen Erwerbs belastet war (*Hölscher* ZEV 2011, 569; *Hartmann* ZNotP 2012, 371 (373)).

30 Es sind ua folgende Verbindlichkeiten abzugsfähig und damit pflichtteilsrelevant: **Einkommensteuerschulden** des Erblassers auch bei Festsetzung erst nach dem Erbfall (OLG Hamm ErbR 2017, 638 = BeckRS 2016, 117427 Rn. 115 = ErbR 2017, 638); so auch bis zum Erbfall angefallene Kapitalertragssteuern (§ 32d EStG) und Solidaritätszuschlag; der **Unterhaltsanspruch** des geschiedenen Ehegatten bis zur Grenze des § 1586b und der Mutter eines Kindes nicht miteinander verheirateter Eltern nach § 1615l I 2, nicht aber der Anspruch der werdenden Mutter nach § 1963; **noch nicht beim Erbfall vollzogene Schenkungen** ohne Überlebensbedingung (MAH ErbR/*Horn* § 29 Rn. 232), auch dann, wenn diese zunächst formnichtig nach § 518 I waren, nicht aber aufgrund einer Handlung des Erblassers Heilung eingetreten ist (Staudinger/*Herzog* Rn. 66) und **Darlehensverbindlichkeiten,** aber naturgemäß nicht zusätzlich Sicherheiten wie Grundschulden.

31 Nach hA werden iRd § 2311 Rechtsverhältnisse, die infolge des Erbfalls durch **Konfusion** (Vereinigung von Recht und Verbindlichkeit in einer Hand) oder durch **Konsolidation** (Zusammenfallen von Recht und dinglicher Belastung) erloschen sind, in analoger Anwendung der Rechtsgedanken der §§ 1978, 1991 II, §§ 2143, 2175 u. 2177 als nicht erloschen angesehen (→ Rn. 15). Denn es darf iErg im Verhältnis zum Pflichtteilsberechtigten keine Rolle spielen, ob der Erblasser den Gläubiger oder Rechtsinhaber oder einen Dritten zum Erben eingesetzt hat. Daher müssen bspw. **vorhandene dingliche Belastungen** (zB Wohnrecht zugunsten des Erben am nachlasszugehörigen Grundstück) wertmindernd Berücksichtigung finden, selbst wenn es bei Vereinigung von Eigentum und Berechtigung in einer Hand erlöschen würde (was aber nach § 889 ohnehin nicht der Fall ist).

Haftet der Erblasser für eine Verbindlichkeit im Außenverhältnis **gesamtschuldnerisch** mit anderen 32
Personen, ist für den Umfang der Berücksichtigung der Verbindlichkeit auf die Haftung des Erblassers
im Innenverhältnis abzustellen (BGH NJW 1979, 546 (547)). IZw besteht eine Haftung zu gleichen Teilen (§ 426 I); ist ein Mitschuldner insolvent, erhöhen sich die Verpflichtungen der anderen Gesamtschuldner.

§ 2313 als Ausnahme vom Stichtagsprinzip: Für **bedingte und zweifelhafte** Verbindlichkeiten ist iÜ 33
§ 2313 zu berücksichtigen (MAH ErbR/*Horn* § 29 Rn. 212 ff.). Sicherheitsleistung kann weder der Erbe
noch der Pflichtteilsberechtigte hins. der vorl. berücksichtigten bzw. nicht berücksichtigten Interimswerte verlangen (Damrau/Tanck/*Riedel* § 2313 Rn. 14). Es gelten die allgemeinen Vorschriften zum Schutz
bedingter Ansprüche (§ 916 II ZPO) und zu deren Entstehung und Berücksichtigung in der Insolvenz
(§ 191 InsO). § 2313 II ist auch dann zu beachten,
– wenn der Erblasser eine **Bürgschaftsverpflichtung** eingegangen ist. Diese ist bei der Berechnung
des Nachlasswertes solange außer Betracht zu lassen, wie offen ist, ob und in welcher Höhe der Erblasser als Bürge überhaupt in Anspruch genommen wird (OLG Köln ZEV 2004, 155 (156)) und –
falls er in Anspruch genommen wird – ob der Rückforderungsanspruch des Erblassers durchsetzbar ist
und
– wenn der Erblasser einem Dritten zur Besicherung eines Darlehens ein Grundpfandrecht wie eine
Grundschuld zur Verfügung gestellt hat (BGH NJW 2011, 606; aA OLG Düsseldorf NJW-RR 1996,
727). Solange der Darlehensgeber des Dritten nicht die Sicherheit in Anspruch nimmt oder – im Falle
einer Inanspruchnahme – der Freistellungsanspruch gegen den Dritten durchsetzbar ist, mindert eine
solche dingliche Belastung nicht den pflichtteilsrelevanten Nachlasswert (BGH ZEV 2011, 27; OLG
Nürnberg BeckRS 2010, 28685).

c) **Erbfallschulden.** Zu den berücksichtigungsfähigen Verbindlichkeiten zählen solche, die „den Erben 34
als solchen treffen" iSv § 1967 II Alt. 2 (sog. **Erbfallschulden**). Bei den Erbfallschulden gehen entweder
der Rechtsgrund und die Notwendigkeit der Erfüllung auf den Erbfall zurück oder ihre Erfüllung erfolgt im Interesse des Pflichtteilsberechtigten bzw. hätte den Pflichtteilsberechtigten getroffen, wenn er
gesetzlicher Erbe geworden wäre (MüKoBGB/*Lange* Rn. 19).

Zu den Erbfallschulden zählen die Kosten der standesgemäßen **Beerdigung** des Erblassers iSv § 1968, 35
zu denen nach hA nicht die Kosten der laufenden Grabpflege nach erstmaliger Anlegung der Grabstätte
gehören (OLG Düsseldorf ZErb 2018, 104 (105); OLG Schleswig ZEV 2010, 196; MüKoBGB/*Lange*
Rn. 19; aA *Damrau* ZEV 2004, 456; LG Heidelberg ZEV 2011, 583). Schließlich zählen die Dauergrabpflegekosten als sittliche Pflicht nicht zu den Beerdigungskosten iSv § 1968 (LG Oldenburg ErbR 2018,
533 (536)). Ferner zählen hierzu die **Kosten der Nachlassverwaltung**, der Nachlasssicherung einschl.
der Nachlasspflegschaft sowie die Kosten der Feststellung des Nachlassbestands und des Wertes und der
Auskunftserteilung (Staudinger/*Herzog* Rn. 76). Nicht abzugsfähig sind die Kosten der Nachlassverwaltung durch den Erben (BeckOK BGB/G. *Müller* Rn. 14).

Rechtsanwaltsgebühren, die aus der Beauftragung des Erben zur Pflichtteilsregulierung entstanden 36
sind, sind nicht abzugsfähig (OLG Düsseldorf ZErb 2018, 104 (105) mit zust. Anm. *Horn;* Staudinger/
Herzog Rn. 76, § 2314 Rn. 150). Das gilt zumindest solange, wie nicht für die Auskunfts- und Wertermittlung eine anwaltliche Unterstützung erforderlich ist (vgl. § 2314 II; → § 2314 Rn. 88 ff.).

Abzugsfähig ist auch der konkrete **Zugewinnausgleichsanspruch** des längerlebenden Ehegatten bei 37
der sog. güterrechtlichen Lösung, wenn der überlebende Ehegatte nicht Erbe wurde und ihm auch kein
Vermächtnis zusteht (§ 1371 II) bzw. der überlebende Ehegatte die Erbschaft ausgeschlagen hat (§ 1371
III; → § 2303 Rn. 77 ff.).

Kosten einer **Testamentsvollstreckung** können nur in Abzug gebracht werden, soweit diese auch für 38
den Pflichtteilsberechtigten von Vorteil sind, etwa weil dadurch Kosten der Feststellung oder Sicherung
des Nachlasses gespart werden (BGH NJW 1985, 2828; NJW 2009, 1143).

Nicht alle Erbfallschulden sind abzugsfähig. **Nicht abgezogen** werden kann bspw. der Pflichtteilsanspruch selbst, der Gegenstand der Berechnung ist (BeckOK BGB/*G. Müller* Rn. 14). Gleiches gilt für 39
Erbfallschulden, die den Pflichtteilsverbindlichkeiten gem. § 327 InsO im Rang nachgehen. Bei der Berechnung des Pflichtteils nicht abgezogen werden können daher **durch den Erblasser angeordnete** bzw.
durch seinen Erbfall ausgelöste **Vermächtnisse** (Mot. V, 406; vgl. zu Vermächtnissen, mit denen bereits
der Erblasser beschwert war, → Rn. 29), Auflagen, gesetzliche Vermächtnisse wie der Dreißigste und der
Anspruch erbberechtigter Abkömmlinge des Erblassers gem. § 1371 IV. Gleiches gilt für unter Lebenden
nicht vollzogene Schenkungen von Todes wegen, da auf diese nach § 2301 I die Vorschriften über Verfügungen von Todes wegen anzuwenden und diese daher wie Vermächtnisse zu behandeln sind. **Latente
Ertragsteuern** stellen unstr. keine Verbindlichkeit dar, sondern sind höchstens innerhalb der Wertermittlung zu berücksichtigen (→ Rn. 69 f.).

Ferner können solche Erbfallschulden nicht abgezogen werden, die nicht im Interesse des Pflichtteils- 40
berechtigten entstanden sind, wie zB die Kosten der **Nachlassauseinandersetzung,** die Kosten der Verwaltung des Nachlasses sowie die Kosten der Nachlassinsolvenz.

Nicht abgezogen werden können auch die **Erbschaftsteuer** (LG Oldenburg ErbR 2018, 533 (535); 41
OLG Düsseldorf FamRZ 1999, 1465; OLG Hamm ZEV 2018, 211 (214); LG Hagen ZErb 2017, 109
(114); MüKoBGB/*Lange* Rn. 20) und die Kosten der Erstellung der Erbschaftsteuererklärung, da die
Erbschaftsteuer den Erben in Person und nicht als Träger des Nachlasses trifft (OLG Düsseldorf FamRZ
1999, 1465).

42 Schließlich können Kosten, die nur wegen des Vorhandenseins einer letztwilligen Verfügung entstehen, nicht zu Lasten des Pflichtteilsberechtigten in Abzug gebracht werden (Schlitt/Müller Pflichtteils-HdB/*Blum* § 3 Rn. 63). Dies gilt bspw. für die Kosten der **Testamentseröffnung** (LG Neuruppin ErbR 2017, 2017 mit zust. Anm. *Horn* = BeckRS 2017, 118112 Rn. 13; OLG Schleswig ZEV 2010, 197 (198)). Entgegen der hM sind die Kosten der **Erbscheinserteilung** (Gerichtsgebühr und Gebühr für die eidesstattliche Versicherung) abzugsfähig (LG Neurupin BeckRS 2017, 118112 = ErbR 2017, 684 mit zust. Anm. *Horn*; im Anschluss an Staudinger/*Herzog* Rn. 60; aA OLG München ErbR 2010, 59f.). Schließlich wären diese Gebühren auch im Falle der gesetzlichen Erbfolge angefallen.

43 **d) Voraus des überlebenden Ehegatten und Lebenspartners.** Nach Abs. 1 S. 2 bleibt bei der Berechnung des Pflichtteils eines Abkömmlings und der Eltern des Erblassers der dem überlebenden Ehegatten gebührende Voraus (§ 1932) außer Ansatz. Entsprechendes gilt für den eingetragenen Lebenspartner nach § 10 I 3–5, VI 2 LPartG. Das ist aber nur die Ausnahme.

44 Diese Regelung dient dem Schutz des Ehegatten bzw. eingetragenen Lebenspartners. Sie bewirkt, dass der Pflichtteil nur aus dem nach Abzug des Voraus verbleibenden Nachlass berechnet wird. Da der Voraus in Abzug kommt, kann es im Falle eines wertvollen Voraus uU sinnvoll sein, den Ehegatten zum gesetzlichen Erbe werden zu lassen, um den Pflichtteilsanspruch von Abkömmlingen zu reduzieren (*Keim* NJW 2008, 2072 (2076)).

45 Zum Voraus zählen die zum ehelichen bzw. lebenspartnerschaftlichen Haushalt gehörenden Gegenstände, soweit sie nicht Zubehör eines Grundstückes sind, und die Hochzeitsgeschenke bzw. Geschenke zur Begründung der Lebenspartnerschaft (vgl. § 1932 I 1 und § 10 I 3 u. 4 LPartG).

46 Der Voraus steht dem überlebenden Ehegatten oder eingetragenen Lebenspartner aber nur zu, wenn er **gesetzlicher Erbe** wird, was der absolute Ausnahmefall ist. Wird er gewillkürter Erbe, kann er sich nicht auf die Unberücksichtigung berufen, weil dann die Voraussetzungen des § 1932 nicht gegeben sind, sodass ihm der Voraus nicht „gebührt" (BGH NJW 1979, 546; OLG Naumburg FamRZ 2001, 1406f.; MüKoBGB/*Lange* Rn. 52; aA Staudinger/*Herzog* Rn. 78). Gleiches gilt im Falle der gesetzlichen Erbfolge, wenn der Erblasser dem Ehegatten bzw. Lebenspartner den Pflichtteil oder den Voraus **wirksam entzogen** hat (§§ 2333 ff.) oder seine **Erbunwürdigkeit** festgestellt worden ist (vgl. §§ 2339 ff.). Der Pflichtteil des Ehegatten selbst errechnet sich aus dem Gesamtnachlass, ohne dass der Voraus in Abzug gebracht werden könnte.

47 Der Umfang des Abzugs des Voraus ist unterschiedlich und hängt davon ab, ob der längerlebende Ehegatte bzw. eingetragene Lebenspartner neben Verwandten der zweiten Ordnung oder neben Großeltern einerseits (dann voller Voraus abzugsfähig) oder neben Verwandten der ersten Ordnung gesetzlicher Erbe wird (dann gebühren die Gegenstände des Voraus dem überlebenden Ehegatten bzw. eingetragenen Lebenspartner nur insoweit, als er sie zur Führung eines angemessenen Haushalts benötigt) (vgl. § 1932 I 1 u. 2, § 10 I 3 u. 4 LPartG).

IV. Wert des Nachlasses

48 **1. Stichtagsprinzip.** Nach Abs. 1 S. 1 ist der Pflichtteilsberechnung nicht nur der Bestand, sondern auch der Wert des Nachlasses **zur Zeit des Erbfalls** zugrunde zu legen. Maßgeblich ist der Wert der einzelnen Vermögenswerte im Zeitpunkt des Todes des Erblassers. Wertsteigerungen oder Wertminderungen einzelner Vermögenspositionen des Nachlasses, die erst nach dem Erbfall eintreten, ändern somit an dem Betrag des Pflichtteils, der nach den Verhältnissen im Todeszeitpunkt des Erblassers ermittelt ist, nichts. Dies gilt auch für etwaige Wertsteigerungen etwa von Grundbesitz im Zusammenhang mit der Wiedervereinigung (OLG Köln NJW 1998, 240f.). Die starre Geltung des Stichtagsprinzips kann insbes. für Nachlassgegenstände, die starken Wertschwankungen unterliegen, wie zB Aktien, im Einzelfall zu unbilligen Ergebnissen führen (→ Rn. 63).

49 Eine bestimmte Wertberechnungsmethode ist zur Wertermittlung im Pflichtteilsrecht nicht vorgeschrieben (BGH ZEV 2015, 482 Rn. 9). Richtlinie ist dabei der **Grundsatz** im Pflichtteilsrecht, dass der **Pflichtteilsberechtigte in Geld so zu stellen ist, als sei der Nachlass am Todestag in Geld umgesetzt** worden (BGH ZEV 2015, 349 Rn. 4; ZEV 2015, 482 Rn. 9; NJW 1954, 1764; Staudinger/*Herzog* Rn. 21; → Rn. 7).

50 **2. Wertbestimmungen durch den Erblasser.** Hat der Erblasser eine Wertbestimmung getroffen, ist diese nach Abs. 2 S. 2 nicht maßgebend (OLG München FamRZ 2013, 329 = BeckRS 2012, 8586). Dies gilt selbst dann, wenn sie für den Pflichtteilsberechtigten vorteilhaft sein sollte. Dafür spricht, dass die Pflichtteilshöhe nicht vom Willen des Erblassers abhängen soll (Ausnahme nach § 2312 I 2).

51 Nur dann, wenn der Erblasser ausnahmsweise zur Entziehung des Pflichtteils berechtigt sein sollte, kann er nach hA nach einem argumentum a maiore-Schluss das Pflichtteilsrecht beeinträchtigende Wertbestimmungen – allerdings nur unter Einhaltung der Formvorschrift des § 2336 – treffen (vgl. MüKoBGB/*Lange* Rn. 24).

52 **3. Wertermittlung.** Abzustellen ist auf den sog. gemeinen Wert, der dem Verkaufspreis im Zeitpunkt des Erbfalls entspricht (BGH ZEV 2015, 349 Rn. 4; Grundlage → Rn. 7). Zur Ermittlung dieses **Verkehrswertes** sind die für den Verkaufswert maßgebenden Bewertungsdaten aus Sicht des Stichtages heranzuziehen (BGH ZEV 2015, 480 Rn. 9). Dabei sind alle naheliegenden und wirtschaftlich fassbaren, zum Stichtag im Keim angelegten Entwicklungen zu berücksichtigen (Staudinger/*Herzog* Rn. 100). Das OLG München definiert wie folgt (FamRZ 2013, 329 = BeckRS 2012, 8586): *„Dies ist der Preis, der im*

gewöhnlichen Geschäftsverkehr nach der Beschaffenheit des Wirtschaftsguts bei einer Veräußerung unter normalen und erlaubten Verhältnissen voraussichtlich zu erzielen wäre." Ein Liebhaberwert ist nicht maßgebend (BGH NJW 1954, 1037). Subjektive Komponten wie die Entscheidung, ob etwa der Erbe das nachlasszugehörige Unernehmen verkauft, wirken sich nicht bei der Wertermittlung aus (MAH ErbR/*Horn* § 46 Rn. 5f mwN)

Nach Abs. 2 S. 1 ist der Wert erforderlichenfalls durch **Schätzung** zu ermitteln (§ 287 ZPO). Eine bestimmte **Methode** ist hierfür nicht vorgeschrieben. Zur Schätzung des vollen, wirklichen Werts können je nach Bewertungsgegenstand grds. das Vergleichswert-, das Ertragswert- oder das Sachwert-/Substanzwertverfahren bzw. unterschiedliche Kombinationen dieser einzelnen Verfahren herangezogen werden (vgl. Schlitt/Müller Pflichtteils-HdB/*Lohr/Prettl* § 4 Rn. 12 ff.). 53

Verkauf alsbald nach Erbfall: Eine Schätzung kann ausnahmsweise nicht erforderlich werden, wenn ein Nachlassgegenstand alsbald nach dem Erbfall veräußert worden ist. Dann ist zur Berechnung der Zahlungsansprüche der Kaufpreiserlös, also nach Abzug von Kosten, maßgebend (vgl. BGH ZEV 2015, 349 Rn. 4; ZEV 2011, 29; NJW-RR 1991, 900). Sogar ein fünf Jahre nach dem Erbfall erzielter Erlös soll Aussagekraft haben (BGH NJW-RR 1993, 131 (132)), was aber eher Theorie ist. Schließlich ist Voraussetzung für die Bewertung anhand des Verkaufserlöses, dass (1) seit dem Erbfall eine wesentliche Veränderung der Marktverhältnisse nicht eingetreten ist, (2) wesentliche Veränderungen in der Bausubstanz von den Erben nicht dargelegt werden können (BGH NJW-RR 1993, 131) und (3) außergewöhnliche (markt-)Verhältnisse nicht vorliegen (BGH NJW-RR 1991, 900). Bei zeitlichem Abstand ist das Ergebnis je nach der tatsächlichen Entwicklung der Preise seit dem Erbfall zu korrigieren (BGH NJW-RR 1993, 834). Die Rechtsprechung hat etwa Verkaufserlöse ein Jahr (LG Hagen ZErb 2017, 109 (113)) nach dem Erbfall herangezogen (MAH ErbR/*Horn* § 46 Rn. 15 mwN). Der Verkaufserlös verliert damit grds. als Bemessungsfaktor an Bedeutung, je größer der zeitliche Abstand zwischen dem Verkauf des Nachlassgegenstandes und dem Erbfall ist. 54

Der tatsächlich erzielte Verkaufspreis ist dann nicht innerhalb der Bewertung heranzuziehen, wenn **außergewöhnliche Umstände** vorliegen, für die der Pflichtteilsberechtigte darlegungs- und beweispflichtig ist (BGH ZEV 2015, 349 (350): Nachweis kann durch Gutachten erfolgen). Zu nennen sind ua eine wesentliche Änderung der Marktumfeldes, die nicht bei dem Erbfall im Keim angelegt war, ein überschneller Notverkauf und ein Verkauf unter Angehörigen oder Freunden, so etwa bei einer Unternehmensbeteiligug der Verkauf an andere Gesellschafter (OLG Köln ZEV 2014, 660 (661)). Gleichwohl kann der Erbe mit seinem besonderen Verhandlungsgeschick argumentieren, um den Wert zu reduzieren. 55

4. Einzelfälle. a) Grundbesitz. Die Ermittlung des Verkehrswertes von Grundbesitz durch Schätzung erfolgt nach den Vorgaben der ImmobilienwertermittlungsVO (OLG Hamburg FamRZ 2016, 261 = BeckRS 2015, 14453 Rn. 13; zur Wertermittlung von Grundstücken ausf. Schlitt/Müller Pflichtteils-HdB/*Lohr/Prettl* § 4 Rn. 19 ff.). 56

Wird das Grundstück nach dem Eintritt des Erbfalls alsbald veräußert, ist für die Höhe des Pflichtteilsanspruchs vorrangig der tatsächlich erzielte Verkaufserlös zu berücksichtigen (→ Rn. 54). 57

Ansonsten wird wie folgt unterschieden: 58

aa) **Bebaute Grundstücke.** Für bebaute Grundstücke gibt es unterschiedliche Methoden:
– Nach dem **Vergleichswertverfahren** werden Kaufpreise solcher Grundstücke herangezogen, die hins. der ihren Wert beeinflussenden Merkmale mit dem Grundstück hinreichend übereinstimmen (vgl. Schlitt/Müller Pflichtteils-HdB/*Lohr/Prettl* § 4 Rn. 29). Dabei kann für die Ermittlung des Vergleichswerts (der bei bebauten Grundstücken den Bodenwert sowie den Wert baulicher und sonstiger Anlagen umfasst) auf die Daten der örtlichen Gutachterausschüsse für Grundstückswerte zurückgegriffen werden. Voraussetzung für die Anwendung des Vergleichswertverfahrens ist das Vorhandensein einer genügenden Anzahl geeigneter Vergleichsobjekte. Bei der Verkehrswertermittlung bebauter Grundstücke wird das Vergleichswertverfahren daher regelmäßig nur bei Grundstücken angewandt, die mit weitgehend gleichartigen Gebäuden, wie insbes. Reihenhäuser, Einfamilienhäuser, Eigentumswohnungen oder Garagen bebaut sind und bei denen sich der Grundstücksmarkt an **Vergleichspreisen** orientiert (vgl. Schlitt/Müller Pflichtteils-HdB/*Lohr/Prettl* § 4 Rn. 29).
– Beim **Ertragswertverfahren** wird der Wert vom nachhaltig erzielbaren Ertrag aus dem Grundbesitz abgeleitet (Mieten, Pacht), bereinigt um nicht umlegbare Bewirtschaftungskosten. Der jährliche Reinertrag wird mittels der Rentenformel kapitalisiert als Jahresbetrag einer Zeitrente über die Restnutzungsdauer. Dazu addiert wird die Bodenwertverzinsung (sog. Liegenschaftszins), dh der Zinssatz, mit dem sich das im Verkehrswert gebundene Kapital verzinst. Beide Werte werden addiert. Das Ertragswertverfahren kommt insbes. für die Grundstücke in Betracht, bei denen der nachhaltig erzielbare Ertrag für die Werteinschätzung am Markt im Vordergrund steht (Schlitt/Müller Pflichtteils-HdB/*Lohr/Prettl* § 4 Rn. 30). Dies gilt insbes. für **Miet- und Geschäftsgrundstücke** sowie gemischt genutzte Grundstücke, also sog. „Renditeobjekte" (BGH NJW 1970, 2018 (2019); OLG Frankfurt a. M. FamRZ 1980, 576 für die Bewertung für den Zugewinnausgleich).
– Nach dem **Sachwertverfahren** wird der Bodenwert zum Stichtag im Vergleichswertverfahren, der Wert von Gebäude und Außenanlagen davon gesondert über die Normalherstellungskosten ermittelt, vermindert um die Wertminderung durch Alter, Schäden usw (vgl. Schlitt/Müller Pflichtteils-HdB/*Lohr/Prettl* § 4 Rn. 45 ff.). Das Sachwertverfahren findet Anwendung bei selbst genutzten Einfamilienhäusern oder Eigentumswohnungen oder, wenn für potentielle Käufer die Herstellungskosten vorrangig sind, etewa bei einem **Geschäftshaus** (BGH NJW 1970, 2018 (2019); OLG Köln MDR 1963,

411; vgl. zur Wertermittlung nach dem Mittel zwischen Sachwert und Ertragswert BGH MDR 1963, 396).

59 Ist eine **Hälfte einer Immobilie** nachlasszugehörig, kommt ein Wertabschlag in Betracht. Das ist aber dann nicht der Fall, wenn dem Erben zuvor schon die andere Hälfte gehörte (BGH ZEV 2015, 480 Rn. 14 m.abl.Anm. *Lange*). Als aufgrund des Erbfalls gewordener Alleineigentümer kann der Erbe schließlich den vollen Verkehrswert realisieren.

60 **bb) Unbebauter Grundbesitz.** Bei unbebauten Grundstücken ist idR das Vergleichswertverfahren anzuwenden, da wohl eine ausreichende Anzahl vergleichbarer Kaufpreise oder ein Bodenrichtwert zur Verfügung steht (NK-BGB/*Bock* Rn. 39 mwN).

61 **cc) Miteigentumsanteile.** Da ein hälftiger Miteigentumsanteil faktisch zur Unverkäuflichkeit des in den Nachlass fallenden Miteigentumsanteils führt, kann nicht der halbe Verkehrswert des Grundstücks samt Gebäude angesetzt werden (Staudinger/*Herzog* Rn. 118). Hier ist ein deutlicher Wertabschlag anzubringen (Damrau/Tanck/*Riedel* Rn. 129; aA ohne Abschlag OLG Schleswig OLGR 2000, 241). Kein Wertabschlag ist lt. BGH im Jahr 2015 anzunehmen, wenn der Eigentümer der anderen ideellen Hälfte der Alleinerbe ist (BGH ZEV 2015, 482 mit abl. Anm. *Lange*).

62 **dd) Landwirtschaftlicher Grundbesitz.** Es gilt ggf. die Sonderbewertungsregel des § 2312 oder des § 12 HöfeO.

63 **b) Wertpapiere.** Für Wertpapiere mit Kurswert wie Aktien, Pfandbriefe, Bundesobligationen gilt idR ihr Kurswert zur Zeit des Erbfalls, und zwar – soweit vorhanden – der mittlere Tageskurs der Börse (zur etwaigen Spekulationssteuer → Rn. 69 f.). Starke Kursschwankungen sind hinzunehmen (Staudinger/*Herzog* Rn. 156). Bei erheblichen Wertminderungen nach dem Erbfall wird vertreten, dass dann dem Erben ein spezielles Leistungsverweigerungsrecht aus § 242 zustünde (*Hauschild*, Die Bewertung börsennotierter Aktien …, Diss., 2016, S. 115). Ein Wertgutachten ist nur in Sonderfällen erforderlich, zB wegen Paketzuschlags oder mangels Börsenhandels (vgl. *Schlichting* ZEV 2006, 197).

64 **c) Unternehmen.** Entsprechend den allgemeinen Grundsätzen ist bei nachlasszugehörigen Unternehmen oder Unternehmensbeteiligungen ebenfalls grds. der **Verkehrswert** zu ermitteln (vgl. zur Unternehmensbewertung ausf. Schlitt/Müller Pflichtteils-HdB/*Lohr/Prettl* § 4 Rn. 72 ff.; Anwaltskanzleien: BRAK-Mitt. 2018, 6).

65 Unproblematisch ist dies für Anteile an börsennotierten Aktiengesellschaften, bei denen der Kurswert zum Todestag maßgeblich ist (*Schlichting* ZEV 2006, 197 (198); Staudinger/*Herzog* Rn. 154 mwN). Bei Anteilen an nicht börsennotierten Aktiengesellschaften oder Gesellschaften (oder Beteiligungen hieran) ist die Wertermittlung dagegen schwierig, zumal das Gesetz keine bestimmte Bewertungsmethode vorgibt und es mangels freier Verfügbarkeit an einem Verkehrswert fehlt. Nicht maßgeblich ist jedenfalls der in der Handels- oder Steuerbilanz ausgewiesene Wert des Unternehmens, da dieser nicht den wahren Wert des Unternehmens widerspiegelt (*Winkler* ZEV 2005, 89 (90); Palandt/*Weidlich* Rn. 9).

66 Für die Ermittlung des Verkehrswertes gibt es keine einhellig gebilligte **Bewertungsmethode**. Überwiegend wird (va bei gewerblichen Unternehmen, die bis zum Tod des Unternehmers fortgeführt werden), zur Wertermittlung auf die **Ertragswertmethode** zurückgegriffen (Staudinger/*Herzog* Rn. 121 mwN; vgl. *Ballhorn/König* NJW 2018, 1911). Dabei wird auf Basis der Erträge der letzten drei bis sieben Jahre der Wert des Unternehmens auf Grund der in drei bis fünf Jahren zu erwartenden Erträge des Unternehmens geschätzt (*Winkler* ZEV 2005, 89 (90); vgl. Staudinger/*Herzog* Rn. 122). Handelt es sich um ein stark inhaberausgerichtetes und inhaberdominiertes Unternehmen, kann stattdessen die **Substanzwertmethode** zur Anwendung gelangen, bei der eine Einzelbewertung aller selbstständig veräußerungsfähigen Vermögensgegenstände des Unternehmens vorgenommen wird (*Winkler* ZEV 2005, 89 (90); Staudinger/*Herzog* Rn. 120). Schließlich kommt noch eine Bewertung nach dem **Liquidationswert** in Betracht, etwa wenn das Unternehmen in Folge der Erfüllung des Pflichtteilsanspruchs liquidiert wird oder es keinen positiven Ertragswert aufweist (BGH NJW-RR 1986, 1066; NJW 1973, 509 (510); *Winkler* ZEV 2005, 89 (90)).

67 In den Gesamtwert sind stille Reserven und der etwaige innere Wert (good will) einzubeziehen (BGH NJW 1999, 784 ff.; Palandt/*Weidlich* Rn. 9).

68 Die **hypothetischen Veräußerungskosten** sind stets und unabhängig von der Bewertungsmethode zu berücksichtigen (Staudinger/*Herzog* Rn. 126). Dies lässt sich damit begründen, dass es Ziel der Bewertung im Pflichtteilsrecht ist, den Pflichtteilsberechtigten so zu stellen, als sei der Gegenstand zum Zeitpunkt des Erbfalls veräußert worden.

69 Umstritten ist, ob **latente** (besser: fiktive) **Ertragsteuern** innerhalb der Bewertung anzusetzen sind. „Latent" deswegen, weil sie tatsächlich nicht anfallen, aber bei Unterstellung eines Verkaufes am Todestag anfallen würden. Es handelt sich um die Einkommensteuer auf etwaige Veräußerungsgewinne. So können bei der Veräußerung von Betriebsvermögen einkommensteuerrelevante Gewinne ausgelöst werden (§ 16 EStG, va durch die Aufdeckung stiller Reserven). Bei dem Verkauf von Kapitalvermögen wie Aktien können Veräußerungsgewinne zu versteuern sein (§ 20 II EStG). Gleiches gilt für bei der Veräußerung von Immobilien innerhalb der 10-Jahresfrist (§ 23 EStG). Nach wohl hA werden die latenten Ertragsteuern bei der Bewertung zumindest dann berücksichtigt, wenn das Unternehmen nach seinem Liquidations- oder Substanzwert bewertet wird, wenn es also zu einer Aufdeckung der stillen Reserven kommt (BGH FamRZ 1991, 43 (48); NJW 1972, 1269 (1270); Staudinger/*Herzog* Rn. 127 mwN). Liegen innerhalb der Bewertungsmethoden die Voraussetzungen für die Heranziehung des Auslösungswertes vor,

sind lt. OLG Hamm latente Ertragsteuern reduzierend anzusetzen (BeckRS 2014, 11567). Demzufolge wäre die Steuerlast so zu berechnen, wie wenn sie in der Person des Erben entstünden. In seinem Urteil vom 27.10.2016 hat das OLG Hamm seine Auffassung spezifiziert und festgestellt, dass bei der Bewertung nach dem Ertragswert bzw. Fortführungswert keine latenten Ertragsteuern abgezogen würden (ErbR 2017, 638 = BeckRS 2016, 117427 Rn. 127, so auch *Joachim/Lange* PflichtteilsR Rn. 152). Anders aber bei dem Liquidations- bzw. Substanzwert; hier seien latente Ertragsteuern zu berücksichtigen, auch wenn es nicht zum Verkauf käme. Die Berücksichtigung latenter Ertragsteuern sei eine Konsequenz der Bewertungsmethode. In dem konkreten Fall war für das OLG Hamm bei einem nicht mehr betriebenen Hof mit Einfamilienhaus der allgemein erzielbare Verkaufspreis maßgeblich, bei dem bei einer Veräußerung unvermeidbare Kosten und damit auch Ertragsteuern abzuziehen seien (ErbR 2017, 638 = BeckRS 2016, 117427). Das OLG Oldenburg hat Veräußerungssteuern aus einer Veräußerung von Wertpapieren kurz nach dem Erbfall abgezogen (ErbR 2018, 533 (539); hierzu *Riedel* ErbR 2018, 493). Das überzeugt nicht vollends, da der Verkauf und damit das Auslösen der Steuern aufgrund einer Entscheidung der Erben erfolgte. Dabei war in den Aktiva der Wert der Wertpapiere per Erbfall berücksichtigt.

Nach aA sind unabhängig von einer etwaigen Veräußerung und der Bewertungsmethode latente Ertragsteuern anzusetzen (Staudinger/*Herzog* Rn. 62, 128 mwN; *B. Schmidt* ZErb 2015, 133; aA *Daragan* ZErb 2015, 329; BeckOGK BGB/*Blum* Rn. 196). IDW S 13 zieht bei der Bewertung innerhalb des Familien- und Erbrechts latente Ertragsteuern ab, verweist indes darauf, dass erhöhend abschreibungspflichtige Steuervorteile zu berücksichtigen sind (IDW S 13 S. 40 f., Stand: 6.4.2016). Vor dem Hintergrund der Grundsätze im Pflichtteilsrecht (§ 2311 Rn. 7) kann daran gedacht werden, stets latente Ertragsteuern zu berücksichtigen, aber dann auch die erhöhenden abschreibungspflichtigen Steuervorteile (MAH ErbR/ *Horn* § 46 Rn. 20). Ernst zu nehmen ist jedoch sicherlich auch die Auffassung, wonach ein Abzug bei einer Fortführung des Unternehmens nicht zu erfolgen hat. 70

d) Gesellschaftsbeteiligungen. aa) Anteile an Personengesellschaften. Ob der Anteil des Erblassers an einer Personengesellschaft (GbR, OHG, KG) in den Nachlass fällt und bei der Berechnung des ordentlichen Pflichtteilsanspruchs zu berücksichtigen ist, hängt von der Gesellschaftsform und davon ab, welche gesellschaftsvertragliche Regelung vorliegt. Auch ein etwaiger Abfindungsanspruch löst ordentliche Pflichtteilsansprüche aus (MAH ErbR/*Horn* § 29 Rn. 416). Bei der **GbR** wird die Gesellschaft durch den Tod eines Gesellschafters aufgelöst (§ 727 I). Bei **OHG** und **KG** führt der Tod eines persönlich haftenden Gesellschafters nicht mehr zur Auflösung der Gesellschaft, sondern zu dessen Ausscheiden (§ 131 II Nr. 1, § 161 Nr. 2 HGB); eine Abfindung fällt stattdessen in den Nachlass. Für den **Kommanditisten** sieht § 171 HGB vor, dass die Gesellschaft mit den Erben fortgesetzt wird, der Anteil also vererblich ist. 71

Eine etwaige Regelung im Gesellschaftsvertrag geht den gesetzlichen Regeln vor. Hins. der **erbrechtlichen Nachfolgeklauseln** wird wie folgt unterschieden (vgl. *Pogorzelski* RNotZ 2017, 489): 72
– **Fortsetzungsklausel,** bei der die Gesellschaft mit den übrigen Gesellschaftern fortgesetzt wird und der Verstorbene mit oder ohne Abfindung ausscheidet;
– **einfache oder qualifizierte Nachfolgeklausel,** bei der die Gesellschaft mit den Erben oder einem der Erben (qualifiziert) fortgesetzt wird;
– **Eintrittsklausel,** bei der die Gesellschaft zunächst mit den übrigen Gesellschaftern fortgesetzt wird, der oder die Erben aber die Möglichkeit haben, in die Gesellschaft einzutreten (Vertrag zugunsten Dritter gem. §§ 328 ff.).

Wird die Gesellschaft mit dem Tod eines Gesellschafters **aufgelöst**, befindet sich im Nachlass der Anteil an der Liquidationsgesellschaft. Da die Gesellschaft nicht fortgesetzt wird, ist dieser bei der Berechnung des ordentlichen Pflichtteils mit dem **Liquidationswert** anzusetzen (Staudinger/*Herzog* Rn. 136). 73

Ist nach dem Gesellschaftsvertrag die **Fortsetzung der Gesellschaft** mit den übrigen Gesellschaftern vorgesehen, dann scheidet der Gesellschafter mit seinem Tod aus der Gesellschaft aus, seine Mitgliedschaft erlischt (BGH BB 1987, 1555 = WM 1987, 981), seine Mitberechtigung am Gesamthandsvermögen entfällt und wächst den Mitgesellschaftern ohne weiteren Übertragungsakt an (§ 738 I, § 105 III HGB). Es entsteht gem. § 738 I 2, § 105 III, § 161 HGB ein **Abfindungsanspruch**, der in den Nachlass fällt. Nach hA kann ein Abfindungsanspruch für den Fall des Todes des Gesellschafters gesellschaftsvertraglich ausgeschlossen werden (BGH NJW 1957, 180; WM 1971, 1338; Baumbach/Hopt HGB § 131 Rn. 62). Fraglich ist nur, ob die Modifizierung oder der Ausschluss des Anspruchs eine Schenkung an die anderen Gesellschafter darstellt und somit ggf. Pflichtteilsergänzungsansprüche entstehen (*Hölscher* ErbR 2016, 422 (424); → § 2325 Rn. 69 ff.). Gilt der Abfindungsausschluss für alle Gesellschafter, liegt keine unentgeltliche Zuwendung an die übrigen Gesellschafter vor. Schließlich nimmt jeder Gesellschafter das gleiche Risiko auf sich und zwar um der Möglichkeit willen, die Gesellschaftsanteile der anderen für den Fall ihres Ausscheidens zu erwerben, aber seinerseits mit dem Risiko, seinen Anteil ohne Abfindung zu verlieren. Besteht aber für jeden Gesellschafter gleichermaßen ein Gewinn- und Verlustrisiko, liegt ein sog. aleatorisches Geschäft (Geschäft mit Wagnischarakter) vor, das keine unentgeltliche Zuwendung darstellt (Staudinger/*Olshausen* Rn. 32; Palandt/*Weidlich* § 2325 Rn. 15; aA BeckOK BGB/*G. Müller* Rn. 15). 74

Der Abfindungsausschluss stellt nur dann eine (pflichtteilsergänzungserhebliche) Schenkung dar, wenn der Abfindungsausschluss nur für **einzelne Gesellschafter** vereinbart wird (BGH NJW 1981, 1956 (1957); DNotZ 1966, 620 (622)) oder **kein ausgeglichenes Risikoverhältnis** unter den Gesellschaftern besteht, weil etwa aufgrund größeren Altersunterschieds oder schwerer Krankheit eine große Wahr- 75 scheinlichkeit besteht, dass ein Gesellschafter eher verstirbt (BGH NJW 1981, 1956 (1957); KG DNotZ 1978, 109 (111f.); OLG Düsseldorf MDR 1977, 932; zur Thematik: *Hölscher* ErbR 2016, 422 (424ff.)). Die Frist des § 2325 III beginnt erst mit dem Tod des Gesellschafters (Staudinger/*Olshausen* Rn. 56; *Pogorzelski* RNotZ 2017, 489 (507)).

76 Bei **einfacher und qualifizierter Nachfolgeklausel** kommt es zum Übergang des Gesellschaftsanteils im Wege des Erbrechts. Bei der einfachen Nachfolgeklausel treten alle Erben in die Gesellschafterstellung des Erblassers ein, wobei jeder Miterbe einen seiner Erbquote entsprechenden Anteil erhält (Sondererbfolge). Bei der qualifizierten Nachfolgeklausel rückt nur derjenige Erbe oder Vermächtnisnehmer in die Gesellschaft ein, der die entsprechenden Qualifikationsmerkmale erfüllt, und zwar unabhängig von der Höhe der ihm zugeteilten Erbquote. In beiden Fällen fällt der Gesellschaftsanteil in den Nachlass und wird bei der Berechnung des ordentlichen Pflichtteils berücksichtigt. Rückt bei der qualifizierten Nachfolgeklausel nur einer der Miterben in die Gesellschafterstellung ein und dies beschränkt auf seine Erbquote, fällt zum einen der auf den Gesellschaftererben übergegangene Gesellschaftsanteil und zum anderen der Abfindungsanspruch iHd den übrigen Gesellschaftern anwachsenden Anteils in den Nachlass (vgl. Soergel/*Dieckmann* § 2311 Rn. 27).

77 Dabei ergibt sich auch hier ein Problem bei der Bewertung des Gesellschaftsanteils, wenn der Gesellschaftsvertrag eine **abfindungsbeschränkende Klausel enthält**. Die Frage, ob solche gesellschaftsvertraglichen Beschränkungen auch maßgeblich sind für die Wertberechnung zum Zwecke der Ermittlung eines Pflichtteilsanspruchs, ist umstritten und lässt sich nicht ohne Weiteres mit der Interessenlage in dem Fall vergleichen, wo ein Gesellschafter bereits zu Lebzeiten im Gesellschaftsvertrag auf seinen Abfindungsanspruch für den Fall seines Todes verzichtet hat (vgl. oben).

78 Im Allgemeinen wird die abfindungsbeschränkende Klausel für die Pflichtteilsberechnung als maßgeblich erachtet, wenn die Kündigung der Gesellschaftsbeteiligung am Todestag des Erblassers bereits erfolgt oder zumindest eingeleitet ist und sich die Abfindungsklausel dadurch konkretisierte (*Winkler* ZEV 2005, 89 (93)). Die Rechtslage ist aber str. und höchstrichterlich noch nicht geklärt (vgl. Staudinger/*Herzog* Rn. 142 ff.; MAH ErbR/*Horn* § 46 Rn. 49 f).

79 Bei **Eintrittsklauseln** geht der Gesellschaftsanteil zunächst auf die übrigen Gesellschafter über und dem oder den Begünstigten steht ein Übertragungsanspruch zu. Es ergibt sich hier für die Frage der Berechnung des Pflichtteils- und Pflichtteilsergänzungsanspruchs die gleiche Problematik wie bei der Fortsetzungsklausel. Besteht ein Abfindungsanspruch und wird dieser vom Erblasser einem Begünstigten zugewandt, fällt dieser vorerst in den Nachlass und wird bei Berechnung des ordentlichen Pflichtteils berücksichtigt. Wird dagegen der Abfindungsanspruch eingeschränkt oder ausgeschlossen, gilt das oben Gesagte.

80 **bb) Anteile an Kapitalgesellschaften.** Anteile an Kapitalgesellschaften sind – zwingend – vererblich (vgl. § 15 I GmbHG). Der Wert ist grds. nach den allgem. Bewertungsmethoden zu ermitteln, sofern nicht – wie bspw. bei börsennotierten Aktiengesellschaften – ein Marktwert existiert. Bei der Bewertung von GmbH-Geschäftsanteilen stellt sich jedoch – ähnlich wie bei Personengesellschaftsanteilen – die Frage, ob und in welcher Weise sich bestimmte Statutenregelungen auf die Bewertung auswirken (vgl. *Hölscher* ErbR 2016, 478). So kann der Gesellschaftsvertrag zB vorsehen, dass vererbte Geschäftsanteile durch die Gesellschaft eingezogen werden können (Einziehungsklausel) oder dass eine Abtretung des Anteils an bestimmte Gesellschafter zu erfolgen hat (Abtretungsklausel; BGH DNotZ 1978, 166 = BB 1977, 563; BayObLG WM 1989, 138 (142)). Hins. solcher Klauseln gilt das Vorstehende, zur Beteiligung an einer Personengesellschaft Gesagte entsprechend (→ Rn. 71ff.; vgl. *Hölscher* ErbR 2016, 478 (481)).

81 Bei Vinkulierungsklauseln, bei denen die Abtretung des Geschäftsanteils an weitere Voraussetzungen geknüpft ist, wie insbes. die Genehmigung der Gesellschaft (vgl. § 15 V GmbHG), ist im Hinblick auf die schlechtere Veräußerlichkeit evtl. ein Abschlag vom gemeinen Wert vorzunehmen (Sudhoff Unternehmensnachfolge/*Scherer* § 17 Rn. 77).

82 **e) Kunstgegenstände.** Für die Ermittlung des Verkehrswerts von Kunstgegenständen sind insbes. die Echtheit, der Erhaltungszustand, das Vorhandensein einer Signatur des Künstlers (das die Echtheit unterstreicht), die Provenienz, die Marktfrische, die Qualität, die Marktgängigkeit und nicht zuletzt die Mode von Bedeutung (vgl. Schlitt/Müller Pflichtteils-HdB/*Lohr/Prettl* § 4 Rn. 227). Dabei ist die Bewertung äußerst schwierig, da bspw. die bei öffentlichen Auktionen erzielten Preise erheblich schwanken und kaum verlässlich vorherzusagen sind. Auch eine Orientierung an den Anschaffungskosten, dem Versicherungswert oder einem viel später erzielten Veräußerungserlös ist problematisch (vgl. *Lehmann/Schulz* ZEV 2009, 31).

83 *Heuer* (NJW 2008, 689; vgl. auch Schlitt/Müller Pflichtteils-HdB/*Lohr/Prettl* § 4 Rn. 231; krit. *Lehmann/Schulz* ZEV 2009, 31 (32)) hat im Anschluss an die Entscheidung des BFH v. 6.6.2001 (DStRE 2002, 460) ein sechsstufiges Modell zur Ermittlung des Werts von Kunstgegenständen vorgeschlagen:
1. Ermittlung zeitnaher Verkäufe vergleichbarer Werke;
2. Herstellung der Vergleichbarkeit von Parallelobjekten;
3. Herstellung der einheitlichen Währung;
4. Bewertung im engeren Sinne;
5. Gewichtung der Parallelobjekte;
6. Außerordentliche Faktoren: Paketabschläge, Paketzuschläge, Gesamtverzeichnis national wertvollen Kulturguts.

f) Bankvermögen. Bankvermögen ist mit dem Nenn- bzw. Kurswert zu berücksichtigen. Die entsprechenden Angaben können aus der Anzeige nach § 33 ErbStG entnommen werden. 84

g) Forderungen. Forderungen sind grds. mit dem Nennwert zu berücksichtigen, ggf. unter Hinzurechnung eines Zinses. Wiederkehrende Forderungen, wie Ansprüche auf Leibrenten oder Wohnrechte, die nicht mit dem Tod des Erblassers erlöschen, sind zu kapitalisieren, sofern sie auf die Erben übergehen (Schlitt/Müller Pflichtteils-HdB/*Lohr/Prettl* § 4 Rn. 237). 85

h) Hausrat. Hausrat ist mit dem Veräußerungswert anzusetzen, der meistens erheblich unter den Anschaffungskosten liegt (Schlitt/Müller Pflichtteils-HdB/*Blum* § 3 Rn. 48). Zur Berücksichtigung des Voraus → Rn. 41. 86

i) Schmuck. Schmuck muss idR durch Sachverständige bewertet werden. IdR liegt der Verkehrswert deutlich unter den Anschaffungskosten, da Juweliere nur bereit sind, den Materialwert abzgl. Einschmelzkosten zu bezahlen, und für „normalen" gebrauchten Schmuck kaum ein Markt existiert. 87

j) Darlehenrückzahlungsforderungen. Darlehensrückzahlungsforderungen, die gegenüber dem Erblasser bestanden, sind zum Todestag mit dem Schuldsaldo einschl. angefallener Zinsen zu passivieren. Umstritten ist, ob im Falle einer vorzeitigen Rückführung des Darlehens auch die Vorfälligkeitsentschädigung und die Zinsen bis zum nächsten Kündigungstermin zu berücksichtigen sind. Dies soll zu verneinen sein (Schlitt/Müller Pflichtteils-HdB/*Blum* § 3 Rn. 53; Ott-Eulberg/Schebesta/Bartsch/*Ott-Eulberg*, Erbrecht und Banken, 3. Aufl. 2018, § 6 Rn. 32). 88

5. Darlegungs- und Beweislast. Diese trägt für die Tatsachen, von denen der Grund und die Höhe des Pflichtteilsanspruchs anhängt, der Pflichtteilsberechtigte (BGH ZEV 2011, 29; → § 2317 Rn. 57ff.). Hierzu dienen die Hilfsansprüche aus § 2314. 89

§ 2312 Wert eines Landguts

(1) ¹Hat der Erblasser angeordnet oder ist nach § 2049 anzunehmen, dass einer von mehreren Erben das Recht haben soll, ein zum Nachlass gehörendes Landgut zu dem Ertragswert zu übernehmen, so ist, wenn von dem Recht Gebrauch gemacht wird, der Ertragswert auch für die Berechnung des Pflichtteils maßgebend. ²Hat der Erblasser einen anderen Übernahmepreis bestimmt, so ist dieser maßgebend, wenn er den Ertragswert erreicht und den Schätzungswert nicht übersteigt.

(2) Hinterlässt der Erblasser nur einen Erben, so kann er anordnen, dass der Berechnung des Pflichtteils der Ertragswert oder ein nach Absatz 1 Satz 2 bestimmter Wert zugrunde gelegt werden soll.

(3) Diese Vorschriften finden nur Anwendung, wenn der Erbe, der das Landgut erwirbt, zu den im § 2303 bezeichneten pflichtteilsberechtigten Personen gehört.

I. Normzweck

Für die Berechnung des regulären Pflichtteilsanspruchs nach § 2311 ist der Bestand und Wert des Nachlasses zum Zeitpunkt des Erbfalls maßgeblich. Ausnahmsweise kann aber statt dem Verkehrswert für die Bewertung von Grundbesitz der (idR wesentlich niedrigere) Ertragswert angesetzt werden, wenn die Voraussetzungen des § 2312 erfüllt sind. 1

§ 2312 gestattet dem Erblasser Pflichtteilsansprüche etwa der weichenden Geschwister durch die Anordnung zu reduzieren, dass sich diese nach dem Verkehrswert, sondern nach dem regelmäßig (wesentlich) niedrigeren Ertragswert bemessen sollen. Bei der Vorschrift handelt es sich um eine agrarpolitische Schutzvorschrift, deren Gesetzeszweck darin liegt, einen leistungsfähigen landwirtschaftlichen Betrieb in der Hand einer der vom Gesetz begünstigten Personen zu erhalten (BGH NJW 1987, 951). Will ein Landwirt also erreichen, dass eine nach ihm pflichtteilsberechtigte Person den landwirtschaftlichen Betrieb fortführen kann, ohne durch das Pflichtteilsrecht der weichenden Erben übermäßig belastet zu werden, bietet sich bei Vorliegen der entsprechenden Voraussetzungen zum Zwecke der Pflichtteilsreduzierung eine Ertragswertanordnung durch letztwillige Verfügung an. 2

II. Landguteigenschaft

1. Begriff des Landgutes. Der Begriff „Landgut" ist gesetzlich nicht definiert. Nach stRspr ist hierunter eine Besitzung zu verstehen, die eine zum **selbstständigen und dauernden Betrieb der Landwirtschaft** geeignete und bestimmte **Wirtschaftseinheit** darstellt und mit den nötigen **Wirtschaftsgebäuden** versehen ist und von einer Stelle aus bewirtschaftet wird (OLG Braunschweig ErbR 2017, 36; OLG Hamm BeckRS 2014, 11567; vgl. Staudinger/*Herzog* Rn. 18). Die Besitzung muss eine gewisse Größe erreichen und durch den Inhaber eine selbstständige Nahrungsquelle darstellen, ohne dass eine sog. Ackernahrung vorliegen muss. Dabei kann der Betrieb auch **nebenberuflich** geführt werden, wenn er nur zu einem erheblichen Teil zum Lebensunterhalt seines Inhabers beiträgt (BGH NJW 1987, 951; BGH NJW-RR 1992, 770 f.; BayObLGZ 1988, 385 = FamRZ 1989, 540). Der reine Zuschussbetrieb fällt aber nicht darunter (OLG Stuttgart NJW-RR 1986, 822). 3

Zur **Landwirtschaft** zählen neben Viehzucht und Ackerbau auch Forstwirtschaft, Gärtnerei sowie gewerbsmäßiger Gartenbau (OLG Oldenburg NJW-RR 1992, 464; vgl. auch die Definition des Begriffes 4

„Landwirtschaft" in § 585 I 2). Der Betrieb einer Pferdepension fällt aber nicht darunter, da solche Betriebe nach ihrem Gesamtbild nicht vom Betrieb einer Landwirtschaft im Sinne einer Urproduktion geprägt sind (OLG München NJW-RR 2003, 1518).

5 Ist streitig, ob ein landwirtschaftliches Anwesen ein Landgut ist, und ist für diese Feststellung besondere Sachkunde erforderlich, muss ggf. ein Gutachten eingeholt werden (BGH ZEV 2008, 40).

6 Die Landgutvorschriften des BGB sind nicht anwendbar, wenn auf den landwirtschaftlichen Betrieb die nordwestdeutsche **HöfeO** (die in den Ländern der ehemals britischen Zone, dh Hamburg, Niedersachsen, Nordrhein-Westfalen und Schleswig-Holstein gilt) oder ein landesgesetzliches Anerbenrecht anwendbar ist (vgl. Art. 64 EGBGB). Die Bewertung richtet sich dann nach §§ 16 II, 12 II, 10 HöfeO; danach grds. das 1,5-fache des Einheitswertes nach § 48 BewG.

7 **2. Maßgeblicher Zeitpunkt.** Für die Beurteilung der Landguteigenschaft kommt es auf den **Zeitpunkt des Erbfalls** an (BGH NJW 1987, 951; BGH NJW 1995, 1352; OLG München ZEV 2009, 301 ff.). Dies gilt auch für die Berechnung von Pflichtteilsergänzungsansprüchen nach lebzeitiger Übertragung des Besitzes (BGH NJW 1995, 1352).

8 War der Betrieb zu diesem Zeitpunkt bereits stillgelegt, genügt es aber, wenn noch eine für den landwirtschaftlichen Betrieb geeignete Besitzung vorhanden ist und die begründete Erwartung besteht, dass der Betrieb durch den Eigentümer oder einen Abkömmling künftig wieder aufgenommen wird (BGH NJW-RR 1992, 770; NJW 1995, 1352; OLG Braunschweig ErbR 2017, 36). Vgl. zum Wegfall der Landguteigenschaft noch → Rn. 19.

9 **3. Eigentumsformen.** § 2312 ist nur anwendbar, wenn das Landgut als **zusammengehörige Wirtschaftseinheit** auf den Erben bzw. Übernehmer übergeht. Daher ist keine Ertragswertbewertung möglich, wenn das Landgut nicht im Alleineigentum des Erblassers steht, sondern dem Erblasser bzw. Übergeber nur ein **Bruchteil des Landgutes** gehört (BGH NJW 1973, 995; vgl. *Weber* BWNotZ 1992, 14 (15)).

10 Die Vorschrift findet ebenfalls keine Anwendung, wenn das Landgut nicht auf einen, sondern auf **mehrere Erben** oder Übernehmer gemeinschaftlich übergeht, da in diesen Fällen der Schutzzweck der Vorschrift nicht erfüllt ist, das Landgut in seinem Bestand zu erhalten und mittels Anpassung der Pflichtteilsansprüche an den Ertragswert zu vermeiden, dass seine Wirtschaftlichkeit durch die Belastung mit diesen Ansprüchen gefährdet wird (BGH FamRZ 1977, 195; *Weber* BWNotZ 1992, 14 (15)).

11 Nach hM soll § 2312 aber Anwendung finden können, wenn das Landgut zum Gesamtgut einer **Gütergemeinschaft** gehörte und der gütergemeinschaftliche Anteil an den anderen Ehegatten (Gesamthänder) übergeht (OLG Oldenburg RdL 1957, 220; BayObLG FamRZ 1989, 540 (541); Staudinger/*Herzog* Rn. 15; *Weber* BWNotZ 1992, 14 (15); aA allerdings *Faßbender* AgrarR 1986, 131 f.). Nach einer neueren Ansicht in der Lit. soll dies sogar dann gelten, wenn das Landgut nicht in gesamthänderischem Eigentum der Ehegatten steht, sondern die Ehegatten Bruchteilseigentümer sind und das Landgut in der Hand des Überlebenden als Einheit fortgeführt wird (Staudinger/*Herzog* Rn. 15; *Weidlich* ZEV 1996, 380; *Hausmann*, Die Vererbung von Landgütern nach dem BGB, De lege lata et ferenda, 2000, 261 f.). Dem ist zuzustimmen, weil der Zweck der Erbenprivilegierung (geschlossene Fortführung des landwirtschaftlichen Betriebes in der Hand einer privilegierten Person) in diesem Fall erfüllt ist.

III. Erwerber

12 Der Erbe, der das Landgut erwirbt, muss gem. **Abs. 3** zum Kreis der nach § 2303 abstrakt **pflichtteilsberechtigten Personen** gehören. Eine konkrete Pflichtteilsberechtigung ist nicht erforderlich, so dass es bspw. keine Rolle spielt, ob der Übernehmer durch Näherstehende nach § 2309 ausgeschlossen wird. Eine privilegierte Übergabe bzw. Vererbung ist daher auch an Enkel, Urenkel, usw unter Übergehung des eigenen Kindes möglich.

13 § 2312 greift nicht ein, wenn eine nicht pflichtteilsberechtigte Person Erwerber des Landgutes ist. Eine privilegierte Weitergabe des Landgutes ist damit zB nicht an den nichtehelichen Lebensgefährten, an Geschwister oder Geschwisterkinder des Erblassers möglich.

IV. Übernahme eines Landgutes

14 **1. Erwerb aufgrund Verfügung von Todes wegen.** Es muss sich beim Erwerber – abgesehen von den Fällen des lebzeitigen Erwerbs – um einen „Erben" des Erblassers handeln. Nach hA in der Lit. genügt es zur Anwendung des § 2312 nicht, wenn das Landgut einer pflichtteilsberechtigten Person, die nicht Alleinerbe oder Miterbe geworden ist, (lediglich) **per Vermächtnis** zugewandt wurde (BeckOK BGB/*G. Müller* Rn. 5 mwN). Dies wird damit begründet, dass der Landgutübernehmer unmittelbar vom Erblasser und mit dinglicher Wirkung Eigentümer des Landgutes werden müsse. Für die Richtigkeit dieser Auffassung spricht neben dem Wortlaut des § 2312 (der den Vermächtnisnehmer unmittelbar erfasst) auch der nicht tangierte Schutzzweck des § 2312: Denn Schuldner des Pflichtteilsanspruchs ist der Erbe, nicht der Vermächtnisnehmer, so dass die Ertragswertprivilegierung ihren Zweck verfehlen würde. Umstritten ist, ob zumindest ein Erwerb eines Miterben im Wege des **Vorausvermächtnisses** genügt (verneinend Staudinger/*Herzog* Rn. 8; jurisPK-BGB/*Schäfer* Rn. 9; aA *Röll* MittBayNot 1962, 1 (2); BeckOK BGB/*G. Müller* Rn. 5). Dies ist aus meiner Sicht eher zu bejahen, da hier der Schutzzweck erfüllt ist.

2. Lebzeitiger Erwerb. § 2312 gilt entsprechend, wenn der Hof nicht im Erbrechtswege, sondern 15 durch **lebzeitige Übergabe** auf den Betriebsnachfolger übergehen soll und **Pflichtteilsergänzungsansprüche** gegen den Übernehmer in Frage stehen (OLG Braunschweig ErbR 2017, 36; BGH NJW 1964, 1414 (1415)). Auch dann kommt es auf die Landguteigenschaft zum Zeitpunkt des Erbfalls, nicht etwa der Übergabe, an (BGH NJW 1995, 1352; OLG Braunschweig ErbR 2017, 36).

3. Fortführung des Betriebes. Das Landgut muss von dem pflichtteilsberechtigten Erben übernommen werden. Das Landgut muss daher übergeben (vererbt) und **fortgeführt** werden. Eine Fortführung 16 liegt auch vor, wenn der Übernehmer den Betrieb **vorübergehend verpachtet,** um eine zeitliche Lücke in der Generationenfolge zu überbrücken, und objektiv damit zu rechnen ist, dass ein künftiger pflichtteilsberechtigter Übernehmer den Betrieb fortführen wird (BGH NJW 1964, 1414 (1416); NJW-RR 1992, 770; BayObLGZ 1988, 385 ff.; OLG Stuttgart NJW-RR 1986, 822; OLG Oldenburg NJW-RR 1992, 464).

Dagegen fehlt es an einem Landgut zum Zeitpunkt des Erbfalls, wenn der landwirtschaftliche Betrieb 17 seit Jahren aufgegeben ist, das lebende und tote Inventar verkauft und die Ländereien verpachtet waren und der übernehmende Erbe unstreitig weder in der Lage noch willens ist, den landwirtschaftlichen Betrieb wieder aufzunehmen (BGH NJW 1987, 951; OLG Oldenburg MittBayNot 1999, 488).

Nicht gerechtfertigt ist die durch die Bestimmung gewährte Privilegierung, wenn das Landgut nicht 18 als geschlossene Einheit fortgeführt wird und nicht mehr lebensfähig ist oder ein Betrieb zwar noch bewirtschaftet ist, aber absehbar ist, dass er binnen kurzer Zeit seine unterhaltssichernde Funktion nicht mehr erfüllen kann und die positive Fortführungsprognose, sei es auch nur durch einen pflichtteilsberechtigten Angehörigen, nicht besteht. Sind also schon seit Jahren die Bewirtschaftung aufgegeben, das Inventar verkauft und die Ländereien verpachtet, obliegt es dem Erben, darzulegen und zu beweisen, dass eine Wiederaufnahme des Betriebes in absehbarer Zeit möglich und beabsichtigt ist (BGH NJW-RR 1992, 770; OLG Oldenburg MittBayNot 1999, 488).

Fällt die Landguteigenschaft nach dem privilegierten Erwerb des Pflichtteilsberechtigten weg oder 19 wird der Grundbesitz später vom Erwerber **veräußert oder zweckentfremdet,** dann löst dies keine (den § 13 HöfeO, § 17 GrdstVG vergleichbaren) weiteren Ansprüche der weichenden Erben aus (BGH NotZ 1987, 764). Die Rspr. begegnet dem Problem damit, dass von vornherein dem Hoferben die wertmäßige Privilegierung für solche Grundstücke der Besitzung verwehrt wird, die sich beim Erbfall ohne Gefahr für die dauernde Leistungsfähigkeit des Hofes herauslösen lassen (BGH DNotZ 1987, 764 für praktisch baureife Grundstücke; BGH NJW-RR 1992, 66 f. für zur Auskiesung geeignete Flächen, für die bereits eine Abbaugenehmigung erteilt ist; vgl. *Müller-Feldhammer* ZEV 1995, 161).

V. Anordnung durch den Erblasser

1. Mehrere Erben. Hinterlässt der Erblasser **mehrere pflichtteilsberechtigte Erben,** so kann er aus- 20 drücklich bestimmen, dass einer von ihnen das Recht haben soll, das Landgut zum Ertragswert zu übernehmen. Gleiches gilt nach § 2312 I aber auch, wenn sich in Anwendung der Auslegungsregel des § 2049 anlässlich der Erbauseinandersetzung ein solches Übernahmerecht ergibt.

2. Alleinerbe. Hinterlässt der Erblasser allerdings nur **einen Erben,** so muss er gem. § 2312 II letztwil- 21 lig **anordnen,** dass der Berechnung des Pflichtteils der Ertragswert zugrunde gelegt werden soll. Nach hA kann sich die Ertragswertanordnung aber auch durch eine (erläuternde oder ergänzende) Auslegung ergeben (OLG Jena NJW-RR 2006, 951 ff. = ZEV 2007, 531; OLG München ZEV 2007, 276 f.). Dies setzt nach der herrschenden Andeutungstheorie aber einen entsprechenden Anhalt in der Verfügung von Todes wegen voraus (BeckOK BGB/*Müller* Rn. 6 mwN). Die Ertragswertklausel kann also nicht nachträglich ergänzend in das Testament hineininterpretiert werden, auch nicht im Wege der Umdeutung einer unwirksamen Pflichtteilsentziehung (OLG Stuttgart NJW 1967, 2410 (2411); BeckOK BGB/*Müller* Rn. 6; Staudinger/*Herzog* Rn. 13). Empfehlenswert ist daher in jedem Fall eine ausdrückliche Anordnung in der Verfügung von Todes wegen (Formulierungsbeispiel bei Schlitt/Müller Pflichtteils-HdB/*G. Müller* § 11 Rn. 219).

Die Ertragswertprivilegierung kann auch iRd Berechnung von Pflichtteilsergänzungsansprüchen, die 22 aus lebzeitiger Übergabe resultieren können, eine Rolle spielen. Auch in diesen Fällen bedarf es nach hA einer Anordnung des Erblassers, die sich aus dem Übergabevertrag oder Testament (auch im Wege der Auslegung) ergeben kann (Soergel/*Dieckmann* Rn. 6; OLG Jena NJW-RR 2006, 951 ff.; aA *Röll* Mitt-BayNot 1962, 1 (3), der davon ausgeht, dass die Ertragswertprivilegierung bei lebzeitiger Übergabe auch ohne Anordnung des Erblassers Anwendung findet).

§ 2312 betrifft unmittelbar nur den Pflichtteilsanspruch. Die Vorschrift ist aber **entsprechend an-** 23 **wendbar,** wenn ein Landgut zum Nachlass gehört und der Erblasser ein **Geldvermächtnis** zum Ausgleich des gesetzlichen Pflichtteils ausgesprochen hat (OLG München ZEV 2007, 276 mwN). Auch im letzteren Fall ist das Ziel, eine Begünstigung desjenigen zu erreichen, der das Landgut erhält, erfüllt.

VI. Maßgeblicher Wert

1. Berechnung des Ertragswertes. Liegen die Voraussetzungen des § 2312 vor, kann der Erblasser an- 24 ordnen, dass für die Berechnung des Pflichtteilsanspruchs der Ertragswert, der idR unter dem Verkehrswert liegt, maßgeblich ist. Der Ertragswert errechnet sich gem. § 2049 II durch die Kapitalisierung des jährlichen Reinertrags, der sich bei ordnungsgemäßer Bewirtschaftung nachhaltig erzielen lässt. Der Kapitalisierungsfaktor wird durch die nach Art. 137 EGBGB ergangenen Landesgesetze bestimmt (vgl. auch *Müller-Feldhammer* ZEV 1995, 162). Der jährliche Reinertrag ist mit einem Kapitalisierungsfaktor zu multiplizieren, etwa 17, 18 oder 24 (MüKoEGBGB/*Säcker* Art. 137 Rn. 4).

25 **2. Festlegung eines anderen Übernahmepreises durch den Erblasser.** Der Erblasser hat nach Abs. 1 S. 2 auch die Möglichkeit, einen anderen Übernahmepreis zu bestimmen. Dieser ist maßgeblich, sofern er einerseits den Verkehrswert nicht übersteigt und andererseits unterhalb des Ertragswertes bleibt. Liegt der Übernahmepreis unterhalb des Ertragswertes, gilt Letzterer.

§ 2313 Ansatz bedingter, ungewisser oder unsicherer Rechte; Feststellungspflicht des Erben

(1) ¹Bei der Feststellung des Wertes des Nachlasses bleiben Rechte und Verbindlichkeiten, die von einer aufschiebenden Bedingung abhängig sind, außer Ansatz. ²Rechte und Verbindlichkeiten, die von einer auflösenden Bedingung abhängig sind, kommen als unbedingte in Ansatz. ³Tritt die Bedingung ein, so hat die der veränderten Rechtslage entsprechende Ausgleichung zu erfolgen.

(2) ¹Für ungewisse oder unsichere Rechte sowie für zweifelhafte Verbindlichkeiten gilt das Gleiche wie für Rechte und Verbindlichkeiten, die von einer aufschiebenden Bedingung abhängig sind. ²Der Erbe ist dem Pflichtteilsberechtigten gegenüber verpflichtet, für die Feststellung eines ungewissen und für die Verfolgung eines unsicheren Rechts zu sorgen, soweit es einer ordnungsmäßigen Verwaltung entspricht.

1 **1. Normzweck.** Die Vorschrift stellt eine Durchbrechung des sonst im Pflichtteilsrecht geltenden **Stichtagsprinzips** (§ 2311 I) dar. Sie will Bewertungsprobleme lösen, die bei den in der Vorschrift genannten Rechten und Verbindlichkeiten bestehen. Die Vorschrift ist damit eine Sonderregelung hins. der **Bewertung**, nicht hins. der Feststellung des Bestandes des Nachlasses (jurisPK-BGB/*Birkenheier* Rn. 4; aA Palandt/*Weidlich* Rn. 1).

2 Nach der Regelung bleiben aufschiebend bedingte Rechte und Verbindlichkeiten (Abs. 1 S. 1) sowie ungewisse, unsichere Rechte und zweifelhafte Verbindlichkeiten (Abs. 2 S. 1) zunächst außer Ansatz, während auflösend bedingte Rechte und Verbindlichkeiten zunächst voll berücksichtigt werden (Abs. 1 S. 2). Das Ganze gilt aber nur vorbehaltlich einer späteren Ausgleichung (Abs. 1 S. 3), falls die bestehende Unsicherheit später entfällt.

3 **2. Aufschiebend bedingte sowie ungewisse oder unsichere Rechte und Verbindlichkeiten (Abs. 1 S. 1, Abs. 2).** Nach der Regelung bleiben aufschiebend bedingte Rechte und Verbindlichkeiten (Abs. 1 S. 1) sowie ungewisse, unsichere Rechte und zweifelhafte Verbindlichkeiten (Abs. 2 S. 1) zunächst außer Ansatz. Damit erfolgt eine Behandlung des Pflichtteilsberechtigten entsprechend dem Erben, dem aufschiebend bedingte oder zweifelhafte Rechte regelmäßig erst zugutekommen, wenn die Bedingung eingetreten oder die Zweifelhaftigkeit behoben ist, während umgekehrt aufschiebend bedingte oder zweifelhafte Verbindlichkeiten ihn wirtschaftlich erst belasten, wenn die Bedingung eingetreten oder die Zweifelhaftigkeit entfallen.

4 Unter **Bedingung** ist eine iSv § 158 zu verstehen. Hierunter fällt die durch den Parteiwillen in ein Rechtsgeschäft eingefügte Bestimmung, die die Rechtswirkungen eines Rechtsgeschäfts von einem zukünftigen ungewissen Ereignis abhängig macht. Bei einer aufschiebenden Bedingung hängt der Eintritt der Rechtswirkungen von dem zukünftigen Ereignis ab. Erfasst werden nach hA auch sog. Rechtsbedingungen (HK-PflichtteilsR/*Leiß* Rn. 7 mwN). Als aufschiebend bedingte Verbindlichkeit kann bspw. das in einem Übergabevertrag vorbehaltene Rückforderungsrecht des Übergebers für den Fall des Vorversterbens des Übernehmers angesehen werden, solange der Rückforderungsberechtigte den Anspruch noch nicht geltend gemacht hat (Gutachten DNotI-Report 2004, 11 ff.).

5 Unter Abs. 2 fallen Rechte und Verbindlichkeiten, die aufgrund anderer Umstände als der Unsicherheit des Bedingungseintritts **ungewiss bzw. zweifelhaft** sind. Betroffen sind Rechte, deren wirtschaftliche Verwertbarkeit unsicher ist, und Lasten und Schulden, deren Ablösung oder Erfüllung zweifelhaft ist. Zweifelhaft ist eine Verbindlichkeit dann, wenn zweifelhaft ist, ob sie rechtlich besteht oder ob sie tatsächlich verwirklicht werden kann (BGH WM 1977, 1410 f.). Als unsichere Rechte iSv Abs. 2 sind bspw. das Nacherbenrecht (BGH NJW 1983, 2244) oder eine Darlehensforderung nach erfolgloser Pfändung anzusehen (jurisPK-BGB/*Birkenheier* Rn. 11 mwN). § 2313 II 1 iVm I 3 ist ferner analog anwendbar, wenn der Erbe auf Grund des Vermögensgesetzes ein vor dem Erbfall in der ehemaligen DDR enteignetes Grundstück des Erblassers entweder zurückerhält oder für das Grundstück eine Entschädigung bekommt (BGH NJW 1993, 217). Dagegen scheidet eine direkte oder entsprechende Anwendung der Vorschrift auf ein zunächst unbekanntes Recht bzw. einen zunächst unbekannten Nachlassgegenstand iRd **Verjährung** aus (BGH ZEV 2013, 258 ff. mAnm *Joachim* = NJW 2013, 1086 mAnm *Herrler*).

6 Als **zweifelhafte Verbindlichkeit** iSv Abs. 2 gelten bspw. Verpflichtungen aus Bürgschaften oder Pfandhaftungen für fremde Schulden, sofern die Tatsache und der Umfang der Inanspruchnahme nicht offen ist (OLG Köln ZEV 2004, 155 f.; jurisPK-BGB/*Birkenheier* Rn. 14; → § 2311 Rn. 33).

7 Nach **Abs. 2 S. 2** besteht eine **Verpflichtung** des Erben gegenüber dem Pflichtteilsberechtigten, für die Feststellung eines ungewissen und für die Verfolgung eines unsicheren Rechts zu sorgen, soweit es einer ordnungsmäßigen Verwaltung entspricht. IdR dürfte daher der Erbe verpflichtet sein, ein ungewisses

3. Auflösend bedingte Rechte und Verbindlichkeiten (Abs. 1 S. 2). Bei einer auflösenden Bedingung 8 entfallen die Rechtswirkungen des Geschäfts, wenn die Bedingung eintritt (§ 158 II).

Im Gegensatz zu aufschiebend bedingten oder unsicheren Rechten sind auflösend bedingte Rechte 9 und Verbindlichkeiten einstweilen ihrem ganzen Betrage nach zu berücksichtigen. Bei Bedingungseintritt hat entsprechend Abs. 1 S. 3 entsprechende Ausgleichung zu erfolgen, so dass sich der Nachlasswert bei Wegfall eines auflösend bedingten Rechts vermindert bzw. bei Wegfall einer auflösend bedingten Verbindlichkeit erhöht.

4. Befristete Rechte und Verbindlichkeiten. Auf befristete Rechte und Verbindlichkeiten findet 10 § 2313 keine Anwendung. Denn Eintritt und Wegfall der Rechtsfolge knüpfen in diesen Fällen nicht an ein ungewisses Ereignis an, sondern an ein bestimmt eintretendes Ereignis, dessen Zeitpunkt nur noch ungewiss ist. Für befristete Rechte und Verbindlichkeiten verbleibt es daher bei der Geltung des Stichtagsprinzips: Ihr Wert zum Zeitpunkt des Erbfalls ist zu schätzen (BGH FamRZ 1979, 787: Leibrente).

5. Nachträgliche Ausgleichung (Abs. 1 S. 3). Fällt die Ungewissheit nachträglich weg, hat eine der 11 veränderten Rechtslage entsprechende Ausgleichung zu erfolgen. Aufgrund der Ausgleichung ist der Pflichtteilsberechtigte so zu stellen, wie wenn das ungewisse oder zweifelhafte Recht schon im Zeitpunkt des Erbfalls verlässlich bestanden hätte (BGH NJW 1993, 2176) bzw. das auflösend bedingte Recht bereits zum Zeitpunkt des Erbfalls entfallen gewesen wäre.

Beispiel: Ein in der früheren DDR enteignetes Grundstück des Erblassers wird nach Eintritt des Erbfalls gem. 12 VermG auf den Erben zurückübertragen. Aufgrund § 2313 ist das Grundstück nach Rückübertragung auf den Erben so zu behandeln, also ob es schon beim Erbfall nicht enteignet gewesen wäre (OLG München DtZ 1993, 153; OLG Celle AgrarR 1993, 118 = FamRZ 1993, 1497).

Je nach Fallgestaltung erhöht oder verringert sich damit der Pflichtteilsanspruch, so dass sich für den 13 Pflichtteilsberechtigten entweder ein **Nachzahlungsanspruch** oder für den Erben ein **Rückzahlungsanspruch** ergibt. Der Rückzahlungsanspruch ist ein pflichtteilsrechtlicher Ausgleichungsanspruch eigener Art und kein bereicherungsrechtlicher Anspruch mit der Folge der Nichtanwendbarkeit des § 818 III (BeckOK BGB/*G. Müller* Rn. 7 mwN). Sicherheitsleistung kann weder der Erbe noch der Pflichtteilsberechtigte wegen der evtl. Ansprüche verlangen (Damrau/Tanck/*Riedel* Rn. 14). Es gelten die allgemeinen Vorschriften zum Schutz bedingter Ansprüche (§ 916 II ZPO) und zu deren Entstehung und Berücksichtigung in der Insolvenz (§ 191 InsO).

Werterhöhungen oder Wertverminderungen nach dem Erbfall bleiben entsprechend § 2311 außer Be- 14 tracht. Der Pflichtteilsberechtigte ist so zu stellen, wie wenn das ungewisse oder zweifelhafte Recht schon im Zeitpunkt des Erbfalls verlässlich bestanden hätte (BGH NJW 1993, 2176). Hatte das enteignete Grundvermögen im Zeitpunkt des Erbfalls keinen wirtschaftlichen Wert, ist der Wert des später zurückerlangten Grundstücks zu diesem Zeitpunkt zu schätzen und dieser Betrag unter Berücksichtigung des Kaufkraftschwundes auf den Geldwert im Zeitpunkt des Erbfalls umzurechnen (BGH NJW 1993, 217).

Die Verjährung beginnt nicht vor Eintritt der Bedingung, der Sicherung oder der Gewissheit (Palandt/ 15 *Weidlich* Rn. 4). Es sind mithin keine verjährungshemmenden Maßnahmen zu treffen (Staudinger/ *Olshausen* Rn. 34). Eine Grenze stellt die Höchstfrist von 30 Jahren ab Entstehung und damit dem Erbfall nach § 199 IIIa dar. Zur Geltendmachung der Ausgleichsforderung ist es nicht erforderlich, dass eine spätere Ausgleichung in der Urteilsformel vorbehalten wurde (Staudinger/*Olshausen* Rn. 39).

§ 2314 Auskunftspflicht des Erben

(1) ¹Ist der Pflichtteilsberechtigte nicht Erbe, so hat ihm der Erbe auf Verlangen über den Bestand des Nachlasses Auskunft zu erteilen. ²Der Pflichtteilsberechtigte kann verlangen, dass er bei der Aufnahme des ihm nach § 260 vorzulegenden Verzeichnisses der Nachlassgegenstände zugezogen und dass der Wert der Nachlassgegenstände ermittelt wird. ³Er kann auch verlangen, dass das Verzeichnis durch die zuständige Behörde oder durch einen zuständigen Beamten oder Notar aufgenommen wird.

(2) Die Kosten fallen dem Nachlass zur Last.

I. Normzweck

Das Pflichtteilsrecht soll den nächsten Angehörigen des Erblassers einen vom Erblasser grds. unent- 1 ziehbaren Mindestwert am Nachlass sichern. Der (in Geld zu zahlende) Pflichtteilsanspruch wird neben dem Pflichtteilsbruchteil va **vom Bestand und Wert des Gesamtnachlasses** bestimmt. Die Kenntnis von Bestand und Wert des Nachlasses ist für einen Nichterben regelmäßig nicht gegeben. Das Gesetz gewährt ihm deshalb in § 2314 sowohl einen **Auskunfts-** als auch einen **Wertermittlungsanspruch** gegen die Erben.

Es handelt sich hierbei um unselbständige Hilfsansprüche, die den Pflichtteilsberechtigten befähigen 2 sollen zu berechnen, ob und in welcher Höhe er einen Pflichtteilsanspruch hat. Damit verfolgt insbes.

der aufgrund der Vorschrift gewährte Auskunftsanspruch den Zweck, einer Beweisnot des Pflichtteilsberechtigten abzuhelfen (OLG Bamberg ZEV 2016, 580 Rn. 4).

3 Der Auskunfts- und der Wertermittlungsanspruch können **nebeneinander** oder **nacheinander** geltend gemacht werden (Muster bei MAH ErbR/*Horn* § 29 Rn. 47 (außergerichtlich) und bei PHdB-Pflichtteilsprozess/*Fleischer/Horn* § 18 Rn. 22 ff. (gerichtlich)).

II. Anspruch auf ein privatschriftliches Verzeichnis (Abs. 1 S. 1)

4 **1. Allgemeines.** Der Auskunftsanspruch bezieht sich auf den Bestand des realen und fiktiven Nachlasses. Abs. 1 S. 2 verweist ausdrücklich auf § 260 und regelt damit, wie Auskunft zu erteilen ist: Nach § 260 I Alt. 2 hat der Verpflichtete „ein Verzeichnis des Bestandes" vorzulegen. Der Inhalt des Nachlassverzeichnisses unterliegt der Disposition des Auskunftsberechtigten. Dieser kann daher auch darauf verzichten, bestimmte Gegenstände oder Gruppen von Gegenständen in das Verzeichnis aufzunehmen oder einzeln aufzuführen. Im Einverständnis mit dem Auskunftsberechtigten ist demzufolge ausnahmsweise auch die Vorlage eines **Teilverzeichnisses** zulässig.

5 Es gibt **zwei Arten** von Nachlassverzeichnissen: (1) das private **(Abs. 1 S. 1)** und (2) das amtliche **(Abs. 1 S. 3;** → Rn. 48 ff.). Da das amtliche Verzeichnis in aller Regel von einem Notar aufgenommen wird, spricht man von einem notariellen Verzeichnis. Das Recht auf ein amtliches Verzeichnis wird nach stRspr nicht durch die bereits erfolgte Vorlage eines privaten Nachlassverzeichnisses ausgeschlossen (BGH NJW 1961, 602; ZErb 2012, 248 (249); OLG Hamburg ErbR 2018, 92 = BeckRS 2016, 125135 Rn. 22; OLG München ZEV 2018, 98 (99)). Dagegen kann es rechtsmissbräuchlich sein, neben dem amtlichen Verzeichnis noch das privatschriftliche Verzeichnis zu verlangen (BGH NJW 1961, 602 (604); OLG Karlsruhe NJW-RR 2007, 881 (883); *Kuhn/Trappe* ZEV 2011, 347). Inhaltlich unterscheiden sich die Verzeichnisse nicht (BeckOK BGB/*G. Müller* Rn. 23).

6 **2. Auskunftsberechtigter.** Auskunftsgläubiger ist der **Pflichtteilsberechtigte,** der nicht Erbe ist. Voraussetzung ist, dass der Fordernde die erbrechtliche Stellung eines Pflichtteilsberechtigten hat, aber nicht, dass ihm auch ein Pflichtteilszahlungsanspruch zusteht (BGH NJW 1958, 1964; NJW 1981, 2051). Die Auskunft soll gerade der Klärung dienen, ob und inwieweit der Pflichtteilsberechtigte einen derartigen Anspruch hat. Er soll die Geltendmachung eines möglichen Hauptanspruchs erst vorbereiten. Jedem Pflichtteilsberechtigten steht alleine der Auskunftsanspruch zu; er muss diesen keinesfalls mit anderen Pflichtteilsberechtigten geltend machen: Sie sind keine Gesamtgläubiger. Auskunftsberechtigt ist nur derjenige Pflichtteilsberechtigte (Kinder, Eltern, Ehegatte, eingetragener Lebenspartner), der **nicht Erbe** geworden ist (OLG Hamm ZEV 2017, 158 (162)). Darüber hinaus ist der nach § 2306 I ausschlagende Erbe (OLG Naumburg ZEV 2015, 114) bzw. der nach § 1371 III ausschlagende Ehegatte auskunftsberechtigt, aber erst nach Erklärung der Ausschlagung gegenüber dem Nachlassgericht. Auskunftsberechtigt ist ferner der mit einem **Vermächtnis** bedachte Pflichtteilsberechtigte (§ 2307), ohne dass es darauf ankommt, ob dieser das Vermächtnis ausschlägt oder das Vermächtnis den Wert des Pflichtteils übersteigt (BGH NJW 1958, 1964; OLG Düsseldorf FamRZ 1995, 1236 (1237); Staudinger/*Herzog* Rn. 35).

7 **Nicht auskunftsberechtigt** nach § 2314 ist der **Miterbe** und der nach **§ 2305** unzureichend als Erbe eingesetzte Pflichtteilsberechtigte (BGH NJW 1955, 1354; MAH ErbR/*Horn* § 29 Rn. 325). So stehen diesen die Auskunftsansprüche nach §§ 2027, 2028, 2057, 666, 681, ggf. auch nach § 2215 gegen einen Testamentsvollstrecker, zu (→ Rn. 14). Naturgemäß steht auch demjenigen kein Auskunftsanspruch zu, der einen Erb- bzw. Pflichtteilsverzicht erklärt hat, der eine unbelastete Erbschaft ausgeschlagen hat (Ausnahme: Ehegatte) bzw. dem der Pflichtteilsanspruch wirksam entzogen wurde (§§ 2333 ff.). Auch ein (formloser) Verzicht nach dem Erbfall steht dem Anspruch entgegen.

8 Umstritten ist, inwieweit über den Wortlaut des § 2314 I hinaus auch dem pflichtteilsberechtigten **Nacherben** (der ja Erbe geworden ist) ein Auskunftsanspruch nach dieser Vorschrift zusteht (vgl. *Edenfeld* ZErb 2005, 346). Die Rspr. lehnt eine analoge Anwendung der Vorschrift – selbst dann, wenn die Nacherbschaft auflösend bedingt ist – ab (BGH NJW 1981, 2051 (2052); OLG Celle ZEV 2006, 361 (362); MüKoBGB/*Lange* Rn. 42). Dies wird ua damit begründet, dass der Nacherbe seine Rechte gegenüber dem Vorerben nach den §§ 2121 f., 2127 wahren kann (HK-PflichtteilsR/*Würdinger* Rn. 9; zum Risiko der Annahme der Nacherbschaft durch Auskunftsbeanspruchung → § 2306 Rn. 20). Allerdings bezieht sich die Auskunftspflicht nach diesen Vorschriften nur auf den gegenwärtigen Bestand des Nachlasses und eben nicht auf Schenkungen. Dem Nacherben ist daher zumindest der allgemeine, nicht normierte Auskunftsanspruch nach Treu und Glauben (§ 242) gegen den Vorerben wegen etwaiger Schenkungen zuzubilligen, wie er auch dem pflichtteilsberechtigten Allein- oder Miterben gegen den beschenkten Erben zugestanden wird (OLG Celle ZEV 2006, 361).

9 § 2314 findet nach hM keine (analoge) Anwendung auf das Verhältnis des pflichtteilsberechtigten **Erben** gegenüber dem vom Erblasser in den letzten zehn Jahren vor Eintritt des Erbfalls (ggf. miterbenden) **Beschenkten.** Dem Erben wird aber nach § 242 ein Auskunftsanspruch zugestanden, wenn er sich die erforderlichen Kenntnisse nicht auf andere, ihm zumutbare Weise verschaffen kann und der (ggf. miterbende) Beschenkte die Auskunft unschwer zu geben vermag (BGH NJW 1973, 1876; NJW 1990, 180; NJW 1993, 2737; Staudinger/*Herzog* Rn. 40 ff.; MüKoBGB/*Lange* Rn. 39 ff.). Gleichwohl steht der erbende Pflichtteilsberechtigte damit schlechter, schon allein im Hinblick auf die Kostenlast: Denn bei § 242 treffen die Kosten denjenigen, der die Auskunft verlangt (also im konkreten Fall den Erben und nicht den Nachlass entsprechend § 2314 II).

Im Falle der rechtsgeschäftlichen **Übertragung** oder Vererbung des Pflichtteilsanspruchs (vgl. § 2317 10
II) geht der Auskunftsanspruch auf den neuen Gläubiger (Zessionar) über. Hat der Sozialhilfeträger den
Pflichtteilsanspruch auf sich übergeleitet (vgl. § 93 SGB XII), so steht ihm damit auch der Auskunftsanspruch zu (BGH ZEV 2005, 117 = NJW-RR 2005, 369; LG Duisburg FamRZ 2006, 651; → § 2317
Rn. 29 f.).

3. Auskunftsverpflichteter. Zur Auskunft verpflichtet ist der **Erbe.** Mehrere Erben haften nach 11
§§ 431, 421 als Gesamtschuldner. Folglich kann der Pflichtteilsberechtigte nach seiner Wahl einen oder
mehrere Miterben in Anspruch nehmen. Ist Nacherbfolge angeordnet, ist auskunftsverpflichtet bis zum
Eintritt des Nacherbfalls der **Vorerbe.**

Bzgl. des Nachlasses trifft den Erben die Auskunftspflicht unabhängig davon, ob sich der 12
Pflichtteilsergänzungsanspruch gegen den Erben (§ 2325) oder gegen den Beschenkten (§ 2329) richtet
(Soergel/*Dieckmann* Rn. 12). Der Erbe hat also auch Schenkungen an Dritte zu beauskunften.

Es handelt sich um eine **persönliche** Auskunftsverpflichtung. Diese trifft auch dann den Erben per- 13
sönlich, wenn Nachlassverwaltung angeordnet oder ein Nachlassinsolvenzverfahren eröffnet worden ist
(MüKoBGB/*Lange* Rn. 43). So handelt es sich nicht um einen aus dem Nachlass erfüllbaren Anspruch
(BeckOK BGB/*G. Müller* Rn. 10). Eine Auskunftspflicht des Nachlassverwalters bzw. -insolvenzverwalters besteht neben dem Erben gem. § 2012 I 2 iVm II.

Umstritten ist, ob den **Testamentsvollstrecker,** dem die Verwaltung des Nachlasses zusteht, die Aus- 14
kunftsverpflichtung nach § 2314 treffen kann. Im Hinblick darauf, dass der Pflichtteilsanspruch nach
§ 2213 I 3 nur gegen den Erben geltend gemacht werden kann, wird dies zutreffend von der hM auch für
den Hilfsanspruch verneint (HK-PflichtteilsR/*Würdinger* Rn. 13; BeckOK BGB/*G. Müller* Rn. 10;
MüKoBGB/*Lange* Rn. 43; aA *Klingelhöffer* ZEV 2000, 261).

Der **nichterbende Beschenkte** ist nach § 2314 analog dem pflichtteilsberechtigten Nichterben aus- 15
kunftspflichtig, aber beschränkt auf mögliche Schenkungen (BGH ZEV 2014, 424 (425); NJW 1971, 842;
NJW 1981, 2051 (2052)). Der pflichtteilsberechtigte Erbe hat gegen den vom Erblasser in den letzten
zehn Jahren **Beschenkten** einen Auskunftsanspruch aus § 242, wenn er sich die erforderlichen Kenntnisse nicht auf andere, ihm zumutbare Weise verschaffen kann und der Beschenkte die Auskunft unschwer
zu geben vermag (BGH NJW 1973, 1876 (1877)).

Im Falle der Anordnung der **Nacherbfolge** hat der Nacherbe gegen den vom Vorerben Beschenkten 16
zumindest nach dem Rechtsgedanken des § 2314 einen Auskunftsanspruch, wenn eine gerechte Abwägung der beiderseitigen Interessen es rechtfertigt, ihm diesen Anspruch zu gewähren (BGH NJW 1972,
907). Daher besteht kein Anspruch, wenn der Nacherbfall zu Lebzeiten des Vorerben eingetreten ist und
der Nacherbe die erforderlichen Auskünfte ohne größere Schwierigkeiten vom Vorerben nach § 2130 II
verlangen kann (HK-PflichtteilsR/*Würdinger* Rn. 15).

4. Inhalt und Umfang. Der Auskunftsanspruch ist auf die **Weitergabe von Wissen** gerichtet, das der 17
Verpflichtete hat bzw. sich verschaffen muss (BVerfG ZEV 2016, 578 (579); BGH NJW 1984, 487 (488);
OLG Koblenz ZEV 2018, 413 (414) mAnm *Weidlich;* OLG Frankfurt a.M. NJW-RR 1994, 9; →
Rn. 24b). Dem Berechtigten sind die wesentlichen Berechnungsfaktoren zur Verfügung zu stellen, damit
er seinen Pflichtteilsanspruch geprüfen und berechnen kann (OLG Hamburg ErbR 2018, 92 = BeckRS
2016, 125135).

Eine weite Auslegung des Auskunftsrechts ist erforderlich, da der Beweisnot des Pflichtteilsberechtig- 18
ten abzuhelfen ist (BeckOK BGB/*G. Müller* Rn. 12). Form und Umfang der Auskunftserteilung folgen
aus der Verweisung auf § 260 I, wonach Berechtigten ein **Verzeichnis des Bestands** vorzulegen ist. Die
Auskunft ist privatschriftlich zu erteilen (OLG Karlsruhe ErbR 2015, 158 (160) = MittBayNot 2015,
496).

Das Verzeichnis muss eine zum Erbfall geordnete und nachprüfbare Zusammenstellung der nachlass- 19
zugehörigen Gegenstände und Verbindlichkeiten enthalten, die dem Pflichtteilsberechtigten als Grundlage für die Berechnung seiner Ansprüche dient (OLG Naumburg BeckRS 2011, 25163; OLG Hamburg
ErbR 2018, 92 = BeckRS 2016, 125135 Rn. 31). Eine etwa **mangels Übersichtlichkeit** nicht den Formalanforderungen entsprechende Auskunft hat **keine Erfüllungswirkung** (§ 362; OLG Hamburg ErbR
2018, 92 = BeckRS 2016, 125135 Rn. 31). Der fiktive Nachlass ist erst nach den Aktiva und Passiva des
realen Nachlasses darzustellen (OLG Düsseldorf ZErb 2009, 41).

Die hM akzeptiert aber Teilverzeichnisse. Dies ist abzulehnen, da es nicht Sache des Pflichtteilsberech- 20
tigten ist, im Extremfall sich aus vielen Verzeichnissen einen Überblick zu verschaffen. Für den Pflichtteilsberechtigten wird dann auch die richtige Antragsstellung bei der Abgabe der eidesstattlichen Versicherung erschwert, da er hier sämtliche Dokumente angeben muss.

Der Erbe hat das Verzeichnis zutreffend nach hM nicht stets persönlich zu unterzeichnen; die Unter- 21
schrift seines Anwaltes ist ausreichend (OLG Nürnberg NJW-RR 2005, 808 (809)).

Für die Erfüllung ist unerheblich, ob die Auskunft inhaltlich richtig ist oder nicht (OLG Schleswig 22
ZEV 2016, 583 Rn. 12; vgl. MüKoBGB/*Krüger* § 260 Rn. 43).

Im Einzelnen: Zu beauskunften ist der Bestand des Nachlasses zum Zeitpunkt des Eintritts des Erb- 23
falls (vgl. § 2311 I). Der Auskunftsanspruch erfasst zum einen sämtliche **Aktiva des Nachlasses** (dh die
beim Erbfall tatsächlich vorhandenen Nachlassgegenstände; → § 2311 Rn. 8 ff.) und Passiva des Nachlasses (Nachlassverbindlichkeiten; → § 2311 Rn. 25 ff.; BGH NJW 1984, 487; NJW 1961, 602 (603)). Das
Verzeichnis muss insbesondere sämtliche bei dem Erbfall vorhandenen Immobilien, Sachen, Gesellschaftsbeteiligungen, und Forderungen (Aktiva) und Nachlassverbindlichkeiten (Passiva) enthalten, und

Horn

zwar unter Einbeziehung des digitalen Nachlasses (*Uhrenbacher* ZEV 2018, 248 (249)) und unabhängig von der internationalen Belegenheit der Positionen. Auch ist nach hier vertretener Auffassung mitzuteilen, ob und ggf. wem der Erblasser Vollmacht erteilt hat, über sein Vermögen, insbesondere über seine Bankkonten, zu verfügen und ob in diesem Zusammenhang Forderungen des Nachlasses gegen Bevollmächtigte bestehen.

24 **Wertangaben** sind **nicht geschuldet** (*Muscheler* ErbR Rn. 4154), aber hilfreich. Gegenstände sollen auch mit **wertbildenden Faktoren** bezeichnet werden (BR-Drs. 517/12, 342 zum 2. KostRMoG; so auch OLG Zweibrücken BeckRS 2009, 24566; auf Verlangen: OLG Karlsruhe MittBayNot 2015, 496 (497) mit abl. Anm. *Braun*). Das überzeugt nicht, da es sich hierbei um Wertermittlung handelt.

25 Zur Auskunft zählt auch die Zusammensetzung des (ggf. auch wertlosen) Hausrates (OLG Karlsruhe ErbR 2015, 158 (161) = MittBayNot 2015, 496 (497) mAnm *Braun*). Es sollen auch Gegenstände aufzuführen sein, an denen der Erblasser nur den **Besitz** hatte (Soergel/*Dieckmann* Rn. 12). Nicht ausreichend ist die Erklärung des längerlebenden Ehegatten, die **Hausratsgegenstände** hätte er bezahlt, so dass diese nicht nachlasszugehörig seien (OLG Hamburg NJW-RR 1989, 1285). Fällt in den Nachlass eine Beteiligung an einer Erbengemeinschaft, so ist diese einschl. der Zusammensetzung aufzunehmen.

26 Daneben bezieht sich der Auskunftsanspruch auch – auf besonderes Verlangen des Pflichtteilsberechtigten – auf den sog. **fiktiven Nachlass** (BGH NJW 1981, 2052 (2053); NJW 1984, 487; OLG Hamburg ErbR 2018, 92 = BeckRS 2016, 125135 Rn. 30; OLG Schleswig ZEV 2015, 109 (112); Staudinger/*Herzog* Rn. 16):
– die **ausgleichungspflichtigen Zuwendungen** des Erblassers bei Abkömmlingen (§§ 2316 I, 2050),
– die **Schenkungen innerhalb der letzten zehn Jahre** vor dem Tode des Erblassers (bei Vorbehalt von Nutzungsrechten oder einem freien Widerrufsrecht über 10 Jahre hinaus; → § 2325 Rn. 93 ff.) sowie
– die Schenkungen und die unbenannten/**ehebedingten Zuwendungen** zugunsten des längerlebenden Ehegatten seit Eheschließung gem. § 2325 II 3 (BGH NJW 1961, 602 (603); NJW 1981, 2051 (2052)).

27 Der Erbe hat also auch Schenkungen des Erblassers an einen Dritten zu beauskunften (BGH ZEV 2014, 424, 425). Dabei erstreckt sich die Auskunftspflicht auch auf sog. Anstands- und Pflichtschenkungen iSv § 2330 (BGH NJW 1984, 487 (488)). Auch über Lebensversicherungsverträge und sonstige Verträge zugunsten Dritter des Erblassers ist Auskunft zu erteilen, unabhängig davon, zu welchem Zeitpunkt sie abgeschlossen wurden (*Nieder* ZErb 2004, 60 (66)). Von liechtensteinischen Stiftungen und Anstalten sind die Stiftungsstatuten vorzulegen (*Werner* ZErb 2016, 92 (96)), zumal das OLG Stuttgart eine liechtensteinische Stiftung als nichtiges Scheingeschäft angesehen hat (ZEV 2010, 265). Der Auskunftsanspruch bezieht sich auch auf Rechtsgeschäfte, die **möglicherweise** pflichtteilsrelevant sind. Der Erbe hat die Umstände einer Zuwendung offenzulegen, damit der Pflichtteilsberechtigte diese nachvollziehen und überprüfen kann (OLG Hamburg ErbR 2018, 92 = BeckRS 2016, 125135 Rn. 56). Die rechtliche Würdigung darf der Erbe nicht vorwegnehmen (Staudinger/*Herzog* § 2314 Rn. 20).

28 Voraussetzung des Auskunftsanspruchs ist es nicht, dass das Vorliegen einer Schenkung feststeht (OLG Karlsruhe ErbR 2015, 158 = MittBayNot 2015, 496) oder der Pflichtteilsberechtigte zumindest Anhaltspunkte vorweisen kann. Aus der Natur eines jeden Auskunftsanspruchs – Linderung der Beweisnot bei dem Gläubiger – ergibt sich, dass es nicht erforderlich sein muss, dass der Pflichtteilsberechtigte Anhaltspunkte für eine Schenkung nachweisen muss, bevor ihm Auskunft erteilt wird (OLG Frankfurt a. M. ZEV 2011, 379; OLG Schleswig ZEV 2015, 109 Rn. 31; Palandt/*Weidlich* Rn. 9). Nach der hier vertretenen Auffassung ist der Erbe verpflichtet, Konto- und ggf. Depotauszüge, auch von vor dem Erbfall geschlossenen Konten bzw. Depots auf mögliche Schenkungen durchzusehen und dem Pflichtteilsberechtigten (ohne Belege) mitzuteilen (gleiche Verpflichtung wie bei einem Notar → Rn. 51). Zutreffend lt. OLG Stuttgart sind für den Erben Bankgebühren zur Herstellung von Duplikaten der Kontoauszüge von 1.500 EUR nicht unverhältnismäßig (ZEV 2016, 330 (331)). Zu Unrecht stellt dabei das OLG Stuttgart als Voraussetzung für die Pflicht zur Kontendurchsicht auf den Verdacht von Schenkungen ab. Dieser Verdacht wurde darin gesehen, dass auf den nachlasszugehörigen Konten sich nahezu keine Guthabensstände befanden.

29 Anders wie folgt: Wenn der Pflichtteilsberechtigte der Auffassung ist, entgeltliche Geschäfte weisen einen Schenkungsteil auf, hat er Anhaltspunkte vorzubringen, bevor der Erbe Auskünfte erteilen muss (vgl. OLG Schleswig ZEV 2015, 109 (113); BGH FamRZ 1965, 136; OLG Düsseldorf MittBayNot 2000, 120; MüKoBGB/*Lange* Rn. 18). So besteht dann die Auskunftspflicht hins. einer Veräußerung, bei der streitig und ungeklärt ist, ob sie eine Schenkung ist und Umstände vorliegen, die eine (teilweise) Schenkung annehmen lassen (BGH NJW 1984, 487 (488)). Kommt bei einer Veräußerung der Verdacht einer verschleierten Schenkung auf, hat der Erbe über alle Vertragsbedingungen Auskunft zu erteilen, deren Kenntnis zu seiner Beurteilung eines etwaigen Ergänzungsanspruchs erforderlich sind (BGH NJW 1962, 245 (246), MüKoBGB/*Lange* Rn. 8). Nach dem Urt. des OLG Hamburg v. 28.9.2016 (ErbR 2018, 92 = BeckRS 2016, 125135 Rn. 58) sind bei Vorliegen gewisser Anwaltspunkte für von dem Pflichtteilsberechtigten behauptete unentgeltliche Zuwendungen Auskunft über Kontobewegungen und Barabhebungen geschuldet (vgl. so auch Damrau/Tanck/*Riedel* Rn. 19).

30 Der Erbe ist verpflichtet, sich – soweit zumutbar – die **notwendigen Kenntnisse zu verschaffen** (BGH NJW 1989, 1601; NJW 1961, 602 (603)). Hierzu muss er Auskunfts- und Informationsansprüche gegen Dritte geltend machen (Staudinger/*Herzog* Rn. 28), so auch bei Grundbuchämtern bzw. den Anspruch aus § 2028 gegen den Hausgenossen. Dem Auskunftsanspruch des Pflichtteilsberechtigten steht das Bankgeheimnis des Erblassers nicht entgegen (BGH NJW 1989, 1601 (1602)); er muss seine Auskunftsansprüche gegenüber Banken geltend machen. Auch bei potenziell Beschenkten muss er Informa-

tionen einholen. Grds. ist der Erbe verpflichtet, die Kontoauszüge der letzten 10 Jahren auf mögliche Schenkungen durchzusehen und solche Sachverhalte dann in seine Auskunft aufnehmen. Dies bestätigte das OLG Stuttgart, zumal ein Verdacht auf gewährte Schenkungen bestand (OLG Stuttgart ZEV 2016, 330 (331)). Dabei seien auch Bankgebühren für die Anforderungen von Duplikaten von Kontoauszügen nicht unverhältnismäßig (OLG Stuttgart ZEV 2016, 330 (331)). Zur Abtretung an den Pflichtteilsberechtigten → Rn. 35.

31 Die Auskunft muss sich bei (gemischten) Schenkungen **auf alle Vertragsbedingungen** erstrecken, deren Kenntnis wesentlich ist für die Beurteilung, ob und in welcher Höhe ein Pflichtteilsergänzungsanspruch geltend gemacht werden kann (BGH NJW 1962, 245 (246)).

32 **Erfüllung tritt nur dann** ein, wenn der Erbe eine abschließende Auskunft erteilt hat. Er muss klar und eindeutig zum Ausdruck bringen, dass die erteilten Auskünfte nach seinem Kenntnisstand vollständig sind, nachdem er sich Kenntnisse, soweit zumutbar, verschafft hat. Bei den Kontoauszügen aus den letzten 10 Jahren hat er etwa zu dokumentieren, von welchen Konten (Bank und Konto-Nummer) er in welchem Zeitraum die Kontoauszüge auf mögliche unentgeltliche Zuwendungen durchgesehen hat und hier bei auch etwa vor dem Erblass geschlossene Konten berücksichtigt hat.

33 Der Erbe ist **keineswegs zur Rechnungslegung** oder zur Auskunft über die Vermögensentwicklung des Erblassers verpflichtet (OLG Hamburg ErbR 2018, 92 = BeckRS 2016, 125135 Rn. 53). Der Anspruch erstreckt sich nicht auf die Vermögensdispositionen des Erblassers (OLG Karlsruhe ErbR 2015, 158 = MittBayNot 2015, 496); finanzielle Transaktionen müssen nicht offen gelegt werden. Es sind nur Sachverhalte mitzuteilen, die eine (gemischte) Schenkung darstellen könnten. Anders jedoch, wenn der Pflichtteilsberechtigte Anhaltspunkte für eine Schenkung vorweisen kann (→ Rn. 29).

34 Es ist anerkannt, dass der Auskunftsanspruch **nicht** besteht, soweit die Erteilung der Auskunft dem Verpflichteten – objektiv – unmöglich ist. Dabei liegt **Unmöglichkeit** vor, wenn alle dem Auskunftsverpflichteten zur Verfügung stehenden Erkenntnismöglichkeiten versagen, nachdem er alle zumutbaren Anstrengungen unternommen hat (OLG München ZEV 2018, 149 (159); Staudinger/*Herzog* Rn. 93). Unmöglichkeit ist noch nicht allein deshalb gegeben, weil das Erinnerungsvermögen des Verpflichteten beeinträchtigt ist; vielmehr muss sich in diesem Fall der Verpflichtete anderer Erkenntnismittel bedienen, wie zB der Angaben eingeweihter Hilfspersonen oder der **Durchsetzung von Auskunftsansprüchen gegen Dritte**, wie zB dem Kreditinstitut des Erblassers (BGH NJW 1989, 1601). Auf das einstweilen vorliegende subjektive Empfinden der Erben nach Unmöglichkeit kommt es nicht an.

35 Der Pflichtteilsberechtigte muss sich nicht auf die Abtretung von Auskunftsansprüchen gegen die Bank verweisen lassen (OLG Stuttgart ZEV 2016, 330 Rn. 7), wobei einvernehmlich eine Abtretung möglich ist (BGH NJW 1989, 1601). § 2314 I sehe eine originäre Auskunftspflicht des Erben vor.

36 **5. Ein Anspruch auf Berichtigung oder Ergänzung** eines von dem Pflichtteilsberechtigten als unvollständig angesehenen Verzeichnisses besteht grds. nicht (OLG Hamburg ErbR 2018, 92 = BeckRS 2016, 125135 Rn. 37; MüKoBGB/*Lange* Rn. 8). In einem solchen Fall ist keine Erfüllung gem. § 362 eingetreten. Alternativ kann der Pflichtteilsberechtigte die Abgabe der eidesstattlichen Versicherung verlangen (→ Rn. 31). Auch wenn etwa der Erbe wahrheitswidrig erklärt, es gäbe außer den mitgeteilten Schenkungen keine weiteren unentgeltlichen Zuwendungen, ist der Auskunftsanspruch erfüllt.

37 Im Einzelfall wird dann ein **Auskunftsergänzungsanspruch** angenommen, wenn der Schuldner aufgrund eines Irrtums einen Teil des Bestandes weggelassen hat, wenn in der Aufstellung erkennbar sachliche oder zeitliche Teile fehlen bzw. wenn die Angaben erkennbar unvollständig sind (OLG Saarbrücken ZEV 2011, 373 (374); Staudinger/*Herzog* Rn. 85). Lt. OLG Karlsruhe besteht bei Unvollständigkeit wie bei fehlenden wertbildenden Faktoren ein Anspruch auf Ergänzung (MittBayNot 2015 496 (497)). Überzeugender ist es, bei einem so mangelhaften Verzeichnis nicht einen Ergänzungsanspruch anzunehmen, sondern keine Erfüllung anzunehmen.

38 **6. Vorlage von Belegen.** Die hM nimmt keinen Anspruch auf sämtliche Belege **iRd Auskunft** an (OLG Köln ZEV 2014, 660 (661); Palandt/*Weidlich* Rn. 10; *Muscheler* ErbR Rn. 4156). Dafür spricht zwar, dass der Gesetzgeber bei der Auskunft hins. Zugewinnausgleichsansprüchen (§ 1379 I 2) keinen Belegvorlageanspruch normiert hat. Dennoch hat das OLG Düsseldorf (NJW-RR 1997, 454 (455); so auch Staudinger/*Herzog* Rn. 33) die Pflicht zur Vorlage eines Kontoauszuges per Todesfall und das OLG Zweibrücken (BeckRS 2009, 24566 = FamRZ 1987, 1197) die Belegvorlagepflicht bei einem „komplexen und unübersichtlichen" Nachlass angenommen. In seinem Urt. v. 6.7.2018 hat das OLG Düsseldorf diese Frage mit der Begründung entschieden, dass die Pflichtteilsberechtigte einen Titel zum notariellen Verzeichnis erwirkt habe (Az. I-7 U 9/17, ErbR 10/2018 mAnm *Horn*). Über ihr Zuziehungsrecht erhalte sie „zuverlässig die Information, die sie zur Beurteilung ihrer Ansprüche benötigt". Des Weiteren kann sich ein **Anspruch auf Urkundseinsicht aus § 810 BGB** ergeben (AG Rotenburg a.d.F. ZEV 2009, 303; vgl. RGZ 73, 372 (375)). Gewichtige Stimmen sprechen sich zu Recht zugunsten eines allgemeinen Belegvorlageanspruches aus (*Schlitt* ZEV 2007, 515; fordert Gesetzesänderung: jurisPK-BGB/*Birkenheier* Rn. 55; vgl. MSTB PflichtteilsR/*Bittler* § 9 Rn. 30; vgl. FAKomm/*Lindner* Rn. 11, soweit zur Anspruchsermittlung erforderlich).

39 *Fleischer* zufolge verweise § 2314 nicht umfassend auf § 260, so dass § 260 nicht abschließend sei; § 2314 sehe keine Belegvorlage vor (*Fleischer* ErbR 2013, 242 (243)). Die teleologische Auslegung des § 2314 führe zu einem Vorlageanspruch „zumindest" der Belege, „die zur Überprüfung der Richtigkeit eines Bestandsverzeichnisses unumgänglich sind und nach der Verkehrssitte einem solchen Verzeichnis üblicherweise beigefügt werden". Dass dem Pflichtteilsberechtigten nicht auch nur ein Kontoauszug vorgelegt werden müsse, er aber von einem Notar verlangen kann, dass dieser in seiner Gegenwart Ermittlungen zum Nachlassbestand anstellt, widerspreche dem Sinn und Zweck des weitreichenden Auskunftsanspruches des § 2314 BGB. In Einzelfällen hat das OLG Düsseldorf die Pflicht zur Vorlage eines Kontoauszuges per Todesfall (NJW-RR 1997, 454 (455) und das OLG Zweibrücken (BeckRS 2009, 24566 = FamRZ 1987, 1197) bei einem „komplexen und unübersichtlichen" Nachlass angenommen. In der Lit. wird zT eine Ausweitung der Belegpflicht auf andere, schwer einzuschätzende Nachlassgegenstände wie Kunstgegenstände, Schmuck, Urheber- oder Patentrechte vertreten (*Bartsch* ZEV 2004, 176 (179); *van der Auwera* ZEV 2008, 359 (360)).

40   Auch nach hM gilt Folgendes: Es sind (notarielle) **Schenkungsverträge** vorzulegen (juris-PK/*Birkenheier* Rn. 57; BeckOGK BGB/*Blum* Rn. 32.1). Gleiches gilt für **Grundbuchauszüge** und **Gesellschaftsverträge**, da grds. Belege zumindest soweit vorzulegen sind, wie sie zur näheren Identifizierung erforderlich sind (Palandt/*Weidlich* Rn. 19).

41   **Belege** nach hM iRd Wertermittlung vorzulegen, so va bei **Unternehmen** und Immobilien (→ Rn. 70). Vereinzelnd wird vertreten, dass solche Belege von der Auskunftspflicht umfasst sind (BGH LM BGB § 260 Nr. 1; juris-PK/*Birkenheier* Rn. 56; NK-BGB/*Bock* Rn. 11; Erman/*Röthel* Rn. 4). Lt. *Dieckmann* überschneiden sich hinsichtlich der Belegvorlage Auskunfts- und Wertermittlungsanspruch (Soergel/*Dieckmann* Rn. 29; so wohl auch MüKoBGB/*Lange* Rn. 10 und Rn. 18, der die Belege bei beiden Ansprüchen fordert).

42   Unabhängig davon ist der Erbe gut beraten, wenn er iRd Auskunft umfangreiche Belege vorlegt; es stärkt seine Glaubwürdigkeit und legt die Grundlage für eine rasche Abwicklung. Belege zu den **Nachlassverbindlichkeiten** wird er ohnehin vorlegen, da er diese „substantiiert darzulegen" hat; der Pflichtteilsberechtigte muss dann das Nichtbestehen beweisen (BGH ZEV 2010, 312).

43   **7. Kein Zurückbehaltungsrecht.** Der Erbe kann sich nicht auf das **Zurückbehaltungsrecht** nach § 273 berufen, falls der Pflichtteilsberechtigte nach Aufforderung zur Auskunftserteilung über selbst erhaltene unentgeltliche Zuwendungen (→ § 2314 Rn. 85 ff.) noch keine Auskünfte erteilt hat (LG Mainz BeckRS 2016, 2352; MAH ErbR/*Horn* § 29 Rn. 368; *Horn* ZEV 2013, 178). Hat der Pflichtteilsberechtigte keine Auskünfte erteilt, kann aber der Erbe sich gegen den Zahlungsanspruch auf sein Zurückbehaltungsrecht berufen.

44   **8. Fälligkeit.** Der Auskunftsanspruch ist gem. § 271 BGB mit dem Erbfall fällig. Verzug kann regelmäßig nicht vor Testamentseröffnung und Annahme der Erbschaft durch den Schuldner sowie einer gewissen Frist eintreten (OLG Saarbrücken ZErb 2012, 213 (216)); wohl zusätzlich frühestens nach Vorliegen eines Erbscheines (außer bei einer eindeutigen notariellen letztwilligen Verfügung), da andernfalls der Erbe sich nicht bei der Auskunftseinholung legitimieren kann. Es gebietet aber lt. OLG Saarbrücken aber „Treu und Glauben und die Verkehrssitte, auf die Umstände des konkreten Falles angemessene Rücksicht zu nehmen und eine gewisse Zeitspanne abzuwarten." Dort hielt das OLG einen Zeitraum von vier Monaten für „mehr als ausreichend." Im Regelfall sind für das privatschriftliche Verzeichnis fünf bis sechs Wochen ab Geltendmachung angemessen; zuvor kann mit dem Zahlungsanspruch kein Verzug eintreten.

45   **9. Verjährung.** Seit der zum 1.1.2010 in Kraft getretenen Erbrechtsreform 2010 (→ § 2303 Rn. 10 ff.; → § 2332 Rn. 17) gilt für die Ansprüche aus § 2314 I die regelmäßige Verjährung (§§ 195 ff.; *Muscheler* ZEV 2008, 105 (110)). Diese Hilfsansprüche können nach hier vertretener Auffassung nicht vor dem Hauptanspruch verjähren, da diese ihm dienen, auch wenn die Hilfsansprüche grds. selbstständig und unabhängig von dem Hauptanspruch verjähren (für den Auskunftsanspruch nach § 242 BGB: BGH NJW 2017, 2755 Rn. 8). Dagegen ist das OLG München (BeckRS 2017, 103967 = ErbR 2017, 357) der Auffassung, dass der Wertermittlungsanspruch unabhängig von den Auskunfts- und den Zahlungsanspruch verjährt. In dem Fall hatte der Pflichtteilsberechtigte zunächst nur den Auskunfts- und Zahlungsanspruch rechtshängig gemacht und erst später den Wertermittlungsanspruch. Lt. OLG München wirkte sich die Hemmung indes nicht auf den später geltend gemachten Wertermittlungsanspruch aus. Das OLG Schleswig (ZEV 2015, 707 mit zust. Anm. *Sarres*) tendiert ebenfalls dazu, dass die Hemmung des privatschriftlichen Auskunftsanspruchs auch die Hemmung des notariellen Auskunftsanspruchs (und Anspruchs auf Wertermittlung und a.e.V.) umfasst, da es sich um einen weiteren Stärkegrad eines einheitlichen Auskunftsanspruchs handele. Überzeugend ist es, dass die Hemmung etwa des privatschriftlichen Auskunftsanspruchs sämtliche Teilansprüche des § 2314 hemmt (jurisPK-BGB/*Birkenheier* Rn. 168; BeckOK BGB/*Henrich* § 204 Rn. 17).

46   **10. Eidesstattliche Versicherung.** Der in § 2314 enthaltene Verweis auf § 260 hat zur Folge, dass der Pflichtteilsberechtigte ggf. die Abgabe einer eidesstattlichen Versicherung über die Vollständigkeit des Bestandsverzeichnisses verlangen kann. Dies gilt nach § 260 II aber nur, wenn Grund zu der Annahme besteht, dass das Verzeichnis nicht mit der **erforderlichen Sorgfalt** erstellt worden ist, oder nicht, wenn die Auskunftserteilung bislang noch nicht vollständig ist (OLG Oldenburg NJW-RR 1992, 777; OLG Frankfurt a. M. NJW-RR 1993, 1483). Die Unvollständigkeit oder Unrichtigkeit hätte sich bei gehöriger Sorgfalt vermeiden lassen (LG Mainz BeckRS 2017, 143327). Ein Grund kann in dem vorprozessualen Verhalten des Auskunftspflichtigen liegen, etwa wenn dieser die Auskunftserteilung mit allen juristischen Mitteln zu verhindern oder zu verzögern sucht, unbestimmte oder zweifelhafte Angaben im Verzeichnis macht oder wiederholte Korrekturen vornimmt (KG ErbR 2016, 278 (289); MüKoBGB/*Lange* Rn. 28). Bei Teilverzeichnissen: Die eidesstattliche Versicherung muss die Erklärung enthalten, dass die

Summe der Teilauskünfte die Auskunft im geschuldeten Gesamtumfang darstellt (BGH NJW 1962, 245). In der eidesstattlichen Versicherung müssen die Verzeichnisse, Schreiben etc. genau aufgeführt werden, aus denen sich vollständige Auskünfte ergeben. Dieses kann zugleich hinsichtlich des privatschriftlichen und des notariellen Verzeichnisses gefordert werden (LG Mainz BeckRS 2017, 143327).

Gibt der Erbe die **eidesstattliche Versicherung freiwillig** auf das Verlangen des Pflichtteilsberechtigten ab (vgl. § 410 Nr. 1 FamFG), ist hierfür das AG im FamFG-Verfahren zuständig. Die Kosten hat gem. § 261 II der Gläubiger, also der Pflichtteilsberechtigte, zu tragen (Gerichtsgebühr von 0,5 KV 15212 Nr. 1 GNotKG nach Tabelle A). Der Geschäftswert des gerichtlichen Verfahrens richtet sich nach dem Interesse an der Abgabe der eV, üblicherweise ein Bruchteil des Wertes der Hauptsache (Korintenberg/*Klüsener* GNotKG 15212 Rn. 36; Zwangsvollstreckung → Rn. 62a). 47

III. Anspruch auf ein notarielles Verzeichnis (Abs. 1 S. 3)

1. Grundsätze. Nach § 2314 I 3 hat der Pflichtteilsberechtigte auch einen Anspruch auf Aufnahme eines amtlichen Verzeichnisses (Geltendmachung: BeckOF ErbR/*Schellenberger* Form. 11.1.4; allgem. *Kurth* ZErb 2018, 225). Dieses ist von einer zuständigen Behörde, einem zuständigen Beamten oder Notar zu erstellen (§ 20 I 2 BNotO; § 10 KonsularG; Zuständigkeiten neben Notaren möglich nach Landesrecht: § 66 I Nr. 2 BeurkG). Die nachfolgenden Ausführungen beziehen sich daher in erster Linie auf vom Notar erstellte Nachlassverzeichnisse. Auftraggeber ist der Erbe, keineswegs der Pflichtteilsberechtigte. Der Pflichtteilsberechtigte bestimmt den Umfang, so dass auch eine Beschränkung auf den fiktiven Nachlass möglich ist. Angemessen ist idR eine **Erstellungszeit von 3 bis 4 Monaten** (*Weidlich* ZEV 2017, 241 (243); *Damm* notar 2016, 219 (228)). Gerade bei dem notariellen Verzeichnis kann die beschränkte Geltendmachung – natürlich unter Vorbehalt der Erweiterung – sinnvoll sein, da dies zur Beschleunigung und Reduzierung von Notargebühren führt. Nach der hier vertretenen Auffassung ist der Anwalt des Pflichtteilsberechtigten verpflichtet, den Pflichtteilsberechtigten auf die Möglichkeit des notariellen Verzeichnisses hinzuweisen. So werden in der Praxis durchaus Schenkungen auf diesem Wege bekannt. 48

Die Aufnahme ist eine notarielle Tätigkeit eigener Art, die über eine bloße Beurkundungstätigkeit hinausgeht (BR-Drs. 517/12, 341; ausführlichste Darstellung: *Damm*, Notarielle Verzeichnisse in der Praxis, § 2 Rn. 151 ff.). Der Notar hat es in der Form einer Tatsachenbeurkundung nach § 37 I 1 Nr. 2 BeurkG zu erstellen (OLG Koblenz ZEV 2014, 308; MüKoBGB/*Lange* Rn. 31). 49

Für den Erben ist es nicht ausreichend, den Notar zu beauftragen. Vielmehr ist er verpflichtet, sich nach Auftrgserteilung um die fristgemäße Erstellung und Vorlage zu bemühen; er hat die erforderlichen Mitwirkungshandlungen des Notars *„mit Eindringlichkeit"* einzufordern (OLG Saarbrücken BeckRS 2018, 9506 Rn. 15). Andernfalls können auf Antrag Zwangsmittel festgesetzt werden. 50

2. Notarielle Verpflichtung. Es besteht eine gesetzliche Verpflichtung des Notars zur angetragenen Aufnahme des Nachlassverzeichnisses. Denn auch bei der in § 20 I 1 BNotO aufgeführten Aufnahme von Vermögensverzeichnissen handelt es sich nach § 10a II BNotO um Urkundstätigkeiten, hins. derer der Notar seine Urkundstätigkeit nicht ohne ausreichenden Grund verweigern darf (OLG Düsseldorf RNotZ 2008, 105 (107); OLG Karlsruhe ZEV 2007, 329; *Schreinert* RNotZ 2008, 61 (67)). Lehnt ein Notar ohne überzeugenden Grund die Aufnahme ab, empfiehlt das OLG Düsseldorf (ZEV 2017, 101 mAnm *Schneider*) dem auftraggebenden Erben die **Untätigkeitsbeschwerde** gem. § 15 I BNotO, da er gegenüber dem Pflichtteilsberechtigten sein Bemühen zur Beauftragung eines Notars nachzuweisen hat. Dieses Verfahren richtet sich nach den Grundsätzen des FamFG (ähnlich dem Erbscheinsverfahren; LG Lübeck ZEV 2018, 416): Die Beschwerde ist bei dem sich weigernden Notar einzureichen, der ähnlich einer ersten gerichtlichen Instanz über die Beschwerde zu entscheiden hat. Fasst er einen Nichtabhilfebeschluss, hat er die Beschwerde dem zuständigen LG zur Entscheidung vorzulegen. Dieses entscheidet dann durch Beschluss; eine mündliche Verhandlung ist nicht erforderlich (zum Verfahren einschl. einem Muster: *Horn* ZEV 2018, 376; hierzu kritisch *Keim* ZEV 2018, 501). Zur Erfüllung seiner Pflicht reicht es nicht aus, dass der Erbe einen Notar nur beauftragt; danach muss er sich um die fristgemäße Erstellung und Vorlage bemühen (OLG Saarbrücken BeckRS 2018, 9506 Rn. 15). 51

3. Inhalt. Das Recht auf ein amtliches Verzeichnis wird nicht durch die bereits erfolgte Vorlage eines privaten Nachlassverzeichnisses ausgeschlossen (→ Rn. 5). Dies wird damit begründet, dass das notarielle Nachlassverzeichnis für den Pflichtteilsberechtigten grds. eine **höhere Richtigkeitsgewähr** habe, da damit zu rechnen sei, dass sich ein Erbe bei einer Befragung durch den Notar um zutreffende und vollständige Auskünfte bemühe (OLG Karlsruhe ZEV 2007, 329; vgl. BVerfG ZEV 2016, 578 (579)). Die besondere Bedeutung eines notariell aufgenommenen Nachlassverzeichnisses liegt also in einer über eine einfache privatschriftliche Auskunftserteilung hinausgehenden, überprüfenden Richtigkeitskontrolle durch den Notar (vgl. *Schreinert* RNotZ 2008, 61 (62) mwN). Folglich führt die Geltendmachung des notariellen Verzeichnisses nicht dazu, dass der Erbe nicht mehr auskunftspflichtig ist. Hierzu das OLG Koblenz wie folgt (ZEV 2018, 413 (414) mit zust. Anm. *Weidlich*: *„Der Maßstab für die Beurteilung, ob die Auskunft vollständig gegeben wurde, wird nicht durch die Pflichten bestimmt, die den Notar bei der Erstellung des Nachlassverzeichnisses treffen, sondern richten sich nach dem Kenntnisstand und den Erkenntnismöglichkeiten des Auskunftspflichtigen. Die Erstellung eines notariellen Nachlassverzeichnisses* 52 *betrifft lediglich die für die Erfüllung der Auskunftspflicht vorgegebene Form. Die zu deren Einhaltung erforderliche Mitwirkung des Notars ändert nichts daran, dass auch das notarielle Nachlassverzeichnis eine Erfüllung der Auskunftspflicht des Erben ist, der die Verantwortung für dessen Richtigkeit und Vollständigkeit trägt (…).*" Der Erbe müsse *"aktiv mitwirken"*.

53 Anders als bei der bloßen Hinzuziehung des Notars zur Inventarerrichtung (etwa in den Fällen der §§ 1993, 2002 f.) ist das vom Notar iSv § 2314 I 3 aufgenommene Verzeichnis **nicht lediglich eine Privaturkunde**. Der Notar muss vielmehr den Nachlassbestand selbst ermitteln und für den Inhalt des Verzeichnisses Verantwortung übernehmen (OLG Bamberg ZEV 2016, 580 Rn. 3; OLG Dresden ErbR 2018, 165 (166)). Die Amtstätigkeit des Notars bei Aufnahme eines Vermögensverzeichnisses geht über die bloße Beurkundung einer Erklärung des Erben hinaus (OLG Celle DNotZ 2003, 62 ff. mAnm *Nieder*). Der Notar müsse durch Unterzeichnung des Bestandsverzeichnisses als von ihm aufgenommen zum Ausdruck bringen, dass er für dessen Inhalt verantwortlich ist; darin liege die höhere Richtigkeitsgewähr eines durch den Notar selbst aufgenommenen Vermögensverzeichnisses (OLG Koblenz NJW 2014, 1972; OLG Celle OLGR 1997, 160; OLG Saarbrücken ZEV 2010, 416 f.; *Kuhn/Trappe* ZEV 2011, 347 (350 f.); aA *Zimmer* ZEV 2008, 365 (367 ff.)). Nach zutreffender Auffassung des OLG Celle liegt damit kein notarielles Nachlassverzeichnis vor, wenn der Notar – wie bei der Niederschrift einer Willenserklärung – lediglich die Erklärungen des Auskunftspflichtigen über den Bestand beurkundet (auch LG Aurich NJW-RR 2005, 1464).

54 Der Notar ist über die Entgegennahme von Auskünften und Angaben der Beteiligten hinaus zur Vornahme von Ermittlungen berechtigt und verpflichtet (BVerfG ZEV 2016, 578 (579); BR-Drs. 517/12, 341). Dem Notar wird aber weder die Rolle eines Detektivs überbürdet noch hellseherische Fähigkeiten abverlangt (OLG Bamberg ZEV 2016, 580 Rn. 3). Ohne konkrete Anhaltspunkte muss er nicht in alle Richtungen ermitteln (OLG Dresden ErbR 2018, 165 (166)). Er kann bspw. die örtlichen Kreditinstitute und Grundbuchämter anschreiben und nach Vermögensgegenständen des Erblassers fragen oder die schriftlichen Unterlagen des Erblassers nach dem Vorhandensein von Guthaben, Forderungen und Verbindlichkeiten durchsehen. In Betracht kommen auch Anfragen bei den Bankenverbänden (*Schönenberg-Wesel* NotBZ 2018, 204 (211)). Hierzu ist der Erbe verpflichtet, dem Notar eine Vollmacht zur Auskunftseinholung zu erteilen (nur Anregung: OLG Koblenz NJW 2014, 1972 (1973); Muster bei *Schönenberg-Wesel* NotBZ 2018, 204 (208 f.). Der Umfang der Plausibilitätskontrolle und der Ermittlungen hat sich daran zu orientieren, welche greifbaren Zweifel bzw. welche naheliegenden Nachforschungen sich aus der objektiven Sicht eines den auskunftsberechtigten Gläubiger sachkundig beratenden Dritten aufdrängen würden (OLG Bamberg ZEV 2016, 580 Rn. 4). Das OLG Bamberg betont zutreffend, dass der Zweck des Auskunftsanspruchs, der Beweisnot des Pflichtteilsberechtigten abzuhelfen, eine weite Grenzziehung der Pflichtenlage des Notars nahelege (ZEV 2016, 580 Rn. 4). Zunächst hat der Notar den Erben im Rahmen seiner Mitwirkungspflicht anzuhalten, wahrheitsgemäße und vollständige Auskünfte zu erteilen und die zur Überprüfung benötigten Urkunden und sonstige Belege lückenlos vorzulegen (OLG Bamberg ZEV 2016, 580). Nur die Summe von Kontenständen anzugeben, reicht nicht. Vielmehr hat der Notar die einzelnen Konten nebst Kontonummer und Kontostand anzugeben (BR-Drs. 517/12, 342 zum 2. KostRMoG). Es können aber weniger werthaltige Gegenstände zu Sachgruppen zusammengefasst werden.

55 Im Nachlassverzeichnis sind – wie im privatschriftlichen Verzeichnis – alle **fiktiven Nachlassgegenstände**, die sich auf **etwaige Pflichtteilsergänzungsansprüche** des Pflichtteilsberechtigten auswirken können, einzeln und übersichtlich aufzuführen. Als denkbare Ermittlungstätigkeiten hat das OLG Koblenz die Einsichtnahme in vollständige Kontoauszüge, Sparbücher und weitere Bankunterlagen für einen Zehn-Jahres-Zeitraum aufgelistet (OLG Koblenz NJW 2014, 1972 (1973)). Nachdem die Vorinstanzen in einem Verfahren nach § 888 ZPO es nicht als erforderlich angesehen hatten, dass der Notar die Kontoauszüge aus den letzten 10 Jahren prüft, hat das BVerfG in seinem Beschl. v. 25.4.2016 Folgendes ausgeführt (ZEV 2016, 578 (579) mAnm *Sarres*; Vorinstanz: OLG Hamburg BeckRS 2016, 10391): *„Hier hätte es hins. der etwaigen Schenkungen insbesondere nahe gelegen, Einsicht in die vollständigen Kontoauszüge und sonstigen Bankunterlagen für den 10-Jahres-Zeitraum zu nehmen oder eine Vollmacht des Auskunftsverpflichteten zur entsprechenden Anfrage bei der Bank einzuholen (OLG Koblenz … ZEV 2014, 308)."* Hält der Notar die Vorlage von Kontoauszügen der letzten 10 Jahre für erforderlich und weigern sich zur Vorlage/Mitwirkung die Erben, tritt keine Erfüllungswirkung ein (vgl. OLG München ZEV 2016, 331 (332)). Das OLG München sieht die *„Einsichtnahme"* in Kontoauszüge als *jedenfalls zum Kernbereich notarieller Tätigkeit"* bei solchen Verzeichnissen an (ZEV 2016, 331 (333)). *Damm* bewertet zutreffend die aktuelle Rechtsprechung so, dass der Notar sämtliche Kontoauszüge aus den letzten 10 Jahren durchzusehen *hat* (Notarielle Verzeichnisse in der Praxis, § 2 Rn. 172). Hierzu das OLG Düsseldorf (Urt. v. 6.7.2018, I-7 U 9/17): "Er [der Notar] wird die zum Nachlass gehörenden Konten selbständig umfassend prüfen, zumal er verpflichtet sein kann, die Kontoauszüge der letzten 10 Jahre vor dem Erbfall auf Anhaltspunkte für unentgeltliche Zuwendungen durchzusehen (…)." Bei unzureichenden Recherchen durch den Notar kann dieser sich ggf. aus § 19 BNotO haftbar machen (vgl. *Weidlich* ZEV 2017, 241 (247)).

56 Da der zur Erstellung des Nachlassverzeichnisses verpflichtete Erbe grds. ein vollständiges Verzeichnis vorzulegen hat und es nicht Aufgabe des Notars ist, tatsächlich oder rechtlich umstrittene Punkte va im rechtlichen Sinne endgültig für die Beteiligten zu klären, sind grds. auch **unklare oder strittige Positionen** in das Verzeichnis aufzunehmen und entsprechend zu kennzeichnen (DNotI-Gutachten DNotI-Report 2007, 105 (106 f.); *Braun* MittBayNot 2008, 351 (352)).

4. Einwendungen. Gegen den Anspruch auf ein notarielles Verzeichnis kann der Erbe die **Einrede der Dürftigkeit** erheben (§ 1990), wenn der Nachlass dürftig ist (vgl. PHdb-Pflichtteilsprozess/*Fleischer/Horn* § 18 Rn. 60; Erman/*Horn* § 1990 Rn. 3 ff.). Klagt der Pflichtteilsberechtigte den Auskunftsanspruch ein, kann sich lt. OLG München (ZEV 2017, 460 (461)) der Erbe nicht auf die Dürftigkeit berufen, wenn der Pflichtteilsberechtigte die Kostenübernahme und einen Vorschuss an den Notar zugesagt hat; lt. LG Amberg ist indes die Erklärung der Kostenübernahme nicht ausreichend, da gem. § 29 Nr. 1 GNotKG der Erbe der Kostenschuldner des Notars bleibt (ZErb 2016, 145 (147) mAnm *Beilser*).

5. Keine Bewertung. Der Notar hat die einzelnen Gegenstände lediglich aufzunehmen (iSv verzeichnen bzw. zu listen), **nicht auch eine Bewertung** vorzunehmen (Gutachten DNotI-Report 2003, 137 (138); *Braun* MittBayNot 2008, 351 (352)). Denn der Wertermittlungsanspruch ist ein selbstständiger Anspruch, der neben dem Auskunftsanspruch steht.

6. Gebühr. Der Notar erhält eine **Gebühr** von 2,0 (KV 23500 GNotKG nach Tabelle B). Der Geschäftswert wird aus den Aktiva ohne Schuldenabzug gebildet (§§ 115, 46, 38 GNotKG; BeckOK GNotKG/*Neie* § 115 Rn. 11). Der Wert der Schenkungen ist ohne Reduzierung aufgrund der Abschmelzung nach § 2325 III zu addieren (LG Aachen RNotZ 2016, 266; vgl. *Schmitz* RNotZ 2016, 231).

7. Eidesstattliche Versicherung. Der Pflichtteilsberechtigte kann bei Vorliegen der Voraussetzungen auch bei dem amtlichen Verzeichnis die Abgabe einer **eidesstattlichen Versicherung** verlangen (→ Rn. 46 ff.). Zutreffend betont das KG, dass sich im Gegensatz zu dem privatschriftlichen Verzeichnis die eV nicht auf das gesamte Verzeichnis, sondern nur auf die Angaben beziehen kann, die der Notar als solche des auskunftspflichtigen Erben gekennzeichnet hat (KG ErbR 2016, 278 (280)). Die Zuständigkeit für die Abgabe (Abnahme oder Aufnahme) der eidesstattlichen Versicherung liegt beim AG oder Vollstreckungsgericht (vgl. § 261 I) und **nicht beim Notar** (LG Oldenburg ZErb 2009, 1 (2) mAnm *Wirich*; *Weidlich* ErbR 2013, 134 (136); *Bonefeld* ZErb 2017, 243).

Zur Verjährung → Rn. 45.

IV. Zuziehungsrecht des Pflichtteilsberechtigten (Abs. 1 S. 2 Hs. 1)

Nach § 2314 I 2 Hs. 1 kann der Pflichtteilsberechtigte verlangen, dass er bei der Aufnahme des Nachlassverzeichnisses zugezogen wird. Das Hinzuziehungsrecht gilt – entgegen der systematischen Stellung der Vorschrift – nicht nur iRd Erstellung eines privaten, sondern auch iRd Erstellung eines amtlichen (insbes. notariellen) Nachlassverzeichnisses (KG NJW 1996, 2312 (2313)).

Das Recht zur Zuziehung beinhaltet ein **Anwesenheitsrecht** des Pflichtteilsberechtigten bei der Aufnahme des Nachlassverzeichnisses, wobei die Aufnahme nicht zwangsläufig in der Wohnung des Erblassers bzw. Erben erfolgen muss, sondern bspw. auch im Büro des aufnehmenden Notars erfolgen kann. Es besteht **keine Anwesenheitspflicht** (OLG Stuttgart ZErb 2014, 174 mit zust. Anm. *Hölscher*). Der Pflichtteilsberechtigte kann zusammen mit einem Beistand erscheinen oder auch einen Vertreter entsenden (KG NJW 1996, 2312 (2313); OLG München ZEV 2017, 460 (462)). Für den Pflichtteilsberechtigten kann es durchaus interessant sein, sein Anwesenheitsrecht partiell nur auf ein Bankschließfach zu beanspruchen. Jedoch kann es ihm passieren, dass der Erbe schon zuvor Veränderungen an dem Inhalt vorgenommen hat.

Aus dem Anspruch auf Hinzuziehung folgt nur ein Recht auf Anwesenheit, nicht auch auf Mitwirkung bei der Erstellung des Verzeichnisses. Der Pflichtteilsberechtigte darf daher sein Anwesenheitsrecht nicht dazu nutzen, eigene Erkenntnisse über den Bestand des Nachlasses dem Auskunftsverpflichteten entgegen zu halten und dessen Angaben anzuzweifeln (KG NJW 1996, 2312 (2313)). Er kann aber dem Notar *über die Schulter schauen* und so letztlich Einblick in Belege erhalten. Durch dieses Recht soll der Pflichtteilsberechtigte in die Lage versetzt werden, die Qualität der erteilten Auskünfte besser beurteilen zu können (Damrau/*Tanck*/*Riedel* Rn. 75). Ausgehend von dem Begriff „Aufnahme" bedeutet das, dass sämtliche Unterlagen vorliegen müssen, aus denen dann der Erbe bzw. der Notar das Verzeichnis erstellt. In der Praxis wird indes das Verzeichnis schon vorbereitet sein. Das darf aber nicht dazu führen, dass die Aufnahme sich darauf beschränkt, dass Notar und Erbe den vorgefertigten Entwurf einfach unterschreiben. Keinesfalls ist das Verzeichnis durch den Notar vorzulesen, was aber empfehlenswert sein kann.

Das Anwesenheitsrecht des Pflichtteilsberechtigten darf nicht vorschnell vereitelt werden. Ist der Erbe dahingehend zur Auskunftspflicht verurteilt worden, dass der pflichtteilsberechtigte Gläubiger bei der Aufnahme des vom Erben zu erteilenden Nachlassverzeichnisses hinzugezogen wird, muss der Erbe dem Pflichtteilsberechtigten hierfür mehrere Terminvorschläge unterbreiten (OLG Brandenburg ZErb 2004, 104). Die Unterbreitung des Terminvorschlags muss ferner so rechtzeitig geschehen, dass sich der Pflichtteilsberechtigte hierauf einstellen kann (LG Aurich NJW-RR 2005, 1464).

Ein etwaiges Anwesenheitsrecht bzw. eine etwaige **Anwesenheitspflicht des Auskunftsverpflichteten** lässt sich dem Gesetz nicht unmittelbar entnehmen. Nach Ansicht des OLG Koblenz (DNotZ 2007, 773; Anm. *Sandkühler* RNotZ 2008, 33 ff.) setzt die Aufnahme eines Nachlassverzeichnisses durch einen Notar im Regelfall voraus, dass der Verpflichtete persönlich anwesend ist und für Belehrungen, Nachfragen und Erläuterungen zur Verfügung steht; eine Vertretung (zB durch einen Prozessbevollmächtigten) sei grds. nicht möglich. Diese Entscheidung überzeugt nicht, da das Gesetz keine Verpflichtung (und anders als beim Auskunftsberechtigten schon kein Recht) des Auskunftsverpflichteten zur Anwesenheit bei Aufnahme des Verzeichnisses vorsieht. Es liegt daher allein im pflichtgemäßen Ermessen des Notars, wen er im Einzelfall als Auskunftsperson zuzieht (*Sandkühler* RNotZ 2008, 33). Dies wird zwar regelmäßig der Auskunftsverpflichtete sein, kann aber im Einzelfall eine andere Person und – anders als nach Ansicht des OLG Koblenz – durchaus **auch der Vertreter** des Auskunftsverpflichteten sein, wie zB der Betreuer oder Vorsorgebevollmächtigte eines dementen und zwischenzeitlich geschäftsunfähigen Erben (so auch *Sandkühler* RNotZ 2008, 33). Bei Miterben ist es idR nicht erforderlich, dass sämtliche Miterben erscheinen.

V. Wertermittlungsanspruch (Abs. 1 S. 2 Hs. 2)

67 **1. Grundlagen.** Der Wertermittlungsanspruch ist auf die Vorlage von Unterlagen und ggf. eines Gutachtens gerichtet (OLG Köln ZEV 2006, 77 (78)). Er kann nicht pauschal, sondern immer nur bezogen auf bestimmte Gegenstände verlangt werden. Bewertungszeitpunkt ist der Erbfall; bei Schenkungen zudem der Vollzug. Ziel des § 2314 I 2 Hs. 2 ist die **Ermittlung des Wertes iSd § 2311** (→ § 2311 Rn. 48, 7) und den Berechtigten „*umfassend ins Bild zu setzen*" (OLG Brandenburg ZErb 2004, 132; OLG München NJW-RR 1988, 390 (391)).

68 Neben der Auskunft über den Bestand des Nachlasses kann der Pflichtteilsberechtigte auch vom Erben als Anspruchsverpflichteten (→ Rn. 14) verlangen, dass der Wert der Nachlassgegenstände ermittelt wird (Klagemuster: BeckOF ErbR/*Lenz-Brendel* Form. 11.2.11.2.4). Bei diesem Wertermittlungsanspruch handelt es sich um einen selbstständigen Anspruch gegen den Erben, der neben dem Auskunftsanspruch besteht und von diesem zu trennen ist (OLG Frankfurt a.M. BeckRS 2012, 20979). Während der Auskunftsanspruch lediglich auf die Weitergabe von Wissen gerichtet ist, ist der Wertermittlungsanspruch eine vom Wissen und von den Wertvorstellungen des Verpflichteten gänzlich unabhängige vorbereitende Mitwirkung anderer Art (BGH NJW 1984, 487 (488); OLG Karlsruhe MittBayNot 2015, 496 (497)). Zur Wertermittlung ist der Pflichtteilsberechtigte zur **Besichtigung** nach § 809 berechtigt (Motive V 410; *Bartsch* ZEV 2004, 176 (180)). Für die Anspruchsberechtigung und -verpflichtung gilt grds. das → Rn. 6ff. Ausgeführte entsprechend.

69 **Voraussetzung** des Wertermittlungsanspruchs ist es, dass der Pflichtteilsberechtigte die **Zugehörigkeit** des zu bewertenden Gegenstandes im realen bzw. im fiktiven Nachlass **bewiesen** hat (BGH NJW 1984, 487 (488); BeckOK BGB/*G. Müller* Rn. 26; MüKoBGB/*Lange* Rn. 49). Ein begründeter Verdacht für eine Schenkung durch den Pflichtteilsberechtigten reicht nicht aus (Staudinger/*Herzog* Rn. 128). Die Darlegungs- und die Beweislast zugunsten Vorliegens einer Schenkung trägt der Pflichtteilsberechtigte (BGH NJW 1984, 487 (488); → § 2325 Rn. 127f.). Bei verbrauchbaren Sachen hat aufgrund des Niederstwertprinzips eine Wertermittlung **zu beiden Stichtagen** stattzufinden, also zum Schenkungsvollzug und zum Erbfall (BGH NJW 1993, 2337 (2338); BeckOK BGB/*G. Müller* Rn. 34; aA Staudinger/*Herzog* Rn. 135a).

70 **2. Unterlagen.** Zunächst hat der Erbe dem Pflichtteilsberechtigten auf dessen Verlangen die Unterlagen und Informationen zukommen zu lassen, die ihm die Wertermittlung und damit die Berechnung seines Pflichtteilsergänzungsanspruches ermöglichen (BGH FamRZ 1965, 135 (136); Damrau/Tanck/*Riedel* Rn. 34; vgl. OLG Köln MittBayNot 2015, 52). IRd der Wertermittlung ist die Belegvorlage bei speziellen Gegenständen anerkannt (OLG Köln ZEV 2014, 660 (661); OLG Hamburg ErbR 2018, 92; Staudinger/*Herzog* Rn. 118; BeckOK BGB/*G. Müller* Rn. 19). Welche Belege vorgelegt werden müssen und in welchem Umfang, ist eine Frage des Einzelfalls (BGH NJW 1961, 602 (604)). Es sind die Unterlagen, die notwendig sind, um den Wert des Nachlassgegenstands festzustellen (OLG Hamburg ErbR 2018, 92 = BeckRS 2016, 125135). So fordert *Herzog*, dass zumindest solche Belege vorzulegen sind, die eine Überprüfung der Wertangaben unumgänglich sind, wie etwa Belege zu den Beerdigungskosten, Bankbelege über Salden am Todestag und Abrechnungen von Versicherungen (Staudinger/*Herzog* Rn. 33). Wohl im Rahmen der Auskunft hat das OLG Düsseldorf (NJW-RR 1997, 454 (455); so auch Staudinger/*Herzog* Rn. 33) die Pflicht zur Vorlage eines Kontoauszuges festgestellt. Im Einzelnen:

– Bei einem **Unternehmen** sind alle Geschäftsunterlagen vorzulegen, die erforderlich sind, den Wert eines Unternehmens nach betriebswirtschaftlichen Erkenntnissen zu ermitteln (OLG Köln NJWE-FER 1998, 229 (230); BeckOK BGB/*G. Müller* Rn. 30). Das sind außer dem Gesellschaftsvertrag va Bilanzen, Gewinn- und Verlustrechnungen sowie zugrundeliegende Geschäftsbücher und Belege für regelmäßig fünf zurückliegende Jahre vor dem Todestag des Erblassers (OLG Köln ZEV 2014, 660 = MittBayNot 2015, 52; OLG Düsseldorf NJW-RR 1997, 454 (455); vgl. BGH NJW 1961, 602 (604); FamRZ 1965, 135 = BeckRS 2015, 3041; NJW 1975, 1774 (1776)); OLG Karlsruhe ErbR 2015, 158 = MittBayNot 2015, 496). Gleiches gilt für die Planungsrechnung. Die Vorlagepflicht kann in einem Klageantrag aufgenommen werden (*Lange/Kuchinke* ErbR § 37 XII 3.g; Muster bei *Schneider* ZEV 2011, 353 (354)), wobei dieser sehr allgemein zu halten ist, da sich die erforderlichen Unterlagen nicht von vornherein genau bezeichnen lassen (OLG Köln NJWE-FER 1998, 229 (230)).
– Bei **Immobilien** sind folgende Unterlagen erforderlich: aktueller Grundbuchauszug (schon Auskunft), Flurkarte, Grundriss-/Schnittzeichnungen, Berechnungen (Wohn-/Nutzflächen, umbauter Raum oder Rauminhalt oder Brutto-Grundfläche), Baubeschreibung, Energieausweis, bei einer ETW die Teilungserklärung und bei einer Vermietung Mietverträge.
– Vorzulegen ist auf Verlangen bei **Geld- und Wertpapiervermögen** die Mitteilung an die Erbschaftsteuererstelle nach § 33 ErbStG (LG Hamburg BeckRS 2010, 8842: „Sparbücher, Kontoauszüge aller sonstigen Konten sowie etwaiger Depot-Auszüge"; vgl. OLG Düsseldorf NJW-RR 1997, 454 (457)).
– Bei Fahrzeugen die Zulassungsbescheinigung I und II und ggf. der ursprüngliche Kaufvertrag.

Geheimhaltungsinteressen schränken den Anspruch auf Vorlage von Unterlagen grds. nicht ein 71
(Staudinger/*Herzog* Rn. 119; aA BeckOK BGB/*G. Müller* Rn. 30 weist auf mögliche Kollisionen hin;
„ungeklärt": KüKoBGB/*Lange* Rn. 18). Zumindest hat der Erbe Geheimhaltungsinteressen darzulegen
(BGH NJW 1975, 1774 (1777); „konkrete Gründe" für Missbrauch: OLG Köln NJWE-FER 1998, 229).
Bejahendenfalls kommt eine Beschränkung oder gar ein Ausschluß des Vorlageanspruchs nach § 242 in
Betracht (BGH NJW 1975, 1775 (1776)). Denkbar ist, dass nur einem zur Verschwiegenheit verpflichten
Prüfer Einsicht zu gewähren ist (Damrau/Tanck/*Riedel* Rn. 34).

Bei einer **zeitnahen Veräußerung** ist der Kaufvertrag vorzulegen (Staudinger/*Herzog* Rn. 117; Beck- 72
OGK BGB/*Blum* Rn. 78).

Der Anspruch auf Unterlagen besteht **unabhängig** davon, ob schon ein **Gutachten vorgelegt wurde,** 73
da es auch um dessen Verifizierung geht (OLG Köln NJWE-FER 1998, 229 (230); MSTB PflichtteilsR-
HdB/*Bittler* § 9 Rn. 81; MüKoBGB/*Lange* Rn. 10; BeckOK BGB/*G. Müller* Rn. 30).

3. Gutachten. Reichen die Belege und sonstige Unterlagen des Erben zur Wertermittlung nicht aus, 74
kann der Pflichtteilsberechtigte verlangen, dass der Wert der von ihm genau zu bezeichnenden Nachlassgegenstände – auf Kosten des Nachlasses gem. § 2314 II – durch ein **Sachverständigengutachten** ermittelt wird (BGH NJW 1975, 258 (259); NJW 1984, 487; NJW 1989, 2887; Staudinger/*Herzog* Rn. 122). So
ergibt sich aus den Unterlagen nicht der Firmenwert (goodwill; BGH NJW 1975, 258 (259)). Durch das
Gutachten soll sich der Pflichtteilsberechtigte ein Bild über den Wert des Nachlasses verschaffen können
(OLG München NJW-RR 1988, 390 (391)). Nicht der Pflichtteilsberechtigte selbst, sondern auf dessen
Verlangen der Erbe hat ein entsprechendes Gutachten in Auftrag zu geben. Selbst wenn der Beschenkte
ein Nicht-Erbe ist, hat der Erbe auf Verlangen des Pflichtteilsberechtigten ein Gutachten aus Kosten des
Nachlasses einzuholen (BGH NJW 1989, 2887). Ist der Nachlass überschuldet, kann der Erben gegen
das Verlangen auf Vorlage eines Gutachtens die Dürftigkeitseinrede erheben (§ 1990; → Rn. 57). Auch
bei einem Verkauf nach dem Erbfall und nach der Vorlage des Kaufvertrages kann ein Gutachten gefordert werden (OLG Frankfurt a. M. ZEV 2011, 379; aA *Fleischer* ErbR 2013, 242 (243)).

Die **Qualifikation des Gutachters** ist nicht explizit geregelt. Nach hA muss es sich nicht unbedingt 75
um einen öffentlich vereidigten Sachverständigen handeln (OLG Düsseldorf NJW-RR 1997, 454), aber
der Gutachter muss ausreichend qualifiziert und nicht „selbsternannt" oder durch einen „Wochenend-
kurs" ausgebildet sein. Wenn der Gutachter nicht öffentlich bestellt und vereidigt ist, hat der Erbe des
Nachweis seiner ausreichenden Qualifikation zu führen. Das Wertgutachten ist aber durch einen unpar-
teiischen Sachverständigen zu erstellen, wobei für die Frage der Unparteilichkeit die Grundsätze zur
Befangenheit eines Sachverständigen heranzuziehen sind (Schlitt/Müller Pflichtteils-HdB/*Blum* § 2
Rn. 93). Befangen ist ein Sachverständiger, wenn ein Grund vorliegt, der bei vernünftiger Würdigung ein
Misstrauen der Partei von ihrem Standpunkt aus rechtfertigen kann (OLG Karlsruhe ZEV 2004, 468
(469)). Der Erbe trägt für die ausreichende Qualifikation und Unparteilichkeit des Gutachters die Be-
weislast (MüKoBGB/*Lange* Rn. 49).

Grundsätzlich orientieren sich die **inhaltlichen Anforderungen an das Gutachten** an dessen Zweck 76
und damit an der nach den §§ 2311 ff. BGB vorzunehmenden Wertermittlung (BeckOK BGB/*G. Müller*
Rn. 33). Zweck des Gutachtens ist es, dass der Pflichtteilsberechtigte das Prozessrisiko eines Rechtsstreits einschätzen bzw. selbstständig seinen Pflichtteilsanspruch berechnen kann (BGH NJW 1989, 2887
(2888); BeckOGK BGB/*Blum* Rn. 88; MüKoBGB/*Lange* Rn. 10). Es müssen bei Unternehmen betriebswirtschaftliche Methoden befolgt werden (OLG Düsseldorf NJW-RR 1997, 454 (455)). Praktisch
bedeutsam ist va die Begutachtung von **Immobilien und Unternehmen**. Die Schätzung etwa eines Maklers reicht nicht aus (MSTB PflichtteilsR-HdB/*Bittler* § 9 Rn. 81). Bei **Kunstgegenständen** kann der
Anspruch durch Vorlage von zwei renommierten Auktionshäusern erfüllt werden (OLG Köln ZEV
2006, 77 (79), dort Sotheby`s und Christie´s).

Oftmals treten schwierige Bewertungsfragen auf, zumal unterschiedliche Bewertungsmethoden exis- 77
tieren, über deren Anwendung der Sachverständige zu entscheiden hat. Das Sachverständigengutachten
muss daher auch die Abwägung zwischen den verschiedenen Bewertungsverfahren erkennen lassen sowie die Begründung enthalten, weshalb sich der Sachverständige für die eine oder andere Bewertungsmethode entschieden hat (bei Unternehmen: Ertrags- (etwa DCF), Substanz- bzw. Liquidationswert; bei
Immobilien: Sach-, Vergleichs- bzw. Ertragswert). Keinesweges ist es ausreichend, dass in einem
Gutachten **nur eine Bewertungsmethode** dargestellt wird (OLG Brandenburg ZErb 2004, 132 (133);
OLG München NJW-RR 1988, 390 (391)). So genügt es nicht, dass der Sachverständige die einschlägigen
Befundtatsachen nur nach Maßgabe der von ihm bevorzugten Methode feststellt; der Sachverständige hat
vielmehr, damit der Wertermittlungsanspruch erfüllt wird, die Werte, die nach den verschiedenen, ernsthaft in Erwägung zu ziehenden Bewertungsansätzen in Betracht kommen, zu ermitteln und anzugeben
(OLG München NJW-RR 1988, 390 (391)). Ein inhaltlicher Mangel liegt auch vor, wenn der Gutachter
nur das Ergebnis und nicht die Herleitung aufgrund verschiedener Methoden mitteilt; das Gutachten
muss es ermöglichen, „*den Gedankengängen nachzugehen, sie zu prüfen und sich ihnen anzuschließen
oder sie abzulehnen*" (OLG Düsseldorf NJW-RR 1996, 189 (190)).

4. Keine Verbindlichkeit für die Zahlungsstufe. Das vom Sachverständigen erstellte Gutachten ist für 78
die Zahlungsansprüche **nicht verbindlich,** sondern dient nur dazu, für den Pflichtteilsberechtigten das
Risiko eines Rechtsstreits besser abschätzen zu können (BGH NJW 1989, 2887; OLG Köln ZEV 2006,
77 (78) mAnm *v. Oertzen;* OLG Karlsruhe ZEV 2004, 468 mAnm *Fiedler;* Soergel/*Dieckmann* Rn. 33).
Im Prozess ist das Gutachten **substantiierter Parteivortrag,** der den Umfang der Darlegungslast bei

dem Pflichtteilsberechtigten erhöht (OLG Naumburg FamRZ 2010, 2026 = BeckRS 2010, 13765). Hält der Erbe den Wert aus dem von ihm selbst vorgelegten Gutachten für zu hoch, hat er das mit Vorlage an den Pflichtteilsberechtigten mitzuteilen. Übersendet hingegen der Erbe ein Gutachten ohne Vorbehalt, wird man darin hins. der Höhe ein Anerkenntnis sehen müssen. Nicht selten hat das Gericht in der Zahlungsstufe ein **neues Gutachten einzuholen** (OLG Brandenburg ZErb 2004, 132).

79 **5. Beschenkter Nichterbe.** Der **vom Erblasser Beschenkte** ist im Hinblick auf seine eingeschränkte Haftung gem. § 2329 gegenüber dem pflichtteilsberechtigten Nichterben nicht verpflichtet, auf eigene Kosten entsprechend § 2314 I 2 eine Wertermittlung durch Sachverständige zu veranlassen (BGH NJW 1989, 2887). Der Anspruch auf Wertermittlung kann sich aus § 242 ergeben, wobei dann der Pflichtteilsberechtigte die Kosten zu tragen hat (BGH NJW 1993, 2737; NJW 1990, 180; zu den Unterschieden zw. § 2314 und § 242: Staudinger/*Herzog* Rn. 137).

VI. Weitere Auskunftsansprüche des Pflichtteilsberechtigten

80 Auch wenn im Grundsatz der Pflichtteilsberechtigte nur über den Erben Auskünfte einholen kann, so bestehen Ausnahmen: Bei **Immobilien** kann er Einsicht in das Grundbuch und die Grundakten nehmen und sogar Abschriften verlangen (§§ 12, 12a GBO; MüKoBGB/*Lange* Rn. 11; OLG München ZErb 2013, 8; OLG München ZErb 2011, 57; LG Stuttgart ZEV 2005, 313; Muster: BeckOF ErbR/*Schellenberger* Form. 11.1.21.3). Hierzu reicht nicht der bloße Vortrag eines Verwandschaftsverhältnisses, sondern es sind etwa Geburts- bzw. Heiratsurkunde vorzulegen (OLG München ZEV 2018, 209 (210)), idealerweise auch die Sterbeurkunde. So erhält er idR Schenkungsverträge. Bei **Unternehmen** kann er Einsicht in das Handels- und Unternehmensregister nehmen (§ 9 HGB; www.handelsregister.de). Der Pflichtteilsberechtigte kann beim Nachlassgericht das **Verzeichnis der Gebührenberechnung** in Kopie verlangen (§ 13 II FamFG; OLG Hamm ZEV 2017, 47; OLG Jena NJW-RR 2012, 139; Muster: BeckOF ErbR/*Schellenberger* Form. 11.1.21.1). Das LG Mainz ist tatsächlich der Auffassung, dass dem Pflichtteilsberechtigten ein Einsichtsrecht in die **Betreuungsakten** zustehen würde (ZEV 2018, 417).

81 Als Nachlassgläubiger kann der Pflichtteilsberechtigte auch bei dem Nachlassgericht verlangen, dass dem Erben **zur Inventarerrichtung eine Frist** gesetzt wird (§ 1994; zudem Abgabe der eidesstattlichen Versicherung nach § 2006).

82 Geschwister sind unabhängig von ihrer Erbeinsetzung bzw. Enterbung untereinander zur Auskunft über nach §§ 2316 I, 2050 ausgleichungspflichtige Schenkungen nach Verlangen verpflichtet (§ 2057 (analog); RGZ 73, 372 (374); OLG Nürnberg NJW 1957, 1482; *Muscheler* ErbR Rn. 4174; BeckOGK BGB/*Reisnecker* § 2316 Rn. 59; Staudinger/*Herzog* Rn. 54; Muster: BeckOF ErbR/*Schellenberger* Form. 11.1.13). Dem **pflichtteilsberechtigten Miterben** kann ein Auskunftsanspruch **gegenüber Beschenkten** aus Treu und Glauben zustehen (§ 242), wenn er sich die erforderlichen Kenntnisse nicht auf andere, ihm zumutbare Weise verschaffen kann und der Beschenkte die Auskunft unschwer zu geben vermag (BGH NJW 1973, 1876 (1877); gegen Miterben: OLG Frankfurt a. M. ZEV 2017, 158 (162)).

83 Macht der **enterbte Ehegatte** auch seinen konkreten Zugewinnausgleichsanspruch (und damit ggf. hierzu den Auskunftsanspruch nach § 1379) geltend, kann der Erbe diesen entsprechend nach § 1379 in Anspruch nehmen (OLG Stuttgart ZEV 2017, 341).

84 Auf Verlangen hat der Erbe dem Pflichtteilsberechtigten auch **Eheverträge** und **Erb- bzw. Pflichtteilsverzichtsverträge** vorzulegen.

VII. Auskunftsansprüche des Erben gegen den Pflichtteilsberechtigten

85 Nicht gänzlich klar ist die Rechtsgrundlage von etwaigen Auskunftsansprüchen des Erben gegen den Pflichtteilsberechtigten, dessen Pflichtteilsansprüche aufgrund von Vorempfängen zu reduzieren sind. Eine Klarstellung durch den Gesetzgeber wäre erfreulich.

86 Der Pflichtteilsberechtigte hat auf Verlangen Auskünfte über **Vorempfänge** nach § 2050 BGB aufgrund einer dem § 2316 BGB zu entnehmenden Verweisung auch auf § 2057 BGB zu erteilen (Staudinger/*Herzog* Rn. 94; MüKoBGB/*Lange* § 2316 Rn. 23; ausf.: *Horn* NJW 2016, 2150 (2151); vgl. BGH NJW 2010, 3023; OLG Koblenz NJW-RR 2016, 203; aA OLG München NJW 2013, 2690 (2691)). Ist nur ein Abkömmling des Erblassers vorhanden, besteht mangels Ausgleichung unter den Abkömmlingen nicht der diesbezügliche Auskunftsanspruch.

87 Darüber hinaus hat der Pflichtteilsberechtigte auf Verlangen dem Erben Auskünfte wegen **anrechnungspflichtiger Zuwendungen** (§ 2315 BGB) und **Schenkungen** (§ 2327 BGB) zu erteilen, da sich dieser Anspruch aus Treu und Glauben nach § 242 BGB ergibt (BeckOGK BGB/*Schindler* § 2327 Rn. 36; Staudinger/*Otte* § 2315 Rn. 53; vgl. OLG Köln ZEV 2014, 660 (662); Klagemuster: BeckOF ErbR/*Lenz-Brendel* Form. 11.2.2). So hat der BGH im Pflichtteilsrecht und auch in anderen Rechtsgebieten „das Bestehen eines Anspruches auf Auskunft nach den Grundsätzen von Treu und Glauben bei denjenigen Rechtsverhältnissen angenommen, deren Wesen es mit sich bringt, dass der Berechtigte entschuldbarerweise über das Bestehen und den Umfang seines Rechts im Ungewissen ist, während der Verpflichtete in der Lage ist, die Auskunft unschwer zu erteilen, wobei die Ungewissheit aus dem besonderen Wesen des Rechtsverhältnisses herrühren muss" (BGH NJW 1964, 1414; vgl. NJW 2018, 2629 (2631); NJW 2017, 2755 (2756); vgl. MüKoBGB/*Lange* § 2327 Rn. 9). Lt. LG Mainz (BeckRS 2016, 2352) ergibt sich ein Auskunftsanspruch des Erben gegen den Pflichtteilsberechtigten hins. erhaltener Zuwendungen aus § 242.

VIII. Kosten (Abs. 2)

Nach § 2314 II fallen die Kosten – also diejenigen, die für die Auskunftserteilung und die Wertermittlung entstanden sind – dem Nachlass zur Last. Es handelt sich um Nachlassverbindlichkeiten, die aus dem Nachlass zu berichtigen sind und damit indirekt den Anspruch des Pflichtteilsberechtigten schmälern. Dazu zählen bspw. Kopien, Grundbuchauszüge, Bankgebühren für Duplikate von Kontoauszügen (OLG Stuttgart ZEV 2016, 330), auch die Reise- und Aufenthaltskosten des Berechtigten im Falle seiner Anwesenheit bei Aufnahme des Verzeichnisses oder die Kosten der amtlichen Aufnahme (vgl. Soergel/*Dieckmann* Rn. 11). Bei schwierigen Konstellationen kann der Erbe auch seine Anwaltshonorare, die zur Verzeichniserstellung, nicht hingegen zur gesamten Pflichtteilsregulierung, erforderlich waren, als pflichtteilsrelevante Kosten ansetzen (*Becker*/H*orn* ZEV 2007, 62). Das LG Oldenburg akzeptiert für die Verzeichniserstellung Anwaltsstundensätze von 200 bis 350 EUR, wobei in dem Fall die Anwaltsgebühren weniger als 1% des Nachlasswertes betrugen (ErbR 2018, 533 (536)). Entgegen des LG hat sich aber das OLG Oldenburg zwar nicht grundsätzlich, aber in dem Fall gegen den Ansatz von Anwaltsgebühren ausgesprochen (OLG Oldenburg ErbR 2018, 533 (538)). Ggf. kann ein Teil der Testamentsvollstreckergebühren angesetzt werden (OLG München FamRZ 2013, 329 = BeckRS 2012, 8586). 88

Auch die **Kosten von Wertermittlungsgutachten** sind pflichtteilsrelevant, wenn das Gutachten vom Erben beauftragt wurde (OLG Köln ZEV 2018, 412). Dies gilt aber nicht, wenn der Erbe ein Gutachten im eigenen Interesse vor Beanspruchung durch den Pflichtteilsberechtigten eingeholt hat, etwa für die Erbschaftsteuer (Staudinger/*Herzog* Rn. 120). Von dem Pflichtteilsberechtigten eingeholte Gutachten unterfallen nicht § 2314 II, sondern im Einzelfall höchstens im gerichtlichen Verfahren nach §§ 103 f. ZPO (OLG Köln ZEV 2018, 412). 89

Im Falle der **Dürftigkeit** des Nachlasses kann der Erbe die Einholung des Gutachtens bzw. eines notariellen Verzeichnisses unter Verweis auf § 1990 auf eigene Kosten verweigern (BGH NJW 1989, 2887; prozessual: Erman/*Horn* § 1990 Rn. 8 f.). 90

Ist ausnahmsweise der pflichtteilsberechtigte Erbe gegenüber dem Beschenkten gem. § 242 zur Auskunft und Wertermittlung berechtigt, hat dieser die Kosten selbst zu tragen, nicht der Beschenkte. 91

Für die Kosten der Abgabe der **eidesstattlichen Versich**erung (→ Rn. 60 f.) gilt die Sondervorschrift des § 261 III: Diese Kosten hat derjenige zu tragen, der die Abgabe der Versicherung verlangt, also der Pflichtteilsberechtigte. 92

IX. Verfahrensrecht

1. Prozessual können die einzelnen Ansprüche einzeln oder sinnvollerweise innerhalb einer individuellen Stufenklage gem. § 254 ZPO ggf. verbunden mit den Zahlungsansprüchen aus §§ 2303, 2325 durchgesetzt werden (PHdB-Pflichtteilsprozess/*Fleischer/Horn* § 18 Rn. 20 ff. mit Anträgen; *Fleischer/Horn* ZErb 2013, 105 (Teil 1), 133 (Teil 2)). Die Ansprüche auf Auskunft, eidesstattliche Versicherung und Wertermittlung werden zumeist jeweils mit 10 % bis 25 % des möglichen Zahlungsanspruchs angesetzt (BGH ZEV 2006, 265; MSTB Pflichtteils-HdB/*Tanck* § 14 Rn. 169), wobei der Wert steigt, wenn der Pflichtteilsberechtigte aufgrund weniger oder keiner Kenntnisse stärker auf die Auskunft angewiesen ist (OLG Hamburg ErbR 2018, 92 = BeckRS 2016, 125135 Rn. 65). Liegt ein privatschriftliches Verzeichnis vor, sind 15 % für das notarielle Verzeichnis angemessen (LG Düsseldorf ErbR 2018, 473 mit zust. Anm. *Horn*). Ist der Erbe zur Abgabe einer e. V. verurteilt, richtet sich sein Beschwer nach dem Aufwand an Zeit und Kosten und ggf. einem Geheimhaltungsinteresse (BGH ZEV 2018, 410 (411)). 93

2. Zwangsvollstreckung. Die Zwangsvollstreckung zur Erfüllung einer titulierten privatschriftlichen und amtlichen **Auskunftspflicht** richtet sich als unvertretbare Handlung nach § 888 ZPO (OLG Koblenz ZEV 2018, 413; OLG Düsseldorf ZEV 2017, 101; OLG Stuttgart BeckRS 2015, 4184; Zöller/*Seibel* ZPO § 888 Rn. 3 „Auskunft"; *Roth* NJW-Spezial 2017, 679, auch zur Beitreibung des Zwangsgeldes); Kosten nach § 891 3 ZPO (vgl. MüKoZPO/*Gruber* § 889 Rn. 13). Die Höhe des festzusetzenden Zwangsgeldes hat auch die Hartnäckigkeit der Verweigerung des Erben zu berücksichtigen (OLG Bamberg ZEV 2016, 580 Rn. 24). Das LG Essen hat etwa als Zwangsgeld erst 5.000 EUR und dann 20.000 EUR bei Pflichtteilsansprüchen unterhalb von 100.000 EUR festgesetzt (LG Essen – 20126/16; Beschl. v. 12.12.2016 bzw. v. 3.4.2018, nv). Bei mehreren Erben ist im Zwangsmittelantrag anzugeben, in welcher Reihenfolge die ersatzweise Zwangshaft ausschließlich vollzogen werden soll. Die Zwangsvollstreckung wegen der **eidesstattlichen Versicherung** richtet sich nach §§ 889, 888 ZPO (freiwillige Abgabe auch nach Titulierung → Rn. 47 f.). Die Zwangsvollstreckung des **Wertermittlungsanspruchs** richtet sich grds. nach § 888 ZPO, da der Schuldner mitwirken muss, so dass eine unvertretbare Handlung vorliegt. Ausnahmsweise wird auch diese Verpflichtung als vertretbare Handlung angesehen, so dass dann sich die Zwangsvollstreckung nach § 887 ZPO richtet (*Schneider* ZEV 2011, 353 (355)). 94

§ 2315 Anrechnung von Zuwendungen auf den Pflichtteil

(1) Der Pflichtteilsberechtigte hat sich auf den Pflichtteil anrechnen zu lassen, was ihm von dem Erblasser durch Rechtsgeschäft unter Lebenden mit der Bestimmung zugewendet worden ist, dass es auf den Pflichtteil angerechnet werden soll.

(2) ¹Der Wert der Zuwendung wird bei der Bestimmung des Pflichtteils dem Nachlass hinzugerechnet. ²Der Wert bestimmt sich nach der Zeit, zu welcher die Zuwendung erfolgt ist.
(3) Ist der Pflichtteilsberechtigte ein Abkömmling des Erblassers, so findet die Vorschrift des § 2051 Abs. 1 entsprechende Anwendung.

I. Normzweck

1 Gewisse Vorempfänge durchbrechen bei dem ordentlichen Pflichtteil das Stichtagsprinzip nach § 2311 BGB, so dass diese Auswirkungen auf die Höhe der ordentlichen Pflichtteilsansprüche nach § 2303 BGB haben. Zu nennen sind folgende Vorempfänge:
– was mit der Bestimmung zugewendet wurde, „dass es auf den Pflichtteil angerechnet werden soll" (§ 2315 I BGB, nachfolgend „Pflichtteilsanrechnung")
– …, „wenn der Erblasser bei der Zuwendung die Ausgleichung angeordnet hat" (§ 2050 III BGB über § 2316 I 1 BGB, nachfolgende „Erbteilsausgleichung")
– Ausstattungen (§§ 2050 I, 1624 über § 2316 I 1 BGB) sowie Zuschüsse zur Verwendung als Einkünfte und Aufwendungen für die Vorbildung zu einem Beruf jeweils im Übermaß (§ 2050 II über § 2316 I 1 BGB)
– Unterstützungsleistungen gem. § 2057a BGB

2 Durch §§ 2315, 2316 BGB hat der Gesetzgeber einerseits eine Doppelbegünstigung durch den lebzeitigen Empfang und den Pflichtteilsanspruch vermieden. Andererseits hat er Vorkehrungen dafür getroffen, dass sich eine Zuwendung nicht doppelt nachteilig für den Begünstigten iRd Pflichtteilsberechnung auswirkt (Verbot der Doppelberücksichtigung; *Muscheler* ErbR Rn. 4186; BeckOGK BGB/*Reisnecker* § 2316 Rn. 105).

3 Der Erblasser muss vor oder bei der Zuwendung die Pflichtteilsanrechnung nach § 2315 anordnen, damit der ordentliche Pflichtteilsanspruch nach § 2303 reduziert wird. Dagegen sieht § 2327 die automatische Anrechnung von Schenkungen auf den Pflichtteilsergänzungsanspruch vor.

4 Während die Ausgleichung nach den §§ 2050ff., die über § 2316 ins Pflichtteilsrecht ausstrahlt, der Gleichstellung der Abkömmlinge dient, erweitert die Pflichtteilsanrechnung die Dispositionsfreiheit des Erblassers, indem sie eine Verringerung der Pflichtteilslast des Erben herbeiführt. Eine Anrechnung kommt nicht wie die Ausgleichung nur unter Abkömmlingen in Betracht, sondern kann bei allen Pflichtteilsberechtigten, dh auch bei Eltern und Ehegatten, erfolgen. Bei Zuwendungen an den Ehegatten kommt auch die Anrechnung auf den Zugewinnausgleich nach § 1380 in Betracht.

II. Anrechnung (Abs. 1)

5 **1. Anrechnungsfähige Zuwendung.** Unter „Zuwendung" iSd § 2315 I ist jede **freigiebige Zuwendung** des Erblassers zu verstehen, sofern sie zu seinen Lebzeiten erfolgt ist. Darunter fallen neben Schenkungen und Schenkungsversprechen auch sonstige unentgeltliche Zuwendungen wie Ausstattungen, ehebedingte Zuwendungen usw (vgl. MüKoBGB/*Lange* Rn. 7; Staudinger/*Herzog* Rn. 12). Die Zuwendung des Erblassers kann – unter Einschaltung eines Dritten – auf einem Vertrag zugunsten Dritter iSd §§ 328ff. beruhen, wenn im Verhältnis des Erblassers zum Zuwendungsempfänger (sog. Deckungsverhältnis) eine freigiebige Zuwendung vorliegt (Bsp.: Anweisung des Lebensversicherungsunternehmens durch den Erblasser, die fällige Versicherungssumme an den Pflichtteilsberechtigten auszuzahlen).

6 Nicht anrechnungsfähig sind dagegen Leistungen, hins. derer eine **rechtliche Verpflichtung** des Erblassers bestand. So kann zB eine Pflichtteilszahlung des überlebenden Ehegatten hins. des Nachlasses des Erstversterbenden nicht auf den Pflichtteil der Abkömmlinge an seinem Nachlass angerechnet werden, da es sich hierbei nicht um eine freiwillige Leistung des überlebenden Ehegatten handelt (Staudinger/ *Otte* Rn. 12). Gleiches gilt für unterhaltsrechtlich geschuldete Leistungen, wie zB unterhaltsrechtlich gebotene Pflegekosten für ein geistig behindertes Kind (AG Mettmann DAVorm 1984, 712 (713); *Thubauville* MittRhNotK 1992, 289 (292)).

7 Die Zuwendung muss außerdem **aus dem Vermögen des Erblassers** stammen. Auch bei Ehegatten kann daher die Zuwendung des einen an einen gemeinsamen Abkömmling nur auf den Pflichtteilsanspruch nach ihm, nicht auch auf den Pflichtteilsanspruch nach dem anderen Elternteil angerechnet werden (BGH NJW 1983, 2875; *Lange* ErbR § 90 Rn. 108; BeckOGK BGB/*Reisnecker* Rn. 18; Damrau/ Tanck/*Lenz-Brendel* Rn. 7). Das gilt auch bei dem Berliner Testament. Eine Anrechnung kann nur durch Vereinbarung eines beschränkten Pflichtteilsverzichtsvertrages (§ 2346 II) zwischen dem nicht zuwendenden Elternteil und dem Abkömmling erreicht werden.

8 Die Zuwendung, die auf den Pflichtteil angerechnet werden soll, muss **an den Pflichtteilsberechtigten selbst** erfolgen. Eine Anrechnung fremder Vorempfänge gibt es grds. nicht. Die einzige Ausnahme hierzu enthält § 2315 III (iVm § 2051 I) (→ Rn. 27ff.), wonach eine gegenüber einem später als Pflichtteilsberechtigter wegfallenden Abkömmling erfolgte Anrechnung auch gegenüber den an seine Stelle tretenden Abkömmlingen des Erblassers wirkt (vgl. PHdB-Pflichtteilsprozess/*Horn* § 7 Rn. 94, 18ff.).

9 Die Zuwendung an den Pflichtteilsberechtigten muss den für die Berechnung des ordentlichen Pflichtteils maßgeblichen Nachlass (vgl. § 2311) gemindert haben und diese Minderung muss im Erbfall noch fortdauern. Gleichgültig ist, ob sich die Schenkung beim Erbfall noch im Vermögen des Pflichtteilsberechtigten befand (*Lange* ErbR § 90 Rn. 108). Ist die **Schenkung nicht bestandskräftig**, zB weil sie

aufgrund eines bei der Schenkung vorbehaltenen Rückforderungsrechts **rückabgewickelt** wird, entfällt die Anrechnungspflicht (OLG München ZEV 2007, 493 ff.; jurisPK-BGB/*Birkenheier* Rn. 7).

2. Lebzeitiges Rechtsgeschäft. Bei der Zuwendung des Erblassers an den Pflichtteilsberechtigten muss 10 es sich um eine lebzeitige Zuwendung handeln. Eine Zuwendung durch Verfügung von Todes wegen fällt daher nicht unter die Vorschrift (Abgrenzung zu den §§ 2305–2307).

Bei einer Schenkung von Todes wegen liegt nur dann ein lebzeitiges Rechtsgeschäft vor, wenn die 11 Schenkung gem. § 2301 II noch lebzeitig vollzogen worden ist (Staudinger/*Otte* Rn. 8).

3. Anrechnungsbestimmung. a) Rechtsnatur/Form. Die Anrechnungsbestimmung ist eine **einseitige** 12 **empfangsbedürftige Willenserklärung,** die grds. **keiner besonderen Form** bedarf, wenn das der Zuwendung zugrunde liegende Kausalgeschäft nicht – zB nach § 311b I – selbst formbedürftig ist (BeckOK BGB/*G. Müller* Rn. 7 mwN). Die Pflichtteilsanrechnungsbestimmung muss gem. § 2315 I vom Erblasser getroffen worden sein, nicht aber notwendigerweise höchstpersönlich. Nach den allgemein für Rechtsgeschäfte geltenden Regeln ist daher auch eine Stellvertretung durch einen gesetzlichen oder gewillkürten Vertreter zulässig. Die Anrechnung muss **auf den Pflichtteil** erfolgen.

b) Wirksamkeitsvoraussetzungen. Als empfangsbedürftige Willenserklärung muss die Anrechnungs- 13 bestimmung dem Zuwendungsempfänger gegenüber abgegeben werden und diesem **zugehen,** um wirksam zu werden (§ 130). Die Erklärung bedarf keiner Annahme. Jedoch kann das Geschenk mit dem „Pferdefuß" insgesamt zurückgewiesen werden. Der Zugang ist im Falle der Schenkung von gesetzlichen Vertretern an **Minderjährige** problematisch. Die hM geht davon aus, dass die unentgeltliche Zuwendung unter Pflichtteilsanrechnung praktisch einem Pflichtteilsverzicht des Minderjährigen gleichkomme und damit **nicht lediglich rechtlich vorteilhaft** sei (MüKoBGB/*Lange* Rn. 17; Staudinger/*Otte* Rn. 29; *Muscheler* ErbR Rn. 4194; aA OLG Dresden MittBayNot 2996, 288 (291)). Daher muss in ein Ergänzungspfleger bestellt werden (§§ 1909 I, 1629 II 1, 1795 II, 181; OLG München DNotZ 2008, 199; PHdB-Pflichtteilsprozess/*Horn* § 7 Rn. 67; aA BeckOK BGB/*G. Müller* Rn. 9). Überzeugend ist es, keine familiengerichtliche Genehmigung zu fordern (Staudinger/*Otte* Rn. 31; BeckOK BGB/*G. Müller* Rn. 9; aA MüKoBGB/*Lange* Rn. 17; NK-BGB/*Bock* Rn. 11). Schließlich ist der Katalog genehmigungspflichtiger Geschäfte abschließend und sieht eben hierfür keine Genehmigungspflicht vor (vgl. § 1822). Solange diese Streitfragen nicht höchstrichterlich entschieden sind, sollte allerdings nach dem Grundsatz des sichersten Weges verfahren werden und vorsichtshalber im Falle einer Schenkung unter Pflichtteilsanrechnung ein Ergänzungspfleger bestellt und die familiengerichtliche Genehmigung eingeholt werden.

Die Anordnung nach § 2315 kann sich durch Auslegung ergeben. Nach der Rspr. ist auch eine **still-** 14 **schweigende Anrechnungsbestimmung** möglich, sofern sie dem Empfänger in ihrer Tragweite zu Bewusstsein gekommen ist und dieser um die sein Pflichtteilsrecht beeinflussende Beschaffenheit der Zuwendung wusste (OLG Koblenz ZErb 2003, 159 f.; OLG Düsseldorf ZEV 1994, 173 f. mAnm *Baumann;* OLG Karlsruhe NJW-RR 1990, 393; OLG Schleswig ZEV 2008, 387 (388); Palandt/*Weidlich* Rn. 3; Erman/*Röthel* Rn. 5; Damrau/Tanck/*Lenz-Brendel* Rn. 5). Dieses „qualifizierte" Zugangserfordernis lässt sich allerdings dem Gesetz nicht entnehmen. Außerdem ist es regelmäßig zur Vermeidung einer Doppelbegünstigung des Zuwendungsempfängers interessengerecht, den Wert der freigiebigen Zuwendung auf den Pflichtteil anzurechnen. Von daher besteht kein Grund für eine besondere Schutzbedürftigkeit des Pflichtteilsberechtigten (so auch MüKoBGB/*Lange* Rn. 13), zumal dem Erblasser durch die Verschärfung der Voraussetzungen für eine wirksame Anrechnungsbestimmung auch allein das Risiko nicht eindeutiger Formulierungen (die in der Praxis weitverbreitet sind) aufgebürdet wird. Ausreichend ist daher **die Erkennbarkeit der Pflichtteilsanrechnung** für den Empfänger (RGZ 67, 306 (307); LG Konstanz BeckRS 2016, 112618; BeckOK BGB/*G. Müller* Rn. 7; BeckOGK BGB/*Reisnecker* Rn. 33; PHdB-Pflichtteilsprozess/*Horn* § 7 Rn. 44; vgl. OLG Köln ZEV 2008, 244). Durch Auslegung kann dann die Pflichtteilsanrechnung festgestellt werden, wenn es einen Bezug zum Pflichtteilsrecht gibt, und zwar in Abgrenzung zu keiner Anordnung und zur Erbteilsausgleichung nach § 2050 III (Auslegungskriterien bei PHdB-Pflichtteilsprozess/*Horn* § 7 Rn. 53 ff.). Eine „Anrechnung auf den Erbteil" ist idR nicht als Pflichtteilsanrechnungsbestimmung auszulegen (OLG Schleswig ZEV 2008, 386 ff. mAnm *Keim;* vgl. PHdB-Pflichtteilsprozess/*Horn* § 7 Rn. 57). Dagegen wird es sich bei „in Anrechnung auf erbrechtliche Ansprüche" um die Pflichtteilsanrechnung handeln (OLG Düsseldorf ZErb 2002, 231 mit zust. Anm. *Schnorrenberg*).

Um spätere Streitigkeiten über die Höhe des Pflichtteils zu vermeiden, sollte jeder notariell beurkun- 15 dete Zuwendungsvertrag (zB Übergabevertrag) eine pflichtteilsberechtigte Person eine ausdrückliche (positive oder negative) Regelung der Pflichtteilsanrechnung enthalten. In der Praxis wird in notariell beurkundeten Zuwendungsverträgen idR eine **positive Pflichtteilsanrechnungsbestimmung** getroffen. Diese Bestimmung ist für den Erblasser im Hinblick auf die Verringerung der Belastung seines Nachlasses mit Pflichtteilsansprüchen nur vorteilhaft und eine Anrechnung dem Empfänger auch zuzumuten. Diesem steht es iÜ jederzeit frei, die Zuwendung, die mit der Anrechnungsbestimmung versehen ist, zurückzuweisen.

c) Zeitpunkt. Die Anrechnungsbestimmung muss **vor oder bei der Zuwendung** erfolgen (OLG Kob- 16 lenz ZErb 2003, 159 f.; OLG Düsseldorf ZEV 1994, 173 f. mAnm *Baumann;* OLG Karlsruhe NJW-RR 1990, 393). Bei einem gestreckten Eigentumserwerb ist auf das Ende des Leistungsvollzugs abzustellen (MüKoBGB/*Lange* Rn. 10).

17 Nach der Zuwendung kann die Anrechnungsbestimmung nur dann einseitig getroffen werden, wenn sich der Erblasser vor oder bei der Zuwendung eine spätere Anrechnungsbestimmung **vorbehalten** hat oder die Voraussetzungen der **Pflichtteilsentziehung** nach §§ 2333 ff. vorliegen. Dann ist die Anrechnungsbestimmung noch durch letztwillige Verfügung möglich (OLG Koblenz ZErb 2006, 130 (133), auch bei einem Pflichtteilsverzicht).

18 **Nachträglich** kann eine Pflichtteilsanrechnung nur unter Mitwirkung des Pflichtteilsberechtigten im Rahmen eines (notariell beurkundungsbedürftigen) beschränkten **Pflichtteilsverzichtsvertrages** iSv § 2346 II erfolgen. Ist der Pflichtteilsberechtigte nicht zu einer Mitwirkung bereit, bleibt als äußerstes Mittel die „Flucht in die Pflichtteilsergänzung" durch weitere Schenkungen an Dritte. Denn auf den eigenen Pflichtteilsergänzungsanspruch wegen Zuwendungen an einen Dritten muss sich der Pflichtteilsberechtigte Schenkungen (nicht: Ausstattungen), die er selbst vom Erblasser erhalten hat, gem. § 2327 – auch ohne Anrechnungsbestimmung des Erblassers – immer anrechnen lassen. Dies gilt selbst für Zuwendungen außerhalb der Zehnjahresfrist des § 2325 III.

19 Hat der Erblasser dagegen bei Vornahme der Zuwendung eine Anrechnungsbestimmung getroffen, dann kann er diese nachträglich **einseitig widerrufen.** Dem stehen weder die Interessen des Zuwendungsempfängers entgegen – da dieser durch den Widerruf nur begünstigt wird –, noch die sonstiger Dritter, da sich die Pflichtteilsanrechnung anders als die Pflichtteilsausgleichung nicht auf die Pflichtteile anderer Pflichtteilsberechtigter auswirkt (Nieder/Kössinger Testamentsgestaltung-HdB/*Nieder*/*W. Kössinger* § 2 Rn. 295). Nach hA ist der Widerruf **formfrei** möglich (MüKoBGB/*Lange* Rn. 12; Staudinger/*Otte* 32).

20 Ist die **Schenkung nicht bestandskräftig**, zB weil sie aufgrund eines bei der Schenkung vorbehaltenen Rückforderungsrechts rückabgewickelt wird, entfällt die Anrechnungspflicht auch ohne Widerruf der Anrechnungsbestimmung (OLG München ZEV 2007, 493 ff.; *Weidlich* FS Spiegelberger, 2009, 1104; jurisPK-BGB/*Birkenheier* Rn. 7; → Rn. 12).

21 **d) Beweislast.** Die Beweislast für eine erfolgte Anrechnungsbestimmung trägt der **Erbe** (OLG Schleswig ZEV 2008, 386; LG Konstanz BeckRS 2016, 112618; Staudinger/*Otte* Rn. 14). Auch bei einer höheren Zuwendung besteht kein Anscheinsbeweis zugunsten der Pflichtteilsanrechnung (OLG Köln ZEV 2008, 244; aA BeckOGK BGB/*Reisnecker* § Rn. 43). Es ist daher dem Erblasser zu raten, im Falle eines Anrechnungswillens für eine beweiskräftige Dokumentation desselben (und des Zugangs beim Empfänger) zu sorgen. Empfehlenswert ist insoweit eine **zumindest schriftliche** Anrechnungs"vereinbarung" zwischen den Beteiligten vor oder bei der Zuwendung.

III. Anrechnungsverfahren (Abs. 2)

22 **1. Methode/Berechnungsweise.** Die Durchführung der Anrechnung erfolgt nicht dadurch, dass von einem berechneten Pflichtteil der Zuwendungswert abgezogen wird. Vielmehr wird dem Nachlass fiktiv der Zuwendungswert hinzugerechnet (dh ein **fiktiver Zuwendungsnachlass** gebildet), davon der Pflichtteil berechnet und anschließend erst der Wert der Zuwendung bei dem Pflichtteilsanspruch des Zuwendungsempfängers in Abzug gebracht. Hierbei wird nicht kollektiv gerechnet (wie bei der Ausgleichung), sondern es wird bei der Pflichtteilsanrechnung für jeden einzelnen Pflichtteilsberechtigten eine **gesonderte Berechnung** aufgestellt (NK-BGB/*Bock* Rn. 14).

23 Maßgebend für die Anrechnungshöhe ist zunächst die Wertbestimmung des Erblassers (→ Rn. 26). Fehlt eine Wertbestimmung, ist der **Wert zum Zeitpunkt der Zuwendung** maßgebend, § 2315 II 2 (→ Rn. 25).

24 Die Anrechnung kann nie dazu führen, dass der Empfänger nach dem Erbfall Zuwendungsvorteile herausgeben oder wertmäßig erstatten muss. Sie vermindert nur den Pflichtteil des anrechnungspflichtigen Zuwendungsempfängers um den erhaltenen Vorempfang. Auf die Pflichtteilsansprüche der anderen Pflichtteilsberechtigten wirkt sich die Anrechnung – anders als die Ausgleichung – **nicht** aus.

25 **2. Bewertungsfragen (Abs. 2 S. 2).** Vorbehaltlich einer abweichenden Erblasserbestimmung (→ Rn. 26) ist nach Abs. 2 S. 2 der Wert **zum Zeitpunkt der Zuwendung** maßgebend. Bei mehraktigen Erwerbstatbeständen kommt es auf den Zeitpunkt des dinglichen Rechtserwerbs an (Grundbuchumschreibung: BGH NJW 2011, 3082 (3083)). Damit bleiben echte Wertsteigerungen oder Wertverluste, die nach der Zuwendung eintreten, ohne Einfluss auf die Anrechnung. Etwas anderes gilt für die unechten Wertverluste infolge des Kaufkraftschwundes. Denn nach hA ist bei der Bestimmung des Anrechnungswertes eine Inflationsbereinigung des Wertes nach der Formel:

$$\frac{\text{Wert zum Zuwendungszeitpunkt} \times \text{Lebenshaltungskostenindex zum Zeitpunkt des Erbfalls}}{\text{Lebenshaltungskostenindex zum Zeitpunkt der Zuwendung}}$$

vorzunehmen (BGH NJW 1975, 1831; Palandt/*Brudermüller* § 1376 Rn. 41; aktuell: www.destatis.de; unter Verbraucherpreisindex (lange Reihe)).

26 **3. Abweichende Erblasserbestimmung.** Da sich der Anrechnungswert nach dem Gesetz zu der Zeit bestimmt, zu der die Zuwendung erfolgt ist, empfiehlt sich ggf. die Festlegung eines **Anrechnungsbetrages.** Als Anrechnungsbetrag kann dabei der Verkehrswert oder ein davon abweichender niedrigerer Anrechnungsbetrag festgelegt werden. Die Festlegung eines gegenüber dem Anrechnungswert höheren Anrechnungsbetrages ist nur wirksam, wenn sie mit einem beschränkten Pflichtteilsverzichtsvertrag des

Zuwendungsempfängers verbunden wird (§ 2346 II; vgl. *Keim* MittBayNot 2008, 8 (10)). Alternativ kommt auch die Anordnung der Anrechnung mit dem Wert zum Zeitpunkt des Erbfalls in Betracht, wobei dann zusätzlich klarzustellen ist, dass die Bestimmung nur gilt, sofern dadurch nicht der gesetzliche Anrechnungswert des § 2315 II 2 überschritten wird (*Keim* MittBayNot 2008, 8 (11)).

IV. Anrechnungspflicht bei Wegfall eines Abkömmlings (Abs. 3 iVm § 2051 I)

Grds. muss die Zuwendung, die auf den Pflichtteil angerechnet werden soll, **an den Pflichtteilsberechtigten selbst** erfolgt sein (→ Rn. 8). Von diesem Grundsatz enthält § 2315 III (iVm § 2051 I) eine Ausnahme. Danach wirkt sich eine gegenüber einem später als Pflichtteilsberechtigten wegfallenden Abkömmling erfolgte Anrechnung bei einer Schenkung auch gegenüber den an seine Stelle tretenden Abkömmlingen aus, also gegenüber eigenen Abkömmlingen des weggefallenen Abkömmlings oder ersatzweise gegenüber seinen Geschwistern. Das ist aber im Einzelfall dann nicht der Fall, wenn ein erkennbarer Personenbezug bei der Pflichtteilsanrechnung vorhanden war. 27

Bei Wegfall wegen Vorversterbens, Ausschlagung, Erbunwürdigkeit, Pflichtteilsverzicht entgegen § 2349 ohne Erstreckung auf Abkömmlinge und Pflichtteilsentziehung treten die **Abkömmlinge** des näheren, weggefallenen Abkömmlings in dessen Rechtsstellung ein (§ 2310 1) und können den Pflichtteil ersatzweise verlangen. Die **Geschwister** (Seitenverwandte) treten ersatzweise nur dann in die Rechtsstellung des weggefallenen Pflichtteilsberechtigten ein, wenn dieser wegen Vorversterbens oder wegen eines Erbverzichts weggefallen ist, nicht hingegen bei anderen Wegfallgründen (§ 2310 1; BeckOGK BGB/*Reisnecker* Rn. 98). 28

Hatte der weggefallene Abkömmling keine eigenen Kinder, treten an seine Stelle seine Geschwister, also seine Seitenverwandte. Diese können dann den Pflichtteil des weggefallenen Abkömmlings fordern, müssen aber sich eine Schenkung mit Pflichtteilsanrechnung, die der weggefallene Abkömmling erhalten hat, anrechnen lassen. Die Anrechnungspflicht bezieht sich aber nur auf den hinzukommenden Pflichtteil, nicht auf den ursprünglichen Pflichtteil. Zuwendungen an den Weggefallenen sollen nicht den ursprünglichen Pflichtteil des „Ersatzmannes" mindern (Staudinger/*Olshausen* Rn. 58). Jedoch erwerben die Geschwister nur dann der Pflichtteilsanspruch des Weggefallen, wenn dieser durch Vorversterben oder durch einen Erbverzicht weggefallen ist (§ 2310 2). So werden gem. § 2310 1 auch diejenigen Abkömmlinge mitgezählt, die wegen Ausschlagung, Erbunwürdigkeit und Enterbung (ggf. zzgl. Pflichtteilsentziehung) weggefallen sind (MüKoBGB/*Lange* Rn. 27). 29

§ 2315 III iVm § 2051 I gelten nur für Abkömmlinge. Der Ehegatte hat sich keinesfalls Zuwendungen an einen weggefallenen Abkömmling anrechnen zu lassen (BeckOGK BGB/*Reisnecker* Rn. 107) – wie auch ebensowenig Zuwendungen an einen früheren Ehegatten des Erblassers. Eine Reduzierung des Pflichtteils von Eltern wird im Rahmen von § 2309 diskutiert (MüKoBGB/*Lange* Rn. 28), nicht aber im Falle des Vorversterbens des Abkömmlings (BeckOK BGB/*G. Müller* Rn. 19). 30

V. Verhältnis zu anderen Bestimmungen

1. Verhältnis zur Anrechnung auf die Zugewinnausgleichsforderung (§ 1380). Auch ehebedingte Zuwendungen können auf den Pflichtteil angerechnet werden. Im Falle der Zugewinngemeinschaft kann der Erblasser bestimmen, ob die Zuwendung gem. § 2315 auf den Pflichtteil oder gem. § 1380 auf die Zugewinnausgleichsforderung oder teilweise auf die eine und die andere Forderung angerechnet werden soll. Nur eine doppelte Anrechnung scheidet aus (vgl. Nieder/Kössinger Testamentsgestaltung-HdB/ *Nieder*/W. *Kössinger* § 2 Rn. 326; Auslegungskriterien bei PHdB-Pflichtteilsprozess/*Horn* § 7 Rn. 245). 31

2. Verhältnis von Anrechnung und Ausgleichung (§ 2316). Anrechnung und Ausgleichung verfolgen die Zielrichtung, der Bevorzugung einzelner Pflichtteilsberechtigter durch lebzeitige Zuwendungen entgegenzuwirken. Während die Anrechnung aber den Pflichtteil des Empfängers direkt reduziert und hierdurch die Pflichtteilslast insgesamt verringert wird, verfolgt die Ausgleichung den Zweck, der nach §§ 2050ff. bei der gesetzlichen Erbfolge stattfindenden Ausgleichung unter Abkömmlingen auch bei der Berechnung der Pflichtteile Geltung zu verschaffen (MüKoBGB/*Lange* Rn. 3). 32

Die Ausgleichung setzt voraus, dass **mindestens zwei Abkömmlinge** zur gesetzlichen Erbfolge berufen wären, während die Anrechnung auch den treffen kann, der im Falle der gesetzlichen Erbfolge Alleinerbe wäre. 33

Eine Anrechnung setzt immer eine **Anrechnungsbestimmung** des Erblassers voraus. Eine Ausgleichung kommt sowohl kraft Erblasserbestimmung (vgl. § 2050 III) als auch kraft Gesetzes (vgl. § 2050 I, II) in Betracht. 34

Eine Zuwendung kann sowohl ausgleichungs- als auch anrechnungspflichtig sein (vgl. § 2316 IV; PHdB-Pflichtteilsprozess/*Horn* § 7 Rn. 221ff.). 35

§ 2316 Ausgleichungspflicht

(1) ¹Der Pflichtteil eines Abkömmlings bestimmt sich, wenn mehrere Abkömmlinge vorhanden sind und unter ihnen im Falle der gesetzlichen Erbfolge eine Zuwendung des Erblassers oder Leistungen der in § 2057a bezeichneten Art zur Ausgleichung zu bringen sein würden, nach demjenigen, was auf den gesetzlichen Erbteil unter Berücksichtigung der Ausgleichungspflichten bei der

Teilung entfallen würde. ²Ein Abkömmling, der durch Erbverzicht von der gesetzlichen Erbfolge ausgeschlossen ist, bleibt bei der Berechnung außer Betracht.

(2) Ist der Pflichtteilsberechtigte Erbe und beträgt der Pflichtteil nach Absatz 1 mehr als der Wert des hinterlassenen Erbteils, so kann der Pflichtteilsberechtigte von den Miterben den Mehrbetrag als Pflichtteil verlangen, auch wenn der hinterlassene Erbteil die Hälfte des gesetzlichen Erbteils erreicht oder übersteigt.

(3) Eine Zuwendung der in § 2050 Abs. 1 bezeichneten Art kann der Erblasser nicht zum Nachteil eines Pflichtteilsberechtigten von der Berücksichtigung ausschließen.

(4) Ist eine nach Absatz 1 zu berücksichtigende Zuwendung zugleich nach § 2315 auf den Pflichtteil anzurechnen, so kommt sie auf diesen nur mit der Hälfte des Wertes zur Anrechnung.

I. Normzweck

1   Zunächst zu den Auswirkungen von Vorempfängen auf Pflichtteilsansprüche → § 2315 Rn. 1. Eine unentgeltliche Zuwendung an eigene Abkömmlinge nach § 2050 oder Leistungen der in § 2057a bezeichneten Art können bei Eintritt des Erbfalls und Durchführung der Erbauseinandersetzung Ausgleichungspflichten des Zuwendungsempfängers oder Ausgleichungsansprüche des Leistenden gegenüber den anderen Abkömmlingen des Erblassers auslösen. Dies gilt nicht nur im Falle der gesetzlichen Erbfolge, sondern eine Ausgleichung kommt uU auch unter gewillkürten Erben in Betracht. Voraussetzung ist dafür nach § 2052, dass die Abkömmlinge entweder genau auf die gesetzlichen Erbteile gesetzt oder zumindest ihre (höheren oder niedrigeren) Erbteile im selben Verhältnis wie die gesetzlichen Erbquoten zueinander bestimmt wurden.

2   Nach § 2316 haben Ausgleichungspflichten aber auch **Fernwirkungen auf den Pflichtteil**. So bestimmt Abs. 1, dass sich der Pflichtteil eines Abkömmlings – wo mehrere Abkömmlinge vorhanden sind und unter ihnen im Falle der gesetzlichen Erbfolge eine Zuwendung des Erblassers oder Leistungen der in § 2057a bezeichneten Art zur Ausgleichung zu bringen sein würden – nach demjenigen bestimmt, was auf den gesetzlichen Erbteil unter Berücksichtigung der Ausgleichungspflichten bei der Teilung entfallen würde.

3   Nach Abs. 1 ist der Ausgleichungspflichtteil auf der Basis eines **fiktiven Ausgleichungserbteils** zu ermitteln. Es wird in diesem Zusammenhang von einer **hypothetischen Ausgleichung** ausgegangen, da diese – infolge Enterbung des Pflichtteilsberechtigten – gerade nicht stattfindet. IErg wird hierdurch nicht – wie bei der Pflichtteilsanrechnung gem. § 2315 – die Pflichtteilslast der Erben in ihrer Gesamtsumme, wohl aber die Höhe der Pflichtteilsansprüche der einzelnen Abkömmlinge verändert. Dabei stellt es eine oft ungewollte Nebenfolge der Ausgleichungspflicht dar, dass über § 2316 die Pflichtteilsansprüche aller zu Lebzeiten des Erblassers **nicht beschenkten** Abkömmlinge **erhöht** werden.

II. Voraussetzungen

4   **1. Grundsätze.** Eine Ausgleichung kommt nach §§ 2316 I, 2050 ff. nur unter Abkömmlingen in Betracht. Daher muss mindestens **ein weiterer Abkömmling** den Erblasser überlebt haben. Zu den Abkömmlingen zählen Personen, die direkt von dem Erblasser abstammen, so Kinder, Enkel, Urenkel etc. (MSTB PflichtteilsR-HdB/*Lenz-Brendel* § 6 Rn. 7). Eine Ausgleichung findet nicht statt und es tritt auch keine pflichtteilsrechtliche Fernwirkung der Ausgleichung ein, wenn nur ein Abkömmling den Erblasser überlebt hat bzw. existent ist. Ebenfalls findet keine Ausgleichung statt, wenn kein Nachlass vorhanden war (BGH 1988, 821 (822)).

5   Ohne Bedeutung ist in diesem Zusammenhang, ob der andere Abkömmling, der neben dem Ausgleichungspflichtigen vorhanden ist, selbst seinen Pflichtteil verlangen kann, weil er enterbt ist, ob er allein oder neben Dritten Erbe geworden ist, ob er die Erbschaft ausgeschlagen hat, ob ihm der Pflichtteil entzogen oder er für erbunwürdig erklärt worden ist (Erman/*Röthel* Rn. 2). Abkömmlinge, die ihr Pflichtteilsrecht durch Ausschlagung, Pflichtteilsentziehung oder Erbunwürdigkeitserklärung verloren haben, sind bei § 2316 I demnach zu berücksichtigen (MüKoBGB/*Lange* Rn. 4).

6   Außer Betracht bleibt bei der Berechnung der Erbteile und der Ausgleichung ein Abkömmling aber dann, wenn er durch **Erbverzicht** von der gesetzlichen Erbfolge ausgeschlossen ist, wie sich aus **Abs. 1 S. 2** ergibt. Das gilt auch für die Abkömmlinge des Verzichtenden, wenn der Verzichtsvertrag – wie es die Regel darstellt – mit Wirkung gegenüber den Abkömmlingen (§ 2349) abgeschlossen worden ist. Handelte es sich jedoch nicht um einen Erbverzicht, sondern um einen reinen Pflichtteilsverzicht (§ 2346 II), ist der Verzichtende nicht von der gesetzlichen Erbfolge ausgeschlossen und muss deshalb bei der Berechnung der Ausgleichungspflichtteile mitgezählt werden (BGH NJW 1982, 2497; MüKoBGB/*Lange* Rn. 5). Hat ein Abkömmling einen vorzeitigen Erbausgleich nach § 1934d aF erhalten, scheidet dieser ausschließlich erhaltener ausgleichungspflichtiger Vorempfänge aus (MSTB PflichtteilsR-HdB/*Lenz-Brendel* § 6 Rn. 7).

7   § 2316 I stellt eine **allgemeine Berechnungsvorschrift** für den Pflichtteil dar („Der Pflichtteil eines Abkömmlings bestimmt sich ..."). Die Berücksichtigung der Ausgleichung wirkt sich daher nicht nur zu Gunsten des pflichtteilsberechtigten (enterbten) Abkömmlings aus, der im Falle gesetzlicher Erbfolge ausgleichungsberechtigt geworden wäre, sondern auch zu seinen Ungunsten, wenn der oder die erbenden Abkömmlinge auszugleichende Zuwendungen oder Leistungen iSv § 2057a geltend machen (BGH NJW 1993, 1197). Nach Ansicht des BGH (NJW 1993, 1197; ebenso OLG Schleswig ZEV 2013, 86 (90))

kann daher auch ein pflichtteilsberechtigter Abkömmling, der zum Alleinerben eingesetzt worden ist, Ausgleichung seiner Leistungen iSv § 2057a gegenüber Pflichtteilsansprüchen anderer Abkömmlinge geltend machen.

2. Ausgleichungspflichtige Zuwendungen (Vorempfänge). Zu den ausgleichungspflichtigen Zuwendungen zählen nach § 2050 vom Erblasser herrührende Ausstattungen (§ 2050 I) und Zuschüsse im Übermaß zum Unterhalt sowie Berufsausbildungskosten (§ 2050 II). Ferner kann der Erblasser bei sonstigen Zuwendungen, die nicht kraft Gesetzes ausgleichungspflichtig sind, die Ausgleichung anordnen (§ 2050 III). 8

Der **Zuwendungsbegriff** in §§ 2316, 2050 ff. ist nach der wohl zu Unrecht als hM bezeichneten Auffassung **weiter als bei § 2315** (→ § 2315 Rn. 5 f.). Darunter fallen danach nicht nur freiwillige Zuwendungen, auf die der Empfänger keinen Anspruch hat, sondern auch Leistungen, die in Erfüllung einer gesetzlichen Pflicht, etwa der Unterhaltspflicht, erbracht werden (RGZ 73, 372 (377); RGRK/*Kregel* § 2050 Rn. 14; NK-BGB/*Bock* Rn. 15). Jedoch ist es überzeugender, mit § 2315 einen einheitlichen Zuwendungsbegriff anzunehmen (MüKoBGB/*Lange* Rn. 11; PHdB-Pflichtteilsprozess/*Horn* § 7 Rn. 99 f.). Danach kann etwa bei Unterhaltsansprüchen nicht die Erbausgleichung angeordnet werden. Es genügt jeder Vermögensvorteil, den der Abkömmling **auf Kosten des Nachlasses** vom Erblasser erhält (Schlitt/Müller Pflichtteils-HdB/*Blum* § 3 Rn. 161). Dazu zählen bspw. einmalige oder laufende Geldzahlungen, Tilgung von Schulden, Erlass von Verbindlichkeiten, Übertragung von beweglichen und unbeweglichen Sachen, die Einräumung von Nutzungsrechten oder von Bezugsberechtigungen im Rahmen von Versicherungsverträgen (vgl. Schlitt/Müller Pflichtteils-HdB/*Blum* § 3 Rn. 163). 9

Anders als bei § 2325 kommt es nicht darauf an, **wie lange** die Zuwendung zurückliegt. Es sind alle ausgleichungspflichtigen Zuwendungen des Erblassers zu berücksichtigen, unabhängig davon, wann diese erfolgt sind. Das wird in der Praxis oft verkannt. 10

Die Zuwendung muss **vom Erblasser** stammen: Da der enge Erblasserbegriff gilt, sind auch bei einem Berliner Testament nicht die Zuwendungen des anderen Elternteils auszugleichen (BeckOK BGB/*G. Müller* Rn. 5; MSTB PflichtteilsR-HdB/*Lenz-Brendel* § 6 Rn. 76). Nur in Ausnahmefällen, wie etwa Wegfall des näheren und durch die ausgleichungspflichtige Schenkung Begünstigten, muss sich der Ersatzmann einen fremden Vorempfang anrechnen lassen (→ § 2315 Rn. 27). 11

Nach **Abs. 3** kann der Erblasser die Ausgleichungspflicht einer Ausstattung (§ 2050 I) nicht zum Nachteil des Pflichtteilsberechtigten ausschließen. Nach hA gilt dies auch für Zuwendungen nach § 2050 II, da Abs. 2 nur eine Ergänzung von Abs. 1 darstellt (vgl. Nieder/Kössinger Testamentsgestaltung-HdB/*Nieder/W. Kössinger* § 2 Rn. 279 mwN). 12

Von den lebzeitigen Zuwendungen des Erblassers bzw. den Leistungen an den Erblasser werden damit zwingend zur Berechnung der Pflichtteilsansprüche einbezogen: 13

- **Ausstattungen** (§ 2050 I) und zwar auch dann, wenn der Erblasser die Ausgleichungspflicht abbedungen hat (vgl. § 2316 III). Erforderlich ist ein Ausstattungsanlass, etwa Verheiratung, Existenzgründung, -förderung oder -erhaltung. Ausgleichungspflichtig ist der gesamte Wert des Ausstattungsgegenstandes, und zwar unabhängig davon, ob die Ausstattung im Übermaß erfolgt ist oder angemessen war (Palandt/*Weidlich* § 2050 Rn. 7; BeckOK BGB/*G. Müller* Rn. 4; BeckOGK BGB/*Reisnecker* Rn. 22; aA BeckOGK BGB/*Rißmann* § 2050 Rn. 45; MüKoBGB/*Ann* § 2050 Rn. 16; *Eberl-Borge* ErbR 2018, 289). So verweist § 2050 I nicht auf § 1624; nur § 2050 II verweist auf ein Übermaß (PHdB-Pflichtteilsprozess/*Horn* § 7 Rn. 111; zur Konkurrenz → § 2325 Rn. 31). Unerheblich ist, ob die Ausstattung erforderlich war (MSTB PflichtteilsR-HdB/*Lenz-Brendel* § 6 Rn. 13);
- übermäßige **Zuschüsse zum Unterhalt und Ausbildungskosten** (§ 2050 II), wobei diese nach hA ebenfalls unter § 2316 III fallen, da sie nur eine unselbständige Ergänzung des § 2050 I darstellen. Ein Übermaß liegt in der Praxis höchst selten vor. Die entscheidende Frage, ob ein Übermaß vorliegt, ist, ob es dem Erblasser möglich gewesen wäre, alle seine Kinder gleichermaßen zu unterstützen. Reichen hierzu seine laufenden Einkünfte aus, spricht das gegen ein Übermaß. Eine Entnahme aus seiner Substanz indiziert ein Übermaß;
- alle sonstigen Zuwendungen, bei denen der Erblasser die **Ausgleichungspflicht angeordnet** hat (Erbteilsausgleichung; § 2050 III). Die Anordnung kann sich durch Auslegung ergeben (*Horn* ErbR 2017, 255 (257 f.)), etwa bei dem Begriff „Anrechnung auf den Erbteil" (OLG Schleswig ZEV 2008, 386; Erman/*Röthel* Rn. 6). Bei dem Terminus „**vorweggenommene Erbfolge**" neigt der BGH zur Annahme der Ausgleichungsanordnung (BGH ZEV 2010, 190 (191) mit krit. Anm. *Keim*). Tatsächlich sind solche Rechtsfolgen zumeist nicht beabsichtigt (PHdB-Pflichtteilsprozess/*Horn* § 7 Rn. 60; *Horn* ErbR 2017, 255 (258)). Früher hatte der Begriff im Hinblick auf § 7 ESTDV steuerliche Relevanz, so dass wohl deswegen dieser Begriff Eingang in viele Notarvorlagen gefunden hat (Staudinger/*Otte* Rn. 18, der auch überwiegend ein Motiv, nicht aber die Ausgleichungsanordnung annimmt);
- **Unterstützungsleistungen** nach § 2057.

Der Erblasser hat es aus pflichtteilsrechtlicher Sicht damit zwar nicht in der Hand, die Ausgleichungspflicht in den Fällen des § 2050 I u. II (sog. **geborene Ausgleichungspflichten**) abzubedingen. Er kann aber zumindest in den praktisch wichtigen Fällen des § 2050 III (sog. **gekorene Ausgleichungspflicht**) durch Unterlassen der Anordnung eine Ausgleichungspflicht vermeiden. Allerdings können Zuwendungen, die nicht ausgleichungspflichtig sind, ggf. zu Pflichtteilsergänzungsansprüchen nach den §§ 2325 ff. führen (→ Rn. 36 ff.). 14

15 3. **Zeitpunkt der Ausgleichungsanordnung iSv § 2050 III.** Die Ausgleichungsanordnung ist eine einseitige empfangsbedürftige Willenserklärung, die **vor oder spätestens bei** der Zuwendung dem Empfänger zugehen muss. Dem Erblasser steht es frei, eine Ausgleichung der Zuwendung nur für die gesetzliche Erbfolge, nicht auch für die (der gesetzlichen Erbfolge angeglichene) gewillkürte Erbfolge (vgl. § 2052) anzuordnen.

16 Da die Anordnungsbestimmung vor oder spätestens bei der Zuwendung dem Empfänger zugehen muss, ist eine **nachträgliche Anordnung** damit grds. nicht möglich, sofern sich der Erblasser eine solche nicht ausdrücklich vorbehalten hat, die Voraussetzungen einer Pflichtteilsentziehung (§ 2333) vorliegen oder ein partieller Pflichtteilsverzichtsvertrag (§ 2346 II) durch den Erblasser und den Beschenkten abgeschlossen wird. Soll die **Ausgleichungsanordnung nachträglich aufgehoben** werden, ist hierzu ein (gegenständlich begrenzter) notarieller Pflichtteilsverzicht mit den Abkömmlingen, die nicht begünstigt wurden, zu vereinbaren (*Horn* ErbR 2017, 255). So haben diese schon eine Anwartschaft auf die Erhöhung ihres Pflichtteils erhalten (BeckOGK BGB/*Reisnecker* Rn. 42; aA Staudinger/*Otte* Rn. 14, danach Aufhebung ohne Weiteres möglich).

17 4. **Unterstützungsleistungen nach § 2057a.** Während § 2050 darauf abzielt, bei der Nachlassverteilung zu berücksichtigen, dass der Erblasser seinen Nachlass bereits durch lebzeitige Zuwendungen an einzelne Abkömmlinge geschmälert hat, werden gem. **§ 2057a** Leistungen eines Abkömmlings gegenüber dem Erblasser bei der Nachlassverteilung anerkannt, durch die das Vermögen des Erblassers und damit der tatsächlich vorhandene Nachlass gemehrt oder zumindest dessen Minderung verhindert wurde (zur Historie von 2057a: *Teschner* ZErb 2017, 61 (62)). Im Falle der Erbringung von Pflegeleistungen an den Erblasser ist es nicht erforderlich, dass diese unter Verzicht auf berufliches Einkommen erbracht wurden (so jedoch die Rechtslage bis zum 1.1.2010). Eine Mindestpflegezeit existiert nicht (*Schneider* ZEV 2018, 380 (382)). Ehegatten können sich nicht auf die Unterstützungsleistungen nach § 2057a berufen, sondern nur direkte Abkömmlinge. So kann sich ein erbendes Enkelkind zur Reduzierung der Pflichtteilsansprüche gegenüber den Kindern des Erblassers nicht auf den Bonus berufen, außer der Elternteil des Pflichtteilsberechtigten ist weggefallen (*Teschner* ZErb 2017, 61 (63)). Ein Abkömmling kann sich für den Bonus auch auf die Leistungen seiner Familienmitglieder und von von ihm bezahlten Hilfskräften berufen (BGH NJW 1993, 1197 (1198); OLG Schleswig ZEV 2013, 86 (90)).

18 § 2057a ist über § 2316 I bei der Berechnung von Pflichtteilsansprüchen der Abkömmlinge zu berücksichtigen. Zu den berücksichtigungsfähigen Leistungen, die über diejenigen anderer Abkömmlinge deutlich hinausgehen müssen (OLG Schleswig ZEV 2017, 400 (401); LG Magdeburg BeckRS 2011, 20919) und beim Erblasser zu einer Vermögensmehrung oder -erhaltung geführt haben müssen, zählen bspw. die Mitarbeit in Haushalt, Beruf oder Geschäft des Erblassers, erhebliche Geldleistungen oder die Pflege des Erblassers während längerer Zeit (vgl. HK-PflichtteilsR/*Herrler/Schmied-Kovarik* Rn. 61 ff.; *Kollmeyer* NJW 2017, 1849). Es können für den Pflegebonus zumindest die Leistungen nach § 14 SGB XI herangezogen werden (OLG Schleswig ZEV 2017, 400 (402); *Schneider* ZEV 2018, 380 (381)).

III. Durchführung der Ausgleichung

19 1. **Bei Vorempfängen nach § 2050.** § 2316 I bestimmt, dass sich der Pflichtteil nach demjenigen bestimmt, was auf den gesetzlichen Erbteil unter Berücksichtigung der Ausgleichungspflichten bei der Teilung entfallen würde. Der Ausgleichungspflichtteil wird auf der Basis eines fiktiven Ausgleichungserbteils ermittelt, so dass zur Berechnung des Ausgleichungspflichtteils auf die Regeln über die gesetzliche Ausgleichungspflicht (§§ 2050 ff.) zurückzugreifen ist.

20 Die Berechnung erfolgt in **vier Rechenschritten** (andere Berechnungsweise: *Osthold/Osthold* ZEV 2018, 113 (117)):
(1) von dem Nachlasswert werden alle Erbteile der nicht an der Ausgleichung beteiligten Miterben abgezogen (insbes. Ehegattenerbteil, so bei Zugewinngemeinschaft 1/2; „ausgleichungspflichtiger Restnachlass");
(2) zu dem Restnachlass werden zur Erlangung des Ausgleichungsnachlasses sämtliche auszugleichenden Zuwendungen sämtlicher Abkömmlinge hinzugerechnet bzw. bei § 2057a abgezogen (Erlangung des „Ausgleichungsnachlasses"; die Zehnjahresfrist nach § 2325 III gilt dabei nicht); die Zurechnung erfolgt mit dem Wert, den die Zuwendung zur Leistungszeit hatte (§ 2055 II), allerdings unter Berücksichtigung des Kaufkraftschwundes (BGH NJW 1975, 1831 (1832); MüKoBGB/*Lange* Rn. 14), bei § 2057a keine Indexierung;
(3) der Ausgleichungsnachlass wird unter den Abkömmlingen anhand ihrer Erbquoten aufgeteilt und die auszugleichenden Zuwendungen werden bei ihren Empfängern abgezogen bzw. bei § 2057a hinzugerechnet (Erlangung des „Ausgleichungserbteils");
(4) Division des Ausgleichungserbteils durch zwei ergibt den jeweiligen Ausgleichungspflichtteil der Abkömmlinge.

21 **Beispiel:** Der Erblasser hinterlässt einen Sohn S und eine Tochter T. Erbe wird der familienfremde X. Der Nachlasswert beträgt 40.000 EUR. S hat zu Lebzeiten eine ausgleichungspflichtige Zuwendung von 10.000 EUR erhalten. Die Pflichtteilsquoten von S und T betragen je $1/4$.
Der Pflichtteilsanspruch des Sohnes S errechnet sich wie folgt: [(40.000 + 10.000) : 2] – 10.000 = 15.000; davon $1/2$ = 7.500.
Der Pflichtteilsanspruch der Tochter T errechnet sich wie folgt: [(40.000 + 10.000) : 2] – 0 = 25.000; davon $1/2$ = 12.500.

Da nur Abkömmlinge nach §§ 2050 ff. einander ausgleichungspflichtig sind, betrifft auch die Ausglei- 22
chungspflicht nach § 2316 I nur deren Pflichtteilsansprüche und nicht die Pflichtteilsansprüche anderer
Pflichtteilsberechtigter. Betroffen ist also nur der Teil des Nachlasses, der im Falle der gesetzlichen Erbfolge den Abkömmlingen zukommen würde (§ 2316 I 1, § 2055).

Ergibt sich bei der Berechnung, dass einzelne Abkömmlinge bereits vorab mehr empfangen haben, als 23
ihrem Erbanteil entspricht, so sind sie gem. **§ 2056 S. 1** nicht zur **Herausgabe des Mehrempfangs** verpflichtet. Der Wert der dem Zuvielbedachten gemachten Zuwendung hat bei der Berechnung des rechnerischen Erbteils der übrigen Abkömmlinge außer Betracht zu bleiben (BGH NJW 1988, 821; OLG Köln
ZEV 2004, 155 (156)). Außerdem scheidet der Abkömmling gem. § 2056 S. 2 aus der Berechnung aus.
Dadurch verringert sich einerseits der Ausgleichungsnachlass, andererseits erhöht sich dadurch der Tei-
lungsquotient der verbleibenden Erben (MSTB PflichtteilsR-HdB/*Lenz-Brendel* § 6 Rn. 83).

2. Bei Unterstützungsleistungen nach § 2057a. Sind Leistungen auszugleichen, dann erfolgt die Be- 24
rechnung des Ausgleichungspflichtteils nach § 2057a IV iVm § 2316, und zwar anhand folgender Schritte:
(1) Ist ein längerlebender Ehegatte des Erblassers vorhanden, sind vom Nachlasswert die Erbansprüche dieses Ehegatten abzuziehen (idR 50 %). Das ergibt den gekürzten Nachlass.
(2) Von dem ggf. im ersten Schritt gekürzten Nachlasswert ist der Wert der Unterstützungsleistungen
abzuziehen.
(3) Der so ermittelte Nachlasswert wird durch die Zahl der Abkömmlinge geteilt.
(4) Davon die Hälfte ergibt die jeweilige Pflichtteilsforderung eines jeden Pflichtteilsberechtigten.

Die **Höhe des Ausgleichungsbetrages** ist nach Billigkeitsgesichtspunkten nach der Dauer sowie dem 25
Umfang der Leistung und dem Wert des Nachlasses zu berücksichtigen (§ 2057a III; PHdB-Pflichtteils-
prozess/*Horn* § 6 Rn. 131 ff.) und im Streitfall vom Gericht festzusetzen. Das OLG Schleswig setzt zutreffend den Betrag aufgrund einer Gesamtschau unter Berücksichtigung der nachfolgenden Stufen fest
(ZEV 2017, 61; vgl. *Teschner* ZErb 2017, 61): (1) Die Dauer und der Umfang der auszugleichenden Leistung sind zu berücksichtigen, insbesondere der Leistungszeitraum und der tägliche Aufwand. Sodann ist
in die Erwägungen einzubeziehen, in welchem Umfang der Nachlass erhalten wurde. (2) Daneben sind –
iRd Billigkeit – einerseits der (immaterielle) Wert der Pflege des Abkömmlings für den Erblasser, andererseits auch die Nachteile (etwa Einkommensverluste) sowie ggf. die Vorteile (etwa Wohnvorteile oder
lebzeitige Schenkungen; § 2057a II) für den pflegenden Abkömmling einzustellen. (3) Schließlich müssen
die Vermögensinteressen der übrigen Erben und der Pflichtteilsberechtigten sowie die Höhe des gesamten Nachlasses berücksichtigt werden; der Ausgleichungsbetrag darf nicht den Wert des gesamten Nachlasses erreichen (Palandt/*Weidlich* § 2057a Rn. 9; LG Magdeburg BeckRS 2011, 20919). Bei Ermittlung
des Betrages ist nach § 2057a II zu berücksichtigen, ob der unterstützende Abkömmling ein **angemessenes Entgelt** erhalten hat, dies vereinbart wurde oder ihm ein Anspruch aus anderem Rechtsgrund zusteht.

3. Sonderfall des Abs. 2. Hat der Erblasser den Pflichtteilsberechtigten auf einen Erbteil eingesetzt, 26
der ohne Berücksichtigung von Ausgleichungsrechten und -pflichten die Hälfte des gesetzlichen Erbteils
erreicht, so hätte er an sich weder einen Pflichtteilsanspruch (§ 2303) noch einen Pflichtteilsrestanspruch
(§ 2305).

Gleichwohl kann er nach Abs. 2 die durch die Hinzurechnung der ausgleichungspflichtigen Zuwen- 27
dung bewirkte Vergrößerung seines Pflichtteils von seinen Miterben als Pflichtteilsrestanspruch fordern.
Damit soll verhindert werden, dass der Pflichtteilsberechtigte im Falle der gewillkürten Erbfolge (bei der
keine Ausgleichung stattfindet) schlechter steht als im Falle der Enterbung.

Zum gleichen Ergebnis gelangt man iÜ durch eine unmittelbare Anwendung des § 2305, wenn man 28
„die Hälfte des gesetzlichen Erbteils" im Sinne dieser Vorschrift für den Fall des Vorhandenseins anrech-
nungs- und ausgleichungspflichtiger Zuwendungen bzw. Leistungen herrschenden sog. Werttheorie nicht im
Wege eines reinen Quotenvergleichs zur gesetzlichen Erbquote ermittelt, sondern insoweit die **Werttheo-
orie** (→ § 2305 Rn. 8) anwendet (RGZ 113, 45 (48); HK-PflichtteilsR/*Herrler/Schmied-Kovarik*
Rn. 130).

Die Vorschrift findet keine Anwendung, wenn der Pflichtteilsberechtigte Alleinerbe ist (Staudinger/ 29
Otte Rn. 29). Dann kommt allerdings ein Pflichtteilsergänzungsanspruch nach § 2329 in Betracht.

4. Zusammentreffen von Anrechnungs- und Ausgleichungspflicht (Abs. 4). Treffen für eine Zu- 30
wendung Anrechnungs- und Ausgleichungspflicht zusammen, ist nach § 2316 IV zunächst die Ausgleichung vorzunehmen und anschließend für den konkreten Pflichtteilsanspruch die Anrechnung mit dem
hälftigen Zuwendungswert durchzuführen (vgl. zur Berechnung *Schäfer* ZEV 2013, 63 ff.).

Der Grund dafür liegt darin, dass § 2316 nicht zu einer Gleichstellung der pflichtteilsberechtigten Ab- 31
kömmlinge führt, wenn die Abkömmlinge nicht Erben werden, sondern diese nur pflichtteilsberechtigt
sind. Dem ausgleichungspflichtigen Abkömmling verbleibt dann nur noch die Hälfte seines Vorempf-
fangs (vgl. Schlitt/Müller Pflichtteils-HdB/*Blum* § 3 Rn. 225).

Beispiel: Der Erblasser E hinterlässt einen Sohn S und eine Tochter T. Erbe wird der familienfremde X. Der Nachlass 32
beträgt 400.000 EUR. Der Sohn S hat eine lebzeitige Zuwendung iHv 20.000 EUR erhalten und T eine Zuwendung von
40.000 EUR. Beide Zuwendungen sind anrechnungs- und ausgleichungspflichtig. Die Pflichtteilsquoten von S und T
betragen je $1/4$, der Ausgleichungsnachlass beträgt 460.000 EUR.
Der Ausgleichungspflichtteil beträgt:

S: (460.000 : 2 – 20.000) : 2 = 105.000.
T: (460.000 : 2 – 40.000) : 2 = 95.000.
Unter Berücksichtigung der Anrechnung berechnet sich der Pflichtteil wie folgt:
S: 105.000 – (20.000 : 2) = 95.000.
T: 95.000 – (40.000 : 2) = 75.000.
Bei bloßer Pflichtteilsanrechnung hätte der Pflichtteilsanspruch betragen:
S: 420.000 : 4 – 20.000 = 85.000.
T: 440.000 : 4 – 40.000 = 70.000.

33 Im Falle der bloßen Pflichtteilsanrechnung wäre die Pflichtteilsbelastung des X daher **geringer** gewesen als dies im Falle der kombinierten Anordnung von Anrechnung und Ausgleichung der Fall ist. Dass das Ergebnis für die Pflichtteilsberechtigten im Falle des § 2316 IV günstiger ausfällt als im Falle der bloßen Anrechenbarkeit der Zuwendung beruht darauf, dass jedem bei der Pflichtteilsberechnung gem. § 2316 I zugutekommt, dass auch der andere eine ausgleichungspflichtige Zuwendung erhalten hat, während bei einer reinen Berechnung gem. § 2315 nur der Wert der konkret erhaltenen Zuwendung des betroffenen Pflichtteilsberechtigten dem Nachlass hinzugerechnet wird, nicht jedoch der Wert anderer Zuwendungen.

34 Wegen der nur hälftigen Anrechnung der Zuwendung auf den Pflichtteil nach § 2316 IV kann sich, wenn noch ein Ehepartner vorhanden ist, der Pflichtteilsanspruch des Beschenkten gegenüber der alleinigen Pflichtteilsanrechnung vergrößern, wenn zusätzlich die Erbausgleichung angeordnet wird (vgl. *Tanck* ZErb 2003, 41 (42); *Schäfer* ZEV 2013, 63 (64 f.), jeweils mit Berechnungsbeispielen). Da es regelmäßig Ziel des Zuwendenden ist, mit der Anordnung der Pflichtteilsanrechnung eine möglichst weitgehende Reduzierung des Pflichtteilsanspruchs des Zuwendungsempfängers zu erreichen, kann bei der Anordnung der Pflichtteilsanrechnung vorgesehen werden, dass die zusätzliche Erbausgleichung nicht erfolgen soll, wenn dies den Pflichtteilsanspruch erhöht (Formulierungsvorschlag zB bei Schlitt/Müller Pflichtteils-HdB/*Müller* § 10 Rn. 128).

35 Keine Anwendung findet § 2316 IV, wenn Zuwendungen zusammentreffen, die entweder nur anrechnungs- oder nur ausgleichungspflichtig sind. In diesem Fall sind Anrechnung und Ausgleichung gleichermaßen zu beachten, also selbstständig auf der Grundlage von §§ 2315 u. 2316 I durchzuführen (MüKoBGB/*Lange* Rn. 35).

36 **5. Verhältnis von § 2316 zu § 2325.** Unentgeltliche Zuwendungen des Erblassers an einen Abkömmling können zum einen gem. § 2316 und zum anderen gem. § 2325 zu berücksichtigen sein. Insoweit ist auszuschließen, dass es zu einer Doppelberücksichtigung der Zuwendung kommt.

37 Kein Problem entsteht dann, wenn eine Schenkung vorliegt, die den §§ 2325 ff. unterfällt, aber nicht gleichzeitig eine ausgleichungspflichtige Zuwendung vorliegt, weil der Erblasser keine Anordnung iSv § 2050 III getroffen hat. Dann ist die Schenkung nur iRd §§ 2325 ff. zu berücksichtigen, weil §§ 2316, 2050 ff. nicht eingreifen.

38 Umgekehrt greifen die §§ 2325 ff. von vornherein nicht ein, wenn keine Schenkung vorliegt, sondern eine ausgleichungspflichtige Zuwendung iSv § 2050 I. Denn nach unzutreffender hA führen Ausstattungen, soweit nicht im Übermaß, nicht zu Pflichtteilsergänzungsansprüchen (→ § 2325 Rn. 32).

39 Ein Problem stellt sich jedoch dann, wenn eine **Schenkung** iSv § 2325 ff. vorliegt und der Erblasser gleichzeitig die **Ausgleichung** iSv § 2050 III **angeordnet** hat. Eine derartige ausgleichungspflichtige Zuwendung löst nach hA keinen Pflichtteilsergänzungsanspruch des ausgleichsberechtigten Abkömmlings aus (wohl dagegen bei einem enterbten Ehegatten (→ § 2325 Rn. 44)), da dies eine Doppelberücksichtigung der Zuwendung zugunsten des Pflichtteilsberechtigten zur Folge hätte (HK-PflichtteilsR/ *Herrler/Schmied-Kovarik* Rn. 163).

40 Anders ist dies dann, wenn der Zuwendungsempfänger wegen § 2056 S. 1 nicht zur Herausgabe des Mehrempfangs verpflichtet ist. Nach hA kann derjenige Ausgleichungsberechtigte, dem eine vollständige Ausgleichung nicht zuteil geworden ist, eine Ergänzung seines verkürzten Ausgleichspflichtteils nach § 2325 verlangen (MüKoBGB/*Lange* Rn. 25 mwN).

§ 2317 Entstehung und Übertragbarkeit des Pflichtteilsanspruchs

(1) Der Anspruch auf den Pflichtteil entsteht mit dem Erbfall.
(2) Der Anspruch ist vererblich und übertragbar.

I. Normzweck

1 § 2317 regelt den Entstehungszeitpunkt des Pflichtteilsanspruchs (Abs. 1), dessen Vererblichkeit und dessen Übertragbarkeit (Abs. 2). Die Vorschrift betrifft jeden Pflichtteilsanspruch. Sie gilt daher nicht nur für den ordentlichen Pflichtteilsanspruch, sondern auch für den Pflichtteilsergänzungsanspruch (§§ 2325 ff.).

2 Zu unterscheiden sind der Pflichtteilsanspruch, der erst mit dem Eintritt des Erbfalls entsteht (Abs. 1), und das **abstrakte Pflichtteilsrecht** (→ § 2303 Rn. 15). Das Pflichtteilsrecht ist die Quelle eines möglichen Pflichtteilsanspruchs, so dass das Entstehen eines Pflichtteilsanspruchs von einem Pflichtteilsrecht abhängt. Geht das Pflichtteilsrecht verloren, kann auch kein Anspruch entstehen.

II. Entstehung und Geltendmachung des Pflichtteilsanspruchs (Abs. 1)

1. Entstehung mit dem Erbfall. Mit dem Erbfall **entsteht** der Anspruch auf den Pflichtteil (Abs. 1) 3 (vgl. § 2311). Es handelt sich beim Pflichtteilsanspruch um eine gewöhnliche **Geldsummenforderung** (BGH NJW 1958, 1964), die übertragbar und vererblich ist (Abs. 2). Der Anspruch ist mit dem Erbfall fällig (§ 271; MSTB PflichtteilsR-HdB/*Hölscher/Mayer* § 3 Rn. 72; BeckOGK BGB/*Reisnecker* Rn. 16), aber eine Verzinsung hat erst nach Verzugseintritt zu erfolgen (→ Rn. 18). Die Fälligkeit kann durch die Stundung nach § 2331a hinausgeschoben werden.

Umstritten ist, ob der Pflichtteilsanspruch auch dann mit dem Erbfall entsteht, wenn er von einer 4 **vorherigen Ausschlagung abhängt**, wie im Falle des § 2306 I, des § 2307 oder des § 1371 III. Während früher die hA davon ausging, dass der Pflichtteilsanspruch sofort entstehe, aber erst nach der Ausschlagung geltend gemacht werden könne (RG JW 1931, 1354), wird heute überwiegend vertreten, dass der Anspruch erst mit der Ausschlagung entsteht, aber wegen der Rückwirkung der Ausschlagung (vgl. § 1953 II) so zu behandeln ist, als wäre er schon zzt. des Erbfalls entstanden (vgl. BeckOK BGB/*G. Müller* Rn. 2 mwN).

Der Erwerb des Pflichtteilsanspruchs erfolgt **kraft Gesetzes** und ohne Rücksicht auf den Willen des 5 Pflichtteilsberechtigten (RGZ 77, 238 (239); MüKoBGB/*Lange* Rn. 3).

Ist **Nacherbfolge** angeordnet, entsteht der Pflichtteilsanspruch gleichwohl mit dem Tod des Erblas- 6 sers. Der Eintritt des Nacherbfalls löst keinen (neuen) Pflichtteilsanspruch gegen den Nacherben aus.

Bei **Ehegattenverfügungen** sind die beiden Erbfälle pflichtteilsrechtlich getrennt zu betrachten. Jeder 7 Erbfall löst daher einen eigenen Pflichtteilsanspruch aus, sofern die Pflichtteilsberechtigten auch nach jedem Ehegatten pflichtteilsberechtigt sind. Dies ist bei gemeinsamen Abkömmlingen der Fall. Stiefkinder haben dagegen nur ein Pflichtteilsrecht nach dem Ehegatten, von dem sie abstammen.

Mit der Entstehung des Anspruchs wird der Pflichtteilsanspruch auch sogleich **fällig** und kann vom 8 Erben eingefordert werden. Der Abschluss der Erbauseinandersetzung unter den Miterben braucht nicht abgewartet zu werden (jurisPK-BGB/*Birkenheier* Rn. 11).

2. Keine Entstehung von Pflichtteilsansprüchen. Der Pflichtteilsanspruch **entsteht nicht** bei einem 9 wirksamen vorzeitigen Erbausgleich (§ 1934e aF, Art. 227 I u. II EGBGB), einem Erbverzicht (sofern nicht der Pflichtteil vorbehalten wurde) oder im Falle eines isolierten Pflichtteilsverzichts nach § 2346 II. Zur nachträglichen Beseitigung des entstandenen Pflichtteilsanspruchs durch Anfechtung wegen Erbunwürdigkeit vgl. § 2345 II.

Der Anspruch kann im Ausnahmefall **verwirkt** sein. Dann kann der Geltendmachung des Anspruchs 10 die Einrede der Verwirkung nach § 242 entgegengehalten werden. Es liegt keine Verwirkung vor, wenn der Anspruch durch den seit 50 Jahren vom Erblasser getrennt lebenden Ehegatten (OLG Schleswig SchlHA 2000, 175) oder erst kurz vor Eintritt der Verjährung geltend gemacht wird.

3. Sicherung des Anspruchs. Ein künftiger Pflichtteilsanspruch kann vor dem Erbfall nicht durch **Ar-** 11 **rest oder einstweilige Verfügung** gesichert werden (vgl. § 916 II ZPO; aber nach dem Erbfall: *Schneider* NJW 2010, 3401). Das Pflichtteilsrecht und ebenso das Pflichtteilsentziehungsrecht kann aber uU zu Lebzeiten des Erblassers bereits Gegenstand einer **Feststellungsklage** sein.

4. Stundung. Zur Möglichkeit, bei Gericht **Stundung** des Pflichtteilsanspruchs zu verlangen (→ 12 § 2331a).

5. Erbschaftsteuerpflicht. Obwohl der Pflichtteilsanspruch nach § 2317 mit dem Erbfall entsteht, 13 folgt das Steuerrecht hier nicht dem Anfallprinzip (*Loose/Riehl* ErbR 2017, 409). Es verlangt für das Entstehen der Steuerschuld vielmehr, dass der Pflichtteilsanspruch **geltend gemacht** wird (§ 9 I Nr. 1 lit. b ErbStG). Das Gleiche gilt für die vom Erben als Nachlassverbindlichkeit abziehbare Pflichtteilslast (§ 10 V Nr. 2 ErbStG). Damit wird die auch vollstreckungsrechtlich geschützte (vgl. § 852 I ZPO) Entschließungsfreiheit des Pflichtteilsberechtigten respektiert und zugleich der Tatsache Rechnung getragen, dass der Pflichtteil nicht ausgeschlagen, der Rechtsanfall aber nicht rückwirkend beseitigt werden kann (Troll/Gebel/Jülicher/*Gebel* ErbStG § 3 Rn. 224). So gilt der Pflichtteilsanspruch erst mit seiner Geltendmachung als Erwerb von Todes wegen iSd § 3 I Nr. 1 Var. 3 ErbStG (*Holler* ErbR 2014, 562; anders bei dem Erben des Pflichtteilsberechtigten; → Rn. 16).

Die Geltendmachung des Pflichtteils besteht in dem **ernstlichen Verlangen auf Erfüllung** des An- 14 spruchs gegenüber dem Erben (vgl. *Holler* ErbR 2014, 562 f.; ausf. Schlitt/Müller Pflichtteils-HdB/*Lohr* § 12 Rn. 11 ff.). Der Berechtigte muss seinen Entschluss, die Erfüllung des Anspruchs zu verlangen, in geeigneter Weise bekunden (BFH BFH/NV 2004, 341). Eine Bezifferung des Anspruchs ist hierfür nicht nötig, da dem Pflichtteilsberechtigten, der nicht Erbe geworden ist, eine solche Bezifferung regelmäßig erst nach Erteilung der in § 2314 I 1 vorgesehenen Auskunft durch den Erben möglich sein wird (BFH NJW 2006, 3455 (3456)).

Von besonderer praktischer Bedeutung ist die Geltendmachung der Pflichtteilsansprüche im Falle ei- 15 nes Ehegattentestaments oder Ehegattenerbvertrages nach dem ersten Erbfall, da die Abkömmlinge im Falle der Wahl der Einheitslösung (vgl. § 2269 I) auf den ersten Erbfall enterbt sind. Die Geltendmachung der Pflichtteilsansprüche muss in diesen Fällen nicht immer gegen den Willen des überlebenden Ehegatten erfolgen, da sie geeignet ist, die Erbschaftsteuerlast des überlebenden Ehegatten zu reduzieren und die Freibeträge nach dem erstverstorbenen Ehegatten auszuschöpfen. Die (auch einvernehmliche) Geltendmachung des Pflichtteils ist aber uU mit dem Risiko behaftet, das Eingreifen einer Pflichtteilsstrafklausel (Verwirkungsklausel) herbeizuführen, so dass der Abkömmling hierdurch ggf. seine Schlusserbenposition verliert. Aus erbschaftsteuerlicher Perspektive bietet es sich an, statt der Geltendmachung des Pflichtteilsanspruchs eine Abfindung für den Verzicht auf den entstandenen, aber noch nicht geltend gemachten Pflichtteilsanspruch iSv § 3 II Nr. 4 ErbStG zu gewähren.

16 Ist ein Pflichtteilsanspruch nachlasszugehörig und hat der pflichtteilsberechtigte Erblasser den Pflichtteilsanspruch selber nicht geltend gemacht, unterliegt dieser Pflichtteilsanspruch mit dem Erbfall des Erblassers der Besteuerung; die Steuer entsteht mithin nicht erst mit seiner Geltendmachung (BFH DStR 2017, 724). Ein Alleinerbe kann nach dem Tod des verpflichteten Erblassers seinen nunmehr gegen sich selbst gerichteten Pflichtteilsanspruch auch dann noch geltend machen und als Nachlassverbindlichkeit vom Erwerb abziehen, wenn der Anspruch bereits verjährt ist (FG Schleswig-Holstein ZEV 2016, 404, nrkr; aA FG Hessen ErbR 2016, 411 = DStRE 2017, 545 mit abl. Anm. *Trappe*, nrkr; beide anhängig BFH Az. II R 1/16).

17 Zu einer sehr speziellen Konstellation hat der BFH durch Urteil vom 10.5.2017 seine Rechtsprechung geändert (NJW 2017, 2783; vgl. *G. Schmidt* ErbR 2017, 714): Schließen künftige gesetzliche Erben (etwa die Kinder, also ohne Mitwirkung des Erblassers) einen Vertrag nach § 311b V, wonach ein Beteiligter gegen Abfindung auf seinen künftigen Pflichtteil verzichtet, richtet sich die Besteuerung der Abfindung nach der zwischen den künftigen gesetzlichen Erben maßgebenden Steuerklasse (§ 15 ErbStG), Freibetrag (§ 16 I ErbStG) und Steuersatz (§ 19 ErbStG), die ungünstiger ist (Freibetrag unter Geschwistern: 20.000 EUR und nach Elternteilen: 400.000 EUR).

18 **6. Verzinsung nach Pflichtteilsgeltendmachung. a) Verzugsfolgen.** Das Gesetz kennt keine besondere gesetzliche Verzinsung der Forderung. Eine Verzinsung findet nach allgemeinen Regeln vielmehr nur bei **Verzug** oder **Rechtshängigkeit** statt (§ 288 I, Prozesszinsen nach § 291; Erman/*Röthel* Rn. 5).

19 Ein Verzug des Pflichtteilsschuldners kann nur durch Mahnung (§ 286 I) eintreten oder dadurch, dass der Schuldner die Erfüllung des Pflichtteilsanspruchs ernsthaft und endgültig verweigert (§ 286 II Nr. 3). Andere verzugsbegründende Umstände (§ 286 II u. III) kommen beim Pflichtteilsanspruch nicht in Betracht (jurisPK-BGB/*Birkenheier* Rn. 24).

20 Verzug (§ 286) tritt durch auch außerprozessuale, **unbezifferte Mahnung** ein, wenn der Erbe die Verzögerung zu vertreten hat (BGH ZEV 2009, 77 (79); NJW 1981, 1729 (1731)). Diese Mahnung muss einem zulässigen Antrag gem. § 254 ZPO innerhalb einer Stufenklage entsprechen (BGH ZEV 2009, 77 (79)). Daher sollte der Pflichtteilsberechtigte baldmöglichst seine Zahlungsansprüche unbeziffert gegenüber dem Erben geltend machen. Leistet der Erbe eine Zahlung, wird diese zunächst auf entstandene Zinsen und sodann auf die Hauptforderung angerechnet, außer der Erbe bestimmt Abweichendes (§ 367).

21 Der Erbe kommt solange nicht in Verzug, wie der für die Berechnung des Pflichtteils maßgebende Bestand und Wert des Nachlasses ohne Säumnis des Erben nicht festgestellt ist, da es dann an dem nach § 286 IV erforderlichen Verschulden fehlt (BGH NJW 1981, 1729; NK-BGB Rn. 17; MSTB PflichtteilsR-HdB/*Hölscher*/*Mayer* § 3 Rn. 74). Hinsichtlich eines von der Wertermittlung abhängigen Betrages hat der Schuldner für eine gewisse Zeit die Verzögerung nicht zu vertreten, zumindest für den Differenzbetrag zwischen der Wertangabe des Schuldners und dem „richtigen" Wert (BGH NJW 1981, 1729 (1731)). Dafür, dass der Schuldner kein Verschulden trifft, ist er darlegungs- und beweisbelastet (BGH NJW 1981, 1729 (1731)).

22 Angemessen für die Verzugsfolge dürfte regelmäßig eine Frist von 4–6 Wochen sein (LG Konstanz BeckRS 2016, 112618: nach nur 3 Wochen). Macht der Pflichtteilsberechtigte nicht unbeziffert seine Zahlungsansprüche geltend und fordert stattdessen (ungeschickterweise) nur einen bestimmten Betrag, fallen auch nur auf Basis des bestimmten Betrages Verzugszinsen an (LG Mainz BeckRS 2016, 2352). Lediglich Vergleichsangebote, auch unter Fristsetzung, lösen nicht den Verzug aus (OLG Hamm BeckRS 2014, 11567). Macht der Anwalt keine Zahlungsansprüche geltend, kann er sich hins. der entgangenen Verzugszinsen schadensersatzpflichtig machen (OLG Düsseldorf ErbR 2018, 170 mit zust. Anm. *Horn*). Die Verzugs- bzw. Prozesszinsen unterliegen der Einkommensteuer. Sie sind nach § 20 I Nr. 7 EStG als Erträge aus sonstigen Kapitalforderungen zu versteuern (es gilt der Abgeltungsteuersatz iHv 25 % zzgl. Solidaritätszuschlag und ggf. zzgl. Kirchensteuer; *B. Schmid*, Steuerfallen im Erbrecht, 2017, § 3 Rn. 57).

23 Der Erbe kommt aber solange nicht (mit der Folge der Zahlungsverpflichtung von Verzugszinsen) in Verzug, wie der Pflichtteilsberechtigte nicht abschließend selbst erhaltene unentgeltliche Zuwendungen dem Erben mitgeteilt hat, zumindest, wenn der Erbe sich darauf beruft (OLG Köln ErbR 2018, 471 (472) unter Verweis auf BGH NJW-RR 2005, 170 (171), so auch BeckOGK BGB/*Dornis* § 286 Rn. 120). Hierzu zählen Zuwendungen nach §§ 2316, 2050; 2315, § 2327 BGB → § 2314 Rn. 85 ff.). So ist es grds. Sache des Forderungsinhabers, seinen Anspruch nachvollziehbar zu machen; soweit der Schuldner den Inhalt und Umfang der Leistungspflicht nicht kennt, ohne dass er dies zu vertreten hat, kann er nicht in Verzug geraten (OLG München NJW 2013, 2690 (2691)). Der Pflichtteilsberechtigte habe auch wie sonst zu anspruchsbegründenden Tatsachen über unentgeltliche Zuwendungen nach allgemeinen zivilprozessualen Regeln nachvollziehbar vorzutragen. Zu einer vollständigen Klagebegründung gehören lt. RG Angaben zu ausgleichungspflichtigen Zuwendungen; ansonsten könne der Erbe die unvollständige Klagebegründung bemängeln (RGZ 73, 372 (376)). Dieses Erfordernis muss auch für Eigenschenke gelten. Unabhängig davon kann der Erbe sich gegen Zahlungsansprüche auf sein Zurückbehaltungsrecht nach § 273 berufen, solange der Pflichtteilsberechtigte keine abschließende Auskunft zu selbst erhaltenen Zuwendungen erteilt hat (→ § 2314 Rn. 43).

b) **Vorerst Beschränkung auf Auskünfte:** Nicht stets ist von Anfang an der Pflichtteilsanspruch geltend zu machen. Es kann vorteilhafter sein, unter Vorbehalt der späteren Pflichtteilsgeltendmachung zunächst nur Auskünfte nach § 2314 I zu verlangen, und zwar in folgenden Konstellationen:

aa) Der Mandant benötigt zunächst lediglich eine **Entscheidungsgrundlage**, ob er den Pflichtteilsanspruch auch tatsächlich geltend macht. So kann dadurch eine Pflichtteilsstrafklausel für den 2. Erbfall seiner Eltern ausgelöst werden.

bb) Hat der Pflichtteilsberechtigte seinen Pflichtteilsanspruch geltend gemacht und erhält dann an Erfüllungs statt etwa eine nachlasszugehörige Immobilie, so fällt **Grunderwerbsteuer** an (keine Befreiung nach § 3 Nr. 2 S. 1 GrEStG; NK-NachfolgeR/*Holler* § 35 Rn. 480f.). Verzichtet der Pflichtteilsberechtigte hingegen auf die Geltendmachung seiner Ansprüche und erhält als Abfindung eine nachlasszugehörige Immobilie, so ist dieser Erwerb grunderwerbsteuerfrei (§ 3 Nr. 2 S. 1 GrErbSt iVm § 3 II Nr. 4 ErbStG; außer hins. eines etwaigen Mehrwertes oberhalb seines künftigen Pflichtteilsanspruchs (Weilbach/*Weilbach/Baumann* GrErbStG § 3 Rn. 27). Wenn ein steuerverstrickter Gegenstand als Ausgleich für den Pflichtteil oder für den Verzicht auf die Geltendmachung an den Pflichtteilsberechtigten übertragen wird, können Einkommensteuern ausgelöst werden (NK-NachfolgeR/*Holler* § 35 Rn. 479). Kommt ein Vergleich in Betracht, durch den der Pflichtteilsberechtigte etwa eine Immobilie oder einen Unternehmensanteil bekommen könnte, sollten zunächst keine Zahlungsansprüche geltend gemacht werden.

cc) Durch die Geltendmachung des Pflichtteilsanspruchs entsteht die **Erbschaftsteuerpflicht** (§ 9 I lit. b ErbStG; vgl. *Holler* ErbR 2014, 562; NK-NachfolgeR/*Holler* § 35 Rn. 451 ff.; *Seer/Krumm* ZEV 2010, 57). Sie entsteht in dem ernstlichen Verlangen auf Erfüllung des Anspruchs gegenüber dem Erben (BFH DStR 2013, 523 (524); *Lohr/Görges* DStR 2011, 1939) und bedarf keiner besonderen Form, so dass das Verlangen mündlich, schriftlich und konkludent erfolgen kann (BFH ZEV 2006, 514 mAnm *Messner*). Eine Bezifferung ist nicht erforderlich (BFH ZEV 2006, 514 mAnm *Messner*). Nach Geltendmachung hat der Pflichtteilsberechtigte den Erwerb **innerhalb von drei Monaten** dem Erbschaftsteuerfinanzamt anzuzeigen (§ 30 ErbStG). Daraufhin kann der Pflichtteilsberechtigte zur Abgabe der Erbschaftsteuererklärung aufgefordert werden. Im Folgenden kann Erbschaftsteuer durch Bescheid festgesetzt werden, auch wenn der Erbe noch nicht an den Pflichtteilsberechtigten geleistet hat. Vollstreckungsmaßnahmen durch das Finanzamt drohen.

7. Erlass. Der Anspruch kann im Gegensatz zum Vermächtnis (vgl. § 2180) nicht mit rückwirkender Kraft durch einseitige Ausschlagung beseitigt werden. Der Anspruch kann nur durch einen **Vertrag** mit dem oder den Erben **erlassen** werden. Der Erlassvertrag bedarf keiner Form (§ 397). Zu unterscheiden hiervon ist der Pflichtteilsverzichtsvertrag, der noch zu Lebzeiten des Erblassers abgeschlossen wird. Dieser ist beurkundungsbedürftig (§ 2346 II, § 2348). Ein zu Lebzeiten des Erblassers unterbreitetes Angebot auf Abschluss eines Pflichtteilsverzichtsvertrages, das mangels Annahme nicht mehr zum wirksamen Abschluss eines Pflichtteilsverzichtsvertrages geführt hat und nach dem Tod des Erblassers auch nicht mehr angenommen werden kann, kann nach Eintritt des Erbfalls nicht als Angebot auf Abschluss eines Erlassvertrages über den entstandenen Pflichtteilsanspruch ausgelegt oder in ein solches umgedeutet werden (BGH NJW 1997, 521; aA *Muscheler* JZ 1997, 853 ff.; Staudinger/*Herzog* Rn. 69).

Im Falle der Gütergemeinschaft kann der das Gesamtgut nicht verwaltende Ehegatte diesen Vertrag allein abschließen (vgl. § 1432 I). Auch im Falle der Zugewinngemeinschaft bedarf der Abschluss des Erlassvertrages durch den pflichtteilsberechtigten Ehegatten selbst dann, wenn der Pflichtteilsanspruch dessen ganzes Vermögen ausmacht, nicht, gem. § 1365 der **Zustimmung** seines Ehegatten, da auch die Ausschlagung einer angefallenen Erbschaft nicht zustimmungsbedürftig wäre (Soergel/*Dieckmann* Rn. 6; jurisPK-BGB/*Birkenheier* Rn. 14). Vormund, Eltern oder Betreuer des Pflichtteilsberechtigten bedürfen zum Abschluss eines Erlassvertrages aber der Genehmigung des Familien- bzw. Betreuungsgerichts (§ 1822 Nr. 2, § 1643 II, § 1908i I 1).

Umstritten ist, ob der Erlass eines Pflichtteilsanspruchs eine **Schenkung** darstellt. Dies könnte im Hinblick auf § 517, wonach eine Schenkung nicht vorliegt, wenn jemand zum Vorteil eines anderen einen Vermögenserwerb unterlässt oder auf ein angefallenes, noch nicht endgültig erworbenes Recht verzichtet oder eine Erbschaft oder ein Vermächtnis ausschlägt, fraglich sein. Bereits die Gesetzesmaterialien (vgl. Mot. II, 291) hielten § 517 aber auf den unentgeltlichen Erlassvertrag über einen entstandenen Pflichtteilsanspruch für nicht anwendbar. Außerdem entsteht der Pflichtteilsanspruch mit dem Erbfall ohne weiteres und geht damit als unvererbliches und übertragbares Recht endgültig in das Vermögen des Pflichtteilsberechtigten über. Dies spricht dafür, den unentgeltlichen Erlass eines Pflichtteilsanspruchs als Schenkung anzusehen. Das kann bedeuten, dass zunächst Erbschaftsteuern und dann zusätzlich Schenkungsteuern anfallen.

8. Gläubigerverzug – keine Teilzahlungen. Der Pflichtteilsberechtigte muss keine Teilzahlungen akzeptieren (§ 266), so dass er Leistungen, die seinen Anspruch nicht vollständig erfüllen, zurückweisen kann (*Joachim/Lange* PflichtteilsR Rn. 22; Staudinger/*Herzog* Rn. 45; vgl. BGH NJW 1981, 1929 (1731)). Insoweit gerät er nicht in Gläubigerverzug. Grds. kann Gläubigerverzug nicht eintreten, bevor der Erbe nicht vollständige Auskünfte erteilt hat. Unabhängig davon ist dem Pflichtteilsberechtigten zu empfehlen, Abschlagszahlungen zu akzeptieren, was er auch in seiner Zahlungsaufforderung erklären kann.

32 **9. Besonderheiten bei minderjährigen Pflichtteilsberechtigten.** Grds. sind die Eltern gemeinsam die gesetzlichen Vertreter ihres minderjährigen Kindes. Nach dem Tod eines Elternteils vertritt der längerlebende Elternteil das minderjährige Kind alleine (§ 1629 I 3). Eltern sind aber dann ua von der gesetzlichen Vertretung ausgeschlossen, wenn eine Interessenkollision vorliegt (§§ 1629 II 1, 179). Wenn und nur soweit ein gesetzliches Vertretungsverbot für die Eltern vorliegt, wird eine Pflegschaft erforderlich (§ 1909 I BGB). Die Eltern haben dann den Sachverhalt gem. § 1909 II dem Familiengericht anzuzeigen. Für die erforderliche Kenntnis hins. des Beginns der Verjährung ist die Kenntnis des gesetzlichen Vertreters maßgeblich (OLG Koblenz JurBüro 2014, 660 = BeckRS 2013, 21754).

33 Durchaus in der Praxis üblich ist bei Eltern mit Kindern die Errichtung eines Berliner Testaments, wonach der längerlebende Ehegatte Alleinerbe geworden ist; die Kinder sind enterbt. Der Längerlebende ist nun der gesetzliche Vertreter der minderjährigen Kinder und vertritt die Kinder letztlich gegen sich selbst. Überwiegend wird vertreten, dass keine Interessenkollision besteht, zumal der Pflichtteilsanspruch nicht vor Vollendung des 21. Lebensjahres gegen den Elternteil verjährt (§ 207 II 2a BGB; BeckOK BGB/*G. Müller* Rn. 6; Palandt/*Weidlich* Rn. 4). Es habe eine Abwägung stattzufinden, wobei der Familienfriede auch zu beachten sei (Staudinger/*Herzog* Rn. 80). Nur bei einer konkreten Gefährdung sei dem Elternteil die Vertretungsbefugnis zu entziehen (BeckOK BGB/*G. Müller* Rn. 6). *Damrau* zufolge besteht dagegen zutreffend bei einem nennenswerten Pflichtteilsanspruch ein Interessensgegensatz nach § 1796 (*Damrau*, Der Minderjährige im Erbrecht, 2010, § 9 Rn. 77; so auch *Horn* ZEV 2013, 297 (300)). In diesem Fall hat das Familiengericht für diesen Teilbereich einen Pfleger zu bestellen. Nach dem BayObLG beschränkt sich die Aufgabe eines Pflegers nur auf die Sicherung des Pflichtteilsanspruchs (BayObLG FamRZ 1988, 385 (389)). Er hat folglich den Anspruch nicht durchzusetzen und zu vollstrecken, um dem Pflegling den Geldbetrag zuzuführen (Staudinger/*Herzog* Rn. 81).

34 **10. Verjährung.** → § 2332 Rn. 3 ff.

III. Übertragung und Überleitung (Abs. 2 Alt. 1)

35 **1. Übertragung.** Der Pflichtteilsanspruch ist als Geldforderung gem. §§ 398 ff. **übertragbar**, wie sich aus Abs. 2 ergibt. Die Übertragung ist formlos möglich. Da entsprechend § 401 auch sog. Hilfsrechte, die zur Durchsetzung der Forderung erforderlich sind, mit übergehen, gehen bei Übertragung des Pflichtteils- oder Pflichtteilsergänzungsanspruchs auch die Ansprüche auf Auskunft und Wertermittlung (§ 2314) mit über (jurisPK-BGB/*Birkenheier* Rn. 31).

36 Nicht übertragbar ist in den Fällen der §§ 2306, 2307 das Recht zur Ausschlagung des Erbteils bzw. des Vermächtnisses, da dieses mit der Erbenstellung verbunden ist (MüKoBGB/*Lange* Rn. 17).

37 Im Falle der Zugewinngemeinschaft ist für die Übertragung – anders als im Falle des Erlassvertrages – die Zustimmung des anderen Ehegatten erforderlich, sofern der Anspruch das ganze oder nahezu das gesamte Vermögen des übertragenden Ehegatten ausmacht; denn hierdurch wird die Entscheidungsfreiheit des Pflichtteilsberechtigten nicht tangiert, da es hier um eine Form der Geltendmachung des Anspruchs geht (jurisPK-BGB/*Birkenheier* Rn. 34).

38 **2. Überleitung auf den Sozialhilfeträger.** Träger der Sozialhilfe sind nicht darauf angewiesen, dass der Sozialhilfeempfänger seinen Pflichtteilsanspruch geltend macht (vgl. BGH ZEV 2005, 117 mit abl. Anm. *Muscheler*). So ist die Verwertungsreife nach § 852 I ZPO für die Überleitung nicht erforderlich (→ Rn. 46 f.). Dies gilt selbst dann, wenn für den pflichtteilsberechtigten Schlusserben in einem gemeinschaftlichen Testament eine Verwirkungsklausel für den Fall vorgesehen ist, dass er nach dem erstversterbenden Elternteil den Pflichtteil verlangt, sofern die Testamentsauslegung ergibt, dass nach dem Willen der Erblasser bei dieser Fallgestaltung der Verwirkungsfall nicht eintreten soll und das behinderte Kind daher beim zweiten Erbfall durch die Überleitung und Geltendmachung des Pflichtteilsanspruchs durch den Sozialhilfeträger nicht benachteiligt ist (BGH NJW-RR 2006, 223).

39 Der Sozialhilfeträger kann sich bei dem **Empfänger von Sozialhilfe** nach SGB XII den Pflichtteilsanspruch durch Bescheid („Überleitungsanzeige") überleiten lassen und von dem Erben Zahlung verlangen (§§ 93 IV, 115 III SGB XII; vgl. OLG Hamm BeckRS 2016, 110649 Rn. 71; *Schneider* ZEV 2018, 68 (69 f.)). Bei einem Empfänger von ALG-II-Leistungen nach SGB II geht der Pflichtteilsanspruch automatisch nach § 33 SGB II auf den Sozialleistungsträger über („HARTZ IV"; v. *Proff* ErbR 2016, 250 (251)). Auf Sozialleistungsträger geht ein Teilbetrag über, der sich aus seit dem Erbfall gezahlten Leistungen ergibt (*Doering-Striening/Horn* ZEV 2013, 1276 (1277); v. *Proff* ErbR 2016, 250 (251)). So ist der Pflichtteilsanspruch mit dem Erbfall entstanden (§ 2317). Mit dem Tag, an dem die Überleitungsanzeige wirksam wird, verliert der Pflichtteilsberechtigte die Aktivlegitimation, soweit der Sozialhilfeträger diesen der Höhe nach für sich beanspruchen kann (*Schneider* ZEV 2018, 68 (73)). Bei Pflichtteilsansprüchen handelt es sich sozialrechtlich um Einkommen iSd § 11 SGB II, wenn der Anspruch während der Bedürftigkeit entsteht (BSG BeckRS 2011, 66964). Daher kann der Empfänger sich nicht auf sein „Schonvermögen" iSd § 12 SGB II bzw. nach § 93 SGB XII berufen. Mit dem Übergang gehen auch die vorbereitenden Ansprüche nach § 2314 BGB über (§§ 412, 401; MAH ErbR/*Horn* § 29 Rn. 65 ff.). Dagegen kann der Sozialhilfeträger nicht sich das Recht zur **Ausschlagung** nach § 2306 BGB überleiten und ausüben (BGH ZEV 2005, 117 (118); → § 2306 Rn. 40). Bevor ein Erbe den Pflichtteil auszahlt, sollte er erst sicherstellen, ob bzw. inwieweit der Gläubiger forderungsberechtigt ist (*Doering-Striening/Horn* NJW 2013, 1276, auch zur Auskunft des Erben von dem Sozialhilfeträger, hierzu ein Muster: BeckOF ErbR/*Schellenberger* Form. 11.1.22).

3. Pflichtteilsgläubiger, Pflichtteilsschuldner und Erfüllung. Pflichtteilsgläubiger ist derjenige 40 Pflichtteilsberechtigte, dem der Erblasser sein gesetzliches Erbrecht durch Verfügung von Todes wegen entzogen hat (vgl. § 2303).

Der Anspruch richtet sich gegen den **Erben bzw. die Miterben** (Pflichtteilsschuldner). Mehrere Miter- 41 ben haften nach außen grds. als Gesamtschuldner (§ 2058; → § 2303 Rn. 72). Im Innenverhältnis kann sich die Tragung der Pflichtteilslast nach den §§ 2318 ff. abweichend darstellen. Geltendmachung bei Testamentsvollstreckung vgl. § 2213; → § 2303 Rn. 75.

Auch ein verjährter Anspruch kann geltend gemacht und (freiwillig) erfüllt werden, da das Bestehen 42 der Einrede nichts am Bestand des Anspruchs ändert (BGH NJW 2006, 3064 f. = ZEV 2006, 501).

Der Pflichtteilsanspruch, der einem Erblasser zustand, kann auch durch einen Testamentsvollstrecker 43 geltend gemacht werden (§ 2212, BGH ZEV 2015, 107 Rn. 11); dieser unterliegt der Verwaltungsbefugnis des Testamentsvollstreckers.

IV. Vererbung (Abs. 2 Alt. 2)

Der Pflichtteilsanspruch ist nach Abs. 2 vererblich. Es handelt sich hierbei um eine Klarstellung. Ist 44 der Pflichtteilsberechtigte unter Belastungen zum Erben eingesetzt (§ 2306) oder mit einem Vermächtnis bedacht (§ 2307) und verstirbt er, ohne ausgeschlagen zu haben, geht sein **Ausschlagungsrecht** auf seine Erben über (vgl. § 1952 I, § 2180 III) und kann von diesen ausgeübt werden. Die Erben des Vorerben, die nicht zugleich Nacherben sind, können nach dem Tod des Vorerben unter den Voraussetzungen des § 2306 I die Vorerbschaft ausschlagen und zum Pflichtteilsrecht überwechseln, solange die Ausschlagungsfrist noch läuft (BGH NJW 1965, 2295 = FamRZ 1965, 604 (605 f.) mAnm *Bosch;* auch *Bengel* ZEV 2000, 388 (390)).

Wurde der Pflichtteilsberechtigte als Nacherbe eingesetzt (vgl. § 2306 II), ist zu beachten, dass das 45 Ausschlagungsrecht im Falle seines Versterbens vor Eintritt des Nacherbfalls nur dann gem. § 2108 II 1 auf seine Erben übergeht, wenn nicht ein anderer Wille des Erblassers anzunehmen ist. Dies ist im Falle der Einsetzung von Ersatznacherben anzunehmen (jurisPK-BGB/*Birkenheier* Rn. 44).

V. Pfändung und Insolvenzverwertbarkeit des Pflichtteilsanspruchs

1. Pfändbarkeit. Grds. sind abtretbare Forderungen auch pfändbar (vgl. § 400; §§ 851, 829 ZPO). Für 46 den Pflichtteilsanspruch enthält **§ 852 I ZPO** eine Ausnahme: Nach dieser Vorschrift ist der Pflichtteilsanspruch erst pfändbar, wenn er **durch Vertrag anerkannt** oder **rechtshängig** geworden ist. Es handelt sich um eine beschränkt pfändbare Forderung. Die Vorschrift will sicherstellen, dass der Pflichtteilsanspruch wegen seiner familienrechtlichen Grundlage nicht gegen den Willen des Pflichtteilsberechtigten geltend gemacht wird (Mot. V, 418; Prot. V, 526 f.). Demzufolge kann der Pflichtteilsberechtigte den Pflichtteilsanspruch durch **schlichtes Nichtstun** dem Zugriff seiner Gläubiger entziehen. Unabhängig davon sind Pflichtteilsansprüche vor den Erbfall nicht pfändbar (LG Trier BeckRS 2018, 16138 Rn. 7).

Für das Tatbestandsmerkmal „durch Vertrag anerkannt" ist kein Anerkenntnis iSv § 781 erforderlich. 47 Ein einseitiges Anerkenntnis iSv § 212 I Nr. 1 des Erben genügt nicht. Ein Anerkenntnis durch Vertrag ist die auf Feststellung des Pflichtteilsanspruchs zielende Einigung des Erben mit dem pflichtteilsberechtigten Schuldner (OLG Düsseldorf NJWE-FER 1999, 246; vgl. *Scheuing,* Der Pflichtteilsanspruch in Zwangsvollstreckung und Insolvenz, Diss., 2017, S. 97 ff.). Dabei reicht lt. *Riedel* die formlose Einigung zwischen Pflichtteilsberechtigten und Erben über das Bestehen des Anspruchs, und zwar vom Grunde her und nicht über die Höhe des Zahlungsanspruchs (BeckOK ZPO/*Riedel* § 852 Rn. 9; vgl. Erman/ *Röthel* Rn. 12). Nicht ausreichend ist die Erfüllung von zuvor isoliert geltend gemachten Auskunftsansprüchen (BeckOGK BGB/*Reisnecker* § 2317 Rn. 114). Anerkennen muss aber iSd § 852 I ZPO nicht der Erbe, sondern der Pflichtteilsberechtigte (MüKoZPO/*Smid* § 852 Rn. 3). Daher ist der Auffassung von *Herzog* zu folgen, die für § 852 I ZPO ein Geltendmachen durch den Pflichtteilsberechtigten gegenüber dem Erben wie bei „*gelten machen*" in § 3 I Nr. 1 ErbStG als ausreichend ansieht (Staudinger/*Herzog* Rn. 139). Schließlich kann es für die Verwertbarkeit nicht entscheidend sein, ob der Erbe als Pflichtteilsschuldner mitgewirkt hat oder nicht. Sollte diese Auffassung zu weitreichend sein, so muss für eine Einigung nach Geltendmachung durch den Pflichtteilsberechtigten eine Erwiderung durch den Erben reichen, wonach er sich auf die Regulierung von Pflichtteilsansprüchen einlässt.

Entgegen des Wortlautes des § 852 ZPO kann der Pflichtteilsanspruch bereits vor seiner Anerkennung 48 oder Rechtshängigkeit allein „in seiner zwangsweisen Verwertbarkeit **aufschiebend bedingter** Anspruch" **gepfändet** werden (BGH ZEV 2009, 247 ff. mit zust. Anm. *Musielak*). Der Anspruch ist dann ohne Einschränkung mit einem Pfandrecht belegt, darf aber erst verwertet werden, wenn die Voraussetzungen des § 852 I ZPO vorliegen (BGH ZEV 2015, 107; ZEV 2013, 266 (267)). Dann entsteht auch ein vollwertiges Pfandrecht, dessen Rang sich nach dem Zeitpunkt der Pfändung bestimmt (BGH NJW 1993, 2876).

§ 852 ZPO dient der Vermeidung, dass der Pflichtteilsanspruch gegen den Willen des Pflichtteilsbe- 49 rechtigten geltend gemacht wird (BGH ZEV 2016, 447 (450)). Vor diesem Hintergrund besteht kein Anlass, dem Pflichtteilsberechtigten den Pfändungsschutz aus § 850i I ZPO zu gewähren (BGH ZEV 2016, 447 (450)).

Das Unterlassen der Geltendmachung genügt, um den Anspruch für die Gläubiger unerreichbar zu 50 machen. Diese können seinen fehlenden Willen zur Realisierung des Vermögenswerts auch nicht durch Gläubigeranfechtung (§§ 3, 7 AnfG) überwinden (BGH NJW 1997, 2384 f.).

51 **2. Insolvenz des Pflichtteilsberechtigten** (vgl. *Horn/Selker* ZEV 2017, 439). Unabhängig von der Frage, ob der Erbfall vor oder während des laufenden Insolvenzverfahrens eingetreten und damit der Pflichtteilsanspruch gem. § 2317 BGB entstanden ist, gehört der Pflichtteilsanspruch zur Insolvenzmasse (BGH ZEV 2016, 447 Rn. 12; ZEV 2015, 107 (109)).

52 Solange der Pflichtteilsberechtigte als Insolvenzschuldner aber nicht die Verwertungsreife gem. § 852 I ZPO (→ Rn. 46) herbeigeführt hat, kann der Insolvenzverwalter diesen nicht verwerten, also nicht einziehen. Der Pflichtteilsanspruch ist vor der Verwertungsreife zwar pfändbar, aber nicht verwertbar (siehe §§ 35 f. InsO; BGH ZEV 2009, 247 (248) Rn. 7 m. zust. Anm. *Musielak*). Damit ist die zwangsweise Verwertbarkeit aufschiebend bedingt. Nur der Pflichtteilsberechtigte kann höchstpersönlich die Verwertungsreife gem. § 852 I ZPO herbeiführen; es unterliegt mit Rücksicht auf die familiäre Verbundenheit von Erblasser und Pflichtteilsberechtigtem der freien Entscheidung des Pflichtteilsberechtigten, ob er einen ihm zustehenden Pflichtteil verlangen will oder nicht (BGH ZEV 2015, 107 (108); LG Köln NZI 2017, 227 (228); Palandt/*Weidlich* Rn. 8). Die Insolvenzgläubiger können auch nicht etwa über die Gläubigeranfechtung die Geltendmachung erzwingen (§ 3 AnfG, §§ 129 ff. InsO). Da der Pflichtteilsanspruch aber bereits vor der Verwertungsreife „vorsorglich" gepfändet werden kann (BGH ZEV 2009, 247 (248)), gehört er von Anfang an zu dem durch Insolvenzbeschlag erfassten Vermögen (*Muscheler* ErbR Rn. 4137). Nachdem der pflichtteilsberechtigte Insolvenzschuldner die Verwertungsreife herbeigeführt hat, ist der Insolvenzverwalter ausschließlich forderungsberechtigt (§ 80 InsO).

53 Führt der Pflichtteilsberechtigte erst nach Beendigung des laufenden Insolvenzverfahrens (also Erbfall während dem laufenden Insolvenzverfahren), also im **Restschuldbefreiungsverfahren,** die Verwertungsreife nach § 852 I ZPO herbei (Erbfall aber vor Beendigung des laufenden Insolvenzverfahrens), hat eine Nachtragsverteilung nach § 203 I InsO stattzufinden (BGH ZEV 2011, 87 Rn. 7; Staudinger/*Herzog* Rn. 153; BeckOK BGB/*G. Müller* Rn. 12). So wurde der Pflichtteilsanspruch iSd § 203 I Nr. 3 InsO nachträglich ermittelt. Der Insolvenzverwalter/Treuhänder ist für die Einziehung zuständig. Es gilt auch nicht der Halbteilungsgrundsatz nach § 295 I Nr. 2 InsO (BGH ZEV 2011, 87 mAnm *Reul*). Schließlich gehörte der Pflichtteilsanspruch schon zur Insolvenzmasse, so dass er nicht zugleich einen Neuerwerb in der Restschuldbefreiungsphase darstellen kann (BGH ZEV 2009, 250 (252)).

54 Findet der **Erbfall** erst **während des Restschuldbefreiungsverfahrens** („Wohlverhaltensphase"), also nach Aufhebung des laufenden Insolvenzverfahrens, statt, ist der Pflichtteilsberechtigte befugt, selber den Pflichtteilszahlungsanspruch durchzusetzen (§ 83 InsO). Der Gesetzgeber hat ihm durch den Halbteilungsgrundsatz einen Anreiz geschaffen, den Pflichtteilsanspruch zu beanspruchen und so zumindest die Hälfte persönlich zu behalten (§ 295 I Nr. 2 InsO; vgl. BGH NJW 2013, 870). Der Obliegenheit kommt der Pflichtteilsberechtigte dadurch nach, dass er nach Eingang auf seinem Konto eine Geldzahlung iHd häftigen Wertes an den Treuhänder/Insolvenzverwalter leitet (BGH ZEV 2013, 268; LSG Baden-Württemberg BeckRS 2016, 68528 Rn. 46 f.). Er muss mithin nur die Hälfte an den Treuhänder abführen. Es stellt innerhalb des Restschuldbefreiungsverfahrens keine Obliegenheitsverpflichtung nach § 296 InsO dar, wenn der Insolvenzschuldner seinen Pflichtteilsanspruch nicht geltend macht (BGH ZEV 2013, 268 (269) mAnm *Wollmann*; BGH ZEV 2011, 327; *Muscheler* ErbR Rn. 4139).

55 Trat der Erbfall während des Restschuldbefreiungsverfahrens ein, hat der Pflichtteilsberechtigte den Anspruch aber erst nach Beendigung des Restschuldbefreiungsverfahrens geltend gemacht, also nach Ende der Abtretungszeit von sechs Jahren, hat er nichts abzuführen (BGH ZEV 2011, 327 (328); Staudinger/*Herzog* Rn. 155).

56 Besonderheiten sind zu beachten, wenn der **Erblasser dem Pflichtteilsberechtigten ein Darlehen** gewährt, dieser danach das **Insolvenzverfahren** durchlaufen und letztlich dem Pflichtteilsberechtigten Restschuldbefreiung durch Beschluss gewährt wurde. Bei dem Erbfall nach Restschuldbefreiung besteht nicht die Möglichkeit der Aufrechnung, da sich die in Rede stehenden Forderungen vor bzw. während des Insolvenzverfahrens noch nicht gegenübergestanden (OLG Düsseldorf ZErb 2018, 104 (105) mit zust. Anm. *Horn;* MüKoInsO/*Stephan* § 301 Rn. 18). Etwas anderes gilt, wenn durch Darlehensvertrag bereits die Verrechnung mit erbrechtlichen Ansprüchen vereinbart wurde (OLG Oldenburg ZEV 2014, 359 (360)).

VI. Prozessuales

57 Die **Darlegungs- und Beweislast** für alle Tatsachen, von denen der Grund und die Höhe des Anspruchs abhängen, trägt der Pflichtteilsberechtigte (BGH NJW-RR 2010, 1378 (1379); NJW-RR 1996, 705 (706); OLG Hamm BeckRS 2017, 138872). Dies gilt auch für das Nichtbestehen einer vom Erben hinreichend substanziiert dargelegten Verbindlichkeit (BGH BeckRS 2003, 5077; NJW-RR 2010, 1378 (1379)). Verbindlichkeiten sind mithin vom Erben substantiiert darzulegen (sekundäre Beweislast), so dass der Pflichtteilsberechtigte die Chance erhält, die Verbindlichkeit durch konkreten Vortrag und etwa Beweisangebote zu bestreiten (LG Hagen ZErb 2017, 109 (113)). Verletzt der Erbe schuldhaft – etwa unvollständig oder fehlerhaft – seine Auskunftspflicht, hat dies nicht die Beweislastumkehr zur Folge (BGH NJW-RR 2010, 1378 (1379)).

58 Zur Durchsetzung seiner Ansprüche steht dem Pflichtteilsberechtigten der **Auskunfts- und Wertermittlungsanspruch** nach § 2314 zur Seite. Kommt der Erbe vorsätzlich oder fahrlässig seiner Pflicht zur Erteilung der Auskunft nicht nach, ist dies iRd Beweiswürdigung zu berücksichtigen und kann uU sogar zu einer Umkehr der Beweislast führen (OLG Brandenburg ZEV 2009, 36 ff.).

Zuständig für Streitigkeiten über alle Pflichtteilsansprüche ist grds. das Prozessgericht (zur Stufenklage vgl. PHdB-Pflichtteilsprozess/*Fleischer/Horn* § 18 Rn. 1–124, auch zu Rechtsmitteln und zur Zwangsvollstreckung; BeckOF ErbR/*Lenz-Brendel* Form. 11.2.1 ff.). Trotz letztwilliger Anordnung der Schiedsgerichtsbarkeit ist eine Klage vor einem staatlichen Gericht zulässig (BGH ZEV 2017, 416 mAnm *Geimer*; LG München II ZEV 2017, 274; vgl. *Burchard* ZEV 2017, 308). Gleichwohl ist der Pflichtteilsanspruch iSd § 1030 I 1 ZPO schiedsfähig (OLG München ZEV 2016, 334 Rn. 23). Gerichtsstand ist nach Wahl des Pflichtteilsgläubigers entweder der **allgemeine Gerichtsstand des Beklagten** (§ 12 ZPO) oder der **besondere Gerichtsstand der Erbschaft** (§ 27 ZPO). 59

Erkennt der Erbe sofort einen ohne vorherige vorprozessuale Mahnung eingeklagten Auskunftsanspruch an, muss zum Erreichen der für ihn positiven Kostenfolge des § 93 ZPO noch die sofortige Erfüllung hinzukommen (OLG Schleswig ZEV 2016, 583 Rn. 12). Erfolgt das Anerkenntnis innerhalb einer Stufenklage mit unbeziffertem Zahlungsanspruch, hat der beklagte Erbe dennoch alle Kosten zu tragen, da die Kosten der Auskunftsstufe iSv § 92 II ZPO „nicht beträchtlich ins Gewicht fallen" (LG Düsseldorf ErbR 2018, 473). 60

Liegt der Arrestanspruch und der Arrestgrund vor, kann der Pflichtteilsberechtigte einen **Arrestantrag** stellen (§§ 916ff. ZPO; hierzu *Schneider* NJW 2010, 3401; *Roth* NJW-Spezial 2014, 359; vgl. OLG Hamburg ZErb 2017, 295; vgl. LG Krefeld ErbR 2018, 282). 61

Prozesskostenhilfe (PKH gem. §§ 114ff. ZPO) ist bei Vorliegen der Voraussetzungen bei einer Stufenklage sogleich für sämtliche Stufen zu bewilligen (OLG Stuttgart BeckRS 2011, 5272; aA OLG Celle NJW-RR 2012, 1290). Wer sich seines Vermögens mutwillig entäußert, verdient keine Prozesskostenhilfe (BGH MDR 2007, 366). Das LG Wuppertal hat PKH abgelehnt, nachdem die Pflichtteilsberechtigte die erhaltene Abfindung verbraucht hatte und eben nicht für den zu erwartenden Pflichtteilsprozess Rücklagen gebildet hatte (ZErb 2018, 106). 62

§ 2318 Pflichtteilslast bei Vermächtnissen und Auflagen

(1) ¹Der Erbe kann die Erfüllung eines ihm auferlegten Vermächtnisses soweit verweigern, dass die Pflichtteilslast von ihm und dem Vermächtnisnehmer verhältnismäßig getragen wird. ²Das Gleiche gilt von einer Auflage.

(2) Einem pflichtteilsberechtigten Vermächtnisnehmer gegenüber ist die Kürzung nur soweit zulässig, dass ihm der Pflichtteil verbleibt.

(3) Ist der Erbe selbst pflichtteilsberechtigt, so kann er wegen der Pflichtteilslast das Vermächtnis und die Auflage soweit kürzen, dass ihm sein eigener Pflichtteil verbleibt.

I. Normzweck

Im **Außenverhältnis** ist Pflichtteilsschuldner nur der Erbe (mehrere Erben haften gem. § 2058 als Gesamtschuldner), nicht sonstige durch die Verfügung von Todes wegen Begünstigte, wie etwa Vermächtnisnehmer. Eine andere Frage ist, wer von den Bedachten des Erblassers letztlich (im **Innenverhältnis**) die wirtschaftliche Belastung zu tragen hat, die mit dem Pflichtteilsanspruch übergangener Erben verbunden ist (sog. Pflichtteilslast). Nach dem Gesetz haben die Miterben die Pflichtteilslast nach dem Verhältnis ihrer Erbanteile zu tragen (§ 2038 II 1, §§ 748, 2047 I). Die §§ 2318ff. enthalten aber einige Abweichungen von diesem Grundsatz. Jedoch kann der Erblasser auch nach § 2324 eine von § 2318 abweichende Anordnung treffen, so dass etwa der Erbe vollständig die Pflichtteilslast tragen muss (*D. Schmidt* ZEV 2016, 612 (613)). 1

§ 2318 regelt die Tragung der Pflichtteilslast bei Vermächtnissen und Auflagen. Dem liegt folgender Gedanke zugrunde: Pflichtteilsschuldner im Außenverhältnis ist der Erbe. Er hat daher auch die vom Erblasser ausgesetzten Vermächtnisse und Auflagen zu erfüllen, ohne dass eine Verringerung der Pflichtteilsansprüche bewirken würde. Denn Erbfallschulden, die auf Verfügungen von Todes wegen des Erblassers zurückgehen, sind iRd Berechnung des Pflichtteilsanspruchs nicht abzugsfähig (→ § 2311 Rn. 39). 2

Zum Ausgleich dafür kann der pflichtteilsberechtigte Erbe nach § 2318 die Auflagen und Vermächtnisse im Innenverhältnis gegenüber dem Begünstigten in der Weise **kürzen** und insoweit die **Leistung verweigern (peremptorische Einrede)**, dass die Pflichtteilslast von ihm und den Vermächtnisnehmern bzw. Auflagebegünstigten verhältnismäßig getragen wird. 3

II. Durchführung der Kürzung

1. Kürzungsrecht gegenüber Vermächtnisnehmern und Auflagebegünstigten nach Abs. 1. Nach § 2318 I kann der Erbe die Erfüllung eines ihm auferlegten Vermächtnisses soweit verweigern, dass die Pflichtteilslast von ihm und dem Vermächtnisnehmer **verhältnismäßig getragen** wird (vgl. *Tanck* ZEV 1998, 132 f.; *Schlitt* ZEV 1998, 91). „Pflichtteilslast" ist der eigentliche Pflichtteilszahlungsanspruch, nicht hingegen Verzugszinsen und Rechtsverfolgungskosten des Erben (*D. Schmidt* ZEV 2016, 612). Der Erbe als alleiniger Pflichtteilsschuldner im Außenverhältnis kann folglich im Innenverhältnis auf den Vermächtnisnehmer einen Teil der Pflichtteilslast abwälzen als Ausgleich dafür, dass er bei der Pflichtteilsberechnung (§ 2311) nicht die im Range nachgehenden Vermächtnisse und Auflagen absetzen kann (*Schlitt* ZEV 1998, 91). Dies führt iErg zu einer gleichmäßigen Belastung aller am Nachlass Beteiligten. 4

5 **Beispiel:** Der Nachlass des Erblassers beträgt 300.000 EUR. Der Sohn S des Erblassers wurde enterbt, Alleinerbin des Erblassers ist seine nichteheliche Lebensgefährtin L. Außerdem wurde zugunsten des Vereins V ein Vermächtnis über 100.000 EUR ausgesetzt. Hat der Erblasser nichts Abweichendes angeordnet, dann haben die Erbin und der Vermächtnisnehmer im Innenverhältnis den Pflichtteilsanspruch des Sohnes iHv 150.000 EUR im Verhältnis 200.000 EUR zu 100.000 EUR (dh 2:1) zu tragen; die Erbin kann daher das Vermächtnis zugunsten des Vereins um 50.000 EUR kürzen.

6 Bei schwieriger Berechnung des Kürzungsbetrages infolge komplizierter Zahlen kann die von *Martin* (ZBlFG 14, 789) entwickelte Formel angewendet werden. Sie beruht auf der Erwägung, dass sich der ungekürzte Nachlass (Nachlass einschl. des zu kürzenden Vermächtnisses und der zu kürzenden Auflage) zum ungekürzten Vermächtnis wie die Pflichtteilslast zum Kürzungsbetrag verhält (Erman/*Röthel* Rn. 4). Die Gleichung lautet:

$$\text{Kürzungsbetrag} = \frac{\text{Pflichtteilslast} \times \text{Vermächtnis}}{\text{ungekürzter Nachlass}}$$

7 Bestehen keine Anrechnungs- und Ausgleichungspflichten hins. des Pflichtteils kann der Kürzungsbetrag auch einfacher ermittelt werden, indem die Kürzung des Vermächtnisses um den Betrag erfolgt, der der Nachlassbeteiligung des bzw. der Pflichtteilsberechtigten entspricht (Bsp.: Pflichtteilsquote $^1/_4$, damit Kürzung des Vermächtnisses um $^1/_4$; vgl. Palandt/*Weidlich* Rn. 2; Soergel/*Dieckmann* Rn. 4).

8 Bei mehreren Vermächtnisnehmern ist der Erbe gegenüber jedem zur verhältnismäßigen Kürzung nach Abs. 1 berechtigt (Palandt/*Weidlich* Rn. 1).

9 Das LG München II (NJW-RR 1989, 8) hatte dem Erben das Leistungsverweigerungsrecht auch dann zugebilligt, wenn der Pflichtteilsberechtigte dem Erben die Erfüllung des Pflichtteilsanspruchs schenkweise erlassen hat. Das überzeugt nicht: Das Kürzungsrecht besteht nur, wenn der Erbe tatsächlich wirtschaftlich mit einem Pflichtteilsanspruch belastet ist (vgl. jurisPK-BGB/*Birkenheier* Rn. 13). So hat das OLG Zweibrücken (ZEV 2007, 97 ff.) eine den Erben wirtschaftlich treffende Inanspruchnahme erfordert, die noch nicht in der bloßen Ankündigung der Geltendmachung eines Pflichtteilsanspruches liege. Auch das OLG München (EE 2009, 114) hat das Kürzungsrecht an einer fehlenden wirtschaftlichen Belastung (infolge objektiver Verjährung des Pflichtteilsanspruchs) scheitern lassen. Der Erbe kann **erst nach Pflichtteilsgeltendmachung** von dem Kürzungsrecht Gebrauch machen; er muss mithin wirtschaftlich in Anspruch genommen werden (MüKoBGB/*Lange* Rn. 6; NK-BGB/*Bock* Rn. 7).

10 Das Kürzungsrecht bezieht sich grds. auf **alle Arten von Vermächtnissen.** Ausgenommen ist lediglich der Voraus (§ 1932), da dieser nach § 2311 I 2 bei der Pflichtteilsberechnung abzuziehen ist (Palandt/*Weidlich* Rn. 1). Ist das Vermächtnis auf einen **unteilbaren Gegenstand** (zB Übereignung eines Grundstückes, Bestellung eines Nießbrauchs) gerichtet, kann der Erbe bei Erfüllung des Vermächtnisses verlangen, dass ihm Zug um Zug gegen Vermächtniserfüllung der nach den oben dargelegten Grundsätzen ermittelte Kürzungsbetrag bezahlt wird. Verweigert dies der Vermächtnisnehmer, verbleibt der Vermächtnisgegenstand dem Erben und der Erbe kann dem Vermächtnisnehmer den Wert seines Vermächtnisses unter Abzug des Kürzungsbetrages auszahlen (BGH NJW 1956, 506).

11 Hat der Erbe gem. Abs. 1 ein Vermächtnis gekürzt und ist dieses seinerseits durch **Untervermächtnisse** oder auf eine andere Weise beschwert, können diese vom Vermächtnisnehmer gem. den §§ 2188, 2189 ebenfalls verhältnismäßig gekürzt werden (*D. Schmidt* ZEV 2016, 612 (613)).

12 Hat der Pflichtteilsschuldner in Unkenntnis des Pflichtteilsberechtigten und damit auch in **Unkenntnis seines Kürzungsrechts** zunächst das Vermächtnis voll erfüllt, kann er nach § 813 I iVm § 2318 I den Betrag, um den er das Vermächtnis hätte kürzen können, vom Vermächtnisnehmer zurückfordern (KG FamRZ 1977, 267 ff.).

13 Nach LG Düsseldorf (NJW-RR 2008, 678 f.) hat der Rechtsanwalt des Erben diesen grds. über die Beteiligungspflicht der Vermächtnisnehmer an der Pflichtteilslast **aufzuklären,** allerdings erst zu dem Zeitpunkt, zu dem konkretes Handeln erforderlich ist (etwa weil nunmehr der Pflichtteilsanspruch der Höhe nach feststeht).

14 Das Kürzungsrecht nach Abs. 1 kann vom Erblasser durch Verfügung von Todes wegen **ausgeschlossen** werden (vgl. § 2324).

15 **2. Einschränkung des Kürzungsrechts bei selbst pflichtteilsberechtigtem Vermächtnisnehmer nach Abs. 2.** Nach Abs. 2 ist einem pflichtteilsberechtigten Vermächtnisnehmer gegenüber die Kürzung nur in dem Maße zulässig, dass diesem sein Pflichtteil verbleibt (**Einschränkung** des Kürzungsrechts aus Abs. 1).

16 **Beispiel:** Der Nachlass des Erblassers beträgt 360.000 EUR. Alleinerbe ist sein Sohn S, die Tochter T1 ist enterbt, der Tochter T2 wurde ein Geldvermächtnis iHv 60.000 EUR ausgesetzt. Macht T1 jetzt von Erben ihren Pflichtteil iHv 60.000 EUR, könnte S von T2 nach § 2318 I verlangen, dass die Pflichtteilslast von ihr anteilig (im Verhältnis 5:1) getragen wird, dh das Vermächtnis könnte um $^1/_6$ von 60.000 EUR, dh 10.000 EUR gekürzt werden. Da T2 aber selbst pflichtteilsberechtigt ist und die Kürzung gem. § 2318 II nur soweit zulässig ist, dass dem Vermächtnisnehmer sein Pflichtteil verbleibt, scheidet eine Kürzung des Vermächtnisses aus. Der T2 verbleibt also das Vermächtnis, das gerade ihren Pflichtteil deckt, ungekürzt.

17 Vermächtnisse in Pflichtteilshöhe sind damit nicht kürzungsfähig (Soergel/*Dieckmann* Rn. 8). Eine Kürzung kommt nur hins. eines Mehrbetrages in Betracht.

18 Ist der überlebende Ehegatte aus einer Zugewinngemeinschaftsehe mit einem Vermächtnis bedacht worden, ergibt sich die Kürzungsgrenze ihm gegenüber aus dem nach § 1371 I, § 1931 III, § 2303 erhöhten Ehegattenpflichtteil (großer Pflichtteil). Der große Pflichtteil bestimmt dann auch die Kürzungs-

grenze gegenüber anderen Pflichtteilsberechtigten, wenn der Ehegatte das Vermächtnis annimmt (vgl. Soergel/*Dieckmann* Rn. 12; zur Beeinflussung der Pflichtteilsquoten durch das Ehegattenerbrecht → § 2303 Rn. 77 ff.).

Anders als das Vermächtniskürzungsrecht nach Abs. 1 ist das Kürzungsrecht nach Abs. 2 **nicht** für 19 den Erblasser **disponibel** (vgl. § 2324).

3. Erweiterung des Kürzungsrechts nach Abs. 3. Abs. 3 der Vorschrift enthält eine **Erweiterung** des 20 Kürzungsrechts aus Abs. 1: Ist der Erbe selbst pflichtteilsberechtigt, kann er wegen der Pflichtteilslast das Vermächtnis soweit kürzen, dass ihm sein eigener Pflichtteil verbleibt.

Abs. 3 bedeutet aber nicht, dass dem Erben stets sein eigener Pflichtteil voll verbleibt, sondern berech- 21 tigt ihn nur zur Verteidigung wegen der Pflichtteilslast, **nicht auch wegen des Vermächtnisses** (BGH NJW 1985, 2828). Abs. 3 verschiebt damit va nicht die in § 2306 vorgesehenen Belastungsgrenzen (vgl. KG OLGE 14, 308 (309); *Schlitt* ZEV 1998, 91 f.). Hat der Erbe die ihm nach § 2306 mögliche Ausschlagung versäumt und die Erbschaft mit allen Beschränkungen und Beschwerungen angenommen, muss er auch das Vermächtnis voll tragen, ggf. auch auf Kosten seines eigenen Pflichtteils.

> **Beispiel:** Der Nachlass des Erblassers beträgt 300.000 EUR. Alleinerbe ist sein Sohn S, die Tochter T ist enterbt. Zu- 22
> gunsten der Lebensgefährtin L ist ein Vermächtnis iHv 240.000 EUR ausgesetzt. Nach § 2318 I hätten der Erbe S und
> die Vermächtnisnehmerin L die Pflichtteilslast hins. der Schwester iHv 75.000 EUR anteilig zu tragen im Verhältnis
> 60.000 EUR zu 240.000 EUR (dh 1:4). Nach Abs. 3 der Vorschrift kann S, nachdem ihm nach Erfüllung des Vermächt-
> nisses nur 60.000 EUR vom Nachlass verbleiben, seinen Pflichtteil iHv 60.000 EUR insoweit verteidigen, als er das
> Vermächtnis um die (gesamte) Pflichtteilslast iHv 75.000 EUR kürzen darf. Der Erbe darf aber nicht das Vermächtnis
> noch weiter kürzen, so dass ihm sein eigener Pflichtteilsanspruch iHv 75.000 EUR verbleibt. Dies hätte er nur durch
> Ausschlagung nach § 2306 I erreichen können, da Abs. 3 der Vorschrift nicht die dort vorgesehenen Belastungsgrenzen
> verschiebt.

Das Kürzungsrecht des Abs. 3 setzt nach nunmehr hA nicht einen Alleinerben voraus, sondern steht 23 auch einem **Miterben** zu (BGH NJW 1985, 2828; Soergel/*Dieckmann* Rn. 16 mwN).

Treffen die Anwendungsbereiche von § 2318 II u. III zusammen, weil sowohl Erbe als auch Ver- 24 mächtnisnehmer pflichtteilsberechtigt sind, setzt sich nach hM das **Kürzungsrecht des Erben** nach Abs. 3 durch (vgl. Prot. V, 547; BeckOK BGB/*G. Müller* Rn. 12 mwN).

Eingeschränkt wird das Kürzungsrecht nach § 2323. Nach dieser Vorschrift kann der Erbe die ihn be- 25 lastenden Vermächtnisse und Auflagen insoweit nicht gem. § 2318 I verhältnismäßig kürzen, als er sie auf Grund der Vorschriften der §§ 2320–2322 auf Miterben oder Vermächtnisnehmer abwälzen oder mindern kann. Daraus folgt, dass der Erbe gegenüber dem Vermächtnisnehmer oder Auflagebegünstigten das Kürzungsrecht nach § 2318 I nur hat, wenn er endgültig die Pflichtteilslast zu tragen hat. Kann er im Innenverhältnis jedoch diese Belastung nach §§ 2320–2322 an einen anderen weitergeben, so entfällt die innere Rechtfertigung für die Kürzung (BeckOK BGB/*G. Müller* § 2318 Rn. 2).

Der Erblasser kann das Kürzungsrecht nach Abs. 3 nach hM **nicht ausschließen** (→ § 2324 Rn. 6). 26

§ 2319 Pflichtteilsberechtigter Miterbe

¹ Ist einer von mehreren Erben selbst pflichtteilsberechtigt, so kann er nach der Teilung die Befriedigung eines anderen Pflichtteilsberechtigten soweit verweigern, dass ihm sein eigener Pflichtteil verbleibt. ² Für den Ausfall haften die übrigen Erben.

1. Normzweck. Die Vorschrift will den pflichtteilsberechtigten Miterben durch Gewährung eines 1 Leistungsverweigerungsrechts (Einrede) davor schützen, dass er nach der Teilung des Nachlasses den Wert seines eigenen Pflichtteils dadurch verliert, dass er Pflichtteilsansprüche Dritter befriedigen muss. Eine entsprechende Funktion wie § 2319 für den ordentlichen Pflichtteil besitzt § 2328 iRd Pflichtteilsergänzung.

Die Vorschrift betrifft primär das Außenverhältnis (Verhältnis zum Pflichtteilsberechtigten) und nicht 2 wie §§ 2318, 2320–2323 das Innenverhältnis (Verteilung der Pflichtteilslast). Sie wirkt sich jedoch auf das Innenverhältnis aus (→ Rn. 11).

2. Voraussetzungen des Leistungsverweigerungsrechts. § 2319 greift nur ein bei einer **Erbenmehr-** 3 **heit**. Der Alleinerbe wird bereits durch die Verteidigungsmöglichkeiten aus § 2306 I und § 2318 geschützt (HK-PflichtteilsR/*Löhnig* Rn. 2). Außerdem müssen zu der Erbengemeinschaft mindestens ein Erbe, der selbst pflichtteilsberechtigt ist, und daneben ein oder mehrere nicht pflichtteilsberechtigte Mitglieder gehören (jurisPK-BGB/*Birkenheier* Rn. 5).

Weitere Voraussetzung ist, dass die **Nachlassteilung** bereits **erfolgt** ist. Bis zur Teilung haften die Mit- 4 erben für den Pflichtteilsanspruch als Gesamtschuldner (§ 2058). Sie können jedoch nach § 2059 I 1 die Haftung auf den noch ungeteilten Nachlass beschränken. Selbst wer das Recht zur Haftungsbeschränkung verloren hat, haftet bis zur Teilung für Nachlassverbindlichkeiten nach § 2059 I 2 nur unbeschränkt in einer Höhe, die seinem Erbteil entspricht. Mit der Nachlassteilung geht diese Vergünstigung verloren und der Miterbe haftet nunmehr dem noch nicht befriedigten Pflichtteilsgläubiger als Gesamtschuldner mit seinem **gesamten Eigenvermögen** (§ 2058, ausnahmsweise Teilhaftung nach §§ 2060, 2061; BeckOK BGB/*G. Müller* Rn. 2). Davor schützt § 2319 durch Gewährung eines **Leistungsverweigerungsrechts** bis zur Grenze des eigenen Pflichtteils. Dabei kommt es nicht darauf an, ob der betreffende Miterbe noch Maßnahmen der Haftungsbeschränkung nach den §§ 1975 ff. ergreifen könnte (Soergel/*Dieckmann* Rn. 1).

5 Der Erbe muss zum Kreis der **Pflichtteilsberechtigten** aus § 2303 gehören.

6 Ist der Erbteil des Miterben durch Zusammentreffen von Pflichtteilslast und Vermächtnis (Auflage) in Gefahr, unter den eigenen Pflichtteil vermindert zu werden, kommt § 2318 zur Anwendung. § 2319 S. 1 gibt nur einem Miterben, der selbst pflichtteilsberechtigt ist, im Verhältnis zu anderen Pflichtteilsberechtigten ein Leistungsverweigerungsrecht, gilt aber nicht gegenüber Vermächtnisnehmern und Auflagebegünstigten (jurisPK-BGB/*Birkenheier* Rn. 2).

7 **3. Wirkung im Außenverhältnis.** § 2319 I bewahrt den selbst pflichtteilsberechtigten Miterben durch ein **Leistungsverweigerungsrecht** bis zur Grenze des eigenen Pflichtteils davor, mit seinem Eigenvermögen für einen Pflichtteilsanspruch aufkommen zu müssen. Das Leistungsverweigerungsrecht steht auch dem Miterben zu, der das Recht auf Beschränkung seiner Erbenhaftung verloren hat, da § 2319 die Höhe der Verpflichtung des pflichtteilsberechtigten Miterben beeinflusst und nicht nur zu einer Beschränkung der Haftung führt (BeckOK BGB/*G. Müller* Rn. 2 mwN).

8 Das Leistungsverweigerungsrecht besteht bis zur **Höhe des vollen Pflichtteils** des Pflichtteilsberechtigten. Anrechnungs- und Ausgleichungspflichten sind nach wohl hA nach den Grundsätzen der sog. Werttheorie zu berücksichtigen (BeckOK BGB/*G. Müller* Rn. 4 mwN).

9 Nicht einheitlich wird das Verhältnis zu § 2306 beurteilt. Nach wohl hA sind Vermächtnisse und Auflagen, die den Erbteil des Pflichtteilsberechtigten beschweren, für die Bemessung der Höhe des Leistungsverweigerungsrechts (mindernd) zu berücksichtigen (Staudinger/*Otte* Rn. 7 ff.; Soergel/*Dieckmann* Rn. 3; BeckOK BGB/*G. Müller* Rn. 4 mwN). Dies lässt sich damit begründen, dass § 2319 nur den tatsächlich bestehenden Pflichtteilsanspruch schützen will, nicht aber die von § 2306 I vorgegebene Belastungsgrenze verschieben will.

10 Gehört der **überlebende Ehegatte** aus einer **Zugewinngemeinschaftsehe** zur Erbengemeinschaft, berechnet sich sein Pflichtteil aus dem erhöhten Ehegattenerbteil (großer Pflichtteil; § 1371 I). Dies hat auch Auswirkungen auf die Berechnung des Pflichtteils der anderen Pflichtteilsberechtigten. Gehört der überlebende Ehegatte nicht zur Erbengemeinschaft, ist der Pflichtteil, der verteidigt werden kann, nach dem nicht erhöhten Ehegattenerbteil zu bemessen (kleiner Pflichtteil). Der große Pflichtteil ist nur dann anzusetzen, wenn es nicht zur güterrechtlichen Lösung kam, weil der überlebende Ehegatte Vermächtnisnehmer wurde (Soergel/*Dieckmann* Rn. 5). Entsprechendes gilt für den überlebenden Partner einer eingetragenen Lebenspartnerschaft bei Zugewinngemeinschaft.

11 **4. Haftung für den Ausfall; Wirkung für das Innenverhältnis.** Für den Ausfall haften dem Pflichtteilsberechtigten nach S. 2 die übrigen Miterben nach den §§ 2058, 421, 426 als **Gesamtschuldner**, in den Ausnahmefällen der §§ 2060, 2061 anteilmäßig. Die Außenhaftung kann vom Erblasser nicht abweichend geregelt werden (vgl. § 2324).

12 § 2319 betrifft primär das **Außenverhältnis** (→ Rn. 7). Das Leistungsverweigerungsrecht kann sich aber dadurch, dass nach S. 2 der Vorschrift eine Ausfallhaftung der übrigen Erben angeordnet ist, auch auf das **Innenverhältnis** auswirken. Denn hierdurch kann es zu einer Verschiebung der Pflichtteilslast unter den Miterben kommen, zu Lasten derjenigen Miterben, die sich nicht auf § 2319 berufen können (BGH NJW 1985, 2828; HK-PflichtteilsR/*Löhnig* Rn. 7). Insoweit steht § 2319 S. 1 auch einem etwaigen Ausgleichsanspruch von Miterben gegen den pflichtteilsberechtigten Erben aus § 426 entgegen und schließt etwaige Regressansprüche der übrigen Miterben aus § 426 aus (MüKoBGB/*Lange* Rn. 9).

13 **Beispiel:** Der Erblasser setzt seinen Sohn S zu ⅓, seine Lebensgefährtin L zu ⅔ ein. Der Nachlasswert beträgt 400.000 EUR. Die Tochter T, die enterbt wurde, hat einen Pflichtteilsanspruch von 100.000 EUR. Verlangt T nach der Teilung ihren Pflichtteil von S, so müsste S von dem erhaltenen Nachlasswert von 133.333 EUR einen Betrag von 100.000 EUR an T bezahlen und ihm verblieben nur 33.333 EUR (und damit weniger als sein Pflichtteil). Nach § 2319 hat S ein Leistungsverweigerungsrecht gegenüber der Pflichtteilsforderung der T bis zur Grenze seines eigenen Pflichtteils, so dass er nur 33.333 EUR bezahlen muss. Hat L den Pflichtteilsanspruch beglichen, kann S der Regressforderung von L ebenfalls die Einrede aus § 2319 I entgegenhalten.

§ 2320 Pflichtteilslast des an die Stelle des Pflichtteilsberechtigten getretenen Erben

(1) **Wer anstelle des Pflichtteilsberechtigten gesetzlicher Erbe wird, hat im Verhältnis zu Miterben die Pflichtteilslast und, wenn der Pflichtteilsberechtigte ein ihm zugewendetes Vermächtnis annimmt, das Vermächtnis in Höhe des erlangten Vorteils zu tragen.**

(2) Das Gleiche gilt im Zweifel von demjenigen, welchem der Erblasser den Erbteil des Pflichtteilsberechtigten durch Verfügung von Todes wegen zugewendet hat.

I. Normzweck

1 Durch die Vorschrift wird der Grundsatz, dass im Innenverhältnis mehrere Miterben die Pflichtteilslast (oder Vermächtnislast) nach dem Verhältnis ihrer Erbteile zu tragen haben (§ 2038 II, §§ 748, 2047 I, § 2148), abgeändert, indem dem „Ersatzmann" die Pflichtteilslast (bzw. Vermächtnislast) für den weggefallenen Miterben auferlegt wird. Dem liegt der Gedanke des „Vorteilsausgleichs" zugrunde (BeckOK BGB/*G. Müller* Rn. 1), der dem mutmaßlichen Erblasserwillen entspricht (vgl. Mot. V, 422).

2 Die Lastenverteilung nach dieser Vorschrift ist für den Erblasser durch Verfügung von Todes wegen abänderbar (vgl. § 2324). Sie ändert nichts an der gesamtschuldnerischen Haftung der Miterben im Außenverhältnis (§§ 2058 ff.).

II. Durchführung der Lastenverteilung

1. Lastenverteilung im Falle der gesetzlichen Erbfolge (Abs. 1). a) Der an die Stelle des Pflichtteils- 3 berechtigten tretende gesetzliche Erbe. Nach Abs. 1 muss derjenige, der infolge des Wegfalls des Pflichtteilsberechtigten Miterbe wurde oder nur deshalb einen höheren Erbteil erhalten hat, als Eintretender die Pflichtteilslast iHd erlangten Vorteils tragen.

Voraussetzung für die Haftung des Eintretenden ist, dass dieser **kraft Gesetzes Miterbe** wurde, und 4 zwar **an Stelle des Pflichtteilsberechtigten.** Dies ist in drei Fällen gegeben: wenn der Eintretende gesetzlicher Erbe wurde, weil der Pflichtteilsberechtigte gem. § 1938 enterbt wurde, dieser in der Falllage des § 2306 I ausgeschlagen hat oder wenn der Pflichtteilsberechtigte auf seinen gesetzlichen Erbteil unter Vorbehalt seines Pflichtteils verzichtet hat (vgl. NK-BGB/*Bock* Rn. 7; jurisPK-BGB/*Birkenheier* Rn. 7).

Beispiel: Der Erblasser hinterlässt Sohn S und Tochter T, die er enterbt hat. Ersatzweise berufen ist deren einziger 5 Sohn E, der nun gesetzlicher Erbe des Erblassers zu ½ wird. Dieser hat im Innenverhältnis zu S die Pflichtteilslast hins. seiner Mutter T alleine zu tragen.

Gleichgültig ist iRd Abs. 1, ob der Erwerber durch die Ausschließung des Berechtigten **erst** (ersatz- 6 weise) **zur Erbfolge berufen** wurde oder ob sich hierdurch sein Stammerbteil **erhöht** (vgl. § 1935) hat (RG JW 1918, 768 (769)).

Beispiel: Der Erblasser hinterlässt seine Witwe W, den Sohn S und Tochter T (kinderlos). Letztere hat er enterbt. 7 Durch die Enterbung erhöht sich nur der Erbteil des Sohnes S, nicht auch derjenige der Witwe. Daher hat S im Innenverhältnis die Pflichtteilslast hins. seiner Schwester T alleine zu tragen.

Ohne Bedeutung bleibt Abs. 1, wenn sich durch den Ausfall des Pflichtteilsberechtigten die Erbteile 8 der Übrigen **gleichmäßig** erhöhen (allgM; vgl. nur MüKoBGB/*Lange* Rn. 6; Soergel/*Dieckmann* Rn. 2). Denn dann würde sich am Prinzip der anteilmäßigen Tragung der Pflichtteilslast durch die Miterben nichts ändern und der Gedanke des „Vorteilsausgleichs" nicht eingreifen.

Beispiel: Der Erblasser hinterlässt seine vier Kinder A, B, C und D. D (kinderlos) ist enterbt. Aufgrund der Enter- 9 bung des D erhöhen sich die Erbteile von A, B und C. Da es sich um eine gleichmäßige Erhöhung handelt, bleibt Abs. 1 ohne Bedeutung. Die drei Kinder haben anteilig die Pflichtteilslast zu tragen.

b) Tragung der Pflichtteilslast iHd erlangten Vorteils. Der Eintretende muss die Pflichtteilslast nach 10 Abs. 1 iHd erlangten Vorteils tragen. Der „erlangte Vorteil" bestimmt sich nach dem Wert des gewonnenen Erbteils oder seiner Steigerung (Palandt/*Weidlich* Rn. 2). Letzteres ist bspw. der Fall, wenn der Ehegatte nun statt mit Abkömmlingen mit den Eltern zusammentrifft und hierdurch einen größeren Ehegattenerbteil und einen größeren Voraus erwirbt (Soergel/*Dieckmann* Rn. 4). Zum erlangten Vorteil zählt daher alles, was der gesetzliche Erbe wegen des Wegfalls des Pflichtteilsberechtigten erlangt (MüKo-BGB/*Lange* Rn. 7).

2. Lastenverteilung im Falle der gewillkürten Erbfolge (Abs. 2). Die Lastenverteilung nach Abs. 1 11 gilt auch im Falle der gewillkürten Erbfolge. Umstritten ist, ob dies auch dann gilt, wenn der Erblasser **bewusst und gewollt** den Pflichtteilsberechtigten ersetzt hat, indem er dessen gesetzlichen Erbteil (nicht: testamentarisch zugedachten, aber ausgeschlagenen Erbteil) einem Dritten zugewandt hat (vgl. MüKo-BGB/*Lange* Rn. 11 mwN) oder ob auf subjektive Vorstellungen verzichtet werden kann (so Staudinger/*Otte* Rn. 18; v. Olshausen MDR 1986, 89 (90); Pentz MDR 1998, 1391). Der BGH (NJW 1983, 2378 ff. mAnm *Dieckmann* FamRZ 1983, 1015) hat sich zur Streitfrage nicht eindeutig geäußert. Für die zuerst genannte Ansicht spricht die Entstehungsgeschichte der Norm, da nach der amtlichen Begründung ein subjektiver Zusammenhang zwischen Enterbung und Begünstigung bestehen muss (Prot. V, 549 f.).

Eine ausdrückliche Aufnahme der Bestimmung, dass der Erbteil des Pflichtteilsberechtigten dem Drit- 12 ten zugewandt werde, ist aber nicht zwingend erforderlich (vgl. BeckOK BGB/*G. Müller* Rn. 4 mwN). Es genügt, wenn der Erblasser hinreichend deutlich **zum Ausdruck bringt,** dass er dem Bedachten gerade den (gesetzlichen) Erbteil des Pflichtteilsberechtigten zuwenden will. Dies kann bspw. anzunehmen sein, wenn an Stelle des zunächst berufenen Kindes gleich die Enkel bedacht werden (sog. Generationensprung) oder wenn bei Ehegatten mit Kindern aus verschiedenen Ehen an Stelle des Ehegatten dessen Abkömmlinge als Erben berufen werden für den Pflichtteil des übergangenen Ehegatten (BeckOK BGB/*G. Müller* Rn. 4 mwN). Um Zweifel auszuschließen, empfiehlt es sich bei der Testamentsgestaltung, einen entsprechenden Willen des Erblassers ausdrücklich zu dokumentieren.

Auch iRd Abs. 2 ist es nicht von Bedeutung, ob der „Ersatzmann" durch die Verfügung von Todes 13 wegen erst Erbe wurde oder ob er einen höheren Erbteil erlangt hat (RG JW 1918, 768 (769); Soergel/*Dieckmann* Rn. 3). Die Regelung gilt daher nicht nur im Falle der Ersatzberufung (§§ 2096, 2097, 2069), sondern auch im Falle der Anwachsung (§ 2094). Für den Fall der Ausschlagung zwecks Pflichtteilsverlangens ist umstritten, ob § 2069 Anwendung findet (BGH NJW 1960, 1899; aA Staudinger/*Otte* Rn. 14).

IRd Prüfung des § 2320 II muss also zunächst die gesetzliche Erbquote des Pflichtteilsberechtigten 14 festgestellt werden (vgl. zur Bestimmung im Falle der Zugewinngemeinschaft *Mauch* BWNotZ 1992, 146 ff.); dann ist zu ermitteln, wem dieser Erbteil zugewandt wurde (BGH NJW 1983, 2378). Diese Person hat dann im Innenverhältnis der Miterben iZw nach Abs. 2 die Pflichtteilslast **iHd erlangten Vorteils** zu tragen. Die Höhe des Vorteils ist nach dem Wert des Erbteils zur Zeit des Erbfalls zu bemessen (BGH NJW 1983, 2378 (2379); Staudinger/*Otte* Rn. 15 mwN). Schlägt der pflichtteilsberechtigte Mitvorerbe die Vorerbschaft aus und wird dadurch der – ursprünglich in erster Linie als Nacherbe vorgesehene – Ersatzerbe zum Miterben, so kommt es für die Bemessung der Höhe des erlangten Vorteils daher auf den Wert des erlangten Erbteils zur Zeit des Erbfalls an, nicht auf den Wertunterschied zwischen Erbteil und Nacherbteil (BGH NJW 1983, 2378 (2379)).

15 Beschränkungen und Beschwerungen des Erbteils mindern den Wert des Vorteils, allerdings nur insoweit, als keine Abwälzung der entsprechenden Pflichtteilslast möglich ist (Staudinger/*Otte* Rn. 15 f.).

16 Die Vorschrift ist eine Auslegungsregel, da sie nur **iZw** gilt. Es ist also vorrangig zu prüfen, ob sich ein von Abs. 2 abweichender Wille des Erblassers ermitteln lässt. Hier können sich Überschneidungen zu einer Prüfung der Abänderung iSv § 2324 (→ Rn. 20) ergeben. Will der Erblasser erreichen, dass der „Ersatzmann" nicht die Pflichtteilslast nach Abs. 2 zu tragen hat, sollte er dies idealiter in seiner Verfügung von Todes wegen ausdrücklich klarstellen.

17 **3. Tragung der Vermächtnislast (Abs. 1 Alt. 2, Abs. 2).** § 2320 betrifft nicht nur die Pflichtteilslast des ersatzweise berufenen Miterben, sondern enthält auch eine Regelung zur Tragung der **Vermächtnislast**. Für Vermächtnisse haben Miterben im Innenverhältnis grds. nach dem Verhältnis ihrer Erbteile aufzukommen (§ 2148). Eine Ausnahme hiervon enthält Abs. 1 Alt. 2: Im Verhältnis zu den Miterben soll die Vermächtnislast von demjenigen getragen werden, der an Stelle des mit einem Vermächtnis bedachten Pflichtteilsberechtigten gesetzlicher Erbe geworden ist. Gleiches gilt nach Abs. 2 für den gewillkürten Erben, dem der (gesetzliche) Erbteil des Pflichtteilsberechtigten zugewandt wurde.

18 § 2320 ist auch anzuwenden, wenn der Erblasser dem Pflichtteilsberechtigten den Pflichtteil wirksam entzogen hatte, §§ 2333, 2336 (MüKoBGB/*Lange* Rn. 9 mwN). Denn es ist anzunehmen, dass der Erblasser auch hier das Vermächtnis als Ersatz für den entzogenen Pflichtteil zuwenden wollte (*Lange*/*Kuchinke* ErbR § 37 Kap. IX Rn. 5a Fn. 416).

19 Die Bestimmung gilt auch, wenn das Vermächtnis den Wert des Pflichtteilsanspruchs übersteigt (BeckOK BGB/*G. Müller* Rn. 3; MüKoBGB/*Lange* Rn. 9). Bleibt der Wert des Vermächtnisses hinter dem Pflichtteil zurück, hat der „Ersatzmann" im Innenverhältnis bereits gem. Abs. 1 Alt. 1 die Last des Pflichtteilsrestanspruchs (§ 2307 I 2) zu tragen (Soergel/*Dieckmann* Rn. 5).

20 **4. Abweichende Anordnung des Erblassers.** Der Erblasser kann durch Verfügung von Todes wegen eine von § 2320 abweichende Anordnung zur Verteilung der Pflichtteilslast treffen, § 2324. Dies muss nicht notwendigerweise ausdrücklich erfolgen, sondern kann sich im Wege der Auslegung der Verfügung ergeben (BGH NJW 1983, 2378 (2379)).

§ 2321 Pflichtteilslast bei Vermächtnisausschlagung

Schlägt der Pflichtteilsberechtigte ein ihm zugewendetes Vermächtnis aus, so hat im Verhältnis der Erben und der Vermächtnisnehmer zueinander derjenige, welchem die Ausschlagung zustatten kommt, die Pflichtteilslast in Höhe des erlangten Vorteils zu tragen.

1 **1. Normzweck.** Nimmt der Pflichtteilsberechtigte ein ihm zugewandtes Vermächtnis an, dann tragen die Pflichtteilslast die Miterben nach dem Verhältnis ihrer Erbteile, nach Maßgabe des § 2320 II bzw. I auch ein Miterbe allein, wenn diesem der gesetzliche Erbteil des Pflichtteilsberechtigten zugewendet worden ist oder er anstelle des Pflichtteilsberechtigten gesetzlicher Erbe geworden ist.

2 § 2321 regelt demgegenüber den Fall, dass der Pflichtteilsberechtigte ein ihm zugewandtes Vermächtnis **ausschlägt** und infolge dessen seinen Pflichtteil geltend machen kann, und steht damit in engem **Zusammenhang mit § 2307 I 1**. Die Pflichtteilslast erlegt § 2321 in diesem Fall demjenigen auf, dem im Verhältnis der Erben und Vermächtnisnehmer die Ausschlagung zustattenkommt. Dieser hat die Pflichtteilslast allerdings nur begrenzt auf die Höhe des erlangten Vorteils zu tragen.

3 Die Vorschrift stellt eine Ausnahme zu § 2318 I dar, der nur gilt, sofern sich nicht aus den §§ 2321, 2322 ein anderes ergibt.

4 Die Regelung der Pflichtteilslast nach dieser Vorschrift kann durch den Erblasser durch Verfügung von Todes wegen abweichend geregelt werden, § 2324. Die Vorschrift betrifft nicht das Außenverhältnis zwischen dem Pflichtteilsberechtigten und dem Pflichtteilsschuldner (Erbe).

5 **2. Tragung der Pflichtteilslast durch denjenigen, dem die Ausschlagung zustattenkommt. a) Allgemeines.** Die Vorschrift regelt die Frage, wer die Pflichtteilslast bei Ausschlagung eines Vermächtnisses im Innenverhältnis zu tragen hat, dahingehend, dass dies im Verhältnis der Erben und Vermächtnisnehmer derjenige ist, welchem die Ausschlagung **zustattenkommt**. Dabei sind zunächst die möglichen Rechtsfolgen der Ausschlagung zu berücksichtigen: Mit der Ausschlagung wird die Vermächtnisschuld entweder **gegenstandslos** oder aber das Vermächtnis **fällt einem Dritten an**, und zwar einem Anwachsungsberechtigten (§ 2158) oder einem Ersatzvermächtnisnehmer (§ 2190).

6 **b) Erbe. Zustatten kommt** die Ausschlagung dem **Erben oder Miterben,** wenn das Vermächtnis fortfällt, mit dem der Erbe oder die Miterben belastet waren.

7 War nur ein **Miterbe** oder waren einzelne Miterben mit einem Vermächtnis zugunsten eines Pflichtteilsberechtigten beschwert, dann hat im Falle der Ausschlagung des Vermächtnisses nebst Pflichtteilsverlangen (vgl. § 2307 I 1) gem. § 2321 der betreffende Miterbe bzw. haben die betreffenden Miterben die Pflichtteilslast iHd erlangten Vorteils zu tragen.

Beispiel: Der Erblasser wird durch seinen Sohn S und seine Lebensgefährtin L zu je ½ beerbt. L war mit einem Vermächtnis zugunsten der Tochter T des Erblassers beschwert. Schlägt T das Vermächtnis aus, kommt dies allein der L zugute, die nach § 2321 dafür im Innenverhältnis zu S die Pflichtteilslast hins. des Pflichtteilsanspruchs von T zu tragen hat.

Ist der Erbe oder Miterbe, der die Pflichtteilslast zu tragen hat, noch mit anderen Vermächtnissen oder Auflagen belastet, scheidet eine Kürzung dieser Vermächtnisse und Auflagen gem. § 2318 I aus, weil § 2321 bei einem Pflichtteilsanspruch, der durch Ausschlagung eines Vermächtnisses entstanden ist, **gegenüber § 2318 I vorrangig** ist (jurisPK-BGB/*Birkenheier* Rn. 7). Der Erbe kann die Pflichtteilslast folglich nur insoweit anteilig auf die anderen Nachlassbeteiligten abwälzen, als der erlangte Vorteil nicht ausreicht, um den Pflichtteilsanspruch abzudecken (MüKoBGB/*Lange* Rn. 3; Staudinger/*Otte* Rn. 4). 9

c) Vermächtnisnehmer. Zustatten kommt die Ausschlagung dem **Vermächtnisnehmer**, wenn dieser entweder mit einem fortgefallenen Untervermächtnis belastet war oder dieser im Wege der Anwachsung oder Ersatzberufung an die Stelle des pflichtteilsberechtigten Vermächtnisgläubigers getreten ist (§§ 2158, 2190). 10

Beispiel: Der Erblasser ist durch seinen Sohn S beerbt worden. Zugunsten seiner Tochter T hatte er ein Grundstücksvermächtnis ausgesetzt. Zur Ersatzvermächtnisnehmerin hat er seine Lebensgefährtin L bestimmt. Schlägt T das Vermächtnis aus, hat L als Ersatzvermächtnisnehmerin nach § 2321 die Pflichtteilslast zu tragen. 11

Dem Erben, der jedoch auch in diesem Fall Pflichtteilsschuldner bleibt, steht gegen den Vermächtnisnehmer ein Befreiungs- bzw. Erstattungsanspruch nach Maßgabe des § 2321 zu (MüKoBGB/*Lange* Rn. 5 mwN). 12

3. Tragung der Pflichtteilslast iHd erlangten Vorteils. Derjenige, dem die Ausschlagung zustattenkommt, hat die Pflichtteilslast bis zur Höhe des erlangten Vorteils zu tragen. Der **erlangte Vorteil** besteht meist im Wert des ausgeschlagenen Vermächtnisses (nicht nur in der Differenz zwischen Vermächtnis und Pflichtteil). Dies gilt zumindest dann, wenn der Wert des Vermächtnisses dem Wert des Pflichtteils entspricht oder ihn übersteigt (RG JW 1914, 593 (594)). 13

Beispiel: Wie oben. Das Grundstücksvermächtnis zugunsten der Tochter T überstieg deren Pflichtteilsanspruch. L hat infolge Ausschlagung des Vermächtnisses durch T die Pflichtteilslast zu tragen, und zwar bis zur Höhe des erlangten Vorteils (dh maximal bis zum Wert des ausgeschlagenen Vermächtnisses). 14

Ist das ausgeschlagene Vermächtnis von geringerem Wert als der Pflichtteilsbetrag, so ist die Höhe des Vorteils durch einen Vergleich der Rechtslage vor und nach der Ausschlagung zu ermitteln (Staudinger/*Otte* Rn. 7; jurisPK-BGB/*Birkenheier* Rn. 11). 15

Der Vermächtniswert berechnet sich nach dem Zeitpunkt des Erbfalls, ggf. mit Zinsen und Zinseszinsen (RG JW 1914, 593 (594)). 16

4. Abweichende Regelung durch den Erblasser. Wie sich aus § 2324 ergibt, ist § 2321 **abdingbar**. Der Erblasser kann durch Verfügung von Todes wegen abweichende Anordnungen treffen. Er kann bspw. bestimmen, dass derjenige, dem die Ausschlagung zustatten kommt, von der Tragung der Pflichtteilslast **befreit** sein soll. 17

Solche Bestimmungen sind jedoch äußerst selten, da sich wenige Erblasser mit dem Problem der Tragung der Pflichtteilslast beschäftigen und eine etwaige Ausschlagung eines Vermächtnisses regelmäßig nicht in die Überlegungen miteinbezogen wird, wenn keine juristische Beratung erfolgt. 18

§ 2322 Kürzung von Vermächtnissen und Auflagen

Ist eine von dem Pflichtteilsberechtigten ausgeschlagene Erbschaft oder ein von ihm ausgeschlagenes Vermächtnis mit einem Vermächtnis oder einer Auflage beschwert, so kann derjenige, welchem die Ausschlagung zustatten kommt, das Vermächtnis oder die Auflage soweit kürzen, dass ihm der zur Deckung der Pflichtteilslast erforderliche Betrag verbleibt.

1. Normzweck. Die Vorschrift knüpft inhaltlich an die §§ 2320, 2321 an, wonach im Innenverhältnis zu Miterben derjenige die Pflichtteilslast zu tragen hat, der anstelle des Pflichtteilsberechtigten gesetzlicher oder gewillkürter Erbe wird (§ 2320) oder der dadurch begünstigt wird, dass der Pflichtteilsberechtigte ein ihm zugewandtes Vermächtnis ausschlägt (§ 2321). § 2322 ergänzt die §§ 2320, 2321 für den speziellen Fall, dass die vom Pflichtteilsberechtigten ausgeschlagene Erbschaft bzw. das ausgeschlagene Vermächtnis ihrerseits bzw. seinerseits mit einer Auflage oder einem Vermächtnis belastet ist. 1

Hier ist der sog. „Ersatzmann", der an die Stelle des ausschlagenden Pflichtteilsberechtigten getreten ist, einer **Doppelbelastung** ausgesetzt: Zum einen hat er nach den genannten Vorschriften die Pflichtteilslast zu tragen und zum anderen hat er nach §§ 2161, 2192 als Ersatzbeschwerter das Vermächtnis bzw. die Auflage zu erfüllen (vgl. BeckOK BGB/*G. Müller* Rn. 1). Beide Belastungen hat der „Ersatzmann" zu tragen, selbst wenn dadurch der von ihm als Ersatzbedachter erlangte Vorteil vollständig aufgezehrt wird. 2

Übersteigen aber die Belastungen durch Vermächtnis oder Auflage zusammen mit der Pflichtteilslast den Wert der dem Ersatzmann zugefallenen Vorteile, kann er sich gegen die **Überbeschwerung** nach § 2321 durch **Kürzung der Vermächtnisse und Auflagen** wehren. Dies gilt selbst dann, wenn er das allgemeine Recht zur Haftungsbeschränkung (vgl. für den Erben: §§ 1992, 1935, 2095; für den Vermächtnisnehmer: §§ 2187, 2159) verloren hat (BeckOK BGB/*G. Müller* Rn. 1). 3

4 § 2322 legt im Hinblick auf die normierte Kürzungsbefugnis gegenüber den Vermächtnissen oder Auflagen zugleich eine „Rangfolge" fest: In erster Linie hat der Ersatzbedachte den erlangten Vorteil vollständig für die Erfüllung des Pflichtteilsanspruchs, erst in zweiter Linie für die Erfüllung der auf diesem Vorteil lastenden Vermächtnisse und Auflagen zu verwenden.

5 **2. Voraussetzungen für das Eingreifen der Kürzungsbefugnis.** Die Vorschrift setzt voraus, dass der Pflichtteilsberechtigte eine Erbschaft oder ein Vermächtnis **ausgeschlagen** hat. Sie greift also nicht ein, wenn der Pflichtteilsanspruch auf Enterbung beruht. Dann ist § 2318 I einschlägig, der den Eintretenden wegen des verhältnismäßigen Kürzungsrechts besser stellt (vgl. Staudinger/*Otte* Rn. 4).

6 Außerdem muss der ausgeschlagene Erbteil oder das ausgeschlagene Vermächtnis seinerseits mit Vermächtnissen, Untervermächtnissen oder Auflagen beschwert sein.

7 Schließlich müssen diese Beschwerungen zusammen mit der Pflichtteilslast des in die Erbschaft oder das Vermächtnis Einrückenden die Summe dessen übersteigen, was der Einrückende an Vorteilen aus dem Nachlass erhält (Überbeschwerung). Eine Kürzungsbefugnis setzt also voraus, dass der Wert des aus der Erbschaft Angefallenen geringer ist als der Wert der darauf ruhenden Belastungen und des Pflichtteilsanspruches, so dass der Eintretende an sich genötigt wäre, aus seinem eigenen Vermögen den Pflichtteilsanspruch oder die Belastungen zu erfüllen.

8 **3. Kürzungsbefugnis gegenüber Vermächtnissen und Auflagen. a) Kürzungsbefugnis im Regelfall.** Grds. muss der Kürzungsberechtigte neben der Pflichtteilslast auch die Beschwerungen tragen, selbst für den Fall, dass ihm nichts verbleibt.

9 Nach § 2322 kann er Vermächtnisse und Auflagen soweit kürzen, dass er die Pflichtteilslast aus den erhaltenen Vorteilen vollständig bestreiten kann. Damit ermächtigt die Kürzungsbefugnis zur Kürzung von Beschwerungen insoweit, als dies erforderlich ist, um den Pflichtteilsanspruch befriedigen zu können.

10 Das Kürzungsrecht geht jedoch nicht so weit, dass dem „Ersatzmann" nach Erfüllung des Pflichtteilsanspruchs selbst noch etwas aus der Erbschaft verbleibt (jurisPK-BGB/*Birkenheier* Rn. 8). IdR wird daher auch der Ersatzmann bei Eingreifen des § 2322 gut beraten sein, wenn er die angefallene Erbschaft bzw. das ihm angefallene Vermächtnis ausschlägt (so auch Soergel/*Dieckmann* Rn. 2).

11 Verhältnis zu § 2318: § 2322 kollidiert mit § 2318 I, wonach der Erbe die Erfüllung eines ihm auferlegten Vermächtnisses oder einer Auflage soweit verweigern kann, dass die Pflichtteilslast von ihm und dem Vermächtnisnehmer (bzw. dem Auflagenbegünstigten) verhältnismäßig getragen wird. § 2322 ist gegenüber § 2318 I vorrangig und enthält eine Sonderregelung für den Fall, dass der Pflichtteilsanspruch durch Ausschlagung der Erbschaft bzw. eines Vermächtnisses entsteht (BGH NJW 1983, 2378 (2379); Soergel/*Dieckmann* Rn. 2; Staudinger/*Otte* Rn. 4). § 2322 beschränkt damit das – weitergehende – Kürzungsrecht nach § 2318 I. Dies lässt sich mit dem mutmaßlichen Willen des Erblassers begründen, der regelmäßig nicht darauf gerichtet sein wird, den von ihm bedachten Vermächtnisnehmer bzw. Auflagebegünstigten gegenüber jemanden, der (lediglich) als Ersatzmann eingerückt ist, zurückzusetzen (BGH NJW 1983, 2378 (2379)).

12 **b) Kürzungsbefugnis in Sonderfällen.** Nicht gekürzt werden kann nach dieser Vorschrift der **Voraus des Ehegatten**, obwohl auf ihn gem. § 1932 II die für Vermächtnisse geltenden Vorschriften anzuwenden sind. Denn der Voraus geht gem. § 2311 I 2 dem Pflichtteil vor.

13 Ist das Vermächtnis bzw. die Auflage auf eine **unteilbare Leistung** gerichtet, kann eine Kürzung nicht erfolgen. Der „Ersatzmann" kann dann vom Vermächtnisnehmer bzw. Auflagebegünstigten einen Ausgleichsbetrag iHd Differenz zwischen der Summe aus Pflichtteil und Vermächtnis bzw. Auflage und dem Wert der Zuwendung fordern (BGH NJW 1956, 507; Soergel/*Dieckmann* Rn. 4; jurisPK-BGB/*Birkenheier* Rn. 17). Ist der Vermächtnisnehmer bzw. Auflagebegünstigte hierzu nicht bereit, kann der „Ersatzmann" die Erfüllung des Vermächtnisses bzw. der Auflage verweigern, hat aber dem Anspruchsberechtigten den Schätzwert des Vermächtnisses bzw. der Auflage abzüglich des verweigerten Ausgleichsbetrages zu zahlen (Soergel/*Dieckmann* Rn. 4; jurisPK-BGB/*Birkenheier* Rn. 17).

14 Ist das Vermächtnis auf Bestellung eines **Nießbrauchs am Nachlass** gerichtet, können Gegenstände, die von dem zu bestellenden Nießbrauch erfasst werden, nicht unter Berufung auf die §§ 1089, 1087 zur Befriedigung des Pflichtteilsanspruchs verwendet werden; dies würde sonst im Widerspruch zu § 2322 zu einer unzulässigen Kürzung des Vermächtnisses führen (BGH NJW 1956, 507; MüKoBGB/*Lange* Rn. 3).

15 **4. Abdingbarkeit.** Der Erblasser kann gem. § 2324 durch Verfügung von Todes wegen eine von der Vorschrift abweichende Regelung treffen, also bspw. das Kürzungsrecht nach dieser Vorschrift ausschließen (BGH WM 1981, 335 ff.) oder den Vorrang der Norm gegenüber § 2318 I beseitigen. Dabei kann sich eine abweichende Erblasserbestimmung auch aus einer Auslegung des Testaments ergeben, wenn bspw. festgestellt werden kann, dass das Vermächtnis dem Begünstigten ungekürzt zufallen sollte (BGH WM 1981, 335 ff.).

16 Eine Verschlechterung der Position des Ersatzbedachten wird allerdings das Risiko einer Ausschlagung durch diesen erhöhen. Ansonsten droht die Durchführung eines Nachlassinsolvenzverfahrens (Soergel/*Dieckmann* Rn. 3; Staudinger/*Otte* Rn. 7).

§ 2323 Nicht pflichtteilsbelasteter Erbe

Der Erbe kann die Erfüllung eines Vermächtnisses oder einer Auflage auf Grund des § 2318 Abs. 1 insoweit nicht verweigern, als er die Pflichtteilslast nach den §§ 2320 bis 2322 nicht zu tragen hat.

1. Normzweck. Die Vorschrift beschränkt das Kürzungsrecht des Erben gegenüber dem Vermächtnisnehmer oder Auflagenbegünstigten nach § 2318 I auf die Fälle, in denen der Erbe endgültig die Pflichtteilslast zu tragen hat. Denn kann der Erbe im Innenverhältnis die Pflichtteilslast nach den §§ 2320–2322 an einen anderen weitergeben, so entfällt die innere Rechtfertigung für die Kürzung (BeckOK BGB/*G. Müller* Rn. 1). 1

Dass der Erbe Vermächtnisse und Auflagen nicht wegen einer Pflichtteilslast kürzen darf, die er selbst nicht zu tragen hat, ergibt sich im Grunde schon aus § 2318 I. § 2323 hat daher nach allgemeiner Ansicht nur **klarstellende Funktion** (jurisPK-BGB/*Birkenheier* Rn. 3; Soergel/*Dieckmann* Rn. 2). 2

2. Voraussetzungen. Das Eingreifen des § 2323 setzt – wie bei § 2318 I – zunächst voraus, dass der Erbe mit einem Vermächtnis und/oder einer Auflage **beschwert** ist. 3

Außerdem ist vorausgesetzt, dass den Erben aufgrund der Bestimmungen in den §§ 2320–2322 ganz oder teilweise die Pflichtteilslast nicht trifft. Ob den Erben tatsächlich die Pflichtteilslast von den dort bestimmten Personen abgenommen wird, ist in diesem Zusammenhang nicht ausschlaggebend (MüKo-BGB/*Lange* Rn. 1; Soergel/*Dieckmann* Rn. 2 mwN). 4

3. Rechtsfolgen. Hat der Erbe nach den §§ 2320–2322 die Pflichtteilslast nicht zu tragen, kann er als Pflichtteilsschuldner wegen § 2323 nicht von Vermächtnisnehmern und Auflagebegünstigten eine anteilmäßige Tragung der Pflichtteilslast nach § 2318 I verlangen. 5

Entsprechend seinem Normzweck gilt § 2323 auch für das erweiterte Kürzungsrecht des pflichtteilsberechtigten Erben **nach § 2318 III**, soweit dieser die Pflichtteilslast nach den §§ 2320–2322 nicht zu tragen hat (jurisPK-BGB/*Birkenheier* Rn. 9; MüKoBGB/*Lange* Rn. 1; Soergel/*Dieckmann* Rn. 2; Staudinger/*Otte* Rn. 3). Denn auch § 2318 III setzt voraus, dass den Erben die Pflichtteilslast im Innenverhältnis trifft. 6

4. Abdingbarkeit. Wie sich aus § 2324 ergibt, kann die Vorschrift durch den Erblasser durch Verfügung von Todes wegen abbedungen werden. 7

§ 2324 Abweichende Anordnungen des Erblassers hins. der Pflichtteilslast

Der Erblasser kann durch Verfügung von Todes wegen die Pflichtteilslast im Verhältnis der Erben zueinander einzelnen Erben auferlegen und von den Vorschriften des § 2318 Abs. 1 und der §§ 2320 bis 2323 abweichende Anordnungen treffen.

1. Normzweck. Die Vorschrift erlaubt dem Erblasser, die Verteilung der Pflichtteilslast im Innenverhältnis der Erben untereinander und im Verhältnis der Erben zu den Vermächtnisnehmern und Auflagenbegünstigten abweichend von den § 2318 I, §§ 2320–2323 zu regeln. Diese Befugnis ist von nicht zu unterschätzender Bedeutung, da die Tragung der Pflichtteilslast den Wert des Hinterlassenen maßgeblich beeinflussen kann und hierdurch der Verteilungsplan des Erblassers tangiert und ggf. auch durchkreuzt werden kann. Durch eine abweichende Regelung zur Verteilung der Pflichtteilslast kann eine Reduzierung des Pflichtteils allerdings nicht erreicht werden, da die Höhe der bestehenden Pflichtteilsansprüche hierdurch nicht beeinflusst wird. 1

2. Regelungsgehalt/Gestaltungsspielraum. Nach § 2324 kann der Erblasser im Innenverhältnis insbes. die Pflichtteilslast im Verhältnis der Erben zueinander **einzelnen Erben auferlegen**. Damit kann der Erblasser bspw. zulässigerweise auch einem Miterben die Pflichtteilslast alleine aufbürden (vgl. Schlitt/Müller Pflichtteils-HdB/*G. Müller* Rn. 348, mit Formulierungsvorschlag). Zulässig wäre es aber zB auch, die Pflichtteilslast alleine dem bzw. den Vermächtnisnehmern aufzuerlegen (vgl. Schlitt/Müller Pflichtteils-HdB/*G. Müller* § 10 Rn. 350, mit Formulierungsvorschlag). 2

Zulässigerweise darf ferner das **Kürzungsrecht des § 2318 I** erweitert, beschränkt oder ausgeschlossen werden. Soll zB erreicht werden, dass dem Vermächtnisnehmer sein Vermächtnis ungeschmälert zukommt, weil es der Versorgung und Absicherung der Person dient und der Wert des Vermächtnisses nach diesem Zweck exakt bemessen wurde, so kann eine abweichende Erblasseranordnung iSv § 2324 getroffen werden. Gleiches gilt, wenn bspw. ein unteilbarer Gegenstand vermächtnisweise zugewandt wurde und eine „Aufzahlung" des Vermächtnisnehmers vermieden werden soll. Unterlässt der Erblasser in diesen Fällen eine Anordnung zur Tragung der Pflichtteilslast, ist eine Störung des Verteilungsplans des Erblassers möglich (vgl. *Kornexl* ZEV 2002, 143 (144)). 3

Ist die in einer unter Mitwirkung eines Notars zustande gekommenen letztwilligen Verfügung getroffene abweichende Verteilung der Pflichtteilslast iSv § 2324 nicht klar und eindeutig, kann dies eine **Haftung des Notars** begründen, wenn einem Nachlassbeteiligten dadurch ein Schaden entstanden ist (RG WarnR 1939 Nr. 63). Bei der Testamentsgestaltung gilt es daher, das Risiko der Pflichtteilsgeltendmachung durch einzelne pflichtteilsberechtigte Angehörige im Auge zu behalten und die Pflichtteilslast ggf. abweichend zu verteilen. 4

5 **Beispiel:** Der Erblasser hat den Nachlass zu je ½ an seine erstehelichen Kinder und zu ½ an seine zweite Ehefrau – unter Übergehung der zweitehelichen Kinder – zugeteilt. Für den Fall, dass Pflichtteilsansprüche der zweitehelichen Kinder geltend gemacht werden, kann gem. § 2324 bestimmt werden, dass die Ehefrau die Pflichtteilslast insoweit alleine zu tragen hat.

6 **3. Nicht abdingbare Vorschriften.** Hins. einer abweichenden Verteilung der Pflichtteilslasten durch den Erblasser bleibt zu berücksichtigen, dass der Erblasser durch abweichende Anordnungen weder die Pflichtteilsansprüche nach §§ 2303, 2325 ff. ändern, noch in die eigenen Pflichtteilsrechte der Erben oder Vermächtnisnehmer eingreifen kann (§ 2318 II, III, § 2319 S. 1) (Nieder/Kössinger Testamentsgestaltung-HdB/*Nieder/W. Kössinger* § 2 Rn. 91). Denn aus einem Umkehrschluss aus § 2324 folgt, dass die Schutzvorschriften des § 2318 II u. III für selbst pflichtteilsberechtigte Erben und Vermächtnisnehmer ebenso wenig zur Disposition gestellt sind wie § 2319 S. 1 (wohl aber § 2319 S. 2).

7 Keinen Gestaltungsspielraum hat der Erblasser ferner hins. der Haftung im **Außenverhältnis** nach den §§ 2058 ff. (HK-PflichtteilsR/*Löhnig* Rn. 1). Eine Außenhaftung bspw. des Vermächtnisnehmers kann aber dadurch zulässigerweise begründet werden, dass dem Vermächtnisnehmer die Tragung der Pflichtteilslast als Untervermächtnis auferlegt wird (Staudinger/*Otte* Rn. 5).

8 Nicht ändern kann der Erblasser schließlich den Rangvorzug des Pflichtteilsberechtigten gegenüber dem Vermächtnisnehmer und Auflagebegünstigten gem. § 1991 IV, § 327 I Nr. 1 u. 2 InsO (BGH WM 1981, 335 = MDR 1981, 474; Staudinger/*Otte* Rn. 5).

9 **4. Form.** Die abweichende Anordnung muss durch **Verfügung von Todes wegen** (dh Testament oder Erbvertrag) getroffen werden. Bei der abweichenden Anordnung handelt es sich nach hA um ein Vermächtnis zugunsten desjenigen, der abweichend vom gesetzlichen Leitbild von der Pflichtteilslast befreit wird (Palandt/*Weidlich* Rn. 1; MüKoBGB/*Lange* Rn. 3; HK-PflichtteilsR/*Löhnig* Rn. 1).

§ 2325 Pflichtteilsergänzungsanspruch bei Schenkungen

(1) Hat der Erblasser einem Dritten eine Schenkung gemacht, so kann der Pflichtteilsberechtigte als Ergänzung des Pflichtteils den Betrag verlangen, um den sich der Pflichtteil erhöht, wenn der verschenkte Gegenstand dem Nachlass hinzugerechnet wird.

(2) ¹Eine verbrauchbare Sache kommt mit dem Werte in Ansatz, den sie zur Zeit der Schenkung hatte. ²Ein anderer Gegenstand kommt mit dem Werte in Ansatz, den er zur Zeit des Erbfalls hat; hatte er zur Zeit der Schenkung einen geringeren Wert, so wird nur dieser in Ansatz gebracht.

(3) ¹Die Schenkung wird innerhalb des ersten Jahres vor dem Erbfall in vollem Umfang, innerhalb jedes weiteren Jahres vor dem Erbfall um jeweils ein Zehntel weniger berücksichtigt. ²Sind zehn Jahre seit der Leistung des verschenkten Gegenstandes verstrichen, bleibt die Schenkung unberücksichtigt. ³Ist die Schenkung an den Ehegatten erfolgt, so beginnt die Frist nicht vor der Auflösung der Ehe.

Übersicht

	Rn.		Rn.
I. Normzweck/Übersicht	1–4	g) Verträge zugunsten Dritter auf den Todesfall (insbes. Lebensversicherung)	71–75
II. Rechtsnatur des Pflichtteilsergänzungsanspruchs; Konkurrenzen	5–9	h) Unentgeltliche Gebrauchsüberlassung von Wohnraum	76
III. Gläubiger des Anspruchs	10–18	VI. Berechnung des Anspruchs (Abs. 1)	77–80
1. Pflichtteilsberechtigter	10/11	VII. Bewertung (Abs. 2)	81–93
2. Pflichtteilsberechtigte bereits zum Zeitpunkt der Schenkung?	12–17	1. Allgemein	81–85
IV. Schuldner des Anspruchs	18–23	2. Abzugsfähigkeit von vorbehaltenen Nutzungsrechten	86–93
V. Schenkung	24–76	VIII. Zeitliche Begrenzung (Abs. 3)	94–126
1. Allgemeines	24–44	1. Zehnjahresfrist ab Leistung des Schenkungsgegenstandes	94–99
a) Schenkung iSd §§ 516, 517	24–33	2. Fristbeginn bei Vorbehalten/Gegenleistungen	100–115
b) Nachträgliche Entgeltlichkeit/Auswechslung des Schuldgrunds	34–39	a) Nießbrauch	100/101
c) Rückfall des Geschenkes	40/41	b) Wohnungsrecht	102–106
d) Rechtsgültigkeit der Schenkung	42/43	c) Rückforderungsrecht	107–110
e) Ausgleichungspflichtige Schenkungen	44	d) Leibrente/dauernde Last	111–113
2. Einzelfälle	45–76	e) Gestaltungen zum Fristablauf	115
a) Ehebedingte Zuwendungen	45–54	3. Fristbeginn bei Schenkungen an den Ehegatten	116–122
b) Güterstandswechsel	55–58	4. Abschmelzungsregelung	123–126
c) Abfindung für Erb- oder Pflichtteilsverzicht	59–62	IX. Beweislast	127/128
d) Zuwendungen an Stiftungen	63–65	X. Verjährung	129
e) Rückforderungsrecht	66	XI. Verhältnis zu § 2287	130/131
f) Gesellschaftsrechtliche Fragestellungen	67–70		

I. Normzweck/Übersicht

1 Die Regelungen über die Pflichtteilsergänzung (§§ 2325 ff.) sollen abmildern, dass der Erblasser durch lebzeitige Schenkungen seinen Nachlass reduziert und damit die seinen nächsten Angehörigen durch das

Pflichtteilsrecht garantierte Mindestbeteiligung am Nachlass aushöhlt. Dabei muss der Erblasser anders als bei §§ 2287, 2288 nicht in Benachteiligungsabsicht gehandelt haben. Es genügt der objektive Sachverhalt einer Schenkung innerhalb des maßgeblichen Zeitraums.

Eine Beeinträchtigung des Anspruchs auf den ordentlichen Pflichtteil (§§ 2303, 2311) wird durch die Vorschrift in der Weise ausgeglichen, dass beim Erbfall die Erblassergeschenke der letzten zehn Jahre bzw. Ehegattenschenkungen auch außerhalb dieser zehn Jahre dem vorhandenen Nachlass hinzugerechnet werden und aus dem erhöhten fiktiven Nachlasswert der jeweilige Pflichtteil errechnet wird. Aus der Differenz errechnet sich der Pflichtteilsergänzungsanspruch. 2

Der Pflichtteilsergänzungsanspruch richtet sich prinzipiell gegen den bzw. die Erben. Subsidiär kann sich der Pflichtteilsberechtigte gem. § 2329 an den Beschenkten wenden, indem er von diesem Herausgabe des Geschenks zwecks Befriedigung wegen des fehlenden Betrags nach den Bereicherungsvorschriften verlangen kann. 3

Die praktische Bedeutung der Pflichtteilsergänzungsvorschriften ist sehr groß. Relativ häufig wird aus Gründen der Pflichtteilsreduzierung Vermögen zwischen den nächsten Angehörigen umgeschichtet, um Pflichtteilsansprüche missliebiger Abkömmlinge oder Ehegatten zu verringern. Der „klassische" Fall ist der „missratene" Sohn oder die „missratene" Tochter des Erblassers, die zugunsten der anderen Abkömmlinge oder des Ehegatten zurückgesetzt werden sollen. Da zu diesen Personen bis zum Erbfall oftmals wenig Kontakt besteht, erfahren sie uU auch nichts von den lebzeitigen Schenkungen des Erblassers. Umso wichtiger ist der Auskunftsanspruch nach § 2314 gegen den Erben, der sich unstreitig auch auf Schenkungen und sonstige pflichtteilsergänzungserhebliche Zuwendungen des Erblassers erstreckt (→ § 2314 Rn. 28 ff.). 4

II. Rechtsnatur des Pflichtteilsergänzungsanspruchs; Konkurrenzen

Der Pflichtteilsergänzungsanspruch ist neben dem ordentlichen Pflichtteilsanspruch (§ 2303) selbstständig (BGH NJW 1996, 1743). Er setzt ein bestehendes Pflichtteilsrecht voraus, das die Quelle aller Pflichtteilsansprüche darstellt (→ § 2303 Rn. 13). 5

Der Pflichtteilsergänzungsanspruch ist aber vom tatsächlichen Bestehen eines ordentlichen Pflichtteilsanspruchs unabhängig. Ein Pflichtteilsergänzungsanspruch steht daher auch dem gesetzlichen oder gewillkürten Mit- oder Alleinerben zu, sofern nur der Wert des Hinterlassenen geringer ist als der Wert der Hälfte des gesetzlichen Erbteils unter Hinzurechnung des Wertes des verschenkten Gegenstandes nach § 2326 (MüKoBGB/*Lange* Rn. 6). Selbst durch Ausschlagung der Erbschaft wird ein evtl. bestehender Ergänzungsanspruch nicht berührt (BGH NJW 1973, 995). Dies ist deswegen erstaunlich, weil die Ausschlagung für die entfernteren Pflichtteilsberechtigten die Sperre des § 2309 aufhebt (sofern diese nicht trotz Ausschlagung den Pflichtteil verlangen können), und die entfernteren Pflichtteilsberechtigten daher konkret pflichtteilsberechtigt (aber eben nicht stets auch pflichtteilsergänzungsberechtigt) sind (→ § 2309 Rn. 4 ff.). 6

Für den Pflichtteilsergänzungsanspruch als außerordentlichen Pflichtteilsanspruch gelten grds. die **allgemeinen Vorschriften** über den Pflichtteilsanspruch, zB hins. Entstehung, Übertragbarkeit und Vererblichkeit (vgl. § 2317), hins. des Anspruchs auf Auskunft und auf Wertermittlung (vgl. § 2314), hins. der Pflichtteilslast (vgl. §§ 2318 ff.), der Pflichtteilsentziehung (§§ 2333, 2336) und des Verzichts (§ 2346). Wird der Pflichtteil wirksam entzogen oder hierauf verzichtet, ist jeweils auch der Pflichtteilsergänzungsanspruch hierdurch ausgeschlossen, sofern nicht etwas anderes bestimmt oder vereinbart wird. 7

Der Pflichtteilsergänzungsanspruch nach § 2325 ist weder auf Anfechtung der Schenkung noch auf eine wertmäßige Beteiligung am Nachlass gerichtet. Es handelt sich um einen Anspruch auf Zahlung eines **bestimmten Geldbetrages**. 8

Ist der Pflichtteilsberechtigte zugleich Vertragserbe oder erbrechtlich bindend eingesetzter Schlusserbe eines gemeinschaftlichen Testaments, kommt wegen einer lebzeitigen Schenkung an einen Dritten auch ein **Anspruch aus § 2287** in Betracht (→ Rn. 130; → § 2329 Rn. 25 f.). 9

III. Gläubiger des Anspruchs

1. **Pflichtteilsberechtigter.** Der Pflichtteilsergänzungsanspruch steht den (abstrakt) **Pflichtteilsberechtigten** zu, also den Personen, die nach § 2303 und § 10 VI 2 LPartG zu den pflichtteilsberechtigten Angehörigen zählen (Abkömmlinge, Eltern, der Ehegatte und der eingetragene Lebenspartner). Weitere Voraussetzung ist, dass diese **nicht** ihre Pflichtteilsberechtigung **verloren** haben, bspw. durch wirksame Pflichtteilsentziehung oder Pflichtteilsverzicht. Dabei können entferntere Abkömmlinge und Eltern den Pflichtteilsergänzungsanspruch nur dann geltend machen, wenn sie gem. **§ 2309** pflichtteilsberechtigt sind. Einem Enkelkind steht daher bspw. kein Pflichtteilsergänzungsanspruch zu, wenn sein (enterbter) Elternteil (Abkömmling des Erblassers) den Erbfall erlebt hat. 10

Gläubiger des Pflichtteilsergänzungsanspruchs kann uU auch der **Erbe** sein, da eine Enterbung – im Gegensatz zu dem Anspruch nach § 2303 – nicht erforderlich ist (vgl. § 2326; BGH ZEV 2000, 274). Hierbei ist gleichgültig, ob er gesetzlicher oder gewillkürter Erbe ist (BeckOGK BGB/*Schindler* Rn. 7). Voraussetzung des Pflichtteilsergänzungsanspruchs eines Erben ist, dass das ihm Hinterlassene (Erbe und Vermächtnis) vom Wert her geringer ist als die Hälfte des gesetzlichen Erbteils. Ist der Erbe unter den Voraussetzungen des § 2326 pflichtteilsergänzungsberechtigt, muss er daher die ggf. sogar überschuldete Erbschaft nicht annehmen, um seinen Ergänzungsanspruch gegen den Beschenkten geltend 11 machen zu können. Dem Alleinerben können indes keine Ansprüche nach §§ 2325, 2326 zustehen, sondern nur nach § 2329 gegen den Beschenkten (Staudiner/*Olshausen* Rn. 73).

12 Außerdem kann ein Pflichtteilsergänzungsanspruch demjenigen zustehen, **der die Erbschaft ausgeschlagen** hat, auch wenn kein Fall der § 2306 I, § 1371 III vorlag (BGH NJW 1973, 995; OLG Hamm BeckRS 2010, 19172 = FamRZ 2011, 594; BeckOK BGB/*G. Müller* Rn. 3; Palandt/*Weidlich* Rn. 4); eine Ausschlagung kann aber zur Minderung um den in § 2326 2 bezeichneten Mehrwert führen (Damrau/Tanck/*Riedel* Rn. 3).

12 **2. Pflichtteilsberechtigung bereits zum Zeitpunkt der Schenkung?** Nach stRspr des BGH sollte der Schutzzweck der §§ 2325 ff. nur denjenigen erfassen, der **im Zeitpunkt der Schenkung** bereits pflichtteilsberechtigt war (BGH NJW 1973, 40; bestätigt in NJW 1997, 2676; OLG Köln ZEV 2005, 398 mAnm *Reimann*). Damit war nach der Rspr. auf der Gläubigerseite eine **Doppelberechtigung** erforderlich, die erstens zum Zeitpunkt des Erbfalls und zweitens zum Zeitpunkt der Schenkung gegeben sein musste. Das Rechtsverhältnis, auf das sich das Pflichtteilsrecht gründet (zB Ehe oder Geburt), musste bereits zum Zeitpunkt der Schenkung bestanden haben. Einen Anspruch auf Pflichtteilsergänzung hatte demnach nicht, wer erst nach der Schenkung durch Eheschließung, Adoption oder sogar Zeugung pflichtteilsberechtigt geworden ist.

13 Mit Urt. v. 23.5.2012 (NJW 2012, 2730 = DNotZ 2012, 860 ff. mAnm *Lange* = ZEV 2012, 478 ff. mAnm *Otte* = FamRZ 2012, 1383 ff. mAnm *Reimann* = MittBayNot 2013, 143 ff. mAnm *Röhl*) hat der **BGH** in ausdrücklicher Abkehr von den beiden Entscheidungen aus 1972 und 1997 seine umstrittene Rspr. zur „Doppelberechtigung" **aufgegeben.** Der BGH entschied, dass der Pflichtteilsergänzungsanspruch (konkret der von Enkeln des Erblassers, die zum Zeitpunkt der ergänzungspflichtigen Zuwendungen des Großvaters noch nicht geboren waren) nach § 2325 I nicht voraussetzt, dass die Pflichtteilsberechtigung bereits im Zeitpunkt der Schenkung bestand. Damit kommt es nunmehr im Anschluss an die bisher hA in der Lit. allein auf die Pflichtteilsberechtigung **im Zeitpunkt des Erbfalls** an.

14 Der BGH (NJW 2012, 2730) begründet seinen neuen Standpunkt neben dem Wortlaut, aus dem sich das Erfordernis einer Doppelberechtigung nicht herauslesen lässt, ua mit der Entstehungsgeschichte des Gesetzes: § 2009 des Ersten Entwurfs zum BGB sah noch ausdrücklich vor, dass der Pflichtteilsberechtigte bereits zur Schenkung vorhanden und pflichtteilsberechtigt sein muss; diese Einschränkung wurde später ausdrücklich abgelehnt (vgl. Prot. V, 585–587). Auch für den Sinn und Zweck des Pflichtteilsergänzungsanspruchs, die Mindestteilhabe naher Angehöriger am Vermögen des Erblassers zu sichern, sei unerheblich, ob der im Erbfall Pflichtteilsberechtigte schon im Zeitpunkt der Schenkung pflichtteilsberechtigt war oder nicht.

15 Außerdem verfängt nach der neuen Entscheidung des BGH (NJW 2012, 2730) auch das Argument der Kenntnis bzw. Eingewöhnung in die Vermögensverhältnisse des Erblassers, das in der BGH-Entscheidung aus dem Jahr 1972 für einen erst nach der Schenkung pflichtteilsberechtigt gewordenen neuen Ehegatten entwickelt worden war, nicht. Eines der Hauptargumente für die Rechtsprechungsänderung ist aber schließlich, dass die Theorie der Doppelberechtigung zu einer mit Art. 3 I GG nicht zu vereinbarenden **Ungleichbehandlung von Abkömmlingen** führte, die vor bzw. nach der Schenkung geboren waren.

16 Die Rechtsprechungsänderung des BGH ist im Hinblick auf den klaren Wortlaut der Vorschrift und die bisherige, zweifelhafte Schutzzweckargumentation zu begrüßen. In der Lit. wurde die Rechtsprechungsänderung einhellig positiv aufgenommen (vgl. *Bonefeld* ZErb 2012, 225 ff.; *Keim* NJW 2012, 3484 ff.; *Otte* ZEV 2012, 481 f.).

17 Nur hins. der **Folgerungen der Rechtsprechungsänderung** besteht in der Lit. keine einheitliche Beurteilung. Zwar ist infolge der neuen Rspr. geklärt, dass nunmehr alle **Abkömmlinge** im Pflichtteilsergänzungsrecht gleichgestellt sind, unabhängig davon, ob sie zur Zeit der Schenkung schon geboren bzw. konkret pflichtteilsberechtigt waren. Dies gilt auch für die Fälle der nachträglichen Vaterschaftszuordnung kraft Vaterschaftsanerkennung oder Adoption. Als offen wird in der Lit. aber zT die Frage angesehen, ob mit der Rechtsprechungsänderung wirklich eine Gleichstellung aller Konstellationen erfolgt ist oder ob nicht weiterhin dem „**nachrückenden" Ehegatten** ein Pflichtteilsergänzungsanspruch wegen vorehelicher Schenkungen versagt ist (so *Bonefeld* ZErb 2012, 225 ff.). Das OLG Hamm (ErbR 2017, 638 = BeckRS 2016, 117427 Rn. 160) und die hL bejahen diese Frage (BeckOGK BGB/*Schindler* Rn. 13; *Otte* ZEV 2012, 478 (482); *Keim* NJW 2012, 3484 (3485)). Dafür spricht neben dem amtl. Ls. die allgemein gehaltene Begründung des BGH, die nicht nur auf der sonst drohenden Ungleichbehandlung der Abkömmlinge basierte, sondern insbes. das Wortlautargument und die historische Auslegung heranzog. Gegen die Übertragbarkeit auf Ehegatten spricht aber, dass es bei zu unterschiedlichen Zeitpunkten geborenen Kindern zu einer nicht zu rechtfertigenden Ungleichbehandlung kommen würde. Das kann bei Ehegatten natürlich nicht der Fall sein (in diese Richtung ebenfalls RiBGH aD *Wendt* ErbR 2013, 366 (380); *Bonefeld* ZErb 2012, 225 f.; jurisPK-BGB/*Birkenheier* Rn. 22; zweifelhaft MüKoBGB/*Lange* Rn. 9). *Keim* denkt eine Einschränkung des Pflichtteilsergänzungsanspruchs des neuen Ehegatten über § 2330 Var. 1 oder bei einer Zuwendung an die ereheliche Kinder durch Bewertung als Ausstattung nach § 1624 BGB an (*Keim* NJW 2016, 1617 (1622)). Angesichts der nicht ganz abschließend geklärten Rechtslage kann es sich jedoch empfehlen, mit dem nachrückenden Ehegatten (vorsorglich) einen Pflichtteilsverzichtsvertrag zu schließen, ggf. gegenständlich beschränkt auf Zuwendungen vor der Eheschließung (*Bonefeld* ZErb 2012, 225 ff.; so auch *Keim* NJW 2012, 3484 (3486)).

IV. Schuldner des Anspruchs

Der Pflichtteilsergänzungsanspruch als Geldzahlungsanspruch ist eine Nachlassverbindlichkeit (vgl. § 1967) und richtet sich primär **gegen den oder die Erben** (vgl. § 2058) als Schuldner. Dass der Erbe und nicht der Beschenkte primär haftet, beruht in Anlehnung an den französischen Code civil auf der Überlegung, dass die Verkürzung des ordentlichen Pflichtteils durch eine Handlung des Erblassers eingetreten sei, für die der Erbe als Gesamtrechtsnachfolger jedenfalls vorrangig einzustehen habe (Mot. V, 454; MüKoBGB/*Lange* Rn. 3). 18

Für die Haftung des Erben ist grds. nicht von Bedeutung, ob den Erben ein zur Deckung des Pflichtteilsergänzungsanspruchs ausreichender Nachlass hinterlassen worden ist. Gerade wenn der Nachlass nicht wertvoll oder kein Aktivnachlass vorhanden ist, kann der Pflichtteilsergänzungsanspruch bei Schenkungen greifen, da der ordentliche Pflichtteil dann Null ist (vgl. § 2311). Der Erbe kann in diesem Fall aber seine Haftung auf den Nachlass beschränken. So kann er die Einrede nach § 1990 erheben, so dass dann das Gericht entweder die Frage des Haftungsumfangs sachlich aufzuklären und zu entscheiden oder den Erbenvorbehalt nach § 780 I ZPO auszusprechen hat (BGH ZEV 2004, 274; vgl. Erman/*Horn* Vor § 1975 Rn. 18 ff.). Ist der Nachlass unstreitig überschuldet, ist eine Klage unbegründet. Kann der Anspruch nicht gegen den Nachlass durchgesetzt werden, richtet sich der Pflichtteilsergänzungsanspruch dann **gegen den Beschenkten** nach § 2329. Dies kann auch der Erbe (dann als Beschenkter) sein, wenn er derjenige war, der die Schenkung vom Erblasser erhalten hatte. 19

Ergibt sich jedoch selbst nach Hinzurechnung des Geschenkes zum überschuldeten Nachlass **kein positiver Nachlasswert,** scheidet eine Pflichtteilsergänzung – sowohl gegen den Erben als auch gegen den Beschenkten – aus. Der Grund hierfür liegt darin, dass der Pflichtteilsberechtigte in diesem Fall auch bei Unterlassen der Schenkung leer ausgegangen wäre. 20

Ist der auf Zahlung des Pflichtteilsergänzungsanspruchs in Anspruch genommene Erbe selbst pflichtteilsberechtigt, hat er das Leistungsverweigerungsrecht des **§ 2328**. 21

Macht ein **Miterbe den Anspruch geltend,** richtet sich dieser gegen den/die anderen Miterben (§ 2326), nicht gegen die Erbengemeinschaft („Erbteilsverbindlichkeit"; OLG Hamm ZEV 2017, 158 (162)). Nach hM kann dieser nur iRd Erbauseinandersetzung geltend gemacht werden, wozu der Bestand des gesamten Nachlasses darzulegen ist (BGH ZEV 2007, 280; Palandt/*Weidlich* Rn. 5). Sehr vertretbar begründet dagegen *Schindler*, dass der Anspruch nach §§ 2325, 2326 wie jede andere Nachlassverbindlichkeit auch schon vor der Teilung geltend gemacht werden kann (*Schindler* ErbR 2018, 185 (187); BeckOGK BGB/*Schindler* § 2326 Rn. 39). Problem bei beiden Auffassungen: Verjährung! 22

Für einen **Alleinerben** kommt ein Pflichtteilsergänzungsanspruch nur gegen den Beschenkten (§ 2329) in Betracht. 23

V. Schenkung

1. Allgemeines. a) Schenkung iSd §§ 516, 517. Voraussetzung für den Pflichtteilsergänzungsanspruch ist das Vorliegen einer Schenkung iSv § 516 I oder einer ehebedingten Zuwendung (BGH ZEV 2018, 274 (276); NJW 2010, 3232 (3234); vgl. *Griesel*, Aktuelle Probleme der Pflichtteilsergänzung, Diss., 2018, S. 38 ff.). Eine Schenkung ist eine Zuwendung, die den Empfänger aus dem Vermögen des Gebers bereichert und bei der beide Teile darüber **einig** sind, dass sie **unentgeltlich** erfolgt ist (BGH ZEV 2018, 274 (276)). Auch Schenkungen durch einen Vertrag zugunsten Dritter auf den Todesfall gem. §§ 328, 331 lösen Pflichtteilsergänzungsansprüche aus. Dabei kann der Schenkungsvertrag bei anfänglicher Formunwirksamkeit (§ 518) auch erst postmortal etwa durch das (konkludente) Übermitteln einer entsprechenden Willenserklärung des Erblassers durch einen Versicherer wirksam werden (BGH NJW 2010, 3232 (3234); → § 2325 Rn. 71). 24

Zur Annahme einer Schenkung muss der Empfänger durch die Zuwendung aus dem Vermögen des Gebers bereichert sein **(objektiv)** und beide Teile müssen sich darüber einig sein **(subjektiv, „causa donandi"),** dass die Zuwendung unentgeltlich erfolgt ist (BGH ZEV 2004, 115). Auch bei einer belohnenden (remuneratorischen) Schenkung, die aus gefühlter Dankbarkeit für früheres Verhalten des Beschenkten vorgenommen wird, liegt der subjektive Tatbestand mangels rechtlicher Verpflichtung vor (*Reimann* ZEV 2018, 198 (201)). 25

Unterläßt der Erblasser einen Vermögenserwerb, liegt gem § 517 keine Schenkung vor. Die Ausschlagung einer Erbschaft oder eines Vermächtnisses ist daher keine Schenkung (Damrau/Tanck/*Riedel* Rn. 11). Gleiches gilt etwa für das Nichtgeltendmachen eines Anspruchs, etwa eines Pflichtteilsanspruchs (vgl. BGH ZEV 2002, 21). Auch Zustiftungen und Spenden können Ergänzungsansprüche auslösen (BGH ZEV 2004, 115; aber → § 2330). War bei dem Erbfall eine Schenkung noch nicht vollzogen, ist Gegenstand der Schenkung nicht der versprochene Gegenstand, sondern der Anspruch darauf (BGH NJW 1983, 1485 (1486)). Keinesfalls ist wie bei § 2287 eine Beeinträchtigungsabsicht erforderlich (MüKoBGB/*Lange* Rn. 16). 26

Hat der **Vorerbe** aus dem der Vorerbschaft unterliegenden Vermögen eine Schenkung gemacht, kann derjenige, der nur gegenüber dem Vorerben pflichtteilsberechtigt ist, hieraus keine Pflichtteilsergänzungsansprüche herleiten, da sich sein Pflichtteil nicht auf das der Nacherbfolge unterliegende Vermögen, das in seiner Hand ein Sondervermögen darstellt, bezieht (OLG Celle OLGR 1996, 30; BeckOK BGB/*G. Müller* Rn. 8). Durch die Schenkung wurde dann nicht das gegenwärtige (Eigen-)Vermögen des Schenkers vermindert. 27

28 Allgemein betrachtet liegt eine Schenkung – infolge **Fehlens der objektiven Unentgeltlichkeit** des Geschäfts – nach hA (BGH NJW 1992, 2566 mwN; MüKoBGB/*J. Koch* § 516 Rn. 27 f.) nicht vor, wenn
- Leistung und Gegenleistung durch gegenseitigen Vertrag im wechselseitigen Abhängigkeitsverhältnis versprochen werden **(synallagmatische Verknüpfung)**,
- die Verpflichtung zur Leistung an die Bedingung der Gegenleistung geknüpft ist (sog. **konditionale Verknüpfung)** oder
- die Zuwendung rechtlich auf der Geschäftsgrundlage beruht, dass dafür eine Verpflichtung eingegangen oder eine Leistung bewirkt werde (sog. **kausale Verknüpfung**). Hierher gehören va die sog. Veranlassungs- oder Vorleistungsfälle, in denen ohne rechtliche Verpflichtung oder rechtlich vereinbarte Bedingung eine Zuwendung erbracht wird, um den Empfänger mit seinem tatsächlich vereinbarten Einverständnis zu einem nicht erzwingbaren Verhalten zu veranlassen (MüKoBGB/*J. Koch* § 516 Rn. 27). Bei den Leistungen handelt es sich dann um vorweggenommene Erfüllungshandlungen in Bezug auf einen abzuschließenden entgeltlichen Vertrag (OLG Düsseldorf NJW-RR 2001, 1518, in dem der Übernehmer den Eltern absprachegemäß jahrzehntelang eine Wohnung kostenlos in der Erwartung der Abgeltung durch Übertragung eines Grundstücks zur Verfügung gestellt hatte).

29 Für die Frage, ob und in welchem Umfang eine Schenkung vorliegt, ist auf den **Zeitpunkt der Zuwendung** abzustellen (OLG Bamberg ZEV 2008, 386; OLG Oldenburg NJWE-FER 1998, 12). *Lange* ist der Auffassung, dass bei einem lebzeitigen Schenkungsversprechen mit postmortalem Vollzug die Vorschriften über Verfügungen von Todes wegen Anwendung finden (MüKoBGB/*Lange* Rn. 16). Daher handelt es sich auch bei sog. **aleatorischen (gewagten) Geschäften,** wie zB dem Leibrentenkauf, um grds. entgeltliche Geschäfte, auch wenn sich das Geschäft später als wirtschaftlich nachteilig herausgestellt hat (weil zB der Erblasser alsbald verstorben ist). Die Frage, ob auch die **wechselseitige Zuwendung** von Nießbrauchsrechten oder **Miteigentumsanteilen auf den Todesfall** durch Miteigentümer (zB Ehegatten, nichteheliche Lebensgefährten) als entgeltlicher Vorgang eingestuft werden kann, ist nach wie vor in der Rspr. noch nicht geklärt und in der Lit. umstritten. Es gibt zutreffende Stimmen in der Lit., die dies bejahen im Anschluss an die hA (→ Rn. 67 ff.), die den für alle Gesellschafter einer Personengesellschaft geltenden Abfindungsausschluss als entgeltliches Rechtsgeschäft und nicht als Schenkung ansieht (vgl. *Egerland* NotBZ 2992, 233 ff.). Zum Teil wird aber auch die Übertragbarkeit der Rechtsprechungsgrundsätze zum Gesellschaftsrecht problematisiert und die Pflichtteilsfestigkeit solcher Rechtsgeschäfte angezweifelt (vgl. Schlitt/Müller Pflichtteils-HdB/*G. Müller* § 11 Rn. 41; *Schindler* ZErb 2012, 149 (155)).

30 Ist eine Zuwendung mit einer Gegenleistung oder einem Vorbehalt verknüpft, handelt es sich um eine **gemischte Schenkung.** Hierzu ist erforderlich, dass der Wert der Zuwendung den Wert der Gegenleistung überwiegt und die Parteien sich darüber einig sind, dass der überschießende Wert unentgeltlich zugewendet wird (OLG Hamm BeckRS 2016, 117427 Rn. 120 = ErbR 2017, 638; BGH NJW 1972, 1709 (1710); zur Beweislast → Rn. 127 ff.). Der überschießende Teil unterliegt der Pflichtteilsergänzung (OLG Bamberg ZEV 2008, 386; OLG Brandenburg NJW 2008, 2720). Bei der Schenkung vereinbarte wiederkehrende Leistungen wie Betreuungs- oder Pflegeleistungen oder ein Wohnungsrecht sind zu kapitalisieren und ihr kapitalisierter Betrag – ohne Kaufkraftschwund (OLG Oldenburg ZErb 2008, 118) – in Abzug zu bringen. Die Kapitalisierung erfolgt überwiegend nach Anlage 9 zu § 14 BewG bzw. nach deren Ersetzung zum 1.1.2009 aus der an ihre Stelle tretenden Tabelle des BMF auf Basis der statistischen Lebenserwartung des Schenkers zum Zeitpunkt des Schenkungsvollzugs (ex-ante-Perspektive) (BGH ZEV 2016, 641 (643); OLG Celle NotBZ 2008, 469 = FamRZ 2009, 463; NJW 2012, 2448; OLG Schleswig ZEV 2009, 81 ff.; BeckOGK BGB/*Schindler* Rn. 181). Es ist also für die Kapitalisierung nicht die spätere tatsächliche Entwicklung (etwa tatsächliche Lebensdauer) maßgeblich, sondern die allgemeine statistische Lebenserwartung (OLG Hamm BeckRS 2016, 117427 Rn. 138 = ErbR 2017, 638; OLG Hamburg BeckRS 2015, 14453 = FamRZ 2016, 261). Wenn bereits bei Vertragsschluss Anhaltspunkte für eine kürzere Lebenserwartung des Schenkers bestehen, bspw. aufgrund bekannter schwerer Erkrankung, kann ein Abschlag oder gar die konkrete Lebenserwartung berücksichtigt werden (OLG Hamm BeckRS 2016, 117427 Rn. 138 = ErbR 2017, 638). Auch **Rückforderungsrechte** vermindern den Wert des Schenkungsgegenstandes, da hierdurch dessen wirtschaftliche Verwertbarkeit eingeschränkt ist (OLG Koblenz NJW-RR 2002, 512 = ZEV 2002, 460).

31 Die eben dargelegten Grundsätze für gemischte Schenkungen gelten entsprechend für die **Schenkung unter Auflage,** zumal die Abgrenzung zur gemischten Schenkung nicht immer einfach ist, zB im Falle von Pflegeverpflichtungen (vgl. BeckOK BGB/*G. Müller* Rn. 12 mwN). Auch bei der Schenkung unter Auflage ist daher nur der um den Wert der Auflage reduzierte Schenkungswert in Abzug zu bringen.

32 **Ausstattungen** gelten nach § 1624 I nur insoweit als Schenkung, als sie das den Umständen, insbes. den Vermögensverhältnissen des Vaters oder der Mutter, entsprechende Maß übersteigen. Dies gilt eingeschränkt im Erbrecht. So ist nach hier vertretener Auffassung auch ein etwaiger Übermaßanteil ausgleichungspflichtig (→ § 2316 Rn. 13). Abkömmlinge partizipieren auf Basis von Ausstattungen an andere Abkömmlinge bereits über §§ 2303, 2316, so dass aufgrund des Verbots der Doppelberücksichtigung ein Abkömmling nicht noch ein zweites Mal über die Pflichtteilsergänzung an dem Gegenstand partizipieren kann. Ist jedoch ein Teil der Ausstattung im Rahmen von § 2316 noch nicht verbraucht und muss auch nicht vom begünstigten Abkömmling gem. § 2056 1 herausgegeben werden, können Pflichtteilsergänzungsansprüche in Betracht kommen, zumindest soweit es um eine Schenkung handelt (mit Beispiel: PHdB-Pflichtteilsprozess/*Horn* § 7 Rn. 240 f.). Nach hM können Pflichtteilsergänzungsansprüche nur auf Basis des Übermaßanteils, nicht hingegen einer angemessenen Ausstattung, geltend ge-

macht werden (BeckOGK BGB/*Schindler* Rn. 51; BeckOGK BGB/*Reisnecker* § 2316 Rn. 104; Staudinger/*Olshausen* Rn. 4; HK-PflichtteilsR/*Gietl* Rn. 50). Da aber Abkömmlinge über § 2316 nach hier vertretener Auffassung auch an einer Übermaßausstattung partizipieren, könnten nur Ehegatten anhand eines Übermaßanteils Pflichtteilsergänzung verlangen. Entgegen dieser ganz hM ist aber zu überlegen, ob nicht aus Sicht eines Ehegatten auch eine Ausstattung zu Pflichtteilsergänzungsansprüchen führt. Schließlich lösen ehebedingte Zuwendungen auch Pflichtteilsergänzungsansprüche aus (BGH NJW 1992, 564; ZEV 2018, 274 (276); → § 2325 Rn. 43). Es besteht kein überzeugender Grund, warum ehebedingte Zuwendungen im Pflichtteilsergänzungsrecht anders als Ausstattungen behandelt werden sollen (PHdB-Pflichtteilsprozess/*Horn* § 7 Rn. 238).

Im Hinblick auf das zusätzliche **subjektive Tatbestandserfordernis** der Einigung der Beteiligten über 33 die Unentgeltlichkeit der Zuwendung (BGH ZEV 2018, 274 (276) mit zust. Anm. *Horn*) müssen Leistung und Gegenleistung nicht hundertprozentig ausgewogen sein. Die Bewertungsfreiheit der Beteiligten geht aber nicht so weit, dass die Beteiligten Leistung und Gegenleistung völlig willkürlich bemessen oder – bewusst – unangemessen festsetzen („frisieren") dürfen, um einen äußerlichen Gleichstand zu erreichen. Denn lässt sich ein **auffallend grobes Missverhältnis** zwischen den wirklichen Werten von Leistung und Gegenleistung feststellen, dann erfordert es nach Ansicht des BGH (seit BGH NJW 1972, 1709 stRspr; auch OLG Celle BeckRS 2013, 21108, dort Kaufpreis nur 50% vom Zuwendungswert) der Schutzzweck des § 2325, im Einklang mit der Lebenserfahrung davon auszugehen, dass auch die Vertragsparteien dies erkannt haben und dass sie sich in Wahrheit über die unentgeltliche Zuwendung derjenigen Bereicherung einig waren, die sich bei einer verständigen und nach den Umständen vertretbaren Bewertung der beiderseitigen Leistungen ergeben hätte (→ Rn. 128). Die subjektive Seite der Schenkung wird in diesen Fällen daher **tatsächlich vermutet (Beweiserleichterung).**

b) Nachträgliche Entgeltlichkeit/Auswechslung des Schuldgrunds. War die (Teil-)Entgeltlichkeit, 34 die dem Vermögenstransfer den Schenkungscharakter nimmt, nicht von vornherein vereinbart, ist fraglich, ob eine bereits erbrachte Leistung oder ein später gezahltes Entgelt noch als die Schenkung ausschließende Gegenleistung angesehen werden kann.

Beispiele: 35
– Der Erwerber hat bereits in der Vergangenheit ohne Vergütungserwartung bzw. -abrede Leistungen erbracht, die bei der Schenkung von den Parteien (zT) als Entgelt für die Vermögensübertragung angesehen werden.
– Für den Vermögenstransfer des Erblassers, der zunächst unentgeltlich vonstattenging, werden nachträglich Gegenleistungen vereinbart (nachträgliche Auswechslung des Schuldgrunds oder „Umwidmung" des Rechtsgeschäfts), etwa ein Kaufpreis oder eine Pflegeverpflichtung.

Dem BGH zufolge entsteht kein Ergänzungsanspruch auf Basis einer ursprünglichen Schenkung, 36 wenn nachträglich ein volles Entgelt für das Grundstück und die bis dahin bezogenen Leistungen vereinbart wird (NJW-RR 2007, 803 = ZEV 2007, 326 ff. mit zust. Anm. *Kornexl;* so auch RGZ 72, 188 (191); 75, 325 (327); 94, 157; aA BGH NJW-RR 1996, 705; OLG Oldenburg NJW-RR 1997, 263 (264); OLG Düsseldorf NJW-RR 2001, 1518; vgl. *Schindler* ZErb 2004, 46 (51)). Der Pflichtteilsberechtigte muss mithin nachträgliche Vereinbarungen über die Entgeltlichkeit von lebzeitigen Rechtsgeschäften des Erblassers hinnehmen, solange zwischen Leistung und Gegenleistung kein auffallendes, grobes Missverhältnis bestehe (→ Rn. 33). In seinem Urteil (NJW-RR 2007, 803) führte der BGH auch als Argument die **Vertragsfreiheit** auf und verglich die Problematik mit den gleichfalls in der Lit. erörterten Fällen des Rückerwerbs des Schenkungsgegenstandes, bei denen ein Pflichtteilsergänzungsanspruch ebenfalls ausgeschlossen sei (vgl. *Kornexl* ZEV 2003, 196 (197)).

Zusammenfassend ist festzustellen, dass bei einer ursprünglichen unentgeltlichen Zuwendung später 37 eine Gegenleistung vereinbart werden kann, die die Unentgeltlichkeit und damit Pflichtteilsergänzungsansprüche ausschließt (krit. BeckOK BGB/*G. Müller* Rn. 10). Eine nachträgliche Entgeltabrede ist also nach hM zulässig (MüKoBGB/*Lange* Rn. 17; Staudinger/*Olshausen* Rn. 3). Schließlich ist im Pflichtteilsrecht der maßgebliche Bezugspunkt der Tod des Erblassers, nicht die Übertragung (*Weber* ZEV 2017, 117 (118)). Wenn die Übertragung vollentgeltlich sein soll, muss die nachträglich vereinbarte Gegenleistung auch eine Kompensation für vom Erwerber gezogene Nutzungen beinhalten; ansonsten liegt eine gemischte Schenkung vor.

Unabhängig davon ist bei ursprünglichen Schenkungen zu fragen, ob es sich nicht tatsächlich um 38 **Pflichtschenkungen iSd § 2330** handelt, so dass insoweit keine Pflichtteilsergänzungsanpriiche ausgelöst werden. Eine solche Motivation sollte spezifiziert in dem Übertragungsvertrag aufgenommen sein. Ist das – wie leider fast üblich – nicht der Fall, kann diese Motivation noch später von den Beteiligten schriftlich dokumentiert werden, um nach dem Erbfall dem Erben den Beweis einer Pflichtschenkung iSd § 2330 zu erleichtern. Das darf selbstverständlich nicht so weit gehen, dass eine damalige Nebenabrede erst später schriftlich fixiert wird: Nebenabreden müssen schließlich bei einem formbedürftigen Vertrag mitbeurkundet werden (Palandt/*Grüneberg* § 311b Rn. 31), da ansonsten die Nichtigkeit gem. § 125 droht.

Der BGH hat zur Annahme eines lebzeitigen Eigeninteresses zur Abwehr von Ansprüchen nach 39 § 2287 auch Gründe akzeptiert, die sich erst nach der Übertragung ergeben haben (BGH ZEV 2012, 37). Daher sind auch solche **nachträglichen Gründe** geeignet, dass der Erbe sich nach der Übertragung auf § 2330 berufen kann (MAH ErbR/*Horn* § 29 Rn. 271; → § 2330 Rn. 16). Jedoch betrachtet der BGH **nachträgliche Vergütungsvereinbarungen** kritisch (BeckOGK BGB/*Schindler* Rn. 43): So hat er eine nachträgliche Vergütungsabrede für Hilfe unter Ehegatten nicht anerkannt, zumal beide Ehegatten gem. § 1360 zur angemessenen Lebensführung beizusteuern hätten (BGH NJW-RR 1989, 706 (707)).

40 c) **Rückfall des Geschenkes.** Übt der Erblasser ein gesetzliches oder vertragliches **Rückforderungsrecht** aus, löst die ursprüngliche Schenkung keine Ansprüche nach § 2325 BGB mehr aus. Ein Aufhebungsvertrag mit anschließender Rückübertragung beseitigt potenzielle Pflichtteilsergänzungsansprüche (HK-PflichtteilsR/*Herrler* Anh. 2 Rn. 59; *Kornexl* ZEV 2007, 328; *Weber* ZEV 2017, 117 (120)); andernfalls würde der Pflichtteilsberechtigte doppelt an einer und der selben Sache partizipieren. Dagegen beseitigt eine **Rückschenkung** nicht Pflichtteilsergänzungsansprüche (*Weber* ZEV 2017, 117 (121)). Ebenfalls verbleibt es im Fall einer **Weiterschenkung** bei Pflichtteilsergänzungsansprüchen hins. der ursprünglichen Schenkung (vgl. *Weber* ZEV 2017, 117 (121)).

41 Ein Geschenk kann auch **durch Erbschaft an den Schenker zurückfallen:** Die Ehefrau schenkt ihrem Ehemann ein Haus. Das in beiden Erbfällen enterbte Kind partizipiert im ersten Erbfall über seinen ordentlichen Pflichtteilsanspruch daran, dass seine Mutter seinem erstverstorbenen Vater die Geschenkung gemacht hat. Nun erwirbt die längerlebende Mutter/Ehefrau durch Alleinerbeinsetzung dieses Haus zurück. Der Sohn kann dann nochmals auf Basis des Hauses seinen ordentlichen Pflichtteil verlangen. Das ist die übliche und nicht zu beanstandende Rechtsfolge, die sich durch die Vor- und Nacherbfolge verhindern läßt. Aber: Seine Mutter hat dieses Haus damals seinem Vater geschenkt, was nach Anwendung des § 2325 BGB Pflichtteilsergänzungsansprüche auslöst. Die Frist des § 2325 III beginnt erst mit dem Tod des erstverstorbenen Ehemannes. Hier ist anzudenken, dem Sohn den Ergänzungsanspruch nach § 242 zu versagen. Das Pflichtteilsergänzungsrecht will ihn vor missbilligenden Schenkungen schützen, aber nicht seine Ansprüche vervielfachen.

42 d) **Rechtsgültigkeit der Schenkung.** Ein Pflichtteilsergänzungsanspruch wird nur durch **rechtsgültige** Schenkungen begründet. Erhält der Erblasser vor dem Erbfall den von ihm verschenkten Gegenstand zurück, bspw. weil das Kausalgeschäft unwirksam war, ein vorbehaltenes Rücktrittsrecht ausgeübt oder ein Aufhebungsvertrag mit dem Schenker abgeschlossen wurde, steht dem Pflichtteilsberechtigten kein Pflichtteilsergänzungsanspruch wegen der ursprünglichen Schenkung zu (vgl. *Kornexl* ZEV 2003, 196 ff.; indirekt auch BGH ZEV 2007, 326 mAnm *Kornexl* und *Dietz* MittBayNot 2008, 227).

43 Bei Schenkungen, die zwar rechtsgültig, aber wegen § 2287 nicht bestandskräftig sind, bleibt § 2325 anwendbar (MüKoBGB/*Lange* Rn. 15; → Rn. 130).

44 e) **Ausgleichungspflichtige Schenkungen.** Soweit die Schenkung an einen Abkömmling dem Nachlass bereits nach § 2316 bei der Berechnung des Pflichtteils zugerechnet wurde, ist sie bei der Berechnung von Pflichtteilsergänzungsansprüchen eines Abkömmlings nicht nochmals zu berücksichtigen (→ § 2316 Rn. 36 ff.). Dagegen kann der enterbte Ehegatte auf Basis einer Schenkung, bei der die Erbteilsausgleichung nach § 2050 III angeordnet wurde, Ansprüche nach § 2325 BGB durchsetzen; Gleiches gilt nach der hier vertretenen Auffassung auch aufgrund von Ausstattungen (→ Rn. 32).

45 **2. Einzelfälle. a) Ehebedingte Zuwendungen. aa) Allgemein.** Schenkungen an den Ehegatten führen ohne Weiteres zu Pflichtteilsergänzungsansprüchen. Gleiches gilt im Regelfall auch für die sog. ehebedingten (= unbenannten = ehebezogenen) Zuwendungen, die vorliegen, „wenn ein Ehegatte dem anderen einen Vermögenswert um der Ehe willen und als Beitrag zur Verwirklichung und Ausgestaltung, Erhaltung oder Sicherung der ehelichen Lebensgemeinschaft zukommen lässt, wobei er die Vorstellung oder Erwartung hegt, dass die eheliche Lebensgemeinschaft Bestand haben und er innerhalb dieser Gemeinschaft am Vermögenswert und dessen Früchten weiter teilhaben werde" (BGH NJW 2006, 2330; vgl. NJW-RR 1990, 386). An einer Einigung über die Unentgeltlichkeit fehlt es zumeist. Der Erwerb eines zugewendeten Gegenstandes (auf den kein Rechtsanspruch besteht) ist unentgeltlich, „wenn er von einer den Erwerb ausgleichenden Gegenleistung des Erwerbers nicht rechtlich abhängig ist"; „dabei kommen als rechtliche Abhängigkeit, welche die Unentgeltlichkeit ausschließt und Entgeltlichkeit begründet, Verknüpfungen sowohl nach Art eines gegenseitigen Vertrages als auch durch Setzung einer Bedingung oder eines entsprechenden Rechtszwecks in Betracht" (BGH ZEV 2018, 274 ((277)).

46 Für eine Schenkung fehlt es zwar an der Einigkeit der Ehegatten über die Unentgeltlichkeit (*Lange* ErbR § 91 Rn. 131). Da solche Zuwendungen idR objektiv unentgeltlich sind, sind sie nach der Grundsatzentscheidung des BGH v. 27.11.1991 **im Erbrecht grds. wie Schenkungen zu behandeln** (BGH NJW 1992, 564; bestätigt durch BGH Urt. v. 14.3.2018 ZEV 2018, 274 (276 f.) mit zust. Anm. *Horn*; vgl. OLG Schleswig ZEV 2014, 260 (261)). Eine Zuwendung ist entgeltlich und damit pflichtteilsfest, wenn sie sich im Rahmen einer nach den konkreten Verhältnissen angemessenen Altersversorge hält oder die nachträgliche Vergütung langjähriger Dienste vor oder nach Eheschließung darstellt (BGH ZEV 2018, 274 (277); OLG Schleswig ZEV 2014, 260 (262)). Die Haushaltsleistung ist aber keine Gegenleistung für ehebedingte Zuwendungen (BGH NJW 1992, 564).

47 Im Einzelnen: Zur Entstehung von Pflichtteilsergänzungsansprüchen muss eine Zuwendung unentgeltlich sein. Soweit aber Leistungen geschuldet sind, liegt keine **objektive Unentgeltlichkeit** vor. Ehegatten schulden einander auch in intakter Ehe **Unterhalt gem. §§ 1360, 1360a.** Hierzu der BGH (NJW 2013, 686 (687)): „*Zu dem angemessenen Familienunterhalt gehören unter anderem Kosten für Wohnung, Nahrung, Kleidung, medizinische Versorgung, kulturelle Bedürfnisse, Kranken- und Altersvorsorge, Urlaub usw., die in der Regel in Form des Naturalunterhalts gewährt werden. Außerdem hat jeder der Ehegatten Anspruch auf einen angemessenen Teil des Gesamteinkommens als Taschengeld, das heißt auf einen Geldbetrag, der ihm die Befriedigung seiner persönlichen Bedürfnisse nach eigenem Gutdünken und freier Wahl unabhängig von einer Mitsprache des anderen Ehegatten ermöglichen soll (...)*".

Geschuldet ist mithin auch **Vorsorgeunterhalt** für den **Fall des Alters,** so dass Leistungen bei einem 48
begründeten Unterhaltsanspruch entgeltlich sind (BGH NJW 1992, 564 (565); vgl. *Klingelhöffer* NJW
1993, 1097 (1100)). Den Umfang für eine **angemessene Alterssicherung** gibt § 1360a BGB vor. **Keineswegs** besteht unterhaltsrechtlich ein **Anspruch auf Vermögensbildung** (BGH NJW 1985, 49 (50); BeckOGK BGB/*Preisner* § 1360a Rn. 52), hingegen auf eine Altersvorsorge (BGH NJW 2005, 3277 (3281)). Leistungen im Umfang einer iSd §§ 1360, 1360a angemessenen Altersvorsorge sind damit entgeltlich und damit nicht ergänzungspflichtig (OLG Schleswig ZEV 2014, 260 (262); OLG Stuttgart ZEV 2011, 384 – bei einem Privatrentenversicherungsvertrag über 58.300 EUR; vgl. BGH NJW 1979, 1289; MüKoBGB/*Lange* Rn. 24).

Heranzuziehen sind die konkreten Verhältnisse der Ehegatten, wozu die Lebensverhältnisse vor dem 49
Erbfall mit denen des längerlebenden Ehegatten nach dem Erbfall zu vergleichen sind (OLG Schleswig ZEV 2014, 260 (262); ZEV 2010, 369 (370); OLG Hamm ErbR 2017, 638 = BeckRS 2016, 117427 Rn. 153; vgl. LG Konstanz ZEV 2016, 705). Maßgeblich sind die Kosten für die Aufrechterhaltung des bisherigen Lebensstandards (*Löhnig* NJW 2018, 1435 (1436f.)). Dagegen will *Kroll-Ludwigs* einen objektiven Maßstab anlegen und nennt den Lebensstil gleicher Berufskreise (Erman/*Kroll-Ludwigs* § 1360a Rn. 6). Der monatliche Gesamtbedarf eines Ehegatten „im Alter" kann nicht einfach dadurch errechnet werden, dass die Hälfte der tatsächlichen Unterhaltskosten zu Lebzeiten noch des anderen Ehegatten herangezogen wird. Das OLG Schleswig sieht iErg bei geringen Vermögensverhältnissen 73 % der Kosten vor dem Erbfall als angemessen an, indem es auf die Pfändungsfreigrenzen des § 850c ZPO abstellt. So liegt bei einer Person die Pfändungsfreigrenze bei 930 EUR und bei einem Zweipersonenhaushalt bei 1.280 EUR (OLG Schleswig MittBayNot 2011, 148 (150)). Die Alterssicherung kann etwa durch das Einrichten einer Lebensversicherung bzw. ganz allgemein durch Vermögensnübertragungen erfolgen (*Kappler/Kappler* ZEV 2017, 601 (607)).

Entscheidend ist ua, in welchem Umfang schon für das Alter vorgesorgt wurde (BGH NJW 1992, 564 50
(566)). So sind eigene Rentenansprüche, die Witwenrente, Kapitalerträge bzw. Mieteinkünfte aus eigenem Vermögen des einen Ehegatten für die Frage zu berücksichtigen, inwieweit eine Leistung an ihn von dem anderen Ehegatten aufgrund seiner Verpflichtung aus §§ 1360, 1360a entgeltlich und damit pflichtteilsfest ist (vgl. BGH NJW 1992, 564 (565); vgl. *Herrler* MittBayNot 2011, 150 (151); vgl. OLG Stuttgart ZEV 2011, 384). Zusätzlich zu einer Rente von der Deutschen Rentenversicherung etc. kann unterhaltsrechtlich eine zusätzliche Absicherung geschuldet sein (BeckOGK BGB/*Preisner* Rn. 77).

Zwar hat der Pflichtteilsberechtigte die Tatsachen für die Höhe seines Pflichtteilsanspruchs darzulegen 51
und zu beweisen, wobei ihm hierfür die vorbereitenden Ansprüche aus § 2314 dienen. Jedoch hat der Schuldner die für die Begründung der Gegenleistung (hier etwa unterhaltsrechtlich geschuldeter Unterhalt) maßgeblichen Tatsachen im Wege des **substanziierten Bestreitens** der Unentgeltlichkeit vorzutragen (OLG Schleswig ZEV 2014, 260 (263); BGH NJW-RR 1996, 705 (706)). Lt. BGH trifft den Schuldner die sekundäre Darlegungslast (ZEV 2018, 274 (277)).

Zudem liegt nach hM auch iRd objektiv Angemessenen eine Entgeltlichkeit vor, wenn durch die Leis- 52
tung **langjährige Dienste nachträglich vergütet werden** (BGH ZEV 2018, 274 (277); NJW 1992, 564 (565); MüKoBGB/*Lange* Rn. 24). Die hier vorgebrachten Argumente, die zur Entgeltlichkeit führen und damit Pflichtteilsergänzungsansprüche schon nicht im Grundsatz entstehen lassen, dienen iErg auch der Begründung einer **Pflichtschenkung gem. § 2330;** zumeist wird nicht streng unterschieden. Sinnvoll ist eine Unterscheidung insoweit, dass Leistungen im Hinblick auf §§ 1360, 1360a entgeltlich, soweit sie der Sicherung des angemessenen Unterhaltes für das Alter dienen. Das kann etwa durch eine Rentenversicherung oder einen Nießbrauch an einer Immobilie umgesetzt werden. Andere Zuwendungen sollten im ersten Schritt als unentgeltlich bewertet und im zweiten Schritt anhand von § 2330 auf Argumente gegen das Auslösen von Pflichtteilsergänzungsansprüchen geprüft werden (→ § 2330 Rn. 10). Nicht mit den Grundsätzen des Pflichtteilsrechts vereinbar ist die These von *Löhnig* (NJW 2018, 1435 (1437)), wonach aufgrund der vom BVerfG aufgestellten Gleichwertigkeitsthese (NJW 2002, 1185) Zuwendungen unter Ehegatten in den Grenzen des Halbteilungsgrundsatzes pflichtteilsfest seien. So könnte die Familienarbeit des längerlebenden (nicht berufstätigen) Ehegatten bewertet werden.

bb) Einzelfall Familienwohnheim. Die Frage nach etwaigen Pflichtteilsergänzungsansprüchen zuguns- 53
ten der Kinder stellt sich in der Praxis oft im Zusammenhang mit dem selbstgenutzten Einfamilienhaus:
(1) Der vermögende Ehegatte entrichtet für den anderen den auf ihn **entfallenden Kaufpreisanteil,** wenn beide die Liegenschaft kaufen, oder **überträgt** unentgeltlich **eine ideelle Hälfte** oder das ganze Eigenwohnheim an den anderen. Da eine Vermögensbildung nach §§ 1360, 1360a nicht geschuldet ist und damit keine Erwerbs- und Errichtungskosten eines Eigenheims (BGH NJW 1985, 49 (50); MüKoBGB/*Weber-Monecke* § 1360a Rn. 4; BeckOGK BGB/*Preisner* § 1360a Rn. 52; Erman/*Kroll-Ludwigs* § 1360a Rn. 3), liegt im Zweifel eine ergänzungspflichtige Zuwendung vor (vgl. OLG Schleswig ZEV 2014, 260 (263); vgl. BGH ZEV 2018, 274, der insoweit die Vorinstanz OLG Dresden Urt. v. 22.6.2016 – 17 U 360/16, nv, bestätigte). Das Argument, die Hausübertragung würde der Altersvorsorge dienen – wird im Regelfall aufgrund der Unangemessenheit und des Gegenargumentes, eine Vermögensbildung sei nicht geschuldet, nicht tragen. Abzulehnen ist die Auffassung von *Löhnig,* wonach die Überschreibung einer Immobilie zur Ermöglichung mietfreien Wohnens bei einer geringen Rente ergänzungsfest sein kann (NJW 2018, 1435 (1436)).
(2) Anders kann die Einräumung eines **Nießbrauchs- oder Wohungsrechts** unterhaltsrechtlich zu rechtfertigen sein (OLG Schleswig ZEV 2010, 369).

(3) Einstweilen kaufen die Ehegatten zwar gemeinsam die Immobilie und nehmen zur (Teil-) Finanzierung ein Darlehen auf, aber die Finanzierungskosten (=Annuitäten, also **Zins und Tilgung**) bezahlt ausschließlich der vermögende Ehegatte. Beide Ehegatten sind aber im Außen- und (zunächst auch) im Innenverhältnis verpflichtet, selber ihren hälftigen Anteil an den monatlichen Annuitäten zu leisten. Hier ist nun zwischen den Zinsen und den Tilgungsleistungen zu differenzieren: Die Tilgungsleistungen lösen Ergänzungsansprüche aus, da Vermögensbildung unterhaltsrechtlich nicht geschuldet ist (vgl. BGH ZEV 2018, 273 (275); vgl. BeckOGK BGB/*Preisner* § 1360a Rn. 51). Bei den Zinszahlungen ist aber im Einzelfall zu prüfen, ob diese unterhaltsrechtlich geschuldet sind oder ob ihr eine durch sie ganz oder teilweise vergütete, konkrete Gegenleistung gegenübersteht oder nicht (BGH ZEV 2018, 274 (277)). Zinsen zählen durchaus zu den Haushaltskosten iSd § 1360a, zumal Miete und Mietnebenkosten unterhaltsrechtlich geschuldet sind (BeckOGK BGB/*Preisner* § 1360a Rn. 50f.). Zur streitigen Entgeltlichkeit, also dass etwa Leistungen unterhaltsrechtlich geschuldet sind, weist der BGH zurecht dem anderen Ehegatten die sekundäre Darlegungslast zu (BGH ZEV 2018, 274 (277)).

54 Die pflichtteilsergänzungsrechtliche Besonderheit unentgeltlicher Zuwendungen an den Ehegatten liegt va darin, dass gem. § 2325 III 3 bei solchen Zuwendungen die **Zehnjahresfrist nicht vor Auflösung der Ehe** (durch Tod oder Scheidung) **beginnt.** Während der Ehe ist der Fristlauf für eine solche Ehegattenzuwendung damit gehemmt. Durch Schenkungen oder ehebedingte Zuwendungen an den Ehegatten können Pflichtteilsansprüche der übrigen Pflichtteilsberechtigten daher nicht reduziert werden.

55 **b) Güterstandwechsel.** Anders ist dies für „Zuwendungen" im Rahmen von **ehevertraglichen Güterstandwechseln.** So geht der BGH (NJW 1992, 558) davon aus, dass die Vermögensmehrung auf Seiten des weniger begüterten Ehegatten durch **ehevertragliche Vereinbarung der Gütergemeinschaft** und Erwerb des Anteils am Gesamtgut keine Schenkung darstellt und damit keine Pflichtteilsergänzungsansprüche auslöst, wenn nicht besondere Umstände vorliegen. Letzteres sei dann der Fall, wenn die Geschäftsabsichten der Ehegatten nicht auf die Verwirklichung der Ehe und auf eine Ordnung des beiderseitigen Vermögens gerichtet waren. Anzeichen für die Verfolgung solcher ehefremder Zwecke sieht der BGH, wenn die Gütergemeinschaft kurz vor dem Tod eines Ehegatten vereinbart wird, wenn für die Auseinandersetzung dem zunächst weniger begüterten Teil eine höhere Quote eingeräumt wird, als § 1476 vorsieht oder wenn der Ehevertrag nur geschlossen wird, um pflichtteilsberechtigte Angehörige zu benachteiligen. Ein Indiz für die Verfolgung ehefremder Zwecke liegt aus Sicht des BGH auch vor, wenn nach einem einheitlichen Plan zunächst die Gütergemeinschaft und dann nach einiger Zeit ein anderer Güterstand vereinbart wird („Schaukelmodell") oder wenn nachträglich bspw. wertvolle Gegenstände aus dem Vorbehaltsgut eines Ehegatten in das des anderen oder in das Gesamtgut oder aus dem Gesamtgut in das Vorbehaltsgut verschoben werden.

56 Wechseln die Ehegatten aber vom gesetzlichen Güterstand der Zugewinngemeinschaft in den **Güterstand der Gütertrennung,** wird dadurch der gesetzliche Güterstand auf andere Weise als durch den Tod eines Ehegatten beendet. Dies löst nach den §§ 1372 ff. auf Seiten des weniger begüterten Ehegatten einen Anspruch auf Ausgleich des zwischenzeitlich entstandenen Zugewinns (Zugewinnausgleichsanspruch nach § 1378) aus. Durch ehevertragliche Beendigung der Zugewinngemeinschaft wird damit eine Forderung zur Entstehung gebracht, die den Nachlass des begüterten Ehegatten reduzierend erfüllt werden kann. Da es sich bei der Erfüllung der entstandenen Zugewinnausgleichsverbindlichkeit um einen **entgeltlichen Vorgang** handelt und nicht um eine Schenkung, werden hierdurch nach hA keine Pflichtteilsergänzungsansprüche der übrigen Pflichtteilsberechtigten nach den §§ 2325 ff. ausgelöst (vgl. BeckOK BGB/*G. Müller* Rn. 22; *Kleffmann* FuR 2017, 532; krit. BeckOK BGB/*J. Mayer*, bis 39. Ed., Rn. 12). Dies gilt allerdings nur unter der weiteren Voraussetzung, dass die Forderung tatsächlich erfüllt wird – vgl. § 117 – und die Leistung nicht über die nach dem Gesetz sich errechnende Zugewinnausgleichsforderung hinausgeht.

57 „Pflichtteilsfest" ist die Erfüllung der Zugewinnausgleichsforderung aber nur, wenn die Zugewinngemeinschaft durch Ehevertrag beendet wird. Nach hA ist kein sog. **„fliegender" Zugewinnausgleich** möglich, bei dem der bisher entstandene Zugewinn ausgeglichen wird unter Aufrechterhaltung des Güterstandes der Zugewinngemeinschaft, da es hier an einer rechtsgültig entstandenen Forderung fehlt (vgl. BeckOK BGB/*G. Müller* Rn. 22; *Worm* RNotZ 2003, 535 (540); aA *Hüttemann* DB 1999, 248; *Kappler/Kappler* ZEV 2017, 601 (604)).

58 Da die Vereinbarung der Gütertrennung aus pflichtteilsrechtlicher Sicht den Nachteil hat, dass sich hierdurch die Pflichtteilsquoten der Abkömmlinge erhöhen können, stellt sich die Frage, ob es zulässig ist, unmittelbar nach Vereinbarung der Gütertrennung und Durchführung des Zugewinnausgleichs in einem zweiten Ehevertrag zum gesetzlichen Güterstand zurückzukehren (sog. **Güterstandsschaukel).** Ob das „Schaukelmodell" pflichtteilsfest ist oder ob es sich hierbei um eine rechtsmissbräuchliche Gestaltung handelt, ist in der Rspr. noch nicht entschieden und wird in der Lit. kontrovers diskutiert (vgl. nur *Brambring* ZEV 1996, 248 (252f.); *Wegmann* ZEV 1996, 201 (206); *Hayler* MittBayNot 2000, 290 (293); *Worm* RNotZ 2003, 535 (539); *Wälzholz* FamRB 2006, 157 (160); BeckOK BGB/*G. Müller* Rn. 23). Lt. BFH sei eine Ausgleichsforderung, die durch ehevertragliche Beendigung des Güterstands der Zugewinngemeinschaft entsteht, nicht als freigiebige Zuwendung schenkungsteuerbar, wenn es tatsächlich zu einer güterrechtlichen Abwicklung der Zugewinngemeinschaft komme (BFH ZEV 2005, 490 mAnm *Münch*). Dies gilt sogar auch dann nicht, wenn der Güterstand der Zugewinngemeinschaft im Anschluss an die Beendigung erneut begründet wird. Jedoch betrifft diese Entscheidung allein die steuer-

liche Seite der Problematik. Die zivilrechtliche Seite des Schaukelmodells ist nach wie vor noch nicht endgültig geklärt.

c) Abfindung für Erb- oder Pflichtteilsverzicht. Es ist nach wie vor umstritten, ob und inwieweit **59** Abfindungen, die für einen Erbverzicht geleistet werden, entgeltliche oder unentgeltliche Zuwendungen sind. Nach der einen in der Lit. vertretenen Ansicht ist hins. der Abfindung der Anwendungsbereich des § 2325 nicht eröffnet, da es sich hierbei nicht um eine Schenkung, sondern um ein **entgeltliches Rechtsgeschäft** handle (*Lange/Kuchinke* ErbR § 7 Kap. V Rn. 3, § 37 Kap. X Rn. 2 f.; *Heinrich* MittRhNotK 1995, 157 (158); *Theiss/Boger* ZEV 2006, 143 (144)). Nach dieser Ansicht kommt eine Pflichtteilsergänzung nur in Betracht, wenn die Leistung des Erblassers an den Verzichtenden über eine angemessene Abfindung für dessen Erbverzicht hinausgehe (OLG Hamm NJW 1999, 3643 = ZEV 2000, 277 m. abl. Anm. *Rheinbay*). Angemessen wäre dabei ein Betrag iHd potenziellen Pflichtteilsanspruchs (§§ 2303, 2325). Eine aA in der Lit. sieht die Abfindung für den Erbverzicht als grds. **unentgeltlich** an (*Sostmann* MittRhNotK 1976, 479 (497); Staudinger/*Schotten* § 2346 Rn. 122.; Staudinger/*Olshausen* Rn. 7). Dies wird damit begründet, dass sich die Abfindung als zeitlich vorgezogener Erwerb darstelle, der beim Anfall im Todeszeitpunkt unstreitig unentgeltlich wäre. Auch liege die erforderliche subjektive Einigung über die Unentgeltlichkeit vor, da sich die Verzichtsparteien durchaus bewusst seien, dass es um die Vorwegnahme einer künftigen Erbfolgeregelung geht und die Abfindung ein wirtschaftliches Surrogat für einen unentgeltlichen Erwerb von Todes wegen darstellt (Staudinger/*Schotten* § 2346 Rn. 127).

Der BGH hat die Frage mehrfach ausdrücklich offen gelassen. In seiner Entscheidung v. 3.12.2008 **60** (NJW 2009, 1143 mAnm *Zimmer* = ZEV 2009, 77 (78) mit krit. Anm. *Schindler*; vgl. *v. Proff* NJW 2016, 539 (540)) hat der BGH die Frage nach der Entgeltlichkeit bewusst nicht entschieden. Der BGH hat allerdings klargestellt, dass wegen einer Abfindung, die ein weichender Abkömmling für einen Erbverzicht vom Erblasser erhalten hat, einem weiteren Abkömmling **im Hinblick auf die Erhöhung seiner Pflichtteilsquote** nach § 2310 S. 2 grds. kein Pflichtteilsergänzungsanspruch zustehe. Dies steht aus Sicht des BGH unter der weiteren Voraussetzung, dass sich die Abfindung der Höhe nach iRd Erberwartung des Verzichtenden bewege. Pflichtteilsergänzungsansprüche kommen nach Ansicht des BGH allenfalls in Betracht hins. dessen, was über ein Entgelt bzw. eine angemessene Abfindung hinausgeht. Vor diesem Hintergrund kommen Pflichtteilsergänzungsansprüche nur hins. des Teils der Abfindung in Betracht, die über eine angemessene Abfindung hinausgehen (OLG Hamm ZEV 2000, 277; MAH ErbR/*Horn* § 29 Rn. 275).

Da infolge des **Pflichtteilsverzichts** (§ 2346 II) keine Erhöhung des Pflichtteils der anderen Pflicht- **61** teilsberechtigten über § 2310 S. 2 eintritt, kommt der Pflichtteilsverzicht iErg nur dem Erben, nicht aber den anderen Pflichtteilsberechtigten zugute. Der „Kompensationsgedanke" des BGH greift insoweit nicht ein, da eine Verringerung des Nachlasswertes durch die Zahlung der Abfindung nicht ausgeglichen wird. Dies spricht dafür, die Abfindungszahlung als **unentgeltlich** zu qualifizieren (BeckOK BGB/*G. Müller* Rn. 13; *Herrler* ZEV 2010, 92 (97); BeckOGK BGB/*Schindler* Rn. 26). Insoweit kommen daher Pflichtteilsergänzungsansprüche nach § 2325 in Betracht. Anders ist dies allerdings, wenn es sich um eine Ausstattung iSv § 1624 oder eine Pflichtschenkung iSv § 2330 handelt, da insoweit Pflichtteilsergänzungsansprüche ausgeschlossen sind. Nach *v. Proff* liegt eine Abfindung iHd Pflichtteilsanspruchs pflichtteilsergänzungsfest (NJW 2016, 539 (540)). Dann würde nur der über den Pflichtteilsanspruch hinausgehende Betrag der Pflichtteilsergänzung unterliegen (*Theiss/Boger* ZEV 2006, 143 (145)). *Lange* stellt indes auf den Parteiwillen ab und fragt, ob demzufolge eine Schenkung gewollt war (*Lange* ErbR 2017, 305 (319)). Bei Annahme einer Schenkung verlangt er eine Korrektur.

IRd Prüfung der Voraussetzungen eines **Schenkungswiderrufes** nach § 530 BGB hatte der BGH zu **62** bewerten, ob es sich bei einer mit einem Erbverzicht verbundenen Zuwendung um eine Schenkung handelt (ZEV 2016, 90; vgl. MAH ErbR/*Horn* § 29 Rn. 277). Hierzu sind alle Umstände zu würdigen, so va der Wortlaut des Vertrages und die Umstände seines Zustandekommens. Demzufolge kann die Abfindung eine Schenkung darstellen, muss es aber nicht. Das Urteil ist aber auf den Kontext des § 2325 mit Drittschutzinteressen nicht übertragbar (BeckOGK BGB/*Schindler* Rn. 75).

d) Zuwendungen an Stiftungen. Zuwendungen an Stiftungen – selbst an gemeinnützige – sind entge- **63** gen weitläufig verbreiteten anderen Ansichten im Pflichtteilsrecht – vorbehaltlich § 2330 – nicht privilegiert. Wird die Stiftung durch Verfügung von Todes wegen errichtet oder eine bestehende Stiftung durch Verfügung von Todes wegen begünstigt, dann findet nach hA § 2303 auf den Vermögensübergang auf die Stiftung Anwendung. Der ganze beim Erbfall vorhandene Nachlass ist zur Pflichtteilsberechnung gem. § 2311 heranzuziehen.

Bei **lebzeitigen** Zuwendungen an Stiftungen kommen Pflichtteilsergänzungsansprüche in Frage, die al- **64** lerdings das Vorliegen einer Schenkung iSd §§ 516, 517 erfordern. Die Anwendung der §§ 2325 ff. auf diese Vermögenstransfers zugunsten der Stiftung war lange Zeit umstritten, da lebzeitigen Zustiftungen des Erblassers keine vertragliche Abrede über die Unentgeltlichkeit, sondern lediglich ein einseitiges Rechtsgeschäft zugrunde liegt. Die wohl hA bejaht in diesem Zusammenhang die Anwendung der §§ 2325 ff. (LG Baden-Baden ZEV 1999, 152; *Rawert/Katschinski* ZEV 1996, 161 ff.; *Lange* FS Spiegelberger, 2009, 1321 (1324)).

Im Fall der „Dresdner Frauenkirche", in dem das OLG Dresden (NJW 2002, 3181 = ZEV 2002, 415) **65** zunächst das Vorliegen einer pflichtteilsergänzungserheblichen Schenkung verneint hatte, da es an einer dauerhaften Bereicherung der Stiftung gefehlt habe, hat der BGH (NJW 2004, 1382) in der Revisionsinstanz das Urteil aufgehoben. Der BGH hat entschieden, dass endgültige unentgeltliche Zuwendungen an – auch gemeinnützige – Stiftungen in Form von Zustiftungen oder freien oder gebundenen Spenden pflichtteilsergänzungspflichtige Schenkungen iSd §§ 2325, 2329 darstellen. Gleiches gilt auch für Zustiftungen und freie Spenden im Rahmen von Familienstiftungen (*Lange* FS Spiegelberger, 2009, 1321 (1325)).

66 e) **Rückforderungsrecht.** Der spätere Verzicht auf ein vertraglich vereinbartes Rückforderungsrecht stellt keine Schenkung dar (§ 517 Alt. 2; OLG München ErbR 2017, 634 = BeckRS 2016, 20927 Rn. 15).

67 f) **Gesellschaftsrechtliche Fragestellungen.** Pflichtteilsansprüche können uU dadurch reduziert werden, dass der Erblasser mit denjenigen Personen, die einen Vermögenswert erhalten sollen, eine **Personengesellschaft** (OHG, KG, GbR) gründet und Vermögen in die Gesellschaft einbringt (Sudhoff Unternehmensnachfolge/*Scherer* § 17 Rn. 58). Dabei ist anerkannt, dass die unentgeltliche Mitbeteiligung wie die unentgeltliche Übertragung von Personengesellschaftsanteilen, die mit **unbeschränkter persönlicher Haftung** verbunden sind (also insbes. Aufnahme eines persönlich haftenden Gesellschafters in eine **OHG**), keine Schenkung darstellt, und zwar selbst dann nicht, wenn die Aufnahme unter besonders günstigen Bedingungen – insbes. ohne Kapitaleinsatz – erfolgt und für ihn wirtschaftlich vorteilhaft ist (BGH NJW 1959, 1433; 1981, 1956; WM 1977, 862 (864); so im Anschluss an den BGH auch KG DNotZ 1978, 109 (111)). Bei einer **GbR** ist dies nicht ganz so eindeutig, zumal dann, wenn es sich um eine lediglich vermögensverwaltende Familiengesellschaft bürgerlichen Rechts mit geringem Haftungsrisiko handelt. Hier kann ggf. eine ergänzungspflichtige Zuwendung angenommen werden (Gutachten DNotI-Report 1996, 87 (88); vgl. MSTB PflichtteilsR-HdB/*Pawlytta* § 7 Rn. 74 mwN; *Werner* ZEV 2013, 64 ff.). In diesem Sinne hat nunmehr auch das OLG Schleswig (RNotZ 2012, 513) entschieden, dass die Übertragung von Anteilen an einer allein mit der Verwaltung von Vermögen befassten GbR in Familienhand innerhalb der Familie nach den Umständen des Einzelfalls eine (ggf. gemischte) Schenkung sein kann. Maßgeblich ist hierfür nach Ansicht des OLG Schleswig eine Gesamtbetrachtung der gesellschaftsrechtlichen Regelungen und aller maßgeblichen Umstände, wie etwa Kapitaleinsatz, Arbeitsleistung, Haftungsrisiko und der für den Todesfall getroffenen Abfindungsregelungen. Im konkreten Fall hat das OLG Schleswig im Hinblick auf das geringe Haftungsrisiko und den geringen Arbeitseinsatz die Annahme einer Schenkung bejaht.

68 Hins. der **Beteiligung an einer KG** (als Kommanditist), an einer Innengesellschaft oder für eine stille Beteiligung gilt dies allerdings nicht. Denn der BGH (NJW 1990, 2616 (2617)) hat wiederholt entschieden, dass ein Kommanditanteil als geschenkt anzusehen sei, wenn der Kommanditist nichts für seinen Erwerb aufzuwenden, insbes. keine Gegenleistung aufzubringen habe, und die Parteien über die Unentgeltlichkeit einig seien, da den Kommanditisten anders als einen Komplementär nach Erbringung seiner Einlage keine persönliche Haftung treffe und er regelmäßig nicht zur Geschäftsführung verpflichtet sei. Im Falle der unentgeltlichen Beteiligung als Kommanditist (oder als stiller Gesellschafter oder als Gesellschafter an einer Innengesellschaft) können hierdurch also ggf. **Pflichtteilsergänzungsansprüche** nach den §§ 2325 ff. ausgelöst werden. Sofern aber eine Leistung iSd § 2325 III vorliegt und sich der Erblasser nicht bspw. durch Vorbehalt von Nutzungsrechten die wesentlichen Nutzungen vorbehalten hat (*Winkler* ZEV 2005, 89 (94)), kann nach der Einführung der Pro-rata-Regelung in § 2325 III mit jedem Jahr nach Vollzug der Schenkung 1/10 des Schenkungswertes ergänzungsfrei ausgeschieden werden. Mit dem Ablauf von zehn Jahren sind Pflichtteilsergänzungsansprüche ganz ausgeschlossen.

69 Eine weitere Pflichtteilsreduzierung wird ggf. erreicht, wenn der Gesellschaftsanteil des Erblassers bei seinem **Tod nicht zur Pflichtteilsberechnung** (vgl. § 2311) herangezogen werden kann. Dies lässt sich ggf. dadurch bewirken, dass beim Tod des Erblassers die Gesellschaft (nur) mit den übrigen Gesellschaftern fortgesetzt wird (Ausschluss der Vererblichkeit des Gesellschaftsanteils). Allerdings muss zusätzlich der **Abfindungsanspruch**, der den Erben des ausgeschiedenen Gesellschafters gem. § 738 I 2 zusteht und zum pflichtteilsrelevanten Nachlass gehören würde, im Gesellschaftsvertrag ausgeschlossen werden. Ein solcher Ausschluss ist bei Ausscheiden durch Tod des Gesellschafters zulässig (BGH NJW 1957, 180; Baumbauch/Hopt/*Hopt* HGB § 131 Rn. 62). Es ist zwar str., ob Abfindungsklauseln Einfluss auf die Wertermittlung von – nachlasszugehörigen – Unternehmensbeteiligungen im Pflichtteilsrecht haben können. Jedoch wird im Falle der Vereinbarung der **Fortsetzung** der Gesellschaft mit den übrigen Gesellschaftern unter **Ausschluss der Vererblichkeit** und den Verzicht auf eine – in den Nachlass fallende und zur Pflichtteilsberechnung heranzuziehende – Abfindungszahlung angenommen, dass kein Vermögenswert in den Nachlass fällt, so dass keine ordentlichen Pflichtteilsansprüche ausgelöst werden (MAH ErbR/*Horn* § 29 Rn. 415 ff.; *Winkler* ZEV 2005, 89 (93); Nieder/Kössinger Testamentsgestaltung-HdB/ *W. Kössinger* § 20 Rn. 16; MSTB PflichtteilsR-HdB/*Pawlytta* § 7 Rn. 81). Der Ausschluss einer Abfindung stellt auch keine pflichtteilsergänzungspflichtige Schenkung dar, wenn die Abfindungsbeschränkung bzw. der Abfindungsausschluss für **alle Gesellschafter** gilt (sog. allseitiger Abfindungsausschluss) und bei Abschluss der gesellschaftsvertraglichen Vereinbarung keine Anhaltspunkte dafür vorlagen, dass ein bestimmter Gesellschafter zuerst versterben wird (Palandt/*Weidlich* Rn. 15; Damrau/Tanck/*Riedel* Rn. 47; *Winkler* ZEV 2005, 89 (93)). Ansonsten kommen Pflichtteilsergänzungsansprüche in Betracht (*Hölscher* ErbR 2016, 422 (424)). IÜ ist hins. des Gestaltungsbedarfs je nach Gesellschaftsform zu unterscheiden (vgl. Schlitt/Müller PflichtteilsR-HdB/*G. Müller* § 11 Rn. 165 f.). Zum Teil wird dies in der neueren Lit. auch kritisch gesehen, va bei rein vermögensverwaltenden Gesellschaften mit einem Gesellschafterkreis, der ausschließlich aus nahestehenden Personen besteht (*Herrler* notar 2010, 92 (105); HK-PflichtteilsR/*Vedder* Anh. 3 Rn. 31, 35; MSTB PflichtteilsR-HdB/*Pawlytta* § 7 Rn. 84).

War der Verstorbene dagegen Gesellschafter einer Personengesellschaft (OHG, KG) und wird die 70
Mitgliedschaft aufgrund einer einfachen oder qualifizierten Nachfolgeklausel **vererbt** (vgl. → § 2306
Rn. 21 f.), ergeben sich keine Pflichtteilsergänzungsprobleme, weil der Wert der Mitgliedschaft einen
Nachlassbestandteil bildet (BGH NJW 1957, 180; BGH NJW 1977, 1339; MüKoBGB/*Lange* Rn. 31). Er
ist daher bei der Berechnung des ordentlichen Pflichtteilsanspruchs (§ 2303) zugrunde zu legen. Auch
dann, wenn nach dem Tod eines Gesellschafters die Gesellschaft unter den übrigen fortgesetzt wird oder
dem Nachfolger ein Eintrittsrecht eingeräumt wird, ergeben sich keine Ergänzungsprobleme, insoweit
als der beim Ausscheiden eines Gesellschafters entstehende Abfindungsanspruch iHd Kapitalwertes der
Mitgliedschaft in den Nachlass fällt (MüKoBGB/*Lange* Rn. 32).

g) Verträge zugunsten Dritter auf den Todesfall (insbes. Lebensversicherung). Durch Abschluss 71
von Verträgen zugunsten Dritter auf den Todesfall, insbes. von Bankverträgen oder Lebensversicherungsverträgen, können Vermögenswerte „am Nachlass vorbei" übertragen werden. Denn ist im Vertrag
mit der Bank bzw. dem Versicherungsunternehmen ein **Bezugsberechtigter** benannt (dazu genügt es
auch, dass die Erben als Bezugsberechtigte eingesetzt wurden), fällt die Forderung gegen die Bank bzw.
der Anspruch auf Auszahlung der Versicherungssumme (also der Anspruch gegen den Versprechensgeber) nicht in den Nachlass, sondern es entsteht mit dem Tod des Versprechensempfängers ein unmittelbarer Anspruch in der Person des Begünstigten. Daher ist dieser Vermögensposten mangels Nachlasszugehörigkeit auch nicht bei der Berechnung des ordentlichen Pflichtteils nach § 2311 zu berücksichtigen.
Liegt allerdings der Leistung im Valutaverhältnis (zwischen Erblasser und begünstigtem Dritten) eine
Schenkung zugrunde, können dem Pflichtteilsberechtigten insoweit Pflichtteilsergänzungsansprüche
nach den §§ 2325 ff. zustehen (BGH NJW 2010, 3232 (3234)).

Hins. des Schenkungsgegenstandes ist danach zu differenzieren, ob es sich um ein **widerrufliches oder** 72
um ein unwiderrufliches Bezugsrecht handelt. Bei einem unwiderruflichen Bezugsrecht (vgl. § 159 II
VVG) erwirbt der Begünstigte die Rechte aus dem Vertrag zugunsten Dritter sofort und unentziehbar
(→ Rn. 68). Bei Lebensversicherungen mit widerruflichem Bezugsrecht war lange Zeit umstritten, mit
welchem Wert diese zur Pflichtteilsergänzung herangezogen werden können. Die bislang herrschende
Ansicht vertrat, dass iRd §§ 2325 ff. auf die Entreicherung des Erblassers abzustellen ist, sodass nur **die**
vom Erblasser gezahlten Prämien (bis maximal zur Höhe der ausgezahlten Versicherungssumme) –
nicht aber die ausgezahlte Lebensversicherungssumme selbst – den Gegenstand der Pflichtteilsergänzung
bilden (RGZ 128, 187 (190); BGH NJW 1952, 1173; FamRZ 1976, 616 mit abl. Anm. *Harder* = BeckRS
2010, 25215; NJW 1995, 3113; OLG Stuttgart ZEV 2008, 145 ff. mit zust. Anm. *Blum* = NJW-RR 2008,
389 = RNotZ 2008, 168; MüKoBGB/*Lange* Rn. 38). Dem trat die Rspr. und Lit. in letzter Zeit entgegen
und hielt im Anschluss an die Entscheidung des IX. Zivilsenats zum Insolvenzrecht v. 23.10.2003 (BGH
NJW 2004, 214) die **ausgezahlte Versicherungssumme** für ergänzungspflichtig (OLG Düsseldorf ZEV
2008, 292 f.; LG Göttingen ZEV 2007, 386 f. = NJW-RR 2008, 19; LG Paderborn FamRZ 2008, 1292 f. =
JurBüro 2007, 158; *Elfring* NJW 2004, 483 (485); ZEV 2004, 305 (309 ff.); *Schindler* ZErb 2008, 331).

Der **BGH** hat mit Urteil v. 28.4.2010 (ZEV 2010, 305) die Rechtsfrage entschieden und die bisherige 73
höchstrichterliche Rspr. aufgegeben. Der BGH steht auf dem Standpunkt, dass sich der Pflichtteilsergänzungsanspruch dann, wenn der Erblasser die Todesfallleistung aus einem von ihm auf sein eigenes Leben
abgeschlossenen Lebensversicherungsvertrag einem Dritten über ein widerrufliches Bezugsrecht schenkweise zugewandt hat, weder nach der Summe der vom Erblasser gezahlten Prämien richte noch die ausgezahlte Versicherungssumme selbst pflichtteilsergänzungspflichtig sei. Der BGH hält vielmehr allein
den Wert, den der Erblasser aus den Rechten seiner Lebensversicherung in der letzten – juristischen –
Sekunde seines Lebens nach objektiven Kriterien für sein Vermögen hätte umsetzen können, für pflichtteilsergänzungsrelevant. In aller Regel sei dabei auf den **Rückkaufswert gem. § 169 VVG** (dh den Wert,
den der Erblasser durch eine Kündigung ohne Weiteres hätte einziehen können) abzustellen. Je nach
Lage des Einzelfalles könne aber ggf. auch ein – objektiv belegter – höherer Versicherungswert heranzuziehen sein, insbes., wenn der Erblasser die Ansprüche aus der Lebensversicherung zu einem höheren
Preis an einen gewerblichen Ankäufer hätte verkaufen können. Nach Ansicht des BGH ist dabei der
objektive Marktwert aufgrund abstrakter und genereller Maßstäbe unter Zugrundelegung der konkreten
Vertragsdaten des betreffenden Versicherungsvertrages festzustellen. Individuelle Umstände haben außer
Betracht zu bleiben.

Für die Entscheidung des BGH spricht, dass sich nunmehr der Wertzuwachs der Prämienzahlungen 74
des Erblassers im Rahmen seines Lebensversicherungsvertrages nicht mehr vollständig pflichtteilsfrei
vollzieht, sondern die Pflichtteilsberechtigten durch die geänderte Festlegung des Schenkungsgegenstandes am Wertzuwachs profitieren (*Litzenburger* FD-ErbR 2010, 303890). Dies hätte allerdings auch durch
Heranziehung der ausgezahlten Versicherungssumme erreicht werden können, auch wenn diese strenggenommen nie Nachlassbestandteil geworden ist. Diese Lösung hätte va den Vorteil der Einfachheit
gehabt, da die ausgezahlte Versicherungssumme feststeht. Nach der Lösung des BGH muss nunmehr
aber zur Berechnung des Pflichtteilsergänzungsanspruchs der objektive Wert der Ansprüche eine Sekunde vor dem Tod des Erblassers, regelmäßig also der sog. Rückkaufswert, (extra) bestimmt werden. Dieser
Wert steht nicht fest, sondern muss ermittelt werden, häufig wohl auch durch Sachverständige. Dies lässt
befürchten, dass die Streitigkeiten über den Pflichtteilsergänzungsanspruch im Falle des Vorhandenseins
von Lebensversicherungen des Erblassers zunehmen werden (vgl. *Lehmann* GWR 2010, 281).

Zur Festlegung des Schenkungsgegenstandes bei **unwiderruflicher** Bezugsrechtseinräumung (vgl. 75
§ 159 III VVG) hat der BGH in der oa Entscheidung nicht Stellung genommen. Nach einer Ansicht soll

die volle Lebensversicherungssumme ergänzungspflichtig sein, da der Begünstigte sofort sämtliche Rechte aus dem Lebensversicherungsvertrag erwirbt (MüKoBGB/*Lange* Rn. 37). Da die ausgezahlte Lebensversicherungssumme aber nie Nachlassbestandteil war, kann auf diese – im Vergleich zur Rechtslage bei widerruflichen Bezugsrechten – erst recht nicht abzustellen sein. Ergänzungspflichtig ist vielmehr der Zeitwert der Versicherung zu dem Zeitpunkt, zu dem das Bezugsrecht unwiderruflich geworden und damit aus dem Nachlass ausgeschieden ist; die nachfolgend gezahlten Prämien können dann weitere Pflichtteilsergänzungsansprüche auslösen (*Kappler/Kappler* ZEV 2017, 601 (606); HK-PflichtteilsR/*Herrler* Anh. 2 Rn. 190; Fristbeginn → Rn. 87).

76   h) **Unentgeltliche Gebrauchsüberlassung von Wohnraum.** Der BGH geht in ständiger Rspr. davon aus, dass es sich bei der unentgeltlichen Gebrauchsüberlassung von Wohnraum nicht um eine Schenkung, sondern um eine **Leihe iSd §§ 598 ff.** handelt (BGH NJW 1982, 820; ZEV 2008, 192 ff. mAnm *J. Mayer*). Damit kann ein solcher Vorgang keinen Pflichtteilsergänzungsanspruch iSv § 2325 auslösen. Dies ist iErg kaum nachvollziehbar, da der Verzicht des Erblassers auf Erzielung der Miete durchaus als – für die Pflichtteilsergänzung relevantes – Vermögensopfer gewertet werden kann, wenn die Überlassung der Wohnung nicht unterhaltsrechtlich geschuldet oder durch die Erbringung von Dienstleistungen gerechtfertigt war (vgl. Schlitt/Müller Pflichtteils-HdB/*Schlitt* § 5 Rn. 96 ff.; *Herrler* notar 2010, 92 (97)). Gegen die Annahme einer Schenkung spricht indes eindeutig § 517.

VI. Berechnung des Anspruchs (Abs. 1)

77   Maßgeblich für die Berechnung ist der Wert des sog. **fiktiven Nachlasses,** der sich aus der Zusammenrechnung von realem Nachlass und dem Wert der Geschenke ergibt. Ergibt sich ein aktiver Wert, kann der Berechtigte den Betrag verlangen, um den sich der Pflichtteil erhöhen würde, wenn zum Nachlass alle Schenkungen hinzugerechnet werden, die der Erblasser in den letzten zehn Jahren vor seinem Tod gemacht hat. Pflichtschenkungen iSv § 2330 scheiden aus, aber nach Abschmelzung (→ Rn. 123).

78   War der Pflichtteilsberechtigte, der den Ergänzungsanspruch geltend macht, selbst vom Erblasser zu Lebzeiten beschenkt worden, muss er sich dieses sog. **Eigengeschenk gem. § 2327** auf seinen Ergänzungsanspruch anrechnen lassen.

79   Liegen mehrere Schenkungen vor, sind alle dem Nachlass hinzuzurechnen und können in ihrer Summe den Pflichtteilsanspruch des Berechtigten erhöhen.

80   Für die Ermittlung der Pflichtteilsquote ist wie beim ordentlichen Pflichtteilsanspruch nicht auf den Zeitpunkt der Schenkung, sondern auf den Zeitpunkt des **Erbfalls** abzustellen. Es sind daher die zu diesem Zeitpunkt bestehenden Familienverhältnisse maßgeblich.

VII. Bewertung (Abs. 2)

81   **1. Allgemein.** Ergänzungspflichtig ist nach Abs. 1 der Wert des Geschenks. Anerkanntermaßen ist in diesem Zusammenhang auf den Verkehrswert abzustellen (vgl. Staudinger/*Olshausen* Rn. 90). Für den Bewertungsstichtag unterscheidet Abs. 2 wie folgt: Eine **verbrauchbare** Sache kommt nach Abs. 2 S. 1 mit dem Wert in Ansatz, den sie zur Zeit der Schenkung (dh der Leistung des Schenkungsgegenstandes) hatte. Zu den verbrauchbaren Sachen (vgl. § 92) zählen insbes. Geld und Forderungen. Auch der schenkweise Erlass von Geldforderungen (§ 397) ist wie die Schenkung verbrauchbarer Sachen zu bewerten (BGH NJW 1987, 122). Nach hA ist für die Berechnung des Pflichtteilsergänzungsanspruchs eine Inflationsbereinigung bezogen auf den Erbfall vorzunehmen (→ § 2315 Rn. 25; OLG Koblenz FamRZ 2006, 1789 (1791) = ZErb 2006, 419; MüKoBGB/*Lange* Rn. 48 mwN; aA *Pentz* FamRZ 1997, 724 (725)). Handelt es sich um eine Spende, die den Sonderausgabenabzug nach § 10b EStG zulässt, will *Adam* den Pflichtteilsberechtigten nach § 2325 II S. 2 nicht an dem ersparten Steuervorteil partizipieren lassen (ZEV 2017, 125).

82   Bei **nicht verbrauchbaren** Sachen, Definition nach § 92 I, entscheidend zur Abgrenzung ist die Realisierbarkeit des spezifischen Wertes erst durch eine Veräußerung (*Reimann* ZEV 2018, 198 (199)), ist gem. Abs. 2 S. 2 zur Berechnung der Pflichtteilsergänzung statt auf den Verkehrswert zum Zeitpunkt des Erbfalls auf denjenigen zum Zeitpunkt des Schenkungsvollzugs abzustellen, wenn letzterer geringer ist (sog. **Niederstwertprinzip**). Die Höhe des Pflichtteilsergänzungsanspruchs richtet sich folglich nach demjenigen der beiden Stichtage (Schenkung oder Erbfall), zu dem das Geschenk – nach hA inflationsbereinigt (BGH NJW-RR 1996, 705 (707); NK-BGB/*Bork* Rn. 31; aA *Pentz* ZEV 1999, 167 (169)) – weniger wert war. Dabei ist bei Grundstücken der Wert im Zeitpunkt der Eigentumsumschreibung im Grundbuch unter Berücksichtigung des Kaufkraftschwundes auf den Tag des Erbfalls mit dem Wert im Zeitpunkt des Todes zu vergleichen.

83   Bei Grundstücken, die im Laufe der Zeit regelmäßig eine reelle Wertsteigerung erfahren, führt die Anwendung des Niederstwertprinzips idR dazu, dass nicht der Verkehrswert zum Zeitpunkt des Erbfalls, sondern der (niedrigere) Verkehrswert zum Zeitpunkt des Schenkungsvollzugs ergänzungspflichtig ist.

84   Für den Pflichtteilsergänzungsanspruch ist das **weitere Schicksal** des geschenkten Gegenstandes unerheblich. Wichtig ist nur, dass der Gegenstand noch vorhanden ist, egal in wessen Hand (vgl. aber § 2329). Ist der Schenkungsgegenstand untergegangen, erlischt der Anspruch ganz. Auch dies ist eine Folge der Geltung des Niederstwertprinzips.

Pflichtteilsergänzungsanspruch bei Schenkungen § 2325 BGB 10

Bei Schenkungsversprechen, die beim Eintritt des Erbfalls noch nicht vollzogen waren, ist nach dem 85 BGH ebenfalls das Niederstwertprinzip anzuwenden (BGH NJW 1983, 1485; OLG Brandenburg NJWE-FER 1998, 253 = FamRZ 1998, 1265 (1266)). Der BGH geht davon aus, dass Gegenstand der Schenkung der schenkweise zugewandte Anspruch und nicht der versprochene Gegenstand selbst ist. Für maßgeblich erachtet er daher den Wert des schenkweise zugewandten Anspruchs und zwar, da sich auch der Wert des Anspruchs aus einem Schenkungsversprechen zwischen dem Versprechen und dem Erbfall ändern kann, ebenfalls der nach dem Niederstwertprinzip (unter Berücksichtigung des Kaufkraftschwunds) ermittelte Wert.

2. Abzugsfähigkeit von vorbehaltenen Nutzungsrechten. Hat sich der Erblasser bei der Schenkung 86 ein Nutzungsrecht vorbehalten, dann ist dies nicht nur iRd Fristlaufs (→ Rn. 100 ff.), sondern auch iRd **Wertberechnung** von Bedeutung: Gemäß der Rechtsprechung des BGH ist für die Berechnung der Pflichtteilsergänzung der Grundstückswert nur in dem Umfang in Ansatz zu bringen, „in dem der Wert des weggeschenkten Gegenstands den Wert der kapitalisierten verbliebenen Nutzung übersteigt" (BGH NJW 1992, 2887).

Der BGH gibt folgende Berechnungsmethode vor (BGH NJW-RR 2006, 877 (878); OLG Hamburg 87 FamRZ 2016, 261 = BeckRS 2015, 14453 Rn. 13; vgl. OLG Koblenz NJOZ 2006, 3869; MAH ErbR/ *Horn* § 29 Rn. 297 f.):
– Im Hinblick auf das Niederstwertprinzip werden der indexierte Wert im Zeitpunkt der Schenkung (→ Rn. 82; → § 2315 Rn. 25) und der Wert im Zeitpunkt des Erbfalls ermittelt und beide miteinander verglichen (BGH NJW-RR 1996, 705 (707)).
– Ist der Wert **im Zeitpunkt des Erbfalls niedriger** und damit maßgebend, wirkt sich der Nießbrauchsvorbehalt nicht bei der Berechnung der Anspruchshöhe aus (BGH ZEV 2006, 265; NJW-RR 1996, 705 (707)). Der Wert eines Nutzungsrechts ist also nicht abzuziehen; schließlich ist das Nutzungsrecht dann erloschen und damit nicht mehr werthaltig.
– Ist der Wert im **Zeitpunkt der Schenkung** trotz Indexierung **niedriger,** wird von diesem der kapitalisierte Nießbrauch abgezogen. Die Berechnung des Wertes des Nießbrauchs durch Kapitalisierung seines Jahreswertes (= nachhaltig erzielbarer Nettoertrag) erfolgt zumeist durch Anwendung des Vervielfältigers (=Kapitalisierungsfaktor) aus der Anlage 9 zu § 14 BewG bzw. nach deren Ersetzung zum 1.1.2009 aus der an ihre Stelle tretenden Tabelle des BMF (→ Rn. 30). Hat der Nießbrauchsberechtigte neben den gewöhnlichen Unterhaltungskosten (vgl. § 1041) auch die außergewöhnlichen Instandsetzungsarbeiten zu übernehmen, verringert sich der Wert des Nießbrauchs (OLG Hamburg FamRZ 2016, 261 = BeckRS 2015, 14453 Rn. 31).

Dabei ist zu beachten, dass in dem Fall Wert per Schenkung abzgl. kapitalisiertes Nutzungsrecht im 88 ersten Schritt von dem nicht indexierten Schenkungswert der kapitalisierte Nutzungswert abgezogen wird. Denn geschenkt ist – nach der gebotenen wirtschaftlichen Betrachtungsweise – nur der belastete Gegenstand. Das ergibt dann den tatsächlichen Wert der Schenkung. Im zweiten Schritt ist dieser Wert dann zu indexieren (→ Rn. 81; → § 2315 Rn. 25; Beispiel auch bei Groll Erbrecht PHdb/*Rösler* C VI Rn. 342)

Beispiel: Der Erblasser schenkt im Jahr 1995 sein Hausgrundstück im Wert von 500.000 EUR an seine Tochter T und 89 behält sich dabei ein Nießbrauchsrecht am ganzen Haus vor (also kein Fristlauf nach § 2325 III). Der kapitalisierte Wert des vorbehaltenen Nießbrauchsrechts beträgt angesichts des noch jungen Alters des Erblassers bei der Übergabe 150.000 EUR. Als der Erblasser im Jahr 2010 stirbt, ist die Immobilie noch 499.999 EUR wert. Der Sohn S verlangt jetzt von der Tochter Pflichtteilsergänzung.
Da der Wert des verschenkten Grundstücks bis zum Erbfall gefallen ist, kommt es nach dem Niederstwertprinzip auf den Zeitpunkt des Erbfalls an. S kann daher hins. der 499.999 EUR Grundstückswert Pflichtteilsergänzung verlangen. Das vorbehaltene Nießbrauchsrecht kann nicht in Abzug gebracht werden. Also Ergänzungspflichtteil: rund 125.000 EUR.

Alternative: Die verschenkte Immobilie hat bis zum Eintritt des Erbfalls an Wert gewonnen und ist jetzt (Inflation 90 soll unberücksichtigt bleiben) 501.000 EUR wert. Maßgeblich nach dem Niederstwertprinzip ist daher der Wert zum Zeitpunkt des Vollzugs der Schenkung, dh 500.000 EUR. Von diesem Wert kann der kapitalisierte Wert des vorbehaltenen Nießbrauchsrechts in Abzug gebracht werden. S kann daher Pflichtteilsergänzung nur hins. 350.000 EUR verlangen. Damit Ergänzungspflichtteil: 87.500 EUR (also rund 40.000 EUR weniger als im obigen Beispiel).

Der Standpunkt des BGH wurde in der Lit. heftig kritisiert. Es gibt zahlreiche Gegenstimmen, die 91 sich allerdings in der Frage der Behandlung der vorbehaltenen Nutzungsrechte alles andere als einig sind. Nach der einen Ansicht soll der Pflichtteilsergänzungsberechtigte im Falle der Vorbehaltsschenkung wie im Falle der vorbehaltlosen Schenkung gestellt werden, so dass ein Abzug des Nutzungswertes vom Gegenstandswert nicht erfolgt (*Reiff* FamRZ 1991, 553 (554 ff.); ihm folgend *Liedel* MittBayNot 1992, 238 (243)). Eine aA kritisiert die Vergleichsrechnung, die der BGH aufstellt, und will hierbei vielmehr den Wert des Gegenstandes berücksichtigen, der auch durch Belastungen wie Nießbrauch und Altenteil bestimmt werde; damit käme man regelmäßig zur Maßgeblichkeit des Wertes zum Zeitpunkt des Vollzugs der Schenkung und damit zur Abzugsfähigkeit des vorbehaltenen Nutzungsrechts (*Dingerdissen* JZ 1993, 402 (403)). *Griesel* zieht auch bei dem Erbfallswert den kapitalisierten Nutzungswert ab (Aktuelle Probleme der Pflichtteilsergänzung, Diss., 2018, S. 221 ff.).

Trotz der Kritik aus der Lit. hat der BGH in seinem Urteil v. 8.3.2006 (ZEV 2006, 265 = NJW-RR 92 2006, 877) an der bisherigen Rspr. ausdrücklich festgehalten. Das Ergebnis, dass damit die Abzugsfähigkeit des oftmals erheblichen kapitalisierten Wertes des Nutzungsrechts von dem zufälligen Befund abhängt, ob das Grundstück nach der Schenkung – wenn auch nur geringfügig – an Wert verloren hat oder nicht, befriedigt nicht. Dabei ist zu berücksichtigen, dass die Rspr. in der heutigen Zeit an Bedeutung gewonnen hat. Denn während es in den vergangenen Jahrzehnten, in denen der BGH seine stRspr herausgearbeitet hat, gang und gäbe war, dass die Immobilienwerte steigen, kam es in den letzten Jahren – va in den neuen Bundesländern verbreitet – zu einem Rückgang der Immobilienpreise. Auch dogmatisch betrachtet ist die Argumentation des BGH nicht zwingend. Es spricht mehr dafür, beide Fälle gleich zu behandeln und entweder den Abzug grds. nicht zuzulassen (was eine Benachteiligung des Erben bedeutete) oder in beiden Fällen einen entsprechenden Abzug vorzunehmen. Denn das Niederstwertprinzip bedingt nicht, unterschiedliche Bewertungen vorzunehmen, da das Problem des Vorbehalts eines Nutzungsrechts dort nicht explizit angesprochen oder geregelt ist.

93   Bewertung der Nutzungsrechte: Ist der Wert eines Nießbrauchsrechts bzw. Wohnungsrechts zu errechnen, wird im Grundsatz die ortsübliche Kaltmiete kapitalisiert (genauer: nachhaltig erzielbarer Nettoertrag). Je nach Ausgestaltung des Nutzungsrechts haben Abschläge zu erfolgen, etwa wenn der Nießbrauchberechtigte entgegen § 1041 auch außergewöhnliche Instandhaltungsarbeiten zu übernehmen hat (OLG Hamburg FamRZ 2016, 261 = BeckRS 2015, 14453 Rn. 31). Grds. ist die **statistische Lebenserwartung** zum Schenkungszeitpunkt heranzuziehen (OLG Celle NJW-RR 2002, 1448; MüKoBGB/*Lange* Rn. 54). Eine Ausnahme besteht dann, wenn etwa aufgrund einer **schweren Erkrankung** absehbar war, dass der Schenker früher versterben wird (OLG Hamburg FamRZ 2016, 261 = BeckRS 2015, 14453 Rn. 33, 35; NK-BGB/*Bock* Rn. 35). Das OLG Hamburg führt dabei aus, dass nicht jede, auch schwerwiegende Erkrankung wie Krebs, Leberzirrhose, Herzerkrankung oder schwerer Alkoholmissbrauch stets zu einer Reduzierung der lebenserwartung führt (FamRZ 2016, 261 = BeckRS 2015, 14453); so seien keine Erfahrungswerte ersichtlich, die einen Rückschluss auf eine Minderung der Lebenserwartung zuließen. Die Kapitalisierung im Normalfall (=statistische Lebenserwartung) erfolgt durch Anwendung des Vervielfältigers (=Kapitalisierungsfaktor) aus der Anlage 9 zu § 14 BewG bzw. nach deren Ersetzung zum 1.1.2009 aus der an ihre Stelle tretenden Tabelle des BMF (BGH ZEV 2016, 641 (643) zu § 2287; BeckOGK BGB/*Schindler* Rn. 181). Lt. Schreiben v. 28.11.2017 des BMF (IV C 7 – S 3104/09/10001) bleiben die Vervielfältiger aus dem Schreiben des BMF v. 4.11.2016 (IV D 4 – S 3104/09/100001, ZEV 2017, 116) auch für Bewertungsstichtage ab dem 1.1.2018 anwendbar. Jedoch berücksichtigen diese Vervielfältiger einen mittlerweile unüblichen Zinssatz von 5,5 % p. a. (*Gehse* RNotZ 2009, 361 (375)); ein marktüblicher Zinssatz führt zu einem höheren Wert des Nutzungsrechts.

VIII. Zeitliche Begrenzung (Abs. 3)

94   **1. Zehnjahresfrist ab Leistung des Schenkungsgegenstandes.** Nach § 2325 III 2 sind Pflichtteilsergänzungsansprüche ausgeschlossen, wenn zwischen der Leistung des Schenkungsgegenstandes und dem Eintritt des Erbfalls mehr als zehn Jahre vergangen sind. Da das Vorliegen einer „Leistung" Voraussetzung für den Fristlauf ist, hat das Tatbestandsmerkmal enorme Bedeutung.

95   Wann von einer „Leistung" ausgegangen werden kann (Maßgeblichkeit der Leistungshandlung oder des Leistungserfolgs usw), war lange Zeit umstritten. In seinem Urt. v. 17.9.1986 hat der BGH entschieden, dass die Frist des § 2325 III erst dann beginnt, wenn der Erblasser einen Zustand geschaffen habe, dessen Folgen er selbst noch zehn Jahre zu tragen habe und der ihn schon im Hinblick auf diese Folgen von „böslichen" Schenkungen abhalten könne (BGH NJW 1987, 122).

96   Der BGH stellt seither also nicht mehr auf die Leistungshandlung, sondern auf den **Leistungserfolg** ab, indem er betont, dass eine **wirtschaftliche Ausgliederung** des Geschenkes aus dem Vermögen des Erblassers erforderlich sei. Demzufolge hat der BGH in seiner Entscheidung v. 2.12.1987 in dem praktisch wichtigen Fall der **Grundstücksschenkung** entschieden, dass bei der Grundstücksschenkung Voraussetzung für den Beginn der Frist des § 2325 III die **Umschreibung im Grundbuch** sei (BGH NJW 2011, 3082 (3083)). Bei Grundstücksschenkungen beginnt die Zehnjahresfrist daher nicht mit der Auflassung (= Datum des Notarvertrages), sondern mit der Eigentumsumschreibung im Grundbuch.

97   Bei **beweglichen Sachen** kommt es für den Beginn der Fristablaufs auf die Vollendung des Eigentumsübergangs an. Bei Schenkung eines **Guthabens auf einem „Oderkonto"**, über das der Erblasser noch bis zu seinem Tod mitverfügen kann, beginnt die Frist erst mit dem Erbfall (MüKoBGB/*Lange* Rn. 58). Auch bei **Schenkungen auf den Todesfall** (§ 2301) kommt es nicht auf den Zeitpunkt des Vollzuges iSv Abs. 2 der Vorschrift, sondern allein auf den Eintritt des Erbfalls an.

98   Auch bei Zuwendungen mittels Einräumung der Bezugsberechtigung auf Auszahlung von Ansprüchen aus einer vom Erblasser abgeschlossenen **Lebensversicherung** kommt es für den Fristlauf auf die wirtschaftliche Ausgliederung aus dem Vermögen des Erblassers an. Da sich der Zuwendungsakt bei Lebensversicherungen mit **widerruflicher Bezugsberechtigung** erst mit dem Tod des Erblassers vollzieht, führt dies dazu, dass in diesen Fällen die Zehnjahresfrist nicht abgelaufen ist. Die Schenkung ist daher in vollem Umfang ergänzungspflichtig (vgl. *Elfring* NJW 2004, 305 (308); *Hasse* VersR 2009, 733 (738); *Herrler* notar 2010, 92 (103)) (vgl. zum Schenkungsgegenstand → Rn. 64).

99   Wurde dagegen das Bezugsrecht **unwiderruflich** zugewandt und damit der Leistungsanspruch vom Dritten noch zu Lebzeiten des Erblassers erworben (vgl. § 159 III VVG), dann beginnt die Zehnjahresfrist hins. des ergänzungspflichtigen Zeitwerts der Versicherung (→ Rn. 68) zu laufen, sobald die Bezugsberechtigung einer bestimmten Person nach § 159 III VVG unwiderruflich geworden ist (*Ahrens* ErbR 2008, 247 (251); *Elfring* ZEV 2004, 305 (310); *Leitzen* RNotZ 2009, 129 (144); HK-PflichtteilsR/*Herrler* Anh. 2 Rn. 66). Die nachfolgend gezahlten Prämien, die eigenständige Pflichtteilsergänzungsansprüche auslösen können, sind wegen Abs. 3 damit nur ergänzungspflichtig, soweit sie innerhalb der

letzten zehn Jahre vor dem Erbfall geleistet wurden (*Schindler* ZEV 2005, 290 (291)). Dies gilt allerdings nur, soweit es sich nicht um eine Ehegattenschenkung (→ Rn. 45 ff.) handelte.

2. Fristbeginn bei Vorbehalten/Gegenleistungen. a) Nießbrauch. Behält der Erblasser sich bei einer 100 Schenkung das Nießbrauchsrecht vor, so ist der Beginn des Fristlaufes iSd § 2325 III gehindert (BGH NJW 1994, 1791; 1987, 122). So liegt keine Leistung iSd § 2325 III Hs. 1 vor. Der BGH hat die Genusstheorie entwickelt: Danach beginnt die Frist erst dann zu laufen, wenn der Schenkungsgegenstand aus dem Vermögen des Erblassers wirtschaftlich ausgegliedert worden ist (BGH NJW 1987, 122 (123); vgl. MAH ErbR/*Horn* § 29 Rn. 285). Eine Schenkung ist iSd § 2325 III HS 1 aF dann nicht geleistet, wenn der Erblasser den Genuss des verschenkten Gegenstandes nicht entbehren musste (BGH NJW 1987, 122 (123)). Umstr. sind die Fälle des Quotennießbrauchs bzw. des Bruchteilsnießbrauchs (vgl. MAH ErbR/*Horn* § 29 Rn. 287). Man wird annehmen müssen, dass ein Vorbehalt von unter 50% den Fristanlauf nicht hemmt, sondern dem Erblasser zur Annahme der Ablaufhemmung nahezu die gesamten Nutzungen verbleiben müssen (*v. Proff* ZEV 2016, 681 (683)).

Für die Bestimmung des Begriffs der „Leistung" iSv § 2325 III 2 ist klargestellt, dass der Lauf der 101 Zehnjahresfrist nicht nur den dinglichen Vollzug, sondern auch die **Aufgabe der Nutzung** des verschenkten Gegenstandes erfordert.

b) Wohnungsrecht. Die Frage, ob und inwieweit der Vorbehalt eines dinglichen Wohnrechts (vgl. 102 § 1093) dem Fristlauf entgegenstehen kann, ist vom BGH mittlerweile mit Urt. v. 29.6.2016 entschieden: In Ausnahmefällen kann der Fristbeginn gehindert sein, wenn der Erblasser sich bei einer Schenkung ein Wohnrecht vorbehalten hat (BGH ZEV 2016, 445 Rn. 15). Erstreckt sich das Wohnrecht auf den gesamten Schenkungsgegenstand, wird idR der Fristbeginn gehindert sein. Im seinem Fall ging indes der BGH vom Beginn des Fristlaufs aus; die Frist war also nicht gehemmt. So bezog sich das Wohnungsrecht nur auf die Erdgeschosswohnung und berechtigte zur Mitbenutzung des Gartens und der Nebenanlage, nicht hingegen auf die Wohnung im Ober- und im Dachgeschoss. Bezieht sich das Wohnrecht auf weniger als 50%, wird man wohl von einem Fristbeginn ausgehen müssen (MAH ErbR/*Horn* § 29 Rn. 287). Aber es kommt nicht allein auf den Umfang des vorbehaltenen Wohnungsrechts und die Einhaltung einer 50% Grenze bei der Nutzung (bezogen auf die nutzbare Fläche) an, sondern es müssen zusätzlich etwaige weitere, dem Übergeber vorbehaltene Rechte (bspw. ein tatbestandlich eingeschränktes Rückforderungsrecht) berücksichtigt werden. Erforderlich ist also immer eine Einzelfallbetrachtung und Gesamtabwägung aller Umstände. Das OLG München hat wohl in Unkenntnis des kurz zuvor ergangenen BGH-Urteils v. 29.6.2016 in einem Fall keinen Fristanlauf angenommen, in dem eine Erblasserin sich bei der Schenkung ihres hälftigen Miteigentumsanteils das Wohnungsrecht an der gesamten Wohnung vorbehalten hat; die andere Hälfte gehörte bereits ihrem Sohn (OLG München ZEV 2017, 276 Rn. 31).

Eine „Leistung" angenommen hat bspw. das **LG Münster** (MittBayNot 1997, 113 f.) hins. eines den 103 Übergebern vorbehaltenen Altenteilsrechts (bestehend aus einem Wohnungsrecht hins. der bisher von den Übergebern bewohnten Wohnung im Erdgeschoss (drei Zimmer) mit einer Wohnfläche von ca. 33,5 qm und einer Pflegeverpflichtung).

Gleiches gilt für den Vorbehalt eines Wohnungsrechts außerhalb eines Altenteilsrechts, wenn sich das 104 Wohnungsrecht auf lediglich **eine der im Haus befindlichen Wohnungen** bezieht (OLG Karlsruhe ZEV 2008, 244 (245); ähnlich OLG Düsseldorf FamRZ 1997, 1114 = BeckRS 1997, 9846; OLG Bremen ZEV 2005, 312; OLG Oldenburg ZEV 2006, 80; LG Rottweil ZErb 2012, 282 mAnm *Wirich*).

Dagegen hat bspw. das **OLG Düsseldorf** das Vorliegen einer „Leistung" iSd § 2325 III abgelehnt 105 (NJWE-FER 1999, 279). Dort hatte der Erblasser das mit einem Einfamilienhaus bebaute Grundstück an den späteren Erben übertragen, sich aber dabei dort ein lebenslängliches Wohnrecht (wohl am gesamten Besitz) vorbehalten und weitere Vorsorge getroffen, dass er wesentlichen Einfluss auf die weitere Verwendung des Hausgrundstücks hat.

Abgelehnt wurde das Vorliegen einer Leistung auch vom **OLG München** in seiner Entscheidung 106 v. 25.6.2008, wo sich das vorbehaltene Wohnungsrecht auf das gesamte Haus mit Ausnahme der Souterrainwohnung bezog, die vom Erwerber bewohnt wurde (OLG München ZEV 2008, 480).

c) Rückforderungsrecht. Ob und inwieweit ein bei Vertragsschluss vorbehaltenes vertragliches Rück- 107 forderungsrecht dem Fristlauf entgegensteht, ist nach wie vor sehr **umstritten**. Nach einer Entscheidung des OLG Düsseldorf soll keine Leistung vorliegen, wenn sich der Schenker bei der Grundbesitzüberlassung ein durch Vormerkung gesichertes, tatbestandlich eingeschränktes Rückforderungsrecht vorbehält (OLG Düsseldorf ZEV 2008, 525). Diese Entscheidung ist jedoch abzulehnen, da von einer fehlenden wirtschaftlichen Ausgliederung des Geschenks aus dem Vermögen des Schenkers bei Vorbehalt der Rückforderung allenfalls dann die Rede sein kann, wenn die Rückforderung im freien Belieben des Schenkers steht; denn durch die Eigentumsübertragung hat er sich der Sache begeben und der Beschenkte kann nach freiem Belieben darüber verfügen.

Handelt es sich dagegen um ein tatbestandlich **eingeschränktes Rückforderungsrecht** (enumeratives 108 Rückerwerbsrecht), hat der Schenker nur bei Bedingungseintritt Zugriff auf den verschenkten Gegenstand (vgl. *Weidlich* MittBayNot 2015, 193). Liegen diese Bedingungen außerhalb des Einflussbereiches des Schenkers, hat der Schenker durch den Eigentumsübergang den Gegenstand aufgegeben, so dass eine Leistung anzunehmen ist (*Herrler* ZEV 2008, 526; *Diehn* DNotZ 2009, 68); die Frist des § 2325 III beginnt.

Vorbehaltene Rückforderungsrechte stehen also nur dann einer Leistung entgegen, wenn es sich um 109 ein freies Widerrufsrecht handelt bzw. die Rückforderung unter einer reinen Wollensbedingung steht;

denn dann hat der Schenker wegen der jederzeitigen Zugriffsmöglichkeit den Gegenstand noch nicht aufgegeben, so dass nicht von einer wirtschaftlichen Ausgliederung und einem spürbaren Vermögensopfer die Rede sein kann (*Herrler* ZEV 2008, 526f.; *Diehn* DNotZ 2009, 68). Bei einem freien Rückforderungsrecht wird die Frist des § 2325 III damit gehemmt (*v. Proff* ZEV 2016, 681 (684); MüKoBGB/*Lange* Rn. 66).

110 Die vereinbarte **auflösende Bedingung** bei einer Schenkung hindert den Beginn des Fristlaufs des § 2325 III nicht (LG Kiel BeckRS 2018, 4906).

111 **d) Leibrente/dauernde Last.** Alternativ zum Vorbehalt des Nießbrauchs oder eines Wohnungsrechts wird bei Grundstücksübergabeverträgen zur Ingangsetzung des Fristlaufs der Schenkung die Vereinbarung einer Leibrente gem. § 759 oder einer dauernden Last, ggf. gesichert durch Reallast, erörtert. Durch die Leibrente bzw. dauernde Last kann ein dem (fristschädlichen) Vorbehalt eines Nutzungsrechts wirtschaftlich vergleichbares Ergebnis erzielt werden.

112 Nach der hM in der Lit. steht eine solche Vereinbarung nicht der Annahme einer „Leistung" iSv § 2325 III entgegen, da der Erwerber die dauernde Last bzw. Rente zwar aus den Erträgen des übertragenen Objekts entrichten könne, nicht aber müsse, sondern seine Verpflichtung unabhängig von den Erträgen des überlassenen Objekts zu erfüllen habe (v. *Proff* NJW 2016, 681 (685); *Schindler* ZErb 2012, 149 (157)). Außerdem habe der Veräußerer auch keinen Einfluss mehr auf das überlassene Objekt selbst. *Kuchinke* (*Lange/Kuchinke* ErbR § 37 Kap. X Rn. 4a) ist dagegen der Ansicht, dass es aus wirtschaftlicher Sicht gleichgültig sei, ob ein Nießbrauch vorbehalten, nachträglich eingeräumt oder der Nutzen in einer einmaligen Abfindung oder in Form von wiederkehrenden Leistungen, dh in kapitalisierter Form als Leibrente oder dauernde Last dem Schenker verbleibe. Auch *Lange* weist auf die Gefahr hin, dass aufgrund des wirtschaftlichen Ergebnisses ein Fristanlauf zu verneinen sein könnte (MüKoBGB/*Lange* Rn. 67).

113 Da Rspr. zu der angesprochenen Problematik bislang nicht vorliegt, ist die Rechtslage unsicher. Wer Wert auf einen sicheren Fristlauf legt, wird daher die Vereinbarung einer Leibrente/dauernden Last – va ausgerichtet auf die Höhe der erzielbaren Mieteinnahmen – vermeiden, zumal es erklärte Absicht des BGH ist, effektiven Pflichtteilsschutz auch vor „Umgehungsgestaltungen" zu gewährleisten (vgl. *Gehse* RNotZ 2009, 361 (371)).

114 Besonders problematisch ist es, wenn die Geldleistungsvereinbarung im Überlassungsvertrag selbst mit einem **Mietvertrag** (oder einem sonstigen, rein schuldrechtlichen Wohnrecht) gekoppelt wird. Denn der BGH hat in seinem Urt. v. 27.4.1994 (BGH NJW 1994, 1791) ausdrücklich ausgeführt, dass es für den Verzicht des Erblassers auf die Weiternutzung des verschenkten Gegenstands unerheblich sei, ob die **Weiternutzung** aufgrund eines vorbehaltenen dinglichen Rechts **oder durch Vereinbarung schuldrechtlicher Ansprüche** erfolge. Im Hinblick auf den durch die Vereinbarung eingeräumten Nutzungsanspruch könnte argumentiert werden, dass der Veräußerer die Nutzung des überlassenen Objekts **nicht im Wesentlichen aufgegeben** habe (*Heinrich* MittRhNotK 1995, 157 (164); *Wegmann* MittBayNot 1994, 308). Auch schuldrechtliche Nutzungsvereinbarungen müssen daher unterbleiben, wenn die Zehnjahresfrist im Zusammenhang mit der Grundstücksschenkung in Gang gesetzt werden soll. Dagegen ist der BGH tatsächlich der Auffassung, dass das tatsächliche Benutzen nicht den Fristbeginn hemmt (BGH ZEV 2016, 445).

115 **e) Gestaltungen zum Fristanlauf.** Wird auf ein vorbehaltenes **Nießbrauchs- bzw. Wohnrecht** oder auf ein freies Widerrufsrecht **später verzichtet**, endet die Hemmung des Fristlaufs des § 2325 III. Jedoch ist der Verzicht auf ein Nutzungsrecht eine weitere Schenkung (Erlassvertrag nach § 397), die Pflichtteilsergänzungsansprüche nach sich zieht. *Weber* hält in diesem Fall eine Korrektur für erforderlich, um eine Doppelbegünstigung des Pflichtteilsberechtigten zu vermeiden (*Weber* ZEV 2017, 252). Die faktische Weiternutzung soll einem Hemmungsende nicht entgegenstehen (*Weber* ZEV 2017, 252 (253), auch BGH ZEV 2016, 445). Wenn also der Erblasser ohne Absicherung durch ein Nießbrauchs- oder ein Wohnrecht die verschenkte Immobilie einfach weiternutzt, soll die Frist des § 2325 III anlaufen. Das wird hier kritisch gesehen, da es zu einem Missbrauch bzw. einer Umgehung führen kann.

116 **3. Fristbeginn bei Schenkungen an den Ehegatten.** Für Ehegatten besteht nach Abs. 3 S. 3 eine Sonderregel (diese gilt über § 10 VI 2 LPartG auch für eingetragene Lebenspartner; nicht auf nichteheliche Lebensgemeinschaften übertragbar: LG Kiel NJW-RR 2018, 841). Bei Schenkungen an den Ehegatten (bzw. eingetragenen Lebenspartner) beginnt die Zehnjahresfrist **nicht vor dem Zeitpunkt der Auflösung der Ehe** (oder Partnerschaft). Dies ist im Falle der Scheidung der Zeitpunkt der Rechtskraft des Urteils, **bei Auflösung durch Tod der Zeitpunkt des Erbfalls.** Während der Ehe ist der Fristlauf für eine Ehegattenschenkung oder unbenannte Zuwendung daher gehemmt. Beispiel: Der längerlebende Ehegatte hat dem vorverstorbenen Ehegatten eine Schenkung gemacht. Gegen den Nachlass des Längerlebenden werden auf dieser Basis Pflichtteilsergänzungsansprüche geltend gemacht. Die Frist des Abs. 3 ist solange gehemmt, wie der beschenkte Ehegatte lebte. Ab seinem Erbfall beginnt aber die Abschmelzung, für jedes volle Jahr zwischen dem ersten Erbfall und dem zweiten Erbfall werden vom Schenkungswert 10 % abgezogen.

117 Dies führt dazu, dass im Falle des Todes alle lebzeitigen Schenkungen an den Ehegatten ergänzungspflichtig sind, während im Falle der Scheidung die Schenkungen unberücksichtigt bleiben, bei denen zwischen der Scheidung der Ehe und dem Eintritt des Erbfalls mehr als zehn Jahre vergangen sind.

Gesetzgeberischer Grund der Sonderregelung für Ehegatten ist, dass das Geschenk bis zur Auflösung 118
der Ehe wirtschaftlich im Vermögen des Schenkers verblieben ist und der Erblasser die Folgen seiner
Schenkung daher nicht wirklich gespürt hat (vgl. Prot. V, 588).

Die Sonderregel gilt nach hA nicht für Schenkungen des Erblassers vor der Eheschließung, auch wenn 119
er den Beschenkten später heiratete (OLG Düsseldorf NJW 1996, 3156; *Dieckmann* FamRZ 1995,
189 ff.; *v. Olshausen* FamRZ 1995, 717 ff.; *Pentz* NJW 1997, 2033; aA OLG Zweibrücken FamRZ 1994,
1492 (1494)).

Die Vorschrift ist im Hinblick auf die dadurch bewirkte „Schlechterstellung" von Ehegattenschenkun- 120
gen rechtspolitisch **sehr umstritten.** IRd Erbrechtsreform wurde deren Beseitigung erfolglos verlangt
(vgl. *Bengel* MittBayNot 2003, 270 (274)).

Eine **Verfassungswidrigkeit** der Regelung im Hinblick auf eine Schlechterstellung von Ehegatten ge- 121
genüber Partnern einer nichtehelichen Lebensgemeinschaft wurde bislang vom BVerfG abgelehnt
(BVerfG NJW 1991, 217). Da Ehegattenschenkungen nunmehr gegenüber Schenkungen an den nichtehelichen Lebensgefährten oder sonstige Personen „doppelt" benachteiligt werden, dadurch, dass nicht nur
keine Zehnjahresfrist läuft, sondern auch noch die neue pro-rata-Regelung (→ Rn. 123 ff.) keine Anwendung findet, dürfte sich die Frage einer verfassungsrechtlich nicht haltbaren Ungleichbehandlung und
Schlechterstellung von Ehegatten neu stellen; *Derleder* hält sie jedenfalls für verfassungswidrig (ZEV
2014, 8).

Ob die Rechtsfolgen einer fristschädlichen Schenkung oder unbenannten Zuwendung an den Ehegat- 122
ten nachträglich dadurch beseitigt werden können, dass der Gegenstand auf den Schenker zurückübertragen wird bzw. zumindest für die bereits vollzogene Schenkung der Fristlauf dadurch ausgelöst werden
kann, dass der Schenkungsgegenstand an einen Dritten (wie bspw. an einen gemeinsamen Abkömmling)
weiter übertragen wird, ist von der Rspr. bislang nicht geklärt. Im Hinblick darauf, dass der Weiterübertragung auf einen Dritten die Nutzungsmöglichkeit aufgegeben wird, die gesetzgeberisches Motiv
für den fehlenden Fristlauf bei Ehegattenzuwendungen war, dürfte Letzteres zu bejahen sein (vgl.
Schlitt/Müller Pflichtteils-HdB/*Müller* § 11 Rn. 60 ff.).

4. Abschmelzungsregelung. Schenkungen sind nur innerhalb des ersten Jahres vor dem Erbfall zu 123
100 % zu berücksichtigen. § 2325 III sieht eine Reduzierung für jedes volle Jahr zwischen dem Schenkungsvollzug und dem Erbfall von jeweils 10 % vor. Ist die Schenkung etwa 1,5 Jahre vor dem Erbfall
erfolgt, ist der Wert daher nur noch zu 90 % ergänzungspflichtig. Nach zehn Jahren bleiben Schenkungen dann schließlich vollständig unberücksichtigt. Umstritten sind allerdings die Auswirkungen der
neuen Pro-rata-Regelung auf den Haftungsumfang des (Letzt-)Beschenkten nach den §§ 2325, 2329
(→ § 2329 Rn. 21).

Eine Schenkung findet seit der Erbrechtsreform 2010 (→ § 2303 Rn. 10 f.) graduell immer weniger Be- 124
rücksichtigung, je länger sie zurückliegt. Dies bedeutet iErg, dass auch in den Fällen, in denen der Erblasser schon ein relativ hohes Lebensalter erreicht hat oder eine tödlich verlaufende Erkrankung vorliegt
und über kurz oder lang mit dem Ableben des Erblassers gerechnet werden muss, aus Gründen der
Pflichtteilsreduzierung eine lebzeitige Übergabe sinnvoll sein kann.

Allerdings greift die Abschmelzungsregelung nur ein, wenn auch eine **Leistung** iSv § 2325 III 2 vor- 125
liegt. Damit ist die umstr., einschränkende Rspr. des BGH zur notwendigen wirtschaftlichen Ausgliederung des Geschenks (→ Rn. 100 ff.) weiterhin von Bedeutung und es ergibt sich auch keine Änderung für
die ebenfalls umstr. Ehegattenfälle (vgl. § 2325 III 3; → Rn. 45 ff.).

Beispiele: Der Erblasser verstirbt am 1.1.2010 ohne nennenswerten Nachlass. Sein Grundstück im Wert von 126
500.000 EUR hat er zu Lebzeiten seinem Sohn S geschenkt, den er auch zum Alleinerben einsetzte. Seine Tochter T
macht wegen der lebzeitigen Schenkung an den Bruder Pflichtteilsergänzungsansprüche geltend.
a) Die Schenkung erfolgte kurz vor dem Ableben des Erblassers: Tochter T kann hins. der vollen 500.000 EUR
Pflichtteilsergänzung verlangen. Da kein aktiver Nachlass vorhanden ist, erhält T folglich ¹/₄ von 500.000 EUR, dh
125.000 EUR.
b) Die Schenkung erfolgte im Dezember 2006, also über drei Jahre vor dem Ableben des Erblassers: Tochter T kann
350.000 EUR Pflichtteilsergänzung verlangen (³/₁₀ des Schenkungswertes sind abzuziehen, diese sind gegenüber der
bisherigen Rechtslage ergänzungsfest).
c) Die Schenkung erfolgte am 31.12.1999: Tochter T kann hins. der lebzeitigen Schenkung keine Pflichtteilsergänzungsansprüche mehr geltend machen, da zehn Jahre seit Leistung des Schenkungsgegenstandes (Ablauf am
31.12.2009) vergangen sind (hier keine Änderung zur bisherigen Rechtslage).
d) Die Schenkung erfolgte im Dezember 2006 (wie in Fall b), allerdings unter Vorbehalt eines Nießbrauchsrechts im
Wert von 100.000 EUR: aa) Liegt eine Leistung iSd § 2325 III vor (dh wirtschaftliche Ausgliederung des Schenkungs-
genstandes trotz Vorbehalt des Nutzungsrechts), dann sind von dem ergänzungspflichtigen Wert der Schenkung (Wert
des geschenkten Grundstücks abzüglich kapitalisierter Wert des Nutzungsrechts) ³/₁₀ und damit 120.000 EUR abzuziehen, so dass T nur hins. 280.000 EUR Pflichtteilsergänzungsansprüche iHv ¹/₄ geltend machen kann. bb) Lag hingegen
im Hinblick auf das vorbehaltene Nutzungsrecht iSd § 2325 III keine Leistung vor, greift die neue Abschmelzungsregelung nicht ein. Unabhängig vom Zeitpunkt des Eintritts des Erbfalls bleibt der volle Schenkungswert von 400.000 EUR
ergänzungspflichtig.

IX. Beweislast

Der Pflichtteilsberechtigte muss die Zugehörigkeit des Gegenstandes zum fiktiven Nachlass und die 127
Unentgeltlichkeit darlegen und beweisen (BGH NJW-RR 1996, 705 (706); NJW 1981, 2458; BeckOGK
BGB/*Schindler* Rn. 330). Hat der Pflichtteilsberechtigte dargelegt und bewiesen, dass es sich um eine
Schenkung oder ehebedingte Zuwendung handeln könnte, trägt der Erbe bzw. der Beschenkte die se-

kundäre Darlegungslast zur Entgeltlichkeit der Zuwendung, wenn er sich damit verteidigt (BGH ZEV 2018, 274 (277); NJW-RR 1996, 705 (706)).

128 Beweisschwierigkeiten hins. der Voraussetzung Einigung über die Unentgeltlichkeit können für den Pflichtteilsberechtigten bei **gemischten Schenkungen** bestehen (MAH ErbR/*Horn* § 29 Rn. 263). Dem wird insoweit Rechnung getragen, dass es zunächst Sache des über die erforderlichen Kenntnisse verfügenden Gegners ist, die für die Begründung der Gegenleistung maßgeblichen Tatsachen im Wege des substantiierten Bestreitens der Unentgeltlichkeit vorzutragen (BGH NJW-RR 1996, 705 (706)). Nach der Auffassung des BGH spricht eine tatsächliche Vermutung dafür, dass sich die Parteien über die Unentgeltlichkeit der Wertdifferenz zwischen Zuwendung und Gegenleistung (=Bereicherung) einig waren, wenn das Missverhältnis zwischen Leistung und Gegenleistung objektiv so groß ist, dass es nach vernünftiger Betrachtung auf einen fehlenden Schenkungswillen nicht mehr ankommen kann (BGH ZEV 2007, 326 (327); NJW 1972, 1709); BeckOGK BGB/*Schindler* Rn. 36). Der BGH gewährt so dem Pflichtteilsberechtigten eine Beweislasterleichterung im Sinne einer in der streitenden tatsächlichen Vermutung (BGH NJW 1984, 487 (489)). Der BGH lies „eine auffallende, über ein geringes Maß deutlich hinausgehende Diskrepanz" für die tatsächliche widerlegbare Vermutung für einen Schenkungswillen der Vertragsparteien ausreichen (BGH ZEV 2013, 213 (215); vgl. BGH NJW 1995, 1349 (1350)); die Zuwendung des Schenkers muss dabei nicht den doppelten Wert der Gegenleistung ausmachen. Wann ein solches „**auffallendes, grobes Missverhältnis**" der beiderseitigen Leistung vorliegt (BGH ZEV 2007, 326 (327); NJW 1972, 1709 (1710)), ist letztlich nicht geklärt. Die Rspr. kennt keine festen Maßstäbe wie etwa gewisse prozentuale Abweichungen vom Verkehrswert (*Löhnig* NJW 2018, 1435). Bei einer vereinbarten Gegenleistung von 80 % im Falle einer Wertrelation von 150.000 DM für die Zuwendung und 121.000 DM für den vorbehaltenen Nießbrauch hat der BGH für das Eingreifen vorgenannter Beweiserleichterung zumindest dann keinen Raum gesehen, wenn der neue Eigentümer die laufenden Bewirtschaftungs- und Reparaturkosten zu tragen hat und zudem mit erheblichen Instandsetzungskosten zu rechnen war (BGH NJW-RR 1996, 754). Auch ist ein grobes Missverhältnis abgelehnt worden, wo der Wert des Nießbrauchs und der zusätzlich gezahlte Kaufpreis 81 % des Zuwendungswertes erreichten (OLG Koblenz ZErb 2006, 282).

X. Verjährung

129 Die Verjährungsfrist beträgt drei Jahre (§ 195); der Beginn bestimmt sich gem. § 199. Für den Fristbeginn muss der Pflichtteilsberechtigte aber nicht nur Kenntnis von der Verfügung von Todes wegen haben, sondern zusätzlich noch von der Schenkung, die auch beeinträchtigende Verfügung ist (BGH NJW 1996, 1743; NJW 1988, 1667). Deshalb kann der Anspruch ggf. trotz Verjährung des Pflichtteilsanspruchs nach § 2303 noch durchsetzbar sein. Bei mehreren Schenkungen, die nacheinander erfolgt sind, läuft die Verjährungsfrist jeweils mit Kenntniserlangung von der Schenkung. Eine Klage, die sich nur auf den ordentlichen Pflichtteilsanspruch stützt, hemmt nicht die Verjährung des Pflichtteilsergänzungsanspruchs (BGH NJW 1996, 1743 zu § 209 aF). Der Anspruch nach § 2329 gegen den subsidiär haftenden Beschenkten ist kenntnisunabhängig 3 Jahre nach dem Erbfall verjährt (§ 2332 I).

XI. Verhältnis zu § 2287

130 Die Ansprüche aus §§ 2325, 2329 BGB und aus § 2287 BGB bestehen nebeneinander (Soergel/*Dieckmann* § 2329 Rn. 30; *Siebert* ErbR 2012, 271 (274); MAH ErbR/*Horn* § 29 Rn. 290). Eine Schenkung kann also sowohl Ansprüche nach § 2325 BGB als auch nach § 2287 BGB auslösen. Schenkungen, die der Erblasser unter Verstoß gegen § 2287 BGB gewährt hat, sind dennoch für andere Pflichtteilsberechtigte pflichtteilsergänzungspflichtig (Staudinger/*Olshausen* § 2325 Rn. 42; Soergel/*Dieckmann* § 2325 Rn. 14; MüKoBGB/*Lange* § 2325 Rn. 16); schließlich gehört der Anspruch des beeinträchtigten Erben nach § 2287 BGB nicht zum Nachlass (BGH NJW 1984, 121 (122); Siebert ErbR 2012, 271 (274); detailliert: BeckOK BGB/*G. Müller* § 2329 Rn. 15). Es erhöht sich so mithin nicht der reale Nachlass und damit der ordentliche Pflichtteilsanspruch nach § 2303 BGB. Folgende Konstellationen sind zu beachten:
– Ist bzgl. beider Ansprüche ein pflichtteilsberechtigter Erbe berechtigt, tritt der Anspruch aus § 2329 zurück, soweit der „Fehlbetrag" durch Ansprüche nach §§ 2288, 2287 ausgeglichen ist (BGH NJW 1990, 2063).
– Dem Pflichtteilsberechtigten steht gegen den Erben der Anspruch nach § 2325 zu, und zwar unabhängig davon, ob der (Vertrags-)Erbe seinen Anspruch aus § 2287 geltend macht oder nicht (MüKoBGB/*Lange* § 2329 Rn. 26).

131 Zu dem Verhältnis des Anspruchs nach **§ 2329** zu § 2287 → § 2329 Rn. 25 ff.

§ 2326 Ergänzung über die Hälfte des gesetzlichen Erbteils

¹Der Pflichtteilsberechtigte kann die Ergänzung des Pflichtteils auch dann verlangen, wenn ihm die Hälfte des gesetzlichen Erbteils hinterlassen ist. ²Ist dem Pflichtteilsberechtigten mehr als die Hälfte hinterlassen, so ist der Anspruch ausgeschlossen, soweit der Wert des mehr Hinterlassenen reicht.

1 **1. Normzweck.** Die Vorschrift stellt klar, dass ein Pflichtteilsergänzungsanspruch auch dann bestehen kann, wenn dem Pflichtteilsberechtigten kein ordentlicher Pflichtteilsanspruch zusteht, weil ihm durch

Erbeinsetzung oder Vermächtnis mindestens die Hälfte seines gesetzlichen Erbteils hinterlassen wurde (Mot. V, 461). § 2326 kann danach als Ausdruck für das Bestreben des Gesetzgebers im Pflichtteilsrecht angesehen werden, den Gesamtpflichtteil zu sichern. Außerdem soll durch die Vorschrift der Schutz des Pflichtteilsberechtigten vervollständigt werden, indem verhindert wird, dass der Erblasser, der sein Vermögen durch lebzeitige Schenkungen vermindert hat, eine Pflichtteilsergänzung durch Erbeinsetzung auf seinen verminderten Nachlass ausschließt. § 2326 bewirkt, dass auch dem erbenden Pflichtteilsberechtigten der Pflichtteilsergänzungsanspruch zusteht.

2. Anspruchsvoraussetzungen. Der Pflichtteilsberechtigte kann Ergänzung des Pflichtteils auch verlangen, wenn ihm mehr als die Hälfte des gesetzlichen Erbteils hinterlassen wurde. Dabei spielt es keine Rolle, ob der Pflichtteilsberechtigte **gesetzlicher oder gewillkürter Erbe** geworden ist. Auch ein Alleinerbe kann Ergänzung des Pflichtteils verlangen; der Anspruch richtet sich dann zwangsläufig gegen den Beschenkten nach § 2329 I 2. 2

Ist dem Pflichtteilsberechtigten ein Erbteil hinterlassen, der die **Hälfte seines gesetzlichen Erbteils nicht übersteigt**, steht ihm neben dem Pflichtteilsrestanspruch gem. § 2305 der Pflichtteilsergänzungsanspruch in voller Höhe zu. 3

Ist dem Pflichtteilsberechtigten dagegen **mehr als die Hälfte seines gesetzlichen Erbteils** hinterlassen, wird der Ergänzungsanspruch nach S. 2 um den darüber hinausgehenden Anteil der Hinterlassenschaft gekürzt, da dem Pflichtteilsberechtigten sonst mehr als sein Gesamtpflichtteil zustünde. 4

Umstritten ist, ob sich die „Hälfte des gesetzlichen Erbteils" stets nur nach der **Quote** bemisst (vgl. Staudinger/*Olshausen* Rn. 10; NK-BGB/*Bock* Rn. 2) oder ob im Falle des Eingreifens von Anrechnungs- und Ausgleichungstatbeständen auf den **Wert** der Hälfte des gesetzlichen Erbteils abzustellen ist (dafür BeckOK BGB/*G. Müller* Rn. 4; BeckOGK BGB/*Schindler* Rn. 14; Palandt/*Weidlich* Rn. 3). Für die erstere Ansicht sprechen der Wortlaut der Vorschrift, der nur auf die Quote, nicht aber auf den Wert des Hinterlassenen abstellt, sowie der Umstand, dass die Anwendung der Werttheorie mit praktischen Schwierigkeiten verbunden ist. Für die Gegenmeinung spricht dagegen überzeugend, dass das Gesetz immer nur den Gesamtpflichtteil des Berechtigten schützen will und es iÜ widersprüchlich wäre, wenn in den Fällen, in denen dem Pflichtteilsberechtigten nur ein ordentlicher Pflichtteilsanspruch zusteht, Anrechnungs- und Ausgleichungspflichten nach den §§ 2315, 2316 zu berücksichtigen wären, nicht aber, wenn ordentlicher Pflichtteil und Ergänzungsanspruch nebeneinander anzuwenden sind (BeckOK BGB/*G. Müller* Rn. 4). Die Vorschrift ist daher so zu lesen, als seien die Worte „wenn ihm der Wert der Hälfte des gesetzlichen Erbteils hinterlassen ist" eingefügt (*Schindler* ZEV 2005, 513). 5

Ist der hinterlassene Erbteil beschwert oder beschränkt (**„belastet"**), kann der Erbe die Erbschaft ausschlagen und den ordentlichen Pflichtteil (§ 2306 I) sowie den Pflichtteilsergänzungsanspruch (§ 2325) verlangen. Er kann aber auch die Erbschaft mit allen Belastungen annehmen, wobei dann bei der Berechnung des Wertes des Hinterlassenen Beschränkungen und Beschwerungen nicht zu berücksichtigen sind (MüKoBGB/*Lange* Rn. 4 mwN). Letzteres kann zu Problemen führen, wenn der Pflichtteilsberechtigte die belastete Erbschaft annimmt und erst danach von der ergänzungspflichtigen Schenkung erfährt. Die hM gestattet dem Pflichtteilsberechtigten die Anfechtung der Annahme der Erbschaft nach § 119 wegen Inhaltsirrtums, weil die Annahme den vollständigen oder teilweisen Verzicht auf die Pflichtteilsergänzung einschließt (MüKoBGB/*Lange* Rn. 4; BeckOK BGB/*G. Müller* Rn. 5; Staudinger/*Olshausen* Rn. 14; Soergel/*Dieckmann* Rn. 8; vgl. → § 2308 Rn. 19 ff.). 6

Der Pflichtteilsergänzungsanspruch als außerordentlicher Pflichtteilsanspruch setzt **keinen ordentlichen Pflichtteilsanspruch** voraus. Schlägt der Pflichtteilsberechtigte die Erbschaft oder das Vermächtnis aus, gefährdet er seinen Ergänzungsanspruch nicht, genauso wenig, wie er hierdurch seinen etwaigen Anspruch auf den Restpflichtteil nach § 2305 verliert (BGH NJW 1973, 995 f.). Auch das Vorliegen einer enterbenden Verfügung ist nicht erforderlich, da der Erblasser sonst den Pflichtteil dadurch ausschalten könnte, dass er sein Vermögen zu Lebzeiten weggibt und eine enterbende Verfügung des Pflichtteilsberechtigten unterlässt (BGH NJW 1973, 995 f.). 7

3. Schuldner. Dieser Ergänzungsanspruch ist eine Erbfallschuld iSd § 1967 II BGB, aber keine gemeinschaftliche Nachlassverbindlichkeit, sondern eine Erbteilsverbindlichkeit. Anspruchsgegner sind nur die bzw. der andere(n) Miterben (*Schindler* ErbR 2018, 185 (186); → § 2325 Rn. 18 ff.). 8

4. Anrechnung des hinterlassenen Mehrwerts (S. 2). Ist dem Pflichtteilsberechtigten mehr als die Hälfte des gesetzlichen Erbteils hinterlassen, ist der Ergänzungsanspruch nach S. 2 insoweit ausgeschlossen, als das ihm Hinterlassene über die Hälfte hinausging. Es handelt sich hierbei nicht um eine Einrede; der gesetzliche Ausschluss ist vielmehr vAw zu berücksichtigen (BGH NJW 1973, 995). Der Erbe kann nur den Wert verlangen, der sich als Differenz zwischen dem ergibt, was er als Erbe erhalten hat, und dem, was er als Pflichtteil bei Zurechnung der Schenkungen zum Nachlass erhalten würde. Er kann Pflichtteilsergänzung also nicht einfach aus der Summe der Geschenke nach seiner Pflichtteilsquote fordern. Ein Ergänzungsanspruch besteht nur insoweit, als der Wert des ihm hinterlassenen Erbteils hinter seinem Gesamtpflichtteil (ordentlicher Pflichtteil nebst Ergänzungspflichtteil) zurückbleibt (BGH FamRZ 1989, 273 ff. = BeckRS 1988, 31076592; *Schindler* ZEV 2005, 513). **Hinterlassen** ist das, was dem Pflichtteilsberechtigten zugewendet wurde, also auch ein allein oder neben dem Erbteil zugewendetes (Voraus-)Vermächtnis. Nach hA können aber Beschränkungen und Beschwerungen des zugewandten Erbteils bzw. Vermächtnisses (vgl. §§ 2306, 2307) nicht vom Wert des Hinterlassenen abgezogen werden. 9

5. Vermächtniszuwendung an den Pflichtteilsberechtigten. Aus der allgemeinen Formulierung „hinterlassen" folgt nach allg. Ansicht (Staudinger/*Olshausen* Rn. 5), dass die Vorschrift auch anwendbar ist, wenn dem Berechtigten ein **Vermächtnis** hinterlassen worden ist. Ist dem Pflichtteilsberechtigten ein Vermächtnis hinterlassen, dessen Wert den Wert des ordentlichen Pflichtteils übersteigt, und schlägt der Pflichtteilsberechtigte das Vermächtnis nicht aus, gilt § 2326 2. Es greift die **Anrechnung** auf den Pflichtteilsergänzungsanspruch ein.

Ist der Wert des hinterlassenen Vermächtnisses dagegen **geringer als der Wert des ordentlichen Pflichtteils**, kann der Pflichtteilsberechtigte den Pflichtteilsrestanspruch (§ 2307 I 2) und den vollen Pflichtteilsergänzungsanspruch (§ 2325) geltend machen. Etwaige Beschränkungen und Beschwerungen bleiben außer Betracht (§ 2307 I 2 Hs. 2) und mindern daher nicht den Abzugsposten. Schlägt der Pflichtteilsberechtigte das Vermächtnis aus, kann er den ordentlichen Pflichtteil und den Pflichtteilsergänzungsanspruch geltend machen. Hat der Pflichtteilsberechtigte in Unkenntnis der ergänzungspflichtigen Schenkung ein beschwertes oder beschränktes Vermächtnis angenommen, so kann er nach § 119 die Annahme anfechten, das Vermächtnis ausschlagen und anschließend den ordentlichen Pflichtteil und den vollen Pflichtteilsergänzungsanspruch verlangen (MüKoBGB/*Lange* Rn. 5; BeckOK BGB/*G. Müller* Rn. 7; → § 2308 Rn. 20 ff.).

§ 2327 Beschenkter Pflichtteilsberechtigter

(1) ¹Hat der Pflichtteilsberechtigte selbst ein Geschenk von dem Erblasser erhalten, so ist das Geschenk in gleicher Weise wie das dem Dritten gemachte Geschenk dem Nachlass hinzuzurechnen und zugleich dem Pflichtteilsberechtigten auf die Ergänzung anzurechnen. ²Ein nach § 2315 anzurechnendes Geschenk ist auf den Gesamtbetrag des Pflichtteils und der Ergänzung anzurechnen.

(2) Ist der Pflichtteilsberechtigte ein Abkömmling des Erblassers, so findet die Vorschrift des § 2051 Abs. 1 entsprechende Anwendung.

1. Normzweck. Für den Gesetzgeber ist es unbillig, wenn der Pflichtteilsberechtigte wegen eines Geschenkes des Erblassers an einen Dritten einen Pflichtteilsergänzungsanspruch geltend machen könnte, Geschenke an ihn selbst aber nicht berücksichtigt würden. Daher ordnet § 2327 an, dass derartige Eigengeschenke wie Fremdgeschenke bei der Ermittlung des Pflichtteilsanspruchs zu berücksichtigen sind und diese auf den Pflichtteilsergänzungsanspruch (nicht aber auf den ordentlichen Pflichtteil, hierfür ist die Anordnung der Pflichtteilsanrechnung nach § 2315 erforderlich) angerechnet werden.

2. Schenkung des Erblassers. a) Schenkung. Der Pflichtteilsberechtigte muss zu Lebzeiten eine **Schenkung** vom Erblasser erhalten haben. Hier gelten dieselben Kriterien wie bei § 2325 (jurisPK-BGB/*Birkenheier* Rn. 4; → § 2325 Rn. 24 ff.). Erforderlich ist also das Vorliegen einer **Schenkung iSd § 516**. Nach dem eindeutigen Wortlaut des § 2330 sind sog. Anstands- und Pflichtschenkungen ausgenommen (so auch *Reimann* ZEV 2018, 198 (199)). Gemischte Schenkungen können als Eigengeschenk anrechenbar sein, allerdings nur hins. des unentgeltlichen Teils (OLG Koblenz OLGR 2005, 113 ff.). Als Eigengeschenk anrechenbar sind ferner sog. unbenannte Zuwendungen unter Ehegatten (=ehebedingte Zuwendungen), da diese Zuwendungen lt. BGH (NJW 1992, 464.) im Erbrecht grds. wie Schenkungen zu behandeln sind (→ § 2325 Rn. 43 ff.).

Nur **bestandskräftige** Schenkungen können dem Pflichtteilsberechtigten auf seinen Pflichtteilsergänzungsanspruch angerechnet werden. Geschenke an den Pflichtteilsberechtigten, die er bspw. gem. § 2287 an den Vertragserben zurückgegeben hat oder zurückgeben muss, fallen nicht hA daher nicht unter § 2327 (Soergel/*Dieckmann* Rn. 22; Staudinger/*Olshausen* Rn. 5; jurisPK-BGB/*Birkenheier* Rn. 7). Gleiches gilt für ein Geschenk, soweit es gem. § 528 der Rückforderung wegen Verarmung des Schenkers unterliegt (Soergel/*Dieckmann* Rn. 22) oder das aufgrund eines vertraglich vorbehaltenen Rückforderungsrechts (zB im Rahmen eines Grundstücksüberlassungsvertrages) vom Erblasser (oder dessen Erben) zurückgefordert worden ist.

Bei lebzeitigen Zuwendungen des Erblassers an eine **Familienstiftung,** die einen Pflichtteilsergänzungsanspruch zur Folge haben, sind die noch zu Lebzeiten des Erblassers erfolgten Ausschüttungen der Familienstiftung an den Pflichtteilsberechtigten als Destinatär der Stiftung nach hA in **analoger Anwendung des § 2327** auf den Pflichtteilsergänzungsanspruch anzurechnen (RGZ 54, 399 (401); Soergel/*Dieckmann* Rn. 3; MüKoBGB/*Lange* Rn. 3; Staudinger/*Olshausen* Rn. 12; Schauer npoR 2018, 49 (51); NK-BGB/*Bock* Rn. 4; *Schmid,* Stiftungsrechtliche Zuwendungen im Erb- und Familienrecht, 2007, 163 ff.; aA *Cornelius* ZErb 2006, 230 (233 f.); *Werner* ZEV 2007, 560 (563); MSTB PflichtteilsR-HdB/*Pawlytta* § 7 Rn. 220).

Die Anrechnung des Eigengeschenks ist nicht davon abhängig, dass der Erblasser vor oder bei der Schenkung die **Pflichtteilsanrechnung gem. § 2315** angeordnet hat (im Gegensatz zum ordentlichen Pflichtteilsanspruch). Der Unterschied besteht lediglich darin, dass beim Fehlen einer Anrechnungspflicht das Geschenk lediglich von dem sich für den Empfänger ergebenden Pflichtteilsergänzungsanspruch abgezogen wird, während im Falle des Bestehens der Anrechnungspflicht der Abzug nach Abs. 1 S. 2 vom Gesamtpflichtteil (ordentlicher Pflichtteil und Pflichtteilsergänzung) erfolgt (→ Rn. 18). Der Umstand, dass die Berücksichtigung des Eigengeschenks iRd Pflichtteilsergänzung auch dann möglich ist, wenn eine Pflichtteilsanrechnungsbestimmung vergessen oder absichtlich unterlassen wurde, hat in der Lit. als Maßnahme zur Pflichtteilsreduzierung zu einer Empfehlung der „Flucht in die Pflichtteilsergänzung" durch Vornahme weiterer Schenkungen an Dritte geführt (vgl. *Tanck* ZErb 2000, 3 ff.). Für viele Erblasser dürfte allerdings die Empfehlung, ihr restliches Vermögen zu verschenken, nur um eine Reduzierung des Pflichtteilsanspruchs des ursprünglich Beschenkten zu erreichen, kaum nachvollziehbar und im Hinblick auf die Sicherung der eigenen Altersvorsorge kaum empfehlenswert sein. Dieser Nachteil kann aber durch Schenkungen auf den Tod kompensiert werden.

b) Person des Schenkers. Das Geschenk, das auf den Pflichtteilsergänzungsanspruch anzurechnen ist, muss **vom Erblasser** selbst herrühren (notwendige Identität von Erblasser und Schenker). Geschenke von Dritten werden nicht erfasst, auch nicht Geschenke vom Ehegatten des Erblassers. Selbst im Falle eines Berliner Testaments (vgl. § 2269 I) muss sich daher der Pflichtteilsberechtigte ein Geschenk des erstverstorbenen Ehegatten nicht auf seinen Ergänzungsanspruch nach dem Letztverstorbenen anrechnen lassen, auch nicht aus Billigkeitsgründen (BGH NJW 1983, 2875 m. zust. Anm. *Dieckmann* FamRZ 1983, 1104 ff.; Anm. *Kuchinke* JZ 1984, 96 ff.; Anm. *Damrau* JR 1984, 112 f.; anders noch KG NJW 1974, 2131). Geschenke vom erstverstorbenen Ehegatten sind daher nur bei der Abwicklung des Nachlasses des Erstverstorbenen zu berücksichtigen. Jeder Erbfall der Ehegatten ist pflichtteilsrechtlich isoliert zu betrachten. 6

Für Schenkungen aus dem Gesamtgut der **Gütergemeinschaft** enthält § 2331 eine spezielle Zuordnungsregelung. 7

c) Person des Beschenkten. Es gilt der Grundsatz, dass nur Geschenke, die der Pflichtteilsberechtigte selbst erhalten hat, anzurechnen sind. Auch Geschenke an die Abkömmlinge des Pflichtteilsberechtigten oder dessen Ehefrau (BGH MDR 1962, 557) zählen daher nicht zu den anrechnungsfähigen Eigengeschenken. 8

Beispiel: Der Erblasser überträgt zu Lebzeiten ein Grundstück im Wert von 500.000 EUR zu je 1/2 Miteigentum an seinen Sohn und dessen Ehefrau. Dann muss sich der Sohn bei Eintritt des Erbfalls, wenn er einen Pflichtteilsergänzungsanspruch geltend macht, nur eine Schenkung im Wert von 250.000 EUR auf seinen Ergänzungsanspruch anrechnen lassen. 9

Eine Ausnahme vom Grundsatz, dass Geschenke an Dritte nicht anrechnungsfähig sind, ergibt sich aus der **Verweisung des Abs. 2 auf § 2051 I**. Ist die Schenkung des Erblassers an einen pflichtteilsberechtigten Abkömmling erfolgt und fällt dieser vor oder nach dem Erbfall fort, so muss sich der für ihn Eintretende die Schenkung anrechnen lassen wie ein Eigengeschenk. Bei Abkömmlingen sind damit auch Geschenke anzurechnen, die der weggefallene Vorgänger des an seine Stelle getretenen Abkömmlings erhalten hat. 10

Beispiel: Der Erblasser überträgt seinem Sohn S zu Lebzeiten schenkweise sein Betriebsgrundstück im Wert von 400.000 EUR (ohne Rückforderungsrecht im Falle des Vorversterbens des Erwerbers), und zwar ohne Pflichtteilsanrechnungsbestimmung und Abschluss eines Pflichtteilsverzichtsvertrages. Weiterhin überträgt der Erblasser zu Lebzeiten schenkweise sein Hausgrundstück im Wert von 200.000 EUR an seine Lebensgefährtin L. Der Sohn S verstirbt im Jahr 2009 und hinterlässt zwei Abkömmlinge E1 und E2. Im Jahr 2010 stirbt der Erblasser und wird aufgrund Testaments von seiner Tochter T allein beerbt. Der Nachlass beträgt 0. Verlangen die Abkömmlinge E1 und E2 gem. §§ 2303, 2309 von L Pflichtteilsergänzung (§ 2329), müssen sie sich das Eigengeschenk, das ihr Vater zu Lebzeiten vom Erblasser erhalten hat, gem. § 2327 II, § 2051 I auf ihren Pflichtteilsergänzungsanspruch anrechnen lassen (der im vorliegenden Fall damit 0 beträgt). 11

d) Zeitpunkt der Schenkung. Die **zeitliche Schranke** des § 2325 III gilt bei Eigengeschenken nicht (BGH MDR 1990, 138; NJW 1964, 1414; OLG Koblenz OLGR 2005, 113). Eigengeschenke sind daher auch dann anzurechnen, wenn andere Pflichtteilsberechtigte wegen Fristablaufs hieraus keine Pflichtteilsergänzungsansprüche mehr herleiten können. Dies wird in der Lit. zT als rechtspolitisch fragwürdig angesehen, weil die gleichen Argumente, die für die zeitliche Begrenzung des Pflichtteilsergänzungsanspruchs nach § 2325 III sprächen, auch für § 2327 Gültigkeit hätten (MüKoBGB/*Lange* Rn. 6; Staudinger/*Olshausen* Rn. 8 f.; tendenziell krit. auch MSTB PflichtteilsR-HdB/*Pawlytta* § 7 Rn. 226). Die Kritik überzeugt nicht, da bei der Anrechnung nach § 2327 – die lediglich den Umfang des Anspruchs des anspruchstellenden Pflichtteilsberechtigten reduziert – nicht in gleichem Maße wie bei §§ 2325, 2329 im Hinblick auf den Empfänger der Schenkung Vertrauensschutzgesichtspunkte zu berücksichtigen sind. 12

Die Anrechnung eines Eigengeschenks gem. § 2327 setzt nach hA nicht voraus, dass der Beschenkte bereits zum Zeitpunkt der Schenkung **pflichtteilsberechtigt** war (MüKoBGB/*Lange* Rn. 7; BeckOK BGB/*G. Müller* Rn. 4; Soergel/*Dieckmann* Rn. 5; jurisPK-BGB/*Birkenheier* Rn. 15). Der Ehegatte muss sich daher auch das vor der Eheschließung, das angenommene Kind das vor der Adoption erhaltene Geschenk auf den Pflichtteilsergänzungsanspruch anrechnen lassen. 13

3. Anrechnung. a) Hinzurechnung des Eigengeschenks zum Nachlass. Die sog. Eigengeschenke sind wie die an Dritte getätigten Schenkungen dem Nachlass hinzuzurechnen. Der **Wertansatz** für die Hinzurechnung bestimmt sich nach § 2325 II (Soergel/*Dieckmann* Rn. 6; BeckOK BGB/*G. Müller* Rn. 7; MüKoBGB/*Lange* Rn. 8). Für verbrauchbare Sachen richtet sich der hinzuzurechnende Wert nach demjenigen zur Zeit der Schenkung, für nicht verbrauchbare Sachen gilt das sog. Niederstwertprinzip (vgl. BGH FamRZ 1976, 616 (617) = BeckRS 1976, 31116669). Der Wert ist noch vor der Hinzurechnung nach den Grundsätzen über die Bereinigung des Kaufkraftschwunds auf die Verhältnisse am Tag des Erbfalls umzurechnen (**Indexierung**; BGH NJW 1992, 2888; Soergel/*Dieckmann* Rn. 6; BeckOGK BGB/*Schindler* Rn. 24; jurisPK-BGB/*Birkenheier* Rn. 19; → § 2315 Rn. 25). 14

15 **b) Anrechnung des Eigengeschenks auf den Pflichtteilsergänzungsanspruch.** Das Eigengeschenk ist nach Abs. 1 S. 1 grds. (nur) auf den **Pflichtteilsergänzungsanspruch** anzurechnen, nicht auf den ordentlichen Pflichtteil. Dies gilt selbst dann, wenn das Geschenk den Ergänzungsanspruch übersteigt.

16 **Beispiel:** Der Erblasser hat zu Lebzeiten seiner Tochter T eine Schenkung iHv 30.000 EUR und seinem Freund F eine Schenkung iHv 70.000 EUR gemacht. Der Erblasser stirbt und hinterlässt einen Nachlass im Wert von 200.000 EUR. Testamentarische Alleinerbin wird seine Ehefrau W, mit der er in Zugewinngemeinschaft lebte. Der Gesamtpflichtteil von T beträgt EUR

$$\frac{200.000 + 30.000 + 70.000}{4} = 75.000$$

Der ordentliche Pflichtteilsanspruch der T beträgt 50.000 EUR, der Pflichtteilsergänzungsanspruch 25.000 EUR. Hierauf muss sich die T das Eigengeschenk anrechnen lassen, so dass kein Pflichtteilsergänzungsanspruch verbleibt. Die restlichen 5.000 EUR, die nicht auf den Pflichtteilsergänzungsanspruch angerechnet werden konnten, können nicht auf den ordentlichen Pflichtteilsanspruch angerechnet werden.

17 Entspricht der Wert des Eigengeschenks dem (fiktiven) Ergänzungsanspruch, der sich unter Hinzurechnung von Eigen- und Fremdgeschenken ergibt, oder ist er größer, ist kein Pflichtteilsergänzungsanspruch gegeben.

18 **c) Anrechnung des Eigengeschenks im Falle der Pflichtteilsanrechnung nach § 2315 I.** Eine Ausnahme vom Grundsatz, dass das Eigengeschenk nur auf den Pflichtteilsergänzungsanspruch anzurechnen ist, gilt dann, wenn das **Geschenk iSv § 2315 I anrechnungspflichtig** ist, dh es der Erblasser mit der Bestimmung zugewandt hat, dass es auf den Pflichtteil des Empfängers angerechnet werden soll. In diesem Fall ist das Geschenk nach **Abs. 1 S. 2** auf den **Gesamtbetrag** des Pflichtteils und der Ergänzung anzurechnen.

19 **Beispiel:** Wie oben, nur mit dem Unterschied, dass die lebzeitige Schenkung an die Tochter mit Anrechnungsbestimmung iSv § 2315 I erfolgt ist. Dann wäre auf den Gesamtpflichtteilsanspruch der Tochter iHv 75.000 EUR die Schenkung anzurechnen, so dass nur noch ein Pflichtteilsanspruch von 45.000 EUR verbliebe (die Schenkung würde daher iHv 5.000 EUR auch auf den ordentlichen Pflichtteilsanspruch angerechnet).

20 Nach hA kommt es in diesem Fall für den Wertansatz nicht auf § 2325 II, sondern auf den Wert zur Schenkungszeit (§ 2315 II 2) an (Soergel/*Dieckmann* Rn. 8; MüKoBGB/*Lange* Rn. 14; *Blum* FF 2004, 111 (112); aA Staudinger/*Olshausen* Rn. 25).

21 **d) Behandlung ausgleichungspflichtiger Zuwendungen.** Ausgleichungspflichtige Zuwendungen, die bereits bei der Berechnung des ordentlichen Pflichtteils eines Abkömmlings berücksichtigt worden sind (vgl. § 2316), kommen für eine Pflichtteilsergänzung grds. nicht mehr in Frage. Die doppelte Berücksichtigung ist unzulässig.

22 Ansonsten ist die Behandlung ausgleichungspflichtiger Zuwendungen strittig. Nach der mM sind ausgleichungspflichtige Zuwendungen, die iRd Abwicklung des ordentlichen Pflichtteils Berücksichtigung finden, weder iRd § 2325 dem Nachlass hinzuzurechnen, noch muss sich der Pflichtteilsberechtigte diese iRd § 2327 anrechnen lassen (Staudinger/*Olshausen* Rn. 22). Nach der richtigen hM sind solche Geschenke zu Lasten des Pflichtteilsberechtigten zu berücksichtigen. Hier wird die Anrechnung der Hälfte der ausgleichungspflichtigen Zuwendung auf den Pflichtteilsergänzungsanspruch vertreten, da sich der Vorausempfang dann auch bei der Pflichtteilsberechnung nur zur Hälfte ausgewirkt hat (OLG Oldenburg NJWE-FER 1998, 37; Soergel/*Dieckmann* Rn. 19; MüKoBGB/*Lange* Rn. 12; HK-PflichtteilsR/*Gietl* Rn. 14; *Lange/Kuchinke* ErbR § 37 Kap. X Rn. 6e; BeckOK BGB/*G. Müller* Rn. 14). Schließlich hat sich der hälftige Wert der Schenkung schon iRd Ausgleichung nach §§ 2316 I, 2050 zulasten des Pflichtteilsberechtigten ausgewirkt.

23 **e) Disponibilität.** Nach *Schindler* ist die Anrechnung von Gesetzes wegen disponibel (BeckOGK BGB/*Schindler* Rn. 45): Der Erblasser könne zugunsten des eigenbeschenkten Pflichtteilsberechtigten einseitig bestimmen, dass keine Anrechnung erfolgt. In Anlehnung an § 2315 sei sowohl die anfängliche Herausnahme als auch die nachträgliche Aufhebung einer gesetzlichen Anrechnungsverpflichtung formlos möglich.

24 **4. Verfahrensrechtliche Hinweise.** Die **Beweislast** für die Behauptung, der Pflichtteilsberechtigte habe selbst vom Erblasser eine Schenkung erhalten, trifft den Erben bzw. im Falle des § 2329 den Beschenkten (BGH NJW 1964, 1414 (1415); MüKoBGB/*Lange* Rn. 9).

25 § 2327 begründet keine Einrede. Die Minderung des Pflichtteilsergänzungsanspruchs durch Eigenschenke ist vielmehr vAw zu berücksichtigen, wenn sich aus dem Sachvortrag der Parteien zu berücksichtigende Eigengeschenke ergeben (Staudinger/*Olshausen* Rn. 16).

26 Es besteht gegenüber dem Pflichtteilsergänzungsschuldner eine **Auskunftspflicht** des Pflichtteilsergänzungsberechtigten hins. sog. Eigengeschenke (BGH NJW 1964, 1414 ff.; → § 2314 Rn. 85 ff.).

§ 2328 Selbst pflichtteilsberechtigter Erbe

Ist der Erbe selbst pflichtteilsberechtigt, so kann er die Ergänzung des Pflichtteils soweit verweigern, dass ihm sein eigener Pflichtteil mit Einschluss dessen verbleibt, was ihm zur Ergänzung des Pflichtteils gebühren würde.

Selbst pflichtteilsberechtigter Erbe § 2328 BGB 10

1. Normzweck. Zum Schutz des pflichtteilsberechtigten Erben gibt es im Gesetz mehrere Regelungen. 1
So schützen bspw. §§ 2306, 2319 den ordentlichen Pflichtteil des Erben. § 2328, der ein Leistungsverweigerungsrecht begründet, erweitert diesen Schutz auf den eigenen Pflichtteilsergänzungsanspruch des Erben.

Die Norm will den pflichtteilsberechtigten Erben als Schuldner eines Pflichtteilsergänzungsanspruchs 2
davor bewahren, das erlangte Vermögen zunächst – ganz oder teilweise – auskehren und dann wegen seines eigenen Pflichtteils einschl. der ihm zukommenden Ergänzung bei anderen Beschenkten seinerseits Ersatz suchen zu müssen (BGH NJW 1983, 1485 (1487)). Dem Erben soll vielmehr so viel verbleiben, wie sein eigener ergänzter Pflichtteil beträgt.

2. Anspruchsinhalt und Voraussetzungen. § 2328 gibt dem Erben ein **Leistungsverweigerungs-** 3
recht, und zwar nur gegenüber einem Pflichtteilsergänzungsanspruch, nicht gegenüber einem ordentlichen Pflichtteilsanspruch (einschl. des Restanspruchs der §§ 2305, 2307). Gegen den Pflichtteilsanspruch selbst wird der Miterbe durch § 2319 geschützt (Soergel/*Dieckmann* Rn. 1).

Der Anspruch muss gegenüber einem selbst pflichtteilsberechtigten Erben geltend gemacht werden. 4
Dieser kann **Alleinerbe oder Miterbe** sein (MüKoBGB/*Lange* Rn. 2).

3. Wirkungen. Liegen die Voraussetzungen des § 2328 vor, kann der Erbe die Pflichtteilsergänzung 5
soweit verweigern, dass ihm selbst der eigene Pflichtteil mit Einschluss dessen verbleibt, was ihm zur Ergänzung des Pflichtteils gebühren würde. Dies stellt eine **Bevorzugung** des selbst pflichtteilsberechtigten Erben dar. Diese liegt darin, dass der pflichtteilsberechtigte Erbe aus dem Nachlass vorweg seinen eigenen Pflichtteil (der nach § 2319 geschützt ist) und die ihm zustehende Pflichtteilsergänzung erhält. Er ist daher nicht – wie andere Pflichtteilsergänzungsberechtigte – darauf angewiesen, den mit Risiken behafteten Anspruch aus § 2329 gegen den Beschenkten geltend machen zu müssen (vgl. jurisPK-BGB/ *Birkenheier* Rn. 3).

Verteidigen kann der pflichtteilsberechtigte Erbe seinen „**konkreten Gesamtpflichtteil**". Dabei 6
kommt es im Falle der Zugewinngemeinschaft hins. der Pflichtteilsquote auf den großen Pflichtteil des Ehegatten (oder eingetragenen Lebenspartners) an, wenn es zur sog. erbrechtlichen Lösung kommt (wobei sich diese Quote dann auch auf diejenigen der anderen Pflichtteilsberechtigten auswirkt). Kommt es hingegen zur güterrechtlichen Lösung nach § 1371 II, III, scheidet § 2328 aus, weil der überlebende Ehegatte nicht Erbe ist.

Unter dem „konkreten Gesamtpflichtteil" ist der ordentliche Pflichtteil (unter Berücksichtigung von 7
Anrechnungs- und Ausgleichungspflichten nach §§ 2315, 2316) und der Ergänzungspflichtteil (unter Berücksichtigung von Eigengeschenken iSv § 2327) zu verstehen.

Das Leistungsverweigerungsrecht ist im Rechtsstreit nicht vAw, sondern lediglich **auf Einrede** des Be- 8
rechtigten hin zu berücksichtigen (OLG Koblenz ZEV 2010, 194).

Rechtsfolge der Geltendmachung des Leistungsverweigerungsrechts ist, dass der Erbe nicht für den 9
Pflichtteilsergänzungsanspruch haftet. Der Pflichtteilsberechtigte ist dann zur Durchsetzung seines Pflichtteilsergänzungsanspruchs darauf verwiesen, **gegen den Beschenkten nach § 2329** vorzugehen.

Beispiel: Erbe ist Tochter T. Der Sohn S ist enterbt. Der Nachlasswert beträgt 200.000 EUR. Der Erblasser hat zu 10
Lebzeiten seiner Lebensgefährtin L eine Schenkung iHv 400.000 EUR gemacht. T muss S seinen ordentlichen Pflichtteil von 50.000 EUR zahlen. Den Ergänzungsanspruch des S auf seinen Gesamtpflichtteilsanspruch von 150.000 EUR muss T aber nicht zahlen, da ihr sonst weniger als ihr (ergänzter) Pflichtteil iHv 150.000 EUR verbliebe. Wegen der restlichen 100.000 EUR muss sich S daher gem. § 2329 an die L halten.

Nach der Rspr. des BGH ist § 2328 auch auf Pflichtteilsergänzungsansprüche gem. § 2329 gegen den 11
beschenkten Pflichtteilsberechtigten anzuwenden (BGH NJW 1983, 1485). Denn dann, wenn der Beschenkte selbst pflichtteilsberechtigt ist und ihm selbst ein Pflichtteil (einschl. Ergänzung) nach dem Schenker gebührt, ist seine Stellung aus Sicht des BGH jedenfalls nicht schwächer als die desjenigen, der Ansprüche aus § 2329 stellt. Daher muss der Beschenkte wegen des ihm selbst gebührenden ergänzten Pflichtteils in entsprechender Anwendung des in § 2328 zum Ausdruck kommenden Grundgedankens mit der ihm zugewendeten Schenkung ebenso gestellt werden wie der pflichtteilsberechtigte Erbe in den Fällen des § 2328. Dies gilt nach BGH jedenfalls dann, wenn der Beschenkte – wie im vom BGH entschiedenen Fall – zugleich auch Erbe ist und daher ohnehin den Schutz des § 2328 genießt (BGH NJW 1983, 1485; krit. insoweit Soergel/*Dieckmann* Rn. 3).

Umstritten ist iÜ, ob das Leistungsverweigerungsrecht aus § 2328 auch dann eingreift, wenn infolge 12
einer erst **nach dem Erbfall eingetretenen Wertminderung** des Nachlasses der pflichtteilsberechtigte Erbe den Pflichtteilsergänzungsanspruch nicht mehr erfüllen kann, ohne seinen konkreten Gesamtpflichtteil zu gefährden. Dagegen spricht das iRd Berechnung von Pflichtteilsansprüchen geltende Stichtagsprinzip (§ 2311 I) sowie der Umstand, dass der Pflichtteilsberechtigte dadurch im Hinblick auf den Ergänzungsanspruch stärker bevorzugt würde als im Hinblick auf den ordentlichen Pflichtteilsanspruch, bei dem der Erbe in solchen Fällen das uneingeschränkte Risiko der späteren Wertminderung trägt (abl. daher MüKoBGB/*Lange* Rn. 8; Staudinger/*Olshausen* Rn. 11; krit. Soergel/*Dieckmann* Rn. 9). Der BGH hat die durch § 2328 gesetzte Opfergrenze für den pflichtteilsberechtigten Erben auch bei späterem Wertverfall beibehalten, und zwar durch **Ausdehnung der Dürftigkeitseinrede (§ 1990)** dahingehend, dass der Nachlass gegenüber dem Ergänzungsanspruch bereits dann „dürftig" sei, wenn der Erbe zur Zeit der Vollstreckung des Ergänzungsanspruchs nur noch einen Nachlass vorzuweisen habe, der allenfalls dessen eigenen Gesamtpflichtteil decke. Der BGH gewährt diesem Erben das Recht, vorweg

seinen Gesamtpflichtteil zu verteidigen (BGH NJW 1983, 1485; zust. jurisPK-BGB/*Birkenheier* Rn. 18; *Schindler*, Pflichtteilsberechtigter Erbe und pflichtteilsberechtigter Beschenkter, 2004, Rn. 659 ff.). Für die Rechtsansicht des BGH spricht, dass im Unterschied zum ordentlichen Pflichtteil eine Ausfallhaftung des Beschenkten gem. § 2329 besteht, die eine Erweiterung des Leistungsverweigerungsrechts des Erben abmildert; außerdem beruht es auf einer bewussten gesetzgeberischen Entscheidung, dass der pflichtteilsberechtigte Erbe gegenüber einem Ergänzungsanspruch seinen Gesamtpflichtteil verteidigen kann (vgl. BeckOK BGB/*G. Müller* Rn. 6). Gleichwohl kann es nicht als unproblematisch angesehen werden, wenn die wegen der Bevorzugung des Erben rechtspolitisch fragwürdige Regelung über ihren unmittelbaren Anwendungsbereich hinaus erweiternd angewendet wird.

13 **4. Ausschluss.** Das Leistungsverweigerungsrecht aus § 2328 steht nach hA dem Erben nicht zu, wenn er auf seinen Pflichtteil gem. § 2346 II verzichtet hat (vgl. *J. Mayer* ZEV 2007, 556 (557 f.)). Der Pflichtteilsverzicht kann aber eingeschränkt auf den Vorbehalt des Leistungsverweigerungsrechts erklärt werden (so auch *Tanck* ZErb 2001, 194 ff.; MSTB PflichtteilsR-HdB/*Pawlytta* § 7 Rn. 243; aA *J. Mayer* ZEV 2007, 556 (557 f.)), da der Pflichtteilsverzicht weitestgehend Modifikationen zugänglich ist (indem lediglich Geldansprüche betroffen sind).

14 **5. Weitere Einreden.** Neben § 2328 kann sich der Erbe auch auf eine Dürftigkeit des Nachlasses nach § 1990 berufen (BGH WM 1989, 382 (384); vgl. zur erweiternden Anwendung des § 1990 bei späterem Wertverfall bereits → Rn. 12). Gegenüber einem Vermächtnis richtet sich der Schutz des schuldenden, selbst pflichtteilsberechtigten Erben nicht nach § 2328, sondern nach § 2318.

§ 2329 Anspruch gegen den Beschenkten

(1) ¹Soweit der Erbe zur Ergänzung des Pflichtteils nicht verpflichtet ist, kann der Pflichtteilsberechtigte von dem Beschenkten die Herausgabe des Geschenks zum Zwecke der Befriedigung wegen des fehlenden Betrags nach den Vorschriften über die Herausgabe einer ungerechtfertigten Bereicherung fordern. ²Ist der Pflichtteilsberechtigte der alleinige Erbe, so steht ihm das gleiche Recht zu.

(2) Der Beschenkte kann die Herausgabe durch Zahlung des fehlenden Betrags abwenden.

(3) Unter mehreren Beschenkten haftet der früher Beschenkte nur insoweit, als der später Beschenkte nicht verpflichtet ist.

1 **1. Normzweck.** Primär richtet sich der Pflichtteilsergänzungsanspruch gem. § 2325 gegen den Erben als Schuldner der Nachlassverbindlichkeiten und damit auch Pflichtteilsschuldner. Versagt der Anspruch jedoch, weil der Erbe nach dieser Vorschrift ganz oder teilweise nicht zur Pflichtteilsergänzung verpflichtet ist, wird aufgrund der Vorschrift des § 2329 subsidiär der Beschenkte zur Haftung herangezogen. Der Pflichtteilsberechtigte kann regelmäßig vom Beschenkten jedoch nicht Zahlung, sondern lediglich Herausgabe des Geschenks zum Zwecke der Befriedigung wegen des fehlenden Betrages verlangen. Die Vorschrift erweitert den Schutz des Pflichtteilsberechtigten vor der Aushöhlung des Nachlasses durch lebzeitige Schenkungen des Erblassers.

2 **2. Rechtsnatur des Anspruchs gegen den Beschenkten/anwendbare Vorschriften.** Der Ergänzungsanspruch gegen den Beschenkten unterscheidet sich vom Ergänzungsanspruch gegen den Erben nur durch Art (er geht auf Duldung der Zwangsvollstreckung) und **Umfang der Haftung** (Haftung nach Bereicherungsrecht), dem Grunde nach (RGZ 58, 124). Dies ergibt sich schon äußerlich aus der Stellung des § 2329 iRd §§ 2325 ff. und dem Umstand, dass die Vorschrift mit den §§ 2325–2328 auch inhaltlich in engem Zusammenhang steht. Es handelt sich daher dem Wesen nach auch um einen Pflichtteilsergänzungsanspruch (Muster zur Anspruchsgeltendmachung: BeckOF ErbR/*Schellenberger* Form. 11.1.15; BeckOF ErbR/*Lenz-Brendel* Form. 11.2.13).

3 Die Eigenschaft als Pflichtteilsergänzungsanspruch hat zur Folge, dass die **zehnjährige Ausschlussfrist** (§ 2325 III) auch dem Beschenkten zugutekommt (RGZ 81, 204 (205)). Andernfalls würde der Beschenkte auch einer strengeren Haftung unterliegen als der Erbe, was der gesetzgeberischen Konzeption der §§ 2325, 2329 gerade nicht entspricht. Außerdem wird der Pflichtteilsergänzungsanspruch gegen den Beschenkten ausgeschlossen durch eine wirksame **Pflichtteilsentziehung**, einen **Pflichtteilsverzichtsvertrag**, oder wenn eine Pflicht- oder Anstandsschenkung iSd § 2330 vorliegt.

4 Hins. der **Verjährung** ist zwischen dem Pflichtteilsergänzungsanspruch gegen den Erben (§ 2325) und demjenigen gegen den Beschenkten Unterschiede. Für den Ergänzungsanspruch gegen den Beschenkten gibt es Sonderregeln in § 2332 I. Nach der Vorschrift beginnt die Verjährungsfrist des dem Pflichtteilsberechtigten nach § 2329 gegen den Beschenkten zustehenden Anspruchs kenntnisunabhängig mit dem Erbfall. Damit wird der Beschenkte verjährungsrechtlich gesehen gegenüber dem Erben privilegiert.

5 Nach Abs. 2 der Vorschrift wird die Verjährung des Anspruchs nach § 2329 (wie diejenige des Pflichtteilsanspruchs) nicht dadurch gehemmt, dass die Ansprüche erst nach der Ausschlagung der Erbschaft oder eines Vermächtnisses geltend gemacht werden können. Der Lauf der Verjährung richtet sich vielmehr nach den allgemeinen Vorschriften. Problematisch ist dies besonders im Falle des § 2306 I, wenn Nacherbfolge angeordnet ist. Denn nach § 2329 II kann dann Verjährung eintreten, bevor die Ausschlagung erfolgt und der Pflichtteilsanspruch entstanden ist (vgl. HK-PflichtteilsR/*Herzog* § 2332 Rn. 53).

IÜ gelten für den Pflichtteilsergänzungsanspruch im Grundsatz auch dieselben Vorschriften wie für 6
den ordentlichen Pflichtteilsanspruch. Dies gilt hins. der Entstehung (§ 2317 I), der Übertragbarkeit und
Vererblichkeit (§ 2317 II) und der Pfändbarkeit (§ 852 ZPO) (jurisPK-BGB/*Birkenheier* Rn. 3). Es besteht auch eine **Auskunftspflicht** des Beschenkten gegenüber dem Ergänzungsberechtigten entsprechend
§ 2314 (BGH NJW 1985, 384 f.). Dies gilt zumindest, wenn es sich beim Ergänzungsberechtigten um
einen pflichtteilsberechtigten Nichterben handelt. Beim pflichtteilsberechtigten Allein- oder Miterben
besteht die Auskunftspflicht nur, wenn sich der Erbe die erforderlichen Kenntnisse nicht auf andere, ihm
zumutbare Weise beschaffen kann, und der Beschenkte die Auskunft unschwer zu geben vermag (BGH
NJW 1973, 1876).

3. Gläubiger des Anspruchs. Anspruchsberechtigt nach § 2329 ist „der Pflichtteilsberechtigte", also 7
derjenige, der zum Kreis der nach § 2303 und § 10 VI LPartG pflichtteilsberechtigten Personen gehört
und dessen Pflichtteilsrecht nicht durch Pflichtteilsverzicht (§ 2346 II), Pflichtteilsentziehung
(§§ 2333 ff.) oder Pflichtteilsunwürdigkeit (§ 2345 II) ausgeschlossen ist.

Wie bei § 2325 ist nicht erforderlich, dass die Person auch einen ordentlichen Pflichtteilsanspruch be- 8
sitzt (→ § 2325 Rn. 11). Andernfalls hätte es der Erblasser in der Hand, den Pflichtteilsergänzungsanspruch dadurch zu vereiteln, dass er eine enterbende Verfügung unterlässt.

Der Pflichtteilsergänzungsanspruch nach § 2329 ist **subsidiär**. Dies ist allerdings anders, wenn der 9
Pflichtteilsberechtigte alleiniger Erbe ist. Dieser hat von vornherein einen Pflichtteilsergänzungsanspruch gegen den Beschenkten, soweit der Nachlass seinen ergänzten Pflichtteil nicht deckt, **Abs. 1 S. 2**.
In einem solchen Fall versagt § 2325, weil der trotz seiner Alleinerbenstellung in Bezug auf den Pflichtteil nicht ausreichend bedachte Berechtigte nach § 2325 von sich selbst Ergänzung verlangen müsste
(BGH NJW 1981, 1446). Der **Alleinerbe** kann sich daher sofort an den Beschenkten halten, wenn er
nach Maßgabe des § 2326 (dh auch unter Berücksichtigung seiner Anrechnungspflicht) pflichtteilsberechtigt ist.

Auch ein **Miterbe** kann über den Wortlaut der Vorschrift hinaus in entsprechender Anwendung von 10
§ 2329 I 2 direkt von dem beschenkten Dritten Pflichtteilsergänzung verlangen, wenn der Nachlass wertlos ist oder zur Befriedigung von Pflichtteilsansprüchen nicht ausreicht. Es ist nicht zusätzlich erforderlich, dass die anderen Miterben die Einrede des § 2328 erhoben haben (BGH NJW 1981, 1446; OLG
Zweibrücken NJW 1977, 1825 ff.).

4. Schuldner des Anspruchs. Anspruchsgegner ist der vom Erblasser **Beschenkte**. Der Erbe kann 11
zugleich Beschenkter sein: Dann kann er gleichwohl bei Vorliegen der Voraussetzungen (auch) als Beschenkter nach § 2329 haften. Soweit der beschenkte Erbe als Beschenkter subsidiär haftet, gilt hierzu die
kenntnisunabhängige Verjährung nach § 2332 BGB.

Ist der Beschenkte bereits vorverstorben, richtet sich der Pflichtteilsergänzungsanspruch gegen die 12
Erben des Beschenkten (BGH NJW 1981, 1446). Diese treten mit dem Tode des Beschenkten an dessen
Stelle und haften für die Nachlassverbindlichkeiten, zu denen auch Verbindlichkeiten aus Pflichtteilsrechten gehören (vgl. § 1967 II). Die Erben eines Beschenkten haften als Gesamtschuldner (OLG Hamm
ErbR 2017, 638). Zur Haftung bei mehreren Beschenkten → Rn. 21 ff. Der Schuldner des Anspruchs hat
gegen den Gläubiger im Hinblick auf § 2327 aus § 242 einen Anspruch auf Auskunftserteilung über
selbst erhaltene Schenkungen (BGH NJW 1990, 180 (181)).

5. Voraussetzungen für die Verlagerung der Ergänzungslast. Der Beschenkte **haftet subsidiär** auf 13
Pflichtteilsergänzung, soweit der Erbe zur Ergänzung des Pflichtteils nicht verpflichtet ist. Dies ist dann
der Fall, wenn der (Mit-)Erbe den Pflichtteilszahlungsanspruch nach den Grundsätzen der beschränkten
Erbenhaftung (§§ 1975 ff., 1990, 1991 IV, 2060 BGB, § 327 InsO) nicht zu erfüllen braucht oder nicht
erfüllen darf (RGZ 58, 124 (127); 80, 135 (136); Soergel/*Dieckmann* Rn. 8). Dabei genügt die Dürftigkeitseinrede nach § 1990 (BGH NJW 1981, 1446 (1447); MüKoBGB/*Lange* § 2329 Rn. 7). Das gilt auch
dann, wenn der Nachlass zur Erfüllung der Pflichtteilslast nicht ausreicht, der aber als selbst pflichtteilsberechtigter (Mit-)Erbe die Einrede aus § 2328 erhoben hat (OLG Koblenz ZEV 2010, 194). Auch wenn
der Nachlass überschuldet oder nicht vorhanden ist, ist die Haftung des Beschenkten eröffnet (BGH
NJW 1974, 1327; ZEV 2010, 724: MüKoBGB/*Lange* § 2329 Rn. 7). Erforderlich ist schon die Erhebung
der (Dürftigkeits-)Einrede durch den Erben, da er sonst auch bei Überschuldung haftet (LG Stuttgart
BeckRS 2018, 14608 Rn. 25).

Nach hA haftet der Beschenkte aber nicht, wenn der Erbe zwar zahlungspflichtig, aber **zahlungsun-** 14
fähig ist (bspw. weil er die Haftungsbeschränkungsmöglichkeiten verspielt hat oder er den Nachlass
„durchgebracht" hat) (OLG Schleswig SchlHA 1999, 287 f. = OLGR 1999, 369; Soergel/*Dieckmann*
Rn. 8; Erman/*Röthel* Rn. 8; Palandt/*Weidlich* Rn. 2; MüKoBGB/*Lange* Rn. 8; *Lange/Kuchinke* ErbR
§ 37 Kap. X Rn. 7a Fn. 528; HK-PflichtteilsR/*Gietl* Rn. 4; aA Staudinger/*Olshausen* Rn. 10 im Hinblick
auf den Grundgedanken des Gesetzes, dem Pflichtteilsberechtigten bei nicht zureichendem Nachlass den
Rückgriff auf das Geschenk zu ermöglichen). Dafür spricht zum einen der Wortlaut der Vorschrift, der
auf eine Verpflichtung abstellt (die auch im Falle der Zahlungsunfähigkeit bestehen bleibt). Zum anderen
würde ansonsten dem Beschenkten ein Haftungsrisiko aufgebürdet, das der Sinn des Gesetzes nicht erfordert und das auch nicht interessengerecht wäre (OLG Schleswig SchlHA 1999, 287 f. = OLGR 1999,
369; Soergel/*Dieckmann* Rn. 7). Im Falle der Zahlungsunfähigkeit des Erben kann der Beschenkte daher
nur dann gem. § 2329 in Anspruch genommen werden, wenn den Erben auch keine Zahlungsverpflichtung trifft, etwa weil der Erbe seine Haftung gem. §§ 1975, 1990 beschränkt hat (also Nachlassverwal-

tung angeordnet oder Nachlassinsolvenz beantragt wurde oder der in Anspruch genommene Erbe – auch außerprozessual – die Einrede der Dürftigkeit des Nachlasses erhoben hat).

15 Die subsidiäre Haftung des Beschenkten greift ferner nach hA nicht ein, wenn der Erbe zwar das Verweigerungsrecht nach § 2328 hat, die **Einrede jedoch nicht erhebt** (Erman/*Röthel* Rn. 2; Staudinger/*Olshausen* Rn. 9, der allerdings geringe Anforderungen an die Erhebung der Einrede stellt; aA BGH NJW 1981, 1446 (1447); Soergel/*Dieckmann* Rn. 7, da die Erhebung der Einrede so wahrscheinlich sei, dass man für die Schlüssigkeitsprüfung der Klage des Pflichtteilsberechtigten gegen den Beschenkten nicht notwendig auf der Behauptung bestehen sollte, der Erbe habe die Ergänzung des Pflichtteils mit Rücksicht auf § 2328 ausdrücklich verweigert).

16 **6. Anspruchsinhalt/Zielrichtung.** Die Bestimmung des Anspruchsinhalts ist im Hinblick auf den Gesetzeswortlaut, der von der Herausgabe des Geschenkes spricht, und zwar zum Zwecke der Befriedigung wegen des Fehlbetrages (wobei auf bereicherungsrechtliche Vorschriften zu achten ist), nicht einfach. Unter Herausgabe zum Zwecke der Befriedigung ist zu verstehen, dass der Anspruch auf **Duldung der Zwangsvollstreckung** in den Gegenstand gerichtet ist, und zwar der Höhe nach begrenzt auf den fehlenden Betrag (BGH ZEV 2013, 624 (626); NJW 1983, 1485; jurisPK-BGB/*Birkenheier* Rn. 44). Der Klageantrag richtet sich somit auf die Duldung der Zwangsvollstreckung in den geschenkten Gegenstand iHd Ergänzungsforderung (Muster bei BeckOF ErbR/*Lenz-Brendel*/Form. 11.2.13). Anspruchsziel ist wie eine Geldschuld, so dass bei Verzug eine Verzinsung nach §§ 291, 288 verlangt werden kann (OLG Hamm ErbR 2017, 638 = BeckRS 2016, 117427 Rn. 166 ff.). Eine Vollstreckung in einen verschenkten Miteigentumsanteil ist auch dann möglich, wenn infolge der Vereinigung aller Miteigentumsanteile in der Hand des Beschenkten Alleineigentum entstanden ist; für die Zwangsvollstreckung wird der Miteigentumsanteil fingiert (BGH ZEV 2013, 624 (626)).

17 Der Beschenkte kann allerdings die Vollstreckung nach **Abs. 2** der Vorschrift dadurch abwenden (**Ersetzungsbefugnis**), dass er den fehlenden Betrag zahlt, dh den Pflichtteil durch Geldzahlung ergänzt. Für die Ermittlung des fehlenden Betrages sind die Wertansätze des § 2325 II heranzuziehen (MüKoBGB/*Lange* Rn. 14).

18 Auf Zahlung von **Geld** gerichtet ist der Anspruch nur dann, wenn der Erblasser Geld verschenkt hatte oder wenn der verschenkte Gegenstand nicht mehr vorhanden ist und Wertersatz gem. § 818 II verlangt werden kann, da sich der Beschenkte auch nicht auf den Wegfall der Bereicherung berufen kann (Soergel/*Dieckmann* Rn. 18; jurisPK-BGB/*Birkenheier* Rn. 46). Bei der Verweisung auf das Bereicherungsrecht handelt es sich um eine Rechtsfolgenverweisung auf das Bereicherungsrecht (jurisPK-BGB/*Birkenheier* Rn. 47). Alle **aus Anlass der Schenkung erwachsenen Kosten** und alle anderen Nachteile, Aufwendungen und Ausgaben, die der Beschenkte nur im Hinblick auf die Schenkung gemacht hat, **mindern den Anspruch** (OLG München ZEV 2017, 276 Rn. 40).

19 Ist der Erbe zugleich der Beschenkte, haftet er zunächst in seiner Eigenschaft als Erbe auf Geld; entfällt diese Haftung, kann er gem. § 2329 in Anspruch genommen werden. Umstritten sind die Auswirkungen der neuen Pro-rata-Regelung des § 2325 III 1 auf den Haftungsumfang des (Letzt-)Beschenkten nach den §§ 2325, 2329. Eine Haftung dürfte wohl nur iHd seiner abgeschmolzenen Schenkung entsprechenden Betrages bestehen (*Lange* ZErb 2011, 289 (292); aA *Trappe* ZEV 2010, 388 (391 f.); *Schindler* ErbR 2011, 130 (131 f.)).

20 Bei dem Anspruch nach § 2329 handelt es sich im Unterschied zu Anspruch nach §§ 2303, 2325 **nicht um eine Nachlassverbindlichkeit** (Staudinger/*Olshausen* Rn. 38). Ein **Nachlassinsolvenzantrag** kann also nicht auf eine Zahlungsunfähigkeit gestützt werden, die vermeintlich durch den Anspruch aus § 2329 ausgelöst wird.

21 **7. Haftung bei mehreren Beschenkten (Abs. 3).** Bei mehreren Beschenkten haftet nach **Abs. 3** in erster Linie der innerhalb der Zehnjahresfrist des § 2325 III **zuletzt Beschenkte** in voller Höhe (vgl. auch § 528 II). Die Haftung des früher Beschenkten tritt daher hinter der des später Beschenkten zurück, so dass der zeitlich früher Beschenkte nur schuldet, soweit der letzte nicht verpflichtet ist. Dabei kommt es für die Haftungsreihenfolge nicht auf die Begründung des Anspruchs, sondern wie iRd § 2325 III auf den **Vollzug der Schenkung** an (BGH NJW 1983, 1485 (1486); OLG Frankfurt a.M. BeckRS 2011, 25574). Bei der Übertragung von Grundstücken ist mithin die Umschreibung im Grundbuch entscheidend (OLG Frankfurt a.M. BeckRS 2011, 25574; OLG Hamm NJW 1969, 2148 (2149)). Erfolgt der Vollzug von Schenkungen noch nach dem Erbfall, ist für die zeitliche Einordnung der Schenkung der Erbfall maßgebend (OLG Frankfurt a.M. BeckRS 2011, 25574).

22 Der früher Beschenkte kann nur bei fehlender Verpflichtung, nicht auch bei **Zahlungsunfähigkeit** des später Beschenkten in Anspruch genommen werden (vgl. Prot. V, 595; BGH NJW 1955, 1185; MüKoBGB/*Lange* Rn. 24; Lange/Kuchinke ErbR § 37 Fn. 533; aA Staudinger/*Olshausen* Rn. 58 unter Berufung auf die Zielsetzung des Ergänzungsrechts, da andernfalls der Ergänzungsberechtigte das Insolvenzrisiko des später Beschenkten allein trage, während sich der früher Beschenkte seines Geschenks ungeschmälert erfreuen könne).

23 IÜ ist die Frage, unter welchen Voraussetzungen der später Beschenkte „nicht verpflichtet" ist iSv Abs. 3, in Rspr. und Lit. **umstritten**. Der BGH (BGH NJW 1955, 1185) geht davon aus, dass dann, wenn der Anspruch auf Duldung der Zwangsvollstreckung gerichtet ist, für die Verpflichtung des später Beschenkten iSv Abs. 3 seine Bereicherung im Zeitpunkt der Rechtshängigkeit (vgl. § 818 IV) maßgeblich ist (bzw. bei haftungsverschärfender Kenntnis iSv § 819 I auch ein früher liegender Zeitpunkt), während das tatsächliche Ergebnis der Zwangsvollstreckung für die „Verpflichtung" des später Beschenkten

und damit auch für die Möglichkeit einer Inanspruchnahme des früher Beschenkten ohne Belang sei. Dem widerspricht ein Teil der Lit. (MüKoBGB/*Lange* Rn. 23; krit. auch Staudinger/*Olshausen* Rn. 58; *Schindler*, Pflichtteilsberechtigter Erbe und pflichtteilsberechtigter Beschenkter, 2004, Rn. 930 ff.) und will demgegenüber die „fehlende Verpflichtung" nicht nach dem Wert der Bereicherung zu einem bestimmten Zeitpunkt, sondern nach der Differenz zwischen der dem Berechtigten nach § 2329 I zustehenden Ergänzung und der im Wege der Zwangsvollstreckung erlangten Befriedigung bestimmen. Sonst müsse ua der Ergänzungsberechtigte und nicht der früher Beschenkte das Risiko des zufälligen Untergangs des geschenkten Gegenstands zwischen Klageerhebung und Vollstreckung tragen.

Wurden mehrere Personen nicht nacheinander, sondern **gleichzeitig beschenkt**, haften diese anteilig 24 nach dem Verhältnis der Schenkungsbeträge (OLG Hamm FamRZ 2011, 594 = BeckRS 2010, 19172; MüKoBGB/*Lange* Rn. 25; krit. auch Staudinger/*Olshausen* Rn. 166; *Schindler*, Pflichtteilsberechtigter Erbe und pflichtteilsberechtigter Beschenkter, Diss., 2004, Rn. 930 ff.). Auf mehrere Schenkungen an dieselbe Person ist § 2329 III entsprechend anzuwenden (OLG Celle BeckRS 2013, 21108), so dass auch hier das zeitlich gesehen letzte Geschenk zuerst haftet.

8. Verhältnis zu anderen Vorschriften. a) § 2287. Stehen einem pflichtteilsberechtigten Erben gem. 25 § 2326 wegen desselben Geschenkes Ansprüche aus §§ 2287, 2288 und aus § 2329 zu, dann greift nach Ansicht des BGH § 2329 I nicht ein, soweit der Fehlbetrag durch Ansprüche nach den §§ 2287, 2288 ausgeglichen ist (BGH NJW 1990, 2063). Der Anspruch aus § 2329 tritt daher zurück (krit. demgegenüber, da dem Erben damit die Wahlmöglichkeit abgeschnitten wird, MüKoBGB/*Lange* Rn. 27; Soergel/ *Dieckmann* Rn. 2; → § 2325 Rn. 130).

Ist der Erbe zur Zahlung von Pflichtteilsergänzungsansprüchen nicht verpflichtet, so dass der Pflicht- 26 teilsberechtigte auf den Anspruch nach § 2329 verwiesen ist, ist wie folgt zu differenzieren (NK-BGB/ *Horn* § 2287 Rn. 9a):
– Zunächst beansprucht der Pflichtteilsberechtigte vom Beschenkten seinen Pflichtteilsergänzungsanspruch als subsidiär Haftender aus § 2329; dieser wird erfüllt. Danach macht der Vertragserbe seine Ansprüche aus 2287 gegen den Beschenkten geltend. Hatte der Beschenkte bei der Regulierung der zunächst geltend gemachten Ansprüche des Pflichtteilsberechtigten diesem gegenüber von seiner Abwendungsbefugnis nach § 2329 II Gebrauch gemacht, steht nun dem Vertragserbe das Geschenk gegen Erstattung des gezahlten Pflichtteilsergänzungsanspruchs zu (NK-BGB/*Bock* § 2329 Rn. 27; BeckOK BGB/*G. Müller* § 2329 Rn. 15). Ist stattdessen das Geschenk innerhalb der Zwangsvollstreckung verwertet worden, steht dem Vertragserben der über den Pflichtteil hinausgehende Mehrerlös zu.
– Zunächst beansprucht der Vertragserbe vom Beschenkten seinen Anspruch nach § 2287; dieser wird erfüllt. Fordert dann der Pflichtteilsberechtigte von dem Beschenkten die Ansprüche nach §§ 2325, 2329, kann der Beschenkte sich nach Olshausen auf den Entreicherungseinwand berufen (§ 818 III); er haftet mithin nicht mehr aus § 2329 I (Staudinger/*Olshausen* § 2329 Rn. 52). Nach Olshausen verbleibt dem Pflichtteilsberechtigten gegen den Erben „ein eigener Anspruch aus § 2329 BGB" (Staudinger/*Olshausen* § 2329 Rn. 52; lt. *Lange/Kuchinke* ErbR § 37 X.7.d entsprechende Anwendung von § 2329). *G. Müller* geht weiter (BeckOK BGB/*G. Müller* § 2329 Rn. 19; ebenso *Muscheler* FamRZ 1994, 1361 (1367)): Da von Anfang an dem Vertragserben iHd Pflichtteilsanspruchs kein Anspruch nach § 2287 gegen den Beschenkten zustand, war er diesbezüglich nicht beeinträchtigt. Hat der Beschenkte an den Vertragserben dennoch das ganze Geschenk herausgegeben, hat er zu viel geleistet. Der Beschenkte besitzt nun gegen den Vertragserben den Anspruch aus § 812 I 1. Diesen kann der Pflichtteilsberechtigte nach §§ 2329 I, 818 II von dem Vertragserben herausverlangen. Ist der Beschenkte selbst pflichtteilsberechtigt, muss er den Anspruch des Vertragserben nach § 2287 BGB nur soweit erfüllen, wie nach Begleichung des Pflichtteilsanspruchs übrig bleibt (BGH NJW 1984, 121 (122); vgl. MüKoBGB/*Lange* § 2325 Rn. 16).
– Werden beide Ansprüche gleichzeitig durch ihre jeweiligen Anspruchsinhaber geltend gemacht, hat der Beschenkte zunächst den Pflichtteilsergänzungsanspruch (§ 2329 BGB) zu erfüllen und den verbleibenden Rest erhält der beeinträchtigte Vertragserbe.

Ist der **Beschenkte selbst pflichtteilsberechtigt**, hat er den gegen ihn gerichteten Bereicherungsan- 27 spruch aus § 2287 nur insoweit zu erfüllen, dass **ihm der Pflichtteil verbleibt** (BGH NJW 1984, 121; NK-BGB/*Horn* § 2287 Rn. 30). Verlangt der Vertragserbe gem. § 2287 Herausgabe des Geschenkes, muss dieser dem Pflichtteilsberechtigten den Betrag zahlen, den dieser vom Beschenkten im Wege der Pflichtteilsergänzung fordert. Denn im Falle der Nichtvornahme der Schenkung hätte der Vertragserbe dem Pflichtteilsberechtigten diesen (Mehr-)Betrag als ordentlichen Pflichtteil zahlen müssen (MüKoBGB/*Lange* Rn. 27; *Muscheler* FamRZ 1994, 1361 (1366) (= Fall 4)).

b) Weitere Ansprüche. Der Anspruch aus § 2329 kann ferner mit einem Rückforderungsanspruch ge- 28 gen den Beschenkten wegen Notbedarfs gem. § 528 konkurrieren, wenn der Rückforderungsanspruch mit dem Tod des Erblassers (mit dem er grds. erlischt) ausnahmsweise in der Hand eines Dritten fortbesteht. Dies ist der Fall, wenn bspw. der Sozialhilfeträger gem. § 93 SGB XII den Anspruch auf sich übergeleitet hat (BGH NJW 1986, 1606; BGH NJW 1995, 2287). Dann ist ein Pflichtteilsergänzungsanspruch (sowohl nach § 2325 wie auch nach § 2329) ausgeschlossen, da das Geschenk beim Tod des Erblassers bereits mit dem Rückforderungsanspruch „belastet" war und daher auch nicht zur Bildung des fiktiven Nachlasses herangezogen werden kann (vgl. MüKoBGB/*Lange* Rn. 29; BeckOK BGB/*G. Müller* Rn. 20; OLG Köln ZEV 2007, 489 mit krit. Anm. *Werner*).

29 9. **Prozessuale Hinweise.** Die **Beweislast** dafür, dass der Erbe zur Ergänzung des Pflichtteils nicht verpflichtet ist, trifft den Pflichtteilsberechtigten (BGH ZEV 2007, 280). Daher muss der Pflichtteilsberechtigte den Nachlassbestand in den Prozess einführen; ansonsten ist seine Klage unschlüssig. Die Beweislast für das Fehlen und den Wegfall der Bereicherung sowie dafür, dass ein vorrangig haftender späterer Beschenkter vorhanden ist, trägt der in Anspruch genommene Beschenkte (Staudinger/*Olshausen* Rn. 65; jurisPK-BGB/*Birkenheier* Rn. 61). In der gegen den Beschenkten gerichteten Klage nach § 2329 empfiehlt es sich stets wegen der Subsidiarität des Anspruchs substantiiert vorzutragen, welche rechtlichen Gründe einer Durchsetzung des Ergänzungsanspruchs gegen den Erben entgegenstehen (Schlitt/Müller Pflichtteils-HdB/*Kasper* § 9 Rn. 93).

30 Ist der **Erbe zugleich der Beschenkte,** ist dieser zunächst gem. § 2325 in Anspruch zu nehmen; nur soweit der Erbe nicht verpflichtet ist, kann er gem. § 2329 als Beschenkter haftbar gemacht werden. Scheitert die Klage gegen den Erben, weil sich dieser im Prozess auf die Unzulänglichkeit des Nachlasses beruft, muss der ursprünglich auf Geldzahlung gerichtete Antrag iSd § 2329 umgestellt werden. Das Gericht ist gem. § 139 ZPO verpflichtet, eine entsprechende Änderung des Klageantrags anzuregen (BGH LM BGB § 2325 Nr. 2; OLG Düsseldorf FamRZ 1996, 445 (446)). Eine auf § 2325 gestützte Zahlungsklage gegen den Erben hemmt nicht die **Verjährung** des subsidiären Anspruchs aus § 2329 gegen den Beschenkten. Hemmung tritt ausnahmsweise dann ein, wenn der wegen § 2325 verklagte Erbe sogleich auch Beschenkter ist (BGH NJW 1974, 1327; vgl. BeckOGK BGB/*Schindler* Rn. 38 ff.). So muss der Erbe damit rechnen, auch als Beschenkter in Anspruch genommen zu werden.

§ 2330 Anstandsschenkungen

Die Vorschriften der §§ 2325 bis 2329 finden keine Anwendung auf Schenkungen, durch die einer sittlichen Pflicht oder einer auf den Anstand zu nehmenden Rücksicht entsprochen wird.

1 **1. Normzweck.** Die Vorschrift schließt Pflicht- und Anstandsschenkungen aus der Pflichtteilsergänzung aus. Als Grund hierfür werden die (notwendige) Rücksicht auf den Erblasser und den Beschenkten und die zwischen ihnen bestehenden besonderen Beziehungen genannt (BeckOK BGB/*G. Müller* Rn. 1). Dafür spricht, dass es sich aus Sicht der Pflichtteilsberechtigten nicht um zu missbilligende Schenkungen handelt, weil es im konkreten Fall einen Ansehensverlust des Erblassers oder eine grobe Unbilligkeit gegenüber dem Beschenkten bedeuten würde, wenn er diese Schenkung nicht vornähme.

2 Die Vorschrift steht in einer Reihe mit weiteren Bestimmungen, die dem unentgeltlichen Erwerb teils seine Schwächen nehmen und dem entgeltlichen Erwerb annähern. Dies gilt zB im Hinblick auf
– die Ausnahme dieser Schenkungen vom allgemeinen Schenkungsverbot (vgl. § 1425 II, §§ 1641, 1804, 2113 II, § 2205)
– den Ausschluss von Rückforderung oder Widerruf (vgl. §§ 534, 814).

3 **2. Maßgeblichkeit der objektiven Verhältnisse.** Ob eine Anstands- oder Pflichtschenkung vorliegt, beurteilt sich nach allg. Ansicht nicht aus der **subjektiven** Sicht des Erblassers bzw. der Beteiligten, sondern nach den **objektiven Verhältnissen.** Zu den objektiven Kriterien gehören neben den persönlichen Beziehungen zwischen den Beteiligten ihre Lebensstellung, die jeweiligen Vermögens- und Lebensverhältnisse und ggf. das Gewicht von zu belohnenden Leistungen des Beschenkten (Staudinger/*Olshausen* Rn. 3 mwN).

4 **3. Anstandsschenkung.** Unter Anstandsschenkungen werden im hier gegebenen pflichtteilsrechtlichen Kontext kleinere Zuwendungen anlässlich von besonderen Tagen (Weihnachten, Geburtstag usw) bzw. von besonderen Anlässen (Geburt, Hochzeit, Examen usw) verstanden. Im Schenkungsrecht (vgl. § 534) können demgegenüber auch größere Zuwendungen als Anstandsschenkungen anzusehen sein (BGH NJW 1981, 111 (112); MüKoBGB/*Lange* Rn. 2). Von einer der Anstandspflicht genügenden Schenkung kann insbes. dann ausgegangen werden, wenn der Erblasser durch die Unterlassung des Geschenks eine Einbuße an Achtung in seinem sozialen Umfeld erfahren würde. Daher spielen auch bei der Beurteilung, ob eine Anstandsschenkung vorliegt, die örtlichen und gesellschaftlichen Verhältnisse, in deren Rahmen sich die Beteiligten bewegen, eine Rolle (jurisPK-BGB/*Birkenheier* Rn. 8 mwN).

5 Als Anstandsschenkungen können regelmäßig nur **kleinere Zuwendungen** angesehen werden. Es kommt daher nicht auf den Wert des Gegenstandes, sondern auf den Wert der Zuwendung an, was insbes. bei Vereinbarung von Gegenleistungen von Bedeutung ist (BGH NJW 1981, 2450). Bei außergewöhnlichen oder besonders wertvollen Geschenken, wie zB einem Miteigentumsanteil an einem Grundstück, wird das Vorliegen einer Anstandsschenkung regelmäßig verneint. Aus Sicht des BGH scheidet eine Anstandsschenkung bspw. aus, wenn die Schenkung mehr als die Hälfte des wesentlichen Teils des Schenkervermögens (hier in Form einer Immobilie) umfasst (BGH NJW 1984, 2939 (2940)).

6 Wegen geringer Werthöhe und dem Umstand, dass Anstandsschenkungen idR nach einem längeren Zeitraum kaum erinnerlich sind, spielen diese in der veröffentlichten Rspr. zu § 2330 keine große Rolle.

7 **4. Pflichtschenkung. a) Voraussetzungen.** Im Gegensatz zur Anstandsschenkung kann eine Pflichtschenkung auch einen größeren wirtschaftlichen Wert aufweisen (OLG Karlsruhe OLGZ 1990, 457 (458)). Pflichtschenkungen können sogar den wesentlichen Teil des Vermögens umfassen und damit den Nachlass im Wesentlichen erschöpfen (BGH NJW 1981, 2450; NJW 1984, 2939 (2940)).

8 Es genügt allerdings nicht, dass die Schenkung sittlich gerechtfertigt ist. Sie muss nach der Rspr. vielmehr **sittlich geboten** sein, so dass ihr Unterbleiben dem Erblasser als Verletzung einer sittlichen Pflicht

angelastet würde (BGH NJW 1984, 2939 (2940); 1986, 1926 (1927); NJW-RR 1996, 186; ZEV 2006, 505 (506)). Maßgeblich sind hierfür die Umstände des Einzelfalls; von Bedeutung sind in diesem Zusammenhang bspw. die Vermögensverhältnisse des Erblassers, dessen persönliches Verhältnis zum Bedachten, aber auch etwaige Leistungen, die der Bedachte für den Erblasser erbracht hat (Soergel/*Dieckmann* Rn. 3).

Erforderlich ist in diesem Zusammenhang eine **Abwägung** zwischen der Pflicht zur Schenkung und den anderen Pflichten des Erblassers, insbes. der Pflicht, den nächsten Angehörigen die gesetzlich vorgesehene Mindestteilhabe am Nachlass zu erhalten (BGH NJW 1984, 2939). 9

Demnach kann eine Pflichtschenkung bspw. anzunehmen sein bei mehrjähriger unentgeltlicher Mitarbeit im Haushalt und Geschäft der Eltern (BGH MDR 1967, 388), jahrzehntelanger Versorgung und Pflege des Erblassers (BGH WM 1978, 905) oder im Falle einer objektiv notwendigen Alterssicherung der nichtehelichen Lebensgefährtin, die für die Pflege und Versorgung des Erblassers die eigene Berufstätigkeit aufgegeben hatte (BGH NJW 1984, 2939 (2940)). Gleiches gilt, wenn der weitgehend unversorgten Ehefrau, die zum gemeinsamen Nutzen im Gewerbebetrieb des Ehemannes mitgearbeitet hat, das hälftige Miteigentum am Familienwohnheim durch Schenkung übertragen wird (OLG Karlsruhe OLGZ 1990, 457 ff.). Wenn durch eine Zuwendung eines Ehegatten an den anderen dessen langjährige Dienste vergütet werden sollen, fehlt es lt. BGH iRd objektiv angemessenen an der Entgeltlichkeit (ZEV 2018, 274 (277)). Damit würde es an einer Schenkung fehlen, die § 2325 fordert. Nach der hier vertretenen Auffassung liegt indes ein Fall von § 2330 vor. Eine sittliche Pflicht dazu, Pflegeleistungen und sonstige Betreuung durch Schenkungen auszugleichen, wurde allerdings nur dann bejaht, wenn der Empfänger schwere persönliche Opfer gebracht hat und dadurch in eine **Notlage geraten** ist (OLG Naumburg FamRZ 2001, 1406 = BeckRs 1999, 31024707; BGH NJW 1986, 1926 (1927)). 10

Eine Pflichtschenkung wurde dagegen **abgelehnt** hins. der Schenkung einer Rente und eines Wohnrechts an den getrennt lebenden Ehegatten, da keine Anstandspflicht des Erblassers bestehe, seine von ihm getrennt lebende Ehefrau, gegen die er Scheidungsklage erhoben hat, für die Zeit nach seinem Tod zu versorgen (BGH WM 1982, 100 = FamRZ 1982, 165). Abgelehnt wurde eine Pflichtschenkung ferner trotz langjähriger Versorgung und Pflege des Elternteils durch den Sohn und Alleinerben, wenn die besonderen, oben dargelegten Umstände nicht vorlagen und sich die Zuwendung lediglich als „belohnende Schenkung" darstelle (BGH NJW 1986, 1926). 11

Zusammenfassend betrachtet ergibt sich hieraus, dass bei der Prüfung des Vorliegens einer Pflichtschenkung ein bestimmtes Versorgungsinteresse des Bedachten zwar zu berücksichtigen ist, dies aber nicht allein für ausschlaggebend erachtet wird. Im Zuge der erforderlichen Abwägung der Interessen des Erblassers mit denen der Pflichtteilsberechtigten kann sich daher durchaus ergeben, dass die Pflicht, nahen Angehörigen die gesetzlich vorgesehene Mindestteilhabe am Nachlass zu erhalten, höher zu bewerten ist und die Annahme einer Pflichtschenkung ausscheidet. Zutreffend weist Lange darauf hin, dass bei Verwertung älterer Rechtsprechung stets beachtet werden muss, dass sich die sozialen Verhältnisse geändert haben (MüKoBGB/*Lange* Rn. 7 mwN). 12

Insgesamt hat die restriktive Haltung der Rspr. – namentlich in den Pflegefällen – dazu geführt, dass der Vorschrift keine große praktische Relevanz zukommt, da das Vorliegen einer Pflichtschenkung nach den engen Maßstäben, die dem Wortlaut der Vorschrift nicht zu entnehmen sind, idR ausscheidet. Dem könnte durch eine großzügigere Handhabung und Ausweitung des Begriffes der Pflichtschenkung entgegengewirkt werden (vgl. *Keim* FamRZ 2004, 1081 ff.), ohne dass damit eine systematische und unbillige Schlechterstellung der Pflichtteilsberechtigten verbunden wäre. 13

Jenseits einer (wertmäßig geringen) Anstandsschenkung kommt ein Ausschluss von Pflichtteilsergänzungsansprüchen auf Basis von Zuwendungen an eine *gemeinnützige Stiftung* bzw. an eine Familienstiftung mit dem Argument der Pflichtschenkung nicht in Betracht (*Schauer* npoR 2018, 49 (51). 14

b) Maßgeblicher Zeitpunkt. Zu Recht stellt die hM zur Beurteilung einer Pflichtschenkung auf den Zeitpunkt des Schenkungsvollzugs und nicht des Erbfalls ab (MüKoBGB/*Lange* Rn. 6; Damrau/Tanck/ *Lenz-Brendel* Rn. 11; maßgeblich auch bei der Beurteilung einer gemischten Schenkung: BGH ZEV 2002, 282). So kann eine im Zeitpunkt der Schenkung objektiv durch eine sittliche Pflicht gerechtfertigte Zuwendung nicht dadurch Pflichtteilsergänzungsansprüche auslösen, dass im Zeitpunkt des Erbfalls eine hinreichende Versorgung auch ohne die Schenkung gegeben gewesen wäre (Staudinger/*Olshausen* Rn. 8 mwN). Die streitige Frage wird bedeutsam, wenn sich bspw. die wirtschaftliche Situation des Beschenkten nach Durchführung der Schenkung (bspw. durch eine andere Schenkung oder Erbschaft) verbessert hat oder der Erblasser die Pflege und Unterstützung zur Altersvorsorge gar nicht bedurft hat. Dagegen stellte *J. Mayer* im Hinblick auf den notwendigen Schutz des Pflichtteilsberechtigten auf den Zeitpunkt des Erbfalls ab (Bamberger/Roth/*J. Mayer* Rn. 4). Dagegen spricht, dass auch hins. der Frage nach dem Umfang einer Schenkung bzw. dem Vorliegen einer gemischten Schenkung überwiegend der Zeitpunkt der Schenkung für maßgeblich erachtet wird. Außerdem lässt sich eine Zuwendung wohl nicht nachträglich rechtlich umqualifizieren, wenn zum Zeitpunkt ihrer Vornahme besondere Umstände vorlagen, die ausnahmsweise eine Pflichtschenkung begründen. Schließlich spricht va der Vertrauensschutz des Erwerbers und des Erblassers für die Maßgeblichkeit des Schenkungszeitpunkts. 15

Im Hinblick auf BGH Urt. v. 26.10.2011 wird man eine Ausnahme machen müssen (ZEV 2012, 37; vgl. NK-BGB/*Horn* § 2287 Rn. 50b): Zur Annahme eines lebzeitigen Eigeninteresses zur Abwehr eines Anspruchs nach § 2287 ließ der BGH auch Gründe zu, die erst nach der Schenkung eingetreten sind. Diese Rspr. wird man auf § 2330 übertragen müssen (MAH ErbR/*Horn* § 29 Rn. 271). 16

17 **c) Belohnende Schenkungen.** Einen Sonderfall stellen die sog. belohnenden (remuneratorischen) Schenkungen dar. Für die Frage, ob eine belohnende Schenkung, die auf Kosten des Pflichtteilsberechtigten geht, sittlich geboten ist, kommt es aus Sicht des BGH (ZEV 2006, 505) nicht allein auf die Gründe für die Dankbarkeit des Schenkers an, sondern wesentlich auch darauf, ob Gesichtspunkte der Versorgung des Beschenkten, etwa eine Notlage infolge der für den Schenker erbrachten Leistungen, das Ausbleiben einer solchen Belohnung als sittlich anstößig erscheinen ließen. Letztlich sind belohnende Schenkungen daher wie „normale" Pflichtschenkungen zu prüfen (für eine Ausweitung des Begriffs der Pflichtschenkung, insbes. bei erbrachten Pflegeleistungen von erheblichem Umfang *Keim* FamRZ 2004, 1081 ff.).

18 Schwierig ist bisweilen die Abgrenzung zu den sog. „Vorleistungsfällen", bei denen eine kausale Leistungsverknüpfung zwischen der früher erbrachten Leistung und der späteren Zuwendung vorliegt (Entschädigung für bisher nicht entlohnte Dienste; BGH WM 1977, 1410 (1411); BeckOK BGB/*G. Müller* Rn. 5; *Keim* FamRZ 2004, 1081). Bei diesen Geschäften ist objektive Entgeltlichkeit gegeben, so dass ein Pflichtteilsergänzungsanspruch nach § 2325 von vornherein ausscheidet (→ § 2325 Rn. 24 ff.).

19 **5. Übermaßschenkungen.** Eine sog. „Übermaßschenkung" liegt dann vor, wenn an sich die Voraussetzungen einer Pflicht- oder Anstandsschenkung gegeben sind, aber der Umfang des Geschenks das durch die sittliche Pflicht gebotene Maß überschreitet.

20 In einem solchen Fall ist die Schenkung insoweit gem. § 2330 bei der Berechnung des Pflichtteilsergänzungsanspruchs unberücksichtigt zu lassen, als sie sittlicher Pflicht oder dem Anstand entspricht. IÜ ist der dieses Maß übersteigende Wert bei der Pflichtteilsergänzung zu berücksichtigen (BGH MDR 1967, 388 = BeckRS 1965, 31169549; WM 1977, 1410 (1411); WM 1978, 905; NJW 1981, 2458 (2459)). Der Beschenkte kann also nur mit dem Unterschiedsbetrag zwischen dem Wert der Schenkung und dem geringeren Wert einer sittlichen Pflicht entsprechenden Schenkung zur Pflichtteilsergänzung herangezogen werden.

21 **6. Beweislast.** § 2330 schließt einen Pflichtteilsergänzungsanspruch aus. Daher trifft nach dem Günstigkeitsprinzip den Beschenkten (Beklagten) die Beweislast dafür, dass es sich bei der Zuwendung um eine Pflicht- oder Anstandsschenkung handelt (Staudinger/*Olshausen* Rn. 11 mwN). Dagegen hat der Ergänzungsberechtigte (Kläger) zu beweisen, dass überhaupt eine Schenkung vorliegt.

§ 2331 Zuwendungen aus dem Gesamtgut

(1) ¹Eine Zuwendung, die aus dem Gesamtgut der Gütergemeinschaft erfolgt, gilt als von jedem der Ehegatten zur Hälfte gemacht. ²Die Zuwendung gilt jedoch, wenn sie an einen Abkömmling, der nur von einem der Ehegatten abstammt, oder an eine Person, von der nur einer der Ehegatten abstammt, erfolgt, oder wenn einer der Ehegatten wegen der Zuwendung zu dem Gesamtgut Ersatz zu leisten hat, als von diesem Ehegatten gemacht.

(2) Diese Vorschriften sind auf eine Zuwendung aus dem Gesamtgut der fortgesetzten Gütergemeinschaft entsprechend anzuwenden.

1 **1. Normzweck.** Die Vorschrift ist § 2054 nachgebildet. Zweck der Norm ist es, bei Zuwendungen aus dem Gesamtgut einer Gütergemeinschaft Zweifel über die Person des Zuwendenden zu beseitigen, unabhängig davon, wer verfügt hat. Es handelt sich nach hA lediglich um eine widerlegliche Vermutung (MüKoBGB/*Lange* Rn. 1; Staudinger/*Olshausen* Rn. 2). Eine ausdrückliche andere Vereinbarung zwischen den Beteiligten – zB bei einer Zuwendung an das Stiefkind – ist daher möglich.

2 Da die Gütergemeinschaft und va die fortgesetzte Gütergemeinschaft mittlerweile sehr selten auftreten (mit weiterhin sinkender Tendenz), ist die praktische Bedeutung der Vorschrift gering.

3 **2. Anwendungsbereich.** Die Vorschrift gilt sowohl für den ordentlichen als auch für den außerordentlichen Pflichtteil und greift überall dort ein, wo im Pflichtteilsrecht Zuwendungen – auch in Gestalt von Schenkungen – zu berücksichtigen sind. Dies ist zB bei den §§ 2315, 2316, aber va bei den §§ 2325 ff. der Fall.

4 **3. Zuwendungen aus dem Gesamtgut (Abs. 1). a) Hälftige Berücksichtigung bei beiden Ehegatten.** Abs. 1 S. 1 ordnet Zuwendungen aus dem Gesamtgut jedem Ehegatten grds. **zur Hälfte** zu. Solche Zuwendungen werden daher bei jedem Ehegattenerbfall berücksichtigt, allerdings auch nur mit dem halben Zuwendungswert. Adressat der Zuwendung dürfen nur die in S. 2 nicht ausgenommenen Personen sein, also alle, außer Abkömmlinge und Aszendenten nur eines Ehegatten. In Betracht kommen va Zuwendungen an gemeinsame Abkömmlinge.

5 **b) Volle Berücksichtigung bei einem Ehegatten.** Abs. 1 S. 2 ordnet Zuwendungen an bestimmte Personen oder unter bestimmten Begleitumständen nur einem Ehegatten zu. Dies ist der Fall bei Zuwendungen an Abkömmlinge oder Aszendenten nur eines Ehegatten. Solche Zuwendungen werden nur beim Erbfall dieses Ehegatten berücksichtigt.

6 Abs. 1 S. 2 ist in der Weise **einschränkend** zu verstehen, dass Zuwendungen aus dem Gesamtgut an den Abkömmling eines Ehegatten nur insoweit diesem Ehegatten zugerechnet werden dürfen, als dessen (gedachter) Anteil am Gesamtgut die **Zuwendung deckt** (RGZ 94, 262 (264 ff.); MüKoBGB/*Lange* Rn. 3). Denn es wäre bspw. kaum nachvollziehbar, warum die Zuwendung des ganzen Gesamtgutes an ein nicht gemeinschaftliches Kind nur dem leiblichen Elternteil als Zuwendenden zuzurechnen sollte (vgl. MüKoBGB/*Lange* Rn. 3).

Für die Frage, ob sich die Zuwendung innerhalb des Hälfteanteils des leiblichen Elternteils bewegt, kommt es nach hA nicht auf den Stand des Vermögens zur Zeit der Schenkung, sondern auf den bei Beendigung der Gütergemeinschaft an (RGZ 94, 262 (264 ff.); BeckOK BGB/*G. Müller* Rn. 4; aA MüKoBGB/*Lange* Rn. 3; zumindest krit. Soergel/*Dieckmann* Rn. 3). 7

4. Zuwendungen aus dem Gesamtgut der fortgesetzten Gütergemeinschaft (Abs. 2). Nach Abs. 2 gelten die vorstehenden Vorschriften entsprechend für Zuwendungen aus dem Gesamtgut der fortgesetzten Gütergemeinschaft (§§ 1483 ff.). Zuwendungen nach Abs. 1 S. 1 werden nach Abs. 2 zur Hälfte den fortsetzungsbefugten Abkömmlingen und zur anderen Hälfte dem überlebenden Ehegatten zugerechnet. 8

Dieser Fall kommt praktisch nicht mehr vor, da es kaum noch fortgesetzte Gütergemeinschaften gibt. Früher waren diese in erster Linie in der Landwirtschaft verbreitet. 9

§ 2331a Stundung

(1) ¹Der Erbe kann Stundung des Pflichtteils verlangen, wenn die sofortige Erfüllung des gesamten Anspruchs für den Erben wegen der Art der Nachlassgegenstände eine unbillige Härte wäre, insbesondere wenn sie ihn zur Aufgabe des Familienheims oder zur Veräußerung eines Wirtschaftsguts zwingen würde, das für den Erben und seine Familie die wirtschaftliche Lebensgrundlage bildet. ²Die Interessen des Pflichtteilsberechtigten sind angemessen zu berücksichtigen.

(2) ¹Für die Entscheidung über eine Stundung ist, wenn der Anspruch nicht bestritten wird, das Nachlassgericht zuständig. ²§ 1382 Abs. 2 bis 6 gilt entsprechend; an die Stelle des Familiengerichts tritt das Nachlassgericht.

1. Normzweck. Der Pflichtteilsanspruch ist regelmäßig mit Eintritt des Erbfalls sofort fällig, § 2317 I. Einseitig hat der Erblasser keine Möglichkeit, die Fälligkeit des Anspruchs hinauszuschieben; es bedarf hierzu unter Mitwirkung des Pflichtteilsberechtigten (zu vertraglichen Vereinbarungen → Rn. 3). Dies gilt selbst dann, wenn die (sofortige) Erfüllung des Pflichtteilsanspruchs den Erben in erhebliche wirtschaftliche Schwierigkeiten bringt oder hierdurch wichtige Vermögenswerte (wie zB ein zum Nachlass zugehöriges Unternehmen) zerschlagen werden. 1

Dadurch, dass der Gesetzgeber in § 2331a, eingeführt durch das Nichtehelichengesetz v. 19.8.1969 (BGBl. 1969 I 1243) mWv 1.7.1970, dem Erben unter bestimmten Voraussetzungen einen Anspruch auf gerichtliche Stundung des Pflichtteils einräumt, soll der Gefährdung des Nachlasses durch rücksichtslose Geltendmachung des sofort fälligen Pflichtteilsanspruchs und seiner Durchsetzung im Wege der Zwangsvollstreckung vorgebeugt werden (vgl. BeckOK BGB/*G. Müller* Rn. 1). Die tatbestandlichen Voraussetzungen für eine gerichtliche Stundung des Pflichtteils sind aber sehr eng, so dass diese Möglichkeit kaum praktische Bedeutung erlangt hat. Ein Stundungsantrag wurde bislang eher aus taktischen Erwägungen heraus gestellt, da damit ein Hinauszögern der Zahlung des Pflichtteilsanspruchs erreicht werden konnte (Schlitt/Müller Pflichtteils-HdB/*Kasper* § 9 Rn. 100). 2

In der Praxis überwiegen außergerichtliche Stundungen aufgrund **Parteivereinbarungen**. Vor Eintritt des Erbfalls kann die Stundung des Pflichtteils durch Abschluss eines **(beschränkten) Pflichtteilsverzichtsvertrages** mit dem Erblasser iSv § 2346 II oder durch Abschluss einer Stundungsvereinbarung zwischen dem Erben und dem Pflichtteilsberechtigten iSv § 311b V erreicht werden (vgl. *Klingelhöffer* ZEV 1998, 121 (122); Staudinger/*Olshausen* Rn. 33). Nach Eintritt des Erbfalls kommt eine Stundungsvereinbarung nach § 205 in Betracht (Formulierungsmuster für eine Stundungsvereinbarung bei *Keim* MittBayNot 2010, 85 (90)). Erforderlich ist aber immer die Mitwirkung des Pflichtteilsberechtigten, die in vielen Fällen nicht erreicht werden kann. 3

Durch die Erbrechtsreform 2010 (→ § 2303 Rn. 10 f.) ist der Anwendungsbereich der Norm erweitert worden. Seitdem ist die Stundungsmöglichkeit **auf alle Erben ausgedehnt** und die **sachlichen Anforderungen** an die Stundung moderat **herabgesetzt** worden. 4

2. Stundungsfähiger Anspruch. Nach der Vorschrift kann der ordentliche Pflichtteilsanspruch jedes Pflichtteilsberechtigten einschl. des Pflichtteilsrestanspruchs (§§ 2305, 2307) gestundet werden. Gleiches gilt für den Pflichtteilsergänzungsanspruch, soweit er sich gegen den Erben richtet. Da die Vorschrift auf ein Stundungsverlangen des Erben abstellt, geht die hA davon aus, dass der Pflichtteilsergänzungsanspruch gegen den Beschenkten iSv § 2329 nicht gestundet werden kann (Staudinger/*Olshausen* Rn. 6; MüKoBGB/*Lange* Rn. 4; BeckOK BGB/*G. Müller* Rn. 3; jurisPK-BGB/*Birkenheier* Rn. 13; aA *Schindler*, Pflichtteilsberechtigter Erbe und pflichtteilsberechtigter Beschenkter, 2004, Rn. 1044 ff.). Vom Zweck der Vorschrift her gesehen ist dies nicht unbedenklich, da bspw. dem Unternehmensnachfolger, der bereits zu Lebzeiten dem Erblasser nachgefolgt ist, damit eine Stundungsmöglichkeit verwehrt bleibt, wenn er nicht auch Erbe geworden ist. 5

3. Stundungsberechtigter. Jeder Erbe, unabhängig von seiner eigenen Pflichtteilsberechtigung, kann die Stundung verlangen. 6

Wurde der Erblasser von **mehreren Erben** beerbt, kann jeder von ihnen einen Stundungsantrag stellen. Für den Erben kann Stundung auch durch den Insolvenzverwalter, den Nachlassverwalter (§ 1984) 7 und den Nachlasspfleger (§ 1960 I 1, § 1961) beantragt werden. Nicht antragsberechtigt ist der Testamentsvollstrecker, da er nicht Pflichtteilsschuldner ist (vgl. § 2213 I 3).

8   **4. Sachliche Stundungsvoraussetzungen. a) Doppelte Billigkeitsprüfung.** Schon bislang war eine gerichtliche Stundungsmöglichkeit in sachlicher Hinsicht von einer doppelten Billigkeitsprüfung abhängig (Vorliegen einer ungewöhnlichen Härte für den Erben und Zumutbarkeit der Stundung für den Antragsgegner). Der Gesetzgeber hat innerhalb der Erbrechtsreform 2010 die Schwelle für die richterliche Gewährung einer Stundung herabgesetzt (Vorliegen einer unbilligen Härte für den Erben und angemessene Berücksichtigung der Interessen des Pflichtteilsberechtigten).

9   **b) Unbillige Härte für den Erben (Abs. 1 S. 1).** Die Stundung konnte nach der alten Fassung von § 2331a I nur erfolgen, wenn die Erfüllung des Anspruchs eine „ungewöhnliche Härte" für den Erben bedeuten würde. Dabei musste die ungewöhnliche Härte nicht aus der sofortigen Zahlungspflicht, sondern allein aus der **Art der Nachlassgegenstände** herrühren. Nach der beispielhaften, nicht abschließenden Aufzählung im Gesetz war dies der Fall, wenn der Erbe zur Aufgabe seiner Familienwohnung oder zur Veräußerung eines Wirtschaftsgutes gezwungen würde, das für ihn oder seine Familie die wirtschaftliche Lebensgrundlage bildet.

10 Weitere Voraussetzung war, dass ohne die Veräußerung der Nachlasswerte die Erfüllung des Pflichtteilsanspruchs nicht möglich wäre. Daher bestand keine Stundungsmöglichkeit, wenn der Erbe zwar nicht aus seinem Nachlass, aber aus seinem sonstigen Vermögen oder mittels eines Kredites, der ihn nicht unzumutbar belastete, den Pflichtteilsanspruch befriedigen konnte. *Hammann* weist zu Recht darauf hin, dass auch aufgrund der Wohnkreditrichtlinie, dadurch neu eingefügt den § 505b, Rentner immer schwieriger ein Bankdarlehen erhalten und sieht daher für § 2331a eine Renaissance voraus (ErbR 2016, 477). Ein Stundungsgrund kann auch bei Veräußerung zur Unzeit, etwa Wertpapieren zu einem momentan ungünstigen Kurs, oder wenn die Veräußerung von wertvollen Kunstgegenständen oder Familienerbstücken nötig ist, vorliegen.

11 Der Gesetzgeber hat mit der Erbrechtsreform die Eingriffsschwelle für das Gericht abgesenkt, indem er statt der bisherigen „ungewöhnlichen Härte" nunmehr eine **„unbillige Härte"** für den Erben ausreichen lässt. Wann eine solche „unbillige Härte" anzunehmen ist, ist im Gesetz und der amtlichen Begründung nicht näher erläutert. Die im Gesetz folgende Aufzählung, dies sei insbes. im Falle der Aufgabe des Familienheims oder der Veräußerung eines Wirtschaftsgutes, das für den Erben und seine Familie die wirtschaftliche Lebensgrundlage darstellt, der Fall, eignet sich nicht zur Konkretisierung, da diese Aufzählung bereits in der alten Gesetzesfassung enthalten war.

12 Außerdem muss die „unbillige Härte" wie schon zuvor die „ungewöhnliche Härte" nicht aufgrund der sofortigen Zahlungspflicht, sondern wegen der **Art der Nachlassgegenstände** bestehen. Eine etwaige notwendige Veräußerung von Kunstgegenständen, Antiquitäten oÄ wird daher kaum zur Annahme einer unbilligen Härte genügen. Es muss vielmehr durch die notwendige Veräußerung von Nachlassgegenständen die konkrete Existenzgrundlage des Erben und seiner Familie gefährdet sein (MüKoBGB/ *Lange* Rn. 8).

13 Eine gerichtliche Stundung kann nicht allein deswegen gewährt werden, weil die sofortige Zahlungspflicht mit erheblichen wirtschaftlichen Schwierigkeiten verbunden ist und der Erbe ggf. gezwungen ist, Vermögensobjekte zur Unzeit zu veräußern.

14 **c) Zumutbarkeit der Stundung für den Antragsgegner (Abs. 1 S. 2).** Selbst wenn die engen Tatbestandsvoraussetzungen für eine gerichtliche Stundung des Pflichtteilsanspruchs auf Seiten des Erben vorlagen, konnte nach altem Recht eine Stundung nur angeordnet werden, wenn diese auch für den Pflichtteilsberechtigten **zumutbar** war. Erforderlich war hierzu eine Interessenabwägung anhand aller Umstände des Einzelfalls. Zu berücksichtigen waren in diesem Zusammenhang die Einkommens- und Vermögensverhältnisse des Pflichtteilsberechtigten, aber auch seine Unterhaltspflichten (BeckOK BGB/ *G. Müller* Rn. 8 mwN).

15 Der Gesetzgeber hat die Billigkeitsprüfung zugunsten des Pflichtteilsberechtigten dahin gehend abgeschwächt, dass die **Interessen** des Pflichtteilsberechtigten nunmehr bei der Stundung lediglich **„angemessen" zu berücksichtigen** sind. Dies erfordert nach wie vor eine umfassende Interessenabwägung anhand der Umstände des Einzelfalles. Dabei geht der Gesetzgeber davon aus, dass die Interessen des Pflichtteilsberechtigten va dann angemessen berücksichtigt sind, wenn eine hinreichende Absicherung seiner Rechtsposition erfolgt, damit das Vermögen nicht vom Erben „durchgebracht" werden kann (vgl. BT-Drs. 16/8954, 21). Zu diesem Zweck können nach § 1382 III iVm § 2331a II 2 insbes. Sicherheiten bestellt werden. Dies wird besonders im Falle einer längeren Stundung sinnvoll sein. Zum Teil wird in der Lit. sogar vertreten, dass es ohne eine derartige Sicherstellung des Pflichtteils keine gerichtliche Stundung geben kann (so *Reimann* FamRZ 2007, 1597 (1599); *Muscheler* ZEV 2008, 105 (106)). Allerdings ist zu berücksichtigen, dass die Sicherheitsleistung vom Pflichtteilsberechtigten nicht verlangt werden muss, da es sich hierbei um einen **Anspruch** handelt. Wird der Anspruch aber tatsächlich geltend gemacht, wird er nur in besonderen Fällen versagt werden können (BT-Drs. 16/8954, 21) bzw. muss die gerichtliche Stundung unterbleiben, wenn die Sicherung des Anspruchs nicht möglich ist. Unabhängig davon kann eine Ratenzahlung angemessen sein (BeckOK BGB/G. Müller Rn. 8). Vor allem ist gem. § 1382 II eine Verzinsung erforderlich (4 % p.a. lt. KG ErbR 2013, 30 (31) mAnm *Haßmann*). Zusätzlich können keine gesetzlichen Verzugszinsen angesetzt werden (MAH ErbR/*Horn* § 29 Rn. 91). Auf Antrag des Pflichtteilsberechtigten kann das Gericht Sicherheitsleistung anordnen (§ 1382 III). Über Höhe und

Fälligkeit der Zinsen und die Art und Umfang der Sicherheitsleistung entscheidet gem. § 1382 IV das Gericht nach billigem Ermessen.

5. Verfahren. a) Überblick. Es muss unterschieden werden: Ist der Pflichtteilsanspruch dem Grund und der Höhe nach unstreitig, so entscheidet nach Abs. 2 S. 1 das **Nachlassgericht** (isoliertes Stundungsverfahren). Ist der Anspruch dem Grund oder der Höhe nach dagegen umstritten oder über ihn ein Rechtsstreit anhängig, so entscheidet gem. § 2331a II 2, § 1382 V allein das **Prozessgericht**.

b) Stundungsverfahren vor dem Nachlassgericht. Die örtliche Zuständigkeit ergibt sich aus § 343 FamFG. Funktionell zuständig ist grds. der Rechtspfleger (§ 3 Nr. 2c RPflG). Erforderlich ist ein entsprechender Antrag (Muster bei MSTB Pflichtteils-HdB/*Tanck* § 14 Rn. 337). Die Entscheidung ergeht durch Beschluss gem. § 38 FamFG. Wird dem Stundungsantrag stattgegeben, sind ein Zahlungszeitpunkt und ein Zahlungsmodus festzusetzen. Des Weiteren ist nach § 2331a iVm § 1382 IV eine Verzinsung festzulegen. Auf Antrag des Pflichtteilsberechtigten kann das Nachlassgericht die Verpflichtung des Erben zur Zahlung des unstreitigen Pflichtteilsanspruchs aussprechen und so einen Vollstreckungstitel schaffen (§ 362 iVm § 264 II FamFG; Palandt/*Weidlich* Rn. 5). Mit Klageerhebung wird ein vor dem Nachlassgericht gestellter Antrag unzulässig (OLG Koblenz JurBüro 2014, 660 = BeckRS 2013, 21754).

c) Entscheidung im streitigen Verfahren. Ist der Pflichtteilsanspruch rechtshängig, entscheidet das Prozessgericht durch Urteil über den von dem Erben gestellten Stundungsantrag (§ 2331a II 2 iVm § 1382 V). Hierfür gelten die gleichen Grundsätze wie für das isolierte Verfahren vor dem Nachlassgericht. Der Amtsermittlungsgrundsatz gilt aber nicht.

d) Nachträgliche Aufhebung oder Änderung. Die nachträgliche Aufhebung oder Änderung der Entscheidung ist nach § 2331a II 2 iVm § 1382 VI auf Antrag des Erben oder Pflichtteilsberechtigten nur zulässig, wenn sich die Verhältnisse nach der Entscheidung wesentlich geändert haben. Zuständig ist für die Aufhebung oder Änderung allein das Nachlassgericht, auch wenn zunächst das Prozessgericht entschieden hatte.

§ 2332 Verjährung

(1) Die Verjährungsfrist des dem Pflichtteilsberechtigten nach § 2329 gegen den Beschenkten zustehenden Anspruchs beginnt mit dem Erbfall.

(2) Die Verjährung des Pflichtteilsanspruchs und des Anspruchs nach § 2329 wird nicht dadurch gehemmt, dass die Ansprüche erst nach der Ausschlagung der Erbschaft oder eines Vermächtnisses geltend gemacht werden können.

I. Normzweck

Die Ansprüche nach §§ 2303, 2325 unterliegen seit der Erbrechtsreform 2010 (→ § 2303 Rn. 10f.) der Regelverjährung nach §§ 195, 199 (3 Jahre nach Kenntniserlangung und „Sylvesterverjährung"). Eine Ausnahme für die Ansprüche gegen den subsidiär haftenden Beschenkten aus § 2329 sieht Abs. 1 vor, wonach die 3-Jahres-Frist kenntnisunabhängig mit dem Erbfall beginnt (vor dem 1.1.2010 wortgleich als Abs. 2).

II. Verjährung von Pflichtteilsansprüchen

1. Überblick. Es gilt grds. die regelmäßige Verjährungsfrist von **drei Jahren** nach § 195 (vgl. zu den Ausnahmen § 197 I Nr. 1 BGB; Höchstfrist → Rn. 5). Die regelmäßige Verjährungsfrist beginnt nach § 199 I mit dem Schluss des Jahres, in dem der Gläubiger von den den Anspruch begründenden Umständen Kenntnis erlangt hat oder ohne grobe Fahrlässigkeit (→ Rn. 4) hätte erlangen müssen (OLG Hamm ZEV 2017, 158 (162)), und zwar von
(1) dem Erbfall,
(2) der ihn beeinträchtigenden (letztwilligen oder lebzeitigen) Verfügung und
(3) dem Erben als Schuldner seiner Ansprüche.
Liegen die Voraussetzungen der Verjährung vor und erhebt der Schuldner die Verjährungseinrede, ist der Anspruch nicht mehr durchsetzbar (§ 214).

2. Kenntnis vom Erbfall und vom Schuldner. Die **Kenntnis vom Erbfall** liegt vor, sobald der Pflichtteilsberechtigte von dem Erbfall oder bei einem Verschollenen von dessen Todeserklärung erfährt. Auch auf die Kenntnis des Nacherbfalls kommt es nicht an, da nur der ursprüngliche Erbfall Pflichtteilsansprüche auslöst und entstehen lässt. Bei der **Kenntnis des Schuldners** kommt es auf den Erben an, wobei dies unklar sein kann, wenn die Wirksamkeit verschiedener letztwilliger Verfügungen streitig ist. Eine von Todes wegen zu errichtende Stiftung als Erbe ist bis zu ihrer Anerkennung (§ 84) unbekannt (MAH ErbR/*Horn* § 29 Rn. 795).

3. Kenntnis von der beeinträchtigenden Verfügung. a) Letztwillige Verfügung. Der Pflichtteilsberechtigte muss seinen Ausschluss von der Erbfolge erkannt haben oder hätte erkennen müssen. Maßgeblich ist nicht Kenntnis von der vom Nachlassgericht eröffneten letztwilligen Verfügung nach Bekanntgabe nach § 348 FamFG wie für den Beginn der Ausschlagungsfrist nach § 1944, sondern **nur die Kenntnis von dem wesentlichen Inhalt der Verfügung** (MüKoBGB/*Lange* § 2314 Rn. 3).

6 Hält er die ihn beeinträchtigende Verfügung nicht für wirksam und sind diese **Wirksamkeitsbedenken nicht von vornherein von der Hand zu weisen,** beginnt die Verjährungsfrist nicht schon mit Kenntnis des Verfügungsinhaltes (OLG Schleswig ZEV 2015, 707 (709); BGH ZEV 2000, 26; vgl. OLG Düsseldorf ZEV 2017, 262 (263)). So schließen berechtigte Zweifel an der Wirksamkeit der beeinträchtigenden letztwilligen Verfügung die erforderliche Kenntnis aus (BGH NJW 2000, 26). Es stellt sich die Frage, ob die 3-jährige Verjährung des Pflichtteilsanspruchs während klärender gerichtlicher Verfahren läuft (Testamentsauslegung, Testierfähigkeit, Echtheit). Die erforderliche Kenntnis liegt lt. OLG Rostock (OLG Rostock ZErb 2011, 86; ebenso KG NJOZ 2007, 1356; auch BGH NJW 1984, 2935 (2936); noch zu § 2332 BGB aF) dann nicht vor, wenn berechtigte Zweifel an der Beeinträchtigung des Erbrechts bestehen bzw. nicht von der Hand zu weisen sind, wie etwa Zweifel an der Wirksamkeit der letztwilligen Verfügung. In dem Fall hatte der Pflichtteilsberechtigte – im Ergebnis erfolglos – die ihn enterbende letztwillige Verfügung wegen eines Motivirrtums nach § 2078 II angefochten. Die mangelnde Kenntnis hat auch das OLG Düsseldorf für den Fall bestätigt, dass der Pflichtteilsberechtigte anfangs sowohl die Testamentsfälschung als auch die Testierunfähigkeit im Erbscheinsverfahren eingewendet hat (ZEV 2008, 346). Die mangelnde Kenntnis endete aber mit Abschluss der Beweisaufnahme. Auch bei einer entschuldbaren falschen Testamentsauslegung kann die für den Fristbeginn auslösende Kenntnis fehlen (BGH ZEV 2000, 26). Ebenfalls kann ein Tatsachen- oder Rechtsirrtum zur mangelnden Kenntnis führen (KG NJOZ 2007, 1356; BeckOK BGB/*G. Müller* § 2332 Rn. 8). Eine unrichtige Auslegung über das Ausmaß seiner Beeinträchtigung hindert indes den Fristbeginn nicht (BGH NJW 1995, 1157 (1158). Hält ein Pflichtteilsberechtigter eine letztwillige Verfügung auf einen zu beurteilenden Erbfall für nicht anwendbar, tritt keine Verjährung des Pflichtteilsanspruchs ein (BGH ZEV 2000, 26).

7 Für den Beginn der Verjährung des Pflichtteilsanspruchs kommt es nicht auf die Kenntnis des Pflichtteilsberechtigten von **Zusammensetzung** und Wert des Nachlasses an (BGH ZEV 2013, 258f. mAnm *Joachim* = NJW 2013, 1086 mAnm *Herrler;* anders bei Schenkungen → Rn. 3a). Eine Ausnahme stellt § 2313 auch zur Verjährung dar (→ § 2313 Rn. 15). Erfährt der Pflichtteilsberechtigte erst später von der Zugehörigkeit eines weiteren Gegenstands zum Nachlass, beginnt die Verjährungsfrist nicht erneut zu laufen. § 2313 II 1, I 1, 3 sind nicht direkt oder entsprechend anzuwenden (BGH ZEV 2013, 258 (259) m.abl. Anm. *Joachim;* aA *Damrau* ZEV 2009, 274 (277)). Für den Zeitpunkt des Verjährungsbeginns beim Pflichtteilsergänzungsanspruch kommt es auf die Kenntnis des ursprünglichen Gläubigers, des Pflichtteilsberechtigten, an (BGH ZEV 2014, 304). Bei Restitutionsansprüchen bestehen Besonderheiten: Die Verjährung der auf Leistungen nach dem Vermögensgesetz bezogenen Ausgleichsansprüche entsprechend § 2313 II 1, I 3 beginnt mit Inkrafttreten des Vermögensgesetzes (BGH NJW 2013, 1086; ausnahmsweise mit Ablauf der Ausschlussfrist des § 30a I 1 VermG, wenn der Schuldner erst als Rechtsnachfolger gilt, wenn nicht innerhalb der Ausschlussfrist die Berechtigten ihre Ansprüche angemeldet haben: BGH NJW-RR 2016, 328 (329)).

8 b) **Lebzeitige Verfügung.** Die Verjährungsfrist bei Schenkungen für den Pflichtteilsergänzungsanspruch beginnt erst **mit Kenntnis von der ergänzungspflichtigen Zuwendung** (OLG Hamm ZEV 2017, 158 (162)). Liegen mehrere Schenkungen vor, von denen der Pflichtteilsberechtigte zu unterschiedlichen Zeitpunkten erfährt, ergeben sich verschiedene Pflichtteilsergänzungsansprüche mit unterschiedlich verlaufenden Verjährungsfristen (MüKoBGB/*Lange* Rn. 6). Der Pflichtteilsergänzungsanspruch kann nicht vor dem ordentlichen Pflichtteilsanspruch verjähren (BGH NJW 1985, 2945; BeckOK BGB/ *G. Müller* Rn. 12): Erfährt etwa der Pflichtteilsberechtigte von einer Schenkung vor der letztwilligen Verfügung, beginnt die Verjährung des Anspruchs nach § 2325 erst mit Kenntnis von der letztwilligen Verfügung.

9 **4. Grobe Fahrlässigkeit.** Geändert wurden iRd Erbrechtsreform 2010 (→ § 2303 Rn. 12f.) die **subjektiven Voraussetzungen:** Während nach § 2332 I aF die Verjährung mit dem Zeitpunkt begann, in welchem der Pflichtteilsberechtigte vom Eintritt des Erbfalls und von der ihn beeinträchtigenden Verfügung Kenntnis erlangte, beginnt die Verjährung jetzt nicht nur bei Kenntnis von den Anspruch begründenden Umstände und Kenntnis von der Person des Schuldners, sondern die Verjährung beginnt trotz Unkenntnis dieser Umstände und der Person des Schuldners, wenn dem Pflichtteilsberechtigten insoweit **grobe Fahrlässigkeit zur Last fällt.** Diese liegt vor, *„wenn die im Verkehr erforderliche Sorgfalt in besonders schwerem Maße verletzt worden ist und der Gläubiger auch ganz naheliegende Überlegungen nicht angestellt oder das nicht beachtet hat, was im gegebenen Fall jedem hätte einleuchten müssen. Der Gläubiger muss es versäumt haben, eine gleichsam auf der Hand liegende Erkenntnismöglichkeit wahrzunehmen"* (BGH NJW 2010, 1195 (1197); vgl. Palandt/*Ellenberger* § 199 Rn. 39).

10 Grobe Fahrlässigkeit liegt keinesfalls schon dann vor, wenn der Pflichtteilsberechtigte sich nicht etwa jährlich erkundigt hat, ob der Erblasser noch lebt, etwa durch eine Anfrage beim Standesamt oder dem möglichen Nachlassgericht. Sie liegt aber vor, wenn der Pflichtteilsberechtigte zwar vom Tod des Erblassers erfahren hat, es dann aber unterlässt, sich Kenntnis über die Erbfolge und damit über das Vorliegen einer letztwilligen Verfügung zu verschaffen (OLG München ErbR 2017, 357 mit Begr. I. Instanz: LG Landshut BeckRS 2016, 116816 Rn. 24; so auch FAKommBGB/*Lindner* § 2332 Rn. 12). Zu Recht nimmt *Birkenheier* an, dass eine Obliegenheit eines Abkömmlings nicht besteht, sich in regelmäßigen Abständen nach einem etwaigen Tod seiner Elternteile zu erkundigen, außer er hat Kenntnis von einer in absehbarer Zeit tödlich verlaufenden Erkrankung des Elternteils (juris-PK BGB/*Birkenheier* § 2332 Rn. 66; vgl. *Wiederhold* ZErb 2015, 299 (300)).

5. Sonderfälle. Ist der Ehegatte bei **Zugewinngemeinschaft** zum Erben oder Vermächtnisnehmer berufen, beginnt die Frist der übrigen Pflichtteilsberechtigten nicht bevor sie davon Kenntnis erlangt haben, ob der Ehegatte die Begünstigung annimmt oder eben ausschlägt (vgl. § 1372 II). Schließlich richtet sich nach einer solchen Entscheidung die Höhe der Erb- und Pflichtteilsansprüche der übrigen Beteiligten (BeckOK BGB/G. Müller Rn. 13). Für den Verjährungsbeginn bei einem **entfernteren Abkömmling**, der erst durch Wegfall eines näheren Abkömmlings zum Zuge kommt, etwa wegen Pflichtteilsentzug (§ 2333) oder nach Erb- und damit Pflichtteilsunwürdigkeit (§ 2339), ist die Kenntnis vom Wegfall entscheidend (LG Hagen ZErb 2017, 109 (114)). Das OLG Frankfurt a. M. stellt für den Verjährungsbeginn auf die Rechtskraft der Erbunwürdigkeitsurteils ab (BeckRS 2014, 12442). Steht eine Person unter Betreuung und ist geschäftsunfähig, ist die Kenntnis bei seinem gesetzlichem Vertreter, mithin seinem **Betreuer**, entscheidend (MüKoBGB/*Lange* Rn. 7). Muss ein nichtehelicher Pflichtteilsberechtigter erst noch nach dem Erbfall seines Vaters die **Vaterschaft gerichtlich feststellen** lassen, beginnt wegen der Sperrwirkung des § 1600d die Verjährung erst mit rechtskräftiger Vaterschaftsfeststellung an zu laufen (MüKoBGB/*Lange* Rn. 5; vgl. BGH NJW 1983, 1485; anders aber bei dem Anspruch nach § 2329 → Rn. 4). Zum Verjährungsbeginn des Restanspruchs nach § 2305 → § 2305 Rn. 21).

Bei einem **minderjährigen Pflichtteilsberechtigten** ist die Kenntnis bei seinem gesetzlichen Vertreter entscheidend (OLG Koblenz JurBüro 2014, 660 = BeckRS 2013, 21754). Richten sich dessen Ansprüche gegen den erbenden Elternteil, beginnt die dreijährige Frist nicht vor Vollendung seines 21. Lebensjahres zu laufen (§ 207 I Nr. 2b). Zur möglichen Interessenkollision → § 2317 Rn. 32ff.

6. Höchstfrist. Unabhängig von der Kenntnis verjährt der Anspruch nach § 199 IIIa u. IV BGB **spätestens 30 Jahre** ab Entstehung des Anspruchs. Das gilt auch dann, wenn die Vaterschaft erst nach dem Erbfall festgestellt wurde. Die Rechtsausübungssperre des § 1600d IV führt nicht dazu, den Beginn der Verjährungsfrist hinauszuschieben (OLG Düsseldorf ZEV 2017, 717). Der Wortlaut stellt ausschließlich auf den objektiven Tatbestand des Erbfalls ab und nicht auf die Entstehung des Anspruchs oder eine subjektive Kenntnis des Gläubigers.

6. Ausnahmsweise ist der Erbe nach **Treu und Glauben** (§ 242) daran gehindert, sich auf den Eintritt der Verjährung zu berufen. So kann die Verjährungseinrede mit dem **Einwand der Arglist** zurückgewiesen werden, wenn der Schuldner den Gläubiger, sei es auch unbeabsichtigt, von der rechtzeitigen Erhebung der Klage gegen ihn abgehalten hat (BGH ZEV 2013, 258 (261)).

7. Hemmung und Neubeginn. Stets ist die Hemmung durch **Verhandlungen** (§ 203; BGH NJW 2014, 2574 Rn. 17, dort auch zum „Einschlafenlassen" von Vergleichsverhandlungen) und durch eine **Stundungsabrede** (§ 205, auch konkludent möglich: OLG Karlsruhe ZEV 2016, 88 Rn. 20) sowie bei **Minderjährigen** gegen einen Elternteil die Ablaufhemmung gem. § 210 bei der Berechnung der Verjährung in Betracht zu ziehen. Der Begriff der Verhandlungen ist grundsätzlich weit zu verstehen.; Verhandlungen zwischen den Parteien oder ihren mit Verhandlungsvollmacht ausgestatteten Vertretern schweben bei jedem Meinungsaustausch über den Anspruch oder den ihn begründenden Umstände, aufgrund dessen der Gläubiger davon ausgehen kann, dass sein Begehren von der Gegenseite noch nicht endgültig abgelehnt wird, ohne dass es erforderlich ist, dass der Verhandlungspartner seine Vergleichsbereitschaft geäußert hat (OLG Düsseldorf ZErb 2018, 43 (47), dort abgelehnt). Durch Abschlagszahlungen kann der Erbe den Anspruch mit der Folge des Neubeginns der Verjährung **anerkennen** (§ 212 I Nr. 1). Ein solches Anerkenntnis liegt auch dann vor, wenn sich aus dem tatsächlichen Verhalten des Schuldners gegenüber dem Gläubiger klar und unzweideutig ergibt, dass dem Schuldner das Bestehen der Schuld bewusst ist; ein solches Anerkenntnis könne auch im Einzelfall die Auskunftserteilung darstellen (BGH NJW 2014, 2574 Rn. 13). Ein Anerkenntnis führt zum Neubeginn der Verjährung im Hinblick auf den gesamten Anspruch, auch wenn in der Höhe Einwendungen bestehen (OLG Frankfurt a. M. ErbR 2018, 30 (32); BeckOGK BGB/*Meller-Hannich* § 212 Rn. 8). Auch kommt die Hemmung durch Vollstreckungshandlungen gem. § 212 in Betracht.

Bei der Hemmung der Verjährung durch **Rechtsverfolgung** gem. § 204 I ist stets darauf zu achten, dass das Verfahren nicht in Stillstand gerät. Ohne Vorliegens eines triftigen Grundes endet die Hemmung sechs Monate nach der letzten Verfahrenshandlung (§ 204 II, hierzu PHdB-Pflichtteilsprozess/*Fleischer/Horn* § 18 Rn. 94ff.). Eine erforderliche Prüfung von Auskünften oder Gutachten unterbricht diese Frist nicht, denn dieser 6-Monatszeitraum ist auch für die Prüfung geschaffen (Erman/*Schmidt-Räntsch* § 204 Rn. 53). Wird zunächst nur ein Teilbetrag eingeklagt, bezieht sich die Hemmung der Verjährung nach § 204 I Nr. 1 nur auf diesen Betrag und nicht auf einen ggf. später darüber hinaus geltend gemachten weiteren Betrag (OLG Celle BeckRS 2013, 21108). Wenn aber bei einer Stufenklage in letzter Stufe ein Antrag mit einem unbezifferten Zahlungsbetrag gestellt wird, hemmt diese Klage auch den Betrag, der über den angegebenen vorläufigen Streitwert hinausgeht. Nur das Einklagen von vorbereitenden Ansprüchen hemmt nicht die Zahlungsansprüche aus §§ 2303, 2325 BGB; das Einklagen nur des Anspruchs des § 2303 hemmt nicht den Anspruch aus § 2325. Daher muss stets deutlich gemacht werden, wenn sich der unbezifferte Zahlungsbetrag einer Stufenklage auch auf den Anspruch nach § 2325 beziehen soll. Die **Ablaufhemmung** des § 211 1 Alt. 1 beginnt bei mehreren Erben bei einer vom Gläubiger erhobenen Gesamtschuldklage (§ 2058) in dem Zeitpunkt, in dem der jeweils in Anspruch genommene Miterbe die Erbschaft angenommen hat; auf den Zeitpunkt der Annahme durch den letzten Miterben kommt es nicht an (BGH NJW 2014, 2574).

III. Übergangsregelungen zur Erbrechtsreform 2010

17 Für **Erbfälle nach dem 1.1.2010** gelten die Regelungen des derzeitigen Gesetzes (Art. 229 § 23 IV EGBGB), und zwar auch dann, wenn ein Testament zuvor errichtet wurde (OLG Frankfurt a. M. FamRZ 2014, 1149 = BeckRS 2013, 21409). Für **Erbfälle vor dem 1.1.2010** gilt Folgendes (vgl. Palandt/*Ellenberger* Art. 229 § 23): Nach der Übergangsbestimmung **Art. 229 § 23 I 1 EGBGB** gelten die aktuellen Vorschriften für alle am 1.1.2010 bestehenden und noch nicht verjährten Ansprüche. Dann beginnt die Frist nicht vor dem 1.1.2010 (Art. 229 § 23 II 1 EGBGB). Ausnahme: Der Beginn der Verjährung und die Verjährungsfrist bestimmen sich indes nach Art. 229 § 23 I 2, II 2 EGBGB nach den alten Vorschriften, wenn bei Anwendung dieser Vorschriften die Verjährung früher vollendet wird als bei Anwendung der neuen Vorschriften. Zum Schutz des Schuldners gilt also immer die kürzere Verjährungsfrist. Auch auf vor dem 1.1.2010 sich zugetragene Sachverhalte wie zur Bewertung von Pflegeleistungen (§§ 2316 I, 2057a), Pflichtteilsentziehung (§ 2333) und Schenkungen (§ 2325) gilt das aktuelle Recht (Palandt/*Ellenberger* Art. 229 § 23 Rn. 4).

IV. Verjährung des Pflichtteilsergänzungsanspruchs gegen den Beschenkten (Abs. 1)

18 Die Verjährung richtet sich nach § 195, wenn sich der Pflichtteilsergänzungsanspruch gegen den subsidiär haftenden Beschenkten richtet. Während aber bei der Regelverjährung die Verjährung gem. § 199 I mit dem Jahresende beginnt, bestimmt § 2332 I BGB, dass die Verjährung des Pflichtteilsergänzungsanspruchs gegen den Beschenkten **mit dem Erbfall** beginnt. Auf eine Kenntnis des Pflichtteilsberechtigten von den ihn beeinträchtigenden Verfügungen kommt es in diesem Zusammenhang nicht an (BGH FamRZ 1968, 150 = MDR 1968, 217).

19 Ebenfalls kommt es nicht auf den Zeitpunkt der rechtskräftigen Feststellung der Vaterschaft eines Pflichtteilsberechtigten an. § 1600d IV steht dem Verjährungsbeginn mit dem Erbfall nicht entgegen (OLG Düsseldorf ZEV 2018, 143, nrkr, Vorinstanz: LG Wuppertal ZErb 2016, 235, dem folgend ua MüKoBGB/*Lange* Rn. 6; schon zuvor: BeckOGK BGB/*Schindler* Rn. 7; *Horn* ZErb 2016, 232; aA *Gipp* ZErb 2001, 169 (170)). Eine unbillige Härte hätte der Pflichtteilsberechtigte hinzunehmen.

20 Die für den Beschenkten günstige Regelung des Abs. 1 findet auch dann Anwendung, wenn der **Beschenkte zugleich Erbe** ist (BGH NJW 1986, 1610; FamRZ 1968, 150 = MDR 1968, 217; OLG Düsseldorf ZErb 2018, 43 (46); OLG Düsseldorf ZEV 2018, 143, nrkr, Vorinstanz: LG Wuppertal ZErb 2016, 235 (236); Damrau/Tanck/*Lenz-Brendel* Rn. 3; aA Staudinger/*Olshausen* Rn. 40). Die kurze Verjährungsfrist hat der Gesetzgeber zum Schutz des Beschenkten eingeführt. Dieses Interesse des Beschenkten würde keine Differenzierung danach gestatten, ob der Beschenkte Erbe oder Dritter ist (BGH NJW 1986, 1610).

V. Keine Hemmung der Verjährung wegen Ausschlagungserfordernis (Abs. 2)

21 Abs. 2 stellt seit der Erbrechtsreform 2010 (→ § 2303 Rn. 10 f.) klar, welche Auswirkungen eine **Ausschlagung** auf den Fristbeginn hins. der Verjährung des Pflichtteilsanspruchs hat. Soweit der Pflichtteilsanspruch erst nach Ausschlagung der Erbschaft bzw. eines Vermächtnisses geltend gemacht werden kann (vgl. §§ 2306, 2307, 1371 I), beginnt die Verjährungsfrist nach Abs. 2 bereits mit **Kenntnis der verjährungserheblichen Tatsachen** und nicht erst mit der Ausschlagung (so auch nach alter Rechtslage: BGH NJW 2014, 2574 Rn. 11). Diese Regelung beruht auf dem allgemeinen Gedanken, dass Ansprüche, die man sich jederzeit durch eine Willenserklärung verschaffen kann, schon vor Abgabe dieser Erklärung verjähren (MüKoBGB/*Lange* Rn. 6). Auch wenn der Pflichtteilsanspruch erst nach Auslösen einer **Verwirkungsklausel** (dann auflösend oder aufschiebend bedingt Pflichtteilsbeeinträchtigung; Staudinger/*Olshausen* Rn. 17), entsteht bzw. durchsetzbar wird, beginnt die Frist nicht erst dann, sondern nach den normalen Grundsätzen, also Kenntnis der beeinträchtigenden Verfügung.

22 Wegen der in Abs. 2 enthaltenen Regelung kann daher ein Pflichtteilsanspruch schon verjährt sein, obwohl die Ausschlagungsfrist noch läuft bzw. noch nicht zu laufen begonnen hat.

VI. Prozessuales und Beweislast

23 Nach Verjährungseintritt kann der Schuldner die **Einrede der Verjährung** erheben; diese wird nicht vAw im Prozess berücksichtigt. Dann steht ihm ein Leistungsverweigerungsrecht zu (§ 214). Der Schuldner kann einseitig auf die Erhebung der Verjährungseinrede verzichten (MüKoBGB/*Lange* Rn. 13). Nimmt der Pflichtteilsberechtigte den Erben durch eine Klage in Anspruch, erstreckt sich die Hemmung nach § 204 nicht auf den subsidiär nach § 2329 haftenden Beschenkten (dann ggf. als verjährungshemmende Maßnahme Feststellungsklage gegen Beschenkten, Muster bei PHdB-Pflichtteilsprozess/*Fleischer*/*Horn* § 18 Rn. 54), außer der Erbe ist auch der Beschenkte → § 2329 Rn. 30).

24 Werden nur die vorbereitenden Ansprüche des § 2314 eingeklagt, hemmt dies nicht die Ansprüche nach §§ 2303, 2325, 2329. Klagt der Pflichtteilsberechtigte nur den ordentlichen Pflichtteilsanspruch nach § 2303 ein, erstreckt sich die Hemmung nicht auf den Pflichtteilsergänzungsanspruch nach § 2325. Die Angabe eines vorläufigen Streitwertes in der Pflichtteilsstufenklage hemmt auch die Verjährung hins. eines ggf. darüber hinausgehenden Zahlungsbetrages.

25 Der Schuldner, mithin der Erbe oder im Fall des § 2329 der Beschenkte, trägt die **Beweislast** für die der Verjährung zugrunde liegenden Tatsachen (HK-PflichtteilsR/*Herzog* Rn. 52). Das ist unabhängig

§ 2333 Entziehung des Pflichtteils

(1) Der Erblasser kann einem Abkömmling den Pflichtteil entziehen, wenn der Abkömmling
1. dem Erblasser, dem Ehegatten des Erblassers, einem anderen Abkömmling oder einer dem Erblasser ähnlich nahestehenden Person nach dem Leben trachtet,
2. sich eines Verbrechens oder eines schweren vorsätzlichen Vergehens gegen eine der in Nummer 1 bezeichneten Personen schuldig macht,
3. die ihm dem Erblasser gegenüber gesetzlich obliegende Unterhaltspflicht böswillig verletzt oder
4. wegen einer vorsätzlichen Straftat zu einer Freiheitsstrafe von mindestens einem Jahr ohne Bewährung rechtskräftig verurteilt wird und die Teilhabe des Abkömmlings am Nachlass deshalb für den Erblasser unzumutbar ist. Gleiches gilt, wenn die Unterbringung des Abkömmlings in einem psychiatrischen Krankenhaus oder in einer Entziehungsanstalt wegen einer ähnlich schwerwiegenden vorsätzlichen Tat rechtskräftig angeordnet wird.

(2) Absatz 1 gilt entsprechend für die Entziehung des Eltern- oder Ehegattenpflichtteils.

I. Normzweck

Die Entziehung des Pflichtteils nach den §§ 2333 ff. ist der schwerste Eingriff in die verfassungsrechtlich geschützte Position des Pflichtteilsberechtigten. Von daher können nur besonders schwerwiegende Verfehlungen einen damit verbundenen kompletten Verlust des Pflichtteilsrechts rechtfertigen. Schon bislang hatte der Gesetzgeber deswegen in den §§ 2333 ff. – tatbestandlich für die einzelnen Pflichtteilsberechtigten getrennt – **enge Kataloge** normiert, unter denen eine Pflichtteilsentziehung möglich sein sollte. Dies führte dazu, dass die Pflichtteilsentziehung iRd Testamentsgestaltung keine bedeutende Rolle in der Praxis erlangt hat. Gefördert wurde dieser Effekt noch durch die Rspr., die die ohnehin schon engen (und zT veralteten) Tatbestandsvoraussetzungen qua Richterrecht noch weiter verschärfte (vgl. zur Rspr. *Lange* ZErb 2008, 59).

Mit der **Erbrechtsreform 2010** (→ § 2303 Rn. 10 f.) wurden die teilweise als nicht mehr zeitgemäß empfundenen Pflichtteilsentziehungsvorschriften überarbeitet, modernisiert und zT neu gefasst. Hins. des **zeitlichen Anwendungsbereichs der ab dem 1.1.2010 geltenden Neuregelung** der Pflichtteilsentziehungsvorschriften ist zu berücksichtigen, dass nach Art. 229 § 23 IV EGBGB die Vorschriften für alle Erbfälle zur Anwendung gelangen, die nach Inkrafttreten des Reformgesetzes am 1.1.2010 eintreten (→ § 2332 Rn. 17). Dies gilt unabhängig davon, ob an Ereignisse aus der Zeit vor Inkrafttreten der Reform angeknüpft wird. Eine Pflichtteilsentziehung nach neuem Recht ist also auch wegen Sachverhalten möglich, die sich vor Inkrafttreten der Reform ereignet haben und für die zur Zeit der Begehung keine Pflichtteilsentziehung möglich gewesen wäre. Begeht der Sohn bspw. am 14.2.2009 an der langjährigen Lebensgefährtin des Vaters eine vorsätzliche schwere Körperverletzung, dann kann der Erblasser dem Abkömmling nach § 2333 I Nr. 2 den Pflichtteil wirksam entziehen, obwohl die Tat zur Zeit ihrer Vornahme die Pflichtteilsentziehung nicht gerechtfertigt hätte (vgl. § 2333 Nr. 2 aF).

II. Wesen der Pflichtteilsentziehung und Ausübung

Das Pflichtteilsentziehungsrecht ist ein **Gestaltungsrecht** des Erblassers, der es nur persönlich und nur durch letztwillige Verfügung (vgl. § 2336 I) ausüben kann.

III. Entziehungsgründe

1. Allgemeine Grundsätze. a) Abschließender Katalog. Nach hA handelt es sich bei dem im Gesetz enthaltenen Katalog von Entziehungsgründen um eine erschöpfende Aufzählung, die nicht analogiefähig oder entsprechend auf andere Fälle anzuwenden ist (BGH NJW 1977, 339 (340); OLG Nürnberg ErbR 2018, 280 (281) = BeckRS 2018, 2099 Rn. 35; OLG München ZEV 2003, 367).

Der Gesetzgeber hat im Zusammenhang mit der Erbrechtsreform 2010 (→ § 2303 Rn. 10 f.) auch davon abgesehen, einen **allgemeinen Zerrüttungs- und Entfremdungstatbestand** (quasi als „Auffangtatbestand") einzuführen, wie dies im Zusammenhang mit der Reform bisweilen gefordert worden war (vgl. *Herzog*, Die Pflichtteilsentziehung – ein vernachlässigtes Institut, 2003, S. 387 ff.). Dies ist darauf zurückzuführen, dass das BVerfG in seiner grundlegenden Entscheidung zur Verfassungsmäßigkeit des Pflichtteilsrechts sich ua aus Gründen der Justiziabilität und Rechtssicherheit, aber auch wegen der ansonsten zu befürchtenden Benachteiligung nichtehelicher Kinder ausdrücklich gegen die Einführung einer Zerrüttungs- oder Entfremdungsklausel ausgesprochen hatte (BVerfG NJW 2005, 1561 = ZEV 2005, 301). Der Gesetzgeber sah auch von der Einführung einer allgemeinen Billigkeitsklausel, wie etwa in § 1579 Nr. 7, ab, da er diese nicht nur als verfassungsrechtlich bedenklich erachtete, sondern auch den Eintritt einer erheblichen Rechtsunsicherheit für die Beteiligten befürchtete (BT-Drs. 16/8954, 23).

b) Kein Verschulden im strafrechtlichen Sinne erforderlich. Entgegen der bisher hA (OLG Düsseldorf NJW 1968, 944) kommt eine Pflichtteilsentziehung nach neuerer Rspr. auch dann in Betracht, wenn der Pflichtteilsberechtigte zzt. der Tat im strafrechtlichen Sinne **schuldunfähig** war (BVerfG NJW 2005, 1561 = ZEV 2005, 301). Es genügt daher, wenn der Pflichtteilsberechtigte die in § 2333 I genannten Tatbestände wissentlich und willentlich erfüllt hat, da aus Sicht des BVerfG auch ein mit „**natürlichem**" **Vorsatz** handelnder psychisch Kranker eine vom Tatbestand geforderte zielgerichtete Handlung vornehmen kann (vgl. MüKoBGB/*Lange* Rn. 19). Damit hat sich eine Erleichterung der Pflichtteilsentziehung zumindest in den Fällen ergeben, in denen bislang – wie bspw. bei rauschgift- oder alkoholabhängigen Pflichtteilsberechtigten – strafrechtlich betrachtet Schuldunfähigkeit oder verminderte Schuldfähigkeit bei Begehung der Delikte vorlag und daher nach alter Rspr. keine wirksame Pflichtteilsentziehung erfolgen konnte. Auch die Taten von Minderjährigen und von physisch Kranken können nun zur Pflichtteilsentziehung führen (MüKoBGB/*Lange* Rn. 19).

7   c) **Geltung der Entziehungsgründe für alle Pflichtteilsberechtigten.** Die Katalogtatbestände des Abs. 1, die auf den Abkömmling hin formuliert sind, gelten aufgrund der Erbrechtsreform 2010 (→ § 2303 Rn. 12 f.) nach Abs. 2 der Vorschrift für die Entziehung des **Eltern- oder Ehegattenpflichtteils** entsprechend.

8   **2. Lebensnachstellung (Nr. 1).** Der Tatbestand der Nr. 1 setzt voraus, dass der Pflichtteilsberechtigte den **ernsten Willen** gehabt hat, den Erblasser, seinen Ehegatten, einen anderen Abkömmling oder eine dem Erblasser ähnlich nahestehende Person **zu töten.** Ähnlich nahestehende Personen sind so zu definieren, wenn sich die Lebensnachstellung gegen eine Person richtet, deren Verletzung den Erblasser in gleicher Weise trifft wie ein Angriff auf die in Nr. 1 bezeichneten Angehörigen trifft (BeckOK BGB/*G. Müller* Rn. 9). Erfasst sind jetzt auch Personen, die mit dem Erblasser in einer **auf Dauer angelegten Lebensgemeinschaft** zusammenleben oder die auf andere Weise mit ihm eng verbunden sind, wie zB **Stief- oder Pflegekinder** (BT-Drs. 16/8954, 23).

9   Die Tötungsabsicht muss durch äußerlich erkennbare Handlung umgesetzt werden. Erforderlich ist kein planmäßiges Handeln, sondern es reicht ein plötzlicher, durch Erregung hervorgerufener Entschluss (RGZ 112, 32 (33)). Tötung durch Unterlassen und das Nichtanzeigen einer geplanten Tötung durch Dritte kann die Entziehung rechtfertigen (*Joachim/Lange* PflichtteilsR Rn. 374). Ausreichend ist nicht die bloße Androhung von Gewalt gegen Leib und Leben (MüKoBGB/*Lange* Rn. 18). Vorsatz iSd des Strafrechts ist nicht erforderlich, wohl aber ein natürlicher Vorsatz (→ Rn. 11 ff.).

10 Es sind **alle Teilnahmeformen**, also Mittäterschaft, Anstiftung und Beihilfe, erfasst (vgl. *Lange* AcP 204, 804 (817)). Durch einen strafbefreienden Rücktritt vom Versuch (§ 24 StGB) wird der Pflichtteilsentziehungsgrund nicht mehr beseitigt (MüKoBGB/*Lange* Rn. 18; NK-BGB/*Herzog* Rn. 1; Erman/ *Röthel* Rn. 10).

11 **3. Verbrechen oder schweres vorsätzliches Vergehen gegen den Erblasser oder eine ihm nahestehende Person (Nr. 2). a) Tatbestandsvoraussetzungen.** Die Begriffe richten sich nach dem Strafrecht (HK-PflichtteilsR/*Herzog* Rn. 33): „**Verbrechen**" sind legal definiert als Straftaten, die mit Freiheitsstrafe von mindestens einem Jahr bedroht sind (vgl. § 12 I StGB). „**Vergehen**" stellen Straftaten dar, die im Mindestmaß mit einer geringeren Freiheitsstrafe oder mit Geldstrafe bedroht sind (§ 12 II StGB). Bloße Ordnungswidrigkeiten können eine Pflichtteilsentziehung nach Nr. 2 nicht begründen. Geschützter Personenkreis ist der Gleiche wie bei Abs. 1 Nr. 1 (→ Rn. 14).

12 Ob ein vorsätzliches Vergehen als **schweres** anzusehen ist, beurteilt sich wie bisher nicht abstrakt nach dem vorgesehenen Strafrahmen, sondern nach den Umständen des Einzelfalls, namentlich nach dem Grad der sittlichen Verschuldens (Damrau/Tanck/*Riedel* Rn. 14; OLG Hamm NJW-RR 2007, 1235 ff.). Dabei kann die eigene verwerfliche Lebensführung des Erblassers den Pflichtteilsberechtigten entlasten (Staudinger/*Olshausen* Rn. 12). *Herzog* fragt zu Recht, ob durch die Tat eine über das Normalmaß hinausgehende Störung des familiären Beziehungsverhältnisses vorliegt, so dass eine Nachlassteilhabe des Pflichtteilsberechtigten aus Sicht des Erblassers unzumutbar erscheint (HK-PflichtteilsR/*Herzog* Rn. 40). Lt. LG Saarbrücken berechtigt ein Schuss mit einer Schreckschusspistole ins Gesicht des Stiefvaters die Mutter zur Pflichtteilsentziehung (ErbR 2017, 579 (589)).

13 Vor der Erbrechtsreform 2010 musste sich die Tat als „**schwere Pietätsverletzung**" gegenüber dem Erblasser darstellen (BGH NJW 1990, 911; OLG Düsseldorf NJW-RR 1996, 520). Kurz nach der Erbrechtsreform 2010 wurde diskutiert, ob an diesem ungeschriebenen Tatbestandsmerkmal festzuhalten ist. *Lange* meint, dass der Gesetzgeber daran festhalten wollte (MüKoBGB/*Lange* Rn. 22 unter Verweis auf BT-Drs. 16/8954, 23). Es wird auch vertreten, die alte Rechtsprechung zur Bestimmung der Schwere der Tat heranzuziehen (*Joachim/Lange* PflichtteilsR Rn. 376). Die hM spricht sich mittlerweile zu Recht dagegen aus, dass zur Entziehung eine schwere Pietätsverletzung vorliegen müsste (Palandt/*Weidlich* Rn. 6; BeckOK BGB/*G. Müller* Rn. 13; wohl auch MüKoBGB/*Lange* Rn. 19; aA MSTB PflichtteilsR-HdB/*Hölscher/Mayer* § 8 Rn. 37; offen gelassen: OLG Hamm ZEV 2018, 211). Das LG Hagen lehnt iErg als unbeschriebene Tatbestandsmerkmale eine schwere Pietätsverletzung und eine grobe Missachtung des Eltern-Kind-Verhältnisses ab; nun seien im allgemeinen Sinne auf Zumutbarkeitsgesichtspunkte abzustellen (LG Hagen ZErb 2017, 109 (112) unter Bezugnahme auf MüKoBGB/*Lange* Rn. 22). *Lange* wirft einigen bislang ergangenen Gerichtsentscheidungen vor, dass längst nicht jede wissenschaftliche Diskussion die gerichtliche Realität erreicht und einige Gerichte die geänderte Gesetzeslage nicht berücksichtigen (ZErb 2018, 59 (62)).

14 Eine strafgerichtliche **Verurteilung** ist – anders als iRd neu eingefügten Nr. 4 – keine Voraussetzung für eine Pflichtteilsentziehung nach Nr. 2. Das Recht zur Pflichtteilsentziehung entfällt auch nicht, wenn

eine Strafverfolgung unterblieben ist, weil der Verletzte nicht den erforderlichen Strafantrag gestellt hat (Soergel/*Dieckmann* Rn. 9). Auch eine Verzeihung iSv § 2337 ist im Unterlassen der Strafantragsstellung nicht ohne Weiteres zu sehen.

Die entziehungserhebliche Handlungsweise ist dann gegen den Erblasser oder dessen Ehegatten/eingetragenen Lebenspartner (bzw. die sonstige dem Erblasser nahestehende Person) gerichtet, wenn die Tat **in deren Rechtssphäre eingreift.** Dies gilt ohne Rücksicht auf das vom Strafgesetz geschützte Rechtsgut, so dass bspw. auch ein Meineid zum Nachteil des Erblassers die Entziehung rechtfertigen kann (Soergel/*Dieckmann* Rn. 8 mwN). 15

b) Einzelfälle. aa) Seelische Misshandlung. Grds. verwirklichen seelische Misshandlungen nicht einen Straftatbestand, so dass diese sich nicht unter Abs. 1 Nr. 2 subsumieren lassen (HK-PflichtteilsR/*Herzog* Rn. 43). Eine seelische Misshandlung wurde nach der bislang hA nur dann als Grund für eine Pflichtteilsentziehung anerkannt, wenn mit ihr im Hinblick auf § 2333 Nr. 2a aF auf die **körperliche Gesundheit** des Erblassers **eingewirkt** werden sollte und auch wurde (BGH NJW 1977, 339f. FamRZ 1977, 47ff. mAnm *Bosch*). Seelische Misshandlungen, die mit schweren Persönlichkeitsverletzungen und/oder stark entwürdigenden Angriffen auf die Person verbunden sind, sollten nicht von vornherein als taugliche Pflichtteilsentziehungsgründe ausgeklammert werden. Sie können vielmehr auch dann unter § 2333 I Nr. 2 fallen, wenn hierdurch sonstige Straftatbestände wie §§ 221, 225, 201 ff., 240 StGB oÄ verwirklicht wurden (HK-PflichtteilsR/*Herzog* Rn. 43). Das unberechtigte Anregen eines Betreuungsverfahrens nach §§ 1896 ff. berechtigt nicht zur Entziehung (HK-PflichtteilsR/*Herzog* Rn. 43; vgl. zur Entmündigung OLG Karlsruhe ZErb 2009, 304). 16

bb) Beleidigung. Eine Beleidigung kann uU zur Pflichtteilsentziehung ausreichen (BGH NJW 1974, 1084 ff.). Eine einzelne, auch grobe Beleidigung genügt allerdings regelmäßig nicht (RG JW 1929, 2707 (2708); Palandt/*Weidlich* Rn. 7; OLG Celle Rpfleger 1992, 523, für den Widerruf einer wechselbezüglichen Verfügung nach § 2271 II). 17

Auch wenn die Beleidigung damit grds. als mögliches schweres Vergehen iSd Vorschrift angesehen wird, so bleibt dennoch zu berücksichtigen, dass in der Praxis seit 1917 in keinem der gerichtlich anhängigen Sachverhalte mehr die konkrete Beleidigung als schweres Vergehen gewertet worden ist. Mit der Annahme, eine Beleidigung könne die Pflichtteilsentziehung rechtfertigen, ist daher große Zurückhaltung geboten (vgl. HK-PflichtteilsR/*Herzog* Rn. 42). 18

cc) Eigentums- und Vermögensdelikte. Bei den in Nr. 2 genannten Delikten kann es sich um Angriffe gegen die **Person** oder um solche gegen das **Eigentum und das Vermögen** des Erblassers handeln. Erforderlich ist darüber hinaus nach alter Rspr. bei Verfehlungen gegen das Eigentum oder das Vermögen, dass diese nach der Natur der Verfehlung und der Art und Weise, wie sie begangen worden ist, eine **grobe Missachtung des Eltern-Kind-Verhältnisses** zum Ausdruck bringen und deswegen eine besondere Kränkung des Erblassers bedeuten (BGH NJW 1974, 1084 ff.; OLG Hamm NJW-RR 2007, 1235 ff.; LG München I FamRZ 2000, 853 ff.). Str. seit der Erbrechtsreform 2010 ist es, ob dies noch Voraussetzung ist. Das „Mitnehmen von Fleischprodukten und die Wegnahme einzelner Geldscheine aus einer Geldkassette" würden nicht zur Pflichtteilsentziehung berechtigten (LG Mosbach NJW-RR 2014, 708 (709); dazu krit. *Lange* ZErb 2018, 59 (61)), da diese keine grobe Missachtung des Eltern-Kind-Verhältnisses bedeuten. Aber diese Einschränkung durch die alte Rspr. soll nach *Weidlich* (Palandt/*Weidlich* Rn. 7; in diese Richtung auch MüKoBGB/*Lange* Rn. 22) zutreffend seit der Erbrechtsreform 2010 (→ § 2303 Rn. 12 f.) hinfällig sein. Nach *Herzog* soll eine „schwere Missachtung der Familiensolidarität" (so zusammengefasste Bezeichnung in HK-PflichtteilsR/*Herzog* Rn. 40) erforderlich sein, um ein „schweres Vergehen" anzunehmen. 19

4. Böswillige Verletzung der Unterhaltspflicht (Nr. 3). Eine Pflichtteilsentziehung kommt nach Nr. 3 in Betracht, wenn der Pflichtteilsberechtigte die ihm dem Erblasser gegenüber gesetzlich obliegende Unterhaltspflicht böswillig verletzt hat. Erfasst ist nur die Verletzung der **Barunterhaltspflicht**. Persönliche Betreuung und Pflege fallen nicht darunter (OLG Frankfurt a.M. FamRZ 20104, 1149 = BeckRS 2013, 21409; vgl. *Grziwotz* ZEV 2011, 21 (22)). Voraussetzungen für die Erfüllung des Pflichtteilsentziehungstatbestands sind **Bedürftigkeit** des Erblassers und **Leistungsvermögen** des Pflichtteilsberechtigten. Nach hA reicht die Kenntnis der Bedürftigkeit des Erblassers aber nicht aus; die Unterhaltsverweigerung muss vielmehr aus **verwerflicher Gesinnung** heraus erfolgen (vgl. Staudinger/*Olshausen* Rn. 19 mwN). 20

Das Ausmaß der Verletzung der Unterhaltspflicht ist gesetzlich nicht vorgegeben. In der Lit. wird vertreten, dass die Unterhaltsverweigerung den Erblasser materiell und moralisch schwer getroffen haben muss (Staudinger/*Olshausen* Rn. 21). Dies dürfte anzunehmen sein, wenn der Pflichtteilsberechtigte über Jahre hinweg – trotz Leistungsfähigkeit und Kenntnis von der Bedürftigkeit des Erblassers – beharrlich versucht hat, sich seiner Unterhaltsverpflichtung zu entziehen. 21

Die Unterhaltspflichtverletzung muss gegenüber dem Erblasser erfolgt sein. Eine Verletzung der Unterhaltspflicht, die gegenüber Dritten besteht, wie zB gegenüber dem anderen Elternteil, genügt nicht. 22

Zum Teil wird in der Lit. darauf hingewiesen, dass dieser Pflichtteilsentziehungsgrund im Verhältnis Erblasser zu pflichtteilsberechtigtem Abkömmling **ohne praktische Bedeutung** sei, weil ein Erblasser, der unterhaltsbedürftig sei, kaum über ein nennenswertes vererbbares Vermögen verfügen dürfte (Erman/*Röthel* Rn. 12; ähnlich Palandt/*Weidlich* Rn. 9). *Lange* fragt nach dem Sinn dieser Vorschrift und stellt den Zusammenhang zwischen Unterhaltspflichtverletzung und Pflichtteilsentzug in Frage (ZErb 23

2018, 59 (63)). Der Gesetzgeber sei zu kurz gesprungen. Dem ist zuzustimmen. Anders ist die Lage aber bspw. im Verhältnis des Erblassers zu seinem pflichtteilsberechtigten Elternteil, das gem. Abs. 2 der Vorschrift auch erfasst wird. Hat der pflichtteilsberechtigte Elternteil (zB der nichteheliche Vater) jahrelang seine Unterhaltspflichten gegenüber dem Kind böswillig verletzt, ist eine Pflichtteilsentziehung durch das Kind (wenn es erwachsen ist) nach diesem Tatbestand denkbar und auch nicht praxisfremd.

24   **5. Rechtskräftige Verurteilung wegen einer vorsätzlichen Straftat (Nr. 4). a) Allgemeines.** Eine rechtskräftige Verurteilung zu einer Freiheitsstrafe von mindestens einem Jahr ohne Bewährung berechtigt zur Entziehung des Pflichtteils. Der Gesetzgeber ging hierbei davon aus, dass es sich um eine Straftat von erheblichem Gewicht gehandelt hat, die ein besonders schweres sozialwidriges Fehlverhalten des Pflichtteilsberechtigten darstellt, welches es dem Erblasser gleichermaßen unzumutbar macht, einen Teil seines Vermögens dem Pflichtteilsberechtigten hinterlassen zu müssen, obwohl sich das Fehlverhalten nicht gegen den Erblasser, seine Familie oder eine ihm ähnlich nahestehende Person gerichtet hat.

25   Um den verfassungsrechtlichen Anforderungen in puncto Rechtsklarheit und Rechtssicherheit zu genügen, knüpft das Gesetz an zwei einfach nachprüfbare Merkmale an: ein **objektives** aus der Verantwortungssphäre des Pflichtteilsberechtigten (Straftat) und ein **subjektives** auf Seiten des Erblassers (Unzumutbarkeit) (BT-Drs. 16/8954, 23).

26   Außerdem gelten für den Tatbestand auch die Grundsätze der **Verzeihung**, § 2337 (BT-Drs. 16/8954, 25). Auch im Falle einer rechtskräftigen Verurteilung zu einer Freiheitsstrafe von über einem Jahr ohne Bewährung kann daher der Erblasser dem Pflichtteilsberechtigten den Pflichtteil nicht mehr wirksam entziehen, wenn er ihm nach Begehung der Tat iSd § 2337 verziehen hatte.

27   **b) Straftat.** Die Entziehung des Pflichtteils nach der neuen Nr. 4 knüpft zunächst an ein objektives Kriterium: Der Pflichtteilsberechtigte muss wegen einer vorsätzlich begangenen Straftat zu einer Freiheitsstrafe von mindestens einem Jahr ohne Bewährung rechtskräftig verurteilt worden sein oder werden. Durch die **Anknüpfung an eine Straftat** soll va die Rechtssicherheit erhöht werden.

28   Gegen wen sich die Tat gerichtet hat, ist anders als iRd Nr. 1 u. 2 unerheblich. Der Pflichtteilsentziehungsgrund nach Nr. 4 kennt daher keinen (abgeschlossenen) geschützten Personenkreis wie in den beiden ersten Tatbeständen.

29   Da nicht jede Straftat die Entziehung des Pflichtteils rechtfertigen kann, muss es sich um Straftaten handeln, die **von erheblichem Gewicht** sind und deshalb ein **besonders schweres sozialwidriges Fehlverhalten** darstellen. Der Gesetzgeber geht davon aus, dass dies der Fall ist, wenn der Betroffene wegen einer vorsätzlichen Straftat zu einer **Freiheitsstrafe von mindestens einem Jahr ohne Bewährung** rechtskräftig verurteilt wird (BT-Drs. 16/8954, 24).

30   Dabei muss es sich bei dem Delikt nicht zwangsläufig um ein **Verbrechen** (wie zB Mord) handeln. Es genügt zB auch ein **schweres Vergehen**. Der Gesetzgeber hat bewusst darauf verzichtet, an ein Verbrechen anzuknüpfen, damit va auch schwerere Vergehen aus dem Sexualstrafrecht erfasst werden (BT-Drs. 16/8954, 24). Darauf, ob die Taten im **In- oder Ausland** begangen bzw. abgeurteilt worden sind, kommt es in diesem Zusammenhang nicht an (HK-PflichtteilsR/*Herzog* Rn. 69 f.).

31   Ansonsten wirft die Fassung des Tatbestands durchaus Fragen auf. So ist zB nicht ganz nachvollziehbar, warum der vermutete hohe Unrechtsgehalt nur bei **vorsätzlichen Straftaten** unterstellt wurde, während schwerwiegende Vergehen im Bereich der Fahrlässigkeit (zB fahrlässige Tötung) von vornherein ausgeklammert blieben. Hier wäre es wohl sinnvoller gewesen, eine die Tatschwere flexibler erfassende Regelung zu wählen (*Hauck* NJW 2010, 903 (904)).

32   Auch dass allein Verurteilungen erfasst sind, deren Vollstreckung **nicht zur Bewährung ausgesetzt** worden ist, ist problematisch. Denn über die Frage der Aussetzung zur Bewährung entscheidet die günstige Sozialprognose und nicht die Schwere der Tat (*Hauck* NJW 2010, 903 (904)). Daher kann im Einzelfall trotz besonderer Schwere der Tat eine Aussetzung zur Bewährung erfolgen, wenn nach der Gesamtwürdigung von Tat und Persönlichkeit des Verurteilten besondere Umstände vorliegen, wie zB der schlechte körperliche Zustand des Inhaftierten. Gleichwohl ist festzustellen, dass der Gesetzgeber sich klar dafür ausgesprochen hat, dass eine Bewährungsstrafe nicht zur Pflichtteilsentziehung berechtigt (OLG Saarbrücken ZEV 2018, 146 mAnm *Litzenburger*).

33   Fraglich ist schließlich, wie die Subsumtion erfolgen soll, wenn es zur Bildung einer **Gesamtstrafe** gekommen ist.

34   Der neue Pflichtteilsentziehungsgrund knüpft bei seinen objektiven Voraussetzungen auch an die **Rechtskraft des Urteils** an. Dadurch soll Klarheit geschaffen und die Entziehung erleichtert werden. Wie sich aus dem Wort „wird" in Nr. 4 ergibt, kann die Rechtskraft auch erst nach dem Erbfall eintreten (MüKoBGB/*Lange* Rn. 39).

35   Dennoch ist die Pflichtteilsentziehung wirksam, wenn die anderen Voraussetzungen vorliegen und sie wirksam angeordnet worden ist (BT-Drs. 16/8954, 24). Auf den **Zeitpunkt der Aburteilung** der Tat kommt es folglich nicht an (dieser kann auch erst nach der Pflichtteilsentziehung oder sogar nach Eintritt des Erbfalls erfolgen), solange nur zu dem Zeitpunkt, über den über die Wirksamkeit der Pflichtteilsentziehung zu entscheiden ist (zB im Zivilprozess), eine rechtskräftige Verurteilung vorliegt.

36   Dabei sind auch im Zustand der **Schuldunfähigkeit** begangene vergleichbare vorsätzliche Taten ausdrücklich für eine Entziehung zugelassen. Diese Ergänzung geht maßgeblich auf die Entscheidung des BVerfG (BVerfG NJW 2005, 1561 = ZEV 2005, 301) zurück, der zufolge der Pflichtteilsentziehungsgrund in Nr. 1 nicht erfordert, dass bei der Tat ein Verschulden im strafrechtlichen Sinne (also insbes. Handeln im Zustand der Schuldfähigkeit) vorlag. Denn auch dann ist dem Erblasser letztlich eine Nach-

Entziehung des Pflichtteils § 2333 BGB 10

lassteilhabe nicht zumutbar, wenn die Verurteilung zu einer Freiheitsstrafe von mindestens einem Jahr deshalb nicht möglich war, weil der Betroffene schuldunfähig war und daher seine Unterbringung in einem psychiatrischen Krankenhaus oder in einer Entziehungsanstalt angeordnet wurde (S. 2).

c) **Unzumutbarkeit.** Da der Schutz der Familie der tragende Grund für den verfassungsrechtlichen 37 Schutz des Pflichtteilsrechts darstellt, ist es aus Sicht des Gesetzgebers aus verfassungsrechtlichen Gründen erforderlich, die Pflichtteilsentziehung nicht völlig aus dem Schutz der Familie abzukoppeln, so dass eine **subjektive Voraussetzung** eingeführt worden ist (BT-Drs. 16/8954, 24).

Nach dem Gesetz muss es dem Erblasser angesichts der Straftat des Pflichtteilsberechtigten **unzu-** 38 **mutbar** sein, den Verurteilten am Nachlass teilhaben zu lassen. Dies ist dann anzunehmen, wenn die Straftat den persönlichen, in der Familie gelebten Wertvorstellungen des Erblassers in hohem Maße widerspricht (BT-Drs. 16/8954, 24). Naheliegend ist dies bei besonders schweren Straftaten, die mit erheblichen Freiheitsstrafen geahndet werden (BT-Drs. 16/8954, 24).

Hat sich der Erblasser dagegen selbst strafrechtlich relevant verhalten, sich sogar an der Tat beteiligt, 39 zB als Mittäter des Drogenhandels seines Sohnes, liegt kein Widerspruch zu seinen persönlichen Vorstellungen und demnach keine Unzumutbarkeit vor (BT-Drs. 16/8954, 24; vgl. MüKoBGB/*Lange* Rn. 44).

Die Gründe für die Unzumutbarkeit müssen **zur Zeit der Errichtung** der Verfügung von Todes we- 40 gen **vorliegen** und in der Verfügung **angegeben** werden (§ 2336 II 2). Dabei hängt es vom Einzelfall ab, welche Anforderungen an die Darlegung der Gründe für die Unzumutbarkeit zu stellen sind. Aus Sicht des Gesetzgebers spielt dabei regelmäßig die Schwere der Tat eine Rolle: Je schwerwiegender die Tat, desto eher wird sich die Unzumutbarkeit bereits aus der Begehung ergeben und desto geringer werden die Anforderungen an die Darlegung der Gründe der Unzumutbarkeit sein (BT-Drs. 16/8954, 24; HK-PflichtteilsR/*Herzog* Rn. 30). Dazu ein Beispiel aus der amtlichen Begründung: Wird der Pflichtteilsberechtigte wegen Mordes an einem Kind zu lebenslanger Freiheitsstrafe rechtskräftig verurteilt und die besondere Schwere der Schuld festgestellt, so liege die Vermutung der Unzumutbarkeit der Nachlassteilhabe für den Erblasser nahe; hier genüge es regelmäßig, wenn der Erblasser den Pflichtteil in der letztwilligen Verfügung entziehe und dies mit der Begehung der Straftat begründe (BT-Drs. 16/8954, 24). Angesichts dessen, dass die Rspr. in den letzten Jahren die formalen Erfordernisse des § 2336 II sehr restriktiv interpretiert hat (→ § 2336 Rn. 7 ff. mwN), sollte man sich allerdings in der Praxis nicht unbedingt darauf verlassen, sondern die aus Sicht des Erblassers die Unzumutbarkeit begründenden Umstände darlegen (und zwar in der Verfügung von Todes wegen; vgl. § 2336 II 2).

IV. Rechtsfolgen

Die Entziehungserklärung entfaltet – anders als es der Wortlaut des § 2337 2 vermuten lässt – mit ihrer 41 formgerechten Abgabe noch keine Wirkung. Wirkung entfaltet die wirksame Pflichtteilsentziehung erst im Zeitpunkt des Erbfalls (BGH NJW 1989, 2054 = FamRZ 1989, 609; BGH NJW 1990, 911 = DNotZ 1990, 808), zumal bis dahin noch eine Verzeihung der Verfehlung durch den Erblasser iSv § 2337 möglich ist und erst dann feststeht, ob der Pflichtteilsberechtigte den Erblasser überlebt hat. Die formwirksam erklärte und begründete Pflichtteilsentziehung verhindert von vornherein beim Erbfall die Entstehung des Pflichtteilsanspruchs. Sie erfasst auch Pflichtteilsrestansprüche (§§ 2305, 2307) und Pflichtteilsergänzungsansprüche (§§ 2325, 2329) und schließt einen Auskunftsanspruch nach § 2314 aus (LG Bonn ZErb 2009, 190).

Der Pflichtteilsberechtigte, dem der Erblasser den Pflichtteil entzogen und enterbt hat, wird gem. 42 § 2310 1 bei der Bestimmung der Pflichtteilsquoten mitgezählt. Daher erhöhen sich die Quoten der anderen Beteiligten nicht (*Joachim/Lange* PflichtteilsR Rn. 372). Anders sieht es aus, wenn von dem näheren Pflichtteilsberechtigten, dem der Pflichtteil entzogen wurde, Abkömmlinge abstammen: An seine Stelle treten seine Abkömmlinge (§ 2309), die den Pflichtteil dann verlangen können (BeckOGK BGB/*Reisnecker* Rn. 50).

Die Verfehlung berechtigt ferner zum Rücktritt vom Erbvertrag gem. § 2294 (BGH NJW-RR 1986, 43 371 ff.), zur Aufhebung wechselbezüglicher Verfügungen nach § 2271 II (LG München FamRZ 2000, 853 ff.; *G. Müller* ZEV 2011, 240 ff.) und – bei Schenkungen – zur nachträglichen Anordnung der Pflichtteilsanrechnung (→ § 2315 Rn. 18) bzw. der Erbteilsausgleichung nach § 2050 III (→ § 2316 Rn. 16) von Schenkungen. Ferner ist der Erblasser im Falle der fortgesetzten Gütergemeinschaft berechtigt, dem anteilsberechtigten Abkömmling (vgl. § 1483) den ihm nach ihrer Beendigung gebührenden Gesamtgutsanteil durch letztwillige Verfügung zu entziehen, § 1513 I.

Liegen die Voraussetzungen für eine Pflichtteilsentziehung vor, so kann der Erblasser dem Pflichtteils- 44 berechtigten seine gesetzlichen Rechte durch Testament auch beliebig **mindern,** auch im Anwendungsbereich des § 2306.

Ein bestehendes Pflichtteilsentziehungsrecht kann durch **Verzeihung gem. § 2337** erlöschen. Außer- 45 dem kann eine erfolgte Pflichtteilsentziehung durch **Widerruf** nach den §§ 2253 ff. unwirksam werden.

V. Prozessuales

Das Recht eines noch lebenden (künftigen) Erblassers, einem seiner Angehörigen den diesem kraft 46 Gesetzes zustehenden Pflichtteil zu entziehen, kann auch Gegenstand einer **Feststellungsklage** nach § 256 I ZPO sein. In jedem Fall ist eine solche Klage durch den Erblasser möglich (BGH NJW 1990, 911; NJW 1974, 1084 ff.; BeckOF ErbR/*Lenz-Brendel* Form. 12 zu den Arten: *Roth* NJW-Spezial 2018, 359).

Denn das in § 2337 1 ausdrücklich als „Recht" zur Entziehung des Pflichtteils bezeichnete Recht ist ein gegenwärtiges und nicht etwa ein vom Tod des Erblassers abhängiges zukünftiges Recht. Außerdem wird dem betroffenen Pflichtteilsberechtigten das Recht zugebilligt, durch negative Feststellungsklage gegen den Erblasser das Nichtbestehen des Pflichtteilsentziehungsrechts hins. bestimmter, vom Erblasser im Testament geschilderter Vorfälle feststellen zu lassen (BGH NJW 2004, 1874 = ZEV 2004, 243 mAnm Kummer ZEV 2004, 274; Saenger/Ulrich/Siebert/*Siebert* ZPO § 256 Rn. 15).

47 Mit dem Tod des Erblassers entfällt aber das für die Feststellungsklage erforderliche Feststellungsinteresse, weil es von diesem Zeitpunkt um das Bestehen oder Nichtbestehen des Pflichtteilsanspruches geht und das Pflichtteilsentziehungsrecht des Erblassers hierfür bloße Vorfrage ist (BGH NJW-RR 1990, 130; NJW-RR 1993, 391). Innerhalb einer Stufenklage ist aber auch eine Zwischenfeststellungsklage möglich (PHdB-Pflichtteilsprozess/*Fleischer*/*Horn* § 18 Rn. 47).

48 Beweislast → § 2336 Rn. 21 ff.

§§ 2334, 2335 *(aufgehoben)*

1 Aufgehoben seit 1.1.2010 durch das Gesetz zur Änderung des Erb- und Verjährungsrechts v. 24.9.2009, BGBl. 2009 I 3142. Die Pflichtteilsentziehung von Eltern und Ehegatten richtet sich seither nach § 2333 II BGB.

§ 2336 Form, Beweislast, Unwirksamwerden

(1) **Die Entziehung des Pflichtteils erfolgt durch letztwillige Verfügung.**

(2) ¹**Der Grund der Entziehung muss zur Zeit der Errichtung bestehen und in der Verfügung angegeben werden.** ²**Für eine Entziehung nach § 2333 Absatz 1 Nummer 4 muss zur Zeit der Errichtung die Tat begangen sein und der Grund für die Unzumutbarkeit vorliegen; beides muss in der Verfügung angegeben werden.**

(3) **Der Beweis des Grundes liegt demjenigen ob, welcher die Entziehung geltend macht.**

1 **1. Normzweck.** Die Vorschrift regelt die formalen Voraussetzungen an eine wirksame Pflichtteilsentziehung sowie die Frage der Beweislast. Die strengen Formvorschriften sollen die Beweisbarkeit der tatsächlichen Motivation des Erblassers für seine Entscheidung sichern und darüber hinaus den Erblasser wegen der Folgen der Pflichtteilsentziehung und deren (mitunter demütigenden) Charakter zum überdacht verantwortlichen Testieren anhalten (BGH NJW 1985, 1554). Es soll ua durch hohe Anforderungen verhindert werden, dass später in einem Pflichtteilsentziehungsprozess ein „Nachschieben von Gründen" erfolgt, die für die Entscheidung des Erblassers nicht motivierend waren (BGH NJW 1985, 1554).

2 **2. Form der Entziehungsverfügung (Abs. 1).** Der Erblasser kann den Pflichtteil nur in Form einer **Verfügung von Todes wegen** entziehen (Abs. 1). Das Formerfordernis darf nicht umgangen werden (OLG Nürnberg ErbR 2018, 280 = BeckRS 2018, 2099 Rn. 36). Dafür stehen ihm alle Testamentsformen offen. Auch die Entziehung durch Erbvertrag oder im Rahmen eines gemeinschaftlichen Testaments ist zulässig. Dabei bleibt zu beachten, dass die Verfügung nur einseitig (§ 2299 I), nicht als vertragsmäßige (vgl. § 2278 II) oder wechselbezügliche (vgl. § 2270 III) getroffen werden kann. Die Entziehungsverfügung ist daher nie erbrechtlich bindend und kann vom Erblasser jederzeit widerrufen werden. Nach der Rspr. kann eine vertragsmäßig gewollte Verfügung allerdings in eine einseitige umgedeutet werden (BGH FamRZ 1961, 437 = BeckRS 1961, 31348850; noch weitergehend BeckOK BGB/*G. Müller* Rn. 2, die von einer unschädlichen Falschbezeichnung ausgeht).

3 Die Entziehungsverfügung muss nicht wörtlich als „Pflichtteilsentziehung" formuliert sein. Es genügt, wenn der Entziehungswille **schlüssig zum Ausdruck gebracht** wird (OLG Hamm FamRZ 1972, 660 mAnm *Bosch* = NJW 1972, 2132; OLG Köln ZEV 1996, 430 = FamRZ 1997, 454; Soergel/*Dieckmann* Rn. 3). Der Erblasser muss sich auf bestimmte konkrete Vorgänge unverwechselbar festlegen und den Kreis der in Betracht kommenden Vorgänge einigermaßen und praktisch brauchbar eingrenzen (LG Hagen ZErb 2017, 109 (112)). Der Pflichtteilsentziehungsgrund muss sich also wenigstens durch Auslegung der Verfügung von Todes wegen ermitteln lassen, wobei auch hier die Anforderungen der sog. Andeutungstheorie gelten (BeckOK BGB/*G. Müller* Rn. 3). *Lange* kritisiert, dass die Grundsätze zur Pflichtteilsentziehung in der Rspr. zu streng angewandt würden (*Lange* ZEV 2018, 237 (238)).

4 Eine **Enterbung** (vgl. § 1938) schließt nicht notwendigerweise die Pflichtteilsentziehung ein (OLG Köln ZEV 1996, 430 = FamRZ 1997, 454; MüKoBGB/*Lange* Rn. 2). Bringt der Erblasser aber zum Ausdruck, dass der Pflichtteilsberechtigte (nach Möglichkeit) nichts aus dem Nachlass erhalten soll, und führt er außerdem einen konkreten Sachverhalt im Testament an, der zur Pflichtteilsentziehung berechtigen würde, kann eine Pflichtteilsentziehung anzunehmen sein (OLG Celle ZErb 2002, 164 = OLGR 2001, 350; Soergel/*Dieckmann* Rn. 3). Dabei dürfen va bei privatschriftlichen Testamenten nicht zu hohe formelle Anforderungen gestellt werden, da dem Nichtjuristen regelmäßig der Unterschied zwischen Enterbung und Pflichtteilsentziehung nicht bekannt ist. Die bloße Angabe eines Entziehungsgrundes in der Verfügung muss aber noch nicht zwangsläufig für einen Entziehungswillen sprechen (so wohl Staudinger/*Olshausen* Rn. 4), sondern kann bspw. nur einen Enterbungswillen dokumentieren bzw. „rechtfertigen".

3. Bestehen und Angabe des Entziehungsgrundes (Abs. 2). a) Für alle Entziehungsgründe geltende 5
Grundsätze. Der Entziehungsgrund (§ 2333) muss nach Abs. 2 S. 1 Alt. 1 **zur Zeit der Errichtung** der Verfügung von Todes wegen (→ Rn. 2) bestehen. Eine Entziehung kann nicht für den Fall künftiger, noch nicht vorliegender, Verfehlungen ausgesprochen werden (bspw. wenn der Erblasser befürchtet, dass der Pflichtteilsberechtigte ihn oder einen nahen Angehörigen umbringen könnte). Die Pflichtteilsentziehung muss sich vielmehr auf Ereignisse stützen, die **in der Vergangenheit stattgefunden** haben. Dass die Ereignisse schon länger zurückliegen, steht einer Pflichtteilsentziehung nicht entgegen, sofern keine Verzeihung iSv § 2337 gegeben ist.

Eine „**Verdachtsentziehung**" ist allerdings möglich, wenn der Erblasser vermutet, dass ein Entzie- 6
hungstatbestand bereits verwirklicht wurde, und sich der Verdacht erst später, nach Errichtung der Verfügung von Todes wegen, bestätigt (BeckOK BGB/*G. Müller* Rn. 5 mwN; MSTB PflichtteilsR-HdB/*Hölscher/Mayer* § 8 Rn. 71).

Der Entziehungsgrund muss ferner **in der formgültigen Verfügung von Todes wegen** nach Abs. 2 7
S. 1 Alt. 2 **angegeben** sein. Es genügt also nicht, den wirklichen Grund der Pflichtteilsentziehung durch den Erblasser – mehr oder weniger sicher – mit den Mitteln der Beweisaufnahme oder sogar nur mit Hilfe der Auslegung aufzudecken (BGH NJW 1985, 1554).

Erforderlich für die Angabe des Entziehungsgrundes „in der Verfügung" ist die Angabe des konkreten 8
Vorgangs (Sachverhalts), nicht etwa des Straftatbestandes, den dieser (möglicherweise) erfüllt. Dabei hängt das Maß der erforderlichen Konkretisierung auch von der Art des Pflichtteilsentziehungsgrundes ab. Im Falle des § 2333 I Nr. 1 u. 2 muss bspw. auch angegeben werden, **gegen wen** sich die Verfehlung richtete (Erblasser, Ehegatten, Lebenspartner bzw. sonstigen Angehörigen).

Die Bezeichnung des Pflichtteilsentziehungsgrundes lediglich mit Hilfe der Angabe des **abstrakten** 9
Straftatbestandes genügt dabei sicher nicht bei „bloß" verbalen Vergehen wie Beleidigung, übler Nachrede und Verleumdung. Denn diese Vergehen können, wenn sie weder räumlich noch nach dem Zeitpunkt oder den Umständen nach beschrieben werden – anders als so schwere Delikte wie Mordversuch oder Brandstiftung –, kaum unverwechselbar dargestellt und damit identifizierbar festgelegt werden (BGH NJW 1985, 1554 = JZ 1985, 746 ff. mAnm *Kuchinke*; JR 1986, 26 ff. mAnm *Schubert*; BVerfG NJW 2005, 2691 = ZEV 2005, 388).

Der Pflichtteilsentziehungsgrund ist nur dann formgerecht erklärt, wenn in der Verfügung von Todes 10
wegen zumindest ein **zutreffender Kernsachverhalt** angegeben ist (BGH NJW 1985, 1554; NJW 1964, 549 (Ls.); OLG Saarbrücken ZEV 2018, 146; OLG Köln ZEV 1998, 144; OLG Köln BeckRS 2011, 10396; OLG Düsseldorf OLGR 2001, 95 ff.). Dabei muss der Erblasser fassbar und unverwechselbar die Tatsachen festlegen, also eine gewisse **Konkretisierung der Gründe** vornehmen (OLG Saarbrücken ZEV 2018, 146 mAnm *Litzenburger*; vgl. LG Mosbach NJW-RR 2014, 708 (70)). Allgemeine Ausführungen, wie zB „fortlaufende Repressalien", reichen nicht aus (OLG Hamm NJW-RR 2007, 1235 ff.). Wird diese Konkretisierung lediglich in einer nicht der Testamentsform entsprechenden Anlage vorgenommen und hierauf in der Verfügung von Todes wegen verwiesen, ist das Formerfordernis nicht gewahrt (BGH NJW 1985, 1554; 1985, 746 ff. mAnm *Kuchinke*; JR 1986, 26 ff. mAnm *Schubert*). Nicht ausreichend ist es auch, wenn der Erblasser im Testament lediglich erklärt, er werde den Grund demnächst niederlegen, und dies dann in einem von ihm nicht unterschriebenen Schriftstück verwirklicht (LG Köln DNotZ 1965, 108 f.) oder wenn hins. des Entziehungsgrundes lediglich auf ein ärztliches Attest Bezug genommen wird (OLG Frankfurt a. M. ZFE 2005, 295 = OLGR 2005, 867). Unschädlich ist hingegen die Hinzufügung von (später nicht beweisbaren) Einzelumständen, wenn sie für den Entziehungswillen des Erblassers ohne Bedeutung sind (BGH MDR 1964, 221 f. = NJW 1964, 549 (Ls.)).

Abzulehnen ist die Rspr. des OLG Düsseldorf (NJW-RR 1996, 520 = MittBayNot 1995, 400 mAnm 11
Weidlich), wonach die Angabe eines Faustschlags ins Gesicht (unter weiterer Angabe einer etwaigen Tatzeit) nicht als ausreichend angesehen wurde, weil nicht der gesamte Geschehensablauf, der der angeblichen Körperverletzung zugrunde lag, genau geschildert wurde (Soergel/*Dieckmann* Rn. 6; MüKoBGB/*Lange* Rn. 12; Staudinger/*Olshausen* Rn. 13). Abzulehnen ist des Weiteren die Entscheidung des OLG Düsseldorf (MittRhNotK 1998, 436), wonach der Hinweis auf Kripoakten (ohne Aktenzeichen) mit der Formulierung im Testament, dass wegen der „kriminellen Sachbeschädigung sowie Urkundenfälschung im Jahre 1975/76" die Entziehung erfolge, nicht genüge. Hiermit werden die formalen Anforderungen an die wirksame Pflichtteilsentziehung überspitzt (so auch BeckOK BGB/*G. Müller* Rn. 11), wobei sich auch der Verdacht aufdrängt, dass das Gericht die Frage der Konkretisierung des Pflichtteilsentziehungsgrundes mit demjenigen seiner Beweisbarkeit in unzulässiger Weise vermengt hat.

Der Grund muss so konkret bezeichnet sein, dass der Richter weiß, **auf welchen Tatbestand** sich der 12
Erblasser bei seiner Verfügung stützt. Dabei ist zu bedenken, dass der Formzwang zwei Ziele verfolgt: Zum einen soll dieser die spätere Beweisbarkeit der Motivation des Erblassers bei der Entziehungsentscheidung sichern; zum anderen soll der Erblasser wegen der Folgen der Pflichtteilsentziehung und deren mitunter demütigendem Charakter, die einer „Verstoßung über den Tod hinaus" nahekommt, zu einem „verantwortlichen Testieren" angehalten werden (BGH NJW 1985, 1554). Daher ist die Wirksamkeit der Maßnahme in formeller Hinsicht an strenge Voraussetzungen geknüpft.

Diese Anforderungen an die Konkretisierung sind aus Sicht des BVerfG **verfassungsrechtlich unbe-** 13
denklich (BVerfG NJW 2005, 2691 ff. = ZEV 2005, 388). Durch das Erfordernis der Angabe eines konkreten Kernsachverhalts sei gewährleistet, dass das Pflichtteilsrecht der Kinder nur dann hinter die Testierfreiheit zurücktreten müsse, wenn in der letztwilligen Verfügung eine hinreichend substanzielle Tatsachengrundlage angegeben wird, die in einem gerichtlichen Verfahren überprüft werden kann. Diese

Konkretisierungsmaßnahmen seien nicht nur geeignet, sondern sogar erforderlich, um das Pflichtteilsrecht der Kinder zu schützen.

14 Die früher vertretene Meinung (RGZ 95, 24 ff.), die **Angabe des Gesetzeswortlauts** genüge zumindest im Falle der Entziehung gem. § 2333 Nr. 5 BGB aF (ehrloser oder unsittlicher Lebenswandel wider den Willen des Erblassers), ist überholt, zumal diese Ausnahme mit dem erforderlichen Dauerverhalten im Rahmen dieses Tatbestands begründet worden ist. Die bloße Wiederholung des Gesetzeswortlauts reicht daher nie aus (OLG Köln ZEV 1998, 144 ff. für die „vorsätzliche körperliche Misshandlung"; OLGR 2002, 59 f. = NotBZ 2002, 68).

15 b) **Sonderfall des § 2333 I Nr. 4 (S. 2).** In formaler Hinsicht gelten für den iRd zum 1.1.2010 in Kraft getretenen Erbrechtsreform neu eingefügten **Entziehungsgrund des § 2333 I Nr. 4** (rechtskräftige Verurteilung wegen einer vorsätzlichen Straftat zu einer Freiheitsstrafe von mindestens einem Jahr ohne Bewährung) Besonderheiten. Denn nach Abs. 2 S. 2 muss für eine wirksame Pflichtteilsentziehung nach dieser Vorschrift zur Zeit der Errichtung die **Tat begangen** sein und der **Grund für die Unzumutbarkeit vorliegen** und beides in der Verfügung von Todes wegen **angegeben** werden.

16 Zur Zeit der Errichtung der Verfügung von Todes wegen muss nicht schon eine Verurteilung des Täters vorliegen oder die Rechtskraft des Urteils gegeben sein. Beides kann vielmehr auch später eintreten. Die beiden Umstände sind daher auch nicht in der Verfügung anzugeben, weil der Grund für die Entziehung in der Straftat liegt und die Rechtskraft für die Motivation des Erblassers letztlich keine Rolle spielt (Palandt/*Weidlich* Rn. 4).

17 Der og Begründungszwang wird im Falle des § 2333 I Nr. 4 dadurch verschärft, dass auch die das Merkmal der **Unzumutbarkeit** konkretisierenden Umstände darzulegen sind. Dabei richten sich die Anforderungen an die Darlegung der Gründe nach den Umständen des Einzelfalls. Eine Rolle wird in diesem Zusammenhang die Schwere der Tat spielen: Je schwerwiegender die Tat ist, desto eher wird sich die Unzumutbarkeit bereits aus der Begehung ergeben und desto geringer werden die Anforderungen an die Darlegung der Gründe der Unzumutbarkeit sein (BT-Drs. 16/8954, 24). Die amtliche Begründung (BT-Drs. 16/8954, 24) verweist dabei auf das Beispiel, dass der Pflichtteilsberechtigte wegen Mordes an einem Kind zu lebenslanger Freiheitsstrafe rechtskräftig verurteilt und die besondere Schwere der Schuld festgestellt wird. Hier liegt aus Sicht des Gesetzgebers die Vermutung der Unzumutbarkeit der Nachlassteilhabe für den Erblasser nahe, so dass es regelmäßig genüge, wenn der Erblasser den Pflichtteil in der letztwilligen Verfügung entziehe und dies mit der Begehung der Straftat begründe. Das LG Stuttgart (NJW-RR 2012, 778 f.) hat im Falle einer Vergewaltigung die Bezugnahme hierauf und die Beschreibung der Verfehlungen genügen lassen.

18 Betrachtet man allerdings die sehr restriktive Rspr. (vgl. va die oben bereits als zu eng abgelehnten Entscheidungen des OLG Düsseldorf ZEV 1995, 410 mAnm *Reimann* = NJW-RR 1996, 520 = Mitt-BayNot 1995, 400 mAnm *Weidlich*; MittRhNotK 1998, 426), dann sollte man sich bei Abfassung der Pflichtteilsentziehungsverfügung sehr bemühen, die Umstände, die aus Sicht des Erblassers die Unzumutbarkeit begründen, in der Verfügung von Todes wegen darzulegen.

19 c) **Angabe des Pflichtteilsberechtigten.** Im Gesetz nicht eindeutig geregelt ist die Frage, ob auch die **Person,** der der Pflichtteil entzogen werden soll, in der Verfügung von Todes wegen **bestimmt bezeichnet** werden muss. Von Bedeutung ist dies zB in den Fällen, in denen das Vergehen gegen den Erblasser oder einen seiner Angehörigen iSv § 2333 I Nr. 1 feststeht, aber (noch) unklar ist, wer die Tat begangen hat (Bsp.: Der blinde Erblasser wurde von einem seiner Abkömmlinge schwer geschlagen, ohne dass ihm erkennbar war, von wem).

20 Nach dem Gesetz ist die Angabe der Person des Pflichtteilsberechtigten, dem der Pflichtteil entzogen werden soll, nicht explizit erforderlich. Dennoch wird in der Lit. übereinstimmend davon ausgegangen, dass zur Verfügung auch die **genaue Bezeichnung** der Person gehört, der der Pflichtteil entzogen wird (MüKoBGB/*Lange* Rn. 3; Palandt/*Weidlich* Rn. 1). Allerdings wird „genaue Bezeichnung" nicht mit „namentlicher Erwähnung" gleichgesetzt, sondern es soll aus Sicht der Lit. die hinreichende Individualisierbarkeit genügen, und zwar auch, wenn mehrere Pflichtteilsberechtigte betroffen seien (MüKoBGB/ *Lange* Rn. 3; vgl. Staudinger/*Olshausen* Rn. 2). Für nicht ausreichend erachtet *Olshausen* (Staudinger/ *Olshausen* Rn. 2) bspw. die Bezeichnung des Betroffenen als „jenen meiner drei Söhne, der in der vergangenen Neujahrsnacht in der Diele auf mich einen Pistolenschuss abgefeuert hat, durch den ich aber nur gestreift worden bin …". Ob diese Konkretisierung nicht für eine wirksame Pflichtteilsentziehung genügen würde, ist zweifelhaft, da dem Erblasser mit der erforderlichen Benennung des Pflichtteilsberechtigten die Pflichtteilsentziehung uU zu sehr erschwert wird. Aus meiner Sicht genügt es, den Entziehungswillen gegenüber der Person zu dokumentieren, die das vom Erblasser geschilderte Vergehen begangen hat. Eine andere Frage ist, inwieweit der Tatvorwurf dann später auch bewiesen werden kann.

21 4. **Beweislast.** Dass der Beweislast im Pflichtteilsentziehungsrecht eine besondere Bedeutung zuzumessen ist, zeigt sich allein darin, dass das Gesetz hierzu eine eigenständige Regelung vorsieht, die die Frage klar regelt (Abs. 3).

22 Die **Beweislast** dafür, dass der angegebene Pflichtteilsentziehungsgrund besteht, trifft nach Abs. 3 denjenigen, der die Entziehung geltend macht, dh den **Pflichtteilsschuldner** (LG Landshut ErbR 2016, 349). Dies ist regelmäßig der Erbe, im Falle des § 2329 der Beschenkte. Die Beweislast kann aber auch denjenigen treffen, der nach den §§ 2318 ff. herangezogen wird, die Pflichtteilslast mitzutragen (vgl. Soergel/ *Dieckmann* Rn. 10; Staudinger/*Olshausen* Rn. 17; Palandt/*Weidlich* Rn. 5), also uU auch einen Vermächtnisnehmer oder Auflagenbegünstigten.

Nach hM gilt dies auch für das **Nichtvorliegen von Rechtfertigungs- und Entschuldigungsgründen** 23
auf Seiten des Pflichtteilsberechtigten, wie zB einer vom Pflichtteilsberechtigten behaupteten Notwehr
(BGH NJW-RR 1986, 371 ff. Zur Beweislast für Verfehlung iRd Rücktritts vom Erbvertrag, Staudinger/
Olshausen Rn. 18 mwN). Allerdings ist nach der nachfolgenden Entscheidung des BGH v. 25.11.1987
(BGH NJW 1988, 822) zur Beweislastregel für Unzurechnungsfähigkeit bei Erbunwürdigkeit gem.
§ 2339, in der der BGH eine Entscheidung für § 2336 III ausdrücklich offen gelassen hat, zweifelhaft, ob
nicht auch iRd Pflichtteilsentziehung (wie bei der Erbunwürdigkeit) die Beweislastregel des § 827 Vorrang genießt. Aus meiner Sicht spricht einiges dafür, die Beweislastregeln des Deliktsrechts, die den Täter
beschweren, auch bei der Frage nach dem Ausschluss der Rechtswidrigkeit einer Handlung oder dem
Verschulden anzuwenden (so für die Beweislast für die Zurechnungsfähigkeit des Pflichtteilsberechtigten
jetzt auch LG Ravensburg ZErb 2008, 120 f.). Für die Frage der Schuldunfähigkeit lässt sich für eine von
der ursprünglichen Entscheidung des BGH abweichende Ansicht auch die Grundsatzentscheidung des
BVerfG (NJW 2005, 2691 ff. = ZEV 2005, 388) zum Pflichtteilsrecht anführen, die für eine stärkere Beachtung der Ausstrahlungswirkung der Testierfreiheit iRd Pflichtteilsentziehung plädiert hat (*Kleensang*
ZEV 2005, 277 (283); BeckOK BGB/*G. Müller* Rn. 12). Außerdem ist ansonsten eine erhebliche Beweisnot des Erben zu befürchten, die das Pflichtteilsentziehungsrecht, das ohnehin den Eingriff in das
Pflichtteilsrecht nur unter engen Voraussetzungen gestattet, aus formalen Gründen noch weiter leer laufen lässt.

Angesichts der zu befürchtenden Beweisnot des Erblassers bzw. des Pflichtteilsschuldners wird dem 24
Erblasser in der Lit. im Hinblick auf die Beweislastverteilung zur Durchführung eines selbstständigen
Beweisverfahrens gem. §§ 485 ff. ZPO geraten (so zB NK-BGB/*Herzog* Rn. 11; Staudinger/*Olshausen*
Rn. 20).

Nach Ansicht des OLG Köln hat der Urkundsnotar auf die Beweislastverteilung des § 2336 III **hinzu-** 25
weisen (OLG Köln ZEV 2003, 464 (465)). Ob dies rechtlich zutreffend ist, ist fraglich (abl. daher auch
BeckOK BGB/*G. Müller* Rn. 12), da der Notar nach § 17 BeurkG nur über die rechtlichen Folgen des
Rechtsgeschäfts zu belehren hat. Zumindest geht das OLG Köln (ZEV 2003, 464 (465)) aber selbst davon
aus, dass der Notar darüber hinaus nicht auf Schwierigkeiten der Beweissituation, auf die Möglichkeit
einer entsprechenden Feststellungsklage oder auf die Inanspruchnahme anwaltlicher Hilfe hinzuweisen
habe.

5. Rechtsfolgen. → § 2333 Rn. 57. 26

6. Unwirksamkeit. Ist die Pflichtteilsentziehung unwirksam, dann ist hierin idR eine **schlüssige Ent-** 27
erbung (vgl. § 1938) zu sehen (Soergel/*Dieckmann* Rn. 1). Dies gilt bspw., wenn der Erblasser einem
möglichen gesetzlichen Erben, der selbst nicht pflichtteilsberechtigt ist, durch letztwillige Verfügung den
Pflichtteil entzogen hat (BayObLG NJW-RR 1996, 967). Bei Unwirksamkeit der Pflichtteilsentziehung
kann jedoch auch eine Anfechtung der Enterbung in Frage kommen, va, wenn der Erblasser irrtümlich
das Vorliegen eines Entziehungsgrundes angenommen hatte (so auch MüKoBGB/*Lange* Rn. 3).

§ 2337 Verzeihung

¹Das Recht zur Entziehung des Pflichtteils erlischt durch Verzeihung. ²Eine Verfügung, durch
die der Erblasser die Entziehung angeordnet hat, wird durch die Verzeihung unwirksam.

1. Normzweck. Die Vorschrift regelt das **Erlöschen** des Rechts zur Entziehung des Pflichtteils durch 1
Verzeihung. Der Begriff der Verzeihung entspricht demjenigen in § 532 (Ausschluss des Widerrufs einer
Schenkung wegen groben Undanks) und in § 2343 (Ausschluss der Erbunwürdigkeit).

2. Inhalt und Rechtsnatur. a) Inhalt der Verzeihung. Verzeihung durch den Erblasser ist nach der 2
hA gegeben, wenn der Erblasser nach außen zum Ausdruck gebracht hat, dass er die **Kränkung**, die
durch das in Rede stehende Verhalten hervorgerufen wurde, **nicht mehr als solche empfindet**, er also
das Verletzende der Kränkung als nicht mehr existent betrachtet und überwunden hat (BGH NJW 1984,
2089; MDR 1961, 840; LG Saarbrücken ErbR 2017, 579 (581); OLG Köln ZEV 1998, 144 ff.; OLG
Hamm MDR 1997, 844 f. mAnm *Finzel* = NJWE-FER 1997, 184; OLG Nürnberg NJW-RR 2012, 1225
(1226)).

Soweit der BGH in einem früheren Urt. v. 1.3.1974 (BGH NJW 1974, 1084 (1085)) hiervon abwei- 3
chend formuliert hatte, Verzeihung sei der nach außen kundgemachte Entschluss des Erblassers, aus den
erfahrenen Kränkungen **nichts mehr herleiten und über sie hinweggehen** zu wollen, hat der BGH sich
hiervon in der oa späteren Entscheidung (BGH NJW 1984, 2089) ausdrücklich distanziert. Denn die
Formulierung, aus den erfahrenen Kränkungen nichts mehr herleiten zu wollen, sei zu weit gefasst, da
zB das Verlangen des Erblassers nach einer Entschuldigung (also der Umstand, dass der Erblasser doch
noch etwas „aus der Kränkung herleite") nicht ausschließe, dass der Erblasser die Kränkung nicht mehr
als solche empfinde und diese daher verziehen sei. Es kommt also letztlich nur darauf an, ob der Erblasser die Kränkung überwunden hat (subjektives Element) und dies auch nach außen kundgetan hat (objektives Element). Die Wiederherstellung einer dem Eltern-Kind-Verhältnis entsprechenden innigen und
liebevollen Beziehung ist nicht erforderlich (MüKoBGB/*Lange* Rn. 1 mwN).

Verzeihung ist nicht mit **Versöhnung** gleichzusetzen. Verzeihung kann auch ohne Versöhnung gege- 4
ben sein (OLG Köln ZEV 1998, 144 ff.). Andererseits muss eine Versöhnung nicht gleichzeitig eine Ver-

zeihung beinhalten („vergessen, aber nicht vergeben") (vgl. Soergel/*Dieckmann* Rn. 3). Dies gilt va dann, wenn der Erblasser bei der Versöhnung im Sinne eines „Vorbehalts" eindeutig und unmissverständlich zum Ausdruck gebracht hat, dass die Wiederherstellung der familiären Beziehungen nicht als Verzeihung gewertet werden soll (Staudinger/*Olshausen* Rn. 21). Ein inniges Verhältnis zum Pflichtteilsberechtigten muss nicht wiederhergestellt worden sein; es genügt idR, wenn in dem Verhältnis des Erblassers zum Abkömmling ein Wandel zur Normalität iSd Wiederauflebens der familiären Beziehungen stattgefunden hat (OLG Nürnberg NJW-RR 2012, 1225 (1226)).

5 Verzeihung setzt grds. **Kenntnis** des Sachverhalts der Verfehlungen voraus (Soergel/*Dieckmann* Rn. 3; Staudinger/*Olshausen* Rn. 3 mwN). Daher können künftige Verfehlungen nicht schon im Voraus verziehen werden.

6 b) **Rechtsnatur.** Verzeihung ist ein **tatsächliches Verhalten**, nicht eine Willenserklärung. Die Grundsätze des allgemeinen Teils für Rechtsgeschäfte gelten nicht. Es ist insbes. **nicht volle Geschäftsfähigkeit** des Erblassers erforderlich; es genügt vielmehr, wenn der Erblasser die Bedeutung seines Verhaltens erkennen kann (vgl. Soergel/*Dieckmann* Rn. 7). Verzeihen kann daher grds. auch ein minderjähriger oder unter Betreuung stehender Erblasser (vgl. Staudinger/*Olshausen* Rn. 5). Außerdem muss die Verzeihung nicht wie eine rechtsgeschäftliche Erklärung gegenüber demjenigen, dem verziehen wird, abgegeben werden (BGH NJW 1974, 1084 (1085)). Schließlich ist die Verzeihung – wie auch sonst Realakte – **unwiderruflich** (Staudinger/*Olshausen* Rn. 6).

7 Erforderlich ist die Verzeihung **in Person des Erblassers.** Dies gilt selbst dann, wenn sich der Pflichtteilsentziehungsgrund auf eine Verfehlung gegen einen Angehörigen (vgl. § 2333 I Nr. 1 u. 2) gründet. Auch bei einem Ehegattentestament kann daher jeder nur mit Wirkung auf den Pflichtteil an seinem Nachlass verzeihen.

8 3. **Form.** Für die Verzeihung ist **keine besondere Form** vorgeschrieben. Es gilt insbes. nicht das Erfordernis, die Verzeihung (wie die Pflichtteilsentziehung, vgl. § 2336 I) durch letztwillige Verfügung zu erklären. Die Verzeihung kann daher uU auch einem formnichtigen Testament entnommen werden (OLG Hamm FamRZ 1972, 660 ff. = DNotZ 1973, 108).

9 Die Verzeihung kann auch durch **schlüssige Handlungen** erfolgen (OLG Köln ZEV 1998, 144 ff.; OLG Hamm NJW-RR 2007, 1235 ff.), wobei *Lange* zutreffend dann zu einer gewissen Vosicht rät (*Lange* ZEV 2018, 237 (242)). Eine Verzeihung kann bspw. darin zu sehen sein, dass der Erblasser zur Aufnahme eines größeren Kredits im Interesse des Pflichtteilsberechtigten bereit war, da dies bei lebensnaher Betrachtung belegt, dass vorangegangene Verfehlungen nicht mehr als kränkend empfunden werden (OLG Hamm NJW-RR 2007, 1235 ff.). Auch in der Erbeinsetzung des Pflichtteilsberechtigten oder der Aussetzung eines Vermächtnisses zu seinen Gunsten wird idR eine Verzeihung des Erblassers liegen (OLG Karlsruhe ZErb 2009, 304; vgl. aber OLG Köln ZEV 1996, 430, wo der Erblasser nur eine entsprechende Äußerung, den Pflichtteilsberechtigten bedacht zu haben, gemacht hatte; zum Vermächtnis OLG Hamm NJWE-FER 1997, 184). Schließlich hat das OLG Dresden das Bemühen, einen Sohn nach jahrelangen Spannungen an einer Familien-GmbH zu beteiligen, als Verzeihung gewertet (OLG Dresden NJWE-FER 1999, 275 f.).

10 Die Verzeihung ist – wie die Pflichtteilsentziehung, die in Form einer letztwilligen Verfügung zu erfolgen hat, auch – eine höchstpersönliche Angelegenheit. **Stellvertretung** ist daher ausgeschlossen. Dies gilt auch im Hinblick darauf, dass es sich nach hA nicht um eine rechtsgeschäftliche Willenserklärung, sondern um einen Realakt handelt.

11 4. **Sonstige Unwirksamkeitsgründe.** Außer durch Verzeihung kann die Entziehung auch durch **Widerruf** der Entziehungsverfügung nach den §§ 2253 ff. unwirksam werden. Ein Widerruf erfolgt jedoch (notwendigerweise) durch letztwillige Verfügung. Der Widerruf kann im Gegensatz zur Verzeihung durch Widerruf beseitigt werden, wodurch eine erneute Pflichtteilsentziehung bewirkt wird (vgl. Soergel/*Dieckmann* Rn. 17; Staudinger/*Olshausen* Rn. 6, 24; MüKoBGB/*Lange* Rn. 11).

12 5. **Rechtsfolgen.** Die Verzeihung bewirkt zum einen, dass die Entziehungsbefugnis **für die Zukunft entfällt** (S. 1). Ob eine Entziehungsverfügung wegen der Verfehlung bereits errichtet wurde, spielt in diesem Zusammenhang keine Rolle.

13 Zum anderen **macht** die Verzeihung nach S. 2 eine bereits angeordnete Pflichtteilsentziehung – egal aus welchem Grund diese angeordnet wurde – **unwirksam.** Die Wirksamkeit der übrigen Verfügungen richtet sich nach § 2085 (iZw bleiben daher die übrigen Verfügungen wirksam).

14 Ist gleichzeitig eine Enterbung gegeben, kann diese nur durch neue formgültige Verfügung beseitigt werden. Eine Verzeihung genügt nicht zur Beseitigung (OLG Hamm FamRZ 1972, 660 ff. = DNotZ 1973, 108).

15 6. **Beweisfragen.** Der Pflichtteilsberechtigte trägt nach den allgemeinen zivilprozessualen Grundsätzen für den von ihm günstigen Umstand der Verzeihung die Beweislast (vgl. → § 2336 Rn. 21 ff.).

§ 2338 Pflichtteilsbeschränkung

(1) ¹Hat sich ein Abkömmling in solchem Maße der Verschwendung ergeben oder ist er in solchem Maße überschuldet, dass sein späterer Erwerb erheblich gefährdet wird, so kann der Erblasser das Pflichtteilsrecht des Abkömmlings durch die Anordnung beschränken, dass nach dem Tode des

Abkömmlings dessen gesetzliche Erben das ihm Hinterlassene oder den ihm gebührenden Pflichtteil als Nacherben oder als Nachvermächtnisnehmer nach dem Verhältnis ihrer gesetzlichen Erbteile erhalten sollen. ²Der Erblasser kann auch für die Lebenszeit des Abkömmlings die Verwaltung einem Testamentsvollstrecker übertragen; der Abkömmling hat in einem solchen Falle Anspruch auf den jährlichen Reinertrag.

(2) ¹Auf Anordnungen dieser Art findet die Vorschrift des § 2336 Abs. 1 bis 3 entsprechende Anwendung. ²Die Anordnungen sind unwirksam, wenn zur Zeit des Erbfalls der Abkömmling sich dauernd von dem verschwenderischen Leben abgewendet hat oder die den Grund der Anordnung bildende Überschuldung nicht mehr besteht.

I. Praktische Bedeutung der Norm

Zur Vorschrift des § 2338 sind bislang kaum Gerichtsurteile ergangen. Auch literarische Äußerungen liegen hierzu wenige vor. Dies zeigt, dass die praktische Bedeutung der Pflichtteilsbeschränkung in guter Absicht eher gering ist. Zurückführen lässt sich dies darauf, dass der Tatbestand des § 2338 aufgrund des seltenen Zusammentreffens der verschiedenen Tatbestandselemente nicht häufig erfüllt sein wird. Außerdem gewährt § 2338 nur eine Möglichkeit der Beschränkung des Pflichtteils, nicht aber zur Entziehung oder Kürzung des Pflichtteils. Die Pflichtteilslast kann der Erblasser hierdurch also nicht reduzieren (was gerade häufig Gestaltungsziel des Erblassers ist). Schließlich wird in der Praxis häufig versucht, eine einvernehmliche Lösung des Problems zu erzielen, bspw. durch Abschluss eines Pflichtteilsverzichtsvertrages verbunden mit der Zuwendung unpfändbarer Vermögenswerte (*Baumann* ZEV 1996, 121 (122); NK-BGB/*Herzog* Rn. 2). 1

II. Wesen und Ziel der Pflichtteilsbeschränkung

Die Pflichtteilsbeschränkung in guter Absicht ist nach ihrem Charakter von der Entziehung des Pflichtteils nach den §§ 2333 ff. ganz verschieden. Denn es handelt sich bei ihr um eine **fürsorgerische Maßnahme**, nicht um eine Art Strafe. Im Vordergrund der Vorschrift steht daher das Interesse des überschuldeten oder verschwenderischen Abkömmlings selbst (hins. der übrigen Pflichtteilsberechtigten – Eltern, Ehegatten und eingetragene Lebenspartner – ist § 2338 nicht einschlägig). Die Anordnungen nach § 2338 sind nicht Entziehung, sondern im Gegenteil **Zuwendung des Pflichtteils**, die mit fürsorglichen Maßnahmen für den Abkömmling und seine Familie verbunden ist (Staudinger/*Olshausen* Rn. 2 f.). Unmittelbarer Zweck der Pflichtteilsbeschränkung in guter Absicht ist es also nicht, den verschwenderischen oder überschuldeten pflichtteilsberechtigten Abkömmling für sein Verhalten zu bestrafen, sondern, ihm seinen Unterhalt zu sichern und das ihm Zugewandte seinen gesetzlichen Erben zu erhalten (vgl. *Lange/Kuchinke* ErbR § 37 Kap. XIV Rn. 1). Wegen seines Charakters als Akt der „Zwangsfürsorge" ist daher auch weder ein Verschulden des Abkömmlings noch das Einverständnis des Erblassers mit der Lebensweise des Abkömmlings, noch dessen Verwarnung (vgl. § 2337) für die Zulässigkeit einer Maßnahme nach § 2338 von Bedeutung (NK-BGB/*Herzog* Rn. 1; Soergel/*Dieckmann* Rn. 1). 2

Die besondere Bedeutung des § 2338 besteht darin, dass die Vorschrift ausnahmsweise erlaubt, dem Berechtigten Beschränkungen aufzuerlegen, die ansonsten nach den allgemeinen Regeln der §§ 2306, 2307 durch Ausschlagung beseitigt werden können. Unter den Voraussetzungen des § 2338 bleiben die Beschränkungen wirksam, wenn der Abkömmling seine Erbschaft ausschlägt und den Pflichtteil verlangt. 3

Durch die Anordnung von Maßnahmen iSv § 2338 kann kein **Pflichtteilsrecht der Abkömmlinge** des beschränkten Abkömmlings gem. § 2309 entstehen, weil der in guter Absicht beschränkte Abkömmling pflichtteilsberechtigt bleibt (Soergel/*Dieckmann* Rn. 2 mwN). 4

Liegen die Voraussetzungen des § 2338 vor, berechtigt dies im Falle der **erbvertraglichen** Einsetzung des pflichtteilsberechtigten Abkömmlings des Erblassers, durch eine spätere letztwillige Verfügung die nach § 2338 zulässigen Anordnungen zu treffen, um seinen Abkömmling im Falle der Verschwendungssucht oder der Überschuldung zu schützen. Hierbei handelt es sich um einen gesetzlichen Änderungsvorbehalt (BeckOK BGB/*Litzenburger* § 2289 Rn. 12). Die Änderungsermächtigung gilt nach § 2271 III entsprechend im Falle der Bindungswirkung eines gemeinschaftlichen Testaments (vgl. dazu auch OLG Köln Rpfleger 1983, 113 = MDR 1983, 318). 5

III. Tatbestandsvoraussetzungen

1. Abkömmling. Die Beschränkungen sind nur gegenüber einem Abkömmling, nicht gegenüber sonstigen pflichtteilsberechtigten Personen (Ehegatte, eingetragener Lebenspartner, Eltern) zulässig. Unter „Abkömmling" sind alle absteigenden Verwandten in gerader Linie iSv § 1589 I (Kinder, Enkel, Urenkel, usw) zu verstehen. Erfasst sind auch **nichteheliche** Kinder, sofern die Vaterschaft im Rechtssinne feststeht. Gleiches gilt für **adoptierte** Kinder, unabhängig davon, ob es sich um eine Minderjährigen- oder eine Volljährigenadoption handelte. 6

2. Verschwendung oder Überschuldung. Notwendiger Pflichtteilsbeschränkungsgrund ist gem. § 2338 I 1, dass sich der Abkömmling in solchem Maß der Verschwendung ergeben hat oder in solchem Maß überschuldet ist, dass sein späterer Erwerb erheblich gefährdet ist. Die Voraussetzungen müssen bei Testamentserrichtung gegeben sein und bei Eintritt des Erbfalls noch oder wieder vorliegen. 7

8 **Verschwendung** iSd Vorschrift liegt nach hA in Anlehnung an den alten Entmündigungstatbestand nach § 6 BGB aF vor, wenn ein Hang zu zweck- und nutzloser Vermögensverwendung besteht, ohne dass jedoch die Gefahr einer Notlage gegeben sein muss (*Baumann* ZEV 1996, 121 (122); Staudinger/ *Olshausen* Rn. 9 mwN). Zum Teil wird in der neueren Lit. unter Verweis auf das neu gefasste Erwachsenenvormundschaftsrecht (Betreuungsrecht) zusätzlich verlangt, dass den unnützen Ausgaben eine psychische oder geistige Erkrankung (Spiel- oder Kaufsucht oder andere krankhafte Störungen) zugrunde liegt (*Kuhn* ZEV 2011, 288 (290)). Dies ist jedoch vom Wortlaut der Vorschrift nicht gedeckt und daher abzulehnen (so auch JurisPK-BGB/*Birkenheier* Rn. 10).

9 **Überschuldung** liegt in Anlehnung an § 19 InsO vor, wenn das Vermögen des Schuldners die bestehenden Verbindlichkeiten nicht mehr deckt, wenn also die Passiva die vorhandenen Aktiva übersteigen. Worauf die Überschuldung beruht, ist belanglos.

10 **3. Gefährdung des späteren Erwerbs.** Zusätzlich zur Verschwendung oder Überschuldung ist erforderlich, dass der **spätere Erwerb** des Abkömmlings durch seinen Hang zur Verschwendung oder durch den Zugriff der Eigengläubiger des Abkömmlings **erheblich gefährdet** wird. Das bedeutet, dass die Verschwendungssucht oder die Überschuldung triftigen Grund zu der Annahme geben muss, dass der Abkömmling das ihm zufließende Vermögen ganz oder zum großen Teil vergeude oder dass dieses der sofortigen Pfändung durch seine Gläubiger unterliegen wird (NK-BGB/*Herzog* Rn. 6).

11 **4. Kausalität.** Die Gefährdung des Erwerbs muss auf Verschwendung und Überschuldung **zurückzuführen** sein. Andere Gefährdungsgründe, wie bspw. Drogenabhängigkeit oder Sektenzugehörigkeit des Kindes, genügen nicht (vgl. *Baumann* ZEV 1996, 121 (127)).

12 In den zuletzt genannten Fällen, wenn der Anwendungsbereich des § 2338 nicht eröffnet ist, können „wohlmeinende Beschränkungen" des Pflichtteilsberechtigten iSd Anordnung von Nacherbfolge oder von aufschiebend bedingten Herausgabevermächtnissen – jeweils in Verbindung mit Dauer-Testamentsvollstreckung – daher nur nach allgemeinen pflichtteilsrechtlichen Grundsätzen angeordnet werden (Stichwort: „überschuldeter" bzw. „bedürftiger Erbe"; vgl. *Kornexl*, Nachlassplanung bei Problemkindern, 2006; *Limmer* ZEV 2004, 133 ff.; *Everts* ZErb 2005, 353 ff.). Für letztere Fälle gilt daher auch – anders als iRd § 2338 – § 2306 I. Der Pflichtteilsberechtigte hat in den zuletzt genannten Fällen demzufolge immer die Möglichkeit, die beschränkte Erbschaft auszuschlagen und den unbelasteten vollen Pflichtteil geltend zu machen. Soll dies verhindert werden, muss die Gestaltung durch einen (eingeschränkten) Pflichtteilsverzichtsvertrag abgesichert werden.

13 Im Anwendungsbereich des § 2338 kann sich der Abkömmling dagegen nicht den wirksam angeordneten Beschränkungen durch Ausschlagung des ihm zugewandten Erbteils entziehen (Staudinger/*Olshausen* Rn. 33).

IV. Beschränkungsmöglichkeiten

14 **1. Überblick. a) Allgemeines.** Liegen die engen Tatbestandsvoraussetzungen des § 2338 I 1 vor, kann der Erblasser das Pflichtteilsrecht des Abkömmlings durch die Einsetzung der gesetzlichen Erben des Abkömmlings als **Nacherben** oder als **Nachvermächtnisnehmer** bzw. durch die Anordnung der **Testamentsvollstreckung** zur Verwaltung des Zugewandten beschränken. Die Beschränkungsmöglichkeiten bestehen auch dann, wenn dem Abkömmling mehr als sein Pflichtteilsanspruch hinterlassen worden ist (RGZ 85, 347 (349)). Die Nacherbfolge oder das Nachvermächtnis müssen auf den **Tod des Abkömmlings** angeordnet sein (vgl. Soergel/*Dieckmann* Rn. 13).

15 **b) Nacherbfolge.** Die Anordnung der Nacherbfolge zugunsten der gesetzlichen Erben ist verbunden mit der Berufung des Abkömmlings zum **Vorerben** (§ 2100). Als solcher kann er nicht wirksam letztwillig über den nacherbengebundenen Nachlass verfügen, da dieses Sondervermögen mit dem Tod des Vorerben und dem damit verbundenen Eintritt des Nacherbfalls von selbst den Nacherben anfällt (vgl. § 2139). Als Vorerbe ist der Abkömmling außerdem bei Verfügungen unter Lebenden gem. §§ 2112 ff. Beschränkungen unterworfen und gem. § 2115 in bestimmten Ausmaß vor Zwangsverfügungen der Eigengläubiger geschützt. Schließlich sind **nach § 863 ZPO** die Nutzungen der Erbschaft dem Pfändungszugriff der Eigengläubiger entzogen, soweit dies zur Sicherung des „standesgemäßen" Unterhalts für den Abkömmling und für dessen gesetzliche Unterhaltsgläubiger erforderlich ist.

16 **c) Nachvermächtnis.** Die Anordnung eines Nachvermächtnisses (§ 2191) kommt nicht nur in Betracht, wenn der Erblasser den Abkömmling mit einem Vermächtnis bedacht hat, sondern auch, wenn der Erblasser den Abkömmling auf den Pflichtteil verwiesen hat oder sich dieser durch Ausschlagung den Pflichtteil verschafft hat (Soergel/*Dieckmann* Rn. 16 mwN). In den letzteren Fällen werden die gesetzlichen Erben wie Nachvermächtnisnehmer behandelt. Durch Anordnung des Nachvermächtnisses wird der vermachte Gegenstand zwar der Testierfreiheit des Abkömmlings entzogen. Gegen lebzeitige Verfügungen, durch die das Nachvermächtnis vereitelt werden kann, sind die Nachvermächtnisnehmer aber nicht geschützt. Außerdem gilt § 863 ZPO nicht, so dass auch die Nutzungen des hinterlassenen Vermögens nicht zumindest teilweise vor dem Pfändungszugriff der Eigengläubiger gewahrt sind. Durch zusätzliche Anordnung der Testamentsvollstreckung (→ Rn. 17 ff.) kann der Schutz der Nachvermächtnisnehmer aber weiter ausgebaut werden.

17 **d) Verwaltungsvollstreckung.** Durch Anordnung der Verwaltung des Nachlasses durch einen Testamentsvollstrecker auf Lebenszeit des Abkömmlings entzieht der Erblasser diesem das Verfügungsrecht

Pflichtteilsbeschränkung § 2338 BGB 10

über Nachlassgegenstände (§ 2211). Gleichzeitig schließt er die Eigengläubiger des Abkömmlings vom Pfändungszugriff aus (§ 2214) und entzieht diesen die Nutzungen nach Maßgabe des § 863 ZPO. Nach § 2338 I 2 Hs. 2 verbleibt dem Abkömmling jedoch der jährliche Reinertrag, der damit auch für die Privatgläubiger pfändbar ist, allerdings nur nach Maßgabe des § 863 I ZPO (vgl. § 863 II ZPO).

Str. ist, ob der Erblasser durch entsprechende Anordnung auch den **jährlichen Reinertrag** iSv Abs. 1 18 S. 2 der Verwaltung des Testamentsvollstreckers unterstellen kann (OLG Bremen JurBüro 1983, 1572 f. = FamRZ 1984, 213). Dies wird grds. verneint. Nach hA kann der Erbe diese Beschränkung aber (durch Nichtausschlagung der beschränkten Erbschaft) gegen sich gelten lassen und damit auch den Reinertrag den Privatgläubigern des Abkömmlings entziehen, ohne dass dies wegen der damit verbundenen Gläubigerbenachteiligung als sittenwidrig einzustufen ist (OLG Bremen JurBüro 1983, 1572 f. = FamRZ 1984, 213; NK-BGB/*Herzog* Rn. 14; Palandt/*Weidlich* Rn. 3; MüKoBGB/*Lange* Rn. 18; Soergel/*Dieckmann* Rn. 18; Staudinger/*Olshausen* Rn. 29; aA Baumann ZEV 1996, 121 (124)).

e) **Andere Pflichtteilsbeschränkungen bzw. pflichtteilsberechtigte Personen. Andere** als die in 19 § 2338 zugelassenen Pflichtteilsbeschränkungen, insbes. eine Herabsetzung der Pflichtteilsquote, kann der Erblasser nur anordnen, wenn gleichzeitig die Voraussetzungen der **Pflichtteilsentziehung** nach §§ 2333 ff. vorliegen.

Gleiches gilt für den Fall, dass andere pflichtteilsberechtigte Personen als Abkömmlinge (also der Ehe- 20 gatte, der eingetragene Lebenspartner oder Eltern) Pflichtteilsbeschränkungen iSd § 2338 (oder anderer Art) unterworfen werden sollen, ohne sich durch Ausschlagung gem. § 2306 hiervon befreien zu können.

2. Kombinierte Anordnungen. Die og Beschränkungsmöglichkeiten können jeweils **einzeln** ange- 21 ordnet werden. Die Anordnung der Nacherbschaft oder des Nachvermächtnisses kann jedoch auch mit der Anordnung der Verwaltungstestamentsvollstreckung **kombiniert** werden (was in der Praxis regelmäßig der Fall ist). Dies empfiehlt sich, um über die Kombination von §§ 2115 u. 2214 einen umfassenden Vollstreckungsschutz gegen die Eigengläubiger des so Bedachten zu erreichen (*Baumann* ZEV 1996, 121 (126); *Keim* NJW 2008, 2072 (2074)). Eine Ausnahme gilt hins. des jährlichen Reinertrags des Zugewandten, der nach § 2338 I 2 Hs. 2 nicht der Verwaltungstestamentsvollstreckung unterworfen ist, so dass die Gläubiger auf ihn zugreifen können, soweit er den gem. § 863 I 1 ZPO nicht pfändbaren Betrag übersteigt.

Eine Kombination der Beschränkungsmöglichkeiten ist besonders bei Anordnung eines **Nachver- 22 mächtnisses** wichtig. Denn das Nachvermächtnis schützt die gesetzlichen Erben nur vor Verfügungen von Todes wegen, nicht vor lebzeitigen Verfügungen, wie sich aus der fehlenden Verweisung des § 2191 II auf die §§ 2113 ff. rückschließen lässt. Außerdem hätten die Eigengläubiger des Abkömmlings ohne gleichzeitige Anordnung der Testamentsvollstreckung wegen Nichtgeltung des § 2115 und des § 863 I ZPO ohne weiteres Zugriff auf das Hinterlassene (*Keller* NotBZ 2000, 253 (255)).

Die Testamentsvollstreckung allein schließt dagegen eine Weitervererbung an dem Erblasser unange- 23 nehme Personen nicht aus (*v. Dickhuth-Harrach* FS Rheinisches Notariat, 1998, 185 (202)) und wird daher regelmäßig mit der Nacherbfolge oder dem Nachvermächtnis kombiniert.

3. Nachbegünstigter Personenkreis. Die Beschränkungsmöglichkeiten durch Nacherbfolge oder 24 Nachvermächtnis können nur zugunsten der **gesetzlichen Erben des Abkömmlings** (vgl. zu diesem Begriff § 2066), nicht zugunsten von sonstigen Dritten bestehen. Der Staat zählt hier ebenso wenig zu den gesetzlichen Erben wie in §§ 2104, 2149. Die Anordnung der **Nacherbfolge nur zugunsten eines Teils der gesetzlichen Erben**, wie bspw. der Abkömmlinge des beschränkten Pflichtteilsberechtigten (unter Ausschluss von Schwiegerkindern), wäre daher **unzulässig**. Dies wird bei der Testamentsgestaltung häufiger übersehen. Eine Ausnahme gilt nach hA nur gegenüber Personen, denen der Erblasser den Pflichtteil entziehen darf. Diese können dann auch als nachbegünstigte Personen ausgeschlossen werden (vgl. Soergel/*Dieckmann* Rn. 12 mwN).

Um die Unzulässigkeit der angeordneten Beschränkungen zu vermeiden, sollten als Nachbedachte 25 pauschal „die gesetzlichen Erben des Abkömmlings gem. § 2066 BGB" eingesetzt werden (vgl. umfassendes Formulierungsmuster bei Schlitt/Müller Pflichtteils-HdB/*Müller* § 10 Rn. 205).

Die gesetzlichen Erben können auch nur zu den sie nach der **gesetzlichen Erbfolge** treffenden **Antei- 26 len** berufen werden.

V. Form (Abs. 2 S. 1)

Hins. der Form verweist Abs. 2 S. 1 auf § 2336. Daraus folgt, dass die Anordnung nach Abs. 2 iVm 27 § 2336 I, II **durch letztwillige Verfügung** zu erfolgen hat. Die Beschränkung kann in jeder Testamentsform angeordnet werden. Wird sie – was zulässig ist – in ein gemeinschaftliches Testament oder einen Erbvertrag aufgenommen, kann sie nach hA wegen §§ 2270 III, 2278 II keine Bindungswirkung entfalten (vgl. MüKoBGB/*Lange* Rn. 20; Staudinger/*Olshausen* Rn. 15). Dies gilt allerdings nur in Bezug auf die Rechtsstellung des beschränkten Abkömmlings, nicht in Bezug auf andere Personen. Die nach dem Abkömmling Begünstigten, insbes. die nach ihm eingesetzten Nachvermächtnisnehmer oder Nacherben können durchaus im Wege einer erbrechtlich bindenden Verfügung begünstigt sein.

Aus der Verweisung auf § 2336 II folgt auch, dass die Beschränkungsanordnung **unter Angabe von** 28 **Gründen** erfolgen muss (Bsp.: „Mein Sohn S ist infolge wirtschaftlichen Niedergangs seines als Einzelfirma betriebenen Geschäfts stark überschuldet. Es bestehen Kreditverbindlichkeiten iHv …, während aktives Vermögen quasi nicht mehr vorhanden ist. Ein Antrag auf Eröffnung des Insolvenzverfahrens über sein Vermögen ist mangels Masse abgelehnt worden. Durch diese Überschuldung ist sein künftiger Vermögenserwerb erheblich gefährdet. Daher ordne ich hins. meines Sohnes Pflichtteilsbeschränkungen iSd § 2338 BGB an ..."). Im Hinblick darauf, dass es sich bei der Pflichtteilsbeschränkung in guter Absicht nicht wie bei der Pflichtteilsentziehung um eine Art Strafe handelt, wird in der Lit. aber verbreitet davon ausgegangen, dass an die Angabe des Grundes in der Verfügung nicht so strenge Anforderungen wie im Falle der Pflichtteilsentziehung zu stellen sind (Soergel/*Dieckmann* Rn. 20).

VI. Unwirksamkeit der Anordnungen (Abs. 2 S. 2)

29   Die Erblasseranordnung **ist unwirksam,** wenn sich die Anordnung nicht im gesetzlichen Rahmen hält (zB einzelne gesetzliche Erben grundlos ausgeschlossen werden), sie keine Gründe oder andere als die im Gesetz erschöpfend aufgeführten angibt oder sie unbegründet ist, weil die Tatbestandsvoraussetzungen nicht erfüllt sind.

30   Die Erblasseranordnung **wird** nach Abs. 2 S. 2 **unwirksam** bei dauernder Besserung oder Wegfall der Überschuldung zur Zeit des Erbfalls. Spätere Besserung hilft grds. nicht, sofern dies nicht vom Erblasser vorgesehen ist, bspw. durch Anordnung einer entsprechenden Bedingtheit der Beschränkungen (vgl. §§ 2074f.). Ansonsten kann sich ggf. durch ergänzende Auslegung der Wille des Erblassers ermitteln lassen, dass die Beschränkungen mit nachträglichem Wegfall der Beschränkungsvoraussetzungen wegfallen sollen. Ist die Testamentsvollstreckung aber – wie regelmäßig – auf Lebenszeit des Abkömmlings angeordnet, wird die Möglichkeit einer entsprechenden ergänzenden Auslegung abgelehnt (KG DFG 1942, 86 = DR 1942, 1190; Soergel/*Dieckmann* Rn. 7). Die Unwirksamkeit tritt ohne Anfechtung ein und kann vom Abkömmling, aber auch von einem Gläubiger (vgl. § 863 ZPO) geltend gemacht werden (Palandt/*Weidlich* Rn. 4).

31   Angesichts der hohen formellen und materiellen Anforderungen empfiehlt es sich bei Einvernehmen zwischen dem Erblasser und dem überschuldeten Pflichtteilsberechtigten zur Vermeidung eines Gläubigerzugriffs, einen Pflichtteilsverzicht zu vereinbaren. Der Erblasser kann dann ein sog. **Überschuldetentestament** (mit Vor- und Nacherbfolge und Dauer-Testamentsvollstreckung) errichten, ohne dass die Ausschlagung gem. §§ 2306 I, 2307 I und die Geltendmachung des Pflichtteils drohen (*Kuhn* ZEV 2011, 288 (292)).

VII. Beweislast

32   Aus der Verweisung des Abs. 2 S. 1 auf § 2336 III folgt, dass die Beweislast für den Beschränkungsgrund derjenige trägt, der sich auf die Beschränkung beruft. IdR sind dies der Testamentsvollstrecker, der eingesetzte Nacherbe oder Nachvermächtnisnehmer (Soergel/*Dieckmann* Rn. 22; Staudinger/*Olshausen* Rn. 18). Behauptet jedoch der Abkömmling oder einer seiner Gläubiger, dass die zur Zeit der Beschränkungsverfügung (unstreitig) gegebene Überschuldung oder Verschwendungssucht im Zeitpunkt des Erbfalls nicht mehr bestanden habe, so sind sie hierfür beweispflichtig (Staudinger/*Olshausen* Rn. 18 mwN).

Abschnitt 6. Erbunwürdigkeit

§ 2339 Gründe für Erbunwürdigkeit

(1) **Erbunwürdig ist:**
1. wer den Erblasser vorsätzlich und widerrechtlich getötet oder zu töten versucht oder in einen Zustand versetzt hat, infolge dessen der Erblasser bis zu seinem Tode unfähig war, eine Verfügung von Todes wegen zu errichten oder aufzuheben,
2. wer den Erblasser vorsätzlich und widerrechtlich verhindert hat, eine Verfügung von Todes wegen zu errichten oder aufzuheben,
3. wer den Erblasser durch arglistige Täuschung oder widerrechtlich durch Drohung bestimmt hat, eine Verfügung von Todes wegen zu errichten oder aufzuheben,
4. wer sich in Ansehung der Verfügung des Erblassers von Todes wegen einer Straftat nach den §§ 267, 271 bis 274 des Strafgesetzbuchs schuldig gemacht hat.

(2) Die Erbunwürdigkeit tritt in den Fällen des Absatzes 1 Nr. 3, 4 nicht ein, wenn vor dem Eintritt des Erbfalls die Verfügung, zu deren Errichtung der Erblasser bestimmt oder in Ansehung deren die Straftat begangen worden ist, unwirksam geworden ist, oder die Verfügung, zu deren Aufhebung er bestimmt worden ist, unwirksam geworden sein würde.

Literatur: *Hempel*, Erbunwürdigkeit – historische Entwicklung und geltendes Recht, Diss. Köln 1969; *Hohloch*, Beweislast für Unzurechnungsfähigkeit im Erbunwürdigkeitsverfahren, JuS 1988, 819; *Holtmeyer*, Aktuelle Praxisprobleme des Erbunwürdigkeitsrechts, ZErb 2010, 6; *Kroiß*, Die Erbunwürdigkeitsklage, FF 2004, 13; *de Leve*, Erbunwürdig durch Sterbehilfe? – § 2339 BGB im Praxistest, ZEV 2015, 682; *Lutz*, Ist das Rechtsinstitut der Erb-, Vermächtnis- und Pflichtteilsunwürdigkeit reformbedürftig?, 2005; *Muscheler*, Grundlagen der Erbunwürdigkeit, ZEV 2009, 58; *Muscheler*, Erbunwürdigkeitsgründe und Erbunwürdigkeitsklage, ZEV 2009, 101; *Speckmann*, Erbunwürdigkeit bei Testamentsfälschung im Sinne des Erblasserwillens – BGH NJW 1970, 197, JuS 1971, 235; *Weimar*, Die Erbunwürdigkeit, MDR 1962, 633.

Gründe für Erbunwürdigkeit

1. Normzweck und praktische Bedeutung. Die Vorschriften über die Erbunwürdigkeit versuchen zu verhindern, dass ein gesetzlicher oder gewillkürter Erbe sich dadurch das Vermögen des Erblassers aneignet, dass er dessen Tod herbeiführt oder ihn daran hindert, von der gesetzlichen oder gewillkürten Erbfolge durch Testament oder Erbvertrag abzuweichen. Zum Teil wird der Normzweck der Vorschriften daher darin gesehen, die Verdunkelung des wahren Erblasserwillens durch Handlungen des Unwürdigen abzuwehren. Während dieser Schutz der Testierfreiheit zumindest den Tatbeständen der Nr. 2–4 zugeordnet werden kann, liegt der Nr. 1 der Grundgedanke „Blutige Hand nimmt kein Erbe" zugrunde (*Muscheler* ZEV 2009, 58 (60)). Strenggenommen fußen die einzelnen Tatbestände des § 2339 nicht auf einem einheitlichen Grundgedanken. Vielleicht war deswegen bislang der Normzweck der §§ 2339 ff. in der Lit. so umstritten (vgl. MüKoBGB/*Helms* Rn. 2 ff.). 1

Unternimmt man den Versuch, den Normzweck dennoch auf einen Nenner zu bringen, dann dürfte dies in erster Linie so gelingen, dass man – wie *Muscheler* (ZEV 2009, 58 (61)) – die Erbunwürdigkeit von ihrer Rechtsfolge her begreift: Erbunwürdig wird, wer die **Würde des Erblassers** in seiner Eigenschaft **als Träger von Testierfreiheit verletzt** („Unwürdigkeit" des Erben durch „Entwürdigung" des Erblassers). Mit diesem Verständnis korrespondiert auch die Möglichkeit der Verzeihung nach § 2343, die dann als Wiederherstellung der Würde des Unwürdigen wie des Entwürdigten begriffen werden kann (*Muscheler* ZEV 2009, 58 (61)). 2

Von der **Pflichtteilsentziehung** nach den §§ 2333 ff. **unterscheidet** sich die Erbunwürdigkeit va dadurch, dass sie sich – abgesehen von der Pflichtteilsunwürdigkeit – nicht auf den Pflichtteil bezieht. Außerdem wird sie nicht durch den Erblasser, sondern durch einen Erbbeteiligten – und zwar erst nach Eintritt des Erbfalls – geltend gemacht. Schließlich geht es bei der Erbunwürdigkeit anders als bei der Pflichtteilsentziehung um die nachträgliche Beseitigung eines Erbrechts, wobei die Geltendmachung regelmäßig durch Klage zu erfolgen hat. 3

Die **praktische Bedeutung** der Erbunwürdigkeitsvorschriften ist eher gering. Es gibt zwar immer wieder spektakuläre Fälle, va im Anwendungsbereich von Nr. 1 (Tötung des Erblassers). Veröffentlichte Gerichtsentscheidungen sind allerdings selten. Auch in der Beratungspraxis spielt das Rechtsinstitut – anders als bspw. die Pflichtteilsentziehung, die als Gestaltungsinstrument im Bewusstsein der Bevölkerung vorhanden ist – keine bedeutende Rolle. Es steht zu vermuten, dass die Voraussetzungen und die Wirkungsweise der Erbunwürdigkeit (bzw. Vermächtnis- und Pflichtteilsunwürdigkeit) selbst bei Rechtsanwälten und Notaren wenig bekannt sind. Wahrscheinlich sind gerade Urkundsdelikte zu Lasten des Erblassers (zB Fälschung oder Unbrauchbarmachung von Testamenten) in der Praxis nicht so selten, bleiben aber häufig unerkannt oder es wird eine klageweise Geltendmachung der Erbunwürdigkeit gescheut. 4

2. Allgemeine Grundsätze und Verfassungsmäßigkeit. a) Allgemeine Grundsätze. Das Gesetz kennt nicht nur die „Erbunwürdigkeit" im engeren Sinne, die sich auf einen Erbschaftserwerb kraft gesetzlicher oder gewillkürter Erbfolge bezieht. Erbunwürdigkeit kann vielmehr auch bei lediglich obligatorisch am Nachlass berechtigten Personen, wie Vermächtnisnehmern oder Pflichtteilsberechtigten, gegeben sein (sog. Vermächtnis- oder Pflichtteilsunwürdigkeit; vgl. § 2345). 5

In jedem Fall tritt die Unwürdigkeit nicht bei Vorliegen der Tatbestandsvoraussetzungen kraft Gesetzes ein, sondern muss durch eine hierzu berechtigte Person (vgl. § 2341) nach Eintritt des Erbfalls **im Wege der Anfechtung geltend gemacht** werden (im Falle der Erbunwürdigkeit durch Klageerhebung gem. § 2342, im Falle der Vermächtnis- und Pflichtteilsunwürdigkeit durch (formlose) Erklärung gegenüber dem Unwürdigen). Ein Zwang hierzu besteht nicht. Der Anfechtungsberechtigte (dies können auch mehrere Personen sein; vgl. § 2341) kann vielmehr auch von der Anfechtung absehen und sogar mit dem Anfechtungsgegner einen – lediglich schuldrechtlich wirkenden – **Verzichtsvertrag** abschließen. Das Anfechtungsrecht erlischt außerdem durch **Verzeihung**, § 2343. 6

Die Erbunwürdigkeit ist stets bezogen auf einen bestimmten Erblasser zu sehen **(Relativität)**. Eine absolute Erbunwürdigkeit kennt das Gesetz nicht. Wer nach dem Vater erbunwürdig ist, weil er diesen vorsätzlich iSv Abs. 1 Nr. 1 getötet hat, kann daher noch Erbe nach der später versterbenden Mutter werden, auch wenn deren Nachlass im Wesentlichen aus dem Vermögen des getöteten Ehegatten bestehen sollte. 7

Außerdem wird durch die (erfolgreich geltend gemachte) Erbunwürdigkeit nur der Erbschaftsanfall **an den Erbunwürdigen selbst** verhindert (Individualprinzip), indem er nicht nur die Erbschaft, sondern – anders als zB der Erbteilsveräußerer – auch die Erbenstellung verliert (*Muscheler* ZEV 2009, 58 (59)). An die Stelle des Erbunwürdigen können folglich dessen Abkömmlinge (als Ersatzberufene) treten. Eine Infizierung des Erbschaftserwerbs des Stammes des Erbunwürdigen findet nicht statt. Das Gesetz kennt keine „Sippenhaftung" (so plakativ *Muscheler* ZEV 2009, 58 (59)). 8

Obwohl für die **eingetragene Lebenspartnerschaft** in § 10 VI 2 LPartG nur auf die Regeln über die Entziehung des Ehegattenpflichtteils, nicht aber auf die Vorschriften bzgl. der Erbunwürdigkeit verwiesen wird, finden die Bestimmungen, die für alle gesetzliche oder gewillkürte Erben (oder Vermächtnisnehmer oder Pflichtteilsberechtigte) gelten, gleichwohl Anwendung (vgl. jurisPK-BGB/*Hau* Rn. 4 mwN). 9

b) Verfassungsmäßigkeit der Bestimmungen über die Erbunwürdigkeit. Zur **Verfassungsmäßigkeit** der Erbunwürdigkeitsbestimmungen hat das BVerfG im Jahre 2004 Stellung genommen (BVerfGE 112, 332 ff. = BVerfG ZEV 2005, 301 = NJW 2005, 1561 = DNotZ 2006, 60). Das BVerfG entschied, dass die Normen über das Pflichtteilsrecht der Abkömmlinge des Erblassers und über den Pflichtteilsunwür- 10 digkeitsgrund des § 2345 II iVm § 2339 I Nr. 1 **mit dem Grundgesetz vereinbar** sind. Begründet wurde dies ua damit, dass die Versagung des Pflichtteilsanspruchs des Kindes an ein außergewöhnlich schwer wiegendes Verhalten gegenüber dem Erblasser geknüpft ist.

11   **3. Erbunwürdigkeitsgründe. a) Abschließende Aufzählung/gemeinsame Grundsätze.** Bei dem Katalog des § 2339 I handelt es sich um eine **abschließende** Aufzählung. Eine entsprechende Anwendung der Vorschriften über die Erbunwürdigkeit auf vergleichbare, ähnlich schwer wiegende Fälle scheidet damit aus. Damit kann eine Erbunwürdigkeitsklage bspw. nicht mit Erfolg darauf gestützt werden, dass der (gesetzliche oder gewillkürte) Erbe sich eines schweren Vermögensdelikts zu Lasten des Erblassers schuldig gemacht hat (zB jahrelange schwere Untreue) oder eine dem Erblasser nahestehende Person (zB Ehefrau, Kind, Lebensgefährten) getötet hat.

12   Bei allen in § 2339 I genannten Erbunwürdigkeitsgründen werden **alle Formen** nach dem StGB (vgl. §§ 25 ff. StGB) strafbarer **Täterschaft** (auch mittelbare Täterschaft, Mittäterschaft) sowie **Teilnahme** (Anstiftung und Beihilfe) erfasst. Eine strafgerichtliche Verurteilung wegen der genannten Delikte ist nicht Tatbestandsvoraussetzung.

13   **b) Tötung des Erblassers oder Tötungsversuch (Nr. 1, Alt. 1 u. 2).** Erfasst werden **Mord** (§ 211 StGB) und **Totschlag** (§ 212 StGB), die **vorsätzlich** begangen sein müssen. Dabei schließt es der Gesetzeswortlaut nicht aus, dass auch ein mit lediglich „natürlichem" Vorsatz handelnder psychisch Kranker eine auf den Tod des Erblassers als Ziel gerichtete Handlung vornehmen kann (BVerfGE 112, 332 ff. = BVerfG ZEV 2005, 301 = NJW 2005, 1561 = DNotZ 2006, 60).

14   Die Taten müssen **widerrechtlich** (rechtswidrig) und **schuldhaft** (BGH NJW 2015, 1382) begangen worden sein. Bei Notwehr (§ 227 BGB und § 32 StGB) oder rechtfertigendem Notstand (§ 34 StGB) wäre die Rechtswidrigkeit, bei Schuldunfähigkeit (§ 20 StGB) oder entschuldigendem Notstand (§ 35 StGB) die Schuld ausgeschlossen. Für die Unzurechnungsfähigkeit zur Tatzeit trägt der Täter entsprechend § 827 die Beweislast. Da der Grundsatz in dubio pro reo nur im Strafprozess, nicht aber im Erbunwürdigkeitsprozess gilt, schließt dies nicht aus, dass der wegen Schuldunfähigkeit nicht oder nur wegen Vollrausches verurteilte Täter im Zivilverfahren für erbunwürdig erklärt wird (BGHZ 102, 227 ff. mAnm *Hohloch* JuS 1988, 819 = NJW 1988, 822 (823)).

15   Eine Tötung auf Verlangen iSv § 216 StGB fällt nicht unter § 2339 I Nr. 1, da das Verlangen wie eine Verzeihung iSv § 2343 ist (BGH NJW 2015, 1382). Nicht tatbestandsmäßig ist aufgrund des eindeutigen Wortlauts der Vorschrift auch die fahrlässige Tötung (§ 222 StGB) und die Körperverletzung mit Todesfolge (§ 227 StGB). Erfasst wird aber auch der (versuchte) Totschlag in einem minder schweren Fall (§ 213 StGB), zumal es sich bei § 213 StGB nur um eine Strafzumessungsregel und nicht um einen eigenen Tatbestand handelt (BGH NJW 2015, 1382). Ob die Tat aus anerkennenswerten Motiven heraus erfolgte, spielt folglich keine Rolle.

16   Die Tat braucht nicht vollendet worden zu sein. **Versuch** genügt nach dem Wortlaut, sofern nicht mit strafbefreiender Wirkung hiervon zurückgetreten wurde (§ 24 StGB).

17   Die Tat muss sich ausweislich des Wortlauts gegen den **Erblasser** gerichtet haben. Die Tötung des Vorerben durch den Nacherben fällt daher nicht unter Nr. 1, da der Nacherbe Erbe des Erblassers und nicht des Vorerben ist. Auch eine analoge Anwendung der Vorschrift scheidet aus (→ Rn. 11). Führt der Nacherbe aber vorsätzlich durch Tötung des Vorerben den Nacherbfall herbei, kann er sich entsprechend § 162 II nicht auf den Eintritt des Nacherbfalls berufen (BGH NJW 1968, 2051 (2052)). Dies führt dazu, dass die Erbschaft dann an die ersatzweise berufenen Nacherben fällt (BGH NJW 1968, 2051 (2052)).

18   **c) Herbeiführung dauerhafter Testierunfähigkeit beim Erblasser (Nr. 1 Alt. 3).** Zur Erbunwürdigkeit führt es ferner, wenn der Täter den Erblasser auf andere Weise als durch (versuchte oder vollendete) Tötung in einen Zustand versetzt hat, infolge dessen der Erblasser bis zu seinem Tod nicht im Stande war, eine Verfügung von Todes wegen zu errichten oder aufzuheben. Die Unfähigkeit des Erblassers zur Errichtung oder Aufhebung der Verfügung kann dabei auf **rechtlichen, va aber auf tatsächlichen Gründen** beruhen. Zu denken ist an die Herbeiführung von körperlichen Erkrankungen oder Behinderungen oder Einflussnahme auf den Geisteszustand zB durch bewusstseinsverändernde Mittel wie Alkohol, Betäubungsmittel oder Gift.

19   Der Täter muss dabei nicht in der Absicht gehandelt haben, beim Erblasser **Testierunfähigkeit** herbeizuführen. Die vorsätzliche Herbeiführung des zur Testierunfähigkeit führenden Zustands genügt. Ist die Tat im **Versuchsstadium** stecken geblieben, ist der Tatbestand nicht erfüllt (Staudinger/*Olshausen* Rn. 27).

20   Die Testierunfähigkeit muss ausweislich des Wortlauts der Vorschrift bis zum **Tod des Erblassers** angedauert haben. Erlangte der Erblasser noch vor seinem Ableben die Testierfähigkeit zurück (zB indem der bewusstlose Erblasser das Bewusstsein wiedererlangt), scheidet der Tatbestand aus.

21   **d) Verhinderung der Errichtung oder Aufhebung einer Verfügung von Todes wegen (Nr. 2).** Die Verhinderung der Errichtung oder Aufhebung einer Verfügung von Todes wegen muss sich auf eine **konkret beabsichtigte** Verfügung von Todes wegen beziehen (NK-BGB/*Kroiß* Rn. 8 mwN).

22   Die Verhinderung der Errichtung oder Aufhebung einer Verfügung von Todes wegen kann bspw. durch **physische Gewalt**, aber auch durch **Drohung oder Täuschung** begangen worden sein. Vorsatz und Widerrechtlichkeit iSd Vorschrift sind wie in § 123 zu verstehen (BGH NJW-RR 1990, 515; BGHZ 49, 155).

Eine Verhinderung der Aufhebung einer Verfügung von Todes wegen kann bspw. darin zu sehen sein, 23
dass die durch Verfügung von Todes wegen Bedachte dem Erblasser wahrheitswidrig erklärt, er habe das
in seinem Besitz befindliche Testament vernichtet und den Erblasser dadurch dazu bringt, dass er einen
Widerruf (§ 2255) unterlässt (BGH NJW-RR 1990, 515ff.).

Nach Ansicht des BGH genügt es auch, wenn die Willensschwäche oder Zwangslage des testierwilli- 24
gen Erblassers ausgenutzt wird, um durch bloßen Widerspruch gegen die Errichtung einer Verfügung
diese zu hindern (BGH FamRZ 1965, 495 f.).

Eine Verhinderung liegt ferner in der arglistigen Herbeiführung formnichtiger oder aus anderen 25
Gründen rechtsunwirksamer Verfügungen (BeckOGK/*Rudy*, 1.8.2018, BGB § 2339 Rn. 21.1 mwN).

Die Verhinderung muss **bis zum Eintritt des Erbfalls** angedauert haben. Der Versuch und die vor- 26
übergehende Willenseinwirkung, die eine spätere Testiermöglichkeit nicht ausschließen, genügen nicht.

e) Bestimmung des Erblassers durch arglistige Täuschung oder Drohung zur Errichtung oder 27
Aufhebung einer Verfügung von Todes wegen (Nr. 3). Ein weiterer Erbunwürdigkeitsgrund stellt die
Bestimmung zur Errichtung oder Aufhebung einer Verfügung von Todes wegen durch Täuschung oder
Drohung dar. Für die Auslegung der Begriffe „arglistige Täuschung" bzw. „widerrechtlich durch Drohung" kann auf § 123 und die hierzu vorliegenden Erläuterungen verwiesen werden.

Ob das Handeln des Täters wegen Abs. 2 zur Errichtung oder Aufhebung einer **wirksamen** Verfü- 28
gung von Todes wegen geführt haben muss, ist str. (verneinend *Muscheler* ZEV 2009, 101 (103), da auch
eine anfänglich nichtige Verfügung iSv Abs. 2 nachträglich unwirksam werden könne).

Die arglistige Täuschung muss nicht zwangsläufig durch aktives Tun begangen worden sein. Auch 29
Unterlassen genügt, sofern eine Pflicht zur Aufklärung bestand. So hat der BGH Erbunwürdigkeit
bspw. angenommen, wenn ein Ehegatte ein fortdauerndes ehewidriges Verhältnis verschweigt, obwohl er
weiß, dass der andere Ehegatte ihn im Vertrauen auf die Beteuerung seiner ehelichen Treue testamentarisch bedacht hat (BGHZ 49, 155ff.). Eine Pflicht zur Aufklärung der ehelichen Untreue wird man allerdings nur in besonderen Ausnahmefällen annehmen können, da diese nicht (mehr) zur Pflichtteilsentziehung ausreicht und diese nicht versteckt als genereller Unwürdigkeitsgrund eingesetzt werden kann (vgl.
OLG Frankfurt BeckRS 2010, 28987 = FamRZ 2011, 1177; MüKoBGB/*Helms* Rn. 26; vgl. *Muscheler*
ZEV 2009, 101 (103)). So wird idR etwa auch für weit zurückliegende Eheverfehlungen keine Aufklärungspflicht bestehen (vgl. *Röwer* FamRZ 1960, 15). Allgemein betrachtet besteht eine Pflicht zur Aufklärung nur dann, wenn das Schweigen Treu und Glauben widerspräche.

Die Drohung muss unmittelbar auf die Errichtung oder Aufhebung einer Verfügung von Todes wegen 30
gerichtet sein. Die Behauptung, ein Adoptionsvertrag sei durch Drohung erzwungen worden, reicht
nicht aus, da sich die Drohung unmittelbar auf die Verfügung von Todes wegen beziehen muss (OLG
Köln NJW 1951, 158).

Daneben kommt bei Irrtum, Täuschung und Drohung auch eine **Anfechtung** der Verfügung nach den 31
§§ 2078ff. in Frage (RGZ 59, 33 (37f.)). Die Anfechtung beseitigt aber nur die Verfügung von Todes
wegen, lässt also insbes. die Position als gesetzlicher Erbe unberührt, während die Erbunwürdigkeit die
Erbenstellung aus allen Berufungsgründen beseitigt. Liegen die Tatbestandsvoraussetzungen für beide
Rechtsbehelfe vor, kann der Anfechtungsberechtigte zwischen beiden wählen oder zuerst das Testament
oder den Erbvertrag anfechten und dann zusätzlich Erbunwürdigkeitsklage erheben (*Muscheler* ZEV
2009, 58 (62)).

Bei Unwirksamkeit der Verfügung von Todes wegen vor dem Erbfall tritt nach Abs. 2 keine Erbun- 32
würdigkeit ein (→ Rn. 41).

f) Urkundsdelikte zu Lasten des Erblassers (Nr. 4). Als Urkundsdelikte kommen va die Urkunden- 33
fälschung nach § 267 StGB (Herstellen einer unechten Verfügung von Todes wegen oder Verfälschen
einer echten Verfügung von Todes wegen oder Gebrauchmachen von einer unechten oder verfälschten
Verfügung von Todes wegen) oder Beseitigung einer Verfügung von Todes wegen (Urkundenunterdrückung nach § 274 StGB) in Frage. Keine Urkundenfälschung liegt vor bei Gebrauchmachen eines Testaments, das vom Erblasser nur unterschrieben, aber (erkennbar) nicht eigenhändig geschrieben ist, da es
am Vorliegen einer unechten Urkunde fehlt (OLG Hamm ZEV 2016, 644). Als Urkundsdelikte erfasst
sind auch die mittelbare Falschbeurkundung (§ 271 StGB) sowie das Verändern von amtlichen Ausweisen (§ 273 StGB).

Die Straftat kann – anders als die anderen Erbunwürdigkeitsgründe – auch **nach dem Eintritt des** 34
Erbfalls begangen worden sein.

Umstritten ist, ob der Tatbestand auch dann erfüllt ist, wenn der Urkundenfälscher mit der Tat nur 35
den wirklichen oder mutmaßlichen Erblasserwillen verwirklichen wollte oder sonst aus **anerkennens-**
werten Motiven gehandelt hat. Die hA nimmt an, dass jede unter Abs. 1 Nr. 4 fallende Handlung zur
Erbunwürdigkeit führt, ohne dass es darauf ankommt, ob der Täter aus anerkennenswerten Motiven
gehandelt hat oder nicht (BGH NJW 1970, 197; ZEV 2008, 193; OLG Stuttgart ZEV 1999, 187 mAnm
von *Kuchinke*, 317; OLG Celle NdsRpfl 1972, 238 (239); Staudinger/*Olshausen* Rn. 51; *Kuchinke* ZEV
1999, 317; Palandt/*Weidlich* Rn. 7). Eine Testamentsfälschung hat damit die Erbunwürdigkeit zur Folge,
auch wenn der Fälscher damit den – nachgewiesenermaßen gegebenen, aber bspw. nur mündlich ausgesprochenen – Willen des Erblassers verwirklichen wollte. Eine Mindermeinung in der Lit. lehnt dies ab
und will den Fall der Erledigung der Verfügung nach Abs. 2 der Vorschrift gleichstellen (*Speckmann*
JuS 1971, 235; einschränkend auch MüKoBGB/*Helms* Rn. 13; *Muscheler* ZEV 2009, 101 (102), für den
Fall, dass der Erblasser auch die Testamentsfälschung gebilligt hat). Gegen die Mindermeinung sprechen

– neben der Eindeutigkeit der strafrechtlichen Situation – präventive Aspekte: Verneint man die Erbunwürdigkeit, nimmt man dem Fälscher das (erbrechtliche) Risiko seines Handelns, was Fälschungen allgemein betrachtet begünstigen könnte.

36 Die Annahme der Erbunwürdigkeit iSv Nr. 4 scheidet aus, wenn ein Abkömmling des Erblassers einen anderen Abkömmling, der nach einem Testament zum Alleinerben berufen ist, aufgefordert hat, das Testament nicht beim Nachlassgericht einzureichen bzw. es zu vernichten (OLG Dresden OLG-NL 1999, 167 = NJWE-FER 1999, 326 = ZEV 2000, 32 (Ls.)). Denn es fehlt hier am Tatbestandsmerkmal des § 274 I Nr. 1 StGB des Handelns zum Nachteil eines anderen.

37 Umstritten ist, ob auch der **Versuch eines Urkundsdelikts** einen Erbunwürdigkeitsgrund darstellen kann (bejahend NK-BGB/*Kroiß* Rn. 12; Palandt/*Weidlich* Rn. 7; Staudinger/*Olshausen* Rn. 49; MüKo-BGB/*Helms* Rn. 28; *Muscheler* ZEV 2009, 101, letztere allerdings nur unter der Einschränkung, dass der Versuch zur tatsächlichen Verdunkelung des Erblasserwillens geeignet ist; verneinend Soergel/*Damrau* Rn. 8). Dagegen spricht, dass der Versuch in Nr. 4 – anders als in Nr. 1 – im Gesetz nicht ausdrücklich erwähnt ist und eine Gleichsetzung des Versuchs damit als unzulässige Ausdehnung der Erbunwürdigkeitsgründe angesehen werden könnte. Andererseits verweist Abs. 1 Nr. 4 allgemein auf die Urkundsdelikte des StGB, wozu auch der strafbare Versuch eines Urkundsdelikts gehört, so dass aus meiner Sicht mehr dafür spricht, den Versuch mit zu erfassen.

38 Eine **strafgerichtliche Verurteilung** ist auch im Falle der Nr. 4 nicht erforderlich. Ist ein Strafurteil ergangen, dann bindet dies den Zivilrichter nicht. Eine Bindung des Zivilrichters an strafgerichtliche Urteile wäre mit der das Zivilprozessrecht beherrschenden freien Beweiswürdigung unvereinbar (BGH NJW-RR 2005, 1024). Der Zivilrichter hat daher in eigener Verantwortung im Wege freier Beweiswürdigung zu entscheiden, ob eine Urkundenfälschung vorliegt (BGH NJW-RR 2005, 1024).

39 Wird die Verfügung von Todes wegen des Erblassers, in Ansehung derer das Urkundsdelikt begangen wurde, noch vor Eintritt des Erbfalls unwirksam, entfällt nach Abs. 2 der Erbunwürdigkeitsgrund.

40 **4. Ausnahmen für die Unwürdigkeitsgründe gem. Nr. 3 u. 4 (Abs. 2).** In den Fällen des Abs. 1 Nr. 3 u. 4 tritt die Erbunwürdigkeit nach Abs. 2 nicht ein, wenn vor dem Eintritt des Erbfalls die Verfügung, zu deren Errichtung der Erblasser bestimmt oder in Ansehung derer die Straftat begangen worden ist, **unwirksam** geworden ist, oder die Verfügung, zu deren Aufhebung er bestimmt worden ist, unwirksam geworden sein würde.

41 Erbunwürdigkeit liegt also nicht vor bei **Unwirksamkeit** der Verfügung von Todes wegen vor Eintritt des Erbfalls. Eine derartige Unwirksamkeit kann bspw. durch **Widerruf oder Vorversterben des Bedachten** eintreten. Eine Ansicht in der Lit. stellt aber auch die Fälle der ursprünglichen Unwirksamkeit der späteren Unwirksamkeit gleich (Soergel/*Damrau* Rn. 9; aA OLG Stuttgart ZEV 1999, 188 mAnm *Kuchinke* ZEV 1999, 317; LG Ravensburg NJW 1955, 795 (796) m. abl. Anm. von *Bartholomeyczik*; Staudinger/*Olshausen* Rn. 56; MüKoBGB/*Helms* Rn. 32; Palandt/*Weidlich* Rn. 8). Dies hat zur Folge, dass bspw. bei einem formunwirksam gefälschten Testament nach Abs. 2 keine Erbunwürdigkeit anzunehmen wäre, obwohl die „Entwürdigung" des Erblassers endgültig stattgefunden hat (*Muscheler* ZEV 2009, 58 (61 f.)). Dies bedeutet jedoch nicht, dass Abs. 2 in den Fällen der anfänglichen Unwirksamkeit allgemein ausgeschlossen ist. Denn auch bei anfänglicher Nichtigkeit ist späteres Unwirksamwerden iSd Abs. 2 möglich, wenn nachträglich noch ein Unwirksamkeitsgrund (zB durch Vorversterben des Bedachten) eintritt (*Muscheler* ZEV 2009, 58 (61 f.)).

42 Die Vorschrift wird in der Lit. zT für **rechtspolitisch verfehlt** gehalten. Durch das Unwirksamwerden werde die schwere Tat und der Umstand, dass der Angriff auf die Würde des Erblassers in seiner Eigenschaft als Träger von Testierfreiheit bereits stattgefunden habe, nicht gewürdigt (*Muscheler* ZEV 2009, 58 (61)). Fälscht bspw. die Schwester des Erblassers zugunsten ihrer Tochter ein Testament und stirbt diese Tochter vor dem Erblasser, dann kann die Täterin erben bzw. miterben.

§ 2340 Geltendmachung der Erbunwürdigkeit durch Anfechtung

(1) **Die Erbunwürdigkeit wird durch Anfechtung des Erbschaftserwerbs geltend gemacht.**

(2) ¹**Die Anfechtung ist erst nach dem Anfall der Erbschaft zulässig.** ²**Einem Nacherben gegenüber kann die Anfechtung erfolgen, sobald die Erbschaft dem Vorerben angefallen ist.**

(3) **Die Anfechtung kann nur innerhalb der in § 2082 bestimmten Fristen erfolgen.**

1 **1. Normzweck.** Die Vorschrift stellt klar, dass die Erbunwürdigkeit nicht bei Erfüllung der Tatbestandsvoraussetzungen kraft Gesetzes eintritt, sondern hierfür ein **aktives Tätigwerden** im Sinne der Anfechtung des Erbschaftserwerbs erforderlich ist. Die Vorschrift regelt außerdem den Zeitpunkt der frühestmöglichen Anfechtung (sowohl bei der allgemeinen Erbfolge als auch bei Anordnung von Nacherbfolge) und die maßgebliche Anfechtungsfrist.

2 **2. Geltendmachung der Erbunwürdigkeit durch Anfechtung (Abs. 1).** Es gibt im deutschen Recht keine (kraft Gesetzes) automatisch eintretende Erbunwürdigkeit. Auch wenn die Tatbestandsvoraussetzungen des § 2339 erfüllt sind, bedarf es noch der Geltendmachung der Erbunwürdigkeit. Diese erfolgt durch **Anfechtung** des Erbschaftserwerbs. Hierfür ist regelmäßig die Erhebung einer Anfechtungsklage gegen den vermeintlich Erbunwürdigen erforderlich (§ 2341). Im Falle der sog. Vermächtnis- oder Pflichtteilsunwürdigkeit genügt auch (formlose) Anfechtungserklärung gegenüber dem Vermächtnisnehmer oder Pflichtteilsberechtigten (§ 2345).

Auf die Anfechtung kann auch vertragsmäßig **verzichtet** werden. Eine gleichwohl eingereichte Anfechtungsklage wäre dann unzulässig. 3

3. Zeitpunkt der Anfechtung (Abs. 2). Die Anfechtung wegen Erbunwürdigkeit kann nach Abs. 2 4
S. 1 grds. erst dann erfolgen, wenn die Erbschaft **dem Erbunwürdigen angefallen** ist (vgl. § 1942 I). Dies ist frühestens mit Eintritt des Erbfalls der Fall. Sofern der Anfall erst infolge Ausschlagung eines zunächst Berufenen oder infolge der Erbunwürdigerklärung eines solchen eintritt, kann die Anfechtung erst danach erfolgen (Staudinger/*Olshausen* Rn. 8). Nach hA kann gegen einen **Ersatzerben** daher erst auf Erbunwürdigkeit geklagt werden, wenn der primär berufene Erbe weggefallen ist (BeckOGK/*Rudy*, 1.8.2018, § 2340 Rn. 5; Bamberger/Roth/*Müller-Christmann* Rn. 2 mwN; aA MüKoBGB/*Helms* Rn. 2 aus prozessökonomischen Gründen).

Eine vor dem Anfall der Erbschaft eingereichte Anfechtungsklage ist unzulässig. Eine Ausnahme gilt 5
nur im Falle der Anordnung von **Vor- und Nacherbfolge:** Obwohl dem Nacherben die Erbschaft erst mit Eintritt des Nacherbfalls anfällt (vorher hat er nur ein Anwartschaftsrecht), kann nach Abs. 2 S. 2 die Anfechtung erfolgen, sobald die Erbschaft dem Vorerben angefallen ist. Aufgrund dieser Regelung soll dem Vorerben baldmöglichst darüber Klarheit verschafft werden können, ob er Beschränkungen zugunsten des Nacherben unterliegt oder ein Vollerbe geworden ist (vgl. Bamberger/Roth/*Müller-Christmann* Rn. 3; Staudinger/*Olshausen* Rn. 9 mwN).

Sind mehrere Nacherben nacheinander berufen (sog. weitere Nacherbfolge oder Nach-Nacherbfolge), 6
kann bereits nach dem Anfall der Vorerbschaft an den ersten Vorerben auch gegenüber den weiteren Nacherben die Erbunwürdigkeit klageweise geltend gemacht werden.

Zu Lebzeiten des Erblassers ist nach hA auch eine **Feststellungsklage** hinsichtlich der Erbunwürdig- 7
keit unzulässig, da die Erbunwürdigkeit – anders als das Pflichtteilsrecht – keine Vorwirkungen zeitigt (Staudinger/*Olshausen* Rn. 7 mwN). Außerdem besteht die Möglichkeit einer Verzeihung (§ 2343), solange der Erblasser noch am Leben ist.

4. Anfechtungsfrist (Abs. 3). Die Anfechtung muss nach Abs. 3 iVm § 2082 I **binnen Jahresfrist** er- 8
folgen.

Die Anfechtungsfrist beginnt nach § 2082 II 1 mit dem Zeitpunkt, in welchem der Anfechtungsbe- 9
rechtigte von dem Anfechtungsgrund **Kenntnis erlangt.** Dies erfordert **zuverlässige** Kenntnis des Anfechtungsgrundes. Dazu gehört nach aA Ansicht auch die **Beweisbarkeit** des Anfechtungsgrundes, weil die Anfechtung klageweise erfolgt und in diesem Zusammenhang die Beweislastregeln greifen (Bamberger/Roth/*Müller-Christmann* Rn. 5). Nicht ausreichend ist folglich die subjektive Überzeugung vom Anfechtungsrecht; der Berechtigte muss seine Überzeugung auch **objektiv begründen und beweisen** können (BGH NJW 1989, 3214f. = FamRZ 1989, 967).

Bei strafgerichtlicher Verurteilung beginnt die Jahresfrist regelmäßig mit der Verkündung des Strafur- 10
teils (OLG Koblenz ZErb 2004, 305 = FamRZ 2005, 1206) bzw. bei Zweifeln über die Unzurechnungsfähigkeit des Täters dann, wenn neben der Kenntnis des objektiven und subjektiven Tatbestands des Tötungsdelikts auch Kenntnis der schuldbegründenden Merkmale gegeben ist (OLG Düsseldorf NJWE-FER 2000, 156 (157)). Kennt der Anfechtende bei einer Testamentsfälschung gem. § 2339 I Nr. 4 die Tatsache der Fälschung und die Person des Fälschers aus dem Gutachten eines gerichtlich vereidigten Sachverständigen, dann hat er die in §§ 2340 III, 2082 II 1 gemeinte Kenntnis, weil ihm jedenfalls dann die **Klageerhebung zuzumuten** ist (BGH NJW 1989, 3214f. = FamRZ 1989, 967).

Einem Nacherben gegenüber beginnt die Frist erst mit dem Nacherbfall, obwohl die Anfechtung nach 11
Abs. 2 S. 2 bereits erfolgen kann, sobald die Erbschaft dem Vorerben angefallen ist.

Auf den Lauf der Frist finden nach § 2340 III iVm § 2082 II 2 die für die Verjährung geltenden Vor- 12
schriften der §§ 206, 210, 211 entsprechende Anwendung.

Die Anfechtung ist nach § 2340 III iVm § 2082 II 2 **ausgeschlossen**, wenn der Erbfall mehr als 13
30 Jahre zurückliegt.

§ 2341 Anfechtungsberechtigte

Anfechtungsberechtigt ist jeder, dem der Wegfall des Erbunwürdigen, sei es auch nur bei dem Wegfall eines anderen, zustatten kommt.

1. Normzweck. Die Vorschrift definiert den Kreis derjenigen Personen, die berechtigt sind, die Erb- 1
unwürdigkeit klageweise gegen den Erbunwürdigen geltend zu machen.

2. Kreis der anfechtungsberechtigten Personen. Der Kreis der anfechtungsberechtigten Personen ist 2
bei der Anfechtung wegen Erbunwürdigkeit weit gefasst. Er ist nicht wie bei der Anfechtung einer letztwilligen Verfügung begrenzt auf die Personen, denen die Aufhebung der letztwilligen Verfügung unmittelbar zustattenkommen würde (§ 2080 I), sondern steht auch **mittelbar Betroffenen** zu, die erst nach dem Wegfall anderer Personen zur Erbfolge berufen wären. Der Staat als möglicher gesetzlicher Erbe (§ 1936) ist damit stets anfechtungsberechtigt. Als mittelbar am Wegfall des Erbunwürdigen Interessierten steht auch dem Vorerben gegenüber dem Nacherben und umgekehrt (vgl. § 2102) ein Anfechtungsrecht zu (Erman/*Simon* Rn. 1).

Die Ausweitung des Kreises der anfechtungsberechtigten Personen beruht darauf, dass auch der nach- 3
rangig Berufene ein „besseres" Recht auf die Erbschaft hat als der Erbunwürdige. Außerdem soll die

Geltendmachung der Erbunwürdigkeit nicht an der Rücksichtnahme, der Bequemlichkeit oder den unlauteren Motiven der zunächst Betroffenen scheitern (Prot. V 644).

4 Der Vorteil, der durch die Anfechtung erstrebt wird, muss in der Erlangung einer Erbenstellung liegen. Nach hA sind daher der Testamentsvollstrecker, Gläubiger oder Vermächtnisnehmer bzw. Auflagenbegünstigte nicht anfechtungsberechtigt (vgl. Palandt/*Weidlich* Rn. 1). Im Falle des Vermächtnisses wird allerdings eine Ausnahme angenommen für den Fall, dass der Vermächtnisnehmer bei Fortbestand der „Erbrechtsposition" des vermeintlich Erbunwürdigen (im konkreten Fall Vermächtnis zugunsten der vermeintlich Vermächtnisunwürdigen) eine Kürzung seines Vermächtnisses zu erwarten hat (so OLG Celle NdsRpfl. 1972, 238 f.; aA MüKoBGB/*Helms* Rn. 2; Soergel/*Damrau* Rn. 1; Staudinger/*Olshausen* Rn. 5; *Muscheler* ZEV 2009, 101 (104)).

5 Der Erbunwürdige ist anfechtungsberechtigt gegenüber einem anderen Erbunwürdigen, solange er nicht selbst rechtskräftig für erbunwürdig erklärt worden ist (jurisPK-BGB/*Hau* Rn. 3; *Lange/Kuchinke* ErbR § 6 Kap. III Rn 3a mwN).

6 Von mehreren Anfechtungsberechtigten kann jeder unabhängig von den anderen das Anfechtungsrecht ausüben.

7 **3. Vererblichkeit und Übertragbarkeit.** Das Anfechtungsrecht ist vererblich (wobei die Anfechtungsfrist für die Erben weiterläuft). Es ist aber weder übertragbar noch pfändbar (*Lange/Kuchinke* ErbR § 6 Kap. III Rn. 3a). Auch kann seine Ausübung nicht Dritten überlassen werden, da es nicht um die vermögensrechtliche Zuordnung des Nachlasses, sondern um die Verschaffung der Erbenstellung geht (Bamberger/Roth/*Müller-Christmann* Rn. 3 mwN).

§ 2342 Anfechtungsklage

(1) ¹Die Anfechtung erfolgt durch Erhebung der Anfechtungsklage. ²Die Klage ist darauf zu richten, dass der Erbe für erbunwürdig erklärt wird.

(2) Die Wirkung der Anfechtung tritt erst mit der Rechtskraft des Urteils ein.

Literatur: *Unberath,* Verfahrensmaximen und Kostenentscheidung bei der Erbunwürdigkeitsklage, ZEV 2008, 465 ff.

1 **1. Klageerhebung (Abs. 1).** Die Anfechtung wegen Erbunwürdigkeit erfordert klageweise Geltendmachung. Diese kann auch in Gestalt der Erhebung einer Widerklage geschehen, wenn deren Voraussetzungen erfüllt sind. Die Erbunwürdigkeitsklage sowie die Feststellungsklage nach Anfechtung einer letztwilligen Verfügung. §§ 2078, 2081 stehen selbstständig nebeneinander und schließen einander nicht aus (BGH NJW-RR 2013, 9).

2 Im **Erbscheinsverfahren** ist dagegen keine Anfechtung oder eine Inzidentfeststellung der Erbunwürdigkeit möglich. Wird Anfechtungsklage erhoben, kann das Erbscheinsverfahren aber ausgesetzt werden. Auch eine einredeweise Geltendmachung der Erbunwürdigkeit ist nicht möglich, sofern es nicht um den Sonderfall der Vermächtnis- oder Pflichtteilsunwürdigkeit gem. § 2345 geht (Staudinger/*Olshausen* Rn. 3).

3 Die Erbunwürdigkeit kann ferner auch nicht im Wege des gerichtlichen Vergleichs oder durch Anerkenntnis in öffentlicher Urkunde festgestellt werden.

4 Die Erbunwürdigkeitsklage muss von (mindestens) einem Anfechtungsberechtigten (vgl. § 2341) gegen den für unwürdig erachteten Erben binnen der Jahresfrist des § 2340 III erhoben werden. Die Klage muss auf Erklärung/Feststellung der Erbunwürdigkeit gerichtet sein, nicht etwa auf Nichtigerklärung der Verfügung von Todes wegen.

5 Während der Dauer des Prozesses kann ggf. ein Nachlasspfleger (§ 1960) bestellt werden, wenn ein Sicherungsbedürfnis besteht.

6 Die Zulässigkeit eines **Anerkenntnis- oder Versäumnisurteils** ist streitig. Die Rspr. hat die Zulässigkeit bislang bejaht (KG NJW-RR 1989, 455 f.; LG Köln NJW 1977, 1783; im Anschluss hieran auch Soergel/*Damrau* Rn. 1). Diese wird in der Lit. hingegen verneint, weil der Sache nach die Dispositions- und Verhandlungsmaxime, die Verfügungsbefugnis der Parteien über den Streitgegenstand voraussetzt, nur eingeschränkt gelten kann (Palandt/*Weidlich* Rn. 2; MüKoBGB/*Helms* Rn. 8; *Unberath* ZEV 2008, 465 f.). Die eingeschränkte Dispositionsbefugnis zeigt sich bspw. darin, dass der Beklagte nach Annahme der Erbschaft die Erbenstellung nicht mehr ausschlagen und auch nicht rechtsgeschäftlich übertragen kann (*Blomeyer* MDR 1977, 674 (675)). Die Lit. spricht sich daher zunehmend für die Geltung des **Untersuchungsgrundsatzes** aus (vgl. *Blomeyer* MDR 1977, 674 (675); *Unberath* ZEV 2008, 465 f.; MüKoBGB/*Helms* Rn. 8).

7 **2. Prozessuales. a) Klageart.** Nach hA handelt es sich um eine **Gestaltungs-**, nicht um eine Feststellungsklage. Die Klage ist darauf zu richten, dass der Beklagte als Erbe des namentlich zu bezeichnenden Erblassers für erbunwürdig erklärt wird (vgl. Abs. 1 S. 2).

8 Die Klage kann nach hA aus Gründen der Prozessökonomie mit einer Erbschaftsklage (§ 2018) verbunden werden, obwohl der Herausgabeanspruch an sich erst begründet ist, wenn die Erbunwürdigkeit rechtskräftig festgestellt ist (jurisPK-BGB/*Hau* Rn. 6 mwN).

9 **b) Zuständigkeit.** Die **sachliche** Zuständigkeit kommt je nach der Höhe des Streitwertes dem Amts- oder Landgericht zu (§§ 71, 23 Nr. 1 GVG). Der Streitwert bestimmt sich nach dem Wert der Nachlassbeteiligung des Beklagten (BGH NJW 1970, 197; OLG Koblenz ZEV 1997, 252; OLG Nürnberg Rpfleger 63, 219).

Die **örtliche** Zuständigkeit richtet sich wahlweise nach dem allgemeinen Gerichtsstand oder demjenigen der Erbschaft (§ 27 ZPO), da es bei der Klage materiell betrachtet um die Feststellung des Erbrechts geht.

c) **Rechtsschutzbedürfnis.** Durch die Ausschlagung der Erbschaft durch den Erbunwürdigen entfällt nicht das Rechtsschutzbedürfnis für die Klage (KG NJW-RR 1989, 455 f.). Diese ist dann aber mangels Passivlegitimation unbegründet (OLG Jena ZEV 2008, 479 (480)).

d) **Anfechtungsgegner.** Die Klage ist gegen den Erbunwürdigen zu richten. Ist der Erbunwürdige nach Eintritt des Erbfalls verstorben, ist die Klage gegen seine Erben als Gesamtrechtsnachfolger zu richten (Staudinger/*Olshausen* Rn. 8 mwN). Die Klage kann dagegen nicht gegen einen Erbschaftskäufer (§ 2371) oder Erbteilserwerber (§ 2033) gerichtet werden.

e) **Verzicht auf das Anfechtungsrecht.** Auf das Anfechtungsrecht kann nach hA auch **verzichtet** werden mit der Wirkung, dass eine dennoch erhobene **Anfechtungsklage** wegen § 242 (venire contra factum proprium) **unzulässig** ist (MüKoBGB/*Helms* Rn. 1; aA Soergel/*Damrau* § 2343 Rn. 2: unbegründet). Der Verzicht wirkt nur zwischen den an der Vereinbarung Beteiligten. Dritten wird dadurch das Anfechtungsrecht nicht genommen.

3. Gestaltungsurteil. Die Anfechtung bewirkt gem. § 2344 I, dass der Anfall an den Erbunwürdigen **rückwirkend** als nicht erfolgt gilt. Diese Wirkung tritt nach Abs. 2 erst mit Rechtskraft des der Klage stattgebenden Urteils ein. Nach hM handelt es sich um ein **Gestaltungsurteil**, weil hierdurch die materielle Erbrechtslage mit Wirkung für und gegen jedermann umgestaltet wird (OLG Saarbrücken FamRZ 2007, 1275; MüKoBGB/*Helms* Rn. 9). Eine neuere Meinung in der Lit. vertritt demgegenüber, dass das Urteil nicht konstitutiver, sondern lediglich deklaratorischer Natur sei (und damit in Wirklichkeit eine Feststellungsklage vorliege), da die rechtsvernichtende Wirkung bzgl. des Anfalls bereits der in der Klage enthaltenen materiellen Anfechtungserklärung inne wohne (*Muscheler* ZEV 2009, 101 (105); im Anschluss hieran auch Palandt/*Weidlich* Rn. 2).

Hinsichtlich der Frage, wem gegenüber das rechtskräftige Urteil wirkt, ist zwischen dem der Anfechtungsklage stattgebenden und dem klageabweisenden Urteil zu unterscheiden: Das der Klage stattgebende rechtskräftige Urteil verändert nach hM die materielle Rechtslage (§ 2344 I) und wirkt deshalb für und gegen jedermann. Das die Klage abweisende Urteil gestaltet die Rechtslage nicht und wirkt deshalb nur zwischen den Beteiligten des Rechtsstreits (MüKoBGB/*Helms* Rn. 9).

§ 2343 Verzeihung

Die Anfechtung ist ausgeschlossen, wenn der Erblasser dem Erbunwürdigen verziehen hat.

1. Normzweck. Die Erbunwürdigkeit dient vorrangig dem Schutz der Testierfreiheit des Erblassers. Daher ist die Anfechtung des Erbschaftserwerbs ausgeschlossen, wenn der Erblasser dem Täter später verziehen hat. Auch bei der Erbunwürdigkeit wird also ähnlich wie in den Fällen der §§ 532, 2337 die Verzeihung berücksichtigt.

2. Verzeihung. a) Inhalt und Anwendungsbereich. Verzeihung ist der nach außen kundgemachte Entschluss des Erblassers, aus den erfahrenen Kränkungen nichts mehr herleiten und über sie hinweggehen zu wollen (BGH NJW 1974, 1084 (1085), zu § 2337). Die Verzeihung ist grds. bei allen Erbunwürdigkeitsgründen des § 2339 möglich. Dies gilt selbst für den Fall der Tötung, sofern diese nicht tödlich verläuft. Dabei muss der Erbunwürdige aber beweisen, dass der Erblasser ihm auch verziehen haben würde, wenn er sich darüber im Klaren gewesen wäre, dass er infolge der Tat sterben könnte (BG Halle NJ 1958, 145 f.; MüKoBGB/*Helms* Rn. 1; Soergel/*Damrau* Rn. 1). Denn sonst wäre nur der Versuch, nicht aber die vollendete Tötung verziehen.

Bei nach dem Erbfall stattfindenden Fälschungshandlungen ist eine Verzeihung naturgemäß ausgeschlossen. Eine Verzeihung kann ferner nicht allein deshalb angenommen werden, weil der Erblasser mit der Verwendung der unechten Urkunde für bestimmte – begrenzte – Zwecke einverstanden war (BGH ZEV 2008, 479 = ZFE 2008, 358).

Die Verzeihung ist keine empfangsbedürftige Willenserklärung im Sinne der Rechtsgeschäftslehre, sondern ein Realakt (jurisPK-BGB/*Hau* Rn. 2).

Neben der Verzeihung kommt auch ein **Verzicht** auf das Anfechtungsrecht als Ausschlussgrund in Frage (→ § 2342 Rn. 13).

b) Voraussetzungen. Die Verzeihung ist nicht an eine bestimmte Form gebunden. Sie kann auch in einem schlüssigen Verhalten liegen und **stillschweigend** erfolgen. Maßgeblich ist allein, dass der Erblasser zum Ausdruck bringt, dass er die erlittene Kränkung nicht mehr als solche empfindet (BGHZ 91, 273 ff. = NJW 1984, 2089 = FamRZ 1984, 1083 mAnm *Seutemann,* zu § 2337) und dass er aus der Tat keine nachteiligen Folgen mehr ableitet. Die hypothetische Feststellung, dass der Erblasser ein bestimmtes, unter § 2339 fallendes Verhalten verziehen hätte, genügt allerdings nicht (jurisPK-BGB/*Hau* Rn. 1).

Subjektiv setzt die Verzeihung voraus, dass der Erblasser **Kenntnis** vom Erbunwürdigkeitsgrund hat (*Lange/Kuchinke* ErbR § 6 Kap. II Rn. 3). Die Kenntnis der rechtlichen Folgen der Verzeihung oder das Wissen, dass der Erbunwürdige zum Erben berufen ist, ist für die wirksame Verzeihung nicht erforder-

10 BGB § 2344 Buch 5. Abschnitt 6. Erbunwürdigkeit

lich (vgl. Soergel/*Damrau* Rn. 1; jurisPK-BGB/*Hau* Rn. 2; MüKoBGB/*Helms* Rn. 1 mwN; aA *Lange/Kuchinke* ErbR § 6 Kap. II Rn. 3 Fn. 40).

8 **3. Beweislast.** Die Beweislast für die Verzeihung trifft denjenigen, der sich auf die Verzeihung beruft.

§ 2344 Wirkung der Erbunwürdigerklärung

(1) Ist ein Erbe für erbunwürdig erklärt, so gilt der Anfall an ihn als nicht erfolgt.

(2) **Die Erbschaft fällt demjenigen an, welcher berufen sein würde, wenn der Erbunwürdige zur Zeit des Erbfalls nicht gelebt hätte; der Anfall gilt als mit dem Eintritt des Erbfalls erfolgt.**

1 **1. Normzweck.** Die Vorschrift regelt die Rechtsfolgen der Erbunwürdigerklärung entsprechend der Ausschlagung (vgl. § 1953 I u. II) dahin gehend, dass der Erbunwürdige **als Erbe wegfällt**. Obwohl die Anfechtung erst mit Rechtskraft des Urteils eintritt (§ 2342 II), erfolgt der Wegfall mit **Rückwirkung** auf den Zeitpunkt des Erbfalls.

2 **2. Wirkungen der Erbunwürdigerklärung. a) Allgemein.** Die Erbunwürdigerklärung führt gem. Abs. 1 dazu, dass die Erbschaft dem Erbunwürdigen rückwirkend entfällt (wie bei der Ausschlagung).

3 Unabhängig davon, wer das Erbunwürdigkeitsurteil erwirkt hat, kommt anstelle des Erbunwürdigen derjenige zum Zuge, der berufen sein würde, wenn der Erbunwürdige zur Zeit des Erbfalls nicht gelebt hätte (Abs. 2). Dies sind die **gesetzlichen Erben**, soweit ihnen nicht **Ersatzerben oder Anwachsungsberechtigte** vorgehen. Dabei ist zu berücksichtigen, dass sich die Erbunwürdigkeit – anders als der Erbverzicht – nur auf den Unwürdigen selbst auswirkt, nicht auf seine Abkömmlinge. Es können daher auch über § 2069 die Abkömmlinge des Erbunwürdigen ersatzberufen sein (OLG Frankfurt a.M. ZEV 1995, 457 ff. mAnm *Skibbe* = NJW-RR 1996, 261). Damit kann der Erbunwürdige zumindest als Erbeserbe doch noch vom Nachlass profitieren, wenn der oder die Abkömmlinge alsbald nachversterben.

4 Entsprechend dem rückwirkenden Wegfall der Erbschaft werden auch die Wirkungen des Anfalls an den Nächstberufenen nach Abs. 2 S. 2 auf den Zeitpunkt des Erbfalls zurückbezogen.

5 Neben der Erbschaft verliert der Erbunwürdige auch seine Ansprüche aus §§ 1932, 1969 und etwa bestehende Pflichtteilsansprüche, es sei denn, dass die Anfechtungsberechtigung verschieden ist oder aus besonderen Gründen anzunehmen ist, dass die Anfechtung nach § 2342 ausschließlich den Erbschaftserwerb zum Gegenstand haben sollte (Palandt/*Weidlich* Rn. 2; Staudinger/*Olshausen* § 2345 Rn. 9).

6 Bei der Berechnung der Pflichtteilsquoten der übrigen Pflichtteilsberechtigten wird der Erbunwürdige mitgezählt (§ 2310 S. 1).

7 Der Erbunwürdige verliert zwar sein Erbrecht, es verbleibt ihm aber ein eventueller Anspruch auf güterrechtlichen Ausgleich des **Zugewinns** (§ 1371 II, vgl. aber § 1381, wonach die Erfüllung bei grober Unbilligkeit verweigert werden kann). Denn hierbei handelt es sich nicht um einen erbrechtlichen Anspruch.

8 **b) Sonderfall Nacherbe.** Wird ein Nacherbe **vor** Eintritt des Nacherbfalls für erbunwürdig erklärt (§ 2340 II 2), dann erlischt sein Anwartschaftsrecht rückwirkend auf den Zeitpunkt des Erbfalls und der Anfall der Erbschaft an ihn unterbleibt. Sind keine Ersatznacherben vorhanden, verbleibt dann die Erbschaft endgültig dem Vorerben (§ 2142). Wegen des rückwirkenden Wegfalls des Nacherben scheidet ein Übergang des Nacherbenanwartschaftsrechts auf die Erben des Nacherben entsprechend § 2108 II aus.

9 Wird der Nacherbe erst **nach** Eintritt des Nacherbfalls für erbunwürdig erklärt, wird der Anfall an den Nacherben mit Wirkung ex tunc rückgängig gemacht (Staudinger/*Olshausen* Rn. 16). Die Erbschaft verbleibt dann dem Vorerben, sofern der Erblasser nichts anderes bestimmt hat. Letzteres ist anzunehmen, wenn ein Ersatznacherbe eingesetzt wurde oder Anwachsung eintritt.

10 **3. Verhältnis zwischen Erben und Erbunwürdigen.** In Bezug auf Erbschaftsgegenstände richtet sich das Verhältnis zwischen Erben und Erbunwürdigen nach §§ 2018 ff., 819. Der Erbunwürdige ist zur Herausgabe verpflichtet, kann Verwendungsersatz verlangen und haftet als Bösgläubiger auf Schadensersatz (§§ 2023, 2024), da er aufgrund der begangenen vorsätzlichen Verfehlung in der Regel auch die Anfechtbarkeit seines Erbschaftserwerbs kennt (Bamberger/Roth/*Müller-Christmann* Rn. 2 mwN).

11 Str. ist, ob daneben die Regeln der GoA Anwendung finden (bejahend Staudinger/*Olshausen* Rn. 19). Dies wird zu Recht mit dem Argument verneint, dass eine dem § 1959 entsprechende Vorschrift fehlt und der Erbunwürdige gerade keinen Fremdgeschäftsführungswillen hat (Soergel/*Damrau* Rn. 2 mwN).

12 **4. Verhältnis des Erbunwürdigen zu Dritten. a) Verfügungen.** Wegen der Rückwirkung der Anfechtung hat der Erbunwürdige als **Nichtberechtigter** verfügt. Es gibt aber keinen besonderen Schutz gutgläubiger Dritter, vielmehr gelten die allgemeinen Vorschriften (§§ 932 ff., 891 ff., 1032, 1207), § 935 ist nach hA nicht einschlägig, da die Nachlassgegenstände dem nächstberufenen Erben nicht abhandengekommen sind (NK-BGB/*Kroiß* Rn. 4; Bamberger/Roth/*Müller-Christmann* Rn. 3).

13 Hatte der Erbunwürdige einen Erbschein, sind insbes. die §§ 2366, 2367 einschlägig.

14 Hat ein Nachlassschuldner an einen Erbunwürdigen geleistet, wird er unter den Voraussetzungen des § 2367 frei. Eine weitergehende analoge Anwendung des § 407 wird von der wohl hA abgelehnt (Palandt/*Weidlich* Rn. 3; MüKoBGB/*Helms* Rn. 4; aA *Lange/Kuchinke* ErbR § 6 Kap. IV Rn. 2; Soergel/*Damrau* Rn. 3, da der Schuldner kein Recht habe, seine Leistung von der Vorlage eines Erbscheins abhängig zu machen).

b) Verpflichtungsgeschäfte. Aus Verpflichtungsgeschäften mit Bezug auf den Nachlass wird nur der Erbunwürdige persönlich berechtigt und verpflichtet.

Auch ein Vertrag des Erbunwürdigen mit Miterben über die Erbteilung ist unwirksam (BGH WM 1968, 474 ff. = MDR 1968, 482).

c) Unbeschränkte Haftung. Ist infolge der Verletzung der Inventarfrist durch den Erbunwürdigen die **unbeschränkte Erbenhaftung** für die Nachlassverbindlichkeiten eingetreten (§ 1994 I 2), so entfällt diese Wirkung wieder mit dem Wegfall des Erbunwürdigen (Soergel/*Damrau* Rn. 2 mwN). Dadurch können Nachlassgläubiger geschädigt werden, weswegen für den Anfechtungsrechtstreit zT die Untersuchungsmaxime gefordert, zT dem Gestaltungsurteil nur relative Wirkung zugemessen wird (Soergel/*Damrau* Rn. 3 mwN).

§ 2345 Vermächtnisunwürdigkeit; Pflichtteilsunwürdigkeit

(1) ¹Hat sich ein Vermächtnisnehmer einer der in § 2339 Abs. 1 bezeichneten Verfehlungen schuldig gemacht, so ist der Anspruch aus dem Vermächtnis anfechtbar. ²Die Vorschriften der §§ 2082, 2083, 2339 Abs. 2 und der §§ 2341, 2343 finden Anwendung.

(2) Das Gleiche gilt für einen Pflichtteilsanspruch, wenn der Pflichtteilsberechtigte sich einer solchen Verfehlung schuldig gemacht hat.

1. Normzweck. Neben der Erbunwürdigkeit gibt es auch eine Vermächtnisunwürdigkeit (Abs. 1) sowie Pflichtteilsunwürdigkeit (Abs. 2), die durch **Anfechtung** (Abs. 1 S. 1) gegenüber diesen lediglich obligatorisch Berechtigten geltend zu machen ist. Die Erhebung einer Anfechtungsklage ist nicht erforderlich, was sich aus der Nichterwähnung des § 2342 schließen lässt; es genügt vielmehr eine formlose Anfechtungserklärung (§ 143). Der Normzweck der Vorschriften über die Erb-, Vermächtnis- und Pflichtteilsunwürdigkeit liegt in der Ergänzung der §§ 1938, 2333 ff., 2078 ff. (MüKoBGB/*Helms* § 2339 Rn. 6), so dass das Recht zur Pflichtteilsentziehung nicht durch eine mögliche Anfechtbarkeit ausgeschlossen wird.

2. Voraussetzungen der Anfechtung. a) Anfechtungsgegenstand. Im Falle der **Vermächtnisunwürdigkeit** sind möglicher Anfechtungsgegenstand auch die gesetzlichen Vermächtnisse nach §§ 1932, 1969. Gleiches gilt für nicht vollzogene Schenkungen von Todes wegen nach § 2301 I. Ob auch eine Auflage im Falle der Unwürdigkeit des hierdurch Begünstigten angefochten werden kann ist umstr. (nach *Lange/Kuchinke* ErbR § 6 Kap. I Fn. 12 muss dem Vollziehungsanspruch zumindest der Einwand des Rechtsmissbrauchs entgegengehalten werden können). Dies dürfte aber im Hinblick auf den engen Anwendungsbereich des § 2345 abzulehnen sein. Im Falle einer etwaigen „Auflagenunwürdigkeit" muss die Verfügung daher nach den allgemeinen Vorschriften gem. §§ 2078, 2083 angefochten werden (Soergel/*Damrau* Rn. 1; Staudinger/*Olshausen* Rn. 8).

Im Falle der **Pflichtteilsunwürdigkeit** gehören zum anfechtbaren Pflichtteilsanspruch auch Pflichtteilsrestansprüche nach den §§ 2305, 2307 sowie Pflichtteilsergänzungsansprüche nach den §§ 2325, 2329. Die Anfechtung wegen Pflichtteilsunwürdigkeit ist nur von Bedeutung, wenn der Erblasser den Pflichtteilsberechtigten enterbt hat, ihm aber nicht der Pflichtteil (wirksam) entzogen wurde.

b) Anfechtungsgründe. Die Anfechtungsgründe sind die des § 2339, wie sich aus der Verweisung des Abs. 1 S. 2 ergibt. Auch die **Verzeihung** nach § 2343 findet Anwendung.

Da durch die Vorschriften über die Erbunwürdigkeit maßgeblich die Testierfreiheit des Erblassers geschützt werden soll, können nur Delikte am Erblasser, nicht am Erben, die Anfechtung rechtfertigen. Daher kann § 2345 nicht entsprechend angewendet werden auf einen Totschlagsversuch, den der Vermächtnisnehmer am Erben begangen hat (BGH FamRZ 1962, 256 f.).

c) Anfechtungsberechtigung. Anfechtungsberechtigt ist jeder, dem die Anfechtungswirkung auch nur mittelbar zustattenkommt (Abs. 1 S. 2 iVm § 2341). Dies kann auch ein Vermächtnisnehmer sein.

d) Form. Um den schuldrechtlichen Anspruch des Unwürdigen zu beseitigen (§ 142), genügt formlose Anfechtungserklärung ihm gegenüber (§ 143 I, IV 1). Die Annahme der Verwirkung des Pflichtteilsrechts scheidet bei Nichteinhaltung der Formvorschriften grundsätzlich aus (OLG Nürnberg BeckRS 2018, 2099 = ZEV 2018, 234 (LS)).

e) Frist. Die Anfechtungsfrist bestimmt sich nach der Verweisung in Abs. 1 S. 2 nach § 2082. Sie beginnt mit zuverlässiger **Kenntnis** vom Vorhandensein des Anfechtungsgrundes. Die Unwürdigkeit kann nach Abs. 1 S. 2 iVm § 2083 nach Fristlauf noch **einredeweise** geltend gemacht werden (OLG Hamm BeckRS 2016, 15851 = ZEV 2016, 644 (645)).

3. Wirkungen. a) Vermächtnisunwürdigkeit. Durch die wirksame Anfechtung eines Vermächtnisses wegen Vermächtnisunwürdigkeit wird **rückwirkend** der schuldrechtliche Vermächtnisanspruch des Unwürdigen **beseitigt** (§ 142 I). Dadurch fällt das Vermächtnis weg, sofern kein Ersatzvermächtnisnehmer bestimmt (§ 2190) ist oder – bei mehreren Vermächtnisnehmern – subsidiär Anwachsung eintritt (§§ 2158, 2159). Für die Rückforderung des zur Befriedigung des Vermächtnisnehmers vor der Anfechtung Geleisteten gelten die § 812 I 2, §§ 813, 819 I, wobei die Voraussetzungen der letzten beiden Vorschriften regelmäßig erfüllt sein dürften (vgl. § 142 II).

10 **b) Pflichtteilsunwürdigkeit.** Durch die wirksame Anfechtung des Pflichtteilsanspruchs wegen Pflichtteilsunwürdigkeit wird gem. § 142 I **rückwirkend** der schuldrechtliche Pflichtteilsanspruch beseitigt. Nach wirksamer Anfechtung des Pflichtteilsanspruchs können die in § 2309 genannten entfernteren Pflichtteilsberechtigten ihrerseits den Pflichtteil verlangen.

Abschnitt 7. Erbverzicht

§ 2346 Wirkung des Erbverzichts, Beschränkungsmöglichkeit

(1) ¹ Verwandte sowie der Ehegatte des Erblassers können durch Vertrag mit dem Erblasser auf ihr gesetzliches Erbrecht verzichten. ² Der Verzichtende ist von der gesetzlichen Erbfolge ausgeschlossen, wie wenn er zur Zeit des Erbfalls nicht mehr lebte; er hat kein Pflichtteilsrecht.

(2) Der Verzicht kann auf das Pflichtteilsrecht beschränkt werden.

1 **1. Normzweck.** Der Erblasser kann mit seinen gesetzlichen Erben einen Verzicht auf deren künftiges Erbrecht und Pflichtteilsrecht (§ 2346 I 2) noch zu seinen Lebzeiten vereinbaren. Praktische Bedeutung hat der Erbverzicht zum einen dann, wenn der Erblasser die Erbfolge noch vor seinem Tod im Wege der vorweggenommenen Erbfolge gestalten und den besonderen Verhältnissen des Einzelfalls anpassen will. Er kann dies dann dadurch erreichen, dass bspw. einer der Abkömmlinge für sich und seinen Stamm auf Erb- und Pflichtteilsansprüche verzichtet, um das vom Erblasser angestrebte Ziel zu erreichen. So wird ein gegenständlich beschränkter Pflichtteilsverzicht häufig im Rahmen von Verträgen zur Übertragung von Immobilien oder Landgütern mit den weichenden gesetzlichen Erben vereinbart (vgl. BeckNotar-HdB/*Bengel/Reimann* Abschn. C Rn. 189). Der Pflichtteilsverzicht und auch der Erbverzicht in Verbindung mit der Zahlung einer Abfindung an den Verzichtenden ist ein gängiges Mittel zur Gestaltung der vorweggenommenen Erbfolge. Bedeutsam wird der Erbverzicht eventuell in Verbindung mit einem Zuwendungsverzicht ferner dann, wenn der Erblasser nicht in der Lage ist, eine Enterbung wirksam vorzunehmen. Ein solcher Fall tritt bspw. ein, wenn er in der **Gestaltung** seiner Erbfolge beschränkt ist. Auch dann, wenn der Erblasser geschäftsunfähig ist, kommt ein Erbverzichtsvertrag als Gestaltungsmittel in Betracht (§ 2347 II 2), da der Erbverzichtsvertrag durch den gesetzlichen Vertreter des geschäftsunfähigen Erblassers geschlossen werden kann.

2 Da ein Erblasser regelmäßig seine gesetzlichen Erben grundlos jederzeit enterben kann (vgl. § 1937), kommt dem auf den Pflichtteil beschränkten Verzicht (§ 2346 II) besondere Bedeutung zu.

3 **2. Rechtsnatur.** Der Erbverzicht ist ein vertragliches abstraktes **Verfügungsgeschäft** (BGH Urt. v. 7.12.2011 – IV ZR 16/11, NJW-RR 2012, 332 Rn. 14; BGH Urt. v. 4.7.1962 – V ZR 14/61, NJW 1962, 1910 (1912)). Der Verzicht führt unmittelbar zum Verlust des Erbrechts oder Pflichtteilsrechts bzw. der Zuwendung (§ 2352), da der Verzichtende behandelt wird, als habe er zum Zeitpunkt des Erbfalls nicht gelebt (§ 2346 I 1). Der Erbverzicht ist ein Rechtsgeschäft unter Lebenden und keine Verfügung von Todes wegen. Daher gelten die Regelungen des Allgemeinen Teils des BGB, so für die Auslegung die §§ 133, 157, wobei allerdings § 2350 als Sonderregelung zu beachten ist (BGH Urt. v. 17.10.2007 – IV ZR 266/06, ZEV 2008, 36 (37); OLG Frankfurt a. M. Beschl. v. 30.6.1993 – 20 W 301/93, MittBayNot 1994, 235 (236)). Für die Anfechtung gelten die §§ 119 ff. (OLG Celle Beschl. v. 8.7.2003 – 6 W 63/03, ZEV 2004, 156). Der Verzicht ist kein Vertrag zu Gunsten Dritter, weil kein Recht für einen Dritten iSd § 328 begründet wird, er ist auch dann, wenn eine Abfindung gezahlt wird, keine Schenkung iSd § 516. Dies ergibt sich aus § 517 (MüKoBGB/*Koch* § 517 Rn. 5; *v. Proff zu Irnich* DNotZ 2017, 84 (102)). Der Verzicht ist auch keine Verfügung iSd § 1365 und bedarf daher beim gesetzlichen Güterstand nie der Zustimmung des anderen Ehegatten (BeckOK BGB/*Litzenburger* § 2346 Rn. 5). Bei der Gütergemeinschaft muss der andere Ehegatte einem Verzicht nicht zustimmen (arg. e. §§ 1432, 1455). Auch Verfügungsbeschränkungen nach der Insolvenzordnung greifen nicht, so dass der Verzichtende nie der Zustimmung des Insolvenzverwalters bedarf (Staudinger/*Schotten* Rn. 9).

4 **3. Vertragsparteien.** Nur **Verwandte** des Erblassers und sein **Ehegatte** bzw. Lebenspartner, für den nach § 10 VII LPartG die Vorschriften zum Erbverzicht entsprechend gelten, können nach § 2346 den Verzicht erklären. Der Staat hat diese Möglichkeit nicht (BeckOK BGB/*Litzenburger* Rn. 5; MüKoBGB/*Wegerhoff* Rn. 8). Der Verzichtende muss zum Zeitpunkt der Erklärung noch nicht zum Kreis der gesetzlichen Erben des Erblassers gehören. So kann ein Kind schon vor seiner Adoption (Palandt/*Weidlich* Rn. 1) und ein Ehegatte schon vor Eingehung der Ehe (vgl. § 2347 I 1) auf das dadurch entstehende Erbrecht verzichten. Vertragspartner ist der Erblasser. Verträge unter künftigen gesetzlichen Erben über ihren gesetzlichen Erbteil oder Pflichtteil (sog. Erbschaftsverträge) sind keine Erbverzichtsverträge (BGHZ 104, 279 (281, 282)). Sie sind nach § 311b V zwar möglich, haben jedoch nur eine schuldrechtliche Wirkung und ändern nicht, wie der Erbverzicht, die Erbfolge unmittelbar (MüKoBGB/*Kanzleiter* § 311b Rn. 109). Vielmehr muss hier das Vollzugsgeschäft, etwa die Übertragung des Erbteils, nach dem Erbfall durchgeführt werden. Pflichtteilsansprüche können allerdings als künftige Forderungen auch schon vor dem Erbfall abgetreten werden (Palandt/*Grüneberg* § 311b Rn. 75).

5 **4. Inhalt.** Der Inhalt ist im Gesetz umschrieben.

6 **a) Verzichtserklärung.** Die gleichzeitige Anwesenheit der Vertragsparteien bei der Beurkundung des Erbverzichtsvertrages ist nicht gesetzlich vorgeschrieben, so dass eine Aufspaltung in Angebot und An-

nahme zulässig ist. Da eine Annahme des Angebots auf Abschluss eines Erbverzichts- oder Pflichtteilsverzichtsvertrages nach dem Tod des Erblassers nicht mehr möglich ist (BGH Urt. v. 13.11.1996 – IV ZR 62/96, NJW 1997, 521 (522)), sollte bei einer Aufspaltung die Annahme des Angebots zeitnah erfolgen. Die Erklärung des Verzichts muss entweder **ausdrücklich** erfolgen oder sie muss sich deutlich aus dem Vertragstext ergeben (BayObLG MDR 1981, 673; OLG Hamm NJW-RR 1996, 906). Allerdings kann in einem notariellen Erbvertrag, in dem sich Ehegatten wechselseitig zu Alleinerben und ihr Kind als Schlusserben eingesetzt haben, ein stillschweigend erklärter Pflichtteilsverzicht des eingesetzten Kindes enthalten sein (BGH NJW 1957, 422). Auch kann ein gemeinschaftliches Testament einen stillschweigenden Erb- und Pflichtteilsverzicht eines der Ehegatten enthalten (BGH NJW 1977, 1728; *Keim* ZEV 2001, 1). Nur in ganz besonders gelagerten Ausnahmefällen kann ein Verzicht auf § 242 gestützt werden (OLG Köln NJW-RR 2006, 225 (226)). Der Verzicht kann unter einer Bedingung erklärt werden (OLG Frankfurt a. M. DNotZ 1952, 488).

b) Gegenstand. Der mögliche Inhalt einer Verzichtserklärung ergibt sich schon aus dem Wortlaut des § 2346. 7

aa) Gesetzliches Erbrecht. Gegenstand des Verzichts nach § 2346 ist das gesetzliche Erbrecht. Für das 8 gewillkürte Erbrecht gilt § 2352. Wird ein Verzicht auf das Erbrecht erklärt, so hat dies kraft Gesetzes den Verlust des Pflichtteilsrechts zur Folge (§ 2346 I 2; BGH NJW 2008, 298 (299)). Der Verzicht kann allerdings **beschränkt** werden. So kann ausschließlich auf das gesetzliche Erbrecht unter dem Vorbehalt der Pflichtteilsansprüche verzichtet werden, so dass dem Verzichtenden dann das Pflichtteilsrecht verbleibt (BayObLGZ 1981, 30 (33)). Verzichtet werden kann auf einen ideellen **Bruchteil** des gesetzlichen Erbrechts. So kann der im gesetzlichen Güterstand lebende Ehegatte auf seinen 1/4 Anteil am Nachlass, der ihm nach § 1371 zusteht, verzichten (Staudinger/*Schotten* Rn. 41). Nicht möglich ist es allerdings, auf einen bestimmten Gegenstand aus dem Nachlass oder auf eine Einheit von Nachlassgegenständen, zB ein Unternehmen, zu verzichten, da dies dem Grundsatz der Gesamtrechtsnachfolge widersprechen würde. Der Verzicht auf einen bestimmten Nachlassgegenstand kann aber in einen Bruchteilsverzicht umgedeutet werden (KG DNotZ 1937, 571; MüKoBGB/*Wegerhoff* Rn. 14). Der Verzicht kann auch den derzeitigen Nachlass beschränkt werden (OLG Oldenburg FamRZ 1998, 645 (646)). Vermehrt der Erblasser nach dem Verzicht sein Vermögen, so liegt kein Fall einer Störung der Geschäftsgrundlage vor (LG Coburg FamRZ 2009, 461; eingehend aber auch ablehnend *Bengel* ZEV 2006, 192 (195)). Der Hoferbe darf analog § 11 HöfeO isoliert auf sein Erbrecht am Hof und auch umgekehrt ausschließlich auf das hoffreie Vermögen verzichten (OLG Oldenburg FamRZ 1998, 645 (646)). Erklärt ein künftiger **Hoferbe** einen uneingeschränkten Erbverzicht, so sind davon auch die Abfindungs- und Nachabfindungsansprüche nach §§ 12, 13 HöfeO erfasst (BGH NJW 1997, 653). Es wird vertreten, der Verzicht könne auf den **Ausbildungsunterhaltsanspruch** des Stiefkindes nach § 1371 IV beschränkt werden (so Staudinger/*Schotten* (2004) Rn. 45). Der Anspruch sei erbrechtlicher Natur, da er Folge des Eintritts des gesetzlichen Erbrechts des Ehegatten sei, er sei ferner güterrechtlicher Natur, da er seinen Ursprung in der Zugewinngemeinschaft habe und schließlich sei er auch unterhaltsrechtlicher Natur, weil er letztlich eine Bedürftigkeit des Kindes voraussetze. Der Unterhalt werde allerdings erbrechtlich gewährt. Gegen die Möglichkeit des Verzichts spricht, dass es sich bei dem Anspruch aus § 1371 IV um einen Unterhaltsanspruch der Stiefkinder handelt. Selbst dann, wenn der Anspruch nur „auch" eine unterhaltsrechtliche Qualität hat, ist auf diesen das Unterhaltsrecht anzuwenden. Nach § 1614 I kann für die Zukunft auf Unterhalt nicht verzichtet werden. Sinn und Zweck des § 1614 I ist unter anderem der Schutz öffentlicher Interessen, da dadurch sichergestellt wird, dass zunächst die Unterhaltspflichtigen und erste nachrangig dann, wenn dort keine Gelder zur Verfügung stehen, die Allgemeinheit für den Unterhalt der Kinder aufzukommen hat. Nach zutreffender Auffassung kann daher auf den Unterhaltsanspruch nach § 1371 IV nicht nach § 2346 verzichtet werden (so MüKoBGB/*Koch* § 1371 Rn. 87; Staudinger/*Thiele* § 1371 Rn. 131). Zwischen den gesetzlichen Erben und dem Erblasser können ferner Beschränkungen und Beschwerungen verschiedenster Art zulasten des verzichtenden Erben zugelassen werden. So kann bspw. der gesetzliche Erbe dem Erblasser das Recht einräumen, eine Bestimmung dahingehend zu treffen, dass ein Abkömmling verpflichtet ist, die Zuwendung eines Dritten auszugleichen oder dass solche Zuwendungen, deren Ausgleichung nicht bei der Zuwendung selbst nach § 2050 angeordnet war, nachträglich doch noch auszugleichen sind (MüKoBGB/*Wegerhoff* Rn. 16). Hierbei ist jedoch zu beachten, dass durch die Vereinbarung eines solche teilweisen Erbverzichts die **Beschränkungen** (Anordnung von Ausgleichungspflichten, Testamentsvollstreckung) **und Beschwerungen** (Vermächtnisse oder Auflagen) noch nicht angeordnet sind. Vielmehr muss der Erblasser dann noch eine entsprechende Verfügung von Todes wegen errichten. Der Erbverzicht kann eine erbrechtliche Stellung nur beseitigen, nicht aber eine solche schaffen. Dafür ist eine Anordnung des Erblassers notwendig (Staudinger/*Schotten* Rn. 46).

bb) Pflichtteilsrecht. Regelmäßig entspricht der auf das Pflichtteilsrecht beschränkte Verzicht, der 9 nach § 2346 II möglich ist, den Interessen des Erblassers, da eine Erhöhung der Erbquoten der anderen Erben, die beim Erbverzicht nach § 1935 eintritt, nicht gewollt ist. Übersieht ein Notar diese Folge und belehrt er nicht entsprechend, so verletzt er seine Amtspflicht (BGH DNotZ 1991, 539 (540)). Zulässig ist ein teilweiser auch gegenständlich **beschränkter Verzicht** auf den Pflichtteil (Staudinger/*Schotten* Rn. 47–50; Nieder/Kössinger Testamentsgestaltung § 19 Rn. 12), etwa dadurch, dass die Quote reduziert wird oder bestimmte Nachlassgegenstände aus der Berechnung des pflichtteilsrelevanten Nachlasses ausgenommen werden, durch Vereinbarung eines Fest- oder Höchstbetrages, bestimmter Berechnungsmethoden zur Wertermittlung von Nachlassgegenständen oder bestimmter Werte, zB Buchwerte (Nieder/*Kössinger* Testamentsgestaltung Rn. 12a). Der Verzicht kann sich auf den Pflichtteilsanspruch nach §§ 2305, 2307 beschränken oder auf Pflichtteilsergänzungsansprüche nach §§ 2325 ff. Vereinbart werden kann auch eine Ratenzahlung (Staudinger/*Schotten* Rn. 53; MüKoBGB/*Wegerhoff* Rn. 20).

10 **cc) Gesetzliche Vermächtnisse.** Ein Verzicht auf den Dreißigsten (§ 1969) oder den Voraus (§ 1932) ist nicht möglich (MüKoBGB/*Wegerhoff* Rn. 17), da ein solcher Verzicht im Gesetz nicht vorgesehen ist. Gründe der Praktikabilität, die für den Verzicht angeführt werden (so Staudinger/*Schotten* Rn. 43, 44), überzeugen nicht.

11 **5. Zeitliche Grenzen.** Der Erblasser muss beim Abschluss des abstrakten Erbverzichtsvertrages noch leben (§ 2347 II 1), der Vertrag muss bis zum Tod des Erblassers wirksam werden (BGH Urt. v. 13.11.1996 – IV ZR 62/96, NJW 1997, 521 (522); 1962, 1910). Wird der Verzicht erst nach dem **Tod** des Erblassers erklärt, so wird er auf ein bereits entstandenes Erbrecht verzichtet. Dieser Verzicht ist kein Erbverzicht iSd §§ 2346 ff. Es kann aber die Umdeutung in eine Ausschlagung der Erbschaft oder ein Angebot auf Erbteilsübertragung (§§ 2033, 2371) in Betracht kommen. Wird auf ein bereits entstandenes Pflichtteilsrecht verzichtet, so liegt uU ein Abfindungs- oder Erlassvertrag vor, der formlos geschlossen werden kann (v. Proff zu Irnich DNotZ 2017, 84 (92)). Der BGH geht allerdings davon aus, dass nur in besonderen Ausnahmefällen eine Umdeutung eines Angebots zum Pflichtteilsverzicht in den Abschluss eines Erlassvertrages über den Pflichtteil überhaupt in Betracht kommt (BGH Urt. v. 13.11.1996 – IV ZR 62/96, NJW 1997, 521 (522); krit. *Mayer* MittBayNot 1997, 85). Auch das Grundgeschäft/Kausalgeschäft kann nur zu Lebzeiten des Erblassers wirksam abgeschlossen werden (*v. Proff zu Irnich* DNotZ 2017, 84 (90)).

12 **6. Wirkung.** Die Rechtwirkungen des Erbverzichts regelt § 2346 ebenfalls.

13 **a) Persönlich.** Der Erbverzicht bezieht sich immer nur auf den Erbfall nach dem **Erblasser/Vertragspartner,** dem gegenüber der Verzicht erklärt wurde. Ein allgemeiner Verzicht auf das Erbrecht kann nicht wirksam vereinbart werden (BayObLG ZEV 2006, 214; OLG Frankfurt a. M. NJW-RR 1996, 838 (839)). Die Wirkung des Verzichts erstreckt sich auf die Abkömmlinge des Verzichtenden, falls ein Abkömmling oder Seitenverwandter des Erblassers den Verzicht erklärt hat und nichts anderes geregelt wurde (§ 2349). Erklären die Eltern des Erblassers den Verzicht, so wird das Erbrecht/Eintrittsrecht der Abkömmlinge der Eltern durch diesen Verzicht nicht berührt. Die Abkömmlinge der Eltern treten nach § 1925 III an die Stelle des verzichtenden Elternteils (MüKoBGB/*Leipold* § 1925 Rn. 6).

14 **b) Sachlich.** Der nach § 2348 formgültig erklärte Erbverzicht führt unmittelbar zum **Verlust** des gesetzlichen Erbrechts des Verzichtenden (BGH NJW 1997, 653). Der Verzichtende wird behandelt, als hätte er den Erbfall nicht erlebt (Fiktion des Vorversterbens) (§ 2346 I 2). Er hat kein Pflichtteilsrecht (§ 2346 I 2 Hs. 2). Die Pflichtteile der anderen Pflichtteilsberechtigten werden erhöht, da der Verzichtende nicht mitgezählt wird (§ 2310 S. 2).

15 Der Verzichtende verliert **alle Ansprüche,** die eine Erbenstellung oder Pflichtteilsberechtigung voraussetzen. So bekommt der auf sein Erbrecht verzichtende Ehegatte keinen Voraus (§ 1932), die verzichtenden Angehörigen keinen Dreißigsten (§ 1969). Der verzichtende Hoferbe hat keine Abfindungs- und Nachabfindungsansprüche nach §§ 12, 13 HöfeO (BGH NJW 1997, 653). Streitig ist, ob der überlebende geschiedene Ehegatte nach einem Erb- bzw. Pflichtteilsverzicht noch einen **Unterhaltsanspruch** nach § 1586b hat, der betragsmäßig auf den fiktiven Pflichtteils- und Pflichtteilsergänzungsanspruch des überlebenden Ehegatten gegen den Erben des Unterhaltspflichtigen begrenzt ist (BGH ZEV 2001, 113 (114, 115); NJW 2003, 1769). Vertreten wird, dass der Unterhaltsanspruch nach § 1586b dann nicht auf den Erben übergeht, wenn der überlebende Ehegatte einen Erbverzicht oder einen Pflichtteilsverzicht erklärt hat, weil der Ehegatte letztlich auf den Anspruch, der die Haftungsmasse ausmacht, verzichtete (LG Ravensburg ZEV 2008, 598 (599); MüKoBGB/*Maurer* § 1586b Rn. 13; Johannsen/Henrich/*Hammermann*, FamilienR, § 1586b Rn. 20). Dem wird entgegengehalten, dass ein Erb- oder Pflichtteilsverzicht, der während bestehender Ehe erklärt wurde, nicht zum Fortfall des Unterhaltsanspruchs gegenüber dem Erben nach § 1586b führen dürfe, da die unterhaltsrechtlichen Konsequenzen von den Ehegatten zum Zeitpunkt der Erklärung des Verzichts regelmäßig gar nicht bedacht wurden (*Grziwotz* FamRZ 1991, 1258; *Bergschneider* FamRZ 2003, 1049; *Keim* FuR 2006, 145 (146); Palandt/*Brudermüller* § 1586b Rn. 8). Gegen die letztgenannte Auffassung spricht, dass ein Rechtsfolgenirrtum, dem der verzichtende Ehegatte zum Zeitpunkt der Abgabe der Erklärung erlag, regelmäßig unerheblich ist. Da die Haftungsmasse für den Anspruch nach § 1586b aufgrund des Verzichts fehlt, besteht der Unterhaltsanspruch nach dem Verzicht nach richtiger Auffassung nicht mehr (→ § 1933 Rn. 14). Bis zu einer Entscheidung des BGH wird im Rahmen einer Vertragsgestaltung klargestellt werden müssen, ob der Unterhaltsanspruch dann, wenn ein Erb- oder Pflichtteilsverzicht erklärt wird, auf die Erben übergehen soll oder nicht, ob also § 1586b gelten soll oder nicht (Formulierungsvorschläge *Horndasch* NJW 2015, 2168 (2169)).

16 Beim Erbverzicht und beim Pflichtteilsverzicht ist der Pflichtteil einschließlich des Zusatzpflichtteils (§ 2305) und des Pflichtteilsergänzungsanspruchs (§§ 2325 ff.) ausgeschlossen. Dies ist bei der Wahl der güterrechtlichen Lösung des überlebenden Ehegatten, der mit dem Erblasser im gesetzlichen Güterstand gelebt hat, zu beachten. Ein Pflichtteilsanspruch entsteht trotz der Ausschlagung der Erbschaft nach § 1371 III Hs. 2 nicht, wenn der überlebende Ehegatte durch Vertrag auf sein gesetzliches Erb- oder Pflichtteilsrecht verzichtet hat (Staudinger/*Thiel* § 1371 Rn. 84). Zu prüfen ist in einem solchen Fall bei der Vertragsgestaltung aber auch immer, ob nicht neben dem Pflichtteilsverzicht auch noch ein vollständiger oder teilweiser ehevertraglicher Ausschluss des Zugewinns erfolgen muss, um das von den Ehegat-

ten angestrebte Ziel für den Todesfall zu erreichen. Steht dem überlebenden Ehegatten ein hoher Zugewinnausgleichsanspruch zu, so ist der Pflichtteilsanspruch, auf den der überlebende Ehegatte verzichtet hat, regelmäßig wertmäßig zu vernachlässigen. Im Rahmen der Berechnung des pflichtteilsrelevanten Nachlasses wird nämlich der Zugewinnausgleichsanspruch als Nachlassverbindlichkeit abgesetzt, der überlebende Ehegatte kann bei der güterrechtlichen Lösung ferner nur den kleinen Pflichtteil mit einer Quote von 1/8 neben den Abkömmlingen verlangen (*Meyer* ZEV 2007, 556 (557); § 1931 Rn. 21).

Der Verzichtende verliert beim Pflichtteilsverzicht auch seine **Verteidigungsrechte** nach §§ 2319, 2328 (*Mayer* ZEV 2007, 556). Dies ergibt sich daraus, dass der Pflichtteilsberechtigte iRd § 2328 nur seinen konkreten Pflichtteil verteidigen kann (vgl. MüKoBGB/*Lange* Rn. 2). Hat er keinen Pflichtteil mehr, den er verteidigen könnte, so stehen ihm auch die entsprechenden Verteidigungsrechte nicht mehr zu. 17

Der bloße **Pflichtteilsverzicht** ändert im Gegensatz zum Erbverzicht nicht die gesetzliche Erbfolge. Die Pflichtteile der anderen Pflichtteilsberechtigten werden nicht berührt, insbes. nicht erhöht, da § 2310 S. 2 nur beim Erbverzicht gilt (BGH NJW 1997, 521 (522); 1982, 2497). Durch den Pflichtteilsverzicht wird nur bewirkt, dass dem Verzichtenden kein Pflichtteilsanspruch zusteht. 18

Der Erblasser wird durch den Erbverzicht in seiner **Testierfreiheit** nicht eingeschränkt. Er kann also den Verzichtenden in einer letztwilligen Verfügung trotz des erklärten Verzichts zum Allein- oder Miterben einsetzen oder ihm ein Vermächtnis zuwenden (BGHZ 30, 261 (267); Staudinger/*Schotten* Rn. 71). 19

c) Auslegung. Grundsätzlich ist dann, wenn der Erbverzicht unwirksam ist, auch der darin enthaltene Pflichtteilsverzicht unwirksam. Allerdings ist bei einer Nichtigkeit des uneingeschränkt erklärten Erbverzichts zu prüfen, ob der Verzicht nicht nach dem Willen der Parteien nach § 139 als Pflichtteilsverzicht aufrecht erhalten bleiben muss (BGH Urt. v. 17.10.2007 – IV ZR 266/06, ZEV 2008, 36 (37)). Enthält ein Pflichtteilsverzicht nur den Verzicht auf Pflichtteilsansprüche, nicht auf das Pflichtteilsrecht insgesamt, so muss im Wege der Auslegung geklärt werden, ob von dem Verzicht auch Pflichtteilsergänzungsansprüche erfasst sind, denn Pflichtteils- und Pflichtteilsergänzungsansprüche stehen selbstständig nebeneinander und entstehen unabhängig voneinander (BGH Urt. v. 9.3.1988 – IVa ZR 272/86, NJW 1988, 1667 (1668)). 20

7. Anfechtung. Die Anfechtung des abstrakten Erbverzichts ist nur möglich, wenn **Anfechtungsgründe** vorliegen. Die Anfechtung richtet sich nach §§ 119, 123, mit der Folge, dass ein Motivirrtum, der nach § 2078 II zur Anfechtung einer letztwilligen Verfügung berechtigt, hier unbeachtlich ist (BGH NJW 1997, 653). **Anfechtungsberechtigt** ist der Verzichtende (Palandt/*Weidlich* Rn. 18; MüKoBGB/ *Wegerhoff* Rn. 4; Staudinger/*Schotten* Rn. 107). Auch der Erblasser ist zur Anfechtung berechtigt, weil er durch die letztwillige Zuwendung die Folgen des Erbverzichts nicht vollständig beseitigen kann, insbes. die Folgen im Rahmen der Berechnung der Pflichtteile (§ 2310 S. 2) (MüKoBGB/*Wegerhoff* Rn. 4; Staudinger/*Schotten* Rn. 107; BeckOK BGB/*Litzenburger* § 2346 Rn. 4a). Das Anfechtungsrecht besteht in jedem Fall **bis zum Tod** des Erblassers und des Verzichtenden (Staudinger/*Schotten* Rn. 106; Palandt/ *Weidlich* Rn. 18). Nach dem Tod des Erblassers wird die Anfechtung überwiegend für ausgeschlossen gehalten (BayObLG ZEV 2006, 209 (210); OLG Celle NJW-RR 2003, 1450; OLG Schleswig ZEV 1998, 28 (30); OLG Düsseldorf ZErb 2013, 94 (95 f.)). Die Auffassung, die die Anfechtung des Erbverzichts auch **nach dem Tod** des Erblassers noch für möglich hält (*Horn* ZEV 2010, 295 (296); *Damrau* ZEV 2004, 157; *Mankowski* ZEV 1998, 708 (709); jetzt auch Palandt/*Weidlich* Rn. 18), erscheint nicht vertretbar. Dagegen sprechen Gründe der Rechtssicherheit, die von der Rspr. angeführt werden. Würde die Anfechtung nach dem Tod des Erblassers durch den Verzichtenden zugelassen, so könnte nach dem Tod des Erblassers eine Erbfolge eintreten, die von dem Erblasser nicht gewollt war. Darüber hinaus ist der Erbverzicht ein Rechtsgeschäft unter Lebenden auf den Todesfall, das die Rechtslage beim Eintritt des Erbfalls verbindlich gestaltet hat. Dieses muss nach dem Eintritt des Erbfalls wirksam bleiben (vgl. Staudinger/*Schotten* Rn. 106). Auch nach dem Tod des Verzichtenden ist die Anfechtung ausgeschlossen. Soweit sich der Erbverzicht nicht auf die Abkömmlinge erstreckt, ist für eine Anfechtung des Erbverzichts durch den Erblasser dann, wenn der Verzichtende vor dem Erblasser verstorben ist, schon kein Raum. Der Erbverzicht entfaltet dann keine Rechtswirkungen (Staudinger/*Schotten* Rn. 106). Erstreckt sich der Erbverzicht nach § 2349 auf die Abkömmlinge des Verzichtenden, so kann allerdings im Rahmen der Anfechtung nichts anderes gelten als im Rahmen der Aufhebung des Erbverzichts nach § 2351. Diese ist nach der Rspr. des BGH (NJW 1998, 3117) nach dem Tod des Verzichtenden nicht mehr möglich (iErg *Pentz* MDR 1999, 785). Die gegenteilige Auffassung (Staudinger/*Schotten* Rn. 106) berücksichtigt nicht, dass auch dann aus Gründen der Rechtssicherheit und Rechtsklarheit feststehen muss, dass der Verzichtende und sein Stamm endgültig aus der gesetzlichen Erbfolge nach dem Erblasser ausgeschieden sind. (Zur Anfechtung des Grundgeschäfts → Rn. 29) 21

Der Verzichtende muss im Rahmen der Erbauseinandersetzung ungefragt auf den Erbverzicht hinweisen. Unterlässt er dies, können die übrigen Miterben einen geschlossenen Erbauseinandersetzungsvertrag wegen arglistiger Täuschung anfechten (OLG München FD-ErbR 2009, 285 088). 22

Nach dem Tod des Erblassers kann eine **Aufhebung** eines Erbverzichts wegen Wegfalls der Geschäftsgrundlage nicht mehr erfolgen (BGH NJW 1999, 789, für die Anfechtung offen gelassen). Allerdings ist auch nach dem Tod des Erblassers eine Anpassung eines dem Erbverzicht zugrunde liegenden Abfindungsvertrages möglich. Der Anspruch des Verzichtenden richtet sich dann gegen den Nachlass (BGH NJW 1999, 789 (790); 1997, 653 (654)). 23

8. Erbverzicht und Abfindung. Überwiegend wird der Erbverzicht nur gegen eine Abfindung erklärt, die dem Verzichtenden dann als Entgelt für den Verzicht versprochen und gewährt wird. 24

25 **a) Gegenseitigkeit.** Zwar steht der Erbverzichtsvertrag als abstraktes Verfügungsgeschäft zu der schuldrechtlichen Abfindungsvereinbarung nicht in einem Gegenseitigkeitsverhältnis im Sinne von §§ 320 ff. In dem schuldrechtlichen Grundgeschäft wird aber häufig die Verpflichtung zum Abschluss des Erbverzichtsvertrages mit der Verpflichtung zur Zahlung der Abfindung verbunden (BayObLG NJW-RR 1995, 648 (649)), mit der Folge, dass bei Leistungsstörungen die Bestimmungen über schuldrechtliche Verträge, insbesondere die §§ 320 ff. Anwendung finden (*Keim* RNotZ 2013, 411, (416)).

26 **b) Störungen.** Regelmäßig steht hinter dem abstrakten Verfügungsvertrag des Erbverzichts ein schuldrechtlicher Verzichtsvertrag als Grund- bzw. **Kausalgeschäft** (hM BGH NJW 1997, 653 (654)).

27 Der Inhalt dieses Kausalgeschäfts ist beim „unentgeltlichen" Erbverzicht, dass sich der Verzichtende verpflichtet, den Verzicht ohne Erhalt einer Gegenleistung zu erklären. Es handelt sich insoweit um einen einseitig verpflichtenden Vertrag sui generis (*v. Proff zu Irnich* DNotZ 2017, 84 (102)) nicht um eine Schenkung (*Zimmer* NJW 2017, 513 (514)). Beim „entgeltlichen" Erbverzicht verpflichtet sich der Verzichtende, den Verzicht zu erklären, der Erblasser verpflichtet sich, die Abfindung zu leisten. Insoweit handelt es sich um einen gegenseitigen Vertrag, der durch die beiden selbständigen Vollzugsgeschäfte erfüllt wird. Aus dem wirksamen Kausalgeschäft kann wechselseitig auf Vertragserfüllung, ggf. Zug um Zug gegen Austausch der eigenen Leistung, geklagt werden. Ein Anspruch aus §§ 812 ff. scheidet im Fall der Nichtleistung aus, weil dem Verzicht ein Rechtsgrund, nämlich ein wirksames Kausalgeschäft, zugrunde liegt. Jeder Beteiligte kann von dem anderen die Leistung verlangen und nach § 320 I die Leistung verweigern, bis die Gegenleistung bewirkt ist. Eine Ausnahme gilt nur dann, wenn er vorleistungspflichtig ist, was häufig bei dem Verzichtenden der Fall ist (*v. Proff zu Irnich* DNotZ 2017, 84 (104)). Bei nicht vertragsgemäßer Erfüllung besteht nach §§ 323, 326 V ein Rücktrittsrecht. Streitig ist, ob das Rücktrittsrecht nur zu Lebzeiten des Erblassers ausgeübt werden kann (so MüKoBGB/*Wegerhoff* § 2346 Rn. 23; Staudinger/*Schotten* § 2346 Rn. 156) oder auch noch nach dessen Tod (so *v. Proff zu Irnich* DNotZ 2017, 84 (105)). Tritt der Verzichtende von dem Kausalgeschäft zu Lebzeiten des Erblassers zurück, so begründet dies gegen den künftigen Erblasser nur einen Anspruch auf Aufhebung des Verzichts nach § 2351, der erklärte Verzicht wird also nicht unmittelbar durch den Rücktritt beseitigt (MüKoBGB/*Wegerhoff* Rn. 23; BeckOK BGB/*Litzenburger* Rn. 30). Lässt man den Rücktritt vom Kausalgeschäft nach dem Tod des Erblassers zu, so ist dessen Erbe verpflichtet, Wertersatz in Höhe des verlorenen Erb- bzw. Pflichtteils zu leisten (§ 346 II 1 Nr. 1 BGB) (*v. Proff zu Irnich* DNotZ 2017, 84 (105)), weil eine Rückabwicklung des Erbverzichtsvertrages dann nicht mehr möglich ist (Palandt/*Weidlich* § 2346 Rn. 8). Immer ist der Verzichtende verpflichtet, eine bereits erhaltene Abfindung zurückzugeben. Stirbt der Erblasser nach Abschluss des Kausalgeschäfts aber vor dem Abschluss des Erbverzichtsvertrages, so wird der Vertragspartner von seiner Pflicht zur Abgabe der Verzichtserklärung wegen Unmöglichkeit nach § 275 frei (BGH NJW 1962, 1910). Die Erben des Erblassers können eine bereits geleistete Abfindung nach §§ 326 IV, 346 zurückfordern (MüKoBGB/*Wegerhoff* Rn. 23; Palandt/*Weidlich* § 2346 Rn. 8). Kumulativ dazu soll den Erben ein Schadensersatzanspruch nach §§ 283, 280 I, 251 I BGB für einen geltend gemachten Erb- oder Pflichtteil zustehen, wenn der Verzichtende die Unmöglichkeit nicht zu vertreten hat. Der Schadensersatzanspruch sei auf den Anspruch auf Rückforderung der Abfindung anzurechnen. Bei Annahmeverzug des Erblassers oder seiner überwiegenden Verantwortlichkeit als Gläubiger für die Unmöglichkeit soll der Verzichtende seinen Anspruch auf die Gegenleistung nach § 326 II BGB behalten ohne dass die Erben zurücktreten oder eine bereits erbrachte Abfindung zurückfordern oder Schadensersatz verlangen können (*v. Proff zu Irnich* DNotZ 2017, 84 (105)).

28 Der Verzicht dem zugrunde liegende Abfindungsvertrag kann wegen **Störung der Geschäftsgrundlage** nach § 313 angepasst werden (BGH NJW 1997, 653 (654); OLG Braunschweig NJOZ 2003, 2762; OLG Hamm ZEV 2000, 507). Diese Möglichkeit besteht nicht schon dann, wenn sich das Vermögen des Erblassers nach Abschluss des Vertrages unerwartet vermehrt oder vermindert, weil immer ein Risikogeschäft vorliegt (*Zimmer* NJW 2017, 513 (515)) Ein Anspruch besteht aber dann, wenn sich nach Abschluss des Vertrages herausstellt, dass der mit dem Verzichtsvertrag angestrebte Zweck, der nicht zum Vertragsinhalt gemacht wurde, nicht erreicht werden kann. In Betracht kommt dies bei einem Erbverzicht eines Abkömmlings gegen geringe Abfindung im Rahmen eines Hofübergabevertrages, mit dem Ziel, den Hof in der Familie zu halten, wenn der Übernehmer den Hof innerhalb kurzer Zeit nach dem Erbfall verkauft (BGH Beschl. v. 29.11.1996 – Blw 16/96, NJW 1997, 653). In Betracht kommt eine Anpassung auch dann, wenn eine relativ geringe Abfindung vereinbart wurde, weil von einer dauerhaften Wertlosigkeit des Immobilienvermögens in den neuen Bundesländern als Geschäftsgrundlage ausgegangen wurde (OLG Hamm ZEV 2000, 507). Eine solche Anpassung des Abfindungsvertrages ist auch noch nach dem Tod des Erblassers möglich, dann richtet sich der Anspruch des übervorteilten Verzichtenden gegen den Nachlass (BGH NJW 1999, 789 (790); 1997, 653 (654)).

29 Das Grundgeschäft kann nach den allgemeinen Regelungen nach §§ 119, 123 sowohl von dem Erblasser als auch von dem Verzichtenden **angefochten** werden. Ob die Anfechtung des Grundgeschäfts durch den Verzichtenden auch noch nach dem Tod des Erblassers möglich ist, ist streitig (dafür Palandt/*Weidlich* § 2346 Rn. 18; aA *Zimmer* NJW 2017, 513 (515)). Besonderheiten gibt es nicht (Staudinger/*Schotten* Rn. 175). Irrt sich ein Vertragspartner nur über den Wert des Vermögens des Erblassers, so berechtigt dies nicht zur Anfechtung des Grundgeschäfts nach § 119 II. Erforderlich ist vielmehr ein Irrtum über die wertbildenden Faktoren des Nachlasses und/oder über den Bestand des Vermögens des Erblassers (Bamberger/Roth/*Mayer* Rn. 32). Auf einen Irrtum über zukünftige Entwicklung des Vermö-

gens des Erblassers kann jedoch eine Anfechtung nach § 119 II nicht gestützt werden (BGH NJW 1997, 653 (654); NJW 1991, 1345; Staudinger/*Schotten* Rn. 178).

Ist das Grundgeschäft **nichtig**, zB wegen Sittenwidrigkeit nach § 138 oder wegen einer Anfechtung 30 nach § 142 und erfassen die Nichtigkeitsgründe auch den abstrakten Erbverzicht, so ist der erklärte Erbverzicht nichtig (Bamberger/Roth/*Mayer* Rn. 31). Die wechselseitig erbrachten Leistungen können über §§ 812 I 1, 818 zurückverlangt werden (Palandt/*Ellenberger* § 142 Rn. 2). Ob bei einem nichtigen Grundgeschäft die Nichtigkeit des Erbverzichts regelmäßig nach § 139 unter dem Gesichtspunkt des Bestehens einer wirtschaftlichen Einheit zwischen Erbverzicht und Zahlung der Abfindung angenommen werden kann (zust. wohl MüKoBGB/*Wegerhoff* Rn. 27), ist fraglich, da der Gesetzgeber den Erbverzicht gerade als abstraktes Verfügungsgeschäft ausgestaltet hat, das in seiner Wirksamkeit von dem zu Grunde liegenden Verpflichtungsgeschäft unabhängig sein soll (so *Schotten* DNotZ 1998, 163 (167) mwN). Lässt man dies zu und ergibt die Auslegung, dass der Erbverzicht mit der Abfindungsvereinbarung stehen und fallen sollte, so wird von einem einheitlichen Rechtsgeschäft auszugehen sein (MüKoBGB/*Wegerhoff* Rn. 27; vgl. BGH NJW 2016, 3525 Rn. 16). Ein bloßer wirtschaftlicher Zusammenhang oder die Beurkundung von Erbverzicht und Abfindungsabrede in derselben Urkunde genügt für die Annahme einer Geschäftseinheit im Sinne von § 139 BGB nicht (OLG Düsseldorf Urt. v. 20.12.2013 – I-7 U 153/12, ZEV 2014, 265 (266); *v. Proff zu Irnich* DNotZ 2017, 84 (87/88)). Ist das Grundgeschäft wirksam und der Erbverzicht nichtig, besteht ein Anspruch auf Erklärung eines wirksamen Erbverzichts (OLG Düsseldorf Urt. v. 20.12.2013 – I-7 U 153/12, ZEV 2014, 265). Ist der Erbverzicht trotz des Vorliegens eines nichtigen Grundgeschäfts wirksam, kann der Erblasser seine ohne Rechtsgrund geleistete Abfindung nach Bereicherungsrecht zurückverlangen (vgl. MüKoBGB/*Wegerhoff* Rn. 28). Welche Möglichkeiten der Verzichtende hat, ist streitig (vgl. Erman/*Schlüter* Rn. 10ff.). Zum Teil wird auch dem Verzichtenden ein Anspruch aus § 812 I 2 auf Aufhebung des Verzichts zugebilligt (MüKoBGB/*Wegerhoff* Rn. 24; Staudinger/*Schotten* Rn. 182; Bamberger/Roth/*Mayer* Rn. 31; Palandt/*Weidlich* Rn. 11), da Gegenstand einer Leistungskondiktion jeder Vorteil mit vermögensrechtlichem Bezug sein kann. Dagegen spricht, dass der Erblasser durch den Erbverzicht nichts auf Kosten des Verzichtenden erlangt hat (Erman/*Schlüter* Vor § 2346 Rn. 11). Ferner kann die Aufhebung des Verzichts nach dem Tod des Erblassers (§ 2351) oder Tod des Verzichtenden ohnehin nicht mehr erfolgen (BGH NJW 1998, 3117 (3118)). Hier wird von den Vertretern, die § 812 BGB für anwendbar halten, ein Wertersatzanspruch nach § 818 II in Höhe der Erbquote des Verzichtenden am Nachlass bzw. der Pflichtteilsquote, für den Fall, dass der Erblasser anderweitig testiert hat, angenommen, wenn die Aufhebung des Verzichts wegen des Todes des Erblassers scheitert. Scheitert die Aufhebung des Verzichts wegen des Todes des Verzichtenden, so wird für den Anspruch auf das Erblasservermögen zum Zeitpunkt des Entstehens des Anspruchs auf Wertersatz abgestellt (Palandt/*Weidlich* Rn. 11). Vertretbar erscheint letztlich auch der Ansicht, der Verzichtende könne sich gegenüber den Erben, die den Verzichtenden an dem wirksamen Erbverzicht festhalten und sein Erbrecht bestreiten, mit Erfolg auf den Einwand der unzulässigen Rechtsausübung (§ 242) berufen (Erman/*Schlüter* Vor § 2346 Rn. 13).

c) Bedingung/Befristung. Die Vertragsparteien können das Grundgeschäft mit dem Erbverzicht über 31 die Vereinbarung einer Bedingung **verknüpfen** (BayObLG ZEV 2006, 209 (210); OLG Braunschweig NJOZ 2003, 2762). Zweckmäßig ist es, die Leistung der Abfindung als aufschiebende oder auflösende Bedingung für den Erbverzicht zu vereinbaren (MüKoBGB/*Wegerhoff* Rn. 25). Auch eine Befristung des abstrakten Erbverzichts ist möglich (*v. Proff zu Irnich* DNotZ 2017, 84 (87)). Zweifelhaft ist allerdings, ob die vereinbarte Bedingung auch erst nach dem Erbfall eintreten darf. Dies wird zum Teil bejaht, mit Hinweis darauf, dass der Verzichtende bis zum Bedingungseintritt nur Vorerbe werde. Nach Bedingungseintritt sei im Rahmen der Erbfolge der Erbverzicht zu berücksichtigen (Palandt/*Weidlich* § 2346 Rn. 10; MüKoBGB/*Wegerhoff* § 2346 Rn. 25; Staudinger/*Schotten* § 2346 Rn. 54, 55). Dagegen wird eingewendet, dass beim Erbfall die Bedingung feststehen müsse (dazu BGH Urt. v. 13.11.1996 – IV ZR 62/96, BGHZ 134, 66 Rn. 14). Daher sei nur eine solche Bedingung wirksam, die noch zu Lebzeiten des Erblassers eintrete (*v. Proff zu Irnich* DNotZ 2017, 84 (87); vgl. a. *Keim*, RNotZ 2013, 411 (416)).

d) Schenkung. Ob und gegebenenfalls inwieweit die mit dem Erbverzicht verbundene Zuwendung als 32 Schenkung zu qualifizieren ist, ist unter Würdigung aller Umstände des Einzelfalls zu entscheiden. Maßgebliche Bedeutung haben hierbei der Wortlaut des Vertrages über die Zuwendung und den Erbverzicht sowie die Umstände seines Zustandekommens. Der Verzicht auf das Erb- und Pflichtteilsrecht steht der Einordnung der Zuwendung als Schenkung jedenfalls insoweit nicht entgegen, wie er der Ausgleichung der lebzeitigen Zuwendung bei der Erbfolge dienen soll. Regelmäßig ist von einer Schenkung dann auszugehen, wenn die Höhe der Zuwendung in etwa der Erberwartung bei dem Erbverzicht oder dem Pflichtteil beim Pflichtteilsverzicht entspricht oder diese übersteigt (BGH Urt. v. 7.7.2015 – X ZR 59/13, NJW 2016, 324 Rn. 19, 21; kritisch dazu *v. Proff zu Irnich* DNotZ 2017, 84, (103)). Gegen eine Schenkung spricht es, wenn die Zuwendung wertmäßig deutlich hinter der Erberwartung zurückbleibt o BGH Urt. v. 7.7.2015 – X ZR 59/13, NJW 2016, 324 Rn. 19, 21). Folge der Einordnung der Zuwendung als Schenkung sind Ansprüche auf Rückforderung der Schenkung wegen Verarmung des Schenkers nach § 528 oder Ansprüche wegen eines Widerrufs der Schenkung wegen groben Undanks nach § 530.

e) Pflichtteilsergänzung. Der Pflichtteilsergänzung nach § 2325 I unterliegt demgegenüber von dem 33 als Abfindung gezahlten Betrag nur der Teil, der über ein Entgelt bzw. über eine angemessene Abfindung hinausgeht. Dabei ist auf den Wert des Erbteils abzustellen, auf den verzichtet wird. Entspricht die Abfindung zu dem Zeitpunkt, zu dem sie erbracht wird, der Höhe nach der Erberwartung des Verzichtenden, so wird sie zugunsten der sonstigen Pflichtteilsberechtigten durch § 2310 S. 2 kompensiert. Die weiteren Pflichtteilsberechtigten sollen wegen der für den Erbverzicht geleisteten angemessenen Abfindung nicht neben der erhöhten Pflichtteilsquote auch noch einen Pflichtteilsergänzungsanspruch erhalten (BGH Urt. v. 3.12.2008 – IV ZR 58/07, NJW 2009, 1143 Rn. 15; BGH Urt. v. 7.7.2015 -X ZR 59/13, NJW 2016, 324 Rn. 20). Der Pflichtteilsberechtigte kann sich insoweit auf die in der Rechtsprechung bei gemischten Schenkungen anerkannte Beweiserleichterung berufen. Danach ist eine ergänzungspflichtige Schenkung zu vermuten, soweit zwischen Leistung und Gegenleistung ein objektives, über ein geringes Maß deutlich hinausgehendes Missverhältnis besteht (BGH Urt. v. 3.12.2008 – IV ZR 58/07, NJW 2009, 1143 Rn. 17). Das Ergebnis wird teilweise als nicht stimmig abgelehnt, weil sich der nur durch einen von mehreren Abkömmlingen erklärte Erbverzicht beim Bestehen des Güterstandes der Zugewinngemeinschaft nicht zu Gunsten des Ehegatten auswirkt. Die Abfindung wird daher als pflichtteilsrelevante Schenkung angesehen, allerdings soll der Pflichtteilsergänzungsanspruch begrenzt sein auf den Anspruch ohne Quotenerhöhung (Palandt/*Weidlich* § 2325 Rn. 16). Bei einem bloßen Pflichtteilsverzicht nach § 2346 II, der die Höhe der Pflichtteilsrechte der anderen Pflichtteilsberechtigten unberührt lässt, da § 2310 S. 2 für den Pflichtteilsverzicht nicht gilt, ist die Argumentation des BGH jedoch unergiebig. Mangels Kompensation entsprechend § 2310 S. 2 BGB spricht vieles dafür, die Abfindung/Zuwendung als ergänzungspflichtige Schenkung zu bewerten (*Keim* RNotZ 2013, 411 (417)), wenn sie nicht bei einer Zahlung an einen Abkömmling als Ausstattung einzuordnen ist. Nur eine Übermaßausstattung unterliegt als Schenkung der Pflichtteilsergänzung (§ 1624 I 2 BGB).

34   **9. Inhaltskontrolle/Sittenwidrigkeit.** Die Sittenwidrigkeit von Pflichtteilsverzichtsverträgen wird insbes. dann geprüft, wenn der Pflichtteilsverzicht von Sozialleistungsbeziehern erklärt wird. Zum Teil wurde ein solcher Verzicht dann, wenn er ohne Gegenleistung erklärt wird, als sittenwidrig und nichtig eingestuft (OLG Stuttgart NJW 2001, 3484; Dutta FamRZ 2010, 841; vgl. *Armbrüster* ZEV 2010, 88), in der jüngeren Lit. wurde die Sittenwidrigkeit dagegen verneint (Staudinger/*Schotten* Rn. 70b; *Vaupel* RNotZ 2010, 141; *Mayer* ZEV 2007, 556 (559)). Der BGH (Urt. v. 19.1.2011 – IV ZR 7/10, NJW 2011, 1586) hat nunmehr entschieden, dass der durch einen geschäftsfähigen behinderten **Sozialleistungsempfänger** erklärte Pflichtteilsverzicht gegenüber den Eltern in einem sog. Behindertentestament, beschränkt auf den ersten Sterbefall, grds. nicht sittenwidrig und damit wirksam ist. In dem Verzicht auf den Pflichtteil liegt auch kein Verzicht auf eine Erwerbsquelle, die nach den sozialrechtlichen Regelungssystemen mit Leistungskürzungen sanktioniert werden kann (LSG Hamburg, Urt. v. 13.9.2012 – L 4 AS 167/10, FamRZ 2013, 1428; BGH NJW 2011, 1586 Rn. 31). Aus der Entscheidung des BGH ergibt sich nicht, ob diese auch für nicht behinderte Bedürftige gilt. Dies dürfte aufgrund der allgemein gehaltenen Begründung der Entscheidung des BGH anzunehmen sein (LSG Hamburg, Urt. v. 13.9.2012 – L 4 AS 167/10, FamRZ 2013, 1428; Ivo DNotZ 2011, 381, (389); Kleesang ZErb 2011, 121 (124); zweifelnd *Keim* RNotZ 2013, 411 (420)). Stellen Erbverzicht und Abfindungsvereinbarung ein einheitliches Rechtsgeschäft im Sinne von § 139 BGB dar, so ist auch der Erbverzicht nichtig, wenn das zu Grunde liegende Kausalgeschäft wegen eines erheblichen Ungleichgewichts zulasten des Verzichtenden sittenwidrig ist (OLG Hamm Beschl. v. 8.11.2016 – 10 U 36/15, NJW 2017, 576 (577), kritisch zu der Entscheidung *Zimmer* NJW 2017, 513); vgl. auch OLG München Urt. v. 25.1.2006 – 15 U 4751/04, ZEV 2006, 313). Wird ein Erbverzicht oder ein Pflichtteilsverzicht (§ 2346 I, II) vereinbart, so wird diskutiert, ob solche Verzichtsvereinbarungen einer Inhaltskontrolle wie Eheverträge (BGH FamRZ 2004, 601) unterliegen (OLG München MittBayNot 2006, 428). Dass die Rspr. des BGH zur Unwirksamkeit von Unterhaltsverzichten in Eheverträgen und Scheidungsfolgenvereinbarungen, die den Sozialleistungsträger benachteiligen, nicht auf Pflichtteilsverzichtsverträge übertragbar ist, hat der BGH jetzt entschieden (BGH Urt. v. 19.1.2011 – IV ZR 7/10, NJW 2011, 1586 (1589)). Dies führt aber nicht dazu, dass eine solche Überprüfung grundsätzlich ausgeschlossen wäre. Folgt man der Auffassung, wonach der Verzicht auf den Pflichtteil auch zu einem Verzicht auf Unterhaltsansprüche gegen die Erben des Unterhaltspflichtigen nach §§ 1386b BGB führt, stellt sich durchaus die Frage, ob die Sittenwidrigkeit des Ehevertrages/der Scheidungsfolgenvereinbarung auch den mit beurkundeten Pflichtteilsverzicht der Eheleute erfasst (*Keim* RNotZ 2013, 411 (418)). Würde die Kontrolle wie bei Eheverträgen durchgeführt (dagegen Erman/*Simon* § 2346 Rn. 15; *Keim* RNotZ 2013, 411 (418); kritisch *Röthel* NJW 2012, 337 (340)), so müsste eine Wirksamkeitskontrolle durchgeführt werden, in der Form, dass überprüft wird, ob sich der Verzicht im Zeitpunkt seines Abschlusses als einseitige Lastenverteilung darstellt, die für den Verzichtenden unzumutbar ist. Ist der Verzicht nicht von Anfang an sittenwidrig, so kommt über die Ausübungskontrolle die Anpassung an veränderte Verhältnisse in Betracht (vgl. *Münch* ZEV 2008, 571; *Kapfer* MittBayNot 2006, 385). Wird in einer einheitlichen Scheidungsfolgenvereinbarung auch ein Erb- und Pflichtteilsverzicht beurkundet, kann die Sittenwidrigkeit der Scheidungsfolgenregelungen auch zur Sittenwidrigkeit des Erb- und Pflichtteilsverzichts führen (LG Ravensburg ZEV 2008, 598; offen gelassen OLG Düsseldorf Beschl. v. 21.2.2013 – I-3-Wx 193/12, ZErb 2013, 94 (96)). Das Argument, die §§ 138, 119, 123 sowie 313 gewährten hinreichende gesetzliche Instrumentarien zur Störfallvorsorge, so dass auf die Grundsätze zur ehevertraglichen Inhaltskontrolle beim Erbverzicht nicht zurückgegriffen werden müsse (so MüKo-BGB/*Wegerhoff* Rn. 35c), überzeugt nicht. Dem ist entgegenzuhalten, dass auch Eheverträge entsprechend überprüft werden können und der BGH dennoch die og Grundsätze zur Inhaltskontrolle von Eheverträgen aufgestellt hat. Ein **Schuldner** kann in der Wohlverhaltensphase auf die Geltendmachung seines Pflichtteilsanspruchs verzichten. Er kann auch eine Erbschaft ausschlagen oder auf ein Vermächtnis verzichten. Eine Obliegenheitsverletzung liegt darin nicht (BGH Beschl. v. 25.6.2009 – IX ZB 196/08,

ZEV 2009, 469 (470)). Daraus ist zu schließen, dass ein pflichtteilsberechtigter Schuldner in jedem Fall auf einen erst in der Zukunft entstehenden Pflichtteilsanspruch wirksam im Rahmen eines Pflichtteilsverzichts verzichten kann (*Keim* RNotZ 2013, 411 (419)). Der Pflichtteilsverzicht eines überschuldeten Pflichtteilsberechtigten ist auch nach §§ 129 ff. InsO noch nach §§ 3 ff. AnfG anfechtbar, weil in einem Erb- und Pflichtteilsverzicht keine Gläubigerbenachteiligung liegen kann BGH Urt. v. 28.2.1991 – IX ZR 74/90, NJW 1991, 1610 (1611); BGH Urt. v. 7.7.2015 – X ZR 59/13, NJW 2016, 324 Rn. 14). Dies ergibt sich aus § 83 I InsO, wonach es dem Schuldner selbst überlassen ist, über die Annahme oder Ausschlagung einer Erbschaft oder eines Vermächtnisses zu entscheiden.

10. Verfahrensrecht. Das Nachlassgericht hat im Erbscheinsverfahren zu prüfen und zu klären, ob ein wirksamer Erbverzicht erklärt wurde. Das Nachlassgericht darf den Erben, der einen Erbschein beantragt, nicht auf den ordentlichen Rechtsweg verweisen (BayObLG NJW-RR 1995, 648; MüKoBGB/*Wegerhoff* Rn. 40; Palandt/*Weidlich* § 2348 Rn. 2). 35

11. DDR-Recht/IPR. Das ZGB der DDR enthielt keine Regelung über den Erbverzicht. Einen solchen gab es nicht. Da Erb- und Pflichtteilsverzichtsverträge heute wichtige Elemente im Rahmen der Nachfolgeplanung sind, ist dann, wenn ein Beteiligter seinen Lebensmittelpunkt im Ausland hat bzw. begründet oder eine ausländische Staatsangehörigkeit besitzt, die Frage der Wirksamkeit des Verzichtsvertrages auf der Grundlage der EuErbVO zu prüfen (dazu *Weber* ZEV 2015, 503). 36

§ 2347 Persönliche Anforderungen, Vertretung

(1) ¹Zu dem Erbverzicht ist, wenn der Verzichtende unter Vormundschaft steht, die Genehmigung des Familiengerichts erforderlich; steht er unter elterlicher Sorge, so gilt das Gleiche. ²Für den Verzicht durch den Betreuer ist die Genehmigung des Betreuungsgerichts erforderlich.

(2) ¹Der Erblasser kann den Vertrag nur persönlich schließen; ist er in der Geschäftsfähigkeit beschränkt, so bedarf er nicht der Zustimmung seines gesetzlichen Vertreters. ²Ist der Erblasser geschäftsunfähig, so kann der Vertrag durch den gesetzlichen Vertreter geschlossen werden; die Genehmigung des Familiengerichts oder Betreuungsgerichts ist im gleichen Umfang wie nach Absatz 1 erforderlich.

1. Verzichtender. Der Verzichtende kann nach den allgemeinen Regeln **vertreten** werden, muss also den Verzichtsvertrag nicht persönlich schließen. Die Vollmacht ist nicht beurkundungsbedürftig (vgl. § 167 II; MüKoBGB/*Wegerhoff* Rn. 3). Ist der Verzichtende nach § 104 geschäftsunfähig, so muss für ihn der gesetzliche Vertreter handeln. Ist der Verzichtende beschränkt geschäftsfähig (§ 106), so kann er selbst mit Einwilligung des gesetzlichen Vertreters handeln, auch der gesetzliche Vertreter kann den Vertrag schließen. Hat der beschränkt Geschäftsfähige den Verzichtsvertrag ohne Einwilligung seines gesetzlichen Vertreters abgeschlossen, so kann dieser nur bis zum Tod des Vertragspartners/Erblassers bzw. nur zu Lebzeiten des Verzichtenden von dem gesetzlichen Vertreter genehmigt werden (Palandt/*Weidich* Rn. 1; vgl. a. BGH Urt. v. 13.11.1996 – IV ZR 62/96, NJW 1997, 521 (522)). Entsprechendes gilt für die Genehmigung des volljährig gewordenen Mündels nach § 1829 III (BGH Urt. v. 7.12.1977 – IV ZR 20/76, NJW 1978, 1179). Steht der Verzichtende unter Vormundschaft oder unter elterlicher Sorge, so ist eine Genehmigung des Familiengerichts für die Wirksamkeit des Erbverzichts erforderlich. Eine Ausnahme gilt nur für den Fall, dass der Erbverzichtsvertrag unter Ehegatten oder Verlobten geschlossen wird. In dem Fall ist die Genehmigung des Familiengerichts entbehrlich (§ 2347 I 1). Ist der Betreute geschäftsfähig, so kann er den Verzicht selbst erklären. Der Zustimmung seines Betreuers bedarf er nur dann, wenn ein entsprechender Einwilligungsvorbehalt angeordnet ist (§§ 1903, 107, 108 BGB). Ist der Betreute allerdings geschäftsunfähig, so ist seine Verzichtserklärung unwirksam. Die Zustimmung des Betreuers hat keine Wirkung, diese kann insbesondere nicht in eine wirksame Verzichtserklärung durch den Betreuer umgedeutet werden, weil die ins Leere gehende Genehmigungserklärung weniger weit reicht als eine Verzichtserklärung (Palandt/*Götz* § 1903 Rn. 10). Wird der Verzicht durch den Betreuer erklärt, so muss das Betreuungsgericht den Verzicht genehmigen, damit dieser wirksam wird (§ 2347 I 2). Immer muss die Genehmigung, sei es durch den gesetzlichen Vertreter oder das Gericht, zum Zeitpunkt des Erbfalls wirksam sein (Palandt/*Weidlich* Rn. 1; MüKoBGB/*Wegerhoff* § 2347 Rn. 7). Entscheidend ist der Zugang der Genehmigung beim Erblasser (§§ 130 I, 1829 I 2 BGB; MüKoGB/*Wegerhoff* § 2347 Rn. 3, 7). Dies gilt auch bei Pflichtteilsverzichtsverträgen (BGH Urt. v. 13.11.1996 – IV ZR 62/96, NJW 1997, 521 (522); aA BeckOK BGB/*Litzenburger* Rn. 3a). 1

2. Erblasser. Im Gegensatz zu dem Verzichtenden kann sich der Erblasser beim Erbverzicht nicht vertreten lassen. Er muss **persönlich** handeln, es sei denn, er ist geschäftsunfähig (§ 2347 II 1; OLG Düsseldorf NJW-RR 2002, 584). Ist der Erblasser beschränkt geschäftsfähig, bedarf er nicht der Zustimmung seines gesetzlichen Vertreters, da die Erklärung des Verzichts ihm gegenüber für ihn nur nachteilig sein kann. Er bedarf allerdings der Zustimmung seines gesetzlichen Vertreters dann, wenn er den Verzichtsvertrag wieder aufheben will (§ 2351). Ist der Erblasser geschäftsunfähig, so kann für ihn nur sein gesetzlicher Vertreter handeln. Die von dem Betreuer des geschäftsunfähigen – Erblassers im Rahmen des Verzichtsvertrages abgegebene Erklärung muss vom Betreuungsgericht gem. § 2347 II, I genehmigt werden, die von dem gesetzlichen Vertreter für den unter elterlicher Sorge stehenden Geschäftsunfähigen abgegebene Erklärung vom Familiengericht, sofern der Vertrag nicht zwischen Ehegatten oder Verlobten abge- 2 schlossen ist. Die Genehmigung muss zugehen (→ Rn. 1). Für einen unter Betreuung stehenden Volljährigen kann ein Einwilligungsvorbehalt nach § 1903 II nicht angeordnet werden, da er die Erklärung im Rahmen des Abschlusses des Erbverzichtvertrages nach § 2347 II 1 Hs. 2 ohne Zustimmung seines gesetzlichen Vertreters abgeben kann.

3   3. **Verstoß.** Ist der Erbverzichtvertrag für den Erblasser von einem Vertreter abgeschlossen worden, so ist dieser nach § 125 S. 1 **nichtig**, sofern der Erblasser zumindest beschränkt geschäftsfähig ist. Ein Notar, der dies nicht beachtet, verletzt seine Amtspflicht und haftet (BGH NJW 1996, 1062). Bestehen Zweifel daran, ob der Erblasser tatsächlich geschäftsunfähig ist, so sollten die Erklärungen zur Sicherheit sowohl von dem Betreuer als auch von dem Erblasser abgegeben werden (*Cypionka* DNotZ 1991, 571 (585, 586)). Für das Kausalgeschäft gilt diese Regelung nicht. Dies bedeutet, dass sich der Erblasser beim Abschluss des Kausalgeschäfts auch vertreten lassen kann. (OLG Düsseldorf Urt. v. 20.12.2013 – I-7 U 153/12, ZEV 2014, 265; Palandt/*Weidlich* § 2347 Rn. 2). Welche Auswirkungen dies hat, hängt davon ab, ob unter Berücksichtigung des Abstraktionsprinzips die Nichtigkeit des Vollzugsgeschäfts, also des Erbverzichts, Einfluss hat auf die Wirksamkeit des Kausalgeschäfts, ob also insoweit eine Einheit im Sinne von § 139 BGB gegeben ist.

§ 2348 Form

Der Erbverzichtsvertrag bedarf der notariellen Beurkundung.

1   1. **Normzweck.** Die notarielle Beurkundung ist vorgesehen, um sicherzustellen, dass die Beteiligten über den Inhalt der Erklärung beraten und **belehrt** und von der übereilten Abgabe einer Verzichtserklärung abgehalten werden (§ 17 BeurkG). Ferner dient sie der Sicherung der Beweisbarkeit (MüKoBGB/ *Wegerhoff* Rn. 1).

2   2. **Inhalt.** Der Verzicht muss notariell **beurkundet** werden, wobei eine gleichzeitige Anwesenheit beider Vertragsparteien nicht erforderlich ist (§§ 128, 152; MüKoBGB/*Wegerhoff* Rn. 3). Ein gerichtlicher Vergleich ersetzt die notarielle Beurkundung nach § 127a BGB.
Im Einzelfall kann in einem notariellen Erbvertrag oder in einem gemeinschaftlichen Testament von Ehegatten **stillschweigend** ein Erb- und/oder Pflichtteilsverzicht enthalten sein (BGH NJW 1957, 422; 1977, 1728; MüKoBGB/*Wegerhoff* Rn. 6, 7; → § 2346 Rn. 6).

3   3. **Umfang.** Das Formerfordernis gilt für **alle Erklärungen** zum Erbverzicht, also auch für den Zuwendungsverzicht und die Aufhebung des Erbverzichts nach § 2351. Der Erbverzicht kann in einem ebenfalls beurkundungsbedürftigen Erbvertrag erklärt werden. Auch das **Kausalgeschäft** ist beurkundungsbedürftig (OLG Köln Urt. v. 30.6.2010 – 2 U 154/09, ZEV 2011, 384; BayObLG ZEV 2006, 209 (219), offen gelassen BGH Urt. v. 7.12.2011 – IV ZR 16711, NJW-RR 2012, 332 Rn. 17). Durch den formgerecht erklärten Erbverzicht bzw. Pflichtteilsverzicht wird der Formmangel des Kausalgeschäfts analog § 311b I 2 geheilt (MüKoBGB/*Wegerhoff* Rn. 8; offen gelassen BGH NJW-RR 2012, 332 Rn. 16). Umgekehrt gilt dies aber nicht (Palandt/*Weidlich* § 2348 Rn. 2). Das dingliche Vollzugsgeschäft des Kausalgeschäfts ist allerdings nicht nach § 2248 beurkundungsbedürftig, weil sich die Formbedürftigkeit nicht auf weitere dingliche Vollzugsgeschäfte über den Erbverzicht hinaus erstreckt, wie zB die Abtretung von Forderungen als Abfindung erstreckt (BGH NJW-RR 2012, 332 Rn. 17).

4   4. **Wirkung.** Ein Formverstoß führt nach § 125 zur **Nichtigkeit** des Erbverzichts. Im Einzelfall ist zu prüfen, ob die Erklärung des Erblassers bei einem formnichtigen Erbverzicht in eine letztwillige Verfügung umgedeutet werden kann. So kann in der Erklärung des Erblassers zum Erbverzicht eine Enterbung nach § 1938 liegen, aber auch der Widerruf einer früheren letztwilligen Verfügung. Eine Umdeutung nach § 140 kommt in Betracht, wenn die Testamentsform eingehalten ist und der Erblasser auch ohne die Mitwirkung des Verzichtenden in der erfolgten Weise verfügt hätte (Palandt/*Weidlich* BGB Rn. 2).

§ 2349 Erstreckung auf Abkömmlinge

Verzichtet ein Abkömmling oder ein Seitenverwandter des Erblassers auf das gesetzliche Erbrecht, so erstreckt sich die Wirkung des Verzichts auf seine Abkömmlinge, sofern nicht ein anderes bestimmt wird.

1   1. **Normzweck.** Der Gesetzgeber verfolgte mit dieser Regelung den Zweck, die **Auseinandersetzung** unter Miterben zu vereinfachen und das Familienvermögen durch die Zahlung von Abfindungen an einzelne Abkömmlinge in einer Hand zu behalten. Dabei ging der Gesetzgeber davon aus, dass der Erbverzicht regelmäßig nur gegen Abfindung erfolgt und die Abfindung letztlich dem gesamten Stamm zufließt (Staudinger/*Schotten* Rn. 2, 3).

2   2. **Inhalt.** Verzichtet ein Abkömmling des zukünftigen Erblassers oder ein Seitenverwandter auf sein gesetzliches Erbrecht, so sind auch die Abkömmlinge des Verzichtenden ebenso wie der Verzichtende selbst von der Erbfolge ausgeschlossen. Ausgeschlossen ist also der gesamte **Stamm** des Verzichtenden, ohne dass die Abkömmlinge des Verzichtenden in irgendeiner Form an dem Erbverzicht mitgewirkt haben. Abkömmlinge sind dabei sämtliche Kinder des Erblassers, gleichgültig ob eheliche oder nichtehe-

liche Kinder oder Adoptivkinder. Seitenverwandte sind solche, die nicht voneinander sondern gemeinsam von denselben dritten Personen abstammen, wie zB Geschwister, Onkel, Tante (§ 1589 II). Ist ein Pflichtteilsverzicht nach § 2346 II erklärt worden, so hat der gesamte Stamm des Verzichtenden kein Pflichtteilsrecht. Dies gilt auch dann, wenn keine Abfindung gezahlt wurde.

Verzichtet ein **anderer** nicht in § 2349 genannter Verwandter auf sein Erbrecht oder sein Pflichtteilsrecht, so greift § 2349 nicht. Verzichtet zB ein Vorfahre, also ein Eltern- oder Großelternteil des künftigen Erblassers auf sein Erbrecht oder Pflichtteilsrecht, was zweckmäßig sein kann, wenn Eheleute keine Kinder haben und den Eltern ein Pflichtteilsrecht nach 2303 II zusteht, so erstreckt sich der Verzicht nicht auf die Abkömmlinge des Vorfahren. Gleiches gilt bei einem Verzicht des Ehegatten. 3

3. Anderweitige Vereinbarung. Die Regelung ist **nicht zwingend** (BGH NJW 1998, 3117 (3118)). Die Parteien des Verzichtsvertrages können abweichende Vereinbarungen treffen, insbes. regeln, dass der Verzicht abweichend von § 2349 für die Abkömmlinge des Verzichtenden nicht gelten soll. Möglich ist auch eine Vereinbarung dahingehend, dass sich die Verzichtswirkung nur auf einzelne Abkömmlinge erstreckt und andere Abkömmlinge nicht davon erfasst werden (MüKoBGB/*Wegerhoff* § 2349 Rn. 6; Palandt/*Weidlich* § 2349 Rn. 1). Bei der Gestaltung von Verträgen sollte zur Vermeidung von Zweifeln klargestellt werden, ob die Erstreckung auf die Abkömmlinge gewollt ist. 4

§ 2350 Verzicht zugunsten eines anderen

(1) Verzichtet jemand zugunsten eines anderen auf das gesetzliche Erbrecht, so ist im Zweifel anzunehmen, dass der Verzicht nur für den Fall gelten soll, dass der andere Erbe wird.

(2) Verzichtet ein Abkömmling des Erblassers auf das gesetzliche Erbrecht, so ist im Zweifel anzunehmen, dass der Verzicht nur zugunsten der anderen Abkömmlinge und des Ehegatten oder Lebenspartners des Erblassers gelten soll.

1. Rechtsnatur. Der Erbverzicht kann zu Gunsten einer anderen Person erfolgen. Hierfür enthält 1 § 2350 **Auslegungsregeln.** Sie greifen erst, wenn vergeblich versucht wurde, den wirklichen Willen der Parteien des Verzichtsvertrages zu ermitteln. Die **Darlegungs- und Beweislast** hat derjenige, der entgegen der Vermutung des § 2350 Rechte aus dem Verzicht herleiten will (BGH NJW 2008, 298 (299); OLG Düsseldorf ZEV 2008, 523 (524)).

2. Anwendungsbereich. § 2350 gilt nur für den Verzicht auf das **gesetzliche Erbrecht** und nicht für 2 einen Pflichtteilsverzicht nach § 2346 II (MüKoBGB/*Wegerhoff* Rn. 2; Staudinger/*Schotten* Rn. 5; Palandt/*Weidlich* BGB Rn. 1; *Mayer* ZEV 2000, 263 (266); aA für den Pflichtteilsverzicht Jauernig BGB/ *Stürner* Rn. 1).

3. Inhalt. § 2350 regelt den Verzicht zu Gunsten eines anderen und den Verzicht eines Abkömmlings. 3

a) Abs. 1. Der Verzicht zu **Gunsten eines anderen** nach § 2350 I ist im Zweifel unwirksam und gegen- 4 standslos, wenn der Begünstigte nicht Erbe wird. Der Verzicht ist auflösend bedingt (so Palandt/ *Weidlich* § 2350 Rn. 2; aufschiebend bedingt Staudinger/*Schotten* § 2350 Rn. 11; BeckOK BGB/*Litzenburger* § 2350 Rn. 4) durch die Erbeneigenschaft des Begünstigten. Dabei ist es unerheblich, ob der Begünstigte gesetzlicher oder gewillkürter Erbe wird. Ist der Begünstigte in einem Testament genannt, so genügt es nicht, wenn er nur zum Nacherben berufen ist. Der Nacherbe wird zum Zeitpunkt des Eintritts des Erbfalls nicht Erbe des Erblassers. Eine Einsetzung zum Vorerben genügt jedoch (MüKoBGB/ *Wegerhoff* Rn. 6; BeckOK BGB/*Litzenburger* § 2350 Rn. 4). Der Begünstigte muss nicht anstelle des Verzichtenden Erbe werden. Nicht ausreichend ist, dass zu Gunsten des Begünstigten ein Vermächtnis ausgesetzt ist (Staudinger/*Schotten* Rn. 12). Der Begünstigte muss nicht ausdrücklich genannt werden, er muss aber aus der Urkunde heraus hinreichend bestimmbar sein (Palandt/*Weidlich* Rn. 2).

b) Abs. 2. Verzichtet ein **Abkömmling** des Erblassers auf sein gesetzliches Erbrecht, so ist im Zweifel 5 immer von einer Begünstigung der anderen Abkömmlinge und des Ehegatten oder Lebenspartners des Erblassers auszugehen (§ 2350 II). Der Verzicht nach Abs. 2 ist also im Zweifel unwirksam, wenn weder ein anderer Abkömmling des Erblassers noch dessen Ehegatte oder Lebenspartner Erbe wird. Erben also ausschließlich Personen der aufsteigenden Linie, also Eltern und Großeltern oder aus der Seitenlinie oder der Staat, so ist der Verzicht im Zweifel unwirksam (Staudinger/*Schotten* Rn. 27).

4. Folgen. Die Folgen des sog. **relativen Erbverzichts** sind sehr umstritten, insbes. dann, wenn auf- 6 grund der gesetzlichen Erbfolge an Stelle des Verzichtenden nicht nur der oder die Begünstigten, sondern weitere nicht begünstigte gesetzliche Erben treten. Nach einer Ansicht führt der wirksame Verzicht dazu, dass der Begünstigte den vollen **Erbteil** des Verzichtenden erhält (so KG DNotZ 1942, 148; Erman/*Schlüter* Rn. 3; Palandt/*Edenhofer*, 69. Aufl. 2010, Rn. 2; OLG Oldenburg NJW-RR 1992, 778). Eine entsprechende ausdrückliche Anordnung des Erblassers durch eine letztwillige Verfügung ist nach dieser Auffassung dafür nicht erforderlich. Nach anderer Auffassung kommt dem Erbverzicht nur eine negative Wirkung in der Weise zu, dass er den Anfall der Erbschaft an den Verzichtenden verhindert. Dem Begünstigten wächst nur das zu, was ihm zustehen würde, wenn der Verzichtende nicht gelebt hätte (so MüKoBGB/*Wegerhoff* Rn. 9; Soergel/*Damrau* Rn. 3; Palandt/*Weidlich* § 2050 Rn. 2; BeckOK BGB/*Litzenburger* Rn. 4–5). Die Unterschiede werden an Hand eines Beispielsfalls deutlich. Der verwitwete Vater stirbt und hinterlässt drei Söhne, A, B u. C. A hat zu Gunsten des B auf sein Erbrecht verzichtet. Nach der zuerst dargestellten Meinung wird B zu $^2/_3$ und C zu $^1/_3$ Erbe des Vaters, nach der anderen Auffassung B zu $^1/_2 (= {}^3/_6)$, C zu $^1/_3 ({}^2/_6)$ und A zu $^1/_6$.

§ 2351 Aufhebung des Erbverzichts

Auf einen Vertrag, durch den ein Erbverzicht aufgehoben wird, findet die Vorschrift des § 2348 und in Ansehung des Erblassers auch die Vorschrift des § 2347 Abs. 2 Satz 1 erster Halbsatz, Satz 2 Anwendung.

1   **1. Normzweck.** Durch diese Regelung erhalten die Parteien des Erbverzichtsvertrages die Möglichkeit, den Vertrag wieder rückgängig zu machen. Durch den Abschluss eines Aufhebungsvertrages erhält der Verzichtende seine aufgegebene erbrechtliche Position wieder **zurück**. Es können alle Erbverzichtsverträge aufgehoben werden, auch ein Vertrag über einen Zuwendungsverzicht (BGH NJW-RR 2008, 747 (748)).

2   **2. Inhalt.** Durch den Aufhebungsvertrag können alle Erbverzichtverträge, auch Pflichtteilsverzichtsverträge aufgehoben werden. Zulässig ist eine vollständige Aufhebung des Verzichtsvertrages, aber auch eine **teilweise** Aufhebung in dem Umfang, wie ein teilweiser Erbverzicht erklärt werden kann (→ § 2346 Rn. 8, 9).

3   **a) Vertragsparteien.** Der Aufhebungsvertrag wird zwischen den Parteien des Verzichtsvertrages geschlossen. Sofern sich die Wirkungen des Erbverzichts nach § 2349 auf die Abkömmlinge des Verzichtenden erstrecken, ist deren Mitwirkung nicht erforderlich. Auch der durch den Verzicht Begünstigte (§ 2350) muss dem Aufhebungsvertrag nicht zustimmen (Palandt/*Weidlich* Rn. 1; Bamberger/Roth/*Mayer* Rn. 8; MüKoBGB/*Wegerhoff* Rn. 2). Eine **einseitige** Aufhebung durch den Erblasser ist nicht möglich (BGHZ 30, 261 (267); OLG Braunschweig NJOZ 2003, 2762). Eine entsprechende einseitige Erklärung des Erblassers kann aber dann, wenn die förmlichen Voraussetzungen dafür vorliegen, als letztwillige Verfügung ausgelegt/umgedeutet werden.

4   **b) Zeitlicher Rahmen.** Nach dem **Tod des Erblasser** kann der Erbverzichtsvertrag nicht mehr aufgehoben werden (allgM BGH NJW 1999, 789; Palandt/*Weidlich* Rn. 2; MüKoBGB/*Wegerhoff* Rn. 3; Jauernig BGB/*Stürner* Rn. 1). Der Aufhebungsvertrag muss bis zum Tod des Erblassers geschlossen und auch wirksam geworden sein (Staudinger/*Schotten* § 2346 Rn. 96). Ob nach dem **Tod des Verzichtenden** noch eine Aufhebung des Verzichtsvertrages möglich ist, ist umstritten. Ist der Verzichtende vor dem Erblasser verstorben, so entfaltet der Verzicht für ihn selbst keine Wirkung mehr (Staudinger/*Schotten* § 2346 Rn. 97a). Erstreckt sich der Verzicht nach § 2349 allerdings auf die Abkömmlinge des Verzichtenden, so entfaltet dieser auch nach dem Tod des Verzichtenden noch Wirkung. Nach der Rspr. des BGH ist aber auch nach dem Tod des Verzichtenden der Abschluss eines Aufhebungsvertrages nicht mehr möglich (BGH NJW 1998, 3117; *Kuchinke* ZEV 2000, 169). Begründet wird dies damit, dass mit dem Tod des Verzichtenden aus Gründen der Rechtsklarheit und Rechtssicherheit feststehen muss, dass der Verzichtende und sein Stamm endgültig aus der gesetzlichen Erbfolge nach dem Erblasser ausgeschieden ist. Darüber hinaus dürfen die Abkömmlinge des Verzichtenden nach dem Tod des Verzichtenden die Motive und die Interessen des Verzichtenden für den Erbverzicht nicht durchkreuzen. Die dagegen vorgebrachten Gegenargumente, insbesondere die fehlende Möglichkeit der Beseitigung der durch den Erbverzicht eingetretenen Vergrößerung des Pflichtteilsrechts anderer Personen nach § 2310 I (Staudinger/*Schotten* § 2346 Rn. 97b; MüKoBGB/*Wegerhoff* Rn. 3; vgl. auch Palandt/*Weidlich* Rn. 2) überzeugen nicht und greifen zu kurz.

5   **c) Persönliche Anforderungen.** Die persönlichen Anforderungen an den Aufhebungsvertrag ergeben sich für den **Erblasser** durch Verweisung auf § 2347 II 1 Hs. 1, S. 2. Der Erblasser kann den Aufhebungsvertrag nur persönlich schließen. Dies gilt auch dann, wenn er in der Geschäftsfähigkeit beschränkt ist. In diesem Fall benötigt er jedoch die Zustimmung seines gesetzlichen Vertreters, da der Abschluss des Aufhebungsvertrages und die damit verbundene Wiederherstellung des Erbrechts oder Pflichtteilsrechts zu Gunsten des Verzichtenden für den beschränkt geschäftsfähigen Erblasser nicht lediglich vorteilhaft ist. Eine Genehmigung des Familiengerichts ist allerdings nicht erforderlich (Bamberger/Roth/*Mayer* Rn. 4; MüKoBGB/*Wegerhoff* Rn. 4). Ist der Erblasser geschäftsunfähig, so muss der Aufhebungsvertrag durch den gesetzlichen Vertreter des Erblassers geschlossen werden. Ist der Erblasser volljährig, so muss der Betreuer des Erblassers handeln (§ 1902). Eine Genehmigung des Betreuungsgerichts ist ebenso erforderlich wie beim Abschluss des Erbverzichtsvertrages. Für den Verzichtenden gelten mangels eines Verweises auf § 2347 die allgemeinen Regelungen. Der beschränkt geschäftsfähige **Verzichtende** kann den Vertrag selbst und ohne Zustimmung seines gesetzlichen Vertreters schließen, da die Aufhebung des Verzichtsvertrages ihm nur einen rechtlichen Vorteil bietet (§ 107 BGB). Dies gilt allerdings nicht bei der Aufhebung auch des zu Grunde liegenden Kausalgeschäfts, wenn eine rechtlich nachteilige Verpflichtung zur Rückerstattung der Abfindung vereinbart wird. Ist der Verzichtende geschäftsunfähig, so handelt für ihn sein gesetzlicher Vertreter, der in diesem Fall keine gerichtliche Genehmigung benötigt (vgl. §§ 1908i I, 1822 Nr. 1 MüKoBGB/*Wegerhoff* Rn. 4).

6   **3. Form.** Der Aufhebungsvertrag ist ebenso **formbedürftig** wie der Erbverzichtsvertrag selbst (§ 2348). Der Aufhebungsvertrag muss also notariell beurkundet werden. Durch einen gerichtlichen

Verzicht auf Zuwendungen § 2352 BGB 10

Vergleich wird die notarielle Beurkundung ersetzt (§ 127a). Ein Formmangel ist nicht heilbar (Staudinger/*Schotten* Rn. 28).

4. Wirkung. Durch den Aufhebungsvertrag wird der Erb- und Pflichtteilsverzicht so **beseitigt**, als sei 7 dieser nie erfolgt. Der Verzichtende wird aber nur dann wieder gesetzlicher Erbe des Erblassers, wenn dieser nicht anderweitig testiert hat. Pflichtteilsansprüche stehen einem pflichtteilsberechtigten Verzichtenden regelmäßig wieder zu, es sei denn, ihm wurde der Pflichtteil durch den Erblasser wirksam entzogen. Die Aufhebung des Erbverzichts ist keine beeinträchtigende Verfügung iSv § 2287 (BGH NJW 1980, 2307), so dass auch ein durch einen Erbvertrag gebundener Erblasser wirksam die Aufhebung eines Erb- und Pflichtteilsverzichts vereinbaren kann. Eine für den Erbverzicht geleistete Abfindung kann nach Abschluss des Aufhebungsvertrages regelmäßig nach § 812 zurückgefordert werden (BGH NJW 1980, 2307; MüKoBGB/*Wegerhoff* Rn. 7). Dies ergibt sich daraus, dass regelmäßig in der Aufhebung des Verzichts gleichzeitig auch die Aufhebung des Grundgeschäfts zu sehen ist. Liegt dem Erbverzicht kein gegenseitiger Vertrag als Rechtsgrund zu Grunde, so kommt bei der Aufhebung des Verzichts ein Anspruch aus Bereicherungsrecht deshalb in Betracht, weil der mit der Leistung nach dem Inhalt des Rechtsgeschäfts bezwecke Erfolg nicht mehr eintreten kann. Als Schenkung ist die Aufhebung des Verzichtsvertrages nie zu qualifizieren, selbst dann nicht, wenn sie unentgeltlich erfolgte (BGH NJW 1980, 2307; MüKoBGB/*Wegerhoff* Rn. 7). Eine Anfechtung durch den Insolvenzverwalter ist ausgeschlossen (BGH NJW 2013, 692).

§ 2352 Verzicht auf Zuwendungen

¹Wer durch Testament als Erbe eingesetzt oder mit einem Vermächtnis bedacht ist, kann durch Vertrag mit dem Erblasser auf die Zuwendung verzichten. ²Das Gleiche gilt für eine Zuwendung, die in einem Erbvertrag einem Dritten gemacht ist. ³Die Vorschriften der §§ 2347 bis 2349 finden Anwendung.

1. Anwendungsbereich. Der Zuwendungsverzicht ist ein Unterfall des Erbverzichts. Die Bedeutung 1 des Zuwendungsverzichts wird dadurch eingeschränkt, dass Testamente grds. frei widerrufen werden (§§ 2253 ff.) und die Vertragsschließenden Erbverträge jederzeit aufheben können (§ 2290). Ist der Erblasser geschäftsunfähig geworden, so kann er seine Verfügung von Todes wegen nicht mehr aufheben. Gleiches gilt dann, wenn bei einem gemeinschaftlichen Testament ein Ehegatte verstorben ist, hinsichtlich der wechselbezüglichen Verfügungen (§ 2271 II 1). Schließlich kann auch ein Erbvertrag nach dem Tod eines der Vertragschließenden nicht mehr aufgehoben werden (§ 2290 I 2). In diesen Fällen erlangt dann der Zuwendungsverzicht praktische Bedeutung.

2. Inhalt. Der Inhalt des Zuwendungsverzichts ergibt sich aus der gesetzlichen Regelung. 2

a) S. 1. Wer als **Erbe** in einem Testament eingesetzt ist, kann auf das ihm testamentarisch Zugedachte 3 insgesamt verzichten, es ist aber auch ein **Teilverzicht** möglich. Wurde jemand in einem Testament mit einem Vermächtnis bedacht, so kann er auf dieses Vermächtnis verzichten. Ein Verzicht auf die gesetzlichen Vermächtnisse aus §§ 1932, 1969 ist allerdings nicht möglich. Nicht möglich ist auch ein Verzicht auf ein nur künftiges Erbrecht. Zum Zeitpunkt des Abschlusses des Verzichtsvertrages muss die letztwillige Verfügung, auf der die Zuwendung beruht, daher bestehen (MüKoBGB/*Wegerhoff* Rn. 7). Streitig ist allerdings, ob § 2350 auf den Zuwendungsverzicht analog anzuwenden ist. Für eine analoge Anwendung kann die vergleichbare Interessenlage beim Erbverzicht und Zuwendungsverzicht angeführt werden (so Staudinger/*Schotten* § 2352 Rn. 18; wohl zustimmend Palandt/*Weidlich* § 2350 Rn. 1). Gegen die analoge Anwendung streitet der Wortlaut, S. 3 verweist ausdrücklich nicht auf § 2050 BGB (MüKoBGB/*Wegerhoff* § 2352 Rn. 5; BeckOK BGB/*Litzenburger* § 2352 Rn. 9). Der Verzicht zu Gunsten einer bestimmten Person ist immer möglich, sollte allerdings aus vorstehenden Gründen ausdrücklich zum Inhalt des Zuwendungsverzichts gemacht werden.

b) S. 2. Ist ein **Erbvertrag** abgeschlossen worden, so gilt die Besonderheit, dass nur der bedachte **Drit-** 4 **te** nach S. 2 verzichten kann. Dritter und damit verzichtsberechtigt ist im Regelfall nur derjenige, der an dem Erbvertrag nicht als Vertragspartei beteiligt ist. Wird der Erbvertrag nur zwischen zwei Personen abgeschlossen und wurde keinem Dritten eine Zuwendung gemacht, so besteht grds. die Möglichkeit des Abschlusses eines Zuwendungsverzichtsvertrages nach § 2352 nicht (Staudinger/*Schotten* Rn. 24). Eine Ausnahme gilt für einseitige Verfügungen der Parteien im Erbvertrag, die nach § 2299 möglich sind (Palandt/*Weidlich* § 2352 Rn. 3). Die Parteien des Erbvertrages sollen den Erbvertrag ansonsten nur nach § 2290 BGB aufheben können (vgl. Palandt/*Weidlich* Rn. 3). Aus praktischen Gründen wird die Möglichkeit des Zuwendungsverzichts bei einem Erbvertrag, an dem mehr als zwei Personen beteiligt sind, selbst dann angenommen, wenn diese materiell-rechtlich Vertragspartner waren (BayObLG NJW 1965, 1552; MüKoBGB/*Wegerhoff* Rn. 8; Staudinger/*Schotten* Rn. 25; *Mayer* ZEV 1996, 127; jetzt auch Palandt/*Weidlich* Rn. 3).

c) Vertragspartner. Derjenige, der durch Testament als Erbe oder mit einem Vermächtnis bedacht ist, 5 kann durch Vertrag mit dem Erblasser auf die Zuwendung verzichten. So kann nach dem Tod des erstversterbenden Ehegatten der in einem bindend gewordenen gemeinschaftlichen Testament als Schlusserbe eingesetzte Abkömmling mit dem überlebenden Elternteil einen solchen Verzichtsvertrag schließen, mit der Folge, dass der überlebende Ehegatte seine Testierfreiheit zurückerlangt (MüKoBGB/*Wegerhoff*

§ 2352 Rn. 7). Zum Abschluss eines Verzichtsvertrages zwischen dem Erblasser und dem in einem Erbvertrag bedachten Dritten ist es weder erforderlich, dass der Vertragspartner des Erbvertrages zustimmt. Dieser muss auch nicht mehr leben. So kann auch der in einem gegenseitigen Erbvertrag als Schlusserbe eingesetzte Dritte mit dem überlebenden Erblasser auf die Erbeinsetzung nach diesem verzichten. (Staudinger/*Schotten* Rn. 24).

6   **d) Persönliche Anforderungen.** Hier gilt § 2347 entsprechend (→ § 2347 Rn. 1, 2). Der Erblasser muss grds. persönlich handeln. Ist der Erblasser allerdings geschäftsunfähig, so kann der Vertrag nach § 2347 II 2 durch den gesetzlichen Vertreter, bei einem Volljährigen also durch den Betreuer (§ 1902) geschlossen werden. Die Genehmigung des Betreuungsgerichts ist dann nach § 2347 II 2 Hs. 2, Abs. 1 erforderlich. Verzichten kann nach § 2352 jeder Bedachte, also auch der Fiskus (Staudinger/*Schotten* Rn. 22; MüKoBGB/*Wegerhoff* § 2346 Rn. 8).

7   **3. Wirkung.** Die letztwillige **Verfügung** an sich bleibt wirksam.

8   **a) Allgemein.** Der Zuwendungsverzicht führt nur dazu, dass die Zuwendung bei dem Erben oder Vermächtnisnehmer (S. 1) bzw. Dritten beim Erbvertrag (S. 2) nicht anfällt. Der Zuwendungsverzicht enthält nicht automatisch einen Verzicht auf das gesetzliche Erbrecht oder auf das Pflichtteilsrecht, da § 2346 I 2 Hs. 2 nur für den Verzicht auf das gesetzliche Erbrecht gilt. Der Zuwendungsverzicht kann geeignet sein, um die volle **Testierfreiheit** des Erblassers wieder herzustellen. Verzichtet zB der Vorerbe, so führt dies dazu, dass die Erbschaft unmittelbar an die an seine Stelle tretenden Nacherben fällt. Seine uneingeschränkte Testierfreiheit erlangt der Erblasser daher nur dann zurück, wenn auch alle potentiellen Ersatzerben, Ersatzvermächtnisnehmer, Nacherben oder Nachvermächtnisnehmer auf die ihnen ggf. anfallende Zuwendung verzichten (Tanck/Uricher/*Riedel*, Erbrecht, 2. Aufl. 2011, § 8 Rn. 226, 227; *Kather/Roth* NJW-Spezial 2010, 103 (104)).

9   **b) Erstreckung auf Abkömmlinge.** Da § 2349 jetzt auch für den Zuwendungsverzicht gilt, erstreckt sich der von einem Abkömmling oder Seitenverwandten des Erblassers erklärte Zuwendungsverzicht auch auf die **Abkömmlinge** des Verzichtenden, es sei denn, es wurde in dem Zuwendungsverzichtsvertrag etwas anderes vereinbart. Streitig ist, ob § 2349 insoweit als Auslegungsregel zu verstehen ist (so Palandt/*Weidlich* Rn. 5; *Weidlich* FamRZ 2010, 166; *Mattes/Lutz* BWNotZ 2011, 178). Nach anderer Auffassung handelt es sich um eine dispositive Norm, wie beim Erbverzicht, die die Parteien des Zuwendungsverzichts vertraglich abdingen können (so OLG Schleswig Beschl. v. 15.4.2014 – 3 WX 93/13, ZEV 2014, 426 (427); BeckOK BGB/*Litzenburger* Rn. 21; MüKoBGB/*Wegerhoff* Rn. 13). Für die Geltung von § 2349, wie beim Erbvertrag, spricht der Wortlaut von § 2352 S. 3, der regelt, dass § 2349 Anwendung findet. Bis zu einer abschließenden Klärung sollte – vorsorglich – in dem Verzichtsvertrag ausdrücklich geregelt werden, ob und ggf. auf welche Abkömmlinge sich der Verzicht erstrecken bzw. nicht erstrecken soll. Die gesetzliche Neuregelung gilt nach Art. 229 § 23 IV EGBGB für alle Erbfälle, die ab dem 1.1.2010 eingetreten sind oder eintreten. Dabei gilt die Erstreckung auf die Abkömmlinge entsprechend § 2349 auch für einen Zuwendungsverzicht, der vor dem 1.1.2010 vereinbart wurden, was sich ausdrücklich aus der Übergangsregelung ergibt (Art. 229 § 23 IV 2 EGBGB). Insbesondere dann, wenn der Erblasser bei der Beurkundung des Zuwendungsverzichts auf der Basis des alten Rechts davon ausging, dass sich der Zuwendungsverzicht gerade nicht auf die Abkömmlinge des Verzichtenden erstreckt, wird im Einzelfall zu prüfen sein, ob nicht stillschweigend ein Ausschluss der Erstreckung des Verzichts auf die Abkömmlinge des Verzichtenden vereinbart ist (so OLG Schleswig Beschl. v. 15.4.2014 – 3 WX 93/13, ZEV 2014, 426; MüKoBGB/*Wegerhoff* Rn. 13; BeckOK BGB/*Litzenburger* Rn. 22).

10 **4. Aufhebung.** Der Zuwendungsverzicht kann grds. ebenso wie der Verzicht auf das gesetzliche Erb- und Pflichtteilsrecht durch einen Vertrag mit dem Erblasser wieder aufgehoben werden (BGH NJW-RR 2008, 747 (748); Staudinger/*Schotten* Rn. 54; MüKoBGB/*Strobel* Rn. 17). § 2351, auf den § 2352 nicht verweist, gilt zumindest dann analog, wenn der Erblasser den Zuwendungsverzicht nicht mehr rückgängig machen kann, weil er etwa in einem Erbvertrag oder in einem gemeinschaftlichen Testament gebunden ist (BGH NJW-RR 2008, 747). Dann besteht für einen Aufhebungsvertrag ein praktisches Bedürfnis. Ob der Aufhebungsvertrag bei Geschäftsunfähigkeit des Erblassers durch seinen gesetzlichen Vertreter mit Genehmigung des Familiengerichts/Betreuungsgerichts nach § 2347 II 2 geschlossen werden kann, hat der BGH offen gelassen. Gegen die Möglichkeit des Abschlusses des Vertrages durch einen gesetzlichen Vertreter des geschäftsunfähigen Erblasser spricht, dass dann das Selbstbestimmungsrecht des Erblassers, das in §§ 2064, 2065 verankert ist, beeinträchtigt würde.

Abschnitt 8. Erbschein

§ 2353 Zuständigkeit des Nachlassgerichts, Antrag

Das Nachlassgericht hat dem Erben auf Antrag ein Zeugnis über sein Erbrecht und, wenn er nur zu einem Teil der Erbschaft berufen ist, über die Größe des Erbteils zu erteilen (Erbschein).

I. Normzweck

1   **1. Allgemeines.** Mit dem IntErbVG v. 29.6.2015 (BGBl. 2015 I 1042), das für Erbfälle ab dem 17.8.2015 (vgl. EGBGB Art. 229 § 36) Anwendung findet, wurde die Anpassung der Vorschriften betr.

die gerichtliche Zuständigkeit für den nationalen Erbschein an die neuen Vorschriften für das Europäische Nachlasszeugnis zum Anlass genommen, die im BGB enthaltenen rein verfahrensrechtlichen Vorschriften zum Erbschein aus systematischen Gründen in das FamFG zu übertragen und dabei zugleich überflüssige Doppelregelungen im BGB und FamFG zu bereinigen (vgl. BT-Drs. 18/4201, 38). Insoweit wurden zB die §§ 2354 bis 2359 BGB aF in das FamFG überführt (vgl. §§ 352, 352a, 352b, 352c, 352d, 352e FamFG) überführt. § 2353 wurde jedoch als **Grundnorm** trotz der verfahrensrechtlichen Aspekte (Zuständigkeit des Nachlassgerichts, Antragserfordernis für den Erbschein) im BGB belassen. Damit soll der Gleichlauf mit vergleichbaren Regelungen über die Ausstellung von Zeugnissen beibehalten werden, die sich ebenfalls nicht im FamFG befinden (§§ 1507 und 2368 BGB, §§ 36 und 37 GBO, §§ 42 und 74 SchiffregO); vgl. BT-Drs. 18/420, 38.

2. Funktion des Erbscheins. Gem. § 2353 stellt der Erbschein ein Zeugnis des Nachlassgerichts dar, 2 dass beurkundet, wer Erbe ist und welchen Verfügungsbeschränkungen er unterliegt (NK-BGB/*Kroiß* 4. Auflage 2014 Rn. 1; Palandt/*Weidlich* Rn. 2). Wegen des Grundsatzes der Universalsukzession geht der Nachlass mit dem Erbfall automatisch auf den/die Erben über, § 1922. Es steht damit aber für den Rechtsverkehr noch nicht fest, wer Erbe ist. Dies muss oft erst noch ermittelt werden. Möglicherweise liegen Verfügungen von Todes wegen vor, die auch nahe Verwandte von der Erbfolge ausschließen können. Auch ist es möglich, dass Ausschlagungen, Erbunwürdigkeitserklärungen oder ein Erbverzicht zu einer von der gesetzlichen Erbfolge abweichenden Rechtslage führen. Dies birgt das Risiko in sich, dass derjenige, der sich als Berechtigter ausgibt, in Wirklichkeit als Nichtberechtigter verfügt (FAKomm ErbR/*Lemke/Bund* Rn. 1). Folge hiervon ist, dass Schuldner des Erblassers die Leistung an den Erben verweigern oder potentielle Käufer von Nachlassgegenständen zögern, diese zu erwerben. Um für den Rechtsverkehr hinsichtlich der Person des Erben größtmögliche Klarheit zu haben, benötigen die Teilnehmer am Rechtsverkehr, aber auch die registerführenden Stellen (Grundbuchamt aber auch andere öffentliche Register) einen verlässlichen Nachweis darüber, dass das Erbrecht demjenigen zusteht, der es für sich in Anspruch nimmt (FAKomm ErbR/*Lemke/Bund* Rn. 2). Auch der Erbe muss umgekehrt in der Lage sein, das Erbrecht nachzuweisen, auf das er sich beruft. Hierzu dient der Erbschein (*Muscheler* JURA 2009, 329ff.).

3. Zweck des Erbscheins. Der Erbe erhält mit dem Erbschein einen Ausweis, damit man seine Stellung 3 kennt (Palandt/*Weidlich* Rn. 2). Der Erbschein bezeugt die Erbenstellung – eine Gestaltungswirkung (BGHZ 47, 58 (66)) im Sinne einer Änderung der materiellen Rechtslage hat er aber nicht (BayObLG FamRZ 2004, 313 (314); KG Rpfleger 2004, 101 (102)). Für den Rechtsverkehr und die öffentlichen Register weist der Erbschein die Erbenstellung nach.

Für den Schuldner des Erblassers besteht auch keine Ungewissheit mehr über die Person des Gläubi- 4 gers. Daher kann der Schuldner den geschuldeten Betrag nicht mehr nach § 372 2 Fall 2 hinterlegen, sondern er muss an den im Erbschein ausgewiesenen Erben leisten.

§ 5 der Allgemeinen Geschäftsbedingungen der Banken und Sparkassen sieht nun nicht mehr zwin- 5 gend die Vorlage eines Erbscheins vor, um über die Konten des Erblassers verfügen zu können. Die frühere Klausel war unwirksam im Verkehr mit Verbrauchern nach § 307 I, II (BGH ZIP 2013, 2194). Der Erbe kann sein Erbrecht grds. auch durch Vorlage eines eröffneten eigenhändigen Testaments belegen, wenn dieses die Erbfolge mit der im Rechtsverkehr erforderlichen Eindeutigkeit nachweist (BGH Urt. v. 5.4.2016 – XI ZR 440/15, NJW 2016, 2409 Rn. 25 mAnm *Kroiß*). Demgemäß bestimmt nunmehr § 5 (Stand: 1.10.2017), dass nach dem Tod des Kunden derjenige, der sich gegenüber der Bank auf die Rechtsnachfolge des Kunden beruft, der Bank seine erbrechtliche Berechtigung in geeigneter Weise nachzuweisen hat. Bei Vorlage einer Ausfertigung oder einer beglaubigten Abschrift der letztwilligen Verfügung nebst zugehöriger Eröffnungsniederschrift, darf die Bank denjenigen, der darin als Erbe oder Testamentsvollstrecker bezeichnet ist, als Berechtigten ansehen, ihn verfügen lassen und insbes. mit befreiender Wirkung an ihn leisten (vgl. dazu auch BGH Urt. v. 5.4.2016 – XI ZR 440/15, NJW 2016, 2409 Rn. 25 mAnm *Kroiß*). OLG Frankfurt a.M. ZErb 2011, 275).

Ein Erbschein wird zur Vorlage beim Grundbuchamt, § 35 GBO, und zum Nachweis der Erbfolge im 6 Handelsregister, § 12 II HGB benötigt.

4. Verhältnis zum Grundbuch. Der Nachweis der Erbfolge erfolgt grds. durch Erbschein, § 35 I 1 7 GBO, dh durch einen vom deutschen Nachlassgericht erteilten (KG NJW-RR 2013, 79; Rpfleger 1997, 384; BayObLG NJW-RR 1991, 1098). Das Grundbuchamt ist an die im vorgelegten Erbschein getroffenen Entscheidungen gebunden (Beschl. v. Bremen FamRZ 2012, 335); OLG München Beschl. v. 17.10.2016 – 34 Wx 252/16, FGPrax 2017, 12 (14): grds. Vermutung der Richtigkeit des Erbscheins bis zu dessen Einziehung oder Krafloserklärung; Beschl. v. 21.12.2015 – 34 Wx 245/15, RNotZ 2016, 185 (187); FamRZ 2012, 1174; vgl. dazu auch OLG Düsseldorf Beschl. v. 22.12.2015 – I-3 Wx 279/15, BeckRS 2016, 02565 Rn. 18ff.); bei Zweifeln und vorliegenden Hinweisen über die Unrichtigkeit hat es dies dem Nachlassgericht anzuzeigen und kann nicht selbst über die Gültigkeit und Auslegung einer letztwilligen Verfügung Ermittlungen vornehmen (Palandt/*Weidlich* § 2353 Rn. 80). Zieht das Nachlassgericht den Erbschein dann nicht ein, so hat es dafür die Verantwortung allein (Demharter GBO § 35 Rn. 26).

Gem. § 35 I 2 GBO ist der Erbschein allerdings **entbehrlich**, soweit ein notarielles Testament (auch 8 gemeinschaftliches notarielles Testament oder ein Erbvertrag; auch ein solcher, der eine Leistungsverpflichtung des Bedachten enthält, ist grds. geeignet, die Erbfolge gegenüber dem Grundbuchamt nachzuweisen [OLG München FGPrax 2012, 203]) in beglaubigter Abschrift mit angesiegelter Eröffnungsniederschrift vorgelegt wird, auf dem die Erbfolge beruht. Gleiches gilt für öffentliche Testamente eines Ausländers, welche vor einem deutschen Notar errichtet wurden, wenn der Erblasser darin wirksam die Anwendung deutschen Erbrechts gewählt hatte (LG München I NJW 2007, 3445). Kosten für die Erteilung eines Erbscheins, die den Wert des in den Nachlass fallenden Grundstücks nicht übersteigen, sind in der Regel nicht als unverhältnismäßig zu beurteilen. Das Grundbuchamt hat die in der vorgelegten öffentlichen Urkunde enthaltenen Verfügungen von Todes wegen selbständig zu prüfen und auszulegen und auch rechtlich schwierige Fragen selbständig zu beurteilen (OLG Zweibrücken ZErb 2011, 224; OLG München FamRZ 2009, 460; OLG Köln FGPrax 2000, 89; Palandt/*Weidlich* § 2353 Rn. 80 mwN). Die Urkunde selbst prüft das Grundbuchamt nur rechtlich (LG Stuttgart ZEV 2005, 402) und hat die erhöhte Beweiskraft der öffentlichen Urkunde zu beachten. Weicht die Auslegung des Grundbuchamtes vom Eintragungsantrag insofern ab, als diese nicht zu einem eindeutigen Ergebnis im Sinne der Antragstellung geführt hat, so hat es zum Nachweis der Erbfolge die Vorlegung eines Erbscheins zu verlangen (OLG Düsseldorf FGPrax 2012, 240).

9   In **Zweifelsfällen** darf das Grundbuchamt nicht selbst ermitteln, sondern **allein das Nachlassgericht** ist dazu befugt (*Lange* ZEV 2009, 371; OLG Köln FGPrax 2000, 89). Dies ist bspw. der Fall, wenn es um die Wirksamkeit eines Testaments bei behaupteter Testierunfähigkeit geht (OLG München Beschl. v. 7.3.2016 – 34 Wx 32/16, RNotZ 2016, 320 (323): berechtigte tatsächliche Zweifel; vgl. aber auch einschränkend OLG München Beschl. v. 31.10.2014 – 34 Wx 293/14, NJW-RR 2015, 138 Rn. 19), wenn die Frage der Wechselbezüglichkeit einer Verfügung von Ehegatten zu klären ist (OLG Hamm FamRZ 2001, 581) oder ob ein notarielles Testament durch ein privatschriftliches widerrufen ist (OLG Frankfurt a.M. NJW-RR 2005, 380; BayObLG FamRZ 1993, 605). Weitere Fälle für Zweifel sind (Palandt/*Weidlich* § 2353 Rn. 80): ob die Ausschlagung wirksam ist (OLG München Beschl. v. 29.1.2016 – 34 Wx 50/15, BeckRS 2016, 06139 Rn. 27), ob die Befugnis zur Erbvertragsänderung auch die nachträgliche Anordnung der Testamentsvollstreckung umfasst (OLG München FamRZ 2009, 460), ob unbestimmte Nacherbfolge vorliegt; zur Verwirkungsklausel in einem gemeinschaftlichen Testament und zum Nachweis des Nichteintritts der Verwirkung oder zum Nachweis einer testamentarischen Erbfolge, die durch das (aktive) Pflichtteilsverlangen eines Miterben bedingt ist (OLG Hamm Beschl. v. 27.5.2014 – I-15 W 144/13, ZEV 2014, 609 m.Anm. *J. Weber*; in Abgrenzung dazu vgl. aber auch OLG Hamm Beschl. v. 20.8.2015 – 15 W 346/15, MittBayNot 2016, 142 (143)), oder wenn ein notarielles Testament eine allgemein gehaltene Verwirkungsklausel oder eine spezielle Verwirkungsklausel mit nicht eindeutigen Verhaltensanforderungen enthält (BGH Beschl. v. 2.6.2016 – V ZB 3/14, FGPrax 2016, 244 Rn. 15) vgl. Palandt/*Weidlich* § 2353 Rn. 80 mit Hinweis auf weitere Fälle).

10   **5. Rechtsnatur des Erbscheins.** Der Erbschein bezeugt das Erbrecht zum Zeitpunkt des Erbfalls. Er stellt zum einen ein Zeugnis mit Beweiskraft dar, § 2365 BGB, § 35 GBO, zum anderen auch eine öffentliche Urkunde iSd § 415 ZPO (NK-BGB/*Kroiß* 4. Auflage 2014 Rn. 4). Als öffentliche Urkunde besteht insoweit auch die Vermutung der Echtheit, § 437 ZPO. Über die inhaltliche Richtigkeit und Wirksamkeit lässt sich daraus nichts herleiten. Soweit es in einem Rechtsstreit auf das Bestehen des Erbrechts angekommen war, stellt der Erbschein keine Urkunde iSd § 580 Nr. 7b ZPO dar, die zur Wiederaufnahme berechtigen würde (*Lange/Kuchinke* ErbR § 39 Abschn. VI Kap. I Fn. 220; NK-BGB/*Kroiß* 4. Auflage 2014 Rn. 4); allerdings ist er eine Urkunde iSv §§ 271, 272 StGB (BGH NJW 1964, 558).

11   **6. Rechtswirkungen des Erbscheins (Publizitätswirkung).** Der Erbschein hat eine doppelte Wirkung. Er entfaltet im Rechtsverkehr eine Legitimations- und Schutzwirkung: Sie besteht zum einen in der Vermutung des Erbrechts des im Erbschein Bezeichneten (§ 2365). Zum anderen im Schutz des gutgläubigen Dritten bei Verfügungsgeschäften mit dem als Erben Ausgewiesenen (§§ 2366, 2367). Diese beginnen mit der Erteilung des Erbscheins und enden mit seiner Einziehung, Kraftloserklärung oder Herausgabe (§§ 2361, 2362); einfacher Verlust schadet dagegen nicht (*Brox/Walker* ErbR § 35 Rn. 616).

12   a) **Vermutungswirkung, § 2365.** Entsprechend den Vorschriften der §§ 892, 893 hat der erteilte Erbschein gem. § 2365 eine Vermutungswirkung. Positiv wird vermutet, dass dem in der Urkunde angegebenen Erben das bezeugte Erbrecht auch zusteht, nicht jedoch, dass der Besitzer der Urkunde auch der Erbe sei (Palandt/*Weidlich* § 2365 Rn. 1). Mit umfasst von der Richtigkeitsvermutung ist somit die Eigenschaft als Erbe und bei einer Mehrheit von Erben die Größe des Erbteils, nicht dagegen der Todeszeitpunkt (MüKoBGB/*Grziwotz* § 2365 Rn. 10). Negativ wird vermutet, dass andere als die im Erbschein angegebenen Beschränkungen nicht bestehen (Vollständigkeitsvermutung) (Palandt/*Weidlich* § 2365 Rn. 1). Hiervon sind aber nur solche umfasst, die in den Erbschein aufzunehmen sind, also die Testamentsvollstreckung, § 2363, und die Nacherbfolge, § 2364. Eine positive Vermutung dahin, dass angegebene Verfügungsbeschränkungen auch tatsächlich bestehen, gibt es dagegen nicht (so die hM OLG Frankfurt a.M. WM 1993, 803 (805); Staudinger/*Herzog* § 2365 Rn. 19; MüKoBGB/*Grziwotz* § 2365 Rn. 15; Palandt/*Weidlich* § 2365 Rn. 1).

13   b) **Öffentlicher Glaube des Erbscheins, §§ 2366, 2367.** Zwar entfaltet der Erbschein keine materielle Rechtskraft für den Bestand des Erbrechts; er schützt aber den rechtsgeschäftlichen Erwerb dadurch, dass bzgl. seines Inhalts eine Richtigkeitsfiktion aufgestellt wird, § 2366 (Palandt/*Weidlich* § 2366 Rn. 1). Erwirbt jemand einen vom Erbscheinserben einen Nachlassgegenstand, ermöglicht § 2366 entsprechend den §§ 891, 892 den gutgläubigen Erwerb vom Erbscheinserben **im Umfang** der Vermutungswirkung des § 2365. Damit können sich Geschäftspartner auf die Richtigkeit des Zeugnisses verlassen.

7. Andere Nachweismöglichkeiten. Der Nachweis des Erbrechts muss allerdings nicht zwingend 14 durch einen Erbschein erfolgen. Der Erbe hat auch die Möglichkeit, den Nachweis seines Erbrechts in anderer Form zu erbringen (BGH Urt. v. 5.4.2016 – XI ZR 440/15, NJW 2016, 2409 Rn. 25 mAnm *Kroiß;* in Fortführung von BGH NJW 2005, 2779). Bei der Eintragung im Grundbuch und anderen öffentlichen Registern sind teilweise andere Beweismittel zum Nachweis der Erbfolge zugelassen oder sogar eigens vorgesehen (für Handelsregister: KG ZEV 2007, 497; MüKoBGB/*Grziwotz* Rn. 182 f.). So stellt bspw. auch ein eröffnetes öffentliches Testament idR einen ausreichenden Nachweis für das Erbrecht dar (MüKoBGB/*Grziwotz* Rn. 175 für das Grundbuchverfahren). Das Verlangen eines Erbscheins durch eine Bank kann uU eine Pflichtverletzung sein, die eine Schadensersatzpflicht seitens der Bank begründet. Dies ist der Fall, wenn im konkreten Einzelfall die Vorlage eines Erbscheins zum Nachweis des Erbrechts nicht erforderlich ist, da der Erbe sein Erbrecht durch Vorlage eines eröffneten eigenhändigen Testaments belegen kann, weil dieses die Erbfolge mit der im Rechtsverkehr erforderlichen Eindeutigkeit nachweist (BGH Urt. v. 5.4.2016 – XI ZR 440/15, NJW 2016, 2409 Rn. 25 mAnm *Kroiß* in Fortführung von BGH NJW 2005, 2779).

II. Arten von Erbscheinen

Im Gesetz geregelt sind in § 2353 der Alleinerbschein, der Teilerbschein sowie in § 352a FamFG der 15 gemeinschaftliche Erbschein. Daneben unterscheidet die Praxis noch den Doppelerbschein, den Gruppenerbschein, den Sammelerbschein, den vereinigten Erbschein sowie einige besondere Erbscheine wie den gegenständlich beschränkten Erbschein, den Erbschein zu einem beschränkten Gebrauch, Erbfolgezeugnisse in Verbindung mit einer Hoffolge und zuletzt den Nacherben-Erbschein (MüKoBGB/ *Grziwotz* Rn. 7 ff. mwN).

1. Alleinerbschein, § 2353 Alt. 1. Der **Alleinerbschein** weist das Alleinerbrecht des Universalerben 16 aus (PWW/*Deppenkemper* Rn. 5).

2. Teilerbschein, § 2353 Alt. 2. Der **Teilerbschein** kann in Form eines Einzelerbscheins eines Miterben 17 über dessen Erbrecht (§ 2353 Alt. 2) oder als gemeinschaftlicher Teilerbschein erteilt werden. Dieser stellt eine Verbindung von Teilerbschein und gemeinschaftlichen Erbschein dar und bezeugt das Erbrecht mehrerer, aber nicht aller Miterben unter Nennung der Größe ihrer Erbteile (MüKoBGB/ *Grziwotz* Rn. 12).

Praktisch weniger bedeutsam ist dagegen der **Gruppenerbschein:** Dieser stellt die äußere Zusammen- 18 fassung mehrerer Teilerbscheine dar, die auf Antrag aller darin benannten Erben in einem Gruppenerbschein zusammengefasst werden, so bspw. für mehrere zu einem einzelnen Erbstamm gehörenden Miterben (*Brox/Walker* ErbR § 35 Rn. 615).

3. Gemeinschaftlicher Erbschein, § 352a FamFG. Der gemeinschaftliche Erbschein bezeugt das 19 Erbrecht aller Miterben über die gesamte Erbfolge unter Angabe der jeweiligen Erbteile. Liegen bereits für alle Erbteile Teilerbscheine vor, so kann dennoch ein gemeinschaftlicher Erbschein beantragt werden, der das Erbrecht aller Miterben gemäß ihrer Quote ausweist (MüKoBGB/*Grziwotz* Rn. 11). Ein vorläufig gemeinschaftlicher Erbschein kann in den Fällen erteilt werden, in denen zwar die Miterben als solche feststehen, nicht aber die Größe der Erbteile im Verhältnis zueinander (→ vgl. aber nunmehr auch § 352a II 2 FamFG). Diese Ungewissheit muss aber angegeben werden (OLG Köln NJW-RR 1992, 1147; *Lange/Kuchinke* ErbR § 39 Kap. IV Rn. 2).

4. Gegenständlich beschränkter Erbschein. Die ursprüngliche Regelung in § 2369 BGB aF ist als ver- 20 fahrensrechtliche Bestimmung in das FamFG (→ § 352c) überführt worden. Der gegenständlich beschränkte Erbschein betrifft insbes. Fälle von Nachlassspaltung, in denen die Ermittlung der Erbfolge für den im Ausland belegenen Nachlass nach dem anzuwendenden ausländischen Recht zeitaufwändig ist, während die Rechtslage bzgl. des im Inland befindlichen Nachlasses nach dem anzuwendenden deutschen Recht unproblematisch ist. Da die Erteilung eines Erbscheins auch nicht im Wege der einstweiligen Anordnung möglich ist, erhält der Erbe in derartigen Fällen die Möglichkeit, seinen Antrag auf den im Inland belegenen Nachlass zu beschränken. Auf diese Weise hat es der Erbe in der Hand, die Erteilung des Erbscheins zu beschleunigen, was insbes. auch dann sinnvoll sein kann, wenn der Erbschein von vornherein nur für im Inland befindliche Nachlassgegenstände benötigt wird (vgl. BT-Drs. 16/6308, 805; sa MüKoBGB/*Grziwotz* Rn. 15 ff.). Insofern entfaltet der Erbschein eine territoriale Beschränkung seiner Wirkungen. Gegenstand des Erbscheins kann weder ein Nachlass im Ausland noch einzelne Vermögensgegenstände im Inland sein (MüKoBGB/*Grziwotz* Rn. 16).

5. Sammelerbschein (zusammengefasster oder vereinigter Erbschein). Beim Sammelerbschein han- 21 delt es sich um eine Zusammenfassung mehrerer Erbscheine über mehrere, aufeinander folgende Erbfälle in einer Urkunde (*Brox/Walker* ErbR § 35 Rn. 615).

6. Europäisches Nachlasszeugnis. Von der EU-Erbrechtsverordnung (EuErbVO), die am 16.8.2012 22 in Kraft getreten ist, werden Erbfälle von Personen, die am **17.8.2015** oder danach versterben, erfasst. Gem. Art. 62 EuErbVO wird mit der Verordnung ein Europäisches Nachlasszeugnis eingeführt, das zur Verwendung in einem anderen Mitgliedstaat ausgestellt wird und seine Wirkungen in allen Mitgliedstaaten entfaltet, ohne dass es eines besonderen Verfahrens bedarf (Art. 69 I EuErbVO). Die Vermutungen nach Art. 69 II–IV EuErbVO sind an die iSd §§ 2365, 2366, 2367, 2368 angelehnt, aber mit diesen inhaltlich nicht identisch (näher *Buschbaum/Simon* ZEV 2012, 525 (527 ff.)). Gem. Art. 69 V EuErbVO stellt es ein taugliches Zeugnis für die Eintragung des Nachlassvermögens in das einschlägige Register eines Mitgliedstaates dar (vgl. § 35 I 1 GBO; § 12 I 3 HGB). Es tritt dabei nicht an die Stelle des inländischen Erbscheins (Art. 62 III 1 EuErbVO). Ist es aber zum Zwecke der Verwendung in einem anderen Mitgliedstaat ausgestellt worden, so entfaltet es die Wirkungen iSd Art. 69 EuErbVO auch in dem Mitgliedstaat, dessen Behörden es nach der EuErbVO ausgestellt haben (Art. 62 III 2 ErErbVO). **Zweck des Zeugnisses** ist es, eine zügige, unkomplizierte und effiziente Abwicklung einer Erbsache mit grenzüberschreitendem Bezug innerhalb der Union zu bewerkstelligen (vgl. Erwäggr. 67). Vgl. näher *Burandt* EuErbVO, Ordnungsziffer 110 Art. 62 Rn. 1 ff.

III. Inhalt des Erbscheins

23 Der Erbschein bezeugt das Erbrecht zur Zeit des Erbfalls. Daher sind genau anzugeben (sa Palandt/*Weidlich* Rn. 3; → § 352e FamFG): Name und Todestag des Erblassers, die Person des/oder der Erben in möglichst genauer Bezeichnung sowie der Umfang des Erbrechts (→ § 352e FamFG Rn. 40) als Quote bei gemeinschaftlichem Erbschein (vgl. nunmehr aber auch § 352a I 2 FamFG); der Berufungsgrund ist überflüssig und nur für den Erbscheinsantrag notwendig; er schadet aber auch nicht (BayObLGZ 1973, 29). Auch der Miterbe, der seinen Erbteil übertragen hat ist trotzdem zu benennen und nicht der Erbteilserwerber, da er trotz Übertragung Miterbe bleibt (BayObLG NJW-RR 2001, 1521). Alle späteren Veränderungen haben auf den Erbschein keinen Einfluss, da sie die Erbfolge nicht verändern, so zB Übertragung des Erbteils, Veräußerung der Erbschaft oder der Tod eines Erben (Palandt/*Weidlich* Rn. 3). Der Inhalt des Erbscheins muss von sich heraus verständlich sein; daher sind weitere Bezugnahmen unzulässig.

24 **1. Zusätzliche Angaben.** Die Beschränkungen der Verfügungsbefugnis gem. §§ 352b I, II FamFG sind anzugeben, also Nacherbfolge und Ersatznacherbfolge sowie die Testamentsvollstreckung, es sei denn, die Beschränkung hat sich zwischenzeitlich bereits erledigt. Ein Vorausvermächtnis ist anzugeben, wenn ein alleiniger Vorerbe mit der sich daraus ergebenden Verfügungsfreiheit vorhanden ist (Palandt/*Weidlich* Rn. 4 mit Hinweis auf → § 352b FamFG). Eine beschränkte Testamentsvollstreckung ist anzugeben, damit der Erbe seine Verfügungsbefugnis bzgl. des ihr nicht unterliegenden Teiles nachweisen kann (Palandt/*Weidlich* § 2353 Rn. 4). Gleiches gilt für die Wiederverheiratungsklausel und im Fall von Verwirkungsklauseln, wobei der Wortlaut möglichst genau anzugeben ist, Letztere ist genau auszulegen und ihre Rechtsfolge im Verwirkungsfall anzugeben (Palandt/*Weidlich* Rn. 4).

25 **2. Unberücksichtigt bleiben.** Nicht angegeben werden der Nachlass oder Nachlassgegenstände, da diese nicht bezeugt werden (Palandt/*Weidlich* Rn. 5). Vermächtnisse, Pflichtteilsansprüche, Auflagen oder Auseinandersetzungsverbote, § 2044, sind nicht anzugeben, ebenso eine Teilungsanordnung, da sie nicht das Erbrecht als solches betrifft (Palandt/*Weidlich* Rn. 5).

IV. Fälle mit Auslandsbezug

26 Die Entscheidungszuständigkeit des deutschen Nachlassgerichts bestimmt sich nach deutschem Verfahrensrecht (IntErbRVG, FamFG), während das anzuwendende materielle Recht für **Erbfälle ab 17.8.2015** durch die Regeln der EuErbVO bestimmt wird (Palandt/*Weidlich* Rn. 71 ff.; vgl. auch Art. 25 EGBGB nF). Insoweit wird auf die Komm. zur EuErbVO verwiesen. Für Altfälle vgl. 2. Aufl. § 2353 Rn. 142 ff.

27 **1. Bei Erbscheinen nach ausländischem Recht.** Wird der Erblasser nach ausländischem Recht beerbt, so sind folgende Möglichkeiten zu unterscheiden: (1) der Erblasser kann gem. § 2353 einen (Fremdrechts-)Erbschein beantragen, der die Erbfolge nach ausländischem Recht (weltweit) bezeugt. Für diesen besteht die Zuständigkeit nach allgemeinen Vorschriften, die eine „Weltzuständigkeit" der Nachlassgerichte annimmt. Zur Erteilung eines unter Anwendung des italienischen Rechts zu erlassenden Fremdrechtserbscheins vgl. OLG Frankfurt a. M. Beschl. v. 2.5.2013 – 20 W 260/12, ZEV 2014, 159 (612); betreffend niederländischen Rechts (niederländische „elterliche Nachlassverteilung") vgl. OLG Düsseldorf Beschl. 30.1.2015 – I-3 Wx 141/14 ZEV 2015, 167 (169) mAnm *W. Eule*. (2) der Erblasser kann aber auch einen gegenständlich beschränkten (Fremdrechts-)Erbschein für das im Inland befindliche Vermögen beantragen, § 352c FamFG (sa die Komm. zu § 352c FamFG).

28 Beiden Varianten ist gemeinsam, dass es sich jeweils um Fremdrechtserbscheine handelt, denen die Wirkung des § 2366 zukommt (*Schäuble* ZErb 2009, 200).

29 **2. Zurückverweisung auf das deutsche Recht.** Mit Inkrafttreten der EuErbVO unterliegt – vorbehaltlich vorrangiger Staatsverträge (vgl. Art. 75 EuerbVO) – gem. Art. 23 EuErbVO die gesamte Rechtsnachfolge von Todes wegen dem nach Art. 21 EuErbVO (Recht des Staates, in dem der Erblasser im Zeitpunkt seines gewöhnlichen Aufenthalt hatte) oder Art. 22 EuErbVO (Wahl des Rechts des Staates, dem er im Zeitpunkt der Rechtswahl oder im Zeitpunkt seines Todes angehört) bezeichneten Recht. Eine Rück- und Weiterverweisung erfolgt lediglich unter den Voraussetzungen des Art. 34 I EuErbVO.

30 **3. Ausländische Erbscheine.** Das deutsche Nachlassgericht ist grds. **nicht** an die von einer ausländischen Behörde ausgestellten Erbscheine mit den darin getroffenen Feststellungen des Erbrechts gebunden (BayObLG NJW-RR 1991, 1098). Eine Ausnahme besteht nur dann, wenn dies mit dem Heimat-

staat des Erblassers staatsvertraglich vereinbart ist. Eine Anerkennung gem. §§ 108, 109 FamFG ist nicht möglich (OLG Bremen NJW-RR 2011, 1099: Erbschein nach englischem Recht), da ausländische Erbscheine keine prozessuale Wirkung entfalten können (Zöller/*Geimer* ZPO, § 108 FamFG Rn. 10). Dieser Grundsatz gilt auch nach Inkrafttreten der EuErbVO, da nach zutreffender Ansicht Art. 39 EuErbVO auf Erbscheine keine Anwendung findet (MüKoBGB/*Grziwotz* § 2353 Rn. 190–194). Inhaltlich können ausländische Erbscheine allerdings einer Entscheidung zugrundegelegt werden. Hierzu bedarf es aber keines besonderen Verfahrens und obliegt auch nicht dem Nachlassgericht, sondern wird im jeweiligen Erkenntnisverfahren mitentschieden. Dies gilt aber nicht für die Erbbescheinigung nach § 559 des schweizerischen ZGB, da diese nicht mit einem Erbschein vergleichbar ist (LG Stuttgart NJW-RR 2008, 1463; BayObLG FamRZ 1991, 1237). Die Vorlage eines türkischen Dokuments, in dem der Berechtigte als Alleinerbe bezeichnet wird, genügt nicht zum Nachweis der Erbberechtigung; insofern treten bei einer Leistung an den Bezeichneten nicht die Rechtswirkungen iSd § 2367 ein (aA LG München IPRax 2013, 270 mit zu Recht abl. Anm. *Sehr* IPRax 2013, 241). Der Beschluss eines polnischen Amtsgerichts über die Feststellung des Erbschaftserwerbs kann im deutschen Rechtsverkehr nicht als Erbbescheinigung mit den Rechtswirkungen eines deutschen Erbscheins anerkannt werden. Für den Nachweis der Erbenstellung ist die Ausstellung eines Fremdrechtserbscheins durch das zuständige deutsche Nachlassgericht erforderlich (OLG München Beschl. v. 18.12.2015 – 9 VA 19/15, ZEV 2016, 507 Rn. 9 mAnm *M. Margonski*).

4. Europäisches Nachlasszeugnis, Art. 62 ff. EuErbVO. (In Kraft getreten am 16.8.2012, anwendbar für Todesfälle ab 17.8.2015). Das Zeugnis tritt nicht an die Stelle des inländischen Erbscheins (Art. 62 III 1 EuErbVO). Ist es aber zum Zwecke der Verwendung in einem anderen Mitgliedstaat ausgestellt worden, so entfaltet es aber die Wirkungen iSd Art. 69 EuErbVO auch in dem Mitgliedstaat, dessen Behörden es nach der EuErbVO ausgestellt haben (Art. 62 III 2 ErErbVO). 31

§§ 2354–2360 *(aufgehoben)*

§ 2361 Einziehung oder Kraftloserklärung des unrichtigen Erbscheins

¹ Ergibt sich, dass der erteilte Erbschein unrichtig ist, so hat ihn das Nachlassgericht einzuziehen.
² Mit der Einziehung wird der Erbschein kraftlos.

I. Normzweck

Der Erbschein hat die Vermutung für sich, dass demjenigen, der im Erbschein als Erbe bezeichnet ist, 1 das im Erbschein angegebene Erbrecht zusteht und dass er nicht durch andere als die angegebenen Anordnungen beschränkt ist (NK-BGB/*Kroiß* 4. Auflage 2014 § 2365 Rn. 1). Ergibt sich jedoch, dass der erteilte Erbschein unrichtig ist, so hat ihn das Nachlassgericht einzuziehen, § 2361 S. 1. Mit der Einziehung wird der Erbschein kraftlos, § 2361 S. 2. Wenn der Erbschein nicht sofort erlangt werden kann, so hat ihn das Nachlassgericht durch Beschluss für kraftlos zu erklären, § 353 I 1 FamFG. Da der sich im Umlauf befindliche, unrichtige Erbschein eine Gefahr für den Rechtsverkehr darstellt, hat es diesen von Amts wegen einzuziehen. Demgemäß bleibt das Nachlassgericht auch nach Erteilung eines Erbscheins verpflichtet, das Vorliegen der Voraussetzungen für dessen Erteilung von Amts wegen zu überprüfen, sobald irgendein Anlass hierfür besteht (OLG Düsseldorf Beschl. v. 17.10.2016 – I-3 Wx 155/15, BeckRS 2016, 19189 Rn. 15 betr. Anfechtungs- und Ausschlagungserklärungen der Beteiligten). Die verfahrensrechtlichen Einzelheiten sind in § 353 FamFG geregelt Diese Vorschriften gelten auch für andere Zeugnisse des Nachlassgerichts, insbes. für das Testamentsvollstreckerzeugnis (Keidel/*Zimmermann* FamFG § 353 Rn. 1, 2). Sie sind aber nicht auf die Einziehung des Protokolls über die Testamentseröffnung – auch nicht analog – anwendbar (OLG Köln Beschl. v. 23.12.2013 – 2 W 304/13, FGPRax 2014, 73 (74); OLG Naumburg Beschl. v. 7.2.2012 – 2 Wx 16/12, FGPrax 2012, 118 (119); vgl. dazu auch *Steiner* ZEV 2015, 319).

II. Die Erbscheinseinziehung

Ergibt sich, dass der erteilte Erbschein unrichtig ist, so hat ihn das Nachlassgericht einzuziehen. Die 2 Unrichtigkeit kann sich aus formellen oder materiellen Gründen ergeben.

1. Voraussetzungen der Erbscheinseinziehung. a) Formelle Voraussetzungen. Existenz eines bereits 3 erteilten Erbscheins. Eingezogen werden kann nur ein Erbschein, der bereits erteilt ist. Der Begriff der Erteilung ist daher zu definieren. Erteilt ist der Erbschein dann, wenn die Urschrift des Erbscheins oder eine Ausfertigung dem Antragsteller, einem von ihm bestimmten Dritten oder einer von ihm bestimmten Behörde ausgehändigt wurde (Palandt/*Weidlich* § 2353 Rn. 51). Der Beschluss, dass die zur Erteilung erforderlichen Tatsachen für festgestellt erachtet werden (§ 352e I FamFG), führt diese Wirkung noch nicht herbei (zur Erbscheinerteilungsanordnung BayObLGZ 1960, 192; NK-BGB/*Kroiß* 4. Auflage 2014 § 2365 Rn. 2).

b) Materielle Voraussetzungen. Gem. § 2361 S. 1 ist der Erbschein einzuziehen, wenn er unrichtig ist 4 (Keidel/*Zimmermann* FamFG § 353 Rn. 3). Unrichtig ist der Erbschein, wenn die Voraussetzungen für

Gierl

10 BGB § 2361 Buch 5. Abschnitt 8. Erbschein

die Erteilung entweder schon ursprünglich nicht gegeben waren oder nachträglich entfallen sind. Das Nachlassgericht hat sich bei der Entscheidung in die Lage zu versetzen, als hätte es den Erbschein erstmalig zu erteilen.

5 Bei der Unrichtigkeit lassen sich mehrere Fallgruppen unterscheiden:
(1) Ein Erbschein ist einzuziehen, wenn er hinsichtlich der Angaben, die am öffentlichen Glauben teilnehmen, nicht der **materiellen Rechtslage** entspricht (zB wenn das bezeugte Erbrecht überhaupt nicht bzw. anders besteht; ein falscher Erbe ausgewiesen ist) oder wenn er unvollständig ist, da er eine Beschränkung (Nacherbfolge; Testamentsvollstreckung; → vgl. § 352b FamFG) nicht enthält (Palandt/*Weidlich* Rn. 2). Dies ist insbes. auch dann gegeben, wenn ein anderes Testament nachträglich auftaucht (KG NJW-RR 2004, 801) oder sich die bisherige Auslegung des Testaments durch das Nachlassgericht als irrig herausstellt (Keidel/*Zimmermann* FamFG § 353 Rn. 3).

6 (2) wenn **nachträgliche Änderungen** eingetreten sind, zB eine wirksame **Anfechtung** (BayObLG FamRZ 1990, 1037) erklärt wurde; bei Eintritt des Nacherbfalles (OLG Hamm Rpfleger 1980, 347).
Bei Anordnung einer bedingten Nacherbschaft, zB bei Wiederverheiratungsklauseln, kann ein ursprünglich korrekter Erbschein durch Eintritt der Bedingung unrichtig werden. Bei der Nacherbfolge wird iÜ mit dem Eintritt des Nacherbfalls, § 2106, der Erbschein unrichtig (OLG Köln Rpfleger 2003, 193; MDR 1984, 403 (404) (Tod des Vorerben)). Ein Erbschein mit einem Nacherbenvermerk, in dem der Nacherbe persönlich bezeichnet ist und vermerkt ist, dass dessen Abkömmlinge als Ersatznacherben eingesetzt sind, wird unrichtig, wenn der Nacherbe vor Eintritt des Nacherbfalls stirbt (BayObLG FamRZ 1999, 816). Eine nachträgliche Unrichtigkeit kann sich auch bei der Unwirksamkeit der Nacherbschaft nach § 2109 BGB oder beim Wegfall der **Testamentsvollstreckung** (OLG Hamm OLGZ 1983, 59) ergeben.

7 (3) wenn der Erbschein unter **Verletzung formellen Rechts** erteilt wurde, auch wenn er inhaltlich richtig ist (Staudinger/*Herzog* § 2361 Rn. 25; Keidel/*Zimmermann* FamFG § 353 Rn. 3).

8 Ausreichend sind jedoch nicht alle Rechtsverstöße, sondern es müssen gravierende Verfahrensfehler vorliegen (Palandt/*Weidlich* Rn. 3), wie zB ein Verstoß gegen die Amtsermittlungspflicht (BayObLGZ 1977, 59), ein fehlendes Rechtsschutzbedürfnis (BayObLGZ 1998, 242 (249)); die Erteilung abweichend vom Antrag oder ohne Antrag (BayObLG NJW-RR 1997, 1438; BayObLGZ 1994, 73) oder eine Antragstellung durch einen nicht antragsberechtigten Beteiligten, wobei dieser Verstoß geheilt werden kann, wenn der Antragsberechtigte die Erteilung des Erbscheins nachträglich ausdrücklich oder stillschweigend genehmigt (BGHZ 30, 220; BayObLG NJW 2001, 950 = FamRZ 2001, 1181; BayObLGZ 1951, 561), sowie Zuständigkeitsverstöße (BayObLG Rpfleger 1981, 112; OLG Hamm OLGZ 1972, 352), zB Erteilung des Erbschein durch das örtlich unzuständiges Gericht (OLG Hamm Beschl. v. 22.6.2017 – 15 W 111/17, FGPrax 2017, 229 (230); OLG Frankfurt a.M. Beschl. v. 21.5.2013 – 20 W 170/10, ZEV 2013, 563 (564); aA obiter dictum OLG Köln Beschl. v. 6.2.2015 – 2 Wx 27/15, BWNotZ 2015, 53 (54); BayObLG Rpfleger 1975, 304; 1981, 112), den funktionell unzuständiger Rechtspfleger, oder bei fehlendem Antrag, es sei denn, es erfolgt Heilung durch ausdrückliche oder stillschweigende Genehmigung (BGH NJW 1989, 984; BayObLGZ 1967, 9; 1970, 109; NJW-RR 01, 950). Soweit der funktionell unzuständige Rechtspfleger statt dem Richter gehandelt hat genügt dieser Verfahrensfehler nur, wenn die Voraussetzungen für eine Übertragung auf den Rechtspfleger nicht vorlagen, § 16 II, § 19 I Nr. 5 RPflG) (Palandt/*Weidlich* Rn. 3). Ist trotz aufgefundenen Testaments gesetzliche Erbfolge eingetreten und wäre somit eine Übertragung möglich gewesen, so war die Erteilung nicht gem. § 8 IV RPflG unwirksam (KG NJW-RR 2004, 801; BayObLG FamRZ 1997, 1370).

9 Für den **Nachweis der Unrichtigkeit** reicht es aus, dass die Überzeugung des Gerichts (§ 352e FamFG) von der Richtigkeit des Erbscheins so erschüttert ist, dass eine erstmalige Erteilung des Erbscheins nicht erfolgen würde.

10 **Keine Unrichtigkeit** iSd § 2361 liegt vor, wenn der Erbschein entbehrliche oder unzulässige Zusätze enthält, die nicht am öffentlichen Glauben teilnehmen, wie zB den Namen des Testamentsvollstreckers. Enthält ein Erbschein, der die testamentarische Erbfolge richtig bezeugt, als Zusatz einen unrichtigen Berufungsgrund („gesetzlich beerbt"), so nimmt auch dieser überflüssige Zusatz nicht am öffentlichen Glauben teil (LG Koblenz Rpfleger 2000, 502). In diesen Fällen ist eine bloße Berichtigung möglich, wie auch bei Schreibfehlern oder unerheblichen Falschbezeichnungen, § 42. Eine Berichtigung oder Ergänzung aufgrund inhaltlicher Fehler, etwa aufgrund Testamentsauslegung, ist nicht möglich (OLG Zweibrücken FamRZ 2000, 323 = NJWE-FER 1999, 278; dazu *Damrau* ZEV 2001, 27).

11 c) **Behandlung offenbarer Unrichtigkeiten.** Offenbare Unrichtigkeiten können berichtigt werden, ohne dass der Erbschein eingezogen werden muss. Hierzu gehören: Schreibfehler, wie Ladshut statt Landshut, unzulässige oder überflüssige Angaben, wie „Ehefrau", soweit diese den Sachverhalt des Erbscheins unberührt lassen und am öffentlichen Glauben des Erbscheins nicht teilnehmen; in allen anderen Fällen ist eine Änderung, Berichtigung oder Ergänzung nicht statthaft (OLG Hamm Rpfleger 1983, 71; Keidel/*Zimmermann* FamFG § 353 Rn. 5).

12 d) **Frist.** Eine Frist besteht für die Einziehung nicht. Der Erbschein muss nur unrichtig sein oder werden (BGHZ 47, 58; Einziehung nach 45 Jahren: BayObLG FGPrax 2003, 130; nach 52 Jahren: BayObLG FamRZ 1997, 1365).

13 **2. Einziehungsverfahren** (→ § 353 FamFG; Palandt/*Weidlich* Rn. 6 ff.).

14 **3. Entscheidungsarten** (→ § 353 FamFG Rn. 8 f.). **a) Stattgebende Entscheidung.** Wenn die Voraussetzungen für die Erbscheinseinziehung vorliegen ist der Erbschein durch Beschluss einzuziehen. Zum

Inhalt vgl. §§ 38ff. FamFG (Keidel/*Zimmermann* FamFG § 353 Rn. 12 mit einem Muster). Dieser ist mit Rechtsbehelfsbelehrung bekannt zu geben und zuzustellen, § 41 II FamFG. Der Beschluss ist ein Vollstreckungstitel, § 86 FamFG, der nach ZPO-Vorschriften durch das Gericht erfolgt, § 95 I Nr. 2, Abs. 4 FamFG.

b) Ablehnende Entscheidung. Es ist zu unterscheiden zwischen 15

aa) Amtseinleitung des Verfahrens. In diesen Fällen erfolgt nur ein Aktenvermerk und die Benachrichtigung an die im Verfahren angehörten Erben, um die Unsicherheit zu beseitigen. Ebenso werden die Fälle behandelt, in denen ein unbeteiligter Dritter das Verfahren angeregt hat (BayObLGZ 1958, 171). 16

bb) Antragsverfahren. In diesen Fällen ist der Antrag formell durch einen zu begründenden Beschluss zurückzuweisen. Dieser hat wegen § 353 II FamFG auch eine Kostenentscheidung nach § 81 FamFG zu enthalten (Keidel/*Zimmermann* FamFG § 353 Rn. 14). 17

4. Ausführung der Einziehungsanordnung (→ vgl. dazu näher § 353 FamFG Rn. 13f.). **a) Einziehung durch Rückgabe.** Durchgeführt ist die Einziehung erst mit der Ablieferung der Urschrift und aller erteilter Ausfertigungen (OLG Düsseldorf FamRZ 2011, 1980; BayObLGZ 1966, 233; 1980, 72; Palandt/*Weidlich* Rn. 10). Dies ergibt sich auch aus S. 2 und der in § 353 FamFG eröffneten Möglichkeit der Kraftloserklärung (Palandt/*Weidlich* Rn. 13). 18

b) Verfahren bei nichtdurchführbarer Rückgabe. Bei Unmöglichkeit der sofortigen Erlangung des Erbscheins und der Ausfertigungen besteht die Möglichkeit der Kraftloserklärung, § 353 I 1 FamFG. In der Regel geht der Kraftloserklärung ein Einziehungsbeschluss voraus, § 353 I 1 FamFG. 19

5. Wirkung der Einziehung. Mit der Einziehung wird der Erbschein kraftlos, § 2361 2. Die Wirkungen der §§ 2365ff. kommen ihm nicht mehr zu. Die Ablieferung des Erbscheins kann nach den §§ 86ff. FamFG erzwungen werden (→ § 353 FamFG, Rn. 14; Keidel/*Zimmermann* FamFG § 353 Rn. 7; aA MüKoBGB/*Grziwotz* Rn. 39: § 35 FamFG). 20

6. Einstweiliger Rechtsschutz (vgl. dazu → § 353 FamFG Rn. 22). 21

7. Kosten (→ § 353 FamFG Rn. 25). 22

§ 2362 Herausgabe- und Auskunftsanspruch des wirklichen Erben

(1) **Der wirkliche Erbe kann von dem Besitzer eines unrichtigen Erbscheins die Herausgabe an das Nachlassgericht verlangen.**

(2) **Derjenige, welchem ein unrichtiger Erbschein erteilt worden ist, hat dem wirklichen Erben über den Bestand der Erbschaft und über den Verbleib der Erbschaftsgegenstände Auskunft zu erteilen.**

I. Normzweck

Die Einziehung oder Kraftloserklärung des unrichtigen Erbscheins dient dem Schutz des wahren Erben, da auch der unrichtige Erbschein, solange er wirksam ist, gegenüber jedermann als richtig gilt und die Wirkungen der §§ 2366, 2367 gewährt. § 2362 gewährt zwei materiell-rechtliche Ansprüche, damit das Verfahren beschleunigt wird (NK-BGB/*Kroiß* 4. Auflage 2014 Rn. 1): Einerseits räumt er dem wahren Erben gegen den vermeintlichen Erben einen Herausgabeanspruch des unrichtigen Erbscheins schon vor der förmlichen Einziehung ein. Zum anderen besteht ein Auskunftsanspruch nach Abs. 2. 1

II. Herausgabeanspruch

Nach Abs. 1 hat der wirkliche Erbe gegen den Besitzer des unrichtigen Erbscheins einen Anspruch auf Herausgabe desselben an das Nachlassgericht. Damit ergänzt § 2362 den § 2361. Der Anspruchsberechtigte muss daher nicht im Verfahren der freiwilligen Gerichtsbarkeit darauf warten, bis das Nachlassgericht den unrichtigen Erbschein einzieht, sondern kann selbst durch eigenes Betreiben seinen materiell-rechtlichen Anspruch im Zivilprozess durchsetzen und damit den unrichtigen Erbschein aus dem Verkehr ziehen (Palandt/*Weidlich* Rn. 1). 2

Anspruchsberechtigter ist der wirkliche Erbe, nach § 2363 auch der Nacherbe, auch schon vor Eintritt des Nacherbfalls (Soergel/*Zimmermann* Rn. 2; Palandt/*Weidlich* Rn. 1) und der Testamentsvollstrecker sowie der irrtümlich für tot Erklärte oder als tot Angenommene gem. § 2370 II (NK-BGB/*Kroiß* 4. Auflage 2014 Rn. 2). Nacherbe und Testamentsvollstrecker haben den Herausgabeanspruch für jede Unrichtigkeit des Erbscheins, nicht bloß bzgl. des Nacherbenvermerks oder Testamentsvollstreckervermerks (MüKoBGB/*Grziwotz* Rn. 2). 3

Anspruchsgegner ist der unmittelbare (und auch der mittelbare (MüKoBGB/*Grziwotz* Rn. 3) Besitzer einer Urschrift oder Ausfertigung des unrichtigen Erbscheins (BeckOK BGB/*Siegmann*/*Höger* Rn. 2) selbst wenn er Miterbe ist, bei unrichtiger Erbteilsangabe (Palandt/*Weidlich* Rn. 1) oder der Gläubiger des Erblassers, § 792 ZPO. 4

Wirkung der Herausgabe: Mit Ablieferung des Erbscheins beim Nachlassgericht tritt die Wirkung des § 2361 S. 2 ein, nicht aber bereits mit Herausgabe an den Gerichtsvollzieher (Palandt/*Weidlich* Rn. 1). Einer weiteren Einziehungsverfügung durch das Nachlassgericht bedarf es nicht. Die Wirkung 5 tritt aber wie bei § 2361 I 2 erst mit Ablieferung der letzten Ausfertigung ein. Der Anspruch verjährt gem. § 197 I Nr. 1 in 30 Jahren.

III. Auskunftsanspruch

6   Der Auskunftsanspruch des wirklichen Erben geht gegen denjenigen, dem ein unrichtiger Erbschein erteilt wurde, Abs. 2. Dies gilt unabhängig davon, ob er den Erbschein noch besitzt oder nicht mehr Erbschaftsbesitzer ist. Die Vorschrift ist § 2027 nachgebildet. Dies gilt auch für Umfang und Inhalt der Auskunftspflicht (NK-BGB/*Kroiß* 4. Auflage 2014 Rn. 4). Der Anspruch betrifft den Verbleib einzelner Nachlassgegenstände ebenso wie den Bestand der Erbschaft (PWW/*Deppenkemper* Rn. 2). Insoweit geht er auch auf Vorlage eines Bestandverzeichnisses und ggf. auf Abgabe einer eidesstattlichen Versicherung, §§ 260, 261 (MüKoBGB/*Grziwotz* Rn. 15; s. iÜ die Komm. zu § 2027).

IV. Prozessuales/Kosten

7   **1. Prozessuales.** Die Ansprüche nach § 2362 werden im zivilprozessualen Streitverfahren klageweise geltend gemacht. Es gilt nicht der Amtsermittlungsgrundsatz aus dem Verfahren der freiwilligen Gerichtsbarkeit, § 26 FamFG, wie bei § 2361, sondern die allgemeinen Beweislastregeln der ZPO. Der Anspruchsteller ist daher für sein Erbrecht, die Unrichtigkeit des Erbscheins und den Besitz des Beklagten darlegungs- und beweispflichtig (Staudinger/*Herzog* Rn. 11). Die Vermutung des § 2365 gilt aber in diesem Verfahren nicht (OLG München NJW-RR 1995, 779 (780)), da der Anspruchsteller sonst schlechter gestellt wäre als im Amtsverfahren des § 2361. Der Gerichtsstand der Erbschaft gem. § 27 ZPO gilt nicht, außer die Auskunfts- oder Herausgabeklage wird mit der Erbschaftsklage (§ 2018) verbunden (MüKoBGB/*Grziwotz* Rn. 6; Palandt/*Weidlich* Rn. 2). Versäumnis-, Anerkenntnis- oder Verzichtsurteil sind möglich, ebenso wie ein Vergleich über den Anspruch (PWW/*Deppenkemper* Rn. 3).

8   Die **Vollstreckung** der Herausgabe erfolgt über § 883 ZPO, wenn der Besitzer des unrichtigen Erbscheins dem Herausgabeverlangen nicht nachkommt. Der Gerichtsvollzieher kann hierzu beauftragt werden; die Einziehungswirkung tritt aber erst mit Rückgabe des Erbscheins an das Nachlassgericht ein (NK-BGB/*Kroiß* 4. Auflage 2014 Rn. 10).

9   **2. Einstweiliger Rechtschutz.** Im Wege der **einstweiligen Verfügung** nach § 935 ZPO kann der Herausgabeanspruch gesichert werden, indem die vorläufige Herausgabe zu den Nachlassakten angeordnet wird (NK-BGB/*Kroiß* 4. Auflage 2014 Rn. 5). Daneben kann auch gegen den Besitzer eines unrichtigen Erbscheins ein Veräußerungsverbot erlassen werden (NK-BGB/*Kroiß* 4. Auflage 2014 Rn. 5). Zu beachten ist jedoch, dass weder die Rücknahme zu den Nachlassakten noch das Veräußerungsverbot an den Wirkungen der §§ 2366, 2367 etwas ändern.

10   Das Einziehungsverfahren nach § 2361 im Verfahren der freiwilligen Gerichtsbarkeit ist daneben möglich, so dass auch dort ein Antrag auf Herausgabe des unrichtigen Erbscheins zu den Nachlassakten im Wege der **einstweiligen Anordnung** gem. §§ 49 ff. FamFG gestellt werden kann (Kroiß/*Seiler* Neues FamFG § 6 Rn. 78 mit einem Muster für den auf Erlass der einstweiligen Anordnung). Auch hier bleibt aber ein gutgläubiger Erwerb über § 2366 weiterhin möglich.

11   **3. Kosten.** Da es sich um ein ZPO-Verfahren handelt, bestimmen sich die Kosten nach §§ 91 ff. ZPO. Dies hat in Abgrenzung zum Verfahren der freiwilligen Gerichtsbarkeit den Vorteil, dass im Fall des Unterliegens der Gegner die Kosten des Klägers zu tragen hat (NK-BGB/*Kroiß* 4. Auflage 2014 Rn. 7). Umgekehrt gilt auch § 93 ZPO: Erkennt daher der Besitzer eines unrichtigen Erbscheins seine Verpflichtung zur Herausgabe sofort an, gibt er keinen Anlass iSv § 93 ZPO zur Klage oder einstweiligen Verfügung (OLG Zweibrücken NJW-RR 2007, 1164).

12   Der **Streitwert** des Herausgabeanspruchs bestimmt sich nicht nach dem Wert des Nachlasses oder der Beteiligung hieran, sondern nach dem Interesse an der Beseitigung des unrichtigen Erbscheins (MüKoBGB/*Grziwotz* Rn. 6).

§ 2363 Herausgabeanspruch des Nacherben und des Testamentsvollstreckers

Dem Nacherben sowie dem Testamentsvollstrecker steht das in § 2362 Absatz 1 bestimmte Recht zu.

I. Normzweck

1   Mit dem IntErbVG v. 29.6.2015 (BGBl. 2015 I 1042), das für Erbfälle ab dem 17.8.2015 (vgl. EG Art. 229 § 36) Anwendung findet, wurden die jeweils in den §§ 2363 II, 2364 II BGB aF enthaltenen materiell-rechtlichen Herausgabeansprüche des Nacherben bzw. des Testamentsvollstreckers in § 2363 zusammengefasst. Da die §§ 2363 I, 2364 I BGB aF als verfahrensrechtliche Regelungen in § 352b FamFG überführt wurden, entfiel die Regelung des § 2364 (vgl. BT-Drs. 18/4210, 67/69). Die Vorschrift des § 2363 ergänzt § 2361 und erstreckt den Herausgabeanspruch iSd § 2362 auf den Testamentsvollstrecker und den Nacherben. Beide haben dadurch die Möglichkeit, unabhängig von dem bei dem Nachlassgericht betriebenen Verfahren iSd § 2361 selbst vor dem Zivilgericht die Herausgabe des unrichtigen Erbscheins zu betreiben.

II. Herausgabeanspruch des Nacherben (Alt.1)

Gem. § 2363 Alt. 1 steht dem Nacherben der **Herausgabeanspruch** des § 2362 I schon vor dem Eintritt des Nacherbfalls, wenn der Erbschein unrichtig im Hinblick auf § 352b 1 FamFG ist zu (Palandt/ *Weidlich* § 2363 Rn. 1); nach § 2362 I allein würde der Anspruch nur dem Vorerben zustehen, da nur er Erbe ist. Auch der Nacherbe einschließlich dem Nachnacherben und Ersatznacherben soll jedoch gegen einen jeden Besitzer eines unrichtigen Erbscheins den Herausgabeanspruch haben, mag dies auch der Vorerbe sein. Bzgl. des Inhalts des Anspruchs gilt dasselbe wie bei § 2362.

Der **Auskunftsanspruch** des Nacherben ist nicht in § 2363 geregelt, sondern ergibt sich aus § 2362 II. Dieser besteht erst ab dem Eintritt des Nacherbfalls, da der Nacherbe erst ab diesem Zeitpunkt auch Erbe ist.

III. Herausgabeanspruch des Testamentsvollstreckers (Alt. 2)

Nach § 2363 Alt. 2 wird klargestellt, dass auch der Testamentsvollstrecker vom Besitzer eines unrichtigen Erbscheins die Herausgabe an das Nachlassgericht verlangen kann, § 2362 I. Dies ist insbes. dann der Fall, wenn die Testamentsvollstreckung nicht im Erbschein angegeben ist.

Eine Verweisung auf § 2362 II ist in § 2363 nicht enthalten und auch nicht erforderlich, da der Testamentsvollstrecker bereits nach §§ 2205, 2209 umfassende eigene Auskunftsansprüche iSd § 2362 II hat (Palandt/*Weidlich* § 2363 Rn. 1).

§ 2364 *(aufgehoben)*

§ 2365 Vermutung der Richtigkeit des Erbscheins

Es wird vermutet, dass demjenigen, welcher in dem Erbschein als Erbe bezeichnet ist, das in dem Erbschein angegebene Erbrecht zustehe und dass er nicht durch andere als die angegebenen Anordnungen beschränkt sei.

I. Normzweck

Der Erbschein als amtliches Zeugnis über das Erbrecht (§ 2353) erhält seine Bedeutung erst durch die in den §§ 2365 ff. verliehenen Wirkungen (MüKoBGB/*Grziwotz* Rn. 1), da diese den Verkehrsschutz sowohl gegenüber Privaten als auch Behörden bezwecken. Die Vorschrift ist den §§ 891–893 nachgebildet: Mit Aushändigung des Erbscheins wird vermutet, dass derjenige, der im Erbschein als Erbe bezeichnet ist, auch tatsächlich Erbe ist und dass andere als die im Erbschein angegebenen Beschränkungen nicht bestehen (Palandt/*Weidlich* Rn. 1). Diese Richtigkeitsvermutung wirkt sowohl zugunsten als auch zu Lasten des Erbscheinserben, während der öffentliche Glaube nach § 2366 nur zugunsten des redlichen Dritten wirkt (NK-BGB/*Kroiß* Rn. 1). Die Vorschrift ist auf ein Testamentsvollstreckerzeugnis (§ 2368) und ein Zeugnis hinsichtlich der Fortsetzung der Gütergemeinschaft (§ 1507) entsprechend anwendbar.

II. Richtigkeitsvermutungswirkung

Der Erbschein hat eine positive und eine negative Richtigkeitsvermutung betreffend das Erbrecht, jedoch keine Tatsachenvermutung (KG Hinweisbeschl. v. 2.6.2014 und Beschl. v. 16.7.2014 – 25 U 4/14, ErbR 2016, 386 (388) mAnm *Göertz*). Diese setzt jedoch zunächst einen in Kraft befindlichen Erbschein voraus:

1. Voraussetzungen der Richtigkeitsvermutung. Damit der Erbschein eine Vermutungswirkung entfalten kann, muss er zunächst tatsächlich erteilt worden sein. Der Beschluss, dass die zur Erteilung erforderlichen Tatsachen für festgestellt erachtet werden (§ 352 I FamFG), führt diese Wirkung noch nicht herbei (zur Erbscheinerteilungsanordnung BayObLGZ 1960, 192; NK-BGB/*Kroiß* Rn. 2). Umgekehrt muss der Erbschein noch in Kraft sein, dh, er darf weder eingezogen (§ 2361 I 1) noch durch Beschluss für kraftlos erklärt (§ 2361 II) oder nach § 2362 I an das Nachlassgericht herausgegeben worden sein (MüKoBGB/*Grziwotz* Rn. 3). Auf den Besitz oder die Vorlage des Erbscheins kommt es für die Richtigkeitsvermutung nicht an. Auch die Rückgabe des Erbscheins im Wege der einstweiligen Anordnung gem. §§ 49 ff. FamFG oder im Wege der einstweiligen Verfügung des Prozessgerichts im Verfahren nach § 2362 beseitigen die Richtigkeitsvermutung nicht (BGHZ 40, 4; Staudinger/*Herzog* § 2365 Rn. 11). Zum effektiven Rechtsschutz von Grundstücken vor den Gefahren der §§ 2365 f. bereits vor Kraftlosigkeit des unrichtigen Erbscheins (*Dillenberger/Fest* ZEV 2009, 220 ff.); bzgl. beweglichen Sachen, Forderungen und sonstigen Rechten (*Dillenberger/Fest* ZEV 2009, 281 ff.). Dagegen entfällt die Richtigkeitsvermutung dann, wenn mehrere Erbscheine mit **widersprechendem** Inhalt in Kraft sind, soweit ein Widerspruch besteht (NK-BGB/*Kroiß* Rn. 5). Dies hat auch den Fortfall der Schutzwirkung des § 2366 zur Folge (BGHZ 33, 314 (317)). Gleiches gilt, wenn sich Erbschein und Testamentsvollstreckerzeugnis widersprechen, soweit sie dieselbe Aussage betreffen. Dies ist dann der Fall, wenn der Erbschein die Testamentsvollstreckung nicht aufführt, dass Testamentsvollstreckerzeugnis aber das Bestehen einer Testamentsvollstreckung bezeugt (BGH NJW-RR 1990, 1159). Allein die Tatsache, dass zum selben Erb-

10 BGB § 2365 Buch 5. Abschnitt 8. Erbschein

fall mehrere Erbschein in Kraft sind, berührt die Richtigkeitsvermutung dagegen nicht. Dies kann bereits daran liegen, dass sich mehrere Nachlassgerichte gem. § 343 FamFG unter Missachtung des § 2 FamFG für zuständig halten oder auch, wenn vor Abschluss der Erbscheinseinziehung oder Wirksamwerden der Kraftloserklärung schon ein neuer Erbschein erteilt worden ist. Besagen die konkurrierenden Erbscheine dasselbe, so trägt jeder die Vermutung des § 2365 in sich (MüKoBGB/*Grziwotz* Rn. 4). Für Erbscheine aus der früheren DDR (s. MüKoBGB/*Grziwotz* Rn. 5).

4 **2. Positive Richtigkeitsvermutung.** Die positive Vermutungswirkung bezieht sich bezieht sich nur auf das bezeugte Erbrecht. Es wird vermutet, dass dem in der Urkunde angegebenen Erben das bezeugte Erbrecht auch zusteht, nicht jedoch, dass der Besitzer der Urkunde auch der Erbe sei (Palandt/*Weidlich* Rn. 1). Mit umfasst von der Richtigkeitsvermutung ist somit die Eigenschaft als Erbe und bei einer Mehrheit von Erben die Größe des Erbteils, nicht dagegen der Todeszeitpunkt (MüKoBGB/*Grziwotz* Rn. 10).

5 **3. Negative Richtigkeitsvermutung.** Negativ wird vermutet, dass andere als die im Erbschein angegebenen Beschränkungen nicht bestehen (Vollständigkeitsvermutung) (Palandt/*Weidlich* Rn. 1). Hiervon sind aber nur solche umfasst, die in den Erbschein aufzunehmen sind, also die Testamentsvollstreckung, § 2363, und die Nacherbfolge, § 2364. Eine positive Vermutung dahin, dass angegebene Verfügungsbeschränkungen auch tatsächlich bestehen, gibt es nicht (so die hM OLG Frankfurt a. M. WM 1993, 803 (805); Staudinger/*Herzog* § 2365 BGB Rn. 19; Palandt/*Weidlich* Rn. 1): Zweck des Erbscheins ist es, dem Erben im Rechtsverkehr den Nachweis über seine Rechtsnachfolge und den Umfang von Verfügungsbeschränkungen zu erleichtern und dem Dritten eine Prüfung des Nachweises zu ersparen (MüKoBGB/*Grziwotz* Rn. 15). Auch wenn im Erbschein eine Testamentsvollstreckung angeordnet ist, lässt sich daraus nicht ableiten, dass diese auch tatsächlich besteht (OLG Frankfurt a. M. WM 1993, 803 (805)).

III. Wirkungen außerhalb des Aussagebereichs des Erbscheins

6 **1. Vor- und Nacherbschaft.** Zum Inhalt des Erbscheins des Vorerben gehört lediglich, dass diesem die Erbschaft zugefallen ist, nicht auch, dass er noch Vorerbe ist, der Nacherbfall noch nicht eingetreten ist (MüKoBGB/*Grziwotz* Rn. 12; NK-BGB/*Kroiß* Rn. 6).

7 **2. Nicht notwendige Angaben.** Die Vermutungswirkung bezieht sich auch nicht auf Angaben, die nicht in einen Erbschein aufgenommen werden müssen, wie bspw. schuldrechtliche Ansprüche (Vermächtnisse, Pflichtteilsansprüche, Auflagen oder Erbersatzansprüche), Teilungsanordnungen oder der Berufungsgrund (MüKoBGB/*Grziwotzr* Rn. 19; NK-BGB/*Kroiß* Rn. 7). Auch die Zugehörigkeit einzelner Gegenstände zum Nachlass ergibt sich nicht aus dem Erbschein; gleiches gilt für die Person des Testamentsvollstreckers (Soergel/*Zimmermann* Rn. 3).

8 In tatsächlicher Hinsicht umfasst die Richtigkeitsvermutung auch nicht die Echtheit, Gültigkeit oder den Inhalt der vom Nachlassgericht zu Grunde gelegten Verfügung von Todes wegen, soweit sie reine Vorfragen des zu erteilenden Erbscheins sind. Gleiches gilt bzgl. unrichtiger Angaben bzgl. des richtigen Erben, wie persönliche Daten (Geburtsdatum, Geburtsname) oder das Verwandtschaftsverhältnis, solange die Identität des Erben gewahrt wird; anderes gilt nur, wenn der Erbschein eine falsche Person als Erben bezeichnet: Diese Person ist dann von der positiven Vermutungswirkung umfasst (MüKoBGB/*Grziwotz* Rn. 17, 18).

9 **3. Andere Verfügungen oder Verfügungsbeschränkungen.** Verfügungen des Miterben über seinen Erbteil berühren die Richtigkeitsvermutung nicht, da der Erbschein eine Aussage bezogen auf den Erbfall trifft; der Erbschein bleibt auch nach einer Erbteilsübertragung richtig. Eine Vermutung dahin, dass der Erbteil nicht übertragen wird, enthält der Erbschein nicht (MüKoBGB/*Grziwotz* Rn. 12).

10 Andere **Verfügungsbeschränkungen**, die nicht mit dem Erbrecht verbunden sind, werden von der Richtigkeitsvermutung nicht umfasst: Hierzu gehören die Nachlassinsolvenz, die Nachlassverwaltung, die Beschränkung des Vorerben aufgrund § 2129, die Pfändung des Erbteils oder die Nießbrauchstellung am Erbteil, § 1071. Gleiches gilt für die Begründung von Gütergemeinschaft (MüKoBGB/*Grziwotz* Rn. 14; NK-BGB/*Kroiß* Rn. 8).

IV. Praktische Bedeutung

11 Die Vermutung des Erbscheins besteht für und gegen den darin bezeichneten Erbscheinserben, unabhängig davon, wer den Erbschein beantragt hat. Sie hat vor allem für die privatrechtlichen Rechtsbeziehungen besondere Bedeutung, da § 2365 hier unmittelbar gilt (MüKoBGB/*Grziwotz* Rn. 20).

12 **1. Verhältnis zum Zivilprozess. a) Allgemeine Zivilprozesse.** Macht der Inhaber eines Erbscheins gegenüber einem Dritten sein Erbrecht oder das Fehlen von Beschränkungen geltend, so stellt § 2365 im Zivilprozess eine widerlegbare Vermutung für den Erbscheininhalt auf, die analog zu § 292 ZPO die Beweislast umkehrt (Palandt/*Weidlich* Rn. 2): Der Erbscheininhaber muss nur die Voraussetzungen für das Eingreifen der Vermutung beweisen, also die Erbscheinserteilung und die Identität mit dem im Erbschein Genannten. Die Vermutung greift dann sowohl zu seinem Vorteil als auch zu seinem Nachteil ein. Der Gegner kann allerdings die Unrichtigkeit des Erbscheininhalts beweisen. Hierfür kann er sich aller Beweismittel des Zivilprozesses bedienen, auch solcher, die bereits dem Nachlassgericht bei seiner Feststellung zugrunde langen (OLG Nürnberg WM 1962, 1200 (1201)). Ist der Beweis erbracht, dann ist das

Prozessgericht nicht mehr an die Entscheidung des Nachlassgerichts gebunden (MüKoBGB/*Grziwotz* Rn. 8, 21).

b) Erbrechtsstreit. Im Streit der Erbanwärter gilt die Vermutung des § 2365 nach richtiger Meinung nicht. Zwar wurde früher vereinzelt vertreten (Planck/*Greiff* § 2365 Anm. 4a), die Vermutung gelte auch im Erbrechtsstreit uneingeschränkt. Dies ist aber nicht überzeugend, da dadurch die Prozessstellung des Gegners unverhältnismäßig erschwert würde: Er müsste gegen den Erbschein den Beweis des Gegenteils führen und jede Möglichkeit des erbrechtlichen Erwerbs widerlegen. Eine vermittelnde Auffassung (OLG München ZEV 1995, 459 (460) stellt auf die Parteistellung des Erbscheininhabers im Prozess ab: Als Kläger kommt ihm die Vermutung des § 2365 zugute und er muss nur die Rechtsbehauptung aufstellen Erbe zu sein; der Beklagte muss dann die Tatsachen beweisen, aus denen sich sein Erbrecht ergibt. Als Beklagter dagegen wirkt die Vermutung nicht zu seinen Gunsten. Der Kläger müsse ohnehin bereits nach allgemeinen Regeln zunächst die Tatsachen für sein Erbrecht beweisen. Dies hätte zur Folge, dass die Beweislastverteilung zufällig von der Parteirolle abhinge und ist deshalb auch abzulehnen (so auch MüKoBGB/*Grziwotz* Rn. 22). 13

Richtigerweise gilt die Vermutung im Erbrechtsstreit nicht (KG Hinweisbeschl. v. 2.6.2014 und Beschl. v. 16.7.2014 – 25 U 4714, ErbR 2016, 386 (387) mAnm *Göertz;* Palandt/*Weidlich* Rn. 3; MüKoBGB/*Grziwotz* Rn. 23; NK-BGB/*Kroiß* Rn. 12). Das Prozessgericht ist grds. nicht an die Entscheidungen des Nachlassgerichts gebunden und insoweit völlig unabhängig (→ § 352e FamFG Rn. 169). Daher gelten die allgemeinen Beweislastregeln, unabhängig von der Parteistellung (Palandt/*Weidlich* Rn. 3 sowie Palandt/*Weidlich* § 2353 Rn. 77; Soergel/*Zimmermann* Rn. 4; aA Staudinger/*Herzog* Rn. 50a: Wer die Richtigkeit des Erbscheins bezweifelt, muss den Beweis des Gegenteils erbringen). 14

§ 2365 wirkt auch nicht bei einer Klage aufgrund § 2362 oder in dem Fall, dass der Testamentsvollstrecker das Erbrecht des Erbscheinserben bestreitet (NK-BGB/*Kroiß* Rn. 12 mwN).

2. Verhältnis zum Grundbuch. a) Öffentlicher Glaube des Grundbuchs. Der öffentliche Glaube des Grundbuchs geht dem des Erbscheins vor. Ist im Grundbuch ein Nichterbe eingetragen, so kann der Dritte nicht vom Erbscheinserben gutgläubig erwerben, wenn dieser nicht im Grundbuch eingetragen ist (Palandt/*Weidlich* Rn. 2; NK-BGB/*Kroiß* Rn. 9). 15

b) Prüfungsrecht des Grundbuchamts. Das Grundbuchamt hat grds. von der Richtigkeit des Erbscheins auszugehen, da der Erbschein öffentlichen Glauben genießt (Palandt/*Weidlich* Rn. 2; BayObLG FamRZ 1997, 710; Rpfleger 1990, 363; NK-BGB/*Kroiß* Rn. 10). Eine Ausnahme besteht allerdings dann, wenn dem Grundbuchamt aufgrund neuer Tatsachen die Unrichtigkeit des Erbscheins bekannt wird (BGHZ 117, 303) und dieser nicht einzuziehen wäre oder der Erbschein das Erbrecht nicht eindeutig bezeugt, weil er unvollständig ist. Das Grundbuchamt soll in all diesen Ausnahmefällen allerdings durch Rückfrage beim Nachlassgericht und Schilderung der Sach- und Rechtsauffassung die Einziehung oder Kraftloserklärung des Erbscheins anregen (MüKoBGB/*Grziwotz* Rn. 27). Zieht das Nachlassgericht den Erbschein dann immer noch nicht ein, so hat das Grundbuchamt die Eintragung vorzunehmen; das Nachlassgericht trägt aber allein die Verantwortung (BayObLG MittBayNot 1997, 44; Rpfleger 1990, 363; Demharter GBO § 35 Rn. 26; Palandt/*Weidlich* § 2353 Rn. 78 ff.; sa Lange ZEV 2009, 371). 16

3. Verhältnis zum Steuerverfahren. Auch gegenüber Steuerbehörden gilt grds. die Vermutung des § 2365. Bei gewichtigen Gründen gegen die Richtigkeit sind jedoch die auch die Finanzbehörden und Finanzgerichte berechtigt und verpflichtet, das Erbrecht selbst zu ermitteln (BFH NJW 1996, 2119 mAnm *Wefers* ZEV 1996, 198; Palandt/*Weidlich* Rn. 2; NK-BGB/*Kroiß* Rn. 11; MüKoBGB/*Grziwotz* Rn. 30). 17

§ 2366 Öffentlicher Glaube des Erbscheins

Erwirbt jemand von demjenigen, welcher in einem Erbschein als Erbe bezeichnet ist, durch Rechtsgeschäft einen Erbschaftsgegenstand, ein Recht an einem solchen Gegenstand oder die Befreiung von einem zur Erbschaft gehörenden Recht, so gilt zu seinen Gunsten der Inhalt des Erbscheins, soweit die Vermutung des § 2365 reicht, als richtig, es sei denn, dass er die Unrichtigkeit kennt oder weiß, dass das Nachlassgericht die Rückgabe des Erbscheins wegen Unrichtigkeit verlangt hat.

I. Normzweck

Da die Vermutungswirkung des § 2365 nicht ausreicht, um einen umfassenden Verkehrsschutz zu ermöglichen, ermöglicht § 2366 entsprechend den §§ 891, 892 den gutgläubigen Erwerb vom Erbscheinserben **im Umfang** der Vermutungswirkung des § 2365. Damit können sich Geschäftspartner auf die Richtigkeit des Zeugnisses verlassen, sog. „Richtigkeitsfiktion" (Palandt/*Weidlich* Rn. 1). § 2366 gilt entsprechend für das Testamentsvollstreckerzeugnis (§ 2368) und das über die Fortsetzung der Gütergemeinschaft (PWW/*Deppenkemper* Rn. 1). 1

II. Umfang und Inhalt des öffentlichen Glaubens

Der öffentliche Glaube wird daher entsprechend der doppelten Vermutungswirkung des § 2365 geschützt, und zwar dahingehend, dass das bezeugte Erbrecht auch tatsächlich besteht (positive Vermu- 2

10 BGB § 2366   Buch 5. Abschnitt 8. Erbschein

tungswirkung, Richtigkeitsfiktion) und dass keine weiteren als die im Erbschein genannten Beschränkungen existieren (negative Vermutungswirkung, Vollständigkeitsfiktion) (*Lange/Kuchinke* ErbR § 39 Kap. VII Rn. 3a). Nicht umfasst vom öffentlichen Glauben ist dagegen die Frage, ob ein Gegenstand auch tatsächlich zum Nachlass gehört oder der Erbscheinerbe auch zur Verfügung befugt ist; Gleiches gilt für die Frage, ob ein im Erbschein aufgeführter Miterbe seinen Anteil nicht veräußert hat (Palandt/*Weidlich* Rn. 1; BGH WM 1963, 219).

III. Voraussetzungen des öffentlichen Glaubens

3   **1. Wirksamer Erbschein.** Der Erbschein muss bereits erteilt sein. Der Beschluss, dass die zur Erteilung erforderlichen Tatsachen für festgestellt erachtet werden (§ 352 I FamFG), führt diese Wirkung noch nicht herbei (zur Erbscheinerteilungsanordnung BayObLGZ 1960, 192; NK-BGB/*Kroiß* § 2365 Rn. 2). Umgekehrt muss der Erbschein noch in Kraft sein, dh, er darf weder eingezogen (§ 2361 I 1) noch durch Beschluss für kraftlos erklärt (§ 353 I FamFG) oder nach § 2362 I an das Nachlassgericht herausgegeben worden sein (MüKoBGB/*Grziwotz* § 2365 Rn. 3).

4   Der öffentliche Glaube entfällt auch bei zwei sich inhaltlich widersprechenden Erbscheinen bzw. bei Widerspruch eines Erbscheins mit einem Testamentsvollstreckerzeugnis und für den Vorerben nach Eintritt des Nacherbfalls (NK-BGB/*Kroiß* Rn. 2). Dies gilt auch dann, wenn dem sich auf die Erbschein Berufenden der der andere Erbschein nicht bekannt war (BGHZ 33, 314 (317); 58, 105). Nicht nötig ist, dass der Erbschein vorgelegt oder erwähnt wird, oder dass er dem Erwerber auch nur bekannt war (BGHZ 33, 314 (317)). Auch die Rückgabe des Erbscheins im Wege der einstweiligen Anordnung gem. §§ 49 ff. FamFG oder im Wege der einstweiligen Verfügung des Prozessgerichts im Verfahren nach § 2362 beseitigen die Richtigkeitsvermutung nicht (BGHZ 40, 4; Staudinger/*Herzog* § 2365 BGB Rn. 11; Palandt/*Weidlich* Rn. 1).
    Bzgl. Erbscheinen der früheren DDR (MüKoBGB/*Grziwotz* Rn. 6–8).

5   **2. Rechtsgeschäftlicher Erwerb.** Geschützt ist nur der rechtsgeschäftliche Einzelerwerb durch ein dingliches Rechtsgeschäft, also nur bei Verfügungsgeschäften (NK-BGB/*Kroiß* Rn. 3); der öffentliche Glaube gilt hingegen nicht für dinglich unvollzogene Verpflichtungsgeschäfte, Zwangsvollstreckungsakte, den Erwerb der Erbschaft oder eines Erbteils (§§ 2371, 2385, 2033, 2030), die rechtsgeschäftliche Gesamtrechtsnachfolge und den Erwerb kraft Gesetz (Palandt/*Weidlich* Rn. 2).

6   Zudem muss es sich um ein Verkehrsgeschäft handeln, dh § 2366 kommt nicht zur Anwendung, wenn ein Miterbe von der Erbengemeinschaft erwirbt oder im Rahmen der Erbauseinandersetzung. (BGH Urt. v. 8.4.2015 – IV ZR 161/14, NJW 2015, 1881 Rn. 12 betr. Kündigung eines Darlehens durch einen im Erbschein ausgewiesenen Miterben gegenüber einem anderen Miterben; OLG Hamm FamRZ 1975, 513; Staudinger/*Herzog* Rn. 5 und 25)

7   **3. Erbschaftsgegenstand.** § 2366 schützt nur den dinglichen Erwerb von einzelnen Erbschaftsgegenständen, die in den Nachlass fallen, wie zB Grundstücke, Grundstücksrechte (wie bspw. das Erbbaurecht, der Nießbrauch oder die Dienstbarkeit) (MüKoBGB/*Grziwotz* Rn. 13), bewegliche Sachen und Forderungen (HK-BGB/*Hoeren* Rn. 3), auch Ersatzstücke und Mitgliedschaftsrechte (sogar GmbH-Anteile, die sich im Nachlass befinden (*Wiegand* JuS 1975, 283 (284))), nicht hingegen der Erwerb aufgrund Erbschaftskaufs, § 2371, oder ähnlicher Verträge, § 2385, da der Erbteil als solcher kein Erbschaftsgegenstand ist (Staudinger/*Herzog* Rn. 20; MüKoBGB/*Grziwotz* Rn. 15; BeckOK BGB/*Siegmann/Höger* Rn. 4; Palandt/*Weidlich* Rn. 2). Gelangen Gegenstände durch dingliche Surrogation, §§ 2019, 2041, 2111, in den Nachlass, findet § 2366 aber Anwendung (MüKoBGB/*Grziwotz* Rn. 12; BeckOK BGB/*Siegmann/Höger* Rn. 4), was zu einer erheblichen Ausweitung des Kreises der von § 2366 erfassten Gegenstände führt (MüKoBGB/*Grziwotz* Rn. 12).

8   **4. Guter Glaube.** Geschützt ist nur der redliche Erwerber, der sich bewusst sein muss, einen Erbschaftsgegenstand zu erwerben (Palandt/*Weidlich* Rn. 2). Bösgläubig ist, wer positive Kenntnis von der Unrichtigkeit des Erbscheins hat (NK-BGB/*Kroiß* Rn. 5). Dabei reicht die Kenntnis des Rückgabeverlangens des Nachlassgerichts, § 2361, oder der Verurteilung zur Herausgabe des Erbscheins gem. § 2362 aus. Gleiches gilt, wenn der Erwerber die Möglichkeit der Ausschlagung des Erben oder der Anfechtung der Annahme der Erbschaft, die Anfechtbarkeit der letztwilligen Verfügung oder die Erbunwürdigkeit kannte (BeckOK BGB/*Siegmann/Höger* Rn. 10). Kennenmüssen steht der Kenntnis nicht gleich, dh grob fahrlässige Unkenntnis ist anders als bei § 932 unschädlich (Palandt/*Weidlich* Rn. 2). Wer sich auf die Bösgläubigkeit beruft, trägt hierfür die Beweislast (NK-BGB/*Kroiß* Rn. 9).

9   **5. Maßgeblicher Zeitpunkt.** Da bei § 2366 eine dem § 892 II vergleichbare Vorschrift für den Zeitpunkt des öffentlichen Glaubens des Erbscheins fehlt, ist bei Rechtsgeschäften, die des Vollzugs im Grundbuch bedürfen, grds. der Zeitpunkt der Eintragung maßgebend (BGH FamRZ 1971, 641 (642); MüKoBGB/*Grziwotz* Rn. 17). Diese in Abweichung zu § 892 II harte Rechtslage wird gemildert durch das Anwartschaftsrecht des Erwerbers: Der Auflassungsempfänger erwirbt ab Eingang des durch ihn gestellten Eintragungsantrags ein Anwartschaftsrecht als Minus gegenüber dem Vollrecht (BGH NJW 1968, 493; 1966, 1019); dieses entfällt nicht allein nachträglich durch Verlust des Guten Glaubens (MüKoBGB/*Grziwotz* Rn. 17). Gleiches gilt bzgl. der Vormerkung gem. § 2367: Wird ein Erbschein nach Eintragung einer Vormerkung noch vor dem Rechtserwerb eingezogen, hindert dies den Rechtserwerb nicht (BGHZ 57, 341).

IV. Erwerb vom Nichtberechtigten

Die Vorschriften des öffentlichen Glaubens des Erbscheins gelten selbständig neben den sonstigen Tatbeständen des gutgläubigen Erwerbs in §§ 892, 893, 932–936, 1032 S. 2 und § 1207. Der Erbschein bietet nur Gewähr hinsichtlich des im Erbschein ausgewiesenen Inhalts und dem Fehlen von Verfügungsbeschränkungen (positive und negative Vermutungswirkung), nicht aber dafür, dass der Verfügungsgegenstand auch zur Erbschaft oder dem Erben gehört oder der Erbscheinserbe auch zur Verfügung befugt ist; gleiches gilt für die Frage, ob im Erbschein aufgeführter Miterbe seinen Anteil nicht veräußert hat (Palandt/*Weidlich* Rn. 4; BGH WM 1963, 219). 10

1. Veräußerung und Erwerb von Grundstücken. War der Erbscheinserbe bereits im Grundbuch eingetragen, so richtet sich der Erwerb einzig nach den Vorschriften über den öffentlichen Glauben des Grundbuchs, §§ 891 ff. 11

War noch der Erblasser eingetragen, so gelten beide Arten von Vorschriften: Soweit der Erblasser unzutreffend hinsichtlich des Rechts im Grundbuch eingetragen ist, gilt allein § 892, gleichgültig, ob sich der Erbe oder Erbscheinserbe mit dem Erbschein ausweist. War auch der Erbschein unrichtig (sog. Doppelfehler), so verfügt der Erbscheinserbe hinsichtlich des angeblichen Erbrechts nach § 2366, hinsichtlich des unrichtigen Grundbuchinhalts nach § 892 (MüKoBGB/*Grziwotz* Rn. 38; Palandt/*Weidlich* Rn. 5). 12

War ein Nichterbe und nicht der Erbscheinserbe im Grundbuch als Rechtsinhaber eingetragen, so geht der öffentliche Glaube des Grundbuchs dem öffentlichen Glauben des Erbscheins vor (Palandt/*Weidlich* § 2365 Rn. 2; NK-BGB/*Kroiß* Rn. 7). Gleiches gilt im Falle der Eintragung eines Widerspruchs gegen das Erbrecht oder das fehlende Recht des Erblassers. Hier geht § 892 als speziellere Vorschrift dem § 2366 vor (Staudinger/*Herzog* Rn. 45; *Lange/Kuchinke* ErbR § 39 Kap. VII Rn. 3b; MüKoBGB/*Grziwotz* Rn. 39; Palandt/*Weidlich* Rn. 5). Zu den Möglichkeiten für einen effektiven Rechtsschutz bei Unrichtigkeit des Erbscheins (*Dillenberger/Fest* ZEV 2009, 220 ff.). 13

2. Veräußerung und Erwerb von beweglichen Sachen. Veräußert der Erbscheinserbe eine zum Nachlass gehörende bewegliche Sache, so erhält der Erwerber das Eigentum daran nach den §§ 929 ff. iVm § 2366. Auf § 935 kommt es auch hinsichtlich des Besitzes des wahren Erben (§ 857) wegen der fingierten Rechtsstellung des Erbscheinserbe nicht an (MüKoBGB/*Grziwotz* Rn. 40; *Wiegand* JuS 1975, 283 (285)). Zu den Möglichkeiten für einen effektiven Rechtsschutz bei Unrichtigkeit des Erbscheins (*Dillenberger/Fest* ZEV 2009, 281 ff.). 14

Veräußert der wirkliche Erbe (auch wenn für ihn ein Erbschein ausgestellt ist) eine im Besitz des Erblassers befindliche fremde Sache, so gelten allein die §§ 932 ff.; hier kommt es auch darauf an, dass die Sache nicht abhandengekommen ist, § 935 bis § 857 spielt dagegen keine Rolle, da der wahre Erbe veräußert. 15

Veräußert schließlich der Erbscheinserbe eine im Besitz des Erblassers befindliche fremde Sache, so liegt wieder ein Doppelmangel vor. Nunmehr wirken §§ 932 ff. u. 2366 zusammen. Der Mangel des Eigentums wird durch den fortwirkenden Besitz beim wahren Erben nach § 932, der Mangel des Besitzes beim Erbscheinserben (§ 857) und die fehlende Erbenstellung werden durch § 2366 überbrückt. Voraussetzung ist aber auch hier, dass der Erbscheinserbe mit Bezug auf den Nachlass handelt (MüKoBGB/*Grziwotz* Rn. 41). War die Sache allerdings bereits beim Erblasser abhandengekommen, so erwirbt der Erwerber trotz seiner Gutgläubigkeit kein Eigentum (*Lange/Kuchinke* ErbR § 39 Kap. VII Rn. 3d). 16

V. Ansprüche des wirklichen Erben

1. Ansprüche gegen den Erbscheinserben. Die aus dem zugrundeliegenden Rechtsgeschäft erlangte Gegenleistung des Erbscheinserben gehört wiederum zum Bestand der Erbschaft, § 2019. Sie ist daher vom Herausgabeanspruch des § 2018 mit umfasst. Soweit dieser nicht eingreift, hat der Erbe einen Anspruch aus § 816 I 1 und Abs. 2, die allerdings durch § 2029 insoweit modifiziert werden, als der Erbschaftsbesitzer die Vorteile des Erbschaftsanspruchs nicht verlieren, andererseits aber auch die Nachteile hinnehmen muss (*Lange/Kuchinke* ErbR § 39 Kap. VII Rn. 5; MüKoBGB/*Grziwotz* Rn. 32). Die §§ 823 ff. können daneben eingreifen. 17

2. Ansprüche gegen den redlichen Erwerber. Grundsätzlich ist der redliche Erwerber durch § 2366 umfassend geschützt. Nur im Fall der unentgeltlichen Verfügung steht dem wirklichen Erben der Anspruch nach § 816 I 2 gegenüber dem Erwerber zu. Bei unentgeltlicher Weiterübertragung gilt § 822. 18

3. Ansprüche gegen das Nachlassgericht. Der unrichtige Erbschein kann bei Pflichtverletzung durch das Nachlassgericht einen Schadensersatzanspruch nach Staatshaftungsbestimmungen begründen, § 839, Art. 34 GG (BGH NJW-RR 1991, 515 (516); FamRZ 1992, 427 (428); Staudinger/*Herzog* Rn. 34). 19

§ 2367 Leistung an Erbscheinserben

Die Vorschrift des § 2366 findet entsprechende Anwendung, wenn an denjenigen, welcher in einem Erbschein als Erbe bezeichnet ist, auf Grund eines zur Erbschaft gehörenden Rechts eine Leistung bewirkt oder wenn zwischen ihm und einem anderen in Ansehung eines solchen Rechts ein nicht unter die Vorschrift des § 2366 fallendes Rechtsgeschäft vorgenommen wird, das eine Verfügung über das Recht enthält.

I. Normzweck

1   § 2367 erweitert im Verkehrsschutzinteresse den nach § 2366 bestehenden öffentlichen Glauben auf Verfügungs- und Leistungsgeschäfte an den Erbscheinserben bzw. den wahren Erben, dessen Verfügungsbeschränkungen (Nacherbschaft, Testamentsvollstreckung) nicht im Erbschein ausgewiesen sind. Die Vorschrift entspricht ihrer Struktur nach dem § 893 und ergänzt den § 2366 als „Auffangtatbestand" (Staudinger/*Herzog* Rn. 1; MüKoBGB/*Grziwotz* Rn. 1). Umfasst sind alle Rechtsgeschäfte mit Verfügungscharakter, die nicht unter § 2366 zu subsumieren sind, auch wenn es sich um einseitige Rechtsgeschäfte wie die Kündigung oder die Anfechtung handelt (NK-BGB/*Kroiß* Rn. 1). § 2367 setzt – wie § 2366 – ein Verkehrsgeschäft voraus, was bei einem Rechtsgeschäfts innerhalb der Erbengemeinschaft nicht der Fall ist (BGH Urt. v. 8.4.2015 – IV ZR 161/14, NJW 2015, 1881 Rn. 12 betr. Kündigung eines Darlehens durch einen im Erbschein ausgewiesenen Miterben gegenüber einem anderen Miterben).

II. Inhalt und Voraussetzung des öffentlichen Glaubens

2   Für den öffentlichen Glauben des Erbscheins mit seiner Fiktionswirkung und seinen Voraussetzungen kann auf die Komm. bei §§ 2366 u. 2365 verwiesen werden.

III. Wirkungsbereich

3   § 2367 gilt für die Bewirkung einer Leistung an den Erbscheinserben. Leistet der redliche, gutgläubige Nachlassschuldner auf eine zur Leistung berechtigter Dritter, § 267, auf eine Forderung des Erblassers an den Erbscheinserben, so wird er geschützt und von seiner Schuld befreit (§ 362 I), auch wenn der Leistungsempfänger nicht der wahre Erbe ist. Diese Wirkung des § 362 I tritt unabhängig davon ein, ob der Erbschein dem Schuldner auch tatsächlich vorgelegt wird. Umgekehrt kann der Schuldner auch grds. nicht die Leistung von der Vorlage eines Erbscheins abhängig machen (RGZ 54, 343; MüKoBGB/*Grziwotz* Rn. 2; vgl. dazu auch → § 2353 Rn. 3). § 2367 gilt auch für berechtigte Hinterlegung und kann zur Befreiung von der Verbindlichkeit führen, §§ 372, 378 (PWW/*Deppenkemper* Rn. 2; BeckOK BGB/*Siegmann*/*Höger* Rn. 3). § 2367 erfasst alle zum Nachlass gehörenden Ansprüche, auch soweit sie dahin durch Surrogation gelangt sind, wie zB §§ 2019, 2041 u. 2111 (MüKoBGB/*Grziwotz* Rn. 3). Obwohl der Erwerb kraft Gesetz nicht durch §§ 2366, 2367 geschützt ist, erfolgt mit der Leistung der Übergang von Rechten kraft Gesetz, zB nach §§ 268, 426 II, §§ 774, 1143, 1163, 1177 u. 1225 (Staudinger/*Herzog* Rn. 4; MüKoBGB/*Grziwotz* Rn. 4; Soergel/*Zimmermann* Rn. 1; BeckOK BGB/*Siegmann*/*Höger* Rn. 5). Dies ist möglich, weil der gesetzliche Forderungsübergang nur die mittelbare Folge der rechtsgeschäftlichen Leistung ist, deren Erfüllungswirkung durch § 2367 fingiert wird (MüKoBGB/*Grziwotz* Rn. 4; Staudinger/*Herzog* Rn. 4; Soergel/*Zimmermann* Rn. 1).

4   Gleiches gilt, wenn der wahre Erbe entgegen dem Erbschein aufgrund einer Testamentsvollstreckung oder angeordneten Nacherbschaft beschränkt und somit zur Annahme der Leistung nicht befugt war (Palandt/*Weidlich* Rn. 1; Staudinger/*Herzog* Rn. 5).

IV. Erfasste Leistungen

5   Von dieser Vorschrift erfasst sind Verfügungsgeschäfte jeder Art über ein zum Nachlass gehörendes Recht. Dazu gehören auch einseitige von oder gegenüber dem Erbscheinserben vorgenommene mit einem Dritten, wobei die Leistungsrichtung unerheblich ist (Staudinger/*Herzog* Rn. 2; Erman/*Simon* Rn. 2). Auch Erklärungen gegenüber Behörden oder dem Grundbuchamt sind umfasst (MüKoBGB/*Grziwotz* Rn. 5). Zudem sind einseitige Gestaltungsrechte des Erbscheinserben gegen ihn erfasst, soweit sie ein mit dem Nachlass verbundenes Rechtsverhältnis unmittelbar beeinflussen (PWW/*Deppenkemper* Rn. 3; MüKoBGB/*Grziwotz* Rn. 7; Palandt/*Weidlich* Rn. 1). Zu den Verfügungsgeschäften iSd § 2367 gehören daher die Kündigung, die Anfechtung, die Einwilligung und die Genehmigung, die Aufrechnung, die Mahnung, die Stundung durch den Erbscheinserben sowie das Anbieten der Leistung mit der Folge des Gläubigerverzugs, aber auch die Zustimmung zur Einräumung eines Vorrangs im Grundbuch, die Rangänderung (§ 880 II), die Eintragung einer Vormerkung ins Grundbuch (BGH NJW 1972, 434) oder die Aufhebung einer Hypothek (MüKoBGB/*Grziwotz* Rn. 7, 8; PWW/*Deppenkemper* Rn. 3). Somit ist gem. § 2367 auch ein gutgläubiger Erwerb einer **Vormerkung** möglich; dies hat zur Folge, dass der Erwerb des dinglichen Vollrechts auch möglich ist, wenn der Erbschein nach Eintragung der Vormerkung eingezogen wurde, wobei die Akzessorietät der Vormerkung dabei verlangt, dass der gesicherte Anspruch gegen den Erbscheinserben auch besteht (MüKoBGB/*Grziwotz* Rn. 8; PWW/*Deppenkemper* Rn. 3).

6   **Gesellschaftsrechtlich Auswirkungen:** Im Gesellschaftsrecht ist § 2367 entsprechend anwendbar. Verfügungsgeschäfte und Leistungen an den Gesellschafter fallen unproblematisch unter § 2367. Aber auch Mitwirkungshandlungen des durch Erbschein ausgewiesenen Erbscheinserben eines Geschäftsanteils einer GmbH an den Beschlüssen der Gesellschafterversammlung der GmbH fallen hierunter, selbst wenn sie keine Verfügungswirkung haben. (Palandt/*Weidlich* Rn. 2; Staudinger/*Herzog* Rn. 9; PWW/*Deppenkemper* Rn. 3).

Leistungen aufgrund eines nicht zum Nachlass gehörenden Rechts sowie reine Verpflichtungsgeschäfte werden nicht umfasst, insbes. nicht Miet- oder Pachtverträge über Nachlassgegenstände, wenngleich es sich bei § 2367 um einen Auffangtatbestand handelt (PWW/*Deppenkemper* Rn. 3; MüKoBGB/*Grziwotz* Rn. 5, 6). Gleiches gilt für Prozesse über zur Erbschaft gehörende Rechte, da die Prozessführung durch den Erbscheinserben keine Erstreckung auf den wirklichen Erben begründet und auch keine Rechtsnachfolge vorliegt (Palandt/*Weidlich* Rn. 1). Der Dritte kann sich nicht darauf berufen, dass der Erbscheinserbe prozessführungsbefugt gewesen sei (NK-BGB/*Kroiß* Rn. 3).

V. Ausgleichsansprüche des wahren Erben

Der wahre Erbe hat gegen den Erbscheinserben dieselben Ansprüche wie bei § 2366: Ist der Leistungsgegenstand beim Erbscheinserben vorhanden, so gehört er gem. § 2018 I dem Erben; Gegenleistungen an den Erbscheinserben fallen durch dingliche Ersetzung in den Nachlass, § 2019 (PWW/*Deppenkemper* Rn. 4). IÜ kann der wahre Erbe auch Ausgleich nach § 816 I u. II verlangen, soweit der Dritte durch Leistung an den Erbscheinserbe frei wird.

§ 2368 Testamentsvollstreckerzeugnis

Einem Testamentsvollstrecker hat das Nachlassgericht auf Antrag ein Zeugnis über die Ernennung zu erteilen. Die Vorschriften über den Erbschein finden auf das Zeugnis entsprechende Anwendung; mit der Beendigung des Amts des Testamentsvollstreckers wird das Zeugnis kraftlos.

I. Normzweck

Mit der Annahme des Amtes, § 2202 I, und dem Vorliegen der übrigen Voraussetzungen, dh Anordnung der Testamentsvollstreckung durch den Erblasser und der Ernennung beginnt das Amt des Testamentsvollstreckers (NK-BGB/*Kroiß* Rn. 1). Das Testamentsvollstreckerzeugnis, § 2368, dient als **amtlicher Nachweis (Legitimation)** über die Stellung des zum Testamentsvollstrecker Berufenen, insbes. dem Schutz des öffentlichen Glaubens in die gesetzliche Verfügungsbefugnis des Testamentsvollstreckers, § 2368 2 Hs. 1, §§ 2365–2367 (BayObLGZ 1984, 225).

Wie beim Erbschein muss auch hier der Rechtsverkehr in seinem Guten Glauben geschützt werden, wenn der durch ein Testamentsvollstreckerzeugnis legitimierte Testamentsvollstrecker nach außen hin auftritt, § 2368 2, §§ 2365–2367. Durch das Testamentsvollstreckerzeugnis wird bezeugt, dass der Genannte wirksam zum Testamentsvollstrecker ernannt ist und dass gegenüber den gesetzlichen Regelbefugnissen keine anderen als die bezeichneten Beschränkungen oder Erweiterungen seiner Rechtsmacht bestehen (MüKoBGB/*Grziwotz* Rn. 1). Somit geht es in seinem Umfang über den Erbschein hinaus, hat aber eine kürzere Geltungsdauer (*Lange/Kuchinke* ErbR § 39 Kap. VIII Rn. 1). Mit Inkrafttreten des FamFG ist der frühere § 2368 II ebenso wie § 2360 aufgehoben worden, da diese Vorschriften im Hinblick auf die Regelungen des FamFG (dort vor allem die §§ 352 ff. FamFG) entbehrlich sind.

Mit dem IntErbVG v. 29.6.2015 (BGBl. 2015 I 1042), das für Erbfälle ab dem 17.8.2015 (vgl. EG Art. 229 § 36) Anwendung findet, sind **die verfahrensrechtlichen Regelungen** für die Erteilung eines Testamentsvollstreckerzeugnisses in das FamFG überführt worden (→ vgl. hierzu Ausführungen in § 354 FamFG).

II. Testamentsvollstreckerzeugnis

1. Arten von Testamentsvollstreckerzeugnissen. Wie beim Erbschein unterscheidet man beim Testamentsvollstreckerzeugnis verschieden Arten (Palandt/*Weidlich* Rn. 1):

a) **Testamentsvollstreckerzeugnis des alleinigen Testamentsvollstreckers.** Als „Normalfall" des Testamentsvollstreckerzeugnisses wird bezeichnet ein Zeugnis, das das alleinige Verwaltungsrecht des einzigen Testamentsvollstreckers bezeugt (MüKoBGB/*Grziwotz* Rn. 23).

b) **Teil-Testamentsvollstreckerzeugnis und gemeinschaftliches Testamentsvollstreckerzeugnis.** Sind mehrere Testamentsvollstrecker benannt, ist ein Teilzeugnis über das Recht des Einzelnen, § 2353 Alt. 2, ein gemeinschaftliches Zeugnis über das Rechts aller und ein gemeinschaftliches Teilzeugnis über die Rechte mehrerer Testamentsvollstrecker zulässig, § 352a FamFG (BeckOK BGB/*Siegmann/Höger* Rn. 9; MüKoBGB/*Grziwotz* Rn. 24, 25), wobei beim Teilzeugnis weitere Mitvollstrecker anzugeben sind, es sei denn, der Ausgewiesene Testamentsvollstrecker ist zu selbständigem Handeln ermächtigt.

c) **Verfahren mit Auslandsbezug – Zeugnisse mit beschränktem Geltungsbereich. aa) Verfahren mit Auslandsbezug.** Für Erbfälle nach dem 17.8.2015 brachte die EuErbVO eine grundlegende Veränderung für die Anwendung des materiellen Erbrechts. Entgegen Art. 25 I EGBGB aF, wonach die Rechtsnachfolge von Todes wegen dem Recht des Staates unterliegt, dem der Erblasser im Zeitpunkt seines Todes angehörte (Personalstatut), bestimmt sich das Erbstatut nunmehr nach dem gewöhnlichen Aufenthalt des Erblassers im Zeitpunkt seines Todes (Art. 21 EuErbVO), soweit nicht Regelungen eines Staatsvertrages vorgehen (vgl. Art. 75 EuErbVO) oder der (ausländische) Erblasser eine Rechtswahl iSd Art. 22 EuErbVO getroffen hat. Soweit letztere Fälle nicht vorliegen, kommt deutsches Erbrecht zur Anwendung. Soweit aber ausländisches Recht Anwendung findet, richten sich Inhalt und Rechtswirkungen der Testamentsvollstreckung nach dem Erbstatut (BayObLG FamRZ 1990, 669). Wurde eine

Gierl

Anordnung getroffen, die nach dem Heimatrecht zulässig ist und die nach deutschem Erbrecht der Testamentsvollstreckung entspricht, so erhält der deutsche Erbschein einen entsprechenden Vermerk, wobei im Interesse des Rechtsverkehrs das ausländische Recht anzugeben ist (Keidel/*Zimmermann* FamFG § 354 Rn. 36 mwN).

8   **bb) Zeugnisse mit beschränktem Geltungsbereich.** Im Falle der Anwendung ausländischen Erbrechts hat der Antragsteller bzgl. dem Testamentsvollstreckerzeugnis nach dem FamFG zwei Möglichkeiten: Entweder beantragt er ein sog. **Fremdrechtstestamentsvollstreckerzeugnis** gem. § 2368 oder er beschränkt seinen Antrag **auf ein Zeugnis für die im Inland befindlichen Gegenstände,** § 2368 2 BGB § 352c I FamFG.

9   Im ersteren Fall nennt das Testamentsvollstreckerzeugnis den Namen des Testamentsvollstreckers, das Recht welches für die Stellung dieses Testamentsvollstreckers gilt sowie seine Befugnisse (BayObLG FamRZ 1990, 669; 1987, 526), welche das Nachlassgericht auch durch eingeholte Rechtsgutachten feststellen kann. *Zimmermann* befürwortet ggf. die ausländische Rechtsstellung wie „Willensvollstrecker" oder „Executor" anzugeben und nicht eine deutsche Kurzumdeutung, damit Missverständnisse vermieden werden (Keidel/*Zimmermann* FamFG § 354 Rn. 37).

10 Im zweiten Fall ist der Antrag auf ein Zeugnis für die im Inland befindlichen Gegenstände gestellt wird, § 2368 2 BGB, § 352c I FamFG nur möglich, wenn zur Erbschaft auch Gegenstände gehören, die sich im Ausland befinden. Vorteil dieses Antrags ist, dass teilweise Gutachten und Verzögerungen erspart werden und die Gebühren nur aus dem Inlandsnachlass zu zahlen sind, § 40 III, V GNotKG vgl. Keidel/ *Zimmermann* FamFG § 354 Rn. 38). Ein nur auf ausländisches Vermögen oder auf einen bestimmten Einzelgegenstand beschränktes Testamentsvollstreckerzeugnis ist dagegen nicht möglich.

III. Richtigkeitsvermutung und öffentlicher Glaube

11 **1. Vermutungswirkung.** Die Richtigkeit des Testamentsvollstreckerzeugnisses wir wie beim Erbschein gem. § 2368 2, § 2365 vermutet (Palandt/*Weidlich* Rn. 8). Sie umfasst die Gültigkeit der Ernennung des Testamentsvollstreckers und die negative Vermutung, dass keine Verfügungsbeschränkungen außer den im Zeugnis genannten bestehen (OLG Hamm OLGZ 1977, 422; BeckOK BGB/*Siegmann/ Höger* Rn. 18); dies gilt auch für das Nichtbestehen einer zeitlichen Begrenzung der Testamentsvollstreckung durch den Erblasser, die andernfalls im Zeugnis anzugeben wäre (RGZ 83, 348 (352); BeckOK BGB/*Siegmann/Höger* Rn. 18). Mit Beendigung des Amtes entfällt die Vermutungswirkung des Testamentsvollstreckerzeugnisses, § 2368 2 Hs. 2.

12 Nicht umfasst ist dagegen das Fortbestehen des Amtes (MüKoBGB/*Grziwotz* Rn. 32; RGZ 83, 348 (352)), die Zugehörigkeit eines Gegenstands zum Nachlass (RGZ 83, 348 (352); MüKoBGB/*Grziwotz* Rn. 41) oder das tatsächliche Bestehen einer angegebenen Verfügungsbeschränkung des Testamentsvollstreckers (KG NJW-RR 1991, 835 (836); MüKoBGB/*Mayer* Rn. 41).

13 **2. Öffentlicher Glaube.** Der öffentliche Glaube reicht soweit wie die Vermutung, §§ 2366, 2367, und gilt für alle Verfügungsgeschäfte des Testamentsvollstreckers und umfasst darüber hinaus auch Verpflichtungsgeschäfte (Palandt/*Weidlich* Rn. 8; Staudinger/*Herzog* Rn. 27; MüKoBGB/*Grziwotz* Rn. 48). Der Dritte kann sich aber nicht darauf verlassen, dass die Gegenstände, über die der durch das Zeugnis Legitimierte verfügt, wirklich zum Nachlass oder zu dem der Verwaltung unterliegenden Nachlass gehören (Palandt/*Weidlich* Rn. 8 unter Hinweis auf Palandt/*Weidlich* § 2211 Rn. 5). Der öffentliche Glaube kommt dem Zeugnis aber nicht gegenüber dem Erben zu (BGHZ 41, 23; Palandt/*Weidlich* Rn. 8).

14 Geschäfte des Scheintestamentsvollstreckers werden hinsichtlich ihrer Wirksamkeit gegenüber dem gutgläubigen Dritten denen des wirklichen Testamentsvollstreckers gleichgestellt (Staudinger/*Herzog* Rn. 27; MüKoBGB/*Grziwotz* Rn. 48).

15 Der öffentliche Glaube besteht nur dann, wenn das Testamentsvollstreckerzeugnis in Kraft ist. Die Beendigung des Vollstreckeramtes führt zur Kraftlosigkeit des Zeugnisses, § 2368 2 Hs. 2. Gleiches gilt, wenn sich Erbschein und Testamentsvollstreckerzeugnis insoweit widersprechen, als im Erbschein keine Testamentsvollstreckung angegeben ist. Wegen des Widerspruchs der beiden Zeugnisse steht keinem der Vermutung des § 2365 zur Seite, so dass auch die Schutzwirkung des § 2366 in dem Umfang entfällt, als sich die Zeugnisse widersprechen (BGH FamRZ 1991, 1111; → § 2366 Rn. 3.

16 Im Zivilprozess zwischen dem Testamentsvollstrecker und dem Erben oder zwischen mehreren Testamentsvollstreckern, in dem die Rechtsstellung und die hieraus resultierenden Befugnisse des Ausgewiesenen streitig sind, kommt dem Testamentsvollstreckerzeugnis keine Richtigkeitsvermutung zu (BGH NJW-RR 1987, 1090; BeckOK BGB/*Siegmann/Höger* Rn. 21 aE).

IV. Beendigung des Amtes

17 Mit der Beendigung des Amtes wird das Testamentsvollstreckerzeugnis kraftlos, § 2368 2 Hs. 2, so zB nach Erledigung der Aufgabe (BayObLG NJW-RR 2005, 1245 (1247); Palandt/*Weidlich* Rn. 10), Zeitablauf, Eintritts einer vom Erblasser gesetzten auflösenden Bedingung oder eines Endtermins, Kündigung oder Entlassung (BayObLG NJW-RR 2005, 594 (595), die aber mit der Beschwerde nach §§ 58 ff. FamFG angefochten werden kann – bei erfolgreicher Beschwerde ist das Testamentsvollstreckerzeugnis nicht als kraftlos anzusehen: BayObLG NJW 1959, 1920; BeckOK BGB/*Siegmann/Höger* Rn. 22 mwN). Damit entfällt die Richtigkeitsvermutung und endet der öffentliche Glaube. Das Testamentsvollstreckerzeugnis wird gem. § 2368 S. 2 Hs. 2 von selbst kraftlos. Ein Einziehungsverfahren ist nicht vor-

gesehen, da die Voraussetzungen des § 2361 mangels Unrichtigkeit nicht erfüllt sind (BeckOK BGB/*Siegmann/Höger* Rn. 22). Allerdings ist von Amts wegen auf dem Testamentsvollstreckerzeugnis zu vermerken (KG NJW 1964, 1905 (1906)) oder die Rücklieferung des Zeugnisses an das Nachlassgericht anzuordnen (OLG Köln Rpfleger 1986, 261; Palandt/*Weidlich* Rn. 10), damit kein Missbrauch möglich ist. Da es sich hierbei nicht um eine Einziehung handelt, kann die Wiederaushändigung bei Irrtum über die Beendigung erfolgen (BeckOK BGB/*Siegmann/Höger* Rn. 22). Bei berechtigtem Interesse kann ein Testamentsvollstreckerzeugnis mit Beendigungsvermerk auch nach Beendigung des Amtes erteilt werden (BayObLG NJW-RR 1990, 906 (908); OLG Stuttgart DNotZ 1981, 294; zuletzt Antragsgegner AG Starnberg FamRZ 1999, 743).

Entsprechend § 2368 2 Hs. 1, § 2362 kann der Erbe oder ein nachfolgender Testamentsvollstrecker die Herausgabe an das Nachlassgericht verlangen (Palandt/*Weidlich* Rn. 10; MüKoBGB/*Grziwotz* Rn. 54). 18

V. Einziehung und Kraftloswerden des Testamentsvollstreckerzeugnisses

Neben § 2368 2 Hs. 2 gilt § 2361: Danach ist das Testamentsvollstreckerzeugnis einzuziehen, wenn es 19 inhaltlich unrichtig ist (zB die Voraussetzungen seiner Erteilung lagen von Anfang an nicht vor oder die erneute Überprüfung nicht die ausgewiesene Stellung als Testamentsvollstrecker ergibt oder nunmehr auf anderer rechtlicher Beurteilung beruht; vgl. OLG Düsseldorf Beschl. v. 25.11.2015 – I-3 Wx 77–78/15, FGPrax 2016, 129). oder wegen eines schweren Verfahrensmangels nicht in Kraft bleiben darf (Staudinger/*Herzog* Rn. 36f.; MüKoBGB/*Grziwotz* Rn. 52; Palandt/*Weidlich* Rn. 9). Es gelten dieselben Grundsätze wie beim Erbschein. Das erteilte Testamentsvollstreckerzeugnis verliert noch vor Amtsbeendigung seine Wirkung (BGHZ 40, 54; OLG Köln NJW 1962, 1727). War der Testamentsvollstreckung bereits vor Erteilung des Testamentsvollstreckerzeugnisses beendet, so ist es unrichtig iSd § 2361 und daher einzuziehen; nicht etwa Kraftlos iSd § 2368 2 Hs. 2. Berichtigungen des Testamentsvollstreckerzeugnisses sind auch nur beschränkt gem. § 41 FamFG zulässig (MüKoBGB/*Grziwotz* Rn. 53); sonstige Unrichtigkeiten erfordern die Einziehung (OLG Zweibrücken ZEV 2001, 27 mAnm *Damrau*; FamRZ 1998, 581 (582)).

Gem. § 2368 2 Hs. 1, § 2362 kann der wirkliche Testamentsvollstrecker vom Inhaber eines unrichtigen Zeugnisses die Herausgabe verlangen (MüKoBGB/*Grziwotz* Rn. 54). 20

Dem Testamentsvollstrecker kann durch einstweilige Anordnung iSd § 49 FamFG aufgegeben werden, 21 das Testamentsvollstreckerzeugnis zum Zwecke der vorläufigen Sicherstellung zur Akte zu geben (OLG Schleswig Beschl. v. 13.7.2015 – 3 Wx 68/15, NJW-RR 2016, 13 Rn. 10).

VI. Sonstige Zeugnisse des Testamentsvollstreckers

1. Gegenüber dem Grundbuchamt. Für das Grundbuchamt ist grds. allein das Testamentsvollstre- 22 ckerzeugnis maßgeblich (vgl. dazu OLG München Beschl. v. 16.11.2015 – 34 Wx 178/15, FGPrax 2016, 66). Daneben ist aber auch der Nachweis durch öffentliche Urkunden möglich, so dass die Vorlage der öffentlichen Urkunde, in der die Testamentsvollstreckung angeordnet wurde, mit der Eröffnungsniederschrift und der Nachweis der Annahme des Amtes als Testamentsvollstrecker genügt, § 35 II GBO (*Schaub* ZEV 2000, 49 (50)). Die Annahme des Amtes als Testamentsvollstrecker muss allerdings gegenüber dem Nachlassgericht auch durch öffentliche oder öffentlich beglaubigte Urkunde nachgewiesen werden. Dies kann durch das Protokoll darüber in den Nachlassakten oder durch öffentlich beglaubigte Annahmeerklärung geführt werden (MüKoBGB/*Grziwotz* Rn. 57). Ein Bezug auf die Nachlassakte genügt, wenn sich öffentliche Urkunden über Anordnung der Testamentsvollstreckung und Amtsannahme in dieser befinden und die Nachlassakte bei demselben Amtsgericht geführt wird (BayObLG WM 1983, 1092 (1093)).

Das Grundbuchamt hat – wie beim Erbschein – grds. keine Prüfungskompetenz hinsichtlich der Be- 23 fugnisse des Testamentsvollstreckers (BeckOK BGB/*Siegmann/Höger* BGB Rn. 20; MüKoBGB/*Grziwotz* Rn. 44; Staudinger/*Herzog* Rn. 57; aA NK-BGB/*Kroiß* Rn. 27 unter Hinweis auf OLG Zweibrücken Rpfleger 2001, 173). Sind im Testamentsvollstreckerzeugnis keine Abweichungen vom gesetzlichen Umfang der Befugnisse angegeben, hat das Grundbuchamt in aller Regel ohne eigene Sachprüfung davon auszugehen, dass Einschränkungen der gesetzlichen Verfügungsbefugnis des Testamentsvollstreckers nicht bestehen (OLG München Beschl. v. 16.11.2015 – 34 Wx 178/15, FGPrax 2016, 66). Eine Ausnahme von diesem Grundsatz besteht nur für den Fall, dass neue, vom Nachlassgericht noch nicht berücksichtigte Tatsachen bekannt werden, die die Einziehung des Testamentsvollstreckerzeugnisses sicher erwarten lassen (BayObLG FGPrax 2005, 56; OLG München ZEV 2006, 173, mit Ablehnung *Zimmermann* S. 174). Geht das Grundbuchamt einem eingetragenen Testamentsvollstreckervermerk nicht nach und trägt die Grundschuld entgegen der angeordneten Testamentsvollstreckung ein, findet kein gutgläubiger Erwerb statt und entsteht ein Amtshaftungsanspruch des geschädigten Gläubigers nach Art. 34 GG, § 839 (OLG München Urt. v. 28.4.2005 – 1 U 4922/2004 – BeckRS 2005, 08540 mAnm *Bestelmeyer* FamRZ 2006, 434).

2. Gegenüber dem Handelsregister. Die Eintragung eines Testamentsvollstreckungsvermerks im 24 Handelsregister bei einer Testamentsvollstreckung an Gesellschaftsanteilen (*Lorz* ZEV 1996, 112) oder an Einzelunternehmen ist sehr umstritten (*Plank* ZEV 1998, 325; NK-BGB/*Kroiß* Rn. 29). Die Rspr. lehnte die Eintragung einer Verwaltungstestamentsvollstreckung im Handelsregister überwiegend ab (BGHZ 12, 102; KG ZEV 1996, 67). Die hL dagegen bejaht unter Bezug auf die Wirkungen der Testamentsvollstreckung über den Kommanditanteil nach §§ 2211, 2114 die Eintragungsfähigkeit, wofür vor allem Gründe des Verkehrsschutzes sprechen (NK-BGB/*Kroiß* Rn. 29; Palandt/*Weidlich* Vor § 2197 Rn. 7; *Plank* ZEV 1998, 325). Nunmehr ist aber auch nach der Rspr. ein Testamentsvollstreckervermerk im Handelsregister dann eintragungsfähig, wenn eine Dauertestamentsvollstreckung über den Nachlass eines Kommanditisten angeordnet ist. Dies beruht darauf, dass der Rechtsverkehr im Hinblick auf die Verfügungsbeschränkung und den Haftungsverhältnissen, die sich aus der Anordnung der Testamentsvollstreckung ergeben, ein schutzwürdiges Bedürfnis hat, über die angeordnete Dauertestamentsvollstreckung informiert zu werden (BGH NJW-RR 12, 730). Hingegen wird ein Testamentsvollstreckervermerk nicht in der Gesellschafterliste vermerkt (BGH Beschl. v. 25.2.2015 – II ZB 17/14, NJW 2015, 1303 Rn. 8).

25 Gegenüber dem Handelsregister gelten dieselben Nachweismöglichkeiten wie beim Grundbuchamt entsprechend § 12 II 2 HGB. Auch gegenüber dem Handelsregister gilt die Richtigkeitsvermutung, § 2368 2 Hs. 1, § 2365. Das Registergericht ist nicht befugt, ein Testament entgegen dem Testamentsvollstreckerzeugnis auszulegen (KG NJW-RR 1991, 835 (836)).

26 **3. Europäisches Nachlasszeugnis** (Art. 62 ff. EuErbVO). Von der EU-Erbrechtsverordnung (EuErbVO), die am 16.8.2012 in Kraft getreten ist, werden Erbfälle von Personen, die am **17.8.2015** oder danach versterben, erfasst. Gem. Art. 62 EuErbVO wird mit der Verordnung ein Europäisches Nachlasszeugnis eingeführt, das zur Verwendung in einem anderen Mitgliedstaat ausgestellt wird und seine Wirkungen in allen Mitgliedstaaten entfaltet, ohne dass es eines besonderen Verfahrens bedarf (Art. 69 I EuErbVO). Dabei enthält es gem. Art. 68 EuErbVO ua Angaben, aus denen sich die Rechte und/oder Befugnisse eines Testamentsvollstreckers herleiten (Art. 68 lit. j EuErbVO) sowie die Befugnisse des Testamentsvollstreckers und die Beschränkungen dieser Befugnisse nach dem auf die Rechtsnachfolge von Todes wegen anzuwendenden Recht und/oder nach Maßgabe der Verfügung von Todes wegen (Art. 68 lit. o EuErbVO). Auf diese Angaben erstreckt sich auch die Richtigkeitsvermutung gem. Art. 69 II 2 EuErbVO.

§ 2369 *(aufgehoben)*

§ 2370 Öffentlicher Glaube bei Todeserklärung

(1) Hat eine Person, die für tot erklärt oder deren Todeszeit nach den Vorschriften des Verschollenheitsgesetzes festgestellt ist, den Zeitpunkt überlebt, der als Zeitpunkt ihres Todes gilt, oder ist sie vor diesem Zeitpunkt gestorben, so gilt derjenige, welcher auf Grund der Todeserklärung oder der Feststellung der Todeszeit Erbe sein würde, in Ansehung der in den §§ 2366, 2367 bezeichneten Rechtsgeschäfte zugunsten des Dritten auch ohne Erteilung eines Erbscheins als Erbe, es sei denn, dass der Dritte die Unrichtigkeit der Todeserklärung oder der Feststellung der Todeszeit kennt oder weiß, dass sie aufgehoben worden sind.

(2) ¹Ist ein Erbschein erteilt worden, so stehen demjenigen, der für tot erklärt oder dessen Todeszeit nach den Vorschriften des Verschollenheitsgesetzes festgestellt ist, wenn er noch lebt, die in § 2362 bestimmten Rechte zu. ²Die gleichen Rechte hat eine Person, deren Tod ohne Todeserklärung oder Feststellung der Todeszeit mit Unrecht angenommen worden ist.

I. Normzweck

1 Diese Vorschrift erklärt die Vermutungswirkung des Erbscheins in Bezug auf die Fälle für anwendbar, dass jemand zu Unrecht für tot erklärt oder sein Todeszeitpunkt nach dem VerschG falsch festgestellt, zugleich aber kein Erbschein erteilt wurde. § 2370 I dient dem Schutz des gutgläubigen Dritten in Bezug auf eine sich daraus ergebende Scheinerbenstellung, während Abs. 2 einen Herausgabe- und Auskunftsanspruch entsprechend § 2362 gewährt (MüKoBGB/*Grziwotz* Rn. 1). Die Fiktion des § 2370 I betrifft nur den Todeszeitpunkt; mit der Erbenstellung als solches hat sie nichts zu tun.

II. Öffentlicher Glaube von Todeserklärung und Todeszeitfeststellung

2 Ist der Erblasser verschollen, so dient die Todeserklärung nach §§ 2 ff., 23 f. VerschG dem Rechtsverkehr dazu, die Annahme des Todes und des Todeszeitpunkts zu liefern. Die §§ 39 ff. VerschG liefert den Todeszeitpunkt, wenn nur dieser unbekannt ist. § 2370 I erstreckt den öffentlichen Glauben des Erbscheins auch auf die Vermutungswirkung der Beschlüsse gem. § 9 I, § 44 II VerschG, auch wenn kein Erbschein erteilt worden ist (Palandt/*Weidlich* Rn. 1). Die Verfügungen desjenigen, der als Scheinerbe verfügt hat, weil sich später herausstellt, dass der tatsächliche Todeszeitpunkt später oder früher gewesen ist, gelten gegenüber demjenigen, der aufgrund des tatsächlichen Todeszeitpunkts Erbe geworden wäre, als wirksam vorgenommen. Dem öffentlichen Glauben steht lediglich die positive Kenntnis von der Unrichtigkeit des nach dem Verschollenheitsgesetz festgestellten Todeszeitpunkts entgegen (Palandt/*Weidlich* Rn. 1; PWW/*Deppenkemper* Rn. 1). Wurde die Todeserklärung oder die Todeszeitfeststellung aufgehoben, so entfällt auch die Wirkung des öffentlichen Glaubens. Dies gilt aber nur für die danach erfolgenden Rechtsvorgänge, wenngleich die Formulierung des Gesetzeswortlauts etwas missverständlich ist (MüKoBGB/*Grziwotz* Rn. 5; Palandt/*Weidlich* Rn. 1). Das rechtliche Interesse an der Todeser-

III. Herausgabe- und Auskunftsanspruch

§ 2370 II räumt dem fälschlich für tot gehaltenen Erblasser einen Anspruch ein, wie er auch dem wirklichen Erben nach § 2362 zusteht. Er kann die Herausgabe des Erbscheins verlangen sowie Auskunft über den Bestand der Erbschaft und den Verbleib von Erbschaftsgegenständen (Staudinger/*Schilken* Rn. 4). Ist der angebliche Erblasser zu einem späteren Zeitpunkt gestorben, so stehen diese Ansprüche seinem Erben, Nacherben (§ 2363) oder Testamentsvollstrecker gem. § 2363 zu (Palandt/*Weidlich* Rn. 2; MüKoBGB/*Grziwotz* Rn. 7; Staudinger/*Herzog* Rn. 11; PWW/*Deppenkemper* Rn. 2).

Abschnitt 9. Erbschaftskauf

Vorbemerkungen zu den §§ 2371–2385

Die §§ 2371 ff. regeln als **Sondervorschriften zu §§ 433 ff.** den Kauf der Erbschaft. Die Vorschriften tragen dabei dem Umstand Rechnung, dass Gegenstand des Kaufes nicht die Einzelgegenstände der Erbschaft sind, sondern die Erbschaft in „Bausch und Bogen". Grund für die „Gesamtübertragung" kann zB auf Seiten des Erben dessen Interesse sein, sein Erbe zu verwerten, ohne dass er einen Einzelverkauf der Nachlassgegenstände durchführen muss, oder zB sich nicht einer Nachlassabwicklung aussetzen zu wollen bzw. eine Auseinandersetzung des Nachlasses mit den anderen Erben zu vermeiden. Das Interesse an einer „Gesamtübertragung" kann zB auch in der Erhaltung des Nachlasses als „Gesamtpaket" (zB aufgrund der Art des Nachlasses oder der Person des Erblassers) wie auch in einem zeitlichen Moment (schnellere Versilberung) liegen. Die praktische Bedeutung ist jedoch in der Vergangenheit gering geblieben. Die Vorschriften der §§ 2371 ff. sind als Sondervorschriften zu den §§ 433 ff. jedoch nicht nur schuldrechtlicher, sondern im Hinblick auf den Kaufgegenstand auch erbrechtlicher Natur.

Die **Systematik der Vorschriften** sieht in § 2371 ein Formerfordernis für den schuldrechtlichen Kaufvertragsabschluss vor. Die §§ 2372–2381 regeln das Innenverhältnis zwischen verkaufendem Erben und Käufer und sind daher dispositiv. Die §§ 2382–2384 betreffen das Verhältnis der Vertragsparteien zu den Nachlassgläubigern und **§ 2385** erweitert die Anwendung der §§ 2371 ff. auf sonstige Verträge der Veräußerung der Erbschaft als „Gesamtpaket".

§ 2371 Form

Ein Vertrag, durch den der Erbe die ihm angefallene Erbschaft verkauft, bedarf der notariellen Beurkundung.

1. Gegenstand des Erbschafts(ver-)kaufs ist **a)** die Erbschaft als Ganzes, eines Bruchteils einer Alleinerbschaft, ein Erbteil (vgl. § 1922 II), ein Bruchteil eines Erbteils (BayObLG NJW 1968, 505) wie auch der Bruchteil einer Erbschaft, der kein Erbteil ist (Palandt/*Weidlich* Rn. 1), so dass auch die Erbteilserhöhung infolge Wegfalls eines gesetzlichen Erben Gegenstand des Erbschaftskaufes sein kann (Soergel/*Zimmermann* Rn. 2). Bei Nacherbschaft ist Gegenstand des Erbschaftskaufs das Anwartschaftsrecht des Nacherben an der Alleinerbschaft bzw. an einem Erbteil (RGZ 101, 185; 187 ff.; MüKoBGB/*Musielak* Vorb. § 2371 Rn. 6). **Wesentliches Kriterium** ist also, ob die Erbschaft als solche, in „Bausch und Bogen" und nicht nur einzelne Nachlassgegenstände, verkauft werden soll. Voraussetzungen dafür sind, dass ein Gesamtpreis vereinbart ist und der Käufer durch den Kauf soweit wie möglich (→ Rn. 3) die Rechtsstellung eines Erben erlangen soll (Staudinger/*Olshausen* Einl. §§ 2371 ff. Rn. 74), was insbes. dann der Fall ist, wenn die Abwicklung des Nachlasses dem Käufer obliegen soll (Erman/*Simon* Vorb. § 2371 Rn. 1).

b) Abzugrenzen ist der Erbschafts(ver-)kauf vom **aa) Kauf einzelner Nachlassgegenstände.** Liegen die vorgenannten Voraussetzungen für einen Erbschaftskauf nicht vor, so liegt selbst dann ein solcher nicht vor, wenn sämtliche Nachlassgegenstände unter Zugrundelegung eines Nachlassinventars verkauft werden (Staudinger/*Olshausen* Einl. §§ 2371 ff. Rn. 75) oder einzelne Nachlassgegenstände veräußert werden, die den Wert des Nachlasses weitgehend erschöpfen. Obwohl begrifflich kein Erbschaftskauf vorliegt, wendet die Rspr. bei Verkauf einzelner oder einer Vielzahl von Nachlassgegenständen jedoch dann die Vorschriften des § 2371 ff. an, wenn diese den ganzen oder den nahezu ganzen Nachlass ausmachten und der Käufer dies positiv wusste (RGZ 171, 185 (191); BGHZ 43, 174 (176); FamRZ 1965, 267). Hintergrund hierfür sind haftungsrechtliche Erwägungen zum Schutz der Nachlassgläubiger (vgl. § 2382). Der Annahme eines Erbschaftskaufs steht andererseits aber nicht entgegen, dass einzelne Nachlassgegenstände von dem Kauf ausgenommen werden (MüKoBGB/*Musielak* Vorb. § 2371 Rn. 4).

bb) Verkauf des Erbrechts als solches. Die Erbenstellung als solche ist nicht übertragbar, da diese von dem Erben durch familienrechtliche Beziehung oder infolge letztwilliger Verfügung erworben wird (Staudinger/*Olshausen* Einl. §§ 2371 ff. Rn. 17). Auch nach Verkauf der Erbschaft verbleibt daher der Veräußerer Erbe und der Erwerber rückt weder in die Erbenstellung ein noch wird er sonstiger Gesamtrechtsnachfolger des Verkäufers (Staudinger/*Olshausen* Einl. § 2371 ff. Rn. 18). Bei Veräußerung des Erbteils eines Miterben rückt daher der Erwerber trotz seiner Beteiligung am ungeteilten Nachlass (§ 2033) nicht umfassend in die Rechtsstellung eines Miterben ein (BGH NJW 1971, 1264).

4   **cc) Verkauf des Pflichtteils oder eines Vermächtnisses.** Deren Veräußerung bestimmt sich nach den §§ 397, 2317 (Soergel/*Zimmermann* Rn. 3).

5   **dd) Verkauf zu Lebzeiten des Erblassers.** Dieser bestimmt sich nach den § 311b V; die §§ 2371 ff. finden insoweit entsprechende Anwendung (Soergel/*Zimmermann* Rn. 4).

6   2. Bei dem **Erbschaftskauf** handelt es sich um einen Kauf iSd §§ 433 ff. (RGZ 101, 185 (192)). a) Es liegt daher ein **schuldrechtlicher gegenseitiger Vertrag** vor, auf den die §§ 320 ff. sowie die allgemeinen Vorschriften des Schuldrechts Anwendung finden, soweit nicht die §§ 2371 ff. Sonderregelungen (zB § 2376) vorsehen. Der Erbschaftskauf ist Rechtskauf iS § 453. Für die Verjährung von Ansprüchen aus dem Erbschaftskauf gilt nunmehr auch die Regelverjährungsfrist des § 195, für Gewährungsansprüche (vgl. aber § 2376) jedoch § 438. Im Hinblick auf seine obligatorische Natur erfordert der Erbschaftskauf daher zu seiner Erfüllung ein Leistungsvollzugsgeschäft, wobei Verpflichtungs- und dingliches Vollzugsgeschäft idR in einer Urkunde zusammengefasst werden, in der Leistung und Gegenleistung miteinander verknüpft werden (NK-BGB/*Kroiß* Rn. 6). Das dingliche Vollzugsgeschäft kann mittels Parteivereinbarung von der rechtlichen Wirksamkeit des schuldrechtlichen Erbschaftskaufs abhängig gemacht werden (BGH FamRZ 1967, 465). Die Vorschriften, die das Innenverhältnis der Vertragsparteien zueinander regeln, sind dispositiv (vgl. dazu OLG Koblenz, Beschl. v. 15.5.2014 – 3 U 258/14, BeckRS 2014, 10867).

7   b) Bei dem **Leistungsvollzugsgeschäft** ist nach der Person des Verkäufers zu unterscheiden:

8   **aa)** Der **Alleinerbe** hat die Einzelübertragung der zur Erbschaft gehörenden Sachen und Rechte (vgl. § 2374) zu bewirken. Maßgebend hierfür sind die Vorschriften, die jeweils für die einzelnen verkauften Gegenstände gelten (zB §§ 929 ff.; §§ 973, 925 BGB; § 398 BGB; § 15 III GmbHG). Bei Veräußerung eines Bruchteils der Alleinerbschaft ist dem Käufer von dem Alleinerben eine Mitberechtigung an allen Nachlassgegenständen (zB ideelles Miteigentum gem. §§ 929 ff.; §§ 873, 925) einzuräumen (Soergel/*Zimmermann* Rn. 12).

9   **bb)** Der **Nacherbe** hat sein Anwartschaftsrecht entsprechend § 2033 zu übertragen.

10 **cc)** Beim **Miterben** ist danach zu unterscheiden, ob die Veräußerung vor oder nach Auseinandersetzung des Nachlasses erfolgt ist:

11 (1) Da **vor Teilung** keine Erbansprüche auf einzelne Bestandteile des Nachlasses bestehen, hat der Miterbe die Übertragung des Erbteils im Ganzen gem. § 2033 zu bewirken. Gleiches gilt bei Übertragung eines Bruchteils des Erbanteils (BGH NJW 1963, 1610). Übertragen Miterben ihre Anteile am Nachlass jeweils zu gleichen Bruchteilen auf mehrere Erwerber, entsteht die Bruchteilsgemeinschaft nur an den Erbteilen. Hinsichtlich des Nachlasses bleiben die Inhaber der Erbteile gesamthänderisch gebunden (BGH Beschl. v. 22.10.2015 – V ZB 126/14, NJW 2016, 493 (494 Rn. 12) = ZEV 2016, 84 (85 Rn. 12) mAnm *Zimmer*).

12 (2) **Nach erfolgter Nachlassauseinandersetzung** ist mangels Vorliegens eines Anteils am Nachlass (RGZ 134, 296) eine Übertragung gem. § 2033 nicht mehr möglich. Es bedarf nunmehr einer Einzelübertragung der zur Erbschaft gehörenden Sachen und Rechte entsprechend den Grundsätzen bei Alleinerbschaft (RGZ 134, 296).

13 3. **Form.** Der Vertrag bedarf der notariellen Beurkundung; die Aufnahme in einen formgerechten Prozessvergleich genügt § 794 I Nr. 1 ZPO).

14 a) **Normzweck.** Sie schützt zum einen den Veräußerer vor übereilter Veräußerung. Zum anderen dient sie der Klarstellung der Rechtsverhältnisse zugunsten der Nachlassgläubiger und hat damit auch Beweisfunktion, insbes. im Hinblick auf den Eintritt der Haftung des Erwerbers (vgl. § 2382).

15 b) **Umfang. aa)** Der Formzwang umfasst **alle Vertragsabreden** einschließlich der **Nebenabreden** mit Ausnahme derer, die nicht notwendige Bestandteile des Erbschaftskaufs sind, und die nach Vereinbarung der Parteien nicht Bestandteile des Erbschaftskaufs sein sollen. Bei Nichtaufnahme von Nebenabreden im notariellen Vertrag besteht die Vermutung für den Parteiwillen, dass sie nicht Bestandteil des Erbschaftskaufvertrags sein sollen (BGH NJW 1967, 1128).

16 **bb)** Die Formbedürftigkeit erstreckt sich auch auf **sonstige Vertragsformen,** die eine Veräußerung der Erbschaft zum Gegenstand haben, wie zB Vorvertrag sowie auf einen Abänderungs- wie auch auf einen Aufhebungsvertrag (hM Palandt/*Weidlich* Rn. 2; MüKoBGB/*Musielak* Rn. 4; Soergel/*Zimmermann* Rn. 28 aA *Lange/Kuchinke* ErbR § 45 Kap. II Rn. 1; *Zarnekow* MittRhNotK 1969, 620 (624)) sowie außergerichtliche Vergleiche. Auch die schuldrechtliche Verpflichtung zur Übertragung eines Erbteils bedarf der notariellen Beurkundung, da § 2033 nämlich lediglich das Verfügungsgeschäft betrifft, wenn gleich idR beide Rechtsgeschäfte in einer Urkunde aufgenommen werden.

17 **cc)** Eine **Vollmacht** bedarf nur dann der Form des § 2371, sofern sie unwiderruflich ist oder eine Rechtslage schafft wie bei einem Veräußerungsvertrag.

18 c) **Formmangel. aa)** Es gilt der **Grundsatz,** dass die Nichteinhaltung der erforderlichen Form zur Nichtigkeit des Vertrags führt (§ 125 I). Betrifft der Formmangel eine vertragliche Nebenabrede und ist diese Bestandteil des Erbschaftskaufs (→ Rn. 12), so erfasst deren Nichtigkeit gem. § 139 auch den beurkundeten Teil des Vertrags (BGH FamRZ 1967, 465).

bb) Ob eine **Heilung durch Erfüllung** in entsprechender Anwendung des § 311b I 2 möglich ist, ist 19
umstritten. Die Rspr. (BGH Beschl. v. 23.11.2012 – BLw 12/11 (OLG Köln), NJW-RR 2013, 713 (715
Rn. 16); DNotZ 1971, 37; NJW 1967, 1128) wie auch ein Teil des Schrifttums (Palandt/*Weidlich* Rn. 2;
MüKoBGB/*Musielak* Rn. 6 und 7) lehnt dies generell ab, da eine solche als Ausnahmevorschrift nur in
den gesetzlich ausdrücklich bestimmten Fällen zulässig sei. Für den Erbteilskauf wird jedoch im Schrifttum überwiegend (Soergel/*Zimmermann* Rn. 22; Staudinger/*Olshausen* Rn. 27; Erman/*Simon* Rn. 6; *Lange/Kuchinke* ErbR § 45 Kap. II Rn. 2; *Keller* ZEV 1995, 427 mwN) eine Heilung im Hinblick auf das Formerfordernis gem. § 2033 einer dinglichen Übertragung des Erbteils bejaht. Da aber § 311b I 2 Ausnahmecharakter hat sowie angesichts der unterschiedlichen Normzwecke der Formvorschriften von § 2371 und § 2033 wie auch des Umstandes, dass die Heilungswirkung des § 311b I 2 auf der positiven Publizität des Grundbuchs beruht (NK-BGB/*Kroiß* Rn. 11), ist eine Heilung durch Erfüllung beim Erbteilskauf abzulehnen (MüKoBGB/*Musielak* Rn. 7; NK-BGB/*Kroiß* Rn. 11).

cc) Denkbar ist eine **Heilung durch Umdeutung** (§ 140). Beim Verkauf einer Alleinerbschaft kann zB 20
der Verkauf einer Gesamterbschaft in den Verkauf sämtlicher Einzelgegenstände umgedeutet werden;
beim Verkauf eines Erbteils eine Erbauseinandersetzung, sofern alle Miterben mitwirken, oder eine Abtretung des Auseinandersetzungsanspruchs in Erwägung gezogen werden (Staudinger/*Olshausen*
Rn. 19–20). Voraussetzung ist aber, dass der Wille der Vertragsparteien gerade nicht darauf gerichtet ist,
dem Käufer die Abwicklung des Nachlasses zu übertragen (*Zarnekow* MittRhNotK 1969, 620; MüKoBGB/*Musielak* Rn. 8). Im Hinblick auf den Normzweck des § 2371 (→ Rn. 1) kann eine solche Umdeutung nur in Ausnahmefällen in Frage kommen (NK-BGB/*Kroiß* Rn. 9).

dd) Dem Einwand der Formnichtigkeit kann jedoch die **Einrede der Arglist** (§ 242) entgegengehalten 21
werden. Im Hinblick auf den Normzweck des § 2371 ist dies nur in Ausnahmefällen zulässig, zB schuldhafte Irrtumserregung bei der anderen Partei, dass der Vertrag keiner Form bedarf (Staudinger/*Olshausen* Rn. 29).

4. Sonstige Genehmigungen. Ob iÜ Genehmigungen erforderlich sind, richtet sich nach der Art des 22
Erfüllungsgeschäfts im Hinblick auf die Übertragung der Einzelgegenstandes bzw. des Rechtes. Bei
Grundstücken finden die §§ 19 ff. BauGB bzw. § 2 GrdStVG Anwendung. Bei Ehegatten gilt § 1365
(OLG Koblenz, Beschl. v. 27.5.2015 – 13 U 156/15, ZEV 2016, 35 Rn. 6). Bei einem Erbschaftsverkauf
durch einen Minderjährigen ist die Genehmigung des Familiengerichts gem. § 1643 I, § 1822 erforderlich;
nicht jedoch bei einem Erwerb durch einen Minderjährigen, da § 1822 Nr. 10 nach hM beim Erwerb
keine Anwendung findet (Schulden werden als zur Erbschaft gehörig angesehen und werden kraft Gesetz zu eigenen Schulden des Erwerbers; Staudinger/*Olshausen* § 2371 ff. Rn. 114). Eine Genehmigungspflicht kann sich jedoch aus § 1821 Nr. 5 ergeben (NK-BGB/*Kroiß* Rn. 13).

5. Rechtswirkungen des Erbschaftskaufs. Der Erbschaftskauf lässt einerseits die Erbenstellung des 23
Verkäufers unberührt, zum anderen wird der Käufer nicht selbst zum Erben des Erblassers. Durch die
Erbschaftsübertragung wird daher der Erbschein nicht unrichtig und ist daher nicht einzuziehen. Der
Käufer selbst kann keinen Erbschein für sich, sondern nur auf den Namen des Erben beantragen. Der
Käufer soll durch den Erbschaftskauf lediglich schuldrechtlich und wirtschaftlich so gestellt werden, als
ob er an der Stelle des Verkäufers Erbe nach dem Erblasser geworden ist.

Vorbemerkung zu §§ 2372–2385

Die §§ 2372 ff. regeln die dem Erbschaftskauf zugrunde liegenden Verpflichtungen der Vertragsparteien. Sie sind Sondervorschriften zu den allgemeinen Kaufvertragsregeln der §§ 433 ff. Sie entspringen dem **Grundsatz**, dass die Parteien verpflichtet sind, einander zu gewähren, was sie hätten, wenn anstelle des Verkäufers der Käufer Erbe geworden wäre (Staudinger/*Olshausen* § 2372 Rn. 2). 1

§ 2372 Dem Käufer zustehende Vorteile

Die Vorteile, welche sich aus dem Wegfall eines Vermächtnisses oder einer Auflage oder aus der Ausgleichungspflicht eines Miterben ergeben, gebühren dem Käufer.

1. Normzweck. Die Vorschrift ist Ausfluss des dem Erbschaftskauf zugrunde liegenden Grundgedankens, dass die Vertragsparteien so zu stellen sind, wie wenn der Käufer anstelle des Verkäufers Erbe des Erblassers geworden wäre. Demgemäß weist § 2372 dem Käufer die Vorteile zu, die dem Verkäufer durch Wegfall eines Vermächtnisses, einer Auflage oder aus der Ausgleichungspflicht eines Miterben erwachsen wären. Die Vorschrift ist **dispositiv**. Indizien für eine konkludente Vereinbarung können sich aus der Höhe des Kaufpreises oder aus einer von den Parteien erwarteten Veränderung des Umfangs des Kaufgegenstandes ergeben (MüKoBGB/*Musielak* Rn. 5). 2

2. Wegfall eines Vermächtnisses oder einer Auflage. Erfasst werden hinsichtlich des Vermächtnisses 3
die Fälle der §§ 2160, 2162, 2163, 2169 I, §§ 2170, 2171, 2172, 2345 I. Voraussetzung ist aber, dass der
Wegfall nach Vertragsabschluss erfolgt ist. Liegt der Zeitpunkt hingegen vor Vertragsabschluss kann
sich für den Verkäufer ein Anfechtungsgrund iSd § 119 II ergeben, da sich ein etwaiger Irrtum des Verkäufers auf einen wertbildenden Faktor bezogen hat und demzufolge der Kaufpreis durch Vermögenszuwächse zugunsten des Käufers zu niedrig berechnet wurde (MüKoBGB/*Musielak* Rn. 2).

4   **3. Ausgleichspflicht (§§ 2050 ff.).** Die Vorschrift betrifft den Kauf eines Erbteils. Der Regelung liegt die Erwägung zugrunde, dass ausgleichungspflichtige Empfänge der Erbschaft zu zurechnen sind und daher aufgrund des dem Erbschaftskauf zugrunde liegenden Grundgedankens (→ Rn. 1) dem Käufer gebühren. Insofern ist die Vorschrift in Zusammenhang mit § 2376 zu sehen. Ob die Ausgleichungspflicht vor oder nach Abschluss des Kaufvertrags festgestellt wird, ist ohne Belang (MüKoBGB/ *Musielak* Rn. 3). Die Ausgleichungspflicht eines Miterben führt zu einer Vergrößerung des dem Käufer zufallenden Teils der Erbschaft bei dessen Auseinandersetzung.

5   **4. Analoge Anwendung.** Als Ausnahmevorschrift ist die Vorschrift grds. in seinem Anwendungsbereich einer erweiternden Auslegung nicht zugänglich. Im Hinblick auf den Grundgedanken des Erbschaftskaufs und der in § 2376 zum Ausdruck kommenden Wertung, ist es aber allgemein anerkannt, dass die Vorschrift auch auf den Wegfall eines Nacherben, einer Testamentsvollstreckung, Teilungsanordnung oder von Pflichtteilslasten entsprechende Anwendung findet.

§ 2373 Dem Verkäufer verbleibende Teile

¹Ein Erbteil, der dem Verkäufer nach dem Abschluss des Kaufs durch Nacherbfolge oder infolge des Wegfalls eines Miterben anfällt, sowie ein dem Verkäufer zugewendetes Vorausvermächtnis ist im Zweifel nicht als mitverkauft anzusehen. ²Das Gleiche gilt von Familienpapieren und Familienbildern.

1   **1. Normzweck.** Die Vorschrift beinhaltet **Auslegungsregeln**. Sie finden nur Anwendung, wenn nach Prüfung aller Auslegungsgrundsätze noch Zweifel bestehen, ob die in § 2372 erfassten Regelungsgegenstände von dem Verkauf miterfasst sein sollen. Die Darlegungs- und Beweislast für eine von § 2373 abweichende Vereinbarung trägt der Käufer. Eine non-liquet-Entscheidung wird dadurch ausgeschlossen (Staudinger/*Olshausen* Rn. 5).

2   **2. Nach Vertragsschluss zufallender Erbteil.** Hintergrund der Regelung in **S. 1 Alt. 1 u. 2** ist, dass sich der Umfang des Kaufanspruchs grds. nach dem Zeitpunkt des Kaufvertragsabschlusses bestimmt. Zugleich trägt die Regelung dem Umstand Rechnung, dass der Verkäufer trotz Verkauf seiner Erbschaft Erbe bleibt, und daher ein zusätzlicher Anfall seiner Erbenstellung entspringt, und ihm auch deshalb verbleiben soll, da der zusätzliche Anfall im zeitlichen Nachgang zum Kaufvertragsabschluss idR nicht in die Berechnung des Kaufpreises mit eingeflossen ist. Tritt der Anfall bereits vor Kaufvertragsabschluss ein, ist im Wege der Auslegung zu ermitteln, ob der Kauf auch die von S. 1 erfassten Fälle mit umfasst. Anhaltspunkt dafür kann der Kaufpreis sein (Soergel/*Zimmermann* Rn. 2).

3   **3. Vorausvermächtnis.** Im Zweifel gilt nach **S. 1 Alt. 3** auch das Vorausvermächtnis (§ 2150) als nicht mitverkauft. Gem. § 2376 haftet jedoch der Verkäufer für das Nichtbestehen von Vorausvermächtnissen, es sei denn, der Käufer hatte davon Kenntnis (§ 442). Die Regelung ist auch auf den Voraus (vgl. § 1932 II) anzuwenden.

4   **4. Familienpapiere und -bilder.** Durch die Regelung in **S. 2** sollen „Pietätsinteressen" des Verkäufers geschützt werden. Die Begriffe sind weit auszulegen. Darunter fallen zB Tagebücher, Familiennotizen, Personenstandsatteste, Korrespondenzen usw. Der Wert der geschützten Gegenstände ist grds. unmaßgeblich. Die Höhe des Kaufpreises kann jedoch ein Anhaltspunkt für eine zu S. 2 abweichende Vereinbarung sein. Aus S. 2 ergibt sich aber keine Regelung über die eigenständige Vererbbarkeit nicht vermögensrechtlicher bzw. höchstpersönlicher Rechtspositionen (KG Urt. v. 31.5.2017 – 21 U 9/16, ZEV 2017, 386 (389 Rn. 62) mAnm *Deusch*).

§ 2374 Herausgabepflicht

Der Verkäufer ist verpflichtet, dem Käufer die zur Zeit des Verkaufs vorhandenen Erbschaftsgegenstände mit Einschluss dessen herauszugeben, was er vor dem Verkauf auf Grund eines zur Erbschaft gehörenden Rechts oder als Ersatz für die Zerstörung, Beschädigung oder Entziehung eines Erbschaftsgegenstands oder durch ein Rechtsgeschäft erlangt hat, das sich auf die Erbschaft bezog.

1   **1. Normzweck.** § 2374 erweitert die bereits nach § 433 I übernommene Verpflichtung des Verkäufers auf Herausgabe der einzelnen Nachlassgegenstände um die vor dem Verkauf erlangten Surrogate bzw. durch die vom Verkäufer infolge seiner Erbenstellung erlangten Ansprüche (Palandt/*Weidlich* Rn. 1).

2   **2. Herausgabepflicht. a)** Die **Verpflichtung** ist schuldrechtlicher Art und bezieht sich nicht auf die Erbschaft als Ganzes, sondern auf die einzelnen Nachlassgegenstände. § 260 und § 402 finden Anwendung. Die Herausgabepflicht ist dispositiv und kann kraft Parteivereinbarung erweitert oder beseitigt werden.

3   **b)** Der **Umfang** der Verpflichtung bestimmt sich durch die Erbenstellung des Verkäufers:

4   **aa)** Der **Alleinerbe**, der seine gesamte Erbschaft verkauft, hat die einzelnen Nachlassgegenstände im Wege der Einzelübertragung entsprechend den für den jeweiligen Gegenstand maßgebenden Vorschriften (bewegliche Sachen nach §§ 929 ff.; Grundstücke nach §§ 873, 925 ff.; Forderungen nach §§ 398 ff. usw) dem Käufer zu übertragen. Bei Veräußerung eines Bruchteils der Alleinerbschaft ist dem Käufer

eine entsprechende Bruchteilsberechtigung einzuräumen. Die Übertragung erfolgt nach den Vorschriften entsprechend der Verfügung über das Vollrecht (MüKoBGB/*Musielak* Rn. 5).

bb) Bei **Miterbschaft** ist danach zu unterscheiden, ob der Kauf vor oder nach der Auseinandersetzung 5 abgeschlossen wurde: Vor der Auseinandersetzung erfolgt die Herausgabe gem. § 2033 I durch einen einheitlichen Übertragungsakt (Soergel/*Zimmermann* Rn. 1); nach Auseinandersetzung finden für den Übertragungsakt die Grundsätze Anwendung, die für die Alleinerbschaft gelten. Ist die Auseinandersetzung nur teilweise erfolgt, findet auf den Restanteil § 2033 I Anwendung, während sich die Übertragung der Miterben bereits zugeteilten Gegenstände nach den jeweiligen Vorschriften für die Einzelübertragung richtet (MüKoBGB/*Musielak* Rn. 6). Wird ein Bruchteil des Erbteils veräußert, gilt für die Übertragung ebenfalls § 2033.

cc) Der **Nacherbe** hat sein Anwartschaftsrecht gem. § 2033 I zu übertragen; die Übertragung der **Vor-** 6 **erbschaft** richtet sich nach den allgemeinen Regeln (MüKoBGB/*Musielak* Rn. 8).

3. **Herausgabegegenstände.** a) **Erbschaftsgegenstände.** Darunter fallen alle in den Nachlass des Erb- 7 lassers fallenden Sachen und Rechte, einschließlich der zu Lebzeiten des Erblassers zu dessen Gunsten bereits entstandenen Ansprüche und begründeten Rechtslagen (zB Besitz, § 857; RGRK/*Kregel* Rn. 2). Zu den abzutretenden Rechten gehören auch die von den Erben nach dem Erbfall erworbenen Ansprüche, die ihre Wurzeln in der Erbschaft selbst haben, wie zB solche gegen den Vorerben (§§ 2130 ff.) oder den Nachlasspfleger (§§ 1960–1962), demgemäß jedoch nicht Pflichtteilsansprüche des Erben gem. den §§ 2305, 2316 II, § 2325 oder höchstpersönliche Rechte der Erben (Soergel/*Zimmermann* Rn. 4).

b) **Surrogate der Herausgabe.** Das Prinzip der dinglichen Surrogation (vgl. §§ 2019, 2041, 2111) gilt 8 auch im Rahmen des Erbschaftskaufs. Es gilt grds. das dort Ausgeführte. Entsprechend § 2041, in Abweichung zu §§ 2019, 2111, gilt hinsichtlich Rechtsgeschäften des Erben aber auch das Prinzip der Beziehungssurrogation (→ § 2041 Rn. 10 ff.). Dem Verkäufer verbleiben jedoch die auf die Zeit vor dem Verkauf fallenden Nutzungen (§ 2379 S. 1).

c) **Zeitpunkt.** Maßgebender Zeitpunkt ist der Abschluss des Kaufvertrages. Nachlassgegenstände und 9 Surrogate sind daher nur dann herauszugeben, wenn sie zur Zeit des Verkaufs noch vorhanden sind. Ist dies nicht mehr der Fall, kommt ggf. eine Ersatzpflicht des Erben gem. § 2375 in Betracht. Ab Kaufvertragsabschluss gelten die allgemeinen Vorschriften, insbes. § 285.

4. Für den **Gutglaubensschutz** des Käufers gelten die allgemeinen Vorschriften (§§ 892 ff., 932 ff.). Ist 10 der Verkäufer jedoch Scheinerbe, so ist ein Gutglaubenserwerb des Käufers im Hinblick auf § 2030 selbst dann ausgeschlossen, wenn der Verkäufer im Erbschein als Erbe ausgewiesen ist (Soergel/*Zimmermann* Rn. 1).

§ 2375 Ersatzpflicht

(1) ¹Hat der Verkäufer vor dem Verkauf einen Erbschaftsgegenstand verbraucht, unentgeltlich veräußert oder unentgeltlich belastet, so ist er verpflichtet, dem Käufer den Wert des verbrauchten oder veräußerten Gegenstands, im Falle der Belastung die Wertminderung zu ersetzen. ²Die Ersatzpflicht tritt nicht ein, wenn der Käufer den Verbrauch oder die unentgeltliche Verfügung bei dem Abschluss des Kaufs kennt.

(2) **Im Übrigen kann der Käufer wegen Verschlechterung, Untergangs oder einer aus einem anderen Grunde eingetretenen Unmöglichkeit der Herausgabe eines Erbschaftsgegenstands nicht Ersatz verlangen.**

1. **Normzweck.** Die Vorschrift stellt eine Ergänzung zu § 2374 dar. Sie gewährleistet den Vollzug der 1 durch den Erbschaftskauf idR bezweckten Verschaffung der wirtschaftlichen und schuldrechtlichen Stellung des Erben. Im Zusammenspiel mit § 2374 wird aber dadurch zugleich die wirtschaftliche Grundlage für eine Haftung des Käufers gegenüber den Nachlassgläubigern (vgl. § 2382) gesichert. Die Haftungsfreistellung in Abs. 2 stellt dabei den Regelfall dar, da es nicht im Interesse des Verkäufers liegt, für die Verwaltung des Nachlasses vor dem Abschluss des Kaufvertrags wie ein Verwalter fremden Gutes zu haften. Abs. 1 stellt daher einen Ausnahmefall dar.

2. **Voraussetzungen der Ersatzpflicht (Abs. 1).** a) **Verbrauch eines Erbschaftsgegenstandes.** Erfasst 2 werden nur solche Fälle, in denen objektiv kein Gegenwert in die Erbmasse fließt. Treten Surrogate an die Stelle des Nachlassgegenstandes (zB § 946 ff.), ist § 2374 einschlägig.

b) **Unentgeltliche Veräußerung oder Belastung.** Darunter fallen neben Schenkungen auch all die 3 Fälle, in denen im Gegenzug zu einer Auf- oder Weggabe eines Vermögensgegenstandes aus der Erbschaft kein wertmäßiges Äquivalent in den Nachlass zurückgeflossen ist (BGH NJW 1971, 2264 zu § 2205); zB gemischte Schenkung; Bestellung eines Pfandrechts an einem Erbschaftsgegenstand für eine eigene Schuld des Erbschaftsverkäufers (Staudinger/*Olshausen* Rn. 7) oder Aufrechnung mit einer Nachlassforderung gegen eine persönliche Verbindlichkeit des Verkäufers (Soergel/*Zimmermann* Rn. 8).

c) **Keine Kenntnis des Käufers.** Unmaßgeblich ist, auf welche Weise der Käufer Kenntnis von der Ver- 4 ringerung der Erbschaftsmasse erlangt hat. Kennenmüssen steht der Kenntnis nicht gleich. Die Beweislast für die Kenntnis des Käufers trifft den Verkäufer (MüKoBGB/*Musielak* Rn. 6).

5 **d) Zeitpunkt.** Die Verringerung der Erbmasse erfolgte vor dem Erbschaftsverkauf. Ab dem Zeitpunkt des Kaufvertragsabschlusses haftet der Verkäufer nach den Vorschriften des Kaufes (§§ 433 ff.).

6 **e) Keine Abbedingung** der Ersatzpflicht.

7 **Rechtsfolgen.** Der Käufer hat den objektiven Wert des Erbschaftsgegenstands im Zeitpunkt des Verbrauchs usw zu ersetzen. Dessen Wert im Zeitpunkt des Vertragsschlusses ist hingegen unmaßgeblich. Die Haftung des Verkäufers eines Erbteils ist bis zur Auseinandersetzung auf den seinem Erbteil entsprechenden Wert des Erbschaftsgegenstandes beschränkt; der Verkäufer eines Bruchteils einer Alleinerbschaft haftet mit dem Wert, der diesem Anteil entspricht (MüKoBGB/*Musielak* Rn. 5).

8 **3. Die Freistellung der Haftung (Abs. 2).** Erfasst werden nur solche Fälle der Unmöglichkeit iSd Abs. 2, die vor dem Verkauf der Erbschaft eingetreten sind; nach Abschluss des Erbschaftskaufvertrags haftet der Verkäufer gem. § 437. Die Haftungsfreistellung tritt selbst dann ein, wenn der Verkäufer die Unmöglichkeit iSd Abs. 2 verschuldet hat. Hat er diese arglistig verschwiegen, bleibt seine Haftung nach sonstigen Vorschriften (zB § 826) jedoch davon unberührt (MüKoBGB/*Musielak* Rn. 7). Die Vorschrift ist dispositiv, so dass im Wege der Vertragsgestaltung von dem Verkäufer eine Haftung auch für die Fälle des Abs. 2 übernommen werden kann.

§ 2376 Haftung des Verkäufers

(1) Die Haftung des Verkäufers für Rechtsmängel beschränkt sich darauf, dass ihm das Erbrecht zusteht, dass es nicht durch das Recht eines Nacherben oder durch die Ernennung eines Testamentsvollstreckers beschränkt ist, dass nicht Vermächtnisse, Auflagen, Pflichtteilslasten, Ausgleichungspflichten oder Teilungsanordnungen bestehen und dass nicht unbeschränkte Haftung gegenüber den Nachlassgläubigern oder einzelnen von ihnen eingetreten ist.

(2) Für Sachmängel eines zur Erbschaft gehörenden Gegenstands haftet der Verkäufer nicht, es sei denn, dass er einen Mangel arglistig verschwiegen oder eine Garantie für die Beschaffenheit des Gegenstands übernommen hat.

1 **1. Normzweck.** Die Vorschrift stellt eine **Sondervorschrift zu den §§ 434, 435** dar und führt zu einer Einschränkung der Gewährleistungspflichten des Erbschaftsverkäufers insofern, als der Verkäufer für Sachmängel überhaupt nicht (Abs. 2) und für Rechtsmängel nur im beschränkten Umfang (Abs. 1) einzustehen hat. Hintergrund ist der Umstand, dass Vertragsgegenstand nicht Einzelgegenstände, sondern die Erbschaft als solche als Inbegriff von Sachen und Rechte ist. IÜ finden die allgemeinen Vorschriften des Gewährleistungsrechts im Kaufrecht Anwendung.

2 Im Rahmen des „Gesetzes zur Änderung des Erb- und Verjährungsrechts" wurde die Vorschrift an die Terminologie des Schuldrechtsmodernisierungsgesetzes angepasst: Abs. 1 hat insofern keine inhaltliche, sondern lediglich eine redaktionelle Änderung erfahren, während Abs. 2 terminologisch an die § 442 I 2, § 443 I, § 444 angeglichen wurde.

3 **2. Anwendungsbereich.** Die Vorschrift betrifft lediglich das **Innenverhältnis zwischen Erbschaftsverkäufer und -käufer;** im Außenverhältnis zu Nachlassgläubigern gilt § 2383. Haftet also der Erbe im Zeitpunkt des Vertragsabschlusses bereits unbeschränkt, haftet zwar auch der Käufer gegenüber den Nachlassgläubigern unbeschränkt, kann aber gem. § 2376 von dem Verkäufer verlangen, dass er von der unbeschränkten Haftung freigestellt wird. Ist der Verkäufer dazu nicht in der Lage, haftet er insofern seinerseits dem Käufer gegenüber (MüKoBGB/*Musielak* Rn. 6).

4 **3. Rechtsmängelhaftung (Abs. 1). a) Grundsatz. aa)** Die **Fälle,** in denen der Verkäufer haftet, sind in Abs. 1 enumerativ aufgezählt. Die Vorschrift ist jedoch dispositiv und kann durch Parteivereinbarung (weiter) eingeschränkt wie auch erweitert werden. Es ist Tatfrage, ob bei einer ausdrücklichen Bezugnahme auf ein Verzeichnis der Erbschaftsgegenstände die Vertragsparteien eine Erweiterung vereinbart haben, wird aber idR zu bejahen sein (Staudinger/*Olshausen* Rn. 3).

5 **bb) Maßgebender Zeitpunkt** für die Haftung ist der des Abschlusses des Kaufvertrags. Treten Rechtsmängel nach Kaufabschluss ein, haftet der Verkäufer nach den allgemeinen Vorschriften.

6 **b) Voraussetzung der Haftung des Verkäufers. aa)** Der Verkäufer hat dafür einzustehen, dass ihm das **Erbrecht zusteht,** dh die Haftung ist auf die Erbschaft als solche bezogen. Die Verpflichtung des Verkäufers beschränkt sich daher darauf, was er als wirklicher Erbe dem Käufer verschaffen kann (MüKoBGB/*Musielak* Rn. 3). Dies bedeutet, dass er lediglich dafür einzustehen hat, dass Gegenstände, falls sie zur Erbschaft gehörten, durch Erbfolge auf ihn übergegangen sind (Staudinger/*Olshausen* Rn. 8). Er haftet hingegen nicht, dass Gegenstände überhaupt zur Erbschaft gehören, wie auch nicht, dass der Erblasser tatsächlich Eigentümer der Einzelgegenstände war, die vermeintlich zur Erbschaft gehörend angesehen wurden, oder dass die einzelnen Gegenstände frei von Rechten Dritter sind.

7 **bb) Keine Beschränkung durch das Recht des Nacherben (§§ 2100 ff.).** Bei Anordnung einer Nacherbschaft kann der Verkäufer seine Pflicht nur dadurch erfüllen, dass er das Nacherbenrecht an der Erbschaft beseitigt, sei es durch Veranlassung des Nacherben zur Ausschlagung oder durch Übertragung des Anwartschaftsrechts des Nacherben auf ihn. Eine Zustimmung des Nacherben zur Übertragung der einzelnen Gegenstände der Erbschaft auf den Käufer lässt nämlich dessen Nacherbenrecht an der Erbschaft weiter bestehen.

cc) Keine Ernennung eines Testamentsvollstreckers (§§ 2197 ff.). Hintergrund für die Haftung des Verkäufers ist der Umstand, dass der Testamentsvollstrecker seine Rechte an dem Nachlass auch gegenüber dem Käufer geltend machen kann. Nachlassverwaltung und Eröffnung der Nachlassinsolvenz (§ 1975) bedingen hingegen keine Gewährleistungshaftung des Verkäufers. 8

dd) Keine Vermächtnisse, Auflagen, Pflichtteilslasten. Darunter fallen auch der Voraus iSd § 1932, Ansprüche gem. §§ 1934a–c aF (vgl. Art. 227 I Nr. 1 EGBGB), nicht aber der Anspruch auf Zugewinnausgleich gem. §§ 1371 II, III, da es sich insofern nicht um gesetzliche Vermächtnisse, sondern um Erblasserschulden handelt, für die der Verkäufer nicht einzustehen hat (Staudinger/*Olshausen* Rn. 12; MüKoBGB/*Musielak* Rn. 5; NK-BGB/*Kroiß* Rn. 1; Palandt/*Weidlich* Rn. 1; *Lange/Kuchinke* ErbR § 45 Kap. IV Rn. 1b Fn. 73; aA; Soergel/*Zimmermann* Rn. 1; Erman/*Simon* Rn. 3) wie auch nicht Ansprüche gem. § 1963. 9

ee) Keine Teilungsanordnungen (§ 2048) oder **Ausgleichspflichten** (§§ 2050 ff.). Dies rechtfertigt sich daraus, dass der Käufer eines Erbteils bei der Auseinandersetzung diese hinzunehmen hat. Im Gegenzug dazu räumt § 2376 dem Käufer das Recht ein, vom Verkäufer im Innenverhältnis deren Beseitigung zu verlangen. 10

ff) Keine unbeschränkte Haftung des Verkäufers den Nachlassgläubigern gegenüber. Hintergrund hierfür ist die Haftung des Käufers im Außenverhältnis den Nachlassgläubigern gegenüber gem. §§ 2378, 2383; → Rn. 3. 11

c) Die Haftung des Verkäufers bestimmt sich nach den allgemeinen Vorschriften des Gewährleistungsrechts im Kaufrecht (§ 437). Die Grundsätze für den Ausschluss der Haftung des Verkäufers bzw. für dessen beschränkte Haftung iSd § 442 finden Anwendung. Dem Verkäufer obliegt insofern die Darlegungs- bzw. Beweislast. Bis zur Annahme der Erbschaft durch den Käufer hat der Verkäufer dessen Mängelfreiheit zu beweisen (§ 363). 12

4. Sachmängelhaftung (Abs. 2). Eine Haftung des Verkäufers ist grds. ausgeschlossen. Durch das „Gesetz zur Änderung des Erb- und Verjährungsrechts" ist nunmehr klargestellt, dass der Verkäufer jedoch dann haftet, wenn er arglistig den Sachmangel an dem zur Erbschaft gehörenden Einzelgegenstand verschwiegen hat oder eine Garantie für die Beschaffenheit des Gegenstands übernommen hat. Die Vorschrift ist dispositiv. § 444 findet Anwendung. 13

§ 2377 Wiederaufleben erloschener Rechtsverhältnisse

¹Die infolge des Erbfalls durch Vereinigung von Recht und Verbindlichkeit oder von Recht und Belastung erloschenen Rechtsverhältnisse gelten im Verhältnis zwischen dem Käufer und dem Verkäufer als nicht erloschen. ²Erforderlichenfalls ist ein solches Rechtsverhältnis wiederherzustellen.

1. Normzweck. Die Vorschrift knüpft an den dem Erbschaftskauf zugrunde liegenden Grundgedanken (→ § 2372 Rn. 1) an. Sie stellt sicher, dass der Käufer (wie auch der Verkäufer) wirtschaftlich in vollem Umfang so gestellt wird, als ob er statt dem Verkäufer Erbe geworden sei. Damit wird eine Bereicherung der Erbschaft auf Kosten des Vermögens des Erben bzw. eine Bereicherung des Erben auf Kosten der Erbschaft verhindert (MüKoBGB/*Musielak* Rn. 1). Die Vorschrift ist dispositiv. 1

2. Anwendungsbereich. a) Die Vorschrift betrifft in ihrem **sachlichen Anwendungsbereich** die Fälle, in denen Rechtsverhältnisse durch den Erbfall im Wege von Konfusion (Vereinigung von Recht und Verbindlichkeit) und Konsolidation (Vereinigung von Recht und Belastung) erlöschen. Sie findet daher auf den Kauf von Erbteilen keine Anwendung, da vor der Auseinandersetzung ein Erlöschen von Rechtsverhältnissen im Hinblick auf die Gesamthandsbindung nicht möglich ist. Eine Schuld des Erben bleibt daher bestehen und geht nicht auf den Käufer über; der veräußernde Miterbe hat die Schuld gegenüber der Miterbengemeinschaft zu tilgen. Umgekehrt verbleibt eine Schuld des Erblassers zugunsten des Veräußerers beim Verkäufer. Im Rahmen der Auseinandersetzung muss sich der Erwerber eine Schuld des veräußernden Miterben bei der Teilung anrechnen lassen (§ 2042 II iVm §§ 756, 755 II). In Betracht kommt jedoch eine Haftung des Verkäufers gem. § 2376. 2

b) Im **persönlichen Anwendungsbereich** erfasst die Vorschrift nur das Verhältnis zwischen dem Verkäufer und dem Käufer, nicht jedoch zu Dritten. Bürgen oder Verpfänder, die durch das Erlöschen der gesicherten Forderung infolge Konfusion frei werden, sind daher nicht zur Neubestellung der Sicherheit verpflichtet. 3

3. Rechtswirkungen. Es gilt der Grundsatz, dass die Vertragsparteien **schuldrechtlich** verpflichtet sind, einander das zu gewähren, was sie ungeachtet des Erbfalls bei Fortbestehen des Rechtsverhältnisses beanspruchen könnten. Es ist zu unterscheiden: 4

a) Bei einer **Forderung des Erbschaftsverkäufers gegen den Erblasser** kann der Veräußerer sie gegenüber dem Käufer geltend machen (vgl. § 2378 II). War die Forderung durch eine Bürgschaft gesichert, ist der Erwerber schuldrechtlich verpflichtet (vgl. S. 2), die Forderung mit einer Bürgschaft abzusichern (Soergel/*Zimmermann* Rn. 3). 5

b) Bei einer **Forderung des Erblassers gegen den Erbschaftsverkäufer** kann der Erwerber bei Fälligkeit deren Erfüllung von dem Veräußerer verlangen. Vor Fälligkeit ist die Forderung entsprechend den ursprünglichen Bedingungen samt Nebenrechten und beschränkt dinglichen Rechten wiederzubegrün- 6 den. Für eine Abtretung ist kein Raum (Staudinger/*Olshausen* Rn. 5). Bei Pfandbestellung des Erben zugunsten des Erblassers vor Erbfall, hat der Verkäufer die Sache dem Erwerber zu übergeben (Soergel/*Zimmermann* Rn. 3). War die Forderung des Erblassers mit einer Hypothek am Grundstück des Veräußerers gesichert, hat der Erwerber gegenüber dem Veräußerer einen schuldrechtlichen Anspruch auf (Wieder-) Bestellung einer gleichartigen hypothekarischen Sicherung. Da § 2377 nur einen schuldrechtlichen Anspruch auf Wiederherstellung erloschener Rechtsverhältnisse begründet, der Vorschrift jedoch keine dingliche Wirkung zukommt, wird die durch den Erbfall infolge Konsolidation entstandene Eigentümergrundschuld (vgl. §§ 1163 I 2, § 1177 I 1) nicht wieder zur Hypothek (hM aA Planck/*Greif* Rn. 3: Folge: Grundbuchberichtigungsanspruch des Käufers).

§ 2378 Nachlassverbindlichkeiten

(1) **Der Käufer ist dem Verkäufer gegenüber verpflichtet, die Nachlassverbindlichkeiten zu erfüllen, soweit nicht der Verkäufer nach § 2376 dafür haftet, dass sie nicht bestehen.**

(2) **Hat der Verkäufer vor dem Verkauf eine Nachlassverbindlichkeit erfüllt, so kann er von dem Käufer Ersatz verlangen.**

1   **1. Normzweck.** Die Vorschrift ist Ausfluss des Grundgedankens des Erbschaftskaufs, dass der Käufer wirtschaftlich so gestellt werden soll, als ob er Erbe des Erblassers ist. Demgemäß regelt § 2378 einen Teilaspekt der fingierten Erbenstellung des Käufers, nämlich, wer von den Vertragsparteien letztendlich die Nachlassverbindlichkeiten wirtschaftlich zu tragen hat. Die sonstigen Pflichten des Käufers bestimmen sich nach den allgemeinen Regeln der §§ 433 ff. Die Vorschrift ist dispositiv.

2   **2. Anwendungsbereich. a)** In **persönlicher Hinsicht** regelt die Vorschrift nur das Innenverhältnis zwischen Verkäufer und Käufer. Die Haftung gegenüber den Nachlassgläubigern bestimmt sich hingegen nach den §§ 2382–2384.

3   **b)** In **sachlicher Hinsicht** betrifft die Vorschrift Nachlassverbindlichkeiten iSd §§ 1967 ff. und damit, als Erblasserschuld, auch die Zugewinnausgleichsforderung gem. § 1371 II, III. Ausgleichspflichten fallen hingegen nicht darunter. Für die laufenden Lasten zwischen Erbfall und Erbschaftskauf gilt die Sonderregelung des § 2379.

4   **3. Rechtsfolgen. a)** Dem Käufer obliegt im Innenverhältnis zum Verkäufer eine **Erfüllungspflicht** hinsichtlich Nachlassverbindlichkeiten gegenüber den Nachlassgläubigern **(Abs. 1 Hs. 1)**. Die Regelung ist schuldrechtlicher Natur, steht aber mit den Verpflichtungen des Verkäufers nicht im Synallagma. Der Verkäufer kann sich daher im Hinblick auf seine Leistungsverpflichtung aus dem Erbschaftsverkauf nicht auf § 320 berufen, bis ihn der Käufer von der Haftung gegenüber den Nachlassgläubigern befreit hat. Der Verkäufer ist daher vorleistungspflichtig, sofern die Parteien nicht anderes vereinbaren. Dies gilt auch bei Wiederverkauf an den Erben (RGZ 101, 185). Bei schuldhafter Nichterfüllung der Verpflichtung durch den Käufer bestehen Schadensersatzansprüche des Verkäufers nach den allgemeinen Vorschriften der §§ 280 ff. Die Verpflichtung des Käufers wirkt also nicht wie eine Schuldübernahme, sondern wie eine Erfüllungsübernahme iSd § 415 III (MüKoBGB/*Musielak* Rn. 1).

5   Die Haftung des Käufers tritt jedoch dann nicht ein, sofern ihm seinerseits Gewährleistungsrechte gegenüber dem Verkäufer nach § 2376 zu stehen **(Abs. 1 Hs. 2)**. Haftet daher der Käufer gem. den §§ 2382, 2383 gegenüber Dritten, besteht also keine Erfüllungsverpflichtung des Käufers im Innenverhältnis gegenüber dem Verkäufer. Die Haftung des Käufers nach § 2378 ist demgemäß auf den Nachlass beschränkt (MüKoBGB/*Musielak* Rn. 1). Die Haftung des Käufers tritt dann nicht ein, wenn er von den Mängeln iSd § 2376 Kenntnis hatte oder diese ihm infolge grober Fahrlässigkeit unbekannt geblieben sind, es sei denn, der Verkäufer hat diese arglistig verschwiegen (§ 442 I).

6   **b)** Für Aufwendungen des Verkäufers vor dem Erbschaftskauf zum Zwecke der Erfüllung von Nachlassverbindlichkeiten legt die Vorschrift dem Käufer eine **Ersatzpflicht** auf **(Abs. 2)**, sofern die Parteien keine abweichenden Vereinbarungen getroffen haben. Unter Erfüllung iSd Abs. 2 fallen auch eine Leistung an Zahlungs statt (§ 364), Hinterlegung (§ 378) sowie die Aufrechnung mit einer Eigenforderung des Erben. Hat der Verkäufer hingegen für die Verbindlichkeit gem. § 2376 einzustehen, gelten die Ausführungen bzgl. der Beschränkung der Haftung des Käufers iSd Abs. 1.

§ 2379 Nutzungen und Lasten vor Verkauf

¹**Dem Verkäufer verbleiben die auf die Zeit vor dem Verkauf fallenden Nutzungen.** ²**Er trägt für diese Zeit die Lasten, mit Einschluss der Zinsen der Nachlassverbindlichkeiten.** ³**Den Käufer treffen jedoch die von der Erbschaft zu entrichtenden Abgaben sowie die außerordentlichen Lasten, welche als auf den Stammwert der Erbschaftsgegenstände gelegt anzusehen sind.**

1   **1. Normzweck.** IdR richten die Parteien des Erbschaftskaufs in wirtschaftlicher Hinsicht ihr Augenmerk auf den Stamm der Erbschaft. Soweit die Parteien keine gesonderten Vereinbarungen über die Verteilung der Nutzungen und Lasten an der Erbschaft getroffen haben, wird diese Vertragslücke durch § 2379 geschlossen. Dabei modifiziert die Vorschrift den Grundsatz, dass der Käufer durch den Kauf wirtschaftlich so gestellt werden soll, als ob er Erbe des Erblassers geworden ist, insofern, als sie dem Umstand Rechnung trägt, dass der Verkäufer bis zum Kaufabschluss tatsächlicher Erbe des Erblassers

war: bis zum Verkauf anfallende Nutzungen werden dem Verkäufer zugewiesen (S. 1), dem als Ausgleich dazu die Lasten an der Erbschaft (S. 2) obliegen mit Ausnahme der von der Erbschaft zu entrichtenden Abgaben und der auf den Stammwert der Erbschaft gelegten außerordentlichen Lasten (S. 3). Hintergrund für die Zuweisung der auf den Stamm der Erbschaft bezogenen Abgaben und Lasten zulasten des Verkäufers ist die Erwägung, dass diese idR bei der Höhe des Kaufpreises mitberücksichtigt sind.

§ 2379 modifiziert die Regelung des § 2378 und beeinflusst zugleich die Haftung des Käufers gegenüber Nachlassgläubigern gem. § 2383. Hinsichtlich Verwendungen wird die Vorschrift durch § 2381 ergänzt. Abweichende Vereinbarungen durch die Vertragsparteien sind möglich.

2. Anwendungsbereich. Die Vorschrift gilt für den Kauf der **Erbschaft**. Fraglich ist, ob sie im Hinblick auf die Regelung in § 2038 II 2, wonach die Teilung der Früchte erst bei der Auseinandersetzung erfolgt, auch auf den **Erbteilskauf** Anwendung findet (verneinend Erman/*Simon* Rn. 1; Soergel/*Zimmermann* Rn. 1 mit der Konsequenz, dass dem Käufer die nach dem Erbschaftskauf verteilten Erträge selbst dann in vollem Umfang gebühren, wenn sie vor dem Kaufabschluss angefallen sind). Zutreffenderweise wird man darauf abstellen müssen, ob zur Zeit des Kaufabschlusses eine Verteilung von Jahresreinerträgen bereits stattgefunden hat (MüKoBGB/*Musielak* Rn. 4) bzw. das Jahr iSd § 2038 II 3 bereits abgelaufen ist und der Verkäufer einen Anspruch auf die Jahresnutzungen bereits erworben hat (Staudinger/*Olshausen* Rn. 6; Palandt/*Weidlich* Rn. 2).

3. Maßgebender Zeitpunkt für die Verteilung der Nutzungen und Lasten ist im Gegensatz zu § 446 nicht die Übergabe, sondern der **Abschluss des Kaufvertrages.** Insoweit findet eine zeitliche Vorverlagerung statt.

4. Gegenstand und Umfang der Verteilung. a) Dem **Verkäufer** verbleiben die vor dem Verkauf anfallenden Nutzungen iSd §§ 100 ff. Im Gegenzug dazu hat er die bis zu diesem Zeitpunkt anfallenden Lasten (§ 103; vgl. § 1967; §§ 2124–2126) samt der Zinsen der Nachlassverbindlichkeiten zu tragen (S. 2), sofern diese nicht außerordentliche Lasten iSd S. 3 darstellen.

b) Dem **Käufer** gebühren erst ab Kaufvertragsabschluss die Nutzungen (vgl. § 2380 S. 2). Die auf dem Stammwert bezogenen Abgaben (zB Erbschaftssteuer; vgl. dazu auch BFH Urt. v. 20.1.2016 – II R 34/14, DStRE 2016, 671 (672 Rn. 14)) und außerordentliche Lasten (vgl. § 2126) hat er selbst dann zu ersetzen, wenn diese vor dem Verkaufsvertragsabschluss angefallen sind (S. 3).

§ 2380 Gefahrübergang, Nutzungen und Lasten nach Verkauf

¹Der Käufer trägt von dem Abschluss des Kaufs an die Gefahr des zufälligen Untergangs und einer zufälligen Verschlechterung der Erbschaftsgegenstände. ²Von diesem Zeitpunkt an gebühren ihm die Nutzungen und trägt er die Lasten.

1. Normzweck. Die Vorschrift verlagert den Zeitpunkt des Gefahrübergangs (vgl. § 446) auf den Abschluss des Kaufvertrags vor. Hintergrund dafür ist der Umstand, dass im Rahmen des Erbschaftskaufs, im Gegensatz zu § 446, Kaufgegenstand keine einzelne Sache, sondern eine Vermögensgesamtheit („die Erbschaft") ist. Insofern ist es sachgerecht, für den Zeitpunkt des Gefahrübergangs nicht auf die jeweilige Übergabe der einzelnen Gegenstände, sondern auf einen Zeitpunkt abzustellen, der sich auf die Erbschaft als Inbegriff von (Einzel-)Sachen bezieht, zumal sich der Kaufpreis auch auf diese Vermögensgesamtheit und nicht auf den jeweiligen Einzelgegenstand bezieht (MüKoBGB/*Musielak* Rn. 1).

2. Regelungsgegenstand. Maßgebender Zeitpunkt ist im Gegensatz zu § 446 nicht die Übergabe, sondern der **Abschluss des Kaufvertrags.** Insoweit findet eine zeitliche Vorverlagerung statt. Die Vorschrift findet auch auf den Erbteilskauf Anwendung (Staudinger/*Olshausen* Rn. 3). Sie ist dispositiv.

3. Rechtsfolgen. a) Die Vorschrift regelt in S. 1 die **Gegenleistungs – (Preis-)Gefahr**, dh, dass der Käufer dem Verkäufer selbst dann den vollen Kaufpreis zu bezahlen hat, wenn zur Erbschaft gehörende Gegenstände durch Zufall untergehen oder verschlechtert werden. Insofern kann sich der Käufer nicht auf § 326 I 1 berufen. Die Haftung des Verkäufers infolge von ihm zu vertretender Unmöglichkeit bleibt davon jedoch unberührt.

b) Die Vorschrift führt gem. **S. 2** – mit Ausnahme von außerordentlichen Lasten, die auf den Stammwert der Erbschaft bezogen sind (hierfür gilt § 2379 3) – zu einer **Neuverteilung der Nutzungen und Lasten.** Die Regelung tritt in zeitlicher Hinsicht an die Stelle der Vorschrift des § 2379. Der Verkäufer hat daher nach Kaufvertragsabschluss gezogene Nutzungen an den Käufer herauszugeben bzw. hierfür Ersatz zu leisten; bei Tragung der Lasten kommen Ansprüche gegen den Käufer aus Geschäftsführung ohne Auftrag in Betracht (Staudinger/*Olshausen* Rn. 2).

§ 2381 Ersatz von Verwendungen und Aufwendungen

(1) Der Käufer hat dem Verkäufer die notwendigen Verwendungen zu ersetzen, die der Verkäufer vor dem Verkauf auf die Erbschaft gemacht hat.

(2) Für andere vor dem Verkauf gemachte Aufwendungen hat der Käufer insoweit Ersatz zu leisten, als durch sie der Wert der Erbschaft zur Zeit des Verkaufs erhöht ist.

10 BGB § 2382

1 **1. Normzweck.** Die Vorschrift steht im Zusammenhang mit den §§ 2379–2380 und ist Ausfluss des dem Erbschaftskauf zugrunde liegenden Gedankens, dass der Käufer wirtschaftlich und schuldrechtlich so gestellt sein soll, als wäre er anstelle des Verkäufers Erbe geworden. Demgemäß hätte der Käufer die notwendigen Verwendungen auf seine Kosten durchführen lassen. Die Vorschrift verhindert daher eine Bereicherung des Käufers zulasten des Verkäufers. § 2381 ist nicht zwingend und im Wege der Vereinbarung abänderbar (→ Vorb. § 2371 Rn. 2).

2 **2. Maßgebender Zeitpunkt.** Die Regelung knüpft wie §§ 2379, 2380 an den Zeitpunkt des Kaufvertragsabschlusses an und betrifft daher nur solche Verwendungen, die vor diesem Zeitpunkt getätigt worden sind. Verwendungen nach Verkaufsabschluss sind nach den allgemeinen Grundsätzen der Geschäftsführung ohne Auftrag zu ersetzen, sofern die Parteien hierüber keine abweichenden vertraglichen Vereinbarungen getroffen haben.

3 **3. Gegenständlicher Anwendungsbereich.** Die Vorschrift gilt uneingeschränkt bei Verkauf des Inbegriffs einer Erbschaft. Bei Verkauf eines Erbteils ist wie folgt zu unterscheiden: Vor der Auseinandersetzung werden die Aufwendungen auf den Gesamtnachlass getätigt, so dass sie sämtlichen Miterben zugutekommen. Diese sind daher gem. § 2038 ersatzpflichtig. § 2381 ist nicht anwendbar, so dass ein Ersatzanspruch gegen den Verkäufer ausscheidet. § 2381 gilt jedoch bei Verkauf des Erbteils nach vollständiger oder teilweiser Auseinandersetzung (MüKoBGB/*Musielak* Rn. 4). Bei Letzterer beschränkt sich die Ersatzpflicht des Käufers auf die Verwendungen, die auf die vor dem Kauf zugeteilten Gegenstände getätigt wurden (Staudinger/*Olshausen* Rn. 5).

4 **4. Ersatzpflicht des Käufers.** Die Vorschrift unterscheidet nach **Art der Verwendungen**. a) **Notwendige Verwendung** hat der Käufer ausnahmslos dem Verkäufer zu ersetzen. Darunter fallen alle Verwendungen, die zur Erhaltung der Substanz und Nutzbarkeit der Erbschaft oder einzelner Erbschaftsgegenstände erforderlich sind; also solche, die den Nachlass erhalten, erhöhen oder einen Verlust an der Substanz verhindern (Staudinger/*Olshausen* Rn. 3). Der Begriff der „notwendigen Verwendung" entspricht dem in § 994. Davon abweichend erstreckt die hM den Begriff auch auf die **gewöhnlichen Erhaltungskosten**, da in § 2381 eine dem § 994 I 2 entsprechende Vorschrift fehlt und diese nicht zu den „Lasten" der Erbschaft gehören, die vom Verkäufer zu tragen sind (MüKoBGB/*Musielak* Rn. 2; Staudinger/*Olshausen* Rn. 3; aA Lange/Kuchinke ErbR § 45 Kap. III Rn. 3; *Kipp/Coing* ErbR § 111 Kap. IX Rn. 1).

5 b) **Andere Aufwendungen.** Darunter fallen alle Arten der freiwilligen Aufopferung von Vermögenswerten für die Interessen eines anderen (BGHZ 59, 328 = NJW 1973, 46; NJW 1989, 2818), so zB Übernahme von Verbindlichkeiten (RGZ 151, 99) wie auch alle nützlichen Verwendungen. Voraussetzung für die Ersatzpflicht ist aber, dass die Aufwendungen werterhöhend waren und es im Zeitpunkt des Vertragsabschlusses noch sind. Verwendungen auf Früchte (vgl. § 99) hat derjenige zu tragen, dem die Früchte zukommen. Gem. § 2379 S. 1 ist dies der Verkäufer.

§ 2382 Haftung des Käufers gegenüber Nachlassgläubigern

(1) ¹Der Käufer haftet von dem Abschluss des Kaufs an Nachlassgläubigern, unbeschadet der Fortdauer der Haftung des Verkäufers. ²Dies gilt auch von den Verbindlichkeiten, zu deren Erfüllung der Käufer dem Verkäufer gegenüber nach den §§ 2378, 2379 nicht verpflichtet ist.

(2) Die Haftung des Käufers den Gläubigern gegenüber kann nicht durch Vereinbarung zwischen dem Käufer und dem Verkäufer ausgeschlossen oder beschränkt werden.

1 **1. Normzweck.** Der Vorschrift liegt der Gedanke der Mithaftung aufgrund Vermögensübernahme zugrunde (vgl. § 25 HGB; § 415 BGB aF). Schulden gelten als Last des Vermögens, sodass diese bei einem Vermögensübergang vom Erwerber mit übernommen werden. Dadurch soll dem Gläubiger der Zugriff auf das Vermögen des Schuldners erhalten bleiben und verhindert werden, dass ihm durch eine Vermögensverschiebung zwischen Schuldner und Vermögenserwerber das Haftungsobjekt entzogen wird. Das führt zu der Konsequenz, dass der Erwerber den Nachlassgläubigern gegenüber de facto wie ein Gesamtrechtsnachfolger des Erblassers behandelt wird.

2 **2. Persönlicher Anwendungsbereich.** Die Vorschrift gilt im Verhältnis zwischen dem Erbschaftskäufer und Nachlassgläubigern. Sie kann daher durch Vereinbarungen zwischen Käufer und Verkäufer nicht abgeändert werden (vgl. Abs. 2). Regelungen, die das Verhältnis zwischen Käufer und Verkäufer betreffen (zB § 2378), sind im Verhältnis zu den Nachlassgläubigern ohne Belang. Der Käufer haftet daher im Außenverhältnis Nachlassgläubigern gegenüber, selbst wenn im Innenverhältnis der Verkäufer die Schuld zu tragen hat.

3 **3. Voraussetzungen der Haftung. a)** Die Haftung setzt den **wirksamen Abschluss** eines Erbschaftskaufs voraus; bei einem Formmangel des Kaufvertrags tritt daher eine Haftung des Käufers nicht ein (BGHZ 38, 187 = NJW 1967, 1128). Sie erlischt bei Aufhebung des Kaufvertrags, sofern mit dessen Erfüllung noch nicht begonnen worden ist und eine Anzeige bzgl. der Aufhebung des Vertrags an das Nachlassgericht gem. § 2384 erfolgt ist. In persönlicher Hinsicht setzt § 2382 voraus, dass der Verkäufer wirklicher Erbe des Erblassers ist, da er ansonsten nicht für die Nachlassverbindlichkeiten des Erblassers haftet und der Erwerber in diese Haftung nicht eintreten kann. Veräußert ein Erbschaftserwerber seiner-

seits die Erbschaft weiter, haftet der erneute Erwerber ab dem Zeitpunkt, an dem sein Verkäufer selbst haftet (Soergel/*Zimmermann* Rn. 1).

b) Vertragsgegenstand muss die Übertragung der Erbschaft bzw. des Erbteils sein. Gleichgestellt sind 4 die Fälle, in denen einzelne oder mehrere Gegenstände die ganze oder nahezu die ganze Erbschaft bzw. den ganzen oder nahezu den ganzen Erbteil des Verkäufers ausmachen.

c) In den vorgenannten Fällen muss der Erwerber **positive Kenntnis** davon haben, dass es sich bei 5 dem Verkaufsgegenstand um die ganze oder nahezu die ganze Erbschaft bzw. Erbteil des Verkäufers handelt. Insofern gelten die zu § 1365 entwickelten Grundsätze. Fahrlässige Unkenntnis genügt nicht (BGHZ 43, 174 = NJW 1965, 909 zu § 1365). Hat der Erwerber von den tatsächlichen Verhältnissen Kenntnis, beurteilt er sie aber lediglich irrtümlich falsch, tritt dennoch die Haftung ein (BGH NJW 1976, 1398 zu § 415 aF). Unerheblich für den Eintritt der Haftung ist jedoch, ob der Erwerber Kenntnis von den Nachlassverbindlichkeiten hat.

d) Der **Umfang der Haftung** des Käufers bestimmt sich nach der Haftung des Verkäufers. **aa)** Sie er- 6 streckt sich auf **Erblasserschulden,** auf alle **Erbfallschulden** samt Pflichtteilsansprüche, Vermächtnisse, Auflagen, Zugewinnausgleich, auch wenn er im Innenverhältnis zum Verkäufer dafür nicht einzustehen hat (vgl. §§ 2376, 2378, 2379), sowie auf **Nachlasserbenschulden** (→ § 1967 Rn. 29).

bb) Es tritt eine **gesamtschuldnerische Haftung** des Erwerbers neben der des Verkäufers ein 7 (§§ 421 ff.). Für die Möglichkeit der Haftungsbeschränkung gilt § 2383. Eine Haftungsbeschränkung im Wege einer Vereinbarung zwischen Verkäufer und Käufer ist ausgeschlossen (Abs. 2). Zulässig ist jedoch eine Vereinbarung zwischen Verkäufer oder Käufer mit Nachlassgläubigern, dass für den Käufer eine Haftung nicht eintreten soll.

cc) Beim **Erbteilskauf** haftet der Erwerber wie ein Miterbe gem. §§ 2058–2063 (RGZ 60, 131). Der 8 Käufer hat daher in analoger Anwendung des § 2382 auch für die Ansprüche eines anderen Miterben gegen die Erbengemeinschaft aus einem zwischen den Miterben vor dem Erbschaftskauf abgeschlossenen Erbauseinandersetzungsvertrag gesamtschuldnerisch einzustehen (hM BGHZ 38, 187 (193 f.) = NJW 1963, 345; Palandt/*Weidlich* Rn. 3; Staudinger/*Olshausen* Rn. 6, 9; MüKoBGB/*Musielak* Rn. 8; aA Soergel/*Zimmermann* Rn. 5). Sofern der Miterbe sein Vorkaufsrecht (§§ 2034, 2035) ausübt, erlischt die Haftung des Käufers ab Übertragung des Erbteils auf den Miterben nach Maßgabe des § 2036.

4. Prozessuale Wirkung. § 2383 bewirkt nur eine gesamtschuldnerische Mithaftung des Käufers. Die- 9 ser ist daher nicht Rechtsnachfolger des Verkäufers, so dass die §§ 325, 727 ZPO nicht gelten. § 729 ZPO findet jedoch nach hM (Thomas/Putzo/*Seiler* ZPO § 729 Rn. 2) analoge Anwendung. Demgemäß kann daher ein gegen den Verkäufer ergangenes Urteil auf den Käufer umgeschrieben werden. Ein gegen den Erblasser ergangenes Urteil kann unmittelbar auf den Käufer umgeschrieben werden (Soergel/*Zimmermann* Rn. 3).

§ 2383 Umfang der Haftung des Käufers

(1) ¹Für die Haftung des Käufers gelten die Vorschriften über die Beschränkung der Haftung des Erben. ²Er haftet unbeschränkt, soweit der Verkäufer zur Zeit des Verkaufs unbeschränkt haftet. ³Beschränkt sich die Haftung des Käufers auf die Erbschaft, so gelten seine Ansprüche aus dem Kauf als zur Erbschaft gehörend.

(2) Die Errichtung des Inventars durch den Verkäufer oder den Käufer kommt auch dem anderen Teil zustatten, es sei denn, dass dieser unbeschränkt haftet.

1. Normzweck. Die Vorschrift ergänzt § 2382, der die Haftung des Käufers dem Grunde nach regelt. 1 § 2383 hingegen legt den Umfang der Haftung fest. Die **Konzeption der Haftung** ist dabei von dem den Erbschaftskauf tragenden allgemeinen Grundsatz bestimmt, dass der Erwerber durch den Kauf schuldrechtlich und wirtschaftlich in die Stellung des Erben einrücken soll. Demgemäß gilt, dass der Käufer grds. in dem Maße den Nachlassgläubigern gegenüber haftet, in dem der Verkäufer seinerseits diesen gegenüber im Zeitpunkt des Kaufabschlusses bereits haftet. Trat also für den Verkäufer vor dem Kaufabschluss bereits eine unbeschränkte Haftung ein, so haftet mit dem Kauf nunmehr auch der Erwerber im gleichen Maße. **Normzweck** ist daher, dass den Nachlassgläubigern ihre bereits am Nachlass entstandenen Rechte erhalten bleiben sollen. Die Konzeption des § 2383 geht dabei jedoch über den Normzweck hinaus, da selbst bei beschränkter Haftung des Erwerbers die unbeschränkte Haftung des Verkäufers bestehen bleiben würde. Insofern führt die Vorschrift zu einer Ausweitung der Rechte der Nachlassgläubiger.

Maßgebend für die haftungsrechtliche Situation ist diejenige im **Zeitpunkt des Kaufvertragsabschlus-** 2 **ses.** Zu beachten ist aber, dass sich nach diesem Zeitpunkt die Möglichkeit der Haftungsbeschränkung bzw. des Eintritts einer unbeschränkten Haftung des Käufers eigenständig beurteilt, was auch zu einer Haftung des Erwerbers über den Nachlass hinaus führen kann.

2. Die Haftungslage im Zeitpunkt des Kaufvertragsabschlusses. a) Trat vor Kaufvertragsabschluss 3 bereits eine **unbeschränkte Haftung des Verkäufers** (zB gem. § 1994 I 2, § 2005 I, § 2012 I 3) ein, so haftet auch der Erwerber den Nachlassgläubigern gegenüber ebenfalls unbeschränkt, und zwar, neben den Mitteln aus der Erbschaft, mit seinem gesamten der Zwangsvollstreckung unterworfenen Vermögen

(**Abs. 1 S. 2**). Der Erwerber hat jedoch einen Freistellungs- bzw. Gewährleistungsanspruch gegenüber den Verkäufer (§ 2376 I).

4 **b)** War die **Haftung des Verkäufers beschränkt oder noch beschränkbar,** so besteht auch für den Käufer noch die Möglichkeit der Haftungsbeschränkung. Die weitere Haftungslage bestimmt sich für Verkäufer und Käufer grds. selbständig und unabhängig von dem jeweiligen Verhalten des anderen mit Ausnahme der Inventarerrichtung gem. Abs. 2 (→ Rn. 6).

5 **aa)** Wurden von dem **Verkäufer noch keine Maßnahmen zur Haftungsbeschränkung ergriffen,** so bestimmen sich die Möglichkeiten zur Haftungsbeschränkung des Käufers nach denjenigen, die auch dem Verkäufer eingeräumt waren (**Abs. 1 S. 1**). Er kann daher das Aufgebot (§§ 1970 ff.) verlangen (vgl. § 463 FamFG) sowie Nachlassverwaltung (§ 1981), Nachlassinsolvenz (§ 330 InsO) beantragen sowie die Einreden der §§ 1990–1992, 2014, 2015 sowie § 782 ZPO erheben.

6 **bb)** Hatte der Verkäufer bereits Maßnahmen zu seiner Haftungsbeschränkung ergriffen, so gilt für den Käufer:

7 **(1)** Ein im Aufgebotsverfahren erlassener **Ausschließungsbeschluss** (§ 439 FamFG) wirkt auch zugunsten des Erbschaftskäufer (§ 463 I 2 FamFG). Ist das Verfahren noch nicht abgeschlossen, so kann der Käufer dieses weiter betreiben wie er auch zur eigenen Antragstellung berechtigt ist. Bei Herausgabe des Überschusses an den ausgeschlossenen Gläubiger (§ 1973 II) kann der Käufer den gezahlten bzw. geschuldeten Kaufpreis abziehen, da es sich insofern um eine Bereicherungshaftung handelt (Mü-KoBGB/*Musielak* Rn. 10).

8 **(2)** Hat der Verkäufer bereits die **Dürftigkeitseinrede (§§ 1990–1992)** erhoben, so ist der Käufer zur Herausgabe des Nachlasses an die Gläubiger verpflichtet. Die gegenseitigen Verpflichtungen von Nachlassgläubiger und Käufer bestimmen sich nach den §§ 1978, 1979 iVm § 1991 I, § 2381 I. Ein Abzug des für die Erbschaft gezahlten Kaufpreises als Verwendung ist dabei nicht möglich (Staudinger/*Olshausen* Rn. 11).

9 **(3)** Die bereits angeordnete **Nachlassverwaltung** (§§ 1975 ff.) oder ein eröffnetes **Nachlassinsolvenzverfahren** (§§ 315 ff. InsO) wird vom Käufer anstelle des Verkäufers weitergeführt (vgl. § 330 I InsO).

10 **(4)** Die **Inventarrichtung** (§§ 1993 ff.) durch den Verkäufer kommt auch dem Käufer zu statten, sofern dieser nicht unbeschränkt haftet.

11 **3. Nach Kaufvertragsabschluss. a)** Es gilt der **Grundsatz,** dass sich die Haftungslage für Verkäufer und Käufer selbständig und unabhängig von dem jeweiligen weiteren Verhalten des anderen bestimmt, und daher jeweils gesondert zu beurteilen ist. Ein Verlust der Möglichkeit der Haftungsbeschränkung wirkt sich nur zulasten desjenigen aus, bei dem er eingetreten ist. So kann zB der eine Vertragspartner trotz rechtskräftiger Verurteilung des anderen Vertragspartners ohne Vorbehalt der beschränkten Erbenhaftung (§ 780 ZPO) zu seinen Gunsten die beschränkte Haftung den Nachlassgläubigern gegenüber herbeiführen. Andererseits tritt grds. eine Haftungsbeschränkung nur bei demjenigen ein, der sie herbeigeführt hat.

12 **aa)** Die **Haftung des Käufers** beurteilt sich nach der Haftungslage im Zeitpunkt des Abschlusses des Kaufvertrags: bei unbeschränkter Haftung des Verkäufers haftet auch er unbeschränkt, ansonsten steht ihm die Möglichkeit der Haftungsbeschränkung (→ Rn. 5) offen (**Abs. 1 S. 1**). Im Falle der beschränkten Haftung werden jedoch seine vertraglichen **Ansprüche aus dem Kaufvertrag** gegenüber dem Verkäufer (vgl. §§ 2374–2376) dem Nachlass zu gerechnet (**Abs. 1 S. 3**), so dass sie der Vollstreckung durch die Nachlassgläubiger unterliegen.

13 **bb)** Die **Haftung des Verkäufers** ist unabhängig von der des Käufers und daher selbständig zu beurteilen. Selbst wenn der Käufer die Möglichkeit einer Haftungsbeschränkung verloren hat, steht dem Verkäufer dennoch die Möglichkeit offen, seine eigene Haftungsbeschränkung herbeizuführen. So kann er im Hinblick auf seine grundsätzliche (Weiter-)Haftung auch nach Abschluss des Kaufvertrags Antrag auf Nachlassinsolvenz stellen (vgl. § 330 II InsO) sowie Nachlassverwaltung beantragen (§ 330 II InsO analog), die Dürftigkeitseinrede (§ 1990) erheben sowie das Aufgebot iSd §§ 1970–1973 beantragen (→ Rn. 7).

14 **b)** Eine **Ausnahme** von diesem Grundsatz sieht jedoch **Abs. 2** für die **Inventarerrichtung** vor. Die Rechtswirkungen der Inventarerrichtung (§§ 1993 ff.) kommen auch dem anderen Teil zustatten, sofern nicht der andere Teil bereits unbeschränkt haftet (zB Verstreichen der ihm vom Nachlassgläubiger gesetzten Inventarfrist im Vertrauen auf die Erstellung des Inventars durch den anderen Vertragspartner). IÜ sind Voraussetzungen und Folgen der Inventarfristversäumung und eines Inventardelikts grds. selbständig zu beurteilen. Ergänzend zu Abs. 2 sieht § 463 I 2 FamFG vor, dass auch der von einem Vertragspartner gestellte **Aufgebotsantrag** dem anderen zustattenkommt.

15 **4. Besonderheiten des Erbteilkaufs.** Auch beim Erbteilkauf gelten grds. die Regelungen des Abs. 1; dh es finden die §§ 1967–2017 Anwendung, wobei neben dem Verkäufer auch der Käufer entsprechend der Haftung des Verkäufers bei Abschluss des Kaufvertrags haftet. Daneben finden aber auch die **Sondervorschriften** der §§ 2058–2063 Anwendung, so dass für die Haftungslage danach zu unterscheiden ist, ob eine Auseinandersetzung bereits stattgefunden hat oder nicht:

16 **a) Vor der Teilung** ist weiter danach zu differenzieren, ob der verkaufte Anteil bereits auf den Käufer übertragen ist:

aa) Vor der Übertragung des Anteils haftet allein der Verkäufer, für den § 2059 I gilt. Der Käufer hat 17
noch keine Beteiligung an dem Nachlass erlangt und kann deshalb jegliche Befriedigung von Nachlassgläubigern ablehnen (Staudinger/*Olshausen* Rn. 30).

bb) Nach der Übertragung des Anteils auf den Käufer, beurteilt sich dessen Haftung nunmehr nach 18
§ 2059 I. Auch er hat das Recht, die Berichtigung der Nachlassverbindlichkeiten aus seinem Eigenvermögen zu verweigern, sofern er nicht unbeschränkt haftet (§ 2059 I 1). Haftet er jedoch unbeschränkt (zB wenn die unbeschränkte Haftung des Verkäufers bei Kaufvertragsabschluss eingetreten war), kann er die Berichtigung in Höhe des gekauften Anteils aus seinem Eigenvermögen nicht verweigern. Da der Verkäufer seine Beteiligung an dem Nachlass verliert, kann sich ein Nachlassgläubiger gegen diesen nicht mehr aus dem „Nachlass" befriedigen. Der Verkäufer verliert aber durch die Übertragung des Anteils nicht seine Stellung als Nachlassschuldner (Staudinger/*Olshausen* Rn. 30). Ob aber eine Haftung des Verkäufers mit seinem Eigenvermögen in Betracht kommt, bestimmt sich nach § 2059 I 2.

cc) Das Recht der Nachlassgläubiger, die **Befriedigung aus dem ungeteilten Nachlass** von sämtlichen 19
Miterben zu verlangen (§ 2059 II) bleibt unberührt. Nach Übertragung des Anteils auf den Käufer bedarf es dazu eines Titels gegen die nicht veräußernden Miterben sowie gegen den Erbschaftskäufer.

b) Nach der Teilung haften grds. Verkäufer und Käufer als Gesamtschuldner iSd §§ 421 ff. neben den 20
übrigen Miterben (§ 2058). Die Rechte der §§ 2060–2063 stehen auch dem Käufer zu.

§ 2384 Anzeigepflicht des Verkäufers gegenüber Nachlassgläubigern, Einsichtsrecht

(1) ¹Der Verkäufer ist den Nachlassgläubigern gegenüber verpflichtet, den Verkauf der Erbschaft und den Namen des Käufers unverzüglich dem Nachlassgericht anzuzeigen. ²Die Anzeige des Verkäufers wird durch die Anzeige des Käufers ersetzt.
(2) Das Nachlassgericht hat die Einsicht der Anzeige jedem zu gestatten, der ein rechtliches Interesse glaubhaft macht.

1. Normzweck. Die Vorschrift dient der Unterrichtung der Nachlassgläubiger über die geänderte 1
Schuldnerhaftung (vgl. §§ 2382, 2383). Sie entspricht der Anzeigepflicht des Vorerben in § 2146. Die Vorschrift stellt ein Schutzgesetz iSd § 823 II dar.

2. Anzeigepflicht (Abs. 1). a) Die Pflicht wird sowohl bei Abschluss eines Kaufvertrags zwischen 2
Verkäufer und Käufer über die Erbschaft als auch bei Aufhebung des Erbschaftskaufs, bei dem der Erwerber als Verkäufer iSd § 2384 zu betrachten ist (MüKoBGB/*Musielak* Rn. 2), begründet, und zwar ungeachtet dessen, ob die Anzeige bzgl. des Kaufvertrags bereits erfolgt war (Soergel/*Zimmermann* Rn. 1). § 2383 gilt auch für den Erbteilskauf und tritt dabei auch dann ein, wenn ein Miterbe das Vorkaufsrecht mit der Folge des § 464 II ausübt.

b) Anzeigepflichtig ist der Verkäufer, nicht jedoch der Käufer. Dessen Anzeige ersetzt jedoch die des 3
Verkäufers (**Abs. 1 S. 2**). Eine diesbezügliche Rechtspflicht besteht jedoch für den Käufer nicht. IdR wird der den Verkauf beurkundende Notar, dem selbst keine unmittelbare Anzeigepflicht obliegt, mit der Anzeige beauftragt (NK-BGB/*Kroiß* Rn. 1). Die Pflicht besteht gegenüber den Nachlassgläubigern, nicht jedoch gegenüber dem Nachlassgericht. Ist bei Verkauf eines Erbteils dieser im Zeitpunkt der Ausübung des Vorkaufsrechts des Miterben bereits übertragen worden, trifft die Anzeigepflicht den Käufer, da dieser zu diesem Zeitpunkt als Verkäufer zu betrachten ist (MüKoBGB/*Musielak* Rn. 5).

c) Adressat der Anzeigepflicht ist das **Nachlassgericht** (§§ 23a I Nr. 2, Abs. 2 Nr. 2 GVG iVm § 343 4
FamFG), da oftmals nicht feststeht, wer Nachlassgläubiger ist (MüKoBGB/*Musielak* Rn. 1). Das Nachlassgericht ist lediglich verpflichtet, die Anzeige entgegen zu nehmen, nicht jedoch die ihr bereits bekannten Nachlassgläubiger zu benachrichtigen. Diesen steht über das Einsichtsrecht gem. Abs. 2 die Möglichkeit offen, sich von einem etwaigen Erbschaftskauf zu informieren. Da das Nachlassgericht lediglich Adressat der Anzeige ist, kann das Nachlassgericht selbst bei anderweitiger Kenntniserlangung des Verkaufs eine Anzeige des Verkäufers nicht erzwingen (Staudinger/*Olshausen* Rn. 2). Die Entgegennahme der Anzeige löst eine Festgebühr iHv 15 EUR (Nr. 12410 lit. 5 KV GNotKG) aus.

d) Die Anzeige hat unverzüglich iSd § 121 1 zu erfolgen. Inhaltlich sind die Tatsache des Verkaufs als 5
solche und der Name des Käufers anzugeben. Einer Übersendung einer Abschrift des Kaufvertrags bedarf es nicht (Staudinger/*Olshausen* Rn. 2).

e) Die Verletzung der Anzeigepflicht begründet schuldrechtliche (§§ 281 ff.) wie auch deliktische 6
(§ 823 II) Schadensersatzansprüche der Nachlassgläubiger. Diese stellen keine Nachlassverbindlichkeiten dar; eine Haftungsbeschränkung des Verkäufers ist daher nicht möglich (Staudinger/*Olshausen* Rn. 3). Bei Anzeige des Kaufs durch den Käufer (**Abs. 1 S. 2**) entfällt jedoch eine Ersatzpflicht des Verkäufers. Erfährt der Nachlassgläubiger von dem Kauf durch Dritte kann eine Ersatzpflicht des Verkäufers gem. § 254 eingeschränkt bzw. uU sogar ganz entfallen (MüKoBGB/*Musielak* Rn. 3; BeckOK/*Litzenburger* BGB § 2384 Rn. 2; aA Staudinger/*Olshausen* Rn. 3).

3. Das Einsichtsrecht (Abs. 2) eines Nachlassgläubigers besteht bei einem rechtlichen Interesse. Es ist 7
damit enger gefasst als in § 13 FamFG (vgl. § 2146 II).

§ 2385 Anwendung auf ähnliche Verträge

(1) Die Vorschriften über den Erbschaftskauf finden entsprechende Anwendung auf den Kauf einer von dem Verkäufer durch Vertrag erworbenen Erbschaft sowie auf andere Verträge, die auf die Veräußerung einer dem Veräußerer angefallenen oder anderweit von ihm erworbenen Erbschaft gerichtet sind.

(2) ¹Im Falle einer Schenkung ist der Schenker nicht verpflichtet, für die vor der Schenkung verbrauchten oder unentgeltlich veräußerten Erbschaftsgegenstände oder für eine vor der Schenkung unentgeltlich vorgenommene Belastung dieser Gegenstände Ersatz zu leisten. ²Die in § 2376 bestimmte Verpflichtung zur Gewährleistung wegen eines Mangels im Recht trifft den Schenker nicht; hat der Schenker den Mangel arglistig verschwiegen, so ist er verpflichtet, dem Beschenkten den daraus entstehenden Schaden zu ersetzen.

1 **1. Normzweck.** Die Vorschrift erweitert die Regelungen der §§ 2371 ff. auf alle Verträge, bei denen die gleiche Interessenlage wie bei einem Erbschaftskauf zugrunde liegt. Bedeutsam ist dies im Hinblick auf die zwingenden Vorschriften für die Form und der Haftung. Damit werden Umgehungsversuche verhindert (BGHZ 25, 174 (179) = NJW 1957, 1515). Für Erbrechtsschenkungen sieht Abs. 2 eine Sonderregelung vor.

2 **2. Anwendungsbereich. a) Wiederverkauf durch den Käufer einer Erbschaft (Abs. 1 S. 1 Alt. 1).** Darunter fällt sowohl der Rückkauf der Erbschaft durch den ursprünglichen Verkäufer als auch deren Weiterverkauf durch den Käufers an einen Dritten. Unmaßgeblich ist, ob dem Veräußerer iSd § 2385 die Erbschaft bereits übertragen worden war.

3 **b) Andere Verträge (Abs. 1 S. 1 Alt. 2). aa)** Dazu zählen alle **Arten** von schuldrechtlichen Verträgen, die die Übertragung einer Erbschaft oder eines Erbteils zum Gegenstand haben wie zB Tausch, Hingabe einer Erbschaft an Zahlungs statt (§ 364), Verzicht auf das Nacherbenanwartschaftsrecht (RG DNotZ 1942, 145), Vertrag, der in Erfüllung eines Universalvermächtnisses geschlossen wird, zB Ermächtigung des Vermächtnisnehmer an Unternehmen gegen ein bestimmtes Entgelt zu erwerben (*Dobroschke* DB 1967, 803), sowie alle Verträge, die Einfluss auf den Bestand und Umfang einer Erbschaft Einfluss nehmen und daher einer Veräußerung gleichstehen (zB Vergleiche, vertragliche Anerkennung einer bestrittenen oder nichtigen Verfügung von Todes wegen (RGZ 72, 209) oder Testamentsanfechtung oder Vertrag über die Auslegung einer letztwilligen Verfügung über eine Erbenstellung (BGH NJW 1986, 1812; vgl. Staudinger/*Olshausen* Rn. 8 ff.) sowie Schenkungen, für die die Sonderregelung des Abs. 2 gelten. Strittig ist, ob Verträge, die lediglich Sicherungscharakter haben (zB Sicherungsübertragung oder Verpfändung einer Erbschaft) oder die den Bestand der Erbschaft im Kern unangetastet lassen (zB Nießbrauchbestellung an einem Erbteil oder einer Erbschaft (vgl. §§ 1089, 1068) unter § 2385 fallen (bejahend *Lange/Kuchinke* ErbR § 45 Kap. I Rn. 3; *Kipp/Coing* ErbR § 113 Kap. II Rn. 2; zutr. verneinend Staudinger/*Olshausen* Rn. 14 iVm Staudinger/*Olshausen* Einl. § 2371 Rn. 92; BeckOK/*Litzenburger* BGB § 2385 Rn. 4; NK-BGB/*Kroiß* Rn. 3).

4 **bb) Keine „anderen Verträge"** iSd Abs. 1 S. 1 Alt. 2 sind Auseinandersetzungsverträge gem. § 2042, die sog. „Abschichtung", soweit nicht Erbteile unter Miterben übertragen werden (BGH NJW 1998, 1557 = ZEV 1998, 141), Verträge zur Verpflichtung zur Ausschlagung der angefallenen Erbschaft oder des Verzichts auf die Anfechtung einer anfechtbaren Verfügung von Todes wegen. Die Erteilung einer unwiderruflichen Vollmacht eines Miterben zugunsten eines Dritten unter Befreiung von § 181 kann nicht in eine Veräußerung der Erbschaft umgedeutet werden (BGH WM 1960, 551).

5 **cc) Rechtsfolgen.** Die Vorschriften der §§ 2371–2385 finden auf die vorgenannten Verträge entsprechende Anwendung mit der Maßgabe, dass anstelle des Erben (als Verkäufer) der Veräußerer zu setzen ist. Bedeutsam hierbei sind zum einen das **Formerfordernis des § 2371** sowie der Eintritt der **Haftung iSd §§ 2382, 2383**. Letztere hat bei einem Weiterverkauf der Erbschaft eine Ausweitung der Haftung zugunsten des Nachlassgläubigers zur Folge, da neben dem Erben und dem Ersterwerber auch der Zweiterwerber als Gesamtschuldner haftet (MüKoBGB/*Musielak* Rn. 4). Bei den jeweiligen schuldrechtlichen Veräußerungsverträgen ist jedoch stets zu prüfen, ob sich daraus nicht Modifikationen für die Anwendung der §§ 2371–2384 ergeben (Staudinger/*Olshausen* Rn. 24). So beschränkt sich zB beim Weiterverkauf die Herausgabepflicht auf die Erbschaftsgegenstände und Surrogate, die im Zeitpunkt des Weiterverkaufs noch vorhanden sind (MüKoBGB/*Musielak* Rn. 4). Hat der Erstverkäufer seine Pflicht auf Herausgabe der Gegenstände an den Zweitkäufer noch nicht erfüllt, so ist der Zweitverkäufer verpflichtet, die Gegenstände selbst an seinen Käufer herauszugeben. Die Abtretung des Herausgabeanspruchs ist insoweit nicht ausreichend (Staudinger/*Olshausen* Rn. 24).

6 **b) Schenkung (Abs. 2). aa) Grundsatz:** Für die Schenkung einer Erbschaft gelten grds. die allgemeinen Vorschriften (§§ 519, 521, 522, 525–533). Da es sich bei der Schenkung um einen „anderen Vertrag" iSd Abs. 1 handelt, gilt § 2371. § 518 ist hingegen nicht anwendbar, was zur Folge hat, dass keine Heilung iSd § 518 II eintritt, sofern zB die Schenkung durch Übertragung aller Nachlassgegenstände bewirkt wird.

7 **bb) Modifikationen: (1)** Von den **allgemeinen Vorschriften der Schenkung** werden §§ 523, 524 durch die Sonderregelung in **Abs. 2 S. 2** verdrängt.

(2) Die **allgemeinen Regelungen des Erbschaftskaufs** werden durch **Abs. 2 S. 1** insoweit modifiziert, als § 2375 keine Anwendung findet. Aus Abs. 2 S. 2 iVm § 2378 ergibt sich, dass im Verhältnis zwischen Schenker und Beschenkten letzterer alle Nachlassverbindlichkeiten zu tragen hat. Verlangt der Schenker gem. den §§ 527, 528, 530 ff. das Geschenkte zurück, so ist er im Innenverhältnis zum Beschenkten verpflichtet, diesen von der Haftung für die Nachlassverbindlichkeiten (§§ 2382, 2383) zu befreien.

12. Gesetz über Maßnahmen zur Verbesserung der Agrarstruktur und zur Sicherung land- und forstwirtschaftlicher Betriebe (Grundstückverkehrsgesetz – GrdstVG)

Vom 28.7.1961
(BGBl. I S. 1091, ber. S. 1652 und 2000)
Zuletzt geändert durch Art. 108 FGG-ReformG vom 17.12.2008 (BGBl. I S. 2586)

(Auszug)

Erster Abschnitt. Rechtsgeschäftliche Veräußerung

...

§ 2 [Genehmigungspflichtige Geschäfte]

(1) ¹Die rechtsgeschäftliche Veräußerung eines Grundstücks und der schuldrechtliche Vertrag hierüber bedürfen der Genehmigung. ²... ³...

(2) Der Veräußerung eines Grundstücks stehen gleich
1. ...
2. die Veräußerung eines Erbanteils an einen anderen als an einen Miterben, wenn der Nachlaß im wesentlichen aus einem land- oder forstwirtschaftlichen Betrieb besteht;

...

1 Verlangt der Gesetzgeber für ein privates Rechtsgeschäft zu dessen Wirksamkeit eine behördliche Genehmigung, muss der Gesetzgeber selbst regeln, welche Voraussetzungen für die Erteilung der Genehmigung gegeben sein müssen, bzw. aus welchen Gründen die Genehmigung versagt werden darf. Ein solcher Genehmigungsvorbehalt ist in § 2 II Ziff. 2 GrdstVG vorgesehen. Ohne ihn könnte der Erbanteil an einem Nachlass, zu dem land- und forstwirtschaftliche Grundstücke gehören, ohne Genehmigung nach § 2033 BGB übertragen werden. Der Erwerb eines Erbanteils vollzieht sich, auch wenn Grundstücke zum Nachlass gehören, ohne Auflassung und Eintragung. Übertragen wird schließlich kein Grundstück oder Grundstücksanteil sondern der Erbteil und damit die gesamthänderische Beteiligung am gesamten Nachlass. Wegen dieser Ausgangslage bedarf es der Regelung in § 2 II Ziff. 2 GrdstVG, wonach für die Übertragung eines Erbanteils eine Genehmigung der nach Landesrecht zuständigen Genehmigungsbehörde erforderlich ist, wenn ein land- oder forstwirtschaftlicher Betrieb den wesentlichen Teil des Nachlasses darstellt. Dies ist dann der Fall, wenn der Verkehrswert des land- und forstwirtschaftlichen Teils den Verkehrswert des Restnachlasses übersteigt.

2 Das Vorliegen eines landwirtschaftlichen Betriebs setzt das Vorhandensein einer Hofstelle mit Wirtschaftsgebäuden und Grundstücken voraus. Dabei muss der gesamte Landwirtschaftsbetrieb Bestandteil des Nachlasses sein, wenn die Erbteilsveräußerung genehmigt werden soll. Wenn nach § 2 II die Veräußerung der Genehmigung unterliegt, ist damit gemeint, dass auch der schuldrechtliche Vertrag der Genehmigung bedarf. Besteht der Nachlass nur aus einzelnen Grundstücken, bedarf die Erbteilsübertragung an einen Dritten nach der amtlichen Begründung keiner Genehmigung, weil ein Genehmigungserfordernis dann zu einer vom Gesetzeszweck nicht gedeckten Beeinträchtigung der Erbeninteressen führen würde. Allerdings sind Veräußerungen von Erbanteilen, auch wenn der Nachlass nicht aus einem Betrieb, sondern nur aus landwirtschaftlichen Grundstücken besteht, dann nach § 2 II Nr. 2 GrdstVG genehmigungspflichtig, wenn die Form der Erbteilsübertragung allein deswegen gewählt wurde, um die aus § 2 I GrdstVG folgende Genehmigungspflicht für eine von den Vertragsparteien bezweckten Veräußerung landwirtschaftlich genutzter Grundstücke zu umgehen (BGH NJW 2013, 607). Nach der Rechtsprechung des BGH darf nämlich die Genehmigungspflicht im Verkehr mit land- und forstwirtschaftlichen Grundstücken nicht umgangen werden, so dass auf eine solche Umgehung gerichtete Rechtsgeschäfte wiederum der Genehmigung bedürfen (BGHZ 21, 221 (225) = NJW 1956, 1637). Diese Umgehungsrechtsprechung gilt auch für an sich nicht genehmigungsbedürftige Erbanteilsübertragungen. Im vom BGH entschiedenen Fall war zunächst ein Kaufvertrag über landwirtschaftliche Grundstücke mit einer Erbengemeinschaft auf der Verkäuferseite geschlossen worden. Die Genehmigung nach § 2 I GrdstVG war zunächst beantragt, dann aber der Genehmigungsantrag zurückgenommen worden. Die Miterben nahmen stattdessen eine Auseinandersetzung des Nachlasses insoweit vor, dass sich im ungeteilten Restnachlass nur noch die Kaufgrundstücke befanden. Der Kaufvertrag wurde aufgehoben und stattdessen die Erbteile (und damit die ursprünglichen Kaufobjekte) an den Erbteilserwerber übertragen. Zu beachten ist, dass dieses Umgehungsgeschäft nicht nichtig, sondern nur schwebend unwirksam ist. Wird es genehmigt wird es wirksam, wird die Genehmigung versagt wird es endgültig unwirksam.

Nach dem Vorstehenden bedarf die Übertragung eines Erbanteils keiner Genehmigung, wenn (1.) der Erbteil an einen Miterben übertragen wird; (2.) wenn sich im Nachlass nur einzelne land- oder forstwirtschaftlich Grundstücke befinden, aber keine Hofstelleund mit der Erbteilsübertragung keine Umgehung der für die einzelnen Grundstücke nach § 2 I GrdstVG bestehenden Genehmigungspflicht bezweckt wird; (3.) wenn der Verkehrswert des sonstigen Nachlasses denjenigen des land- und forstwirtschaftlichen Betriebs überwiegt.

Zweiter Abschnitt. Gerichtliche Zuweisung eines Betriebes

§ 13 [Zuweisung an einen Miterben]

(1) ¹Gehört ein landwirtschaftlicher Betrieb einer durch gesetzliche Erbfolge entstandenen Erbengemeinschaft, so kann das Gericht auf Antrag eines Miterben die Gesamtheit der Grundstücke, aus denen der Betrieb besteht, ungeteilt einem Miterben zuweisen; kann der Betrieb in mehrere Betriebe geteilt werden, so kann er geteilt einzelnen der Miterben zugewiesen werden. ²Grundstücke, für die nach ihrer Lage und Beschaffenheit anzunehmen ist, dass sie in absehbarer Zeit anderen als landwirtschaftlichen Zwecken dienen werden, sollen von der Zuweisung ausgenommen werden. ³Das Gericht hat die Zuweisung auf Zubehörstücke, Miteigentums-, Kapital- und Geschäftsanteile, dingliche Nutzungsrechte und ähnliche Rechte zu erstrecken, soweit diese Gegenstände zur ordnungsgemäßen Bewirtschaftung des Betriebes notwendig sind.

(2) Das Eigentum an den zugewiesenen Sachen und die zugewiesenen Rechte gehen mit der Rechtskraft der gerichtlichen Entscheidung oder, falls in ihr ein späterer Zeitpunkt bestimmt ist, zu diesem Zeitpunkt auf den Miterben über, dem der Betrieb zugewiesen wird (Erwerber).

(3) ¹Die Vorschriften der Absätze 1 und 2 gelten nur, soweit die Sachen und Rechte gemeinschaftliches Vermögen der Erben sind. ²Auf Reichsheimstätten sind sie nicht anzuwenden.

1. Normzweck und Gesetzeshistorie. Die Teilung eines landwirtschaftlichen Betriebs unter den Mitgliedern einer durch Gesetz entstandenen Erbengemeinschaft würde in den allermeisten Fällen zu dessen Zersplitterung, wenn nicht gar Aufgabe führen. Der Erblasser, der es versäumt hat, eine Verfügung von Todes wegen zu errichten, hätte eine solche Zersplitterung oder Zerschlagung aber in der Regel nicht gewollt. Sein Versäumnis soll durch die gerichtliche Betriebszuweisung nach dem GrdstVG ausgeglichen werden. Das Gericht soll – so die amtliche Begründung – auf Antrag eines Erben nachholen, was ein verständiger Erblasser zu seinen Lebzeiten voraussichtlich angeordnet hätte, wenn er die weitere Entwicklung bedacht hätte. Die Zuweisung bevorzugt den Erwerber vermögensmäßig, weil dieser die weichenden Erben nur auf der Grundlage des Ertragswerts des Betriebs, der weit unter dem Verkehrswert liegt (etwa ¹/₁₄ bis ¹/₈), abfinden muss, damit die Abfindungsbelastung den Betrieb nicht in seiner Existenz gefährdet. Damit wird zuallererst dem öffentlichen Interessen an der Erhaltung leistungsfähiger Landwirtschaftsbetriebe Rechnung getragen. Weitere Zwecke, die verfolgt werden, sind die einer gesunden agrarpolitischen Raumordnung und besonders auch der – wenn auch nicht formwirksam geäußerte – mutmaßliche oder wirkliche Wille des Erblassers, den in der Familie überkommenen Hof dadurch in der Familie zu erhalten, dass er geschlossen einem Nachfolger übertragen wird (BVerfG NJW 1995, 2977, 2978). Es gilt nach wie vor das vom BGH (RdL 1965, 280) zum Zuweisungsverfahren in der ehemaligen Britischen Zone 1956 formulierte **Zielsetzung**, wonach das Zuweisungsverfahren für landwirtschaftliche Betriebe, die nicht unter ein Anerbenrecht fallen, sicherstellen soll, dass durch den Anfall an eine durch gesetzliche Erbfolge entstandene Erbengemeinschaft nicht die Gefahr einer Zerschlagung oder Überschuldung eintritt, so dass die Besitzung in der Hand eines der Miterben der bisher auf der Stelle sitzenden Familie erhalten bleibt, wenn dieses Ziel im Weg einer gütlichen Auseinandersetzung unter den Miterben nicht zu erreichen ist. Das Ziel der Zuweisung ist die Schaffung von **Alleineigentum** für Hofstelle und Ländereien in der Hand eines der Miterben als Bewirtschafter. Dieses Ziel entspricht auch der Rechtswirklichkeit sind doch von den derzeit rund 270.000 landwirtschaftlichen Betrieben in der Bundesrepublik 90 % Einzelunternehmen, die von der auf dem Hof sitzenden Familie bewirtschaftet werden (Statistik und Berichte des BMEL, Internet 25.2.2018). Im Wirtschaftsjahr 2017/18 schwanken die Gewinne der Haupterwerbsbetriebe (ohne juristische Personen in den neuen Ländern) zwischen 38.000 und 78.000 EUR ja nach Produktionsausrichtung (Bayerisches Landwirtschaftliches Wochenblatt, 12.1.2018).

Die Veräußerung eines landwirtschaftlichen Grundstücks bedarf seit 1918 einer behördlichen Genehmigung (Bundesrats-Bekanntmachung über den Verkehr mit land- und forstwirtschaftlichen Grundstücken vom 15.3.1918, RGBl. I 35). Die Genehmigungspflicht wurde damals eingeführt, um die Bodenspekulation zu unterbinden und die Ernährung der Bevölkerung zu sichern. In der Folgezeit wurden die Verfügungsbeschränkungen weiter verschärft, insbesondere durch die von der nationalsozialistischen Blut- und Bodenideologie geprägten Grundstücksverkehrsbekanntmachung vom 26.1.1937 (RGBl. I 32) und das Reichserbhofgesetz vom 29.9.1933 (RGBl. I 549, ber. 564) mit seiner zwingenden Hoferbfolge nach starren Anerbenordnungen. Diese Vorschriften aus der Nazizeit wurde durch das zum 24. April 1947 in Kraft getretene **Kontrollratsgesetz Nr. 45** aufgehoben (Art. I Nr. 2 und II des KRG Nr. 45 bestimmen die Aufhebung der Erbhofgesetze und Einführung neuer Bestimmungen über land- und forstwirtschaftliche Grundstücke v. 25.2.1947). In der Britischen Besatzungszone wurde von der Militärregierung durch Art. VI Nr. 17 der MRVO brZ Nr. 84 ein Zuweisungsverfahren nach Vorbild der §§ 620ff.

des Schweizerischen Zivilgesetzbuchs vom 10.12.1907 eingeführt. Dieses Zuweisungsverfahren in den Ländern der Britischen Zone war der Vorläufer des Zuweisungsverfahrens nach den §§ 13 bis 17 des Grundstücksverkehrsgesetzes vom 28.7.1961 (BGBl I 1091, 1652, 2000), das zum 1.1.1962 in Kraft trat. Da die Rechtsprechung zur britischen Militär-VO Nr. 84, wie insbesondere BGH RdL 1956, 280 daher heute noch für inhaltsgleiche GrdstVG-Bestimmungen herangezogen werden kann, nachfolgend der Wortlaut von **MrVO brZ Nr. 84 Art. VI Ziff. 17.** *„Gehört eine land- und forstwirtschaftliche Besitzung einer Erbengemeinschaft, so ist für eine Auseinandersetzung gemäß §§ 86 ff. des Freiwilligen Gerichtsbarkeitsgesetzes insoweit an Stelle des Nachlassgerichtes das Amtsgericht zuständig. Einigen die Beteiligten nicht über die Auseinandersetzung hinsichtlich der Besitzung, so kann das Amtsgericht auf Antrag ungeteilt auf einen Miterben nach den Regeln der Höfeordnung übertragen und dabei die Beträge, die der Erwerber an die Miterben zu leisten hat, nach Art, Höhe, Fälligkeit und Sicherstellung näher festsetzen. Mit Rechtskraft des Zuweisungsbeschlusses geht das Eigentum an der Besitzung auf den Erwerber über."* Der Gesetzgeber begründete das Zuweisungsverfahren mit dem Argument *„Das Gericht holt hierbei nach, was ein verständiger Erblasser vor seinem Tod voraussichtlich angeordnet hätte, wenn er die weitere Entwicklung übersehen hätte"* (Lit. F der amtl. Begründung zum GrdstVG, BT-Drs. Nr. 119, 3. Wahlperiode). Letzten Endes ist das Zuweisungsverfahren die Wiedereinführung eines Teilungsrichters für Nachlässe mit landwirtschaftlichen Betrieben, den das BGB abgeschafft hat. Als gesetzlich geregelte Teilauseinandersetzung für landwirtschaftliche Unternehmen hätte das Zuweisungsverfahren im BGB unter den §§ 2042 ff. geregelt werden müssen und bildet im GrdstVG einen „Fremdkörper" (*Wöhrmann* S. 473).

3   Bereits in der 1. Wahlperiode des Deutschen Bundestages (1949 bis 1953) war damit begonnen worden, das Agrarrecht den neuen politischen und wirtschaftlichen Verhältnissen anzupassen und die Rechtseinheit auf diesem Gebiet unter gleichzeitiger Ablösung des Besatzungsrechts wiederherzustellen (zB wurden verabschiedet das LwVG v. 21.7.1953, das FlurbG v. 14.7.1953 und das LPachtG v. 25.6.1953). In der 2. Wahlperiode (1953 bis 1957) hatte sich der Deutsche Bundestag in seinem Beschluss vom 12.3.1954 betreffend die Reorganisation des Agrarrechts und der Agrarwirtschaft (BT-Drs. 251 der 2. Wahlperiode) den Gebieten zugewandt, die im KRG Nr. 45 geregelt waren, indem er sich für ein Programm aussprach, das lebensfähige, landwirtschaftliche Betriebe geschlossen erhalten bzw. schaffen und die durch die Flurbereinigung verbesserte Besitzordnung sichern sollte. Kernstück dieses Programms war das in der 3. Wahlperiode (1957 bis 1961) verabschiedete **GrdstVG v. 28.7.1961.** Der Gesetzgeber war der Auffassung, das Zuweisungsverfahren in der britischen Zone, bei dem das Gericht gleichzeitig Zuweisung und Abfindung der weichenden Erben in Anlehnung an die Vorschriften des Höferechts regelte, habe sich gut bewährt. Das Zuweisungsverfahren erschien dem Gesetzgeber besonders für Gebiete geeignet, in denen bisher kein Anerbenrecht eingeführt sei oder von der Möglichkeit eines fakultativen Anerbenrechts nur wenig Gebrauch gemacht worden sei. Um die agrarpolitisch unerwünschte Zerstörung selbstständiger Landwirtschaftseinheiten im Erbgang zu verhindern und die Ergebnisse der Flurbereinigung zu schützen, schuf der Gesetzgeber das Zuweisungsverfahren nach den §§ 13 bis 17 ff. GrdstVG für das gesamte Bundesgebiet. Es wurde aber auf Besitzungen beschränkt, die im Wesentlichen eine wirtschaftliche Lebensgrundlage für eine bäuerliche Familie abgeben können.

4   Die §§ 13 bis 17 GrdstVG in der jetzigen Form waren Ergebnis eines harten Ringens, nachdem die Mehrheit der Mitglieder des Rechtsausschusses des Bundestages gegen die im Regierungsentwurf enthaltene Fassung dieser Vorschriften verfassungsrechtliche und rechtspolitische Bedenken erhoben hatte. Sie wurden, weitgehend umgestaltet, um diese Bedenken auszuräumen. Bedenken hatten insbesondere im Hinblick auf die Vereinbarkeit mit **Art. 12 und 14 GG** bestanden. Die Gesetzesfassung wurde nach der amtlichen Begründung als grundgesetzkonform erachtet: Das Zuweisungsverfahren bestimme Inhalt und Schranken der Rechtsstellung der Miterben hinsichtlich des zum Nachlass gehörenden landwirtschaftlichen Betriebes. Sie sehe weder einen enteignenden Eingriff vor, noch tue sie der Gewährleistung des Erbrechts Abbruch (BT-Drs. Nr. 119, 3. Wahlperiode). Die Möglichkeit der Zuweisung eines landwirtschaftlichen Betriebes sei vom Gesetzgeber auf Fälle beschränkt, in denen der Betrieb einer durch gesetzliche Erbfolge entstandenen Erbengemeinschaft gehöre. Mit Rücksicht auf den in einer Verfügung von Todes wegen zum Ausdruck gekommenen Willen des Erblassers sei bei einer durch Verfügung von Todes wegen entstandenen Erbengemeinschaft eine Zuweisung des Betriebes an einen der Miterben nicht zulässig. Die Zuweisung der zu dem Betrieb gehörenden Gegenstände sei auf diejenigen beschränkt worden, die zur ordnungsmäßigen Bewirtschaftung des Betriebes notwendig seien, damit der Erbengemeinschaft die für die Bewirtschaftung entbehrlichen Gegenstände für die Auseinandersetzung nach den Vorschriften des Bürgerlichen Gesetzbuchs verblieben (zum Ganzen BT-Drs. 2635, 3. Wahlperiode).

5   Das GrdstVG wurde in der Folge mehrfach geändert, zuletzt durch Art. 108 FGG-ReformG vom 17.12.2008 (BGBl. I 2586, 2742). Die praktische Bedeutung von Zuweisungsverfahren ist heutzutage gering. Bei der Mehrzahl der Amtsgerichte fanden seit Jahren keine Zuweisungsverfahren mehr statt. Dennoch erlangt es bei einem Intestaterbfball überragende Bedeutung als *das* Mittel zur Rettung des Landwirtschaftsbetriebs vor seiner Zerschlagung.

6   **2. Der Aufbau des Grundstücksverkehrsgesetzes.** Das GrdstVG zerfällt in 5 Abschnitte. Der erste Abschnitt (§§ 1 bis 12 GrdstVG) trifft Regelungen über die landwirtschaftsbehördliche Genehmigung bei rechtsgeschäftlichen Veräußerungen land- und forstwirtschaftlicher Grundstücke und gleichgestellten Umgehungsgeschäften (zB Veräußerung eines Erbanteils in § 2 II Nr. 2 GrdstVG). Der zweite Abschnitt (**§§ 13 bis 17 GrdstVG**) ist erbrechtlicher Natur und hätte systematisch seinen Platz eigentlich im

BGB im Recht der Erbengemeinschaft finden müssen. Er regelt die Zuweisung eines landwirtschaftlichen Betriebs bei einer auf gesetzlicher Erbfolge beruhenden Erbengemeinschaft durch das Landwirtschaftsgericht. Der dritte Abschnitt (§§ 18 bis 26 GrdstVG) betrifft in erster Linie das Verfahren für die im ersten Abschnitt geregelten landwirtschaftsbehördlichen Genehmigungen, der vierte Abschnitt (§§ 27 bis 30 GrdstVG) Änderungen des Reichssiedlungsgesetz und der fünfte Abschnitt (§§ 31 bis 39 GrdstVG) Übergangs- und Schlussbestimmungen.

3. Das Zuweisungsverfahren im Überblick. Ist ein landwirtschaftlicher Betrieb durch gesetzliche 7 Erbfolge an eine Erbengemeinschaft gefallen, kann jeder Miterbe beim Landwirtschaftsgericht (am zuständigen Amtsgericht) beantragen, dass der Betrieb einem Miterben (auch einem anderen als dem Antragsteller) durch Beschluss ungeteilt zugewiesen wird. Insoweit wird die weichenden Miterben als Ersatz für ihren wirtschaftlichen Anteil am Hof im Gerichtsbeschluss eine Abfindungszahlung in Geld nach dem sog. landwirtschaftlichen Ertragswert des § 2049 BGB festgesetzt. Hierdurch werden die weichenden Miterben in der Regel benachteiligt, da der Ertragswert nur einen Bruchteil des Verkehrswertes darstellt (zB $1/8$ bis $1/14$, vgl. zB BVerfG ZEV 1995, 184, 185 mit 237700 DM Ertragswert und rund 3 Mio. DM Verkehrswert). Die Voraussetzungen der Betriebszuweisung sind in den §§ 13 bis 15 GrdstVG geregelt, die immer zusammen zu lesen sind. Der zuzuweisende Betrieb muss mit einer Hofstelle versehen sein und seine Erträge müssen im Wesentlichen zum Unterhalt einer bäuerlichen Familie ausreichen. Der Betrieb ist demjenigen Miterben zuzuweisen, dem er nach dem wirklichen oder mutmaßlichen Willen des Erblassers zugedacht war, wobei der Zuweisungserwerber geeignet sein muss, den Betrieb ordnungsgemäß zu bewirtschaften. Wird dem Zuweisungsantrag stattgegeben, hat das Landwirtschaftsgericht zugleich mit der Zuweisung zu entscheiden, auf welche Zubehörstücke, Miteigentums-, Kapital- und Geschäftsanteile und ähnliche Rechte, sich die Zuweisung erstreckt (§ 13 I 3 GrdstVG). Es hat auch über die Abfindung der Miterben zu entscheiden (§ 16 GrdstVG). Daneben entscheidet das Landwirtschaftsgericht über Nachabfindungsansprüche (§ 17 GrdstVG), wenn der Erwerber binnen 15 Jahren nach dem Erwerb aus dem Betrieb oder einzelnen zugewiesenen Gegenständen durch Veräußerung oder auf andere Weise, die den Zwecken der Zuweisung fremd ist, erhebliche Gewinne erzielt.

Das **Verfahren** vor dem Landwirtschaftsgericht (früher: „Bauerngericht" genannt) richtet sich nach 8 dem Gesetz über das gerichtliche Verfahren in Landwirtschaftssachen (LwVG) vom 21.7.1953. Ergänzend gelten gemäß § 9 LwVG die Vorschriften des FamFG. Durch die Streichung der §§ 21 ff. LwVG richten sich die Rechtsmittelverfahren jetzt nach den FamFG-Vorschriften. Die sofortige Beschwerde nach § 22 LwVG aF mit einer Frist von zwei Wochen ist seit 1.9.2009 durch die Beschwerde nach § 58 FamFG mit der einmonatigen Beschwerdefrist nach § 63 FamFG abgelöst. Es besteht weder vor dem AG noch dem OLG als Beschwerdegericht Anwaltszwang. Anwaltszwang besteht nur für die Rechtsbeschwerde zum BGH. Wer die Gerichtskosten zu tragen hat, entscheidet das Gericht nach billigem Ermessen. Außergerichtliche Kosten sind grundsätzlich nicht von der unterlegenen Partei zu erstatten. Ob dies auch für Rechtsanwaltskosten gilt ist streitig (siehe Kommentierung zu § 45 LwVG). Der Geschäftswert richtet sich bei einer Zuweisung nach § 48 GNotKG, sonst nach den allgemeinen Wertvorschriften des GNotKG (siehe hierzu die Kommentierung unter § 36a LwVG).

4. Anwendbarkeit des GrdstVG in den verschiedenen Bundesländern. Das Zuweisungsverfahren 9 kann grundsätzlich in allen Bundesländern durchgeführt werden. Ausgeschlossen ist es nur, wenn Anerbenrecht vorrangig zur Anwendung kommt.

Bundesländer-Übersicht zur Anwendbarkeit des Zuweisungsverfahrens (nach Ruby, ZEV 2006, 254)		
Der Betrieb liegt im Bundesland:	Ist ein Zuweisungsverfahren nach §§ 13 ff. GrdstVG bei gesetzlicher Erbfolge möglich?	Oder gilt vorrangig Anerbenrecht (sofern durch Verfügung von Todes wegen nichts anderes bestimmt, vgl. Art. 64 II EGBGB)?
Baden	Ja, falls BadHofGG nicht gilt oder die Miterben auf das Übernehmerecht aus § 10 BadHofGG verzichtet haben (*Lange* § 14 GrdstVG Rn. 8)	Badisches Hofgütergesetz: Anerbenrecht mit Übernahmerecht gilt, falls einer von 4409 Schwarzwaldhöfen betroffen ist, die 1888 gesetzlich als geschlossene Hofgüter registriert wurden und inzwischen die Hofgutseigenschaft nicht mit Zustimmung des Landwirtschaftsamtes aufgehoben wurde (praktisch: noch als geschlossenes Hofgut im Grundbuch eingetragen).
Württemberg	Ja, falls Anerbenrecht nicht gilt.	Württembergisches Anerbengesetz (7346 Betriebe): Das Anerbenrecht ist grds. seit 31.12.2000 außer Kraft (3. RechtsberG, Anl. 2 zu Art. 1 u. Art. 28, GVBl 1996 29 ff.). Aber: Es gilt noch für Erbfälle nach dem 31.12.2000, sofern der Erblasser vor dem 1.1.1930 geboren wurde. (Konstitutive) Eintragung in Höferolle

Bundesländer-Übersicht zur Anwendbarkeit des Zuweisungsverfahrens (nach Ruby, ZEV 2006, 254)		
Der Betrieb liegt im Bundesland:	Ist ein Zuweisungsverfahren nach §§ 13 ff. GrdstVG bei gesetzlicher Erbfolge möglich?	Oder gilt vorrangig Anerbenrecht (sofern durch Verfügung von Todes wegen nichts anderes bestimmt, vgl. Art. 64 II EGBGB)?
		des zuständigen Grundbuchamtes erforderlich, Art. 1 II WürttAnerbenG.
Bayern	ja	kein Anerbenrecht vorhanden
Berlin	ja	kein Anerbenrecht vorhanden
Brandenburg	ja	kein Anerbenrecht vorhanden
Bremen	Ja, falls das Anerbenrecht nicht gilt	Bremisches Höfegesetz: Anerbenrecht gilt, falls Hof in Höferolle beim Grundbuchamt eingetragen, § 1 BremHöfeG (159 Betriebe).
Hamburg	Ja, – falls HöfeO nicht gilt – falls Hof verwaist (§ 10 HöfeO, OLG Celle RdL 1958, 159; *Lange* § 13 Rn. 5a) – bei Löschung des Hofvermerks nach § 1 IV HöfeO oder Aufgabe (s. rechte Spalte) – rechtskräftige Scheidung bei Ehegattenhof (§ 1 V HöfeO)	Gilt HöfeO als partielles Bundesrecht (Art. 125, 72 II, 74 Nr. 1 GG) fällt der Hof im Wege der Sondererbfolge an den Hofeserben, das ist der Fall – bei Höfen mit einem Wirtschaftswert ab 10 000 EUR auch ohne (deklaratorischen) Registereintrag – bei „Antragshöfe" mit Wirtschaftswert ab 5000 EUR bei Eintragung eines Hofvermerks im Grundbuch Es darf keine negative Hoferklärung gegenüber dem Landwirtschaftsgericht vorliegen, dass der Betrieb kein Hof iS der HöfeO mehr sein soll, worauf Löschung des Hofvermerks im Grundbuch erfolgt. Liegt kein landwirtschaftlicher Betrieb mehr vor, geht die Hofeigenschaft auch ohne Löschung des Hofvermerks verloren (BGH ZEV 1996, 74, 75).
Hessen	Ja, falls HessLandGO nicht gilt oder die Miterben auf das Übernehmerecht aus § 10 BadHofGG verzichtet haben (*Lange* § 14 GrdstVG Rn. 8)	Hessische Landgüterordnung: Anerbenrecht mit Übernahmerecht gilt, falls Landgut in die Landgüterrolle beim Grundbuchamt eingetragen, § 4 HessLandGO (155 Betriebe).
Mecklenburg-Vorpommern	ja	kein Anerbenrecht vorhanden
Niedersachsen	Ja, falls Anerbenrecht nicht gilt.	HöfeO: zur Rechtslage s. Hamburg
Nordrhein-Westfalen	Ja, falls Anerbenrecht nicht gilt.	HöfeO: zur Rechtslage s. Hamburg
Rheinland-Pfalz	Ja, falls Anerbenrecht nicht gilt.	Rheinland-pfälzische HöfeO: Anerbenrecht gilt, falls Betrieb in die Höferolle eingetragen (6681 eingetragene Betriebe).
Saarland	ja	kein Anerbenrecht vorhanden
Sachsen	ja	kein Anerbenrecht vorhanden
Sachsen-Anhalt	ja	kein Anerbenrecht vorhanden
Schleswig-Holstein	Ja, falls Anerbenrecht nicht gilt.	HöfeO: zur Rechtslage s. Hamburg
Thüringen	ja	kein Anerbenrecht vorhanden

10   **5. Keine Verletzung der Erbrechtsgarantie des Art. 14 I 1 GG.** Infolge einer Zuweisung müssen die weichenden Miterben ihr durch eine gesetzliche Erbfolge erworbenes Erbe opfern. Diese Entziehung des Erbes ist nach Art. 14 GG zulässig, da sie zum Wohle der Allgemeinheit erfolgt. Mit dem Zuweisungsverfahren werden öffentliche Ziele verfolgt, die den Privatinteressen der Erben vorgehen. Das Zuwei-

sungsverfahren will zum Wohle der Allgemeinheit die Herbeiführung von Splitterbesitz verhindern, der bei der Teilung eines wirtschaftlich gesunden Hofes, der zur Bevölkerungsernährung beiträgt, durch die Miterben befürchtet wird. Gegen das Zuweisungsverfahren bestehen keine verfassungsrechtlichen Bedenken. Das verfassungsrechtlich unbedenkliche anerbenrechtliche Ziel des Zuweisungsverfahrens, den in der Familie überkommenen Hof dadurch in der Familie zu erhalten, dass er geschlossen einem Angehörigen als Nachfolger übertragen wird, könnte bei einer Abfindung der weichenden Erben zum Verkehrswert nicht erreicht werden, so dass die Abfindung der weichenden Erben auf der Grundlage des Ertragswerts keiner besonderen Rechtfertigung mehr bedarf (BVerfGE 91, 346 = ZEV 1995, 184, 186).

6. Landwirtschaftlicher Betrieb. Nach § 13 GrdstVG kann nur ein landwirtschaftlicher Betrieb zugewiesen werden (allein forstwirtschaftliche Grundstücke können nicht zugewiesen werden). Setzt sich der Betrieb aus land- und forstwirtschaftlichen Grundstücken zusammen, ist ein Zuweisungsverfahren zulässig, wenn der landwirtschaftlich genutzte Teil überwiegt und kein sog. „Doppelbetrieb" vorliegt (*Wöhrmann* § 13 GrdstVG Rn. 6). Bei einem „Doppelbetrieb" sind die beiden Betriebe dergestalt trennbar, dass nach der Trennung sowohl ein lebensfähiger landwirtschaftlicher als auch ein lebensfähiger forstwirtschaftlicher Betrieb übrig bleiben. Bei einem Doppelbetrieb kann nur der landwirtschaftliche Betrieb im Zuweisungsverfahren zugewiesen werden. Ein Gesellschaftsanteil an einem landwirtschaftlichen Betrieb kann nicht zugewiesen werden. Gegenstand des Zuweisungsverfahrens kann nur der Betrieb in der Gesamthand einer durch gesetzliche Erbfolge eingetretenen Erbengemeinschaft sein. Ein Betrieb kann nicht zugewiesen werden, wenn die Forstwirtschaft den Betrieb prägt. Entsprechend sind Gewerbebetriebe oder Mischbetriebe, bei denen der gewerbliche Teil überwiegt, nicht zuweisungsfähig. 11

Da das Zuweisungsverfahren einen landwirtschaftlichen Betrieb voraussetzt, muss eine geeignete **Hofstelle** vorhanden sein (vgl. § 14 GrdstVG und Kommentierung hierzu unten). Befinden sich nur landwirtschaftliche Grundstücke im Nachlass, nicht aber eine Hofstelle, kommt eine Zuweisung nicht in Betracht. 12

Landwirtschaft ist Bodenbewirtschaftung – und die mit ihr verbundene Tierhaltung –, mit dem Ziel pflanzliche und tierische Erzeugnisse zu gewinnen (§ 1 II GrdstVG), also insbesondere Ackerbau, Wiesen- und Weidewirtschaft, Erwerbsgarten- und Erwerbsobstbau, Weinbau sowie die Fischerei in Binnengewässern. Ein reiner Tiermastbetrieb ohne Bodenbewirtschaftung (sog. Agrarfabrik) ist folglich nicht zuweisungsfähig. So ist eine Hühnerfarm kein zuweisungsfähiger Betrieb (KG Berlin AgrarR 1991, 192). Während die Pferdezucht zur Landwirtschaft zählt, ist der Betrieb einer Pferdepension als wesentliche Einkommensgrundlage keine Landwirtschaft (OLG Stuttgart BeckRS 2009, 3874). 13

Eine überwiegend in Gewächshäusern und Behältern betriebene Erwerbsgärtnerei hingegen ist als landwirtschaftlicher Betrieb anzusehen, und somit für das Zuweisungsverfahren geeignet (BGH NJW 1997, 664 zu § 1 HöfeO unter Aufgabe von BGHZ 8, 109). 14

Ein einzelnes Gebäude stellt keinen landwirtschaftlichen Betrieb dar, auch wenn es landwirtschaftlichen Zwecken dient, zB als Bauernhaus, Scheune oder Landarbeiterwohnheim (OLG Frankfurt RdL 56, 167). Auch einzelne Grundstücke stellen keinen landwirtschaftlichen Betrieb dar und können daher nicht zugewiesen werden. 15

Für die Zuweisung ist es nicht entscheidend, ob im Zeitpunkt des Erbfalls auf dem Betrieb Landwirtschaft betrieben wurde. So kann ein im Zeitpunkt des Erbfalls vom Erblasser vorübergehend stillgelegter Betrieb, der alsbald wieder aufgenommen werden kann, zugewiesen werden, wenn die übrigen Zuweisungsvoraussetzungen im Zeitpunkt der letzten mündlichen Verhandlung im Zuweisungsverfahren erfüllt sind (OLG Stuttgart BeckRS 2009, 3874). Anderes gilt aber, wenn der Betrieb im Zeitpunkt des Erbfalls vom Erblasser endgültig aufgegeben war bzw. der Betrieb seinen landwirtschaftlichen Charakter durch Umgestaltung zB in ein Ferienheim verloren hatte. Dann liegt nur ein ehemaliger landwirtschaftlicher Betrieb vor, der auch bei der Absicht der Wiederaufnahme der Landwirtschaft durch einen Miterben, nicht zuweisungsfähig ist. 16

Das Zuweisungsverfahren ist immer nur hinsichtlich des landwirtschaftlichen Betriebs möglich; nicht wegen der anderen im Nachlass befindlichen Gegenstände. Sie sind nach den allgemeinen Regeln auseinanderzusetzen, zB durch Vermittlung des Nachlassgerichts (§ 363 FamFG). 17

7. Zuweisungsantrag. Voraussetzung der Zuweisung ist ein Zuweisungsantrag, der von jedem Miterben beim Landwirtschaftsgericht gestellt werden kann. Das Zuweisungsverfahren wird also nicht von Amts wegen eingeleitet. Antragsberechtigt ist auch ein Miterbe, der die Besitzung gar nicht zugewiesen erhalten möchte. Der Zuweisungsantrag kann auch von mehreren Erben gemeinsam gestellt werden, aber es kann regelmäßig nur einem der Erben das Eigentum an der landwirtschaftlichen Besitzung zugewiesen werden. Die Antragstellung ist unbefristet möglich, wobei natürlich keine Auseinandersetzung hinsichtlich des Landwirtschaftsbetriebes erfolgt sein darf. Stellt ein Miterbe den Zuweisungsantrag, ein anderer Erbe den Antrag auf Vermittlung der Erbauseinandersetzung nach § 363 FamFG, so geht das Vermittlungsverfahren dem Zuweisungsverfahren vor, weil sich die Miterben in erster Linie untereinander einigen sollen (§ 14 II GrdstVG; Bamberger/Roth/*Lohmann* § 2042 Rn. 25; MüKoBGB/*Ann* § 2042 Rn. 76; Palandt/*Weidlich* § 2042 Rn. 25). Ist ein Miterbe verstorben, so kann der Zuweisungsantrag von jedem seiner Erben, also von jedem Erbeserben, gestellt werden. Ein Zuweisungsantrag einer Person, die nicht zu den Miterben gehört, ist unzulässig. Bildet der Erbteil eines Miterben beim Güterstand der Zugewinngemeinschaft im Wesentlichen dessen ganzes Vermögen, kann die Zustimmung seines Ehegatten zu dem Antrag nach § 1365 BGB erforderlich sein (*Lange* § 13 GrdstVG Nr. 4, vgl. *Pikalo/Bendel* GrdstVG S. 745). Wie im Parallelfall des Antrags eines Ehegatten auf Teilungsversteigerung gem. § 180 18

ZVG kann die fehlende Zustimmung als Verfahrenshindernis der Durchführung des Zuweisungsverfahrens entgegenstehen.

19 Wenn die Besitzung **in mehrere Betriebe geteilt** werden kann, kann auch beantragt werden, sie verschiedenen Miterben geteilt zuzuweisen. Voraussetzung für eine geteilte Zuweisung an mehrere ist, dass die mehreren Betriebe lebensfähig sind (amt. Begr. S. 23). Das wird nicht der Fall sein, wenn ein lebensfähiger Betrieb wesentlich verkleinert oder aufgeteilt werden soll und auch im Genehmigungsverfahren zu Veräußerung eines solchen landwirtschaftlichen Betriebes die Genehmigung nach § 9 GrdstVG versagt werden müsste. Das Zuweisungsverfahren kann, wenn der Betrieb in mehrere Wirtschaftsbetriebe geteilt werden kann, zu mehreren Betrieben selbst dann führen, wenn für den zweiten Betrieb noch keine Wohn- und Wirtschaftsgebäude vorhanden sind, diese aber mit vorhandenen oder leicht zu beschaffenden Mitteln errichtet werden können.

20 **Musterantrag auf Zuweisung eines landwirtschaftlichen Betriebs:**

An das
Amtsgericht ...
– Landwirtschaftsgericht –
in ...

Antrag auf Zuweisung eines landwirtschaftlichen Betriebes nach §§ 13 ff. Grundstücksverkehrsgesetz

Beteiligte des Zuweisungsverfahrens:

1. Herr ...

– Antragsteller –

Verfahrensbevollmächtigter: Rechtsanwälte ...

2. ...
3. ...
4. ...

– Antragsgegner –

Vorläufiger Gegenstandswert: ...

Namens und mit Vollmacht des Antragstellers beantrage ich gem. § 15 LwVG eine mündliche Verhandlung anzuberaumen, in der ich folgende Anträge stellen werde:

1. Der landwirtschaftliche Betrieb des am 9.6.2013 verstorbenen Landwirts Franz Bauer, zuletzt wohnhaft Paradiesgasse 1 in 78048 Villingen-Schwenningen wird dem Antragsteller ungeteilt zugewiesen.
2. Die nachfolgend genannten Grundstücke, aus denen der Betrieb besteht, werden dem Antragsteller zu Alleineigentum zugewiesen:

(Tabelle mit Liste der Grundstücke zB)

Flst.Nr.	Wirtschaftsart und Lage	Größe
241	... (Gewann) ..., Landwirtschaftsfläche	...
...		
...		
Erbbaurecht an Flst. 1617/1	... Str. Gebäude und Freifläche	...
...		

Grundbuch von Unterkirnach Bl. 1276

Flst. Nr. 7168	Gründland-...	...
...		

3. Die vorhandenen Eigentümergrundschulden auf den unter Antragsziffer 2 genannten Grundstücken werden auf den Antragsteller übertragen.
4. Das gesamte vorhandene Inventar des landwirtschaftlichen Betriebs des verstorbenen Franz Bauer wird auf den Antragsteller übertragen.
5. Der Antragsteller hat an die Beteiligten zu 2 bis 4 als Miterben jeweils eine Abfindung zu leisten, die nach deren Anteilen an der Erbengemeinschaft nach Franz Bauer auf Ertragswertgrundlage zu bestimmen ist.
6. Die gerichtlichen und außergerichtlichen Kosten des Verfahrens tragen die Antragsgegner.

Begründung:

Der Antragsteller begehrt die Zuweisung des landwirtschaftlichen Betriebs seines am 9.6.2013 in Villingen-Schwenningen verstorbenen Vaters Franz Bauer (Erblassers). Sämtliche Voraussetzungen für eine Zuweisung nach §§ 13 ff. GrdstVG liegen vor, was sich aus dem Nachstehenden ergibt:

1. Der vorbezeichnete landwirtschaftliche Betrieb stand im Eigentum des Erblassers. Dieser ist noch im Grundbuch als Eigentümer eingetragen, wie sich aus den als

Anlage K 1

beigefügten Grundbuchauszügen ergibt.
Der Erblasser hat keine Verfügung von Todes wegen errichtet. Nach ihm ist mithin gesetzliche Erbfolge eingetreten. Gesetzliche Erben sind die Beteiligten, nämlich ... wie sich aus dem als

Anlage K 2

beigefügten Erbschein des Nachlassgerichtes Villingen, Az... vom ... ergibt.

2. Der landwirtschaftliche Betrieb ist mit einer zur Bewirtschaftung geeigneten Hofstelle versehen, die sich in der Paradiesgasse 1 in Villingen-Schwenningen befindet. Die Erträge reichen zum Unterhalt einer bäuerlichen Familie aus. So wurde für das Wirtschaftsjahr 2011/2012 aus den konkreten Buchhaltungswerten des Betriebs ein Reinertrag in Höhe von 69 589,00 EUR ermittelt, wie sich aus den als

Anlage K 3

beigefügten Betriebsergebnisberechnungen des Steuerberaters ... ergibt.

4. Ausschlussgründe für die Zuweisung nach § 14 GrdstVG liegen nicht vor, insbesondere konnten sich die Beteiligten über eine Auseinandersetzung nicht einigen, ein Ausschluss der Auseinandersetzung liegt nicht vor und es ist auch kein Testamentsvollstrecker zur Bewirkung der Auseinandersetzung vorhanden.

5. Von den gesetzlichen Erben ist nur der Antragsteller zur Fortführung des landwirtschaftlichen Betriebs geeignet, weil ... (zB).
 – die Geschwister des Antragstellers landwirtschaftsfremde Berufe ausüben
 – die Mutter des Antragstellers aus Alters- und Gesundheitsgründen zur betrieblichen Arbeit nicht in der Lage ist.

Der Antragsteller ist bereit und in der Lage den väterlichen Betrieb fortzuführen. Er ist im väterlichen Betrieb aufgewachsen. Seine landwirtschaftliche Ausbildung hat er als ... abgeschlossen, wie sich aus dem als

Anlage K 4

beigefügten Zeugnis über die Qualifikation als Landwirt vom ... ergibt. Er hat im väterlichen Betrieb seit ... als ... mitgearbeitet und den Betrieb seit dem Tod des Vaters alleine fortgeführt.
Ein der Zuweisung entgegenstehender Erblasserwille ist nicht ersichtlich, was für die Zuweisung im vorliegenden Falle ausreicht ...

6. Die Geschwister als Antragsgegner sind mit den nach § 16 GrdstVG festzusetzenden Leistungen abzufinden.

7. Um eine gütliche Einigung nicht unversucht zu lassen, unterbreitet der Antragsteller (nochmals) folgenden Vergleichsvorschlag ...

8. Ein Gerichtskostenvorschuss wurde nicht entrichtet.

9. Soweit weitere Angaben und Unterlagen erforderlich sind, wird höflich um einen entsprechenden richterlichen Hinweis gebeten.

8. Erbengemeinschaftliches Eigentum. „Eine Zuweisung findet nur innerhalb des Kreises der jeweiligen Miterben einer gesetzlichen Erbfolge statt" (BVerfG NJW 1995, 2977, 2978); sie ist also einerseits nur statthaft wenn der Hof nach dem Erbfall im Gesamthandseigentum der Mitglieder einer Erbengemeinschaft steht und diese Erbengemeinschaft durch gesetzliche Erbfolge entstanden ist. Außerdem muss der Zuweisungsprätendent gesetzlicher Miterbe sein (vgl. Bericht des Ernährungsausschusses zu § 14 GrdstVG in *Lange* GrdstVG S. 249).

Bei einer letztwilligen Verfügung des Erblassers, durch die er die gesetzliche Erbfolge ausgeschlossen hat, ist ein Zuweisungsantrag nicht möglich. Das Gleiche gilt, wenn der Erblasser eine letztwillige Verfügung getroffen hat, die lediglich mit der gesetzlichen Erfolge übereinstimmt. Denn auch hierdurch hat er die gesetzliche Erbfolge ausgeschlossen, weil die testamentarische Erbfolge der gesetzlichen vorgeht (BGH NJW 1963, 2170; OLG Karlsruhe AgrarR 1995, 217). Hat der Erblasser hingegen testamentarisch nur verfügt, dass es bei der gesetzlichen Erbfolge bleiben soll, ist eine Zuweisung zulässig (BGH NJW 1963, 2170). Berufungsgrund ist im ersten Fall die Verfügung von Todes wegen, im zweiten Fall das Gesetz.

Die gesetzliche Erbengemeinschaft kann auch aus mehreren Erbfällen, herrühren; ist zB ein Miterbe gestorben, so können seine sämtlichen gesetzlichen Erben in die Erbengemeinschaft eintreten. Ob eine gesetzliche Erbfolge eingetreten ist, Die Voraussetzung für ein Zuweisungsverfahren ist, richtet sich nach dem ursprünglichen Erblasser, durch dessen Tod die Erbengemeinschaft begründet worden ist. Es ist das Zuweisungsverfahren also auch dann weiterhin möglich, wenn einer der ursprünglichen gesetzlichen Erben verstorben ist und dieser verstorbene Erbe eine letztwillige Verfügung hinterlassen hat, durch die er für seinen Nachlass eine gewillkürte Erbfolge angeordnet hat (OLG Stuttgart RdL 1987, 214; OLG Oldenburg RdL 1966, 21; zum Recht vor 1962 vgl. BGH RdL 1955, 141; 1952, 69).

Nicht jede letztwillige Verfügung eines Erblassers schließt einen Zuweisungsantrag aus. Das ist nur der Fall, wenn durch sie die Entstehung der gesetzlichen Erbengemeinschaft *bei dem landwirtschaftlichen Betrieb* verhindert wird (*Uricher* FS Damrau S. 169).

Überträgt ein Miterbe seinen Erbteil auf einen Dritten, der nicht zu der Erbengemeinschaft gehört, – wenn auch nur zur Sicherheit – so kann – entgegen aA (*Netz* GrdstVG, 6. Aufl., 7.2.1.5 mwN) der Erbteilserwerber als Rechtsnachfolger des Miterben keinen Zuweisungsantrag stellen. Bei einer Zuweisung an den Erbteilserwerber käme dies einer Zuweisung an einen Dritten, der nicht Miterbe ist, gleich. Dies war vom Gesetzgeber nicht gewollt. Mit *Lange* (*Lange* GrdstVG S. 240) ist darauf hinzuweisen, dass den Miterben der schwere Eingriff in ihr Eigentum nur zugunsten eines ihrer ursprünglichen Miterben zugemutet werden kann, nicht aber zugunsten eines Dritten. Die Ansicht, dass der Betrieb auch einem solchen dritten Erwerber eines Erbteils zugewiesen werden könne, ist abzulehnen, weil ein solcher Erwerber, obwohl er als Rechtsnachfolger in die Gesamthandsgemeinschaft eintritt, dadurch nicht Miterbe wird (BGHZ 31, 253). Es bleibt Miterbe der seinen Anteil veräußernde Erbe, der auch allein im Erbschein zu benennen ist. Die Zuweisung an den Miterben der seinen Erbteil an einen Dritten abgetreten hat, bleibt somit zulässig (vgl. OLG Hamm RdL 1951, 103; OLG Celle RdL 1959; 301, *Wöhrmann* § 13 GrdstVG Rn. 14). Ist der Dritte als Erbteilserwerber im Verhältnis zum Erblasser selbst abstrakt erb- und pflichtteilsberechtigt (zB Enkel des Erblassers) und hat der Erbe (Vater des Dritten) seinen Erbteil auf ihn im Wege der vorweggenommenen Erbfolge übertragen, ist der Dritte als zuweisungstauglich anzusehen, weil er infolge Erbausschlagung des Vaters ohne weiteres selbst gesetzlicher Miterbe hätte werden können (*Wöhrmann* § 13 GrdstVG Rn. 14).

26 Verkauft ein Miterbe seinen Erbteil an einen Dritten, so sind die nichtverkaufenden Miterben nach § 2034 BGB zum **Vorkauf** berechtigt. Die Vorkaufsberechtigten haben die Wahl zwischen der Ausübung des Vorkaufsrechtes und dem Antrag, die Zuweisung an einen von ihnen zu beantragen. Dieses Vorkaufsrecht geht nicht etwa durch ein beantragtes Zuweisungsverfahren verloren.

27 Die Erbengemeinschaft muss zur Zeit der Entscheidung über den Zuweisungsantrag noch bestehen und hinsichtlich des Hofes darf keine (Teil-)Auseinandersetzung, also auch keine Überführung des Hofes in Bruchteilseigentum erfolgt sein.

28 Grundsätzlich muss das Zuweisungsobjekt gemeinschaftliches Eigentum der Miterben sein, was § 13 III GrdstVG besonders betont. Ein landwirtschaftlicher Betrieb erfordert landwirtschaftliche Grundstücke und eine Hofstelle, von der aus die Grundstücke bewirtschaftet werden. Die erforderliche rechtliche Zuweisungseinheit von Hofstelle und Landwirtschaftsflächen ist zweifellos vorhanden, wenn der Erblasser Alleineigentümer von Hofstelle und Ländereien war. Die Zuweisungseinheit landwirtschaftlicher Betrieb wird vom BGH (RdL 1956, 280 zu MRVO brZ Nr. 84 Art. VI Ziff. 17, der insoweit § 13 GrdstVG entspricht) aber auch für den Fall bejaht, dass sich in der Hand eines Bewirtschafters Alleineigentum an den Ländereien und Miteigentum an der Hofstelle vereint. Begründet wird dies vom BGH damit, dass auf einen Eigentumsbruchteil grundsätzlich die Vorschriften über das Alleineigentum anzuwenden sind. Damit sind nach der BGH-Rechtsprechung auch Eigentumsbruchteile an Hofstelle oder Ländereien in der Hand eines Bewirtschafters zuweisungsfähig, wobei es nach dem BGH auf die Zahl der Bruchteilseigentümer grundsätzlich nicht ankomme. Die Familiengebundenheit der Zuweisung wird durch das Erfordernis des gemeinschaftlichen Eigentums in § 13 III GrdstVG sichergestellt. Die Zuweisung ist aber immer nur dann zulässig, wenn **Ergebnis des Zuweisungsverfahrens** die Schaffung von Alleineigentum für Hofstelle und Ländereien in der Hand eines der Miterben als Bewirtschafter ist (BGH RdL 1956, 280, 281).

29 Die Zuweisung kann also nicht erfolgen, wenn am Landwirtschaftsbetrieb ein Dritter mitbeteiligt ist, der nicht zur Erbengemeinschaft gehört. So ist ein Zuweisungsverfahren nicht möglich, wenn der Erbengemeinschaft nur eine *Miteigentums*hälfte an der Hofstelle und den Ländereien zusteht und die andere Hälfte einem familienfremden Dritten. Zuweisungsfähig ist hingegen die Miteigentumshälfte an einem Ehegattenbetrieb, wenn der erstverstorbene Ehegatte von seinem Ehegatten und den Kindern beerbt wird. Hier kann (nur) der überlebende Ehegatte in seiner Doppeleigenschaft als originärer hälftiger Miteigentümer einerseits und Mitglied der Erbengemeinschaft andererseits Zuweisungsempfänger der Miteigentumshälfte der Erbengemeinschaft sein, weil das Zuweisungsverfahren zu Alleineigentum an Hofstelle und Ländereien in seiner Hand führt (OLG Oldenburg RdL 1966, 21 zur § 13 GrdstVG unter Bezugnahme auf BGH RdL 1945, 280). Die Kinder hingegen können ein Zuweisungsverfahren nicht betreiben. Denn selbst wenn einem Kind der Bruchteil des verstorbenen Elternteils zugewiesen würde, hätte dieser Abkömmling immer noch kein Alleineigentum am Betrieb, da ihm der Bruchteil des noch lebenden Elternteils fehlt.

30 Abzulehnen ist die Ausdehnung dieser Rechtsprechung mE auf Fälle, in denen der **Ehegattenbetrieb** nach dem Tode beider Ehegatten von zwei Erbengemeinschaften geerbt wird, die personenidentisch mit den gemeinschaftlichen Abkömmlingen besetzt sind; also wenn zB die gesetzliche (Erbes-)Erbengemeinschaft nach dem vorverstorbenen Vater (der auch die überlebende Mutter angehörte) und die Erbengemeinschaft nach der Mutter mit den gemeinschaftlichen Abkömmlingen personenidentisch besetzt sind. Wöhrmann, der die Zuweisungsfähigkeit eines solchen Betriebs an einen Abkömmling bejaht (*Wöhrmann* S. 585), geht davon aus, dass der Betrieb in diesem Falle „einer durch gesetzliche Erbfolge entstandenen Erbengemeinschaft gehört". Dies ist unzutreffend, da der Betrieb zwei Erbengemeinschaften (nämlich nach Vater und Mutter) gehört. Der überlebende Ehegatte hätte es als Mitglied der ersten Erbengemeinschaft in der Hand gehabt, das Zuweisungsverfahren mit dem Ziel der Bildung von Alleineigentum an Hofstelle und Ländereien in seiner Hand zu betreiben. Dann wäre nach seinem Tode wiederum ein zuweisungsfähiger Betrieb vorgelegen. Das Zuweisungsverfahren will das Testierversäumnis eines Erblassers durch einen Eingriff in das wohlerworbene Eigentum der Miterben korrigieren. Wenn der überlebende Ehegatte diese Korrekturmöglichkeit versäumt und zudem auch nicht testiert (sein Alleinerbe hätte die Zuweisung betreiben können), kann dieses zweite und dritte Versäumnis nicht durch eine Überdehnung des Anwendungsbereichs der Ausnahmevorschriften des §§ 13 ff. GrdstVG repariert werden. Zuweisungsgegenstand kann, wie der Gesetzgeber in § 13 III iVm I GrdstVG klargestellt hat, nur Vermögen einer Erbengemeinschaft sein. Zur Reparatur des Testierversäumnisses des Erblassers ist das Ausnahmeverfahren der §§ 13ff. GrdstVG vorgesehen. Eine Korrektur des weiteren Versäumnisses des überlebenden Ehegatten durch zwei zeitgleich durchzuführende und verfahrensmäßig verbundene Zuweisungsverfahren, die es rechtstechnisch alleine ermöglichen würden, die zwei Erbengemeinschaften gehörenden Eigentumsbruchteile in das Alleineigentum eines Miterben zu überführen, hat der Gesetzgeber ersichtlich (§ 13 III iVm I GrdstVG) nicht gewollt. Der Gesetzgeber geht nach dem klaren Wortlaut des § 13 GrdstVG nur von einer Erbengemeinschaft aus. § 13 GrdstVG in seiner vorliegenden Fassung bietet bei solchen Fallgestaltungen jedenfalls keine eindeutige Rechtsgrundlage, die für einen Eingriff in die wohlerworbenen Eigentumsrechte der gegenüber dem Zuweisungsbegünstigten wirtschaftlich benachteiligten Mitglieder zweier Erbengemeinschaften aus verfassungsrechtlichen Gründen vorhanden sein müsste. Ein solcher Eingriff in das Eigentum der Miterben der zweiten Erbengemeinschaft wäre – falls rechtspolitisch erwünscht – nur nach einer entsprechenden Gesetzesänderung, nicht aber durch Überdehnung des Anwendungsbereichs des § 13 GrdstVG mittels Analogie möglich. *Pikalo/Bendel* (S. 731) hingegen hält unter Berücksichtigung der Rechtsauffassung, die sich zum Zuweisungsrecht der MRVO brZ 84 herausgebildet hatte, die Zuweisung des Ehegattenbetriebs nach dem Tode beider aufgrund Gesetzes beerbter Ehegatten für zulässig, wenn jeder Ehegatte ausschließlich von denselben Personen, zB den gemeinschaftlichen Abkömmlingen beerbt worden ist. Die dann gegebene Zuweisungsmöglichkeit werde nicht dadurch ausgeschlossen, dass der erstversterbende Ehegatte außer von den gemeinschaftlichen Abkömmlingen auch vom überlebenden Ehegatten beerbt worden sei, sofern nur dessen Erben die genannten gemeinschaftlichen Abkömmlinge sind (so auch OLG Stuttgart RdL 1976, 78 für den Ehegattenbetrieb in allgemeiner Gütergemeinschaft; su). Diese Auffassung ist einmal aus den dargelegten Gründen abzulehnen und darüber hinaus, weil sie zu willkürlich anmutenden Zufallsergebnissen führt. Ein Ehegattenhof wäre dann nach dem Ableben beider Ehegatten nur zuweisungsfähig, wenn ausschließlich ehegemeinschaftliche Abkömmlinge vorhanden sind, nicht aber wenn voreheliche oder nacheheliche Abkömmlinge hinzutreten oder der überlebende Ehegatte neu heiratet. Warum soll ehegemeinschaftlichen Kindern ein Sonderopfer zuzumuten sein, anderen gesetzlichen Erben aber nicht? Nimmt man Zuweisungsfähigkeit auch beim Vorhandensein nichtehelicher oder nachehelicher Kinder bzw. später hinzutretender Zweitehegatten an, könnten nur die ehegemeinschaftlichen Kinder, die sich in beiden Erbengemeinschaften befinden, durch zwei (!) Zuweisungsverfahren Alleineigentum am Hof erwerben, nicht aber die sonstigen Erbberechtigten, da diese nur an einer Eigentumshälfte bzw. Erbengemeinschaft beteiligt sind.

Wird eine **allgemeine Gütergemeinschaft** bei einer landwirtschaftlichen Besitzung durch den Tod eines der Ehegatten aufgelöst, kann unter den vorstehenden Voraussetzungen ein Zuweisungsverfahren bei Entstehen einer gesetzlich eingetretenen Erbengemeinschaft stattfinden (§ 1482 BGB). Das OLG Stuttgart (RdL 1976, 78) hingegen hält in einem Beschluss aus dem Jahre 1974 einen Ehegattenbetrieb bei Gütergemeinschaft bei Ableben beider Ehegatten jeweils ohne Ablebensverfügung für zuweisungsfähig (wenn dort in den Gründen ein einziges Mal von „Fortsetzung" der Gütergemeinschaft die Rede ist, ist damit – wenn auch missverständlich – vermutlich nur gemeint, dass die beendete Gütergemeinschaft zu Lebzeiten der Witwe nicht nach § 1471 BGB auseinandergesetzt wurde; sollte dagegen eine fortgesetzte Gütergemeinschaft vorgelegen haben, wäre die Entscheidung grob rechtsfehlerhaft; s. u. zur fortgesetzten Gütergemeinschaft). 31

Durch eine **fortgesetzte Gütergemeinschaft** wird die zwischen Eheleuten bestandene Gütergemeinschaft mit den Kindern ohne Auseinandersetzung fortgesetzt. Die eingetretene fortgesetzte Gütergemeinschaft ist **keine Erbfolge** (§ 1483 I 3 BGB), was immer wieder verkannt wird. Entsteht beispielsweise nach dem erstversterbenden Vater eine fortgesetzte Gütergemeinschaft, bedeutet dies, dass die Kinder in die Gemeinschaftshälfte des Vaters eintreten, diese aber von der Witwe verwaltet wird (sog. „Witwenherrschaft"). In den Nachlass des Vaters fällt nur das Vorbehalts- und Sondergut, nicht aber sein Anteil am Gesamtgut der Gütergemeinschaft, der auf die Kinder übergeht. Dabei kann der überlebende Ehegatte die fortgesetzte Gütergemeinschaft jederzeit aufheben (§ 1492 BGB) und den Hof gegen Wertersatz übernehmen (§ 1502 I BGB). Für die Kinder besteht ein solches gemeinschaftliches Übernahmerecht nur in dringlichen Ausnahmefällen (§§ 1502 II, 1477 II BGB). Es stellt sich die Frage, ob das Zuweisungsverfahren von einem Abkömmling nach dem ersten oder zweiten Ehegatten-Erbfall betrieben werden kann. Dies ist für beide Fälle zu verneinen. Mit dem Abschluss des Ehevertrages hat der erstversterbende Elternteil aktiv den Willen bekundet, dass hinsichtlich des Hofs **keine gesetzliche Erbfolge** mit Ehegatten und Kindern als Miterben eintreten soll. Im Gegenteil fällt bei der fortgesetzten Gütergemeinschaft der Anteil des Vorversterbenden am Gesamtgut nicht in dessen Nachlass (§ 1483 I 3 BGB), sondern die Gütergemeinschaft wird fortgesetzt, indem die gemeinschaftlichen Kinder den weiterhin gütergemeinschaftlich gebundenen „Hofanteil" des Vaters unter Ausschluss der Witwe erhalten. Letztere erhält nur ein Verwaltungsrecht. Mangels Nachlassqualität kann der Erstverstorbene bei einer Fortsetzung der Gütergemeinschaft auch nicht letztwillig über seinen Gesamtgutanteil verfügen, so dass ein entsprechender letzter Wille von ihm nicht wirksam bekundet werden kann. Der Erblasser hat sich vielmehr schon durch einen zu seinen Lebzeiten bekundeten Willen auf die Fortsetzung der Gütergemeinschaft festgelegt. Es ist ein grundlegendes Prinzip der Betriebzuweisung, dass diese nicht zum Zuge kommt, wenn der Erblasser den Willen bekundet hat, dass der Hof nicht an eine gesetzlich berufene Erbengemeinschaft fallen soll. Eine solche anderweitige Willensbekundung kann nicht nur in einer Ablebensverfügung sondern auch durch ein Rechtsgeschäft unter Lebenden, zB in einem Ehevertrag geäußert werden. 32

Damit ist eine Hofzuweisung auch nach dem Tod der Witwe ausgeschlossen, sofern sie nicht nach § 1502 BGB (Übernahme zum gemeinen Wert, vgl. aber § 1515 III BGB) vorgegangen ist. Zum einen liegt bezüglich der Gesamtguthälfte des Vaters bereits ein das Hofzuweisungsverfahren ausschließender Zuwendungswille vor, zum anderen würde eine Hofzuweisung auch gegen § 13 III GrdstVG verstoßen, da der Betrieb (Hofstelle und Ländereien) nicht erbengemeinschaftliches Vermögen ist. Mit dem Tode der Witwe endet die fortgesetzte Gütergemeinschaft (§ 1494 I BGB). Es entstehen zwei Gesamthandsgemeinschaften. Nämlich die gesamthänderische Liquidationsgesellschaft (Auseinandersetzungsgesamthand), an der einmal die gemeinschaftlichen Abkömmlinge nach § 1483 BGB und außerdem die gesetzlichen Erben der nachverstorbenen Witwe beteiligt sind, wobei letztere die zweite Gesamthand, nämlich die Erbengemeinschaft nach der Witwe bildet (vgl. §§ 1497, 1419 BGB). Der landwirtschaftliche Betrieb gehört also nicht einer durch gesetzliche Erbfolge entstandenen Erbengemeinschaft. Der Erbengemeinschaft nach der Witwe gehört lediglich deren *Anteil* am Gesamtgut, das im Wesentlichen aus dem landwirtschaftlichen Betrieb gebildet wird (neben möglicherweise noch vorhandenem Vorbehalts- oder Sondergut). Der landwirtschaftliche Betrieb selbst gehört dem aus der fortgesetzten Gütergemeinschaft hervorgegangenen Auseinandersetzungsgesamthand. Das Zuweisungsverfahren ist danach unzulässig, weil die §§ 13 ff. GrdstVG auf andere Gesamthandsgemeinschaften als die Erbengemeinschaft nicht angewendet werden können (OLG Stuttgart Justiz 1982, 333). Wenn Ehegatten sich für die fortgesetzte Gütergemeinschaft entscheiden, werden sie im übrigen notariell über die familien- und erbrechtlichen Auswirkungen beraten und ihnen im gegenseitigen Einverständnis eine Abkömmling der Landgutübernahme zum Ertragswert durch Ablebensverfügung ermöglichen (§§ 1515 f. BGB). Da sie sich für die Fortsetzung der Gütergemeinschaft entschieden haben, bedarf der Hof nicht des Schutzes des Zuweisungsverfahrens.

33   9. **Verhältnis des Zuweisungsverfahrens zur Erbteilungsklage und Teilungsversteigerung.** Jeder Miterbe kann bei Nichtvorhandensein eines Testaments des Erblassers beantragen, dass die Auseinandersetzung durch das Nachlassgericht gem. § 363 FamFG vermittelt wird oder die Erbteilungsklage nach § 2042, 753 BGB erheben. Hat der Miterbe sich für das Vermittlungsverfahren entschieden, so muss dessen Ausgang abgewartet werden, da die Einigung der Erben den Zuweisungsantrag ausschließt (§ 14 II GrdstVG). Die Zuweisung geht der Teilungsklage vor. Bei einer bereits erhobenen Erbteilungsklage, die auch den landwirtschaftlichen Betrieb betrifft, führt der Zuweisungsantrag beim Landwirtschaftsgericht zur Anordnung des Ruhens des Verfahrens vor dem Prozessgericht. Soweit im Nachlass befindliche Gegenstände nicht mit überwiesen werden, bleibt für das Auseinandersetzungsverfahren das sonst zuständige Gericht zuständig. Das kann zu zwei Verfahren führen und zu Anträgen auf eine Teilauseinandersetzung.

34   Hierbei ist es zweckmäßig, zunächst die etwaige Zuweisung des landwirtschaftlichen Betriebes durch das Landwirtschaftsgericht zum Abschluss zu bringen. Ansprüche aus dem vor dem Landwirtschaftsgericht in einem Zuweisungsverfahren *abgeschlossenen Vergleich* über eine Abfindungsergänzung bei Veräußerung von Zuweisungsgrundbesitz sind vor dem Landwirtschaftsgericht und nicht vor dem Prozessgericht geltend zu machen.

35   Stellt ein Miterbe den Zuweisungsantrag, so geht dieses Verfahren einem Antrag auf *Zwangsversteigerung* zwecks Teilung der Gemeinschaft nach §§ 180, 185 ZVG vor. In diesem Falle ist ein Zwangsversteigerungsverfahren wegen eines landwirtschaftlichen Grundstücks auf Antrag so lange einzustellen, bis über den Antrag auf Zuweisung rechtskräftig entschieden ist. Wird dem Zuweisungsantrag stattgegeben, so ist das Zwangsversteigerungsverfahren, soweit es die zugewiesene Grundstücke betrifft, aufzuheben und im Übrigen fortzusetzen (§ 185 III ZVG).

36   10. **Zuweisungsgegenstand.** Zuweisungsgegenstand ist der im Eigentum der Erbengemeinschaft stehende landwirtschaftliche Betrieb einschließlich seiner Bestandteile iS des BGB als Wirtschaftseinheit. Die zuzuweisenden Grundstücke und sonstigen Gegenstände sollen im Zuweisungsantrag im Einzelnen bezeichnet werden (§ 32a LwVG).

37   Die Zuweisung eines Betriebes an mehrere Miterben zu Miteigentum ist ausgeschlossen. Der Umfang des von der Zuweisung erfassten Zubehörs richtet sich nach § 97, 98 BGB.

38   Auch ein verpachteter Betrieb unterliegt dem Zuweisungsverfahren. In den Pachtvertrag tritt der Erwerber nach § 566 BGB ein.

39   Solche Grundstücke, für die nach ihrer Lage und Beschaffenheit anzunehmen ist, dass sie in absehbarer Zeit anderen als landwirtschaftlichen Zwecken dienen werden, sollen nicht zugewiesen werden. Dies gilt insbesondere für Bauland, aber auch für Grundstücke, die bald nicht mehr landwirtschaftlichen Zwecken dienen, sondern in Bälde einem anderen Zweck, wie zB der Auskiesung zugeführt werden sollen. Damit soll verhindert werden, dass Abfindungsergänzungsansprüche entstehen, wenn solche Grundstücke später verkauft werden. Werden solche Grundstücke, für die die Widmungsänderung nahe bevorsteht, aber rechtskräftig durch das Landwirtschaftsgericht zugewiesen, so ist der Erwerber ihr Eigentümer.

40   Enthält der Nachlass außer dem landwirtschaftlichen Betrieb andere Gegenstände wie Miteigentums-, Kapital- und Geschäftsanteile, dingliche Nutzungsrechte und ähnliche Rechte, so kann die Zuweisung sich auch auf diese Gegenstände erstrecken, soweit sie zur ordnungsmäßigen Bewirtschaftung des Betriebes notwendig sind. Dies gilt zB für zur Betriebsfortführung erforderliches totes und lebendes Inventar, Saatgut, Viehfutter, Dünger und Miteigentumsanteile zB an Weiden oder Wegegrundstücken, Milchquote etc. Auch diese Sachen und Rechte müssen gemeinschaftliches Vermögen der Erben sein (§ 13 III GrdstVG).

Grundstücke, die von den Miterben bis zum Zuweisungsbeschluss veräußert wurden, können nicht 41
mehr zugewiesen werden, während Grundstücke oder andere Gegenstände, welche die Erbengemeinschaft zum Betrieb hinzuerworben hat (§ 2041 BGB), von der Zuweisung mit erfasst werden.

Eine Brandversicherungssumme wird kraft Surrogation von der Zuweisung mit erfasst (vgl. § 2041 42
BGB), Für ein zur Abtragung von Schulden, die auf dem Hof lasten, angespartes Tilgungsguthaben gilt das Gleiche. Sonstige Sparguthaben des Betriebsinhabers, die in keinem Zusammenhang mit dem Betrieb stehen, gehören zum zuweisungsfreien Privatvermögen.

11. Ermessen des Gerichts. Bei Vorliegen der Zuweisungsvoraussetzungen „kann" das Gericht die 43
Zuweisung beschließen. Das dem Gericht gewährte Ermessen ist durch die Pflicht beschränkt, dem Zweck von § 13 GrdstVG zu genügen. Eine Verpflichtung des Gerichts, unter allen Umständen bei Vorliegen der gesetzlichen Voraussetzungen die beantragte Zuweisung auszusprechen besteht also nicht. Wenn alle Zuweisungsvoraussetzungen erfüllt sind, hat das Gericht zu prüfen, ob das Mittel der Zuweisung nach den Umständen des Einzelfalles zu einem verständigen und gerechten Ergebnis führt (OLG Stuttgart BeckRS 2009, 3874).

Das Gericht wird zB trotz Vorliegens der gesetzlichen Voraussetzungen von der Zuweisung aus- 44
nahmsweise absehen:
a) wenn diese grob unbillig erscheint, etwa weil der gesamte Betrieb in einem Wohngebiet oder Gewerbegebiet liegt (OLG Karlsruhe RdL 1995, 49, 50 für Gärtnerei)
b) wenn es sich sogar verbietet, den Betrieb zusammenzuhalten, insbesondere wenn eine „gesunde Bodenverteilung" eine Aufteilung oder eine wesentliche Landabgabe erfordert,
c) der Antragsteller den Betrieb als Spekulationsobjekt verwenden möchte,
d) der Antragsteller nicht in der Lage ist, Abfindungen an seine Miterben zu zahlen (amtl. Begr. S. 23) oder,
e) wenn die Zuweisung des Betriebs für die anderen Miterben eine untragbare Härte darstellt

Die Ausübung des Ermessens kann in der Beschwerde-Instanz nachgeprüft werden. Eine Gesetzesver- 45
letzung liegt vor, wenn das Landwirtschaftsgericht bei der Ausübung des Ermessens den ihm gewährten Spielraum überschritten hat.

Auch wenn ein Zuweisungsantrag aus den vorstehenden Gründen abgelehnt wird, kann ein neuer 46
Zuweisungsantrag bei veränderten Umständen durchaus Erfolg haben.

12. Eigentumsübergang. Das Eigentum an dem zugewiesenen Betrieb geht auf den Erwerber über 47
mit der Rechtskraft des Zuweisungsbeschlusses oder mit dem in ihm vorgesehenen späteren Zeitpunkt (§ 13 II GrdstVG). Das Grundbuch wird dann unrichtig geworden, so dass das Ersuchen des Landwirtschaftsgerichts an das Grundbuchamt, den Erwerber im Grundbuch einzutragen (§ 32a LwVG), nur der Grundbuchberichtigung dient. Ein gem. § 13 II GrdstVG im Zuweisungsbeschluss zeitlich hinausgeschobener Eigentumserwerb kommt praktisch zB in Betracht, wenn sich der Erwerber noch in der landwirtschaftlichen Ausbildung befindet (FAKomm ErbR/*Dingerdissen* § 13 GrdstVG Rn. 59).

Sind Teile des Betriebs, dem Erwerber mit dem Beschluss versehentlich nicht zugewiesen worden, kommt 48
ein Nachholungsverfahren in Betracht (§§ 578ff., 321 ZPO analog; *Pikalo/Bendel* GrdstVG S. 727).

Werden dem Erwerber versehentlich Gegenstände zugewiesen, die nicht im Gesamthandseigentum der 49
Miterben stehen, erwirbt der Erwerber an ihnen trotz „Zuweisung" kein Eigentum.

§ 14 [Voraussetzungen der Zuweisung]

(1) ¹Die Zuweisung ist nur zulässig, wenn der Betrieb mit einer zur Bewirtschaftung geeigneten Hofstelle versehen ist und seine Erträge ohne Rücksicht auf die privatrechtlichen Belastungen im wesentlichen zum Unterhalt einer bäuerlichen Familie ausreichen. ²Erträge aus zugepachtetem Land sind insoweit als Erträge des Betriebes anzusehen, als gesichert erscheint, daß das zugepachtete Land oder anderes gleichwertiges Pachtland dem Erwerber zur Bewirtschaftung zur Verfügung stehen wird.

(2) Die Zuweisung ist ferner nur zulässig, wenn sich die Miterben über die Auseinandersetzung nicht einigen oder eine von ihnen vereinbarte Auseinandersetzung nicht vollzogen werden kann.

(3) Die Zuweisung ist unzulässig, solange die Auseinandersetzung ausgeschlossen oder ein zu ihrer Bewirkung berechtigter Testamentsvollstrecker vorhanden ist oder ein Miterbe ihren Aufschub verlangen kann.

1. Normzweck und Überblick. § 14 GrdstVG enthält neben §§ 13 und 15 GrdstVG die Vorausset- 1
zungen für die Betriebszuweisung. Die §§ 13 bis 15 GrdstVG sind also immer im Zusammenhang zu lesen. Während Abs. 1 die betriebsbezogenen Voraussetzungen der Betriebszuweisung regelt (neben den subjektiven Voraussetzungen in § 15 GrdstVG und der erbrechtlichen Ausgangslage in § 13 GrdstVG), stellt Abs. 2 klar, dass eine vollziehbare Einigung unter den Miterben das Zuweisungsverfahren ausschließt. Abs. 3 bestimmt weitere, originär erbrechtliche Zuweisungshindernisse.

2. Geeignete Hofstelle. Eine Hofstelle setzt voraus, dass Gebäude zum Wohnen und Wirtschaften 2
vorhanden sind, die geeignet sind, die landwirtschaftliche Besitzung ordnungsgemäß zu bewirtschaften. Nur unter dieser Voraussetzung ist der Betrieb erhaltenswürdig und die Zuweisung zu rechtfertigen. An diese Eignung dürfen aber keine allzu strengen Anforderungen gestellt werden. Die Hofstelle

braucht nicht im räumlichen Zusammenhang mit den von ihr aus bewirtschafteten Grundstücken zu stehen, darf aber auch nicht so weit von ihnen entfernt liegen, dass eine Bewirtschaftung der Grundstücke von der Hofstelle aus nicht möglich ist. Die Hofstelle muss im Eigentum der Erben stehen. Eine gemietete Hofstelle genügt nicht.

3 Die Hofstelle muss im Zeitpunkt des Erbfalls wie im Zeitpunkt der gerichtlichen Entscheidung vorhanden sein (BGH MDR 1972, 496; OLG Koblenz AgrarR 1988, 45; OLG Stuttgart AgrarR 1987, 201, 202; AG Bitburg AUR 2007, 311, 312). Ein **vorübergehendes Fehlen** der Hofstelle, zB wegen Brands, steht dem Zuweisungsverfahren nicht entgegen, wenn die Erben alsbald wieder eine zeitgemäße Hofstelle errichten wollen. Diese positive Prognose für den Wiederaufbau muss im Zeitpunkt der Zuweisungsentscheidung vorliegen. Auf keinen Fall wird bei Fehlen einer geeigneten Hofstelle zB infolge Brands, das Zuweisungsverfahren stattfinden dürfen, wenn der Erblasser längere Zeit hat verstreichen lassen, ohne Anstalten für eine Wiedererrichtung der Hofstelle getroffen zu haben (OLG Koblenz AgrarR 1988, 45; OLG Oldenburg RdL 58, 159).

4 Eine Hofstelle ist nicht mehr vorhanden, wenn ihre Wohn- und Wirtschaftsgebäude so verfallen sind, dass es unmöglich erscheint, den Hof in absehbarer Zeit mit Mitteln des Hofs wiederherzustellen (BGH RdL 53, 109). Hier handelt es sich nur noch um eine ehemalige Hofstelle. Ein mangelhafter baulicher Zustand der Gebäude allein steht der Zuweisung nicht entgegen. Die Wirtschaftsgebäude brauchen nicht unbedingt zur Bewirtschaftung der Ländereien vollständig ausreichend zu sein, namentlich dann nicht, wenn der Erblasser bisher von dieser unzulänglichen Hofstelle den landwirtschaftlichen Betrieb bewirtschaftet hat. Allerdings sind die Zuweisungsvoraussetzungen nicht gegeben, wenn die alte Hofstelle so überaltert ist, dass der Antragsteller den landwirtschaftlichen Betrieb mit Wirtschaftsgebäuden betreibt, die er auf einem eigenen Grundstück außerhalb der Hofstelle errichtet hat; ebenso sind Wohngebäude nicht zu berücksichtigen, die er außerhalb der landwirtschaftlichen Betriebsstelle auf eigenem Grund erbaut hat (OLG Köln BeckRS 2007, 14133; OLG Koblenz AgrarR 1988, 45).

5 Eine geeignete Hofstelle ist auch nicht vorhanden, wenn sie für nicht landwirtschaftliche Zwecke umgebaut oder endgültig nach dem Willen des Eigentümers oder seiner Erben stillgelegt worden ist (BGH RdL 57, 43). So kann eine Hofstelle zu gewerblichen Zwecken umgebaut sein und nur noch diesen Zwecken dienen, während zB die Hofländereien verpachtet sind. Dann hat sie ihre Eigenschaft als landwirtschaftliches Grundstück verloren (BGH RdL 53, 109 = MDR 53, 287).

6 Die Zulässigkeit des Zuweisungsverfahrens kann nicht dadurch herbeigeführt werden, dass ein Miterbe ohne Zustimmung der anderen Erben eine Hofstelle auf dem Gemeinschaftsbesitz errichtet (OLG Oldenburg RdL 58, 159).

7 Auch ein Gartenbaubetrieb kann ein landwirtschaftlicher Betrieb sein. Dann müssen ein Wohnhaus, Geräte- und sonstige Räume vorhanden sein, von denen die Grundstücke des Gartenbaubetriebs bewirtschaftete werden können. Gewächshäuser, die der Heranziehung von Pflänzlingen für Freilandkulturen des Betriebes dienen, gehören zu den Wirtschaftsräumen, nicht aber Gewächshäuser, die einer Erzeugung zum unmittelbaren Verkauf dienen (so BGHZ 8, 109 = NJW 53, 342). Hat ein Gartenbaubetrieb gewerblichen Charakter ist das Zuweisungsverfahren ausgeschlossen.

8 Eine Zuweisung ist nicht zulässig, wenn die Hofstelle im Alleineigentum des Erblassers stand und die durch den Erblasser von dieser Hofstelle aus bewirtschafteten Ländereien einer vom Erblasser mitgebildeten Miterbengemeinschaft gehörten (BGH MDR 1955, 564 = FamRZ 1955, 328). Bruchteilsmiteigentum an der Hofstelle genügt für eine Zuweisung grundsätzlich nicht. Einen Ausnahmefall bildet der Bruchteilseigentümer, der mit der Zuweisung des restlichen Bruchteilseigentums, das der Erbengemeinschaft gehört, Alleineigentümer der Hofstelle wird (BGH RdL 1956, 280, 281; RdL 1952, 134; OLG Celle RdL 56, 278 ff.). Wurde die Hofstelle von der Erbengemeinschaft veräußert, können die in der Erbengemeinschaft verbliebenen Grundstücke nicht mehr zugewiesen werden.

9 **3. Ertragskräftiger Betrieb (früher: „Ackernahrung")**. Nach § 14 GrdstVG ist die Zuweisung nur zulässig, wenn der landwirtschaftliche Betrieb „im Wesentlichen" zum Unterhalt einer bäuerlichen Familie ausreicht. Dabei ist es gleichgültig, ob der Betrieb als Haupt- oder Nebenerwerbsbetrieb geführt wird. Die gegenteilige Auffassung, wonach ein Nebenerwerbsbetrieb generell nicht zuweisungsfähig sein soll (OLG Naumburg AUR 2005, 91 und 136), findet im Gesetz („im Wesentlichen") keine Stütze. Abzustellen ist alleine auf die Ertragskraft des Betriebs (einschließlich Wohnvorteil und etwaigem Heizkostenvorteil), die auch als Nebenerwerbsbetriebe wesentlich zum Unterhalt einer bäuerlichen Familie beitragen kann (so auch *Bendel* AUR 2006, 137; FAKomm ErbR/*Dingerdissen* § 14 GrdstVG Rn. 70; *Wöhrmann* § 14 GrdstVG Rn. 8). Eine Zuweisung bei einem einer Erbengemeinschaft gehörenden Zwergbetrieb, der nicht wesentlich zum Unterhalt einer bäuerlichen Familie beitragen kann, ist aber ausgeschlossen. An der Erhaltung solcher Kümmerbetriebe besteht kein öffentliches Interesse. Abzustellen ist nach der Rechtsprechung darauf, ob eine bäuerliche Durchschnittsfamilie, bestehend aus den zwei Eltern und zwei minderjährigen Kindern, aus den Erträgnissen im Wesentlichen ihr Auskommen hat (OLG Naumburg VIZ 2004, 538; OLG München AgrarR 95, 56 = RdL 1995, 50, 51 mwN). Wegen des hohen Stellenwertes von Kindern in bäuerlichen Familien ist diesem Ansatz (noch) zuzustimmen, auch wenn die gesellschaftliche Durchschnittsrealität nach dem Mikrozensus derzeit bei nur 1,4 Kindern je Familie liegt. Bei der Ermittlung des Durchschnittsbedarfs einer vierköpfigen Familie ist von den entsprechenden statistischen Erhebungen auszugehen, sofern solche existieren und eine Zugriffsmöglichkeit besteht. Für 1983 soll dieser Durchschnittsbedarf bei 3000 DM monatlich gelegen haben. Er ist für spätere Zuweisungszeitpunkte um den Kaufkraftschwund zu bereinigen. Für 2017 also 109,3/60,3 ×

1533,88 EUR = **2.780,31 EUR monatlich** = **33.363,70 EUR jährlich** (so OLG Naumburg VIZ 2004, 538 unter Hinweis auf *Netz*, GrdstVG, der in der zwischenzeitlich vorliegenden 6. Auflage von 1000 EUR monatlich pro erwachsener Person ausgeht, ohne dies näher zu begründen).

Der landwirtschaftliche Betrieb braucht nur *im Wesentlichen* zum Unterhalt einer bäuerlichen Familie **10** auszureichen. Danach darf eine Zuweisung auch dann noch stattfinden, wenn eine bäuerliche Familie auf der landwirtschaftlichen Besitzung den Unterhalt ohne Nebeneinkünfte nicht restlos zu finden vermag. Es reicht jedenfalls, wenn der Hauptteil der Unterhaltskosten aus dem Betrieb selbst stammt (OLG Naumburg VIZ 2004, 538). *Wöhrmann* geht bei einem Fehlbetrag von bis zu 20 Prozent davon aus, dass dann der Unterhalt einer bäuerlichen Familie „im wesentlichen" immer noch aus dem landwirtschaftlichen Betrieb gedeckt ist (*Wöhrmann* § 14 GrdstVG Rn. 13). Dem ist zuzustimmen, wobei damit die Ausgangsgröße noch nicht definiert ist. Legt man den nach der Rspr. des OLG Naumburg für 2017 ermittelten Unterhaltsbedarf zugrunde ergibt sich, dass der Betrieb mit 33.363,70 EUR × 80% = **26.690,96 EUR** mindestens zum Unterhalt beitragen muss.

Liegen die Einkünfte aus dem Betrieb bzw. Nebenerwerbsbetrieb (ohne Wohnvorteil) „erheblich un- **11** ter den Regelsätzen" der *Sozialhilfe*, ist der Betrieb nicht zuweisungsfähig (OLG Köln BeckRS 2007, 14133; OLG München AgrarR 95, 56 = RdL 1995, 50, 51 mwN). Dem ist zuzustimmen, weil das soziokulturelle Existenzminimum bei Sozialleistungsempfängern durch Sozialhilfe *und* Wohngeld abgedeckt wird. Wenn der Hof aber den Wohnbedarf abdeckt, kann der sonstige Ertrag – auch wenn er knapp bis zu 20 Prozent unter den Sozialhilfesätzen liegt – wesentlich zu einem bescheidenen Unterhalt, welcher das soziokulturelle Existenzminimum absichert, beitragen. Im vom OLG München entschiedenen Fall, lag der Monatsertrag des landwirtschaftlichen Betriebs (ohne Wohnvorteil und Eigenentnahmen) bei 944 DM, und damit „erheblich" unter den Regelsätzen der Sozialhilfe, die für den Haushaltsvorstand 502 DM, den Ehegatten 402 DM und für jedes der beiden Kindern je nach Alter zwischen 251 DM bis 402 DM betrugen (Mindestregelsatz für die vierköpfige bäuerliche Familie damit 1406 DM, wovon nur 67 Prozent erwirtschaftet wurden). Auf jeden Fall ist mE ein wesentlicher Beitrag zum Unterhalt einer bäuerlichen Familie zu bejahen, wenn der Hof den Wohnbedarf der Familie abdeckt und durch die weiteren Erträge der Sozialhilfesatz überschritten wird, da die Familie dann ein – wenn auch bescheidenes – Auskommen findet. Die Sozialhilfe in Deutschland (SGB XII, Sozialhilfe) ermöglicht den Leistungsberechtigten die Führung eines Lebens, das der Würde des Menschen entspricht (§ 1 SGB XII). Wenn der Betrieb das soziokulturelle Existenzminimum, das die Sozialhilfe gewährleistet, abdeckt, ist auch der notwendige Unterhalt einer Familie abgedeckt. So ist mE ein Betrieb zuweisungsfähig, wenn er im Jahr 2018 mindestens die Sozialregelleistungen für eine Familie mit zwei Kleinkindern, also 14.736 **EUR netto zuzüglich** nicht real gedeckter **Wohnungskosten** (Heizung, Wohnraum) erbringt. Stellt man auf die Wesentlichkeitsgrenze von 80% ab, wäre der Betrieb sogar schon bei Nettoeinkünften von **11.788,80 EUR + Wohnen + Heizung** zuweisungsfähig.

Es hieße im Übrigen die Augen vor der wirtschaftlichen Realität der kleineren landwirtschaftlichen **12** Betriebe in Süddeutschland verschließen, wollte man höhere Bezugsgrößen zur Ermittlung des Mindest-Unterhaltsbedarfs einer bäuerlichen Familie heranziehen. Fakt ist, dass in Baden-Württemberg und Bayern Höfe, die seit Generationen im Familienbesitz sind, bei einer Größenordnung von 20 bis 30 ha nur dann überleben können, wenn die Hofbetreiber einen Konsumverzicht üben, der sie in ihrer wirtschaftlichen Leistungsfähigkeit bis auf Sozialleistungsniveau herabstuft. Dass dies teilweise getan wird, hat seinen Grund darin, dass solche bäuerlichen Familien, eine Existenz als selbstständige Eigentümer von Grund und Boden auch bei derart niedrigem Einkommen bejahen. Die Möglichkeit zum Betriebsertrag durch weitere außerbetriebliche Tätigkeiten hinzuzuverdienen, hat dazu geführt, dass solche Höfe mittlerweile ganz überwiegend als Nebenerwerbsbetriebe geführt werden. Sie tragen aber auch als Nebenerwerbsbetrieb wesentlich zum Familienunterhalt bei.

Wer – entgegen der hier vertretenen Auffassung – den Sozialhilfeansatz für „bäuerliche" Familien ab- **13** lehnt, sollte sich jedenfalls den nachfolgend hilfsweise gemachten Darlegungen anschließen können, stattdessen auf das einkommensteuerliche Existenzminimum (Grundfreibeträge), das über den Sozialhilfesätzen liegt, abzustellen. Die Grundfreibeträge sind mE aber als Ausgangsgröße für Zwecke der Unterhaltsermittlung iSd § 14 GrdstVG schon wegen des Erziehungs- und Betreuungsfreibetrags für Kinder überhöht, der neben den Existenzbedarf absichernden Kindergrundfreibeträge tritt (vgl. *Kirchhof* EStG, 9. Aufl., Einleitung Rn. 9). Der Grundfreibetrag für Ehepaare beläuft sich seit 1.1.2017 auf 17.640 EUR (§ 52 XLI EStG). Der das sächliche Existenzminimum abdeckende Kinderfreibetrag (mit Betreuungsfreibetrag) beläuft sich 2017 bei Ehegatten, die zusammen zur Einkommensteuer veranlagt werden, auf 7.356 EUR je Kind (§ 32 VI EStG). Hieraus errechnet sich derzeit ein steuerfreies Existenzminimum für die bäuerliche Familie in Höhe von 32.352 EUR. Werden hiervon 80% durch die Ertragskraft und sonstige Vorteile des Hofes (zB Wohnwert), also **25.881,60 EUR** abgedeckt, ist damit auf jeden Fall von einem wesentlichen Beitrag zum Unterhalt einer bäuerlichen Familie auszugehen

Ist eine angemessene Ackernahrung nicht gewährleistet, ist der Hof nicht zuweisungsfähig. § 14 **14** GrdstVG eröffnet nicht die Möglichkeit der Zuweisung von Nebenerwerbsbetrieben, deren Erträge als solche nicht im Wesentlichen zum Unterhalt einer bäuerlichen Familie ausreichen (OLG Naumburg VIZ 2004, 538). Die zur Auslegung des Begriffs Landgut (§ 2049, 2312 BGB) ergangene Rechtsprechung soll zur Klärung der Frage, ob eine Ackernahrung vorliege, nicht herangezogen werden können (OLG Naumburg VIZ 2004, 538, 540).

Erträge aus bereits vom Erblasser ständig genutztem Pachtland können als Erträge der landwirtschaft- **15** lichen Besitzung angesehen werden, da der Umfang der Wirtschaftsgebäude und des Inventars wesentlich durch das Pachtland mitbestimmt sein kann (OLG Köln BeckRS 2007, 14133; BT-Drs. 3/119, 24). Es muss gesichert erscheinen, dass das zugepachtete Land oder anderes gleichartiges Pachtland dem Erwerber auch nach der erfolgten Zuweisung zur Bewirtschaftung zur Verfügung stehen wird. Das Recht der Erbengemeinschaft aus zugepachtetem Land kann natürlich nicht mit zugewiesen werden.

16 Öffentliche Grundstückslasten (zB Grundsteuern) mindern den Ertrag. Privatrechtliche Lasten, Hypotheken, Grundschulden, Rentenschulden beruhen auf Maßnahmen des Eigentümers und sind nach der ausdrücklichen Regelung in § 14 GrdstVG nicht als ertragsmindernd anzusetzen. Es kann also durchaus sein, dass ein privatrechtlich überschuldeter Betrieb noch „im wesentlichen" zum Unterhalt einer bäuerlichen Familie beitragen kann.

17 **4. Keine Einigung der Miterben.** Sind sich die Miterben über die Teilung oder Fortführung des Hofes einig und wurde diese Einigung rechtswirksam, zB durch notariellen Vertrag oder gerichtlichen Vergleich, fixiert bevor ein Zuweisungsantrag gestellt wurde, kann kein Zuweisungsverfahren stattfinden und kein Zuweisungsbeschluss ergehen. Bei Streitigkeiten aus einer solchen vertraglichen Einigung entscheidet das Prozessgericht (*Pikalo/Bendel* GrdstVG S. 694).

18 Eine vorübergehende Einigung bis zu einem bestimmten Zeitpunkt ist möglich (zB ein Miterbe führt den Hof bis zu seinem Tod fort). Danach ist die Zuweisung wieder möglich.

19 Nach einer Einigung der Miterben über die Auseinandersetzung, hat das *Genehmigungsverfahren* stattzufinden. In ihm wird geprüft, ob die Genehmigung wegen ungesunder Verteilung des Grund und Bodens nach § 9 Ziff. 1 GrdstVG oder wegen unwirtschaftlicher Verkleinerung bei einem lebensfähigen Betrieb nach § 9 Ziff. 2 GrdstVG zu versagen ist.

20 Begründen die Miterben durch die Einigung Miteigentum, ist schon nach § 2 II Ziff. 2 GrdstVG eine Genehmigung erforderlich. Handelt es sich bei der Einigung um einen gemischten Betrieb, besteht nach § 8 Ziff. 3 GrdstVG Genehmigungszwang, wenn die land- oder forstwirtschaftliche Fläche nicht die Grundlage für eine selbstständige Existenz bietet.

21 Wird zu eine solchen Einigung die erforderliche Genehmigung der Landwirtschaftsbehörde oder des Landwirtschaftsgerichts *versagt,* kann die Einigung nicht vollzogen werden. Dann ist wieder Raum für das Zuweisungsverfahren.

22 **5. Aufschub der Auseinandersetzung.** Nach § 14 III GrdstVG kann die Zuweisung nicht beantragt werden, wenn Auseinandersetzungshindernisse nach §§ 2043 bis 2045 BGB bestehen.

23 Nach § 2045 BGB kann keine Auseinandersetzung erfolgen, sofern das Aufgebot der Nachlassgläubiger nach §§ 1970 BGB, 454ff. FamFG oder § 2061 BGB bestellt wurde.

24 **6. Ausschluss der Auseinandersetzung.** Ein Zuweisungshindernis stellt ferner ein vom Erblasser gemäß § 2044 BGB verfügtes oder von den Erben vereinbartes Teilungsverbot dar. Durch eine solche die Auseinandersetzung ausschließende Vereinbarung wird das Recht des Miterben, jederzeit die Auseinandersetzung zu verlangen (§ 2042 BGB), beseitigt. Gegenüber einer solchen Vereinbarung, soweit sie reicht, kann der einzelne Miterbe auch keine Zuweisung begehren. Liegt allerdings ein wichtiger Grund für die Auseinandersetzung iS von §§ 2042 II, 749 II BGB vor, so kann die Auseinandersetzung gleichwohl verlangt werden.

25 **7. Testamentsvollstrecker.** Die Benennung eines Testamentsvollstreckers wird das Zuweisungsverfahren regelmäßig ausschließen, ist es doch originäre Aufgabe des Testamentsvollstreckers den Nachlass auseinanderzusetzen (§ 2204 BGB). Ist ihm diese Aufgabe entzogen und ist er bloßer Verwaltungsvollstrecker nach § 2209 BGB ist das Zuweisungsverfahren zulässig. Allerdings ist in einem solchen Fall zu prüfen, ob die Verwaltungsvollstreckung als solche die Zuweisung ausschließt, weil der letzte Wille des Erblassers auf Verwaltung des landwirtschaftlichen Betriebes für alle Miterben und nicht auf Zuweisung an nur einen Miterben geht.

26 **8. Übernahmerechte.** Hat der Erblasser angeordnet, dass einer der Erben das Recht haben soll, die Besitzung zu übernehmen (vgl. § 2049 BGB) oder hat der Erblasser einem der Miterben das Recht eingeräumt, die Besitzung anzukaufen, liegt je nach Erblasserwillen entweder ein Vermächtnis oder eine Teilungsanordnung vor, die beide das Zuweisungsverfahren ausschließen. Übt der Berechtigte sein Übernahmerecht aus, so kann er von den übrigen Miterben die Mitwirkung bei der vom Erblasser vorgesehenen Übertragung der Besitzung fordern und, wenn die Miterben sich weigern, die erforderlichen Erklärungen abzugeben, im Klagewege erzwingen. Das Zuweisungsverfahren ist aber dann zulässig, wenn der Übernahmeberechtigte von dem Übernahmerecht *keinen* Gebrauch macht oder die Ausübung des Übernahmerechts unangemessen verzögert (BGH 5.10.1954 RdL 54, 342).

27 Das BadHofGG und die HessLandgüterO normieren ein vermächtnisähnliches gesetzliches Übernahmerecht des Anerben (also keine Sondererbfolge!). Bei solchen Hof- und Landgütern muss der *Verzicht* auf das gesetzliche Übernahmerecht vorliegen, bevor der Zuweisungsantrag nach § 13 ff. GrdstVG gestellt werden kann, oder es muss feststehen, dass das Übernahmerecht aus den besonderen Gründen, die in diesen beiden Gesetzen aufgeführt worden sind, nicht geltend gemacht werden kann.

§ 15 [Bedachter Miterbe]

(1) ¹**Der Betrieb ist dem Miterben zuzuweisen, dem er nach dem wirklichen oder mutmaßlichen Willen des Erblassers zugedacht war.** ²**Ist der Miterbe nicht ein Abkömmling und nicht der überlebende Ehegatte des Erblassers, so ist die Zuweisung an ihn nur zulässig, wenn er den Betrieb**

bewohnt und bewirtschaftet oder mitbewirtschaftet. ³Die Zuweisung ist ausgeschlossen, wenn der Miterbe zur Übernahme des Betriebes nicht bereit oder zu seiner ordnungsgemäßen Bewirtschaftung nicht geeignet ist.

(2) Diese Bestimmungen gelten für die Zuweisung von Teilen des Betriebes sinngemäß.

1. Normzweck und Überblick. § 15 GrdstVG regelt die persönlichen Voraussetzungen der Betriebszuweisung; zum einen auf Seiten des Erblassers, die an seinen wirklichen oder mutmaßlichen letzten Willen zu stellenden Voraussetzungen und zum anderen auf Erwerberseite, die Erfordernisse, die der Erwerber erfüllen muss, damit ihm der Betrieb als bestgeeignetem Betriebsnachfolger zugewiesen werden kann. Aus dem Bericht des Ernährungsausschusses zu § 15 GrdstVG ergibt sich folgendes: Soweit § 15 I 1 GrdstVG für die Auswahl des Miterben, dem der Betrieb zugewiesen wird, auf den wirklichen Willen des Erblassers abstellt, muss es sich dabei um einen Willen handeln, der, obwohl er nicht in einer gültigen Verfügung von Todes wegen betätigt worden ist, noch als letzter Wille des Erblassers angesehen werden kann. Hilfsweise soll für die Auswahl allein der mutmaßliche Wille des Erblassers maßgebend sein. Die Bestimmung des Absatzes 1 Satz 2, wonach einem entfernteren Angehörigen des Erblassers der Betrieb nur zugewiesen werden kann, wenn er den Betrieb bewohnt und bewirtschaftet oder mitbewirtschaftet, stammt aus dem französischen Recht und ist entsprechend einer Anregung aus dem Rechtsausschuss übernommen worden, weil ohne das genannte Voraussetzung den anderen Miterben nicht zuzumuten sei, die Zuweisung hinzunehmen. Absatz 1 Satz 3 soll sichern, dass keinem der Miterben die Zuweisung des Betriebes aufgezwungen werden kann, und im Hinblick auf den Zweck der Zuweisung verhindern, dass ein Ungeeigneter den Betrieb erhält.

2. Der Zuweisungserwerber. Derjenige, dem der Betrieb vom Landwirtschaftsgericht zugewiesen werden soll, muss gesetzlicher Miterbe und zum Erwerb bereit sein, d. h. er muss die Absicht haben, die Bewirtschaftung des Hofes fortzuführen. An den Nachweis einer solchen Absicht sind hohe Anforderungen zu stellen, wenn der landwirtschaftliche Betrieb zum Zeitpunkt des Erbfalls zumindest vorübergehend stillgelegt war und der Zuweisungserwerber sein Interesse am Führen der Landwirtschaft nicht durch einen zeitnahen Haupterwerb aus einer landwirtschaftlichen Tätigkeit erlangt hat (OLG Stuttgart BeckRS 2009, 3874). Wenn ein Miterbe beantragt, ihm die Besitzung zuzuweisen, so ist das Gericht nicht ohne Weiteres zur Zuweisung an einen anderen Miterben befugt. Das Gericht darf und wird, wenn es den oder den Antragsteller aus persönlichen oder sachlichen Gründen nicht für geeignet aber die Zuweisung an einen der übrigen Miterben für ratsam hält, die übrigen Miterben zu einem eventuell geänderten Antrag auf Zuweisung an einen geeigneteren Miterben anregen. Soweit dieser aber die Zuweisung des Betriebes an ihn ablehnt, kann das Gericht den Betrieb nur an einen Antragsteller zuweisen. Will es den Betrieb keinem Antragsteller zuweisen, weist es die Zuweisungsanträge ab. Es ist möglich, dass ein Miterbe, der den Betrieb auf jeden Fall zusammenhalten möchte, die Zuweisung allgemein an einen von den Miterben, wenn auch in erster Linie an sich selbst beantragt.

Ist der Zuweisungsprätendent weder Abkömmling noch Ehegatte des Erblassers (zB Neffe als gesetzlicher Miterbe), muss seine besondere innere Verbundenheit mit dem Hof dadurch objektiv zum Ausdruck kommen, dass er den Betrieb bewohnt, bewirtschaftet und zumindest mitbewirtschaftet (§ 15 I 2 GrdstVG; kritisch wegen des Bewohnungserfordernisses *Wöhrmann* § 15 GrdstVG Rn. 16ff.).

Die in § 15 I 3 GrdstVG geforderte **Übernahmebereitschaft** meint die Bereitschaft zur Übernahme und Fortführung der Bewirtschaftung (*Wöhrmann* § 15 GrdstVG Rn. 19).

3. Wirtschaftsfähigkeit des Erwerbers. Die Eignung des Erwerbers zur Bewirtschaftung des Betriebes bezeichnet man mit dem hergebrachten Begriff der „Wirtschaftsfähigkeit" (AG Bitburg AUR 2007, 311, 313; BGH RdL 1959, 124, 125). Der Erwerber ist wirtschaftsfähig, wenn er nach seinen körperlichen und geistigen Fähigkeiten, nach seinen Kenntnissen und seinen Erfahrungen und seiner Persönlichkeit fähig und willens ist, den landwirtschaftlichen Betrieb ordnungsgemäß entsprechend dessen Bedürfnissen und den modernen Erkenntnissen der Betriebsführung selbstständig zu bewirtschaften (OLG Stuttgart Beck RS 2009, 3874).

Als Zeitpunkt für die Beurteilung der Wirtschaftsfähigkeit ist der Tag der zu treffenden Entscheidung maßgebend (BGH 3.2.1959 RdL 59, 124). Dennoch wird zu Recht überwiegend vertreten, dass einem (minderjährigen) Kind, dem die Altersreife zur Betriebsführung fehlt, der Betrieb mit zeitlich hinausgeschobenem Eigentumsübergang zugewiesen werden kann, wenn es eine landwirtschaftliche Ausbildung anstrebt, um den Betrieb fortzuführen (*Netz* 7.2.3.5; *Lange* S. 260; aA *Wöhrmann* § 15 GrdstVG Rn. 21).

Die Absicht, die zugewiesene Besitzung selbst zu bewirtschaften, gehört nicht zur Wirtschaftsfähigkeit. Muss aber eine Besitzung wegen ihrer geringen Größe selbst bewirtschaftet werden, so kann die Absicht eines Anwärters, die Besitzung zugewiesen zu erhalten, der sie nicht bewirtschaften will, Veranlassung geben, einem anderen Anwärter die Besitzung zuzuweisen.

4. Wirklicher oder mutmaßlicher Wille des Erblassers. Im Zuweisungsverfahren soll sich das Landwirtschaftsgericht in die Rolle eines verständigen Erblassers versetzen und nachholen, was ein verständiger Erblasser im Hinblick auf den landwirtschaftlichen Betrieb von Todes wegen verfügt hätte (BT-Drs. 2635, 3).

Ergibt sich ein wirklicher oder mutmaßlicher Wille des Erblassers, wem er die Besitzung zugedacht hatte, so hat das Landwirtschaftsgericht diesen Willen zu beachten, kann also nicht hiervon abweichen und darf keinem anderen Miterben als den vom Erblasser Ausersehenen den Besitz zuweisen. Auch wenn nur der negative Wille festzustellen ist, dass ein Miterbe den Hof nicht erhalten sollte, ist dieser wirkliche oder mutmaßliche Erblasserwille zu berücksichtigen, wobei an den Nachweis des entgegenstehenden Erblasserwillens, dass der Betriebe einem bestimmten Erben nicht zugedacht war, strenge Anforderungen zu stellen sind; er muss deutlich sichtbaren Ausdruck gefunden haben (OLG München AgrarR 1975, 158, 159).

10 Der wirkliche Wille kann sich zB aus einer formunwirksamen Verfügung von Todes wegen ergeben, in der bestimmt ist, dass ein Abkömmling den Hof erhalten bzw. nicht erhalten soll.

11 Maßgebend ist der Wille des Erblassers, den er zur Zeit des Todes gehabt hat, also nicht etwa seine Absicht, die er zwar früher einmal ausgesprochen hat, sie aber bis zu seinem Tode nachweislich aufgegeben hat. Hier gewinnt auch die Rechtsprechung des BGH Bedeutung, nach der eine bloß mündlich erfolgte Zusage des Hofes Rechtswirkungen erzeugen kann.

12 Bei der Ermittlung des mutmaßlichen Willen ist zu beachten, dass ein Eigentümer wohl niemals jemanden zum Nachfolger seiner landwirtschaftlichen Besitzung einsetzen würde, der bereits eine landwirtschaftsfremde, selbständige Lebensstellung erlangt hat oder sich schuldhaft mit ihm überworfen hat, oder keine Gewähr für eine ordnungsmäßige Betriebsführung bietet. Wohl aber würde ein Eigentümer zB einem Abkömmling seine landwirtschaftliche Besitzung überlassen, wenn er ihn lange Jahre auf die Übernahme der Besitzung vorbereitet hat und ihn diese selbstständig hat bewirtschaften lassen.

13 Eine Zuweisung gegen den erklärten oder mutmaßlichen Willen des Erblassers ist unzulässig, selbst wenn alle gesetzlichen Miterben mit einer solchen Zuweisung einverstanden wären (OLG Stuttgart RdL 1976, 78, 79). In einem solchen Fall müssen sich die Miterben einverständlich auseinandersetzen oder einem gemeinsam eingesetzten Schiedsgericht die Zuweisungsentscheidung überlassen.

14 **5. Sonstige Gesichtspunkte für die Zuweisung.** Eine Zuweisung ist nicht schon deshalb unzulässig, wenn sich ein wirklicher oder mutmaßlicher Wille eines Erblassers, wer den Betrieb erhalten soll, nicht feststellen lässt (OLG München AgrarR 1995, 96; 1975, 59 = RdL 76, 157). In diesem Fall sind für die Zuweisung weitere Gesichtspunkte als die bisher genannten anzuwenden, wie zB die persönliche Eignung aufgrund der Berufsausbildung, die Lebensverhältnisse der einzelnen Miterben, ihre näheren oder ferneren Beziehungen zu dem Betrieb sowie besonders ihre Leistungen für diesen (zB jahrelange Mitarbeit auf dem Hof mit Ausrichtung der Lebensführung auf Hofübernahme), unter dem Gesichtspunkt der gesunden Bodenverteilung der bereits vorhandene Grundbesitz von Miterben, sowie die Vermeidung eines Wirtschafterwechsels; ferner Grundsätze, die in einem in der betreffenden Gegend geltenden Anerbenrecht oder Erbbrauch enthalten sind.

15 Ist der Miterbe nicht ein Abkömmling und nicht der überlebende Ehegatte des Erblassers, so ist die Zuweisung an ihn nur zulässig, wenn er den Betrieb bewohnt und bewirtschaftet oder mitbewirtschaftet; das Bewohnen und Bewirtschaften kann erst nach dem Erbfall begonnen haben. Liegen diese Voraussetzungen nicht vor, so wird die Zuweisung an ihn nicht zulässig sein.

16 Bei einem **Ehegattenbetrieb** kann die Zuweisung der Erblasserhälfte nur an den überlebenden Ehegatten erfolgen, da die Vereinigung des gesamten Betriebs in einer Hand nur bei ihm möglich ist. War der Erblasser Alleineigentümer des Betriebs und sind die gemeinschaftlichen ehelichen Kinder minderjährig, so wird der überlebende Ehegatte an erster Stelle als Erwerber in Betracht kommen. Bei volljährigen und wirtschaftsfähigen ehelichen Abkömmlingen, dürften diese im Regelfall den Vorzug erhalten.

17 **6. Zuweisung an mehrere Miterben.** Die vorstehenden Grundsätze gelten sinngemäß für die Zuweisung von Teilen der Besitzung, wenn mehrere Miterben die Betriebszuweisung beantragen. Dann ist grundsätzlich eine Betriebsteilung gem. § 15 II GrdstVG möglich. Eine Zuweisung an mehrere Miterben zu *Mit*eigentum ist nach § 15 I GrdstVG ebenso unzulässig, wie solche an Eheleute, weil jedenfalls einer der Ehegatten nicht zu der Erbengemeinschaft gehört.

§ 16 [Abfindung der übrigen Miterben]

(1) ¹Wird der Betrieb einem Miterben zugewiesen, so steht insoweit den übrigen Miterben an Stelle ihres Erbteils ein Anspruch auf Zahlung eines Geldbetrages zu, der dem Wert ihres Anteils an dem zugewiesenen Betrieb (§ 13 Abs. 1) entspricht. ²Der Betrieb ist zum Ertragswert (§ 2049 des Bürgerlichen Gesetzbuchs) anzusetzen. ³Der Anspruch ist bei der Zuweisung durch das Gericht unter Berücksichtigung der folgenden Vorschriften festzusetzen.

(2) ¹Die Nachlaßverbindlichkeiten, die zur Zeit des Erwerbes (§ 13 Abs. 2) noch bestehen, sind aus dem außer dem Betriebe vorhandenen Vermögen zu berichtigen, soweit es ausreicht. ²Ist eine Nachlaßverbindlichkeit an einem zum Betriebe gehörenden Grundstück dinglich gesichert, so kann das Gericht auf Antrag mit Zustimmung des Gläubigers festsetzen, daß der Erwerber dem Gläubiger für sie allein haftet. ³Trifft es eine solche Festsetzung, so ist § 2046 des Bürgerlichen Gesetzbuchs auf diese Verbindlichkeit nicht anzuwenden.

(3) ¹Das Gericht kann die Zahlung der den Miterben nach Absatz 1 zustehenden Beträge auf Antrag stunden, soweit der Erwerber bei sofortiger Zahlung den Betrieb nicht ordnungsgemäß bewirtschaften könnte und dem einzelnen Miterben bei gerechter Abwägung der Lage der Beteiligten eine Stundung zugemutet werden kann. ²Der Erwerber hat die gestundete Forderung zu verzinsen und für sie Sicherheit zu leisten. ³Über die Höhe der Verzinsung und über Art und Umfang der Sicherheitsleistung entscheidet das Gericht nach billigem Ermessen. ⁴Das Gericht kann die rechtskräftige

Entscheidung über die Stundung auf Antrag aufheben oder ändern, wenn sich die Verhältnisse nach der Entscheidung wesentlich geändert haben.

(4) ¹Auf Antrag eines Miterben kann das Gericht bei der Zuweisung festsetzen, daß der Miterbe statt durch Zahlung eines Geldbetrages ganz oder teilweise durch Übereignung eines bei der Zuweisung bestimmten Grundstücks abzufinden ist. ²Das Grundstück muß zur Deckung eines Landbedarfs des Miterben benötigt werden und von dem Betrieb abgetrennt werden können, ohne daß die Voraussetzungen des § 14 Abs. 1 wegfallen. ³Die Veräußerung dieses Grundstücks bedarf nicht der Genehmigung nach diesem Gesetz.

(5) ¹Das Gericht kann auf Antrag eines Miterben bei der Zuweisung festsetzen, daß er durch ein beschränktes dingliches Recht an einem zugewiesenen Grundstück abzufinden ist. ²Die Festsetzung ist unzulässig, wenn der Erwerber dadurch unangemessen beschwert würde.

1. Normzweck und Überblick. Die weichenden Miterben, die infolge der sachlichen Teilauseinandersetzung im Zuweisungsverfahren ihren „Erbteil" am Hof verlieren, müssen für diesen Verlust abgefunden werden (Beachte: es handelt sich hier um eine sprachliche Vereinfachung des Gesetzgebers; denn entgegen dem Wortlaut der §§ 16 GrdstVG und 2033 II BGB hat der Miterbe einen Erbteil nur am Gesamtnachlass und keine den Erbquoten entsprechende Teilrechte an den einzelnen Nachlassgegenständen, Palandt/*Weidlich* § 2033 Rn. 19). Wie die Abfindung durchzuführen ist, regelt § 16 GrdstVG. Der ursprüngliche Gesetzesentwurf sah eine Abfindung der weichenden Erben nach den Vorgaben der lokalen Anerbenrechte bzw. Erbbräuche vor. Danach hätten sich teilweise so geringe Abfindungen ergeben, dass hiergegen gravierende verfassungsrechtliche Bedenken bestanden. Im Vermittlungsausschuss einigte man sich dann auf die **Abfindung nach den Ertragswert des § 2049 BGB** (vgl. Bericht des Ernährungsausschusses zu § 16 GrdstVG), worin eine Bevorzugung des Zuweisungserwerbers liegt, der die weichenden Miterben nach den niedrigeren Ertragswerten abfinden kann, statt nach den regelmäßig vielfach höheren Verkehrswerten, damit der landwirtschaftliche Betrieb in der Familie fortgeführt werden kann. 1

Dieser Abfindungsansatz machte es erforderlich, im Gesetz ausdrücklich zu regeln, in welcher Weise die **Nachlassverbindlichkeiten** zu berichtigen sind. Diese Regelung ist in Absatz 2 unter dem Gesichtspunkt getroffen, den Interessen der weichenden Erben und des Erwerbers des Betriebes gerecht zu werden. 2

Die **Stundungs**vorschrift in Absatz 3 erschien erforderlich, weil gesichert werden sollte, dass der Erwerber den ihm zugewiesenen Betrieb ordnungsgemäß bewirtschaften kann und ihm die dazu erforderlichen Mittel verbleiben müssen. Würde in einem solchen Fall die Stundung bei gerechter Abwägung der Lage der Beteiligten dem betroffenen Miterben nicht zugemutet werden können, so müsste von der Zuweisung des Betriebes an den Miterben abgesehen werden. 3

Wo es zweckmäßig erscheint, kann das Nachlassgericht bei einem entsprechenden Antrag ein Grundstück als Abfindungsleistung (Abs. 4) oder zB ein Leibgedings- oder Wohnungsrecht als Abfindungsleistung (Abs. 5) bestimmen. 4

2. Festsetzung der Abfindungen nach dem Ertragswert. An die Stelle des „Erbteils" der Miterben an dem zugewiesenen Betrieb tritt ein Zahlungsanspruch gegen den Erwerber nach § 16 I GrdstVG. Dessen Höhe hat das Landwirtschaftsgericht festzusetzen. Die Zuweisung wirkt sich auf die Auseinandersetzung der Miterben über den übrigen Nachlass, der den landwirtschaftlichen Betrieb nicht betrifft, nicht aus. 5

Der Anspruch auf Zahlung des Abfindungsbetrages ist unter Zugrundelegung des **Ertragswertes** des landwirtschaftlichen Betriebs gemäß § 2049 BGB festzusetzen (vgl. § 137 EG BGB). Für die Ertragswertfeststellung ist in der Praxis immer ein Sachverständigengutachten erforderlich. Der Ertragswert bestimmt sich nach dem Reinertrag, den der Betrieb nach seiner bisherigen wirtschaftlichen Bestimmung bei ordnungsgemäßer Bewirtschaftung nachhaltig gewähren kann. Der Reinertrag ist der Überschuss des Rohertrages über den Aufwand, zu dem insbesondere die landwirtschaftlichen Betriebsausgaben (Löhne, Betriebssteuern, Abschreibungen, fiktive Löhne der unentgeltlich mitarbeitenden Familienmitglieder und fiktiver Unternehmerlohn) gehören. 6

Wie auf der Grundlage des Reinertrages der Ertragswert errechnet werden soll, bestimmt die „Teildefinition" in § 2049 II BGB nicht. Das BVerfG hat hierzu festgestellt, dass der Ertragswert nach betriebswirtschaftlichen Grundsätzen ein bestimmtes Vielfaches des Reinertrags ist (BVerfG NJW 1988, 2723). Art. 137 EGBGB überlässt es den Landesgesetzgebern, Grundsätze über die Feststellung des Ertragswerts von Landgütern zu normieren. Die Bundesländer haben sich auf die Festlegung von Kapitalisierungsfaktoren beschränkt. Nach betriebswirtschaftlichen Grundsätzen ist der Ertragwert nämlich ein bestimmtes Vielfaches des Reinertrags. Je nach Bundesland wird der Ertragswert als das 17- bis 25-fache des jährlichen Reinertrags definiert. Mathematisch abgeleitet werden die Kapitalisierungsfaktoren aus der Ertragswertermittlung durch Abdiskontierung der zukünftig zu erwartenden Reinerträge: Ertragswert = jährlicher Reinertrag × 100/Kalkulationszinsfuß. 7

Ohne eine solche gesetzliche Regelung ist nach dem BVerfG bei jeder einzelnen Wertfestsetzung der nach den örtlichen wirtschaftlichen Verhältnissen in Betracht kommende Kapitalisierungsfaktor durch einen Bewertungssachverständigen zu ermitteln (BVerfG aaO). 8

Reinertrags-Multiplikatoren nach den Bewertungsregeln der Länder zur Ertragswert-Ermittlung von BGB-Landgütern (nach Ruby, ZEV 2007, 265)	
Der Betrieb liegt in:	Multiplikator
Baden-Württemberg	§ 48 Ba-Wü AGBGB: 18
Bayern	Art. 68 BayAGBGB: 18
Berlin (West)	Art. 83 Preuß AGBGB: 25
Berlin (Ost)	Fehlt, daher Gutachten (DAG-Empfehlung, Agrarrecht 1994,5: 18
Brandenburg	Fehlt, daher Gutachten (DAG-Empfehlung, Agrarrecht 1994,5: 18)
Bremen	§ 14 BremHöfeG: 25
Baden-Württemberg	§ 48 Ba-Wü AGBGB: 18
Hamburg	Fehlt, daher Gutachten (DAG-Empfehlung, AgrarR 1994, 5): 18
Hessen	Art. 83 PreußAGBGB (Hess. GVBl. II 230 – 2): 25 (für die ehemals preußischen Gebietsteile: Hessen-Kassel) ------ Art. 106, 130 AGBGB (Hess. GVBl. II 230 – 1): 25 (für die ehemals zu Hessen-Darmstadt zählenden Gebietsteile)
Mecklenburg-Vorpommern	Fehlt, daher Gutachten (DAG-Empfehlung, AgrarR 1994, 5): 18
Niedersachsen	§ 28 AGBGB iVm § 3 II und 4 des Reallastengesetzes: 17
Nordrhein-Westfalen	Art. 83 PreußAGBGB (SGV NW 40): 25 ------ § 46 AGBGB ergibt (GS Fürstentum Lippe S. 489): 25 (für das Gebiet des alten Landes Lippe (heutiger Regierungsbezirk Detmold)
Rheinland-Pfalz	§ 24 RhPfAGBGB: 25
Saarland	Art. I § 32 des Gesetzes zur Vereinheitlichung und Bereinigung landesrechtlicher Vorschriften (5. RBG): 25
Sachsen	Fehlt, daher Gutachten (DAG-Empfehlung, AgrarR 1994, 5): 18
Sachsen-Anhalt	Fehlt, daher Gutachten (DAG-Empfehlung, AgrarR 1994, 5): 18
Schleswig-Holstein	Doppelter Einheitswert verfassungswidrig (BVerfG NJW 1988, 2723), daher Gutachten (DAG-Empfehlung, AgrarR 1994, 5): 18
Thüringen	Fehlt, daher Gutachten (DAG-Empfehlung, Agrarrecht 1994, 5: 18)

9   Ist nach § 16 GrdstVG der Ertragswert für die Festsetzung der Abfindungsansprüche maßgebend, so ist der Ertragswert im Zeitpunkt der Entscheidung des Gerichts gemeint.

10   **3. Nachlassverbindlichkeiten (§ 16 II GrdstVG).** Im Außenverhältnis haften alle Miterben für alle Nachlassverbindlichkeiten nach § 2058 BGB als Gesamtschuldner, also trotz des Zuweisungsverfahrens auch für die Nachlassverbindlichkeiten, die alleine den landwirtschaftlichen Betrieb betreffen. Zu ihrem Schutz können die weichenden Miterben nach § 2046 BGB im Innenverhältnis verlangen, dass die Nachlassverbindlichkeiten nicht erst bei der Schluss-Auseinandersetzung getilgt werden, sondern schon vorher, und zwar auch vor der Zuweisung (unklar insoweit Staudinger/*Werner* § 2046 Rn. 19). § 16 II GrdstVG bestimmt, wer – wenn der Hof auf Ertragswertbasis zugewiesen wird – im **Innenverhältnis** für die Nachlassverbindlichkeiten haftet. Dabei ist zu beachten, dass es sich beim Zuweisungsverfahren immer nur um eine Teilauseinandersetzung handelt, wenn nach der Zuweisung noch außerbetriebliches Vermögen vorhanden ist.

Zu beachten ist, dass nach § 2046 I BGB die Nachlassverbindlichkeiten vor der Zuweisung zu berichtigen sind, sofern nicht ausnahmsweise alle Miterben einer vorherigen Zuweisung zustimmen. Das Zuweisungsverfahren ist daher im Regelfall so lange **auszusetzen,** bis die Nachlassverbindlichkeiten beglichen sind (vgl. §§ 16 II 3 GrdstVG, 2046 BGB). Hieraus folgt (vgl. *Pikalo/Bendel* S. 841):

Reicht der **betriebsfreie Nachlass** zur Erfüllung sämtlicher Nachlassverbindlichkeiten **aus,** spielen diese für die Bemessung der Abfindungsansprüche keine Rolle. Das Zuweisungsverfahren ist so lange auszusetzen bis sämtliche Nachlassverbindlichkeiten erfüllt sind (§§ 2046 BGB, 16 II 3 GrdstVG), es sei denn alle Beteiligten verzichten hierauf. Erzielen die Beteiligten über die vorherige Erfüllung der Nachlassverbindlichkeiten keine Einigkeit, ist der Antragsteller des Zuweisungsverfahrens wegen der Erfüllung der Nachlassverbindlichkeiten auf eine Klage vor dem Prozessgericht verwiesen. Danach kann das Zuweisungsverfahren über das Betriebsvermögen fortgeführt werden. Verzichten alle Beteiligten auf eine vorherige Erfüllung der Nachlassverbindlichkeiten, so bleibt deren Berichtigung der Erbauseinandersetzung über das betriebsfreie Vermögen vorbehalten.

Sind **Nachlassverbindlichkeiten** vorhanden, die nicht aus dem betriebsfreien Vermögen gedeckt werden können, ist der überschießende Teil der Verbindlichkeiten **aus dem Betriebsvermögen zu begleichen.** Das Zuweisungsverfahren ist auch in diesem Fall auszusetzen, bis die Nachlassverbindlichkeiten beglichen sind. Notfalls sind Teile des Betriebs im Wege der Zwangsversteigerung zu veräußern (Ausnahme: § 16 II 2 GrdstVG). Nur wenn alle Beteiligten wiederum auf eine vorherige Erfüllung der Nachlassverbindlichkeiten verzichten, ist eine vorherige Zuweisung möglich.

Für die Berechnung der Abfindung ist der Ertragswert maßgeblich.

Für die Ertragswertberechnung wurde nach bislang hM das Fremdkapital vom Ertragswert des landwirtschaftlichen Betriebs abgesetzt. Ein Abzug der Fremdzinsen bei der Bewertung des Reinertrags schied damit aus, um eine doppelte Berücksichtigung zu vermeiden (Leitfaden für die Ermittlung des Ertragswerts landwirtschaftlicher Betriebe, AgrarR 1994, 5 (8); *Krebs* AUR 2013, 376 (377); *Köhne* AgrarR 1984, 57 (59); vgl. auch MüKoBGB/*Lange* § 2312 Rn. 22).

Demgegenüber wurde vertreten, Verbindlichkeiten aus dem Betrieb seien im Ertragswertverfahren nur bezogen auf den Zinsaufwand im Rahmen der Gewinnermittlung zu berücksichtigen (*OLG Bamberg,* NJW-RR 1995, 358 = FamRZ 1995, 607 (609); *Büte* Rn. 60; *Kronthaler,* Landgut, Ertragswert und Bewertung im bürgerlichen Recht, 129; so wohl auch MüKoBGB/*Ann* § 2049 Rn. 5).

Der *BGH* (NJW-RR 2016, 1217) ist nun der letztgenannten Auffassung gefolgt, allerdings mit der Maßgabe, dass über eine vorsorgliche Ermittlung des Verkehrswerts sichergestellt werden muss, dass dieser – der auch den Nominalwert der Verbindlichkeiten berücksichtigt – nicht geringer ausfällt als der Ertragswert. Der BGH begründet seine Entscheidung mit folgenden Überlegungen: Ein Unternehmensertrag lässt sich grundsätzlich nur feststellen, wenn der in einem bestimmten Zeitraum zu erwartende Aufwand dem in diesem Zeitraum zu erwartenden Erlös gegenübergestellt wird. Demgegenüber geht es bei der Verkehrswertermittlung um einen Vermögensstatus zu einem bestimmten Stichtag (vgl. *OLG Bamberg,* NJW-RR 1995, 258). Deshalb kann im Rahmen der Ertragswertmethode methodengerecht und systemimmanent nur auf den jeweiligen Ertrag abgestellt werden, nicht aber auf die auf dem Betrieb lastenden Verbindlichkeiten zu ihrem Nominalwert. Wenn der landwirtschaftliche Betrieb im Endvermögen mit einem privilegierten Wert, die Kreditverbindlichkeiten hingegen mit ihrem realen Wert berücksichtigt würden, würde mit zweierlei Maß gemessen. Wollte man im Rahmen der Ertragswertmethode den Nominalwert der Fremdverbindlichkeiten einbeziehen, müsste man konsequenterweise auf der anderen Seite auch den über den Ertragswert hinausgehenden positiven Substanzwert werterhöhend berücksichtigen, was indes gerade nicht Sinn und Zweck der Ertragswertmethode ist.

In dem besonderen Falle, dass die Nachlassverbindlichkeiten an einem zum Betriebe gehörenden Grundstück **dinglich gesichert** ist, kann das Gericht mit Zustimmung des Gläubigers auf Antrag festsetzen, dass der Erwerber dem Gläubiger für sie (zB für die Hypothek) allein haftet. Da das Gesetz die Zustimmung des Gläubigers verlangt, ist ihm der Beschluss über die Alleinhaftung des Erwerbers zuzustellen. Trifft das Landwirtschaftsgericht eine solche Anordnung, so ist auf diese Verbindlichkeit der das Innenverhältnis der Erben regelnde § 2046 BGB nicht anzuwenden.

Haben Miterben während des Bestehens der Erbengemeinschaft **Nutzungen** aus dem landwirtschaftlichen Betrieb gezogen, so können hierdurch Forderungen gegen sie entstanden sein, die aber für das Zuweisungsverfahren keine Rolle spielen werden.

4. Ausgleichung von Vorempfängen. Da gesetzliche Erbfolge vorliegt, gelten die §§ 2050 bis 2057a BGB Nur wenn die Miterben in etwa gleichwertige ausgleichungspflichtige Vorempfänge erhalten haben, kann auf eine Ausgleichung verzichtet werden (OLG Frankfurt RdL 1970, 106, 107). Soweit möglich soll die Ausgleichung bereits im Zuweisungsverfahren als vorgezogener Teilauseinandersetzung erfolgen (*Pikalo/Bendel* S. 847).

5. Stundung der Abfindungen (§ 16 III GrdstVG). Um den Betrieb geschlossen zu erhalten, kann dem Erwerber die Zahlung der Abfindungen gestundet werden, wenn der Erwerber andernfalls die Besitzung nicht erhalten kann. Da die weichenden Erben bei der niedrigen Abfindung aber bereits bedeutende Opfer zu bringen haben, kann ihnen nicht zugemutet werden, stets eine Stundung der Abfindung zu gewähren. Bei der Regelung der Stundungsmöglichkeiten muss auch auf die wirtschaftlichen Bedürfnisse der Abfindungsberechtigten Rücksicht genommen werden. Kann aber die **Besitzung nur erhalten** werden, wenn die **Abfindungen** dem Erwerber **gestundet** werden, so muss dies nach Möglichkeit berücksichtigt werden. In solchen Fällen erscheint es geboten, dem Erwerber einen gesetzlichen Anspruch auf Stundung zu gewähren, soweit sie für die Abfindungsberechtigten bei Berücksichtigung ihrer wirtschaftlichen Lage erträglich ist und im Vergleich zu den anderen Abfindungsberechtigten der Billigkeit entspricht. Allerdings kann die Stundung den Abfindungsberechtigten auch unter diesen Voraussetzungen nur zugemutet werden, wenn ihre Ansprüche in angemessener Weise zB durch die Bestellung eines genügend sicheren Grundpfandrechts an dem Hof gesichert werden. Was als angemessene Sicherheit in Betracht kommt, richtet sich so sehr nach den im Einzelfall gegebenen Möglichkeiten, dass es nicht zweckmäßig war, die Art der Sicherstellung im Gesetz näher zu begrenzen. Im Streitfall ist das Gericht befugt, darüber zu entscheiden, in welcher Art die gestundete Forderung gesichert werden kann und ob diese Sicherung angemessen ist.

22 Die Stundung darf nur bewilligt werden, wenn ein Beteiligter – der Erwerber oder ein Miterbe – einen entsprechenden **Antrag** stellt. Bei der Frage, ob den einzelnen Miterben eine Stundung zugemutet werden kann, wird eine Rolle spielen, ob die Abfindung für eine Berufsausbildung zu einer Existenzgründung oder zu deren Ausbau gebraucht wird. Kann die Stundung dem betreffenden Miterben nicht zugemutet werden, muss von der Zuweisung an den sie betreibenden Miterben abgesehen werden (Bericht des Ernährungsausschusses Bemerkung 1).

23 Die gestundete Abfindung ist nach Billigkeit zu **verzinsen**.

24 **6. Abfindung durch Grundstücke (§ 16 IV GrdstVG).** Die Abfindung von Miterben durch Grundstücke kann an Stelle der ganzen oder teilweisen Zahlung eines Geldbetrages notwendig und zulässig sein (§ 16 IV GrdstVG). Hierzu braucht kein Einverständnis aller Miterben vorzuliegen. Kommt keine Einigung unter den Miterben zustande, kann das Gericht dem Erwerber die Abgabe eines Stückes Land auf **Antrag** eines Miterben auferlegen. Das Landwirtschaftsgericht weist dann die Besitzung zwar dem Erwerber zu, setzt aber als Leistung des Erwerbers die Verpflichtung fest, das in Frage kommende Stück Land dem als Empfänger vorgesehenen Miterben zu übereignen und aufzulassen. Der Antrag des Miterben auf Landabgabe kann auch noch in der Beschwerdeinstanz gestellt werden.

25 Der Miterbe darf nur mit Grundstücken abgefunden werden, die zur Deckung seines Landbedarfs erforderlich sind und von der Besitzung abgetrennt werden können, ohne dass die **Voraussetzungen des § 13 I 1 GrdstVG** wegfallen: Danach darf nicht so viel Land an einen Miterben abgegeben werden, dass durch die Abtretung der bisher gesicherte Unterhalt der bäuerliche Familie nicht mehr gewährleistet ist oder dass dadurch eine ungesunde Verteilung des Grund und Bodens oder eine unwirtschaftliche Verkleinerung oder Aufteilung des landwirtschaftlichen Betriebes nach § 9 Ziff. 1 GrdstVG eintritt.

26 Von der Landabgabe ist – mangels **Deckung seines Landbedarfs** – abzusehen, wenn der Miterbe, der mit Land abgefunden werden soll, das Land nicht selbst landwirtschaftlich nutzen, sondern verpachten will oder sich von der Landwirtschaft abgewendet hat, das Land nur als eine sichere Kapitalanlage ansieht oder bereits mit Mitteln des landwirtschaftlichen Betriebes eine Berufsausbildung oder Aussteuer erhalten hat.

27 Da die Landabgabe nur zu landwirtschaftlichen Zwecken erfolgen kann, ist für die Abfindungen nach § 16 I GrdstVG das zugewiesene Grundstück zum Ertragswert anzusetzen, da es ungerecht wäre, die Landabgabe mit dem Verkehrswert in Ansatz zu bringen (so auch *Pikalo/Bendel* S. 862; aA: *Frieser/Dingerdissen* § 16 GrdstVG Rn. 84 mwN).

28 Das den Miterben als Abfindung zugedachte Land ist eine Veräußerung durch den Erwerber, die aber nach der ausdrücklichen Bestimmung des § 16 V GrdstVG nicht besonders genehmigt zu werden braucht, weil die für eine sonst erforderliche Genehmigung maßgebenden Gesichtspunkte schon bei der Zuweisung vom Gericht berücksichtigt werden.

29 **7. Abfindung durch beschränkt dingliche Rechte (§ 16 V GrdstVG).** Es ist zulässig, einen Miterben zB den überlebenden Ehegatten des Erblassers mit einem Altenteil, sofern es dinglich gesichert wird, einem Grundstücksnießbrauch, oder anderen dinglichen gesicherten Rechten wie Reallast oder Wohnungsrecht abzufinden. Dabei wird durch den Zuweisungsbeschluss dem Erwerber der Betrieb mit der Verpflichtung zugewiesen, dem Miterben ein solches Recht einzuräumen. Ein Nießbrauch ist zB von dem Erwerber durch Eintragung im Grundbuch zu bestellen. Der kapitalisierte Wert eines solchen Rechts, zB Nießbrauch, wird auf den Abfindungsbetrag angerechnet.

30 **8. Verfahren bei Festsetzung der Abfindungen.** Vor der Festsetzung der Abfindungen versucht das Landwirtschaftsgericht idR eine Einigung unter den Miterben herbeizuführen. Einstweilige vorläufige Anordnungen sind nach § 18 LwVG zulässig. Die Entscheidung im Zuweisungsverfahren – auf Zuweisung oder auf Ablehnung – ergeht durch begründeten Beschluss des LwGerichts.

31 Die Festsetzung der Abfindungen erfolgt einheitlich mit Wirkung gegenüber allen Beteiligten und *gleichzeitig* durch den Zuweisungsbeschluss; denn § 16 I 3 GrdstVG bestimmt ausdrücklich, dass die Abfindungen *bei* der Zuweisung festzusetzen sind. Die Festsetzung hat nur feststellenden Charakter, so dass der Beschluss zur Zwangsvollstreckung nicht geeignet ist. Allerdings war es im Hinblick auf § 31 LwVG aF, der eine Vollstreckung aus Hauptsachebeschlüssen des Landwirtschaftsgerichtes ermöglichte, allgemeine Auffassung dass das Landwirtschaftsgericht den Zuweisungsempfänger auch zur Zahlung von Abfindungen verurteilen konnte, sofern ein entsprechender Antrag gestellt wurde (OLG Köln RdL 1964, 294; *Netz* 7.3.1.4; *Barnstedt/Steffen* § 21 Rn. 153 Fn. 1; *Lange* S. 64; *Pikalo/Bendel* S. 848). Es sollte der umständliche Weg einer weiteren Zahlungsklage auf der Grundlage des rechtskräftigen Zuweisungsbeschlusses vermieden werden. An Stelle des zum 1.9.2009 weggefallenen § 31 LwVG aF ermöglichen

jetzt die §§ 9 LwVG, 86 ff. FamFG die Zwangsvollstreckung aus dem Beschluss, in dem die vom Zuweisungserwerber zu zahlenden Abfindungsbeträge festgesetzt werden.

Der Zuweisungsbeschluss kann nur einheitlich gegenüber allen an der Miterbengemeinschaft Beteiligten ergehen. Deshalb wird er erst mit der Rechtskraft gegenüber allen Beteiligten rechtskräftig. Eine notwendige Streitgenossenschaft gibt es im Bereich der freiwilligen Gerichtsbarkeit nicht. Das von einem Beteiligten eingelegte Rechtsmittel wirkt also nicht zugunsten eines anderen Beteiligten.

9. Beispiel: Ein Zuweisungsbeschluss wird etwa, wie folgt, lauten können:

„I. Der im Grundbuch von ... unter ... eingetragene landwirtschaftliche Betrieb, der sich nach dem Tode des verstorbenen Eigentümers ... in Erbengemeinschaft folgender Erben ... befunden hat, wird auf Antrag dem Miterben A zugewiesen. Mit der Rechtskraft dieses Beschlusses wird dieser Miterbe der alleinige Eigentümer dieses Betriebes.

II. Die Abfindungen der anderen Miterben werden, wie folgt, geregelt:
1. Die Witwe des Erblassers B erhält ein lebenslängliches Altenteil, das aus der Altenteilswohnung im I. Stock mit 2 Zimmern und folgenden monatlich im Voraus zu entrichtenden Altenteilsleistungen besteht ... Die Altenteilerin hat die Wahl, ob sie statt dieser Altenteilsleistungen die Mahlzeiten am Tisch des Erwerbers einnehmen will. Zur Sicherheit der Altenteilerin ist an bereiter Stelle, und zwar vor den einzutragenden Abfindungshypotheken im Grundbuch eine Reallast für die wiederkehrenden Leistungen einzutragen.
2. Die Miterben C und D erhalten je ... EUR als Abfindung, fällig am ...
Die Abfindungen werden gestundet. Sollte sich die Kaufkraft des EUR bis zu dem Fälligkeitstage der Abfindungen um zehn Prozentpunkte ändern, so kann jeder der Beteiligten verlangen, dass die geänderte Kaufkraft der Abfindung unter Anwendung des Verbraucherpreisindex (VPI) für Deutschland ausgeglichen wird. Zur Sicherheit für die Abfindungen bestellt der Erwerber im Grundbuch an bereiter Stelle an den überwiesenen Grundstücken mit Ausnahme des dem Miterben E zufallenden Grundstücks mit gleichem Range der Abfindungsansprüche der Miterben für jeden derselben eine Sicherungshypothek im Höchstbetrage von ...
3. Der Miterbe E. erhält anstelle einer Geldabfindung folgendes im Grundbuch von ... eingetragene Grundstück unter Nr...
4. Der Erwerber wird zur Zahlung der Abfindungen am Fälligkeitstermin an die Miterben C und D, zu den Naturalleistungen an die Miterbin B und zur Auflassung des Grundstücks an den Miterben E verurteilt.
5. Aus diesem Beschluss findet die Zwangsvollstreckung gem. §§ 86ff. FamFG statt.

10. Verjährung. Die Abfindungsansprüche verjähren in 30 Jahren nach Rechtskraft des Zuweisungsbeschlusses (§§ 197 I Nr. 3).

§ 17 [Anspruch auf Vorteilsausgleich]

(1) ¹Zieht der Erwerber binnen fünfzehn Jahren nach dem Erwerb (§ 13 Abs. 2) aus dem Betrieb oder einzelnen zugewiesenen Gegenständen durch Veräußerung oder auf andere Weise, die den Zwecken der Zuweisung fremd ist, erhebliche Gewinne, so hat er, soweit es der Billigkeit entspricht, die Miterben auf Verlangen so zu stellen, wie wenn der in Betracht kommende Gegenstand im Zeitpunkt des Erwerbes verkauft und der Kaufpreis unter den Miterben entsprechend ihren Erbteilen verteilt worden wäre. ²Ist der Betrieb im Wege der Erbfolge auf einen anderen übergegangen oder hat der Erwerber den Betrieb einem anderen im Wege der vorweggenommenen Erbfolge übereignet, so trifft die entsprechende Verpflichtung den anderen hinsichtlich derartiger Gewinne, die er binnen fünfzehn Jahren nach dem in § 13 Abs. 2 bezeichneten Zeitpunkt aus dem Betriebe zieht.

(2) ¹Die Ansprüche sind vererblich und übertragbar. ²Sie verjähren in zwei Jahren nach dem Schluß des Jahres, in dem der Berechtigte von dem Eintritt der Voraussetzungen seines Anspruchs Kenntnis erlangt, ohne Rücksicht auf diese Kenntnis in fünf Jahren nach dem Schluß des Jahres, in dem die Voraussetzungen des Anspruchs erfüllt sind.

1. Normzweck. Da die Zuweisung bezweckt, dass die Besitzung von einem der Miterben als landwirtschaftlicher Betrieb geschlossen weiter bewirtschaftet wird, und die Miterben nur deshalb auferlegt wird, sich nach Ertragswerten abfinden zu lassen (§ 16 GrdstVG), hat der Erwerber des Betriebes den Miterben einen **billigen Ausgleich** zu gewähren, wenn er den Betrieb ganz oder teilweise dem bezeichneten Zweck entzieht und dadurch erhebliche Gewinne erzielt (vgl. Bericht des Ernährungsausschusses zu § 17). Damit dabei allen Besonderheiten des Einzelfalles Rechnung getragen werden kann, ist für die Voraussetzungen des Ausgleichsanspruchs eine allgemein gehaltene Formulierung gewählt worden. Insbesondere hat der Gesetzgeber davon abgesehen, besondere Fälle zu nennen, in denen der Ausgleichsanspruch ausgeschlossen sein soll, weil starre Regeln der Vielfalt der vorkommenden Fälle nicht gerecht werden könnten. Im Streitfall soll das Gericht unter Würdigung aller Umstände nach Billigkeit entscheiden. Hinsichtlich des Zeitraums, in den die zum Ausgleich verpflichtenden Tatsachen fallen müssen, wurde die Dauer von 15 Jahren im Gesetz geschrieben, weil sie – so der Bericht des Ernährungsausschusses – vorhandenen Vorbildern entsprach.

2 Durch den Ausgleich sollen die Miterben in der Regel so gestellt werden, wie wenn der Betrieb oder der in Betracht kommende einzelne Gegenstand im Zeitpunkt des Erwerbs verkauft und der Kaufpreis unter den Miterben entsprechend ihren Erbteilen verteilt worden wäre. Die empfangene Abfindung ist dabei anzurechnen. Der Gewinn des Erwerbers soll grundsätzlich nur Voraussetzung, nicht aber Maßstab für die Höhe des Ausgleichs sein. Besondere Umstände, zB ein zum vollen Ausgleich nicht zureichender Gewinn, können aus Billigkeitsgründen die Ausgleichsverpflichtungen mindern. Andererseits soll der zu dem bezeichneten Ausgleich nicht erforderliche Teil des Gewinns dem Erwerber verbleiben, da dieser – so die Gesetzesbegründung – auch das Risiko der Bewirtschaftung des Betriebes trägt. Es gilt also ein **strenges Stichtagsprinzip** mit einer Rückabwicklung nach den Wertverhältnissen zur Zeit des Erbfalls, was zwar die Abwicklung erleichtert, dem Zuweisungserwerber die unter Umständen erheblichen Spekulationsgewinne aber alleine belässt.

3 Die Erstreckung der Ausgleichsverpflichtung auf Vorgänge, die nach dem Fall einer **Rechtsnachfolge** eintreten, wird nicht nur für den Übergang des Betriebes bei vorweggenommener Hofübergabe, sondern auch für den Übergang beim Erbfall vorgesehen, weil beide Fälle aus Gründen der Gerechtigkeit gleich behandelt werden müssen.

4 **2. Miterbe als Antragsteller und Abfindungsgläubiger.** Die Nachabfindungsansprüche erwachsen den gesetzlichen Miterben nur auf deren Antrag. Pflichtteilsberechtigte, die bei einer bloßen Enterbung nach § 1938 BGB neben den weichenden Erben stehen können, haben keine Nachabfindungsansprüche, da sie, bereits nach dem Erbfall ihre verkehrswertorientierten Pflichtteilsansprüche geltend machen konnten.

5 **3. Veräußerung oder Gewinnerzielung „auf andere Weise".** Hauptfall der nach § 17 I GrdstVG zuweisungszweckfremden Gewinnerzielung ist die Veräußerung. Unter **Veräußerung** wird der dingliche Rechtsakt, nicht der obligatorische Vertrag verstanden. Meist wird es sich hier um die Veräußerung von Grundstücken handeln, die Bauland oder Bauerwartungsland geworden sind und dadurch erhebliche Wertsteigerungen seit dem Erbfall erfahren haben.

6 Hat eine Grundstücksveräußerung innerhalb von 15 Jahren nicht stattgefunden, zieht aber der Erwerber aus dem Betrieb oder einzelnen ihm zugewiesenen Gegenständen „auf andere Weise", die den Zwecken der Zuweisung fremd sind, erhebliche Gewinne, so wird er auch ausgleichspflichtig. Den landwirtschaftlichen Fortführungszwecken der Zuweisung fremd sind zB Gewinne, die nicht mehr aus Landwirtschaft, sondern aus einer **landwirtschaftsfremden Unternehmertätigkeit**, etwa einem Gewerbebetrieb, der auf dem Betriebsgrundstück betrieben wird, erzielt werden. Auch die gewinnbringende **landwirtschaftsfremde Nutzung durch Dritte** verstößt gegen den Zuweisungszweck, zB Verpachtung eines Grundstücks zum Betrieb einer Reitschule, Windkraft- oder Biogasanlage oder die Auskiesungs- oder Bergabaugestattung (*Wöhrmann* § 17 GrstVG Rn. 8).

7 Die Erneuerung des Viehbestandes und des Maschinenparks hingegen machen auch bei einem zugewiesenen Betrieb oftmals Veräußerungen erforderlich. Diese führen nur zu Nachabfindungsansprüchen der Miterben, wenn der erzielte Erlös nicht wieder in den Betrieb **reinvestiert** wird (*Pikalo/Bendel* GrdstVG S. 890).

8 Bei einer **freiwilligen Einigung** der Miterben, dass einer von ihnen den landwirtschaftlichen Betrieb allein übernimmt, entstehen mangels vorausgegangener Zuweisung keine Nachabfindungsansprüche, wenn der Erwerber Veräußerungen vornimmt.

9 Bei einem abgeschlossenen **Vergleich** über die Abfindungen können die Miterben im Falle einer Veräußerung durch den Miterben oder durch Erzielung von Gewinnen auf andere Weise nur dann Ergänzungsansprüche stellen, wenn sie sich diese im Vergleich vorbehalten haben.

10 Voraussetzung für die Geltendmachung des Nachabfindungsanspruchs durch einen weichenden Miterben ist, die **Fälligkeit des Zahlungsanspruchs** des Zuweisungserwerbers aus dem Veräußerungs- oder sonstigen Rechtsgeschäft („auf andere Weise") (vgl. BGHZ 73, 282 = NJW 1979, 1455 zum Parallelfall des erzielten Erlöses in § 13 HöfeO).

11 Durch **Umgehungsgeschäfte** des Erwerbers können die Ergänzungsansprüche der Miterben nicht vereitelt werden. Ein unzulässiges Umgehungsgeschäft liegt aber nur in Ausnahmefällen vor, zB bei Gewinnerzielung durch Vermietung (BGH AgrarR 2000, 198), bei Kaufpreiszahlung in Raten (BGH AgrarR 1986, 109 ff.) oder bei Erbbauzins (BGH AgrarR 1979, 220 ff.).

12 Ob die Miterben von dem Recht auf Nachabfindung Gebrauch machen wollen, steht im Belieben jedes einzelnen Miterben. Der Nachabfindungsantrag wirkt nur für den **Antragsteller**. Wird von einem Miterben ein Nachabfindungsanspruch geltend gemacht, so führt dies nicht ohne Weiteres zur Verpflichtung der Zahlung einer Nachabfindung an andere Miterben, wenn diese nicht auch eine solche verlangen.

13 **4. Zwangsversteigerung und Enteignung.** Die zur Nachabfindung führende Veräußerung braucht nicht freiwillig zu erfolgen. Eine durch Zwangsversteigerung oder Enteignung herbeigeführte Veräußerung kann ebenfalls zur Nachabfindung führen.

14 **5. Erhebliche Gewinne.** Ob die Gewinne erheblich sind, richtet sich nach dem Sachverhalt im Einzelfall; darüber entscheidet das pflichtmäßige Ermessen des Landwirtschaftsgerichts. Gewinn ist zB die Differenz zwischen dem kaufkraftschwundbereinigten Ertragswert des Grundstücks im Zeitpunkt der Zuweisung (sog. Anrechnungswert) einerseits und dem sog. Verkaufwert im Zeitpunkt der Nachabfindung andererseits. Nach der Zuweisung auf das Grundstück vorgenommene Verwendungen, die im Zeitpunkt der Nachabfindung noch wertsteigernd vorhanden sind, sind vom Gewinn abzuziehen.

Wöhrmann zieht Nachabfindungsansprüche bei einem Unterschied ab 20 % in Betracht, soweit es der Billigkeit entspricht (*Wöhrmann* § 17 GrdstVG Rn. 15). Zu beachten ist, dass dieser erhebliche Gewinn nicht unter die Miterben zu verteilen ist. Er ist nur Voraussetzung, nicht aber Maßstab für die Höhe des Ausgleichs.

6. Grundstückstausch. Ein Grundstückstausch kann zu einem Nachabfindungsanspruch der Miterben führen, wenn der Wert des Betriebsgrundstücks größer ist als der des Tauschgrundstücks und eine Zuzahlung erfolgt. Dies kommt insbesondere bei einem Flurbereinigungsverfahren in Betracht, wenn der Erwerber nicht nur mit Grundstücken abgefunden wird, sondern zudem eine Geldzahlung erhält.

7. Widmung zu nicht landwirtschaftlichen Zwecken. Eine Bevorzugung des Erwerbers ist auch nicht mehr gerechtfertigt, wenn er den Betrieb oder Teile davon anderen als landwirtschaftlichen Zwecken zuführt. Hierzu ist nicht unbedingt eine Veräußerung erforderlich. So stellt die Bebauung von Grundstücken, die in einem Industriegebiet liegen, keine landwirtschaftliche Nutzung mehr dar und führt zu einer Wertsteigerung, an der die weichenden Erben zu beteiligen sind. Eine Umwidmung mit Nachabfindung liegt desweiteren vor, wenn der Erwerber den Besitz zu einem gewerblichen Betrieb umgestaltet, oder bei einem gemischten, aus Landwirtschaft und Gewerbe bestehenden Betrieb den gewerblichen Betriebsteil so erweitert, dass dieser überwiegt und somit die Haupteinnahmequelle des Erwerbers darstellt. Eine Umwidmung kann auch nur teilweise erfolgen und löst zB Nachabfindungsansprüche der Miterben aus, wenn der Eigentümer seinen landwirtschaftlichen Betrieb teilweise verpachtet, aber auf den restlichen Besitz einen gewerblichen Betrieb eröffnet, oder einen Teil seiner Grundstücke durch Ausnutzung von Bodenbestandteilen nutzt. Eine Umstellung landwirtschaftlich genutzter Grundstücke auf Forstwirtschaft führt zu keinen Ergänzungsansprüchen, weil diese der landwirtschaftlichen Nutzung nicht wesensfremd ist.

Um festzustellen, ob bei einer Umwidmung ein erheblicher Gewinn vorliegt, der Nachabfindungsansprüche auslöst, ist der Verkehrswert des umgewidmeten Grundstücks (als fiktiver erzielter Verkaufswert) dem kaufkraftschwundbereinigten Ertragswert im Zuweisungszeitpunkt als Anrechnungswert gegenüberzustellen.

8. Inventarveräußerung. Auch die Veräußerung von anderen zum landwirtschaftlichen Betrieb gehörenden und zugewiesenen Gegenständen kann zu Nachabfindungsansprüchen führen. Dies wird zB der Fall sein, wenn das tote oder lebende Inventar nahezu gänzlich verkauft wird. Gleiches gilt für die Veräußerung von Miteigentumsanteilen und von sonstigen im § 13 genannten Anteilen und Rechten.

9. 15-Jahres-Frist. Die Veräußerung oder Widmungsänderung muss innerhalb von 15 Jahren seit der Rechtskraft des Zuweisungsbeschlusses (§ 13 II GrdstVG) durch den Erwerber erfolgt sein. Die Frist beginnt also nicht mit der Eintragung des Erwerbers im Grundbuch, da diese lediglich eine Grundbuchberichtigung darstellt.

10. Keine Nachabfindung infolge Betriebsübergabe. Verfügt der Erwerber durch einen Übergabevertrag im Wege **der vorweggenommenen Erbfolge** löst dies keine Ergänzungsansprüche aus, da der Erwerber hierdurch keine erheblichen Gewinne erzielt (vgl. *Pikalo/Bendel* GrdstVG S. 870). Liegt kein Übergabevertrag, sondern ein Kaufvertrag vor, können allerdings Ergänzungsansprüche der Miterben entstehen. Es ist unerheblich, ob der Übergabevertrag mit einem Verwandten des Erwerbers oder mit einer familienfremden Person abgeschlossen worden ist.

11. Veräußerung zum Betriebserhalt. Eine Veräußerung zur Erhaltung der Besitzung, insbesondere zu Sanierungszwecken, im Rahmen einer ordnungsmäßigen Verwaltung oder bei Erwerb von Ersatzgrundstücken muss nicht per se zuweisungsfremde Zwecke verfolgen und zu Nachabfindungsansprüchen führen (vgl. *Lukanow* RdL 62, 195 unter Ziff. 4). Da der Erlös in einem solchen Fall reinvestiert werden, ist schon das Vorliegen „erheblicher Gewinne" im Sinne von § 17 GrdstVG zu verneinen.

12. Eigentumswechsel. Innerhalb von 15 Jahren kann es zu mehrfachen Eigentumswechseln kommen. Stirbt der Erwerber innerhalb der 15 Jahre, so liegt ein Erwerb von Todes wegen und **keine Veräußerung unter Lebenden** vor. Die Erben haften aber für die Erfüllung der Nachlassverbindlichkeiten, wenn der Erblasser zu seinen Lebzeiten durch die Veräußerung von Grundstücken Nachabfindungsansprüche ausgelöst hat.

13. Nachabfindungshaftung des Betriebsübernehmers. Die Übertragung des Betriebes durch Übergabevertrag steht dem Betriebsübergang im Erbwege gleich (§ 17 I 2 GrdstVG). Der Betriebsnachfolger unterliegt der gleichen Nachabfindungsregelung wie der Erwerber.

14. Durchführung der Nachabfindung. Es gilt die Regelvermutung, dass jede Veräußerung als dem Zuweisungszweck fremd, anzusehen ist und die Nachabfindung auslöst. Die Darlegungs- und Beweislast für den gegenteiligen Ausnahmefall, dass die Veräußerung eben nicht zweckwidrig erfolgt, trägt der Erwerber (*Pikalo/Bendel* GrdstVG S. 891). Liegt der Regelfall vor, sind die Miterben so zu stellen, als ob der veräußerte Gegenstand im Zeitpunkt des Erwerbs verkauft und der Veräußerungserlös entsprechend den Erbteilen unter den Erben verteilt worden wäre. Problematisch an der Gesetzesfassung ist, dass eine etwaige Wertsteigerung des Grundstücks allein beim Erwerber verbleibt (wobei er andererseits bei einem Preisverfall des Zuweisungsgrundstücks dennoch aus dem indexierten Verkehrswert im Zuweisungszeitpunkt abfinden muss (BGH BeckRS 2012 01014, su). Ihm wird eine etwaige Wertsteigerung zwischen

Zuweisung und Veräußerung restlos überlassen. Es werden also nicht etwa der erzielte Veräußerungserlös und die gezogenen Gewinne unter die Miterben verteilt. Es wird vielmehr von dem vom Gesetz unterstellten Kaufpreis auszugehen, und die Miterben werden so gestellt werden, wie wenn ihr Anteil an diesem *zur Zeit des Erwerbes* durch den Erwerber verteilt worden wäre. Nur ein etwaiger Kaufkraftschwund ist auszugleichen, der oftmals weit hinter der Steigerung der Bodenpreise, insbesondere bei Bau- oder Bauerwartungsland zurückbleibt. **Beispiel** *(nach Netz 7.3.2.1.12):* Zuweisung eines Grundstücks und Abfindung der drei weichenden Miterben aus einem Ertragswert von 20000 EUR. Späterer Verkauf durch Zuweisungserwerber als Bauland für 75000 EUR. Damit erheblicher Gewinn und Nachabfindungspflicht. Fiktiver Verkaufswert im Zeitpunkt der Rechtskraft des Zuweisungsbeschlusses 40000 EUR. Hiervon ist der Ertragswert abzuziehen, so dass 20000 EUR für die Verteilung zur Verfügung stehen. Die drei weichenden Miterben erhalten (neben dem Zuweisungserwerber als vierten Miterben) jeweils ¼ also 5000 EUR zusätzlich zu ihrer bisherigen Abfindung dazu, wobei der Kaufkraftschwund bis zum Verkaufszeitpunkt auszugleichen ist.

25 Damit der festgesetzte Abfindungsbetrag ergänzt werden kann, müssen die Erben einen entsprechenden Sachantrag beim Landwirtschaftsgericht stellten. Dieser muss den Betrag der geforderten Ergänzungsabfindung erkennen lassen, da das Gericht einen höheren Betrag nicht zusprechen kann.

26 Maßgeblich für den Nachabfindungsanspruch nach § 17 I 1 GrdstVG ist der für den Zuweisungszeitpunkt ermittelte Verkehrswert der veräußerten Grundstücke auch dann, wenn der vom Erwerber später erzielte Kaufpreis aufgrund eines Preisverfalls für landwirtschaftliche Grundstücke hinter diesem Zuweisungswert zurückbleibt, also niedriger ist (BGH BeckRS 2012, 01014). Zwar ist eine Berücksichtigung von nach der Zuweisungsentscheidung eintretenden Wertänderungen unter dem Gesichtspunkt der Billigkeit nicht generell ausgeschlossen, kommt indes nur in Betracht, wenn anderenfalls eine sachlich nicht gerechtfertigte Belastung des Zuweisungserwerbers die Folge wäre. Das ist bei einem Rückgang der Grundstückspreise im Regelfall nicht der Fall (BGH aaO). Eine Beteiligung der weichenden Miterben an einer Wertsteigerung der betriebszugehörigen Grundstücke ist im GrdstVG nicht vorgesehen; ein darauf beruhender Veräußerungserlös verbleibt insgesamt dem Zuweisungserwerber. Diese gesetzliche Wertung beansprucht auch für den umgekehrten Fall Geltung. Sie führt dazu, dass eine rückläufige Wertentwicklung zu Lasten des Erwerbers geht.

27 Zwar wird befürwortet, den Nachabfindungsanspruch nach dem Kaufpreis auszurichten, sofern dieser niedriger als der Verkehrswert zum Zeitpunkt der Zuweisung ist. Das soll jedoch nicht allgemein, sondern nur für den Fall gelten, dass der Kaufpreis nicht ausreicht, um die weichenden Miterben nach Maßgabe des (früheren) Verkehrswerts abzufinden (BGH aaO).

28 **15. Abtretung und Vererbung der Nachabfindungsansprüche.** Der Nachabfindungsanspruch ist abtretbar und vererblich. Der Erwerber eines **Erbteils** erlangt durch den Erwerb nicht die Stellung eines Miterben, so dass ihm auch keine Nachabfindungsansprüche zustehen (vgl. die Parallele zum Vorkaufsrecht, das auch bei einem den Erbteil verkaufenden Miterben verbleibt; BGH NJW 1971, 1264). Die Ergänzungsansprüche können verpfändet werden und sind pfändbar.

29 **16. Verjährung der Nachabfindungsansprüche.** Die Nachabfindungsansprüche verjähren bereits in 2 Jahren. Diese Frist beginnt mit dem Schluss des Jahres, in dem der Berechtigte von dem Eintritt der Voraussetzungen seines Anspruchs *Kenntnis* erlangt hat. Die Veräußerung eines Grundstücks wird der Berechtigte unschwer durch Einsicht des Grundbuches feststellen können. Eine Zweckentfremdung wird ihm oft längere Zeit verborgen bleiben. Ohne Rücksicht auf die Kenntnis tritt die Verjährung in 5 Jahren nach dem Schluss des Jahres ein, in dem die Voraussetzungen des Anspruches, die Veräußerung oder Zweckentfremdung erfüllt sind.

30 **17. Zuständigkeit.** Nachabfindungsansprüche sind bei dem Landwirtschaftsgericht, nicht bei dem ordentlichen Prozessgericht geltend zu machen, und zwar auch dann, wenn sie aus einem abgeschlossenen Vergleich hergeleitet werden (vgl. OLG Köln 19.4.1961 RdL 61, 153). Auch eine vorläufige Anordnung nach § 18 LwVG wird zulässig sein.

Fünfter Abschnitt. Zusatz-, Übergangs- und Schlussbestimmungen

§ 33 [Übergangsvorschriften für gerichtliche Zuweisung eines Betriebes]

(1) Ist ein landwirtschaftlicher Betrieb vor dem Inkrafttreten dieses Gesetzes auf eine Erbengemeinschaft übergegangen, so gelten für die gerichtliche Zuweisung des Betriebes die Vorschriften der Absätze 2 bis 4.

(2) ¹Liegt der Betrieb in den Ländern Hamburg, Niedersachsen, Nordrhein-Westfalen oder Schleswig-Holstein und hat ein Zuweisungsverfahren nach den bisher geltenden Vorschriften nicht stattgefunden, so sind die §§ 13 bis 17 anzuwenden. ²Diese Vorschriften gelten auch für die Entscheidung über einen Zuweisungsantrag, der vor dem Inkrafttreten dieses Gesetzes nach den bisher geltenden Vorschriften gestellt und über den noch nicht rechtskräftig entschieden ist. ³Nimmt der Antragsteller im Falle des Satzes 2 den Antrag bis zum Schluß der nächsten mündlichen Verhandlung, jedoch spätestens bis zum Ablauf von drei Monaten nach dem Inkrafttreten dieses Gesetzes zurück oder erklärt er ihn binnen dieser Frist für erledigt, so trägt jeder Beteiligte seine außergerichtlichen Kosten; Gerichtskosten werden nicht erhoben.

(3) ¹Liegt der Betrieb in anderen als den in Absatz 2 bezeichneten Ländern, so ist die gerichtliche Zuweisung nach Maßgabe der §§ 13 bis 17 nur zulässig, wenn keiner der Miterben der Einleitung des Zuweisungsverfahrens binnen einer angemessenen Frist widerspricht, die vom Gericht nach Eingang eines Antrags nach § 13 festgesetzt wird. ²Bei der Festsetzung der Frist sind die Miterben darauf hinzuweisen, daß im Zuweisungsverfahren der Betrieb ungeteilt einem Miterben zu Eigentum zugewiesen werden kann. ³Der Widerspruch ist schriftlich oder zur Niederschrift der Geschäftsstelle des Gerichts zu erklären. ⁴Die §§ 17 bis 19 des Gesetzes über das Verfahren in Familiensachen und in den Angelegenheiten der freiwilligen Gerichtsbarkeit gelten entsprechend.

(4) § 17 ist nicht anzuwenden, wenn der Erwerber den Betrieb vor dem Inkrafttreten dieses Gesetzes durch gerichtliche Zuweisung erworben hat.

§ 33 GrdstVG betrifft als Übergangsvorschrift die Fälle, in denen landwirtschaftliche Betriebe vor dem 1.1.1962 auf Erbengemeinschaften übergegangen sind, kann aber heute wieder für die Beitrittsländer von Bedeutung sein (FAKomm ErbR/*Dingerdissen* § 13 GrdstVG Rn. 48, 51). 1

Der Gesetzgeber vertrat die Auffassung, dass das Zuweisungsverfahren in Fällen, in denen der landwirtschaftliche Betrieb bereits vor dem 1.1.1962 auf eine Erbengemeinschaft übergegangen war, insoweit in eine feste Rechtsstellung der Miterben eingreifen würde, als bis dahin eine Zuweisung gesetzlich nicht vorgesehen war (BT-Drs. 2635, 3. Wahlperiode). 2

§ 33 II 1 GrdstVG beschränkt daher die Geltung der §§ 13 bis 17 GrdstVG auf diejenigen vor ihrem Inkrafttreten am 1.1.1962 eingetretenen Fälle der Erbengemeinschaft, für die schon nach bisher geltendem Recht die Zuweisung auf Grund des Artikels VI Abs. 17 der Verordnung der früheren britischen Militärregierung in den Ländern Hamburg, Niedersachsen, Nordrhein-Westfalen und Schleswig-Holstein zulässig war. 3

§ 33 II 2 GrdstVG bestimmt zur Klarstellung, dass über die Anträge, die nach den vor dem 1.1.1962 geltenden Bestimmungen gestellt und noch nicht rechtskräftig erledigt waren, nach den §§ 13 bis 17 GrdstVG zu entscheiden war. 4

§ 33 III GrdstVG: Aus verfassungsrechtlichen Gründen war es nicht möglich, das Zuweisungsverfahren auch für die bei Inkrafttreten des GrdstVG bereits bestehenden Erbengemeinschaften, für das Zuweisungsverfahren bisher nicht rechtens war, einzuführen, da eine angefallene Erbschaft bereits Eigentum im Sinne des Art. 14 I 1 GG ist und in diese Rechtsposition der Miterben bereits bestehender Erbengemeinschaften nur unter den Voraussetzungen des Art. 14 GG und nach Maßgabe des § 33 III GrdstVG eingegriffen werden konnte. Ein solcher Eingriff wurde darin gesehen, dass bei einer Zuweisung die Abfindung der weichenden Erben den nach dem ursprünglichen Recht gegebenen Wert ihres Erbteils nicht deckte. Dies ist nur mit Zustimmung der berechtigten Miterben zulässig. 5

Die Zustimmung wird unterstellt, wenn binnen einer vom Gericht bestimmten angemessenen Frist keiner der Miterben der Einleitung des Zuweisungsverfahrens widerspricht. Das Setzen einer Widerspruchsfrist nach § 33 III 1 GrdstVG ist entbehrlich, wenn ein Miterbe erkennbar der beantragten Zuweisung bereits unmissverständlich widersprochen hat (OLG Rostock AgrarR 1994, 207). Dem Ehemann einer Miterbin, die in Gütergemeinschaft verheiratet ist, steht kein Widerspruchsrecht zu (OLG München RdL 1972, 240, 241). 6

§ 33 IV beschränkt die Anwendbarkeit des § 17 GrdstVG (Abfindungsergänzung) über den nachträglichen Ausgleich zwischen den Miterben auf die Fälle, in denen die Zuweisung auf Grund der §§ 13 bis 16 GrdstVG erfolgt. § 17 soll also die Rechtsstellung derjenigen unberührt lassen, die vor dem Inkrafttreten der §§ 13 bis 16 GrdstVG auf Grund des oben erwähnten Artikels VI Abs. 17 der MRVO brZ Nr. 84 eine Besitzung im Wege der Zuweisung erworben haben. Diese Einschränkung erschien dem Gesetzgeber geboten, weil die Erstreckung des § 17 GrdstVG auf die alten Zuweisungsfälle einen Eingriff in die Rechtsstellung bedeutet hätte, die der Zuweisungsempfänger auf Grund der Zuweisung schon erworben hatte. 7

Dingerdissen (FAKomm ErbR, § 13 Rn. 51) weist darauf hin, dass die Übergangsregelung des § 33 GrdstVG für die **Beitrittsländer** auch heute noch von Bedeutung sein kann. Zwar gälte an sich gemäß Art. 235 § 1 I EGBGB für Erbfälle vor dem 3.10.1990 das Erbrecht der DDR. Gleichwohl halten die OLGe Rostock (AgrarR 1994, 207) und Naumburg (VIZ 2004, 538) ein Zuweisungsverfahren bei Erbfällen vor dem 3.10.1990 in entsprechender oder direkter Anwendung des § 33 I und 3 GrdstVG für zulässig, wenn keiner der Erben dem gerichtlichen Zuweisungsverfahren widerspricht. Die Erbengemeinschaft müsse dann aber bereits mit dem Erbfall Eigentümer eines landwirtschaftlichen Betriebes geworden sein. Bei der bloßen Rückübertragung eines enteigneten Landwirtschaftsbetrieb auf eine Erbengemeinschaft mit ex-nunc-Wirkung auf den Erbfall sei ein Zuweisungsverfahren nicht zulässig (*Bendel* AUR 2006, 137; aA OLG Naumburg AUR 2005, 136). 8

15. Gesetz über die Eingetragene Lebenspartnerschaft (Lebenspartnerschaftsgesetz – LPartG)

Vom 16.2.2001 (BGBl. I S. 266)

Zuletzt geändert durch Art. 2 Abs. 1 Gesetz zur Einführung des Rechts auf Eheschließung für Personen gleichen Geschlechts vom 20.7.2017 (BGBl. I S. 2787)

(Auszug)

Abschnitt 2. Wirkungen der Lebenspartnerschaft

...

§ 10 Erbrecht

(1) ¹Der überlebende Lebenspartner des Erblassers ist neben Verwandten der ersten Ordnung zu einem Viertel, neben Verwandten der zweiten Ordnung oder neben Großeltern zur Hälfte der Erbschaft gesetzlicher Erbe. ²Treffen mit Großeltern Abkömmlinge von Großeltern zusammen, so erhält der Lebenspartner auch von der anderen Hälfte den Anteil, der nach § 1926 des Bürgerlichen Gesetzbuchs den Abkömmlingen zufallen würde. ³Zusätzlich stehen ihm die zum lebenspartnerschaftlichen Haushalt gehörenden Gegenstände, soweit sie nicht Zubehör eines Grundstücks sind, und die Geschenke zur Begründung der Lebenspartnerschaft als Voraus zu. ⁴Ist der überlebende Lebenspartner neben Verwandten der ersten Ordnung gesetzlicher Erbe, so steht ihm der Voraus nur zu, soweit er ihn zur Führung eines angemessenen Haushalts benötigt. ⁵Auf den Voraus sind die für Vermächtnisse geltenden Vorschriften anzuwenden. ⁶Gehört der überlebende Lebenspartner zu den erbberechtigten Verwandten, so erbt er zugleich als Verwandter. ⁷Der Erbteil, der ihm aufgrund der Verwandtschaft zufällt, gilt als besonderer Erbteil.

(2) ¹Sind weder Verwandte der ersten noch der zweiten Ordnung noch Großeltern vorhanden, erhält der überlebende Lebenspartner die ganze Erbschaft. ²Bestand beim Erbfall Gütertrennung und sind als gesetzliche Erben neben dem überlebenden Lebenspartner ein oder zwei Kinder des Erblassers berufen, so erben der überlebende Lebenspartner und jedes Kind zu gleichen Teilen; § 1924 Abs. 3 des Bürgerlichen Gesetzbuchs gilt auch in diesem Fall.

(3) ¹Das Erbrecht des überlebenden Lebenspartners ist ausgeschlossen, wenn zur Zeit des Todes des Erblassers
1. die Voraussetzungen für die Aufhebung der Lebenspartnerschaft nach § 15 Abs. 2 Nr. 1 oder 2 gegeben waren und der Erblasser die Aufhebung beantragt oder ihr zugestimmt hatte oder
2. der Erblasser einen Antrag nach § 15 Abs. 2 Nr. 3 gestellt hatte und dieser Antrag begründet war.

²In diesen Fällen gilt § 16 entsprechend.

(4) ¹Lebenspartner können ein gemeinschaftliches Testament errichten. ²Die §§ 2266 bis 2272 des Bürgerlichen Gesetzbuchs gelten entsprechend.

(5) Auf eine letztwillige Verfügung, durch die der Erblasser seinen Lebenspartner bedacht hat, ist § 2077 des Bürgerlichen Gesetzbuchs entsprechend anzuwenden.

(6) ¹Hat der Erblasser den überlebenden Lebenspartner durch Verfügung von Todes wegen von der Erbfolge ausgeschlossen, kann dieser von den Erben die Hälfte des Wertes des gesetzlichen Erbteils als Pflichtteil verlangen. ²Die Vorschriften des Bürgerlichen Gesetzbuchs über den Pflichtteil gelten mit der Maßgabe entsprechend, dass der Lebenspartner wie ein Ehegatte zu behandeln ist.

(7) Die Vorschriften des Bürgerlichen Gesetzbuchs über das Inventar für eine zum Gesamtgut gehörende Erbschaft und über den Erbverzicht gelten entsprechend.

1   1. **Überblick, Normzweck.** Die Vorschrift, die eine **Kurzfassung des gesamten Erbrechts** enthält (so zutr. Bruns/Kemper/*Kemper*, Lebenspartnerschaftsrecht, 2. Aufl. 2005, Rn. 2), bewirkt eine weitgehende erbrechtliche Gleichstellung von eingetragenen Lebenspartnern und Ehegatten. Verfassungsrechtliche Bedenken bestehen gegen diese Gleichstellung nicht (BVerfG, Urt. v. 17.7.2002 – 1 BvF 1/01, 1 BvF 2/01, NJW 2002, 2543). Die in § 10 enthaltenen Regelungen sind nicht (auch nicht analog) auf gleichgeschlechtliche Lebenspartner ohne Eintragung und nicht auf nichteheliche Lebensgemeinschaften unter Partnern verschiedenen Geschlechts anwendbar. Durch das Gesetz zur Überarbeitung des Lebenspartnerschaftsrechts v. 15.12.2004 (nachfolgend LPartÜG) wurden einige Unklarheiten der ursprünglichen Fassung beseitigt. Insbesondere wurde durch eine Änderung in § 1306 BGB verhindert, dass Personen, die in einer Lebenspartnerschaft leben, zusätzliche eine Ehe schließen können, so dass sich die aus der bis zu diesem Zeitpunkt „gesetzlich zulässigen Bigamie" ergebenden Fragen nicht mehr stellen. Mit der **Neufassung des § 1353 I 1 BGB** zum 1.10.2017 (Gesetz zur Einführung des Rechts auf Eheschließung für Personen gleichen Geschlechts v. 20.7.2017 (BGBl. 2017 I 2787)) und der Öffnung der Ehe für gleich-

geschlechtliche Paare wurde die Bedeutung des § 10 auf bestehende Partnerschaften bzw. eingetretene Sachverhalte beschränkt; er hat zB noch Bedeutung
– für Paare, die die Lebenspartnerschaft vor dem 1.10.2017 begründet (neue Lebenspartnerschaften können seit diesem Tag nicht mehr begründet werden, vgl Art. 3 III Gesetz zur Einführung des Rechts auf Eheschließung für Personen gleichen Geschlechts v. 20.7.2017 (BGBl. I 2787)) und von der Möglichkeit der Umwandlung in eine Ehe nach § 20a (noch) keinen Gebrauch gemacht haben,
– für die Beurteilung von Sterbefällen vor dem 1.10.2017,
– für die Beurteilung von Auflösungen von Partnerschaften vor dem 1.10.2017 (vgl. § 10 IV).

2. Gesetzliches Erbrecht. Das gesetzliche Erbrecht des überlebenden Lebenspartners ist in § 10 I u. II geregelt. Inhaltlich stimmt die Regelung mit dem gesetzlichen Erbrecht von Ehegatten überein, § 1931 BGB. IE entspricht § 10 I 1 der Regelung in § 1931 I 1 BGB, § 10 I 2 der Regelung in § 1931 I 2 BGB, § 10 II 1 der Regelung in § 1931 II BGB und § 10 II 2 der Regelung in § 1931 IV BGB. **2**

a) Grundvoraussetzung. Grundvoraussetzung des gesetzlichen Erbrechts ist, dass die Lebenspartner im Zeitpunkt des Todes in einer rechtsgültig begründeten Lebenspartnerschaft gelebt haben. Ein Erbrecht besteht somit nicht, wenn die Lebenspartnerschaft rechtskräftig durch gerichtliches Urteil aufgehoben wurde, § 15, oder die Lebenspartnerschaft aus einem anderen Grund nicht bestand (→ Rn. 19). Das Erbrecht des überlebenden Lebenspartners ist weiter ausgeschlossen, wenn zur Zeit des Todes des Erblassers die in § 10 III genannten Voraussetzungen gegeben sind (→ Rn. 18 f.). **3**

b) Höhe. Die Höhe des gesetzlichen Erbteils ist abhängig vom gesetzlichen Erbrecht der Verwandten des Verstorbenen und vom Güterstand, den die Lebenspartner beim Tod des Erstversterbenden hatten. Zu prüfen ist daher in einem ersten Schritt, wie hoch der gesetzliche Erbteil ohne Berücksichtigung der güterrechtlichen Verhältnisse ist. In einem zweiten Schritt sind etwaige güterrechtliche Auswirkungen auf den Erbteil zu untersuchen. **4**

aa) Der **gesetzliche Erbteil** (ohne Berücksichtigung des Güterrechts) bestimmt sich nach § 10 I 1, 2, II 1 (*Leipold* (MüKoBGB/*Leipold* BGB § 1931 Rn. 20) spricht im vergleichbaren Fall des gesetzlichen Erbrechts von Ehegatten insoweit von der erbrechtlichen Grundausstattung). Danach ist der überlebende Lebenspartner neben Verwandten der ersten Ordnung (§ 1924 BGB) zu einem Viertel und neben Verwandten der zweiten Ordnung (§ 1925 BGB) oder neben Großeltern (mit Ausnahme der Fälle des § 10 I 2) zur Hälfte als gesetzlicher Erbe berufen, § 10 I 1. Sind weder Verwandte der ersten oder der zweiten Ordnung noch Großeltern vorhanden, so erhält der überlebende Lebenspartner die ganze Erbschaft, § 10 II 1. Verwandte höherer Ordnungen sind demnach von der Erbfolge ausgeschlossen. Die Erbquote beim Wegfall einzelner Großelternteile wird von dem nicht immer stimmigen (*von Dickhuth-Harrach* FamRZ 2005, 1139 (1140)) § 10 I 2 bestimmt; hinsichtlich der Einzelheiten kann auf die Komm. zu § 1931 I 2 BGB verwiesen werden (→ BGB § 1931 Rn. 15 ff.). **5**

bb) Waren die Lebenspartner im Zeitpunkt des Todes im **Güterstand der Zugewinngemeinschaft** (gesetzlicher Güterstand nach § 6) verheiratet, ist zusätzlich der in § 6 2 enthaltene Verweis auf § 1371 BGB zu beachten (auch wenn eine dem § 1931 III BGB entsprechende Regelung in § 10 selbst fehlt, ist dies unstrittig (vgl. Palandt/*Brudermüller* Rn. 1; *Walter* FPR 2005, 279 (281))). **6**

Nach der bei Ehegatten sog. **erbrechtlichen Lösung** erhöht sich der gesetzliche Erbteil des überlebenden Lebenspartners um ein Viertel der Erbschaft, § 6 2 LPartG, § 1371 I Hs. 1 BGB. Bei dem erhöhten Erbteil handelt es sich um einen einheitlichen Erbteil, so dass eine separate Ausschlagung nicht möglich ist (MüKoBGB/*Leipold* BGB § 1931 Rn. 34). Das Gesetz geht insoweit von einer pauschalen Regelung aus, mit der der (potentielle) Zugewinn des überlebenden Lebenspartners ausgeglichen wird. Der überlebende Lebenspartner kann die erbrechtliche Lösung auch dann wählen, wenn während der Partnerschaft überhaupt kein Zugewinn erzielt wurde, § 1371 I Hs. 2 BGB. Diese Wahlmöglichkeit besteht sogar dann, wenn der überlebende Lebenspartner selbst ausgleichspflichtig gewesen wäre. In diesem Fall wandelt sich seine Ausgleichspflicht durch das „bloße Überleben" in eine Vermögensbeteiligung um (rechtspolitisch krit. MüKoBGB/*Koch* BGB § 1371 Rn. 3 ff.). Eine güterrechtliche Auseinandersetzung findet neben der erbrechtlichen Lösung nicht statt. Bei der erbrechtlichen Lösung erbt der überlebende Lebenspartner daher neben Verwandten der ersten Ordnung zur Hälfte, neben Verwandten der zweiten Ordnung oder neben Großeltern zu drei Viertel. Nach wohl hM (→ BGB § 1931 Rn. 18 und MüKoBGB/*Leipold* BGB § 1931 Rn. 33, jeweils mwN) ist im Anwendungsbereich des dem § 10 I 2 entsprechenden § 1931 I 2 BGB erst der Erbteil des Überlebenden auf drei Viertel zu erhöhen, bevor die auf die Abkömmlinge der Großeltern entfallenden Erbteile dem Lebenspartner zugeschlagen werden. **7**

Der Überlebende kann auch die **güterrechtliche Lösung** wählen, § 6 2 LPartG, § 1371 II, III BGB. Er kann dabei ausnahmsweise die Erbschaft ausschlagen, ohne seinen Pflichtteil zu verlieren, § 1371 III BGB. Daneben steht ihm nach § 1371 II BGB der tatsächlich erzielte Zugewinn zu. Ist der überlebende Lebenspartner Erbe und steht ihm auch noch ein Vermächtnis zu, so muss er beide Positionen ausschlagen, um den tatsächlichen Zugewinn fordern zu können (hM zur identischen Rechtslage bei Ehegatten; vgl. MüKoBGB/*Koch* BGB § 1371 Rn. 36, 38 f.). Nimmt er nur das Vermächtnis an, kann er „nur" den (großen) Pflichtteil geltend machen, auf den das Vermächtnis dann nach § 2307 I 2 BGB angerechnet wird (zum Pflichtteilsrecht → Rn. 23 ff.). **8**

cc) Bei Lebenspartnern, die im Todeszeitpunkt in **Gütertrennung** verheiratet waren, wird die „Grundregel" des § 10 I 1, 2, II 1 durch § 10 II 2 ergänzt. Danach hängt die Erbquote von der Zahl der Kinder ab. Sind als gesetzliche Erben neben dem überlebenden Lebenspartner ein oder zwei Kinder des **9**

Braun

Erblassers berufen, so erben der überlebende Lebenspartner und jedes Kind zu gleichen Teilen. Neben einem Kind erbt der Lebenspartner daher zur Hälfte; neben zwei Kindern erbt er zu einem Drittel. Nach § 10 II 2 LPartG, § 1924 III BGB treten dabei an die Stelle eines nicht mehr lebenden Kindes die durch dieses Kind mit dem Erblasser verwandten Abkömmlinge. Sind (oder waren) drei oder mehr Kinder vorhanden, ist auf § 10 I 1 zurückzugreifen. In diesem Fall erbt der überlebende Lebenspartner zu einem Viertel; die Abkömmlinge teilen sich die restlichen drei Viertel nach Stämmen, § 1924 BGB.

10 dd) Leben die Lebenspartner im Güterstand der **Gütergemeinschaft** (die wegen des in § 7 2 enthaltenen Verweises auch auf §§ 1415 ff. BGB, der im Rahmen des LPartÜG eingefügt wurde, im Rahmen eines Lebenspartnerschaftsvertrags unzweifelhaft vereinbart werden kann) findet eine Modifikation der in → Rn. 5 dargestellten Rechtslage nicht statt; es kommt zu den oben beschriebenen Erbquoten.

11 c) **Verwandtschaft.** Sofern der Lebenspartner **zugleich mit dem Erblasser verwandt** ist, regelt § 10 I 6, 7 das Schicksal des gesondert zufallenden Erbteils. Die Regelung entspricht § 1934 BGB, so dass auf die dortigen Ausführungen verwiesen werden kann.

12 **3. Voraus, Dreißigster.** Wird der überlebende Lebenspartner gesetzlicher Erbe, stehen ihm zusätzlich zu seinem Erbteil die zum lebenspartnerschaftlichen Haushalt gehörenden Gegenstände, soweit sie nicht Zubehör eines Grundstücks sind (§§ 97 f. BGB), und die zur Begründung der Lebenspartnerschaft gemachten Geschenke als **Voraus** zu, § 10 I 3. Ist der Lebenspartner neben Verwandten der zweiten Ordnung und/oder Großeltern zur Erbschaft berufen, gilt dies in vollem Umfang; ist er gesetzlicher Erbe neben Verwandten der ersten Ordnung, steht ihm der Voraus nur zu, soweit er ihn zur Führung eines angemessenen Haushalts benötigt, § 10 I 4. Ist er Alleinerbe, erübrigt sich der Voraus. Der Voraus besteht unabhängig vom Güterstand, in dem die Lebenspartner lebten (Bruns/Kemper/*Kemper*, Lebenspartnerschaftsrecht, 2. Aufl. 2005, Rn. 20). Auf den Voraus sind die für Vermächtnisse geltenden Vorschriften (§§ 2147 ff. BGB) anzuwenden, da er bereits oftmals als „gesetzliches" Vermächtnis bezeichnet wird (Palandt/*Weidlich* BGB § 1932 Rn. 3, mit dem zutreffenden Hinweis, dass es Vermächtnisse eigentlich nur aufgrund Verfügung von Todes wegen gibt). Der überlebende Lebenspartner erhält neben seinem gesetzlichen Erbteil somit einen zusätzlichen schuldrechtlichen Anspruch auf Übertragung der vom Voraus umfassten Gegenstände. Wie die systematische Stellung zeigt, besteht der Anspruch auf den Voraus nicht, wenn der Lebenspartner zum gewillkürten Erben bestimmt wurde (vgl. *Walter* FPR 2005, 279 (282); sofern die gesetzlichen Erben testamentarisch zu Erben berufen sind, ist dies umstritten, dazu MüKoBGB/*Leipold* BGB § 1932 Rn. 5). Der Anspruch auf den Voraus besteht auch dann nicht, wenn der Lebenspartner durch einseitige Verfügung von Todes wegen von der Erbfolge ausgeschlossen wurde (§ 1938 BGB, der den Lebenspartner ausdrücklich erwähnt), auf sein gesetzliches Erbrecht verzichtet hat (§ 10 VII LPartG iVm § 2346 BGB), die Erbschaft ausschlägt (da § 1942 BGB generell von Erbe spricht und niemand gezwungen werden kann, eine Erbschaft anzutreten, ist ein gesonderter Verweis in § 10 für die Eröffnung des Anwendungsbereichs nicht erforderlich), für erbunwürdig erklärt wurde (§ 2344 BGB; da §§ 2339 ff. BGB generell von Erblasser und Erbe sprechen, ist ein gesonderter Verweis in § 10 für die Eröffnung des Anwendungsbereichs nicht erforderlich) oder das gesetzliche Erbrecht nach § 10 III ausgeschlossen wurde; da es sich beim Voraus um einen Annex des gesetzlichen Erbrechts handelt, gilt dies, obwohl § 10 III (anders als die „Parallelvorschrift" des § 1933 1 BGB) den Voraus nicht ausdrücklich erwähnt (*Leipold* ZEV 2001, 218 (220); *Walter* FPR 2005, 279 (282); *Muscheler* FPR 2010, 227 (231)). Die in § 10 I 4, 5, 6 enthaltene Regelung stimmt mit der des § 1932 BGB vollständig überein, es kann hinsichtlich der Einzelheiten auf die dortige Komm. verwiesen werden (umf. zum Voraus auch *Eigel* MittRhNotK 1983, 1 ff.).

13 Da ein Lebenspartner nach § 11 I zu den Familienangehörigen des anderen Lebenspartners zählt, steht ihm auch der Anspruch auf den **Dreißigsten** (§ 1969 BGB) zu (*Walter* FPR 2005, 279 (282)). Auch im **Mietrecht** (Eintritt in den Mietvertrag bei Tod des Lebenspartners, § 563 BGB) ist die Stellung eines Lebenspartners der eines Ehegatten angenähert worden.

14 **4. Erlöschen bzw. Wegfall des Erbrechts.** Das Erbrecht des überlebenden Lebenspartners kann unter bestimmten Umständen entfallen. Zu unterscheiden ist dabei, ob es sich um das gesetzliche Erbrecht oder um ein gewillkürtes Erbrecht handelt.

15 a) **Gesetzliches Erbrecht.** Das gesetzliche Erbrecht des überlebenden Lebenspartners entfällt zum einen, wenn er für **erbunwürdig erklärt** wird (§ 2344 BGB; da §§ 2339 ff. BGB generell von Erblasser und Erbe sprechen, ist ein gesonderter Verweis in § 10 für die Eröffnung des Anwendungsbereichs nicht erforderlich). Hinsichtlich der Einzelheiten kann auf die Komm. der §§ 2339 ff. BGB verwiesen werden. Es entfällt weiter, wenn der verstorbene Lebenspartner den Überlebenden durch einseitige Verfügung von Todes wegen **enterbt** hat; dies gilt unabhängig davon, ob es sich um eine rein negative Verfügung handelt (§ 1938 erwähnt den Lebenspartner ausdrücklich), die Enterbung schlüssig durch positive Einsetzung anderer Erben erfolgt oder beide Varianten kombiniert werden. Auch durch eine **Ausschlagung** entfällt das gesetzliche Erbrecht (da § 1942 BGB generell von Erbe spricht und niemand gezwungen werden kann, eine Erbschaft anzutreten, ist ein gesonderter Verweis in § 10 für die Eröffnung des Anwendungsbereichs nicht erforderlich).

16 Das gesetzliche Erbrecht entfällt ebenfalls, wenn der überlebende Lebenspartner durch Vertrag mit dem Verstorbenen auf sein **Erbrecht verzichtet** hat (§ 10 VII LPartG iVm § 2346 I 1 BGB; der Verzicht wirkt nach § 2349 BGB nicht zulasten der Abkömmlinge des Verzichtenden, was von Bedeutung ist, soweit diesen ein eigenes Erbrecht zusteht). § 10 VII enthält für den Verzicht durch den Lebenspartner

Erbrecht §10 LPartG 15

nach allgemeiner Meinung einen umfassenden Verweis auf die in §§ 2346 ff. BGB enthaltenen Vorschriften (Bruns/Kemper/*Kemper*, Lebenspartnerschaftsrecht, 2. Aufl. 2005, Rn. 148; *Kaiser* FPR 2005, 286 (289); *Walter* FPR 2005, 279 (282)), so dass auf die dortigen Ausführungen verwiesen werden kann. Der Verzicht eines Lebenspartners auf sein gesetzliches Erbrecht ist daher wie ein Verzicht durch einen Ehepartner zu behandeln (da § 1 IV nunmehr auch zwischen Lebenspartnern ein Verlöbnis ermöglicht, bereitet die Anwendung des § 2347 I 1 aE BGB keine Probleme mehr). Der frühere Streit, ob der Lebenspartner in § 2350 II BGB wie ein Ehegatte zu behandeln ist, ist durch die Änderung des § 2350 II BGB zum 26.11.2015 (Gesetz zur Bereinigung des Rechts der Lebenspartner v. 20.11.2015 (BGBl. 2015 I 2010)) und die ausdrückliche Aufnahme des Lebenspartners gegenstandslos geworden.

Zu einem Ausschluss des gesetzlichen Erbrechts führt ebenfalls die **rechtskräftige Aufhebung der Lebenspartnerschaft** vor dem Tod eines der Partner nach § 15, da § 10 I, II eine bestehende Partnerschaft begrifflich voraussetzen. 17

Die Wirkung der **Aufhebung** wird nach § 10 III 1 (der in weiten Zügen mit § 1933 1 BGB übereinstimmt) in bestimmten Fällen **vorverlagert**. Das Erbrecht entfällt danach schon dann, wenn zur Zeit des Todes des Erblassers die Lebenspartner seit einem Jahr getrennt lebten und beide die Aufhebung beantragt hatten oder der Antrag vom Versterbenden gestellt wurde und der Überlebende dem Antrag zugestimmt hatte, §§ 10 III 1 Nr. 1 iVm 15 II 1 Nr. 1a (*Walter* FPR 2005, 279 (280) weist zutr. darauf hin, dass das Antrags- bzw. Zustimmungserfordernis in § 10 III 1 Nr. 1 in diesem Fall keine eigenständige Bedeutung hat). Das Erbrecht entfällt weiter, wenn die Lebenspartner zur Zeit des Todes des Erblassers seit einem Jahr getrennt lebten, nicht erwartet werden konnte, dass die partnerschaftliche Lebensgemeinschaft wieder hergestellt wird, und der Erblasser die Aufhebung beantragt oder ihr zugestimmt hatte, §§ 10 III 1 Nr. 1 iVm 15 II 1 Nr. 1b. Ein gesetzliches Erbrecht des überlebenden Lebenspartners besteht auch dann nicht, wenn zur Zeit des Todes des Erblassers die Erblasser seit drei Jahren getrennt lebten und der Erblasser die Aufhebung beantragt oder ihr zugestimmt hatte, §§ 10 III 1 Nr. 1 iVm 15 II 1 Nr. 2. Schließlich entfällt das gesetzliche Erbrecht, wenn zur Zeit des Todes des Erblassers dieser einen Antrag nach § 15 II 1 Nr. 3 gestellt hatte und der Antrag begründet war, die Fortsetzung der Lebenspartnerschaft also aus Gründen, die in der Person des überlebenden Lebenspartners liegen, eine unzumutbare Härte darstellte, §§ 10 III 1 Nr. 2 iVm 15 II 1 Nr. 3. Bei diesem letzten Ausschlussgrund (und nur bei diesem) unterscheiden sich § 1933 1 BGB und § 10 III 1. Nach § 10 III 1 Nr. 2 führen nur der Antrag des Erblassers und die in der Person des Überlebenden liegenden Gründe zu einem Wegfall des Erbrechts. Dagegen reicht es nach § 1933 1 BGB in jedem Fall aus, wenn die Voraussetzungen für eine Scheidung der Ehe gegeben waren (unabhängig davon, bei welchem der Ehegatten die Gründe vorliegen) und der verstorbene Ehegatte die Scheidung beantragt oder ihr zugestimmt hatte; hier führt also auch ein Antrag des Überlebenden, der auf in der Person des Erblassers liegenden Gründen beruht, zu einem Entfall des Erbrechts, wenn der Erblasser der Scheidung zugestimmt hatte, §§ 1933 1, 1564 II BGB (*Kaiser* FPR 2005, 286 (289) weist darauf hin, dass diese Unterscheidung im Gesetzgebungsverfahren nicht problematisiert wurde). In den genannten Fällen des § 10 III 1 erhält der überlebende Lebenspartner nach §§ 10 III 3, 16 2 unter den Voraussetzungen des § 1586b BGB einen Unterhaltsanspruch; dies entspricht der in § 1933 3 BGB enthaltenen Rechtslage. Hinsichtlich der Einzelheiten kann auf die Komm. zu § 1933 1 BGB bzw. § 1933 3 BGB verwiesen werden. 18

Eine dem § 1933 2 BGB entsprechende Regelung fehlt in § 10 völlig. Im Bereich des **§ 15 II 2** führt daher erst die Rechtskraft der gerichtlichen Entscheidung zu einem Entfallen des Erbrechts und nicht schon der auf § 15 II 2 LPartG iVm § 1314 II Nr. 1–4 BGB gestützte Aufhebungsantrag. Eine **analoge Anwendung von § 10 III** scheidet mangels planwidriger Regelungslücke aus (*Walter* FPR 2005, 279 (281)). Andere als die in § 1314 II Nr. 1–4 genannte Willensmängel werden von § 15 II 2 nicht erfasst; bei diesen, insb. also bei **Scheinlebenspartnerschaften,** gelten (anders als im Eherecht) die allgemeinen Vorschriften. Eine Scheinlebenspartnerschaft ist somit, ohne dass es eines gerichtlichen Verfahrens bedarf, auch bei ihrer Eintragung nichtig, § 1 III Nr. 4, so dass ein gesetzliches Erbrecht des Scheinlebenspartners nicht besteht (*Walter* FPR 2005, 279 (281); *Walter* MittBayNot 2005, 193 (195)). 19

b) Gewillkürtes Erbrecht. Auch ein durch Verfügung von Todes wegen gegebenes, also gewillkürtes Erbrecht entfällt, wenn der Erbe die Erbschaft **ausschlägt** oder für **erbunwürdig** erklärt wurde. Es entfällt natürlich auch dann, wenn die Verfügung geändert oder aufgehoben wird oder vom Erblasser angeordnete Bedingungen eintreten (bzw. nicht eintreten). Der Erbe kann nach § 10 VII LPartG iVm § 2352 BGB auch auf eine **Zuwendung verzichten**. Schließlich gilt für eine in einem (einseitigen) Testament enthaltene letztwillige Verfügung, durch die ein Lebenspartner bedacht wird, über § 10 V auch § 2077 BGB entsprechend. Die **Auflösung der Partnerschaft** führt daher im Zweifel zur Unwirksamkeit der Verfügung, § 10 V LPartG iVm § 2077 III BGB. Über § 10 V LPartG iVm § 2077 I 2, 3 BGB gilt dies auch, wenn die Voraussetzungen für die Aufhebung der Lebenspartnerschaft bestanden (unabhängig, ob es sich um die in § 15 II 1 oder § 15 II 2 genannten Gründe handelt) und der Erblasser die Aufhebung beantragt oder ihr zugestimmt hatte. Dies führt dazu, dass Verfügungen zugunsten des anderen Lebenspartners in einem Testament früher entfallen können als das gesetzliche Erbrecht, da die Verweisung in § 10 V auch die sonstigen Aufhebungsgründe (§ 2077 I 3 BGB, § 15 II 2 LPartG) erfasst und § 2077 I BGB (anders als § 10 III) in jedem Fall auch die Antragstellung durch den überlebenden Lebenspartner ausreichen lässt, sofern der Erblasser der Aufhebung zugestimmt hat. Mit dem LPartÜG wurde auch zwischen künftigen Lebenspartnern ein **Verlöbnis** ermöglicht, § 1 IV. Aus diesem Grund wurde § 10 V angepasst und auch die Verweisung auf § 2077 II BGB aufgenommen, so dass auch dieser 20 entsprechende Anwendung findet. Wenn auch die Formulierung des § 10 V unglücklich ist (er spricht nur vom Lebenspartner und nicht auch vom Verlobten), kann wegen der im Zuge des LPartÜG ausdrücklich erfolgten Aufnahme des § 2077 II BGB in die Verweisung an dessen Anwendbarkeit kein Zweifel bestehen. Ist die Verfügung zugunsten des Lebenspartners in einem gemeinschaftlichen Testament enthalten (ein gemeinschaftliches Testament durch Verlobte ist ausgeschlossen, → Rn. 21), sind die Folgen des Aufhebungsverfahrens in § 10 VI LPartG iVm §§ 2268, 2077 BGB geregelt. Für Verfügungen zugunsten eines Lebenspartners oder eines Verlobten in einem Erbvertrag finden sich die Regelungen in §§ 2279 I, II, 2077 BGB; die Unwirksamkeit erfasst hier im Zweifel auch solche Verfügungen, durch die ein Dritter bedacht wurde. Wegen der Einzelheiten ist auf die Komm. zu § 2077 BGB bzw. § 2268 BGB und § 2279 BGB zu verweisen.

21 **5. Gemeinschaftliches Testament, Erbvertrag.** Da die Errichtung eines **gemeinschaftlichen Testamentes** nach § 2265 BGB nur Ehegatten offensteht (dabei handelt es sich nicht nur um ein begriffliches, sondern ein Wirksamkeitserfordernis, → BGB § 2265 Rn. 4), erweitert § 10 IV 1 den Anwendungsbereich auch auf Lebenspartner. Ein gemeinschaftliches Testament kann damit nur errichtet werden, wenn im Zeitpunkt der Errichtung eine wirksame Lebenspartnerschaft bestand; ein Verlöbnis oder eine spätere Begründung der Partnerschaft ist nicht ausreichend (dazu und zu den Folgen eines Verstoßes umf. → BGB § 2265 Rn. 41, 44 ff.; aA MüKoBGB/*Wacke* Rn. 5, der eine Lebenspartnerschaft im Zeitpunkt des Todes für ausreichend hält und dies auch damit begründet, dass § 10 IV 1 nichts darüber aussage, ob die Lebenspartner bereits im Zeitpunkt des Errichtungsaktes eingetragen sein müssen; da nach der Legaldefinition des § 1 I 1 Lebenspartner jedoch nur solche Personen gleichen Geschlechts sind, die gegenüber dem Standesbeamten persönlich und bei gleichzeitiger Anwesenheit erklären, eine Partnerschaft auf Lebenszeit führen zu wollen, kann dieses Argument nicht greifen). § 10 IV 2 ordnet die entsprechende Anwendung der §§ 2266–2272 BGB an. Lebenspartner können damit ebenso wie Ehegatten wechselbezügliche Verfügungen treffen und dies auch unter Anwendung der erleichterten Form des § 2267 BGB. Wegen der Einzelheiten kann auf die Komm. zu §§ 2265 ff. BGB verwiesen werden.

22 Die Errichtung eines **Erbvertrages** ist in § 10 nicht eigens erwähnt. Da die Errichtung eines Erbvertrages nach der gesetzlichen Konzeption (anders als das gemeinschaftliche Testament) keine besondere persönliche Beziehung der Vertragsparteien voraussetzt, war diese Erwähnung aber auch entbehrlich. Eine Änderung war daher – soweit eine Gleichstellung gewünscht ist – nur in den Paragraphen nötig, die ausdrücklich auf Ehegatten zugeschnitten sind. Die Änderung ist direkt in den einzelnen Vorschriften des BGB erfolgt (vgl. §§ 2275 III, 2279 II, 2280, 2290 II 2, 2292 BGB) oder unterlassen worden (§§ 2275 II 1, 2276 II BGB). Soweit eine Änderung nicht erfolgt ist, scheidet eine entsprechende Anwendung dieser Vorschriften auf Lebenspartner aus (*N. Mayer* ZEV 2001, 169 (173)). Wegen der Einzelheiten kann auf die Komm. zu den genannten Vorschriften verwiesen werden.

23 **6. Pflichtteil.** Hat der Erblasser den überlebenden Lebenspartner durch Verfügung von Todes wegen von der Erbfolge ausgeschlossen, kann dieser von den Erben die Hälfte des Wertes des gesetzlichen Erbteils als Pflichtteil verlangen, § 10 VI 1. Es gelten somit die §§ 2303 ff. BGB entsprechend, mit der Maßgabe, dass der **Lebenspartner wie ein Ehegatte zu behandeln** ist, § 10 VI 2. Durch die Formulierung in S. 2 ist klargestellt, dass auch die Vorschriften, die den Pflichtteil dritter Personen betreffen, zB § 2325 III BGB, entsprechend anwendbar sind (*Leipold* ZEV 2001, 218 (221); Palandt/*Brudermüller* Rn. 5; in diese Richtung auch Schlitt/Müller Pflichtteils-HdB/*Schlitt* § 1 Rn. 22; aA *N. Mayer* ZEV 2001, 169 (173)). Kurzgefasst kann daher in §§ 2303 ff. BGB das Wort „Ehegatte" durch „Lebenspartner" ersetzt werden.

24 Zur **Berechnung des Pflichtteils** ist (unter Berücksichtigung von § 2310 BGB) zu ermitteln, wie hoch die (fiktive) gesetzliche Erbquote des Pflichtteilsberechtigten gewesen wäre, wenn er nicht durch Verfügung von Todes wegen von der Erbfolge ausgeschlossen wäre. Hatten die Lebenspartner im Todeszeitpunkt Gütertrennung oder Gütergemeinschaft vereinbart, sind die in → Rn. 9f. genannten Quoten zu halbieren. Der Pflichtteil des überlebenden Lebenspartners beträgt daher bei **Gütertrennung** neben einem Kind ein Viertel, neben zwei Kindern ein Sechstel, neben drei und mehr Kindern ein Achtel, § 10 II 2. Bei **Gütergemeinschaft** beträgt der Pflichtteil neben Abkömmlingen (unabhängig von deren Zahl) ein Achtel, § 10 I 1. In beiden Fällen beträgt der Pflichtteil neben Eltern und deren Abkömmlingen ein Viertel (§ 10 I 1), neben Großeltern ein Viertel (§ 10 I 1; beim Vorversterben einzelner Großeltern ist § 10 I 2 zu beachten) und neben entfernteren Verwandten ein Halb (§ 10 II 1).

25 Etwas komplizierter ist die Berechnung des Pflichtteils, wenn die Lebenspartner im Güterstand der **Zugewinngemeinschaft** lebten. Ausgangspunkt der Berechnung ist § 2303 II 2 BGB, wonach die Vorschrift des § 1371 BGB, der über § 6 2 auch auf Lebenspartnerschaften Anwendung findet, unberührt bleibt. Bei der Pflichtteilsbestimmung ist daher zu berücksichtigen, ob es zur erbrechtlichen oder güterrechtlichen Lösung kommt. Wird der überlebende Lebenspartner nicht Erbe und steht ihm auch kein Vermächtnis zu, so kann er nach § 1371 III BGB die Hälfte des nach § 1371 I BGB erhöhten gesetzlichen Erbteils (§ 10 I 1, 2, II 1) als Pflichtteil fordern, sog. **kleiner Pflichtteil.** Daneben kann er den rechnerisch exakt ermittelten Zugewinn fordern. Ein Wahlrecht, statt dieser Lösung nur den Pflichtteil auf Basis des nach § 1371 I BGB erhöhten gesetzlichen Erbteils zu fordern, hat der überlebende Lebenspartner nicht, sog. **Einheitstheorie** (für die Rechtslage bei Ehegatten BGH, Urt. v. 25.6.1964 – III ZR 90/63, NJW 1964, 2404; BGH, Urt. v. 17.3.1982 – IV a ZR 27/81, NJW 1982, 2497). Wird der überlebende Lebenspartner jedoch Erbe und/oder Vermächtnisnehmer und schlägt er diese Position nicht aus – so bestimmt sich der Pflichtteil auf Basis des nach § 1371 I BGB erhöhten Erbteils, sog. **großer Pflichtteil.** Da der Lebenspartner in diesem Fall nicht durch Verfügung von Todes wegen von der

Erbfolge ausgeschlossen ist (§ 2303 I 1 BGB) bzw. zumindest mit einem Vermächtnis bedacht ist, beschränkt sich die Wirkung des großen Pflichtteils auf die Sicherung des Pflichtteils nach §§ 2305, 2306 u. 2307 BGB, die Berechnung eines dem Lebenspartner etwa zustehenden Pflichtteilsergänzungsanspruchs nach §§ 2325, 2329 BGB und die Regelungen der §§ 2318, 2319, 2328 BGB. Die Frage, ob dem Lebenspartner der kleine oder große Pflichtteil zusteht, ist somit vor allem für die Pflichtteilsquote anderer Pflichtteilsberechtigter von Bedeutung (BeckOK BGB/*Müller* BGB § 2303 Rn. 41 spricht plastisch von der Fernwirkung der Zugewinngemeinschaft auf die Höhe der anderen Erb- und Pflichtteilsquoten). Da der überlebende Lebenspartner den kleinen Pflichtteil abweichend von den sonst geltenden Vorschriften gem. § 1371 III BGB auch dann fordern kann, wenn er die ihm zugewandte Erbschaft oder das Vermächtnis ausschlägt, ergeben sich Möglichkeiten einer **taktischen Ausschlagung.** Die Wahl hängt für den Überlebenden davon ab, neben welchen Verwandten er erbt, in welchem Verhältnis der Zugewinn des Verstorbenen zum Gesamtnachlass steht und welchen Zugewinn der Überlebende selbst erzielt hat. Schließlich ist zu berücksichtigen, dass er diese „Rechenaufgabe" innerhalb der Ausschlagungsfrist des § 1944 BGB geklärt haben muss (detaillierte Ausführungen (mit Berechnungen) finden sich bei Nieder/Kössinger/*W. Kössinger* Testamentsgestaltung § 1 Rn. 29 ff.).

Der Anspruch auf den **Pflichtteil entfällt,** wenn der Überlebende mit dem Erblasser einen **Pflicht-** 26 **teilsverzichtsvertrag** abgeschlossen hat, § 10 VII LPartG iVm § 2346 II BGB, die **Lebenspartnerschaft** im Zeitpunkt des Todes rechtskräftig **aufgehoben** war oder das gesetzliche Erbrecht nach **§ 10 II 1** ausgeschlossen ist. Der Pflichtteil entfällt ebenfalls, wenn er nach § 2335 BGB wirksam **entzogen** oder eine **Pflichtteilsunwürdigkeit** nach §§ 2344, 2345 II BGB festgestellt wurde; einer separaten Verweisung in § 10 bedarf es dafür nicht (so auch *Kaiser* FPR 2005, 286 (289)).

7. **Inventarfrist.** Durch die 2015 erfolgte Neufassung des § 10 VII und den eingefügten Verweis auf 27 § 2008 BGB (MüKoBGB/*Wacke* Rn. 7 nennt diese Einfügung in § 10 VII zu Recht zusammenhanglos) muss bei in Gütergemeinschaft lebenden Lebenspartnern und einer zum Gesamtgut gehörenden Erbschaft die Inventarfrist auch dem anderen Lebenspartnern gegenüber bestimmt werden, sofern dieser das Gesamtgut allein oder zusammen mit dem erbenden Lebenspartner verwaltet.

20. Sozialgesetzbuch (SGB) Zwölftes Buch (XII) – Sozialhilfe

Vom 27. Dezember 2003

(BGBl. I S. 3022)

Zuletzt geändert durch Art. 2 G zur Verlängerung befristeter Regelungen im Arbeitsförderungsrecht und zur Umsetzung der RL (EU) 2016/2102 über den barrierefreien Zugang zu den Websites und mobilen Anwendungen öffentlicher Stellen vom 10.7.2018 (BGBl. I S. 1117)

(Auszug)

§ 102 Kostenersatz durch Erben

(1) [1]Der Erbe der leistungsberechtigten Person oder ihres Ehegatten oder ihres Lebenspartners, falls diese vor der leistungsberechtigten Person sterben, ist vorbehaltlich des Absatzes 5 zum Ersatz der Kosten der Sozialhilfe verpflichtet. [2]Die Ersatzpflicht besteht nur für die Kosten der Sozialhilfe, die innerhalb eines Zeitraumes von zehn Jahren vor dem Erbfall aufgewendet worden sind und die das Dreifache des Grundbetrages nach § 85 Abs. 1 übersteigen. [3]Die Ersatzpflicht des Erben des Ehegatten oder Lebenspartners besteht nicht für die Kosten der Sozialhilfe, die während des Getrenntlebens der Ehegatten oder Lebenspartner geleistet worden sind. [4]Ist die leistungsberechtigte Person der Erbe ihres Ehegatten oder Lebenspartners, ist sie zum Ersatz der Kosten nach Satz 1 verpflichtet.

(2) [1]Die Ersatzpflicht des Erben gehört zu den Nachlassverbindlichkeiten. [2]Der Erbe haftet mit dem Wert des im Zeitpunkt des Erbfalles vorhandenen Nachlasses.

(3) Der Anspruch auf Kostenersatz ist nicht geltend zu machen,
1. soweit der Wert des Nachlasses unter dem Dreifachen des Grundbetrages nach § 85 Abs. 1 liegt,
2. soweit der Wert des Nachlasses unter dem Betrag von 15 340,00 Euro liegt, wenn der Erbe der Ehegatte oder Lebenspartner der leistungsberechtigten Person oder mit dieser verwandt ist und nicht nur vorübergehend bis zum Tod der leistungsberechtigten Person mit dieser in häuslicher Gemeinschaft gelebt und sie gepflegt hat,
3. sowie die Inanspruchnahme des Erben nach der Besonderheit des Einzelfalles eine besondere Härte bedeuten würde.

(4) [1]Der Anspruch auf Kostenersatz erlischt in drei Jahren nach dem Tod der leistungsberechtigten Person, ihres Ehegatten oder ihres Lebenspartners. [2]§ 103 Abs. 3 Satz 2 und 3 gilt entsprechend.

(5) Der Ersatz der Kosten durch die Erben gilt nicht für Leistungen nach dem Vierten Kapitel und für die vor dem 1. Januar 1987 entstandenen Kosten der Tuberkulosehilfe.

I. Normzweck, Rechtsnatur und Anwendbarkeit

1 Während früher Sozialhilfeleistungen grundsätzlich nur als Darlehen gewährt wurden, sind sie heutzutage mit wenigen Ausnahmen nicht mehr zurückzuerstatten. Etwas Anderes gilt, wenn laufende Leistungen voraussichtlich nur für kurze Dauer beansprucht werden, dann können diese Geldleistungen als Darlehen gewährt werden (§ 38 SGB XII) oder in den Fällen des § 102 SGB XII hat der Erbe mit den Mitteln des Nachlasses Kostenersatz zu leisten. § 102 SGB XII hat die weitestgehend inhaltsgleiche Vorschrift des § 92c) BSHG ersetzt (Grube/Warendorf/*Bieback*, SGB XII § 102 Rn. 1).

2 § 102 SGB XII ist gewissermaßen die **Korrekturvorschrift** für privilegiertes **Schonvermögen** im Sinne des § 90 SGB XII. Schonvermögen im Sinne der eben genannten Vorschrift soll grundsätzlich nicht auf Kosten des Steuerzahlers dem Erben zu Gute kommen (vgl. Grube/Warendorf/*Bieback*, SGB XII § 102 Rn. 2). § 102 SGB XII dient also der Wiederherstellung des Nachrang der Sozialhilfe (*Conradis* ZEV 2005, 379; *Grieger* in Rothhegel, Sozialhilferecht, 446).

3 Anders als § 103 SGB XII, der eine unselbständige Erbenhaftung darstellt, begründet § 102 SGB XII eine sogenannte **selbständige Erbenhaftung**. Dies bedeutet, dass nicht etwa im Wege der Gesamtrechtsnachfolge eine Verpflichtung des Erblassers auf den Erben übergeht, sondern dass die Vorschrift eine direkte und ursprüngliche Haftung des Erben begründet (Grube/Warendorf/*Bieback*, SGB XII § 102 Rn. 3).

4 Die größte praktische Bedeutung hat § 102 SGB XII im Zusammenhang mit dem nach § 90 Abs. 2 Nr. 8 privilegierten selbst genutzten **Familienheim**. Die Wohnung dient neben der Nahrung als Basis der Daseinsvorsorge. Diese muss während der Sozialhilfebedürftigkeit erhalten bleiben und soll zur Meidung einer künftigen Bedürftigkeit nicht verwertet werden. Das Familienheim ist daneben ein wichtiger Baustein in der Altersvorsorge, weil es angesichts geringer Rentenerhöhungen und inflationär entwerteter Rentenanwartschaften das mietfreie Wohnen gewährleistet (*Reich* ZEV 2011, 639). Das regelmäßig einen außerordentlich hohen Wert verkörpernde Familienheim muss also trotz sozialhilferechtlicher Leistungsbedürftigkeit nicht als Vermögen eingesetzt werden, während selbstredend ein wertmäßig

gleich hohes Bankguthaben vom Hilfesuchenden eine Sozialhilfeleistung hindern und erst aufgebraucht werden müsste.

Die sozialpolitischen Gründe für die Privilegierung des selbst genutzten Familienheims enden jedoch mit dem Sterben des Sozialhilfeempfängers und kommen dem Erben als solchen nicht zu Gute. Insoweit erfolgt die Sozialhilfeleistung im Ergebnis gewissermaßen als **zinsloses Darlehen**. 5

II. Ersatzanspruch gegen den Erben

1. Anspruchsgegner. Ersatzverpflichtet ist der Erbe der leistungsberechtigten Person bzw. der Erbe des Ehegatten bzw. Lebenspartners, wenn dieser vor der leistungsberechtigten Person stirbt. Danach gibt es **zwei** mögliche **Anspruchsgegner** nämlich zum einen den Erben des Leistungsberechtigten und zum anderen der Erbe des Ehegatten bzw. Lebenspartner, wenn der Leistungsberechtigte vor seinem Ehegatten bzw. Lebenspartner verstirbt. Der Grund für die Haftung des Ehegattenerben im Falle des Vorversterbens des Leistungsberechtigten liegt darin, dass gem. §§ 19 Abs. 3 und 27 Abs. 2 SGB XII auch Einkommen und Vermögen des nicht selbst Sozialhilfe beziehenden Ehegatten bzw. Lebenspartner des Leistungsberechtigten zu berücksichtigen ist. Auch insoweit gelten für den Ehegatten bzw. Lebenspartner die Vorschriften zum Schonvermögen. Diese wiederum sollen am Ende nicht den Erben des Ehegatten bzw. Lebenspartners begünstigen (Grube/Warendorf/*Bieback*, SGB XII § 102 Rn. 6). 6

2. Erbe. Die Erbfolge bestimmt sich nach den §§ 1922 BGB ff. und die Ersatzpflicht gehört zu den Nachlassverbindlichkeiten (*Conradi* ZGV 2005, 379). 7

3. Anspruchsumfang. Vom Erben sind nur **rechtmäßig** erbrachte **Sozialhilfeleistungen** zu erstatten (BVerwG NJW 1980, 2551; VGH Bayern FamRZ 2004, 488), was nicht der Fall ist, wenn gar keine Sozialhilfebedürftigkeit gegeben war und vom Sozialhilfeträger nur irrtümlich angenommen wurde oder soweit sich der Sozialhilfeträger verrechnet hat (Grube/Warendorf/*Bieback*, SGB XII § 102 Rn. 10). 8

Zu erstatten hat der Erbe die Kosten der Sozialhilfe, also sämtliche Sozialhilfeaufwendungen mit **Ausnahme** der Grundsicherungsleistungen im Alter und bei Erwerbsminderung (§ 44 ff. SGB XII) und die Kosten der Tuberkulosehilfe im Sinne des § 102 Abs. 5 SGB XII. 9

4. Haftungsbeschränkungen und Ausschluss. § 102 Abs. 3 enthält einen Haftungsbeschränkungs- bzw. Ausschlusskatalog. 10

Gemäß § 102 Abs. 3 Nr. 1 ist die Erbenhaftung ausgeschlossen, soweit der Wert des Nachlasses unter dem **Dreifachen** des **Grundbetrages** nach § 85 Abs. 1 SGB XII liegt. Danach besteht eine Ersatzpflicht nur mit dem Teil des Nachlasses, welcher den Freibetrag in Höhe des dreifachen Grundbetrages übersteigt. Der Grundbetrag gemäß § 85 Abs. 1 Nr. 1 ist das **Zweifache** der **Regelbedarfsstufe 1**, so dass der vom Erben nicht zu erstattende Freibetrag die Höhe des sechsfachen der Regelbedarfsstufe 1 beträgt. Der Freibetrag ist dabei ohne Rücksicht auf die Anzahl der Erben nur einmal vom Nachlass abzugsfähig (BSG FamRZ 2010, 1660; BVerwG FEVS 27, 100). Daneben gewährt § 102 Abs. 3 Nr. 2 einen auf die Person des pflegenden Erben bezogenen **besonderen Freibetrag** in Höhe von 15.340,00 EUR, wenn erstens der Erbe der Ehegatte, Lebenspartner oder ein Verwandter des Leistungsberechtigten ist, zweitens der Erbe mit dem Leistungsberechtigten nicht nur vorübergehend bis zu dessen Tod in häuslicher Gemeinschaft gelebt und drittens den Leistungsberechtigten gepflegt hat. 11

Der Freibetrag nach § 102 Abs. 3 Nr. 2 ist **lex specialis** zum Freibetrag gemäß § 102 Abs. 3 Nr. 1 mit der Folge, dass der Freibetrag für die häusliche Pflege nicht zusätzlich zum Freibetrag gemäß Nr. 1 gewährt wird, sondern an dessen Stelle tritt (BVerwG FEVS 32, 177; VG BW NJW 1993, 2959; Grube/Warendorf/*Bieback*, SGB XII § 102 Rn. 19). 12

Schließlich normiert § 102 Abs. 3 Nr. 3 noch eine **Härtefallregelung**, wonach der Erbe nicht haftet, soweit seine Inanspruchnahme nach der Besonderheit des Einzelfalles eine besondere Härte bedeuten würde. Eine besondere Härte iSd § 102 Abs. 3 Nr. 3 ist nur bei außergewöhnlich gelagerten Sachverhalten anzunehmen, die es unter Berücksichtigung aller Umstände des Einzelfalles als unbillig erscheinen lassen, den Erben für den Kostenersatz in Anspruch zu nehmen. Sie muss atypisch sein, also objektiv besonders schwer wiegen, und sich in der Person des Erben realisieren (BGH NJW 2014, 3370 im Anschluss an BSG, NVwZ-RR 2010, 892). Eine besondere Härte kann beispielsweise vorliegen, wenn der Freibetrag der häuslichen Pflege nur deswegen nicht greift, weil der Erbe mit dem Leistungsberechtigten weder verheiratet, verwandt noch verlebenspartnert war (vgl. BGH BW FEVS 41, 205) sowie für weitere Beispielsfälle Grube/Warendorf/*Bieback*, SGB XII § 102 Rn 23 ff.). 13

5. Miterben. Miterben haften gesamtschuldnerisch nach § 2058 BGB. 14

6. 10-Jahresfrist und Verjährung. Die Ersatzpflicht besteht nur für die Kosten der Sozialhilfe, die innerhalb eines Zeitraumes von 10 Jahren vor dem Erbfall aufgewandt worden sind. Die 10-Jahresfrist wird gemäß § 26 Abs. 1 SGB 10 iVm **§ 188 Abs. 2 BGB** berechnet. Die Ersatzpflicht besteht unabhängig davon, **wann** der Leistungsberechtigte das vererbte Vermögen erworben hat, d. h. auch dann, wenn der Erblasser das Vermögen erst nach Ende der bezogenen **Sozialhilfe** erworben hat (BSG Urt. v. 23.8.2013 – B8SO7/12R; OVG Münster, FEVS 53, 378; Grube/Warendorf/*Bieback* SGB XII, § 102 Rn. 13; aA *Conradis*, LPK-SGB XII § 102 Rn. 14). 15

Gemäß § 102 Abs. 4 erlischt der Anspruch auf Kostenersatz in **3 Jahren** nach dem Tod der leistungsberechtigten Person, ihres Ehegatten oder ihres Lebenspartners. Unter Verweis auf § 103 Abs. 3 Satz 2 SGB XII gelten für die Hemmung, die Ablaufhemmung, den Neubeginn und die Wirkung der Verjäh- 16 rung die Vorschriften des BGB sinngemäß. Der Erhebung der Klage steht der Erlass eines Leistungsbescheides gleich (§ 103 Abs. 3 Satz 3 SGB XII). Anders als § 103 Abs. 3 Satz 1 stellt § 102 Abs. 4 nicht auf den Ablauf des Jahres ab, sondern auf den Zeitpunkt des Todes. Insoweit handelt es sich also um keine Jahresendverjährung. Auch aus dem Verweis von § 102 Abs. 4 auf § 103 Abs. 3 Satz 2 und damit die Verjährungsvorschriften des BGB ergibt sich nichts anderes, weil insoweit nur auf die Vorschriften der Hemmung, Ablaufhemmung und Neubeginn der Verjährung verwiesen wird, d. h. die **§ 203 ff. BGB** und nicht auf den Beginn der regelmäßigen Verjährungsfrist gem. **§ 199 BGB**.

21. Gesetz über das Apothekenwesen (Apothekengesetz – ApoG)

In der Fassung der Bekanntmachung vom 15. Oktober 1980 (BGBl. I S. 1993)

Zuletzt geändert durch Art. 41 G zum Abbau verzichtbarer Anordnungen der Schriftform im Verwaltungsrecht des Bundes vom 29.3.2017 (BGBl. I S. 626)

(Auszug)

§ 13 [Tod des Erlaubnisinhabers]

(1) Nach dem Tode des Erlaubnisinhabers dürfen die Erben die Apotheke für längstens 12 Monate durch einen Apotheker verwalten lassen.

(1a) Stirbt der Pächter einer Apotheke vor Ablauf der vereinbarten Pachtzeit, so kann die zuständige Behörde zur Vermeidung unbilliger Härten für den Verpächter zulassen, daß dieser die Apotheke für die Dauer von höchstens zwölf Monaten durch einen Apotheker verwalten läßt.

(1b) ¹Der Verwalter bedarf für die Zeit der Verwaltung einer Genehmigung. ²Die Genehmigung ist zu erteilen, wenn er die Voraussetzungen des § 2 Abs. 1 Nr. 1 bis 4, 7 und 8 erfüllt.

(2) ¹Die Genehmigung erlischt, wenn der Verwalter nicht mehr die Approbation als Apotheker besitzt. ²§ 4 ist entsprechend anzuwenden.

(3) Der Verwalter ist für die Beachtung der Apothekenbetriebsordnung und der Vorschriften über die Herstellung von Arzneimitteln und den Verkehr mit diesen verantwortlich.

1. Normzweck. Nach § 1 ApoG ist der Betrieb einer Apotheke in Deutschland erlaubnispflichtig und dient dem öffentlichen Interesse der ordnungsgemäßen Versorgung der Bevölkerung mit Arzneimitteln. § 2 ApoG regelt die Voraussetzungen für die Erteilung der Erlaubnis zum Betrieb einer Apotheke. Der Apotheker ist dabei einerseits freiberuflich tätig und betreibt zugleich ein Handelsgewerbe, wobei es sich um einen Gewerbebetrieb iS des Gewerberechts handelt (Rixen/Krämer/*Grau*, ApoG, § 1 Rn. 2 f.; davon abweichend hinsichtlich der steuerlichen Qualifikation nicht als Einkünfte aus selbständiger Tätigkeit, sondern aus Gewerbebetrieb: BFH Beschl. v. 14.1.1998 – IV B 48/97, DStRE 1998, 547). Er ist nach § 7 ApoG zur **persönlichen Leitung** verpflichtet. 1

§ 13 ApoG soll im Sinne dieser Voraussetzungen für den Betrieb einer Apotheke die **ordnungsgemäße Beendigung und vorübergehende Fortführung** des Betriebs sicherstellen, wenn die Erlaubnisvoraussetzungen in der Person der Erben eines Apothekers nicht mehr vorliegen. Das ist der Fall, wenn ohne das Vorliegen der Voraussetzungen in der Person des Erben eine Nachfolge in das Eigentum an der noch betriebenen Apotheke (vgl. § 3 Nr. 3 und 4 ApoG) erfolgt. 2

2. Begriff der Apotheke. Eine gesetzliche Definition der Apotheke existiert nicht, lässt sich aber aus den verschiedenen gesetzlichen Regelungen zu Apotheken, dem ApoG, dem Arzneimittelgesetz und der Apothekenbetriebsordnung herleiten (Rixen/Krämer/*Grau*, ApoG, § 1 Rn. 5). Die wesentlichen Merkmale lassen sich aus §§ 2, 9 ApoG ableiten: danach handelt es sich um ein Handelsunternehmen, dessen Inhaber, Pächter oder Leiter die deutsche Approbation als Apotheker besitzt (§ 2 I Nr. 3 ApoG) und der in den vorgeschriebenen Räumen und Einrichtungen eigenverantwortlich und unter persönlicher Leitung (BVerfG Urt. v. 13.2.1964 – 1 BvL 17/61, 1 BvR 494/60, 1 BvR 128/61 – BVerfGE 17/232 = NJW 1964, 1067) Arzneimittel zum Zwecke der Bevölkerungsversorgung erwerben, herstellen, bevorraten und unter Einhaltung der gesetzlichen Vorschriften abgeben darf (Rixen/Krämer/*Grau*, ApoG, § 1 Rn. 5). 3

3. Erlaubnis zum Betrieb und deren Erlöschen. Die persönlichen Voraussetzungen des Erlaubnisinhabers und die räumlich-sachlichen Voraussetzungen für den erlaubnispflichtigen Betrieb der Apotheke sind in § 2 ApoG festgelegt. Die Erlaubnis wird personenbezogen und bezogen auf die jeweiligen räumlichen Verhältnisse erteilt. Insbesondere muss der Erlaubnisinhaber die deutsche Approbation als Apotheker besitzen. Mit seinem Tod erlischt die Erlaubnis gemäß § 3 Nr. 1 ApoG. Das Erlöschen der Betriebserlaubnis ist Folge der Personenbezogenheit der Erlaubnis bzw. der Höchstpersönlichkeit (BVerfG Urt. v. 13.2.1964 – 1 BvL 17/61, 1 BvR 494/60, 1 BvR 128/61 – BVerfGE 17/232 = NJW 1964, 1067, 1071; Rixen/Krämer/*Grau*, ApoG, § 3 Rn. 3). Ein Übergang auf Erben ist mithin immer ausgeschlossen. Sie müssen die Apotheke nach dem Tod des Erlaubnisinhabers entweder gemäß § 13 I ApoG verwalten lassen. Die Verwaltung kann längstens für die Dauer von 12 Monaten erfolgen. Alternativ kommt eine Verpachtung nach § 9 ApoG in Betracht, wenn die Voraussetzungen des § 9 I Nr. 2, 3 vorliegen. Zugleich wird durch die Unmöglichkeit des Übergangs einer Apotheke auf den Erben gesichert, dass mehrere Apotheken durch einen Apotheker ausschließlich unter den gesetzlichen Voraussetzungen von § 2 III u. IV ApoG betrieben werden. Bei Verstößen gegen die gesetzlichen Vorschriften handeln die Erben **ordnungswidrig** nach § 25 I Nr. 3, III ApoG. 4

4. Verwaltung. Das Apothekengesetz sieht für den Fall des Todes des Erlaubnisinhabers die **Verwaltung** der Apotheke vor. Daneben findet sich in § 9 ApoG eine weitere Möglichkeit zum (vorübergehenden) Weiterbetrieb der Apotheke, nämlich die **Verpachtung**. Auch hier ist wiederum sicherzustellen, dass ein Apotheker zur Verfügung steht, der die persönliche Leitung iS des § 7 ApoG sicherstellen kann. Aufgrund des Erfordernisses der persönlichen Leitung sind die Möglichkeiten der Fortführung eng begrenzt.

a) Verwaltung bei Tod des Erlaubnisinhabers. § 13 I ApoG stellt einen Ausnahmetatbestand dar, der es den Erben auch dann gestattet, die Apotheke auf eigene Rechnung zu betreiben, wenn sie selbst nicht über die erforderliche Qualifikation verfügen. Sie sind verpflichtet, die Leitung auf einen Apotheker zu übertragen. Er hat die verantwortliche Leitung iS von § 2 ApBetrO und muss Inhaber einer Erlaubnis nach § 2 ApoG sein. Die Übertragung der zeitlich befristeten Verwaltung soll zugunsten des Nachlasses den vorübergehenden Weiterbetrieb und damit eine Verwertung der Apotheke ohne sofort auftretende Wertverluste durch eine Schließung sowie die vorübergehende Gewinnzielung zugunsten des Nachlasses sichern (Rixen/Krämer/*Krämer*, ApoG, § 13 Rn. 1). Befindet sich eine Apotheke im Nachlass muss mithin sichergestellt werden, dass eine zeitnahe Veräußerung oder, wenn ein geeigneter Nachfolger im Kreis der Erben vorhanden ist, eine zeitnahe Auseinandersetzung zumindest über diesen Nachlassgegenstand stattfindet. Die Erben benötigen dabei keine Betriebserlaubnis iS des § 1 ApoG. Sie bedürfen aber der **Genehmigung** der Verwaltung nach § 13 Ib ApoG. Der Verwalter der Apotheke steht dabei zu den Erben im **Innenverhältnis** in einem Dienstverhältnis nach § 611ff. BGB, er hat die Beachtung der ApBetrO und der Vorschriften über die Herstellung von und den Verkehr mit Arzneimitteln gemäß § 13 III ApoG sicherzustellen und arbeitet in diesem Rahmen weisungsfrei und eigenverantwortlich (Rixen/Krämer/*Krämer*, ApoG, § 13 Rn. 5). Im **Außenverhältnis** muss der Verwalter zu diesem Zweck mit einer Handlungsvollmacht nach § 54 HGB oder mit Prokura nach § 48 HGB ausgestattet werden (Rixen/Krämer/*Krämer*, ApoG, § 13 Rn. 5). Der Verwalter ist dabei abzugrenzen von dem bei einer vorübergehenden Verhinderung des Erlaubnisinhabers nach § 2 ApBetrO zu bestellenden Vertreter. Die fehlende Regelung der Verwaltung mehrerer Apotheken ist nach der hM als gesetzgeberisches Versehen anzusehen, mit der Folge, dass sie als zulässig anzusehen ist mit Verweis auf die Vorschrift des § 9 I ApoG für die Verpachtung (ausführlich Rixen/Krämer/*Krämer*, ApoG, § 13 Rn. 6 mwN).

b) Verwaltung bei Tod des Pächters. Daneben kommt nach § 13 Ia ApoG die Verwaltung einer verpachteten Apotheke bei Tod des Pächters in Betracht, wenn andernfalls für den Verpächter eine unbillige Härte entsteht. Auch diese Verwaltung ist auf die Dauer von 12 Monaten beschränkt. Die Anforderungen an den Verwalter sind mit denen in § 13 I ApoG identisch.

c) Anforderungen an den Verwalter. Der Verwalter muss während der Dauer der Verwaltung über die Genehmigung nach § 2 ApoG verfügen und die dort vorgesehenen Voraussetzungen erfüllen, mit der Einschränkung, dass er nicht über die erforderlichen Räume nach § 2 I Nr. 6 ApoG verfügen muss und keine Verträge über den Kauf sowie weitere Verträge und Unterlagen iS von § 2 I Nr. 5 ApoG vorzulegen braucht. Er verliert die Genehmigung, wenn seine Approbation erlischt oder wenn eine der erforderlichen Voraussetzungen für die Genehmigung bei Erteilung nicht vorgelegen hat (§ 4 ApoG). Folgerichtig ist er dann nicht mehr zur Verwaltung berechtigt.

Während der Dauer der Verwaltung obliegt dem Verwalter die alleinige **pharmazeutische Verantwortung** nach § 13 III ApoG, während den Erben die wirtschaftlichen Entscheidungen obliegen, soweit sie damit nicht in die Befugnisse des Verwalters eingreifen. Dem Verwalter obliegt es, die notwendigen Arzneimittel im Sinne des ordnungsgemäßen Betriebs der Apotheke und zur Sicherstellung der Arzneimittelversorgung vorzuhalten und dementsprechende vertragliche Verpflichtungen zu Lasten der Apotheke und mithin zu Lasten der Erben einzugehen. Zu Veränderungen von Arbeitsverhältnissen, die notwendigerweise zur Vorhaltung des pharmazeutischen Personals erforderlich sein können, ist er nur unter Mitwirkung der Erben berechtigt, die aber zur Mitwirkung verpflichtet sein können (Rixen/Krämer/*Rixen*, ApoG, § 13 Rn. 10). Bei Verstößen gegen die Erlaubnispflicht mach sich der Verwalter nach § 23 ApoG **strafbar**.

d) Dauer der Verwaltung. Die Verwaltung gemäß § 13 I ApoG ist längstens für die Dauer von 12 Monaten möglich. Die Frist beginnt mit dem Tod des Erlaubnisinhabers und die Vorschriften der §§ 187, 188 BGB sind auf den Fristlauf anzuwenden (Rixen/Krämer/*Rixen*, ApoG, § 13 Rn. 11).

5. Verpachtung. Neben der Verwaltung der Apotheke bestehen zur Fortführung im Todesfall verschiedene Möglichkeiten der Verpachtung nach § 9 I Nr. 2 und 3 und Ia ApoG. Sie lassen Ausnahmen von dem Erfordernis des § 9 I Nr. 1 ApoG zu, wonach der Verpächter selbst Erlaubnisinhaber nach § 1 III ApoG sein muss.

Entsteht im Rahmen der gesetzlichen oder gewillkürten Erbfolge eine Erbengemeinschaft, ist die Verpachtung der Apotheke eine Maßnahme der ordnungsgemäßen Verwaltung gemäß §§ 2038 iVm 745 BGB. Eine fehlende Mehrheit ist als Entscheidung gegen eine Weiterführung anzusehen. Wird in dieser Situation die Erbengemeinschaft auseinandergesetzt mit dem Ziel, dass ein Miterbe die Apotheke erhält, ist nach der herrschenden Meinung anzuerkennen, dass dieser Vertrag unter Lebenden gleichwohl als erbrechtlicher Vorgang nach § 9 I 1 und 2 ApoG zu qualifizieren ist (*Rohner*, ZEV 2003, 15 (16)).

a) Verpachtung nach Tod des Erlaubnisinhabers durch erbberechtigte Kinder. Um eine innerfamiliäre Nachfolge sicherzustellen, gestattet § 9 I Nr. 2 ApoG die Verpachtung einer Apotheke durch erbberechtigte Kinder des Erblassers bis zur Vollendung des 23. Lebensjahrs des jüngsten Kindes. Kinder sind alle leiblichen oder angenommenen Kinder des Erblassers. Dabei müssen nach der Zielrichtung der Vorschrift die Kinder auch bezüglich der Apotheke erbberechtigt sein, also nicht durch gesellschaftsrechtliche Vereinbarungen, Vermächtnisse oder anderweitige Verfügungen des Erblassers über die Apotheke zugunsten anderer Personen, von der Erbfolge in die Apotheke ausgeschlossen sein. Zugleich ermöglicht § 1 Nr. 2 2 ApoG die Verlängerung der Verpachtung über diesen Zeitraum hinaus, wenn eines der Kinder den Apothekerberuf ergreift. Dabei ist auf die Aufnahme des Studiums abzustellen, wobei der Erhalt eines Studienplatzes ausreichend sein soll (Rixen/Krämer/*Krämer,* ApoG, § 9 Rn. 10). Die Verlängerung erfolgt auf Antrag. Sie ist möglich, bis zu dem Zeitpunkt, in dem dieses Kind die Voraussetzungen für die Erteilung einer eigenen Erlaubnis erfüllen kann. Abgestellt wird auf die Regelstudienzeit, die in begründeten Ausnahmefällen, zB Erkrankung, überschritten werden kann (Rixen/Krämer/*Krämer,* ApoG, § 9 Rn. 10).

Geht die Apotheke auf eine **Erbengemeinschaft** über, muss die Erbengemeinschaft entweder insgesamt die Voraussetzungen erfüllen oder sich dahingehend auseinandersetzen, dass die Voraussetzungen zur Verpachtung in der Person der Verpächter erfüllt sind. Das ist auch bei der **Testamentsgestaltung** zu beachten. Hat der Erblasser eine Teilungsanordnung oder ein Vorausvermächtnis zugunsten eines oder mehrerer Kinder hinsichtlich der Apotheke angeordnet, sind nur sie verpachtungsberechtigt. Die Erbengemeinschaft ist daher zumindest teilweise auseinanderzusetzen, um ihre **Verpachtungsberechtigung** sicherzustellen. Es kann sich empfehlen, eine einheitliche Willensbildung zur Verpachtung bei mehreren Erben durch einen Testamentsvollstrecker im Rahmen einer Dauertestamentsvollstreckung bis zum Ablauf der Verpachtungsmöglichkeit sicherzustellen. Sind Minderjährige beteiligt kann sich die Kombination mit einer Ergänzungspflegschaft empfehlen. Soll Personenidentität zwischen Ergänzungspfleger und Testamentsvollstrecker bestehen, ist § 181 BGB zu beachten. Zudem sollte vermieden werden, dass eine Kollision zwischen beiden Funktionen entsteht. Allerdings ist nicht grundsätzlich von einer Kollision und damit einhergehenden Verhinderung der Ausübung der elterlichen Sorge nach den §§ 1629 II 1, 1795 III § 181 BGB bei Personenidentität auszugehen, wenn der Erblasser den Testamentsvollstrecker zugleich als Ergänzungspfleger bestimmt (BGH 5.3.2008 – XII ZB 2/07 = FamRZ 2008, 1156 = NJW-RR 2008, 963; OLG Hamm 15.5.2017 – 7 WF 240/16 = FamRZ 2017, 1760 = NJW-RR 2017, 909 f.).

b) **Verpachtung nach Tod des Erlaubnisinhabers durch Ehegatten.** Auch der Ehegatte bzw. der Lebenspartner (iS des bis zum 30.9.2017 geltenden Lebenspartnerschaftsgesetzes) des Erlaubnisinhabers ist gemäß § 9 I Nr. 3 ApoG nach dessen Tod zur Verpachtung berechtigt, ohne selbst die erforderliche Erlaubnis als Verpächter nach § 9 I Nr. 1 ApoG zu besitzen. Voraussetzung ist der Bestand der Ehe zum Zeitpunkt des Todes des Erlaubnisinhabers. Die Vorschrift dient der Unterhaltssicherung des überlebenden Ehegatten. Folgerichtig erlischt die Berechtigung zur Verpachtung mit der Wiederheirat. Der Ehegatte ist im Übrigen auf **Dauer** zur Verpachtung berechtigt. Ausreichend ist die ursprüngliche Stellung als Miterbe und der Erwerb der weiteren Anteile im Wege der Erbauseinandersetzung (Rixen/Krämer/*Krämer,* ApoG, § 9 Rn. 12) oder Erbteilsübertragung. Erwirbt der Ehegatte selbst eine Erlaubnis nach § 1 ApoG, erlischt die Verpachtungsberechtigung nach § 9 I Nr. 3 ApoG endgültig und lebt auch bei Verlust der eigenen Erlaubnis nicht wieder auf.

Ist der Ehegatte selbst Erlaubnisinhaber, kann er nicht Verpächter nach § 9 I Nr. 3 ApoG sein. Das Apothekengesetz ging ursprünglich vom Leitbild des „Apothekers in seiner Apotheke" aus (BVerwG 11.3.1993 – 3 C 90/90 – BVerwGE 1992, 172 = NJW 1993, 2430, 2432), das in § 7 ApoG seinen Niederschlag gefunden hat. Danach ist der Apotheker berechtigt, aber auch verpflichtet, seine Apotheke eigenverantwortlich und persönlich zu leiten. Zugleich schließt das Apothekengesetz Fremdbesitz an Apotheken aus. Letzterer Grundsatz wird durch die in § 9 I Nr. 2 und 3 ApoG vorgesehenen Ausnahmen durchbrochen. Für eine weitergehende Durchbrechung ist allerdings kein Raum. Ist der Ehegatte selbst Erlaubnisbesitzer, kann er nicht nach der Ausnahmevorschrift der Nr. 3 Verpächter sein, zumal der enge, sozialpolitisch geprägte Zweck der Vorschrift dann nicht mehr erreichbar ist. Es kommt jedoch in Betracht, eine Erlaubnis für den Betrieb mehrerer Apotheken nach § 2 IV ApoG zu beantragen.

c) **Verpachtung nach Tod Verpächters.** Stirbt der Verpächter vor Ende der Pachtzeit, kann nach § 9 Ia ApoG die Genehmigungsbehörde auf Antrag nach billigem Ermessen die Fortsetzung des Pachtvertrages zwischen dem Pächter und den Erben des Verpächters erlauben, wenn andernfalls eine unbillige Härte für den Pächter entsteht. Die Fortsetzung des Pachtvertrages ist längstens auf die Dauer von 12 Monaten ab dem Eintritt des Erbfalles befristet. Der Pachtvertrag muss zuvor noch fortbestanden haben. Dass er gekündigt ist steht einer Ermessensausübung zugunsten einer Fortsetzung nicht entgegen, insbesondere wenn die Kündigung nicht zu einer zeitnahen Beendigung geführt hätte.

d) **Verantwortliche Leitung durch den Pächter.** Dem Pächter obliegt die alleinige pharmazeutische Verantwortung. Er muss nach § 9 II ApoG Inhaber der Erlaubnis nach § 1 ApoG sein. Nach § 9 II 2 ApoG darf der Pachtvertrag ihn nicht in der Verantwortlichkeit und Entscheidungsfreiheit beeinträchtigen.

e) **Verstöße gegen § 9 I ApoG.** Der Pächter muss Inhaber der Erlaubnis nach § 1 ApoG sein. Gegen die Versagung der Erlaubnis ist der Verwaltungsrechtsweg eröffnet. Die Erlaubnis ist zu widerrufen, wenn später eine Voraussetzung für die Erteilung der Erlaubnis wegfällt oder festgestellt wird, dass eine Voraussetzung bei Erlaubniserteilung nicht vorgelegen hat. Der Pachtvertrag ist **zivilrechtlich** gemäß § 12 ApoG in seiner Gesamtheit nichtig, wenn er gegen § 9 I ApoG verstößt. Erbrachte Leistungen sind nach den §§ 987, 990 BGB zurück zu gewähren (Rixen/Krämer/*Rixen,* ApoG, § 10 Rn. 41, § 12 Rn. 3, 4 ApoG). **Öffentlich-rechtlich** kann ein Verstoß gegen § 9 I ApoG zu einem Widerruf oder einer Rücknahme der Pächter-Betriebserlaubnis nach § 4 ApoG führen. Zudem können Verstöße gegen § 9 I ApoG nach § 25 I Nr. 2 ApoG als **Ordnungswidrigkeit** geahndet werden. Täter ist der Erlaubnisinhaber, also der Pächter, während die Erben oder ein Testamentsvollstrecker/Nachlassverwalter/Nachlasspfleger als Verpächter nur Anstifter oder Gehilfe sein können (Rixen/Krämer/*Jäger*, ApoG, § 23 Rn. 16).

20 f) **Pachtvertrag.** Der Pachtvertrag bedarf keiner behördlichen Genehmigung. Die Zulässigkeit der Verpachtung wird im Rahmen der Erteilung der Erlaubnis an den Pächter geprüft. Für den Pachtvertrag besteht kein gesetzlich vorgeschriebenes Formerfordernis. Dennoch bietet sich die Schriftform aus Gründen der Beweiserleichterung an.

22. Personenbeförderungsgesetz (PBefG)

In der Fassung der Bekanntmachung vom 8. August 1990 (BGBl. I S. 1690)

Zuletzt geändert durch Art. 2 Abs. 14 G zur Modernisierung des Rechts der Umweltverträglichkeitsprüfung vom 20.7.2017 (BGBl. I S. 2808)

(Auszug)

§ 19 Tod des Unternehmers

(1) Nach dem Tode des Unternehmers kann der Erbe den Betrieb vorläufig weiterführen oder diese Befugnis auf einen Dritten übertragen; das gleiche gilt für den Testamentsvollstrecker, Nachlaßpfleger oder Nachlaßverwalter während einer Testamentsvollstreckung, Nachlaßpflegschaft oder Nachlaßverwaltung.

(2) ¹Die Befugnis erlischt, wenn nicht der Erbe oder der Dritte binnen drei Monaten nach Ablauf der für die Ausschlagung der Erbschaft vorgesehenen Frist oder die in Absatz 1 zweiter Halbsatz genannten Personen binnen drei Monaten nach der Annahme ihres Amtes oder ihrer Bestellung die Genehmigung beantragt haben; ein in der Person des Erben wirksam gewordener Fristablauf wirkt auch gegen den Nachlaßverwalter. ²Bei der Prüfung des Genehmigungsantrages ist § 13 Abs. 2 und 4 nicht anzuwenden. ³Wird dem Antrag stattgegeben, so ist als Zeitpunkt des Ablaufs der Genehmigung der Tag zu bestimmen, an dem die Genehmigung des Rechtsvorgängers abgelaufen sein würde.

(3) ¹Bei Unternehmern mit Betriebspflicht nach § 21 hat die Genehmigungsbehörde dafür zu sorgen, daß der Betrieb keine Unterbrechung erfährt. ²Wird der Betrieb von den in Absatz 1 genannten Personen nicht vorläufig weitergeführt, so kann die Genehmigungsbehörde für die Übergangszeit zur Aufrechterhaltung des Betriebs eine einstweilige Erlaubnis nach § 20 an einen anderen erteilen.

(4) ¹Im Falle der Erwerbs- oder Geschäftsunfähigkeit des Unternehmers oder der für die Führung der Geschäfte bestellten Person darf ein Dritter das Unternehmen bis zu einem Jahr weiterführen. ²In ausreichend begründeten Sonderfällen kann diese Frist um sechs Monate verlängert werden.

1. Zweck der Vorschrift. Die Vorschrift ermöglicht dem Erben eines Unternehmers im Sinne des § 3 PBefG die Fortführung des Betriebes und damit eine Fortführung oder eine Verwertung zum Verkehrswert, ohne durch eine erbfallbedingte Unterbrechung erhebliche Wertverluste in Kauf nehmen zu müssen.

2. Unternehmer. Unternehmer iS von § 2 I 2 iVm § 3 I PBefG ist die natürliche oder juristische Person, die Inhaber der Genehmigung nach § 2 I 1 oder II PBefG ist. Der Unternehmer oder derjenige, auf den die Betriebsführung übertragen ist, muss den Verkehr im eigenen Namen betreiben, unter eigener Verantwortung und auf eigene Rechnung betreiben. Nach § 2 iVm § 1 PBefG ist die Genehmigung für die entgeltliche Personenbeförderung mit Straßenbahnen, Omnibussen, Kraftfahrzeugen im Linienverkehr (§§ 42 und 43) oder mit Kraftfahrzeugen im Gelegenheitsverkehr (§ 46) erforderlich.

3. Dauer und Beginn der Fortführung. Die Fortführung kann nach § 19 II 3 PBefG längstens für die Dauer der Betriebserlaubnis des Erblassers erfolgen. Die Dauer richtet sich nach § 16 PBefG. Die Voraussetzungen sind in § 13 PBefG bestimmt. Allerdings gelten für den Erben nicht die Voraussetzungen des § 13 II und IV PBefG, die die Erteilung der Genehmigung für den Taxibetrieb einerseits im öffentlichen Interesse beschränken und andererseits eine angemessene Verteilung zwischen neuen und alten Unternehmers sicherstellen sollen. Es besteht nur ein Anspruch auf Fortführung im Rahmen der **Gesamtrechtsnachfolge** unter Übernahme der dem Erblasser eingeräumten Rechte. Es besteht hingegen im Anschluss kein Anspruch auf Erteilung einer Genehmigung an den Erben (VG Köln 12.3.2007 – 11 K 2741/06 – juris Rn. 22, 25). Danach muss der Erbe oder ein mit der Weiterführung betrauter Dritter ggf. eine eigene Erlaubnis beantragen. Die Erlaubnis muss innerhalb von 3 Monaten nach Ablauf der Ausschlagungsfrist beantragt werden. Andernfalls erlischt die Genehmigung.

4. Betriebspflicht. Es besteht nach der Erteilung der Genehmigung im Interesse der Sicherung und Aufrechterhaltung des öffentlichen Nahverkehrs eine Betriebspflicht nach § 21 PBefG. Davon kann der Unternehmer auf Antrag befreit werden. Grundsätzlich ist er aber verpflichtet, den Betrieb innerhalb einer ihm von der Behörde gesetzten Frist aufzunehmen und während der Dauer der Genehmigung aufrecht zu erhalten. Die Betriebspflicht gilt nach § 19 III PBefG auch für die Erben. Besteht die Betriebspflicht nach § 21 PBefG muss die Behörde die unterbrechungsfreie Fortführung sicherstellen. Sie kann zu diesem Zweck für die Dauer von längstens 6 Monaten, § 20 III 1 PBefG, an eine andere Person eine einstweilige Erlaubnis erteilen, sofern auf Seiten der Erben kein **Fortführungswille** besteht. In einem solchen Fall sollte eine zügige Verwertung erfolgen, da andernfalls eine geschlossene Verwertung des Verkehrsbetriebes kaum noch möglich ist.

23. Gaststättengesetz

In der Fassung der Bekanntmachung vom 20. November 1998 (BGBl. I S. 3418)
Zuletzt geändert durch Art. 14 Branntweinmonopolverwaltung-Auflösungsgesetz
vom 10.3.2017 (BGBl. I S. 420)

(Auszug)

§ 10 Weiterführung des Gewerbes

¹Nach dem Tode des Erlaubnisinhabers darf das Gaststättengewerbe auf Grund der bisherigen Erlaubnis durch den Ehegatten, Lebenspartner oder die minderjährigen Erben während der Minderjährigkeit weitergeführt werden. ²Das gleiche gilt für Nachlaßverwalter, Nachlaßpfleger oder Testamentsvollstrecker bis zur Dauer von zehn Jahren nach dem Erbfall. ³Die in den Sätzen 1 und 2 bezeichneten Personen haben der Erlaubnisbehörde unverzüglich Anzeige zu erstatten, wenn sie den Betrieb weiterführen wollen.

1 **1. Anwendungsbereich.** § 10 GastG sichert die Fortführung und/oder ordnungsgemäße Abwicklung von erlaubnispflichtigen Gaststättengewerben zugunsten des Nachlasses. Nach § 1 I GastG ist ein erlaubnispflichtiges Gaststättengewerbe ein Betrieb, der Getränke zum Verzehr an Ort und Stelle (Schankwirtschaft, § 1 I Nr. 1 GastG) oder zubereitete Speisen zum Verzehr an Ort und Stelle (Speisewirtschaft, § 1 I Nr. 2 GastG) verabreicht. Als stehendes Gewerbe sieht die GewO ein Gewerbe an, das weder Reisegewerbe, noch Marktbetrieb ist. Nach § 1 II GastG ist eine erlaubnispflichtige Gaststätte auch gegeben, wenn ein selbständiger Gewerbetreibender im Reisegewerbe oder einem für die Dauer einer Veranstaltung ortsfesten Betriebsstätte aus Getränke oder zubereitete Speisen zum Verzehr an Ort und Stelle verabreicht, wenn der Betrieb jedermann oder bestimmten Personenkreisen zugänglich ist.

2 § 10 GastG bestimmt nicht den Erben. Die Vorschrift ermöglicht nur den Weiterbetrieb aufgrund der nach § 2 GastG an den Erblasser erteilten Erlaubnis.

3 **2. Fortbestehen und Erlöschen der Erlaubnis.** Die Erlaubnis des bisherigen Erlaubnisinhabers besteht im Erbfall nur für die in § 10 GastG genannten Personen fort. Es bedarf bei einem Weiterbetrieb durch sie nur der **unverzüglichen Anzeige** an die Genehmigungsbehörde. Es ist keine Erlaubniserteilung an diese **fortführungsberechtigten Personen** erforderlich.

4 **a) Ehegatten, Lebenspartner oder minderjährige Kinder.** Der Ehegatte oder Lebenspartner (iS des bis 30.9.2017 geltenden Lebenspartnerschaftsgesetzes) darf das Gaststättengewerbe aufgrund der für den Erblasser erteilten Erlaubnis weiterführen, ohne dass es einer eigenen Erlaubniserteilung bedarf. Die Erlaubnis kann im Erbfall nicht durch die Genehmigungsbehörde nach § 15 GastG widerrufen werden (weiterführend *Schildmann* GewArch 1996, 366, der eine analoge Anwendung bei Vorliegen der Voraussetzungen bejaht). Sie geht kraft Gesetzes auf weiterführungswillige Personen aus dem genannten Personenkreis über. Die Vorschrift sichert damit den Erhalt der Existenzgrundlage der Familie des Erblassers. Das gleiche gilt für minderjährige Kinder während der Dauer der Minderjährigkeit.

5 **b) Nachlassverwalter, Nachlasspfleger, Testamentsvollstrecker.** Auch die mit der Verwaltung eines Nachlasses betrauten Personen sind – allerdings zeitlich begrenzt für bis zu 10 Jahren – berechtigt, auf der Grundlage der Erlaubnis des Erblassers, den Betrieb fortzuführen und auf diese Weise zu sichern, dass der Wert des Betriebes und damit eine Verwertung vom gemeinen Wert zugunsten des Nachlasses ermöglicht wird. Das sichert insbesondere auch eine sachgerechte, im Verhältnis zum Erben angemessene Anwendung der auf den Stichtag Erbfall abstellenden Bewertungsvorschriften wie § 2311 I BGB zur Berechnung der Pflichtteilsansprüche.

6 **c) Andere Erben.** Werden allerdings andere Personen Erbe oder wollen andere Personen, zB volljährige Kinder, Lebensgefährten (aA *Fischer*, Aktuelle Fragen des Gewerberechts – Vollzug in Bayern, GewArch 2005, 62 (66)), Geschwister oder Eltern den Betrieb fortführen, so benötigen sie zwingend einer eigenen Erlaubnis. Ihnen kann allenfalls unter den erleichterten Bedingungen des § 11 I GastG für die Dauer von 3 Monaten eine vorläufige Erlaubnis erteilt werden, um eine Betriebsunterbrechung zu vermeiden. Davon zu unterscheiden ist eine Erteilung der Erlaubnis auf Widerruf nach § 12 GastG. Er kommt nicht zugunsten der Erben zum Tragen, denn die danach zu erteilende Erlaubnis bedarf eines besonderen, vorübergehenden nicht regelmäßig auftretenden Anlasses, zB einer besonderen Veranstaltung außerhalb der gastronomischen Tätigkeit (BVerwGE 82, 189 = NVwZ 1990, 367; VG Würzburg, 21.2.2018 – W 6 K 17.394 – juris Rn. 39).

7 **d) Dauer der Erlaubnis.** Die Erlaubnis ändert sich durch den Tod des Inhabers inhaltlich nicht. Sie besteht folgerichtig längstens für die Dauer fort, für die sie dem Erblasser erteilt wurde. § 8 GastG ist zu beachten, der ein Erlöschen der Erlaubnis zur Folge hat, wenn der Betrieb länger als ein Jahr eingestellt wird.

24. Personenstandsgesetz (PStG)

Vom 19. Februar 2007 (BGBl. I S. 122)

Zuletzt geändert durch Art. 2 Abs. 2 G zur Einführung des Rechts auf Eheschließung für Personen gleichen Geschlechts vom 20.7.2017 (BGBl. I S. 2787)

(Auszug)

§ 37 Geburten und Sterbefälle auf Seeschiffen

(1) ¹Die Geburt oder der Tod eines Menschen während der Reise auf einem Seeschiff, das die Bundesflagge führt, wird von dem Standesamt I in Berlin beurkundet. ²Dies gilt auch, wenn sich der Sterbefall während der Seereise außerhalb des Seeschiffes, jedoch nicht an Land oder in einem Hafen im Inland, ereignet hat und der Verstorbene von einem Seeschiff, das die Bundesflagge führt, aufgenommen wurde.

(2) Die Geburt oder der Tod muss von dem nach § 19 oder § 29 Verpflichteten dem Schiffsführer unverzüglich mündlich angezeigt werden.

(3) ¹Der Schiffsführer hat über die Anzeige der Geburt oder des Todes eine Niederschrift aufzunehmen, die von ihm und von dem Anzeigenden zu unterschreiben ist. ²In die Niederschrift sind auch die Angaben aufzunehmen, die nach § 21 oder § 31 in dem Geburten- oder Sterberegister zu beurkunden sind. ³Der Schiffsführer hat die Niederschrift dem Standesamt I in Berlin zu übersenden.

(4) ¹Für die Beurkundung der Geburt oder des Todes eines Deutschen auf einem Seeschiff, das keine Bundesflagge führt, gilt § 36. ²Gleiches gilt, wenn der Verstorbene im Falle des Absatzes 1 Satz 2 von einem solchen Seeschiff aufgenommen wurde.

1. Zweck der Norm. Die Vorschrift regelt die Erfassung von Todesfällen und Geburten außerhalb eines staatlichen Territoriums. Auf deutschen Seeschiffen unter Bundesflagge gilt das Recht der Bundesrepublik Deutschland und mithin ist auch die Erfassung von personenstandsrelevanten Vorfällen nach deutschen Vorschriften erforderlich Folgerichtig definiert § 37 I PStG den dafür vorgesehenen Verwaltungsweg. **1**

2. Todesnachweis. Die Eintragung nach § 37 PStG ist der Nachweis für den Tod eines Menschen. Aus der Eintragung lässt sich herleiten, dass ein Mensch gestorben ist, wer gestorben ist, wo und wann (KG 14.11.1995 – 1 W 8392/95 – StAZ 1971, 309 = RPfleger 1971, 583). Über diese Tatsachen wird die Sterbeurkunde gemäß § 60 PStG erteilt. Sie ist das Beweismittel für den Tod des betroffenen Menschen. Als Sterbeort sind die Bezeichnung des Meeres und die nautischen Positionsdaten des Schiffes zum Zeitpunkt des Sterbeereignisses anzugeben (Allg. Verwaltungsvorschrift zum PStG (PStG-VwV), Ziff. 37.1). **2**

3. Voraussetzungen. Die Zuständigkeit des Standesamtes Berlin I nach § 37 I PStG ist begründet, wenn der Sterbefall sich an Borde des Schiffes während einer Seereise ereignet außerhalb eines Hafens ereignet. Der Besuch eines Seeschiffes vor der Küste ist mithin nicht vom Tatbestand erfasst. Auch während eines Vor-Anker-Liegens in einem Hafen, führt nicht zu einer Anwendung von § 37 I PStG. Vielmehr ereignet sich der Sterbefall dann in dem betreffenden Hafenort und ist nach dem dort anzuwendenden Recht zu registrieren. § 37 I PStG ist auch anzuwenden, wenn der Sterbefall sich außerhalb des Schiffes ereignet und der Verstorbene vom Schiff aufgenommen wird. Ausgeschlossen von der Anwendung sind damit diejenigen Fälle, in denen der Tote nicht mehr vom Schiff aufgenommen wird, weil er nicht aufgefunden worden ist. In diesem Fall kommt eine Beurkundung des Sterbefalles durch das nach § 37 I PStG nicht in Betracht. Vielmehr ist in einem solchen Fall nach dem Verschollenheitsgesetz vorzugehen und der Verstorbene für Tod zu erklären oder sein Todeszeitpunkt gerichtlich feststellen zu lassen (PStG-VwV, Ziff. 37.2). Das schließt allerdings nicht aus, dass später ein solcher Eintrag erfolgt, wenn sich später Anhaltspunkte zum Personenstand einer dann aufgefundenen Leihe ergeben (AG Köln, 31.3.1980 – 378 (78) III 74/78 – juris). Sind mehrere Personen betroffen und lässt sich ihre genaue Todesreihenfolge nicht feststellen, so ist entsprechend der Vermutungsregelung von § 11 VerschG von einem gleichzeitigen Versterben auszugehen (BGH 7.2.1974 – IX ZR64/72 = NJW 1974, 699 (700)). Soll eine bestimmte Todesreihenfolge nachgewiesen werden, bedarf es hierzu des Vollbeweises (BGH 7.2.1974 – IX ZR64/72 = NJW 1974, 699 (700); OLG Celle 4.10.2011 – 17 W 16/11 – juris; BayObLG 15.1.1999 – 1Z BR 110/98 – juris). **3**

4. Anzeigepflicht. Nach § 37 II iVm § 19 PStG sind im Falle einer Geburt sorgeberechtigte Elternteile und jeder bei der Geburt Anwesende zur mündlichen Anzeige verpflichtet. Bei einem Sterbefall sind nach § 37 II iVm § 29 I Nr. 1 und 3 PStG diejenigen zur Anzeige verpflichtet, die mit dem Verstorbenen in häuslicher Gemeinschaft gelebt haben, vorausgesetzt, sie sind bei dem Sterbefall zugegen. In Betracht kommt vielmehr die Anwendung von § 29 I Nr. 3 PStG. Danach sind die Personen anzeigepflichtig, die **4**

bei dem Sterbefall zugegen waren oder über ihn aus eigenem Wissen unterrichtet sind. § 37 III PStG regelt sodann das weitere formale Vorgehen, wonach nämlich über die personenstandsrelevante Tatsache eine Niederschrift zu fertigen und durch den Schiffsführer (Kapitän) an das Standesamt Berlin I weiterzuleiten ist.

5 **5. Bundesflagge.** Die Bundesflagge dürfen nach § 1 des Flaggenrechtsgesetzes folgende Schiffe führen: alle Kauffahrteischiffe und sonstigen zur Seefahrt bestimmten Schiffe (**Seeschiffe**), deren Eigentümer Deutsche sind und ihren Wohnsitz im Geltungsbereich des Grundgesetzes haben, OHGs, KGs und andere juristische Personen, die ihren Sitz im Bereich des Grundgesetzes haben, also OHG und KG, wenn die Mehrheit sowohl der persönlich haftenden als auch der zur Geschäftsführung und Vertretung berechtigten Gesellschafter aus Deutschen besteht und nach dem Gesellschaftsvertrag die deutschen Gesellschafter die Mehrheit der Stimmen haben sowie juristische Personen, wenn Deutsche im Vorstand oder in der Geschäftsführung die Mehrheit haben. **Binnenschiffe**, auf die die Schiffssicherheitsverordnung anzuwenden sind und die Seegewässer seewärts der Grenze des deutschen Küstenmeeres befahren sind hinsichtlich der Vorschriften dieses Gesetzes mit der Maßgabe einem Seeschiff gleichgestellt, dass an die Stelle des Schiffszertifikates der Schiffsbrief tritt.

6 Nach § 2 FlaggenrechtsG dürfen auch alle Seeschiffe die Bundesflagge führen, die an sich nach § 1 zur Führung der Bundesflagge nicht berechtigt sind, wenn sie im Eigentum einer aus deutschen und ausländischen Eigentümern bestehenden **Erbengemeinschaft** stehen, sofern Deutsche zu mehr als der Hälfte am Nachlass beteiligt sind und zur Vertretung ausschließlich Deutsche bevollmächtigt sind, die ihren Wohnsitz oder Sitz im Inland haben. In den Fällen des § 1 oder § 2 Nr. 1, wobei den dort genannten deutschen Staatsangehörigen die Staatsangehörigen der Mitgliedstaaten der Europäischen Union gleichstehen, oder deren Eigentümer Gesellschaften sind, die nach den Rechtsvorschriften eines der Mitgliedstaaten der Europäischen Union gegründet worden sind, ihre Hauptniederlassung in einem Mitgliedstaat der Europäischen Union haben und die eine oder mehrere verantwortliche Personen mit Wohnsitz oder Sitz im Inland ständig beauftragt haben, sowie Personen und Gesellschaften, die Anspruch auf Niederlassungsfreiheit nach Art. 45 und 49 des Vertrages über die Arbeitsweise der Europäischen Union haben, darf ebenfalls die Bundesflagge geführt werden (§ 2 Nr. 2, 3 FalggenrechtsG).

7 **6. Schiffe ohne Bundesflagge.** Nach § 37 IV PStG sieht für Schiffe ohne Bundesflagge eine Anwendung der Vorschriften über die Beurkundung des Todes im Ausland vor und nimmt Todesfälle auf solchen Schiffen und Todesfälle, bei denen der Tote von einem solchen Schiff aufgenommen wird, ausdrücklich vom Anwendungsbereich des § 37 PStG aus. Es kommt § 36 PStG zur Anwendung.

§ 64 Sperrvermerke

(1) ¹Sind dem Standesamt Tatsachen bekannt, die die Annahme rechtfertigen, dass einer Person durch die Ausstellung einer Personenstandsurkunde oder durch Auskunft aus einem oder Einsicht in einen Personenstandseintrag eine Gefahr für Leben, Gesundheit, persönliche Freiheit oder ähnliche schutzwürdige Belange erwachsen kann, so wird auf ihren Antrag zu diesem Eintrag für die Dauer von drei Jahren ein Sperrvermerk eingetragen. ²Der Sperrvermerk wird unter den Voraussetzungen des Satzes 1 erneuert; seine Wirkung erlischt mit dem Tod des Betroffenen. ³Ist ein Sperrvermerk eingetragen, so dürfen ohne Einwilligung des Betroffenen auf Anordnung des Gerichts Personenstandsurkunden erteilt sowie Auskunft aus einem oder Einsicht in einen Personenstandseintrag gewährt werden, wenn es zur Behebung einer bestehenden Beweisnot oder aus sonstigen im überwiegenden Interesse eines Dritten liegenden Gründen unerlässlich ist; die §§ 50 bis 53 gelten entsprechend.

(2) ¹Geht dem Standesamt ein Ersuchen der Zeugenschutzdienststelle nach § 4 Abs. 2 des Zeugenschutz-Harmonisierungsgesetzes vom 11. Dezember 2001 (BGBl. I S. 3510) zu, personenbezogene Daten einer zu schützenden Person zu sperren, so wird zu dem betreffenden Personenstandseintrag ein Sperrvermerk eingetragen. ²Die Erteilung von Personenstandsurkunden aus diesem Eintrag ist nur in begründeten Ausnahmefällen mit Zustimmung der Zeugenschutzdienststelle zulässig. ³Jedes Ersuchen um Benutzung ist der Zeugenschutzdienststelle unverzüglich mitzuteilen. ⁴Teilt die Zeugenschutzdienststelle dem Standesamt mit, dass die Sperrung des Personenstandseintrags nicht mehr erforderlich ist, so ist der Sperrvermerk zu streichen.

(3) Die Absätze 1 und 2 gelten entsprechend für Auskunft aus dem und Einsicht in den Eintrag sowie Auskunft aus den und Einsicht in die Sammelakten.

1 Die Vorschrift regelt die Wirkung und Handhabung von Sperrvermerken durch das Standesamt. Die Wirkung endet allerdings mit dem Tod des Betroffenen. Unabhängig davon sind Nachlasspfleger, Nachlassverwalter und wohl auch Testamentsvollstrecker zur Einsichtnahme berechtigt (vgl. OLG Schleswig 14.2.2005 – 2 W 202/04 – juris).

25. Waffengesetz
(WaffG)

Vom 11. Oktober 2002

(BGBl. I S. 3970, ber. S. 4592 und 2003 I S. 1957)

Zuletzt geändert durch Art. 1 Zweites G zur Änd. des WaffenG und weiterer Vorschriften vom 30.6.2017 (BGBl. I 2133)

(Auszug)

§ 20 Erwerb und Besitz von Schusswaffen durch Erwerber infolge eines Erbfalls

(1) Der Erbe hat binnen eines Monats nach der Annahme der Erbschaft oder dem Ablauf der für die Ausschlagung der Erbschaft vorgeschriebenen Frist die Ausstellung einer Waffenbesitzkarte für die zum Nachlass gehörenden erlaubnispflichtigen Schusswaffen oder ihre Eintragung in eine bereits ausgestellte Waffenbesitzkarte zu beantragen; für den Vermächtnisnehmer oder durch Auflage Begünstigten beginnt diese Frist mit dem Erwerb der Schusswaffen.

(2) Dem Erwerber infolge eines Erbfalls ist die gemäß Absatz 1 beantragte Erlaubnis abweichend von § 4 Abs. 1 zu erteilen, wenn der Erblasser berechtigter Besitzer war und der Antragsteller zuverlässig und persönlich geeignet ist.

(3) ¹Für erlaubnispflichtige Schusswaffen und erlaubnispflichtige Munition, für die der Erwerber infolge eines Erbfalles ein Bedürfnis nach § 8 oder §§ 13 ff. geltend machen kann, sind die Vorschriften des § 4 Abs. 1 Nr. 1 bis 3 und des § 8 und der §§ 13 bis 18 anzuwenden. ²Kann kein Bedürfnis geltend gemacht werden, sind Schusswaffen durch ein dem Stand der Technik entsprechendes Blockiersystem zu sichern und ist erlaubnispflichtige Munition binnen angemessener Frist unbrauchbar zu machen oder einem Berechtigten zu überlassen. ³Einer Sicherung durch ein Blockiersystem bedarf es nicht, wenn der Erwerber der Erbwaffe bereits auf Grund eines Bedürfnisses nach § 8 oder §§ 13 ff. berechtigter Besitzer einer erlaubnispflichtigen Schusswaffe ist. ⁴Für den Transport der Schusswaffe im Zusammenhang mit dem Einbau des Blockiersystems gilt § 12 Abs. 3 Nr. 2 entsprechend.

(4) ¹Das Bundesministerium des Innern erstellt nach Anhörung eines Kreises von Vertretern der Wissenschaft, der Betroffenen, der beteiligten Wirtschaft und der für das Waffenrecht zuständigen obersten Landesbehörden dem Stand der Sicherheitstechnik entsprechende Regeln (Technische Richtlinie – Blockiersysteme für Erbwaffen) für ein Blockiersystem nach Absatz 3 Satz 2 sowie für dessen Zulassungsverfahren und veröffentlicht diese im Bundesanzeiger. ²Die Prüfung der Konformität und die Zulassung neu entwickelter Blockiersysteme gemäß der Technischen Richtlinie erfolgt durch die Physikalisch-Technische Bundesanstalt.

(5) ¹Der Einbau und die Entsperrung von Blockiersystemen dürfen nur durch hierin eingewiesene Inhaber einer Waffenherstellungserlaubnis oder einer Waffenhandelserlaubnis nach § 21 Abs. 1 oder durch deren hierzu bevollmächtigten Mitarbeiter erfolgen. ²Die vorübergehende Entsperrung aus besonderem Anlass ist möglich. ³Die Zeitpunkte aller Einbauten und Entsperrungen sind schriftlich oder elektronisch festzuhalten. ⁴§ 39 Abs. 1 Satz 1 gilt entsprechend.

(6) In der Waffenbesitzkarte ist von der Waffenbehörde einzutragen, dass die Schusswaffe mit einem Blockiersystem gesichert wurde.

(7) ¹Die Waffenbehörde hat auf Antrag Ausnahmen von der Verpflichtung, alle Erbwaffen mit einem dem Stand der Sicherheitstechnik entsprechenden Blockiersystem zu sichern, zuzulassen, wenn oder so lange für eine oder mehrere Erbwaffen ein entsprechendes Blockiersystem noch nicht vorhanden ist. ²Eine Ausnahme kann auch für Erbwaffen erteilt werden, die Bestandteil einer kulturhistorisch bedeutsamen Sammlung gemäß § 17 sind oder werden sollen.

1. Normzweck. Da der Besitz von Waffen in der Bundesrepublik Deutschland erlaubnispflichtig (vgl. § 1 II WaffG iVm Anlage 2, 2. Abschnitt) ist, bedarf der Erwerb im Erbfall aufgrund der Gesamtrechtsnachfolge nach § 1922 BGB einer Regelung für den Übergang auf Personen, die nicht im Besitz der erforderlichen Erlaubnis für den Waffenbesitz sind. Dabei sind einerseits das öffentliche Sicherheitsbedürfnis, § 1 I WaffG, andererseits das Eigentumsrecht der Erben zu beachten. Zu unterscheiden sind folgerichtig auch das zivilrechtliche Eigentum und der waffenrechtliche Besitz (*Winkler* ZErb 2010, 218). § 20 WaffG regelt dabei den Übergang erlaubnispflichtiger Schusswaffen, nicht sonstiger Waffen iS des § 1 I Nr. 2 WaffG. 1

2. Antrag. Auch um sicherzustellen, dass der Verbleib der Waffen der Behörde bekannt wird, hat der Erbe nach § 20 I WaffG binnen eines Monats nach Annahme der Erbschaft bzw. der gesetzlich fingierten Annahme durch Ablauf der Ausschlagungsfrist, zunächst eine Waffenbesitzkarte oder Munitionsbesitzkarte für die im Nachlass befindlichen Waffen und Munition zu beantragen oder sie auf einer vorhande- 2 nen Waffenbesitzkarte eintragen zu lassen. Das gleiche gilt für Vermächtnisnehmer oder durch eine Auflage Begünstigte, wobei die Frist ab Vermächtnis- bzw. Auflageerfüllung also dem Waffenerwerb beginnt.

3 **3. Fristversäumnis.** Versäumt der Erbe den fristgemäßen Antrag, kommt eine privilegierte Erlaubniserteilung nach § 20 WaffG nicht mehr in Betracht (WaffVwV, Ziff. 20.1.5.). Vielmehr bedarf es dann einer Erlaubnis nach § 4 WaffG. Zudem begeht der Erbe eine **Ordnungswidrigkeit** nach § 53 I Nr. 7 WaffG. Die Geldbuße hierfür kann nach § 53 II WaffG bis 10.000,00 EUR betragen.

4 **4. Waffenbesitzkarte.** Die Waffenbesitzkarte (WBK) nach § 10 I WaffG ist der Nachweis des **erlaubten Besitzes** der dort eingetragenen Waffen. In der Waffenbesitzkarte sind Art, Anzahl und Kaliber der Waffen anzugeben. Sie gestattet nur das Besitzen, nicht das Führen der Waffen. Hierzu bedarf es nach § 10 IV WaffG eines Waffenscheins.

5 Die Waffenbesitzkarte kann entweder für einen einzelnen erwerbenden Erben, aber auch für eine Erbengemeinschaft ausgestellt werden (Verwaltungsvorschriften zum Waffengesetz (WaffVwV), Ziff. 20.1.3.). Voraussetzung hierfür ist Mitbesitz an derselben Schusswaffe, wobei die Voraussetzungen für die Erlaubnis bei allen Mitberechtigten vorliegen müssen (BVerwG 27.1.2016 – 6 C 36/14 – NVwZ-RR 2016, 379). Der berechtigte Mitbesitz ist daher ausgeschlossen, wenn Personen ohne waffenrechtliches Bedürfnis mit Personen mit einem waffenrechtlichen Bedürfnis als Mitbesitzer zusammentreffen (BVerwG 27.1.2016 – 6 C 36/14 – NVwZ 2016, 379).

6 **5. Erlaubnispflichtige Schusswaffen.** Nach § 20 I WaffG besteht das Erfordernis der Eintragung in die Waffenbesitzkarte für erlaubnispflichtige Schusswaffen. Nach § 2 II WaffG bedarf der Besitz der in Anlage 2 zum WaffG (Waffenliste) genannten Schusswaffen der Erlaubnis. Das Waffengesetz unterstellt zunächst einmal die Erlaubnispflicht grundsätzlich für alle Schusswaffen und definiert dann in Anlage 2 zum WaffG Abschnitt 2 Nr. 1 die erlaubnisfreien Waffen. Dazu gehören unter anderem Druckluft- oder Federdruckwaffen und Waffen, die zum Antrieb kalte Treibgase verwenden, vorausgesetzt, die Geschosse erhalten keine Bewegungsenergie von mehr als 7,5 Joule.

7 **6. Erteilung der Erlaubnis.** Nach § 20 II WaffG ist die Erlaubnis zum Besitz der Schusswaffen nach Eintritt des Erbfalls für die Übergangsfrist privilegiert und abweichend von den § 4 I WaffG geforderten Voraussetzungen (Vollendung des 18. Lebensjahres (§ 4 I Ziff. 1 WaffG), Zuverlässigkeit und persönliche Eignung (Ziff. 2), Sachkundenachweis (Ziff. 3), Nachweis eines Bedürfnisses (Ziff. 4), Haftpflichtversicherung von pauschal 1 Mio. EUR für Personen- und Sachschäden (Ziff. 5) zu erteilen.

8 Die Erteilung setzt voraus, dass der Erblasser **legaler Besitzer** war, also eine Erlaubnis zum Besitz vorlag. Nur dann können die Erben in den rechtmäßigen Besitz nachfolgen. Andernfalls machen sie sich – ebenso wie es der Erblasser getan hätte – strafbar und ihr Waffenbesitz oder Munitionsbesitz ist verboten. Die Waffe oder Munition ist nach § 46 III WaffG binnen einer von der Behörde zu setzenden angemessenen Frist dauerhaft unbrauchbar zu machen, einem Berechtigten zu überlassen, die Verbotsmerkmale sind zu beseitigen und diese Maßnahmen sind der zuständigen Behörde nachzuweisen. Andernfalls kann sie die Waffen und Munition sicherstellen.

9 Der Erwerber muss **zuverlässig** iS von § 5 I u. II WaffG sein. Er darf sich nicht wegen der dort angegebenen Delikte strafbar gemacht haben. Er muss **persönlich geeignet** iSv § 6 I WaffG sein, also weder geschäftsunfähig, noch alkoholabhängig oder sonst suchtkrank, psychisch krank oder debil sein und es dürfen auch sonst keine Umstände ersichtlich sein, die darauf schließen lassen, dass der im Umgang mit Waffen gebotene Vorsicht außer Beachtung lassen könnte. Einer solchen Prüfung bedarf es nicht, wenn der Erbe bereits über die erforderliche waffenrechtliche Erlaubnis für den Besitz der im Nachlass befindlichen Waffen verfügt.

10 **7. Minderjährige Erben.** Zuverlässig iSv § 5 I WaffG kann auch ein minderjähriger Erbe sein, sodass er der in § 4 I Nr. 1 WaffG vorgeschriebenen Volljährigkeit nicht bedarf. Bei ihm scheitert aber die privilegierte Besitzerlaubnis in der Regel an der persönlichen Eignung nach § 6 I 1 Nr. 1 und 3 WaffG. Im Interesse der öffentlichen Sicherheit ist die Waffe bis zur Vollendung des 18. Lebensjahres vorübergehend an einen waffenrechtlich Berechtigten zu übertragen. Nach Eintritt der Volljährigkeit und bei Vorliegen der Zuverlässigkeit und persönlichen Eignung ist auf Antrag sodann die Erlaubnis zu erteilen, vorausgesetzt, es handelt sich um Waffen nach § 14 I 2 WaffG, also um Schusswaffen mit einem Kaliber von 5,6mm lfB (.22 l. r.), die für Munition mit Randfeuerzündung geeignet sind und eine Mündungsenergie von höchstens 200 Joule besitzen oder Einzellader-Langwaffen mit glatten Läufen mit einem Kaliber 12 oder kleiner. Andernfalls muss das 25. Lebensjahr vollendet sein oder ein amtsärztliches, fachärztliches oder fachpsychiatrische Gutachten nach § 6 II WaffG vorgelegt werden, dass die geistige und körperliche Eignung bestätigt (WaffVwV Ziff. 20.2.1.).

11 **8. Bedürfnisprüfung.** Nach § 20 III WaffG bedarf es eines besonderen Bedürfnisses für den Waffenbesitz und den Munitionsbesitz. Ein solches Bedürfnis kann nach § 8 WaffG bestehen, wenn der Erbe Jäger, Sportschütze, Waffensammler, Brauchtumsschütze, Bewachungsunternehmer, Waffensachverständiger, -hersteller oder -händler ist oder eine gefährdete Person und, wenn die Waffen zur Erreichung dieses Zwecks geeignet und erforderlich sind. Außerdem kann ein Bedürfnis nach den §§ 13ff. WaffG bestehen, wenn der Erbe zu den dort aufgezählten Personengruppen gehört, also zB **Sportschütze** oder **Jäger** ist und über die erforderlichen Befähigungsnachweise (zB Jagdschein) verfügt. Dann bedarf es nach § 4 I

WaffG nur der in § 4 I Nr. 1–3 WaffG genannten Voraussetzungen, um die Waffe in ihrem funktionsfähigen Zustand behalten zu dürfen.

Umgekehrt bedarf es für die Erteilung einer Waffenbesitzkarte als **Sportschütze** des Nachweises eines 12 waffenrechtlichen Bedürfnisses auch dann, wenn die betreffenden Waffen aufgrund eines Erbfalls erworben wurden VG Köln 26.1.2012 – 20 K 468/11 – juris).

9. Blockierpflicht. Besteht kein waffenrechtliches Bedürfnis, dann ist ein dem Stand der Technik ent- 13 sprechendes **Blockiersystem** einzubauen, dass die Benutzung der Waffe verhindert und sie funktionsunfähig macht. Munition ist unbrauchbar zu machen oder an einen Berechtigten herauszugeben. Die zuständige Behörde wird hierzu üblicher Weise eine ausreichende Frist (10 Wochen) setzen, die verlängert werden kann, wenn das erforderliche Blockiersystem nicht verfügbar ist (WaffVwV Ziff. 20.3.). Nach § 20 III iVm § 36 I 1 WaffG kann der Nachweis der Blockierung durch die Behörde verlangt werden. Kommt der Erbe der Blockierpflicht nicht nach, ist die waffenrechtliche Erlaubnis nach den §§ 20 III, 45, 5 II Nr. 5 WaffG zu widerrufen (VG Halle 17.4.2012 – 3 A 78/11 HAL – juris). Wird trotz mehrmaliger behördlicher Aufforderung kein Blockiersystem eingebaut, begründet das die Unzuverlässigkeit iSv § 5 II Nr. 5, 1c WaffG (VG Düsseldorf 29.11.2016 – 22 K 6047/14).

Ist der Erbe bereits Besitzer einer Erlaubnis, ist das nicht erforderlich. Verliert er seine Erlaubnis spä- 14 ter, kann er sich dann nicht auf das Erbenprivileg berufen (BayVGH 6.2.2018 – 21 ZB 16.69 – juris; VG München 11.11.2015 – M 7 K 15.1722 – juris).

Die **Blockierpflicht** besteht nicht, wenn der Erbe bereits **Waffenbesitzer** ist und eine waffenrechtliche 15 Erlaubnis nach den §§ 8, 13, 14, 16 bis 19 WaffG besitzt. Es wird dann davon ausgegangen, dass der Erbe über die erforderliche Sachkunde zur Gefahreneinschätzung im Umgang mit Schusswaffen verfügt (WaffVwV Ziff. 20.3.). Infolgedessen kann bspw. der berechtigte Besitzer einer erlaubnispflichtigen Signalwaffe aufgrund eines Bootsführerscheins eine großkalibrige Waffe erben, ohne sie blockieren zu müssen (WaffVwV Ziff. 20.3.).

Die Blockierpflicht besteht auch für solche Waffen, die vor Inkrafttreten des **Waffengesetzände-** 16 **rungsgesetzes** vom 26.3.2008 in Besitz genommen worden sind (BVerwG 16.3.2015 – 6 C 31/14 – juris).

Zu beachten ist, dass der Erbe nicht berechtigt ist, die funktionsfähige Waffe zu transportieren. Eine 17 Sonderregelung gilt nach § 20 Abs. 3 WaffG für den Transport zum Zwecke das Blockiersystem einbauen zu lassen. In diesem Fall besteht ein besonderes Bedürfnis zum **Transport** iSv § 12 III Nr. 2 WaffG. Die Waffe darf dabei nicht schussbereit und nicht zugriffsbereit sein.

Besteht kein Bedürfnis nach den §§ 8, 13ff. WaffG, so ist der Erbe auch nicht zum Besitz von im 18 Nachlass befindlicher **Munition** berechtigt. Eine Erlaubnis zum Besitz der Munition kann nur nach § 10 III WaffG erteilt werden und setzt wiederum die Berechtigung zum Besitz der passenden Waffe voraus.

10. Fehlendes Recht zum Besitz von Waffen oder Munition. Sind die Erben nicht im Besitz einer 19 Waffenbesitzkarte, haben sie folglich auch kein Recht zum Besitz der Munition. Der Besitz der Munition ist nach § 37 I WaffG der zuständigen Behörde unverzüglich anzuzeigen. Die Behörde kann sich Sicherstellung anordnen oder Verlangen, dass die Munition an einen Berechtigten abgegeben oder unbrauchbar gemacht wird (VG Berlin 21.2.2014 – 1 L 313.13 – juris). Kommt der Erbe dem nicht fristgemäß nach, kann die Behörde die Munition sicherstellen, sie verwerten und den Verwertungserlös an den Erben herausgeben. Die Anzeigepflicht besteht nach § 37 I Nr. 1 WaffG auch für jeden anderen Besitzer im Erbfall, wie zB einen Nachlasspfleger oder -verwalter, Testamentsvollstrecker aber auch den Erbschaftsbesitzer. Gleichermaßen ist mit im Nachlass aufgefundenen Waffen zu verfahren, die in Besitz genommen werden.

11. Technische Richtlinie für Blockiersysteme. § 20 IV WaffG enthält Vorgaben für die Zulassung 20 und die technischen Vorgaben für Blockiersysteme mit Verweis auf die Technische Richtlinie – Blockiersysteme für Erbwaffen vom 1.4.2008 (im Folgenden kurz TR). Das Blockiersystem muss nach Ziff. 5 TR folgende Systemanforderungen erfüllen: „Die Schusswaffe darf bei eingesetztem System nicht mehr zu einer Schussabgabe zu benutzen sein (= Verlust der Schussfähigkeit). Das oder die Patronenlager einer Schusswaffe ist/sind so zu verschließen, dass keine Patronen- oder Kartuschenmunition geladen werden kann." Die Technische Richtlinie regelt außerdem ua, welchen Hilfsmitteln zur Entfernung das Blockiersystem standhalten muss, dass ein Entfernen nur mit speziellem Werkzeug möglich sein darf (Ziff. 4 der Richtlinie) und, dass unbefugte Entfernen nachweisbar sein muss (Ziff. 6.1. TR). In Betracht kommen nach Ziff. 3 TR mechanische und elektromechanische Sicherungen. Die blockierten Waffen müssen als solche gekennzeichnet werden und die Kennzeichnung muss auf der Waffe oder dem blockierten Bauteil deutlich sichtbar sein. Der Hinweis auf die Blockierung hat nach Ziff. 8 TR die folgenden Angaben zu enthalten: Herstellername oder Markenzeichen des Herstellers, Modellbezeichnung des Blockiersystems, Zulassungszeichen nach Ziff. 10 TR. Eine Liste der zugelassenen Blockiersysteme findet sich bspw. im Internet auf der Seite der Physikalisch-technischen Bundesanstalt (PTB) www.ptb.de.

12. Berechtigte zum Ein- und Ausbau der Blockierung. § 20 V WaffG legt fest, dass nur Inhaber ei- 21 ner Waffenherstellungserlaubnis oder einer Waffenhandelserlaubnis nach § 21 I WaffG den Einbau selbst oder durch hierzu bevollmächtigte Mitarbeiter vornehmen lassen dürfen. Neben der Zuverlässigkeit und persönlichen Eignung nach den §§ 5 und 6 WaffG, muss ein solcher Erlaubnisinhaber gemäß § 21 III WaffG in einer handwerksmäßigen Betriebsweise iS der Handwerksordnung tätig sein und die erforderliche Fachkunde nach § 22 WaffG nachweisen. Um die Blockierung einzubauen, sollten Erben einen in der Handwerksrolle eingetragenen Büchsenmacher beauftragen. Damit wird in der Regel sichergestellt, dass der Einbau fachgerecht erfolgt und im Falle eines späteren Verkaufs der Waffe, der Originalzustand und die Beschussfähigkeit ohne Schäden wiederhergestellt werden können und der Wert der Waffe erhalten bleibt.

22   **13. Vorübergehende Entsperrung.** Die vorübergehende Entsperrung ist insbesondere im Zusammenhang mit Verkaufsbemühungen zulässig. Sie ist zu dokumentieren. Solange die Blockierung nicht besteht, darf die Waffe dem Erben nicht wieder ausgehändigt werden. Der Kaufinteressent, der Erlaubnisinhaber sein muss, um die Blockierung aufheben zu lassen, ist für das Entsperren zuständig und verpflichtet vor der Rückgabe an den Erben die Blockierung wiederherzustellen. Der Erlaubnisinhaber nach § 21 WaffG, der mit der Aufhebung der Blockierung und dem Wiedereinbau beauftragt wird, ist für die **Dokumentation** und **Kennzeichnung** zuständig. Er muss nach § 20 VI 3 WaffG die Zeitpunkte aller Einbauten und Entsperrungen festhalten und diese Dokumentation der Behörde nach § 39 I WaffG nachweisen können.

23   **14. Eintrag der Blockierung.** Die Waffenbehörde trägt in die Waffenbesitzkarte unter Angabe von Datum, Unterschrift und Dienstsiegel ein, dass die Waffe mit einem Blockiersystem versehen ist.

24   **15. Ausnahmen von der Blockierpflicht.** Existiert für eine Waffe kein Blockiersystem, hat die Behörde nach § 20 VII WaffG eine Ausnahmegenehmigung zu erteilen. Das gilt ebenso, wenn es sich bei der Erbwaffe um einen Bestandteil einer kulturhistorisch bedeutsamen Sammlung handelt oder sie Bestandteil einer solchen Sammlung werden soll. Nach § 17 III WaffG kann einem Erben, einem Vermächtnisnehmer oder einem durch Auflage Begünstigten eine Ausnahmegenehmigung für die Fortführung einer Sammlung des Erblassers erteilt werden.

25   **Kulturhistorisch** bedeutsam ist eine Sammlung, wenn sie einen nicht unerheblichen Beitrag zur Dokumentation menschlichen Schaffens in historischer oder technischer Dimension leistet (WaffVwV Ziff. 17.1). Die geschichtlich-kulturelle Aussagekraft soll dabei nicht nach dem materiellen Wert, sondern zB aus entwicklungsgeschichtlicher Sicht, unter geografisch-, personen- oder organisationsorientiertem Bezug, nach konstruktiven Merkmalen oder nach verwendungsspezifischen Gesichtspunkten bemessen werden (WaffVwV Ziff. 17.2.). Ziffer 17.3. WaffVwV definiert, was eine **Sammlung** im Sinne des Waffengesetzes umfassen kann.

26   Das Erbenprivileg nach § 17 III WaffG setzt voraus, dass bereits eine Sammlung beim Erblasser existiert. Dann ermöglicht die Vorschrift die Fortführung in Form des Behalten-Dürfens, aber auch den Zukauf weiterer Waffen (WaffVwV Ziff. 17.8). Nachzuweisen sind für die Erteilung einer Ausnahmegenehmigung zum einen der Sammelstatus und zum anderen die allgemeinen Voraussetzungen für die Erteilung einer Waffenbesitzkarte.

26. Bundesrechtsanwaltsordnung

Vom 1. August 1959

(BGBl. I S. 565)

Zuletzt geändert durch Art. 3 G zur Neuregelung des Schutzes von Geheimnissen bei der Mitwirkung Dritter an der Berufsausübung schweigepflichtiger Personen vom 30.10.2017 (BGBl. I S. 3618)

(Auszug)

§ 43a Grundpflichten

(1) Der Rechtsanwalt darf keine Bindungen eingehen, die seine berufliche Unabhängigkeit gefährden.

(2) ¹Der Rechtsanwalt ist zur Verschwiegenheit verpflichtet. ²Diese Pflicht bezieht sich auf alles, was ihm in Ausübung seines Berufes bekanntgeworden ist. ³Dies gilt nicht für Tatsachen, die offenkundig sind oder ihrer Bedeutung nach keiner Geheimhaltung bedürfen. ⁴Der Rechtsanwalt hat die von ihm beschäftigten Personen in schriftlicher Form zur Verschwiegenheit zu verpflichten und sie dabei über die strafrechtlichen Folgen einer Pflichtverletzung zu belehren. ⁵Zudem hat er bei ihnen in geeigneter Weise auf die Einhaltung der Verschwiegenheitspflicht hinzuwirken. ⁶Den von dem Rechtsanwalt beschäftigten Personen stehen die Personen gleich, die im Rahmen einer berufsvorbereitenden Tätigkeit oder einer sonstigen Hilfstätigkeit an seiner beruflichen Tätigkeit mitwirken. ⁷Satz 4 gilt nicht für Referendare und angestellte Personen, die im Hinblick auf die Verschwiegenheitspflicht den gleichen Anforderungen wie der Rechtsanwalt unterliegen. ⁸Hat sich ein Rechtsanwalt mit anderen Personen, die im Hinblick auf die Verschwiegenheitspflicht den gleichen Anforderungen unterliegen wie er, zur gemeinschaftlichen Berufsausübung zusammengeschlossen und besteht zu den Beschäftigten ein einheitliches Beschäftigungsverhältnis, so genügt auch der Nachweis, dass eine andere dieser Personen die Verpflichtung nach Satz 4 vorgenommen hat.

(3) ¹Der Rechtsanwalt darf sich bei seiner Berufsausübung nicht unsachlich verhalten. ²Unsachlich ist insbesondere ein Verhalten, bei dem es sich um die bewußte Verbreitung von Unwahrheiten oder solche herabsetzenden Äußerungen handelt, zu denen andere Beteiligte oder der Verfahrensverlauf keinen Anlaß gegeben haben.

(4) Der Rechtsanwalt darf keine widerstreitenden Interessen vertreten.

(5) ¹Der Rechtsanwalt ist bei der Behandlung der ihm anvertrauten Vermögenswerte zu der erforderlichen Sorgfalt verpflichtet. ²Fremde Gelder sind unverzüglich an den Empfangsberechtigten weiterzuleiten oder auf ein Anderkonto einzuzahlen.

(6) Der Rechtsanwalt ist verpflichtet, sich fortzubilden.

1. Normzweck. § 43a BRAO führt die Grundpflichten eines Rechtsanwaltes näher aus und soll insoweit § 43 BRAO ergänzen, der festlegt, dass sich ein Rechtsanwalt innerhalb und außerhalb des Berufes der Achtung und des Vertrauens, welche seine Stellung erfordert, würdig erweisen muss. In diesem Kontext betont § 43a BRAO die Unabhängigkeit, Verschwiegenheit, Sachlichkeit, das Verbot der Vertretung widerstreitender Interessen und die Pflicht, anvertraute Vermögenswerte sorgfältig zu behandeln, Fremdgelder unverzüglich auszukehren und sich regelmäßig fortzubilden. 1

Im Falle des Todes eines Rechtsanwaltes bedürfen die **Verschwiegenheitsverpflichtung** (§ 43a II) und die Behandlung fremden, **zur Verwahrung überlassenen Vermögens** sowie die Behandlung der **Fremdgelder** (§ 43a V) der besonderen Aufmerksamkeit. 2

2. Verschwiegenheitsverpflichtung. Die Pflicht zur Verschwiegenheit gemäß § 43a II BRAO besteht über den Tod des Rechtsanwalts hinaus fort. 3

a) Die Konkretisierung in der Berufsordnung. § 2 BORA konkretisiert die Verschwiegenheitsverpflichtung des Rechtsanwalts. Zugleich stellt er der Verschwiegenheitspflicht in § 2 I 1 ein Schweigerecht des Rechtsanwalts gegenüber (Hartung/Scharner/*Hartung* BORA § 2 Rn. 33). 4

§ 2 BORA Verschwiegenheit

(1) ¹Der Rechtsanwalt ist zur Verschwiegenheit verpflichtet und berechtigt. ²Dies gilt auch nach Beendigung des Mandats.

(2) Ein Verstoß gegen die Pflicht zur Verschwiegenheit (§ 43a Abs. 2 Bundesrechtsanwaltsordnung) liegt nicht vor, soweit Gesetz und Recht eine Ausnahme fordern oder zulassen.

(3) Ein Verstoß ist nicht gegeben, soweit das Verhalten des Rechtsanwalts
a) mit Einwilligung erfolgt oder
b) zur Wahrnehmung berechtigter Interessen erforderlich ist, z.B. zur Durchsetzung oder Abwehr von Ansprüchen aus dem Mandatsverhältnis oder zur Verteidigung in eigener Sache, oder

c) im Rahmen der Arbeitsabläufe der Kanzlei einschließlich der Inanspruchnahme von Leistungen Dritter erfolgt und objektiv einer üblichen, von der Allgemeinheit gebilligten Verhaltensweise im sozialen Leben entspricht (Sozialadäquanz).

(4) Der Rechtsanwalt hat seine Mitarbeiter zur Verschwiegenheit schriftlich zu verpflichten und anzuhalten, auch soweit sie nicht im Mandat, sondern in sonstiger Weise für ihn tätig sind.

(5) ¹ Abs. 4 gilt auch hinsichtlich sonstiger Personen, deren Dienste der Rechtsanwalt in Anspruch nimmt und

a) denen er verschwiegenheitsgeschützte Tatsachen zur Kenntnis gibt oder
b) die sich gelegentlich ihrer Leistungserbringung Kenntnis von verschwiegenheitsgeschützten Tatsachen verschaffen können.

² Nimmt der Rechtsanwalt die Dienste von Unternehmen in Anspruch, hat er diesen Unternehmen aufzuerlegen, ihre Mitarbeiter zur Verschwiegenheit über die Tatsachen gemäß Satz 1 zu verpflichten. ³ Die Pflichten nach Satz 1 und 2 gelten nicht, soweit die dienstleistenden Personen oder Unternehmen kraft Gesetzes zur Geheimhaltung verpflichtet sind oder sich aus dem Inhalt der Dienstleistung eine solche Pflicht offenkundig ergibt.

(6) Der Rechtsanwalt darf Personen und Unternehmen zur Mitarbeit im Mandat oder zu sonstigen Dienstleistungen nicht hinzuziehen, wenn ihm Umstände bekannt sind, aus denen sich konkrete Zweifel an der mit Blick auf die Verschwiegenheitspflicht erforderlichen Zuverlässigkeit ergeben und nach Überprüfung verbleiben.

(7) ¹ Die Verschwiegenheitspflicht gebietet es dem Rechtsanwalt, die zum Schutze des Mandatsgeheimnisses erforderlichen organisatorischen und technischen Maßnahmen zu ergreifen, die risikoadäquat und für den Anwaltsberuf zumutbar sind. ² Technische Maßnahmen sind hierzu ausreichend, soweit sie im Falle der Anwendbarkeit des Datenschutzrechts dessen Anforderungen entsprechen. ³ Sonstige technische Maßnahmen müssen ebenfalls dem Stand der Technik entsprechen. ⁴ Abs. 3 lit. c) bleibt hiervon unberührt.

(8) Die Bestimmungen des Datenschutzrechts zum Schutz personenbezogener Daten bleiben unberührt.

5   **b) Bindung der Erben.** § 43a BRAO bindet auch die Erben eines Rechtsanwaltes. Eine Bindung über die Vorschrift des § 2 BORA scheint zweifelhaft, denn die standesrechtlichen Vorschriften können nur den Berufsträger binden. Sind die Erben nicht zugleich Rechtsanwalt, gelten die rein standesrechtlichen Vorschriften für sie nicht.

6   Anders als die reinen Berufspflichten aus der BORA, gelten aber die Vorschriften der BRAO, die die Pflichten des Rechtsanwalts außerhalb des Berufsstandes und im System der Rechtspflege bestimmen.

7   Für die Erben gilt also § 43a BRAO. Sie machen sich nach § 203 III 3 StGB strafbar, wenn sie dagegen verstoßen. Es ist ihnen nicht nur verboten, alle persönlichen, rechtlichen oder wirtschaftlichen Tatsachen, die dem Rechtsanwalt im **Rahmen der Mandate,** also in der Funktion als Rechtsanwalt während der Berufsausübung, über seine Mandanten bekannt geworden sind, zu offenbaren. Sie müssen auch die Akten und Unterlagen vor einem Zugriff unbefugter Dritter zu schützen. Ein Verstoß gegen diese Verpflichtung ist einerseits strafbar und löst andererseits Schadensersatzansprüche nach § 823 II BGB iVm § 203 I Nr. 3 StGB aus. Sie haben im Zusammenhang mit der Abwicklung des Nachlasses dafür Sorge zu tragen, dass die Verschwiegenheitspflicht auch durch Dritte, zB beim Verkauf der Praxis gewahrt wird. Die gleichen Pflichten treffen auch Nachlassverwalter, -pfleger, Testamentsvollstrecker oder Ergänzungspfleger, die die Rechte für minderjährige Erben wahrnehmen.

8   Nicht der Verschwiegenheit unterliegen **offenkundige** Tatsachen oder solche, die keine eigenständige Bedeutung haben und deshalb keiner Geheimhaltung bedürfen, sog. **Bagatelltatsachen.** Die Offenkundigkeit ist objektiv zu beurteilen. Bei der Frage, ob es sich um nicht geheimhaltungsbedürftige Bagatelltatsachen handelt, kommt es indes auf den Blickwinkel des Mandanten an (*Kleine-Cosack* § 43a Rn. 16; Henssler/Prütting/*Henssler* § 43a Rn. 56). Da den Erben die Mandanten nicht zwingend bekannt sind und ihnen daher diese Beurteilung kaum möglich ist, sollten in der Praxis alle Tatsachen im Erbfall geheim bleiben, zumal sich die Bedeutung von Informationen verändern kann. Während einer Verurteilung wegen einer Straftat, die das öffentliche Interesse erregt zum Zeitpunkt des Prozesses womöglich aufgrund von Presseberichten bekannt ist, kann es dem Mandanten viele Jahre später äußerst unangenehm sein, wenn diese Tatsachen gegenüber Dritten offenbart werden.

9   **b) Gestaltung.** Es ist daher bei der **Gestaltungsberatung** in jedem Fall zu empfehlen, Vorsorge zu treffen. Dazu bieten sich in der letztwilligen Verfügung Regelungen an, die sichern, dass Akten ausschließlich in die Hände von zur Berufsverschwiegenheit verpflichteten Personen geraten. Das geeignete Gestaltungsinstrument ist die Anordnung einer **Testamentsvollstreckung** für die Auseinandersetzung und vorübergehende Verwaltung der Rechtsanwaltskanzlei. Als Testamentsvollstrecker sollte ein Rechtsanwalt oder benannt werden. Nimmt dieser das Amt nicht an oder kann keine solche Person benannt werden, sind in der letztwilligen Verfügung die Kriterien zum Personenkreis möglicher Testamentsvollstrecker dahingehend zu definieren, dass nur eine Person, die diese Merkmale aufweist, benannt werden kann. Ohnehin ist das für den sachgerechten Umgang mit einem solchen Vermögenswert kaum zu umgehen.

10   **c) Dauer.** Die Verschwiegenheitsverpflichtung gilt **zeitlich unbegrenzt.**

d) **Schutz gegenüber Sozien.** Zu besonderen Schwierigkeiten können im Erbfall die Mandate führen, die mit Zustimmung der Mandanten innerhalb einer Sozietät durch unterschiedliche Rechtsanwälte gegeneinander bestehen. Die Möglichkeit der Vertretung widerstreitender Interessen innerhalb einer Sozietät resultiert aus der **Sozietäts-Wechsler**-Rechtsprechung (BVerfG, 3.7.2003 – 1 BvR 238/01 – AnwBl 2003, 656 = NJW 2003, 2520). Im Erbfall muss sichergestellt werden, dass die innerhalb einer Sozietät getroffenen Schutzmaßnahmen gegen die Offenbarung der Tatsachen an den Gegneranwalt auch weiterhin sichergestellt wird. Ist das intern nicht möglich, muss ein (externer) Abwickler nach § 55 BRAO für den verstorbenen Rechtsanwalt bestellt werden.

3. Fremdes Vermögen und Fremdgelder. Die Erben müssen sicherstellen, dass die dem Rechtsanwalt anvertrauten Gegenstände entsprechend den vom Mandanten erteilten Weisungen verwahrt und herausgegeben werden. Sie sind nicht Bestandteil des Nachlasses des Rechtsanwaltes. Sie sind folgerichtig auch nicht an einen Testamentsvollstrecker, Nachlasspfleger, Nachlassverwalter herauszugeben. Vielmehr ist im Rahmen der Abwicklung der Kanzlei dafür Sorge zu tragen, dass die Gegenstände an den Mandanten oder einen von ihm zu benennenden Dritten herausgegeben werden.

Fremdgelder sind auszukehren. Das gilt insbesondere für bei Bestellung des Kanzleiabwicklers bereits vereinnahmte Fremdgelder. Soweit der Kanzleiabwickler im Zusammenhang mit der Bearbeitung der Mandate Fremdgeld einnimmt, ist er zum Auskehren verpflichtet.

§ 50 Handakten

(1) ¹Der Rechtsanwalt muss durch das Führen von Handakten ein geordnetes und zutreffendes Bild über die Bearbeitung seiner Aufträge geben können. ²Er hat die Handakten für die Dauer von sechs Jahren aufzubewahren. ³Die Frist beginnt mit Ablauf des Kalenderjahres, in dem der Auftrag beendet wurde.

(2) ¹Dokumente, die der Rechtsanwalt aus Anlass seiner beruflichen Tätigkeit von dem Auftraggeber oder für ihn erhalten hat, hat der Rechtsanwalt seinem Auftraggeber auf Verlangen herauszugeben. ²Macht der Auftraggeber kein Herausgabeverlangen geltend, hat der Rechtsanwalt die Dokumente für die Dauer der Frist nach Absatz 1 Satz 2 und 3 aufzubewahren. ³Diese Aufbewahrungspflicht gilt nicht, wenn der Rechtsanwalt den Auftraggeber aufgefordert hat, die Dokumente in Empfang zu nehmen, und der Auftraggeber dieser Aufforderung binnen sechs Monaten nach Zugang nicht nachgekommen ist. ⁴Die Sätze 1 bis 3 gelten nicht für die Korrespondenz zwischen dem Rechtsanwalt und seinem Auftraggeber sowie für die Dokumente, die der Auftraggeber bereits in Urschrift oder Abschrift erhalten hat.

(3) ¹Der Rechtsanwalt kann seinem Auftraggeber die Herausgabe der Dokumente nach Absatz 2 Satz 1 so lange verweigern, bis er wegen der ihm vom Auftraggeber geschuldeten Gebühren und Auslagen befriedigt ist. ²Dies gilt nicht, soweit das Vorenthalten nach den Umständen unangemessen wäre.

(4) Die Absätze 1 bis 3 gelten entsprechend, sofern sich der Rechtsanwalt zum Führen von Handakten oder zur Verwahrung von Dokumenten der elektronischen Datenverarbeitung bedient.

(5) In anderen Vorschriften getroffene Regelungen zu Aufbewahrungs- und Herausgabepflichten bleiben unberührt.

1. Normzweck. § 50 BRAO in der Fassung aufgrund des Gesetzes zur Umsetzung der Berufsanerkennungsrichtlinie und zur Änderung weiterer Vorschriften im Bereich der rechtsberatenden Berufe vom 12.5.2017 (BGBl. I 1121), in Kraft getreten am 18.5.2017, regelt die Behandlung von Handakten. Die Vorschrift wird ergänzt durch die Regelung des § 17 BORA über das Verfahren bei Ausübung eines Zurückbehaltungsrechts an den Handakten.

2. Definition der Handakte. Der Inhalt der Handakte wurde früher durch § 50 IV BRAO unter Bezugnahme auf § 50 II und III beschrieben und in Abs. 5 wurde klargestellt, dass auch elektronische Daten Teil der Handakte sind. Eine abschließende Regelung beinhaltete § 50 BRAO aF allerdings nicht. Danach waren Handakten diejenigen Schriftstücke, die der Rechtsanwalt im Rahmen seiner beruflichen Tätigkeit von seinem Auftraggeber oder für diesen erhalten hatte. Der Briefwechsel zwischen Auftraggeber und Mandant war nicht "Handakte" iS von § 50 II und III BRAO. Gleiches galt für diejenigen Schriftstücke, die der Mandant bereits in Urschrift oder Abschrift erhalten hatte. Für diese Aktenbestandteile galt zumindest weder eine Aufbewahrungs- noch eine Herausgabepflicht.

Andererseits war bereits nach der alten Gesetzesfassung davon auszugehen, dass die Handakte weit mehr umfasst. Sie dient gemäß § 50 I BRAO der Dokumentation der Tätigkeit des Rechtsanwaltes und soll die aus dem Mandatsverhältnis resultierende Rechenschaftslegungspflicht ermöglichen, also ein geordnetes Bild über die Tätigkeit des Rechtsanwalts geben. Damit gehört **lückenlos** alles in die Handakte, was der Rechtsanwalt im Zusammenhang mit der Mandatsbearbeitung erlangt (Feuerich/Weyland/ *Träger* § 50 Rn. 7; Henssler/Prütting/*Offermann-Burckart* § 50 Rn. 6). Die Rechenschaftslegungspflichten richten sich dabei nach den §§ 675, 666 BGB, §§ 11, 23 BORA. Der anwaltsvertrag ist ein Geschäftsbesorgungsvertrag.

Die **aktuelle Fassung** erhält im Ergebnis keine Definition der Handakte mehr. Am (undefinierten) Inhalt der Handakte dürfte sich indes durch Neufassung nicht geändert haben. Nach § 50 I 1 BRAO dient die Handakte weiterhin dazu, dass der Rechtsanwalt ein geordnetes Bild über seine Tätigkeit geben kann mit der Folge, dass alle Schriftstücke die er bei der Mandatsbearbeitung erhält, aber auch alle Aufzeichnungen, die er fertigt, Bestandteil der Handakte sind.

5 Der Mandant hat gemäß § 667 BGB Anspruch auf Herausgabe des aus der Geschäftsbesorgung Erlangten. Dazu gehört die Handakte des Rechtsanwalts (Erman/*Berger* § 667 Rn. 8). Dazu gehört insbesondere der gesamte an Dritte gerichtete Schriftverkehr (Erman/*Berger* § 667 Rn. 7), aber auch Aktenvermerke des Rechtsanwalts (BGH, 17.5.2018 – IX ZR 243/17 – juris, Rn. 12). Soweit der Rechtsanwalt sich **Notizen** über persönliche Eindrücke gemacht hat, sind diese in der Regel nicht für den Mandanten bestimmt und müssen ebenso wie vertrauliche Hintergrundinformationen, die der Rechtsanwalt hat, nicht herauszugeben (BGH, 17.5.2018 – IX ZR 243/17 – juris, Rn. 12). Die Herausgabe der Handakte kann verweigert werden, sofern der Rechtsanwalt insoweit seine **Verschwiegenheit** gegenüber anderen Mandanten verletzen würde (BGH, 17.5.2018 – IX ZR 243/17 – juris Rn. 16).

6 **3. Handakten im Todesfall.** Nicht geregelt ist, wie mit den Akten des Rechtsanwalts bei Tod zu verfahren ist. Die Akten sind entweder vom Abwickler oder den Erben aufzubewahren oder zu vernichten. Gelegentlich sind auch die Kammern bereit, die Akten „aufzunehmen". Es muss jedenfalls gesichert sein, dass die Verschwiegenheit gewahrt bleibt. Im Rahmen der Abwicklung benötigt der **Praxisabwickler** die Akten und Handakten für die Ausübung seiner Tätigkeit. Ihm ist zur Durchführung der Abwicklung und zur Bearbeitung der laufenden Mandate nach § 55 II BRAO Zugriff zu geben und er darf die Akten zur **Sicherung der Verschwiegenheit** in Besitz und unter Verschluss nehmen. Seine Pflichten und Befugnisse enden mit der Beendigung der Abwicklung.

7 **4. Aufbewahrungspflicht.** Auch nach einer Abwicklung im Erbfall besteht die Aufbewahrungspflicht nach § 50 I BRAO fort. Die Frist für die Aufbewahrung beträgt nach der Neufassung gemäß § 50 I 2 und 3 BRAO nunmehr **6 Jahre** und beginnt mit dem Ablauf des Kalenderjahres in dem der Auftrag geendet hat.

8 Die Aufbewahrungspflicht trifft nicht den Abwickler. Seine Aufgabe beschränkt sich auf die Abwicklung laufender Mandatsvorgänge. Er hat weder die Aktenablage in Besitz zu nehmen, noch für die Verwahrung der von ihm bearbeiteten Akten nach Ende der Bearbeitung Sorge zu tragen, sofern die Bearbeitung ausschließlich als Abwickler erfolgt ist. Der Abwickler kann aber aufbewahren. Allerdings muss er die Mandanten darüber informieren. Auch die zuständige **Rechtsanwaltskammer** kann die Aufbewahrung übernehmen, sofern sie hierzu bereit ist. Ansonsten trifft die Pflicht die Erben. Wegen der **Verschwiegenheitspflichten** sind die Akten gegen den Einblick Unberechtigter zu schützen, zu denen auch die Erben gehören, wenn sie nicht selbst den rechtsberatenden Berufen angehören und die Praxis abwickeln oder fortführen. Allerdings ist nicht geregelt, wer die Sorge im Falle des Todes des Rechtsanwalts zu übernehmen. Vom Abwickler darf aus berufsethischen Gründen erwartet werden, dass er diese Aufgabe für von ihm bearbeitete und abgewickelte Mandate übernimmt.

9 **5. Herausgabe.** Zur Vermeidung der berufsrechtlich unbefriedigenden Situation, dass Unbefugte, nicht standesrechtlich gebundene Erben die Verwahrung übernehmen müssen und in den Besitz von vertraulichen Daten gelangen sollte der Abwickler sicherstellen, dass nicht mehr aufzubewahrende Akten vernichtet werden. In der Praxis sind die Berufskammern oft bereit, die hierfür anfallenden Kosten zu übernehmen, denn eine unkontrollierte Verbreitung von Akteninhalten ist für den Berufsstand regelmäßig schädlich. Da die Erben rechtlich zur Sicherung der Akten verpflichtet sind, ist auch in ihrem Interesse möglichst nach einer Lösung zu suchen, die eine Aktenaufbewahrung vermeidet. Schon aus Platzgründen ist das oft dringend geboten.

10 Die noch aufzubewahrenden Akten sollten den Mandanten nach § 50 II 3 BRAO zur Herausgabe angeboten werden. Das Angebot kann durch den Abwickler, wie auch durch die Erben persönlich erfolgen. Es sollte dokumentiert werden. Dazu bietet sich eine schriftliche Aufforderung mit Zugangsnachweis an. Sodann können die Akten nach 6 Monaten, also bei frühzeitigen Herausgabeangeboten auch noch während der Abwicklung, vernichtet werden, wenn die Mandanten die Akten nicht in Empfang nehmen. Die Vernichtung hat auf Rechnung der Erben zu erfolgen. Die Kostenübernahme durch die Kammern ist ein Ausnahmefall, der Notfällen vorbehalten ist, in denen die Erben für eine ordnungsgemäße Verwahrung oder Vernichtung nicht Sorge tragen. Eine Verpflichtung der Kammern besteht nicht.

11 Wird eine Praxis veräußert und fortgeführt, werden die Handakten in der Regel durch den Käufer/Übernehmer schon aus Gründen der Mandantenbindung übernommen und aufbewahrt.

§ 55 Bestellung eines Abwicklers der Kanzlei

(1) ¹Ist ein Rechtsanwalt gestorben, so kann die Rechtsanwaltskammer einen Rechtsanwalt oder eine andere Person, welche die Befähigung zum Richteramt erlangt hat, zum Abwickler der Kanzlei bestellen. ²Für weitere Kanzleien kann derselbe oder ein anderer Abwickler bestellt werden. ³§ 7 gilt entsprechend. ⁴Der Abwickler ist in der Regel nicht länger als für die Dauer eines Jahres zu bestellen. ⁵Auf Antrag des Abwicklers ist die Bestellung, höchstens jeweils um ein Jahr, zu verlängern, wenn er glaubhaft macht, daß schwebende Angelegenheiten noch nicht zu Ende geführt werden konnten.

(2) ¹Dem Abwickler obliegt es, die schwebenden Angelegenheiten abzuwickeln. ²Er führt die laufenden Aufträge fort; innerhalb der ersten sechs Monate ist er auch berechtigt, neue Aufträge anzu-

nehmen. ³Ihm stehen die anwaltlichen Befugnisse zu, die der verstorbene Rechtsanwalt hatte. ⁴Der Abwickler gilt für die schwebenden Angelegenheiten als von der Partei bevollmächtigt, sofern diese nicht für die Wahrnehmung ihrer Rechte in anderer Weise gesorgt hat.

(3) ¹§ 53 Abs. 5 Satz 3, Abs. 9 und 10 gilt entsprechend. ²Der Abwickler ist berechtigt, jedoch außer im Rahmen eines Kostenfestsetzungsverfahrens nicht verpflichtet, Kostenforderungen des verstorbenen Rechtsanwalts im eigenen Namen für Rechnung der Erben geltend zu machen.

(4) Die Bestellung kann widerrufen werden.

(5) Abwickler können auch für die Kanzlei und weitere Kanzleien eines früheren Rechtsanwalts bestellt werden, dessen Zulassung zur Rechtsanwaltschaft erloschen ist.

1. Normzweck. Die Bestellung eines Praxisabwicklers nach § 55 BRAO sichert die ordnungsgemäße Beendigung der Tätigkeit des Rechtsanwaltes unter Wahrung der Berufspflichten aus § 43a BRAO. Damit sichert der Abwickler einerseits die Interessen der Mandanten. Andererseits sind die Vorschriften für den Abwickler so ausgestaltet, dass zugleich der Wert der Praxis als wirtschaftliche Einheit erhalten und verwertbar bleibt. Nach den §§ 2, 3 BRAO ist der Rechtsanwalt freiberuflich tätiger unabhängiger Berater und Vertreter für den er die besonderen Berufspflichten der §§ 43, 43a BRAO gelten. Im Fall des Todes des praktizierenden Rechtsanwalts ist einerseits sicherzustellen, dass bestehende Mandate gewissenhaft weiterbearbeitet werden. In diesem Zusammenhang muss dafür Sorge getragen werden, dass zB einzuhaltende Fristen gewahrt werden. Bereits das ist problematisch, wenn die Erben selbst keine anwaltliche Tätigkeit ausüben. In der Praxis problematisch kann die Wahrung der **Verschwiegenheitspflichten** nach § 43a II BRAO, § 2 BORA sein, die aber auch durch die Erben zu wahren sind. In diesem Zusammenhang muss der Verbleib der Akten und gespeicherten Daten geklärt werden. Die dem Schutz der Mandanten dienenden Berufspflichten nach § 43a BRAO wirken fort und sind durch die Erben und den Abwickler zu beachten.

2. Bestellung des Abwicklers. Nach § 55 I BRAO **kann** die Rechtsanwaltskammer einen Praxisabwickler bestellen. Der Kammer obliegt es, dafür Sorge zu tragen, dass die erforderlichen Maßnahmen getroffen werden, wenn wegen des Todes eines Rechtsanwalts in dessen Praxis die Einhaltung der grundlegenden Berufspflichten, insbesondere die verantwortliche Leitung der Praxis nicht mehr sichergestellt werden kann. Die Notwendigkeit zur Bestellung eines Abwicklers ist gegeben, wenn die Kammer aufgrund von Beschwerden Kenntnis davon erlangt, dass aufgrund des Todes die gewissenhafte Erledigung der Arbeiten oder die Herausgabe von Mandanten Akten nicht mehr gesichert ist. Es wird also nicht in jedem Fall bei Tod eines Rechtsanwalts ein Praxisabwickler bestellt, sondern nur wenn hierfür ein **Bedürfnis** besteht und der Kammer bekannt wird. Ein Bedürfnis besteht, wenn der vormalige Rechtsanwalt nicht selbst Sorge für die Beendigung übernommener Aufträge getroffen hat, wenn begonnene, aber nicht zu Ende geführte **Aufträge** vorhanden sind und/oder **Mandantenunterlagen** herausgegeben werden müssen. Die Erben sind vorab anzuhören. Sofern einer der Erben über die erforderliche Qualifikation als Rechtsanwalt verfügt, besteht kein Bedürfnis für die Bestellung eines Abwicklers. Es bedarf keines Antrags. Die Erben haben aber ein **Vorschlagsrecht** hinsichtlich der Person und sind berechtigt, die Kammer um Bestellung eines Abwicklers zu ersuchen. Für mehrere Kanzleien eines Rechtsanwalts können verschiedene oder ein Abwickler bestellt werden.

Der Abwickler wird „fremdnützig" tätig (Henssler/Prütting/*Prütting* BRAO § 55 Rn. 2).

3. Person des Abwicklers. Abwickler kann nach § 55 I 1 BRAO nur ein Rechtsanwalt oder sonstiger zum Richteramt Befähigter sein.

4. Dauer der Abwicklung. Regelmäßig sieht § 55 I 4 BRAO die Abwicklung für die Dauer von höchstens einem Jahr vor, wobei eine Verlängerung auf Antrag des Abwicklers möglich ist. In aller Regel können Mandatsverhältnisse binnen der gesetzlich bestimmten regelmäßigen Höchstfrist auf andere Berater übergeleitet werden. Aber auch die notwendigen (akuten) Arbeiten können binnen Jahresfrist unter Verwendung der Organisationsstruktur der Praxis abgearbeitet werden. Gesichert ist bei dieser Zeitdauer auch, dass Jahresendverjährungen und unterjährige Verjährungsfristen beachtet werden können. Eine **Verlängerung** der Abwicklung kommt auf Antrag des Abwicklers jeweils um ein Jahr in Betracht. Die Vorschrift ermöglicht also die mehrfache Verlängerung. Voraussetzung ist, dass der Abwickler glaubhaft macht, dass noch nicht alle schwebenden Arbeiten abgeschlossen werden konnten. Das wird objektiv beurteilt. Auf Prozesse bezogen bedeutet der Abschluss der Angelegenheit die Beendigung der Instanz und Erfüllung der daran anknüpfenden anwaltlichen Pflichten, wie die Belehrung über mögliche Rechtsmittel (Henssler/Prütting/*Prütting* BRAO § 55 Rn. 8).

Die Abwicklung endet mit Anzeige der Beendigung, mit vollständiger Erledigung der Restarbeiten oder mit dem Erwerb der Praxis durch einen anderen Berufsträger. Oder mit dem Widerruf der Abwicklerbestellung nach § 55 IV BRAO.

5. Aufgaben des Abwicklers. Die Aufgaben des Abwicklers beschränken sich auf die Abwicklung der angenommenen Geschäfte des Erblassers. Allerdings darf er im Rahmen der Abwicklung zumindest innerhalb der ersten 6 Monate auch neue Aufträge annehmen. Der Abwickler wird nicht Eigentümer der Praxis. Die Praxis geht vielmehr gemäß § 1922 BGB auf den oder die Erben über. Die Aufgabe des Abwicklers besteht in der Wahrung der berufsspezifischen Pflichten gegenüber den Mandanten. Er hat sie über die Abwicklung und seine Funktion sowie Dauer zu unterrichten. Er hat seine Stellung auf Geschäftspapieren deutlich zu machen.

7   **a) Schwebende Angelegenheiten und laufende Aufträge.** Schwebende Angelegenheiten und laufende Aufträge sind solche mit deren Bearbeitung bereits begonnen wurde, die aber noch nicht abgeschlossen sind. Langfristige Verträge sind zu kündigen. Sonstige Mandate sind zu Ende zu führen. Der Abwickler gilt als vom Mandanten bevollmächtigt, wenn der Mandant nicht selbst einen anderen Rechtsanwalt beauftragt und diesem das Mandat überträgt.

8   **b) Gerichtliche Verfahren.** Im Anwaltsprozess gilt der Abwickler als vom Mandanten bevollmächtigt. Nur im Anwaltsprozess unterbricht der Wegfall der Postulationsfähigkeit das verfahren, sofern der Verstorbene der einzige zur Vertretung beauftragte Rechtsanwalt war (Henssler/Prütting/*Prütting* § 55 Rn. 8).

9   **c) Neuaufträge.** Die Annahme neuer Aufträge innerhalb der ersten sechs Monate ist zulässig ist. Der Abwickler muss aber beachten, dass er nur Aufträge annimmt, die innerhalb der Abwicklung abgeschlossen werden können. Wenn es sich um längerfristige Aufträge handelt, muss der Abwickler auf die Möglichkeit hinweisen, dass der Auftrag womöglich durch ihn nicht innerhalb der Abwicklung zu Ende geführt werden kann. Andernfalls muss er den Mandanten darauf hinweisen, dass er das Mandat womöglich nicht zu Ende führen kann und hierdurch nicht erstattungsfähige Anwaltskosten entstehen können, wenn der Mandant nach Ende der Abwicklung einen weiteren Rechtsanwalt beauftragen muss. Das gilt auch, wenn der Abwickler das Mandat als Rechtsanwalt weiterführt (Henssler/Prütting/*Prütting* § 55 Rn 11). Die Sechs-Monatsfrist kann daher nach dem Gesetzeszweck, nur einmal laufen und die Annahme von Neuaufträgen innerhalb der Abwicklung ermöglichen. Die Frist soll sicherstellen, dass die Kanzlei nicht kurz nach dem Tod des Rechtsanwalts an Wert verliert. Es soll einem womöglich schon vorhandenen Nachfolger ein vernünftiger Übergang möglich sein. Mandanten, die bereits Termine für neue Sachen vereinbart haben, sollen ordnungsgemäß angenommen werden können. Diese Situation besteht kurzfristig nach dem Tod des Rechtsanwalts. Sie entsteht indes neu, wenn die Abwicklung beendet war und der Abwickler wegen nicht abgewickelter Mandate nochmals bestellt wird, weil ein Antrag auf Verlängerung versäumt wurde (Henssler/Prütting/*Prütting* § 55 Rn. 12 mwN zum Streitstand).

10 **d) Anderkonten.** Der Abwickler wird Inhaber bestehender Anderkonten kraft Amtes. Er hat zudem für die Erben ein Anderkonto einzurichten, über das er alle Geschäftsvorfälle abwickelt und auf das er die ihnen gebührenden Vergütungsansprüche einnimmt. Er ist nicht für die Auszahlung von Fremdgeldern zuständig, die vor der Abwicklung eingenommen worden sind. Geben ihm die Erben Zugriff auf die Konten und sind dort entsprechende Mittel vorhanden, sollte er diese Aufgabe in Abstimmung mit den Erben jedoch ausführen.

11 **e) Gebührenansprüche.** Es ist zu beachten, dass die Gebühren der durch den Erblasser begonnenen Aufträge nicht durch seinen Tod entfallen, weil das Mandat nicht durch ihn beendet werden konnte. Genau dafür wird der Abwickler bestellt. Beendet der Mandant das Mandat und beauftragt einen anderen Rechtsanwalt mit der Weiterführung trotz Vorhandensein eines Abwicklers, so fallen die Gebühren bei diesem erneut an, ohne dass der vorherige Vergütungsanspruch des Erblassers erlischt. Hierauf sollte bei Übernahme solcher Mandate hingewiesen werden. Der Abwickler kann Gebührenansprüche für die Erben beitreiben. Er hat sie im eigenen Namen für Rechnung der Erben geltend zu machen. Sie werden Gläubiger.

12 Er ist dazu aber nicht verpflichtet. Nach § 55 III 2 BRAO ist er nur im Kostenfestsetzungsverfahren zur Anmeldung der Kosten des Mandanten verpflichtet, denn es ist Teil der Instanz.

13 **f) Haftungsfälle.** Stellt der Abwickler im Rahmen seiner Tätigkeit Regresspflichten des Erblassers fest, hat er den Mandanten zur Vermeidung eigener Haftung darauf hinzuweisen.

14 **6. Verweis auf die Vorschriften für den Vertreter.** § 55 III 1 BRAO sieht vor, dass für den Abwickler ergänzend die Vorschriften des § 53 V 3, IX und X BRAO entsprechend geltend.

15 Nach § 53 V 3 BRAO kann durch den von Amts wegen zum Abwickler bestellten Rechtsanwalt eine **Ablehnung des Amtes** nur aus wichtigem Grund erfolgen. Als solcher ist bspw. eine eigene hohe Arbeitsbelastung denkbar, die eine ordnungsgemäße Betreuung der Mandate des verstorbenen Rechtsanwalts unmöglich macht.

16 Der Vertreter wird dabei eigenverantwortlich, aber auf Rechnung der Erben tätig. Die Vorschriften zum **Auftragsrecht**, §§ 666, 667, 670 BGB, aus denen sich die Auskunfts-, Rechenschafts- und Herausgabepflichten sowie der Anspruch auf Aufwendungsersatz ergeben, gelten entsprechend.

17 Die Rechte und Pflichten des Abwicklers ergeben sich im Übrigen unter Verweis auf die Rechte des amtlich bestellten Vertreters gemäß § 53 BRAO.

18 **7. Rechte und Pflichten des Abwicklers.** Bei der Ausübung seiner Tätigkeit stehen dem Abwickler die gleichen Rechte zu, wie einem Praxisvertreter. Ihm ist gemäß § 53 X BRAO Zutritt zu den Räumen, Zugriff auf Daten und Akten zu gewähren. Er hat die Interessen der Mandanten eigenverantwortlich wahrzunehmen. Im Gegenzug hat er Anspruch auf eine angemessene Vergütung.

19 **a) Außenverhältnis zum Mandanten.** Ausschließlich dem Abwickler, nicht den Erben oder den Mitarbeitern des früheren Rechtsanwalts obliegt die Abwicklung der schwebenden Mandate, nicht jedoch aller sonstigen Rechtsverhältnisse des verstorbenen Rechtsanwalts. Im Außenverhältnis, also gegenüber dem Mandanten hat der Abwickler die gleichen Rechte wie der verstorbene Rechtsanwalt (§ 55 III iVm § 53 X BRAO. § 53 X 1 BRAO regelt die Rechte des Vertreters wie folgt: „Der von Amts wegen bestell-

te Vertreter ist berechtigt, die Kanzleiräume zu betreten und die zur Kanzlei gehörenden Gegenstände einschließlich des der anwaltlichen Verwahrung unterliegenden Treugutes in Besitz zu nehmen, heraus zu verlangen und hierüber zu verfügen. An Weisungen des Vertretenen ist er nicht gebunden. Der Vertretene darf die Tätigkeit des Vertreters nicht beeinträchtigen. Er hat dem von Amts wegen bestellten Vertreter eine angemessene Vergütung zu zahlen, für die Sicherheit zu leisten ist, wenn die Umstände es erfordern. Können sich die Beteiligten über die Höhe der Vergütung oder über die Sicherheit nicht einigen oder wird die geschuldete Sicherheit nicht geleistet, setzt der Vorstand der Rechtsanwaltskammer auf Antrag des Vertretenen oder des Vertreters die Vergütung fest. Der Vertreter ist befugt, Vorschüsse auf die vereinbarte oder festgesetzte Vergütung zu entnehmen. Für die festgesetzte Vergütung haftet die Rechtsanwaltskammer wie ein Bürge."

Die Erben treffen die gleichen **Mitwirkungspflichten- und Duldungspflichten** wie den vertretenen oder abzuwickelnden Rechtsanwalt. Notfalls kann der Abwickler seine Rechte, insbesondere in Bezug auf den Zutritt zu Kanzleiräumen und den Zugriff auf Akten im Wege der einstweiligen Verfügung nach den §§ 935, 945 ZPO erzwingen (Feuerich/Weyland/*Schwärzer* § 55 Rn. 33).

Es empfiehlt sich in der Praxis, sich gegenüber allen Beteiligten, auch Finanzbehörden und Gerichten unter Vorlage zu legitimieren. Etwas anderes gilt nur, wenn der Mandant anderweitig für seine Interessenwahrnehmung gesorgt, also einen anderen Rechtsanwalt bevollmächtigt oder das Mandat beendet hat. Der Abwickler handelt hinsichtlich der Mandatsbearbeitung eigenverantwortlich und frei von Weisungen der Erben. Er hat ihnen gegenüber einen Anspruch auf Herausgabe der für die Bearbeitung erforderlichen Akten und Daten. Der Abwickler ist dabei insbesondere zur Erledigung dringender Arbeiten zu Abwehr von Gefahren verpflichtet. Er ist auch zur Nachbesserung von fehlerhaft ausgeführten Arbeiten des verstorbenen Rechtsanwalts verpflichtet. Und hat die Mandanten ggf. auf Regressansprüche hinzuweisen.

b) Innenverhältnis zu den Erben. Im Verhältnis zu den Erben besteht ein Geschäftsbesorgungsvertrag nach den §§ 675 ff. BGB. Der Abwickler tritt nicht als **Arbeitgeber, Mieter, Darlehensnehmer** oder in sonstiger Weise in Vertragsverhältnisse des verstorbenen Rechtsanwalts, die dieser im Rahmen seiner Büroorganisation und seines Kanzleibetriebs abgeschlossen hat, ein. Es findet hinsichtlich der Arbeitsverhältnisse kein Betriebsübergang nach § 613a BGB auf den Abwickler statt. Er wird nicht Schuldner vertraglicher Verpflichtungen des Erblassers. Er wird auch nicht Gläubiger von Gebührenforderungen und sonstigen Forderungen des Erblassers, auch nicht soweit sie dessen anwaltliche Tätigkeit betreffen. Er betreibt die Abwicklung vielmehr ausschließlich **für Rechnung der Erben**. Sie sind verpflichtet, dem Abwickler Zugang zu den Praxisräumen, Akten und Daten zu gewähren. Um die Akten und Daten vor dem Zugriff Dritter zu schützen, ist der Abwickler berechtigt, den Zutritt notfalls im Wege der einstweiligen Verfügung zu erwirken und ggf. Schlösser auszutauschen oder anderweitige Sicherungsmaßnahmen zu ergreifen.

c) Nachlassinsolvenz. Die Nachlassinsolvenz tangiert die Abwicklung lediglich insoweit, als der Insolvenzverwalter an die Stelle der Erben tritt. Er ist nicht weisungsbefugt gegenüber dem Abwickler. Beide Funktionen bestehen nebeneinander mit ihren jeweiligen Aufgabenkreisen. Der Insolvenzverwalter wird keineswegs Praxisabwickler. Er ist lediglich berechtigt, Gelder zu vereinnahmen, die andernfalls an die Erben auszukehren werden. Er ist Vertragspartner, sofern die Praxis des Rechtsanwalts veräußert werden soll und darf insoweit auf die Mandantendaten zugreifen. Der Insolvenzverwalter hat aber keinerlei Funktion im Mandatsverhältnis. Er ist lediglich Gläubiger der Gebührenforderungen. Nicht ausgekehrte Fremdgelder, sind nach Ende der Abwicklung an den Insolvenzverwalter zu übergeben.

d) Vergütung. Der Abwickler hat gegenüber den Erben Anspruch auf eine angemessene Vergütung. Dazu soll er mit den Erben eine Vereinbarung schließen. Die **Vergütungsvereinbarung** ist vor der Aufnahme der Tätigkeit oder zumindest zeitnah hierzu zu schließen. Dabei sind besondere Schwierigkeiten bei der Abwicklung bereits zu berücksichtigen. Der Abwickler hat die Erben darauf hinzuweisen, dass zB die Praxis ungeordnet ist, Bearbeitungsrückstände bestehen, übliche technische Voraussetzungen nicht vorhanden sind oder ähnliche Umstände vorliegen, die die Abwicklung verkomplizieren. Andernfalls kann ein späteres berufen auf solche Umstände treuwidrig sein (vgl. hierzu für die Abwicklung einer Steuerberatungskanzlei VwGH Baden-Württemberg, 14.9.2011 – 9 S 2595/10, DStRE 2012, 325).

Bei der **Bemessung** der Vergütung werden die üblichen **Stundensätze** für die Vergütung einer vergleichbaren anwaltlichen Tätigkeit, ggf. unter Einbeziehung der für die Tätigkeit von Personal anzusetzenden Kosten oder Stundensätze zugrunde gelegt. In Betracht kommt die Vereinbarung eines Fixums, einer Vergütung auf Stundenbasis (ablehnend AGH Hamm, 1.9.2017 – 1 AGH 27/14 – juris, Rn. 36), angeknüpft an das mit der Tätigkeit verbundene Gebührenaufkommen oder eine Kombination aus Fixum und Erfolgsvergütung. Die Vergütung beinhaltet nicht den Aufwand für das Personal des verstorbenen Rechtsanwaltes (BGH, 30.11.1992 – AnwZ (B) 27/92, NJW 1993, 1334). Deren Vergütung ist von den Erben gesondert zu leisten. Mehraufwendungen des Abwicklers, wie zB eine Zusatzprämie in seiner Haftpflichtversicherung, Reisekosten oder sonstige Auslagen sind gesondert abzurechnen und durch die Erben im Rahmen des Aufwendungsersatzes nach § 670 BGB zu erstatten.

Kommt eine Einigung über die Vergütung nicht zustande, kann die zuständige Rechtsanwaltskammer nach § 53 X BRAO eine **angemessene Vergütung** festsetzen (BGH, 12.2.2018 – AnwZ (Brfg) 6/17 – AnwBl 2018, 365). Als Anknüpfungspunkt zur Feststellung der Angemessenheit kann bspw. die Durchschnittsvergütung eines angestellten Rechtsanwalts herangezogen werden (BVerwG, 15.9.2010 – 8 C 21/09 – BVerwGE 138, 1 = NVwZ 2011, 501, 505; AGH Hamm, 1.9.2017 – 1 AGH 27/14 – juris Rn. 36).

Maßgeblich für die Höhe der festzusetzenden Vergütung sind der Zeitaufwand, die berufliche Erfahrung und Stellung des Abwicklers sowie die Schwierigkeit und Dauer der Abwicklung. Es sollte eine Monatspauschale vereinbart werden, die mit zunehmender Dauer entsprechend dem sinkenden Aufwand abnimmt (AGH Hamm, 1.9.2017 – 1 AGH 27/14 – juris Rn. 36).

27 Der Abwickler kann nach § 53 X 6 BRAO **Vorschüsse** auf seine Vergütung und nach § 53 X 4 BRAO **Sicherheitsleitung** von den Erben verlangen. Um ihn von dem Risiko der beschränkten Erbenhaftung und der Nachlassinsolvenz zu befreien, haftet die Rechtsanwaltskammer gemäß § 53 X 7 BRAO als **Bürge** für die **festgesetzte Vergütung**, nicht jedoch für eine (darüber hinausgehende) vereinbarte Vergütung.

28 **8. Widerruf der Bestellung.** Die Bestellung kann nach § 55 IV BRAO durch die Kammer widerrufen werden. Das ist denkbar, wenn der Abwickler seine Tätigkeit nicht aufnimmt oder nicht ordnungsgemäß ausführt. Das ist auch möglich, wenn das Bedürfnis zur Abwicklung entfällt.

29 **9. Besonderheiten beim Anwaltsnotar.** Ist die im Nachlass befindliche Kanzlei nicht nur Rechtsanwaltskanzlei, sondern war der Rechtsanwalt zugleich auch Notar, ist sein Anwaltsnotariat unter Beachtung der berufsrechtlichen Regelungen für Notar abzuwickeln.

30 Es wird dann nicht nur ein Abwickler der Anwaltskanzlei bestellt, sondern es bedarf auch eines Notariatsverwalters nach § 56 II BNotO. Abwickler und Notariatsverwalter können personenidentisch sein. Der Notariatsverwalter muss nicht selbst Notar, aber Rechtsanwalt sein.

31 Der Notariatsverwalter hat die Amtsgeschäfte des verstorbenen Notars abzuwickeln, wobei in der Regel davon auszugehen ist, dass die Abwicklung binnen eines Jahres abgeschlossen ist. Für die Bestellung des Verwalters muss ein **Bedürfnis** bestehen. Das ist aber in der Regel aufgrund der meist längerfristigen Vollzugstätigkeiten des Notars der Fall. Das Bedürfnis kann entfallen, wenn die Abwicklung der Geschäfte durch einen Sozius des Notars gesichert ist (Eylmann/Vaasen/*Wilke* § 56 Rn. 10). Die Jahresfrist kann auf Antrag in begründeten Ausnahmefällen verlängert werden.

32 Der Notariatsverwalter ist nach § 56 II 3 BNotO für die Dauer von 3 Monaten berechtigt **neue Notariatsgeschäfte** anzunehmen.

33 Der Notariatsverwalter untersteht nach § 57 BNotO den für den Notar geltenden Vorschriften. Er führt ein eigenes Siegel mit der Aufschrift „Notariatsverwalter/Notariatsverwalterin in Ort" ohne seinen Namen. Das Siegel ist nach Ende der Tätigkeit an das Amtsgericht herauszugeben, § 51 II BNotO. Das Amtsgericht verwahrt in der Praxis die Siegel der Notariatsverwalter zur weiteren Verwendung.

34 Der Notariatsverwalter wird auf Rechnung der Notarkammer tätig (Eylmann/Vaasen/*Wilke* § 58 Rn. 10). Er ist über die zuständige Notarkammer haftpflichtversichert.

35 Soweit er die Geschäfte führt, stehen ihm die hierfür zu zahlenden Gebühren zu, wobei er sich erhaltene Vorschüsse des Notars anrechnen lassen muss, um sicherzustellen, dass die weitergeführte Tätigkeit für die Beteiligten nicht zu zusätzlichen Kosten führt. Für bereits zuvor entstandene Gebührenansprüche ist er berechtigt, die **vollstreckbare Ausfertigung** zu erteilen, um den Erben die Beitreibung zu ermöglichen (Eylmann/Vaasen/*Wilke* § 58 Rn. 10).

36 Der Notariatsverwalter nimmt die **Urkunden, Akten, Bücher und Verwahrgut** an sich, wobei sich der Anspruch gegen die Justizverwaltung richtet, die ihrerseits den Anspruch gegen den Rechtsnachfolger des Notars im Falle des Todes des Notars hat (Eylmann/Vaasen/*Wilke* § 58 Rn. 10). Sie hat auch dafür Sorge zu tragen, dass die Siegel des Notars an sie herausgegeben werden. Findet der Notariatsverwalter die Siegel auf, hat er sie dem Amtsgericht nach § 51 II BNotO zur Vernichtung zu übergeben.

37 Nach Ende der Abwicklung sind nach § 51 I BNotO die Akten, Bücher und Urkunden an das Amtsgericht oder den aktenverwahrenden Notar zu übergeben. Wer die Akten eines ausgeschiedenen Notars verwahrt, kann auf der Seite der Bundesnotarkammer www.notar.de unter dem Menüpunkt „Urkundensuche" nachgesehen werden.

38 Die Erben sind mit der Verwahrung der Urkunden, Akten, Bücher und Siegel mithin nicht befasst und sollen nicht in deren Besitz gelangen, sofern sie nicht über die erforderliche berufliche Qualifikation für die Abwicklung verfügen.

27. Steuerberatungsgesetz (StBerG)

In der Fassung der Bekanntmachung vom 4. November 1975 (BGBl. I 2735)

Zuletzt geändert durch Art. 8 G zur Neuregelung des Schutzes von Geheimnissen bei der Mitwirkung Dritter an der Berufsausübung schweigepflichtiger Personen vom 30.10.2017 (BGBl. I S. 3618)

(Auszug)

§ 70 StBerG Bestellung eines Praxisabwicklers

(1) ¹Ist ein Steuerberater oder Steuerbevollmächtigter gestorben, kann die zuständige Steuerberaterkammer einen anderen Steuerberater oder Steuerbevollmächtigten zum Abwickler der Praxis bestellen. ²Ein Abwickler kann auch für die Praxis eines früheren Steuerberaters oder Steuerbevollmächtigten bestellt werden, dessen Bestellung erloschen, zurückgenommen oder widerrufen worden ist.

(2) ¹Der Abwickler ist in der Regel nicht länger als für die Dauer eines Jahres zu bestellen. ²Auf Antrag des Abwicklers ist die Bestellung jeweils höchstens um ein Jahr zu verlängern, wenn er glaubhaft macht, dass schwebende Angelegenheiten noch nicht zu Ende geführt werden konnten.

(3) ¹Dem Abwickler obliegt es, die schwebenden Angelegenheiten abzuwickeln. ²Er führt die laufenden Aufträge fort; innerhalb der ersten sechs Monate ist er auch berechtigt, neue Aufträge anzunehmen. ³Ihm stehen die gleichen Befugnisse zu, die der verstorbene oder frühere Steuerberater oder Steuerbevollmächtigte hatte. ⁴Der Abwickler gilt für die schwebenden Angelegenheiten als von der Partei bevollmächtigt, sofern diese nicht für die Wahrnehmung ihrer Rechte in anderer Weise gesorgt hat.

(4) ¹Der Steuerberater oder Steuerbevollmächtigte, der von Amts wegen zum Abwickler bestellt worden ist, kann die Abwicklung nur aus einem wichtigen Grund ablehnen. ²Über die Zulässigkeit der Ablehnung entscheidet die zuständige Steuerberaterkammer.

(5) § 69 Abs. 2 und 4 gilt entsprechend.

(6) Der Abwickler ist berechtigt, jedoch außer im Rahmen eines Kostenfestsetzungsverfahrens nicht verpflichtet, Gebührenansprüche und Kostenforderungen des verstorbenen oder früheren Steuerberaters oder Steuerbevollmächtigten im eigenen Namen geltend zu machen, im Falle des verstorbenen Steuerberaters oder Steuerbevollmächtigten allerdings nur für Rechnung der Erben.

(7) Die Bestellung kann widerrufen werden.

(8) § 69 Abs. 6 gilt entsprechend, es sei denn, es liegt eine schriftliche Einwilligung der Erben oder des früheren Steuerberaters oder Steuerbevollmächtigten vor.

1. Zweck der Norm. Die Bestellung eines Praxisabwicklers nach § 70 StBerG sichert die ordnungsgemäße Beendigung der Tätigkeit eines Steuerberaters oder Steuerbevollmächtigten unter Wahrung der Berufspflichten des Steuerberaters, die sich aus § 57 StBerG ergeben. Damit sichert der Abwickler einerseits die Interessen der Mandanten, andererseits sind die Vorschriften für den Abwickler so ausgestaltet, dass zugleich der Wert der Praxis als wirtschaftliche Einheit erhalten und verwertbar bleibt. Nach § 57 I StBerG haben „Steuerberater und Steuerbevollmächtigte (...) ihren Beruf unabhängig, eigenverantwortlich, gewissenhaft, verschwiegen und unter Verzicht auf berufswidrige Werbung auszuüben." Im Fall des Todes des praktizierenden Steuerberaters ist einerseits sicherzustellen, dass bestehende Mandate gewissenhaft weiterbearbeitet werden. In diesem Zusammenhang muss dafür Sorge getragen werden, dass zB einzuhaltende Fristen gewahrt werden. Bereits das ist problematisch, wenn die Erben selbst keine steuerberatende Tätigkeit ausüben. In der Praxis problematischer andererseits ist die Wahrung der **Verschwiegenheitspflichten** und die Sicherung der dem Steuergeheimnis unterliegenden Daten der Mandanten. In diesem Zusammenhang muss der Verbleib der Akten und gespeicherten Daten geklärt werden. 1

2. Steuerberater und Steuerbevollmächtigter. § 70 I StBerG sieht die Praxisabwicklung sowohl für Steuerberater, wie auch für Steuerbevollmächtigte vor. Steuerberater und Steuerbevollmächtigte sind neben Rechtsanwälten, Wirtschaftsprüfern und vereidigten Buchprüfern nach § 3 StBerG zur Hilfeleistung in Steuersachen iS von § 2 StBerG befugt. 2

a) Steuerberater. Steuerberater ist, wer nach § 40 I StBerG als solcher durch die Steuerberaterkammer bestellt ist. Voraussetzung für die Bestellung ist die erfolgreiche Teilnahme an der Steuerberaterprüfung nach § 37 StBerG, sofern kein Befreiungstatbestand nach § 38 StBerG gegeben ist. Steuerberater üben einen freien Beruf, kein Gewerbe, aus. 3

b) Steuerbevollmächtigter. Steuerbevollmächtigte wurden ebenfalls durch die Steuerberaterkammer nach Bestehen der dafür erforderlichen Prüfung bestellt. Eine Neubestellung ist jedoch seit 1980 auf- 4 grund des am 12.8.1972 Inkraftgetretenen Zweiten Gesetzes zur Änderung des Steuerberatergesetzes (BGBl. 1972 I 1401) nicht mehr möglich. Bis dahin bestellte Steuerbevollmächtigte können ihre Tätigkeit unter der bisherigen Berufsbezeichnung fortführen.

5   c) **Angleichung der Rechtslage in der DDR.** In der ehemaligen DDR wurden die „Helfer in Steuersachen" 1990 zunächst zu Steuerbevollmächtigten. Aufgrund der Anlage IV zum Vertrag über die Schaffung einer Währungs-, Wirtschafts- und Sozialunion vom 18.5.1980 zwischen der BRD und der DDR (BGBl. 1990 II 537) erfolgte 1991 eine Übernahme des Bundesdeutschen Rechts (GBl. DDR I v. 27.7. 1990, Sonderdruck Nr. 1455).

6   **3. Bestellung des Abwicklers.** Nach § 70 I StBerG **kann** die Steuerberaterkammer einen Praxisabwickler bestellen. Ihr obliegt es, dafür Sorge zu tragen, dass die erforderlichen Maßnahmen getroffen werden, wenn wegen des Todes eines Steuerberaters in dessen Praxis die Einhaltung der grundlegenden Berufspflichten, insbesondere die verantwortliche Leitung der Praxis nicht mehr sichergestellt werden kann. Die Notwendigkeit zur Bestellung eines Abwicklers ist gegeben, wenn die Kammer aufgrund von Beschwerden Kenntnis davon erlangt, dass aufgrund des Todes die gewissenhafte Erledigung der Arbeiten oder die Herausgabe von Mandanten Akten nicht mehr gesichert ist. Es wird also nicht in jedem Fall bei Tod eines Steuerberaters ein Praxisabwickler bestellt, sondern nur wenn hierfür ein **Bedürfnis** besteht und der Kammer bekannt wird. Ein Bedürfnis besteht, wenn der vormalige Steuerberater nicht selbst Sorge für die eine Beendigung übernommener Aufträge getroffen hat, wenn begonnene, aber nicht zu Ende geführte **Aufträge** vorhanden sind und/oder **Mandantenunterlagen** herausgegeben werden müssen. Die Erben sind vorab anzuhören. Sofern einer der Erben über die erforderliche Qualifikation als Rechtsanwalt, Steuerberater oder Wirtschaftsprüfer verfügt, besteht kein Bedürfnis für die Bestellung eines Abwicklers. Es bedarf keines Antrags. Die Erben haben aber ein **Vorschlagsrecht** hinsichtlich der Person und sind berechtigt, die Kammer um Bestellung eines Abwicklers zu ersuchen.

7   **4. Person des Abwicklers.** Abwickler kann nach § 70 I 1 StBerG nur ein Steuerberater oder Steuerbevollmächtigter sein. Damit ist gesichert, dass die berufsspezifischen Pflichten gewahrt werden.

8   **5. Dauer der Abwicklung.** Regelmäßig sieht § 70 II StBerG die Abwicklung für die Dauer von höchstens einem Jahr vor, wobei eine Verlängerung auf Antrag des Abwicklers möglich ist. In aller Regel können Mandatsverhältnisse binnen der gesetzlich bestimmten regelmäßigen Höchstfrist auf andere Berater übergeleitet werden. Aber auch die notwendigen (akuten) Arbeiten können binnen Jahresfrist unter Verwendung der mit den Sachen womöglich langjährig befassten Mitarbeiter und innerhalb der Organisationsstruktur der Praxis abgearbeitet werden. Das gilt insbesondere, weil steuerliche Pflichten jährlich wiederkehren. Gesichert ist bei dieser Zeitdauer auch, dass bei unterjährig endenden Geschäftsjahren wegen abweichender Geschäftsjahreszeiträume aufgrund vertraglicher oder gesetzlicher Vorgaben (zB abweichendes landwirtschaftliches Geschäftsjahr), die notwendigen nächsten Jahresabschlussarbeiten erledigt werden können. Eine Verlängerung der Abwicklung kommt auf Antrag des Abwicklers in Betracht, wenn er glaubhaft macht, dass noch nicht alle Arbeiten abgeschlossen werden konnten.

9   Die Abwicklung endet mit Anzeige der Beendigung, mit vollständiger Erledigung der Restarbeiten, mit dem Erwerb der Praxis durch einen anderen Berufsträger oder mit dem Widerruf der Abwicklerbestellung nach § 70 Nr. 7 StBerG.

10   **6. Aufgaben des Abwicklers.** Die Aufgaben des Abwicklers beschränken sich auf die Abwicklung der angenommenen Geschäfte des Erblassers. Allerdings darf er im Rahmen der Abwicklung zumindest innerhalb der ersten 6 Monate auch neue Aufträge annehmen. Der Abwickler wird nicht Eigentümer der Praxis. Die Praxis geht vielmehr gemäß § 1922 BGB auf den oder die Erben über. Die Aufgabe des Abwicklers besteht in der Wahrung der berufsspezifischen Pflichten gegenüber den Mandanten. Er hat sie über die Abwicklung und seine Funktion sowie Dauer zu unterrichten. Er hat seine Stellung auf Geschäftspapieren deutlich zu machen.

11   a) **Schwebende Angelegenheiten und laufende Aufträge.** Schwebende Angelegenheiten und laufende Aufträge sind solche mit deren Bearbeitung bereits begonnene, die aber noch nicht abgeschlossen wurden. Bei Daueraufträgen zur Buchhaltung wäre das die aktuell laufende Monatsbuchhaltung (Hinweise der Bundessteuerberaterkammer zur Tätigkeit des Steuerberaters als Praxisabwickler (§ 70 StBerG) vom 5.3.2009, Berufsrechtliches Handbuch, Kap. 5.2.3.4., Ziff. 3a) aa)). Die Verpflichtung zur Fortführung besteht indes nicht für noch nicht begonnene Arbeiten (Bundessteuerberaterkammer, aaO, Ziff. 3a) aa)). Zu den Aufgaben des Abwicklers gehört auch nicht die Aufarbeitung von **Bearbeitungsrückständen**. Insoweit trifft ihn lediglich eine unverzügliche Informationspflicht gegenüber dem Mandanten (Bundessteuerberaterkammer, aaO, Ziff. 3a) bb)).

12   b) **Finanzgerichtliche Verfahren.** Gerichtliche Verfahren werden mangels Vertretungszwang nicht unterbrochen. Etwas anderes gilt nach § 155 FGO iVm § 244 I ZPO für Verfahren vor dem BFH.

13   c) **Neuaufträge.** Es gilt zu beachten, dass zwar die Annahme neuer Aufträge, zB die weitere laufende Monatsbuchführung innerhalb der ersten sechs Monate zulässig ist. Wenn es sich um längerfristige Aufträge handelt, muss der Abwickler auf die Möglichkeit hinweisen, dass der Auftrag womöglich durch ihn nicht innerhalb der Abwicklung zu Ende geführt werden kann (Bundessteuerberaterkammer, aaO, Ziff. 3. a) bb)).

14   d) **Anderkonten.** Der Abwickler wird Inhaber bestehender Anderkonten kraft Amtes. Bis zu seiner Bestellung ist die zuständige Berufskammer deren Inhaber (§ 11 der Sonderbedingungen für Anderkon-

ten und Anderdepots von Angehörigen der öffentlich bestellten wirtschaftsprüfenden und wirtschafts- und steuerberatenden Berufe (Treuhänder), Berufsrechtliches Handbuch der Steuerberaterkammern, Teil 5.3.1.). Er hat zudem für die Erben ein Anderkonto einzurichten, über das er alle Geschäftsvorfälle abwickelt (Hinweise der Bundessteuerberaterkammer zur Tätigkeit des Steuerberaters als Praxisabwickler, Ziff. 3a) aa). 3. e)).

7. Ablehnung des Amtes. Nur der von Amts wegen bestellte Abwickler hat nach § 70 IV StBerG ein Recht, das Amt abzulehnen. Hierzu bedarf es eines wichtigen Grundes. Als solcher ist bspw. eine eigene hohe Arbeitsbelastung denkbar, die eine ordnungsgemäße Betreuung der Mandate des verstorbenen Steuerberaters unmöglich macht.

8. Rechte und Pflichten des Abwicklers. Bei der Ausübung seiner Tätigkeit stehen dem Abwickler die gleichen Rechte zu, wie einem Praxisvertreter. Ihm ist Zutritt zu den Räumen, Zugriff auf Daten und Akten zu gewähren. Er hat die Interessen der Mandanten eigenverantwortlich wahrzunehmen. Im Gegenzug hat er Anspruch auf eine angemessene Vergütung.

a) Außenverhältnis zum Mandanten. Ausschließlich dem Abwickler, nicht den Erben oder den Mitarbeitern des früheren Steuerberaters obliegt die Abwicklung der schwebenden Mandate, nicht jedoch aller sonstigen Rechtsverhältnisse des verstorbenen Steuerberaters. Im Außenverhältnis, also gegenüber dem Mandanten hat der Abwickler die gleichen Rechte wie der verstorbene Steuerberater. § 69 II StBerG findet entsprechende Anwendung. Er übt ein öffentliches Amt aus (Hinweise der Bundessteuerberaterkammer zur Tätigkeit des Steuerberaters als Praxisabwickler (§ 70 StBerG) vom 5.3.2009, Ziff. 2. A)). Er gilt nach § 70 IV StBerG als vom Mandanten bevollmächtigt. Es empfiehlt sich in der Praxis, sich gegenüber allen Beteiligten, auch Finanzbehörden und Gerichten unter Vorlage der Bestellungsurkunde zu legitimieren. Etwas anderes gilt nur, wenn der Mandant anderweitig für seine Interessenwahrnehmung gesorgt, also einen anderen Steuerberater bevollmächtigt oder das Mandat beendet hat. Der Abwickler handelt hinsichtlich der Mandatsbearbeitung eigenverantwortlich und frei von Weisungen der Erben. Er hat ihnen gegenüber einen Anspruch auf Herausgabe der für die Bearbeitung erforderlichen Akten und Daten. Der Abwickler ist dabei insbesondere zur Erledigung dringender Arbeiten zu Abwehr von Gefahren verpflichtet. Er ist auch zur Nachbesserung von fehlerhaft ausgeführten Arbeiten des verstorbenen Steuerberaters verpflichtet.

b) Innenverhältnis zu den Erben. Im Verhältnis zu den Erben besteht gemäß § 70 V iVm § 69 II StBerG ein Geschäftsbesorgungsvertrag nach den §§ 675 ff. BGB. Der Abwickler tritt nicht als Arbeitgeber, Mieter, Darlehensnehmer oder in sonstiger Weise in Vertragsverhältnisse des verstorbenen Steuerberaters, die dieser im Rahmen seiner Büroorganisation und seines Kanzleibetriebs abgeschlossen hat, ein. Es findet hinsichtlich der Arbeitsverhältnisse kein Betriebsübergang nach § 613a BGB auf den Abwickler statt. Er wird nicht Schuldner vertraglicher Verpflichtungen des Erblassers. Er wird auch nicht Gläubiger von Gebührenforderungen und sonstigen Forderungen des Erblassers, auch nicht soweit sie steuerberatende Tätigkeit betreffen. Er betreibt die Abwicklung vielmehr ausschließlich für Rechnung der Erben. Sie sind verpflichtet, dem Abwickler Zugang zu den Praxisräumen, Akten und Daten zu gewähren. Um die Akten und Daten vor dem Zugriff Dritter zu schützen, ist der Abwickler berechtigt, den Zutritt notfalls im Wege der einstweiligen Verfügung zu erwirken und ggf. Schlösser auszutauschen oder anderweitige Sicherungsmaßnahmen zu ergreifen.

c) Nachlassinsolvenz. Die Nachlassinsolvenz tangiert die Abwicklung lediglich insoweit, als der Insolvenzverwalter an die Stelle der Erben tritt. Er ist nicht weisungsbefugt gegenüber dem Abwickler. Beide Funktionen bestehen nebeneinander mit ihren jeweiligen Aufgabenkreisen. Der Insolvenzverwalter wird keineswegs Praxisabwickler. Er ist lediglich berechtigt, Gelder zu vereinnahmen, die andernfalls an die Erben auszukehren werden. Er ist Vertragspartner, sofern die Praxis des Steuerberaters veräußert werden soll und darf insoweit auch auf die Mandatendaten zugreifen. Der Insolvenzverwalter hat aber keinerlei Funktion im Mandatsverhältnis. Er ist lediglich Gläubiger der Gebührenforderungen. Nicht ausgekehrte Fremdgelder, sind nach Ende der Abwicklung an den Insolvenzverwalter zu übergeben.

d) Vergütung. Der Abwickler hat gegenüber den Erben Anspruch auf eine angemessene Vergütung. Dazu soll er mit den Erben eine Vereinbarung schließen. Die **Vergütungsvereinbarung** ist vor der Aufnahme der Tätigkeit oder zumindest zeitnah hierzu zu schließen. Dabei sind besondere Schwierigkeiten bei der Abwicklung bereits zu berücksichtigen. Der Abwickler hat die Erben darauf hinzuweisen, dass zB die Praxis ungeordnet ist, Bearbeitungsrückstände bestehen, bestimmte technische Voraussetzungen nicht vorhanden sind oder ähnliche Umstände vorliegen, die die Abwicklung verkomplizieren. Andernfalls kann ein späteres berufen auf solche Umstände treuwidrig sein (VwGH Baden-Würtemberg, 14.9.2011 – 9 S 2595/10, DStRE 2012, 325). Bei der Bemessung der Vergütung werden die üblichen Stundensätze für die Vergütung einer vergleichbaren Steuerberatungstätigkeit, ggf. unter Einbeziehung der für die Tätigkeit von Personal anzusetzenden Kosten und Stundensätze zugrunde gelegt. Auszugehen ist ohne besondere Umstände von der Mittelgebühr. In Betracht kommt die Vereinbarung eines Fixums, einer Vergütung auf Stundenbasis, angeknüpft an das mit der Tätigkeit verbundene Gebührenaufkommen oder eine Kombination aus Fixum und Erfolgsvergütung (Bundessteuerberaterkammer, aaO. Ziff. 5). Dabei kann auf die Rechtsprechung zu Abwicklern von Rechtsanwaltskanzleien zurückgegriffen werden. Die Vergütung beinhaltet nicht der Aufwand für das Personal des verstorbenen Steuerberaters (BGH, 30.11.1992 – AnwZ (B) 27/92, NJW 1993, 1334). Deren Vergütung ist von den Erben gesondert zu leisten. Mehraufwendungen des Abwicklers, wie zB eine Zusatzprämie in seiner Haftpflichtversicherung, Reisekosten oder sonstige Auslagen sind gesondert abzurechnen und durch die Erben zu erstatten (Bundessteuerberaterkammer, aaO. Ziff. 5). Die Vergütung ist **umsatzsteuerpflichtig**.

21 Kommt eine Einigung über die Vergütung nicht zustande, kann die zuständige Steuerberaterkammer nach § 69 IV 4 StBerG eine **angemessene Vergütung** festsetzen. Als Anknüpfungspunkt zur Feststellung der Angemessenheit kann bspw. die Durchschnittsvergütung eines angestellten Steuerberaters herangezogen werden (BVerwG, 15.9.2010 – 8 C 21/09 – BVerwGE 138, 1 = NVwZ 2011, 501 (505)).

22 Der Abwickler nach § 69 IV 5 StBerG kann **Vorschüsse** auf seine Vergütung von den Erben verlangen. Um ihn von dem Risiko der beschränkten Erbenhaftung und der Nachlassinsolvenz zu befreien, haftet die Steuerberaterkammer gemäß § 70 V iVm § 69 IV 6 StBerG als **Bürge** für die **festgesetzte Vergütung**.

23 **9. Gebühren.** Nach § 70 VI StBerG ist der Abwickler im Rahmen der Kostenfestsetzung zur Geltendmachung der Gebühren verpflichtet, weil das Kostenfestsetzungsverfahren Aufgabe insoweit Prozessbevollmächtigten ist. Im Übrigen ist er berechtigt Gebührenansprüche geltend zu machen und einzuziehen, wobei er auf Rechnung der Erben einzuziehen hat. Die Erben werden Gläubiger und Schuldner vorhandener und entstehender Forderungen und Verbindlichkeiten. Die Abrechnung erfolgt ausschließlich zu ihren Gunsten.

24 **10. Widerruf der Bestellung.** Die Bestellung kann nach § 70 VII StBerG durch die Kammer widerrufen werden. Das ist denkbar, wenn der Abwickler seine Tätigkeit nicht aufnimmt oder nicht ordnungsgemäß ausführt. Das ist auch möglich, wenn das Bedürfnis zur Abwicklung entfällt.

25 **11. Wettbewerbsverbot.** Nach § 70 VIII iVm § 69 VI StBerG besteht für den Abwickler für die Dauer von 2 Jahren nach der Beendigung der Abwicklung ein Wettbewerbsverbot. Er darf keine Mandatsverhältnisse mit Mandanten des von ihm abgewickelten Steuerberaters übernehmen. Auf diese Weise wird gesichert, dass der wirtschaftliche Wert der Praxis nicht im Rahmen der Abwicklung ausgehöhlt wird, was eine Verwertung unmöglich machen würde. Die Erben können dem Abwickler die Aufnahme von Mandatsverhältnissen zu Mandanten des Erblassers gestatten. Die Erlaubnis muss schriftlich erteilt werden.

26 **12. Verschwiegenheit im Todesfall.** Als für den Mandanten rechtlich kaum kontrollierbar erweisen sich im Erbfall die Vorgaben der Berufsordnung der Steuerberater gemäß § 5 Berufsordnung der Steuerberater (BOStB):

27 a) **Vorschrift des § 5 BOStB (Verschwiegenheit).**
(1) Die Pflicht zur Verschwiegenheit erstreckt sich auf alles, was Steuerberatern in Ausübung ihres Berufs oder bei Gelegenheit der Berufstätigkeit anvertraut worden oder bekannt geworden ist, und gilt gegenüber jedem Dritten, auch gegenüber Behörden und Gerichten.
(2) Die Pflicht zur Verschwiegenheit besteht nicht, soweit die Offenlegung der Wahrung eigener berechtigter Interessen des Steuerberaters dient oder soweit der Steuerberater vom Auftraggeber von seiner Verschwiegenheitspflicht entbunden worden ist.
(3) Steuerberater haben gemäß § 62 StBerG ihre Mitarbeiter, die nicht selbst Steuerberater sind, zur Verschwiegenheit zu verpflichten und sie über die einschlägigen Vorschriften, insbesondere des § 102 AO (Auskunftsverweigerungsrecht in Steuersachen), des § 203 I Nr. 3, III–V StGB für die §§ 53 I Nr. 3 und II und 53a sowie des § 97 StPO (Zeugnisverweigerungsrecht und Beschlagnahmeverbot im Strafprozess), der §§ 383 I Nr. 6 und III, 385 II ZPO (Zeugnisverweigerungsrecht im Zivilprozess), des § 5 BDSG sowie die jeweiligen landesrechtlichen Datenschutzbestimmungen zu unterrichten. Die Verpflichtung ist schriftlich vorzunehmen.
(4) Steuerberater müssen dafür sorgen, dass Unbefugte während und nach Beendigung ihrer beruflichen Tätigkeit keinen Einblick in Mandantenunterlagen und Mandanten betreffende Unterlagen erhalten. Dies gilt auch für Bürogemeinschaften.
(5) Die Pflicht zur Verschwiegenheit besteht nach Beendigung des Auftragsverhältnisses fort.
(6) Steuerberater, die Gebührenforderungen abtreten oder ihre Einziehung Dritten übertragen, müssen den neuen Gläubiger oder Einziehungsermächtigten auf dessen gesetzliche Verschwiegenheitspflicht (§ 64 II StBerG) hinweisen.

28 b) **Verschwiegenheitspflicht der Erben.** Die Verschwiegenheitspflicht geht auf die Erben als Rechtsnachfolger des Steuerberaters über. Sie machen sich nach § 203 III 3 StGB strafbar, wenn sie hiergegen verstoßen. Es ist ihnen nicht nur verboten, jedwede persönlichen, steuerlichen, wirtschaftlichen Tatsachen, die im Rahmen der Mandate dem Steuerberater über seine Mandanten bekannt geworden sind, zu offenbaren. Sie sind vielmehr auch verpflichtet, die Akten und Unterlagen vor einem Zugriff unbefugter Dritter zu schützen. Ein Verstoß gegen diese Verpflichtung ist einerseits strafbar und löst andererseits Schadensersatzansprüche nach § 823 II BGB iVm § 203 I 3 StGB aus (Hinweise der Bundessteuerberaterkammer zu notwendigen Maßnahmen im Todesfall von Steuerberatern vom 25.4.2012, Berufsrechtliches Handbuch, Kap. 5.2.3.5., Ziff. I. 4.) Sie haben im Zusammenhang mit der Abwicklung des Nachlasses dafür Sorge zu tragen, dass die Verschwiegenheitspflicht auch durch Dritte, zB mit dem Verkauf der Praxis beauftragte gewahrt wird. Die gleichen Pflichten treffen auch Nachlassverwalter, -pfleger, Testamentsvollstrecker oder Ergänzungspfleger, die die Rechte für minderjährige Erben wahrnehmen.

29 c) **Gestaltungsempfehlung.** Es ist daher bei der Gestaltungsberatung in jedem Fall zu empfehlen, Vorsorge zu treffen. Dazu bieten sich in der letztwilligen Verfügung Regelungen an, die sichern, dass Akten ausschließlich in die Hände von zur Berufsverschwiegenheit verpflichteten Personen geraten. Das

geeignete Gestaltungsinstrument ist die Anordnung einer **Testamentsvollstreckung** für die Auseinandersetzung und vorübergehende Verwaltung der Steuerberaterpraxis. Als Testamentsvollstrecker ist ein Steuerberater, Rechtsanwalt oder Wirtschaftsprüfer zu benennen. Nimmt dieser das Amt nicht an oder kann keine solche Person benannt werden, sind in der letztwilligen Verfügung die **Kriterien zum Personenkreis** möglicher Testamentsvollstrecker dahingehend zu definieren, dass nur eine Person, die diese Merkmale aufweist, benannt werden kann. Ohnehin ist das für den sachgerechten Umgang mit einem solchen Vermögenswert kaum zu umgehen.

13. Handakten im Todesfall. Nicht geregelt ist, wie mit den Akten des Steuerberaters zu verfahren ist. 30
Die Akten sind entweder vom Abwickler oder den Erben aufzubewahren oder zu vernichten. Gelegentlich sind auch die Kammern bereit, die Akten „aufzunehmen". Es muss jedenfalls gesichert sein, dass die Verschwiegenheit gewahrt bleibt. Allgemeine Regelungen zum Umgang mit den Handakten enthält § 66 StBerG:

a) **Text des § 66 StBerG (Handakten).** (1) Der Steuerberater oder Steuerbevollmächtigte hat die 31
Handakten für die Dauer von zehn Jahren nach Beendigung des Auftrages aufzubewahren. Diese Verpflichtung erlischt mit der Übergabe der Handakten an den Auftraggeber, spätestens jedoch binnen sechs Monaten, nachdem der Auftraggeber die Aufforderung des Steuerberaters oder Steuerbevollmächtigten erhalten hat, die Handakten in Empfang zu nehmen.
(2) Der Steuerberater oder Steuerbevollmächtigte kann seinem Auftraggeber die Herausgabe der Handakten verweigern, bis er wegen seiner Gebühren und Auslagen befriedigt ist. Dies gilt nicht, soweit die Vorenthaltung der Handakten und der einzelnen Schriftstücke nach den Umständen unangemessen ist.
(3) Handakten im Sinne dieser Vorschrift sind nur die Schriftstücke, die der Steuerberater oder Steuerbevollmächtigte aus Anlass seiner beruflichen Tätigkeit von dem Auftraggeber oder für ihn erhalten hat, nicht aber der Briefwechsel zwischen dem Steuerberater oder Steuerbevollmächtigten und seinem Auftraggeber, die Schriftstücke, die dieser bereits in Urschrift oder Abschrift erhalten hat, sowie die zu internen Zwecken gefertigten Arbeitspapiere.
(4) Die Absätze 1 bis 3 gelten entsprechend, soweit sich der Steuerberater oder Steuerbevollmächtigte zum Führen von Handakten der elektronischen Datenverarbeitung bedient. Die in anderen Gesetzen getroffenen Regelungen über die Pflicht zur Aufbewahrung von Geschäftsunterlagen bleiben unberührt.

b) **Handakten während der Abwicklung.** Im Rahmen der Abwicklung benötigt der Praxisabwickler 32
die Akten und Handakten für die Ausübung seiner Tätigkeit. Ihm ist zur Sichtung der notwendigen Arbeiten und zur Bearbeitung der laufenden Mandate nach § 70 V iVm § 69 II StBerG Zugriff zu geben und er darf die Akten zur Sicherung der Verschwiegenheit in Besitz und unter Verschluss nehmen. Seine Pflichten und Befugnisse enden mit der Beendigung der Abwicklung.

c) **Aufbewahrungspflicht.** Auch nach einer Abwicklung im Erbfall besteht die Aufbewahrungspflicht 33
nach § 66 I 1 StBerG. Diese Pflicht trifft indes nicht den Abwickler. Seine Aufgabe beschränkt sich auf die Abwicklung laufender Mandatsvorgänge. Er hat weder die Aktenablage in Besitz zu nehmen, noch für die Verwahrung der von ihm bearbeiteten Akten nach Ende der Bearbeitung Sorge zu tragen. Das kann der Abwickler machen. Das kann auch die Steuerberaterkammer übernehmen, sofern sie hierzu bereit ist. Ansonsten trifft diese Pflicht den Erben. Wegen der **Verschwiegenheitspflichten** sind die Akten an sich zu versiegeln und gegen den Einblick Unberechtigter zu schützen, zu denen auch die Erben gehören, wenn sie nicht selbst den rechts- oder steuerberatenden Berufen angehören und die Praxis abwickeln oder fortführen. Allerdings ist nicht geregelt, wer diese Aufgabe im Falle des Todes des Steuerberaters zu erledigen hat. Vom Abwickler darf erwartet werden, dass er diese Aufgabe für von ihm bearbeitete Mandate übernimmt.

d) **Herausgabe.** Zur Vermeidung der berufsrechtlich unbefriedigenden Situation, dass Unbefugte, 34
nicht standesrechtlich gebundene Erben die Verwahrung übernehmen müssen und in den Besitz von vertraulichen Daten gelangen sollte der Abwickler sicherstellen, dass nicht mehr aufzubewahrende Akten vernichtet werden. In der Praxis sind die Berufskammern oft bereit, die hierfür anfallenden Kosten zu übernehmen, denn eine unkontrollierte Verbreitung von Akteninhalten ist für den Berufsstand regelmäßig schädlich. Da die Erben rechtlich zur Sicherung der Akten verpflichtet sind, ist auch in ihrem Interesse möglichst nach einer Lösung zu suchen, die eine Aktenaufbewahrung vermeidet. Schon aus Platzgründen ist das oft dringend geboten. Die noch aufzubewahrenden Akten sollten daher den Mandanten nach § 66 Abs. 1 StBerG zur Herausgabe angeboten werden. Das Angebot kann durch den Abwickler, wie auch durch die Erben persönlich erfolgen. Es sollte dokumentiert werden. Dazu bietet sich eine schriftliche Aufforderung mit Zugangsnachweis an. Sodann können die Akten nach 6 Monaten, also bei rechtzeitigem Beginn auch noch während der Abwicklung vernichtet werden, wenn die Mandanten die Akten nicht in Empfang nehmen. Die Vernichtung hat auf Rechnung der Erben zu erfolgen. Die Kostenübernahme durch die Kammern ist ein Ausnahmefall, der Notfällen vorbehalten ist, in denen die Erben für eine ordnungsgemäße Verwahrung oder Vernichtung nicht Sorge tragen. Eine Verpflichtung der Kammern besteht nicht.

Wir eine Praxis veräußert und fortgeführt, werden die Handakten in der Regel durch den Käufer/ 35
Übernehmer aus Gründen der Mandantenbindung übernommen und aufbewahrt.

e) **Inhalt der Handakte.** Die Handakte sind nach § 66 III StBerG nur diejenigen Schriftstücke, die der 36
Steuerberater von seinem Mandanten oder für ihn erhalten hat. Letztere nur, sofern der Mandant noch

keine Abschrift oder das Original erhalten hat. Aller sonstiger Schriftverkehr, mit dem Mandanten, interne Aufzeichnungen oder Kopien oder Abschriften von Bescheiden oder sonstiger Eingangspost, sind nicht die Handakte und können vernichtet werden, solange sie nicht den allgemeinen Aufbewahrungspflichten für Geschäftsunterlagen (§ 66 IV StBerG) nach steuerlichen Vorgaben, § 147 I AO, oder handelsrechtlichen Pflichten, § 257 I HGB, unterliegen. Allenfalls aus Gründen der Haftung gegenüber Mandanten kann eine Aufbewahrung vollständiger Akten zu Beweiszwecken erforderlich sein.

§ 71 Bestellung eines Praxistreuhänders

(1) ¹Soll die Praxis eines verstorbenen Steuerberaters oder Steuerbevollmächtigten auf eine bestimmte Person übertragen werden, die im Zeitpunkt des Todes des verstorbenen Berufsangehörigen noch nicht zur Hilfeleistung in Steuersachen befugt ist, so kann auf Antrag der Erben die zuständige Steuerberaterkammer für einen Zeitraum bis zu drei Jahren einen Steuerberater oder Steuerbevollmächtigten zum Treuhänder bestellen. ²In Ausnahmefällen kann der Zeitraum um ein weiteres Jahr verlängert werden.

(2) ¹Der Treuhänder führt sein Amt unter eigener Verantwortung jedoch für Rechnung und auf Kosten der Erben des verstorbenen Steuerberaters oder Steuerbevollmächtigten. ²Er hat Anspruch auf eine angemessene Vergütung.

(3) Die Bestellung kann jederzeit widerrufen werden.

(4) Absatz 1 gilt entsprechend für die Praxis eines früheren Steuerberaters oder Steuerbevollmächtigten, dessen Bestellung wegen nicht nur vorübergehender Berufsunfähigkeit widerrufen ist (§ 46 Abs. 2 Nr. 7) oder der aus den in § 57 Abs. 4 genannten Gründen auf seine Bestellung verzichtet hat.

(5) § 69 Abs. 6 gilt entsprechend.

1. **Normzweck.** Anders als § 70 StBerG sichert § 71 StBerG nicht die Abwicklung der Praxis im Interesse der Mandanten mit oder ohne Vorbereitung eines Verkaufs an einen Fremden, sondern soll eine schon zu Lebzeiten des verstorbenen Steuerberaters angedachte, aber mangels Vorliegen der Voraussetzungen des Nachfolgers noch nicht durchgeführte **Nachfolgeregelung** im Kreis der Familie oder im Umfeld des Beraters über den Tod des Praxisinhaber hinaus ermöglichen.

2. **Gestaltungsnotwendigkeit.** Sofern der Nachfolger nicht der gesetzliche Erbe ist, ist zwingend eine Absicherung durch **letztwillige Verfügung** vorzunehmen oder mit **gesellschaftsrechtlichen Regelungen** Vorsorge zu treffen. Auch wenn ein Erbe aus dem Kreis mehrerer gesetzlicher Erben die Nachfolge antreten soll, bedarf es einer entsprechenden gesellschaftsrechtlichen oder letztwilligen Gestaltung. Mit Blick auf die Frist von 3 Jahren, die nur um ein Jahr verlängert werden kann, muss der Nachfolger sich bereits zur Zeit des Erbfalls in einer auf die Weiterführung der Praxis gerichteten Ausbildung befinden oder die Steuerberaterprüfung abgeschlossen haben, aber noch nicht zum Steuerberater bestellt sein, damit über die Treuhandlösung die Nachfolge gesichert werden kann.

3. **Antragserfordernis.** Nach § 71 I StBerG bedarf es im Rahmen des § 71 StBerG zwingend eines Antrags der Erben, damit die Steuerberaterkammer tätig wird und den Treuhänder bestellt.

4. **Dauer.** Die Dauer des Treuhandverhältnisses ist zeitlich begrenzt auf 3 Jahre. Eine Verlängerung kommt in Ausnahmefällen in Betracht. Das kann der Fall sein, wenn absehbar ist, dass der ernannte Nachfolger die Voraussetzungen innerhalb der 3 Jahre noch nicht erreicht hat, aber innerhalb des weiteren Jares erreichen wird.

5. **Person des Nachfolgers.** Der Nachfolger muss innerhalb der Dauer von 3 bzw. längstens 4 Jahren die Qualifikation als Steuerberater, Wirtschaftsprüfer oder Rechtsanwalt erlangt haben und damit zur Hilfe in Steuersachen berechtigt sein.

6. **Person des Treuhänders.** Treuhänder kann nach dem Wortlaut des § 71 I StBerG nur ein Steuerberater oder Steuerbevollmächtigter sein. Er führt die Praxis während der Treuhand eigenverantwortlich.

7. **Stellung des Treuhänders.** Im **Außenverhältnis** wird er eigenverantwortlich und im eigenen Namen gegenüber den Mandanten tätig. Seine Tätigkeit erfolgt aber, wie die des Abwicklers, auf und für Rechnung des Treugebers, also der Erben oder des Nachfolgers. Der Treugeber bleibt Inhaber der Honorarforderungen. Der Treuhänder ist nicht berechtigt, Honorarforderungen im eigenen Namen geltend u machen (LG Darmstadt, 6.3.1996 – 2 O 520/95 – juris). Der Treuhänder ist, anders als der Abwickler, auch auf Dauer verpflichtet, Neugeschäft anzunehmen (Hinweise der Bundessteuerberaterkammer, Berufsrechtliches Handbuch, Kap. 5.2.3.2., Ziff. 2). Er muss auf Geschäftspapieren seine Stellung als Treuhänder und das Treuhandverhältnis durch einen entsprechenden Zusatz kenntlich machen.

8. Im **Innenverhältnis** besteht wiederum ein **Geschäftsbesorgungsvertrag** nach den §§ 675 ff., 611 ff. BGB, der schriftlich ausgestaltet werden sollte und die Vergütung, Haftung, Wettbewerbsverbote (trotz gesetzlicher Festlegung), Dauer der Treuhand, Herausgabepflichten, Auslagenersatz und alle sonstigen zwischen den Parteien zu beachtenden Rechte und Pflichten regeln sollte. Im Zusammenhang damit ist auch der **Vergütung** zu regeln. Die Vergütung kann wiederum orientiert werden an der eines Steuerberaters als freier Mitarbeiter. Sie kann als Fixum oder Vereinbarung eines Stundensatzes oder erfolgsabhängig vereinbart werden. Die Vergütung kann bei der im Innenverhältnis rechtsgeschäftlich ausgestalte-

ten Treuhand die Vergütung nicht festsetzen und haftet auch nicht als Bürge, da der Treuhänder kein öffentliches Amt im Interesse der Mandanten ausübt.

8. Haftung des Treuhänders. Es ist streitig, ob bei der Weiterführung der Praxis den Erben oder den Treuhänder das Haftungsrisiko trifft (OLG Stuttgart 24.8.1999 – 12 U 105/99 – MDR 2000, 115 (Treuhänder); aA OLG Oldenburg 5.6.1981 – 11 U 73/80 – DStR 1981, 656 (Erbe; mit Hinweis auf Vertragsgestaltung)). Die Haftpflichtversicherung trägt auch das Risiko des als Treuhänder tätigen Steuerberaters für die Dauer der Bestellung. Sie sollte aber jedenfalls darüber informiert werden. Hinsichtlich möglicher Weise anfallender zusätzlicher Versicherungsprämien, ist eine Übernahme durch die Erben bei Ausgestaltung des Geschäftsbesorgungsvertrages zu vereinbaren (Hinweise Bundessteuerberaterkammer, aaO., Ziff. 3). Soweit der Fehler, für den die Haftung zu übernehmen ist bereits im Verantwortungsbereich des vormaligen Praxisinhabers entstanden ist, ist von einer Haftung der Erben als dessen Rechtsnachfolger auszugehen (OLG Karlsruhe, 15.12.1998 – 4 U 37/98 – juris). 9

9. Beendigung der Treuhand. Bei Beendigung des Treuhandverhältnisses hat die Herausgabe der Akten und sonstigen Unterlagen sowie Daten an den Nachfolger zu erfolgen. Hierzu ist die Zustimmung der Mandanten einzuholen, ihr Recht auf informationelle Selbstbestimmung und die die bestehende Verschwiegenheitspflicht sind zu beachten (BGH, 11.12.1991 – VIII ZR 4/91 – BGHZ 116, 268 = NJW 1992, 226). 10

10. Widerruf. Die Bestellung ist jederzeit durch die Kammer widerruflich ausgestaltet, also insbesondere wenn der Zweck erreicht ist oder auch nicht mehr erreicht werden kann, weil der Nachfolger zB die Voraussetzungen offensichtlich nicht mehr erfüllen kann (zB mehrmaliges Prüfungsversagen). 11

11. Wettbewerbsverbot. § 71 V StBerG verweist auf das in § 69 VI StBerG geregelte Wettbewerbsverbot. Es gilt für die Dauer von 2 Jahren nach Beendigung der Treuhand und sichert, dass der Gegenstand des Treuhandverhältnisses nicht ausgehöhlt wird. Auch das Wettbewerbsverbot sollte vertraglich unter Berücksichtigung einer **Vertragsstrafe** bei Zuwiderhandlung ausgestaltet werden. 12

30. Gesetz über das Verfahren in Familiensachen und in den Angelegenheiten der freiwilligen Gerichtsbarkeit (FamFG)

Vom 17.12.2008 (BGBl. I S. 2586)
Zuletzt geändert durch Art. 7 G zur besseren Durchsetzung der Ausreisepflicht vom 20.7.2017 (BGBl. I S. 2780)

(Auszug)

Abschnitt 3. Beschluss

§ 38 Entscheidung durch Beschluss

(1) ¹Das Gericht entscheidet durch Beschluss, soweit durch die Entscheidung der Verfahrensgegenstand ganz oder teilweise erledigt wird (Endentscheidung). ²Für Registersachen kann durch Gesetz Abweichendes bestimmt werden.

(2) Der Beschluss enthält
1. die Bezeichnung der Beteiligten, ihrer gesetzlichen Vertreter und der Bevollmächtigten;
2. die Bezeichnung des Gerichts und die Namen der Gerichtspersonen, die bei der Entscheidung mitgewirkt haben;
3. die Beschlussformel.

(3) ¹Der Beschluss ist zu begründen. ²Er ist zu unterschreiben. ³Das Datum der Übergabe des Beschlusses an die Geschäftsstelle oder der Bekanntgabe durch Verlesen der Beschlussformel (Erlass) ist auf dem Beschluss zu vermerken.

(4) Einer Begründung bedarf es nicht, soweit
1. die Entscheidung auf Grund eines Anerkenntnisses oder Verzicht oder als Versäumnisentscheidung ergeht und entsprechend bezeichnet ist,
2. gleichgerichteten Anträgen der Beteiligten stattgegeben wird oder der Beschluss nicht dem erklärten Willen eines Beteiligten widerspricht oder
3. der Beschluss in Gegenwart aller Beteiligten mündlich bekannt gegeben wurde und alle Beteiligten auf Rechtsmittel verzichtet haben.

(5) Absatz 4 ist nicht anzuwenden:
1. in Ehesachen, mit Ausnahme der eine Scheidung aussprechenden Entscheidung;
2. in Abstammungssachen;
3. in Betreuungssachen;
4. wenn zu erwarten ist, dass der Beschluss im Ausland geltend gemacht werden wird.

(6) Soll ein ohne Begründung hergestellter Beschluss im Ausland geltend gemacht werden, gelten die Vorschriften über die Vervollständigung von Versäumnis- und Anerkenntnisentscheidungen entsprechend.

1 **1. Normzweck.** § 38 leitet den mit „Beschluss" überschriebenen Abschn. 3 des Allgemeinen Teils ein. Der Abschnitt gilt unmittelbar für die erstinstanzlichen Entscheidungen des Nachlassgerichts und kraft Verweisung in § 69 III entsprechend für die Beschwerdeentscheidungen des OLG. § 38 I 1 bestimmt den **Beschluss** als maßgebliche einheitliche Entscheidungsform für die Endentscheidung in Verfahren der freiwilligen Gerichtsbarkeit. Diese Bestimmung schließt zum einen die Entscheidung durch Urteil aus; das ist, soweit es um Nachlasssachen geht, nicht neu. Zum anderen wird damit anderen früher unter der Geltung des FGG zulässigen und gebräuchlichen Entscheidungsformen wie „Verfügungen", „Anordnungen", „Verrichtungen", „Maßregeln" oder dergleichen für die Endentscheidung eine Absage erteilt. Die Abs. 2–6 enthalten weitere Vorschriften zu Aufbau, Form und Inhalt des Beschlusses, sowie zur Begründungspflicht und ihren Ausnahmen.

2 **2. Endentscheidung.** Die Endentscheidung wird in § 38 I 1 definiert als Entscheidung, durch die der Verfahrensgegenstand ganz oder zT erledigt wird. Damit wird bzgl. des Verfahrensgegenstands (oder eines von mehreren Verfahrensgegenständen oder eines abtrennbaren, selbständiger Entscheidung zugänglichen Teils eines Verfahrensgegenstands) das Verfahren **in der Instanz beendet.** Solche Endentscheidungen sind nach Maßgabe von §§ 58 ff. mit der Beschwerde anfechtbar. Dazu gehören auch isolierte Kostenentscheidungen (OLG Köln Beschl. v. 10.11.2015 – 3 W 55/15, BeckRS 2015, 19514 Rn. 3), etwa wenn nach Rücknahme des Antrags oder anderweitiger Erledigung des Verfahrens eine Entscheidung in der Hauptsache nicht mehr ergeht (→ § 58 Rn. 9). **Zwischen- und Nebenentscheidungen** werden von § 38 nicht erfasst; sie können nach wie vor als Verfügung oder in ähnlicher Form ergehen, wenn nicht das Gesetz die Beschlussform vorschreibt (wie regelmäßig bei den mit der sofortigen Be-

schwerde entsprechend §§ 567–572 ZPO anfechtbaren Entscheidungen, vgl. zB § 6 II, § 7 V, § 21 II, § 35 V, § 42 III, § 355 I).

Für die **Qualifizierung** einer mit der Beschwerde (§ 58) anfechtbaren Endentscheidung ist allerdings der sachliche Inhalt und nicht die äußere Entscheidungsform oder die Bezeichnung als Beschluss maßgeblich. So stellen etwa die Ernennung oder Entlassung eines Testamentsvollstreckers, die Einziehung eines Erbscheins, die Anordnung oder Aufhebung einer Nachlasspflegschaft etc in Ansehung des statthaften Rechtsmittels auch dann eine Endentscheidung dar, wenn sie fälschlich nicht als „Beschluss" ergehen (→ § 58 Rn. 9). 3

3. Rubrum und Beschlussformel. § 38 II behandelt das Rubrum und die Beschlussformel. Das **Rubrum** enthält die Bezeichnung der Beteiligten (vgl. §§ 7, 345), ihrer gesetzlichen Vertreter (vgl. § 9) und der Bevollmächtigten (vgl. § 10), ferner die Bezeichnung des Gerichts und die Namen der Gerichtspersonen, die bei der Entscheidung mitgewirkt haben. Die unterbliebene Namensangabe der erkennenden Richter im Rubrum kann durch deren Unterschriften ersetzt sein (BGH Beschl. v. 1.3.2016 – VIII ZB 57/15, NJW 2016, 2042, Rn. 14). Üblich ist ferner, ohne dass dies ausdrücklich vorgeschrieben wäre, die Angabe des Aktenzeichens, die Überschrift „Beschluss" und eine Kennzeichnung des Verfahrensgegenstands („In der Nachlasssache – Angabe des Erblassers mit Todesdatum – wegen Erbscheins, oder: wegen Erbscheinseinziehung, oder: wegen Entlassung des Testamentsvollstreckers etc."). Es folgt dann im Aufbau die **Beschlussformel** (die Tenorierung, der Entscheidungssatz), die regelmäßig über den Verfahrensgegenstand befindet (Hauptsacheausspruch, zB „Der Erbscheinsantrag des Beteiligten zu 1 wird zurückgewiesen", oder „Der Beteiligte zu 2 wird aus dem Amt des Testamentsvollstreckers entlassen"). Dazu kommen ggf. Nebenentscheidungen, wie insb. die Kostengrundentscheidung (§§ 81 ff.), die Entscheidung über die Zulassung eines Rechtsmittels (§ 61 II, § 70 I) und die Festsetzung des Geschäftswerts (§ 79 GNotKG). 4

4. Begründung. a) Begründungpflicht und Ausnahmen. Der Beschluss bedarf einer Begründung (§ 38 III), wenn nicht einer der Ausnahmetatbestände des Abs. 4 (iVm Abs. 5) eingreift, nämlich, soweit die Entscheidung aufgrund eines Anerkenntnisses oder Verzichts oder als Versäumnisentscheidung ergeht und entsprechend bezeichnet ist (Nr. 1), gleichgerichteten Anträgen der Beteiligten stattgegeben wird oder der Beschluss dem erklärten Willen aller Beteiligten entspricht (Nr. 2), oder der Beschluss in Gegenwart aller Beteiligten mündlich bekannt gegeben wurde und alle Beteiligte auf Rechtsmittel verzichtet haben (Nr. 3). Von diesen Ausnahmetatbeständen ist in Nachlasssachen insb. Nr. 2 von großer praktischer Bedeutung, weil sich hier weder zwingend noch auch nur in der Regel mehrere Beteiligte als „Gegner" mit unterschiedlichen Interessen gegenüberstehen. Nr. 2 trägt diesem Charakteristikum der freiwilligen Gerichtsbarkeit Rechnung. Sie gilt auch in Amtsverfahren, denn es geht hier nicht um die Dispositionsbefugnis der Beteiligten über den Verfahrensgegenstand, sondern um die Prognose, dass der Beschluss mit hoher Wahrscheinlichkeit nicht angefochten werden wird (ebenso MüKoFamFG/*Ulrici* Rn. 23; aA Bumiller/Harders/*Schwamb* Rn. 6). Erfährt das Gericht erst nach Erlass der Entscheidung etwa im Rahmen einer als Rechtsmittel zu deutenden Äußerung, dass ein Beteiligter mit der Entscheidung nicht einverstanden ist, so hat es im daraufhin durchzuführenden Abhilfeverfahren (→ § 68 Rn. 2 ff.) die Begründung ggf. nachzuholen. 5

b) Umfang der Begründung. Auf die in § 313 III ZPO an eine gerichtliche Entscheidung gestellten Anforderungen, nämlich „eine kurze Zusammenfassung der Erwägungen, auf denen die Entscheidung in tatsächlicher und rechtlicher Hinsicht beruht", kann auch hier zurückgegriffen werden. Darzustellen sind die tragenden Erwägungen, dh eine Konzentration auf dasjenige, was aus der Sicht des Gerichts für die Entscheidung notwendig ist. Langatmige, ausufernde Ausführungen sind nicht gefordert und tunlichst zu vermeiden. Ebenso wenig muss auf alle denkbaren Gesichtspunkte oder alle Einzelpunkte des Vorbringens der Beteiligten eingegangen werden, insb. auch nicht auf unerhebliche Beweisangebote und irrige Rechtsausführungen (BGH NJW 2005, 1432; BayObLG FamRZ 1994, 324; Keidel/*Meyer-Holz* Rn. 66). Freilich kann es zweckmäßig sein, kurz zu begründen, warum ein bestimmtes Beweisangebot unerheblich oder eine Rechtsauffassung irrig ist, soweit sich dies nicht ohnehin schon aus den tragenden Erwägungen der Entscheidung ergibt (→ § 69 Rn. 4). Auch bei Fehlen von Gründen liegt eine wirksame Entscheidung vor, die nur auf ein zulässiges Rechtsmittel hin aufgehoben werden kann (BGH Beschl. v. 21.4.2015 – VI ZR 132/13, NJW 2015, 2342 Rn. 16). 6

5. Erlass. Aus § 38 III 3 ergibt sich, durch welche Handlung der unterschriebene (§ 38 III 2; zu den Rechtsfolgen fehlender Unterschrift: BGH Beschl. v. 16.4.2015 – IX ZB 93/12, NZI 2015, 563) und mit einer Rechtsbehelfsbelehrung versehene (§ 39) Beschluss **erlassen** ist, nämlich durch Übergabe an die Geschäftsstelle oder im Falle der Verkündung im Termin durch Verlesen der Beschlussformel. Eine Übergabe in diesem Sinn liegt nur vor, wenn sie mit Entäußerungswillen des Gerichts, dh zum Zwecke der von der Geschäftsstelle zu veranlassenden Bekanntgabe an die Beteiligten erfolgt (Keidel/*Meyer-Holz* Rn. 91). Abweichend von der früheren Rechtslage unter der Geltung des FGG ist dagegen nicht mehr erforderlich, dass der Beschluss die Geschäftsstelle zwecks Bekanntgabe an die Beteiligten bereits verlassen hat. Mit dem Erlass wird der Beschluss als Rechtsprechungsakt existent und der Anfechtung durch Rechtsmittel zugänglich. Er kann auch vom Gericht selbst nur nach Maßgabe besonderer Vorschriften geändert werden (BGH Beschl. v. 8.7.2015 – XII ZB 586/14, NJW-RR 2015, 1346 Rn. 5). Etwaige nach Erlass noch eingehende Schriftsätze dürfen und können keine Berücksichtigung mehr finden, während umgekehrt vor Erlass eingehende Schriftsätze immer zu berücksichtigen sind, da Grundlage der 7

Entscheidung in Nachlasssachen der gesamte Akteninhalt ist (kein Mündlichkeitsgrundsatz; zum Betreuungsverfahren: BGH Beschl. v. 15.7.2015 – XII ZB 525/14, NJW-RR 2015, 1090 Rn. 8). Der Zeitpunkt des Erlasses wird von der Geschäftsstelle auf der Entscheidung vermerkt und damit nach außen sichtbar dokumentiert. Vom Erlass ist das Wirksamwerden des Beschlusses zu unterscheiden; dieses ist in § 40 geregelt.

§ 39 Rechtsbehelfsbelehrung

¹ Jeder Beschluss hat eine Belehrung über das statthafte Rechtsmittel, den Einspruch, den Widerspruch oder die Erinnerung sowie das Gericht, bei dem diese Rechtsbehelfe einzulegen sind, dessen Sitz und die einzuhaltende Form und Frist zu enthalten. ² Über die Sprungrechtsbeschwerde muss nicht belehrt werden.

1 **1. Grundsatz und Ausnahmen.** § 39 schreibt für Entscheidungen in Verfahren nach dem FamFG, sofern gegen sie ein Rechtsmittel oder Rechtsbehelf gegeben ist, das Erfordernis einer Rechtsbehelfsbelehrung vor. Zu belehren ist über die förmlichen Rechtsmittel der Beschwerde (§ 58) und der Rechtsbeschwerde (§ 70). In Zwischen- und Nebenentscheidungen, gegen die das Gesetz das Rechtsmittel der sofortigen Beschwerde entsprechend §§ 567–574 ZPO eröffnet, ist über dieses Rechtsmittel zu belehren. Des Weiteren ist zu belehren, soweit einschlägig, über die Rechtsbehelfe des Einspruchs, des Widerspruchs und der Erinnerung. Hier kommt bspw. die Rechtspflegererinnerung (§ 11 II RPflG) in Betracht. **Keine Belehrungspflicht** besteht hinsichtlich der Sprungrechtsbeschwerde (§ 75). Der Gesetzgeber hat sie in dem durch Gesetz v. 5.12.2012 (BGBl. I S. 2418) eingefügten S. 2 von der Belehrungspflicht ausgenommen; denn die zuvor durch eine solche zusätzliche Belehrung entstandene Überfrachtung der Rechtsmittelbelehrung in erster Instanz stand in keinem Verhältnis zu der geringen praktischen Bedeutung dieses Rechtsmittels. Über außerordentliche Rechtsbehelfe wie die Gehörsrüge (§ 44) oder die Verfassungsbeschwerde muss nicht belehrt werden, ebenso nicht über Anträge auf Wiedereinsetzung (§ 17), auf Berichtigung, Ergänzung, Abänderung und dergleichen. Ist im konkreten Fall ein Rechtsmittel nicht eröffnet, etwa wenn die zulassungsabhängige Rechtsbeschwerde (§ 70) vom Beschwerdegericht nicht zugelassen wird, so entfällt die Belehrung. Die meisten Beschwerdeentscheidungen der Oberlandesgerichte in Nachlasssachen enthalten deshalb keine Rechtsbehelfsbelehrung.

2 **2. Inhalt. a) Mindestinhalt.** Belehrt werden muss über das statthafte Rechtsmittel oder den statthaften Rechtsbehelf und das Gericht, bei dem das Rechtsmittel oder der Rechtsbehelf einzulegen ist, und zwar mit vollständiger Anschrift (BGH NJW 2011, 2887 (2888)). Ferner über die einzuhaltende Form (idR: schriftlich mit Unterschrift oder zur Niederschrift der Geschäftsstelle) und die Frist, dh deren Beginn (in der Regel mit Bekanntgabe) und Dauer. Kann der Rechtsbehelf wirksam nur durch Rechtsanwälte eingelegt werden, ist auch darüber zu belehren (BGH NJW 2011, 2887 (2888)). In Nachlasssachen ist eine Vertretung durch Anwälte in erster und zweiter Instanz nicht vorgeschrieben; eine entsprechende Belehrung ist daher nur notwendig, wenn das Beschwerdegericht die Rechtsbeschwerde zulässt; denn diese kann regelmäßig (Ausnahme s. § 10 IV) nur durch einen beim BGH zugelassenen Rechtsanwalt eingelegt werden (→ § 71 Rn. 1).

3 **b) Kurz und bündig** sollte die Rechtsbehelfsbelehrung sein. Sie muss den hier skizzierten Mindestinhalt haben, sollte aber tunlichst auch nicht darüber hinausgehen. Jede gut gemeinte, aber nicht notwendige zusätzliche Information geht auf Kosten der Übersichtlichkeit und kann unnötige Irritationen und Rückfragen hervorrufen. Langatmigkeit ist das Gegenteil von Bürgerfreundlichkeit. Wer die Reaktionen verunsicherter Bürger auf die drei- bis vierseitigen Rechtsbehelfsbelehrungen erfahren hat, wie sie nach Inkrafttreten des § 39 in manchen Bereichen zunächst üblich waren (weil so in den Fachverfahren der Justiz einprogrammiert), kennt den realen Hintergrund dieser Warnung. So hat es etwa wenig Sinn, die nicht eben einfachen Fristberechnungsvorschriften der ZPO und des BGB im Detail aufzuführen, und geradezu unsinnig erscheint die routinemäßig enthaltene Belehrung über die im Falle der Nichtbekanntgabe laufende Fünf-Monats-Auffangfrist des § 63 III 2 (wer den Beschluss nicht erhält, kann auch die Belehrung nicht lesen!). Dass auf eineinhalb Seiten über die in Nachlasssachen praktisch völlig bedeutungslose Sprungrechtsbeschwerde belehrt wurde, hat der Gesetzgeber zum Glück abgeschafft (§ 39 S. 2). Gelten für bestimmte Arten von Beteiligten, wie Behörden, besondere Vorschriften (zB § 10 IV für die Vertretung vor dem BGH), macht es keinen Sinn, darüber zu belehren, wenn an dem Verfahren gar keine Behörde beteiligt ist. Auch der Satz „Die Beschwerde soll begründet werden" (§ 65 I) ist entbehrlich, da die Begründung keine Zulässigkeitsvoraussetzung ist und nachgeholt werden kann. Soweit ersichtlich, haben kurz und bündig ausgestaltete Rechtsbehelfsbelehrungen, zu denen manche Nachlassgerichte zwischenzeitlich übergegangen sind, in der Praxis zu keinen Unzuträglichkeiten geführt.

4 **3. Folgen unterbliebener oder fehlerhafter Belehrung.** Eine unterbliebene oder fehlerhafte Rechtsbehelfsbelehrung ist ohne Einfluss auf den Lauf der Rechtsmittelfrist. Folge bei Fristversäumung ist vielmehr, dass im Rahmen eines Antrags auf **Wiedereinsetzung** in den vorigen Stand das Fehlen des Verschuldens vermutet wird (§ 17 II). Das allein führt indes nicht automatisch zur Wiedereinsetzung; denn diese hängt zusätzlich davon ab, ob die unverschuldete Verhinderung kausal für die Fristversäumung war (BGH Beschl. v. 24.3.2016 – IX ZB 67/14, NJW-RR 2016, 623 Rn. 12). An einem solchen ursächlichen Zusammenhang fehlt es regelmäßig, wenn der Beteiligte anwaltlich vertreten war (BGH Beschl. v. 18.12.2013 – XII ZB 38/13, NJW-RR 2014, 517 Rn. 19 f.; BGH Beschl. v. 23.6.2010 – XII ZB

82/10, NJW-RR 2010, 1297 Rn. 11; BeckOK FamFG/*Obermann* § 39 Rn. 28), oder wenn es sich um sach- und rechtskundige Behörden handelt (BGH Beschl. v. 23.11.2011 – IV ZB 15/11, NJW 2012, 453 Rn. 12; BeckOK FamFG/Obermann § 39 Rn. 28b; kritisch MüKoFamFG/*Pabst* § 17 Rn. 15f., 19). Durch eine unrichtige Belehrung wird ein gesetzlich nicht vorgesehenes Rechtsmittel nicht eröffnet. Bedarf ein Rechtsmittel der Zulassung, und ist diese im Beschluss nicht enthalten, so stellt die falsche Belehrung über die Statthaftigkeit des Rechtsmittels keine Zulassungsentscheidung dar (BGH Beschl. v. 20.7.2011 – XII ZB 445/10, NJW-RR 2011, 1569 Rn. 16). Bei unklarer Belehrung oder Benennung eines falschen Rechtsmittels greift der Grundsatz der Meistbegünstigung: Der Belehrte kann wahlweise das (in der Belehrung nicht genannte) richtige Rechtsmittel oder das in der Belehrung genannte unrichtige Rechtsmittel einlegen, das dann in der Folge inhaltlich wie der eigentlich statthafte Rechtsbehelf zu behandeln ist (MüKoFamFG/*Ulrici* Rn. 12 mwN).

§ 40 Wirksamwerden

(1) Der Beschluss wird wirksam mit Bekanntgabe an den Beteiligten, für den er seinem wesentlichen Inhalt nach bestimmt ist.

(2) ¹Ein Beschluss, der die Genehmigung eines Rechtsgeschäfts zum Gegenstand hat, wird erst mit Rechtskraft wirksam. ²Dies ist mit der Entscheidung auszusprechen.

(3) ¹Ein Beschluss, durch den auf Antrag die Ermächtigung oder die Zustimmung eines anderen zu einem Rechtsgeschäft ersetzt oder die Beschränkung oder Ausschließung der Berechtigung des Ehegatten oder Lebenspartners, Geschäfte mit Wirkung für den anderen Ehegatten oder Lebenspartner zu besorgen (§ 1357 Abs. 2 Satz 1 des Bürgerlichen Gesetzbuchs, auch in Verbindung mit § 8 Abs. 2 des Lebenspartnerschaftsgesetzes), aufgehoben wird, wird erst mit Rechtskraft wirksam. ²Bei Gefahr im Verzug kann das Gericht die sofortige Wirksamkeit des Beschlusses anordnen. ³Der Beschluss wird mit Bekanntgabe an den Antragsteller wirksam.

1. Normzweck. § 40 regelt das Wirksamwerden des Beschlusses, dh den **Eintritt der Rechtswirkungen** nach außen. Existent ist der Beschluss bereits mit Erlass der Entscheidung (§ 38 III 3), Verbindlichkeit im Rechtsverkehr kommt ihm dagegen erst mit Wirksamwerden zu. Abs. 1 knüpft das Wirksamwerden an die **Bekanntgabe** an den Beteiligten, für den der Beschluss seinem wesentlichen Inhalt nach bestimmt ist. Damit sind zwei wesentliche Grundentscheidungen getroffen: Der Beschluss wird nicht erst mit Rechtskraft wirksam (Ausnahme: Abs. 2 u. 3), und er wird grds. mit der Bekanntgabe an den Hauptbetroffenen einheitlich gegenüber allen Beteiligten wirksam. Damit soll einem in der rechtsfürsorgenden freiwilligen Gerichtsbarkeit regelmäßig bestehenden Bedürfnis nach frühzeitigem Wirksamwerden Rechnung getragen werden (BT-Drs. 16/6308, 196). Das ändert nichts daran, dass der Beschluss allen Beteiligten bekanntzugeben ist (§ 41 I 1); durch § 40 I wird nur der für das Wirksamwerden maßgebliche Adressatenkreis eingeschränkt. Zur Bekanntgabe s. näher §§ 15, 41, zum Kreis der Beteiligten in Nachlasssachen s. §§ 7, 345. Abs. 2 und 3 knüpfen das Wirksamwerden in den dort genannten Fällen an die Rechtskraft. Weitere Ausnahmen zu dem in Absatz 1 geregelten Grundsatz können sich aus besonderen Vorschriften und aus dem materiellen Recht ergeben (s. für Nachlasssachen sogleich → Rn. 2f.).

2. Bekanntgabe an den Hauptbetroffenen. Wer der in Abs. 1 genannte Beteiligte ist, für den der Beschluss seinem wesentlichen Inhalt nach bestimmt ist, muss jeweils im Einzelfall beurteilt werden. Einige allgemeine Aussagen lassen sich jedoch treffen. So ist bei Ablehnung eines Antrags oder Verwerfung oder Zurückweisung eines Rechtsmittels der Antragsteller bzw. Rechtsmittelführer der Hauptbetroffene. In **Nachlasssachen** trifft § 352e für die praktisch bedeutsamen Erbscheinsverfahren eine Sonderregelung: Danach ist der einer Erbscheinserteilung vorausgehende Feststellungsbeschluss mit Erlass wirksam, doch ist in streitigen Fällen die sofortige Wirksamkeit auszusetzen und die Erteilung des Erbscheins bis zur Rechtskraft des Beschlusses zurückzustellen. Bei der Ernennung (§ 2200 BGB) oder Entlassung (§ 2227 BGB) eines Testamentsvollstreckers ist dieser der Hauptbetroffene, dem mit rechtsgestaltender Wirkung eine Handlungsmacht verliehen oder genommen wird. Zu beachten ist aber, dass das Amt des Testamentsvollstreckers erst mit Annahme durch den Ernannten beginnt (§ 2202 I BGB). Wird ein Antrag auf Entlassung des Testamentsvollstreckers zurückgewiesen, ist der Antragsteller und nicht der Testamentsvollstrecker der Hauptbetroffene. Diese Grundsätze gelten auch für die rechtsgestaltenden Akte der Bestellung oder Entlassung eines Nachlasspflegers oder Nachlassverwalters. Wem vom Nachlassgericht eine Frist gesetzt wird (zB Inventarerrichtungsfrist, § 1994 I 1, oder Erklärungsfristen wie in § 2151 III 2, § 2198 II BGB), der ist Hauptbetroffener des Fristsetzungsbeschlusses. Die Kraftloserklärung eines eingezogenen Erbscheins wird erst nach öffentlicher Bekanntmachung und Fristablauf wirksam (§ 2361 II BGB). Weitere Ausnahmen vom Wirksamwerden mit Bekanntgabe s. nachfolgende → Rn. 3.

3. Wirksamwerden mit Rechtskraft. § 40 II bestimmt für Beschlüsse, welche die Genehmigung eines Rechtsgeschäfts zum Gegenstand haben, das Wirksamwerden erst mit Rechtskraft. Das dient dem effektiven Rechtsschutz, wenn genehmigte Rechtsgeschäfte dem Geschäftspartner gegenüber wirksam geworden sind und nicht mehr rückgängig gemacht werden können, und ersetzt die im Anschluss an BVerfG NJW 2000, 1709 praktizierte sog. Vorbescheidslösung. Zur Unabänderbarkeit in diesen Fällen s. § 48 III. Die Bestimmung erfasst, wie § 48 III, sowohl die Genehmigung als auch die Verweigerung der Genehmigung (str., wie hier Keidel/*Meyer-Holz* Rn. 27; MüKoFamFG/*Ulrici* Rn. 10 mwN auch zur Gegenmeinung). In Nachlasssachen finden sich solche Genehmigungsbeschlüsse zB im Recht des Erbvertrags (§ 2275 II 2, § 2282 II, § 2290 III BGB) und beim Erbverzicht (§§ 2347, 2351 BGB) sowie in der Höfeordnung (§ 1 VI HöfeO). Es gilt eine verkürzte Beschwerdefrist von zwei Wochen (§ 63 II Nr. 2). Ebenfalls erst mit Rechtskraft wirksam werden die in § 40 III 1 aufgeführten Fälle der Ersetzung der Ermächtigung oder der Zustimmung eines anderen zu einem Rechtsgeschäft (S. 1 Alt. 1) sowie die Aufhebung der Beschränkung oder Ausschließung bestimmter familienrechtlicher Befugnisse (S. 1 Alt. 2). Für Nachlasssachen bedeutsam ist nur die 1. Alternative. Sie ist nach § 355 II 1 auf Meinungsverschiedenheiten zwischen mehreren Testamentsvollstreckern (§ 2224 I Hs. 2 BGB) entsprechend anzuwenden, wenn das Nachlassgericht über die Vornahme eines Rechtsgeschäfts entscheidet. Weitere Fälle des Wirksamwerdens erst mit Rechtskraft finden sich für Nachlasssachen in § 371 I (Bestätigungsbeschlüsse in Teilungssachen), in Landwirtschaftssachen (§ 30 LwVG) und im Verschollenheitsgesetz (§ 29 I, § 40 VerschG).

§ 41 Bekanntgabe des Beschlusses

(1) ¹Der Beschluss ist den Beteiligten bekannt zu geben. ²Ein anfechtbarer Beschluss ist demjenigen zuzustellen, dessen erklärtem Willen er nicht entspricht.

(2) ¹Anwesenden kann der Beschluss auch durch Verlesen der Beschlussformel bekannt gegeben werden. ²Dies ist in den Akten zu vermerken. ³In diesem Fall ist die Begründung des Beschlusses unverzüglich nachzuholen. ⁴Der Beschluss ist im Fall des Satzes 1 auch schriftlich bekannt zu geben.

(3) Ein Beschluss, der die Genehmigung eines Rechtsgeschäfts zum Gegenstand hat, ist auch demjenigen, für den das Rechtsgeschäft genehmigt wird, bekannt zu geben.

1 **1. Normzweck.** § 41 regelt die Pflicht zur Bekanntgabe des Beschlusses, den Adressatenkreis und die Form der Bekanntgabe, Letzteres in Verbindung mit § 15. Nach § 41 I 1 ist der Beschluss den Beteiligten, dh allen Beteiligten, bekannt zu geben. Die Bekanntgabe kann, wie sich aus § 15 II ergibt, durch Zustellung nach den Vorschriften der ZPO oder durch Aufgabe zur Post erfolgen. Diese grds. gegebene Wahlfreiheit des Gerichts schränkt § 41 I 2 wiederum ein: Danach ist ein anfechtbarer Beschluss (nur) demjenigen zuzustellen, dessen erklärtem Willen er nicht entspricht. IÜ ist eine Zustellung nach Ermessen des Gerichts möglich, aber nicht obligatorisch, auch nicht mehr, wie früher unter der Geltung des FGG, um eine Frist in Gang zu setzen. Erklärtes Ziel des Gesetzgebers war es, die Zahl der Zustellungen zu verringern (BT-Drs. 16/6308). § 41 II befasst sich mit der mündlichen Bekanntgabe im Erörterungs- oder Anhörungstermin, der aber die schriftliche Bekanntgabe nachfolgen muss. § 41 III trifft eine spezielle Regelung für Genehmigungsbeschlüsse.

2 **2. Bekanntgabe durch Aufgabe zur Post.** Bedarf der Beschluss, wie vorstehend ausgeführt, nur noch in Ausnahmefällen der Zustellung, so ist aber immer eine Bekanntgabe notwendig; eine formlose Mitteilung (§ 15 III) reicht nicht aus. Nur die wirksame Bekanntgabe löst die an die Bekanntgabe anknüpfenden Rechtsfolgen aus, wie das Wirksamwerden der Entscheidung (§ 40 I) und insb. den Beginn des Laufs der Rechtsmittelfrist (§ 63 III 1, § 71 I 1). Eine wirksame Bekanntgabe durch Aufgabe zur Post setzt voraus, dass das Datum der Bekanntgabe und die Anschrift des Empfängers in der Verfahrensakte festgestellt und beurkundet (dh vom Urkundsbeamten der Geschäftsstelle unterschrieben) ist (BGH Beschl. v. 2.12.2015 – XII ZB 283/15, NJW 2016, 565 Rn. 23). Das OLG München verlangt darüber hinaus, dass der Empfänger ausdrücklich darauf hingewiesen wird, dass das Schriftstück durch Aufgabe zur Post bekannt gemacht wird (OLG München Beschl. v. 20.2.2012 – 31 Wx 565/11, NJW-RR 2012, 523 (524); offen gelassen von BGH NJW 2016, 565 Rn. 27).

3 **3. Zustellung.** § 41 I 2 schreibt die Bekanntgabe eines anfechtbaren Beschlusses in Form der Zustellung an denjenigen vor, dessen erklärtem Willen er nicht entspricht. Die Zustellung ist in diesem Fall nach den Vorschriften der Zivilprozessordnung zu bewirken (§§ 166–195 ZPO). Dass der Beschluss seinem Willen nicht entspricht, muss der Beteiligte im Verfahren irgendwie zum Ausdruck gebracht haben, sei es ausdrücklich, etwa durch eigene entgegengesetzte Antragstellung, sei es durch Äußerungen, die einen solchen Willen im Wege der Auslegung erkennen lassen. Bloßes Schweigen auf das vom Gericht gewährte rechtliche Gehör hin reicht nicht aus; der entgegengesetzte Wille darf nicht einfach unterstellt werden (freilich ist die gleichwohl bewirkte Zustellung unschädlich, wenn auch überflüssig). Das Unterbleiben einer gem. § 41 I 2 erforderlichen Zustellung führt zur Unwirksamkeit der Bekanntgabe, mit der Folge, dass die Beschwerdefrist nach § 63 III 1 nicht zu laufen beginnt (BGH Beschl. v. 13.5.2015 – XII ZB 491/14, NJW 2015, 2576 Rn. 7; die in der Vorauflage noch vertretene Gegenansicht wird nicht mehr aufrechterhalten). Ein Zustellungserfordernis kann sich iÜ auch aus anderen Vorschriften ergeben, im Erbrecht zB aus § 1995 I 2 BGB (Bestimmung der Inventarfrist).

4 **4. Genehmigungsbeschluss.** Nach § 41 III ist der Genehmigungsbeschluss auch demjenigen bekannt zu geben, für den das Rechtsgeschäft genehmigt wird. Im Erbrecht finden sich solche Genehmigungsbeschlüsse nur vereinzelt (→ § 40 Rn. 3), doch können auch im Erbrecht familiengerichtliche Genehmigungen eine Rolle spielen. Ein Beispiel hierfür ist etwa die Genehmigung der Erbausschlagung für ein minderjähriges Kind. Zur Entgegennahme des Genehmigungsbeschlusses ist dem Kind nicht in jedem Fall ein Ergänzungspfleger zu bestellen, sondern nur dann, wenn die Voraussetzungen für eine Entziehung der Vertretungsmacht nach § 1796 BGB festgestellt sind, wenn also im Einzelfall festgestellt ist,

dass das Interesse des Mündels zu dem Interesse des Vormunds in erheblichem Gegensatz steht (BGH Beschl. v. 12.2.2014 – XII ZB 592/12, NJW-RR 2014, 900 Rn. 12 ff.).

§ 42 Berichtigung des Beschlusses

(1) Schreibfehler, Rechenfehler und ähnliche offenbare Unrichtigkeiten im Beschluss sind jederzeit vom Gericht auch von Amts wegen zu berichtigen.

(2) ¹Der Beschluss, der die Berichtigung ausspricht, wird auf dem berichtigten Beschluss und auf den Ausfertigungen vermerkt. ²Erfolgt der Berichtigungsbeschluss in der Form des § 14 Abs. 3, ist er in einem gesonderten elektronischen Dokument festzuhalten. ³Das Dokument ist mit dem Beschluss untrennbar zu verbinden.

(3) ¹Der Beschluss, durch den der Antrag auf Berichtigung zurückgewiesen wird, ist nicht anfechtbar. ²Der Beschluss, der eine Berichtigung ausspricht, ist mit der sofortigen Beschwerde in entsprechender Anwendung der §§ 567 bis 572 der Zivilprozessordnung anfechtbar.

1. Übersicht. § 42 enthält eine dem § 319 ZPO entsprechende Vorschrift für die Berichtigung offenbarer Unrichtigkeiten. Solche können und müssen jederzeit auch von Amts wegen berichtigt werden. Abs. 2 regelt das Verfahren der Berichtigung. Abs. 3 regelt die Unanfechtbarkeit des einen Berichtigungsantrags zurückweisenden Beschlusses und das Rechtsmittel gegen einen die Berichtigung aussprechenden Beschluss. Die Berichtigung des Beschlusses nach § 42 ist abzugrenzen von der Ergänzung des Beschlusses, die in § 43 geregelt ist. Eine Tatbestandsberichtigung, wie sie in § 320 ZPO für zivilprozessuale Urteile vorgesehen ist, kennt das FamFG nicht. Das hat seinen Grund darin, dass Grundlage der Entscheidung in der freiwilligen Gerichtsbarkeit der gesamte Akteninhalt ist (kein Mündlichkeitsgrundsatz wie im Zivilprozess) und der Sachverhaltsdarstellung daher keine Beweiskraft wie nach § 314 ZPO für den Tatbestand im zivilprozessualen Urteil zukommt. Der Gesetzgeber hat daher eine dem § 320 ZPO entsprechende Vorschrift als entbehrlich angesehen (BT-Drs. 16/6308, 197). Gegenstand der Berichtigung nach § 42 können alle Teile des Beschlusses sein, das Rubrum, die Beschlussformel, die Begründung, die Unterschrift und die Rechtsbehelfsbelehrung. § 42 ist auch auf Neben- und Zwischenentscheidungen anwendbar.

2. Offenbare Unrichtigkeit. Unrichtigkeiten in diesem Sinn sind – neben den im Gesetz ausdrücklich genannten Schreibfehlern und Rechenfehlern – fehlerhafte Verlautbarungen des Willens, dh ein Abweichen des Erklärten vom Gewollten. Das ist abzugrenzen von Fehlern, die dem Gericht bei der Willensbildung unterlaufen sind; für eine nachträgliche Korrektur fehlerhafter Willensbildung steht § 42 nicht offen. Die Unrichtigkeit ist offenbar, wenn sie aus dem Beschluss selbst, aus den Verfahrensakten oder den Umständen bei Erlass des Beschlusses auch für außenstehende Dritte erkennbar ist. Da Grundlage der Entscheidung der gesamte Akteninhalt ist (→ Rn. 1), muss sich die Unrichtigkeit nicht zwingend allein schon aus dem Beschluss selbst ergeben. In jedem Fall darf das Versehen aber nicht nur aus gerichtsinternen Vorgängen ersichtlich sein. Liegt eine offenbare Unrichtigkeit in diesem Sinn vor, kann die Berichtigung sogar „ins Gegenteil" führen (zB statt „Beteiligter 1 muss dem Beteiligten 2 die außergerichtlichen Kosten erstatten", muss es richtig heißen: „Beteiligter 2 muss dem Beteiligten 1 die außergerichtlichen Kosten erstatten") oder die Nachholung eines in den Gründen behandelten Entscheidungsteils, dessen Aufnahme in die Beschlussformel versehentlich unterblieben ist. Davon zu unterscheiden ist der Fall, dass das Gericht zu einem Punkt versehentlich gar keine Entscheidung getroffen hat; hier kommt nur eine Ergänzung nach § 43 in Betracht.

3. Verfahren. Die Berichtigung erfolgt von Amts wegen oder auf Antrag. Sie ist jederzeit zulässig, auch nach Eintritt der formellen Rechtskraft. Zuständig ist der Spruchkörper, der die Entscheidung erlassen hat, auch wenn er zwischenzeitlich anders besetzt ist (Haußleiter/*Gomille* Rn. 8). Zur Berichtigung eines Beschlusses der Vorinstanz ist auch das Rechtsmittelgericht befugt, solange die Sache dort noch rechtshängig ist (OLG Köln Beschl. v. 18.10.2016 – 28 Wx 28/16, GmbHR 2017, 42 R.1 = BeckRS 2016, 20267; Bumiller/Harders/*Schwamb* Rn. 4). Den Beteiligten ist rechtliches Gehör zu gewähren, soweit es nicht nur um die Berichtigung reiner Formalien geht, die ersichtlich nicht zu einem Eingriff in die Rechtsstellung der Beteiligten führen kann (Keidel/*Meyer-Holz* Rn. 32).

4. Rechtsmittel. Der Beschluss, der die Berichtigung ablehnt, ist nach § 42 III 1 unanfechtbar. Der Beschluss, der eine Berichtigung ausspricht, ist mit der sofortigen Beschwerde entsprechend §§ 567–572 ZPO anfechtbar (§ 43 III 2). Das gilt gem. § 567 I ZPO nur für Berichtigungsbeschlüsse erster Instanz, in Nachlasssachen also für Berichtigungsbeschlüsse des Amtsgerichts. Das weitere Verfahren richtet sich nach §§ 567–572 ZPO. Über die sofortige Beschwerde entscheidet in Nachlasssachen das OLG (§ 119 I Nr. 1 lit. b GVG), dort der originäre Einzelrichter (§ 568 I 1 ZPO). Die Beschwerdeentscheidung des OLG ist nur dann mit der Rechtsbeschwerde anfechtbar, wenn das OLG die Rechtsbeschwerde zulässt (wobei nach der Rspr. des BGH § 574 ZPO und nicht § 74 einschlägig sein soll, → § 58 Rn. 15, → § 70 Rn. 2). Eigene Berichtigungsbeschlüsse des OLG sind nur dann anfechtbar, wenn es die Rechtsbeschwerde zulässt (§ 70, → § 70 Rn. 3). In allen Fällen ist Gegenstand der Überprüfung immer nur der Berichtigungsbeschluss selbst, dh, ob die Voraussetzungen für eine Berichtigung vorlagen, und nicht der Inhalt der berichtigten Entscheidung.

§ 43 Ergänzung des Beschlusses

(1) Wenn ein Antrag, der nach den Verfahrensakten von einem Beteiligten gestellt wurde, ganz oder teilweise übergangen oder die Kostenentscheidung unterblieben ist, ist auf Antrag der Beschluss nachträglich zu ergänzen.

(2) Die nachträgliche Entscheidung muss binnen einer zweiwöchigen Frist, die mit der schriftlichen Bekanntgabe des Beschlusses beginnt, beantragt werden.

1 **1. Übersicht.** § 43 ist § 321 I, II ZPO nachgebildet. Er regelt die Voraussetzungen für eine Ergänzung des Beschlusses im Falle einer **Entscheidungslücke**. Diese liegt nur vor, wenn die Entscheidung selbst in einem Punkt versehentlich unterblieben ist. Fehlt es nur an der richtigen Verlautbarung einer tatsächlich erkennbar getroffenen Entscheidung, kommt nicht die Ergänzung, sondern die Berichtigung nach § 42 in Betracht. Eine Korrektur fehlerhafter Rechtsanwendung ist weder im Wege der Berichtigung noch im Wege der Ergänzung möglich, sondern nur im Rechtsmittelzug durch das höhere Gericht. § 43 nennt zwei Fallgruppen von Entscheidungslücken, die der Ergänzung zugänglich sind: das Übergehen eines aus den Verfahrensakten ersichtlichen Antrags und das Unterbleiben einer Kostenentscheidung. Die Vorschrift ist nicht auf formelle Anträge in Antragsverfahren beschränkt und kann auch in Amtsverfahren angewandt werden (Keidel/*Meyer-Holz* Rn. 7; MüKoFamFG/*Ulrici* Rn. 2). Die Ergänzung findet nur auf Antrag statt, der binnen zwei Wochen nach schriftlicher Bekanntgabe des Beschlusses zu stellen ist.

2 **2. Unterbliebene Kostenentscheidung.** Auch beim Kostenpunkt muss es sich um eine echte Lücke handeln, um ein unbeabsichtigtes Unterlassen (OLG München NJW-RR 2012, 523). Da in Nachlasssachen der Erlass einer Kostenentscheidung nicht obligatorisch ist (→ § 81 Rn. 2), kann aus dem Fehlen einer Kostenentscheidung allein nicht schon auf das Bestehen einer Lücke geschlossen werden. Das Gericht muss zwar das ihm in §§ 81 ff. eingeräumte Ermessen ausüben. Es kann aber, wenn es die ohne Kostenausspruch eintretende Rechtsfolge – jeder Beteiligte trägt seine außergerichtlichen Kosten selbst und der gesetzlich bestimmte Kostenschuldner trägt die Gerichtskosten – für sachgerecht hält, von einem Kostenausspruch absehen. Es liegt dann eine stillschweigende Kostenentscheidung und nicht etwa eine der Ergänzung zugängliche Lücke vor. Nach der Rechtsprechung liegt bei Fehlen eines ausdrücklichen Kostenausspruchs im Tenor und in den Gründen idR eine stillschweigende Entscheidung vor, dass die gesetzlichen Kostenregelungen Anwendung finden sollen und keine Erstattung außergerichtlicher Kosten stattfindet (vgl. näher mit Nachweisen → § 82 Rn. 2).

3 **3. Rechtsmittel.** Der Beschluss, mit dem eine Ergänzung ausgesprochen oder ein Antrag auf Ergänzung abgelehnt wird, ist eine Endentscheidung und selbständig mit dem gegen Endentscheidungen gegebenen Rechtsmittel anfechtbar. Das ist in erster Instanz die Beschwerde (§ 58), in zweiter Instanz die Rechtsbeschwerde (§ 70), die in Nachlasssachen abhängig von der Zulassung durch das Beschwerdegericht ist. Die sonstigen Zulässigkeitsvoraussetzungen, wie das Übersteigen des Beschwerdewerts (§ 61 I) müssen ebenfalls bezogen auf den Ergänzungsbeschluss vorliegen. Weitere Voraussetzung ist, dass es sich bei dem Ausgangsbeschluss um eine mit Rechtsmitteln angreifbare Entscheidung handelt (BGH FGPrax 2011, 148). Nicht geregelt ist, ob die Bekanntgabe eines Ergänzungsbeschlusses Einfluss auf Beginn und Lauf der Beschwerdefrist für den Ausgangsbeschluss hat. Insoweit erscheint die entsprechende Anwendung des § 518 ZPO sachgerecht (Keidel/*Meyer-Holz* Rn. 18; MüKoFamFG/*Ulrici* Rn. 15).

§ 44 Abhilfe bei Verletzung des Anspruchs auf rechtliches Gehör

(1) ¹Auf die Rüge eines durch eine Entscheidung beschwerten Beteiligten ist das Verfahren fortzuführen, wenn
1. ein Rechtsmittel oder ein Rechtsbehelf gegen die Entscheidung oder eine andere Abänderungsmöglichkeit nicht gegeben ist und
2. das Gericht den Anspruch dieses Beteiligten auf rechtliches Gehör in entscheidungserheblicher Weise verletzt hat.

²Gegen eine der Endentscheidung vorausgehende Entscheidung findet die Rüge nicht statt.

(2) ¹Die Rüge ist innerhalb von zwei Wochen nach Kenntnis von der Verletzung des rechtlichen Gehörs zu erheben; der Zeitpunkt der Kenntniserlangung ist glaubhaft zu machen. ²Nach Ablauf eines Jahres seit der Bekanntgabe der angegriffenen Entscheidung an diesen Beteiligten kann die Rüge nicht mehr erhoben werden. ³Die Rüge ist schriftlich oder zur Niederschrift bei dem Gericht zu erheben, dessen Entscheidung angegriffen wird. ⁴Die Rüge muss die angegriffene Entscheidung bezeichnen und das Vorliegen der in Absatz 1 Satz 1 Nr. 2 genannten Voraussetzungen darlegen.

(3) Den übrigen Beteiligten ist, soweit erforderlich, Gelegenheit zur Stellungnahme zu geben.

(4) ¹Ist die Rüge nicht in der gesetzlichen Form oder Frist erhoben, ist sie als unzulässig zu verwerfen. ²Ist die Rüge unbegründet, weist das Gericht sie zurück. ³Die Entscheidung ergeht durch nicht anfechtbaren Beschluss. ⁴Der Beschluss soll kurz begründet werden.

(5) Ist die Rüge begründet, hilft ihr das Gericht ab, indem es das Verfahren fortführt, soweit dies auf Grund der Rüge geboten ist.

1. Normzweck. Die in § 44 geregelte Gehörsrüge dient der Umsetzung der verfassungsrechtlichen Vorgabe, dass bei Verletzung des Anspruchs auf rechtliches Gehör (Art. 103 I GG) eine Korrektur durch die Fachgerichte in einer dem Grundsatz der Rechtsmittelklarheit entsprechenden Weise möglich sein muss (BVerfG NJW 2003, 1924; Anhörungsrügengesetz v. 9.12.2004, BGBl. I S. 3220). Kann ein Gehörsverstoß nicht mehr im Rechtsmittelzug durch das höhere Gericht oder auf andere Weise innerhalb der Instanz beseitigt werden, eröffnet die Gehörsrüge die Möglichkeit zur **Selbstkorrektur** durch das erkennende Gericht und insoweit auch zur Durchbrechung der Rechtskraft der von ihm erlassenen Entscheidung. Eine entsprechende Vorschrift enthielt § 29a FGG und findet sich in § 321a ZPO wie auch in anderen Verfahrens- und Prozessordnungen. Geregelt sind die Statthaftigkeit und die sonstigen Zulässigkeitsvoraussetzungen (Abs. 1 u. 2), das rechtliche Gehör für die übrigen Beteiligten (Abs. 3), die Entscheidung des Gerichts bei unzulässiger oder unbegründeter Gehörsrüge (Abs. 4) und das weitere Verfahren bei zulässiger und begründeter Gehörsrüge (Abs. 5). Die zulässige und begründete Gehörsrüge führt zur Fortführung des Verfahrens. Der Bestand und die Rechtskraft der angegriffenen Entscheidung bleiben unberührt, solange nicht das fortgeführte Verfahren zu einer Änderung oder Aufhebung dieser Entscheidung führt.

2. Voraussetzungen. a) Unanfechtbare Entscheidung. Grundvoraussetzung der Gehörsrüge ist die Unanfechtbarkeit der Entscheidung mit Rechtsmitteln oder Rechtsbehelfen sowie das Fehlen einer sonstigen Abänderungsmöglichkeit. Die Anhörungsrüge ist subsidiär; gegen die Entscheidung darf kein Rechtsmittel und kein Rechtsbehelf gegeben sein, etwa wegen zu geringen Beschwerdewerts (§ 61 I) oder weil das Beschwerdegericht die Rechtsbeschwerde nicht zugelassen hat (§ 70 I). Auch Anträge auf Berichtigung (§ 42) oder Ergänzung (§ 43) sind vorrangig, wenn sie zur Heilung der Gehörsverletzung führen können. Kommt eine Abänderung einer Entscheidung mit Dauerwirkung nach § 48 I wegen wesentlicher Veränderung der Sach- oder Rechtslage in Betracht, ist auch dieser Weg vorrangig (str.; wie hier MüKoFamFG/*Ulrici* mwN; Musielak/*Borth* Rn. 4; aA Keidel/*Meyer-Holz* Rn. 7). Im **Erbscheinsverfahren** ist zu unterscheiden: Ist das Erbscheinsverfahren abgeschlossen, aber der Erbschein noch nicht erteilt, ist die Anhörungsrüge der richtige Rechtsbehelf; nach Erteilung des Erbscheins steht der Weg der Einziehung nach § 2361 BGB zur Verfügung (KG FGPrax 2012, 68). Gegen Entscheidungen des Rechtspflegers ist immer ein Rechtsbehelf gegeben, nämlich entweder das nach den allgemeinen verfahrensrechtlichen Vorschriften zulässige Rechtsmittel (§ 11 I RPflG) oder, wenn ein solches nicht gegeben ist, die Rechtspflegererinnerung (§ 11 II RPflG).

b) Hauptsacheverfahren, Nebenverfahren, Zwischenverfahren. Die Gehörsrüge ist nicht auf Endentscheidungen in Hauptsacheverfahren beschränkt. Auch unanfechtbare Entscheidungen in Nebenverfahren wie im Verfahren der Verfahrenskostenhilfe können Gegenstand der Gehörsrüge sein. **Zwischenentscheidungen** sollen dagegen grds. nicht tauglicher Gegenstand einer Gehörsrüge sein (§ 44 I 2). Das gilt jedenfalls für alle einer Endentscheidung vorausgehenden, nicht selbständig anfechtbaren Entscheidungen, die im Rahmen des gegen die spätere Endentscheidung gerichteten Rechtsmittels noch überprüft werden können (vgl. § 58 II). Eine solche inzidente Korrekturmöglichkeit im Rahmen des Hauptsacherechtsmittels ist aber nicht immer gegeben. Sie fehlt etwa bei unanfechtbaren Entscheidungen in einem selbständigen Zwischenverfahren wie dem Richterablehnungsverfahren. In diesen Fällen gebietet es der effektive Rechtsschutz, die Gehörsrüge zuzulassen (BVerfG NZA 2008, 1201).

c) Nur (primäre) Gehörsverletzung. Gegenstand der Rüge kann nur die Verletzung des rechtlichen Gehörs sein. Eine entsprechende Anwendung auf die Verletzung anderer Verfahrensgrundrechte wird immer wieder diskutiert, ist aber abzulehnen (vgl. MüKoFamFG/*Ulrici* Rn. 19 mwN; Keidel/*Meyer-Holz* Rn. 8). Bei Rechtsmittelgerichten muss sich die Rüge auf eine (neue, eigenständige) Verletzung des rechtlichen Gehörs unmittelbar durch das Rechtsmittelgericht beziehen. Es reicht nicht aus, zu rügen, dass das Rechtsmittelgericht die geltend gemachte Gehörsverletzung durch die Vorinstanz nicht beseitigt habe (**keine sekundäre Rüge,** BGH NJW 2008, 2126; BGH NJW 2008, 923).

3. Weitere Zulässigkeitsvoraussetzungen. a) Beschwer, Form und Frist. Nur ein durch die Entscheidung **beschwerter**, dh in seiner materiellen Rechtsstellung unmittelbar beeinträchtigter Beteiligter kann die Gehörsrüge erheben. Das ist in Antragsverfahren bei Ablehnung des Antrags nur der Antragsteller. Die **Frist** zur Einlegung der Rüge beträgt zwei Wochen nach Kenntnis der Gehörsverletzung; der Zeitpunkt der Kenntniserlangung ist glaubhaft zu machen (§ 44 II 1). Grundsätzlich löst nur positive Kenntnis den Fristbeginn aus; grob fahrlässige Unkenntnis, „Kennenmüssen", reicht nur bei rechtsmissbräuchlicher Verweigerung der Kenntnisnahme. Bei unverschuldeter Fristversäumung kommt Wiedereinsetzung nach § 17 in Betracht. Zusätzlich unterliegt die Rüge einer objektiven Ausschlussfrist von einem Jahr, die unabhängig von der Kenntnis ab Bekanntgabe an den Rügeführer läuft (§ 44 II 2). Hier gibt es keine Wiedereinsetzung. Die Rüge ist **schriftlich** oder zur Niederschrift der Geschäftsstelle bei dem Gericht zu erheben, dessen Entscheidung angegriffen wird (§ 44 II 3).

b) Begründung. Die Rüge muss eine **substantiierte Darlegung** enthalten, in welcher Weise – durch welches Tun oder Unterlassen – das Gericht nach Auffassung des Rügeführers dessen Anspruch auf rechtliches Gehör verletzt hat und weshalb die Verletzung entscheidungserheblich ist (vgl. § 44 II 4). Begründungsmängel machen die Gehörsrüge unzulässig (OLG München Beschl. v. 24.2.2016 – 34 Wx 394/15, FGPrax 2016, 143). Zur Rüge, man habe keine Gelegenheit zur Stellungnahme zum Sachvortrag eines anderen Beteiligten erhalten, gehört die Darlegung, was man vorgetragen hätte. Die geforderte Darlegung ist Zulässigkeitsvoraussetzung und muss innerhalb der Einlegungsfrist beim zuständigen

Gericht eingegangen sein. Nach Fristablauf sind allenfalls Vertiefungen und Präzisierungen des fristgerecht Dargelegten zulässig, aber kein Nachschieben neuer Begründung. Entscheidungserheblich ist ein Gehörsverstoß, wenn nicht ausgeschlossen werden kann, dass die Entscheidung bei Gewährung des Gehörs anders ausgefallen wäre. Unzulässig, aber in der Praxis nicht selten, ist die Rüge der materiellen Fehlerhaftigkeit der angegriffenen Entscheidung. Eine Gehörsrüge kann begründet sein, wenn dem Rügeführer die Nichtabhilfeentscheidung (§ 68 I) so spät übermittelt wurde, dass ihm im Ergebnis zu wenig Zeit blieb, auf die dortigen, sein Beschwerdevorbringen überzeugend zurückweisenden Ausführungen zeitnah zu reagieren (OLG Brandenburg Beschl. v. 27.2.2017 – 13 WF 34/17, NZFam 2017, 42).

7 **4. Verfahren und Entscheidung.** Die unzulässige Rüge wird – nach entsprechendem Hinweis an den Rügeführer – vom Gericht verworfen. Einer Anhörung der anderen Beteiligten, denen nach § 44 III nur „soweit erforderlich" Gelegenheit zur Stellungnahme zu geben ist, bedarf es dann regelmäßig nicht. Erweist sich die Rüge als zulässig, aber unbegründet, weist das Gericht sie zurück. Auch in diesen Fällen ist eine Anhörung der anderen Beteiligten vielfach nicht erforderlich, denn sie erfahren keine Verschlechterung ihrer Rechtsposition. In beiden Fällen entscheidet das Gericht durch unanfechtbaren Beschluss, der kurz begründet werden soll (§ 44 IV). Begründet ist die Rüge, wenn eine Gehörsverletzung vorliegt und nicht ausgeschlossen werden kann, dass sie für die Entscheidung kausal war. Bevor das Gericht zu dieser Entscheidung gelangt, ist den anderen Beteiligten regelmäßig rechtliches Gehör zu gewähren. Rechtsfolge einer begründeten Gehörsrüge ist die Fortsetzung des Verfahrens, soweit es von der Gehörsverletzung betroffen ist. Zweckmäßigerweise stellt das Gericht die Verfahrensfortsetzung durch (unanfechtbaren) Beschluss fest; in jedem Fall muss sie für alle Beteiligten ersichtlich sein. Im fortgesetzten Verfahren wird das ursprünglich verletzte rechtliche Gehör, soweit nach den Darlegungen in der Rügebegründung noch erforderlich, nachgeholt, eine etwa fehlerhaft unterlassene entscheidungserhebliche Beweiserhebung durchgeführt etc. Der angegriffene Beschluss bleibt als solcher zunächst wirksam; sein Schicksal entscheidet sich erst am Ende des fortgesetzten Verfahrens. Das Gericht entscheidet nach der dann gegebenen Sach- und Rechtslage ohne Bindung an den angegriffenen Beschluss; es gibt kein Verschlechterungsverbot. Die denkbaren Entscheidungsmöglichkeiten sind: Aufrechterhaltung des angegriffenen Beschlusses und dessen Aufhebung und eine ersetzende neue Sachentscheidung.

8 **5. Kosten.** Für die verworfene oder zurückgewiesene Rüge wird eine Gerichtsgebühr von 60 EUR erhoben (Nr. 19200 KV-GNotKG). Die, und sei es auch nur teilweise, zulässige und begründete Rüge ist gerichtskostenfrei. Das gilt auch dann, wenn das Gericht nach Fortsetzung des Verfahrens die angegriffene Entscheidung aufrechterhält, die Rüge also iErg zu keiner Besserstellung des Rügeführers führt. Für bevollmächtigte Rechtsanwälte gehört das Rügeverfahren zum Rechtszug (§ 19 I 2 Nr. 5 RVG). Wird der Anwalt nur im Rügeverfahren tätig, bestimmt sich die Verfahrensgebühr nach Nr. 3330 VV RVG und die ggf. anfallende Terminsgebühr nach Nr. 3331 VV RVG.

§ 45 Formelle Rechtskraft

¹Die Rechtskraft eines Beschlusses tritt nicht ein, bevor die Frist für die Einlegung des zulässigen Rechtsmittels oder des zulässigen Einspruchs, des Widerspruchs oder der Erinnerung abgelaufen ist. ²Der Eintritt der Rechtskraft wird dadurch gehemmt, dass das Rechtsmittel, der Einspruch, der Widerspruch oder die Erinnerung rechtzeitig eingelegt wird.

1 **1. Normzweck.** § 45 regelt die formelle Rechtskraft in Anlehnung an § 705 ZPO. Formell rechtskräftig sind Beschlüsse, die mit einem ordentlichen Rechtsmittel oder dem Rechtsbehelf des Einspruchs, des Widerspruchs oder der Erinnerung nicht oder nicht mehr angefochten werden können (vgl. § 19 EGZPO). Indem § 45 bestimmt, wann die formelle Rechtskraft noch nicht eintritt, setzt die Vorschrift inzident voraus, dass Beschlüsse im Verfahren der freiwilligen Gerichtsbarkeit der formellen Rechtskraft fähig sind. Die Vorschrift gilt für alle unanfechtbaren oder nur mit befristeten Rechtsmitteln oder Rechtsbehelfen anfechtbaren Beschlüsse, nicht nur für Endentscheidungen über die Hauptsache.

2 **2. Eintritt der Rechtskraft.** a) Bei kraft Gesetzes **unanfechtbaren Entscheidungen** tritt die Rechtskraft mit Erlass des Beschlusses (§ 38 III 3) ein. Beispiele hierfür sind § 19 II (Gewährung der Wiedereinsetzung), § 42 III 1 (Zurückweisung eines Berichtigungsantrags), § 44 IV 3 (Verwerfung oder Zurückweisung einer Gehörsrüge), § 353 III (Kraftloserklärung des Erbscheins nach öffentlicher Bekanntmachung), § 359 I (Anordnung der Nachlassverwaltung auf Antrag des Erben), ferner letztinstanzliche Entscheidungen (Entscheidungen des BGH; Entscheidungen des Beschwerdegerichts im einstweiligen Anordnungsverfahren, § 70 IV).

3 b) Bei **anfechtbaren Entscheidungen** tritt Rechtskraft ein mit fruchtlosem Ablauf der längst laufenden Rechtsmittelfrist oder mit allseitig gegenüber dem Gericht erklärtem Rechtsmittelverzicht (§ 67 I), oder, wenn ein Rechtsmittel eingelegt wurde, das den Eintritt der Rechtskraft zunächst hemmt, mit wirksamer Rücknahme des Rechtsmittels (sofern nicht noch ein Rechtsmittel innerhalb der Frist läuft und das Rechtsmittel erneut eingelegt werden könnte) oder mit rechtskräftiger Verwerfung oder Zurückweisung des Rechtsmittels. Entscheidend ist allein die Statthaftigkeit des Rechtsmittels. Ob das Rechtsmittel im Einzelfall auch zulässig ist, spielt keine Rolle; denn hierüber zu entscheiden ist Sache des Rechtsmittelgerichts. Auch ein Rechtsmittel, das sich als unzulässig erweist, etwa weil dem Beschwerdeführer die Beschwer fehlt oder der Beschwerdewert nicht überschritten ist, hemmt zunächst den Eintritt der Rechtskraft.

c) **Hemmungswirkung** kommt nur den ordentlichen Rechtsmitteln und ordentlichen Rechtsbehelfen 4
zu, nämlich der Beschwerde (§ 58), Rechtsbeschwerde (§§ 70, 75) und sofortigen Beschwerde entsprechend §§ 567–572 ZPO, sowie den im Gesetzestext genannten Rechtsbehelfen Einspruch, Widerspruch und Erinnerung. Keine Hemmungswirkung entfalten außerordentliche Rechtsbehelfe wie die Wiedereinsetzung (§ 17), die Gehörsrüge (§ 44), die Wiederaufnahme (§ 48 II). Sie lassen die eingetretene Rechtskraft zunächst unberührt und führen erst und nur im Erfolgsfall zur (rückwirkenden) Durchbrechung der Rechtskraft. Das gilt auch für die Verfassungsbeschwerde.

3. Rechtsfolgen. Mit Eintritt der formellen Rechtskraft endet das Verfahren. Eine Abänderung der 5
Entscheidung ist nicht mehr möglich, es sei denn im Wege eines zur Durchbrechung der Rechtskraft führenden außerordentlichen Rechtsbehelfs (→ Rn. 4) oder durch ein neues Verfahren unter den Voraussetzungen des § 48 I. In einigen im Gesetz ausdrücklich bestimmten Fällen ist der Eintritt der Rechtskraft Voraussetzung für die Wirksamkeit des Beschlusses (vgl. § 40 II, III; weitere Beispiele → § 40 Rn. 3). Ansonsten wird der Beschluss bereits mit Bekanntgabe an den Hauptbeteiligten wirksam (§ 40 I) und ist dann auch bereits vollstreckbar (§ 86 II). Rechtsfolge der formellen Rechtskraft ist ferner die **materielle Rechtskraft**, sofern die Entscheidung der materiellen Rechtskraft fähig ist. Ihre Bedeutung liegt im Ausschluss neuerlicher Überprüfung der rechtskräftig entschiedenen Frage (ne bis in idem) sowie in der ggf. präjudiziellen Bindungswirkung für andere Verfahren. In Nachlassverfahren, wie in Verfahren der freiwilligen Gerichtsbarkeit generell, kommt den Entscheidungen nur ausnahmsweise materielle Rechtskraft zu. Für Erbscheinsverfahren ergibt sich das schon daraus, dass Erbscheine jederzeit eingezogen werden können (§ 2361 BGB).

Wird nach dem Erbscheinsverfahren Klage auf Feststellung des Erbrechts erhoben, so ist das Prozess- 6
gericht nicht gehindert, von den Feststellungen des Nachlassgerichts abzuweichen (BGH Urt. v. 14.4.2010 – IV ZR 135/C8, ZEV 2010, 468 Rn. 13). Anders im umgekehrten Fall: Das zivilgerichtliche Feststellungsurteil entfaltet in den Grenzen seiner subjektiven und objektiven Rechtskraft präjudizielle Rechtskraft für das Erbscheinsverfahren und bindet das Nachlassgericht bei seiner Entscheidung (OLG München Beschl. v. 8.3.2016 – 31 Wx 386/15, NJW 2016, 278; vgl. auch *Adam* ZEV 2016, 233 (234 f.)). Diese Bindung gilt auch, wenn es sich um ein Anerkenntnisurteil handelt (KG Beschl. v. 11.11.2014 – 1W 547 u. 548/14, FGPrax 2015, 52) oder um ein Versäumnisurteil (OLG Frankfurt a. M. Beschl. v. 7.5.2015 – 20 W 371/13, ZEV 2016, 275 mAnm *Zimmermann* ZEV 2016, 277). Entscheidungen mit Dauerwirkung können nach § 48 I abgeändert werden. Anders verhält es sich mit den nach § 48 III unabänderlichen Entscheidungen, wenn die gerichtliche Genehmigung für ein Rechtsgeschäft oder deren Verweigerung einem Dritten gegenüber wirksam geworden ist; ihnen kommt materielle Rechtskraft zu (Keidel/*Engelhardt* Rn. 25).

§ 46 Rechtskraftzeugnis

¹Das Zeugnis über die Rechtskraft eines Beschlusses ist auf Grund der Verfahrensakten von der Geschäftsstelle des Gerichts des ersten Rechtszugs zu erteilen. ²Solange das Verfahren in einem höheren Rechtszug anhängig ist, erteilt die Geschäftsstelle des Gerichts dieses Rechtszugs das Zeugnis. ³In Ehe- und Abstammungssachen wird den Beteiligten von Amts wegen ein Rechtskraftzeugnis auf einer Ausfertigung ohne Begründung erteilt. ⁴Die Entscheidung der Geschäftsstelle ist mit der Erinnerung in entsprechender Anwendung des § 573 der Zivilprozessordnung anfechtbar.

Das **Rechtskraftzeugnis** dient als Nachweis des Eintritts der formellen Rechtskraft. § 46 regelt in S. 1 1
u. 2 die Zuständigkeit und die Voraussetzungen der Erteilung in Anlehnung an § 760 I ZPO. S. 3 enthält eine Sonderregelung für Ehe- und Abstammungssachen. S. 4 bestimmt die Erinnerung entsprechend § 573 ZPO als statthaften Rechtsbehelf (mit ggf. anschließender sofortiger Beschwerde entsprechend § 573 II ZPO). Zuständig ist die Geschäftsstelle (Urkundsbeamtin) des Gerichts erster Instanz, oder, solange das Verfahren in einem höheren Rechtszug anhängig ist, die Geschäftsstelle des Gerichts dieses Rechtszugs. Diese Regelung hat allein praktische Gründe: Da das Rechtskraftzeugnis anhand der Verfahrensakten zu erteilen ist, soll diejenige Geschäftsstelle tätig werden, bei der sich die Verfahrensakten ohnehin befinden. Nach Abschluss des Rechtsmittelverfahrens in einer höheren Instanz werden die Akten, wenn das Verfahren nicht in eine noch höhere Instanz gelangt, an das Ausgangsgericht zurückgeleitet, so dass nunmehr wieder die erste Instanz zuständig wird. Eines Notfristzeugnisses, wie es in § 706 II 1 ZPO vorgesehen ist, bedarf es in diesen Fällen grds. nicht, da die Beschwerde gegen die Entscheidung des Amtsrichters bei diesem einzulegen ist (§ 64 I).

Das Rechtskraftzeugnis wird nur **auf Antrag** erteilt. Es ist zu erteilen, wenn die formelle Rechtskraft 2
des Beschlusses festgestellt werden kann, dh wenn der Beschluss nicht oder nicht mehr mit ordentlichen Rechtsmitteln oder Rechtsbehelfen wie Beschwerde, Rechtsbeschwerde, sofortige Beschwerde, Einspruch, Widerspruch oder Erinnerung angefochten werden kann (vgl. Erl. zu § 45). Außerordentliche Rechtsbehelfe (Antrag auf Wiedereinsetzung, Gehörsrüge, Wiederaufnahmeantrag) und die Verfassungsbeschwerde können zwar im Falle ihres Erfolgs zur Durchbrechung der Rechtskraft führen, doch hindert ihre Einlegung nicht den Eintritt der formellen Rechtskraft und deshalb auch nicht die Erteilung des Rechtskraftzeugnisses. Es wird indes von manchen Autoren empfohlen, einen solchen Umstand, der zur Durchbrechung der Rechtskraft führen kann, wenn er dem Urkundsbeamten bekannt ist, in das Rechtskraftzeugnis mit aufzunehmen (Keidel/*Engelhardt* Rn. 4; MüKoFamFG/*Ulrici* Rn. 9); notwendig ist das allerdings nicht.

§ 47 Wirksam bleibende Rechtsgeschäfte

Ist ein Beschluss ungerechtfertigt, durch den jemand die Fähigkeit oder die Befugnis erlangt, ein Rechtsgeschäft vorzunehmen oder eine Willenserklärung entgegenzunehmen, hat die Aufhebung des Beschlusses auf die Wirksamkeit der inzwischen von ihm oder ihm gegenüber vorgenommenen Rechtsgeschäfte keinen Einfluss, soweit der Beschluss nicht von Anfang an unwirksam ist.

1   **1. Wirksam bleibende Rechtsgeschäfte.** § 47 befasst sich mit den Auswirkungen der Aufhebung bestimmter, zunächst wirksam gewordener, aber später als ungerechtfertigt erkannter rechtsgestaltender Beschlüsse. Die Aufhebung eines solchen Beschlusses durch die Rechtsmittelinstanz wirkt verfahrensrechtlich grds. zurück. Dann stellt sich die Frage, was mit den zwischenzeitlich getätigten Rechtsgeschäften desjenigen ist, der durch den Ausgangsbeschluss die Befugnis erlangt hatte, für einen anderen (im Erbrecht zumeist: für den oder die Erben) Rechtsgeschäfte vorzunehmen und Willenserklärungen entgegenzunehmen, wie Nachlasspfleger (§§ 1960 f. BGB), Nachlassverwalter (§ 1984 BGB) und vom Gericht ernannte Testamentsvollstrecker (§ 2200 BGB). § 47 lässt die materiell-rechtliche Wirksamkeit der von diesen Personen oder ihnen gegenüber vorgenommenen Rechtsgeschäfte von der Aufhebung unberührt. Die Regelung dient dem Interesse des Rechtsverkehrs, der auf den Bestand der gerichtlich erteilten Rechtsmacht vertraut hat, sowie auch dem Schutz des aufgrund der gerichtlichen Bestellung/Ernennung im Glauben an seine Rechtsmacht Handelnden. Die materielle Wirksamkeit dieser Rechtsgeschäfte wird von der verfahrensrechtlichen Rückwirkung in der Weise abgekoppelt, als würde der Aufhebungsbeschluss nur ex nunc wirken. Hauptanwendungsbereich ist die Aufhebung durch die Rechtsmittelinstanz, doch ist die Vorschrift auch auf Aufhebungen durch das Ausgangsgericht etwa nach Wiedereinsetzung (§ 17), Wiederaufnahme (§ 48) oder Gehörsrüge (§ 44) anwendbar (Keidel/*Engelhardt* Rn. 10; MüKo-FamFG/*Ulrici* Rn. 10). Selbstverständlich können die genannten Rechtsgeschäfte aus anderen Gründen unwirksam sein, § 47 gleicht nur den durch die Aufhebung bewirkten Verlust der zuvor gerichtlich vermittelten Rechtsmacht aus. § 47 gilt auch für den Widerruf von Vorsorgevollmachten (BGH Beschl. v. 28.7.2015 – XII ZB 674/14, ZEV 2015, 644 Rn. 14 f.).

2   **2. Nicht unter § 47** fallen Beschlüsse, die von Anfang an unwirksam, dh nichtig sind, wie das Gesetz selbst bestimmt (§ 47 aE). Das ist bspw. der Fall, wenn in einem dem Rechtspfleger nicht übertragenen Geschäft der Rechtspfleger anstelle des Richters gehandelt hat; solche Beschlüsse sind von Anfang an unwirksam (§ 8 IV 2 RPflG) und haben eine Rechtsmacht zu keinem Zeitpunkt begründen können. Keine Anwendung findet § 47 auch in den Fällen, in denen ein Beschluss aufgehoben wird, durch den eine Vertretungsmacht entzogen wird.

3   Das ergibt sich schon aus dem Gesetzeswortlaut, wo vom „Erlangen" einer Rechtsmacht die Rede ist. Wird der Testamentsvollstrecker vom Nachlassgericht entlassen (§ 2227 BGB), und wird diese Entlassung vom Beschwerdegericht aufgehoben, so bleiben etwa vom Testamentsvollstrecker nach der Entlassung noch vorgenommene Rechtsgeschäfte wirksam; die Aufhebung entfaltet Rückwirkung, er wird so gestellt, als wäre er nicht entlassen worden (Keidel/*Engelhardt* Rn. 7). Wurde zugleich ein neuer Testamentsvollstrecker ernannt, so ist auf die Aufhebung von dessen Ernennung § 47 anwendbar; auch die von ihm vorgenommenen Rechtsgeschäfte bleiben wirksam. Zur Beurteilung, wenn alter und neuer (vermeintlicher) Rechtsmachtinhaber einander widersprechende Rechtsgeschäfte vorgenommen haben, s. MüKoFamFG/*Ulrici* Rn. 12.

§ 48 Abänderung und Wiederaufnahme

(1) ¹Das Gericht des ersten Rechtszugs kann eine rechtskräftige Endentscheidung mit Dauerwirkung aufheben oder ändern, wenn sich die zugrunde liegende Sach- oder Rechtslage nachträglich wesentlich geändert hat. ²In Verfahren, die nur auf Antrag eingeleitet werden, erfolgt die Aufhebung oder Abänderung nur auf Antrag.

(2) Ein rechtskräftig beendetes Verfahren kann in entsprechender Anwendung der Vorschriften des Buches 4 der Zivilprozessordnung wiederaufgenommen werden.

(3) Gegen einen Beschluss, durch den die Genehmigung für ein Rechtsgeschäft erteilt oder verweigert wird, findet eine Wiedereinsetzung in den vorigen Stand, eine Rüge nach § 44, eine Abänderung oder eine Wiederaufnahme nicht statt, wenn die Genehmigung oder deren Verweigerung einem Dritten gegenüber wirksam geworden ist.

1   **1. Normzweck.** § 48 hat drei Regelungsgegenstände: die Abänderbarkeit rechtskräftiger Entscheidungen (Abs. 1), die Wiederaufnahme rechtskräftig beendeter Verfahren (Abs. 2) und den Ausschluss der Abänderbarkeit von Genehmigungsentscheidungen (Abs. 3). Eine allgemeine Änderungsbefugnis, wie sie früher unter der Geltung des FGG für unbefristet anfechtbare Entscheidungen des Nachlassgerichts nach Maßgabe von § 18 I FGG bestand, gibt es nicht mehr. Das ist folgerichtig, weil die frühere unbefristete, sog. einfache Beschwerde abgeschafft wurde; die Rechtsmittel nach dem FamFG sind grds. befristet. Nunmehr kann das Gericht des ersten Rechtszuges eine rechtskräftige Entscheidung mit Dauerwirkung aufheben oder ändern, wenn sich die zugrundeliegende Sach- oder Rechtslage nachträglich wesentlich geändert hat. Für die Wiederaufnahme verweist Abs. 2 auf die entsprechenden Vorschriften der ZPO. Auf die einschlägigen Kommentare zur ZPO darf verwiesen werden. Abs. 3 schließt die Abänderung

nach Abs. 1, die Wiedereinsetzung (§ 17), die Gehörsrüge (§ 44) und eine Wiederaufnahme nach Abs. 2 aus, wenn eine gerichtliche Genehmigung oder deren Verweigerung einem Dritten gegenüber wirksam geworden ist. In Nachlasssachen haben solche Genehmigungen nur vereinzelt Bedeutung (→ § 40 Rn. 3).

2. Abänderung. a) Rechtskräftige Endentscheidungen mit Dauerwirkung. Abänderbar nach § 48 I sind nur Endentscheidungen (§ 38 I 1); auf Neben- und Zwischenentscheidungen ist die Vorschrift nicht anwendbar. Ferner muss die Endentscheidung formell rechtskräftig geworden sein (§ 45; BGH Beschl. v. 2.12.2015 – XII ZB 283/15, NJW 2016, 565 Rn. 15). Schließlich muss es sich um eine Entscheidung mit **Dauerwirkung** handeln. In den im Rahmen dieses Kommentars interessierenden Nachlasssachen sind insoweit insb. die Anordnung einer Nachlasspflegschaft oder Nachlassverwaltung zu nennen sowie die Ernennung eines Testamentsvollstreckers. Ein erteilter Erbschein kann nicht geändert, sondern nur eingezogen und ggf. mit anderem Inhalt neu erteilt werden. Ebenso wenig kann die Entscheidung, einen Erbschein einzuziehen, nach erfolgter Einziehung aufgehoben werden; denn die durchgeführte Einziehung kann nicht rückgängig gemacht werden. Wird die Einziehung als unrichtig erkannt, weil der eingezogene Erbschein richtig war, bleibt nur die Neuerteilung eines gleichlautenden Erbscheins.

b) Wesentliche Änderung der Verhältnisse. Weitere Voraussetzung der Abänderung nach Abs. 1 ist, dass sich die zugrundeliegende Sach- oder Rechtslage nachträglich wesentlich geändert hat. Es müssen sich also entweder die zugrundeliegenden Tatsachen oder das materielle Recht (oder beides) geändert haben und diese Änderung muss wesentlich, also von gewissem Gewicht sein. Auch nachträglich bekannt gewordene Tatsachen, die bei Erlass der Entscheidung schon vorlagen, aber dem Gericht nicht bekannt waren, können die Abänderung rechtfertigen (Keidel/*Engelhardt* Rn. 14; str., aA MüKoFamFG/*Ulrici* Rn. 12 mwN). Eine Änderung der Rechtslage kann sich auch aus einer Änderung der höchstrichterlichen Rspr. ergeben.

c) Zuständig für die Abänderung ist das Gericht erster Instanz, das über die Abänderung in einem **neuen Verfahren** befindet (BGH NJW 2012, 453). Es kann nicht nur seine eigenen, rechtskräftig gewordenen Entscheidungen ändern, sondern auch Entscheidungen des Beschwerdegerichts. Konnte das ursprüngliche Verfahren nur auf Antrag eingeleitet werden, setzt auch die Abänderung einen Antrag voraus. War der ursprüngliche Antrag zurückgewiesen worden, ist nur dieser Antragsteller antragsbefugt (vgl. BT-Drs. 16/6308, 198). War dem ursprünglichen Antrag stattgegeben worden, kann auch ein anderer unmittelbar in seinen Rechten betroffener Beteiligter den Antrag stellen (BGH Beschl. v. 5.7.2017 – IV ZB 6/17, NJW-RR 2017, 1034 Rn. 17ff. – Aufhebung einer Nachlassverwaltung). Im Falle der Zweckerreichung einer Nachlassverwaltung durch Befriedigung aller Nachlassgläubiger kann die Aufhebung jedenfalls dann auch von Amts wegen erfolgen, wenn der ursprüngliche Antrag nicht von den Erben, sondern von einem Nachlassgläubiger gestellt worden war (OLG Hamm Beschl. v. 12.1.2017 – I-15 W 237/16, ZEV 2017, 264; OLG Düsseldorf Beschl. v. 8.8.2016 – 6 W 75/16, ZEV 2016, 701 mAnm *Küpper* ZEV 206, 702). Entscheidungen, die auch von Amts wegen ergehen können, können auch von Amts wegen aufgehoben oder geändert werden.

d) Rechtsmittel. Liegen die Voraussetzungen einer Abänderung vor, hat das Gericht die Abänderung vorzunehmen (kein Ermessen); es ergeht dann ein die frühere Entscheidung mit Wirkung für die Zukunft abändernder oder aufhebender Beschluss (§ 38), der als eigenständige neue Entscheidung wiederum mit der Beschwerde (§ 58) angefochten werden kann. Einem Vertragspartner, der geltend macht, ihm gegenüber sei eine zuvor erteilte und nunmehr aufgehobene Genehmigung wirksam und deshalb nach § 48 III unabänderlich geworden, steht die Beschwerdebefugnis nach § 59 zu (BGH Beschl. v. 5.7.2017 – IV ZB 6/17, NJW-RR 2017, 1034 Rn. 12).

Abschnitt 4. Einstweilige Anordnung

§ 49 Einstweilige Anordnung

(1) Das Gericht kann durch einstweilige Anordnung eine vorläufige Maßnahme treffen, soweit dies nach den für das Rechtsverhältnis maßgebenden Vorschriften gerechtfertigt ist und ein dringendes Bedürfnis für ein sofortiges Tätigwerden besteht.

(2) ¹Die Maßnahme kann einen bestehenden Zustand sichern oder vorläufig regeln. ²Einem Beteiligten kann eine Handlung geboten oder verboten, insbesondere die Verfügung über einen Gegenstand untersagt werden. ³Das Gericht kann mit der einstweiligen Anordnung auch die zu ihrer Durchführung erforderlichen Anordnungen treffen.

1. Überblick. Abschn. 4 (§§ 49–57) regelt den vorläufigen Rechtsschutz in den Angelegenheiten der freiwilligen Gerichtsbarkeit, der früher stark vom Richterrecht geprägt war, erstmals einheitlich und umfassend. Die einstweilige Anordnung, wie das Gesetz die Maßnahme des vorläufigen Rechtsschutzes nennt, ist als eigenständiges, vom Hauptsacheverfahren unabhängiges Rechtsinstitut ausgestaltet. Eine einstweilige Anordnung kann erlassen werden, ohne dass ein Hauptsacheverfahren anhängig ist, oder während eines anhängigen Hauptsacheverfahrens, wobei auch in letzterem Fall eine verfahrensmäßige Trennung besteht (§ 51 III 1). Die Regelung gilt für alle Verfahren nach dem FamFG, Amts- wie Antragsverfahren, und schließt in ihrem Anwendungsbereich den Erlass einer einstweiligen Verfügung aus.

§ 49 bestimmt in Abs. 1 die Voraussetzungen einer einstweiligen Anordnung und umschreibt in Abs. 2 den möglichen Inhalt einer solchen Maßnahme.

2 **2. Voraussetzungen.** Voraussetzung für den Erlass einer einstweiligen Anordnung ist (entsprechend der herkömmliche Terminologie im einstweiligen Rechtsschutz) das Vorliegen von Anordnungsanspruch und Anordnungsgrund. Ein **Anordnungsanspruch** ist gegeben, wenn eine materiell-rechtliche Grundlage für das im Anordnungsverfahren verfolgte Verfahrensziel existiert. Die Maßnahme muss „nach den für das Rechtsverhältnis maßgebenden Vorschriften gerechtfertigt" sein. Erforderlich ist eine summarische Prüfung der materiell-rechtlichen Rechtslage. Das beschränkt auch den möglichen Inhalt: Im Wege der einstweiligen Anordnung darf kein Zustand hergestellt werden, der nicht auch Ergebnis eines entsprechenden Hauptsacheverfahrens sein könnte. Beispiele: Das Nachlassgericht ist ebenso wenig wie das Beschwerdegericht befugt, im Verfahren der freiwilligen Gerichtsbarkeit in die Amtsführung des Testamentsvollstreckers einzugreifen. Daher kann es insoweit keine einstweilige Anordnung erlassen (OLG Karlsruhe Beschl. v. 24.8.2012 – 11 Wx 88/12, ZEV 2012, 205; aA *Reimann* ZEV 2013, 207). § 49 erlaubt dem Nachlassgericht auch nicht den Erlass einer einstweiligen Anordnung gegen ein anderes Mitglied einer Erbengemeinschaft auf Verbot eines bestimmten Verhaltens; vielmehr gelten die allgemeinen Regelungen über vorläufigen Rechtsschutz (AG Halle (Saale) Beschl. v. 19.1.2012 – 40 VI 128/12 – W, ZErb 2012, 80). Durch einstweilige Anordnung darf nicht die Einziehung des Protokolls über die Testamentseröffnung angeordnet werden (OLG Naumburg Beschl. v. 7.2.2012 – 2 Wx 16/12, FGPrax 2012, 118).

3 Auf der anderen Seite gilt das **Verbot der Vorwegnahme der Hauptsache** (OLG Karlsruhe Beschl. v. 30.6.2016 – 5 UF 74/16, FamRZ 2017, 40 = BeckRS 2016, 13059; Keidel/*Giers* Rn. 15; BeckOK FamFG/*Schlünder* Rn. 2; Haußleiter/*Haußleiter* Rn. 2). Ein Erbschein darf nicht im Wege einstweiliger Anordnung erteilt oder eingezogen werden. Möglich ist aber die vorläufige Sicherstellung eines Erbscheins (Anordnung der Rückgabe zu den Akten, → § 64 Rn. 12f.; OLG Saarbrücken Beschl. v. 7.11.2011 – 5 W 239/11, NJW-RR 2012, 588). Der Testamentsvollstrecker darf nicht im Wege einstweiliger Anordnung entlassen, das Testamentsvollstreckerzeugnis nicht durch einstweilige Anordnung eingezogen werden. Es kann aber dem Testamentsvollstrecker im Wege einstweiliger Anordnung aufgegeben werden, das Testamentsvollstreckerzeugnis zwecks vorläufiger Sicherstellung zu den Akten zu reichen (OLG Schleswig Beschl. v. 13.7.2015 – 3 Wx 68/15, NJW-RR 2016, 13).

4 Zudem muss ein Anordnungsgrund vorliegen, also ein **dringendes Bedürfnis** für ein sofortiges Tätigwerden notwendig sein. Dies entspricht dem Verfügungsgrund bei einer einstweiligen Verfügung und deckt sich weitestgehend mit den Voraussetzungen des § 621g ZPO nach früherem Recht. Eine einstweilige Anordnung darf nicht mehr erlassen werden, wenn die Hauptsache ohne Weiteres entscheidungsreif ist (OLG Brandenburg Beschl. v. 19.9.2013 – 9 UF 135/13, BeckRS 2014, 01148).

5 **3. Inhalt und Umfang der einstweiligen Anordnung.** Inhalt und Umfang der einstweiligen Anordnung sind in § 49 II geregelt. Danach kommen Sicherungs- und Regelungsanordnung in Betracht. Nach S. 2 kann auch nur ein Verfügungsverbot (entsprechend dem § 938 II ZPO) erlassen werden. S. 3 lehnt an den früheren § 15 HausratsVO an, wonach der Richter die zur Durchführung der Anordnung notwendigen Maßnahmen anordnen sollte, unabhängig von einem dahingehenden Antrag (BT-Drs. 16/6308, 439). **Rechtsmittel** gegen die einstweilige Anordnung oder deren Versagung: → § 57 Rn. 1).

§ 50 Zuständigkeit

(1) ¹Zuständig ist das Gericht, das für die Hauptsache im ersten Rechtszug zuständig wäre. ²Ist eine Hauptsache anhängig, ist das Gericht des ersten Rechtszugs, während der Anhängigkeit beim Beschwerdegericht das Beschwerdegericht zuständig.

(2) ¹In besonders dringenden Fällen kann auch das Amtsgericht entscheiden, in dessen Bezirk das Bedürfnis für ein gerichtliches Tätigwerden bekannt wird oder sich die Person oder die Sache befindet, auf die sich die einstweilige Anordnung bezieht. ²Es hat das Verfahren unverzüglich von Amts wegen an das nach Absatz 1 zuständige Gericht abzugeben.

1 § 50 regelt die sachliche und örtliche Zuständigkeit des Gerichts für den Erlass der einstweiligen Anordnung. Die funktionelle Zuständigkeitsverteilung zwischen Richter und Rechtspfleger bleibt unberührt (vgl. OLG Frankfurt a.M. Beschl. v. 30.7.2015 – 21 W 99/15, FamRZ 2016, 852 Rn. 33ff. = BeckRS 2015, 15242). Die Vorschrift entspricht in § 50 I 1 FamFG dem § 937 I ZPO und gilt für die Fälle, in denen die Hauptsache noch nicht anhängig ist. Zuständig ist in diesen Fällen das fiktive Hauptsachegericht. S. 2 behandelt die Fälle, in denen die Hauptsache bereits anhängig ist. Hier ist das Gericht zuständig, bei dem die Hauptsache anhängig ist, bei Anhängigkeit in der Beschwerdeinstanz das Beschwerdegericht. Voraussetzung ist aber, dass die Hauptsache denselben Verfahrensgegenstand betrifft (deckungsgleiche Hauptsache, Keidel/*Giers* Rn. 4). Für die einstweilige Anordnung auf Zahlung eines Verfahrenskostenvorschusses ist das erstinstanzliche Gericht auch dann zuständig, wenn das Verfahren in der Beschwerdeinstanz anhängig ist; für eine Zuständigkeit nach § 50 I 2 fehlt es an der Identität der Verfahrensgegenstände (OLG Oldenburg Beschl. v. 23.8.2011 – 14 UFH 2/11, NJOZ 2012, 1058 = BeckRS 2011, 24924; krit. Keidel/*Giers* Rn. 6).

2 Für den Zeitraum ab Anhängigkeit beim Rechtsbeschwerdegericht ist wiederum das Gericht erster Instanz zuständig (BGH Beschl. v. 28.7.2010 – XII ZB 253/10, BeckRS 2010, 18417; BT-Drs. 16/6308, 439).

§ 50 II 1 lehnt sich dem § 942 I ZPO an und gibt für die Fälle der besonderen Eilbedürftigkeit einen weiteren Gerichtsstand. S. 2 stellt aber klar, dass das Gericht der Hauptsache maßgeblich ist und eine Abweichung hiervon nicht länger als unbedingt nötig erwünscht ist (BT-Drs. 16/6308, 440).

§ 51 Verfahren

(1) ¹Die einstweilige Anordnung wird nur auf Antrag erlassen, wenn ein entsprechendes Hauptsacheverfahren nur auf Antrag eingeleitet werden kann. ²Der Antragsteller hat den Antrag zu begründen und die Voraussetzungen für die Anordnung glaubhaft zu machen.

(2) ¹Das Verfahren richtet sich nach den Vorschriften, die für eine entsprechende Hauptsache gelten, soweit sich nicht aus den Besonderheiten die einstweiligen Rechtsschutzes etwas anderes ergibt. ²Das Gericht kann ohne mündliche Verhandlung entscheiden. ³Eine Versäumnisentscheidung ist ausgeschlossen.

(3) ¹Das Verfahren der einstweiligen Anordnung ist ein selbständiges Verfahren, auch wenn eine Hauptsache anhängig ist. ²Das Gericht kann von einzelnen Verfahrenshandlungen im Hauptsacheverfahren absehen, wenn diese bereits im Verfahren der einstweiligen Anordnung vorgenommen wurden und von einer erneuten Vornahme keine zusätzlichen Erkenntnisse zu erwarten sind.

(4) Für die Kosten des Verfahrens der einstweiligen Anordnung gelten die allgemeinen Vorschriften.

§ 51 I trifft eine Unterscheidung zwischen Antragsverfahren und Amtsverfahren. In **Antragsverfahren**, zu denen in Nachlasssachen insb. die Verfahren auf Erteilung eines Erbscheins zählen, ist die einstweilige Anordnung **nur auf Antrag** zu erlassen, § 51 I 1. Umgekehrt kann das Gericht in **Amtsverfahren** auch **ohne Antrag** eine einstweilige Anordnung erlassen, etwa im Verfahren auf Einziehung eines Erbscheins, wo ein Antrag nur die Bedeutung einer Anregung für ein Tätigwerden von Amts wegen hat (OLG Saarbrücken Beschl. v. 7.11.2011 – 5 W 239/11, NJW-RR 2012, 588). § 51 I 2 verlangt in Antragsverfahren (und nur dort) vom Antragsteller eine Begründung und die Glaubhaftmachung der Voraussetzungen für den beantragten Erlass.

Abs. 2 verweist auf die für die Hauptsache geltenden Verfahrensvorschriften, soweit diese mit den Gesichtspunkten des einstweiligen Rechtsschutzes vereinbar sind. Abweichungen können sich deshalb insb. aus dem Gesichtspunkt der Eilbedürftigkeit und wegen der nur summarischen Prüfung ergeben. Die Entscheidung des Gerichts ergeht durch Beschluss (§ 38), der in Ansehung der Rechtsmittel eine Endentscheidung ist. Das folgt auch aus der in Abs. 3 S. 1 angeordneten verfahrensmäßigen Trennung von Hauptsache und einstweiliger Anordnung (→ Rn. 3). Das gegebene Rechtsmittel ist die Beschwerde (§ 58), soweit nicht für bestimmte Familiensachen § 57 eingreift (→ § 57 Rn. 1).

§ 51 III 1 statuiert den Grundsatz der **verfahrensmäßigen Trennung** von Hauptsache und einstweiliger Anordnung. Das einstweilige Anordnungsverfahren ist selbständig, auch wenn ein Hauptsacheverfahren anhängig ist. Es erhält eine eigene Akte und ein eigenes Aktenzeichen. Eine schlichte Bezugnahme auf Sachvortrag im Hauptsacheverfahren reicht für die Begründung des einstweiligen Anordnungsverfahrens nicht aus (Haußleiter/*Haußleiter* Rn. 1; BeckOK FamFG/*Schlünder* Rn. 8). Verfahrenshandlungen, die im Verfahren der einstweiligen Anordnung vorgenommen wurden, müssen nach Maßgabe von § 51 III 2 im Hauptsacheverfahren nicht zwingend wiederholt werden.

Als Folge der Selbständigkeit des Anordnungsverfahrens hat das Gericht in der das Anordnungsverfahren beendenden Entscheidung auch über die **Kosten** zu befinden. § 51 IV verweist insoweit auf die allgemeinen Vorschriften. In Nachlasssachen kommen für die Kostengrundentscheidung die §§ 80 ff. zur Anwendung. Für die Gerichtsgebühr ist § 62 GNotKG zu beachten. Für die Rechtsanwaltsvergütung gelten einstweilige Anordnung und Hauptsache als verschiedene Angelegenheiten (§ 17 Nr. 4 Buchst. b RVG).

§ 52 Einleitung des Hauptsacheverfahrens

(1) ¹Ist eine einstweilige Anordnung erlassen, hat das Gericht auf Antrag eines Beteiligten das Hauptsacheverfahren einzuleiten. ²Das Gericht kann mit Erlass der einstweiligen Anordnung eine Frist bestimmen, vor deren Ablauf der Antrag unzulässig ist. ³Die Frist darf drei Monate nicht überschreiten.

(2) ¹In Verfahren, die nur auf Antrag eingeleitet werden, hat das Gericht auf Antrag anzuordnen, dass der Beteiligte, der die einstweilige Anordnung erwirkt hat, binnen einer zu bestimmenden Frist Antrag auf Einleitung des Hauptsacheverfahrens oder Antrag auf Bewilligung von Verfahrenskostenhilfe für das Hauptsacheverfahren stellt. ²Die Frist darf drei Monate nicht überschreiten. ³Wird dieser Anordnung nicht Folge geleistet, ist die einstweilige Anordnung aufzuheben.

1. Die Vorschrift befasst sich mit dem **Verhältnis zum Hauptsacheverfahren**, wenn bei Erlass der einstweiligen Anordnung ein solches noch nicht eingeleitet war. Dabei ist wiederum zwischen Amtsverfahren und Antragsverfahren zu unterscheiden. In **Amtsverfahren** kann das Gericht das Hauptsacheverfahren einleiten, ohne dass es eines Antrags eines Beteiligten bedarf. Beispiel: Bestehen gewichtige Anhaltspunkte, dass der erteilte Erbschein unrichtig ist, so ist im Hauptsacheverfahren von Amts wegen zu prüfen, ob der Erbschein einzuziehen ist; das Gericht kann es nicht bei einer etwa im Wege einstweiliger Anordnung bewirkten vorläufigen Sicherstellung (→ § 49 Rn. 3) belassen. Das ergibt sich aus dem materiellen Recht (§ 2361 BGB). **Abs. 1** regelt das Recht eines Beteiligten, der durch die einstweilige Anordnung beschwert ist (Keidel/*Giers* Rn. 4), die Einleitung des Hauptsacheverfahrens durch einen darauf gerichteten Antrag zu erzwingen. Das hat Bedeutung, wenn die materielle Rechtslage eine Hauptsacheentscheidung des Gerichts nicht unbedingt gebietet und das Gericht daher nicht schon von sich aus das Hauptsacheverfahren einleitet. In diesen Fällen kann das Gericht bereits mit Erlass der einstweiligen Anordnung eine Frist bestimmen, vor deren Ablauf der Antrag unzulässig ist. Sinn dieser sog. **Wartefrist** von höchstens drei Monaten (§ 52 I 3) ist es, die Beteiligten zu der Überlegung zu veranlassen, ob der durch die einstweilige Anordnung geregelte Zustand nicht hinnehmbar ist und es deshalb der Durchführung eines Hauptsacheverfahrens gar nicht mehr bedarf. Das Hauptanwendungsgebiet dieser Vorschrift liegt im Familienrecht.

2   2. Für **Antragsverfahren** gilt **Abs. 2**. In diesen Fällen ist das Gericht gehindert, von Amts wegen ein Hauptsacheverfahren einzuleiten. Nun kann es aber sein, dass derjenige, der die einstweilige Anordnung erwirkt hat, mit dem so hergestellten Zustand zufrieden ist und gar kein Interesse an der Durchführung eines Hauptsacheverfahrens hat. Abs. 2 eröffnet anderen Beteiligten das Recht, die Einleitung in der Weise zu erzwingen, dass dem Beteiligten, der die einstweilige Anordnung erwirkt hat, eine Frist von höchstens drei Monaten für den Antrag auf Einleitung des Hauptsacheverfahrens (oder Antrag auf Bewilligung von Verfahrenskostenhilfe) gesetzt wird. Wird dem nicht Folge geleistet, sieht Abs. 2 S. 3 als Sanktion die Aufhebung der einstweiligen Anordnung vor. Ein Antrag ist hierfür nicht notwendig (str.; wie hier Haußleiter/*Haußleiter* Rn. 10; Thomas/Putzo/*Seiler* Rn. 8; Bumiller/Harders/*Schwamb* Rn. 3; aA Keidel/*Giers* Rn. 10; BeckOK/*Schlünder* Rn. 4).

3   3. Wer durch die erlassene einstweilige Anordnung beschwert ist, hat daher im Ergebnis **mehrere Möglichkeiten der Überprüfung:** Er kann im Wege der Beschwerde (§ 58), soweit nicht § 57 für bestimmte Familiensachen die Beschwerdemöglichkeit ausschließt, eine Überprüfung durch die nächste Instanz anstreben (→ § 57 Rn. 1), oder durch den Antrag auf Fristsetzung nach § 52 II 1 eine Überprüfung im Hauptsacheverfahren herbeiführen (oder die Aufhebung ohne materielle Prüfung wegen fruchtlosen Ablaufs der vom Gericht gesetzten Frist), oder, soweit er nach materiellem Recht dazu berechtigt ist, selbst ein (mit gegensätzlichem Ziel geführtes) eigenes Hauptsacheverfahren einleiten. Daneben kommt ein Antrag auf Aufhebung oder Änderung der einstweiligen Verfügung nach § 54 in Betracht (vgl. zum Ganzen Haußleiter/*Haußleiter* Vorbem. §§ 49–57 Rn. 2 ff.). Der Antrag auf Fristsetzung nach § 52 II 1 kann auch kumulativ neben der Beschwerde nach §§ 57, 58 geltend gemacht werden (OLG Stuttgart Beschl. v. 20.7.2015 – 11 UF 113/15, NJOZ 2016, 162 Rn. 9).

4   4. **Zuständig** für die in § 52 geregelten Maßnahmen (die Einleitung des Hauptsacheverfahrens, die Anordnung der Antragstellung unter Fristsetzung, die Aufhebung nach fruchtlosem Fristablauf) ist das Gericht, das die einstweilige Anordnung erlassen hat, wenn sich die zuständigkeitsbegründenden Umstände zwischenzeitlich geändert haben (vgl. OLG München Beschl. v. 21.12.2010 – 33 WF 2160/10, NJW-RR 2011, 661). Das bedeutet aber nicht zwingend die Zuständigkeit dieses Gerichts auch für die **Durchführung** des Hauptsacheverfahrens (OLG Frankfurt a.M. Beschl. v. 4.1.2017 – 1 SV 27/16, FamRZ 2017, 1146 = BeckRS 2017, 102020).

5   5. **Rechtsmittel.** Die stattgebende Entscheidung eines Antrags nach § 52 I 1 besteht in der nicht anfechtbaren Einleitung des Hauptsacheverfahrens (Keidel/*Giers* Rn. 7; Haußleiter/*Haußleiter* Rn. 11). Dagegen ist die Ablehnung eines Antrags nach § 52 I 1 mit der Beschwerde nach Maßgabe von §§ 57 ff. anfechtbar. Gegen die Ablehnung des Antrags auf Fristsetzung (§ 52 II 1) ist die Beschwerde nach Maßgabe von §§ 57 ff. eröffnet (OLG Stuttgart Beschl. v. 20.7.2015 – 11 UF 113/15, NJOZ 2016, 162 Rn. 6; Keidel/*Giers* Rn. 9; Thomas/Putzo/*Seiler* Rn. 7), nach anderer Ansicht §§ 567 ff. ZPO analog (OLG Karlsruhe Beschl. v. 3.9.2010 – 5 WF 179/10, FamRZ 2011, 571 = NJOZ 2011, 836), nach wiederum anderer Ansicht soll kein Rechtsmittel gegeben sein (OLG Dresden Beschl. v. 5.7.2016 – 20 UF 409/16, NJW-RR 2016, 1160). Gegen die Aufhebung der einstweiligen Anordnung nach § 52 II 3 findet entgegen der Gesetzesbegründung (BT-Drs. 16/6308, 201) die Beschwerde statt (str.; wie hier Keidel/*Giers* Rn. 10 mwN auch zur Gegenmeinung; Thomas/Putzo/*Seiler* Rn. 7).

§ 53 Vollstreckung

(1) Eine einstweilige Anordnung bedarf der Vollstreckungsklausel nur, wenn die Vollstreckung für oder gegen einen anderen als den in dem Beschluss bezeichneten Beteiligten erfolgen soll.

(2) ¹Das Gericht kann in Gewaltschutzsachen sowie in sonstigen Fällen, in denen hierfür ein besonderes Bedürfnis besteht, anordnen, dass die Vollstreckung der einstweiligen Anordnung vor Zustellung an den Verpflichteten zulässig ist. ²In diesem Fall wird die einstweilige Anordnung mit Erlass wirksam.

1   Für die Vollstreckung gelten allgemein die §§ 86 ff. FamFG. § 53 regelt nur zwei Besonderheiten: die Einschränkung der Notwendigkeit einer Vollstreckungsklausel (Abs. 1) und die Vollstreckung der einstweiligen Anordnung vor Zustellung an den Verpflichteten in dem im Gesetz genannten besonderen Fällen (Abs. 2). Im Interesse der Verfahrensbeschleunigung ist die Vollstreckungsklausel gem. **§ 53 I nur** in

den Fällen erforderlich, in denen die Vollstreckung für oder gegen eine nicht in dem Beschluss bezeichnete Person erfolgen soll. § 53 ist dem § 929 ZPO, der insoweit bereits vor Inkrafttreten des FamFG auf die einstweilige Anordnung entsprechend angewendet wurde, nachgebildet.

§ 53 II 1 ermöglicht die Vollstreckung **bereits vor der Zustellung** an den Verpflichteten. Dies galt schon früher für einstweilige Anordnungen in **Gewaltschutzsachen**. Der Anwendungsbereich wurde jedoch auf Fälle ausgeweitet, in denen hierfür ein besonderes Bedürfnis besteht, bspw. im Verfahren auf Herausgabe des Kindes oder beim Vollzug freiheitsentziehender Maßnahmen. Nach § 53 II 2 wird damit auch der Zeitpunkt der Wirksamkeit der einstweiligen Anordnung vorverlagert. Für Nachlasssachen dürfte § 53 II ohne praktische Bedeutung sein. 2

§ 54 Aufhebung oder Änderung der Entscheidung

(1) ¹Das Gericht kann die Entscheidung in der einstweiligen Anordnungssache aufheben oder ändern. ²Die Aufhebung oder Änderung erfolgt nur auf Antrag, wenn ein entsprechendes Hauptsacheverfahren nur auf Antrag eingeleitet werden kann. ³Dies gilt nicht, wenn die Entscheidung ohne vorherige Durchführung einer nach dem Gesetz notwendigen Anhörung erlassen wurde.

(2) Ist die Entscheidung in einer Familiensache ohne mündliche Verhandlung ergangen, ist auf Antrag auf Grund mündlicher Verhandlung erneut zu entscheiden.

(3) ¹Zuständig ist das Gericht, das die einstweilige Anordnung erlassen hat. ²Hat es die Sache an ein anderes Gericht abgegeben oder verwiesen, ist dieses zuständig.

(4) Während eine einstweilige Anordnungssache beim Beschwerdegericht anhängig ist, ist die Aufhebung oder Änderung der angefochtenen Entscheidung durch das erstinstanzliche Gericht unzulässig.

Die Vorschrift **entspricht** weitestgehend dem früheren § 620b ZPO und regelt die Frage der Überprüfung von Entscheidungen im einstweiligen Anordnungsverfahren selbst. Sie hat insbesondere Bedeutung für Entscheidungen in solchen Familiensachen, die nach § 57 I 1 nicht anfechtbar sind, gilt aber auch in anderen Verfahren wie Nachlasssachen und tritt dann neben die Möglichkeit, nach Maßgabe von §§ 58 ff. das Rechtsmittelgericht anzurufen (→ § 57 Rn. 1), oder die Einleitung eines Hauptsacheverfahrens zu erzwingen (→ § 52 Rn. 3). 1

Abs. 1 S. 1 stellt klar, dass das Gericht jederzeit die Entscheidungen aufheben oder ändern kann, und zwar auch von Amts wegen. S. 2 u. 3 gelten dagegen für die Verfahren, die nur auf Antrag eingeleitet werden können. Diese werden auch nur auf Antrag aufgehoben oder geändert, außer es wurde noch keine nach dem Gesetz notwendige Anhörung durchgeführt; dann kann eine Änderung noch ohne Anhörung erfolgen. Voraussetzung für einen zulässigen Antrag ist in jedem Fall, dass der Antragsteller durch die einstweilige Anordnung beschwert ist (Keidel/*Giers* Rn. 5). Der Antrag und die erneute Befassung des Gerichts mit der angegriffenen Entscheidung setzen **keine Änderung der Sach- oder Rechtslage** voraus, doch kann wiederholten Anträgen ohne neuen Sachvortrag das Rechtsschutzbedürfnis fehlen (Keidel/*Giers* Rn. 11). 2

Abs. 2 gewährt in Familiensachen den Anspruch auf mündliche Verhandlung. 3

Abs. 3 regelt die Frage der **Zuständigkeit**. Danach ist das Gericht zuständig, das die einstweilige Anordnung erlassen hat, oder, wie der ungenaue Gesetzestext zu ergänzen ist, das den beantragten Erlass abgelehnt hat (auch letztere Entscheidung unterfällt § 54). Das gilt auch dann, wenn sich nach der Entscheidung die zuständigkeitsbegründenden Umstände geändert haben (vgl. für die Zuständigkeit nach § 52: OLG München Beschl. v. 21.12.2010 – 33 WF 2160/10, NJW-RR 2011, 661). Abs. 3 S. 2 regelt als Ausnahme dazu die Zuständigkeit des neuen Gerichts nach einer Abgabe oder Verweisung, zB wenn ein für Eilmaßnahmen zuständiges Gericht (§ 50 II) an das nach § 50 I zuständige Gericht abgegeben hat. 4

Abs. 4 lässt eine Abänderung durch das Ausgangsgericht während des Beschwerdeverfahrens nicht zu. 5

Rechtsmittel gegen die im Verfahren nach § 54 ergangene Entscheidung ist, soweit nicht § 57 die Beschwerde ausschließt, die Beschwerde (→ § 57 Rn. 1). 6

§ 55 Aussetzung der Vollstreckung

(1) ¹In den Fällen des § 54 kann das Gericht, im Fall des § 57 das Rechtsmittelgericht, die Vollstreckung einer einstweiligen Anordnung aussetzen oder beschränken. ²Der Beschluss ist nicht anfechtbar.

(2) Wenn ein hierauf gerichteter Antrag gestellt wird, ist über diesen vorab zu entscheiden.

Nach § 55 kann das Gericht im Rahmen des Verfahrens nach § 54 die Vollstreckung einer einstweiligen Anordnung aussetzen oder durch entsprechende Maßnahmen beschränken (*van Els*, Die Vollstreckung von einstweiligen Anordnungen, FPR 2012, 480 (482)). Das ist von Bedeutung, weil Anträge nach § 54 – ebenso wie das Rechtsmittel der Beschwerde – keine aufschiebende Wirkung haben, die Vollstreckung also weiterhin möglich wäre. Ist das einstweilige Anordnungsverfahren in der Beschwerdeinstanz, so ist das Beschwerdegericht zuständig. Ein Antrag ist nicht Voraussetzung (Keidel/*Giers* Rn. 3). Die Vorschrift entspricht dem früheren § 620e ZPO. Die früher hM, dass diese Entscheidung **unanfechtbar** ist, findet sich nunmehr in § 55 I 2. Die Regelung in Abs. 2 trägt dem Beschleunigungsgedanken nochmals Rechnung. 1

§ 56 Außerkrafttreten

(1) ¹Die einstweilige Anordnung tritt, sofern nicht das Gericht einen früheren Zeitpunkt bestimmt hat, bei Wirksamwerden einer anderweitigen Regelung außer Kraft. ²Ist dies eine Endentscheidung in einer Familienstreitsache, ist deren Rechtskraft maßgebend, soweit nicht die Wirksamkeit zu einem späteren Zeitpunkt eintritt.

(2) Die einstweilige Anordnung tritt in Verfahren, die nur auf Antrag eingeleitet werden, auch dann außer Kraft, wenn
1. der Antrag in der Hauptsache zurückgenommen wird,
2. der Antrag in der Hauptsache rechtskräftig abgewiesen ist,
3. die Hauptsache übereinstimmend für erledigt erklärt wird oder
4. die Erledigung der Hauptsache anderweitig eingetreten ist.

(3) ¹Auf Antrag hat das Gericht, das in der einstweiligen Anordnungssache im ersten Rechtszug zuletzt entschieden hat, die in den Absätzen 1 und 2 genannte Wirkung durch Beschluss auszusprechen. ²Gegen den Beschluss findet die Beschwerde statt.

1 Die Vorschrift regelt das Außerkrafttreten der einstweiligen Anordnung kraft Gesetzes, wenn diese nicht schon im Verfahren der einstweiligen Anordnung selbst, etwa nach § 52 II 3 oder nach § 54, oder durch die Beschwerdeinstanz (→ § 57 Rn. 1) aufgehoben wurde. Das Außerkrafttreten entfaltet Wirkung für die Zukunft und beendet die Vollstreckbarkeit. Abs. 1 gilt für Amts- und Antragsverfahren. Danach tritt die einstweilige Anordnung bei Wirksamwerden einer anderweitigen Regelung außer Kraft. Das ist insb. die Endentscheidung im deckungsgleichen Hauptsacheverfahren, kann aber auch ein Vergleich oder eine außergerichtliche Einigung sein (Keidel/*Giers* Rn. 3a).

2 Abs. 2 gilt für das Außerkrafttreten in Antragsverfahren. Hier führen auch andere Arten der Beendigung zum Außerkrafttreten, nämlich die Rücknahme des Hauptsacheantrags oder dessen rechtskräftige Abweisung oder eine anderweitige Erledigung der Hauptsache. Auch eine rechtskräftige Abweisung durch Prozessbeschluss erfüllt den Tatbestand des § 56 II Nr. 2, denn das Gesetz unterscheidet insoweit nicht danach, ob der Antrag unzulässig oder unbegründet war (str.; wie hier Keidel/*Giers* Rn. 8a; *van Els* FPR 2012, 480 (485); aA zB MüKoFamFG/*Soyka* Rn. 2 mN zur früheren Rechtslage; offen gelassen von OLG Frankfurt a. M. Beschl. v. 30.7.2015 – 4 UF 151/15, BeckRS 2016, 02462 Rn. 4).

3 Nach **Abs. 3** hat das Gericht das Außerkrafttreten und den Zeitpunkt dafür auf Antrag auszusprechen. Der Ausspruch hat nur deklaratorische Wirkung, das Außerkrafttreten tritt kraft Gesetzes ein. Gleichwohl kann für den durch die einstweilige Anordnung beschwerten Beteiligten ein Bedürfnis bestehen, das Außerkrafttreten durch einen entsprechenden gerichtlichen Ausspruch nachweisen zu können. Das Gesetz gibt ihm (nur dem beschwerten Beteiligten, Keidel/*Giers* Rn. 10) deshalb ein Antragsrecht. Das zuständige Gericht und das gegen den (stattgebenden oder ablehnenden) Beschluss gegebene Rechtsmittel der Beschwerde (§ 58) ergeben sich unmittelbar aus dem Gesetzestext. § 57 gilt hier nicht. Nach der Rechtsprechung des OLG Zweibrücken (Beschl. v. 13.12.2010 – 5 WF 159/10, NJW-RR 2011, 1016) soll die Zweiwochenfrist des § 63 II Nr. 1 auch hier gelten. Auch wenn man dem nicht folgen mag und insoweit die allgemeine Beschwerdefrist von 1 Monat (§ 63 I) für anwendbar hält (so mE zu Recht zB Keidel/*Giers* Rn. 11; Haußleiter/*Haußleiter* Rn. 6; *Heinemann* FamFR 2011, 119 mwN), so ist dem anwaltlichen Vertreter dringend zu raten, die Beschwerde trotz etwa anderslautender Rechtsmittelbelehrung innerhalb der Zweiwochenfrist einzulegen, zumal das OLG Zweibrücken im dort entschiedenen Fall auch die Wiedereinsetzung versagt hat (kritisch *Heinemann* FamFR 2011, 119).

§ 57 Rechtsmittel

¹Entscheidungen in Verfahren der einstweiligen Anordnung in Familiensachen sind nicht anfechtbar. ²Dies gilt nicht in Verfahren nach § 151 Nummer 6 und 7 und auch nicht, wenn das Gericht des ersten Rechtszugs auf Grund mündlicher Erörterung
1. über die elterliche Sorge für ein Kind,
2. über die Herausgabe des Kindes an den anderen Elternteil,
3. über einen Antrag auf Verbleiben eines Kindes bei einer Pflege- oder Bezugsperson,
4. über einen Antrag nach den §§ 1 und 2 des Gewaltschutzgesetzes oder
5. in einer Ehewohnungssache über einen Antrag auf Zuweisung der Wohnung
entschieden hat.

1 Die Vorschrift trifft hinsichtlich der Rechtsmittel eine Sonderregelung für Verfahren der einstweiligen Anordnung in Familiensachen. Für andere Verfahren, insbesondere auch für die im Rahmen dieser Kommentierung interessierenden Nachlasssachen, greifen die allgemeinen Vorschriften. Für diese anderen Verfahren gilt: Der Beschluss, der eine einstweilige Anordnung erlässt, ist ebenso wie die Ablehnung eines Antrags auf Erlass einer einstweiligen Anordnung eine Endentscheidung und mit dem Rechtsmittel der Beschwerde (§ 58) anfechtbar. Das Gleiche gilt für einen Beschluss, der eine einstweilige Anordnung nach Maßgabe von § 54 aufhebt oder ändert, oder der einen hierauf gerichteten Antrag zurückweist. Zu

Statthaftigkeit der Beschwerde § 58 FamFG 30

beachten ist die verkürzte Beschwerdefrist von zwei Wochen (§ 63 II Nr. 1). Eine Rechtsbeschwerde findet in keinem Fall statt (§ 70 IV).

Abschnitt 5. Rechtsmittel

Unterabschnitt 1. Beschwerde

§ 58 Statthaftigkeit der Beschwerde

(1) **Die Beschwerde findet gegen die im ersten Rechtszug ergangenen Endentscheidungen der Amtsgerichte und Landgerichte in Angelegenheiten nach diesem Gesetz statt, sofern durch Gesetz nichts anderes bestimmt ist.**

(2) **Der Beurteilung des Beschwerdegerichts unterliegen auch die nicht selbständig anfechtbaren Entscheidungen, die der Endentscheidung vorausgegangen sind.**

1. Normzweck. Die Vorschrift regelt das Hauptsacherechtsmittel gegen die abschließende Entscheidung erster Instanz. Sie bildet zusammen mit den einzelnen Regelungen über die Zulässigkeitsvoraussetzungen und das Beschwerdeverfahren (§§ 59–69) ein Kernstück der FGG-Reform von 2009, das das Rechtsmittelsystem grundlegend umgestaltet hat. Terminologisch hat sich der Gesetzgeber des FamFG für den Begriff „Beschwerde" entschieden und das nach dem FGG bestehende Nebeneinander von sog. einfacher Beschwerde, die unbefristet zulässig war, und in manchen Fällen gegebener sofortiger Beschwerde, die befristet war, zugunsten eines einzigen befristeten Rechtsmittels abgeschafft (vgl. näher zur Reform → Rn. 2). Abs. 1 bestimmt die Statthaftigkeit dieses neuen Rechtsmittels „Beschwerde". Abs. 2 regelt die Einbeziehung der nicht selbständig anfechtbaren Entscheidungen, die der Endentscheidung vorausgegangen sind, in die Prüfung durch das Beschwerdegericht. Für die Anwendbarkeit des neuen Beschwerderechts nach dem 1.9.2009 ist die Übergangsvorschrift in Art. 111 FGG-RG zu beachten (→ Rn. 5). 1

2. Neuordnung des Rechtsmittelsystems. a) Instanzenzug. Das FGG-Reformgesetz hat mit seinem Kernstück, dem FamFG, den Instanzenzug und die Rechtsmittel in den Angelegenheiten der freiwilligen Gerichtsbarkeit – einschließlich der im Mittelpunkt dieser Kommentierung stehenden Nachlasssachen – völlig umgestaltet. Der neue Rechtszug in Nachlasssachen geht – in Angleichung an den Rechtszug in Familiensachen – vom Amtsgericht (§ 23a I Nr. 2, Abs. 2 Nr. 2 GVG) zum OLG (§ 119 I Nr. 1 lit. b GVG). Das OLG ist zweite Tatsacheninstanz; die Ebene der Landgerichte ist aus dem Rechtszug herausgenommen und wird mit Nachlasssachen nicht mehr befasst. Dritte, auf die Rechtskontrolle beschränkte Instanz ist der BGH (§ 133 GVG), der allerdings nur dann angerufen werden kann, wenn das OLG die Rechtsbeschwerde zulässt (§ 70). Für bestimmte Rechtsgebiete der freiwilligen Gerichtsbarkeit gelten allerdings Abweichungen. Auf solche Abweichungen für Gebiete außerhalb des Erbrechts (insb. auch auf die für Familiensachen gelegentlich geltenden Besonderheiten), wird in der nachfolgenden Kommentierung der §§ 58–75, entsprechend der Zielsetzung dieses Erbrechtskommentars, in der Regel nicht gesondert hingewiesen. 2

b) Rechtsmittel. Neben dem Instanzenzug wurden auch die Rechtsmittel neugestaltet. Es gibt nur noch ein einheitliches fristgebundenes Hauptsacherechtsmittel, die „Beschwerde" (Abs. 1). Das Rechtsmittel gegen die Entscheidung des Beschwerdegerichts heißt „Rechtsbeschwerde". Sie ist in Nachlasssachen nur statthaft, wenn das OLG sie wegen der grundsätzlichen Bedeutung zugelassen hat (§ 70); eine NZB sieht das Gesetz nicht vor. Faktisch wird der Rechtszug somit in der überwiegenden Mehrzahl der Fälle, in denen die Voraussetzungen für eine Zulassung der Rechtsbeschwerde nicht vorliegen, auf zwei Instanzen beschränkt. 3

c) Keine Zuständigkeitskonzentration. Über die Beschwerde in Nachlasssachen entscheidet das OLG (§ 119 I Nr. 1 lit. b GVG). Eine Zuständigkeitskonzentration bei einem OLG für die Bezirke mehrerer Oberlandesgerichte, wie sie unter der Geltung des FGG in Bayern (OLG München, früher BayObLG) und Rheinland-Pfalz (OLG Zweibrücken) bestand, ist weggefallen. Die Oberlandesgerichte sind seit der FG-Reform nicht mehr Rechtsbeschwerdeinstanz, sondern Tatsacheninstanz; eine bundesgesetzliche Ermächtigungsnorm zur Konzentration (vormals § 199 FGG) gibt es nicht mehr. Über die Beschwerden gegen Entscheidungen der Amtsgerichte ihres Bezirks entscheiden daher nunmehr auch die Oberlandesgerichte Bamberg, Nürnberg und Koblenz, die vor der Reform mit Nachlasssachen nicht befasst waren. Die Wiedererrichtung des BayObLG durch Gesetz v. 12.7.2018 (BayGVBl 2018, 545) ändert daran nichts; ihm sind mangels bundesgesetzlicher Ermächtigungsnorm keine Aufgaben in den klassischen Gebieten der freiwilligen Gerichtsbarkeit übertragen. 4

3. Übergangsrecht. Die nachfolgenden Ausführungen haben nur noch in wenigen Fällen Bedeutung, sind jedoch noch nicht völlig bedeutungslos. Insbesondere in der Rechtsmittelinstanz kann es – schon im Hinblick auf das nach altem Recht in Erbscheinsverfahren unbefristet zulässige Beschwerde – nach wie vor Verfahren geben, die nach dem vor der FGG-Reform geltenden Verfahrensrecht abzuwickeln sind. 5

a) Vor dem 1.9.2009 begonnene Verfahren. Das FamFG ist nach Art. 112 FGG-RG am 1.9.2009 in Kraft getreten (Stichtag). Auf Verfahren, die vor diesem Stichtag eingeleitet wurden oder deren Einlei- 6 tung vor dem Stichtag beantragt wurde, sind weiter die bisherigen Vorschriften anzuwenden (Art. 111 FGG-RG). Liegt der Beginn des Verfahrens vor dem Stichtag, so richtet sich das gesamte Verfahren, einschließlich der Rechtsmittel und des Instanzenzuges, nach altem FGG-Recht (BGH Beschl. v. 1.3. 2010 – II ZB 1/10, FGPrax 2010, 102; OLG München Beschl. v. 25.2.2010 – 31 Wx 32/10, ZIP 2010, 496 = BeckRS 2010, 05238). Auf das Datum der angefochtenen Entscheidung des Nachlassgerichts, das lange nach dem Stichtag liegen kann, kommt es somit nicht an. Maßgeblich ist der **Beginn des konkreten Nachlassverfahrens** (Erbscheinserteilung, Erbscheinseinziehung, Ernennung des Testamentsvollstreckers, Erteilung eines Testamentsvollstreckerzeugnisses, Entlassung des Testamentsvollstreckers, Anordnung der Nachlasspflegschaft etc), denn jedes dieser Verfahren ist selbständig und hat grds. ein eigenes Schicksal. Mehrere Nachlassverfahren, die denselben Nachlass betreffen und im selben Nachlassakt behandelt werden, können wegen unterschiedlichen Beginns deshalb teils nach alter und teils nach neuer Verfahrensordnung zu behandeln sein.

7   **b) Antragsverfahren.** Begonnen hat das Nachlassverfahren in Antragsverfahren mit Eingang des Antrags, wobei im Erbscheinsantrag das Erbscheinsverfahren auch dann in Gang gerät, wenn die Erfüllung der Förmlichkeiten nach §§ 2354ff. BGB noch aussteht; denn ein Erbscheinsantrag bedarf keiner Form, um wirksam zu sein. Mehrere nacheinander eingehende unterschiedliche Erbscheinsanträge bilden allerdings, solange nicht über sie entschieden ist, ein einziges Verfahren, während ein nach der Entscheidung eingehender neuer Erbscheinsantrag ein neues Verfahren beginnen lässt (vgl. OLG Köln Beschl. v. 14.7.2010 – 2 W 99/10, NJW 2011, 320; Keidel/*Engelhardt* FGG-RG Art. 111 Rn. 5).

8   **c) Amtsverfahren.** Ein Amtsverfahren beginnt mit dem erstmaligen Tätigwerden des Nachlassgerichts in Bezug auf das konkrete Verfahren, und nicht schon durch den Todesfall (so aber OLG Stuttgart Beschl. v. 12.11.2009 – 8 W 427/09, ZEV 210, 471) oder die Testamentseröffnung. Geht etwa der Erbscheinsantrag hinsichtlich eines vor dem 1.9.2009 verstorbenen Erblassers erst nach dem Stichtag ein und richtet sich das Erteilungsverfahren deshalb nach neuem Recht, so wäre es unsinnig, ein Jahre später auf Anregung hin von Amts wegen eingeleitetes Verfahren zur Prüfung, ob der Erbschein unrichtig und deshalb einzuziehen ist, als mit dem Todesfall begonnen anzusehen und nach altem Recht abzuwickeln (das Amtsverfahren auf Einziehung des Erbscheins kann wohl kaum vor dessen Erteilung begonnen haben). Fällt der vom (vor dem 1.9.2009 verstorbenen) Erblasser ernannte Testamentsvollstrecker, der das Amt angenommen und ausgeübt hat, nach vielen Jahren weg, und hatte der Erblasser für diesen Fall das Nachlassgericht um die Ernennung eines anderen Testamentsvollstreckers ersucht, so beginnt das Amtsverfahren auf Ernennung des (Ersatz-) Testamentsvollstreckers nach hier vertretener Auffassung jedenfalls nicht vor dem Wegfall des vom Erblasser ernannten Testamentsvollstreckers (davor war für eine Ernennung durch das Nachlassgericht kein Raum).

9   **4. Endentscheidungen. a) Hauptsacheentscheidungen.** Mit der Beschwerde anfechtbar sind die Endentscheidungen erster Instanz. Das sind die den Verfahrensgegenstand ganz oder teilweise erledigenden Beschlüsse (§ 38 I), also Entscheidungen, die das Verfahren insgesamt oder hinsichtlich eines abtrennbaren, selbständiger Erledigung zugänglichen Teils in der Instanz abschließen. Nach § 38 I sind diese Endentscheidungen in Beschlussform zu fassen, doch ist eine Entscheidung, die der Sache nach eine Endentscheidung darstellt, selbstverständlich auch dann mit der Beschwerde anfechtbar, wenn sie fälschlich nicht als Beschluss, sondern etwa als Verfügung erlassen ist (vgl. Keidel/*Meyer-Holz* Rn. 19). Verfahrensabschließende Entscheidungen sind in **Nachlasssachen** bspw. der Beschluss über die Erteilung des Erbscheins (§ 352e) oder die Ablehnung eines Erbscheinantrags, der Beschluss über die Einziehung eines Erbscheins (§ 353) oder die Ablehnung eines (als Anregung aufzufassenden) Antrags auf Einziehung eines Erbscheins, die Entlassung eines Testamentsvollstreckers (§ 2227 BGB) oder Zurückweisung eines entsprechenden Antrags, die Anordnung der Nachlasspflegschaft (§§ 1960, 1961 BGB) oder die Zurückweisung eines darauf gerichteten Antrags. Keine Endentscheidung und deshalb nicht mit der Beschwerde anfechtbar ist die Entscheidung des Nachlassgerichts, den Antrag auf Erlass der eidesstattlichen Versicherung (§ 352 III 4) abzulehnen (OLG Schleswig Beschl. v. 24.3.2014 – 3 Wx 17/14, NJW-RR 2014, 1039; Keidel/*Zimmermann* FamFG § 352 Rn. 85).

10   **b) Kostenentscheidungen.** Zu den mit der Beschwerde anfechtbaren Endentscheidungen gehören auch die Kostengrundentscheidungen (Entscheidungen über die Tragung der Gerichtskosten und/oder die Erstattung außergerichtlicher Kosten). Das gilt unabhängig davon, ob sie zusammen mit der Hauptsachentscheidung, oder – etwa nach Erledigung in der Hauptsache oder Rücknahme der Beschwerde – als isolierte Kostenentscheidung ergehen. Die frühere Regelung in § 29a FGG, wonach die Kostenentscheidung, wenn nicht isoliert ergangen, nur zusammen mit der Hauptsacheentscheidung angefochten werden konnte, wurde im FamFG nicht übernommen. Die Kostenentscheidung ist nunmehr auch isoliert anfechtbar (auf den Kostenpunkt beschränkte Teilanfechtung), und zwar mit dem Hauptsacherechtsmittel der Beschwerde. Die Wertgrenze von 600 EUR ist zu beachten (→ § 61 Rn. 3).

11   **c) Vorausgegangene Entscheidungen.** Der Beurteilung des Beschwerdegerichts unterliegen auch die nicht selbständig anfechtbaren Entscheidungen, die der Endentscheidung vorausgegangen sind (Abs. 2). Dazu zählen etwa die auf die Beweiserhebung bezogenen Beschlüsse und sonstige verfahrensleitende Maßnahmen, sofern sie, was im Zweifelsfall ebenfalls das Beschwerdegericht entscheidet, entscheidungserhebliche Auswirkungen auf die Endentscheidung hatten. Nicht umfasst von dieser Fallgruppe der im Rahmen des Hauptsacherechtsmittels der Beschwerde überprüfbaren vorausgegangenen Entscheidungen sind die selbständig anfechtbaren Zwischen- und Nebenentscheidungen (→ Rn. 13). Ebenfalls nicht hier-

her gehören solche der Endentscheidung vorausgehenden Entscheidungen, deren Anfechtbarkeit und Überprüfbarkeit das Gesetz ausgeschlossen hat. Beispiele für diese Art von Entscheidungen: die Übertragung oder unterlassene Übertragung auf den Einzelrichter (§ 68 IV FamFG iVm § 526 III ZPO); die Zurückweisung von Bevollmächtigten (§ 10 III 1).

5. Beschwerde in Nachlasssachen: Überblick. Einzelheiten zur Beschwerde und zu dem Beschwerdeverfahren sind in den nachfolgenden §§ 59–69 geregelt und werden dort kommentiert. Hier soll ein orientierender Überblick für die Beschwerde in Nachlasssachen gegeben werden. Die Beschwerde ist ausschließlich beim Ausgangsgericht (Amtsgericht – Nachlassgericht) einzulegen (§ 64 I), schriftlich oder zur Niederschrift der Geschäftsstelle (§ 64 II). Es besteht kein Anwaltszwang (vgl. § 10). Die Beschwerde ist fristgebunden. Die regelmäßige Beschwerdefrist beträgt einen Monat (§ 63 I), in bestimmten Fällen zwei Wochen (§ 63 II, § 355 I Hs. 2). In vermögensrechtlichen Angelegenheiten, worunter Nachlasssachen in aller Regel fallen, muss der Beschwerdewert die Wertgrenze von 600 EUR übersteigen, alternativ die Beschwerde vom Amtsgericht wegen grundsätzlicher Bedeutung zugelassen sein (§ 61). Die Beschwerde soll begründet werden (§ 65), doch ist die fehlende Begründung kein Zulässigkeitsmangel. Neues Vorbringen ist zulässig; das Beschwerdegericht ist zweite Tatsacheninstanz (§ 65 III). Das Amtsgericht hat zu prüfen, ob es der Beschwerde abhilft (§ 68 I 1). Bei Nichtabhilfe erfolgt Vorlage der Akten an das OLG als Beschwerdegericht, das zunächst die Zulässigkeit der Beschwerde und bei zulässiger Beschwerde die Begründetheit prüft (§ 68 II, III). Der Senat kann die Beschwerde einem seiner Mitglieder als Einzelrichter übertragen (§ 68 IV). Die Beschwerdeentscheidung ergeht durch begründeten Beschluss (§ 69). Er ist nur dann mit der Rechtsbeschwerde anfechtbar, wenn das OLG die Rechtsbeschwerde wegen grundsätzlicher Bedeutung zulässt (§ 70). Bei Nichtzulassung ist der Beschluss des OLG unanfechtbar; eine NZB sieht das FamFG nicht vor.

6. Zwischen- und Nebenentscheidungen. a) Anfechtbarkeit. Zwischen- und Nebenentscheidungen fallen nicht unter die nach § 58 anfechtbaren Endentscheidungen. Sie sind nur dann selbständig anfechtbar, wenn das Gesetz dies vorsieht. Das vom FamFG in diesen Fällen vorgesehene Rechtsmittel ist die „sofortige Beschwerde in entsprechender Anwendung der §§ 567 bis 572 ZPO". Mit diesem Rechtsmittel anfechtbar sind etwa die Zurückweisung von Ablehnungsgesuchen (§ 6 II), die Zurückweisung eines Antrags auf Hinzuziehung als Beteiligter (§ 7 V 2), die Aussetzung des Verfahrens (§ 21 II), die Verhängung von Zwangsmitteln zur Durchsetzung einer gerichtlichen Anordnung (§ 35 II, zB die Anordnung zur Ablieferung eines Testaments, § 358), Berichtigungsbeschlüsse (§ 42 III 2), die Ablehnung von Verfahrenskostenhilfe (§ 76 II FamFG iVm § 127 II 2 ZPO, nach näherer Maßgabe von § 127 III ZPO auch die Bewilligung von Verfahrenskostenhilfe), die Bestimmung einer Erklärungsfrist nach § 2198 II BGB und die Bestimmung einer Annahmefrist für den Testamentsvollstrecker (§ 355 I).

b) Sofortige Beschwerde. Für die sofortige Beschwerde gegen Zwischen- und Nebenentscheidungen gelten die §§ 567–572 ZPO entsprechend. Das bedeutet eine Reihe von Abweichungen gegenüber dem Hauptsacherechtsmittel der Beschwerde. Das betrifft insb. die Beschwerdefrist (zwei Wochen, § 569 I ZPO), den richtigen Adressaten der Beschwerdeeinlegung (wahlweise beim Ausgangsgericht oder beim Beschwerdegericht, § 569 I ZPO), den originären Einzelrichter (§ 568), und das Fehlen eines Beschwerdewerts, außer in Kostensachen, bei denen ein Beschwerdewert von 200 EUR gilt (§ 567 II). Man beachte aber, dass gegen die Kostengrundentscheidung in Nachlasssachen die Beschwerde nach § 58 gegeben ist (→ Rn. 10) und hierfür ein Beschwerdewert von 600 EUR bestimmt ist (→ § 61 Rn. 3).

c) Anfechtbarkeit der Beschwerdeentscheidung. Ob und mit welchem Rechtmittel die auf die sofortige Beschwerde ergehende Entscheidung des Beschwerdegerichts (in Nachlasssachen: OLG) anfechtbar ist, ist strittig. Der BGH ist nach anfänglichem Schwanken in diesen Fällen zur Anwendung des § 574 ZPO gelangt; der Verweis auf die ZPO setzt sich nach dieser Rspr. im Rechtsbeschwerdeverfahren fort (vgl. näher und mit Nachw. → § 70 Rn. 2). **Eigene Zwischen- und Nebenentscheidungen des Beschwerdegerichts** sind, wenn es sich ihrer Art nach, wären sie in erster Instanz getroffen, um anfechtbare Entscheidungen handelt, ebenfalls mit der zulassungsabhängigen Rechtsbeschwerde anfechtbar, soweit es sich nicht um eine einstweilige Anordnung handelt. Über die Rechtsbeschwerde entscheidet immer – auch bei Zwischen- und Nebenentscheidungen – der BGH (§ 133 GVG).

7. Außerordentliche Beschwerde. Eine außerordentliche Beschwerde, wie sie früher in der Rspr. für Fälle einer greifbaren Gesetzwidrigkeit für zulässig gehalten wurde, ist (auch) in Verfahren der freiwilligen Gerichtsbarkeit nicht mehr statthaft (vgl. BGH Beschl. v. 8.5.2006 – II ZB 10/05, NJW-RR 2006, 1184; OLG München Beschl. v. 2.7.2009 – 31 Wx 71/09, OLGR 2009, 716 = BeckRS 2009, 19426 mwN; für den Zivilprozess BGH Beschl. v. 7.3.2002 – IX ZB 11/02, NJW 2002, 1577; Beschl. v. 15.2.2006 – IV ZB 57/04, FamRZ 2006, 695 = BeckRS 2006, 03595). Nach der Rspr. des BVerfG widersprechen die von der Rspr. außerhalb des geschriebenen Rechts geschaffenen „außerordentlichen Rechtsbehelfe" dem verfassungsrechtlichen Gebot der Rechtsmittelklarheit (BVerfG NJW 2003, 1924, NJW 2003, 3687). Der Gesetzgeber hat daraufhin für den Bereich der Gehörsverletzungen die Anhörungsrüge (§ 321a ZPO, § 44 FamFG) geregelt. Daraus, dass der Gesetzgeber nur diesen Bereich, nicht aber andere Fälle von Grundrechtsverletzungen oder „krassem Unrecht" geregelt hat, kann nicht geschlossen werden, dass für diese anderen Fälle die außerordentliche Beschwerde statthaft bliebe; denn nach der klaren Vorgabe des BVerfG könnte nur der Gesetzgeber, nicht aber die Rspr. einem etwaigen Bedürfnis nach Selbstkorrektur innerhalb der Fachgerichtsbarkeit Rechnung tragen (OLG München Beschl. v. 2.7.2009 – 31 Wx 71/09, OLGR 2009, 716 = BeckRS 2009, 19426; Keidel/*Meyer-Holz* FamFG Anh. § 58 Rn. 58). Das schließt auch eine analoge Anwendung der Gehörsrüge (§ 44) auf die behauptete Verletzung anderer Verfahrensgrundrechte als dasjenige des rechtlichen Gehörs aus (vgl. zu 321a ZPO BGH Beschl. v. 17.7.2008 – V ZR 149/07, NJW-RR 2009, 144; Beschl. v. 13.12.2007 – I ZR 47/06, NJW 2008, 2126). Auch die **Gegenvorstellung** sollte, wenn überhaupt, nur noch in engen Grenzen als statthaft angesehen werden (vgl. näher und diff. Keidel/*Meyer-Holz* Anh. § 58 Rn. 48–55).

17   **8. Kosten.** Zur Kostengrundentscheidung → § 69 Rn. 7. **a) Gerichtskosten.** Die Gerichtskosten des Beschwerdeverfahrens richten sich in Nachlasssachen seit 1.8.2013 nach dem **Gerichts- und Notarkostengesetz (GNotKG)**. Die Gebührentatbestände für Nachlasssachen sind in Teil 1 Hauptabschn. 2 des Kostenverzeichnisses zum GNotKG geregelt (Nr. 12100 bis 12550 KV-GNotKG. In Erbscheins- und anderen Verfahren nach Nr. 12220-1222 KV-GNotKG ist die Gerichtsgebühr für das Beschwerdeverfahren – auch bei hohem Geschäftswert! – der Höhe nach auf 800 EUR begrenzt (weitere Reduzierung bei Rücknahme oder sonstiger Beendigung ohne Endentscheidung). Wegen weiterer Einzelheiten darf auf die systematische Darstellung des GNotKG von *Heinemann* unter Gliederungsnummer 96 dieses Kommentars verwiesen werden.

Gegen den Kostenansatz des Gerichts findet nach Maßgabe von § 81 GNotKG Erinnerung und Beschwerde statt.

18   **b) Anwaltsvergütung.** Die Anwaltsvergütung ergibt sich aus dem RVG. Seit der Änderung des RVG durch Art. 8 des 2. KostRMoG sind die Beschwerden gegen die Endentscheidung wegen des Hauptgegenstands in den Angelegenheiten der freiwilligen Gerichtsbarkeit den zivilprozessualen Berufungen gleichgestellt (Vorb. 3.2.1. Nr. 2 lit. c VV RVG in der seit 1.8.2013 geltenden Fassung). Es gilt nunmehr die 1,6-Gebühr der Nr. 3200 VV RVG (und Nr. 3200 ff.), vgl. näher die systematische Darstellung des anwaltlichen Gebührenrechts von *Schons* unter Gliederungsnummer 95 dieses Kommentars, → RVG Rn. 272 ff.

Zu der Frage, inwieweit im Falle einer vom Gericht angeordneten Kostenerstattung die Anwaltsvergütung zu den „notwendigen" Aufwendungen des Erstattungsgläubigers gehören, → § 85 Rn. 2.

19   **9. Geschäftswert.** Die Geschäftswertvorschriften sind im GNotKG geregelt. Für vor dem 1.8.2013 eingelegte Beschwerden sind allerdings weiterhin die Geschäftswertvorschriften der Kostenordnung anzuwenden (→ § 80 Rn. 2), insb. § 131 IV, § 30 KostO sowie in Erbscheinsverfahren § 107 KostO (vgl. Burandt/Rojahn, ErbR, 1. Aufl. 2011, Rn. 18 f.). Die grundlegende Wertvorschrift im Beschwerdeverfahren ist jetzt § 61 GNotKG. Auch nach neuem Recht bestimmt sich der Geschäftswert im Beschwerdeverfahren nach den Anträgen des Beschwerdeführers (§ 61 I 1 GNotKG), was insb. bei einer nur teilweisen Anfechtung der Endentscheidung Bedeutung erlangt. IÜ ist auch in der Rechtsmittelinstanz ergänzend auf die für die 1. Instanz geltenden Wertvorschriften zurückzugreifen. Für die praktisch bedeutsamen **Erbscheinsverfahren** s. § 40 GNotKG (Wert des Nachlasses im Zeitpunkt des Erbfalls nach Abzug der vom Erblasser herrührenden Verbindlichkeiten, sog. Nachlassreinwert). Ausgehend vom Nachlassreinwert bemisst sich der Wert nach dem mit dem Rechtsmittel verfolgten wirtschaftlichen Interesse des Beschwerdeführers. Das war im Anwendungsbereich der Kostenordnung allgemeine Meinung, ist allerdings unter der Geltung des GNotKG sehr umstritten. Nach einer Meinung hat das GNotKG an diesem Grundsatz nichts geändert (OLG München Beschl. v. 4.7.2017 – 31 Wx 211/15, ZEV 2017, 634; OLG Hamm Beschl. v. 5.8.2015 – I-15 W 341/14, FGPrax 2015, 277; OLG Düsseldorf Beschl. v. 22.1.2016 – I-3 Wx 20/15, ZEV 2016, 387, unter Aufgabe seiner vorherigen gegenteiligen Rspr.; OLG Dresden Beschl. v. 19.1.2016 – 17 W 1275/15, BeckRS 2016, 14932). Nach anderer Ansicht soll, wenn der Erbschein die Erbfolge über den gesamten Nachlass ausweisen soll, auch der Wert des gesamten Nachlasses maßgebend sein, unabhängig davon, welchen Anteil davon ein Beschwerdeführer beansprucht (OLG Frankfurt a. M. Beschl. v. 27.6.2017 – 20 W 35/16, ZEV 2017, 649; OLG Köln Beschl. v. 4.4.2014 – 2 Wx 92/14, ZEV 2014, 608; OLG Schleswig Beschl. v. 16.10.2014 – 3 Wx 104/13, NJW-RR 2015, 767; OLG Karlsruhe Beschl. v. 16.6.2016 – 11 Wx 103/15, ZEV 2016, 459; → *Heinemann* GNotKG Rn. 25). Geht es nur um das Erbrecht eines Miterben, ist dessen Anteil maßgeblich (§ 40 II GNotKG). Für Verfahren betreffend Testamentsvollstreckerzeugnisse s. § 40 V GNotKG (20 % des Nachlasswertes ohne Abzug von Verbindlichkeiten); für Nachlasspflegschaft und Nachlassverwaltung s. § 64 GNotKG (Wert des von der Verwaltung betroffenen Vermögens; richtet sich die Beschwerde nur gegen die Auswahl der Person des Nachlasspflegers, kann der Wert geringer angesetzt werden, OLG Bremen Beschl. v. 5.12.2014 – 5 Wx 38/14, BeckRS 2014, 22983); für die Ernennung und Entlassung von Testamentsvollstreckern s. § 65 GNotKG (10 % des Nachlasswerts im Zeitpunkt des Erbfalls ohne Abzug von Nachlassverbindlichkeiten). Wegen weiterer Einzelheiten wird auf die systematische Darstellung des GNotKG von *Heinemann* unter Gliederungsnummer 96 dieses Kommentars verwiesen.

20   Die Wertfestsetzung durch das Gericht (§ 79 I GNotKG) kann nach Maßgabe von § 79 II GNotKG von diesem selbst oder, wenn das Verfahren in der Rechtsmittelinstanz schwebt, vom Rechtsmittelgericht geändert werden. Die Änderung ist nur innerhalb von sechs Monaten nach Rechtskraft der Entscheidung in der Hauptsache oder anderweitiger Erledigung des Verfahrens zulässig. Gegen die Wertfestsetzung ist ferner nach Maßgabe von § 83 GNotKG die Beschwerde eröffnet.

§ 59 Beschwerdeberechtigte

(1) Die Beschwerde steht demjenigen zu, der durch den Beschluss in seinen Rechten beeinträchtigt ist.

(2) Wenn ein Beschluss nur auf Antrag erlassen werden kann und der Antrag zurückgewiesen worden ist, steht die Beschwerde nur dem Antragsteller zu.

(3) Die Beschwerdeberechtigung von Behörden bestimmt sich nach den besonderen Vorschriften dieses oder eines anderen Gesetzes.

1. Normzweck. Die Vorschrift regelt die Beschwerdeberechtigung und damit neben Form und Frist 1 der Beschwerde eine wesentliche Voraussetzung für die Zulässigkeit des Beschwerdeverfahrens. Fehlende Beschwerdeberechtigung führt zur Verwerfung der Beschwerde als unzulässig. Inhaltlich übernimmt § 59 in den ersten zwei Absätzen die bisherige Regelung in § 20 I u. II FGG. Die hierzu ergangene breitgefächerte und bis in viele Einzelheiten verästelte Rspr. bleibt weitestgehend gültig und wird auch dem neuen Recht zugrunde gelegt werden können. Das betrifft sowohl das Erfordernis der materiellen Rechtsbeeinträchtigung (Abs. 1) als auch bei Zurückweisung von Anträgen das zusätzliche Erfordernis der formellen Beschwer (Abs. 2). Abs. 3 verweist für die Beschwerdeberechtigung von Behörden auf die hierfür jeweils geltenden besonderen Vorschriften innerhalb und außerhalb des FamFG, wo den Behörden vielfach eine Beschwerdeberechtigung unabhängig von einer eigenen Beschwer eingeräumt ist (Jugendamt, Betreuungsbehörde, Standesamtsaufsicht etc.).

2. Beschwerdeberechtigung. Für die Beschwerdeberechtigung (auch Beschwerdebefugnis genannt) 2 kommt es auf die Rechtsbeeinträchtigung an, die sog. materielle Beschwer. Die formelle Beteiligtenstellung in erster Instanz ist nicht entscheidend. Der durch einen Beschluss in seinen Rechten Beeinträchtigte kann auch dann Beschwerde einlegen, wenn er in erster Instanz etwa versehentlich nicht beteiligt wurde, während umgekehrt derjenige, der beteiligt wurde und im Rubrum des erstinstanzlichen Beschlusses genannt ist, nicht allein schon aus dieser formalen Stellung heraus beschwerdeberechtigt ist; immer muss eine materielle Beschwer vorliegen (OLG Hamm Beschl. v. 9.5.2011 – 13 UF 81/11, FamRZ 2011, 1666 f.).

In **Antragsverfahren** ist die Beschwerdeberechtigung gegen einen den Antrag zurückweisenden Be- 3 schluss auf den oder die Antragsteller beschränkt (Abs. 2). Aus verfahrensökonomischen Gründen lässt die Rspr. allerdings auch die Beschwerde anderer Antragsberechtigter zu, die den Antrag ebenfalls hätten stellen können und noch stellen könnten (BGH Beschl. v. 10.12.1992 – V ZB 3/92, NJW 1993, 662; BayObLG Beschl. v. 20.6.1991 – BReg 3 Z 36/91, BayObLGZ 1991, 235). Beantragt A einen Erbschein, der A und B als Miterben ausweisen soll, und wird der Antrag mit der Begründung abgelehnt, C sei Erbe, so ist – unabhängig von A – auch B beschwerdebefugt. Abs. 2 gewährt iÜ keine eigenständige Beschwerdeberechtigung für Antragsteller (und Antragsberechtigte), sondern schränkt den Kreis der Beschwerdeberechtigten ein, indem zusätzlich zu der von Abs. 1 geforderten materiellen Beschwer – die auch in Antragsverfahren vorliegen muss – das Erfordernis eigener Antragstellung aufgestellt wird (sog. formelle Beschwer).

3. Rechtsbeeinträchtigung. Die Beeinträchtigung muss ein eigenes, dem Beschwerdeführer zustehen- 4 des subjektives materielles Recht betreffen. Eine Beeinträchtigung bloßer berechtigter Interessen, seien sie rechtlicher, wirtschaftlicher, sozialer oder ideeller Art, reicht nicht aus (BGH Beschl. v. 18.4.2012 – XII ZB 623/11, NJW 2012, 2039). Die angefochtene Entscheidung muss unmittelbar nachteilig in die Rechtsstellung des Beschwerdeführers eingreifen: sie muss ein bestehendes Recht des Beschwerdeführers aufheben, beschränken, mindern, ungünstig beeinflussen oder gefährden, die Ausübung dieses Rechts stören oder dem Beschwerdeführer die mögliche Verbesserung seiner Rechtsstellung vorenthalten oder erschweren (BGH Beschl. v. 24.4.2013 – IV ZB 42/12, NJW-RR 2013, 905 Rn. 15). Dabei ist regelmäßig auf die Entscheidungsformel abzustellen (BGH Beschl. v. 8.10.2014 – XII ZB 406/13, NJW 2015, 58 Rn. 14). Bei einer etwaigen Beeinträchtigung durch Beschlussgründe kommt eine Beschwerdeberechtigung nur ganz ausnahmsweise in Betracht (OLG Frankfurt a.M. Beschl. v. 12.1.2016 – 20 W 279/15, BeckRS 2016, 08774 Rn. 9; Keidel/*Meyer-Holz* Rn. 10). Eine nur mittelbar Auswirkung oder die bloße Möglichkeit künftiger Beeinträchtigung genügen in der Regel nicht. Trotz Erlass einer antragsgemäßen Entscheidung kann eine Rechtsbeeinträchtigung zu bejahen sein, was insb. auch in Erbscheinsverfahren eine Rolle spielt (→ Rn. 5).

4. Beschwerdeberechtigung in Nachlasssachen. Aus der Fülle der zur Beschwerdeberechtigung in 5 Nachlasssachen ergangenen Rspr. seien hier einige grundlegende und typische Fallkonstellationen dargestellt; iÜ darf auf die umfangreiche Zusammenstellung bei Keidel/*Meyer-Holz* Rn. 77–85 verwiesen werden. In **Erbscheinsverfahren** ist prinzipiell jeder Erbprätendent mit der Behauptung, sein Erbrecht sei in dem beschlossenen oder erteilten Erbschein nicht richtig ausgewiesen, beschwerdeberechtigt. Das gilt selbst dann, wenn der im Erbschein ausgewiesene Erbe behauptet, er sei überhaupt nicht (insoweit auch Beschwerdeberechtigung des Nichterben) oder nur zu einem geringeren Bruchteil Erbe geworden, und es gilt auch für den Antragsteller, der einen antragsgemäß beschlossenen Erbschein mit der nunmehrigen Behauptung inhaltlicher Unrichtigkeit anfechten kann. Vermächtnisnehmer, Pflichtteilsberechtigte und andere Nachlassgläubiger haben in dieser Eigenschaft ein Beschwerderecht nur bei titulierter Forderung. Der Nacherbe ist unmittelbar in seinem Recht betroffen, wenn der dem Vorerben ausgestellte Erbschein das Nacherbrecht nicht richtig ausweist. Der Testamentsvollstrecker kann gegen einen Erbschein vorgehen, der die Testamentsvollstreckung nicht richtig ausweist. Umgekehrt kann selbstverständlich auch jeder Erbe oder Vorerbe gegen einen Erbschein vorgehen, der nach seiner Auffassung zu Unrecht einen Testamentsvollstreckungs- oder Nacherbenvermerk enthält; denn seine Erbenstellung wird dadurch unmittelbar beeinträchtigt. Im Verfahren betreffend die **Testamentsvollstreckung** (zB Erteilung des Testamentsvollstreckerzeugnisses, Entlassung des Testamentsvollstreckers aus wichtigem Grund) können Erbe und Testamentsvollstrecker (uU auch der Nachlasspfleger, OLG Hamburg Beschl. v. 19.1.2015 – 2 W 57/13, BeckRS 2015, 14473) in der Regel gegen die ihnen jeweils nachteilige Entscheidung mit der Beschwerde vorgehen, also der Erbe gegen die Zeugniserteilung, gegen die Ablehnung seines Entlassungsantrags, der Testamentsvollstrecker gegen die Verweigerung des Zeugnisses, gegen seine Entlassung etc. Der Testamentsvollstrecker ist nicht beschwerdeberechtigt gegen die Anordnung der Ergänzungspflegschaft für minderjährige Erben und gegen die Auswahl des Pflegers (OLG Brandenburg Beschl. v. 12.11.2015 – 10 WF 120/15, ErbR 2016, 418). Der Testamentsvollstrecker hat keine Beschwerdebefugnis gegen die Festsetzung der Betreuervergütung bei einem Behindertentestament (BGH Beschl. v. 15.4.2015 – XII ZB 543/14, ZEV 2015, 414). Gegen die Anordnung der **Nachlasspflegschaft** sind Erben und Testamentsvollstrecker beschwerdeberechtigt, nicht aber der umfassend über den Tod hinaus Bevollmächtigte des Erblassers (OLG München Beschl. v. 26.2.2010 – 31 Wx 16/10, NJW 2010, 2364 m. Bespr. *Everts* NJW 2010, 2318; OLG Hamm Beschl. v. 19.12.2013 – I-12 W 122/13, ZErb 2014, 143), auch nicht der Nachlassinsolvenzverwalter (OLG Hamm aaO).

§ 60 Beschwerderecht Minderjähriger

¹Ein Kind, für das die elterliche Sorge besteht, oder ein unter Vormundschaft stehender Mündel kann in allen seine Person betreffenden Angelegenheiten ohne Mitwirkung seines gesetzlichen Vertreters das Beschwerderecht ausüben. ²Das Gleiche gilt in sonstigen Angelegenheiten, in denen das Kind oder der Mündel vor einer Entscheidung des Gerichts gehört werden soll. ³Dies gilt nicht für Personen, die geschäftsunfähig sind oder bei Erlass der Entscheidung das 14. Lebensjahr nicht vollendet haben.

1 Die Vorschrift regelt, unter welchen Voraussetzungen ein **Minderjähriger** oder ein Mündel selbst, dh unabhängig vom gesetzlichen Vertreter (Sorgerechtsinhaber, Vormund, Pfleger), Beschwerde einlegen kann. Der Minderjährige darf zum einen nicht geschäftsunfähig sein (§ 104 BGB) und er muss das 14. Lebensjahr vollendet haben (S. 3). Zum anderen muss es sich entweder um eine „**seine Person**" betreffende Angelegenheit handeln (S. 1) oder eine sonstige Angelegenheit, in der das Kind oder der Mündel vor der Entscheidung des Gerichts gehört werden soll (S. 2, vgl. zB §§ 159, 192 FamFG). Der große Anwendungsbereich der Vorschrift liegt naturgemäß im Bereich familiengerichtlicher Maßnahmen (vgl. die Aufzählung von Beispielsfällen bei Keidel/*Meyer-Holz* Rn. 10). Rein vermögensrechtliche Angelegenheiten fallen nicht darunter (es sei denn, die persönliche Anhörung des Kindes oder Mündels wäre ausnahmsweise auch in einer solchen Angelegenheit vorgeschrieben). In Nachlasssachen hat die Regelung kaum praktische Bedeutung.

§ 61 Beschwerdewert; Zulassungsbeschwerde

(1) In vermögensrechtlichen Angelegenheiten ist die Beschwerde nur zulässig, wenn der Wert des Beschwerdegegenstandes 600 Euro übersteigt.

(2) Übersteigt der Beschwerdegegenstand nicht den in Absatz 1 genannten Betrag, ist die Beschwerde zulässig, wenn das Gericht des ersten Rechtszugs die Beschwerde zugelassen hat.

(3) ¹Das Gericht des ersten Rechtszugs lässt die Beschwerde zu, wenn

1. die Rechtssache grundsätzliche Bedeutung hat oder die Fortbildung des Rechts oder die Sicherung einer einheitlichen Rechtsprechung eine Entscheidung des Beschwerdegerichts erfordert und
2. der Beteiligte durch den Beschluss mit nicht mehr als 600 Euro beschwert ist.

²Das Beschwerdegericht ist an die Zulassung gebunden.

1 **1. Normzweck.** Die Beschwerde ist in vermögensrechtlichen Angelegenheiten generell nur noch statthaft, wenn entweder der Wert des Beschwerdegegenstandes 600 EUR übersteigt (Wertbeschwerde) oder das Erstgericht die Beschwerde wegen der grundsätzlichen Bedeutung zulässt (Zulassungsbeschwerde). Damit hat das FamFG für das Hauptsacherechtsmittel der freiwilligen Gerichtsbarkeit die Angleichung an die Berufung (vgl. § 511 II 2 u. 4 ZPO) vollzogen. Verfahren mit geringer wirtschaftlicher Bedeutung, denen auch keine grundsätzliche Bedeutung zukommt, sind auf eine Instanz beschränkt. Für nichtvermögensrechtliche Angelegenheiten gibt es keine Wertgrenze.

2 **2. Vermögensrechtliche Angelegenheiten.** Die Wertgrenze gilt nur in vermögensrechtlichen Angelegenheiten, zu denen die Nachlasssachen freilich durchweg gehören. Insbesondere ist das auf die Erteilung oder die Einziehung eines Erbscheins gerichtete Verfahren vermögensrechtlicher Natur (stRspr, vgl. nur OLG Köln Beschl. v. 12.12.2005 – 2 Wx 39/05, FGPrax 2006, 85; OLG Schleswig Beschl. v.

24.3.2014 – 3 Wx 17/14, NJW-RR 2014, 1039), desgleichen alle Verfahren, welche eine Testamentsvollstreckung, Nachlassverwaltung oder Nachlasspflegschaft zum Gegenstand haben. Mögen auch in dem einen oder anderen Fall bei dem Beschwerdeführer nichtvermögensrechtliche Motive mitschwingen, so geht es doch in aller Regel auch und nicht nur in völlig untergeordneter Weise um die Wahrung wirtschaftlicher Belange.

3. Beschwerdewert. a) Wertgrenze 600 EUR. Die Wertgrenze, die für eine zulässige Wertbeschwerde überschritten sein muss, beträgt 600 EUR. Der Beschwerdewert bestimmt sich nach dem mit der Beschwerde verfolgten wirtschaftlichen Interesse des Beschwerdeführers an der Abänderung der erstinstanzlichen Entscheidung. Er entspricht der Beschwer, wenn der beschwerende Teil der Entscheidung im vollen Umfang angefochten wird, und ist bei Teilanfechtung entsprechend niedriger. In Nachlasssachen wird das hier angesprochene Abänderungsinteresse des Beschwerdeführers in der Regel mit dem Geschäftswert der Beschwerde übereinstimmen (→ § 58 Rn. 19f.). In aller Regel geht der Streit in Nachlasssachen um höhere Werte als 600 Euro; die Wertgrenze dürfte daher für Nachlasssachen – außer im Bereich der Anfechtung von Kostenentscheidungen (→ Rn. 4) – kaum praktische Bedeutung erlangen. Eine **andere Wertgrenze,** nämlich von 200 EUR, gilt für die Erinnerung gegen den Gerichtskostenansatz (§ 81 II GNotKG), für die Geschäftswertbeschwerde (§ 83 I GNotKG), ferner für die Beschwerde betreffend den Gegenstandswert der anwaltlichen Tätigkeit (§ 33 III 1 RVG) und für die sofortige Beschwerde gegen die Kostenfestsetzung (§ 85 FamFG, § 104 III 1, § 567 II ZPO).

b) Beschwerdewert bei Kostenbeschwerden. Praktische Bedeutung kommt der Wertgrenze auch in Nachlasssachen allerdings dann zu, wenn es um die Anfechtung der Kostenentscheidung geht (Entscheidung über die Tragung der Gerichtskosten und über die Erstattung außergerichtlicher Aufwendungen). Das betrifft die nach Hauptsacheerledigung oder Rücknahme des Antrags ergangene isolierte Kostenentscheidung (§ 83 II) ebenso wie die zusammen mit einer Hauptsacheentscheidung ergangene Kostenentscheidung, die ebenfalls gesondert anfechtbar ist (→ § 58 Rn. 10). Auch für diese Kostenbeschwerden (Beschwerden gegen die Kostengrundentscheidung) gilt die Wertgrenze von 600 EUR (und nicht etwa 200 EUR wie in § 567 II ZPO). Der Gesetzgeber sah es unter dem Blickwinkel der wirtschaftlichen Auswirkungen als unerheblich an, ob sich die Beschwer aus der Hauptsacheentscheidung oder aus der Kostenentscheidung ergibt (vgl. BT-Drs. 16/6308, 204). Der Wert des Beschwerdegegenstands ist in diesen Fällen der **Kostenwert,** dh die Summe der Kosten (Gerichtskosten und/oder außergerichtlicher Kosten), die der Beschwerdeführer nach der Kostenentscheidung erster Instanz zu tragen hat, aber nicht zu tragen gewillt ist, also die Differenz, um die sich der Beschwerdeführer hinsichtlich der Kostenlast verbessern will. Da die Kostenentscheidung (§§ 80–84) sehr differenziert ausfallen und einem Beteiligten nur eine geringe Kostenlast auferlegen kann, mit der dieser aber gleichwohl nicht einverstanden sein muss, stellt die Wertgrenze von 600 EUR eine durchaus praxisrelevante (freilich rechtspolitisch und verfassungsrechtlich unbedenkliche) Hürde für die Anrufung der nächsten Instanz dar. Eine wegen Nichterreichens der Schwelle von 600,01 EUR unzulässige Beschwerde kann aber uU als Erinnerung zulässig sein, wenn die angefochtene Entscheidung vom Rechtspfleger stammt (§ 11 II RPflG).

4. Zulassungsbeschwerde. Übersteigt der Beschwerdewert nicht die Wertgrenze von 600 EUR, ist die Beschwerde gleichwohl statthaft, wenn das erstinstanzliche Gericht sie zugelassen hat. Auf diese Weise können auch Verfahren mit geringer wirtschaftlicher Bedeutung einer Überprüfung durch die nächste Instanz zugeführt werden, wenn nach Auffassung des Erstgerichts einer der Zulassungsgründe vorliegt. Die in Abs. 3 aufgezählten Zulassungsgründe – grundsätzliche Bedeutung, Fortbildung des Rechts oder Sicherung einer einheitlichen Rspr. – entsprechen denjenigen für die Zulassung der Rechtsbeschwerde im FamFG (§ 70 II) und für die Zulassung der Revision (§ 543 II ZPO) und der Rechtsbeschwerde im Zivilprozess (§ 574 II ZPO). Vgl. näher zu diesen Kriterien → § 70 Rn. 6. Die **Zulassung,** über die das Erstgericht von Amts wegen zu entscheiden hat (entsprechende Anträge haben nur die Bedeutung einer Anregung), sollte im Tenor der Entscheidung erfolgen, ist aber auch wirksam, wenn sie in den Gründen erfolgt. Die **Nichtzulassung** bedarf keines ausdrücklichen Ausspruchs (BayObLG Beschl. v. 20.5.1999 – 3Z BR 103/99, NJW-RR 2000, 148), doch empfiehlt sich eine entsprechende Äußerung des Gerichts in den Gründen jedenfalls dann, wenn ein Beteiligter die Zulassung angeregt hatte. Hat das Erstgericht die Wertgrenze für überschritten gehalten und deshalb nicht über die Zulassung entschieden, so muss das Beschwerdegericht, wenn es die Wertgrenze für nicht überschritten hält, die Entscheidung über die Zulassung nachholen (vgl. zu § 511 IV 1 ZPO BGH Beschl. v. 8.3.2017 – IV ZB 18/16, ZEV 2017, 278).

Sowohl die Zulassung als auch die Nichtzulassung ist **unanfechtbar;** eine NZB sieht das Gesetz nicht vor. Das Beschwerdegericht ist an die Zulassung gebunden (Abs. 3 S. 2), aber durch die Zulassung selbstverständlich nicht festgelegt, ob es seinerseits in der späteren Beschwerdeentscheidung aufgrund eigener rechtlicher Würdigung der dann gegebenen Sachlage die Voraussetzungen für die Zulassung der Rechtsbeschwerde für gegeben hält. In Nachlasssachen dürfte die Zulassungsbeschwerde kaum eine Rolle spielen, da in der Hauptsache die Wertgrenze in der Regel überschritten ist und die isoliert anfechtbare Kostenentscheidung – als auf die Umstände des Einzelfalls abgestellte Ermessensentscheidung – in den seltensten Fällen grundsätzliche Bedeutung haben wird.

§ 62 Statthaftigkeit der Beschwerde nach Erledigung der Hauptsache

(1) Hat sich die angefochtene Entscheidung in der Hauptsache erledigt, spricht das Beschwerdegericht auf Antrag aus, dass die Entscheidung des Gerichts des ersten Rechtszugs den Beschwerdeführer in seinen Rechten verletzt hat, wenn der Beschwerdeführer ein berechtigtes Interesse an der Feststellung hat.

(2) Ein berechtigtes Interesse liegt in der Regel vor, wenn
1. schwerwiegende Grundrechtseingriffe vorliegen oder
2. eine Wiederholung konkret zu erwarten ist.

(3) Hat der Verfahrensbeistand oder der Verfahrenspfleger die Beschwerde eingelegt, gelten die Absätze 1 und 2 entsprechend.

1. Normzweck. Die Vorschrift knüpft an die Rspr. des BVerfG an, dass zur Gewährung effektiven Rechtsschutzes bei tiefgreifenden Grundrechtseingriffen, wie sie insb. mit freiheitsentziehenden Maßnahmen verbunden sind, auch dann, wenn sich die direkte Belastung durch die angegriffene Maßnahme erledigt hat und in der Kürze der Zeit eine Sachentscheidung nicht zu erlangen war, dem Betroffenen eine Rechtsschutzmöglichkeit offenstehen muss (BVerfG Beschl. v. 5.12.2001 2 – BvR 527/99, NJW 2002, 2456). § 62 sieht deshalb die Möglichkeit vor, trotz Erledigung in der Hauptsache im Wege eines Fortsetzungsfeststellungsantrags die Rechtmäßigkeit der (gegenstandslosen) erstinstanzlichen Entscheidung durch das Beschwerdegericht überprüfen und eine ggf. stattgefundene Rechtsverletzung feststellen zu lassen. Voraussetzung ist aber ein berechtigtes Interesse des Beschwerdeführers an der Feststellung.

2. Berechtigtes Interesse. Das Feststellungsinteresse ist an die Person des Beschwerdeführers und den Eingriff in seine Rechte gebunden und hat damit höchstpersönlichen Charakter (OLG München Beschl. v. 1.7.2010 – 31 Wx 61/10, FGPrax 2010, 269; Keidel/*Budde* Rn. 11). Das Gesetz nennt als Regelbeispiele für das geforderte „berechtigte Interesse" das Vorliegen eines schwerwiegenden Grundrechtseingriffs oder wenn eine Wiederholung konkret zu erwarten ist. Als **schwerwiegender Grundrechtseingriff** kommen vornehmlich solche Maßnahmen in Betracht, die schon das Grundgesetz unter Richtervorbehalt gestellt hat (vgl. Art. 13 II, Art. 104 II, III GG; etwa vorläufige Unterbringung, Unterbindungsgewahrsam, Abschiebehaft, Wohnungsdurchsuchung). In Nachlasssachen dürfte diese Voraussetzung kaum jemals vorliegen. Das gilt auch für das zweite Regelbeispiel, die konkret zu erwartende **Wiederholungsgefahr**. Diese muss sich nämlich auf den Beschwerdeführer beziehen, dh es muss konkret zu befürchten sein, dass der Beschwerdeführer von einer Wiederholung betroffen sein wird. Nicht ausreichend ist, dass das Gericht an seiner nach Auffassung des Beschwerdeführers unrichtigen Rechtsauffassung festhält und deshalb in künftigen Fällen mit anderen Beteiligten voraussichtlich wiederum nach dieser Rechtsauffassung entscheiden wird (OLG München FGPrax 2010, 269 (270); Keidel/*Budde* Rn. 21). § 62 dient der Durchsetzung eines effektiven Rechtsschutzes für den von einer tiefgreifenden Rechtsverletzung Betroffenen, eröffnet aber keine „Popularklage", eine bestimmte Entscheidungspraxis, die im konkreten Fall keine Rolle mehr spielt, im Interesse anderer künftig Betroffener überprüfen zu lassen.

§ 63 Beschwerdefrist

(1) Die Beschwerde ist, soweit gesetzlich keine andere Frist bestimmt ist, binnen einer Frist von einem Monat einzulegen.

(2) Die Beschwerde ist binnen einer Frist von zwei Wochen einzulegen, wenn sie sich gegen folgende Entscheidungen richtet:
1. Endentscheidungen im Verfahren der einstweiligen Anordnung oder
2. Entscheidungen über Anträge auf Genehmigung eines Rechtsgeschäfts.

(3) ¹Die Frist beginnt jeweils mit der schriftlichen Bekanntgabe des Beschlusses an die Beteiligten. ²Kann die schriftliche Bekanntgabe an einen Beteiligten nicht bewirkt werden, beginnt die Frist spätestens mit Ablauf von fünf Monaten nach Erlass des Beschlusses.

1. Normzweck. Das Hauptsacherechtsmittel der Beschwerde ist nunmehr in allen Fällen befristet. Die unbefristete (sog. einfache) Beschwerde des FGG gehört zu Recht der Vergangenheit an. Freilich ist sie nach Maßgabe der Übergangsvorschrift in Art. 111 in Altfällen noch anwendbar (→ § 58 Rn. 5), und zwar – gerade weil sie unbefristet ist – im Prinzip auf ewig oder jedenfalls bis zur Grenze der Verwirkung, falls nicht doch noch der Gesetzgeber diesem unschönen Zustand irgendwann ein Ende setzt. Nach der Neuregelung beträgt die regelmäßige Beschwerdefrist einen Monat (Abs. 1), in besonderen Fällen zwei Wochen (Abs. 2). Die Vorschrift knüpft ferner den Beginn der Beschwerdefrist an die schriftliche Bekanntgabe und sieht für den Beginn eine Auffangfrist von fünf Monaten vor, wenn die schriftliche Bekanntgabe nicht bewirkt werden kann (Abs. 3).

2. Regelmäßige Beschwerdefrist. Die regelmäßige Beschwerdefrist beträgt **einen Monat** (Abs. 1). Für die Fristberechnung ist Abs. 3 zu beachten, wonach die Frist mit der schriftlichen Bekanntgabe beginnt. IÜ gelten gem. § 16 II die Vorschriften der §§ 222, 224 II, III, § 225 ZPO entsprechend, und über die Verweisung in § 222 I ZPO auch die einschlägigen §§ 187–189 BGB. Eine Verlängerung der Frist durch

Beschwerdefrist § 63 FamFG 30

das Gericht ist nicht vorgesehen und deshalb ausgeschlossen (§ 224 II ZPO). Fristwahrende Wirkung kommt nur dem rechtzeitigen Eingang beim zuständigen Gericht zu. Fristversäumung führt, wenn nicht nach Maßgabe von § 17 Wiedereinsetzung gewährt wird, zur Verwerfung der Beschwerde als unzulässig. Das Fehlen der nach § 39 vorgeschriebenen Rechtsbehelfsbelehrung hindert nicht den Lauf der Frist (BGH Beschl. v. 13.1.2010 – XII ZB 248/09, NJW-RR 2010, 291; Keidel/*Sternal* Rn. 26; Bumiller/Harders/Schwamb Rn. 3), doch kann insoweit unter leichteren Voraussetzungen Wiedereinsetzung gewährt werden (§ 17 II, → § 39 Rn. 4).

3. Abgekürzte Frist. Eine abgekürzte Frist von **zwei Wochen** gilt nach Abs. 2 Nr. 1, wenn sich die Beschwerde gegen eine Endentscheidung im Verfahren der einstweiligen Anordnung richtet. Hier ist das selbständige einstweilige Anordnungsverfahren nach §§ 49–57 gemeint. Nach der jetzt eindeutigen Gesetzesfassung (Änderung des § 63 II durch Gesetz v. 5.12.2012, BGBl. I S. 2418), gilt die verkürzte Frist für Beschwerden sowohl gegen den Erlass der einstweiligen Anordnung, als auch gegen die Ablehnung eines darauf gerichteten Antrags. Die abgekürzte Frist gilt ferner, wenn sich die Beschwerde gegen eine Entscheidung über Anträge auf Genehmigung eines Rechtsgeschäfts richtet (Abs. 2 Nr. 2). Darüber hinaus können sich andere Fristen aus Sondervorschriften ergeben; so sieht § 355 II eine Zweiwochenfrist für Beschwerden gegen Entscheidungen über die Vornahme eines Rechtsgeschäfts bei Meinungsverschiedenheit zwischen mehreren Testamentsvollstreckern vor. Für mit der sofortigen Beschwerde entsprechend §§ 567–572 ZPO anfechtbare Zwischen- und Nebenentscheidungen gilt nicht § 63, sondern die Zweiwochenfrist nach § 569 I 1 ZPO (→ § 58 Rn. 14), in Verfahrenskostenhilfesachen die Monatsfrist nach § 127 II 3, Abs. 3 S. 3 ZPO (§ 76 II). 3

4. Fristbeginn. a) Bekanntgabe. Die Frist beginnt jeweils mit der schriftlichen Bekanntgabe an die Beteiligten (Abs. 3 S. 1). Nicht schon die mündliche Bekanntgabe durch Verlesen der Beschlussformel (§ 41 II 1) setzt den Lauf der Frist in Gang, sondern erst die (auch bei vorheriger mündlicher Bekanntgabe stets nachzuholende, § 41 II 4) schriftliche Bekanntgabe. Bei mehreren Beteiligten läuft die Rechtsmittelfrist für jeden Beteiligten gesondert. Da der Zeitpunkt der Bekanntgabe nicht für alle Beteiligten identisch sein muss, kann auch die Frist zu unterschiedlichen Zeitpunkten enden; die formelle Rechtskraft eines nicht angefochtenen Beschlusses (§ 45 S. 1) tritt dann erst mit fruchtlosem Ablauf der zuletzt ablaufenden Frist ein. Sonderregelungen für den Fristbeginn gehen vor; es gilt sie im Bereich erbrechtlicher Verfahrensvorschriften insb. für die Bestimmung einer Inventarfrist (§ 360), ferner im Verschollenheitsgesetz (§ 24 III VerschG) und im Verfahren in Landwirtschaftssachen (§ 32 II LwVG). Eine weitere Ausnahme, nämlich ein einheitlicher Fristbeginn mit Bekanntgabe an den letzten der Beteiligten, wird ferner dann anzunehmen sein, wenn eine für mehrere Personen bestimmte Entscheidung ihrem Inhalt nach untrennbar ist und die mehreren Beteiligten die Entscheidung nur gemeinsam anfechten können (vgl. *Bumiller/Harders* Rn. 5). Wird der Beteiligte durch einen **Verfahrensbevollmächtigten** vertreten (§ 10), erfolgt die Bekanntgabe grds. an den Bevollmächtigten (vgl. § 172 ZPO) und beginnt auch die Frist mit der Bekanntgabe an diesen (OLG Düsseldorf Beschl. v. 17.7.2014 – I-3 Wx 150/14, BeckRS 2014, 21227). Bei Vertretung desselben Beteiligten durch mehrere Bevollmächtigte beginnt die Frist mit der zuerst erfolgten Bekanntgabe (OLG Zweibrücken Beschl. v. 5.6.2002 – 3 W 104/02, FGPrax 2002, 277; für den Zivilprozess BGH Beschl. v. 10.4.2003 – VII ZR 383/02, NJW 2003, 2100). 4

b) Bekanntgabe durch Aufgabe zur Post. Eine schriftliche Bekanntgabe kann grds. entweder durch Zustellung nach §§ 166–195 ZPO oder nach näherer Maßgabe von § 15 II durch Aufgabe zur Post erfolgen. Eine wirksame Bekanntgabe durch Aufgabe zur Post setzt voraus, dass das Datum der Bekanntgabe und die Anschrift des Empfängers in der Verfahrensakte festgestellt und beurkundet (d. h. vom Urkundsbeamten der Geschäftsstelle unterschrieben) wird (BGH Beschl. v. 2.12.2015 – XII ZB 283/15, NJW 2016, 565 Rn. 23; zu den weitergehenden Anforderungen der OLG München → § 41 Rn. 2). § 41 I 2 schränkt die Wahlmöglichkeit des § 15 II – Zustellung oder Aufgabe zur Post – dahin ein, dass ein anfechtbarer Beschluss demjenigen zuzustellen ist, dessen erklärtem Willen er nicht entspricht. Das Unterbleiben einer gem. § 41 I 2 erforderlichen Zustellung führt zur Unwirksamkeit der Bekanntgabe, weshalb nach § 63 III 1 die Beschwerdefrist nicht zu laufen beginnt (BGH Beschl. v. 13.5.2005 – XII ZB 491/14, NJW 2015, 2576 Rn. 7; → § 41 Rn. 3). In jedem Fall muss eine Bekanntgabe in einer der Varianten des § 15 II erfolgt sein; die formlose Mitteilung nach § 15 III stellt keine „Bekanntgabe" iSd § 15 (und deshalb auch nicht iSd § 63) dar. 5

5. Auffangfrist. a) Fünfmonatsfrist. Eine Auffangfrist von fünf Monaten sieht Abs. 3 S. 2 für den Fall vor, dass die schriftliche Bekanntgabe an einen Beteiligten nicht bewirkt werden kann. Maßgeblich ist insoweit allein, dass die schriftliche Bekanntgabe unterblieben ist; warum die Bekanntgabe nicht erfolgt ist, ist ohne Belang (BGH Beschl. v. 11.3.2015 – XII ZB 571/13, NJW 2015, 1529 Rn. 26 ff.; OLG München Beschl. v. 16.3.2017 – 31 Wx 92/17, ZEV 2017, 331 (332)). Die Fünfmonatsfrist beginnt mit Erlass des Beschlusses, dh mit Übergabe des Beschlusses an die Geschäftsstelle (§ 38 III 3). Das Datum ist von der Geschäftsstelle auf der Urschrift des Beschlusses zu vermerken, so dass der Fristbeginn im Bedarfsfall festgestellt werden kann. Die Fünfmonatsfrist ist nicht die Rechtsmittelfrist, sondern schiebt deren Beginn hinaus; die eigentliche Rechtsmittelfrist (ein Monat oder in besonderen Fällen zwei Wochen) bleibt unberührt und beginnt mit Ablauf der fünf Monate, es sei denn, die Bekanntgabe wird innerhalb der fünf Monate doch noch bewirkt, dann ist für den Fristbeginn nach Abs. 3 S. 1 auf die Bekanntgabe abzustellen („spätester" Beginn der Rechtsmittelfrist nach fünf Monaten). Die zur Fünfmonatsfrist in § 517 ZPO vertretene Auffassung, wonach § 222 II ZPO nicht anwendbar ist (also gleichgültig ist, ob der 6

Rojahn

7 **b) Nicht beteiligte materiell Betroffene.** Die Auffangfrist gilt gegenüber den erstinstanzlich Beteiligten (§ 7; in Nachlasssachen § 345), die von Person bekannt sind und ihrerseits von dem Verfahren Kenntnis haben, denen gegenüber aber keine Bekanntgabe (in Form der Zustellung oder in Form der Aufgabe zur Post) bewirkt werden kann. Nicht umfasst sind solche durch das Verfahren in ihrem Recht unmittelbar Betroffenen, die nicht beteiligt wurden. Auch solche Personen können selbstverständlich beschwerdeberechtigt sein; denn hierfür ist allein die materielle Rechtsbeeinträchtigung entscheidend (§ 59) und nicht die formale Stellung als erstinstanzlich Beteiligter. Nach der gesetzgeberischen Konzeption tritt mit fruchtlosem Ablauf der letzten gegenüber den Beteiligten laufenden Beschwerdefrist die formelle Rechtskraft ein (vgl. § 45). Das gilt dann auch gegenüber dem hier angesprochenen Personenkreis der nicht beteiligten materiell Betroffenen, den es nach der Vorstellung des Gesetzgebers wegen der Benachrichtigungs-, Belehrungs- und Hinzuziehungspflichten in §§ 7, 345 freilich gar nicht geben sollte. Das ist unbefriedigend, denn selbstverständlich kann es unbekannte materiell Betroffene geben, und man wird auch nicht ausschließen können, dass Gerichte Fehler machen und eine ihnen mögliche und auch gebotene Beteiligung versehentlich unterlassen. Gleichwohl sollte um der Rechtssicherheit und Rechtsklarheit willen an dem Eintritt der formellen Rechtskraft prinzipiell festgehalten und nicht auch diesem Personenkreis eine praktisch unbefristete Anfechtungsmöglichkeit eingeräumt werden (OLG Hamm Beschl. v. 10.9.2010 – 15 W 111/10, FamRZ 2011, 396 = BeckRS 2010, 27210; Keidel/*Sternal* Rn. 45 ff.). Nach aA soll die Beschwerdefrist für objektiv willkürlich übergangene Beteiligte nicht zu laufen beginnen (OLG Brandenburg Beschl. v. 22.6.2015 – 9 UF 11/14, FamRZ 2016, 138 mwN; OLG Düsseldorf Beschl. v. 13.1.2015 – II-8 UF 189/14, FGPrax 2015, 143; MüKoFamFG/*A. Fischer* Rn. 37; zum Streitstand sa Keidel/*Sternal* Rn. 45a ff.). Das Problem entschärft sich allerdings ohnehin bei den formell rechtskräftig gewordenen erstinstanzlichen Entscheidungen mit Dauerwirkung, die bei nachträglich wesentlich veränderten Verhältnissen aufgehoben oder abgeändert werden können (§ 48 I); hierzu gehören auch verdeckt vorliegende, erst durch späteren Sachvortrag eines zunächst versehentlich nicht beteiligten Betroffenen bekannt gewordene Tatsachen (str., → § 48 Rn. 3).

8 In **Erbscheinsverfahren** gilt darüber hinaus die Besonderheit, dass ein – aus welchen Gründen auch immer – als unrichtig erkannter Erbschein einzuziehen ist (§ 2361 BGB). Wer, obgleich in seinem Recht am Nachlass unmittelbar betroffen, im Erbscheinsverfahren versehentlich nicht beteiligt wurde und keine Gelegenheit zur Einlegung von Rechtsmitteln hatte, kann die Einziehung des zwischenzeitlich erteilten Erbscheins anregen und in diesem Verfahren seine bisher nicht zur Kenntnis des Gerichts gebrachten Argumente und Gesichtspunkte vortragen (eine Verfassungsbeschwerde wegen der Verletzung rechtlichen Gehörs wäre im Hinblick auf diese Möglichkeit unzulässig). Überlegungen zur Zulässigkeit von Wiedereinsetzung oder Wiederaufnahme bedarf es in diesem Bereich deshalb nicht. Auch in anderen Nachlassverfahren sind Abänderungen formell rechtskräftiger Entscheidungen in der Regel möglich (ein erteiltes Testamentsvollstreckerzeugnis kann eingezogen, ein ernannter Testamentsvollstrecker entlassen, eine angeordnete Nachlasspflegschaft wieder aufgehoben werden).

§ 64 Einlegung der Beschwerde

(1) ¹Die Beschwerde ist bei dem Gericht einzulegen, dessen Beschluss angefochten wird. ²Anträge auf Bewilligung von Verfahrenskostenhilfe für eine beabsichtigte Beschwerde sind bei dem Gericht einzulegen, dessen Beschluss angefochten werden soll.

(2) ¹Die Beschwerde wird durch Einreichung einer Beschwerdeschrift oder zur Niederschrift der Geschäftsstelle eingelegt. ²Die Einlegung der Beschwerde zur Niederschrift der Geschäftsstelle ist in Ehesachen und in Familienstreitsachen ausgeschlossen. ³Die Beschwerde muss die Bezeichnung des angefochtenen Beschlusses sowie die Erklärung enthalten, dass Beschwerde gegen diesen Beschluss eingelegt wird. ⁴Sie ist von dem Beschwerdeführer oder seinem Bevollmächtigten zu unterzeichnen.

(3) Das Beschwerdegericht kann vor der Entscheidung eine einstweilige Anordnung erlassen; es kann insbesondere anordnen, dass die Vollziehung des angefochtenen Beschlusses auszusetzen ist.

1 **1. Normzweck.** Die Vorschrift regelt, bei welchem Gericht die Beschwerde einzulegen ist (Abs. 1), Form und Mindestinhalt der Beschwerde (Abs. 2) sowie die Möglichkeit des Beschwerdegerichts, vor der Entscheidung eine einstweilige Anordnung zu erlassen (Abs. 3). Gegenüber dem früheren Recht (vgl. § 21 I, II FGG) stellt insb. Abs. 1 (Adressat der Beschwerdeeinlegung) eine Neuerung dar. Aber auch die Befugnis zur Aussetzung der Vollziehung der angefochtenen Entscheidung – Hauptanwendungsfall einer einstweiligen Anordnung nach Abs. 3 – ist anders geregelt als früher, wenn jetzt nur noch das Beschwerdegericht, und nicht mehr das Ausgangsgericht wie nach § 24 II FGG, eine solche Anordnung treffen kann.

2 **2. Adressat der Beschwerde.** Absatz 1 schreibt die Einlegung der Beschwerde beim Ausgangsgericht vor (judex a quo), dessen Beschluss angefochten wird. Das stellt eine grundlegende Änderung gegenüber dem früheren Recht dar; denn unter der Geltung des FGG konnte die Beschwerde wahlweise beim Ausgangsgericht oder beim Beschwerdegericht eingelegt werden (§ 21 I FGG). Die Neuregelung ist sinnvoll, da sich ohnehin – außer in Familiensachen – zunächst das Ausgangsgericht mit der Beschwerde befassen muss (Abhilfeverfahren, § 68 I) und das Beschwerdegericht, wenn nicht abgeholfen wird, die Beschwer-

Einlegung der Beschwerde § 64 FamFG 30

de dann zusammen mit den Akten erhält. Allerdings gilt die Regelung nur für die Beschwerde gegen Endentscheidungen (§ 58), während die mit sofortiger Beschwerde entsprechend §§ 567–572 ZPO anfechtbaren Zwischen- und Nebenentscheidungen (→ § 58 Rn. 13 f.) wahlweise beim Ausgangsgericht oder durch Einlegung beim Beschwerdegericht angefochten werden können (§ 568 I 1 ZPO).

Ausgangsgericht erster Instanz ist in Nachlasssachen das Amtsgericht (Nachlassgericht, § 23a I Nr. 2, Abs. 2 Nr. 2 GVG). Die Einlegung beim unzuständigen Gericht, etwa beim Beschwerdegericht, wahrt die Beschwerdefrist des § 63 nicht (OLG Köln Beschl. v. 22.1.2013 – 23 WLw 19/12, FGPrax 2013, 90). **3**

Das fälschlich angegangene Gericht ist zur Weiterleitung der Beschwerde im normalen Geschäftsgang an das zuständige Amtsgericht verpflichtet; doch ist die Beschwerdefrist nur gewahrt, wenn die Beschwerde noch vor Ablauf der Frist dort eingeht (BGH Beschl. v. 16.1.2014 – XII ZB 571/12, NJW-RR 2014, 699 Rn. 14; st. Rspr., vgl. für den Zivilprozess BGH Beschl. v. 27.7.2016 – XII ZB 203/15, NJW-RR 2016, 1340). Über den richtigen Adressaten soll die Rechtsbehelfsbelehrung Auskunft geben (§ 39), so dass Fehleinlegungen eigentlich nicht mehr vorkommen sollten. Ansonsten, insb. bei unterbliebener oder unrichtiger Belehrung, ist Wiedereinsetzung in den vorigen Stand zu prüfen (§ 17). **4**

Anträge auf Bewilligung von **Verfahrenskostenhilfe** für eine beabsichtigte Beschwerde sind ebenfalls beim Ausgangsgericht einzulegen, wie der durch Gesetz v. 5.12.2012 (BGBl. I S. 2418) in Abs. 1 eingefügte S. 2 nunmehr klarstellt. Generell sind zwei Vorgehensweisen zu unterscheiden: Es kann fristgerecht Beschwerde eingelegt und für diese Beschwerde Verfahrenskostenhilfe beantragt werden. Wird sie abgelehnt, steht es dem Antragsteller frei, die Beschwerde zurückzunehmen oder ohne Verfahrenskostenhilfe durchzuführen. Es kann auch Verfahrenskostenhilfe ohne gleichzeitige Einlegung der Beschwerde beantragt werden, weil der Antragsteller das Beschwerdeverfahren nur bei Bewilligung von Verfahrenskostenhilfe durchführen und nicht mit den Kosten einer zurückgenommenen Beschwerde belastet werden will. Im letzteren Fall bleibt nur, die Beschwerde erst nach Bewilligung einzulegen (die Einlegung unter der Bedingung der Bewilligung ist unzulässig), und, wenn die Beschwerdefrist zwischenzeitlich abgelaufen ist, Wiedereinsetzung in den vorigen Stand zu beantragen (§ 17; BGH Beschl. v. 16.1.2014 – XII ZB 571/12, NJW-RR 2014, 699 Rn. 11). Dass der Antragsteller die letztgenannte Variante gewählt hat – also noch keine Beschwerde einlegt und die eingereichte Beschwerdeschrift zunächst nur informationshalber zur Begründung der Erfolgsaussicht dienen soll – muss unmissverständlich zum Ausdruck kommen; im Zweifel ist von einer unbedingten Beschwerdeeinlegung auszugehen (BGH Beschl. v. 7.3.2012 – XII ZB 421/11, NJW-RR 2012, 755 Rn. 11). Über die Verfahrenskostenhilfe für die Beschwerdeinstanz entscheidet das Beschwerdegericht. **5**

3. Form der Einlegung. a) Beschwerdeschrift. Das Gesetz lässt zwei Formen der Einlegung zu: durch Einreichung einer Beschwerdeschrift oder zur Niederschrift der Geschäftsstelle. Beide sind gleichwertig, doch steht in der Praxis die Einlegung durch Einreichung einer Beschwerdeschrift im Vordergrund. Die Beschwerdeschrift muss vom Beschwerdeführer oder seinem Bevollmächtigten unterzeichnet sein (Abs. 2 S. 3). Wer Bevollmächtigter sein kann, regelt § 10; die Vollmacht selbst kann nachgereicht werden (§ 11). In Nachlasssachen besteht auch für das Beschwerdeverfahren vor dem OLG kein Anwaltszwang. **6**

b) Schriftform. Das Erfordernis der Schriftform (Beschwerde"schrift") einschließlich der eigenhändigen Unterschrift ist auch bei Einlegung der Beschwerde durch unterzeichnetes Schreiben per Telefax oder als Computerfax mit eingescannter Unterschrift oder durch Übermittlung eines eingescannten, vom Beschwerdeführer unterzeichneten Schriftsatzes als E-Mail-Anhang (Bilddatei) gewahrt (BGH Beschl. v. 18.3.2015 – XII ZB 424/14, NJW 2015, 1527; Beschl. v. 15.7.2008 – X ZB 8/08, NJW 2008, 2649 zu § 130 Nr. 6 ZPO). Bei diesen Übermittlungsarten handelt es sich nicht um elektronische Dokumente; die so übermittelten Dokumente werden bei Gericht ausgedruckt und zur Papierakte genommen. Die Übermittlung von Schriftsätzen als **elektronisches Dokument** ist in § 14 FamFG und dem dort in Bezug genommenen § 130a ZPO geregelt (neu gefasst mit Wirkung ab 1.1.2018, Gesetz zur Förderung des elektronischen Rechtsverkehrs mit den Gerichten vom 10.10.2013, BGBl I S. 3786; Einzelheiten s. zB Keidel/*Sternal* FamFG § 14). Die Schriftform ist nicht gewahrt, wenn der Beschwerdeführer außerhalb eines Termins mündlich gegenüber dem Richter erklärt, Beschwerde einzulegen, und der Richter hierüber später einen schriftlichen Vermerk anfertigt (LG Kleve Beschl. v. 7.2.2017 – 4 T 34/17, FamRZ 2017, 1075). **7**

c) Weitere Formerfordernisse. Als weitere Formerfordernisse neben der Unterschrift nennt Abs. 2 S. 3 die Bezeichnung des angefochtenen Beschlusses sowie die Erklärung, dass Beschwerde gegen diesen Beschluss eingelegt wird. An diese Formalien dürfen allerdings keine übermäßigen Anforderungen gestellt werden (ebenso Keidel/*Sternal* Rn. 25). Es reicht aus, dass der angefochtene Beschluss, auch wenn etwa Datum und/oder Aktenzeichen nicht genannt werden, eindeutig identifizierbar ist (st. Rspr., vgl. aus neuerer Zeit BGH Beschl. v. 20.5.2015 – XII ZB 368/14, FGPrax 2015, 238). Ggf. können die zur Identifizierung dienenden Angaben, etwa auf Nachfrage des Gerichts, innerhalb der Beschwerdefrist auch nachgereicht werden. Ebenso wenig muss der Beschwerdeführer den Begriff „Beschwerde" benutzen, solange nur der Wille, einen bestimmten Beschluss anzufechten und damit einer Nachprüfung durch eine höhere Instanz zuzuführen, mit genügender Sicherheit aus dem Schriftstück hervorgeht. Im Hinblick auf die nunmehr vorgeschriebene Rechtsbehelfsbelehrung (§ 39) sollte diesem Thema künftig kaum mehr praktische Relevanz zukommen; die Erfahrung lehrt allerdings, dass Rechtsbehelfsbelehrungen nicht immer sorgfältig gelesen werden. **8**

Rojahn

9 **d) Einlegung zur Niederschrift der Geschäftsstelle.** Bei der Einlegung zur Niederschrift der Geschäftsstelle wird die vom Beschwerdeführer mündlich (nicht fernmündlich: BGH Beschl. v. 12.3.2009 – V ZB 71/08, NJW-RR 2009, 852) abgegebene Erklärung vom Urkundsbeamten der Geschäftsstelle (oder Rechtspfleger, § 153 GVG, § 24 II, § 27 I RPflG) inhaltlich protokolliert. Die Niederschrift ist vom Urkundsbeamten zu unterzeichnen; eine zusätzliche Unterzeichnung durch den Beschwerdeführer ist empfehlenswert, aber nicht Wirksamkeitsvoraussetzung. Eine Einlegung zur Niederschrift der Geschäftsstelle eines anderen Amtsgerichts als des Ausgangsgerichts sollte nach § 25 II im Interesse der Bürgerfreundlichkeit als zulässig angesehen werden; ihre fristwahrende Wirkung tritt aber erst mit Eingang beim zuständigen Ausgangsgericht ein (§ 25 III 2; Keidel/*Sternal* Rn. 19; MüKoFamFG/*A. Fischer* Rn. 28 mwN).

10 **4. Erlass einer einstweiligen Anordnung. a) Sinn und Inhalt der Regelung.** Abs. 3 gibt dem Beschwerdegericht (in Nachlasssachen: OLG) die Befugnis zum Erlass einer einstweiligen Anordnung. Die Regelung ist vor dem Hintergrund zu sehen, dass der erstinstanzliche Beschluss grds. bereits mit Bekanntgabe wirksam wird (§ 40) und die Beschwerde zwar den Eintritt der formellen Rechtskraft hemmt (§ 45), iÜ aber keine aufschiebende Wirkung hat. In diesen Fällen hat das Gericht die Möglichkeit, im Rahmen des Verfahrensgegenstands eine vorläufige Regelung zu treffen, insb. die Vollziehung des angefochtenen Beschlusses auszusetzen. Dabei darf jedoch die Hauptsache nicht vorweggenommen, dh keine endgültig wirkende Maßnahme erlassen werden. Die Befugnis zur Aussetzung der Vollziehung des erstinstanzlichen Beschlusses steht nur mehr dem Beschwerdegericht zu, nicht mehr, wie früher (§ 24 II FGG), auch dem erstinstanzlichen Gericht. Zuständig ist der Spruchkörper des Beschwerdegerichts, nicht der Vorsitzende. Eines Antrages bedarf es nicht. Die Entscheidung steht im pflichtgemäßen Ermessen des Gerichts.

11 Nicht hierher gehören die Fälle, in denen die erstinstanzliche Entscheidung ausnahmsweise **erst mit Rechtskraft wirksam** wird. Diese Fälle sind im Gesetz (im FamFG oder in anderen Gesetzen) besonders aufgeführt (vgl. zB § 40 II, III, § 371 I FamFG, § 30 I LwVG, § 29 I, § 40 VerschG). In diesen Fällen ist eine gegenläufige einstweilige Anordnung, nämlich die Anordnung sofortiger Wirksamkeit der Entscheidung erster Instanz, nur nach Maßgabe besonderer gesetzlicher Vorschriften zulässig (zB § 40 III 2).

12 **b) Dauer. Unanfechtbarkeit. Kosten.** Die einstweilige Anordnung wird mit Erlass des die Beschwerdeinstanz abschließenden Beschlusses gegenstandslos, ohne dass es einer förmlichen Aufhebung bedarf (diese ist aber möglich und mag in manchen Fällen aus Gründen der Klarstellung angebracht sein). Das Beschwerdegericht kann die von ihm erlassene einstweilige Anordnung aber auch schon vorher jederzeit ändern oder aufheben. Sowohl der Erlass, also auch die Ablehnung einer beantragten einstweiligen Maßnahme oder die Änderung oder Aufhebung einer erlassenen Anordnung sind unanfechtbar. Das Verfahren ist – im Gegensatz zum eigenständigen Verfahren der einstweiligen Anordnung erster Instanz nach §§ 49 ff. – unselbständig und löst keine gesonderten Kosten und Gebühren aus (anders aber beim selbständigen einstweiligen Anordnungsverfahren nach §§ 49 ff.).

13 **c) Einstweilige Anordnung im Erbscheinsverfahren.** Im Erbscheinsverfahren besteht die Besonderheit, dass der die Entscheidungsreife für die Erteilung eines beantragten Erbscheins feststellende Beschluss zwar mit Erlass wirksam wird; jedoch muss in streitigen Fällen die Wirksamkeit des Beschlusses ausgesetzt und die Erteilung des Erbscheins bis zur Rechtskraft des Beschlusses zurückgestellt werden (§ 352e). Gleichwohl kann es, aus welchen Gründen auch immer (zB versehentlich, oder weil ein Beteiligter, der dem Erbscheinsantrag eines anderen zunächst widersprochen hat, seine Rechtsmeinung ändert und sich doch noch zur Einlegung der Beschwerde entschließt), zur Erteilung des Erbscheins vor rechtskräftigem Abschluss des Verfahrens kommen. Das geeignete und in der Praxis schon länger erprobte Mittel einer einstweiligen Regelung ist dann, die Rückgabe des Erbscheins (der erteilten Erbscheinsausfertigungen) zu den Akten anzuordnen (BayObLG Beschl. v. 31.7.1992 – 1Z BR 73/92, FamRZ 1993, 116 = BeckRS 1992, 00500). Das ist zulässig, weil die einstweilige Rückgabe zu den Akten – im Unterschied zur Einziehung – die Wirksamkeit des Erbscheins unberührt lässt. Stellt sich später heraus, dass der Erbschein zu Recht erteilt wurde, so können die zu den Akten eingereichten Originale bzw. Ausfertigungen den jeweiligen Beteiligten formlos zurückgegeben werden.

14 Dagegen kommt im Wege einstweiliger Maßnahme des Beschwerdegerichts nach Abs. 3 weder die **Erteilung** noch die **Einziehung eines Erbscheins** (bzw. eine entsprechende Anweisung an das Nachlassgericht) in Betracht. Hat das Nachlassgericht einen Erbscheinsantrag zurückgewiesen, was mit Bekanntgabe an den Antragsteller wirksam wird (hier gilt § 40 I und nicht § 352e), so kann das Beschwerdegericht nicht im Wege einstweiliger Anordnung zur Erteilung des beantragten Erbscheins anweisen, denn dadurch wäre die Hauptsache vorweggenommen. Entsprechendes gilt im **Einziehungsverfahren:** Hat das Nachlassgericht einen Antrag auf Einziehung eines Erbscheins abgewiesen, so ist es dem Beschwerdegericht verwehrt, den Erbschein im Wege einstweiliger Anordnung einziehen zu lassen. Auch von der Möglichkeit, die Einreichung des Erbscheins zu den Akten anzuordnen, wird das Beschwerdegericht nur Gebrauch machen, wenn nach vorläufiger Einschätzung eine überwiegende Wahrscheinlichkeit für die Unrichtigkeit des Erbscheins spricht, der auf einem formell rechtskräftig gewordenen Feststellungsbeschluss beruht. Im umgekehrten Fall, wenn das Nachlassgericht die Einziehung des Erbscheins angeordnet hat, kommt eine vorläufige Maßnahme des Beschwerdegerichts, etwa die Aussetzung der Vollziehung des nachlassgerichtlichen Einziehungsbeschlusses, nur in Betracht, solange die Einziehung noch nicht vollzogen, dh der Erbschein (die Ausfertigung) noch nicht zurückgegeben oder für kraftlos erklärt ist. Der eingezogene oder für kraftlos erklärte Erbschein ist wirkungslos und kann nicht wieder zum

Leben erweckt werden. Es kann nur ein neuer gleichlautender Erbschein erteilt werden (und mit diesem Ziel die Beschwerde gegen die Einziehung eingelegt bzw. fortgeführt werden, § 353 II), wobei die Erteilung im Wege einstweiliger Anordnung, wie oben ausgeführt, selbstverständlich ausgeschlossen ist.

§ 65 Beschwerdebegründung

(1) Die Beschwerde soll begründet werden.

(2) Das Beschwerdegericht oder der Vorsitzende kann dem Beschwerdeführer eine Frist zur Begründung der Beschwerde einräumen.

(3) Die Beschwerde kann auf neue Tatsachen und Beweismittel gestützt werden.

(4) Die Beschwerde kann nicht darauf gestützt werden, dass das Gericht des ersten Rechtszugs seine Zuständigkeit zu Unrecht angenommen hat.

1. Normzweck. Die Vorschrift befasst sich mit der Beschwerdebegründung, die abgegeben werden soll, aber nicht zwingend ist (Abs. 1). Zur Abgabe der Beschwerdebegründung kann dem Beschwerdeführer eine Frist eingeräumt werden (Abs. 2). Abs. 3 eröffnet die Möglichkeit, die Beschwerde auf neue Tatsachen und Beweismittel zu stützen. Damit wird zugleich das Wesen der Beschwerdeinstanz als zweite Tatsacheninstanz und der Prüfungsumfang des Beschwerdegerichts als Tatsachengericht festgelegt. Das entspricht dem früheren Recht (§ 23 FGG), allerdings mit dem beachtlichen Unterschied, dass nunmehr in Nachlasssachen nicht mehr das Landgericht (§ 19 II FGG), sondern das OLG die zweite Tatsacheninstanz ist (§ 119 I Nr. 1 lit. b GVG). Durch Abs. 4 wird der Prüfungsumfang in Fragen der Zuständigkeit begrenzt. **1**

2. Beschwerdebegründung. Eine Beschwerdebegründung „soll" abgegeben werden, ist also erwünscht, aber nicht obligatorisch. Ihr Fehlen macht die Beschwerde nicht unzulässig. Die zulässige Beschwerde führt auch dann zur Überprüfung der angefochtenen Entscheidung von Amts wegen, wenn der Beschwerdeführer keine Begründung abgibt, warum er die Entscheidung für falsch hält. Auch ein bestimmter Antrag ist nicht vorgeschrieben. Freilich muss das Rechtsschutzziel erkennbar sein. Der Appell des Gesetzes („soll begründet werden") sollte aber ernst genommen werden. Durch die Beschwerdebegründung kann die Aufmerksamkeit des Beschwerdegerichts gezielt auf bestimmte Beanstandungspunkte gelenkt und das Verfahren konzentriert und beschleunigt werden. Die Abgabe einer Begründung liegt daher in aller Regel im wohlverstandenen ureigenen Interesse des Beschwerdeführers. Für anwaltlich vertretene Beschwerdeführer sollte eine Begründung der Beschwerde selbstverständlich sein, sofern die Beschwerde nicht nur zur Fristwahrung eingelegt und nach anwaltlicher Prüfung zurückgenommen wird. **2**

3. Fristeinräumung. a) Bedeutung und Wirkung der Frist. Die Einräumung einer Frist zur Begründung der Beschwerde (Abs. 2) dient der Verfahrensbeschleunigung und erleichtert dem Beschwerdeführer und seinem Bevollmächtigten die Arbeitsplanung. Eine Präklusion ist damit nicht verbunden. In Nachlasssachen markiert erst der Erlass des Beschlusses (§ 38 III 3) den Zeitpunkt, von dem an das Vorbringen eines Beteiligten nicht mehr berücksichtigt werden darf. Vorbringen, das vor diesem Zeitpunkt eingeht, hat das Gericht zu berücksichtigen, mag es auch nach Ablauf einer eingeräumten Frist eingehen, und selbst dann, wenn die Entscheidung bereits von den Richtern unterschrieben ist (BGH Beschl. v. 15.7.2015 – XII ZB 525/14, NJW-RR 2015, 1090 Rn. 8). Freilich läuft der Beschwerdeführer, der die Frist verstreichen lässt und sich erst später zur Äußerung entschließt, Gefahr, dass das Gericht zwischenzeitlich entschieden hat. Eine Entscheidung vor fruchtlosem Fristablauf würde das rechtliche Gehör verletzen. Nach fruchtlosem Fristablauf kann das Gericht, wenn es die Sache für entscheidungsreif hält, jederzeit entscheiden (eine mündliche Verhandlung ist in Nachlasssachen nicht allgemein vorgeschrieben, → § 68 Rn. 9; auch bedarf eine Zurückweisung der Beschwerde nicht zwingend der Anhörung anderer Beteiligter, zu deren Lasten keine nachteilige Entscheidung ergeht). Selbstverständlich kann Fristverlängerung gewährt werden. **3**

b) Angemessenheit von Frist oder Abwarten. Die Fristeinräumung liegt im Ermessen des Gerichts. Das Gericht kann auch einfach nur eine angemessene Frist abwarten. Was angemessen ist, hängt von den Umständen des Einzelfalles ab, doch wird man als angemessene Richtschnur eine Frist von zwei bis drei Wochen als ausreichend ansehen können (ebenso Keidel/*Sternal* Rn. 5). Auch auf eine angekündigte Beschwerdebegründung muss nicht unangemessen lange gewartet werden, doch empfiehlt es sich gerade in diesen Fällen, den Beschwerdeführer von den Vorstellungen des Gerichts, bis zu welchem Zeitpunkt die angekündigte Begründung vorliegen sollte, in Kenntnis zu setzen. Das gilt auch im vorgeschalteten Abhilfeverfahren (§ 68 I 1) für das Ausgangsgericht, das dem Beschwerdeführer mitteilen kann, wie lange es auf eine angekündigte Beschwerdebegründung warten wird, bevor es über die Abhilfe entscheidet. Das hindert das Beschwerdegericht freilich nicht an einer ggf. zweckmäßigen nochmaligen Fristeinräumung, wenn im Abhilfeverfahren keine Beschwerdebegründung abgegeben wurde. **4**

c) Zuständigkeit. Zuständig ist, wie Abs. 2 in der durch Gesetz v. 5.12.2012 (BGBl. 2012 I 2418) geänderten Fassung klarstellt, beim Beschwerdegericht wahlweise der Spruchkörper oder der Vorsitzende. Der Vorsitzende kann nach allgemeinen Grundsätzen auch ein anderes Mitglied des Spruchkörpers – üblicherweise den Berichterstatter – mit dieser Aufgabe betrauen. Große Bedeutung käme einem Verstoß gegen die Zuständigkeit ohnehin nicht zu, da sich die Wirkung einer solchen präklusionslosen Fristein- **5**

Rojahn

räumung letztlich in der Selbstbindung des Gerichts erschöpft, nicht vor fruchtlosem Fristablauf zu entscheiden. Den so gesetzten Vertrauenstatbestand müsste das Gericht aber auch dann beachten, wenn die von einem Mitglied des Spruchkörpers in Überschreitung seiner Zuständigkeit verfügte Frist als wirkungslos anzusehen wäre und deshalb nach allgemeinen Grundsätzen eine angemessene Wartefrist des Gerichts zu gelten hätte. Als verfahrensleitende Maßnahme (§ 28) können auch in anderen Fällen Äußerungsfristen gesetzt werden, etwa zur Erwiderung auf das Beschwerdevorbringen, zur Replik, zum Ergebnis einer Anhörung oder Beweisaufnahme etc.

6   **4. Neue Tatsachen und Beweismittel.** Die Beschwerdeinstanz ist – wie bisher – eine zweite vollwertige Tatsacheninstanz (→ § 68 Rn. 7), in Nachlasssachen nunmehr allerdings angesiedelt nicht mehr beim Landgericht, sondern beim OLG (das unter der Geltung des FGG reine Rechtsbeschwerdeinstanz war). Alle Beteiligten – nicht nur der Beschwerdeführer, an den sich Abs. 3 richtet – können in zweiter Instanz neue Tatsachen und Beweismittel vortragen; auch kann das Beschwerdegericht von Amts wegen weitere Ermittlungen durchführen. Das neue Vorbringen der Beteiligten ist nicht etwa auf solche Tatsachen oder Beweismittel beschränkt, die erst nach Abschluss der ersten Instanz zu Tage getreten sind. Entscheidungserhebliche neue Tatsachen und Beweismittel sind vom Beschwerdegericht auch dann zu berücksichtigen, wenn ein Beteiligter sie schon in erster Instanz hätte vortragen können und dies – und sei es auch schuldhaft – unterlassen hat. Die Unbilligkeit solchen das Verfahren verzögernden Verhaltens kann allerdings im Rahmen der Kostenentscheidung berücksichtigt werden (→ § 84 Rn. 6).

7   **5. Prüfung der Zuständigkeit.** Abs. 4 schränkt den Prüfungsumfang des Beschwerdegerichts hinsichtlich der Zuständigkeit ein. Die Beschwerde kann nicht darauf gestützt werden, dass das Gericht des ersten Rechtszuges seine Zuständigkeit zu Unrecht angenommen hat. Hiervon erfasst wird die örtliche, sachliche und funktionelle Zuständigkeit. Etwas anderes gilt – wegen des Anspruchs auf den gesetzlichen Richter – für die in Überschreitung seiner funktionellen Zuständigkeit durch den Rechtspfleger getroffene Entscheidung; sie ist unwirksam (§ 8 IV 1 RPflG) und unterliegt der Überprüfung und Aufhebung durch das Beschwerdegericht (OLG Düsseldorf Beschl. v. 17.3.2011 – 3 Wx 6/11, FGPrax 2011, 158). Etwas anderes gilt ferner für die in allen Instanzen überprüfbare internationale Zuständigkeit (BGH Beschl. v. 17.2.2010 – XII ZB 68/09, FGPrax 2010, 128 Rn. 8; OLG Hamm, Beschl. v. 2.2.2011 – 8 UF 98/10, FamFR 2011, 480; zur Revision: BGH Urt. v. 25.6.2008 – VIII ZR 103/07, NJW-RR 2008, 138, Rn. 12). Wegen der Besonderheiten des Erbscheinsverfahrens ist auch die örtliche Zuständigkeit des Nachlassgerichts in Erbscheinsverfahren in der Beschwerdeinstanz überprüfbar; § 65 IV ist insoweit einschränkend auszulegen (OLG Hamm Beschl. v. 22.6.2017 – 15 W 111/17, BeckRS 2017, 125590; OLG Frankfurt a. M. Beschl. v. 21.5.2013 – 20 W 170/10, ZEV 2013, 563). Die örtliche und internationale Zuständigkeit der Nachlassgerichte ist in §§ 105, 343 f. FamFG geregelt, die sachliche Zuständigkeit in § 23a I Nr. 2, II Nr. 2 GVG; die funktionelle Zuständigkeit des Richters oder des Rechtspflegers ergibt sich aus § 3 Nr. 2 lit. c, § 16 RPflG. Die Frage des richtigen Rechtsweges wird im Verfahren nach § 17a GVG geklärt, der für das Verhältnis der Spruchkörper in bürgerlichen Rechtsstreitigkeiten, Familiensachen und Angelegenheiten der freiwilligen Gerichtsbarkeit zueinander entsprechend gilt (§ 17a VI GVG).

8   Abs. 4 gilt nur für die positive **Zuständigkeitsbejahung**, nicht für die negative Zuständigkeitsverneinung. Die Verwerfung eines Antrags als unzulässig wegen Unzuständigkeit des angegangenen Gerichts ist eine anfechtbare Endentscheidung und unterliegt der Überprüfung durch das Beschwerdegericht. Hierzu wird es allerdings wegen der Möglichkeit der Verweisung (§ 3) nur selten kommen; der Verweisungsbeschluss wiederum ist unanfechtbar (§ 3 III). Bei Kompetenzkonflikten zwischen zwei Nachlassgerichten entscheidet das OLG (§ 5).

§ 66 Anschlussbeschwerde

¹Ein Beteiligter kann sich der Beschwerde anschließen, selbst wenn er auf die Beschwerde verzichtet hat oder die Beschwerdefrist verstrichen ist; die Anschließung erfolgt durch Einreichung der Beschwerdeanschlussschrift bei dem Beschwerdegericht. ²Die Anschließung verliert ihre Wirkung, wenn die Beschwerde zurückgenommen oder als unzulässig verworfen wird.

1   **1. Normzweck.** Die Vorschrift sieht die Möglichkeit der Anschlussbeschwerde nunmehr auch im Verfahren der freiwilligen Gerichtsbarkeit generell vor. Dadurch wird dem zum Beschwerdeführer im entgegen gesetzten Sinn Beteiligten ein Mittel an die Hand gegeben, auf die Beschwerde zu reagieren und Raum für eine Abänderung der erstinstanzlichen Entscheidung zu Lasten des Beschwerdeführers zu eröffnen, also das ansonsten geltende Verbot der reformatio in peius nicht eingreift zu lassen. Eine Anschlussbeschwerde, mit der lediglich das gleiche Ziel wie mit dem Hauptrechtsmittel verfolgt werden soll, ist mangels Rechtsschutzbedürfnis unzulässig (BGH Beschl. v. 12.2.2014 – XII ZB 706/12, FGPrax 2014, 187). Die Anschlussbeschwerde ist als unselbständige, dh vom Bestand der Beschwerde abhängige Anschließung ausgestaltet, wie sich aus S. 2 ergibt: Im Fall der Rücknahme oder Verwerfung der Beschwerde als unzulässig verliert die Anschließung ohne Weiteres ihre Wirkung. Wie bei allen unselbständigen Anschlussrechtsmitteln handelt es sich der Sache nach nicht um ein Rechtsmittel im eigentlichen Sinn, sondern um einen gegenläufigen Antrag im Rahmen des Rechtsmittels eines anderen (BGH NJW 1998, 2224 (2225) zur Anschlussberufung).

2   **2. Einlegung, Form und Frist.** Die Anschließung erfolgt nach ausdrücklicher gesetzlicher Regelung (S. 1 Hs. 2) durch Einreichung der Beschwerdeanschlussschrift bei dem Beschwerdegericht. Das ist eine

Abweichung zur Einlegung des Hauptrechtsmittels der Beschwerde, die beim Ausgangsgericht einzulegen ist und auch zur Niederschrift der Geschäftsstelle eingelegt werden kann (§ 64 I, II 1). Der klare Wortlaut steht entgegen, dass die Anschlussbeschwerde auch zur Niederschrift des Beschwerdegerichts eingelegt werden kann (ebenso MüKoFamFG/*Fischer* Rn. 20; aA Keidel/*Sternal* Rn. 15). Die weiteren formalen Anforderungen ergeben sich mangels anderer gesetzlicher Regelung aus den für die Beschwerde geltenden Vorschriften, vgl. §§ 64, 65, also: Bezeichnung des Hauptrechtmittels und Erklärung der Anschließung (wobei auch hier kein strenger Maßstab anzulegen ist, → § 64 Rn. 6); Unterzeichnung durch die Anschlussbeschwerdeführerin oder ihre Bevollmächtigte; Begründung erwünscht aber nicht obligatorisch. Für die Anschließung besteht **keine Frist.** Sie ist also bis zum Erlass der Beschwerdeentscheidung möglich (zu Recht anders geregelt bei der Anschlussrechtsbeschwerde, § 73).

3. Bedeutung in Nachlasssachen. In Nachlasssachen dürfte die praktische Bedeutung der Anschlussbeschwerde eher gering sein. Es ist kaum denkbar, wer mit welchem Ziel Anschlussbeschwerde einlegen können sollte, wenn Gegenstand der Beschwerde etwa die Anordnung oder Ablehnung der beantragten Anordnung einer Nachlasspflegschaft, die Entlassung oder Zurückweisung eines Antrags auf Entlassung eines Testamentsvollstreckers, die Einziehung oder Ablehnung der beantragten Einziehung eines Erbscheins ist. Dasselbe gilt für das Erbscheinserteilungsverfahren: Hat etwa das Nachlassgericht den Erbscheinsantrag des A zurückgewiesen und über den abweichenden Erbscheinsantrag des B noch nicht befunden, und legt A Beschwerde ein, so kann B nicht im Wege der Anschlussbeschwerde die Anweisung zur Erteilung des von ihm beantragten Erbscheins erreichen; denn das würde den durch das Hauptrechtsmittel beim Beschwerdegericht angefallenen Verfahrensgegenstand unzulässig erweitern. In allen Fällen ist aber denkbar, Anschlussbeschwerde mit dem Ziel der Änderung der dem Anschlussbeschwerdeführer ungünstigen **Kostenentscheidung** einzulegen. Hat das Nachlassgericht den Erbscheinsantrag des A, dem der B widersprochen hat, zurückgewiesen, aber von einer Auferlegung der außergerichtlichen Kosten des B auf den A abgesehen, und legt A gegen die Zurückweisung seines Antrags Beschwerde ein, so kann B wegen der ihm ungünstigen Kostenentscheidung Anschlussbeschwerde einlegen.

§ 67 Verzicht auf die Beschwerde; Rücknahme der Beschwerde

(1) **Die Beschwerde ist unzulässig, wenn der Beschwerdeführer hierauf nach Bekanntgabe des Beschlusses durch Erklärung gegenüber dem Gericht verzichtet hat.**

(2) **Die Anschlussbeschwerde ist unzulässig, wenn der Anschlussbeschwerdeführer hierauf nach Einlegung des Hauptrechtsmittels durch Erklärung gegenüber dem Gericht verzichtet hat.**

(3) **Der gegenüber einem anderen Beteiligten erklärte Verzicht hat die Unzulässigkeit der Beschwerde nur dann zur Folge, wenn dieser sich darauf beruft.**

(4) **Der Beschwerdeführer kann die Beschwerde bis zum Erlass der Beschwerdeentscheidung durch Erklärung gegenüber dem Gericht zurücknehmen.**

1. Normzweck. Die Vorschrift enthält Regelungen zum Rechtsmittelverzicht (Abs. 1–3) und zur Rücknahme der Beschwerde (Abs. 4). Beide Möglichkeiten waren schon früher unter der Geltung des FGG anerkannt, sind aber nun ausdrücklich geregelt. Der Verzicht hat je nach Erklärungsadressat – Gericht oder Beteiligter – unterschiedliche Rechtsfolgen. Er begründet, wenn trotz Verzichts eine Beschwerde eingelegt oder weiterverfolgt wird, eine von Amts wegen (Abs. 1, 2) oder auf Einrede (Abs. 3) zu beachtende Unzulässigkeit der Beschwerde. Die Norm statuiert damit zugleich ein Zulässigkeitserfordernis, nämlich das Nichtvorliegen eines Verzichts oder die Nichterhebung entsprechender Einrede.

2. Verzicht. Der Verzicht auf die Beschwerde bedeutet die endgültige Aufgabe des Beschwerderechts. Ein wirksamer Verzicht auf ein schon eingelegtes Rechtsmittel schließt auch die erneute, wiederholte Einlegung aus. IÜ ist für die Wirkungen zu unterscheiden, ob der Verzicht **gegenüber dem Gericht** abgegeben wird oder gegenüber einem anderen Beteiligten. Die an das Gericht gerichtete Verzichtserklärung ist als Verfahrenshandlung bedingungsfeindlich und unwiderruflich; sie ist gegenüber dem Gericht abzugeben, bei dem die Sache anhängig ist. Sie hat, wenn sie nach Bekanntgabe des erstinstanzlichen Beschlusses (Verzicht auf die Beschwerde) bzw. nach Einlegung des Hauptrechtsmittels (Verzicht auf die Anschlussbeschwerde) abgegeben wird, ohne Weiteres die von Amts wegen zu beachtende Unzulässigkeit des Rechtsmittels zur Folge. Nach dem klaren Gesetzeswortlaut (Abs. 1 u. 2) hat nur ein nach den genannten Zeitpunkten abgegebener Verzicht diese Wirkung. Soweit die Gesetzesbegründung eine wirksame Verzichtserklärung gegenüber dem Gericht auch vor Erlass des Beschlusses für möglich hält (vgl. BT-Drs. 16/6308, 207), erschließt sich nicht, welche Wirkungen einem solchen vorzeitigen einseitigen Verzicht zukommen könnte; er ist unwirksam (ebenso Keidel/*Sternal* Rn. 9; Bumiller/Harders/*Schwamb* Rn. 4).

Im Unterschied zur Verzichtserklärung gegenüber dem Gericht hat der **gegenüber einem anderen Beteiligten** erklärte Rechtsmittelverzicht die Unzulässigkeit der Beschwerde (Anschlussbeschwerde) nur zur Folge, wenn sich der Erklärungsempfänger darauf beruft (Abs. 3). Diese Verzichtserklärung begründet also verfahrenstechnisch eine Einrede. Praktische Bedeutung hat der Verzicht vor allem auch als Gestaltungsmittel im Rahmen einer vergleichsweisen Einigung der Beteiligten. Da die Ausübung von Verfahrensrechten der Disposition der Rechteinhaber unterliegt, ist eine diesbezügliche Vereinbarung auch im Erbscheinsverfahren möglich, zB Eingehung der Verpflichtung, einen Erbscheinsbeschluss oder die Ablehnung eines Erbscheinsantrags nicht im Beschwerdeweg anzugreifen oder eine bereits eingelegte Beschwerde nicht weiter zu verfolgen („Verzichtsvertrag", vgl. näher Keidel/*Sternal* Rn. 6).

4 **3. Rücknahme.** Die Rücknahme der Beschwerde ist immer gegenüber dem Gericht zu erklären. Sie ist bis zum Erlass der Beschwerdeentscheidung jederzeit zulässig und bedarf nicht der Zustimmung anderer Beteiligter. Sie hat den Verlust des eingelegten Rechtsmittels zur Folge, nicht aber – wenn nicht mit der Rücknahme zugleich ein Verzicht erklärt wird – dessen Verbrauch; eine erneute Einlegung innerhalb der Beschwerdefrist bleibt möglich. Zur Kostenentscheidung bei Rücknahme → § 84 Rn. 4. Bei Rücknahme der Beschwerde ermäßigen sich die Gerichtsgebühren (Nr. 12221 KV-GNotKG, → § 58 Rn. 16). Wird die Beschwerde zurückgenommen, bevor das Ausgangsgericht über die Abhilfe (§ 68 I 1) entschieden hat, obliegt die Entscheidung über die Kosten des Beschwerdeverfahrens dem Ausgangsgericht (KG FGPrax 2011, 207).

§ 68 Gang des Beschwerdeverfahrens

(1) ¹Hält das Gericht, dessen Beschluss angefochten wird, die Beschwerde für begründet, hat es ihr abzuhelfen; anderenfalls ist die Beschwerde unverzüglich dem Beschwerdegericht vorzulegen. ²Das Gericht ist zur Abhilfe nicht befugt, wenn die Beschwerde sich gegen eine Endentscheidung in einer Familiensache richtet.

(2) ¹Das Beschwerdegericht hat zu prüfen, ob die Beschwerde an sich statthaft und ob sie in der gesetzlichen Form und Frist eingelegt ist. ²Mangelt es an einem dieser Erfordernisse, ist die Beschwerde als unzulässig zu verwerfen.

(3) ¹Das Beschwerdeverfahren bestimmt sich im Übrigen nach den Vorschriften über das Verfahren im ersten Rechtszug. ²Das Beschwerdegericht kann von der Durchführung eines Termins, einer mündlichen Verhandlung oder einzelner Verfahrenshandlungen absehen, wenn diese bereits im ersten Rechtszug vorgenommen wurden und von einer erneuten Vornahme keine zusätzlichen Erkenntnisse zu erwarten sind.

(4) Das Beschwerdegericht kann die Beschwerde durch Beschluss einem seiner Mitglieder zur Entscheidung als Einzelrichter übertragen; § 526 der Zivilprozessordnung gilt mit der Maßgabe entsprechend, dass eine Übertragung auf einen Richter auf Probe ausgeschlossen ist.

1 **1. Normzweck.** Die Vorschrift regelt den Gang des Beschwerdeverfahrens. Es gliedert sich in das vorgeschaltete Abhilfeverfahren beim Ausgangsgericht (Abs. 1), die Prüfung der Zulässigkeit der Beschwerde durch das Beschwerdegericht (Abs. 2) und das weitere Verfahren vor dem Beschwerdegericht (Abs. 3). Ferner ist die Möglichkeit der Übertragung auf den Einzelrichter nunmehr generell vorgesehen (Abs. 4). Zusammen mit § 65 III (neuer Tatsachenvortrag) und § 69 (Beschwerdebegründung) bildet § 68 das wesentliche Regelwerk für den Ablauf des Beschwerdeverfahrens bis zur Entscheidung über die Beschwerde.

2 **2. Abhilfeverfahren. a) Abhilfebefugnis und Abhilfepflicht.** Eine Abhilfebefugnis besteht nunmehr generell in den Verfahren der freiwilligen Gerichtsbarkeit mit Ausnahme der Familiensachen (Abs. 1 S. 2). Das Erstgericht (Spruchkörper, der die angefochtene Entscheidung erlassen hat: Richter oder Rechtspfleger) hat zu prüfen, ob es der Beschwerde abhilft. Das dient der Selbstkontrolle innerhalb der Instanz, der Entlastung des Beschwerdegerichts und insgesamt der Beschleunigung des Verfahrens im Interesse der Beteiligten (vgl. BT-Drs. 16/6308, 207). Der Abhilfebefugnis entspricht die Abhilfepflicht, wenn das Erstgericht bei nochmaliger Prüfung seine Entscheidung als unberechtigt erkennt. Neue Tatsachen und Beweismittel (§ 65 III) sind zu berücksichtigen, ggf. sind Ermittlungen vorzunehmen und Beweise zu erheben. Das Abhilfeverfahren kann auf diese Weise durchaus umfangreicher und aufwändiger werden als das Ausgangsverfahren, das zu der angefochtenen Entscheidung geführt hat. Eine angekündigte Beschwerdebegründung ist grds. abzuwarten, es sei denn, sie lässt unangemessen lange auf sich warten. Ggf. empfiehlt sich auch die Nennung einer Frist, bis zu deren Ablauf das Erstgericht mit der Abhilfeentscheidung noch zuwarten wird (→ § 65 Rn. 4). Anderen Beteiligten ist nach allgemeinen Grundsätzen jedenfalls vor dem Erlass einer zu ihrem Nachteil ergehenden abändernden Entscheidung rechtliches Gehör zu gewähren. Auch bietet das Abhilfeverfahren Gelegenheit, das etwa einem Beteiligten im Ausgangsverfahren versehentlich nicht gewährte rechtliche Gehör nachzuholen.

3 **b) Positive Abhilfeentscheidung.** Die Entscheidung über die Abhilfe ergeht in der Regel durch Beschluss, der grds. zu begründen (§ 38) und den Beteiligten bekannt zu geben ist (§ 41 I). Auch im Fall der vollständigen Abhilfe, wenn dem Anliegen des Beschwerdeführers vollumfänglich Rechnung getragen wird, ist die Begründung jedenfalls im Hinblick auf andere Beteiligte erforderlich, deren erklärtem Willen die im Wege der Abhilfe geänderte Entscheidung widerspricht (vgl. § 38 IV). Diese können nunmehr ihrerseits beschwerdebefugt sein. Durch die vollständige Abhilfe hat sich das Beschwerdeverfahren erledigt; eine Vorlage der Akten an das Beschwerdegericht unterbleibt. Die von einem anderen Beteiligten eingelegte Beschwerde leitet ein neues Beschwerdeverfahren ein. Bei teilweiser Abhilfe gelten diese Ausführungen sinngemäß. Es erfolgt Vorlage an das Beschwerdegericht, soweit der Beschwerde nicht abgeholfen wird.

c) **Negative Abhilfeentscheidung.** Die Nichtabhilfe ist grds. ebenfalls in Beschlussform zu fassen, zu **4** begründen und den Beteiligten bekannt zu geben (OLG München Beschl. v. 4.2.2010 – 31 Wx 13/10 FamRZ 2010, 1000 = BeckRS 2010, 03282; OLG Hamm Beschl. v. 10.5.2010 – 15 W 200/10, FGPrax 2010, 266; OLG Düsseldorf Beschl. v. 14.11.2011 – 3 Wx 269/11, FamRZ 2012, 653 = BeckRS 2011, 26647). Eine bloß gerichtsinterne Vorlageverfügung reicht nicht aus. Die Begründungsintensität hängt freilich in hohem Maße vom Einzelfall ab. Wird die Beschwerde nicht begründet, oder enthält die Beschwerdebegründung nichts wesentlich Neues, so kann eine kurze Begründung oder auch nur Bezugnahme auf die Gründe der angefochtenen Entscheidung durchaus ausreichen. Auf neues wesentliches Vorbringen des Beschwerdeführers, das in der Ausgangsentscheidung noch nicht behandelt wurde, ist aber regelmäßig einzugehen, wobei freilich auch hier wie bei allen gerichtlichen Entscheidungsbegründungen nicht alle Einzelpunkte und irrigen Rechtsausführungen im Vorbringen des Beschwerdeführers abgehandelt werden müssen, sondern eine Konzentration auf das Wesentliche geboten ist (kurze Zusammenfassung der für die Entscheidung tragenden Erwägungen, vgl. § 313 III ZPO, → § 69 Rn. 4). Weist das Nichtabhilfeverfahren schwere Mängel auf, so kann das Beschwerdegericht, ggf. unter Aufhebung der getroffenen Nichtabhilfe- bzw. Vorlageverfügung, die Sache an das Erstgericht zur erneuten Durchführung des Abhilfeverfahrens zurückgeben (OLG München Beschl. v. 13.9.2016 – 31 Wx 99/16, FGPrax 2017, 42; Beschl. v. 4.2.2010 – 31 Wx 13/10, FamRZ 2010, 1000 = BeckRS 2010, 03282; OLG Düsseldorf Beschl. v. 23.12.2016 – I-3 Wx 259/16, ErbR 2017, 242 = BeckRS 2016, 113982: Beschl. v. 30.3.2016 – I-3 Wx 84/16, ErbR 2016, 415 = BeckRS 2016, 07668; OLG Hamm Beschl. v. 25.8.2010 – 15 W 428/10, FamRZ 2011, 235 = BeckRS 2010, 21012).

d) **Unverzügliche Vorlage.** Im Falle der Nichtabhilfe ist das Erstgericht zur unverzüglichen Vorlage **5** der Beschwerde an das Beschwerdegericht verpflichtet. Die Vorlage, die grds. die gesamten Verfahrensakten umfasst, darf nicht schuldhaft verzögert werden (vgl. § 121 I BGB). Auch die Bearbeitung anderer zwischenzeitlich in erster Instanz eingegangener Anträge ist in der Regel kein Grund, die Vorlage der Akten zu verzögern. Notfalls müssen die für die Bearbeitung wesentlichen Teile kopiert und (Teil-) Zweitakten angelegt werden. Die gerichtliche Praxis behilft sich in geeigneten Fällen auch damit, dass die Akten mit der Bitte vorgelegt werden, sie zwischendurch, wenn die Akten beim Beschwerdegericht gerade nicht zur aktuellen Bearbeitung der Beschwerde benötigt werden, für kurze Zeit an das Erstgericht zurückzuleiten.

3. Prüfung der Zulässigkeit. Das Beschwerdegericht (in Nachlasssachen: das OLG, § 119 I Nr. 1 lit. b **6** GVG) hat zunächst die Zulässigkeit zu prüfen. Abs. 2 nennt zwar nur die Statthaftigkeit (§ 58), Form (§ 64) und Frist (§ 63) der Beschwerde, doch gilt das selbstverständlich auch für andere Zulässigkeitsvoraussetzungen, wie insb. die Beschwerdeberechtigung (§ 59) und das Überschreiten der 600-Euro-Wertgrenze in vermögensrechtlichen Angelegenheiten (§ 61). Allerdings sind Statthaftigkeit, Form und Frist meist leicht und schnell überschaubar, weshalb hierüber in der Regel gleich zu Beginn des Beschwerdeverfahrens eine Verwerfungsentscheidung ergehen kann, während andere Zulässigkeitsfragen durchaus erst nach intensiver Durchdringung des Verfahrensstoffes und/oder Anhörung anderer Beteiligter im Laufe des Verfahrens zutage treten können. Mangelnde Zulässigkeit führt zur Verwerfung der Beschwerde als unzulässig (Abs. 2 S. 2); eine Sachprüfung findet dann nicht statt. Hat die Sachprüfung schon stattgefunden, weil die Unzulässigkeit nicht gleich erkannt wurde, ergeht jedenfalls keine Sachentscheidung. Die Prüfungs- und Entscheidungsreihenfolge – Zulässigkeit vor Begründetheit – ist insoweit logisch vorgegeben. Das schließt aber nicht aus, die (uU schwierige) Frage der Zulässigkeit offen zu lassen, wenn die Beschwerde jedenfalls unbegründet ist; denn für den Bestand und die Wirkungen der Entscheidung erster Instanz kommt es in aller Regel nicht darauf an, ob die dagegen gerichtete Beschwerde als unzulässig verworfen oder als unbegründet zurückgewiesen wird (BGH NJW-RR 2006, 1346 Rn. 4).

4. Weiteres Verfahren. a) Prüfungsumfang und Amtsermittlung. Das Beschwerdeverfahren be- **7** stimmt sich iÜ nach den Vorschriften im ersten Rechtszug (Abs. 3 S. 1), also nach den in Abschn. 2 geregelten §§ 23–37. Es gelten ferner die Vorschriften in Abschn. 1 (§§ 1–22a) unmittelbar und über § 69 III die Vorschriften über den Beschluss (§§ 38–47) entsprechend. Das Beschwerdeverfahren ist wesentlich dadurch bestimmt, dass es eine vollständige, gleichwertige **zweite Tatsacheninstanz** ist. Im Rahmen der durch den Verfahrensgegenstand erster Instanz und durch den Umfang der Anfechtung bestimmten Grenzen tritt das Beschwerdegericht vollständig an die Stelle der ersten Instanz (BGH Beschl. v. 5.1.2011 – XII ZB 240/10, FGPrax 2011, 78 Rn. 8; st. Rspr.; Keidel/*Sternal* FamFG Rn. 42, 87 ff.). Es nimmt eine eigene Beurteilung der Sach- und Rechtslage vor und muss dabei neuen Sachvortrag und neue Tatsachen einbeziehen (→ § 65 Rn. 6). Zwischenzeitliche Änderungen des materiellen Rechts sind, soweit nach Maßgabe etwaiger Übergangsvorschriften auf schon anhängige Verfahren anwendbar, zu berücksichtigen. In Ermessensfragen übt das Beschwerdegericht eigenes Ermessen aus. Die in erster Instanz etwa versäumte Gehörsgewährung kann und muss nachgeholt werden; verfahrensfehlerhafte Handlungen der ersten Instanz sind, soweit entscheidungserheblich, durch verfahrensfehlerfreie Wiederholung zu heilen, wenn nicht ausnahmsweise eine Zurückverweisung an die erste Instanz erfolgt (§ 69 I 3).

Der **Amtsermittlungsgrundsatz** (§ 26) gilt auch im Beschwerdeverfahren. Das Beschwerdegericht **8** muss von Amts wegen die zur Feststellung der Tatsachen erforderlichen Ermittlungen durchführen und geeignete Beweise erheben, soweit der entscheidungserhebliche Sachverhalt nicht bereits in der ersten Instanz aufgeklärt wurde. Das bedeutet aber nicht, dass allen denkbaren Möglichkeiten zur Erforschung des Sachverhalts von Amts wegen nachgegangen werden müsste. Eine Aufklärungs- und Ermittlungspflicht besteht nur insoweit, als das Vorbringen der Beteiligten und der festgestellte Sachverhalt bei sorgfältiger Überlegung dazu Anlass geben (BayObLG NJW 1992, 322 mwN, stRspr). In Erbscheinsverfahren hat das Beschwerdegericht umfassende Prüfungskompetenz; es hat die Richtigkeit des angekündigten Erbscheins auch insoweit zu prüfen, als der Beschwerdeführer durch eine Unrichtigkeit des Erbscheins nicht beschwert sein kann (BGH Beschl. v. 16.12.2015 – IV ZB 13/15, NJW 2016, 960 Rn. 17f.). Zur Prüfungskompetenz in Fragen der Zuständigkeit → § 65 Rn. 7.

9   **b) Freigestellte mündliche Verhandlung.** Eine mündliche Verhandlung – Erörterungstermin (§ 32), persönliche Anhörungen – ist dem Beschwerdegericht grds. freigestellt. Das Verfahren wird nach pflichtgemäßem Ermessen schriftlich oder mündlich geführt. Art. 6 EMRK (Grundsatz der mündlichen Verhandlung für streitige Zivilverfahren) findet auf Nachlasssachen, die keine echten Streitverfahren der freiwilligen Gerichtsbarkeit sind, keine Anwendung. Der zivilprozessuale Mündlichkeitsgrundsatz gilt ohnehin nicht. Entscheidungsgrundlage ist in jedem Fall, auch wenn ein Erörterungstermin stattgefunden hat, der gesamte Akteninhalt (BT-Drs. 16/6308, 191). Ein mündlicher Termin mit den Beteiligten kann sich etwa anbieten zur ergänzenden Sachaufklärung, zur Gewährung rechtlichen Gehörs, und nicht zuletzt für den Versuch einer Erledigung des Verfahrens durch gütliche Einigung der Beteiligten (Vergleich, § 36). Die mündliche Verhandlung in Nachlasssachen ist grds. nicht öffentlich; das Beschwerdegericht kann die Öffentlichkeit zulassen, wenn kein Beteiligter widerspricht (§ 170 I 1 u. 2 GVG).

10 **c) Wiederholung von Verfahrenshandlungen.** Eine Wiederholung von Verfahrenshandlungen (ein Termin, eine mündliche Verhandlung oder einzelne Verfahrenshandlungen), die bereits in erster Instanz durchgeführt wurden, kann nach Abs. 3 S. 2 unterbleiben, wenn von einer erneuten Vornahme keine zusätzlichen Erkenntnisse zu erwarten sind. Das dient der Straffung des Beschwerdeverfahrens. Wenn etwa die persönliche Anhörung eines Beteiligten (§ 34), die Durchführung eines Erörterungstermins (§ 32) oder eine Zeugeneinvernahme oder sonstige Beweiserhebung an sich angezeigt erscheint, so muss dies nicht zwingend doppelt, sowohl in erster als auch in zweiter Instanz, geschehen. Das Beschwerdegericht entscheidet nach pflichtgemäßem Ermessen mit Blick auf den zu erwartenden zusätzlichen Erkenntnisgewinn, welche bereits vom Erstgericht durchgeführten Termine, Ermittlungen und Beweiserhebungen es wiederholt. Auf verfahrensfehlerhafte Beweiserhebungen des Erstgerichts kann sich das Beschwerdegericht selbstverständlich nicht stützen. Eine erneute Anhörung oder Einvernahme ist auch geboten, wenn es auf den persönlichen Eindruck eines Anzuhörenden ankommt, oder wenn das Beschwerdegericht in Erwägung zieht, die Glaubwürdigkeit eines Zeugen anders als das Erstgericht zu beurteilen.

11 **5. Einzelrichter.** Grundsätzlich entscheidet über Beschwerden in Nachlasssachen der Senat des OLG in voller Besetzung. Abs. 4 gibt jedoch die Möglichkeit, unter den in § 526 ZPO genannten Voraussetzungen die Beschwerde durch Beschluss einem seiner Mitglieder als Einzelrichter zu übertragen (**fakultativer Einzelrichter**). Diese Voraussetzungen, die kumulativ vorliegen müssen, sind: (1) Die angefochtene Entscheidung wurde von einem Einzelrichter (oder, im Gesetz nicht ausdrücklich gesagt, aber selbstverständlich umfasst, von einem Rechtspfleger) erlassen. Das ist in Nachlasssachen immer der Fall, denn es entscheidet in erster Instanz die Richterin oder der Rechtspfleger am Amtsgericht. (2) Die Sache weist keine besonderen Schwierigkeiten tatsächlicher oder rechtlicher Art auf. (3) Die Rechtssache hat keine grundsätzliche Bedeutung. (4) Es ist nicht bereits zur Hauptsache mündlich verhandelt worden. Die Übertragung steht im Ermessen des Gerichts und ist unanfechtbar (vgl. § 526 III ZPO). Eines Antrags oder einer Zustimmung der Beteiligten bedarf es nicht, doch sind diese vorher zu hören. Eine Rückübertragung auf den Senat ist nach Maßgabe von § 526 ZPO zulässig und geboten, wenn sich aus einer wesentlichen Änderung der Verfahrenslage besondere Schwierigkeiten der Sache oder die grundsätzliche Bedeutung der Rechtssache ergeben. Wegen der Einzelheiten kann auf die einschlägige Rspr. und Lit. zu § 526 ZPO zurückgegriffen werden.

12 Man beachte, dass es in Nachlasssachen auch den **originären Einzelrichter** gibt, wenn eine Zwischen- oder Nebenentscheidung mit der sofortigen Beschwerde entsprechend §§ 567–572 ZPO anfechtbar ist; dann gilt nämlich § 568 ZPO und nicht § 68 IV FamFG (zur Anfechtbarkeit von Zwischen- und Nebenentscheidungen → § 58 Rn. 13). Auch über Geschäftswertbeschwerden und Erinnerungen/Beschwerden gegen den Kostenansatz des Gerichts entscheidet nach Maßgabe von § 83 I 5, § 81 VI GNotKG in vielen Fällen der originäre Einzelrichter.

§ 69 Beschwerdeentscheidung

(1) ¹**Das Beschwerdegericht hat in der Sache selbst zu entscheiden.** ²**Es darf die Sache unter Aufhebung des angefochtenen Beschlusses und des Verfahrens nur dann an das Gericht des ersten Rechtszugs zurückverweisen, wenn dieses in der Sache noch nicht entschieden hat.** ³**Das Gleiche gilt, soweit das Verfahren an einem wesentlichen Mangel leidet und zur Entscheidung eine umfangreiche oder aufwändige Beweiserhebung notwendig wäre und ein Beteiligter die Zurückverweisung beantragt.** ⁴**Das Gericht des ersten Rechtszugs hat die rechtliche Beurteilung, die das Beschwerdegericht der Aufhebung zugrunde gelegt hat, auch seiner Entscheidung zugrunde zu legen.**

(2) **Der Beschluss des Beschwerdegerichts ist zu begründen.**

(3) **Für die Beschwerdeentscheidung gelten im Übrigen die Vorschriften über den Beschluss im ersten Rechtszug entsprechend.**

Beschwerdeentscheidung § 69 FamFG 30

1. Normzweck. Die Vorschrift regelt Inhalt und Umfang der Beschwerdeentscheidung. Abs. 1 bestimmt als Grundsatz die eigene Sachentscheidung des Beschwerdegerichts und ferner die Voraussetzungen, unter denen ausnahmsweise eine Zurückverweisung an das Ausgangsgericht erfolgen kann. Abs. 2 statuiert die Pflicht zur Begründung der Beschwerdeentscheidung. Schließlich erklärt Abs. 3 die Vorschriften über den Beschluss im ersten Rechtszug für entsprechend anwendbar. 1

2. Eigene Sachentscheidung. Grundsätzlich hat das Beschwerdegericht in der Sache selbst zu entscheiden. Ist die Beschwerde unzulässig, wird sie verworfen. Eine zulässige aber unbegründete Beschwerde wird zurückgewiesen. Unerheblich ist, aus welchen Gründen das Beschwerdegericht die Entscheidung des Erstgerichts für richtig hält. Ist die Begründung des Erstgerichts unzutreffend, erweist sich aber die Entscheidung iErg aus anderen Gründen als zutreffend, bleibt die Beschwerde ohne Erfolg. Auch Verfahrensfehler des Erstgerichts können für sich genommen der Beschwerde nicht zum Erfolg verhelfen, wenn die verfahrensfehlerfreie Durchführung des Beschwerdeverfahrens zum selben Ergebnis führt. Die Beschwerdeinstanz ist vollwertige Tatsacheninstanz; eine in erster Instanz unterlassene Gehörsgewährung kann in zweiter Instanz nachgeholt und die Gehörsverletzung damit geheilt werden. Möglich ist auch die Zurückweisung der Beschwerde mit der Maßgabe, dass der vom Erstgericht aus sachlichen Gründen zurückgewiesene Antrag als unzulässig verworfen wird. Die erfolgreiche, dh zulässige und begründete Beschwerde führt zur Aufhebung der angefochtenen Entscheidung und, je nach Verfahrensgegenstand und Fallgestaltung, zur ersetzenden Sachentscheidung oder einer entsprechenden Anweisung an das Erstgericht (zB Anweisung an das Nachlassgericht, einen bestimmten Erbschein zu erteilen); in manchen Fällen reicht auch die Aufhebung der angefochtenen Entscheidung und die bloße Rückleitung der Akten zur Fortsetzung des Verfahrens. 2

3. Zurückverweisung. Eine Aufhebung des angefochtenen Beschlusses und des Verfahrens sowie die Zurückverweisung an das Ausgangsgericht kommen nur noch aus den in Abs. 1 S. 2 u. 3 enumerativ aufgeführten Gründen in Betracht, wobei im Fall des S. 2 eine Zurückverweisung von Amts wegen erfolgen kann, während die Zurückverweisung nach S. 3 einen Antrag eines Beteiligten voraussetzt. Nach S. 2 kann zurückverwiesen werden, wenn das Gericht des ersten Rechtszuges in der Sache noch nicht entschieden hat. Das ist etwa der Fall, wenn das Gericht seine Zuständigkeit verneint oder einen Antrag aus sonstigen Gründen als unzulässig behandelt hat. Eine Nichtentscheidung in der Sache soll nach OLG Celle auch dann vorliegen können, wenn das Nachlassgericht minderjährige Erbprätendenten (mangels im konkreten Fall zwingend notwendiger Bestellung eines Ergänzungspflegers) nicht ordnungsgemäß beteiligt hat (OLG Celle Beschl. v. 20.2.2017 – 6 W 16/17, BeckRS 2017, 102974). Eine Aufhebung und Zurückverweisung ist nach S. 3 ferner zulässig, wenn das erstinstanzliche Verfahren an einem wesentlichen Mangel leidet, wobei kumulativ zwei weitere Voraussetzungen hinzutreten müssen: die Notwendigkeit einer umfangreichen oder aufwändigen Beweiserhebung und ein Rückverweisungsantrag eines Beteiligten. Die Vorschrift ist § 538 II Nr. 1 ZPO (Zurückverweisung durch das Berufungsgericht) nachgebildet, so dass auf die dazu ergangene Rspr. zum Rechtsbegriff des Verfahrensmangels, der Wesentlichkeit eines Verfahrensmangels und zur Notwendigkeit einer umfangreichen oder aufwändigen Beweisaufnahme zurückgegriffen werden kann. Insoweit darf auf die einschlägigen Kommentare zur ZPO verwiesen werden. Liegen die Voraussetzungen für eine Zurückverweisung nach S. 2 oder S. 3 vor, so ist diese gleichwohl nicht zwingend („darf ... zurückverweisen"); das Beschwerdegericht kann nach seinem Ermessen anstelle der Zurückverweisung alle notwendigen Verfahrenshandlungen selbst durchführen und selbst entscheiden. Das gilt allerdings dann nicht, wenn eine wirksame Entscheidung erster Instanz noch nicht vorliegt, etwa weil anstelle des Richters in einem dem Rechtspfleger nicht übertragenen Geschäft der Rechtspfleger entschieden hat; eine solche Entscheidung ist unwirksam (§ 8 IV 2 RPflG) und führt zwingend zur Aufhebung und Zurückverweisung (OLG Düsseldorf FGPrax 2011, 158). Verweist das Beschwerdegericht zurück, so hat das Gericht des ersten Rechtszuges die rechtliche Beurteilung, die das Beschwerdegericht der Aufhebung zugrunde gelegt hat, auch seiner Entscheidung zugrunde zu legen (S. 4). 3

4. Begründung der Beschwerdeentscheidung. a) Umfang der Begründung. Der Beschluss des Beschwerdegerichts ist zu begründen (Abs. 2). Die in § 313 III ZPO an eine gerichtliche Entscheidungsbegründung gestellten Anforderungen, nämlich „eine kurze Zusammenfassung der Erwägungen, auf denen die Entscheidung in tatsächlicher und rechtlicher Hinsicht beruht", gelten auch hier. Darzustellen sind die tragenden Erwägungen, dh eine Konzentration auf dasjenige, was aus der Sicht des Gerichts für die Entscheidung wesentlich ist. Langatmige, ausufernde Ausführungen sind nicht gefordert und tunlichst zu vermeiden. Ebenso wenig muss auf alle denkbaren Gesichtspunkte oder alle Einzelpunkte des Vorbringens der Beteiligten eingegangen werden, insb. auch nicht auf unerhebliche Beweisangebote und irrige Rechtsausführungen (BGH Beschl. v. 24.2.2005 – III ZR 263/04, NJW 2005, 1432 (1433); Keidel/*Sternal* Rn. 45; Bumiller/Harders/*Schwamb* Rn. 18). Freilich kann es zweckmäßig sein, kurz zu begründen, warum ein bestimmtes Beweisangebot unerheblich oder eine Rechtsauffassung irrig ist. Oft wird sich dies aber ohnehin aus den tragenden Erwägungen der Entscheidung ergeben: Kommt es etwa nach Auffassung des Gerichts für die Entscheidung über den Erbscheinsantrag auf eine bestimmte letztwillige Verfügung nicht an, so ist auch deren Anfechtung nicht relevant; es versteht sich dann von selbst, dass sämtliche Beweisangebote etwa zum Vorliegen eines Anfechtungsgrundes und zur Einhaltung der Anfechtungsfrist unerheblich sind. 4

b) Sachdarstellung. Eine Sachdarstellung ist in Nachlasssachen nur dann erforderlich, wenn das Beschwerdegericht die Rechtsbeschwerde zulässt (§ 70, anders bei der zulassungsfreien Rechtsbeschwerde 5 in Betreuungs-, Unterbringungs- und Freiheitsentziehungssachen, § 70 III). Ohne Zulassung der Rechtsbeschwerde ist die Entscheidung des Beschwerdegerichts nicht mehr mit Rechtsmitteln anfechtbar; denn eine NZB sieht das FamFG nicht vor. In diesen Fällen, die jedenfalls in Nachlasssachen in der Praxis die weit überwiegende Mehrzahl darstellen, kann das Gericht die Sachdarstellung stark abkürzen oder ganz weglassen (ebenso Keidel/*Sternal* Rn. 44; aA MüKoFamFG/*Fischer* Rn. 59, der aber einräumt, dass Verstöße in der Regel folgenlos bleiben). Insoweit ist die unter der Geltung des FGG ergangene Rspr. zur Notwendigkeit einer Sachdarstellung (BayObLG NJW-RR 1998, 1014) überholt, denn diese Rspr. ist zu einer Gesetzeslage ergangen, als die Beschwerdeentscheidung in aller Regel mit der weiteren Beschwerde anfechtbar war.

6 **5. Entsprechend geltende Vorschriften.** Abs. 3 verweist „im Übrigen", dh soweit § 69 keine abweichende spezielle Vorschrift enthält, auf die über den Beschluss im ersten Rechtszug geltenden Vorschriften, also auf §§ 38–47. Sie gelten entsprechend, dh mit der Maßgabe, wie sie nach Inhalt und Regelungszweck auf den Beschwerdebeschluss anwendbar sind. Eine Rechtsbehelfsbelehrung (§ 39) ist in Nachlasssachen nur dann erforderlich, wenn die Rechtsbeschwerde zugelassen wird. Denn nur anfechtbare Entscheidungen müssen eine Rechtsbehelfsbelehrung enthalten; über die Möglichkeit der Gehörsrüge (§ 44) muss nicht belehrt werden. Der Beschwerdebeschluss ist den Beteiligten bekanntzugeben (§ 41), was bei den nicht anfechtbaren Beschlüssen formlos geschieht. Nur dann, wenn das Beschwerdegericht die Rechtsbeschwerde zum BGH zulässt, ist der Beschwerdebeschluss demjenigen Beteiligten förmlich zuzustellen, dessen erklärtem Willen er nicht entspricht (§ 41 I 1). Mit der Bekanntgabe (§ 15) an die Beteiligten, für den er seinem wesentlichen Inhalt nach bestimmt ist, wird der Beschluss wirksam (§ 40). Bei Beteiligten, die durch einen Verfahrensbevollmächtigten vertreten sind (§ 10), erfolgt die Bekanntgabe nach allgemeinen Grundsätzen an den Verfahrensvertreter.

7 **6. Kostenentscheidung.** Über die Kosten des Verfahrens (Gebühren und Auslagen, § 80) entscheidet das Beschwerdegericht nach Maßgabe der §§ 80–84 nach billigem Ermessen (Kostengrundentscheidung). Nach § 84 sollen die Kosten eines ohne Erfolg eingelegten Rechtsmittels dem Beteiligten auferlegt werden, der es eingelegt hat. Vom Regelfall abweichende Umstände, die insb. auch bei der Rücknahme der Beschwerde vorliegen können, gestatten jedoch eine andere Entscheidung (→ § 84 Rn. 6). IÜ, wenn das Rechtsmittel teilweise oder ganz Erfolg hatte, oder wenn sich das Verfahren anderweitig erledigt hat, gelten die allgemeinen Bestimmungen (§§ 81, 83). Die Entscheidung des Beschwerdegerichts in Nachlasssachen muss nicht zwingend eine Entscheidung über die Gerichtskosten und die Auslagenerstattung enthalten; diese kann unterbleiben, wenn das Gericht die dann eintretende Rechtsfolge, dass der Beschwerdeführer die Gerichtskosten und jeder Beteiligte seine außergerichtlichen Kosten selber trägt, für angemessen hält (→ § 84 Rn. 7). Eine Äußerung des Gerichts in den Gründen der Entscheidung jedenfalls zur fehlenden Erstattungsanordnung empfiehlt sich aber im Regelfall schon deshalb, um zu dokumentieren, dass das Gericht das ihm insoweit eingeräumte Ermessen auch ausgeübt hat. Zu den Gerichtsgebühren und zur Anwaltsvergütung im Beschwerdeverfahren → § 58 Rn. 17f., sowie die systematischen Darstellungen von *Heinemann* zum GNotKG und von *Schons* zum RVG in diesem Kommentar.

8 **7. Rechtsmittel.** Der Beschluss des Beschwerdegerichts ist in Nachlasssachen nur dann mit Rechtsmitteln anfechtbar, wenn das Beschwerdegericht (OLG) die Rechtsbeschwerde zulässt (§ 70). Eine NZB kennt das FamFG nicht. Das OLG hat, wenn es die Rechtsbeschwerde nicht zulässt, in letzter Instanz entschieden. Dann ist weder gegen die Entscheidung in der Hauptsache, noch gegen die Kostenentscheidung ein Rechtsmittel statthaft; der Beschluss wird mit seinem Wirksamwerden (§ 40) sogleich **formell rechtskräftig**. Bei Gehörsverletzung bleibt die Möglichkeit der Gehörsrüge (§ 44). Eine außerordentliche Beschwerde wegen greifbarer Gesetzwidrigkeit gibt es nicht mehr (→ § 58 Rn. 16). Ist die Rechtsbeschwerde zugelassen, tritt die formelle Rechtskraft mit fruchtlosem Ablauf der Rechtsmittelfrist ein, oder es wird Rechtmittel eingelegt und der Eintritt der formellen Rechtskraft dadurch gehemmt (§ 45).

9 **8. Geschäftswert.** Zur Höhe und Festsetzung des Geschäftswerts für das Beschwerdeverfahren → § 58 Rn. 19f. Gelangt das Verfahren im Wege zugelassener und eingelegter Rechtsbeschwerde zum BGH, kann dieser auch den vom OLG für das Beschwerdeverfahren festgesetzten Geschäftswert ändern (§ 79 II 1 Nr. 2 GNotKG). Eine eigenständige Geschäftswertbeschwerde findet allerdings in keinem Fall statt, da eine Geschäftswertbeschwerde zum BGH ausgeschlossen ist (§ 83 I 5 iVm § 81 III 3 GNotKG). Allerdings kann das Beschwerdegericht selbst innerhalb von sechs Monaten nach Eintritt der formellen Rechtskraft oder anderweitiger Erledigung die Geschäftswertfestsetzung noch von Amts wegen ändern (§ 79 II 1 Nr. 1, Abs. 2 S. 2 GNotKG). Ein entsprechender Antrag (dh eine Anregung, von Amts wegen tätig zu werden) sollte so frühzeitig gestellt werden, dass das Gericht nach ggf. erforderlichen Ermittlungen und Anhörung anderer Beteiligter noch innerhalb der 6-Monats-Frist entscheiden kann. Denn anders als bei der Geschäftswertbeschwerde (§ 83 I GNotKG), über die auch noch nach Ablauf von sechs Monaten entschieden werden kann, sofern nur die Geschäftswertbeschwerde innerhalb der Frist erhoben war, ist eine Änderung des Geschäftswerts von Amts wegen nach § 79 II GNotKG nach Ablauf der Sechsmonatsfrist nicht mehr statthaft. Das Gesetz nimmt insoweit um der Rechtssicherheit und Bestandskraft willen auch unrichtige Geschäftswerte in Kauf. Der nicht mehr abänderbare Geschäftswert ist dann auch dem Kostenansatz des Gerichts und der Kostenfestsetzung nach § 85 FamFG, §§ 103–107 ZPO zugrunde zu legen.

Unterabschnitt 2. Rechtsbeschwerde

§ 70 Statthaftigkeit der Rechtsbeschwerde

(1) Die Rechtsbeschwerde eines Beteiligten ist statthaft, wenn sie das Beschwerdegericht oder das Oberlandesgericht im ersten Rechtszug in dem Beschluss zugelassen hat.

(2) ¹Die Rechtsbeschwerde ist zuzulassen, wenn
1. die Rechtssache grundsätzliche Bedeutung hat oder
2. die Fortbildung des Rechts oder die Sicherung einer einheitlichen Rechtsprechung eine Entscheidung des Rechtsbeschwerdegerichts erfordert.
²Das Rechtsbeschwerdegericht ist an die Zulassung gebunden.

(3) ¹Die Rechtsbeschwerde gegen einen Beschluss des Beschwerdegerichts ist ohne Zulassung statthaft in
1. Betreuungssachen zur Bestellung eines Betreuers, zur Aufhebung einer Betreuung, zur Anordnung oder Aufhebung eines Einwilligungsvorbehalts,
2. Unterbringungssachen und Verfahren nach § 151 Nr. 6 und 7 sowie
3. Freiheitsentziehungssachen.
²In den Fällen des Satzes 1 Nr. 2 und 3 gilt dies nur, wenn sich die Rechtsbeschwerde gegen den Beschluss richtet, der die Unterbringung oder die freiheitsentziehende Maßnahme anordnet. ³In den Fällen des Satzes 1 Nummer 3 ist die Rechtsbeschwerde abweichend von Satz 2 auch dann ohne Zulassung statthaft, wenn sie sich gegen den eine freiheitsentziehende Maßnahme ablehnenden oder zurückweisenden Beschluss in den in § 417 Absatz 2 Satz 2 Nummer 5 genannten Verfahren richtet.

(4) Gegen einen Beschluss im Verfahren über die Anordnung, Abänderung oder Aufhebung einer einstweiligen Anordnung oder eines Arrests findet die Rechtsbeschwerde nicht statt.

1. Normzweck. Die Rechtsbeschwerde ist der zweite Eckpfeiler des durch das FGG-Reformgesetz grundlegend neugestalteten Rechtsmittelsystems der freiwilligen Gerichtsbarkeit. Die weitgehend zulassungsabhängige Rechtsbeschwerde, über die ausnahmslos der BGH entscheidet (§ 133 GVG), löst die bisherige zulassungsfreie weitere Beschwerde ab (§ 27 FGG), über die das OLG zu entscheiden hatte (→ § 58 Rn. 2f.). Die Rechtsbeschwerde eröffnet keine weitere Tatsacheninstanz, sondern eine auf die Rechtsanwendung beschränkte Kontrolle in Fällen von grundsätzlicher Bedeutung. Nur in den in Abs. 3 genannten Rechtssachen (Betreuung, Unterbringung, Freiheitsentziehung) ist die Rechtsbeschwerde zulassungsfrei und muss die Rechtssache auch keine grundsätzliche Bedeutung aufweisen. IÜ bedarf die Rechtsbeschwerde der Zulassung (Abs. 1), die ihrerseits das Vorliegen eines in Abs. 2 genannten Zulassungsgrundes (grundsätzliche Bedeutung, Fortbildung des Rechts, Sicherung einer einheitlichen Rspr.) erfordert. Abs. 4 schließt die Rechtsbeschwerde in Verfahren über eine einstweilige Anordnung oder einen Arrest aus. 1

2. Anfechtbare Entscheidungen. Mit dem Rechtsmittel der Rechtsbeschwerde anfechtbar sind Entscheidungen des Beschwerdegerichts, ferner des OLG im ersten Rechtszug (zB § 107 VII). Soweit nicht spezialgesetzliche Regelungen eingreifen, ist Beschwerdegericht das OLG nach Maßgabe von § 119 I Nr. 1 GVG, das Landgericht nach Maßgabe von § 72 I 2 GVG. Beschwerdegericht in Nachlasssachen ist das OLG. Zu den anfechtbaren Beschwerdeentscheidungen gehören die im **Hauptsacherechtszug** ergehenden Beschwerdeentscheidungen nach § 69, durch die abschließend über das Hauptsacherechtsmittel der Beschwerde (§ 58) gegen eine Endentscheidung der ersten Instanz entschieden wird. Zu den mit der Rechtsbeschwerde nach § 70 anfechtbaren Entscheidungen gehören nach der Rspr. **nicht** die Entscheidungen des Beschwerdegerichts, durch die im Rechtszug gegen **Zwischen- und Nebenentscheidungen der ersten Instanz** (→ § 58 Rn. 13) über eine sofortige Beschwerde entsprechend §§ 567–572 ZPO entschieden wird; hier soll auch der Verweisung auf die ZPO im Rechtsbeschwerdeverfahren folgend, also § 574 ZPO anwendbar sein (vgl. – nach anfänglichen anderslautenden Entscheidungen – nunmehr BGH NJW-RR 2011, 939; NJW-RR 2011, 217; NJW-RR 2012, 582). Zur gegenteiligen Meinung, wonach auch in diesen Fällen die Rechtsbeschwerde nach § 70 gegeben ist, s. MüKoFamFG/*Fischer* Rn. 10; Keidel/*Meyer-Holz* Rn. 12, 12a. Der Meinungsstreit dürfte allerdings in Nachlasssachen praktisch keine Auswirkungen haben (anders in Betreuungs-, Unterbringungs- und Freiheitsentziehungssachen, bei denen die Rechtsbeschwerde nach Maßgabe von § 70 III zulassungsfrei statthaft ist, nach § 574 ZPO dagegen nicht). 2

Dagegen unterfallen § 70 auch die **eigenen Zwischen- und Nebenentscheidungen des Beschwerdegerichts**, die ihrer Art nach, hätte sie das Gericht erster Instanz getroffen, mit der sofortigen Beschwerde entsprechend §§ 567–572 ZPO anfechtbar wären (ebenso Keidel/*Meyer-Holz* Rn. 19). In Nachlasssachen ist aber auch in diesen Fällen selbstverständlich Voraussetzung für eine statthafte Rechtsbeschwerde, dass das Beschwerdegericht die Rechtsbeschwerde zugelassen hat. 3

3. Zulassung. Über die Zulassung hat das OLG (oder das Landgericht, wenn dieses das Beschwerdegericht ist) von Amts wegen in dem Beschluss zu entscheiden. Das geschieht zweckmäßigerweise in der Entscheidungsformel, doch ist das nicht zwingend; die Zulassung kann sich auch aus den Gründen erge- 4 ben. Liegen die Voraussetzungen der Zulassung nach Abs. 2 vor, so ist zuzulassen; insoweit besteht kein Ermessen. Das Rechtsbeschwerdegericht ist an die Zulassung gebunden (Abs. 2 S. 2). Eine Beschränkung der Zulassung auf einen tatsächlich und rechtlich selbständigen Teil des Verfahrensgegenstands ist nach allgemeinen Grundsätzen zulässig (BGH NJW 2007, 1466). Zur Zulassung durch den fakultativen Einzelrichter (§ 68 IV) kann auf die zu § 526 ZPO ergangene Rspr. verwiesen werden, zur Zulassung durch den originären Einzelrichter in Verfahren betreffend Zwischen- und Nebenentscheidungen auf die zu § 568 ZPO ergangene Rspr. (vgl. Keidel/*Meyer-Holz* Rn. 33 f.).

5 Die **Nichtzulassung** kann in der Entscheidungsformel oder in den Gründen oder auch darin zum Ausdruck kommen, dass die gesamte Entscheidung keine Äußerung des Gerichts zur Frage der Zulassung enthält (BayObLG NJW-RR 2000, 148). Eine Äußerung jedenfalls in den Gründen empfiehlt sich aber, wenn die Frage der Zulassung im Verfahren von einem Beteiligten thematisiert worden war. Die Nichtzulassung ist unanfechtbar und kann vom Rechtsbeschwerdegericht nicht durch eine eigene Zulassungsentscheidung ersetzt werden. Eine NZB sieht das Gesetz nicht vor.

6 **4. Zulassungsgründe.** Die Zulassungsgründe entsprechen denjenigen zur Zulassung der Revision (§ 543 II ZPO) und der zivilprozessualen Rechtsbeschwerde (§ 574 II ZPO). Die gleichen Kriterien gelten auch für die Zulassung der Berufung (§ 511 IV ZPO) und für die Zulassung der Erstbeschwerde im FamFG (§ 61 III), wenn in vermögensrechtlichen Angelegenheiten der Beschwerdewert nicht erreicht wird. Auf die in der höchstrichterlichen Rspr. für die zivilprozessuale Zulassung aufgestellten Grundsätze kann daher zurückgegriffen werden (BGH NJW 2003, 1943; 2002, 3029). **Grundsätzliche Bedeutung** hat eine Rechtssache, wenn sie eine entscheidungserhebliche, klärungsbedürftige und klärungsfähige Rechtsfrage aufwirft, die in einer unbestimmten Vielzahl von Fällen auftreten kann und deshalb das Interesse der Allgemeinheit an einer einheitlichen Entwicklung des Rechts berührt. Die **Fortbildung des Rechts** erfordert eine Entscheidung des Rechtsbeschwerdegerichts dann, wenn der Einzelfall Veranlassung zur Aufstellung von Leitsätzen für die Auslegung von Bestimmungen des materiellen oder formellen Rechts gibt. Die Zulassung zur **Sicherung einer einheitlichen Rspr.** dient der Vermeidung und Beseitigung divergierender Entscheidungen eines Gerichts zu den Entscheidungen eines anderen gleichrangigen oder höherrangigen Gerichts, wenn die Divergenz tragende abstrakte Rechtssätze betrifft. Wegen näherer Einzelheiten darf auf die einschlägigen Kommentare zur ZPO und die dort referierte Rspr. verwiesen werden.

7 In **Nachlasssachen** dürften die Voraussetzungen für eine Zulassung der Rechtsbeschwerde in den wenigsten Fällen vorliegen, handelt es sich doch etwa bei den Fragen der Testierunfähigkeit, der Notwendigkeit einer Nachlasspflegschaft, des Vorliegens eines wichtigen Grundes für die Entlassung des Testamentsvollstreckers und nicht zuletzt bei der Testamentsauslegung in aller Regel um die Würdigung der konkreten Umstände im jeweiligen Einzelfall.

§ 71 Frist und Form der Rechtsbeschwerde

(1) ¹Die Rechtsbeschwerde ist binnen einer Frist von einem Monat nach der schriftlichen Bekanntgabe des Beschlusses durch Einreichen einer Beschwerdeschrift bei dem Rechtsbeschwerdegericht einzulegen. ²Die Rechtsbeschwerdeschrift muss enthalten:
1. die Bezeichnung des Beschlusses, gegen den die Rechtsbeschwerde gerichtet wird und
2. die Erklärung, dass gegen diesen Beschluss Rechtsbeschwerde eingelegt werde.

³Die Rechtsbeschwerdeschrift ist zu unterschreiben. ⁴Mit der Rechtsbeschwerdeschrift soll eine Ausfertigung oder beglaubigte Abschrift des angefochtenen Beschlusses vorgelegt werden.

(2) ¹Die Rechtsbeschwerde ist, sofern die Beschwerdeschrift keine Begründung enthält, binnen einer Frist von einem Monat zu begründen. ²Die Frist beginnt mit der schriftlichen Bekanntgabe des angefochtenen Beschlusses. ³§ 551 Abs. 2 Satz 5 und 6 der Zivilprozessordnung gilt entsprechend.

(3) Die Begründung der Rechtsbeschwerde muss enthalten
1. die Erklärung, inwieweit der Beschluss angefochten und dessen Aufhebung beantragt werde (Rechtsbeschwerdeanträge);
2. die Angabe der Rechtsbeschwerdegründe, und zwar
   a) die bestimmte Bezeichnung der Umstände, aus denen sich die Rechtsverletzung ergibt;
   b) soweit die Rechtsbeschwerde darauf gestützt wird, dass das Gesetz in Bezug auf das Verfahren verletzt sei, die Bezeichnung der Tatsachen, die den Mangel ergeben.

(4) Die Rechtsbeschwerde- und die Begründungsschrift sind den anderen Beteiligten bekannt zu geben.

1 Die Vorschrift regelt Form, Frist und Mindestinhalt der Rechtsbeschwerde und ihrer Begründung sowie die Bekanntgabe an die anderen Beteiligten. Gegenüber der Erstbeschwerde (§§ 58 ff.), aber auch im Verhältnis zur früheren weiteren Beschwerde nach FGG, gelten erhöhte und strengere Anforderungen. So ist eine Begründung der Rechtsbeschwerde zwingend vorgeschrieben. Abs. 1 regelt **Form und Inhalt der Rechtsbeschwerdeschrift:** Erklärung, dass Rechtsbeschwerde eingelegt wird und gegen welchen Beschluss, Unterschrift; die Beifügung des angefochtenen Beschlusses ist erwünscht (Soll-Vorschrift) und empfehlenswert. Abs. 2 regelt **Form und Inhalt der Begründungsschrift:** Rechtsbeschwerdeanträge (aus denen eine etwa gewollte Beschränkung der Anfechtung zu ersehen sein muss) und Angabe der

Rechtsbeschwerdegründe, dh welche Rechtsverletzung geltend gemacht wird und aus welchen Umständen und Tatsachen sich diese (nach Auffassung des Rechtsbeschwerdeführers) ergibt. Einlegung nur beim Rechtsbeschwerdegericht, also beim BGH (§ 133 GVG). Ergänzend ist § 10 IV zu beachten, wonach sich die Beteiligten (außer Behörden etc) durch einen beim BGH zugelassenen Rechtsanwalt vertreten lassen müssen. Die **Rechtsbeschwerdefrist** beträgt einen Monat (Abs. 1). Das ist zugleich die Begründungsfrist (Abs. 2), die aber nach Maßgabe von § 551 II 5 und 6 ZPO verlängert werden kann. Fristbeginn mit Bekanntgabe des angefochtenen Beschlusses (hierzu näher → § 63 Rn. 4 f.); zur Fristberechnung iÜ s. § 16 II, der auf §§ 222, 2224 II, III, § 225 ZPO und über § 222 I ZPO auf §§ 187–189 BGB verweist.

§ 72 Gründe der Rechtsbeschwerde

(1) ¹**Die Rechtsbeschwerde kann nur darauf gestützt werden, dass die angefochtene Entscheidung auf einer Verletzung des Rechts beruht.** ²**Das Recht ist verletzt, wenn eine Rechtsnorm nicht oder nicht richtig angewendet worden ist.**

(2) **Die Rechtsbeschwerde kann nicht darauf gestützt werden, dass das Gericht des ersten Rechtszugs seine Zuständigkeit zu Unrecht angenommen hat.**

(3) **Die §§ 547, 556 und 560 der Zivilprozessordnung gelten entsprechend.**

1. Normzweck. Die Rechtsbeschwerde eröffnet den Weg zu einer reinen Rechtsinstanz. Neuer Tatsachenvortrag ist grds. ausgeschlossen; der BGH überprüft die Entscheidung des Beschwerdegerichts nur auf Rechtsfehler. Demgemäß kann die Rechtsbeschwerde nur darauf gestützt werden, dass die angefochtene Entscheidung auf einer Verletzung des Rechts beruht. Abs. 2 schränkt den Prüfungsumfang des Rechtsbeschwerdegerichts hinsichtlich der Zuständigkeit ein. Das gilt allerdings wie bei § 65 IV (und abweichend von § 545 II ZPO, anderer Wortlaut) nur für die positive Zuständigkeitsbejahung durch das Erstgericht, nicht für die Zuständigkeitsverneinung, und es gilt nicht für die internationale Zuständigkeit (→ § 65 Rn. 7 f.; BGH NJW 2015, 694 Rn. 11; Keidel/*Meyer-Holz* Rn. 48, 50). Abs. 3 verweist auf wichtige Vorschriften des Revisionsrechts.

2. Beruhen auf Rechtsverletzung. a) Rechtsverletzung. Das Recht ist verletzt, wenn eine Rechtsnorm – nicht notwendigerweise des Bundesrechts – nicht oder nicht richtig angewendet worden ist (Abs. 1 S. 2). Die Nichtanwendung kann beruhen auf einem Übersehen der einschlägigen Norm oder auf einem Irrtum über deren Gültigkeit, die unrichtige Anwendung auf fehlerhafter Auslegung oder fehlerhafter Subsumtion. An rechtsfehlerfrei getroffene Tatsachenfeststellungen ist das Rechtsbeschwerdegericht gebunden, doch kann gerügt werden, dass die Tatsachenfeststellung verfahrensfehlerhaft, insb. unter Verstoß gegen die Aufklärungspflicht (§ 26) zustande gekommen ist. Vgl. iÜ zum Prüfungsumfang bei Tatsachenfeststellungen und zur Überprüfung der Beweiswürdigung des Tatrichters → § 74 Rn. 2 ff.

b) Ursächlicher Zusammenhang. Die Rechtsbeschwerde muss ferner geltend machen, dass die angefochtene Entscheidung auf der geltend gemachten Rechtsverletzung beruht. Die Entscheidung ist immer als auf einer Verletzung des Rechts beruhend anzusehen, wenn ein absoluter Rechtsbeschwerdegrund vorliegt (Abs. 3 iVm § 547 ZPO). IÜ ist zu unterscheiden: Im Fall der Verletzung materiellen Rechts liegt der geforderte ursächliche Zusammenhang zwischen Rechtsverletzung und Entscheidung vor, wenn diese ohne die Verletzung anders ausgefallen wäre. Bei Verletzung von Verfahrensrecht reicht es aus, dass die Möglichkeit einer anderen Entscheidung nicht ausgeschlossen werden kann. Der ursächliche Zusammenhang fehlt, wenn sich die Entscheidung aus anderen Gründen als richtig erweist; dann hat die Rechtsbeschwerde keinen Erfolg (§ 74 II). Das gilt allerdings nicht im Fall eines absoluten Rechtsbeschwerdegrundes entsprechend den absoluten Revisionsgründen nach § 547 ZPO.

§ 73 Anschlussrechtsbeschwerde

¹**Ein Beteiligter kann sich bis zum Ablauf einer Frist von einem Monat nach der Bekanntgabe der Begründungsschrift der Rechtsbeschwerde durch Einreichen einer Anschlussschrift beim Rechtsbeschwerdegericht anschließen, auch wenn er auf die Rechtsbeschwerde verzichtet hat, die Rechtsbeschwerdefrist verstrichen oder die Rechtsbeschwerde nicht zugelassen worden ist.** ²**Die Anschlussrechtsbeschwerde ist in der Anschlussschrift zu begründen und zu unterschreiben.** ³**Die Anschließung verliert ihre Wirkung, wenn die Rechtsbeschwerde zurückgenommen, als unzulässig verworfen oder nach § 74a Abs. 1 zurückgewiesen wird.**

Die Vorschrift regelt die **Anschlussrechtsbeschwerde** in Anlehnung an die entsprechenden im dritten Rechtszug gegebenen zivilprozessualen Möglichkeiten (Anschlussrechtsbeschwerde, § 574 IV ZPO, und Anschlussrevision, § 554 ZPO). Wie die Anschlussbeschwerde in der zweiten Instanz (§ 66), ist sie als unselbständige, vom Bestand der Rechtsbeschwerde abhängige Anschließung ausgestaltet; denn nach S. 3 verliert sie im Fall der Rücknahme oder Verwerfung der Rechtsbeschwerde als unzulässig ohne Weiteres ihre Wirkung, darüber hinaus auch, wenn die Rechtsbeschwerde durch einstimmigen Zurückweisungsbeschluss nach § 74a zurückgewiesen wird. Für die Einlegung gilt – abweichend zur Abschlussbeschwerde in der zweiten Instanz (→ § 66 Rn. 2) – eine **Frist**. Diese beträgt einen Monat und beginnt mit der Bekanntgabe (§ 15 II) der Begründungsschrift, oder, wenn bereits die Rechtsbeschwerdeschrift die Begründung enthält, mit deren Bekanntgabe (§ 71 I, II, IV). Für die Fristberechnung gelten nach Maßgabe von § 16 II die einschlägigen Vorschriften der ZPO und des BGB. Die **formgerechte Einlegung** erfolgt durch einen beim BGH zugelassenen Rechtsanwalt (§ 10 IV 1; Sondervorschrift für die in § 10 IV 2 genannten Behörden etc) durch Einreichen der unterschriebenen Beschwerdeschrift, die eine Begründung enthalten muss, beim BGH.

§ 74 Entscheidung über die Rechtsbeschwerde

(1) ¹Das Rechtsbeschwerdegericht hat zu prüfen, ob die Rechtsbeschwerde an sich statthaft ist und ob sie in der gesetzlichen Form und Frist eingelegt und begründet ist. ²Mangelt es an einem dieser Erfordernisse, ist die Rechtsbeschwerde als unzulässig zu verwerfen.

(2) Ergibt die Begründung des angefochtenen Beschlusses zwar eine Rechtsverletzung, stellt sich die Entscheidung aber aus anderen Gründen als richtig dar, ist die Rechtsbeschwerde zurückzuweisen.

(3) ¹Der Prüfung des Rechtsbeschwerdegerichts unterliegen nur die von den Beteiligten gestellten Anträge. ²Das Rechtsbeschwerdegericht ist an die geltend gemachten Rechtsbeschwerdegründe nicht gebunden. ³Auf Verfahrensmängel, die nicht von Amts wegen zu berücksichtigen sind, darf die angefochtene Entscheidung nur geprüft werden, wenn die Mängel nach § 71 Abs. 3 und § 73 Satz 2 gerügt worden sind. ⁴Die §§ 559, 564 der Zivilprozessordnung gelten entsprechend.

(4) Auf das weitere Verfahren sind, soweit sich nicht Abweichungen aus den Vorschriften dieses Unterabschnitts ergeben, die im ersten Rechtszug geltenden Vorschriften entsprechend anzuwenden.

(5) Soweit die Rechtsbeschwerde begründet ist, ist der angefochtene Beschluss aufzuheben.

(6) ¹Das Rechtsbeschwerdegericht entscheidet in der Sache selbst, wenn diese zur Endentscheidung reif ist. ²Andernfalls verweist es die Sache unter Aufhebung des angefochtenen Beschlusses und des Verfahrens zur anderweitigen Behandlung und Entscheidung an das Beschwerdegericht oder, wenn dies aus besonderen Gründen geboten erscheint, an das Gericht des ersten Rechtszugs zurück. ³Die Zurückverweisung kann an einen anderen Spruchkörper des Gerichts erfolgen, das die angefochtene Entscheidung erlassen hat. ⁴Das Gericht, an das die Sache zurückverwiesen ist, hat die rechtliche Beurteilung, die der Aufhebung zugrunde liegt, auch seiner Entscheidung zugrunde zu legen.

(7) Von einer Begründung der Entscheidung kann abgesehen werden, wenn sie nicht geeignet wäre, zur Klärung von Rechtsfragen grundsätzlicher Bedeutung, zur Fortbildung des Rechts oder zur Sicherung einer einheitlichen Rechtsprechung beizutragen.

1 **1. Normzweck.** Kernpunkte der Regelung sind der Prüfungsumfang und die Entscheidung des Rechtsbeschwerdegerichts. Die Vorschrift enthält ferner auch Aussagen zum Gang des Rechtsbeschwerdeverfahrens. Auch im Rechtsbeschwerdeverfahren ist zunächst die Zulässigkeit der Rechtsbeschwerde zu prüfen (Abs. 1). Dazu gehört auch die Prüfung der Beschwer des Rechtsmittelführers in formeller und materieller Hinsicht (BGH NJW 2016, 250 Rn. 9). Die unzulässige Rechtsbeschwerde wird verworfen, ansonsten tritt das Verfahren, für das Abs. 4 ergänzend auf die Vorschriften des ersten Rechtszuges verweist (§§ 23–37), in die Begründetheitsprüfung ein. Abs. 2 stellt klar, dass eine iErg richtige Entscheidung des Beschwerdegerichts ungeachtet etwaiger Rechtsfehler gehalten wird. Abs. 3 regelt den Prüfungsumfang in der Rechtsbeschwerdeinstanz, Abs. 5 u. 6 die Entscheidungsvarianten des Rechtsbeschwerdegerichts bei begründeter Rechtsbeschwerde. Einschränkungen zur Begründungspflicht des Rechtsbeschwerdegerichts enthalten Abs. 3 S. 4 iVm § 564 ZPO und Abs. 7.

2 **2. Prüfungsumfang. a) Anträge. Rechtsbeschwerdegründe. Verfahrensmängel.** Die Rechtsbeschwerde wird nur in den Grenzen der Anträge überprüft (Abs. 3 S. 1). Das gibt dem Rechtsbeschwerdeführer die Möglichkeit, durch eine entsprechende Beschränkung seiner Antragstellung (§ 71 III Nr. 1) den Verfahrensstoff einzuschränken. Das gilt aber nur für die Anträge, nicht für die geltend gemachten Rechtsbeschwerdegründe (§ 71 III Nr. 2), wie Abs. 3 S. 2 klarstellt. Das Rechtsbeschwerdegericht überprüft – innerhalb der gestellten Anträge – die Beschwerdeentscheidung grds. von Amts wegen in vollem Umfang auf Rechtsfehler. Hiervon macht Abs. 3 S. 3 wiederum eine Ausnahme hinsichtlich solcher Verfahrensmängel, die nicht von Amts wegen zu berücksichtigen sind: sie werden nur geprüft, wenn die Mängel in der Rechtsbeschwerdebegründung oder, im Fall der Anschlussrechtsbeschwerde, in der Anschlussschrift gerügt worden sind. Auch eine Verletzung rechtlichen Gehörs ist vom Rechtsbeschwerdegericht nur auf entsprechende Verfahrensrüge hin zu überprüfen (BGH NJW 2015, 2727 Rn. 13). Wenn das Rechtsbeschwerdegericht Rügen von Verfahrensmängeln nicht für durchgreifend erachtet, gilt die Entbindung von der Begründungspflicht nach Maßgabe von § 564 ZPO (Abs. 3 S. 4).

3 **b) Beschränkte Nachprüfung tatsächlicher Feststellungen.** Für die der Beurteilung des Rechtsbeschwerdegerichts unterliegende Tatsachengrundlage verweist Abs. 3 S. 4 auf § 559 ZPO. Die tatsächlichen Feststellungen des Beschwerdegerichts einschließlich der Tatsachenwürdigung und der Feststellung und Würdigung des Inhalts von Willenserklärungen sind für das Rechtsbeschwerdegericht grds. bindend. Tatsachenfeststellungen können im Rechtsbeschwerdeverfahren nur daraufhin überprüft werden, ob der Tatrichter den maßgebenden Sachverhalt ausreichend erforscht hat (§ 26 FamFG), ob das Ergebnis der

Ermittlungen unter Verletzung von Verfahrensvorschriften wie etwa die Vorschriften über die Beweisaufnahme zustande gekommen ist und ob die Beweiswürdigung fehlerhaft ist. Die **Beweiswürdigung** kann nur dahin nachgeprüft werden, ob das Beschwerdegericht bei der Erörterung des Beweisstoffes alle wesentlichen Umstände berücksichtigt und hierbei nicht gesetzliche Beweisregeln oder die Denkgesetze und feststehende Erfahrungssätze verstoßen hat, ferner ob es die Beweisanforderungen zu hoch oder zu niedrig angesetzt hat (BayObLGZ 1995, 383 (388); stRspr). Mit der Rechtsbeschwerde kann nicht geltend gemacht werden, dass die tatsächlichen Folgerungen des Tatrichters nicht zwingend oder nicht die einzig möglichen gewesen seien; es genügt und ist mit der Rechtsbeschwerde nicht angreifbar, wenn der vom Tatrichter gezogene Schluss möglich ist. Das Beschwerdegericht muss sich nicht mit allen möglicherweise in Betracht kommenden Umständen ausdrücklich auseinandersetzen; es genügt, wenn es alle wesentlichen, die Entscheidung tragenden Umstände würdigt, und wenn sich daraus ergibt, dass eine sachentsprechende Beurteilung stattgefunden hat (BayObLGZ 1982, 309 (312) mwN). Stützt sich der Tatrichter auf ein Gutachten, so muss bei der Beweiswürdigung ferner ergeben, dass das Gericht selbstständig und eigenverantwortlich geprüft hat, ob es dem Gutachten folgen kann (BayObLG FamRZ 1982, 638 (639); stRspr). **Neue Tatsachen** und Beweismittel sind im Rechtsbeschwerdeverfahren grds. ausgeschlossen und können nicht berücksichtigt werden. Das gilt nicht für Tatsachen, welche die in jeder Lage des Verfahrens von Amts wegen zu prüfende Zulässigkeit der Rechtsbeschwerde betreffen, insbesondere nicht für Tatsachen, die zu einer Erledigung der Hauptsache während des Rechtsbeschwerdeverfahrens führen (BGH NJW 2015, 1449 Rn. 8; zu weiteren Ausnahmen s. Keidel/*Meyer-Holz* Rn. 35 ff.).

c) **Nachprüfung in Nachlasssachen.** Die eingeschränkte Überprüfung tatsächlicher Feststellungen ist auch in Nachlasssachen von erheblicher praktischer Bedeutung. So liegt etwa die Frage der **Testierfähigkeit** des Erblassers im Wesentlichen auf tatsächlichem Gebiet. Die hierzu getroffenen Feststellungen und vorgenommene Beweiswürdigung der Tatsacheninstanz kann nur in dem dargestellten eingeschränkten Umfang überprüft werden. Auch die **Testamentsauslegung** und die Auslegung von Erbverträgen ist Sache des Tatrichters. Die Überprüfung im Wege der Rechtsbeschwerde ist auf Rechtsfehler beschränkt. Dabei kommt es insb. darauf an, ob die Auslegung der Tatsacheninstanz gegen gesetzliche Auslegungsregeln (zB §§ 2069, 2087 II BGB), allgemeine Denk- und Erfahrungsgrundsätze oder Verfahrensvorschriften verstößt, ob in Betracht kommende andere Auslegungsmöglichkeiten nicht in Erwägung gezogen oder wesentliche Umstände übersehen wurden, oder ob dem Testament ein Inhalt gegeben wurde, der sich seinem Wortlaut nicht entnehmen und auch nicht auf verfahrensfehlerfrei festgestellte andere Anhaltspunkte für den im Testament zum Ausdruck kommenden Erblasserwillen stützen lässt (BGHZ 121, 357 (363) = NJW 1993, 2168; BayObLG FamRZ 2002, 269 (270); stRspr). Die Auslegung des Tatrichters muss nicht zwingend sein. Es genügt, wenn sie nur möglich ist (BGH FamRZ 1972, 561 (562); BayObLG FamRZ 2005, 1933 (1934)). Bei fehlerhafter Auslegung kann das Rechtsbeschwerdegericht die Auslegung selbst vornehmen, wenn der Sachverhalt aufgeklärt ist (BayObLG NJW-RR 1989, 1286).

3. Entscheidung. Die Entscheidung des Rechtsbeschwerdegerichts ergeht durch Beschluss. Sie lautet auf Verwerfung als unzulässig (Abs. 1) oder, wenn die Rechtsbeschwerde in der Sache ohne Erfolg bleibt, auf Zurückweisung der Rechtsbeschwerde. Hat das Beschwerdegericht eine unzulässige Beschwerde als zulässig behandelt und in der Sache negativ beschieden, wird die Rechtsbeschwerde mit der Maßgabe zurückgewiesen, dass die Beschwerde als unzulässig verworfen wird (BGH NJW 2014, 1179 Rn. 7),

Ist die Rechtsbeschwerde begründet, hebt das Rechtsbeschwerdegericht den angefochtenen Beschluss auf (Abs. 5) und trifft entweder eine eigene ersetzende Sachentscheidung, oder es verweist die Rechtssache an das Beschwerdegericht zurück (Abs. 6). Die eigene Sachentscheidung hat Vorrang und ist immer dann zu treffen, wenn die Sache zur Endentscheidung reif ist, dh wenn es insb. keiner weiteren Tatsachenfeststellungen mehr bedarf. In besonderen Fällen kann auch an das Erstgericht zurückverwiesen werden, oder an einen anderen Spruchkörper des Beschwerdegerichts. Letzteres ist misslich, wenn es, wie häufig bei den Oberlandesgerichten, für das betreffende Gebiet der freiwilligen Gerichtsbarkeit (zB Nachlasssachen, Registersachen) nur einen einzigen spezialisierten Spruchkörper gibt: Dann müssen im Falle der Zurückverweisung an einen anderen Spruchkörper andere Richter entscheiden, die mit der Materie wenig vertraut sind. Von dieser Möglichkeit sollte deshalb im Regelfall nicht Gebrauch gemacht werden. Durch die Zurückverweisung wird die Tatsacheninstanz wiedereröffnet. Ansonsten wird mit der Bekanntgabe des letztinstanzlichen Beschlusses (§§ 40, 41) das Verfahren formell rechtskräftig abgeschlossen.

§ 74a Zurückweisungsbeschluss

(1) **Das Rechtsbeschwerdegericht weist die vom Beschwerdegericht zugelassene Rechtsbeschwerde durch einstimmigen Beschluss ohne mündliche Verhandlung oder Erörterung im Termin zurück, wenn es davon überzeugt ist, dass die Voraussetzungen für die Zulassung der Rechtsbeschwerde nicht vorliegen und die Rechtsbeschwerde keine Aussicht auf Erfolg hat.**

(2) **Das Rechtsbeschwerdegericht oder der Vorsitzende hat zuvor die Beteiligten auf die beabsichtigte Zurückweisung der Rechtsbeschwerde und die Gründe hierfür hinzuweisen und dem Rechtsbeschwerdeführer binnen einer zu bestimmenden Frist Gelegenheit zur Stellungnahme zu geben.**

(3) **Der Beschluss nach Absatz 1 ist zu begründen, soweit die Gründe für die Zurückweisung nicht bereits in dem Hinweis nach Absatz 2 enthalten sind.**

1 Mit dem in § 74a geregelten **Zurückweisungsbeschluss** wird dem BGH in Anlehnung an den im Revisionsrecht geltenden § 522a ZPO in bestimmten Fällen die Möglichkeit einer erleichterten und beschleunigten Verfahrenserledigung an die Hand gegeben. Die Vorschrift greift ein, wenn (1.) die Voraussetzungen für die Zulassung der Rechtsbeschwerde nicht vorliegen und (2.) die Rechtsbeschwerde keine Aussicht auf Erfolg hat. Ersteres ist das zweckmäßige Korrektiv dafür, dass das Rechtsbeschwerdegericht an die vom Beschwerdegericht ausgesprochene Zulassung der Rechtsbeschwerde auch dann gebunden ist (§ 70 II 2), wenn das Beschwerdegericht das Vorliegen der Voraussetzungen zu Unrecht angenommen hatte. § 74a greift aber auch dann ein, wenn die Voraussetzungen zum Zeitpunkt der Zulassung vorlagen, aber etwa wegen zwischenzeitlicher höchstrichterlicher Klärung der Rechtsfrage in einem anderen Verfahren nachträglich entfallen sind. Die zweite Voraussetzung für den Zurückweisungsbeschluss, die Erfolglosigkeit der Rechtsbeschwerde nach Aktenlage, hat die Einzelfallgerechtigkeit im Blick. Die Vorschrift dient der Schonung gerichtlicher Ressourcen ebenso wie dem Interesse des Beschwerdegegners und vernünftiger Beteiligter an einer schnellen Verfahrensbeendigung in den Fällen **aussichtsloser Rechtsbeschwerden,** denen **keine grundsätzliche Bedeutung** zukommt. Entsprechend den Regelungen in § 552a ZPO für die Revision und in § 522 II ZPO für die Berufung sind kennzeichnend für das Verfahren und den Zurückweisungsbeschluss: keine mündliche Verhandlung, vorheriger Hinweis, Gelegenheit zur Stellungnahme mit Fristsetzung, einstimmiger Beschluss, eingeschränkte Begründungspflicht. Eine etwa eingelegte Anschlussrechtsbeschwerde wird wirkungslos (§ 73 S. 3).

§ 75 Sprungrechtsbeschwerde

(1) ¹**Gegen die im ersten Rechtszug erlassenen Beschlüsse, die ohne Zulassung der Beschwerde unterliegen, findet auf Antrag unter Übergehung der Beschwerdeinstanz unmittelbar die Rechtsbeschwerde (Sprungrechtsbeschwerde) statt, wenn**
1. **die Beteiligten in die Übergehung der Beschwerdeinstanz einwilligen und**
2. **das Rechtsbeschwerdegericht die Sprungrechtsbeschwerde zulässt.**

²**Der Antrag auf Zulassung der Sprungrechtsbeschwerde und die Erklärung der Einwilligung gelten als Verzicht auf das Rechtsmittel der Beschwerde.**

(2) ¹**Die Sprungrechtsbeschwerde ist in der in § 63 bestimmten Frist einzulegen.** ²**Für das weitere Verfahren gilt § 566 Abs. 2 bis 8 der Zivilprozessordnung entsprechend.**

1 Die Vorschrift regelt die **Sprungrechtsbeschwerde** in Anlehnung an die Sprungrevision nach § 566 ZPO, auf den Abs. 2 für das weitere Verfahren verweist. Das Rechtsmittel ist gekennzeichnet durch das **Überspringen der Beschwerdeinstanz,** also der zweiten Tatsacheninstanz. Das macht Sinn, wenn der entscheidungserhebliche Sachverhalt bereits in erster Instanz erschöpfend festgestellt wurde und insoweit zwischen den Beteiligten auch kein Streit herrscht, aber unterschiedliche Auffassungen über die Beantwortung einer Rechtsfrage von grundsätzlicher Bedeutung bestehen. Notwendig sind der Antrag eines Beteiligten auf Zulassung der Sprungrechtsbeschwerde und die Zustimmung aller anderen Beteiligten; beides, Antrag und Einwilligungserklärungen, gelten als Verzicht (§ 67) auf das Rechtsmittel der Beschwerde. Darin liegt ein erhebliches verfahrensrechtliches Risiko, dessen sich die Anwälte bewusst sein müssen. Denn über die Zulassung entscheidet der BGH gem. Abs. 2 nach den Kriterien des § 566 IV ZPO. Hält der BGH die grundsätzliche Bedeutung der Rechtssache nicht für gegeben und lehnt es deshalb den Antrag auf Zulassung der Sprungrechtsbeschwerde ab, so wird der Beschluss des Gerichts erster Instanz formell rechtskräftig (Abs. 2 iVm § 566 VI ZPO). Im Fall der Zulassung wird das Verfahren als Rechtsbeschwerdeverfahren fortgesetzt. Es erscheint kaum vorstellbar, dass der Sprungrechtsbeschwerde in Nachlasssachen (mit häufig vielen anwaltlich nicht vertretenen Beteiligten) eine nicht nur ganz untergeordnete praktische Bedeutung zukommen wird.

Abschnitt 6. Verfahrenskostenhilfe

§ 76 Voraussetzungen

(1) **Auf die Bewilligung von Verfahrenskostenhilfe finden die Vorschriften der Zivilprozessordnung über die Prozesskostenhilfe entsprechende Anwendung, soweit nachfolgend nichts Abweichendes bestimmt ist.**

(2) **Ein Beschluss, der im Verfahrenskostenhilfeverfahren ergeht, ist mit der sofortigen Beschwerde in entsprechender Anwendung der §§ 567 bis 572, 127 Abs. 2 bis 4 der Zivilprozessordnung anfechtbar.**

1 **1. Verfahrenskostenhilfe.** Eine eigenständige Regelung für die **Verfahrenskostenhilfe (VKH)** – so genannt, weil die freiwillige Gerichtsbarkeit nur „Verfahren" und keine „Prozesse" kennt – enthält das Gesetz in §§ 76–78 nur rudimentär. Im Wesentlichen werden die Vorschriften der Zivilprozessordnung, also §§ 114 ff. ZPO, für entsprechend anwendbar erklärt; Sondervorschriften enthalten nur §§ 77, 78. Auf die einschlägige Rspr. und Lit. zur ZPO-Prozesskostenhilfe kann daher weitgehend zurückgegriffen werden. Es gelten insb. die in § 114 ZPO normierten Voraussetzungen für die Bewilligung, also zum einen die Unaufbringbarkeit der Verfahrensführungskosten nach den persönlichen und wirtschaftlichen Verhältnissen des Antragstellers, zum anderen die hinreichende Erfolgsaussicht und fehlende Mutwilligkeit. Für den Einsatz von Einkommen und Vermögen gilt § 115 ZPO entsprechend.

2. Einzelfragen. Verfahrenskostenhilfe kann auch der bedürftige Erbprätendent erhalten, dessen Erbenstellung bestritten und noch nicht abschließend geklärt ist; wird ihm später ein Erbschein erteilt, so kann dieser Verbesserung seiner Vermögensverhältnisse ggf. durch nachträgliche Änderung der VKH-Bewilligung iRd § 120a III ZPO Rechnung getragen werden. Für die Beurteilung der Erfolgsaussichten im Rahmen der VKH-Bewilligung ist der letzte Sach- und Streitstand im Zeitpunkt der Entscheidungsreife des VKH-Antrags maßgebend; diese tritt ein, wenn der Gegner innerhalb angemessener Zeit die Möglichkeit zur Stellungnahme hatte (BGH Beschl. v. 10.12.2014 – XII ZB 232/13, NZFam 2015, 179 = BeckRS 2015, 01273). Mit dem Tod einer antragstellenden Partei endet das VKH-Verfahren (vgl. zur Prozesskostenhilfe OLG Düsseldorf Beschl. v. 5.4.2016 – I-24 W 14/16, NJW-RR 2016, 1531). Die Erklärung der Erbausschlagung ist kein Verfahren, für das VKH bewilligt werden könnte (OLG Celle Beschl. v. 27.5.2016 – 6 W 75/16, ZEV 2016, 701). Die Gewährung von VKH ist ausgeschlossen für eine rein fremdnützige Verfahrensbeteiligung (BGH Beschl. v. 22.10.2014 – XII ZB 125/14, NJW 2015, 234 Rn. 8 ff.).

3. Rechtsmittel. Für die Anfechtbarkeit der VKH-Entscheidung verweist § 76 II auf die entsprechende Anwendung der §§ 567–572, § 127 II–IV ZPO. Danach ist die ganze oder teilweise ablehnende Entscheidung vom Antragsteller mit der sofortigen Beschwerde anfechtbar, über die in Nachlasssachen das OLG entscheidet. Die Beschwerdefrist beträgt in diesem Fall 1 Monat (§ 127 II 3 ZPO). Die Anfechtbarkeit entfällt allerdings, wenn die Hauptsache selbst nicht beschwerdefähig wäre, etwa wegen Nichtübersteigens des Beschwerdewerts (§ 61), und die Ablehnung wegen fehlender Erfolgsaussicht oder Mutwilligkeit erfolgt ist (vgl. § 127 II 2 Hs. 2 ZPO; anders bei Ablehnung wegen fehlender Bedürftigkeit). Auf diese Weise wird erreicht, dass nicht die Streitfrage der Erfolgsaussicht in eine für die Hauptsache unzuständige höhere Instanz gelangt. Hat über den VKH-Antrag die Rechtspflegerin entschieden und wäre diese Entscheidung, wenn vom Richter getroffen, unanfechtbar, so ist die Rechtspflegererinnerung nach § 11 II RPflegerG eröffnet; auch hier gilt dann die Monatsfrist. Das Beschwerderecht der Staatskasse bei Bewilligung der Verfahrenskostenhilfe richtet sich nach § 127 III. Andere Verfahrensbeteiligte als der Antragsteller und im Falle der Bewilligung die Staatskasse haben kein Beschwerderecht (BGH NJW 2002, 3554). Das Verfahren zur Überprüfung der Entscheidung über die Verfahrenskostenhilfe gehört zum Rechtszug, für den der Verfahrensbevollmächtigte bestellt ist (OLG Karlsruhe Beschl. v. 2.6.2017 – 18 WF 302/14, FamRZ 2017, 1702 = LSK 2017, 128208 (LS)).

§ 77 Bewilligung

(1) ¹**Vor der Bewilligung der Verfahrenskostenhilfe kann das Gericht den übrigen Beteiligten Gelegenheit zur Stellungnahme geben.** ²**In Antragsverfahren ist dem Antragsgegner Gelegenheit zur Stellungnahme zu geben, ob er die Voraussetzungen für die Bewilligung von Verfahrenskostenhilfe für gegeben hält, soweit dies aus besonderen Gründen nicht unzweckmäßig erscheint.**

(2) **Die Bewilligung von Verfahrenskostenhilfe für die Vollstreckung in das bewegliche Vermögen umfasst alle Vollstreckungshandlungen im Bezirk des Vollstreckungsgerichts einschließlich des Verfahrens auf Abgabe der Vermögensauskunft und der Versicherung an Eides statt.**

1. Anhörung des Gegners. § 77 I regelt die Anhörung des Gegners insoweit abweichend von § 118 ZPO, als zwischen Amtsverfahren und Antragsverfahren unterschieden wird. In **Amtsverfahren** steht die Anhörung anderer Beteiligter (§§ 7, 345) im freien Ermessen des Gerichts (S. 1). Diese flexible Regelung trägt ua dem Umstand Rechnung, dass andere Beteiligte – gerade auch in Nachlasssachen – vielfach noch nicht bekannt sind. In **Antragsverfahren** (S. 2) ist dagegen dem Antragsgegner regelmäßig Gelegenheit zur Stellungnahme zu geben, „ob er die Voraussetzungen für die Bewilligung von Verfahrenskostenhilfe für gegeben hält". S. 2 erhielt diese Fassung mWv 1.1.2014 durch Gesetz v. 31.8.2013 (BGBl. I S. 3533) in Übereinstimmung mit der gleichlautenden Neufassung des § 118 I 1 ZPO. Nach der Gesetzesbegründung soll dem Gericht damit eine eindeutige Grundlage dafür gegeben werden, den Gegner auch auf die Gelegenheit zur Äußerung über die persönlichen und wirtschaftlichen Verhältnisse des Antragstellers hinzuweisen. Denn eine solche Äußerung liege nicht nur im Interesse der an einer möglichst vollständigen und zutreffenden Aufklärung der Bewilligungsgrundlagen; auch der Gegner habe ein Interesse daran, nicht mit ungerechtfertigter staatlicher Kostenhilfe mit einem Verfahren überzogen zu werden, das der Antragsteller möglicherweise bei vollständiger Erfassung seiner wirtschaftlichen Verhältnisse und einer daran orientierten gerichtlichen Bewilligungsentscheidung nicht geführt hätte (vgl. BT-Drs. 17/11472, 31). Ausnahmsweise kann von der Anhörung abgesehen werden, wenn sie aus besonderen Gründen unzweckmäßig erscheint. Insoweit kann eine etwaige Eilbedürftigkeit eine Rolle spielen, oder auch, dass dem Gericht die oder die Antragsgegner noch nicht bekannt sind oder deren Aufenthalt noch nicht ermittelt ist. Sa nachfolgend Nr. 2.

2. Keine Offenlegung der persönlichen und wirtschaftlichen Verhältnisse. Allerdings bedeutet das nicht, dass der Gegner Einsicht in das Unterheft mit den Angaben zu den persönlichen und wirtschaftlichen Verhältnissen des Antragstellers hätte. Diese werden ihm nur zugänglich gemacht, wenn der Antragsteller zustimmt oder der Gegner gegen den Antragsteller einen materiell-rechtlichen Anspruch auf Auskunft über Einkommen und Vermögen hat (§ 117 II 2 ZPO iVm § 76 I FamFG). Letzteres ist eher auf Familiensachen zugeschnitten und dürfte in Nachlasssachen keine große Rolle spielen. Nicht selten stehen sich Beteiligte kontradiktorisch gegenüber, die sich vor dem Erbfall gar nicht kannten, oder zB als gesetzliche Erben nichts über die wirtschaftlichen Verhältnisse eines für sie überraschend eingesetzten Erbprätendenten wissen. Auch eingesetzte gemeinnützige Organisationen kennen in aller Regel die gesetzlichen Erben oder andere eingesetzte Erbprätendenten nicht, geschweige denn deren persönliche und wirtschaftliche Verhältnisse, die sie auch gar nichts angehen. In solchen Fällen läuft die „Gelegenheit zur Äußerung über die persönlichen und wirtschaftlichen Verhältnisse des Antragstellers" ins Leere, und das Gericht kann sich auf die Anhörung zu den Bewilligungsvoraussetzungen „Erfolgsaussicht" und „keine Mutwilligkeit" beschränken oder, wenn sie aus besonderen Gründen unzweckmäßig erscheint, von der Anhörung absehen.

§ 78 Beiordnung eines Rechtsanwalts

(1) Ist eine Vertretung durch einen Rechtsanwalt vorgeschrieben, wird dem Beteiligten ein zur Vertretung bereiter Rechtsanwalt seiner Wahl beigeordnet.

(2) Ist eine Vertretung durch einen Rechtsanwalt nicht vorgeschrieben, wird dem Beteiligten auf seinen Antrag ein zur Vertretung bereiter Rechtsanwalt seiner Wahl beigeordnet, wenn wegen der Schwierigkeit der Sach- und Rechtslage die Vertretung durch einen Rechtsanwalt erforderlich erscheint.

(3) Ein nicht in dem Bezirk des Verfahrensgerichts niedergelassener Rechtsanwalt kann nur beigeordnet werden, wenn hierdurch besondere Kosten nicht entstehen.

(4) Wenn besondere Umstände dies erfordern, kann dem Beteiligten auf seinen Antrag ein zur Vertretung bereiter Rechtsanwalt seiner Wahl zur Wahrnehmung eines Termins zur Beweisaufnahme vor dem ersuchten Richter oder zur Vermittlung des Verkehrs mit dem Verfahrensbevollmächtigten beigeordnet werden.

(5) Findet der Beteiligte keinen zur Vertretung bereiten Anwalt, ordnet der Vorsitzende ihm auf Antrag einen Rechtsanwalt bei.

1 § 78 orientiert sich an § 121 ZPO, enthält aber in dem für Nachlasssachen erster und zweiter Instanz einschlägigen **Abs. 2** – in Nachlasssachen ist eine Vertretung durch Anwälte auch in der Beschwerdeinstanz vor dem OLG nicht vorgeschrieben – einen wesentlichen Unterschied: Nach § 121 II ZPO reicht es für die Beiordnung aus, dass der Gegner durch einen Rechtsanwalt vertreten ist; dann muss nicht noch gesondert geprüft werden, ob die Vertretung durch einen Rechtsanwalt erforderlich erscheint. Diesen für die ZPO normierten „Grundsatz der Waffengleichheit" hielt der Gesetzgeber in Verfahren der freiwilligen Gerichtsbarkeit ohne Anwaltszwang nicht für gleichermaßen durchschlagend. Hier ist immer zu prüfen, ob „wegen der Schwierigkeit der Sach- und Rechtslage" die Vertretung durch einen Rechtsanwalt erforderlich erscheint. Die Gesetzesbegründung hält nur objektive Gesichtspunkte für maßgeblich und hat sich sogar zu der – dem erfahrenen Praktiker eher unverständlichen – Behauptung verstiegen, in Nachlasssachen sei das Verfahren nicht wesentlich von zwei sich kontradiktorisch gegenüberstehenden Beteiligten geprägt (BT-Drs. 16/6308, 214; dieser Einschätzung zu Recht deutlich widersprechend Keidel/*Zimmermann* Rn. 7). Der BGH hat dieser verengten Sichtweise, die zu einseitig von den fiskalischen Interessen der Staatskasse geprägt ist, in erfreulicher Klarheit eine Absage erteilt (BGH NJW 2010, 3029). Es ist sowohl auf objektive Kriterien als auch subjektiv auf die Fähigkeiten des Antragstellers abzustellen, und es kann auch allein die schwierige Sachlage oder die schwierige Rechtslage für den betreffenden Antragsteller die Beiordnung eines Anwalts rechtfertigen. Schließlich kann auch der Grundsatz der Waffengleichheit, obgleich kein allein entscheidender Gesichtspunkt, ein Kriterium für die Erforderlichkeit zur Beiordnung eines Rechtsanwalts wegen der Schwierigkeit der Sach- und Rechtslage sein (BGH NJW 2010, 3029). Im Zweifel sollte nicht kleinlich verfahren werden. Dass in Verfahren der freiwilligen Gerichtsbarkeit der Amtsermittlungsgrundsatz gilt (§ 26), ist in der Regel kein Grund, dem mit den erbrechtlichen Feinheiten nicht vertrauten Antragsteller die Vertretung durch einen Anwalt zu versagen (vgl. Keidel/*Zimmermann* Rn. 6 mwN auch zur Gegenmeinung).

2 § 78 III–V entsprechen § 121 III–V ZPO. Zur Beiordnung eines Verkehrsanwalts ist für den nach § 78 III anzustellenden Kostenvergleich darauf abzustellen, wie ein vermögender, aber doch wirtschaftlich denkender Beteiligter die Kosten geringhalten würde (OLG Brandenburg Beschl. v. 14.2.2017 – 13 WF 38/17, FamRZ 2017, 1593 = BeckRS 2017, 103856; zur erweiterten Beiordnung eines auswärtigen Rechtsanwalts: OLG Brandenburg Beschl. v. 21.10.2016 – 13 WF 237/16, FamRZ 2017, 1145 = BeckRS 2016, 112072).

§ 79 *(entfallen)*

Abschnitt 7. Kosten

§ 80 Umfang der Kostenpflicht

¹Kosten sind die Gerichtskosten (Gebühren und Auslagen) und die zur Durchführung des Verfahrens notwendigen Aufwendungen der Beteiligten. ²§ 91 Abs. 1 Satz 2 der Zivilprozessordnung gilt entsprechend.

1. Normzweck. Der mit „Kosten" überschriebene Abschn. 7 (§§ 80–85) befasst sich in seinem wesentlichen Kern mit der **Kostengrundentscheidung** des Gerichts, dh der Entscheidung, wer die angefallenen gerichtlichen und außergerichtlichen Kosten des Verfahrens zu tragen hat, insb., ob ein Beteiligter einem anderen Beteiligten Kosten zu erstatten hat. § 80 stellt klar, dass die Kosten in diesem Sinn die Gerichtskosten sind, definiert als „Gebühren und Auslagen", und die außergerichtlichen Kosten, definiert als „die zur Durchführung des Verfahrens notwendigen Aufwendungen der Beteiligten". Die Vorschrift enthält zudem eine (unvollständige) Regelung, was zu den notwendigen Aufwendungen gehört, indem sie die entsprechende Geltung des § 91 I 2 ZPO (Erstattung von Reisekosten und Entschädigung für Zeitversäumnis) anordnet.

2. Gerichtskosten. Die Gerichtskosten ergeben sich für Nachlasssachen der freiwilligen Gerichtsbarkeit aus dem **Gerichts- und Notarkostengesetz (GNotKG)**, das als Art. 1 des 2. KostRMoG v. 23.7.2013 (BGBl. I S. 2586) erlassen wurde. Das GNotKG ist am 1.8.2013 in Kraft getreten und hat nach Maßgabe der Übergangsvorschrift in § 136 GNotKG die bis dahin geltende Kostenordnung abgelöst. Die Grundregel der Übergangsvorschrift lautet (vgl. § 136 I Nr. 1 u. 2 GNotKG): In Verfahren, die vor dem 1.8.2013 anhängig geworden sind, werden Kosten weiterhin nach der Kostenordnung erhoben, ebenso in Verfahren über ein Rechtsmittel, das vor dem 1.8.2013 eingelegt worden ist. Das GNotKG regelt (wie zuvor die Kostenordnung), ob und in welcher Höhe Gerichtsgebühren und Auslagen erhoben werden und wer gesetzlicher Kostenschuldner ist, wenn nicht das Gericht eine abweichende Kostenentscheidung trifft. Es regelt ferner die Festsetzung des Geschäftswerts (§§ 77–80 GNotKG), den Rechtsmittelzug gegen den gerichtlichen Kostenansatz (Erinnerung und Beschwerde, § 81 GNotKG) und gegen die Wertfestsetzung (Beschwerde, § 83 GNotKG). Eine systematische Darstellung von *Heinemann* der im GNotKG geregelten Gerichtskosten in Nachlasssachen findet sich in diesem Kommentar unter Gliederungsnummer 96; hierauf darf verwiesen werden.

3. Außergerichtliche Kosten. Der Anspruch auf Erstattung außergerichtlicher Kosten setzt in Nachlasssachen der freiwilligen Gerichtsbarkeit stets eine Erstattungsanordnung des Gerichts voraus. Wird keine Erstattung angeordnet, trägt jeder Beteiligte seine außergerichtlichen Kosten selbst. Die Erstattung umfasst immer nur die zur Durchführung des Verfahrens **„notwendigen"** Aufwendungen, wie § 80 S. 1 klarstellt. Dazu gehören auch notwendige Reisekosten und Entschädigung für Zeitversäumnis (§ 80 S. 2 mit Verweis auf § 91 I 2 ZPO). Dagegen gehören die **Anwaltskosten** eines Beteiligten nicht schon kraft Gesetzes zu den notwendigen, erstattungsfähigen Kosten; denn in Nachlassverfahren nach dem FamFG besteht in erster und zweiter Instanz kein Anwaltszwang und auf § 91 II ZPO wird in § 80 S. 2 nicht verwiesen. Allerdings wird die Notwendigkeit der Einschaltung eines Anwalts für den im Erbrecht nicht besonders sachkundigen Beteiligten in der Regel zu bejahen sein (→ § 85 Rn. 2). Ob Anwaltskosten oder andere Aufwendungen notwendig waren, wird im Streitfall im Kostenfestsetzungsverfahren entschieden (→ § 85 Rn. 2), wenn nicht das erkennende Gericht, wozu es befugt wäre, schon in der Kostengrundentscheidung die Erstattung bestimmter Kosten wie etwa der Anwaltskosten anordnet (→ § 81 Rn. 5). Die Höhe der ggf. zu erstattenden Anwaltsvergütung ergibt sich aus dem RVG, vgl. hierzu die systematische Darstellung von *Schons* unter Gliederungsnummer 95 dieses Kommentars.

§ 81 Grundsatz der Kostenpflicht

(1) ¹Das Gericht kann die Kosten des Verfahrens nach billigem Ermessen den Beteiligten ganz oder zum Teil auferlegen. ²Es kann auch anordnen, dass von der Erhebung der Kosten abzusehen ist. ³In Familiensachen ist stets über die Kosten zu entscheiden.

(2) Das Gericht soll die Kosten des Verfahrens ganz oder teilweise einem Beteiligten auferlegen, wenn
1. der Beteiligte durch grobes Verschulden Anlass für das Verfahren gegeben hat;
2. der Antrag des Beteiligten von vornherein keine Aussicht auf Erfolg hatte und der Beteiligte dies erkennen musste;
3. der Beteiligte zu einer wesentlichen Tatsache schuldhaft unwahre Angaben gemacht hat;
4. der Beteiligte durch schuldhaftes Verletzen seiner Mitwirkungspflichten das Verfahren erheblich verzögert hat;
5. der Beteiligte einer richterlichen Anordnung zur Teilnahme an einem kostenfreien Informationsgespräch über Mediation oder über eine sonstige Möglichkeit der außergerichtlichen Konfliktbeilegung nach § 156 Absatz 1 Satz 3 oder einer richterlichen Anordnung zur Teilnahme an einer Beratung nach § 156 Absatz 1 Satz 4 nicht nachgekommen ist, sofern der Beteiligte dies nicht genügend entschuldigt hat.

(3) Einem minderjährigen Beteiligten können Kosten in Kindschaftssachen, die seine Person betreffen, nicht auferlegt werden.

(4) Einem Dritten können Kosten des Verfahrens nur auferlegt werden, soweit die Tätigkeit des Gerichts durch ihn veranlasst wurde und ihn ein grobes Verschulden trifft.

(5) **Bundesrechtliche Vorschriften, die die Kostenpflicht abweichend regeln, bleiben unberührt.**

1 **1. Zweck und Aufbau der Norm.** § 81 I 1 eröffnet dem Gericht die Möglichkeit, den Beteiligten die Kosten des Verfahrens **nach billigem Ermessen** aufzuerlegen. Das umfasst sowohl die Gerichtskosten, als auch die notwendigen Aufwendungen der Beteiligten, also der Entscheidung, ob ein Beteiligter einem anderen Beteiligten Kosten zu erstatten hat. Das Gericht kann auch aus Gründen der Billigkeit – und nicht etwa nur bei unrichtiger Sachbehandlung (§ 21 I 1 GNotKG) – von der Erhebung von Gerichtskosten absehen (§ 81 I 2; sa für abweisende Entscheidungen sowie bei Zurücknahme des Antrags § 21 I 3 GNotKG, „wenn der Antrag auf unverschuldeter Unkenntnis beruht"). Abs. 2 zählt Regelbeispiele auf, in denen eine Kostenauferlegung erfolgen „soll". Abs. 3 enthält eine besondere Vorschrift für Minderjährige, Abs. 4 für die nur ausnahmsweise zulässige Kostenauferlegung auf Dritte, die nicht Beteiligte (§§ 7, 345) sind. Spezielle Kostenvorschriften, die § 81 vorgehen oder auf diesen verweisen, finden sich für Vergleich, Erledigung und Rücknahme in § 83 und für die erfolglose Beschwerde in § 84.

2 **2. Keine Pflicht zur Kostenentscheidung.** Eine allgemeine Verpflichtung des Gerichts zum Erlass einer Kostenentscheidung wird durch § 81 nicht eingeführt (Ausnahme: in Verfahren über die Einziehung oder Kraftloserklärung von Erbscheinen, § 353 I; ferner generell in Familiensachen, § 81 I 3). Trifft das Gericht **keine Kostenentscheidung**, so ergibt sich der Schuldner der Gerichtskosten aus dem Gesetz (idR der Antragsteller, § 22 I GNotKG), und trägt jeder Beteiligte seine außergerichtlichen Kosten selbst. Hält das Gericht diese Rechtsfolge für sachgerecht, so kann es von einer ausdrücklichen Kostenentscheidung absehen. Andernfalls trifft das Gericht nach dem Kriterium der Billigkeit eine hiervon abweichende Kostenentscheidung. In jedem Fall muss das Gericht prüfen, ob zu einer solchen abweichenden Kostenentscheidung Anlass besteht; denn es muss das ihm eingeräumte Ermessen auch ausüben. Bei richtiger Handhabung enthält daher jede Endentscheidung, die keine ausdrückliche Kostenentscheidung aufweist, zumindest stillschweigend doch eine Entscheidung, nämlich diejenige für das Absehen von einer Kostenauferlegung. Ist auch diese stillschweigende Entscheidung versehentlich unterblieben, kann nach Maßgabe von § 43 fristgebunden nachträgliche Ergänzung beantragt werden (→ § 82 Rn. 2).

3 **3. Kriterien für die Ermessensentscheidung. a)** Das Gesetz gibt, mit Ausnahme der Regelbeispiele in Abs. 2, keine Kriterien vor. Maßgeblich sind die Umstände des Einzelfalls. Aus der Aufzählung von Regelbeispielen für die Kostenauferlegung in Abs. 2 (die besonders schwerwiegendes Fehlverhalten von Beteiligten beschreibe) darf nicht gefolgert werden, dass in allen übrigen Fällen, in denen keines der Regelbeispiele oder ein ähnlich schwerwiegendes Fehlverhalten vorliegt, deshalb eine Kostenauferlegung nicht der Billigkeit entspräche. Die früher unter der Geltung des § 13a FGG anerkannte Grundregel, dass in Verfahren der freiwilligen Gerichtsbarkeit jeder Beteiligte seine außergerichtlichen Kosten selbst trägt und eine Kostenauferlegung besonderer Rechtfertigung bedarf, lässt sich so pauschal nicht mehr aufrechterhalten (MüKoFamFG/*Schindler* Rn. 6; Keidel/*Zimmermann* Rn. 44). Insbesondere ein nicht auf Verfahrensförderung gerichtetes, nicht der Wahrheit verpflichtetes oder in welcher Weise auch immer wenig verständiges **Verhalten von Beteiligten**, ihre Verfahrensführung, ihr Vorbringen, kann Anlass geben, die einem anderen, im entgegen gesetzten Sinn Beteiligten entstandenen Aufwendungen erstatten zu lassen. Ferner können die Beziehungen der Beteiligten untereinander eine Rolle spielen: Stehen sich Fremde streitig gegenüber, wird eine Erstattungsanordnung eher in Betracht kommen als bei einem Streit unter nahen Angehörigen.

4 **b)** Schließlich kann auch die **Tatsache des Unterliegens** berücksichtigt werden, wenn sie auch – anders als im Zivilprozess – nicht zwangsläufig schon für sich genommen zur Kostenerstattung führt. Das Maß des Obsiegens und Unterliegens stellt lediglich einen von mehreren Gesichtspunkten dar, der in die Ermessensentscheidung einfließen kann, wie der BGH jetzt auch für Nachlasssachen klargestellt hat; es gibt hier kein Regel-Ausnahme-Verhältnis (für Erbscheinsverfahren: BGH Beschl. v. 18.11.2015 – IV ZB 35/15, NJW-RR 2016, 200 = ZEV 2016, 95 Rn. 12ff. mAnm *Kuhn* ZEV 2016, 97). Soweit in der obergerichtlichen Rechtsprechung und Teilen der Literatur eine Tendenz bestand, in streitigen Nachlasssachen eine Kostenerstattung durch den unterliegenden Beteiligten für den Regelfall zu halten oder jedenfalls dem Maß des Obsiegens und Unterliegens eine besondere Bedeutung zuzumessen (vgl. OLG Düsseldorf Beschl. v. 30.7.2012 – 3 Wx 247/11, ZEV 2012, 662 (664) mAnm *Horn/Kroiß* ZEV 2012, 664; Beschl. v. 4.4.2014 – I-3 Wx 115/13, BeckRS 2014, 16681; Beschl. v. 11.9.2015 – 3 Wx 119/15, FGPrax 2016, 47; Keidel/*Zimmermann* Rn. 46), ist der BGH dem ausdrücklich nicht gefolgt.

5 **c) Zur Überprüfung der Ermessensausübung in der Beschwerdeinstanz** wurde vielfach vertreten, dass die Ermessensentscheidung des Erstgerichts in der Beschwerdeinstanz nur eingeschränkt auf Ermessensfehler überprüfbar sei (OLG Düsseldorf Beschl. v. 11.9.2015 – 3 Wx 119/15, FGPrax 2016, 47; Beschl. v. 23.7.2013 – I-3 Wx 97/12, FGPrax 2014, 44 mwN; Keidel/*Zimmermann* Rn. 81a; BeckOK FamFG/*Nickel* Rn. 10a, s. aber auch *Nickel* Rn. 36a). Der BGH hat anders entschieden: Danach ist das Beschwerdegericht nicht auf die Überprüfung beschränkt, ob ein Ermessensfehler des Amtsgerichts vorliegt, sondern hat das Beschwerdegericht selbst eigenes Ermessen auszuüben (so zu § 18 VersAusglG BGH Beschl. v. 12.10.2016 – XII ZB 372/16, NJW-RR 2016, 1478 Rn. 8ff.). Denn gem. § 69 III gelten

für die Beschwerdeentscheidung die Vorschriften über den Beschluss im ersten Rechtszug entsprechend, und nach § 65 III kann die Beschwerde einschränkungslos auch auf neue Tatsachen und Beweismittel gestützt werden. Die Beschwerdeinstanz ist eine vollständige, gleichwertige zweite Tatsacheninstanz (→ § 68 Rn. 7). Demgemäß obliegt auch im Rahmen der Überprüfung einer Ermessensentscheidung nach § 81 I dem Beschwerdegericht eine eigene Ermessenausübung (OLG Frankfurt a.M. Beschl. v. 20.1.2017 – 1 WF 182/16, FamRZ 2017, 399 = BeckRS 2017, 102813 Rn. 17; ebenso bereits Beschl. v. 20.10.2016 – 1 WF 185/16, FamRZ 2017, 829 = BeckRS 2016, 19452 Rn. 3).

4. Regelbeispiele für Billigkeit. § 81 II bestimmt, dass das Gericht die Kosten des Verfahrens ganz 6 oder teilweise einem Beteiligten auferlegen *soll,* wenn
– der Beteiligte durch **grobes Verschulden** Anlass für das Verfahren gegeben hat;
– der Antrag des Beteiligten **von vornherein keine Aussicht auf Erfolg** hatte und der Beteiligte dies erkennen musste;
– der Beteiligte zu einer wesentlichen Tatsache schuldhaft **unwahre Angaben** gemacht hat;
– der Beteiligte durch schuldhaftes **Verletzen seiner Mitwirkungspflichten** das Verfahren erheblich verzögert hat.
Die Soll-Vorschrift bedeutet, dass bei Vorliegen der genannten Tatbestände, die sämtlich ein besonders krasses Fehlverhalten von Beteiligten beschreiben, eine Kostenauferlegung die Regel ist, in besonders gelagerten Ausnahmefällen aber auch hier anders entschieden werden kann. Umgekehrt kann auch dann, wenn keines der Regelbeispiele oder ein ähnlich schwerwiegendes Fehlverhalten vorliegt, eine Kostenauferlegung der Billigkeit entsprechen (→ Rn. 3). In der Praxis dürften die Regelbeispiele des Abs. 2 ohnehin selten tatbestandlich erfüllt sein; in der weit überwiegenden Zahl der Verfahren richtet sich die Kostenentscheidung nach Abs. 1.

5. Teilweise Kostenauferlegung. Sowohl nach Abs. 1 als auch nach Abs. 2 kann das Gericht Kosten 7 „ganz oder teilweise" auferlegen. Das lässt vielfältige Varianten zu. Das Gericht kann Kostenquoten aussprechen, bestimmte Geldbeträge nennen oder nach Kostenarten differenzieren (Gerichtskosten, außergerichtliche Kosten, Kosten der Beweisaufnahme, Anwaltskosten, Reisekosten, Gutachterkosten etc). Insbesondere die von einem Beteiligten etwa vorschnell, wider besseres Wissen oder mehr oder weniger „ins Blaue hinein" bei Gericht veranlasste Beauftragung eines Sachverständigen kann Anlass geben, wenn sich von den Behauptungen bewahrheitet, die Kosten des Gutachters diesem Beteiligten aufzuerlegen (OLG München ZEV 2012, 661; OLG Schleswig ZEV 2013; 445).

6. Rechtsmittel. Als Teil der Endentscheidung ist die Kostenentscheidung (auch die negative, keine 8 Entscheidung zu treffen, → Rn. 2) zusammen mit dieser mit dem gegen Endentscheidungen gegebenen Rechtsmittel anfechtbar. Das ist gegen Entscheidungen erster Instanz regelmäßig die **Beschwerde** (§ 58) gegen die Entscheidung der zweiten Instanz die zulassungsabhängige Rechtsbeschwerde (§ 70). Die Kostenentscheidung kann aber auch isoliert angefochten werden (auf die Kostenentscheidung beschränkte Teilanfechtung der Endentscheidung). Besonders im letztgenannten Fall ist auf die Wertgrenze des § 61 I zu achten. Übersteigt der Beschwerdewert die Wertgrenze von 600 EUR nicht und ist die Beschwerde deshalb unstatthaft, so ist, wenn die Entscheidung vom Rechtspfleger getroffen wurde, die Rechtspflegererinnerung nach § 11 II RPflG eröffnet. Über sie entscheidet der Richter am Amtsgericht; dessen Entscheidung ist nicht mehr mit Rechtsmitteln anfechtbar.

§ 82 Zeitpunkt der Kostenentscheidung

Ergeht eine Entscheidung über die Kosten, hat das Gericht hierüber in der Endentscheidung zu entscheiden.

Die – in Nachlasssachen weitgehend fakultative (→ § 81 Rn. 1) – Kostenentscheidung des Gerichts soll 1 zugleich mit der Endentscheidung ergehen. Das ist sachgerecht und eigentlich selbstverständlich. Ist eine Kostenentscheidung unterblieben, so kann binnen zwei Wochen nachträgliche Ergänzung beantragt werden (§ 43); eine Ergänzung von Amts wegen ist nicht vorgesehen.

§ 43 ist allerdings nur anwendbar, wenn die Entscheidung insoweit tatsächlich eine Lücke aufweist, 2 und nicht, wenn das Gericht bewusst von einer Kostenentscheidung abgesehen hat, was ebenfalls möglich ist (→ § 81 Rn. 2). Gegen eine solche stillschweigende Ablehnung einer Kostenentscheidung ist das gegen die Endentscheidung gegebene Rechtsmittel nach Maßgabe der dafür geltenden Vorschriften eröffnet (→ § 81 Rn. 6). Wie aber sollen die Beteiligten erkennen, ob eine Lücke (eine versehentliche Nichtentscheidung) oder ein bewusstes Unterlassen (eine stillschweigende Entscheidung, dass es bei den gesetzlich normierten Kostenregelungen sein Bewenden hat) vorliegt, wenn die Entscheidung hierzu schweigt? Nach der Rechtsprechung soll nur dann vom Fehlen einer Kostenentscheidung ausgegangen werden können, wenn die Möglichkeit einer stillschweigenden Kostenentscheidung ausgeschlossen werden kann; im Fehlen eines Kostenausspruchs sowohl im Tenor wie in den Gründen liege idR die stillschweigende Entscheidung, dass die gesetzlich normierten Kostenregelungen Anwendung finden sollen und keine Erstattung der außergerichtlichen Kosten stattfindet (OLG Frankfurt a.M. Beschl. v. 29.3. 2016 – 21 W 15/16, ZEV 2016, 131 Rn. 11; OLG München Beschl. v 20.2.2012 – 31 Wx 565/11, NJW-RR 2012, 523 (524); OLG Köln Beschl. v. 5.8.2013 – 2 Wx 193/13, FGPrax 2013, 234; OLG Hamm Beschl. v. 29.7.2014 – 15 W 273/14, BeckRS 2016, 10466). In der Literatur wurde die Meinung vertreten, im Zweifel beide Rechtsschutzmöglichkeiten für zulässig zu erachten (Keidel/*Zimmermann* Rn. 7a; MüKo-FamFG/*Schindler* § 81 Rn. 28), doch hat sich die obergerichtliche Rechtsprechung dieser Ansicht nicht angeschlossen (so ausdrücklich OLG Frankfurt a. M. ZEV 2016, 131 Rn. 19). Die Gerichte haben es in der Hand, Zweifelsfälle gar nicht erst aufkommen zu lassen, indem sie im Falle der Ablehnung einer Kostenentscheidung in den Gründen, wenn nicht ohnehin eine weitergehende Begründung veranlasst ist, zumindest den Satz aufnehmen, dass für eine Kostenentscheidung kein Anlass gesehen wird.

§ 83 Kostenpflicht bei Vergleich, Erledigung und Rücknahme

(1) ¹Wird das Verfahren durch Vergleich erledigt und haben die Beteiligten keine Bestimmung über die Kosten getroffen, fallen die Gerichtskosten jedem Teil zu gleichen Teilen zur Last. ²Die außergerichtlichen Kosten trägt jeder Beteiligte selbst.

(2) Ist das Verfahren auf sonstige Weise erledigt oder wird der Antrag zurückgenommen, gilt § 81 entsprechend.

1   **1. Normzweck.** Die Vorschrift trifft Kostenregelungen für die Beendigung des Verfahrens durch andere Beendigungsarten als durch Endentscheidung über den Hauptgegenstand. Das sind die Fälle des vor Gericht abgeschlossenen Vergleichs (Abs. 1), sowie die Antragsrücknahme und die Erledigung auf sonstige Weise (Abs. 2). Abs. 1 enthält für den Vergleich eine gegenüber § 81 vorrangige Spezialregelung, während Abs. 2 auf § 81 verweist.

2   **2. Vergleich. a)** Zu unterscheiden ist der vor Gericht geschlossene Vergleich und der außergerichtliche Vergleich. Nur der **gerichtliche Vergleich** (§ 36) ist Gegenstand der Regelung des § 83, denn nur er führt ohne weitere Verfahrenshandlungen zur Erledigung des Verfahrens in der Hauptsache. Enthält der Vergleich eine Kostenregelung, was häufig der Fall sein wird, ist diese maßgeblich. Enthält der Vergleich keine Kostenregelung, greift § 83 I: Die Gerichtskosten (Gebühren und Auslagen, § 80 S. 1) fallen „jedem Teil" zu gleichen Teilen zur Last; die außergerichtlichen Kosten (**insb.** auch die eigenen Anwaltskosten) trägt jeder Beteiligte selbst. In beiden Fällen ist eine Kostenentscheidung des Gerichts entbehrlich (im letztgenannten Fall allerdings deklaratorisch zulässig); das Gericht hat ggf. nur noch den Geschäftswert festzusetzen.

3   „Jeder Teil" in § 83 I 1 meint nicht jede beteiligte Person, sondern die einander gegensätzlich gegenüberstehenden Personengruppen, die mit gegensätzlichen Anträgen unterschiedliche Ziele verfolgen, wobei die Angehörigen einer Gruppe untereinander gleichgerichtete Interessen haben. Beispiel: Bei einem Vergleich ohne Kostenregelung zwischen einem Antragsteller und fünf Antragsgegnern trägt nicht jeder Beteiligte ein Sechstel der Gerichtskosten, sondern der Antragsteller ½ und die fünf Antragsgegner insgesamt die andere Hälfte (Keidel/*Zimmermann* Rn. 5).

4   **b) Der außergerichtliche Vergleich** beendet als solcher das Verfahren nicht. Hinzukommen muss eine verfahrensbeendende Handlung wie etwa die (in der Regel im Vergleich vereinbarte) Rücknahme des Antrags (§ 22 I) oder des Rechtsmittels (§ 67 IV) oder eine übereinstimmende Erledigterklärung (§ 22 III). Es findet dann, wenn im Vergleich nichts anderes vereinbart ist, die für die Rücknahme und Erledigung geltende Vorschrift des § 83 II Anwendung (für die Rücknahme des Rechtsmittels § 84).

5   **c)** Das Erbrecht als solches unterliegt nicht der **Dispositionsbefugnis** der Beteiligten, dh sie können die im Erbschein anzugebende Erbfolge nicht entgegen der (vom Gericht zu entscheidenden) Rechtslage bestimmen. Der Inhalt des Erbscheins kann daher auch nicht Gegenstand eines Vergleichs sein. Die Erbprätendenten sind aber in der Ausübung von Gestaltungs- und Verfahrensrechten frei und können sich in diesem Rahmen etwa verpflichten, einen Erbscheinsantrag zurückzunehmen oder nicht zu stellen, ein Rechtsmittel zurückzunehmen, gegen einen vom Nachlassgericht angekündigten oder bereits erteilten Erbschein nicht vorzugehen etc. Beispiel: Das Nachlassgericht hält A für den Alleinerben, was B, C u. D bestreiten. Ein Vergleich könnte so aussehen, dass sich B, C u. D verpflichten, einen den A als Alleinerben ausweisenden Erbschein zu akzeptieren und keinen anderslautenden Erbscheinsantrag zu stellen oder einen bereits gestellten zurückzunehmen, während sich A im Gegenzug zur Zahlung einer Geldsumme oder zur Übertragung bestimmter Nachlassgegenstände verpflichtet.

6   **3. Erledigung der Hauptsache.** Die Erledigung der Hauptsache ist im FamFG nur unvollkommen geregelt, in der Rechtspraxis der freiwilligen Gerichtsbarkeit aber seit jeher anerkannt. Sie tritt ein, wenn der Gegenstand des Verfahrens durch eine Veränderung der Sach- und Rechtslage nach Beginn des Verfahrens wegfällt und deshalb eine Sachentscheidung nicht mehr sinnvoll ergehen kann oder für sie kein Bedürfnis mehr besteht. In **Antragsverfahren** können die Antragsteller über ihre Anträge disponieren. Die Beteiligten können deshalb im Wege übereinstimmender Erledigterklärung das Verfahren beenden (§ 22 III); eine Überprüfung durch das Gericht, ob das Verfahren tatsächlich erledigt ist, findet dann nicht statt. Anders bei der einseitigen Erledigterklärung und im **Amtsverfahren:** Hier muss das Gericht prüfen, ob tatsächlich eine Erledigung eingetreten ist. Im Falle der Erledigung (gleich ob im Antragsverfahren oder im Amtsverfahren) entscheidet das Gericht gem. § 83 II, § 81 nach billigem Ermessen.

7   **4. Antragsrücknahme.** Die Antragsrücknahme ist in § 22 I, II geregelt. Danach kann in Antragsverfahren („Anträge" in Amtsverfahren stellen nur Anregungen dar, § 24 I) der Antrag bis zur Rechtskraft der Endentscheidung – also auch noch in der Rechtsmittelinstanz (hier aber strikt zu unterscheiden von der Rücknahme des Rechtsmittels, § 67 IV) – zurückgenommen werden, nach Erlass der Endentschei-

dung erster Instanz allerdings nur mit Zustimmung der übrigen Beteiligten. Für die Kosten verweist § 83 II auf § 81. Bei der danach vorzunehmenden Ermessensabwägung wird zu berücksichtigen sein, dass der Antragsteller die Rücknahme in der Regel deshalb erklärt, um einer ihm drohenden ungünstigen Entscheidung zuvorzukommen. Das dürfte vielfach ein gewichtiges Argument für eine Kostenauferlegung darstellen. Es kann im Einzelfall aber auch eine andere Kostenverteilung angemessen sein. Man denke etwa an die Fälle, in denen das Verfahren vom Antragsteller nicht vorschnell vom Zaun gebrochen wurde, vielmehr die vom Antragsteller zunächst eingenommene Rechtsposition auf verständigen, nachvollziehbaren Gründen beruhte (wie zB nicht selten bei unklaren, auslegungsbedürftigen Testamenten). Wenn sich dann ein Antragsteller im späteren Verfahrensstadium nach Austausch von Argumenten, gerichtlichen Hinweisen oder gar nach einer Beweisaufnahme der Einsicht in die Unrichtigkeit seiner zunächst gehegten Auffassung nicht verschließt und als Konsequenz die Rücknahme seines Antrags erklärt, kann es durchaus billigem Ermessen entsprechen, ihn nicht mit den ganzen (gerichtlichen und außergerichtlichen) Kosten des Verfahrens zu belasten. Die durch die Antragsrücknahme bewirkte schnellere Verfahrensbeendigung kommt regelmäßig auch den Antragsgegnern zugute.

§ 84 Rechtsmittelkosten

Das Gericht soll die Kosten eines ohne Erfolg eingelegten Rechtsmittels dem Beteiligten auferlegen, der es eingelegt hat.

1. Normzweck. Die Vorschrift enthält eine spezielle Kostenregelung für das Rechtsmittelverfahren der **1** Beschwerde (§§ 58ff.), der Rechtsbeschwerde (§§ 70ff.) und – soweit das FamFG ausdrücklich auf dieses Rechtsmittel verweist – der sofortigen Beschwerde in entsprechender Anwendung der §§ 567–572 ZPO. Sie regelt allerdings nur den Teilbereich der erfolglosen Beschwerde; iÜ – insb. bei erfolgreichem Rechtsmittel – verbleibt es bei der allgemeinen Kostenregelung in § 81. Das Gesetz sieht die Kostenauferlegung (Gerichtskosten und außergerichtliche Aufwendungen, § 80) auf den erfolglosen Rechtsmittelführer vor, allerdings nur für den Regelfall (Soll-Vorschrift). Darin besteht eine Neuerung gegenüber der früheren Regelung in § 13a I 2 FGG, der die Kostenauferlegung zwingend vorschrieb.

2. Ein Rechtsmittel ist ohne Erfolg eingelegt, wenn es als unzulässig verworfen oder als unbegründet **2** zurückgewiesen wird. Dabei ist auf das in der Tenorierung zum Ausdruck kommende formale Unterliegen abzustellen („wird verworfen", „wird zurückgewiesen", „wird mit der Maßgabe zurückgewiesen, dass der Antrag/die Erstbeschwerde als unzulässig verworfen wird") und nicht auf den Inhalt der Entscheidung. Dieser kann in besonders gelagerten Fällen dem Beschwerdeführer auch bei formalem Unterliegen durchaus günstig sein, wenn etwa der Beschwerdeführer zwar mit dem konkret gestellten Erbscheinsantrag auch in der Beschwerdeinstanz nicht durchdringt, das Beschwerdegericht in den Gründen aber zu erkennen gibt, dass der Beschwerdeführer im Unterschied zur Auffassung des Erstgerichts und anderer Beteiligter sehr wohl Miterbe ist. Einer solchen Konstellation kann auch iRd § 84 Rechnung getragen werden, indem das Gericht eine Abweichung vom Regelfall annimmt und deshalb eine andere als die in § 84 vorgesehene Kostenentscheidung trifft.

3. Bei **teilweisem Erfolg** des Rechtsmittels gilt nicht § 84, sondern § 81 (BayObLG FGPrax 2005, **3** 217). Nach aA soll die Vorschrift jedenfalls bei weit überwiegender Erfolglosigkeit anwendbar sein (vgl. Bassenge/Roth/*Gottwald* Rn. 5; vgl. auch Keidel/*Zimmermann* Rn. 17). Der Meinungsstreit dürfte allerdings kaum praktische Auswirkungen haben, denn selbstverständlich kann der Umstand eines teilweisen oder weit überwiegenden Unterliegens auch iRd § 81 berücksichtigt werden, wie umgekehrt auch bei Bejahung der Anwendbarkeit des § 84 eine Kostenauferlegung keineswegs zwingend ist.

4. Die **Rücknahme** des Rechtsmittels fällt unter § 84, denn auch ein zurückgenommenes Rechtsmittel **4** ist „ohne Erfolg" geblieben (vgl. BT-Drs. 16/6308, 216; OLG Hamm Beschl. v. 3.9.2015 – 10 W 161/14, BeckRS 2016, 03144 Rn. 2; OLG Frankfurt a. M. Beschl. v. 6.8.2013 – 20 W 40/13, FamRZ 2014, 688 = BeckRS 2013, 19357; Keidel/*Zimmermann* Rn. 19; aA – § 81 sei anwendbar – MüKoFamFG/*Schindler* Rn. 20 mwN). Danach soll auch im Fall der Rücknahme die Auferlegung der Kosten die Regel sein. Das war in der Rspr. als Grundsatz schon bisher anerkannt (BGHZ 78, 117; BayObLG FamRZ 2001, 1405; OLG Schleswig FGPrax 2008, 132). Gerade bei der Rücknahme wird jedoch häufig auch eine abweichende Entscheidung in Betracht kommen. Zu denken sind hier etwa an Fälle, wenn die Beschwerde zunächst nur zur Fristwahrung eingelegt und nach anwaltlicher Prüfung der angefochtenen Entscheidung, ggf. nach Akteneinsicht, zurückgenommen wird. Anlass für eine abweichende Entscheidung kann auch bei Rücknahme nach entsprechendem erläuternden Hinweis des Gerichts bestehen, oder wenn die Rücknahme als Reaktion auf erst im Beschwerdeverfahren zutage getretene Tatsachen erfolgt, welche eine andere Einschätzung der Erfolgsaussichten als in erster Instanz nahelegen. Von der durch eine Rücknahme herbeigeführten raschen Verfahrensbeendigung profitieren regelmäßig auch die anderen Beteiligten. Es kann daher im Einzelfall durchaus der Billigkeit entsprechen, den vernünftig und verfahrensökonomisch handelnden Beschwerdeführer (über die bei Beschwerderücknahmen vorgesehene Ermäßigung der Gerichtsgebühren hinaus, vgl. Nr. 12221 KV-GNotKG) durch eine abgewogene Kostenentscheidung zu belohnen und so einen Anreiz zu entsprechendem Handeln zu geben.

Von der Rücknahme des Rechtsmittels zu unterscheiden ist die **Antragsrücknahme** in Antragsverfah- **5** ren, die auch in der Rechtsmittelinstanz noch möglich ist (§ 22 I). Hierfür gilt, ebenso wie bei einer Erledigung in sonstiger Weise (Erledigung der Hauptsache), nicht § 84, sondern § 81 (vgl. § 83 II).

30 FamFG § 85 Buch 1. Abschnitt 7. Kosten

6   5. **Rechtsfolge des § 84** ist die Kostenauferlegung im Regelfall. Als Soll-Vorschrift lässt § 84 in besonders gelagerten Fällen **abweichende Entscheidungen** zu. Das dürfte insb. bei Rücknahme des Rechtsmittels in Betracht kommen (so auch BT-Drs. 16/6308, 216), oder wenn sich etwa die Erfolglosigkeit auf Tatsachen gründet, die der Gegner erst in der Beschwerdeinstanz vorgetragen hat, obgleich ihm frühzeitiger Vortrag in der ersten Instanz möglich gewesen wäre. Das Verhalten der Beteiligten im Verfahren, insb. der Grad ihrer Mitwirkung bei der Sachaufklärung und ihr Beitrag zur Verfahrensförderung (vgl. § 27), kann so im Rahmen der Kostenentscheidung nicht nur bei § 81, sondern auch bei § 84 berücksichtigt werden (OLG Saarbrücken Beschl. v. 24.2.2016 – 5 W 44/15, ZEV 2016, 450 Rn. 26ff.). Besteht Grund, vom Regelfall der Kostenauferlegung auf den Rechtsmittelführer abzuweichen, so muss das nicht unbedingt in ein vollständiges Absehen von der Kostenauferlegung münden. Es sind vielfältige Abstufungen möglich, etwa Differenzierung nach Gerichtskosten und außergerichtlichen Kosten, nach Instanzen, nach Art der Kosten (Anwaltskosten, Gutachterkosten etc) oder auch eine Quotelung aller oder bestimmter Kosten.

7   6. In Nachlasssachen ist eine **Kostenentscheidung** nicht zwingend vorgeschrieben (Ausnahme: in Verfahren über die Einziehung oder Kraftloserklärung von Erbscheinen, § 353 I). Enthält die Entscheidung des Beschwerdegerichts keine Entscheidung zu den Gerichtskosten und zur Erstattung außergerichtlicher Aufwendungen, so hat kraft Gesetzes der Rechtsmittelführer die Gerichtskosten der erfolglosen Beschwerde zu tragen (§ 22 I GNotKG; bei ganz oder teilweise erfolgreichem Rechtsmittel erlischt die Kostenhaftung des Rechtsmittelführers nach Maßgabe von § 26 I GNotKG) und trägt jeder Beteiligte seine außergerichtlichen Kosten selbst. Diese Rechtsfolge, wenn vom Gericht gewollt, kann, muss aber nicht, in einer Kostenentscheidung ausgesprochen werden. Jedenfalls das Absehen von einer Erstattungsanordnung sollte zumindest in den Gründen zum Ausdruck kommen, da andernfalls nicht klar ist, ob das Fehlen der Erstattungsanordnung auf einer bewussten Entscheidung des Gerichts beruht oder ob das Gericht hierüber versehentlich nicht entschieden, also die Frage der Kostenerstattung gar nicht erwogen hat (→ § 82 Rn. 2). Im letzteren Fall eröffnet § 43 auf fristgebundenen Antrag hin die Möglichkeit einer nachträglichen Ergänzung (→ § 82 Rn. 1).

§ 85 Kostenfestsetzung

Die §§ 103 bis 107 der Zivilprozessordnung über die Festsetzung des zu erstattenden Betrags sind entsprechend anzuwenden.

1   1. **Verfahren der Kostenfestsetzung.** Für die Kostenfestsetzung, dh die Festsetzung der Kosten, die ein Beteiligter nach der Kostengrundentscheidung einem anderen Beteiligten zu erstatten hat, verweist § 85 auf die §§ 103–107 ZPO. Der Antrag ist bei dem Gericht erster Instanz anzubringen (§ 103 II 1 ZPO), in Nachlasssachen also beim Amtsgericht. Das gilt auch dann, wenn es um die Erstattung von in höherer Instanz (OLG, BGH) erwachsenen Kosten geht; auch insoweit ist für die Kostenfestsetzung das Amtsgericht – funktionell der Rechtspfleger (§ 21 RPflG) – zuständig. Dem Erstattungspflichtigen ist rechtliches Gehör zu gewähren.

2   2. **Inhalt der Kostenfestsetzung.** Maßgeblich dafür, welche Kosten festgesetzt werden, ist zunächst die Kostengrundentscheidung. Diese kann alle, aber auch nur einen Teil der einem Beteiligten erwachsenen notwendigen Kosten zur Erstattung anordnen (→ § 81 Rn. 7). Gegenstand des Festsetzungsverfahrens ist sodann die Klärung, welche der Erstattung unterliegenden Aufwendungen in welcher Höhe zur Durchführung des Verfahrens „notwendig" waren. Ein besonderes Problem bilden insoweit die **Anwaltskosten;** denn in Nachlasssachen der freiwilligen Gerichtsbarkeit besteht weder in der ersten Instanz (AG) noch in der zweiten Instanz (OLG) Anwaltszwang, und § 91 II ZPO gilt hier nicht (→ § 80 Rn. 3). Ordnet bereits das erkennende Gericht in der Kostengrundentscheidung die Erstattung der Anwaltskosten an, so stellt sich die Frage, ob die Hinzuziehung eines Rechtsanwalts notwendig war, nicht mehr; sie ist mit bindender Wirkung für die Kostenfestsetzung bereits entschieden (BGH NJW 2011, 453). In allen anderen Fällen verlagert sich der Streit um die Notwendigkeit von Anwaltskosten in das Festsetzungsverfahren.

3   In aller Regel wird die Notwendigkeit von **Anwaltskosten** zu bejahen sein, wenn sich Beteiligte mit gegensätzlichen Auffassungen gegenüberstehen (und nur in diesem Fall kann es zur Erstattungsanordnung kommen). Das Erbrecht ist eine komplizierte Rechtsmaterie und hat selbst für den erfahrenen Rechtsanwender seine Tücken; umso weniger kann vom Laien erwartet werden, dass er überblickt, ob eine Nachlasssache rechtlich einfach ist oder nicht (vgl. OLG Brandenburg Beschl. v. 20.5.2014 – 10 WF 13/14, FamRZ 2015, 1226 = BeckRS 2015, 02260; OLG Nürnberg Beschl. v. 3.11.2011 – 14 W 1974/11, ZEV 2012, 161 (162); ebenso Keidel/*Zimmermann* Rn. 9; MüKoFamFG/*Schindler* § 80 Rn. 11). Die Rechtsprechung ist allerdings teilweise restriktiver (OLG Frankfurt a. M. Beschl. v. 28.9.2017 – 20 W 5/17, FGPrax 2018, 32; vgl. auch OLG Celle Beschl. v. 12.6.2015 – 2 W 137/15, NJW-RR 2015, 1535 Rn. 2). Die Kosten für ein **Privatgutachten** in Erbscheinsverfahren können unter Umständen erstattungsfähig sein, etwa wenn sie der Herstellung der „Waffengleichheit" zwischen den Verfahrensbeteiligten dienen (OLG Düsseldorf Beschl. v. 12.5.2016 – I-3 Wx 278/14, ZEV 2016, 452). Auch die Aufwendungen des Erben für einen **gewerblichen Erbenermittler** können erstattungsfähig sein (OLG Naumburg Beschl. v. 24.11.2014 – 12 Wx 16/14, ErbR 2016, 603).

3. Rechtsmittel. Gegen die (vollständige oder teilweise) Ablehnung des Antrags kann der Antragsteller, gegen die Festsetzung der Verpflichtete **sofortige Beschwerde** einlegen (§ 104 III 1 ZPO). §§ 567 ff. ZPO finden Anwendung. Es gilt die Wertgrenze des § 567 II ZPO (200 EUR). Über die sofortige Beschwerde entscheidet, wenn dem Festsetzungsantrag ein Nachlassverfahren zugrunde liegt, das OLG (§ 119 I Nr. 1 lit. b GVG). Das gilt auch dann, wenn auf das zugrunde liegende Verfahren noch das alte Recht vor der FGG-Reform von 2009 anwendbar war und demgemäß über die Beschwerde im zugrunde liegenden Verfahren das Landgericht entschieden hatte; denn die Kostenfestsetzung ist ein selbständiges Verfahren iSd Art. 111 II FGG-RG (OLG Köln FGPrax 2010, 267; zum Übergangsrecht der FGG-Reform → § 58 Rn. 5). Gegen die Entscheidung des Beschwerdegerichts ist die Rechtsbeschwerde zum BGH nur bei Zulassung durch das OLG statthaft (§ 574 ZPO). 4

Übersteigt der Beschwerdewert die Wertgrenze von 200 EUR nicht, so ist die Beschwerde unstatthaft. In diesem Fall findet die **Rechtspflegererinnerung** statt (§ 11 II RPflG), über die der Richter am Amtsgericht entscheidet. Die Wertgrenze wird in der Praxis gelegentlich übersehen. Eine wegen zu geringen Beschwerdewerts unstatthafte Beschwerde wird in der Regel als Rechtspflegererinnerung ausgelegt werden können; denn im Zweifel will der Rechtsmittelführer das ihm zu Gebote stehende statthafte Rechtsmittel einlegen. Die auf die Erinnerung ergehende Entscheidung des Richters am Amtsgericht ist unanfechtbar (§ 567 II ZPO). 5

Abschnitt 8. Vollstreckung

Unterabschnitt 1. Allgemeine Vorschriften

§ 86 Vollstreckungstitel

(1) Die Vollstreckung findet statt aus
1. gerichtlichen Beschlüssen;
2. gerichtlich gebilligten Vergleichen (§ 156 Abs. 2);
3. weiteren Vollstreckungstiteln im Sinne des § 794 der Zivilprozessordnung, soweit die Beteiligten über den Gegenstand des Verfahrens verfügen können.

(2) Beschlüsse sind mit Wirksamwerden vollstreckbar.

(3) Vollstreckungstitel bedürfen der Vollstreckungsklausel nur, wenn die Vollstreckung nicht durch das Gericht erfolgt, das den Titel erlassen hat.

§ 87 Verfahren; Beschwerde

(1) ¹Das Gericht wird in Verfahren, die von Amts wegen eingeleitet werden können, von Amts wegen tätig und bestimmt die im Fall der Zuwiderhandlung vorzunehmenden Vollstreckungsmaßnahmen. ²Der Berechtigte kann die Vornahme von Vollstreckungshandlungen beantragen; entspricht das Gericht dem Antrag nicht, entscheidet es durch Beschluss.

(2) Die Vollstreckung darf nur beginnen, wenn der Beschluss bereits zugestellt ist oder gleichzeitig zugestellt wird.

(3) ¹Der Gerichtsvollzieher ist befugt, erforderlichenfalls die Unterstützung der polizeilichen Vollzugsorgane nachzusuchen. ²§ 758 Abs. 1 und 2 sowie die §§ 759 bis 763 der Zivilprozessordnung gelten entsprechend.

(4) Ein Beschluss, der im Vollstreckungsverfahren ergeht, ist mit der sofortigen Beschwerde in entsprechender Anwendung der §§ 567 bis 572 der Zivilprozessordnung anfechtbar.

(5) Für die Kostenentscheidung gelten die §§ 80 bis 82 und 84 entsprechend.

1. Übersicht; Anwendungsbereich. §§ 86, 87 werden hier zusammen erläutert. Der Abschn. 8 (§§ 86–96a) trifft Regelungen für die Vollstreckung von **verfahrensabschließenden Entscheidungen**, die im Verfahren der freiwilligen Gerichtsbarkeit ergangen sind. Davon zu unterscheiden sind verfahrensleitende Anordnungen; diese werden, wenn sie einen vollstreckungsfähigen Inhalt haben, nach § 35 vollstreckt (OLG Jena Beschl. v. 17.7.2015 – 1 WF 154/15, BeckRS 2015, 13401). § 35 (Zwangsmittel oder Ersatzvornahme nach Maßgabe von § 35 IV) ist zB einschlägig zur Erzwingung der Ablieferung eines Testaments (§ 358 FamFG), nach hier vertretener Auffassung auch zur Erzwingung der Herausgabe eines eingezogenen Erbscheins (str., → Rn. 2). §§ 86, 87 enthalten allgemeine Vorschriften insb. zu den Vollstreckungsvoraussetzungen und zu dem im Vollstreckungsverfahren gegebenen Rechtsmittel. Sie werden ergänzt durch § 95, der für die dort geregelten Vollstreckungsfälle auf die Vorschriften der ZPO über die Zwangsvollstreckung verweist. §§ 88–94 und §§ 96, 96a gelten nicht für Nachlasssachen; von einem Abdruck wird abgesehen. Sonderregelungen finden sich für die einstweilige Anordnung in §§ 53, 55, für Teilungssachen in § 371 II. Im Vollstreckungsverfahren findet eine erneute Prüfung der Rechtmäßigkeit der zu vollstreckenden Entscheidung grundsätzlich nicht statt (BGH Beschl. v. 1.2.2012 – XII ZB 188/11, NJW-RR 2012, 324 Rn. 22). 1

2. Bedeutung in Nachlasssachen. Anwendungsfälle der Vollstreckung nach Abschn. 8 gibt es insb. in Familiensachen, die hier nicht Gegenstand der Kommentierung sind. In Nachlasssachen hat der Abschnitt nur eingeschränkte praktische Bedeutung. Die Erbscheinserteilungsanordnung (Feststellungsbeschluss nach § 352e) wird vollzogen, indem das Nachlassgericht den Erbschein erteilt; Entsprechendes gilt für das Testamentsvollstreckerzeugnis. Die Ernennung oder Entlassung von Testamentsvollstreckern wirkt unmittelbar rechtsgestaltend, ebenso die Anordnung der Nachlasspflegschaft und Bestellung des Nachlasspflegers oder die Anordnung der Nachlassverwaltung und Bestellung des Nachlassverwalters, oder die Aufhebung solcher Maßnahmen. Der Streit zwischen Testamentsvollstrecker und Erben etwa über die Herausgabe von Nachlassgegenständen muss vor dem Prozessgericht ausgetragen werden. Die dem Erben aufgegebene Inventarerrichtung binnen vom Gericht bestimmter Frist (§ 1994 BGB) ist im Falle des Unterlassens nicht der Zwangsvollstreckung zugänglich, sondern wird durch die dann eintretende unbeschränkte Erbenhaftung sanktioniert (→ *Joachim* BGB § 1994 Rn. 14). Die **Erbscheinseinziehung** als solche hat noch keinen vollstreckungsfähigen Inhalt („Der Erbschein xxx wird eingezogen"); sie wird vollzogen mittels einer an eine bestimmte Person gerichteten Anordnung zur Herausgabe der Urschrift oder Ausfertigung des Erbscheins (beides kann im selben Beschluss miteinander verbunden werden). Ob diese Anordnung dann, wenn der Erbschein nicht freiwillig herausgegeben wird, nach § 35 vollstreckt wird, oder nach §§ 86 ff., ist strittig (vgl. für 35: → Rn. 1; Staudinger/*Herzog* BGB § 2361 Rn. 33; MüKoFamFG/*Mayer* § 353 Rn. 5; MüKoFamFG/*Zimmermann* § 86 Rn. 12; aA Keidel/*Zimmermann* § 35 Rn. 9, § 353 Rn. 12; Palandt/*Weidlich* BGB § 2361 Rn. 9; MüKoFamFG/*Ulrici* § 35 Rn. 4; → *Gierl* BGB § 2361 Rn. 20). In der Praxis wird häufig sehr rasch zum Mittel der Kraftloserklärung geschritten (§ 2361 II BGB). Beispiele für nach §§ 86 ff. vollstreckbare Titel in Nachlass- und Teilungssachen → § 95 Rn. 1.

3. Voraussetzungen und Verfahren der Vollstreckung. Die meisten Regelungen in §§ 86, 87 erklären sich aus den Besonderheiten der Verfahren der freiwilligen Gerichtsbarkeit. Es gibt als verfahrensbeendende Entscheidungen keine Urteile, nur Beschlüsse; deshalb werden als Vollstreckungstitel die Beschlüsse genannt (§ 86 I Nr. 1). Es gibt Amtsverfahren, in denen die Beteiligten nicht über den Gegenstand des Verfahrens verfügen können und insoweit über den Gegenstand auch keinen Vergleich schließen können; daher die Einschränkung bei Vollstreckungstiteln nach § 794 ZPO (§ 86 I Nr. 3). Es gibt keine vorläufige Vollstreckbarkeit. Die Beschlüsse werden in der Regel, wenn nichts anderes bestimmt ist, mit ihrer Bekanntgabe wirksam (§ 40), in Teilungssachen für bestätigte Vereinbarungen nach § 366 und Auseinandersetzungen nach § 368 mit Rechtskraft des Bestätigungsbeschlusses (§ 371 I). Die Beschwerde gegen die Endentscheidung (§ 58) hat keine aufschiebende Wirkung und beseitigt nicht die Vollstreckbarkeit. § 86 II erklärt die Beschlüsse mit Wirksamwerden für vollstreckbar. § 86 III schließlich ordnet den weitgehenden Verzicht auf die Vollstreckungsklausel an; die Vorschrift gilt für sämtliche Vollstreckungstitel nach Abs. 1 (OLG Brandenburg Beschl. v. 15.12.2014 – 13 WF 298/14, NJW-RR 2015, 520 Rn. 4). § 87 I trägt wiederum dem Umstand Rechnung, dass es **Amtsverfahren** gibt; dann soll auch die Vollstreckung von Amts wegen eingeleitet werden. Allerdings gibt § 87 I 2 auch in Amtsverfahren dem Berechtigten ein echtes Antragsrecht auf Einleitung von Vollstreckungsmaßnahmen. In **Antragsverfahren** erfolgt auch die Vollstreckung nur auf Antrag (OLG Jena Beschl. v. 17.7.2015 – 1 WF 154/15, BeckRS 2015, 13401). § 87 II statuiert das Erfordernis der Zustellung vor oder gleichzeitig mit Beginn der Vollstreckung. Als **Rechtsmittel** gegen Beschlüsse im Vollstreckungsverfahren bestimmt § 87 IV die sofortige Beschwerde entsprechend §§ 567–572 ZPO. Das entspricht der Systematik des FamFG, gegen Endentscheidungen die Beschwerde (§ 58) und gegen Zwischen- und Nebenentscheidungen – und, wie hier zu ergänzen ist, gegen Entscheidungen im Vollstreckungsverfahren – die sofortige Beschwerde entsprechend §§ 567–572 ZPO zuzulassen, wenn das Gesetz die Eröffnung eines Rechtsmittels für geboten hält (→ § 58 Rn. 13 f.).

...

Unterabschnitt 3. Vollstreckung nach der Zivilprozessordnung

§ 95 Anwendung der Zivilprozessordnung

(1) Soweit in den vorstehenden Unterabschnitten nichts Abweichendes bestimmt ist, sind auf die Vollstreckung
1. wegen einer Geldforderung,
2. zur Herausgabe einer beweglichen oder unbeweglichen Sache,
3. zur Vornahme einer vertretbaren oder nicht vertretbaren Handlung,
4. zur Erzwingung von Duldungen und Unterlassungen oder
5. zur Abgabe einer Willenserklärung

die Vorschriften der Zivilprozessordnung über die Zwangsvollstreckung entsprechend anzuwenden.

(2) An die Stelle des Urteils tritt der Beschluss nach den Vorschriften dieses Gesetzes.

(3) ¹Macht der aus einem Titel wegen einer Geldforderung Verpflichtete glaubhaft, dass die Vollstreckung ihm einen nicht zu ersetzenden Nachteil bringen würde, hat das Gericht auf seinen Antrag die Vollstreckung vor Eintritt der Rechtskraft in der Entscheidung auszuschließen. ²In den

Fällen des § 707 Abs. 1 und des § 719 Abs. 1 der Zivilprozessordnung kann die Vollstreckung nur unter derselben Voraussetzung eingestellt werden.

(4) Ist die Verpflichtung zur Herausgabe oder Vorlage einer Sache oder zur Vornahme einer vertretbaren Handlung zu vollstrecken, so kann das Gericht durch Beschluss neben oder anstelle einer Maßnahme nach den §§ 883, 885 bis 887 der Zivilprozessordnung die in § 888 der Zivilprozessordnung vorgesehenen Maßnahmen anordnen, soweit ein Gesetz nicht etwas Anderes bestimmt.

1. Übersicht; Anwendungsbereich in Nachlasssachen. § 95, der für die in Abs. 1 aufgezählten Vollstreckungsfälle auf die ZPO verweist, ist in Zusammenhang mit §§ 86, 87 zu sehen. Dort sind die Vollstreckungstitel in den Materien der freiwilligen Gerichtsbarkeit genannt und die weiteren Voraussetzungen geregelt (Klausel nur in besonderen Fällen; Zustellung etc, s. Erl. zu §§ 86, 87). In Nachlasssachen spielt die Vollstreckung nach §§ 86, 87, 95 keine große Rolle (→ §§ 86, 87 Rn. 2). Sie kommt jedoch auch dort in Betracht, insb. aus **Kostenfestsetzungsbeschlüssen** (§ 85 FamFG iVm § 104 ZPO), sowie aus den in **Teilungssachen** entstandenen Vollstreckungstiteln (bestätigte Vereinbarungen und Auseinandersetzungen, §§ 366, 368, 371 II), in denen Geldforderungen (§ 95 I Nr. 1) oder etwa die Herausgabe von Nachlassgegenständen (§ 95 I Nr. 2) oder die Abgabe von Willenserklärungen (§ 95 I Nr. 5) geregelt sein können.

1

2. Rechtsmittel. Das Rechtsmittel gegen Beschlüsse im Vollstreckungsverfahren ist die sofortige Beschwerde entsprechend §§ 567–572 ZPO (§ 87 IV). Daneben stehen kraft der Verweisung auf die Vorschriften der ZPO über die Zwangsvollstreckung (§ 95 I) die **in der ZPO geregelten Rechtsbehelfe** zur Verfügung, insb. gegen Vollstreckungsmaßnahmen des Gerichtsvollziehers und Maßnahmen des Vollstreckungsgerichts die Erinnerung (§ 766 ZPO), ferner die Vollstreckungsabwehrklage (§ 767 ZPO) und die Drittwiderspruchsklage (§ 771 ZPO). In solchen Verfahren (in diesem Zusammenhang sollte nicht von „Prozess" und „Klage" die Rede sein, sondern von „Verfahren" und „Antrag") tritt dann an die Stelle des Urteils der Beschluss nach den Vorschriften des FamFG (§ 95 II). Über den Vollstreckungsabwehrantrag und den Drittwiderspruchsantrag wird also durch Beschluss entschieden; §§ 38 ff. sind anwendbar und verdrängen die Vorschriften der ZPO. Trotz Verweis auf die Zwangsvollstreckungsvorschriften (und damit auch Rechtsbehelfe) der ZPO bleibt das Vollstreckungsverfahren wegen eines in Nachlass- oder Teilungssachen entstandenen Titels seinem Wesen nach eine Angelegenheit der freiwilligen Gerichtsbarkeit. Rechtsmittel gegen den Beschluss, durch den über den Vollstreckungsabwehrantrag oder den Drittwiderspruchsantrag entschieden wird, sowie der Instanzenzug folgen den für FamFG-Verfahren geltenden Regeln. Gegen den (iSd § 38 I 1 verfahrensbeendenden) Beschluss ist die Beschwerde nach § 58 gegeben (vgl. Keidel/*Giers* Rn. 19; aA MüKoFamFG/*Zimmermann* Rn. 28: sofortige Beschwerde nach § 87 IV).

2

Abschnitt 9. Verfahren mit Auslandsbezug

Unterabschnitt 2. Internationale Zuständigkeit

...

§ 105 Andere Verfahren

In anderen Verfahren nach diesem Gesetz sind die deutschen Gerichte zuständig, wenn ein deutsches Gericht örtlich zuständig ist.

1. Normzweck. Die Vorschrift regelt die **internationale Zuständigkeit** für alle FG-Verfahren, für die nicht in §§ 98 – 104 eine gesonderte Regelung getroffen wurde. Sie gilt in Nachlasssachen, allerdings nur, soweit nicht europäische Recht (→ Rn. 4) oder ein völkerrechtlicher Vertrag (→ Rn. 6) vorrangig eingreift. Sie statuiert den Grundsatz, dass die internationale Zuständigkeit der örtlichen Zuständigkeit folgt. Die frühere herrschende sog. Gleichlauftheorie, wonach die deutschen Gerichte international zuständig waren, wenn deutsches Sachrecht zur Anwendung kam, wurde aufgegeben (BT-Drs. 16/6308 S. 221).

1

2. Internationale Zuständigkeit in Nachlasssachen. a) Überblick. In Nachlasssachen kommt § 105 grds. nur noch zur Anwendung, wenn der Erblasser vor dem 17.8.2015 verstorben ist. Für Erbfälle ab dem 17.8.2015 ist vorrangig die Europäische Erbrechtsverordnung (EuErbVO) zu beachten (→ Rn. 4). Sie verdrängt die Anwendbarkeit des § 105 für alle Nachlasssachen mit Ausnahme der besonderen amtlichen Verwahrung (Keidel/*Engelhardt* Rn. 36) und – höchst umstritten – für innerstaatliche Erbschaftsnachweise und Zeugnisse wie Erbscheine und Testamentsvollstreckerzeugnisse (→ Rn. 5). Eine weitere Ausnahme gilt für Erbfälle iranischer Staatsangehöriger (→ Rn. 6). In Fällen ohne Auslandsbezug stellt sich die Frage der internationalen Zuständigkeit nicht.

2

b) Zuständigkeit nach § 105. Die örtliche Zuständigkeit ist in § 343 geregelt. Im Zuge der Angleichung an die Regelungen in der EuErbVO (→ Rn. 4) wurde die bis 16.8.2015 geltende Anknüpfung an den Wohnsitz aufgegeben zugunsten des **gewöhnlichen Aufenthalts** des Erblassers im Zeitpunkt seines Todes (§ 343 I), hilfsweise des letzten gewöhnlichen Aufenthalts des Erblassers im Inland (§ 343 II). Eine

3

weitere hilfsweise Anknüpfung ist die deutsche Staatsangehörigkeit des Erblassers und der Belegenheitsort von Nachlassgegenständen im Inland (§ 343 III). Einzelheiten *Gierl* → § 343 Rn. 1 ff.

4 **c) Zuständigkeit nach der EuErbVO.** Für Erbfälle ab dem 17.8.2015 ist die Europäische Erbrechtsverordnung (EuErbVO) einschlägig. Sie regelt für die Rechtsnachfolge von Todes wegen die internationale Zuständigkeit, das anzuwendende Recht, ferner die Anerkennung, Vollstreckbarkeit und Vollstreckung von Entscheidungen, sowie das Europäische Nachlasszeugnis. Die EuErbVO gilt unmittelbar in den Mitgliedstaaten der EU (mit Ausnahme der Staaten Dänemark, Irland und Vereinigtes Königreich), und zwar auch im Verhältnis zu Drittstaaten, die ihrerseits die EuErbVO nicht anwenden (*Burandt/Schmuck* → EuErbVO Vorbem. Rn. 4). Die internationale Zuständigkeit ist in Art. 4 ff. EuErbVO geregelt. Sie knüpft in erster Linie an den letzten **gewöhnlichen Aufenthalt** des Erblassers an (Art. 4 EuErbVO). Hat der Erblasser in zulässiger Weise eine Rechtswahl zugunsten seines Heimatrechts getroffen (Art. 22 EuErbVO), so können die betroffenen Parteien eine Gerichtsstandsvereinbarung treffen (Art. 5 EuErbVO). Wegen weiterer Einzelheiten darf auf die Kommentierung der EuErbVO von *Burandt/Schmuck* unter Gliederungsnummer 110 dieses Kommentars verwiesen werden.

5 **d) Zuständigkeit für Erbscheinsverfahren.** Die EuErbVO unterscheidet nicht zwischen streitiger und freiwilliger Gerichtsbarkeit, sie gilt daher grundsätzlich auch für die dem Regelungswerk des FamFG unterliegenden Nachlasssachen. Auch innerstaatliche Erbschaftszeugnisse wie der deutsche Erbschein, welche nach Art. 62 III EuErbVO neben dem fakultativen Europäischen Nachlasszeugnis ausdrücklich zugelassen bleiben, unterfallen dem Zuständigkeitsregime der EuErbVO (EuGH Urt. v. 21.6.2018 – C – 20/17, ZEV 2018, 465 mAnm *Zimmermann* ZEV 2018, 468). Damit ist der hierzu bestehende Meinungsstreit durch den zur Auslegung der EuErbVO berufenen EuGH verbindlich entschieden (vgl. zuvor – im gegenteiligen Sinn – KG, das die Sache dem EuGH vorgelegt hat, Beschl. v. 10.1.2017 – 6 W 125/16, ZEV 2017, 213, mit Darstellung des Streitstands Rn. 16 f., Anm. *Leipold* ZEV 2017, 216; aus der Literatur vgl. Keidel/*Engelhardt* Rn. 37 mwN auch zur Gegenmeinung). Nach der Begründung des Regierungsentwurfs zum IntErbRVG soll sich die internationale Zuständigkeit der deutschen Nachlassgerichte für die besondere amtliche Verwahrung nach § 342 I Nr. 1 sowie die Erteilung und Einziehung und ggf. Kraftloserklärung von Erbscheinen, Testamentsvollstreckerzeugnissen und sonstigen vom Nachlassgericht zu erteilenden Zeugnissen weiterhin nach § 105 richten, da diese Tätigkeiten vom Zuständigkeitsregime der EuErbVO nicht erfasst seien (BT-Drs. 18/4201, 59). Folgt man dem, so kann, auch wenn zB der letzte gewöhnliche Aufenthalt des Erblassers im Ausland liegt und deshalb im Anwendungsbereich der EuErbVO ausländische Gerichte international zuständig sind, ein nach § 343 im Inland örtlich zuständiges Nachlassgericht (zB weil der Erblasser einen früheren gewöhnlichen Aufenthalt im Inland hatte, § 343 II, oder weil er Deutscher war oder sich Nachlassgegenstände im Inland befinden, § 343 III) einen Erbschein erteilen. Diese Rechtsmeinung, die nicht zuletzt von den Bedürfnissen der Praxis geprägt war, lässt sich nun nach der genannten Entscheidung des EuGH (ZEV 2018, 465) nicht mehr aufrecht erhalten. Für den gegenständlich beschränkten Fremdrechtserbschein ist in diesen Fällen kein Raum mehr. Das ist insbesondere misslich, wenn über die beantragte Erbfolge kein Streit besteht und nur ein Nachweis zum Gebrauch im Inland benötigt wird.

6 **e) Vorrangige Staatsverträge.** Staatsverträge, die Regelungen zur internationalen Zuständigkeit enthalten, gehen § 105 vor. Auch die EuErbVO lässt bereits bestehende internationale Übereinkommen zwischen Drittstaaten und einem oder mehreren Mitgliedstaaten unberührt (Art. 75 EuErbVO). Für Deutschland verbleibt es somit bei der Anwendbarkeit des deutsch-türkischen Niederlassungsabkommens vom 28.5.1929, des deutsch-persischen Niederlassungsabkommens v. 17.2.1929, und des deutsch-sowjetischen Konsularvertrags v. 25.4.1958 (*Burandt/Schmuck* → EuErbVO Art. 75 Rn. 1). Bedeutung hat das insbesondere, wenn ein iranischer Staatsangehöriger mit letztem gewöhnlichem Aufenthalt in Deutschland stirbt; hier muss das örtlich zuständige Nachlassgericht iranisches Erbrecht anwenden (Keidel/*Engelhardt* Rn. 13; Keidel/*Zimmermann* IntErbRVG § 39 Rn. 16).

...

Buch 4. Verfahren in Nachlass- und Teilungssachen

Abschnitt 1. Begriffsbestimmung; örtliche Zuständigkeit

§ 342 Begriffsbestimmung

(1) **Nachlasssachen sind Verfahren, die**
1. **die besondere amtliche Verwahrung von Verfügungen von Todes wegen,**
2. **die Sicherung des Nachlasses einschließlich Nachlasspflegschaften,**
3. **die Eröffnung von Verfügungen von Todes wegen,**
4. **der Ermittlung der Erben,**
5. **die Entgegennahme von Erklärungen, die nach gesetzlicher Vorschrift dem Nachlassgericht gegenüber abzugeben sind,**
6. **Erbscheine, Testamentsvollstreckerzeugnisse und sonstige vom Nachlassgericht zu erteilende Zeugnisse,**

Begriffsbestimmung § 342 FamFG 30

7. die Testamentsvollstreckung,
8. die Nachlassverwaltung sowie
9. sonstige den Nachlassgerichten durch Gesetz zugewiesene Aufgaben

betreffen.

(2) Teilungssachen sind

1. die Aufgaben, die Gerichte nach diesem Buch bei der Auseinandersetzung eines Nachlasses und des Gesamtguts zu erledigen haben, nachdem eine eheliche, lebenspartnerschaftliche oder fortgesetzte Gütergemeinschaft beendet wurde, und
2. Verfahren betreffend Zeugnisse über die Auseinandersetzung des Gesamtguts einer ehelichen, lebenspartnerschaftlichen oder fortgesetzten Gütergemeinschaft nach den §§ 36 und 37 der Grundbuchordnung sowie nach den §§ 42 und 74 der Schiffsregisterordnung.

1. Normzweck. Die Nr. 1–8 enthalten eine Aufzählung der wichtigsten Verfahrensgegenstände in Nachlasssachen. Daneben zählen zu den Nachlasssachen eine Vielzahl von Einzelaufgaben, die durch Gesetz den Nachlassgerichten zugewiesen sind (Nr. 9). Hierzu gehören zB die Fristbestimmung bei Vermächtnissen und Auflagen, §§ 2151, 2153–2155, 2192, 2193 BGB, die Stundung des Pflichtteilsanspruchs, § 2331a BGB, Aufgaben im Zusammenhang mit der Inventarerrichtung, §§ 1993 ff. BGB, der Anzeige über den Eintritt der Nacherbschaft, § 2146 BGB, und die Anzeige vom Erbschaftskauf, §§ 2384, 2385 BGB. 1

2. Sachliche Zuständigkeit. Eine Zuständigkeitsabgrenzung zwischen Amts- und Landgericht nach Streitwert kennt das Verfahren der freiwilligen Gerichtsbarkeit nicht. Grundsätzlich sind die Amtsgerichte erstinstanzlich zur Entscheidung berufen, vgl. § 23a GVG (zu den Ausnahmen vgl. *Kroiß*, Zuständigkeitsprobleme in der Freiwilligen Gerichtsbarkeit, 1994, 125). 2

§ 23a GVG *[Zuständigkeit in Kindschafts-, Unterhalts- und Ehesachen]*

(1) ¹ *Die Amtsgerichte sind ferner zuständig für*

1. *Familiensachen;*
2. *Angelegenheiten der freiwilligen Gerichtsbarkeit, soweit nicht durch gesetzliche Vorschriften eine anderweitige Zuständigkeit begründet ist.*

² *Die Zuständigkeit nach Satz 1 Nummer 1 ist eine ausschließliche.*

(2) *Angelegenheiten der freiwilligen Gerichtsbarkeit sind*

1. ...
2. *Nachlass- und Teilungssachen,*
3. ...

Landesrechtliche Vorschriften, nach welchen für die dem Nachlassgericht obliegenden Verrichtungen andere als gerichtliche Behörden zuständig sind, bleiben unberührt. So nahm zB bis 31.12.2017 in Württemberg der Bezirksnotar, Art. 73 ff. AGBGB, und in Baden der Notar nach § 33 LFGG die Aufgaben des Nachlassgerichts war. Besondere Zuständigkeiten ergeben sich noch bundesrechtlich, wenn die Frage zu entscheiden ist, wer Hoferbe geworden ist, sowie bei Erteilung oder Einziehung eines Erbscheins, wenn zum Nachlass ein Hof gehört (Hoffolgezeugnis). Hier ist in den Ländern der ehemals britischen Zone das Landwirtschaftsgericht berufen, § 18 II HöfeO, wenn der Hof, der zum Nachlass gehört, in diesem Bereich gelegen ist (Bumiller/Harders/*Schwamb* FamFG Vorb. §§ 343, 344 Rn. 4). Für die **Auseinandersetzung des Nachlasses und des Gesamtguts einer Gütergemeinschaft**, falls ein Anteil an dem Gesamtgut zu einem Nachlass gehört, ist nach der Neuregelung durch das Gesetz zur Übertragung von Aufgaben im Bereich der freiwilligen Gerichtsbarkeit auf Notare (BR-Drs. 358/13) nunmehr der Notar gem. §§ 344 IVa u. V zuständig. Die Neuregelung gilt hierbei ab dem 1.9.2013. 3

3. Funktionelle Zuständigkeit. Für **Nachlasssachen** bestimmt § 16 RPflG, dass bestimmte Angelegenheiten dem Richter vorbehalten sind. So ist zB der Richter sowohl für die Erteilung als auch für die Einziehung eines Erbscheins zur Entscheidung berufen, sofern eine Verfügung von Todes wegen vorliegt, § 16 I Nr. 6 u Nr. 7 RPflG. Gem. § 16 II RPflG ist in Verfahren iSd § 33 Nr. 1 und Nr. 3 IntErbRVG ebenfalls die Entscheidung grds. dem Richter vorbehalten, sofern eine Verfügung von Todes wegen vorliegt oder die Anwendung ausländischen Rechts in Betracht kommt. 4

Nach § 16 III RPflG kann der Richter jedoch auch wenn eine Verfügung von Todes wegen vorliegt, die Erteilung des Erbscheins bzw die Ausstellung eines Europäischen Nachlasszeugnisses dem Rechtspfleger übertragen, sofern gesetzliche Erbfolge maßgeblich ist und deutsches Erbrecht anzuwenden ist. 5

Voraussetzung ist aber, dass der Richter, eine bindende Festlegung trifft, dass testamentarische Erbfolge nicht eingetreten ist und deshalb ein Erbschein nach gesetzlicher Erbfolge zu erteilen ist (OLG Hamm Beschl. v. 25.4.2013 – I-15 W 398/12, FGPrax 2013, 215 (216)). 6

Zum Landesrecht vgl. § 19 RPflG: so ist zB in Bayern ab 1.1.2014 **grds.** der **Rechtspfleger** auch bei Vorliegen einer letztwilligen Verfügung zuständig, wenn keine Einwände gegen den Antrag erhoben werden und nicht ausländisches Recht anzuwenden ist; vgl. Verordnung zur Aufhebung von Richtervorbehalten (AufhRiVbV) vom 15. März 2006 (GVBl. 170, BayRS 315-7-J), zuletzt geändert durch Verordnung vom 17. August 2015 (GVBl. 320). 7

Gierl

8   Die **Neuordnung** der Regelungen zur internationalen Zuständigkeit **im FamFG** bedingte eine Ausweitung der internationalen Zuständigkeiten in Nachlasssachen, insb. hinsichtlich der Erteilung unbeschränkter Fremdrechtserbscheine (BT-Drs. 16/6308, 322). Für **Erbfälle ab 17.8.2015** ist nunmehr die **EuErbVO** anwendbar. Demgemäß findet für Erblasser, auch wenn sie Angehörige sog. Drittstatten sind, deutsches Erbrecht Anwendung, sofern ihr gewöhnlicher Aufenthalt im Zeitpunkt ihres Todes im Bundesgebiet lag und sie keine (abweichende) Rechtswahl getroffen haben (vgl. Art. 21 ff. EuErbVO). Dies kann nun im Ergebnis zu einem Rückgang von Fremdrechtserbscheinen führen.

9   Liegt der Erteilung eines Erbscheins die **Anwendung ausländischen Rechts** zugrunde, ist die Entscheidung – unabhängig davon, ob eine Verfügung von Todes wegen vorliegt – dem Richter vorbehalten; § 16 II, III RpflG.

10 **4. Die einzelnen Nachlasssachen.** Die in § 342 I Nr. 1–8 enthaltene Aufzählung ist nicht abschließend (BT-Drs. 16/6308, 277; MüKoFamFG/*J. Mayer* § 342 Rn. 2).

11 **a) Die besondere amtliche Verwahrung.** Das Verfahren für die besondere amtliche Verwahrung von Verfügungen von Todes wegen ist in §§ 346 ff. geregelt. Der Erblasser hat zu Lebzeiten die Möglichkeit, seine letztwillige Verfügung beim Nachlassgericht zu hinterlegen. Damit soll sichergestellt werden, dass sie nach seinem Ableben gefunden und eröffnet wird.

12 **b) Die Nachlasssicherung.** Nachlasssachen iSd FamFG sind auch Maßnahmen zur Sicherung des Nachlasses einschließlich der Nachlasspflegschaft (für den unbekannten Erben), §§ 1960–1962 BGB, § 342 I Nr. 2 FamFG. Der Nachlasspflegschaft kommt dabei eine gewisse „Doppelfunktionalität" zu, da es sich bei ihr auch um eine „betreuungsrechtliche Zuweisungssache" handelt, § 340 Nr. 1. Verfahrensrechtlich wird dabei weitgehend auf die Vorschriften zum Pflegschaftsrecht verwiesen, sachlich zuständig ist aber nicht das Betreuungs-, sondern das Nachlassgericht, § 1962 BGB. Von der Nachlasspflegschaft ist die sog. Abwesenheitspflegschaft iSd § 1911 BGB zu unterscheiden. Dies liegt dann vor, wenn zwar die Person des Erben, nicht aber dessen Aufenthalt bekannt ist. Für dessen Bestellung ist das Betreuungsgericht zuständig (§ 340).

13 **c) Die Eröffnung letztwilliger Verfügungen.** Die Eröffnung letztwilliger Verfügungen obliegt dem Nachlassgericht, §§ 342 I Nr. 3, 348–351. Sie dient auch der Information der Beteiligten, insb. der gesetzlichen und gewillkürten Erben, um sie durch die Kenntnis aller letztwilliger Verfügungen in die Lage zu versetzen, ihre Rechte hinsichtlich des Nachlasses wahrzunehmen (BGHZ 91, 205; Bumiller/Harders/*Schwamb* FamFG § 342 Rn. 5).

14 **d) Die amtliche Erbenermittlung.** Ein solches Verfahren, also die Ermittlung der Erben ohne, dass ein Erbschein beantragt wurde, wird nunmehr in Bayern gem. Art. 37 BayAGGVG durchgeführt. Voraussetzung ist aber, dass ein Aktivnachlass vorhanden ist. Eine amtl. Erbenermittlung kann iÜ auf Ersuchen des Grundbuchamts gem. § 82a 2 GBO erfolgen. Unter Nr. 4 (und nicht unter Nr. 9) sollen auch Kosten einer öffentlichen Aufforderung zur Anmeldung der Erbrechte gem. § 1965 I BGB fallen, sodass keine Kostenfreiheit besteht (OLG Naumburg, Beschl. v. 9.11.2015 – 12 W 75/15, FGPrax 2016, 93, (94).

15 **e) Die Entgegennahme von Erklärungen.** Soweit das Gesetz bestimmt, dass Erklärungen gegenüber dem Nachlassgericht abzugeben sind, zB nach §§ 1484, 1491, 1492, 1993, 2004, 2006, 2081, 2146, 2202, 2226, 2281, 2384, 2385 BGB, handelt es sich um eine Nachlasssache (Keidel/*Zimmermann* FamFG § 342 Rn. 8). Ein Nachlassverfahren nach dem FamFG liegt auch vor, wenn das Nachlassgericht die Ausschlagung der Erbschaft, § 1945 BGB, oder die Anfechtung der Erbschaftsannahme oder der Ausschlagung, § 1955 BGB, entgegen nimmt.

16 **f) Erbscheinsverfahren.** Zu den Nachlassverfahren gehören auch das Erbscheinsverfahren, §§ 2353 ff. BGB, §§ 352 ff. FamFG, das Verfahren auf Erteilung eines Testamentsvollstreckerzeugnisses, § 2368 BGB, § 352b FamFG und sonstiger vom Nachlassgericht zu erteilender Zeugnisse, § 354. Auch das Verfahren zur Einziehung der Zeugnisse richtet sich nach dem FamFG.

17 **g) Testamentsvollstreckung.** Auch Verfahren im Zusammenhang mit der Testamentsvollstreckung sind, soweit sie den Nachlassgerichten zugewiesen wurden, Nachlasssachen iSd § 342 I Nr. 7. Dazu gehören die in § 355 genannten Verfahren (Bumiller/Harders/*Schwamb* FamFG § 342 Rn. 9), wie die Bestimmung der Person des Testamentsvollstreckers, § 2198 BGB, seine Ernennung durch das Nachlassgericht, § 2200 BGB, die Entgegennahme der Amtsannahmeerklärung, § 2202 II BGB und die Fristsetzung zur Erklärung der Amtsannahme, § 2202 III BGB. Auch die Außerkraftsetzung von Anordnungen des Erblassers nach § 2216 II 2 BGB und die Entscheidung über Meinungsverschiedenheiten zwischen mehreren Testamentsvollstreckern, § 2224 I BGB, stellt ebenso ein Nachlassverfahren nach § 342 I Nr. 7 dar, wie das Verfahren zur Entlassung eines Testamentsvollstreckers nach § 2227 BGB. Bei Streit über die Höhe der Vergütung des Testamentsvollstreckers ist hingegen allein das Prozessgericht zuständig, und zwar selbst dann, wenn der Erblasser die Entscheidung dem Nachlassgericht auferlegt hat (Keidel/*Zimmermann* FamFG § 342 Rn. 9a; vgl. auch BGH Beschl. v. 27.10.2004 – IV ZR 243/03, ZEV 2005, 22 (23 f.)).

18 **h) Nachlassverwaltung.** Bei der Nachlassverwaltung handelt es sich um einen **Unterfall der Nachlasspflegschaft** (BayObLGZ 1976, 167 (171)). Sie bezweckt zum einen die Befriedigung der Nachlassgläubiger und zum anderen die Beschränkung der Haftung der Erben auf den Nachlass, § 1975 BGB. Nachlassverwaltung wird nur auf **Antrag** angeordnet, § 1981 I BGB. Antragsberechtigt ist der Alleinerbe; Miterben können den Antrag **nur gemeinschaftlich** stellen, § 2062 BGB. IÜ sind auch der Testa-

mentsvollstrecker (NK-BGB/*Kick* § 2062 Rn. 9 und die Nachlassgläubiger, § 1981 II BGB, zur Antragstellung befugt. IÜ wird auf die Komm. zu § 359 verwiesen.

i) Sonstige den Nachlassgerichten durch Gesetz zugewiesene Aufgaben. Dazu gehört zB die Ausstellung eines Europäischen Nachlasszeugnisses (§ 34 IV IntErbRVG) und insb. Fristbestimmungen zur Ausübung des Bestimmungsrechts bei Vermächtnissen und Auflagen nach §§ 2151 III 2, 2153 II 2, 2154 II 2, 2155 II, 2192, 2193 III 3 BGB. Auch das Verfahren zur Stundung des Pflichtteilsanspruchs nach § 2331a BGB stellt eine Nachlasssache dar. Insoweit darf auf § 362 hingewiesen werden. Auch die nachlassgerichtliche Tätigkeit im Zusammenhang mit der Inventarerrichtung nach §§ 1993 ff. BGB (OLG München Rpfleger 2008, 578), fallen unter den Begriff der Aufgaben nach § 342 I Nr. 9. Schließlich gehören die Feststellung des Erbrechts des Fiskus, §§ 1964, 1965 BGB, die Anzeigen über den Eintritt der Nacherbschaft, § 2146 BGB, und des Erbschaftskaufs, §§ 2384, 2385 BGB sowie Mitteilungen iSd § 83 BGB und § 83 GBO, zu den Nachlasssachen. Mangels gesetzlicher Regelung ist das Nachlassgericht außerhalb eines Erbscheinsverfahrens grds. nicht befugt, über die Wirksamkeit einer Ausschlagung der Erbschaft förmlich zu entscheiden (OLG München Beschl. v. 25.2.2010 – 31 Wx 20/10, NJW-RR 2010, 1663). 19

5. Teilungssachen. § 342 II definiert den Begriff der Teilungssachen. Bzgl. der Einzelheiten darf auf die Komm. zu §§ 363–373 verwiesen werden. 20

§ 343 Örtliche Zuständigkeit

(1) Örtlich zuständig ist das Gericht, in dessen Bezirk der Erblasser im Zeitpunkt seines Todes seinen gewöhnlichen Aufenthalt hatte.
(2) Hatte der Erblasser im Zeitpunkt seines Todes keinen gewöhnlichen Aufenthalt im Inland, ist das Gericht zuständig, in dessen Bezirk der Erblasser seinen letzten gewöhnlichen Aufenthalt im Inland hatte.
(3) ¹Ist eine Zuständigkeit nach den Absätzen 1 und 2 nicht gegeben, ist das Amtsgericht Schöneberg in Berlin zuständig, wenn der Erblasser Deutscher ist oder sich Nachlassgegenstände im Inland befinden. ²Das Amtsgericht Schöneberg in Berlin kann die Sache aus wichtigem Grund an ein anderes Nachlassgericht verweisen.

1. Normzweck. In den §§ 343 u. 344 sind die verschiedenen Regelungen zur örtlichen Zuständigkeit in Nachlass- und Teilungssachen zusammengefasst. § 343 (Örtliche Zuständigkeit) entspricht weitgehend § 73 I–III FGG. § 343 III knüpft dabei an den früheren § 73 III FGG an. Die Vorschrift wurde im Hinblick auf den Wegfall der Beschränkung der Tätigkeit des Nachlassgerichts auf im Inland belegene Gegenstände neu gefasst (BT-Drs. 16/6308, 277). Der Wegfall dieser Einschränkung beruhte auf der gem. § 105 vorgenommenen Absage an die Gleichlauftheorie. Im Rahmen des Inkrafttretens des IntErbRVG, das seinerseits der Durchführung der EuErbVO dient, wurden auch die Vorschriften der §§ 343, 344 neugefasst. Insofern ist maßgebliches Kriterium für die Bestimmung der örtlichen Zuständigkeit des Nachlassgerichts nicht mehr der Wohnsitz des Erblassers (wie auch der Staatsangehörigkeit keine Bedeutung zukommt), sondern allein dessen „gewöhnlicher Aufenthalt". Diese Änderung dient dem Ziel, eine weitgehende einheitliche örtliche Zuständigkeit der Gerichte für die Erteilung eines Erbscheins und für die Ausstellung eines Europäischen Nachlasszeugnisses nach Kapitel VI der EuErbVO zu gewährleisten. Insoweit gilt auch im Rahmen des § 343 das im europäischen Kollisionsrecht und internationalen Verfahrensrecht verankerte Aufenthaltsprinzip (BT-Drs. 18/4201 59). Demgemäß kann und muss für die Bestimmung des „gewöhnlichen Aufenthalts" iSd § 343, 344 auf die „Erwägungen" der EuErbVO zurückgegriffen werden (OLG München Beschl. v. 22.3.2017 – 31 AR 47/17 RNotZ 2017, 455 (457)). Das Kriterium „gewöhnlicher Aufenthalt" ist im Vergleich zu dem des „Wohnsitz" weniger eindeutig und kann in der Praxis zu erheblichen Ermittlungen für die Bestimmung der örtlichen Zuständigkeit führen. 1

Die Bestimmung des „gewöhnlichen Aufenthalts" ist in formeller Hinsicht nicht nur für die Begründung der örtlichen Zuständigkeit bedeutsam, sondern ist auch entscheidend für die Feststellung des anzuwendenden materiellen Rechts bei Erbfällen mit internationalem Bezug (vgl. Art. 21 EuErbVO). 2

Für die Einrichtung einer Nachlasspflegschaft auf Antrag eines Nachlassgläubigers gem. §§ 1961, 1960 BGB besteht grds. die allgemeine örtliche Zuständigkeit des Nachlassgerichtes am letzten gewöhnlichen Aufenthalt des Erblassers gem. § 343 (OLG Rostock FGPrax 2013, 126 zu § 343 aF: Wohnsitz). 3

2. Anknüpfungspunkte. a) bis zum 16.8.2015: aa) Wohnsitz. In Nachlasssachen ist in erster Linie das Gericht in dessen Bezirk der Erblasser seinen letzten Wohnsitz hatte, örtlich zuständig, §§ 343 I aF. Der Begriff des Wohnsitzes bestimmt sich nach den §§ 7–11 BGB. Abzustellen ist dabei auf den Mittelpunkt der gesamten Lebensverhältnisse einer Person (BayObLG 93, 89). Eine Anmeldung beim Einwohnermeldeamt wird nicht vorausgesetzt (BayObLG Rpfleger 1981, 112). Hält sich der Erblasser zur Zeit des Erbfalles in einem „Pflegewohnzentrum" auf, weil sein Gesundheitszustand eine auf nicht begrenzte Dauer angelegte medizinische und pflegerische Betreuung erfordert, und spricht nichts dafür, das eine Rückkehr des Erblassers in die zuletzt von ihm bewohnte, an einem anderen Ort befindliche, Wohnung in Betracht zu ziehen ist, so ist der für die örtliche Zuständigkeit maßgebliche letzte Wohnsitz des Erblassers am Ort des „Pflegewohnzentrums" (OLG Düsseldorf FamRZ 2013, 807 = Rpfleger 2013, 205; 4

2009, 681). Bei mehreren Wohnsitzen des Erblassers ist das Gericht, das zuerst mit der Angelegenheit befasst ist, zuständig, § 2 I.

5 **bb) Aufenthalt.** Hatte der Erblasser keinen inländischen Wohnsitz, so ist das Gericht örtlich zuständig, in dessen Bezirk der Erblasser seinen Aufenthalt hatte, § 343 I Hs. 2 aF. Abzustellen ist dabei auf den Ort, an dem sich der Erblasser zum Todeszeitpunkt tatsächlich – auch vorübergehend – befand (Bumiller/Harders/*Schwamb* FamFG § 343 Rn. 6). Der schlichte Aufenthalt ist dabei ausreichend (BayObLG FamRZ 2003, 937).

6 **cc) Zuständigkeit des Amtsgerichts Berlin-Schöneberg.** Hatte der Erblasser weder Wohnsitz noch Aufenthalt im Inland, ist das Amtsgericht Schöneberg in Berlin zuständig. Dieses kann aber aus wichtigem Grund jederzeit das Verfahren an ein anderes Gericht verweisen, § 343 II 2 aF. Eine Verweisung erfolgt meist an das Gericht, in dessen Bezirk sich Nachlassgegenstände befinden (KG Beschl. v. 19.12.2013 – 1 AR 25/13, ZEV 2014, 163 (164)). Die Abgabeverfügung ist für das Gericht, an das verwiesen wird, bindend § 3 III 2.

7 **dd) Ort des belegenen Nachlasses.** War der Erblasser Ausländer und hatte er keinen inländischen Wohnsitz und Aufenthalt, ist jedes Amtsgericht, in dessen Bezirk sich Nachlassgegenstände befinden, für den gesamten Nachlass zuständig. § 73 III FGG sah früher noch die Einschränkung vor, dass sich die Zuständigkeit nur auf die „im Inland befindlichen Nachlassgegenstände" bezog. Infolge der Änderung der internationalen Zuständigkeit, § 105, war diese Beschränkung entfallen.

8 **ee) Letzter bekannter Wohnsitz.** Ist der Erblasser an einem unbekannten Ort verstorben, ist es vertretbar, seinen letzten bekannten Wohnsitz als Anknüpfungspunkt für die örtliche Zuständigkeit des Nachlassgerichts heranzuziehen. Befand sich dieser Wohnsitz in ehemaligen deutschen Gebieten, ist die Verweisung des Verfahrens an das AG Schöneberg nicht willkürlich (KG Beschl. v. 19.12.2013 – 1 AR 22/13, ZEV 2014, 163 (164)).

9 **b) Ab dem 17.8.2015: aa) Gewöhnlicher Aufenthalt (Abs. 1). (1) Definition.** Eine Definiton des Begriffs bzw. Kriterien für die Bestimmung des gewöhnlichen Aufenthalts enthält die Vorschrift, die in persönlicher Hinsicht sowohl deutsche als auch ausländische Erblasser erfasst, nicht. Im Hinblick auf die der Neufassung zugrundeliegende Intention (→ Rn. 1) ist der Begriff im Lichte der EuErbVO (einheitlich) auszulegen (OLG München Beschl. v. 22.3.2017 – 31 AR 47/17, RNotZ 2017, 455 (457)). Doch auch in der EuErbVO ist der Begriff nicht definiert; er ist aber im Rahmen der EuErbVO einheitlich auszulegen. Insoweit sind die Erwägungsgründe 23, 24 EuErbVO auch im Rahmen der §§ 343, 344 zur Bestimmung des „gewöhnlichen Aufenthalts" heranzuziehen (OLG München Beschl. v. 22.3.2017 – 31 AR 47/17, RNotZ 2017, 455 (457)). Insoweit ist bei der Bestimmung des gewöhnlichen Aufenthalts eine Gesamtbeurteilung der Lebensumstände des Erblassers in den Jahren vor seinem Tod und im Zeitpunkt seines Todes vorzunehmen. Dabei sind alle relevanten Tatsachen zu berücksichtigen, insb. die Dauer und die Regelmäßigkeit des Aufenthalts des Erblassers (in dem betreffenden Staat) sowie die damit zusammenhängenden Umstände und Gründe (Erwägungsgrund 23 2). Insoweit ist der **Lebensmittelpunkt des Erblassers in familiärer und sozialer Hinsicht** (vgl. Erwägungsgrund 24 3) zu ermitteln. Pendelte zB die Erblasserin zwischen ihrer ehelichen Wohnung (Bremen) und war sie auch am Ort ihrer Arbeitsstätte (Köln) gemeldet, so bringt sie durch die Einreichung eines Scheidungsantrages zum Ausdruck, dass sie ihren bisherigen gewöhnlichen Aufenthalt an dem Ort der gemeinsamen Ehewohnung aufgibt und nunmehr einen neuen gewöhnlichen Aufenthalt an dem Ort ihres jetzigen Lebensmittelpunkts begründen will (OLG Köln Beschl. v. 23.8.2017 – 2 Wx 193/17, BeckRS 2017, 125723 Rn. 9). Neben diesen objektiven sind auch subjektive Kriterien heranzuziehen. Wenngleich für die Begründung des Aufenthalts kein rechtsgeschäftlicher Wille Voraussetzung ist, ist nach zutreffender Auffassung ein nach außen manifestierter sog. (natürlicher) freiwilliger Bleibewille erforderlich (Keidel/*Zimmermann* FamFG § 343 Rn. 67 mwN; Palandt/*Thorn* Art. 21 EuErbVO Rn. 6). Denn ohne die Fähigkeit zu einer so verstandenen Willensbildung war der Erblasser auch nicht zur Aufnahme und Pflege sozialer Beziehungen fähig. Durch das Heranziehen einer solchen subjektiven Komponente lassen sich auch die Fälle eines erzwungenen Aufenthalts (Haft) bzw. eines Aufenthaltswechsels dementer Erblasser lösen. Sind nicht hinreichende Anknüpfungspunkte für einen Bleibewillen feststellbar, können objektive Kriterien Indizien für einen solchen sein (Gierl/Köhler/*Kroiß*/Wilsch/*Köhler* Kapitel 1 § 4 Rn. 15). Da es nur einen Lebensmittelpunkt gibt (*Dörner* ZEV 2012, 505 (510)), ist dieser stets im jeweiligen Einzelfall unter Würdigung aller maßgebenden Kriterien zu bestimmen. Die Problematik stellt sich insb. bei Grenzpendlern, mehrjähriger beruflicher Tätigkeit im Ausland, Studium im Ausland. IdR wird bei Erbfällen, in denen die Erblasser ihren Wohnsitz im Inland hatten, dieser auch ihr „gewöhnlicher Aufenthalt" sein.

10 **(2) Einzelfälle:**

11 – **Alten/Pflegeheim:** In solchen Heimen kann grundsätzlich ein Aufenthalt begründet werden (OLG Düsseldorf Beschl. v. 7.6.2016 – I-3 Sa 5/15, FGPrax 2016, 240). Voraussetzung hierfür ist aber, dass im Zeitpunkt des Einzugs der Erblasser fähig war, einen eigenen Bleibewillen zu bilden. War dies nicht (mehr) möglich, weil er dement war, so verbleibt es bei dem ursprünglichen Aufenthaltsort, den der Erblasser bei letztmaliger Geschäftsfähigkeit hatte; der Wille des Betreuers ist ebensowenig unmaßgeblich (OLG München Beschl. v. 22.3.2017 – 31 AR 47/17 RNotZ 2017, 455 (457)) wie der Aufenthaltsort des Betreuers oder der Aufenthalt des Pflegepersonals (Keidel/*Zimmermann* FamFG § 343 Rn. 67).

12 – **Krankenhaus:** der Aufenthalt ist dort idR vorübergehender Natur; ein gewöhnlicher Aufenthalt wird daher dort mit der Aufnahme in das Krankenhaus nicht begründet. Auch die Aufnahme in ein **Reha-**

Örtliche Zuständigkeit § 343 FamFG 30

Haus ist nur vorübergehend, sodass auch bei einer längerer Dauer kein Aufenthalt begründet wird, zumal der Patient idReinen Rückkehrwillen in sein altes soziale Umfeld haben dürfte (aA Keidel/*Zimmermann* FamFG § 343 Rn. 68).
– **Haft:** Mangels Freiwilligkeit eines Bleibewillens und der nicht möglichen sozialen Integration in die Umwelt stellt die Haftanstalt nicht den Ort des gewöhnlichen Aufenthalts dar. (Palandt/*Thorn* Art. 21 EuErbVO Rn. 6; Keidel/*Zimmermann* § 343 Rn. 68). 13
– **Berufliche Tätigkeit:** allein eine **mehrjährige Tätigkeit im Ausland unter Aufgabe der Wohnung im Inland** stellt für sich allein noch kein zwingendes Indiz für die Begründung des gewöhnlichen Aufenthalts im Ausland dar (aA Keidel/*Zimmermann* FormFG § 343 Rn. 66). Maßgeblich ist vielmehr, ob trotz der Dauer des Auslandsaufenthalts der Herkunftsort sich weithin als der Lebensmittelpunkt darstellt. Indizien können zB mehrfache Rückkehr, Einlagerung von Vermögen im Inland (vgl. Erwägungsgrund 24 3). Aus objektiven Kriterien, die auf eine soziale Integration im Ausland hinweisen, kann andererseits auf das Vorliegen eines Bleibewillens geschlossen werden. **Grenzpendler** haben idR am Ort ihrer beruflichen Tätigkeit nicht ihren gewöhnlichen Aufenthalt, wenngleich im Einzelfall (bejahrten Grenzpendler, der im Zweitstaat nicht integriert ist), der gewöhnliche Aufenthalt beim Erststaat liegen kann, obwohl der Erblasser dort keinen Wohnsitz mehr hat (KG Beschl. v. 26.4.2016 – 1 AR 8/16, ZEV 2016, 514 (516) mAnm *Lehmann*). Die örtliche Zuständigkeit bestimmt sich dann nach nationalen Recht und knüpft an den letzten gewöhnlichen Aufenthalt im Inland an. 14
– **Sonstige Personen im Ausland sowie sog. Mallorca-Rentner:** Bei Personen, die aus privaten Gründen mehrere Monate im Jahr sich in unterschiedlichen Orten im Ausland aufhalten (vgl. dazu *Pfeiffer* IPRax 2016, 310), ist jeweils im Wege der Einzelfallprüfung der Schwerpunkt ihrer familiären und sozialen Beziehungen zu ermitteln; einen mehrfachen gewöhnlichen Aufenthalt gibt es insofern nicht (vgl. → Rn. 9). Ob die Personen der jeweiligen Landessprache mächtig sind, ist kein maßgebliches Kriterium für die Bestimmung des Lebensmittelpunktes (Keidel/*Zimmermann* FamFG § 343 Rn. 68). Insofern ist auf die Ausführungen in dem Erwägungsgrund 24 zurückzugreifen. 15

bb) Keinen gewöhnlichen Aufenthalt imZeitpunkt des Todes im Inland (Abs. 2): Die Vorschrift erfasst im persönlichen Anwendungsbereich deutsche wie auch ausländische Erblasser, die im Bundesgebiet keinen gewöhnlichen Aufenthalt (mehr) haben. Maßgebend für die Zuständigkeit eines Gerichts ist nach dem Wortlaut allein, dass der Erblasser überhaupt einen gewöhnlichen Aufenthalt im Bundesgebiet hatte. In diesem Fall ist stets die örtliche Zuständigkeit des Gerichts begründet, an dem der Erblasser vor seiner Ausreise ins Ausland seinen letzten gewöhnlichen Aufenthalts hatte. Es ist dabei unerheblich, wie lange der Erblasser im Ausland gelebt hat oder wie lange der letzte gewöhnliche Aufenthalt Inland zurückliegt (KG Beschl. v. 18.7.2017 – 1 AR 36/17, ZEV 2017, 581: über 50 Jahre; aA Keidel/*Zimmermann* FamFG § 343 Rn. 75), Für einen Rückgriff auf den in Art. 10 EuErbVO geregelten Zeitraum von fünf Jahren ist im Hinblick auf den eindeutigen Wortlaut der Vorschrift kein Raum. IÜ verfügt das Gericht des letzten gewöhnlichen Aufenthalts idR auch nach Jahrzehnte über größere Sachnähe als das ansonsten nach Abs. 3 zuständige AG Schöneberg (KG Beschl. v. 18.7.2017 – 1 AR 36/17, ZEV 2017, 581 (582)). 16

cc) Kein gewöhnlicher Aufenthalt im Inland (Abs. 3): Hierbei handelt es sich um eine Auffangzuständigkeit für Erblasser, die zu keinem Zeitpunkt einen gewöhnlichen Aufenthalt im Bundesgebiet hatten. Der Anwendungsbereich ist erst eröffnet, wenn sich nicht ermitteln lässt, ob der Erblasser einen gewöhnlichen Aufenthalt iSd Abs. 1 und 2 im Inland hatte. 17

Ist der **Erblasser Deutscher** wird die örtliche Zuständigkeit allein durch dessen Staatsangehörigkeit begründet, ob sich Nachlassgegenstände im Bundesgebiet befinden, ist insoweit ohne Belang. 18

Ist der **Erblasser Ausländer** begründet der Umstand, dass sich Nachlassgegenstände im Inland befinden, die örtliche Zuständigkeit, was aber voraussetzt, dass (auch) eine internationale Zuständigkeit gegeben ist (OLG Düsseldorf Beschl. v. 26.3.2012 – I-3 Sa 1/12, FGPrax 2012, 167 (168)). Maßgeblicher Zeitpunkt für die Zuständigkeit ist nicht der Erbfall, sondern der Zeitpunkt, in dem das Gericht mit der Sache befasst ist (BayObLG Beschl. v. 4.1.1991 – AR Z 89/90, NJW-RR 1991, 588: Eingang des Erbscheinsantrag). Abgeleitet wird dies von der Formulierung „befinden" (Keidel/*Zimmermann* FamFG § 342 Rn. 88). 19

Zuständig ist das **Amtsgericht Schöneberg (S. 1),** das die Sache aus wichtigem Grund an ein anderes Gericht verweisen kann **(S. 2).** Insoweit bedarf es einer einzelfallbezogenen Zweckmäßigkeitsprüfung (OLG Köln Beschl. v. 21.3.2016 – 2 Wx 76/16, FGPrax 2016, 136), die den Schluss rechtfertigt, dass das Gericht, an das verwiesen wird, sachnäher für die Entscheidung ist. Allein das Befinden von Nachlassgegenstand in einem Gerichtsbezirk ist für eine Verweisung nicht ausreichend KG Beschl. v. 5.1.2016 – 1 AR 34/15, FGPrax 2016, 86; OLG Köln Beschl. v. 8.8.2016 – 2 Wx 220/16, ZEV 2017, 219 Rn. 9; OLG Köln Beschl. v. 27.6.2014 – 2 Wx 170/14, FGPrax 2014, 282 (283): Sparguthaben). Der Verweisungsbeschluss ist grds. bindend, es sei denn er erscheint objektiv willkürlich (vgl. BT-Drs. 16/6308, 175; KG aaO sowie OLG Köln Beschl. v. 21.3.2016 – 2 Wx 76/16, FGPrax 2016, 136). Für die Annahme der Willkür ist nicht Voraussetzung, dass sich das verweisende Gericht bewusst über Tatsachen oder Rechtsnormen hinweggesetzt hat. Eine solche ist auch dann gegeben, wenn das verweisende Gericht in seiner Entscheidung von der Gesetzeslage oder der ganz einhelligen Meinung in Rechtsprechung und Schrifttum abweicht und für seine Rechtsauffassung keinerlei nachvollziehbare Begründung gibt (OLG Köln Beschl. v. 8.8.2016 – 2 Wx 220/16, ZEV 2017, 219 Rn. 10). Eine Beschwerde gegen den Verweisungsbeschlusses durch die Beteiligten ist nicht statthaft (vgl. § 3 III 1). 20

Gierl

21 **3. Bestimmung des örtlich zuständigen Nachlassgerichts.** Erklären sich verschiedene Gerichte, von denen eines für das Verfahren zuständig ist, sich für unzuständig, ist das zuständige Gericht gem- § 5 I Nr. 4 durch das nächsthöhere gemeinsame Gericht zu bestimmen. Hierbei hat das Vorlagegericht die Pflicht, vor Einleitung des Bestimmungsverfahrens die die örtliche Zuständigkeit begründenden Tatsachen zu ermitteln. Erst dann ist das nächsthöhere Gericht zur Entscheidung des Zuständigkeitsstreits berufen (OLG Düsseldorf Beschl. v. 18.11.2016 – I-3 Sa 2/16, ZEV 2017, 103 (104); OLG München Beschl. v. 22.3.2017 – 31 AR 47/17, ZEV 2017, 333 Rn. 2). Für Übergangsfälle gilt Art. 229 § 36 EGBGB nicht nur für Verfahren zur Erteilung von Erbscheinen und Testamentsvollstreckerzeugnisses, sondern hinsichtlich der örtlichen Zuständigkeit über den Wortlaut hinaus für alle Nachlasssachen gem. § 342 I (KG Beschl. v. 15.12.2016 – 1 AR 52/16 ZEV 2017, 218 Rn. 2).

§ 344 Besondere örtliche Zuständigkeit

(1) ¹Für die besondere amtliche Verwahrung von Testamenten ist zuständig,
1. wenn das Testament vor einem Notar errichtet ist, das Gericht, in dessen Bezirk der Notar seinen Amtssitz hat;
2. wenn das Testament vor dem Bürgermeister einer Gemeinde errichtet ist, das Gericht, zu dessen Bezirk die Gemeinde gehört;
3. wenn das Testament nach § 2247 des Bürgerlichen Gesetzbuchs errichtet ist, jedes Gericht.

²Der Erblasser kann jederzeit die Verwahrung bei einem nach Satz 1 örtlich nicht zuständigen Gericht verlangen.

(2) Die erneute besondere amtliche Verwahrung eines gemeinschaftlichen Testaments nach § 349 Abs. 2 Satz 2 erfolgt bei dem für den Nachlass des Erstverstorbenen zuständigen Gericht, es sei denn, dass der überlebende Ehegatte oder Lebenspartner die Verwahrung bei einem anderen Amtsgericht verlangt.

(3) Die Absätze 1 und 2 gelten entsprechend für die besondere amtliche Verwahrung von Erbverträgen.

(4) Für die Sicherung des Nachlasses ist jedes Gericht zuständig, in dessen Bezirk das Bedürfnis für die Sicherung besteht.

(4a) ¹Für die Auseinandersetzung eines Nachlasses ist jeder Notar zuständig, der seinen Amtssitz im Bezirk des Amtsgerichts hat, in dem der Erblasser seinen letzten gewöhnlichen Aufenthalt hatte. ²Hatte der Erblasser keinen gewöhnlichen Aufenthalt im Inland, ist jeder Notar zuständig, der seinen Amtssitz im Bezirk eines Amtsgerichts hat, in dem sich Nachlassgegenstände befinden. ³Von mehreren örtlich zuständigen Notaren ist derjenige zur Vermittlung berufen, bei dem zuerst ein auf Auseinandersetzung gerichteter Antrag eingeht. ⁴Vereinbarungen der an der Auseinandersetzung Beteiligten bleiben unberührt.

(5) ¹Für die Auseinandersetzung des Gesamtguts einer Gütergemeinschaft ist, falls ein Anteil an dem Gesamtgut zu einem Nachlass gehört, der Notar zuständig, der für die Auseinandersetzung über den Nachlass zuständig ist. ²Im Übrigen ist jeder Notar zuständig, der seinen Amtssitz im Bezirk des nach § 122 Nummer 1 bis 5 zuständigen Gerichts hat. ³Ist danach keine Zuständigkeit gegeben, ist jeder Notar zuständig, der seinen Amtssitz im Bezirk eines Amtsgerichts hat, in dem sich Gegenstände befinden, die zum Gesamtgut gehören. ⁴Absatz 4a Satz 3 und 4 gilt entsprechend.

(6) Hat ein anderes Gericht als das nach § 343 zuständige Gericht eine Verfügung von Todes wegen in amtlicher Verwahrung, ist dieses Gericht für die Eröffnung der Verfügung zuständig.

(7) ¹Für die Entgegennahme einer Erklärung, mit der eine Erbschaft ausgeschlagen oder mit der die Versäumung der Ausschlagungsfrist, die Annahme oder Ausschlagung einer Erbschaft oder eine Anfechtungserklärung ihrerseits angefochten wird, ist auch das Nachlassgericht zuständig, in dessen Bezirk die erklärende Person ihren gewöhnlichen Aufenthalt hat. ²Die Urschrift der Niederschrift oder die Urschrift der Erklärung in öffentlich beglaubigter Form ist von diesem Gericht an das zuständige Nachlassgericht zu übersenden.

1 **1. Normzweck.** § 344 enthält Zuständigkeitsregeln für die besondere amtliche Verwahrung (unterscheide davon die einfache amtliche Verwahrung, bei der zB ein Testament nach dessen Ablieferung iSd § 2259 BGB oder auf bloße Aufforderung des Nachlassgerichts zu den Akten genommen wird), die Nachlasssicherung und die Entgegennahme von Erklärungen durch das Nachlassgericht abweichend bzw. ergänzend zu § 343.

2 **2. Die besondere amtliche Verwahrung von Testamenten und Erbverträgen.** Die Vorschriften über die besondere amtliche Verwahrung von letztwilligen Verfügungen finden sich nicht mehr im BGB (§§ 2258a ff. aF, bzw. im FGG (§§ 82a, b FGG), sondern sie sind umfassend im FamFG geregelt.

3 **a) Notarielle Testamente.** Bei Testamenten, die vor einem Notar errichtet wurden, §§ 2231 Nr. 1, 2232 BGB, ist für die besondere amtliche Verwahrung das Gericht zuständig, in dessen Bezirk der Notar seinen Amtssitz hat. Jedoch kann der Testator abweichend von dieser Regelung eine Verwahrung bei einem andere Gericht verlangen, § 344 I 2.

4 **b) Bürgermeistertestament.** Anders als früher im BGB ist in § 344 I Nr. 2 nicht mehr das Testament „vor dem Vorsteher eines Gutsbezirks" genannt. Testamente, die vor dem Bürgermeister einer Gemeinde

errichtet wurden, § 2249 BGB, sind bei dem Gericht in Verwahrung zu geben, zu dessen Bezirk die Gemeinde gehört.

c) Eigenhändige Testamente. Privatschriftliche Testamente, § 2247 BGB, können auf Verlangen des Erblassers (§ 2248 BGB) bei jedem Amtsgericht in besondere amtliche Verwahrung gegeben werden. Gleiches gilt für Nottestamente vor drei Zeugen (§ 2250) und auf See (§ 2251). Für öffentliche Testamente (§§ 2231 Nr. 1, 2232 BGB) gilt § 34 BeurkG. Gem. § 34 I 4 BeurkG soll der Notar veranlassen, dass das Testament unverzüglich in die besondere amtliche Verwahrung gebracht wird. **5**

d) Erbverträge. § 344 I u. II gilt auch für die besondere amtliche Verwahrung von Erbverträgen. Bei Erbverträgen können die Beteiligten jedoch die besondere amtliche Verwahrung ausschließen; die Urkunde bleibt dann in der (einfachen) Verwahrung des Notars (§ 34 III BeurkG). **6**

e) Von Konsularbeamten beurkundete letztwillige Verfügungen. Insoweit findet § 11 II KonsularG Anwendung. Für die besondere amtliche Verwahrung ist das AG Schöneberg zuständig, wobei der Erblasser jederzeit die Verwahrung bei einem anderen Amtsgericht verlangen kann. Eine Verwahrung beim Konsulat ist – auch auf Wunsch des Erblassers – nicht zulässig (Keidel/*Zimmermann* FamFG § 344 Rn. 9). **7**

f) besondere Verwahrung auf Verlangen des Erblassers. Der Erblasser kann nach § 344 I 2 jederzeit (nach hM also auch dann, wenn das Testament bereits in die Verwahrung eines Gericht verbracht war) die Verwahrung bei einem anderen (auch nicht zuständigen) Nachlassgericht verlangen. Bei einem gemeinschaftlichen Testament bedarf es der Erklärung beider Ehegatten. Eine weitere Verwahrungsgebühr iSd Nr. 12100 KV GNotKG fällt nicht an; die infolge der Versendung entstandenen Auslagen erfüllen keinen Gebührentatbestand (Keidel/*Zimmermann* FamFG § 344 Rn. 8). **8**

g) Erneute besondere amtliche Verwahrung: Durch die Regelung in § 344 II ist der Streit, welches Gericht für die Weiterverwahrung eines gemeinschaftlichen Testaments zuständig ist, geklärt (OLG Zweibrücken Beschl. v. 29.11.2007 – 2 AR 39/07, BeckRS 2008, 06402). Das gemeinschaftliche Testament wird also nicht an das bisherige Verwahrungsgericht zurückgegeben, sondern verbleibt bei dem Nachlassgericht, das für den Erbfall des Erstversterbenden zuständig ist. Diese Verfahrensweise hat den Vorteil, dass damit einer Verlustgefahr entgegengewirkt wird, andererseits beginnt aber ein neues Verfahren iSd §§ 346, 347. Der Überlebende kann jedoch die Verwahrung bei anderem Gericht verlangen. Im Gegensatz zu Abs. 1 S. 2 sieht der Wortlaut in Abs. 2 nicht vor, dass das Verlangen „jederzeit" gestellt werden kann. Demgemäß eröffnet die Regelung nur ein einmaliges Wahlrecht, das sinngemäß auf den Zeitpunkt befristet ist, an dem das Nachlassgericht das Testament wieder in die besondere amtliche Verwahrung gibt (Bumiller/Harders/*Schwamb* Rn. 9; aA Keidel/*Zimmermann* FamFG § 344 Rn. 11 **9**

3. Nachlasssicherung. § 344 IV enthält eine Sonderregelung für die Nachlasssicherung neben dem an sich zuständigen Gericht iSd § 343 I und begründet insoweit eine zusätzliche örtliche Zuständigkeit für jedes Gericht, in dessen Bezirk ein Sicherungsbedürfnis besteht (OLG Rostock Beschl. v. 10.12.2012 – 3 W 150/12, BeckRS 2013, 03223). Das Nachlassgericht hat nach § 1960 I BGB bei Unklarheit der Erbfolge für die Sicherung des Nachlasses zu sorgen. Die Frage, ob die Vorschrift auch die Anordnung der Nachlasspflegschaft auf Antrag eines Nachlassgläubigers iSd § 1961 BGB erfasst, ist strittig, aber zutreffenderweise zu verneinen, da eine solche Pflegschaft nicht dem Nachlass, sondern dem Interesse des Nachlassgläubigers dient (Bumiller/Harders/*Schwamb* FamFG § 344 Rn. 10). **10**

Insofern beschränkt sich dDie Zuständigkeit beschränkt sich auf Maßnahmen im eigenen Bezirk. Der Wirkungskreis eines Nachlasspflegers ist entsprechend zu beschränken (KG OLGZ 1965, 259 zu § 74 FGG). Demgemäß können Sicherungsmaßnahmen durch mehrere Gerichte für denselben Nachlass getroffen werden: Das Sicherungsgericht bleibt für die nach Erlass durchzuführenden notwendigen Maßnahmen auch weiterhin zuständig; eine diesbezügliche Verweisung an das gem. § 343 zuständige Gericht ist nicht zulässig. Die von dem Gericht getroffenen Maßnahmen ergehen jedoch vorbehaltlich einer abweichenden Regelung durch das Nachlassgericht. Das Gericht, das nach § 344 IV tätig wurde, soll nach § 356 II das nach § 343 zuständige Nachlassgericht davon unterrichten (Bumiller/Harders/*Schwamb* FamFG § 344 Rn. 12). Der Geschäftswert bestimmt sich nach § 64 GNotKG; die Gerichtsgebühren nach KV Nr. 12310ff. GNotKG. **11**

4. Auseinandersetzung des Nachlasses und des Gesamtgutes. Für die Teilungssachen und der Auseinandersetzung des Gesamtguts einer Gütergemeinschaft, falls ein Anteil an dem Gesamtgut zu einem Nachlass gehört, ist nunmehr der Notar gem. §§ 344 IVa u. V zuständig. Die Neuregelung gilt hierbei ab dem 1.9.2013. § 344 V übernahm den Regelungsgehalt des früheren § 99 II FGG für Verfahren zur Auseinandersetzung einer Gütergemeinschaft (Bumiller/Harders/*Schwamb* FamFG § 344 Rn. 1). Das Verfahren ist in § 373 geregelt. Vgl. iÜ hierzu die Komm. zum Verfahren in Teilungssachen bei § 363 ff. **12**

5. Eröffnungszuständigkeit. § 344 VI bestimmt als „Nachfolgeregelung" des § 2261 1 BGB aF, dass das Verwahrungsgericht für die Eröffnung der letztwilligen Verfügung zuständig ist. Die Vorschrift betrifft nach ihrem Wortlaut („amtlicher Verwahrung") jeden Fall der Verwahrung, also sowohl die einfache wie auch die besondere amtliche Verwahrung. Sie wird vorrangig im Fall des Abs. 1 S. 2 bedeutsam, wenn das Testament nicht bei dem an sich nach § 343 zuständigen Nachlassgericht verwahrt wird. Unter Gericht iSd § 344 VI ist nur das Nachlassgericht zu verstehen, nicht ein sonstiges Gericht (zB Landgericht, Verwaltungsgericht etc.). Letzteres trifft die Ablieferungspflicht gem. § 2259 II BGB. Nach Eröffnung des Testaments hat das Gericht gem. § 350 die Urschrift des Testaments sowie beglaubigte **13**

Gierl

Abschriften der Eröffnungsniederschrift an das an sich nach § 343 zuständige Nachlassgericht zu übersenden; eine beglaubigte Abschrift des Testaments und die Eröffnungsniederschriften im Original sind hingegen bei dem das Testament eröffnenden Gericht aufzubewahren. Mit der Übersendung gem. § 350 endet das Verfahren vor dem Verwahrungsgericht, dessen besondere Zuständigkeit nur für die Eröffnung des Testament gilt. Das anschließende Verfahren (zB Ermittlung und Benachrichtigung der Beteiligten iSd § 348 III usw), stellt ein neues selbständiges Verfahren dar, für das das Gericht iSd § 343 zuständig ist (KG Beschl. v. 27.2.2014 – 1 AR 3/14, FGPrax 2014, 163).

14 **6. Entgegennahme von Ausschlagungs- und Anfechtungserklärungen.** § 344 VII stellt sicher, dass eine Erbschaftsausschlagung oder Anfechtung der Ausschlagung auch vor dem örtlich unzuständigen Gericht wirksam ist (BR-Drs. 617/08, 63; vgl. *Fröhler* BWNotZ 2012, 160; *Schaal* BWNotZ 2011, 206). Anküpfungspunkt für die örtliche Zuständigkeit ist auch hier nicht mehr der Wohnsitz, sondern der gewöhnliche Aufenthalt des Erklärenden. Es kommt so *("auch")* zu einer „Vermehrung" der Zuständigkeiten (*Heinemann* ZErb 2008, 293). Insofern ist in Bezug auf die Ausschlagung der Erbschaft auch das Gericht, an dem der Erklärende seinen gewöhnlichen Aufenthalt hat, zuständiges Gericht iSd § 1945 I 1 Hs. 1 BGB, sodass die diesem gegenüber abgegebene Erklärung gem. § 1945 I 1 Hs. 2 BGB die Frist iSd § 1944 I BGB wahrt. Somit ist nicht (mehr) maßgebend, wann die Erklärung beim an sich zuständigen Gericht iSd § 343 eingeht.

15 Im Zuge der Umstellungen des Zuständigkeitskriteriums wurde in S. 1 klargestellt, dass § 344 VII alle eine Erbschaft betreffenden Ausschlagungs- und Anfechtungserklärungen erfasst; konsekutive Anfechtungserklärungen werden auch wie bisher berücksichtigt (BT 18/4201, 59). Der bisherige Streit, ob der Wortlaut auch die Anfechtung der Annahme der Erbschaft II umfasst, ist insoweit obsolet (vgl. dazu 2. Auflage). Die Vorschrift erfasst sowohl die Ausschlagungs- bzw. Anfechtungserklärungen in öffentlich beglaubigter Form als auch die zur Niederschrift des Nachlassgerichts abgegebenen Erklärungen.

16 In S. 2 ist klargestellt, dass nicht nur zur Niederschrift aufgenommene Erklärungen, sondern auch solche in öffentlich beglaubigter Form an das nach § 343 zuständige Gericht zu übersenden sind. Zudem ist klargestellt, dass mit der Niederschrift das Original gemeint ist *(„Urschrift")*. Das versendende Gericht kann, um dem Verlust des Originals vorzubeugen, eine Ausfertigung der Niederschrift zurückbehalten.

Abschnitt 2. Verfahren in Nachlasssachen

Unterabschnitt 1. Allgemeine Bestimmungen

§ 345 Beteiligte

(1) ¹Im Verfahren auf Erteilung eines Erbscheins ist Beteiligter der Antragsteller. ²Ferner können als Beteiligte hinzugezogen werden:
1. die gesetzlichen Erben,
2. diejenigen, die nach dem Inhalt einer vorliegenden Verfügung von Todes wegen als Erben in Betracht kommen,
3. die Gegner des Antragstellers, wenn ein Rechtsstreit über das Erbrecht anhängig ist,
4. diejenigen, die im Fall der Unwirksamkeit der Verfügung von Todes wegen Erbe sein würden, sowie
5. alle Übrigen, deren Recht am Nachlass durch das Verfahren unmittelbar betroffen wird.

³Auf ihren Antrag sind sie hinzuzuziehen.

(2) Absatz 1 gilt entsprechend für die Erteilung eines Zeugnisses nach § 1507 des Bürgerlichen Gesetzbuchs oder nach den §§ 36 und 37 der Grundbuchordnung sowie den §§ 42 und 74 der Schiffsregisterordnung.

(3) ¹Im Verfahren zur Ernennung eines Testamentsvollstreckers und zur Erteilung eines Testamentsvollstreckerzeugnisses ist Beteiligter der Testamentsvollstrecker. ²Das Gericht kann als Beteiligte hinzuziehen:
1. die Erben,
2. den Mitvollstrecker.

³Auf ihren Antrag sind sie hinzuzuziehen.

(4) ¹In den sonstigen auf Antrag durchzuführenden Nachlassverfahren sind als Beteiligte hinzuzuziehen in Verfahren betreffend
1. eine Nachlasspflegschaft oder eine Nachlassverwaltung der Nachlasspfleger oder Nachlassverwalter;
2. die Entlassung eines Testamentsvollstreckers der Testamentsvollstrecker;
3. die Bestimmung erbrechtlicher Fristen derjenige, dem die Frist bestimmt wird;
4. die Bestimmung oder Verlängerung einer Inventarfrist der Erbe, dem die Frist bestimmt wird, sowie im Fall des § 2008 des Bürgerlichen Gesetzbuchs dessen Ehegatte oder Lebenspartner;

5. die Abnahme einer eidesstattlichen Versicherung derjenige, der die eidesstattliche Versicherung abzugeben hat, sowie im Fall des § 2008 des Bürgerlichen Gesetzbuchs dessen Ehegatte oder Lebenspartner.
²Das Gericht kann alle Übrigen, deren Recht durch das Verfahren unmittelbar betroffen wird, als Beteiligte hinzuziehen. ³Auf ihren Antrag sind sie hinzuziehen.

1. Normzweck. Die bislang im Gesetz nicht geregelte Frage, wer am Verfahren zu beteiligen ist, hat die Rspr. beantwortet: Beteiligter im **materiellen Sinne** ist jeder, dessen Rechte durch das Verfahren unmittelbar berührt werden können, ohne Rücksicht darauf, ob er am Verfahren teilgenommen hat (BayObLG NJW-RR 1988, 931). Beteiligter im **formellen Sinne** ist jeder, der zur Wahrnehmung seiner Interessen am Verfahren teilnimmt oder Anträge stellt (Bassenge/Roth/*Roth* § 7 Rn. 3). Das FamFG übernimmt diese Definitionen in das Gesetz. Das geschieht im Allgemeinen Teil des Gesetzes in § 7 durch eine Generalklausel sowie durch Kataloge der Beteiligten im Besonderen Teil, § 345.

2. Erbscheinserteilungsverfahren. § 345 I regelt als **Spezialvorschrift** zu § 7 den Kreis der Beteiligten im Verfahren zur Erteilung eines Erbscheins. Da der Erbschein nur auf Antrag erteilt wird, § 2353 BGB, §§ 352, 352a FamFG ergibt sich die Beteiligtenstellung des Antragstellers bereits aus § 7 I.

§ 345 I 2 ermöglicht es dem Gericht ferner in Anlehnung an § 7 III, die darin genannten Personen am Verfahren **nach seinem Ermessen** zu beteiligen. § 7 III erweitert den Beteiligtenbegriff auf Personen, die durch den Ausgang des Verfahrens unmittelbar betroffen werden können. Die in § 345 I 2 genannten Beteiligten (die gesetzlichen Erben, derjenige, der nach dem Inhalt einer ggf. vorhandenen Verfügung von Todes wegen als Erbe in Betracht kommt, die Gegner des Antragstellers, wenn ein Rechtsstreit über das Erbrecht anhängig ist, derjenige, der im Falle der Unwirksamkeit der Verfügung von Todes wegen Erbe sein würde, sowie alle weiteren Personen, deren Recht durch den Ausgang des Verfahrens unmittelbar betroffen werden kann), sind nach Abs. 1 S. 3 auf ihren **Antrag** als Beteiligte hinzuziehen. Eine Beteiligung hat immer dann zu erfolgen, wenn das behauptete Erbrecht nicht von vornherein (vgl. dazu OLG München Beschl. v. 30.8.2016 – 31 Wx 161/16, BeckRS 2016, 16150 Rn. 9 f.) gänzlich fernliegend ist *(„in Betracht kommt")*, wobei eine abschließende rechtliche Würdigung zu diesem Zeitpunkt nicht erfolgt. Ob das Erbrecht tatsächlich besteht, ist erst nach förmlicher Beteiligung am Verfahren zu klären (OLG München Beschl. 8.11.2016 – 31 Wx 254/16, NJW-RR 2017, 71 Rn. 9).

Abs. 1 S. 2 Nr. 5 stellt eine Auffangzuständigkeit *(„alle Übrigen")* für alle dar, deren Recht am Nachlass durch das Verfahren unmittelbar betroffen ist. Rechtliche oder wirtschaftliche Interessen genügen ebenso wenig wie eine mittelbare Beeinträchtigung. Eine „Betroffenheit" ist in all den Fällen nicht gegeben, in denen lediglich ein schuldrechtlicher Anspruch gegen den Nachlass berühmt wird (zB Pflichtteil). Bei der Zuwendung eines Nachlassgegenstandes ist maßgebend, ob darin die Anordnung einer Erbenstellung liegt oder ob eines schuldrechtlichen Anspruchs gegen den Nachlass in Form eines Vermächtnisses (§ 2174 BGB). Ist dies unklar, liegt eine „Betroffenheit" vor, da die abschließende Klärung der Rechtsfrage erst nach förmlicher Beteiligung zu erfolgen hat (vgl. → Rn. 3). Nachlassgläubiger erlangen nur dann die Stellung eines Beteiligten, wenn sie in Besitz eines Titels iSd §§ 792, 896 ZPO sind. Ein ehemaliger Testamentsvollstrecker hat keine Beteiligtenstellung im Nachlassverfahren mehr, gleich, ob er vom Nachlassgericht entlassen wurde oder aus eigenem Entschluss sein Amt niedergelegt oder fristlos gekündigt hat; eine „nachwirkende Berechtigung", am Verfahren weiterhin beteiligt zu werden, besteht nicht (OLG Karlsruhe Beschl. v. 25.8.2015 – 11 Wx 69/15, NJW-RR 2015, 1489 Rn. 8; OLG München Beschl. v. 30.8.2016 – 31 Wx 161/16, BeckRS 2016, 16150 Rn. 11; Beschl. v. 29.3.2016 – 31 Wx 420/15, BeckRS 2016, 06900 Rn. 10).

3. Erteilung besonderer Zeugnisse. Bei der Erteilung eines Zeugnisses über die Fortsetzung der Gütergemeinschaft sind Beteiligte der Antragsteller und die Angehörigen dieser fortgesetzten Gütergemeinschaft (Bassenge/Roth/*Bassenge* § 345 Rn. 9). Entsprechendes gilt für ein sog. Überweisungszeugnis (Demharter GBO § 36, 37 Rn. 10) nach §§ 36, 37 GBO, §§ 42, 74 SchiffsRegO.

4. Ernennung eines Testamentsvollstreckers. § 345 III normiert – ebenfalls abweichend zu § 7 – den Beteiligtenkreis im Verfahren zur **Ernennung eines Testamentsvollstreckers.** Danach ist Beteiligter iSd § 7 II nur der Testamentsvollstrecker. Entsprechend der Systematik des Abs. 1 sind die Erben sowie ein eventueller Mitvollstrecker, nicht aber sonstige Personen, über die Einleitung des Verfahrens zu informieren und auf Antrag hinzuziehen. Das Gericht kann sie auch nach pflichtgemäßem Ermessen hinzuziehen.

5. Sonstige nachlassgerichtliche Antragsverfahren. In § 345 IV werden weitere Beteiligte aufgelistet, die in Antragsverfahren zwingend hinzuziehen sind. Folgende Personen sind demnach „Muss-Beteiligte" iSd § 7 II:

a) **Nachlasspflegschaft.** Der auf einen Antrag nach § 1961 BGB zu bestellende Nachlasspfleger, § 345 IV 1 Nr. 1. Die Beteiligtenstellung des antragstellenden Nachlassgläubigers ergibt sich bereits aus § 7 I (Keidel/*Zimmermann* FamFG § 345 Rn. 69 ff.). Bei Sicherungspflegschaften die von Amts wegen nach § 1960 BGB angeordnet werden, ist der zu bestellende Nachlasspfleger gem. § 7 II Nr. 1 zwingend zu beteiligen (Keidel/*Zimmermann* FamFG § 345 Rn. 67).

b) **Nachlassverwaltung.** Wird Nachlassverwaltung, § 1981 BGB, als eine besondere Form der Nachlasspflegschaft beantragt, ist der in Aussicht genommene bzw. der schon ernannte Nachlassverwalter „Muss-Beteiligte", § 345 IV 1 Nr. 2.

10   c) **Entlassung des Testamentsvollstreckers.** Soll auf Antrag eines Beteiligten ein Testamentsvollstrecker entlassen werden, § 2227 BGB, ist der Testamentsvollstrecker in diesem nachlassgerichtlichen Verfahren zwingend zu beteiligen, § 345 IV 1 Nr. 3.

11   d) **Bestimmung erbrechtlicher Fristen.** Wird vom Nachlassgericht eine erbrechtliche Frist bestimmt, ist derjenige, dem die Frist bestimmt wird, Beteiligter iSd § 345 IV 1 Nr. 4.

12   e) **Inventarfrist.** Bei der Bestimmung oder Verlängerung einer Inventarfrist nach §§ 1994, 1995 III BGB ist der Erbe, dem die Frist bestimmt wird, zu beteiligen. Der antragstellende Nachlassgläubiger ist formell Beteiligter iSd § 7 I. Bei Inventar für eine zum Gesamtgut gehörende Erbschaft, § 2008 BGB, ist der Ehegatte oder eingetragene Lebenspartner des Erben zu beteiligen, § 345 IV 1 Nr. 4.

13   f) **Eidesstattliche Versicherung.** In den Fällen der Abnahme einer eidesstattlichen Versicherung, wie zB nach §§ 259, 260, 2006, 2028, 2057 BGB, ist derjenige der die Versicherung abzugeben hat, zwingend zu beteiligen, § 345 IV 1 Nr. 5.

14   g) **„Kann"-Beteiligte.** § 345 IV 2 stellt es in das Ermessen des Gerichts all diejenigen zu beteiligen, deren Recht durch das Verfahren unmittelbar betroffen wird. Das sind zB bei einer durch Nachlassgläubiger beantragten Nachlassverwaltung die Erben, § 1981 II BGB, oder die Vermächtnisnehmer (BayObLG NJW-RR 2004, 366) und die Pflichtteilsberechtigten (BayObLGZ 1997, 1 (10)) beim Entlassungsverfahren nach § 2227 BGB.

15   **6. Unterrichtung.** Personen, die nach § 345 I–IV am Nachlassverfahren auf ihren Antrag hin zu beteiligen sind, sind über die Einleitung eines Erbscheinsverfahrens nach § 7 IV zu **unterrichten**. Um diesen Personen durch die Ausübung ihres Beteiligungsrechts eine effektive Verfahrensteilhabe sowie die Ausübung des Rechts auf rechtliches Gehör, Art. 103 I GG, zu ermöglichen, sieht Abs. 4 S. 2 darüber hinaus vor, sie über ihr Antragsrecht und die Wirkungen eines von ihnen gestellten Antrags zu belehren. Die Ablehnung der Beiziehung erfolgt durch Beschluss (§ 38). Hiergegen ist die sofortige Beschwerde entsprechend §§ 567–572 ZPO statthaft (§ 7 V 2). Die Beschwerdefrist beträgt daher zwei Wochen (§ 569 ZPO).

Unterabschnitt 2. Verwahrung von Verfügungen von Todes wegen

§ 346 Verfahren bei besonderer amtlicher Verwahrung

(1) **Die Annahme einer Verfügung von Todes wegen in besondere amtliche Verwahrung sowie deren Herausgabe ist von dem Richter anzuordnen und von ihm und dem Urkundsbeamten der Geschäftsstelle gemeinschaftlich zu bewirken.**

(2) **Die Verwahrung erfolgt unter gemeinschaftlichem Verschluss des Richters und des Urkundsbeamten der Geschäftsstelle.**

(3) **Dem Erblasser soll über die in Verwahrung genommene Verfügung von Todes wegen ein Hinterlegungsschein erteilt werden; bei einem gemeinschaftlichen Testament erhält jeder Erblasser einen eigenen Hinterlegungsschein, bei einem Erbvertrag jeder Vertragschließende.**

1   **1. Normzweck.** § 346 (Verfahren bei besonderer amtlicher Verwahrung) entspricht weitgehend den Abs. 1–3 der früheren § 82a FGG. § 346 umfasst jedoch **alle Arten** von Verfügungen von Todes wegen, mithin auch Erbverträge. Bei gemeinschaftlichen Testamenten wird beiden Testierenden jeweils ein Hinterlegungsschein erteilt. Der Anwendungsbereich der Vorschrift betrifft aber nur die Fälle der besonderen amtlichen Verwahrung, in dem die Verfügungen von Todes wegen in einem Tresor aufbewahrt werden. Davon ist die einfache Verwahrung zu unterscheiden (zB Testament wird nach dessen Ablieferung gem. § 28 IVa AktO zur Nachlassakte genommen).

2   **2. Zuständigkeit. a) Sachliche und funktionelle Zuständigkeit.** Die **Amtsgerichte** sind für die besondere amtliche Verwahrung der Testamente zuständig, §§ 342 I Nr. 1 FamFG iVm § 23a II Nr. 1 GVG. Funktionell obliegt dieses Geschäft dem Rechtspfleger, § 3 Nr. 2c RPflG (nach § 36b RPflG sind die Landesregierungen ermächtigt, die Geschäfte bei der Annahme von Testamenten und Erbverträgen zur amtlichen Verwahrung ganz oder teilweise dem Urkundsbeamten der Geschäftsstelle zu übertragen). Eine Ausnahme bestand für Baden-Württemberg bis zum 31.12.2017 gem. §§ 38 ff. LFGG, wo die staatlichen Notariate für die amtliche Verwahrung zuständig sind, § 1 II BWLFGG. Funktionell war dann der Notar im Landesdienst bzw. im Falle des § 35 RPflG der Rechtspfleger zuständig.

3   b) **Örtliche Zuständigkeit.** Insoweit darf auf die Komm. zu § 344 verwiesen werden.

4   **3. Verfahren. a) Annahme.** Die Annahme ist vom Rechtspfleger anzuordnen und von ihm und dem Urkundsbeamten der Geschäftsstelle gemeinsam zu bewirken. Die näheren Ausführungen zur Durchführung der Annahme sind in § 27 IV, IVa AktO geregelt (zB Anlegung eines Verwahrungsbuches; Aufbewahrung der Verfügung in einem mit einem Dienstsiegel verschlossenen Umschlag an einem feuersicheren Ort. Zutreffender Weise stellt die Annahme eine „Verfügung" und keine „Endentscheidung iSd § 38 FamFG" dar (Keidel/*Zimmermann* FamFG § 346 Rn. 6; aA Bumiller/Harders/*Schwamb* FamFG § 346 Rn. 7; vgl. dazu auch die Formulierung in § 27 V AktO „Annahmeanordnung"). Die Ablehnung der Annahme hat jedoch mittels Beschluss entsprechend den Anforderungen iSd § 38 FamFG zu ergehen; hiergegen ist Beschwerde iSd §§ 58 FamFG iVm § 11 I RpflG statthaft.

b) **Benachrichtigung des Standesamtes.** Früher benachrichtigte nach der „Gemeinsamen Bekanntmachung über Benachrichtigung in Nachlasssachen" v. 2.1.2001 (zB Bayerisches Justizministerialblatt 2001, 11) das Gericht, das ein öffentliches oder privates Testament oder einen Erbvertrag in besondere amtliche Verwahrung nimmt, wenn der Erblasser innerhalb des Geltungsbereichs des Grundgesetzes geboren ist, das für den Geburtsort zuständige Standesamt, ansonsten die Hauptkartei für Testamente beim Amtsgericht Schöneberg in Berlin. Das Standesamt des Geburtsortes des Erblassers erhielt bei dessen Ableben vom Standesamt des Sterbeortes eine entsprechende Mitteilung. Nunmehr sind die Benachrichtigungsmodalitäten in § 347 gesetzlich geregelt. Auf die dortige Komm. darf verwiesen werden.

c) **Hinterlegungsschein.** Dem Erblasser bzw. beim Erbvertrag jedem Vertragsschließenden soll nach § 346 III ein Hinterlegungsschein erteilt werden. Der Hinterlegungsschein besteht in einer wörtlichen Abschrift des Eintragungsvermerks in den Spalten 1 und 2 des Verwahrungsbuchs; bei Nottestamenten soll der Hinterlegungsschein einen Hinweis auf die Bestimmungen des § 2252 BGB enthalten (vgl. dazu näher § 27 VI AktO).

d) **Verwahrungsbuch.** Über die in besondere amtliche Verwahrung genommenen letztwilligen Verfügungen ist ein besonderes Verwahrungsbuch zu führen, § 27 IV, IVa AktO.

e) **Gebühren.** Die Annahme einer Verfügung von Todes wegen in besondere amtliche Verwahrung löst eine Festgebühr von 75 EUR aus, Nr. 12100 KV-GNotKG. Mit der Gebühr wird auch die Verwahrung, die Mitteilung nach § 347 an das Zentrale Testamentsregister (ZTR) und die Herausgabe abgegolten. Dieser Betrag orientiert sich an dem mit der Tätigkeit des Nachlassgerichts verbundenen Aufwand (BT-Drs. 17/11471, 300). Daneben fällt noch eine Gebühr für die Registrierung im ZTR an (vgl. § 78g BNotO). Notare können die Gebühr für die Registerbehörde entgegennehmen (§ 78g I 3 BNotO). Neben Auslagen (KV Nr. 32015 GNotKG) erhält der Notar keine zusätzliche Gebühr für die Meldung.

§ 347 Mitteilung über die Verwahrung

(1) ¹Nimmt das Gericht ein eigenhändiges Testament oder ein Nottestament in die besondere amtliche Verwahrung, übermittelt es unverzüglich die Verwahrangaben im Sinne von § 78b Absatz 2 Satz 2 der Bundesnotarordnung elektronisch an die das Zentrale Testamentsregister führende Registerbehörde. ²Satz 1 gilt entsprechend für eigenhändige gemeinschaftliche Testamente und Erbverträge, die nicht in besondere amtliche Verwahrung genommen worden sind, wenn sie nach dem Tod des Erstverstorbenen eröffnet wurden und nicht ausschließlich Anordnungen enthalten, die sich auf den mit dem Tod des Erstverstorbenen eingetretenen Erbfall beziehen.

(2) Wird ein gemeinschaftliches Testament oder ein Erbvertrag nach § 349 Absatz 2 Satz 2 und Absatz 4 erneut in die besondere amtliche Verwahrung genommen, so übermittelt das nach § 344 Absatz 2 oder Absatz 3 zuständige Gericht die Verwahrangaben an die das Zentrale Testamentsregister führende Registerbehörde, soweit vorhanden unter Bezugnahme auf die bisherige Registrierung.

(3) Wird eine in die besondere amtliche Verwahrung genommene Verfügung von Todes wegen aus der besonderen amtlichen Verwahrung zurückgegeben, teilt das verwahrende Gericht dies der Registerbehörde mit.

(4) ¹Die bei den Standesämtern und beim Amtsgericht Schöneberg in Berlin bestehenden Verzeichnisse über die in amtlicher Verwahrung befindlichen Verfügungen von Todes wegen werden bis zur Überführung in das Zentrale Testamentsregister nach dem Testamentsverzeichnis-Überführungsgesetz von diesen Stellen weitergeführt. ²Erhält die das Testamentsverzeichnis führende Stelle Nachricht vom Tod des Erblassers, teilt sie dies der Stelle mit, von der die Verwahrungsnachricht stammt, soweit nicht die das Zentrale Testamentsregister führende Registerbehörde die Mitteilungen über Sterbefälle nach § 4 Absatz 1 des Testamentsverzeichnisse-Überführungsgesetzes bearbeitet. ³Die Landesregierungen erlassen durch Rechtsverordnung Vorschriften über Art und Umfang der Mitteilungen nach Satz 2, über den Inhalt der Testamentsverzeichnisse sowie die Löschung der in den Testamentsverzeichnissen gespeicherten Daten. ⁴Die Verwendung der Daten ist auf das für die Wiederauffindung der Verfügung von Todes wegen unumgänglich Notwendige zu beschränken. ⁵Die Fristen für die Löschung der Daten dürfen die Dauer von fünf Jahren seit dem Tod des Erblassers nicht überschreiten; ist der Erblasser für tot erklärt oder der Todeszeitpunkt gerichtlich festgelegt worden, sind die Daten spätestens nach 30 Jahren zu löschen.

(5) ¹Die Mitteilungen nach Absatz 4 Satz 2 können elektronisch erfolgen. ²Die Landesregierungen bestimmen durch Rechtsverordnung den Zeitpunkt, von dem an Mitteilungen in ihrem Bereich elektronisch erteilt und eingereicht werden können, sowie die für die Bearbeitung der Dokumente geeignete Form.

(6) Die Landesregierungen können die Ermächtigungen nach Absatz 4 Satz 3 und Absatz 5 Satz 2 durch Rechtsverordnung auf die Landesjustizverwaltungen übertragen.

1. Normzweck. Mit dem Gesetz zur Modernisierung des Benachrichtigungswesens in Nachlasssachen durch Schaffung des Zentralen Testamentsregisters bei der Bundesnotarkammer und zur Fristverlängerung nach der Hofraumverordnung v. 22.12.2010 (BGBl. 2010 I, 2255) wurde ein zentrales Testamentsregister geschaffen. Die Benachrichtigungsmodalitäten finden sich in § 347.

2. Benachrichtigung durch das Verwahrungsgericht. Das Verwahrungsgericht benachrichtigt das Zentrale Testamentsregister (ZTR), das von der Bundesnotarkammer als Registerbehörde als automatisiertes elektronisches Register über die Verwahrung erbfolgerelevanter Urkunden und sonstiger Daten nach § 78d BNotO geführt wird (§ 78c I BNotO), sofern ein eigenhändiges Testament oder ein Nottestament in die besondere amtliche Verwahrung genommen wurde. Erbfolgerelevante Urkunden sind Testamente, Erbverträge und alle Urkunden mit Erklärungen, welche die Erbfolge beeinflussen können, insb. Aufhebungsverträge, Rücktritts- und Anfechtungserklärungen, Erb- und Zuwendungsverzichtsverträge, Ehe- und Lebenspartnerschaftsverträge und Rechtswahlen, § 78d II 1BNotO. § 347 I 1 betrifft eigenhändige Testamente, §§ 2247, 2267 BGB, und Nottestamente, §§ 2249, 2250 BGB. Übermittelt werden die in § 78d II 2 BNotO iVm § 1 der Testamentsregisterverordnung (ZTRV) genannten **Verwahrangaben.**

Danach nimmt die Registerbehörde folgende **Verwahrangaben** in das Zentrale Testamentsregister auf:
1. **Daten des Erblassers**
   a) Familienname, Geburtsname, Vornamen und Geschlecht,
   b) Tag und Ort der Geburt,
   c) Geburtsstandesamt und Geburtenregisternummer, wenn die Geburt im Inland beurkundet wurde,
   d) Staat der Geburt, wenn der Erblasser im Ausland geboren wurde,
2. Bezeichnung und Anschrift der **Verwahrstelle.**
3. Verwahrnummer, Verwahrbuchnummer oder Aktenzeichen des Verfahrens der Verwahrstelle,
4. **Art** und Datum der Errichtung der **erbfolgerelevanten Urkunde** und
5. Name, Amtssitz und Urkundenrollen-Nummer des Notars bei notariellen Urkunden.

Die Registerbehörde kann zusätzliche Angaben aufnehmen, die für das Auffinden der erbfolgerelevanten Urkunde erforderlich sind.

Die Registerbehörde fasst die übermittelten Verwahrangaben für jeden Erblasser unter einer Registernummer zu einem Datensatz (Verwahrdatensatz) zusammen und ordnet jeder erbfolgerelevanten Urkunde, die in die besondere amtliche Verwahrung zu nehmen ist, eine **Verwahrnummer** zu. Die Verwahrnummern werden bezogen auf jedes Verwahrgericht vergeben. Die Registerbehörde speichert diesen Verwahrdatensatz in einem elektronischen System (Registrierung), § 3 I ZTRV. Die Registerbehörde **bestätigt** jede erfolgreiche Registrierung und übermittelt diesem für den Erblasser die Angaben des Verwahrdatensatzes. Im Fall der besonderen amtlichen Verwahrung teilt die Registerbehörde zusätzlich die nach Abs. 1 S. 1 **vergebene Verwahrnummer** mit. Konnte die Registrierung nicht durchgeführt werden, teilt die Registerbehörde dies dem Melder unter Angabe der Gründe mit, § 3 II ZTRV.

Nach dem Todesfall teilt das Standesamt des Sterbeortes der Registerbehörde den Tod, die Todeserklärung oder die gerichtliche Feststellung der Todeszeit einer Person mit (**Sterbefallmitteilung**), § 78e BNotO. Die **Sterbefallmitteilung** nach § 78e 1 BNotO iVm § 6 I ZTRV enthält folgende Daten:
1. Registrierungsdaten des übermittelnden Standesamts,
2. Familienname, Geburtsname, Vornamen und Geschlecht des Verstorbenen,
3. Tag und Ort der Geburt des Verstorbenen,
4. Geburtsstandesamt und Geburtenregisternummer, wenn die Geburt im Inland beurkundet wurde,
5. Staat der Geburt, wenn der Verstorbene im Ausland geboren worden ist,
6. Todestag oder Todeszeitraum,
7. Sterbeort, bei Sterbefall im Ausland mit Angabe des Staates,
8. Staatsangehörigkeit des Verstorbenen,
9. Angaben darüber, dass der Verstorbene für tot erklärt worden ist oder seine Todeszeit gerichtlich festgestellt worden ist,
10. letzter Wohnsitz des Verstorbenen,
11. Beurkundungsdatum des Sterbefalls.

Die Sterbefallmitteilung nach § 78e 1 BNotO iVm § 7 II 2 ZTRV enthält außerdem **sonstige Angaben,** die zur Erfüllung gesetzlicher Aufgaben des Nachlassgerichts erforderlich sind. Sonstige Angaben können insb. sein, § 7 II 2 ZTRV:
1. Familienstand des Verstorbenen,
2. Familienname, Geburtsname und Vornamen des Ehegatten oder Lebenspartners des Verstorbenen,
3. Tag, Ort und Registrierungsdaten der Geburt des Ehegatten oder Lebenspartners des Verstorbenen und im Falle des Vorversterbens des Ehegatten oder Lebenspartners zusätzlich Tag, Ort und Registrierungsdaten von dessen Tod,
4. Familienname, Vornamen und Anschrift von Kindern des Erblassers,
5. Familienname, Vornamen und Anschrift von nahen Angehörigen und anderen möglichen Auskunftgebern,
6. Angaben über vorhandenes Nachlassvermögen,
7. etwaige Anhaltspunkte für die Erforderlichkeit von Maßnahmen zur Nachlasssicherung.

Sonstige Angaben nach den S. 1 u. 2, die der Registerbehörde elektronisch übermittelt werden, löscht diese unverzüglich, nachdem das Verfahren nach § 7 abgeschlossen ist.

Nach Eingang der Sterbefallmitteilung prüft die Registerbehörde, ob im Zentralen Testamentsregister **Verwahrangaben vorliegen.** Sie benachrichtigt, soweit erforderlich, unverzüglich das zuständige Nachlassgericht und die verwahrenden Stellen über den Sterbefall und etwaige Verwahrangaben iSd § 6 I ZTRV. Die Benachrichtigung erfolgt elektronisch. Die Überführung sämtlicher Testamentsverzeichnisse und der Hauptkartei beim AG Schöneberg in das Zentrale Testamentsregister wird durch das Testamentsverzeichnis-Überführungsgesetz (TVÜG) v. 22.12.2010 (BGBl. 2010 I, 2258) geregelt (BeckOK FamFG/*Schlögel* § 347 Rn. 5). In (ferner) Zukunft soll eine europaweite Vernetzung stattfinden, da bereits einige andere Staaten wie etwa Österreich, Frankreich und Spanien über ein entsprechendes Register verfügen (vgl. BT-Drs. 17/2583, 12).

3. Besonderheit bei gemeinschaftlichen Testamenten. § 347 I 2 normiert die Mitteilungspflicht für **gemeinschaftliche Testamente,** die nicht in die besondere amtliche Verwahrung gebracht wurden, wenn sie nach dem Tod des Erstversterbenden eröffnet werden und Bestimmungen auf den Tod des Zweitversterbenden enthalten. Diese Testamente werden in Urschrift nach Eröffnung lediglich einfach verwahrt, da § 349 II nur für gemeinschaftliche Testamente in besonderer amtlicher Verwahrung gilt, soweit nicht der Längerlebende nunmehr die besondere amtliche Verwahrung wünscht (BeckOK FamFG/*Schlögel* § 347 Rn. 8). Durch die erweiterten Mitteilungspflichten soll sichergestellt werden, dass diese Verfügung beim zweiten Todesfall auch aufgefunden wird und eröffnet werden kann. Damit wird erreicht, dass die Verfügungen im Erbfall des Zweitversterbenden auch dann wieder aufgefunden und eröffnet werden können, wenn das Original der gemeinschaftlichen Testaments nicht in besondere amtliche Verwahrung gebracht wurde, sondern in den Nachlassakten des Erstverstorbenen verblieben ist (BT-Drs. 16/6308, 279). Der Mitteilungspflicht unterfällt auch die Aufnahme in die erneute besondere amtliche Verwahrung nach § 347 II iVm §§ 349 II, IV.

4. Benachrichtigungspflicht bei Erbverträgen. Für Erbverträge, bei denen die Vertragsschließenden die besondere amtliche Verwahrung ausgeschlossen haben (vgl. § 34 II BeurkG) und die Bestimmungen auf den Tod des Zeitversterbenden enthalten, gilt die Mitteilungspflicht iSd § 347 I 2 entsprechend. Bei Erbverträgen, die in notarieller Verwahrung geblieben sind (vgl. § 34 III BeurkG), trifft den Notar die Benachrichtigungspflicht nach § 347 I FamFG, § 34a I BeurkG (insoweit darf auf die Komm. zu § 34a BeurkG Bezug genommen werden). Für Konsularbeamte gilt entsprechendes, § 10 III KonsG.

5. Die Rücknahme aus der besonderen amtlichen Verwahrung. Der Erblasser kann jederzeit die Rückgabe des Testaments aus der besonderen amtlichen Verwahrung verlangen, § 2256 II BGB. Diese muss an den Erblasser **persönlich** erfolgen, beim gemeinschaftlichen Testament an beide Ehegatten. Beim öffentlichen Testament, das in besondere amtliche Verwahrung gegeben wurde, führt die Rücknahme zum Widerruf, § 2256 I BGB iVm §§ 2232, 2249 BGB. Der Rechtspfleger muss den Erblasser über diese Folge der Rücknahme belehren, § 2256 I 2 BGB (vgl. dazu auch § 27 IX AktG).

6. Gerichtlicher Vergleich. Sofern ein gerichtlicher Vergleich eine erbfolgerelevante Urkunde iSd § 78d II BNotO darstellt, obliegt dem Gericht die Pflicht, unverzüglich die Verwahrangaben iSd § 1 ZTRV an das Zentrale Testamentsregister zu übermitteln. Hierzu hat der Erblasser dem Gericht die zur Registerierung erforderlichen Daten mitzuteilen (§ 78d IV BNotO).

Unterabschnitt 3. Eröffnung von Verfügungen von Todes wegen

§ 348 Eröffnung von Verfügungen von Todes wegen durch das Nachlassgericht

(1) ¹Sobald das Gericht vom Tod des Erblassers Kenntnis erlangt hat, hat es eine in seiner Verwahrung befindliche Verfügung von Todes wegen zu eröffnen. ²Über die Eröffnung ist eine Niederschrift aufzunehmen. ³War die Verfügung von Todes wegen verschlossen, ist in der Niederschrift festzustellen, ob der Verschluss unversehrt war.

(2) ¹Das Gericht kann zur Eröffnung der Verfügung von Todes wegen einen Termin bestimmen und die gesetzlichen Erben sowie die sonstigen Beteiligten zum Termin laden. ²Den Erschienenen ist der Inhalt der Verfügung von Todes wegen mündlich bekannt zu geben. ³Sie kann den Erschienenen auch vorgelegt werden; auf Verlangen ist sie ihnen vorzulegen.

(3) ¹Das Gericht hat den Beteiligten den sie betreffenden Inhalt der Verfügung von Todes wegen schriftlich bekannt zu geben. ²Dies gilt nicht für Beteiligte, die in einem Termin nach Absatz 2 anwesend waren.

1. Normzweck. § 348 (Eröffnung von Verfügungen von Todes wegen durch das Nachlassgericht) trat an die Stelle der früheren §§ 2260 aF u. 2262 BGB aF. Dabei wurde berücksichtigt, dass in der gerichtlichen Praxis die **sog. „stille" Eröffnung** zum ganz überwiegenden Regelfall geworden ist (BT-Drs. 16/6308, 280). Die Eröffnung erfolgt hierbei ohne Ladung und Anwesenheit der Beteiligten; diese werden anschließend schriftlich durch Übersendung von Ablichtungen der Verfügung von Todes wegen benachrichtigt. Diese Eröffnungsart hat sich als zweckmäßiges, schnelles und zuverlässiges Verfahren erwiesen. Die (Neu)Fassung der Eröffnungsvorschriften sieht daher **nicht mehr die Durchführung eines Eröffnungstermins** als Regelfall der Testamentseröffnung vor, sondern stellt den Eröffnungstermin und die schriftliche Bekanntgabe als gleichrangige Alternativen nebeneinander. Eine notarielle letztwillige Verfügung, die mit einem nachlassgerichtlichen Eröffnungsvermerk verbunden ist, kann als Legitimationsurkunde gegenüber Banken und dem Grundbuchamt dienen (*Kroiß/Horn* NJW 2013, 516). Der Erbe kann sein Erbrecht aber auch durch Vorlage eines eröffneten eigenhändigen Testaments belegen, wenn dieses die Erbfolge mit der im Rechtsverkehr erforderlichen Eindeutigkeit nachweist

(BGB Urt. v. 5.4.2016 – XI ZR 440/15, NJW 2016, 2409 Rn. 25; vgl. auch BGH Urt. 8.10.2013 – XI ZR 401/12, NJW 2013, 3716 Rn. 37f.). Ein von dem Erblasser angeordnetes Eröffnungsverbot ist nach § 2263 BGB nichtig.

2 **2. Gegenstand der Eröffnung.** Zu eröffnen ist jedes Schriftstück, das nach Form und Inhalt eine letztwillige Verfügung darstellen kann (Bassenge/Roth/*Bassenge* § 348 Rn. 2). Ist unklar, ob das Schriftstück mit Testierwillen erstellt wurde, muss es eröffnet werden. Im Rahmen des Verfahrensstadiums der Eröffnung erfolgt lediglich eine äußerst begrenzte summarische Prüfung hinsichtlich des Vorliegens einer letztwilligen Verfügung, da die Eröffnung den Beteiligten erst die Prüfung der Wirksamkeit und des Inhalts der Verfügung ermöglichen soll. Demgemäß ist die bloße, wenn auch nur entfernte Möglichkeit einer Testamentseigenschaft ausreichend, so dass im Zweifel das Schriftstück eröffnet werden muss. Insofern sind auch solche Schriftstücke zu eröffnen, die zwar nach dem äußeren Erscheinungsbild (zB Briefe) untypisch für die Abfassung einer letztwilligen Verfügung sind, die aber nach dem Inhalt auf die Regelung der Rechtsnachfolge nach dem Todesfall hindeuten (OLG Frankfurt a. M. Beschl. v. 29.7.2014 – 20 W 26/14, BeckRS 2015, 09130 Rn. 7). Da Maßstab für die Eröffnung allein das formale Kriterium des Vorliegens eines Testierwillens ist, sind auch formwirksame Schriftstücke wie auch widerrufene Testamente zu eröffnen. Unmaßgeblich ist auch, ob sich das Schriftstück in der besonderen amtlichen Verwahrung des Gerichts befunden hat oder ob es dorthin im Wege der Ablieferung (vgl. § 2259 BGB) gelangt sind. Zu eröffnen ist stets das Original (Urschrift) (Bumiller/Harders/*Schwamb* Rn. 7). Bei mehreren gleichlautenden Urschriften sind alle zu eröffnen (BayObLG NJW-FER 2000, 165). Ausnahmsweise kann auch eine Ausfertigung oder eine öffentlich beglaubigte Abschrift eröffnet werden, wenn die Urschrift nicht mehr vorhanden ist (KG FGPrax 2007, 134) oder sie sich im Ausland befindet (LG Hagen MittRhNotK 1992, 121). Einfache Kopien sind nicht zu eröffnen, es sei denn, dass das Original nicht mehr vorhanden ist und die Kopie Grundlage für die Feststellung der gewillkürten Erbfolge sein kann.

3 **3. Ablieferungspflicht.** Soweit sich ein Testament nicht in amtlicher Verwahrung befindet, ist der Besitzer nach § 2259 I BGB verpflichtet, es unverzüglich, nachdem er vom Tode des Erblassers erfahren hat, an das Nachlassgericht abzuliefern.

4 **4. Zuständigkeit.** Das Amtsgericht, das eine letztwillige Verfügung verwahrt, hat sie auch zu eröffnen, § 348 I BGB. Die Eröffnung einer letztwilligen Verfügung stellt in sachlicher Hinsicht eine Nachlassache dar (§ 342 I Nr. 3 iVm § 23a II Nr. 2 GVG). Funktionell zuständig ist der Rechtspfleger, § 3 Nr. 2c RPflG. Die örtliche Zuständigkeit bestimmt sich nach § 344. Demnach ist das nach § 343 zuständige Nachlassgericht für die Eröffnung zuständig, wenn die Verfügung bei ihm verwahrt wird. Wird sie bei einem anderen Gericht verwahrt, ist dieses für die Eröffnung der letztwilligen Verfügung zuständig, § 344 VI, nicht aber für das der Eröffnung nachfolgende Nachlassverfahren (KG Beschl. v. 27.2.2014 – 1 AR 3/14, FGPrax 2014, 163). Die internationale Zuständigkeit für die Eröffnung der letztwilligen Verfügung bestimmt sich nach § 105 (Keidel/*Zimmermann* FamFG § 348 Rn. 67 ff.).

5 **5. Das Eröffnungsverfahren.** § 348 I bestimmt die allgemeinen **Regelungen des Eröffnungsverfahrens**, welche sowohl für die stille Eröffnung als auch für die Eröffnung bei Anwesenheit der Beteiligten gelten.

6 § 348 I 1 regelt die Verpflichtung des Gerichts, eine Verfügung von Todes wegen nach Kenntnis des Todes des Erblassers von Amts wegen zeitnah zu eröffnen. Ein durch den Erblasser angeordnetes Eröffnungsverbot ist gem. § 2263 BGB nichtig (vgl. dazu auch OLG Düsseldorf Beschl. v. 19.2.2016 – I-3 Wx 34/15, NJW-RR 2016, 779 Rn. 17). Die S. 2 u. 3 entsprechen inhaltlich dem früheren § 2260 III BGB über die zu fertigende Niederschrift. An dem Begriff der Niederschrift wird insb. aufgrund der praktischen Bedeutung des Begriffs im Hinblick auf § 35 I 2 GBO festgehalten. Die in § 2260 II BGB enthaltene Bestimmung, wonach der Umschlag, in dem sich die Verfügung von Todes befunden hat, zu öffnen ist, wurde mangels eines Regelungsbedürfnisses nicht übernommen (BT-Drs. 16/6308, 280). Grundsätzlich ist die letztwillige Verfügung vollständig zu eröffnen, es sei denn, dass die Voraussetzungen der § 349 vorliegen oder Schriftteile offensichtlich keinen erbrechtlichen Bezug aufweisen und insofern abgesondert werden können (Keidel/*Zimmermann* FamFG § 348 Rn. 21; vgl. dazu auch BayObLG Beschl. v. 10.11.1983 – 1 Z 71/83, BeckRS 2009, 87499). Die Nichteröffnung eines nach dem Tod des Erstversterbenden vom überlebenden Ehegatten verfassten Testaments (hier: Testament 2010 unter Bezugnahme auf das Testament 1999 mit der „fakultativen Pflichtteilsklausel") lässt die Wirksamkeit dieser letztwilligen Verfügungen unberührt (OLG Düsseldorf Beschl. v. 19.2.2016 – I-3 Wx 34/15, NJW-RR 2016, 779 Rn. 18).

7 § 348 II 1 knüpft an den früheren § 2260 I 1 BGB an, stellt die Terminsbestimmung und die **Ladung der Beteiligten** jedoch in das **Ermessen des Gerichts**. Die Beteiligten sind mangels ausdrücklicher Regelung materiell zu bestimmen. Beteiligte sind danach alle Personen, denen durch die letztwillige Verfügung ein Recht genommen oder gewährt wird. Demgemäß ist auch ein Pflichtteilsberechtigter Beteiligter im Eröffnungsverfahren (OLG Hamm Beschl. v. 26.8.2016 – I- 15 W 73/16, BeckRS 2016, 20453 Rn. 6). „Sonstiger Beteiligter" ist jeder, dessen Recht unmittelbar durch den Inhalt beeinflusst wird, also zB auch ein Vermächtnisnehmer, nicht aber ein Nachlassgläubiger (Keidel/*Zimmermann* FamFG § 348 Rn. 28). Die S. 2 u. 3 regeln die Besonderheiten der Eröffnung bei Anwesenheit von Beteiligten. Die Art der Eröffnung steht im nach den S. 2 u. 3 eröffneten Ermessen des Gerichts. Es kann den anwesenden

Beteiligten den Inhalt der Verfügung von Todes wegen gem. S. 2 wörtlich vorlesen, deren wesentlichen Inhalt genau schildern oder die Verfügung gem. S. 3 den Erschienenen zur Durchsicht vorlegen.

Nach § 357 I sind Personen, die ein rechtliches Interesse glaubhaft machen, berechtigt, eine eröffnete Verfügung von Todes wegen einzusehen.

6. Beteiligte. § 348 III entspricht im Wesentlichen dem Regelungsgehalt des früheren § 2262 BGB. So sind die gesetzlichen Erben bei Eröffnung einer Verfügung von Todes wegen durch das Nachlassgericht Beteiligte kraft Gesetzes, § 7 II Nr. 2, § 348 III (Bumiller/Harders/*Schwamb* FamFG § 348 Rn. 9). § 345 gilt in diesem Fall nicht, da das Eröffnungsverfahren kein Antragsverfahren ist. Der Kreis der Beteiligten entspricht dem in § 348 II (Keidel/*Zimmermann* FamFG § 348 Rn. 49). Ein Pflichtteilsberechtigter ist Verfahrensbeteiligter (OLG Hamm Beschl. v. 26.8.2016 – 15 W 73/16, ZEV 2017, 47 Rn. 6). 8

Der Begriff der schriftlichen Bekanntgabe knüpft an die Bekanntgabe gem. § 15 an; die Bekanntgabe durch das Gericht hat daher in der dort geregelten Form zu erfolgen. Da die Bekanntgabe nicht mehr zur Eröffnung gehört, obliegt sie bei einer Eröffnungszuständigkeit nach § 344 VI nicht mehr dem eröffnenden Gericht (Bassenge/Roth/*Bassenge* Rn. 8; vgl. dazu auch KG Beschl. v. 27.2.2014 – 1 AR 3/14, FGPrax 2014, 163). 9

7. Rechtsmittel. Die bereits erfolgte Eröffnung kann als geschehener Realakt nicht mehr angefochten werden (OLG Köln NJW-RR 2004, 1014; BayObLG NJW-RR 1994, 1162; Bumiller/Harders/*Schwamb* FamFG § 348 Rn. 23). Die einem Beteiligten vom Nachlassgericht erteilten beglaubigten Abschriften eines notariellen Testaments und des Protokolls über seine Eröffnung können nicht in entsprechender Anwendung des § 2361 BGB eingezogen werden (OLG Köln Beschl. v. 23.12.2013 – 2 W 304/13, FGPrax 2014, 73 (74); OLG Naumburg Beschl. v. 7.2.2012 – 2 Wx 16/12, FGPrax 2014, 73 (74); vgl. dazu auch *Steiner* ZEV 2015, 319). Wird hingegen die Eröffnung abgelehnt, kann dieser Beschluss nach § 58 als Endentscheidung mit der Beschwerde angefochten werden (Bumiller/Harders/*Schwamb* FamFG § 348 Rn. 23). Anfechtbar ist auch eine Mitteilung des Nachlassgerichts, den Inhalt eines Erbvertrages den eingesetzten Schlusserben bekannt zu machen; diese ist als Endentscheidung iSd §§ 58, 38 zu qualifizieren (OLG Zweibrücken ZEV 2010, 476; OLG Schleswig NJW-RR 2013, 583). 10

8. Kosten und Gebühren. Nach Nr. 12101 KV-GNotKG beträgt die Gebühr für die Eröffnung einer Verfügung von Todes wegen 100 EUR. Insoweit handelt es sich um eine **Festgebühr**. Werden mehrere Verfügungen von Todes wegen desselben Erblassers bei demselben Gericht gleichzeitig eröffnet, so ist nur eine Gebühr zu erheben. Dieser Betrag soll neben dem zu erbringenden Aufwand auch dem mit der Eröffnung verbundenen wirtschaftlichen Vorteil Rechnung tragen und dürfte auch bei kleineren und mittleren Nachlässen für die Kostenschuldner noch akzeptabel sein (BT-Drs. 17/11471, 301). Werden mehrere Verfügungen von Todes wegen zeitlich nacheinander eröffnet, wächst die Gebühr mehrmals an. Liegt zwischen dem Tod des Erblassers und der Testamentseröffnung ein sehr langer Zeitraum (zB 20 Jahre), weil bis dahin kein keine Sterbefallmitteilung des Standesamtes an das Nachlassgericht erfolgt war, ist von der Erhebung der Gebühren für die Eröffnung eines Testaments gegenüber den Erben weder nach § 21 GNotKG wegen unrichtiger Sachbehandlung abzusehen noch ist der Gebührenanspruch verwirkt (OLG Naumburg Beschl. v. 5.8.2015 – 12 W 8/15, FGPrax 2016, 91 (92)). 11

§ 349 Besonderheiten bei der Eröffnung von gemeinschaftlichen Testamenten und Erbverträgen

(1) Bei der Eröffnung eines gemeinschaftlichen Testaments sind die Verfügungen des überlebenden Ehegatten oder Lebenspartners, soweit sie sich trennen lassen, den Beteiligten nicht bekannt zu geben.

(2) ¹Hat sich ein gemeinschaftliches Testament in besonderer amtlicher Verwahrung befunden, ist von den Verfügungen des verstorbenen Ehegatten oder Lebenspartners eine beglaubigte Abschrift anzufertigen. ²Das Testament ist wieder zu verschließen und bei dem nach § 344 Abs. 2 zuständigen Gericht erneut in besondere amtliche Verwahrung zurückzubringen.

(3) Absatz 2 gilt nicht, wenn das Testament nur Anordnungen enthält, die sich auf den Erbfall des erstversterbenden Ehegatten oder Lebenspartners beziehen, insbesondere wenn das Testament sich auf die Erklärung beschränkt, dass die Ehegatten oder Lebenspartner sich gegenseitig zu Erben einsetzen.

(4) Die Absätze 1 bis 3 sind auf Erbverträge entsprechend anzuwenden.

1. Normzweck. § 349 übernahm den Regelungsgehalt von § 2273 BGB aF unter Berücksichtigung des Umstands, dass auch Lebenspartner ein gemeinschaftliches Testament errichten können. Die Vorschrift dient dem Schutz des Überlebenden vor dem vorzeitigen Bekanntwerden seiner Verfügungen (BVerfG NJW 1994, 2535 zu § 2273 BGB). 1

2. Trennbarkeit. Verfügungen des Überlebenden sind trennbar, wenn sie in äußerlich trennbaren Sätzen so gestaltet sind, dass die Verfügungen des Erstverstorbenen ohne sie inhaltlich verständlich bleiben (OLG Zweibrücken NJW-RR 2002, 1662; OLG Schleswig NJW-RR 2013, 583). An der Trennbarkeit fehlt es, wenn beide Verfügungen sprachlich zusammengefasst sind, indem in der Mehrheitsform verfügt worden ist (OLG Hamm OLGZ 1982, 136 zu § 2273 BGB; OLG Schleswig NJW-RR 2013, 583). Auch 2

Bezugnahmen des Erstversterbenden auf Verfügungen des Längerlebenden führen stets zur Eröffnung der in Bezug genommenen Verfügungen, auch wenn sie sich als gegenstandslos erwiesen haben (OLG Köln DNotZ 1988, 721; Bumiller/Harders/*Schwamb* FamFG § 349 Rn. 4). Im Zweifel wird eine Trennbarkeit verneint (BGH NJW 1984, 2098 (2099)).

3 **3. Rechtsmittel.** Die Ankündigung, dass eine Verfügung infolge fehlender Trennbarkeit eröffnet werden soll, stellt zwar eine Zwischenentscheidung dar; diese ist aber ausnahmsweise vom überlebenden Ehegatten mit der Beschwerde nach § 58 anfechtbar, um den Schutz seines allgemeinen Persönlichkeitsrechts, Art. 2 I GG, zu wahren (Bumiller/Harders/*Schwamb* FamFG § 349 Rn. 11). Die Entscheidung des Rechtspflegers nach § 349 I, ein gemeinschaftliches Testament nach dem Tode des erstverstorbenen Ehegatten mit seinem ganzen Inhalt bekanntzugeben, weil eine Trennung der Verfügungen nicht möglich sei, ist als Endentscheidung iSd § 58 I zu bewerten, ohne dass es auf die gewählte Formulierung als Ankündigung oder Anordnung einer bestimmten Verfahrensweise oder Ablehnung eines „Antrags" auf eine inhaltlich beschränkte Eröffnung ankommt.

4 **4. Gebühren.** Es fällt eine Pauschalgebühr iHv 100 EUR nach Nr. 12101 KV GNotKG an; die Höhe des Nachlasswertes ist daher unmaßgeblich. Die Gebühr Nr. 12100 KV GNotKG erwächst nur dann, wenn das eröffnete gemeinschaftliche Testament auf Verlangen des Überlebenden erstmals in besondere amtliche Verwahrung genommen wird, nicht aber im Fall des § 349 II 2, wenn es sich bereits vor Eröffnung in besondere amtliche Verwahrung befunden hat und nun erneut dorthin zurückgebracht wird (Keidel/*Zimmermann* FamFG § 349 Rn. 32).

§ 350 Eröffnung der Verfügung von Todes wegen durch ein anderes Gericht

Hat ein nach § 344 Abs. 6 zuständiges Gericht die Verfügung von Todes wegen eröffnet, hat es diese und eine beglaubigte Abschrift der Eröffnungsniederschrift dem Nachlassgericht zu übersenden; eine beglaubigte Abschrift der Verfügung von Todes wegen ist zurückzubehalten.

1 **1. Normzweck.** § 350 entspricht inhaltlich § 2261 2 BGB aF und regelt den Sachverhalt umfassend für alle Verfügungen von Todes wegen. Die Eröffnung obliegt gem. § 344 VI dem Gericht, das eine Verfügung von Todes wegen in Verwahrung hat. Das verwahrende Gericht hat die Urschriften der Verfügung und des Eröffnungsprotokolls nach der Eröffnung an das zuständige Nachlassgericht zu übersenden. Bei deutschen Erblassern mit Wohnsitz und Aufenthalt im Ausland, ist die letztwillige Verfügung an das Amtsgericht Berlin – Schöneberg zu übersenden, § 343 II. An ein ausländisches Gericht wird nicht das Original, sondern nur eine beglaubigte Abschrift übersandt. Eine beglaubigte Abschrift ist in den Akten des Eröffnungsgerichts zurückzubehalten, um so der Gefahr des Verlustes bei Übersendung zu begegnen (Bumiller/Harders/*Schwamb* FamFG § 349 Rn. 5). Die besondere Zuständigkeit des Verwahrungsgerichts iSd § 344 VI beschränkt sich allein auf die Eröffnung der letztwilligen Verfügung. Die Ermittlung und Benachrichtigung der Beteiligten nach § 348 III, die Gewährung der Einsicht und Erteilung von Abschriften (§§ 357 I, 13 III), die Kostenerhebung (§ 18 II Nr. 1 GNotKG) sowie die (einfache) weitere Verwahrung obliegt dem nach § 343 zuständigen Nachlassgericht (KG Beschl. v. 27.2.104 – 1 AR 3/14, BeckRS 2014, 06101). Die Mitteilung der Eröffnung an das Erbschaftssteueramt nach § 34 II Nr. 3 ErbStG; § 7 I ErbStDV hat durch das Verwahrungsgericht zu erfolgen.

2 **2. Eröffnungsverfahren.** Für das Eröffnungsverfahren gelten die §§ 348, 349. Auf die dortige Komm. darf Bezug genommen werden.

3 **3. Rechtsmittel.** Die bereits erfolgte Eröffnung kann als geschehener Realakt nicht mehr angefochten werden (OLG Köln NJW-RR 2004, 1014; Bumiller/Harders/*Schwamb* § 348 Rn. 23). Wird hingegen die Eröffnung abgelehnt, kann dieser Beschluss nach § 58 als Endentscheidung mit der Beschwerde angefochten werden (Bassenge/Roth/*Bassenge* § 348 Rn. 12).

§ 351 Eröffnungsfrist für Verfügungen von Todes wegen

¹Befindet sich ein Testament, ein gemeinschaftliches Testament oder ein Erbvertrag seit mehr als 30 Jahren in amtlicher Verwahrung, soll die verwahrende Stelle von Amts wegen ermitteln, ob der Erblasser noch lebt. ²Kann die verwahrende Stelle nicht ermitteln, dass der Erblasser noch lebt, ist die Verfügung von Todes wegen zu eröffnen. ³Die §§ 348 bis 350 gelten entsprechend.

1 **1. Normzweck.** § 351 führt für die Eröffnung von Verfügungen von Todes wegen die früher für Testamente geltende Regelung des § 2263a BGB aF und die für Erbverträge geltende Regelung des § 2300a BGB aF zusammen, wobei die **Frist** für Testament, gemeinschaftliche Testamente und Erbverträge einheitlich auf 30 Jahre angeglichen wurde. Zur Überwachung der Fristen nach § 351 wird bei dem Nachlassgericht ein spezielles Überwachungsverzeichnis geführt (vgl. § 27 X AktO).

2 **2. Amtliche Verwahrung.** Die Vorschrift gilt für Verfügungen, die sich entweder in besonderer amtlicher Verwahrung, § 346, oder in einfacher amtlicher Verwahrung, einschließlich der Verwahrung von Erbverträgen durch den Notar, § 34 III BeurkG, befunden haben (BT-Drs. 16/6308, 281; *Kordel* DNotZ 2009, 644).

3. Ermittlungspflicht. Die verwahrende Stelle, das Amtsgericht oder der Notar, soll von Amts wegen, § 26, ermitteln, ob der Erblasser noch lebt, wobei der Umfang der Ermittlungen im pflichtgemäßen Ermessen steht (Bumiller/Harders/*Schwamb* FamFG § 351 Rn. 6). Standesamtliche und melderechtliche Auskünfte, die ein Notar in Erfüllung seiner ihm durch § 351 1 auferlegten Nachforschungspflicht einholt, sind nicht verwaltungskostenfrei (BVerwG Beschl. v. 15.5.2014 – 9 B 45/13, NJW 2014, 2808 (2809 Rn. 9 f.)). 3

4. Eröffnungspflicht. Ergibt sich, dass der Erblasser nicht mehr lebt oder kann dies nicht geklärt werden, muss die Verfügung eröffnet werden. Die Eröffnung erfolgt entweder durch das verwahrende Gericht § 344 VI oder bei notarieller Verwahrung durch das Nachlassgericht, § 343. Stellt sich im Nachhinein heraus, dass der Erblasser noch lebt, ist die Verfügung wieder in Verwahrung zu nehmen (Bassenge/Roth/*Bassenge* FamFG § 353 Rn. 3). Dies hat keine Auswirkungen auf die Gültigkeit der Verfügung. 4

Unterabschnitt 4. Erbscheinsverfahren; Testamentsvollstreckung

§ 352 Angaben im Antrag auf Erteilung eines Erbscheins; Nachweis der Richtigkeit

(1) ¹Wer die Erteilung eines Erbscheins als gesetzlicher Erbe beantragt, hat anzugeben
1. den Zeitpunkt des Todes des Erblassers,
2. den letzten gewöhnlichen Aufenthalt und die Staatsangehörigkeit des Erblassers,
3. das Verhältnis, auf dem sein Erbrecht beruht,
4. ob und welche Personen vorhanden sind oder vorhanden waren, durch die er von der Erbfolge ausgeschlossen oder sein Erbteil gemindert werden würde,
5. ob und welche Verfügungen des Erblassers von Todes wegen vorhanden sind,
6. ob ein Rechtsstreit über sein Erbrecht anhängig ist,
7. dass er die Erbschaft angenommen hat,
8. die Größe seines Erbteils.

²Ist eine Person weggefallen, durch die der Antragsteller von der Erbfolge ausgeschlossen oder sein Erbteil gemindert werden würde, so hat der Antragsteller anzugeben, in welcher Weise die Person weggefallen ist.

(2) Wer die Erteilung des Erbscheins auf Grund einer Verfügung von Todes wegen beantragt, hat
1. die Verfügung zu bezeichnen, auf der sein Erbrecht beruht,
2. anzugeben, ob und welche sonstigen Verfügungen des Erblassers von Todes wegen vorhanden sind, und
3. die in Absatz 1 Satz 1 Nummer 1, 2 und 6 bis 8 sowie Satz 2 vorgeschriebenen Angaben zu machen.

(3) ¹Der Antragsteller hat die Richtigkeit der Angaben nach Absatz 1 Satz 1 Nummer 1 und 3 sowie Satz 2 durch öffentliche Urkunden nachzuweisen und im Fall des Absatzes 2 die Urkunde vorzulegen, auf der sein Erbrecht beruht. ²Sind die Urkunden nicht oder nur mit unverhältnismäßigen Schwierigkeiten zu beschaffen, so genügt die Angabe anderer Beweismittel. ³Zum Nachweis, dass der Erblasser zur Zeit seines Todes im Güterstand der Zugewinngemeinschaft gelebt hat, und zum Nachweis der übrigen nach den Absätzen 1 und 2 erforderlichen Angaben hat der Antragsteller vor Gericht oder vor einem Notar an Eides statt zu versichern, dass ihm nichts bekannt sei, was der Richtigkeit seiner Angaben entgegensteht. ⁴Das Nachlassgericht kann dem Antragsteller die Versicherung erlassen, wenn es sie für nicht erforderlich hält.

I. Normzweck

Mit dem IntErbVG v. 29.6.2015 (BGBl. 2015 I 1042), das für Erbfälle ab dem 17.8.2015 (vgl. EG Art. 229 § 36) Anwendung findet, wurden § 2354 BGB aF in § 352 I, § 2355 BGB aF in § 352 II und § 2356 BGB aF in § 352 III überführt. Durch die Neuregelung sollen die §§ 2354 bis 2356 BGB aF als Verfahrensvorschriften systematisch korrekt im FamFG verortet werden (BT-Drs. 18/4201 S. 59). 1

Für die Erteilung eines Erbscheins hat der Antragsteller zum einen einen hinreichend konkretisierten Antrag zu stellen (→ § 352e Rn. 40 ff.). Darüber hinaus sieht § 352 I vor, dass der Antragsteller im Fall der **gesetzlichen Erbfolge** verschiedene Angaben zu machen hat, die in dieser Vorschrift geregelt sind und deren Richtigkeit der Antragsteller ggf. nach § 352 III FamFG zu beweisen hat (Palandt/*Weidlich* § 2353 Rn. 17). Es handelt sich um Mitwirkungspflichten des Antragstellers, ohne die sein Erbscheinsantrag unzulässig ist. Die Angaben können zwar ggf. durch eine Zwischenverfügung (analog § 18 GBO) nachgeholt werden (MüKoBGB/*Grziwotz* Anh. § 2353 Rn. 25). Die Angaben sind Ausgangspunkt der Ermittlungen des Nachlassgerichts, die sodann von Amts wegen gem. § 26 vorzunehmen sind; sie sind gleichsam vorgeschaltet, ohne die Amtsermittlung zu verdrängen. Ziel ist es, eine voreilige Inanspruchnahme des Nachlassgerichts zu verhindern, dessen Arbeit zu erleichtern und unrichtige Erbscheine zu verhindern. Ein trotz Fehlen dieser Angaben erteilter Erbschein unterliegt jedoch allein deswegen nicht der Einziehung (Staudinger/*Herzog* § 2353 Rn. 55). Diese Angaben betreffen nicht den Sachverhaltskern (dieser umfasst die Angabe des Erblassers, des Erben sowie Umfang und Inhalt seines Erbrechts), sondern dienen lediglich dazu, das Verfahren zu beschleunigen (MüKoBGB/*Grziwotz* Anh. § 2353 Rn. 3). 2

Die Angaben obliegen dem Antragsteller nur, wenn er sie machen kann (MüKoBGB/*Grziwotz* Anh. § 2353 Rn. 7). Andernfalls hat das Nachlassgericht die entsprechenden Ermittlungen anzustellen (§ 26).

3   Beantragt der Antragsteller die Erteilung seines Erbscheins aufgrund **gewillkürter Erbfolge**, so ist § 352 II ergänzend (vgl. Abs. 2 Nr. 3) zu Abs. 1 anzuwenden. Die Vorschrift trägt dem Umstand Rechnung, dass das Erbrecht auf einen anderen Berufungsgrund gestützt wird.

4   § 352 III ergänzt die Mitwirkungspflichten des Antragstellers im Erbscheinsverfahren, die bereits in Abs. 1 und 2 vorgegeben sind, indem sie ihm eine „förmliche Nachweispflicht" (dieser Begriff hat sich zwischenzeitlich durchgesetzt, Palandt/*Weidlich* § 2353 Rn. 17; MüKoBGB/*Grziwotz* Anh. § 2353 Rn. 24; „formelle Nachweispflicht") bzgl. der in dieser Vorschrift genannten Angaben auferlegt. Es handelt sich hierbei allerdings nicht um eine Art Beweislast, sondern um eine Ausprägung der allgemeinen Verfahrensförderungslast des Antragstellers, die inzwischen grds. in § 27 I geregelt ist, hier aber eine spezielle Ausprägung erfährt. Die Erfüllung der Nachweise kann das Nachlassgericht durch Zwischenverfügung verlangen. Bei schuldhafter Nichterfüllung kann der Erbscheinsantrag auch als unzulässig zurückgewiesen werden (OLG Frankfurt a. M. FamRZ 1996, 1441 = Rpfleger 1996, 511; allgM Staudinger/*Herzog* § 2353 Rn. 57; MüKoBGB/*Grziwotz* Anh. § 2353 Rn. 25; *Zimmermann* ZErb 2008, 151). Kann der Antragsteller die Beweismittel dagegen ohne Verschulden nicht vorlegen, so greift die allgemeine Amtsermittlungspflicht des Nachlassgerichts gem. § 26 ein (OLG Frankfurt a. M. FamRZ 1996, 1441 = Rpfleger 1996, 511; allgM Palandt/*Weidlich* § 2353 Rn. 26; MüKoBGB/*Grziwotz* Anh. § 2353 Rn. 25), dh es müssen von Amts wegen die erforderlichen Ermittlungen vorgenommen werden. Verbleiben dann noch Lücken und offene Fragen, so gelten für die Feststellung des Erbrechts die Regeln der materiellen Beweislast (Feststellungslast) (s. Komm. zu → § 352e Rn. 154 ff.).

II. Angaben bei gesetzlicher Erbfolge (Abs. 1)

5   Anzugeben ist zunächst der exakte Zeitpunkt des Todes, **§ 352 I 1 Nr. 1.** Diese Voraussetzung entfällt allerdings, wenn dem Nachlassgericht bereits eine Sterbeurkunde vorliegt. Inhaltlich genügt regelmäßig der Sterbetag, soweit nicht ein weiterer gesetzlicher Erbe am selben Tag verstorben ist. Wird die Angabe des Todeszeitpunktes auf eine gesetzliche Vermutung gestützt, so ist sowohl der Todeszeitpunkt als auch der Vermutungsgrund anzugeben, zB bei Todeserklärung (§ 9 VerschG) und Todeszeitfeststellung (§ 44 II 1 VerschG); vgl. MüKoBGB/*Grziwotz* Anh. § 2353 Rn. 8 mit Hinweis auf § 180 I und II BEG für den Sonderfall eines Erbscheins für das Entschädigungsverfahren. Der Nacherbe hat in seinem Erbscheinsantrag auch den Tag des Eintritts des Nacherbfalls anzugeben (NK-BGB/*Kroiß* 4. Auflage 2014 § 2354, § 2355 Rn. 3). Die Angabe ist durch öffentliche Urkunden nachzuweisen (Abs. 3 S. 1).

6   Durch die Neuregelung in **§ 352 I 1 Nr. 2** bedarf es der Angabe des letzten gewöhnlichen Aufenthalts des Erblassers (→ § 343 Rn. 9) und dessen Staatsangehörigkeit. Die Angabe letzterer war bereits früher übliche Praxis und ist im Hinblick auf die Rechtswahl des Erblassers nach Art. 22 EuErbVO von Bedeutung; die Angabe des letzten gewöhnlichen Aufenthalts ist auch maßgebliches Kriterium für die Bestimmung des anzuwendenden Rechts (Art. 21 EuErbVO) und für die Bestimmung der örtlichen Zuständigkeit des Nachlassgerichts iSd § 343.

7   Das Verhältnis, auf dem das Erbrecht des Antragstellers beruht, ist nach **§ 352 I 1 Nr. 3** anzugeben. Hierunter versteht man die erbrechtsbegründende Stellung zum Erblasser, ob man also als Verwandter gem. §§ 1924 ff. BGB, als Ehegatte, §§ 1931 ff. BGB, als gleichgeschlechtlicher Lebenspartner, §§ 1, 10 LPartG oder als Fiskus, § 1964 BGB, das Erbrecht geltend macht. Beruht das Erbrecht auf einer Annahme als Kind (§§ 1741 ff. BGB), so sind die Umstände darzutun, die für den Eintritt der gesetzlichen Erbfolge wesentlich sind (MüKoBGB/*Grziwotz* Anh. § 2353 Rn. 11 mwN). Bei nichtehelichen Kindern ist die Anerkennung der Vaterschaft (§§ 1592 ff. BGB) oder die gerichtliche Feststellung der Vaterschaft (§§ 1592 Nr. 3, 1600d BGB) oder ein einer solchen Feststellung nach Art. 12 § 3 NEhelG gleichgestellter Tatbestand aus der Zeit vor dem Inkrafttreten des NEhelG anzugeben (MüKoBGB/*Grziwotz* Anh. § 2353 Rn. 11 mit dem Hinweis auf §§ 1723, 1740 BGB aF bei Erbfällen vor dem 1.7.1998, die auf einer Ehelicherklärung beruhen). War der Erblasser verheiratet, so sind der Tag der Heirat, dass die Ehe beim Tod des Erblassers noch bestand und der gewählte Güterstand anzugeben, da dies das gesetzliche Erbrecht des Ehegatten und auch der übrigen Erben beeinflusst, § 1931 BGB. Gleiches gilt für die gleichgeschlechtlichen Lebenspartner nach §§ 1, 6 LPartG. Der Fiskus hat als gesetzlicher Erbe die Voraussetzung des § 1936 BGB anzugeben. Die Angabe ist durch öffentliche Urkunden nachzuweisen (Abs. 3 S. 1).

8   Nach **§ 352 I 1 Nr. 4, S. 2** sind anzugeben die Personen, durch die der Antragsteller von der gesetzlichen Erbfolge ausgeschlossen würde oder durch die sein Erbteil gemindert würde und ob und ggf. in welcher Weise eine solche Person weggefallen ist. Dies gilt sowohl für den Zeitpunkt vor als auch nach dem Erbfall (OLG Köln MDR 1959, 585). Hierzu gehören sowohl gesetzliche als auch testamentarische Erben, wenn sie nicht vor dem Erbfall verstorben wären oder infolge Enterbung, § 1938 BGB, Ausschlagung der Erbschaft, §§ 1942 ff. BGB, Erbverzicht, § 2346 I BGB, Erbunwürdigkeitserklärung, §§ 2344, 2339 ff. BGB, oder als nichteheliche Kinder im Wege des rechtsgültig zustande gekommenen vorzeitigen Erbausgleichs vor dem 1.4.1998 mit dem Vater gem. Art. 227 I Nr. 2 EGBGB als vor dem Erbfall gestorben gelten (Palandt/*Weidlich* § 2353 Rn. 14). Anzugeben ist auch, wer an die Stelle des Weggefallenen getreten ist. Nicht dagegen anzugeben sind nur spekulative Angaben bzgl. dem Nichtvorhandensein von Personen, mit denen nur bei Vorliegen entfernter Möglichkeiten zu rechnen ist, wie die fehlende

Schwangerschaft der Witwe (Staudinger/*Herzog* § 2353 Rn. 80; Palandt/*Weidlich* § 2353 Rn. 14). Der Wegfall einer Person iSd 2 ist durch öffentliche Urkunden nachzuweisen (Abs. 3 S. 1).

Das Vorhandensein von Verfügungen von Todes wegen, dh von Testamenten (§ 1937 BGB) oder Erbverträgen, §§ 1941, 2274 ff. BGB, ist nach **§ 352 I 1 Nr. 5** anzugeben. Dies betrifft auch Verfügungen von Todes wegen, die nach Auffassung des Antragstellers keine Erbeinsetzung enthalten oder nach seiner Auffassung ungültig sind. Es sind daher auch ungültige, widerrufene oder gegenstandslose Testamente oder Erbverträge anzugeben. Auch ein mit Willen des Erblassers vernichtetes Testament ist anzugeben (MüKoBGB/*Grziwotz* Anh. § 2353 Rn. 14; Soergel/*Zimmermann* § 2353 Rn. 5). 9

Nach **§ 352 I 1 Nr. 6** ist die Angabe erforderlich, ob ein Rechtsstreit über das Erbrecht rechtshändig ist. Dieser hindert zwar grds. nicht die Erteilung eines Erbscheins. Dies kann aber dazu führen, dass das Erbscheinsverfahren ausgesetzt wird, bis der Rechtsstreit zwischen den Erbprätendenten entschieden ist. Wird das Erbrecht des Antragstellers anderweitig bestritten, so muss dies im Erbscheinsantrag zwar nicht angegeben werden, schließt aber eine Berücksichtigung durch das Nachlassgericht im Erbscheinsverfahren nicht aus (MüKoBGB/*Grziwotz* Anh. § 2353 Rn. 15). 10

Mit **§ 352 I 1 Nr. 7** ist nunmehr die bereits in der Praxis übliche Angabe, dass der Erbe die Erbschaft angenommen hat (§ 1943 BGB), ausdrücklich gesetzlich geregelt. Diese ist allerdings regelmäßig in der Beantragung des Erbscheins zu sehen. 11

In **§ 352 I 1 Nr. 8** wurde die Regelung des § 2353 Hs. 2 BGB aF übernommen, da die Angabe zur Größe des Erbteils dem Verfahrensrecht zuzuordnen ist. Dessen Angaben bedarf es aber nicht im Fall des § 352a II 2, also wenn ein quotenloser gemeinschaftlicher Erbschein beantragt wird. 12

Nicht im Gesetz ausdrücklich aufgeführt ist die **Angabe des Berufungsgrundes**, also, ob das Erbrecht aufgrund gesetzlicher oder gewillkürter Erbfolge beantragt werden soll. Diese Frage darf grds. nicht offengelassen werden. Eine alternative Antragstellung ist im Hinblick auf den Berufungsgrund nur zulässig, wenn ein Testament vorliegt, dessen Gültigkeit zweifelhaft ist und bei dem die gesetzliche Erbfolge zur selben Erbquote führt (Staudinger/*Herzog* § 2353 Rn. 67). In anderen Fällen ist die Stellung eines Haupt- und Hilfsantrag erforderlich. 13

III. Angaben bei gewillkürter Erbfolge (Abs. 2)

Beantragt der Antragsteller die Erteilung seines Erbscheins aufgrund gewillkürter Erbfolge, so muss er die in § 352 I 1 Nr. 1, 2, 6–8, S. 2 geforderten Angaben machen **(§ 352 II Nr. 3)**. Darüber hinaus muss der Antragsteller die Verfügung bezeichnen, auf der das zu bezeugende Erbrecht beruht, **§ 352 II Nr. 1**. Der Berufungsgrund ist ohnehin schon im Antrag vorzutragen (→ Rn. 13), so dass die maßgebliche Verfügung von Todes wegen bereits aus diesem Grund bereits dargelegt wurde. Dies umfasst auch das Datum der Errichtung sowie die sonstigen Kennzeichnungen, die eine Verwechslung ausschließen (MüKoBGB/ *Grziwotz* Anh. § 2353 Rn. 19). Ergibt sich die Erbfolge aus der Verfügung von Todes wegen erst unter Berücksichtigung sonstiger Umstände, so sind diese mit vorzutragen. Dies kann häufig zu ähnlichen Angaben wie bei Abs. 1 1 Nr. 3 u. 4 verpflichten. So kann zB das Nachlassgericht eine Ergänzung des Antrags samt Nachweis in Form einer eidesstattlichen Versicherung verlangen, dass keiner der Schlusserben gegen die Pflichtteilssanktionsklausel verstoßen hat (OLG Frankfurt a.M. MittBayNot 2012, 229 mAnm *Zimmermann*). Grundsätzlich muss aber über die in der Verfügung von Todes wegen genannten berufenen Personen hinaus nicht vorgetragen werden, dass andere stillschweigend mitberufene Personen nicht vorhanden sind oder wieder weggefallen sind (MüKoBGB/*Grziwotz* Anh. § 2353 Rn. 19). Dies ist ggf. bei Anhaltspunkten vom Nachlassgericht von Amts wegen zu ermitteln, s. Rn. 26. 14

Die Eröffnung der Verfügung von Todes wegen durch das Nachlassgericht gem. § 348 ist Voraussetzung für die Erteilung des Erbscheins. Dabei ist berücksichtigt, dass in der gerichtlichen Praxis die **sog. „stille" Eröffnung** zum ganz überwiegenden Regelfall geworden ist (BT-Drs. 16/6308, 280). Die Eröffnung erfolgt hierbei ohne Ladung und Anwesenheit der Beteiligten; diese werden anschließend schriftlich durch Übersendung von Ablichtungen der Verfügung von Todes wegen benachrichtigt. Diese Eröffnungsart hat sich als zweckmäßiges, schnelles und zuverlässiges Verfahren erwiesen. Die Fassung der Eröffnungsvorschriften sieht daher **nicht die Durchführung eines Eröffnungstermins** als Regelfall der Testamentseröffnung vor, sondern stellt den Eröffnungstermin und die schriftliche Bekanntgabe als gleichrangige Alternativen nebeneinander (*Kroiß*/Seiler Neues FamFG § 6 Rn. 112). 15

Zusätzlich sind nach **§ 352 II Nr. 2** auch alle Verfügungen von Todes wegen (Testamente und Erbverträge) ohne Rücksicht auf ihre Gültigkeit oder ihren Inhalt anzugeben, entsprechend § 352 I 1 Nr. 5 (Palandt/*Weidlich* § 2353 Rn. 15). Dies gilt auch für widerrufene, ungültige oder gegenstandslose Verfügungen (so die hM, vgl. MüKoBGB/*Grziwotz* Anh. § 2353 Rn. 22; Soergel/*Zimmermann* § 2355 Rn. 2). 16

IV. Umfang der förmlichen Nachweispflicht (Abs. 3 S. 1)

Gem. § 352 III 1 sind die vom Antragsteller gemachten Angaben durch öffentliche Urkunden nachzuweisen und vorzulegen oder nach Abs. 3 S. 3 eidesstattlich zu versichern (LG Berlin Rpfleger 2006, 473 zu § 2356 BGB). Hierunter fallen der Todeszeitpunkt des Erblassers, das dem Erbrecht zugrunde liegende Rechtsverhältnis sowie der Wegfall von Erbanwärtern (§ 352 III). Im Fall des § 352 II ist die Urkunde (die Verfügung von Todes wegen) vorzulegen, auf der das Erbrecht beruht. 17

Unter bestimmten Voraussetzungen bestehen aber Erleichterungen von der förmlichen Nachweispflicht. So genügen nach Abs. 3 S. 2 auch andere Beweismittel (→ Rn. 32). Gem. § 352 III 4 kann auch 18 die eidesstattliche Versicherung erlassen werden, wenn das Gericht sie nicht für erforderlich erachtet. Anderes gilt nur, wenn die Tatsachen bei dem Nachlassgericht offenkundig iSd § 291 ZPO sind. Der Grundsatz des § 291 ZPO gilt anerkanntermaßen auch im FamFG (BT-Drs. 18/4201, 60 betr. Streichung von § 2356 III BGB aF).

19 Offenkundig sind Tatsachen, die allgemeinkundig oder gerichtskundig sind, entsprechend den Grundsätzen iSd § 291 ZPO (allgM Palandt/*Weidlich* § 2353 Rn. 26; MüKoBGB/*Grziwotz* Anh. § 2353 Rn. 26; NK-BGB/*Kroiß* 4. Auflage 2014 § 2356 Rn. 2). Allgemeinkundig ist eine Tatsache, die einer beliebig großen Anzahl von Menschen privat bekannt oder ohne weiteres zuverlässig wahrnehmbar ist (Thomas/Putzo/*Reichold* ZPO § 291 Rn. 1), wobei sich das Gericht die Kenntnis ohne Beteiligung der Beteiligten auch durch private Beobachtung verschaffen kann (BGH NJW 2007, 3211). Gerichtskundig sind Tatsachen, die das Gericht selbst amtlich wahrgenommen hat (Thomas/Putzo/*Reichold* ZPO § 291 Rn. 2). Hierbei ist aber nicht notwendig, dass sie das Gericht aufgrund eigener Tätigkeit wahrgenommen hat. Hierunter fallen unter anderem die Ausschlagung oder Annahme der Erbschaft, auf die sich das Erbscheinsverfahren bezieht oder die Erklärung der Anfechtung eines Testaments gegenüber dem Nachlassgericht. Andernfalls kann das Gericht auf andere Verfahren Bezug nehmen oder im Wege der Amtshilfe zu den Gerichtsakten beiziehen, so zB bei Gerichtsentscheidungen mit personenstandsrechtlicher Wirkung, wie Kindesannahme, Vaterschaftsfeststellung oder Scheidung (OLG Köln MDR 1959, 585; MüKoBGB/*Grziwotz* Anh. § 2353 Rn. 26; NK-BGB/*Kroiß* 4. Auflage 2014 § 2356 Rn. 2; Bamberger/Roth/*Siegmann/Höger* 3. Auflage 2012 § 2356 Rn. 2, der diese Tatsachen bereits als offenkundig ansieht). Auch genügt nicht ein hoher Grad an Wahrscheinlichkeit für die Offenkundigkeit (OLG Schleswig FamRZ 2001, 583 (584)). Im Falle der zweiten Eheschließung ist der Wegfall des ersten Ehegatten daher durch Vorlage des Scheidungsurteils oder der Sterbeurkunde zu beweisen (MüKoBGB/*Mayer* 6. Auflage 2013 § 2356 Rn. 7).

20 Darüber hinaus sind auch gesetzlich vermutete Tatsachen iSd § 292 ZPO nicht nachzuweisen, da die Vermutung auch zugunsten des Antragstellers wirkt. Dieser muss jedoch beweisen, dass die tatsächlichen Voraussetzungen für das Eingreifen der Vermutung vorliegen. Hierunter fallen vor allem die Todeserklärung (§ 9 I 1 VerschG), die Todeszeitfeststellung (§ 44 II 1 VerschG) oder die Vermutung des gleichzeitigen Todes nach § 11 VerschG. Eine besondere Todesvermutung begründet sich gem. § 180 BEG, die gem. § 181 II BEG auch für das Erbscheinsverfahren ausreicht (MüKoBGB/*Grziwotz* Anh. § 2353 Rn. 8; Staudinger/*Herzog* 2353 Rn. 166). Wichtig ist, dass der Gegner die Vermutung widerlegen kann (Staudinger/*Herzog* § 2353 Rn. 163).

V. Beweismittel (Abs. 3 S. 2)

21 **1. Öffentliche Urkunden.** Der Begriff der öffentlichen Urkunde entspricht dem in § 415 ZPO. Eine öffentliche Urkunde ist gegeben, wenn sie durch eine öffentliche Behörde oder durch eine mit öffentlichem Glauben versehene Person ausgestellt wurde (Thomas/Putzo/*Reichold* ZPO § 415 Rn. 1). Sie kann auch durch eine ausländische Behörde ausgestellt werden (BGH NJW-RR 2007, 1006). Sie gelten nach Vorlage und Legalisation nach § 438 II ZPO als echt. Weiter muss die Urkunde in den Grenzen der Amtsbefugnisse und unter Einhaltung der vorgeschriebenen Form erfolgt sein (Thomas/Putzo/*Reichold* ZPO § 415 Rn. 2, 3).

22 Öffentliche Urkunden sind in Urschrift, Ausfertigung oder beglaubigter Abschrift beizubringen, dem Antragsteller allerdings auf Antrag (nach Fertigung von Abschriften für die Akte) wieder zurückzugeben (Palandt/*Weidlich* § 2353 Rn. 18). Statt Vorlage genügt auch die Bezugnahme auf die öffentliche Urkunde, wenn das Gericht selbst oder auch eine andere Abteilung die Urkunde bereits besitzt oder ihren Inhalt in der Akte bereits festgehalten hat. Allein die Verweisung auf die Akten eines fremden Gerichts genügt dagegen nicht, wenngleich das Nachlassgericht die Akte beiziehen könnte (MüKoBGB/*Mayer* 6. Auflage 2013 § 2356 Rn. 6; Palandt/*Weidlich* § 2353 Rn. 18; aA OLG Köln MDR 1959, 585). Werden diese Akten im Wege der Amtshilfe beigezogen, so kann auch auf sie Bezug genommen werden. Öffentliche Urkunden aus der ehemaligen DDR bedürfen in der Regel keines Echtheitsbeweises (MüKoBGB/*Grziwotz* Anh. § 2353 Rn. 30: sie genügen als inländische Urkunden; zur früheren Rechtslage vor der Wiedervereinigung: BGH NJW 1979, 1506). Für die Beweiskraft öffentlicher Urkunden gelten die §§ 415, 417, 418 u. 435 ZPO. Bei Vorlage ausländischer Urkunden als Beweismittel, die ein öffentlich vereidigter Übersetzer in die deutsche Sprache übersetzt und entsprechend bestätigt hat, kann nur im Ausnahmefall eine Beglaubigung der Unterschrift des Übersetzers verlangt werden, so wenn Anhaltspunkte bestehen, dass er seine Übersetzung missbräuchlich mit der gefälschten Unterschrift eines ermächtigten oder bestellten Übersetzers versieht (OLG Karlsruhe BeckRS 2013, 04776 = NJW-Spezial 2013, 199).

23 Die wichtigsten öffentlichen Urkunden im Erbscheinsverfahren sind die Personenstandsurkunden, § 55 PStG. Hierzu zählen die beglaubigten Auszüge aus dem Personenstandsregister, die Geburtsurkunde, die Eheurkunde, die Sterbeurkunde, die Abstammungsurkunde und der Auszug aus dem Familienbuch (vgl. dazu aber auch § 77 PStG), nicht aber der „Ahnenpass" (OLG Hamm ZErb 2013, 68). In Fällen, in denen es um Personenstandsfälle vor dem 1.1.1876 geht, ist der Nachweis nach den teilweise früher geltenden landesrechtlichen Vorschriften zu erbringen oder die Eintragung aus alten Kirchenbüchern, Standesregistern und Gerichtsregistern zu erteilen (MüKoBGB/*Mayer*, 5. Aufl. 2010 § 2356 Rn. 21 aE). Im Zweifel können alte Familienstammbücher oder der „Ahnenpass" (OLG Hamm ZErb 2013, 68) zumindest als „anderes Beweismittel" iSv § 352 III 2 in Betracht kommen.

Angaben im Antrag auf Erteilung eines Erbscheins   § 352 **FamFG 30**

Bestehen Zweifel an der Richtigkeit einer Personenstandsurkunde, so gebietet die Amtsermitt- 24
lungspflicht des Gerichts, § 26, dies auch im Erbscheinsverfahren aufzuklären. Der Nachweis der Unrichtigkeit kann auch in diesem Verfahren geführt werden. Voraussetzung ist, dass das Nachlassgericht
ernsthafte Zweifel an der Richtigkeit der Urkunde hat. Dann müssen eigene Ermittlungen und Beweiserhebungen (§§ 26, 29) durchgeführt werden, unter Beachtung der Beweisregeln nach §§ 415, 418 ZPO
iVm § 54 PStG. Der Antragsteller kann nicht auf das Berichtigungsverfahren nach §§ 47 ff. PStG verwiesen werden (BayObLGZ 1981, 38 = Rpfleger 1981, 238; OLG Hamm MDR 1953, 747; aA MüKo-
BGB/*Mayer* 6. Auflage 2013 § 2356 Rn. 23, der eine eigene Aufklärungspflicht des Gerichts nicht für
angezeigt sieht). Eine inzidente Prüfung der Vaterschaft erfolgt im Hinblick auf die Sperrwirkung des
§ 1599 I BGB bzw. § 1593 BGB aF grundsätzlich nicht. Im Fall eines von Abkömmlingen des behaupteten biologischen Vaters des Erblassers geltend gemachten gesetzlichen Erbrechts gibt es jedenfalls ohne
das Hinzutreten besonderer Umstände keinen Anlass für eine Abweichung von diesem Grundsatz
(OLG Frankfurt a. M. Beschl. v. 22.9.2016 – 20 W 59/14, NJW-RR 2017, 519 Rn. 32).

Der Antragsteller hat im Erbscheinsverfahren öffentliche Urkunden vorzulegen für (§ 352 III 1):

a) Den Todeszeitpunkt des Erblassers, § 352 I 1 Nr. 1. Der Todeszeitpunkt des Erblassers muss so- 25
wohl bei gesetzlicher als auch bei gewillkürter Erbfolge nachgewiesen werden und wird regelmäßig
durch Vorlage der Sterbeurkunde nachgewiesen, §§ 55 I Nr. 5, 60 PStG. Im Fall der Todeserklärung oder
Todeszeitfeststellung ist eine Ausfertigung des Beschlusses hierüber vorzulegen, §§ 23, 44 VerschG. Dies
kann vom Nachlassgericht auch verlangt werden, wenn Personen als verschollen gelten (OLG Hamburg
NJW 1953, 627; MüKoBGB/*Grziwotz* Anh. § 2353 Rn. 33). Die hierdurch begründete Todeszeitvermu-
tung kann im Erbscheinsverfahren widerlegt werden (BayObLGZ 1953, 120; OLG Hamburg NJW
1952, 147; Palandt/*Weidlich* § 2353 Rn. 21). Ausländische Todeserklärungen Deutscher sind grds. anzuerkennen (Palandt/*Weidlich* § 2353 Rn. 21 – zumindest sind sie als sonstige Beweismittel beachtlich,
§ 352 III 2); bei fremdem Personalstatut kann eine ausländische Todeserklärung anerkannt werden und
ist dann als urkundlicher Todesnachweis im Erbscheinsverfahren verwendbar (MüKoBGB/*Grziwotz*
Anh. § 2353 Rn. 33 mwN).

b) Den Nachweis nach § 352 I 1 Nr. 3. aa) Das Bestehen der Ehe oder einer eingetragenen gleich- 26
geschlechtlichen Partnerschaft. Die Eheschließung kann durch Vorlage einer Eheurkunde (§§ 57, 55 I
Nr. 2 PStG), bei einer gleichgeschlechtlichen Lebenspartnerschaft einer Lebenspartnerschaftsurkunde
(§§ 58, 55 I Nr. 3 PStG) bzw. beglaubigter Registerauszüge belegt werden (MüKoBGB/*Grziwotz* Anh.
§ 2353 Rn. 34). Die Vorlage der Sterbeurkunde genügt hierfür hingegen nicht, selbst wenn der Ehegatte
darin angegeben ist, da Gegenstand der vorgenommenen Personenstandsbeurkundung nur die mit dem
Sterbefall zusammenhängenden Angaben ist. Ein Nachweis dafür, mit wem der Verstorbene verheiratet
war, ist damit nicht verbunden (BayObLG FamRZ 1998, 1242 (1243); KG FamRZ 1971, 432). Ein beglaubigter Ausdruck aus dem Eheregister (§ 55 I Nr. 1 PStG) beweist die Eheschließung und das Weiterbestehen der Ehe (MüKoBGB/*Grziwotz* Anh. § 2353 Rn. 34).

bb) Verwandtschaft. Bei Abkömmlingen ist der Nachweis über die Abstammung oder über die An- 27
nahme als Kind erforderlich. Hierfür genügt ein beglaubigter Auszug aus dem Geburtenregister (§ 55 I
Nr. 1 PStG; MüKoBGB/*Grziwotz* Anh. § 2353 Rn. 34–36 mit vielen Erläuterungen, insb. auch zur Annahme als Kind). Die nichteheliche Verwandtschaft kann nachgewiesen werden durch Vorlage der öffentlichen Urkunde über die Anerkennung der Vaterschaft und die Zustimmung des Kindes hierzu,
§ 1592 Nr. 2 BGB, § 1597 BGB oder die Ausfertigung des Urteils über die Feststellung der Vaterschaft,
§ 1600d BGB. Die Annahme als Kind kann vor allem mit dem Annahmebeschluss des Familiengerichts
gem. § 1752 BGB nachgewiesen werden (das Verfahren ist in den §§ 186 ff. FamFG geregelt, s. insoweit
auch *Kroiß*/Seiler Neues FamFG § 3 Rn. 332 ff.).

cc) Güterstand. Ist der Güterstand nach dem Erbfall für das gesetzliche Erbrecht des Ehegatten und 28
damit auch für das gesetzliche Erbrecht der Kinder oder sonstiger Verwandter bedeutsam, so ist auch
dieser gem. § 352 III 3 nachzuweisen. Für den gesetzlichen Güterstand genügt gem. § 352 III 3 die eidesstattliche Versicherung. Für eingetragene Lebenspartner gilt nach § 6 I LPartG gleiches. Sonstige Güterstände sind durch Vorlage des Ehevertrages als öffentlicher Urkunde gem. § 1408 I, §§ 1414, 1415 BGB
nachzuweisen. Soweit der Güterstand in einem Güterregister eingetragen ist, genügt die Bezugnahme
hierauf bei demselben Amtsgericht. Andernfalls ein beglaubigter Registerauszug oder eine Bescheinigung
des Registergerichts (MüKoBGB/*Grziwotz* Anh. § 2353 Rn. 36). Beruht die Gütertrennung auf einem
Beschluss zur vorzeitigen Zugewinnausgleich, § 1388 BGB, § 6 2 LPartG, so kann dieses als Nachweis
vorgelegt werden. Für die Sonderfälle bei Vertriebenen und Flüchtlingen sowie den Güterstand der Ei-
gentums- und Vermögensgemeinschaft des FGB der DDR s. *Mayer* (MüKoBGB/*Mayer*, 6. Auflage
2013, § 2356 Rn. 34, 35).

c) Wegfallnachweise, § 352 I 1 2. Der Wegfall des Ehegatten kann durch Vorlage des rechtskräftigen 29
Urteils über die Scheidung oder Aufhebung der Ehe erfolgen. Gleiches gilt für eingetragene Lebenspartner (s. MüKoBGB/*Grziwotz* Anh. § 2353 Rn. 38). Der Tod einer Person erfolgt entsprechend den Ausführungen oben unter a. Ein etwaiger Erbverzicht ist durch die dafür vorgeschriebene öffentliche Urkunde nachzuweisen, §§ 2346, 2348f, 2352 BGB. Die Erbunwürdigkeitserklärung ergibt sich aus dem
Gerichtsurteil hierüber, § 2342 BGB. Ein vorzeitiger Erbausgleich spielt nur in den in Art. 227 I EGBGB
genannten Fällen noch eine Rolle (MüKoBGB/*Grziwotz* Anh. § 2353 Rn. 39).

30   **2. Verfügungen von Todes wegen.** Zum Nachweis des testamentarischen Erbrechts ist die Testamentsurkunde in Urschrift dem Nachlassgericht vorzulegen (BayObLG FamRZ 2005, 138; 2003, 1786), soweit nicht das Nachlassgericht durch frühere Ablieferung bereits im Besitz der Urschrift aufgrund der Testamentseröffnung (nach den §§ 348 ff.) ist. Die Echtheit der Urkunde ist beim privatschriftlichen Testament anders als bei öffentlichen Urkunden zu beweisen. So können bspw. Schriftproben erholt werden. Dieser Nachweis gehört aber nicht zu den Pflichten des Antragstellers, sondern ist durch Ermittlungen des Nachlassgerichts zu klären, § 26 (Staudinger/*Herzog* § 2353 Rn. 191; MüKoBGB/ *Grziwotz* Anh. § 2353 Rn. 28).

31   Ist die Testamentsurkunde nicht aufzufinden, verloren gegangen oder ohne Willen des Erblassers vernichtet worden, so ändert dies zunächst nichts an der Wirksamkeit des Testaments (OLG München ZEV 2010, 572; BayObLG FamRZ 1990, 1162 (1163)). Der Inhalt kann auch durch andere Beweismittel (§ 352 III 2) erbracht werden (BayObLG FamRZ 2005, 138; 2001, 945; 1993, 117 = DNotZ 1993, 452; OLG Frankfurt a. M. ZErb 2002, 49 mAnm *Tanck;* allgM Staudinger/*Herzog* § 2353 Rn. 194; Palandt/*Weidlich* § 2353 Rn. 25; MüKoBGB/*Grziwotz* Anh. § 2353 Rn. 27 und 40 f.). Die Feststellungslast trägt derjenige, der Rechte aus der Testamentsurkunde herleiten will (BayObLGZ 2004, 91 (92); FamRZ 2001, 945). Zu unterscheiden sind verschiedene Konstellationen: Bestehen von dem Testament weder Kopien noch Abschriften, so muss grds. die Einhaltung der Form und sein Inhalt feststehen, wenn Rechte daraus hergeleitet werden sollen (Staudinger/*Herzog* § 2353 Rn. 199). An den Nachweis sind strenge Anforderungen zu stellen (OLG Schleswig FamRZ 2012, 903; OLG München ZEV 2010, 572; 2008, 596 (598); 2008, 286; Palandt/*Weidlich* § 2353 Rn. 25 mit Verweis auf → § 2255 Rn. 8 ff.). Für den Nachweis eines urkundlich nicht mehr vorhandenen Testaments sind Äußerungen des Testators gegenüber Bedachten oder Dritten regelmäßig nicht ausreichend (OLG München, Beschl. v. 13.9.2011 – 31 Wx 298/11, ZEV 2013, 43 (45); OLG Düsseldorf Beschl. v. 16.8.2013 – I-3 Wx 134/13, NJW-RR 2013, 1420). Liegen dagegen Kopien oder Ablichtungen vor, so können diese bereits Beweis dafür bieten, dass der Erblasser ein entsprechendes Testament errichtet hat (Palandt/*Weidlich* § 2255 Rn. 9); Errichtung und Inhalt können dann auch mit anderen Beweismitteln bewiesen werden (OLG Naumburg FamRZ 2013, 246; Beschl. v. 26.7.2013 – 2 Wx 41/12, BeckRS 2013, 14046). Ist die Kopie beglaubigt, so gilt insoweit § 418 ZPO (KG FamRZ 2007, 1197). Es muss aber noch Beweis darüber erhoben werden, dass die Verfügung selbst noch gültig geblieben ist (BayObLG FamRZ 2001).

32   **3. Andere Beweismittel.** Als Ausnahme zu § 352 III 1 sieht S. 2 vor, dass andere Beweismittel zulässig sind, wenn öffentliche Urkunden nicht oder nur mit unverhältnismäßigen Schwierigkeiten zu verschaffen sind (grds. OLG Schleswig ZErb 2013, 132: idR liegen „unverhältnismäßige Schwierigkeiten" allein wegen der mit der Urkundenbeschaffung verbundenen Zeit noch nicht vor, wenngleich bei einer Wartezeit von mehr als 20 Monaten und einem bereits hohen Lebensalter des möglichen Erben solche in Erwägung zu ziehen sind; KG FamRZ FGPrax 1995, 120 f. = FamRZ 1995, 837). Hierbei gilt ein strenger Maßstab (OLG Rostock Rpfleger 2004, 289 (290) = FamRZ 2004, 1518). Bei der Frage der Verhältnismäßigkeit handelt es sich um einen nachprüfbaren Rechtsbegriff und nicht um einen Ermessensspielraum des Nachlassgerichts (Staudinger/*Herzog* § 2353 Rn. 192; MüKoBGB/*Grziwotz* Anh. § 2353 Rn. 40). Unverhältnismäßig können hohe Kosten, Risiken und Mühen der Beschaffung einer öffentlichen Urkunde gegenüber dem Wert der formellen Nachweispflicht sein, wenn sich die volle Überzeugung des Gerichts bereits aus anderen Beweismitteln ergibt (MüKoBGB/*Grziwotz* Anh. § 2353 Rn. 40). In Betracht kommen dann Beweismittel jeder Art (BayObLG FamRZ 2003, 1786 (1787)), wie Zeugen, eidesstattliche Versicherungen Dritter bei undurchführbarer Zeugenvernehmung (OLG Düsseldorf MDR 1961, 242; zum Beweiswert vgl. OLG Schleswig FamRZ 2011, 1334), ältere Familienstammbücher, gekürzte Urkunden, Ausfertigungen, beglaubigte Abschriften, Kopien und Ablichtungen, „Ahnenpässe" (OLG Hamm ZErb 2013, 68), und Taufscheine, aber auch ein staatliches Online-Authentifizierungsverfahren kann herangezogen werden (KG ZEV 2012, 593). Allen gemein ist, dass die Beweismittel ähnlich klare und verlässliche Folgerungen ermöglichen müssen, wie die öffentliche Urkunde selbst (OLG Hamm Beschl. v. 20.3.2015 – 10 W 151/14, BeckRS 2015, 08157; OLG Schleswig FamRZ 2011, 1334; OLG München FGPrax 2006, 27; KG FamRZ 1995, 837 = FGPrax 1995, 120). Die Anforderungen an die Beweisführung sind regelmäßig so streng wie bei einem fehlenden Testament (→ Rn. 31). Hat der Antragsteller erfolglos alles ihm Zumutbare zur Beibringung einer ausländischen Urkunde oder eidesstattlichen Versicherung unternommen und bestehen ausreichende Anhaltspunkte für die Richtigkeit der gemachten Angaben, so kann das Nachlassgericht den Erbschein nicht mangels Beweises durch eine öffentliche Urkunde zurückweisen (OLG Bremen Beschl. v. 19.1.2015 – 5 W 39/14, FamRZ 2015, 1325 (1326); KG FamRZ 2011, 1337; OLG Rostock FamRZ 2004, 1518; Palandt/*Weidlich* § 2353 Rn. 26).

VI. Eidesstattliche Versicherung (Abs. 3 S. 3 und 4)

33   Die eidesstattliche Versicherung ist gemäß dem Wortlaut des § 352 III 3 für die übrigen Angaben der § 352 I Nr. 2, Nr. 4–8, II Nr. 1, 2 sowie für die Tatsache abzugeben, dass der Erblasser zur Zeit seines Todes im Güterstand der Zugewinngemeinschaft gelebt hatte. Regelmäßig ist sie für entscheidungsrelevante negative Tatsachen erforderlich, da diese nicht durch öffentliche Urkunden erbracht werden können. Der Antragsteller muss lediglich sein Nichtwissen ausdrücken (BayObLGZ 1961, 447). Die eidesstattliche Versicherung ist also kein Beweis, sondern nur Glaubhaftmachung, § 31 dafür, dass dem Antragsteller nichts bekannt sei, „was der Richtigkeit seiner Angaben entgegenstehe" (*Zimmermann* ZErb 2008, 151 ff.; Palandt/*Weidlich* § 2353 Rn. 27). Dies gilt aber auch für das Fehlen weiterer erbbe-

rechtigter Personen nach § 352 I 1 Nr. 3, I 1 u. 2, das Fehlen einer Verfügung von Todes wegen (§ 352 II Nr. 2) oder der Tatsache, dass kein Scheidungsverfahren iSv § 1933 BGB anhängig ist, § 352 I 1 Nr. 6. Das Nichtbestehen von Ausschlussgründen (zB dass kein Scheidungsverfahren iSv § 1933 BGB anhängig ist) braucht ohne konkreten Anlass nicht ausdrücklich angegeben und versichert werden (OLG Hamm NJW-RR 1992, 1483 = FamRZ 1993, 365; MüKoBGB/*Grziwotz* Anh. § 2353 Rn. 46; aA OLG Braunschweig DNotZ 1991, 50 = Rpfleger 1990, 462 mit abl. Anm. *Promberger;* umf. Darstellung des Streits bei *Zimmermann* ZErb 2008, 151 (153)). Sinn und Zweck der eidesstattlichen Versicherung ist es auch, den Antragsteller im Hinblick auf die Strafbarkeit einer falschen eidesstattlichen Versicherung gem. §§ 156, 163 StGB zu richtigen Angaben zu veranlassen, damit keine unrichtigen Erbscheine in Umlauf gelangen (*Zimmermann* ZErb 2008, 151 (152), wobei *Zimmermann* dem Staat auch eine Einnahmeerzielungsabsicht unterstellt).

1. Abgabe der eidesstattlichen Versicherung. Die Abgabe der eidesstattlichen Versicherung erfolgt 34 vom Antragsteller persönlich grds. entweder bei Gericht (funktionell zuständig ist gem. §§ 3 Nr. 1f RPflG der Rechtspfleger) oder beim Notar. Art. 239 EGBGB enthält insoweit eine Länderöffnungsklausel, wonach die Länder durch Gesetz bestimmen können, dass die Abgabe nur vor einem Notar erfolgen kann (vgl. dazu näher Art. 239 EGBGB). Die Abgabe kann auch vor dem Rechtshilfegericht erfolgen (OLG Celle MDR 1970, 930; OLG Frankfurt a. M. Rpfleger 1970, 206; Palandt/*Weidlich* § 2353 Rn. 28; aA Soergel/*Zimmermann* § 2356 Rn. 15: nur bei Rechtshilfeersuchen). Das Verfahren richtet sich nach den §§ 1 II, 6 ff., 38 BeurkG. Die Abgabe hat höchstpersönlich vom Antragsteller zu erfolgen. Dies gilt auch dann, wenn der Antragsteller nicht Erbe ist, sondern ein befugter Dritter, wie der Testamentsvollstrecker, Nachlassverwalter, Insolvenzverwalter oder ein zur Antragstellung berechtigter Nachlassgläubiger mit Titel (§§ 792, 896 ZPO; vgl. dazu OLG München Beschl. v. 29.7.2014 − 31 Wx 273/13, NJW 2014, 3254 Rn. 21) und der gesetzliche Vertreter (sowohl Eltern als auch der Betreuer) (Palandt/*Weidlich* § 2353 Rn. 28; MüKoBGB/*Grziwotz* Anh. § 2353 Rn. 44); sie alle geben die Erklärung in eigenem Namen ab. Der Minderjährige ab dem 16. Lebensjahr kann, soweit die Voraussetzungen des § 455 II ZPO vorliegen, die eidesstattliche Erklärung auch selbst abgeben (Palandt/*Weidlich* § 2353 Rn. 28; MüKoBGB/*Grziwotz* Anh. § 2353 Rn. 44). Eine gewillkürte Stellvertretung ist nicht möglich, auch nicht vom Bevollmächtigten des gesetzlichen Vertreters (BayObLGZ 1961, 10; KG OLGZ 1967, 249; Palandt/*Weidlich* § 2353 Rn. 28; MüKoBGB/*Grziwotz* Anh. § 2353 Rn. 44). Die Bezugnahme auf Schriftstücke ist zulässig, wenn auf diese in der Niederschrift verwiesen wird und sie der Niederschrift beigefügt werden, §§ 38 I, 9 BeurkG. Eine Erleichterung gilt nach § 13a BeurkG für die Bezugnahme auf notarielle Niederschriften: Hier genügt die Vorlage einer beglaubigten Abschrift der die eidesstattliche Versicherung enthaltenden notariellen Erbscheinsverhandlung (LG Bonn DNotZ 1968, 51; Palandt/*Weidlich* § 2353 Rn. 28). Im Ausland ist der Konsularbeamte zuständig, § 12 Nr. 2 KonsularG. Beim gemeinschaftlichen Erbschein ist die Versicherung aller Erben gefordert, § 352a IV.

2. Verweigerung der eidesstattlichen Versicherung. Wird die eidesstattliche Versicherung ohne 35 rechtfertigenden Grund verweigert, obwohl das Nachlassgericht den Antragsteller durch Zwischenverfügung dazu aufgefordert hatte, so führt dies zur Abweisung des Erbscheinantrags, ohne dass das Nachlassgericht zuvor eigene Ermittlungen anstellen muss (OLG Frankfurt a. M. MittBayNot 2012, 229 mAnm *Zimmermann* betr. Verweigerung der eidesstattlichen Versicherung durch einen Abkömmling, dass keiner der Schlusserben gegen die Pflichtteilssanktionsklausel verstoßen hat; FGPrax 1996, 190; *Zimmermann* ZErb 2008, 151; *Völzmann* RNotZ 2012, 380 (384)). Bei Unrichtigkeit der eidesstattlichen Versicherung kann die Abgabe einer neuen eidesstattlichen Versicherung nur verlangt werden, wenn damit Bedenken in einem für die Entscheidung wesentlichen Punkt beseitigt werden sollen (OLG Köln MDR 1959, 585; MüKoBGB/*Grziwotz* Anh. § 2353 Rn. 49). Kann der Antragsteller andere Beweismittel im Sinne von Abs. 1 S. 2 unverschuldet nicht vorlegen, so hat das Nachlassgericht die Ermittlungen von Amts wegen selbst vorzunehmen, § 26.

3. Erlass der eidesstattlichen Versicherung. Gem. § 352 III 4 ist der Erlass eidesstattlichen Versiche- 36 rung ganz oder für einzelne Punkte möglich, wenn der für die Entscheidung zuständige Richter oder Rechtspfleger sie nicht für erforderlich hält (zur sehr unterschiedlichen praktischen Handhabung s. *Zimmermann* ZErb 2008, 151). Dies liegt in seinem pflichtgemäßen Ermessen (OLG München NJW-RR 2007, 665; FGPrax 2006, 27; OLG Schleswig FamRZ 2001, 583). Von der eidesstattlichen Versicherung kann aber grds. nur ausnahmsweise abgesehen werden, so zB wenn die Verhältnisse so klar und einfach liegen, dass sie die Erbrechtslage ohne Zweifel ergeben, oder wenn der Sachverhalt bereits durch ein anderes Erbscheinsverfahren geklärt ist. Keine Kriterien sind eine Kostenabwägung oder ein geringer Nachlasswert (OLG Schleswig Beschl. v. 24.3.2014 − 3 W 17/14, NJW-RR 2014, 1039). Ein Antrag ist üblich, aber nicht vorgeschrieben. Erachtet das Nachlassgericht die erforderlichen Tatsachen bereits ohne die zusätzliche eidesstattliche Versicherung für festgestellt, so ist sie zu erlassen (*Zimmermann* ZErb 2008, 151 (152)). Beispiele für den Erlass der eidesstattlichen Versicherung: für den Nacherben, wenn für den Vorerben bereits ein Erbschein erteilt war, bei Wegfall der Testamentsvollstreckung für den neuen Erbschein (KG OLGZ 1967, 247). Abgesehen von der eidesstattlichen Versicherung wurde bei Vorlage einer vor einem ausländischen Notar abgegebenen eidesstattlichen Versicherung, weil der Antragstellerin die Reise nach Deutschland unzumutbar war (OLG München NJW-RR 2006, 226 = FGPrax 2006, 27 = ZErb 2006, 55; kritisiert von *Zimmermann* ZErb 2008, 151 (152), der kein Ermessenskriterium darin sieht, dass die in der Ukraine wohnende Antragstellerin die Kosten für die Fahrt nach Deutschland leisten könne; ggf. müsse ihr insoweit Verfahrenskostenhilfe, §§ 76 ff., mit einem Reisekostenvorschuss gewährt werden). Kann der Antragsteller die eidesstattliche Versicherung nicht mehr abgeben, da er geschäftsunfähig wurde und müsste nur für diese ein Betreuer bestellt werden, so kann auf die eidesstattliche Versicherung verzichtet werden, wenn der Vorsorgebevollmächtigte bereits eine eidesstattliche Versicherung abgegeben hat (*Litzenburger* ZEV 2004, 451). Umfassend werden die Ermessenskriterien dargestellt bei *Zimmermann* (ZErb 2008, 151 (152ff.)).

37 **4. Beschwerde gegen die Verpflichtung zur Abgabe der eidesstattlichen Versicherung.** Die Entscheidung des Nachlassgerichts, nicht auf die Abgabe der **eidesstattlichen Versicherung zu verzichten**, stellt eine Zwischenverfügung dar, die nicht selbständig anfechtbar ist (Keidel/*Meyer-Holz* § 58 Rn. 47; OLG Schleswig, Beschl. v. 24.3.2014, 3 Wx 17/14, NJW-RR 2014, 1039). Sie unterliegt jedoch der Nachprüfung durch das Beschwerdegericht im Rahmen der Anfechtung der den Antrag ablehnenden Endentscheidung, da die Weigerung der Vorlage der eidesstattlichen Versicherung zur Abweisung des Antrags führt (OLG Frankfurt a.M. FGPrax 1996, 190). Die Ermessensentscheidung des Nachlassgerichts unterliegt nur der eingeschränkten Nachprüfung durch das Beschwerdegericht insoweit, ob das Nachlassgericht die maßgeblichen Umstände im Rahmen seiner Entscheidung berücksichtigt und hinreichend gewichtet hat. Ob die Entscheidung im Ergebnis sachgerecht ist, unterliegt hingegen nicht der Würdigung durch das Beschwerdegericht (Palandt/*Weidlich* § 2353 Rn. 30 aE; aA 2. Auflage; Keidel/*Sternal* FamFG § 68 Rn. 93).

38 **5. Kosten der eidesstattlichen Versicherung.** Für das Verfahren über den **Antrag auf Erteilung eines Erbscheins** beträgt die **Verfahrensgebühr 1,0** (Nr. 12210 KV GNotKG), sofern nicht die Ermäßigungstatbestände der Nr. 12211 bzw. Nr. 12212 KV-GNotKG greifen. Für die **Abnahme der eidesstattlichen Versicherung** wird eine gesonderte Gebühr iHv **1,0** erhoben (Nr. 12210 KV-GNotKG iVm Vorb. 1 Abs. 2 iVm Nr. 23300 KV-GNotKG). Bei Kombination von Erbscheinsantrag und Abgabe der eidesstattlichen Versicherung findet Vor 2.3.3 Abs. 2 Anwendung: Die Gebühr für die Abnahme der eidesstattlichen Versicherung geltet das Beurkundungsverfahren betreffend den Erbscheinsantrag ab. Die Gebühr unterfällt nicht den Gerichtskosten des Erbscheinsverfahrens und wird insoweit nicht von der gerichtlichen Kostenentscheidung erfasst, die den Antragsgegner hälftig mit den Kosten des Verfahrens belastet (OLG Hamm Beschl. v. 24.6.2014 – I-15 W 406/13, NJW-RR 2015, 263 (264) zu § 49 KostO/§ 2356 II BGB aF).

§ 352a Gemeinschaftlicher Erbschein

(1) ¹Sind mehrere Erben vorhanden, so ist auf Antrag ein gemeinschaftlicher Erbschein zu erteilen. ²Der Antrag kann von jedem der Erben gestellt werden.

(2) ¹In dem Antrag sind die Erben und ihre Erbteile anzugeben. ²Die Angabe der Erbteile ist nicht erforderlich, wenn alle Antragsteller in dem Antrag auf die Aufnahme der Erbteile in den Erbschein verzichten.

(3) ¹Wird der Antrag nicht von allen Erben gestellt, so hat er die Angabe zu enthalten, dass die übrigen Erben die Erbschaft angenommen haben. ²§ 352 Absatz 3 gilt auch für die sich auf die übrigen Erben beziehenden Angaben des Antragstellers.

(4) Die Versicherung an Eides statt gemäß § 352 Absatz 3 Satz 3 ist von allen Erben abzugeben, sofern nicht das Nachlassgericht die Versicherung eines oder mehrerer Erben für ausreichend hält.

I. Normzweck

1 Mit dem IntErbVG v. 29.6.2015 (BGBl. 2015 I 1042), das für Erbfälle ab dem 17.8.2015 (vgl. EG Art. 229 § 36) Anwendung findet, wurde § 2357 BGB aF in § 352a überführt, wobei mit § 352a II 2 eine Neuregelung betr. die Angabe der Erbteile der Miterben aufgenommen wurde.

2 § 352a ergänzt die Vorschrift des § 2353 BGB, der lediglich den Erbschein für einen Erben oder seinen Erbteil betrifft. Der gemeinschaftliche Erbschein bezeugt das Erbrecht aller Miterben, wenn alle Erbteile feststehen und angenommen sind. Für die Fälle der Vor-/und Nacherbschaft gilt § 352a nicht (Staudinger/*Herzog* § 2353 Rn. 232 und 453); ebenso nicht für mehrere Erbfälle nacheinander (Sammelerbschein). Der gemeinschaftliche Erbschein trägt dem Legitimationsinteresse bei Vorliegen einer Erbengemeinschaft Rechnung, die materiell-rechtlich durch den Grundsatz der gemeinschaftlichen Verwaltung und Verfügung aller Miterben bestimmt wird, § 2038 I, § 2040 BGB.

II. Andere Erbscheinsarten bei Erbengemeinschaft

3 Außer dem gemeinschaftlichen Erbschein als „idealtypischen" Erbnachweis sind bei einer Erbengemeinschaft noch folgende Erbscheine möglich (MüKoBGB/*Grziwotz* Anh. § 2353 Rn. 52 mwN):
– der Teilerbschein für einen einzelnen Erben
– der Gruppenerbschein, der die urkundliche Zusammenfassung mehrerer Teilerbscheine auf Antrag aller darin aufgeführten Erben
– gemeinschaftlicher Teilerbschein, der auch die urkundliche Zusammenfassung mehrerer Teilerbscheine enthält; allerdings genügt hier bereits der Antrag eines einzigen Miterben. Daher hat dieser den Gruppenerbschein in der Praxis nahezu verdrängt.

Neben dem gemeinschaftlichen Erbschein sind all diese Einzel- oder gemeinschaftlichen Teilerbscheine nebeneinander zulässig. Sie schließen einander nicht aus. Selbst wenn für den gesamten Nachlass Teilerbscheine vorhanden sind, hindert dies nicht die Beantragung eines gemeinschaftlichen Erbscheins und umgekehrt (Soergel/*Zimmermann* § 2357 Rn. 1; Erman/*Simon* Vor § 2353 Rn. 8; Prot. V 677), sofern die Antragsvoraussetzungen eingehalten werden.

III. Voraussetzungen des gemeinschaftlichen Erbscheins

Der gemeinschaftliche Erbschein setzt einen Antrag durch den antragsberechtigten Miterben voraus mit entsprechendem Inhalt. Der Antrag ist formfrei.

1. Antrag. a) Antragsrecht. Antragsberechtigt ist jeder Miterbe für sich, unabhängig davon, ob bereits andere Miterben Erbscheinsanträge gestellt haben, § 352a I 2 (BayObLG ZEV 2005, 166 (168)). Insoweit gilt auch hier der Antragsgrundsatz. Für Einzel- oder gemeinschaftliche Teilerbscheine anderer Miterben gilt § 352a I 2 entsprechend, so dass ein Miterbe ein Erbrechtszeugnis auch über das Erbrecht der anderen Miterben herbeiführen kann, obwohl diese ein solches Zeugnis möglicherweise nicht einmal wünschen (MüKoBGB/*Grziwotz* Anh. § 2353 Rn. 54; Grziwotz spricht von einem Fall der Verfahrensstandschaft im Verfahren der freiwilligen Gerichtsbarkeit).

Als Dritte sind antragsberechtigt solche Personen, die ihre Position aus der Rechtsstellung des einzelnen Miterben ableiten können, zB Erbeserben, Erbteilerwerber, Testamentsvollstrecker über einen Erbteil und Gläubiger des einzelnen Erben (MüKoBGB/*Grziwotz* Anh. § 2353 Rn. 54).

b) Inhalt des Antrags. aa) Im Antrag sind sämtliche Erben und ihre Erbteile anzugeben, **Abs. 2 S. 1.** Beschränkungen des Verfügungsrechts aller oder einzelner Miterben sind anzugeben, § 352b I, II. Es gilt insoweit auch hier der strenge Antragsgrundsatz.

bb) Bis zur Neuregelung des § 352a II 2 war es problematisch, wenn zwar die Miterben als solche feststanden, nicht jedoch deren quotenmäßige Beteiligung untereinander. Insofern behalf man sich mit der Erteilung eines sog. „vorläufigen gemeinschaftlichen Erbscheins" und eines Mindestteilerbscheins. Die Erteilung eines vorläufigen gemeinschaftlichen Erbscheins war zB für das Erbrecht der Witwe neben den Abkömmlingen möglich, wenn der Güterstand noch zweifelhaft ist (MüKoBGB/*Grziwotz* Anh. § 2353 Rn. 56); ein Mindestteilerbschein, wenn die Erbquote eines oder mehrerer Erben wegen des möglichen Hinzutretens weiterer Miterben ungewiss ist, wie zB bei §§ 1935, 2094 BGB: ungeborener Erbe oder ausstehende Vaterschaftsfeststellung, §§ 1592, 1600d BGB. Nach Klärung der wahren Höhe der Erbquoten war der vorläufige gemeinschaftliche Erbschein ebenso einzuziehen wie der Mindestteilerbschein (MüKoBGB/*Grziwotz* Anh. § 2353 Rn. 57). Die Problematik der Bestimmung der Erbquoten stellt sich aber vor allem in den Fällen des § 2087 II BGB, in denen die individuelle Auslegung ergibt, dass der Erblasser durch die Zuwendung von Vermögensgruppen bzw. Einzelgegenständen eine Erbeinsetzung angeordnet hat (→ § 2087 Rn. 4f.). Hier hängen die Erbquoten von deren Wertverhältnis der Zuwendungen zueinander ab, wobei bereits fraglich sein kann, welcher Zeitpunkt für die Wertermittlung (Zeitpunkt der Testamentserrichtung – Zeitpunkt des Todes des Erblassers) zugrunde zu legen ist. Zudem führte die Wertermittlung zu zeitlichen Verzögerungen für die Erteilung des Erbscheins. Die Neuregelung des § 352a II 2 sieht nunmehr die Möglichkeit vor, dass bei Verzicht aller Antragsteller in dem Antrag auf die Aufnahme der Erbteile in den Erbschein deren Angabe nicht erforderlich ist. Die Neuregelung, die sowohl für die gesetzliche wie auch die gewillkürte Erbfolge gilt, setzt nach ihrem Wortlaut entgegen der Intention des Gesetzgebers für die Neuregelung keinen unverhältnismäßigen Aufwand für die Ermittlung der Erbquoten voraus, sondern eröffnet dem Antragsteller eine Wahlmöglichkeit für die Antragstellung bzw. die Fassung eines gemeinschaftlichen Erbscheins.

Unklar ist das Verfahren, wenn **nur ein oder einige von mehreren Erben** einen Antrag auf Erteilung eines gemeinschaftlichen Erbscheins ohne Angabe von Erbquoten stellen; eine Antragstellung, die § 352a I 2 ausdrücklich vorsieht. § 352a II 2 stellt allein auf „Antragsteller" ab, sodass es nach dem Wortlaut der Vorschrift einer „Verzichtserklärung" derjenigen Miterben, die keinen Erbscheinsantrag gestellt haben, nicht bedarf. Denkbar ist aber auch, dass in solch einem Fall ein Antrag nach § 352a II 2 von vornherein unzulässig ist (MüKoBGB/*Grziwotz* Anh. § 2353 Rn. 56). Unklar ist zudem, ob die von den einzelnen/einigen der mehreren Miterben abzugebende eidesstattliche Versicherung iSd § 352 III 3 auch den Verzicht der übrigen Miterben iSd Abs. 2 S. 2 umfassen muss (vgl. Keidel/*Zimmermann* FamFG § 352a Rn. 14). Richtigerweise wird man den Wortlaut der Vorschrift in Abs. 2 S. 2 so zu lesen haben, dass alle „potentiellen" Miterben, die als Antragsteller in Betracht kommen, den Verzicht auf die Angabe der Erbquoten zu erklären haben. Ein solcher Verzicht der „potentiellen" Miterben kann bereits bei der Antragstellung, aber auch im Nachgang dazu erfolgen (so iE auch Keidel/*Zimmermann* FamFG § 352a Rn. 14). Bei dem Verzicht auf die Aufnahme der Erbquoten handelt es sich um eine Verfahrenserklärung gegenüber dem Gericht, nicht aber um einen Verzicht gegenüber den Miterben. Er kann bis zur Entscheidung über den Erbscheinsantrag erklärt, aber auch widerrufen werden.

Unklar ist auch die Frage, ob **nach Erteilung eines quotenlosen Erbscheins** ein **Erbschein** erteilt werden kann, der **nunmehr** die **Erbteile ausweist.** Wie bei einer solchen Antragstellung zu verfahren ist, ist nicht geklärt. Unstreitig kann der erteilte quotenlose Erbschein nicht iSd § 2361 BGB eingezogen werden, da er weder verfahrensfehlerhaft noch materiell-rechtlich unrichtig ist. Erwogen wird insoweit eine Ergänzung des quotenlosen Erbscheins um die nun festgestellten Quoten (Keidel/*Zimmermann* FamFG § 352a Rn. 17; MüKoBGB/*Grziwotz* Anh. § 2353 Rn. 56; *Zimmermann* ZEV 2015, 520 (522)),

30 FamFG § 352b   Buch 4. Abschnitt 2. Verfahren in Nachlasssachen

wobei etwaig anfallende Auslagen für ein Bewertungsgutachten, jedoch keine neue Gerichtsgebühr anfallen (Keidel/*Zimmermann* FamFG § 352a Rn. 17). Diese Auffassung ist aber abzulehnen, da der Erteilung eines quotenlosen Erbscheins ein Verzicht aller „potentiellen" Miterben auf Aufnahme der Erbquoten in den Erbschein zugrunde liegt, der gegenüber dem Nachlassgericht erklärt wurde. Der Verzicht, der eine Verfahrenserklärung darstellt, führt zu einem Verlust der Möglichkeit einer Stellung eines quotalen Erbscheins. Insoweit gelten die Grundsätze betr. dem Verlust eines Rechtsmittels iSd § 67 I entsprechend. Demgemäß sind die Miterben nach Erteilung eines quotenlosen Erbscheins bzgl. des Nachweises ihrer Erbquoten auf die zivilrechtliche (Erb-)Feststellungsklage (§ 256 ZPO) verwiesen (*Zimmermann* ZEV 2015, 520 (522)).

12   Beim Teilerbschein und beim gemeinschaftlichen Teilerbschein beleibt die Angabe des Erbteils hingegen verpflichtend.

13   cc) **Haupt- und Hilfsantrag** sind zulässig (Palandt/*Weidlich* § 2353 Rn. 60). Sind dem Antragsteller nicht alle Miterben bekannt, so kann gem. § 352d geholfen werden (Palandt/*Weidlich* § 2353 Rn. 60). Der Inhalt des Erbscheins darf allerdings nicht offengelassen werden (MüKoBGB/*Grziwotz* Anh. § 2353 Rn. 55). Insofern ist der Erlass eines Feststellungsbeschlusses, der inhaltlich für einen bestimmten Erbteil als Platzhalter „unbekannte Abkömmlinge" des Erblassers ausweist, unzulässig (OLG Hamm ZErb 2013, 68). Auch der Berufungsgrund ist für jeden Miterben bekannt zu geben, auch wenn dieser im Erbschein nicht aufgeführt wird.

14   **2. Erbschaftsannahme und Darlegung und Beweislast.** Gem. § 352a III 1 ist in der Antragstellung eines Miterben seine konkludente Annahme der Erbschaft zu sehen (Palandt/*Weidlich* § 2353 Rn. 60). Die Annahme der übrigen Miterben hat der Antragsteller einschließlich der Tatsachen, aus denen sich diese Schlussfolgerung ergibt, darzulegen und zu beweisen, sei es durch deren eigene Erklärung, Urkunden oder eidesstattliche Versicherung (Palandt/*Weidlich* § 2353 Rn. 60). Dasselbe gilt, wenn ein Dritter den Antrag stellt, der sein Recht von der Rechtsstellung eines Miterben ableitet. Ist ein Miterbe zur Zeit des Erbfalls verschollen, so muss die Erbschaftsannahme durch Erklärung eines Abwesenheitspflegers erfolgen (Palandt/*Weidlich* § 2353 Rn. 60; zu den Besonderheiten des VerschG s. MüKoBGB/*Grziwotz* Anh. § 2353 Rn. 59 mwN). Die formellen Pflichten zur Antragstellung nach § 352 I, II und zur förmlichen Nachweispflicht gemäß § 352 III gelten beim gemeinschaftlichen Erbschein bzgl. aller Erbteile (MüKoBGB/*Grziwotz* Anh. § 2353 Rn. 58), beim gemeinschaftlichen Teilerbschein nur für die darin erfassten Miterben. Die in § 352 III 1 geforderten Beweismittel hat nur der Antragsteller vorzulegen; bzgl. der eidesstattlichen Versicherung stehen § 352a IV und § 352 III 3 nebeneinander (MüKoBGB/*Grziwotz* Anh. § 2353 Rn. 62).

15   **3. Eidesstattliche Versicherung.** Die eidesstattliche Versicherung ist grds. von allen Miterben abzugeben, sofern nicht das Nachlassgericht die Versicherung eines oder einiger von ihnen als ausreichend erachtet, § 352a IV. In § 352a IV steht dem Gericht, anders als bei § 352 III 4, kein Ermessen zu. In der Praxis genügt regelmäßig wegen des daneben anwendbaren § 352 III 4 die Versicherung des Antragstellers (MüKoBGB/*Grziwotz* Anh. § 2353 Rn. 62), soweit nicht Seitenverwandte erben: dann wird regelmäßig die Abgabe der Versicherung von mindestens einem Angehörigen aus jedem Stamme verlangt (MüKoBGB/*Grziwotz* Anh. § 2353 Rn. 62). Der Antragsteller, der einen gemeinschaftlichen Erbschein beantragt, kann die Mitwirkung der anderen im Erbschein auszuweisenden Miterben zur Abgabe der eidesstattlichen Versicherung nach § 2038 I 2 BGB verlangen (Staudinger/*Herzog* 2353 Rn. 232). Sie erstreckt sich aber bei einem beantragten gemeinschaftlichen Teilerbschein nicht auf die Erbquoten (Staudinger/*Herzog* § 2353 Rn. 233).

IV. Verfahrensfragen/Kosten

16   Kostenschuldner für die anfallenden Gerichtsgebühren sind nur die Miterben, die den entsprechenden Antrag auf Erteilung des gemeinschaftlichen Erbscheins gestellt haben (MüKoBGB/*Grziwotz* Anh. § 2353 Rn. 66). Die Gebühren des Anwalts, der einen Miterben vertritt, bestimmen sich nach dem Wert des von ihm für seinen Mandanten beanspruchten Erbteils (BayObLG JurBüro 1992, 166; NK-BGB/*Kroiß* 4. Auflage 2014 § 2357 Rn. 8).

§ 352b Inhalt des Erbscheins für den Vorerben; Angabe des Testamentsvollstreckers

(1) ¹In dem Erbschein, der einem Vorerben erteilt wird, ist anzugeben, dass eine Nacherbfolge angeordnet ist, unter welchen Voraussetzungen sie eintritt und wer der Nacherbe ist. ²Hat der Erblasser den Nacherben auf dasjenige eingesetzt, was von der Erbschaft bei dem Eintritt der Nacherbfolge übrig sein wird, oder hat er bestimmt, dass der Vorerbe zur freien Verfügung über die Erbschaft berechtigt sein soll, so ist auch dies anzugeben.

(2) Hat der Erblasser einen Testamentsvollstrecker ernannt, so ist die Ernennung in dem Erbschein anzugeben.

I. Normzweck

1   Mit dem IntErbVG v. 29.6.2015 (BGBl. 2015 I 1042), das für Erbfälle ab dem 17.8.2015 (vgl. EG Art. 229 § 36) Anwendung findet, wurden § 2363 I BGB aF in § 352b I und § 2364 I BGB aF in § 352b II

überführt. Die jeweils in den Absätzen 2 der vorgenannten Vorschriften geregelten Herausgabeansprüche des Nacherben bzw. des Testamentsvollstreckers verblieben als materiell-rechtliche Regelung im BGB (vgl. § 2363 BGB).

1. Inhalt des Erbscheins für den Vorerben (§ 352b I). Die Vorschrift ist die verfahrensrechtliche Folge der §§ 2100 BGB (NK-BGB/*Kroiß* 4. Auflage 2014 § 2364 Rn. 1). Der Vorerbe unterliegt zumeist zahlreichen Beschränkungen und Pflichten (s. §§ 2113ff. BGB), welche seine Verfügungsbefugnis einschränken. Der Erbschein muss als Zeugnis über die Erbfolge diesen materiell-rechtlichen Vorgaben Rechnung tragen (MüKoBGB/*Grziwotz* Anh. § 2353 Rn. 1). Einen gemeinschaftlichen Erbschein iSd § 352a können sie nicht erhalten, da sie keine Erbengemeinschaft bilden, sondern den Nachlass nacheinander zeitlich versetzt erhalten. Zunächst ist nur der Vorerbe Erbe und erhält einen Erbschein (BGHZ 84, 196 (200)), wodurch er legitimiert ist. Die Aufnahme der Verfügungsbeschränkungen in den Erbschein gem. § 352b sichert aber die Rechte des Nacherben, der ein Anwartschaftsrecht am Nachlass erhält. Durch den „Nacherbenvermerk" wird ein gutgläubiger Erwerb Dritter gem. §§ 2366, 2367 BGB verhindert (MüKoBGB/*Grziwotz* Anh. § 2353 Rn. 68). Er verlautbart aber nur die Beschränkung der Rechtsstellung des Vorerben, bezeugt aber nicht das Nacherbenrecht des Nacherben als solches; insoweit nimmt er auch nicht an der Vermutungswirkung des § 2365 BGB teil (BGHZ 84, 196 (200); BayObLG FamRZ 2000, 1231 = FGPrax 2000, 69; OLG Hamm Rpfleger 1980, 347; allgM). Erst mit Eintritt des Nacherbfalls kann der Nacherbe einen Erbschein beantragen.

Dem Nacherbenvermerk im Erbschein entsprechen nach Zweck und Inhalt die Nacherbenvermerke im Grundbuch (§ 51 GBO), im Schiffs- und Schiffsregister (§§ 54, 74 SchiffsregO) und im Register für Pfandrechte an Luftfahrzeugen (§ 86 LuftfzRG). Auch in Verbindung mit der Sondererbfolge in ein Hof unter Geltung der HöfeO und den sonstigen Anerbengesetzen kann Vor- und Nacherbfolge eintreten, wobei immer nur ein Allein-Nacherbe in Betracht kommt (zu den Details s. MüKoBGB/*Mayer* 6. Auflage 2013 § 2363 Rn. 26 mwN).

2. Angabe des Testamentsvollstreckers (§ 352b II). Gem. § 2205 I 2 BGB wird die Verfügungsbefugnis des Erben durch Anordnung der Testamentsvollstreckung beschränkt. Um einen gutgläubigen Erwerb durch Dritte gem. §§ 2366, 2367 BGB zu verhindern wird die Verfügungsbeschränkung durch Angabe der Testamentsvollstreckung im Erbschein auch Dritten gegenüber bekanntgemacht. Anzugeben ist auch die Nacherbentestamentsvollstreckung gem. § 2222 BGB. Die Testamentsvollstreckung kann in vielfältiger Weise ausgestaltet sein – sie kann in sachlicher oder persönlicher Hinsicht erfolgen, sie kann nur einzelne Miterben oder den Vorerben oder nur den Nacherben betreffen. Daher muss der Testamentsvollstreckervermerk im Erbschein möglichst konkret gefasst sein (MüKoBGB/*Grziwotz* Anh. § 2353 Rn. 89).

Die Angabe der Testamentsvollstreckung im Erbschein dient dagegen nicht dem Ausweis der Person des Testamentsvollstreckers, der durch das Testamentsvollstreckerzeugnis (§ 2368 BGB) erfolgt (Bamberger/Roth/*Siegmann/Höger* 3. Auflage 2012 § 2364 Rn. 1).

Dem Testamentsvollstreckervermerk im Erbschein entsprechen nach Zweck und Inhalt die Testamentsvollstreckervermerke im Grundbuch (§ 52 GBO), im Schiffs- und Schiffsbauregister (§§ 55, 74 SchiffsRegO) und im Register für Pfandrechte an Luftfahrzeugen (§ 86 LuftfzRG). Zur Testamentsvollstreckung im Rahmen der HöfeO (MüKoBGB/*Grziwotz* Anh. § 2353 Rn. 89).

II. Der Erbschein für den Vorerben (Abs. 1)

1. Antragrecht. Bei Anordnung von Vor- und Nacherbschaft kann nach dem Erbfall der Erbschein nur dem Vorerben erteilt werden, da nur er Erbe ist. Nur er allein ist antragsberechtigt. Der Nacherbe kann vor Eintritt des Nacherbfalls weder für sich (BGH NJW FamRZ 1980, 563 (564); BayObLG 1999, 805) noch für den Vorerben einen Erbschein beantragen (BayObLG NJW-RR 1999, 805). Wird dem Nacherben ein Erbschein über sein Nacherbrecht erteilt, so ist dieser Erbschein einzuziehen. Umgekehrt kann der Nacherbe aber die Einziehung eines an den Vorerben erteilten Erbscheins verlangen, wenn der Nacherbenvermerk fehlt oder unrichtig ist (MüKoBGB/*Grziwotz* Anh. § 2353 Rn. 69). Ist der Erbschein hinsichtlich der Stellung des Nacherben fehlerhaft, so kann der Nacherbe einen Anspruch auf Schadensersatz haben, Art. 34 GG, § 839 BGB, der auch schon vor Eintritt des Nacherbfalls eingeklagt werden kann (RGZ 139, 343; allgM Staudinger/*Herzog* § 2353 Rn. 477). Soweit der Urkundsnotar vom Vorerben auch mit der Entgegennahme seines Erbscheins beauftragt worden ist, hat er auch gegenüber dem Nacherben die inhaltliche Prüfungspflicht hinsichtlich des beantragten und erteilten Erbscheins und darf einen unrichtig erteilten Erbschein dem Vorerben nicht aushändigen (BGH NJW 1988, 63 mAnm v. *Bernhard* DNotZ 1988, 375; Palandt/*Weidlich* Einf. § 2100 Rn. 9).

2. Inhalt des Erbscheins. Der Erbschein für den Vorerben bezeugt die Erbfolge in Bezug auf den Vorerben zum Zeitpunkt des Erbfalls, nicht aber das Erbrecht des Nacherben (OLG Frankfurt a. M. FGPrax 2010, 175). Insoweit hat er die allgemeinen Angaben zu enthalten wie ein gewöhnlicher Erbschein (MüKoBGB/*Grziwotz* Anh. § 2353 Rn. 71; Soergel/*Zimmermann* § 2363 Rn. 1; Palandt/*Weidlich* Einf. § 2100 Rn. 10). Darüber hinaus ist gem. § 352b I aufzunehmen, die Anordnung der Nacherbfolge und deren Voraussetzungen, der Zeitpunkt der Nacherbfolge (BayObLG NJW-RR 1990, 199), die Bezeichnung des oder der Nacherben und etwaiger Ersatzerben (MüKoBGB/*Grziwotz* Anh. § 2353 Rn. 783), ob eine Testamentsvollstreckung für den Nacherben angeordnet ist (BayObLG FamRZ 1991, 1116;

OLG Köln NJW-RR 1992, 1417) und von welchen Verfügungsbeschränkungen der Vorerbe befreit ist (NK-BGB/*Kroiß* 4. Auflage 2014 § 2363 Rn. 2). Die Angaben zur Nacherbfolge sind in einem Nacherbenvermerk aufzunehmen, damit die dem Vorerben zustehende Rechtsstellung abgegrenzt werden kann und seine Verfügungsbeschränkung gegenüber dem Rechtsverkehr deutlich gemacht wird. Ein Zeugnis über die Nacherbfolge als solches wird aber nicht erteilt (BGHZ 84, 196 (200)).

9 **a) Bestehen einer Nacherbfolge.** Durch die Aufnahme der Anordnung der Nacherbfolge wird der Erbe in seiner Verfügungsbefugnis beschränkt (Palandt/*Weidlich* Einf. § 2100 Rn. 11). Er wird zum Vorerben (NK-BGB/*Kroiß* 4. Auflage 2014 § 2363 Rn. 3). Gleichgültig ist, ob die Anordnung der Nacherbfolge ausdrücklich oder schlüssig erfolgte, selbst wenn die Nacherben noch nicht in Person feststehen, sondern sich im Weg der sog. „konstruktiven Nacherbfolge" gem. §§ 2101, 2104, 2105 BGB ergeben (vgl. OLG Köln NJW-RR 1992, 1417; BayObLG FamRZ 1991, 1114; umf. *Köster* Rpfleger 2000, 90 (91); MüKoBGB/*Grziwotz* Anh. § 2353 Rn. 72). Soweit die Nacherbfolge nur gegenüber einem Miterben besteht, so ist sie nur in einem erbschein beschränkt auf den seinen Erbteil anzugeben (Staudinger/*Herzog* § 2353 Rn. 467). Auch eine mehrfache Nacherbfolge ist möglich. Dann ist auch der Nachnacherbe im Erbschein zu nennen, da auch er ein Nacherbe zum ersten Vorerben ist (BayObLG NJW-RR 1990, 199 = FamRZ 1990, 320; *Köster* Rpfleger 2000, 90 (93); Staudinger/*Herzog* § 2353 Rn. 461) und auch seine Zustimmung in den gesetzlich geregelten Fällen (zB bei § 2113) notwendig ist; denn der Vorerbe benötigt die Zustimmung aller Nacherben. Setzt die Erblasserin ihren Abkömmling zum Vorerben und den namentlich benannten Enkel sowie alle künftigen Abkömmlinge des Vorerben zu Nacherben ein, genügt es für die Nichtaufnahme eines Nacherbenvermerks nicht, dass der Vorerbe erklärt, keine leiblichen Kinder mehr gebären zu wollen und zu können (OLG Hamm Beschl. v. 15.12.2015 – 15 W 514/15, ZEV 2016, 200 Rn. 19).

10 Der Nacherbe kann auf die Angabe der Nacherbfolge nicht verzichten; ein erklärter Verzicht ist unbeachtlich (Soergel/*Zimmermann* § 2363 Rn. 5; Staudinger/*Herzog* § 2353 Rn. 462). Einzige Ausnahme ist der Fall, wenn alle Nacherben ihre Nacherbenanwartschaft auf den Vorerben in der Form des § 2033 BGB übertragen: Dann würde der Vorerbe die Stellung eines Vollerben erlangen und es müsste kein Nacherbenvermerk mehr erfolgen (s. ausf. MüKoBGB/*Grziwotz* Anh. § 2353 Rn. 72, 86.). Gleiches gilt, wenn der Nacherbe vorverstorben ist und keine Ersatzerben bestimmt wurden; auch dann bedarf es keiner Aufnahme an die Beschränkung im Erbschein, da die Nacherbfolge dann gegenstandslos geworden ist (NK-BGB/*Kroiß* 4. Auflage 2014 § 2363 Rn. 3).

11 **b) Voraussetzungen der Nacherbfolge.** Weiter sind die genauen Voraussetzungen für den Eintritt des Nacherbfalls anzugeben im Erbschein anzugeben. Dies kann entweder der Zeitpunkt des Todes des Vorerben sein oder ein bestimmter Zeitpunkt; es kann aber Bedingung sein, wie bspw. die Wiederverheiratung des Vorerben (zumeist als überlebender Ehegatte) (MüKoBGB/*Grziwotz* Anh. § 2353 Rn. 73), die Geburt einer Person (OLG Köln Rpfleger 1992, 391: bzgl. eines Nacherbenvermerks hinsichtlich einer noch nicht gezeugten Person als Nacherben neben schon lebenden Personen) oder der Eintritt eines unerwünschten Sachverhalts im Rahmen einer Verwirkungsklausel. Die Bedingung kann zugleich den Nacherbfall darstellen, sie kann aber auch von diesem Abweichen und zugleich den Nacherben bestimmen (MüKoBGB/*Grziwotz* Anh. § 2353 Rn. 73). Die Vererblichkeit des Nacherbenanwartschaftsrechts ist der Regelfall; daher ist nur der Ausschluss des Nacherbenanwartschaftsrechts im Erbschein anzugeben, § 2108 II 1 BGB (allgM OLG München ZEV 2012, 672; OLG Köln NJW 1955, 633 (635); Staudinger/*Herzog* § 2353 Rn. 465).

12 **c) Bezeichnung des Nacherben/Ersatzerben.** Die Person des oder der **Nacherben** sind anzugeben, da der Vorerbe ggf. die Zustimmung des/der Nacherben für die Legitimation von Rechtsgeschäften im Rechtsverkehr bedarf (Staudinger/*Herzog* § 2353 Rn. 460). Umfasst sind gem. Abs. 1 aber alle Nacherben, unabhängig davon, ob sie für diesen Normzweck auch notwendigerweise erforderlich wären. Die Erbquoten der Nacherben werden hiervon nicht umfasst, da dieser Nachweis dem Nacherbenerbschein vorbehalten bleibt (Palandt/*Weidlich* Einf. § 2100 Rn. 13). Soweit nicht alle Nacherben bekannt sind, sind sie von Amts wegen zu ermitteln, § 26 (BayObLGZ 1982, 449). Fehlt die Angabe, wer Nacherbe ist, so ist der Erbschein unrichtig und muss nach § 2361 BGB eingezogen werden; eine Änderung oder Ergänzung des Erbscheins ist insoweit nicht möglich (NK-BGB/*Kroiß* 4. Auflage 2014 § 2363 Rn. 5). Als Ausnahme dazu ist zu beachten, dass die namentliche Nennung des Nacherben noch nicht erfolgen kann (§§ 2104, 2105 BGB). In diesen Fällen ist eine möglichst genaue Umschreibung zu wählen, die die wesentlichen Merkmale des künftigen Nacherben enthält: dies können bspw. „die zum Zeitpunkt des Nacherbfalls vorhandenen ehelichen Abkömmlinge des Vorerben sein" (BayObLG FamRZ 1991, 1114; Palandt/*Weidlich* Einf. § 2100 Rn. 13). Kommen zu einigen bekannten Nacherben noch einige unbekannte Nacherben hinzu, so sollte auch dies in dem Erbschein des Vorerben mit angegeben werden (Beispiele: *Köster* Rpfleger 2000, 90 (93); Palandt/*Weidlich* Einf. § 2100 Rn. 13). Ausnahmsweise ist in diesen Fällen die Ergänzung oder Berichtigung des Erbscheins möglich, ohne diesen vorher einzuziehen, wenn die Namen später feststehen (allgM Palandt/*Weidlich* Einf. § 2100 Rn. 13; Staudinger/*Herzog* § 2353 Rn. 474; MüKoBGB/*Grziwotz* Anh. § 2353 Rn. 79; aA *Köster* Rpfleger 2000, 133 (139) mit dem Argument, dass die Angabe der Nacherben an der Wirkung der §§ 2365ff. BGB teilnimmt, was einer bloßen Berichtigung entgegensteht).

13 Auch der Ersatznacherbe wird vom Wortlaut des § 352b I umfasst und ist deshalb im Erbschein des Vorerben anzugeben, unabhängig davon, ob er ausdrücklich eingesetzt ist oder seine Einsetzung sich nur durch Auslegungs- und Ergänzungsregeln (§ 2069 BGB) ergibt (OLG Köln MittRhNotK 1990, 223;

Palandt/*Weidlich* Einf. § 2100 Rn. 13). Grund hierfür ist, dass zur Zeit der Ausstellung des Erbscheins bereits eingehende spätere Änderungen von Anfang an zu berücksichtigen sind (RGZ 142, 171; BayObLGZ 1960, 410). Wird kein Ersatznacherbe erwähnt, so ist dies nicht zu erwähnen (MüKoBGB/ *Grziwotz* Anh. § 2353 Rn. 78), hat aber zur Folge, dass bei Wegfall des Nacherben vor dem Nacherbfall die gesamte Anordnung der Vor- und Nacherbschaft wegen Fehlens eines Ersatznacherben entfällt.

d) Bestellung eines Testamentsvollstreckers für den Nacherben. Die Anordnung einer Nacherbentestamentsvollstreckung gem. § 2222 BGB führt dazu, dass dieser die Rechte des Nacherben bis zum Eintritt der angeordneten Nacherbfolge ausübt und dessen Pflichten erfüllt. Zu beachten ist, dass aber nur die Anordnung der Nacherbentestamentsvollstreckung als solches, nicht aber die Person des Testamentsvollstreckers in den Erbschein aufzunehmen ist (BayObLG FamRZ 1991, 1116; OLG Köln NJW-RR 1992, 1417). **14**

e) Umfang der Verfügungsbeschränkungen. Jede Befreiung des Vorerben von Verfügungsbeschränkungen ist im Erbschein aufzunehmen. Umgekehrt ist davon auszugehen, dass der Vorerbe allen Beschränkungen unterliegt, die gesetzlich bestehen, soweit der Erbschein keine abweichenden Angaben enthält (Palandt/*Weidlich* Einf. § 2100 Rn. 12; MüKoBGB/*Grziwotz* Anh. § 2353 Rn. 81 ff.). In § 352b I 2 ist die weitest gehende Befreiung des § 2137 BGB ausdrücklich erwähnt. Entsprechend dem Zweck der Vorschrift, nämlich dem Vorerben den Nachweis der tatsächlich im konkreten Fall nicht bestehenden Verfügungsbeschränkungen zu ermöglichen, und den Nacherben zu schützen, ist die Befreiung von einzelnen Verfügungsbeschränkungen (§ 2113 I, §§ 2114, 2116–2119, 2127–2131, 2132, 2133 u. 2134 BGB) oder auch die Befreiung in sonstiger Weise (gegenständlich beschränkt) im Erbschein anzugeben (MüKoBGB/*Grziwotz* Anh. § 2353 Rn. 82). Die Befreiung von Verpflichtungen ist aber nicht anzugeben, da sie nur gegenüber dem Nacherben und nicht gegenüber Dritten Wirkung entfaltet (MüKoBGB/*Grziwotz* Anh. § 2353 Rn. 82). Auch eine Befristung der Befreiung ist im Erbschein einzutragen (vgl. OLG Schleswig Beschl. v. 27.11.2014 – 3 Wx 88/14, BeckRS 2015, 00843 Rn. 7 betr. Eingehens einer eheähnlichen Gemeinschaft). **15**

Ein Vorausvermächtnis zugunsten des Vorerben wirkt unmittelbar dinglich, soweit die Vermutung des § 2110 II BGB nicht widerlegt werden kann. Sein Gegenstand steht dem Vorerben zur freien Verfügung gegenüber dem Nacherben zu, so dass der Gegenstand aus der Vorerbmasse ausscheidet. Als Ausnahme von Verfügungsbeschränkungen der Nacherbschaft ist daher auch dieses Vorausvermächtnis im Erbschein des alleinigen Vorerben anzugeben (so die überwiegende Meinung: umf. MüKoBGB/*Grziwotz* Anh. § 2353 Rn. 83). **16**

3. Einziehung des Erbscheins. Unrichtig ist oder wird ein Erbschein des Vorerben beim Fehlen des vorgeschriebenen Inhalts (BayObLG FamRZ 2001, 873 (876); Palandt/*Weidlich* Einf. § 2100 Rn. 14). Bei Unrichtigkeit anfänglicher oder nachträglicher Unrichtigkeit ist der Erbschein einzuziehen. Eine solche **nachträgliche Unrichtigkeit,** die die Einziehung bedingt, liegt bei der Erteilung eines die Vor- und Nacherbfolge ausweisenden Erbscheins stets bei dem Eintritt des Nacherbfalls vor; sie macht den Erbschein des Vorerben ex nunc mit der Folge unrichtig, dass er eingezogen werden muss (OLG Köln FamRZ 2003, 1786); dies gilt auch, wenn nur einer von mehreren Vorerben weggefallen ist (LG Berlin WM 1961, 313; BayObLG FamRZ 2000, 1231 (1232); Palandt/*Weidlich* Einf. § 2100 Rn. 14, 15). Fällt ein bestimmter Nacherbe vor Erteilung des Erbscheins für den Vorerben weg, so ist dieser im Erbschein nicht mehr zu nennen. **17**

Stirbt der Nacherbe nach Erteilung des Erbscheins an den Vorerben aber vor Eintritt des Nacherbfalls und geht das Nacherbenrecht auf seine Erben über (§ 2108 II BGB), so wird der Erbschein ebenso unrichtig und ist einzuziehen (BayObLG FamRZ 1999, 816; 1988, 542), wie wenn die einzelnen Nacherben nicht erwähnt werden oder die Nacherbfolge falsch bezeichnet wird. Ist keine Ersatzerbschaft beim Nacherben angeordnet oder übertragen alle Nacherben ihr Anwartschaftsrecht auf den Vorerben, ohne dass Ersatzerben oder Nachnacherben vorhanden sind (MüKoBGB/*Grziwotz* Anh. § 2353 Rn. 86), so wird der Erbschein nach Ableben des Nacherben unrichtig und ist einzuziehen, da der Vorerbe zum Vollerben wird und somit alle Verfügungsbeschränkungen für ihn wegfallen. **18**

4. Der Erbschein für den Nacherben. Nach Eintritt des Nacherbfalls kann der Nacherbe einen Erbschein beantragen, da er erst dann Erbe ist. Er darf aber nur noch ihm erteilt werden (BayObLG FamRZ 2004, 1407; OLG Frankfurt a. M. FGPrax 1998, 145; Palandt/*Weidlich* Einf. § 2100 Rn. 15); Gleiches gilt für den Auskunftsanspruch § 2362 II BGB. Für diesen Erbschein gilt § 352b I nicht; die Anforderungen ergeben sich aus den allgemeinen Vorschriften: Es ist der Zeitpunkt des Eintritts des Nacherbfalls anzugeben (BayObLG NJW-RR 1990, 199; FamRZ 1998, 1332; OLG Stuttgart DNotZ 1979, 104; MüKoBGB/*Grziwotz* Anh. § 2353 Rn. 88), nicht notwendig auch der Name des Vorerben (OLG Hamm JMBl. NRW 62, 63; Palandt/*Weidlich* Einf. § 2100 Rn. 15). Bei unrichtiger Angabe des Zeitpunkts des Nacherbfalls können die Rechtsnachfolger des Vorerben die Einziehung des Erbscheins verlangen (OLG Hamm JMBl. NRW 62, 63; Palandt/*Weidlich* Einf. § 2100 Rn. 15). Eine erneute eidesstattliche Versicherung nach § 352 III ist nicht unbedingt erforderlich. Ist dem Vorerben als Vorausvermächtnis der bewegliche Nachlass und ein Teil des Grundbesitzes zugewandt, muss auch der nach Eintritt der Nacherbfolge erteilte Erbschein angeben, dass sich das Erbrecht auf diese Gegenstände nicht erstreckt. Das kann positiv oder negativ ausgedrückt werden. Die zusätzliche Bezeichnung und Ausweisung des anteiligen Werts des Vorausvermächtnisses im Verhältnis zum Gesamtnachlass ist hierbei nicht erforderlich (OLG München Beschl. v. 1.10.2014 – 31 Wx 314/14, NJW-RR 2014, 1417 Rn. 11). **19**

20 Bei weiterer Nacherbfolge (Nachnacherbe) wird wiederum ein Vorerbenerbschein nach § 352b I erteilt.

21 Die Erteilung des Erbscheins für den Nacherben ist gebührenpflichtig (BayObLG MDR 1995, 644), nicht aber die Eintragung des Nacherbenvermerks im Erbschein des Vorerben.

22 **5. Besonderheiten bzgl. der Übertragung des Nacherbenanwartschaftsrechts. a) Übertragung an einen Dritten.** Wird das Nacherbenanwartschaftsrecht zwischen dem Erb- und Nacherbfall an einen Dritten übertragen, so hat dies auf den Erbschein grds. keine Auswirkung (BayObLG NJWE-FER 2001, 316; Rpfleger 1992, 11; OLG Braunschweig NJOZ 2004, 3856; NK-BGB/*Kroiß* 4. Auflage 2014 § 2363 Rn. 8). Der Erbschein bezweckt lediglich, dass die Rechtsunsicherheit nach dem Erbfall mit ihren Beweisschwierigkeiten überbrückt wird. Die Einziehung des Erbscheins und Erteilung eines neuen Erbscheins für den Erwerber des Nacherbenanwartschaftsrechts hätten zur Folge, dass sich die Vermutung des § 2365 BGB und der öffentliche Glaube des Erbscheins nach § 2366 BGB nicht nur auf die Rechtsstellung des Nacherben erstrecken müssten, sondern auch auf die von ihm getroffene Verfügung unter Lebenden. Dies ist aber nicht Aufgabe des Nachlassgerichts. Gem. § 26 hat es seine Ermittlungen über die in § 352 hinaus nur auf andere erbrechtliche Erwerbsvorgänge zu erstrecken (OLG Düsseldorf NJW-RR 1991, 332; NK-BGB/*Kroiß* 4. Auflage 2014 § 2363 Rn. 8).

23 **b) Übertragung auf den Vorerben.** Erfolgt die Übertragung des Nacherbenanwartschaftsrechts durch Rechtsgeschäft unter Lebenden auf den Vorerben, so erlischt das Nacherbenanwartschaftsrecht durch Konsolidation und der Vorerbe wird zum Vollerben (BGH ZEV 1995, 453; MüKoBGB/*Grziwotz* Anh. § 2353 Rn. 86). In diesem Fall können die nach der Auslegungsregel des § 2069 BGB als Ersatzerben berufenen Abkömmlinge des Nacherben nicht mehr erben, wenn die Annahme der Erbschaft entweder vom Nacherben anfochten wird oder er für erbunwürdig erklärt wird. Diese eher theoretischen Fälle sind allerdings nicht in den Erbschein aufzunehmen (OLG Köln MittRhNotK 1990, 223; NK-BGB/*Kroiß* 4. Auflage 2014 § 2363 Rn. 8). Da die Beschränkung des Vorerben durch die Übertragung der Anwartschaft des Nacherben an ihn gegenstandslos geworden ist, bedarf es der Angabe der Nacherbschaft im Erbschein nicht (OLG Köln Beschl. v. 22.11.2017 – 2 Wx 219/17, BeckRS 2017, 137322 Rn. 24).

24 **6. Prozessuales Kosten. a) Sofortige Beschwerde des Vorerben.** Ist das Recht des Nacherben weggefallen, so kann der Vorerbe die Einziehung des Erbscheins, der einen Nacherbenvermerk enthält verlangen und stattdessen einen Erbschein beantragen, der ihn als Vollerben ausweist. Lehnt das Nachlassgericht dies ab, so steht auch dem Vorerben die sofortige Beschwerde zu, §§ 58 ff.

25 Der Wert der Beschwer bemisst sich nach seinem Interesse. Geht es um das Interesse des Erben, nicht durch einen Nacherbenvermerk an der freien Verfügung über den ihm angefallenen Nachlass gehindert zu sein, ist dieses Interesse im Regelfall mit einem Prozentsatz des Reinnachlasses anzusetzen. Für die Höhe dieses Prozentsatzes kommt es auf die Umstände des Einzelfalls an, insb. auf den Wert der Nachlassbestandteile, die der Verfügungsbeschränkung unterliegen sollen, und die voraussichtliche Dauer der Vorerbschaft (BayObLG FamRZ 2000, 119; 1996, 1502; 1990, 1164; Rpfleger 1983, 12 (Ls.); zum Ganzen NK-BGB/*Kroiß* 4. Auflage 2014 § 2363 Rn. 15).

26 **b) Beschwerde des Nacherben.** Die Anregung der Einziehung eines unrichtigen Erbscheins für den Vorerben erfolgt gem. § 2361 BGB im Einziehungsverfahren. Grundsätzlich berührt die Einziehung des Erbscheins des Vorerben nicht die Rechte des Nacherben, da er auch nicht dessen Erteilung herbeiführen kann. Dem Nacherben steht aber gegen die Ablehnung der Einziehung das Recht der Beschwerde zu, §§ 58 ff., wenn er zu Unrecht als Nacherbe aufgeführt ist oder seine Rechte beeinträchtigt sind, etwa weil die Nacherbfolge nicht oder nicht richtig enthalten ist.

27 Der **Wert der Beschwerde** bestimmt sich nach dem wirtschaftlichen Interesse des Nacherben daran, dass seine Stellung im Erbschein ausgewiesen ist. Für den **Geschäftswert eines Beschwerdeverfahrens** ist mangels besonderer Umstände in erster Linie das wirtschaftliche Interesse maßgebend, das der Beschwerdeführer verfolgt, dh sein Interesse am Erfolg des Rechtsmittels (BayObLGZ 1993, 115 (117) = FamRZ 1994, 589). Geht es um das Interesse des Nacherben daran, dass seine Stellung im Erbschein ausgewiesen ist, ist der wirtschaftliche Wert des Nacherbenrechts maßgebend; auch er ist mit einem Prozentsatz des reinen Nachlasswerts oder des Werts des Nachlassteils zu schätzen, welcher der Nacherbfolge unterliegt (BayObLG FamRZ 2000, 119; 1990, 1164; NJW-FER 1998, 108).

III. Inhalt des Erbscheins bei Testamentsvollstreckung (Abs. 2)

28 **1. Anordnung der Testamentsvollstreckung.** Entgegen dem Wortlaut des Abs. 2 ist im Erbschein nicht die Ernennung oder die Person (MüKoBGB/*Grziwotz* Anh. § 2353 Rn. 97), sondern nur die Anordnung der Testamentsvollstreckung anzugeben (Palandt/*Weidlich* Einf. § 2197 Rn. 5) sowie deren Umfang, soweit dieser eine Einschränkung der Verfügungsbeschränkung des Erben bewirkt (Bamberger/Roth/*Siegmann/Höger* 3. Auflage 2012 § 2364 Rn. 2). Die Angabe der Anordnung der Testamentsvollstreckung muss im Erbschein auch erfolgen, wenn der Testamentsvollstrecker vom Erben noch nicht benannt wurde, sondern durch einen Dritten (§ 2198 BGB) oder das Nachlassgericht erfolgt (§ 2200) (OLG Karlsruhe NJW-RR 1996, 652 = FamRZ 1996, 565; Palandt/*Weidlich* Einf. § 2197 Rn. 5). Die Verfügungsbeschränkung gilt bereits vor Ernennung des Testamentsvollstreckers durch diese Personen.

29 **Nicht** in den Erbschein aufzunehmen ist ein nur beaufsichtigender Testamentsvollstrecker iSv § 2208 II BGB (OLG Köln Beschl. v. 3.4.2017 – 2 Wx 72/17, ZEV 2017, 521) oder der Vermächtnisvollstrecker (§ 2223 BGB), weil diese Art der Testamentsvollstreckung nicht in die Verfügungsbefugnis des Erben

eingreift (BayObLG FamRZ 1991, 986 (988); MüKoBGB/*Grziwotz* Anh. § 2353 Rn. 91). Tritt die Testamentsvollstreckung bereits vor Erbscheinserteilung nicht ein oder erledigt sich die Testamentsvollstreckung bereits vor Erbscheinserteilung, so wird sie nicht in den Erbschein aufgenommen (MüKoBGB/*Grziwotz* Anh. § 2353 Rn. 92, 93). Umfasst sind die Fälle, in denen die Testamentsvollstreckung von Anfang an nicht stattfinden kann oder unwirksam ist. Dies ist bspw. der Fall, wenn die Anordnung der Testamentsvollstreckung nach §§ 2306 I 1, 138 oder 2289 BGB von Anfang an unwirksam ist. Gleiches gilt, wenn der Testamentsvollstrecker von Dritten oder dem Nachlassgericht (§§ 2198, 2200 BGB) endgültig nicht ernannt wurde oder der Testamentsvollstrecker das Amt abgelehnt hat, ohne dass ein Ersatztestamentsvollstrecker zur Nachfolge berufen ist (MüKoBGB/*Grziwotz* Anh. § 2353 Rn. 92).

Zum anderen kann sich die Testamentsvollstreckung nach dem Erbfall, aber vor Erbscheinserteilung 30 erledigt haben. Maßgeblich ist der Zeitpunkt der Erbscheinserteilung. Dies kann erfolgen durch Tod oder Eintreten eines Umstandes (§§ 2201, 2225 BGB), durch Niederlegung des Amtes (§ 2226 BGB) oder Entlassung (§ 2227 BGB), jeweils wenn kein Ersatztestamentsvollstrecker vorgesehen ist oder schlicht dann, wenn der Testamentsvollstrecker alle Aufgaben bereits erledigt hat (MüKoBGB/*Grziwotz* Anh. § 2353 Rn. 92, 93).

Ein Wechsel in der Person des Testamentsvollstreckers betrifft dagegen die Richtigkeit des Erbscheins 31 nicht, selbst dann, wenn der Testamentsvollstrecker unnötigerweise im Erbschein namentlich genannt war (Bamberger/Roth/*Siegmann/Höger* 3. Auflage 2012 § 2364 Rn. 5b), da dieser nicht von den Wirkungen des § 2365 BGB umfasst ist.

2. Inhalt des Testamentsvollstreckervermerks. a) Allgemeine Angaben. Enthält der Testamentsvoll- 32 streckervermerk keine weiteren Angaben, so ist der Testamentsvollstrecker regelmäßig für den gesamten Nachlass verfügungsbefugt, § 2205 2 BGB und der Erbe ist von der Verfügungsbefugnis ausgeschlossen, § 2211 BGB.

b) Besondere Angaben. Allerdings hat der Erblasser bei Anordnung der Testamentsvollstreckung sehr 33 weitreichende Gestaltungsmöglichkeiten, auf die bei Abfassung des Testamentsvollstreckervermerks im Erbschein geachtet werden muss (MüKoBGB/*Grziwotz* Anh. § 2353 Rn. 98). Dies betrifft einerseits die Befugnisse in sachlicher wie auch persönlicher Hinsicht.

aa) Beschränkungen hinsichtlich der Person. Betrifft die Testamentsvollstreckung nur einen Miter- 34 ben, so ist sie nur in dessen Teilerbschein oder beim gemeinschaftlichen Erbschein unter Beschränkung auf seinen Erbteil anzugeben (MüKoBGB/*Grziwotz* Anh. § 2353 Rn. 99). Bei Anordnung von Vor- und Nacherbfolge kann eine Testamentsvollstreckung in unterschiedlicher Weise erfolgen: Ist nur der Vorerbe mit der Testamentsvollstreckung belastet, so ist dies in seinem Erbschein anzugeben, § 352b. Wird die Testamentsvollstreckung während der Dauer der Vor- und Nacherbschaft angeordnet, so ist sie im Erbschein des Vorerben und in dem des Nacherben anzugeben. Ist nur der Nacherbe ab Eintritt des Nacherbfalls mit der Testamentsvollstreckung belastet, so findet sich deren Anordnung nur im Erbschein des Nacherben, nicht aber im Erbschein des Vorerben, dieser nicht in seiner Verfügungsmacht beschränkt ist (Bamberger/Roth/*Siegmann/Höger* 3. Auflage 2012 § 2364 Rn. 4). Ist dagegen eine Nacherbentestamentsvollstreckung iSd § 2222 BGB angeordnet, so ist diese bereits im Erbschein des Vorerben anzugeben, auch wenn diese gegenüber dem Vorerben keine eigenständige Verfügungsbeschränkung darstellt. Sie überlagert aber die Befugnisse des Nacherben und ist deshalb auch für die Verfügungsbeschränkung des Vorerben bedeutsam (MüKoBGB/*Grziwotz* Anh. § 2353 Rn. 99).

bb) Beschränkungen in sachlich-gegenständlicher Hinsicht. Beschränkungen der Testamentsvoll- 35 streckung auf bestimmte Verfügungsbereiche sind stets anzugeben (MüKoBGB/*Grziwotz* Anh. § 2353 Rn. 100). Gleiches gilt, wenn nur bestimmte Nachlassgegenstände erfasst werden sollen oder davon ausgenommen werden sollen (zB Testamentsvollstreckung zur Erfüllung eines Vermächtnisses; Vorausvermächtnis für den einzigen Vorerben, § 2363) (BayObLG NJW-RR 2005, 1245; Staudinger/*Herzog* § 2353 Rn. 510; Bamberger/Roth/*Siegmann/Höger* 3. Auflage 2012 § 2364 Rn. 2). Eine gegenständliche **Beschränkung des Testamentsvollstreckeramtes** ist im rechtsgeschäftlichen Verkehr mit Dritten von Bedeutung und daher nicht nur im Testamentsvollstreckerzeugnis (§ 2368 BGB), sondern auch im Erbschein (§ 2364 BGB) anzugeben, da andernfalls der Erbe die ihm tatsächlich zustehende Verfügungsbefugnis über den der Testamentsvollstreckung nicht unterliegenden Teil der Erbschaft nicht nachweisen könnte (BayObLG FamRZ 2006, 147 (148)).

Betrifft die Beschränkung der Testamentsvollstreckung lediglich die Befugnisse des Testamentsvoll- 36 streckers, indem dieser selbst auch nicht allein über den Nachlass verfügen kann, so ist dies im Testamentsvollstreckervermerk nicht aufzunehmen, wenn die Testamentsvollstreckung ansonsten für den gesamten Nachlass angeordnet ist. Der Testamentsvollstreckervermerk besagt lediglich, dass der Erbe nicht unbeschränkt verfügungsbefugt ist, nicht aber in welcher Wirkungsform (MüKoBGB/*Grziwotz* Anh. § 2353 Rn. 100).

cc) Bedingungen und Befristungen. Ist die Anordnung der Testamentsvollstreckung aufschiebend 37 bedingt oder befristet, so ist die Testamentsvollstreckung vor Eintritt der Bedingung nicht oder in Zweifelsfällen unter Angabe der konkreten Voraussetzungen für das Wirksamwerden anzugeben (Staudinger/*Herzog* § 2353 Rn. 511; Bamberger/Roth/*Siegmann/Höger* 3. Auflage 2012 § 2364 Rn. 3). Eine nur bedingt angeordnete Testamentsvollstreckung wird auch grundsätzlich erst nach Bedingungseintritt im Grundbuch eines zum Nachlass gehörenden Grundstücks vermerkt (OLG Köln Beschl. v. 3.11.2014 – 2 Wx 304/14, FGPrax 2015, 56 (57)).

30 FamFG § 352c   Buch 4. Abschnitt 2. Verfahren in Nachlasssachen

38   **3. Unrichtigkeit des Erbscheins.** Unrichtig und daher einzuziehen ist der Erbschein, wenn die Testamentsvollstreckung nicht angegeben ist oder bei einem bereits erteilten Erbschein die angeordnete Testamentsvollstreckung nicht eintritt oder später wegfällt. Soweit die Testamentsvollstreckung später wegfällt, ist der Erbschein einzuziehen und ein neuer Erbschein ohne Testamentsvollstreckervermerk zu erteilen (BayObLG FamRZ 1997, 646 = NJW-RR 1997, 583; OLG Köln 1993, 1124 (1125); Palandt/*Weidlich* Einf. § 2197 Rn. 5; MüKoBGB/*Grziwotz* Anh. § 2353 Rn. 102; Bamberger/Roth/*Siegmann/Höger* 3. Auflage 2012 § 2364 Rn. 5). Eine Mindermeinung lässt es ausreichen, dass der Testamentsvollstreckervermerk aus Kostengründen lediglich gestrichen wird bzw. der Wegfall der Testamentsvollstreckung auf dem Erbschein vermerkt wird, da der Testamentsvollstreckervermerk keine Vermutung für seinen Fortbestand enthält (Staudinger/*Herzog* § 2353 Rn. 513 mwN). Dem ist entgegenzuhalten, dass eine Berichtigung oder Ergänzung des Erbscheins nur dann zulässig ist, wenn es sich um die Beseitigung unzulässiger oder überflüssiger oder um die Aufnahme vorgeschriebener Zusätze handelt, die den Sachverhalt des Erbscheins unberührt lassen und an dem öffentlichen Glauben nicht teilhaben (OLG Hamm DNotZ 1984, 52 (53); MüKoBGB/*Mayer* 6. Auflage § 2364 Rn. 17; Bamberger/Roth/*Siegmann/Höger* 3. Auflage 2012 § 2364 Rn. 5a).

39   Ein Wechsel der Person des Testamentsvollstreckers betrifft dagegen nicht die Richtigkeit des Erbscheins, selbst wenn die Person des Testamentsvollstreckers im Erbschein genannt wurde (MüKoBGB/*Grziwotz* Anh. § 2353 Rn. 102).

40   **4. Prozessuales/Kosten.** Wird nach Erledigung einer Testamentsvollstreckung der mit dem Testamentsvollstreckervermerk versehene Erbschein eingezogen oder für kraftlos erklärt und ein neuer Erbschein ohne einen solchen Vermerk erteilt, so bestimmt sich die Gebühr nach KV Nr. 12210 GNotKG wiederum nach dem vollen ursprünglichen Nachlasswert iSd § 40 GNotKG und nicht aus dem nach § 36 I GNotKG geschätzten Wert des Testamentsvollstreckervermerks als des unrichtigen Teils des Erbscheins (BayObLG FamRZ 1997, 646 zur KostO).

§ 352c Gegenständlich beschränkter Erbschein

(1) Gehören zu einer Erbschaft auch Gegenstände, die sich im Ausland befinden, kann der Antrag auf Erteilung eines Erbscheins auf die im Inland befindlichen Gegenstände beschränkt werden.

(2) ¹Ein Gegenstand, für den von einer deutschen Behörde ein zur Eintragung des Berechtigten bestimmtes Buch oder Register geführt wird, gilt als im Inland befindlich. ²Ein Anspruch gilt als im Inland befindlich, wenn für die Klage ein deutsches Gericht zuständig ist.

I. Normzweck

1   Der gegenständlich beschränkte Erbschein wird über inländische Nachlassgegenstände ausgestellt und bezeugt die Erbfolge diese Nachlassgegenstände (Bamberger/Roth/*Siegmann/Höger* 3. Auflage 2012 § 2369 Rn. 1). Mit **Inkrafttreten des FamFG zum 1.9.2009** wurde auch § 2369 aF geändert. Durch § 105 FamFG wurde der früher herrschende Gleichlaufgrundsatz, nach dem deutsche Nachlassgerichte nur dann und grds. nur insoweit international zuständig waren, als deutsches Erbrecht zur Anwendung berufen war, aufgegeben (Palandt/*Weidlich* Rn. 1; Bamberger/Roth/*Siegmann/Höger* 3. Auflage 2012 § 2369 Rn. 1; *Schäuble* ZErb 2009, 200; *Kroiß* ZEV 2009, 493; *Zimmermann* ZEV 2009, 53 (55)). Der alte § 2369 I BGB, der dennoch eine Zuständigkeit für die deutschen Nachlassgerichte als Ausnahme vorsah, konnte nunmehr aufgegeben werden.

2   Mit der Neufassung des § 2369 zum 1.9.2009 wurde die Möglichkeit beibehalten, einen territorial auf das Inland beschränkten Erbschein zu erteilen, wenn Nachlassgegenstände sowohl im Inland als auch im Ausland vorhanden sind). Der Anwendungsbereich wurde deutlich ausgeweitet, nunmehr kann auch dann ein gegenständlich beschränkter Erbschein erteilt werden, wenn sich die Erbfolge nach deutschem – und nicht wie bisher nur nach ausländischem – Erbrecht richtet (Bamberger/Roth/*Siegmann/Höger* 3. Auflage 2012 § 2369 Rn. 1). Damit können die Erben eines deutschen Erblassers über den inländischen Nachlass verfügen, ohne dass bereits der Umfang oder die Ermittlung der Erbfolge für den ausländischen Nachlassteil geklärt sein muss. Dies bietet insb. dann Vorteile, wenn der Erbschein nur im Inland benötigt wird oder ein Fall der Nachlassspaltung vorliegt und bei dem die Ermittlung der Erbfolge für den im Ausland befindlichen Nachlass nach dem anzuwendenden ausländischen Recht zeitaufwendig ist und möglicherweise teure Rechtsgutachtenskosten spart (*Kroiß* ZEV 2009, 493 (494)), während die Rechtslage bzgl. des im Inland befindlichen Nachlasses nach dem anzuwendenden deutschen Recht unproblematisch ist (BT-Drs. 16/6308, 349; *Kroiß* ZEV 2009, 493 (494)). Insoweit diente § 2369 (Fassung zum 1.9.2009) auch dem Schutz des inländischen Rechtsverkehrs (Bamberger/Roth/*Siegmann/Höger* 3. Auflage 2012 § 2369 Rn. 1). Die Beschränkung des Erbscheins hat darüber hinaus den Vorteil, dass die Gerichtsgebühr nur aus dem im Inland belegenen Nachlass berechnet wird, § 40 III GNotKG (*Zimmermann* ZEV 2009, 53 (57) zu § 107 II 3 KostO).

3   Mit dem **IntErbVG v. 29.6.2015** (BGBl. 2015 I 1042), welches für Erbfälle ab dem 17.8.2015 gilt (EG 229 § 36), wurde die Vorschrift des § 2369 BGB aF ohne inhaltliche Änderung in § 352c überführt.

II. Voraussetzungen

1. Anwendbares Erbrecht und Zuständigkeit des deutschen Nachlassgerichts. Die internationale 4
Zuständigkeit des deutschen Nachlassgerichts ergibt sich aus Art. 4 ff. EuErbVO (EuGH, Urt. v. 21.6.2018 – C – 20/17, ZEV 2018, 465 mAnm *Zimmermann*). Damit ist die Streitfrage, ob sich diese aus § 105 FamFG oder aus Art. 4 ff. EuErbVO entschieden. Dies hat zur Folge, dass der Anwendungsbereich des § 352c FamFG erheblich eingeschränkt ist (vgl. Sachverhalt, der der Entscheidung des EuGH zur Grunde liegt (Erblasser, dessen gewöhnlicher Aufenthalt im Zeitpunkt seines Todes in Frankreich war: keine Zuständigkeit eines deutschen Nachlassgerichts) (str. vgl. → 10), wobei die Anwendbarkeit ausländischen Erbrechts keine Voraussetzung für die Erteilung eines gegenständlich beschränkten Erbscheins ist (OLG Brandenburg NJW-RR 2012, 10). Auch in den Fällen des deutschen Erbstatuts kann nunmehr ein gegenständlich beschränkter Erbschein erteilt werden (OLG Brandenburg NJW-RR 2012, 10; *Schaal* BWNotZ 2007, 154 (156); *Schäuble* ZErb 2009, 200 (201)). Nach dem Wortlaut der Vorschrift ist für den gegenständlich beschränkten Erbschein (lediglich) erforderlich, dass sowohl im Ausland als auch im Inland Nachlassgegenstände vorhanden sind (OLG Karlsruhe Beschl. v. 26.11.2014 – 11 Wx 83/14, BeckRS 2015, 04941 Rn. 10 f.; OLG Brandenburg NJW-RR 2012, 10). Im Falle der Anwendbarkeit ausländischen Erbrechts ist unbeachtlich, ob das ausländische Recht einen Erbschein kennt.

Liegt ein Fall der Nachlassspaltung vor, dh der Erbfall vollzieht sich nach verschiedenen Rechtsord- 5
nungen, so ist für den Nachlassteil, der deutschem Erbrecht unterliegt ein gegenständlich beschränkter Eigenrechtserbschein zu erteilen, während für den Nachlassteil, der ausländischem Erbstatut unterliegt, allein ein Fremdrechtserbschein nach § 352c I in Betracht kommt (Bamberger/Roth/*Siegmann*/*Höger* 3. Auflage 2012 § 2363 Rn. 3a). Beide können in einem Zeugnis zusammengefasst werden (BayObLG 1975, 86), wobei im Einzelfall der ordre public entgegenstehen kann (Bamberger/Roth/*Siegmann*/*Höger* 3. Auflage 2012 § 2369 Rn. 3a; OLG Hamm ZEV 2005, 436 mAnm *Lorenz* ZEV 2005, 440).

Im Rahmen des **Anwendungsbereichs der EuErbVO** sieht Art. 10 EuErbVO eine subsidiäre Zustän- 6
digkeit der Gerichte eines Mitgliedstaates für den gesamten Nachlass (Art. 10 I EuErbVO) bzw. für die Teile des Nachlassvermögens, die sich in den jeweiligen Mitgliedstaaten befinden (Art. 10 II EuErbVO), dann vor, wenn der Erblasser im Zeitpunkt seines Todes seinen gewöhnlichen Aufenthalt nicht in einem Mitgliedstaat hatte.

2. Inländische Nachlassgegenstände. Ein gegenständlich beschränkter Erbschein kann nur erteilt 7
werden, wenn sich Nachlassgegenstände sowohl im Inland als auch im Ausland befinden (OLG Karlsruhe Beschl. v. 26.11.2014 – 11 Wx 83/14, BeckRS 2015, 0491 Rn. 10 f.; KG OLGZ 1975, 293; Palandt/*Weidlich* § 2353 Rn. 64). Ist nur inländischer Nachlass vorhanden, ist stets ein allgemeiner Erbschein zu erteilen (OLG Brandenburg Beschl v. 3.8.2011 – 3 Wx 21/11, NJW-RR 2012, 10 (11); aA Bachmayer BWNotZ 2010, 146 (172)). Ob die Gegenstände zum inländischen Nachlass gehören, bestimmt sich nach dem Belegenheitsrecht, der lex rei sitae (KG OLGZ 1977, 457; Palandt/*Weidlich* § 2353 Rn. 65; Staudinger/*Herzog* § 2353 Rn. 124; aA MüKoBGB/*Grziwotz* Anh. § 2353 Rn. 110: Nachlasszugehörigkeit bestimmt sich nach EuErbVO). Auf ihre Art und ihren Wert kommt es nicht an, da die Zugehörigkeit zum Nachlass auch beim gegenständlich beschränkten Erbschein nicht bezeugt wird (Palandt/*Weidlich* § 2353 Rn. 65); im Rahmen der Kostenerhebung ist der Antragsteller zur Wertangabe verpflichtet (Bamberger/Roth/*Siegmann*/*Höger* 3. Auflage 2012 § 2369 Rn. 4). Sind infolge von Nachlassspaltung mehrere rechtlich selbständige Nachlässe vorhanden, kann für jeden auch ein Erbschein nach § 352c I beantragt werden (*Schäuble* ZErb 2009, 200; Palandt/*Weidlich* § 2353 Rn. 64).

Gem. § 352c II 1 sind **Gegenstände**, für die von einer deutschen Behörde ein zur Eintragung des Be- 8
rechtigten bestimmtes Buch oder Register geführt wird, im Inland befindlich: Hierunter fallen vor allem das Grundbuch und das Handelsregister, aber auch das Schiffs-, Musterregister, die Patentrolle, die Staatsschuldrolle, das Partnerschaftsregister, Register für Luftfahrzeuge, Schuldbücher etc (Palandt/*Weidlich* § 2353 Rn. 2; Bamberger/Roth/*Siegmann*/*Höger* 3. Auflage 2012 § 2369 Rn. 5). Der Erbschein ist zu erteilen, wenn für einen Anspruch eine Vormerkung in diesen einzutragen ist (*Edenfeld* ZEV 2000, 482 (484)).

Für **Ansprüche** nach § 352c II 2 ist maßgeblich, ob ein deutsches Zivilgericht für die Klage zuständig 9
wäre. Dann befinden sich die Ansprüche im Inland. Hierbei ist zu beachten, dass sich für eine Vielzahl der Ansprüche die internationale Zuständigkeit nicht mehr aus der ZPO, sondern aus der EuGVVO ergibt (*Fetsch* ZEV 2005, 425 ff.); diese ist insoweit vorrangig. Ausreichend ist auch eine Gerichtsstandsvereinbarung oder der Vermögensgerichtsstand, § 23 ZPO (*Edenfeld* ZEV 2000, 482 (484)); vgl. auch Art. 5 EuErbVO. Der Anspruch muss nicht bereits in der Person des Erblassers entstanden, sondern kann auch unmittelbar beim Erben erwachsen sein (KG JR 1963, 144; aA BayObLGZ 1956, 121; Palandt/*Weidlich* § 2353 Rn. 65). So ist ein Restitutionsanspruch nach dem VermG an die Stelle eines enteigneten Grundstücks des Erblassers in der DDR getreten (BayObLGZ 1994, 40 (45); Palandt/*Weidlich* § 2353 Rn. 65 aE mit Hinweis auf Palandt/*Weidlich* § 1922 Rn. 41; MüKoBGB/*Mayer* 6. Auflage § 2369 Rn. 15). Zu der Frage, ob ein Erbschein erteilt werden kann, der sich auf Nachlassgegenstände im Inland sowie auf Nachlassgegenstände in einem bestimmten ausländischen Staat unter Ausklammerung von Nachlassgegenständen in einem anderen ausländischen Staat bezieht, vgl. OLG Frankfurt Beschl v. 12.12.2013 – 20 W 281/12 BeckRS 2014, 13386 Rn. 25 ff. sowie BGB Beschl. v. 11.6.2014 – IV ZB 3/14, ZEV 2014, 500 Rn. 9).

III. Verfahren und Inhalt des gegenständlich beschränkten Erbscheins

10 **1. Verfahren.** Für das Verfahren gilt deutsches Recht. Die internationale Zuständigkeit ergibt sich aus Art. 4, 7, 10 oder 11 EuErbVO (EuGH, Urt. v. 21.6.2018 – C – 20/17, ZEV 2018, 465 mAnm *Zimmermann*); vgl. dazu auch → 4), die örtliche Zuständigkeit aus § 343; die funktionelle Zuständigkeit ist beim Richter nach § 16 I Nr. 6 RPflG (Bamberger/Roth/*Siegmann/Höger* 3. Auflage 2012 § 2369 Rn. 10). Eine Bindung an einen ausländischen Erbschein oder an Feststellungen einer ausländischen Behörde besteht nicht (BayObLG NJW-RR 1991, 1098; BayObLG 1965, 377), soweit nicht die Entscheidung aufgrund Staatsvertrags anzuerkennen ist.

11 Zu den Anforderungen an einen ordnungsgemäßen Antrag s. bei → § 352e. Bei abgespaltenen Nachlass muss der Antrag verdeutlichen, für welche Erbschaft er gilt. Da bei einem deutschen Erblasser stets ein zuständiges Nachlassgericht vorhanden ist, § 343 III, genügt bei ihm verfahrensrechtlich die konkrete Angabe und Versicherung des Antragstellers, dass Nachlassgegenstände im Inland wie im Ausland vorhanden sind (hM BayObLG ZEV 1995, 416 (417); OLG Zweibrücken Rpfleger 1994, 466; Palandt/ *Weidlich* § 2353 Rn. 66). Fehlen diesbzgl. jegliche Anhaltspunkte, kann es allerdings am Rechtsschutzbedürfnis fehlen (KG FGPrax 2006, 220).

12 Formelle Rechtsakte nach ausländischem materiellem Recht sind vom Nachlassgericht zu beachten, zB die Annahme der Erbschaft durch Erklärung in der sog. Abhandlungsverhandlung und Erbschaftserwerb auf Grund sog. Eigenantwortung nach österreichischem Recht (BayObLGZ 1971, 34; *Steiner* ZEV 2005, 144; *Ludwig* ZEV 2005, 419). Soweit für den Erbschaftserwerb eine gerichtliche Handlung erforderlich ist, die vom ausländischen Gericht nicht zu erlangen ist, wird teilweise die internationale Zuständigkeit des deutschen Nachlassgerichts angenommen (BayObLG ZEV 1995, 416 (418) betreffend das österreichische Recht; BayObLGZ 1965, 423 betr. die Annahmeerklärung des Erben und Inventarerrichtung nach italienischem Recht; insgesamt Bamberger/Roth/*Siegmann/Höger* 3. Auflage 2012 § 2369 Rn. 11 mwN).

13 **2. Inhalt.** Der Erbschein bezeugt die Erbfolge an inländischen Erbschaftsgegenständen. Anzugeben und zu vermerken ist stets die gegenständliche Beschränkung auf den inländischen Nachlass, auch nach einem deutschen Erblasser (Palandt/*Weidlich* § 2353 Rn. 67). Weiter ist anzugeben die Beschränkung auf bewegliche oder unbewegliche Gegenstände und das anzuwendende (ausländische oder deutsche) Erbrecht sowie der Berufungsgrund (Bamberger/Roth/*Siegmann/Höger* 3. Auflage 2012 § 2369 Rn. 7). Verfügungsbeschränkungen sind anzugeben, wenn sie denen des § 352b entsprechen.

14 Wird der Erblasser nach ausländischen Recht beerbt, ist er als sog. **Fremdrechtserbschein** zu erteilen, weil dann auch anzugeben ist, nach welchem Recht sich die bezeugte Erbfolge richtet (Palandt/*Weidlich* § 2353 Rn. 67). Bsp.: *„Unter Beschränkung auf den im Inland befindlichen Nachlass wird in Anwendung .... Rechts bezeugt, dass ..."* (*Kroiß* ZEV 2009, 493 (495)). Fehlt die Angabe des Erbstatuts, so ist der Erbschein unvollständig und als unrichtig einzuziehen, § 2361 BGB (Bamberger/Roth/*Siegmann/Höger* 3. Auflage 2012 § 2369 Rn. 9). Auch eine Beschränkung der Erben durch eine nach ausländischem Recht angeordnete Testamentsvollstreckung bzw. eines der Testamentsvollstreckung nach deutschen Recht vergleichbaren Rechtsinstituts ist anzugeben (BayObLG NJW-RR 1990, 906 mAnm *Roth* IPRax 1991, 322; MüKoBGB/*Grziwotz* Anh. § 2353 Rn. 122).

15 Rechtsinstitute, die das deutsche Recht nicht kennt, sind unter Umschreibung der Rechtsstellung als solches sinnvollerweise anzugeben, wenngleich sie keinen öffentlichen Glauben gewähren und daher deutlich abzusetzen sind (Bamberger/Roth/*Siegmann/Höger* 3. Auflage 2012 § 2369 Rn. 8). Nicht anzugeben ist ein Vermächtnis, auch wenn ihm dingliche Wirkung zukommt (OLG Köln NJW 1983, 525; BayObLGZ 1974, 460) oder ein gesetzlicher Legalnießbrauch (BayObLG FamRZ 1996, 694). Dagegen ist anzugeben ein dem Pflichtteil vergleichbares gesetzliches Noterbrecht, das eine dem Miterben nach deutschem Recht vergleichbare Rechtsstellung gewährt (OLG Düsseldorf NJW 1963, 2230; MüKoBGB/*Grziwotz* Anh. § 2353 Rn. 119; Bamberger/Roth/*Siegmann/Höger* 3. Auflage 2012 § 2369 Rn. 8).

16 Zu den Besonderheiten des anglo-amerikanischen Erbrechts (Bamberger/Roth/*Siegmann/Höger* 3. Auflage 2012 § 2369 Rn. 8a mwN; MüKoBGB/*Grziwotz* Anh. § 2353 Rn. 120 f.; *Edenfeld* ZEV 2000, 482 (485)): Obwohl der Nachlass zunächst einem Abwickler zufällt („executor", wenn vom Erblasser bestimmt; „administrator", wenn vom Gericht berufen), erhält dieser grds. keinen Erbschein, da er nur die Abwicklung als Treuhänder für die Erben betreibt (*Gruber* Rpfleger 2000, 250) und nicht als Erbe iSd deutschen Erbrechts behandelt wird. Den Erben kann dagegen trotz fehlender Verfügungsbefugnis ein Erbschein nach § 352c erteilt werden (Keidel/*Zimmermann* FamFG § 352c Rn. 15; Staudinger/ *Herzog* § 2353 Rn. 528; MüKoBGB/*Grziwotz* Anh. § 2353 Rn. 120; *Edenfeld* ZEV 2000, 482 (485)).

IV. Wirkungen

17 Der gegenständlich beschränkte Erbschein ist seiner Wirkung nach aus Sicht des deutschen Rechts auf Vermögensgegenstände beschränkt, die sich im Inland befinden. Über exterritoriale Nachlassgegenstände trifft er keine Aussage. Daher findet § 2367 nur Anwendung, wenn der Anspruch unter § 352c II 2 fällt (Bamberger/Roth/*Siegmann/Höger* 3. Auflage 2012 § 2369 Rn. 12 zu § 2369 II 2 BGB).

§ 352d Öffentliche Aufforderung

Das Nachlassgericht kann eine öffentliche Aufforderung zur Anmeldung der anderen Personen zustehenden Erbrechte erlassen; die Art der Bekanntmachung und die Dauer der Anmeldungsfrist bestimmen sich nach den für das Aufgebotsverfahren geltenden Vorschriften.

I. Normzweck

Die öffentliche Aufforderung ist veranlasst bei Zweifeln über das Vorhandensein vor- oder gleichrangiger, erbberechtigter Personen (MüKoBGB/*Grziwotz* Anh. § 2353 Rn. 146), so zB wenn der Antragsteller selbst nicht weiß, ob er sämtliche Miterben angegeben hat oder wenn das Vorhandensein Besser- oder Gleichberechtigter möglich und wahrscheinlich ist (Palandt/*Weidlich* § 2353 Rn. 41). Sie ist aber nur letztes Mittel, wenn die dem Antragsteller grds. obliegenden Beibringung der erforderlichen urkundlichen Nachweise (§ 352 I 1 u. 2, II Nr. 3, III 2) praktisch dauernd unmöglich oder wirtschaftlich nicht vertretbar ist (KG ZEV 2011, 585; OLG Hamm FGPrax 1999, 27; Palandt/*Weidlich* § 2353 Rn. 41; Staudinger/*Herzog* § 2353 Rn. 324). In solchen Fällen besteht für das Nachlassgericht die Möglichkeit, seine (eigene) Amtsermittlungspflicht nach § 26 mittels der öffentlichen Aufforderung iSd § 352d zu begrenzen. Diese ist zu unterscheiden von der in § 1965 I BGB geregelten, die der Feststellung des Fiskuserbrechts (§ 1964 BGB) idR vorauszugehen hat. 1

Die ursprünglich in § 2358 II BGB verortete Regelung wurde im Rahmen des IntVG v. 29.6.2015 (BGBl. 2015 I 1042), das für Erbfälle ab dem 17.8.2015 (vgl. EG Art. 229 § 36) gilt, inhaltlich unverändert in § 352d überführt. 2

II. Voraussetzungen

Es muss ein den gesetzlichen Erfordernissen entsprechender Erbscheinsantrag vorliegen (MüKoBGB/*Grziwotz* Anh. § 2353 Rn. 147ff.), wobei grds. im Raum steht, dass anderen Personen ein Erbrecht zustehen kann. Ist dies von vornherein nicht der Fall, ist nicht der Anwendungsbereich der Vorschrift eröffnet, sondern der der §§ 1964ff. BGB, sodass das die Aufforderungsverfahren nach § 1965 BGB durchzuführen ist (Keidel/*Zimmermann* FamFG § 352d Rn. 5). Ob das Nachlassgericht von der öffentlichen Aufforderung Gebrauch macht, liegt in dessen Ermessen (MüKoBGB/*Grziwotz* Anh. § 2353 Rn. 148). Die Ausübung des Ermessens in Bezug auf die Durchführung der Aufforderung muss in der Entscheidung zum Ausdruck kommen. Ist dies nicht der Fall, kann das Verfahren auf entsprechenden Antrag hin aufgehoben und zurückverwiesen werden (OLG Hamm Beschl. v. 26.2.2014 – I-15 W 80/13, BeckRS 2014, 19798 Rn. 22 f.). Fordert das Nachlassgericht einen namentlich bezeichneten Erbberechtigten im Wege der öffentlichen Aufforderung zur Anmeldung seiner Erbrechte auf, so müssen die dabei mitgeteilten persönlichen Angaben – soweit bekannt – zutreffend wiedergegeben werden. Anderenfalls kann der Erbschein nicht ohne Berücksichtigung des Aufgeforderten erteilt werden (OLG Karlsruhe Beschl. v. 16.5.2013 – 14 Wx 57/11, BeckRS 2013, 21262). Bei Verschollenheit ist ein Todeserklärungsverfahren durchzuführen (Palandt/*Weidlich* § 2353 Rn. 41). Das Nachlassgericht kann von der öffentlichen Aufforderung absehen, wenn es keine Zweifel an der Existenz der vorrangig erbberechtigten Person hat (KG Rpfleger 2006, 473). Dem Verfahren zur Todeserklärung nach dem VerschG kommt dann kein Vorrang vor einem Aufgebot unbekannter Erben zu, wenn der Tod des in Betracht kommenden Miterben den Umständen nach nicht zweifelhaft sein kann (OLG Hamm Beschl. v. 26.2.2014 – I-15 W 80/13, BeckRS 2014, 19798 Rn. 20). Auch kann von der Durchführung eines Aufgebotes nicht unter Hinweis der weiteren Sachaufklärung durch Einschaltung eines Erbenermittlers abgesehen werden, wenn sich das Vorhandensein von Erben der dritten Ordnung mit den dem Antragsteller zumutbaren Möglichkeiten der Beschaffung von Personenstandsurkunden nicht abschließend aufklären lässt (OLG Hamm Beschl. v. 13.2.2015 – 15 W 313/14, FGPrax 2015, 175 (177)). 3

III. Verfahren

Die funktionelle Zuständigkeit bestimmt sich danach, ob für das Erbscheinerteilungsverfahren an sich der Rechtspfleger oder der Richter zuständig ist, da die öffentliche Aufforderung nach § 352d eine Maßnahme des Beweisverfahrens ist (Keidel/*Zimmermann* FamFG § 352d Rn. 8). Hinsichtlich der Art der Bekanntmachung und der Dauer der Anmeldefrist finden §§ 435–437 Anwendung. Ein Ausschlussbeschluss iSd § 439 ergeht insofern nicht. 4

IV. Wirkung

Die öffentliche Aufforderung soll den Kreis der Erbanwärter begrenzen und dadurch die Erbscheinserteilung ermöglichen. Eine Ausschlusswirkung ist damit aber weder in formeller noch in materieller Hinsicht verbunden; insoweit hat sie keine Aufgebotswirkung (Soergel/*Zimmermann* FamFG § 352d Rn. 12). Die nicht angemeldeten Rechte bleiben nur bis zu deren etwaig nachträglichen Feststellung vorläufig nicht berücksichtigt (Keidel/*Zimmermann* FamFG § 352d Rn. 11). Die Anordnung wie auch die Ablehnung der öffentlichen Aufforderung ist als Zwischenentscheidung nicht isoliert anfechtbar (Keidel/*Zimmermann* FamFG § 352 Rn. 13 betr. Ablehnung). 5

V. Kosten

6   Der Erbe haftet für die Kosten der Veröffentlichung nach § 24 Nr. 9 GNotKG iVm Nr. 31004 KV GNotKG (Keidel/*Zimmermann* FamFG § 352d Rn. 14; aA BayObLG Rpfleger 1970, 1811 zu § 6 KostO).

§ 352e Entscheidung über Erbscheinsanträge

(1) ¹Der Erbschein ist nur zu erteilen, wenn das Nachlassgericht die zur Begründung des Antrags erforderlichen Tatsachen für festgestellt erachtet. ²Die Entscheidung ergeht durch Beschluss. ³Der Beschluss wird mit Erlass wirksam. ⁴Einer Bekanntgabe des Beschlusses bedarf es nicht.

(2) ¹Widerspricht der Beschluss dem erklärten Willen eines Beteiligten, ist der Beschluss den Beteiligten bekannt zu geben. ²Das Gericht hat in diesem Fall die sofortige Wirksamkeit des Beschlusses auszusetzen und die Erteilung des Erbscheins bis zur Rechtskraft des Beschlusses zurückzustellen.

(3) Ist der Erbschein bereits erteilt, ist die Beschwerde gegen den Beschluss nur noch insoweit zulässig, als die Einziehung des Erbscheins beantragt wird.

I. Normzweck

1   Bei zweifelhafter Rechtslage war bis zum Inkrafttreten des FamFG (1.9.2009) ein Vorbescheid zulässig, wenn mehrere sich **widersprechende Erbscheinsanträge** vorliegen und einer der Anträge der materiellen Rechtslage entspricht (BayObLGZ 1980, 45). Dieses Rechtsinstitut war gesetzlich nicht geregelt. Ab 1.9.2009 ergeht nunmehr ein Feststellungsbeschluss, bevor ein Erbschein erteilt wird. Mit dem IntErbVG v. 29.6.2015 (BGBl. 2015 I 1042), das für Erbfälle ab dem 17.8.2015 (vgl. EG Art. 229 § 36) Anwendung findet, wurden die bislang in § 2359 BGB aF und § 352 aF enthaltenen Bestimmungen zu der Entscheidung des Nachlassgerichts über den Erbscheinsantrag zusammengefasst und als Verfahrensvorschriften in § 352e verortet. Zudem wurde die Bündelung der Zuständigkeit der gerichtlichen Zuständigkeit für die Erteilung eines Europäischen Nachlasszeugnisses und eines deutschen Erbscheins bei demselben Gericht im Rahmen des IntErbVG vom Gesetzgeber aus Anlass genommen die im BGB enthaltenen rein verfahrensrechtlichen Vorschriften zum Erbschein aus systematischen Gründen in das FamFG zu übertragen und dabei zugleich überflüssige Doppelregelungen im BGB und FamFG zu bereinigen (zB Streichung von § 2358 I BGB aF im Hinblick auf § 26 FamFG; vgl. BT-Drs. 18/4201, 61). Die Neufassung in § 352e I betr. die Verfahrensvoraussetzungen für die Entscheidung über den Erbscheinsantrag hat inhaltlich keine Neuerungen erfahren, sondern lediglich eine redaktionelle Überarbeitung in Absatz 1.

II. Voraussetzungen für die Erteilung eines Erbscheins (Erbscheinsverfahren)

2   Das Erbscheinsverfahren ist ein Antragsverfahren, dh, der Erbschein wird nur auf Antrag hin durch das Nachlassgericht erteilt, vgl. auch § 2353 BGB als erbrechtliche Legaldefinition des Erbscheins.

3   **1. Zuständiges Gericht. a) Sachliche Zuständigkeit.** Die sachliche Zuständigkeit des Nachlassgerichts als einer Abteilung des Amtsgerichts ergibt sich aus § 2353 BGB, § 23a II Nr. 2 GVG, § 342 I Nr. 6 FamFG. Es sind aber auch landesrechtliche Besonderheiten zu beachten, Art. 147 EGBGB. Seit 1.1.2018 sind nunmehr auch in Baden-Württemberg die Amtsgerichte für Nachlassgerichte zuständig.

4   Gehört zum Nachlass auch ein Hof im Sinne der Höfeordnung, so ist das Landwirtschaftsgericht (als Abteilung des Amtsgerichts) zuständig für die Erteilung eines Erbscheins oder Hoffolgezeugnisses (Keidel/*Zimmermann* FamFG § 343 Rn. 42ff.). Die Höfeordnung gilt in den Bundesländern Hamburg, Niedersachsen, Nordrhein-Westfalen und Schleswig-Holstein (Keidel/*Zimmermann* FamFG § 343 Rn. 47).

5   **b) Örtliche Zuständigkeit.** Die örtliche Zuständigkeit bestimmt sich nach § 343 (→ § 343; Keidel/*Zimmermann* FamFG § 343 Rn. 57ff.; Palandt/*Weidlich* § 2353 Rn. 7). Ab dem 17.8.2015 ist maßgebend für die Bestimmung der örtlichen Zuständigkeit nicht mehr der letzte Wohnsitz des Erblassers im Zeitpunkt seines Todes, sondern der Ort, an dem er seinen gewöhnlichen Aufenthalt hatte (→ § 343 Rn. 9). Kommt das Nachlassgericht zu dem Ergebnis, dass seine örtliche Zuständigkeit nicht gegeben ist, hat es von Amts wegen über die Verweisung des Erbscheinsverfahrens an das zuständige Gericht zu entscheiden. Ein Verweisungsantrag des Antragstellers ist hierzu nicht erforderlich (KG NJW-RR 2012, 459 mwN; aA Keidel/*Sternal* FamFG § 3 Rn. 44). Der Verweisungsbeschluss ist nur dann für das andere Gericht bindend, sofern das verweisende Gericht die für die Annahme seiner Unzuständigkeit maßgeblichen Umstände nachvollziehbar aufgezeigt hat (OLG Düsseldorf Rpfleger 2013, 205).

6   **c) Funktionelle Zuständigkeit.** Gem. § 3 Nr. 2c RPflG ist grds. der Rechtspfleger für die Erteilung des Erbscheins zuständig, soweit nicht die Entscheidung dem Richter vorbehalten bleibt (Vorbehaltsübertragung; vgl. § 16 I RPflG) (Keidel/*Zimmermann* FamFG § 343 Rn. 96ff.; Palandt/*Weidlich* § 2353 Rn. 6). Der Rechtspfleger ist zur Entscheidung bei gesetzlicher Erbfolge berufen, während dem Richter die Erteilung des Erbscheins vorbehalten bleibt, wenn die Prüfung einer Verfügung von Todes wegen vorzunehmen ist, §§ 3 Nr. 2c, 16 I Nr. 6 RPflG. Gleichgültig ist hierbei, ob die Verfügung von Todes wegen wirksam ist oder ihre Existenz nur behauptet wird (BayObLG 77, 59). Darüber hinaus ist der Richter auch für die Erteilung von Fremdrechtserbscheinen nach § 352c zuständig, dh wenn die Anwen-

dung ausländischen Rechts in Betracht kommt (*Kroiß*, Das neue Nachlassverfahrensrecht, 1. Aufl. 2009, Kap. F, Rn. 5). Die Zuständigkeit des Richters umfasst nicht nur die Erteilung des Erbscheins, sondern auch das gesamte, die eigentliche Erbscheinserteilung vorbereitende Verfahren, insb. die Zeugenvernehmung und sonstige Beweisaufnahme (MüKoBGB/*Grziwotz* § 2353 Rn. 48) wie auch den Erlass von Zwischenverfügungen. Dies resultiert aus dem allgemeinen Grundsatz, dass nur derjenige Beweise würdigen kann, der sie erhoben hat (*Zimmermann* ZEV 1995, 275 (276) (Unmittelbarkeitsgrundsatz)). Eine Rückübertragung gem. § 16 II RPflG ist aber in den Fällen vorgesehen, in denen zwar eine Verfügung von Todes wegen vorliegt, der Erbschein aber auf Grund Gesetzes zu erteilen ist. Dann hat der Richter die Möglichkeit, die Erteilung dem Rechtspfleger zu übertragen, wobei dieser an die Auffassung des Richters gebunden ist. Hierfür bedarf es aber einer bindenden Festlegung durch den Richter, dass testamentarische Erbfolge nicht eingetreten und deshalb ein Erbschein nach gesetzlicher Erbfolge zu erteilen ist (OLG Hamm Beschl. v. 25.4.2013 – I-15 W 398/12, FGPrax 2013, 215 (216)). § 19 I RPflG sieht die Ermächtigung für die Landesregierungen vor, die Richtervorbehalte in Bezug auf bestimmte Nachlasssachen aufzuheben. Von dieser Ermächtigung haben zB Rheinland-Pfalz (vgl. GVBl. 2008, 81) und Bayern (vgl. Verordnung zur Aufhebung von Richtervorbehalten (AufhRiVbV) vom 15. März 2006 (GVBl. S. 170, BayRS 315-7-J), zuletzt geändert durch Verordnung vom 17. August 2015 (GVBl. S. 320)) Gebrauch gemacht. Bei einem streitigen Verfahren verbleibt es aber bei der Zuständigkeit des Richters (vgl. § 1a II AufhRiVbVBayern: Erhebung von Einwänden gegen den Erlass der beantragten Entscheidung). Ein solches liegt vor, wenn zwischen widerstreitenden, im Verfahren klar zum Ausdruck gebrachten Positionen verschiedener Beteiligter zu entscheiden ist. Dabei kommt es weder auf einen förmlichen Antrag noch auf die förmliche Beteiligtenrolle der Vertreter der widerstreitenden Interessen an. Insoweit sind maßgeblich allein die im Verfahren zum Ausdruck gebrachten unterschiedlichen Rechtspositionen. Davon ist der Fall zu unterscheiden, dass der Rechtspfleger wegen der Position eines Beteiligten nicht teilt, sondern entgegen dessen Rechtsauffassung entscheiden möchte. Hier verbleibt es bei der übertragenen Zuständigkeit auf den Rechtspfleger (OLG Frankfurt a. M. Beschl. v. 30.7.2015 – 21 W 99/15, BeckRS 2015, 15242 Rn. 35).

d) Internationale Zuständigkeit. Nach § 105 ist grds. ein örtlich zuständiges deutsches Gericht auch international zuständig, dh die internationale Zuständigkeit wird aus der örtlichen Zuständigkeit nach den §§ 343, 344 abgeleitet (OLG Hamm NJW-RR 2011, 666; Palandt/*Weidlich* § 2353 Rn. 8), soweit keine vorrangige staatsvertragliche Regelung besteht (Palandt/*Weidlich* § 2353 Rn. 8). Ob § 105 FamFG neben Art. 4 EuErbVO überhaupt noch anwendbar ist, war umstritten (abl. Keidel/*Zimmermann* FamFG § 343 Rn. 11–13 mwN). Die Frage wurde dem EuGH zur Vorabentscheidung vorgelegt (vgl. KG Beschl. v. 10.1.2017 – 6 W 125/16, ZEV 2017, 213 Rn. 14 ff. mAnm *Leipold*; nach OLG Hamburg Beschl. v. 16.11.2016 – 2 W 85/16, MittBayNot 2017, 62 mAnm *Odersky* begründet § 105 nicht die internationale Zuständigkeit für die Erteilung eines (Fremdrechts-)Erbscheins betr. im Inland belegenen Nachlasses). Die Entscheidung des EuGH liegt nunmehr vor (EuGH, Urt. v. 21.6.2018 – C – 20/17, ZEV 2018, 465 mAnm *Zimmermann*). Insoweit gelten Art. 4 ff. EuErbVO auch für das deutsche Erbscheinsverfahren. Zu beachten sind internationale Übereinkommen (vgl. Art. 75 EuErbVO), die auch nach Inkrafttreten der EuErbVO weiter gelten. So sind gem. deutsch-türkischen Konsularvertrag v. 28.5.1929 deutsche Nachlassgerichte hinsichtlich des in der Türkei belegenen unbeweglichen Nachlasses international nicht zuständig und können demgemäß auch keine Maßnahmen (zB Pflegschaft) für diesen Nachlass anordnen (OLG Karlsruhe Beschl. v. 17.6.2013 – 14 Wx 84/11, ZEV 2014, 158). Der gegenständlich beschränkte Erbschein entfällt damit nicht. 7

Ist das Nachlassgericht örtlich zuständig, so ist es nach hier vertretener Auffassung auch international zuständig, § 105, da für die Erteilung deutscher Erbscheine die EuErbVO, und somit auch Art. 4 ff. EuErbVO, keine Anwendung findet (so zutreffend Palandt/*Weidlich* § 2353 Rn. 8; *Dörner* DNotZ 2017, 407 f.; *Weber/Schall* NJW 2017, 569; aA Keidel/*Zimmermann* FamFG § 343 Rn. 11, 13: Vorrang von Art. 4 ff. EuErbVO; vgl. dazu auch MüKoBGB/*Grziwotz* § 2353 Rn. 28, 55a mwN). 8

Die internationale Zuständigkeit beschränkt sich nicht auf das in Deutschland liegende Vermögen, vgl. § 352c, die Nachlassgerichte sind für auch für das Weltvermögen eines Ausländers zuständig. Allerdings geht § 352c davon aus, dass für den Erben gleichwohl ein, im In- und Ausland belegenes, Interesse daran bestehen kann, den Antrag auf Erbscheinserteilung auf den inländischen Nachlass zu beschränken. Insoweit hat der Antragsteller die Wahl, ob er die Erteilung eines unbeschränkten Erbscheins (Welterbscheins) beantragt oder nur einen Erbschein beschränkt auf die im Inland befindlichen Nachlassgegenstände. Dies gilt sowohl, wenn der Erblasser Deutscher, als auch, wenn er Ausländer war. 9

Im Rahmen des **Anwendungsbereichs der EuErbVO** (Todesfälle ab dem 17.8.2015) bestimmt sich die internationale Zuständigkeit grds. nach dem letzten gewöhnlichen Aufenthalt des Erblassers (Art. 4 EuErbVO), subsidiär danach, wo sich Nachlassgegenstände des Nachlasses befinden (Art. 10 EuErbVO). Art. 5 EuErbVO sieht eine Gerichtsstandvereinbarung in Bezug auf das zuständige Gericht vor. 10

e) Zuständigkeitsverstöße. Ein Verstoß gegen die funktionelle Zuständigkeit macht den Erbschein nicht nichtig, selbst wenn ohne Übertragungsmöglichkeit (vgl. § 8 IV RPflG) statt des Richters der Rechtspfleger handelte (MüKoBGB/*Grziwotz* § 2353 Rn. 57 mwN). Der Erbschein ist dann aber gem. § 2361 BGB einzuziehen (str. BayObLG FamRZ 1997, 1370; KG FamRZ 2004, 1903; MüKoBGB/ *Grziwotz* § 2361 Rn. 13). Die Entscheidung des Rechtspflegers des Nachlassgerichts, durch die ein Antrag auf Erteilung eines Erbscheins aufgrund gesetzlicher Erbfolge mit der Begründung zurückgewiesen wird, es sei testamentarische Erbfolge eingetreten, ist wegen fehlender funktioneller Zuständigkeit un- 11 wirksam, und zwar selbst dann, wenn der Richter die Sache dem Rechtspfleger zur Entscheidung übertragen hat, ohne jedoch eine bindende Festlegung zu treffen, dass testamentarische Erbfolge nicht eingetreten und deshalb ein Erbschein nach gesetzlicher Erbfolge zu erteilen ist (OLG Hamm Beschl. v. 25.4.2013 – I-15 W 398/12, FGPrax 2013, 215 (216)). Auch ist ein vom Rechtspfleger gefasster Feststellungsbeschluss im Beschwerdeverfahren aufzuheben, wenn eine letztwillige Verfügung vorliegt und aufgrund Wegfalls sämtlicher gewillkürter Erben die gesetzliche Erbfolge eingreift, sofern nicht eine Übertragung durch den Nachlassrichter stattgefunden hat (OLG Köln Beschl. v. 12.2.2014 – 2 Wx 25/14, NJW-RR 2014, 1037). Handelt der Richter statt des Rechtspflegers, so hat dies auf die Wirksamkeit des Erbscheins keinen Einfluß, § 8 I RPflG. Ein durch einen Justizbeamten (weder Richter noch Rechtspfleger) erteilter Erbschein des Nachlassgerichts ist allerdings nichtig und als Erbschein kraftlos. Gegen den durch ihn begründeten Schaden helfen nur Staatshaftungsansprüche (MüKoBGB/*Grziwotz* § 2353 Rn. 58).

12 Der Mangel der örtlichen Zuständigkeit führt zwar nicht zur Unwirksamkeit des Erbscheins, aber nach hM zu dessen Einziehung (MüKoBGB/*Grziwotz* § 2353 Rn. 59). § 65 IV steht einer Prüfung der örtlichen Zuständigkeit des Nachlassgerichts für den Erlass eines Erbscheins durch das Beschwerdegericht nicht entgegen (OLG Hamm Beschl. v. 22.6.2017 – 15 W 111/17, FGPrax 2017, 229 (230); OLG Frankfurt a. M. Beschl. v. 21.5.2013 – 20 W 170/10, ZEV 2013, 563 (564); aA obiter dictum OLG Köln Beschl. v. 6.2.2015 – 2 Wx 27/15, BWNotZ 2015, 53 (54)).

13 **2. Ordnungsgemäßer Erbscheinsantrag.** Das Erbscheinerteilungsverfahren ist gem. § 2353 BGB ein Antragsverfahren. Ein Erbschein darf daher nicht von Amts wegen, sondern nur auf Antrag eines dazu Berechtigten eingeleitet werden, der diesen beim Nachlassgericht stellen muss (BayObLG ZEV 2001, 489). Ein erst beim Beschwerdegericht gestellter Antrag ist unzulässig und von diesem unbeachtet zu lassen, sofern er nicht schon beim Nachlassgericht vor dessen Vorlage beim Beschwerdegericht vorgelegen hatte (noch zu § 18 FGG: OLG Düsseldorf FamRZ 2007, 1359 vgl. auch → Rn. 45, 221). Allerdings besteht die Möglichkeit, einen ohne Antrag erteilten Erbschein zu genehmigen (BayObLGZ 1967, 1; BayObLG ZEV 2001, 489). Mehrere Beteiligte können gemeinsam einen Erbscheinsantrag stellen. Ein solcher kann ohne Hinzutreten weiterer Anhaltspunkte nicht als Auslegungsvertrag gewertet werden (OLG Oldenburg ZEV 2010, 635).

14 **a) Form und Frist.** Der Erbscheinsantrag ist grds. an keine bestimmte Form gebunden (OLG Köln ZEV 2010, 89; Staudinger/*Herzog* § 2353 Rn. 47). Er kann insb. auch zu Protokoll der Geschäftsstelle des Nachlassgerichts (§ 25) oder beim Notar erklärt werden, weil die regelmäßig erforderliche eidesstattliche Versicherung (§ 352 III 3) der Beurkundung bedarf (Palandt/*Weidlich* § 2353 Rn. 12). Art. 239 EGBGB enthält jedoch eine Ländereröffnungsklausel, wonach die Länder durch Gesetz bestimmen können, dass die Abgabe nur vor einem Notar erfolgen kann (vgl. näher Art. 239 EGBGB). In § 23 sind die Antragsverfahren geregelt: dort heißt es, dass ein verfahrensleitender Antrag begründet werden soll. Weiter sollen die zur Begründung dienenden Tatsachen und Beweismittel angegeben werden und die Personen benannt werden, die als Beteiligte in Betracht kommen. Daneben hat der Antrag die iSd § 352 erforderlichen Angaben und Nachweis zu enthalten.

15 Eine Frist für den Antrag besteht nicht. Das Antragsrecht verjährt nicht und kann auch nicht verwirkt werden (OLG München Beschl. v. 29.7.2014 – 31 Wx 273/14, NJW 2014, 3254 Rn. 11). Im Falle des Vorliegens einer Verfügung von Todes wegen (Testament oder Erbvertrag) kann der Erbschein erst nach förmlicher Eröffnung (§ 348) der betreffenden Verfügung erteilt werden. Daher ist es zumindest zweckmäßig, den Erbscheinsantrag erst danach zu stellen. Teilweise wird vertreten, dass ein Erbscheinsantrag vor Eröffnung (§ 348) unzulässig wäre (*Lange/Kuchinke* ErbR § 39 Kap. II Rn. 4). Dafür findet sich im Gesetz keine Stütze (Keidel/*Zimmermann* FamFG 18. Auflage § 352 Rn. 19). In solch einem Fall ist für eine Zurückweisung des Antrags kein Raum, sondern die Verfügungs von Todes wegen ist von Amts wegen zu eröffnen und sodann über den Antrag zu entscheiden (MüKoBGB/*Grziwotz* Anh. § 2353 Rn. 20).

16 **b) Adressat.** Der Antrag muss beim Nachlassgericht gestellt werden und nicht beim Beschwerdegericht (OLG) (OLG Brandenburg FamRZ 1999, 55). Wird aber die Beschwerde, die einen neuen Antrag enthält, beim Nachlassgericht eingereicht und hilft das Nachlassgericht der Beschwerde nicht ab, so konnte im Rahmen des FGG in dieser Nichtabhilfe die erstinstanzliche Entscheidung erblickt werden; das Beschwerdegericht war dann nicht gehindert, über diesen Antrag zu entscheiden (OLG Düsseldorf FamRZ 2007, 1359; BayObLG FamRZ 1981, 710). Mit Inkrafttreten des FamFG ist eine solche Verfahrensweise nicht mehr möglich. Denn jeder Antrag ist nach § 38 I mit einer Endentscheidung des Nachlassgerichts zu verbescheiden, die bei einer Beschwerde erneut Gegenstand der Prüfung des Nachlassgerichts im Rahmen des Abhilfeverfahrens ist, vgl. auch → Rn. 45, 221.

17 **c) Rechtsschutzbedürfnis.** Das Rechtsschutzbedürfnis für einen Erbschein muss bestehen. Es liegt aber selbst bei Kleinst- oder überschuldeten Nachlässen vor (Keidel/*Zimmermann* FamFG § 352 Rn. 13 mwN).

18 **3. Antragsberechtigung.** Das Antragsrecht ist abhängig von einer bestimmten Rechtsstellung, obwohl der Erbschein wegen seiner Vermutungswirkung als Schutz für den Rechtsverkehr gedacht ist. Diese Rechtsstellung muss nachgewiesen werden (Palandt/*Weidlich* § 2353 Rn. 10, 17; NK-BGB/*Kroiß* 4. Auflage 2014 § 2353 Rn. 35 ff.; MüKoBGB/*Grziwotz* § 2353 Rn. 78 ff.). Allein ein rechtliches Interesse reicht nicht aus. Soweit ein Antragsrecht nicht besteht, kann aber zumindest ein Recht auf Einsicht in die

Entscheidung über Erbscheinsanträge § 352e **FamFG 30**

eröffnete Verfügung von Todes wegen bestehen (§ 357 I) oder eine Ausfertigung des Erbschein erteilt werden, § 357 II (Keidel/*Zimmermann* FamFG § 357 Rn. 1 ff.; zur Einsicht: → Rn. 148 ff.; zur Erteilung einer Ausfertigung → § 357 Rn. 2).

a) Antragsberechtigt sind (Palandt/*Weidlich* § 2353 Rn. 10). **aa) Erbe.** Antragberechtigt ist der Erbe 19 mit Annahme der Erbschaft (Keidel/*Zimmermann* FamFG § 352 Rn. 23). Hierzu zählen der Alleinerbe (§ 2353 Alt. 1 BGB) aber auch jeder Miterbe (§ 2353 Alt. 2 BGB, § 352a), mit Annahme der Erbschaft. In der Antragstellung kann die Annahme der Erbschaft gesehen werden (Staudinger/*Herzog* § 2353 Rn. 20). Der Vollzug einer Abschichtungsvereinbarung hat keinen Einfluss auf die Erbenstellung des abgefundenen Miterben. Der aus der Erbengemeinschaft ausscheidende Erbe verliert insofern nicht seine Stellung als gesetzlicher Erbe (OLG Brandenburg Beschl. v. 14.5.2013 – 3 W 20/13, ZEV 2013, 614 (615) mAnm *C. Eberl-Borges*). Etwaige Verfügungsbeschränkungen des Erben aufgrund seines Güterstandes berühren das Antragsrecht nicht, ebenso nicht die Durchführung einer Nachlasspflegschaft, einer Nachlassverwaltung oder eines Nachlassinsolvenzverfahrens oder eines Insolvenzverfahrens beim Erben (MüKoBGB/*Grziwotz* § 2353 Rn. 81). Auch die Testamentsvollstreckung nimmt dem Erben nicht sein Antragsrecht; sie ist aber gem. § 353b II im Erbschein anzugeben. Der Vorerbe ist bis zum Eintritt des Nacherbfalls antragsberechtigt, der Nacherbe erst mit Eintritt des Nacherbfalls. Für den Vorerben kann der Nacherbe nur dann einen Erbschein beantragen, wenn der Vorerbe ihn hierzu bevollmächtigt hat. Der Fiskus ist gesetzlicher Erbe nach seiner Feststellung, § 1964 BGB.

bb) Rechtsnachfolger des Erben. Der Rechtsnachfolger des Erben hat ein eigenes Antragsrecht für 20 den auf den ursprünglichen Erben lautenden Erbschein.

(1) Erbeserbe. Der Erbeserbe hat ein Antragsrecht auf Erteilung eines Erbscheins auf den Namen des 21 Erben (BayObLG ZEV 2003, 288; 1995, 256; allgM Staudinger/*Herzog* § 2353 Rn. 22; MüKoBGB/*Grziwotz* § 2353 Rn. 86). Dies gilt auch dann, wenn der Erbe mehrere Erben hatte oder wenn mehrere Erbfolgen aufeinander folgen.

(2) Erbteilserwerber. Der dingliche Erbteilerwerber gem. § 2033 BGB hat ein eigenes Antragsrecht 22 bzgl. des Erbrechts des wirklichen Erben, allerdings wiederum nur auf den Namen des wirklichen Erben (Keidel/*Zimmermann* FamFG § 352 Rn. 31). Er selbst wird nicht Erbe im Rechtssinn (Staudinger/*Herzog* § 2353 Rn. 30).

(3) Erbschaftskäufer. Umstritten ist dagegen das Antragsrecht des Erbschaftskäufers (Keidel/*Zimmer-* 23 *mann* FamFG § 352 Rn. 32). Derjenige, der eine ganze Erbschaft kauft, schließt einen schuldrechtlichen Vertrag und wird damit nicht an der Erbschaft als Ganzem dinglich berechtigt. Darüber hinaus ist es nicht Aufgabe des Erbscheins, den Erbschaftskäufer im Einzelfall für die Durchsetzung seiner erworbenen Rechts zu legitimieren (MüKoBGB/*Grziwotz* § 2353 Rn. 88; *Lange/Kuchinke* ErbR § 39 Kap. II Rn. 3 Fn. 57; Staudinger/*Herzog* § 2353 Rn. 31; aA Erman/*Simon* § 2353 Rn. 13; Palandt/*Weidlich* § 2353 Rn. 10, die allerdings nur ein Antragsrecht auf Erteilung eines Erbscheins auf den Namen des Erben geben). Als Nebenpflicht besteht jedoch in diesen Fällen die Verpflichtung des Verkäufers, zu seiner Legitimation oder zum Vollzug des Vertrages einen Erbschein zu beantragen oder dem Käufer eine Vollmacht zur Antragstellung zu erteilen (MüKoBGB/*Grziwotz* § 2353 Rn. 90). Der Erwerber einzelner Nachlassgegenstände hat kein Antragsrecht (Keidel/*Zimmermann* FamFG § 352 Rn. 32).

cc) Den Nachlass verwaltende Personen. Personen, die Rechte des Erben kraft gesetzlicher Aufga- 24 benzuweisung wahrnehmen und einen Erbschein auf den Namen des Erben benötigen, steht ein Antragsrecht ebenso zu. Dies gilt insb. für den Testamentsvollstrecker, den Nachlassverwalter (§§ 1981, 1985 BGB) und den Nachlassinsolvenzverwalter, § 1980 BGB. Der Pfleger, der einen abwesenden Erben bei der Erbauseinandersetzung (§ 2042 BGB) vertritt, § 364, ist auch antragsberechtigt (FAKomm ErbR/*Lemke/Bund* § 2353 Rn. 26).

(1) Testamentsvollstrecker. Der Testamentsvollstrecker (§ 2197 BGB) ist ab Beginn seines Amtes 25 § 2202 BGB antragsberechtigt und muss sich nicht mit einem Testamentsvollstreckerzeugnis (§ 2368 BGB) begnügen (Keidel/*Zimmermann* FamFG § 352 Rn. 24). Der Nacherbentestamentsvollstrecker, § 2222 BGB, ist erst mit Eintritt des Nacherbfalls antragsberechtigt und der Vermächtnisvollstrecker (§ 2223 BGB) ebenso wenig wie der Vermächtnisnehmer selbst (MüKoBGB/*Grziwotz* § 2353 Rn. 92).

(2) Nachlassinsolvenzverwalter/Nachlassverwalter. Diese sind gem. §§ 1980, 1981, 1985 BGB an- 26 tragsberechtigt (Palandt/*Weidlich* § 2353 Rn. 10).

(3) Insolvenzverwalter. Der Nachlassinsolvenzverwalter ist nach § 1980 BGB, der Insolvenzverwalter 27 in der Insolvenz des Erben ist aufgrund seiner Verfügungsmacht (§ 80 InsO) antragsberechtigt (BayObLGZ 1963, 19).

dd) Sonstige Personen. Antragsberechtigt ist bei einer zum Gesamtgut gehörenden Erbschaft der er- 28 bende Ehegatte wie auch der verwaltungsberechtigte Ehegatte, § 1421 BGB; bei gemeinschaftlicher Verwaltung beide Ehegatten zusammen (MüKoBGB/*Grziwotz* § 2353 Rn. 94).

(1) Nachlassgläubiger mit Titel. Der Gläubiger des Erblassers oder des Erben, der bereits einen voll- 29 streckbaren Titel gegen den Erblasser oder den Erben hat und zur Verwirklichung des Titels einen Erbschein benötigt, hat gem. §§ 792, 896 ZPO ein inhaltsgleiches Antragsrecht wie der Erbe als sein Schuldner (OLG München Beschl. v. 29.7.2014 – 31 Wx 273/13, NJW 2014, 3254 Rn. 3 f.; BayObLG 73, 224; Keidel/*Zimmermann* FamFG § 352 Rn. 29; NK-BGB/*Kroiß* 4. Auflage 2014 § 2353 Rn. 38; Staudinger/*Herzog* § 2353 Rn. 34; Palandt/*Weidlich* § 2353 Rn. 10). Er muss jedoch in gleicher Weise wie der

Gierl

Vollstreckungsschuldner die Voraussetzungen für die Erbscheinserteilung erfüllen (zum Umfang der Prüfungsumfang des Nachlassgerichts vgl. OLG München Beschl. v. 29.7.2014 – 31 Wx 273/13, NJW 2014, 3254 Rn. 12); ist der Erbschein bereits erteilt, so besteht nur der Anspruch auf Erteilung von Akteneinsicht und einer Ausfertigung des Erbscheins, § 357 I, II. Für den Anspruch auf Aufhebung einer Gemeinschaft (§ 181 ZVG) durch Zwangsversteigerung kann ohne vollstreckbaren Titel ein hierfür nach §§ 180, 17 ZVG erforderlicher Erbschein beantragt werden (MüKoBGB/*Grziwotz* § 2353 Rn. 96; Palandt/*Weidlich* § 2353 Rn. 10; NK-BGB/*Kroiß* 4. Auflage 2014 § 2353 Rn. 38). Dem Miterben steht ein antragsrecht ohnehin zu.

30 **(2) Fiskus/Finanzamt.** Soweit das Nachlassgericht nach § 1964 I BGB feststellt, „dass kein anderer Erbe als der Fiskus vorhanden ist", so begründet dies die Vermutung des § 1964 II BGB. Der Fiskus wird als Erbe vermutet. Da diese Vermutung noch nicht die Vermutung des Erbscheins innehat, ist der Fiskus insoweit antragsberechtigt (Keidel/*Zimmermann* FamFG § 352 Rn. 28). Auch das Finanzamt oder die Verwaltung benötigen einen Titel nach § 792 ZPO und können sich nicht ohne weiteres auf § 792 ZPO analog berufen (BayObLG NJW-RR 2002, 440; Keidel/*Zimmermann* FamFG § 352 Rn. 29); auch bei der öffentlich-rechtlichen Vollstreckung aus einem Verwaltungsakt hat dieser nicht Titelfunktion (OLG Zweibrücken Rpfleger 2006, 606).

31 **b) Nicht antragsberechtigt sind** (Palandt/*Weidlich* § 2353 Rn. 11). **aa) Nacherbe.** Der Nacherbe ist während der Zeit der Vorerbschaft und der Vorerbe nach Eintritt des Nacherbfalls nicht antragsberechtigt.

32 **bb) Schuldrechtlich Berechtigte.** Schuldrechtlich Berechtigte sind auch nicht antragsberechtigt, so insb. nicht der Vermächtnisnehmer (BayObLG FamRZ 2001, 1231), der Pflichtteilsberechtigte (OLG Köln NJW-RR 1994, 1421), es sei denn, es liegt ein Fall des §§ 792, 896 ZPO vor (OLG Köln Beschl. v. 11.5.2016, 23 WLw 6/16, BeckRS 2016, 11147 Rn. 2), der Auflagenbegünstigte und auch nicht derjenige, der einen Erbersatzanspruch hat (LG Stuttgart FamRZ 1994, 1270 (Ls.); ebenso MüKoBGB/*Grziwotz* § 2353 Rn. 95). Ebenso nicht der Erbengläubiger. Ist der Erbschein allerdings bereits erteilt, so können sie Einsicht in die Nachlassakte und eine Ausfertigung des erteilten Erbscheins beantragen, § 357 I, II.

33 **cc) Nachlasspfleger und Nachlassgläubiger ohne Titel.** Nicht antragsberechtigt ist auch der Nachlassgläubiger ohne Titel und der Nachlasspfleger (Palandt/*Weidlich* § 2353 Rn. 11). Nicht antragsberechtigt ist auch der Erwerber eines einzelnen Nachlassgegenstandes.

34 **4. Verfügungen über das Antragsrecht. a) Verzicht auf das Antragsrecht/Verwirkung/testamentarische Bestimmung des Schiedsgerichts.** Ein Verzicht auf das Antragsrecht ist im Erbscheinsverfahren möglich, da der Antragsteller über den Verfahrensgegenstand verfügen kann (Keidel/*Sternal* FamFG § 23 Rn. 55). Öffentliche Interessen stehen hier nicht entgegen (Keidel/*Zimmermann* FamFG § 352 Rn. 15). Im Erbscheinverfahren ist er praktisch nur im Rahmen von Vergleichen von Bedeutung, wenn auf das Antragsrecht oder Beschwerderecht verzichtet werden soll (s. unten → Rn. 37 mwN).

35 Eine Verwirkung des Antragsrechts auf Einleitung eines gerichtlichen Verfahrens ist selbst bei treuwidriger Verzögerung des Verfahrens ausgeschlossen (OLG München Beschl. v. 29.7.2014 – 31 Wx 273/13, NJW 2014, 3254 Rn. 11; KG OLGZ 1977, 427 (428)).

36 Die testamentarische Anordnung einer schiedsrichterlicher Entscheidung bei einem Erbprätendentenstreit führt – unabhängig von der Frage, ob das schiedsgerichtliche Verfahren überhaupt anhängig ist – nicht allein aufgrund der Einrede der Schiedsgerichtsbarkeit zur Unzulässigkeit eines Erbscheinsantrags (*Keim* NJW 2017, 2652 (2654), *Bandel* MittBayNot 2017, 1 (8) *Wendt* ErbR 2016, 248 (249), *Lange* ZEV 2017, 1 83) gg. OLG Celle Beschl. v. 10.12.2015 – 6 W 204/15, NJW-RR 2016, 331 Rn. 2).

37 **b) Rücknahme des Antrags.** Der Erbscheinsantrag kann bis zur Erteilung des Erbscheins durch Erklärung gegenüber dem Nachlassgericht zurückgenommen werden, mit der Kostenfolge der Nr. 12211 KV GNotKG; iÜ bis zur Rechtskraft der Endentscheidung (bei Ablehnung des Erbscheinsantrags durch das Nachlassgericht), § 22 I 1. Sie kann bis zum Eintritt der formellen Rechtskraft (Keidel/*Sternal* FamFG § 22 Rn. 7) durch Erklärung gegenüber dem Gericht erfolgen (Keidel/*Sternal* FamFG § 22 Rn. 9) und unterliegt keiner besonderen Form (Keidel/*Sternal* FamFG § 22 Rn. 10). Eine Rücknahme kann noch im Beschwerde- und Rechtsbeschwerdeverfahren erfolgen, soweit das eingelegte Rechtsmittel zulässig ist (Keidel/*Sternal* FamFG § 22 Rn. 8). Die Rücknahme des Antrags ist **bedingungsfeindlich und unanfechtbar** (NK-BGB/*Kroiß* 4. Auflage 2014 § 2353 Rn. 43). Die Rücknahme beendet das Verfahren in der Hauptsache (Keidel/*Sternal* FamFG § 22 Rn. 16). Die Antragsrücknahme kann auch Gegenstand eines Vergleiches sein (MüKoBGB/*Grziwotz* § 2353 Rn. 76) und auch durch einen Bevollmächtigten erfolgen (Palandt/*Weidlich* § 2353 Rn. 9), soweit dieser dazu entsprechend bevollmächtigt ist. Ist der Erbschein erteilt, ist die Rücknahme des Erbscheinantrags nicht mehr möglich; hält der Antragsteller ihn aber für unzutreffend, kann er die Einziehung nach § 2361 BGB, § 24, anregen (Keidel/*Zimmermann* FamFG § 352 Rn. 17).

38 **c) Wiederholung des Antrags.** Die Abweisung eines Erbscheinsantrags durch das Nachlassgericht erwächst in formelle Rechtskraft (§ 45), sobald die einmonatige Beschwerdefrist gegen den Beschluss (§ 38) nach § 63 abgelaufen ist. Der Wiederholung eines abgelehnten Antrags steht die Rechtskraft aber nur entgegen, wenn derselbe Antrag auf genau denselben Sachverhalt gestützt wird. Werden entweder Antrag oder Sachverhalt geändert, so ist ein erneuter Antrag zulässig (Keidel/*Zimmermann* FamFG § 352 Rn. 18). Daneben ist selbst bei selben Sachverhalt und Antragsinhalt eine Feststellungsklage vor dem Prozessgericht immer zulässig (zur Abgrenzung → Rn. 169ff.), da die Ablehnung des Erbscheinantrags

als Zeugnis das materielle Erbrecht stets unberührt lässt. Der Erbschein erwächst auch nicht in Rechtskraft (→ Rn. 176).

d) Änderung des Antrags. Der Erbscheinsantrag kann nach dessen Ablehnung mit der Beschwerde 39 gegen den ablehnenden Beschluss bis zu dem Zeitpunkt des Erlasses der Abhilfeentscheidung durch das Nachlassgericht geändert werden (OLG Celle FGPrax 2011, 321). Hingegen ist eine Beschwerde gegen die Zurückweisung eines Erbscheinantrags unzulässig, wenn mit ihr ausschließlich die Erteilung eines anderen als in der Erstinstanz beantragten Erbscheins begehrt wird (OLG Dresden ZErb 2011, 249).

5. Inhalt des Antrags. a) Bestimmter Antrag. Der Antrag muss inhaltlich bestimmt sein und das be- 40 hauptete Erbrecht genau bezeichnen (seit RGZ 156, 172 hM; Keidel/*Zimmermann* FamFG § 352 Rn. 8 ff.). Zielt der Antrag darauf ab, dass das Gericht die Quoten der einzelnen Erben von Amts wegen feststellt, ist dieser unzulässig (OLG Hamm ZErb 2013, 68). Das Gericht ist an den Antrag gebunden. Es darf den Erbschein nicht in einem anderen als dem beantragten Inhalt erteilen (BayObLG ZEV 2001, 489; OLG Hamm Rpfleger 2003, 504 (505)). Ein Antrag „nach Maßgabe des Testaments" genügt nicht (Palandt/*Weidlich* § 2353 Rn. 13 unter Hinweis auf BayObLGZ 1967, 1).

Zu einem ordnungsgemäßen Antrag gehören die in **§§ 352 I und II** notwendigen Angaben (Staudin- 41 ger/*Herzog* § 2353 Rn. 54): Zum einen das zu bezeugende Erbrecht und ob das Erbrecht aufgrund Gesetzes oder Verfügung von Todes wegen beansprucht wird (Palandt/*Weidlich* § 2353 Rn. 13). Der Grund für den Anfall der Erbschaft gehört zwar nicht zum Erbscheininhalt, bildet aber die Grundlage für die Entscheidung über den Antrag (Keidel/*Zimmermann* FamFG § 352 Rn. 106). Die hat zur Folge, dass das Nachlassgericht auf einen Antrag, mit dem ein Erbrecht aufgrund einer letztwilligen Verfügung gestützt wird, nicht einen Erbschein aufgrund gesetzlicher Erbfolge erteilen kann, selbst wenn der Erbe in beiden Fällen zu gleicher Quote berufen ist (OLG Schleswig Beschl. v. 15.5.2017 – 3 Wx 45/16, ErbR 2018, 39 (41) → Rn. 176). Alternativ darf der Berufungsgrund nur angegeben werden, wenn Zweifel über die Wirksamkeit einer Verfügung von Todes wegen bestehen, die andere Verfügung von Todes wegen oder die gesetzliche Erbfolge aber zum gleichen Ergebnis führen (BayObLGZ 73, 28 (29); OLG Schleswig Beschl. v. 15.5.2017 – 3 Wx 45/16, ErbR 2018, 39 (41); MüKoBGB/*Grziwotz* § 2353 Rn. 71; PWW/*Deppenkemper* § 2353 Rn. 13). Zudem sind anzugeben das Erbrecht berührende Verfügungsbeschränkungen durch Anordnung der Nacherbfolge oder der Testamentsvollstreckung, eine etwaig besondere Art des Erbscheins und grds. die Erbquote, notfalls unter Angabe der Berechnungsgrundlage (PPW/*Deppenkemper* § 2353 Rn. 12 unter Hinweis auf OLG Frankfurt a.M. FamRZ 1998, 1394; MüKoBGB/ *Grziwotz* § 2353 Rn. 71). Ist die Angabe der Größe des Erbteils nicht möglich, kann hiervon zunächst abgesehen werden (BayObLG FamRZ 2000, 916). IÜ ist gem. § 352a II 2 die Angabe der Erbteile nicht erforderlich, wenn alle Antragsteller in dem Antrag auf die Aufnahme der Erbteile in den Erbschein verzichten.

Wurde **Nacherbfolge** angeordnet, § 352b I, so ist anzugeben, unter welchen Voraussetzungen sie 42 eintritt, wer Nacherbe ist und ob Ersatznacherbfolge angeordnet ist und Befreiungen des Vorerben, § 2136 BGB (Palandt/*Weidlich* § 2353 Rn. 13; NK-BGB/*Kroiß* 4. Auflage 2014 § 2353 Rn. 28). Beim alleinigen Vorerben ist auch die durch ein Vorausvermächtnis (§ 2110 II BGB) bewirkte Befreiung bezogen auf einzelne Gegenstände in den Antrag mit aufzunehmen (OLG Hamburg, Beschl. v. 6.10.2015 – 2 W 69/15, ZEV 2016, 384 Rn. 28; OLG München, Beschl. v. 1.10.2014 – 31 Wx 314/14, NJW-RR 2014, 1417 Rn. 11 mAnm *Braun* MittBayNot 2015, 417: keine zusätzliche Angabe der anteiligen Wertverhältnisses betr. das Vermächtnis am Gesamtvermögen; BayObLGZ 1965, 457 (465); Palandt/*Weidlich* Einf. § 2100 Rn. 12). Sind mehrere Nacherben eingesetzt, so muss die Quote des einzelnen Nacherben nicht angegeben werden; soweit allerdings die Nacherbfolge auf einen Bruchteil beschränkt ist, so ist dieser anzugeben (NK-BGB/*Kroiß* 4. Auflage 2014 § 2353 Rn. 28).

Wurde **Testamentsvollstreckung** angeordnet, so ist dies anzugeben und auch die sich daraus für den 43 Erben ergebenden Verfügungsbeschränkungen, soweit sie vom Normalfall abweichen (Palandt/*Weidlich* § 2353 Rn. 13). Die „beaufsichtigende Testamentsvollstreckung", die die Verfügungsbefugnis des Erben nicht berührt, gehört dagegen nicht zum Inhalt des Erbscheins (OLG Köln, Beschl. v. 3.4.2017 – 2 W 72/17, FGPrax 2017, 133; BayObLG FamRZ 1991, 986 (988)). Die Nacherbentestamentsvollstreckung gem. § 2222 BGB gehört dagegen zum notwendigen Inhalt des Erbscheins (Palandt/*Weidlich* Einf. § 2100 Rn. 13). Ebenso die Beschränkung der Testamentsvollstreckung auf bestimmte Nachlassgegenstände (BayObLG FamRZ 2006, 147).

Es muss auch angegeben werden, ob der Erbschein allgemein oder nur gegenständlich beschränkt (vgl. 44 § 352c) erteilt werden soll (Palandt/*Weidlich* § 2353 Rn. 17). Über die kostengünstigere von mehreren Möglichkeiten bei besonderen Arten des Erbscheins muss der Rechtspfleger bei der Nachlassverhandlung belehren (OLG Hamm JurBüro 1973, 1184).

b) Haupt- und Hilfsantrag. Die Stellung eines **Hauptantrags** und eines **Hilfsantrags** mit unter- 45 schiedlichem Inhalt ist zulässig, wenn jeder der Anträge für sich das mit ihm beanspruchte Erbrecht genau bezeichnet und die Reihenfolge ihrer Verbescheidung klar festgelegt ist (BayObLG FamRZ 1999, 814 (815)). Der Hilfsantrag ist als Antrag auf Erbscheinserteilung nur beim Nachlassgericht zulässig und kann daher nur in der ersten Instanz gestellt werden, nicht mehr im Beschwerdeverfahren; andernfalls würde der Verfahrensgegenstand erweitert (OLG Hamm FamRZ 2005, 1705; BayObLG ZEV 1998, 472; OLG Köln FamRZ 1994, 591; aA OLG Hamm ZErb 2012, 20 für den Fall, dass der Lebenssachverhalt bereits Gegenstand des Verfahrens erster Instanz war und der (neue) Hilfsantrag in der Sache der Anpassung des Antrags an Erkenntnisse des Beschwerdeverfahrens, insb. gerichtlicher Hinweise, dient. Das

30 FamFG § 352e   Buch 4. Abschnitt 2. Verfahren in Nachlasssachen

Argument, unter Geltung des FamFG sei es geboten, in der Beschwerdeinstanz eine Antragsänderung in Anlehnung an das Berufungsverfahren der ZPO zuzulassen, trägt nicht. Insoweit ist es schon fraglich, ob der Gesetzgeber durch das FamFG überhaupt eine Abänderung der obergerichtlichen Rspr. beabsichtigt hat. Auf die Regelungen in § 68 III, § 69 lässt sich eine solche Annahme entgegen der Meinung des OLG Hamm nicht stützen. Diese betreffen nur die im Rahmen des Beschwerdeverfahrens anzuwendenden Verfahrensvorschriften sowie die Frage der Möglichkeiten einer Zurückverweisung an die Erstinstanz. Die Auffassung des OLG Hamm steht auch im Widerspruch zu § 2353 BGB. Danach ist die Erstentscheidung über einen Erbscheinsantrag ausschließlich dem Nachlassgericht zugewiesen. IÜ führt eine Antragstellung in der Zweitinstanz dazu, dass es zu keinem Abhilfeverfahren mehr kommt. Der Zweck des Abhilfeverfahrens, gerichtliche Selbstkontrolle in Bezug auf die getroffene Entscheidung, kann somit nicht mehr erreicht werden. Die Möglichkeit einer Antragstellung in Zweitinstanz stellt sich damit als Durchbrechung des Abhilfeverfahrens dar. Bei entsprechendem Willen des Gesetzgebers wären diesbezügliche Ausführungen zumindest in der Gesetzesbegründung zu erwarten gewesen. Solche fehlen jedoch (vgl. OLG Hamm ZErb 2013, 68: mangels Vorliegen eines Hilfsantrags liege keine verfahrensrechtliche Grundlage für eine Entscheidung des Beschwerdegerichts vor. Nach dem der Entscheidung zugrundeliegenden Sachverhalt hätte aber ein solcher Hilfsantrag in der Beschwerdeinstanz gestellt werden können). Auch die Prozessökonomie erfordert in Ausnahmefälle keine Berücksichtigung eines erstmals nach Erlass des Nichtabhilfebeschlusses hilfsweise vor dem Nachlassgericht gestellten Erbscheinsantrags im Beschwerdeverfahren (so aber OLG Frankfurt Beschl. v. 20.7.2015 – 21 W 85/14, BeckRS 2016, 02567 Rn. 44). Denn das Beschwerdegericht kann unter Aufhebung des Ausgangsbeschlusses betreffend den Hauptantrag die Akten an das Nachlassgericht zurückgeben, damit dieses in eigener Zuständigkeit über den nunmehr zur Entscheidung gestellten Hilfsantrag befindet (vgl. hierzu OLG München Beschl. v. 27.1.2016 – 31 Wx 168/15, NJW-RR 2016, 976 Rn. 33). Die Verknüpfung von Haupt- und Hilfsantrag ist zwar zulässig, wenn sie denselben Nachlass betrifft (BayObLG FamRZ 1999, 814 (815); 1990, 649 (650)). Dagegen ist sie unzulässig, wenn sie die Erbfolge nach verschiedenen Personen betrifft. Denn ein unbegründeter Erbscheinsantrag ist durch Beschluss zurückzuweisen, der dieses Verfahren für die Instanz abschließt. Dieser Abschluss kann nicht dadurch ersetzt werden, dass ein anderes Erbscheinsverfahren aufgrund eines hilfsweise gestellten Antrages aufgenommen wird (BayObLG FamRZ 1999, 814 (815); PWW/*Deppenkemper* § 2353 Rn. 13 aE).

46 **c) Bedingter Antrag.** Ein Erbscheinsantrag kann nicht davon abhängig gemacht werden, dass ein für einen anderen Erbfall in einem anderen Verfahren gestellter Erbscheinsantrag abgelehnt wird (BayObLG FamRZ 1999, 814 (Ls.)). Ebenso ist ein Antrag unter Vorbehalt der Ausschlagung unzulässig (Keidel/*Zimmermann* FamFG § 352 Rn. 11) wie auch ein Antrag, der hilfsweise auf eine noch zu bildenden Rechtsmeinung des Nachlassgerichts gestützt wird (OLG Düsseldorf Beschl. v. 4.12.2013 – 3 Wx 201/13, NJW-RR 2014, 395 zu Antrag:: *„... für den Fall, dass das Nachlassgericht ein gesetzliches Erbrecht der Kinder ... feststellen sollte, die Erteilung eines Erbscheins ... dahin, dass ... [der Ast.] zu 1/2 gesetzlicher Erbe des Erblassers geworden ist"*).

47 **6. Vertretung.** Eine Vertretung bei der Antragstellung ist zulässig, § 10 II, wobei ein gewerbsmäßiger Erbenermittler nicht unter den Personenkreis iSd § 10 II fällt; dies ist verfassungsgemäß (BVerfG NJW 2010, 3291). Sie bedarf grds. keiner Form (MüKoBGB/*Grziwotz* § 2353 Rn. 99). Die Vollmacht kann nachgereicht werden. Minderjährige Erben sind selbst beteiligtenfähig, § 8, aber nicht verfahrensfähig, § 9. Ihre Eltern können den Antrag als gesetzliche Vertreter gem. § 1629 BGB für das Kind im Rahmen ihrer Vermögenssorge gem. § 1626 BGB stellen (Keidel/*Zimmermann* FamFG § 352 Rn. 4). Sie dürfen allerdings nicht gem. § 1638 BGB vom Erblasser ausgeschlossen worden sein (Palandt/*Weidlich* § 2353 Rn. 9 mit Hinweis auf OLG Frankfurt a. M. NJW-RR 1997, 580). Der Vormund ist nicht nach § 1795 I Nr. 3 BGB ausgeschlossen, auch wenn er selbst Erbe geworden ist, da der Erbscheinsantrag nicht einem Rechtsstreit gleichzustellen ist (BayObLG ZEV 1998, 431 = FamRZ 1999, 117). Bei einem Interessengegensatz kann allerdings das Familiengericht dem Vormund die Befugnis zur Antragstellung nach § 1796 BGB entziehen (OLG Köln ZEV 2000, 397: Der Vater war hier der Auffassung, seine Kinder seien neben ihm nicht zum Erben berufen). Zur gesetzlichen Vertretung gehören auch der Abwesenheitspfleger, ebenso der Auseinandersetzungspfleger nach § 1911 BGB und der Betreuer, soweit ihm nach §§ 1896, 1902 BGB der Aufgabenkreis der Vermögenssorge übertragen worden war (*Lange/Kuchinke* ErbR § 39 Kap. II Rn. 3; MüKoBGB/*Grziwotz* § 2353 Rn. 100). In der Antragstellung kann regelmäßig auch die Annahme der Erbschaft liegen, allerdings auch hier nur insoweit, als der gesetzliche Vertreter hierzu befugt ist (Palandt/*Weidlich* § 2353 Rn. 9).

48 **7. Begründung des Antrags.** Der Antragsteller hat in Abweichung zu § 23 I gem. § 352 I, II bestimmte Angaben zu machen. Der Fiskus hat die Voraussetzungen des § 1936 BGB darzutun. Weitergehende Begründungen hat der Antragsteller allerdings nicht darzutun (MüKoBGB/*Grziwotz* Anh. § 2353 Rn. 3 ff.).

49 **8. Beizufügende Urkunden und Glaubhaftmachung durch eidesstattliche Versicherung.** Die beizufügenden Urkunden und die Glaubhaftmachung durch eidesstattliche Versicherung sind in den § 352 III geregelt. Insoweit wird auf dessen Komm. verwiesen (ergänzend wird dies dargestellt bei Keidel/*Zimmermann* FamFG § 352 Rn. 58 ff. bzw. 75 ff.).

III. Das Verfahren vor dem Nachlassgericht

1. Beteiligte. § 345 I regelt als **Spezialvorschrift** zu § 7 den Kreis der Beteiligten im Verfahren zur Erteilung eines Erbscheins (s. unter *Kroiß*/Seiler Neues FamFG/*Kroiß*, 2014, § 345 Rn. 1 ff. und; Palandt/ *Weidlich* § 2353 Rn. 35) und enthält gegenüber § 7 II in § 345 I 2 Abweichungen (Keidel/Zimmermann § 345 Rn. 1). IÜ bleibt es bei den Regelungen des § 7.

Folgende **Systematik** liegt hierbei zugrunde: (1) Der Antragsteller ist gem. § 345 I 1 von Anfang an Muss-Beteiligter. (2) Nach § 345 I 2 Nr. 1–5 können sodann nach dem Ermessen des Gerichts bestimmte Personen als Beteiligte hinzugezogen werden, wobei der Kreis relativ weit ist (Nr. 5: alle unmittelbar Betroffenen). (3) Soweit die in § 345 I 2 Nr. 1–5 genannten Personen nicht von Amts wegen hinzugezogen werden, so können sie gem. § 7 III einen Antrag auf Beteiligung am Verfahren stellen. (4) Wird ein solcher Antrag gestellt, so wird der Antragsteller Muss-Beteiligter gem. § 345 I 3 ohne weiteren Gerichtsbeschluss (Keidel/*Zimmermann* FamFG § 345 Rn. 2).

a) **Antragsteller als Beteiligter.** Da der Erbschein nur auf Antrag erteilt wird, § 2353 BGB, ergibt sich die Beteiligtenstellung des Antragstellers bereits aus §§ 345 I 1, 7 I. § 345 I 1 wiederholt lediglich den Wortlaut des § 7 I (Keidel/*Zimmermann* FamFG § 345 Rn. 4). Beantragen alle Miterben einen gemeinschaftlichen Erbschein, so sind sie alle Muss-Beteiligte iSv § 345 I 1, wird Erbscheinsantrag nur von einem Teil der Miterben beantragt, so sind nur sie Muss-Beteiligte. Auch wenn ein Dritter einen Erbscheinsantrag stellt, zB der Testamentsvollstrecker, so wird auch er Beteiligter; auf die Antragsberechtigung kommt es für die Frage des Beteiligtseins dagegen nicht an. Auch der Vermächtnisnehmer der einen Erbscheinsantrag stellt, ist Beteiligter, wenngleich sein Antrag zurückzuweisen ist (Keidel/ *Zimmermann* FamFG § 345 Rn. 4).

In Abweichung von § 7 II, wird im Erbscheinsverfahren der Begriff der Muss-Beteiligten zunächst auf den Antragsteller beschränkt.

b) **Weitere Beteiligte.** Die in § 345 I 2 genannten Beteiligten (die gesetzlichen Erben, derjenige, der nach dem Inhalt einer ggf. vorhandenen Verfügung von Todes wegen als Erbe in Betracht kommt, die Gegner des Antragstellers, wenn ein Rechtsstreit über das Erbrecht anhängig ist, derjenige, der im Falle der Unwirksamkeit der Verfügung von Todes wegen Erbe sein würde, sowie alle weiteren Personen, deren Recht durch den Ausgang des Verfahrens unmittelbar betroffen werden kann), sind nach Abs. 1 S. 3 auf ihren Antrag als Beteiligte hinzuzuziehen. Dann werden sie zu Muss-Beteiligten. § 345 I 2 ermöglicht es dem Gericht ferner in Anlehnung an § 7 III, die darin genannten Personen am Verfahren **nach seinem Ermessen** zu beteiligen. Der Gesetzgeber spricht von sog. „Optionsbeteiligten" (BT-Drs. 16/9733, 373; Keidel/*Zimmermann* FamFG § 345 Rn. 5). Personen, die nach § 345 I–IV am Nachlassverfahren auf ihren Antrag hin zu beteiligen sind, sind über die Einleitung eines Erbscheinsverfahrens zu **unterrichten** und darüber hinaus über ihr Antragsrecht und die Wirkungen eines von ihnen gestellten Antrags zu belehren, § 7 IV (*Kroiß*/Seiler Neues FamFG § 6 Rn. 42 ff.).

aa) **In Frage kommende Personen.** Als weitere Beteiligte kommen zunächst die **Erben** in Frage, wobei zwischen den gesetzlichen Erben (§ 345 I 2 Nr. 1), den gewillkürten Erben (§ 345 I 2 Nr. 2) und den bedingten Erben (§ 345 I 2 Nr. 4) zu unterscheiden ist. Die Erben sind grds. antragsberechtigt, soweit in mehreren Testamenten verschiedene Personen als Erben eingesetzt sind (Keidel/*Zimmermann* FamFG § 345 Rn. 19, 20). Bedingte Erben sind diejenigen, die im Falle der Unwirksamkeit der Verfügung von Todes wegen aufgrund eines weiteren Testaments oder der gesetzlichen Erbfolge zu Erben würden (Keidel/*Zimmermann* FamFG § 345 Rn. 22). **Gegner des Antragstellers** iSv § 345 I 2 Nr. 3 sind solche vor dem Prozessgericht bei einer Streitigkeit iSv § 352 I Nr. 6. Gemeint sind der Gegner in einer Erbenfeststellungsklage (§ 256 ZPO), bei einer Anfechtungsklage wegen Erbunwürdigkeit (§ 2342 BGB) oder bei Geltendmachung des Erbschaftsanspruchs nach § 2018 BGB. Auch ausländische Verfahren sind betroffen (Keidel/*Zimmermann* FamFG § 345 Rn. 21). Zuletzt kommen noch diejenigen in Betracht, deren Recht am Nachlass durch das Verfahren unmittelbar betroffen sein könnten, § 345 I 2 Nr. 5. Gegeben ist eine Betroffenheit bei allen, die selbst einen Erbscheinsantrag stellen könnten, wie dem Testamentsvollstrecker, dem Erbeserben, dem Nachlassinsolvenzverwalter, dem Nachlassverwalter und dem Gläubiger mit Titel; auch der Nacherbe, weil der Erbschein einen Nacherbenvermerk enthalten muss (Keidel/*Zimmermann* FamFG § 345 Rn. 24). Nicht dagegen bei denjenigen, die ohnehin keinen Erbscheinsantrag stellen können, wie zB beim Nachlassgläubiger ohne Titel, Vermächtnisnehmer, Pflichtteilsberechtigten, Erbteilserwerber oder Nachlasspfleger (Keidel/*Zimmermann* FamFG § 345 Rn. 25).

bb) **Beteiligtenermittlungspflicht.** Gem. § 7 IV sind die Kann-Beteiligten von der Einleitung des Verfahrens zu verständigen. Auch wenn es in § 7 IV 1 einschränkend heißt „soweit sie dem Gericht bekannt sind", hat das Nachlassgericht von Amts wegen andere Beteiligte zu ermitteln, § 26 (vgl. dazu OLG Köln ZEV 2010, 89). Eine bloße Aufforderung an die anderen Beteiligten nach § 27 genügt wegen der widerstreitenden Interessenlage nicht (Keidel/*Zimmermann* FamFG § 345 Rn. 17). Die Amtsermittlungspflicht endet dort, wo zumutbare Anstrengungen erfolglos waren, etwa der Aufenthalt nicht ermittelbar war (KG NJW-RR 2005, 1677; Bumiller/Harders/*Schwamb* § 345 Rn. 10). Eine bloße Anfrage beim Melderegister genügt nicht (BayObLG FamRZ 1999, 1472).

cc) **Entscheidung über die Beteiligung.** Soweit weitere Beteiligte von Amts wegen hinzuzuziehen sind, so soll dies so früh wie möglich erfolgen, regelmäßig vor der Entscheidung über den Erbscheinsantrag (Keidel/*Zimmermann* FamFG § 345 Rn. 6 ff.). Sie kann aber erst in der Beschwerdeinstanz erfolgen

(Keidel/*Zimmermann* FamFG § 345 Rn. 8). Die Beteiligung auf Antrag (Keidel/*Zimmermann* FamFG § 345 Rn. 12 ff.) erfolgt mit Antragstellung ohne weiteren Beschluss (Keidel/*Zimmermann* FamFG § 345 Rn. 15). Eine Beteiligung hat immer dann zu erfolgen hat, wenn das behauptete Erbrecht nicht von vornherein (vgl. dazu OLG München Beschl. v. 30.8.2016 – 31 Wx 161/16, BeckRS 2016, 16150 Rn. 9 f.) gänzlich fernliegend ist (*„in Betracht kommt"*), wobei eine abschließende rechtliche Würdigung zu diesem Zeitpunkt nicht erfolgt. Ob das Erbrecht tatsächlich besteht, ist erst nach förmlicher Beteiligung am Verfahren zu klären (OLG München Beschl. 8.11.2016 – 31 Wx 254/16, NJW-RR 2017, 71 Rn. 9).

58 **dd) Rechtsmittel.** Soweit dem Beiziehungsantrag entsprochen wird, kann auch kein anderer Beteiligter dagegen Beschwerde einlegen, weil keine Endentscheidung vorliegt (§ 58). Wird ein Beiziehungsantrag abgelehnt, obwohl er von einer nach § 345 I 2 berechtigten Person gestellt wurde, ist eine Entscheidung durch Beschluss erforderlich, § 7 V 1. Der Beschluss (§ 38) ist zu begründen; gegen ihn ist die sofortige Beschwerde nach § 7 V 2 FamFG, §§ 567 ff. ZPO binnen zwei Wochen möglich (Keidel/*Zimmermann* FamFG § 345 Rn. 18). Sofern die erforderliche Beteiligung in einem Beschwerdeverfahren unterblieben ist, ist eine **Gehörsrüge** unzulässig, wenn das Nachlassgericht in Umsetzung der Beschwerdeentscheidung bereits den Erbschein erteilt hat. Insofern fehlt das Rechtsschutzbedürfnis, da die Einziehung des Erbscheins nicht in dem auf die Gehörsrüge hin fortzusetzenden Beschwerdeverfahren, sondern nur im Einziehungsverfahren gem. § 2361 BGB erfolgen kann (KG FGPrax 2012, 68).

59 **2. Amtsermittlung und Beweisverfahren.** Das Erbscheinsverfahren beginnt mit der Stellung eines Erbscheinantrags, § 2353 BGB als verfahrensleitender Antrag, § 23. Wird ein Erbscheinsantrag gestellt, so löst der Antrag die Pflicht des Nachlassgerichts zur Ermittlung von Amts wegen aus, § 26. Der weitere Ablauf des Verfahrens gestaltet sich sodann wie folgt:

IV. Amtsermittlung und Beweiserhebung

60 **1. Überblick.** Mit dem IntErbVG v. 29.6.2015 (BGBl. 2015 I 1042), das für Erbfälle ab dem 17.8.2015 (vgl. EG Art. 229 § 36) Anwendung findet, wurde § 2358 BGB aF ersatzlos gestrichen, da sich die dort geregelten Grundsätze bereits aus §§ 26 und 29 ergeben. Eine inhaltliche Einschränkung der Amtsermittlungspflicht ist damit nicht verbunden (BT-Drs. 18/4201, 61).

61 Demgemäß ist das Nachlassgericht im Erbscheinverfahren verpflichtet, die erforderlichen Ermittlungen von Amts wegen durchzuführen und sämtliche zur Aufklärung des Sachverhalts erforderlichen Beweise zu erheben (Keidel/*Sternal* FamFG § 29 Rn. 47 ff.). Für das Verfahren der Erbscheinseinziehung wird gilt ebenfalls § 26. Die Vorschrift regelt nach ihrem Wortlaut, dass die zur Feststellung von Tatsachen erforderlichen Ermittlungen von Amts wegen zu erfolgen haben. Diese Amtsermittlungspflicht gilt sowohl für das Nachlassgericht als auch im Beschwerdeverfahren.

62 Die Ermittlungspflicht des Nachlassgerichts ist jedoch bereits dadurch eingeschränkt, dass sich aus den § 352 eine **echte Darlegungs- und Beweislast des Antragstellers** in dem Sinne ergibt, dass er bestimmte Angaben machen und diese teilweise sogar urkundlich nachweisen muss (Keidel/*Sternal* FamFG § 29 Rn. 47). Insoweit hat der Antragsteller durch entsprechenden Tatsachenvortrag und die Benennung von Beweismitteln an der Sachverhaltsaufklärung mitzuwirken. Die Beteiligten des Verfahrens sind dazu angehalten; gem. § 27 trifft den Antragsteller im Erbscheinsverfahren wie jeden anderen Antragsteller eine Mitwirkungspflicht zur Aufklärung des Sachverhalts (BayObLG FamRZ 1992, 343; FamRZ 1993, 366; Keidel/*Sternal* FamFG § 29 Rn. 47). Die materiell-rechtlichen Tatbestandsvoraussetzungen bestimmen letztlich auch den Umfang der Ermittlungen des Nachlassgerichts.

63 Dem Gericht stehen als Beweismittel der **Freibeweis und der Strengbeweis** zur Verfügung. Es gilt der Grundsatz des **Freibeweises**, § 29. Das Gericht erhebt die erforderlichen Beweise in der ihm als geeignet erscheinenden Form, ohne an das Vorbringen der Beteiligten gebunden zu sein. Allerdings hat es dabei gewisse prozessuale Grundregeln zu beachten, so die Amtsverschwiegenheit (§ 376 ZPO) und das Recht zur Zeugnis- und Auskunftsverweigerung (§§ 383–390 ZPO) bei der Befragung von Auskunftspersonen (§ 29 II).

64 Nach § 30 I liegt es **im pflichtgemäßen Ermessen** des Gerichts, ob und inwieweit es sich zur Ermittlung des entscheidungserheblichen Sachverhalts einer förmlichen Beweisaufnahme nach den Vorschriften der ZPO bedienen will. Um die Flexibilität des FG-Verfahrens zu erhalten, verzichtete der Entwurf auf eine ermessensleitende Generalklausel (vgl. *Kuntze* FGPrax 2005, 185). Allerdings wird in bestimmten Fällen eine förmliche Beweisaufnahme vorgeschrieben, so wenn dies im Besonderen Teil des Gesetzes vorgeschrieben wird, § 30 II, zB in einzelnen Rechtsfürsorgeverfahren oder bei Eingriffen in die Grundrechte des Betroffenen oder wenn das Gericht seine Entscheidung maßgeblich auf die Feststellung einer Tatsache, die im Freibeweisverfahren streitig geblieben ist, stützen will und die Richtigkeit der Tatsache von einem Beteiligten ausdrücklich weiter bestritten wird, § 30 III. Wegen der Bedeutung der förmlichen Beweisaufnahme wird den Beteiligten das Recht eingeräumt, eine solche zu beantragen, § 30 I 2. Das Gericht muss diesen Antrag bescheiden; die Entscheidung kann in der Rechtsmittelinstanz überprüft werden, § 30 IV.

65 Nach § 32 I kann das Gericht, sofern es dies für sachdienlich hält, die Sache mit den Beteiligten in einem **Termin** erörtern. Damit hat das Gericht nach pflichtgemäßen Ermessen zwischen mündlichen und schriftlichem Verfahren zu wählen. Soweit in anderen Vorschriften die Durchführung einer mündlichen Verhandlung vorgeschrieben wird, bleibt diese durch § 32 unberührt. Das Gericht kann nach § 33 I das persönliche Erscheinen eines Beteiligten zu einem Termin anordnen und ihn anhören, wenn dies zur

Aufklärung des Sachverhalts sachdienlich erscheint (*Kroiß/Seiler* Neues FamFG § 6 Rn. 59). Das Verfahren der freiwilligen Gerichtsbarkeit kennt keinen Mündlichkeitsgrundsatz. Der gesamte Akteninhalt bildet die Grundlage der Entscheidung (*Zimmermann* FGPrax 2006, 192). Gem. § 37 ist wichtig, dass sich die betroffenen Beteiligten zu den Tatsachen und Beweisergebnissen äußern konnten, § 37 II bevor eine Entscheidung ergeht.

Ermittlungsbedürftige Punkte (vgl. auch Keidel/*Zimmermann* FamFG § 352e Rn. 33–57 mwN) sind insbesondere sowohl die Zuständigkeit des Nachlassgerichts, die formalen Voraussetzungen des Erbscheinsantrags mit der erforderlichen Daten (Todeszeitpunkt des Erblassers und ggf. etwaiger Vor- oder Miterben), die Staatsangehörigkeit des Erblassers, sein Familien- und Güterstand sowie die Existenz einer letztwilligen Verfügung (Testament oder Erbvertrag) und ggf. deren Wirksamkeit zu prüfen (Palandt/*Weidlich* § 1937 Rn. 10ff. enthält einen umfassenden Prüfungsaufbau!). Anschließend hat eine Auslegung der letztwilligen Verfügung zu erfolgen. 66

2. Verfahrensgrundsätze. Das Verfahren der freiwilligen Gerichtsbarkeit unterliegt verschiedenen Verfahrensgrundsätzen, von denen die Offizialmaxime (der Grundsatz des Amtsverfahrens) und der Untersuchungsgrundsatz die Wichtigsten sind. 67

a) Offizialmaxime. Die Offizialmaxime führt dazu, dass das Verfahren von Amts wegen einzuleiten und in Gang zu halten ist (Keidel/*Sternal* FamFG § 26 Rn. 11 spricht zusätzlich vom Amtsbetrieb), soweit nicht ein Antrag gesetzlich vorgeschrieben ist (so wie beim Erbscheinsverfahren, § 2353 BGB; vgl. auch Keidel/*Sternal* FamFG § 26 Rn. 6ff.). Anders als im Zivilprozess, in dem die Dispositionsmaxime gilt, obliegt es im Regelfall nicht den Verfahrensbeteiligten zu bestimmen, ob ein gerichtliches Verfahren eingeleitet werden soll und was dessen Gegenstand sein soll. Lediglich in den Antragsverfahren gilt zumindest die Dispositionsmaxime insoweit teilweise, als dass die Beteiligten zumindest darüber entscheiden können, ob ein Verfahren in Gang gesetzt wird und welchen Gegenstand es haben soll (Antrag auf Erteilung eines bestimmten Erbscheins). Auch kann der Antrag im laufenden Verfahren zurückgenommen werden. 68

b) Untersuchungsgrundsatz. Der Untersuchungsgrundsatz, kennzeichnet den wesentlichsten Unterschied des Verfahrens der freiwilligen Gerichtsbarkeit zum Zivilgerichtsverfahren. Sie steht in Widerspruch zum Verhandlungs- und Beibringungsgrundsatz (Keidel/*Sternal* FamFG § 26 Rn. 10). Während es im Zivilprozess Aufgabe der Parteien ist, die Tatsachen vorzutragen, die später Entscheidungsgrundlage des Gerichts sein sollen, obliegt es im Verfahren der freiwilligen Gerichtsbarkeit dem Gericht den gesamten Sachverhalt von Amts wegen festzustellen, § 26. Das Gericht ist dabei an das Vorbringen und die Beweisangebote der Beteiligten nicht gebunden (BayObLG ZEV 1997, 339; NJW-RR 1997, 7 = FamRZ 1997, 123) und hat nach pflichtgemäßem Ermessen den Sachverhalt durch die geeignet erscheinenden Beweise zu ermitteln, § 29. So führt letztlich auch ein Geständnis oder ein übereinstimmender Vortrag nicht dazu, dass die Beweisbedürftigkeit entfällt, sondern auch dessen Beweiswert ist letztlich vom Gericht zu überprüfen. Das Prinzip der formellen Wahrheit gilt insoweit nicht. Allerdings wird der Amtsermittlungsgrundsatz durch den Erbscheinsantrag eingeschränkt (MüKoBGB/*Grziwotz* Anh. § 2353 Rn. 129). Die Ermittlungspflicht beschränkt sich auf den beantragten Inhalt des Erbscheins, unter Berücksichtigung von Haupt- und Hilfsanträgen. Sofern sich ergänzende Anträge aufdrängen, kann das Nachlassgericht aufgrund seiner Verfahrensfürsorge und der Verfahrensleitung, § 28 verpflichtet sein, diese anzuregen und ggf. darauf hinzuweisen (MüKoBGB/*Grziwotz* Anh. § 2353 Rn. 129). 69

3. Antrags- und Amtsverfahren. Grundsätzlich sind alle Verfahren der freiwilligen Gerichtsbarkeit, für deren Einleitung keine besondere gesetzliche Regelung getroffen ist, Amtsverfahren, zB das Verfahren über die Einziehung eines Erbscheins, § 2361 BGB. Auf Antrag wird ein Verfahren nur dann eingeleitet, wenn dies gesetzlich vorgesehen ist, wie zB im Erbscheinerteilungsverfahren, § 2353 BGB. 70

a) Antragsverfahren, § 23. aa) Allgemeines. Auf Antrag wird ein Verfahren nur dann eingeleitet, wenn dies im Gesetz so vorgeschrieben ist; dies ist insb. im Erbscheinerteilungsverfahren, § 2353 BGB oder bei Erteilung eines Testamentsvollstreckerzeugnisses, § 2368 BGB, der Fall. Soweit ein Verfahren auf Antrag eingeleitet wird, ist der Antrag Verfahrensvoraussetzung (Keidel/*Sternal* FamFG § 23 Rn. 7, 11). Das Vorliegen des Antrags ist in jeder Lage des Verfahrens von Amts wegen zu prüfen. Der Erbscheinsantrag ist ein Sachantrag auf Erteilung eines Erbscheins. Das Gericht ist durch ihn insoweit gebunden, als ihm entweder entsprochen oder er abgelehnt werden muss (Keidel/*Sternal* FamFG § 23 Rn. 14). Ein nur teilweises Entsprechen ist dagegen nicht zulässig (Keidel/*Sternal* FamFG § 23 Rn. 14). 71

bb) Rücknahme des Antrags. Ein Antrag kann bis zur Rechtskraft der Endentscheidung zurückgenommen werden, § 22 I 1. Sie kann bis zum Eintritt der formellen Rechtskraft (Keidel/*Sternal* FamFG § 22 Rn. 7) durch Erklärung gegenüber dem Gericht erfolgen (Keidel/*Sternal* FamFG § 22 Rn. 9) und unterliegt keiner besonderen Form (Keidel/*Sternal* FamFG § 22 Rn. 10). Eine Rücknahme kann noch im Beschwerde- und Rechtsbeschwerdeverfahren erfolgen, soweit das eingelegte Rechtsmittel zulässig ist (Keidel/*Sternal* FamFG § 22 Rn. 8). 72

Die Rücknahme beendet das Verfahren in der Hauptsache (Keidel/*Sternal* FamFG § 22 Rn. 16).

cc) Verzicht auf das Antragsrecht/Verwirkung. Ein Verzicht auf das Antragsrecht ist möglich, wenn ein Beteiligter über den Verfahrensgegenstand verfügen kann (Keidel/*Sternal* FamFG § 23 Rn. 55). Er ist gegenüber dem Antragsgegner zu erklären. Im Erbscheinsverfahren ist er praktisch nur im Rahmen von Vergleichen von Bedeutung, wenn auf das Antragsrecht oder Beschwerderecht verzichtet werden soll (Palandt/*Weidlich* § 2353 Rn. 46). 73

74   Eine Verwirkung des Antragsrechts auf Einleitung eines gerichtlichen Verfahrens selbst bei treuwidriger Verzögerung des Verfahrens ausgeschlossen (KG OLGZ 1977, 427 (428)).

75   **b) Amtsverfahren.** Ein Amtsverfahren beginnt regelmäßig damit, dass das Gericht aufgrund von Tatsachen, die ihm zur Kenntnis gelangt sind und die sein Einschreiten von Amts wegen erfordern können, erkennbar nach außen hin tätig wird. Dies kann der Fall sein, wenn zB jemand die Unrichtigkeit des Erbscheins einwendet und das Nachlassgericht neue Ermittlungen aufnimmt, um den Sachverhalt weiter aufzuklären. Ein etwaig gestellter „Antrag" (auf Einziehung des Erbscheins) ist daher lediglich als „Anregung" zu verstehen, § 24 I. Auch die Rücknahme des „Antrags" beendet das Verfahren daher nicht. Der Anstoß zur Einleitung des Amtsverfahrens kann daher von jeder beliebigen Privatperson oder Behörde kommen. Die Grundsätze des § 26 gelten auch im Erbscheineinziehungsverfahren.

76   **4. Umfang der Amtsaufklärungspflicht.** Schon zu § 2358 I BGB aF war anerkannt, dass sich daraus eine weitere Einschränkung des Untersuchungsgrundsatzes ergibt, wenn es hieß, dass das Nachlassgericht die „zur Feststellung der Tatsachen erforderlichen Ermittlungen zu veranstalten" und die „geeignet erscheinenden Beweise aufzunehmen" hat (s. Keidel/*Sternal* FamFG § 29 Rn. 47–67 zum Erbscheinsverfahren mwN). Daran hat auch die Streichung des § 2358 I BGB aF im Hinblick auf § 26 nichts geändert, da mit ihr keine inhaltliche Neuausrichtung der Amtsaufklärungspflicht verbunden sein sollte. Die Rspr. folgert daraus, dass das Nachlassgericht über Art und Umfang der Ermittlungen nach pflichtgemäßem Ermessen entscheidet (Staudinger/*Herzog* § 2353 Rn. 286 ff.; MüKoBGB/*Grziwotz* Anh. § 2353 Rn. 129): Dies bedeutet konkret, dass sich Art und Umfang der Ermittlungen nach der Lage des Einzelfalls richten. So hat das Nachlassgericht nicht von sich aus zu erforschen, ob zur Anfechtung berechtigende Tatsachen vorliegen, die der Anfechtende selbst nicht behauptet. Insofern beschränkt sich die Ermittlungstätigkeit auf die Prüfung, ob die Anfechtungsgründe zutreffen, die der Anfechtende in der Anfechtungserklärung oder später geltend gemacht bzw. die aufgrund sonstiger Umstände für das Nachlassgericht ersichtlich sind (BGH Beschl. v. 2.12.2015 – IV ZB 27/15, NJW-RR 2016, 198 Rn. 11). Der Tatrichter entscheidet nach freiem Ermessen, ohne an Beweisanträge gebunden zu sein. Der Grundsatz der Amtsermittlung verpflichtet das Tatsachengericht, alle zur Aufklärung des Sachverhalts erforderlichen Ermittlungen durchzuführen und die geeignet erscheinenden Beweise zu erheben. Das bedeutet zwar nicht, dass allen Beweisanträgen der Beteiligten stattgegeben und allen denkbaren Möglichkeiten zur Erforschung des Sachverhalts von Amts wegen nachgegangen werden müsste (OLG Köln FamRZ 1991, 117). Eine Aufklärungspflicht besteht aber insoweit, als das Vorbringen der Beteiligten und der festgestellte Sachverhalt aufgrund der Tatbestandsvoraussetzungen des materiellen Rechts bei sorgfältiger Überlegung zu weiteren Ermittlungen Anlass geben. Das Gericht darf seine Ermittlungen erst abschließen, wenn von einer weiteren Beweisaufnahme ein sachdienliches, die Entscheidung beeinflussendes Ergebnis nicht mehr zu erwarten ist (BGHZ 40, 54 (57); NJW-RR 1991, 515; BayObLG FamRZ 1983, 1061; 1991, 1237 (1239); 1997, 123 (125); 2001, 454 (455); OLG Köln FGPrax 2004, 78; OLG Karlsruhe ZEV 2006, 316 (317)). Auch unstreitige Tatsachen sind auf ihre Richtigkeit hin zu überprüfen (BayObLG FamRZ 1992, 1353; PWW/*Deppenkemper* § 2353 Rn. 28). Das Beschwerdegericht hat insofern die Richtigkeit des angekündigten Erbscheins auch insoweit zu prüfen, als der Beschwerdeführer durch eine Unrichtigkeit des Erbscheins nicht beschwert sein kann (BGH Beschl. v. 16.12.2015 – IV ZB 13/15, NJW 2016, 960 Rn. 16). Beantragt ein Nachlassgläubiger die Erteilung eines Erbscheins, umfasst die Prüfungspflicht des Nachlassgerichts nicht die Zulässigkeit der Zwangsvollstreckung (OLG München Beschl. v. 29.7.2014 – 31 Wx 273/13, FGPrax 2014, 266).

77   Die Amtsermittlung gilt in allen Verfahren der freiwilligen Gerichtsbarkeit. Im Erbscheinsverfahren wird der Umfang allerdings durch die in den §§ 352 I-III, 352a I, IV enthaltenen Darlegungs- und Feststellungslast eingeschränkt. Die Amtsermittlung greift daher erst ein, wenn dem Antragsteller die Angaben und Nachweise nicht möglich sind. Bei schuldhafter Nichterfüllung dieser Mitwirkungspflicht kann der Erbscheinsantrag nach entsprechendem Hinweis sogar unzulässig sein. Das Gericht ist auch nicht zu weiteren Ermittlungen verpflichtet, wenn die Beteiligten ihnen vorteilhafte Erklärungen nicht abgeben und Beweismittel nicht vorlegen, obwohl sie dies könnten und ihnen die Umstände bewusst sind (OLG Düsseldorf Beschl. v. 16.1.2017 – I-25 Wx 78/15, BeckRS 2017, 101204 Rn. 10). Der Amtsermittlungsgrundsatz wirkt sich innerhalb des Verfahrens auf folgende Punkte aus (Palandt/*Weidlich* § 2353 Rn. 31 f.):

78   **a) Bzgl. der Verfahrensvoraussetzungen.** Die Amtsermittlungspflicht des § 26 gilt bereits bzgl. der Zulässigkeit des Antrags, somit auch bzgl. der sachlichen, örtlichen und internationalen Zuständigkeit und den Voraussetzungen des Antragsrechts, zB wenn ein Dritter den Erbschein beantragt, hinsichtlich der Verfahrensfähigkeit des Antragstellers, seiner Antragsberechtigung und den weiteren Zulässigkeitsvoraussetzungen; ebenso für das Rechtsschutzbedürfnis.

79   **b) Erbstatut.** Bei Anlass sind gewöhnlicher Aufenthalt des Erblassers, seine Staatsangehörigkeit und alle sonstigen Voraussetzungen für das maßgebliche Erbstatut (Art. 22 ff. EuErbVO) zu ermitteln. Ggf. ist die Staatsangehörigkeit durch Erholung von behördlichen Auskünften zu klären (NK-BGB/*Kroiß* 4. Auflage 2014 § 2358 Rn. 6; Staudinger/*Herzog* § 2353 Rn. 322). Besaß der Erblasser neben seiner deutschen Staatsangehörigkeit zugleich eine fremde, so wird er als Deutscher behandelt, Art. 5 I 2 EGBGB (Palandt/*Thorn* EGBGB Art. 5 Rn. 3); ist ein Verlust der deutschen Staatsangehörigkeit nicht feststellbar, so gilt der Erblasser bis zum Nachweis seiner Ausländereigenschaft als Deutscher (BayObLG Rpfleger 1983, 315).

Soweit bei einem ausländischen Erblasser ausländisches Erbrecht zur Anwendung kommt, ist das 80
Nachlassgericht von Amts wegen verpflichtet, sich davon Kenntnis zu verschaffen (*Hetger* FamRZ 1995,
654); eine Beweislast der Beteiligten – wie bei § 293 ZPO besteht nicht (MüKoBGB/*Grziwotz* Anh.
§ 2353 Rn. 136; NK-BGB/*Kroiß* 4. Auflage 2014 § 2358 Rn. 8).

c) Bei der gesetzlichen Erbfolge. Die materiell-rechtlichen Ermittlungen betreffen zunächst die in den 81
§ 352 I umrissenen Sachverhalte (Keidel/*Sternal* FamFG § 29 Rn. 50). Soweit es für die Erbfolge auf den
exakten Todeszeitpunkt des Erblassers ankommt, so ist auch dieser zu ermitteln (OLG Köln FamRZ
1992, 860; Palandt/*Weidlich* § 2353 Rn. 33). Grenzen der Ermittlungspflicht bestehen, wenn der Sachverhalt vollständig aufgeklärt ist oder von weiteren Nachforschungen ein entscheidungserhebliches Ergebnis nicht zu erwarten ist (NK-BGB/*Kroiß* 4. Auflage 2014 § 2358 Rn. 9 mit Hinweis auf OLG
Hamm NJW-RR 1996, 70: bzgl. eines acht Jahre zurückliegenden Unfalltodes des Vaters und seiner Kinder bei einem gemeinsam erlittenen Verkehrsunfall). Soweit über die Angaben des § 352 I hinaus Anhaltspunkte für das Vorhandensein oder den Wegfall weiterer Erben bestehen, sei es durch Ausschlagung
der Erbschaft (Palandt/*Weidlich* § 2353 Rn. 33), durch Scheidung oder Aufhebung der Ehe des Erblassers oder Aufhebung der gleichgeschlechtlichen Partnerschaft (§ 15 LPartG). In solchen Fällen sind die
dazu notwendigen Ermittlungen durchzuführen, wobei auch ein Aufrechterhaltungswille zu berücksichtigen ist (§ 2077 III BGB, § 2268 II BGB, § 2279 BGB). Gleiches gilt bei Hinzutreten oder Wegfall eines
zur gesetzlichen Erbfolge Verwandten durch eine Annahme als Kind (§§ 1741 ff. BGB) (MüKoBGB/
Grziwotz Anh. § 2353 Rn. 136 mwN), dann ggf. auch die Wirksamkeit der Annahme bzw. früherer oder
ausländischer Adoption (BGH FamRZ 1974, 645; BayObLG 1976, 101) oder bei Auftauchen eines
nichtehelichen Kindes bzgl. seines Erbrechts gegenüber seinem Vater und umgekehrt, mit der erforderlichen Feststellung oder Anerkennung der Vaterschaft (§ 1592 Nr. 2, 3 BGB) sowie die Beseitigung des
Erbrechts durch einen bis zum 31.3.1998 rechtsgültig zustande gekommenen vorzeitigen Erbausgleichs
(§§ 1934d, 1934e BGB aF, Art. 227 I Nr. 2 EGBGB) (MüKoBGB/*Grziwotz* Anh. § 2353 Rn. 136; Palandt/*Weidlich* § 2353 Rn. 33; OLG Dresden ZEV 1998, 308 mAnm *Ann*)). Eine incidente Prüfung der
Vaterschaft erfolgt im Hinblick auf die Sperrwirkung des § 1599 I BGB bzw. § 1593 BGB aF grundsätzlich nicht. Im Fall eines von Abkömmlingen des behaupteten biologischen Vaters des Erblassers geltend
gemachten gesetzlichen Erbrechts gibt es jedenfalls ohne das Hinzutreten besonderer Umstände keinen
Anlass für eine Abweichung von diesem Grundsatz (OLG Frankfurt a. M. Beschl. v. 22.9.2016 – 20 W
59/14, NJW-RR 2017, 519 Rn. 32).

d) Bei gewillkürter Erbfolge. Im Zusammenhang mit Verfügungen von Todes wegen hat das Nach- 82
lassgericht zu ermitteln, ihr Vorhandensein (Staudinger/*Herzog* § 2353 Rn. 314, 323; Palandt/*Weidlich*
§ 2353 Rn. 34), das Vorliegen des Testierwillens, die Echtheit der Testamentsurkunde (BGH NJW 1991,
515 (516)), deren formelle Wirksamkeit und die inhaltliche Auslegung, soweit sich dies aus dem Inhalt
der Urkunde nicht selbst bereits ergibt (Palandt/*Weidlich* § 2353 Rn. 34).

aa) Vorhandensein einer Verfügung von Todes wegen. Der testamentarische Erbe hat grds. die Tes- 83
tamentsurkunde oder den Erbvertrag vorzulegen, § 352 III 1, soweit er sein Erbrecht auf gewillkürte
Erbfolge stützt (Keidel/*Sternal* FamFG § 29 Rn. 49; insoweit trägt er dafür auch die Feststellungslast,
Keidel/*Sternal* FamFG § 29 Rn. 57). Andere Beweismittel sind zuzulassen, wenn die erforderlichen Urkunden nicht oder nur mit unverhältnismäßigen Schwierigkeiten beschafft werden können (BayObLG
FamRZ 1986, 1044; KG FGPrax 1995, 120; Keidel/*Sternal* FamFG § 29 Rn. 49). Kann eine formgültige
letztwillige Verfügung vom Antragsteller nicht vorgelegt werden, sondern nur eine Kopie davon, so erfordert die Amtsermittlungspflicht wegen des Fälschungsrisikos eine besonders gründliche Aufklärung
der Übereinstimmung mit dem verschwundenen Original (OLG Köln NJW-RR 1993, 970), idR ist eine
förmliche Beweisaufnahme („Strengbeweis") durch Vernehmung dazu benannter Zeugen geboten (OLG
Karlsruhe Beschl. v. 8.10.2015 – 11 Wx 78/14, BeckRS 2015, 18616 Rn. 12). Allein die Unauffindbarkeit
eines Testaments führt nicht zu dessen Unwirksamkeit und begründet auch keine Vermutung dafür, dass
der Erblasser die Verfügung in Widerrufsabsicht vernichtet hat (OLG München Beschl. v. 4.7.2015 – 31
Wx 211/15, ZEV 2017, 634 Rn. 41). Vielmehr können Form und Inhalt mit allen zulässigen Beweismitteln festgestellt werden (Palandt/*Weidlich* § 2255 Rn. 9; generell zu Beweisfragen hinsichtlich
Errichtung und Widerruf eines Testaments, Palandt/*Weidlich* § 2255 Rn. 9 ff. mwN).

bb) Ermittlung des Erblasserwillens. Der Erblasserwille ist seitens des Nachlassgerichts zu ermitteln. 84
Hierbei kann das Nachlassgericht verpflichtet sein, den Rechtsanwalt, der den Erblasser bei der Testamentserrichtung beraten hat, zu hören (BayObLG NJW-RR 2001, 1588). Dies ist vor allem dann der
Fall, wenn der Rechtsanwalt eine persönliche Beziehung zum Erblasser hatte und dieser das Testament
weitgehend nach einem Entwurf des Rechtsanwalts abgefasst hat (NK-BGB/*Kroiß* 4. Auflage 2014
§ 2358 Rn. 11). Einem Beweisangebot, einen Verfahrensbevollmächtigten, der den Erblasser bei einem
notariellen Erbvertrag beraten hat, als Zeugen zu hören, hat das Nachlassgericht nachzugehen (NJW-RR
2003, 366 (367)).

cc) Testierfähigkeit des Erblassers. Dem Grunde nach ist von Testierfähigkeit auszugehen, da die Stö- 85
rung der Geistestätigkeit die Ausnahme bildet, § 2229 BGB (Palandt/*Weidlich* § 2229 Rn. 11; vgl. zum
Maßstab für die Überzeugungsbildung OLG Düsseldorf Beschl. v. 17.11.2014 – I-25 Wx 84/14, BeckRS
2015, 09161 Rn. 17). Die Frage der Testierfähigkeit ist von Amts wegen nur zu prüfen, wenn aus objektivierbaren Tatsachen oder Hilfstatsachen Anlass zu Zweifeln durch Darlegung von Auffälligkeiten beim

Erblasser bestehen (OLG Düsseldorf MDR 2013, 101: Vermutungen und Wahrscheinlichkeitsurteile für mögliche Krankheitsbilder ohne Anknüpfung an auffälliges symptomatisches Verhalten des Erblassers in zeitlichen Zusammenhang mit der Testiererrichtung genügen insofern nicht; Beschl. v. 4.11.2013 – I-3 Wx 98/13, FGPrax 2014, 70 (71) betr. Zweifel an der Testierfähigkeit, die allein auf der Vermutung bzw. der persönlichen Bewertung eines Zustandes der Erblasserin als Demenz beruhen, wofür es allerdings der Anknüpfung an fallbezogene nachprüfbare Tatsachen oder Indizien (zB auffälliges symptomatisches Verhalten) ermangelt; OLG Bamberg NJW-RR 2012, 1289: Vortrag, dass sich der Erblasser im fortgeschrittenen Stadium einer Krebserkrankung befunden hat, stellt keinen konkreten Anhaltspunkt für Zweifel an der Testierfähigkeit dar; OLG Brandenburg Beschl. v. 13.1.2014 – 3 W 49/13, RNotZ 2014, 321 (323): wenn die Behandlung eines medikamentös gegen Schmerzen behandelten Krebspatienten nach einer Stellungnahme der behandelnden Ärzte nicht zu einer Bewusstseinstrübung geführt hat, ist von seiner Testierfähigkeit auszugehen; OLG Düsseldorf Beschl. v. 16.1.2013 – I-3 Wx 27/12, NJW-RR 2013, 782 (783 f.) bei notariellem Vermerk zur Geschäftsfähigkeit; OLG Düsseldorf Beschl. v. 10.10.2013 – I-3 Wx 116/13, BeckRS 2014, 06493 betr. Schlaganfall vier Monate vor Testamentserrichtung; *Wesche* Rpfleger 2008, 449 (451)). Das bloße pauschale Bestreiten der Testierfähigkeit genügt also grds. nicht, um das Nachlassgericht zu Ermittlungen von Amts wegen zu veranlassen (BayObLG Beschl. v. 7.3.1997 – 1Z BR 259/96, MittBayNot 1997, 237 (238); OLG Hamm Beschl. v. 12.11.1996 – 15 W 233/96, MittBayNot 1997, 181 (182). Bestehen aber seitens des Nachlassgerichts Zweifel, so hat es diese, soweit sie auf konkreten Umständen und dargelegten Auffälligkeiten beruhen, vor Erteilung des Erbscheins ohne Bindung an den Vortrag der Beteiligten zu klären (BayObLG FamRZ 1990, 1281; OLG Frankfurt a. M. Beschl. v. 17.8.2017 – 20 W 188/16, FGPrax 2017, 273 (274): bei Verdacht chronischer Wahnvorstellungen aufgrund bei Lebzeiten bestehenden Bestehlungsängsten samt Beschäftigung von Detektiven). Der Ermittlungsumfang richtet sich nach dem Einzelfall; es wird aber idR ein fachpsychiatrisches Gutachten zu erholen sein (BayObLG FamRZ 2001, 55; 2000, 1395; FGPrax 1998, 59; OLG Frankfurt a. M. FGPrax 1998, 62; Palandt/*Weidlich* § 2229 Rn. 12 mwN). Ein im Betreuungsverfahren erholtes psychiatrisches Sachverständigengutachten stellt im Erbscheinserteilungsverfahren jedenfalls dann keine tragfähige Entscheidungsgrundlage dar, wenn nicht nur unerhebliche Zweifel an der Testierfähigkeit bestehen (OLG München Beschl. v. 15.12.2016 – 31 Wx 144/15, ZEV 2017, 148 (151)).

86 Das Nachlassgericht hat zunächst die Tatsachen zu ermitteln, die für die Annahme, dass Testierunfähigkeit vorgelegen habe, geeignet sein können, bevor es ein medizinisches Sachverständigengutachten in Auftrag gibt (BayObLG NJW-RR 1990, 1419), so zB Befragung des Urkundsnotars und Beiziehung der medizinischen Unterlagen betreffend den Erblasser (OLG Karlsruhe Beschl. v. 21.5.2015 – 11 Wx 82/14, RNotZ 2015, 519 (521); ggf. durch Einvernahme von Zeugen in Gegenwart eines Sachverständigen (OLG Düsseldorf Beschl. v. 15.6.2015 – I-3 Wx 103/14, BeckRS 11433 Rn. 48). Eine Pflicht zur förmlichen Beweisaufnahme besteht nur dann, wenn durch sonstige Ermittlungen keine hinreichende sichere Aufklärung zu erreichen ist (OLG München ZEV 2008, 37). Es kann jedoch nicht von den Verfahrensbeteiligten verlangt werden, schlüssig zur Testierunfähigkeit vorzutragen. Wegen der vielschichtigen Voraussetzungen der Testierunfähigkeit und der Schwierigkeit dahingehender Beobachtungen können ohne fachmedizinische Kenntnisse vom Verfahrensbeteiligten nur die Schilderung bestimmter auffälliger Verhaltensweisen oder Besonderheiten im geistig-seelischen Bereich gefordert werden (Keidel/*Sternal* FamFG § 29 Rn. 52; NK-BGB/*Kroiß* 4. Auflage 2014 § 2358 Rn. 13).

87 Steht die Frage der Testierfähigkeit in Zweifel, so bedarf es sorgfältiger Ermittlungen unter Einbeziehung der Vorgeschichte und aller äußeren Umstände (BayObLG NJW-RR 1996, 457; NK-BGB/*Kroiß* 4. Auflage 2014 § 2358 Rn. 16 mwN).

88 **dd) Formwirksamkeit des Testaments.** Hinsichtlich der Echtheit der letztwilligen Verfügung muss nicht immer zwingend ein Schriftgutachten erholt werden. Das Nachlassgericht entscheidet darüber im Rahmen der Amtsermittlungspflicht nach pflichtgemäßem Ermessen im Einzelfall (BayObLG FamRZ 1995, 1523). Wird ein eigenhändiges Testaments erst zwanzig Jahre nach dem Todesfall vorgelegt und ist die eigenhändige Errichtung der Urkunde durch den Erblasser anderweitig nachvollziehbar belegt, so sind ohne weitergehende konkrete Anhaltspunkte für eine Fälschung idR keine Ermittlungen zur Urheberschaft des Erblassers durch Einholung des Gutachtens eines Schriftsachverständigen erforderlich (OLG Frankfurt a. M. Beschl. v. 15.10.2014 – 20 W 251/14, BeckRS 2015, 08035 Rn. 30 f.). Wird die Echtheit eines Testaments bestritten, kann es – neben der Erhebung von Sachverständigenbeweis – geboten sein, Beteiligte und Zeugen anzuhören, um Indizien festzustellen, die für oder gegen die Errichtung der streitigen letztwilligen Verfügung sprechen könnten (OLG Karlsruhe Beschl. v. 10.6.2015 – 11 Wx 33/15, FGPrax 2015, 226 (228)). Bestehen nach Einvernahme der Zeugen seitens des Nachlassgerichts keine Zweifel an der Echtheit, so muss auch kein Gutachten in Auftrag gegeben werden (BayObLG FamRZ 1995, 1523). Umgekehrt ist im Zweifelsfall ein schriftvergleichendes Gutachten von Amts wegen zu erholen (BayObLG FamRZ 2005, 1782). Wird die Echtheit von Vergleichsmaterial bezweifelt, das einem Schriftvergleich zugrunde gelegt werden soll, ist darüber ggf. Beweis (zB durch Befragung von Zeugen) zu erheben (OLG Karlsruhe Beschl. v. 10.6.2015 – 11 Wx 33/15, FGPrax 2015, 226 (228)). Unerheblich ist hingegen, von welcher anderen Person das Testament geschrieben wurde, wenn nicht von der Erblasserin; stammt es nicht von ihr, ist es wegen §§ 2064, 2247 I BGB auf jeden Fall unwirksam und beeinflusst die Erbfolge nicht (BayObLG FamRZ 1992, 118). Zum Grad der richterlichen Überzeugungsbildung betreffend die Echtheit des Testaments vgl. OLG Brandenburg Beschl. v. 20.3.2014 3 W 62/13, BeckRS 2014, 06935.

ee) Bestehen weiterer letztwilliger Verfügungen. Eine Bindung des Erblassers durch eine frühere 89
bindende Verfügung (§§ 2271, 2289 BGB) ist stets zu beachten; ebenso auch die Anfechtung des Testaments. Dabei sind die formelle Wirksamkeit der Anfechtung und deren Berechtigung zu prüfen (MüKo-BGB/*Grziwotz* Anh. § 2353 Rn. 136). Das Nachlassgericht prüft jedoch nur den tatsächlich geltend gemachten Anfechtungsgrund (BGH Beschl. v. 2.12.2015 – IV ZB 27/15, NJW-RR 2016, 198 Rn. 11; BayObLG NJW 1962, 1060; FamRZ 1994, 848; MüKoBGB/*Grziwotz* Anh. § 2353 Rn. 136) und hat über das Durchgreifen der Anfechtung zu entscheiden (Palandt/*Weidlich* § 2081 Rn. 4 mwN). Eine Verweisung auf den ordentlichen Rechtsweg ist unzulässig (KG NJW 1963, 767).

4. Mitwirkung der Beteiligten. Der Antragsteller hat gem. § 352 die notwendigen Erklärungen abzugeben 90
und die entsprechenden Unterlagen vorzulegen (Palandt/*Weidlich* § 2353 Rn. 31). Trotz des Amtsermittlungsgrundsatzes haben die Beteiligten gem. § 27 die Pflicht, durch eingehende Tatsachendarstellung an der Aufklärung des Sachverhalts mitzuwirken (Beibringungsgrundsatz, Darlegungs- oder Informationslast) (BayObLG FamRZ 1998, 1242; BayObLGZ 2001, 347 (351); MüKoBGB/*Grziwotz* Anh. § 2353 Rn. 135: „Verfahrensförderungslast"; OLG Düsseldorf MittBayNot 2013, 491 mAnm *Odersky,* Mitwirkungspflicht). Eine verweigerte zumutbare Mitwirkung eines Beteiligten beeinflusst darüber hinaus den Umfang gerichtlicher Ermittlungen (BT-Drs. 16/6308, 186). Insoweit ist das Gericht nicht zu weiteren Ermittlungen verpflichtet, wenn die Beteiligten ihnen vorteilhafte Erklärungen nicht abgeben und Beweismittel nicht vorlegen, obwohl sie dies könnten und ihnen die Umstände bewusst sind (OLG Düsseldorf Beschl. v. 16.1.2017 – I-25 Wx 78/15, BeckRS 2017, 101204 Rn. 10). Die **Darlegungslast** der Beteiligten erhöht sich dabei in gleichem Maß, wie das Gericht auf deren Mitwirkung bei der Sachaufklärung angewiesen ist, insb. bei Vorgängen aus dem höchstpersönlichen Lebensbereich (Keidel/*Sternal* FamFG § 26 Rn. 20f.; BayObLG FamRZ 1998, 1242 (1243); NK-BGB/*Kroiß* 4. Auflage 2014 § 2358 Rn. 14). Die Beteiligten können bei Vernachlässigung der ihnen obliegenden Pflicht nicht erwarten, dass das Gericht zur Aufklärung des Sachverhalts allen denkbaren Möglichkeiten von Amts wegen nachgeht (*Kroiß*/Seiler Neues FamFG § 2 Rn. 55ff.). Wenn die Beteiligten ihre Mitwirkung verweigern und ansonsten kein Anlass zu weiteren, erfolgversprechenden Ermittlungen besteht, hat das Gericht seiner Untersuchungspflicht Genüge getan (OLG Köln NJW-RR 1991, 1285 (1286)). Die Ermittlungspflicht des Gerichts findet dort ihre Grenze, wo die Verfahrensbeteiligten es allein oder in erster Linie in der Hand haben, die notwendigen Erklärungen abzugeben und Beweismittel vorzulegen, um eine ihren Interessen entsprechende Entscheidung herbeizuführen (BGHZ 16, 378 (383)).

Die Pflicht zur wahrheitsgemäßen und vollständigen Erklärung ergibt sich aus § 27 II (Keidel/*Sternal* 91
FamFG § 27 Rn. 9ff.; Palandt/*Weidlich* § 2353 Rn. 31). Sie entspricht der **Wahrheitspflicht** der Parteien im Zivilprozess, § 138 I ZPO (s. insoweit Thomas/Putzo/*Reichold* ZPO § 138 Rn. 1ff.). Daher genügt ein pauschales Bestreiten der Testierfähigkeit nicht (OLG Hamm FGPrax 1997, 68). § 35 gibt dem Gericht jedoch nicht die Befugnis, einem Beteiligten Verpflichtungen beliebigen Inhalts aufzuerlegen und diese durch **Zwangsmittel** zu erzwingen; so zB nicht die Möglichkeit der Verhängung von Zwangsgeld, weil der Erben es unterlassen hat, trotz Aufforderung des Nachlassgerichts Anschriften gesetzlicher Erben mitzuteilen (OLG Karlsruhe Beschl. v. 18.5.2016 – 11 W 41/16, NJW-RR 2016, 981 Rn. 15).

5. Rechtliches Gehör und Anhörung der Beteiligten. Gem. § 34 sind die Beteiligten persönlich anzuhören, 92
wenn dies zur Gewährung des rechtlichen Gehörs des Beteiligten erforderlich ist (Abs. 1 Nr. 1) (Keidel/*Meyer-Holz* FamFG § 34 Rn. 20f.; Palandt/*Weidlich* § 2353 Rn. 36) oder in diesem oder einem anderen Gesetz vorgesehen ist (Abs. 1 Nr. 2) (s. Keidel/*Meyer-Holz* FamFG § 34 Rn. 24ff.). Die Anhörung kann schriftlich oder mündlich erfolgen (Keidel/*Meyer-Holz* FamFG § 34 Rn. 22). Das Ergebnis ist in einem Protokoll oder einem Aktenvermerk zu dokumentieren. Die Anhörung dient vor allem auch der Tatsachenfeststellung und Sachverhaltsaufklärung und folgt aus dem Amtsermittlungsgrundsatz des § 26. Die Anhörung steht im Ermessen des Gerichts. Das Ermessen reduziert sich jedoch auf Null, sofern die persönliche Anhörung zur Gewährung des rechtlichen Gehörs erforderlich ist (Keidel/*Meyer-Holz* FamFG § 34 Rn. 20). Ansonsten wird sie im Interesse der sachgerechten Aufklärung nur dann notwendig sein, wenn mit ihr weitere verfahrensfördernde Erkenntnisse zu gewinnen sind.

a) Rechtliches Gehör. Das rechtliche Gehör iSd Art. 103 I GG stellt dagegen ein grundrechtsgleiches 93
Recht und objektives Verfassungsprinzip dar. Es ist Ausprägung des Rechtsstaatsgebots und schützt die Menschenwürde (Keidel/*Meyer-Holz* FamFG § 34 Rn. 4; MüKoBGB/*Grziwotz* Anh. § 2353 Rn. 141.). Der Anspruch auf Gewährung des rechtlichen Gehörs gilt auch im Verfahren der freiwilligen Gerichtsbarkeit für alle Arten von Verfahren (unabhängig davon, ob es sich um echte Streitsachen handelt oder nicht) und unabhängig davon, ob seine Anwendbarkeit spezialgesetzlich vorgesehen ist oder nicht (BVerfGE 65, 227 (234); 89, 381 (390)). Soweit das BVerfG (BVerfGE 101, 397 = NJW 2000, 1709) das rechtliche Gehör allein im Verfahren vor dem Richter, nicht aber im Verfahren vor dem Rechtspfleger, gelten soll, so stößt diese Entscheidung einhellig auf Ablehnung. Letztlich gilt aber nach übereinstimmender Auffassung die Anhörungspflicht aus dem rechtsstaatlichen Prinzip des fairen Verfahrens, Art. 20 III, 2 I GG auch im Verfahren vor dem Rechtspfleger (MüKoBGB/*Mayer* 4. Aufl. 2004, § 2360 Rn. 4ff.; Keidel/*Meyer-Holz* FamFG § 34 Rn. 3ff.).

b) Inhalt des rechtlichen Gehörs. Das rechtliche Gehör (Art. 103 I GG) verpflichtet das Gericht, seiner 94
Entscheidung nur solche Tatsachen und Beweisergebnisse zum Nachteil eines Beteiligten zugrundezulegen, zu denen sich dieser vorher äußern konnte (stRspr: BVerfGE 6, 12 (14); 60, 175 (210); 64, 135 (143); 69, 145 (148); 86, 133 (144)). Umgekehrt gibt das rechtliche Gehör keinen Anspruch auf eine

bestimmte Gestaltung des Verfahrens und begründet kein Recht auf mündliche Verhandlung, da Art. 103 I GG über die Form der Gewährung des rechtlichen Gehörs nichts bestimmt (BVerfGE 5, 11; BayVerfGH NJW 1991, 2078). Vor Erlass einer Entscheidung (§ 38) ist jedenfalls zu prüfen, ob den Beteiligten im Laufe des Verfahrens das rechtliche Gehör gewährt wurde (BVerfG NJW 2006, 2248; Palandt/ *Weidlich* § 2353 Rn. 36). Das Recht auf rechtliches Gehör gilt für alle Instanzen, also auch im Beschwerdeverfahren und im Verfahren der Rechtsbeschwerde.

Aus dem Anspruch auf rechtliches Gehör werden folgende drei wesentliche Grundsätze gefolgert:

95 **aa) Recht auf Kenntnisnahme vom Verfahrensstoff.** Jeder Beteiligte hat einen Anspruch darauf, die Tatsachen, die während des Verfahrens zu Tage getreten sind und die das Gericht seiner Entscheidung zu Grunde legen will, zu erfahren (BVerfGE 55, 95 (98); 67, 154 (155); BayObLG FamRZ 1994, 1602; 1999, 648). Das Gericht muss eine Gelegenheit zur Kenntnisnahme geben (Keidel/*Meyer-Holz* FamFG § 34 Rn. 12 ff.). Die Kenntnis ist zu gewähren durch Übersendung von Abschriften der Schriftsätze anderer Beteiligter, der Auskünfte von Behörden, der Anhörungsniederschriften, etwaiger Aktenvermerke über das Ergebnis formloser Beweiserhebungen, insb. im Freibeweisverfahren, sowie durch die Gewährung von Akteneinsicht (Keidel/*Meyer-Holz* FamFG § 34 Rn. 14). Im förmlichen Beweisverfahren (§ 29) haben die Beteiligten ohnehin ein Anwesenheitsrecht mit der Möglichkeit ggf. vom Fragerecht Gebrauch zu machen. Das rechtliche Gehör wird durch die Beteiligtenöffentlichkeit gewahrt (Keidel/*Sternal* FamFG § 29 Rn. 23). Grundsätzlich soll ihnen die Möglichkeit der Erörterung in einem Termin gewährt werden, § 32 (Keidel/*Meyer-Holz* FamFG § 34 Rn. 15 mit Hinweis auf Keidel/*Meyer-Holz* FamFG § 32 Rn. 3 f.). Soweit ein Beteiligter an der Beweisaufnahme nicht teilnehmen konnte oder aus verfahrensrechtlichen Gründen nicht durfte, so sind ihm auch hier die festgestellten Tatsachen und das Ergebnis der Beweisaufnahme zumindest inhaltlich mitzuteilen und eine Frist zur Erklärung hierzu zu gewähren (Keidel/*Meyer-Holz* FamFG § 34 Rn. 16). Offenkundige Tatsachen müssen nur dann bekannt gegeben werden, wenn Anhaltspunkte dafür bestehen, dass sie den Verfahrensbeteiligten nicht bekannt sind. Allen Beteiligten ist das Verfahren bekannt zu machen, damit für sie die Möglichkeit besteht, am Verfahren mitzuwirken; zum Beteiligtenbegriff im Erbscheinsverfahren (s. Komm. zu § 345).

96 **bb) Recht zur Stellungnahme.** Weiter umfasst das rechtliche Gehör auch das Recht zur Stellungnahme. Den Beteiligten ist Gelegenheit zu geben, sich zu dem vom Gericht ermittelten Tatsachenstoff und den bekannt gegebenen Beweismitteln und Beweisergebnissen, dem Vorbringen anderer Beteiligter und auch zu Rechtsansichten zu äußern (Keidel/*Meyer-Holz* FamFG § 34 Rn. 19). Es muss die Möglichkeit gegeben werden, selbst Anträge zu stellen und Beweismittel vorzutragen. Ein Anspruch auf mündliche Verhandlung ergibt sich daraus aber nicht (Keidel/*Meyer-Holz* FamFG § 34 Rn. 19).

97 Das Recht der Stellungnahme erfordert aber nicht, dass die Beteiligten davon Gebrauch machen, § 34 II u. III. Daher ist für die Stellungnahme eine angemessene Frist zu setzen. Eine solche Frist bindet allerdings lediglich das Gericht dahingehend, nicht vor deren Ablauf zu entscheiden. Es handelt sich aber nicht um eine Ausschlussfrist. Auch nach Ablauf der gesetzten Äußerungsfrist eingehendes Vorbringen der Verfahrensbeteiligten ist zu berücksichtigen, solange die Entscheidung noch nicht aus dem internen Geschäftsbetrieb herausgegeben wurde. Dies gilt sogar dann, wenn die Entscheidung bereits abgesetzt und unterschrieben war, es lediglich an der Herausgabe fehlte (BayObLG NJW-RR 1989, 1090 (1091)).

98 § 28 regelt die Verfahrensleitung durch das Gericht. Bei § 28 I und II handelt es sich um eine dem § 139 II ZPO entsprechende Vorschrift (Keidel/*Sternal* FamFG § 28 Rn. 1 f.). Das rechtliche Gehör umfasst auch das Recht der Verfahrensbeteiligten sich bzgl. Rechtsfragen zu äußern. Dies führt aber nicht zu einer umfassenden Aufklärungs- und Informationspflicht des Gerichts, insb. nicht im Hinblick auf die von ihm beabsichtigte rechtliche Würdigung. Geschützt sind die Verfahrensbeteiligten aber vor endgültigen, inhaltlich überraschenden Entscheidungen (Keidel/*Meyer-Holz* FamFG § 34 Rn. 18). Verletzt ist das rechtliche Gehör dann, wenn die Entscheidung auf einen rechtlichen Gesichtspunkt gestützt wird, der für die Verfahrensbeteiligten auch bei sorgfältiger Überlegung nicht erkennbar war, das Gericht nunmehr einem Gesichtspunkt, der bislang nicht erörtert wurde zur Grundlage der Entscheidung machen will oder von der allgemein anerkannten Rspr. abweichen will (BVerfG NJW 1996, 3202; Keidel/*Sternal* FamFG § 28 Rn. 7 ff.).

99 **cc) Pflicht zur Berücksichtigung des Beteiligtenvorbringens.** Anträge, Beweismittel und Ausführungen der Beteiligten sind zur Kenntnis zu nehmen und in bei der Entscheidung in Erwägung zu ziehen (Keidel/*Meyer-Holz* FamFG § 34 Rn. 9; BVerfG NJW 1997, 2310; 1984, 2203; 1982, 1453). Dies erfordert nicht, dass jedem Beweisantrag nachgegangen wird oder das Gericht sich bei seiner Entscheidung mit allen Tatsachenbehauptungen und Rechtsausführungen auseinandergesetzt hat. Das Gericht muss nicht jedem Sachvortrag folgen (BVerfG DVBl 2007, 253). Allerdings ist das rechtliche Gehör verletzt, wenn das Vorbringen eines Beteiligten erkennbar nicht oder zumindest nicht hinreichend in Erwägung gezogen wurde (BVerfG NJW 1987, 485; 1997, 2311; FamRZ 1998, 606).

100 **c) Folgen der Verletzung des rechtlichen Gehörs.** Die Verletzung des rechtlichen Gehörs stellt einen Verfahrensfehler dar und begründet die Erstbeschwerde (Keidel/*Meyer-Holz* FamFG § 34 Rn. 45). Der Verstoß bewirkt keinen absoluten, sondern nur einen relativen Beschwerdegrund, dh die Entscheidung muss auf diesem Verfahrensverstoß beruhen oder zumindest beruhen können und der Rechtsmittelführer muss in seiner materiellen Rechtsstellung verletzt sein, § 59 I (Keidel/*Meyer-Holz* FamFG § 34 Rn. 46). Der Verstoß ist im Beschwerdeverfahren geltend zu machen. Auf ein Verschulden des Gerichts kommt es dagegen nicht an.

Ein Gehörsverstoß führt nicht zwangsläufig zur Aufhebung der unter Verletzung des rechtlichen Gehörs ergangenen Entscheidung (Keidel/*Meyer-Holz* FamFG § 34 Rn. 46). Vielmehr besteht die Möglichkeit der Heilung durch Nachholung im Beschwerdeverfahren (Keidel/*Meyer-Holz* FamFG § 34 Rn. 43, 44; BVerfGE 5, 9 (10); 19, 93 (99); BGH NJW 1989, 984 (985); BayObLG NJW-RR 1991, 1098). Die Zurückweisung an das Ausgangsgericht ist nur unter den engen Voraussetzungen des § 69 I 2, 3 möglich: Das Verfahren erster Instanz muss zum einen an einem wesentlichen Mangel leiden, zur Entscheidung müssten umfangreiche neue oder aufwendige Beweisaufnahmen durchgeführt werden und ein Beteiligter muss die Zurückweisung beantragen (Keidel/*Sternal* FamFG § 69 Rn. 13 f.). 101

In der Rechtsbeschwerdeinstanz (§§ 70 ff.) kann ein Verstoß gegen die Gewährung des rechtlichen Gehörs in Bezug auf neue Tatsachen und Beweismittel nicht mehr nachgeholt werden (BayObLG FamRZ 1989, 201; Keidel/*Meyer-Holz* FamFG § 34 Rn. 44). Eine Heilung ist nur in Bezug auf Rechtsfragen möglich (BayObLG FGPrax 2004, 64; 2001, 248). Andernfalls muss die angefochtene Entscheidung, soweit sie auf dem Mangel beruht, aufgehoben und an das Beschwerdegericht zurückverwiesen werden. 102

6. Durchführung der Beweisaufnahme. Was die Form der Beweisaufnahme anbelangt, sind die §§ 26, 29 u. 30 im Zusammenhang zu lesen. Nach dem eben dargestellten Amtsermittlungsgrundsatz (§ 26) ist das Gericht verpflichtet, den Sachverhalt von sich aus hinreichend aufzuklären und sich aller geeignet erscheinenden Beweismittel zu bedienen, also auch des **Freibeweises**. Letzteres ergibt sich aus § 29 I, wonach das Gericht die erforderlichen Beweise in geeigneter Form erhebt (Palandt/*Weidlich* § 2353 Rn. 37. 103

Schon im Rahmen des FGG bestimmte das Gericht nach pflichtgemäßem Ermessen im Rahmen der Tatbestandsmerkmale den Umfang der Ermittlungen (Bassenge/Herbst/Roth/*Roth*, Gesetz über die Angelegenheiten der Freiwilligen Gerichtsbarkeit (FGG), Rechtspflegergesetz (RPflG), 2004, FGG § 12 Rn. 13). Das Ermessen ist dabei aber nicht schrankenlos. So muss zB der Tatrichter Einwendungen gegen ein Gutachten eines gerichtlichen Sachverständigen, die sich auf ein Privatgutachten gründen, nachgehen und zum Anlass nehmen, den Sachverhalt weiter aufzuklären (OLG Frankfurt a. M. NJW-RR 1998, 870). 104

Es gilt der Grundsatz des **Freibeweises** (§ 29). Das Gericht erhebt die erforderlichen Beweise in der ihm als geeignet erscheinenden Form, ohne an das Vorbringen der Beteiligten gebunden zu sein (Keidel/*Sternal* FamFG § 29 Rn. 16 f.). Allerdings hat es dabei gewisse prozessuale Grundregeln zu beachten, so die Amtsverschwiegenheit (§ 376 ZPO) und das Recht zur Zeugnis- und Auskunftsverweigerung (§§ 383–390 ZPO) bei der Befragung von Auskunftspersonen (§ 29 II). 105

Nach § 30 I liegt es im pflichtgemäßen Ermessen des Gerichts, ob und inwieweit es sich zur Ermittlung des entscheidungserheblichen Sachverhalts einer förmlichen Beweisaufnahme nach den Vorschriften der ZPO bedienen will. Um die Flexibilität des Verfahrens der freiwilligen Gerichtsbarkeit zu erhalten, verzichtet § 30 auf eine ermessensleitende Generalklausel (vgl. *Kuntze* FGPrax 2005, 185). Allerdings wird in bestimmten Fällen eine förmliche Beweisaufnahme vorgeschrieben, so wenn dies im Besonderen Teil des FamFG vorgeschrieben wird, § 30 II, so vor allem bei Grundrechtseingriffen (Keidel/*Sternal* FamFG § 30 Rn. 6), oder wenn das Gericht seine Entscheidung maßgeblich auf die Feststellung einer Tatsache, die im Freibeweisverfahren streitig geblieben ist, stützen will und die Richtigkeit der Tatsache von einem Beteiligten ausdrücklich bestritten wird, § 30 III (Keidel/*Sternal* FamFG § 30 Rn. 7 ff.). 106

Wegen der Bedeutung einer förmlichen Beweisaufnahme wird den Beteiligten das Recht eingeräumt, eine solche zu beantragen, § 30 I 2. Das Gericht muss diesen Antrag bescheiden. Die Unterlassung einer förmlichen Beweisaufnahme kann im Einzelfall einen Ermessensfehler darstellen, der im Rechtsmittelinstanz zur Aufhebung der darauf beruhenden Entscheidung führen kann (OLG Düsseldorf FamRZ 1968, 260; BayObLGZ 1963, 235 (249)), § 30 IV. 107

a) Freibeweis. Besteht keine Notwendigkeit für die Erhebung der gebotenen Beweise im Wege der förmlichen Beweisaufnahme, so kann das Nachlassgericht die erforderlichen Ermittlungen im Wege des Freibeweisverfahrens erholen (Keidel/*Sternal* FamFG § 29 Rn. 18 ff.). 108

Beweismittel im Freibeweisverfahren sind neben dem Augenschein, Zeugen- und Sachverständigenbeweis als Beweismittel des Strengbeweises, die allerdings auch ohne Beweisbeschluss durch Erholung von schriftlichen oder fernmündlichen Erklärungen von Zeugen oder Sachverständigen vorgenommen werden können; auch kann ein formloser Augenschein erfolgen (Keidel/*Sternal* FamFG § 29 Rn. 19). Die Durchsetzbarkeit des Erscheinens von Zeugen vor Gericht zur Aussage oder zur Erstattung eines Gutachtens kann aber nur im Strengbeweisverfahren erzwungen werden (BayObLGZ 1978, 319; Keidel/*Sternal* FamFG § 29 Rn. 19). Daneben können aber amtliche Auskünfte von Behörden oder dienstliche Stellungnahmen von Beamten erholt werden. Gleiches gilt für eidesstattliche Versicherungen Dritter, die nicht am Verfahren beteiligt sind; deren Beweiswert ist aber eher gering (Keidel/*Sternal* FamFG § 29 Rn. 21 mwN). Eidesstattliche Versicherungen Beteiligter sind allerdings nur insoweit ein zulässiges Beweismittel, wie sie als solche, etwa nach § 352 III 3, 354a IV oder als Mittel der Glaubhaftmachung nach § 31 gesetzlich zugelassen sind (Keidel/*Sternal* FamFG § 29 Rn. 21). 109

Daneben sind auch völlig andere Erkenntnismöglichkeiten als Mittel der Sachverhaltsfeststellung zulässig (Keidel/*Sternal* FamFG § 29 Rn. 22), so zB die informelle, persönliche, telefonische oder schriftliche Befragung einer Auskunftsperson (zB Hausarzt) oder auch die Internetrecherche. 110

b) Strengbeweis. Der Strengbeweis ist vor allem dann durchzuführen, wenn es die Bedeutung des Beweisthemas erfordert, etwa wenn es um die Erweisbarkeit einer ausschlaggebenden Einzeltatsache geht. 111

Es handelt sich hierbei um das bei der Wahrheitsfindung überlegenere Verfahren. Wird eine besonders hohe Richtigkeitsgewähr der Tatsachenfeststellung vorausgesetzt, verlangt das Gesetz – zB im Betreuungs- oder Abstammungsverfahren – eine **förmliche Beweisaufnahme.** Das Gericht soll darüber hinaus immer dann eine förmliche Beweisaufnahme durchführen, wenn eine Tatsache, die für die zu treffende Entscheidung von maßgeblicher Bedeutung ist, im Freibeweisverfahren streitig geblieben ist (§ 30 III). Weitere Voraussetzung für eine zwingende förmliche Beweisaufnahme ist das ausdrückliche (idR substantiierte) Bestreiten einer Tatsache. Konkludentes oder pauschales Bestreiten reicht nicht aus (BT-Drs. 16/6308, 190).

112   Hierunter fallen insb. die Fragen der Testierfähigkeit, der Beweis über die Errichtung und den Inhalt des abhanden gekommenen Testaments etc. Sind von vornherein Fragen und geeignete Vorhalte an die Zeugen durch die Beteiligten zu stellen, so spricht dies eher für das Strengbeweisverfahren, mit dem Grundsatz der Beteiligtenöffentlichkeit. Auch die Bedeutung der Angelegenheit kann ein förmliches Beweisverfahren gebieten (Keidel/*Sternal* FamFG § 30 Rn. 1).

113   **c) Durchführung der förmlichen Beweisaufnahme.** Hinsichtlich der förmlichen Beweisaufnahme verweist § 30 I auf die Vorschriften der ZPO und damit auf die §§ 355 ff. ZPO, welche entsprechend anwendbar sind (Keidel/*Sternal* FamFG § 30 Rn. 16). Unanwendbar sind lediglich die Bestimmungen, die mit dem Amtsermittlungsgrundsatz, § 26, nicht vereinbar sind, wie die Regelungen über Beweisantritte (§§ 371, 403, 420 ZPO), die Vorschusspflicht (§§ 379, 402 ZPO) oder die Präklusionsvorschriften, § 296 ZPO (Keidel/*Sternal* FamFG § 30 Rn. 16 f.).

114   **aa) Anordnung der Beweisaufnahme.** Die Durchführung der förmlichen Beweisaufnahme folgt nach §§ 358 ff. ZPO. Ein Beweisbeschluss ist aber nicht zwingend notwendig, wenngleich sinnvoll, damit das Beweisthema konkretisiert wird (Keidel/*Sternal* FamFG § 30 Rn. 17). Der Umfang der Beweisaufnahme liegt im Ermessen des Gerichts, wobei § 30 II u. III das Ermessen beschränken. Eine Bindung an Beweisanträge der Beteiligten besteht nicht. Die Ablehnung eines Beweisantrags kann auch nicht isoliert angefochten werden, sondern erst mit der Endentscheidung selbst, § 58 II (Keidel/*Sternal* FamFG § 30 Rn. 18).

115   **bb) Unmittelbarkeit der Beweisaufnahme.** Der Grundsatz der Unmittelbarkeit der Beweisaufnahme richtet sich nach § 355 ZPO (Thomas/Putzo/*Reichold* ZPO § 355 Rn. 1 ff.; OLG Frankfurt a. M. FGPrax 1998, 62). Wie im Zivilprozess muss auch im Verfahren der freiwilligen Gerichtsbarkeit der Strengbeweis durch den erkennenden Richter erhoben werden. Allerdings kennt dieser Grundsatz zwei Ausnahmen: Die Beweisaufnahme kann durch den **beauftragten Richter** § 372 II, §§ 375, 402, 451, 479 ZPO oder den **ersuchten Richter,** §§ 156 ff. GVG erfolgen (Thomas/Putzo/*Reichold* ZPO § 355 Rn. 2 f.; Keidel/*Sternal* FamFG § 30 Rn. 22 f.; NK-BGB/*Kroiß* 4. Auflage 2014 § 2358 Rn. 26). Ist bei der Würdigung der Aussage eines förmlich vernommenen Zeugen nicht (nur) die Glaubhaftigkeit einer Sachdarstellung, sondern (auch) die sich auf die Persönlichkeit des Zeugen beziehende **Glaubwürdigkeit** von Bedeutung, so muss auch im Verfahren der freiwilligen Gerichtsbarkeit das erkennende Gericht in seiner Spruchbesetzung einen persönlichen Eindruck von dem Zeugen gewonnen haben oder aber auf eine aktenkundige und der Stellungnahme durch die Beteiligten zugängliche Beurteilung zurückgreifen können (OLG Karlsruhe NJW-RR 1998, 1771).

116   **cc) Beteiligtenöffentlichkeit.** Grundsätzlich sind alle Termine im FamFG-Verfahren nicht öffentlich, § 170 GVG (Keidel/*Meyer-Holz* FamFG § 32 Rn. 23 ff.). Den Beteiligten steht jedoch ein Recht auf Teilnahme am förmlichen Beweisverfahren zu (**Grundsatz der Beteiligtenöffentlichkeit der Beweisaufnahme**) (Keidel/*Sternal* FamFG § 30 Rn. 28; BayObLGZ 1967, 137 (147)). Damit das Teilnahme- und Fragerecht ausgeübt werden kann ist eine Terminsnachricht erforderlich (NK-BGB/*Kroiß* 4. Auflage 2014 § 2358 Rn. 24).

117   Ein Verstoß kann mit der Beschwerde gerügt werden oder die Rechtsbeschwerde begründen, wenn der Beschwerdeführer rügt, ihm gegenüber sei dieser Grundsatz nicht eingehalten worden und nicht ausgeschlossen werden kann, dass die Entscheidung auf diesem Verstoß beruht (OLG Hamm Rpfleger 1973, 172; BayObLGZ 1977, 59 (65)). Im Erbscheinsverfahren besteht aber die Möglichkeit einer Heilung durch Rügeverzicht.

118   **dd) Gelegenheit zur Stellungnahme.** Nach § 30 IV ist das Gericht in einem förmlichen Beweisverfahren verpflichtet, den Beteiligten Gelegenheit zur Stellungnahme zum Ergebnis der Beweisaufnahme zu geben; dies kann dazu führen, dass im Einzelfall die Durchführung eines Termins gem. § 34 I Nr. 1 geboten ist, da das Gericht seine Entscheidung nur auf solche Tatsachen stützen darf, zu denen sich der Beteiligte auch äußern konnte, § 37 II (Keidel/*Sternal* FamFG § 30 Rn. 31).

119   **ee) Mündliche Verhandlung.** Eine zwingende mündliche Verhandlung ist im Erbscheinsverfahren nicht vorgesehen. Das Gericht entscheidet nach seinem pflichtgemäßen Ermessen, ob mündlich verhandelt wird (Keidel/*Sternal* FamFG § 32 Rn. 3; NK-BGB/*Kroiß* 4. Auflage 2014 § 2358 Rn. 25).

120   **d) Beweismittel des Strengbeweises. aa) Beweis durch Augenschein.** Augenschein ist jede unmittelbare Wahrnehmung von Personen und Sachen oder über Vorgänge und Verhaltensweisen; dazu gehören auch das Abhören von Tonbändern und das Betrachten von Bildern (BGHZ 27, 28; Keidel/*Sternal* FamFG § 30 Rn. 33 ff.). Für den Augenschein gelten die Vorschriften der §§ 371–372a ZPO gem. § 30 I entsprechend. § 371 I 2 und Abs. 2 ZPO gelten nicht, da sie zum Amtsermittlungsgrundsatz in Widerspruch stehen. Nach § 372a ZPO nF ist die Anordnung der Untersuchung zur Feststellung der Abstammung auch als Vorfrage in Nachlasssachen zulässig und hinzunehmen, wenn andere Aufklärungsmög-

lichkeiten erschöpft sind (Keidel/*Sternal* FamFG § 30 Rn. 39 ff.; Thomas/Putzo/*Reichold* ZPO § 372a Rn. 1 ff.).

bb) Zeugenbeweis. Über § 30 gelten grds. die **§§ 373–401 ZPO** entsprechend. 121

(1) Zeugnisfähigkeit. Zeuge kann nur sein, wer nicht als Beteiligter zu vernehmen ist (Keidel/*Sternal* 122
FamFG § 30 Rn. 46; BayObLG NJW-RR 1993, 85; BayObLG-Report 1998, 34). Während unter dem
FGG sowohl der formell als auch der materiell Beteiligte in Betracht kamen, ist im Erbscheinsverfahren
nunmehr auf §§ 345 iVm 7 abzustellen (Keidel/*Zimmermann* FamFG § 345 Rn. 4–25; Keidel/*Sternal*
FamFG § 30 Rn. 46). Dies sind vor allem der Antragsteller nach § 345 I 1 iVm § 7 I. Der Umfang der
Muss-Beteiligten gem. § 7 II wird durch nach § 345 I 2 eingeschränkt. Das Nachlassgericht hat hier ein
Ermessen, ob es die in S. 2 genannten Personen als Beteiligte hinzuziehen (Keidel/*Zimmermann* FamFG
§ 345 Rn. 7); andernfalls kann es sie nach Zeugenvorschriften vernehmen (Keidel/*Zimmermann* FamFG
§ 345 Rn. 6). Auch der gesetzliche Vertreter eines verfahrensunfähigen Beteiligten kann nicht als Zeuge
vernommen werden, so zB die Eltern des minderjährigen Kindes oder auch der Vorstand oder Geschäftsführer einer juristischen Person sowie der vertretungsberechtigte persönlich haftende Gesellschafter einer OHG oder KG (Keidel/*Sternal* FamFG § 30 Rn. 47). Zeugnisfähig sind dagegen der Aktionär
einer AG, der Gesellschafter einer GmbH oder das Mitglied eines eingetragenen Vereins, soweit sie nicht
als Antragsteller bereits Beteiligter sind (Keidel/*Sternal* FamFG § 30 Rn. 47). Der Testamentsvollstrecker,
der das Amt angenommen hat, ist nunmehr Beteiligter im Erbscheinsverfahren und kann daher
nicht mehr als Zeuge vernommen werden (BayObLGZ 1974, 223 (225)). Der Nachlasspfleger dagegen ist
im Erbscheinsverfahren nicht Beteiligter und kann daher als Zeuge insb. über die Vorgänge der Testamentserrichtung vernommen werden. Wurde ein Beteiligter als Zeuge vernommen, so kann seine Aussage zumindest als Einvernahme eines Beteiligten verwertet werden (BayObLG NJW-RR 1983, 85; OLG
Hamm OLGZ 1967, 390 (391)).

(2) Ladung und Erscheinungspflicht. Die Zeugen sind von Amts wegen durch die Geschäftsstelle 123
entsprechend § 377 ZPO formlos zu laden (Keidel/*Sternal* FamFG § 30 Rn. 50), wobei eine Bezugnahme auf den Beweisbeschluss entfällt, wenn die Beweisaufnahme formlos angeordnet ist (Keidel/*Sternal*
FamFG § 30 Rn. 51). Auf die durch § 378 ZPO eingeführte Verpflichtung des Zeugen, zur Erleichterung
seiner Aussage Aufzeichnungen und eigene Unterlagen einzusehen und im Termin mitzubringen, sollte
das Gericht bereits bei der Ladung hinweisen (Keidel/*Sternal* FamFG § 30 Rn. 52). Wegen des Amtsermittlungsgrundsatzes (§ 26) darf die Ladung nicht von der Zahlung eines Auslagenvorschusses abhängig
gemacht werden, sodass § 379 ZPO keine Anwendung findet (Keidel/*Sternal* FamFG § 30 Rn. 49). Der
Zeugnispflicht folgt auch die **Verpflichtung zum Erscheinen vor Gericht** (Keidel/*Sternal* FamFG § 30
Rn. 53). Bei Verstoß gegen die Verpflichtung zum Erscheinen sind die §§ 380, 381 ZPO entsprechend
anzuwenden, wobei eine ordnungsgemäße Ladung vorausgesetzt wird (Keidel/*Sternal* FamFG § 30
Rn. 54). Dem Zeugen können daher die durch sein Ausbleiben verursachten Kosten auferlegt werden. Es
kann gegen ihn auch ein Ordnungsgeld, ersatzweise Ordnungshaft, verhängt werden (Thomas/Putzo/
Reichold ZPO § 380 Rn. 5 ff.). Gegen die Maßnahmen des Gerichts findet gem. § 380 III ZPO die sofortige Beschwerde nach §§ 567 ff. ZPO statt (Keidel/*Sternal* FamFG § 30 Rn. 56). Die Beschwerde hat
aufschiebende Wirkung.

(3) Aussagepflicht und Zeugnisverweigerung. Grundsätzlich ist der Zeuge zu einer wahrheitsgemä- 124
ßen Aussage verpflichtet, §§ 390, 395 ZPO (Keidel/*Sternal* FamFG § 30 Rn. 58). Die Aussagepflicht
kann aber durch die Schweigepflicht (§ 376 ZPO) oder ein Zeugnisverweigerungsrecht nach §§ 383 ff.
ZPO ausgeschlossen oder beschränkt sein (Keidel/*Sternal* FamFG § 30 Rn. 58).

Bei Vernehmung einer zur **Amtsverschwiegenheit** verpflichteten Person ist eine Aussagegenehmigung 125
nach § 376 ZPO vom Gericht vorab beim Dienstvorgesetzten zu erholen und dem Zeugen mit der Ladung mitzuteilen (Keidel/*Sternal* FamFG § 30 Rn. 59). Ohne eine solche Aussagegenehmigung darf ein
solcher Zeuge nicht vernommen werden und der Beweis muss als nicht verfügbar behandelt werden
(Keidel/*Sternal* FamFG § 30 Rn. 60).

Auf das Recht zur Zeugnisverweigerung sind die in § 383 I Nr. 1–3 ZPO bezeichneten Personen hin- 126
zuweisen, § 383 II ZPO. Es gilt auch im Freibeweisverfahren.

Wichtige Fälle aus der Rspr. zum Erbscheinsverfahren: 127

Grundsätzlich besteht eine Verschwiegenheitspflicht des Arztes im Erbscheinsverfahren (BGH NJW
1984, 2893; Keidel/*Zimmermann* FamFG § 352e Rn. 51; BayObLG FamRZ 1996, 1237; Palandt/
Weidlich § 2353 Rn. 38, 39). Der den Erblasser behandelnde Arzt ist im Erbscheinsverfahren grds. sachverständiger Zeuge (§ 414 ZPO), da er aufgrund seiner Sachkunde eigene Wahrnehmungen, und zwar im
Zusammenhang mit der Behandlung des Erblassers, gemacht hat. Allerdings unterliegen alle Daten, die
er im Rahmen seiner Tätigkeit erhebt oder die ihm sonst zur Kenntnis gelangen, der ärztlichen Schweigepflicht. Daher steht ihm gem. § 383 I Nr. 6 ZPO ein Zeugnisverweigerungsrecht zu (Keidel/*Zimmermann*
FamFG § 352e Rn. 51; Keidel/*Sternal* FamFG § 30 Rn. 65 f.). Der Arzt müsste hierzu von seinem
Schweigerecht entbunden werden, § 385 II ZPO. Als höchstpersönliche Angelegenheit geht das Recht
auf Entbindung nicht auf die Erben über und endet nicht mit dem Tod. Zu klären ist, ob der Erblasser
den Arzt zu Lebzeiten von seiner Schweigepflicht entbunden hat, was regelmäßig nicht der Fall ist. Daher kommt es regelmäßig auf den mutmaßlichen Willen des Erblassers an. Es liegt in der Regel im wohlverstandenen Interesse des Erblassers, dass geklärt wird, ob er zum Zeitpunkt der Verfügung von Todes
wegen testierfähig war oder nicht (BGHZ 91, 392 (399, 400)). Er gilt daher regelmäßig als von seiner
Schweigepflicht entbunden (OLG Koblenz Beschl. v. 23.10.2015 – 12 W 538/15, BeckRS 2016, 00896

Rn. 3; BayObLG NJW 1987, 1493). Das Nachlassgericht hat den sich auf ein ärztliches Schweigerecht berufenden Arzt darauf hinzuweisen, damit das Verfahren nicht unnötig verzögert wird (OLG München FamRZ 2009, 1094). Ist der mutmaßliche Wille zweifelhaft, dann sind bei vermögensrechtlichen Umständen die Erben befreiungsberechtigt, während bei höchstpersönlichen Rechten der Geheimnisträger selbst nach pflichtgemäßem Ermessen entscheidet, soweit nicht aus obigen Gründen eine Entbindung anzunehmen ist (BayObLG NJW 1987, 1493). Beachte: auch ein Verstoß gegen die Verschwiegenheitspflicht begründet kein Verwertungsverbot (Keidel/*Sternal* FamFG § 30 Rn. 62; BGH NJW 1977, 1198; BayObLG NJW-RR 1991, 7). Eine Verschwiegenheitspflicht besteht jedoch nicht für einen Gutachter, der den Erblasser in einem anderen gerichtlichen Verfahren untersucht hat. Das Gutachten kann gemäß § 30 iVm § 411a ZPO im Nachlassverfahren nach Hinweis an die Beteiligten verwertet werden (Keidel/*Zimmermann* FamFG § 352e Rn. 51).

128 Einem Mitarbeiter der Krankenversicherung des Erblassers steht, wenn im Erbscheinsverfahren die Testierfähigkeit des Erblassers zu klären ist, kein Zeugnisverweigerungsrecht nach § 35 III SGB I zu (AG Augsburg Beschl. v. 17.7.2013 – VI 1163/12, ZEV 2014, 36 (37)).Für die Angehörigen sozialpflegerischer Berufe (zB Sozialarbeiter, Krankenschwester/-pfleger) gilt § 383 I Nr. 6 ZPO nicht (BayObLG FamRZ 1990, 1012); dagegen besteht eine Verschwiegenheitspflicht des Steuerberaters (Keidel/*Zimmermann* FamFG § 352e Rn. 51; BayObLG FamRZ 1991, 231; OLG Stuttgart OLGZ 83, 9; OLG Düsseldorf OLGZ 79, 466; OLG München OLGZ 81, 322 ff.), des Rechtsanwalts (OLG Frankfurt a. M. FamRZ 1997, 1306; BayObLG FamRZ 1991, 231; *Edenfeld* ZEV 1997, 391) und des Notars (Keidel/*Zimmermann* FamFG § 352e Rn. 51; OLG Frankfurt a. M. FamRZ 1997, 1306; OLG Düsseldorf OLGZ 79, 466; OLG München OLGZ 81, 322 ff.) des Erblassers. Weigert sich ein Beteiligter, der die Feststellungslast trägt, seinen früheren Rechtsanwalt zu entbinden, kann darin eine Beweisvereitelung liegen (OLG Karlsruhe FamRZ 2006, 582).

129 Im Verfahren über die Berechtigung zur Zeugnisverweigerung gelten im Verfahren der freiwilligen Gerichtsbarkeit die Vorschriften der §§ 386 ff. ZPO gem. § 30 entsprechend. Gegen den Beschluss (§ 38), mit dem ein Zeugnisverweigerungsrecht abgelehnt wird, ist nach § 387 III ZPO die sofortige Beschwerde zulässig, §§ 567 ff. ZPO (Keidel/*Sternal* FamFG § 30 Rn. 72) und ggf. noch die Rechtsbeschwerde nach § 574 I Nr. 2 ZPO. Wird das Zeugnis dennoch verweigert, so kann entsprechend § 390 ZPO Ordnungsgeld – ersatzweise Ordnungshaft – festgesetzt werden (Keidel/*Sternal* FamFG § 30 Rn. 73 ff.).

130 **(4) Pflicht zur Eidesleistung.** Grds. ist jeder aussagepflichtige Zeuge mit Ausnahme der eidesunfähigen Personen (§ 393 ZPO) zur Eidesleistung verpflichtet (Keidel/*Sternal* FamFG § 30 Rn. 77–80). Anders als § 15 I 2 FGG stellt § 30 I die Frage, ob eine Vereidigung erfolgen soll oder nicht, nicht mehr in das Ermessen des Gerichts (Keidel/*Sternal* FamFG § 30 Rn. 77). § 391 ZPO gilt aber im Verfahren der freiwilligen Gerichtsbarkeit nicht; insb. bindet ein Verzicht der Beteiligten auf eine Vereidigung das Nachlassgericht nicht (Keidel/*Sternal* FamFG § 30 Rn. 77). Die übrigen Gesichtspunkte sind bei der Ermessensentscheidung zu berücksichtigen (Keidel/*Sternal* FamFG § 30 Rn. 78). Zeugnisverweigerungsberechtigte dürfen auch nach der Aussage noch den Eid verweigern; ihre Aussage ist dann als uneidliche frei zu würdigen (BGHZ 43, 368).

131 **cc) Sachverständigenbeweis.** Der Sachverständige vermittelt dem Gericht fehlendes Fachwissen zur Beurteilung von Tatsachen. Wer nur über Tatsachen berichtet, die er mit Hilfe seines Fachwissens wahrgenommen hat, ist Zeuge. Wer aufgrund seines Fachwissens daraus Schlüsse auf Ursachen und Wirkungen zieht, ist zugleich sachverständiger Zeuge (§ 414 ZPO) (Thomas/Putzo/*Reichold* ZPO Vorb. § 402 Rn. 1 ff.).

132 Es gelten wegen § 30 I die §§ 402 ff. ZPO, soweit sie mit dem Amtsermittlungsgrundsatz vereinbar sind.

133 **(1) Auswahl des Sachverständigen.** Die Auswahl trifft das Gericht. §§ 404 I–III (nicht Abs. 4 – § 26!), 405 ZPO gelten entsprechend (Keidel/*Sternal* FamFG § 30 Rn. 86). Auf die öffentliche Bestellung und Vereidigung kommt es nicht an (BayObLGZ 1994, 263).

134 **(2) Gutachterpflicht.** Es besteht wegen §§ 407, 408 ZPO die Pflicht zur Gutachtenserstattung nebst den Pflichten nach § 407a ZPO, mit der Möglichkeit einer Erzwingung, §§ 402, 409, 411 II ZPO (Keidel/*Sternal* FamFG § 30 Rn. 89, 90). Das Gericht leitet die gem. § 404a ZPO und kann gem. §§ 410, 391 ZPO den Gutachter vereidigen (BayObLG FamRZ 1991, 618).

135 **(3) Ablehnung oder Befangenheit.** Es gelten die §§ 406, 41 Nr. 1–4, 42 ZPO. Die Entscheidung über ein Ablehnungsgesuch darf nicht unterbleiben und erst mit der Hauptsacheentscheidung ergehen (BayObLGZ 94, 263). Berechtigt zur Geltendmachung ist jeder Verfahrensbeteiligte. Entschieden wird durch selbständigen Beschluss. Gem. § 406 V ZPO ist dieser mit der sofortigen Beschwerde angreifbar, §§ 457 ff. ZPO (Keidel/*Sternal* FamFG § 30 Rn. 107). Die Beschwerdeentscheidung kann mit der Rechtsbeschwerde in entsprechender Anwendung des § 574 I 2 ZPO angefochten werden (Keidel/*Sternal* FamFG § 30 Rn. 107).

136 **(4) Erstattung des Gutachtens.** Das Gutachten ist in mündlicher oder schriftlicher Form zu erstatten. Hat ein Verfahrensbeteiligter seine Einwendungen gegen ein Sachverständigengutachten betreffend die Testierfähigkeit des Erblassers umfassend schriftlich erhoben, ist seinem Antrag auf Ladung des Sachverständigen zur mündlichen Erläuterung seines Gutachtens nicht zwingend zu entsprechen. Eine Ladungspflicht besteht nur dann, wenn durch die mündliche Erläuterung weitere entscheidungserhebliche Erkenntnisse zu erwarten sind (OLG München Beschl. v. 22.10.2014 – 31 WX 239/13, BeckRS 2014,

Entscheidung über Erbscheinsanträge § 352e **FamFG 30**

20882 Rn. 25 f. in Abgrenzung zu OLG Hamm Beschl. v. 16.3.1992 – 15 W 34/92, NJW-RR 1992, 1469 (1470)).

(5) Inhalt. Das Gutachten muss die Anknüpfungstatsachen, Untersuchungsmethoden, wissenschaftlichen Erfahrungssätze und Befunde angeben und so gehalten sein, dass das Gericht sich ein eigenes Bild von der Richtigkeit der gezogenen Schlüsse machen kann (BayObLGZ 1986, 145 (174)). Eigene Zeugeneinvernahmen darf der Sachverständige nur verwenden, wenn sie mit den gerichtlichen Zeugenaussagen übereinstimmen (BayObLG FamRZ 1985, 739) oder alle Beteiligten mit der Verwertung einverstanden sind (Keidel/*Sternal* FamFG § 30 Rn. 91 ff.). 137

(6) Neues Gutachten, Obergutachten. Ein weiteres Gutachten nach § 412 ZPO liegt im pflichtgemäßen Ermessen des Gerichts (Keidel/*Sternal* FamFG § 30 Rn. 96 ff.; BGH NJW 1970, 946; BayObLG NJW 1991, 1237; OLG München NJW-RR 2009, 8). Es ist insb. dann zu erholen, wenn das erste Gutachten grobe Mängel aufweist oder bei fehlender Sachkunde des Gutachters, bei falschen Anknüpfungstatsachen, Widersprüchen etc (Keidel/*Sternal* FamFG § 30 Rn. 97 f.); nicht zwingend notwendig ist es dagegen bei Vorlage eines widersprechenden Gutachtens oder nur deshalb, weil es von einem Verfahrensbeteiligten vorgelegt wurde. 138

(7) Kosten. Die Gutachtenkosten stellen Auslagen iSd Nr. 31005 KV GNotKG dar. Im Erbscheinerteilungsverfahren ist Kostenschuldner grds. der den Erbschein beantragende Erbe (§ 22 I GNotKG). Das Gericht kann aber gem. § 81 I 1 diese Kosten demjenigen auferlegen, der die Einholung eines Gutachtens durch „Angaben ins Blaue" veranlasst hat (OLG München ZEV 2012, 661). 139

dd) Urkundsbeweis. Urkunden sind vor allem im Erbscheinsverfahren ein wertvolles Mittel zur Aufklärung des Sachverhalts. § 30 I verweist auf die Vorschriften der ZPO, somit sind auch diejenigen zum Urkundenbeweis entsprechend anwendbar, §§ 415 ff. ZPO. soweit sie mit dem Verfahren der freiwilligen Gerichtsbarkeit zu vereinbaren sind (Keidel/*Sternal* FamFG § 30 Rn. 108 ff.). Es gelten insb. die §§ 415, 417–419 ZPO, wobei anstelle des Gegenbeweises des § 415 II ZPO die Amtsermittlungspflicht des § 26 tritt (BayObLGZ 1981, 42; Keidel/*Sternal* FamFG § 30 Rn. 109). Für die Beurteilung der Beweiskraft öffentlicher Urkunden sind die §§ 415, 417–419 ZPO, für die Echtheit die §§ 437, 438 ZPO entsprechend anwendbar (BayObLG FamRZ 1994, 530; OLG München FGPrax 2008, 162; Keidel/*Sternal* FamFG § 30 Rn. 108). Für Privaturkunden gelten §§ 416, 419 ZPO entsprechend (Keidel/*Sternal* FamFG § 30 Rn. 110). Die §§ 439, 440 II ZPO werden durch die freie Beweiswürdigung ersetzt. 140

Wichtig im Erbscheinsverfahren: Die Eintragung des Todeszeitpunkts im Sterberegister nimmt an der erhöhten Beweiskraft des § 54 I 1 PStG teil und erbringt bis zum Nachweis der Fälschung oder der Unrichtigkeit der beurkundeten Tatsache vollen Beweis (Keidel/*Sternal* FamFG § 30 Rn. 108a; BayObLG FGPrax 1999, 59). 141

Die **Aktenbeiziehung** führt zur Verwertung der in ihnen enthaltenen Urkunden (zB Strafurteil, Sachverständigengutachten, Zeugenaussagen) im Urkundenbeweis (BGH NJW-RR 1992, 1214; BayObLG NJW-RR 1990, 776; 1991, 1219; Keidel/*Sternal* FamFG § 30 Rn. 111, 112 f.). Wenn es um die Richtigkeit einer so verwerteten Aussage geht, darf diese nicht aus Gründen angezweifelt werden, die sich nicht aus der Urkunde selbst ergeben und für die sich keine belegbaren Umstände ergeben. Ggf. muss die Zeugeneinvernahme wiederholt werden (BGH NJW-RR 1992, 1214). 142

ee) Beteiligtenvernehmung. Eine förmliche Beteiligteneinvernahme kann entsprechend § 448 ZPO ohne die dortigen Beschränkungen angeordnet werden (BayObLG Rpfleger 1970, 340, BayObLGZ 1977, 59 (65); Keidel/*Sternal* FamFG § 30 Rn. 115). Die §§ 445–447 ZPO sind wegen ihrer Anknüpfung an die formelle Beweislast mit dem Amtsermittlungsgrundsatz nicht vereinbar und daher nicht anzuwenden (BayObLG Rpfleger 1970, 340, BayObLGZ 1977, 59 (65); Keidel/*Sternal* FamFG § 30 Rn. 115). Der Beteiligte ist ggf. unter Mitteilung der Anordnung zu laden. Das Erscheinen kann nach § 33 I mit III erzwungen werden, nicht aber eine Aussage oder ein Eid (Keidel/*Sternal* FamFG § 30 Rn. 118; BayObLGZ 1978, 319 (324); OLG Karlsruhe NJW 1978, 2247). 143

7. Amtsermittlung und Aussetzung, Unterbrechung und Ruhen des Verfahrens. a) Aussetzung des Verfahrens. Die Aussetzung des Verfahrens ist in § 21 geregelt. Sie kann – eine Aussetzungspflicht besteht für das entscheidende Gericht jedoch nicht (OLG Rostock FGPrax 2012, 74) – nach pflichtgemäßem Ermessen angeordnet werden, wenn die Entscheidung in dem Verfahren von in einem anderen Verfahren zu treffenden Entscheidung abhängt (entsprechend dem Gedanken des § 148 ZPO) und den Beteiligten die hierdurch bedingte Verzögerung zugemutet werden kann (Keidel/*Sternal* FamFG § 21 Rn. 21; BayObLG Rpfleger 1983, 74). Liegen diese Voraussetzungen vor, so kann auch ein Antragsverfahren, wie das Erbscheinsverfahren, ohne Zustimmung des Antragstellers ausgesetzt werden. Das Nachlassgericht darf nach seinem pflichtgemäßen Ermessen im Erbscheinsverfahren einen anhängigen Rechtsstreit über das Erbrecht abwarten (Keidel/*Sternal* FamFG § 21 Rn. 13; BayObLGZ 64, 231; 67, 19 (22)). Eine Erbunwürdigkeitsklage kann nur dann die Aussetzung des Verfahrens zur Feststellung der Erben rechtfertigen, wenn ihr nach dem Klagevorbringen eine gewisse Erfolgsaussicht zuzubilligen ist (OLG Rostock FGPrax 2012, 74). Zur Frage der Aussetzung wegen einer Vorlage an das BVerfG (Keidel/*Sternal* FamFG § 21 Rn. 47 ff.) oder den EuGH (Keidel/*Sternal* FamFG § 21 Rn. 60 ff.). 144

Gegen die verfahrensleitende Anordnung der Aussetzung ist wegen § 21 II gem. §§ 567 ff. ZPO mit der sofortigen Beschwerde anfechtbar. 145

b) Unterbrechung des Verfahrens. Ein Verfahrensstillstand mit den sich aus § 249 ZPO ergebenden Wirkungen findet im Verfahren der freiwilligen Gerichtsbarkeit grds. nicht statt, auch nicht beim Tod 146

30 FamFG § 352e

eines Beteiligten oder bei Eröffnung des Insolvenzverfahrens über sein Vermögen. Die Wirkungen des Todes eines Beteiligten sind von Amts wegen festzustellen und ein etwaiger Rechtsnachfolger ist zu ermitteln und dann zu beteiligen (Keidel/*Sternal* FamFG § 21 Rn. 37 ff.).

147   c) **Ruhen des Verfahrens.** Eine entsprechende Anwendung der Vorschriften der §§ 251, 251a ZPO sind nur in sog. echten Streitverfahren möglich (Keidel/*Sternal* FamFG § 21 Rn. 41 ff.). Demgemäß ist die Anordnung des Ruhens des Verfahrens im Verfahren auf Erteilung eines Erbscheins zulässig, nicht aber im von Amts wegen durchzuführenden Erbscheineinziehungsverfahren.

148   **8. Das Recht auf Akteneinsicht.** Das Recht auf Akteneinsicht ist in § 13 geregelt (s. Komm. zu § 13). § 13 I entspricht weitgehend der früheren Regelung des § 34 FGG. Allerdings wird nunmehr zwischen dem Akteneinsichtsrecht der Beteiligten und dem Dritter differenziert:

149   § 13 billigt den **Beteiligten** grds. ein uneingeschränktes Akteneinsichtsrecht zu (Keidel/*Sternal* FamFG § 13 Rn. 21 ff.), das auch die Fertigung von Ablichtungen mit einschließt (KG NJW-RR 2011, 1025). Eine Ausnahme gilt, wenn schwerwiegende Interessen anderer Beteiligter entgegenstehen; hierzu genügt aber nicht schon jedes Interesse aus der Privatsphäre oder aus dem Vermögensbereich der Beteiligten (Keidel/*Sternal* FamFG § 13 Rn. 23 ff.).

150   Was das **Akteneinsichtsrecht Dritter** betrifft, haben diese ein berechtigtes Interesse glaubhaft zu machen (§ 13 II). Zudem dürfen schutzwürdige Interessen eines Beteiligten oder eines Dritten nicht entgegenstehen (Keidel/*Sternal* FamFG § 13 Rn. 26 ff.). Ein **berechtigtes Interesse** ist jedes vernünftigerweise gerechtfertigte Interesse tatsächlicher, wirtschaftlicher oder wissenschaftlicher Art, das sich nicht auf vorhandene Rechte zu gründen oder auf das Verfahren zu beziehen braucht; es reicht im Allgemeinen aus, dass künftiges Verhalten durch die Aktenkenntnis beeinflusst werden kann (OLG Stuttgart NJW-RR 2011, 1451; BayObLG FamRZ 2005, 237). Der Nachlassgläubiger erhält aber bspw. nur Akteneinsicht in das von den Erben erstellte Nachlassverzeichnis, nicht auch in das Testament oder das Scheidungsurteil des Erblassers (BayObLG FamRZ 1990, 1124; OLG Jena NJW-RR 2012, 139). Ein gewerblicher Erbenermittler hat nur dann ein berechtigtes Interesse auf Einsicht in die Nachlassakten, wenn er von einem Einsichtsberechtigten hierzu ermächtigt ist (KG FamRZ 2011, 920; OLG Hamm NJW-RR 2011, 87). Zum Anspruch eines Vermächtnisnehmers auf Fertigung von Ablichtungen aus der Nachlassakte vgl. KG NJW-RR 2011, 1025 mAnm *Lehmann* ZEV 2011, 362; OLG Düsseldorf Beschl. v. 23.9.2016 – I-3 Wx 115/16, ZEV 2017, 43 (44): grds. Beschränkung des Einsichtsrechts auf die den Vermächtnisnehmer betreffenden Teile der eröffneten letztwilligen Verfügung; vgl. auch OLG Hamm Beschl. 12.12.2014 – 10 W 102/14, BeckRS 2015, 20973: grds. nur Information betr. Erbe bzw. Testamentsvollstrecker, es sei denn, dass Erbe behauptet, das Vermächtnis sei durch eine spätere letztwillige Verfügung widerrufen worden oder es ist eine Auslegung der letztwilligen Verfügung möglich, dass in der Zuwendung eine Erbeinsetzung liegt). Ein Pflichtteilsberechtigter hat das Recht auf Einsicht in die Verfahrensakten einschließlich des von dem Erben ausgefüllten Wertfragebogens (OLG Hamm Beschl. v. 26.8.2016 – 15 W 73/16, ZEV 2017, 47 Rn. 6).

151   Was den **Umfang der Akteneinsicht** anbelangt, erstreckt sie sich auch auf beigezogene Unterlagen. (BT-Drs. 16/6308, 181) Die Akteneinsicht wird wegen der Gefahr des Verlusts von Originalurkunden (Testament, Ausschlagungserklärung) regelmäßig nur auf der Geschäftsstelle des Nachlassgerichts gewährt; bei weiter Entfernung kann die Nachlassakte auch an ein auswärtiges Amtsgericht übersandt werden. Umfasst die Nachlassakte nur wenige Seiten kann es sinnvoll sein, Kopien zu erstellen und diese zu übersenden.

152   § 13 IV 1 regelt die Überlassung von Akten zur Einsichtnahme an Rechtsanwälte, Notare (vgl. dazu OLG Saarbrücken ZEV 2012, 489) oder beteiligte Behörden. Bei ihnen wird grds. von einer besonderen Zuverlässigkeit ausgegangen (BT-Drs. 16/6308, 182). Liegt diese vor und können die Akten unschwer kurzfristig entbehrt werden, werden die Voraussetzungen für die Überlassung der Akten regelmäßig gegeben sein. Ein Rechtsanspruch besteht hierauf aber nicht (OLG Köln FGPrax 2008, 71).

153   Zur Vermeidung von Zwischenstreitigkeiten ist die Anfechtung der gerichtlichen Entscheidung über die Aktenüberlassung ausgeschlossen (Keidel/*Sternal* FamFG § 13 Rn. 64 ff.). Sie ist lediglich mit der Endentscheidung anfechtbar (Keidel/*Sternal* FamFG § 13 Rn. 69). Anders ist es aber, wenn die Entscheidung einen am Verfahren Unbeteiligten betrifft oder die Entscheidung nach dem das Verfahren abschließenden Beschluss ergeht. Dann ist die Entscheidung über das Akteneinsichtsgesuch mit der Beschwerde nach §§ 58 ff. anfechtbar, da es hierbei um einen Akt der Rspr. und nicht um einen Justizverwaltungsakt iSd § 23 EGGVG handelt (OLG Saarbrücken ZEV 2012, 489; OLG Celle FamRZ 2012, 727; KG NJW-RR 2011, 1025; aA OLG Hamm FamRZ 2012, 51 für den Fall nach Abschluss des Verfahrens; abweichend dazu OLG Hamm ZErb 2013, 101).

V. Beweiswürdigung und Feststellungslast

154   **1. Grundsatz der freien Beweiswürdigung.** Auch im Verfahren der freiwilligen Gerichtsbarkeit gilt der Grundsatz der freien Beweiswürdigung, § 37 I. Das Gericht entscheidet ohne Bindung an feste Beweisregeln nach seiner freien Überzeugung über das Ergebnis der von ihm getroffenen Feststellungen (Keidel/*Meyer-Holz* FamFG § 37 Rn. 10). Das Gericht darf einem Beteiligten oder einem Zeugen mehr Glauben schenken als einem anderen. Insoweit richtet sich das Maß der Überzeugungsbildung an den Grundsätzen, wie sie in der Rspr. zu § 286 ZPO herausgebildet wurde (Keidel/*Meyer-Holz* FamFG § 37 Rn. 10).

2. Feststellungslast. Eine subjektive Beweislast (Beweisführungslast) kennt das Erbscheinsverfahren 155
als ein Verfahren der freiwilligen Gerichtsbarkeit wegen des geltenden Untersuchungsgrundsatzes nicht
(→ Rn. 69; Keidel/*Sternal* FamFG § 29 Rn. 41 ff.), wohl aber die objektive Beweislast (Feststellungslast);
vgl. Palandt/*Weidlich* § 2353 Rn. 40. Die Grundsätze der Verteilung der Feststellungslast im Verfahren
der freiwilligen Gerichtsbarkeit ergeben sich daraus, dass auch nach Ausschöpfung aller Erkenntnisquellen und nach Durchführung der erforderlichen Ermittlungen nicht behebbare Zweifel an dem Bestehen
oder der Richtigkeit entscheidungserheblicher Tatsachen bleiben, die auch durch die freie Beweiswürdigung nicht überwunden werden können (MüKoBGB/*Grziwotz* Anh. § 2353 Rn. 156). Die Entscheidungspflicht des Nachlassgerichts über den Erbscheinsantrag verlangt auch in diesen Fällen eine Entscheidung. Es geht also darum, wer das Risiko der Nichtaufklärung eines Sachverhalts trägt (MüKoBGB/*Grziwotz* Anh. § 2353 Rn. 156). Diese Frage beantwortet überwiegend das materielle Recht nach
den Regeln die materiellen Beweislast (Keidel/*Sternal* FamFG § 29 Rn. 43 f.) (auch Feststellungslast),
wohingegen die Stellung im Verfahren als Antragsteller oder Antragsgegner ohne Bedeutung ist. IE gelten folgende Grundsätze:

a) **Rechtsbegründende Tatsachen.** Der Antragsteller trägt daher die Feststellungslast für die das 156
Erbrecht begründenden Tatsachen (Keidel/*Sternal* FamFG § 29 Rn. 56). Dazu gehören die Existenz, die
Formgültigkeit, die Echtheit und der Inhalt der letztwilligen Verfügung von Todes wegen, auf die der
Erbscheinsantrag gestellt wird (MüKoBGB/*Grziwotz* Anh. § 2353 Rn. 157).

b) **Rechtshindernde oder rechtsvernichtende Tatsachen.** Die Feststellungslast für die das Erbrecht 157
hindernden oder vernichtenden Tatsachen trägt derjenige, dem diese Tatsachen zugutekommen. Hierzu
gehören insb. die wirksame Anfechtung der Verfügung von Todes wegen (§§ 2078, 2079 BGB) (Keidel/
Sternal FamFG § 29 Rn. 61, 62), deren Unwirksamkeit (§§ 134, 138 BGB), die Testierunfähigkeit (§ 2229
I, IV BGB) (Keidel/*Sternal* FamFG § 29 Rn. 58), die Ausschlagung (Keidel/*Sternal* FamFG § 29 Rn. 60),
Erbunwürdigkeit oder das Vorliegen eines Erb- oder Zuwendungsverzichts (§§ 2346, 2352 BGB), der
Eintritt einer auflösenden Bedingung oder Befristung (§ 158 II, § 163 BGB) der Wegfall des gesetzlichen
oder gewillkürten Erbrechts (§ 1933 1, 2 BGB; § 2077 I u. II BGB; § 2268 I, 2279 II BGB) (Keidel/
Sternal FamFG § 29 Rn. 64) sowie das Vorliegen eines vom gesetzlichen abweichenden Güterstands bei
der davon abhängigen Erbfolge und des Widerrufs eines nach Inhalt und Errichtung nachgewiesenen
Testaments, §§ 2253 ff. BGB (MüKoBGB/*Grziwotz* Anh. § 2353 Rn. 158).

c) **Ausnahmetatbestände.** Die Feststellungslast für besondere Ausnahmetatbestände trägt derjenige, 158
der dem das Eingreifen derselben nützt. Dies ist bspw. im Falle der Scheidung oder Eheaufhebung für
den Aufrechterhaltungswillen der letztwilligen Verfügung für den Fall, § 2077 II BGB, § 2268 II BGB oder
beim Ausschluss des Anfechtungsrechts nach § 2079 2 BGB. S.insb. auch die Rspr. und Komm. zu
§ 2229 BGB, soweit es um die ernsthafte Möglichkeit eines „lichten Intervalls" bei erwiesener Testierunfähigkeit vor und nach dem Zeitpunkt der Testamentserrichtung geht (BayObLG FamRZ 2006, 68;
Palandt/*Weidlich* § 2229 Rn. 10–12 mwN; vgl. aber OLG München Beschl. v. 1.7.2013 – 31 Wx 266/12,
ZEV 20123, 504 (505) einschränkend betr. chronisch-progredienter Demenz).

d) **Modifizierung der allgemeinen Feststellungslast. aa) Gesetzliche Vermutungen.** Tatsachen- und 159
Rechtsvermutungen wirken grds. auch im Erbscheinsverfahren (Keidel/*Sternal* FamFG § 29 Rn. 44),
wobei der Gegenbeweis zulässig ist. Solange der Gegenbeweis allerdings nicht erbracht ist, bleibt die
Vermutung für das Nachlassgericht bindend (MüKoBGB/*Grziwotz* Anh. § 2353 Rn. 160); das Nachlassgericht kann auch bei starken Zweifeln die Erteilung des Erbscheins nicht verweigern.

bb) **Besondere Beweisregeln.** Bei Personenstandsurkunden gelten besondere Beweisregeln nach § 54 160
PStG (MüKoBGB/*Grziwotz* Anh. § 2353 Rn. 160), beim Urkundsbeweis gelten die Beweisregeln der
§§ 415–419, 437, 438 ZPO. Auch diese Regeln finden hier Anwendung (Keidel/*Sternal* FamFG § 30
Rn. 108 ff.).

cc) **Auslegungs- und Ergänzungsregeln.** Auslegungs- und Ergänzungsregeln spielen auch im Erb- 161
scheinsverfahren eine besondere Bedeutung, insb. § 2069 BGB. Sie sind zwar keine Regeln der materiellen Beweislastverteilung im eigentlichen Sinne, wirken aber wie Beweislastregeln (MüKoBGB/*Grziwotz*
Anh. § 2353 Rn. 161).

dd) **Öffentliche Aufforderung.** Führt eine öffentliche Aufforderung gem. § 352d nicht dazu, dass sich 162
ein besser- oder gleichberechtigter Erbe findet, so ist der Erbschein auch dann zu erteilen, wenn das
Nachlassgericht vom Nichtvorhandensein solcher Personen noch nicht überzeugt ist (MüKoBGB/
Grziwotz Anh. § 2353 Rn. 161).

ee) **Tatsächliche Vermutungen.** Die Rspr. arbeitet regelmäßig mit Erfahrungssätzen und tatsächlichen 163
Vermutungen, insb. wenn es um den Nachweis innerer, sonst schwer nachweisbarer Tatsachen geht,
bspw. beim Testierwillen (MüKoBGB/*Grziwotz* Anh. § 2353 Rn. 162). Diese tatsächlichen Vermutungen
und Erfahrungssätze betreffen aber eher die Beweiswürdigung und nicht die Frage der Feststellungslast.
Daher sind sie dem Anscheinsbeweis (prima facie) zuzurechnen und können durch einfachen Gegenbeweis erschüttert werden (s. Thomas/Putzo/*Reichold* ZPO § 286 Rn. 12 ff.).

e) **Beweisvereitelung und Feststellungslast.** Die Beweisvereitelung durch einen Beteiligten führt 164
ebenso wie im Zivilprozess nicht automatisch zu einer Umkehr der materiellen Beweislast (s. ergänzend
Thomas/Putzo/*Reichold* ZPO § 286 Rn. 17 ff.). Jedoch müssen die sich daraus ergebenden Beweisschwierigkeiten bei der Beweiswürdigung oder in Form einer Beweiserleichterung berücksichtigt wer-

den. Dies kann im Einzelfall auch zu einer Beweislastumkehr führen (Keidel/*Sternal* FamFG § 29 Rn. 45; OLG Hamm NJW-RR 1996, 1095: Die Vernichtung des gemeinschaftlichen Testaments durch den überlebenden Ehegatten führt zur Feststellungslast dahingehend, dass der nicht mehr eindeutig feststellbare Wortlaut der Schlusserbeneinsetzung im Zweifel als wechselbezüglich anzusehen ist. BayObLG NJW-RR 1996, 1095).

165 f) **Vereinbarungen über die Feststellungslast.** Schmidt (Keidel/*Schmidt*, 15. Aufl. 2003, FGG § 12 Rn. 211, 217) lehnte Beweisverträge im Hinblick auf den Untersuchungsgrundsatz völlig ab. Vereinbarungen über die Feststellungslast ließ er nur zu, soweit die Parteien zur Disposition hierüber berechtigt sind, also im Zweifel nur bei sog. echten Streitverfahren. Die hM dagegen lässt zumindest auch in Bezug auf das Erbscheinsverfahren vertragliche Vereinbarungen zu, als der Gegenstand zu ihrer Disposition steht. Die Beteiligten können durch Auslegungsvertrag für ihr Verhältnis untereinander verbindlich festlegen, wie ein Testament auszulegen ist (Palandt/*Weidlich* § 2353 Rn. 47; s. *Proff* ZEV 2010, 348 ff.). Auch können sie vertraglich die Gültigkeit eines zweifelhaften Testaments anerkennen (RGZ 72, 209; OLG Nürnberg WM 1958, 81). Eine solche Vereinbarung hat aber auch nach hM keine konstitutive erbrechtliche Wirkung, da die Erbenstellung nur durch Gesetz oder Verfügung von Todes wegen begründet werden kann (BGH NJW 1971, 1264) und bindet daher nicht das Nachlassgericht in Bezug auf die Auslegung einer letztwilligen Verfügung (OLG München NJW-RR 2011, 12). Eine gemeinsame Stellung eines Erbscheinsantrags durch mehrere Beteiligte kann ohne Hinzutreten weiterer Anhaltspunkte nicht als Auslegungsvertrag gewertet werden (OLG Oldenburg ZEV 2010, 645). Die getroffenen Vereinbarungen erfolgen regelmäßig durch Vergleich, § 779 BGB (Palandt/*Weidlich* § 2353 Rn. 46) und legt den Beteiligten die schuldrechtliche Verpflichtung auf, einander so zu stellen, als sei die vereinbarte Auslegung zutreffend (BGH NJW 1986, 1812; DNotZ 1987, 109; *Storz* ZEV 2008, 308 (353); v. *Proff* ZEV 2010, 348 ff.; *Horn* ZEV 2016, 565 ff.; Palandt/*Weidlich* § 2353 Rn. 47). Der Vergleich ist aber kein Vollstreckungstitel iSd § 794 I Nr. 1 ZPO (BayObLG ZEV 1997, 461). Das Nachlassgericht wird im Erbscheinsverfahren von dem Vergleich nicht gebunden und ist zur Ermittlung des Sachverhalts von Amts wegen weiterhin verpflichtet (OLG München NJW-Spezial 2010, 455; auch *Proff* ZEV 2010, 348 ff.). Die Beteiligten können sich aber bspw. verfahrensrechtlich über die Stellung oder Zurücknahme eines Erbscheinantrags oder eines Rechtsmittels oder aber auch über einen Rechtsmittelverzicht einigen (MüKoBGB/*Grziwotz* Anh. § 2353 Rn. 132).

166 Gleiches gilt bzgl. der Ausübung oder Nichtausübung von Gestaltungsrechten, die die Erbfolge beeinflussen, zB die Ausschlagung einer Erbschaft oder die Anfechtung einer letztwilligen Verfügung (BayObLGZ 1997, 217 (220); Palandt/*Weidlich* § 2353 Rn. 46, 47). Teilweise wird auch der Vereinbarung über die Gültigkeit oder Wirksamkeit einer letztwilligen Verfügung zumindest indizielle Wirkung zuerkannt (KG FamRZ 2004, 836). In der Praxis wird der übereinstimmenden Auslegung aller Beteiligten über den Inhalt eines Testaments oft besonderes Gewicht beigemessen; s. das Beispiel für einen Auslegungsvertrag im Rahmen einer übereinstimmenden Testamentsauslegung (MPFormB ErbR/*Gierl* Form. H. II. 1).).

167 **3. Verhältnis zu anderen Verfahren. a) ausländisches Erbscheinsverfahren.** Ein solches bindet das deutsche Nachlassgericht nicht (BayObLG NJW-RR 1991, 1099) und steht der deutschen Erbscheinserteilung oder -einziehung nicht entgegen (BayObLG FamRZ 2003, 1595). Auch an Feststellungen ausländischer Stellen (zB Testierfähigkeit) sind die deutschen Gerichte nicht gebunden (BayObLG FamRZ 1991, 1237 (betreffend die Schweiz)). Der von einer ausländischen Amtsperson ausgestellte Urkunde kommt zwar die Beweiskraft nach §§ 415, 417, 418 ZPO zugute; die Erbfolge wird damit aber nicht bewiesen (Keidel/*Zimmermann* FamFG § 352e Rn. 68). Das **Europäische Nachlasszeugnis** (vgl. Art. 62 ff. EuErbVO) tritt nicht an die Stelle des inländischen Erbscheins (Art. 62 III 1 EuErbVO). Ist es aber zum Zwecke der Verwendung in einem anderen Mitgliedstaat ausgestellt worden, so entfaltet es die Wirkungen iSd Art. 69 EuErbVO auch in dem Mitgliedstaat, dessen Behörden es nach der EuErbVO ausgestellt haben (Art. 62 III 2 ErbVO). Für ausländische Entscheidungen, die das Erbrecht feststellen, gilt seit 17.8.2015 Art. 39: sie werden in anderen Mitgliedstaaten anerkannt, ohne dass hierfür ein besonderer Verfahren erforderlich ist.

168 **b) Schiedsrichterliche Entscheidung.** Die testamentarische Anordnung einer schiedsrichterlicher Entscheidung bei einem Erbprätendentenstreit führt – unabhängig von der Frage, ob das schiedsgerichtliche Verfahren überhaupt anhängig ist – nicht allein aufgrund der Einrede der Schiedgerichtsbarkeit zur Unzulässigkeit eines Erbscheinsantrags (*Keim* NJW 2017, 2652 (2654), *Bandel* MittBayNot 2017, 1 (8) *Wendt* ErbR 2016, 248 (249), *Lange* ZEV 2017, 1 (83); gegen OLG Celle Beschl. v. 10.12.2015 – 6 W 204/15, NJW-RR 2016, 331 Rn. 2)

169 **c) Verhältnis zum Zivilprozess.** Erbscheinsverfahren und streitiges Verfahren stehen grds. selbständig nebeneinander, wobei das Nachlassgericht in den Grenzen der materiellen Rechtskraft an ein Urteil des Zivilgerichts gebunden ist (MüKoBGB/*Grziwotz* Anh. § 2353 Rn. 166 ff.).

170 **aa) Verhältnis zur Feststellungsklage.** Der Feststellungsprozess wirkt – den allgemeinen zivilrechtlichen Grundsätzen entsprechend – nur **inter partes.** Es ergeht aber am Ende des Prozesses eine der materiellen Rechtskraft fähige Entscheidung darüber, wer den Erblasser beerbt hat, soweit ein Feststellungsinteresse besteht, § 256 ZPO (OLG Brandenburg ZErb 2009, 246). Eine solche Wirkung hat der Erbschein nicht. Ein Erbschein bindet den Zivilrichter daher in seinem Prozess nicht, auch nicht hinsichtlich der dem Erbschein zugrundeliegenden Testamentsauslegung des Nachlassgerichts (BGHZ 86,

41; NJW 1983, 277; OLG Schleswig Urt. v. 21.2.2013 – 11 U 4/12, NJW-RR 2013, 1164). Die Vermutungswirkung des Erbscheins nach § 2365 BGB findet keine Anwendung. Es gelten für den Kläger des Erbfeststellungsprozesses die allgemeinen Beweisregeln; derjenige, der ein Erbrecht behauptet, hat nach allgemeinen Regeln die Tatsachen, die für das behauptete Erbrecht sprechen, zu beweisen (Palandt/*Weidlich* § 2353 Rn. 77 mwN). Allerdings kann ein eingeleiteter Zivilprozess das Erbscheinsverfahren überflüssig machen. Das Erbscheinsverfahren ist regelmäßig auszusetzen, wenn ein vorgreiflicher Rechtsstreit beim Zivilgericht anhängig ist (BayObLG NJW-RR 1992, 968), wohingegen ein Zivilprozess mangels Vorgreiflichkeit nicht bis zur Erledigung des Erbscheinsverfahrens gem. § 148 ZPO ausgesetzt werden kann (BayObLG FamRZ 1999, 334; KG OLGZ 1975, 355). Dieselben Grundsätze gelten auch für den Streit mehrerer Anwärter auf das Amt des Testamentsvollstreckers und die Erteilung eines Testamentsvollstreckerzeugnisses sowie im Streit zwischen Erbe und Testamentsvollstrecker über das Amt oder die Erbenstellung (BGH NJW-RR 1987, 1090).

bb) Bindung des Gerichts an Entscheidungen. Ein rechtskräftiges **Feststellungsurteil**, auch wenn es als Anerkenntnis- (KG Beschl. v. 11.11.2014 – 1 W 547–548/14, NJW-RR 2015, 456 Rn. 17) oder als Versäumnisurteil (OLG Frankfurt a.M. Beschl. v. 7.5.2015 – 20 W 371/13, ZEV 2016, 275 Rn. 25 ff. mAnm *W. Zimmermann*) ergangen ist, entfaltet präjudizielle Rechtskraft für das Erbscheinsverfahren in den Grenzen seiner subjektiven und objektiven Rechtskraft und bindet das Nachlassgericht bei seiner Entscheidung. Alle Einwände gegen die Wirksamkeit des Testaments, die vor Eintritt der formellen Rechtskraft erhoben hätten werden können, bleiben im Erbscheinsverfahren unberücksichtigt, es sei denn, dass das zivilgerichtliche Urteil im Restitutionsverfahren aufgehoben wurde (OLG München Beschl. v. 8.3.2016 – 31 Wx 386/15, NJW 2016, 2512 Rn. 15 ff.). Der in einem solchen Feststellungsprozess Obsiegende kann die Herausgabe eines widersprechenden Erbscheins an das Nachlassgericht verlangen, § 2362 BGB und ggf. darauf klagen. Dem Unterlegenen kann kein Erbschein mehr erteilt werden, weil er umgekehrt sofort wieder zur Rückgabe gem. § 2362 BGB verpflichtet wäre. Werden im Erbscheinsverfahren nachträglich Umstände bekannt, die dem Prozessrichter unbekannt waren und die dem Unterlegenen die Einrede der arglistigen Ausnutzung der Rechtskraft gewähren würden, so besteht auch keine Bindung des Nachlassgerichts gegenüber dem im Feststellungsprozess Obsiegenden (RGZ 155, 55; BGH NJW 1951, 759; Palandt/*Weidlich* § 2353 Rn. 77). Ebenso entfällt die Bindung des Nachlassgerichts an ein rechtskräftiges Feststellungsurteil dann, wenn neben den Parteien des Feststellungsprozesses noch andere Personen als Erbprätendenten in Betracht kommen, deren schutzwürdige Belange das Nachlassgericht zu berücksichtigen hat (KG FamRZ 1996, 1575). Taucht bspw. im Erbscheinsverfahren ein Dritter auf, der nunmehr die Wirksamkeit eines (evtl. neuen) Testaments geltend macht, so gilt für das Nachlassgericht der Amtsermittlungsgrundsatz (§ 26). Eine Bindungswirkung besteht dann unter keinem Gesichtspunkt. Gleiches gilt, wenn das Zivilurteil nur über das präjudizielle Rechtsverhältnis oder über Vorfragen entschieden hat. Auch dann ist das Nachlassgericht nicht gebunden, da diese Fragen bereits nicht von der Rechtskraft umfasst werden (Palandt/*Weidlich* § 2353 Rn. 77).

Der Erbschein ist kein Beschluss iSd § 38, sondern nur ein Zeugnis. Daher erwächst er nicht in materielle Rechtskraft (Keidel/*Zimmermann* FamFG § 352 Rn. 19). Auch wenn schon ein Erbschein erteilt ist, „kann jederzeit die Erteilung eines von diesem Erbschein abweichenden Erbscheins beantragt werden" (BT-Drs. 16/6308, 281). Der dann unrichtige Erbschein ist allerdings im Anschluss von Amts wegen einzuziehen, da nicht zwei widersprechende Erbscheine im Umlauf sein dürfen (Keidel/*Zimmermann* FamFG § 352 Rn. 19).

VI. Entscheidung durch das Nachlassgericht

1. Allgemeines. Die Erteilung des Erbscheins setzt voraus, dass das Nachlassgericht die zur Begründung des Antrags erforderlichen Tatsachen für festgestellt erachtet. Der Grundsatz der Amtsermittlung schließt für das Erbscheinsverfahren eine Beweisführungslast (formelle Beweislast) des Antragstellers daher aus, denn diese betrifft die Pflicht eines Beteiligten, einen Beweis antreten oder führen zu müssen. Eine Bindung besteht auch nicht hinsichtlich des Vorbringens der Beteiligten (→ Rn. 69 f.; hinsichtlich Vereinbarungen über die Feststellungslast → Rn. 165). Im Verfahren der freiwilligen Gerichtsbarkeit ist das Nachlassgericht aber zur vollständigen Sachverhaltsklärung verpflichtet, so dass es auch nicht in Teilen die Sachaufklärung den Beteiligten auferlegen kann.

Dagegen gibt auch in diesem vom Untersuchungsgrundsatz geprägten Verfahren eine sog. Feststellungslast (materielle Beweislast). Sie betrifft die Frage, welche Folge die Nichterweislichkeit eines Sachverhalts trotz umfangreicher Aufklärungsbemühung hat (→ Rn. 155; Keidel/*Sternal* FamFG § 29 Rn. 39 ff.).

Die Entscheidung des Nachlassgerichts ergeht durch Beschluss (§ 38 iVm § 352e I 2), wobei eine mündliche Verhandlung nicht zwingend notwendig ist. Als Entscheidungen kommen in Betracht der Feststellungsbeschluss (Rn. 184, 188), die Zurückweisung des Antrags (Rn. 204) und die Zwischenverfügung (Rn. 204).

Das Nachlassgericht ist an den Antrag des Antragstellers in der Weise gebunden, dass es keinen anderen als den beantragten Erbschein erteilen darf, insb. keinen mit einem abweichenden Inhalt (BayObLG FamRZ 2003, 1590 (1592); ZEV 2001, 489; OLG Hamm ZErb 2013, 68, Rpfleger 2003, 504 (505); Palandt/*Weidlich* § 2353 Rn. 48). Dieser Grundsatz bedeutet, dass das Nachlassgericht auf einen Antrag, mit dem ein Erbrecht aufgrund einer letztwilligen Verfügung gestützt wird, nicht einen Erbschein aufgrund gesetzlicher Erbfolge erteilen kann, selbst wenn der Erbe in beiden Fällen zu gleicher Quote berufen ist (OLG Schleswig Beschl. v. 15.5.2017 – 3 Wx 45/16, ErbR 2018, 39 (41) → Rn. 41). Ggf. muss das Gericht auf die Stellung eines Hilfsantrags hinwirken, der inhaltlich mit der beabsichtigten Erteilung des Erbscheins übereinstimmt (vgl. § 28 II). Eine Einigung der Beteiligten in Form einer Auslegungsvereinbarung (OLG München, Beschl. v. 8.6.2010 – 31 Wx 48/10, NJW-RR 2011, 12; Palandt/*Weidlich* § 2353 Rn. 47) oder eines Vergleiches (Palandt/*Weidlich* § 2353 Rn. 46) bindet das Nachlassgericht im Hinblick auf den Inhalt eines Erbscheins nicht (Keidel/*Zimmermann* FamFG § 352e Rn. 62, 63; → Rn. 165). Auch ein bereits existierender anderslautender Erbschein steht der Erteilung nicht entgegen, da der Erbschein nicht in Rechtskraft erwächst. Unrichtige Erbscheine sind allerdings vom Nachlassgericht von Amts wegen nach § 2361 BGB einzuziehen (Keidel/*Zimmermann* FamFG § 352e Rn. 660). Daher ist mit Erteilung des neuen anderslautenden Erbscheins der alte unrichtige Erbschein einzuziehen (BayObLG NJW-RR 1990, 199). Solange zwei sich widersprechende Erbscheine im Umlauf sind, kann keinem der beiden die Wirkung des § 2365 BGB zur Seite stehen (BGH FamRZ 1990, 1111; → § 2365 Rn. 21).

177   **2. Maßgeblicher Zeitpunkt.** Zwischen dem Todesfall und der Erbscheinserteilung vergeht regelmäßig ein gewisser Zeitraum. Die beim Todesfall objektiv bestehende Erbrechtslage ist im Erbschein zu bezeugen, mag sie sich auch später erst herausstellen (*Lange/Kuchinke* ErbR § 39 Kap. V Rn. 3). Daher sind sämtliche zwischenzeitliche Änderungen im Erbschein, soweit sie auf den Erbfall zurückwirken, wie Ausschlagung, erfolgreiche Erbunwürdigkeitserklärung, Testamentsanfechtung und Erbverzicht, zu berücksichtigen (Keidel/*Zimmermann* FamFG § 352e Rn. 59).

178   Spätere **Änderungen der Rechtsstellung** oder **Verfügungsmacht** des Erben bleiben unberücksichtigt, zB Veräußerung von Erbanteilen, Pfändung durch Gläubiger, Insolvenzeröffnung, Übertragung des Nacherbenrechts auf den Vorerben). Der Erbschein wird weiterhin auf den Erben ausgestellt (Keidel/*Zimmermann* FamFG § 352e Rn. 60).

179   Ob **tatsächliche Änderungen** seit dem Erbfall im Erbschein zu berücksichtigen sind, hängt vom Einzelfall ab. Tritt der Nacherbfall bereits vor Erteilung des Erbscheins an den Vorerben ein, so kann der Nacherbe sogleich einen Erbschein beantragen (→ § 352b Rn. 19). Gleiches gilt, wenn die Testamentsvollstreckung bereits vor dem Erbscheinsantrag beendet ist (Staudinger/*Herzog* § 2353 Rn. 504; *Lange/Kuchinke* ErbR § 39 Kap. V Rn. 4; Komm. zu → § 352b Rn. 29).

180   **3. Beweisfragen.** Eine subjektive Beweislast (Beweisführungslast) kennt das Erbscheinsverfahren wegen § 26 nicht. Allerdings gibt es Fälle, in denen auch nach Ausschöpfung aller Beweismöglichkeiten ein Sachverhalt nicht weiter aufgeklärt werden kann. Hier geht es um die objektive Beweislast (Feststellungslast). Diese gilt auch im Erbscheinsverfahren (→ Rn. 155; ergänzend Keidel/*Zimmermann* FamFG § 352e Rn. 72, 74).

181   **4. Überzeugung des Nachlassgerichts.** Gem. § 352e I 1 ist der Erbschein zu erteilen, wenn das Nachlassgericht die erforderlichen tatsächlichen und rechtlichen Voraussetzungen für festgestellt erachtet. Es genügt die persönliche Gewissheit des Richters/Rechtspflegers. Das Gericht entscheidet nach seiner freien, aus dem gesamten Inhalt des Verfahrens gewonnenen Überzeugung, § 37 I, wobei der gesamte Akteninhalt die Grundlage dieser Entscheidung bildet (§ 37 II).

VII. Feststellungsbeschluss

182   **1. Ablösung des Vorbescheids.** Im Rahmen des FGG wurde bei unzweifelhaften Fällen eine Erbscheinerteilungsanordnung durch Beschluss verfügt und sodann die Aushändigung durch Übersendung des Erbscheins vollzogen (Palandt/*Edenhofer* 68. Aufl. 2009, § 2359 Rn. 21); bei zweifelhaften Fällen zunächst ein Vorbescheid erlassen, der binnen einer vom Nachlassgericht gesetzten Frist mit der Beschwerde anfechtbar war. Auf diese Art und Weise wurde im Wege der richterrechtlichen Rechtsfortbildung die Überprüfung eines Erbscheins durch das Beschwerdegericht ermöglicht, ohne dass der Erbschein schon seine Wirkungen nach §§ 2365 ff. BGB entfalten konnte (s. ausf. Palandt/*Edenhofer*, 68. Aufl. 2009, § 2359 Rn. 22–25 mwN).

183   § 352e I, II (= § 352 I, II **aF**) hat sich für eine andere Lösung entschieden. Hier kommt es nur noch darauf an, ob der beantragte Erbschein dem erklärten Willen eines Beteiligten widerspricht, selbst dann, wenn es sich um einen eindeutigen Sachverhalt handelt (Keidel/*Zimmermann* FamFG § 352e Rn. 83, 90). Dann ist die Wirksamkeit des Beschlusses gem. § 352e II 2 auszusetzen (3.); andernfalls werden die zur Erteilung erforderlichen Tatsachen für festgestellt erachtet und der Beschluss ist mit Erlass wirksam (2.). Erfolgt dennoch im Wege eines „Vorbescheids" die Ankündigung einer noch vom Nachlassgericht zu treffenden Entscheidung über einen Erbschein, ist diese im Rahmen des FamFG nicht (gesondert) anfechtbar (OLG Köln NJW 2011, 320). Ggf. kann aber der „Vorbescheid" in einen in seiner Wirksamkeit ausgesetzten Feststellungsbeschluss iSd § 352e umgedeutet werden (OLG Frankfurt a.M. NJW-RR 2012, 11 zu § 352 FamFG aF).

184   **2. Feststellungsbeschluss bei unstreitiger Sache.** Hat kein Beteiligter dem beantragten Erbschein widersprochen und hält das Nachlassgericht die Tatsachen für die Erteilung des Erbscheins für erwiesen und sind alle Rechtsfragen geklärt, so erlässt das Nachlassgericht einen Beschluss (§ 38), dass die zur Erteilung des beantragten erbscheinerforderlichen Tatsachen für festgestellt erachtet werden, § 352e I 1 (Feststellungsbeschluss) (Palandt/*Weidlich* § 2353 Rn. 49; Keidel/*Zimmermann* FamFG § 352e Rn. 83). Der Beschluss lautet bspw. wie folgt:

„*Beschluss: Die Tatsachen, die zur Erteilung des beantragten Erbscheins erforderlich sind, werden für festgestellt erachtet*"

(Beantragter Erbschein: Es wird bezeugt, dass der am … verstorbene A, zuletzt wohnhaft in …, von B allein beerbt wurde.)

Der Tenor darf nicht so formuliert sein, dass er mit einem Erbschein verwechselt werden kann (Keidel/*Zimmermann* FamFG § 352e Rn. 84). Mit Erlass wird dieser Beschluss wirksam, § 352e I 3; einer Bekanntgabe des Beschlusses bedarf es nicht (§ 352e I 4). Da kein anderer Beteiligter widersprochen hat, ist der Beschluss auch nicht zu begründen, § 38 IV Nr. 2. Gleiches gilt bei mündlicher Bekanntgabe gegenüber allen Beteiligten, wenn alle auf Rechtsmittel verzichten, § 38 IV Nr. 3 (Keidel/*Zimmermann* FamFG § 352e Rn. 85). **185**

Dem Feststellungsbeschluss folgt sogleich der **Vollzug, die Erteilung des Erbscheins;** dh der Antragsteller erhält die Urschrift oder eine Ausfertigung übersandt. Dem anwesenden Antragsteller kann der Erbschein mitgegeben werden (Keidel/*Zimmermann* FamFG § 352e Rn. 85). Ein etwaiger nicht beteiligter Miterbe wird gem. § 15 III formlos verständigt. **186**

Einen Beschluss, dass die Tatsachen nicht für festgestellt erachtet werden, gibt es nicht. Dieser wäre als Zurückweisung des Erbscheinantrags umzudeuten (s. unten VII.). **187**

3. Feststellungsbeschluss bei streitiger Sache. Widerspricht der nach § 352e I zu erlassende Feststellungsbeschluss dem erklärten Willen eines Beteiligten, so erhält er gem. § 352e II 2 folgenden Zusatz (Palandt/*Weidlich* § 2353 Rn. 50): **188**

„*Beschluss: Die Tatsachen, die zur Erteilung des beantragten Erbscheins erforderlich sind, werden für festgestellt erachtet. Die sofortige Wirksamkeit dieses Beschlusses wird ausgesetzt; die Erteilung des Erbscheins wird bis zur Rechtskraft dieses Beschlusses zurückgestellt.*"

(Beantragter Erbschein: Es wird bezeugt, dass der am … verstorbene A, zuletzt wohnhaft in …, von B allein beerbt wurde.)

Der Tenor muss den Text des beabsichtigten Erbscheins nicht zwingend enthalten; eine Bezugnahme genügt. Der Feststellungsbeschluss muss so formuliert sein, dass die Beteiligten wissen, worum es geht und andererseits der Feststellungsbeschluss nicht mit einem Erbschein verwechselt werden kann (Keidel/*Zimmermann* FamFG § 352e Rn. 88). Eine Kostenentscheidung (§ 81) kommt in Frage (→ Rn. 239); der Beschluss ist gem. § 38 III zu begründen und nach § 352e II 1 den Beteiligten bekannt zu geben; dem Widersprechenden ist auch gem. § 41 I 2 zuzustellen. **189**

a) Beteiligter. Beteiligter im Sinne dieser Vorschrift sind andere Erbprätendenten, aber auch die sonst in § 345 I 2 genannten Personen; problematisch sind hierbei die in § 345 I Nr. 5 genannten Personen (Keidel/*Zimmermann* FamFG § 352e Rn. 89). **190**

b) Dem erklärten Willen widersprechen. Der **Wille** des Beteiligten muss auch **erklärt worden sein,** damit eine Aussetzung der Wirksamkeit erfolgt. Der Wille muss nach außen hervorgetreten sein, ausdrücklich oder zumindest konkludent, sei es im Rahmen einer schriftlichen Anhörung oder im Termin. Hierbei genügen alle das Erbrecht des Antragstellers leugnenden Äußerungen wie etwa Zweifel an der Richtigkeit oder Echtheit des Testaments. Ggf. muss das Nachlassgericht durch Rückfrage den Willen ermitteln. **191**

Abs. 2 setzt zwar keinen direkten **Widerspruch** gegenüber dem Nachlassgericht voraus; allerdings sind letztlich nur solche maßgeblich, § 25. Die Behauptung eines Dritten, der Beteiligte sei mit dem Erbscheinsantrag des Antragstellers nicht einverstanden genügt jedenfalls nicht (Keidel/*Zimmermann* FamFG § 352e Rn. 90, 91). Nach § 352e II kommt es darauf an, dass der Beteiligte dem Feststellungsbeschluss **widerspricht.** Dazu genügt ein widersprechender eigener Erbscheinsantrag; der Widerspruch kann aber auch nur im Termin oder schriftlich zum Ausdruck gebracht werden (Keidel/*Zimmermann* FamFG § 352e Rn. 92). Der Beteiligte kann seinen „Widerspruch" auch nach Erlass des Beschlusses zurücknehmen; wenn auf diese Weise der Feststellungsbeschluss eher rechtskräftig wird, kann der Erbschein schon eher erteilt werden (Keidel/*Zimmermann* FamFG § 352e Rn. 93). **192**

Auch ein substanzloser Widerspruch genügt, um die Wirkung des § 352 II 2 hervorzurufen. Er muss nicht begründet werden. Somit kann Erbscheinserteilung um einige Monate verzögert werden; als Sanktion ist nur die Kostenauflegung nach § 81 denkbar (Keidel/*Zimmermann* FamFG § 352e Rn. 94). Während das Nachlassgericht früher ein Ermessen hatte, ob es einen Vorbescheid erlässt oder nicht, ist die jetzige Regelung starr. Bei erklärtem Widerspruch ist der Feststellungsbeschluss förmlich bekannt zu geben und das Nachlassgericht hat die Erteilung des Erbscheins zurückzustellen (Keidel/*Zimmermann* FamFG § 352e Rn. 95). Werden zwei einander widersprechende Erbscheinsanträge gestellt, so kann das Nachlassgericht nur einem Antrag im Feststellungsbeschluss ankündigen, § 352e II. Der andere Erbscheinsantrag bleibt unerledigt und ist erst nach Rechtskraft des Feststellungsbeschlusses zurückzuweisen (Keidel/*Zimmermann* FamFG § 352e Rn. 96). **193**

c) Rechtskraft. Der Beschluss ist den Beteiligten bekanntzugeben, also nicht nur dem Widersprechenden, § 352e II, § 345 I. Nach § 41 I 2 müsste nur an den widersprechenden Beteiligten bekanntgegeben werden; *Zimmermann* (Keidel/*Zimmermann* FamFG § 352e Rn. 99) fordert aber die Zustellung an alle Beteiligte, damit die Rechtskraft eindeutig festgestellt werden kann. Das Nachlassgericht hat sodann die Beschwerdefrist von einem Monat (§ 63) abzuwarten; wird keine Beschwerde eingelegt, ist der Feststellungsbeschluss rechtskräftig geworden und kann vollzogen werden. Das bedeutet, dass der Erbschein erteilt wird. Der Feststellungsbeschluss entfaltet nur eine eingeschränkte Bindungswirkung; erweist sich **194**

195 Aus dem Feststellungsbeschluss wird mit Rechtskraft nicht automatisch ein Erbschein (s. unten 5.).

196 Wird Beschwerde eingelegt, so ist das Verfahren dem Beschwerdegericht (OLG, § 119 I Nr. 1b GVG) vorzulegen und dessen Entscheidung abzuwarten.

197 Problematisch ist es, wenn eine Mitteilung an einen Beteiligten nicht erfolgen kann, weil sich seine Anschrift verändert hat oder unbekannt ist; § 63 III 2 kann helfen, aber verzögert das Verfahren fast um ein halbes Jahr). Eventuell ist in diesen Fällen auch ein Verfahrenspfleger (§ 340 Nr. 1) zu bestellen, damit diesem der Feststellungsbeschluss zugestellt werden kann und somit eher eine Rechtskraft eintritt (s. Keidel/*Zimmermann* FamFG § 352e Rn. 100).

198 **d) Wirksamkeit eines erteilten Erbscheins.** Wird der Erbschein erteilt (s. Vollzug, → Rn. 201), ohne dass der Feststellungsbeschluss bereits rechtskräftig ist, so ist der Erbschein deswegen weder unwirksam noch unrichtig. Er muss deswegen noch nicht eingezogen werden (Keidel/*Zimmermann* FamFG § 352e Rn. 100). Gleiches gilt, wenn der Erbschein „versehentlich" erteilt wird (Keidel/*Zimmermann* FamFG § 352e Rn. 102).

199 **e) Wiedereinsetzung.** Hat der Beschwerdeführer die Monatsfrist gegen den Feststellungsbeschluss versäumt, so kommt eine Wiedereinsetzung nach § 17 in Betracht, wobei die Frist und die Formalien des § 18 zu beachten sind; die Entscheidungszuständigkeit für die Wiedereinsetzung folgt aus § 19. Ist allerdings der Erbschein bereits erteilt worden, so kann der Erbschein nicht wieder rückwirkend aufgehoben werden (§§ 2365 ff. BGB). Der Erbschein kann lediglich eingezogen werden, § 2361 BGB. Ggf. ist ein Wiedereinsetzungsantrag als Anregung zur Einziehung des Erbscheins auszulegen (Keidel/*Zimmermann* FamFG § 352e Rn. 101).

200 **4. Einstweilige Anordnung.** Bei mutwilliger Verzögerung der Erbscheinserteilung durch erklärten Widerspruch eines Beteiligten führt dies zur Frage, ob dem Antragsteller zumindest durch den Erlass einer einstweiligen Anordnung (§ 49) geholfen werden kann. Dies ist aber nicht der Fall. Der Erbschein ist ein Zeugnis über das Erbrecht und entfaltet keine Rechtskraft (Palandt/*Weidlich* § 2353 Rn. 49; *Zimmermann* ZEV 2009, 50 (53)). Er stellt das Erbrecht auch nicht bindend fest, so dass er auch nicht im Wege der einstweiligen Anordnung erlassen werden kann (BT-Drs. 16/6308, 349; ebenso Keidel/*Zimmermann* FamFG § 352e Rn. 104). Wird der Erbschein aber dennoch erteilt, so ist er auch wirksam.

201 **5. Vollzugshandlungen. a) Erteilung.** Der Erbschein ist nach hM (BayObLGZ 1960, 267 (270); Staudinger/*Herzog* § 2353 Rn. 409; Palandt/*Weidlich* § 2353 Rn. 51; teilweise wird auf die Bekanntmachung an alle Antragsteller abgestellt: s. Keidel/*Zimmermann* FamFG § 352e Rn. 105 mwN) erteilt, sobald der in Urschrift oder Ausfertigung dem Antragsteller, bei mehreren Antragstellern einem davon, ausgehändigt oder übersandt wurde. Die Hingabe von Fotokopien oder „beglaubigter Abschriften" genügt nicht, da diese nicht der Einziehung nach § 2361 BGB unterliegen. Auch stellt die Tenorierung des Nachlassgerichts, wonach „der beantragte Erbschein erteilt" wird, allein noch keine Erbscheinserteilung dar (OLG Karlsruhe NJW-RR 2011, 874).

202 **b) Mitteilungen.** Nach Erlass bzw. Rechtskraft des Feststellungsbeschlusses wird der Erbschein als Zeugnis erteilt und als Original oder Ausfertigung dem Antragsteller hinausgegeben (Keidel/*Zimmermann* FamFG § 352e Rn. 106). Mitteilungen in Form von Übersendung einer beglaubigten Erbscheinsabschrift sind aber ggf. zu erteilen an: (1) das Finanzamt – Erbschaftssteuerstelle, mit einer beglaubigten Abschrift des Testaments, der Eröffnungsniederschrift und des vom Antragsteller zur Gebührenberechnung eingereichten Nachlassverzeichnisses (§ 12 I, II, § 7 III Nr. 4 ErbStDV); (2) das Grundbuchamt (falls Grundstücke im Nachlass sind, § 83 GBO) (Ziff. XVII/4 MiZi); (3) das Registergericht – Handelsregister (falls der Erblasser Inhaber oder Teilhaber einer im Handelsregister eingetragenen Firma gewesen ist) (§ 12 HGB; Ziff. XVII/4 MiZi); (4) an das Familiengericht gem. § 1640 BGB, § 356 I (wenn ein Kind mehr als 15.000 EUR geerbt hat); (5) an den Vermächtnisnehmer; (6) an ein Konsulat (in bestimmten Auslandsfällen (Keidel/*Zimmermann* FamFG § 352e Rn. 106 mwN).

203 Der Antragsteller erhält so viele Ausfertigungen wie beantragt; ein besonderes Rechtsschutzinteresse muss er nicht nachweisen. Der beurkundende Notar hat einen Anspruch auf Erteilung einer Abschrift des für seinen Mandanten beantragten Erbscheins, der zur Berichtigung des Grundbuchs bzw. zur Verfügung über Grundstücke dient (OLG Saarbrücken FGPrax 2012, 75).

VIII. Zurückweisung des Erbscheinantrags

204 Liegen die formellen und/oder materiellen Voraussetzungen für die Erteilung des Erbscheins nicht vor und sind sie auch nicht alsbald behebbar, so ist der Erbscheinsantrag durch Beschluss (§ 38) zurückzuweisen (Keidel/*Zimmermann* FamFG § 352e Rn. 108; Palandt/*Weidlich* § 2353 Rn. 48). Dies ist bspw. gegeben, wenn der Antragsteller schon nicht Erbe ist (Testament ist unwirksam, andere Testamentsauslegung oder wirksame Anfechtung); die Erbscheinsquote ist unzutreffend angegeben worden, es fehlt der Nacherbenvermerk oder der Testamentsvollstreckervermerk im Antrag und der Antragsteller hat seinen Antrag auch nach einer Zwischenverfügung nicht geändert. Gleiches gilt, wenn der Antragsteller die Abgabe der eidesstattlichen Versicherung für die Richtigkeit der Angaben verweigert, obwohl dies notwendig wäre. In all diesen Fällen ist der Beschluss nach § 38 II, III zu begründen und ist dem Antragstel-

ler zuzustellen, § 41 I 2. Den anderen Beteiligten ist er formlos mitzuteilen, § 41 I 1. Eine Rechtsmittelbelehrung ist beim Antragsteller beizufügen (§ 39). Statthaft ist das Rechtsmittel der befristeten Beschwerde (§ 58 FamFG, § 11 RPflG), über die das OLG gem. § 119 I Nr. 1b GVG entscheidet. Kommt das Nachlassgericht zu dem Ergebnis, dass seine **örtliche Zuständigkeit nicht gegeben** ist, hat es von Amts wegen über die Verweisung des Erbscheinsverfahrens an das zuständige Gericht zu entscheiden. Ein Verweisungsantrag des Antragstellers ist hierzu nicht erforderlich (KG NJW-RR 2012, 459 mwN; aA Keidel/*Sternal* FamFG § 3 Rn. 44).

IX. Zwischenverfügung

Die Zwischenverfügung ist im FamFG nicht ausdrücklich genannt; sie wurde aber auch schon bisher aus § 18 GBO analog hergeleitet: Bestehen Mängel in der Zulässigkeit oder Begründetheit des Antrags auf Erteilung des Erbscheins, die aber behebbar sind, so kann das Nachlassgericht eine Zwischenverfügung erlassen, in der eine Frist zur Beseitigung des Mangels gesetzt werden muss. Andernfalls wird der Erbscheinsantrag abgelehnt. Voraussetzungen für die Zwischenentscheidung sind: (1) Zuständigkeit des Nachlassgerichts für die Endentscheidung; (2) Wirksame Antragstellung und (3) Behebbarkeit des Mangels. Das Nachlassgericht muss den Mangel benennen, eine Frist zur Behebung setzen und einen Hinweis auf die Folgen der Fristversäumung erteilen. Da die Zwischenverfügung keine Endentscheidung iSd § 38 I 1 ist, ist sie auch nicht mit der Beschwerde iSd §§ 58 ff. anfechtbar. Da der von dem Nachlassgericht beanstandete Mangel zur Ablehnung des Antrags führt, unterliegt der Inhalt der Zwischenverfügung jedoch der Nachprüfung durch das Beschwerdegericht im Rahmen der Anfechtung der den Antrag ablehnenden Endentscheidung. 205

IÜ hat das Nachlassgericht im Antragsverfahren auf die Stellung sachdienlicher Anträge hinzuwirken (§ 28 II) und auf rechtliche Gesichtspunkte hinzuweisen, die anders beurteilt werden als die Beteiligten, § 28 I 2. Deshalb sind Hinweise auf fehlende Unterlagen (zB Personenstandsurkunden) oder sonstige behebbare Mängel des Antrags zulässig und wegen der Verfahrensleitung auch erforderlich. Üblich ist – wie bei § 18 GBO – eine Fristsetzung, nach deren erfolglosen Ablauf der Antrag zurückgewiesen wird. Dieser Zwischenbescheid ist nicht isoliert anfechtbar, jedoch die nach Fristablauf zu treffende Endentscheidung (§ 38) schon (sa Keidel/*Zimmermann* FamFG § 352e Rn. 109). 206

X. Rechtsmittel gegen die Entscheidung des Nachlassgerichts

1. Allgemeines zur Beschwerde. Das FamFG hat die unbefristete Beschwerde abgeschafft und nach den §§ 58 ff. befristet (§ 63 I: ein Monat). Daneben gilt es noch Fälle, in denen eine sofortige Beschwerde nach §§ 567 ff. ZPO (Frist: zwei Wochen), § 569 ZPO) zulässig ist. Ist nach §§ 58 ff. die Beschwerde eröffnet, so macht es keinen Unterschied, ob beim Nachlassgericht der Richter oder der Rechtspfleger entschieden hat, § 11 I RPflG. Vgl. iÜ zu den Rechtsmitteln auch die Komm. zu §§ 58 ff., § 61 sieht eine Beschwerdewert von mindestens 600,01 EUR voraus oder eine Zulassung durch das Nachlassgericht. 207

Die Beschwerde ist statthaft gegen Endentscheidungen des Nachlassgerichts (§ 58 I), worunter auch die teilweise Erledigung des Verfahrensgegenstandes zählt (§ 38 I 1). Eine Beschwerde im Voraus ist nach wie vor nicht möglich (BayObLG FamRZ 1999, 100). 208

2. Beschwerdefähige Entscheidungen und Beschwerdeberechtigung. a) Feststellungsbeschluss. Der Feststellungsbeschluss (s. oben VI.) ist unterliegt der Beschwerden nach §§ 58, 63 Beschwerdeberechtigt (s. unten 3.) ist aber nur, wer in seinen Rechten beeinträchtigt ist (§ 59 I). Das Beschwerderecht ist nicht auf diejenigen Personen beschränkt, die das Gericht von sich aus oder auf deren Antrag hinzugezogen hat, also formell zu Beteiligten gemacht hat (Keidel/*Zimmermann* FamFG § 352e Rn. 112). Die Ablehnung eines Feststellungsbeschlusses ist als Zurückweisung des Erbscheinsantrags auszulegen (unten c). 209

b) Erteilter Erbschein. Der erteilte Erbschein ist ab Erteilung nicht mehr mit der Beschwerde anfechtbar. Es ist lediglich das Einziehungsverfahren zulässig, § 2361 BGB. § 352e III sieht vor, dass sich der Beschwerdeführer nicht erst an das Nachlassgericht mit der Anregung (§ 24 I) zur Einziehung wenden muss; er kann die Beschwerde mit dem Ziel verfolgen, dass das OLG das Nachlassgericht zur Einziehung des unrichtigen Erbscheins anweist (BT-Drs. 16/6308, 281; Keidel/*Zimmermann* FamFG § 352e Rn. 113). Hierfür spricht vor allem die Prozessökonomie – hier besser Verfahrensökonomie. 210

Statt der Beschwerde kann die Einziehung des Erbscheins beim Nachlassgericht angeregt werden (§ 24); dies ist insb. dann noch sinnvoll, wenn die Beschwerdefrist abgelaufen ist. Eine Klage nach § 2362 BGB vor dem ordentlichen Gericht ist daneben immer möglich (→ § 2362 Rn. 2 ff.). 211

Hat der Rechtspfleger entschieden, dann ist auch keine Erinnerung möglich, § 11 III RPflG (Keidel/ *Zimmermann* FamFG § 352e Rn. 115). 212

c) Ablehnung des Erbscheinantrags. Bei Zurückweisung des Erbscheinantrags unterliegt der Beschluss der befristeten Beschwerde (§§ 58, 63). **Beschwerdeberechtigt** ist grundsätzlich nur, wer in seinen Rechten beeinträchtigt ist (§ 59 I) und in der ersten Instanz einen Antrag gestellt hat (Palandt/ *Weidlich* § 2353 Rn. 55). Allein die Ablehnung eines Antrags gibt noch keine Beschwerdeberechtigung, wenn kein Antragsrecht bestand (zB Vermächtnisnehmer). 213

In Anlehnung zur Rspr. zu § 20 II FGG ist aber auch beschwerdeberechtigt, wer beim Nachlassgericht zwar den verfahrenseinleitenden Antrag nicht gestellt hat, aber einen solchen im Zeitpunkt der Beschwerdeeinlegung noch wirksam stellen könnte (OLG München, Beschl. v. 26.10.2011 – 31 Wx 30/11, 214

NJW-RR 2012, 211 (212). Diese ergibt sich aus der Prozeßökonomie, da es unsinnig wäre, dass nachmals ein gleichgerichtetes Antragsverfahren durchlaufen werden müsste, dessen Misserfolg schon feststeht (zur alten Rechtslage BGH NJW 1993, 662; BayObLG FamRZ 1996, 186; KG NJW-RR 1998, 1021; zur neuen Rechtslage Keidel/*Zimmermann* FamFG § 352e Rn. 117). Beantragt nur ein Miterbe einen Erbschein, so ist bei dessen Ablehnung jeder Miterbe beschwerdeberechtigt (Keidel/*Zimmermann* FamFG § 352e Rn. 117).

215 **d) Andere anfechtbare Entscheidungen.** Daneben sind noch folgende Entscheidungen anfechtbar: die Berichtigung oder Ablehnung der Berichtigung oder Ergänzung eines Erbscheins (Keidel/*Zimmermann* FamFG § 352e Rn. 122), nicht aber die Ablehnung des Erlasses der eidesstattlichen Versicherung iSd § 352 III 4. Diese ist seit Inkrafttreten des FamFG nicht (mehr) anfechtbar (OLG Schleswig, Beschl. v. 24.3.2014 – 3 Wx 17/14, NJW-RR 2014, 1039).

216 Haben die Parteien einen Vergleich über das Antragrecht geschlossen und wird dieser angefochten und nunmehr ein Erbscheinsantrag gestellt, so ist die Entscheidung des Nachlassgerichts, das Verfahren nicht mehr fortzusetzen, mit der Beschwerde anfechtbar.

217 Die Entscheidung über die Aussetzung des Erbscheinsverfahrens (§ 21 I, II) und die Ablehnung der Verfahrenskostenhilfe (§ 76 II) sind jeweils mit der sofortigen Beschwerde nach ZPO-Vorschriften anfechtbar, §§ 567 ff. ZPO. Gleiches gilt für die Zurückweisung eines Ablehnungsantrags gegen einen Sachverständigen durch das Nachlassgericht, § 30 I FamFG, § 406 V, §§ 41, 469 ZPO (Keidel/*Zimmermann* FamFG § 352e Rn. 122).

218 **e) Nicht anfechtbare Entscheidungen.** Wurde der Verfahrensgegenstand nicht erledigt, so liegt keine anfechtbare Entscheidung vor; gleiches gilt, wenn der Beschwerdewert nicht erreicht wurde und die Beschwerde nicht zugelassen wurde (§ 61).

219 Unanfechtbar sind daher: die Nichtabhilfeverfügung (OLG Brandenburg FGPrax 2000, 256), rechtliche Hinweise, Beweis- und Ladungsanordnungen, soweit sie nicht in subjektive Rechte eingreifen; die Aushändigung des Erbscheins (Vollzug → Rn. 201; ein tatsächlicher Akt) (sa Keidel/*Zimmermann* FamFG § 352e Rn. 124).

220 **f) Zwischenverfügungen.** Zwischenverfügungen sind in der Regel keine Endentscheidungen und daher regelmäßig auch nicht anfechtbar.

221 **3. Besonderheiten des Beschwerdeverfahrens.** Im Beschwerdeverfahren kann nur der ursprünglich gestellte Antrag weiter verfolgt werden, da nur über diesen eine erstinstanzliche Endentscheidung vorliegt. Auch die Prozessökonomie erfordert in Ausnahmefälle keine Berücksichtigung eines erstmals nach Erlass des Nichtabhilfebeschlusses hilfsweise vor dem Nachlassgericht gestellten Erbscheinantrags im Beschwerdeverfahren (so aber OLG Frankfurt Beschl. v. 20.7.2015 – 21 W 85/14, BeckRS 2016, 02567 Rn. 44). Denn das Beschwerdegericht kann unter Aufhebung des Ausgangsbeschlusses betreffend den Hauptantrag die Akten an das Nachlassgericht zurückgeben, damit dieses in eigener Zuständigkeit über den nunmehr zur Entscheidung gestellten Hilfsantrag befindet (vgl. hierzu OLG München Beschl. v. 27.1.2016 – 31 Wx 168/15, NJW-RR 2016, 976 Rn. 33). Wird die Beschwerde mit einem neuen Antrag beim Nachlassgericht eingereicht, so kann der Nichtabhilfebeschluss (§ 68 I 1) des Nachlassgerichts eine solche Entscheidung erster Instanz sein. Regelmäßig ist dies aber schon nicht der Fall, da sich das Nachlassgericht in der Regel nicht mit einem erst im Beschwerdeverfahren gestellten Antrag befassen möchte (BayObLG Rpfleger 1982, 292). Beschäftigt sich die Nichtabhilfe ausnahmsweise auch mit dem neuen Antrag, so kann sie nicht als ablehnende Entscheidung ausgelegt werden und zum Gegenstand des Beschwerdeverfahrens werden (Keidel/*Zimmermann* FamFG § 352e Rn. 119, mit der zutreffenden Begründung, dass dann eine Beschwerde gegen diese Entscheidung fehle; aA BayObLG FamRZ 1999, 64 zu FGG). Grundsätzlich kann derselbe Schriftsatz nicht gleichzeitig Erstantrag und Beschwerde für den Fall der Ablehnung des Erstantrags sein (BayObLG FamRZ 1999, 100). Ein Beschwerdeverfahren nach Erteilung eines Erbscheins kann nicht mit der Zielsetzung der Einziehung dieses Erbscheins angestrengt werden, wenn der Beschluss, der die Erteilung des Erbscheins bewilligt hat, bereits in formelle Rechtskraft erwachsen ist. Die Einziehung des Erbscheins stellt insofern einen neuen Verfahrensgegenstand dar, über den zunächst das Nachlassgericht zu entscheiden hat. Funktionell zuständig für die Entscheidung über die Einziehung des Erbscheins ist dann nicht der Rechtspfleger, sondern der Richter, sofern die Erteilung des Erbscheins auf einer letztwilligen Verfügung fußt (OLG München Beschl. v. 16.3.2017 – 31 Wx 92/17, ZEV 2017, 331 Rn. 7 f.).

222 Bei einem teilbaren Verfahrensgegenstand kann auch nur gegen einen Teil der Entscheidung vorgegangen werden, so zB bei Haupt- und Hilfsantrag. Werden beide Anträge abgelehnt, kann der Beschwerdeführer die Anfechtung der Entscheidung auf nur einen der beiden Anträge beschränken (Keidel/*Zimmermann* FamFG § 352e Rn. 120).

223 **4. Ablauf des Verfahrens und Entscheidung des Beschwerdegerichts.** Das OLG entscheidet über die befristete Beschwerde, § 119 I Nr. 1b GVG. Es kann aber selbst nicht den Erbschein erteilen, sondern lediglich das Nachlassgericht zur Erteilung eines bestimmten Erbscheins anweisen (Keidel/*Zimmermann* FamFG § 352e Rn. 129). § 68 regelt den Gang des Beschwerdeverfahrens:

224 **a) Abhilfe.** § 68 I 1 Hs. 1 gibt dem Ausgangsgericht das Recht, einer Beschwerde **abzuhelfen** (Palandt/ *Weidlich* § 2353 Rn. 54). Hierdurch wird dem Gericht der ersten Instanz die Gelegenheit eingeräumt, seine Entscheidung nochmals zu überprüfen und sie ggf. zeitnah zurückzunehmen oder zu korrigieren. Dabei hat das Nachlassgericht nicht nur den bis zum Zeitpunkt der angefochtenen Entscheidung vorliegenden Sachverhalt bzw. die bis dahin vertretenen Rechtsansichten seiner Abhilfeentscheidung zugrunde zu legen, sondern auch die im Rahmen der Beschwerdebegründung neu vorgebrachten Tatsachen, Beweismittel und Rechtsansichten zu würdigen. Ist dies nicht der Fall, ist Raum für eine Aufhebung der Nichtabhilfeentscheidung samt Vorlageverfügung und für eine Zurückverweisung an das Nachlassgericht (OLG Düsseldorf Beschl. v. 26.2.2014 – I-3 Wx 47/14, BeckRS 2014, 05415). Gleiches gilt, wenn erst die Beschwerdeerwiderung präzisierend auf von Amts wegen zu beachtende Umstände hinweist und sich die Nichtabhilfeentscheidung damit nicht auseinandersetzt (OLG Düsseldorf Beschl. v. 13.8.2014 – I-3 Wx 172/14, BeckRS 2014, 16547 Rn. 22 ff.). Wird der zunächst auf gesetzliche Erbfolge gestützte Erbscheinsantrag vom Rechtspfleger zurückgewiesen und mit der Beschwerde sodann ein Erbrecht aufgrund Testaments in Anspruch genommen, ist für die weitere Sachbehandlung der Nachlassrichter zuständig (OLG München Beschl. v. 13.9.2016 – 31 Wx 99/16, FGPrax 2017, 42 (43); OLG München Beschl. v. 16.3.2017 – 31 Wx 92/17, FGPrax 2017, 133 (134)).

b) Vorbringen neuer Tatsachen. Gem. § 65 III kann die Beschwerde auf **neue Beweismittel** und **Tatsachen** gestützt werden. Die Beschwerdeinstanz bleibt damit eine vollwertige **Tatsacheninstanz**. 225

c) Wiederholung von Verfahrenshandlungen. Das OLG ist selbst Tatsacheninstanz, § 68 III (zum Ablauf s. Komm. zu § 68). § 68 II regelt allgemein, dass das Beschwerdegericht von der **Wiederholung solcher Verfahrenshandlungen** absehen kann, die das Gericht der ersten Instanz bereits umfassend und vollständig durchgeführt hat. Des Weiteren bestimmt die Vorschrift ausdrücklich, dass nach pflichtgemäßem Ermessen auch von der erneuten Durchführung eines Termins oder einer mündlichen Verhandlung im Beschwerdeverfahren abgesehen werden kann. Die Vorschrift dient der effizienten Nutzung gerichtlicher Ressourcen in der Beschwerdeinstanz. Hierdurch werden etwa unnötige doppelte Beweisaufnahmen verhindert; des Weiteren wird die Durchführung eines Termins entbehrlich, wenn die Sache bereits in der ersten Instanz im erforderlichen Umfang mit den Beteiligten erörtert wurde (*Kroiß*/Seiler Neues FamFG § 4 Rn. 53). 226

d) Einzelrichter. § 68 IV 1 knüpft inhaltlich an die bisherigen, durch das Gesetz zur Reform des Zivilprozesses v. 27.7.2001 (BGBl. I S. 1887) neu gefassten § 30 I 2 u. 3 FGG an (*Kroiß*, Das neue Zivilprozessrecht, 2001, § 5 Rn. 18). Zwecks Harmonisierung der Prozessordnungen ist die Vorschrift jedoch in Übereinstimmung mit § 526 ZPO erweitert. Der **fakultative Einzelrichtereinsatz** in der Beschwerdeinstanz ist nicht mehr auf die Zivilkammern am Landgericht beschränkt, sondern in allen Beschwerdesachen möglich; dies betrifft grds. sowohl die Beschwerdezuständigkeit der **Oberlandesgerichte** als auch die Beschwerdezuständigkeit der Kammern für Handelssachen. Bei letzteren ist die Übertragung auf den Vorsitzenden iRd § 526 IV ZPO statthaft (*Kroiß*/Seiler Neues FamFG § 4 Rn. 54). 227

e) Entscheidung. Gem. § 69 I 1 entscheidet das Beschwerdegericht in der Sache selbst. S. 2 regelt die Frage der Zurückweisung an das Gericht erster Instanz: Dies ist nur ausnahmsweise möglich, wenn dieses noch nicht in der Sache selbst entschieden hat oder wenn das Verfahren an einem wesentlichen Mangel leidet und zur Entscheidung eine umfangreiche oder aufwändige Beweiserhebung notwendig wäre und ein Beteiligter die Zurückverweisung beantragt. Das Gericht des ersten Rechtszugs hat die rechtliche Beurteilung, die das Beschwerdegericht der Aufhebung zugrunde gelegt hat, auch seiner Entscheidung zugrunde zu legen. 228
Gem. § 69 II ist die Beschwerdeentscheidung zu begründen.

f) Reformatio in peius. Das Verbot der Schlechterstellung gilt im Erbscheinsverfahren nicht. Da im Erbscheinsverfahren das Beschwerdegericht die Richtigkeit des angekündigten Erbscheins auch insoweit zu prüfen hat, als der Beschwerdeführer durch eine Unrichtigkeit des Erbscheins nicht beschwert sein kann (so grundlegend BGH, Beschl. v. 16.12.2005 – IV ZB 13/15, NJW 2016, 960 Rn. 18 gegen die vom OLG Hamm vertretene Rechtsauffassung, die Prüfungskompetenz des Beschwerdegerichts werde im Erbscheinsverfahren durch das Beschwerderecht des jeweiligen Beschwerdeführers begrenzt), kann die Prüfung letztendlich zu dem Ergebnis führen, dass sich die von dem Beschwerdeführer eingelegte Beschwerde für ihn rechtsnachteilig auswirkt (vgl. dazu beispielshaft OLG München, Beschl. v. 22.5.2013 – 31 Wx 55/13, NJW 2013, 2977 (2978); aA Keidel/*Zimmermann* FamFG § 352e Rn. 132 aE bezugnehmend auf OLG Hamm OLGZ 1967, 71 (73)). 229

5. Sprungrechtsbeschwerde. Im Rahmen des FamFG ist die befristete Sprungrechtsbeschwerde gegen die Entscheidung des Nachlassgerichts zum BGH zulässig. Voraussetzung hierfür ist, dass die Beteiligten in die Übergehung der Beschwerdeinstanz einwilligen und der BGH sie zulässt (§ 75 I 1). Einwilligung und Zulassungsantrag gelten als Verzicht auf die Beschwerde (§ 75 I 2). Sie ist von einem beim BGH zugelassenen Rechtsanwalt samt Antrag auf Zulassung fristgerecht einzulegen und zu begründen (Palandt/*Weidlich* § 2353 Rn. 54). Für das weitere Verfahren gilt § 566 II–VII ZPO entsprechend (§ 75 II). 230

6. Anschlussrechtsmittel. Anschlussrechtsmittel sind nunmehr in allen Instanzen möglich (§§ 66, 73); sie können auch nach Ablauf der Beschwerdefrist vom anderen Beschwerdeberechtigten eingelegt werden (Palandt/*Weidlich* § 2353 Rn. 54). 231

7. Rechtsbeschwerde. Eine weitere Beschwerde (wie früher bei § 27 FGG) gibt es nicht mehr. Gem. §§ 70 ff. besteht gegen den Beschwerdebeschluss des OLG nur noch die Möglichkeit der Rechtsbeschwerde zum BGH (§ 133 GVG), allerdings nur, wenn sie vom OLG zugelassen wurde (s. die Komm. zu §§ 70 ff.). Ist dies nicht der Fall, kann eine Überprüfung der Entscheidung des Beschwerdegerichts 232 nicht mittels dem Rechtsbehelf der Gegenvorstellung erreicht werden (OLG Köln Beschl. v. 30.9.2013 – 2 Wx 198/13, BeckRS 2014, 07567).

233 **8. Verfassungsbeschwerde.** Richtet sich diese gegen eine gerichtliche Entscheidung eines abgeschlossenen Erbscheinsverfahrens ist diese unzulässig, da sie dem Grundsatz des Subsidiarität (§ 90 II BVerfGG) nicht gerecht wird. Insoweit besteht für das erstrebte Rechtsschutzziel (Korrektur der Entscheidung im Erbscheinsverfahren) die Möglichkeit der Erhebung der Erbenfeststellungsklage vor den Zivilgerichten. Der Zumutbarkeit der Durchführung des Erbenfeststellungsverfahrens steht nicht entgegen, dass der Erbschein bereits erteilt wurde, da dem Beschwerdeführer in diesem Verfahren vorläufiger Rechtsschutz hinsichtlich des bereits erteilten Erbscheins bzw. im Hinblick auf die Nachlassgegenstände zur Verfügung steht (BVerfG Beschl. v. 23.11.2016 – 1 BvR 2555/16, ZEV 2017, 48 Rn. 4 f.).

XI. Kosten

234 **1. Gerichtsgebühren.** Für das Verfahren über den **Antrag auf Erteilung eines Erbscheins** beträgt die **Verfahrensgebühr 1,0** (Nr. 12210 KV GNotKG), sofern nicht die Ermäßigungstatbestände der Nr. 12211 bzw. Nr. 12212 KV GNotKG greifen. Für die **Abnahme der eidesstattlichen Versicherung** wird eine gesonderte Gebühr iHv **1,0** erhoben (Nr. 12210 KV GNotKG iVm Vorb. 1 II Nr. 23300 KV GNotKG). Bei Kombination von Erbscheinsantrag und Abgabe der eidesstattlichen Versicherung findet Vorb. 2.3.3 II Anwendung: wie in § 49 III KostO geltet die Gebühr für die Abnahme der eidesstattlichen Versicherung das Beurkundungsverfahren betreffend den Erbscheinsantrag ab. Wer Schuldner der Gerichtsgebühren ist, ergibt sich aus § 22 I GNotKG. Die für die eidesstattliche Versicherung nach § 352 III 3 zu erhebende Gebühr gehört nicht zu den Gerichtskosten des Erbscheinsverfahrens und wird deshalb von einer gerichtlichen Kostenentscheidung, die den Antragsgegner hälftig mit den Kosten des Verfahrens belastet, nicht erfasst (OLG Hamm Beschl. v. 24.6.2014 – I-15 W 406/13, NJW-RR 2015, 263 (264) zu § 2356 II BGB aF).

235 **2. Wert. a) Erbscheinsverfahren.** Es gilt § 40 GNotKG. Dabei sind Bestattungskosten (nunmehr) nicht abzugsfähig (OLG Köln Beschl. v. 4.4.2014 – 2 Wx 92/14, ZEV 2014, 608 Rn. 6).

236 **b) Beschwerdeverfahren.** Der Beschwerdewert in Angelegenheiten der freiwilligen Gerichtsbarkeit ist nach freiem Ermessen zu bestimmen. Er bemisst sich nach dem wirtschaftlichen Interesse des Rechtsmittelführers am Erfolg seines Rechtsmittels (OLG München Beschl. v. 4.7.2017 – 31 Wx 211/15, ZEV 2017, 634 Rn. 66 gegen OLG Karlsruhe Beschl. v. 16.6.2014 – 11 Wx 103/15, ZEV 2016, 459 Rn. 3 ff.; OLG Schleswig v. 16.10.2014 – 3 Wx 104/14, FGPrax 2015, 93 (94); OLG Köln v. 8.11.2016 – 2 Wx 160/16, FGPrax 2017, 40: Wert des Erbscheins, gegen dessen Erteilung sich die Beschwerde richtet).

237 **3. Anwaltsgebühren. a) Erbscheinsverfahren.** Im Erbscheinsverfahren fallen für den Rechtsanwalt dieselben Gebühren an wie in bürgerlich-rechtlichen Streitigkeiten nach Teil 3 des VV-RVG. Es entsteht daher grds. die Verfahrensgebühr iHv 1,3 gem. Nr. 3100 VV-RVG. Soweit im Erbscheinsverfahren nur ein Antrag gestellt oder eine Entscheidung entgegengenommen wird, beträgt die Gebühr 0,8 gem. Nr. 3101 Nr. 3 VV-RVG. Danach fällt für den einfachen Erbscheinsantrag lediglich die Gebühr 0,8 an. Zu beachten ist aber, dass bei einem zusätzlichen Sachvortrag durch den Rechtsanwalt (was regelmäßig der Fall sein dürfte) dann doch die Verfahrensgebühr nach Nr. 3100 VV-RVG iHv 1,3 anfällt. Die Terminsgebühr gem. Nr. 3104 VV-RVG iHv 1,2 kann auch im Erbscheinsverfahren anfallen, wenn eine Beweisaufnahme stattfindet oder die Angelegenheit in mündlicher Verhandlung mit den Beteiligten erörtert wird. Die Pauschalgebühr der Nr. 1008 VV RVG fällt im Hinblick auf das erhöhte Haftungsrisiko an, wenn Auftraggeber eine Erbengemeinschaft ist. Insofern ist es unmaßgeblich, ob es dabei tatsächlich zu einer Mehrarbeit kommt (OLG Köln Beschl. v. 11.6.2014 – 17 W 87/14, NJOZ 2014, 1871 (1872)).

238 **b) Beschwerdeverfahren.** Für das Beschwerdeverfahren in Nachlasssachen gilt auch Abschn. 2 Unterabschn. 1 VV RVG für Beschwerden im FG-Verfahren. Damit finden Nr. 3200 VV RVG (1,6) und Nr. 3202 VV RVG (1,2) Anwendung. Zur Erstattungsfähigkeit von Anwaltskosten im Nachlassbeschwerdeverfahren vgl. OLG Nürnberg Rpfleger 2012, 258. Eine Vergütungsfestsetzung ist nunmehr auch im Erbscheinsverfahren nach § 11 RVG möglich. Die Nr. 7000 ff. RVG gelten ohnehin für alle Verfahren.

239 **4. Kostenentscheidung. a) Grundsatz:** Bei der zu treffenden Kostenentscheidung in Erbscheinsverfahren ist zwischen den Gerichtskosten und den außergerichtliche Kosten zu unterscheiden. Diese sind in der Kostenentscheidung voneinander zu trennen. Bei der Entscheidung iSd § 81 I sind sämtliche in Betracht kommenden Umstände des Einzelfalles heranzuziehen. Hierbei kann – ohne Anwendung eines Regel-Ausnahme-Verhältnisses – neben anderen Umständen auch das Obsiegen und Unterliegen berücksichtigt werden (BGH Beschl. v. 18.11.2015 – IV ZB 35/15, ZEV 2016, 90 Rn. 16 mAnm *J. Kuhn*). In die Ermessensentscheidung einfließen kann zB die Vertretbarkeit von Auffassungen der Beteiligten und deren Verfahrensführung, sodass maßgeblich ist, ob der sich letztlich als falsch erweisende Rechtsstandpunkt eines Beteiligten auf einer unverschuldeten Unkenntnis der tatsächlichen oder rechtlichen Verhältnisse beruht (OLG Saarbrücken Beschl. v. 24.2.2016 – 5 W 44/15, ZEV 2016, 450 Rn. 30).

240 Bei mehreren Erbscheinsverfahren sind die für die jeweiligen Verfahren angefallenen Kosten voneinander zu trennen. Kosten, die für ein zur Klärung der Testierfähigkeit des Erblassers im vorausgegangenen Erbscheinserteilungsverfahren anderer Antragsteller eingeholtes Sachverständigengutachten angefallenen sind, können nicht einem späteren Antragsteller in dessen späteren Erbscheinserteilungsverfahren auferlegt werden, wenn das Nachlassgericht im vorausgegangenen Verfahren entschieden hat, dass sich die Kostentragungspflicht nach dem Gesetz richtet (OLG München Beschl. v. 6.7.2017 – 31 Wx 409/16 Kost, NJW-RR 2017, 1277 Rn. 18 ff.).

b) außergerichtliche Kosten. Nimmt der Antragsteller den Erbscheinsantrag zurück, muss das Gericht über die Frage der Erstattung außergerichtlicher Kosten der Beteiligten eine Ermessensentscheidung unter Berücksichtigung von Billigkeitserwägungen treffen. Dabei ist zu beachten, dass es im Rahmen des FamFG einen Grundsatz, dass jeder Beteiligte idR seine Kosten selbst zu tragen hat, nicht gibt. Die Inanspruchnahme anwaltlicher Hilfe zur Wahrung seiner Interessen ist für einen Beteiligten nur dann geboten, wenn er das konkrete Verfahren nach seinen Fähigkeiten und Kenntnissen ohne die Gefahr eines Rechtsnachteils nicht ohne anwaltliche Hilfe führen konnte (OLG Celle Beschl. v. 12.6.2015 – 2 Wx 137/15, NJW-RR 2015, 1535 Rn. 2). Die Notwendigkeit der Mandatierung eines Rechtsanwalts ist anhand der Umstände des Einzelfalls im Kostenfestsetzungsverfahren zu prüfen, sofern nicht die anwaltlichen Kosten bereits in der Kostengrundentscheidung der Ausgangsentscheidung als erstattungsfähig erklärt wurden (OLG Frankfurt a. M. Beschl. v. 28.9.2017 – 20 W 5/17, BeckRS 2017, 14343 Rn. 12). 241

c) Gerichtskosten. Auch die Gerichtskosten sind grds. in die Billigkeitsentscheidung nach § 81 I 1 einzubeziehen. Ergibt sich die Kostentragungspflicht für Gerichtskosten jedoch unmittelbar aus dem Gesetz, bedarf es im Grundsatz keiner gerichtlichen Entscheidung darüber. Aus den gesetzlichen Regelungen lässt sich zum Teil ableiten, dass die entsprechenden Kosten unabhängig vom Gedanken des Obsiegens oder Unterliegens vom jeweiligen Veranlasser zu tragen sind. Eine hiervon abweichende Ermessensentscheidung kommt dann nicht in Betracht (OLG Hamburg Beschl. v. 20.11.2013 – 2 W 96713, BeckRS 2014, 05747). Demgemäß hat die Kosten der Erteilung eines Erbscheins stets der Antragsteller zu tragen. 242

d) Gutachterkosten. § 81 ermöglicht es auch, die Kosten des Verfahrens „zum Teil" einem anderen Beteiligten aufzuerlegen, wobei nicht nur eine Quotelung, sondern auch eine Differenzierung nach Art der Kosten in Betracht kommt (→ § 84 Rn. 6). Auch bei der Entscheidung betreffend Gutachterkosten ist im Rahmen des § 81 I 1 nicht nach einem Regel-Ausnahme-Verhältnis auszugehen, wonach Gutachterkosten regelmäßig der Antragsteller zu tragen hat. Auch in einem solchen Fall hängt die Entscheidung betreffend die Kostentragungslast vom Ergebnis einer freien Billigkeitsabwägung ab. Bestätigt das Gutachten nicht die Behauptung eines Beteiligten, das vom Erblasser hinterlegte Testament sei von verschiedenen Personen geschrieben worden, entspricht es der Billigkeit, diesem Beteiligten die Kosten des Sachverständigengutachtens aufzuerlegen (OLG München Beschl. v. 30.4.2012 – 31 Wx 68/12, ZEV 2012, 661; vgl. auch OLG Düsseldorf Beschl. v. 4.4.2014 – I-3 Wx 115/13, BeckRS 2014, 16681 Rn. 48 ff.). Folgt der Erbscheinsantrag dem im Testament dokumentierten Willen des Erblassers und nimmt der Antragsteller seinen Antrag nach gutachterlicher Feststellung der Testierunfähigkeit zurück, spricht gegen eine Kostenentscheidung allein zu Lasten des Antragstellers, der bei seiner Antragstellung gegen die Testierfähigkeit sprechende Anhaltspunkte kannte, wenn sein Antrag bei objektiver Prüfung jedenfalls nicht von vornherein als aussichtslos angesehen werden musste (OLG Schleswig Beschl. v. 31.10.2013 – 3 Wx 46/13, BeckRS 2013, 21786). Kosten eines Privatgutachtens können auch im Nachlassverfahren grds. erstattungsfähig sein (OLG Düsseldorf Beschl. v. 12.5.2016 – I-3 Wx 278/14, ZEV 2016, 452 Rn. 7 ff.). 243

e) Die in der Sachentscheidung **nicht getroffene (vergessene) Kostenentscheidung** kann nur im Ergänzungsverfahren des § 43 nachgeholt werden (OLG Jena Beschl. v. 23.1.2014 – 6 W 549/13, BeckRS 2014, 02833). Eine ergänzende Kostenentscheidung ist aber nur möglich, wenn die Möglichkeit einer – stillschweigenden – Kostenentscheidung im Ausgangsbeschluss ausgeschlossen werden kann (OLG München Beschl. v. 20.2.2012 – 31 Wx 565/11, NJW-RR 2012, 523 (524). Enthält ein im Nachlassverfahren ergangener Beschluss weder im Tenor noch in den Gründen einen ausdrücklichen Kostenausspruch, liegt darin idR die nach § 81 I 1 im Ermessen des Gerichts liegende, stillschweigende Entscheidung, dass die gesetzlichen Kostenregelungen Anwendung finden sollen. Gegen die stillschweigend getroffene Kostenregelung ist im Wege der isolierten Kostenbeschwerde vorzugehen. Ein Ergänzungsantrag nach § 43 führt mangels Ergänzungsbedürftigkeit der Entscheidung daher regelmäßig nicht zum Erfolg. Eine Meistbegünstigung bei der Wahl der vorgenannten Rechtsbehelfe findet nicht statt (OLG Frankfurt a. M. Beschl. v. 29.3.2016 – 21 W 15/16, FGPrax 2016, 131). Die Anfechtung des Feststellungsbeschlusses mittels Beschwerde kann daher auf den Kostenpunkt beschränkt werden, wobei der Nachlassrichter im Rahmen seiner Abhilfebefugnis eine Kostenentscheidung auch nachträglich treffen kann (OLG Hamm Beschl. v. 3.2.2016 – I – 15 W 579/15, ZEV 2016, 454 Rn. 15 ff.). 244

In der Praxis stellt sich oftmals die Fallgestaltung ein, dass ein Beteiligter erst aus der nachfolgenden Kostenrechnung der Landesjustizkasse erkennt, dass er Kosten/Auslagen des Nachlassverfahrens zu tragen hat, bzw. dass er im Kostenfestsetzungsverfahren (§ 85 FamFG iVm §§ 103–107 ZPO) feststellt, dass seine außergerichtlichen Kosten mangels entsprechender Kostengrundentscheidung nicht erstattungsfähig sind. Insofern ist fraglich, ob die Kostenbeschwerde überhaupt noch fristgemäß iSd § 63 I eingelegt werden kann. Insoweit gelten folgende Grundsätze: 245

Die Beschwerdefrist iSd § 63 I beginnt gemäß § 63 III mit schriftlicher Bekanntgabe des Beschlusses an die Beteiligten. Diese hat grundsätzlich nach § 15 II zu erfolgen, also durch Zustellung nach den §§ 166 bis 195 ZPO oder sie ist dadurch zu bewirken, dass das Schriftstück unter der Anschrift des Adressaten zur Post gegeben wird. Dabei müssen an einen die Bekanntgabe an die Beteiligten beurkundenden Aktenvermerk wegen der mit § 15 II 2 verbundene Zugangsfiktion strenge Anforderungen gestellt 246 werden. Jedenfalls muss dieser ergeben, an welchem Tag und unter welcher Anschrift das Schriftstück zur Post gegeben wurde (vgl. OLG München Beschl. v. 20.2.2012 – 31 Wx 565/11, NJW-RR 2012, 523 (524)). Sofern der anfechtbare Beschluss dem erklärten Willen eines der Beteiligten nicht entspricht, ist der Beschluss gemäß § 41 I 2 diesem zuzustellen. Insofern stellt § 41 I 2 iVm § 352e II 1 eine Sonderregelung zu § 15 II dar. Wird das Verfahren hingegen nicht streitig geführt, so bedarf es nach § 352e I 4 keiner Bekanntgabe (vgl. auch BT-Drs. 16/6308, 281 zu § 352 Abs. 1 „... und Satz 3 aF dass, abweichend von § 41 I, der Beschluss keiner Bekanntgabe bedarf."). Das Unterlassen der Bekanntgabe des Beschlusses setzt dennoch die Beschwerdefrist im Sinne des § 63 III 2 in Lauf. Maßgeblich für den Lauf dieser Frist (Fristbeginn mit Ablauf von fünf Monaten nach Beschlusserlass) ist lediglich der Umstand, dass die schriftliche Bekanntgabe des wirksam erlassenen Beschlusses an den bereits förmlich beteiligten Rechtsmittelführer unterblieben ist. Warum die Bekanntgabe nicht erfolgt ist, ist ohne Belang (BGH Beschl. v. 11.3.2015 – XII ZB 571/13, NJW 2015, 1529 Rn. 25ff.). Demgemäß beginnt die einmonatige Rechtsmittelfrist im Sinne des § 63 I für einen Beschwerdeführer, der im Nachlassverfahren förmlich beteiligt wurde, fünf Monate nach wirksamem Erlass des Beschlusses. Dieser erfolgt gem. § 38 III 3 mit Übergabe der Entscheidung an die Geschäftsstelle (vgl. dazu OLG München Beschl. v. 16.2.2017 – 31 Wx 92/17, FGPrax 2017, 133 (134)).

247 f) **Überprüfung der Kostenentscheidung im Beschwerdeverfahren.** Eine vom Nachlassgericht getroffene Ermessensentscheidung bzgl. der „Kosten des Verfahrens" kann nur auf Ermessensfehler in Form eines Ermessensnichtgebrauchs, eines Ermessensfehlgebrauchs oder einer Ermessensüberschreitung überprüft werden. Nur bei solchen Ermessensfehlern ist das Beschwerdegericht berechtigt, sein eigenes Ermessen an die Stelle des Ermessens des erstinstanzlichen Gerichts zu setzen (OLG Düsseldorf Beschl. v. 11.9.2015 – I-3 Wx 119/15, FGPrax 2016, 47 (48)).

§ 353 Einziehung oder Kraftloserklärung von Erbscheinen

(1) ¹Kann der Erbschein im Verfahren über die Einziehung nicht sofort erlangt werden, so hat ihn das Nachlassgericht durch Beschluss für kraftlos zu erklären. ²Der Beschluss ist entsprechend § 435 öffentlich bekannt zu machen. ³Mit Ablauf eines Monats nach Veröffentlichung im Bundesanzeiger wird die Kraftloserklärung wirksam. ⁴Nach Veröffentlichung des Beschlusses kann dieser nicht mehr angefochten werden.

(2) ¹In Verfahren über die Einziehung oder Kraftloserklärung eines Erbscheins hat das Gericht über die Kosten des Verfahrens zu entscheiden. ²Die Kostenentscheidung soll zugleich mit der Endentscheidung ergehen.

(3) ¹Ist der Erbschein bereits eingezogen, ist die Beschwerde gegen den Einziehungsbeschluss nur insoweit zulässig, als die Erteilung eines neuen gleichlautenden Erbscheins beantragt wird. ²Die Beschwerde gilt im Zweifel als Antrag auf Erteilung eines neuen gleichlautenden Erbscheins.

1 1. **Normzweck.** § 353 behandelt die **Einziehung oder Kraftloserklärung** von Erbscheinen. Mit dem IntErbRErbschÄndG v. 29.6.2015 (BGBl. 2015 I, 1042), das für Erbfälle ab dem 17.8.2015 (vgl. EG Art. 229 § 36) Anwendung findet, wurde Abs. 1 neu in die Vorschrift aufgenommen Insoweit wurden die bisher im BGB geregelten verfahrensrechtlichen Vorschrift des § 2361 II BGB und § 353 III aF zusammengefasst. Die materiell-rechtliche Voraussetzung für die Einziehung des erteilten Erbscheins findet sich in § 2361 BGB. Die Vorschrift des § 2361 BGB ist nicht erweiternd – auch nicht analog - auf die Einziehung des Protokolls über die Testamentseröffnung anwendbar (OLG Köln Beschl. v. 23.12.2013 – 2 W 304/13, FGPRax 2014, 73 (74); OLG Naumburg Beschl. v. 7.2.2012 – 2 Wx 16/12, FGPrax 2012, 118 (119); vgl. dazu auch *Steiner* ZEV 2015, 319). Unrichtige Erbscheine „hat" das Nachlassgericht von Amts wegen einzuziehen. Dabei kommt es nicht darauf an, wie das Gericht seine Kenntnis erlangt. Regelmäßig werden Beteiligte die Einziehung anregen, § 24. Ein „Antrag" eines Beteiligten ist als „Anregung" zu werten, da das Verfahren von Amts wegen eingeleitet wird. Das Gericht ist nach § 26 verpflichtet, Ermittlungen über die Richtigkeit eines Erbscheins anzustrengen, soweit Anhaltspunkte für einen Einziehungsgrund gegeben sind, und über entsprechende Anregungen zu befinden. Der „Antragsteller", der sich auf die Unrichtigkeit des Erbscheins beruft, hat verfahrensrechtlich weitgehend die Position eines Beteiligten in einem Antragsverfahren (*Baur*, Lehrbuch der Freiwilligen Gerichtsbarkeit, 1955, FG § 12 Abschn. III 2). Soweit er sich auf ein eigenes Erbrecht beruft, ist er als „Mussbeteiligter" gem. § 7 II Nr. 1 hinzuzuziehen. Auch ist er bei unterlassener Einziehung beschwerdeberechtigt, soweit auch eine materielle Beschwer iSd § 59 vorliegt (MüKoBGB/*Grziwotz* § 2361 Rn. 50). Unklare Verfahrensanträge, insb. von anwaltlich nicht vertretenen Beteiligten, sind im Verfahren der freiwilligen Gerichtsbarkeit im Zweifel so auszulegen, dass das erkennbar gewordene Rechtsschutzziel erreicht werden kann (BayObLG NJOZ 2004, 3075).

2 Eine Änderung des Feststellungsbeschlusses gem. § 352e nach der tatsächlichen Erteilung des Erbscheins durch das Nachlassgericht gem. § 48 ist wegen des öffentlichen Glaubens nicht möglich. § 2361 BGB stellt gegenüber § 48 eine Sonderregelung dar (Keidel/*Engelhardt* FamFG § 48 Rn. 10). Allein offensichtliche Schreibfehler und entsprechende Unrichtigkeiten können gem. § 42 ergänzt bzw. berichtigt werden. Es darf nur zu keiner Änderung hinsichtlich des sachlichen Inhalts kommen (OLG Zweibrücken FamRZ 2000, 323; BayObLG FamRZ, 1989, 1348). Geändert werden dürfen auch unzulässige Zusätze, soweit sie nicht vom öffentlichen Glauben erfasst sind (BayObLG FamRZ 189, 1348).

2. Voraussetzungen der Einziehung (vgl. Palandt/*Weidlich* § 2361 Rn. 6 ff. **a) Zuständigkeit.** Sachlich 3 und örtlich zuständig für die Einleitung eines Erbscheins ist stets das **Nachlassgericht**, das den Erbschein erteilt hat, §§ 2361 BGB, 342 I Nr. 6 FamFG, 23a II Nr. 2 GVG (BayObLGZ 1977, 59; 1981, 147; *Muscheler* JURA 2009, 567 (572); MüKoBGB/*Grziwotz* § 2361 Rn. 35). Dies gilt sowohl für die örtliche, die internationale als auch die funktionelle Zuständigkeit. Hat ein örtlich unzuständiges Gericht einen Erbschein erteilt, so ist es für das Einziehungsverfahren gleichwohl zuständig. Würde die Einziehung beim tatsächlich zuständigen Gericht „beantragt" (angeregt) werden, so wäre dieses verpflichtet, den Vorgang an das Gericht, das den Erbschein erteilt hat, weiterzuleiten (vgl. *Kroiß*, Zuständigkeitsprobleme in der Freiwilligen Gerichtsbarkeit, 1994, 123). Eine diesbzgl. Verweisung gem. § 3 ist ggf. anzuregen. Funktionell zuständig ist unter den Voraussetzungen des § 16 I Nr. 7 RPflG der Richter, wenn er den Erbschein erteilt hatte oder der vom Rechtspfleger erteilte Erbschein aufgrund eines Testaments nunmehr einzuziehen ist (Keidel/*Zimmermann* FamFG § 353 Rn. 10); die funktionelle Zuständigkeit des Richters des Nachlassgerichts ist dann unabhängig von Verfahrensergebnis begründet (OLG Hamm Beschl. v. 25.5.2016 – 15 W 210/16, FGPrax 2016, 229 (239)). In den sonstigen Fällen bleibt der Rechtspfleger auch für die Einziehung zuständig (Keidel/*Zimmermann* FamFG § 353 Rn. 10).

Ist der Antrag auf Einziehung durch das Nachlassgericht abgelehnt worden, so kann das Beschwerdegericht selbst den Erbschein nicht einziehen, sondern nur das Nachlassgericht hierzu anweisen (OLG 4 Frankfurt a. M. Rpfleger 1973, 95; Palandt/*Weidlich* § 2361 Rn. 11).

b) Kein Antragserfordernis. Die Einleitung des Einziehungsverfahrens erfolgt von Amts wegen, 5 § 2361 1, § 26 FamFG. Ein Antrag ist weder vorgeschrieben noch erforderlich, kann aber von jedem Beeinträchtigten gestellt werden (Palandt/*Weidlich* § 2361 Rn. 6, 7). Daher ist auch § 345 IV nicht einschlägig (Keidel/*Zimmermann* FamFG § 353 Rn. 11).

c) Beteiligter/Anhörung. Beteiligter ist der im Erbschein genannte Erbe, § 7 II. Den durch den einzu- 6 ziehenden Erbschein begünstigten Personen soll vor der Anordnung der Einziehung das rechtliche Gehör gewährt werden, § 34 FamFG, Art. 103 I GG (Palandt/*Weidlich* § 2361 Rn. 6, 7).

d) Voraussetzungen iE (Grundsätzlich dazu BGHZ 40, 54). Es muss bereits ein erteilter Erbschein 7 vorliegen. Auch muss er bereits ausgehändigt sein. Schließlich wird noch die Unrichtigkeit des Erbscheins vorausgesetzt (BayObLGZ 1997, 59 (63)). Diese kann entweder von Anfang an vorliegen oder sich erst nachträglich ergeben, auf der formellen Fehlerhaftigkeit des erteilten Erbscheins oder aufgrund dessen materiellen Unrichtigkeit beruhen vgl. hierzu → § 2361 BGB.

3. Die Entscheidung im Einziehungsverfahren. a) Ablehnung der Einziehung. Es ist zu unterschei- 8 den zwischen

aa) Amtseinleitung des Verfahrens. In diesen Fällen erfolgt nur ein Aktenvermerk und die Be- 9 nachrichtigung an die im Verfahren angehörten Erben, um die Unsicherheit zu beseitigen. Ebenso werden die Fälle behandelt, in denen ein unbeteiligter Dritter das Verfahren angeregt hat (BayObLGZ 1958, 171).

bb) „Antrags"verfahren. In diesen Fällen ist der Antrag (richtig: „Anregung") formell durch einen zu 10 begründenden Beschluss, § 38 I, zurückzuweisen, falls eine Anregung vorlag. Dieser hat wegen § 353 II auch eine Kostenentscheidung nach § 81 zu enthalten (Keidel/*Zimmermann* FamFG § 353 Rn. 14). Bei diesem Beschluss handelt es sich um eine beschwerdefähige Entscheidung nach § 58. Soweit kein Beteiligter die Einziehung des Erbscheins angeregt hatte, § 24, wird das Einziehungsverfahren durch einen Aktenvermerk eingestellt.

b) Die Einziehungsanordnung (der Einziehungsbeschluss). Wenn die Voraussetzungen für die Erb- 11 scheinseinziehung vorliegen ist der Erbschein durch Beschluss (zum Inhalt vgl. §§ 38 ff. (Keidel/*Zimmermann* FamFG § 353 Rn. 12 mit einem Muster)) einzuziehen, verbunden mit der Aufforderung, den Erbschein binnen einer bestimmten Frist abzuliefern (Staudinger/*Herzog* § 2361 Rn. 41). Dieser ist mit Rechtsbehelfsbelehrung bekannt zu geben und zuzustellen, § 41 II. Der Beschluss ist ein Vollstreckungstitel, § 86, der nach ZPO-Vorschriften durch das Gericht erfolgt, § 95 I Nr. 2, IV. Im Einziehungsverfahren ist eine Entscheidung zu treffen, wer die Kosten des Verfahrens zu tragen hat. Sie erfolgt idR in dem (Einziehungs-)Beschluss; eine gesonderte Entscheidung in dessen Nachgang ist ohne zeitliche Begrenzung möglich (vgl. § 353 II 2 „soll"; Keidel/*Zimmermann* FamFG § 353 Rn. 14).

Ein Feststellungsbeschluss oder ein Vorbescheid, der die Einziehung nur ankündigt, ist unzulässig; 12 vielmehr muss das Nachlassgericht, wenn der Erbschein nach seiner Überzeugung unrichtig ist, diesen einziehen (BayObLG FamRZ 1995, 60). Die Einziehung eines Erbscheins kann auch lange Zeit nach seiner Erteilung angeregt werden; ein zeitliches Limit für eine Einziehungsanordnung besteht nicht (OLG Köln Rpfleger 2003, 193: Einziehung 27 Jahre nach der Erteilung; MüKoBGB/*Grziwotz* § 2361 Rn. 26; *Zimmermann*, Das neue FamFG, 1. Aufl. 2009, Rn. 719); so ist zB ein unrichtiger Erbschein auch noch nach 50 Jahren einzuziehen (BayObLG FamRZ 1997, 1365; Rpfleger 1989, 22; BayObLGZ 1997, 59 (63); 1981, 145, wo ein Erbschein nach 15 Jahren eingezogen wurde). Dies gilt auch dann, wenn früher alle Beteiligten mit seinem Inhalt einverstanden waren und ihr Verhalten darauf abgestellt haben (OLG Köln Rpfleger 2003, 194). Der Einziehungsbeschluss bedarf einer Rechtsmittelbelehrung, § 39. Der Anordnungsbeschluss ist, wenn er eine Fristsetzung enthält, zuzustellen, § 41 I 2. Im Einziehungsbeschluss hat das Gericht auch zu entscheiden, wer die Kosten des Verfahrens zu tragen hat, § 353 II (Keidel/*Zimmermann* FamFG § 353 Rn. 14).

13 **4. Die tatsächliche Einziehung. a) Einziehung durch Rückgabe.** Ähnlich wie bei der Erteilung des Erbscheins ist auch bei der Einziehung zwischen der Entscheidung, die die Einziehung anordnet, und ihrem Vollzug zu unterscheiden. Durchgeführt ist die Einziehung erst mit der Ablieferung der Urschrift und aller erteilter Ausfertigungen (OLG Düsseldorf FamRZ 2011, 1980; BayObLGZ 1966, 233; 1980, 72; Palandt/*Weidlich* § 2361 Rn. 10; MüKoBGB/*Grziwotz* § 2361 Rn. 40). Dies ergibt sich auch aus S. 2 und der in § 353 eröffneten Möglichkeit der Kraftloserklärung (Palandt/*Weidlich* § 2361 Rn. 13).

14 Die Rückgabe der Urkunden kann nach §§ 86 ff. 95 I Nr. 2, IV erzwungen werden (so zutreffend Keidel/*Zimmermann* FamFG § 353 Rn. 12; aA Staudinger/*Herzog* § 2361 Rn. 43; MüKoBGB/*Grziwotz* § 2361 Rn. 39). Mit der tatsächlichen Rückgabe wird der Erbschein kraftlos, was auf der Urschrift vermerkt wird.

15 Befindet sich der Erbschein bzw. die einzige von ihm erteilte Ausfertigung bereits vor der Einziehungsanordnung wieder beim Nachlassgericht, so wird die Einziehung durch die dann nachfolgende Einziehungsanordnung und deren Bekanntgabe, § 15, vollendet (BayObLG NJW-RR 2001, 950 = FamRZ 2001, 1181; *Muscheler* JURA 2009, 567 (573)). Der Einziehungsbeschluss kann nur so lange abgeändert werden, wie der Erbschein nicht an das Nachlassgericht zurückgegeben ist (BayObLGZ 1961, 200 (206)).

16 Mit der Rückgabe aller Urschriften und Ausfertigungen entfällt der Gutglaubensschutz, §§ 2365–2367 BGB, ex nunc (vgl. § 2361 2 BGB). Ein gutgläubiger Erwerb vor dem Zeitpunkt der Einziehung bleibt aber unberührt.

17 **b) Verfahren bei nichtdurchführbarer Rückgabe.** Bei Unmöglichkeit der sofortigen Erlangung des Erbscheins und der Ausfertigungen besteht die Möglichkeit der Kraftloserklärung (§ 353 I 1).

18 **5. Die Kraftloserklärung (§ 353 I 1).** Kann der Erbschein bzw. eine Ausfertigung nicht sogleich erlangt werden, ist die Kraftloserklärung nach § 353 I in Betracht zu ziehen. Dies gilt auch, wenn die Einziehung von vorneherein aussichtslos erscheint (BayObLGZ 40, 155). IdR geht der Kraftloserklärung ein Einziehungsbeschluss voraus, § 353 I 1.

19 **a) Beschluss.** Auch die Kraftloserklärung erfolgt durch einen mit Gründen zu versehenden Beschluss, §§ 38 ff. (Keidel/*Zimmermann* FamFG § 353 Rn. 28). Stellt sich im Nachhinein heraus, dass der Erbschein doch noch erreichbar ist, ist er einzuziehen (Staudinger/*Herzog* § 2361 Rn. 51). Der Beschluss über die Kraftloserklärung muss eine Kostenentscheidung enthalten, § 353 II.

20 **b) Bekanntgabe.** Der Beschluss, der die Kraftloserklärung anordnet, ist **entsprechend § 435 öffentlich bekannt zu machen (§ 352 I 2)**, also idR durch Aushang an der Gerichtstafel und durch einmalige Veröffentlichung im elektronischen Bundesanzeiger, § 435 I (Keidel/*Zimmermann* FamFG § 353 Rn. 28; MüKoBGB/*Grziwotz* § 2361 Rn. 44). Gemäß § 435 I 2 kann anstelle des Aushangs die öffentliche Bekanntmachung auch in einem elektronischen Informations- und Kommunikationssystem erfolgen, das jedoch im Gericht öffentlich zugänglich sein muss.

21 **c) Vollzug.** Die Kraftloserklärung wird entgegen § 40 erst mit Ablauf eines Monats nach Veröffentlichung im Bundesanzeiger wirksam (§ 353 I 3). Dieses umständliche Verfahren entwertet die Kraftloserklärung (*Muscheler* JURA 2009, 567 (573)). Der Beschluss, durch den ein Erbschein für kraftlos erklärt wird, ist nicht mehr anfechtbar, nachdem er öffentlich bekannt gemacht ist, § 353 I 4 (Palandt/*Weidlich* BGB § 2361 Rn. 13). Jedoch kann Beschwerde mit dem Ziel der Neuerteilung eines gleichlautenden Erbscheins eingelegt werden oder als solche umgedeutet werden (Keidel/*Zimmermann* FamFG § 353 Rn. 34).

22 **6. Einstweiliger Rechtsschutz** (vgl. *Horn/Krätzschel* ZEV 2018, 14). **a) Einstweilige Anordnung.** Eine Einziehung im Wege der einstweiligen Anordnung ist nicht möglich, § 49 I, da die Hauptsache nicht vorweggenommen werden darf. Gleiches gilt für die Kraftloserklärung (Keidel/*Zimmermann* FamFG § 353 Rn. 30). Das Gericht kann eine einstweilige Anordnung mit dem Inhalt erlassen, den Erbschein und die erteilten Ausfertigungen (vorläufig) zur Gerichtsakte zu reichen OLG Saarbrücken Beschl. v. 7.11.2011 – 5 W 239/11, NJW-RR 2012, 588 (589); OLG Schleswig Beschl. v. 13.7.2015 – 3 Wx 68/15, NJW-RR 2016, 13 Rn. 10 betr. Testamentsvollstreckerzeugnis).oder die Untersagung bestimmter Handlungen (Veräußerungsverbot). Zu den Voraussetzung für den Erlass einer einstweiligen Anordnung vgl. BayObLG Beschl. v. 31.7.1992 – 1Z BR 73/92, BeckRS 1992, 00500; vgl. auch → § 49. Die Rückgabe führt aber nicht dazu, dass die Wirkungen des Erbscheins iSd 2365 ff. BGB entfallen (Keidel/*Zimmermann* FamFG § 353 Rn. 4) bzw. die Wirkung gleich einer Einziehung des Erbscheins eintritt (OLG Köln Beschl. v. 12.3.1990 – 2 Wx 6/90, OLGZ 1990, 303 (304). In den Fällen, in denen der Erbschein allerdings vorzulegen ist (Notar, Grundbuchamt, Registergericht), kann der Betroffene nicht mehr handeln. Gegen die Abweisung eines Antrags auf einstweilige Anordnung ist die Beschwerde iSd §§ 58 ff. FamFG zulässig (OLG Naumburg FGPrax 2012, 118).

23 **b) Antrag auf Erlass einer einstweiligen Verfügung gem. § 2362 BGB, § 935 ZPO.** Neben den dargestellten einstweiligen Anordnungen im Nachlassverfahren, kann einstweiliger Rechtsschutz unabhängig davon im streitigen Zivilverfahren begehrt werden. Das Nachlassgericht kann im Wege der einstweiligen Anordnung von Amts wegen die Sicherstellung eines Erbscheins anordnen, wenn sich objektive Anhaltspunkte dafür ergeben, dass der Erblasser entgegen den bisher bekannten Tatsachen möglicherweise ein erbberechtigtes Kind gehabt hat (OLG Saarbrücken NJW-RR 2012, 588).

24 Nach **§ 2362 I BGB** kann der wirkliche Erbe vom Besitzer des unrichtigen Erbscheins dessen Herausgabe an das Nachlassgericht verlangen. Dieser Herausgabeanspruch kann nach hM (vgl. MüKoBGB/

Grziwotz § 2362 Rn. 10) mittels **einstweiliger Verfügung** gesichert werden. Auch hier gilt, dass die Wirkungen des Erbscheins erst analog § 2361 2 BGB entfallen, wenn nach einer Hauptsacheentscheidung, die auf einem Anspruch nach § 2362 BGB beruht, der Erbschein tatsächlich zurückgegeben wird (MüKoBGB/*Grziwotz* § 2362 Rn. 10, 11).

7. Kosten bei Einziehung und Kraftloserklärung. In dem Beschluss über die Einziehung oder Kraftloserklärung eines Erbscheins soll zugleich festgestellt werden, wer die Kosten des Verfahrens zu tragen hat, § 353 II. Hierzu zählen die Gerichtskosten und die Aufwendungen der Beteiligten, § 80. Nach § 81 I 2 kann das Gericht von der Erhebung von Kosten ganz oder teilweise absehen (Keidel/*Zimmermann* FamFG § 353 Rn. 37). Die Kostenentscheidunge kann ohne zeitliche Begrenzung in einem gesonderten Beschluss nachgeholt werden (Keidel/*Zimmermann* FamFG § 353 Rn. 14). 25

Bei der Entscheidung über die Kostentragungspflicht ist § 81 zu berücksichtigen. Danach kann das Gericht die Kosten des Verfahrens nach billigem Ermessen den Beteiligten ganz oder zT auferlegen. Dabei kann auch berücksichtigt werden, wessen Interessen durch die Entscheidung wahrgenommen werden, bzw. wer durch falsche oder unvollständige Angaben die Erteilung des unrichtigen Erbscheins veranlasst hat (Prütting/Helms/*Fröhler* § 353 Rn. 9). Das Gericht kann auch anordnen, dass von der Erhebung von Kosten abzusehen ist. Grundsätzlich trifft den Erben die Kostenpflicht. Allerdings fehlt bei der Einziehung eines dem Vorerben erteilten Erbscheins nach Eintritt des Nacherbfalls meist ein Interesse des Nacherben, wenn dessen Nacherbenrechte im eingezogenen Erbschein gem. § 352b vermerkt waren (KG RPfleger 1996, 247; Prütting/Helms/*Fröhler* § 353 Rn. 8 jeweils zu § 2363 BGB aF). Insoweit wird mit Recht die Auffassung vertreten, dass der dem Vorerben erteilte Erbschein nur bezeugt, dass der darin angegebene Vorerbe ist und unter welchen Voraussetzungen die Nacherbfolge eintritt, nicht dagegen, ob der Vorerbe im Hinblick auf den etwaigen Eintritt des Nacherbfalls auch weiterhin noch Erbe ist (BayObLGZ 1928, 598). Das folgt daraus, dass sich die Vermutung der Richtigkeit des Erbscheins nach dem klaren Wortlaut und iSd § 2365 BGB auf das Erbrecht nur so beziehen kann wie es im Erbschein angegeben ist. Enthält der Erbschein die nach § 352b I FamFG/§ 2363 BGB aF gesetzlich vorgeschriebenen Angaben im Hinblick auf die Nacherbfolge, so bezeugt der Erbschein, dass das Erbrecht des Vorerben durch den Eintritt des Nacherbfalles auflösend bedingt ist. Tritt diese Bedingung ein, so endet die Legitimationswirkung des dem Vorerben erteilten Erbscheins nach § 2365 BGB und damit auch der öffentliche Glaube des Erbscheins, § 2366f. BGB, ohne weiteres, ohne dass es dazu einer Einziehung oder Kraftloserklärung des Erbscheins nach § 2361 1 BGB, § 353 I 1 FamFG bedarf (KG RPfleger 1996, 247 zu § 2361 I 2, II BGB aF). 26

Verfahren über die Einziehung oder Kraftloserklärung eines Erbscheins lösen gem. Nr. 12215 KV-GNotKG eine 0,5-Gebühr, höchstens 400 EUR, aus. Die Neuerteilung nach Beschwerde verursacht 2,0 Gerichtsgebühren, es sei denn, die eidesstattliche Versicherung wird erlassen (§ 352 III 4 FamFG) oder es liegen die Voraussetzungen des § 21 GNotKG (unrichtige Sachbehandlung) vor (Keidel/*Zimmermann* FamFG § 353 Rn. 38; *Wilsch* FGPrax 2013, 50). 27

8. Beschwerde. a) Statthaftigkeit. Gegen die Anordnung der Einziehung und gegen die Ablehnung des Antrags auf Einziehung ist die befristete Beschwerde gem. §§ 58 ff. statthaft (Palandt/*Weidlich* § 2361 Rn. 11). Nach erfolgter Einziehung oder Kraftloserklärung eines Erbscheins ist eine Beschwerde nicht mehr möglich, § 353 I 4, III. Sie ist dann als Antrag auf Erteilung eines neuen gleichlautenden Erbscheins anzuregen, § 353 III 2 oder im Falle der Kraftloserklärung insoweit umzudeuten (Keidel/*Zimmermann* FamFG § 353 Rn. 34). 28

b) Allgemeines. Die Frist beträgt einen Monat, § 63. Ein Beschwerdewert von 600,01 EUR muss erreicht sein, § 61 I oder die Beschwerde muss durch das Beschwerdegericht zugelassen werden, § 61 II, III. Die Beschwerde ist beim Nachlassgericht einzulegen, § 64, mit der Möglichkeit der Abhilfe, § 68. 29

c) Beschwerdeberechtigung, § 59. aa) Einziehungsanordnung. Bei einer Einziehungsanordnung sind beschwerdeberechtigt der im Erbschein ausgewiesene Erbe und derjenige, der den Antrag hätte stellen können (Palandt/*Weidlich* § 2361 Rn. 12). Dies war bereits unter § 20 II FGG der Fall und ist unter dem § 59 II FamFG aus prozessökonomischen Gründen ebenso (Keidel/*Meyer-Holz* FamFG § 59 Rn. 77–79). 30

bb) Ablehnung. Bei Ablehnung der Erbscheinseinziehung ist jeder durch den öffentlichen Glauben des Erbscheins erbrechtlich Beeinträchtigte beschwerdeberechtigt, § 59 I (BayObLG NJW-FER 2000, 93; Palandt/*Weidlich* § 2361 Rn. 12). Da die Einziehung von Amts wegen erfolgt, schränkt § 59 II hier die Beschwerdebefugnis nicht ein. Beschwerdeberechtigt ist daher jeder, der für einen richtigen Erbschein antragsberechtigt wäre (s. insoweit die Anm. → § 352e Rn. 213ff.). Dazu zählen (Keidel/*Zimmermann* FamFG § 353 Rn. 25 f.): der Antragsteller, wenn der Erbschein einem früheren Antrag entsprach und er sich jetzt nicht mehr für den Erben hält (BGH NJW 1959, 1730), der Nacherbe und der Ersatzerbe, wenn der Erbschein die Anordnung der Nacherbschaft nicht erwähnt (BayObLG FamRZ 1996, 1577), der Vorerbe und seine Rechtsnachfolger, wenn der Antrag auf Einziehung des Erbscheins zugunsten des Nacherben abgelehnt wird (OLG Hamm JMBl. NW 1962, 63), der Nachlassgläubiger, wenn er einen Vollstreckungstitel besitzt; der Testamentsvollstrecker, dem auf seinen Antrag hin ein Erbschein erteilt wurde, auch nach durchgeführter Erbauseinandersetzung (OLG Hamm FamRZ 1993, 825). 31

Nicht beschwerdeberechtigt ist, wer nur ein tatsächliches oder wirtschaftliches Interesse hat, der Vermächtnisnehmer (NJW-FER 2001, 183), der Erbschaftsbesitzer (Keidel/*Zimmermann* FamFG § 353 Rn. 27), der Nacherbe gegen die Einziehung eines dem Vorerben erteilten Erbscheins, auch wenn darin 32 die Nacherbfolge angegeben ist, solange der Nacherbfall noch nicht eingetreten ist, da er noch keinen Erbschein beantragen könnte (BayObLGZ 1975, 62 (63)). Ebenso nicht der Nachlassgläubiger ohne Vollstreckungstitel (Keidel/*Zimmermann* FamFG § 353 Rn. 27).

33 **c) Rechtsschutzbedürfnis.** Gegen den Beschluss, der die Einziehung des Erbscheins oder die Kraftloserklärung ablehnt, ist das Rechtsschutzbedürfnis stets gegeben, soweit die Beschwerdeberechtigung vorliegt, s. oben.

34 Gegen den Beschluss der Anordnung der Einziehung des Erbscheins oder den Kraftloserklärungsbeschluss ist die Beschwerde zulässig, solange der Erbschein noch nicht eingezogen ist (Keidel/*Zimmermann* FamFG § 353 Rn. 18) oder der Kraftloserklärungsbeschluss noch nicht öffentlich bekannt gemacht wurde (Keidel/*Zimmermann* FamFG § 353 Rn. 33).

35 Das **Rechtsschutzbedürfnis fehlt,** wenn die Einziehung bereits erfolgt ist, da die durchgeführte Einziehung nicht mehr rückgängig gemacht werden kann. Zulässig ist jedoch die Beschwerde jedoch mit dem Ziel, das Nachlassgericht zur Erteilung eines neuen Erbscheins anzuweisen, § 353 III (ggf. sind die Voraussetzung der Umdeutung zu prüfen), § 1507 BGB, und wegen. Überweisungszeugnisse der §§ 64, 65; der Beschwerdeführer muss aber zum Ausdruck bringen, dass er wieder einen inhaltsgleichen Erbschein haben möchte (Keidel/*Zimmermann* FamFG § 353 Rn. 21). In Zweifelsfällen ist gem. § 353 III 2 ein solcher Antrag vorhanden. Wurde die Kraftloserklärung bereits öffentlich bekannt gemacht, dann ist die Beschwerde ausgeschlossen, § 353 I 4. Auch hier ist die unzulässige Beschwerde allerdings in einen Antrag auf Erteilung eines neuen inhaltsgleichen Erbscheins umzudeuten (Keidel/*Zimmermann* FamFG § 353 Rn. 34).

§ 354 Sonstige Zeugnisse

(1) Die §§ 352 bis 353 gelten entsprechend für die Erteilung von Zeugnissen nach den §§ 1507 und 2368 des Bürgerlichen Gesetzbuchs, den §§ 36 und 37 der Grundbuchordnung sowie den §§ 42 und 74 der Schiffsregisterordnung.

(2) Ist der Testamentsvollstrecker in der Verwaltung des Nachlasses beschränkt oder hat der Erblasser angeordnet, dass der Testamentsvollstrecker in der Eingehung von Verbindlichkeiten für den Nachlass nicht beschränkt sein soll, so ist dies in dem Zeugnis nach § 2368 des Bürgerlichen Gesetzbuchs anzugeben.

I. Normzweck

1 Die Vorschriften für das Erbscheinsverfahren sind entsprechend auf andere vom Nachlassgericht zu erteilende Zeugnisse anzuwenden, so auf das Testamentsvollstreckerzeugnis, § 2368 BGB, das Zeugnis über die Fortsetzung der Gütergemeinschaft, § 1507 BGB, und sog. Überweisungszeugnisse der §§ 36, 37 GBO, §§ 42, 74 SchiffsRegO. Mit dem IntErbRErbschÄndG v. 29.6.2015 (BGBl. 2015 I, 1042), das für Erbfälle ab dem 17.8.2015 (vgl. EG Art. 229 § 36) Anwendung findet, wurde die Verweisungskette für sonstige Zeugnisse auf alle in §§ 352 bis 352e (neu) eingefügten Bestimmungen erweitert (BT-Drs. 18/4201 S. 62). Die Regelung in § 2368 I 2 BGB aF wurde als Verfahrensvorschrift in Abs. 2 überführt.

II. Voraussetzungen und Verfahren vor dem Nachlassgericht betr. die Erteilung eines Testamentsvollstreckerzeugnis (§ 2368 BGB)

2 Das Nachlassgericht ermittelt den Sachverhalt von Amts wegen, § 26, und verhandelt nicht öffentlich, § 170 GVG.

3 **1. Zuständigkeit** (Palandt/*Weidlich* § 2368 Rn. 5). Gem. § 2368 1 BGB, § 23a I Nr. 2, Abs. 2 Nr. 2 GVG ist das Nachlassgericht für die Erteilung des Testamentsvollstreckerzeugnis sachlich zuständig. Funktionell ist der Richter gem. § 16 I Nr. 6, 7 RPflG zuständig, auch im Bereich der HöfeO (BGHZ 68, 105; Keidel/*Zimmermann* FamFG § 354 Rn. 18). Örtlich zuständig ist grds. das Nachlassgericht, in dessen Bezirk der Verstorbene seinen letzten gewöhnlichen Aufenthalt hatte, § 343 I. International zuständig sind die deutschen Nachlassgerichte, wenn die Voraussetzungen iSd Art. 4 ff. EuErbVO gegeben sind (EuGH, Urt. v. 21.6.2018 – C – 2017, ZEV 2018, 465 mAnm *Zimmermann*), → § 352e Rn. 7.

4 **2. Antrag.** Das Testamentsvollstreckerzeugnis wird nur auf Antrag erteilt, §§ 2368 1, 2353 BGB.

5 **a) Antragsbefugnis.** Antragsberechtigt ist der Testamentsvollstrecker selbst nach Annahme des Amtes. Ferner haben Nachlassgläubiger gem. §§ 792, 896 ZPO ein Antragsrecht, sofern sie gegen den Testamentsvollstrecker klagen oder vollstrecken wollen. Bestehen mehrere Testamentsvollstrecker nebeneinander (Mitvollstreckung), so ist jeder für sich antragsberechtigt (Keidel/*Zimmermann* FamFG § 354 Rn. 6).

6 Der Erbe dagegen hat kein Antragsrecht, da hierfür kein Bedürfnis besteht (BayObLG ZEV 1995, 22; MDR 1978, 142; OLG Hamm FamRZ 2000, 487 (488); NJW 1974, 505; hM Palandt/*Weidlich* § 2368 Rn. 5; Staudinger/*Herzog* § 2368 Rn. 17; NK-BGB/*Kroiß* 4. Auflage 2014 § 2368 Rn. 2): Die Testamentsvollstreckung ergibt sich bereits aus dem Erbschein, § 352b II und der Erbe muss sich diesbzgl. nicht legitimieren. Teilweise wird jedoch ein Antragsrecht auch für die Erben vertreten mit der Begründung, dieser habe in unklaren Fällen, wenn bspw. die testamentarische Anordnung nicht eindeutig ist, ein Rechtsschutzbedürfnis und damit ein Antragsrecht (Keidel/*Zimmermann* FamFG § 354 Rn. 6; MüKoBGB/*Grziwotz* 2368 Rn. 6). Beamtenrechtliche Genehmigungsvorbehalte (zB § 65 BBG; Art. 74 I 1 Nr. 2a BayBG) sind Voraussetzungen für die Annahme des Amtes im innerdienstlichen Verhältnis des Beamten und berühren nicht die Wirksamkeit der Ernennung (BeckOK BGB/*Siegmann/Höger* § 2368 Rn. 8).

b) Antragszeitpunkt. Das Testamentsvollstreckerzeugnis kann ab Annahme des Amtes beantragt werden. Ist die Testamentsvollstreckung nur für den Nacherben angeordnet, so kann das Zeugnis erst beantragt werden, wenn der Nacherbfall eingetreten ist. Hiervon zu unterscheiden ist das Zeugnis für die Nacherbenvollstreckung nach § 2222 BGB. Bei aufschiebend bedingt angeordneter Testamentsvollstreckung kann das Zeugnis erst bei Eintritt der Bedingung beantragt und erteilt werden (Keidel/*Zimmermann* FamFG § 354 Rn. 7). Nach Amtsniederlegung ist für eine Erteilung eines Testamentsvollstreckerzeugnisses kein Raum mehr (OLG Düsseldorf Beschl. v. 4.7.2013 – I-3 Wx 265/12, BeckRS 2013, 13234). 7

c) Antragsinhalt. Gem. § 2368 2 BGB iVm § 352 FamFG gelten dieselben Voraussetzungen wie beim Erbscheinsverfahren: Zunächst ist ein formloser – aber bestimmter – Antrag des Testamentsvollstreckers zu stellen; darin ist auch die konkludente Annahme des Amtes zu sehen (BeckOK BGB/*Siegmann/Höger* § 2368 Rn. 4). Weiter sind entsprechend § 352 Angaben zu machen bzgl. dem Todeszeitpunkt, der Verfügung von Todes wegen, auf der die Ernennung des Testamentsvollstreckers beruht, ob sonstige Verfügungen von Todes wegen vorhanden sind, ob ein Rechtsstreit über die Ernennung des Testamentsvollstreckers anhängig ist und ob eine Person vorhanden ist oder war, durch die der antragstellende Testamentsvollstrecker von dem Amt ausgeschlossen oder in seinen Befugnissen beschränkt werden würde (Keidel/*Zimmermann* FamFG § 354 Rn. 8; NK-BGB/*Kroiß* 4. Auflage 2014 § 2368 Rn. 3; BeckOK BGB/*Siegmann/Höger* § 2368 Rn. 6). 8

Im Testamentsvollstreckerzeugnis sind der Erblasser, die Person des Testamentsvollstreckers und ggf. seine Befugnisse (§ 354 II), zB Verwaltungsübertragung, § 2209 BGB, Verwaltungsdauer, § 2210 BGB, die reine Beaufsichtigungsvollstreckung (BayObLG FamRZ 1991, 612), Ernennung mehrerer Testamentsvollstrecker, § 2224 BGB, anzugeben. Daher muss sich bereits der Antrag über den Umfang der Befugnisse aussprechen (vgl. Staudinger/*Herzog* § 2368 Rn. 8; BeckOK BGB/*Siegmann/Hölger* § 2368 Rn. 5; MüKoBGB/*Grziwotzr* § 2368 Rn. 4; OLG Zweibrücken FGPrax 1990, 26; OLGZ 1989, 155; OLG Hamm ZEV 2004, 289). 9

Diese weiteren Angaben sind nur erforderlich, soweit Abweichungen von den gesetzlichen Regelbefugnissen in Betracht kommen (BGH NJW 1996, 1284 = ZEV 1996, 110 = FamRZ 1996, 409 = MDR 1996, 385). Die **Dauervollstreckung** ist in das Testamentsvollstreckerzeugnis aufzunehmen (OLG Zweibrücken FamRZ 1998, 581 = NJWE-FER 1998, 39). Hat der Testamentsvollstrecker nach der letztwilligen Verfügung lediglich die Aufgabe, „für die Erfüllung der angeordneten Vermächtnisse zu sorgen und den Vermächtnisgegenstand bis zur Erfüllung des Vermächtnisses zu verwalten", so ist es dem Nachlassgericht verwehrt, einem Antrag auf Erteilung eines unbeschränkten Testamentsvollstreckerzeugnisses, an den das Nachlassgericht gebunden ist, zu entsprechen (OLG Düsseldorf BeckRS 2013, 06175). 10

Der Nachweis erfolgt gem. § 2368 2 BGB iVm § 352 III FamFG durch öffentliche Urkunden bzw. durch eidesstattliche Versicherung, welche gem. § 352 III 4 erlassen werden kann, insb. dann, wenn sie schon im Erbscheinsverfahren abgegeben wurde oder kein weiterer Erkenntnisgewinn zu erwarten ist (*Zimmermann* ZErb 2008, 151). Wird sie gleichwohl gefordert, kann sie vor dem Nachlassgericht (Rechtspfleger) oder dem Notar beurkundet werden. Gehören zu einer Erbschaft auch Gegenstände, die sich im Ausland befinden, kann der Antrag auf Erteilung eines Testamentsvollstreckerzeugnisses auf die im Inland befindlichen Gegenstände beschränkt werden, § 352c FamFG iVm § 2368 BGB (Keidel/*Zimmermann* FamFG § 354 Rn. 10). 11

3. Beteiligte. Die Beteiligten ergeben sich aus § 345 III: Danach ist der Testamentsvollstrecker Muss-Beteiligter, während das Gericht die Erben und die Mitvollstrecker nach seinem Ermessen beteiligen kann. Auf ihren Antrag hin sind sie zwingend zu beteiligen (Keidel/*Zimmermann* FamFG § 354 Rn. 12; Palandt/*Weidlich* § 2368 Rn. 5 aE). 12

4. Rechtliches Gehör. Allen formell und materiell Beteiligten ist vor Erteilung des Testamentsvollstreckerzeugnisses rechtliches Gehör zu gewähren, Art. 103 I GG. Dies betrifft sowohl den Testamentsvollstrecker als auch die belasteten Erben, denen rechtliches Gehör stets zu gewähren ist (MüKoBGB/*Grziwotz* § 2368 Rn. 11; Keidel/*Zimmermann* FamFG § 354 Rn. 12). 13

5. Beweisverfahren. Gem. §§ 29, 30 sind sowohl das Streng- als auch das Freibeweisverfahren zulässig, wobei die gleichen Grundsätze wie beim Erbscheinsverfahren gelten: Der Strengbeweis verdient den Vorzug, soweit es auf die Erweisbarkeit bestimmter Einzeltatsachen wie Errichtung und Inhalt eines nicht mehr vorhandenen Testaments ankommt oder wenn das Recht eines Beteiligten, an der Wahrheitsfindung mitzuwirken, sonst nicht hinreichend gesichert ist (Keidel/*Zimmermann* FamFG § 354 Rn. 15; BayObLG NJW-RR 1992, 653). Erkenntnisse des Erbscheinsverfahrens können übernommen werden, wenn das Testamentsvollstreckerzeugnis in unmittelbarem Anschluss beantragt wird. Eine Bindungswirkung besteht aber nicht; bei Zweifeln muss das Nachlassgericht erneut ermitteln und kann sowohl hinsichtlich Testierfähigkeit als auch hinsichtlich des Testamentsinhalts zu anderen Ergebnissen kommen (Keidel/*Zimmermann* FamFG § 354 Rn. 15). Wegen § 26 besteht keine formelle Beweislast, aber das Risiko der Unaufklärbarkeit bleibt ebenso wie im Erbscheinsverfahren (materielle Beweislast – Feststel- 14 lungslast). Insoweit trägt der Testamentsvollstrecker das Risiko dahin, dass die Tatbestandsmerkmale nachgewiesen werden, die seine Stellung begründen (Keidel/*Zimmermann* FamFG § 354 Rn. 16).

15 **6. Prüfungsumfang des Nachlassgerichts.** Das Nachlassgericht hat vor Erteilung des Testamentsvollstreckerzeugnis insb. die Gültigkeit der Anordnung des Testamentsvollstreckung und Ernennung zu prüfen. Vor allem sind zu prüfen (MüKoBGB/*Grziwotz* § 2368 Rn. 12; Keidel/*Zimmermann* FamFG § 354 Rn. 17): (1) gem. § 343 die Zuständigkeit (2) das Erbstatut, Art. 21 ff. EuErbVO, Art. 25 EGBGB (3) die Gültigkeit der Verfügung von Todes wegen, mit der die Testamentsvollstreckung angeordnet wurde (4) die Wirksamkeit der Ernennung zum Testamentsvollstrecker, §§ 2197 ff. BGB. (5) kein Entgegenstehen einer erbrechtlichen Bindung, §§ 2271, 2289 BGB oder gem. § 2306 BGB (6) Annahme des Amtes durch den Testamentsvollstrecker, § 2202 BGB (7) Prüfung, ob die Aufgaben des Testamentsvollstreckers bereits gegenstandslos geworden sind, das Amt bereits erloschen ist (zB durch Zeitablauf) oder das Amt bereits niedergelegt wurde (OLG Düsseldorf Beschl. v. 4.7.2013 – I-3 Wx 265/12, BeckRS 2013, 13234). Hingegen ist für eine Prüfung, ob ein Entlassungsgrund iSd 2227 BGB vorliegt, im Zeugniserteilungsverfahren regelmäßig kein Raum. Dem vom Erblasser wirksam ernannten Testamentsvollstrecker ist auf Antrag ein Testamentsvollstreckerzeugnis auch dann zu erteilen, wenn bereits ein Entlassungsantrag gestellt ist (OLG München Beschl. v. 3.5.2010 – 31 Wx 34/10, NJW-RR 2010, 1381 (1382); OLG Hamburg Beschl. v. 15.10.2013 – 2 W 83/13, BeckRS 2014, 05746).

III. Entscheidung des Nachlassgerichts

16 Das Nachlassgericht kann dem Antrag entsprechen oder ihn ablehnen. Ein von einem Antrag abweichendes Testamentsvollstreckerzeugnis darf es nicht erteilen (BeckOK BGB/*Siegmann*/*Höger* § 2368 Rn. 11; Keidel/*Zimmermann* FamFG § 354 Rn. 22); ein solches Zeugnis wäre einzuziehen (OLG Zweibrücken OLGZ 1989, 153 (155)). Soweit der Antragsteller Einschränkungen nicht angegeben hat, so dürfen diese nicht vom Nachlassgericht hinzugefügt werden. Es müsste vielmehr den Antragsteller durch Zwischenverfügung auf seine Rechtsauffassung hinweisen und ggf. zur Antragsänderung auffordern (Keidel/*Zimmermann* FamFG § 354 Rn. 22; BeckOK BGB/*Siegmann*/*Höger* § 2368 Rn. 11).

17 **1. Feststellungsbeschluss.** § 354 verweist auf die Vorschriften zum Erbscheinsverfahren, so dass auch hier diese Vorschriften entsprechend anzuwenden sind. Da das Erbscheinsverfahren den Vorbescheid ins FamFG nicht übernommen hat, kommt lediglich ein Feststellungsbeschluss in Betracht: Dieser ist zu erlassen, wenn das Nachlassgericht die Tatsachen für erwiesen hält, die zur Erteilung des Testamentsvollstreckerzeugnis notwendig sind, § 352e I.

18 **a) Unstreitige Sache.** Handelt es sich um eine unstreitige Sache, dh niemand hat dem Antrag auf Erteilung des Testamentsvollstreckerzeugnisses widersprochen, dann wird der Feststellungsbeschluss mit Erlass wirksam, §§ 354, 352e I 3. Er ist den Beteiligten auch nicht bekannt zu geben, § 352e I 4 und enthält auch keine Begründung, § 38 IV Nr. 2. Ihm folgt sogleich der Vollzug, dh die Erteilung des Testamentsvollstreckerzeugnisses an den Antragsteller (Keidel/*Zimmermann* Rn. 21). Für die Frage der Bindung an Zivilurteile und die Möglichkeit von Auslegungsverträgen kann auf das Erbscheinsverfahren verwiesen werden (→ § 352e Rn. 165, 169 ff.) (s. iÜ Keidel/*Zimmermann* FamFG § 354 Rn. 23–25).

19 **b) Streitige Sache.** Widerspricht der erlassene Feststellungsbeschluss (§§ 354, 352e II) dem erklärten Willen eines Beteiligten, so erhält der den Zusatz: „*Die sofortige Wirksamkeit des Beschlusses wird ausgesetzt; die Erteilung des Testamentsvollstreckerzeugnisses wird bis zur Rechtskraft des Beschlusses zurückgestellt*", § 352e II 2. Gem. § 38 III 1 ist der Beschluss zu begründen und den Beteiligten bekannt zu machen, § 352 II 1. Dem Widersprechenden ist er zuzustellen, § 41 I 2 (Keidel/*Zimmermann* FamFG § 354 Rn. 26).

20 Wurde nach Zustellung des Feststellungsbeschluss binnen der Beschwerdefrist nach § 63 keine Beschwerde eingelegt, ist der Beschluss rechtskräftig geworden und das Testamentsvollstreckerzeugnis wird erteilt; andernfalls wird das Verfahren dem Beschwerdegericht (OLG) vorgelegt und dessen Entscheidung abgewartet (Keidel/*Zimmermann* FamFG § 354 Rn. 28).

21 **2. Antragszurückweisung.** Der Antrag ist durch Beschluss gem. § 38 I FamFG zurückzuweisen, wenn die formellen und/oder materiellen Voraussetzungen nicht vorliegen und sie auch nicht demnächst behebbar sind. Der Beschluss ist zu begründen, §§ 38 II, III FamFG, und gem. § 39 FamFG mit einer Rechtsmittelbelehrung zu versehen (Keidel/*Zimmermann* FamFG § 354 Rn. 29).

22 **3. Zwischenverfügung.** Soweit der Antrag nicht vollständig ist oder sonstige behebbare Mängel vorliegen, hat das Nachlassgericht gem. § 28 II auf die Stellung sachdienlicher Anträge hinzuwirken und auf rechtliche Gesichtspunkte hinzuweisen, soweit es sie anders beurteilt als die Beteiligten, § 38 I 2 (Keidel/*Zimmermann* Rn. 30). Eine Zwischenentscheidung ist nicht mit der Beschwerde anfechtbar, soweit sie den Verfahrensgegenstand nicht ganz oder teilweise erledigt.

IV. Inhalt des Testamentsvollstreckerzeugnisses

23 **1. Regulärer Inhalt.** Im Testamentsvollstreckerzeugnis sind der Erblasser und die Person des Testamentsvollstreckers namentlich zu bezeichnen; die Angabe der Berufes ist sinnvoll (Palandt/*Weidlich* § 2368 Rn. 2). Soweit mehrere Testamentsvollstrecker ernannt wurden, so ist dies anzugeben, § 2224 BGB (NK-BGB/*Kroiß* 4. Auflage 2014 § 2368 Rn. 9; BeckOK BGB/*Siegmann*/*Höger* § 2368 Rn. 14).

Die Angabe der Erben ist dagegen nicht erforderlich, außer es wird die Testamentsvollstreckung nur über den Erbteil eines bestimmten Erben angeordnet (Keidel/*Zimmermann* FamFG § 354 Rn. 31). Es gibt dieselben Formen wie beim Erbschein: Teil-Testamentsvollstreckerzeugnis, gemeinschaftliches Testamentsvollstreckerzeugnis, Fremdrechtstestamentsvollstreckerzeugnisse usw; liegt der gesetzliche Regelfall der Abwicklungsvollstreckung vor, so können weitere Angaben unterbleiben (Palandt/*Weidlich* § 2368 Rn. 2), wie bspw. das Verwaltungsrecht (§ 2205 BGB), Einschränkung aus dem HGB oder vom Erblasser erteilte Vollmachten.

2. Abweichender Inhalt. Alle vom Erblasser wirksam angeordneten Abweichungen vom gesetzlichen Regelfall der §§ 2303 ff. BGB müssen im Testamentsvollstreckerzeugnis angegeben werden, soweit sie für die Gutglaubensfunktion von Bedeutung sind, damit ein Geschäftsgegner durch Einsicht in das Testamentsvollstreckerzeugnis erkennen kann, was der Testamentsvollstrecker darf und was nicht (Keidel/ *Zimmermann* FamFG § 354 Rn. 33). Daher sind Abweichungen im Aufgabenbereich (Dauervollstreckung; vgl. dazu OLG Zweibrücken FGPrax 1998, 26; BayObLG FamRZ 1992, 1354), Verwaltungsvollstreckung oder reine Beaufsichtigungsvollstreckung (BayObLG FamRZ 1991, 612) oder ein bestimmter Endtermin (BayObLG FamRZ 1991, 984) bzw. verlängerte Dauer nach § 2010 II BGB anzugeben; nicht dagegen reine Verwaltungsanordnungen, die die Verfügungsbefugnis nicht beschränken (BeckOK BGB/ *Siegmann/Höger* § 2368 Rn. 17). Demgemäß ist es dem Nachlassgericht verwehrt, einem Antrag auf Erteilung eines unbeschränkten Testamentsvollstreckerzeugnisses, an den das Nachlassgericht gebunden ist, zu entsprechen, wenn der Testamentsvollstrecker nach der letztwilligen Verfügung lediglich die Aufgabe hat, „für die Erfüllung der angeordneten Vermächtnisse zu sorgen und den Vermächtnisgegenstand bis zur Erfüllung des Vermächtnisses zu verwalten" (OLG Düsseldorf Beschl. v. 26.3.2013 – I-3 Wx 196/12, RNotZ 2013, 305 (307)). 24

Besondere Einschränkungen sind (s.a. die Übersichten bei BeckOK BGB/*Siegmann/Höger* § 2368 Rn. 14 ff.; NK-BGB/*Kroiß* 4. Auflage 2014 § 2368 Rn. 9 ff.; Keidel/*Zimmermann* FamFG § 354 Rn. 34 ff.; MüKoBGB/*Grziwotz* § 2368 Rn. 36, 37): Abweichungen vom gesetzlichen Normalfall der §§ 2203 ff. BGB (OLG Hamm NJW-RR 2011, 1023 mwN), wie die Freistellung bei der Eingehung von Verbindlichkeiten, §§ 2206, 2207 BGB, die Übertragung der Verwaltung als selbständige Aufgabe (§ 2209 BGB) und die Dauervollstreckung, die Anordnung, dass die Dauervollstreckung bis zum Tod des Vorerben besteht, aber endet, sobald der Vorerbe keine Schulden mehr hat (OLG Düsseldorf FamRZ 2011, 1174), die Nacherbentestamentsvollstreckung, § 2222 BGB, Vermächtnistestamentsvollstreckung (OLG Düsseldorf Beschl. v. 26.3.2013 – I-3 Wx 196/12, RNotZ 2013, 305; BayObLG NJW-RR 1990, 844), § 2223, Beschränkungen in der Verwaltung, § 354 II, Beschränkung der Verfügungsmacht infolge der Maßgabe, dass eine Verfügung über ein Grundstück nur gemeinsam mit dem Erben erlaubt sei (KG Beschl. v. 16.1.2015 – 6 W 1/15, ErbR 2015, 328 Rn. 21); Beschränkung auf die Aufgabe, lediglich den Vollzug einer vom Erben (BayObLG NJW-RR 1991, 523) oder Vermächtnisnehmer (BayObLG NJW-RR 1986, 629) zu vollziehenden Auflage zu verlangen, ebenso Teilungsanordnungen und Auseinandersetzungsverbote oder Veräußerungsverbote. 25

Wurde die Testamentsvollstreckung einheitlich für den Vor- und Nacherbfall angeordnet, so ist ein einheitliches Zeugnis zulässig (BayObLG NJW 1959, 1920), bei dem der Testamentsvollstrecker dann nicht den Beschränkungen der §§ 2113–2115 BGB unterliegt (OLG Düsseldorf FamRZ 2012, 1332; BayObLG FamRZ 1991, 984; NK-BGB/*Kroiß* 4. Auflage 2014 § 2368 Rn. 10). Bei Testamentsvollstreckung für den Vorerben ist jedoch nicht ohne weiteres von einer umfassenden Verfügungsbefugnis auch für den Nacherben auszugehen. Vielmehr ist durch Auslegung der letztwilligen Verfügung zu ermitteln, in welchem Umfang der Erblasser dem Testamentsvollstrecker Befugnisse einräumen wollte (OLG München Beschl. v. 15.4.2016 – 34 Wx 158/15, ZEV 2016, 325 Rn. 35 ff.). 26

3. Nicht aufzunehmen sind: Die Namen der Erben (KG ZEV 2003, 204 (205)), eine Befreiung vom Verbot des § 181 BGB (OLG Hamm ZEV 2004, 288 (289)), nur im Innenverhältnis wirkende Verwaltungsanordnungen, § 2216 II BGB (BeckOK BGB/*Siegmann/Höger* § 2368 Rn. 17a; Palandt/*Weidlich* § 2368 Rn. 2) oder gesellschaftsrechtliche Beschränkungen der Befugnisse des Testamentsvollstreckers (NK-BGB/*Kroiß* 4. Auflage 2014 § 2368 Rn. 12). Enthält das Zeugnis nicht erforderliche zusätzliche Angaben, so kann dies, sofern diese vom Rechtsverkehr missverstanden werden, die Unrichtigkeit und die Einziehung des Testamentsvollstreckerzeugnisses begründen (OLG Hamm ZEV 2004, 288 (289); Staudinger/*Herzog* § 2368 Rn. 8; Palandt/*Weidlich* § 2368 Rn. 2; BeckOK BGB/*Siegmann/Höger* § 2368 Rn. 17a). 27

V. Rechtsmittel

Beschwerdegericht ist das OLG gem. §§ 119 I Nr. 1b GVG. Das Beschwerdegericht darf allerdings weder selbst ein Testamentsvollstreckerzeugnis erteilen noch einziehen, § 2368 1 BGB. Im Fall der erfolgreichen Beschwerde weist es daher das Nachlassgericht hierzu an. 28

Gegen Zwischenentscheidungen ist grds. keine Beschwerde möglich. Dies gilt insb. nach der Abschaffung des Vorbescheids. 29

Gegen den Feststellungsbeschluss ist die befristete Beschwerde nach §§ 58, 63 zulässig. Beschwerdeberechtigt ist allerdings nur, wer in seinen Rechten beeinträchtigt ist, § 59 I, allerdings auch dann, wenn er zuvor einer Erteilung des Testamentsvollstreckerzeugnisses nicht widersprochen hatte (Keidel/ *Zimmermann* FamFG § 354 Rn. 39). 30

31 Das erteilte Testamentsvollstreckerzeugnis selbst ist nicht mit der Beschwerde anfechtbar. Hier ist lediglich das Einziehungsverfahren nach §§ 2361, 2368 2 BGB oder die Klage nach § 2362 BGB möglich. Eine Beschwerde ist allerdings als Anregung auf Einziehung umzudeuten (Keidel/*Zimmermann* FamFG § 354 Rn. 40).

32 Wird der Antrag auf Erteilung eines Testamentsvollstreckerzeugnisses zurückgewiesen, so ist auch die befristete Beschwerde möglich, §§ 58, 63, soweit der Antragsteller in seinen Rechten beeinträchtigt ist, § 59 I, und einen Antrag in der ersten Instanz gestellt hat, § 59 II. In der Beschwerdeinstanz kann nur der beim Nachlassgericht gestellte Antrag weiterverfolgt werden, da nur darüber eine Entscheidung erster Instanz vorliegt. Bei Antragsänderungen muss wieder beim Nachlassgericht begonnen werden (Keidel/*Zimmermann* FamFG § 354 Rn. 41).

VI. Kosten

33 Für das Verfahren über den **Antrag auf Erteilung eines Testamentsvollstreckerzeugnisses** beträgt die **Verfahrensgebühr 1,0**, sofern nicht die Ermäßigungstatbestände der Nr. 12211 bzw. Nr. 12212 KV-GNotKG eingreifen. Soweit die eidesstattliche Versicherung erforderlich ist, gilt Nr. 12210 KV-GNotKG iVm Vor 1 II iVm Nr. 23300 KV-GNotKG).

34 Kostenschuldner ist gem. § 22 I GNotKG) der Antragsteller; daneben haften gem. § 2206 BGB, § 27 Nr. 3 GNotKG die Erben.

35 Der Geschäftswert bestimmt sich nach § 40 V GNotKG. Der Geschäftswert beträgt 20 % des Nachlasswertes im Zeitpunkt des Erbfalls, wobei Nachlassverbindlichkeiten nicht abgezogen werden.

§ 355 Testamentsvollstreckung

(1) **Ein Beschluss, durch den das Nachlassgericht einem Dritten eine Frist zur Erklärung nach § 2198 Abs. 2 des Bürgerlichen Gesetzbuchs oder einer zum Testamentsvollstrecker ernannten Person eine Frist zur Annahme des Amtes bestimmt, ist mit der sofortigen Beschwerde in entsprechender Anwendung der §§ 567 bis 572 der Zivilprozessordnung anfechtbar.**

(2) Auf einen Beschluss, durch den das Gericht bei einer Meinungsverschiedenheit zwischen mehreren Testamentsvollstreckern über die Vornahme eines Rechtsgeschäfts entscheidet, ist § 40 Abs. 3 entsprechend anzuwenden; die Beschwerde ist binnen einer Frist von zwei Wochen einzulegen.

(3) Führen mehrere Testamentsvollstrecker das Amt gemeinschaftlich, steht die Beschwerde gegen einen Beschluss, durch den das Gericht Anordnungen des Erblassers für die Verwaltung des Nachlasses außer Kraft setzt, sowie gegen einen Beschluss, durch den das Gericht über Meinungsverschiedenheiten zwischen den Testamentsvollstreckern entscheidet, jedem Testamentsvollstrecker selbständig zu.

1 1. Normzweck. In § 355 werden die FamFG-Verfahren, die eine Testamentsvollstreckung betreffen zusammengefasst behandelt.

2 2. Fristsetzungen. a) Bestimmung der Person des Testamentsvollstreckers. Gem. **§ 2197 BGB** kann der Testamentsvollstrecker durch letztwillige Verfügung ernannt werden (zu den Einzelheiten vgl. MüKoBGB/*Zimmermann* Vorb. § 2197 Rn. 1). Dabei ist es auch möglich, die Bestimmung der Person des Testamentsvollstreckers einem Dritten oder dem Nachlassgericht zu überlassen, **§§ 2198, 2200 BGB** (zu den Voraussetzungen für die Annahme eines Ersuchens nach § 2200 BGB OLG Zweibrücken DNotZ 2006, 773 = FGPrax 2006, 169). Dritter kann auch der Erbe selbst, nicht aber der **Notar**, der die Verfügung von Todes wegen beurkundet hat, §§ 7, 27 BeurkG, sein. Dem Dritten kann nach dem Erbfall eine Frist zur Ausübung des Bestimmungsrechts gesetzt werden, § 2198 II BGB. Antragsberechtigt hierfür ist jeder, der ein rechtliches Interesse hat (BGHZ 35, 299).

3 b) Amtsannahme des Testamentsvollstreckers. Die **Annahme** der Testamentsvollstreckung ist dem Nachlassgericht anzuzeigen, **§ 2202 II BGB**. Damit beginnt auch das Amt des Testamentsvollstreckers. Gem. § 2202 III BGB kann auch dem Testamentsvollstrecker zur Erklärung der Annahme des Amtes eine Frist gesetzt werden.

4 c) Rechtsmittel. Beide Fristsetzungen sind mit der sofortigen Beschwerde nach §§ 567–572 ZPO anfechtbar. Gegen einen Beschluss, der die Bestimmung einer Frist ablehnt, ist die Beschwerde nach §§ 58, 63 statthaft (Keidel/*Zimmermann* FamFG § 355 Rn. 14).

5 3. Mehrere Testamentsvollstrecker. a) **Meinungsverschiedenheiten.** Bei Meinungsverschiedenheiten mehrerer Testamentsvollstrecker bzgl. der Vornahme eines Rechtsgeschäfts, entscheidet das Nachlassgericht durch Beschluss, § 2224 BGB. Dabei muss es sich um einen Streit innerhalb der gemeinschaftlichen Amtsführung handeln (BGH NJW 1956, 986). Der Beschluss wird erst mit seiner Rechtskraft wirksam, § 40 III 1.

6 b) **Selbständiges Beschwerderecht.** Nach § 355 III kann bei gemeinschaftlicher Amtsführung abweichend vom Grundsatz jeder Testamentsvollstrecker in den dort genannten Sonderfällen selbständig das Beschwerderecht ausüben.

7 4. **Außerkraftsetzen von Anordnungen.** Verfügt das Nachlassgericht auf Antrag eines Beteiligten die Außerkraftsetzung einer letztwilligen Anordnung, die der Erblasser für die Verwaltung getroffen hat,

§ 2216 II 2 BGB, so kann sich der Testamentsvollstrecker gegen diese Anordnung beschweren, §§ 59, 355 III. Wird der Antrag zurückgewiesen, ist dieser Beschluss mit der Beschwerde nach § 58 anfechtbar.

Unterabschnitt 5. Sonstige verfahrensrechtliche Regelungen

§ 356 Mitteilungspflichten

(1) Erhält das Gericht Kenntnis davon, dass ein Kind Vermögen von Todes wegen erworben hat, das nach § 1640 Abs. 1 Satz 1 und Abs. 2 des Bürgerlichen Gesetzbuchs zu verzeichnen ist, teilt es dem Familiengericht den Vermögenserwerb mit.

(2) Hat ein Gericht nach § 344 Abs. 4 Maßnahmen zur Sicherung des Nachlasses angeordnet, soll es das nach § 343 zuständige Gericht hiervon unterrichten.

In § 356 werden die Mitteilungspflichten zusammengefasst (vgl. BT-Drs. 16/6308, 282). Die Vorschrift greift nur bei dem Vermögenserwerb eines Kindes durch gesetzliche oder gewillkürte Erbfolge, durch Vermächtnis oder aufgrund eines Pflichtteilsanspruchs (§ 1640 I 1 BGB), sofern der Wert des Vermögenserwerbs 15.000 EUR (Nettowert, also nach Abzug der Erblasser-/Nachlassschulden) übersteigt und der Erblasser durch letztwillige Verfügung keine Befreiung von der Inventarisierungspflicht iSd § 1640 I 1 BGB angeordnet hat. Die Pflicht besteht bereits dann, sofern überhaupt im Raum steht, dass die Voraussetzungen des § 1640 I 1, II BGB erfüllt sein können (OLG München Urt. v. 6.6.2002 – 1 U 4182/00, BeckRS 2002, 311437. In diesem Fall hat das Nachlassgericht das Nachlassgericht das Familiengericht vom Vermögenserwerb des Kindes zu benachrichtigen. Die nähere Prüfung, ob ein Anspruch iSd § 1640 I 1, II BGB besteht, obliegt dann dem Familiengericht. 1

Ein Gericht, das nach § 344 IV Maßnahmen zur Nachlasssicherung, zB eine Nachlasspflegschaft, angeordnet hat (→ vgl. § 344 Rn. 7), muss dies dem nach § 343 zuständigen Nachlassgericht mitteilen. 2

§ 357 Einsicht in eine eröffnete Verfügung von Todes wegen; Ausfertigung eines Erbscheins oder anderen Zeugnisses

(1) Wer ein rechtliches Interesse glaubhaft macht, ist berechtigt, eine eröffnete Verfügung von Todes wegen einzusehen.

(2) ¹Wer ein rechtliches Interesse glaubhaft macht, kann verlangen, dass ihm von dem Gericht eine Ausfertigung des Erbscheins erteilt wird. ²Das Gleiche gilt für die nach § 354 erteilten gerichtlichen Zeugnisse sowie für die Beschlüsse, die sich auf die Ernennung oder die Entlassung eines Testamentsvollstreckers beziehen.

1. Normzweck. § 357 I übernahm den Regelungsgehalt des § 2264 BGB aF. Er steht neben dem allgemeinen Akteneinsichtsrecht nach § 13 II, der die Einsicht in das Ermessen des Gerichts stellt, und dehnt das Einsichtsrecht auf alle Arten von letztwilligen Verfügungen, auch auf eröffnete Erbverträge, aus. Im Gegensatz zu § 13 II erstreckt sich der Kreis der Berechtigten über die Beteiligten hinaus auf jeden, der ein rechtliches Interesse für die Einsicht glaubhaft machen kann. Gegenstand der Einsicht sind alle (auch nichtige) Verfügungen von Todes wegen, nicht aber das Eröffnungsprotokoll selbst, für das § 13 gilt (Keidel/*Zimmermann* FamFG § 357 Rn. 16). Da das rechtliche Interesse teilbar ist, kann sich das Einsichtsrecht auf einzelne letztwillige Verfügungen bzw. einen Teil der letztwilligen Verfügung beschränken (OLG Düsseldorf Beschl. v. 23.9.2016 – I-3 Wx 115/16, ZEV 2017, 43 (44) und OLG Hamm Beschl. v. 12.12.2014 – 10 W 102/14, BeckRS 2015, 20973 zum Umfang des Einsichtsrechts eines Vermächtnisnehmers). 1

§ 357 II entspricht dem früheren § 78 FGG. Danach kann eine Ausfertigung von Erbscheinen, § 2353 BGB, Testamentsvollstreckerzeugnissen, § 2368 BGB, und von Zeugnissen über die Fortsetzung der Gütergemeinschaft verlangt werden. Auch Beschlüsse nach §§ 2200, 2202 III, § 2227 BGB können in Ausfertigung angefordert werden. Die Ausfertigung (= Abschrift/Fotokopie der Urschrift mit Ausfertigungsvermerk) vertritt im Rechtsverkehr die Urschrift, § 47 BeurkG. Sie muss daher, wenn der Erbschein wegen Unrichtigkeit nach § 2361 BGB einzuziehen ist, ebenfalls eingezogen werden, bzw. nach § 353 I 1 für kraftlos erklärt werden, wenn sie nicht mehr zurückgegeben werden kann. Die Erteilung der Ausfertigung wie auch der Empfänger ist daher in der Nachlassakte zu vermerken. Voraussetzung für die Erteilung einer Ausfertigung der letztwilligen Verfügung ist die Darlegung eines rechtlichen Interesses und dessen Glaubhaftmachung, das sich auf die Erteilung einer Ausfertigung beziehen muss. Es ist also glaubhaft zu machen, inwiefern für die verfolgten Zwecke die Ausstellung einer beglaubigten Abschrift (vgl. dazu § 27 XII AktO) nicht ausreichend ist. 2

2. Zuständigkeit. Die Entscheidung über das Recht zur Einsicht wie auch auf Erteilung einer Ausfertigung betrifft eine Nachlasssache (§ 23a I Nr. 2, II Nr. 2 GVG) und fällt daher nicht in den Zuständigkeitsbereich der Justizverwaltung. Funktionell zuständig für die Erteilung ist der Rechtspfleger, § 3 Nr. 2c RPflG. 3

3. Rechtsmittel. Wird die Einsichtnahme verweigert oder die Ausfertigung abgelehnt, ist die Beschwerde nach § 58 gegeben (KG NJW-RR 2011, 1025; Bumiller/Harders/*Schwamb* FamFG § 357 4

Rn. 11). Wird die Einsicht gewährt oder die Ausfertigung erteilt, haben die Personen, die hiervon in ihren materiellen Rechten betroffen sind (vgl. § 59 I → § 59 Rn. 2 ff.), die Möglichkeit der Beschwerde iSd § 58. Diese ist verfahrensrechtlich überholt, wenn die Einsichtnahme bereits erfolgt ist. Dies gilt aber nicht für den Fall der Ausfertigung im Hinblick darauf, dass sie im Rechtsverkehr die Urschrift vertritt (aA Keidel/*Zimmermann* FamFG § 357 Rn. 44 im Hinblick auf die Möglichkeit der zwischenzeitlichen Fertigung einer Fotokopie).

5   **4. Kosten und Gebühren.** Die Kosten für Abschriften, Ablichtungen und die Erteilung einer Ausfertigung ergeben sich aus Nr. 31000 KV-GNotKG. Die bloße Einsicht ist gebührenfrei.

§ 358 Zwang zur Ablieferung von Testamenten

In den Fällen des § 2259 Abs. 1 des Bürgerlichen Gesetzbuchs erfolgt die Anordnung der Ablieferung des Testaments durch Beschluss.

1   **1. Normzweck.** Die Vorschrift trat an die Stelle des § 83 FGG. § 2259 BGB bestimmt, dass derjenige, der ein Testament nach Eintritt des Erbfalls in Besitz hat, dies unverzüglich beim Nachlassgericht abzuliefern hat (vgl. dazu näher → § 2259 Rn. 2 und 3).

2   **2. Verfahren.** Das Nachlassgericht hat den Testamentsbesitzer mittels Beschluss iSd § 38 zur Ablieferung aufzufordern. Darin ist zugleich auf die Folgen einer Zuwiderhandlung (§ 35 II) hinzuweisen. Die Ablieferung wird gemäß den Voraussetzungen iSd § 35 erzwungen. Funktionell zuständig für die Ablieferungsanordnung wie auch für die Vollstreckung ist grundsätzlich der Rechtspfleger, § 3 Nr. 2c RPflG (Nachlassrichter lediglich für (Ersatz)Zwangshaft, § 4 II Nr. 2 RPflG).

3   **3. Rechtsmittel.** Gegen den Anordnungsbeschluss ist die befristete Beschwerde nach §§ 58, 63 statthaft; gegen den Beschluss der Zwangsmaßnahmen anordnet, findet die sofortige Beschwerde entsprechend §§ 567–572 ZPO statt (§ 35 V). Insofern beträgt die Beschwerdefrist zwei Wochen (§ 569 ZPO).

4   **4. Kosten und Gebühren.** Der Anordnungsbeschluss ergeht gebührenfrei. Hinsichtlich der Vollstreckung gilt Nr. 18003 (Anordnung von Zwangsmittel) und Nr. 18004 (Abnahme der eidesstattlichen Versicherung) KV-GNotKG.

§ 359 Nachlassverwaltung

(1) Der Beschluss, durch den dem Antrag des Erben, die Nachlassverwaltung anzuordnen, stattgegeben wird, ist nicht anfechtbar.

(2) Gegen den Beschluss, durch den dem Antrag eines Nachlassgläubigers, die Nachlassverwaltung anzuordnen, stattgegeben wird, steht die Beschwerde nur dem Erben, bei Miterben jedem Erben, sowie dem Testamentsvollstrecker zu, der zur Verwaltung des Nachlasses berechtigt ist.

1   **1. Normzweck.** Diese Vorschrift ersetzte den § 76 FGG. Die Einschränkung der Anfechtbarkeit dient der Rechtssicherheit. Sie kann nicht dadurch umgangen werden, dass nach Anordnung der Nachlassverwaltung der Antrag zurückgenommen wird oder ein Antrag auf deren Aufhebung aus Gründen gestellt wird, die bereits bei Anordnung der Nachlassverwaltung vorgelegen haben (Keidel/*Zimmermann* FamFG § 359 Rn. 10).

2   **2. Nachlassverwaltung.** Bei der Nachlassverwaltung handelt es sich um einen **Unterfall der Nachlasspflegschaft** (BayObLGZ 1976, 167 (171)). Sie bezweckt zweierlei:
– die Befriedigung der Nachlassgläubiger
– die Beschränkung der Haftung der Erben auf den Nachlass, § 1975 BGB.
Die Anordnung der Nachlassverwaltung ist kein Mittel zur Überwindung fehlender Mitwirkungsbereitschaft bzw. der Passivität einzelner Miterben bei der Nachlassauseinandersetzung, sofern von diesem Verhalten nicht eine konkrete Gefährdung des Nachlasses ausgeht (OLG Düsseldorf ZEV 2012, 319).

3   Der Nachlassverwalter ist nicht gesetzlicher Vertreter der Erben, sondern ein „amtlich bestelltes Organ zur Verwaltung einer fremden Vermögensmasse mit **eigener Parteistellung** im Rechtsstreit." Insoweit ähnelt seine Stellung der eines Insolvenzverwalters, allerdings mit der Besonderheit, dass die volle Befriedigung der Gläubiger angestrebt wird.

4   **3. Nachlassgerichtliches Verfahren. a) Antrag.** Nachlassverwaltung wird nur auf **Antrag** angeordnet, § 1981 I BGB. Antragsberechtigt ist der Alleinerbe; Miterben können den Antrag **nur gemeinschaftlich** stellen, § 2062 BGB.

5   IÜ sind auch der Erbschaftskäufer (§ 2383 BGB), der verwaltende Testamentsvollstrecker (analog § 317 I InsO) und die Nachlassgläubiger, § 1981 II BGB, zur Antragstellung befugt (vgl. zum Personenkreis der Antragsberechtigten → § 1981 BGB Rn. 4).

6   **b) Gerichtliche Zuständigkeit.** Der Antrag ist beim Nachlassgericht, in dessen Bezirk der Erblasser seinen gewöhnlichen Aufenthalt hatte, zu stellen, § 343. Über den Antrag entscheidet der Rechtspfleger, § 3 Nr. 2c, § 16 I Nr. 1 RPflG.

7   **c) Voraussetzung für die Anordnung.** Voraussetzung für die Anordnung ist eine Nachlassmasse, die die Kosten des Verfahrens deckt, § 1982 BGB.

Folgende Kosten sind zu berücksichtigen:
– eine Gerichtsgebühr nach Nr. 12310 KV-GNotKG aus Tabelle A.
– die Kosten für die Bekanntmachung, § 1983 BGB
– die zu erwartende Vergütung und der Auslagenersatz des Nachlassverwalters, § 1987 BGB („angemessene Vergütung" (dies entspricht dem § 2221 BGB beim Testamentsvollstrecker)); der Aufwendungsersatz, der neben der Vergütung verlangt werden kann, bestimmt sich nach den §§ 1915, 1835, 670 BGB (→ § 1987 BGB Rn. 6).

4. Rechtsmittel. a) Gegen die Anordnung der Nachlassverwaltung. aa) Antrag aller Miterben. Ist einem Antrag aller Miterben stattgegeben worden, so ist die Beschwerde unzulässig, § 359 I.

bb) Antrag einzelner Miterben. Haben nicht alle Miterben den Antrag gestellt, ist gegen die Anordnung der Nachlassverwaltung die befristete Beschwerde, §§ 58 ff., statthaft.

cc) Antrag eines Nachlassgläubigers. Gegen die Anordnung auf Antrag eines Nachlassgläubigers ist die befristete Beschwerde gem. § 359 II statthaft.

dd) Antrag des (Einzel)Erben. Die Beschwerde ist ausgeschlossen (§ 359 I), es sei denn, dass die Beschwerde darauf gestützt wird, dass kein (wirksamer) Antrag vorgelegen hat (Bumiller/Harders/*Schwamb* FamFG § 359 Rn. 4).

b) Gegen die Ablehnung der Anordnung der Nachlassverwaltung. Gegen die Ablehnung der Anordnung der Nachlassverwaltung ist die befristete Beschwerde §§ 58 ff. statthaft.

c) Auswahl des Verwalters. Der Ausschluss der Anfechtbarkeit in § 359 I erfasst nicht eine Beschwerde gegen die ausgewählte Person des Verwalters (Keidel/*Zimmermann* FamFG § 359 Rn. 14).

5. Gebühren. Für die Nachlassverwaltung fällt eine Verfahrensgebühr von 0,5 nach der Tabelle A an, Nr. 12310 KV-GNotKG sowie eine Jahresgebühr iSd Nr. 12311 KV-GNotKG.

§ 360 Bestimmung einer Inventarfrist

(1) Die Frist zur Einlegung einer Beschwerde gegen den Beschluss, durch den dem Erben eine Inventarfrist bestimmt wird, beginnt für jeden Nachlassgläubiger mit dem Zeitpunkt, in dem der Beschluss dem Nachlassgläubiger bekannt gemacht wird, der den Antrag auf die Bestimmung der Inventarfrist gestellt hat.

(2) Absatz 1 gilt entsprechend für die Beschwerde gegen einen Beschluss, durch den über die Bestimmung einer neuen Inventarfrist oder über den Antrag des Erben, die Inventarfrist zu verlängern, entschieden wird.

1. Normzweck. § 360 regelt wie früher § 77 III FGG den Lauf der Rechtsmittelfristen für die Nachlassgläubiger. Die grundsätzliche Anknüpfung an den Zeitpunkt, an dem der Beschluss hinsichtlich die Bestimmung der Inventarfrist an den antragstellenden Nachlassgläubiger bekannt gemacht wurde, bedingt einen einheitlichen Lauf der Beschwerdefrist für alle Beteiligten. Sie stellt insofern ein lex specialis zu § 63 III 1 dar. Da die Bekanntgabe Auswirkungen auf den Lauf der Rechtsmittelfrist iSd § 63 III hat, ist der Beschluss dem antragstellenden Nachlassgläubiger entgegen dem Wortlaut des § 41 I 2 auch dann zuzustellen, wenn seinem Antrag entsprochen wird. Dies hat auch den Vorteil, dass dadurch der Beginn der Beschwerdefrist zweifelsfrei festgestellt werden kann.

2. Zuständigkeit. Bei der Bestimmung einer Inventarfrist nach §§ 1993 ff. BGB handelt es sich um eine Nachlasssache, § 342 I Nr. 9, die der Rechtspfleger, § 3 Nr. 2c RPflG, des nach § 343 örtlich zuständigen Nachlassgerichts anordnet.

3. Rechtsmittel. Gegen den Beschluss, durch den dem Erben eine Inventarfrist bestimmt wird (§§ 1994, 1995 II BGB), und gegen den Beschluss, durch den über die Bestimmung einer neuen Inventarfrist (§ 1996 BGB) oder über den Antrag des Erben, die Inventarfrist zu verlängern (§ 1995 III BGB), entschieden wird, ist die Beschwerde nach §§ 58, 63 statthaft. Der Beschwerdewert (§ 61) muss dabei erreicht sein.

§ 361 Eidesstattliche Versicherung

¹Verlangt ein Nachlassgläubiger von dem Erben die Abgabe der in § 2006 des Bürgerlichen Gesetzbuchs vorgesehenen eidesstattlichen Versicherung, kann die Bestimmung des Termins zur Abgabe der eidesstattlichen Versicherung sowohl von dem Nachlassgläubiger als auch von dem Erben beantragt werden. ²Zu dem Termin sind beide Teile zu laden. ³Die Anwesenheit des Gläubigers ist nicht erforderlich. ⁴Die §§ 478 bis 480 und 483 der Zivilprozessordnung gelten entsprechend.

1. Normzweck. § 2006 BGB bestimmt, dass der Erbe auf Verlangen eines Nachlassgläubigers bei der Inventarerrichtung zu Protokoll des Nachlassgerichts an Eides statt zu versichern hat, dass er nach bestem Wissen die Nachlassgegenstände so vollständig angegeben habe, als er dazu imstande sei. Damit soll dem Nachlassgläubiger als Bekräftigung im Hinblick auf die Vollständigkeits- und Richtigkeitsvermutung des § 2009 BGB eine Sicherheit gegeben werden (→§ 2009 BGB Rn. 4). Im Unterschied zu der eidesstattlichen Versicherung in Verfahren nach §§ 259, 260, 2028 und 2057 BGB kann sie im Verfahren nach § 2009 BGB bei Nichtabgabe nicht im Wege der Vollstreckung erzwungen werden; Rechtsfolge bei Nichtabgabe ist die Haftung des Erben.

2. Verfahren. Im Gegensatz zu der eidesstattlichen Versicherung in Verfahren nach §§ 259, 260, 2028 und 2057 BGB, die als „weitere Angelegenheiten der freiwilligen Gerichtsbarkeit" unter § 410 Nr. 1 geregelt wurde, stellt die nach § 2006 BGB abzugebende eidesstattliche Versicherung eine Nachlasssache (§ 23a II Nr. 2 GVG) dar, für die §§ 342 ff. Anwendung finden. Sachlich ist das Amtsgericht als Nachlassgericht, der Rechtspfleger funktionell zuständig (§ 3 Nr. 2c RPflG). Die örtliche Zuständigkeit bestimmt sich nach § 343. Auf (formlosen) Antrag eines Nachlassgläubigers (→ § 2006 BGB Rn. 4) oder des Erben erfolgt die Terminsbestimmung gem. § 361 1. Für die Abgabemodalitäten sind die §§ 478–480, 483 ZPO zu beachten.

3. Rechtsmittel. Gegen die Ablehnung der Terminsbestimmung bzw. der Abnahme der eidesstattlichen Versicherung ist die befristete Beschwerde statthaft, §§ 58, 63. Hingegen ist gegen die Terminsbestimmung, die Verlegung und die Ladung weder eine Beschwerde noch eine Erinnerung möglich. Insoweit ist der Erbe nicht beschwert, da er nicht zum Erscheinen verpflichtet ist (BayObLGZ 4, 229; Keidel/*Zimmermann* FamFG § 361 Rn. 11).

4. Gebühren. Für die Abnahme einer eidesstattlichen Versicherung erwächst eine 0,5 Gebühr, Vorb. 1.2. Abs. 2 Nr. 15212 KV-GNotKG. Kostenschuldner ist der Antragsteller, § 22 I GNotKG.

§ 362 Stundung des Pflichtteilsanspruchs

Für das Verfahren über die Stundung eines Pflichtteilsanspruchs (§ 2331a in Verbindung mit § 1382 des Bürgerlichen Gesetzbuchs) gilt § 264 entsprechend.

1. Normzweck. Diese Vorschrift dient dem Schutz des Schuldners. Bei dem Verfahren zur Stundung des Pflichtteilsanspruchs nach § 2331a BGB handelt es sich um eine Nachlasssache, § 342 I Nr. 9. Der Anwendungsbereich des § 362 betrifft allein den Fall, dass der Pflichtteilsanspruch sowohl nach dem Grund als auch in der Höhe unstreitig ist (vgl. § 2331a II BGB). Ist dies nicht der Fall, so ist das Prozessgericht zuständig. Da meist die Bewertung des Nachlasses streitig ist, kommt § 363 in der nachlassrechtlichen Praxis fast keine Bedeutung zu. Mit Klagezustellung wird der Antrag vor dem Nachlassgericht mangels Rechtsschutzinteresses unzulässig; der Erbe kann nach § 2331a II 2 BGB iVm § 1382 V BGB den Stundungsantrag nur noch beim Prozessgericht stellen (Keidel/*Zimmermann* FamFG § 362 Rn. 17).

2. Anspruch auf Stundung. Der mit der Erbrechtsreform zum 1.1.2010 geänderte § 2331a BGB erweitert den persönlichen und sachlichen Anwendungsbereich der Vorschrift. Danach soll jeder Erbe (nicht nur der pflichtteilsberechtigte) das Verlangen stellen können; sachlich soll in größerem Umfang als bisher die Verwertung von Vermögenswerten wie Familienheim oder Unternehmen zur Befriedigung von Pflichtteilsansprüchen verhindert werden. Wegen der weiteren Einzelheiten darf auf die Komm. zu § 2331a BGB verwiesen werden. Die Gerichtsgebühren ergeben sich aus Nr. 12520 KV-GNotKG und der Geschäftswert aus § 36 GNotKG.

Abschnitt 3. Verfahren in Teilungssachen

§ 363 Antrag

(1) **Bei mehreren Erben hat der Notar auf Antrag die Auseinandersetzung des Nachlasses zwischen den Beteiligten zu vermitteln; das gilt nicht, wenn ein zur Auseinandersetzung berechtigter Testamentsvollstrecker vorhanden ist.**

(2) **Antragsberechtigt ist jeder Miterbe, der Erwerber eines Erbteils sowie derjenige, welchem ein Pfandrecht oder ein Nießbrauch an einem Erbteil zusteht.**

(3) **In dem Antrag sollen die Beteiligten und die Teilungsmasse bezeichnet werden.**

1. Normzweck. Als eine Möglichkeit der „gerichtlichen Mediation" sah diese Vorschrift bis 31.8.2013 vor, dass das nach § 343 zuständige Nachlassgericht die Erbauseinandersetzung vermitteln kann. In Bayern konnten auch bislang schon Notare Vermittler sein, Art. 38 AGGVG (vgl. *Ihrig* MittBayNot 2012, 353). Gemäß dem Gesetz zur Übertragung von Aufgaben im Bereich der freiwilligen Gerichtsbarkeit auf Notare v. 26.6.2013 (BGBl. 2013 I, 1800; BT-Drs. 358/13) sind ab 1.9.2013 generell die Notare für die Teilungsverfahren zuständig. Für die gerichtliche Zuweisung eines land- und forstwirtschaftlichen Betriebs nach §§ 13–17 GrdstVG ist das Amtsgericht als Landwirtschaftsgericht (§ 2 LwVG) sachlich zuständig ist (§ 1 Nr. 2 LwVG).

2. Voraussetzungen. a) Mehrheit von Erben. Es muss eine Miterbengemeinschaft iSd § 2032 BGB vorliegen. Dies ist nur der Fall, wenn mehrere Erben nebeneinander berufen sind (→ § 2032 BGB Rn. 9), nicht aber wenn Vor- und Nacherbschaft angeordnet ist. Schuldrechtliche Ansprüche gegen den Nachlass (zB Pflichtteil und Vermächtnisse) begründen keine Erbenstellung, so dass für deren Verwirklichung das Verfahren nach §§ 363 ff. nicht anwendbar ist.

Ladung §§ 364, 365 FamFG 30

b) Verfahrensvoraussetzung. aa) Stellung eines Antrags. Antragsberechtigt ist jeder **Miterbe**, daneben auch Testamentsvollstrecker, Nachlassverwalter dann antragsberechtigt, wenn nur der Anteil eines Erben ihrer Verfügungsbefugnis unterliegt (Bassenge/Roth/*Bassenge* FamFG § 363 Rn. 3). Hat der Testamentsvollstrecker, der Nachlasspfleger, der Nachlassverwalter oder der Nachlassinsolvenzverwalter hingegen die Verfügungsbefugnis für den gesamten Nachlass, steht ihnen kein Antragsrecht zu (Bumiller/Harders/*Schwamb* FamFG § 363 Rn. 2 aE). Entsprechendes gilt für Nachlassgläubiger. Antragsberechtigt ist auch derjenige, dem ein Pfandrecht an einem Erbteil zusteht. Der Rechtsgrund des Pfandrechts (Vertrag nach §§ 398, 413, 1274, 2033 BGB – Pfändung nach § 859 II ZPO) ist unmaßgeblich. Folgende Besonderheiten sind aber zu beachten: bei dem Vertragspfandrecht kann der Gläubiger bis zum Eintritt der Verkaufsberechtigung bzgl. des Erbteils den Antrag nur zusammen mit dem Erben stellen, erst danach allein (Keidel/*Zimmermann* FamFG § 363 Rn. 53); bei Pfändung des Erbteils ist für die Antragsberechtigung des Gläubigers Voraussetzung, dass der Schuldtitel rechtskräftig ist; dessen vorläufige Vollstreckbarkeit ist nicht ausreichend (Bumiller/Harders/*Schwamb* FamFG § 363 Rn. 2). Zudem ist derjenige antragsberechtigt, dem ein Nießbrauch an dem Erbteil zusteht. Neben dem Inhaber eines Pfandrechts und eines Nießbrauchers bleibt der Erbe selbständig antragsberechtigt. 3

bb) Inhalt des Antrags.(Abs. 3) Der Antrag muss die Person des Erblassers (also Namen, letzter gewöhnlicher Aufenthalt, Sterbeort), die Beteiligten und die Teilungsmasse bezeichnen. Daneben gelten über § 492 die Grundsätze des § 23. 4

cc) Kein Ausschluss des Auseinandersetzungsverfahrens. Kein Raum für die Durchführung des Verfahrens nach §§ 363 ff. ist, wenn die Erbengemeinschaft bereits beendet ist bzw. die Auseinandersetzung abgeschlossen ist, ein Dritter (§ 2048 BGB) oder ein Testamentsvollstrecker (§§ 2204, 2208, 2209 BGB) die Auseinandersetzung bewirken kann (BayObLG Beschl. v. 9.6.1967 – BReg. 1a Z 86/66, BayObLGZ 230 (239) oder wenn streitige Rechtsfragen auftreten (OLG Düsseldorf Beschl. v. 17.7.2002 – 3 Wx 151/02, FGPrax 2002, 231) und – mangels Rechtsschutzbedürfnis – wenn die Erbteilungsklage (§§ 2042 II, 752 BGB) erhoben ist (Keidel/*Zimmermann* FamFG § 363 Rn. 30). 5

c) Verfahren. aa) Zuständigkeit. Die sachliche Zuständigkeit des Notars ergibt sich aus § 363 iVm § 342 II Nr. 1 iVm § 23a III GVG, die örtliche nach § 344 IVa und die internationale aus §§ 105, 492. 6

3. Durchführung des Verfahrens und Entscheidung. Der Notar hat den Antrag den übrigen Beteiligten zu übermitteln (§ 23 iVm § 492). Wer zu beteiligen ist, bestimmt sich nach § 7 II iVm § 492. Die Aufgabe des Notars beschränkt sich auf den Versuch, eine Einigung zwischen den Beteiligten in Bezug auf die Auseinandersetzung der Erbengemeinschaft herbeizuführen („vermitteln"). Er übt in dem Verfahren eine vermittelnde und beurkundende Funktion aus. Dabei soll er eine Einigung der Beteiligten herbeiführen und die getroffene Vereinbarung oder den Auseinandersetzungsplan beurkunden und bestätigen. Gegen den Widerspruch eines Beteiligten darf er das Verfahren zwar einleiten, aber nach einem Scheitern des Vermittlungsversuchs nicht fortsetzen. Er ist nicht befugt, in der Sache zu entscheiden (KG Beschl. v. 18.3.1965 – 1 W 435/66, NJW 1965, 1538 (1539) mwN zu § 86 FGG). 7

Ist der Antrag unzulässig, erfolgt die Zurückweisung durch Beschluss, § 38. Die Verfahrenseinleitung geschieht in der Regel durch Anberaumung eines Termins und Ladung nach § 365. Eine Aussetzung des Verfahrens erfolgt, sofern die Voraussetzungen des § 370 gegeben sind. 8

4. Rechtsmittel. Gegen den Zurückweisungsbeschluss ist die Beschwerde nach §§ 58 ff. statthaft. Die Verfahrenseinleitung stellt hingegen keine Endentscheidung dar und ist somit nicht anfechtbar, § 58 I (Bumiller/Harders/*Schwamb* FamFG § 363 Rn. 11). Auch die Ladung zum Termin ist insoweit nicht anfechtbar iSd §§ 58. Statthaft ist aber in all den Fällen, in denen gegen die Entscheidung des Notars nach den allgemeinen Vorschriften die Beschwerde nicht gegeben ist, die Erinnerung (§ 492 II 1). Bei Nichtabhilfe des Notars ist das Amtsgericht zuständig, in dessen Bezirk der Notar seinen Amtssitz hat (§ 492 II 3). 9

§ 364 Pflegschaft für abwesende Beteiligte *(aufgehoben)*

¹Das Nachlassgericht kann einem abwesenden Beteiligten für das Auseinandersetzungsverfahren einen Pfleger bestellen, wenn die Voraussetzungen der Abwesenheitspflegschaft vorliegen. ²Für die Pflegschaft tritt an die Stelle des Betreuungsgerichts das Nachlassgericht.

Diese Vorschrift ist mWz 1.9.2013 aufgehoben. Maßgebliche Vorschrift für den Regelungsbereich ist nunmehr § 1911 BGB Für Übergangsfälle gilt § 493 I. 1

§ 365 Ladung

(1) ¹Der Notar hat den Antragsteller und die übrigen Beteiligten zu einem Verhandlungstermin zu laden. ²Die Ladung durch öffentliche Zustellung ist unzulässig.

(2) ¹Die Ladung soll den Hinweis darauf enthalten, dass ungeachtet des Ausbleibens eines Beteiligten über die Auseinandersetzung verhandelt wird und dass die Ladung zu dem neuen Termin unterbleiben kann, falls der Termin vertagt oder ein neuer Termin zur Fortsetzung der Verhandlung anberaumt werden sollte. ²Sind Unterlagen für die Auseinandersetzung vorhanden, ist in der La-

Gierl 1187

dung darauf hinzuweisen, dass die Unterlagen in den Geschäftsräumen des Notars eingesehen werden können.

1   Gem. § 15 I, II erfolgt die Ladung durch Zustellung nach §§ 166–195 ZPO oder dadurch, dass sie unter Anschrift des Adressaten zur Post gegeben wird. Zwischen der Ladung und dem Termin muss eine angemessene Frist liegen, § 32 II iVm § 492 I. Eine Mindestfrist sieht das FamFG im Gegensatz zu § 90 I FGG (zwei Wochen) nicht vor. Zwei Wochen dürften aber idR eine angemessene Frist für die Vorbereitung des Termin sein (Bumiller/Harders/*Schwamb* FamFG § 365 Rn. 6). Da weder die Terminsbestimmung noch die Ladung eine Endentscheidung darstellen, sind sie auch nicht mit der Beschwerde nach §§ 58 ff. anfechtbar (Bumiller/Harders/*Schwamb* FamFG § 365 Rn. 8).

§ 366 Außergerichtliche Vereinbarung

(1) ¹Treffen die erschienenen Beteiligten vor der Auseinandersetzung eine Vereinbarung, insbesondere über die Art der Teilung, hat der Notar die Vereinbarung zu beurkunden. ²Das Gleiche gilt für Vorschläge eines Beteiligten, wenn nur dieser erschienen ist.

(2) ¹Sind alle Beteiligten erschienen, hat der Notar die von ihnen getroffene Vereinbarung zu bestätigen. ²Dasselbe gilt, wenn die nicht erschienenen Beteiligten ihre Zustimmung zu einer gerichtlichen Niederschrift oder in einer öffentlich beglaubigten Urkunde erteilen.

(3) ¹Ist ein Beteiligter nicht erschienen, hat der Notar, wenn der Beteiligte nicht nach Absatz 2 Satz 2 zugestimmt hat, ihm den ihn betreffenden Inhalt der Urkunde bekannt zu geben und ihn gleichzeitig zu benachrichtigen, dass er die Urkunde in den Geschäftsräumen des Notars einsehen und eine Abschrift der Urkunde fordern kann. ²Die Bekanntgabe muss den Hinweis enthalten, dass sein Einverständnis mit dem Inhalt der Urkunde angenommen wird, wenn er nicht innerhalb einer von dem Notar zu bestimmenden Frist die Anberaumung eines neuen Termins beantragt oder wenn er in dem neuen Termin nicht erscheint.

(4) Beantragt der Beteiligte rechtzeitig die Anberaumung eines neuen Termins und erscheint er in diesem Termin, ist die Verhandlung fortzusetzen; anderenfalls hat der Notar die Vereinbarung zu bestätigen.

1   **1. Normzweck.** Die Vorschrift entspricht inhaltlich dem Regelungsinhalt des früheren § 91 FGG. Die im Vergleich dazu („Vereinbarung über *vorbereitende Maßregeln*, insbesondere über die Art der Teilung") neue Fassung in § 366 stellt lediglich eine redaktionelle Überarbeitung dar (BT-Drs. 16/6308, 283). Demgemäß ergeben sich aus der Gesamtschau der §§ 366, 368 weiterhin **zwei Verfahrensabschnitte** (Bumiller/Harders/*Schwamb* FamFG § 366 Rn. 1): Vorbereitende Vereinbarungen zwischen allen Beteiligten (§ 366) und die (nachfolgende) Auseinandersetzung des Nachlasses mittels Teilungsplan (§ 368). Die beiden Abschnitte können in einem Termin, aber auch voneinander getrennt in gesonderten Terminen abgewickelt werden. Wenn keine vorbereitenden Maßnahmen erforderlich sind, kann die Auseinandersetzung iSd § 368 sofort erfolgen. Die Verfahrensgestaltung bestimmt sich nach dem Einzelfall. Soweit aber nur zur Verhandlung über vorbereitenden Maßregeln geladen wurde, in dem Termin aber von den Erschienenen sofort eine Vereinbarung über die Auseinandersetzung getroffen wurde, treten die Säumnisfolgen in Bezug auf die Auseinandersetzung iSd § 368 II nicht ein (Keidel/*Zimmermann* FamFG § 366 Rn. 3).

2   Der Notar hat zunächst die Vereinbarung in Form einer Niederschrift nach den §§ 8 ff. BeurkG zu beurkunden (§ 366 I 1) und die Vereinbarung, wenn alle Beteiligten erscheinen und kein Widerspruch erhoben wird bzw. die nicht erschienenen Beteiligten ihre Zustimmung erteilen, mittels Beschluss iSd §§ 38, 492 I zu bestätigen, Abs. 2. Der Bestätigungsbeschluss stellt eine Endentscheidung dar und ist mit der Beschwerde iSd § 58 I anfechtbar. Der Anfechtungsgrund ist nach § 372 II auf Verfahrensfehler beschränkt.

3   **2. Versäumnisverfahren.** Einem nicht erschienenen Beteiligten, der nicht zugestimmt hat, ist die beurkundete Vereinbarung bekanntzugeben, Abs. 3. Die Regelung des Abs. 3 wurde dabei mit den Bekanntgabevorschriften des Allgemeinen Teils, insb. § 15, harmonisiert. Zugleich wird dem nicht erschienenen Beteiligten eine Frist gesetzt, innerhalb der er sich zu der beurkundeten Vereinbarung oder den Vorschlägen äußern kann. Die Fristsetzung ist nach § 372 I anfechtbar. Eine fehlende Äußerung wird als Zustimmung gewertet (Bumiller/Harders/*Schwamb* FamFG § 366 Rn. 13), worauf der nicht erschienene Beteiligte hinzuweisen ist, Abs. 3 S. 2. Das Verfahren wird dann fortgesetzt, wenn der nicht erschienene Beteiligte einen neuen Termin beantragt. Zu diesem Termin sind wieder alle Beteiligten zuladen. Erscheint der Antragsteller zu diesem Termin wieder nicht, hat das Gericht die Vereinbarung zu bestätigen, § 366 IV Hs. 2.

4   **3. Wirksamkeit.** Die Vereinbarung wird erst mit der Rechtskraft des Bestätigungsbeschlusses wirksam (§ 371 I) und stellt dann auch einen Vollstreckungstitel dar (§ 371 II).

§ 367 Wiedereinsetzung

War im Fall des § 366 der Beteiligte ohne sein Verschulden verhindert, die Anberaumung eines neuen Termins rechtzeitig zu beantragen oder in dem neuen Termin zu erscheinen, gelten die Vorschriften über die Wiedereinsetzung in den vorigen Stand (§§ 17, 18 und 19 Abs. 1) entsprechend.

Für den Fall, dass eine Frist bzw. ein Termin nach § 366 IV unverschuldet versäumt wird, wurden die 1
Regelungen des Allgemeinen Teils zur Wiedereinsetzung für entsprechend anwendbar erklärt. Wird
Wiedereinsetzung gewährt, wird das Verfahren in den Stand zurückversetzt, in dem es sich vor Versäumung befand. Der Beschluss, durch den über die Wiedereinsetzung in den vorigen Stand entschieden wird, ist gem. § 372 I mit der sofortigen Beschwerde entsprechend § 567 ZPO anfechtbar. Mangels Verweisung auf § 19 II ist auch die Bewilligung der Wiedereinsetzung anfechtbar.

§ 368 Auseinandersetzungsplan; Bestätigung

(1) ¹Sobald nach Lage der Sache die Auseinandersetzung stattfinden kann, hat der Notar einen Auseinandersetzungsplan anzufertigen. ²Sind die erschienenen Beteiligten mit dem Inhalt des Plans einverstanden, hat der Notar die Auseinandersetzung zu beurkunden. ³Sind alle Beteiligten erschienen, hat der Notar die Auseinandersetzung zu bestätigen; dasselbe gilt, wenn die nicht erschienenen Beteiligten ihre Zustimmung zu gerichtlichem Protokoll oder in einer öffentlich beglaubigten Urkunde erteilen.

(2) ¹Ist ein Beteiligter nicht erschienen, hat der Notar nach § 366 Abs. 3 und 4 zu verfahren. ² § 367 ist entsprechend anzuwenden.

1. Normzweck. Die Vorschrift knüpft an § 366 an und regelt – soweit vorbereitende Maßregeln getroffen wurden – den zweiten Verfahrensabschnitt der Auseinandersetzung. Sind keine vorbereitende Maßregeln erforderlich, kann sofort mit dem Verfahren nach § 368 begonnen werden (→ vgl. dazu auch § 366 Rn. 1). 1

2. Verfahren. Die Aufstellung des Auseinandersetzungsplanes ist grds. Aufgabe des Notars, bei der er 2
sich aber der Hilfe eines Sachverständigen bedienen kann (Keidel/*Zimmermann* FamFG § 368 Rn. 5). Allerdings kann er auch einen Plan der Beteiligten übernehmen (OLG Dresden OLGR 40, 24 zu § 93 FGG). Er ist an die nach § 366 getroffenen Vereinbarungen der Beteiligten und an die Anordnungen des Erblassers (Teilungsanordnungen, Vermächtnisse, Auflagen) gebunden.

Sind alle erschienenen Beteiligten mit dem Inhalt des Plans einverstanden, hat der Notar den Plan zu 3
beurkunden. In den Plan sind die erbrechtlichen Verhältnisse, der Stand der Nachlassmaße, etwa bestehende Ausgleichspflichten (§§ 2050 ff. BGB), die Berechnung der Ansprüche der Beteiligten und die Bezeichnung der Nachlassgegenstände, welche die einzelnen Beteiligten erhalten, aufzunehmen (MüKoFamFG/*J. Mayer* § 368 Rn. 10). Die Beurkundung geschieht dadurch, dass er zu Protokoll oder auch in einem besonderen Schriftstück, das beigefügt und verlesen werden muss, niedergelegt wird: es gelten die §§ 6–16, 22–26 BeurkG. Der beurkundete Auseinandersetzungsplan ist sodann durch den Notar mittels Beschluss iSd § 38 zu bestätigen (§ 368 I 3), sofern alle Beteiligten erschienen sind. Der Bestätigungsbeschluss stellt eine Endentscheidung dar und ist nach § 58 I anfechtbar; die Anfechtungsgründe sind auf Verfahrensfehler beschränkt (§ 372 II). Widerspricht ein erschienener Beteiligter dem Plan, kommt die Auseinandersetzung nicht zustande. Ist ein Beteiligter nicht erschienen, kommen die Vorschriften des Versäumnisverfahrens iSd § 366 III, IV zur Anwendung (§ 368 II). Soweit aber nur zur Verhandlung über vorbereitenden Maßregeln geladen wurde, in dem Termin aber von den Erschienenen sofort eine Vereinbarung über die Auseinandersetzung getroffen wurde, treten die Säumnisfolgen in Bezug auf die Auseinandersetzung iSd § 368 II nicht ein (Keidel/*Zimmermann* FamFG § 366 Rn. 3).

3. Wirksamkeit. Der Auseinandersetzungsplan wird erst mit der Rechtskraft des Bestätigungsbe- 4
schlusses wirksam (§ 371 I) und stellt dann auch einen Vollstreckungstitel dar (§ 371 II).

4. Genehmigung. Bedarf die Auseinandersetzung grds. der Genehmigung des Nachlass-, des Betreu- 5
ungs- oder des Familiengerichts (zB § 1643 BGB; §§ 1821, 1822, 1908i BGB; § 1960 BGB), so hat der Notar vor Erlass des Bestätigungsbeschlusses die Genehmigung der jeweiligen Gerichte einzuholen.

§ 369 Verteilung durch das Los

Ist eine Verteilung durch das Los vereinbart, wird das Los, wenn nicht ein anderes bestimmt ist, für die nicht erschienenen Beteiligten von einem durch den Notar zu bestellenden Vertreter gezogen.

In einer vorbereitenden Vereinbarung muss die Möglichkeit der Verteilung durch Los vorgesehen sein. 1
Diese kann zur Ausführung der (bestätigten) Vereinbarung über die Auseinandersetzung iSd § 366 wie auch vor Aufstellung des Teilungsplanes für die Bestimmung der zuzuweisenden Teile erfolgen (Keidel/*Zimmermann* FamFG § 369 Rn. 2). Auch die näheren Modalitäten, wie die Losziehung durchzuführen ist, bestimmen die Beteiligten. Die Beteiligten können auch die eigentliche Losziehung einvernehmlich abweichend regeln. Voraussetzung für die Bestellung eines Vertreters ist, dass ein Beteiligter nicht erschienen ist. Die Vorschrift findet keine Anwendung, sofern ein Beteiligter zwar erschienen ist, sich aber weigert, ein Los zu ziehen. Dann muss Klage gegen diesen Beteiligten auf Mitvornahme der Verlosung erhoben werden; das Urteil wird nach § 887 ZPO vollstreckt (Keidel/*Zimmermann* FamFG § 369 Rn. 8). Die Bestellung des Vertreters für den nicht erschienenen Beteiligten erfolgt durch den Notar mittels Beschluss iSd § 38. Der Tätigkeitsbereich des Vertreters beschränkt sich allein auf die Losziehung. Die Bestellung wird wirksam im Zeitpunkt der Bekanntgabe des Beschlusses an den Vertreter. (§ 40). Gegen

die Ablehnung der Bestellung ist die Beschwerde iSd § 58 statthaft. Eine Beschwerde gegen die Bestellung eines Vertreters kann nur darauf gestützt werden, dass die Voraussetzungen iSd § 369 nicht vorliegen.

§ 370 Aussetzung bei Streit

¹Ergeben sich bei den Verhandlungen Streitpunkte, ist darüber eine Niederschrift aufzunehmen und das Verfahren bis zur Erledigung der Streitpunkte auszusetzen. ²Soweit unstreitige Punkte beurkundet werden können, hat der Notar nach den §§ 366 und 368 Abs. 1 und 2 zu verfahren.

1 Diese Vorschrift, die inhaltlich dem früheren § 95 FGG entspricht, trägt dem Grundsatz Rechnung, dass der Notar zwischen den Beteiligten nur zu vermitteln, aber keine Sachentscheidung bei bestehenden Meinungsverschiedenheiten zu treffen hat (KG NJW 1965, 1538 zu § 95 FGG). Sie stellt eine Ergänzung zu § 21 und eine Spezialvorschrift zu § 28 IV dar.

2 Der **Anwendungsbereich** der Vorschrift betrifft lediglich den Fall, dass sich nach Einleitung des Auseinandersetzungsverfahrens Streitpunkte ergeben. Bestehen solche bereits bei Antragstellung iSd § 363, ist die Einleitung des Verfahrens iSd §§ 363 f. abzulehnen (OLG Düsseldorf Beschl. v. 17.7.2002 – 3 W 151/02, FGPrax 2002, 231 zu § 95 FGG; einschränkend OLG Schleswig Beschl. v. 24.1.201 – 3 W 117/12, NJW-RR 2013, 844 (845) für den Fall, dass zwar Streitpunkte bestehen, die sich aber noch nicht so verdichtet haben, dass diese gerichtlich zu klären wären). Die unterschiedlichen Streitpunkte müssen sich im Rahmen des durchgeführten Termins ergeben; schriftliches Vorbringen oder ein Widerspruch außerhalb des Termins sind daher unmaßgeblich, sofern ein Beteiligter nicht im Termin darauf Bezug nimmt. Die Form des im Fall der Aussetzung aufzunehmenden Protokolls richtet sich zweckmäßigerweise nach dem Beurkundungsgesetz und geht damit über die Anforderungen des § 28 IV hinaus (BT-Drs. 16/6308, 284). In der Niederschrift ist festzuhalten, welche für die Auseinandersetzung erheblichen Tatsachen zwischen welchen Beteiligten am Ende des Verhandlungstermins noch umstritten waren, wie auch über welche eine Einigkeit erzielt worden ist (§ 370 2).

3 Die Aussetzung des Verfahrens ist zwingend in dem Umfang auszusetzen, als Uneinigkeit zwischen den Beteiligten besteht. Die Aussetzung erfolgt in Form eines **Beschlusses** iSd §§ 38, 21 I, 492, der keine Kostenentscheidung enthält. Da § 38 III, IV gilt, bedarf der Beschluss grds. auch eine Begründung. Gegen den Aussetzungsbeschluss ist analog § 21 II die sofortige Beschwerde entsprechend den Grundsätzen der §§ 567 ff. ZPO statthaft (Bumiller/Harders/*Schwamb* FamFG § 370 Rn. 6). Die **Gebühren** bestimmen sich nach Nr. 23900–23903 KV-GNotKG; für den Geschäftswert ist § 118a GNotKG maßgebend.

§ 371 Wirkung der bestätigten Vereinbarung und Auseinandersetzung; Vollstreckung

(1) Vereinbarungen nach § 366 Abs. 1 sowie Auseinandersetzungen nach § 368 werden mit Rechtskraft des Bestätigungsbeschlusses wirksam und für alle Beteiligten in gleicher Weise verbindlich wie eine vertragliche Vereinbarung oder Auseinandersetzung.

(2) ¹Aus der Vereinbarung nach § 366 Abs. 1 sowie aus der Auseinandersetzung findet nach deren Wirksamwerden die Vollstreckung statt. ²Die §§ 795 und 797 der Zivilprozessordnung sind anzuwenden.

1 Anknüpfungspunkt für die Wirksamkeit einer Vereinbarung iSd § 366 I bzw. einer Auseinandersetzung iSd § 368 ist abweichend von § 40 I (Bekanntgabe) die Rechtskraft des Bestätigungsbeschlusses. Durch ihre Gleichsetzung mit einer vertraglichen Vereinbarung, die jederzeit von den Beteiligten abgeändert werden kann, wird klargestellt, dass Vereinbarung und Auseinandersetzungsplan trotz der eintretenden formellen Rechtskraft des Bestätigungsbeschlusses nicht in materielle Rechtskraft erwachsen. Abs. 2 übernimmt den Regelungsgehalt des früheren § 98 S. 1 FGG. Die Vorschrift regelt, dass auch die bestätigte Vereinbarung, in Ergänzung zu den Titeln des § 86, einen Vollstreckungstitel darstellt (BT-Drs. 16/6308, 284). Maßgebender Zeitpunkt für die Vollstreckungsfähigkeit (vgl. § 86 II) ist nicht die Bekanntgabe des Bestätigungsbeschlusses, sondern dessen formelle Rechtskraft (vgl. § 371 I).

§ 372 Rechtsmittel

(1) Ein Beschluss, durch den eine Frist nach § 366 Abs. 3 bestimmt wird, und ein Beschluss, durch den über die Wiedereinsetzung entschieden wird, ist mit der sofortigen Beschwerde in entsprechender Anwendung der §§ 567 bis 572 der Zivilprozessordnung anfechtbar.

(2) ¹Die Beschwerde gegen den Bestätigungsbeschluss kann nur darauf gegründet werden, dass die Vorschriften über das Verfahren nicht beachtet wurden.

1 Abs. 1 regelt die Anfechtung von Zwischenentscheidungen im Teilungsverfahren. Die Fristbestimmung im früheren § 91 III 2 FGG war mit der einfachen Beschwerde anfechtbar. Der Gesetzgeber erachtete es als sachgerecht, für das Rechtsmittelverfahren gegen den Fristbestimmungsbeschluss nach § 366 III als typische Zwischenentscheidungen das weitgehend entformalisierte Verfahren der sofortigen Be-

schwerde nach den Vorschriften der ZPO für anwendbar zu erklären (BT-Drs. 16/6308, 284). Gleiches gilt für das Rechtsmittel gegen den Beschluss, durch den über die Wiedereinsetzung entschieden wird. Im Gegensatz zu der Bestimmung des Allgemeinen Teils, § 19 II, ist der Beschluss über die Wiedereinsetzung nach § 367 somit auch anfechtbar, soweit Wiedereinsetzung gewährt wird. Der Bestätigungsbeschluss selbst ist als Endentscheidung bereits nach § 58 I mit der Beschwerde anfechtbar.

Abs. 2 ordnet die Beschränkung der Anfechtungsgründe in Bezug auf den Bestätigungsbeschluss des Notars für Vereinbarungen nach § 366 I und den Auseinandersetzungsplan (§ 368) an. Demgemäß kann die Beschwerde nicht auf den Inhalt oder die Wirksamkeit der der Bestätigung zugrundeliegenden Vereinbarung selbst gestützt werden. Für solche Einwendungen ist das Prozessgericht zuständig, die mittels Vollstreckungsgegenklage (§§ 767, 794 Nr. 5, 795, 797 IV ZPO iVm § 71 II 2) geltend gemacht werden können. Werden ausschließlich materielle Einwendungen im Rahmen der Beschwerde erhoben, sind diese als unbegründet zurückzuweisen (Keidel/*Zimmermann* FamFG § 372 Rn. 19). 2

§ 373 Auseinandersetzung einer Gütergemeinschaft

(1) **Auf die Auseinandersetzung des Gesamtguts nach der Beendigung der ehelichen, lebenspartnerschaftlichen oder der fortgesetzten Gütergemeinschaft sind die Vorschriften dieses Abschnitts entsprechend anzuwenden.**

(2) **Für das Verfahren zur Erteilung, Einziehung oder Kraftloserklärung von Zeugnissen über die Auseinandersetzung des Gesamtguts einer ehelichen, lebenspartnerschaftlichen oder fortgesetzten Gütergemeinschaft nach den §§ 36 und 37 der Grundbuchordnung sowie den §§ 42 und 74 der Schiffsregisterordnung gelten § 345 Abs. 1 sowie die §§ 352, 352a, 352c bis 353 und 357 entsprechend.**

Ähnliche Schwierigkeiten, wie die Auseinandersetzung einer Erbengemeinschaft bereitet oft die Auseinandersetzung eines Gesamtguts, das aufgrund einer ehelichen, §§ 1415 ff. BGB, lebenspartnerschaftlichen, § 7 LPartG, oder fortgesetzten Gütergemeinschaft, §§ 1483 ff. BGB, besteht (MüKoFamFG/ *J. Mayer* § 373 Rn. 1). § 373 I übernimmt den Regelungsinhalt des früheren § 99 I FGG. Die früher in § 99 II FGG normierte Vorschrift zur Zuständigkeit für Verfahren zur Auseinandersetzung einer Gütergemeinschaft findet sich – soweit es die örtliche Zuständigkeit betrifft – nunmehr in § 344 V.: gehört ein Anteil an dem Gesamtgut zu einem Nachlass, ist für die Auseinandersetzung der Notar zuständig, der für die Auseinandersetzung des Nachlasses zuständig ist. IÜ ist jeder Notar zuständig, der seinen Amtssitz im Bezirk des nach § 122 Nr. 1–5 zuständigen Gerichts hat (§ 344 V 2). 1

Abs. 2 erklärt für die im Zusammenhang mit der Auseinandersetzung des Gesamtguts einer ehelichen, lebenspartnerschaftlichen und fortgesetzten Gütergemeinschaft zu erteilenden Zeugnisse nach den §§ 36 u. 37 GBO sowie den §§ 42 u. 74 der Schiffsregisterordnung die entsprechenden Verfahrensvorschriften des Abschnitts 2 dieses Buches für entsprechend anwendbar. 2

31. Internationales Erbrechtsverfahrensgesetz (IntErbRVG)

Vom 29. Juni 2015

(BGBl. I S. 1042)

(Auszug)

§ 33 Anwendungsbereich

Dieser Abschnitt gilt für Verfahren über
1. die Ausstellung, Berichtigung, Änderung oder den Widerruf eines Europäischen Nachlasszeugnisses,
2. die Erteilung einer beglaubigten Abschrift eines Europäischen Nachlasszeugnisses oder die Verlängerung der Gültigkeitsfrist einer beglaubigten Abschrift und
3. die Aussetzung der Wirkungen eines Europäischen Nachlasszeugnisses.

1 **1. Normzweck.** § 33 IntErbRVG regelt den Anwendungsbereich des Gesetzes für das Europäische Nachlasszeugnis. Die Vorschrift definiert den Anwendungsbereich der §§ 33 bis 44 IntErbRVG verfahrensbezogen (NK-BGB/*Nordmeier* IntErbRVG § 33 Rn. 2). Demnach gilt der 5. Abschnitt des IntErbRVG sowohl für Verfahren über die Ausstellung, Berichtigung, Änderung oder den Widerruf des Europäischen Nachlasszeugnisses, als auch über die Erteilung einer beglaubigten Abschrift eines Europäischen Nachlasszeugnisses oder die Verlängerung der Gültigkeitsfrist einer beglaubigten Abschrift als auch über die Aussetzung der Wirkungen eines Europäischen Nachlasszeugnisses. Erfasst werden nicht nur die Ausgangs- sondern auch die Rechtsmittelverfahren (NK-BGB/*Nordmeier* IntErbRVG § 33 Rn. 2). Für die Verfahrensregeln gilt primär die EuErbVO, danach das IntErbRVG und subsidiär das FamFG, § 35 I IntErbRVG (Zimmermann/*Grau* Vb zu Art. 62 EuErbVO Rn. 344).

2 **2. Allgemeines.** Die §§ 33 ff. IntErbRVG ergänzen insoweit die rudimentären Regeln der Art. 62 ff. EuErbVO (NK-BGB/*Nordmeier* IntErbRVG § 33 Rn. 1), wobei die Mitgliedstaaten bei der Ausgestaltung der Verfahrensregeln eine weitgehende Freiheit haben. Die internationale Zuständigkeit für die genannten Verfahren ist in der Europäischen Erbrechtsverordnung (EuErbVO) geregelt.

3 **3. Ausstellung, Berichtigung, Änderung und Widerruf des ENZ.** Nach § 33 Ziff. 1 IntErbRVG werden neben der Ausstellung (der Urschrift) des Europäischen Nachlasszeugnisses, Art. 67 EuErbVO, auch die Berichtigung, die Änderung oder der Widerruf eines Europäischen Nachlasszeugnisses, Art. 71 EuErbVO, in den Geltungsbereich der besonderen Verfahrensvorschriften dieses Abschnitts 5 IntErbRVG einbezogen. Die Begriffe der Ausstellung, der Berichtigung, der Änderung und des Widerrufs sind nicht nach dem jeweiligen nationalen Recht, sondern eigenständig für die Zwecke der EuErbVO auszulegen, da diese insoweit keinen Verweis auf das nationale Recht enthält.

4 **4. Beglaubigte Abschriften.** § 33 Ziff. 2 IntErbRVG betrifft alle Fälle der Erteilung einer beglaubigten Abschrift eines Europäischen Nachlasszeugnisses und der Verlängerung der Gültigkeitsdauer einer beglaubigten Abschrift, Art. 70 EuErbVO. Nach der zwingenden Vorgabe des Art. 70 III EuErbVO sind beglaubigte Abschriften des Europäischen Nachlasszeugnisses nur für einen begrenzten Zeitraum gültig (MüKo-BGB/*Dutta* Art. 50 EUErbVO Rn. 1). Die EuErbVO verwendet in Kapitel VI und den Erwägungsgründen 71 und 72 zwar den Begriff der beglaubigten Abschrift. Gleichwohl ist für die deutsche Rechtspraxis darunter eine Ausfertigung zu verstehen (vgl. insbesondere Art. 70 Abs. 1 und 2 EuErbVO; Dutta/Weber/*Dutta* IntErbRVG § 33 Rn. 4). Vor dem Hintergrund der grenzüberschreitenden Verwendung des Europäischen Nachlasszeugnisses wurde zur Wahrung einer einheitlichen Terminologie aber darauf verzichtet, den durch die EuErbVO (und auch die Formblätter nach Art. 67 Abs. 1 S. 2 EuErbVO iVm Art. 81 Abs. 2 EuErbVO) vorgegebenen Terminus „beglaubigte Abschrift" durch den Begriff der Ausfertigung zu ersetzen.

5 **5. Aussetzung der Wirkungen des ENZ.** § 33 Ziff. 3 IntErbRVG betrifft die Aussetzung der Wirkungen des Europäischen Nachlasszeugnisses nach Art. 73 I EuErbVO.

§ 34 Örtliche und sachliche Zuständigkeit

(1) Das Gericht, das die Verfahrensparteien in der Gerichtsstandsvereinbarung bezeichnet haben, ist örtlich ausschließlich zuständig, sofern sich die internationale Zuständigkeit der deutschen Gerichte aus den folgenden Vorschriften der Verordnung (EU) Nr. 650/2012 ergibt:
1. Artikel 64 Satz 1 in Verbindung mit Artikel 7 Buchstabe a in Verbindung mit Artikel 6 Buchstabe b Alternative 1 und mit Artikel 5 Absatz 1 Alternative 1 der Verordnung (EU) Nr. 650/2012 oder
2. Artikel 64 Satz 1 in Verbindung mit Artikel 7 Buchstabe b Alternative 1 in Verbindung mit Artikel 5 Absatz 1 Alternative 1 der Verordnung (EU) Nr. 650/2012.

(2) Ergibt sich die internationale Zuständigkeit der deutschen Gerichte aus Artikel 64 Satz 1 in Verbindung mit Artikel 7 Buchstabe c der Verordnung (EU) Nr. 650/2012, ist das Gericht örtlich ausschließlich zuständig, dessen Zuständigkeit die Verfahrensparteien ausdrücklich anerkannt haben.

(3) ¹Ergibt sich die internationale Zuständigkeit der deutschen Gerichte aus anderen, in Artikel 64 Satz 1 der Verordnung (EU) Nr. 650/2012 genannten Vorschriften dieser Verordnung, ist das Gericht örtlich ausschließlich zuständig, in dessen Bezirk der Erblasser im Zeitpunkt seines Todes seinen gewöhnlichen Aufenthalt hatte. ²Hatte der Erblasser im Zeitpunkt seines Todes seinen gewöhnlichen Aufenthalt nicht im Inland, ist das Gericht örtlich ausschließlich zuständig, in dessen Bezirk der Erblasser seinen letzten gewöhnlichen Aufenthalt im Inland hatte. ³Hatte der Erblasser keinen gewöhnlichen Aufenthalt im Inland, ist das Amtsgericht Schöneberg in Berlin örtlich ausschließlich zuständig. ⁴Das Amtsgericht Schöneberg in Berlin kann die Sache aus wichtigem Grund an ein anderes Nachlassgericht verweisen.

(4) ¹Sachlich zuständig ist ausschließlich das Amtsgericht. ²Das Amtsgericht entscheidet als Nachlassgericht. ³Sind nach landesgesetzlichen Vorschriften für die Aufgaben des Nachlassgerichts andere Stellen als Gerichte zuständig, so sind diese sachlich ausschließlich zuständig.

1. Normzweck. § 34 IntErbRVG regelt die örtliche und sachliche Zuständigkeit für alle Entscheidungen nach Kapitel VI der EuErbVO. Die **internationale Zuständigkeit** hinsichtlich der Ausstellung des Europäischen Nachlasszeugnisses richtet sich nach den allgemeinen Regeln der Europäischen Erbrechtsverordnung, Art. 64 EuErbVO, also nach Art. 4, 7, 10 oder 11 EuErbVO (Gierl/Köhler/Kroiß/Wilsch/ *Köhler*, Teil 1 § 7 Rn. 12, 17; *Müller-Lukoschek*, § 2 Rn. 312; *Dorsel* in Löhnig/Schwab/Henrich/Gottwald/Grziwotz/Reimann/Dutta, Erbfälle unter Geltung der Europäischen Erbrechtsverordnung, S. 36; Dutta/Herrler/*Lange*, Die Europäische Erbrechtsverordnung, S. 163; *Wagner/Scholz* FamRZ 2014, 714 (718); Dutta/Weber/*Dutta* IntErbRVG § 34 Rn. 3; *Zimmermann*, Erbschein, Erbscheinsverfahren, Europäisches Nachlasszeugnis, Rn. 806; *J. Schmidt* ZEV 2014, 389 (390)). Gem. Art. 64 EuErbVO wird das Europäische Nachlasszeugnis in dem Mitgliedstaat ausgestellt, dessen Gerichte nach den Art. 4, 7, 10 oder 11 EuErbVO zuständig sind (*Lange* in Dutta/Herrler, Die Europäische Erbrechtsverordnung, S. 164; *Süß* ZEuP 2013, 725 (731 ff.); Zimmermann/*Grau*, Erbrechtliche Nebengesetze, Anh. zu Art. 25, 26 EGBGB Rn. 75; Staudinger/*Herzog* Einl zu BGB §§ 2353–2370 Rn. 136). § 34 IntErbRVG regelt die **örtliche und die sachliche Zuständigkeit** (*Peter* MDR 2015, 309 (313)). Diese Zuständigkeitsregeln verdrängen nicht die Zuständigkeiten der Mitgliedsstaaten, nationale Erbnachweise auszustellen (Geimer/Schütze/*Dorsel* Vor Art. 62 EuErbVO Rn. 8; aA Generalanwalt beim EuGH, Schlussantrag v. 22.2.2018 – C-20/17). Hinsichtlich der örtlichen Zuständigkeit greifen § 34 I und II IntErbRVG die Fälle auf, in denen die EuErbVO der Sache nach nicht nur die internationale, sondern auch die örtliche Zuständigkeit festlegt. **§ 34 III 1 IntErbRVG** bestimmt die **örtliche Zuständigkeit** in Anlehnung an die allgemeine internationale Zuständigkeitsregel des Art. 4 EuErbVO und knüpft an den gewöhnlichen Aufenthalt des Erblassers im Zeitpunkt seines Todes an. Hatte der Erblasser im Zeitpunkt seines Todes seinen gewöhnlichen Aufenthalt nicht im Inland, ist das Gericht örtlich ausschließlich zuständig, in dessen Bezirk der Erblasser seinen letzten gewöhnlichen Aufenthalt im Inland hatte (*Wagner/Scholz* FamRZ 2014, 714 (718)). Hatte der Erblasser keinen gewöhnlichen Aufenthalt im Inland, ist das Amtsgericht Schöneberg in Berlin örtlich ausschließlich zuständig. Entsprechend der Regelung des § 343 II FamFG kann das Amtsgericht Schöneberg in Berlin die Sache aus wichtigem Grund an ein anderes Nachlassgericht verweisen (*Lamberz*, Verweisungsgründe des Amtsgerichts Schöneberg nach § 343 Abs. 2 FamFG, Rpfleger 2015, 187).

2. Örtliche Zuständigkeit. § 34 I, II IntErbRVG greift die Fälle auf, in denen die EuErbVO der Sache nach nicht nur die internationale, sondern auch die örtliche Zuständigkeit festlegt (*Dörner* ZEV 2012, 205 (209), Dutta/Weber/*Dutta* IntErbRVG § 34 Rn. 5). Bei der Bestimmung der örtlichen Zuständigkeit wird differenziert nach der **Vereinbarung der Zuständigkeit** eines bestimmten Gerichts, § 34 I IntErbRVG iVm Art. 5 I 1. Alt. ErbVO, der **ausdrücklichen Anerkennung** der Zuständigkeit eines Gerichts, § 34 II IntErbRVG iVm Art. 7 lit c ErbVO und den übrigen Fällen nach § 34 III IntErbRVG, der letztlich die Grundregel für die Bestimmung der örtlichen Zuständigkeit aufstellt. § 34 I–III IntErbRVG verdrängt insoweit § 343 FamFG (NK-BGB/*Nordmeier* IntErbRVG § 34 Rn. 2).

§ 34 I IntErbRVG erklärt in den Fällen, in denen die Verfahrensparteien die Zuständigkeit eines bestimmten deutschen Gerichts vereinbart haben, wie in der EuErbVO vorbestimmt, dieses Gericht für örtlich ausschließlich zuständig. Darunter fallen die Fälle des Art. 7 lit. a iVm Art. 6 lit. b Alt. 1 und mit Art. 5 Abs. 1 Alt. 1 und des Art. 7 lit. b Alt. 1 iVm Art. 5 I Alt. 1 EuErbVO, in denen eine entsprechende **Gerichtsstandsvereinbarung** der Verfahrensparteien vorliegt. Waren an der Gerichtsstandsvereinbarung nicht alle Verfahrensparteien beteiligt, kann dieser Mangel nicht durch eine rügelose Einlassung der betroffenen Verfahrensparteien geheilt werden, da Art. 64 EuErbVO nicht auf Art. 9 EuErbVO verweist, nach dem in Fällen einer späteren Zuständigkeit ausübende Gericht weiterhin zuständig ist (Regierungsentwurf BT-Drs. 18/4201, 52).

§ 34 II IntErbRVG erklärt in den Fällen des Art. 7 lit. c EuErbVO, in denen die Verfahrensparteien die Zuständigkeit des angerufenen Gerichts **ausdrücklich anerkannt** haben, dieses Gericht für örtlich ausschließlich zuständig.

Die **Grundregel für die örtliche Zuständigkeit** enthält § 34 III IntErbRVG (NK-BGB/*Nordmeier* IntErbRVG § 34 Rn. 4). § 34 III IntErbRVG regelt diejenigen Sachverhalte, in denen sich die internationale Zuständigkeit der deutschen Gerichte aus keiner der in den Abs. 1 und 2 aufgeführten Vorschriften der EuErbVO ergibt. § 34 III 1 IntErbRVG bestimmt die örtliche Zuständigkeit in Anlehnung an die allgemeine internationale Zuständigkeitsregel des Art. 4 EuErbVO und knüpft in erster Linie an den **gewöhnlichen Aufenthalt des Erblassers im Zeitpunkt seines Todes an** (*Kaya* NWB-EV, 2015, 84; *Wagner/Scholz* FamRZ 2014, 714 (718); *Zimmermann* Rpfleger 2017, 2 (4)). Hatte der Erblasser im Zeitpunkt seines Todes seinen gewöhnlichen Aufenthalt nicht im Inland, ist nach S. 2 das Gericht zuständig, in dessen Bezirk der Erblasser seinen letzten gewöhnlichen Aufenthalt im Inland hatte. Fehlt es hieran, ist das Amtsgericht Schöneberg in Berlin zuständig, § 34 III 3 IntErbRVG. Das Amtsgericht Schöneberg hat die Möglichkeit, die Sache aus wichtigem Grund an ein anderes Nachlassgericht zu verweisen, § 34 III 4 IntErbRVG (*Lamberz* Rpfleger 2015, 187). Als wichtiger Grund kommt beispielsweise die Belegenheit von Nachlassgegenständen oder der Aufenthalt einer im Verfahren anzuhörenden Person in einem anderen Amtsgerichtsbezirk in Betracht (Dutta/Weber/*Dutta* IntErbRVG § 34 Rn. 10). § 34 III 2 und 3 IntErbRVG erfassen neben den Fällen der Art. 7 lit. a iVm Art. 6 lit. a, der Art. 10 oder 11 EuErbVO zB auch die Fälle, in denen die Verfahrensparteien in der Gerichtsstandsvereinbarung – im Unterschied zu Abs. 1 – kein bestimmtes Gericht, sondern allgemein die deutschen Gerichte für zuständig erklärt haben, d.h. mit ihrer Gerichtsstandsvereinbarung nur die internationale Zuständigkeit der deutschen Gerichte als solche gewählt haben (Art. 7 lit. a iVm Art. 6 lit. b Alt. 2 und mit Art. 5 I Alt. 2, Art. 7 lit. b Alt. 2 iVm Art. 5 I Alt. 2 EuErbVO).

6   **3. Sachliche Zuständigkeit.** § 34 IV IntErbRVG regelt die **sachliche Zuständigkeit** (Staudinger/*Herzog* Einl zu BGB §§ 2353–2370 Rn. 137; *Zimmermann* Rpfleger 2017, 2 (4)). Diese liegt wie in sonstigen Nachlassverfahren ausschließlich beim **Amtsgericht**, das als **Nachlassgericht** im Verfahren der freiwilligen Gerichtsbarkeit entscheidet (*J. Schmidt* ZEV 2014, 389 (390); *Kaya* NWB-EV 2015, 83 (84); Zimmermann/*Grau* Vorbem. zu Art. 62 EuErbVO Rn. 359). Sind nach landesgesetzlichen Vorschriften für die Aufgaben des Nachlassgerichts andere Stellen als Gerichte zuständig, so sind diese ausschließlich zuständig, § 34 IV 4 IntErbRVG. Landesrechtliche Vorschriften, nach welchen für die dem Nachlassgericht obliegenden Verrichtungen andere als gerichtliche Behörden zuständig sind, existieren in Baden-Württemberg. So nahmen bis zum 31.12.2017 in Württemberg der Bezirksnotar, Art. 73 ff. AGBGB, und in Baden der Notar nach § 33 LFGG die Aufgaben des Nachlassgerichts wahr. Damit ergibt sich ein Gleichlauf mit der Zuständigkeit in Erbscheinsverfahren (Dutta/Weber/*Dutta* IntErbRVG § 34 Rn. 12; *R. Wagner/Scholz* FamRZ 2014, 714 (718)). Auch die meisten anderen Mitgliedstaaten haben die Zuständigkeit für das Europäische Nachlasszeugnis derselben Behörde zugeordnet, die auch für den jeweiligen nationalen Erbnachweis zuständig ist (*Hertel* in Rauscher, Europäisches Zivilprozess und Kollisionsrecht, Rn. 14).

7   Hat das Beschwerdegericht das Europäische Nachlasszeugnis nach § 43 V 2 IntErbRVG ausgestellt, bleibt für alle Verfahren nach § 33 IntErbRVG, die das ausgestellte Europäische Nachlasszeugnis betreffen, das Nachlassgericht zuständig (Vgl. Regierungsentwurf BT-Drs. 18/4201, 53). Zwar handelt es sich dabei der Sache nach um Folgeentscheidungen zur Ausstellung, die auch dem ausstellenden Gericht hätten zugewiesen werden können. Die Vorschrift hat jedoch dabei dem Gesichtspunkt den Vorrang eingeräumt, dass den Beschwerdeberechtigten – insbesondere in den Fällen der Änderung oder des Widerrufs eines Europäischen Nachlasszeugnisses- keine Instanz verlorengehen soll und daher alle Folgeentscheidungen auch bei einer Ausstellung durch das Beschwerdegericht dem Nachlassgericht zugewiesen (Dutta/Weber/*Dutta* IntErbRVG § 34 Rn. 14).

8   **4. Funktionelle Zuständigkeit.** Nach § 3 Nr. 2 lit. i RPflG ist für die Erteilung des Europäischen Nachlasszeugnisses grundsätzlich der **Rechtspfleger** zuständig (Staudinger/*Herzog* Einl zu BGB §§ 2353–2370 Rn. 140; Dutta/Weber/*Dutta* IntErbRVG § 34 Rn. 16; *Zimmermann*, Erbschein, Erbscheinsverfahren, Europäisches Nachlasszeugnis, Rn. 809; NK-BGB/*Nordmeier* IntErbRVG § 34 Rn. 7). Liegt jedoch eine Verfügung von Todes wegen vor oder kommt die Anwendung ausländischen Rechts in Betracht, so ist der Richter zur Entscheidung berufen (NK-BGB/*Nordmeier* IntErbRVG § 34 Rn. 8; *Lange* DNotZ 2016, 103 (107)). Soll das Zeugnis auch zur Legitimation eines Testamentsvollstreckers dienen, greift ebenfalls der Richtervorbehalt (MüKoBGB/*Dutta* EUErbVO Art. 64 Rn. 10, 11). Den Ländern ist es möglich, den Richtervorbehalt nach § 16 Abs. 2 RPflG aufzuheben, § 19 I 1 Nr. 5 RPflG.

§ 35 Allgemeine Verfahrensvorschriften

(1) Soweit sich aus der Verordnung (EU) Nr. 650/2012 und den Vorschriften dieses Abschnitts nichts anderes ergibt, ist das Gesetz über das Verfahren in Familiensachen und in den Angelegenheiten der freiwilligen Gerichtsbarkeit anzuwenden.

(2) Ist ein Antrag entgegen § 184 Satz 1 des Gerichtsverfassungsgesetzes nicht in deutscher Sprache abgefasst, so kann das Gericht der antragstellenden Person aufgeben, eine Übersetzung des Antrags beizubringen, deren Richtigkeit von einer in einem Mitgliedstaat der Europäischen Union oder in einem anderen Vertragsstaat des Abkommens über den Europäischen Wirtschaftsraum hierzu befugten Person bestätigt worden ist.

(3) Für die Unterrichtung der Berechtigten durch öffentliche Bekanntmachung nach Artikel 66 Absatz 4 der Verordnung (EU) Nr. 650/2012 gelten die §§ 435 bis 437 des Gesetzes über das Verfahren in Familiensachen und in den Angelegenheiten der freiwilligen Gerichtsbarkeit entsprechend.

1. Normzweck. Die Verfahren nach § 33 IntErbRVG sind den **Nachlassgerichten** zugewiesen, § 34 IV 2 IntErbRVG. Auf diese Verfahren findet daher grundsätzlich das FamFG Anwendung (*Kroiß* ErbR 2015, 127 (128)). Jedoch stellt § 35 I IntErbRVG klar, dass die Vorschriften der EuErbVO sowie die in diesem Abschnitt des Gesetzes enthaltenen Vorschriften als lex specialis dem FamFG aber insoweit vorgehen, als sie besondere Verfahrensregelungen zum Europäischen Nachlasszeugnis treffen (Staudinger/*Herzog* Einl zu BGB §§ 2353–2370 Rn. 143; MüKo-BGB/*Dutta* EuErbVO Art. 65 Rn. 1; *Peter* MDR 2015, 309 (313); Dutta/Weber/*Dutta* IntErbRVG § 35 Rn. 2). Daraus folgt, dass unter anderem die Vorschriften zum Erbscheinsverfahren in den §§ 352ff. FamFG auf das Europäische Nachlasszeugnis nicht unmittelbar anzuwenden sind (Dutta/Weber/*Dutta* IntErbRVG § 33 Rn. 7; *Lutz* BWNotZ 2016, 34 (43)). Die EuErbVO enthält insbesondere ein eigenständiges Verfahren zur Ausstellung eines Europäischen Nachlasszeugnisses, das nicht mit dem deutschen Verfahren identisch ist und insbesondere keinen Feststellungsbeschluss vorsieht (*Peter* MDR 2015, 309 (313)).

2. Allgemeines. Was die anzuwendenden Verfahrensvorschriften anbelangt, verweist § 35 I IntErbRVG auf das FamFG. Es kann auch insoweit auf die §§ 29ff. FamFG, zurückgegriffen werden (MüKo-BGB/*Dutta* EuErbVO Art. 66 Rn. 4). Ferner finden – soweit das IntFamRVG keine besonderen Regelungen enthält – das *GVG* und das *RPflG* Anwendung (MüKo-EUErbVO/*Dutta* Vorbem. zu EuErbVO Art. 62 Rn. 6). Vorrangig sind aber die Verfahrensvorschriften der EuErbVO anzuwenden. Aus Art. 66 I 2 EuErbVO ergibt sich, dass das Gericht befugt ist, von Amts wegen die erforderlichen Ermittlungen durchzuführen. Der Umfang der Ermittlungspflicht bestimmt sich nach der lex fori. Damit gilt für die deutschen Nachlassgerichte der Amtsermittlungsgrundsatz, § 35 I IntErbRVG iVm § 26 FamFG (*Lange* DNotZ 2016, 103 (107)).

3. Verfahren. a) Allgemeines zur Beweisaufnahme. Was die **Beweisaufnahme** anbelangt, kommen über § 35 I FamFG die §§ 29, 30 FamFG zur Anwendung. Das Nachlassgericht hat die Pflicht, den für die Auslegung maßgeblichen Sachverhalt von Amts wegen aufzuklären, § 26 FamFG. Es kann sich dabei sowohl des Freibeweises als auch der Beweismittel der ZPO bedienen, § 30 FamFG. Der Grundsatz der Amtsermittlung verpflichtet das Nachlassgericht, alle zur Aufklärung des Sachverhalts erforderlichen Ermittlungen durchzuführen und die geeignet erscheinenden Beweise zu erheben. Das bedeutet zwar nicht, dass allen Beweisanträgen der Beteiligten stattgegeben und allen denkbaren Möglichkeiten zur Erforschung des Sachverhalts von Amts wegen nachgegangen werden müsste. Eine Aufklärungspflicht besteht aber insoweit, als das Vorbringen der Beteiligten und der festgestellte Sachverhalt aufgrund der Tatbestandsvoraussetzungen des materiellen Rechts bei sorgfältiger Überlegung zu weiteren Ermittlungen Anlass geben. Das Gericht darf seine Ermittlungen erst abschließen, wenn von einer weiteren Beweisaufnahme ein sachdienliches, die Entscheidung beeinflussendes Ergebnis nicht mehr zu erwarten ist.

b) Amtsermittlungsgrundsatz. Das Gericht hat in jedem Fall den Sachverhalt **von Amts wegen** zu ermitteln und seiner Entscheidung zugrunde zu legen, § 26 FamFG. Insoweit unterscheidet sich das FamFG-Verfahren wesentlich vom Zivilprozess. Zu beachten ist aber, dass besondere Vorschriften das Amtsermittlungsprinzip einschränken können. So sind zB im Erbscheinsverfahren die §§ 352ff. FamFG (bislang §§ 2354ff. BGB) der Amtsermittlungspflicht vorgeschaltet, ohne diese zu verdrängen. Entsprechendes gilt für das Verfahren auf Ausstellung eines Europäischen Nachlasszeugnisses. Hier muss der Antragsteller die in Art. 65 III EuErbVO genannten Angaben machen. Kommt ein Beteiligter seinen Pflichten nach §§ 352ff. FamFG bzw. Art. 65 III EuErbVO nicht nach, so beginnt die Amtsermittlungspflicht nicht zu laufen. Verweigert zB der Antragsteller im Erbscheinsverfahren ohne triftigen Grund die Abgabe der nach § 352 III FamFG bzw. Art. 66 III EuErbVO erforderlichen eidesstattlichen Versicherung, so ist das Nachlassgericht berechtigt, den Antrag ohne weitere Ermittlungen als unzulässig zurückzuweisen.

c) Form der Beweisaufnahme. Was die **Form der Beweisaufnahme** anbelangt, sind die §§ 29, 30 FamFG im Zusammenhang zu lesen. Nach dem eben dargestellten Amtsermittlungsgrundsatz, § 26 FamFG, ist das Gericht verpflichtet, den Sachverhalt von sich aus hinreichend aufzuklären und sich aller geeignet erscheinenden Beweismittel zu bedienen, also auch des Freibeweises.

Anders als im Zivilprozess können nach der hM im Verfahren der freiwilligen Gerichtsbarkeit Tatsachen auch **freibeweislich** ermittelt werden. In Betracht kommen dabei insbesondere die Beziehung von Akten, die Einholung von Auskünften und die (formlose) Anhörung von Zeugen und Beteiligten.

Das Gericht ist bei der Beweisaufnahme an **keine Form** gebunden. Es kann den Beweis mündlich, telefonisch, aber auch durch schriftliche Anhörung erheben. Auch kann der Richter privates Wissen verwerten. Praktisch bedeutsam ist das Freibeweisverfahren vor allem, wenn Eile geboten ist, zB bei einstweiligen Anordnungen, oder zur Ermittlung von Tatsachen, die nur am Rande bedeutsam sind.

Sofern sich das Gericht des **Strengbeweisverfahrens** bedient, gelten die §§ 355–370 ZPO entsprechend, § 30 I FamFG. Insoweit ist eine förmliche Beweisaufnahme erforderlich.

Die **Anordnung der Beweisaufnahme** kann formlos geschehen. Eines Beweisbeschlusses bedarf es nicht. Wegen des Amtsermittlungsgrundsatzes muss auch kein Beweisantritt erfolgen. Die §§ 371, 373, 403, 420 ZPO sind nicht entsprechend heranzuziehen. Allerdings kann das Gericht die Beteiligten auffordern, Beweismittel vorzuschlagen, jedoch ist das Gericht an diese Vorschläge nicht gebunden. Nach § 30 I FamFG iVm § 357 ZPO gilt auch im FamFG-Verfahren der Grundsatz der Beteiligtenöffentlichkeit. Damit das Teilnahme- und Fragerecht auch tatsächlich möglich sind, ist eine rechtzeitige Terminsnachricht erforderlich. Im Übrigen findet die Beweisaufnahme nicht öffentlich statt.

31 IntErbRVG § 36 Internationales Erbrechtsverfahrensgesetz

10 **d) Mündliche Verhandlung.** Das Nachlassgericht muss zwar **nicht zwingend mündlich** verhandeln; insoweit besitzt es ein Ermessen. Entscheidet sich das Nachlassgericht aber für die förmliche Beweisaufnahme, hat dies regelmäßig eine mündliche Verhandlung zur Folge.

11 **e) Feststellungslast.** Eine subjektive Beweislast im Sinne einer Beweisführungslast ist nicht gegeben (Geimer/Schütze/*Dorsel* EuErbVO Art. 66 Rn. 22). Hingegen existiert eine objektive Beweislast (Feststellungslast) in dem Fall, wenn eine Tatsache nicht mehr aufklärbar ist: jeder Beteiligte trägt die Beweislast für die Voraussetzungen einer ihm günstigen Norm (Geimer/Schütze/*Dorsel* EuErbVO Art. 66 Rn. 23).

12 **4. Gerichtssprache.** § 35 II IntErbRVG sieht vor, dass das Nachlassgericht bei Anträgen, die nicht in deutscher Sprache abgefasst sind, eine Übersetzung verlangen kann, § 184 S. 1 GVG (*Lange* DNotZ 2016, 103 (105)). Dies umfasst auch in ausländischer Sprache abgefasste Anlagen, die dem Antrag beigefügt sind.

13 Für die Unterrichtung der Berechtigten durch öffentliche Bekanntmachung verweist § 35 III IntErbRVG auf die §§ 435–437 FamFG. Insoweit ist eine Frist von mindestens sechs Wochen vorgesehen.

14 **5. Bekanntmachung von Entscheidungen.** Der Antrag auf Ausstellung des ENZ ist wie ein Aufgebot öffentlich bekannt zu machen (Dutta/Weber/*Dutta* IntErbRVG § 35 Rn. 8). § 35 III IntErbRVG regelt zur Umsetzung von Art. 66 Abs. 4 EuErbVO (vgl. dazu Geimer/Schütze/*Dorsel* EuErbVO Art. 66 Rn. 10f) die öffentliche Bekanntmachung entsprechend den FamFG-Vorschriften über das Verfahren in Aufgebotssachen. Eine unmittelbare Anwendung der §§ 433 ff. FamFG scheidet aus, da es sich bei dem Verfahren mangels Präklusionswirkung nicht um ein dem § 433 FamFG aufgebotsähnliches Verfahren handelt. Die öffentliche Bekanntmachung soll durch Aushang an der Gerichtstafel und durch einmalige Veröffentlichung im Bundesanzeiger, § 435 FamFG, erfolgen. Hierbei ist eine Frist von mindestens sechs Wochen vorgegeben, § 437 FamFG, in denen Berechtigte ihre Rechte geltend machen können. Ob und wie ein bislang unbekannter Berechtigter infolge der öffentlichen Bekanntmachung in das Verfahren einbezogen wird, soll das Gericht nach pflichtgemäßem Ermessen entscheiden.

§ 36 Ausstellung eines Europäischen Nachlasszeugnisses

(1) Der Antrag auf Ausstellung des Europäischen Nachlasszeugnisses richtet sich nach Artikel 65 der Verordnung (EU) Nr. 650/2012.

(2) ¹Der Antragsteller hat vor Gericht oder vor einem Notar an Eides statt zu versichern, dass ihm nichts bekannt sei, was der Richtigkeit seiner Angaben zur Ausstellung des Europäischen Nachlasszeugnisses (Artikel 66 Absatz 3 der Verordnung (EU) Nr. 650/2012) entgegensteht. ²Das Nachlassgericht kann dem Antragsteller die Versicherung erlassen, wenn es sie für nicht erforderlich hält.

1 **1. Normzweck.** Für den Antrag auf Ausstellung des Europäischen Nachlasszeugnisses verweist § 36 I IntErbRVG auf Art. 65 EuErbVO. Auch hat der Antragsteller vor Gericht oder vor einem Notar an Eides statt zu versichern, dass ihm nichts bekannt sei, was der Richtigkeit seiner Angaben zur Ausstellung des Europäischen Nachlasszeugnisses entgegensteht. Das Nachlassgericht kann dem Antragsteller die Versicherung erlassen, wenn es sie nicht für erforderlich erachtet. Für diese Regelung stand § 2356 II BGB (nunmehr § 352 III FamFG) Pate.

2 **2. Antrag auf Ausstellung des ENZ.** Art. 65 EuErbVO regelt **Form und Inhalt des Antrags** sowie – iVm Art. 63 I EuErbVO – den Kreis der Antragsteller abschließend. Der Antrag ist grundsätzlich an keine bestimmte Form gebunden (Geimer/Schütze/*Dorsel* EuErbVO Art. 65 Rn. 1). Ein Anwaltszwang besteht dabei nicht (*Lange* DNotZ 2016, 103). Für die Antragstellung kann das **Formblatt** nach Art. 65 II EuErbVO iVm Art. 81 II EuErbVO verwendet werden (Zimmermann/*Grau* Vorbem. zu EuErbVO Art. 62 Rn. 369. Eine Verpflichtung zur Verwendung besteht nicht (Geimer/Schütze/*Dorsel* EuErbVO Art. 65 Rn. 2; *Döbereiner* NJW 2015, 2449 (2451)). Das OLG Köln (Beschl. v. 6.2.2018 – 2 Wx 276/17 = FGPrax 2018, 37) hat hierzu folgende Frage an den EuGH vorgelegt: „Ist zur Beantragung eines Europäischen Nachlasszeugnisses die Benutzung des nach dem Beratungsverfahren nach Art. 81 II EuErbVO erstellte Formblatt IV (Anhang 4) gem. Art. 1 IV der Durchführungsverordnung zur EuErbVO zwingend erforderlich oder nur fakultativ?". Aufgrund des eindeutigen Wortlautes des Art. 65 II EuErbVO („kann") ist die Verwendung des Formblattes nicht verpflichtend (Dutta/Weber/*Fornasier* EuErbVO Art. 65 Rn. 9). **Mehrere antragsbefugte Personen** können den Antrag selbständig stellen, auch und wenn sie aus demselben Grund antragsbefugt sind, etwa als Miterben (MüKo-BGB/*Dutta* EuErbVO Art. 65 Rn. 4).

3 Zum **Inhalt des Antrags** darf auf die Kommentierung zu Art. 65 EuErbVO Bezug genommen werden. Die Ausstellungsbehörde ist berechtigt, den Antragsteller zu weiteren Angaben aufzufordern, die für die Zeugniserteilung relevant sind (Geimer/Schütze/*Dorsel* EuErbVO Art. 65 Rn. 17ff.; Zimmermann/*Grau* Vorbem. zu EuErbVO Art. 62 Rn. 373). Zulässig sind Haupt- und Hilfsanträge (Geimer/Schütze/*Dorsel* EuErbVO Art. 65 Rn. 20).

4 **3. Eidesstattliche Versicherung.** § 36 II IntErbRVG setzt Art. 66 III EuErbVO um, indem sich die **eidesstattliche Versicherung** auf alle Angaben erstrecken muss, die für die Ausstellung des Europäischen Nachlasszeugnisses erforderlich sind (Zimmermann/*Grau* Vorbem. zu EuErbVO Art. 62

Rn. 376 ff.). Wie im Erbscheinsverfahren, § 352 III 4 FamFG, kann das Gericht auf die eidesstattliche Versicherung verzichten. Den Bundesländern wurde die Möglichkeit eingeräumt, die Entgegennahme der Versicherung bei den Notaren zu konzentrieren, Art. 239 EGBGB (*Lange* DNotZ 2016, 103 (105)).

§ 37 Beteiligte

(1) ¹In Verfahren über die Ausstellung eines Europäischen Nachlasszeugnisses ist der Antragsteller Beteiligter. ²Als weitere Beteiligte können hinzugezogen werden
1. die gesetzlichen Erben,
2. diejenigen, die nach dem Inhalt einer vorliegenden Verfügung von Todes wegen als Erben in Betracht kommen,
3. diejenigen, die im Fall der Unwirksamkeit der Verfügung von Todes wegen Erben sein würden,
4. die Vermächtnisnehmer mit unmittelbarer Berechtigung am Nachlass,
5. der Testamentsvollstrecker oder der Nachlassverwalter,
6. sonstige Personen mit einem berechtigten Interesse.

³Auf ihren Antrag sind sie zu beteiligen.

(2) ¹In Verfahren über die Berichtigung, die Änderung, den Widerruf und die Aussetzung der Wirkungen eines Europäischen Nachlasszeugnisses ist der Antragsteller Beteiligter. ²Sonstige Personen mit einem berechtigten Interesse können als weitere Beteiligte hinzugezogen werden. ³Auf ihren Antrag sind sie zu beteiligen.

(3) In Verfahren über die Erteilung einer beglaubigten Abschrift eines Europäischen Nachlasszeugnisses oder die Verlängerung der Gültigkeitsfrist einer beglaubigten Abschrift ist der Antragsteller Beteiligter.

1. Normzweck. Den Beteiligtenbegriff definiert § 37 IntErbRVG in Anlehnung an § 345 FamFG (*Lange* DNotZ 2016, 103 (107)). Beteiligter ist der Antragsteller. Soweit ansonsten zB die gesetzlichen Erben hinzugezogen werden können, ist diese „Kannvorschrift" entsprechend wie bei § 345 FamFG als „Mussvorschrift" zu lesen, wenn das Europäisches Nachlasszeugnis in die Rechte der genannten Personen eingreifen kann. § 37 I 3 IntErbRVG bestimmt, dass die genannten Personen auf ihren Antrag zu beteiligen sind. Bei Verfahren über die Berichtigung, die Änderung, den Widerruf und die Aussetzung der Wirkungen eines Europäisches Nachlasszeugnisses ist der Antragsteller unmittelbar Beteiligter. Sonstige Personen mit einem berechtigten Interesse können als weitere Beteiligte hinzugezogen werden, § 37 II 2 IntErbRVG. Auf ihren Antrag sind sie zu beteiligen. Die Entscheidung über die Ablehnung des Hinzuziehungsantrages ergeht nach FamFG, §§ 35 I IntErbRVG, 7 V 1 FamFG. Gegen den Ablehnungsbeschluss ist insoweit die sofortige Beschwerde statthaft, §§ 7 V 2 FamFG 567–572 ZPO.

2. Verfahren über die Ausstellung eines ENZ. In Verfahren über die Ausstellung eines ENZ ist der **Antragsteller** Beteiligter, § 37 I 1 IntErbRVG.

Das Gericht **kann** von Amts wegen oder auf Antrag **weitere Personen** als Beteiligte hinzuziehen, § 37 I 2 IntErbRVG (**Hinzuziehungsmöglichkeit**). Das sind im Regelfall, diejenigen, deren Recht durch das Verfahren unmittelbar betroffen wird, wie die gesetzlichen Erben, diejenigen, die nach dem Inhalt einer vorliegenden Verfügung von Todes wegen als Erben in Betracht kommen, diejenigen, die im Fall der Unwirksamkeit der Verfügung von Todes wegen Erben sein würden, die Vermächtnisnehmer mit unmittelbarer Berechtigung am Nachlass (sog. Vindikationslegatare), der Testamentsvollstrecker oder der Nachlassverwalter und sonstige Personen mit einem berechtigten Interesse.

3. Verfahren zur Berichtigung, zur Änderung, zum Widerruf und zur Aussetzung der Wirkungen des Nachlasszeugnisses. In Verfahren über die **Berichtigung, die Änderung, den Widerruf und die Aussetzung der Wirkungen** eines ENZ ist der **Antragsteller** Muss-Beteiligter, § 37 I 1 IntErbRVG. Das Verfahren zur Berichtigung des ENZ kann auch von Amts wegen eingeleitet werden, Art. 71 I EuErbVO. Subsidiär kommt über § 35 I IntErbRVG § 7 II Nr. 1 FamFG zur Anwendung (Keidel/*Zimmermann* FamFG § 7 Rn. 10, 11). Nach § 7 II FamFG **sind** als Beteiligte hinzuzuziehen (**Hinzuziehungspflicht**), diejenigen, deren Recht durch das Verfahren unmittelbar betroffen wird (materiell Beteiligte).

Weiters können nach § 37 II 2 IntErbRVG **sonstige Personen** mit berechtigtem Interesse als Beteiligte hinzugezogen werden (*Döbereiner* NJW 2015, 2449 (2451); Zimmermann/*Grau* Vorbem. zu EuErbVO Art. 62 Rn. 382). Für die Frage, wer zu diesem Personenkreis gehört, bietet der Katalog des § 37 I 2 IntErbRVG eine gewisse Orientierung. Insoweit kommen potentielle Erben, Vindikationslegatare, Testamentsvollstrecker und Nachlassverwalter als Beteiligte in Betracht.

4. Verfahren über die Erteilung einer beglaubigten Abschrift eines Europäischen Nachlasszeugnisses oder die Verlängerung der Gültigkeitsfrist einer beglaubigten Abschrift. In Verfahren über die Erteilung einer beglaubigten Abschrift eines Europäischen Nachlasszeugnisses oder die Verlängerung der Gültigkeitsfrist einer beglaubigten schränkt § 37 III IntErbRVG den Kreis der Beteiligten auf den Antragsteller ein (*Wagner/Scholz* FamRZ 2014, 714 (719)). Interessen anderer Personen werden hier regelmäßig nicht tangiert (Dutta/Weber/*Dutta* IntErbRVG § 37 Rn. 19).

§ 38 Änderung oder Widerruf eines Europäischen Nachlasszeugnisses

¹Das Gericht hat ein unrichtiges Europäisches Nachlasszeugnis auf Antrag zu ändern oder zu widerrufen. ²Der Widerruf hat auch von Amts wegen zu erfolgen. ³Das Gericht hat über die Kosten des Verfahrens zu entscheiden.

1. **Normzweck.** Ein unrichtiges Europäisches Nachlasszeugnis hat das Gericht auf Antrag zu ändern oder zu widerrufen, Art. 71 II EuErbVO, § 38 IntErbRVG. Eine Einziehung oder Kraftloserklärung wie beim deutschen Erbschein ist nicht möglich (*Döbereiner* NJW 2015, 2449 (2451)). Der Widerruf kann auch von Amts wegen erfolgen. Insoweit unterscheidet sich die Regelung vom nationalen deutschen Erbscheinsverfahren als für das Europäische Nachlasszeugnis keine Einziehung oder Kraftloserklärung vorgesehen ist. Dafür verfügt das Zeugnis nur über einen begrenzten Gültigkeitszeitraum, Art. 70 III EU-ErbVO.

2. **Tätigwerden auf Antrag.** Änderung und Widerruf sind auf Antrag eines Beteiligten möglich. Insoweit wiederholt § 38 1 IntErbRVG die Regelung des Art. 71 II EuErbVO, der auch die Antragsbefugnis abschließend regelt.

3. **Tätigwerden von Amts wegen.** Der Widerruf eines ENZ ist auch von Amts wegen möglich. Er kann auch durch das Beschwerdegericht angeordnet werden, § 43 V 1 IntErbRVG. Die Entscheidung ergeht durch Beschluss, § 39 I 3 IntErbRVG.

4. **Kosten.** In jedem Fall, muss das Gericht dabei auch über die Kosten des Verfahrens entscheiden. Diese Regelung entspricht dem § 353 I 2 FamFG.

§ 39 Art der Entscheidung

(1) ¹Liegen die Voraussetzungen für die Ausstellung eines Europäischen Nachlasszeugnisses vor, entscheidet das Gericht durch Ausstellung der Urschrift eines Europäischen Nachlasszeugnisses. ²Liegen die Voraussetzungen für die Erteilung einer beglaubigten Abschrift oder für die Verlängerung der Gültigkeitsfrist einer beglaubigten Abschrift vor, entscheidet das Gericht durch Erteilung einer beglaubigten Abschrift oder durch Verlängerung der Gültigkeitsfrist einer beglaubigten Abschrift. ³Im Übrigen entscheidet das Gericht durch Beschluss.

(2) Für die Ausstellung eines Europäischen Nachlasszeugnisses und die Erteilung einer beglaubigten Abschrift ist das Formblatt nach Artikel 67 Absatz 1 Satz 2 in Verbindung mit Artikel 81 Absatz 2 der Verordnung (EU) Nr. 650/2012 zu verwenden.

1. **Normzweck.** Die EuErbVO enthält keine Regelung, in welcher Art und Weise eine Endentscheidung über die Ausstellung, die Änderung, den Widerruf, die Erteilung einer beglaubigten Abschrift, die Verlängerung der Gültigkeitsfrist und die Aussetzung der Wirkungen eines ENZ ergehen muss.

2. **Entscheidungsform.** Die Entscheidung über den Antrag erfolgt bei Stattgabe durch Ausstellung des Europäisches Nachlasszeugnis, § 39 I 1 IntErbRVG, die Ablehnung durch Beschluss, § 39 I 2 IntErbRVG (Zimmermann/*Grau* Vorbem. zu EuErbVO Art. 62 Rn. 391). Für die Kostenentscheidung gelten die §§ 80, 81 FamFG. Für die Ausstellung des Europäischen Nachlasszeugnisses und die Erteilung der beglaubigten Abschrift ist das Formblatt nach Art. 67 I 2, 81 II EuErbVO zu verwenden (*Döbereiner* NJW 2015, 2449 (2451)). Anders als beim deutschen Erbschein, § 352e FamFG, ist bei der Ausstellung eines ENZ weder ein gesonderter Feststellungs- noch ein sonstiger Beschluss erforderlich (*Lange* DNotZ 2016, 103 (109); Zimmermann/*Grau* Vorbem. zu EuErbVO Art. 62 Rn. 387).

3. **Kosten.** Gem. § 40 I Nr. 1 GNotKG iVm KV-E Nr. 12210 wird grds. eine volle Gebühr erhoben (*Schmidt* ZEV 2014, 389 (392)). Im **Anschlussverfahren** gelten gesonderte Regelungen. Damit ist der Fall gemeint, dass neben bzw nach dem Erbschein auch noch das ENZ beantragt wird. Denn nach Art. 62 III 1 EuErbVO tritt das ENZ nicht an die Stelle des Erbscheins, sondern stellt nur eine zusätzliche Möglichkeit des Erbnachweises dar (*Schmidt* ZEV 2014, 389 (390)). Nach Nr. 12210 II KV GNotKG erfolgt eine Anrechnung der Verfahrensgebühr, sofern zwischen den beiden erteilten Zeugnissen keine Divergenz besteht (Gierl/Köhler/Kroiß/*Wilsch*, Internationales Erbrecht, Abschn. 3 § 8 Rn. 16). Dementsprechend werden 75 Prozent der bereits entstandenen Gebühr eines (erteilten) Erbscheinsverfahren auf das ENZ-Ausstellungsverfahren angerechnet, wenn auch dieses Zeugnis erteilt wird und sich beide Zeugnisses nicht widersprechen, Nr. 12210 II 1 KV GNotKG. Das Gleiche gilt im umgekehrten Fall, wenn also zunächst das ENZ und dann erst der Erbschein erteilt wird, Nr. 12210 II 2 GNotKG.

Bedarf es im ENZ-Ausstellungsverfahren die Abgabe einer **Eidesstattlichen Versicherung,** so fällt hierfür eine volle Verfahrensgebühr nach Nr. 23300 KV GNotKG Tabelle B an.

4. **Verwendung der Formblätter.** Für die Ausstellung des ENZ ist das Formblatt nach Art. 67 I 2, 81 II EuErbVO zu verwenden, § 39 II IntErbRVG.

Art der Entscheidung   § 39 IntErbRVG 31

Formblatt Europäisches Nachlasszeugnis

Europäisches Nachlasszeugnis
(Artikel 67 der Verordnung (EU) Nr. 650/2012 des Europäischen Parlaments und des Rates über die Zuständigkeit, das anzuwendende Recht, die Anerkennung und Vollstreckung von Entscheidungen und die Annahme und Vollstreckung öffentlicher Urkunden in Erbsachen sowie zur Einführung eines Europäischen Nachlasszeugnisses [1])
Das Original dieses Zeugnisses bleibt in Händen der Ausstellungsbehörde **Beglaubigte Abschriften dieses Zeugnisses sind bis zu dem im entsprechenden Feld angegebenen Datum am Ende dieses Formblatts gültig**

Dem Nachlasszeugnis beigefügte Anlagen [*]

☑ Anlage I – Angaben zum/zu den Antragsteller(n) (OBLIGATORISCH, falls es sich um (eine) juristische Person(en) handelt)
☑ Anlage II – Angaben zum/zu den Vertreter(n) des/der Antragsteller(s) (OBLIGATORISCH, falls der/die Antragsteller vertreten wird/werden)
☑ Anlage III – Angaben zum ehelichen Güterstand oder zu einem anderen gleichwertigen Güterstand des Erblassers (OBLIGATORISCH, falls für den Erblasser zum Zeitpunkt seines Todes ein solcher Güterstand galt)
☑ Anlage IV – Stellung und Rechte des/der Erben (OBLIGATORISCH, falls diese durch das Zeugnis bestätigt werden sollen)
☑ Anlage V – Stellung und Rechte des/der Vermächtnisnehmer(s) mit unmittelbarer Berechtigung am Nachlass (OBLIGATORISCH, falls diese durch das Zeugnis bestätigt werden sollen)
☑ Anlage VI – Befugnis zur Testamentsvollstreckung oder Nachlassverwaltung (OBLIGATORISCH, falls diese durch das Zeugnis bestätigt werden soll)
☑ Keine Anlage beigefügt

1. **Mitgliedstaat der Ausstellungsbehörde** [*]
   ☐ Belgien ☐ Bulgarien ☐ Tschechische Republik ☐ Deutschland ☐ Estland
   ☐ Griechenland ☐ Spanien ☐ Frankreich ☐ Kroatien ☐ Italien ☐ Zypern
   ☐ Lettland ☐ Litauen ☐ Luxemburg ☐ Ungarn ☐ Malta ☐ Niederlande
   ☐ Österreich ☐ Polen ☐ Portugal ☐ Rumänien ☐ Slowenien ☐ Slowakei
   ☐ Finnland ☐ Schweden

2. **Ausstellungsbehörde**
2.1. Name und Bezeichnung der Behörde [*]: ....
2.2. Anschrift
2.2.1. Straße und Hausnummer/Postfach [*]: ....
2.2.2. Ort und Postleitzahl [*]: ....
2.3. Telefon: ....
2.4. Fax: ....
2.5. E-Mail: ....

3. **Angaben zur Akte**
3.1. Aktenzeichen [*]: ....
3.2. Datum (TT.MM.JJJJ) des Zeugnisses [*]: ....

4. **Zuständigkeit der Ausstellungsbehörde** (Artikel 64 der Verordnung (EU) Nr. 650/2012)
4.1. Die Ausstellungsbehörde befindet sich in dem Mitgliedstaat, dessen Gerichte für die Entscheidung über die Erbsache zuständig sind gemäß [*]
   ☐ Artikel 4 der Verordnung (EU) Nr. 650/2012 (Allgemeine Zuständigkeit)
   ☐ Artikel 7 Buchstabe a der Verordnung (EU) Nr. 650/2012 (Zuständigkeit bei Rechtswahl)

Kroiß

☐ Artikel 7 Buchstabe b der Verordnung (EU) Nr. 650/2012 (Zuständigkeit bei Rechtswahl)
☐ Artikel 7 Buchstabe c der Verordnung (EU) Nr. 650/2012 (Zuständigkeit bei Rechtswahl)
☐ Artikel 10 der Verordnung (EU) Nr. 650/2012 (Subsidäre Zuständigkeit)
☐ Artikel 11 der Verordnung (EU) Nr. 650/2012 (Notzuständigkeit – *forum necessitatis*)

4.2. Zusätzliche Umstände, aus denen die Ausstellungsbehörde ihre Zuständigkeit für die Ausstellung des Zeugnisses herleitet[2]:
....
....
....

---

5. **Angaben zum Antragsteller (natürliche Person[3])**

5.1. Name und Vorname(n) [*]:
....

5.2. Geburtsname (falls abweichend von 5.1):
....

5.3. Geschlecht [*]
5.3.1. ☐ M
5.3.2. ☐ F

5.4. Geburtsdatum (TT. MM.JJJJ) und -ort (Stadt/Land (ISO-Code))[*]:
....

5.5. Familienstand [*]
5.5.1. ☐ Ledig
5.5.2. ☐ Verheiratet
5.5.3. ☐ Eingetragener Partner
5.5.4. ☐ Geschieden
5.5.5. ☐ Verwitwet
5.5.6. ☐ Sonstiges (bitte angeben):

5.6. Staatsangehörigkeit [*]
☐ Belgien ☐ Bulgarien ☐ Tschechische Republik ☐ Deutschland ☐ Estland
☐ Griechenland ☐ Spanien ☐ Frankreich ☐ Kroatien ☐ Italien ☐ Zypern
☐ Lettland ☐ Litauen ☐ Luxemburg ☐ Ungarn ☐ Malta ☐ Niederlande
☐ Österreich ☐ Polen ☐ Portugal ☐ Rumänien ☐ Slowenien ☐ Slowakei
☐ Finnland ☐ Schweden
☐ Sonstige (bitte ISO-Code angeben): ....

5.7. Identifikationsnummer [4]:
5.7.1. Nationale Identitätsnummer: ....
5.7.2. Sozialversicherungsnummer: ....
5.7.3. Steuernummer: ....
5.7.4. Sonstige (bitte angeben): ....

5.8. Anschrift
5.8.1. Straße und Hausnummer/Postfach [*]:
....

5.8.2. Ort und Postleitzahl [*]: ....

5.8.3. Land [*]
☐ Belgien ☐ Bulgarien ☐ Tschechische Republik ☐ Deutschland ☐ Estland
☐ Griechenland ☐ Spanien ☐ Frankreich ☐ Kroatien ☐ Italien ☐ Zypern
☐ Lettland ☐ Litauen ☐ Luxemburg ☐ Ungarn ☐ Malta ☐ Niederlande
☐ Österreich ☐ Polen ☐ Portugal ☐ Rumänien ☐ Slowenien ☐ Slowakei
☐ Finnland ☐ Schweden
☐ Sonstiges (bitte ISO-Code angeben): ....

5.9. Telefon: ....
5.10. Fax: ....
5.11. E- Mail: ....

Art der Entscheidung § 39 IntErbRVG

5.12. Verhältnis zum Erblasser (*)
☐ Sohn ☐ Tochter ☐ Vater ☐ Mutter ☐ Enkel ☐ Enkelin ☐ Großvater
☐ Großmutter ☐ Ehegatte ☐ Eingetragener Partner ☐ *De-facto*-Partner ([5])
☐ Bruder ☐ Schwester ☐ Neffe ☐ Nichte ☐ Onkel ☐ Tante ☐ Cousin/Cousine
☐ Sonstiges (bitte angeben): ....

6. **Angaben zum Erblasser**
6.1. Name und Vorname(n) (*):
....
6.2. Geburtsname (falls abweichend von 6.1.):
....
6.3. Geschlecht (*)
6.3.1. ☐ M
6.3.2. ☐ F
6.4. Geburtsdatum (TT. MM.JJJJ) und -ort (Stadt/Land (ISO-Code)) (*):
....
....
6.5. Familienstand zum Zeitpunkt des Todes (*)
6.5.1. ☐ Ledig
6.5.2. ☐ Verheiratet
6.5.3. ☐ Eingetragener Partner
6.5.4. ☐ Geschieden
6.5.5. ☐ Verwitwet
6.5.6. ☐ Sonstiges (bitte angeben):
6.6. Staatsangehörigkeit (*)
☐ Belgien ☐ Bulgarien ☐ Tschechische Republik ☐ Deutschland ☐ Estland
☐ Griechenland ☐ Spanien ☐ Frankreich ☐ Kroatien ☐ Italien ☐ Zypern
☐ Lettland ☐ Litauen ☐ Luxemburg ☐ Ungarn ☐ Malta ☐ Niederlande
☐ Österreich ☐ Polen ☐ Portugal ☐ Rumänien ☐ Slowenien ☐ Slowakei
☐ Finnland ☐ Schweden
☐ Sonstige (bitte ISO-Code angeben): ....
6.7. Identifikationsnummer ([4]):
6.7.1. Nationale Identitätsnummer: ....
6.7.2. Sozialversicherungsnummer: ....
6.7.3. Steuernummer: ....
6.7.4. Nummer der Geburtsurkunde: ....
6.7.5. Sonstige (bitte angeben): ....
6.8. Anschrift zum Zeitpunkt des Todes
6.8.1. Straße und Hausnummer/Postfach (*): ....
....
6.8.2. Ort und Postleitzahl (*): ....
6.8.3. Land (*)
☐ Belgien ☐ Bulgarien ☐ Tschechische Republik ☐ Deutschland ☐ Estland
☐ Griechenland ☐ Spanien ☐ Frankreich ☐ Kroatien ☐ Italien ☐ Zypern
☐ Lettland ☐ Litauen ☐ Luxemburg ☐ Ungarn ☐ Malta ☐ Niederlande
☐ Österreich ☐ Polen ☐ Portugal ☐ Rumänien ☐ Slowenien ☐ Slowakei
☐ Finnland ☐ Schweden
☐ Sonstiges (bitte ISO-Code angeben): ....
6.9. Datum (TT. MM.JJJJ) und Ort des Todes (*):
....
6.9.1. Nummer, Datum und Ort der Ausstellung der Sterbeurkunde:
....
....

Kroiß

31 IntErbRVG § 39

7. Gewillkürte/gesetzliche Erbfolge
7.1. Für die Rechtsnachfolge von Todes wegen gilt [*]:
7.1.1. ☐ die gewillkürte Erbfolge
7.1.2. ☐ die gesetzliche Erbfolge
7.1.3. ☐ zum Teil die gewillkürte und zum Teil die gesetzliche Erbfolge
7.2. Im Fall einer gewillkürten oder teilweise gewillkürten Erbfolge stützt sich das Zeugnis auf die folgende(n) gültige(n) Verfügung(en) von Todes wegen [6]
Verfügung von Todes wegen
7.2.1. Art: ☐ Testament   ☐ Gemeinschaftliches Testament   ☐ Erbvertrag
7.2.2. Datum (TT. MM.JJJJ) der Errichtung der letztwilligen Verfügung [*]:
....
7.2.3. Ort der Errichtung (Stadt/Land (ISO-Code)):
....
7.2.4. Name und Bezeichnung der Behörde, vor der die letztwillige Verfügung errichtet wurde:
....
7.2.5. Datum (TT. MM.JJJJ) der Eintragung oder Hinterlegung der letztwilligen Verfügung:
....
7.2.6. Bezeichnung des Registers oder der Verwahrstelle[*]:
....
7.2.7. Aktenzeichen der letztwilligen Verfügung im Register oder bei der Verwahrstelle:
....
7.2.8. Sonstiges Aktenzeichen:
7.3. Nach Kenntnis der Ausstellungsbehörde hat der Erblasser folgende weitere Verfügungen von Todes wegen errichtet, die widerrufen oder für nichtig erklärt wurden [6]
widerrufene oder nichtige Verfügung von Todes wegen
7.3.1. Art: ☐ Testament   ☐ Gemeinschaftliches Testament   ☐ Erbvertrag
7.3.2. Datum (TT. MM.JJJJ) der Errichtung der letztwilligen Verfügung [*]:
....
7.3.3. Ort der Errichtung (Stadt/Land (ISO-Code)):
....
7.3.4. Name und Bezeichnung der Behörde, vor der die letztwillige Verfügung errichtet wurde:
....
7.3.5. Datum (TT. MM.JJJJ) der Eintragung oder Hinterlegung der letztwilligen Verfügung:
....
7.3.6. Bezeichnung des Registers oder der Verwahrstelle:
....
7.3.7. Aktenzeichen der letztwilligen Verfügung im Register oder bei der Verwahrstelle:
....
7.3.8. Sonstiges Aktenzeichen: ....
7.4. Sonstige relevante Angaben zu Artikel 68 Buchstabe j der Verordnung (EU) Nr. 605/2012 (bitte ausführen):
....
....

8. Auf die Rechtsnachfolge von Todes wegen anzuwendendes Recht
8.1. Auf die Rechtsnachfolge von Todes wegen ist das Recht des folgenden Staates anzuwenden([*])
☐ Belgien   ☐ Bulgarien   ☐ Tschechische Republik   ☐ Deutschland   ☐ Estland
☐ Griechenland   ☐ Spanien   ☐ Frankreich   ☐ Kroatien   ☐ Italien   ☐ Zypern
☐ Lettland   ☐ Litauen   ☐ Luxemburg   ☐ Ungarn   ☐ Malta   ☐ Niederlande
☐ Österreich   ☐ Polen   ☐ Portugal   ☐ Rumänien   ☐ Slowenien   ☐ Slowakei
☐ Finnland   ☐ Schweden
☐ Sonstige (bitte ISO-Code angeben): ....

Art der Entscheidung § 39 IntErbRVG 31

8.2. Das anzuwendende Recht wurde auf der Grundlage folgender Umstände bestimmt (*)
8.2.1. ☐ Zum Zeitpunkt seines Todes hatte der Erblasser seinen gewöhnlichen Aufenthalt in diesem Staat (Artikel 21 Absatz 1 der Verordnung (EU) Nr. 650/2012).
8.2.2. ☐ Der Erblasser hatte das Recht des Staates gewählt, dessen Staatsangehörigkeit er besaß (Artikel 22 Absatz 1 der Verordnung (EU) Nr. 650/2012) (siehe 7.2).
8.2.3. ☐ Der Erblasser hatte eine offensichtlich engere Verbindung zu diesem Staat als zu dem Staat seines gewöhnlichen Aufenthalts (Artikel 21 Absatz 2 der Verordnung (EU) Nr. 650/2012). Bitte ausführen:
....
....
....
....
....
....

8.2.4. ☐ Das nach Artikel 21 Absatz 1 der Verordnung (EU) Nr. 650/2012 anzuwendende Recht verweist auf das Recht dieses Staates (Artikel 34 Absatz 1 der Verordnung (EU) Nr. 650/2012). Bitte ausführen:
....
....
....

8.3. ☐ Anzuwendendes Recht ist das Recht eines Staates mit mehr als einem Rechtssystem (Artikel 36 und 37 der Verordnung (EU) Nr. 650/2012). Es gelten folgende Rechtsvorschriften (geben Sie bitte gegebenenfalls die Gebietseinheit an):
....
....
....

8.4. ☐ Es gelten besondere Regelungen mit Beschränkungen, die die Rechtsnachfolge von Todes wegen in Bezug auf bestimmte Vermögenswerte des Erblassers betreffen oder Auswirkungen auf sie haben (Artikel 30 der Verordnung (EU) Nr. 650/2012). Geben Sie bitte die betreffenden Regelungen und Vermögenswerte an):
....
....
....
....

Die Behörde bestätigt, dass sie alle erforderlichen Schritte unternommen hat, um die Berechtigten von der Beantragung eines Zeugnisses zu unterrichten, und dass zum Zeitpunkt der Erstellung des Zeugnisses keine der darin enthaltenen Angaben von den Berechtigten bestritten worden ist.
Die nachstehenden Punkte wurden nicht ausgefüllt, weil sie für den Zweck, für den das Zeugnis ausgestellt wurde, nicht als relevant angesehen wurden(*): ....
....
Gesamtzahl der Seiten, falls weitere Blätter beigefügt wurden (*): ....
Ort (*): .... Datum
(*): .... (TT. MM. JJJJ)
Unterschrift und/oder Stempel der Ausstellungsbehörde (*)

BEGLAUBIGTE ABSCHRIFT
Diese beglaubigte Abschrift des Europäischen Nachlasszeugnisses wurde ausgestellt für (*):
....
....

(Name des/der Antragsteller(s) oder der Person(en), die ein berechtigtes Interesse nachgewiesen hat/haben (Artikel 70 der Verordnung (EU) Nr. 650/2012)

....

....

Gültig bis (*): .... (TT. MM.JJJJ)

Ausstellungsdatum (*): .... (TT. MM.JJJJ)

Unterschrift und/oder Stempel der Ausstellungsbehörde (*): ....

....

§ 40 Bekanntgabe der Entscheidung

¹Entscheidungen nach § 39 Absatz 1 Satz 1 und 2 werden dem Antragsteller durch Übersendung einer beglaubigten Abschrift bekannt gegeben. ²Weiteren Beteiligten wird die Entscheidung nach § 39 Absatz 1 Satz 1 durch Übersendung einer einfachen Abschrift des ausgestellten Europäischen Nachlasszeugnisses bekannt gegeben.

1   **1. Normzweck.** Die Bekanntgabe der Entscheidung erforderte eine Regelung des nationalen Gesetzgebers, da die Entscheidungen nach § 39 I 1,2 IntErbRVG nicht durch Beschluss ergehen. Dabei wird zwischen der Bekanntgabe an den Antragsteller, § 40 S. 1 IntErbRVG, und der Bekanntgabe an weitere Beteiligte differenziert, § 40 S. 2 IntErbRVG.

2   **2. Bekanntgabe gegenüber dem Antragsteller.** Die Bekanntgabe des Europäisches Nachlasszeugnis erfolgt durch Übersendung einer beglaubigten Abschrift an den Antragsteller, § 40 IntErbRVG (*Schmidt* ZEV 2014, 389 (392)). Die EuErbVO kennt keine Ausfertigung, weshalb der Begriff der beglaubigten Abschrift verwendet wird (*Döbereiner* NJW 2015, 2449 (2451)).

3   **3. Bekanntgabe gegenüber weiteren Beteiligten.** Die übrigen Beteiligten erhalten einfache Abschriften. Die Unterrichtungspflicht ergibt sich aus Art. 67 II EU-ErbVO. Dabei ist auf eine deutliche Kennzeichnung als „einfache Abschrift" zu achten. Für die Erteilung einer beglaubigten Abschrift ist ein eigenständiges Verfahren möglich, Art. 70 EU-ErbVO, 33 Nr. 2 IntErbRVG. Dabei wir das berechtigte Interesse geprüft. Sind einzelne Erben unbekannt oder ist deren Aufenthalt nicht zu ermitteln, wird deren Interesse an der Geltendmachung ihrer Rechte durch die öffentliche Bekanntmachung nach Art. 66 IV EuErbVO Rechnung getragen (Geimer/Schütze/*Dorsel* EuErbVO Art. 67 Rn. 9).

§ 41 Wirksamwerden

¹Die Entscheidung wird wirksam, wenn sie der Geschäftsstelle zum Zweck der Bekanntgabe übergeben wird. ²Der Zeitpunkt ihrer Wirksamkeit ist auf der Entscheidung zu vermerken.

1   Wirksam wird das Europäische Nachlasszeugnis mit seiner Übergabe an die Geschäftsstelle zum Zwecke der Bekanntgabe. § 41 IntErbRVG geht insoweit dem § 40 FamFG vor und entspricht der Regelung des § 287 II 2 Nr. 2 und S. 3 FamFG (*Wagner/Scholz* FamRZ 2014, 714 (720)). Insoweit kommt es zu einer Vorverlagerung der Wirksamkeit, zu deren Begründung auch Art. 69 II EuErbVO herangezogen wird (BR-Drs. 644/14, 61). Die Vermutungswirkung des ENZ tritt in allen Mitgliedsstaaten automatisch bereits mit der Ausstellung des Zeugnisses ein. Zuständig für den Vermerk ist der Urkundsbeamte der Geschäftsstelle. Die Vorschrift erfasst aufgrund ihrer systematischen Stellung und ihres Wortlauts sämtliche Entscheidungen in Verfahren nach § 33 IntErbRVG (Dutta/Weber/*Dutta* IntErbRVG § 41 Rn. 3).

§ 42 Gültigkeitsfrist der beglaubigten Abschrift eines Europäischen Nachlasszeugnisses

¹Die Gültigkeitsfrist einer beglaubigten Abschrift eines Europäischen Nachlasszeugnisses beginnt mit ihrer Erteilung. ²Für die Berechnung der Gültigkeitsfrist gelten die Vorschriften des Bürgerlichen Gesetzbuchs, soweit sich nicht aus der Verordnung (EWG, EURATOM) Nr. 1182/71 des Rates vom 3. Juni 1971 zur Festlegung der Regeln für die Fristen, Daten und Termine etwas anderes ergibt.

1   **1. Normzweck.** Die Gültigkeitsfrist der beglaubigten Abschrift eines Europäisches Nachlasszeugnisses beträgt nach § 70 III EU-ErbVO sechs Monate (Geimer/Schütze/*Dorsel* EuErbVO Art. 70 Rn. 4; *Schmidt* ZEV 2014, 389 (392)). Eine längere Frist ist nur ausnahmsweise auf Antrag hin zu gewähren (*Döbereiner* NJW 2015, 2449 (2451)). In der beglaubigten Abschrift des ENZ ist das Ablaufdatum anzugeben. Nach Ablauf der Frist entfallen die in Art. 69 EuErbVO angegebenen Wirkungen des ENZ. Durch die zeitliche Limitierung seiner Geltung unterscheidet sich das ENZ vom nationalen deutschen Erbschein, der erst mit der erfolgten Einziehung seine Wirkung verliert, § 2361 2 BGB.

2   **2. Beginn der Gültigkeitsfrist.** § 42 IntErbRVG bestimmt, dass die Gültigkeitsfrist mit der Erteilung des Europäisches Nachlasszeugnis beginnt. Art. 70 I EuErbVO spricht von der Erteilung beglaubigter

Abschriften des ENZ. Entscheidend für das Wirksamwerden ist das Verfahrensrecht der Ausstellungsbehörde, in Deutschland also § 41 IntErbRVG (Dutta/Weber/*Dutta* IntErbRVG § 42 Rn. 3). Die Frist beginnt somit mit der Übergabe der Entscheidung an die Geschäftsstelle, § 41 1 IntErbRVG.

3. Berechnung der Gültigkeitsfrist. Für die Fristberechnung gelten im Übrigen die Vorschriften des BGB entsprechend soweit nicht die Fristenverordnung (Verordnung (EWG, EURATOM) Nr. 1182/71 des Rates v. 3.6.1971) etwas anderes vorgibt.

4. Anhang: Verordnung (EWG, EURATOM) Nr. 1182/71 des Rates vom 3. Juni 1971 zur Festlegung der Regeln für die Fristen, Daten und Termine

Artikel 1

Diese Verordnung gilt, soweit nichts anderes bestimmt ist, für die Rechtsakte, die der Rat und die Kommission auf Grund des Vertrages zur Gründung der Europäischen Wirtschaftsgemeinschaft oder des Vertrages zur Gründung der Europäischen Atomgemeinschaft erlassen haben bzw. erlassen werden.

Kapitel I. Fristen

Artikel 2

(1) Für die Anwendung dieser Verordnung sind die Feiertage zu berücksichtigen, die als solche in dem Mitgliedstaat oder in dem Organ der Gemeinschaften vorgesehen sind, bei dem eine Handlung vorgenommen werden soll.

¹Zu diesem Zweck übermittelt jeder Mitgliedstaat der Kommission die Liste der Tage, die nach seinen Rechtsvorschriften als Feiertage vorgesehen sind. ²Die Kommission veröffentlicht im *Amtsblatt der Europäischen Gemeinschaften* die von den Mitgliedstaaten übermittelten Listen, die durch Angabe der in den Organen der Gemeinschaften als Feiertage vorgesehenen Tage ergänzt worden sind.

(2) Für die Anwendung dieser Verordnung sind als Arbeitstage alle Tage außer Feiertagen, Sonntagen und Sonnabenden zu berücksichtigen.

Artikel 3

(1) Ist für den Anfang einer nach Stunden bemessenen Frist der Zeitpunkt maßgebend, in welchem ein Ereignis eintritt oder eine Handlung vorgenommen wird, so wird bei der Berechnung dieser Frist die Stunde nicht mitgerechnet, in die das Ereignis oder die Handlung fällt.

Ist für den Anfang einer nach Tagen, Wochen, Monaten oder Jahren bemessenen Frist der Zeitpunkt maßgebend, in welchem ein Ereignis eintritt oder eine Handlung vorgenommen wird, so wird bei der Berechnung dieser Frist der Tag nicht mitgerechnet, in den das Ereignis oder die Handlung fällt.

(2) Vorbehaltlich der Absätze 1 und 4 gilt folgendes:
a) Eine nach Stunden bemessene Frist beginnt am Anfang der ersten Stunde und endet mit Ablauf der letzten Stunde der Frist.
b) Eine nach Tagen bemessene Frist beginnt am Anfang der ersten Stunde des ersten Tages und endet mit Ablauf der letzten Stunde des letzten Tages der Frist.
c) Eine nach Wochen, Monaten oder Jahren bemessene Frist beginnt am Anfang der ersten Stunde des ersten Tages der Frist und endet mit Ablauf der letzten Stunde des Tages der letzten Woche, des letzten Monats oder des letzten Jahres, der dieselbe Bezeichnung oder dieselbe Zahl wie der Tag des Fristbeginns trägt. Fehlt bei einer nach Monaten oder Jahren bemessenen Frist im letzten Monat der für ihren Ablauf maßgebende Tag, so endet die Frist mit Ablauf der letzten Stunde des letzten Tages dieses Monats.
d) Umfasst eine Frist Monatsbruchteile, so wird bei der Berechnung der Monatsbruchteile ein Monat von dreissig Tagen zugrunde gelegt.

(3) Die Fristen umfassen die Feiertage, die Sonntage und die Sonnabende, soweit diese nicht ausdrücklich ausgenommen oder die Fristen nach Arbeitstagen bemessen sind.

(4) Fällt der letzte Tag einer nicht nach Stunden bemessenen Frist auf einen Feiertag, einen Sonntag oder einen Sonnabend, so endet die Frist mit Ablauf der letzten Stunde des folgenden Arbeitstags.

Diese Bestimmung gilt nicht für Fristen, die von einem bestimmten Datum oder einem bestimmten Ereignis an rückwirkend berechnet werden.

(5) Jede Frist von zwei oder mehr Tagen umfasst mindestens zwei Arbeitstage.

Kapitel II. Daten und Termine

Artikel 4

(1) Artikel 3, mit Ausnahme der Absätze 4 und 5, gilt vorbehaltlich der Bestimmungen dieses Artikels für die Fristen des Inkrafttretens, des Wirksamwerdens, des Anwendungsbeginns, des Ablaufs

der Geltungsdauer, des Ablaufs der Wirksamkeit und des Ablaufs der Anwendbarkeit der Rechtsakte des Rates oder der Kommission oder einzelner Bestimmungen dieser Rechtsakte.

(2) Rechtsakte des Rates oder der Kommission oder einzelne Bestimmungen dieser Rechtsakte, für deren Inkrafttreten, deren Wirksamwerden oder deren Anwendungsbeginn ein bestimmtes Datum festgesetzt worden ist, treten mit Beginn der ersten Stunde des diesem Datum entsprechenden Tages in Kraft bzw. werden dann wirksam oder angewandt.

Unterabsatz 1 gilt auch dann, wenn die vorgenannten Rechtsakte oder Bestimmungen binnen einer bestimmten Anzahl von Tagen nach dem Eintritt eines Ereignisses oder der Vornahme einer Handlung in Kraft treten, wirksam werden oder angewandt werden sollen.

(3) Rechtsakte des Rates oder der Kommission oder einzelne Bestimmungen dieser Rechtsakte, deren Geltungsdauer, Wirksamkeit oder Anwendbarkeit zu einem bestimmten Zeitpunkt enden, treten mit Ablauf der letzten Stunde des diesem Zeitpunkt entsprechenden Tages außer Kraft bzw. werden dann unwirksam oder nicht mehr angewandt.

Unterabsatz 1 gilt auch dann, wenn die vorgenannten Rechtsakte oder Bestimmungen binnen einer bestimmten Anzahl von Tagen nach dem Eintritt eines Ereignisses oder der Vornahme einer Handlung außer Kraft treten, unwirksam werden oder nicht mehr angewandt werden sollen.

Artikel 5

(1) Artikel 3, mit Ausnahme der Absätze 4 und 5, gilt vorbehaltlich der Bestimmungen dieses Artikels, wenn eine Handlung in Durchführung eines Rechtsaktes des Rates oder der Kommission zu einem bestimmten Zeitpunkt vorgenommen werden kann oder muß.

(2) Kann oder muß eine Handlung in Durchführung eines Rechtsaktes des Rates oder der Kommission an einem bestimmten Datum vorgenommen werden, so kann oder muß dies zwischen dem Beginn der ersten Stunde und dem Ablauf der letzten Stunde des diesem Datum entsprechenden Tages geschehen.

Unterabsatz 1 gilt auch dann, wenn eine Handlung in Durchführung eines Rechtsaktes des Rates oder der Kommission binnen einer bestimmten Anzahl von Tagen nach dem Eintritt eines Ereignisses oder der Vornahme einer anderen Handlung vorgenommen werden kann oder muß.

Artikel 6

Diese Verordnung tritt am 1. Juli 1971 in Kraft.
Diese Verordnung ist in allen ihren Teilen verbindlich und gilt unmittelbar in jedem Mitgliedstaat.

§ 43 Beschwerde

(1) [1] Gegen die Entscheidung in Verfahren nach § 33 Nummer 1 und 3 findet die Beschwerde zum Oberlandesgericht statt. [2] § 61 des Gesetzes über das Verfahren in Familiensachen und in den Angelegenheiten der freiwilligen Gerichtsbarkeit ist nicht anzuwenden. [3] Die Beschwerde ist bei dem Gericht einzulegen, dessen Entscheidung angefochten wird.

(2) Beschwerdeberechtigt sind
1. in den Verfahren nach § 33 Nummer 1, sofern das Verfahren die Ausstellung eines Europäischen Nachlasszeugnisses betrifft, die Erben, die Vermächtnisnehmer mit unmittelbarer Berechtigung am Nachlass und die Testamentsvollstrecker oder die Nachlassverwalter;
2. in den übrigen Verfahren nach § 33 Nummer 1 sowie in den Verfahren nach § 33 Nummer 3 diejenigen Personen, die ein berechtigtes Interesse nachweisen.

(3) [1] Die Beschwerde ist einzulegen
1. innerhalb eines Monats, wenn der Beschwerdeführer seinen gewöhnlichen Aufenthalt im Inland hat;
2. innerhalb von zwei Monaten, wenn der Beschwerdeführer seinen gewöhnlichen Aufenthalt im Ausland hat.

[2] Die Frist beginnt jeweils mit dem Tag der Bekanntgabe der Entscheidung.

(4) Die Beschwerde ist den anderen Beteiligten bekannt zu geben.

(5) [1] Hält das Beschwerdegericht die Beschwerde gegen die Ausstellung des Europäischen Nachlasszeugnisses für begründet, so ändert oder widerruft es das Zeugnis oder weist das Ausgangsgericht an, das Zeugnis zu berichtigen, zu ändern oder zu widerrufen. [2] Hält das Beschwerdegericht die Beschwerde gegen die Ablehnung der Ausstellung des Europäischen Nachlasszeugnisses für begründet, so stellt es das Nachlasszeugnis aus oder verweist die Sache unter Aufhebung des angefochtenen Beschlusses zur erneuten Prüfung und Entscheidung an das Ausgangsgericht zurück. [3] Stellt das Beschwerdegericht das Nachlasszeugnis aus und lässt es die Rechtsbeschwerde nicht zu, gilt § 39 Absatz 1 Satz 1 entsprechend. [4] Bei allen sonstigen Beschwerdeentscheidungen nach diesem Absatz sowie nach Absatz 1 Satz 1 gilt im Übrigen § 69 des Gesetzes über das Verfahren in Familiensachen und in den Angelegenheiten der freiwilligen Gerichtsbarkeit.

1. **Normzweck.** Art. 72 EuErbVO sieht die Anfechtbarkeit von Entscheidungen der Ausstellungsbehörde, die diese nach Art. 67 EuErbVO getroffen hat, vor. Geregelt wird damit die internationale Zuständigkeit (Geimer/Schütze/*Dorsel* EuErbVO Art. 72 Rn. 6). Der Rechtsbehelf ist bei einem Gericht des Mitgliedsstaates der Ausstellungsbehörde nach dem Recht dieses Staates einzulegen, Art. 72 I 3 EuErbVO. Nicht anfechtbar sind Entscheidungen über die Erteilung beglaubigter Abschriften, Art. 70 I EuErbVO, sowie über die Verlängerung ihrer Gültigkeitsfrist, Art. 70 III 3 EuErbVO (Dutta/Weber/*Fornasier* EuErbVO Art. 72 Rn. 5). § 43 IntErbRVG regelt die nähere Ausgestaltung des Rechtsbehelfsverfahrens, das zentral in Art. 72 EuErbVO geregelt ist (NK-BGB/*Nordmeier* EuErbVO Anh. zu Art. 72 Rn. 1).

2. **Statthaftigkeit der Beschwerde.** Gegen die Entscheidungen des Nachlassgerichts in Verfahren im Zusammenhang mit dem Europäisches Nachlasszeugnis ist die Beschwerde zum Oberlandesgericht statthaft, § 43 IntErbRVG. Sachlich zuständig ist das Oberlandesgericht, in dessen Bezirk das Amtsgericht als Ausstellungsbehörde seinen Sitz hat (NK-BGB/*Nordmeier* EuErbVO Anh. zu Art. 72 Rn. 2). Für das Beschwerdeverfahren gelten die Vorschriften des FamFG. Einzulegen ist die Beschwerde entsprechend der Regelung des § 64 FamFG beim Ausgangsgericht, § 43 III 2 IntErbRVG.

3. **Beschwerdewert.** § 61 FamFG ist ausdrücklich nicht anzuwenden, dh es sind keine Wertgrenzen zu beachten, § 43 I 2 IntErbRVG.

4. **Beschwerdeberechtigung.** Die **Beschwerdeberechtigung** entspricht weitgehend mit der Antragsberechtigung, § 43 II Nr. 1 IntErbRVG. Im Verfahren betreffend die Ausstellung des ENZ sind dies die Erben, die Vermächtnisnehmer mit unmittelbarer Berechtigung am Nachlass, die Testamentsvollstrecker und die Nachlassverwalter. Im Übrigen sind diejenigen Personen beschwerdeberechtigt, die ein berechtigtes Interesse nachweisen, § 43 II Nr. 2 IntErbRVG.

5. **Beschwerdefrist.** Die Beschwerde ist innerhalb eines Monats nach der Bekanntgabe einzulegen, wenn der Beschwerdeführer seinen gewöhnlichen Aufenthalt im Inland hat, § 43 III Nr. 1 IntErbRVG. Für Beschwerdeführer mit gewöhnlichem Aufenthalt im Ausland besteht eine Sonderregelung, wonach die Beschwerdefrist zwei Monate beträgt, § 43 III Nr. 2 IntErbRVG. Insoweit besteht ein Unterschied zur Fristenregelung des § 63 FamFG.

6. **Bekanntgabe der Beschwerde.** Die Beschwerdeeinlegung ist den anderen Verfahrensbeteiligten mitzuteilen, § 43 IV IntErbRVG. Gemeint sind die tatsächlich am amtsgerichtlichen Verfahren Beteiligten (NK-BGB/*Nordmeier* EuErbVO Anh. zu Art. 72 Rn. 7). Die näheren Modalitäten der Bekanntgabe ergeben sich aus §§ 35 I IntErbRVG, 15 II FamFG.

7. **Das Beschwerdeverfahren.** Den Gang des Beschwerdeverfahrens ist in § 43 IV, V IntErbRVG geregelt. Subsidiär finden die §§ 64 III, 65–68 FamFG Anwendung, § 35 I IntErbRVG.

8. **Die Entscheidung des Beschwerdegerichts.** § 43 V IntErbRVG enthält eine Sonderregelung gegenüber § 69 FamFG. Anders als im „nationalen Beschwerdeverfahren" hat das Beschwerdegericht die Möglichkeit, selbst ein Nachlasszeugnis auszustellen. Macht es von dieser Möglichkeit Gebrauch und lässt es die Rechtsbeschwerde nicht zu, gilt § 39 I 1 IntErbRVG und die Entscheidung bedarf mangels Anfechtbarkeit keiner Begründung. Bei sonstigen Entscheidungen des Beschwerdegerichts finden die Grundsätze des § 69 FamFG entsprechende Anwendung, § 43 V 4 IntErbRVG (Dutta/Weber/*Dutta* IntErbRVG § 43 Rn. 22). Die subsidiäre Anwendung des FamFG ergibt sich im Übrigen auch schon aus § 35 I IntErbRVG (NK-BGB/*Nordmeier* EuErbVO Anh. zu Art. 72 Rn. 10).

9. **Kosten.** Die Beschwerde gegen die Endentscheidung wegen des Hauptgegenstands löst eine volle Gebühr, höchstens 800 EUR, aus (Nr. 12220 KV-GNotKG). Bei vorzeitiger Beendigung betragen die Gebühren 0,5, höchstens 400 EUR bzw. 1,0, höchstens 800 EUR gem. Nr. 12231, 12232 KV-GNotKG. Insoweit handelt es sich im Rechtsmittelverfahren um Verfahrensgebühren. Der Gebührentatbestand setzt allerdings nicht voraus, dass die Beschwerde verworfen oder zurückgewiesen wurde.

§ 44 Rechtsbeschwerde

¹Die Rechtsbeschwerde zum Bundesgerichtshof ist statthaft, wenn sie das Beschwerdegericht zugelassen hat. ²Die Zulassungsgründe bestimmen sich nach § 70 Absatz 2 des Gesetzes über das Verfahren in Familiensachen und in den Angelegenheiten der freiwilligen Gerichtsbarkeit. ³ § 43 Absatz 3 gilt entsprechend.

1. **Normzweck.** Nach Art. 72 I EuErbVO ist das Rechtsbehelfssystem den einzelnen Mitgliedsstatten vorbehalten. Um den Gleichlauf mit dem Erbscheinsverfahren herzustellen (Dutta/Weber/*Dutta* IntErbRVG § 44 Rn. 2), sieht § 44 IntErbRVG eine **zulassungsbedürftige Rechtsbeschwerde** entsprechend dem FamFG-Verfahren gegen Entscheidungen der Oberlandesgerichte zum BGH vor.

2. **Zulassungsgründe.** Hinsichtlich der **Zulassungsgründe** wird auf § 70 II FamFG verwiesen. Auf die dortige Kommentierung darf Bezug genommen werden.

3. **Frist.** Hinsichtlich der **Frist** zur Einlegung der Rechtsbeschwerde wird auf § 43 III IntErbRVG verwiesen. Die Rechtsbeschwerde muss somit binnen eines Monats nach Bekanntgabe eingelegt werden,

wenn der Beschwerdeführer seinen gewöhnlichen Aufenthalt im Inland hat, und binnen zwei Monaten, wenn sich sein gewöhnlicher Aufenthalt im Ausland befindet (NK-BGB/*Nordmeier* EuErbVO Anh. zu Art. 72 IntErbRVG § 44 Rn. 2; Zimmermann/*Grau* Vorbem. zu EuErbVO Art. 62 Rn. 424).

4   **4. Kosten.** Für die Rechtsbeschwerde fällt eine Gerichtsgebühr von 1,5 an, wobei die Höchstgrenze 1200 EUR beträgt, Nr. 12230 KV-GNotKG. Bei vorzeitiger Beendigung betragen die Gebühren 0,5, höchstens 400 EUR bzw. 1,0, höchstens 800 EUR gem. Nr. 12231, 12232 KV-GNotKG. Insoweit handelt es sich im Rechtsmittelverfahren um Verfahrensgebühren. Der Gebührentatbestand setzt allerdings nicht voraus, dass die Rechtsbeschwerde verworfen oder zurückgewiesen wurde. Der Geschäftswert richtet sich nach §§ 61, 40 GNotKG.

40. Zivilprozessordnung

In der Fassung der Bekanntmachung vom 5.12.2005

(BGBl. I S. 3202, ber. 2006 S. 431 u. 2007 S. 1781)

Zuletzt geändert durch Art. 2 G zur Einführung einer zivilprozessualen Musterfeststellungsklage vom 12.7.2018 (BGBl. I S. 1151)

(Auszug)

Buch 1. Allgemeine Vorschriften

Abschnitt 1. Gerichte

Titel 2. Gerichtsstand

§ 27 Besonderer Gerichtsstand der Erbschaft

(1) Klagen, welche die Feststellung des Erbrechts, Ansprüche des Erben gegen einen Erbschaftsbesitzer, Ansprüche aus Vermächtnissen oder sonstigen Verfügungen von Todes wegen, Pflichtteilsansprüche oder die Teilung der Erbschaft zum Gegenstand haben, können vor dem Gericht erhoben werden, bei dem der Erblasser zur Zeit seines Todes den allgemeinen Gerichtsstand gehabt hat.

(2) Ist der Erblasser ein Deutscher und hatte er zur Zeit seines Todes im Inland keinen allgemeinen Gerichtsstand, so können die im Absatz 1 bezeichneten Klagen vor dem Gericht erhoben werden, in dessen Bezirk der Erblasser seinen letzten inländischen Wohnsitz hatte; wenn er einen solchen Wohnsitz nicht hatte, so gilt die Vorschrift des § 15 Abs. 1 Satz 2 entsprechend.

1. Normzweck. Die Vorschrift begründet in **Abs. 1** einen **besonderen, nicht ausschließlichen Gerichtsstand** für Klagen, die auf bestimmte erbrechtliche Klagebegehren gestützt werden. Sie führt zu einer **Verfahrensvereinfachung**, da sie für die in Abs. 1 aufgeführten Rechtsstreitigkeiten an den allgemeinen Gerichtsstand des Erblassers (§§ 12–16) anknüpft und dadurch eine Erleichterung für den Kläger bei der Wahl des Gerichtsstands bewirkt. Zugleich dient die Regelung auch der **Prozessökonomie.** Sie ermöglicht eine Konzentration von Prozessen, deren Hintergrund auf Streitigkeiten im Nachgang zum Tod des Erblassers liegt, bei dem sach- und vollstreckungsnahen Gericht (Musielak/Voit/*Heinrich* Rn. 1). Da auch die Zuständigkeit des Nachlassgerichts im Erbscheinsverfahren an den Wohnsitz anknüpft, den der Erblasser zur Zeit des Erbfalls hatte (§ 343 I FamFG), kann die Wahl des Gerichtsstands iSd § 27 zu Synergieeffekten führen und dadurch auch eine Verfahrensbeschleunigung bewirken. **Abs. 2** begründet einen inländischen **Hilfsgerichtsstand** für Deutsche, die im Zeitpunkt ihres Todes keinen allgemeinen Gerichtsstand im Inland hatten. 1

2. Voraussetzungen. a) Der **Streitgegenstand** muss **aa)** in **sachlicher Hinsicht** eine Klage sein, deren Klagegrund die in Abs. 1 aufgeführten Ansprüche und Rechtsverhältnisse betrifft, die durch den Erbfall selbst entstanden sein müssen. Für erbrechtliche Streitigkeiten vor dem Erbfall findet § 27 hingegen keine Anwendung (OLG Celle MDR 1962, 992; Zöller/*Schultzky* Rn. 1). Voraussetzung ist lediglich, dass die Klage auf eine der in Abs. 1 bezeichneten Anspruchsgrundlagen gestützt wird. Ob diese tatsächlich vorliegen, ist eine Frage der Begründetheit und führt bei Verneinung zur Abweisung der Klage als unbegründet (Zöller/*Schultzky* Rn. 3). 2

bb) In **persönlicher Hinsicht** erfasst die Vorschrift Klagen gegen den Erben, den Nachlassverwalter (RGZ 26, 380), den Testamentsvollstrecker, den mit einem Vermächtnis Beschwerten, aber auch Klagen gegen Dritte als deren Rechtsnachfolger (von den Erben eines durch ein Vermächtnis Beschwerten (RGZ 3, 380f.)). Die prozessuale Stellung der Beteiligten ist dabei gleichgültig. 3

cc) Die **Klageform** (Leistungs-, Feststellungs- oder Gestaltungsklage) ist unmaßgeblich. Allein entscheidend für die Begründung des Gerichtsstands ist, dass die Klage auf einen der Klagegründe iSd Abs. 1 gestützt wird. 4

dd) In **zeitlicher Hinsicht** erfährt der Anwendungsbereich der Vorschrift im Gegensatz zu § 28 (→ § 28 Rn. 5f.) keine Begrenzung. 5

b) Die **einzelnen Klagegründe** betreffen 6

aa) Klagen auf Feststellung des Erbrechts. Darunter fallen 7

(1) vom **Rechtsschutzziel** her alle Klagen, die auf die Feststellung der Rechtsnachfolge in einen Nachlass oder eines Anteils davon abzielen. Die Rechtsnachfolge kann auf letztwilliger Verfügung (§ 1937 iVm §§ 2231ff., 2265 BGB), Erbvertrag (§ 1941 iVm § 2274f. BGB) oder aufgrund gesetzlicher Bestimmungen (§§ 1922f., 2032 I BGB) beruhen. Erfasst werden daher auch das Erbe des Fiskus (§ 1936 BGB) 8

und das des Nacherben (§ 2100 BGB), nicht aber das Recht auf Fortsetzung der Gütergemeinschaft nach dem Tod eines Ehegatten iSd § 1483 I BGB.

9 **(2)** von der **Klageform** her die Feststellungsklage iSd § 256, die die eingetretene Erbfolge als solche betrifft (zB bei Streit über die Wirksamkeit der letztwilligen Verfügung, bei Geltendmachung der Anfechtung §§ 2078 ff. BGB oder des Erbverzichts (§ 2346 BGB)) sowie die Gestaltungsklage bei Erhebung der Erbunwürdigkeitsklage (§ 2342 BGB).

10 **(3) Nicht** von § 27 erfasst wird hingegen eine Klage wegen des Rechts auf Widerruf einer erbvertraglichen Einsetzung (OLG Celle MDR 1962, 992; Musielak/Voit/*Heinrich* Rn. 4). Das Gleiche gilt für eine Klage aufgrund eines Rechts an einzelnen Nachlassgegenständen sowie die eines Erbschaftskäufers (§ 2374 BGB), da derartige Klagen nicht auf das Erbrecht als solches bezogen sind, sondern sich nur auf schuldrechtliche Ansprüche gründen.

11 **bb) Ansprüche des Erben gegen den Erbschaftsbesitzer,** also gegen denjenigen, der aufgrund eines vermeintlichen oder angemaßten Erbrechts Vermögensgegenstände erlangt hat. Darunter fällt der Erbschaftserwerber iSd § 2030 wie auch der Erbe des Erbschaftsbesitzers (OLG Nürnberg OLGZ 81, 116 f.), nicht aber der Testamentsvollstrecker (RGZ 81, 151). Voraussetzung ist, dass die Klage auf den Gesamt(heraus gabe)anspruch iSd §§ 2018 ff. gestützt wird und nicht nur die Herausgabe einzelner Gegenstände gem. §§ 985, 989 f., 2029 verlangt wird. Da der Auskunftsanspruch iSd § 2027 I gegen den Erbschaftsbesitzer der Geltendmachung des Herausgabeanspruchs dient (vgl. § 197 I Nr. 1 BGB), kann auch die Auskunftsklage, sowohl als Einzelanspruch als auch im Wege der Stufenklage iSd § 254, im Gerichtsstand von § 27 geltend gemacht werden. Dies gilt jedoch nicht für den Auskunftsanspruch gegen sonstige Besitzer iSd § 2027 II, §§ 2028, 2362 II BGB (Thomas/Putzo/*Hüßtege* Rn. 3; Musielak/Voit/ *Heinrich* Rn. 5; aA Zöller/*Schultzky* Rn. 5; HK-ZPO/*Bendtsen* Rn. 4; MüKoZPO/*Patzina* Rn. 7: jeweils bzgl. § 2028 BGB). Gegen eine direkte bzw. analoge Anwendung spricht der eindeutige Wortlaut des § 27; → BGB § 2027 Rn. 13. Auch Klagen auf Herausgabe eines unrichtigen Erbscheins oder eines Testamentsvollstreckerzeugnisses (vgl. §§ 2362, 2363 BGB) werden von § 27 nicht erfasst.

12 **cc) Ansprüche aus Vermächtnis,** also die Zuwendung eines Vermögensvorteils durch letztwillige Verfügung des Erblassers zugunsten eines anderen, ohne diesen als Erben einzusetzen (§§ 1939, 1941, 2150, 2154, 2155, 2156, 2157, 2169, 2170, 2173, 2186, 2190, 2191, 2279, 2299 BGB) einschließlich Ansprüche aus gesetzlichen Vermächtnissen (§§ 1932, 1969 BGB). Hierbei ist der Vermächtnisnehmer (§ 2174 BGB) Nachlassgläubiger iSd § 1967 II BGB, soweit der Erbe beschwert ist (vgl. § 2147 BGB). Die Klage kann sich aber auch gegen einen Vermächtnisnehmer richten (vgl. § 2147 sowie § 2186 BGB). § 27 gilt auch für Klagen auf Feststellung des Nichtbestehens oder wegen einer Anfechtung des Vermächtnisses (HK-ZPO/*Bendtsen* Rn. 5; Musielak/Voit/*Heinrich* Rn. 6; MüKoZPO/*Patzina* Rn. 9).

13 **dd) Sonstige Verfügungen von Todes wegen.** Darunter fallen Auflagen iSd §§ 1940, 2192, 2278 BGB einschließlich deren Vollziehung iSd §§ 2194, 2208 II BGB sowie Schenkungen auf den Todesfall (§ 2301 BGB).

14 **ee) Pflichtteilsansprüche,** also Klage gegen den Erben auf Zahlung gem. §§ 2303 ff. BGB; der Anspruch auf Pflichtteilsergänzung (§ 2329 BGB) wie auch Ansprüche gegen den unwürdigen Pflichtteilsberechtigten (§ 2345 II BGB).

15 **ff) Teilung der Erbschaft.** Darunter fällt die Auseinandersetzungsklage iSd §§ 2042 ff. BGB samt Ausgleichung gem. §§ 2050 ff. BGB oder § 2057a BGB (BGH NJW 1992, 364) sowie die Anfechtung einer erfolgten Teilung (MüKoZPO/*Patzina* Rn. 12). § 27 findet ebenfalls Anwendung bei Fortsetzung der allgemeinen Gütergemeinschaft nach § 1483 II BGB, nicht aber bei der Klage auf Aufhebung und Auseinandersetzung der fortgesetzten Gütergemeinschaft gem. §§ 1495 ff. (Zöller/*Schultzky* Rn. 7).

16 **3. Rechtsfolge. a)** Bei Vorliegen der Voraussetzungen begründet **Abs. 1** einen **besonderen,** nicht ausschließlichen **Gerichtsstand** an dem **allgemeinen Gerichtsstand des Erblassers** (§§ 12, 13–16) zum Zeitpunkt seines Todes.

17 **b) Abs. 2** begründet einen **Hilfsgerichtsstand** für Rechtsstreitigkeiten im Hinblick auf die Erbschaft solcher Erblasser, die zwar Deutsche sind, aber im Inland keinen allgemeinen Gerichtsstand im Zeitpunkt ihres Todes hatten. Dies bedeutet, dass Abs. 2 nur dann Anwendung findet, wenn für den Erblasser auch kein allgemeiner Gerichtsstand nach §§ 13–16 gegeben ist. Sofern der Erblasser keinen inländischen Wohnsitz hatte, ist die Zuständigkeit des Amtsgerichts Schöneberg in Berlin begründet (§ 27 II 2 iVm § 15 II 2). Durch diese Regelung ist sichergestellt, dass in all den Fällen, in denen nach Art. 25 EGBGB deutsches Erbrecht Anwendung findet, auch ein inländischer Gerichtsstand gegeben ist.

18 **c)** § 27 begründet an sich die **internationale Zuständigkeit** deutscher Gerichte. Die Vorschrift wird durch die **EuGVVO** nicht verdrängt, da Art. 1 II f EuGVVO ausdrücklich das Erb- und Testamentsrecht vom Anwendungsbereich der EuGVVO ausnimmt. Im Rahmen des sachlichen **Anwendungsbereichs der EuErbVO** (Todesfälle ab dem 17.8.2015) bestimmt sich die internationale Zuständigkeit nunmehr aus der EuErbVO (Art. 4 ff. EuErbVO), also grds. nach dem letzten gewöhnlichen Aufenthalt des Erblassers (Art. 4 EuErbVO), subsidiär danach, wo sich die Nachlassgegenstände des gesamten Nachlasses (Art. 10 I EuErbVO) oder in welchem Mitgliedstaat sich einzelne Nachlassgegenstände jeweils befinden (Art. 10 II EuErbVO). Art. 5 EuErbVO sieht eine Gerichtsstandvereinbarung in Bezug auf das zuständige Gericht vor. Insofern haben die §§ 27, 28 ihre Doppelfunktionalität verloren (MüKoZPO/*Patzina* Rn. 15). Die **örtliche Zuständigkeit** bestimmt sich nunmehr nach § 2 IntErbRVG. Soweit sich die örtli-

che Zuständigkeit nicht aufgrund unmittelbarer Geltung der EuErbVO (§ 2 I-III IntErbRVG) – also durch Gerichtsstandvereinbarung (§ 2 I IntErbRVG), durch ausdrückliche Anerkennung der Verfahrensparteien (§ 2 II IntErbRVG), durch rügelose Einlassung derjenigen Verfahrenspartei, die nicht Beteiligte der Gerichtsstandvereinbarung ist (§ 2 III IntErbRVG) – ergibt, bestimmt sie sich nach § 2 IV 1 IntErbRVG, der an Art. 4 EuErbVO (gewöhnlicher Aufenthalt des Erblassers im Inland im Zeitpunkt seines Todes) anknüpft. Insofern tritt § 2 IV 1 IntErbRVG an die Stelle der §§ 27, 28. Die Vorschriften der §§ 12–40 gelten aber neben § 2 IV IntErbRVG, so dass Wahlgerichtsstände zwischen § 2 IV IntErbRVG und §§ 12 ff. begründet werden (vgl. Gierl/Köhler/Kroiß/Wilsch/*Gierl* Kapitel 2 § 1).

d) Da § 27 keinen ausschließlichen Gerichtsstand begründet, besteht für den Kläger hinsichtlich des Gerichtsstandes das **Wahlrecht iSd § 35.** Er kann also die Klage im allgemeinen Gerichtsstand des Schuldners der erbrechtlichen Ansprüche iSd Abs. 1 oder im besonderen Gerichtsstand iSd § 27 erheben. Die Klage im Gerichtsstand des § 27 ist zu empfehlen. Dies gilt insb. für die Fälle, in denen eine subjektive Klagehäufung im Sinne einer Streitgenossenschaft (§§ 59–63) im Raum steht. Denn ist Klage nur hinsichtlich eines Streitgenossen in dessen allgemeinen Gerichtsstand erhoben, so kann gem. § 36 I Nr. 3 ein gemeinsamer Gerichtsstand für alle Klagen gegen in Betracht kommende Streitgenossen nicht mehr bestimmt werden: Der Kläger hat durch die Wahl des allgemeinen Gerichtsstands eines der Streitgenossen von seinem Wahlrecht bzgl. diesem Beklagten Gebrauch gemacht. Sofern die weiteren, in Betracht kommenden Streitgenossen nicht ebenfalls ihren allgemeinen Gerichtsstand im Bezirk des Gerichts haben, bei dem die Klage bereits erhoben ist, müssen die sonstigen Klagen an deren jeweiligen allgemeinen Gerichtsständen der weiteren Streitgenossen bzw. im Gerichtsstand des § 27 erhoben werden. Eine Gerichtsstandbestimmung gem. § 36 I Nr. 3 für Klagen gegen alle in Betracht kommenden Streitgenossen kann nicht mehr erfolgen, da ein gemeinschaftlicher besonderer Gerichtsstand in Gestalt des § 27 gegeben gewesen wäre. Auch eine Verweisung der bereits erhobenen Klage an ein Gericht, das für die in Betracht kommenden Streitgenossen gem. §§ 13–16 oder nach § 27 zuständig wäre, ist aufgrund der ausgeübten Wahl eines zuständigen Gerichts nicht mehr möglich (Grundsatz der perpetuatio fori, vgl. § 261 III Nr. 2). Die Erhebung der Klage gegen einen einzelnen Streitgenossen bei dessen allgemeinen Gerichtsstand hat daher eine Zersplitterung der erbrechtlichen Prozesse zur Folge.

§ 28 Erweiterter Gerichtsstand der Erbschaft

In dem Gerichtsstand der Erbschaft können auch Klagen wegen anderer Nachlassverbindlichkeiten erhoben werden, solange sich der Nachlass noch ganz oder teilweise im Bezirk des Gerichts befindet oder die vorhandenen mehreren Erben noch als Gesamtschuldner haften.

1. Normzweck. Die Vorschrift knüpft an den Erbschaftsgerichtsstand iSd § 27 an und erweitert diesen für andere Nachlassverbindlichkeiten. § 28 bezweckt daher eine Erleichterung der Rechtsverfolgung (Musielak/Voit/*Heinrich* Rn. 1; MüKoZPO/*Patzina* Rn. 1). Der Gerichtsstand ist aber – im Gegensatz zu § 27 – zeitlich beschränkt (→ Rn. 5).

2. Voraussetzungen. a) Der **Streitgegenstand** muss eine **andere als in § 27 erfasste Nachlassverbindlichkeit** betreffen. Darunter fallen

aa) Erblasserschulden (§ 1967 BGB), also solche Schulden, die im Zeitpunkt des Erbfalls in der Person des Erblassers begründet waren. Dazu zählen alle gesetzlichen, vertraglichen und außervertraglichen Verpflichtungen, selbst wenn die Folgen erst nach dem Erbfall eintreten (RG HRR 42 Nr. 522; → § 1967 Rn. 4 f.). Insofern fallen darunter auch Ansprüche eines Lebenspartners wegen zugunsten des Eigentums des anderen erbrachter Leistungen, die mit dessen Tod ihren Zweck verfehlen (OLG Naumburg Beschl. v. 27.11.2013 – 1 AR 25/13, ZEV 2014, 205).

bb) Erbfallschulden, also Schulden, die den Erben als solchen aus Anlass des Erbfalls treffen. Da Pflichtteilsansprüche (§§ 2303 ff. BGB), Vermächtnisse iSd § 2147 BGB sowie Auflagen (§§ 1940, 2192 ff., 2278, 2299 BGB) bereits vom Anwendungsbereich des § 27 erfasst werden, betrifft der erweiterte Gerichtsstand iSd § 28 vorrangig die Beerdigungskosten iSd § 1930 BGB, den Unterhalt der werdenden Mutter eines Erben (§ 1963 BGB), Erbschaftsteuerschulden (BFH NJW 1993, 350; Musielak/Voit/ *Heinrich* Rn. 4), Ansprüche aus abgeschlossenen Rechtsgeschäften des Nachlasspflegers (§§ 1960, 1961 BGB), des -verwalters (§§ 1975, 1981, 1987 BGB) oder des Testamentsvollstreckers (§§ 2205–2207 BGB) sowie deren Vergütung und Gebühren (Musielak/Voit/*Heinrich* Rn. 4).

cc) Nachlasserbenschulden, worunter solche Verbindlichkeiten zu verstehen sind, die der Erbe im Rahmen der Verwaltung des Nachlasses eingeht, die aber, neben der Eigenhaftung des handelnden Erben, aufgrund der Nachlassbezogenheit des Rechtsgeschäfts auch eine Haftung für den Nachlass begründet wird (BGH NJW-RR 2008, 1516; BGHZ 32, 60; → § 1967 Rn. 29). Dazu gehören aber nicht Ansprüche des Erbschaftskäufers iSd §§ 2371 ff. oder des Erben (Zöller/*Schultzky* Rn. 2).

b) Die **Erhebung der Klage** muss **innerhalb** des durch § 28 **zeitlich gezogenen Rahmens** erfolgen, nämlich

aa) bei Vorhandensein lediglich **eines Erben,** ist der Gerichtsstand solange begründet, als sich der Nachlass noch ganz oder teilweise im Bezirk des Gerichts befindet iSd § 27 befindet (Alt. 1). Ausreichend ist also, dass sich im Zeitpunkt der Rechtshängigkeit der Klage (§ 263 I, § 253 I) noch ein Nachlassgegenstand im Bezirk des Gerichts befindet. Der Wert des Gegenstands ist dabei unmaßgeblich (HK-ZPO/*Bendtsen*

Rn. 3). Sind vor Zustellung der Klage alle Nachlassgegenstände aus dem Bezirk entfernt worden, ist der erweiterte Gerichtsstand nicht mehr gegeben. Eine Ausnahme von diesem Grundsatz wird jedoch dann bejaht, sofern die Entfernung durch arglistiges Wegschaffen erfolgte und dadurch treuwidrig die Begründung des Gerichtsstands verhindert wurde (MüKoZPO/*Patzina* Rn. 3; Musielak/Voit/*Heinrich* Rn. 8).

8   **bb) bei Vorhandensein mehrerer Erben,** ist der Gerichtsstand begründet, sofern und solange die Erben (noch) **als Gesamtschuldner** gem. §§ 2058 ff. iVm §§ 421 ff. BGB haften **(Alt. 2).** § 28 findet daher auch bei Streitigkeiten unter Miterben einer Erbengemeinschaft iSd § 2032 BGB Anwendung (OLG Karlsruhe OLGR 2003, 347). In zeitlicher Hinsicht darf im Zeitpunkt der Rechtshängigkeit noch nicht das Ende der gesamtschuldnerischen Haftung nach §§ 2060, 2061 BGB eingetreten sein (BayObLG NJW-RR 2004, 944). Unerheblich ist, ob sich noch ein Nachlassgegenstand im Gerichtsbezirk befindet (BayObLG NJW 1950, 310).

9   **c) Die Darlegungs- und Beweislast** für das Vorliegen der Voraussetzungen der Begründung des Gerichtsstands obliegt grds. dem Kläger. Den Wegfall der Gesamthaftung iSd Alt. 2 müssen hingegen die Erben beweisen (BayObLG MDR 2005, 1397; Zöller/*Schultzky* Rn. 4).

10 **3. Rechtsfolge. a)** Bei Vorliegen der Voraussetzungen begründet § 28 einen **erweiterten Gerichtsstand der Erbschaft** iSd § 27, dh einen besonderen, nicht ausschließlichen Gerichtsstand an dem allgemeinen Gerichtsstand des Erblassers (§§ 12, 13–16) zum Zeitpunkt seines Todes (→ § 27 Rn. 12). Damit besteht für den Kläger das **Wahlrecht iSd § 35,** die Klage auch bei anderen gegen den Beklagten begründeten Gerichtsständen zu erheben. Bei Klagen gegen eine Erbengemeinschaft, die (noch) der gesamtschuldnerischen Haftung unterliegt (Alt. 2), empfiehlt sich eine Klageerhebung im Gerichtsstand des § 28 (→ § 27 Rn. 15).

11 **b)** § 28 begründet an sich die **internationale Zuständigkeit,** da gem. Art. 1 II f EuGVVO erbrechtliche Angelegenheiten in vollem Umfang dem Anwendungsbereich der EuGVVO entzogen sind. Die EuGVVO findet jedoch auf solche Streitigkeiten Anwendung (und verdrängt damit § 28), bei denen erbrechtliche Angelegenheiten nicht den Streitgegenstand selbst bilden, sondern lediglich Vorfrage für den geltend gemachten Anspruch sind (zB vermögensrechtliche Streitigkeiten zwischen Nachlassgläubigern und den Erben oder zwischen Erben und Nachlassschuldnern (HK-ZPO/*Dörner*EuGVVO Art. 1 Rn. 13). Im Rahmen des **Anwendungsbereichs der EuErbVO** (Todesfälle ab dem 17.8.2015) bestimmt sich die internationale Zuständigkeit nunmehr aus der EuErbVO (Art. 4 ff. EuErbVO). In deren Anwendungsbereich wird § 28 durch § 2 IV IntErbRVG verdrängt (vgl. → § 27 Rn. 14).

...

Buch 2. Verfahren im ersten Rechtszug

Abschnitt 1. Verfahren vor den Landgerichten

Titel 1. Verfahren bis zum Urteil

§ 254 Stufenklage

Wird mit der Klage auf Rechnungslegung oder auf Vorlegung eines Vermögensverzeichnisses oder auf Abgabe einer eidesstattlichen Versicherung die Klage auf Herausgabe desjenigen verbunden, was der Beklagte aus dem zugrunde liegenden Rechtsverhältnis schuldet, so kann die bestimmte Angabe der Leistungen, die der Kläger beansprucht, vorbehalten werden, bis die Rechnung mitgeteilt, das Vermögensverzeichnis vorgelegt oder die eidesstattliche Versicherung abgegeben ist.

1   **1. Normzweck.** Diese Vorschrift erlaubt dem Kläger, zwei oder drei Klagen zusammen in der Weise zu erheben, dass das Gericht über sie nur nacheinander („stufenweise") entscheiden soll (HK-ZPO/*Saenger* Rn. 1). Dabei kann die bestimmte Angabe der Leistung, die mit der Herausgabeklage auf der letzten Stufe begehrt wird, erst nach Entscheidung über die vorhergehenden Stufen erfolgen. Bei der Stufenklage handelt es sich um einen Sonderfall der **objektiven Klagehäufung** (BGH NJW 2003, 2748; OLG Naumburg NJW-RR 2008, 317 (318)).

2   Der häufigste Fall einer Stufenklage ist die Klage des Pflichtteilsberechtigten gegen den Erben auf Auskunft und Wertermittlung, eidesstattliche Versicherung der Richtigkeit der Auskunft und Zahlung, § 2314 BGB (*Zimmermann* ZPO Rn. 1; *Teschner* ErbR 2012, 194). Der Pflichtteilsberechtigte kann alternativ entweder isoliert mit einer Leistungsklage Zahlung oder mittels Stufenklage § 254, sowohl Auskunft als auch Zahlung verlangen. Eine Zahlungsklage empfiehlt sich, wenn der genaue Vorstellungen über den Wert des Nachlasses hat. Ansonsten ist eine Auskunftsklage, die mit einem Antrag auf Abgabe einer eidesstattlichen Versicherung verbunden werden kann, zu erheben.

3   Denkbar ist auch noch eine Feststellungsklage, zB dann, wenn streitig ist, ob ein Pflichtteilsrecht überhaupt besteht (*Klingelhöffer,* Pflichtteilsrecht, 4. Aufl. 2014, § 16 Rn. 406). Der Erblasser kann gegenüber dem Pflichtteilsberechtigte bereits zu seinen Lebzeiten im Wege der Feststellungsklage klären, ob eine

Pflichtteilsentziehung wirksam ist (BGH NJW 1982, 235). Unter bestimmten Voraussetzungen kann auch der Pflichtteilsberechtigte noch zu Lebzeiten des Erblassers klären lassen, ob ein Pflichtteilsentzug wirksam war (BGH ZEV 2004, 243; *Kummer* ZEV 2004, 274).

2. Zuständigkeit. Die sachliche Zuständigkeit bestimmt sich nach §§ 23, 71 GVG. Als Gerichtsstand 4 stehen wahlweise der Wohnsitz des beklagten Erben, §§ 12, 13 oder der besondere Gerichtsstand der Erbschaft nach § 27 zur Verfügung. Bei Sachverhalten mit Auslandsbezug ist § 2 IntErbRVG zu beachten.

3. Streitwert. Der Streitwert des Auskunftsantrages beträgt $^1/_{10}$ bis $^1/_4$ des zu erwartenden Zahlungs- 5 anspruchs, § 3 (Thomas/Putzo/*Hüßtege* § 3 Rn. 21; OLG Koblenz AnwGeb 1997, 132: $^1/_8$–$^1/_4$). Bei einer Leistungsklage gilt der bezifferte Betrag der Geldforderung, für den Feststellungsantrag ist ein Abschlag iHv 20 % gegenüber der entsprechenden Leistungsklage zu machen (*Klinghöffer* ZEV 2009, 379; Thomas/Putzo/*Hüßtege* § 3 Rn. 65). Bei der Stufenklage nach § 254 ist sowohl für die anwaltliche Verfahrensgebühr wie auch für die Gerichtskosten immer der höchste der verbundenen Ansprüche, regelmäßig der Wert des Leistungsanspruchs, maßgebend. Dies gilt auch dann, wenn es nicht zur Verhandlung über den Leistungsanspruch kommt oder wenn nach Auskunft oder aus sonstigen Gründen der Leistungsantrag nicht mehr beziffert wird (sog. steckengebliebene Stufenklage) (OLG Karlsruhe ZEV 2009, 40; OLG Köln FamRZ 2005, 1847; OLG Nürnberg FamRZ 2004, 962; OLG Hamm FamRZ 2004, 1664; aA OLG Frankfurt a.M. FamRZ 2005, 1765). Der Wert des unbezifferten Leitungsbegehrens bei einer Stufenklage bestimmt sich grds. nach den ursprünglichen Zahlungserwartungen des Klägers zum Zeitpunkt der Einreichung der Klage (OLG Karlsruhe ZEV 2009, 40).

4. Auskunftsanspruch. a) Anspruchsgrundlage. Der Erbe ist dem Pflichtteilsberechtigten hinsicht- 6 lich des Nachlassbestandes auskunftspflichtig, § 2314 BGB. Insoweit handelt es sich um eine eigene materiell-rechtliche Anspruchsgrundlage. Der Pflichtteilsberechtigte kann die Erstellung eines privaten (§ 2314 I 2 BGB) oder amtlichen (§ 2314 I 3 BGB) **Nachlassverzeichnisses** verlangen. Wurde bereits ein privates Verzeichnis erstellt, kann zusätzlich auch noch ein amtliches Verzeichnis verlangt werden (OLG Oldenburg NJWE-FER 199, 213; NJW-RR 1993, 782). Darüber hinaus steht ihm ein **Wertermittlungsanspruch** nach § 2314 I 2 BGB zu. Schließlich kann der Pflichtteilsberechtigte auch verlangen, bei der Aufnahme des Nachlassverzeichnisses anwesend zu sein, § 2314 I 2 BGB. Dabei umfasst das Anwesenheitsrecht auch die Möglichkeit, sich von einem Beistand begleiten zu lassen oder einen Vertreter mit der Wahrnehmung des Termins zu betrauen (KG FamRZ 1996, 767).

§ 2314 BGB ist seinem Wortlaut und seinem Zweck nach auf den Nichterben zugeschnitten. Deshalb 7 kommt auch eine entsprechende Anwendung auf den pflichtteilsberechtigten Erben gegen den Beschenkten nicht in Betracht (BGH NJW 1990, 180; 1981, 2051).

Der Pflichtteilsberechtigte kann von dem Erben verlangen, dass dieser für ihn auf eigene Kosten ein 8 Sachverständigengutachten über den Wert auch eines solchen Gegenstandes einholt, der nur gem. § 2325 BGB zum Nachlass hinzuzurechnen ist (BGHZ 107, 200 = FamRZ 1989, 856 = MDR 1989, 800 = WM 1989, 919). Ist der Nachlass wertlos, dann kann der Erbe die Einholung des Gutachtens auf eigene Kosten verweigern. Vom Auskunftspflichtigen kann grundsätzlich nicht die Vorlage von Belegen verlangt werden (BGH NJW 1985, 1693; NK-NachfolgeR/*Krätzschel* ZPO § 254 Rn. 8).

b) Auskunftspflichtiger. Auskunftspflichtig ist auch der Erbeserbe. Der Auskunftsanspruch gem. 9 § 2314 I BGB, der auf die Weitergabe von Wissen gerichtet ist, das der Verpflichtete hat oder (BGHZ 89, 24) – etwa im Fall einer Nacherbschaft – ist nicht auf den Vorerben beschränkt. IÜ ist auch der Nacherbe iSd § 2314 I BGB und mit dem Eintritt des Nacherbfalls unter den Voraussetzungen dieser Vorschrift zur Auskunft verpflichtet.

Handelt es sich beim Pflichtteilsberechtigten um einen Miterben, stehen im anstelle der Ansprüche 10 nach § 2314 BGB die nach §§ 2027, 2028, 2038, 666, 681 BGB und ggf. nach § 242 BGB zu (BGHZ 108, 393).

c) Eidesstattliche Versicherung. Ein Anspruch auf eidesstattliche Versicherung gem. § 260 II BGB 11 besteht nur, wenn Grund zur Annahme besteht, dass das Verzeichnis nicht mit der erforderlichen Sorgfalt erstellt wurde (OLG Frankfurt a.M. NJW-RR 1993, 1483; NK-NachfolgeR/*Krätzschel* ZPO § 254 Rn. 9). Gibt daraufhin der Erbe freiwillig die eidesstattliche Versicherung ab, ist hierfür das Amtsgericht im FamFG-Verfahren nach §§ 410, 413, 361 FamFG, zuständig. Wird der Erbe zur Abgabe der eidesstattlichen Versicherung verurteilt, ist das Vollstreckungsgericht nach § 889 der richtige Adressat.

5. Prozessuale Besonderheiten bei der Stufenklage. a) Bestimmtheit des Antrags. Mit der Stufen- 12 klage ist es möglich einen unbezifferten Antrag zu stellen. Der Kläger muss aber seine Betragsvorstellung kundtun. Um eine etwaige Teilabweisung zu vermeiden, empfiehlt sich, eine vorsichtige Schätzung bzgl. der Höhe des beanspruchten Pflichtteils. Ergibt sich nach erfolgter Auskunft, dass der Anspruch höher als ursprünglich angenommen ist, kann der Klagantrag entsprechend erhöht werden **§ 264 Nr. 2.**

Auch bzgl. der Auskunft reicht es aus, wenn diese allgemein verlangt wird. Eine Präzisierung kann 13 ggf. im Vollstreckungsverfahren nach § 888 erfolgen (OLG Hamburg FamRZ 1988, 1213).

b) Teilurteil. Bei der Stufenklage müssen regelmäßig Teilurteile ergehen, weil über die nachfolgenden 14 Anträge erst verhandelt werden kann, wenn die vorhergehenden entschieden sind.

c) Verfahrensablauf bei der Stufenklage. Aus dem Wesen der Stufenklage folgt, dass über die einzel- 15 nen Stufen jeweils sukzessive zu verhandeln und zu entscheiden ist (NK-NachfolgeR/*Krätzschel* ZPO

§ 254 Rn. 14). Der Antrag lautet in der ersten Stufe zB auf Auskunftserteilung über den Bestand des Nachlasses. Wird der Beklagte zur Auskunftserteilung verurteilt, kann diese nach § 888 vollstreckt werden (OLG Koblenz NJW-RR 2005, 160). Sodann kann in der zweiten Stufe die Versicherung der Richtigkeit an Eides statt verlangt werden. Kommt es zur Verurteilung, erfolgt die Vollstreckung nach § 889. Gibt sie der beklagte freiwillig ab, erfolgt die Abgabe im FamFG-Verfahren, §§ 410ff. FamFG. Wird der Beklagte in der dritten Stufe zB auf Zahlung von ¹/₆ des anhand der Auskunft errechneten Betrages an den Kläger verurteilt, erfolgt die Vollstreckung nach §§ 803ff. Dem Antrag des Klägers stets mögliche Wechsel von der Auskunfts- zur Leistungsstufe ist keine Klageänderung nach § 263, sondern eine stets zulässige Klageerweiterung nach § 264 Nr. 2, desgleichen das Übergehen einer ursprünglich angekündigten zweiten Stufe; die Wechselerklärung kann zwar als Prozesshandlung nicht widerrufen werden, aber die Rückkehr des Klägers in die erste Stufe ist wiederum nach § 264 Nr. 2 zuzulassen (OLG München ZErb 2012, 135 = ZEV 2013, 35).

16 **d) Erledigterklärung.** Erklärt der Kläger den Antrag auf Auskunft für erledigt, weil er sie erhalten hat, wird oder teilweise eine Entscheidung dies bzgl. für überflüssig erachtet, da dem Auskunftsanspruch lediglich ein Hilfscharakter zukomme (OLG Düsseldorf NJW 1996, 839). Dem gegenüber wird von der hM BGH MDR 1965, 641; Thomas/Putzo/*Reichold* Rn. 6) eine einseitige Erledigterklärung für zulässig erachtet. Das Gericht entscheidet dann über den **Feststellungsantrag**, dass die ursprüngliche (Auskunfts-) Klage zulässig und begründet war und sich erst nach Rechtshängigkeit erledigt hat.

17 **e) Wirkungen der Stufenklage.** Mit Erhebung der Stufenklage wird die **Verjährung** gehemmt, § 204 I Nr. 1 BGB, und der Beklagte in **Verzug** gesetzt. Durch eine unbezifferte, einem zulässigen Antrag in einer Stufenklage, § 254, entsprechende Mahnung gegenüber dem auskunftspflichtigen Schuldner kommt dieser grds. in Verzug (BGH NJW 1981, 1729). Das gilt nicht, soweit der insoweit beweispflichtige Schuldner hinsichtlich eines von einer Wertermittlung abhängigen Betrages die Verzögerung nicht zu vertreten hat. Die durch die Erhebung der Stufenklage eingetretene Hemmung der Verjährung endet, wenn nach der Vorlage des aufgrund einer Verurteilung zur Wertermittlung eingeholten Sachverständigengutachtens innerhalb einer angemessenen Überlegungsfrist gegenüber dem Schuldner weder Schritte zur weiteren Durchsetzung vorbereitender Ansprüche – etwa auf Vorlage von Unterlagen – eingeleitet werden noch der Leistungsanspruch beziffert wird (OLG Düsseldorf Zerb 2018, 43). Ein mit dem Sachverständigen geführter Rechtsstreit über seine Vergütung stellt keinen triftigen Grund dar, das Verfahren gegen den Schuldner nicht weiter zu betreiben.

18 **f) Negatives Auskunftsergebnis.** Ergibt die Auskunft, dass kein Nachlass vorhanden ist, ist die Zahlungsklage unbegründet. Dem Kläger sind insoweit die Kosten des Verfahrens aufzuerlegen. Die Rspr. billigt dem Kläger aber dies bzgl. einen materiell-rechtlichen Kostenerstattungsanspruch gegen den Beklagten zu, wenn die Zahlungsklage bei rechtzeitiger Auskunftserteilung vermeidbar gewesen wäre (BGH NJW 1981, 990). Wurde der Beklagte zur Auskunftserteilung verurteilt, trägt er insoweit die Kosten unabhängig davon, ob der Pflichtteilsanspruch besteht oder nicht.

19 **6. Beweislast.** Der Pflichtteilsberechtigte ist bzgl. sämtlicher Voraussetzungen des Pflichtteilsanspruchs beweispflichtig (BGH ZEV 1996, 186). Er ist insb. beweispflichtig für die Zugehörigkeit von Gegenständen zum Nachlass und die Frage, ob eine Schenkung vorliegt, die zu einer Erhöhung des fiktiven Nachlassbestandes führt (beachte aber insoweit die **Beweislastumkehr**, wenn sich der Zuwendungsempfänger auf die Unentgeltlichkeit beruft und ein auffälliges Missverhältnis zwischen Leistung und Gegenleistung gegeben ist; BGH ZEV 1996, 186).

20 Wird vom beklagten Erben die Einrede der Verjährung erhoben, hat er die der Verjährung zugrunde liegenden Tatsachen, insb. den Zeitpunkt der Kenntniserlangung vom Erbfall und von der beeinträchtigenden Verfügung, darzulegen und zu beweisen (NK-BGB/*Bock* § 2332 Rn. 24). Was die Anrechnung von Vorempfängen nach § 2315 BGB anbelangt, muss derjenige, der sich auf die Anrechnung einer Zuwendung beruft, die Zuwendung und die Anrechnungsbestimmung beweisen (*Baumgärtel* § 2315 Rn. 1). Eine etwaige nachträgliche Aufhebung der Anrechnungsbestimmung hat der Pflichtteilsberechtigte zu beweisen (*Baumgärtel* 2315 Rn. 2).

§ 255 Fristbestimmung im Urteil *(vom Abdruck wurde abgesehen)*

§ 256 Feststellungsklage

(1) Auf Feststellung des Bestehens oder Nichtbestehens eines Rechtsverhältnisses, auf Anerkennung einer Urkunde oder auf Feststellung ihrer Unechtheit kann Klage erhoben werden, wenn der Kläger ein rechtliches Interesse daran hat, dass das Rechtsverhältnis oder die Echtheit oder Unechtheit der Urkunde durch richterliche Entscheidung alsbald festgestellt werde.

(2) Bis zum Schluss derjenigen mündlichen Verhandlung, auf die das Urteil ergeht, kann der Kläger durch Erweiterung des Klageantrags, der Beklagte durch Erhebung einer Widerklage beantragen, dass ein im Laufe des Prozesses streitig gewordenes Rechtsverhältnis, von dessen Bestehen oder Nichtbestehen die Entscheidung des Rechtsstreits ganz oder zum Teil abhängt, durch richterliche Entscheidung festgestellt werde.

Feststellungsklage § 256 ZPO 40

1. Feststellungsklage/Erbscheinsverfahren. Besteht Streit darüber, wer Erbe geworden ist, kommt 1 häufig eine Erbenfeststellungsklage in Betracht. Zwar reicht als Nachweis für das Erbrecht gegenüber Dritten, insb. Banken oder dem Grundbuchamt regelmäßig die Vorlage des Erbscheins (zum Erbscheinsverfahren vgl. KRKB AnwaltForm ErbR/*Krug/Rudolf/Kroiß* § 7; *Kroiß* Zerb 2000, 147; *Kroiß* AnwBl 2009, 592; *Kroiß*, Das neue Nachlassverfahrensrecht, 2009, 99 ff.; *Zimmermann*, Das neue FamFG, 1. Aufl. 2009, 185 ff.). Daneben kann das Erbrecht aber auch im Zivilprozess durch Urteil festgestellt werden, § 256 (*Zimmermann* ZEV 2010, 457). Dabei ist ein Rechtsschutzbedürfnis für eine Feststellungsklage auch dann anerkannt, wenn ein Erbschein bereits beantragt oder bereits erteilt wurde (BGH ZEV 2010, 468; NJW 1983, 277). Anders als der Erbschein erwächst die zivilprozessuale Entscheidung in Rechtskraft. Sie bindet auch das Nachlassgericht in einem parallel anhängigen oder künftigen Erbscheinsverfahren. Diese Bindungswirkung besteht aber nur innerhalb der subjektiven Grenzen der Rechtskraft. Ob ein Anerkenntnis- oder Versäumnisurteil diese Bindungswirkung entfaltet, ist streitig (vgl. dazu NK-NachfolgeR/*Krätzschel* ZPO § 256 Rn. 39 mwN). Ist die Feststellungsklage erfolgreich, hat der Mandant einen Kostenerstattungsanspruch, §§ 91 ff., gegen den Gegner.

Eine Feststellungsklage kommt vor allem dann in Betracht, wenn Streit hinsichtlich der Testierfähigkeit, der Erbunwürdigkeit, der Wirksamkeit eines Erbverzichts, der Formwirksamkeit eines Testaments 2 oder der Anfechtung einer letztwilligen Verfügung, besteht. Bestreiten die anderen Erben ernstlich das Bestehen eines Miterbrechts des Klägers, ist das für eine Feststellungsklage gem. § 256 I erforderliche Interesse gegeben (OLG Koblenz NJW-Spezial 2013, 232). Ein Erbe hat im Falle eines Streits zwischen ihm und dem Testamentsvollstrecker etwa über die Gültigkeit, Auslegung oder Tragweite einer letztwilligen Verfügung regelmäßig ein Interesse an der alsbaldigen gerichtlichen Klärung der Streitfrage (OLG Frankfurt MDR 2018, 97). Miterben, die auf Feststellung der Miterbenstellung des Klägers verklagt werden, sind keine notwendigen Streitgenossen (BGH ZEV 2010, 468).

2. Zuständigkeit. Für die sachliche Zuständigkeit gelten die allgemeinen Vorschriften, §§ 23, 71 GVG. 3 Bzgl. der örtlichen Zuständigkeit ermöglicht **§ 27** neben dem allgemeinen Gerichtsstand der §§ 12, 13 noch einen **besonderen Gerichtsstand der Erbschaft**.

3. Streitwert. Der Streitwert bemisst sich nach dem Interesse an der Feststellung (*Klingelhöffer* ZEV 4 2009, 379; Mayer/*Kroiß* RVG Anh. III Rn. 17). Dabei ist gegenüber einer entsprechenden Leistungsklage ein Abschlag von ca. 20 % zu machen (Thomas/Putzo/*Hüßtege* § 3 Rn. 65; NK-NachfolgeR/*Krätzschel* ZPO § 256 Rn. 40). Beträgt zB der Nachlasswert 200.000 EUR und behauptet der Kläger eine Erbquote von 1/2, so beläuft sich der Streitwert für die Feststellungsklage auf 80.000 EUR.

4. Herausgabeklage. Will der wahre Erbe Nachlassgegenstände vom vermeintlichen Erben heraus ver- 5 langen und sein Erbrecht rechtskräftig festgestellt wissen, kann er die Klage auf Herausgabe nach § 2018 BGB mit der Feststellungsklage nach § 256 I verbinden. Insoweit handelt es sich um einen Fall der objektiven Klagehäufung nach § 260.

Möglich ist auch eine **Stufenklage**, § 254, dergestalt, dass primär Feststellung des Erbrechts, in der 6 zweiten Stufe Auskunft über den Bestand des Nachlasses und schließlich Herausgabe der Nachlassgegenstände begehrt wird.

5. Einstweilige Verfügung. Um zu verhindern, dass der „falsche" Erbe bis zur Klärung der Rechts- 7 nachfolge über Nachlassgegenstände verfügt, bietet sich die Beantragung einer einstweiligen Verfügung mit dem Ziel an, dass der vermeintliche Erbe seinen Erbschein an das Nachlassgericht zurückgibt. Eine Anspruchsgrundlage hierfür findet sich in § 2362 BGB. Der Anspruch auf Herausgabe des Erbschein an das Nachlassgericht kann durch einstweilige Verfügung, §§ 935 ff., gesichert werden.

6. Der Vergleich im Feststellungsverfahren. Besteht Streit über die Auslegung einer letztwilligen 8 Verfügung, so können sich die Parteien vergleichsweise im Zivilprozess einigen. Nach dem Erbfall können sich die Beteiligten durch einen gerichtlichen Vergleich verbindlich darauf festlegen, wie die Verfügung von Todes wegen auszulegen ist („Auslegungsvertrag"; BGH NJW 1986, 1812). Hinsichtlich der Rechtsanwaltsgebühren ist zu beachten, dass in diesem Fall auch eine Einigungsgebühr nach Nr. 1000 VV-RVG entstehen kann.

50. Insolvenzordnung

vom 5. Oktober 1994

(BGBl. I S. 2866)

Zuletzt geändert durch Art. 24 Abs. 3 Zweites FinanzmarktnovellierungsG vom 23.6.2017 (BGBl. I S. 1693)

(Auszug)

Elfter Teil. Besondere Arten des Insolvenzverfahrens

Erster Abschnitt. Nachlaßinsolvenverfahren

Vorbemerkungen

1 **1. Rechtsentwicklung.** Die **Insolvenzordnung (InsO)** vom 5. Oktober 1994 (BGBl. 1994 I 2866) ist am 1. Januar 1999 an die Stelle der Konkursordnung von 1877 (KO), Vergleichsordnung von 1935 (VglO) und – in den neuen Bundesländern – der Gesamtvollstreckungsordnung von 1991 (GesO) getreten, um ein zeitgemäßes, einheitliches Insolvenzgesetz einzuführen. Als hauptsächlicher Missstand des alten Rechts galt der inakzeptabel hohe Anteil von mangels vorhandener Masse gar nicht erst eröffneter Insolvenzverfahren; als hauptsächliche Neuerungen der InsO sind die sanierungsgerichteten Regelungen für Unternehmen (Insolvenzplanverfahren, Eigenverwaltung) und für natürliche Personen (Restschuldbefreiung) zu nennen (näher Gottwald/*Gottwald* InsO-Hdb, § 1 Rn. 27 ff.). Keine wesentlichen Änderungen hat die Insolvenzrechtsreform hingegen für das Nachlassinsolvenzverfahren zur Folge gehabt. Die §§ 315 ff. InsO entsprechen den Regelungen über das Nachlasskonkursverfahren (§§ 214 ff. KO) sowie deren Parallelregelungen in VglO und GesO im Wesentlichen; sie sind lediglich an das vereinheitlichte Insolvenzrecht angepasst worden (Begr. RegE InsO, BT-Drs. 12/2443, 229).

2 Auch die **seitherigen Änderungen des Insolvenzrechts** haben sich nicht auf die §§ 315 ff. InsO ausgewirkt. Schwerpunkte der Gesetzesreformen waren das – für das Nachlassinsolvenz nicht relevante – Recht der Verbraucherinsolvenz, das Recht der Unternehmensinsolvenz, das internationale Insolvenzrecht und die Insolvenzanfechtung. Direkte Auswirkung auf das Nachlassinsolvenzverfahren hat die Reform des Rechts der **Insolvenzanfechtung** *(Gesetz zur Verbesserung der Rechtssicherheit bei Anfechtungen nach der Insolvenzordnung und nach dem Anfechtungsgesetz)* von 2017 (BGBl. 2017 I 654) gehabt, das die Anfechtungsrechte des Insolvenzverwalters abgeschwächt hat. Das **internationale Insolvenzrecht** ist als deutsches internationales Insolvenzrecht mit dem *Gesetz zur Neuregelung des Internationalen Insolvenzrechts* von 2003 (BGBl. 2003 I 345) mit den §§ 335–358 InsO eingeführt worden. Fast zeitgleich zu den §§ 335 ff. InsO war in 2002 die Europäische Insolvenzverordnung *(EG) Nr. 1346/2000* (EuInsVO) in Kraft getreten, die durch die in 2017 Kraft getretene EuInsVO *(EU) Nr. 2015/848* ersetzt worden ist. Der Regelungsgegenstand dieses Rechtsgebiets betrifft die Auswirkungen eines inländischen Insolvenzverfahrens auf Auslandssachverhalte und die Auswirkung und Anerkennung ausländischer Insolvenzverfahren in Bezug auf inländisches Vermögen und die Rechte inländischer Gläubiger (näher → Rn. 32 f.). Die Gesetzesänderungen auf dem Gebiet des **Unternehmensinsolvenzrechts** haben erhebliche Änderungen im Recht der Insolvenz einer unternehmenstragenden Kapitalgesellschaft zur Folge gehabt. Mit dem *Finanzmarktstabilisierungsgesetz* (FMStG) von 2008 (BGBl. 2008 I 1982) wurde der Überschuldungsbegriff des § 19 II InsO entschärft. Mit dem *Gesetz zur Modernisierung des GmbH-Rechts und zur Bekämpfung von Missbräuchen* (MoMiG) von 2008 (BGBl. 2008 I 2026) wurden die Insolvenzantragspflicht (§ 15a InsO) und das Recht der eigenkapitalersetzenden Gesellschafterdarlehen (§§ 39, 44a, 135 InsO) in die Insolvenzordnung verlagert und dort gesellschaftsrechtsformübergreifend ausgestaltet. Das *Gesetz zur weiteren Erleichterung der Unternehmenssanierung* (ESUG) von 2011 (BGBl. 2011 I 2582) hat das Recht der Eigenverwaltung reformiert, um die Sanierung in der Insolvenz auf Antrag des Schuldners zu stärken (sog. Schutzschirmverfahren gemäß § 270b InsO). Das *Gesetz zur Erleichterung der Bewältigung von Konzerninsolvenzen* von 2017 (BGBl. 2017 I 866) hat Regelungen zur besseren Abstimmung bei Insolvenzverfahren über konzernangehörigen Gesellschaften geschaffen (§§ 3a ff., 56b, 269a ff. InsO). Zu nennen sind schließlich die – für das Nachlassinsolvenzrecht allerdings nicht anwendbaren – Reformen auf dem Gebiet der Verbraucherinsolvenz in den Jahren 2001 (insbesondere: Möglichkeit der Stundung von Verfahrenskosten, §§ 4a ff. InsO) und 2013 (insbesondere: Verkürzung des Restschuldbefreiungsverfahrens, § 300 InsO).

3 **2. Regelungssystematik.** Wie die systematische Stellung der §§ 315 ff. InsO im mit *„Besondere Arten des Insolvenzverfahrens"* überschriebenen Elften Teil der InsO anzeigt, sind die allgemeinen Vorschriften über das Regelinsolvenzverfahren für die Nachlassinsolvenz anzuwenden, sofern die §§ 315 ff. InsO

keine abweichende Bestimmung enthalten (Begr. RegE InsO, BT-Drs. 12/2443, 229). Im Übrigen knüpfen die Vorschriften der §§ 315 ff. InsO an das Erbrecht des BGB und dessen Begriffe an.

3. Zweck des Nachlassinsolvenzverfahrens. Das Nachlassinsolvenzverfahren bezweckt die **amtliche Separation des Nachlasses vom eigenen Vermögen des Erben,** um den Nachlassgläubigern iSd § 1967 BGB den alleinigen Zugriff auf den Nachlass zu gewährleisten (vgl. Begr. RegE InsO BT-Drs. 12/2443, 229). 4

Indem das Nachlassinsolvenzverfahren nur den Nachlass erfasst und das sonstige Vermögen des Erben nicht berührt, handelt es sich beim Nachlassinsolvenzverfahren um ein **Sonderinsolvenzverfahren** (Partikularinsolvenzverfahren). Diese ausnahmsweise Zulässigkeit eines Sonderinsolvenzverfahrens über den Nachlass und die Insolvenzfähigkeit des Nachlasses folgt aus § 11 II Nr. 2 InsO. Dies stellt insoweit einen insolvenzrechtlichen Sonderfall dar, als ein Insolvenzverfahren über nur einen Teil des Vermögens eines Schuldners grundsätzlich nicht eröffnet werden kann (Konzept der Gesamtinsolvenz, vgl. §§ 11 I, II Nr. 1, 35 InsO). Folgerichtig können – siehe § 331 InsO – zwei Insolvenzverfahren über das Vermögen eines Erben als Schuldner eröffnet werden, eines betreffend sein Eigenvermögen und das andere betreffend den ihm angefallenen Nachlass. 5

Der **Schutz der Interessen der Nachlassgläubiger** wird zum einen dadurch bewirkt, dass Vermögensverfügungen des Erben zu Lasten des Nachlasses verhindert werden. Zum anderen werden die Interessen der Nachlassgläubiger geschützt, indem die Gläubiger des Erben vom Nachlassinsolvenzverfahren absolut ausgeschlossen sind (§ 325 InsO). Schließlich schützt das Nachlassinsolvenzverfahren die Interessen der Nachlassgläubiger im Sonderfall einer Unzulänglichkeit des Nachlasses (§ 320 1 InsO), indem das Verfahren eine gesetzlich geregelte und objektiv vorhersehbare Rangfolge vorgibt, nach der der Nachlass gemäß den §§ 324 ff. InsO unter den Gläubigern zu verteilen ist. 6

Kein Verfahrenszweck, aber **regelmäßige Rechtsfolge** der Eröffnung des Nachlassinsolvenzverfahrens ist die **Beschränkung der Haftung des Erben** für die Nachlassverbindlichkeiten auf den Nachlass (§ 1975 BGB). Wie § 316 I Alt. 2 InsO zeigt, kann die Eröffnung des Nachlassinsolvenzverfahrens selbst dann beantragt werden, wenn der Erbe für die Nachlassverbindlichkeiten unbeschränkt haftet. Ob der Erbe nur beschränkt haftet oder die Nachlassgläubiger auf das Eigenvermögen des Erben zugreifen dürfen, bestimmt sich daher nach den Vorschriften außerhalb der InsO (vgl. insbesondere § 2013 I BGB). Auch hat ein Nachlassinsolvenzverfahren keine Auswirkung auf eine Erbenhaftung wegen Fortführung eines Handelsgeschäfts (§ 27 HGB). 7

4. Die Beteiligten des Verfahrens. a) Der Erbe als Schuldner des Nachlassinsolvenzverfahrens. Der Erbe ist als Rechtsträger des Nachlasses **Schuldner** im Nachlassinsolvenzverfahren (BGH NJW 1969, 1349, unter 2. a). Dem steht nicht entgegen, dass er ausweislich § 326 InsO zugleich Gläubiger des Nachlasses sein kann. Sind mehrere Erben vorhanden, so ist jedoch nicht die Miterbe, sondern die Erbengemeinschaft als Verfahrensschuldner anzusehen (BGH NJW 2014, 391 Rn. 18). Den Erben treffen alle verfahrensrechtlichen Pflichten des Insolvenzschuldners (insbesondere: Verpflichtung zur Auskunft und Mitwirkung gegenüber dem Insolvenzverwalter, §§ 97 ff. InsO), aber auch die verfahrensrechtlichen Rechte des Insolvenzschuldners (insbesondere: Rechtsmittel gegen Entscheidungen des Insolvenzgerichts oder Beschlüsse der Gläubigerversammlung). An den Erben ist der Nachlass herauszugeben, wenn bei Abschluss des Insolvenzverfahrens alle vorrangigen Gläubiger im Insolvenzverfahren befriedigt worden sind (§ 199 1 InsO). Ein **Nachlasspfleger** nimmt als gesetzlicher Vertreter des Erben dessen insolvenzverfahrensrechtliche Stellung ein. Das Amt des **Testamentsvollstreckers** bleibt bei Eröffnung eines Nachlassinsolvenzverfahrens bestehen, doch verliert er für die Dauer des Nachlassinsolvenzverfahrens hinsichtlich des Nachlasses die Verwaltungs- und Verfügungsbefugnis; er ist gegen den Insolvenzverfahrenseröffnungsbeschluss beschwerdebefugt und darf angemeldeten Forderungen im Prüfungstermin widersprechen (Gottwald/*Döbereiner* InsO-Hdb § 113 Rn. 14). Keine insolvenzverfahrensrechtliche Stellung erlangt schließlich der **Nachlassverwalter,** denn sein Amt endet mit der Insolvenzverfahrenseröffnung (§ 1988 BGB). 8

b) Insolvenzverwalter. Für die Stellung des **Insolvenzverwalters** gelten die Vorschriften für das allgemeine Insolvenzverfahren. Er ist gemäß §§ 27 I 1, 56 InsO mit der Eröffnung des Verfahrens vom Insolvenzgericht zu bestellen und auf ihn geht mit Wirksamwerden des gerichtlichen Eröffnungsbeschlusses die Verwaltungs- und Verfügungsbefugnis über den Nachlass über. Im Prozess ist er aktiv- und passivlegitimiert, soweit der Insolvenzverwalter betroffen ist (vgl. §§ 85, 86 InsO; im Rubrum wird er bezeichnet mit „*X in seiner Eigenschaft als Insolvenzverwalter über den Nachlass des Y*"). Durch ihn werden zu Gunsten der Gläubigergemeinschaft bestehende Rechte nicht nur gegenüber dem Erben, sondern auch gegen Dritte oder gegen Gläubiger ausgeübt, insbesondere Ansprüche auf Ersatz eines Gesamtschadens (§ 92 InsO), die Entscheidung über die Fortführung bestimmter gegenseitiger Verträge (§§ 103 ff. InsO) und die Ansprüche aus Insolvenzanfechtung (§§ 129 ff. InsO). Der Nachlass ist vom Insolvenzverwalter in Besitz zu nehmen (§ 148 InsO) und zu verwerten (§§ 156 ff. InsO). Die Nachlassinsolvenzgläubiger melden ihre Forderungen beim Insolvenzverwalter an (§§ 174 ff. InsO), der die Forderungen prüft und die Insolvenztabelle führt (§ 175 I 1 InsO). Die Tabelle bildet die Grundlage für die Verteilung der Insolvenzmasse durch den Insolvenzverwalter an die in der Tabelle eingetragenen Gläubiger (§§ 187 ff. InsO). Das Amt des Insolvenzverwalters endet mit der Aufhebung oder Einstellung des Insolvenzverfahrens; ausnahmsweise besteht es fort, wenn das Insolvenzgericht im Aufhebungsbeschluss die Nachtragsverteilung bezüglich bestimmter Vermögensgegenstände vorbehält (BGH NJW 1982, 1765 unter I. 1.). Zur 9 besonderen Verfahrensart der **Eigenverwaltung,** die die Befugnisse des Insolvenzverwalters im wesentlichen auf den Erben überleitet und den Insolvenzverwalter durch einen mit bloßen Aufsichtsbefugnissen ausgestatteten Sachwalter ersetzt, siehe → Rn. 30.

10   c) **Gläubiger.** Das Nachlassinsolvenzverfahren dient der gemeinschaftlichen Befriedigung der **Nachlassgläubiger** (§ 325 InsO; zum Begriff siehe § 1967 BGB) gemäß den Vorschriften des allgemeinen Insolvenzverfahrens. Es gilt die folgende **Rangfolge:**

11   aa) Die Forderungen der **Gläubiger mit Aussonderungsrechten** (§ 47 InsO) stehen außerhalb des Insolvenzverfahrens, weil der von ihrem Recht betroffene Vermögensgegenstand schon nicht zum insolvenzbefangenen Nachlass gehört (vgl. in der Einzelzwangsvollstreckung § 771 ZPO). Aus diesem Grund kann der Aussonderungsberechtigte sein Recht ohne Rücksicht auf den Insolvenzbeschlag des Nachlasses durchsetzen. Hauptanwendungsfall der Aussonderungsberechtigung ist, wenn der Eigentümer (auch Vorbehalts- oder Sicherungseigentümer) den Herausgabeanspruch bezüglich eines vom Erben oder Insolvenzverwalter gehaltenen Gegenstands gemäß § 985 1 BGB geltend machen kann. Das Aussonderungsrecht muss sich jedoch nicht aus einem dinglichen, sondern kann sich auch aus einem persönlichen Herausgabeanspruch (nicht jedoch ein bloßer schuldrechtlicher Verschaffungsanspruch, vgl. BGH NJW 2002, 3253 unter II. 2. b) ergeben. Aussonderungskraft haben insbesondere der Rückgabeanspruch des Vermieters gemäß § 546 I BGB in der Insolvenz des Mieters (BGH NJW 1994, 3232 unter I.), der Rückübertragungsanspruch des Treugebers gemäß § 667 BGB in der Insolvenz des Treuhänders (BGH NJW-RR 1993, 301 unter II.) und der Rückgewähranspruch nach Insolvenzanfechtung gemäß § 143 I 1 InsO in der Insolvenz des Anfechtungsgegners (BGH NJW 2004, 214 unter IV. 3.).

12   bb) Inhaber eines **Rechts auf abgesonderte Befriedigung** (§§ 49 ff. InsO) können verlangen, dass ausschließlich sie im Insolvenzverfahren aus einem bestimmten, zum Nachlass gehörigen Gegenstand befriedigt werden. Ihnen steht ein absolutes Vorrecht zwar nicht am Gegenstand, doch am Erlös aus der Verwertung des Gegenstands zu (vgl. in der Einzelzwangsvollstreckung § 805 ZPO). Der Absonderungsberechtigte wird in der Regel zugleich Nachlassinsolvenzgläubiger sein und darf in dieser Doppelrolle am Nachlassinsolvenzverfahren teilnehmen, wird aber bei der Verteilung der Insolvenzquote nur insoweit als Nachlassgläubiger befriedigt, als er bei der abgesonderten Befriedigung ausgefallen ist (§ 52 InsO; näher → § 331 Rn. 1). Es handelt sich meist um Inhaber von Grundpfandrechten an zum Nachlass gehörenden Grundstücken (vgl. § 49 InsO), um Inhaber von rechtsgeschäftlichen oder gesetzlichen Pfandrechten (§ 51 InsO) – auch Pfändungspfandrechten (siehe aber § 321 InsO) – sowie um die Sicherungsnehmer, denen zum Nachlass gehörende Gegenstände zur Sicherheit abgetreten oder übereignet worden sind (§ 51 Nr. 1 InsO). Absonderungsrechtsbelastete Grundstücke werden durch Zwangsversteigerung verwertet (§ 165 InsO). Dem Insolvenzverwalter weist § 166 InsO das Recht zur Verwertung von absonderungsbelasteten beweglichen Sachen, die er im Besitz hat, sowie von zur Sicherheit zedierten Forderungen zu; der Verwertungserlös ist an den Absonderungsberechtigten auszukehren (§ 170 I 2 InsO). Im Übrigen ist der Absonderungsberechtigte zur Verwertung berechtigt (§ 173 I InsO); das richtige Verwertungsverfahren bestimmt sich nach den vertraglichen oder gesetzlichen Bestimmungen außerhalb des Insolvenzrechts.

13   cc) Als nächstes sind die **Massegläubiger** (§ 53 InsO) aus der zur Verteilung an die Gläubiger bestimmten Insolvenzmasse zu berücksichtigen. Zu den erfassten Verbindlichkeiten gehören die **Kosten des Insolvenzverfahrens** (§ 54 InsO: Gerichtskosten und Vergütung des Insolvenzverwalters) sowie die **sonstigen Masseverbindlichkeiten** gemäß § 55 InsO und – im Nachlassinsolvenzverfahren zusätzlich – gemäß **§ 324 InsO.** Eine Forderung, die insolvenzrechtlich im Rang einer Masseverbindlichkeit steht, kann ohne Rücksicht auf das insolvenzverfahrensrechtliche Forderungsanmeldungs- und Verteilungsverfahren geltend gemacht werden. Der Massegläubiger darf wegen seiner Forderung vollstrecken und mit seiner Forderung aufrechnen; die §§ 89, 94 InsO sind auf Massegläubiger nicht anzuwenden. Sind Ansprüche im Rang von Masseverbindlichkeiten (siehe insbesondere § 324 InsO) vorinsolvenzlich erfüllt oder besichert worden, so scheidet auch eine Anfechtbarkeit gemäß §§ 130–132 InsO aus, denn jene Anfechtungstatbestände richten sich nur gegen Insolvenzgläubiger (BGH FamRZ 2006, 411 Rn. 4 ff.). Zu den Sonderfällen der **Massearmut und Masseunzulänglichkeit** siehe → Rn. 28. Geben die Massegläubiger ihre Forderungen gegenüber dem Insolvenzverwalter nicht bekannt, riskieren sie, gemäß § 206 InsO ausgeschlossen zu werden.

14   dd) Die verbleibende Insolvenzmasse wird an die **Insolvenzgläubiger** verteilt. Ihre Befriedigung erfolgt im Insolvenzverfahren gemäß den **Grundsatz der Gläubigergleichbehandlung,** indem sie aus dem Schuldnervermögen anteilig mit der „Insolvenzquote" bedacht werden (→ Rn. 27). Insolvenzgläubiger dürfen ihre Forderungen nur im Insolvenzverfahren geltend machen (§ 87 InsO) und sie unterliegen einem umfassenden Zwangsvollstreckungsverbot (§ 89 I InsO). Sie haben ihre Forderungen beim Insolvenzverwalter zur Tabelle anzumelden (§§ 174 ff. InsO) und erhalten Ausschüttungen im insolvenzrechtlichen Verteilungsverfahren gemäß §§ 187 ff. InsO. Mit diesen durch das Insolvenzverfahren beschränkten Befriedigungsmöglichkeiten gehen besondere Verfahrensrechte der Insolvenzgläubiger einher, die dem insolvenzverfahrensrechtlichen Zweck der **Gläubigerautonomie** dient. Sie haben insbesondere das Recht, in der **Gläubigerversammlung** Beschlüsse über das Insolvenzverfahren zu fassen (§§ 74 ff., 157 ff. InsO) und im **Insolvenzplanverfahren** über die Annahme des Insolvenzplans, mit dem weitreichende Abweichungen vom Regelinsolvenzverfahren bestimmt werden können, abzustimmen (vgl. §§ 237, 241 InsO). Innerhalb der Insolvenzgläubiger sieht das Gesetz Rangklassen vor. Die **Insolvenzgläubiger im**

Rang des § 38 InsO sind vollständig zu befriedigen, bevor die **nachrangigen Insolvenzforderungen gemäß §§ 39, 327 InsO** berücksichtigt werden. Wegen des Nachrangs sind die Inhaber von Forderungen gemäß §§ 39, 327 InsO zwar grundsätzlich Insolvenzgläubiger im Sinne der Insolvenzordnung, doch sind ihre verfahrensrechtlichen Rechte eingeschränkt. Insbesondere haben nachrangige Insolvenzgläubiger ihre Forderungen nur auf besondere Aufforderung des Gerichts zur Tabelle anzumelden (§ 174 III 1 InsO), sie haben kein Stimmrecht in der Gläubigerversammlung (§ 77 I 2 InsO) und im Insolvenzplanverfahren gelten ihre Forderungen in der Regel als erlassen (§ 225 I InsO). Im Nachlassinsolvenzverfahren gilt eine besondere Zurücksetzung der **Pflichtteilsberechtigten, der Vermächtnisnehmer** und der aus einer **Auflage** begünstigten Personen, die gemäß § 327 I InsO als im Verteilungsverfahren **letztrangig** – nach der Befriedigung aller Nachlassverbindlichkeiten und nur im Rang vor dem Anspruch des Erben auf den Überschuss, § 199 1 InsO – zu berücksichtigen sind.

d) Von der Teilnahme am Insolvenzverfahren ausgeschlossen sind – neben den Gläubigern des Erben (siehe dazu die Anmerkungen zu § 325 InsO) – die **Neugläubiger,** deren Forderung gegen den Nachlass nach der Eröffnung des Insolvenzverfahrens entsteht (solche Forderungen sind gemäß § 38 InsO nicht Insolvenzforderungen) und für die auch kein Tatbestand einer Masseverbindlichkeit vorliegt, die Forderung insbesondere ohne Zutun des Insolvenzverwalters entstanden ist (vgl. BGH NJW 2014, 389 Rn. 15 ff.).

e) Das für die Durchführung des Nachlassinsolvenzverfahrens zuständige Gericht ist gemäß § 2 I InsO das **Amtsgericht als Insolvenzgericht.** Grundsätzlich liegt die funktionelle Zuständigkeit beim Rechtspfleger, nur in den Sonderfällen des § 18 RPflG entscheidet der Richter. Zwar ist das Insolvenzverfahren als Verfahren der ordentlichen Gerichtsbarkeit ausgestaltet, auf das gemäß § 4 InsO die Vorschriften der Zivilprozessordnung ergänzend anzuwenden sind, doch sind zahlreiche wegweisende Verfahrensentscheidungen der Gläubigerautonomie überlassen. Insoweit die Gläubiger über den Verfahrensablauf selbst bestimmen können (etwa durch Beschlüsse der **Gläubigerversammlung** gemäß §§ 74 ff., 157 ff. InsO, oder durch Abstimmung über einen **Insolvenzplan** gemäß §§ 217 ff. InsO), nimmt das Insolvenzgericht lediglich Aufsichts- und Prüfungsaufgaben wahr. Der Entscheidung des Insolvenzgerichts vorbehalten sind insbesondere das Verfahren ab Eingang des Insolvenzantrags bis einschließlich zur Entscheidung über die Verfahrenseröffnung und der Ernennung des Insolvenzverwalters und die Entscheidung über die Aufhebung und Einstellung des Verfahrens. Das Insolvenzgericht entscheidet grundsätzlich durch Beschluss, der gemäß § 6 InsO nur in den gesetzlich zugelassenen Fällen mit der sofortigen Beschwerde anfechtbar ist. Die Rechtsbeschwerde ist seit der Streichung des § 7 InsO nur noch zulässig, wenn das Beschwerdegericht sie zugelassen hat (§ 574 I 1 Nr. 2 ZPO). Die Zuständigkeit des Insolvenzgerichts ist beschränkt auf die Verfahren gemäß der Insolvenzordnung und es findet keine Zuständigkeitskonzentration aller Gerichtsverfahren, die einen insolvenzrechtlichen Gegenstand haben, beim Insolvenzgericht statt. Für solche Verfahren hat die Insolvenzverfahrenseröffnung grundsätzlich keine Änderung der Zuständigkeitsregelungen zur Folge (Ausnahmen: § 19a ZPO sowie das internationale Insolvenzrecht).

5. Insolvenzmasse. a) Begriff der Insolvenzmasse. Im Nachlassinsolvenzverfahren ist Insolvenzmasse das gemäß § 35 I InsO das gesamte bei der Eröffnung des Insolvenzverfahrens vorhandene Vermögen des Nachlasses, das auf den Erben übergegangen ist, soweit diese Gegenstände der Pfändung unterworfen sind (§ 36 InsO). Die Insolvenzmasse umfasst daher grundsätzlich **alle Vermögensrechte des Nachlasses ohne das Eigenvermögen des Erben.** Die Insolvenzmasse ist zu bereinigen um Gegenstände, an ein Aussonderungsrecht besteht, sowie um die Erlöse aus der Verwertung von Gegenständen, an denen ein Recht auf abgesonderte Befriedigung besteht; dieses Vermögen steht nicht der Gläubigergemeinschaft zu. Im Übrigen wird die Insolvenzmasse liquidiert, die Massegläubiger werden befriedigt und die Barmittel werden an die Gläubiger ausgekehrt; ein nach der Befriedigung der Gläubiger verbleibender Überschuss ist an den Erben als Rechtsträger des im Nachlasses herauszugeben (§ 199 1 InsO).

b) Beschlagnahme der Insolvenzmasse. Mit der Eröffnung des Nachlassinsolvenzverfahrens hat der Erbe als Schuldner die Insolvenzmasse an den Insolvenzverwalter herauszugeben (§ 148 InsO, § 1978 I 1 iVm § 667 BGB; hiergegen steht dem Erben gemäß § 323 InsO kein Zurückbehaltungsrecht zu). Gegen den Erben stehen dem Insolvenzverwalter hinsichtlich der Zeit vor der Eröffnung des Insolvenzverfahrens seit dem Erbfall die Schadensersatzansprüche gemäß §§ 1978 I 1, 2, 1980 I 2 BGB zu (vgl. für die entsprechende Haftung des Nachlassverwalters § 1985 II 2 BGB). Gegenüber Dritten nimmt der Insolvenzverwalter alle in die Insolvenzmasse fallenden Rechte des Nachlasses wahr (§§ 80 f. InsO), kann folglich Forderungen des Nachlasses einziehen und die Herausgabe von im Eigentum des Nachlasses stehenden Sachen verlangen. Auch der Herausgabeanspruch gegen den Erbschaftsbesitzer gemäß §§ 2018 f. BGB wird vom Nachlassinsolvenzverwalter geltend gemacht. Sind Gegenstände der Insolvenzmasse unbekannt geblieben und ist das Insolvenzverfahren bereits aufgehoben, so eröffnet die Nachtragsverteilung gemäß § 203 I Nr. 3 InsO die Möglichkeit einer nachträglichen Beschlagnahme.

c) Ansprüche aus Insolvenzanfechtung. Mit der Eröffnung des Insolvenzverfahrens ist der Insolvenzverwalter zur Geltendmachung der Ansprüche aus **Insolvenzanfechtung** (§§ 129 ff. InsO; für die Nachlassinsolvenz siehe zusätzlich § 322 InsO) befugt. Die in §§ 130–136 InsO geregelten Anfechtungstatbestände sehen **Anfechtungsfristen** vor, die von dem Zeitpunkt des Eingangs des Insolvenzantrags bei Gericht zurückgerechnet werden (§ 139 InsO). Auf den Zeitpunkt des Erbfalls kommt es nicht an. Es ist nicht entscheidend, ob der Erblasser oder der Erbe die Rechtshandlung vorgenommen hat, weil beide iS der Anfechtungstatbestände der §§ 133, 134 InsO „Schuldner" sind (BGH NJW 2013, 232 Rn. 6). Ist ein Insolvenzanfechtungstatbestand erfüllt, so ist der Verwalter berechtigt, vom Empfänger die **Rückgewähr der Leistung in die Insolvenzmasse** zu verlangen (§ 143 I 1 InsO). Für die Haftung des Anfechtungsgegners verweist § 143 I 2 InsO auf die Vorschriften über die Haftung des bösgläubigen Bereicherungsschuldners (§§ 818 ff. BGB). War der Anfechtungsgegner ein Gläubiger, so lebt dessen Forderung nach Rückgewähr an den Verwalter wieder auf (§ 144 I InsO) und er ist berechtigt, eine etwaige Forderung als Insolvenzforderung im Verfahren zur Tabelle anzumelden.

20 **aa)** Anfechtungsansprüche kommen insbesondere bei der **Befriedigung oder Sicherung von Nachlassgläubigern** in der Zeit vor dem Erbfall oder in der Zeit nach dem Erbfall bis zur Insolvenzverfahrenseröffnung in Betracht, wobei zu differenzieren ist, welchen Gläubigerrang der Nachlassgläubiger im eröffneten Nachlassinsolvenzverfahren hat. Die §§ 130–132 InsO sind nur gegenüber Insolvenzgläubigern anwendbar und greifen folglich nicht bei einer vorinsolvenzlichen Sicherung oder Befriedigung der gemäß § 324 InsO privilegierten Masseverbindlichkeiten. Ein besonderer Anfechtungstatbestand greift, wenn die gemäß § 327 I InsO nachrangigen **Pflichtteilsansprüche, Vermächtnisse oder Auflagen** durch den Erben erfüllt worden sind (§ 322 InsO). Unter erleichterten Voraussetzungen anfechtbar sind gegenüber Insolvenzgläubigern die **inkongruenten Deckungen** iSd § 131 I InsO, worunter nach gefestigter Rechtsprechung Befriedigungen oder Sicherungen von Gläubigern durch **Zwangsvollstreckungsmaßnahmen den Nachlass** (BGH NJW 2002, 2568 unter II. 2. a), aber auch Befriedigungen oder Sicherungen gehören, die der Gläubiger mittels gehören **Androhung von Zwangsvollstreckungsmaßnahmen** erlangt hat (BGH NJW 2007, 848 Rn. 8). Der Tatbestand der vorsätzlichen Benachteiligung (§ 133 I 1 InsO) ist nach der Rechtsprechung bei Befriedigungen oder Sicherungen eines Gläubigers schon dann angezeigt, wenn beim Gläubiger eine Kenntnis der drohenden (§ 133 I 2 InsO) oder bereits eingetretenen (§ 133 III 1 InsO) Zahlungsunfähigkeit nachweisbar ist (BGH NZI 2017, 718 Rn. 14 ff.). Der Benachteiligungsvorsatz und die Kenntnis hiervon wird bei Verträgen unter nahestehenden Personen – insbesondere **Familienangehörigen** (§ 138 I InsO) – gemäß § 133 IV 1 InsO gesetzlich vermutet, wenn der Vertrag zum unmittelbaren Nachteil der Gläubiger führte (hierzu BGH NZI 2010, 738 Rn. 9 ff.). Familienrechtlich motivierte Zuwendungen unter Eheleuten können zudem als unentgeltlich gemäß § 134 I InsO anfechtbar sein (zu unbenannten Zuwendungen BGH NZI 2008, 633 Rn. 9; zur Grundstücksübertragung unter Nießbrauchsvorbehalt BGH NJW 1999, 1549 unter II. 3. d).

21 **bb)** Von hoher praktischer Relevanz in einem Nachlassinsolvenzverfahren sind **Anfechtungsansprüche des Verwalters** im Zusammenhang mit **Lebensversicherungsverträgen,** die der Erblasser abgeschlossen hat. Es ist gefestigte Rechtsprechung, dass die Einräumung eines Bezugsrechts durch den späteren Erblasser zu Gunsten eines Dritten in der Nachlassinsolvenz anfechtbare **unentgeltliche Leistung** des Erblassers an den Begünstigten iSd § 134 I InsO ist (BGH NJW 2004, 214 unter III. 2.). Bei der Berechnung der vierjährigen Anfechtungsfrist gemäß § 134 I InsO ist gemäß § 140 I InsO auf den Zeitpunkt des Wirksamwerdens der Zuwendung an den Begünstigten abzustellen. Dieser Zeitpunkt bestimmt sich nach der Art des dem Begünstigten eingeräumten Bezugsrechts. Ist ein **unwiderrufliches Bezugsrecht** eingeräumt worden, so erfolgt die Zuwendung gemäß § 159 III VVG bereits mit Wirksamwerden der Bezugsrechtseinräumung (BGH NJW 2013, 232 Rn. 6 ff.). Handelte es sich hingegen um ein **widerrufliches Bezugsrecht** (§ 159 II VVG), so ist die maßgebliche Zuwendung erst im Zeitpunkt des Todesfalls vorgenommen (BGH NJW 2004, 214 unter III. 4. e). Gemäß § 159 I VVG ist ein Bezugsrechts im Zweifel als widerruflich ausgestaltet. Für die Frage der Anfechtbarkeit kommt es im Übrigen nicht darauf an, ob ein kapitalbildender Lebensversicherungsvertrag (BGH NJW 2004, 214 unter III. 1.) oder ein Risikolebensversicherungsvertrag (BGH NZI 2016, 35 Rn. 12) vorliegt. **Rechtsfolge** der Anfechtbarkeit ist – vorbehaltlich einer Entreicherung bei Gutgläubigkeit (§ 143 II InsO, dazu BGH NZI 2016, 690 Rn. 10 ff.) – die Verpflichtung des Begünstigten zur Rückgewähr der vom Versicherer erhaltenen Zahlungen an die Insolvenzmasse (§ 143 I 1 InsO). Nach der Rückgewähr lebt eine gemäß §§ 39 I Nr. 4, 144 I InsO nachrangige Insolvenzforderung des Begünstigten auf.

22 **6. Gang des Nachlassinsolvenzverfahrens. a) Antragsverfahren.** Das Insolvenzverfahren wird nur auf einen schriftlichen **Antrag** eingeleitet (§ 13 I 1 InsO). Zur Antragsberechtigung siehe § 317 InsO; zum Antragsverfahren → § 317 Rn. 3. Auf den zulässigen Antrag hin hat das Insolvenzgericht von Amts wegen insbesondere zu ermitteln, ob die Voraussetzungen für die Eröffnung des Insolvenzverfahrens erfüllt sind (BGH ZIP 2007, 1868 Rn. 14). Dazu wird das Insolvenzgericht einen **Sachverständigen** mit der Erstellung eines Gutachtens beauftragen, ob hinsichtlich des Nachlasses **Insolvenzgründe** iSd § 320 I InsO vorliegen und ob die Insolvenzmasse zur **Deckung der Verfahrenskosten** ausreicht. Reicht die Insolvenzmasse nicht zur Deckung der Verfahrenskosten aus, so ist der Insolvenzantrag gemäß § 26 InsO mangels Masse abzuweisen. Bei der Prüfung der Deckung der Verfahrenskosten wird der Gutachter auch Ansprüche der Insolvenzmasse zu berücksichtigen haben, die in der Zeit nach der Eröffnung noch geltend zu machen und einzuziehen sind (etwa aus § 1980 I 2 BGB oder aus Insolvenzanfechtung → Rn. 19 ff.). Mit Einreichung des Gutachtens durch den Sachverständigen – bei dem es sich in aller Regel um den künftigen Insolvenzverwalter über den Nachlass handelt – wird das Verfahren zur Entscheidung reif sein.

23 **b) Sicherungsmaßnahmen. Vorläufige Insolvenzverwaltung.** Von Amts wegen hat das Insolvenzgericht durch Beschluss Anordnungen zu treffen, wenn es angezeigt ist, dass bis zur Entscheidung über den Insolvenzantrag nachteilige Veränderungen im Nachlass drohen (§ 21 I 1 InsO). In der Praxis wer-

den Gläubiger, der Erbe oder der Insolvenzgutachter entsprechende Maßnahmen beim Gericht anregen. Die Sicherungsmaßnahmen sind im Katalog des § 21 II 1 InsO aufgeführt; der Katalog ist nicht abschließend und das Insolvenzgericht ist befugt, im Einzelfall jede erforderliche Maßnahme anzuordnen. Hierzu zählt insbesondere die **Anordnung der vorläufigen Insolvenzverwaltung** gemäß § 21 II 1 Nr. 1 mit § 22 InsO. Bei der vorläufigen Insolvenzverwaltung wird danach unterschieden, wie weit dem Schuldner – dem Erben – Verfügungsbeschränkungen hinsichtlich des Nachlasses auferlegt werden. Im Fall der sog. **starken vorläufigen Insolvenzverwaltung** wird dem Erben die Verfügungsbefugnis hinsichtlich des Nachlasses vollständig entzogen und dem vorläufigen Verwalter übertragen (§ 22 II InsO); hiervon macht die Insolvenzpraxis nur zurückhaltend Gebrauch, da die vom starken vorläufigen Verwalter begründeten Verbindlichkeiten gemäß § 55 II 1 InsO als Masseverbindlichkeiten vorweg aus dem Nachlass zu befriedigen sind, was zu Lasten der Insolvenzquote gehen wird. Bevorzugt wird daher in der Regel zur Schonung der Insolvenzmasse die **schwache vorläufige Verwaltung**, wonach Verfügungen des Erben der Zustimmung des vorläufigen Verwalters bedürfen (§ 21 II 1 Nr. 2 Alt. 2 InsO). Die Rechtsfolge eines Verstoßes gegen die insolvenzgerichtlichen Verfügungsbeschränkungen ergibt sich aus § 24 I InsO. Die Anordnung der vorläufigen Verwaltung erfolgt gemäß § 23 I 1 InsO durch öffentlich bekannt zu machenden Beschluss des Insolvenzgerichts.

c) **Eröffnung des Insolvenzverfahrens.** Hat das Insolvenzgericht festgestellt, dass ein Insolvenzgrund gegeben ist und die Masse zur Verfahrenskostendeckung ausreicht, so erlässt es gemäß § 27 InsO den **Beschluss zur Eröffnung des Insolvenzverfahrens** und ernennt den Insolvenzverwalter. Der Beschluss wird gemäß § 30 I InsO öffentlich bekannt gemacht. Von Amts wegen erfolgen Eintragungen über die Insolvenzverfahrenseröffnung in den öffentlichen Registern, insbesondere im **Grundbuch** (§§ 31 ff. InsO). Das Recht zur Verwaltung und Verfügung über den Nachlass geht auf den Insolvenzverwalter über (§§ 80 f. InsO). Gemäß § 240 1 ZPO führt die Eröffnung des Nachlassinsolvenzverfahrens zur **Unterbrechung** der von dem Erben als solchen geführten Prozesse, insbesondere der gegen ihn gerichteten Passivprozesse wegen Nachlassverbindlichkeiten (BGH NJW-RR 2009, 279 Rn. 1); zur Aufnahme unterbrochener Rechtsstreitigkeiten siehe §§ 85 f. InsO. Das Recht der Insolvenzgläubiger zur **Aufrechnung** von Forderungen der Insolvenzmasse wird mit der Verfahrenseröffnung gemäß §§ 94 ff. InsO eingeschränkt. Der Insolvenzverwalter hat gemäß den §§ 103 ff. InsO das Recht zur **Erfüllungsablehnung** bestimmter noch nicht erfüllter gegenseitiger Verträge. Die Ansprüche aus **Insolvenzanfechtung** können mit der Eröffnung des Verfahrens durch den Insolvenzverwalter geltend gemacht werden (→ Rn. 19 ff.).

d) **Verwertung der Insolvenzmasse.** Der Insolvenzverwalter hat die Insolvenzmassegegenstände in Besitz zu nehmen (§ 148 I InsO) und zu inventarisieren (§ 153 I InsO). Er berichtet der **Gläubigerversammlung** im **Berichtstermin** vor dem Insolvenzgericht (§ 156 InsO). Den Gläubigern obliegt in diesem Termin die Entscheidung über den weiteren Fortgang des Verfahrens. Erst nach dem Berichtstermin hat der Insolvenzverwalter unter Beachtung der Beschlüsse der Gläubigerversammlung die Insolvenzmasse zu verwerten (§ 159 InsO).

e) **Anmeldung und Prüfung der Insolvenzforderungen.** Mit dem Eröffnungsbeschluss fordert das Insolvenzgericht die Insolvenzgläubiger auf, ihre Forderungen beim Insolvenzverwalter anzumelden (§ 28 I 1 InsO). Zu beachten ist, dass nach der Rechtsprechung die Forderung in der Anmeldung zur Bestimmung der Reichweite der Rechtskraft eindeutig konkretisiert werden muss (BGH NZI 2009, 242, Rn. 9 ff.). Kann der Forderungsanmeldung der „Grund" der Forderung iSd § 174 II InsO nicht entnommen werden, so ist die Anmeldung unwirksam und ihr kommt keine verjährungshemmende Wirkung nach § 204 I Nr. 10 BGB zu. Die angemeldeten Forderungen trägt der Insolvenzverwalter in die **Insolvenztabelle** ein, die von der **Gläubigerversammlung** im **Prüfungstermin** vor dem Insolvenzgericht (§ 176 InsO) vom Insolvenzverwalter, vom Schuldner (Erben) und von den Gläubigern geprüft werden. Ist die Forderung unstreitig, so wird sie zur Insolvenztabelle **festgestellt** mit der Folge, dass die Forderung gemäß § 178 III InsO als rechtskräftig tituliert gilt. Liegt ein **Widerspruch** des Insolvenzverwalters oder eines Insolvenzgläubigers gegen die Forderung vor, so wird die Forderungsprüfung im Wege der **Tabellenfeststellungsklage** vor dem ordentlichen Gericht ausgestritten (§ 180 f. InsO). Gegen den unbeschränkt haftenden Erben, der im Prüfungstermin eine Forderung nicht bestritten hat, kann ein Gläubiger mit einer vollstreckbaren Ausfertigung seines Insolvenztabelleneintrags nach der Aufhebung des Verfahrens vollstrecken (§ 201 II 1 InsO).

f) **Verteilung der Insolvenzmasse. Aufhebung des Verfahrens.** Ist die Verwertung der Insolvenzmasse abgeschlossen und sind keine vorrangig zu befriedigenden Masseverbindlichkeiten oder Rechte auf abgesonderte Befriedigung aus der Masse ersichtlich, so hat der Insolvenzverwalter mit Zustimmung des Insolvenzgerichts die **Schlussverteilung** vorzunehmen (§ 196 InsO). In dem vom Insolvenzgericht bestimmten **Schlusstermin** (§ 197 InsO) erstattet der Insolvenzverwalter den Schlussbericht, legt Rechnung und stellt das **Schlussverzeichnis** (Schlussverteilungsverzeichnis) auf. Erst jetzt steht die „Quote" im Insolvenzverfahren – das prozentuale Verhältnis der verteilungsfähigen Insolvenzmasse zur Summe der zu berücksichtigenden Insolvenzforderungen – fest. Ein etwaiger Überschuss ist gemäß § 199 1 InsO an den Erben herauszugeben. Nach der Verteilung der gesamten Insolvenzmasse ist das Verfahren beendet und das Gericht beschließt gemäß § 200 I InsO die **Aufhebung des Insolvenzverfahrens.**

g) **Vorzeitige Einstellung des Verfahrens wegen Massearmut oder Masseunzulänglichkeit.** Zur Aufhebung des Insolvenzverfahrens nach vollzogener Schlussverteilung kommt es nicht, wenn die Insolvenzmasse in dem Insolvenzverfahren nicht ausreicht, um die Masseverbindlichkeiten gemäß §§ 207 ff. InsO zu befriedigen. Absolut vorrangig müssen die Verfahrenskosten gedeckt sein, andernfalls erfolgt die **Einstellung des Verfahrens mangels Masse** (§ 207 InsO). Sind nur die sonstigen Masseverbindlichkeiten nicht gedeckt, so hat der Insolvenzverwalter die Pflicht, die **Masseunzulänglichkeit** anzuzeigen (§ 208 InsO). Die sonstigen Masseverbindlichkeiten werden sodann in der **Rangfolge gemäß § 209 InsO** befriedigt, wobei gemäß § 209 I Nr. 2, Nr. 3 InsO die nach Anzeige der Masseunzulänglichkeit begründeten Masseverbindlichkeiten (sog. Neumasseverbindlichkeiten) Vorrang genießen vor den vor der Anzeige begründeten Masseverbindlichkeiten (sog. Altmasseverbindlichkeiten; in diesen Rang gehören auch die besonderen nachlassinsolvenzrechtlichen Masseverbindlichkeiten gemäß § 324 II InsO). Für Altmassegläubiger gilt gemäß § 210 InsO ein **Vollstreckungsverbot**; etwaige Klagen auf Leistung aus der Masse sind unzulässig und auf Feststellung umzustellen (BGH NJW 2006, 2997 Rn. 8). Auch gelten für Altmassegläubiger die **Aufrechnungsverbote** des § 96 I Nr. 1, Nr. 2 InsO entsprechend, so dass sie gegen nach der Masseunzulänglichkeit begründete Forderungen aus der Masse nicht aufrechnen können (zur KO BGH NJW 1995, 2783 (2785); BGH NZI 2005, 561 unter II. 1.; zur InsO BFH ZIP 2008, 886, Rn. 9 ff.; MüKoInsO/*Hefermehl* § 208 Rn. 70). Fallen die Voraussetzungen der Masseunzulänglichkeit später weg, so greifen wieder die allgemeinen Verteilungsregeln des Insolvenzverfahrens (MüKoInsO/*Hefermehl* § 208 Rn. 53 ff.). Bleibt die Masseunzulänglichkeit bestehen, so ist das Insolvenzverfahren nach der Verteilung der Masse an die Massegläubiger gemäß § 211 InsO einzustellen.

29 **7. Übergeleitete Insolvenzverfahren.** Der Tod des Erblassers während eines allgemeinen Insolvenzverfahrens führt **automatisch** zur **Fortsetzung des Verfahrens als Nachlassinsolvenzverfahren.** War ein Antrag auf Eröffnung eines Insolvenzverfahrens über das Vermögen des Erblassers zu dessen Lebzeiten anhängig, so wird das Verfahren als Verfahren über einen Antrag auf Eröffnung eines Nachlassinsolvenzverfahrens fortgeführt (BGH NJW 2004, 1444 unter II. 3.). Verstirbt der Insolvenzschuldner nach der Eröffnung des Insolvenzverfahrens, so wird das Verfahren ohne weiteres als Nachlassinsolvenzverfahren fortgeführt und der Erbe tritt an die Stelle des verstorbenen Verfahrensschuldners (BGH NZI 2008, 382 Rn. 7).

30 **8. Besondere Verfahrensarten. a) Eigenverwaltung.** Ordnet das Insolvenzgericht bei der Eröffnung des Verfahrens die Eigenverwaltung an, so unterbleibt die Bestellung eines Insolvenzverwalters und den Erben trifft die Pflicht, die **Insolvenzmasse wie ein Insolvenzverwalter zu verwalten** und über sie zu verfügen (§ 270 I 1 InsO), soweit diese Kompetenzen nicht dem vom Insolvenzgericht beigeordneten Sachwalter vorbehalten sind (§§ 270c, 274 InsO). Diese auf Unternehmensinsolvenzen zugeschnittene Verfahrensart ist in der Nachlassinsolvenz zwar nicht ausgeschlossen, doch wird im Rahmen des § 270 II Nr. 2 InsO besonders zu prüfen sein, ob sich die Anordnung der Eigenverwaltung im konkreten Fall mit dem Nachlassinsolvenzverfahrenszweck der Vermögensseparation verträgt (vgl. K. Schmidt/*K. Schmidt,* Vor § 315 InsO Rn. 18).

31 **b) Insolvenzplan.** Auch in einem Nachlassinsolvenzverfahren können die Gläubiger bestimmen, dass durch einen Insolvenzplan von den gesetzlichen Vorgaben zur Gläubigerbefriedigung, zur Verteilung der Insolvenzmasse und zur Verfahrensabwicklung der InsO abgewichen wird (vgl. ausdrücklich § 1989 Alt. 2 BGB). Das besondere am Insolvenzplanverfahren ist die Möglichkeit zur Bildung von auf das konkrete Verfahren zugeschnittenen **Gläubigergruppen** (§ 222 InsO), wobei der Plan für die jeweiligen Gruppen unterschiedliche Befriedigungsquoten oder -regeln vorsehen kann. Die Abstimmung über den Plan in der **Gläubigerversammlung** (Erörterungs- und Abstimmungstermin, § 235 InsO) erfolgt gemäß den im Plan gebildeten Gruppen (§§ 243, 244 InsO).

32 **9. Internationales Nachlassinsolvenzrecht.** Das deutsche Nachlassinsolvenzverfahren ist kollisionsrechtlich gesehen ein Insolvenzverfahren, das an erbrechtliche Vorfragen anknüpft. Deswegen greift bei Nachlassinsolvenzverfahren mit grenzüberschreitendem Bezug zu EU-Mitgliedsstaaten außer Dänemark die **EuInsVO** (AG Köln NZI 2011, 159; AG Düsseldorf ZEV 2013, 154). Insoweit verdrängt die EuInsVO die EuErbVO (so ausdrücklich Art. 76, 91 EuErbVO). Soweit die EuInsVO unanwendbar ist, greift das **deutsche internationale Insolvenzrecht** gemäß §§ 335 ff. InsO, wobei der nationale Gesetzgeber die §§ 335 ff. InsO weitgehend parallel zur EuInsVO ausgestaltet hat. Die **internationale Zuständigkeit** für die Eröffnung des Nachlassinsolvenzverfahrens richtet sich nach dem Mittelpunkt der wirtschaftlichen Interessen des Erblassers, hilfsweise nach dessen letztem Wohnsitz (→ § 315 Rn. 4). Aus der Eröffnungszuständigkeit folgt, dass das für das Insolvenzverfahren anwendbare Recht das **Insolvenzrecht des Eröffnungsstaats** ist (Art. 7 EuInsVO; § 335 InsO). Im Anwendungsbereich der EuInsVO begründet Art 6 EuInsVO eine besondere internationale Zuständigkeit für besondere insolvenzrechtliche Klagen etwa aus Insolvenzanfechtung. Erbrechtliche **Vorfragen** – die Person des Erben, den Umfang des Nachlasses oder die Haftung für Nachlassverbindlichkeiten – richten sich weiterhin nach dem Erbstatut. So kann es dazu kommen, dass zwar das deutsche Insolvenzstatut das gesamte Auslandsvermögen des Nachlasses zur Insolvenzmasse schlägt (BGH NJW 1983, 2147 unter A. II. 1.), das Erbstatut aber eine **Nachlassspaltung** für im Ausland belegene Teilnachlässe vorsieht. Nach zutreffender Ansicht werden die Teilnachlässe in Teilinsolvenzverfahren abzuwickeln und keine Einheitsinsolvenz über den weltweiten Nachlass durchzuführen sein (vgl. Gottwald/*Kolmann/Keller* InsO-Hdb § 132 Rn. 183 ff.; *Mankowski* ZIP 2011, 1501 (1504)). Die **Anerkennung eines ausländischen Nachlassinsolvenzverfahrens** – soweit dort vergleichbare Verfahren vorhanden sind – erfolgt im Inland im Anwendungsbereich der EuInsVO gemäß Art. 19 ff. EuInsVO stets, im Anwendungsbereich des § 343 InsO grundsätzlich.

In Ausnahmefällen können **inländische Gläubiger** beantragen, dass ein **Partikularinsolvenzverfahren** eröffnet wird, das nur das **im Inland belegende Vermögen** des Erblassers erfasst (Art. 3 IV EuInsVO; § 354 InsO) und so verhindern, dass sie ihre Forderungen in einem ihnen fremden Verfahren geltend machen müssen. 33

§ 315 Örtliche Zuständigkeit

¹Für das Insolvenzverfahren über einen Nachlaß ist ausschließlich das Insolvenzgericht örtlich zuständig, in dessen Bezirk der Erblasser zur Zeit seines Todes seinen allgemeinen Gerichtsstand hatte. ²Lag der Mittelpunkt einer selbständigen wirtschaftlichen Tätigkeit des Erblassers an einem anderen Ort, so ist ausschließlich das Insolvenzgericht zuständig, in dessen Bezirk dieser Ort liegt.

1. Anknüpfung an die Verhältnisse des Erblassers. Angeknüpft wird gemäß § 315 InsO für die Bestimmung des örtlich zuständigen Gerichts auf den allgemeinen Gerichtsstand oder den Mittelpunkt der wirtschaftlichen Tätigkeit des **Erblassers zur Zeit seines Todes.** Abweichend von der Regelung des allgemeinen Insolvenzverfahrens (§ 3 I InsO) sind die Verhältnisse des Erben zu der Zeit des Insolvenzantrags nicht zu berücksichtigen. Die Vorschrift begründet eine **ausschließliche Zuständigkeit** des Insolvenzgerichts. Für die sachliche Zuständigkeit des Insolvenzgerichts gilt § 2 InsO. 1

2. Allgemeiner Gerichtsstand des Erblassers (Satz 1). Grundsätzlich an dem allgemeinen Gerichtsstand des Erblassers zur Zeit seines Todes anzuknüpfen. Für die Ermittlung des allgemeinen Gerichtsstands gelten gemäß § 4 InsO die §§ 12 ff. ZPO entsprechend. 2

3. Mittelpunkt der selbständigen wirtschaftlichen Tätigkeit des Erblassers (Satz 2). War der Erblasser selbständig wirtschaftlich tätig, ist vorrangig an diesen Ort anzuknüpfen und die Regelung des Satzes 1 ist verdrängt (vgl. Begr. RegE InsO, BT-Drs. 12/2443, 229). Die selbständige wirtschaftliche Tätigkeit muss zur Zeit des Todes ausgeübt worden sein; hat der Erblasser seine selbständige wirtschaftliche Tätigkeit zu Lebzeiten eingestellt und abgewickelt, so reicht dies für die Begründung der örtlichen Zuständigkeit gemäß Satz 2 nicht aus (MüKoInsO/*Siegmann* Rn. 3). Zur selbständigen wirtschaftlichen Tätigkeit gehört insbesondere der Betrieb eines Gewerbes, eines Handelsgeschäfts, eines Betriebs der Land- und Fortwirtschaft oder eine freiberufliche Praxis; je nach Einzelfall auch schon der Sitz der Personen- oder Kapitalgesellschaft, wenn der Erblasser ihr geschäftsführender Gesellschafter war (zur OHG: KG NZI 2001, 156; vgl. zu § 304 I 1 InsO zur GmbH: BGH NZI 2009, 384 Rn. 5). 3

4. Internationale Eröffnungszuständigkeit. Für die internationale Zuständigkeit für die Eröffnung eines Nachlassinsolvenzverfahrens (→ Vorbemerkung Rn. 32 f.) gilt entsprechendes. Sowohl EuInsVO als auch die §§ 335 ff. InsO knüpfen auch für die Frage der internationalen Zuständigkeit für die Eröffnung eines Hauptinsolvenzverfahrens regelmäßig beim **Mittelpunkt seiner wirtschaftlichen Interessen des Erblassers, hilfsweise bei dessen letzten Wohnsitz** an. Die EuInsVO regelt dies ausdrücklich (Art. 3 I EuInsVO), im deutschen internationalen Insolvenzrecht greift § 315 InsO analog (Grundsatz der Doppelfunktionalität, BGH NJW 1965, 1665 unter 2.; BGH ZEV 2010, 528 unter Rn. 3). Sind Vermögensgegenstände des Nachlasses im Inland belegen, ohne dass der Erblasser hier seinen Wohnsitz oder Mittelpunkt der wirtschaftlichen Interessen hatte, so kommt eine Zuständigkeit deutscher Gerichte zur Eröffnung eines mit Wirkungen auf das Inland begrenzten **Partikularinsolvenzverfahrens** in Betracht (Art. 3 IV EuInsVO, § 354 InsO). 4

§ 316 Zulässigkeit der Eröffnung

(1) **Die Eröffnung des Insolvenzverfahrens wird nicht dadurch ausgeschlossen, daß der Erbe die Erbschaft noch nicht angenommen hat oder daß er für die Nachlaßverbindlichkeiten unbeschränkt haftet.**

(2) Sind mehrere Erben vorhanden, so ist die Eröffnung des Verfahrens auch nach der Teilung des Nachlasses zulässig.

(3) Über einen Erbteil findet ein Insolvenzverfahren nicht statt.

1. Klarstellungsfunktion. Die Vorschrift dient der Klarstellung der Zulässigkeitsvoraussetzungen des Nachlassinsolvenzverfahrens (vgl. Begr. RegE InsO, BT-Drs. 12/2443, 230). 1

2. Zulässigkeit der Nachlassinsolvenz. a) Vorläufige Erbschaft (Abs. 1 Alt. 1). Die Regelung nimmt Bezug auf das Recht, bis zur Annahme auszuschlagen (§ 1943 BGB) und stellt klar, dass für die Zulassung des Nachlassinsolvenzverfahrens nicht abgewartet werden muss, dass die Ausschlagungsfristen abgelaufen oder Gewissheit über die Person des Erben besteht. 2

b) Unbeschränkte Erbenhaftung (Abs. 1 Alt. 2). Die Regelung beweist, dass die in § 1975 BGB vorgesehene Haftungsbeschränkung des Erben keine Voraussetzung für die Eröffnung des Nachlassinsolvenzverfahrens ist (→ Vorbemerkung Rn. 7). Die mit der Nachlassinsolvenz einhergehende Absonderung des Nachlasses vom Eigenvermögen des Erben bleibt auch bei unbeschränkter Haftung des Erben zum Schutz der Nachlassgläubiger zulässig. Bei Insolvenz auch des Erben → § 331 Rn. 2). 3

4   c) **Bereits vollzogene Nachlassteilung zwischen Miterben (Abs. 2).** Ist der Nachlass als solcher nicht mehr vorhanden, weil er etwa entgegen § 2046 I 1 BGB zwischen den Miterben verteilt worden ist, so bleibt das Nachlassinsolvenzverfahren zum Schutz der Nachlassgläubiger zulässig. Gegen die Miterben hat der Insolvenzverwalter gemäß § 1978 BGB, §§ 80, 148 InsO Herausgabeansprüche zu prüfen (BGH NJW 2014, 391 Rn. 11 ff.); haben andere Personen Vermögen aus dem Nachlass erhalten, bestehen möglicherweise Insolvenzanfechtungsansprüche (Kübler/Prütting/Bork/*Holzer* Rn. 13).

5   **3. Ausschluss des Nachlassinsolvenzverfahrens (Abs. 3).** Die Vorschrift stellt klar, was selbstverständlich ist: Ein Erbteil ist kein insolvenzfähiger „Nachlass" iSd § 11 II Nr. 2 InsO. Überdies gibt es keine Nachlassverbindlichkeiten nur hinsichtlich eines Erbteils. Folglich kann hierüber kein Nachlassinsolvenzverfahren durchgeführt werden. Näher zum historischen Hintergrund dieser Regelung MüKoInsO/*Siegmann* Rn. 5.

§ 317 Antragsberechtigte

(1) Zum Antrag auf Eröffnung des Insolvenzverfahrens über einen Nachlaß ist jeder Erbe, der Nachlaßverwalter sowie ein anderer Nachlaßpfleger, ein Testamentsvollstrecker, dem die Verwaltung des Nachlasses zusteht, und jeder Nachlaßgläubiger berechtigt.

(2) ¹Wird der Antrag nicht von allen Erben gestellt, so ist er zulässig, wenn der Eröffnungsgrund glaubhaft gemacht wird. ²Das Insolvenzgericht hat die übrigen Erben zu hören.

(3) Steht die Verwaltung des Nachlasses einem Testamentsvollstrecker zu, so ist, wenn der Erbe die Eröffnung beantragt, der Testamentsvollstrecker, wenn der Testamentsvollstrecker den Antrag stellt, der Erbe zu hören.

1   **1. Ausweitung der Antragsberechtigung.** Insolvenzverfahren werden grundsätzlich nur auf Antrag hin eingeleitet (→ Vorbemerkung Rn. 22), so dass der Gesetzgeber im Interesse der Erleichterung der Einleitung des Nachlassinsolvenzverfahrens den Kreis der zur Antragstellung berechtigten Personen bewusst weit gezogen hat (vgl. Begr. RegE InsO, BT-Drs. 12/2443, 230).

2   **2. Antragsrecht.** Als Träger des Nachlasses und Schuldner des Insolvenzverfahrens sind zunächst der Erbe sowie der **Miterbe** (unter Beachtung der besonderen Verfahrensvoraussetzungen gemäß Abs. 2) antragsberechtigt. Erfasst sind alle Arten von Erben im Sinne des Erbrechts des BGB (MüKoInsO/*Siegmann* Rn. 2). Infolge ihrer **Verwaltungs- und Verfügungsbefugnis über den Nachlass** sind ferner antragsberechtigt der Nachlassverwalter, Nachlasspfleger und – unter Beachtung der besonderen Verfahrensvoraussetzungen gemäß Abs. 3 – der Testamentsvollstrecker. Die Nennung des Antragsrechts der **Nachlassgläubiger** – was auch die Gläubiger erfasst, die im Fall der Eröffnung des Verfahrens lediglich nachrangige Insolvenzgläubiger werden (BGH NZI 2011, 58 Rn. 8 ff.) – ist als Abgrenzung gegenüber den gemäß § 325 InsO vom Nachlassinsolvenzverfahren ausgeschlossenen Gläubigern des Erben zu sehen; ihnen steht kein Antragsrecht zu.

3   **3. Verfahren.** Für das Antragsverfahren vor dem Insolvenzgericht geltend ergänzend die §§ 13 ff. InsO. Ist der Erbe anzuhören, so kann die Anhörung gemäß § 10 InsO entbehrlich werden. Der Antrag des Erben, des Nachlasspflegers, des Nachlassverwalters und des Testamentsvollstreckers sind grundsätzlich wie ein **Eigenantrag** des Schuldners iSd § 13 InsO zu behandeln (so zum Nachlasspfleger BGH ZEV 2007, 587 Rn. 8 ff.). Dem antragstellenden Erben ist zu empfehlen, seine Erbenstellung durch Vorlage eines Erbscheins nachzuweisen, um nicht zu riskieren, dass sein Antrag als unzulässig abgewiesen wird (offen gelassen bei BGH NZI 2011, 653 Rn. 7 mwN.). Für die Zulässigkeit des **Antrags eines Gläubigers** ist gemäß § 14 I 1 InsO das rechtliche Interesse, die Forderung und der Eröffnungsgrund glaubhaft zu machen. Der Schuldner – hier: der Erbe – ist gemäß § 14 II InsO zu hören. Zur Antragsfrist siehe § 319 InsO. Dem antragstellenden Gläubiger ist zu empfehlen, seine Gläubigerstellung durch Vorlage eines Titels nachzuweisen, denn ist die Forderung nicht tituliert und erhebt der Erbe Einwendungen gegen die Gläubigerstellung, so gehen etwaige Zweifel zu Lasten des Antragstellers und der Gläubigerantrag kann als unzulässig zurückgewiesen werden (BGH NZI 2007, 408 Rn. 7). Für den **Antrag eines Miterben** übernimmt Abs. 2 die für Personengesellschaften geltende Regelung des § 15 II InsO, indem vom Antragsteller die Glaubhaftmachung des Eröffnungsgrundes verlangt wird und zu diesem Antrag die übrigen Miterben angehört werden.

4   **4. Antragspflicht.** Zur Antragspflicht des Erben siehe **§ 1980 I 1 BGB.** Die Vorschrift ist gemäß § 1985 II 2 BGB auch auf den Nachlassverwalter anwendbar. Die Antragspflicht geht bei Anordnung der Nachlasspflegschaft nicht auf den Nachlasspfleger über, sondern trifft weiterhin den Erben (BGH NJW 2005, 756 unter II. 2. a). Den Erben kann die strafbewehrte Insolvenzantragspflicht gemäß **§ 15a III InsO** treffen, wenn Anteile an einer Kapitalgesellschaft oder an einer Gesellschaft ohne Rechtspersönlichkeit, bei der kein persönlich haftender Gesellschafter eine natürliche Person ist zum Nachlass gehören und Führungslosigkeit gemäß § 15a III InsO vorliegt (MüKoInsO/*Klöhn* § 15a Rn. 86).

§ 318 Antragsrecht beim Gesamtgut

(1) ¹Gehört der Nachlaß zum Gesamtgut einer Gütergemeinschaft, so kann sowohl der Ehegatte, der Erbe ist, als auch der Ehegatte, der nicht Erbe ist, aber das Gesamtgut allein oder mit seinem Ehegatten gemeinschaftlich verwaltet, die Eröffnung des Insolvenzverfahrens über den Nachlaß beantragen. ²Die Zustimmung des anderen Ehegatten ist nicht erforderlich. ³Die Ehegatten behalten das Antragsrecht, wenn die Gütergemeinschaft endet.

(2) Wird der Antrag nicht von beiden Ehegatten gestellt, so ist er zulässig, wenn der Eröffnungsgrund glaubhaft gemacht wird. Das Insolvenzgericht hat den anderen Ehegatten zu hören.

(3) Die Absätze 1 und 2 gelten für Lebenspartner entsprechend.

1. Gütergemeinschaft. Die Vorschrift regelt die Antragsberechtigung sowohl des Erben als auch des nichterbenden Ehegatten im Fall einer Gütergemeinschaft (§§ 1415 ff. BGB). Gemäß Abs. 3 gilt für die Lebenspartnerschaft Entsprechendes. 1

2. Antragsrecht bei gesamtschuldnerischer Haftung für Nachlassverbindlichkeiten. Ob der nichterbende Ehegatte alleiniger oder gemeinschaftlicher Verwalter des Gesamtguts ist, ergibt sich aus dem Ehevertrag (§ 1421 BGB). Wenn der nichterbende Ehegatte das Gesamtgut allein verwaltet oder mitverwaltet, so haftet er mit dem Erben für die Gesamtgutsverbindlichkeiten als Gesamtschuldner persönlich (§ 1437 II 1, 1459 II 1 BGB). Das gilt auch für die Nachlassverbindlichkeiten, denn diese fallen mit dem Nachlass grundsätzlich in das Gesamtgut (Ausnahme: § 1418 II Nr. 2 BGB). Deswegen gewährt **Abs. 1 Satz 1** auch dem nichterbenden Ehegatten ein eigenes Insolvenzantragsrecht, um die Haftung für Nachlassverbindlichkeiten beschränken zu können. Das Antragsrecht besteht fort, wenn die Gütergemeinschaft endet **(Abs. 1 Satz 3).** Bei gleichzeitiger Nachlassinsolvenz und einer Insolvenz über das Vermögen eines der Ehegatten oder über das Gesamtgut siehe auch § 331 II InsO. 2

3. Verfahren. Für das Verfahren gelten gemäß **Abs. 2** dieselben Regeln wie für Miterben (§ 317 II InsO). Der Insolvenzantrag bedarf in keinem Fall der Zustimmung des Ehegatten **(Abs. 1 Satz 2).** Für die vorgeschriebene Anhörung des Ehegatten gilt § 10 InsO. 3

§ 319 Antragsfrist

Der Antrag eines Nachlaßgläubigers auf Eröffnung des Insolvenzverfahrens ist unzulässig, wenn seit der Annahme der Erbschaft zwei Jahre verstrichen sind.

1. Ausschluss von Gläubigeranträgen durch Zeitablauf. Weil die Separation des Nachlasses vom Eigenvermögen des Erben nach Ablauf einer gewissen Zeit praktisch nicht mehr durchsetzbar sein wird, wird das Antragsrecht der Nachlassgläubiger auf eine Frist von zwei Jahren begrenzt (vgl. Begr RegE InsO, BT-Drs. 12/2443, 230). Andere als die in der Vorschrift genannten Antragsberechtigten sind unbefristet zur Antragstellung berechtigt; insbesondere unterliegt der Antrag eines Erben keiner Antragsfrist. Zu dessen Insolvenzantragspflicht → § 317 Rn. 4. 1

2. Fristbeginn. Folge des Fristablaufs. Die Vorschrift knüpft an die erbrechtliche Regelung zur Annahme der Erbschaft gemäß **§ 1943 BGB** an. Es kommt nicht darauf an, wann der Gläubiger Kenntnis von der Erbschaftsannahme erlangt hat. Der verspätet gestellte Gläubigerantrag ist vom Insolvenzgericht als unzulässig abzuweisen. 2

§ 320 Eröffnungsgründe

¹Gründe für die Eröffnung des Insolvenzverfahrens über einen Nachlaß sind die Zahlungsunfähigkeit und die Überschuldung. ²Beantragt der Erbe, der Nachlaßverwalter oder ein anderer Nachlaßpfleger oder ein Testamentsvollstrecker die Eröffnung des Verfahrens, so ist auch die drohende Zahlungsunfähigkeit Eröffnungsgrund.

1. Begründetheit des Insolvenzantrags. Die Vorschrift stellt klar, dass für den Nachlassinsolvenzantrag dieselben Eröffnungsgründe wie im allgemeinen Insolvenzverfahren gelten (§§ 16 ff. InsO). Nur ein Eigenantrag kann auf das Vorliegen einer drohenden Zahlungsunfähigkeit iSd § 18 InsO **(Satz 2)** gestützt werden. Im Übrigen setzen die Eröffnungsanträge das Vorliegen der Zahlungsunfähigkeit iSd § 17 InsO oder der Überschuldung des Nachlasses iSd § 19 InsO voraus **(Satz 1),** bei deren Vorliegen für den Erben eine **Insolvenzantragspflicht** bestehen kann (→ § 317 Rn. 4). 1

2. Feststellung der Eröffnungsgründe. Das Vorliegen eines Eröffnungsgrundes hinsichtlich des Nachlasses hat das Insolvenzgericht im Antragsverfahren von Amts wegen in der Regel durch Einholung eines **Sachverständigengutachtens** festzustellen. Der maßgebliche Zeitpunkt, auf den bei der Feststellung der Eröffnungsgründe abzustellen ist, ist derjenige der voraussichtlichen Verfahrenseröffnung (BGH NJW 2006, 3553 Rn. 8 ff.). Der Sachverständige wird in der Regel zugleich mit der Prüfung beauftragt, ob die Insolvenzmasse zur Deckung der Verfahrenskosten ausreicht und oder der Insolvenzantrag 2 daher mangels Masse zurückzuweisen ist (→ Vorbemerkung Rn. 22). Liegen keine Insolvenzgründe vor, erfolgt die Abweisung des Antrags als unbegründet. Fällt der Eröffnungsgrund später weg, so kann das Insolvenzverfahren auf Antrag eingestellt werden (§ 212 InsO).

3   **3. Allgemeine Eröffnungsgründe (Satz 1).** Das Nachlassinsolvenzverfahren wird eröffnet, wenn der Nachlass überschuldet oder zahlungsunfähig ist. Diese beiden Arten der Vermögensunzulänglichkeit unterscheiden sich darin, dass bei der Zahlungsunfähigkeit nur *liquides* Vermögen und *fällige* Verbindlichkeiten, bei der Überschuldung hingegen das gesamte Vermögen und die gesamten Verbindlichkeiten betrachtet werden. Während bei der Feststellung der Zahlungsunfähigkeit eines Nachlasses ohne Einschränkungen auf die zu § 17 InsO ergangene Rechtsprechung zugegriffen werden kann, sind bei der Feststellung der Überschuldung eines Nachlasses gemäß § 19 InsO Besonderheiten zu beachten.

4   a) **Zahlungsunfähigkeit.** Sie wird durch den Vergleich der verfügbaren Zahlungsmittel und der fälligen Verbindlichkeiten in zwei Schritten festgestellt: Im ersten Schritt ist stichtagsbezogen zu prüfen, ob die fälligen Verbindlichkeiten die liquiden Mittel übersteigen (*Finanz-* bzw. *Liquiditätsstatus*); im zweiten Schritt ist in einem *Finanz-* bzw. *Liquiditätsplan* zu prognostizieren, ob eine etwa bestehende Unterdeckung innerhalb der drei Wochen, die auf den Stichtag folgen, wieder ausgeglichen wird (grundlegend BGH NJW 2005, 3062). In die Prognose sind die in drei Wochen zu erwartenden Zuflüsse an liquiden Mitteln sowie die in den drei Wochen fällig werdenden Verbindlichkeiten einzubeziehen (BGH NJW 2018, 1089 Rn. 31 ff.). Bei geringfügigen Liquiditätslücken greift eine Vermutung zu Gunsten der Zahlungsfähigkeit, wobei nach der Rechtsprechung eine Unterdeckung von unter 10 % der fälligen Verbindlichkeiten als geringfügig anzusehen ist. Bei größeren Liquiditätslücken ist regelmäßig von Zahlungsunfähigkeit auszugehen und es sind strengere Anforderungen an die Prognose zu stellen, dass der Mangel an liquiden Mitteln im Prognosezeitraum ausgeglichen werden könnten (BGH NJW 2005, 2063, unter II. 4. b). Zu den am Stichtag zu berücksichtigenden **Zahlungsmitteln** gehören neben Bar- und Buchgeld auch die abrufbaren Kreditmittel; im Liquiditätsplan können zudem die innerhalb des Prognosezeitraums realisierbaren Zahlungszuflüsse berücksichtigt werden. Zu den anzusetzenden am Stichtag oder während des Prognosezeitraums **fälligen Verbindlichkeiten** gehören alle zivilrechtlich fälligen Forderungen von Gläubigern, wobei eine Forderung insolvenzrechtlich schon dann als gestundet und nicht fällig anzusehen ist, wenn sich der Gläubiger rein tatsächlich mit einer späteren Bezahlung einverstanden gibt (BGH NJW 2009, 2600 Rn. 22 ff.).

5   b) **Vermutung der Zahlungsunfähigkeit bei Zahlungseinstellung (§ 17 II 2 InsO).** Zahlungseinstellung ist dasjenige nach außen hervortretende Verhalten des Schuldners, in dem sich typischerweise ausdrückt, dass er nicht in der Lage ist, seine fälligen Zahlungspflichten zu erfüllen; sie kann nach der Rechtsprechung aus darauf hindeutenden **Indizien** gefolgert werden (BGH NJW 2013, 940 Rn. 20 ff.; BGH NZI 2013, 932 Rn. 9 ff.). Der Begriff der Zahlungseinstellung ist missverständlich, denn er setzt nicht die Einstellung aller Zahlungen voraus, sondern kann bereits dann vorliegen, wenn ein Gläubiger über einen Zeitraum von mehreren Monaten seine fällige Forderung erfolglos eingefordert hat (BGH NJW 2016, 1168 Rn. 13 ff.).

6   c) **Überschuldung.** Der Nachlass ist überschuldet, wenn die Nachlassverbindlichkeiten das Nachlassvermögen übersteigen (§ 19 II 1 Hs. 1 InsO). Dies erfolgt durch den Ansatz und der Bewertung aller Vermögensgegenstände (zu Zerschlagungswerten, siehe Uhlenbruck/*Lüer* Rn. 3 mwN) und aller Verbindlichkeiten des Nachlasses im *Überschuldungsstatus*. Nach zutreffender Ansicht (K. Schmidt/*K. Schmidt* § 320 InsO Rn. 4) ist die Überschuldung des Nachlasses nur nach dem Vermögensvergleich und **ohne Rücksicht auf eine Fortführungsprognose** zu ermitteln. Folglich ist § 19 II 1 Hs. 2 InsO, weil auf werbende Unternehmen zugeschnitten, auf einen Nachlass nicht anzuwenden (K. Schmidt/*K. Schmidt* § 320 InsO Rn. 4). Befindet sich im Nachlass ein Unternehmen, ist die Bewertung des Unternehmens nach Fortführungswerten vorzunehmen, wenn die Fortführung den Umständen nach überwiegend wahrscheinlich ist; andernfalls ist das Unternehmen nach Zerschlagungswerten zu bewerten (§ 19 II InsO in der bis zum 31.10.2008 geltenden Fassung).

7   **4. Drohende Zahlungsunfähigkeit als Insolvenzgrund beim Eigenantrag (Satz 2).** Dieser Eröffnungsgrund erfasst den Fall, dass noch keine Zahlungsunfähigkeit besteht, eine solche aber mit überwiegender Wahrscheinlichkeit eintritt (§ 18 II InsO). Abzustellen ist gemäß § 18 II InsO auf die bereits bestehenden Verbindlichkeiten im Zeitpunkt ihrer Fälligkeit. Zu berücksichtigen ist die gesamte Entwicklung der Finanzlage des Nachlasses bis zur Fälligkeit aller bereits bestehenden Verbindlichkeiten. Ist in diesem Zeitraum der Eintritt der Zahlungsunfähigkeit wahrscheinlicher als ihre Vermeidung, so liegt drohende Zahlungsunfähigkeit vor (vgl. Begr. RegE InsO, BT-Drs. 12/2443, 115). Als künftig fällig werdende Verbindlichkeiten sind nicht nur die bereits bestehenden, aber noch nicht fälligen Verbindlichkeiten anzusetzen, sondern auch Verbindlichkeiten, die im Prognosezeitraum überwiegend wahrscheinlich fällig werden (BGH NZI 2014, 259 Rn. 10).

§ 321 Zwangsvollstreckung nach Erbfall

Maßnahmen der Zwangsvollstreckung in den Nachlaß, die nach dem Eintritt des Erbfalls erfolgt sind, gewähren kein Recht zur abgesonderten Befriedigung.

1. Erfasste Vollstreckungsmaßnahmen. Ein Recht auf abgesonderte Befriedigung (→ Vorbemerkung Rn. 12) kann ein Gläubiger erlangen, wenn er im Wege der Zwangsvollstreckung ein **Sicherungsrecht** an einer zum Nachlass gehörenden Sache erwirkt (Pfändungspfandrecht, §§ 804 ff. ZPO; Arrestpfandrecht, §§ 930 ff. ZPO; Eintragung einer Zwangshypothek, § 867 ZPO; Beschlagnahme des Grundstücks gemäß § 20 ZVG oder § 148 ZVG). Arrest und einstweilige Verfügung gehören nach der Terminologie der Vorschrift zu den erfassen Vollstreckungsmaßnahmen (vgl. Begr. RegE InsO, BT-Drs. 12/2443, 231).

2. Erfasste Gläubiger. Die Vorschrift erfasst nicht nur Nachlassgläubiger, sondern auch Gläubiger des Erben und stellt klar, dass Gläubiger des Erben infolge einer Zwangsvollstreckung in den Nachlass auch nicht als Absonderungsberechtigte an **Nachlassinsolvenzverfahren** teilnehmen können. Auf Nachlassinsolvenzgläubiger sind die Zwangsvollstreckungsbeschränkungen gemäß §§ 88, 89 neben § 321 InsO anwendbar.

3. Rechtsfolge. Ist die Vollstreckungsmaßnahme in der Zeit seit dem Erbfall erfolgt, so entfällt das Recht auf abgesonderte Befriedigung mit der Eröffnung des Nachlassinsolvenzverfahrens. Der Nachlassgläubiger verliert das Recht auf abgesonderte Befriedigung und kann seine Rechte nur noch als Insolvenzgläubiger geltend machen. Besteht das Sicherungsrecht des Gläubigers bei der Eröffnung des Nachlassinsolvenzverfahrens nicht mehr, weil er durch eine Vollstreckungsmaßnahme in der Zeit zwischen Erbfall und Verfahrenseröffnung **befriedigt** worden ist, so regelt § 321 diesen Fall nicht. Es ist zu differenzieren: Gegen Nachlassgläubiger werden hiergegen Ansprüche aus Insolvenzanfechtung in Betracht kommen (→ Vorbemerkung Rn. 20). Gegen befriedigte Gläubiger des Erben besteht nach überzeugender, aber bestrittener Ansicht ein Bereicherungsanspruch der Insolvenzmasse auf Rückgewähr des Erlangten (mwN Uhlenbruck/*Lüer* Rn. 2).

§ 322 Anfechtbare Rechtshandlungen des Erben

Hat der Erbe vor der Eröffnung des Insolvenzverfahrens aus dem Nachlaß Pflichtteilsansprüche, Vermächtnisse oder Auflagen erfüllt, so ist diese Rechtshandlung in gleicher Weise anfechtbar wie eine unentgeltliche Leistung des Erben.

1. Ausdehnung des Tatbestands der Schenkungsanfechtung. Mit der Regelung des § 322 InsO soll der Nachlass so weit wie möglich in dem Zustand wiederhergestellt werden, der zur Zeit des Erbfalls bestand (vgl. Begr. RegE InsO, BT-Drs. 12/2443, 231). Es ist gerechtfertigt, die Erfüllung der in § 322 InsO genannten Verbindlichkeiten wie **unentgeltliche Leistungen** im Sinne des Anfechtungstatbestands **gemäß § 134 I InsO** zu behandeln, denn sowohl nach materiellem Erbrecht (§ 1991 IV BGB) als auch im Nachlassinsolvenzverfahren (§ 327 I InsO) sind Pflichtteilsansprüche, Vermächtnisse oder Auflagen im letzten Rang und erst zu befriedigen, wenn alle Nachlassverbindlichkeiten erfüllt sind.

2. Erfasste Rechtshandlungen. Unter § 322 InsO fallen nicht nur Erfüllungshandlungen, sondern auch Rechtshandlungen, die dem Empfänger eine Sicherung gewährten. Urheber der Rechtshandlung muss der **Erbe** sein, was dann nicht gegeben ist, wenn die Befriedigung oder Sicherung des Gläubigers im Rahmen einer Vollstreckungsmaßnahme und ohne wesentlichen Beitrag des Erben zum Vollstreckungserfolg erfolgt ist (BGH ZIP 2017, 1281 Rn. 14 ff. zu § 133 InsO). Es gilt die vierjährige Anfechtungsfrist gemäß § 134 I Hs. 2 InsO).

3. Verweis auf das Recht der Insolvenanzfechtung. Dazu → Vorbemerkung Rn. 19 ff. Liegen die Voraussetzungen des §§ 322, 134 I InsO vor, so ist der Empfänger der Leistung gemäß § 143 I 1 InsO zur Rückgewähr an die Insolvenzmasse verpflichtet, es sei denn der Empfänger ist gemäß § 143 II InsO gutgläubig entreichert. Gewährt der Empfänger die Leistung an die Insolvenzmasse zurück, lebt sein nachrangiger Anspruch wieder auf (§§ 144 I, 327 I Nr. 1, Nr. 2 InsO).

§ 323 Aufwendungen des Erben

Dem Erben steht wegen der Aufwendungen, die ihm nach den §§ 1978, 1979 des Bürgerlichen Gesetzbuchs aus dem Nachlaß zu ersetzen sind, ein Zurückbehaltungsrecht nicht zu.

1. Ausschluss des Zurückbehaltungsrechts. Obwohl der Erbe wegen der Ansprüche gemäß §§ 1978, 1979 BGB Massegläubiger ist (§ 324 I Nr. 1 InsO), kann er sich gemäß § 323 InsO gegen Forderungen der Insolvenzmasse – insbesondere gegen Ansprüchen der Masse auf Herausgabe der Nachlassgegenstände – nicht auf ein Zurückbehaltungsrecht berufen, sondern ist zur Vorleistung verpflichtet.

2. Kein Ausschluss der Aufrechnung. Sind die gegenseitigen Forderungen gleichartig, weil auf die Zahlung von Geld gerichtet, so bleibt der Erbe zur Aufrechnung berechtigt. § 323 InsO schränkt das Recht des Erben zur Aufrechnung nicht ein. Indem der Erbe mit seinen Aufwendungsersatzansprüchen Massegläubiger ist (§ 324 I Nr. 1 InsO), treffen ihn die nur gegen Insolvenzgläubiger greifenden Aufrechnungsbeschränkungen der §§ 94 ff. InsO nicht (zum Aufrechnungsverbot bei Masseunzulänglichkeit → Vorbemerkung Rn. 28).

§ 324 Masseverbindlichkeiten

(1) Masseverbindlichkeiten sind außer den in den §§ 54, 55 bezeichneten Verbindlichkeiten:
1. die Aufwendungen, die dem Erben nach den §§ 1978, 1979 des Bürgerlichen Gesetzbuchs aus dem Nachlaß zu ersetzen sind;
2. die Kosten der Beerdigung des Erblassers;
3. die im Falle der Todeserklärung des Erblassers dem Nachlaß zur Last fallenden Kosten des Verfahrens;
4. die Kosten der Eröffnung einer Verfügung des Erblassers von Todes wegen, der gerichtlichen Sicherung des Nachlasses, einer Nachlaßpflegschaft, des Aufgebots der Nachlaßgläubiger und der Inventarerrichtung;
5. die Verbindlichkeiten aus den von einem Nachlaßpfleger oder einem Testamentsvollstrecker vorgenommenen Rechtsgeschäften;
6. die Verbindlichkeiten, die für den Erben gegenüber einem Nachlaßpfleger, einem Testamentsvollstrecker oder einem Erben, der die Erbschaft ausgeschlagen hat, aus der Geschäftsführung dieser Personen entstanden sind, soweit die Nachlaßgläubiger verpflichtet wären, wenn die bezeichneten Personen die Geschäfte für sie zu besorgen gehabt hätten.

(2) Im Falle der Masseunzulänglichkeit haben die in Abs. 1 bezeichneten Verbindlichkeiten den Rang des § 209 Abs. 1 Nr. 3.

1 **1. Erweiterung des Kreises der sonstigen Masseverbindlichkeiten.** Die in Abs. 1 aufgeführten Forderungen wären grundsätzlich als gemäß § 38 InsO vor der Eröffnung des Insolvenzverfahrens entstandene Forderungen im Nachlassinsolvenzverfahren als bloße Insolvenzforderungen zu berücksichtigen. Davon nimmt § 324 InsO bestimmte Ansprüche aus und erhebt sie in den Rang von Masseverbindlichkeiten. Die Ansprüche gemäß § 324 InsO sind daher im Fall der Eröffnung des Nachlassinsolvenzverfahrens vorrangig aus der Insolvenzmasse zu befriedigen (näher → Vorbemerkung Rn. 13, dort auch zur Privilegierung der Masseinsgläubiger bei Anfechtung und Aufrechnung). Mit der Privilegierung will das Gesetz berücksichtigen, dass bestimmte Kosten der ordnungsgemäßen Verwaltung des Nachlasses, die zu Gunsten der Nachlassgläubiger eingegangen worden sind, nicht lediglich mit der Insolvenzquote befriedigt werden (vgl. Begr. RegE InsO, BT-Drs. 12/2443, 231).

2 **2. Zu den einzelnen Forderungen. a) Aufwendungsersatz.** Zu den Aufwendungsersatzansprüchen des Erben gemäß §§ 1978, 1979 BGB (**Abs. 1 Nr. 1**) (→ § 1978 BGB Rn. 1 ff., → § 1979 BGB Rn. 1 ff.).

3 **b) Beerdigungskosten.** Die in **Abs. 1 Nr. 2** genannten Beerdigungskosten entsprechen der Regelung des § 1968 BGB.

4 **c) Kosten der Todeserklärung.** Die Kosten der Todeserklärung (**Abs. 1 Nr. 3**) sind gemäß § 34 II VerschG dem Nachlass aufzuerlegen. Zur Höhe der Kosten siehe Nr. 15210 GNotKG-KV.

5 **d) Privilegierte Kosten nach Abs. 1 Nr. 4.** Die gemäß **Abs. 1 Nr. 4** privilegierten Kosten der Verwaltung des Nachlasses bis zur Eröffnung des Insolvenzverfahrens erfassen die Kosten der Eröffnung einer Verfügung von Todes (§ 348 FamFG; § 24 Nr. 1 GNotKG; Nr. 12101 GNotKG-KV) und die Kosten gerichtlicher Sicherungsmaßnahmen des Nachlasses (§ 1960 II BGB; § 24 Nr. 2 GNotKG; Nr. 12310 ff. GNotKG-KV). Erfasst sind weiter die Vergütung des Nachlasspflegers (BGH FamRZ 2006, 411 Rn. 5; § 1915 I 1 BGB mit §§ 1835 f. BGB) sowie die Vergütung des Nachlassverwalters (§ 1987 BGB; die Nachlassverwaltung ist gemäß § 1975 BGB ein Unterfall der Nachlasspflegschaft). Schließlich sind noch die Kosten des Aufgebotsverfahrens (§§ 454 ff. FamFG; § 22 I GNotKG; Nr. 15212 GNotKG-KV) sowie der Inventarerrichtung (§§ 1993 ff. BGB; § 24 Nr. 4 GNotKG; Nr. 12410 ff. GNotKG-KV) als Masseverbindlichkeiten zu berichten.

6 **e) Verbindlichkeiten nach Abs. 1 Nr. 5.** Die Verbindlichkeiten aus vom Nachlasspfleger (auch des Nachlassverwalters, siehe § 1975 BGB) oder Testamentsvollstrecker vorgenommenen Rechtsgeschäften sind gemäß **Abs. 1 Nr. 5** aus dem Nachlass zu berichten. Dieser Tatbestand ist extensiv auszulegen und greift bei allen Arten von Verbindlichkeiten, die vom Nachlasspfleger oder Testamentsvollstrecker im Rahmen einer ordnungsgemäßen Verwaltung des Nachlasses begründet worden sind (auch bei ungerechtfertigter Bereicherung des Nachlasses, BGH NJW 1985, 2596 unter 4.). Die Vorschrift setzt eine Separation des Nachlasses voraus und ist daher nicht auf die von dem Erben begründeten Verbindlichkeiten im Rahmen seiner ordnungsgemäßen Verwaltung des Nachlasses anzuwenden (MüKoInsO/*Siegmann* Rn. 11). Abs. 1 Nr. 5 ist nach richtiger Ansicht auf die Vergütung des amtlich bestellten Kanzleiabwicklers analog anzuwenden (OLG Rostock ZIP 2004, 1857 unter II. 3.; OLG Köln NZI 2009, 851 unter II. 1. a); K. Schmidt/*K. Schmidt* § 324 Rn. 8).

7 **f) Verbindlichkeiten nach Abs. 1 Nr. 6.** Mit den **Abs. 1 Nr. 6** genannten „Verbindlichkeiten aus der Geschäftsführung" meint das Gesetz solche aus einer Geschäftsführung ohne Auftrag (§§ 670, 677 BGB) im Verhältnis zu den Nachlassgläubigern. Vorausgesetzt ist für die Erhebung des Anspruchs in den Rang einer Masseforderung, dass die Geschäftsführung dem Interesse der Nachlassgläubiger und ihrem mutmaßlichen Willen entsprach (§ 683 BGB).

8 **3. Masseunzulänglichkeit (Abs. 2).** Im Fall der Masseunzulänglichkeit sind die Forderungen gemäß Abs. 1 Nr. 1 bis Nr. 6 Altmasseverbindlichkeiten iSd § 209 I Nr. 3 InsO, die erst nach allen übrigen Mas-

severbindlichkeiten berichtigt werden dürfen und die dem Vollstreckungsverbot gemäß § 210 InsO unterfallen. Zur Masseunzulänglichkeit → Vorbemerkung Rn. 28.

§ 325 Nachlaßverbindlichkeiten

Im Insolvenzverfahren über einen Nachlaß können nur die Nachlaßverbindlichkeiten geltend gemacht werden.

1. Ausschluss der Gläubiger des Erben. Die Vorschrift stellt klar, dass im Nachlassinsolvenzverfahren die Gläubiger des Erben keine Befriedigung aus der Insolvenzmasse erhalten (BGH NJW 2014, 389 Rn. 18). § 325 InsO knüpft an den Begriff der Nachlassverbindlichkeiten gemäß § 1967 BGB an. Folglich können im Verfahren insbesondere die Nachlasserbenschulden, da sie (auch) Nachlassverbindlichkeiten sind, geltend gemacht werden (vgl. Begr. RegE InsO, BT-Drs. 12/2443, 232; BGH NJW 1969, 959 unter II. 2.). 1

2. Keine Regelung zur Haftung des Erben für Nachlassverbindlichkeiten. Ob die Nachlassgläubiger zusätzlich auf das Vermögen des Erben zugreifen können, regelt § 325 InsO nicht, weil das Erbenvermögen nicht zur Insolvenzmasse des Nachlassinsolvenzverfahrens gehört (→ Vorbemerkung Rn. 17). Eine Haftung des Erben den Nachlassgläubigern gegenüber nach Eröffnung des Nachlassinsolvenzverfahrens bestimmt sich nach dem materiellen Erbrecht des BGB. 2

3. Geltendmachung der Nachlassverbindlichkeiten im Insolvenzverfahren. Wie die Nachlassverbindlichkeiten im Verfahren geltend zu machen sind, regelt § 325 InsO ebenfalls nicht. Für die Klassifizierung des insolvenzrechtlichen Rangs der jeweiligen Forderungen als Masseforderung oder Insolvenzforderung → Vorbemerkung Rn. 10ff. sowie §§ 324, 327 InsO. Sind Insolvenzverfahren sowohl über den Nachlass als auch über das Vermögen des Erben eröffnet, so greift § 331 I InsO. 3

§ 326 Ansprüche des Erben

(1) Der Erbe kann die ihm gegen den Erblasser zustehenden Ansprüche geltend machen.

(2) Hat der Erbe eine Nachlaßverbindlichkeit erfüllt, so tritt er, soweit nicht die Erfüllung nach § 1979 des Bürgerlichen Gesetzbuchs als für Rechnung des Nachlasses erfolgt gilt, an die Stelle des Gläubigers, es sei denn, daß er für die Nachlaßverbindlichkeiten unbeschränkt haftet.

(3) Haftet der Erbe einem einzelnen Gläubiger gegenüber unbeschränkt, so kann er dessen Forderung für den Fall geltend machen, daß der Gläubiger sie nicht geltend macht.

1. Der Erbe als Nachlassgläubiger. Die Vorschrift steht im Zusammenhang mit dem Wegfall von Konfusion und Konsolidation nach der Separation des Nachlasses gemäß § 1976 BGB und stellt die Fälle klar, in denen der Erbe in die Rolle eines Nachlassgläubigers treten kann. 1

2. Originäre Nachlassverbindlichkeiten (Abs. 1). Die Rechtsfolge, dass der Erbe seine gegen den Erblasser begründeten Forderungen geltend machen kann, versteht sich in Anbetracht des § 1976 BGB von selbst. 2

3. Legalzession (Abs. 2). Nach dieser Regelung erwirbt der Erbe die Forderung des befriedigten Nachlassgläubigers im Wege eines gesetzlichen Forderungsübergangs. Der Forderungsübergang setzt voraus, dass der Erbe sich nicht auf § 1979 BGB berufen kann und nicht für die Nachlassverbindlichkeiten unbeschränkt haftet. Nach zutreffender Ansicht (Uhlenbruck/*Lüer* Rn. 4 mwN) spielt es für den Forderungsübergang gemäß Abs. 2 keine Rolle, ob der Erbe die Befriedigung aus Eigenmitteln oder aus Nachlassmitteln bewirkt hat. 3

4. Bedingte Geltendmachung einer Nachlassforderung (Abs. 3). Die Regelung betrifft den Fall, dass der Erbe nur einem einzelnen Gläubiger gegenüber haftet (vgl. § 2006 III 1 BGB, § 780 ZPO). Der Erbe ist zur Anmeldung der Gläubigerforderung zur Insolvenztabelle berechtigt; die Forderung ist entsprechend § 191 InsO bis zur Schlussverteilung als aufschiebend bedingt zu behandeln (Uhlenbruck/*Lüer* Rn. 5 mwN). 4

§ 327 Nachrangige Verbindlichkeiten

(1) Im Rang nach den in § 39 bezeichneten Verbindlichkeiten und in folgender Rangfolge, bei gleichem Rang nach dem Verhältnis ihrer Beträge, werden erfüllt:
1. die Verbindlichkeiten gegenüber Pflichtteilsberechtigten;
2. die Verbindlichkeiten aus den vom Erblasser angeordneten Vermächtnissen und Auflagen;

(2) ¹Ein Vermächtnis, durch welches das Recht des Bedachten auf den Pflichtteil nach § 2307 des Bürgerlichen Gesetzbuchs ausgeschlossen wird, steht, soweit es den Pflichtteil nicht übersteigt, im Rang den Pflichtteilsrechten gleich. ²Hat der Erblasser durch Verfügung von Todes wegen angeordnet, daß ein Vermächtnis oder eine Auflage vor einem anderen Vermächtnis oder einer anderen Auflage erfüllt werden soll, so hat das Vermächtnis oder die Auflage den Vorrang.

(3) ¹Eine Verbindlichkeit, deren Gläubiger im Wege des Aufgebotsverfahrens ausgeschlossen ist oder nach § 1974 des Bürgerlichen Gesetzbuchs einem ausgeschlossenen Gläubiger gleichsteht, wird erst nach den in § 39 bezeichneten Verbindlichkeiten und, soweit sie zu den in Abs. 1 bezeichneten Verbindlichkeiten gehört, erst nach den Verbindlichkeiten erfüllt, mit denen sie ohne die Beschränkung gleichen Rang hätte. ²Im übrigen wird durch die Beschränkungen an der Rangordnung nichts geändert.

1. Nachrangige Nachlassinsolvenzforderungen. Die Vorschrift bestimmt ergänzend zu § 39 InsO für besondere Insolvenzforderungen den Nachrang im Insolvenzverfahren. Zu der Stellung der nachrangigen Insolvenzgläubiger im Verfahren → Vorbemerkung Rn. 14. Die Forderungen gemäß § 327 InsO stehen im Rang hinter allen in § 39 InsO geregelten Forderungen, insbesondere hinter Forderungen auf unentgeltliche Leistungen des Erblassers (§ 39 I Nr. 4 InsO; siehe aber § 520 BGB) und hinter Forderungen, für die der Gläubiger einen Rangrücktritt erklärt hat (§ 39 II InsO).

2. Letztrang von Forderungen der Pflichtteilsberechtigten und aus Vermächtnissen und Auflagen (Abs. 1, Abs. 2). Gemäß Abs. 1 gilt für die Verbindlichkeiten gegenüber Pflichtteilsberechtigten und aus Vermächtnissen (auch Voraus und Dreißigster, siehe §§ 1932 II, 1969 II BGB) und Auflagen, dass solche Nachlassinsolvenzforderungen im Insolvenzverfahren **nachrangig und letztrangig** sind. Sie sind hinter alle anderen Nachlassverbindlichkeiten zurückgestuft und stehen nur noch vor dem Anspruch des Erben auf Herausgabe eines Überschusses (§ 199 I InsO). Die Forderungen der Pflichtteilsberechtigten **(Abs. 1 Nr. 1)** gehen den Verbindlichkeiten aus Vermächtnissen und Auflagen **(Abs. 1 Nr. 2)** vor. Ist ein Pflichtteilsberechtigter mit einem Vermächtnis bedacht, so behält seine Forderung den Rang, selbst wenn sein Pflichtteil gemäß § 2307 I BGB ausgeschlossen ist **(Abs. 2 Satz 1)**. Nur hinsichtlich Verbindlichkeiten aus Vermächtnissen und Auflagen kann der Erblasser über den Rang durch Verfügung von Todes wegen disponieren **(Abs. 2 Satz 2)**.

3. Nachrang ausgeschlossener Gläubiger (Abs. 3). Die Vorschrift knüpft an §§ 1970 ff. BGB an und ist die insolvenzverfahrensrechtliche Parallelregelung zur Rangfolge gemäß § 1973 BGB. Die durch Aufgebot ausgeschlossenen Gläubiger sind als nachrangige Insolvenzgläubiger nach den Nachlassinsolvenzgläubigern nach §§ 38, 39, aber noch **vor den Verbindlichkeiten des Abs. 1** zu befriedigen (MüKoInsO/*Siegmann* Rn. 4). Gemäß Abs. 3 Hs. 2 gilt dies nicht für ausgeschlossene Forderungen iSd Abs. 1; solche Forderungen gehen den Forderungen gemäß Abs. 1 im Rang nach.

§ 328 Zurückgewährte Gegenstände

(1) Was infolge der Anfechtung einer vom Erblasser oder ihm gegenüber vorgenommenen Rechtshandlung zur Insolvenzmasse zurückgewährt wird, darf nicht zur Erfüllung der in § 327 Abs. 1 bezeichneten Verbindlichkeiten verwendet werden.

(2) Was der Erbe auf Grund der §§ 1978 bis 1980 des Bürgerlichen Gesetzbuchs zur Masse zu ersetzen hat, kann von den Gläubigern, die im Wege des Aufgebotsverfahrens ausgeschlossen sind oder nach § 1974 des Bürgerlichen Gesetzbuchs einem ausgeschlossenen Gläubiger gleichstehen, nur insoweit beansprucht werden, als der Erbe auch nach den Vorschriften über die Herausgabe einer ungerechtfertigten Bereicherung ersatzpflichtig wäre.

1. Rückgewähr anfechtbar weggegebenen Vermögens zur Insolvenzmasse (Abs. 1). Die Regelung greift nur bei **Rechtshandlungen zu Lebzeiten des Erblassers**; bei Rechtshandlungen des Erben greift stattdessen § 322 InsO. Die Regelung setzt voraus, dass in dem Insovenzverfahren Verteilungen an die letztrangigen Gläubiger iSd § 327 I InsO überhaupt vorgesehen sind. Das kommt grundsätzlich nur dann in Betracht, wenn ein Überschuss in der Insolvenzmasse **nach vollständiger Befriedigung der Insolvenzgläubiger gemäß §§ 38, 39 InsO** verbleibt. Dem hat eine Aufforderung des Insolvenzgerichts gemäß § 174 III InsO an die nachrangigen Gläubiger und eine Feststellung der angemeldeten Forderungen zur Insolvenztabelle vorauszugehen. Liegen diese Voraussetzungen vor, so kann sich der Anfechtungsgegner allerdings schon auf Tatbestandsebene gegen einen Anfechtungsanspruch wehren. Denn der Insolvenzverwalter kann gegen einen Insolvenzgläubiger insoweit keine Anfechtungsansprüche geltend machen kann, als die Insolvenzmasse zur Befriedigung der zum Anfechtungsgegner vor- und gleichrangigen Insolvenzgläubiger ausreicht; **ein Insolvenzanfechtungsanspruch ist wegen fehlender Gläubigerbenachteiligung** iSd § 129 I InsO **ausgeschlossen** (BGH NZI 2013, 399 Rn. 3). Der in Abs. 1 vorausgesetzte Fall, dass Anfechtungserlöse an Gläubiger iSd § 327 I InsO zur Verteilung anstehen, wird daher nur in Fällen relevant werden, wenn im Insolvenzverfahren Forderungen gemäß § 327 I InsO offen stehen und der Anfechtungsgegner denselben Rang oder einen Nachrang diesen Forderungen gegenüber hat. In diesem Fall verbleibt ein selbständiger Anwendungsbereich des Abs. 1, dass der Anfechtungsgegner statt der Verteilung des Anfechtungsguts an die in § 327 I InsO genannten Personen die Rückgewähr seiner Leistung aus der Masse verlangen kann (K. Schmidt/*K. Schmidt* § 328 Rn. 5).

2. Leistung von Schadensersatz durch den Erben (Abs. 2). Diese Regelung gelangt nur zur Anwendung, wenn es zur Vollbefriedigung der Insolvenzgläubiger iSd §§ 38, 39 InsO gekommen ist und eine Verteilung an die Gläubiger im Rang des **§ 327 III InsO** ansteht. Für diesen Fall wird die Ersatzpflicht des Erben auf die bei ihm vorhandene Bereicherung begrenzt (vgl. § 1973 II 1 BGB). Dies gilt indes nur für den beschränkt haftenden Erben, der sich auf die §§ 1978 ff. BGB berufen kann. Dies kann der unbeschränkt haftende Erbe nicht (§ 2013 I 1 BGB). Daraus folgt, dass § 328 II InsO für den unbeschränkt haftenden Erben nicht mehr greift.

§ 329 Nacherbfolge

Die §§ 323, 324 Abs. 1 Nr. 1 und § 326 Abs. 2, 3 gelten für den Vorerben auch nach dem Eintritt der Nacherbfolge.

1. Verfahrensrechtliche Stellung des Vor- und Nacherben. Die Vorschrift bestimmt, dass der Vorerbe, der gemäß § 2139 BGB mit Eintritt der Nacherbfolge nicht mehr Erbe ist, im Nachlassinsolvenzverfahren weiterhin als „Erbe" im Sinne der §§ 323, 324 I Nr. 1 und § 326 II, III InsO anzusehen ist und seine diesbezüglichen Ansprüche daher auch nicht verliert. Im Übrigen bleibt es bei dem Grundsatz, dass die verfahrensrechtliche Stellung des Erben als Schuldner des Verfahrens denjenigen trifft, der nach materiellem Recht Erbe ist, mithin den Nacherben. Er tritt verfahrensrechtlich an die Stelle des Vorerben als Schuldner (→ Vorbemerkung Rn. 8). 1

2. Fortführung des Insolvenzverfahrens. Abgesehen vom Austausch der Person des Schuldners wird das Nachlassinsolvenzverfahren fortgeführt. 2

§ 330 Erbschaftskauf

(1) Hat der Erbe die Erbschaft verkauft, so tritt für das Insolvenzverfahren der Käufer an seine Stelle.

(2) Der Erbe ist wegen einer Nachlaßverbindlichkeit, die im Verhältnis zwischen ihm und dem Käufer diesem zur Last fällt, wie ein Nachlaßgläubiger zum Antrag auf Eröffnung des Verfahrens berechtigt. Das gleiche Recht steht ihm auch wegen einer anderen Nachlaßverbindlichkeit zu, es sei denn, daß er unbeschränkt haftet oder daß eine Nachlaßverwaltung angeordnet ist. Die §§ 323, 324 Abs. 1 Nr. 1 und § 326 gelten für den Erben auch nach dem Verkauf der Erbschaft.

(3) Die Absätze 1 und 2 gelten entsprechend für den Fall, daß jemand eine durch Vertrag erworbene Erbschaft verkauft oder sich in sonstiger Weise zur Veräußerung einer ihm angefallenen oder anderweitig von ihm erworbenen Erbschaft verpflichtet hat.

1. Verfahrensrechtliche Stellung des Käufers (Abs. 1). Die Vorschrift setzt einen Erbschaftskauf gemäß §§ 2371 ff. BGB voraus oder dem vergleichbare Veräußerungsgeschäfte (Verkauf eines Teiles der Alleinerbschaft, Verkauf eines Miterbenanteils oder Verkauf eines Teiles des Miterbenanteils, näher MüKoInsO/*Siegmann* Rn. 2) und knüpft an die damit einhergehende **Haftung des Käufers für die Nachlassverbindlichkeiten** (§§ 2382 f. BGB) an. Deswegen bestimmt Abs. 1, dass der Käufer im Nachlassinsolvenzverfahren verfahrensrechtlich an die Stelle des Erbens tritt. Zur Beteiligtenstellung des Erben im Verfahren → Vorbemerkung Rn 8. Unberührt bleibt die Stellung des Verkäufers als Erbe im Sinne des materiellen Erbrechts. 1

2. Verfahrensrechtliche Stellung des Erben (Abs. 2). Die Vorschrift schließt an Abs. 1 an und stellt klar, dass der verkaufende Erbe trotz Verlusts der verfahrensrechtlichen Erbenstellung zwar nicht mehr als Erbe, wohl aber **als Nachlassgläubiger** am Verfahren teilnehmen kann. Insbesondere verbleiben ihm auch nach dem Erbschaftsverkauf gemäß **Abs. 2 Satz 3** die dort genannten Ansprüche gemäß §§ 323, 324 I Nr. 1 und 326 InsO. In dieser Eigenschaft als Nachlassgläubiger ist der Erbe auch gemäß **Abs. 2 Satz 1, Satz 2** insolvenzantragsberechtigt. Ob eine Haftung des verkaufenden Erben im Verhältnis zum Käufer für eine Nachlassverbindlichkeit besteht, richtet sich nach der erbschaftskaufvertraglichen Lage. 2

3. Entsprechende Anwendung (Abs. 3). Die vorstehenden Regelungen gelten entsprechend im Fall der Weiterveräußerung der Erbschaft. 3

§ 331 Gleichzeitige Insolvenz des Erben

(1) Im Insolvenzverfahren über das Vermögen des Erben gelten, wenn auch über den Nachlaß das Insolvenzverfahren eröffnet oder wenn eine Nachlaßverwaltung angeordnet ist, die §§ 52, 190, 192, 198, 237 Abs. 1 Satz 2 entsprechend für Nachlaßgläubiger, denen gegenüber der Erbe unbeschränkt haftet.

(2) ¹Gleiches gilt, wenn ein Ehegatte der Erbe ist und der Nachlaß zum Gesamtgut gehört, das vom anderen Ehegatten allein verwaltet wird, auch im Insolvenzverfahren über das Vermögen des anderen Ehegatten und, wenn das Gesamtgut von den Ehegatten gemeinschaftlich verwaltet wird, auch im Insolvenzverfahren über das Gesamtgut und im Insolvenzverfahren über das sonstige Vermögen des Ehegatten, der nicht Erbe ist. ²Satz 1 gilt für Lebenspartner entsprechend.

1. Ausfallprinzip. Mit dem Verweis auf die §§ 52, 190, 192, 198, 237 I 2 InsO bestimmt die Vorschrift, dass der Nachlassgläubiger, der seine Forderung in zwei Insolvenzverfahren geltend machen kann 1

(Nachlassinsolvenz einerseits und Erbeninsolvenz, Ehegatteninsolvenz oder Gesamtgutinsolvenz andererseits), nur soweit in dem anderen Insolvenzverfahren berücksichtigt wird, als er in dem Nachlassinsolvenzverfahren unbefriedigt geblieben ist. Zur Insolvenztabelle in dem zweiten Insolvenzverfahren kann daher nur die Forderung angemeldet werden, **soweit der Gläubiger mit der Forderung im Nachlassinsolvenzverfahren ausgefallen ist** (→ Vorbemerkung Rn. 12). Gäbe des diese Regelung nicht, so könnte der Nachlassgläubiger seine Forderung in beiden Insolvenzverfahren unbeschränkt bis zur Vollbefriedigung geltend machen (§ 43 InsO, sog. Grundsatz der Doppelberücksichtigung). Die Regelung ist mithin keine Begünstigung des Nachlassgläubigers, sondern schützt die Gläubiger in dem zweiten Insolvenzverfahren (BGH NJW 1994, 2286 unter B. III. 3. b) bb). Entsprechend § 190 InsO hat der Nachlassgläubiger vor einer Verteilung an ihn in dem anderen Insolvenzverfahren nachzuweisen, welche Verteilung er in dem Nachlassinsolvenzverfahren erhalten hat oder dass er auf die Geltendmachung der Nachlassverbindlichkeit im Nachlassinsolvenzverfahren verzichtet hat; bis dahin erhält er in dem anderen Insolvenzverfahren keine Ausschüttungen.

2 **2. Ausfallprinzip beim Zusammentreffen von Nachlass- und Erbeninsolvenz (Abs. 1).** Die Vorschrift setzt die unbeschränkte Haftung des Erben sowie eine Doppelinsolvenz – dh die Eröffnung des Nachlassinsolvenzverfahrens und die Eröffnung eines Insolvenzverfahrens über das Eigenvermögen des Erben – voraus. Vorausgesetzt ist ferner, dass der Gläubiger in der Erbeninsolvenz die Haftung wegen einer Nachlassverbindlichkeit geltend macht. Folglich ist Abs. 2 nicht anzuwenden, wenn der Gläubiger eine Nachlasserbenschuld geltend macht, sondern es gilt § 43 InsO (MüKoInsO/*Siegmann* Rn. 5).

3 **3. Ausfallprinzip bei Testamentsvollstreckung.** § 331 I InsO ist **analog anzuwenden,** wenn der Nachlass unter der Verwaltung eines Testamentsvollstreckers steht, ein Insolvenzverfahren über das Vermögen des Erben eröffnet ist und ein Nachlassgläubiger seine Ansprüche im Insolvenzverfahren geltend macht (BGH NJW 2006, 2698 Rn. 22).

4 **4. Ausfallprinzip bei Zugehörigkeit des Nachlasses zum Gesamtgut (Abs. 2).** Das Ausfallprinzip gilt nach dieser Bestimmung auch in Fällen der Gütergemeinschaft, wenn der nichterbende Ehegatte (entsprechendes gilt für die Lebenspartnerschaft, Abs. 2 Satz 2) für die Nachlassverbindlichkeiten haftet (→ § 318 Rn. 2) und es zur Eröffnung zweier Insolvenzverfahren kommt, in denen ein Nachlassgläubiger seine Forderungen geltend machen kann. Dazu gehört gemäß **Abs. 2 S. 1 Var.** 1 der Fall, dass der Nachlass zum Gesamtgut gehört und sowohl ein Nachlassinsolvenzverfahren als auch ein Insolvenzverfahren über das Vermögen des nichterbenden Ehegatten, der Alleinverwalter des Gesamtguts ist, eröffnet sind. Nach **Abs. 2 S. 1 Var. 2** ist vorausgesetzt, dass der Nachlass zum Gesamtgut gehört, das Gesamtgut von den Eheleuten gemeinschaftlich verwaltet wird und sowohl ein Nachlassinsolvenzverfahren als auch ein Insolvenzverfahren über das Gesamtgut eröffnet sind. Schließlich erfasst **Abs. 2 S. 1 Var. 3** den Fall, dass der Nachlass zum Gesamtgut gehört, das Gesamtgut von den Eheleuten gemeinschaftlich verwaltet wird und sowohl ein Nachlassinsolvenzverfahren als auch ein Insolvenzverfahren über das Vermögen des nichterbenden Ehegatten eröffnet ist.

60. Beurkundungsgesetz (BeurkG)

Vom 28.8.1969 (BGBl. I S. 1513)

Zuletzt geändert durch Art. 11 Abs. 14 eIDAS-DurchführungsG vom 18.7.2017 (BGBl. I S. 2745)

(Auszug)

Zweiter Abschnitt. Beurkundung von Willenserklärungen

Vorbemerkungen zu den §§ 27–35

Im BeurkG ist das **Verfahren zur Beurkundung von Verfügungen von Todes wegen** nicht in einem abgeschlossenen Teil gesondert geregelt, sondern es gelten die allgemeinen Vorschriften des BeurkG (mit Ausnahme des dritten und des fünften Abschnitts), insb. also die des zweiten Abschnitts über die Beurkundung von Willenserklärungen (§§ 6–26) und zusätzlich einige in den §§ 27–35 angeordnete Besonderheiten, auf deren Kommentierung sich die nachfolgende Darstellung aus Platzgründen im Wesentlichen beschränkt. Das deutsche Erbrecht kennt an Verfügungen von Todes wegen das Testament als einseitige Verfügung (§ 1937 BGB), den Erbvertrag als zwei- oder mehrseitige Verfügung (§ 1941 BGB) und als Mischform das gemeinschaftliche Testament (§§ 2265ff. BGB). Die §§ 27–35 gelten für alle diese Verfügungen von Todes wegen sowie für deren **Änderung, Ergänzung und Widerruf bzw. Aufhebung**, soweit sie vom Gesetz als Verfügung von Todes wegen eingeordnet werden, also einschließlich des Schenkungsversprechens von Todes wegen (§ 2301 BGB) und – parallel zum reinen Widerrufstestament gem. § 2254 BGB – des Aufhebungsvertrags gem. § 2290 BGB (Die in der 1. Auflage zust. zitierte Auffassung von *Commichau* MittBayNot 1998, 235: „Auch die Aufhebung eines Erbvertrages ist ein Erbvertrag gem. § 2274 BGB." ist zwar angesichts § 78d II 1 BNotO und § 34a I BeurkG idF bis 31.12.2011 wohl nicht haltbar, diese Vorschriften und die gesonderte Benennung in § 1903 II BGB ändern aber an der Einordnung des Aufhebungsvertrages als Verfügung von Todes wegen iSd §§ 27–35 nichts.). Die §§ 27–35 gelten jedoch - mit Ausnahme des § 34a I, III 2 – **nicht für Rechtsgeschäfte unter Lebenden**, auch wenn letztere die gesetzliche Erbfolge ändern oder auf die Wirksamkeit von Verfügungen von Todes wegen Einfluss haben wie Anfechtungserklärungen (§§ 2081, 2282 BGB), die Rücktrittserklärung gem. § 2296 BGB, die Widerrufserklärung gem. § 2271 I 1 BGB sowie Erb-, Pflichtteils- und Zuwendungsverzichte und deren Aufhebung gem. §§ 2346ff. BGB (Eylmann/Vaasen/*Baumann*, BNotO/BeurkG, 4. Aufl. 2016, § 27 Rn. 2; speziell zu Erb-, Pflichtteils- und Zuwendungsverzichten OLG Düsseldorf ZEV 2014, 102 (103)).

Die §§ 27–35 als die speziellen Vorschriften über die Beurkundung von Verfügungen von Todes wegen (und subsidiär die allgemeinen Vorschriften des BeurkG) gelten grds. für die öffentliche Beurkundung durch die **Notare** (§ 1 I). Neben den Notaren gibt es keine anderen Urkundspersonen oder sonstige öffentliche Stellen, die für die Beurkundung von Verfügungen von Todes wegen zuständig sind, und für die deshalb gem. § 1 II BeurkG grds. die Vorschriften des BeurkG gelten würden. Keine Urkundspersonen im Sinne dieser Vorschrift sind insb. die **Konsularbeamten** sowie bei den **Nottestamenten** gem. § 2249 („Bürgermeistertestament") bzw. gem. § 2250 BGB („Drei-Zeugen-Testament") und § 2251 BGB („Seetestament") die Bürgermeister oder sonstigen Personen, die die Niederschrift über das Nottestament errichten, denn in diesen Fällen ergibt sich die Anwendbarkeit des BeurkG bzw. bestimmter Vorschriften hieraus und den entsprechenden Verweisungen in § 10 III, § 11 KonsG bzw. den §§ 2249, 2250 III BGB (*Winkler* § 1 Rn. 42, 51).

Konsularbeamte sind hiernach im Rahmen des sog. **konsularischen Notariats** grds. befugt, Verfügungen von Todes wegen zu beurkunden (§ 10 I Nr. 1 KonsG); die von ihnen aufgenommenen Urkunden stehen den von einem deutschen Notar aufgenommenen gleich (§ 10 II KonsG). Zu beachten ist allerdings, dass Rechtsvorschriften im Empfangsstaat dem entgegenstehen können; dann ist die Beurkundung gem. Art. 5 lit f. Hs. 2 des Wiener Übereinkommens über konsularische Beziehungen (**WÜK**) unzulässig, was von den deutschen Konsularbeamten zu beachten ist (*Hoffmann* KonsG Vor § 10 Anm. 3, KonsG § 11 Anm. 1.2.3). Mit diesen Rechtsvorschriften sind in erster Linie die bilateralen Konsularverträge gemeint (*Geimer* DNotZ 1978, 3 (7f.)). Berufskonsularbeamte und Honorarkonsularbeamte, die *nicht* die Befähigung zum Richteramt haben, *sollen* allerdings Willenserklärungen generell nur beurkunden, wenn bzw. soweit (§ 19 IV KonsG) sie hierzu vom Auswärtigen Amt besonders ermächtigt sind (§ 19 II Nr. 1, § 24 I 1 KonsG). Auch bei *Honor*arkonsularbeamten, die die Befähigung zum Richteramt haben, kann diese Befugnis ausgeschlossen oder eingeschränkt sein (§ 24 II KonsG).

Generell *sollen* Konsularbeamte „Testamente und Erbverträge" nur beurkunden, wenn die Erblasser Deutsche sind (§ 11 I 1 KonsG), wobei weitere Staatsangehörigkeiten des Erblassers unschädlich sind (*Hoffmann* KonsG § 11 Anm. 1.2.1). Diese Beschränkungen berühren allerdings aus der Sicht des deutschen Rechts die Wirksamkeit der Urkunden nicht, wie insb. die unterschiedliche Formulierung der S. 1 und 2 in § 19 II KonsG zeigt (MüKoBGB/*Hagena* § 2231 Rn. 30f. mwN). Die Regelung in § 11 I 1

KonsG wird man auf alle Verfügungen von Todes wegen iSd §§ 27–35 (→ Rn. 1) ausdehnen müssen, andererseits für die Zulässigkeit der Beurkundung bei Beteiligung mehrerer Erblasser verlangen müssen, dass alle Erblasser Deutsche iSd Art. 116 GG (§ 27 KonsG) sind (*Hoffmann* KonsG § 11 Anm. 1.2.1). Grund für diese restriktive Auslegung ist, dass bei nichtdeutschen Erblassern, insb. Staatsangehörigen des Empfangsstaates, in erhöhten Maße damit zu rechnen ist, dass der Beurkundung Rechtsvorschriften des Empfangsstaates iSd Art. 5 lit. f Hs. 2 WÜK entgegenstehen. Auf die Staatsangehörigkeit der anderen Beteiligten kommt es insoweit allerdings nicht an (MüKoBGB/*Hagena* § 2231 Rn. 31 mwN; *Hoffmann* KonsG § 11 Anm. 1.2.1).

5   Die Vorschriften des BeurkG über das Verfahren zur Beurkundung von Verfügungen von Todes wegen sind **zeitlich** analog § 51 II TestG in jedem Fall für ab dem 1.1.1970 errichtete Verfügungen anwendbar (eing. *Winkler* Vor §§ 27ff. Rn. 11ff.).

5. Besonderheiten für Verfügungen von Todes wegen

§ 27 Begünstigte Personen

Die §§ 7, 16 Abs. 3 Satz 2, § 24 Abs. 2, § 26 Abs. 1 Nr. 2 gelten entsprechend für Personen, die in einer Verfügung von Todes wegen bedacht oder zum Testamentsvollstrecker ernannt werden.

1   **1. Normzweck und Anwendungsbereich.** § 27 stellt klar, dass der in den §§ 7, 16 III 2, § 24 II, § 26 I Nr. 2 jeweils verwandte Begriff des „Verschaffens eines rechtlichen Vorteils" bei Verfügungen von Todes wegen in jedem Fall für das „Bedenken" von Personen und die Ernennung zum Testamentsvollstrecker gilt. Damit kann kein Zweifel aufkommen, ob diese Anordnungen wirklich in jedem Fall einen rechtlichen Vorteil darstellen. Aus dieser Klarstellungsfunktion und weil § 27 ansonsten empfindliche Lücken aufweisen würde, ergibt sich zugleich, dass die genannten Vorschriften neben § 27 grds. anwendbar bleiben, dieser also als Spezialvorschrift **nicht abschließend** ist (BGH NJW 1997, 946; *Winkler* § 7 Rn. 2; str.). Unter „Bedenken" iSd § 27 ist zunächst die Einsetzung als Erbe gem. § 1937 BGB (in allen Varianten, also auch Mit-, Vor-, Nach- und Ersatzerbe sowie Kombinationen davon) oder als Vermächtnisnehmer gem. § 1939 BGB (ebenfalls in allen Varianten und Kombinationen) zu verstehen (vgl. § 1941 II BGB). Die Ernennung zum Testamentsvollstrecker (ebenfalls in all ihren Varianten) wird dem ausdrücklich gleichgestellt. Hieraus ist zugleich der Schluss zu ziehen, dass die Benennung zum Inhaber ähnlicher Ämter in Verfügungen von Todes wegen (va zum Vormund gem. § 1777 III BGB oder zum Pfleger gem. § 1917 I BGB) weder unter § 27 noch unter die subsidiär anwendbaren §§ 7, 16 III 2, § 24 II, § 26 I Nr. 2 fallen (vgl. MüKoBGB/*Hagena* Rn. 15). Dasselbe gilt für die **Auflage**, welche dem Begünstigten keinen Anspruch auf Vollziehung einräumt (§ 1940 BGB) und daher keinen unmittelbaren rechtlichen Vorteil darstellt (*Winkler* Rn. 7; str.).

2   Nicht bedacht iSd § 27 ist derjenige, der von der bloßen Enterbung eines Dritten (§ 1938 BGB) oder vom bloßen Widerruf/Aufhebung einer einen Dritten begünstigenden Verfügung von Todes wegen profitiert. Hier ist zur Prüfung des Mitwirkungsverbotes wieder auf die subsidiär anwendbaren §§ 7, 16 III 2, § 24 II, § 26 I Nr. 2 zurück zu greifen, wobei einen (unmittelbaren) rechtlichen Vorteil im Sinne dieser Vorschriften nicht nur der erlangt, dem die Anordnung als nächstem zustattenkommt (zB bei Enterbung des Ehegatten nicht nur die Kinder, sondern auch die Enkelkinder). Wegen des im deutschen Erbrecht geltenden **unbegrenzten Verwandtenerbrechts** (§ 1929 BGB) muss dabei allerdings eine realistische Wahrscheinlichkeit bestehen, dass der Notar, Dolmetscher usw von dieser Verfügung tatsächlich profitiert, ansonsten dürfte zB ein Notar niemals eine Enterbung beurkunden, da er nie sicher sein kann, ob er nicht zum Kreis der ganz entfernten Verwandten und damit gesetzlichen Erben des Erblassers zählt.

3   Die Anwendbarkeit des § 27 hängt nicht davon ab, ob der Notar fragliche Anordnung wusste. Dies ist insb. in den (seltenen) Fällen relevant, in denen die Verfügung von Todes wegen durch Übergabe einer **verschlossenen** Schrift (§ 2232 S. 2 Hs. 1 Alt. 2, § 2276 I 2 BGB, § 30) errichtet wird, denn hier darf der Notar vom Inhalt nicht Kenntnis nehmen und muss nicht gem. § 17 belehren (§ 30 S. 4). Ein Hinweis auf Mitwirkungsverbote ist in diesen Fällen daher nur erforderlich, wenn mit Verstößen zu rechnen ist (*Winkler* Rn. 13).

4   **2. Rechtsfolgen eines Verstoßes.** Die Rechtsfolgen eines Verstoßes gegen § 27 richten sich nach der jeweiligen Verweisungsnorm: Während die §§ 7, 16 III 2, § 24 II Unwirksamkeit anordnen, handelt es sich bei § 26 I Nr. 2 lediglich um eine Soll-Vorschrift, bei der ein Verstoß nicht zur Unwirksamkeit führt (vgl. OLG Hamm Rpfleger 1991, 370). Nach dem Wortlaut der §§ 7, 16 III 2, § 24 II („insoweit") bezieht sich die Unwirksamkeit zunächst nur auf die konkrete, einzelne unzulässige Anordnung; die Unwirksamkeit der gesamten Verfügung von Todes ist anhand der §§ 2085, 2270, 2298 BGB zu beurteilen. Bei Errichtung eines (gemeinschaftlichen) Testaments durch Übergabe einer Schrift (§ 2232 S. 1 Alt. 2 BGB) ist Umdeutung in ein eigenhändiges Testament gem. § 140 BGB möglich, sofern die Formvorschriften des § 2247 BGB bzw. des § 2267 BGBG eingehalten sind.

5   **3. Insbesondere: Der Notar oder dessen Sozius als Testamentsvollstrecker, Bestimmungsrecht gem. § 2198 BGB.** Die in der Praxis bedeutsamste Frage der Mitwirkungsverbote bei Verfügungen von Todes wegen ist die, inwieweit der Notar an der Ernennung seiner Person oder der seines Sozius zum Testamentsvollstrecker mitwirken kann bzw. darf. Die Beurkundung seiner eigenen Ernennung ist gem. § 27 unwirksam; dieselbe Rechtsfolge gilt nach hM gem. § 7 Nr. 1 für die Einräumung eines Bestim-

mungsrechts gem. § 2198 BGB zugunsten des beurkundenden Notars selbst (BGH NJW 2013, 52 mwN; aA *Litzenburger* FD-ErbR 2012, 340737: nur Verstoß gegen § 3 I Nr. 1). Die Beurkundung der **Ernennung seines Sozius** ist nach der Rspr. des BGH selbst dann wirksam und keine Verstoß gegen § 7 Nr. 1, wenn der Notar aufgrund entsprechender Vereinbarung an der Vergütung des Sozius beteiligt ist, da sich in diesem Fall der rechtliche Vorteil nicht unmittelbar aus der in der Urkunde niedergelegten Willenserklärung ergibt; auch eine analoge Anwendung des § 27 kommt nicht in Betracht (BGH NJW 1997, 946). Mittlerweile sind diese Fälle jedoch vom Mitwirkungsverbot des § 3 I Nr. 4 erfasst (offenbar übersehen in einem obiter dictum von OLG Bremen NJW-RR 2016, 979 (980)); ein Verstoß kann Schadenersatzansprüche zur Folge und disziplinarrechtliche Konsequenzen bis hin zur Amtsenthebung haben (§ 50 I Nr. 9 BNotO).

Zulässig ist dagegen die Beurkundung des rechtlich nicht verbindlichen **Wunsches**, das Nachlassgericht möge im Rahmen des Ersuchens nach § 2200 BGB den Notar bzw. dessen Sozius zum Testamentsvollstrecker ernennen (OLG Stuttgart DNotZ 1990, 430), denn es sind durchaus Fälle denkbar, in denen die Ernennung dieser Person sachgerecht ist, und eine mögliche Missbrauchsgefahr hat das Nachlassgericht bei seiner nach pflichtgemäßem Ermessen vorzunehmen Auswahl iRd § 2200 BGB zu prüfen. Zulässig ist es auch, dass der Notar die Verfügung von Todes wegen mit der Anordnung der Testamentsvollstreckung beurkundet und in einer eigenhändig errichteten (§ 2247 BGB) oder bei einem anderen Notar beurkundeten ergänzenden Verfügung zum Testamentsvollstrecker ernannt wird. Dies gilt bei eigenhändig errichteten derartigen Ergänzungen auch dann, wenn diese Ergänzung sich in einem verschlossenen Umschlag befindet und zusammen mit der „Haupturkunde" gemäß § 34 BeurkG in den zu versiegelnden Umschlag genommen und schließlich all dies zusammen in die besondere amtliche Verwahrung verbracht wird (OLG Bremen NJW-RR 2016, 979); zu empfehlen ist diese Vorgehensweise allerdings nicht, denn sie ist bereits als solche beurkundungsverfahrensrechtlich nicht vorgesehen und daher fragwürdig und vor allem besteht die Gefahr, dass bei diesem Vorgehen die Übergabe der eigenhändig errichteten Ergänzung als unzulässige Errichtung einer öffentlichen Verfügung von Todes wegen durch Übergabe einer Schrift (§ 2232 S. 1 Alt. 2 BGB, § 30) eingestuft wird (so im konkreten Fall OLG Bremen NJW-RR 2016, 76, und OLG Bremen ZEV 2014, 507, und grundsätzlich auch OLG Bremen NJW-RR 2016, 979 (980)), weshalb insoweit die zuletzt genannte Entscheidung auch keine „Abkehr" von den beiden zuerst genannten Entscheidungen ist).

4. Konsularisches Notariat, Nottestamente. Die Vorschrift gilt auch im konsularischen Notariat (§ 10 III KonsG) sowie beim Drei-Zeugen-Testament gem. § 2250 BGB und beim Seetestament gem. § 2251 BGB (§ 2250 III 2, § 2251 BGB), schließlich auch beim Bürgermeistertestament gem. § 2249 BGB sowohl im Hinblick auf den an die Stelle des Notars tretenden Bürgermeister (§ 2249 I 4 BGB) als auch für die zwei Zeugen (§ 2249 I 3 BGB).

§ 28 Feststellungen über die Geschäftsfähigkeit

Der Notar soll seine Wahrnehmungen über die erforderliche Geschäftsfähigkeit des Erblassers in der Niederschrift vermerken.

1. Normzweck. Der Notar ist allgemein im Rahmen seiner Pflicht, den Sachverhalt zu klären (§ 17 I 1), auch verpflichtet, die für die konkrete Willenserklärung erforderliche Geschäftsfähigkeit zu prüfen. Wie er dabei vorgeht, steht in seinem pflichtgemäß auszuübenden Ermessen (OLG Oldenburg DNotZ 1973, 19 (20)). Grundsätzlich darf der Notar dabei davon ausgehen, dass ein volljähriger Beteiligter auch unbeschränkt geschäftsfähig ist; § 11 begründet eine entsprechende tatsächliche Vermutung (OLG Hamm RNotZ 2016, 60 (63)) und legt zugleich fest, dass dieser Normalfall in der Urkunde nicht positiv erwähnt werden braucht (BayObLG DNotZ 1993, 471 (472 f.)). Feststellungen über das Vorliegen der erforderlichen Geschäftsfähigkeit hat der Notar nur bei eigenen Zweifeln darüber (§ 11 I 2) oder bei einer schweren Erkrankung eines Beteiligten (§ 11 II) in die Niederschrift aufzunehmen. **§ 28 erweitert** bei Verfügungen von Todes wegen zwar nicht die Prüfungs-, wohl aber **die Vermerkpflicht** des Notars: Er soll seine Wahrnehmungen über die erforderliche Geschäftsfähigkeit des Erblassers in jedem Fall, also auch in dem Normalfall, in dem der Notar von der unbeschränkten Geschäftsfähigkeit des volljährigen Beteiligten ausgeht, in der Niederschrift vermerken um sicherzustellen, dass nach dem Tod des Erblassers bei einem Streit über dessen erforderliche Geschäftsfähigkeit seine Wahrnehmungen als Beweismittel zur Verfügung stehen (*Winkler* Rn. 1 mwN).

2. Anwendungsbereich. § 28 betrifft nur den „Erblasser", bei Erbverträgen also nicht die Vertragsbeteiligten, die keine vertragsmäßigen (§ 2278 BGB) oder einseitigen (§ 2299 BGB) Verfügungen von Todes wegen errichtet haben (Armbrüster/Preuß/Renner/*Seger* Rn. 1). Die Vorschrift spricht wie § 11 von der „erforderlichen" Geschäftsfähigkeit des Erblassers. Welche „Geschäftsfähigkeit" erforderlich ist, ist beim Erbvertrag in § 2275 BGB iVm § 104 Nr. 2 BGB und beim Testament – als besondere Art der Geschäftsfähigkeit (BayObLG NJW-RR 1996, 1289) unter der Bezeichnung „Testierfähigkeit" – in § 2229 BGB geregelt, wobei sich allerdings bei der Prüfung in aller Regel kein Unterschied ergibt, da in § 2229 IV BGB nur die sachlichen Gesichtspunkte zusammengefasst sind, die auch gem. § 104 Nr. 2, § 105 II BGB zur Nichtigkeit führen (BayObLG NJW-RR 1996, 1289).

Besondere praktische Bedeutung hat die Prüfung und Feststellung der erforderlichen Geschäftsfähigkeit bei unter **Betreuung (§§ 1896 ff. BGB) stehenden Erblassern.** Die Bestellung eines Betreuers als solche hat keinerlei Auswirkungen auf die Geschäfts- oder Testierfähigkeit des Betreuten (BayObLG FamRZ 1994, 593; OLG Frankfurt a. M. FamRZ 1996, 635). Das Betreuungsgericht ist auch weder verpflichtet noch berechtigt, irgendwelche rechtsverbindlichen Anordnungen darüber zu treffen, denn das Gesetz kennt keine konstitutive Feststellung der Geschäfts- oder Testierfähigkeit (OLG Düsseldorf FamRZ 1993, 1224); schließlich sind auch Erwägungen, Feststellungen oÄ des Betreuungsgerichts, von Gutachtern usw im Rahmen des Betreuungsverfahrens über die Geschäfts- oder/und Testierfähigkeit nicht verbindlich. Daher muss – wie auch sonst – der Notar das Vorliegen der erforderlichen Geschäftsfähigkeit eigenverantwortlich prüfen, wobei natürlich die Kenntnis vom Bestehen einer Betreuung Anlass zu einer besonders sorgfältigen Prüfung und zu einem besonders ausführlichen Vermerk über das Ergebnis dieser Prüfung bieten. Im Rahmen dieser Prüfung ist es selbstverständlich zulässig, auch Erkenntnisse aus dem Betreuungsverfahren wie etwa ärztliche Gutachten zu verwerten. All dies gilt auch dann, wenn hinsichtlich des unter Betreuung stehenden Erblassers ein **Einwilligungsvorbehalt gem. § 1903 BGB** angeordnet wurde: Dieser ist zwar in erster Linie für geschäftsfähige Betreute gedacht, nach zutreffender hM wegen der fließenden und oft nicht sicher feststellbaren Grenze zwischen Geschäftsfähigkeit und Geschäftsunfähigkeit aber auch bei geschäftsunfähigen Betreuten zulässig (BayObLG NJWE-FER 2000, 152).

4   **3. Der Vermerk über die Geschäftsfähigkeit.** Der nähere Inhalt und Umfang des Vermerks ist nicht geregelt und steht daher im Ermessen des Notars. Im Normalfall der unbeschränkten Geschäfts- und Testierfähigkeit genügt zu deren Prüfung eine Unterhaltung des Notars mit dem Erblasser und ein kurzer Vermerk hierüber in der Niederschrift; dies gilt auch dann, wenn lediglich die äußeren Umstände der Beurkundung vom Normalfall abweichen, va der Notar die Beurkundung nicht in seiner Geschäftsstelle, sondern zB im Krankenhaus vornimmt (*Lichtenwimmer* MittBayNot 2002, 240 (244)). In Zweifelsfällen (§ 11 I 2) und bei schwerer Erkrankung des Erblassers (§ 11 II) ist diese Tatsache selbst zu vermerken und anzugeben, welche Sachverhaltsermittlungen der Notar gem. § 17 I 1 zur Klärung dieser Frage vorgenommen hat und welche Feststellungen er im Rahmen und als Ergebnis dieser Ermittlungen getroffen hat (vgl. § 11 II). Es ist also bspw. anzugeben, an welcher Erkrankung der Erblasser nach Angabe von ihm selbst oder von Angehörigen, behandelnden Ärzten, Krankschwestern usw leidet, welche Auswirkungen auf die Geschäftsfähigkeit diese Erkrankung zB nach Aussage des behandelnden Arztes hat, welchen äußeren Eindruck der Erblasser gerade am Tag der Beurkundung auf den Notar gemacht hat usw. In Zweifelsfällen sollte man den Beteiligten empfehlen, eine **aktuelle fachärztliche Stellungnahme** über die Geschäftsfähigkeit einzuholen (*Winkler* § 11 Rn. 14). Es wird allerdings teilweise vertreten, daß aus verfassungsrechtlichen Gründen ein Vermerk über Zweifel des Notars an der Geschäftsfähigkeit verbunden mit dessen Wahrnehmungen hierzu nur mit Einwilligung des Erblassers erfolgen dürfe; werde diese Einwilligung verweigert, so dürfe der Notar die Beurkundung nicht einfach ablehnen, sondern müsse analog § 17 II verfahren (*Litzenburger* ZEV 2016, 1 (4 ff.)).

5   **Ort des Vermerkes** ist nach dem Gesetzeswortlaut die Niederschrift selbst. Der Notar ist daher zumindest im Regelfall nicht berechtigt, nach seinem Ermessen davon abzuweichen und den Vermerk – ganz oder teilweise – außerhalb der Urkunde niederzulegen, etwa in die Nebenakten (§ 22 DONot) aufgenommenen Aktenvermerk (BayObLG DNotZ 1993, 471 (473)). Würde allerdings bei einem ausführlichen Vermerk in der Niederschrift selbst, der ja gem. § 13 I 1 mit zu verlesen ist, die Gefahr bestehen, dass dies den Erblasser in seinem Selbstwertgefühl verletzt, ihn seelisch belastet oder/und die Akzeptanz des Notars als Mittlers zur richtigen Gestaltung leidet, so lässt es die hM zu Recht zu, dass nur der Anlass und das Ergebnis der Prüfung knapp in der Urkunde selbst vermerkt werden, die ausführlicheren Wahrnehmungen und natürlich auch der Grund der Auslagerung aber anderweitig dokumentiert werden (*Winkler* § 11 Rn. 15 f.; *Lichtenwimmer* MittBayNot 2002, 240 (244); offen gelassen BayObLG DNotZ 1993, 471 (473)). Aus Gründen der Beweissicherung sind diese ausgelagerten Wahrnehmungen mit zur Urschrift der Urkunde zu nehmen und mit dieser gem. § 34 in die besondere amtliche Verwahrung zu verbringen (*Kanzleiter* DNotZ 1993, 434 (441)); eine beglaubigte Abschrift hiervon sollte bei dem Vermerkblatt bzw. der beglaubigten Abschrift gem. § 20 I DONot in den Nebenakten aufbewahrt werden. Zu Recht hat das BayObLG gegen die wohl hM in der Lit. entschieden, dass sich das **Einsichtsrecht** in einen solchen gesonderten Vermerk (sei er rechtmäßig oder rechtswidrig aus der Urkunde ausgelagert worden) nach dem Einsichtsrechts in die Urschrift (§ 51 III) und nicht nach dem in die Nebenakte (§ 18 BNotO) richtet (BayObLG DNotZ 1993, 471 (473 f.)). Denn der Gesetzgeber mutet es dem Betroffenen in den §§ 11, 28 zu, dass vertrauenswürdige Details seines geistigen und körperlichen Zustands in die Urkunde aufgenommen werden, und die hier bejahte Einschränkung durch die Möglichkeit der Auslagerung bezweckt nicht, den Schutz vor der Kenntnisnahme dieser Details durch Dritte auszuweiten, sondern den Schutz des Betroffen davor, dass ihm sein schlechter körperlicher oder/und geistiger Zustand noch einmal in aller Ausführlichkeit und Deutlichkeit vor Augen geführt wird.

6   **4. Rechtsfolgen eines Verstoßes.** Die §§ 11, 28 enthalten nur Sollvorschriften, so dass ein fehlender oder unvollständiger Vermerk die Wirksamkeit der Urkunde nicht beeinträchtigt (BayObLG DNotZ 1993, 471 (473)). Ein Verstoß stellt aber eine Amtspflichtverletzung dar, der ua zu Schadenersatzansprüchen führen kann, wenn der Notar erkennbare Symptome, die gegen die erforderliche Geschäftsfähigkeit sprechen, in der Niederschrift nicht vermerkt (OLG Oldenburg DNotZ 1974, 19 (20); *Lichtenwimmer* MittBayNot 2002, 240 (244)).

5. Konsularisches Notariat, Nottestamente. Die Vorschrift gilt wie die damit im Zusammenhang stehenden Regelungen in § 11 I 2, II auch im konsularischen Notariat (§ 10 III KonsG) sowie beim Bürgermeistertestament (§ 2249 I 4 BGB), beim Drei-Zeugen-Testament (§ 2250 III 2 BGB) und beim Seetestament (§ 2251 BGB).

§ 29 Zeugen, zweiter Notar

¹Auf Verlangen der Beteiligten soll der Notar bei der Beurkundung bis zu zwei Zeugen oder einen zweiten Notar zuziehen und dies in der Niederschrift vermerken. ²Die Niederschrift soll auch von diesen Personen unterschrieben werden.

1. Normzweck und Anwendungsbereich. Das BeurkG sieht im Allgemeinen außer in den Ausnahmefällen der §§ 22, 25 die Zuziehung von Zeugen oder weiterer Notare nicht vor. Dies kann also weder von den Beteiligten noch vom Notar selbst verlangt werden; allenfalls ist eine Zuziehung im Einvernehmen aller Beteiligter einschließlich des Notars zulässig (vgl. *Winkler* Rn. 4). Bei der Beurkundung von Verfügungen von Todes wegen dagegen statuiert § 29 ein **Recht der Beteiligten auf Zuziehung** von bis zu zwei Zeugen oder eines zweiten Notars; ein Recht oder sogar die Pflicht, dies ohne Verlangen der Beteiligten zu tun, hat der Notar dagegen nicht mehr. Zweck der Zuziehung ist es in erster Linie, weitere Beweispersonen im Fall des möglicherweise später erhobenen Einwandes der fehlenden erforderlichen Geschäftsfähigkeit, der unlauteren Beeinflussung des Willens der Beteiligten oder der Richtigkeit der Beurkundung zur Verfügung zu haben. Sind solche späteren Einwände zu erwarten, sollte der Notar die Zuziehung anregen; desgleichen, wenn die Verfügung von Todes wegen im Ausland verwandt werden soll und mit der Zuziehung den Formerfordernissen des maßgeblichen ausländischen Rechts entsprochen würde.

2. Voraussetzungen. Die Zuziehung setzt ein „Verlangen der Beteiligten" voraus, das nicht begründet werden muss. Bei mehreren Beteiligten, zB gemeinschaftliches Testament oder Erbvertrag, müssen nach allgemeiner Meinung **alle** Beteiligten die Zuziehung verlangen. Dies gilt auch dann, wenn Urkundsbeteiligte nicht als Erblasser beteiligt sind, zB also der Vertragspartner beim einseitigen Erbvertrag.

3. Rechtsfolgen. a) Anzahl der Zeugnispersonen. Der Notar ist bei entsprechendem Verlangen zur Zuziehung von *bis zu* zwei Zeugen *oder* einem zweiten Notar verpflichtet. Es kommt also die Zuziehung eines Zeugen, zweier Zeugen oder eines zweiten Notars in Betracht. Wurde bereits gem. § 22 oder/und § 25 ein Zeuge oder ein zweiter Notar zugezogen, so erhöht sich die Zahl der Zeugen oder Notare, deren Zuziehung verlangt werden kann, nicht; es können also in diesen Fällen nicht maximal drei Zeugen oder maximal zwei Notare zugezogen werden; dies ergibt sich aus dem Wortlaut des § 29 und der Wertung des § 25 S. 1. Dagegen wird die Zuziehung eines Dolmetschers gem. §§ 16, 32, eines Gebärdensprachdolmetschers gem. § 22 I 2 oder einer Verständigungsperson gem. § 24 nicht „angerechnet", weil diese Personen nicht gleichzeitig Zeugen sein können (*Winkler* Rn. 7). Nach dem Sinn und Zweck der Vorschrift (die Anerkennung der Verfügung im Rechtsverkehr sicherzustellen) ist sie allerdings dahingehend erweiternd auszulegen, dass die Zahl der Zeugnispersonen ausnahmsweise darüber liegen darf, wenn dies erforderlich ist, um die **Wirksamkeit auch nach ausländischem Recht** sicherzustellen (iErg allgM, die hM begründet dies allerdings mit einem „tolerierbaren" Verstoß gegen die Soll-Vorschrift des § 29; zutr. dagegen MüKoBGB/*Hagena* Rn. 7 mit Fn. 6).

b) Auswahl der Zeugnisperson(en). Art (Zeugen oder zweiter Notar) und Anzahl (zwei Zeugen oder nur einer) der Zeugnisperson(en) bestimmen die Beteiligten selbst; dies ist Teil ihres Rechts aus § 29. Der frühere § 151 II KostO stand dem nicht entgegen (teilweise aA Armbrüster/Preuß/Renner/*Seger* Rn. 6), da dieser zweite Absatz des § 151 KostO nur die Fälle der §§ 22, 25, nicht aber die des § 29 betraf (Korintenberg/Lappe/Bengel/Reimann, KostO, 18. Aufl. 2009, § 151 Rn. 2, 5). Der Notar als für die Rechtmäßigkeit der Beurkundung verantwortliche Urkundsperson trifft dagegen die **Auswahl der Zeugnisperson(en)**, freilich sollte er nicht ohne triftigen Grund von Vorschlägen der Beteiligten abweichen (Armbrüster/Preuß/Renner/*Seger* Rn. 6). Die Mitwirkungsverbote in § 26 I Nr. 2, § 27 sind dabei zu beachten.

c) Verfahren. Die Zeugnispersonen sind „bei der Beurkundung" zuzuziehen, dh sie müssen genauso wie der Notar selbst während der gesamten eigentlichen Beurkundung, also während des Vorlesens, Genehmigens und eigenhändigen Unterschreibens (§ 13 I 1) persönlich, in Kenntnis ihrer Funktion als Zeugnisperson und mit ihrer Zustimmung hierzu anwesend sein (MüKoBGB/*Hagena* Rn. 13 f.). Dies ist ebenso wie das Verlangen nach Zuziehung vom Notar in der Niederschrift zu vermerken; dies Pflicht umfasst – auch wenn § 9 die mitwirkenden Personen nicht mehr ausdrücklich erwähnt – auch die Bezeichnung der Person der Zeugnispersonen, die Angabe, in welcher Eigenschaft sie jeweils mitwirken (BGH NJW 1963, 200 (203)) und – entsprechend § 10 II – wie sich der Notar Gewissheit über ihre Person verschafft hat (vgl. *Winkler* § 9 Rn. 13). Die Niederschrift soll von den Urkundspersonen unterschrieben werden (§ 29 S. 2); damit ist ebenso wie in § 13 I 1 die eigenhändige Unterschrift gemeint. Zweck dieser Unterschriftsleistung ist die Bestätigung, dass die Beurkundung nach Auffassung der Zeugnisperson ordnungsgemäß vorgenommen wurde; die Zeugnisperson hat daher das Recht und die Pflicht, bei ihrer Auffassung nach nicht ordnungsgemäßer Beurkundung die Unterschrift zu verweigern (vgl. MüKoBGB/*Hagena* Rn. 16).

6 Da die Nichtzuziehung von Zeugnispersonen mittlerweile der Normalfall ist, besteht jedenfalls keine Verpflichtung des Notars, das **fehlende Verlangen der Beteiligten** nach Zuziehung zu vermerken. Um Urkunden nicht mit Überflüssigkeiten zu überfrachten, ist ein solcher Vermerk noch nicht einmal zu empfehlen (str.). Der Notar ist auch in der Regel nicht verpflichtet, die Beteiligten über das Recht auf Zuziehung zu belehren.

7 **d) Verstöße.** Da § 29 nur Soll-Vorschrift ist, berühren alle denkbaren Verstöße die Wirksamkeit der Beurkundung nicht. Einzige (scheinbare) Ausnahme hiervon ist der Fall, dass zugleich ein Schreibzeuge nach § 25 zugezogen werden muss, dies aber unterbleibt oder der Schreibzeuge (sei es in Gestalt eines Zeugen oder eines zweiten Notars) nicht unterschreibt: Hier ist die Beurkundung unwirksam, allerdings nicht wegen Verstoßes gegen § 29, sondern gegen die Mussvorschrift des § 25 S. 1 oder S. 3.

8 **4. Konsularisches Notariat, Nottestamente.** Die Vorschrift gilt auch im konsularischen Notariat (§ 10 III KonsG), wobei hier auf Verlangen ein zweiter Konsularbeamter zuzuziehen ist. Beim Bürgermeistertestament (§ 2249 BGB) sowie beim Drei-Zeugen-Testament (§ 2250 BGB) und beim Seetestament (§ 2251 BGB) wird nicht auf § 29 verwiesen, da hier die Zuziehung von Zeugen gesondert geregelt ist (§ 2249 I 2 BGB) bzw. die (drei) Zeugen selbst das Beurkundungsorgan sind (§ 2250 I, II, § 2251 BGB).

§ 30 Übergabe einer Schrift

¹Wird eine Verfügung von Todes wegen durch Übergabe einer Schrift errichtet, so muß die Niederschrift auch die Feststellung enthalten, daß die Schrift übergeben worden ist. ²Die Schrift soll derart gekennzeichnet werden, daß eine Verwechslung ausgeschlossen ist. ³In der Niederschrift soll vermerkt werden, ob die Schrift offen oder verschlossen übergeben worden ist. ⁴Von dem Inhalt einer offen übergebenen Schrift soll der Notar Kenntnis nehmen, sofern er der Sprache, in der die Schrift verfaßt ist, hinreichend kundig ist; § 17 ist anzuwenden. ⁵Die Schrift soll der Niederschrift beigefügt werden; einer Verlesung der Schrift bedarf es nicht.

1 **1. Allgemeines. a) Formen öffentlicher Testamente.** Das Gesetz kennt **zwei Formen des öffentlichen Testaments**, die jeweils zur Niederschrift eines Notars errichtet werden (§ 2231 Nr. 1 BGB): Erstens die Errichtung durch Erklärung des letzten Willens gegenüber dem Notar (§ 2232 S. 1 Alt. 1 BGB), bei welcher der Notar über die Beurkundungsverhandlung eine Niederschrift aufnimmt (§ 8), in die er den ihm vom Erblasser erklärten Willen aufnimmt (§ 9 I Nr. 2); zweitens die Übergabe einer Schrift durch den Erblasser mit der Erklärung, dass diese Schrift seinen letzten Willen enthalte (§ 2232 S. 1 Alt. 2 BGB), wobei der Erblasser die Schrift offen oder verschlossen übergeben kann (§ 2232 S. 2 BGB). Während die erste Möglichkeit sich mit einigen Besonderheiten im Rahmen des allgemeinen Verfahrens über die Beurkundung von Willenserklärungen (§§ 8 ff.) hält, ist die zweite ein **beurkundungsverfahrensrechtlicher Sonderfall** (Armbrüster/Preuß/Renner/*Seger* Rn. 2: „einzigartige Beurkundungsform") mit in den §§ 30, 33 eigens geregelten Verfahrensvorschriften, der auch in der notariellen Praxis die Ausnahme bildet.

2 **b) Wahlfreiheit des Erblassers.** Grundsätzlich hat der Erblasser die **freie Wahl**, wie er sein öffentliches Testament errichtet; der Notar darf die Beurkundung nicht ablehnen, weil ihm die Wahl unzweckmäßig erscheint (§ 15 I 1 BNotO). Allerdings kann ein Erblasser, der nach seinen Angaben oder nach der Überzeugung des Notars nicht im Stande ist, geschriebenes zu lesen, sein öffentliches Testament nur durch Erklärung gegenüber dem Notar errichten (§ 2233 II BGB), und noch minderjährigen, aber bereits testierfähigen (§ 2229 I BGB) Erblassern ist die Errichtung durch Übergabe einer *verschlossenen* Schrift verwehrt (§ 2233 I BGB). In beiden Fällen führt ein Verstoß zur Formnichtigkeit (§ 125 BGB), wobei im Fall des Minderjährigen eine Heilung auch bei Vollendung des 18. Lebensjahres nicht eintritt und es im Fall des Leseunfähigen allein darauf ankommt, ob der Erblasser eine entsprechende Angabe gemacht oder der Notar eine entsprechende Überzeugung hatte, nicht auf die tatsächliche Leseunfähigkeit (MüKoBGB/*Hagena* § 2233 Rn. 5, 14 f.).

3 **c) Anwendungsbereich.** Die Möglichkeit der Errichtung einer Verfügung von Todes wegen durch Übergabe einer Schrift besteht auch beim Erbvertrag (§ 2276 I BGB) und beim gemeinschaftlichen Testament. Aber auch andere Verfügungen von Todes wegen iSd §§ 27 ff. wie zB die Aufhebung eines Erbvertrages (§ 2290 IV, § 2276 I 2 BGB) können in dieser Form erfolgen.

4 **2. Die Niederschrift über die Übergabe einer Schrift. a) Inhalt.** Auch bei der Beurkundung einer Verfügung von Todes wegen durch Übergabe ist eine Niederschrift zu errichten (§ 8), deren Inhalt sich grds. nach den allgemeinen Vorschriften der §§ 8 ff., ergänzt durch die §§ 27 ff., richtet (vgl. *Winkler* Rn. 12). **Kerninhalt der Niederschrift,** nämlich die Erklärungen der Beteiligten (§ 9 I Nr. 2), sind hier allerdings nicht die erbrechtlichen Anordnungen selbst, sondern die Feststellung, dass dem Notar die Schrift übergeben worden ist (§ 30 S. 1), und zwar mit der Erklärung des übergebenden Erblasser, dass diese Schrift seinen letzten Willen enthalte (§ 2232 S. 1 BGB). Beide Feststellungen müssen in der Niederschrift enthalten sein; fehlt eine, so ist die Verfügung formunwirksam (*Winkler* Rn. 12; Eylmann/Vaasen/*Baumann*, BnotO/BeurkG, 4. Aufl. 2016, Rn. 4). Außerdem soll in der Niederschrift vermerkt werden, ob die Schrift offen oder verschlossen übergeben worden ist (§ 30 S. 3); Vermerke über die Einhaltung der Kennzeichnungs-, der Kenntnisnahme- und der Beifügungspflicht (§ 30 S. 2, 4 u. 5 Hs. 1) sind nicht vorgeschrieben, aber zweckmäßig.

Formulierungsbeispiel: „Der Erschienene übergab dem Notar eine offene Schrift mit der Erklärung, 5 dass die Schrift seinen letzten Willen enthalte. Die Schrift wurde vom Notar, nachdem er von ihrem Inhalt Kenntnis genommen hatte, auf der ersten Seite maschinenschriftlich mit der Kennzeichnung ‚Zur UR-Nr. ... übergebene Schrift' gekennzeichnet und der Niederschrift durch Verbindung mit Schnur und Prägesiegel beigefügt.".

b) Das Verlesen der Niederschrift. Nach den allgemeinen, in § 13 enthaltenen Grundsätzen muss die 6 in der beschriebenen Weise zu errichtende Niederschrift vorgelesen, genehmigt und unterschrieben werden. Eine Verlesung der übergebenen Schrift ist selbst bei einer offenen Schrift nicht erforderlich (§ 30 S. 5 Hs. 2); dies ist logische Folge des Umstandes, dass im Fall des § 30 der Inhalt der Schrift selbst nicht beurkundet wird.

3. Das Verfahren iÜ. a) Die Erklärung über den Inhalt der Schrift. Nach allgemeinen Grundsätzen 7 des Beurkundungsverfahrens muss die Erklärung des Erblassers, dass die übergebene Schrift seinen letzten Willen enthalte, nicht ausdrücklich erfolgen, sondern zB auch konkludent, durch Bejahung auf eine entsprechende Frage (RGZ 108, 397 (400)) oder schließlich durch schlichte Genehmigung der verlesenen Niederschrift, welche diese Feststellung enthält (RGZ 92, 27 (32f.)).

b) Die zu übergebende Schrift. Das Gesetz stellt an die zu übergebende Schrift keine besonderen An- 8 forderungen. Sie braucht nicht vom Erblasser selbst geschrieben zu sein (§ 2232 S. 2 Hs. 2 BGB), erst recht **nicht eigenhändig** wie im Fall des § 2247 BGB. Es muss sich aber um eine „Schrift" handeln, dh um eine (sinnlich wahrnehmbare) Verkörperung von Schriftzeichen, wobei weder das Trägermaterial (auf Papier, Pappe oder noch ungewöhnlicheren Materialien) noch die Art der Niederlegung (in fremder Sprache oder/und fremden Schriftzeichen, in Blindenschrift usw) vorgeschrieben ist. Keine „Schrift" liegt dagegen vor, wenn der Wille in anderen Speichermedium, wie zB gesprochen auf einem Tonträger oder gespeichert auf einem elektronischen Datenträger (USB-Stick, CD-ROM usw), enthalten ist (Bamberger/Roth/*Litzenburger*, 17. Ed. 2010, BGB § 2232 Rn. 12).

c) Die Kennzeichnung der Schrift. Die Schrift soll vom Notar verwechslungssicher gekennzeichnet 9 werden, weil § 34 nicht mehr vorschreibt, dass notarielle Niederschrift und die übergebene Schrift in Gegenwart des Erblassers in den mit dem Prägesiegel zu verschließenden Umschlag zu nehmen sind, sondern dies auch später erfolgen darf. Die Art der Kennzeichnung stehen im Ermessen des Notars; es ist auch zwingend nicht vorgeschrieben, dass diese in der Niederschrift vermerkt werden muss, sofern sich die Kennzeichnung nicht – was zulässig ist (*Winkler* Rn. 7) – in einer genauen Beschreibung der übergebenen Schrift in der notariellen Niederschrift erschöpft. Um **größtmögliche Verwechslungssicherheit** zu erreichen, empfiehlt es sich gleichwohl, einerseits die Kennzeichnung auf der übergebenen Schrift selbst durch einen Vermerk vorzunehmen, andererseits diesen Vermerk in der notariellen Niederschrift zu beschreiben. Der Vermerk wiederum sollte am besten in der Angabe der Urkundenrollennummer bestehen, die der Notar für jede Niederschrift – und damit auch für jede nach § 30 – gem. § 8 I Nr. 1 DONot zu vergeben hat. Kennzeichnung also „Zur UR-Nr. ... übergebene Schrift" (*Winkler* Rn. 7 Fn. 5 mwN). Die Kennzeichnung sollte zeitlich unmittelbar nach der Übergabe der Schrift noch während der Urkundsverhandlung vorgenommen werden (Armbrüster/Preuß/Renner/*Seger* Rn. 9).

d) Der Vermerk über die Art der Schrift. Der Vermerk darüber, ob die Schrift offen oder verschlos- 10 sen übergeben wurde (§ 30 S. 3), ist wichtig für die nachträgliche Feststellung der Kenntnisnahme- und Prüfungspflicht des Notars gem. § 30 S. 4 sowie beim testierenden Minderjährigen für die Beurteilung der Wirksamkeit der Verfügung, da dieser nur durch Übergabe einer offenen Schrift testieren kann (§ 2233 I Alt. 2 BGB).

e) Die Kenntnisnahme-, Prüfungs- und Belehrungspflicht. Wird die Schrift offen übergeben, so soll 11 der Notar bei hinreichender Sprachkundigkeit von ihrem Inhalt Kenntnis nehmen und hat nach Maßgabe des § 17 zu prüfen und belehren (§ 30 S. 4); ihn trifft dann aber auch die **volle Prüfungs- und Belehrungspflicht** mit allen Folgen, die sich zB aus § 19 BNotO hieraus ergeben (vgl. Armbrüster/Preuß/Renner/ *Seger* Rn. 10; BGH DNotZ 1974, 296 (297)). Der ausdrückliche Verweis auf § 17 ist erforderlich, weil iRd § 30 nicht die erbrechtlichen Anordnungen selbst beurkundet werden, sondern nur die Feststellung, dass dem Notar die Schrift mit der Erklärung, dass diese den letzten Willen enthalte, übergeben worden ist; § 17 allein würde daher diese Pflichten nicht begründen (*Winkler* Rn. 8).

aa) Hinreichende Sprachkundigkeit. Die in § 30 S. 4 angeordneten Pflichten bestehen nur, sofern der 12 Notar der Sprache, in der die Schrift verfasst ist, hinreichend kundig ist. Unter Berücksichtigung des § 15 I 2 BNotO ist diese Vorschrift allerdings dahingehend einschränkend auszulegen, dass der Notar bei einer in einer anderen als der deutschen Sprache verfassten Schrift selbst bei hinreichender Sprachkundigkeit zu einer Kenntnisnahme, Prüfung usw nur berechtigt, aber nicht verpflichtet ist. Bei Verfassung in einer **Fremdsprache** und Sprachunkenntnis des Notars ist dieser auch nicht verpflichtet, sich vom Erblasser über den Inhalt unterrichten zu lassen, um dann seiner Prüfungs- und Belehrungspflicht nachzukommen (so aber Eylmann/Vaasen/*Baumann*, BnotO/BeurkG, 4. Aufl. 2016, Rn. 5), weil er das Risiko, dass ihm der fremdsprachige Inhalt ungenau, unvollständig oder unrichtig wiedergegeben wird, nicht überblicken kann; sie sind von ihm vielmehr genau so zu behandeln wie verschlossene Schriften (Armbrüster/Preuß/Renner/*Seger* Rn. 13). Hinreichende Sprachkundigkeit bedeutet auch, dass der Notar die Schrift trotz schlechter Schreibweise, Verwendung ungeeigneten Schreibmaterials oÄ lesen können muss. Ist dies nicht der Fall, hat er den Erblasser darauf hinzuweisen und auf eine leserliche Verfassung der Schrift hinzuwirken; dies bereits deshalb, weil die Gefahr besteht, dass die Verfügung von

Todes wegen auch bei ihrer späteren Eröffnung nicht gelesen werden kann. Weigert sich der Erblasser, so hat der Notar die Schrift dennoch entgegenzunehmen, braucht sie aber – wie eine verschlossene Schrift – nicht zu prüfen; bereits aus Haftungsgründen empfiehlt es sich aber, dieses Sachverhalt in der Niederschrift zu vermerken. Dasselbe gilt, wenn Erblasser die vorgeschriebene Kenntnisnahme, Prüfung und Belehrung durch den Notar verweigert: Dies ergibt sich zwar nicht aus dem Soll-Charakter des § 30 S. 4, denn auch auf die Einhaltung von Soll-Vorschriften des BeurkG wie vor allem § 17, auf den hier verwiesen wird, können die Beteiligten nicht einfach verzichten, wohl aber aus dem Umstand, dass der Erblasser nach seiner freien Entscheidung die Schrift verschlossen übergeben und so die Prüfung usw vermeiden könnte (Armbrüster/Preuß/Renner/Seger Rn. 10).

13 **bb) Prüfungs- und Belehrungspflichten.** Ist § 30 S. 4 anwendbar, treffen den Notar dieselben, in § 17 niedergelegten Pflichten wie bei einer Beurkundung des letzten Willens im gewöhnlichen Beurkundungsverfahren gem. § 2232 S. 1 Alt. 1 BGB, § 9 I Nr. 2 (vgl. Armbrüster/Preuß/Renner/Seger Rn. 10; BGH DNotZ 1974, 296 (297)). Der Notar ist also stets verpflichtet, den Willen der Beteiligten zu erforschen, den Sachverhalt zu klären, die Beteiligten über die rechtliche Tragweite des Geschäfts zu belehren (§ 17 I 1) und bei Zweifeln, ob das Geschäft den Rechtsvorschriften oder dem wahren Willen der Beteiligten entspricht, die Bedenken mit den Beteiligten erörtern (§ 17 II 1). Die allgemein bestehende Pflicht, die Erklärungen der Beteiligten klar und unzweideutig in der Niederschrift wiederzugeben (Formulierungspflicht gem. § 17 I 1), besteht hier in der Weise, dass die selbst formulierte Schrift der Beteiligten dahingehend zu prüfen ist und Zweifel mit den Beteiligten zu erörtern sind. Zweifelt der Notar an der Wirksamkeit des Geschäfts und Bestehen der Beteiligten auf der Errichtung der Verfügung, so soll der Notar die Belehrung und die dazu abgegebenen Erklärungen der Beteiligten in der zu errichtenden Niederschrift vermerken (§ 17 II 2), weiterhin hat der Notar, wenn ausländisches Recht zur Anwendung kommt oder darüber Zweifel bestehen, die Beteiligten darauf hinzuweisen und dies in der Niederschrift zu vermerken (§ 17 III 1).

14 **cc) Die Pflichten bei verschlossener Schrift.** Bei Übergabe einer verschlossenen Schrift bestehen die in § 30 S. 4, § 17 enthaltenen Pflichten *im Hinblick auf den Inhalt der Schrift* nicht; der Notar ist daher jedenfalls ohne konkreten Anlass (zB denkbarer Verstoß gegen Mitwirkungsverbote) auch nicht verpflichtet, danach zu fragen (Winkler Rn. 10). Der Notar ist in diesen Fällen jedoch unmittelbar gem. § 17 verpflichtet, die Beteiligten über das Nichtbestehen dieser Pflichten sowie über die **Risiken ohne juristische Beratung errichteter Verfügungen** zu belehren und ihnen die Möglichkeiten aufzuzeigen, eine öffentliche Verfügung von Todes wegen mit einer Kenntnisnahme, Prüfung, Belehrung und ggf. Formulierung durch den sachkundigen Notar zu errichten (Reimann/Bengel/Mayer/*Bengel* Rn. 9; Armbrüster/Preuß/Renner/*Seger* Rn. 11 f.) – dies umso mehr, als die anderen Formen der Errichtung einer öffentlichen Verfügung von Todes wegen die Beteiligten nicht mehr kosten, der einzige Vorteil der Übergabe einer verschlossenen Schrift – die erhöhte Vertraulichkeit – auch durch das Notargeheimnis geschützt wird und allgemein eine weit verbreitete Unkenntnis über die umfassenden Beratungs-, Prüfungs-, Belehrungs- und Formulierungspflichten des Notars bei der Beurkundung von Willenserklärungen besteht.

15 **f) Die Beifügungspflicht.** Das Gesetz stellt an die in § 30 S. 5 angeordnete Pflicht, die übergebene Schrift der notariellen Niederschrift beizufügen, keine besonderen Anforderungen. Insbesondere ist eine Verbindung mit Schnur und Prägesiegel gem. § 44 nicht vorgeschrieben. Es genügt daher ein **schlichtes Beilegen** zur Niederschrift, wobei anschließend Niederschrift und beigefügte Schrift zusammen in den mit Prägesiegel zu verschließenden Umschlag nach § 34 zu nehmen sind, § 34 S. 1 u. 2 (Reimann/Bengel/Mayer/*Bengel* Rn. 10). Um zu erreichen, dass auch nach der späteren Eröffnung der Verfügung von Todes wegen Verwechslungen ausgeschlossen sind (vgl. § 30 S. 2), empfiehlt sich freilich eine Verbindung entsprechend § 44 (Reimann/Bengel/Mayer/*Bengel* Rn. 10).

16 **4. Verstöße.** Außer der in S. 1 enthaltenen Pflicht, in der Niederschrift festzustellen, dass dem Notar die Schrift übergeben worden ist, enthält § 30 nur Soll-Vorschriften, deren Nichteinhaltung die Wirksamkeit der Verfügung unberührt lässt. Ein Verstoß gegen die Muss-Vorschrift des § 30 S. 1 führt dagegen ebenso zur Unwirksamkeit wie ein Verstoß gegen die Pflicht, die Erklärungen der Beteiligten, dass die übergebene Schrift ihren letzten Willen enthalte (§ 2232 S. 1 Alt. 2), in die Niederschrift aufzunehmen (§ 9 I Nr. 2).

17 **5. Konsularisches Notariat, Nottestamente.** Die Vorschrift gilt auch im konsularischen Notariat (§ 10 III KonsG) und beim Bürgermeistertestament (§ 2249 I 4 BGB). Das Drei-Zeugen-Testament (§ 2250 BGB) und das Seetestament (§ 2251 BGB) können dagegen nicht durch Übergabe einer Schrift errichtet werden (§ 2250 I, II, § 2251 BGB).

§ 31 Übergabe einer Schrift durch Stumme *(aufgehoben)*

[1] Ein Erblasser, der nach seinen Angaben oder nach der Überzeugung des Notars nicht hinreichend zu sprechen vermag (§ 2233 Abs. 3 des Bürgerlichen Gesetzbuchs), muß die Erklärung, daß die übergebene Schrift seinen letzten Willen enthalte, bei der Verhandlung eigenhändig in die Niederschrift oder auf ein besonderes Blatt schreiben, das der Niederschrift beigefügt werden soll. [2] Das eigenhändige Niederschreiben der Erklärung soll in der Niederschrift festgestellt werden. [3] Die Niederschrift braucht von dem behinderten Beteiligten nicht besonders genehmigt zu werden.

Die Vorschrift wurde mWz 1.8.2002 (Art. 34 S. 1 OLG-Vertretungsänderungsgesetz v. 23.7.2002, BGBl. 2002 I S. 2850) zusammen mit § 2233 III BGB als Folge der Entscheidung des BVerfG (NJW 1999, 1853) zur Testierfähigkeit von Personen, die – zB infolge eines Schlaganfalls – weder schreiben noch sprechen können, also sog. **schreibunfähigen Stummen**, aufgehoben. Stattdessen wurde § 24 neu gefasst, um auch diesen Personen die wirksame Errichtung einer öffentlichen Verfügung von Todes wegen und damit – wegen des Erfordernisses des eigenhändigen Schreibens bzw. bei gemeinschaftlichen Testamenten zumindest des eigenhändigen Unterschreibens von Testamenten – die die wirksame Errichtung einer Verfügung von Todes wegen überhaupt zu ermöglichen. Es existieren nunmehr **keine Besonderheiten** für die Beurkundung von Verfügungen von Todes wegen unter Beteiligung behinderter Personen; es gelten in diesen Fällen ausschließlich die allgemeinen Vorschriften der §§ 22–26. Für Verfügungen von Todes wegen, die vor dem 1.8.2002 errichtet wurden, gelten nicht einfach rückwirkend die jetzigen Vorschriften, wie dies lapidar der Satz „Die Änderung gilt auch für bestehende Verträge." in den Gesetzgebungsmaterialien (BT-Drs. 14/9266) suggeriert. Vielmehr ist zu beachten, dass § 31 vom Bundesverfassungsgericht nur insoweit als mit dem Grundgesetz unvereinbar erklärt wurde, als er testierfähigen Personen, die weder schreiben noch sprechen können, die Möglichkeit der Testamentserrichtung verwehrte (Ziff. 1 des Tenors). Die Entscheidung betrifft also nicht Erblasser, die nur nicht hinreichend zu sprechen, jedoch zu schreiben vermochten – also den Personenkreis, der in § 31 nicht vom Testieren ausgeschlossen wurde, sondern für den diese Vorschrift lediglich das Verfahren spezieller regelte. Für Erblasser, die weder zu sprechen noch zu schreiben vermochten, hat das Bundesverfassungsgericht die Beurteilung der Wirksamkeit vor dem 1.8.2002 errichteter öffentlicher Verfügungen von Todes wegen der Rspr. anheimgestellt, dabei aber betont, dass jedenfalls solche letztwilligen Verfügungen als rechtswirksam anerkannt werden müssen, die von schreibunfähigen Stummen in Ermangelung anderer Regelungen entsprechend den Anforderungen der §§ 22–26 BeurkG aF errichtet wurden (BVerfG NJW 1999, 1853 (1856); vgl. *Franke* NotBZ 2003, 8 (10)).

§ 32 Sprachunkundige

¹Ist ein Erblasser, der dem Notar seinen letzten Willen mündlich erklärt, der Sprache, in der die Niederschrift aufgenommen wird, nicht hinreichend kundig und ist dies in der Niederschrift festgestellt, so muß eine schriftliche Übersetzung angefertigt werden, die der Niederschrift beigefügt werden soll. ²Der Erblasser kann hierauf verzichten; der Verzicht muß in der Niederschrift festgestellt werden.

1. Normzweck. Die Norm ist eine Abweichung von dem in § 16 II 2–4 geregelten Normfall: Während normalerweise bei nicht hinreichender Kundigkeit eines Beteiligten von der Urkundensprache gem. § 5 (= „Sprachunkundigkeit", s. die amtliche Überschrift des § 32) eine mündliche Übersetzung genügt und eine schriftliche Übersetzung nur auf Verlangen mindestens eines Beteiligten erforderlich ist, schreibt § 32 die **zusätzliche schriftliche Übersetzung als Regelfall** vor. Hierdurch soll in verstärktem Maße sichergestellt werden, dass auch in dieser Sondersituation die Beurkundung den wirklichen Willens des Erblassers wiedergibt. IÜ bleibt § 16 durch § 32 unberührt, § 16 I, II 1, Abs. 3 gelten also auch im Anwendungsbereich des § 32 (*Winkler* Rn. 3).

2. Anwendungsbereich. a) Art der Errichtung. § 32 gilt nach dem Wortlaut der Vorschrift in den Fällen, in denen der Erblasser dem Notar seinen letzten Willen „mündlich" erklärt. Bei der Beibehaltung des Wortes „mündlich" kann es sich nur um ein **Redaktionsversehen** des Gesetzgebers handeln, der es bei der generellen Abschaffung des Mündlichkeitserfordernisses iRd § 2232 S. 1 Alt. 1 BGB durch das OLG-Vertretungsänderungsgesetz v. 23.7.2002 (BGBl. 2002 I S. 2850) versäumt hat, das Wort „mündlich" auch in § 32 S. 1 zu streichen. Erfasst sind daher alle Fälle, in denen nicht durch Übergabe einer Schrift (§ 2232 S. 1 Alt. 2 BGB, § 30), sondern durch Erklärung gegenüber dem Notar (§ 2232 S. 1 Alt. 1 BGB) testiert wird, und zwar unabhängig davon, ob der Erblasser dem Notar seinen letzten Willen tatsächlich „mündlich" im Sinne der alten Rechtslage oder – weil er dazu nicht in der Lage ist oder weil das strikte Mündlichkeitserfordernis nicht mehr besteht – auf andere Weise erklärt (*Winkler* Rn. 6 f.; MüKoBGB/*Hagena* Rn. 3 f.). Wird die Verfügung von Todes wegen dagegen durch Übergabe einer Schrift (§ 2232 S. 1 Alt. 2 BGB, § 30) errichtet, ist in vollem Umfang nach § 16 zu verfahren (*Winkler* Rn. 7).

b) Beteiligte Personen. Während es nach dem Wortlaut des § 32 nur auf die nicht hinreichende Kundigkeit des Erblassers von der Urkundensprache ankommt, erweitert § 33 beim Erbvertrag ausdrücklich den Anwendungsbereich auch auf die Fälle der Sprachunkundigkeit des anderen Vertragsschließenden. Entsprechend dem allgemeinen Geltungsbereich der §§ 27–35 gilt § 32 aber auch in allen anderen Fällen, in denen an „Verfügungen von Todes wegen" im Sinne dieser Vorschriften (→ Vorb. Vor §§ 27 ff. Rn. 1) andere Personen als der Erblasser beteiligt sind. Bei mehreren beteiligten Personen, gleich, ob Erblasser oder andere Personen, genügt für die Anwendbarkeit des § 32 wie bei der Grundnorm des § 16 die Sprachunkundigkeit nur eines Beteiligten.

c) Nicht hinreichende Sprachkundigkeit. § 32 spricht von der nicht hinreichenden Sprachkundigkeit, wofür in der amtlichen Überschrift zu § 32 und folglich auch hier im Text als verkürzendes Synonym auch Sprachunkundigkeit verwendet wird. Mit dem Zusatz „hinreichend" wird ausgedrückt, dass es auf die im konkreten Einzelfall erforderlichen Sprachkenntnisse ankommt (BayObLG NJW-RR 2000, 1175 (1176); LG Dortmund NotBZ 2003, 342), und zwar nach ganz hM, jedoch entgegen dem BGH (DNotZ

1964, 174 (176), allerdings ohne Begründung), auf die **passiven Sprachkenntnisse** (BayObLG NJW-RR 2000, 1175 (1176); *Winkler* § 16 Rn. 7 mwN). Damit ist indessen nicht das objektive Vorliegen dieses Umstandes gemeint, sondern wie bei § 16 muss dieser Umstand nach der Angabe des betreffenden Beteiligten oder nach der Überzeugung des Notars vorliegen (Reimann/Bengel/Mayer/*Bengel* Rn. 6; MüKoBGB/*Hagena* Rn. 7 ff.). Für dieses alternative Anknüpfen an die beiden formalen Kriterien einer entsprechenden Angabe bzw. Überzeugung sprechen neben dem Charakter des § 32 als Spezialnorm zu § 16 der Umstand, dass die objektiven Sprachkenntnisse in der Niederschrift festzustellen wären – wie sollte der Notar das sicher können? – und es später auch im Streitfall darauf ankäme.

5   **d) Feststellung in der Niederschrift.** Aus der Grundnorm des § 16 I ergibt sich zunächst, dass der Notar die Angabe des Beteiligten oder seine Überzeugung über die nicht hinreichende Kenntnis der Urkundensprache durch den betreffenden Beteiligten in der Niederschrift feststellen soll. Nur wenn er diese Feststellung pflichtgemäß getroffen hat, muss eine schriftliche Übersetzung angefertigt werden, die der Niederschrift beigefügt werden soll. Hat der Notar dagegen diese **Feststellung pflichtwidrig unterlassen,** so besteht keine Pflicht zur schriftlichen Übersetzung und Beifügen dieser Übersetzung (BGH NJW 2001, 3135 (3137)). Das hat die eigenartige Konsequenz, dass der Verstoß gegen die Soll-Vorschrift des § 16 I, der nicht zur Unwirksamkeit der Beurkundung führt, das Nichtentstehen einer als Muss-Vorschrift ausgestalteten Pflicht zur Folge hat, deren isolierte Verletzung die Unwirksamkeit der Beurkundung zur Folge hätte. Grund hierfür ist die insoweit bestehende Konzeption des BeurkG, dass aus Gründen der Rechtssicherheit die Unwirksamkeitsgründe der Niederschrift selbst entnommen werden sollen (Reimann/Bengel/Mayer/*Bengel* Rn. 6; MüKoBGB/*Hagena* Rn. 10 f.). Enthält – umgekehrt – die Niederschrift einen derartigen Vermerk, führt das Nichtanfertigen einer schriftlichen Übersetzung selbst dann zur Unwirksamkeit der Beurkundung, wenn der entsprechende Beteiligte objektiv hinreichende Sprachkenntnisse hatte, dies aber falsch angegeben hatte oder der Notar zu Unrecht zur Überzeugung der nicht hinreichenden Sprachkundigkeit gelangt war (Reimann/Bengel/Mayer/*Bengel* Rn. 6; MüKoBGB/*Hagena* Rn. 10 f.). Dies gilt selbst dann, wenn die Aufnahme des Vermerks über die Sprachunkundigkeit in die Niederschrift nicht auf einer falschen Angabe des Beteiligten oder falschen Überzeugung des Notars, sondern auf einem schlichten Versehen bei der Urkundsvorbereitung beruht, der auch beim Verlesen der Urkunde nicht aufgefallen ist. Hier ist aber an eine Berichtigung gem. § 44 II zu denken.

6   **3. Rechtsfolgen. a) Schriftliche Übersetzung.** Liegen die Voraussetzungen des § 32 S. 1 vor, so *muss* eine schriftliche Übersetzung angefertigt werden. Zuständig hierfür ist ebenso wie für die mündliche Übersetzung ein zugezogener Dolmetscher, wenn der Notar nicht selbst übersetzt (§ 16 III 1). Die schriftliche Übersetzung *soll* die nicht hinreichend sprachkundigen Personen zur Durchsicht vorgelegt (§ 16 II Hs. 1) und der Niederschrift beigefügt werden (§ 32 S. 1). All diese Tatsachen (schriftliche Übersetzung, Durchsicht, Beifügung) sollen neben der stets erforderlichen mündlichen Übersetzung in der Niederschrift festgestellt werden (§ 16 II 4). Weicht die schriftliche Übersetzung von der Niederschrift ab, bleibt letztere maßgeblich (Reimann/Bengel/Mayer/*Bengel* Rn. 9).

7   Auch bei der schriftlichen Übersetzung stellt das Gesetz an die Art und Weise der Beifügung keine besonderen Anforderungen; eine Verbindung mit Schnur und Prägesiegel gem. § 44 ist ebenso wenig vorgeschrieben wie eine verwechslungssichere Kennzeichnung gem. § 30 S. 2. Es genügt daher ein **schlichtes Beilegen** zur Niederschrift, wobei anschließend Niederschrift und schriftliche Übersetzung zusammen in den mit Prägesiegel zu verschließenden Umschlag nach § 34 zu nehmen sind, § 34 S. 1 u. 2. Um zu erreichen, dass auch nach der späteren Eröffnung der Verfügung von Todes wegen Verwechslungen ausgeschlossen sind, empfiehlt sich freilich eine Kennzeichnung entsprechend § 30 S. 2 und eine Verbindung entsprechend § 44.

8   **b) Verzicht auf die schriftliche Übersetzung.** Der Erblasser kann auf die schriftliche Übersetzung verzichten (§ 32 S. 2 Hs. 1), bei Beteiligung mehrerer sprachunkundiger Personen müssen alle verzichten (§ 33). Ein Verzicht der übrigen Beteiligten ist entbehrlich (Reimann/Bengel/Mayer/*Bengel* Rn. 13), da die Norm nur dem Schutz der Sprachunkundigen vor der Verfälschung ihres Willens dient. Sinnvoll ist ein Verzicht vor allem in den Fällen, in denen die mit der schriftlichen Übersetzung ggf. verbundene Verzögerung das Errichten einer wirksamen Verfügung gefährden würde (zB Todesnähe des Erblassers). Das Erfordernis der mündlichen Übersetzung nach § 16 II 1 bleibt allerdings in jedem Fall bestehen. Ein Verzicht kann auch schlüssig erfolgen; er besteht zB auch darin, dass der Beteiligte die verlesene Niederschrift, welche den Verzicht feststellt, genehmigt und unterschreibt.

9   Der Verzicht muss in der Niederschrift festgestellt werden (§ 32 S. 2 Hs. 2). Fehlt diese Feststellung, so ist die Beurkundung unwirksam, selbst wenn der Verzicht durch Umstände außerhalb der Urkunde bewiesen werden könnte (Reimann/Bengel/Mayer/*Bengel* Rn. 14).

10 **c) Verstöße.** Liegen die Voraussetzungen des § 32 S. 1 vor, so ist die Beurkundung unwirksam, wenn ein Verstoß gegen die Pflicht zur Anfertigung einer schriftlichen Übersetzung oder – bei einem Verzicht hierauf – gegen die Pflicht zur Aufnahme eines entsprechenden Verzichtsvermerkes in der Niederschrift vorliegt. Dasselbe gilt, wenn gegen die stets bestehende Pflicht zur mündlichen Übersetzung (§ 16 II 1) verstoßen wird, denn bei allen drei Pflichten handelt es sich um Muss-Vorschriften (*Winkler* Rn. 17). Bei den übrigen in den §§ 16, 32 enthaltenen Pflichten handelt es sich um Soll-Vorschriften, bei denen Verstöße nicht zur Unwirksamkeit der Beurkundung, jedoch ggf. zu Schadensersatzansprüchen und/oder disziplinarischen Maßnahmen gegen den Notar führen können.

4. Konsularisches Notariat, Nottestamente. Die Vorschrift gilt wie die Grundnorm des § 16 auch im konsularischen Notariat (§ 10 III KonsG) und beim Bürgermeistertestament (§ 2249 I 4 BGB), nicht aber für das Drei-Zeugen-Testament (§ 2250 BGB) und das Seetestament (§ 2251 BGB). Diese enthalten für die Urkundensprache und die erforderliche Sprachkundigkeit der Beteiligten Sonderregelungen (§ 2250 III 3, 4, § 2251 BGB).

§ 33 Besonderheiten beim Erbvertrag

Bei einem Erbvertrag gelten die §§ 30 und 32 entsprechend auch für die Erklärung des anderen Vertragschließenden.

1. Normzweck und Anwendungsbereich. Sind an einem Erbvertrag ausschließlich Erblasser beteiligt, dh Personen, die darin Verfügungen von Todes wegen, seien es vertragsmäßige (§ 2278 BGB) oder/und einseitige (§ 2299 BGB), treffen, so gelten für diese Beteiligten die §§ 30, 32 unmittelbar (*Winkler* Rn. 5). An einem Erbvertrag können neben einem oder mehreren Erblassern aber auch eine oder mehrere andere Personen als Vertragspartei beteiligt sein. § 33 erklärt für diese Personen die §§ 30 u. 32 für entsprechend anwendbar. Dies entspricht § 2276 I BGB: Während dort die Formvorschriften für die Erblasser und die anderen Vertragsschließenden vereinheitlicht werden, geschieht dies in § 33 für das Beurkundungsverfahren.

2. Rechtsfolgen. § 33 erklärt die §§ 30 u. 32 für entsprechend anwendbar. **a) Der Verweis auf § 30.** Dieser ergänzt den Verweis auf die §§ 2232, 2233 BGB in § 2276 I 2 BGB, dessen Bedeutung vor allem darin besteht, dass beim Erbvertrag grds. auch der andere Vertragsschließende seine Erklärung durch Übergabe einer Schrift abgeben kann. Die Beteiligten müssen dabei **nicht einheitlich** handeln, sie können teilweise durch Erklärung ihres Willens gegenüber dem Notar, teilweise durch Übergabe einer oder mehrerer Schriften, auch durch Übergabe einer gemeinschaftlichen Schrift (offen oder verschlossen) handeln, wobei allerdings nach zutreffender hM bei nicht einheitlicher Verfahrensweise der **Vertragscharakter gewahrt bleiben** muss, dh die äußerlich getrennt erfolgenden Erklärungen müssen wechselseitig bekannt und inhaltlich aufeinander abgestimmt sein (MüKoBGB/*Musielak* § 2276 Rn. 4 mwN). Ein solches Vorgehen wird freilich bereits deshalb die absolute Ausnahme sein, weil der Erbvertrag bei gleichzeitiger Anwesenheit beider Teile geschlossen werden muss (§ 2276 I 1 BGB).

b) Der Verweis auf § 32. Dieser führt zur Anwendung der Vorschriften des § 32, wenn auch nur ein Beteiligter, ob Erblasser oder nicht, nach seiner Angabe oder der Überzeugung des Notars nicht hinreichend sprachkundig ist. Als Besonderheit ist zu vermerken, dass die anderen Vertragsschließenden den Erbvertrag im Gegensatz zu Erblassern (§ 2274 BGB) nicht nur persönlich abschließen, sondern sich vertreten lassen können. In diesen Fällen ist hinsichtlich der hinreichenden Sprachkundigkeit auf den Vertreter, nicht auf den Vertretenen abzustellen.

c) Kein Verweis auf die §§ 27–29. § 33 verweist nicht ausdrücklich auf diese Vorschriften. Das ist im Hinblick auf § 29 unproblematisch, weil bereits nach dem Wortlaut dieser Vorschrift selbst nicht zwischen Erblassern und anderen Vertragsschließenden differenziert wird. Aus dem fehlenden Verweis auf § 28 wird allgemein zu recht der Schluss gezogen, dass für die anderen Vertragsschließenden nur die Grundnorm des § 11 anwendbar ist (MüKoBGB/*Hagena* Rn. 14 mwN).

Für den **fehlenden Verweis auf § 27** gilt im Hinblick auf den Normzweck der Vorschrift folgendes: § 27, der für Verfügungen von Todes wegen den Begriff des Verschaffens eines rechtlichen Vorteils präzisiert, gilt auch für Erbverträge, und zwar völlig unabhängig davon, wer dabei anderer Vertragsschließender iSd § 33 ist. Insoweit kann man bei § 27 ebenso wie bei § 29 von einer unmittelbaren Anwendbarkeit bei Erbverträgen sprechen (Armbrüster/Preuß/Renner/*Seger* Rn. 4). Andererseits ist es unzutreffend, **die bloße Beteiligung** des anderen Vertragschließenden am Abschluss des Erbvertrages als „Begünstigung iSv § 27" (gemeint ist wohl: das Verschaffen eines rechtlichen Vorteils iSd §§ 7, 16 III, § 24 II, § 26 I Nr. 2) einzustufen (so aber MüKoBGB/*Hagena* Rn. 13), denn das BeurkG unterscheidet zwischen der bloßen Beteiligung an der Beurkundung und dem Verschaffen eines rechtlichen Vorteils durch die Beurkundung (§§ 6, 26 I Nr. 1 einerseits, §§ 7, 26 I Nr. 2 andererseits). Dass der Notar und der Dolmetscher – völlig unabhängig von der Verschaffung eines rechtlichen Vorteils – auch nicht als andere Vertragschließende am Erbvertrag beteiligt sein dürfen, ergibt sich mit Unwirksamkeitsfolge im Fall des Verstoßes vielmehr aus dem § 6 I Nr. 1, § 16 III 2; dasselbe ordnet – wenn auch nur als Soll-Vorschrift – § 26 I Nr. 1 für Zeugen oder den zweiten Notar an. Nur für die Verständigungsperson iSd § 24 fehlt eine entsprechende Vorschrift; auch § 6 I Nr. 1, § 26 I Nr. 1 sind weder direkt noch entsprechend anwendbar (*Winkler* § 24 Rn. 13). Der Abschluss eines Erbvertrages mit einer Verständigungsperson gem. § 24 als anderem Vertragschließenden ist daher wirksam, sofern der Vertrag nicht darauf gerichtet ist, der Verständigungsperson einen rechtlichen Vorteil zu verschaffen (§ 24 II).

3. Konsularisches Notariat, Nottestamente. S. die Komm. zu → § 30 Rn. 17; → § 32 Rn. 11.

§ 34 Verschließung, Verwahrung

(1) ¹Die Niederschrift über die Errichtung eines Testaments soll der Notar in einen Umschlag nehmen und diesen mit dem Prägesiegel verschließen. ²In den Umschlag sollen auch die nach den

§§ 30 und 32 beigefügten Schriften genommen werden. ³Auf dem Umschlag soll der Notar den Erblasser seiner Person nach näher bezeichnen und angeben, wann das Testament errichtet worden ist; diese Aufschrift soll der Notar unterschreiben. ⁴Der Notar soll veranlassen, daß das Testament unverzüglich in besondere amtliche Verwahrung gebracht wird.

(2) Beim Abschluß eines Erbvertrages gilt Absatz 1 entsprechend, sofern nicht die Vertragschließenden die besondere amtliche Verwahrung ausschließen; dies ist im Zweifel anzunehmen, wenn der Erbvertrag mit einem anderen Vertrag in derselben Urkunde verbunden wird.

(3) Haben die Beteiligten bei einem Erbvertrag die besondere amtliche Verwahrung ausgeschlossen, so bleibt die Urkunde in der Verwahrung des Notars.

1. **Normzweck und Anwendungsbereich.** § 34 regelt, wie mit der notariellen Niederschrift über die Errichtung der Verfügung von Todes wegen und den beigefügten Schriften nach der Beurkundung zu verfahren ist. Dabei gilt Abs. 1 für Testamente (einschließlich gemeinschaftlicher Testamente) sowie deren Änderung, Ergänzung und Widerruf; dagegen Abs. 1, modifiziert durch die Abs. 2 u. 3, für Erbverträge, deren Änderung und Ergänzung, nicht aber den Aufhebungsvertrag gem. § 2290 BGB (zu Letzterem → Rn. 12). Die Vorschrift ergänzt – und modifiziert dabei teilweise – die in den §§ 44 ff. BeurkG, § 20 DONot niedergelegten allgemeinen Vorschriften über die Behandlung der Urkunden nach der Beurkundung.

2. **Aufnahme und Verschließung. a) Aufnahme in den Umschlag.** Der Notar ist – wie immer – zunächst verpflichtet, eine aus mehreren Blättern bestehende Urkunde mit Schnur und Prägesiegel zu verbinden (§ 44). Dabei ist es empfehlenswert, die nach den §§ 30 u. 32 der Niederschrift beizufügenden und ohnehin mit in den Umschlag zu nehmenden Schriften in die Verbindung einzubeziehen (→ § 30 Rn. 15; → § 32 Rn. 7); dasselbe gilt für die schriftliche Übersetzung nach § 16 II 2 bei Errichtung durch Übergabe einer Schrift, die ebenfalls in den Umschlag gehört (*Winkler* Rn. 3). Die dergestalt auch äußerlich zu einer Einheit gewordene Niederschrift hat er sodann in einen Umschlag zu nehmen und diesen mit seinem Prägesiegel (§ 2 DONot) zu verschließen (§ 34 I 1). Dies braucht – anders als im aufgehobenen § 2246 I BGB vorgesehen – nicht in Gegenwart des Erblassers und der übrigen mitwirkenden Personen geschehen.

3. b) **Verschließung mit dem Prägesiegel.** Der Umschlag soll dabei so mit dem Prägesiegel des Notars verschlossen werden, dass er ohne Verletzung des Siegels oder Zerstörung (Zerreißen) des Umschlags nicht geöffnet werden kann (*Winkler* Rn. 3); ist dies wegen der Art der Fertigung des Umschlags (Vielzahl von verklebten Falzen) nur unter Verwendung mehrerer Siegel möglich, sollen mehrere Siegel angebracht werden (vgl. Jansen FGG/*Jansen*, 2. Aufl. 1971, Rn. 4). Die Unversehrtheit des Verschlusses ist später bei der Eröffnung der Verfügung vom Nachlassgericht in der Eröffnungsniederschrift festzustellen (§ 348 I 3 FamFG). Ob der Notar das **Prägesiegel** in Form der Petschaft für Lacksiegel oder – heute weithin üblich – des Prägesiegels verwendet, also ein Lacksiegel oder ein Papiersiegel (letzteres mit oder ohne Mehloblate) herstellt, steht in seinem Ermessen; die Dienstaufsicht erkennt beide als gleichberechtigt an (§ 2 I 1 DONot), sofern nur die Anforderungen des § 31 DONot erfüllt sind (LG Berlin DNotZ 1984, 640 (641)). Die Verwendung des **Farbdrucksiegels** (§ 2 I 1 DONot: „Stempel") ist dagegen nicht ausreichend (Reimann/Bengel/Mayer/*Bengel* Rn. 7), da dem Notar hier – anders als etwa in § 39 – zurecht keine Wahlfreiheit eingeräumt wird, denn bei geschickter Vorgehensweise könnte der Umschlag ohne sichtbare Verletzung des Farbdrucksiegels geöffnet und wieder verschlossen werden.

4. c) **Der Umschlag und dessen Aufschrift.** Nach § 34 S. 3 soll der Notar auf dem Umschlag den Erblasser seiner Person nach näher bezeichnen, den Zeitpunkt der Errichtung der Verfügung angeben und diese Aufschrift unterschreiben. Detaillierter ist die Gestaltung des Umschlags und von dessen Aufschrift in den bundesweit (weitgehend) einheitlichen **Verwaltungsvorschriften Nachlasssachen** der Bundesländer (dort Abschn. I. 1 mit Anl. 1; s. etwa die Gemeinsame Verwaltungsvorschrift des Sächsischen Staatsministeriums der Justiz und des Sächsischen Staatsministeriums des Innern über die Benachrichtigung in Nachlasssachen v. 23.1.2001, zuletzt geändert durch Verwaltungsvorschrift v. 17.7.2012; Firsching/Graf NachlassR Rn. 4.13) geregelt. Erforderlich ist nur die nähere Angabe der Person des/der Erblasser(s), nicht auch der weiteren Vertragschließenden beim Erbvertrag (Reimann/Bengel/Mayer/*Bengel* Rn. 17). Bei der Angabe des **Zeitpunkts der Errichtung** genügt – wie bei der Aufnahme in die Niederschrift selbst (§ 9 II) – taggenaue Angabe; die Angabe der Tageszeit (dann sinnvollerweise minutengenau wie in § 21 I Nr. 2, § 31 I Nr. 3 PStG) ist allenfalls dann erforderlich, wenn davon die Wirksamkeit der Verfügung abhängen könnte.

5. d) **Zeitpunkt und durchführende Person.** Da die Verfügung von Todes wegen „unverzüglich" in die besondere amtliche Verwahrung verbracht werden soll (§ 34 I 4), gilt dies auch für die zeitlich vorher zu erledigenden, in → Rn. 2–4 beschriebenen Tätigkeiten. Obwohl der Wortlaut des Gesetzes eine persönliche Durchführung durch den Notar suggeriert, kann er dies – außer natürlich der Leistung der Unterschrift auf dem Umschlag – **Hilfskräften** übertragen, wobei er – wie immer – die rechtmäßige Erledigung zu überwachen hat (*Winkler* Rn. 4).

6. e) **Die Unterschrift des Notars.** Der Notar soll die Aufschrift auf dem Umschlag unterschreiben (§ 34 I 3 Hs. 2). Diese Unterschrift ist von besonderer Bedeutung, weil sie gem. § 35 die Wirksamkeit einer ansonsten wegen Fehlens der erforderlichen (§ 13 III) Unterschrift des Notars unwirksamen Beurkundung erhalten kann. Zu Einzelheiten s. die Komm. zu § 35.

3. Verbringen in die besondere amtliche Verwahrung. a) Normzweck. Zweck der besonderen amtlichen Verwahrung ist ein größeres Maß an Sicherheit im Hinblick auf die Geheimhaltung des Testaments und den Schutz vor nachträglichen Einwirkungen, weshalb diese Verwahrung aus der allgemeinen Verwahrung besonders herausgehoben und formalisiert ist (BGH DNotZ 1990, 436 (437)), zB durch die durch Landesverwaltungsvorschrift angeordnete Aufbewahrung an einem feuersichern Ort (zB für Sachsen § 27 IV 4 VwVAktO). Es ist eine **Ausnahme von dem in § 45 I angeordneten Grundsatz**, dass die Urschrift in der Verwahrung des Notars bleibt; statt der Urschrift ist lediglich eine beglaubigte Abschrift derselben oder sogar nur ein Vermerkblatt zur Urkundensammlung zu nehmen (§ 20 I DONot).

b) Zuständiges Gericht. Die besondere amtliche Verwahrung von Verfügungen von Todes wegen ist Nachlasssache (§ 342 I Nr. 1 FamFG) und obliegt als solche den Amtsgerichten als sog. Nachlassgerichten (§ 23a I Nr. 2, Abs. 2 Nr. 2 GVG), in Baden-Württemberg den Notariaten (§ 1 II LFGG). Örtlich zuständig ist grds. das Amtsgericht, in dessen Bezirk der beurkundende Notar seinen Amtssitz hat (§ 344 I Nr. 1, Abs. 3 FamFG); die Erblasser können jedoch **jederzeit** Verwahrung bei einem örtlich nicht zuständigen Gericht verlangen (§ 344 I 2 FamFG). Geschieht dies noch vor der Verbringung durch den Notar – häufig wird sogar auf dessen Anregung hin die Verwahrung beim Amtsgericht am Wohnort des Erblassers, welches potentiell das allgemein örtlich zuständige Gericht für diesen Erblasser ist (§ 343 I FamFG), gewählt –, so hat der Notar die Verfügung sogleich in die Verwahrung dieses Gerichts zu verbringen.

c) Unbedingte Amtspflicht. Das Verbringen in die besondere amtliche Verwahrung ist trotz der Ausgestaltung als Soll-Vorschrift bei Testamenten unbedingte Amtspflicht des Notars; die Ausgestaltung als Soll-Vorschrift bedeutet nur, dass ein Verstoß nicht zur Unwirksamkeit führt, jedoch nicht ein Ermessen des Notars oder der Beteiligten (BGH DNotZ 1990, 436f.). Besteht der Erblasser noch vor der Beurkundung auf der Nichtablieferung, so hat der Notar die Beurkundung abzulehnen, ein entsprechendes Ansinnen nach der Beurkundung ist für den Notar unbeachtlich. Eine **Ausnahme** von der unbedingten Ablieferungspflicht gilt allerdings dann, wenn sich der Erblasser noch vor Verbringung zum Widerruf entschließt und das Testament gem. § 2255 BGB in Widerrufsabsicht vernichtet, denn diese Vorschrift gilt in diesen Fällen auch für öffentliche Testamente (BGH NJW 1959, 2113 (2114)). Macht der Erblasser dem Notar eine derartige Absicht glaubhaft, so ist dieser berechtigt, die Ablieferung *kurzzeitig* hinauszuzögern, um dem Erblasser diese Art des Widerrufs zu ermöglichen (Armbrüster/Preuß/Renner/*Seger* Rn. 10; *Kanzleiter* DNotZ 1994, 434 (437f.) mit Fn. 9). Hingegen steht eine bloße Aushändigung der noch nicht in die besondere amtliche Verwahrung gelangten Niederschrift durch den Notar niemals einer Rückgabe aus der besonderen amtlichen Verwahrung gem. § 2256 BGB mit ihrer Widerrufswirkung gleich (BGH NJW 1959, 2113). Ein **Versäumen** der Ablieferungspflicht kann und muss jederzeit nachgeholt werden.

d) Veranlassung durch den Notar. Missverständlich ist die gesetzliche Formulierung, dass der Notar die Verwahrung „veranlassen" soll. Damit ist nicht etwa gemeint, dass der Notar dies den Beteiligten überlassen darf. Vielmehr ist es **eigene Amtspflicht** des Notars, die Verfügung in die Verwahrung zu verbringen, der sich dabei selbstverständlich Hilfskräften wie eigenen Angestellten, Postdienstleistungsunternehmen uä bedienen darf. Dies bedeutet auch, dass der Notar das erfolgreiche Verbringen in die Verwahrung zu überwachen hat, zB durch die Anforderung einer entsprechenden Bestätigung des Nachlassgerichts, nachdem das Gesetz in § 346 III FamFG einen Hinterlegungsschein auch für den Notar nicht vorsieht.

e) Unverzügliches Verbringen. Das Gesetz schreibt ein „unverzügliches" Verbringen in die besondere amtliche Verwahrung vor, ohne dass eine konkrete Frist genannt wird. Unstreitig muss das Verbringen zeitnah an einem der nächsten Arbeitstage erfolgen, die gelegentlich erhobene Forderung nach einem Verbringen regelmäßig noch am Tag der Errichtung ist allerdings überzogen. Sachgerecht ist vielmehr eine **Regelfrist von drei Arbeitstagen** (MüKoBGB/*Hagena* Rn. 19; Bamberger/Roth/*Litzenburger*, BGB, 17. Ed. 2010, Rn. 2), wobei außergewöhnliche Umstände (zB ungewöhnlich hoher Geschäftsanfall, unvorhersehbarer Ausfall von Notar oder Mitarbeitern) ein Überschreiten dieser Regelfrist rechtfertigen können; in diesen Fällen liegt dann kein *schuldhaftes* Zögern vor, welches ein unverzügliches Handeln ausschließen würde (vgl. § 121 I 1 BGB).

4. Besonderheiten beim Erbvertrag. a) Normzweck und Anwendungsbereich. Beim Abschluss eines Erbvertrages, dessen Änderung oder Ergänzung gelten als gesetzlicher Regelfall die Vorschriften für Testamente entsprechend, sofern nicht die Vertragsschließenden die besondere amtliche Verwahrung ausschließen (§ 34 II Hs. 1). Die noch in der 1. Auflage im Anschluss an *Commichau* (MittBayNot 1998, 235) vertretene Auffassung, dies gälte auch für den **Aufhebungsvertrag nach § 2290 BGB,** wird wegen der Unterscheidung zwischen Erbverträgen und Aufhebungsverträgen in § 78d II 1 BNotO und in § 34a I BeurkG idF bis 31.12.2011 aufgegeben. Grund für diese Sonderregelung ist – wie die Zweifelsregelung in § 34 Hs. 2 zeigt – der Umstand, dass Erbverträge häufig mit anderen Rechtsgeschäften in einer Urkunde verbunden werden und sich in diesen Fällen die besondere amtliche Verwahrung als Nachteil herausstellen kann.

b) Voraussetzungen der Ausnahmevorschrift. Die Vertragsschließenden müssen die besondere amtliche Verwahrung ausschließen. Erforderlich ist ein Ausschluss aller Vertragsschließenden, also nicht nur des oder der Erblasser(s). Der Ausschluss kann nach allgemeiner Meinung später jederzeit widerrufen werden; hierfür genügt mE der Widerruf nur eines Vertragsschließenden. Umgekehrt kann später – auch hier nur durch alle Vertragsschließenden – jederzeit die besondere amtliche Verwahrung widerrufen werden mit der Folge, dass die Urkunde **in die Verwahrung des Notars zurück** zu verbringen ist (OLG Hamm DNotZ 1974, 460 (461)) und nach den allgemeinen Vorschriften (§ 34 III, § 45 I) dort verbleibt. Dieser Widerruf ist von der Rückgabe an die Vertragsschließenden gem. § 2300 II, § 2256 I BGB streng zu unterscheiden (vgl. zur alten Rechtslage, als in § 2300 BGB noch nicht auf § 2256 BGB verwiesen wurde, OLG Hamm DNotZ 1974, 460); der Erbvertrag gilt also in diesem Widerrufsfall auch dann nicht als aufgehoben, wenn nach § 2300 II 1, 3, § 2256 I 1 BGB eine Rückgabe mit Aufhebungswirkung möglich wäre (*Winkler* Rn. 20). Die Vertragsschließenden können nach der geschilderten Rückverbringung in die Verwahrung des Notars infolge Widerrufs der besonderen amtlichen Verwahrung die Aushändigung der Urschrift durch den Notar an sie auch dann nicht verlangen, wenn sie den Erbvertrag aufgehoben haben (OLG Köln MittBayNot 1989, 106 (107)).

14 c) **Die Zweifelsregelung in § 34 II Hs. 2.** Nach dieser Vorschrift ist im Zweifel anzunehmen, dass alle Vertragsschließenden die besondere amtliche Verwahrung ausschließen, wenn der Erbvertrag mit einem anderen Vertrag in derselben Urkunde verbunden wird. Große Bedeutung hat diese Regelung nicht, da der Notar die Beteiligten in aller Regel ausdrücklich befragt, ob sie die besondere amtliche Verwahrung wünschen oder nicht. Erfasst werden zB die Fälle der Verbindung mit einem Ehevertrag (§ 2276 II BGB), aber auch mit Erb- oder Pflichtteilsverzichten usw, wobei eine **äußerliche Zusammenfassung** in einer Urkunde genügt, es muss also kein innerer Zusammenhang bestehen. Unglücklich ist die gesetzliche Formulierung, die positiv auf die Verbindung „mit einem anderen Vertrag" abstellt; dem Normzweck des § 34 entsprechend kommt es vielmehr darauf an, ob die Urkunde neben dem Erbvertrag noch andere materiell- oder/und verfahrensrechtliche **Rechtshandlungen im weitesten Sinn** als Verfügungen von Todes wegen enthält. Die Zweifelsregelung greift daher zB auch ein, wenn in der Erbvertragsurkunde die Rücktrittserklärung gem. § 2296 BGB bzgl. eines anderen Erbvertrages enthält.

15 d) **Rechtsfolgen.** Liegen die Voraussetzungen des § 34 II vor, so bleibt die Urkunde in der Verwahrung des Notars (§ 34 III). Es gelten gegenüber den allgemeinen Vorschriften über die Verwahrung der Notarurkunden (§§ 44 ff.) – mit Ausnahme der Mitteilungs- und Ablieferungspflichten in § 34a (s. die Komm. zu dieser Vorschrift) und der Möglichkeit der gesonderten Aufbewahrung in § 18 IV DONot – keine Besonderheiten. Zu der Diskussion, ob die Vertragsschließenden **nur eine Verschließung,** nicht aber eine Ablieferung der Urkunde verlangen können (dafür zB *Winkler* Rn. 15, dagegen zB Reimann/Bengel/Mayer/*Bengel* Rn. 20), ist anzumerken, dass damit wohl nicht eine qualifizierte Aufbewahrung in einem beschrifteten und versiegelten Umschlag entsprechend § 34 I 1–3 gemeint ist, sondern ohnehin nur eine einfache in einem verschlossenen Umschlag entsprechend § 20 I 4 DONot, und auch die Zulässigkeit eines solchen Verlangens ist abzulehnen, um den Anwendungsbereich dieser unzweckmäßigen (vgl. Schippel/Bracker/*Bracker* DONot § 20 Rn. 4) Vorschrift nicht noch auszuweiten. Eine qualifizierte Aufbewahrung in einem beschrifteten und versiegelten Umschlag entsprechend § 34 I 1–3 kann mE erst recht nicht verlangt werden, da § 34 II nur eine einheitliche Verweisung auf den gesamten Abs. 1 beinhaltet.

16 5. **Verstöße.** Sämtliche Vorschriften des § 34 sind Soll-Vorschriften, so dass Verstöße die Wirksamkeit der Beurkundung nicht berühren, sondern lediglich dienstaufsichtliche und disziplinarische Maßnahmen sowie Schadensersatzansprüche gegen den Notar zur Folge haben können. Insbesondere ist das Verbringen in die besondere amtliche Verwahrung **nicht Bestandteil der Beurkundung;** diese ist vielmehr auch hier mit der Leistung der Unterschrift sämtlicher Beteiligter sowie des Notars abgeschlossen (*Winkler* Rn. 30). Auch wenn der Notar trotz des Umstandes, dass die Vertragsschließenden auf der Grundlage des § 34 II die besondere amtliche Verwahrung ausgeschlossen haben, nach Abs. 1 verfährt, berührt dies die Wirksamkeit nicht.

17 6. **Konsularisches Notariat, Nottestamente. a) Konsularisches Notariat.** Gem. § 10 III KonsG gilt § 34 grds. auch im konsularischen Notariat (MüKoBGB/*Hagena* Rn. 64; *Hoffmann* KonsG § 11 Anm. 2). Abweichend gegenüber der Beurkundung durch den Notar ist – naturgemäß – das für die Verwahrung zuständige Gericht festgelegt: Dies ist stets das Amtsgericht Schöneberg in Berlin (§ 11 II 1 KonsG), es sei denn, der Erblasser verlangt die Verwahrung bei einem anderen Amtsgericht (§ 11 II 2 KonsG, der damit § 344 I 2 FamFG entspricht). Bis zum Verbringen in die besondere amtliche Verwahrung des zuständigen Amtsgerichts verbleibt die Verfügung in der gewöhnlichen amtlichen Verwahrung des Konsularbeamten (Armbrüster/Preuß/Renner/*Seger* Rn. 23). Wird in den **Fällen des § 34 II** die *besondere* amtliche Verwahrung beim Amtsgericht ausgeschlossen, bleibt die Urkunde entgegen § 34 III nicht dauerhaft in der gewöhnlichen Verwahrung des Konsularbeamten, sondern es gelangt die Grundnorm des § 10 III Nr. 4 S. 1, 2 KonsG zur Anwendung: Die unverschlossene Urschrift ist den Beteiligten auszuhändigen oder auf Verlangen mindestens eines Beteiligten in die *gewöhnliche* amtliche Verwahrung des Amtsgerichts Schöneberg in Berlin zu übersenden (Armbrüster/Preuß/Renner/*Seger* Rn. 24). Stirbt der Erblasser jedoch, bevor hiernach die Verfügung von Todes wegen an das Amtsgericht zur besonderen oder gewöhnlichen amtlichen Verwahrung abgesandt wurde, so ist der Konsularbeamte zur Eröffnung, berechtigt, aber nicht verpflichtet (§ 11 III 1 KonsG); dasselbe muss gelten, wenn der Todesfall vor der Aushändigung iSd § 10 III Nr. 4 S. 1 KonsG eintritt.

18 **b) Nottestamente.** § 34 gilt auch für das Bürgermeistertestament gem. § 2249 BGB (§ 2249 I 4 BGB), aber mangels entsprechender Verweisung – weil es sich nicht um öffentliche Testamente handelt (BGH LM ZPO § 416 Nr. 1; BayObLGZ 1979, 232 (238)) – nicht für das Drei-Zeugen-Testament gem.

§ 2250 BGB und das Seetestament gem. § 2251 BGB. Eine besondere amtliche Verwahrung *nach § 2248 BGB* ist jedoch möglich und empfehlenswert (MüKoBGB/*Hagena* § 2250 Rn. 20).

§ 34a Mitteilungs- und Ablieferungspflichten

(1) ¹Der Notar übermittelt nach Errichtung einer erbfolgerelevanten Urkunde im Sinne von § 78d Absatz 2 Satz 1 der Bundesnotarordnung die Verwahrangaben im Sinne von § 78d Absatz 2 Satz 2 der Bundesnotarordnung unverzüglich elektronisch an die das Zentrale Testamentsregister führende Registerbehörde. ²Die Mitteilungspflicht nach Satz 1 besteht auch bei jeder Beurkundung von Änderungen erbfolgerelevanter Urkunden.

(2) Wird ein in die notarielle Verwahrung genommener Erbvertrag gemäß § 2300 Absatz 2, § 2256 Absatz 1 des Bürgerlichen Gesetzbuchs zurückgegeben, teilt der Notar dies der Registerbehörde mit.

(3) ¹Befindet sich ein Erbvertrag in der Verwahrung des Notars, liefert der Notar ihn nach Eintritt des Erbfalls an das Nachlassgericht ab, in dessen Verwahrung er danach verbleibt. ²Enthält eine sonstige Urkunde Erklärungen, nach deren Inhalt die Erbfolge geändert werden kann, so teilt der Notar diese Erklärungen dem Nachlassgericht nach dem Eintritt des Erbfalls in beglaubigter Abschrift mit.

1. Entstehungsgeschichte, Normzweck und Anwendungsbereich. Zur Entstehungsgeschichte der 1
bis zum Ablauf des 31.12.2011 geltenden Fassung s. die 1. Auflage. § 34a wurde mit der Einführung des Zentralen Testamentsregister zum 1.1.2012 grundlegend neu gefasst. Er enthält in seinem Abs. 1 die Verpflichtung des Notars, nach Errichtung (oder Änderung, § 34a I 2) **erbfolgerelevanter Urkunden** iSd § 78d II 1 BNotO die sog. Verwahrangaben iSd § 78d II 2 BNotO unverzüglich elektronisch der das Zentrale Testamentsregister führenden Registerbehörde zu übermitteln. Die Abs. 2 u. 3 enthalten Sonderregelungen für bestimmte erbfolgerelevante Urkunden, nämlich in Abs. 2 u. 3 S. 1 für (gem. § 34 III) in die Verwahrung des Notars genommene (besser: dort verbliebene) Erbverträge und in Abs. 3 S. 2 für sonstige erbfolgerelevante Urkunden. Insgesamt dienen diese Regelungen zusammen mit der Verbringungspflicht in § 34 dem Zweck, dass vom Notar beurkundete erbfolgerelevante Urkunden (spätestens) nach dem Tod des Erblassers in die Verwahrung (Testamente und Erbverträge) oder wenigstens in die Kenntnis (sonstige erbfolgerelevante Urkunden) des zuständigen Nachlassgerichts gelangen und so in den dann stattfindenden erbrechtlichen Verfahren berücksichtigt werden können. Die Pflichten bestehen – unabhängig von deren Geburtsort und Wohnsitz – auch bei **Erblassern mit nichtdeutscher Staatsangehörigkeit,** denn auch hier kommt eine internationale Zuständigkeit der deutschen Nachlassgerichte in Betracht (§§ 105, 343 I u. III FamFG).

2. Mitteilungspflicht an das Zentrale Testamentsregister (Abs. 1). a) Erbfolgerelevante Urkunden. 2
§ 34a I statuiert eine Mitteilungspflicht bzgl. aller erbfolgerelevanten Urkunden iSd § 78d II 1 BNotO. § 78d II 1 BNotO enthält eine Legaldefinition des Begriffs erbfolgerelevanter Urkunden. Hiernach ist zu unterscheiden: **Testamente und Erbverträge** sind stets erbfolgerelevante Urkunden, auch wenn sie die Erbfolge selbst nicht beeinflussen, zB weil sie die gesetzliche Erbfolge unberührt lassen und nur Vermächtnisse enthalten (BT-Drs. 17/2583, 17) oder es sich sogar nur um familienrechtliche Anordnungen handelt, die „*durch* letztwillige Verfügung" (also nicht nur nach deren Formvorschriften) zu erfolgen haben wie gem. § 1777 III BGB die Benennung eines Vormunds (DNotI-Report 2011, 91). **Sonstige erbfolgerelevante Urkunden** sind all die Urkunden mit Erklärungen, welche die Erbfolge beeinflussen können. Die hierzu in § 78d II 1 BNotO enthaltene Aufzählung ist nur beispielhaft, nicht abschließend („insbesondere"). Es genügt dabei, dass die Urkunde abstrakt die Erbfolge beeinflussen kann. Ob sie es im konkreten Fall im Zeitpunkt des Todes des Erblassers tatsächlich tun wird, braucht nicht der Notar zu prognostizieren; dies soll gerade dem späteren nachlassgerichtlichen Verfahren bei Vorliegen aller erforderlichen Informationen vorbehalten bleiben (BT-Drs. 17/2583, 17). Insgesamt ist dabei ein großzügiger Maßstab im Sinn einer „Pro-Registrierung" anzulegen, um möglichst zu vermeiden, dass nach dem Tod des Erblassers aus Unkenntnis erbfolgerelevante Urkunden nicht berücksichtigt werden und zB ein unrichtiger Erbschein erteilt wird. Kann andererseits der Notar mit Sicherheit von vornherein jede Erbfolgerelevanz der von ihm errichteten Urkunde ausschließen, besteht auch keine Mitteilungspflicht (DNotI-Gutachten Nr. 133745). Nach der Gesetzesbegründung sollen wegen des Zwecks des Registers und der Aufzählung in § 78d II 1 BNotO allerdings nur Urkunden mit Erklärungen des Erblassers zu dessen Lebzeiten gemeint sein; Erklärungen erst nach dem Erbfall wie zB Ausschlagungserklärungen daher nicht (BT-Drs. 17/2583, 17). Das ist im Hinblick auf die dort aufgeführten Anfechtungserklärungen, die auch von Begünstigten (§ 2080 BGB) und auch noch nach dem Tod des Erblassers (nach hM soll die Anfechtungsfrist des § 2082 BGB frühestens mit dem Erbfall beginnen können; → BGB § 2082 Rn. 2) erklärt werden können, mE nicht ohne Zweifel. Unzweifelhaft fallen darunter jedoch Aufhebungserklärungen gem. § 2290 BGB, Rücktrittserklärungen gem. § 2296 BGB, Anfechtungserklärungen gem. den §§ 2280, 2281 BGB, Erbverzichtsverträge gem. § 2346 BGB, Zuwendungsverzichtsverträge gem. § 2352 BGB (soweit ein Verzicht auf eine Erbeinsetzung in Betracht kommt), Ehe- und Lebenspartnerschaftsverträge (soweit die Erhöhung des gesetzlichen Erbteils gem. § 1371 BGB bzw. § 6 S. 2 LPartG, § 1371 BGB betroffen sein kann oder – wegen § 1931 IV BGB bzw. § 10 II 2 LPartG – Gütertrennung vereinbart oder aufgehoben wird) und Rechtswahlen gem. Art. 22 EuErbVO (ggf. iVm Art. 25

EGBGB) oder gem. Art. 15 EGBGB. Auch die in § 78d II 1 BNotO nicht ausdrücklich genannten Vaterschaftsanerkennungserklärungen gem. § 1594 BGB, die als nicht empfangsbedürftige Willenserklärungen zusammen mit den nach § 1595 BGB erforderlichen, ebenfalls nicht empfangsbedürftigen Zustimmungserklärungen unmittelbar zur rechtlichen Vaterschaft des Anerkennenden (§ 1592 Nr. 2 BGB) mit allen daraus resultierenden Rechtsfolgen auch im erbrechtlichen Bereich führen, fallen darunter. Bei (isolierten) Zustimmungserklärungen nach § 1595 BGB ist dies dagegen zumindest insoweit zweifelhaft, als es um die Zustimmungserklärung der Kindsmutter (§ 1595 I BGB) geht, weil durch die Vaterschaftsanerkennung nur die Erbfolge bei Vater und Kind, nicht aber bei der Kindsmutter beeinflusst werden kann und – wie vorstehend angesprochen – nach der Gesetzesbegründung nur Erklärungen „des Erblassers" registrierungspflichtig sein sollen. Eindeutig **nicht registrierungspflichtig** sind dagegen Adoptionsanträge und damit im Zusammenhang stehende Erklärungen, weil hier die Adoptionswirkungen erst mit der stattgebenden Entscheidung des Gerichts eintreten (§ 1752 I BGB). Urkunden im Sinne dieser Vorschrift sind mE nicht nur notariell beurkundete oder öffentlich beglaubigte Willenserklärungen iSd §§ 8 ff., sondern auch solche, deren Text der Notar entworfen und dann **gem. § 40 unterschriftsbeglaubigt** hat. Denn in diesen Fällen der Entwurfserstellung unterliegt der Notar denselben Prüfungs- und Belehrungspflichten wie bei der Beurkundung von Willenserklärungen (OLG Düsseldorf NJW-RR 1995, 1147), muss also nicht nur gem. § 40 II die Urkunde darauf prüfen, ob Gründe bestehen, seine Amtstätigkeit zu verweigern. Da er also in diesen Fällen ohnehin zur inhaltlichen Prüfung und außerdem gem. § 19 I DONot zur Aufbewahrung einer Abschrift dieser Urkunde in seiner Urkundensammlung verpflichtet ist, kann er auch die mögliche Erbfolgerelevanz beurteilen und gem. § 34a III 2 nach dem Erbfall eine beglaubigte Abschrift einreichen. § 78d III BNotO steht dem nicht entgegen, da diese Urkunden wenn schon nicht Nr. 1, dann jedenfalls Nr. 2 unterfallen, denn diese Vorschrift meint auch die gewöhnliche Verwahrung beim Notar (BT-Drs. 17/2583, 18). Obwohl § 19 I DONot nur die Aufnahme einer einfachen Abschrift in die Urkundensammlung verlangt, empfiehlt sich in diesen Fällen eine Beglaubigung, um bei späterer Einreichung gem. § 34a III 2 eine beglaubigte Abschrift einreichen zu können, die eine lückenlose Kette öffentlicher Beglaubigungen zur Urschrift aufweist. Freilich hat der hier erörterte Fall der entworfenen und unterschriftsbeglaubigten, möglicherweise erbfolgerelevanten Urkunden – wenn überhaupt – nur einen sehr kleinen praktischen Anwendungsbereich, da das materielle Recht für derartige Erklärungen praktisch immer die strengere Form der notariellen Beurkundung zwingend vorschreibt.

3 b) **Reine Pflichtteilsverzichte** gem. § 2346 I BGB sollen nicht erbfolgerelevant sein und sind deshalb nicht registrierungspflichtig (BT-Drs. 17/2583, 17). Die nicht begründete Gegenauffassung (Haußleiter/*Schemmann*, FamFG, 1. Aufl. 2011, FamFG § 347 Rn. 6) widerspricht dem klaren Wortlaut des Gesetzes, würde das Tor zu einer uferlosen Registrierungspflicht für alle im weitesten Sinn irgendwie erbrechtlich relevanten Urkunden eröffnen und ist überdies inkonsequent, denn Zuwendungen unter Anrechnung auf den Pflichtteil etwa sollen – auch nach dieser Begründung – wieder einer Registrierungspflicht ausgenommen sein. Die von *Diehn* (DNotZ 2011, 676 (678) in Fn. 9) erwogene Möglichkeit der **freiwilligen** Registrierung reiner Pflichtteilsverzichtsverträge bei Zustimmung aller Beteiligter ist mE angesichts des Wortlauts des § 78d I 1 Nr. 1 BNotO, der auch die Aufnahme in das Register auf erbfolgerelevante Urkunden beschränkt, kein Raum; überdies würde sich wieder die Frage stellen, wo man bei einer derartigen freiwilligen Registrierung eine gegenständliche Grenze ziehen will.

4 c) **Änderungen erbfolgerelevanter Urkunden.** § 34a I 2 erstreckt die Mitteilungspflicht auch auf die Beurkundung von Änderungen erbfolgerelevanter Urkunden. Hier ist wieder zu differenzieren: Änderungen von Testamenten und Erbverträgen sind stets zu registrieren. Bei Änderungen sonstiger erbfolgerelevanter Urkunde stellt sich dagegen die Frage, ob diese ebenfalls stets zu registrieren sind oder nur dann, wenn *die Änderung* die Erbfolge beeinflussen kann. Auf den ersten Blick spricht der Wortlaut eher für die erste, der Normzweck eher für die zweite Auffassung. ME ist die erste Auffassung vorzugswürdig, weil jede Änderung auch eines „eigentlich" nicht erbfolgerelevanten Teils der ursprünglichen Urkunde (zB der unterhalts- oder versorgungsausgleichsrechtlichen Regelungen eines Ehe- und Erbvertrages) theoretisch (va über § 139 BGB) Einfluss auf die Wirksamkeit des erbfolgerelevanten Teils haben kann, womit bei näherer Betrachtung Wortlaut und Normzweck zu demselben Ergebnis führen können. Keine Änderungen im Sinne dieser Vorschrift sind Berichtigungen offensichtlicher Unrichtigkeiten gem. § 44a II (*Diehn* DNotZ 2011, 676 (677)).

5 d) **Adressat und Inhalt der Mitteilung.** Adressat ist die das Zentrale Testamentsregister führende Registerbehörde, die Bundesnotarkammer (§ 78 II 1 Nr. 2 BNotO). Zu übermitteln sind die Verwahrangaben gem. § 78d II 2 BNotO, § 1 ZTRV (mit Ausnahme der erst im Rahmen der Registrierung bzw. Verwahrung vergebenen Angaben gem. § 1 S. 1 Nr. 3 ZTRV), und zwar bei einer mehrere Erblasser betreffende erbfolgerelevante Urkunde für jeden (§ 2 I 2 ZTRV). Das Geburtsstandesamt und die Geburtenregisternummer gehören nur bei Beurkundung der Geburt im Inland dazu (§ 1 S. 1 Nr. 1 lit. c ZTRV), wobei Inland die Bundesrepublik Deutschland in ihren jetzigen Grenzen ist; dazu gehören also insb. nicht die Ostgebiete des ehemaligen Deutschen Reiches. Diese Verwahrangaben müssen mit Ausnahme der Geburtenregisternummer, die nachträglich übermittelt werden kann (und dann gem. § 5 S. 1 Nr. 3 ZTRV zu ergänzen ist), vollständig übermittelt werden (§ 2 II 1 ZTRV), wobei die Verantwortung für die Richtigkeit der zu übermittelnden Daten beim Erblasser liegt (§ 2 III ZTRV). **Zusätzliche Angaben,** die für das Auffinden der erbfolgerelevanten Urkunde hilfreich sein können (zB Geburtsstandesamt und Geburtenregisternummer bei einer Beurkundung der Geburt im [jetzigen] Ausland), können übermittelt werden, um der Registerbehörde die Entscheidung über deren zusätzliche Aufnahme gem. § 1 S. 2 ZTRV zu ermöglichen, wobei bei dem weitgehend standardisierten und automatisierten Übermittlungs- und Registrierungsverfahren die Übermittlung de facto automatisch zur Aufnahme führt.

e) Form und Frist der Übermittlung, Registrierungsbestätigung. Die Übermittlung hat grds. „elektronisch" zu erfolgen (§ 34a I 1 BeurkG, § 9 I ZTRV). Nur bei technischen Störungen kann die Kommunikation auch schriftlich „nach Maßgabe der von der Registerbehörde getroffenen Festlegungen" erfolgen (§ 9 III Nr. 3 ZTRV). Da dabei keine Einschränkung bzgl. des Orts der technischen Störung vorgesehen ist, kommt eine ausnahmsweise schriftliche Kommunikation bei technischen Störungen im Bereich der Registerbehörde, des Notars oder/und des Kommunikationsweges in Betracht. Das Register ist grds. nur durch solche informationstechnische Netze zugänglich, die durch eine staatliche Stelle oder im Auftrag einer staatlichen Stelle oder einer juristischen Person des öffentlichen Rechts betrieben werden und mit dem Zentralen Testamentsregister gesichert verbunden sind (§ 12 II 1 ZTRV), also in erster Linie durch das von der NotarNet GmbH als einhundertprozentiger Tochtergesellschaft der Bundesnotarkammer betriebene Notarnetz (ausf. *Diehn* DNotZ 2001, 676 (681 f.), auch zu Ausnahmen nach § 12 II 2 ZTRV). Für die **Übermittlungsfrist** gilt das zur Verbringungsfrist des § 34 Gesagte entsprechend (→ § 34 Rn. 11). Die Registerbehörde bestätigt dem Notar jede erfolgreiche Registrierung und übermittelt diesem für jeden Erblasser die Angaben der Verwahrdatensatzes (§ 3 II 1 ZTRV), also wird für jeden Erblasser eine **Registrierungsbestätigung** übermittelt, die der Notar dem jeweiligen Erblasser zu übergeben hat und von der er gem. § 20 II DONot einen Ausdruck in der Urkundensammlung aufzubewahren hat. 6

3. Rückgabe aus der notariellen Verwahrung (Abs. 2). Wird ein gem. § 34 III in der notarieller Verwahrung verbliebener Erbvertrag gem. § 2300 II BGB aus dieser Verwahrung genommen und den Vertragsschließenden zurückgegeben, so gilt dieser aufgrund des entsprechend anzuwendenden § 2256 I BGB als aufgehoben (§ 2300 II 3 BGB). Ebenso wie eine notariell beurkundete Aufhebung gem. § 34a I mitzuteilen ist, ist daher auch diese **Fiktion der Aufhebung** (unter der Angabe des Datums der Rückgabe, § 4 II 1 ZTRV) mitzuteilen. Die Registerbehörde vermerkt die Rückgabe in den Verwahrdatensätzen (§ 4 II 2 ZTRV) und übermittelt eine Registrierungsbestätigung (§ 4 II 2, § 3 II 1 ZTRV), mit der vom Notar wie bei erbfolgerelevanten Urkunden zu verfahren ist (→ Rn. 6). Das übrige in diesen Fällen vom Notar zu beachtenden Verfahren ist in § 20 III DONot geregelt. 7

4. Nach Eintritt des Erbfalls (Abs. 3). Ab dem 1.1.2012 teilt das zuständige Standesamt der Registerbehörde den Tod, die Todeserklärung oder die gerichtliche Feststellung der Todeszeit einer Person mit, sog. Sterbefallmitteilung (§ 78e S. 1 BNotO). Die Registerbehörde prüft daraufhin, ob zu dieser Person im Zentralen Testamentsregister Verwahrangaben zu erbfolgerelevanten Urkunden vorhanden sind (§ 78e S. 2 BNotO) und benachrichtigt elektronisch die verwahrenden Stellen über den Sterbefall und die Verwahrangaben (§ 78e S. 3 Nr. 2, S. 4 BNotO). Ist verwahrende Stelle der Notar, dh bei Testamenten nie, bei Erbverträgen nur in den Fällen des § 34 III und bei sonstigen erbfolgerelevanten Urkunden stets, wird also der Notar benachrichtigt. Das Gesetz verlangt anders als in § 34 I, § 34a I auf diese Benachrichtigung hin kein „unverzügliches" Handeln des Notars. Angesichts dessen und des Umstandes, dass parallel zum Notar auch das zuständige Nachlassgericht elektronisch nicht nur über den Sterbefall, sondern auch über die Verwahrangaben benachrichtigt wird (§ 78e S. 3 Nr. 1, S. 4 BNotO), also zu derselben Zeit wie der Notar zumindest über das Vorhandensein des Erbvertrages bzw. der sonstigen erbfolgerelevanten Urkunde Kenntnis erlangt, erscheint hier eine Regelfrist nicht von drei, sondern von zehn Arbeitstagen als angemessen. 8

a) Erbverträge. Handelt es sich bei der Urkunde um einen Erbvertrag, so hat der Notar daraufhin die Urschrift beim Nachlassgericht abzuliefern, in dessen Verwahrung sie verbleibt; dies gilt auch dann, wenn in der Urkunde andere materiell- oder/und verfahrensrechtliche Rechtshandlungen im weitesten Sinn enthalten sind (arg. e § 34 II Hs. 2). Diese Ablieferung ist keine nachgeholte besondere amtliche Verwahrung iSd § 34; deshalb gilt für örtliche Zuständigkeit des Nachlassgerichts (§ 343 FamFG und nicht § 344 I Nr. 1, Abs. 3 FamFG) und nach § 34 I 1–3 muss ebenfalls nicht verfahren werden. Anstelle der abgelieferten Urschrift verbleibt in der Urkundensammlung eine beglaubigte Abschrift der Urkunde und der Kostenberechnung (§ 20 IV DONot). 9

b) Sonstige erbfolgerelevante Urkunden. Handelt es sich nicht um einen Erbvertrag, sondern um eine sonstige erbfolgerelevante Urkunde, so wird eine beglaubigte Abschrift davon unter Verweis auf die Person des Erblassers und den eingetretenen Erbfall – wenn möglich auch unter Angabe des Aktenzeichens – an das örtlich zuständige (§ 343 FamFG) Nachlassgericht gesandt und dadurch die „Mitteilung in beglaubigter Abschrift" gem. § 34a II 2 bewirkt. Abzuliefern ist entgegen dem insoweit missverständlichen Wort stets eine vollständige beglaubigte Abschrift (aA Grziwotz/Heinemann/*Heinemann*, BeurkG, 2. Aufl. 2015, Rn. 15, der aber zu Recht betont, dass stets eine vollständige Abschrift abgeliefert werden darf und datenschutzrechtliche Gründe dem jedenfalls nicht entgegenstehen); es gilt dasselbe wie für die stets bestehende Mitteilungspflicht bei Änderungen erbfolgerelevanter Urkunden (→ Rn. 4). 10

5. Konsularisches Notariat, Nottestamente. a) Konsularisches Notariat. Gem. § 10 III KonsG gilt auch diese Vorschrift für das konsularische Notariat, was durch die (beiläufige) Erwähnung des § 34a in § 11 II 1 KonsG nochmals bestätigt wird. Zu Recht wird allerdings vertreten, sie gälte aufgrund einer teleologischen Reduktion des § 78d III Nr. 1 BNotO **nicht** in Fällen, in denen ein Erbvertrag oder eine sonstige erbfolgerelevante Urkunde weder gem. § 11 II KonsG in besondere noch gem. § 10 III Nr. 4 S. 1 11

Hs. 2, S. 2 in die gewöhnliche amtliche Verwahrung des Amtsgerichts verbracht, sondern gem. § 10 III Nr. 4 S. 1 Hs. 1 **den Beteiligten ausgehändigt** werde (*Diehn* DNotZ 2011, 676 (679)). Hintergrund ist, dass in diesen Fällen die Anwendung des § 45 II 2, 3, dh die Zurückbehaltung einer Ausfertigung der Urkunde und Verbringung dieser Ausfertigung in die gewöhnliche amtliche Verwahrung des Amtsgerichts Schöneberg, generell umstritten ist (*Hoffmann* KonsG § 10 Anm. 3.5) und in der Praxis wohl auch nicht vorgenommen wird (so wohl *Bindseil* DNotZ 1993, 5 (15 f.)), und sich dadurch iErg die Urkunde (oder eine Ausfertigung oder beglaubigte Abschrift) nicht dauerhaft in irgendeiner amtlichen Verwahrung befindet. Genauso wie die Nachlassgerichte nach dem Sterbefall mit Nachforschungen zum Verbleiben eigenhändiger, aber nicht in die besondere amtliche Verwahrung verbrachter und möglicherweise bereits vernichteter Urkunden überfordert wären (*Diehn* DNotZ 2011, 676 (679); vgl. auch BT-Drs. 17/2583, 18), wären sie es mit derartigen konsularischen Urkunden; in beiden Fällen ist daher eine Mitteilung und Registrierung ausgeschlossen.

12   Die Übermittlung gem. Abs. 1 obliegt in jedem Fall dem beurkundenden Konsularbeamten, wobei ausnahmsweise eine schriftliche Kommunikation nach Maßgabe der von der Registerbehörde getroffenen Festlegungen erfolgen kann (§ 9 III Nr. 1 ZTRV). Mitteilungen oder Ablieferungen des Konsularbeamten gem. Abs. 2 oder Abs. 3 kommt nicht in Betracht, da es gem. § 10 II Nr. 4 S. 1, 2 KonsG keine (dauerhafte) *gewöhnliche* Verwahrung durch den Konsularbeamten, sondern nur durch das Amtsgericht Schöneberg in Berlin gibt (→ § 34 Rn. 17). Im Fall der Rücknahme nach Abs. 2 ist dann dieses gem. § 10 III KonsG, § 34a II (§ 347 III FamFG gilt nur bei der *besonderen amtlichen* Verwahrung konsularischer Erbverträge. § 11 II KonsG) zur Mitteilung verpflichtet. Ebenso obliegen diesem Gericht gem. § 10 III KonsG, § 34a III die Ablieferungs- und Mitteilungspflichten des Abs. 3; vom Eintritt des Erbfalls Kenntnis erlangt es dadurch, dass es als verwahrende Stelle über den Sterbefall und die Verwahrangaben gem. § 78e S. 3 Nr. 2, S. 4 BNotO benachrichtigt wird.

13   **b) Nottestamente.** Die Frage der Anwendbarkeit des § 34a stellt sich nicht, da es keinen Noterbvertrag gibt (vgl. § 2276 BGB) und erstrecht keine Notbeurkundungen erbfolgerelevanter Urkunden.

§ 35 Niederschrift ohne Unterschrift des Notars

Hat der Notar die Niederschrift über die Errichtung einer Verfügung von Todes wegen nicht unterschrieben, so ist die Beurkundung aus diesem Grunde nicht unwirksam, wenn er die Aufschrift auf dem verschlossenen Umschlag unterschrieben hat.

1   **1. Normzweck und Anwendungsbereich. a) Normzweck.** Die eigenhändige Unterschrift des Notars ist Voraussetzung für die Wirksamkeit einer Beurkundung (§ 13 III 1). Dies galt bei Verfügungen von Todes wegen früher auch dann, wenn der Notar die Aufschrift auf dem verschlossenen Umschlag gemäß dem jetzigen § 34 I 3 unterschrieben hatte (BGH NJW 1955, 788 (789)). § 35 bestimmt daher ausnahmsweise, dass die Beurkundung nicht wegen der fehlenden Unterschrift des Notars unter der Niederschrift unwirksam ist; die Unterschrift auf dem Umschlag deckt daher auch die darin eingeschlossene Niederschrift mit ab, weil durch detaillierten Vorschriften über die Behandlung der Urkunde in § 34 I 1–3 eine „**Einheit von Urkunde und Umschlag**" hergestellt wird (*Winkler* Rn. 1, 5). Zweck ist die Beseitigung einer zur Nichtigkeit führenden Fehlerquelle, die bei Verfügungen von Todes wegen meist besonders verheerend ist, weil einerseits der verschlossene Umschlag regelmäßig erst nach dem Tod des Erblassers geöffnet und dadurch das Fehlen der Unterschrift bemerkt wird, und andererseits der Fehler dann irreparabel geworden ist, denn nach dem Tod des Erblassers kann die Unterschrift des Notars nicht mehr nachgeholt werden.

2   **b) Anwendungsbereich.** Die Vorschrift gilt **sachlich** für alle Verfügungen von Todes wegen, bei denen nach § 34 I 1–3 verfahren werden sollte und tatsächlich verfahren wurde. Ob die Verfügung von Todes wegen darüber hinaus gem. § 34 I 4 in die besondere amtliche Verwahrung gebracht wurde, ist nach Wortlaut, Normzweck und Gesetzesbegründung unerheblich (*Winkler* Rn. 4); dasselbe gilt, wenn der Notar trotz Ausschlusses durch die Vertragsschließenden (§ 34 II) gleichwohl nach § 34 I 1–3 verfahren ist (MüKoBGB/*Hagena* Rn. 11 mwN). **Zeitlich** gilt die Vorschrift auch für vor dem Inkrafttreten des BeurkG errichtete Verfügungen, wenn der Erblasser erst nach dem Inkrafttreten verstirbt (offen gelassen, jedoch gegen eine „ausdehnende" Anwendung BayObLGZ 1976, 275 (277 f.)), weil die Unterschrift auf dem Umschlag auch zuvor schon nicht nur die Bedeutung hatte, dass der Notar die Angaben auf dem Umschlag bestätigt, sondern damit auch den ordnungsgemäßen Abschluss des gesamten Beurkundung dokumentiert; außerdem rechtfertigen der Normzweck des § 35 und der allgemeine Rechtsgedanke des § 51 III TestG eine extensive Auslegung (Eylmann/Vaasen/*Baumann*, BnotO/BeurkG, 4. Aufl. 2016, Rn. 4; Soergel/*Mayer* BGB Rn. 1; str.).

3   **2. Voraussetzungen. a) Eigenhändige Unterschrift.** Voraussetzung für die Anwendung ist, dass der Notar die Aufschrift auf dem verschlossenen Umschlag unterschrieben haben muss. Der Umschlag muss also gem. § 34 I 1–3 verschlossen und versiegelt, mit der vorgeschriebenen Aufschrift versehen und vom Notar unterschrieben worden sein. Das bedeutet aber nicht, dass jeder Fehler bei diesen Tätigkeiten (zB ein Verschließen nur mit dem Farbdrucksiegel) zugleich die Anwendung des § 35 ausschließt; es genügt vielmehr, wenn die Vornahme des in § 35 I 1–3 vorgeschriebene Verfahren als solche überhaupt erkennbar ist (ähnlich MüKoBGB/*Hagena* Rn. 8 f.). Unverzichtbar ist allerdings die Unterschrift des Notars, welche jedenfalls iRd § 35 die Anforderungen des § 13 III 1 an eine **eigenhändige Unterschrift** erfüllen

muss, da sie diese insoweit ersetzt; es genügt also kein Faksimilestempel oÄ (MüKoBGB/*Hagena* Rn. 13). Nicht zwingend erforderlich ist jedoch die Beifügung der Amtsbezeichnung zur Unterschrift, da § 13 III 2 nur Soll-Vorschrift ist, und des Datums der Unterschriftsleistung, da dies in § 34 I 3 nicht vorgeschrieben ist (MüKoBGB/*Hagena* Rn. 13).

b) Zeitpunkt der Unterschriftsleistung. Der Notar hat, da er die Verfügung von Todes wegen unverzüglich in die besondere amtliche Verwahrung zu bringen hat (§ 34 I 4), auch dem Umschlag unverzüglich zu unterschreiben. Das bedeutet aber nicht, dass auch nur eine unverzüglich geleistete Unterschrift auf dem Umschlag die Unterschrift unter die Niederschrift selbst gem. § 35 ersetzen kann, denn der § 34 I enthält nur Soll-Vorschriften. Eine **Nachholung der Unterschrift** ist iRd § 35 vielmehr grds. genauso lange möglich, wie dies nach allgemeinen Grundsätzen der Fall ist, nämlich unbefristet und ohne Nachtragsverhandlung (*Winkler* § 13 Rn. 88 mwN), also auch nach dem Zeitpunkt, zu dem sie vom Notar (zB durch Erteilung einer Ausfertigung) in den Rechtsverkehr gegeben wurde (aA OLG Naumburg DNotI-Report 2000, 129) oder nach dem Verlust der erforderlichen Geschäftsfähigkeit eines Beteiligten. Jedoch ist – anders als sonst – **nach dem Tod des Erblassers** nach zutreffender hM eine Nachholung nicht mehr möglich, weil die Willenserklärung auf seinen Tod abgestellt ist und gerade mit ihm ihre Rechtswirkungen entfalten soll (*Winkler* § 13 Rn. 91 mwN). Eine hierzu oft als Gegenauffassung (blind?) zitierte Entscheidung des OLG Hamm (OLGZ 1986, 159 (161)), die angeblich eine Nachholung bis zur Eröffnung zulässt, betrifft ein völlig anderes Thema. Außerdem muss die Urkundsperson im Zeitpunkt der Nachholung noch als solche im Amt sein, ds das Amt des Notars darf nicht gem. § 47 BNotO, zB Tod oder Entlassung aus dem Amt, erloschen sein (LG Aachen DNotZ 1976, 428 (429)), ein Notarvertreter (§ 40 BNotO) muss noch oder – ggf. extra zur Nachholung der Unterschrift – erneut bestellt sein usw.

c) Unterschrift derselben Urkundsperson. Da iRd § 35 die Unterschrift auf dem Umschlag die Unterschrift unter der Niederschrift ersetzen soll, muss sie von derselben Urkundsperson geleistet werden, welche die Beurkundung vorgenommen hat. Es kann also zB die Unterschrift des Notarvertreters nicht die des Notars ersetzen und umgekehrt. Bereits aus diesem Grund sollte die Unterschrift auf dem Umschlag gem. § 34 I 3 immer von der Person geleistet werden, welche die Beurkundung selbst vorgenommen hat.

d) Unterschrift auf dem Umschlag. Nur die Unterschrift auf dem Umschlag gem. § 34 I 3, nicht aber irgendwelche andere Unterschriften des Notars im Zusammenhang mit der Beurkundung der Verfügung von Todes wegen, zB die unter die Kostenberechnung gemäß dem jetzigen § 19 I GNotKG (selbst wenn diese auf die Urschrift der Urkunde gesetzt wird; BayObLGZ 1976, 275 (278f.)) oder unter das Anschreiben, mit dem der Notar die Verfügung in die besondere amtliche Verwahrung bringt, können die fehlende Unterschrift unter die Niederschrift selbst ersetzen. Denn diese weiteren Unterschriften sind keine „Fortsetzung des Protokolls", keine Beurkundungstätigkeit mehr, sondern haben eine völlig andere Funktion, zB eine rein kostenrechtliche (zutreffend BayObLGZ 1976, 275 (278f.)).

3. Rechtsfolgen. Liegen die Voraussetzungen des § 35 vor, ist die Beurkundung „aus diesem Grunde" nicht unwirksam, dh geheilt wird nur das ansonsten zur Unwirksamkeit führende Fehlen der Unterschrift des Urkundsnotars gem. § 13 III 1, nicht andere Form- oder Verfahrensfehler, auch nicht das Fehlen anderer erforderlicher Unterschriften unter die Urkundsbeteiligten, Zeugen oder des zweiten Notars oder das Fehlen der Bezeichnung des Notars in der Niederschrift (§ 9 I Nr. 1).

Strittig ist die **Reichweite der Heilungswirkung** bei Erbverträgen und sonstigen Verfügungen von Todes wegen iSd §§ 27ff., die mit anderen Verträgen oÄ in derselben Urkunde verbunden sind. Die wohl (noch?) hM beschränkt die Ersetzungswirkung auf die Verfügung von Todes wegen selbst, der Rest sei unwirksam und die Folgen dieser Unwirksamkeit auf die Verfügung von Todes wegen beurteile sich nach § 139 BGB. Eine Mindermeinung will in diesem Fall sogar § 35 auf die Verfügung von Todes wegen selbst nicht anwenden. Mit einer wohl im Vordringen befindlichen Auffassung bezieht sich dagegen die Ersetzungsfunktion des § 35 auf **den gesamten Inhalt der Urkunde.** Dafür streitet bereits der Wortlaut, der davon spricht, dass „die Beurkundung" aus diesem Grund nicht unwirksam ist (*Winkler* Rn. 6). Vor allem aber ist die Verbindung von Verfügungen von Todes wegen mit anderen Rechtshandlungen in einer Urkunde eine völlig normale, vom Gesetzgeber anerkannte Möglichkeit der Beurkundung, bei der bei der Behandlung gem. § 34 I ebenfalls der gesetzliche Normalfall ist, dasselbe erhöhte Unwirksamkeitsrisiko besteht und bei der die Unterschrift auf dem Umschlag dieselbe besondere Funktion wie bei reinen Verfügungen von Todes wegen hat. Es spricht daher überhaupt nichts dafür, ist umgekehrt sogar grotesk, in diesem Fall die Rechtsfolgen des § 35 zu beschränken oder ihn gar von vornherein überhaupt nicht anzuwenden (so iErg BeckOGK/*Grziwotz*, 1.12.2017, BeurkG § 35 Rn. 16; Armbrüster/Preuß/Renner/*Seger* Rn. 9; *Lischka* NotBZ 1999, 8 (12); *Winkler* Rn. 6).

4. Konsularisches Notariat, Nottestamente. Die Vorschrift gilt auch im konsularischen Notariat (§ 10 III KonsG) und beim Bürgermeistertestament gem. § 2249 BGB (§ 2249 I 4 BGB), nicht aber in den Fällen der §§ 2250, 2251 BGB, da hier bereits § 34 nicht anwendbar ist (→ § 34 Rn. 18).

65. Bundesnotarordnung (BNotO)

In der Fassung der Bekanntmachung vom 24.2.1961 (BGBl. I S. 97)

Zuletzt geändert durch Art. 4 G zur Neuregelung des Schutzes von Geheimnissen bei der Mitwirkung Dritter an der Berufsausübung schweigepflichtiger Personen von 30.10.2017 (BGBl. I S. 3618)

(Auszug)

Erster Teil. Das Amt des Notars

3. Abschnitt. Die Amtstätigkeit

§ 20 [Beurkundungen und Beglaubigungen]

(1) ¹Die Notare sind zuständig, Beurkundungen jeder Art vorzunehmen sowie Unterschriften, Handzeichen und Abschriften zu beglaubigen. ²Zu ihren Aufgaben gehören insbesondere auch die Beurkundung von Versammlungsbeschlüssen, die Vornahme von Verlosungen und Auslosungen, die Aufnahme von Vermögensverzeichnissen, Nachlassverzeichnissen und Nachlassinventaren, die Vermittlung von Nachlass- und Gesamtgutsauseinandersetzungen einschließlich der Erteilung von Zeugnissen nach den §§ 36 und 37 der Grundbuchordnung, die Anlegung und Abnahme von Siegeln, die Aufnahme von Protesten, die Zustellung von Erklärungen sowie die Beurkundung amtlich von ihnen wahrgenommener Tatsachen.

...

(5) Inwieweit die Notare zur Anlegung und Abnahme von Siegeln im Rahmen eines Nachlasssicherungsverfahrens zuständig sind, bestimmt sich nach den landesrechtlichen Vorschriften.

1   1. a) **Normzweck.** § 20 I 2, Abs. 5 betreffen im spezifisch erbrechtlichen Bereich die sachliche Zuständigkeit der Notare zur (1) Aufnahme von Nachlassverzeichnissen und Nachlassinventaren, (2) Vermittlung von Nachlass- und Gesamtgutsauseinandersetzungen und (3) Anlegung und Abnahme von Siegeln im Rahmen eines Nachlasssicherungsverfahrens. Es geht konkret:
– als Maßnahme zur Nachlasssicherung um die Aufnahme von Nachlassverzeichnissen (§ 1960 II BGB),
– als Maßnahme im Rahmen der Abwehr der unbeschränkten Erbenhaftung die Aufnahme von amtlichen Nachlassinventaren (§ 2003 BGB),
– als sog. Teilungssachen die Nachlass- und Gesamtgutsauseinandersetzungen einschließlich der Erteilung von Zeugnissen nach den §§ 36 u. 37 GBO (§ 23a I 1 Nr. 2, Abs. 2 Nr. 2, Abs. 3 GVG, § 342 II Nr. 1, §§ 363 ff., 492 FamFG, §§ 36, 37 GBO),
– als Maßnahmen zur Nachlasssicherung die Anlegung (und damit auch Abnahme) von Siegeln (§ 1960 II BGB).

2   Zu beachten ist dabei, dass das Nachlassverzeichnis iSd § 1960 II BGB von dem amtlichen Nachlassinventar iSd § 2003 BGB auch inhaltlich zu unterscheiden ist, weil ersteres seinem Zweck (Sicherung des Nachlasses) entsprechend nur die Nachlassaktiva, letzteres gem. § 2001 I BGB dagegen zusätzlich auch die Nachlasspassiva enthalten muss (BayObLGZ 14, 524 (526); Sprau/*Vill* BayAGGVG Art. 36 Rn. 10). Zu beachten ist weiterhin, dass die Notare nur für *die Aufnahme* des amtlichen Nachlassinventars iSd § 2003 BGB zuständig sind; die Zuständigkeit für die Entgegennahme des Antrages und die Übertragung auf den konkret zuständigen Notar liegt beim Nachlassgericht, weshalb nur durch Antragstellung bei letzterem die Inventarfrist des § 2003 I 2 BGB gewahrt wird (BeckOGK/*Leiß* BGB § 2003 Rn. 10 f.; noch zum alten Recht OLG München MittBayNot 2009, 56; Staudinger/*Mayer* BGB Art. 148 Rn. 3). Generell zeichnen sich die in vorstehender Aufzählung enthaltenen Zuständigkeiten – ihrer Rechtsnatur als „Gerichtskommissarstätigkeit" entsprechend (→ Rn. 2) – aus, dass der Notar im konkreten Fall **erst nach vorheriger Beauftragung** durch das Nachlassgericht oder – auf landesrechtlicher Grundlage (meist in Eilfällen) – durch eine „andere Stelle" (Behörde) iSd Art. 147 EGBGB tätig werden darf; dies gilt allerdings nicht Nachlass- und Gesamtgutsauseinandersetzungen einschließlich der Erteilung von Zeugnissen nach den §§ 36 u. 37 GBO, wo der Notar ohne eine derartige gerichtliche oder behördliche Beauftragung auf Antrag privater Beteiligter sofort zuständig ist (§ 23a I 1 Nr. 2, Abs. 2 Nr. 2, Abs. 3 GVG, § 36 IIa GBO).

3   b) **Entstehungsgeschichte.** § 20 I 2, Abs. 5 wurden durch das Gesetz zur Übertragung von Aufgaben im Bereich der freiwilligen Gerichtsbarkeit auf Notare v. 26.6.2013 (BGBl. 2013 I S. 1800) geändert: Während bis dahin alle die in → Rn. 1 aufgeführten Zuständigkeiten nur nach Maßgabe der landesrechtlichen Vorschriften auch oder sogar ausschließlich beim Notar lagen (§ 20 V BNotO aF), gilt dies nunmehr nur noch für die Zuständigkeit zur Anlegung und Abnahme von Siegeln im Rahmen eines Nachlasssicherungsverfahrens (§ 20 V). Für alle anderen in → Rn. 1 aufgeführten Zuständigkeiten ist nunmehr gem. § 20 I 2 **bundeseinheitlich der Notar** sachlich zumindest auch zuständig. Zu beachten ist, dass alle

diese Zuständigkeiten nichts mit der bereits bisher in § 20 I 2 geregelten allgemeinen Zuständigkeit der Notare für die Aufnahme von Vermögensverzeichnissen und die Anlegung und Abnahme von Siegeln zu tun haben, denn in diesen zuletzt genannten Fällen wird der Notar als solcher originär und im Auftrag privater Beteiligter tätig (OLG Hamm OLGZ 1977, 257 (258), spricht von „nichtrechtsgeschäftlichen Beurkundungen"), während er in den in → Rn. 1 aufgeführten Fällen – nunmehr aufgrund der im vorgenannten Gesetz umgesetzten Gesetzgebungsmaxime „Aufgabenübertragung im Bereich der freiwilligen Gerichtsbarkeit von den Gerichten auf die Notare" sogar in vergrößertem Umfang – im Auftrag des Gerichts oder sogar als Ersatz für das früher zuständige Gericht tätig ist (s. zum bisherigen Recht Schippel/Bracker/*Reithmann* § 21 Rn. 89 f.; Sprau/*Vill* BayAGGVG Art. 36 Rn. 8, 14 aE); diese Tätigkeit wurde früher als **„Gerichtskommissarstätigkeit"** bezeichnet (Schippel/Bracker/*Reithmann* § 21 Rn. 78). Speziell für die Nachlass- und Gesamtgutsauseinandersetzungen durch den Notar wurden im Rahmen dieser Aufgabenübertragung in § 488 FamFG besondere Verfahrensvorschriften geschaffen.

Auch in den in der vorstehenden Randnummer bereits angesprochene, nicht auf das Erb- bzw. Nachlassrecht beschränkte und schon immer in § 20 I 2 begründete Zuständigkeit zur „Aufnahme von Vermögensverzeichnissen" hat im Erbrecht wichtige Anwendungsfälle. Denn hierunter fallen die Aufnahme der Verzeichnisse durch den Notar im Fall der Vor- und Nacherbfolge (§ 2121 III BGB), der Testamentsvollstreckung (§ 2215 IV BGB) und der Geltendmachung des Pflichtteils (§ 2314 I 3 BGB) sowie *die Zuziehung* des Notars bei der Aufnahme des Privatinventars durch den Erben gem. § 2002 BGB (Schippel/Bracker/*Reithmann* § 21 Rn. 65 ff.).

c) Konkurrenzen, örtliche Zuständigkeit. aa) Im Hinblick auf die **Ausschließlichkeit der sachlichen Zuständigkeit** der Notare ist zu differenzieren: Die in § 20 I bundesrechtlich begründete sachliche Zuständigkeit für die amtliche Aufnahme von Inventaren und für die Nachlass- und Gesamtgutsauseinandersetzungen ist eine ausschließliche, wie sich aus § 2003 I BGB (insb. im Vergleich zur früheren Fassung) bzw. § 23a III GVG ergibt. Die ebenfalls in § 20 I bundesrechtlich begründete sachliche Zuständigkeit für die Aufnahme von Nachlassverzeichnissen im Rahmen der Sicherung des Nachlasses besteht neben der der Nachlassgerichte, denn die gesamte Nachlasssicherung ist als Nachlasssache zunächst den Amtsgerichten zugewiesen (§ 23a I 1 Nr. 2, Abs. 2 Nr. 1 GVG, § 342 I Nr. 2 FamFG); daneben können landesrechtlich diese Zuständigkeiten zusätzlich auch noch anderen Stellen übertragen werden (Art. 147 EGBGB, zB in Sachsen gem. § 17 I Nr. 3 SächsJG den Gerichtsvollziehern), aber nicht den Nachlassgerichten entzogen werden oder Notaren entzogen werden, wie sich im Umkehrschluss aus dem aufgehobenen Art. 148 EGBGB ergibt. Zur konkurrierenden sachlichen Zuständigkeiten bei der Erteilung von Zeugnissen nach den §§ 36 u. 37 GBO; → GBO § 36 Rn. 5; bei der Ver- und Entsiegelung → Rn. 5.

bb) Die **örtliche Zuständigkeit** der Notare ist nur für die Nachlass- und Gesamtgutsauseinandersetzungen (und damit mittelbar auch für Erteilung von Zeugnissen nach den §§ 36 u. 37 GBO) ausdrücklich geregelt, und zwar in § 344 IVa, V FamFG. In den übrigen in → Rn. 1 genannten Fällen ist im konkreten Fall der Notar erst nach Beauftragung durch das Nachlassgericht zuständig. Das Nachlassgericht muss dabei nach pflichtgemäßem Ermessen den zu beauftragenden Notar auswählen, und sich dabei mE an den für die Nachlassrichter selbst geltenden, in §§ 343, 344 FamFG niedergelegten Vorschriften zur örtlichen Zuständigkeit orientieren: Amtliche Aufnahme eines Nachlassinventars daher idR durch einen Notar, in dessen Amtsbereich (§ 10a I) der Erblasser seinen gewöhnlichen Aufenthalt hatte (Grundgedanke des § 343 I FamFG), und Aufnahme eines Nachlassverzeichnisses oder Ver- und Entsiegelungen im Rahmen der Nachlasssicherung idR nur im Hinblick auf Nachlassgegenstände, die sich im Amtsbereich des Notars befinden (Grundgedanke des § 344 IV FamFG), daher im Einzelfall auch Beauftragung mehrerer Notare möglich. Allenfalls kann man dem Grundgedanken des § 344 IVa, V FamFG entsprechen und bei vom Amtsgerichtsbezirk abweichenden Amtsbereich des Notars (§ 10a I 2) auf den Amtsgerichtsbezirk abstellen, in dem der Notar seinen Amtssitz hat (§ 10a I 1).

2. Die Zuständigkeit der Notare zur Siegelung gem. § 20 V. Nach dieser Vorschrift bestimmt sich die Zuständigkeit der Notare zur Anlegung und Abnahme von Siegeln im Rahmen eines Nachlasssicherungsverfahrens (§ 1960 II BGB) nach Landesrecht. Zu beachten ist, dass dem Notar hierdurch nur die Zuständigkeit für die Anlegung und Abnahme von Siegeln (also die eigentliche Versiegelung und spätere Entsiegelung) im Auftrag des Nachlassgerichts (oder einer anderen Stelle iSd Art. 147 EGBGB) übertragen werden kann, nicht die Zuständigkeit für diesbezüglichen Anordnungen. Die Anordnung einer Versiegelung oder Entsiegelung trifft also stets das Gericht (und zwar entweder das allgemein nach § 343 FamFG oder das speziell nach § 344 IV FamFG zuständige) oder die nach Landesrecht auf der Grundlage des Art. 147 EGBBB zuständige „andere Stelle" (*Firsching/Graf* NachlassR Rn. 4.544 iVm 4.563; → Rn. 1), und kann dabei den Vollzug der jeweiligen Anordnung dem Notar übertragen, wenn dies das Landesrecht zulässt. Ist den Notaren diese sachliche Zuständigkeit nach Landesrecht übertragen, besteht diese neben der der Nachlassgerichte, denn die gesamte Nachlasssicherung ist als Nachlasssache zunächst den Amtsgerichten zugewiesen (§ 23a I 1 Nr. 2, Abs. 22 Nr. 1 GVG, § 342 I Nr. 2 FamFG); daneben kann landesrechtlich diese Zuständigkeit zusätzlich auch noch anderen Stellen übertragen (Art. 147 EGBGB) werden, aber nicht den Nachlassgerichten entzogen werden, wie sich im Umkehrschluss aus dem aufgehobenen Art. 148 EGBGB ergibt. Die nachfolgende Aufstellung listet auf, ob in den einzelnen Bundesländern eine Rechtsgrundlage besteht, wonach nach diesen Grundsätzen die Ver- und Entsiegelung im Einzelfall **einem Notar** (die Möglichkeit der Übertragung auf andere Stellen ist nicht berücksichtigt) übertragen werden kann.

8	a) Baden-Württemberg: **Nein.**
9	b) Bayern: **Ja** (Art. 36 II Nr. 2 BayAGGVG).
10	c) Berlin: **Nein.**
11	d) Brandenburg: **Nein.**
12	e) Bremen: **Nein.**
13	f) Hamburg: **Nein.**
14	g) Hessen: **Nein.**
15	h) Mecklenburg-Vorpommern: **Nein.**
16	i) Niedersachsen: **Ja** (§ 49 NJG).
17	j) Nordrhein-Westfalen: **Ja** (§ 91 JustG NRW).
18	k) Rheinland-Pfalz: **Ja** (§ 13 LFGG).
19	l) Saarland: **Nein.**
20	m) Sachsen: **Nein.**
21	n) Sachsen-Anhalt: **Nein.**
22	o) Schleswig-Holstein: **Nein.**
23	p) Thüringen: **Nein.**
24	**3. Rechtsfolgen.** Ist der Notar in den in → Rn. 1 aufgeführten Angelegenheiten zuständig, so fungiert der Notar als Nachlassgericht und das Verfahren richtet sich nach dem FamFG, § 488 FamFG (BayObLGZ 1983, 101 (103f.) mwN); speziell für Teilungssachen iSd § 342 II Nr. 1 FamFG ergänzt durch die Sonderregelungen in § 492 (FamFG). Er hat also die Stellung des erstinstanzlichen Gerichts im Nachlassverfahren (BayObLGZ 1983, 101 (103f.) mwN). Daraus folgt zugleich, dass er eine entsprechende Überweisung durch das Nachlassgericht nicht anfechten kann (BayObLGZ 1983, 101 (103f.) mwN) und zur Vornahme dieser Amtstätigkeit verpflichtet ist (aA Schippel/Bracker/*Reithmann* Rn. 90).

70. Grundbuchordnung (GBO)

In der Fassung der Bekanntmachung vom 26.5.1994 (BGBl. I S. 1114)
Zuletzt geändert durch Art. 11 Abs. 18 eIDAS-DurchführungsG vom 18.7.2017 (BGBl. I S. 2745)

(Auszug)

Zweiter Abschnitt. Eintragungen in das Grundbuch

§ 35 [Nachweis der Erbfolge, ua]

(1) ¹Der Nachweis der Erbfolge kann nur durch einen Erbschein oder ein Europäisches Nachlasszeugnis geführt werden. ²Beruht jedoch die Erbfolge auf einer Verfügung von Todes wegen, die in einer öffentlichen Urkunde enthalten ist, so genügt es, wenn an Stelle des Erbscheins oder des Europäischen Nachlasszeugnisses die Verfügung und die Niederschrift über die Eröffnung der Verfügung vorgelegt werden; erachtet das Grundbuchamt die Erbfolge durch diese Urkunden nicht für nachgewiesen, so kann es die Vorlegung eines Erbscheins oder eines Europäischen Nachlasszeugnisses verlangen.

(2) Das Bestehen der fortgesetzten Gütergemeinschaft sowie die Befugnis eines Testamentsvollstreckers zur Verfügung über einen Nachlaßgegenstand ist nur auf Grund der in den §§ 1507, 2368 des Bürgerlichen Gesetzbuchs vorgesehenen Zeugnisse oder eines Europäischen Nachlasszeugnisses als nachgewiesen anzunehmen; auf den Nachweis der Befugnis des Testamentsvollstreckers sind jedoch die Vorschriften des Absatzes 1 Satz 2 entsprechend anzuwenden.

(3) ¹Zur Eintragung des Eigentümers oder Miteigentümers eines Grundstücks kann das Grundbuchamt von den in den Absätzen 1 und 2 genannten Beweismitteln absehen und sich mit anderen Beweismitteln, für welche die Form des § 29 nicht erforderlich ist, begnügen, wenn das Grundstück oder der Anteil am Grundstück weniger als 3 000 Euro wert ist und die Beschaffung des Erbscheins, des Europäischen Nachlasszeugnisses oder des Zeugnisses nach § 1507 des Bürgerlichen Gesetzbuchs nur mit unverhältnismäßigem Aufwand an Kosten oder Mühe möglich ist. ²Der Antragsteller kann auch zur Versicherung an Eides Statt zugelassen werden.

1. Normzweck. § 35 regelt den Nachweis der Erbfolge, des Bestehens einer fortgesetzten Gütergemeinschaft und der Verfügungsbefugnis des Testamentsvollstreckers im Grundbuchverfahren. Es handelt sich wie bei § 29 um eine **Einschränkung des § 29 I 1 FamFG**, der im Verfahren der freiwilligen Gerichtsbarkeit grds. Beweismittelfreiheit vorsieht, und im Verhältnis zu § 29 I 2 um eine Spezialvorschrift (BGH NJW 1982, 2499), weil zum Nachweis der in § 35 geregelten Umstände nur die hier genannten, speziellen öffentlichen Urkunden zulässig sind. Die Prüfung der oft schwierigen erbrechtlichen Verhältnisse soll nicht das Grundbuchamt, sondern das darauf spezialisierte Nachlassgericht vornehmen; außerdem sollen Grundbucheintragungen nicht im Widerspruch zu einem eventuell doch erteilten Erbschein (Testamentsvollstreckerzeugnis, Zeugnis über die Fortsetzung der Gütergemeinschaft, Europäischen Nachlasszeugnis) oder einer diese betreffenden ablehnenden Entscheidung des Nachlassgerichts stehen.

Sind die in § 35 genannten Umstände allerdings bei dem Grundbuchamt **offenkundig**, so ist der Nachweis entbehrlich; insoweit wird § 29 I 2 nicht verdrängt (offen gelassen BGH NJW 1982, 2499 und BayObLG DNotZ 1989, 574 (577)). **Trans- oder postmortale Vollmachten,** vor allem die in den letzten Jahren außerordentlich zahlreich gewordenen transmortalen Vorsorgevollmachten, berechtigen (auch) nach dem Tod des Vollmachtgebers (ohne Voreintragung des Erben, § 40 I) zur Übertragung oder Aufhebung von Grundstücken oder Grundstücksrechten (OLG Frankfurt a. M. ZEV 2012, 377), wobei der Bevollmächtigte nicht namhaft machen muß, für wen er handelt (OLG Frankfurt a. M. ZEV 2017, 719; ZEV 2015, 648), und es auf die Zustimmung des Erben (oder sonst nach dem Tod des Erblassers aufgrund Erbrechts Verfügungsberechtigten) nicht ankommt (OLG Frankfurt a. M. ZEV 2015, 648). Derartige Vollmachten berechtigen aber nicht zur Eintragung des Erben als Berechtigtem und damit auch nicht zur Belastung und Inhaltsänderung derartiger Rechte, weil hierfür § 40 I Voreintragung des Berechtigten verlangt; letzteres soll nicht gelten, wenn es sich um die Bestellung sogenannter Finanzierungsgrundpfandrechte aufgrund sogenannter Finanzierungsvollmachten handelt (so OLG Frankfurt a. M. ZEV 2017, 719 mwN). Strittig ist, ob die erläuterte Verwendbarkeit von trans- oder postmortelen Vollmachten auch dann gilt, wenn der Bevollmächtigte Alleinerbe (dafür OLG München ZEV 2016, 656; MittBayNot 2013, 230 (231)), jedoch nicht mehr, wenn die Alleinerbenstellung nachgewiesen ist, es sei denn, der Bevollmächtigte zugleich als solcher handelt, OLG München ZEV 2017, 280; ZEV 2016, 658; generell dagegen OLG Hamm ZEV 2013, 341) oder Miterbe (dafür OLG Schleswig 2015, 225; DNotI-Gutachten Nr. 112811; dagegen *Bestelmeyer* Notar 2013, 147 (161)) des Vollmachtgebers ist. Für die Eintragung des Berechtigten wiederum sind die Anforderungen des § 35 zu erfüllen, weil das Grundbuchamt anderenfalls seinen von Amts wegen zu erfüllenden Pflichten gem. §§ 51, 52 nicht nachkommen kann und außerdem insoweit § 35 Sondervorschrift zu § 22 ist (BayObLG Rpfleger 1994, 410 (412); LG Heidelberg NJW 1973, 1088). Ebenfalls nicht ausreichend für den Nachweis der Erbfolge im Grundbuchverkehr sind die Feststellung des Nachlassgerichts nach § 1964 BGB, dass ein anderer Erbe als der Fiskus nicht vorhanden ist, oder das Ergebnis der Ermittlung des Erben durch das Nachlassgericht nach Art. 37 BayAGGVG (BayObLG NJW-RR 1989, 585).

2. Anwendungsbereich. a) Zeitlich. Die Vorschrift gilt nur für ab dem 1.1.1900 verstorbene Erblasser, da sich gem. Art. 213 EGBGB die erbrechtlichen Verhältnisse vorher verstorbener Erblasser, zu denen auch der Nachweis der Erbfolge gehört, nicht nach dem BGB richten (KGJ 36, 162 (163)).

b) Persönlich. § 35 gilt unabhängig von der Staatsbürgerschaft und dem letzten gewöhnlichen Aufenthalt des Erblassers sowie von dem materiellen Erbrecht, nachdem er beerbt worden ist, dh es ist – vorbehaltlich zwischenstaatlicher Vereinbarungen, wo nur das deutsch-türkische Nachlassabkommen ersichtlich ist (*Hertel* DNotZ 2012, 688 (691)), welches wiederum im Grundbuchverkehr nur für Anteile grundbesitzender Erbengemeinschaften und anderen Gesamthandsgemeinschaften Bedeutung haben kann (näher *Bestelmeyer* Notar 2013, 147f.) – in jedem Fall die Vorlage eines **deutschen Erbscheines** (OLG Bremen DNotZ 2012, 687 mAnm *Hertel;* KG DNotZ 1998, 303; LG Stuttgart ZEV 2008, 83) oder eines europäischen Nachlasszeugnisses erforderlich. Gegebenenfalls muss daher auch bei Erblassern ohne deutsche Staatsangehörigkeit oder mit letztem gewöhnlichen Aufenthalt außerhalb Deutschlands ein deutscher Erbschein bzw. ein deutsches Testamentsvollstreckerzeugnis bzw. ein europäisches Nachlasszeugnis eingeholt werden, wofür bei im Inland befindlichem Grundbesitz unabhängig von Staatsangehörigkeit und letztem gewöhnlichen Aufenthalt des Erblassers in jedem Fall die internationale Zuständigkeit eines deutschen Nachlassgerichts besteht (§§ 105, 343 III FamFG) und der Erbschein/das Testamentsvollstreckerzeugnis sogar auf die im Inland befindlichen Nachlassgegenstände beschränkt werden kann (§ 352c FamFG); diese internationale Auffangzuständigkeit der deutschen Nachlaßgerichte ist durch die EuErbVO auch im Binnenverhältnis ihrer Teilnehmerstaaten nicht berührt worden (so zu Recht in seinem Vorlagebeschluß zum EuGH: KG ZEV 2017, 213). Zur gegenseitigen Anerkennung ihrer nationalen Erbnachweise verhält sich die EuErbVO neutral: Sie verpflichtet ihre Teilnehmerstaaten dazu nicht, verbietet dies jedoch auch nicht (*Schmitz* RheinNotZ 2017, 269 (270f.)). **Erbscheine der ehemaligen DDR** sind auch nach der Wiedervereinigung wirksam geblieben und sind im gesamten Bundesgebiet zu beachten (→ EGBGB Art. 235 § 1 Rn. 34). Bei zwischen dem 1.1.1976 und dem Ablauf des 2.10.1990 verstorbenen Erblassern mit letztem gewöhnlichen Aufenthalt in der alten Bundesrepublik ist bei Grundbesitz in der ehemaligen DDR die eingetretene Nachlassspaltung und die eingeschränkte Aussagekraft erteilter unbeschränkter Erbscheine zu beachten (→ EGBGB Art. 235 § 1 Rn. 32f.). Das **Europäische Nachlasszeugnis** ist dabei für den Nachweis der Erbfolge usw. im Grundbuchverkehr ein dem deutschen Erbschein völlig gleichwertiges Nachweismittel, weil der deutsche Gesetzgeber jedenfalls für das Grundbuch als Register iSd Art. 63 V EuErbVO diese EU-Norm in § 35 uneingeschränkt in das deutsche Recht umgesetzt hat (*Schmitz* RheinNotZ 2017, 269 (285)). Umstritten ist bei diesem, ob es für die zwingend vorgeschriebene (Art. 70 III EuErbVO) Befristung der für die Verwendung im Rechtsverkehr ausgestellten (Art. 70 I EuErbVO; die Urschrift bewahrt die Ausstellungsbehörde auf) beglaubigten Abschriften des Zeugnisses im deutschen Grundbuchverkehr auf den Eingang beim Grundbuchamt oder die Eintragung im Grundbuch ankommt (ausführlich *Schmitz* RheinNotZ 2017, 269 (286) mwN). In der deutschen Grundbuchpraxis wird quantitativ das Europäische Nachlasszeugnis nur eine untergeordnete Rolle spielen und werden weiterhin bereits deshalb die innerstaatlichen Nachweise dominieren, weil für die Ausstellung des Zeugnisses ein zwischenstaatlicher Bezug erforderlich ist (Art. 62 I, Art. 63 I EuErbVO); ist dieser vorhanden, so entfaltet es nach Ausstellung seine Wirkungen allerdings auch im Ausstellungsstaat (Art. 62 III 2 EuErbVO).

c) Sachlich. Erbfall ist der auf dem Tod einer Person beruhende Übergang des Vermögens dieser Person als Ganzes auf den oder die Erben (§ 1922 BGB). Die Todeserklärung nach dem VerschG begründet die Vermutung, dass der Verschollene in dem Beschluss festgestellten Zeitpunkt gestorben ist (§ 9 I 1 VerschG) und steht insoweit dem Tod gleich. Dasselbe gilt für den Anfall des Vermögens eines aufgelösten Vereins oder einer aufgelösten Stiftung an den Fiskus (§ 45 III, § 46 S. 1, § 88 BGB) oder – nach Landesrecht – an juristische Personen des öffentlichen Rechts (Art. 85 EGBGB), nicht aber der Anfall an die in der Vereinssatzung bzw. Stiftungsverfassung bestimmte Person gem. § 45 I, § 88 S. 1 BGB, weil in diesen Fällen das Gesetz nicht auf den Anfall nach den erbrechtlichen Vorschriften verweisen wird. Auch der **Nacherbfall**, ob er mit dem Tod des Vorerben oder zu einem anderen Zeitpunkt eintritt, fällt unter § 35. Nach Auffassung des EuGH zwingt nunmehr die EuErbVO die Teilnehmerstaaten, sogenannten **Vindikationslegate**, dh dinglich wirkende Vermächtnisse, welche die Rechtsordnungen mancher Teilnehmerstaaten (zB Polens) im Gegensatz zu denen anderer (zB Deutschlands) kennen, anzuerkennen (EuGH ZEV 2018, 41), wobei umstritten ist, ob dies grundbuchverfahrensrechtlich die Konsequenz hat, dass ein Europäisches Nachlasszeugnis, welches das Vindikationslegat als solches enthält und dabei das Grundstück den Anforderungen des § 28 entsprechend bezeichnet, gemäss § 35 zur Eintragung des Begünstigten als neuen Eigentümer genügt (s. dazu *Litzenburger* FD-ErbR 2017, 396271; *Weber* DNotZ 2018, 16).

aa) RHeimStG. Aufgrund des mittlerweile aufgehobenen RHeimStG konnte einem von mehreren Miterben (Heimstättenfolger) unter bestimmten Voraussetzungen die Heimstätte des Erblassers zu Alleineigentum zugewiesen werden (Sondererbfolge). Der Begünstige erwarb diese mit dem Erbfall (§ 29 I RHeimStG-AV); seine Eintragung in das Grundbuch erfolgte auf Grund einer Bescheinigung des Nachlassgerichts über die Heimstättenfolge (§ 29 II RHeimStG-AV), die insoweit den Erbschein ersetzte. Bei vor dem 1.10.1993 verstorbenen Erblassern sind diese materiell- und verfahrensrechtlichen Regelungen nach wie vor zu beachten (Art. 6 § 4 des Gesetzes zur Aufhebung des Reichsheimstättengesetzes v. 17.6.1993, BGBl. I S. 912).

bb) HöfeO. Im Geltungsbereich der HöfeO (Hamburg, Niedersachsen, Nordrhein-Westfalen und 7 Schleswig-Holstein) existiert für Höfe iSd § 1 HöfeO ebenfalls eine Sondererbfolge (§ 4 S. 1 HöfeO). Für die Erteilung von Erbscheinen sind dann nicht die Nachlassgerichte, sondern die Landwirtschaftsgerichte zuständig (§ 18 II 1 HöfeO). In dem Erbschein ist der Hoferbe als solcher aufzuführen (§ 18 II 2 HöfeO). Möglich ist auch ein Erbschein lediglich über die Hoferbfolge (§ 18 II 3 HöfeO, sog. **Hoffolgezeugnis**) oder über das hoffreie Vermögen, wobei auch im zuletzt genannten Fall ausschließlich das Landwirtschaftsgericht zuständig ist (BGH NJW 1988, 2739). Ein rechtskräftiger Hoferbenfeststellungsbeschluss nach § 11 I lit. g HöfeVfO ersetzt den die Hoferbfolge ausweisenden Erbschein (OLG Köln MittRhNotK 1999, 282).

3. Nachweis der Erbfolge. Der Nachweis der Erbfolge kann außer mit dem in § 35 selbst genannten 8 alternativen Beweismittel und bei Offenkundigkeit der Erbfolge (→ Rn. 2) nur durch einen Erbschein geführt werden (Abs. 1 S. 1). Vorzulegen ist **die Urschrift oder eine Ausfertigung** eines deutschen (→ Rn. 4) Erbscheins; eine beglaubigte Abschrift genügt nicht, weil solche bei Unrichtigkeit des Erbscheins nicht mit gem. § 2361 BGB einzuziehen sind (BGH NJW 1982, 170 (172); Bauer/v. Oefele/ *Schaub* Rn. 63). Die Vorlage des *bereits erteilten* Erbscheins wird ersetzt durch Verweis auf die bei demselben Amtsgericht geführten Nachlassakten (BayObLG Rpfleger 1994, 410 (411); Einzelheiten bei Bauer/v. Oefele/*Schaub* Rn. 44 ff.).

a) Verfügung von Todes wegen. aa) Grundsatz. Beruht die Erbfolge auf der in einer **öffentlichen** 9 **Urkunde** enthaltenen Verfügung von Todes wegen, genügt an Stelle des Erbscheins grds. die Vorlage der Verfügung von Todes wegen und die Niederschrift über die Eröffnung derselben (§ 35 I 2), wobei hier die Vorlage beglaubigter Abschriften genügt (KG ZEV 1998, 72). Gemeint sind zur Niederschrift eines Notar oder eines Konsularbeamten (§§ 10, 11 KonsG) errichtete Testamente, gemeinschaftliche Testamente und Erbverträge (§ 2231 Nr. 1, §§ 2232, 2233, 2276 BGB), ferner das Nottestament *vor dem Bürgermeister* gem. §§ 2249, 2250 BGB. Erbverträge können gem. § 127a BGB bei persönlicher Anwesenheit des/der Erblasser(s) auch bei einem gerichtlichen Vergleich durch Aufnahme der Erklärungen in ein nach den Vorschriften der ZPO errichtetes Protokoll geschlossen werden (OLG Düsseldorf DNotZ 1990, 1290).

bb) Verfügung von Todes wegen in ausländischer öffentlicher Urkunde. Diese ist gleichgestellt, 10 wenn sie den Anforderungen des § 415 I ZPO genügen, was nach dem Recht des Staates zu beurteilen ist, dem die aufnehmende Stelle angehört (Bauer/v. Oefele/*Knothe* Int. Bezüge Rn. 623). Die ausländische öffentliche Urkunde muss als echt anzusehen sein (§ 438 I ZPO). Zum Beweis der Echtheit genügt die **Legalisation** durch einen Konsul oder Gesandten des Bundes (§ 438 II ZPO, § 13 KonsG); die Legalisation impliziert zugleich das Vorliegen einer öffentlichen Urkunde iSd § 415 I ZPO (Bauer/ v. Oefele/*Knothe* Int. Bezüge Rn. 625). Die Legalisation wird ersetzt durch das Anbringen der **Apostille** nach dem Haager Übereinkommen zur Befreiung ausländischer öffentlicher Urkunden von der Legalisation v. 5.10.1961 (BGBl. II S. 875). Vollkommen entbehrlich ist der Echtheitsnachweis, wenn entsprechende völkerrechtliche Abkommen dies vorsehen (Übersicht bei BeckNotar-HdB/*Zimmermann* Abschn. H Rn. 240 ff.). Schließlich muss die ausländische öffentliche Urkunde einer entsprechenden deutschen **gleichwertig** sein (BGH NJW 1981, 1160; Bauer/v. Oefele/*Knothe* Int. Bezüge Rn. 628). Da allerdings Art. 27 I lit. a EuErbVO (und früher Art. 26 I 1 Nr. 2 EGBGB aF) ganz allgemein für die Formgültigkeit (schriftlicher) letztwilliger Verfügungen die Einhaltung der Ortsform stets genügen lässt, sind auch iRd § 35 keine weitergehenden Anforderungen an die Gleichwertigkeit zu stellen. Es ist daher grds. jede echte ausländische öffentliche Urkunde ausreichend, die das jeweils maßgebliche ausländische Recht für die Errichtung einer Verfügung von Todes wegen vorsieht. Auch die Grundnorm des § 29 stellt keine weitergehenden Anforderungen, sofern bei der Errichtung die öffentliche Behörde bzw. mit öffentlichem Glauben versehene Person die Identität des Verfügenden festgestellt hat (Bauer/v. Oefele/ *Knothe* Int. Bezüge Rn. 628; *Reithmann* DNotZ 1995, 360 (364 f.)).

b) Niederschrift über die Eröffnung. Gem. den §§ 340–350 FamFG (früher §§ 2260, 2261, 2273, 11 2300 I BGB) sind Verfügungen von Todes wegen nach Kenntnis vom Tod des Erblassers vom Gericht zu eröffnen und ist hierüber jeweils eine Niederschrift aufzunehmen. Zu dem Eröffnungstermin können die gesetzlichen Erben des Erblassers und die sonstigen Beteiligten, dh alle Personen, deren Rechtslage durch die von dem Erblasser in der Verfügung von Todes wegen getroffenen Bestimmungen unmittelbar beeinflusst wird (BGH NJW 1978, 633), geladen werden (§ 348 II 1 FamFG). Den erschienenen Beteiligten ist der Inhalt der Verfügung mündlich bekannt zu geben (§ 348 II 2 FamFG). Unter anderem deren Erklärungen sowie weitere dem Gericht bekannte Umstände, die die Wirksamkeit der Verfügung beeinflussen können, sind in die zwingend vorgeschriebene Niederschrift über die Eröffnung aufzunehmen. Dies alles bietet eine gewisse Gewähr dafür, dass Fehler und sonstige Umstände, die der Gültigkeit der Verfügung entgegenstehen könnten, zur Erörterung gelangen (KG KGJ 36, 162 (164)). Aus diesem Grund genügt die Vorlage einer die Erbfolge enthaltenden **ausländischen öffentlichen Urkunde** nicht, wenn das maßgebliche ausländische Recht ein dem deutschen Recht vergleichbares Eröffnungsverfahren nicht kennt (KG KGJ 36, 162 f.; Bauer/v. Oefele/*Schaub* Rn. 119 f. mwN).

c) Verhältnis zum Erbschein. Gem. § 35 I 2 Hs. 2 kann das Grundbuchamt die Vorlage eines Erb- 12 scheins (oder nunmehr alternativ eines Europäischen Nachlasszeugnisses) verlangen, wenn es die Erbfolge durch die in öffentlicher Urkunde enthaltene Verfügung von Todes wegen nebst Eröffnungsniederschrift nicht für nachgewiesen erachtet. In diesem Zusammenhang ist zunächst festzuhalten, dass in den Fällen, in denen ein Erbschein und eine Verfügung von Todes wegen nebst Eröffnungsniederschrift vorliegen, nach der Wertung des § 35 ersterer stets den Vorrang hat (Meikel/*Roth* Rn. 147). Hält das Grundbuchamt – aus welchem Grund auch immer – den Erbschein für unrichtig, hat es dem Nachlassgericht seine Bedenken mitzuteilen und diesem eine erneute Prüfung zu ermöglichen; eigenverantwortlich darf es den Erbschein nicht übergehen. An die daraufhin ergehende Entscheidung ist das Grundbuchamt gebunden, denn die Verantwortung für die Richtigkeit des Erbscheins trägt allein das Nachlassgericht (OLG Bremen NJOZ 2012, 245 (246) mwN). Wird ein Erbschein nicht vorgelegt, so hat das Grundbuchamt nach **hM vor allem in der Rspr.** die letztwillige Verfügung selbständig auszulegen und rechtlich zu würdigen, auch wenn es sich um rechtlich schwierige Frage handelt; einen Erbschein darf das Grundbuchamt nur dann verlangen, wenn sich bei der Prüfung der Verfügung von Todes wegen hinsichtlich des behaupteten Erbrechts Zweifel **tatsächlicher** Art ergeben, die nur durch weitere Ermittlungen über den Willen des Erblassers oder über die tatsächlichen Verhältnisse geklärt werden können, denn zu solchen Ermittlungen sei das Grundbuchamt weder verpflichtet noch berechtigt (BayObLG ZEV 2000, 233 (234); DNotZ 1984, 502 (503); OLG München ZEV 2008, 340). Diese Auffassung ist abzulehnen (krit. Meikel/*Roth* Rn. 96), denn sie widerspricht dem Normzweck des § 35, die Prüfung der erbrechtlichen Verhältnisse grds. den darauf spezialisierten Nachlassgerichten zu überlassen, dem Wortlaut des § 35 I 2 Hs. 2, der das Verlangen nach einem Erbschein in das pflichtgemäße Ermessen des Grundbuchamtes stellt, und stellt insgesamt das Regel-Ausnahme-Verhältnis in § 35 I auf den Kopf. Das Grundbuchamt ist daher entgegen der hM bis zur Grenze der Willkür berechtigt, einen Erbschein zu verlangen. Kostenrechtliche Überlegungen, die Hauptgrund für die Ausnahmevorschrift des § 35 I 2 Hs. 1 sind, dürfen demgegenüber keine dominierende Rolle spielen. Die nachfolgenden Ausführungen stellen daher insoweit eine **Wiedergabe der hM** dar.

13 **aa) Prüfung der Wirksamkeit.** Nur durch eine wirksame Verfügung kann der Nachweis der Erbfolge erfolgen; das Grundbuchamt hat daher zunächst zu prüfen, ob Anhaltspunkte dafür bestehen, dass die Verfügung aus formellen oder materiellen Gründen unwirksam ist (Meikel/*Roth* Rn. 110). Die bei jeder Verfügung von Todes wegen bestehende theoretische (abstrakte) Möglichkeit der Unwirksamkeit (etwa wegen fehlender Testierfähigkeit, einer späteren widersprechenden Verfügung oÄ) ist dabei unbeachtlich, ansonsten wäre § 35 I 2 sinnlos; es müssen **konkrete Anhaltspunkte** für eine Unwirksamkeit gegeben sein (OLG Frankfurt a. M. MittBayNot 1999, 184 (185)). Liegen solche vor, muss das Grundbuchamt die Prüfung der Wirksamkeit selbst dann vornehmen, wenn diese die Beurteilung schwieriger Rechtsfragen beinhaltet; nur wenn sich bei der Prüfung des behaupteten Erbrechts Zweifel tatsächlicher Art ergeben, die nur durch weitere Ermittlungen über den Willen des Erblassers oder andere tatsächliche Umstände geklärt werden können, darf die Vorlage eines Erbscheins verlangt werden (BayObLG ZEV 2000, 233 (234)). Denn zu **Ermittlungen tatsächlicher Art** ist das Grundbuchamt im Antragsverfahren ganz allgemein weder berechtigt noch verpflichtet, weil der in § 29 I verankerte grundbuchrechtliche Beibringungsgrundsatz Vorrang vor dem Amtsermittlungsgrundsatz des § 26 FamFG hat (Bauer/v. Oefele/*Knothe* § 29 Rn. 4).

14 Nach diesen Kriterien beurteilen sich auch die Fälle, bei denen Verfügungen von Todes wegen, die in einer öffentlichen Urkunde enthalten sind, mit solchen zusammentreffen, bei denen dies nicht der Fall ist („eigenhändige Verfügungen"). Hier muss für die Anwendbarkeit des Abs. 1 S. 2 die **maßgebliche Erbfolge ausschließlich in der öffentlichen Urkunde** enthalten sein. Die Prüfung der eigenhändigen Verfügungen beschränkt sich auf die Frage, ob diese die Wirksamkeit der in der öffentlichen Urkunde niedergelegten Erbfolge beeinträchtigen. Dabei muss allerdings das Grundbuchamt die eigenhändigen Verfügungen in vollem Umfang inhaltlich würdigen und auslegen (BayObLG ZEV 2000, 233 (235)). Einen Erbschein darf das Grundbuchamt nur verlangen, wenn sich bei der Prüfung der Frage, ob eigenhändige Verfügungen das auf öffentlicher Urkunde beruhende Erbrecht beeinflussen, ergibt, dass die Erbfolge nicht ausschließlich auf dieser Verfügung beruht, oder wenn insoweit Zweifel tatsächlicher Art bestehen, die nur durch weitere Ermittlungen über den Willen des oder der Erblasser oder über die tatsächlichen Verhältnisse geklärt werden können (BayObLG ZEV 2000, 233 (235)).

15 **bb) Auslegung der Verfügung.** Das Grundbuchamt hat die von ihm als wirksam erachtete Verfügung von Todes wegen auch dann eigenverantwortlich auszulegen, wenn hierbei rechtlich schwierige Fragen zu klären sind (OLG München ZEV 2008, 340). Anzuwenden sind durch das Grundbuchamt dabei die **gesetzlichen Auslegungsregeln,** wenn auch das Nachlassgericht darauf zurückgreifen müsste (OLG München ZEV 2008, 340). Da dem Grundbuchamt allerdings auch im Rahmen der Auslegung Ermittlungen tatsächlicher Art untersagt sind, andererseits gesetzliche Auslegungsregeln häufig nur „im Zweifel" anzuwenden sind, deren Vorliegen wiederum vorherige Ermittlungen voraussetzt, muss das Grundbuchamt in diesen Fällen gleichwohl einen Erbschein verlangen (Meikel/*Roth* Rn. 111).

16 **cc) Weitere öffentliche Urkunden und Versicherung an Eides statt.** Genügt die in öffentlicher Urkunde enthaltene Verfügung von Todes wegen zur Feststellung des Erblasserwillens allein nicht aus, sind auch außerhalb der Verfügung liegende Umstände zu berücksichtigen, sofern sie sich aus **anderen öffentlichen Urkunden,** insbes. Personenstandsurkunden, ergeben, die dem Grundbuchamt vorgelegt werden (BayObLG DNotZ 2001, 385 (386); OLG München ZEV 2008, 340). Kann auch hiermit der Nachweis nicht geführt werden, insbes. bei negativen Tatsachen wie zB dem Umstand, dass aus einer Ehe keine weiteren gemeinschaftlichen Kinder hervorgegangen sind, soll schließlich nach ganz hM sogar

die Vorlage einer **Versicherung an Eides statt** genügen (OLG München MittBayNot 2012, 293 (294); BayObLG DNotZ 2001, 385 (387f.) mwN; abl. zum Ganzen Meikel/*Roth* Rn. 119ff.). Voraussetzung hierfür ist, dass auch das Nachlassgericht weitere tatsächliche Ermittlungen nicht für erforderlich halten würde, also ohne weitere Ermittlungen die eidesstattliche Versicherung der Erbscheinserteilung ebenso zugrunde legen würde wie das Grundbuchamt der beantragten Eintragung (BayObLG DNotZ 2001, 385 (388)).

dd) Anwendung ausländischen Rechts. Der von der hL aufgestellte Grundsatz, dass iRd § 35 I 2 das Grundbuchamt die letztwillige Verfügung selbständig auszulegen und rechtlich zu würdigen, auch wenn es sich um rechtlich schwierige Frage handelt, soll uneingeschränkt gelten, soweit es sich um die Anwendung ausländischen Rechts handelt, also vor allem bei der Vorlage ausländischer öffentlicher Urkunden (LG Aachen Rpfleger 1965, 233 mit zust. Anm. *Haegele*; Bauer/v. Oefele/*Knothe* Int. Bezüge Rn. 621; aA Meikel/*Roth* Rn. 121ff.). 17

4. Nachweis der Befugnis eines Testamentsvollstreckers. Für den Nachweis der Verfügungsbefugnis eines Testamentsvollstreckers gelten die Regeln für den Nachweis der Erbfolge entsprechend, wie sich aus § 35 II ergibt (Demharter § 36 Rn. 63; Meikel/*Roth* Rn. 161; vgl. OLG Zweibrücken ZEV 2001, 274). Erforderlich ist also die Vorlage eines Testamentsvollstreckerzeugnisses gem. § 2368 BGB eines Europäischen Nachlasszeugnisses oder einer entsprechenden Verfügung von Todes wegen, die in einer öffentlichen Urkunde enthalten ist, nebst Niederschrift über deren Eröffnung (§ 35 II Hs. 2). Die Eintragung eines sog. Testamentsvollstreckervermerks nach § 52 oder die Angabe der Testamentsvollstreckung im Erbschein gem. § 352c II FamFG sind dagegen zum Nachweis der Verfügungsbefugnis **ungeeignet**, weil sie jeweils nur fehlende Verfügungsbefugnis des Erben (§ 2211 I BGB) verlautbaren (rein negative Wirkung), weshalb auch der Name des Testamentsvollstreckers dort jeweils nicht anzugeben ist (BayObLG NJW-RR 1999, 1463; Meikel/*Roth* Rn. 162). 18

a) Vorlage eines Testamentsvollstreckerzeugnisses. aa) Grundsatz. Wie beim Erbschein ist Vorlage in Urschrift oder Ausfertigung (BayObLG DNotZ 1996, 20 (21)) oder Verweis auf die bei demselben Amtsgericht geführten Nachlassakten erforderlich. Die Annahme des Amtes nach § 2202 BGB muss nicht nachgewiesen werden, da ohne diese das Testamentsvollstreckerzeugnis nicht erteilt werden darf. Bei Vorlage eines Testamentsvollstreckerzeugnisses sind die Befugnisse des Testamentsvollstreckers **allein nach dem Inhalt des Zeugnisses** zu beurteilen; zu einer eigenen ergänzenden oder abweichenden Auslegung der letztwilligen Verfügungen ist das Grundbuchamt nicht berechtigt, die Verantwortung für die Auslegung der letztwilligen Anordnungen des Erblassers trägt vielmehr allein das Nachlassgericht (BayObLG NJW-RR 1990, 844 (845)). Das Grundbuchamt hat mit dieser Maßgabe vor allem zu prüfen, ob die beantragte Eintragung von der **Verfügungsbefugnis des Testamentsvollstreckers** gedeckt ist (BayObLG NJW-RR 1989, 587). Diese bestimmt sich grds. nach § 2205 BGB, es sei denn, der Erblasser hat abweichende Bestimmungen getroffen (zB gem. § 2208 BGB). Hierbei ist der allgemeine Grundsatz zu berücksichtigen, dass im Erbschein alle vom Erblasser angeordneten Abweichungen von den in den §§ 2203–2206 BGB niedergelegten Befugnissen des Testamentsvollstreckers, die für den rechtsgeschäftlichen Verkehr mit Dritten bedeutsam sind, vermerkt werden müssen; insbes. also Abweichungen von der gesetzlich eingeräumten Verfügungsbefugnis (BayObLG NJW-RR 1999, 1463 (1464)). 19

bb) Unentgeltliche Verfügungen. Von besonderer Bedeutung ist dabei die gesetzlich angeordnete Verfügungsbeschränkung des § 2205 S. 3 BGB, von der der Erblasser nicht befreien kann (§ 2207 S. 2 BGB). Das Grundbuchamt hat daher zu prüfen, ob die beantragte Eintragung auf einer ganz oder teilweise unentgeltlichen Verfügung beruht (Meikel/*Roth* Rn. 169 mwN), es sei denn, sämtliche Erben (Vor- und Nacherben, nicht auch Ersatzerben) und Vermächtnisnehmer stimmen der Verfügung zu (BayObLG NJW-RR 1989, 587). Da der Nachweis der vollen Entgeltlichkeit einer Verfügung in der Form des § 29 meist unmöglich ist, genügt es, wenn der Sachverhalt nach **allgemeinen Erfahrungsgrundsätzen** auf eine solche schließen lässt, zB die Verfügung in Vollzug eines Kaufvertrages mit Dritten erfolgt (OLG München ZEV 2012, 328; ausf. Bauer/v. Oefele/*Schaub* § 52 Rn. 85ff. mwN); dies insbesondere dann, wenn auf der Veräußererseite neben dem Testamentsvollstrecker über einen Erbteil noch Miterben selbst mitwirken (OLG München ZEV 2012, 328). Von vornherein keine unentgeltliche Verfügung liegt vor, wenn sie in Erfüllung einer letztwilligen Verfügung des Erblassers vorgenommen wird (BayObLG NJW-RR 1989, 587); der Nachweis hierfür muß nicht in der Form des § 29 erfolgen (OLG München ZEV 2016, 470). 20

b) Verfügung von Todes wegen. aa) Grundsatz. Nach dem Wortlaut des § 35 II Hs. 2 iVm I 2 genügt zum Nachweis als Alternative zum Testamentsvollstreckerzeugnis die Vorlage der in öffentlicher Urkunde enthaltenen Verfügung von Todes wegen nebst Niederschrift über die Eröffnung der Verfügung. Dies ist allerdings nicht ausreichend, denn nach materiellem Recht beginnt das Amt des Testamentsvollstreckers und damit auch dessen Verfügungsbefugnis erst mit dem Zeitpunkt der **Annahme des Amtes** (§ 2202 I BGB). Der Nachweis kann durch eine gesiegelte Bestätigung des Nachlassgerichts über die Annahme, durch Vorlage einer beglaubigten Abschrift des Protokolls des Nachlassgerichts über die ihm gegenüber mündlich erklärte Annahme oder durch Vorlage einer beglaubigten Abschrift einer anderweitig zu öffentlicher Urkunde erklärten Annahme nebst gesiegelter Eingangsbestätigung des Nachlassgerichts erfolgen (ausf. Meikel/*Roth* Rn. 172ff. mwN; s. hierzu auch OLG München ZEV 2016, 439). Wie beim Nachweis der Erbfolge darf das Grundbuchamt nach hM trotz Vorlage dieser Unterlagen ein Testamentsvollstreckerzeugnis nur verlangen, wenn sich bei der Prüfung der Verfügung von Todes wegen 21

70 GBO § 35 2. Abschnitt. Eintragungen in das Grundbuch

hinsichtlich des behaupteten Verfügungsbefugnis als Testamentsvollstrecker **Zweifel tatsächlicher Art** ergeben, die nur durch weitere Ermittlungen über den Willen des Erblassers oder über die tatsächlichen Verhältnissen geklärt werden können (Demharter Rn. 63; Meikel/*Roth* Rn. 172).

22 **bb) Bestimmung/Ernennung gem. §§ 2198–2200 BGB.** Hat der Erblasser nur die Testamentsvollstreckung angeordnet, die Bestimmung/Ernennung des Testamentsvollstreckers aber gem. §§ 2198–2200 (in Abweichung von § 2065 BGB) Anderen übertragen, so muss auch die Person des Testamentsvollstreckers in der Form des § 29 nachgewiesen werden (Meikel/*Roth* Rn. 175). Dies geschieht bspw. im Fall des § 2198 BGB durch Vorlage einer beglaubigten Abschrift der Bestimmungserklärung, die in öffentlich beglaubigter Form gegenüber dem Nachlassgericht abzugeben ist, und einer Bestätigung des Nachlassgerichts über deren Eingang bei ihm. Im Fall der Ernennung durch das Nachlassgericht gem. § 2200 BGB muss nicht zusätzlich ein **Rechtskraftzeugnis gem. § 46 FamFG** vorgelegt werden, denn der Ernennungsbeschluss wird wirksam bereits mit der Bekanntgabe an den Beteiligten, für den er seinem wesentlichen Inhalt nach bestimmt ist (§ 40 I FamFG), also den Testamentsvollstrecker, und die spätere Aufhebung des Beschlusses hat auf die Wirksamkeit der von bzw. gegenüber dem Testamentsvollstrecker vorgenommenen Rechtsgeschäfte gem. § 47 FamFG keinen Einfluss (aA noch zum FGG Meikel/*Roth* Rn. 175; Bauer/v. Oefele/*Schaub* § 52 Rn. 17). Jedoch ist aus diesem Grund neben der Ernennung selbst auch deren Bekanntgabe an den Testamentsvollstrecker in der Form des § 29 nachzuweisen.

23 **5. Nachweis des Bestehens der fortgesetzten Gütergemeinschaft. a) Allgemeines.** Vereinbaren Eheleute, dass eine zwischen ihnen bestehende Gütergemeinschaft nach dem Tod eines Ehegatten zwischen dem überlebenden Ehegatten und den gemeinschaftlichen Abkömmlingen fortgesetzt wird, so besteht das gemeinschaftliche Vermögen der Ehegatten am Gesamtgut (§ 1416 BGB) nach dem Tod des zuerst versterbenden Ehegatten fort und gehört fortan einer Gesamthandsgemeinschaft, bestehend aus dem überlebenden Ehegatten und den gemeinschaftlichen Abkömmlingen der Eheleute, die bei gesetzlicher Erbfolge als Erben berufen wären (§ 1483 I 1, 2 BGB). Der Anteil des verstorbenen Ehegatten am Gesamtgut gehört also nicht zum Nachlass, der nach den allgemeinen Vorschriften vererbt wird (§ 1483 I 3 BGB). Bei dem Zeugnis nach § 1507 BGB handelt es sich demzufolge – exakt ausgedrückt – um ein **Zeugnis darüber, wer Rechtsnachfolger des bisherigen Gesamtguts ist** (BGH NJW 1974, 1764 (1765): „Zeugnis über das rechtliche Schicksal des Gesamtguts"; Meikel/*Roth* Rn. 150; Bauer/v. Oefele/*Schaub* Rn. 176; Muster bei *Firsching/Graf* NachlassR Rn. 4.368). Sind neben gemeinschaftlichen Abkömmlingen der Ehegatten **einseitige Abkömmlinge** des verstorbenen Ehegatten vorhanden und sind diese Erbe geworden, sind wegen § 1483 II BGB allerdings der überlebende Ehegatte und die gemeinschaftlichen Abkömmlinge als Gesamthandsgemeinschaft nicht alleinige Rechtsnachfolger in das bisherige Gesamtgut geworden, sondern nur zu einem bestimmten Bruchteil, was im Zeugnis gem. § 1507 BGB anzugeben ist (BGH NJW 1974, 1764 (1765); *Firsching/Graf* NachlassR Rn. 4.368; Meikel/*Roth* Rn. 153).

24 **b) Nachweis der Rechtsnachfolge.** Die Rechtsnachfolge bzgl. des Gesamtguts bei fortgesetzter Gütergemeinschaft kann im Grundbuchverkehr gem. § 35 II ausschließlich durch das Zeugnis gem. § 1507 BGB nachgewiesen werden. Die Vorschrift ist lex specialis zu § 33 (Meikel/*Roth* Rn. 148); dies bereits deshalb, weil die fortgesetzte Gütergemeinschaft nicht in das Güterrechtsregister eingetragen wird (BayObLG NJW-RR 2003, 736). Nach Beendigung der fortgesetzten Gütergemeinschaft (zB durch Tod des überlebenden Ehegatten, § 1494 I BGB) besteht die Gesamthandsgemeinschaft am Gesamtgut bis zur vollständigen Auseinandersetzung als **Liquidationsgemeinschaft** fort (§ 1497 I BGB). Es kann also auch und gerade in diesem Zeitraum noch das Bedürfnis bestehen, die Eigentumsverhältnisse am Gesamtgut nachzuweisen, weshalb auch dann noch auf Antrag ein Zeugnis nach § 1507 BGB erteilt werden kann (BayObLG NJW 1954, 928 (Ls.); *Firsching/Graf* NachlassR Rn. 4.365; Meikel/*Roth* Rn. 153). Der Nachweis, dass keine fortgesetzte Gütergemeinschaft eingetreten ist, dh sich die Rechtsnachfolge in das bisherige Gesamtgut nicht nach § 1483 BGB bestimmt, kann durch ein **negatives Zeugnis nach § 1507 BGB** geführt werden kann, das aber nur dann erteilt werden darf, wenn die Ehegatten überhaupt in Gütergemeinschaft gelebt haben (BayObLG NJW-RR 2003, 736). Da § 35 II nur für den Nachweis des Bestehens, aber nicht für den Nachweis des Nichtbestehens der fortgesetzten Gütergemeinschaft gilt, kann dieser Nachweis aber auch durch andere öffentliche Urkunden iSd § 29 I 2 (OLG Frankfurt a. M. Rpfleger 1978, 412) oder durch Versicherung an Eides statt erbracht werden (BayObLG NJW-RR 2003, 736).

25 **6. Die Ausnahmevorschrift des § 35 III.** Die Vorschrift gilt nur für den Ersatz des Erbscheins, des Europäischen Nachlasszeugnisses oder des Zeugnisses nach § 1507 BGB im Rahmen der Eintragung des Eigentümers oder Miteigentümers (Bruchteils- oder Gesamthandseigentümer; OLG Rostock NotBZ 2006, 104 (105)) eines Grundstücks (oder grundstücksgleichen Rechts wie Erbbaurecht oder Wohnungs- oder Teileigentumsrecht), nicht aber bei **dinglichen Rechten** an Grundstücken (zur erleichterten Löschung von Grundpfandrechten s. §§ 18f. GBMaßnG und im Beitrittsgebiet § 10 GBBerG), zum Erlöschen zugunsten natürlicher Personen eingetragener, nicht vererblicher und veräußerbarer Rechte s. § 5 I GBBerG).

26 Ob die **Wertgrenze von 3.000 EUR** eingehalten wird, ist nach objektiven Maßstäben zu entscheiden (Meikel/*Roth* Rn. 30), also nicht nach der subjektiven Auffassung des Antragstellers. Sie bestimmt sich auch dann nach dem Wert des Grundstücks (und nicht nach dem Wert bestimmter Anteile daran), wenn Rechtsnachfolger im Eigentum am Grundstück eine Bruchteils- oder Gesamthandsgemeinschaft ist und deren Mitglieder ihre Eintragung als Eigentümer beantragen; geht es allerdings um die **Rechtsnachfolge**

bzgl. eines Bruchteils- oder Gesamthandseigentümers, kommt es auf den Wert von dessen Anteil am Grundstück an (OLG Rostock NotBZ 2006, 104 (105)). Es genügt für die Anwendung der Vorschrift, wenn die Beschaffung der regulären Beweismittel nur mit unverhältnismäßigem Aufwand an Kosten *oder* Mühe möglich ist; dies ist subjektiv unter Berücksichtigung der Verhältnisse der Beteiligten zu beurteilen und bezieht sich auch auf die Beschaffung der hierzu nötigen Unterlagen (Bauer/v. Oefele/ *Schaub* Rn. 35) und generell auf das gesamte Verfahren zur Erlangung eines regulären Beweismittels. Beweismittel, die bei Vorliegen der Voraussetzungen des § 35 III zulässig sind, sind neben der in § 35 III 2 ausdrücklich genannten eidesstattlichen Versicherung des Antragstellers zB handschriftliche Testamente (Meikel/*Roth* Rn. 33) oder eine amtliche Ebenermittlung durch das Nachlassgericht nach Art. 37 BayAGGVG.

§ 36 [Auseinandersetzung eines Nachlasses oder Gesamtgutes]

(1) ¹Soll bei einem zum Nachlass oder zu dem Gesamtgut einer Gütergemeinschaft gehörenden Grundstück oder Erbbaurecht einer der Beteiligten als Eigentümer oder Erbbauberechtigter eingetragen werden, so genügt zum Nachweis der Rechtsnachfolge und der zur Eintragung des Eigentumsübergangs erforderlichen Erklärungen der Beteiligten ein gerichtliches Zeugnis. ²Das Zeugnis erteilt
1. das Nachlassgericht, wenn das Grundstück oder das Erbbaurecht zu einem Nachlass gehört,
2. das nach § 343 des Gesetzes über das Verfahren in Familiensachen und in den Angelegenheiten der freiwilligen Gerichtsbarkeit zuständige Amtsgericht, wenn ein Anteil an dem Gesamtgut zu einem Nachlass gehört, und
3. im Übrigen das nach § 122 des Gesetzes über das Verfahren in Familiensachen und in den Angelegenheiten der freiwilligen Gerichtsbarkeit zuständige Amtsgericht.
(2) Das Zeugnis darf nur ausgestellt werden, wenn:
a) die Voraussetzungen für die Erteilung eines Erbscheins vorliegen oder der Nachweis der Gütergemeinschaft durch öffentliche Urkunden erbracht ist und
b) die Abgabe der Erklärungen der Beteiligten in einer den Vorschriften der Grundbuchordnung entsprechenden Weise dem nach Absatz 1 Satz 2 zuständigen Gericht nachgewiesen ist.
(2a) Ist ein Erbschein über das Erbrecht sämtlicher Erben oder ein Zeugnis über die Fortsetzung der Gütergemeinschaft erteilt, so ist auch der Notar, der die Auseinandersetzung vermittelt hat, für die Erteilung des Zeugnisses nach Absatz 1 Satz 1 zuständig.
(3) Die Vorschriften über die Zuständigkeit zur Entgegennahme der Auflassung bleiben unberührt.

1. Normzweck. Die Vorschrift bezweckte ursprünglich die **Erleichterung der Auseinandersetzung** 1 von Erbengemeinschaften und Gütergemeinschaften in der Weise, dass für das Zeugnis gem. § 36 nur die Mindestgebühr von 10 EUR (§ 33 KostO) erhoben wurde, § 111 I Nr. 1 KostO (BayObLG NJW-RR 1986, 1070 (1071)); die teilweise deutlich höhere Gebühr für den Erbschein (¹⁰/₁₀-Gebühr nach § 107 I oder III KostO) wurde also gespart. Da das GNotKG ein solch deutliches Gebührenprivileg nicht mehr vorsieht (§ 41 GNotKG), dürfte die Vorschrift in Zukunft an Bedeutung verlieren. **Keine Erleichterungen** waren dagegen bereits immer hinsichtlich der für den Eigentumsübergang von der Gemeinschaft auf den Beteiligten allgemein erforderlichen materiell- und verfahrensrechtlichen Rechtsgeschäfte und Erklärungen angeordnet, dh das Grundstück muss von der Gemeinschaft auf den Beteiligten aufgelassen werden (§ 36 III, §§ 873, 925 BGB), dabei die Urkunde über das Verpflichtungsgeschäft (§ 311b I 1 BGB) vorgelegt oder gleichzeitig errichtet werden, und die Eigentumsumschreibung auf den Beteiligten muss schließlich von den Mitgliedern der Gemeinschaft bewilligt worden sein (§ 36 II lit. b, §§ 19, 20, 29). Insoweit wird lediglich die **Prüfzuständigkeit** vom Grundbuchamt auf die für die Erteilung des Zeugnisses zuständige Stelle verlagert, weshalb das Grundbuchamt die Wirksamkeit dieser Rechtsgeschäfte/ Erklärungen nicht (nochmals) zu prüfen hat (Meikel/*Roth* Rn. 1, 3); anders ist dies, wenn dem Grundbuchamt die inhaltliche Unrichtigkeit des Zeugnisses bekannt ist (OLG Frankfurt a.M., Beschl. v. 10.10.2017 – 20 W 72/16). Insgesamt ersetzt bei der beim Grundbuchamt beantragte Eintragung des Eigentumsübergangs das Zeugnis nach § 36 im Rahmen des Nachweises der Rechtsnachfolge das Zeugnis nach § 33 oder den Erbschein nach § 35 und im Rahmen des Nachweises des Eigentumsübergangs die Vorlage der Auflassung und der Bewilligung der Eigentumsumschreibung.

2. Anwendungsbereich. a) Persönlich. Durch die am 1.9.2013 in Kraft getretene Neufassung wurde 2 ua klargestellt, dass die Vorschrift nicht für eheliche und fortgesetzte, sondern auch für lebenspartnerschaftliche Gütergemeinschaften gilt (BT-Drs. 17/13136, 29). Die Norm ist nur anwendbar, wenn einer der Beteiligten der Gemeinschaft als Eigentümer eingetragen werden soll. Sie setzt also nach Wortlaut und Normzweck das Bestehen einer Gemeinschaft voraus und ist daher nicht anwendbar für die Eintragung des Alleinerben (OLG Frankfurt a.M., Beschl. v. 10.10.2017 – 20 W 72/16; Meikel/*Roth* Rn. 18 mwN; zu Besonderheiten bei der Vor- und Nacherbfolge → Rn. 3). Desgleichen muss es um die Eintragung des Eigentumsübergangs auf eines der Mitglieder der Gesamthandsgemeinschaft (das ist auch ein Erbteilserwerber) gehen, nicht auf einen Dritten (auch nicht einen Vermächtnisnehmer oder Nachlassgläubiger; jedoch ist § 36 anwendbar, wenn das Mitglied der Gemeinschaft weiterverfügen will, ohne dass seine Zwischeneintragung gem. §§ 39, 40 erforderlich ist, KG JFG 22, 161 (162 f.); Meikel/*Roth* Rn. 33) und auch nicht um die Eintragung der Gemeinschaft selbst (Meikel/*Roth* Rn. 23).

3 Dem Normzweck entsprechend wendet die hM die Norm zu Recht erweiternd auch in Fällen an, in denen Eigentum auf ein Mitglied der Gemeinschaft in seiner Eigenschaft als Vermächtnisnehmer oder Nachlassgläubiger (Demharter §§ 36, 37 Rn. 8; Meikel/*Roth* Rn. 24) oder auf mehrere oder alle Mitglieder der Gemeinschaft in Bruchteilsgemeinschaft (Demharter §§ 36, 37 Rn. 7; Meikel/*Roth* Rn. 26) übertragen werden soll; letzteres muss mE auch für den Erwerb in mit der bestehenden Gemeinschaft nicht identischer Gesamthandsgemeinschaft gelten. Generell unerheblich für die Anwendbarkeit des § 36 ist der Zweck der Eintragung des neuen Eigentümers (Meikel/*Roth* § 37 Rn. 6; Bauer/v. Oefele/*Schaub* § 37 Rn. 6; jeweils zu § 37). Stimmt bei **Vor- und Nacherbfolge** der Nacherbe der Übertragung eines zur Vorerbschaft gehörenden Gegenstandes auf den Vorerben zu freiem Eigentum zu, so kommt dies einer Erbauseinandersetzung gem. § 2042 BGB durch Überführung des Nachlassgegenstandes aus dem Gesamthandseigentum der Erbengemeinschaft in das Alleineigentum eines Miterben zumindest nahe (BayObLG NJW-RR 1995, 956), weshalb auch auf diesen Fall § 36 entsprechend anwendbar ist (Meikel/*Roth* Rn. 19; Bauer/v. Oefele/*Schaub* Rn. 12). Die Vorschrift ist ferner auch dann anwendbar, wenn die Nachlassauseinandersetzung durch einen Testamentsvollstrecker vorgenommen wird (BayObLG NJW-RR 1986, 1070 (1071)).

4 b) **Sachlich.** Über den Wortlaut des § 36 I 1 hinaus gilt die Vorschrift nicht nur bei Grundstücken und Erbbaurechten, sondern auch bei Wohnungs- und Teileigentumsrechten nach § 1 II, III WEG (Demharter §§ 36, 37 Rn. 3; Meikel/*Roth* Rn. 16), bei Miteigentums- oder Gesamthandsanteile hieran (OLG Hamm FGPrax 2006, 200) sowie für die in ihrer Zulässigkeit umstrittene Mitberechtigung nach § 428 BGB an Erbbaurechten (OLG Hamm FGPrax 2006, 200). Sie ist ganz allgemein auf **alle grundstücksgleichen Rechte** (zu diesen MüKoBGB/*Kohler* Vor § 873 Rn. 6) wie zB das selbständige Gebäudeeigentum gem. Art. 233 § 4 EGBGB in den neuen Bundesländern anwendbar, nicht dagegen auf sonstige Rechte an Grundstücken wie zB Reallasten (im Hinblick auf grundstücksgleiche Rechte aA Demharter §§ 36, 37 Rn. 3; Bauer/v. Oefele/*Schaub* Rn. 10; insgesamt unklar, da grundstücksgleiche Rechte und Rechte an Grundstücken vermengend Meikel/*Roth* Rn. 16). Zur entsprechenden Anwendung bei **Grundpfandrechten** s. § 37. Unbeachtlich für die Anwendung des § 36 ist es, ob die Eintragung des Eigentumsübergangs eine Rechtsänderung oder nur eine Grundbuchberichtigung (wie bei der Erbteilsübertragung) darstellt (KG JFG 14, 137 (141); Meikel/*Roth* Rn. 27). Stets muss es Grundstücke usw gehen, die zum Nachlass gehören oder durch Surrogation oder mit Mitteln der Erbschaft erworben wurden (Demharter §§ 36, 37 Rn. 4; Bauer/v. Oefele/*Schaub* Rn. 14).

5 3. **Rechtsfolgen.** Liegen die Voraussetzungen für die Anwendung des § 36 vor, so haben die Beteiligten die Wahl, ob sie die Eintragung des Eigentumsübergangs auf der Grundlage eines Zeugnisses nach § 36 oder auf herkömmlichen Weg herbeiführen; weder das Grundbuchamt noch das für die Erteilung des Zeugnisses zuständige Gericht dürfen zur Erleichterung der eigenen Arbeit einen der Wege vorschreiben (KG OLGE 2, 275; Meikel/*Roth* Rn. 2). Zuständig für die Erteilung ist das in § 36 I 2 genannte Gericht. Ist ein Erbschein über das Erbrecht sämtlicher Erben bzw. ein Zeugnis über die Fortsetzung der Gütergemeinschaft erteilt, so ist gem. § 36 IIa auch der Notar, der eine eventuelle Auseinandersetzung hierzu vermittelt hat (zur sachlichen und örtlichen Zuständigkeit der Notare für Nachlass- und Gesamtgutsauseinandersetzungen → § 20 Rn. 1 f., 4), für die Erteilung des Zeugnisses zuständig; die gegenüber der Vorbildnorm Art. 39 I 1 BayAGGVG (BT-Drs. 17/1469, 19) leicht abweichende Formulierung, insbes. die Stellung des Wortes „auch" im Satzbau, sowie die Gesetzesbegründung (BT-Drs. 17/1469, 19) zeigen, dass diese Zuständigkeit konkurrierend neben der des Gerichts gem. § 36 I 2 besteht. Das Zeugnis muss in **Urschrift oder Ausfertigung** vorgelegt werden, eine beglaubigte Abschrift genügt nicht, weil auch das Zeugnis nach § 36 entsprechend § 2361 BGB eingezogen werden kann und die Einziehung nicht auf beglaubigte Abschriften erstreckt (Meikel/*Roth* Rn. 10). Das Grundbuchamt darf das Zeugnis nicht auf seine inhaltliche Richtigkeit prüfen, insbes. nicht, ob die zur Eintragung des Eigentumsübergangs erforderlichen Rechtsgeschäfte und Erklärungen vorliegen, denn dies zu prüfen ist iRd § 36 ausschließlich Sache der für die Erteilung des Zeugnisses zuständigen Stelle (Demharter §§ 36, 37 Rn. 16; Meikel/*Roth* Rn. 29); anders ist dies, wenn dem Grundbuchamt die inhaltliche Unrichtigkeit des Zeugnisses bekannt ist (OLG Frankfurt a. M., Beschl. v. 10.10.2017 – 20 W 72/16). Das Zeugnis beweist nicht die Zugehörigkeit zum Nachlass (und darf demzufolge auch nicht so formuliert werden); dieser Nachweis ist im Zweifelsfall nach den allgemeinen Grundsätzen gem. § 29 durch öffentliche Urkunden zu führen (Meikel/*Roth* Rn. 3; Bauer/v. Oefele/*Schaub* Rn. 7).

§ 37 [Auseinandersetzung bei Grundpfandrechten]

Die Vorschriften des § 36 sind entsprechend anzuwenden, wenn bei einer Hypothek, Grundschuld oder Rentenschuld, die zu einem Nachlaß oder zu dem Gesamtgut einer Gütergemeinschaft gehört, einer der Beteiligten als neuer Gläubiger eingetragen werden soll.

1 In § 37 wird das Privileg des § 36 auf Hypotheken, Grundschulden und Rentenschulden (zusf.: Grundpfandrechte) erstreckt; die Auslegungsgrundsätze sind daher identisch (Meikel/*Roth* Rn. 1). Für **andere Rechte an Grundstücken** gilt § 37 nicht. Nach einhelliger Auffassung soll die Vorschrift auch anwendbar sein auf Vormerkungen, die den Erwerb von Grundpfandrechten sichern („Hypothekenvormerkungen", Meikel/*Roth* Rn. 2; Bauer/v. Oefele/*Schaub* Rn. 2), desgleichen ist die Anwendbarkeit unabhängig davon, ob es um ein Buch- oder ein Briefrecht geht. Im zuletzt genannten Fall ersetzt das Zeugnis nach § 37 jedoch insbes. nicht die für die Eintragung gem. §§ 41, 42 erforderliche Vorlage des Briefs (Demharter §§ 36, 37 Rn. 18; Meikel/*Roth* Rn. 9).

...

§ 51 [Vor- und Nacherbenvermerk]

Bei der Eintragung eines Vorerben ist zugleich das Recht des Nacherben und, soweit der Vorerbe von den Beschränkungen seines Verfügungsrechts befreit ist, auch die Befreiung von Amts wegen einzutragen.

1. **Normzweck.** § 51 betrifft die Eintragung des sog. **Nacherbenvermerkes** in das Grundbuch. Zweck dieses Vermerkes ist es, die für den Vorerben im Interesse des Nacherben nach materiellem Recht bestehenden Verfügungsbeschränkungen (§ 2113 I, II § 2114 BGB) zu verlautbaren, um einen gutgläubigen Erwerb Dritter (§ 2113 III BGB) zu vermeiden (BGH ZEV 2007, 323). Die Anordnung einer Nacherbfolge und damit auch die Eintragung des Nacherbenvermerkes führen grds. nicht zu einer Grundbuchsperre (→ Rn. 14). Der Vorerbe kann vielmehr zunächst wirksam verfügen; erst im Fall des Eintritts der Nacherbfolge wird die Verfügung insoweit unwirksam, als sie das Recht des Nacherben vereiteln oder beeinträchtigen würde (§ 2113 I BGB). Diese Unwirksamkeit ist dann absolut, dh wirkt für und gegen jeden Dritten und nicht nur relativ zugunsten des Nacherben. 1

2. **Anwendungsbereich.** § 51 gilt „bei der Eintragung eines Vorerben". **a) Anordnung einer Nacherbfolge.** Es muss also zunächst vom Erblasser eine Nacherbfolge gem. §§ 2100 ff. BGB angeordnet worden sein. Ob und inwieweit dies der Fall ist, hat das Grundbuchamt dem Erbschein zu entnehmen, wenn die Eintragung des Vorerben auf dessen Grundlage gem. § 35 I 1 beantragt wird, denn diese Umstände sind in den Erbschein aufzunehmen (§ 2363 BGB). Unter den Voraussetzungen des § 35 I 2 muss das Grundbuchamt dagegen die Verfügung selbst auf das Vorliegen einer Nacherbfolgeanordnung hin auslegen (BayObLGZ DNotZ 1984, 502 f.). Auch bei einer **bedingten oder befristeten Nacherbfolge** ist der Vermerk einzutragen (OLG Braunschweig Rpfleger 1991, 204; OLG Hamm OLGZ 1976, 180 (186); Bauer/v. Oefele/*Schaub* Rn. 68), und zwar bei einer aufschiebend bedingten Nacherbfolge nicht erst mit Eintritt der Bedingung, sondern wie gewöhnlich bereits mit der Eintragung des Vorerben, weil die Verfügungsbeschränkungen der §§ 2113 ff. BGB bereits vor Bedingungseintritt bestehen (OLG Köln FGPrax 2015, 56; OLG Hamm ZEV 2011, 589). Umstritten ist im zuletzt genannten Fall, ob der Erblasser anordnen kann, dass diese Verfügungsbeschränkungen erst mit Bedingungseintritt gelten (OLG Celle ZEV 2013, 40 mit abl. Anm. *Weidlich;* aA *Braun* MittBayNot 2012, 253 (254); → BGB § 2269 Rn. 59 f.). 2

b) Zugehörigkeit zur Vorerbschaft. Dem Normzweck des § 51 entsprechend, muss der Vermögensgegenstand nicht nur durch den Vorerben vom Erblasser geerbt worden sein, sondern auch den Verfügungsbeschränkungen der §§ 2113, 2114 BGB unterliegen (BGH ZEV 2007, 323). Dies ist **grds. immer** der Fall, denn von der Beschränkung des § 2113 II BGB kann auch der Erblasser nicht befreien (§ 2136 BGB), und § 51 gilt bereits seinem Wortlaut nach auch dann, wenn lediglich diese Verfügungsbeschränkung besteht (RGZ 61, 228 (232 f.)). Über die **Surrogationsvorschrift des § 2111 BGB** können sogar noch nach dem Vorerbfall bereits vom Vorerben erworbene Gegenstände in die Vorerbschaft einbezogen werden. 3

Andererseits können Vermögensgegenstände nach dem Vorerbfall **aus der Vorerbschaft ausscheiden,** so dass (danach) der Nacherbenvermerk nicht (mehr) einzutragen ist (Meikel/*Böhringer* Rn. 87 f.). Zu denken ist hier in erster Linie an eine Vereinbarung zwischen Vor- und Nacherbe, wonach ein Vermögensgegenstand aus der Vorerbschaft herausgenommen und dem freien Vermögen des Vorerben zugeordnet wird (BGH VIZ 2001, 117 (118); BayObLG NJW-RR 2005, 956), ferner an die Fälle, in denen ein Vermögensgegenstand dem alleinigen Vorerben als Vorausvermächtnis gem. § 2110 II BGB zugewandt ist und damit unmittelbar mit dem Vorerbfall aus dem Nachlass ausscheidet (LG Fulda Rpfleger 2005, 664; Meikel/*Böhringer* Rn. 35, 88), an voll entgeltliche Verfügungen des von der Beschränkung des § 2113 I BGB befreiten Vorerben oder generell Verfügungen mit Zustimmung des Nacherben (Meikel/*Böhringer* Rn. 87) und schließlich an **Verfügungen eines Bevollmächtigten,** der noch vom Erblasser trans- oder postmortal bevollmächtigt wurde, weil eine derartige Vollmacht zum Handeln für alle berechtigt, die vom Erblasser Rechte herleiten, also auch den Nacherben (OLG Stuttgart DNotZ 1974, 365 (367) [obiter dictum]; KG JFG 12, 274 (277); *Keim* DNotZ 2008, 175 (178 ff.); Meikel/*Böhringer* Rn. 59 mwN; str.). 4

c) Erfasste Vermögensgegenstände. aa) Grundsatz. Der Nacherbenvermerk ist im Grundbuch bei allen zur Vorerbschaft gehörenden Grundstücken, grundstücksgleichen Rechten wie vor allem Erbbaurechten, Wohnungs- und Teileigentumsrechten, Dauerwohnrechten und selbständigem Gebäudeeigentum gem. Art. 233 § 4 EGBGB, sowie dinglichen, im Grundbuch eingetragenen Rechten an Grundstücken, grundstücksgleichen Rechten und dinglichen Rechten (zB Pfandrecht an einer Hypothek; Bauer/v. Oefele/*Schaub* Rn. 66) einzutragen. Dasselbe gilt für im Grundbuch eingetragene Vormerkungen, Widersprüche und Verfügungsbeschränkungen (Demharter Rn. 21). Gehört zur Vorerbschaft nur der Anteil an einer **Bruchteils**gemeinschaft (zB der Miteigentumsanteil an einem Grundstück), so ist der 5

Nacherbenvermerk (beschränkt auf diesen Anteil) selbst dann einzutragen, wenn der andere Anteil zum freien Vermögen des Vorerben gehört (BayObLG ZEV 2003, 30 (31); Demharter Rn. 3).

6 **bb) Gesamthandsanteile.** Gehört zur Vorerbschaft der Anteil an einer Gesamthandsgemeinschaft (zB einer zweigliedrigen Erbengemeinschaft), zu deren Vermögen wiederum die unter → Rn. 5 genannten Vermögensgegenstände gehört, ist § 2113 BGB und damit auch § 51 nicht unmittelbar anwendbar, weil dieser Vermögensgegenstand eben nicht unmittelbarer Bestandteil der Vorerbschaft ist (BGH ZEV 2007, 323). Auch eine analoge Anwendung dieser Vorschriften scheidet aus, weil anderenfalls der Schutz des Nacherben zwingend mit einer **Benachteiligung der anderen Gesamthänder** einherginge, denn die Gesamthänder können über den Nachlassgegenstand nur gemeinschaftlich verfügen (§ 2040 I BGB für die Erbengemeinschaft) und daher könnten iErg auch die anderen Gesamthänder nur mit Zustimmung des Nacherben verfügen (BGH ZEV 2007, 323f.). Dies gilt selbst dann, wenn der andere Gesamthänder der Vorerbe selbst ist (BGH ZEV 2007, 323; BayObLG ZEV 2003, 30 (31)). Wird dann allerdings im Zuge der Auseinandersetzung der Gesamthandsgemeinschaft, wovon ein Anteil zur Vorerbschaft gehört, an dessen Stelle dem Vorerben zB das Alleineigentum an einem Grundstück zugeteilt, so unterliegt dies gem. § 2111 BGB als Surrogat der Nacherbfolge und der Vermerk gem. § 51 ist einzutragen (OLG Saarbrücken ZEV 2000, 27 mit zust. Anm. *Schaub*).

7 **d) Eintragung des Vorerben.** § 51 ist bei **jeder Eintragung** des Vorerben anzuwenden, dh unabhängig davon, ob diese auf eigenen Antrag des Vorerben, auf Antrag eines Dritten, auf Ersuchen einer Behörde (§ 38) oder von Amts wegen durch das Grundbuchamt selbst (zB im Fall des § 18 II) erfolgt (Meikel/*Böhringer* Rn. 75). Der Nacherbe ist nach hM als solcher nicht berechtigt, die Eintragung des Vorerben im Wege der Grundbuchberichtigung zu beantragen und so die Eintragung des Nacherbenvermerkes von Amts wegen zu bewirken; er hat lediglich nach § 895 BGB einen klagbaren Anspruch darauf, dass dieser sein Recht einträgt (Meikel/*Böhringer* Rn. 76). Für die Eintragung eines **isolierten Nacherbenvermerkes**, dh ohne gleichzeitige Eintragung des Vorerben, besteht kein Bedürfnis und ist vom Gesetz daher auch nicht vorgesehen, weil der Nacherbe gegen den Vorerben gem. § 895 BGB einen klagbaren Anspruch auf dessen Eintragung und damit auch auf die von Amts wegen mit zu erfolgende Eintragung des Nacherbenvermerkes hat (so Ergebnis auch BayObLG NJW-RR 1996, 1167 (1168) zum Testamentsvollstreckervermerk).

8 **3. Rechtsfolgen. a) Eintragung von Amts wegen.** Die Eintragung des Nacherben hat bei Vorliegen der Voraussetzungen des § 51 gleichzeitig mit der Eintragung des Vorerben von Amts wegen zu erfolgen und ist grds. zwingend. Auch der Erblasser kann hiervon nicht befreien, denn in § 2136 BGB ist eine Befreiung von der Beschränkung in § 2113 II BGB, die bereits allein den Nacherbenvermerk rechtfertigt (→ Rn. 3), nicht zugelassen, ebenso wenig eine isolierte Befreiung von § 51. Zulässig ist jedoch nach ganz hM ein **isolierter Verzicht des Nacherben** und – bei mehrfacher (weiterer, gestaffelter) Nacherbfolge – aller weiterer Nacherben („Nachnacherben") in der Form des § 29 auf diese gleichzeitige Eintragung des Vermerks ohne Verzicht auf sein Nacherbenrecht selbst, jedoch nur, wenn auch alle Ersatznacherben einen solchen erklären (OLG München ZEV 2017, 234 mwN; OLG Köln NJW 1955, 634; Demharter Rn. 26; dagegen mit gewichtigen Argumenten *Bestelmeyer* Rpfleger 1994, 189ff.); nach Auffassung des BayObLG (NJW-RR 1989, 1096 (1097)) kann der Verzicht auch durch einen Nacherbentestamentsvollstrecker (§ 2222 BGB) erfolgen.

9 Ist die Eintragung des Nacherbenvermerkes unterblieben, so ist sie – auch bei zwischenzeitlicher Belastung des Rechts – bis zur Umschreibung des Rechts auf einen Dritten von Amts wegen nachzuholen (Meikel/*Böhringer* Rn. 83). Möchte der Vorerbe nach den §§ 39, 40 ohne seine Zwischeneintragung über ein zur Vorerbschaft gehörendes Recht verfügen, so ist dies möglich, wenn der Nacherbe hierzu in der Form des § 29 seine Zustimmung erteilt (BayObLG NJW-RR 1989, 1096; OLG Hamm NJW-RR 1995, 1289 (1290)); dieses Zustimmungserfordernis erstreckt sich nicht auf eventuell vorhandene Ersatznacherben (Demharter Rn. 27). Nicht mehr zulässig ist die Eintragung nach **Eintritt des Nacherbfalls**, weil der Nacherbe dann Vollerbe geworden ist und die Eintragung des Vermerks das Grundbuch unrichtig machen würde (OLG Hamm MittBayNot 1990, 361 (363f.)).

10 **b) Inhalt des Vermerks. aa) Grundsatz.** Der Nacherbfolgevermerk muss die Anordnung der Nacherbfolge, die Person des Nacherben einschließlich eventueller Ersatznacherben (OLG Köln NJW 1955, 633) und den Nacherbfall (§ 2106 BGB) enthalten (s. das offizielle Bsp. in der Anl. 2a zu § 31 GBV, dort Dritte Abteilung Sp. 7 zu lfd. Nr. 3 der Sp. 1). Bei mehrfacher (weiterer, gestaffelter) Nacherbfolge ist auch die Person des bzw. aller weiteren Nacherben („Nachnacherben") anzugeben (Meikel/*Böhringer* Rn. 97 mwN). Bei **Nacherbentestamentsvollstreckung gem. § 2222 BGB** ist am Schluss des Nacherbenvermerkes gem. § 52 ein Testamentsvollstreckervermerk einzutragen (KG JW 1938, 1411 (1412); KGJ 40, 196 (198f.)); umstritten ist, ob dies auch bei einem für den Nacherben für die Zeit nach dem Eintritt der Nacherbfolge ernannten Testamentsvollstrecker gilt (dafür KG JW 1938, 1411 (1412); Schöner/*Stöber* GrundbuchR Rn. 3502; dagegen Meikel/*Böhringer* Rn. 102). Strittig ist, ob bei Wegfall des Nacherben vor dem Nacherbfall eine Berichtigung des Vermerks zugunsten des bisherigen Ersatznacherben zu erfolgen hat (dagegen OLG Hamm FGPrax 2016, 32; **aA** mit sehr beachtlichen Argumenten Bestelmeyer in der dazugehörigen Anm.-).

11 Für die Personenbezeichnung gilt **§ 15 GBV**, nur soweit nach dem soeben Dargelegten einzutragende Personen noch nicht konkret benannt werden können, sind diese anhand der für ihre Bestimmung maßgeblichen Merkmale anzugeben (BayObLG DNotZ 1984, 502 (503f.)). Dies bedeutet, wenn einzutragende Personen teilweise bereits bekannt und teilweise noch nicht bekannt sind, dass die bekannten Personen namentlich einzutragen und die noch unbekannten anhand ihrer Merkmale zu beschreiben sind (LG Frankfurt a. M. Rpfleger 1984, 272 (273); Meikel/*Böhringer* Rn. 98; offen gelassen BayObLG DNotZ 1984, 502 (504)). Ein Nacherbenvermerk ohne Angaben über die Person des Nacherben ist als inhaltlich unzulässig gem. § 53 I 2 vom Grundbuchamt von Amts wegen zu löschen (OLG Zweibrücken Rpfleger 1977, 305).

bb) Befreiungen des Vorerben. Soweit der Vorerbe von den Beschränkungen seines Verfügungsrechts befreit ist, ist auch die Befreiung von Amts wegen einzutragen (§ 51 Hs. 2). Die zulässigen Befreiungsmöglichkeiten ergeben sich aus § 2136 BGB; hiervon sind für den Nacherbenvermerk nur die Möglichkeit der Befreiung von den Beschränkungen des § 2113 I BGB und des § 2114 BGB von Interesse (Meikel/*Böhringer* Rn. 102). Ist der Nacherbe von **allen** Beschränkungen und Verpflichtungen befreit, von denen eine Befreiung zulässig ist (zB in den Fällen des § 2137 BGB), so genügt die Bezeichnung als „befreiter Vorerbe". Sonst ist der Umfang der Befreiung konkret anzugeben („soweit"), und zwar auch dann, wenn eine umfassende Befreiung von allen im Grundbuchverkehr relevanten Beschränkungen vorliegt (also von § 2113 I BGB und § 2114 BGB), weil sich der Begriff des „befreiten Vorerben" für eine umfassende Befreiung von allen in § 2136 BGB aufgeführten Beschränkungen und Verpflichtungen eingebürgert hat und eine anderweitige Verwendung daher missverständlich wäre. Die **fehlende Befreiung** muss als vom Gesetz angenommener Normalfall nicht angegeben werden und sollte daher auch unterbleiben (anders im offiziellen Bsp. in Anl. 2a zu § 31 GBV, dort Abt. III Sp. 7 zu lfd. Nr. 3 der Sp. 1). 12

cc) Eintragungsort. Bei in Abt. I einzutragenden Grundstücken und grundstücksgleichen Rechten ist der Nacherbenvermerk in Abt. II Sp. 3 einzutragen (§ 10 IV GBV). Bei Rechten in Abt. II u. III ist danach zu differenzieren, ob die Eintragung des Nacherbenvermerks (und damit auch des Vorerben) zugleich mit der Eintragung des Rechts selbst erfolgt oder erst später: Im ersten Fall ist der Vermerk zusammen mit dem Recht und dem Vorerben in Abt. II Sp. 3 bzw. Abt. III Sp. 4 einzutragen (§ 10 IV, § 11 V GBV). Im zweiten Fall erfolgt die Eintragung in Abt. II Sp. 5 bzw. Abt. III Sp. 7 („Veränderungsspalten", § 10 V, § 11 VI GBV), wobei die Eintragung des Vorerben, die dann ja in derselben Spalte erfolgt, und der Nacherbenvermerk zu einer Eintragung zusammengefasst werden können (s. das offizielle Bsp. in Anl. 2a zu § 31 GBV, dort Dritte Abteilung Sp. 7 zu lfd. Nr. 3 der Sp. 1). 13

c) Rechtsfolgen des Vermerks. aa) Keine Grundbuchsperre. Der eingetragene Nacherbenvermerk bewirkt grds. keine Grundbuchsperre, da das Recht des Nacherben vereitelnde oder beeinträchtigende Verfügungen des Vorerben nur im Fall des Eintritts des Nacherbfalls unwirksam sind (§ 2113 I, II, § 2114 S. 3 BGB). Das Grundbuchamt hat daher Eintragungsanträgen des Vorerben stattzugeben, mag es sich um eine befreite oder nicht befreite Vorerbschaft, um eine voll entgeltliche Verfügung oder nicht handeln (OLG Frankfurt a. M. DNotZ 2012, 150; Demharter Rn. 32 mwN); der Nacherbenvermerk bleibt grds. bestehen und muss erforderlichenfalls mit dem Recht mit übertragen werden (Meikel/*Böhringer* Rn. 124), eine Bekanntmachung gemäß § 55 GBO an den Nacherben hat nach OLG Hamm (FGPrax 2015, 113 m. abl. Anm. Bestelmeyer) zu unterbleiben. 14

Ausnahmen gelten wegen § 1 IV ErbbauRG (Unzulässigkeit auflösend bedingter Erbbaurechte) für die **Bestellung von Erbbaurechten;** diese bedürfen daher für ihre Eintragung in das Grundbuch bei Befreiung von § 2113 I BGB wegen § 2113 II BGB des Nachweises der vollen Entgeltlichkeit (OLG Hamm NJW-RR 1989, 717 (718)), bei Nichtbefreiung von § 2113 I BGB sogar der Zustimmung des Nacherben (BGH NJW 1969, 2043 (2045)). Auch die **Löschung von zugunsten des Vorerben eingetragenen Belastungen** darf nur bei voller Entgeltlichkeit (bei Befreiung von § 2113 I BGB) bzw. Zustimmung des Nacherben (bei Nichtbefreiung von § 2113 I BGB) oder bei fehlender Beeinträchtigung des Nacherbenrechts (in beiden Fällen) im Grundbuch vollzogen werden, weil anderenfalls der Nacherbenvermerk mit dem Recht selbst gelöscht (oder im Fall des § 40 I Alt. 2 gar nicht erst eingetragen würde) und so den Nacherben nicht vor einem gutgläubig lastenfreien Erwerb schützen würde (ausf. Demharter Rn. 33 ff.; Meikel/*Böhringer* Rn. 127 ff.; dagegen *Bestelmeyer* Rpfleger 1994, 189, (191 ff.)). Auch die **Löschung von Grundpfandrechten an Nachlassgrundstücken** bedarf der Zustimmung des Nacherben, es sei denn, es sind keine nach- oder gleichrangigen Rechte vorhanden (OLG Hamm DNotZ 2012, 850). 15

bb) Fortbestand des Vermerks bei Verfügungen. Wird bei eingetragenem Nacherbenvermerk eine Verfügung über das Recht des Vorerben getroffen, so bleibt der Nacherbenvermerk grds. bestehen. Er ist nur dann (auch durch Nichtübertragung gem. § 46 II) zu löschen, wenn die Verfügung auch gegenüber dem Nacherben wirksam ist. Dies ist immer der Fall bei einer **Zustimmung des Nacherben** (auch bei bedingter Nacherbfolge) zu dieser Verfügung, die in der Form des § 29 I 1 zu erklären ist. Erforderlich ist in gleicher Weise die Zustimmung aller weiterer Nacherben („Nachnacherben") bei mehrfacher (weiterer, gestaffelter) Nacherbfolge, nicht dagegen von Ersatznacherben (BGH NJW 1963, 2320 (2321)). Soweit Nacherben noch nicht bekannt sind (va noch nicht gezeugte oder/und geborene Kinder), ist hierfür die Bestellung eines Pflegers (§ 1913 BGB) und gerichtliche Genehmigung (§§ 1913, 1821 BGB) erforderlich; letzteres auch bei Nacherben, die noch minderjährigen sind, unter Betreuung stehen oÄ (§§ 1643, 1908i BGB). Von dieser Zustimmung zu einer Verfügung des Vorerben ist die **Zustimmung zur nachträglichen isolierten Löschung des Nacherbenvermerks** zu unterscheiden, für die das zum anfänglichen isolierten Verzicht auf die Eintragung des Nacherbenvermerks Gesagte (→ Rn. 8) gilt. 16

Bei Befreiung des Nacherben von den Beschränkungen des § 2113 I BGB genügt statt der Zustimmung des Nacherben der **Nachweis der vollen Entgeltlichkeit** der Verfügung und damit der Unrichtig- 17 keit des Grundbuchs. Da dieser Nachweis in der Form des § 29 in der Regel nicht erbracht werden kann, ist das Grundbuchamt berechtigt und verpflichtet, bei der Prüfung dieser Frage die Regeln der Lebenserfahrung und der Wahrscheinlichkeit anzuwenden; außerdem ist von (teilweiser) Unentgeltlichkeit nur auszugehen (subjektives Element), wenn bei Erzielbarkeit eines besseren Preises oder nicht vollständig ausgeglichener Leistung und Gegenleistung der Vorerbe bei ordnungsmäßiger Verwaltung der unter Nacherbschaft stehenden Nachlassmasse die Unzulänglichkeit der Gegenleistung hätte erkennen müssen (BayObLG DNotZ 1989, 183 (184); OLG München FGPrax 2005, 193 (194)). Dabei spricht bei einem als entgeltlich bezeichneten Vertrag des Vorerben mit einem **unbeteiligten Dritten** der erste Anschein für eine volle Entgeltlichkeit, während bei einer Nähebeziehung zwischen Vorerbe und Drittem (va Ehe, Verwandtschaft, Schwägerschaft) das Grundbuchamt die volle Entgeltlichkeit besonders sorgfältig prüfen muss (OLG München FGPrax 2005, 193 (194)). Entgeltlichkeit kommt nur in Betracht, wenn die Gegenleistung in das Vermögen des Vorerben und nicht eines Dritten fließt (BGH NJW 1953, 219), wobei es im hier interessierenden Fall des befreiten Vorerben ausreicht, wenn es in das persönliche, dh nicht der Nacherbfolge unterliegende Vermögen fliest, zB in Gestalt einer mit dem Tod des Vorerben erlöschenden Leibrente (BGH NJW 1977, 1631 (1632)). Verlangt das Grundbuchamt oder der andere Vertragsbeteiligte gleichwohl die Zustimmung des Nacherben (ggf. in der Form des § 29), so hat der Vorerbe analog § 2120 BGB auf deren Erteilung einen Anspruch (OLG Frankfurt a. M. RNotZ 2011, 614 (617)).

18   **4. Löschung des Vermerks. a) Vor dem Nacherbfall.** Vor dem Nacherbfall kommt eine Löschung in drei Fällen in Betracht: (1) Der Nacherbe verzichtet (im Weg der Übertragung der Nacherbenanwartschaft auf den Vorerben) nachträglich auf sein Nacherbenrecht (auch) an dem Recht, auf das sich der Nacherbenvermerk bezieht, (2) der Nacherbe verzichtet nachträglich isoliert auf die bereits erfolgte Eintragung des Vermerks ohne gleichzeitigen Verzicht auf sein Nacherbenrecht (Zulässigkeit wie beim anfänglichen isolierten Verzicht umstritten; → Rn. 8) oder (3) über das Recht, auf das sich der Nacherbenvermerk bezieht, wurde mit Wirkung auch für und gegen den Nacherben verfügt. In den Fällen (1) und (2) ist zur Löschung jeweils nicht nur die Zustimmung des Nacherben und – bei mehrfacher (weiterer, gestaffelter) Nacherbfolge – aller weiterer Nacherben („Nachnacherben") erforderlich, sondern auch die Zustimmung des Ersatznacherben; stimmt im Fall (1) der Ersatznacherbe nicht zu, ist allerdings nach OLG München (ZEV 2015, 347) die Übertragung der Nacherbenanwartschaft im Nacherbenvermerk zum Ausdruck zu bringen. Im Fall (3) ist die Zustimmung des Ersatznacherben nie (auch nicht bei der Überführung in das freie Vermögen des Vorerben; OLG Hamm ZEV 2016, 638; BayObLG NJW-RR 2005, 956; → BGB § 2102 Rn. 20) und die Zustimmung des Nacherben (und aller eventueller weiterer Nacherben) nur dann erforderlich, wenn es sich *nicht* um die Fälle der vollentgeltlichen Verfügung des von § 2113 I BGB befreiten Vorerben oder der Verfügung einer noch vom Erblasser bevollmächtigten Person handelt. Soweit hiernach Nacherben einschließlich eventuell vorhandener weiterer Nacherben nicht zustimmen müssen, ist ihnen allerdings vor der Löschung, bei der es sich um eine aufgrund Unrichtigkeitsnachweises handelt, **rechtliches Gehör** zu gewähren, Art. 103 I GG (BayObLG NJW-RR 1994, 1360; Meikel/*Böhringer* Rn. 172); dies gilt allerdings nicht auch für Ersatznacherben (so nunmehr auch OLG München ZEV 2015, 345 mwN).

19   **b) Nach dem Nacherbfall.** Hier ist danach zu differenzieren, ob der Vorerbe unter Beeinträchtigung des Nacherbenrechts über das Recht, auf das sich der Nacherbenvermerk bezieht, verfügt hat oder nicht.

20   **aa) Keine beeinträchtigende Verfügung (Normalfall).** Der Nacherbenvermerk kann gelöscht werden, wenn der Nacherbe die Nacherbfolge durch den Nacherbfall ausweisenden Erbschein nachweist, § 35 I 1. Statt Vorlage eines solchen Erbscheins genügen unter den allgemeinen Voraussetzungen des § 35 I 2 die Vorlage der Verfügung von Todes wegen nebst Eröffnungsniederschrift sowie der Nachweis des Eintritts der Nacherbfolge in der Form des § 29 (Meikel/*Böhringer* Rn. 173; Bauer/v. Oefele/*Schaub* Rn. 32), nicht dagegen der für den Vorerben erteilte Erbschein, auch wenn der Nacherbe dort namentlich benannt ist und der Eintritt der Nacherbfolge formgerecht nachgewiesen wird, weil die Benennung des Nacherben im Erbschein für den Vorerben nicht der Bezeugung von dessen Erbrecht dient (BGH NJW 1982, 2499; OLG München DNotZ 2013, 153). Die Löschung des Nacherbenvermerks erfolgt nicht von Amts wegen, sondern auf Antrag (BayObLG DNotZ 1974, 235 f.), jedoch ist in einem Antrag des Nacherben auf Berichtigung des Rechts auf ihn *in den hier behandelten Normalfall* (dagegen bei Vorliegen einer Verfügung unter Beeinträchtigung des Nacherbenrechts → Rn. 20) im Zweifel auch der Antrag auf Löschung des Nacherbenvermerkes zu erblicken (str., bejahend etwa Meikel/*Böhringer* Rn. 179 mwN; verneinend etwa BayObLGZ 1952, 255 (260)). Ist **mehrfache (weitere, gestaffelte) Nacherbfolge** angeordnet, so hat das Grundbuchamt bei der Eintragung des ersten Nacherben erneut von Amts wegen einen Nacherbenvermerk gem. § 51 einzutragen (OLG Hamm Rpfleger 1975, 134 (135)).

21   **bb) Verfügung unter Beeinträchtigung des Nacherbenrechts.** Hier wird das Grundbuch im Hinblick auf den eingetragenen Nacherbenvermerk nicht unrichtig, weil ohne bestehen bleibende Eintragung des Vermerks ein Rechtsverlust des Nacherben eintreten könnte und der Nacherbenvermerk daher nicht funktionslos wird (Bauer/v. Oefele/*Schaub* Rn. 158). Ist der Vorerbe noch als Berechtigter des Rechts eingetragen (zB bei einer das Nacherbenrecht beeinträchtigenden Belastung des Rechts), ist dagegen insoweit das Grundbuch unrichtig. Der Nacherbe kann daher bei Vorliegen der Voraussetzungen des § 35 seine Eintragung **unter Bestehenbleiben des Nacherbenvermerkes** beantragen, wobei hier wegen der fortbestehenden Bedeutung im Zweifel nicht davon auszugehen ist, dass auch der Nacherbenvermerk gelöscht werden soll (Bauer/v. Oefele/*Schaub* Rn. 158). Ist der Vorerbe dagegen nicht mehr als Berech-

tigter des Rechts eingetragen (zB bei einer das Nacherbenrecht beeinträchtigenden Übertragung des Rechts), ist das Grundbuch zwar ebenfalls unrichtig. Seine Eintragung als Berechtigter kann der Nacherbe jedoch nur aufgrund Bewilligung des eingetragenen Berechtigten erlangen. Diese muss er notfalls auf der Grundlage des § 894 BGB einklagen; eine Eintragung aufgrund Unrichtigkeitsnachweises (§ 22) scheidet praktisch aus, weil nicht in der Form des § 29 nachgewiesen werden kann, dass die Verfügung nicht doch durch formlose Zustimmung des Nacherben oÄ wirksam ist. Dasselbe gilt für die Löschung einer Belastung des Rechts (ausf. zum Ganzen Schöner/Stöber GrundbuchR Rn. 3525b–3525d).

§ 52 [Testamentsvollstreckervermerk]

Ist ein Testamentsvollstrecker ernannt, so ist dies bei der Eintragung des Erben von Amts wegen miteinzutragen, es sei denn, daß der Nachlaßgegenstand der Verwaltung des Testamentsvollstreckers nicht unterliegt.

1. Normzweck. § 52 regelt die Eintragung des sog. **Testamentsvollstreckervermerks** in das Grundbuch. Dessen Zweck ist es, die bei angeordneter Testamentsvollstreckung bestehende Verfügungsbeschränkung des Erben (§ 2211 I BGB) hinsichtlich der vom Testamentsvollstrecker verwalteten Vermögensgegenstände zu verlautbaren, um einen gutgläubigen Erwerb (§ 2211 II BGB) auszuschließen. Anders als der Nacherbenvermerk bewirkt er nicht nur die Unwirksamkeit derartiger Verfügungen, sondern hat eine Grundbuchsperre zur Folge (OLG Düsseldorf NJW 1963, 162).

2. Anwendungsbereich. § 52 gilt, wenn „ein Testamentsvollstrecker ernannt" ist. **a) Anordnung einer Testamentsvollstreckung. aa) Grundsatz.** Obwohl dies im Gesetzeswortlaut nicht klar zum Ausdruck kommt, ist zwischen der Anordnung der Testamentsvollstreckung einerseits und der Ernennung/Bestellung des Testamentsvollstreckers gem. §§ 2197–2200 BGB andererseits zu unterscheiden (BGH NJW 1967, 2399). Wird der Testamentsvollstrecker nicht vom Erblasser selbst ernannt (§ 2197 BGB), folgt das Wirksamwerden der Bestellung/Ernennung des Testamentsvollstreckers nach den §§ 2198–2200 BGB dem Wirksamwerden der Anordnung der Testamentsvollstreckung regelmäßig zeitlich nach. Die Anordnung der Testamentsvollstreckung wiederum wird regelmäßig mit dem Erbfall wirksam, es sei denn, die Anordnung ist unter einer aufschiebenden Bedingung oder Befristung erfolgt. Da die Verfügungsbeschränkung des Erben nach § 2211 I BGB bereits mit dem Wirksamwerden der Anordnung der Testamentsvollstreckung beginnt (BGH NJW 1967, 2399), ist auch der Vermerk – der besser Testamentsvollstreck*ungs*vermerk hieße (→ Rn. 9) – bereits zu diesem Zeitpunkt einzutragen (Meikel/*Böhringer* Rn. 7). Ist die Testamentsvollstreckung ausnahmsweise unter einer **aufschiebenden Bedingung oder Befristung** angeordnet, so wirkt bei Eintritt der Bedingung/Befristung die Verfügungsbeschränkung des § 2211 I BGB nicht zurück (BGHZ 10, 69 (72)), so dass auch der Testamentsvollstreckervermerk erst ab dem Zeitpunkt des Eintritts der Bedingung bzw. Befristung einzutragen ist (OLG Köln ZEV 2015, 277; für die Angabe im Erbschein auch: KG JFG 10, 72 (73 ff.)).

Bei der sog. **Erbteilsvollstreckung** beschränkt sich die Testamentsvollstreckung auf den Anteil eines Miterben, die § 2211 I, § 2205 I 2 BGB (bei gemeinschaftlichen Verfügungen der Miterben gem. § 2040 BGB) und § 52 gelten dann nur für diesen Miterben; im Fall der Erbauseinandersetzung setzt sich die Testamentsvollstreckung im Zweifel an den diesem Miterben zugeteilten Nachlassgegenständen fort. Auf die sog. **Vermächtnisvollstreckung** (§ 2223 BGB) ist § 2211 I BGB und damit auch § 52 entsprechend anwendbar, wenn der Vermächtnisgegenstand von dieser erfasst wird (BayObLG NJW-RR 1990, 844 (845)). Eine nur **beaufsichtigende Testamentsvollstreckung** (§ 2108 II BGB) beschränkt den Erben nicht in seiner Verfügungsmacht und ist daher weder in das Testamentsvollstreckerzeugnis aufzunehmen (OLG Köln ZEV 2017, 521) noch gem. § 52 in das Grundbuch einzutragen. Wird der Erblasser nach ausländischem Erbrecht beerbt, so ist der Vermerk einzutragen, wenn Betroffenen in vergleichbarer Weise wie nach deutschem Recht die Verfügungsbefugnis entzogen ist (BayObLG NJW-RR 1990, 906, für den schweizerischen Willensvollstrecker).

bb) Nachweis der Testamentsvollstreckung. Für die Eintragung des Vermerks muss das Bestehen der Testamentsvollstreckung nachgewiesen werden; bloße Erklärungen der Beteiligten genügen nicht (OLG München ZEV 2016, 289; Demharter Rn. 11). Da der Testamentsvollstreckervermerk nicht isoliert eingetragen werden darf, muss zugleich auch immer die Erbfolge nachgewiesen werden, wozu das Testamentsvollstreckerzeugnis nicht ausreicht, da dieses die Erbfolge nicht bezeugt. Für die zulässigen Beweismittel gilt in beiden Fällen § 35, wobei es den Beteiligten freisteht, diese Beweismittel zu kombinieren, zB die Erbfolge durch öffentliches Testament in Verbindung mit der Eröffnungsniederschrift und die Testamentsvollstreckung durch ein Testamentsvollstreckerzeugnis nachzuweisen. Die **praktisch bedeutsamste Streitfrage**, ob die Angabe der Anordnung einer Testamentsvollstreckung im Erbschein gem. § 2364 BGB zum Nachweis der Testamentsvollstreckung iRd § 52 genügt, ist zu bejahen, da gegenständliche Beschränkungen der Testamentsvollstreckung nicht nur im Testamentsvollstreckerzeugnis, sondern iRd des jetzigen § 352b II FamFG auch im Erbschein anzugeben sind (BayObLG NJW-RR 2005, 1245 (1247)).

b) Zugehörigkeit zum verwalteten Vermögen. Wie § 52 Hs. 2 ausdrücklich klarstellt, muss der Nachlassgegenstand zu dem der Testamentsvollstreckung unterliegenden Vermögen gehören. Grundsätzlich ist dies im Hinblick auf den gesamten Nachlass der Fall (§ 2205 S. 1 BGB), es sei denn, bestimmte Gegenstände wurden vom Erblasser hiervon ausgenommen (§ 2208 I BGB) oder vom Testamentsvollstrecker dem Erben zur freien Verfügung überlassen (§ 2217 I BGB). Die Zugehörigkeit zum verwalteten Vermögen endet, wenn der Testamentsvollstrecker über Nachlassgegenstände wirksam verfügt, jedoch unterliegt die Gegenleistung aufgrund des entsprechend anwendbaren § 2041 BGB als **Surrogat** wiederum der Testamentsvollstreckung (BayObLG NJW-RR 1992, 328f.). Ob ein Vermögensgegenstand nach der Erfüllung des Vermächtnisses unter Testamentsvollstreckung bleibt, bestimmt sich nach dem Erblasserwillen (BGH DNotZ 1954, 399 (400ff.)).

6 c) **Erfasste Vermögensgegenstände.** Der Testamentsvollstreckervermerk ist – wie der Nacherbenvermerk – bei allen von der Testamentsvollstreckung erfassten Grundstücken, grundstücksgleichen Rechten wie vor allem Erbbaurechten, Wohnungs- und Teileigentumsrechten, Dauerwohnrechten und selbständigem Gebäudeeigentum gem. Art. 233 § 4 EGBGB, sowie dinglichen, im Grundbuch eingetragenen Rechten an Grundstücken, grundstücksgleichen Rechten und dinglichen Rechten einzutragen; desgleichen bei im Grundbuch eingetragene Vormerkungen, Widersprüche und Verfügungsbeschränkungen (Meikel/*Böhringer* Rn. 30). Gehört zum Nachlass der Anteil an einer nicht durch den Tod aufgelösten **BGB-Gesellschaft,** so erstrecken sich die Befugnisse eines Testamentsvollstreckers nicht darauf, in die inneren Angelegenheiten der Gesellschaft einzugreifen (BGH NJW 1986, 2431 (2433)) und demzufolge auch nicht darauf, gem. § 718 I BGB gemeinschaftlich mit den anderen Gesellschaftern über zum Gesellschaftsvermögen gehörenden Grundbesitz zu verfügen; die Eintragung eines Testamentsvollstreckervermerks im Zuge der Eintragung des Erben als neuem Gesellschafter (§ 47 II 1) kommt daher nicht in Betracht (LG Hamburg Rpfleger 1979, 26 (27); Bauer/v. Oefele/*Schaub* Rn. 34). Gehört zum Nachlass der **Anteil des Erblassers an einer Erbengemeinschaft,** so erstrecken sich die Befugnisse des Testamentsvollstreckers auf die Verwaltung dieses Erbteils (BGH NJW 1984, 2464 (2465)), und zwar – insoweit anders als bei der BGB-Gesellschaft – auch darauf, gem. § 2040 I BGB gemeinschaftlich mit den andern Miterben über die Nachlassgegenstände zu verfügen; daher ist, wenn zum Vermögen dieser Erbengemeinschaft Grundbesitz gehört, bei der Eintragung des Erben dieses verstorbenen Miterben ein Testamentsvollstreckervermerk einzutragen (Schöner/Stöber GrundbuchR Rn. 3467a).

7 d) **Eintragung des Erben.** § 52 gilt bei jeder Eintragung des Erben, also unabhängig davon, ob diese auf Antrag, auf Ersuchen einer Behörde oder von Amts wegen durch das Grundbuchamt selbst erfolgt. Wie beim Nacherbenvermerk kommt die Eintragung eines isolierten – dh ohne gleichzeitige Eintragung des Erben erfolgenden – Testamentsvollstreckervermerks nicht in Betracht (BayObLG NJW-RR 1996, 1167 (1168)).

8 **3. Rechtsfolgen. a) Eintragung von Amts wegen.** Die Eintragung des Testamentsvollstreckervermerks hat bei Vorliegen der Voraussetzungen des § 52 gleichzeitig mit der Eintragung des Erben von Amts wegen und zwingend zu erfolgen; weder der Erblasser noch der Testamentsvollstrecker können nach allgemeiner Meinung darauf verzichten. Eine **unterbliebene Eintragung** ist von Amts wegen nachzuholen, auch wenn das Recht zwischenzeitlich belastet wurde. Wurde das Recht dagegen zwischenzeitlich auf einen Dritten umgeschrieben, so ist eine Nachholung ausgeschlossen, es bleibt nur die Eintragung eines Amtswiderspruchs nach § 53 I 1, wenn die Voraussetzungen der Vorschrift vorliegen, insbes. der Erwerber das Recht nicht gutgläubig nach § 2211 II BGB erworben hat.

9 b) **Inhalt und Eintragungsort des Vermerks.** Entgegen dem irreführenden Wortlaut des § 52 und der üblichen Bezeichnung „Testamentsvollstreckervermerk" ist – dem Normzweck entsprechend – nicht die Ernennung eines Testamentsvollstreckers kundbar zu machen, sondern das Bestehen einer Testamentsvollstreckung. Dieser Vermerk (und der im Erbschein gem. § 2364 BGB) sollten daher besser Testamentsvollstreckungsvermerk heißen und dessen Eintragung im Grundbuch wie folgt formuliert werden: „Testamentsvollstreckung ist angeordnet. Eingetragen am …". Bei Beschränkungen des Gegenstands der Testamentsvollstreckung (nur ein Miterbenanteil, nur ein Grundstück unter mehreren) sind diese bei der Grundbucheintragung ebenfalls zu berücksichtigen (§ 52 Hs. 2). Bloße Beschränkungen der Befugnisse des Testamentsvollstreckers (zB nur ein Zustimmungsvorbehalt zu Verfügungen des Erben) und die Person des Testamentsvollstreckers sind dagegen nicht in den Vermerk aufzunehmen; diese sind vom Grundbuchamt erst bei Verfügungen des Testamentsvollstreckers nach § 35 II zu prüfen. Bei **Nacherbentestamentsvollstreckung** gem. § 2222 BGB ist der Testamentsvollstreckervermerk am Schluss des Nacherbenvermerks einzutragen (→ § 51 Rn. 10).

10 Für den **Ort der Eintragung** gelten die Ausführungen zum Nacherbenvermerk entsprechend (→ § 51 Rn. 13).

11 c) **Folgen der Eintragung des Vermerks. aa) Grundbuchsperre zugunsten des Testamentsvollstreckers.** Der Testamentsvollstreckervermerk bewirkt (negativ) eine Grundbuchsperre, dh das Grundbuchamt darf vom Erben bewilligte Eintragungen bzgl. der dem Vermerk betroffenen Rechte, die Verfügungen iSd § 2211 I BGB sind, nicht ohne Zustimmung des Testamentsvollstreckers vollziehen (OLG Düsseldorf NJW 1963, 162). Wird vom Grundbuchamt dagegen verstoßen, verhindert der Vermerk zumindest den gutgläubigen Erwerb gem. § 2211 II, § 892 I 2 BGB.

12 Aufgrund seines eingeschränkten Inhalts trifft der Vermerk dagegen keine (positive) Aussage darüber, wer anstelle des Erben verfügen kann. Vielmehr hat das Grundbuchamt beim Vorhandensein eines Testamentsvollstreckervermerks anhand der zulässigen Beweismittel (§ 35 II, III) zu prüfen, ob eine vom Testamentsvollstrecker bewilligte Eintragung von dessen Verfügungsbefugnis gedeckt ist (BayObLG NJW-RR 1989, 587). Dabei ist zu beachten, dass der Testamentsvollstrecker mit der Ausnahme von unentgeltlichen Verfügungen (§ 2205 S. 3 BGB) und In-sich-Geschäften (analog § 181 BGB; BGH NJW

1959, 1429 (1430)) grds. zur **uneingeschränkten Verfügung über die Nachlassgegenstände** berechtigt ist, § 2205 S. 2 BGB (BGH ZEV 2006, 262). Der Erblasser kann allerdings einerseits hinsichtlich dieser Verfügungsbefugnis Beschränkungen anordnen (§ 2208 I 1 BGB), andererseits vom Verbot von In-sich-Geschäften befreien (BGH NJW 1959, 1429 (1430)); beides ist gemäß bzw. analog § 354 II FamFG in einem Testamentsvollstreckerzeugnis zu vermerken (aA zur Befreiung von § 181 BGB OLG Hamm ZEV 2004, 288).

bb) Unentgeltliche Verfügungen. Das für den Testamentsvollstrecker bestehende, nicht abdingbare (§ 2207 S. 2 BGB) Verbot unentgeltlicher Verfügungen mit Ausnahme von Pflicht- und Anstandsschenkungen gem. § 2205 S. 3 BGB bewirkt eine schwebende Unwirksamkeit der Verfügung, bis alle durch das Verbot geschützte Personen (alle Erben einschließlich Nacherben und Vermächtnisnehmer) dieser zugestimmt haben (BGH NJW 1971, 2264). Um Grundbuchunrichtigkeit zu vermeiden, muss das Grundbuchamt daher bei Verfügungen des Testamentsvollstreckers ohne Zustimmung aller dieser geschützten Personen die volle (OLG München ZEV 2012, 328 (329)) Entgeltlichkeit prüfen. Diese Prüfung ist allerdings bei Eintragung einer Vormerkung noch nicht erforderlich, erst bei Eintragung des vorgemerkten Rechts selbst (OLG München ZEV 2012, 328 (329); OLG Zweibrücken ZEV 2007, 32). was insbesondere bei der Gestaltung von Grundstückskaufverträgen zu beachten ist. Volle oder teilweise Unentgeltlichkeit liegt vor, wenn (objektiv) der Testamentsvollstrecker aus dem Nachlass einen Wert hingibt, ohne dass die dadurch eingetretene Verringerung des Nachlasses durch Zuführung eines gleichwertigen Vermögensvorteils in den Nachlass ausgliechen wird, und (subjektiv) der Testamentsvollstrecker dies weiß oder ordnungsgemäßer Verwaltung des Nachlasses dies hätte erkennen müssen (BHG NJW 1991, 842 f.; BGH NJW 1971, 2264); eine Willensübereinstimmung zwischen Testamentsvollstrecker und Vertragspartner über die Unentgeltlichkeit ist nicht erforderlich. Eine bloße Vorleistungspflicht des Testamentsvollstreckers begründet keine Unentgeltlichkeit; ebenso eine pflichtwidrige Verwendung der in den Nachlass geflossenen Gegenleistung (Bauer/v. Oefele/*Schaub* Rn. 52 f.).

Wie bei der Vor- und Nacherbfolge kann der **Nachweis der vollen Entgeltlichkeit** in der Regel nicht in der Form des § 29 erbracht werden; es genügt daher, dass im Wege der freien Beweiswürdigung des Grundbuchamts Zweifel an der Unentgeltlichkeit der Verfügung ausgeräumt werden können (BayObLG NJW-RR 1989, 587). Bei Rechtsgeschäften mit unbeteiligten Dritten genügt daher eine privatschriftliche Erklärung des Testamentsvollstreckers, in der dieser die Beweggründe für seine Maßnahme iE darlegt, diese verständlich und der Wirklichkeit gerecht werdend erscheinen und wenn begründete Zweifel an der Pflichtmäßigkeit der Handlung nicht ersichtlich sind (OLG München ZEV 2012, 328 (329); KG Rpfleger 1968, 189; Demharter Rn. 23; Schöner/Stöber GrundbuchR Rn. 3441). Bei Zweifeln hat das Grundbuchamt den Antragsteller durch Zwischenverfügung zur Vorlage geeigneter Nachweise anzuhalten, aber keine eigenen Ermittlungen anzustellen (Demharter Rn. 24). Bei Rechtsgeschäften des Testamentsvollstreckers mit Miterben und ihm nahe stehenden Dritten muss das Grundbuchamt die volle Entgeltlichkeit dagegen besonders sorgfältig prüfen (OLG München ZEV 2017, 733; Bauer/v. Oefele/*Schaub* Rn. 87; ebenso zu Verfügungen des Vorerben OLG München FGPrax 2005, 193 (194)), wobei auch ein von den Beteiligten eingeholtes Wertgutachten insbesondere bei der Frage zu berücksichtigten ist, ob der Testamentsvollstrecker von der nicht vollen Entgeltlichkeit der Verfügung wußte oder dies erkennen musste (OLG München ZEV 2017, 733).

4. Löschung des Vermerks. Da weder Erblasser noch Testamentsvollstrecker auf die Eintragung des Vermerks verzichten können, ist auch eine spätere Löschung aufgrund bloßer Bewilligung des Testamentsvollstreckers oder dessen Erklärung, die Testamentsvollstreckung sei erloschen, nicht zulässig; dem Grundbuchamt muss vielmehr durch öffentliche Urkunde (§ 22 I, § 29) **nachgewiesen** werden, dass – gleich aus welchem Grund – für das betroffene Recht keine Testamentsvollstreckung (mehr) besteht (OLG Düsseldorf ZEV 2016, 164; OLG München ZEV 2015, 246; KG 2015, 125; Demharter Rn. 24). Beendigungsgründe können sein (1) das Ausscheiden des Rechts aus dem Nachlass durch wirksame Verfügung des Testamentsvollstreckers, (2) die Überlassung des Rechts durch den Testamentsvollstrecker an den Erben zu dessen freier Verfügung (vgl. § 2217 I BGB) und (3) die Beendigung der Testamentsvollstreckung als solche (was das Grundbuchamt zumindest in einfach liegenden und eindeutigen Fällen selbst festellen darf; so OLG München ZEV 2017, 115); hinzu kommt, dass (4) der Testamentsvollstreckervermerk von Anfang an zu Unrecht eingetragen war, weil eine Testamentsvollstreckung in Wahrheit allgemein oder jedenfalls für das betroffene Recht nie angeordnet war. Im zuletzt genannten Fall ist der Nachweis der Grundbuchunrichtigkeit durch Vorlage eines Erbscheins ohne Testamentsvollstreckervermerk zu führen, § 35 I (Meikel/*Böhringer* Rn. 77).

75. Verschollenheitsgesetz (VerschG)

In der Fassung der Bekanntmachung vom 15.1.1951 (BGBl. I S. 63)
Zuletzt geändert durch Art. 182 Zehnte ZuständigkeitsanpassungsVO vom 31.8.2015 (BGBl. I S. 1474)

(Auszug)

Abschnitt I. Voraussetzungen der Todeserklärung. Lebens- und Todesvermutungen

§ 1 Begriff der Verschollenheit

(1) Verschollen ist, wessen Aufenthalt während längerer Zeit unbekannt ist, ohne daß Nachrichten darüber vorliegen, ob er in dieser Zeit noch gelebt hat oder gestorben ist, sofern nach den Umständen hierdurch ernstliche Zweifel an seinem Fortleben begründet werden.

(2) Verschollen ist nicht, wessen Tod nach den Umständen nicht zweifelhaft ist.

1 1. **Normzweck und Anwendungsbereich.** § 1 definiert die sog. **Verschollenheit** einer natürlichen Person. Sinn dieser Definition ist es, eine verschollene Person gem. §§ 2 ff. für tot erklären zu können. Denn die Todeserklärung hat die (widerlegbare) Vermutung des Todes des Betroffenen zur Folge (§ 9 I 1), wobei der Tod wiederum das Ende der Rechtsfähigkeit dieser Person (MüKoBGB/*Schmitt* Rn. 18) mit einer ganzen Reihe von Rechtsfolgen in allen denkbaren Rechtsbereichen bedeutet.

2 2. **Der Tod einer Person und dessen Nachweis.** Unter Tod ist nach hM mittlerweile für alle Rechtsgebiete einheitlich der sog. **Gesamthirntod** zu verstehen, dh der Zeitpunkt des irreversiblen Funktionsverlustes des gesamten Gehirns (BayObLG NJW-RR 1999, 1309 (1311); OLG Frankfurt a.M. NJW 1997, 3099 (3100); OLG Köln NJW-RR 1992, 1480 (1481)), was mittlerweile im Rahmen des Transplantationsrechts in § 3 II Nr. 2 TPG auch vom Gesetzgeber anerkannt wurde. Der derart definierte Tod wird im Rechtsverkehr durch die Eintragung im Sterberegister (bzw. beglaubigte Ausdrucke daraus) oder die aus dem Sterberegister heraus erstellte Sterbeurkunde bewiesen (§ 54 I, II PStG), wobei jeweils der Nachweis der Unrichtigkeit möglich ist (§ 54 III PStG). Der Standesbeamte darf wiederum den Tod nur dann im Sterberegister eintragen, wenn der Tod des Verstorbenen ermittelt und abschließend geprüft wurde (§ 5 PStV); zB soll sich dabei das Standesamt eine ärztliche Bescheinigung über den Tod des Verstorbenen vorlegen lassen (§ 38 S. 1 Nr. 4 PStV). Kann das Standesamt dagegen den Tod nicht ermitteln und abschließend prüfen, so kann und wird das Standesamt die Beurkundung gem. § 7 I 1 PStV zurückstellen. Ist in solchen Fällen der Tod des Betroffenen gleichwohl möglich oder sogar wahrscheinlich, so kann das Bedürfnis bestehen, diesen möglichen/wahrscheinlichen Tod für den Rechtsverkehr verbindlich festzustellen oder doch zumindest eine verbindliche Vermutung für den Tod aufzustellen, die im Rechtsverkehr dem durch das Standesamt registrierten Tod gleichgestellt ist. Dies wird durch die **Todeserklärung nach dem VerschG** erreicht, denn diese begründet die Vermutung, dass der Betroffene in dem im entsprechenden Beschluss festgestellten Zeitpunkt gestorben ist (§ 9 I 1), was in vielen Rechtsgebieten, vor allem im Erbrecht, weitgehend dem tatsächlich eingetretenen Tod gleichgestellt ist (vgl. §§ 2031, 2370 BGB).

3 3. **Verschollenheit.** Die Verschollenheit ist der **Zentralbegriff des VerschG**, auch wenn das Gesetz an deren Vorliegen selbst noch keine Rechtsfolgen knüpft, sondern erst an die Todeserklärung, deren unverzichtbare und zentrale Voraussetzung die Verschollenheit freilich gem. § 2 ist (BayObLG NJWE-FER 1999, 159; BayObLGZ 1964, 17 (20)). Von ihr zu unterscheiden ist die bloße „Abwesenheit mit unbekanntem Aufenthalt" gem. § 1911 BGB (LG Köln NJOZ 2012, 137), wobei einerseits ein Verschollener zugleich im Sinne dieser Vorschrift abwesend mit unbekanntem Aufenthalt sein kann, solange sein Tod nicht feststeht oder die Todeserklärung erfolgt ist, andererseits die Verschollenheit keine Voraussetzung für den Tatbestand des § 1911 BGB ist (BayObLGZ 1952, 129 (131)). Die Verschollenheit hat gem. § 1 vier Voraussetzungen:

4 a) **Unbekannter Aufenthalt.** Der Begriff des „unbekannten", „nicht feststellbaren" oder „nicht ausfindig zu machenden" Aufenthaltes wird vom Gesetz ua auch in § 1911 I 1 BGB, Art. 233 § 2 III 1 EGBGB, § 11b I 1 VermG und § 7 I 2 Nr. 2 GBBerG verwandt. Unbekannter Aufenthalt liegt vor, wenn der Aufenthalt der fraglichen Person **allgemein**, zB auch für Behörden, mit allen auf der Hand liegenden Nachforschungsmöglichkeiten nicht feststellbar ist (Staudinger/*Habermann* Rn. 4; MüKoBGB/*Schwab* § 1911 Rn. 6), wobei ganz entfernt liegende oder vernünftigerweise keinen Erfolg versprechende Aufklärungsmöglichkeiten nicht genutzt werden müssen (OLG Brandenburg FamRZ 1995, 1445 (1446)). Dass der Betroffene sich von seinem letzten bekannten Aufenthaltsort entfernt hat, ist dabei nicht erforderlich, denn zB in einer Großstadt kann der Aufenthaltsort einer Person auch dann nicht feststellbar sein, wenn sie sich tatsächlich dort noch aufhält (Staudinger/*Habermann* Rn. 4).

b) Während längerer Zeit. Der unbekannte Aufenthalt muss „während längerer Zeit" bestanden haben. Nach dem Wortlaut des Gesetzes muss überdies für „diese(e) Zeit" Nachrichtenlosigkeit vorliegen, dh für den gesamten gesetzlich relevanten Zeitraum muss sowohl der Aufenthalt unbekannt sein als auch Nachrichtenlosigkeit über das Fortleben oder Versterben vorliegen; dieser Zeitraum ist also für beide Tatbestandsmerkmale identisch. Da der für die Nachrichtenlosigkeit jeweils erforderliche Mindestzeitraum (zeitlich rückwärts gerechnet ab dem Zeitpunkt des Todeserklärungsbeschlusses) in den §§ 3–8 gesetzlich festgelegt ist, ist damit mittelbar auch die für den unbekannten Aufenthalt erforderliche „längere Zeit" im Sinne einer Mindestzeit geregelt (vgl. Staudinger/*Habermann* Rn. 6). Für die allgemeine Verschollenheit gem. § 3 eines Fünfzigjährigen muss also dessen Aufenthalt mindestens zehn volle Kalenderjahre durchgehend unbekannt sein und für diesen gesamten Zeitraum dürfen auch keine Nachrichten darüber vorliegen, ob er noch gelebt hat oder bereits verstorben ist; unschädlich ist es allerdings, wenn der Zeitraum des unbekannten Aufenthaltes länger ist als der Zeitraum der Nachrichtenlosigkeit. 5

c) Nachrichtenlosigkeit. Für den gesamten Zeitraum des unbekannten Aufenthaltes dürfen keine Nachrichten darüber vorliegen, ob der Betroffene noch gelebt hat oder gestorben ist. Entscheidend ist also nicht, ob Nachrichten „in" diesem Zeitraum vorliegen (dh bekannt werden), sondern ob sie „für" diesen Zeitraum vorliegen (vgl. Staudinger/*Habermann* § 3 Rn. 2). Ist zB der Aufenthalt des Betroffenen zumindest zwischen dem 1.1.1991 und dem Ablauf des 31.12.2000 durchgehend unbekannt, ist es unerheblich, dass im Jahr 1994 eine Nachricht bekannt geworden ist, wonach der Betroffene im Jahr 1988 noch gelebt hat. Ob Nachrichten für diesen Zeitraum überhaupt zu erwarten waren, ist für die Nachrichtenlosigkeit selbst unerheblich; dieser Umstand ist im Tatbestandsmerkmal „ernstliche Zweifel an seinem Fortleben" zu berücksichtigen. 6

Nachricht ist **jede Information** über das Weiterleben (Palandt/*Heinrichs*, 50. Aufl. 1991, Rn. 3); sie muss also nicht im Sinne einer Botschaft zielgerichtet vom Betroffenen oder einem Dritten an denjenigen, der ein rechtliches Interesse an der Todeserklärung hat, oder einen Dritten ergangen sein. Wem eine die Verschollenheit ausschließende Nachricht vorliegt, ist ebenfalls unerheblich; dies kann der Antragsteller des Aufgebotsverfahrens, jeder Antragsberechtigte (§ 16) oder irgendein Dritter, zB eine Behörde, sein (Staudinger/*Habermann* Rn. 5). Die Information über das Fortleben muss **mit einer gewissen Wahrscheinlichkeit richtig** sein, insb. müssen die Umstände, unter denen sie erlangt wurde, die Person, von der sie stammt, ihre Zuverlässigkeit stützen; ein strikter Beweis oder auch nur eine hohe Wahrscheinlichkeit sind jedoch nicht erforderlich (OLG Hamm JMBl. NRW 1951, 126). Bloße Gerüchte genügen dagegen nicht (Staudinger/*Habermann* Rn. 5). 7

d) Ernstliche Zweifel am Fortleben. Aus dem Vorliegen der drei unter a)–c) genannten Tatbestandsmerkmale müssen ernstliche Zweifel am Fortleben begründet sein („hierdurch"). Von zentraler Bedeutung ist hierbei der Umstand, ob für den maßgeblichen Zeitraum des unbekannten Aufenthaltes und der Nachrichtenlosigkeit im Fall des Fortlebens überhaupt **Nachrichten zu erwarten** waren (BGH NJW 1952, 578 (579)). Die bloße Nachrichtenlosigkeit genügt also für die Verschollenheit nicht (OLG Düsseldorf Rpfleger 2012, 36 f.); es ist vielmehr zu differenzieren: (1) Waren nach den Umständen im Fall des Fortlebens Nachrichten zu erwarten, so begründet das bloße Ausbleiben von Nachrichten ernstliche Zweifel am Fortleben. (2) Waren dagegen keine Nachrichten zu erwarten, so ist das Vorliegen von Verschollenheit ebenfalls nicht ausgeschlossen, jedoch bestehen ernstliche Zweifel am Fortleben nur dann, wenn im konkreten Einzelfall andere Umstände die Wahrscheinlichkeit des Todes größer als die Wahrscheinlichkeit des Fortlebens erscheinen lassen (BGH NJW 1952, 578). Solche Umstände sind zB der (zuletzt bekannt gewordene) Gesundheitszustand und va das Lebensalter des Betroffenen, wobei das bloße Überschreiten der statistischen Lebenserwartung von Personen gleichen Geburtsjahres und Geschlechts nicht ausreichen (OLG Düsseldorf Beschl. v. 15.12.2017 – I-3 Wx 221/17; OLG Oldenburg ZEV 2017, 734), zumindest bei einem Mann aber das Erreichen des einhundersten Lebensjahres (OLG Oldenburg ZEV 2017, 734). Ob wiederum im Fall des Fortlebens Nachrichten zu erwarten waren, bestimmt sich wiederum nach den Umständen des Verschwindens und des Ausbleibens von Nachrichten, dem Charakter und der Lebensweise des Betroffenen sowie seiner Beziehung zu den Beteiligten (Staudinger/*Habermann* Rn. 7); keine Nachrichten waren va bei einem bewußten „Untertauchen", „Aussteigen" oder „Kontaktabbruch" des Betroffenen zu erwarten (OLG Düsseldorf Beschl. v. 15.12.2017 – I-3 Wx 221/17; OLG Bremen Beschl. v. 17.6.2015 – 1 W 40/14; OLG Schleswig ZEV 2015, 350). Maßstab ist der Standpunkt eines vernünftig denkenden Menschen (BGH NJW 1952, 578 (579)). Maßgeblicher Zeitpunkt für die ernstlichen Zweifel am Fortleben ist der Zeitpunkt der Todeserklärung (OLG Düsseldorf NJOZ 2001, 2133 (2135) aE), dh diese Zweifel müssen nicht für den gesamten Zeitraum des unbekannten Aufenthaltes und der Nachrichtenlosigkeit bestehen; manche speziellen Verschollenheitstatbestände (§§ 4 u. 7 VerschG und Art. 2 § 1 VerschÄndG) verlangen jedoch eine durchgehende Verschollenheit („seitdem") und damit ernstliches Zweifeln am Fortleben von Anfang an. 8

Ernstliche Zweifel am Fortleben und damit Verschollenheit im rechtlichen Sinn liegen nicht vor, wenn der Tod des Betroffenen nach den Umständen in dem Sinn nicht zweifelhaft ist, dass **der Tod mit Sicherheit eingetreten** ist (§ 1 II). Gemeint sind die Fälle, in denen das Versterben nicht unmittelbar durch Augenzeugen beobachtet wurde, jedoch nach allgemeiner Lebenserfahrung in jedem Fall erfolgt ist wie zB bei Explosion eines Flugzeugs oder dem Verglühen eines Raumschiffs (Staudinger/*Habermann* Rn. 11), aber auch wenn der Betroffene mittlerweile ein Lebensalter erreicht hätte, welches nach gegenwärtigem Kenntnisstand biologisch unmöglich ist (Palandt/*Heinrichs*, 50. Aufl. 1991, Rn. 6); dieses ist angesichts der gegenwärtig bestehenden, gesicherten Altersweltrekorde mE allerdings einschließlich 9 einer Sicherheitsspanne mit *mindestens* 125 Jahren anzusetzen (mit 120 Jahren jedenfalls für Frauen zu niedrig OLG Oldenburg 2017, 734, denn die Französin Jeanne Louise Calment wurde nach gesicherten Erkenntnissen 122 Jahre und 164 Tage alt). Sie werden umgangssprachlich auch als Verschollenheit bezeichnet, jedoch kommt wegen der Klarstellung in § 1 II ein Aufgebotsverfahren mit dem Ziel der Todes*erklärung* (des „für tot *erklären*") gem. §§ 2, 13 ff. nicht in Betracht; möglich ist Rahmen des Verschollenheitsrechts jedoch ein Verfahren, durch den der Tod und der Zeitpunkt des Todes *festgestellt* werden (§§ 39 ff.). Voraussetzung hierfür ist jedoch (außer bei einem Antrag des Ehegatten), dass nicht bereits eine Beurkundung des Todes im standesamtlichen Verfahren durch Eintragung im Sterbebuch erfolgt ist (§ 39 I BeurkG). Maßstab ist auch hier wieder der Standpunkt eines vernünftig denkenden Menschen (LG Köln NJOZ 2012, 137 (138)).

§ 2 [Todeserklärung]

Ein Verschollener kann unter den Voraussetzungen der §§ 3 bis 7 im Aufgebotsverfahren für tot erklärt werden.

1 Die Verschollenheit einer Person allein hat auf die Rechtsfähigkeit des Betroffenen noch keinen Einfluss, denn es gilt (auch) bei einem Verschollenen die Lebensvermutung des § 10, solange er nicht für tot erklärt wurde. § 2 ordnet zum einen an, dass diese Todeserklärung im Aufgebotsverfahren gem. §§ 13 ff. erfolgt, zum anderen, dass *zusätzlich* zur Verschollenheit die Voraussetzungen eines der Tatbestände der §§ 3–7 vorliegen müssen. Umgekehrt genügt die Erfüllung der Voraussetzungen eines der besonderen Verschollenheitstatbestände der §§ 3–7 nicht, wenn nicht Verschollenheit iSd § 1 gegeben ist (BayObLGZ 1964, 17 (20)). Eine Todeserklärung im Aufgebotsverfahren setzt darüber hinaus voraus, dass der Personenstand (die „Identität") des Betroffenen bekannt ist; es ist daher zB bei einer unter verschiedenen, wahrscheinlich allesamt nicht zutreffenden Identitäten aufgetretenen Person unzulässig, diese unter einer ihrer Scheinidentitäten oder nur in umschreibender Weise („Ehemann der Antragstellerin") für tot zu erklären (BayObLGZ 1964, 17 (21)).

2 Liegen die materiell-rechtlichen Voraussetzungen für eine Todeserklärung vor, so ist der Betroffene auf Antrag eines Antragsberechtigten für tot zu erklären; das Wort „kann" in § 2 verdeutlicht lediglich, dass diese Entscheidung nicht von Amts wegen ergeht, sondern gem. § 16 I nur auf Antrag eingeleitet wird (OLG Freiburg NJW 1951, 661).

§ 3 [Allgemeine Verschollenheit]

(1) Die Todeserklärung ist zulässig, wenn seit dem Ende des Jahres, in dem der Verschollene nach den vorhandenen Nachrichten noch gelebt hat, zehn Jahre oder, wenn der Verschollene zur Zeit der Todeserklärung das achtzigste Lebensjahr vollendet hätte, fünf Jahre verstrichen sind.

(2) Vor dem Ende des Jahres, in dem der Verschollene das fünfundzwanzigste Lebensjahr vollendet hätte, darf er nach Absatz 1 nicht für tot erklärt werden.

1 **1. Normzweck, Systematik der Verschollenheitstatbestände.** § 3 regelt den Tatbestand der **allgemeinen Verschollenheit**. Anders als die Spezialtatbestände der §§ 4–7 setzt er das Vorliegen einer bestimmten Lebensgefahr nicht voraus. Es handelt sich um einen Generaltatbestand, auf den bei Bedarf stets zurückgegriffen kann, auch wenn sich der Betroffene in einer Gefahrenlage nach den §§ 4–7 befunden hat (Staudinger/*Habermann* Rn. 5). Es sind vor § 3 daher stets die §§ 4–7 zu prüfen.

2 Die Tatbestände der §§ 4–7 schließen sich dagegen untereinander teilweise denknotwendig, teilweise kraft gesetzlicher Anordnung gegenseitig aus: § 7 betrifft den Fall, dass *jemand unter anderen als in den §§ 4–6 bezeichneten Umständen* in eine Lebensgefahr gekommen ist, schließt also die Kriegs-, See- und Luftgefahr explizit aus (Staudinger/*Habermann* § 7 Rn. 8). Liegen bei einem Verschollenen die Voraussetzungen des § 4 vollständig vor, so ist nur dieser anzuwenden und ein Rückgriff auf den § 5 oder den § 6 nicht zulässig (§ 8). §§ 5 u. 6 endlich schließen sich denknotwendig aus, weil nicht jemand zugleich bei einer Fahrt auf See und bei einem Fluge sein kann.

3 **2. Die Tatbestandsvoraussetzungen. a) Normalfall.** § 3 enthält außer der negativen Tatbestandsvoraussetzung in Abs. 2 gegenüber der in § 1 für alle Verschollenheitstatbestände einheitlich geregelten Voraussetzung der Verschollenheit keine weiteren Tatbestandsmerkmale. **Seine eigentliche Funktion** besteht vielmehr nur darin, dass für die allgemeine Verschollenheit die „längere Zeit" iSd § 1 gesetzlich genau geregelt wird (→ § 1 Rn. 5; aA BeckOGK VerschG/*Boiczenko* § 3 Rn. 11). Im Normalfall muss also der Betroffene im Zeitpunkt der Todeserklärung, dh im Zeitpunkt des Erlasses des Beschlusses, durch den der Verschollene für tot erklärt wird (§ 23), mindestens zehn volle *Kalender*jahre unbekannten Aufenthaltes sein, wobei für diesen gesamten Zeitraum auch keine Lebensnachricht vorliegen darf. Außerdem müssen zu diesem Zeitpunkt ernstliche Zweifel an seinem Fortleben begründet sein.

4 **b) Alte Verschollene.** Hat der Verschollene dagegen im Zeitpunkt des Erlasses des Todeserklärungsbeschlusses (§ 23) bereits das **achtzigste Lebensjahr** vollendet, so verkürzt sich der vorstehend Zeitraum auf fünf volle Kalenderjahre; das Lebensalter im Zeitpunkt des Verschwindens ist dabei unerheblich (OLG Hamm Rpfleger 2015, 45). Ebenso wie in Abs. 2 für junge Verschollene wird damit in recht grober Weise berücksichtigt, dass Menschen unterschiedlichen Lebensalters eine unterschiedlich hohe statis-

tische Restlebensdauer haben. Es ist unschädlich, wenn das Aufgebotsverfahren bereits zu einem Zeitpunkt beantragt wird, zu dem der Betroffene das achtzigste Lebensjahr noch nicht vollendet hätte und auch der Zeitraum von zehn vollen Kalenderjahren noch nicht abgelaufen ist, weil es für das Eingreifen dieser Sonderregelung auf den Zeitpunkt des Erlasses des Todeserklärungsbeschlusses und nicht auf dessen Beantragung ankommt (dagegen ausführlich BeckOGK VerschG/*Boiczenko* § 3 Rn. 15 mwN, wobei gegen das Argument, dass anderenfalls nach Ablauf der Aufgebotsfrist erst noch die Vollendung des 80. Lebensjahres und der Ablauf der fünfjährigen Verschollenheitsfrist abgewartet werden müsse, spricht, dass das Gericht dies bei der Festlegung der Länge der Aufgebotsfrist berücksichtigen kann und überdies auch nach Ablauf der Aufgebotsfrist bis zum Erlaß des Todeserklärungsbeschlusses alle neu bekannt gewordenen Tatsachen berücksichtigen muss).

c) **Junge Verschollene.** § 3 II verbietet die Todeserklärung *nach § 3 I* vor dem Ende des Kalenderjahres, in dem der Verschollene das **fünfundzwanzigste Lebensjahr** vollendet hätte, selbst wenn alle Voraussetzungen der §§ 1, 3 I vorliegen. Maßgeblicher Zeitpunkt ist auch hier wieder der Erlass des Todeserklärungsbeschlusses. Die Todeserklärung nach den spezielleren §§ 4–7 ist freilich auch bei derart jungen Verschollenen möglich. 5

§ 4 [Kriegsverschollenheit]

(1) Wer als Angehöriger einer bewaffneten Macht an einem Kriege oder einem kriegsähnlichen Unternehmen teilgenommen hat, während dieser Zeit im Gefahrgebiet vermißt worden und seitdem verschollen ist, kann für tot erklärt werden, wenn seit dem Ende des Jahres, in dem der Friede geschlossen oder der Krieg oder das kriegsähnliche Unternehmen ohne Friedensschluß tatsächlich beendigt ist, ein Jahr verstrichen ist.

(2) Ist der Verschollene unter Umständen vermißt, die eine hohe Wahrscheinlichkeit seines Todes begründen, so wird die im Absatz 1 bestimmte Jahresfrist von dem Zeitpunkt ab berechnet, in dem er vermißt worden ist.

(3) Den Angehörigen einer bewaffneten Macht steht gleich, wer sich bei ihr aufgehalten hat.

1. Normzweck und Konkurrenzen. Mit § 4 besteht ein Sondertatbestand für die sog. Kriegsverschollenheit, wobei wiederum für Verschollenheit im Zusammenhang mit Ereignissen oder Zuständen des II. Weltkrieges mit Art. 2 § 1 VerschÄndG eine Sonderreglung existiert (→ Rn. 12 ff.). Er trägt dem Umstand Rechnung, dass einerseits für Teilnehmer eines Krieges eine besonders Gefahr des Versterbens besteht und andererseits der Nachrichtenaustausch zwischen den Konfliktparteien weitgehend unterbrochen ist (Staudinger/*Habermann* Rn. 1). Neben § 4 bleibt der Tatbestand der allgemeinen Verschollenheit (§ 3) anwendbar, während die anderen Sondertatbestände (§§ 5–7) verdrängt werden, obwohl gerade für die Angehörigen der Marine und der Luftwaffe häufig zugleich die Voraussetzungen des § 5 bzw. des § 6 vorliegen. Sinn dieses Ausschlusses ist es, die **Verschollenheitsfälle der Kriegsteilnehmer einheitlich zu behandeln**, auch wenn sie unterschiedlichen Teilstreitkräften angehören (Staudinger/*Habermann* § 8 Rn. 1). Dies ist aber nur gerechtfertigt, wenn sich in dem konkreten Verschollenheitsfall mit negativer Wahrscheinlichkeit gerade die typische Kriegsgefahr verwirklicht hat, weshalb dieses Verdrängen der §§ 5 u. 6 nur erfolgt, wenn alle nachfolgend unter → Rn. 2–7 erläuterten Voraussetzungen vorliegen, also zB nicht, wenn ein Soldat auf Heimaturlaub im Flugzeug weit außerhalb des Gefahrengebietes abstürzt (Staudinger/*Habermann* § 8 Rn. 2). Andererseits verdrängt § 4 die §§ 5 u. 6 auch dann, wenn sich im konkreten Fall nicht die typische Kriegsgefahr verwirklicht hat, es also zB durch den Funkverkehr feststeht, dass ein Flugzeug nicht infolge Feindbeschusses, sondern wegen eines technischen Defekts, der ebenso wahrscheinlich auch im Frieden hätte auftreten können, abgestürzt ist. 1

2. Voraussetzungen. a) Krieg oder kriegsähnliches Unternehmen. Der Begriff des Krieges in § 4 bestimmt sich nach dem Völkerrecht, wobei die genaue völkerrechtliche Definition im Rahmen des Verschollenheitsrechts wegen der gleichberechtigten Alternative des kriegsähnlichen Unternehmens entbehrlich ist (Staudinger/*Habermann* Rn. 4 f.). Ein kriegsähnliches Unternehmen liegt nach dem Normzweck dann vor, wenn sich größere und organisierte Menschengruppen einen bewaffneten Kampf liefern, der ähnlich wie bei einem Kampf zwischen Kriegsparteien iSd Völkerrechts zu einer Gefahrenlage für die Angehörigen dieser Gruppen und zu einer Beschränkung des Nachrichtenaustausches zwischen diesen Gruppen führt (vgl. Staudinger/*Habermann* Rn. 5). Erfasst sind daher **auch Kampfeinsätze im Rahmen von friedenserzwingenden UN-Missionen** (wie zB der Afghanistan-Einsatz auf Grundlage der UN-Resolution 1368) sowie Bürgerkriege (Staudinger/*Habermann* Rn. 5), **nicht jedoch sog. Friedens- oder friedenserhaltende Missionen** der UN („Blauhelmeinsätze"), da hier die UN-Truppen zur Neutralität verpflichtet sind und Waffengewalt im Wesentlichen nur zur Selbstverteidigung eingesetzt werden darf (wie hier BeckOGK VerschG/*Boiczenko* § 4 Rn. 31 mit dem berechtigten Hinweis, dass solche Missionen in kriegsähnliche Unternehmen umschlagen können), und auch nicht **polizeiähnliche Einsätze** wie die Piratenbekämpfung durch ua die Bundeswehr vor der Küste Somalias seit dem Jahr 2008 im Rahmen der sog. Operation Atalanta der EU (so jetzt auch Staudinger/*Habermann* Rn. 5). In all diesen Fällen kommt freilich eine Anwendung der §§ 5–7 in Betracht. 2

b) Angehöriger einer bewaffneten Macht. § 4 erfasst nur Angehörige einer der bewaffneten Mächte des Krieges bzw. kriegsähnlichen Unternehmens oder Personen, die sich bei einer dieser Mächte auf- 3 gehalten haben (§ 4 III). Ist bewaffnete Macht **die reguläre Armee eines Staates** (zB die Bundeswehr), so sind Angehörige dieser Macht zunächst die von der Rechtsordnung dieses Staates als solche definierten Soldaten dieser Armee (zB die Soldaten der Bundeswehr iSd § 1 I SG). Dasselbe gilt für Personen oder Personengruppen (zB Polizeikräfte), die rechtlich den Soldaten dieser Armee ausdrücklich gleichgestellt sind wie dies zB im II. Weltkrieg für die SS und Polizeieinheiten aufgrund § 32 WehrmPStV der Fall war (Staudinger/*Habermann* Rn. 2). Durch § 4 III wird allerdings der erfasste Personenkreis erheblich auf all die erweitert, die sich bei einer der bewaffneten Mächte aufgehalten haben. Damit soll das gesamte sog. „Heeresgefolge" erfasst werden (Staudinger/*Habermann* Rn. 3; vgl. § 15 II BGB aF), welches der bewaffneten Mach organisatorisch zumindest angegliedert ist, dh all die Personen, die sich mit Wissen und Wollen oder zumindest Duldung der Führung der bewaffneten Macht (also zB keine Spione einer fremden Macht) freiwillig (also zB keine Kriegsgefangenen, die völkerrechtswidrig zu Hilfsarbeiten gezwungen werden) zu deren Unterstützung im weitesten Sinn (also zB nicht neutrale Kriegsberichterstatter oder Angehöriger neutraler humanitärer Organisationen) dort aufhalten und mittelbar oder unmittelbar den Befehlen der Führung der bewaffneten Macht unterliegen (also zB nicht Personen, die unabhängig und aus wirtschaftlichem Eigeninteresse die bewaffnete Macht begleiten, um deren Soldaten mit Waren und Dienstleistungen zu versorgen). Voraussetzung ist darüber hinaus stets die **listenmäßige Erfassung** in Verpflegungs-, Besoldungs- oder ähnlichen Listen (Staudinger/*Habermann* Rn. 1–3 unter Verweis auf die amtliche Begründung zum VerschG), wodurch die organisatorische Ein- bzw. zumindest Angliederung an die bewaffnete Macht zum Ausdruck kommt (deutlich weitergehend BeckOGK VerschG/*Boiczenko* § 4 Rn. 23, der nur auf die „Kenntnis und Billigung der jeweiligen militärischen Einheit" abstellt und dadurch insbesondere auf die Unterstützungsfunktion und die Befehlsunterworfenheit der Betroffenen gänzlich verzichtet).

4 Ist bewaffnete Macht nicht die reguläre Armee eines Staates, sondern zB eine „Rebellenorganisation" in einem „Bürgerkrieg", aber auch „Partisanenarmeen" in einem regulären Krieg, so scheidet naturgemäß ein rechtlich definierter Status als Soldat und im Regelfall auch eine listenmäßige Erfassung aus. Hier ist sogleich auf die vorstehende Definition des Heeresgefolges bei regulären Armeen zurück zu greifen.

5 **c) Vermisstsein.** Vermisst wird ein Angehöriger einer bewaffneten Macht (oder ein nach Abs. 3 Gleichgestellter) nach dem insoweit maßgeblichen militärischen Sprachgebrauch, wenn die Einheit oder die Dienststelle der bewaffneten Macht, der es im Rahmen der militärischen Organisation obliegt, den Verbleib dieses Kriegsteilnehmers zu überwachen, dessen Verbleib unbekannt ist, obwohl er ihr nach dem gewöhnlichen Lauf der Dinge bekannt sein müsste (BGH NJW 1951, 188). Existiert diese Einheit oder Dienststelle als solche nicht mehr (zB infolge Gefangennahme oder völligen Aufreibens größerer Einheiten), schließt dies ein Vermisstsein nicht aus, weil dann diese Einheit oder Dienststelle und damit mittelbar auch deren Angehörige von der zuständigen, hierarchisch höher stehenden Einheit oder Dienststelle vermisst werden (BGH NJW 1951, 188). Die bloße Möglichkeit (nicht aber die Gewissheit), dass der Angehörige lebend in die Hände des Gegners gefallen ist, schließt ein Vermisstsein nicht aus; umgekehrt ist eine Vermisstmeldung bei der zuständigen Einheit oder Dienststelle nicht Voraussetzung für ein Vermisstsein, sondern nur ein Beweismittel (BGH NJW 1951, 188).

6 **d) Gefahrengebiet.** Das Gefahrengebiet, in dem der Betroffene vermisst sein muss, ist das gesamte Gebiet, in dem im Zeitpunkt des Verschwindens die für Angehörige bewaffneter Mächte typische Kriegsgefahr für Leib und Leben besteht. Dies ist nicht nur das eigentliche Kampfgebiet, sondern auch das **rückwärtige Gebiet**, in dem zB Partisanenangriffe, Artillerie- und Raketenbeschuss, Luftangriffe usw drohen. Nicht erfasst wird allerdings das Gebiet, sei es im eigenen Land, sei es in Feindesland, in dem den Angehörigen bewaffneter Mächte zwar auch Kriegsgefahren drohen, aber keine höheren als Zivilisten, wie dies zB in den vom Bombenkrieg betroffenen Großstädten während des II. Weltkrieges der Fall war (aA offenbar BeckOGK VerschG/*Boiczenko* § 4 Rn. 35, mit der Konsequenz, dass zB die Verschollenheit eines Wehrmachtssoldaten, der im Jahr 1942 auf Heimaturlaub in seiner Wohnung mit seiner Familie in einen Bombenangriff geraten ist, anders als die seiner zivilen Familienangehörigen nach § 4 und nicht nach § 7 zu beurteilen ist); dies gilt wiederum nicht, wenn die Fronten – wie in Deutschland gegen Ende des II. Weltkrieges – so nahe rücken, dass diese Gebiete zum Kampfgebiet werden.

7 **e) Seitdem Verschollen.** Der Betroffene muss schließlich iSd § 1 verschollen sein, und zwar seit seinem Vermisstsein („seitdem"); dh anders als gewöhnlich (→ § 1 Rn. 8) müssen von diesem Zeitpunkt an und durchgängig ernste Zweifel an seinem Fortleben bestanden haben.

8 **3. Rechtsfolgen.** Liegen die Voraussetzungen des § 4 I vor, wird der verhältnismäßig lange, im Regelfall mindestens zehn volle Kalenderjahre betragende Zeitraum des § 3 für den unbekannten Aufenthalt und die Nachrichtenlosigkeit auf ein volles *Kalender*jahr seit dem Friedensschluss bzw. – ohne einen solchen – seit der tatsächlichen Beendigung des Krieges/kriegsähnlichen Unternehmens verkürzt. Der Gesetzgeber stand bei der Schaffung der Sonderregelung des § 4 vor dem Dilemma, dass es bei den von dieser Vorschrift erfassten Verschollenen einerseits eine große Anzahl von Betroffenen gibt, die tatsächlich tot sind, andererseits eine große Anzahl, die nicht tot sind, sondern von denen lediglich wegen kriegstypischer Umstände keine Nachrichten vorliegen (vgl. Staudinger/*Habermann* Rn. 9). Eine zu starke Verkürzung des maßgeblichen Zeitraums barg daher die Gefahr, dass viele tatsächlich nicht tote Betroffene fälschlicherweise für tot erklärt werden, während eine nicht hinreichende Verkürzung den Normzweck des § 4 verfehlen würde. Er hat sich daher für eine differenzierte Lösung entschieden, die

sinnvollerweise nicht hinsichtlich des maßgeblichen Verschollenheitszeitraums, sondern hinsichtlich des Beginns dieses Zeitraums differenziert:

a) Hohe Todeswahrscheinlichkeit. Ist der Verschollene unter Umständen vermisst, die eine hohe Wahrscheinlichkeit seines Todes begründen, wird die Frist von mindestens einem vollen Kalenderjahr ab dem Zeitpunkt des Vermisstseins berechnet (§ 4 II). „Hohe" bedeutet nicht „mit an Sicherheit grenzende" Wahrscheinlichkeit und erst recht nicht Unzweifelhaftigkeit iSd § 1 II, denn in diesem zuletzt genannten Fall liegt überhaupt keine Verschollenheit vor; überhaupt dürfen die **Anforderungen nicht überspannt** werden (LG Siegen NJW 1949, 508 f.), um § 1 II nicht bedeutungslos werden zu lassen. Sie bedeutet andererseits mehr als ernstliche Zweifel am Fortleben iSd § 1 I. Hohe Wahrscheinlichkeit ist mE ab einer Wahrscheinlichkeit von etwa 90 Prozent anzusetzen, wobei derartige Quantifizierungen ohnehin nur den Sinn haben, die vage gesetzliche Formulierung („hohe") auf eine Größenordnung (und nicht eine exakte Größe) einzuschränken, weil im konkreten Fall in aller Regel die Todeswahrscheinlichkeit ohnehin nicht exakt quantifiziert werden kann.

b) Normalfall. Im Normalfall beginnt der Zeitraum erst mit dem Friedensschluss oder – ohne einen solchen – mit der tatsächlichen Beendigung des Krieges/kriegsähnlichen Unternehmens. Die zweite Alternative ist nur gegeben, wenn feststeht, dass ein formeller Friedensschluss nicht mehr erfolgt oder zumindest ein solcher – gleich innerhalb welchen Zeitraums – nicht mehr ernstlich zu erwarten ist („ohne Friedensschluss"). Dies führte nach dem faktischen Ende des II. Weltkriegs zu Problemen, weil ein formeller Friedensschluss lange Zeit nicht erfolgte (Staudinger/*Habermann* Rn. 10). Friedensschluss bedeutet **nicht zwingend einen Friedensvertrag** im völkerrechtlichen Sinn (zu dessen üblichen Bestandteilen *Blumenwitz* NJW 1990, 3041 (3042)), jedoch muss dem Wortlaut und Normzweck des § 4 entsprechend zumindest zwischen den Konfliktparteien eine Vereinbarung geschlossen werden, welche den Kriegszustand beendet und Bestimmungen über die Rückführung der Kriegsgefangenen enthält.

4. Beweislast. Die objektive Beweislast (Feststellungslast) für das Vorliegen der Voraussetzungen des § 4 im allgemeinen und innerhalb dessen des Abs. 2 im Besonderen trägt der Antragsteller des Todeserklärungsverfahrens.

5. Sonderregelung im Zusammenhang mit dem II. Weltkrieg. Wegen der zahlreichen Verschollenheitsfälle „im Zusammenhang mit Ereignissen oder Zuständen" des II. Weltkrieges, die vor allem durch den Bombenkrieg sowie Flucht und Vertreibung aus den früheren deutschen Ostgebieten in ungewöhnlich hohem Maße auch die Zivilbevölkerung betrafen, wurde im Jahr 1951 mit Art. 2 § 1 VerschÄndG **eine die §§ 4–8 verdrängende Sonderregelung** (Art. 2 § 1 III VerschÄndG) geschaffen. Diese anfangs sehr bedeutsame Bestimmung hat mittlerweile durch Zeitablauf ihre Bedeutung weitgehend verloren, weil die von ihr erfassten Verschollenheitsfälle entweder aufgeklärt wurden, rechtlich geregelt oder rechtlich bedeutungslos sind oder jedenfalls mittlerweile auch die Voraussetzungen für eine Todeserklärung auf der Grundlage des § 3 vorliegen.

a) Voraussetzungen. Art. 2 § 1 setzt voraus, dass jemand im Zusammenhang mit Ereignissen oder Zuständen des II. Weltkrieges vor dem 1.7.1948 vermisst worden ist und seitdem verschollen ist. Da die Vorschrift **nicht auf Militärpersonen beschränkt** ist, ist vermisst nicht iSd militärischen, sondern des allgemeinen Sprachgebrauchs zu verstehen (OLG Freiburg NJW 1951, 661; Staudinger/*Habermann* Rn. 14 f.). Der Begriff der Verschollenheit ist derselbe wie in § 1; die besondere Erwähnung, dass das Verschollensein „unter Umständen, die ernstliche Zweifel an seinem Wortleben begründen", ist vor diesem Hintergrund eine überflüssige Wiederholung (OLG Freiburg NJW 1951, 661). Im Zusammenhang mit Ereignissen oder Zuständen des II. Weltkrieges ist weit zu verstehen (BayObLG NJW 1953, 1788) und umfasst neben der Teilnahme an Kämpfen, Aufenthalt in bombardierten Städten, Flucht oder Ausweisung aus den ehemaligen deutschen Ostgebieten, Inhaftierung und Verschleppung im Zusammenhang mit der Besetzung Deutschlands nach hM vor allem in der Rspr. auch die von deutschen Stellen durchgeführte **Deportation aus politischen oder rassischen Gründen Verfolgter** in Zwangslager (BayObLG NJW 1953, 1788; KG NJW 1956, 1075; 1954, 1652; aA Staudinger/*Habermann* Rn. 22, § 7 Rn. 7). Der Betroffene muss – wie bei § 4 – seit seinem Vermisstsein auch verschollen sein („seitdem"); dh anders als gewöhnlich (→ § 1 Rn. 8) müssen von diesem Zeitpunkt an und durchgängig ernste Zweifel an seinem Fortleben bestanden haben.

b) Rechtsfolgen. Der Verschollene kann grds. ohne Einhaltung einer Frist für tot erklärt werden, wobei Fristverlängerungen bei Unmöglichkeit der freien Aufenthaltsbestimmung in Art. 2 § 1 II VerschÄndG bestehen, die mittlerweile infolge Zeitablaufs bedeutungslos geworden sind.

§ 5 [Seeverschollenheit]

(1) Wer bei einer Fahrt auf See, insbesondere infolge Untergangs des Schiffes, verschollen ist, kann für tot erklärt werden, wenn seit dem Untergang des Schiffes oder dem sonstigen die Verschollenheit begründenden Ereignis sechs Monate verstrichen sind.

(2) Ist der Untergang des Schiffes, der die Verschollenheit begründet haben soll, nicht feststellbar, so beginnt die Frist von sechs Monaten (Absatz 1) erst ein Jahr nach dem letzten Zeitpunkt, zu dem das Schiff nach den vorhandenen Nachrichten noch nicht untergegangen war; das Gericht kann diesen Zeitraum von einem Jahr bis auf drei Monate verkürzen, wenn nach anerkannter seemänni-

scher Erfahrung wegen der Beschaffenheit und Ausrüstung des Schiffes, im Hinblick auf die Gewässer, durch welche die Fahrt führen sollte, oder aus sonstigen Gründen anzunehmen ist, daß das Schiff schon früher untergegangen ist.

1 **1. Normzweck und Konkurrenzen.** Mit § 5 wird dem Umstand Rechnung getragen, dass bei einer Verschollenheit während einer Fahrt auf See die Wahrscheinlichkeit des Versterbens wegen der lebensfeindlichen Umwelt, der der Mensch im allgemeinen nur für kurze Zeit trotzen kann, also der **Seegefahr**, deutlich höher ist als bei einer gewöhnlichen Verschollenheit (BayObLGZ 1986, 301 (303)). Zum Verhältnis zu den §§ 3, 4, 6, 7 s. § 8, sowie die Komm. zu → § 3 Rn. 1; → § 4 Rn. 1; zur abschließenden Sonderregelung für Verschollenheitsfälle im Zusammenhang mit dem II. Weltkrieg → § 4 Rn. 12 ff.

2 **2. Voraussetzungen. a) „Auf See".** § 5 setzt lediglich eine Verschollenheit bei einer Fahrt auf See voraus. „Auf See" meint allgemeinem Sprachgebrauch entsprechend ausschließlich **das offene Meer** (BayObLGZ 1986, 301 (303)), dh die drei Ozeane und deren sog. Neben-, Rand- und Binnenmeere (also zB die Ostsee) einschließlich der Küstengewässer, wobei im Hinblick auf letztere die Grenzziehung zwischen Binnengewässern (insb. einmündenden Flüssen) im Einzelfall aufgrund seemännischer Anschauung zu erfolgen hat (Staudinger/*Habermann* Rn. 2). Binnengewässer wie zB der Bodensee gehören ungeachtet ihrer Größe und (offiziellen oder inoffiziellen) Bezeichnung aus Gründen der Rechtssicherheit generell nicht dazu (BayObLGZ 1986, 301 (303)); dies gilt aus dem genannten Grund auch für sehr große, salzwasserhaltige Binnengewässer wie zB das Kaspische Meer als der größte Binnensee der Welt.

3 **b) „Bei einer Fahrt".** Anders als der frühere § 15 BGB beschränkt § 5 die verschollenheitsrechtliche Sonderbehandlung der Seegefahr nicht auf den Untergang von Schiffen, sondern benannt diese Fälle nur beispielhaft. Der Betroffene muss lediglich zeitlich während einer Fahrt verschollen sein. Fahrt meint die Fortbewegung (also zB kein Ankern im Hafen, Staudinger/*Habermann* Rn. 5), und keine für längere Zeit verankerte Bohrplattformen (anders aber während der Dauer ihres Transport zum Ankerplatz; so zu Recht BeckOGK VerschG/*Boiczenko* § 5 Rn. 13), jedoch auch nur für kurze Zeit verankerte Schiffe außerhalb von Häfen) eines **grds. wassertauglichen Transportmittels** gleich welcher Art, also neben Überwasserschiffen im klassischen Sinn gleich welchen Nutzungszwecks (zB Handelsschiffe, Kriegsschiffe, Kreuzfahrtschiffe, Yachten) und welcher Größe (zB auch sog. Boote) zB auch Unterseeboote, Schlauchboote, Flöße, Kanus und Tretboote, nicht aber reine Sport- und Freizeitgeräte wie Surfbretter (aA BeckOGK VerschG/*Boiczenko* § 5 Rn. 12; Staudinger/*Habermann* Rn. 5), Luftmatratzen oder Schwimmflossen, reine Tauchausrüstungen, Tauchglocken, Tauchkugeln oÄ und erst recht nicht den bloßen Schwimmer. Unbeachtlich ist, ob die Fahrt auf See freiwillig erfolgt ist, so dass auch ein in einem Boot versehentlich über einen mündenden Fluss in das offene Meer Getriebener darunter fällt. Gewässerte Flugzeuge fallen mE jedoch unter keinen Umständen unter § 5, denn selbst wenn es sich um regulär (also nicht not-) gewässerte Wasserflugzeuge handelt, befinden sich diese niemals „bei einer Fahrt", da deren Bewegungen auf dem Wasser immer nur dem Start bzw. der Landung eines Fluges dienen (teilweise aA Staudinger/*Habermann* § 6 Rn. 8 mwN).

4 **c) Verschollenheit.** Der Betroffene muss schließlich auch hier iSd § 1 verschollen sein. Unbeachtlich ist der Grund hierfür. Es fallen daher neben dem klassischen Schiffsuntergang auch das Fallen über Bord, überhaupt jegliches Verlassen des Schiffs, zB zu einem Tauchgang oder wegen einer Gefahrenlage, ferner Zusammenstoß, Brand oder Explosion des Schiffs und schließlich Verschwinden aufgrund strafbarer Handlungen oder ohne feststellbaren Grund; es genügt also die Feststellung, dass der Betroffene bei Fahrtbeginn an Bord war und während der Fahrt verschwunden ist (Palandt/*Heinrichs*, 50. Aufl. 1991, Rn. 2).

5 **3. Rechtsfolgen.** Der für den unbekannten Aufenthalt und die Nachrichtenlosigkeit erforderliche Zeitraum beträgt nur sechs Zeitmonate seit dem die Verschollenheit begründenden Ereignis. Soll die Verschollenheit auf dem Untergang eines Schiffes beruhen, ist dieses Ereignis aber nicht sicher feststellbar, beginnt der Zeitraum von sechs Monaten erst ein Jahr nach dem letzten Zeitpunkt, zu dem das Schiff nach vorhandenen Nachrichten noch nicht untergegangen war; dabei ist Verkürzung dieser Jahresfrist auf bis zu drei Monate durch das zuständige Gericht (§ 15) nach anerkannter seemännischer Erfahrung möglich (§ 5 II). Bei dieser sog. **Untergangsfrist** von drei Monaten bis zu einem Jahr handelt es sich um einen Zeitraum, der zu dem Zeitraum von sechs Monaten nach Abs. 1 hinzutritt.

6 Die Bedeutung des § 5 II geht jedoch über die Festlegung der sog. Untergangsfrist hinaus: Da es nach dem Wortlaut genügt, dass der Untergang des Schiffes die Verschollenheit begründet haben soll, muss der Schiffsuntergang als das die Verschollenheit angeblich begründende Ereignis nicht nachgewiesen sein. Bei Verschollenheit nicht nur des Betroffenen, sondern auch des Schiffes (oder sonstigen wassertauglichen Transportmittels) selbst, muss generell nicht das die Verschollenheit des Betroffenen begründende Ereignis nachgewiesen werden, sondern lediglich die Verschollenheit des Schiffes selbst. Eine Ausnahme wird man allerdings in den Fällen machen müssen, in denen es Hinweise gibt, dass die Verschollenheit des Schiffes selbst nicht auf Untergang oder einer vergleichbaren kompletten Zerstörung (zB durch Explosion), sondern auf Entführung oÄ beruht.

§ 6 [Luftverschollenheit]

Wer bei einem Fluge, insbesondere infolge Zerstörung des Luftfahrzeugs, verschollen ist, kann für tot erklärt werden, wenn seit der Zerstörung des Luftfahrzeugs oder dem sonstigen die Verschollenheit begründenden Ereignis oder, wenn diese Ereignisse nicht feststellbar sind, seit dem letzten Zeitpunkt, zu dem der Verschollene nach den vorhandenen Nachrichten noch gelebt hat, drei Monate verstrichen sind.

1. Normzweck und Konkurrenzen. Mit § 6 wurde wegen der mit dem Fliegen verbundenen Gefährdung, dh des Umstandes, dass sich ein Mensch ohne funktionierendes Luftfahrzeug nicht im Luftraum halten kann, ein weiterer besonderer Verschollenheitstatbestand, die sog. **Luftverschollenheit**, geschaffen. Zum Verhältnis zu den §§ 3–5 sowie zu § 7 s. § 8, sowie die Komm. zu → § 3 Rn. 1; → § 4 Rn. 1; zur abschließenden Sonderregelung für Verschollenheitsfälle im Zusammenhang mit dem II. Weltkrieg → § 4 Rn. 12ff. 1

2. Voraussetzungen. a) „Bei einem Fluge". Ein Flug im Sinne dieser Vorschrift liegt vor, wenn sich ein Mensch mittels eines Luftfahrzeugs, dh eines zur Benutzung des Luftraums bestimmten Gerätes (§ 1 II 1 Nr. 11 LuftVG), im Luftraum bewegt (vgl. Staudinger/*Habermann* Rn. 2). Auf die **Legaldefinition des Begriffs Luftfahrzeug** in § 1 II LuftVG kann dabei vollinhaltlich, also einschließlich der Auffangvorschrift des § 1 II 1 Nr. 11 LuftVG und der Einbeziehung von Raumfahrzeugen, Raketen und ähnlichen Flugkörpern in § 1 II 2 LuftVG, zurückgegriffen werden, wobei letztere auch hier nur solange als Luftfahrzeuge gelten, solange sie sich im Luftraum und nicht im Weltraum oder auf anderen Himmelskörpern befinden; die eigentliche Weltraumverschollenheit fällt also unter § 7 (aA Staudinger/*Habermann* Rn. 2). Luftverschollenheit kommt also zB nicht in Betracht, wenn eine Person ohne Fallschirm oÄ von einem hohen Gebäude, einer Felswand oÄ stürzt, jedoch dann, wenn er während des Fluges aus einem Luftfahrzeug wie zB einem Ballon fällt. 2

Bei Flugzeugen, also auch den alljährlich von Millionen von Menschen benutzten modernen Verkehrsflugzeugen, fällt mE auch die **Startphase** ab dem Beginn des Beschleunigungsvorgangs auf der Startbahn und die **Landephase** bis zum Erreichen der Rollgeschwindigkeit auf der Landebahn insbesondere deshalb noch unter den Flug iSd § 6, weil dies die statistisch gefährlichsten Abschnitte eines Fluges (im umgangssparchlichen Sinn) sind und es daher vom Normzweck widersinnig wäre, diese aus dem Anwendungsbereich des § 6 auszuklammern. Dies hat zB Bedeutung in den Fällen, in denen Passagiere eines Flugzeuges, welches in der Start- oder Landephase verunglückt ist, bis zur Unkenntlichkeit verbrennen und auch mit modernen gerichtsmedizinischen Methoden nicht identifiziert werden können. Erfasst werden aber nur (erwiesene) **Teilnehmer des Fluges** (BeckOGK VerschG/*Boiczenko* § 6 Rn. 3), also zB nicht Personen, die sich während eines Flugzeugabsturzes an der Absturzstelle am Boden aufgehalten haben. Zur Wasserung von Flugzeugen → § 7 Rn. 3 aE. 3

b) Verschollenheit. Die weiterhin erforderliche Verschollenheit iSd § 1 muss nicht zwingend auf einer Zerstörung des Luftfahrzeugs beruhen, so das zB auch das schlichte Herausfallen, zB aus dem nach oben offenen Korb eines Freiballons, erfasst wird. Es gelten insoweit die Darlegungen zur Seeverschollenheit entsprechend (→ § 5 Rn. 4). Häufiger als bei Schiffsunglücken wird allerdings bei Flugzeugunglücken der Tod der Insassen nach den Umständen nicht zweifelhaft sein, zB bei einem beobachteten Absturz aus großer Höhe, so dass Verschollenheit wegen § 1 II nicht in Betracht kommt (so zu Recht Staudinger/*Habermann* Rn. 7). 4

3. Rechtsfolgen. Der für den unbekannten Aufenthalt und die Nachrichtenlosigkeit erforderliche Zeitraum beträgt bei der Luftverschollenheit sogar nur drei Zeitmonate seit der Zerstörung des Luftfahrzeugs oder dem sonstigen die Verschollenheit begründenden Ereignis. Wie bei der Seeverschollenheit kann es sein, dass diese Ereignisse nicht feststellbar sind. Dann beginnt der dreimonatige Zeitraum zu dem Zeitpunkt, zu dem der Verschollene nach den vorhandenen Nachrichten noch gelebt hat. Die auf den ersten Blick wenig sinnvolle Regelung, auch bei Zerstörung des Luftfahrzeugs für den Beginn des Zeitraums nicht auf die letzte Nachricht über dieses, sondern für jeden Betroffenen individuell auf dessen letztes Lebenszeichen abzustellen, wird durch den Umstand relativiert, dass für die Anwendung des § 6 in jedem Fall nachgewiesen sein muss, dass der Betroffene während eines Fluges verschollen ist. Letztes Lebenszeichen wird daher für alle Personen in dem Luftfahrzeug, gleich ob Flugpersonal oder Passagiere, zumindest das von jemandem bemerkte oder sogar registrierte Betreten des Luftfahrzeugs kurz vor dem Start sein. 5

§ 7 [Gefahrverschollenheit]

Wer unter anderen als den in den §§ 4 bis 6 bezeichneten Umständen in eine Lebensgefahr gekommen und seitdem verschollen ist, kann für tot erklärt werden, wenn seit dem Zeitpunkt, in dem die Lebensgefahr beendigt ist oder ihr Ende nach den Umständen erwartet werden konnte, ein Jahr verstrichen ist.

1. Normzweck und Konkurrenzen. Mit § 7 wurde eine Sonderregelung für die Verschollenheit in Lebensgefahr, die **allgemeine Gefahrverschollenheit**, geschaffen. Damit wird dem Umstand Rechnung getragen, dass die Todeswahrscheinlichkeit bei einer Person, die sich zu Beginn ihrer Verschollenheit in Lebensgefahr befunden hat, deutlich höher ist als bei gewöhnlicher Verschollenheit. Zum Verhältnis zu den §§ 3–6s. § 8, sowie die Komm. zu → § 3 Rn. 1; → § 4 Rn. 1; zur abschließenden Sonderregelung für Verschollenheitsfälle im Zusammenhang mit dem II. Weltkrieg → § 4 Rn. 12ff. 1

2 2. **Voraussetzungen. a) Lebensgefahr.** Lebensgefahr ist jeder Zustand, bei dem die Wahrscheinlichkeit des alsbaldigen Todes eines Menschen – gleich aus welchem Grund – gegenüber anderen Menschen gleichen Alters und Geschlechts – diese Einschränkung muss man vornehmen, sonst befände sich jeder Hochbetagte dauernd in Lebensgefahr iSd § 7 – *deutlich* erhöht ist. Es muss also das Leben des konkreten Betroffenen nach den **Umständen des Einzelfalls** und dessen Fähigkeiten und Widerstandskraft (Staudinger/*Habermann* Rn. 2) in ungewöhnlichem Maße bedroht sein; Beispiele sind Luftangriffe, Eisenbahn- oder Grubenunglücke, Brände, Explosionen, Erdbeben, Hochwasserkatastrophen, Lawinen, gefährliche Expeditionen, Flucht vor Besatzungstruppen bei Kriegsende, nicht unter § 4 fallende Kampfhandlungen, Schiffsunglücke auf Binnengewässern wie zB ein Kentern weitab von Rettungsmöglichkeiten (BayObLGZ 1986, 301 (304)). Ursache kann auch ein innerer Zustand des Menschen wie zB eine Krankheit, auch eine psychische mit Selbsttötungsrisiko (offen gelassen BayObLGZ 1986, 301 (305)), sein; unbeachtlich ist auch, wenn sich der Betroffene freiwillig in die Lebensgefahr begeben hat (Staudinger/*Habermann* Rn. 2, 4). Es genügt, wenn sich der Verschollene im Zeitpunkt des Beginns der Verschollenheit in Lebensgefahr befunden hat, dh die mögliche/mutmaßliche/sichere Ursache für die Verschollenheit muss nicht zwingend dieselbe sein wie die für die Lebensgefahr. Das Bestehen der Lebensgefahr muss für die Anwendung des § 7 sicher festgestellt sein; die bloße Möglichkeit oder auch Wahrscheinlichkeit genügt nicht (BayObLGZ 1986, 301 (305)).

3 b) **Seitdem Verschollen.** Der Betroffene muss schließlich iSd § 1 verschollen sein, und zwar seit er in Lebensgefahr gekommen ist („seitdem"); dh anders als gewöhnlich (→ § 1 Rn. 8) müssen von diesem Zeitpunkt an und durchgängig ernste Zweifel an seinem Fortleben bestanden haben.

4 3. **Rechtsfolgen.** Der Verschollene kann nach Ablauf eines vollen Zeitjahres vor Tod erklärt werden. Der Beginn dieses Zeitraums wird vom Gesetz wenig verständlich beschrieben, weil nach dem Wortlaut auf die tatsächliche oder mutmaßliche Beendigung der Lebensgefahr abgestellt wird. Gemeint ist damit, dass die Umstände, welche die Lebensgefahr begründet haben, tatsächlich oder mutmaßlich beendet sein müssen (OLG Köln NJW 1953, 753 (754); Staudinger/*Habermann* Rn. 6). Dies ist insb. bei gefährlichen Dauerereignissen von Relevanz; hier war unter Geltung des früheren § 17 BGB umstritten, ob die – damals dreijährige – Frist mit dem Beginn oder dem Ende des Dauerereignisses begann.

§ 8 [Zusammentreffen von Kriegs- mit See- oder Luftverschollenheit]

Liegen bei einem Verschollenen die Voraussetzungen sowohl des § 4 als auch der §§ 5 oder 6 vor, so ist nur der § 4 anzuwenden.

1 S. zunächst die Komm. zu → § 3 Rn. 1; → § 4 Rn. 1. § 8 betrifft allein das materielle Recht; die örtliche Zuständigkeit der Gerichte nach den §§ 15–15d, insb. die nach § 15 II bei Verschollenheit infolge Unterganges eines in einem deutschen Schiffsregister eingetragenen Schiff, bleibt unberührt (Staudinger/*Habermann* Rn. 5).

§ 9 [Wirkung der Todeserklärung; Todesvermutung]

(1) ¹Die Todeserklärung begründet die Vermutung, daß der Verschollene in dem im Beschluß festgestellten Zeitpunkt gestorben ist. ²Dies gilt auch, wenn vor der Todeserklärung ein anderer Zeitpunkt im Sterberegister eingetragen ist.

(2) Als Zeitpunkt des Todes ist der Zeitpunkt festzustellen, der nach dem Ergebnis der Ermittlungen der wahrscheinlichste ist.

(3) Läßt sich ein solcher Zeitpunkt nicht angeben, so ist als Zeitpunkt des Todes festzustellen:

a) in den Fällen des § 3 das Ende des fünften Jahres oder, wenn der Verschollene das achtzigste Lebensjahr vollendet hätte, des dritten Jahres nach dem letzten Jahre, in dem der Verschollene den vorhandenen Nachrichten zufolge noch gelebt hat;
b) in den Fällen des § 4 der Zeitpunkt, in dem der Verschollene vermißt worden ist;
c) in den Fällen der §§ 5 und 6 der Zeitpunkt, in dem das Schiff untergegangen, das Luftfahrzeug zerstört oder das sonstige die Verschollenheit begründende Ereignis eingetreten oder – falls dies nicht feststellbar ist – der Verschollene zuerst vermißt worden ist;
d) in den Fällen des § 7 der Beginn der Lebensgefahr.

(4) Ist die Todeszeit nur dem Tage nach festgestellt, so gilt das Ende des Tages als Zeitpunkt des Todes.

1 1. **Normzweck.** § 9 regelt in den Abs. 1 u. 4 die Rechtsfolgen der Todeserklärung und in den Abs. 2 u. 3, welcher Zeitpunkt gem. § 23 in dem Todeserklärungsbeschluss als der des Todes festzustellen ist.

2 2. **Die Rechtsfolgen der Todeserklärung (Abs. 1 u. 4). a) Allgemeines.** Die Todeserklärung, genauer die Rechtskraft des entsprechenden Beschlusses (§ 29), begründet in allen Rechtsgebieten und mit Wirkung für und gegen jedermann (BGH NJW 1974, 699 (700)) die Vermutung, dass der Verschollene in dem im Beschluss festgestellten Zeitpunkt gestorben ist (§ 9 I 1). Die Vermutung des § 9 I 1 geht einer zeitlich früheren Eintragung in das Sterberegister vor, dagegen entkräftet eine zeitlich spätere Eintragung

die Vermutung (Palandt/*Heinrichs*, 50. Aufl. 1991, Rn. 1). Ausnahme- und Sonderregelungen enthalten jedoch zB (Staudinger/*Habermann* Rn. 19 ff., Vor § 1 Rn. 38 f.):
– für die Besteuerung § 49 AO, wonach der Tag als Todestag gilt, mit dessen Ablauf der Beschluss über die Todeserklärung des Verschollenen rechtskräftig wird;
– für die gesetzliche Unfallversicherung § 63 IV SGB VII;
– für die gesetzlichen Rentenversicherung § 49 SGB VI;
– für die Soldatenversorgung § 44 SVG;
– für die Alterssicherung der Landwirte (§ 16 ALG);
– für das Entschädigungsrecht § 180 BEG;
– für die Versorgung der Bundesbeamten § 29 BeamtVG und der Landesbeamten (zB § 32 Hmb-BeamtVG);
– für das Versorgungsrecht § 52 BVG;
– für das Zivildienstrecht §§ 47 VIII, 50 IV ZDG.

Da nach dem Wortlaut nicht der Tod, sondern das Versterben vermutet wird, ist der genaue Inhalt der Vermutung ein doppelter: Es wird vermutet, dass der Betroffene bis zum festgestellten Zeitpunkt gelebt hat und seitdem tot ist, es besteht also **eine Lebens- und eine Todesvermutung** (Staudinger/*Habermann* Rn. 23). Sehr strittig und vor allem im Erbrecht bedeutsam ist, ob die in § 9 I 1 enthaltene Vermutung über den Zeitpunkt des Versterbens Vorrang vor der entsprechenden Vermutung in § 11 hat (hierzu die Komm. in → § 11 Rn. 5). 3

b) Beweis des Gegenteils, Aufhebung, Änderung und Ablehnung der Todeserklärung. Der Beweis des Gegenteils ist **für den Einzelfall** zulässig (§ 292 ZPO) und kann von jedermann erbracht werden. Zur Führung des Gegenbeweises ist eine sehr hohe Wahrscheinlichkeit, die nach der Lebenserfahrung praktisch der Gewissheit gleichkommt, erforderlich (BGH RzW 1959, 239; Staudinger/*Habermann* Rn. 24), wobei jedes Beweismittel verwandt werden kann und der Grundsatz der freien Beweiswürdigung gilt (BayObLGZ 1962, 373 (379)). Die **allgemeingültige Aufhebung** des Todeserklärungsbeschlusses können dagegen nur der Verschollene oder der Staatsanwalt beantragen (§ 30 I); die Feststellung einer anderen Todeszeit wiederum jeder, der ein rechtliches Interesse daran hat (§ 33a). Die Ablehnung des Antrages auf Todeserklärung begründet keine Vermutung, dass der Verschollene noch lebt (OLG Karlsruhe NJW 1953, 1303; Staudinger/*Habermann* Rn. 35). 4

c) Rechtsfolgen speziell im Erbrecht. Der Verschollene gilt mit der Todeserklärung erbrechtlich als tot, und zwar auch im Erbscheinsverfahren. Kehrt er zurück, so kann er Herausgabe seines Vermögens nach Maßgabe des § 2031 BGB sowie vom Besitzer eines eventuell erteilten, nach nun als unrichtig herausgestellten Erbscheins dessen Herausgabe an das Nachlassgericht und Auskunft über Bestand und Verbleib der Erbschaft nach Maßgabe der § 2370 II, § 2362 BGB verlangen; der Schutz des guten Glaubens wird erweitert (§ 2370 I BGB). Zu weiteren Einzelwirkungen s. ferner die §§ 1974, 2252 IV BGB. 5

3. Der festzustellende Todeszeitpunkt (Abs. 2 u. 3). a) Allgemeines. Das Gericht hat, weil der Todeszeitpunkt im Beschluss über die Todeserklärung ebenfalls festzustellen ist (§ 23), von Amts wegen Ermittlungen über diesen Zeitpunkt anzustellen (§ 26 FamFG). Dies gilt im Fall des Art. 2 § 1 VerschÄndG jedoch nur dann, wenn der Antrag hieraus erstreckt wird (Art. 2 § 2 I 1 VerschÄndG). Festzustellen ist der Zeitpunkt, der nach dem Ergebnis dieser Ermittlungen am wahrscheinlichsten ist (§ 9 III). Lässt sich ein solcher Zeitpunkt nicht angeben, so bestimmt § 9 III für die einzelnen Verschollenheitstatbestände der §§ 3–7 den jeweils festzustellenden Zeitpunkt. Die Anwendung des § 9 III ist dabei auf **Ausnahmefälle** zu beschränken, dh die Feststellung nach § 9 II hat bereits dann Vorrang, wenn Tatsachen einen anderen Zeitpunkt als wahrscheinlicher erscheinen lassen als den vom Gesetzgeber in § 9 III fingierten (BayObLGZ 1956, 339 (343); Palandt/*Heinrichs*, 50. Aufl. 1991, Rn. 4). Letzteres ist insbesondere dann der Fall, wenn der Todeszeitpunkt nach § 9 III deutlich unter der statistischen Lebenserwartung des Verschollenen läge; in einem solchen Fall ist es angemessen, zur Schätzung des wahrscheinlichen Todeszeitpunktes auf die durchschnittliche Lebenserwartung abzustellen, welche die verschollene Person zu dem Zeitpunkt hatte, als sie nach den vorhandenen Nachrichten noch gelebt hat (OLG Oldenburg ZEV 2017, 734). Im Fall des § 9 III lit. a ist für die Frage, welche der beiden Alternativen anzuwenden ist, ebenso wie für die Frage der Anwendbarkeit des § 3 I oder § 3 II auf das Lebensalter des Verschollenen im Zeitpunkt des Erlasses des Beschlusses über die Todeserklärung (§ 23 VerschG) abzustellen (OLG Hamm Rpfleger 2015, 45). 6

b) Die Genauigkeit der Feststellung. Nicht ausdrücklich geregelt ist, wie genau der Todeszeitpunkt zu ermitteln und im Beschluss festzustellen ist. Wie bei der bundesgesetzlichen Regelung über die Beurkundung von Sterbefällen im Sterberegister (§ 31 I Nr. 3 PStG) und den landesgesetzlichen Regelungen über die ärztliche Todesbescheinigung (zB § 14 II Nr. 3 SächsBestG) ist dabei **Minutengenauigkeit** anzustreben (BayObLGZ 1955, 63 (68); damals allerdings noch Stundengenauigkeit). Lässt sich diese nicht erreichen, so ist mit größtmöglicher Genauigkeit zu ermitteln und dann – wie bei der Eintragung in das Sterberegister (BayObLG NJW-RR 1999, 1309 (1310)) – Anfang und Ende des hiernach möglichen Zeitraums für den Todeseintritt („Todeszeitraum") im Todeserklärungsbeschluss festzustellen. Ist dies geschehen, so gilt ebenso wie bei nur taggenauer Angabe (§ 9 IV) das Ende des Zeitraums als Todeszeitpunkt (BGH NJW 1953, 784); sofern es jedoch um die Frage des Überlebens von Menschen geht, ist § 11 zu beachten. Bereits wegen dieser Differenzierung ist es unrichtig, die Wertung des § 9 IV vorwegzunehmen, bereits in dem Todeserklärungsbeschluss das Ende des Todeszeitraums als Todeszeitpunkt fest- 7 zustellen und so eine gar nicht vorhandene Genauigkeit der Festellung des Todeszeitpunktes zu suggerieren (so aber OLG Frankfurt a. M., Beschl. v. 23.1.2014 – 20 W 291/13).

§ 10 [Lebensvermutung]

Solange ein Verschollener nicht für tot erklärt ist, wird vermutet, daß er bis zu dem im § 9 Abs. 3, 4 genannten Zeitpunkt weiter lebt oder gelebt hat.

1   Ist eine Person im rechtlichen Sinn verschollen, so bestehen bereits aufgrund der Definition der Verschollenheitsbegriffs ernstliche Zweifel an ihrem Fortleben (§ 1 I). Jeder, der sich auf das Fortleben des Verschollenen im Rechtsverkehr berufen würde, müsste dessen Fortleben nach allgemeinen Beweisgrundsätzen beweisen (RGZ 93, 108 (110); Staudinger/*Habermann* Rn. 1). Die Lebensvermutung des § 9 I 1 würde nicht helfen, denn diese setzt die Todeserklärung voraus. Hier greift § 10 ein, der in den Fällen, bei denen nachweislich Verschollenheit vorliegt, aber eine Todeserklärung bislang nicht erfolgt ist, eine Vermutung für das Weiterleben bis zu dem Zeitpunkt aufstellt, zu dem im Beschluss über die Todeserklärung gem. § 9 III, IV der Todeszeitpunkt festzustellen wäre, wenn sich ein Zeitpunkt gem. § 9 II nicht angeben ließe. Anders als § 9 I 1 enthält § 10 eine **reine, zeitlich begrenzte Lebensvermutung:** Wer also aus einem Versterben nach diesem Zeitpunkt Rechte herleitet, muss dies beweisen, ebenso wie nunmehr derjenige, der sich auf ein Fortleben über diesen Zeitraum hinaus beruft (OLG Bamberg BeckRS 2012, 18435; Staudinger/*Habermann* Rn. 7; Palandt/*Heinrichs*, 50. Aufl. 1991, Rn. 2).

§ 11 [Vermutung gleichzeitigen Todes]

Kann nicht bewiesen werden, daß von mehreren gestorbenen oder für tot erklärten Menschen der eine den anderen überlebt hat, so wird vermutet, daß sie gleichzeitig gestorben sind.

1   **1. Normzweck.** Die Bedeutung der Vorschrift geht weit über das Verschollenheitsrecht hinaus, weil sie nicht nur bei mehreren für tot erklärten, sondern ganz allgemein bei mehreren gestorbenen oder/und für tot erklärten Menschen gilt, also sogar dann, wenn es ausschließlich um Menschen geht, die gestorben sind und deren Tod normal im standesamtlichen Verfahren beurkundet wurde. Sie gehört daher systematisch besser in das allgemeine Personenrecht der natürlichen Personen (§ 1 ff. BGB). Sinn dieser Vorschrift ist, dass es – insb. im Erbrecht – keine Vermutung für das Vorversterben einer bestimmten Person geben soll; dies soll einem wirklichen Beweis überlassen sein (Staudinger/*Habermann* Rn. 5).

2   **2. Voraussetzungen.** § 11 setzt lediglich voraus, dass zwei oder mehr Menschen gestorben oder für tot erklärt worden sind und dass die Reihenfolge des Versterbens nicht bewiesen werden kann, also **Unsicherheit hinsichtlich der Reihenfolge des Versterbens** besteht. Ob diese auf der fehlenden Klärung des Todeszeitpunktes nur eines oder mehrerer dieser Menschen beruht, ist unbeachtlich (BayObLG NJW-RR 1999, 1309 (1311)), ebenso, ob die Unsicherheit in einer nur geringfügigen Überlappung der möglichen Todeszeiträume besteht (OLG Celle NJOZ 2011, 2073 (2075); Staudinger/*Habermann* Rn. 5); ja sogar bei einem nur punktuellen Überlappen (A verstirbt am Tag X zwischen 14.30 Uhr und 15.00 Uhr, B am selben Tag zwischen 15.00 Uhr und 15.30 Uhr) ist § 11 anwendbar. Weder die Feststellung des Todeszeitpunktes in dem Beschluss über die Todeserklärung gem. § 9 I 1 noch sogar die Eintragung des Todeszeitpunktes in das Sterberegister gem. § 31 I Nr. 3 PStG beweisen in jedem Fall das Überleben iSd § 11 (BayObLG NJW-RR 1999, 1309 (1310 f.)), denn sowohl im Hinblick auf die in § 9 I 1 aufgestellte Vermutung als auch im Hinblick auf die in § 31 I Nr. 3 PStG beurkundeten Tatsachen ist der Beweis der Unrichtigkeit zulässig (§ 292 ZPO bzw. § 54 III 1 PStG, § 418 II ZPO). Anders als im früheren § 20 BGB kommt es für die Anwendung des § 11 nicht mehr darauf an, ob die Personen in einer gemeinsamen Gefahr (= aufgrund derselben Ursache) umgekommen sind (OLG Köln NJW-RR 1992, 1480 (1481)).

3   **3. Rechtsfolgen. a) Grundsatz.** § 11 stellt zunächst nur klar, was nach allgemeinen beweisrechtlichen Grundsätzen selbstverständlich ist: Wer eine günstige Rechtsfolge daraus herleitet, dass von mehreren gestorbenen oder für tot erklärten Menschen der eine den anderen überlebt hat (insb. iSd § 1923 BGB), muss dies beweisen (OLG Köln NJW-RR 1992, 1480 (1481)); gelingt dieser Beweis nicht, so wird nicht etwa das Gegenteil vermutet, sondern ein gleichzeitiges Versterben aller Betroffenen. Dabei hebt § 11 die **strengen Anforderungen** an diesen Beweis hervor und setzt voraus, dass weder die Eintragung des Todeszeitpunktes im Sterberegister noch die entsprechende Feststellung im Beschluss über die Todeserklärung den einhundertprozentigen Beweis für den jeweiligen Todeszeitpunkt erbringen, denn der Beweis der Unrichtigkeit ist jeweils zulässig (§ 292 ZPO bzw. § 54 III 1 PStG, § 418 II ZPO). Insbesondere in den Fällen, in denen bei zumindest einem Betroffener kein exakter Todeszeitpunkt, sondern für den Todeseintritt nur ein nach Anfang und Ende bestimmter Zeitraum (Todeszeitraum) festgestellt ist, und sich die Todeszeitpunkte bzw. Todeszeiträume zumindest teilweise überlappen, ist von einem gleichzeitigen Versterben auszugehen (BayObLG NJW-RR 1999, 1309 (1310); OLG Köln NJW-RR 1992, 1480 (1481)). § 11 hat nur eine relative, die zeitliche Reihenfolge des Versterbens betreffende Bedeutung; in diesem Umfang gilt die Vorschrift aber allgemein (BGH MDR 1975, 215).

4   **b) Bedeutung im standesamtlichen und Todeserklärungsverfahren.** Die gesetzgeberische Wertung des § 11 ist darüber hinaus bereits im standesamtlichen Verfahren zur Beurkundung von Sterbefällen zu berücksichtigen. Ist nämlich der Todeszeitpunkt im Sterberegister einmal eingetragen, so trägt derjenige

die Feststellungs- bzw. Beweislast, der sich, insb. in einem Verfahren auf Berichtigung des Sterberegisters, auf die Unrichtigkeit der Eintragung beruft (BayObLG NJW-RR 1999, 1309 (1310)). Um später die in § 11 angeordnete Rechtsfolge nicht faktisch (nämlich durch Beweisschwierigkeiten) zu unterlaufen, muss daher insb. in den für die Anwendung dieser Vorschrift besonders relevanten Fällen, in denen mehrere Personen aufgrund derselben Ursache (zB eines Verkehrsunfalls) gestorben sind, bereits im standesamtlichen Verfahren zur Eintragung des Todeszeitpunkts und in eventuellen Verfahren auf Berichtigung derartiger Eintragungen auf § 11 geachtet werden: Nur wenn ein zeitlich nacheinander erfolgtes Versterben **voll nachgewiesen** ist, darf eine entsprechende Eintragung bzw. Berichtigung erfolgen, die ein zeitliches Auseinanderfallen der Todeszeitpunkte ausweist. Ist dies nicht der Fall, so ist – ggf. durch die Angabe von Zeiträumen – deutlich zu machen, dass ein solch zeitlich nacheinander erfolgtes Versterben jedenfalls nicht eindeutig erwiesen ist (zum Ganzen BayObLG NJW-RR 1999, 1309). Dasselbe gilt im Todeserklärungsverfahren (BayObLGZ 1955, 63 (69); OLG Düsseldorf NJW 1954, 1654; offen gelassen BGH NJW 1974, 699 (700 f.); zurückhaltend BGH MDR 1975, 215).

c) Bedeutung für die Vermutung gem. § 9 I 1, § 44 II 1. Gem. § 9 I 1, § 44 II 1 begründet die im Beschluss über die Todeserklärung gem. § 23 angegebene bzw. die im Verfahren zur Feststellung der Todeszeit festgestellte Todeszeit die Vermutung, dass der Betroffene zu diesem Zeitpunkt gestorben ist. Es stellt sich die Frage, ob diese (nicht widerlegte) Vermutung einen ausreichenden Beweis für das Überleben iSd § 11 darstellt, was insb. im Erbscheinsverfahren von Bedeutung ist. Von der Rspr. wird dies bis in die neuere Zeit hinein überwiegend verneint (BGH MDR 1975, 215; NJW 1974, 699 mwN; OLG Naumburg NJW-RR 2003, 1014 (1015)), von der Lit. dagegen überwiegend bejaht (Staudinger/*Habermann* Rn. 10 f. mwN). Für die zuerst genannte Auffassung spricht jedenfalls, dass sie vom Wortlaut des § 11 gedeckt ist, die sich aus den Verschollenheitsvorschriften ergebenden, oftmals zufälligen, willkürlichen oder teilweise sogar von den Beteiligten manipulierbaren Todeszeitpunkte keine sachgerechte Tatsachengrundlage insb. im Erbrecht bilden würden und § 9 I 1, § 44 II 1 als Rechtsfolge nur eine Vermutung beinhalten (BGH NJW 1974, 699 (700); → BGB § 1923 Rn. 1). Dass mit dieser Auslegung im Erbrecht, vor allem im Erbscheinsverfahren, der Todeserklärung eine **ganz wesentliche Bedeutung genommen** wird, ist in Kauf zu nehmen; sie ist jedoch ungeachtet dessen ausreichender Nachweis für den im Erbscheinsverfahren anzugebenden Todeszeitpunkt des Erblassers (BGH NJW 1974, 699 (700)) und auch sonst taugliches Beweismittel, soweit es nicht um die relative Aufeinanderfolge des Todes verschiedener Personen geht (Staudinger/*Habermann* Rn. 14).

Abschnitt II. Zwischenstaatliches Recht

§ 12 [Zwischenstaatliches Recht]

(1) Für Todeserklärungen und Verfahren bei Feststellung der Todeszeit sind die deutschen Gerichte zuständig, wenn der Verschollene oder der Verstorbene in dem letzten Zeitpunkt, in dem er nach den vorhandenen Nachrichten noch gelebt hat,

1. Deutscher war oder
2. seinen gewöhnlichen Aufenthalt im Inland hatte.

(2) Die deutschen Gerichte sind auch dann zuständig, wenn ein berechtigtes Interesse an einer Todeserklärung oder Feststellung der Todeszeit durch sie besteht.

(3) Die Zuständigkeit nach den Absätzen 1 und 2 ist nicht ausschließlich.

1. Normzweck. § 12 regelt die **internationale Zuständigkeit** der deutschen Gerichte für Todeserklärungen und Todeszeitfeststellungen. Die Frage, welches materielle Recht die deutschen Gerichte hierbei anzuwenden haben, ist (mittlerweile wieder) in Art. 9 EGBGB geregelt. Da derartige Zuständigkeitsnormen als allseitige Kollisionsnormen gedacht sind, wird damit zugleich die Zuständigkeit ausländischer Gerichte und mittelbar auch die Anerkennung von deren Entscheidung geregelt, denn in Angelegenheiten der freiwilligen Gerichtsbarkeit werden **ausländische Entscheidungen** ohne besonderes Verfahren anerkannt, sofern die Gerichte des anderen Staates nach deutschem Recht zuständig sind, § 108 I, § 109 I Nr. 1 FamFG (Staudinger/*Habermann* Rn. 4, 18 ff.). Da die in § 12 I, II begründete internationale Zuständigkeit der deutschen Gerichte keine ausschließliche ist (§ 12 III), macht das deutsche Recht im Regelungsbereich des § 12 keine Einschränkungen, in welchen Fällen neben deutschen auch ausländische Gerichte zuständig sein können und somit eine Anerkennung nach deutschem Recht in Betracht kommt. Ist hiernach sowohl ein deutsches als auch ein ausländisches Gericht international zuständig und haben zB beide eine Todeserklärung mit unterschiedlichen Todeszeitpunkten ausgesprochen, so hat nicht stets eine die deutsche, sondern **die zeitlich zuerst erfolgte Vorrang** (BGH NJW 1965, 912). Die Anerkennung der ausländischen Entscheidung ist nach zutreffender hM nicht davon abhängig, ob die ausländische Entscheidung von einem Gericht oder von einer Behörde sowie in Urteils- oder in Beschlussform ergangen ist (Staudinger/*Habermann* Rn. 18; *Musielak/Borth*, Familiengerichtliches Verfahren, 2009, FamFG § 108 Rn. 2). Das Inkrafttreten der EuErbVO hat auf das deutsche Verschollenheitsrecht weder in materieller noch in verfahrensrechtlicher Hinsicht Auswirkungen, da „Fragen betreffend die Verschollenheit" vom Anwendungsbereich dieser Verordnung ausgenommen sind (Art. 1 II lit. c EuErbVO).

75 VerschG § 12   Abschnitt II. Zwischenstaatliches Recht

2   **2. Voraussetzungen. a) Status- und Aufenthaltszuständigkeit.** Die deutschen Gerichte sind zunächst dann zuständig, wenn der Betroffene Deutscher war oder seinen gewöhnlichen Aufenthalt in Deutschland hatte. Der Begriff des „Deutschen" iSd § 12 I Nr. 1 richtet sich nach Art. 116 GG (Staudinger/*Habermann* Rn. 6) und umfasst die deutschen Staatsangehörigen nach dem StAG und die sog. Statusdeutschen. Unter *gewöhnlichem* Aufenthalt ist der **„Daseinsmittelpunkt" einer Person,** der Schwerpunkt ihrer Bindungen in familiärer oder beruflicher Hinsicht gemeint; an ihn werden strengere Anforderungen gestellt als an den Wohnsitz (BGH NJW 1993, 2047 (2048)). Hat also ein ausländischer Staatsangehöriger im maßgeblichen Zeitpunkt seinen gewöhnlichen Aufenthalt in Deutschland, sind die deutschen Gerichte für Entscheidungen nach § 12 zuständig und haben dabei das deutsche Verfahrensrecht anzuwenden, jedoch regelmäßig das ausländische materielle Recht (Art. 9 S. 1 EGBGB), es sei denn, an der Anwendung des deutschen materiellen Rechts besteht ein berechtigtes Interesse (Art. 9 S. 2 EGBGB), wobei die Anwendung des Art. 9 S. 2 EGBGB entgegen seines Wortlauts nicht auf Todeserklärungen beschränkt ist (MüKoBGB/*Birk* EGBGB Art. 9 Rn. 43 mwN). Der **schlichte Aufenthalt** einer Person im Inland genügt allein nicht; hier kann jedoch § 12 II die Zuständigkeit der deutschen Gerichte begründen (MüKoBGB/*Birk* EGBGB Art. 9 Rn. 18; Staudinger/*Habermann* Rn. 9).

3   **b) Zuständigkeit bei berechtigtem Interesse.** Ein berechtigtes Interesse an der internationalen Zuständigkeit deutscher Gerichte nach § 12 II besteht, wenn ohne die angestrebte Entscheidung durch das deutsche Gericht der inländische Rechtsverkehr oder die Rechtsstellung eines Deutschen oder eines sich gewöhnlich in Deutschland Aufhaltenden zeitlich oder sachlich beeinträchtigt wäre (vgl. MüKoBGB/*Birk* EGBGB Art. 9 Rn. 21 mwN). Der Begriff des rechtlichen Interesses in § 12 II ist mit dem wortlautgleichen in Art. 9 S. 2 EGBGB **nicht identisch,** denn ein rechtliches Interesse an der internationalen Zuständigkeit eines deutschen Gerichts bedeutet nicht notwendig, dass gerade auch ein rechtliches Interesse an der Anwendung des materiellen deutschen Rechts bestehen muss (MüKoBGB/*Birk* EGBGB Art. 9 Rn. 20 mwN); im Einzelfall kann sogar das Gegenteil der Fall sein, etwa dann, wenn durch die Anwendung des deutschen Sachrechts die Anerkennung der Entscheidung des deutschen Gerichts im Ausland gefährdet wäre. Eine Zuständigkeit nach § 12 II kommt etwa dann in Betracht, wenn die eigentlich zuständigen ausländischen Gerichte wegen Bürgerkriegs, Zusammenbruch der staatlichen Ordnung, Korruption, unzumutbar langer Verfahrensdauer oÄ praktisch versagen, ferner dann, wenn nach dem ausländischem Recht Rechtsinstitute wie die Todeserklärung und folglich auch zuständige Gerichte fehlen; in diesem Fall besteht zugleich auch ein berechtigtes Interesse an der Anwendung des deutschen Sachrechts. § 12 II schafft dagegen **keine allgemeine Fürsorgebedürfniszuständigkeit** (MüKoBGB/*Birk* EGBGB Art. 9 Rn. 19).

4   **3. Übergangsrecht anlässlich der Wiedervereinigung Deutschlands.** Das VerschG ist am 3.10.1990 auch in der ehemaligen DDR in Kraft getreten, wobei zu diesem Zeitpunkt bereits eingeleitete Verfahren noch nach dem Recht der DDR abzuschließen waren (Art. VIII iVm Anl. I Kap. III Sachgebiet B Abschn. III Nr. 9 lit. a EinigVtr) und sich die Wirkung einer vor dem Wirksamwerden des Beitritts erfolgten Todeserklärung sich auch künftig nach dem Recht der DDR bestimmt (Art. VIII iVm Anl. I Kap. III Sachgebiet B Abschn. III Nr. 9 lit. b EinigVtr). Mit Rechtskraft der Entscheidung über die Todeserklärung war das Verfahren im Sinne dieser Übergangsregelung abgeschlossen, so dass ein ab dem 3.10.1990 gestellter Antrag auf Änderung des Todeszeitpunktes nach neuem Recht zu beurteilen ist (OLG Brandenburg Rpfleger 2013, 201). Geregelt war seit dem 1.1.1976 das materielle Verschollenheitsrecht in den §§ 461–464 ZGB-DDR, das dazugehörige Verfahrensrecht in den §§ 136–139 ZPO-DDR und das dazugehörige Kollisionsrecht in § 7 RAG-DDR (allesamt abgedr. bei Soergel/*Schultze-v. Lasaulx* Vor § 1 Rn. 7). Nach den Regeln des innerdeutschen (interlokalen) Kollisionsrecht war das Recht der ehemaligen DDR anwendbar, wenn der Verschollenen in dem letzten Zeitpunkt, in dem er nach den vorhandenen Nachrichten noch gelebt hat, seinen gewöhnlichen Aufenthalt auf dem Gebiet der ehemaligen DDR hatte, Art. 9 S. 1 EGBGB analog (BSG NJW 1962, 1541).

80. Höfeordnung (HöfeO)

In der Fassung der Bekanntmachung vom 26.7.1976 (BGBl. I S. 1933)
Zuletzt geändert durch Art. 24 G zur Bereinigung des Rechts der Lebenspartner vom 20.11.2015 (BGBl. I S. 2010)

§ 1 Begriff des Hofes

(1) ¹Hof im Sinne dieses Gesetzes ist eine im Gebiet der Länder Hamburg, Niedersachsen, Nordrhein-Westfalen und Schleswig-Holstein belegene land- oder forstwirtschaftliche Besitzung mit einer zu ihrer Bewirtschaftung geeigneten Hofstelle, die im Alleineigentum einer natürlichen Person oder im gemeinschaftlichen Eigentum von Ehegatten (Ehegattenhof) steht oder zum Gesamtgut einer fortgesetzten Gütergemeinschaft gehört, sofern sie einen Wirtschaftswert von mindestens 10 000 Euro hat. ²Wirtschaftswert ist der nach den steuerlichen Bewertungsvorschriften festgestellte Wirtschaftswert im Sinne des § 46 des Bewertungsgesetzes in der Fassung der Bekanntmachung vom 26. September 1974 (Bundesgesetzbl. I S. 2369), geändert durch Artikel 15 des Zuständigkeitslockerungsgesetzes vom 10. März 1975 (Bundesgesetzbl. I S. 685). ³Eine Besitzung, die einen Wirtschaftswert von weniger als 10 000 Euro, mindestens jedoch von 5 000 Euro hat, wird Hof, wenn der Eigentümer erklärt, daß sie Hof sein soll, und wenn der Hofvermerk im Grundbuch eingetragen wird.

(2) Gehört die Besitzung Ehegatten, ohne nach Absatz 1 Ehegattenhof zu sein, so wird sie Ehegattenhof, wenn beide Ehegatten erklären, daß sie Ehegattenhof sein soll, und wenn diese Eigenschaft im Grundbuch eingetragen wird.

(3) ¹Eine Besitzung verliert die Eigenschaft als Hof, wenn keine der in Absatz 1 aufgezählten Eigentumsformen mehr besteht oder eine der übrigen Voraussetzungen auf Dauer wegfällt. ²Der Verlust der Hofeigenschaft tritt jedoch erst mit der Löschung des Hofvermerks im Grundbuch ein, wenn lediglich der Wirtschaftswert unter 5 000 Euro sinkt oder keine zur Bewirtschaftung geeignete Hofstelle mehr besteht.

(4) ¹Eine Besitzung verliert die Eigenschaft als Hof auch, wenn der Eigentümer erklärt, daß sie kein Hof mehr sein soll, und wenn der Hofvermerk im Grundbuch gelöscht wird. ²Die Besitzung wird, wenn sie die Voraussetzungen des Absatzes 1 erfüllt, wieder Hof, wenn der Eigentümer erklärt, daß sie Hof sein soll, und wenn der Hofvermerk im Grundbuch eingetragen wird.

(5) ¹Ein Ehegattenhof verliert diese Eigenschaft mit der Rechtskraft der Scheidung, der Aufhebung oder Nichtigerklärung der Ehe. ²Bei bestehender Ehe verliert er die Eigenschaft als Ehegattenhof, wenn beide Ehegatten erklären, daß die Besitzung kein Ehegattenhof mehr sein soll, und wenn der die Eigenschaft als Ehegattenhof ausweisende Vermerk im Grundbuch gelöscht wird.

(6) ¹Erklärungen nach den vorstehenden Absätzen können, wenn der Eigentümer nicht testierfähig ist, von dem gesetzlichen Vertreter abgegeben werden. ²Dieser bedarf hierzu der Genehmigung des Gerichts. ³Das Gericht soll den Eigentümer vor der Entscheidung über die Genehmigung hören. ⁴Zuständig ist in Kindschaftssachen nach § 151 Nr. 4 oder Nr. 5 des Gesetzes über das Verfahren in Familiensachen und in den Angelegenheiten der freiwilligen Gerichtsbarkeit das Familiengericht, in allen anderen Fällen das Betreuungsgericht.

(7) Wird ein Hofvermerk auf Grund einer Erklärung des Eigentümers oder von Ehegatten eingetragen oder gelöscht, so tritt die dadurch bewirkte Rechtsfolge rückwirkend mit dem Eingang der Erklärung beim Landwirtschaftsgericht ein.

§ 2 Bestandteile

Zum Hof gehören:
a) alle Grundstücke des Hofeigentümers, die regelmäßig von der Hofstelle aus bewirtschaftet werden; eine zeitweilige Verpachtung oder ähnliche vorübergehende Benutzung durch andere schließt die Zugehörigkeit zum Hof nicht aus, ebensowenig die vorläufige Besitzeinweisung eines anderen in einem Flurbereinigungsverfahren oder einem ähnlichen Verfahren;
b) Mitgliedschaftsrechte, Nutzungsrechte und ähnliche Rechte, die dem Hof dienen, gleichviel ob sie mit dem Eigentum am Hof verbunden sind oder dem Eigentümer persönlich zustehen, ferner dem Hof dienende Miteigentumsanteile an einem Grundstück, falls diese Anteile im Verhältnis zu dem sonstigen, den Hof bildenden Grundbesitz von untergeordneter Bedeutung sind.

§ 3 Hofeszubehör

¹Zum Hof gehört auch das Hofeszubehör. ²Es umfaßt insbesondere das auf dem Hof für die Bewirtschaftung vorhandene Vieh, Wirtschafts- und Hausgerät, den vorhandenen Dünger und die für die Bewirtschaftung bis zur nächsten Ernte dienenden Vorräte an landwirtschaftlichen Erzeugnissen und Betriebsmittel.

§ 4 Erbfolge in einen Hof

¹Der Hof fällt als Teil der Erbschaft kraft Gesetzes nur einem der Erben (dem Hoferben) zu. ²An seine Stelle tritt im Verhältnis der Miterben untereinander der Hofeswert.

§ 5 Gesetzliche Hoferbenordnung

Wenn der Erblasser keine andere Bestimmung trifft, sind als Hoferben kraft Gesetzes in folgender Ordnung berufen:
1. die Kinder des Erblassers und deren Abkömmlinge,
2. der Ehegatte des Erblassers,
3. die Eltern des Erblassers, wenn der Hof von ihnen oder aus ihren Familien stammt oder mit ihren Mitteln erworben worden ist,
4. die Geschwister des Erblassers und deren Abkömmlinge.

§ 6 Einzelheiten zur Hoferbenordnung

(1) ¹In der ersten Hoferbenordnung ist als Hoferbe berufen:
1. in erster Linie der Miterbe, dem vom Erblasser die Bewirtschaftung des Hofes im Zeitpunkt des Erbfalles auf Dauer übertragen ist, es sei denn, daß sich der Erblasser dabei ihm gegenüber die Bestimmung des Hoferben ausdrücklich vorbehalten hat;
2. in zweiter Linie der Miterbe, hinsichtlich dessen der Erblasser durch die Ausbildung oder durch Art und Umfang der Beschäftigung auf dem Hof hat erkennen lassen, daß er den Hof übernehmen soll;
3. in dritter Linie der älteste der Miterben oder, wenn in der Gegend Jüngstenrecht Brauch ist, der jüngste von ihnen.

²Liegen die Voraussetzungen der Nummer 2 bei mehreren Miterben vor, ohne daß erkennbar ist, wer von ihnen den Hof übernehmen sollte, so ist unter diesen Miterben der älteste oder, wenn Jüngstenrecht Brauch ist, der jüngste als Hoferbe berufen.

(2) In der zweiten Hoferbenordnung scheidet der Ehegatte als Hoferbe aus,
1. wenn Verwandte der dritten und vierten Hoferbenordnung leben und ihr Ausschluß von der Hoferbfolge, insbesondere wegen der von ihnen für den Hof erbrachten Leistungen, grob unbillig wäre; oder
2. wenn sein Erbrecht nach § 1933 des Bürgerlichen Gesetzbuchs ausgeschlossen ist.

(3) In der dritten Hoferbenordnung ist nur derjenige Elternteil hoferbenberechtigt, von dem oder aus dessen Familie der Hof stammt oder mit dessen Mitteln der Hof erworben worden ist.

(4) ¹Stammt der Hof von beiden Eltern oder aus beiden Familien oder ist er mit den Mitteln beider Eltern erworben und ist wenigstens einer der Eltern wirtschaftsfähig, so fällt der Hof den Eltern gemeinschaftlich als Ehegattenhof an. ²Lebt einer von ihnen nicht mehr, so fällt er dem anderen an. ³Ist die Ehe vor dem Erbfall auf andere Weise als durch den Tod eines von ihnen aufgelöst worden, so scheiden sie als Hoferben aus.

(5) ¹In der vierten Hoferbenordnung gilt Absatz 1 entsprechend. ²Im Falle des Absatzes 1 Satz 1 Nr. 3 gehen die Geschwister vor, die mit dem Erblasser den Elternteil gemeinsam haben, von dem oder aus dessen Familie der Hof stammt.

(6) ¹Wer nicht wirtschaftsfähig ist, scheidet als Hoferbe aus, auch wenn er hierzu nach Absatz 1 Satz 1 Nr. 1 oder 2 berufen ist. ²Dies gilt jedoch nicht, wenn allein mangelnde Altersreife der Grund der Wirtschaftsunfähigkeit ist oder wenn es sich um die Vererbung an den überlebenden Ehegatten handelt. ³Scheidet der zunächst berufene Hoferbe aus, so fällt der Hof demjenigen an, der berufen wäre, wenn der Ausscheidende zur Zeit des Erbfalls nicht gelebt hätte.

(7) Wirtschaftsfähig ist, wer nach seinen körperlichen und geistigen Fähigkeiten, nach seinen Kenntnissen und seiner Persönlichkeit in der Lage ist, den von ihm zu übernehmenden Hof selbständig ordnungsmäßig zu bewirtschaften.

§ 7 Bestimmung des Hoferben durch den Eigentümer

(1) ¹Der Eigentümer kann den Hoferben durch Verfügung von Todes wegen frei bestimmen oder ihm den Hof im Wege der vorweggenommenen Erbfolge (Übergabevertrag) übergeben. ²Zum Hoferben kann nicht bestimmt werden, wer wegen Wirtschaftsunfähigkeit nach § 6 Abs. 6 Satz 1 und 2 als Hoferbe ausscheidet; die Wirtschaftsunfähigkeit eines Abkömmlings steht jedoch seiner Bestimmung zum Hoferben nicht entgegen, wenn sämtliche Abkömmlinge wegen Wirtschaftsunfähigkeit ausscheiden und ein wirtschaftsfähiger Ehegatte nicht vorhanden ist.

(2) ¹Hat der Eigentümer die Bewirtschaftung des Hofes unter den Voraussetzungen des § 6 Abs. 1 Satz 1 Nr. 1 einem hoferbenberechtigten Abkömmling übertragen, so ist, solange dieser den Hof

bewirtschaftet, eine vom Eigentümer nach Übertragung der Bewirtschaftung vorgenommene Bestimmung eines anderen zum Hoferben insoweit unwirksam, als durch sie der Hoferbenberechtigte von der Hoferbfolge ausgeschlossen würde. ²Das gleiche gilt, wenn der Eigentümer durch Art und Umfang der Beschäftigung (§ 6 Abs. 1 Satz 1 Nr. 2) eines hoferbenberechtigten Abkömmlings auf dem Hof hat erkennen lassen, daß er den Hof übernehmen soll. ³Das Recht des Eigentümers, über sein der Hoferbfolge unterliegendes Vermögen durch Rechtsgeschäft unter Lebenden zu verfügen, wird durch Satz 1 und 2 nicht beschränkt.

§ 8 Der Hoferbe beim Ehegattenhof

(1) Bei einem Ehegattenhof fällt der Anteil des Erblassers dem überlebenden Ehegatten als Hoferben zu.

(2) ¹Die Ehegatten können einen Dritten als Hoferben nur gemeinsam bestimmen und eine von ihnen getroffene Bestimmung nur gemeinsam wiederaufheben. ²Haben die Ehegatten eine solche Bestimmung nicht getroffen oder wiederaufgehoben, so kann der überlebende Ehegatte den Hoferben allein bestimmen.

(3) ¹Gehört der Hof zum Gesamtgut einer Gütergemeinschaft, so kann der überlebende Ehegatte die Gütergemeinschaft bezüglich des Hofes nach den Vorschriften des allgemeinen Rechts mit den Abkömmlingen fortsetzen. ²Wird die fortgesetzte Gütergemeinschaft anders als durch den Tod des überlebenden Ehegatten beendet, so wachsen ihm die Anteile der Abkömmlinge an. ³Im übrigen steht die Beendigung der fortgesetzten Gütergemeinschaft dem Erbfall gleich. ⁴Die Fortsetzung der Gütergemeinschaft läßt eine nach Absatz 2 getroffene Bestimmung sowie das Recht, eine solche Bestimmung zu treffen, unberührt.

§ 9 Vererbung mehrerer Höfe

(1) ¹Hinterläßt der Erblasser mehrere Höfe, so können die als Hoferben berufenen Abkömmlinge in der Reihenfolge ihrer Berufung je einen Hof wählen; dabei kann jedoch nicht ein Hof gewählt werden, für den ein anderer Abkömmling, der noch nicht gewählt hat, nach § 6 Abs. 1 Satz 1 Nr. 1 oder Nr. 2 vorrangig als Hoferbe berufen ist. ²Sind mehr Höfe vorhanden als berechtigte Abkömmlinge, so wird die Wahl nach denselben Grundsätzen wiederholt. ³Hinterläßt der Eigentümer keine Abkömmlinge, so können die als Hoferben in derselben Ordnung Berufenen in der gleichen Weise wählen. ⁴Diese Vorschriften gelten auch dann, wenn ein Hoferbe nach § 6 Abs. 1 Satz 1 Nr. 1 oder Nr. 2 hinsichtlich mehrerer Höfe als berufen anzusehen wäre.

(2) ¹Die Wahl ist gegenüber dem Gericht in öffentlich beglaubigter Form oder zu seiner Niederschrift zu erklären; die Niederschrift wird nach den Vorschriften des Beurkundungsgesetzes errichtet. ²Das Gericht kann dem Wahlberechtigten auf Antrag eines nachstehenden Wahlberechtigten eine angemessene Frist zur Erklärung über die Wahl bestimmen. ³Nach fruchtlosem Ablauf der Frist tritt der Wahlberechtigte hinter die übrigen Wahlberechtigten zurück.

(3) Jeder Hoferbenberechtigte erwirbt das Eigentum an dem ihm zufallenden Hof rückwirkend vom Tode des Erblassers an.

§ 10 Vererbung nach allgemeinem Recht

Der Hof vererbt sich nach den Vorschriften des allgemeinen Rechts, wenn nach den Vorschriften dieses Gesetzes kein Hoferbe vorhanden oder wirksam bestimmt ist.

§ 11 Ausschlagung

¹Der Hoferbe kann den Anfall des Hofes durch Erklärung gegenüber dem Gericht ausschlagen, ohne die Erbschaft in das übrige Vermögen auszuschlagen. ²Auf diese Ausschlagung finden die Vorschriften des Bürgerlichen Gesetzbuchs über die Ausschlagung der Erbschaft entsprechende Anwendung.

§ 12 Abfindung der Miterben nach dem Erbfall

(1) Den Miterben, die nicht Hoferben geworden sind, steht vorbehaltlich anderweitiger Regelung durch Übergabevertrag oder Verfügung von Todes wegen an Stelle eines Anteils am Hof ein Anspruch gegen den Hoferben auf Zahlung einer Abfindung in Geld zu.

(2) ¹Der Anspruch bemißt sich nach dem Hofeswert im Zeitpunkt des Erbfalls. ²Als Hofeswert gilt das Eineinhalbfache des zuletzt festgesetzten Einheitswertes im Sinne des § 48 des Bewertungsgesetzes in der Fassung der Bekanntmachung vom 26. September 1974 (Bundesgesetzbl. I S. 2369), geändert durch Artikel 15 des Zuständigkeitslockerungsgesetzes vom 10. März 1975 (Bundesgesetzbl. I S. 685). ³Kommen besondere Umstände des Einzelfalls, die für den Wert des Hofes von er-

heblicher Bedeutung sind, in dem Hofeswert nicht oder ungenügend zum Ausdruck, so können auf Verlangen Zuschläge oder Abschläge nach billigem Ermessen gemacht werden.

(3) ¹Von dem Hofeswert werden die Nachlaßverbindlichkeiten abgezogen, die im Verhältnis der Erben zueinander den Hof treffen und die der Hoferbe allein zu tragen hat. ²Der danach verbleibende Betrag, jedoch mindestens ein Drittel des Hofeswertes (Absatz 2 Satz 2), gebührt den Erben des Erblassers einschließlich des Hoferben, falls er zu ihnen gehört, zu dem Teil, der ihrem Anteil am Nachlaß nach dem allgemeinen Recht entspricht.

(4) Auf die Abfindung nach Absatz 1 muß sich der Miterbe dasjenige anrechnen lassen, was er oder sein vor dem Erbfall weggefallener Eltern- oder Großelternteil vom Erblasser als Abfindung aus dem Hof erhalten hat.

(5) ¹Das Gericht kann die Zahlung der einem Miterben zustehenden Abfindung, auch wenn diese durch Verfügung von Todes wegen oder vertraglich festgesetzt ist, auf Antrag stunden, soweit der Hoferbe bei sofortiger Zahlung den Hof nicht ordnungsmäßig bewirtschaften könnte und dem einzelnen Miterben bei gerechter Abwägung der Lage der Beteiligten eine Stundung zugemutet werden kann. ²Das Gericht entscheidet nach billigem Ermessen, ob und in welcher Höhe eine gestundete Forderung zu verzinsen und ob, in welcher Art und welchem Umfang für sie Sicherheit zu leisten ist. ³Es kann die rechtskräftige Entscheidung über die Stundung, Verzinsung und Sicherheitsleistung auf Antrag aufheben oder ändern, wenn sich die Verhältnisse nach dem Erlaß der Entscheidung wesentlich geändert haben.

(6) ¹Ist der Miterbe minderjährig, so gilt die Abfindung bis zum Eintritt der Volljährigkeit als gestundet. ²Der Hoferbe hat dem Miterben jedoch die Kosten des angemessenen Lebensbedarfs und einer angemessenen Berufsausbildung zu zahlen und ihm zur Erlangung einer selbständigen Lebensstellung oder bei Eingehung einer Ehe eine angemessene Ausstattung zu gewähren. ³Leistungen nach Satz 2 sind bis zur Höhe der Abfindung einschließlich Zinsen und in Anrechnung darauf zu erbringen.

(7) Auf einen nach Absatz 6 Satz 1 als gestundet geltenden Anspruch sind die Vorschriften des Absatzes 5 Satz 2 und 3 sinngemäß anzuwenden; Absatz 6 Satz 2 ist zu berücksichtigen.

(8) Ist ein Dritter dem Miterben zum Unterhalt verpflichtet, so beschränkt sich die Verpflichtung des Hoferben nach Absatz 6 Satz 2 auf die Zahlung der Kosten, die durch den dem Miterben gewährten Unterhalt nicht gedeckt sind.

(9) Hat der Hoferbe durch eine Zuwendung, die er nach § 2050 des Bürgerlichen Gesetzbuchs zur Ausgleichung zu bringen hat, mehr als die Hälfte des nach Abzug der Nachlaßverbindlichkeiten verbleibenden Wertes (Absatz 3 Satz 1) erhalten, so ist er entgegen der Vorschrift des § 2056 des Bürgerlichen Gesetzbuchs zur Herausgabe des Mehrbetrages verpflichtet.

(10) Die Vorschriften der Absätze 2 bis 5 gelten sinngemäß für die Ansprüche von Pflichtteilsberechtigten, Vermächtnisnehmern sowie des überlebenden Ehegatten, der den Ausgleich des Zugewinns (§ 1371 Abs. 2 und 3 des Bürgerlichen Gesetzbuchs) verlangt.

§ 13 Ergänzung der Abfindung wegen Wegfalls des höferechtlichen Zwecks

(1) ¹Veräußert der Hoferbe innerhalb von zwanzig Jahren nach dem Erbfall den Hof, so können die nach § 12 Berechtigten unter Anrechnung einer bereits empfangenen Abfindung die Herausgabe des erzielten Erlöses zu dem Teil verlangen, der ihrem nach dem allgemeinen Recht bemessenen Anteil am Nachlaß oder an dessen Wert entspricht. ²Dies gilt auch, wenn zum Hof gehörende Grundstücke einzeln oder nacheinander veräußert werden und die dadurch erzielten Erlöse insgesamt ein Zehntel des Hofeswertes (§ 12 Abs. 2) übersteigen, es sei denn, daß die Veräußerung zur Erhaltung des Hofes erforderlich war. ³Eine Übergabe des Hofes im Wege der vorweggenommenen Erbfolge gilt nicht als Veräußerung im Sinne des Satzes 1. ⁴Wird der Hof in eine Gesellschaft eingebracht, so gilt der Verkehrswert des Hofes im Zeitpunkt der Einbringung als Veräußerungserlös.

(2) ¹Hat der nach Absatz 1 Verpflichtete innerhalb von zwei Jahren vor oder nach der Entstehung der Verpflichtung einen land- oder forstwirtschaftlichen Ersatzbetrieb oder im Falle des Absatzes 1 Satz 2 Ersatzgrundstücke erworben, so kann er die hierfür gemachten Aufwendungen bis zur Höhe der für einen gleichwertigen Ersatzerwerb angemessenen Aufwendungen von dem Veräußerungserlös absetzen; als gleichwertig ist dabei eine Besitzung anzusehen, die als Ersatzbetrieb oder als um die Ersatzgrundstücke vervollständigter Restbesitz dem Hofeswert (§ 12 Abs. 2) des ganz oder teilweise veräußerten Hofes entspricht. ²Dies gilt auch, wenn der Ersatzbetrieb oder ein Ersatzgrundstück im Gebiet der Länder Baden-Württemberg, Bayern, Berlin, Bremen, Hessen, Rheinland-Pfalz oder des Saarlandes belegen ist.

(3) ¹Macht der Verpflichtete glaubhaft, daß er sich um einen Ersatzerwerb bemüht, so kann das Gericht den Anspruch bis zum Ablauf der in Absatz 2 Satz 1 bestimmten Frist stunden; § 12 Abs. 5 Satz 2 und 3 gilt entsprechend. ²Hat der Verpflichtete einen notariellen Vertrag über den Erwerb eines Ersatzbetriebes oder im Falle des Absatzes 1 Satz 2 über den Erwerb von Ersatzgrundstücken abgeschlossen, so ist die Frist nach Absatz 2 Satz 1 auch gewahrt, wenn der Antrag auf Eintragung

des Eigentumsübergangs oder einer den Anspruch auf Übereignung sichernden Vormerkung bis zum Ablauf der Frist beim Grundbuchamt eingegangen ist.

(4) Absatz 1 Satz 1 gilt entsprechend, wenn der Hoferbe innerhalb von zwanzig Jahren nach dem Erbfall

a) wesentliche Teile des Hofeszubehörs veräußert oder verwertet, es sei denn, daß dies im Rahmen einer ordnungsmäßigen Bewirtschaftung liegt, oder
b) den Hof oder Teile davon auf andere Weise als land- oder forstwirtschaftlich nutzt

und dadurch erhebliche Gewinne erzielt.

(5) ¹Von dem Erlös sind die durch die Veräußerung oder Verwertung entstehenden öffentlichen Abgaben, die vom Hoferben zu tragen sind, abzusetzen. ²Erlösminderungen, die auf einer vom Hoferben aufgenommenen dinglichen Belastung des Hofes beruhen, sind dem erzielten Erlös hinzuzurechnen, es sei denn, daß die Aufnahme der Belastung im Rahmen einer ordnungsmäßigen Bewirtschaftung lag. ³Ein Erlös, den zu erzielen der Hoferbe wider Treu und Glauben unterlassen hat, wird hinzugerechnet. ⁴Von dem Erlös ist der Teil abzusetzen, der bei wirtschaftlicher Betrachtungsweise auf eigenen Leistungen des Hoferben beruht oder dessen Herausgabe aus anderen Gründen nicht der Billigkeit entsprechen würde. ⁵Von dem Erlös ist abzusetzen ein Viertel des Erlöses, wenn die Veräußerung oder Verwertung später als zehn Jahre, die Hälfte des Erlöses, wenn sie später als fünfzehn Jahre nach dem Erbfall erfolgt.

(6) ¹Veräußert oder verwertet der Hoferbe innerhalb von zwanzig Jahren nach dem Erbfall einen Ersatzbetrieb, Ersatzgrundstücke oder Hofeszubehör, so sind die Vorschriften der Absätze 1 bis 5 sinngemäß anzuwenden. ²Dies gilt auch, wenn der Ersatzbetrieb oder ein Ersatzgrundstück die Voraussetzungen des Absatzes 2 Satz 2 erfüllt.

(7) Veräußert oder verwertet ein Dritter, auf den der Hof im Wege der Erbfolge übergegangen oder dem er im Wege der vorweggenommenen Erbfolge übereignet worden ist, innerhalb von zwanzig Jahren nach dem Erbfall (Absatz 1 Satz 1) den Hof, Teile des Hofes oder Hofeszubehör, so sind die Vorschriften der Absätze 1 bis 6 sinngemäß anzuwenden.

(8) Der Veräußerung stehen die Zwangsversteigerung und die Enteignung gleich.

(9) ¹Die Ansprüche sind vererblich und übertragbar. ²Sie verjähren mit Ablauf des dritten Jahres nach dem Zeitpunkt, in dem der Berechtigte von dem Eintritt der Voraussetzungen des Anspruchs Kenntnis erlangt, spätestens in dreißig Jahren vom Erbfall an. ³Sie entstehen auch, wenn die Besitzung im Grundbuch nicht als Hof eingetragen ist oder wenn der für sie eingetragene Hofvermerk gelöscht worden ist, sofern sie Hof ist oder war.

(10) Der Verpflichtete hat den Berechtigten über eine Veräußerung oder Verwertung unverzüglich Mitteilung zu machen sowie über alle für die Berechnung des Anspruchs erheblichen Umstände auf Verlangen Auskunft zu erteilen.

§ 14 Stellung des überlebenden Ehegatten

(1) ¹Dem überlebenden Ehegatten des Erblassers steht, wenn der Hoferbe ein Abkömmling des Erblassers ist, bis zur Vollendung des fünfundzwanzigsten Lebensjahres des Hoferben die Verwaltung und Nutznießung am Hof zu. ²Dieses Recht kann

a) der Eigentümer durch Ehevertrag oder Verfügung von Todes wegen,
b) das Gericht auf Antrag eines Beteiligten aus wichtigem Grunde

verlängern, beschränken oder aufheben.

(2) ¹Steht dem überlebenden Ehegatten die Verwaltung und Nutznießung nicht zu oder endet sie, so kann er, wenn er Miterbe oder pflichtteilsberechtigt ist und auf ihm nach § 12 zustehende Ansprüche sowie auf alle Ansprüche aus der Verwendung eigenen Vermögens für den Hof verzichtet, vom Hoferben auf Lebenszeit den in solchen Verhältnissen üblichen Altenteil verlangen. ²Der Altenteilsanspruch erlischt, wenn der überlebende Ehegatte eine neue Ehe eingeht. ³Er kann in diesem Fall vom Hoferben die Zahlung eines Kapitals verlangen, das dem Wert des Altenteils entspricht, jedoch nicht mehr als den Betrag, der ihm ohne Verzicht bei der Erbauseinandersetzung zugekommen sein würde.

(3) ¹Der überlebende Ehegatte kann, wenn ihm der Eigentümer durch Verfügung von Todes wegen eine dahingehende Befugnis erteilt hat, unter den Abkömmlingen des Eigentümers den Hoferben bestimmen. ²Seine Befugnis erlischt, wenn er sich wieder verheiratet oder wenn der gesetzliche Hoferbe das fünfundzwanzigste Lebensjahr vollendet. ³Die Bestimmung erfolgt durch mündliche Erklärung zur Niederschrift des Gerichts oder durch Einreichung einer öffentlich beglaubigten schriftlichen Erklärung; die Niederschrift wird nach den Vorschriften des Beurkundungsgesetzes errichtet. ⁴Mit Abgabe der Erklärung tritt der neu bestimmte Hoferbe hinsichtlich des Hofes in die Rechtsstellung des bisherigen gesetzlichen Hoferben ein. ⁵Auf Antrag eines Beteiligten regelt das Gericht, und zwar auch mit Wirkung gegenüber Dritten, die mit dem Übergang des Hofes zusammenhängenden Fragen.

§ 15 Nachlaßverbindlichkeiten

(1) Der Hoferbe haftet, auch wenn er an dem übrigen Nachlaß nicht als Miterbe beteiligt ist, für die Nachlaßverbindlichkeiten als Gesamtschuldner.

(2) Die Nachlaßverbindlichkeiten einschließlich der auf dem Hof ruhenden Hypotheken, Grund- und Rentenschulden, aber ohne die auf dem Hof ruhenden sonstigen Lasten (Altenteil, Nießbrauch usw.) sind, soweit das außer dem Hof vorhandene Vermögen dazu ausreicht, aus diesem zu berichtigen.

(3) Soweit die Nachlaßverbindlichkeiten nicht nach Absatz 2 berichtigt werden können, ist der Hoferbe den Miterben gegenüber verpflichtet, sie allein zu tragen und die Miterben von ihnen zu befreien.

(4) ¹Verbleibt nach Berichtigung der Nachlaßverbindlichkeiten ein Überschuß, so ist dieser auf die Miterben nach den Vorschriften des allgemeinen Rechts zu verteilen. ²Der Hoferbe kann eine Beteiligung an dem Überschuß nur dann und nur insoweit verlangen, als der auf ihn entfallende Anteil größer ist als der Hofeswert (§ 12 Abs. 2).

(5) Gehören zum Nachlaß mehrere Höfe, so werden die Pflicht zur Abfindung der Miterben einschließlich der Leistungen nach § 12 Abs. 6 Satz 2 ebenso wie die Nachlaßverbindlichkeiten von allen Hoferben gemeinschaftlich, und zwar im Verhältnis zueinander entsprechend den Hofeswerten getragen.

§ 16 Verfügung von Todes wegen

(1) ¹Der Eigentümer kann die Erbfolge kraft Höferechts (§ 4) durch Verfügung von Todes wegen nicht ausschließen. ²Er kann sie jedoch beschränken; soweit nach den Vorschriften des Grundstücksverkehrsgesetzes vom 28. Juli 1961 (Bundesgesetzbl. I S. 1091), geändert durch Artikel 199 des Gesetzes vom 2. März 1974 (Bundesgesetzbl. I S. 469), für ein Rechtsgeschäft unter Lebenden gleichen Inhalts eine Genehmigung erforderlich wäre, ist die Zustimmung des Gerichts zu der Verfügung von Todes wegen erforderlich.

(2) ¹Für die Berechnung des Pflichtteils des Hoferben ist der nach dem allgemeinen Recht, für die Berechnung des Pflichtteils der übrigen Erben der nach diesem Gesetz zu ermittelnde gesetzliche Erbteil maßgebend. ²Dabei ist der Hof in jedem Falle nach dem in § 12 Abs. 2 bestimmten Wert anzusetzen.

§ 17 Übergabevertrag

(1) Bei der Übergabe des Hofes an den Hoferben im Wege der vorweggenommenen Hoferbfolge finden die Vorschriften des § 16 entsprechende Anwendung.

(2) Übergibt der Eigentümer den Hof an einen hoferbenberechtigten Abkömmling, so gilt zugunsten der anderen Abkömmlinge der Erbfall hinsichtlich des Hofes mit dem Zeitpunkt der Übertragung als eingetreten.

(3) Soweit nach den Vorschriften des Grundstückverkehrsgesetzes eine Genehmigung erforderlich ist, wird sie durch das Gericht erteilt.

§ 18 Zuständigkeit der Gerichte

(1) Für die Entscheidung über alle Anträge und Streitigkeiten, die sich bei Anwendung der Höfeordnung ergeben, sowie aus Abmachungen der Beteiligten hierüber sind die im Gesetz über das gerichtliche Verfahren in Landwirtschaftssachen vom 21. Juli 1953 (Bundesgesetzbl. I S. 667), zuletzt geändert durch Artikel 2 des Gesetzes vom 8. Juli 1975 (Bundesgesetzbl. I S. 1863), genannten Gerichte ausschließlich zuständig.

(2) ¹Diese Gerichte sind auch zuständig für die Entscheidung der Frage, wer kraft Gesetzes oder kraft Verfügung von Todes wegen Hoferbe eines Hofes geworden ist, und für die Ausstellung eines Erbscheins und eines Europäischen Nachlasszeugnisses. ²In dem Erbschein oder dem Europäischen Nachlasszeugnis ist der Hoferbe als solcher aufzuführen. ³Auf Antrag eines Beteiligten ist in dem Erbschein lediglich die Hoferbfolge zu bescheinigen.

§ 19 Geltung für Lebenspartner; Übergangsbestimmungen

(1) ¹Die für Ehegatten geltenden Vorschriften dieses Gesetzes gelten entsprechend für Lebenspartner. ²Eine land- oder forstwirtschaftliche Besitzung, die im gemeinschaftlichen Eigentum von Lebenspartnern steht und gemäß § 1 Absatz 1 die Eigenschaft als Hof besitzt oder diese entsprechend § 1 Absatz 2 durch Erklärung der Lebenspartner erhält, ist ein Lebenspartnerhof.

(2) **Für die erbrechtlichen Verhältnisse bei Beteiligung eines Lebenspartners bleibt das bis zum 26. November 2015 geltende Recht maßgebend, wenn der Erblasser vor dem 26. November 2015 verstorben ist.**

Schrifttum: *Dressler*, Vor- und Nacherbschaft im Höferecht, AgrarR 2001, 265; *Faßbender/Hötzel/v. Jeinsen/Pikalo*, HöfeO, 3. Aufl. 1994; *Führ*, Der Nachabfindungsanspruch weichender Erben gem. § 13 HöfeO und seine Ausstrahlungswirkung auf Nachabfindungsklauseln in notariellen Grundstücksverträgen, RNotZ 2012, 303; *Gehse*, Nachabfindungsansprüche der weichenden Erben bei Begründung eines Ehegattenhofes, RNotZ 2007, 269; *Gehse*, Die Beurkundung eines Hofübergabevertrages zulasten eines erbrechtlichen bindend Bedachten, RNotZ 2008, 218; *Gehse*, Die Bestimmung des Hofnacherben durch den Hofvorerben, RNotZ 2008, 339; *Gehse*, Zur Hofübergabe unter Vorbehalt eines Nießbrauchsrechtes, RNotZ 2009, 160; *Ivo*, Der Verzicht auf Abfindungs- und Nachabfindungsansprüche gem. §§ 12, 13 HöfeO, ZEV 2004, 316; *Lüdtke-Handjery/von Jeinsen*, Höfeordnung, Kommentar, 11. Aufl. 2015; *Raude*, Der Hofübergabevertrag in der notariellen Praxis, RNotZ 2016, 69; *Schäfer*, Übernahme eines Hofes durch Hofübergabe oder Erbfolge im Beitrittsgebiet, NotBZ 1998, 139; *Söbbeke*, Landwirtschaftserbrecht: Die Nordwestdeutsche HöfeO, ZEV 2006, 395; *Söbbeke*, Landwirtschaftserbrecht: Die Hofübergabe zu Lebzeiten, ZEV 2006, 493; *v. Proff*, Ausmärkergrundstücke im nordwestdeutschen und rheinland-pfälzischen Höferecht, RNotZ 2013, 27; *Wöhrmann*, Das Landwirtschaftserbrecht, 10. Aufl. 2011.

1. Landwirtschaftliches Sondererbrecht. In der notariellen und anwaltlichen Praxis ist im Zusammenhang mit Übergabeverträgen, der Gestaltung von Verfügungen von Todes wegen oder der Abwicklung von Erbfällen ggf. auf landwirtschaftliches Sondererbrecht (Anerbenrecht, Höferecht) Rücksicht zu nehmen. Zweck des Anerbenrechts ist es, den landwirtschaftlichen (bzw. forstwirtschaftlichen) Betrieb beim Übergang in die nächste Generation **vor einer Aufteilung und Überschuldung zu bewahren**. Daher wird der geschlossene Übergang des Hofes auf den (einen) Nachfolger ua dadurch gefördert, dass die „Abfindungsansprüche" der weichenden Erben reduziert werden. 1

Eine bundeseinheitliche Regelung zur Privilegierung des Übergangs landwirtschaftlicher Betriebe existiert nur in Gestalt des **BGB-Landgutrechts** (§ 1515 II, §§ 2049, 2312 BGB). Vorrangig zu beachten ist aber etwaiges **landesrechtliches Anerbenrecht**, das auf Basis des Art. 64 EGBGB fortbesteht. Dies ist der Fall in den Ländern der ehemals britischen Zone, dh Hamburg, Niedersachsen, Schleswig-Holstein und Nordrhein-Westfalen (**Nordwestdeutsche HöfeO**), in Rheinland-Pfalz (**HöfeO-RhPf.**), Hessen (Hessische Landgüterordnung), Bremen (Bremisches Höfegesetz) und in Baden-Württemberg im Gebietsteil Süd-Baden (Regierungsbezirk Freiburg) das Badische Hofgütergesetz v. 20.8.1898 (BadGVBl. S. 405; Abdruck der Landesanerbengesetze in Wöhrmann LandwErbR/*Stöcker* Teil D; sowie in Lange/Wulff/*Lüdtke-Handjery* Anh.). Das in Württemberg und Nord-Baden geltende Württembergische Gesetz über das Anerbenrecht v. 14.2.1930 (WürttRegBl. S. 5) trat mit Ablauf des 31.12.2000 außer Kraft (vgl. Staudinger/*Mayer* EGBGB Art. 64 Rn. 113 ff.). In den neuen Bundesländern ist derzeit kein landwirtschaftliches Sondererbrecht zu beachten (vgl. *Schäfer* NotBZ 1998, 139 ff.). 2

2. Nordwestdeutsche Höfeordnung (HöfeO). a) Gesetzliche Grundlage und praktische Bedeutung. Die HöfeO der ehemals britischen Zone stellt partiell geltendes Bundesrecht dar und gilt seit dem 1.7.1976 idF des 2. Gesetzes zur Änderung der HöfeO (BGBl. 1976 I S. 881), das die HöfeO weitgehend neu gestaltet hat. Bei der nordwestdeutschen HöfeO handelt es sich um **das in der Praxis bedeutsamste Anerbenrecht**. Es gilt in Niedersachsen, Schleswig-Holstein, Hamburg und Nordrhein-Westfalen (§ 1). 3

Die verfahrensrechtlichen Vorschriften zur nordwestdeutschen HöfeO finden sich in der **Verfahrensordnung für Höfesachen** (HöfeVfO) v. 29.3.1976 (BGBl. I S. 1977 I S. 885; I S. 288; abgedr. im Anhang zu dieser Komm. unter 6.). 4

b) Anwendbarkeit der HöfeO. Die Anwendung der (nordwestdeutschen) HöfeO ist **fakultativ**, dh vom Hofeigentümer wählbar oder ausschließbar. Kraft Gesetzes (vgl. § 1 I 1) ist ein **Hof iSd HöfeO** gegeben, wenn eine in den oben bezeichneten Höfeordnungsländern belegene land- und forstwirtschaftliche Besitzung mit einer zu ihrer Bewirtschaftung geeigneten Hofstelle im **Alleineigentum einer natürlichen Person** oder im **gemeinschaftlichen Eigentum von Ehegatten** steht oder zum **Gesamtgut einer fortgesetzten Gütergemeinschaft** gehört und einen Wirtschaftswert von mindestens 10.000 EUR hat (sofern der Eigentümer nichts anderes erklärt und der Hofvermerk im Grundbuch gelöscht wird, § 1 IV 1). Besitzungen mit einem Wirtschaftswert zwischen 5.000 EUR und 10.000 EUR können dagegen nur mit Erklärung des Eigentümers und Eintragung eines Hofvermerks in das Grundbuch die Hofeigenschaft erlangen oder verlieren (§ 1 I 3). 5

Der Löschungsantrag des Hofeigentümers bedarf zu seiner Wirksamkeit der notariellen Beurkundung und ist gegenüber dem Grundbuchamt zu erklären (vgl. § 4 II HöfeVfO). Nach höchstrichterlicher Rspr. erlaubt das fakultative Höferecht auch die von vornherein **zeitlich beschränkte** Aufgabe der Hofeigenschaft zur Vermeidung der höferechtlichen Genehmigungspflicht eines Übergabevertrages (BGH NJW-RR 2009, 517 = ZEV 2009, 144 = DNotZ 2009, 395). 6

3. Gesetzliche Hoferbfolge. Der Hof kann immer nur auf **einen Hoferben** übergehen (vgl. § 4 S. 1, § 16 I 1). Die **gesetzliche Hoferbfolge** ist in den §§ 5, 6 geregelt. Nach § 5 Nr. 1 sind Hoferben der ersten Ordnung die Kinder des Erblassers und deren Abkömmlinge (innerhalb dieser Ordnung nach den Kriterien des § 6 I). Danach folgen in der zweiten Hoferbenordnung die Ehegatte des Erblassers (dem steht der Verlobte nicht gleich; OLG Hamm NJW-Spezial 2010, 200 = BeckRS 2010, 5777), in der dritten die Eltern des Erblassers (wenn der Hof von ihnen oder aus ihren Familien stammt oder mit ihren Mitteln erworben ist), sowie in der vierten Ordnung die Geschwister des Erblassers und deren Abkömmlinge. 7

Dabei ist wie bei der gesetzlichen Erbfolge außerhalb des Sondererbrechts der HöfeO (vgl. § 1930 BGB) ein Hoferbe der höheren Ordnung kraft Gesetzes nur dann zur Hoferbfolge berufen, wenn ein Hoferbe der niedrigeren Ordnung nicht vorhanden ist oder zB infolge Ausschlagung, Erbverzicht, Wirtschaftsunfähigkeit usw ausscheidet.

8 Die Stellung des überlebenden Ehegatten ist schwächer als nach allgemeinem Erbrecht (vgl. *Söbbeke* ZEV 2006, 395 (397)). Er gehört lediglich in die 2. Hoferbenordnung. Dafür erhält er dann, wenn ein Abkömmling Hoferbe wird, gem. § 14 ein Verwaltungs- und Nutznießungsrecht am Hof, das mit der Vollendung des 25. Lebensjahres des Hoferben endet.

9 Bei einem **Ehegattenhof** (vgl. § 1 I) wird der überlebende Ehegatte alleiniger Eigentümer des Hofes, auch dann, wenn gemeinsame oder einseitige Abkömmlinge vorhanden sind (vgl. § 8 I).

10 **4. Regelung der Hoferbfolge. a) Regelung durch Verfügung von Todes wegen.** Grds. kann der Hofeigentümer über den Hof unter Lebenden frei verfügen. Dem Hofeigentümer steht aber auch das Recht zu, die Hoferbfolge durch **Verfügung von Todes wegen** zu regeln (§ 7). Dabei kennt das Gesetz zum Schutz des auf dem Hof arbeitenden Abkömmlings aber auch die sog. **formlose Hoferbenbestimmung** aufgrund Bewirtschaftungsübertragung oder landwirtschaftlicher Ausbildung bzw. Mitarbeit (vgl. § 6 I 1 Nr. 1 u. 2).

11 Die **Bestimmung des Hoferben** erfolgt entweder **durch Verfügung von Todes wegen** im Wege der Erbeinsetzung oder – lebzeitig – **durch Übergabevertrag** (Formulierungsmuster bei Lüdtke-Handjery/*von Jeinsen* Anh. „Muster"; BeckFormB ErbR/*Ivo* Kap. G Abschn. X Rn. 6; vgl. zur Gestaltung des Übergabevertrages ausführlich *Raude,* RNotZ 2016, 69 ff.). Bei Regelung der Hofnachfolge durch Verfügung von Todes wegen ist auch die Anordnung der **Vor- und Nacherbfolge** zulässig. Diese führt aber in der praktischen Abwicklung zu vermehrten Problemen, zB wenn die Hofeigenschaft während der Dauer der Vorerbschaft entfällt, da dann fraglich ist, ob der „Hof" dem Nacherben noch nach dem Sondererbrecht der HöfeO vererbt werden kann (jetzt grds. bejaht BGH NJW 2013, 713 ff.; vgl. zu den Problemen der Vor- und Nacherbfolge im Höferecht ausf. *Dressler* AgrarR 2001, 265 ff.).

12 Das Bestimmungsrecht des Hofeigentümers hinsichtlich des Hoferben darf nicht nach der HöfeO (vgl. § 7 II) oder aufgrund erbrechtlicher Bindung (§§ 2278, 2271 BGB) eingeschränkt sein (vgl. *Gehse* RNotZ 2008, 218 ff.). Ansonsten ist der Hofeigentümer inhaltlich grds. frei in der Bestimmung und nicht etwa an die Reihenfolge der gesetzlichen Hoferbfolge gebunden. Zum Hoferben kann aber immer **nur eine natürliche Person** bestimmt werden, nicht mehrere, es sei denn, es handelt sich um Ehegatten.

13 Grenzen der Testierfreiheit folgen aus der höferechtlichen Zwecksetzung: der Hoferbe muss gem. § 7 I 2 grds. **wirtschaftsfähig** sein (Ausnahme: Ehegatte) und zwar zum Zeitpunkt des Erbfalls. Außerdem darf die Hoferbfolge gem. § 16 I nicht unzulässigerweise **„ausgeschlossen"** werden, zB durch übermäßige Grundstücksvermächtnisse oder durch einen Nießbrauchsvorbehalt, wenn hierdurch die ordnungsmäßige Bewirtschaftung des Hofes in Frage gestellt ist (vgl. OLG Hamm ZEV 2009, 147 ff.).

14 Neben der Hoferbfolge ist im Testament (oder Erbvertrag) in der Regel auch die **Erbfolge in das hoffreie Vermögen** zu regeln. Dabei ist es sinnvoll, zu bestimmen, wie sich ein Wegfall der Hofeigenschaft bis zum Eintritt des Erbfalls auf die vorgesehene Erbfolge auswirken soll. Sonst ist es eine nicht leicht zu entscheidende Frage der Auslegung der letztwilligen Verfügung, ob der ausgewählte Hoferbe die Besitzung – soweit nicht vorhanden – auch auf der Basis des allgemeinen Erbrechts (zB als Miterbe im Wege der Teilungsanordnung oder im Wege des Vermächtnisses) erhalten soll oder ob das ehemalige Hofesvermögen den Erben des hoffreien Vermögens zufallen soll (vgl. zur Auslegung etwa OLG Hamm RNotZ 2012, 449 ff.).

15 **b) Regelung durch Übergabevertrag.** Statt den Hof zu vererben hat der Hofeigentümer auch die Möglichkeit, dem Hoferben den Hof **durch Übergabevertrag** zu übergeben (§ 17). Der Übergabevertrag muss vom Landwirtschaftsgericht genehmigt werden (vgl. § 17 III).

16 Wird an einen hoferbenberechtigten Abkömmling übergeben, dann gilt gem. **§ 17 II** zugunsten der anderen Abkömmlinge der Erbfall hinsichtlich des Hofes mit dem Zeitpunkt der Übertragung als eingetreten. Der maßgebliche Zeitpunkt für die Berechnung von Abfindungsansprüchen bzw. Pflichtteilsansprüchen ist dann also nicht der Erbfall, **sondern die Übergabe des Anwesens** (OLG Schleswig OLGR 2002, 138 ff.).

17 § 17 II gilt nur zugunsten von Abkömmlingen. Die Vorschrift findet keine entsprechende Anwendung zugunsten des Ehegatten des Übergebers, mit der Folge, dass der Ehegatte Abfindungsansprüche bis zum tatsächlichen Erbfall (Tod des Übergebers) zurückstellen muss (OLG Celle BeckRS 2008, 25862).

18 **5. Abfindungsansprüche der weichenden Erben. a) Reguläre Abfindungsansprüche nach § 12.** Mit Eintritt des Erbfalls und Übergang des Hofes auf den Hoferben (dem steht unter der Voraussetzungen des § 17 II die Hofübergabe gleich) entstehen gem. § 12 die **Abfindungsansprüche der weichenden Erben** (vgl. § 4 S. 2, § 12). Grds. orientieren sich diese am Erbteil des Betroffenen. Als Berechnungsgrundlage dient allerdings anstelle des Verkehrswerts der sog. **Hofeswert zum Zeitpunkt des Erbfalls** (oder der Übergabe), der auf das 1½-fache des zuletzt festgesetzten steuerlichen Einheitswertes festgelegt ist (§ 12 II 2). Sofern sich aber bei einem Vergleich des auf der Basis des 1964 festgestellten Einheitswerts mit dessen aktuellen Wert gravierende Abweichungen ergeben, kommt nach der Rspr. des BGH (BGHZ 146, 74 ff. = AgrarR 2001, 52 mAnm *Rinck* AgrarR 2001, 111 f.; *Köhne* AgrarR 2001, 165 ff. = NJW 2001, 1726 = JR 2002, 18 ff. mAnm *Gluth*) ein Zuschlag zum Hofeswert analog § 12 II 3 in Betracht.

Abfindungsansprüche können vom Erblasser (bzw. Hofübergeber) auch **ausgeschlossen** werden. Die 19 Grenze liegt allerdings im Pflichtteilsrecht des Betroffenen, vgl. § 12 X, § 16 II. Durch abweichende Festlegung bzw. Ausschließungserklärung kann der Hofeigentümer daher nur eine Reduzierung der Abfindungsansprüche bis zur Hälfte des gesetzlichen Erbteils erreichen.

b) **Ergänzungsabfindungsansprüche nach § 13.** In der Reduzierung des Abfindungsanspruchs liegt 20 eine erhebliche wertmäßige Privilegierung des Hoferben. Diese muss wertmäßig rückgängig gemacht bzw. ausgeglichen werden, wenn zeitnah nach dem Erbfall bzw. der Übergabe der **höferechtliche Zweck** (Ermöglichung der Fortführung eines existenzfähigen Betriebes) **entfällt**. Daher gewährt § 13 den Abfindungsberechtigten **Ergänzungsabfindungsansprüche** (Nachabfindungsansprüche), ua dann, wenn der Hoferbe zB binnen eines Zeitraums von 20 Jahren nach dem Erbfall den Hof oder Hofesgrundstücke veräußert oder anders als land- oder forstwirtschaftlich nutzt. Ziel dieser Ergänzungsabfindungsansprüche nach § 13 ist es, das den weichenden Erben zugemutete wirtschaftliche Opfer, welches in der Differenz zwischen ihrer Abfindung zum niedrigeren Hofeswert und dem vom Hoferben realisierten Verkehrswert liegt, zu beseitigen. Auf die Nachabfindungspflicht ist bei Grundstücksveräußerungen ggf. Rücksicht zu nehmen, wenn beim betreffenden Grundbesitz im Grundbuch ein Hofvermerk eingetragen ist (BGH NJW-RR 2004, 1434 f. = ZEV 2004, 334).

Streitigkeiten über Nachabfindungen spielen in der Praxis eine große Rolle, zumal sich die Produk- 21 tionsbedingungen und -verhältnisse in der Landwirtschaft in den letzten Jahren stark verändert haben und die Landwirte häufig dazu übergehen, ihre Betriebe umzustrukturieren und ggf. auch „alternative" Einkunftsquellen zu erschließen. Es gab daher in den letzten Jahren auch zahlreiche Gerichtsentscheidungen, die sich mit der Entstehung und Berechnung von Nachabfindungsansprüchen befassen.

Ein Nachabfindungsanspruch gem. § 13 setzt voraus, dass einer der dort geregelten Tatbestände ver- 22 wirklicht wird. Dazu zählt insb. die **Veräußerung des Hofes** oder von **Hofesgrundstücken** in erheblichem Umfang binnen eines Zeitraums von 20 Jahren (vgl. § 13 I). Dem steht gleich die erheblichen Gewinn bringende Veräußerung von Hofeszubehör und die erhebliche Gewinnerzielung durch eine **andere als land- und forstwirtschaftliche Nutzung** (§ 13 IV). Keine landwirtschaftliche Nutzung in diesem Sinne und damit ein ergänzungspflichtiger Tatbestand liegt nach höchstrichterlicher Rspr. (BGHZ 180, 285 = ZEV 2009, 568 = NJW-RR 2009, 1610) insb. vor, wenn der Hofeigentümer landwirtschaftliche Flächen zur Gewinnung von Windenergie verpachtet, selbst wenn die Flächen weiterhin zT landwirtschaftlich genutzt werden können.

Eine nachträgliche Löschung des Hofvermerks lässt den Abfindungsergänzungsanspruch nicht entfal- 23 len (vgl. § 13 IX 3). Maßgeblich ist vielmehr, dass zum Zeitpunkt des **Eintritts des Erbfalls** der Betrieb ein Betrieb iSd HöfeO war (OLG Celle AgrarR 1992, 114 f. mAnm *Faßbender*).

Die Ergänzungsabfindungsansprüche **verjähren** gem. § 13 IX 2 mit Ablauf des dritten Jahres nach 24 dem Zeitpunkt, in dem der Berechtigte von dem Eintritt der Voraussetzungen des Anspruchs Kenntnis erlangt.

c) **Verzicht auf Abfindungsansprüche.** Auf Abfindungsansprüche oder Ergänzungsabfindungsan- 25 sprüche können die weichenden Erben bereits vor dem Erbfall (bzw. Übergabe) durch notariell beurkundeten Vertrag mit dem Erblasser verzichten, und zwar auch in Gestalt eines **auf das Hofesvermögen beschränkten Verzichts** (OLG Schleswig RdL 1965, 206; OLG Hamm AgrarR 1988, 197; *Ivo* ZEV 2004, 316). Abfindungs- und Ergänzungsabfindungsansprüche sind ferner ausgeschlossen, wenn der weichende Erbe gegenüber dem Erblasser formgerecht auf sämtliche Erb- und Pflichtteilsansprüche verzichtet hat (BGHZ 134, 152 = NJW 1997, 653 = ZEV 1997, 69 ff. mAnm *Edenfeld* = DNotZ 1997, 806 = JZ 1998, 141 mAnm *Kuchinke*). Es können aber auch nach Eintritt des Erbfalls oder Vollzug der Hofübergabe die Abfindungs- oder Nachabfindungsansprüche **durch den Hoferben und die Abfindungsberechtigten** im Rahmen der allgemeinen Vertragsfreiheit geregelt werden. Dabei bedürfen solche Vereinbarungen, die sich mit der inhaltlichen Ausgestaltung der Ansprüche oder mit dem Verzicht auf solche Ansprüche befassen (vgl. § 397 BGB) nach hM nicht der notariellen Beurkundung gem. § 2348 BGB, da es sich hierbei nicht um Erbverzichtsverträge handelt (OLG Hamm AgrarR 1988, 197; FHJP/*Hötzel* § 13 Rn. 59; aA Wöhrmann LandwErbR/*Stöcker* § 13 Rn. 158).

6. Anhang:

Verfahrensordnung für Höfesachen
(HöfeVfO)

Vom 29.3.1976 (BGBl. I S. 881, 885, ber. 1977 I S. 288)

Zuletzt geändert durch Art. 25 G zur Bereinigung des Rechts der Lebenspartner vom 20.11.2015 (BGBl. I S. 2010)

§ 1 Verhältnis zum allgemeinen Verfahrensrecht

(1) ¹Auf das Verfahren in Höfesachen sind die Vorschriften des Gesetzes über das gerichtliche Verfahren in Landwirtschaftssachen vom 21. Juli 1953 (Bundesgesetzbl. I S. 667) anzuwenden, soweit dieses Gesetz nichts anderes bestimmt. ²Höfesachen sind Angelegenheiten, auf die die in den Ländern Hamburg, Niedersachsen, Nordrhein-Westfalen und Schleswig-Holstein geltenden höferechtlichen Vorschriften anzuwenden sind.

(2) In den Fällen des § 13 der Höfeordnung ist das für den ursprünglichen Hof zuständige Landwirtschaftsgericht auch dann örtlich zuständig, wenn Ansprüche wegen der Veräußerung oder Verwertung eines Ersatzbetriebes oder von Ersatzgrundstücken geltend gemacht werden.

§ 2 Eintragungsgrundsatz

(1) Eine Besitzung, die nach den höferechtlichen Vorschriften Hof ist oder auf Grund einer Erklärung des Eigentümers Hof werden kann, wird auf Ersuchen des Landwirtschaftsgerichts im Grundbuch als Hof eingetragen.

(2) Absatz 1 gilt für die Eintragung einer Besitzung als Ehegattenhof entsprechend.

§ 3 Ersuchensgrundsatz

(1) Das Landwirtschaftsgericht ersucht das Grundbuchamt um Eintragung oder Löschung des die Eigenschaft als Hof oder als Ehegattenhof ausweisenden Vermerks (Hofvermerk)
1. von Amts wegen, wenn für die Entstehung eines Hofes oder Ehegattenhofes oder für den Verlust der Eigenschaft als Hof oder als Ehegattenhof nach den höferechtlichen Vorschriften eine Erklärung des Eigentümers nicht vorausgesetzt ist;
2. auf Grund der Erklärung des Eigentümers, wenn die Eintragung oder Löschung des Hofvermerks nach den höferechtlichen Vorschriften von einer Erklärung des Eigentümers abhängt.

(2) Ersucht das Landwirtschaftsgericht um die Löschung eines die Eigenschaft als Ehegattenhof ausweisenden Vermerks, so hat es, soweit die Besitzung die Eigenschaft als Hof behält, zugleich das Grundbuchamt von Amts wegen um die Eintragung des Hofvermerks zu ersuchen.

(3) Über ein von ihm zu stellendes Ersuchen befindet das Landwirtschaftsgericht ohne Zuziehung ehrenamtlicher Richter.

§ 3a [Mitteilung des Wirtschaftswerts]

[1] Das Finanzamt teilt dem Landwirtschaftsgericht den Wirtschaftswert eines Betriebs der Land- und Forstwirtschaft mit, wenn dieser nach Maßgabe einer Einheitswertfeststellung oder sonst auf Antrag vorgenommenen Ermittlung
1. sich von mindestens 5 000 Euro auf weniger als 5 000 Euro verringert hat,
2. sich von weniger als 10 000 Euro auf mindestens 10 000 Euro erhöht hat oder
3. erstmals ermittelt worden ist und mindestens 10 000 Euro beträgt.

[2] Die Mitteilungen erfolgen mindestens einmal jährlich.

§ 4 Erklärungen nach den höferechtlichen Vorschriften

(1) Die in den höferechtlichen Vorschriften vorgesehenen Erklärungen, daß eine Besitzung Hof oder Ehegattenhof sein soll oder nicht sein soll, sind gegenüber dem Landwirtschaftsgericht abzugeben.

(2) Die Erklärung bedarf der öffentlichen Beglaubigung.

(3) Die Erklärung kann, solange die erforderliche Eintragung oder Löschung nicht bewirkt ist, bis zum Tode des Erklärenden widerrufen werden; § 1 Abs. 6 Satz 1 der Höfeordnung gilt entsprechend.

§ 5 Vermutung

Die Eintragung des Hofvermerks begründet die Vermutung, daß die Besitzung die durch den Vermerk ausgewiesene Eigenschaft hat.

§ 6 Hofvermerk

(1) Der Hofvermerk wird in der Aufschrift des Grundbuchs des Hofes eingetragen und lautet:
„Hof gemäß der Höfeordnung. Eingetragen am …"

(2) Beim Ehegattenhof lautet der Hofvermerk:
„Ehegattenhof gemäß der Höfeordnung. Eingetragen am …"

(3) [1] Ist bei einem Ehegattenhof der Grundbesitz der Ehegatten nicht auf demselben Grundbuchblatt eingetragen, so ist im Hofvermerk wechselseitig auf den Grundbesitz des anderen Ehegatten hinzuweisen. [2] Der Hofvermerk lautet dementsprechend:
„Dieser Grundbesitz bildet mit dem im Grundbuch von … Bd. … Bl. … eingetragenen Grundbesitz einen Ehegattenhof gemäß der Höfeordnung. Eingetragen am …"

(4) Gehört zum Hof ein Miteigentumsanteil, der auf einem anderen Grundbuchblatt eingetragen ist, so ist im Grundbuch des Hofs folgender Vermerk:
„Zum Hof gehört der im Grundbuch von … Bd. … Bl. … eingetragene Miteigentumsanteil. Eingetragen am …"

und im Grundbuch des Miteigentumsanteils folgender Vermerk:
„Der Miteigentumsanteil des … gehört zu dem im Grundbuch von … Bd. … Bl. … eingetragenen Hof. Eingetragen am …"

einzutragen.

§ 7 Besonderes Grundbuchblatt

(1) Die zum Hof gehörenden Grundstücke desselben Eigentümers sind auf Ersuchen des Landwirtschaftsgerichts auf einem besonderen Grundbuchblatt einzutragen; das Ersuchen ist von Amts wegen zu stellen.

(2) Grundstücke, die nicht zum Hof gehören, sind nicht auf dem Grundbuchblatt des Hofes einzutragen.

(3) Werden einzelne Grundstücke vom Hof abgetrennt, so ist der Hofvermerk nicht mit zu übertragen.

§ 8 Löschungsersuchen von Amts wegen

(1) ¹Will das Landwirtschaftsgericht von Amts wegen um die Löschung eines Hofvermerks ersuchen, so hat es den Eigentümer von seiner Absicht sowie über die wesentlichen sich aus der Löschung ergebenden Folgen zu unterrichten und ihm anheimzugeben, innerhalb einer bestimmten Frist die Feststellung der Hofeigenschaft (§ 11 Abs. 1 Buchstabe a) zu beantragen. ²Die Frist darf nicht weniger als sechs Wochen betragen.

(2) Das Ersuchen darf erst gestellt werden, wenn der Eigentümer einen Antrag auf Feststellung nicht gestellt oder zurückgenommen hat oder wenn rechtskräftig festgestellt worden ist, daß ein Hof im Sinne der höferechtlichen Vorschriften nicht vorliegt.

§ 9 Benachrichtigung

Von der Eintragung und Löschung eines Hofvermerks sowie von der Abtrennung eines einzelnen Grundstücks (§ 7 Abs. 3) benachrichtigt das Grundbuchamt den Eigentümer, das Gericht und die Genehmigungsbehörde nach dem Grundstücksverkehrsgesetz.

§ 10 Höfeakten

Das Ersuchen des Landwirtschaftsgerichts um Eintragung oder Löschung des Hofvermerks und sonstige höferechtlich erhebliche Vorgänge sind zu einer besonderen Höfeakte zu nehmen, die bei den Grundakten der Hofstelle aufzubewahren ist.

§ 11 Feststellungsverfahren

(1) Auf Antrag eines Beteiligten, der ein rechtliches Interesse an der Entscheidung glaubhaft macht, entscheidet das Landwirtschaftsgericht im Wege eines besonderen Feststellungsverfahrens,
a) ob ein Hof im Sinne der höferechtlichen Vorschriften vorliegt oder vorgelegen hat,
b) ob ein Hof ein Ehegattenhof im Sinne der höferechtlichen Vorschriften ist oder war,
c) ob ein Gegenstand Bestandteil oder Zubehör eines Hofes ist,
d) ob ein Hoferbe wirtschaftsfähig ist,
e) ob für die Erbfolge in einen Hof Ältesten- oder Jüngstenrecht gilt,
f) von wem der Hof stammt,
g) wer nach dem Tode des Eigentümers eines Hofes Hoferbe geworden ist,
h) über sonstige nach den höferechtlichen Vorschriften bestehende Rechtsverhältnisse.

(2) ¹Das Gericht soll alle Personen, deren Rechte durch die Entscheidung betroffen werden können, von der Einleitung des Feststellungsverfahrens unter Hinweis auf die in § 12 Abs. 1 genannten Folgen benachrichtigen. ²Entscheidungen in der Hauptsache sind auch diesen Personen zuzustellen.

(3) ¹Jede der in Absatz 2 genannten Personen kann sich einem anhängigen Verfahren in jeder Instanz anschließen. ²Die Anschließung kann mit der Einlegung der Beschwerde verbunden werden.

§ 12 Abänderung der Entscheidung

(1) Ist im Feststellungsverfahren rechtskräftig entschieden worden, so können diejenigen, die sich am Verfahren beteiligt haben oder von dem Verfahren benachrichtigt worden sind (§ 11 Abs. 2 und 3), einen neuen Antrag nicht auf Tatsachen gründen, die in dem früheren Verfahren geltend gemacht worden sind oder von ihnen dort hätten geltend gemacht werden können.

(2) ¹Im übrigen kann ein neuer Antrag nur gestellt werden, wenn ein berechtigter Grund für die nochmalige Nachprüfung vorliegt. ²In diesem Fall sind die an dem früheren Verfahren Beteiligten zuzuziehen und die in § 11 Abs. 2 genannten Personen zu benachrichtigen. ³Führt die Nachprüfung zu einer abweichenden Entscheidung, so ist in der ergehenden Entscheidung gleichzeitig der frühere Beschluß aufzuheben.

(3) Nach Ablauf von fünf Jahren, vom Tag der Rechtskraft der Entscheidung an gerechnet, ist ein neuer Antrag auf Feststellung nur noch statthaft, wenn die bei der Entscheidung vorhanden gewesenen Voraussetzungen nachträglich weggefallen sind.

§ 13 Zustimmungsverfahren

(1) Den Antrag auf Zustimmung zu einer Verfügung von Todes wegen kann der Erblasser, zu einem Erbvertrag auch der andere Vertragsschließende stellen.

(2) Hat ein Notar die Verfügung beurkundet, so gilt er als ermächtigt, im Namen eines Antragsberechtigten die Genehmigung zu beantragen.

(3) Nach dem Tode des Erblassers kann den Antrag jeder stellen, der ein berechtigtes Interesse an der Entscheidung glaubhaft macht.

§ 14 Beschwerdeberechtigung

¹Genehmigt das Landwirtschaftsgericht eine Verfügung von Todes wegen, durch die so viele Grundstücke vom Hof abgetrennt werden, daß er nach den höferechtlichen Vorschriften seine Eigenschaft als Hof verliert, so ist von den Hoferbenberechtigten nur der nächstberufene hoferbenberechtigte Abkömmling beschwerdeberechtigt. ²Diesem steht derjenige Abkömmling gleich, der zulässigerweise durch Erbvertrag oder gemeinschaftliches Testament als Hoferbe bestimmt ist.

§ 15 Entscheidung im Zustimmungsverfahren

(1) Entscheidet das Landwirtschaftsgericht rechtskräftig, daß eine Zustimmung nicht erforderlich ist, so steht diese Entscheidung der Zustimmung gleich.

(2) ¹Die Zustimmung kann unter einer Auflage oder Bedingung erteilt werden. ²Sie wird erst mit der Rechtskraft der Entscheidung wirksam.

§ 16 Übergabeverträge

Für die Genehmigung eines Übergabevertrages gelten die Vorschriften der §§ 13 bis 15 sinngemäß.

§ 17 Stundungsverfahren

Im Verfahren über die Stundung, Verzinsung und Sicherung eines Abfindungsanspruchs (§ 12 Abs. 5 der Höfeordnung) ist § 264 des Gesetzes über das Verfahren in Familiensachen und in den Angelegenheiten der freiwilligen Gerichtsbarkeit entsprechend anzuwenden.

§§ 18–24 *(aufgehoben)*

1 §§ 18 bis 24 HöfeVfO wurden aufgehoben durch das am 1.8.2013 in Kraft getretene 2. Kostenrechtsmodernisierungsgesetz (Art. 33 2. KostRMoG). Sie enthielten Gebühren- und Wertvorschriften, die nunmehr im gleichzeitig in Kraft getretenen **Gerichts- und Notarkostengesetz (GNotKG)** geregelt sind. Das GNotKG ist auf Höfesachen unmittelbar anwendbar (§ 1 II Nr. 9 GNotKG). Besondere Gebührenvorschriften für Höfesachen finden sich in Teil 1 Hauptabschn. 5 Abschn. 1 KV-GNotKG, soweit darin nicht auf die Vorschriften in Nachlasssachen verwiesen wird. Geschäftswertvorschriften sind in § 76 Nr. 1 bis 3 GNotKG geregelt, ergänzend kann die allgemeine Geschäftswertvorschrift in § 36 GNotKG anwendbar sein. Für Rechtsmittelverfahren gelten die Vorschriften in Teil 1 Hauptabschn. 5 Abschn. 1 Unterabschn. 2 und 3 KV-GNotKG. Für die Entgegennahme der Ausschlagung des Anfalls des Hofes wird – wie nunmehr in Nachlasssachen generell – keine Gebühr mehr erhoben.

2 **Übergangsrecht:** Auf gerichtliche Verfahren, die vor dem 1.8.2013 anhängig geworden oder eingeleitet worden sind, sowie auf gerichtliche Verfahren über ein Rechtsmittel, das vor dem 1.8.2013 eingelegt worden ist, sind die §§ 18 bis 24 HöfeVfO weiter anzuwenden (§ 136 I Nr. 1 und 2, V Nr. 11 GNotKG). Auf die systematische Darstellung zum GNotKG unter Gliederungsnummer 95a dieses Kommentars wird ergänzend verwiesen (zum Übergangsrecht siehe dort Rn. 2 bis 7). Wegen des Wortlauts der in Altfällen noch anwendbaren §§ 18 bis 24 HöfeVfO darf auf die erste Auflage dieses Kommentars verwiesen werden.

§ 25 Anpassungsverfahren

(1) Rechte, die auf Grund früherer anerbenrechtlicher Vorschriften entstanden sind, können, falls in der Höfeordnung gleiche oder ähnliche Rechte nicht vorgesehen sind, auf Antrag eines Beteiligten abgeändert oder umgewandelt werden, wenn dies zur Vermeidung grober Unbilligkeiten offenbar erforderlich erscheint; dabei kann das Landwirtschaftsgericht die Rechtsverhältnisse unter den Beteiligten auch mit Wirkung gegen Dritte regeln.

(2) Unbeschadet des Absatzes 1 können die Beteiligten vom Hofeigentümer verlangen, daß Versorgungsrechte, die auf Grund früherer anerbenrechtlicher Vorschriften entstanden oder durch Übergabevertrag oder durch sonstige Vereinbarungen begründet worden sind, in das Grundbuch eingetragen werden.

§ 26 Geltung für Lebenspartner

Die für Ehegatten und Elegattenhöfe geltenden Vorschriften dieses Gesetzes gelten entsprechend für Lebenspartner und Lebenspartnerhöfe.

85. Gesetz über das gerichtliche Verfahren in Landwirtschaftssachen

Vom 21.7.1953 (BGBl. I S. 667)

Zuletzt geändert durch Art. 8 Zweites G zur Stärkung der Verfahrensrechte von Beschuldigten im Strafverfahren und zur Änd. des Schöffenrechts vom 27.8.2017 (BGBl. I S. 3295)

(Auszug)

Erster Abschnitt. Sachliche Zuständigkeit und Einrichtung der Gerichte

§ 1 [Sachliche Zuständigkeit]

Die Bestimmungen dieses Gesetzes gelten in den Verfahren auf Grund der Vorschriften über

...

2. die rechtsgeschäftliche Veräußerung, die Änderung oder Aufhebung einer Auflage, die gerichtliche Zuweisung eines Betriebes sowie die Festsetzung von Zwangsgeld im Grundstückverkehrsgesetz vom 28. Juli 1961 (Bundesgesetzbl. I S. 1091),

...

5. das Anerbenrecht einschließlich der Versorgungsansprüche bei Höfen, Hofgütern, Landgütern und Anerbengütern,
6. Angelegenheiten, die mit der Aufhebung der früheren Vorschriften über Erbhöfe zusammenhängen,

jedoch in den in den Nummern 5 und 6 bezeichneten Verfahren nur, soweit die beim Inkrafttreten dieses Gesetzes für diese geltenden oder die künftig erlassenen Vorschriften die Zuständigkeit von Gerichten mit ehrenamtlichen Richtern vorsehen.

1. Entstehungsgeschichte und Übersicht. Als das „Gesetz über das gerichtliche Verfahren in Landwirtschaftssachen" (LwVG) am 1.10.1953 in Kraft trat (BGBl. 1953 I 667), wurde für die in § 1 LwVG genannten landwirtschaftlichen Rechtsbereiche wieder ein einheitliches Verfahrensrecht geschaffen, nachdem in den vier Besatzungszonen unterschiedliche, wenn auch oft weitgehend übereinstimmende Vorschriften gegolten hatten. Vorbild für das LwVG war die LVO der britischen Zone. 1

Das LwVG zerfällt in vier Abschnitte. Der erste Abschnitt (§§ 1 bis 8 LwVG) regelt die Zuständigkeiten und die Einrichtung der Landwirtschaftsgerichte mit Instanzenzug. Der zweite Abschnitt (§§ 9 bis 47 LwVG) regelt die Verfahren im Einzelnen (mit §§ 32a, 36a LwVG als Sondervorschriften für das Zuweisungsverfahren nach §§ 13ff. GrdstVG), während der nur aus § 48 LwVG bestehende dritte Abschnitt, die Verfahren in streitigen Landpachtvertragssachen (§ 1 Nr. 1a LwVG) regelt. Der vierte Abschnitt (§§ 50 bis 61 LwVG) enthält Zusatz-, Übergangs- und Schlussbestimmungen. 2

2. Landwirtschaftssachen. „Landwirtschaftssachen" nennt man die in § 1 LwVG genannten Bereiche, insbesondere das hier interessierende Zuweisungsverfahren nach den §§ 13ff. GrdstVG. Das LwVG regelt das gerichtliche Verfahren – nicht das behördliche – für Landwirtschaftssachen. Es handelt sich – bis auf die Landpachtvertragssachen (§ 1 Nr. 1a LwVG) – um Angelegenheiten, die der Freiwilligen Gerichtsbarkeit zufallen, für die neben dem LwVG vor allem das FamFG gilt (§ 9 LwVG). 3

3. Erbscheinsverfahren. Die Landwirtschaftsgerichte sind in den Bundesländern Rheinland-Pfalz, Hamburg, Niedersachsen, Nordrhein-Westfalen und Schleswig Holstein auch für die Entscheidung zuständig, wer Hoferbe geworden ist, und für die Ausstellung eines Erbscheins, in dem der Hoferbe als solcher aufgeführt wird oder auf Antrag eines Beteiligten lediglich die Hoferbfolge bescheinigt wird (§§ 30 HO-RhPf, 18 II HöfeO, 1 Nr. 5 LwVG). Geschäftswert ist der Wert des Hofes, wobei nur die auf dem Hof lastenden Verbindlichkeiten mit Ausnahme der Hypotheken-, Grund- und Rentenschulden abgezogen werden (§ 15 II HöfeO). Dabei werden die Gebühren für das Erbscheinsverfahren vor dem Landwirtschaftsgericht nach Haubtabschnitt 2 Abschn. 2 KV-GNotKG erhoben (siehe Vorbemerkung 1.2 bei Hauptabschnitt 2 und Vorbemerkung 1.5.1 bei Hauptabschnitt 5). 4

§ 2 [Rechtsweg; Besetzung der Gerichte]

(1) ¹In den in § 1 bezeichneten Verfahren sind im ersten Rechtszug die Amtsgerichte als Landwirtschaftsgerichte zuständig. ²... ³Im zweiten Rechtszug sind die Oberlandesgerichte, im dritten Rechtszug der Bundesgerichtshof zuständig.

(2) Soweit dieses Gesetz nichts anderes bestimmt, ist
das Amtsgericht in der Besetzung von einem Richter beim Amtsgericht als Vorsitzenden und zwei ehrenamtlichen Richtern,

das Oberlandesgericht in der Besetzung von drei Mitgliedern des Oberlandesgerichts mit Einschluß des Vorsitzenden und zwei ehrenamtlichen Richtern,
der Bundesgerichtshof in der Besetzung von drei Mitgliedern des Bundesgerichtshofes mit Einschluß des Vorsitzenden und zwei ehrenamtlichen Richtern
tätig.

1 § 2 LwVG regelt den Instanzenzug (§ 2 I LwVG) und die Besetzung der Gerichte für Landwirtschaftssachen (§ 2 II LwVG). Zu beachten ist, dass nach dem FamFG, das gem. § 9 LwVG Anwendung findet, sowohl in der ersten wie in der zweiten Instanz **kein Anwaltszwang** besteht (*Bumiller/Harders* FamFG § 10 Rn. 14).

...

§ 5 [Ausübung des Richteramtes; Amtsverschwiegenheit]

¹Die ehrenamtlichen Richter üben das Richteramt in vollem Umfang und mit gleichem Stimmrecht wie die Berufsrichter aus. ²Sie sind zur Amtsverschwiegenheit verpflichtet.

1 Die ehrenamtlichen Richter arbeiten als vollwertige Richter neben den Berufsrichtern an der Sachverhaltsklärung mit, indem sie in der mündlichen Verhandlung Beteiligte, Zeugen und Sachverständige befragen. Sie haben gleiches Stimmrecht wie die Berufsrichter. Bei der Abstimmung stimmt zunächst der jüngere vor dem älteren ehrenamtlichen Richter, von den Berufsrichtern zunächst der Berichterstatter, zuletzt der Vorsitzende (§ 197 GVG).

...

Zweiter Abschnitt. Landwirtschaftssachen der freiwilligen Gerichtsbarkeit

§ 9 [Entsprechende Anwendung des FamFG]

Soweit dieses Gesetz nichts anderes bestimmt, sind in Angelegenheiten des § 1 Nr. 1 und Nr. 2 bis 6 die Vorschriften des Gesetzes über das Verfahren in Familiensachen und in den Angelegenheiten der freiwilligen Gerichtsbarkeit sinngemäß anzuwenden.

1 In erster Linie gelten vor dem LwGericht die allgemeinen Verfahrensgrundsätze der freiwilligen Gerichtsbarkeit und die Vorschriften des FamFG. Es gilt also der Grundsatz der Amtsermittlung (§ 26 FamFG), so dass vor dem LwGericht keine Verspätungsvorschriften gelten. Infolgedessen können auch in der Beschwerdeinsanz neue Tatsachen und Beweismittel vorgebracht werden. Aufgrund seiner Ermittlungspflicht stellt das LwGericht beim Zuweisungsverfahren (§§ 13 ff. GrdstVG) ua fest: Personen der Miterben, deren beruflicen Verhältnisse, Bereitschaft zur Betriebsübernahme, Beziehung zum Hof, Ertragswert des Betriebes, Abfindungsbegehren der Miterben. Bei den sog. „echten Streitverfahren" der freiwilligen Gerichtsbarkeit, wie zB dem Zuweisungsverfahren nach §§ 13 ff. GrdstVG, bei denen in erster Linie entgegengesetzte private Interessen der Beteiligten vorherrschend und zu entscheiden sind, sind Lücken in der Ausgestaltung des Verfahrens im LwVG und FamFG durch entsprechende Anwendung von ZPO-Vorschriften zu schließen (*Ernst* LwVG § 9 Rn. 493ff.). In echten Streitverfahren der FGG gilt die Offizialmaxime nicht. Die Beteiligten haben vielmehr eine gewisse Dispositionsbefugnis; sie beherrschen das Verfahren insofern, als das Gericht an den Sachantrag im Sinne von § 308 ZPO gebunden ist (BGH NJW 1970, 427; *Ernst* LwVG § 14 Rn. 18 mwN), die Parteien das Verfahren durch Zurücknahme des Antrags, Anerkenntnis, Verzicht oder Vergleich beenden oder beschränken können; sie können auch eingelegte Rechtsmittel beliebig zurücknehmen; soweit Ermittlungen anzustellen sind, beschränken sie sich auf den von den Parteien zur Entscheidung gestellten Streitgegenstand, wenn es auch keine volle Beweislast und wegen des Amtsermittlungsgrundsatzes kein Versäumnisverfahren gibt. Aufgrund des Untersuchungsgrundsatzes klärt das Landwirtschaftsgericht den Sachverhalt auf und führt eine Beweisaufnahme nach seinem freien Ermessen durch (Freibeweis § 29 FamFG). Bleiben Zweifel am Vorliegen von zuweisungserheblichen Tatsachen lehnt das Gericht einen Zuweisungsantrag wegen der Feststellungslast, die den Zuweisungsprätendenten trifft, ab. Vergleiche zwischen den Beteiligten sind im Zuweisungsverfahren möglich (§§ 19 LwVG, 36 I FamFG). Beschlüsse des LwGerichts (§ 38 FamFG) sind bekannt zu geben (§ 41 FamFG) und mit einer Rechtsbehelfsbelehrung zu versehen (§ 39 FamFG). Wegen der **Rechtsmittel** su §§ 21 bis 29 LwVG.

§ 10 [Örtliche Zuständigkeit]

¹Örtlich zuständig ist das Amtsgericht, in dessen Bezirk die Hofstelle liegt. ²Ist eine Hofstelle nicht vorhanden, so ist das Amtsgericht örtlich zuständig, in dessen Bezirk die Grundstücke ganz oder zum größten Teil liegen oder die Rechte im wesentlichen ausgeübt werden.

1 Die Hofstelle bilden diejenigen Grundstücksteile, auf denen sich die zur Bewirtschaftung des landwirtschaftlichen Betriebs notwendigen und geeigneten Gebäude – in der Regel mit einem unbebauten

Freiplatz – befinden (*Barnstedt/Steffen* 7. Aufl. LwVG § 1 Rn. 280 im Anhang „Grundbegriffe im LwRecht", der in der 8. Auflage von Ernst nicht mehr veröffentlicht wurde).

Bei einem Streit über die Zuständigkeit mehrerer Landwirtschaftsgerichte, entscheidet das gemeinsame Oberlandesgericht (§ 5 I FamFG) oder das OLG, zu dessen Bezirk das zuerst mit der Sache befasste Landwirtschaftsgericht gehört (§ 5 II FamFG). 2

Es handelt sich bei § 10 LwVG um eine ausschließliche örtliche Zuständigkeit, die den allgemeine Gerichtsstand des § 13 ZPO verdrängt und Gerichtsstandsvereinbarungen nicht zulässt.

...

§ 14 [Antragsverfahren; Anhörung der Beteiligten]

(1) **Das Verfahren wird, soweit nicht etwas anderes bestimmt ist, nur auf Antrag eingeleitet.**

(2) ¹**Das Gericht hat vor seiner Entscheidung den Beteiligten Gelegenheit zu geben, sich zur Sache zu äußern.** ²**Für die Vorbereitung der Entscheidung gelten die Vorschriften des § 139 und des § 273 Abs. 1, 2, 3 Satz 1 und Abs. 4 der Zivilprozessordnung sinngemäß.**

Entgegen der das FamFG-Verfahren beherrschenden Offizialmaxime, wird das Landwirtschaftsgericht nur auf Antrag tätig, wobei hierfür kein Anwaltszwang besteht. Selbstverständlich können widerstreitende Anträge gestellt werden. Der Zuweisungsantrag nach § 13 GrdstVG „soll" die Gegenstände bezeichnen, die zugewiesen werden sollen (vgl. § 32a LwVG). Er bindet das Landwirtschaftsgericht im Sinne von § 308 ZPO, muss aber kein „bestimmter Antrag" im Sinne von § 253 II Nr. 2 ZPO sein, so dass sein Inhalt aus dem gesamten Vorbringen der Beteiligten abgeleitet werden kann (*Ernst* § 14 LwVG Rn. 16 ff.). 1

Beteiligte im Zuweisungsverfahren nach §§ 13 ff. GrdstVG sind alle Miterben. 2

§ 15 [Mündliche Verhandlung]

(1) ¹**Das Gericht hat auf Antrag eines Beteiligten eine mündliche Verhandlung anzuordnen.** ²**Dies gilt nicht für Verfahren vor dem Bundesgerichtshof.**

(2) **Wird eine mündliche Verhandlung anberaumt, so sind die Beteiligten zu laden.**

(3) **Bei einer Beweisaufnahme sind § 279 Abs. 2, §§ 357, 367 Abs. 1, §§ 397, 402 der Zivilprozessordnung sinngemäß anzuwenden.**

(4) **Über das Ergebnis einer Beweisaufnahme ist stets mündlich zu verhandeln, wenn die Beteiligten nicht übereinstimmend auf mündliche Verhandlung verzichten.**

(5) **Die Vorschriften der §§ 159 bis 165 der Zivilprozessordnung über die Niederschrift gelten sinngemäß.**

Im Regelfall macht das Gericht von seinem Ermessen dergestalt Gebrauch, dass es eine mündliche Verhandlung von sich aus anordnet. Dennoch sollte die Durchführung einer mündlichen Verhandlung fürsorglich beantragt werden. Die Verhandlung im Zuweisungsverfahren nach §§ 13 ff. GrdstVG ist öffentlich, wie in allen echten Streitverfahren in Landwirtschaftssachen (BGH VIZ 1994, 188). 1

...

§ 18 [Einstweilige Anordnungen]

Bei einstweiligen Anordnungen kann von der Zuziehung der ehrenamtlichen Richter und von der Anwendung des § 14 Abs. 2 abgesehen werden, wenn durch Verzögerung der einstweiligen Anordnung ein Nachteil zu entstehen droht.

Bei einem Zuweisungsverfahren nach §§ 13 ff. GrdstVG sind einstweilige Anordnungen denkbar, in denen vorläufig die Bewirtschaftung des Betriebs geregelt wird (*Ernst* LwVG § 18 Rn. 12). 1

...

§ 19 [Gerichtlicher Vergleich]

Enthält ein gerichtlicher Vergleich Bestimmungen über die Veräußerung, Belastung oder Verpachtung von Grundstücken, so kann das Gericht auf Antrag anstelle der sonst zuständigen Behörde darüber entscheiden, ob diese Bestimmungen nach den Vorschriften über den Verkehr mit land- oder forstwirtschaftlichen Grundstücken genehmigt oder nach den Vorschriften des Landpachtverkehrsgesetzes beanstandet werden.

Das Landwirtschaftsgericht wird immer bestrebt sein, eine gütliche Einigung zwischen den Parteien herbeizuführen, bevor es eine Zuweisungsentscheidung trifft. Ein solcher Vergleich braucht dann von der Genehmigungsbehörde nicht genehmigt zu werden, weil das Gericht selbst die Genehmigung zB für die Abfindung eines weichenden Erben mit einem landwirtschaftlichen Grundstück (§ 16 IV GrdstVG) aussprechen kann (Netz 7.5.6). 1

§§ 21 bis 29 *(aufgehoben)*

1 Für die **Rechtsmittel** gelten seit 1.9.2009 die Verfahrensvorschriften des FamFG. Rechtsmittel sind die Beschwerde zum Oberlandesgericht (§ 58 FamFG; Beschwerdefrist ein Monat bei Hauptsachebeschlüssen, sonst zwei Wochen, § 63 FamFG) und – bei Zulassung durch das OLG – die Rechtsbeschwerde zum BGH (§ 70 FamFG; Rechtsbeschwerdefrist 1 Monat, § 71 FamFG). Die Zuständigkeit der Rechtsmittelgerichte folgt aus § 2 I LwVG.

2 Nach § 9 LwVG iVm § 64 I FamFG ist die **Beschwerde** beim LwGericht als dem Gericht einzulegen, dessen Beschluss angefochten wird, also beim iudex ad quo. Durch die Einlegung beim Oberlandesgericht wird die Beschwerdefrist des § 63 FamFG nicht gewahrt (OLG Köln FGPrax 2013, 90).

3 Die **Rechtsbeschwerde** ist fristgerecht durch Einreichen einer Beschwerdeschrift beim BGH als Rechtsbeschwerdegericht, also beim iudex ad quem, einzulegen.

4 Eine reformatio ad peius ist bei Zuweisungsverfahren (§§ 13 ff. GrdstVG) unzulässig, weil es sich hierbei vorrangig um eine privatrechtliche Auseinandersetzung unter den Miterben handelt (BGH RdL 1955, 26 = BeckRS 1954, 31395946). Ein Miterbe, der sich gegen die Abfindungshöhe wehrt, muss also keine Herabsetzung der Abfindung durch das Rechtsmittelgericht befürchten.

5 Zu den Kosten im Beschwerde- und Rechsbeschwerdeverfahren bis 31.7.2013: § 131 KostO, für ab dem 1.8.2013 eingelegte rechtsmittel: § 25 I GNotKG, Nr. 15120 ff. GNotKG (für Erbscheinsverfahren: Nr. 12220 ff. KV-GNotKG).

6 Für Verfahren, die in erster Instanz vor dem 1.9.2009 begonnen haben, verbleibt es für das gesamte Verfahren, einschließlich der Rechtsmittel, beim bisherigen Recht, auch wenn die erstinstanzliche Endentscheidung erst nach dem 31.8.2009 ergangen ist (vgl. Art. 111 FGG-RG; näher dazu bei § 58 FamFG).

7 Nach altem Recht fand gegen die in der Hauptsache erlassenen Beschlüsse des Amtsgerichtes die sofortige Beschwerde an das Oberlandesgericht statt (§ 22 LwVG aF). Die sofortige Beschwerde war binnen einer Frist von zwei Wochen einzulegen. Die Frist begann mit dem Zeitpunkt, in welchem die Verfügung dem Beschwerdeführer bekanntgemacht worden ist (§ 22 FGG aF). Gegen die Hauptsachebeschlüsse des Oberlandesgerichts fand die Rechtsbeschwerde an den Bundesgerichtshof statt, wenn sie im OLG-Beschluss wegen grundsätzlicher Bedeutung der Rechtssache zugelassen worden war (§ 24 LwVG aF).

§ 30 [Wirksamwerden der Entscheidungen; vorläufige Vollstreckbarkeit]

(1) Die gerichtlichen Entscheidungen in der Hauptsache werden erst mit dem Eintritt der Rechtskraft wirksam.

(2) Hat der Beschluss einen vollstreckbaren Inhalt, so kann das Gericht ihn gegen oder ohne Sicherheitsleistung für vorläufig vollstreckbar erklären, dem Schuldner auf Antrag auch nachlassen, die Vollstreckung durch Sicherheitsleistung abzuwenden.

1 § 30 LwVG bestimmt, dass die in der Hauptsache ergehende Entscheidung (Beschluss nach § 38 FamFG) erst mit dem Eintritt der formellen Rechtskraft wirksam wird. Dies entspricht für das Zuweisungsverfahren der ersten Regelungsalternative in § 13 II GrdstVG. Nach § 13 II Alt. 2 GrdstVG kann das Eigentum an dem Betrieb auch zu einem späteren Zeitpunkt übergehen, der dann vom Landwirtschaftsgericht zu bestimmen ist.

2 Die formelle Rechtskraft tritt in der ersten Instanz, wenn keine Beschwerde eingelegt wird, mit Ablauf der Rechtsmittelfrist ein (§ 63 FamFG: 1 Monat nach Bekanntgabe). Für die zweite Instanz ist zu unterscheiden: Lässt das Oberlandesgericht die Rechtsbeschwerde zu, gilt das Gleiche (§ 71 FamFG: 1 Monat nach Bekanntgabe), es sei denn, es wird Rechtsbeschwerde eingelegt (dann erst mit Bekanntgabe der Entscheidung des BGH, wenn das Verfahren dadurch seinen Abschluss findet). Lässt das Oberlandesgericht die Rechtsbeschwerde nicht zu, tritt die formelle Rechtskraft bereits mit Bekanntgabe des Beschlusses ein, weil keine Rechtsmittelfrist läuft (eine Nichtzulassungsbeschwerde kennt das FamFG nicht).

3 Damit weicht das LwVG von §§ 40, 41 FamFG ab, wonach der Beschluss mit der Bekanntgabe wirksam wird. In diesem Zusammenhang verschafft § 30 II LwVG dem Landwirtschaftsgericht die Möglichkeit, Entscheidungen mit vollstreckbarem Inhalt, für vorläufig vollstreckbar zu erklären.

§ 31 *(aufgehoben)*

§ 32a [Verfahren über die gerichtliche Zuweisung eines Betriebes]

¹In den Verfahren auf Grund der Vorschriften über die gerichtliche Zuweisung eines Betriebes (§ 1 Nr. 2) soll der Antrag die Gegenstände bezeichnen, deren Zuweisung beantragt wird. ²In der Entscheidung über die Zuweisung des Betriebes sollen die zugewiesenen Gegenstände bezeichnet werden. ³Der Vorsitzende des Gerichts des ersten Rechtszuges ersucht nach Eintritt der Rechtskraft der Entscheidung das Grundbuchamt um Eintragung des Erwerbers.

1 § 32a LwVG regelt die für das Zuweisungsverfahren nach §§ 13 ff. GrdstVG erforderlich gewordenen Verfahrensvorschriften. § 32a 1 LwVG betrifft den Sachantrag nach § 13 I GrdstVG, der (für das Gericht bindend, vgl. aber → § 14 Rn. 1) die Gegenstände bezeichnen soll, die zugewiesen werden sollen, also die

Verfahren über die gerichtliche Zuweisung eines Betriebes § 33 LwVG

genau zu bezeichnenden Zuweisungsgrundstücke und auf welche Zubehörstücke, Miteigentumsanteile, Kapitalanteile, Geschäftsanteile, dingliche Nutzungsrechte und ähnliche Rechte sich die Zuweisung bezieht (vgl. Musterantrag in der Kommentierung zu § 13 GrdstVG).

§ 32a 2 LwVG bestimmt für die Zuweisungsentscheidung, die dem Antrag stattgibt, dass die zuzuweisenden Gegenstände zu bezeichnen sind (vgl. Musterbeschluss in der Kommentierung zu § 16 GrdstVG). 2

§ 32a 3 LwVG steht im Zusammenhang mit der Rechtswirkung des Zuweisungsbeschlusses nach § 13 II GrdstVG, wonach sich mit dessen Rechtskraft der Eigentumsübergang an den zugewiesenen Gegenständen alleine durch die Entscheidung des Landwirtschaftsgerichts vollzieht, und sich somit – was die zugewiesenen Grundstücke anbelangt – der Eigentumsübergang außerhalb des Grundbuchs vollzieht. Hier liegt eine Parallele zum Zuschlag in der Zwangsversteigerung vor. Die hierdurch erforderlich werdende Grundbuchberichtigung ist vom Vorsitzenden des AG-Landwirtschaftsgerichts durch ein entsprechendes Ersuchen an das Grundbuchamt zu veranlassen (zum Eintritt der Rechtskraft siehe näher bei § 30 LwVG). 3

Die Grundbuchberichtigung ist kostenfrei, da Einträge und Löschungen, die auf Ersuchen eines Gerichts erfolgen, grundsätzlich kostenfrei sind (§ 69 II KostO). Abfindungsgrundstücke für weichende Erben (§ 16 IV GrdstVG) werden zunächst vom Zuweisungsempfänger durch den Zuweisungsbeschluss miterworben und sind dann vom Zuweisungsempfänger an die abzufindenden weichenden Miterben aufzulassen. Es wird also bei der Grundbuchberichtigung zunächst das Abfindungsgrundstück auf den Namen des Zuweisungsempfängers eingetragen (*Ernst* § 32a LwVG Rn. 6). 4

Die nachfolgend kursiv wiedergegebenen Vorschriften des LwVG wurden durch Art. 17 des 2. KostRMoG aufgehoben. Altfälle, dh gerichtliche Verfahren die vor dem 1.8.2013 anhängig geworden oder eingeleitet worden sind, und für Verfahren über Rechtsmittel, die vor dem 1.8.2013 eingelegt worden sind (vgl. näher § 136 I Nr. 1 und 2, V Nr. 3 GNotKG, hier abgedruckt vor der Kommentierung der §§ 33 ff. LwVG) gilt die alte Gesetzeslage weiter, die hier auch weiterhin kursiv kommentiert wird. 5

§ 136 GNotKG Übergangsvorschrift zum 2. Kostenrechtsmodernisierungsgesetz

(1) Die Kostenordnung ... und Verweisungen hierauf sind weiter anzuwenden

1. in gerichtlichen Verfahren, die vor dem *1. Juli 2013* anhängig geworden oder eingeleitet worden sind; die Jahresgebühr 12311 wird in diesen Verfahren nicht erhoben;
2. in gerichtlichen Verfahren über ein Rechtsmittel, das vor dem *1. Juli 2013* eingelegt worden ist;
...

(5) ¹Absatz 1 ist auf die folgenden Vorschriften in ihrer bis zum *30. Juni 2013* geltenden Fassung entsprechend anzuwenden:

1. ...
3. § 12 Absatz 3, die §§ 33 bis 43, 44 Absatz 2 sowie die §§ 45 und 47 des Gesetzes über das gerichtliche Verfahren in Landwirtschaftssachen,
...

²An die Stelle der Kostenordnung treten dabei die in Satz 1 genannten Vorschriften.

§ 33 [Anwendung der Kostenordnung] *(aufgehoben)*

Für die in diesem Abschnitt geregelten gerichtlichen Verfahren gilt die Kostenordnung, soweit sich aus den folgenden Vorschriften nichts anderes ergibt.

Nachfolgend werden Grundbegriffe der Kostenordnung erläutert: 1
„Kosten" sind Gebühren und Auslagen (Legaldefinition des § 1 KostO). „Gebühren" werden als Gegenleistung für die Tätigkeit der Gerichte, Anwälte, Gerichtsvollzieher etc. bezahlt. „Auslagen" sind Aufwendungen des Gerichts in der Sache, die dem Gericht zu erstatten sind, zB Schreibauslagen, Postgebühren, Zeugenentschädigung, Zustellungskoten, Reisekosten von Gerichtspersonen etc.

„Geschäftswert" ist der nach den gesetzlichen Bestimmungen (KostO und LwVG) zu ermittelnde 2 Wert, nach dem sich die Gebühren richten.

Die „Kostenentscheidung" bestimmt, wer die Kosten (Gerichtskosten und außergerichtliche Kosten) 3 eines Verfahrens tragen muss. Es handelt sich hier um die Kostengrundentscheidung im Bereich der FamFG- bzw. FGG-Verfahren, bei der – anders als im ZPO-Verfahren – sich die Kostentragungspflicht nicht grundsätzlich am Prozesserfolg orientiert.

Der „Kostenansatz" ist die Aufstellung der Gerichtskostenrechnung durch den Kostenbeamten der 4 Geschäftsstelle. Der Kostenansatz, dh die Gerichtskostenrechnung kann mittels Erinnerung nach § 14 II KostO zur Nachprüfung gestellt werden. Gegen die Entscheidung über die Erinnerung ist da Rechtsmittel der Beschwerde gegeben (§ 14 III KostO).

Die „Kostenfestsetzung" ist der Beschluss, mit dem der Rechtspfleger die von einem Beteiligten ei- 5 nem anderen Beteiligten zu erstattenden Kosten (gerichtliche und außergerichtliche) festsetzt. Für das Festsetzungsverfahren und die Rechtmittel gegen die Kostenfestsetzung gelten die §§ 103 bis 107 ZPO (§ 85 FamFG).

§ 33 LwVG wurde aufgehoben, weil das neue GNotKG jetzt unmittelbar gilt (§ 1 Absatz 1 GNotKG 6 iVm § 23a II Nummer 9 GVG).

§ 34 [Kostenentscheidung]

(1) Über die Kosten ist zugleich mit der Entscheidung über die Hauptsache zu entscheiden.
(2) Den Geschäftswert setzt das Gericht von Amts wegen fest.

1 § 34 LwVG bestimmt den Zeitpunkt der Kostenentscheidung.
2 Ist eine Kostenentscheidung versehentlich unterblieben, ist sie nach § 43 FamFG unverzüglich nachzuholen. Die nachträgliche Entscheidung muss aber binnen einer zweiwöchigen Frist, die mit der schriftlichen Bekanntgabe des Beschlusses beginnt, beantragt werden (§ 43 II FamFG).
3 Die Kostenentscheidung (es geht hier um die Kostengrundentscheidung) ist Teil der Endentscheidung und mit dem gegen eine Endentscheidung gegebenen Rechtsmittel (Beschwerde nach § 58 FamFG, zulassungsabhängige Rechtsbeschwerde nach § 70 FamFG) – auch isoliert – anfechtbar. Bei isolierter Anfechtung handelt es sich dann um eine Teilanfechtung beschränkt auf die Kostenentscheidung. Unter der Geltung des FGG war eine isolierte Anfechtung der Kostenentscheidung grundsätzlich nicht möglich, vgl. § 20a FGG; – eine dem § 20a FGG entsprechende Vorschrift kennt das FamFG nicht.
4 Geschäftswert: Ist ein Beteiligter mit der Wertfestsetzung nicht einverstanden kann er den Beschluss, mit dem der Geschäftswert festgesetzt wird mit der Beschwerde anfechten (§ 31 III KostO). Hier bestehen folgende drei Abänderungsmöglichkeiten: (1.) Das Gericht, das die Wertfestsetzung vorgenommen hat, kann seinen Beschluss von Amts wegen oder auf Antrag abändern, wobei die Änderung nur innerhalb von sechs Monaten zulässig ist, nachdem die Entscheidung in der Hauptsache Rechtskraft erlangt oder das Verfahren sich anderweitig erledigt hat (§ 31 I KostO). (2) Abänderung durch das Beschwerdegericht, wenn die Hauptsache sowieso in der Beschwerdeinstanz ist, oder (3) Möglichkeit der isolierten Geschäftswertbeschwerde [wenn man mit der Entscheidung ansonsten einverstanden ist und nur eine Abänderung des Geschäftswerts anstrebt] nach Maßgabe von § 31 III KostO.
5 § 34 II LwVG wonach das Gericht den Geschäftswert von Amts wegen festsetzte, wurde durch das 2. KostRMoG aufgehoben. Die Vorschrift wurde entbehrlich, weil nach § 79 I GNotKG grundsätzlich eine Wertfestsetzung von Amts wegen vorgesehen ist.

§§ 35, 36 *(vom Abdruck wurde abgesehen)*

1 Die §§ 35 bis 41 LwVG enthielten Gebühren- und Wertvorschriften. Sie wurden durch Art. 17 des 2. KostRMoG aufgehoben, weil die gerichtlichen Kosten für die Verfahren der freiwilligen Gerichtsbarkeit vor dem Landwirtschaftsgericht abschließend in das GNotKG eingestellt wurden.

§ 36a [Gerichtliche Zuweisung eines Betriebes] *(aufgehoben)*

(1) ¹In gerichtlichen Verfahren auf Grund der Vorschriften über die gerichtliche Zuweisung eines Betriebes (§ 1 Nr. 2) bestimmt sich der Geschäftswert nach § 18 Abs. 3 und § 19 der Kostenordnung. ²Es wird das Vierfache der vollen Gebühr erhoben.
(2) ¹Endet das Verfahren ohne Zuweisung des Betriebes, so bestimmt sich der Geschäftswert nach § 30 der Kostenordnung. ²Es wird das Doppelte der vollen Gebühr erhoben.
(3) ¹In Verfahren über Ansprüche nach § 17 sowie in Verfahren nach § 16 Abs. 4 Satz 4 des Grundstückverkehrsgesetzes bestimmt sich der Geschäftswert nach § 30 der Kostenordnung. ²Es wird die volle Gebühr erhoben.

1 § 36a LwVG ist die kostenrechtliche Grundlage für das Zuweisungsverfahren nach §§ 13 ff. GrdstVG.
2 Endet das Verfahren mit der Betriebszuweisung (oder Teilzuweisung) errechnet sich der Geschäftswert vereinfachend aus dem vierfachen Einheitswert des Betriebs (§§ 36a I 1 LwVG, 18 III, 19 IV KostO). Entscheidend ist der zuletzt festgestellte Einheitswert, falls nicht Anhaltpunkte für einen höheren Einheitswert vorliegen. Die Gerichtsgebühren machen das Vierfache der vollen Gebühr aus (40/10-Gebühr, §§ 36a I 2 LwVG, 32 KostO). Die vierfache Gebühr ist relativ hoch, rechtfertigt sich aber ua daher, dass die Grundbuchberichtigung wegen § 32a 3 LwVG nach § 69 II KostO gebührenfrei ist.
3 Endet das Verfahren ohne Zuweisung des Betriebs, also mit einem ablehnenden Beschluss, durch Vergleich, Antragsrücknahme oder anderweitig, gilt § 19 IV KostO nicht. Vielmehr wird der Geschäftswert nach billigem Ermessen vom Gericht geschätzt (§ 36a II LwVG, 30 KostO). Für die Schätzung ist das wirtschaftliche Interesse des Antragstellers an der Zuweisung maßgeblich (OLG Stuttgart AgrarR 1977, 234; OLG Celle AgrarR 1974, 177), zB der Verkehrswert abzüglich der Abfindungswerte, wenn der Antragsteller Zuweisung an sich selbst beantragt (FAKommErbR/Dingerdissen § 13 GrdstVG Rn. 66).
4 Beachte: Im Regelfall kommt dabei die in § 30 II KostO vorgesehene Wertdeckelung von 500 000 Euro nicht zum Tragen. Diese Höchstgrenze von 500 000 EUR gilt nur im Anwendungsbereich des § 30 II KostO, nicht aber für Absatz 1 des § 30 KostO, der bei der Zuweisung landwirtschaftlicher Betriebe grundsätzlich zur Anwendung kommt („in einer vermögensrechtlichen Angelegenheit", „nach freiem Ermessen zu bestimmen"). Abs. 2 kommt nur zur Anwendung entweder über Abs. 3 (in nichtvermögensrechtlichen Angelegenheiten, die beim Zuweisungsverfahren nicht vor liegen) oder wenn das Tatbestandsmerkmal „in Ermangelung genügender tatsächlicher Anhaltspunkte für eine Schätzung" erfüllt ist. Die Prüfungsreihenfolge beginnt in vermögensrechtlichen Angelegenheiten immer mit § 30

I. Wird der Geschäftswert danach festgesetzt, gilt die Höchstgrenze des Abs. 2 nicht! Beispiel: Wird das wirtschaftliche Interesse des Antragstellers/Beschwerdeführers auf rund 1,5 Mio. EUR oder auf mindestens 1,5 Mio. EUR geschätzt, so wird auf 1,5 Mio. EUR festgesetzt. Nur wenn für eine Schätzung nicht genügend Anhaltspunkte, greift Abs. 2 mit der Höchstgrenze von 500 000 EUR. (vgl. Hartmann Kostengesetze 39. Aufl. § 30 Rn. 16). Dass im hier erörterten Zusammenhang der Zuweisung landwirtschaftlicher Betriebe „genügend Anhaltspunkte für eine Schätzung fehlen" und deshalb § 30 II KostO zur Anwendung kommt, ist rechtstatsächlich ausgeschlossen, da der Antragsteller Angaben zur Leistungsfähigkeit des Zuweisungsbetriebes machen muss, aus denen sich sein wirtschaftliches Interesse ableiten lässt.

Als Gerichtsgebühr wird das Doppelte der vollen Gebühr verlangt Sie darf aber die Gebühr nach § 36a I LwVG nicht übersteigen (Celle JB 1968, 911 zitiert nach *Hartmann* 38. Aufl., KostG, § 36a LwVG Rn. 4). 5

Kommt es zu einer nachträglichen Verteilung infolge einer zuweisungsfremden Nutzung nach § 17 GrdstVG oder kommt es zu einer Änderung der Stundung der Abfindungszahlung infolge einer wesentlichen Veränderung der Verhältnisse nach § 16 III 4 GrdstVG bestimmt nach § 36 III 1 LwVG das Gericht den Geschäftswert nach § 30 KostO auf Grund des Sachantrags und mangels eines solchen auf Grund einer Wertschätzung. Ein Anhaltspunkt ist die Höhe der verteilbaren Zahlung und im Fall der Stundung das Interesse an der Änderung. Es entsteht nach § 36a III 2 LwVG eine volle Gebühr. 6

Die Wertvorschrift für das Verfahren über die gerichtliche Zuweisung eines Betriebs (§ 36a LwVG) findet sich, soweit es um die Bewertung des land- und forstwirtschaftlichen Vermögens geht, jetzt in § 48 Absatz 3 GNotKG wieder. 7

§ 48 GNotKG Land- und forstwirtschaftliches Vermögen

(1) ¹Im Zusammenhang mit der Übergabe oder Zuwendung eines land- oder forstwirtschaftlichen Betriebs mit Hofstelle an eine oder mehrere natürliche Personen einschließlich der Abfindung weichender Erben beträgt der Wert des land- und forstwirtschaftlichen Vermögens im Sinne des Bewertungsgesetzes höchstens das Vierfache des letzten Einheitswerts, der zur Zeit der Fälligkeit der Gebühr bereits festgestellt ist, wenn

1. die unmittelbare Fortführung des Betriebs durch den Erwerber selbst beabsichtigt ist und
2. der Betrieb unmittelbar nach Vollzug der Übergabe oder Zuwendung einen nicht nur unwesentlichen Teil der Existenzgrundlage des zukünftigen Inhabers bildet.

²§ 46 Absatz 3 Satz 2 gilt entsprechend. ³Ist der Einheitswert noch nicht festgestellt, so ist dieser vorläufig zu schätzen; die Schätzung ist nach der ersten Feststellung des Einheitswerts zu berichtigen; die Frist des § 20 Absatz 1 beginnt erst mit der Feststellung des Einheitswerts. ⁴In dem in Artikel 3 des Einigungsvertrages genannten Gebiet gelten für die Bewertung des land- und forstwirtschaftlichen Vermögens die Vorschriften des Dritten Abschnitts im Zweiten Teil des Bewertungsgesetzes mit Ausnahme von § 125 Absatz 3; § 126 Absatz 2 des Bewertungsgesetzes ist sinngemäß anzuwenden.

(2) Weicht der Gegenstand des gebührenpflichtigen Geschäfts vom Gegenstand der Einheitsbewertung oder vom Gegenstand der Bildung des Ersatzwirtschaftswerts wesentlich ab oder hat sich der Wert infolge bestimmter Umstände, die nach dem Feststellungszeitpunkt des Einheitswerts oder des Ersatzwirtschaftswerts eingetreten sind, wesentlich verändert, so ist der nach den Grundsätzen der Einheitsbewertung oder der Bildung des Ersatzwirtschaftswerts geschätzte Wert maßgebend.

(3) Die Absätze 1 und 2 sind entsprechend anzuwenden für die Bewertung

1. eines Hofs im Sinne der Höfeordnung und
2. eines landwirtschaftlichen Betriebs in einem Verfahren aufgrund der Vorschriften über die gerichtliche Zuweisung eines Betriebs (§ 1 Nummer 2 des Gesetzes über das gerichtliche Verfahren in Landwirtschaftssachen), sofern das Verfahren mit der Zuweisung endet.

Nach § 48 III GNotKG ist Geschäftswert der 4-fache-Einheitswert, wenn das Verfahren mit der Zuweisung endet. Von diesem fiktiven 4-fachen-Einheitswert können die auf dem Betrieb lastenden Verbindlichkeiten nicht in voller Höhe abgezogen werden. Verbindlichkeiten können nur in demselben Verhältnis abgezogen werden, in dem der 4-fache-Einheitswert zum Verkehrswert nach § 46 GNotKG steht. 1

Die übrigen Verweisungen in § 36a LwVG wurden wegen der unmittelbaren Geltung des GNotKG entbehrlich. Der Regelungsgehalt des § 36a II LwVG wurde nicht in das GNotKG übernommen. Eine besondere Wertvorschrift erschien dem Gesetzgeber des 2. KostRMoG sachlich nicht geboten. 2

Endet das Verfahren also ohne Zuweisung des Betriebes gelten die allgemeinen Wertvorschriften nach dem GNotKG. Dann bestimmt sich der Wert eines land- und forstwirtschaftlichen Betriebs gem. § 46 GNotGK nach dem Verkehrswert. 3

§§ 37–39 *(vom Abdruck wurde abgesehen)*

§ 40 [Beschwerdeverfahren] (aufgehoben)

(1) Im Beschwerdeverfahren erhöhen sich die in den §§ 35 bis 39 bestimmten Gebührensätze auf das Eineinhalbfache, im Rechtsbeschwerdeverfahren auf das Doppelte.

...

1 § 40 LwVG regelt nur die Gebühren. Die Gegenstandswerte werden beim Zuweisungsverfahren auch für die Beschwerde- und Rechtsbeschwerdeinstanz nach § 36a LwVG ermittelt. Die Verweisung des § 33 LwVG auf die Kostenordnung, die in § 131 IV KostO auf § 30 KostO verweist, greift hier nicht. Die §§ 35 bis 38a regeln alle den Geschäftswert „in gerichtlichen Verfahren", so dass nach hM und der Rechtsprechung von BGH und den OLGen (so *Ernst* LwVG § 40 Rn. 5) hierunter auch die Geschäftswerte von Beschwerden und Rechtsbeschwerden fallen.

§§ 41, 42 (vom Abdruck wurde abgesehen)

§ 43 [Fälligkeit, Vorschüsse] (aufgehoben)

(1) Die Gerichtskosten werden erst fällig, wenn das Verfahren in dem Rechtszuge beendet ist.
(2) Gebührenvorschüsse werden nicht erhoben.

1 Gerichtskosten, also Gebühren oder Auslagen, werden in Landwirtschaftssachen erst mit der Beendigung des Rechtszugs fällig, dh mit einer verfahrensbeendenden Entscheidung in der Hauptsache, der Rücknahme des Antrags oder des Rechtsmittels, mit dem Abschluss eines verfahrensbeendenden Vergleich, bei übereinstimmender Erledigungserklärung oder entsprechend dem Grundgedanken des § 8 II RVG bei Nichtbetriebenwerden/Ruhen des Verfahrens während einer Zeit von mehr als drei Monaten (*Ernst* LwVG § 43 Rn. 7).

2 Aufgehoben wurde durch das 2. KostRMoG auch § 43 LwVG. Der Regelungsgehalt des Absatzes 1 dieser Vorschrift ist jetzt in § 9 GNotKG enthalten. § 43 II LwVG sah vor, dass Gebührenvorschüsse nicht erhoben werden. § 13 GNotKG dagegen lässt dem Gericht einen weiten Spielraum bei der Frage, ob ein Gebührenvorschuss erhoben wird. Der Gesetzgeber erwartet, dass mit § 13 GNotKG auch in Verfahren vor dem Landwirtschaftsgericht sachgerechte Ergebnisse erzielt werden.

§ 44 [Kostentragungspflicht]

(1) Sind an einem Verfahren mehrere Personen beteiligt, so hat das Gericht nach billigem Ermessen zu entscheiden, wer die Kosten zu tragen hat und wie sie zu verteilen sind.

(...)

1 § 44 LwVG regelt ausschließlich die Tragung der **Gerichtskosten** (*Ernst* LwVG § 44 Rn. 5). Das Landwirtschaftsgericht kann über die Kostentragungspflicht hinsichtlich der Gerichtskosten und der Anwaltskosten verschieden entscheiden, also – so der Regelfall – dem unterliegenden Teil eines echten Streitverfahrens des Landwirtschaftrechts (nur) die Gerichtskosten auferlegen und hinsichtlich der außergerichtlichen Kosten (§ 45 LwVG) keine Regelung treffen, mit der Folge, dass jede Seite die außergerichtlichen Kosten, also insbesondere die Anwaltskosten selbst trägt.

§ 45 [Erstattung außergerichtlicher Kosten]

(1) ¹Bei der Entscheidung in der Hauptsache kann das Gericht anordnen, daß die außergerichtlichen Kosten ganz oder teilweise von einem unterliegenden Beteiligten zu erstatten sind. ²Dies hat dann zu geschehen, wenn der Beteiligte die Kosten durch ein unbegründetes Rechtsmittel oder durch grobes Verschulden veranlaßt hat.
(2) Die Vorschriften der §§ 103 bis 107 der Zivilprozeßordnung gelten entsprechend.

1 § 45 II LwVG war inhaltsgleich mit § 85 FamFG und wurde daher durch das 2. KostRMoG aufgehoben.

2 In der klassischen freiwilligen Gerichtsbarkeit ist die Erstattung außergerichtlicher Kosten eines Beteiligten durch einen anderen die Ausnahme. Diesem Grundsatz folgt auch § 45 LwVG, der aber die Möglichkeit eröffnet, Kosten dem unterliegenden Teil aufzuerlegen. Trifft die Entscheidung keine Regelung darüber, wer die außergerichtlichen Kosten zu tragen hat, gilt der Grundsatz, wonach jede Partei ihre außergerichtlichen Kosten selbst trägt. Entgegen weit verbreiteter Gerichtspraxis sollten Rechtsanwaltskosten im Zuweisungsverfahren als erstattungsfähig angesehen werden, da es sich um ein echtes FGG-Streitverfahren handelt, für das die ZPO-Regeln zur Kostentragungspflicht entsprechend heranzuziehen sind.

3 Im **Beschwerdeverfahren** trägt der unterliegende Beschwerdeführer auch die außergerichtlichen Kosten der anderen Beteiligten (§ 45 I 2 LwVG). Nach dem Wortlaut („hat zu geschehen") hat das Gericht insoweit kein Ermessen. Das entspricht der bisherigen Regelung in § 13a I 2 FGG, während das am 1.9.2009 in Kraft getretene FamFG zu einer Soll-Vorschrift übergegangen ist (§ 84 FamFG), die in be-

gründeten Ausnahmefällen eine andere Entscheidung (Absehen von einer Erstattungsanordnung) zulässt. Der Begriff „unbegründetes Rechtsmittel" ist im Sinne der Erfolglosigkeit zu verstehen ohne Unterschied, ob das Rechtsmittel als unzulässig verworfen oder als unbegründet zurückgewiesen wird (so seit jeher die herrschende Meinung zu dem entsprechenden Begriff in § 13a I 2 FGG, vgl. Keidel/*Zimmermann* FGG 15. Aufl. § 13a Rn. 33 mwN). § 84 FamFG, die Nachfolgevorschrift des § 13a I 2 FGG, hat das jetzt klargestellt durch die Formulierung „die Kosten eines ohne Erfolg eingelegten Rechtsmittels". Vermutlich wurde im Zuge der FGG-Reform die Anpassung des § 45 I 2 übersehen; ein sachlicher Grund, die Erstattung bei erfolglosem Rechtsmittel in Verfahren nach dem LwVG anders zu regeln als in sonstigen Verfahren der freiwilligen Gerichtsbarkeit scheint jedenfalls nicht vorzuliegen.

An **Anwaltsgebühren** fallen an: außergerichtlich idR die 1,3 Geschäftsgebühr nach Nr. 2300 VV-RVG; in der ersten Instanz im Regelfall die 1,3 Verfahrensgebühr nach Nr. 3100 VV-VG sowie die 1,2 Terminsgebühr nach Nr. 3104 VV-RVG; in zweiter Instanz die auf 1,6 erhöhte Verfahrensgebühr nach Nr. 3200 VV-RVG (vgl. Vorbemerkungen 3.2.2. Nr. 1c und 3.2.1 Nr. 2c VV-RCG) und wiederum die Terminsgebühr. 4

86. Badisches Gesetz, die geschlossenen Hofgüter betreffend

Vom 20. August 1898

(GVBl. S. 405) zuletzt geänd. durch Art. 15 G zur Bereinigung von Landesrecht vom 29. Juli 2014 (GBl. S. 378, 381)

Friedrich, von Gottes Gnaden Großherzog von Baden,
Herzog von Zähringen.

Mit Zustimmung Unserer getreuen Stände haben Wir beschlossen und verordnen, wie folgt:

§ 1

Geschlossene Hofgüter sind die in den Amtsgerichtsbezirken

Villingen,	Ettenheim,	Waldkirch,	Gengenbach,
Triberg,	Freiburg,	Lahr,	Wolfach,
Bonndorf,	Neustadt,	Oberkirch,	Achern
Emmendingen,	Staufen,	Offenburg,	

gelegenen Hofgüter, deren Bestand und Umfang nach Maßgabe des Gesetzes vom 23. Mai 1888 zur Feststellung gelangt sind.

§ 2

Der Eigenthümer eines geschlossenen Hofgutes kann mit Genehmigung der zuständigen Verwaltungsbehörde einem geschlossenen Hofgut Parzellen einverleiben, wenn er als Eigenthümer des Hofguts und der Parzellen im Grundbuch eingetragen ist und wenn auf den einzuverleibenden Parzellen, abgesehen von Dienstbarkeiten, keine dinglichen Rechte lasten.

Diese Voraussetzungen sind bei Einholung der Genehmigung nachzuweisen.

§ 3

¹Der Eigenthümer eines geschlossenen Hofgutes kann mit Genehmigung der zuständigen Verwaltungsbehörde die Geschlossenheit eines Hofguts aufheben, einzelne Theile lostrennen oder das Hofgut in eine Mehrheit von geschlossenen Hofgütern zerlegen. ²Im letzten Falle hat der Eigenthümer bei Einholung der Genehmigung nachzuweisen, daß der Zerlegung keine wirthschaftlichen Bedenken namentlich in Bezug auf die etwa sich ergebende Pfandbelastung der neu entstehenden Hofgüter entgegenstehen, sowie daß bei jedem einzelnen Gut das Anwesen ein im Wesentlichen abgerundetes, zur Ernährung einer Familie völlig ausreichendes Besitzthum bildet und mit den erforderlichen Wohn- und Wirthschaftsgebäuden versehen ist.

Wird die Lostrennung einzelner Theile auf dem Wege der Zwangsabtretung erwirkt, so ist die Genehmigung der Verwaltungsbehörde nicht erforderlich.

(Aufgehoben durch § 39 Abs. 2 Nr. 24 des Gesetzes vom 28. Juli 1961 (BGBl. I S. 1091) soweit die Lostrennung einzelner Teile des Hofgutes und die Zerlegung des Hofgutes der Genehmigung der Verwaltungsbehörde bedarf.)

§ 4

An Theilen eines geschlossenen Hofguts können, abgesehen von Dienstbarkeiten, keine dinglichen Rechte entstehen.

§ 5

Ein geschlossenes Hofgut ist als ein Grundstück im Grundbuch einzutragen.

Einverleibte Parzellen sind dem Hofgut zuzuschreiben.

Bei Lostrennung einzelner Parzellen und bei einer Zerlegung des Hofguts in mehrere geschlossene Hofgüter sind die Theile als besondere Grundstücke zu buchen.

Die zuständige Verwaltungsbehörde hat dafür Sorge zu tragen, daß diese Buchung erfolgt und daß die in den §§ 2 und 3 genannten Erklärungen in das Grundbuch eingetragen werden, sobald die Genehmigung vollzugsreif geworden ist.

Mit dem Eintrag in das Grundbuch tritt die Gebundenheit des Eigenthümers ein.

§ 6

In Ermangelung einer letztwilligen Verfügung unterliegt das Hofgut nebst dem zum Nachlaß gehörigen Zubehör den Bestimmungen über das Anerbenrecht.

§ 7

(1) ¹Trifft der Erblasser keine andere Bestimmung, so sind in folgender Rangordnung als Anerben berufen:
1. die Kinder des Erblassers und deren Abkömmlinge,
2. der Ehegatte oder Lebenspartner des Erblassers,
3. die Eltern des Erblassers, wenn der Hof von ihnen oder aus ihren Familien stammt,
4. die Geschwister des Erblassers und deren Abkömmlinge.
²Kinder des Erblassers und deren Abkömmlinge sind nur dann als Anerben berufen, wenn sie nach den Vorschriften des allgemeinen Rechts gesetzliche Erben sind.

(2) Ist kein Anerbe nach Absatz 1 vorhanden, so vererbt sich der Hof nach den Vorschriften des allgemeinen Rechts.

§ 7a

(1) In der Anerbenordnung 1 ist der älteste der Erben zum Anerben berufen; das gleiche gilt in der Anerbenordnung 4.

(2) ¹Hat der Erblasser durch die Ausbildung oder durch Art und Umfang der Beschäftigung eines Kindes auf dem Hof erkennen lassen, daß dieses Kind den Hof übernehmen soll, so geht es allen anderen Kindern vor. ²Hat der Erblasser mehrere Kinder in gleicher Weise ausgebildet oder im gleichen Umfang auf dem Hof beschäftigt, ohne erkennen zu lassen, welches von ihnen den Hof übernehmen soll, so gehen diese Kinder allen übrigen Kindern vor; in ihrem Verhältnis zueinander gilt Ältestenrecht. ³Die vorstehenden Vorschriften finden auch Anwendung innerhalb der Anerbenordnung 4.

(3) ¹Der Ehegatte oder Lebenspartner des Erblassers erhält, solange Verwandte der Anerbenordnung 3 und 4 leben, den Hof nur als Vorerbe. ²Die Vorschriften der §§ 2100 bis 2146 des Bürgerlichen Gesetzbuches finden entsprechende Anwendung. ³Nach dem Tode des Ehegatten oder des Lebenspartners wird derjenige Anerbe, der als Anerbe des Erblassers berufen wäre, wenn dieser erst in diesem Zeitpunkt gestorben wäre.

(4) ¹Vollbürtige Geschwister des Erblassers gehen halbbürtigen vor. ²Halbbürtige Geschwister, die mit dem Erblasser den Elternteil gemeinsam haben, von dem oder aus dessen Familie der Hof stammt, gehen anderen halbbürtigen Geschwistern vor.

§ 8

¹Wem zur Zeit des Erbfalls zur Besorgung aller seiner Angelegenheiten ein Betreuer bestellt ist oder wem ein solcher Betreuer auf Grund eines innerhalb von sechs Wochen nach dem Erbfall gestellten Antrags bestellt wird, ist vom Anerbenrecht ausgeschlossen. ²Dies gilt auch, wenn der Aufgabenkreis des Betreuers die in § 1896 Abs. 4 und § 1905 des Bürgerlichen Gesetzbuchs bezeichneten Angelegenheiten nicht erfaßt.

§ 9

Ist der berufene Anerbe verschollen, so hat das Nachlaßgericht – sofern eine Todeserklärung noch nicht beantragt werden kann – auf Antrag eines Betheiligten denselben öffentlich mit Frist von sechs Monaten zur Erklärung darüber aufzufordern, ob er von der Befugniß, das Hofgut zu übernehmen, Gebrauch machen wolle.

¹Die öffentliche Aufforderung erfolgt durch einmalige Bekanntmachung in dem Blatt, welches für den Sitz des Nachlaßgerichts zur Veröffentlichung der amtlichen Bekanntmachungen bestimmt ist, und im Deutschen Reichsanzeiger. ²Das Nachlaßgericht kann anordnen, daß die Bekanntmachung noch in anderen Blättern und zu mehreren Malen eingerückt wird.

Erfolgt innerhalb der Frist keine Erklärung, so geht das Anerbenrecht endgültig auf den Nächstberufenen über.

§ 10

(1) Der Anerbe ist berechtigt, das Hofgut nebst Zubehör zu dem Ertragswerth zu übernehmen.

(2) Für die Berechnung des Pflichttheils ist der Ertragswerth des Hofguts maßgebend.

(3) Die Erbtheile der kraft Gesetzes berufenen Erben werden auf ein Viertheil, die Pflichttheile auf die Hälfte ermäßigt, soweit dies erforderlich ist, damit der Anerbe ein Fünftheil des Ertragswerths des Hofguts frei von Lasten erhalten kann.

(4) Ist ein Abkömmling des Erblassers Anerbe, so steht ihm ein Anspruch auf Ausgleichung nach § 2057a des Bürgerlichen Gesetzbuchs nicht zu.

§ 11

Der Anerbe kann bei der Auseinandersetzung verlangen, daß ihm zur Tilgung der Forderungen der Pflichttheilsberechtigten und der Miterben fünf gleiche zu vier Prozent verzinsliche Jahrestermine bewilligt werden.

Für diese Forderung hat er bei der Auseinandersetzung Sicherheit zu leisten.

Vermag der Anerbe diese Sicherheit nicht zu leisten, so geht das Anerbenrecht auf den nächsten Berechtigten über.

§ 12

Die Bestimmungen der §§ 10 und 11 finden auch auf einen vom Erblasser abstammenden Erben Anwendung, welchen derselbe als Alleinerben eingesetzt oder als Anerben bezeichnet hat, sofern nicht der Thatbestand des § 8 vorliegt.

§ 13

[1] Der Anerbe kann auf das Anerbenrecht verzichten ohne die Erbschaft auszuschlagen. [2] In diesem Fall geht das Anerbenrecht auf den nächsten Berechtigten über.

§ 14

Der Verzicht auf das Anerbenrecht kann wirksam nur gegenüber dem Nachlaßgericht erklärt werden.

Auf Antrag eines Miterben kann das Nachlaßgericht den Anerben auffordern, sich binnen einer bestimmten Frist zu erklären, ob er auf sein Anerbenrecht verzichtet.

Gibt der Anerbe innerhalb der Frist keine Erklärung ab, so gilt er als verzichtend.

Steht der Verzichtende unter Vormundschaft oder unter elterlicher Gewalt, so ist die Genehmigung des Vormundschaftsgerichts erforderlich.

§ 15

Das Anerbenrecht erlischt und die Anwendung des § 12 ist ausgeschlossen:
1. wenn dem Uebernehmer nicht ein Fünftel des Ertragswerths des Hofguts nach § 10 frei überwiesen werden kann;
2. wenn die in § 11 verlangte Sicherheit von keinem der Berufenen geleistet werden kann.

§ 16

[1] Gehören zu einem Nachlaß mehrere geschlossene Hofgüter, so kann jeder Erbe in der Reihenfolge seiner Berufung zum Anerben je Eines wählen. [2] Sind mehr Hofgüter als Berechtigte vorhanden, so wird die Wahl in derselben Reihenfolge wiederholt.

§ 17

Hat ein Abkömmling gemäß § 2050 des Bürgerlichen Gesetzbuchs ein von dem Erblasser bei dessen Lebzeiten erhaltenes geschlossenes Hofgut zur Ausgleichung zu bringen, so ist im Zweifel der Ertragswerth maßgebend.

§ 18

Hat der Erblasser einem Abkömmling, welcher nicht sein Erbe wird, ein geschlossenes Hofgut geschenkt, so ist im Falle des § 2325, Absätze 1, 2 des Bürgerlichen Gesetzbuchs im Zweifel der Ertragswerth maßgebend.

§ 19

[1] Gehört ein geschlossenes Hofgut zu dem Gesammtgut (Gemeinschaftsvermögen) einer durch den Tod eines Ehegatten oder eines Lebenspartners aufgelösten allgemeinen oder beschränkten Gütergemeinschaft, so gelten, soweit nicht abweichende Bestimmungen getroffen sind, folgende Vorschriften:
1. Hat der verstorbene Ehegatte oder Lebenspartner das Hofgut in die Gütergemeinschaft eingebracht, oder während der Gütergemeinschaft durch Erbfolge, durch Vermächtniß oder mit Rücksicht auf ein künftiges Erbrecht durch Schenkung oder als Ausstattung erworben, so ist das

Hofgut nebst Zubehör gegen Ersatz des Ertragswerths dem Antheil des Verstorbenen zuzuschreiben, wenn derselbe einen Abkömmling hinterlassen hat, welcher das Hofgut als Alleinerbe erhält oder als Anerbe übernimmt.

2. Findet vorstehende Bestimmung keine Anwendung, so kann der überlebende Ehegatte oder Lebenspartner verlangen, daß ihm bei der Auseinandersetzung das Gut nebst Zubehör gegen Ersatz des Ertragswerths überlassen wird. Dieses Recht geht nicht auf die Erben über.

[2] Macht der überlebende Ehegatte oder Lebenspartner von diesem Recht keinen Gebrauch, so ist das Hofgut nebst Zubehör gegen Ersatz des Ertragswerths dem Antheil des verstorbenen Ehegatten oder Lebenspartners zuzuschreiben, wenn derselbe einen Abkömmling hinterlassen hat, welcher das Hofgut als Alleinerbe erhält oder als Anerbe übernimmt.

§ 20

Gehört ein geschlossenes Hofgut zu dem Gesammtgut einer bei Lebzeiten des überlebenden Ehegatten oder Lebenspartners beendigten fortgesetzten Gütergemeinschaft, so finden die Vorschriften des § 19 mit der Maßgabe Anwendung:
1. daß an Stelle der Abkömmlinge des verstorbenen Ehegatten oder Lebenspartners die antheilsberechtigten Abkömmlinge treten,
2. daß dem überlebenden Ehegatten oder Lebenspartner die Befugniß zur Uebernahme nicht zusteht, wenn die fortgesetzte Gütergemeinschaft durch Urtheil (§§ 1495, 1496 des Bürgerlichen Gesetzbuchs) aufgehoben worden ist.

§ 21

Gehört ein geschlossenes Hofgut zu dem Gesammtgut einer durch den Tod des überlebenden Ehegatten oder Lebenspartners aufgelösten fortgesetzten Gütergemeinschaft, so sind, soweit eine abweichende Verfügung nicht vorliegt, die antheilsberechtigten Abkömmlinge zur Uebernahme des Hofguts nebst Zubehör nach Anerbenrecht berechtigt.

§ 22

Die Vorschriften des § 11 finden auf die Fälle der §§ 19, 20, 21 entsprechende Anwendung.

§ 23

Verkauft der Anerbe innerhalb von zehn Jahren nach dem Erbfall das übernommene Hofgut um einen den Ertragswerth übersteigenden Preis und gehört der Käufer nicht zu den Abkömmlingen des Verkäufers, so können die betheiligten Miterben eine Berichtigung der Auseinandersetzung und die betheiligten Pflichttheilsberechtigten eine entsprechende Nachzahlung von dem Verkäufer verlangen.

[1] Statt des Ertragswerthes ist der Kaufpreis – abzüglich des seit der Uebernahme zur Verbesserung des Hofguts gemachten Aufwandes – für die Berechnung der Ansprüche der Miterben und der Pflichttheilsberechtigten maßgebend. [2] Sämmtliche Begünstigungen, welche dem Verkäufer wegen seiner Eigenschaft als Anerbe zugekommen sind, kommen in Wegfall.

An Stelle der in der Zwischenzeit verstorbenen Miterben und Pflichttheilsberechtigten treten nur deren Abkömmlinge und zwar nur solche, welche Erben oder pflichttheilsberechtigt geworden sind.

Die vorstehenden Bestimmungen finden entsprechende Anwendung, wenn das Hofgut durch Tausch oder ein anderes entgeltliches Rechtsgeschäft oder im Wege der Zwangsversteigerung veräußert wird.

§ 24

[1] Jeder Miterbe und jeder Pflichttheilsberechtigte kann bei der Auseinandersetzung verlangen, daß der Anspruch, der ihm nach § 23 künftig zustehen kann, durch eine Sicherungshypothek (Bürgerliches Gesetzbuch § 1190, Landrechtsatz 2132) an dem Hofgut sichergestellt wird. [2] Bei Bemessung des Höchstbetrages, für welchen dieses Grundstück haften soll, ist in Ermangelung eines Uebereinkommens davon auszugehen, daß ein künftiger Kaufpreis den bei der Auseinandersetzung maßgebenden Ertragswerth um ein Drittheil übersteigen kann.

§ 25

Hat der Anerbe das Hofgut an einen Abkömmling veräußert, so ist dieser bei einem Weiterverkauf innerhalb zehn Jahren vom Erbfall an gegenüber den Miterben und Pflichttheilsberechtigten zu den gleichen Leistungen wie der Anerbe im Falle des § 23 verpflichtet.

§ 26

Die den Miterben und Pflichttheilsberechtigten und ihren Rechtsnachfolgern nach den §§ 23, 25 zustehenden Ansprüche müssen binnen Jahresfrist durch Klage geltend gemacht werden.

Die Frist beginnt mit dem Tage, an welchem die Miterben und Pflichttheilsberechtigten von der Veräußerung Kenntniß erhalten haben, spätestens aber mit dem Tage der Auflassung zum Grundbuch.

§ 27

Das Edikt über die Vortheilsgerechtigkeit vom 23. März 1808, die Landrechtssätze 827c-g und das Gesetz vom 23. Mai 1888, die geschlossenen Hofgüter betreffend, werden aufgehoben.

§ 28

§ 25 Ziffer 38 des Gesetzes vom 4. Juni 1888, die Gebühren in Verwaltungs- und verwaltungsgerichtlichen Sachen betreffend, erhält folgenden Zusatz:

„c. zur Aufhebung eines geschlossenen Hofgutes 20–100 M."

§ 29

Vorstehendes Gesetz tritt gleichzeitig mit dem Bürgerlichen Gesetzbuche in Kraft.

§ 30

(aufgehoben)

Gegeben zu Schloß Mainau, den 20. August 1898.

Friedrich.

Nokk.

Eisenlohr.

Auf Seiner Königlichen Hoheit höchsten Befehl:

Dr. Heintze.

1   Das BadHofGG will das Hofguts vor seiner Zersplitterung in unwirtschaftliche Kleinsteinheiten infolge gesetzlicher Erbfolge schützen sowie die Überschuldung des Hofguts durch verkehrswertorientierte Abfindungs- oder Pflichtteilsansprüche für die weichenden oder ausgeschlossenen Erben verhindern (Ilg BWNotZ 2016, 15; Staudinger/*Mayer* Art. 64 Rn. 1; *Ruby* ZEV 2006, 351). Zielsetzung ist dabei aber nicht die Privilegierung des Anerben oder der Anerbenfamilie, sondern das öffentliche Interesse am Erhalt des Hofguts.

2   Das BadHofGG hat als einziges Anerbenrecht gesetzlich konkret festgelegt, welche der Schwarzwaldhöfe Anerbengüter, dh Hofgüter iSd BadHofGG sind. Es handelt sich also um zwingendes und nicht – wie sonst – um fakultatives Anerbenrecht. Dem Landwirt ist es also nicht freigestellt, ob er sein Gut dem BadHofGG unterstellt oder nicht. Die Zahl der geschlossenen badischen Hofgüter ist durch Gesetz grundsätzlich festgeschrieben. Von den ursprünglich 4943 Hofgütern gibt heute noch rund 4.400, die allesamt im Schwarzwald liegen. Neue Hofgüter können nur durch Teilung gemäß § 3 entstehen. Das BadHofGG geht in seinem Geltungsbereich dem allgemeinen Erbrecht des BGB und GrdstVG als lex specialis bei Intestaterbfällen vor, wobei es im Kern dem Anerben ein gesetzliches Vorausvermächtnis zur Übernahme des Hofguts gewährt. Anerbenrechte haben vor allem die Funktion eines hilfsweise geltenden gesetzlichen Erbrechts (Staudinger/*Mayer* Art. 64 EGBGB Rn. 40). Liegt kein gesetzlich festgelegter Schwarzwaldhof vor oder läuft das BadHofGG leer, weil zB kein Anerbe nach seinen Anerbenordnungen vorhanden ist, gilt das allgemeine Erbrecht, § 7 II.

3   Der Schwarzwald ist im Punkt Bodenqualität ein benachteiligtes Gebiet. Das raue Klima und die steilen Hanglagen erlaubten keine ausgedehnte Ackerwirtschaft. Die Viehwirtschaft war die Wirtschaftsform des Schwarzwaldes. Hierfür wurden ausgedehnte Weideflächen benötigt. Im Schwarzwald reicht die Anerbensitte geschlossener Hofvererbung bis ins 15./16. Jahrhundert zurück. Ob diese auf Betreiben der Grundherren und/oder der Bauern entstand ist noch nicht geklärt. Das Hofgutgebiet war bis 1803 auf verschiedene Herrschaften zersplittert (Fürstenberg, Habsburg, Baden-Durlach, Württemberg). 1803 wurde es durch den Reichsdeputationshauptschluss Baden zugeteilt. Nach der Bildung des Großherzogtums Baden wurde im „Gesetz über den Vorzug am untheilbaren liegenschaftlichen Erbe, Besitzgerechtigkeit oder Vortheilsgerechtigkeit genannt" vom 23. März 1808 das Anerbenrecht geregelt. Höfe, die bislang aufgrund Gesetzes oder „rechtsgenüglichen Herkommens" „stets unzertrennt von einem Inhaber auf den anderen übergegangen" waren, blieben unter allen Umständen „geschlossen" und konnten nur

als Ganzes vererbt werden. Im Sinne einer eindeutigen Festlegung solcher Höfe wurden 4943 Hofgüter durch Gesetz vom 23.5.1888 dem Anerbenrecht unterstellt. Dies erscheint aus heutiger Perspektive „verfassungsrechtlich bedenklich"; Staudinger/*Mayer*, 2013, Art. 64 EGBGB Rn. 49). Dabei wurde primär auf das Herkommen, also die bisher praktizierte Unteilbarkeit dieser Hofgüter, und damit nur inzident auf die wirtschaftliche Ertragsfähigkeit im Sinne einer Ackernahrung abgestellt. Auf diese gesetzliche Festlegung greift das BadHofGG vom 20.8.1898 zurück. Es wurde mehrfach geändert, gilt aber bis heute. Einzige Unterbrechung stellt die Zeit vom 1.10.1933 bis 24.4.1947 dar, in der das Reichserbhofgesetz galt. Nach seiner Aufhebung durch § 60 des Reichserbhofgesetzes vom 29.9.1933 (RGBl. I 685) wurde das BadHofGG durch das Kontrollratsgesetz Nr. 45 vom 20.7.1947 (KRABl 256) wieder eingeführt. Ausnahmetatbestände zur Weitergeltung sind in § 1 II Bad. Landesgesetz über die Wiedereinführung des Rechts der geschlossenen Hofgüter (HofGWdEinfG BW) vom 12.7.1949 (Bad. StRegBl. 1949, 288) aufgeführt. Über das Vorliegen dieser Voraussetzungen entscheidet das Landwirtschaftsgericht (§ 1 IV HofGWdEinfG BW). Die Eintragung als geschlossenes Hofgut im Grundbuch erfolgte idR durch Ersuchen der Landwirtschaftsgerichte (§ 2 I HofGWdEinfG BW). Der Eintrag als geschlossenes Hofgut im Grundbuch wirkt nur deklaratorisch. Das BadHofGG gilt unmittelbar für alle gesetzlich als geschlossene Hofgüter festgelegten Schwarzwaldhöfe, die bis Inkrafttreten des Reichserbhofgesetzes ihre Hofguteigenschaft nicht verloren hatten (Ilg BWNotZ 2016, 15).

Das BadHofGG gem. Gesetz vom 12.7.1949 zur Wiedereinführung des BadHofGG (Bad. GVBl 1949, 288) gilt – mit Novellierungen – bis heute. Geschlossene Hofgüter kommen nach der Grundbuchreform nur in den Bezirken der grundbuchführenden Amtsgerichte Achern, Emmendingen und Villingen-Schwenningen vor (Ilg BWNotZ 2016, 15). Im Gegensatz zur Aufhebung der Geschlossenheit, muss die Lostrennung von Flurstücken und die Zerlegung des geschlossenen Hofguts in mehrere geschlossene Hofgüter nicht mehr von der Verwaltungsbehörde genehmigt werden Insoweit ist § 3 BadHofGG aufgehoben (§ 39 Nr. 24 GrdstVG vom 28.7.1961 (BGBl. I 1091); Ilg II BWNotZ 2016, 15, 16).

Eine weitere Besonderheit besteht beim BadHofGG darin, dass keine Sondererbfolge in das Hofgut 5 stattfindet, wie dies bei den anderen Anerbengesetzen (Ausnahme: HessLGO) der Fall ist. Das badische Hofgut fällt im Wege der Gesamtrechtsnachfolge an die Erbengmeinschaft und nicht an die einzelnen Anerben. Dieser hat allerdings einen gesetzlichen Anspruch, das Hofgut aus der Erbmasse zum Ertragswert zu übernehmen (Übernahmeanspruch, Näherecht). Es handelt sich dabei um ein gesetzliches Vorausvermächtnis. Der Anerbe hat gegen die weichenden Miterben einen Anspruch auf Auflassung des geschlossenen Hofgutes und Bewilligung seiner Eintragung als Alleineigentümer im Grundbuch als Alleineigentümer, und zwar Zug um Zug gegen – evtl. ratenweise – Zahlung des Ertragswertes an die Erbengemeinschaft, der auch der Anerbe angehört. Unabhängig davon können die weichenden Miterben über ihre Erbteile – beschwert mit dem Übernahmeanspruch des Anerben – verfügen. Mit der Ausschlagung seines Erbteils schlägt der Anerbe auch seinen Anspruch auf Übernahme des Hofguts aus.

§ 1 listet die alten Amtsgerichtsbezirke mit badischen Hofgütern vor der Neuordnung von 1974 auf. 6 Das Amtsgericht Villingen ging – ebenso wie Triberg – im neuen Amtsgerichtsbezirk Villingen-Schwenningen auf. Das Amtsgericht Bonndorf wurde dem Amtsgerichtsbezirk Waldshut-Tiengen zugeschlagen. Das Amtsgericht Neustadt heißt jetzt Titisee-Neustadt. Sachlich hat dies keine Auswirkungen zumal die Badischen Hofgüter als solche im Grundbuch verzeichnet sind. Bei den badischen Hofgütern handelt es sich um land- und forstwirtschaftliche Grundstücke, allerdings nur, wenn der Boden der Hauptsache nach zusammenhängt, § 2 Gesetz v. 23.5.1988 iVm § 1 I des Gesetzes vom 12.7.1949 zur Wiedereinführung des BadHofGG (Bad. GVBl. 1949, 288). Der Gesetzgeber hat die Eigenschaft als geschlossenes Hofgut aufgrund Gesetzes v. 23.5.1988, das sich an der Anerbensitte orientierte, individuell festgelegt.

Aus der Teilungsvorschrift des § 3 ergibt sich, dass das Hofgut ein zur Ernährung einer Familie völlig 7 ausreichendes Besitztum bilden und mit den erforderlichen Wohn- und Wirtschaftsgebäuden versehen sein muss. Infolge der gesetzlichen Festschreibung ist eine bestimmte Betriebsgröße nicht geregelt, doch geht das § 3 I 2 davon aus, dass es sich um ein zur Ernährung einer Familie völlig ausreichendes Besitztum handelt. Es gibt badische Hofgüter mit nur ca. 30 ha, aber auch solche mit weit über 100 ha und eigenem Jagdrecht. Reicht die Ertragskraft des Hofgutes für die „Ernährung einer Familie" nicht aus, ist die Ertragswertprivilegierung (§ 10) mE zu versagen. Entscheiden ist die sog. Ackernahrung, ob also das Hofgut völlig zum selbstständigen Unterhalt einer Familie ausreicht. Zur Klärung dieser Frage ist es am praktikabelsten, auf die Sozialhilfe, die einer durchschnittlichen bäuerlichen Familie mit den erwachsenen Eltern und zwei minderjährigen Kindern zusteht, abzustellen (→ § 12 GrdstVG Rn. 9 ff.). Der Reinertrag muss also mindestens die Sozialleistungen, die dieser fiktiven bäuerlichen Durchschnittsfamilie zustünden, abdecken.

Das BadHofGG ist das einzige wirklich zwingende deutsche Anerbenrecht, da der Eigentümer die 8 Hofguteigenschaft nicht ohne weiteres durch privatautonome Erklärung beseitigen kann. Ein geschlossenes Hofgut kann der Geltung des BadHofGG nur mit Genehmigung des Landwirtschaftsamtes entzogen werden. § 3 bezeichnet dies als „Aufhebung der Geschlossenheit".

Rechtsträger des Hofgutes ist eine natürliche Person als Alleineigentümer (§§ 1, 2, 7: „Der Eigentü- 9 mer"), ein in Gütergemeinschaft lebendes Ehepaar oder eine fortgesetzte Gütergemeinschaft (§§ 19 ff.). Eine juristische Person ist als Hofinhaber nicht vorgesehen.

Der Eintrag als geschlossenes Hofgut erfolgt in Abt. II des Grundbuchs. Geschlossene Hofgüter sind 10 als *ein* Grundstück im Grundbuch einzutragen, selbst wenn das Hofgut zB über 100 ha umfasst, § 5. Dabei muss die Fläche des Hofguts nur der Hauptsache nach zusammenhängen. Es können also auch nicht zusammenhängende Grundstücksflächen ein Hofgut bilden. Damit wird im BadHofGG der Grundsatz durchbrochen, dass es sich bei einem Grundstück um einen Flächenabschnitt handeln muss, der von einer in sich zurücklaufenden Grenzlinie umschlossen ist. Zur Führung des Grundbuchs für ein geschlossenes Hofgut, das aus mehreren in verschiedenen Grundbuchbezirken belegenen Parzellen besteht, ist das Grundbuchamt zuständig, in dessen Bezirk sich das Hauptgebäude des Hofguts befindet, § 1 der „Verordnung vom 22.2.1906 die Zuständigkeit zur Führung des Grundbuchs für geschlossene Hofgüter betreffend". Verblüffenderweise ist unter Lebenden die Schaffung von Miteigentum (zB unter Geschwistern bei Hofübergabe an sie) möglich. Bei den Gesetzesberatungen entschied man sich für diese Möglichkeit. Bedenken wegen der Gefahr der Zersplitterung wurden mit dem Hinweis ausgeräumt, dass bei Auseinandersetzung unter den Miteigentümern die Teilung der Zustimmung des Landwirtschaftsamtes bedürfe (von Rümelin, Bericht der I. Kammer v. 12.11.1898 S. 5 und 6). Diese Zustimmung ist wegen der teilweisen Aufhebung von § 3 nur noch für die Aufhebung der Geschlossenheit des Hofguts erforderlich, nicht mehr aber für die Lostrennung einzelner Teile und die Zerlegung in mehrere geschlossene Hofgüter.

11 Das geschlossene Hofgut *als Ganzes* kann mit allen dinglichen Rechten belastet werden, nicht aber Teile davon. Teile des geschlossenen Hofguts können hingegen nur mit Dienstbarkeiten (Grunddienstbarkeiten, beschränkten persönlichen Dienstbarkeiten oder Nießbrauch) belastet werden, § 4. Die Eintragung eines Leibgedings auf einem Teil des geschlossenen Hofguts ist also nicht möglich, wenn das Leibgeding eine Reallast beinhaltet. § 4 will verhindern, dass die für die Ackernahrung erforderliche Mindestgröße des Hofguts durch Zwangsvollstreckungen in Teile des Hofguts unterschritten wird. § 4 wirkt absolut und ist nicht abdingbar. Bei einem Verstoß gegen § 4 ist das betroffene dingliche Recht nicht entstanden. Wiederkehrende Leistungen aus Teilen des geschlossenen Hofguts können nur mit schuldrechtlichem Charakter vereinbart werden (zum Ganzen ausführlich Ilg BWNotZ 2016, 15, 17). Die ins Auge gefassten Hofgutteile können aber auch abgetrennt werden. Dann bestehen die Besonderheiten des § 4 für das abgeschriebene Grundstück nicht.

12 Nach Art. 64 EGBGB können landesrechtliche Anerbengesetze das Recht des Erblassers abweichend von den Anerbengesetzen über das Anerbengut von Todes wegen zu verfügen nicht beschränken. Demgemäß kann die Geltung des Anerbenrechts für ein geschlossenes badisches Hofgut durch letztwillige Verfügung ausgeschlossen werden, § 6 BadHofGG. Der vom Erblasser bestimmte Hoferbe muss also nicht „wirtschaftsfähig" sein. Auf seine Geeignetheit zur ordnungsmäßigen Bewirtschaftung des Hofguts kommt es also – auch im Falle der Intestaterbfolge – nicht an. Das BadHofGG kennt den Begriff der Wirtschaftsfähigkeit nicht.Nur wenn der Erblasser „keine andere Bestimmung" trifft, kommt es zur Anerbenberufung, § 7 BadHofGG.

13 § 7 bestimmt die Anerbenordnungen im Falle des Intestaterbfalls: Wenn der Erblasser keine andere Bestimmung trifft, sind als Hoferben kraft Gesetzes berufen: Erstrangig die Kinder des Erblassers und deren Abkömmlinge. Selbstverständlich gilt dies auch für nichtehelich und adoptierte Kinder, sofern sie nach den Vorschriften des allgemeinen Rechts gesetzliche Erben sind, § 7 I 2. Im zweiten Rang folgt der Ehegatte des Erblassers. Im Rang hinter ihm stehen die Eltern des Erblassers, wenn der Hof von ihnen oder aus ihren Familien stammt, und zuletzt die Geschwister des Erblassers und deren Abkömmlinge. Die vorhergehende Anerbenordnung schließt die nachfolgenden jeweils aus.

14 § 7a regelt Konkurrenzfälle innerhalb der Anerbenordnungen. Unter den Kindern (1. Ordnung) und den Geschwistern (4. Ordnung) ist das älteste Kind bzw. Geschwister, als Anerbe berufen, sofern nicht ein anderer (vermuteter) Erblasserwille vorliegt, § 7a I. Dieses aus der Anerbensitte tradierte Ältestenrecht verstößt als Auswahlprinzip mE gegen Art. 3 GG und ist verfassungswidrig. Gegen den Ältestenvorzug sprechen die gleichen verfassungsrechtlichen Argumente wie gegen den früheren Mannesvorzug (BGH NJW 1963, 947).

15 Hat der Erblasser aber durch die Ausbildung oder Beschäftigung eines Kindes auf dem Hof erkennen lassen, dass dieses Kind den Hof übernehmen soll, so geht es allen anderen Kindern vor. Hat der Erblasser mehrere Kinder in gleicher Weise ausgebildet oder in gleichem Umfang auf dem Hof beschäftigt, ohne erkennen zu lassen, welches von ihnen den Hof übernehmen soll, so gehen diese Kinder den übrigen Kindern vor; in ihrem Verhältnis zueinander soll wiederum Ältestenrecht gelten, was wiederum gegen Art. 3 GG verstößt.

16 Bei der Konkurrenz von Anerben der ersten Ordnung, ist also der mutmaßliche Erblasserwille für die Bestimmung des Gutserben primär entscheidend. Das – verfassungswidrige – Ältestenrecht soll nach der Gesetzeskonzeption nur subsidiär zur Anwendung kommen.

17 Der Ehegatte des Erblassers kommt als Anerbe zum Zuge, wenn der Erblasser keine Kinder hinterlassen hat. Solange aber die Eltern oder Geschwister des Erblassers leben, erhält der Ehegatte den Hof nur als Vorerbe. Die Vorschriften der §§ 2100 bis 2146 BGB finden entsprechende Anwendung. Nach dem Tode des Ehegatten wird derjenige Anerbe, der als Anerbe des Erblassers berufen wäre, wenn dieser erst in diesem Zeitpunkt gestorben wäre.

18 Dem BadHofGG ist der Begriff des Ehegattenhofs nicht bekannt. Es enthält nur Regelungen bezüglich der allgemeinen und der fortgesetzten Gütergemeinschaft. Bei der allgemeinen Gütergemeinschaft kann der überlebende Ehegatte verlangen, dass ihm bei der Auseinandersetzung das Anerbengut nebst Zubehör gegen Ersatz des Ertragswerts überlassen wird. Dies gilt aber nur, wenn der verstorbene Ehegatte das Hofgut nicht in die Gütergemeinschaft eingebracht und auch nicht während der Gütergemeinschaft im Erbgang oder mit Rücksicht auf ein künftiges Erbrecht erworben hat. In all diesen Fällen steht dem überlebenden Ehegatten kein Übernahmerecht zu. Hier fällt das Hofgut nebst Zubehör insgesamt

in den Nachlass und ist gegen Ersatz des Ertragswerts dem Anteil des Verstorbenen an der Gütergemeinschaft zuzuschreiben, wenn derselbe einen Abkömmling hinterlassen hat, welcher das Hofgut als Alleinerbe erhält oder als Anerbe übernimmt, § 19 BadHofGG. Wird eine fortgesetzte Gütergemeinschaft, zu der ein Hofgut gehört, zu Lebzeiten des überlebenden Ehegatten beendigt, gilt das Gesagte entsprechend. Allerdings steht dem überlebenden Ehegatten kein Übernahmerecht zu, wenn die fortgesetzte Gütergemeinschaft durch Aufhebungsurteil nach §§ 1495, 1496 BGB beendigt wird. Bei einer Beendigung der fortgesetzten Gütergemeinschaft durch den Tod des überlebenden Ehegatten sind die anteilsberechtigten Abkömmlinge zur Hofgutübernahme nach Anerbenrecht berechtigt, §§ 20, 21 BadHofGG.

Nach § 10 BadHofGG kommt dem Hoferbfall keine dingliche Rechtswirkung zu. § 10 I BadHofGG gibt dem Anerben lediglich einen Anspruch gegen die restlichen Mitglieder der Erbengemeinschaft, das Hofgut geschlossen zum Ertragswert zu übernehmen (Damnationspraelegat, gesetzliches Vorausvermächtnis). Art. 48 AGBGB bestimmt, dass als Ertragswert der 18fache Betrag des jährlichen Reinertrags iSd § 2049 II BGB gilt. Der Anerbe kann dabei nach § 11 I BadHofGG verlangen, den Ertragswert in fünf gleichen Jahresraten verzinslich mit 4 % zu entrichten. 19

Gegenstand des Übernahmerechts ist das geschlossene Hofgut nebst Zubehör, § 10 I. Das Hofgut kann sich auch über mehrere Gemarkungen erstrecken (Ilg BWNotZ 2016, 15, 16). Da das Hofgut als Wirtschaftseinheit übergehen soll, müssen auch alle dem Wirtschaftsbetrieb dienenden Rechte und Anteile unter den Übernahmeanspruch des Anerben fallen; auch wenn § 10 I nur das Hofgut(grundstück, § 5) nebst Zubehör als Übernahmegegenstand beschreibt. 20

Für die Abfindung der weichenden Erben bestimmt § 10 I BadHofGG, dass der Anerbe berechtigt ist, das Hofgut nebst Zubehör zum Ertragswert zu übernehmen. Als Ertragswert gilt das 18fache des jährlichen Reinertrags, § 48 AGBGB BaWü analog. Der Ausgleichungsanspruch nach § 2057a BGB steht einem Anerben, der Abkömmling ist, nicht zu, § 10 IV. Damit der Anerbe 1/5 des Ertragswerts des Hofguts lastenfrei erwerben kann, können die Erbteile der weichenden Erben bis zu ¼ und die Pflichtteile bis auf die Hälfte ermäßigt werden, § 10 III BadHofGG. Der Anerbe erhält also nicht neben seiner Intestatquote noch ein Fünftel des Hofgutswertes als Voraus. Es kann aber sein Erbanteil wertmäßig bis zu einem Fünftel des Hofgutswertes erhöht werden, indem Miterben und Pflichtteilsberechtigte eine Kürzung von ¼ bzw. ½ hinnehmen müssen. Kann das Hofgut trotz Kürzung der Erb- und Pflichtteile nicht zu ⅕ von Lasten freigehalten werden, erlischt das Anerbenrecht, § 15. 21

Der Anerbe kann bei der Auseinandersetzung verlangen, dass er Ansprüche von Pflichtteilsberechtigten und Miterben in fünf gleichen Jahresraten, die mit 4 % p.a. zu verzinsen sind, bezahlen kann. Für diese Forderungen muss er Sicherheit leisten. Ist er zur Sicherheitsleistung nicht in der Lage, geht das Anerbenrecht auf den nächsten Berechtigten über, § 11. Die Abfindungsansprüche der weichenden Miterben sind vererblich, abtretbar und pfändbar. 22

Ob Pflichtteilsansprüche bestehen, richtet sich nach allgemeinem Erbrecht. Für die Berechnung des Pflichtteils ist der Nachlasswert mit Ertragswertansatz für das Hofgut maßgebend. Damit der Anerbe 20 % des Ertragswerts lastenfrei erhalten kann, ist der Pflichtteilsanspruch erforderlichenfalls bis auf die Hälfte zu ermäßigen, § 10 III. 23

Im Unterschied zu den anderen Anerbengesetzen kennt das BadHofGG neben dem allgemeinen Abfindungsanspruch keine Sonderansprüche (wie zB Einsitz, Unterhalt, Ausbildung oder Aussteuer) für die weichenden Erben. Dies gilt auch für den überlebenden Ehegatten. 24

Der Anerbe kann auf sein Übernahmerecht gegenüber dem Nachlassgericht verzichten, ohne die Erbschaft auszuschlagen, §§ 13, 14. Das Übernahmerecht fällt dann an den an nächster Stelle berufenen Anerben, § 3. 25

§ 23 BadHofGG sieht eine „Berichtigung der Auseinandersetzung" vor, wenn das Hofgut binnen zehn Jahren nach dem Erbfall zu einem den Ertragswert übersteigenden Preis an einen Nichtabkömmling verkauft wird. Nicht nur die Miterben, sondern auch die beteiligten Pflichtteilsberechtigten können eine Nachzahlung vom Verkäufer verlangen. Diese Regelungen gelten entsprechend bei Tausch oder Zwangsversteigerung des Hofguts, § 23 IV. Als Nachzahlungsgrundlage dient der erzielte Kaufpreis abzüglich des Aufwandes, der seit der Übernahme zur Verbesserung des Hofguts aufgebracht wurde. Die Abfindungen, welche die Nachabfindungsberechtigten bereits als allgemeine Abfindung erhalten haben, sind auf ihren Anteil am Kaufpreis anzurechnen. Im Übrigen entfallen sämtliche Begünstigungen, welche dem Verkäufer wegen seiner Eigenschaft als Anerbe zugekommen sind. Die Nachabfindungsansprüche der weichenden Miterben oder des Pflichtteilsberechtigten müssen binnen Jahresfrist durch Klage geltend gemacht werden, § 26 I. Diese Klagefrist beginnt spätestens mit dem Tag der Auflassung zum Grundbuch. 26

Die gleichen Nachabfindungsansprüche richten sich gegen einen Abkömmling des Anerben, der das Hofgut im Wege vorweggenommener Erbfolge erhalten hat, wenn er das Hofgut innerhalb von zehn Jahren nach dem Erbfall verkauft, § 25. Der fiktive Nachabfindungsanspruch kann gem. § 23 bereits bei der Auseinandersetzung durch eine Sicherungshypothek sichergestellt werden, § 24. 27

Der Hoferbe kann den Anfall des Hofguts durch Erklärung gegenüber dem (Nachlass-)Gericht ausschlagen, ohne die Erbschaft in das übrige Vermögen auszuschlagen. Auf diese Ausschlagung finden die Vorschriften des BGB über die Ausschlagung der Erbschaft entsprechende Anwendung. § 13 BadHofGG spricht vom Verzicht auf das Anerbenrecht, ohne die Erbschaft auszuschlagen, meint aber die Ausschlagung. In diesem Fall geht das Anerbenrecht auf den nächsten Berechtigten über. 28

Aufgrund des Anspruchscharakters der Übernahmeberechtigung nach § 10 I ist im BadHofGG kein Hoffolgeerbschein vorgesehen. Dass es solche in der Rechtwirklichkeit gibt, ist systemwidrig. Ihre Exis- 29 tenz fußt vermutlich auf der gedankenlosen Übernahme von Musterformularen aus der Zeit des Reichserbhofgesetzes.

30 Da das BadHofGG keine Sondernachfolge kennt, sondern lediglich ein gesetzliches Vorausvermächtnis im Rahmen der Gesamtrechtsnachfolge vorsieht, gilt für die Abwicklung der Nachlassverbindlichkeiten allgemeines Erbrecht. Im Außenverhältnis haften alle Miterben, also auch der Anerbe, als Gesamtschuldner gem. § 2058 BGB für die gesamten Nachlassverbindlichkeiten mit ihrem gesamten Vermögen. Es spielt für diese gesamtschuldnerische Haftung keine Rolle, ob die Nachlassverbindlichkeiten nur das Hofgut oder nur den hofgutsfreien Nachlass betreffen. Eine Haftungsbeschränkung erfolgt nach den allgemeinen Bestimmungen, §§ 1975, 1990, 1992. Im Innenverhältnis haften die Beteiligten nach allgemeinen erbrechtlichen Regeln.

31 Auch bei einem geschlossenen badischen Hofgut kann nach Treu und Glauben ein formlos wirksamer Hofübergabevorvertrag zustande kommen, wenn der Vater dem Sohn eine spätere Hofübergabe verspricht, und dieser im Vertrauen auf das Versprechen des Vaters viele Jahre ohne Entgelt auf dem Hof mitarbeitet (OLG Karlsruhe Urt. v. 23.10.2014 – 9 U 9/11, BeckRS 2014, 22687)

32 Das BadHofGG ist charmante, letztlich aber wohl überlebte Rechtsfolklore. So wird die Forderung erhoben, dass der Gesetzgeber über seine Aufhebung nachdenken solle (Ilg BWNotZ 2016, 15, 19). Mit gewichtigen Argumenten lehnt Muscheler die Anerbenrechte in vollem Umfang ab (Universalsukzession und Vonselbsterwerb, S. 108 ff.). Das Zuweisungsverfahren nach §§ 13 ff. GrdstVG, das bei einer Aufhebung des BadHofGG Anwendung fände, sei zum agrarstrukturellen Schutz wirtschaftlich lebensfähiger Betriebe ausreichend. Als agrarstrukturpolitisches Lenkungsrecht habe das Anerbenrecht danach keine Daseinsberechtigung mehr.

33 Grundlegende Überlegungen zur Zukunft des Anerbenrechts stellt auch Kreuzer an (HAR I, 282). Ob ein Intestat-Anerbenrecht erforderlich sei hänge davon ab, ob eine Anerbenregelung dem mutmaßlichen Willen des Erblassers von landwirtschaftlichen Besitzungen typischerweise entspricht oder nicht. Das wurde in den 1970er Jahren noch von 70 % der bäuerlichen Familien bejaht. Ob dies heute noch so sei müsste rechtstatsächlich untersucht werden. Ein Bedürfnis für ein Anerbenrecht könne nur in dem Umfang bejaht werden, in dem eine vom allgemeinen Intestat-Erbrecht des BGB abweichende regionale Sondererbsitte für landwirtschaftliche Güter festgestellt werden könne. Regionale Anerbenrechte seien dort zu befürworten, wo solche regionalen Sitten bestünden. Damit wird deutlich, dass rechtstatsächlichen Untersuchungen zur Vererbung von landwirtschaftlichen Betrieben eine entscheidende Bedeutung für die Legitimation oder die Abschaffung der Anerbenrechte zukomme. Bei entsprechenden Erbsitten könne ein Intestat-Anerbenrecht wie das BadHofGG die bestehende Anerbensitte stützen, die vertragliche bzw. letztwillige Gestaltung der Übergabe inhaltlich beeinflussen oder legitimieren und damit befriedend wirken. Das baden-württembergische Landwirtschaftsministerium ist aufgerufen, die entsprechenden Erhebungen vorzunehmen.

87. Bremisches Höfegesetz

Vom 18. Juli 1899
In der Fassung der Bekanntmachung vom 19. Juli 1948 (GVBl 1948, 124)
Zuletzt geändert durch Art. 1 G zur Änd. von Vorschriften zum Wegfall von Befristungen
vom 19. Dezember 2014 (Brem.GBl. 2014, 775)

§ 1

¹Eine landwirtschaftliche Besitzung von mindestens 2,5 Hektar mit einer zu ihrer Bewirtschaftung geeigneten Hofstelle kann in die Höferolle eingetragen werden. ²Sie muß im Alleineigentum einer natürlichen Person oder kraft ehelichen Güterrechts im Eigentum von Ehegatten stehen oder zum Gesamtgut einer fortgesetzten Gütergemeinschaft gehören.

Landwirtschaft im Sinne dieses Gesetzes ist die Bodenbewirtschaftung und die mit der Bodennutzung verbundene Tierhaltung, um pflanzliche oder tierische Erzeugnisse zu gewinnen, besonders der Ackerbau, die Wiesen- und Weidenwirtschaft, der Erwerbsgartenbau und der Erwerbsobstbau.

§ 2

Wenn ein Hof durch Testament oder durch Erbteilung unter mehrere Erben verteilt wird, so bedarf es für den dem Anerben zufallenden Teil einer neuen Eintragung nicht.

Eine eintragungsfähige Besitzung, deren Eigentümer am ersten Tage, an welchem die Eintragung zulässig ist, nicht letztwillig verfügen kann, gilt von diesem Tage an bis zum Ablauf von drei Monaten seit dem Tage, von welchem an der Eigentümer letztwillig verfügen kann, als ein Hof im Sinne dieses Gesetzes.

§ 3

Die Eintragung einer Besitzung in die Höferolle und ihre Löschung erfolgen auf Antrag.

¹Zur Antragstellung ist der Eigentümer berechtigt, der über die Besitzung letztwillig verfügen kann. ²Gehört eine Besitzung zum Gesamtgut einer Gütergemeinschaft des Bürgerlichen Gesetzbuches, können die Ehegatten den Antrag nur gemeinsam stellen. ³In diesem Falle kann jedoch ein Ehegatte den Antrag allein stellen, wenn die Besitzung von ihm bei Eingehen der Gütergemeinschaft oder später in die Gütergemeinschaft eingebracht worden ist. ⁴Satz 3 gilt entsprechend, wenn die Besitzung zum Gesamtgut einer fortgesetzten Gütergemeinschaft gehört.

Der Antrag wird beim Amtsgericht persönlich zum Protokoll des Urkundsbeamten der Geschäftsstelle angebracht oder in einer gerichtlich oder notariell beglaubigten Schrift eingereicht.

Die Eintragung oder die Löschung erfolgt auch dann, wenn der Antragsteller nach Anbringung oder Einreichung des Antrages gestorben ist, und gilt in diesem Falle als im Augenblick der Anbringung oder Einreichung des Antrages geschehen.

Das Amtsgericht hat dem Eigentümer anzuzeigen, ob die Eintragung oder die Löschung erfolgt sei.

Die Höferolle ist öffentlich.

§ 4

Die Eintragung in die Höferolle ist auch für jeden nachfolgenden Eigentümer wirksam. Sie verliert ihre Wirksamkeit durch die Löschung.

§ 5

Die Eintragung kann nicht aus dem Grunde angefochten werden, weil die Besitzung die nach § 1 erforderlichen Eigenschaften nicht besessen haben.

§ 6

Zum Hofe gehören die auf Antrag des Eigentümers in der Höferolle als Bestandteile desselben bezeichneten Grundstücke.

In Ermangelung einer Bezeichnung in der Höferolle gilt das Höferecht für den gesamten im Lande Bremen belegenen Grundbesitz des Eigentümers.

§ 7

Zubehör des Hofes sind:
1. die mit dem Hofe oder einzelnen Teilen desselben verbundenen Gerechtigkeiten;
2. die auf dem Hofe vorhandenen Gebäude, Anlagen, Holzungen und Bäume;
3. das Hofesinventar; dasselbe umfaßt das auf dem Hofe behufs der Bewirtschaftung desselben vorhandene Vieh, das Ackergerät, den vorhandenen Dünger und die für die Hofesbewirtschaftung bis zur nächsten Ernte dienenden Vorräte an Früchten und sonstigen Erzeugnissen. Wenn der Hof nur einen Teil einer Grundbesitzung ausmacht, welche außerdem in der Stadt Bremen belegene Grundstücke umfaßt, so gilt das behufs Bewirtschaftung der ganzen Besitzung vorhandene Inventar als Hofesinventar.

§ 8

Das Recht des Eigentümers, über den Hof von Todeswegen zu verfügen, wird durch dieses Gesetz nicht berührt.

§ 9

Gehört ein Hof zu einem Nachlaß, und wird der Erblasser von mehreren Personen beerbt, so fällt der Hof nebst Zubehör als Teil der Erbschaft nur einem Erben (dem Anerben) zu.
Das Anerbenrecht gilt unbeschadet der Vorschrift der §§ 18 bis 20 nur für die Abkömmlinge des Erblassers, es besteht auch dem überlebenden Ehegatten des Erblassers gegenüber.
Das Anerbenrecht tritt nur ein, wenn der Anerbe zugleich Erbe des Erblassers wird.
[1]Der Anerbe erwirbt das Eigentum des Hofes nebst Zubehör mit der Annahme der Erbschaft. [2]Es steht ihm aber frei, ohne die Erbschaft auszuschlagen, auf das Anerbenrecht zu verzichten. [3]Auf den Verzicht finden die für die Ausschlagung einer Erbschaft geltenden Vorschriften der §§ 1943 bis 1950, 1952 bis 1957 BGB entsprechende Anwendung. [4]Steht der Anerbe unter elterlicher Gewalt oder unter Vormundschaft, so ist zum Verzicht auf das Anerbenrecht die Genehmigung des Vormundschaftsgerichts erforderlich.

§ 10

Verzichtet der zunächst berufene Anerbe auf das Anerbenrecht oder schlägt er die Erbschaft aus, so geht das Anerbenrecht auf den Nächstberechtigten nach der im § 11 bestimmten Reihenfolge über.
Das gleiche gilt, wenn der zunächst berufene Anerbe beim Tode des Erblassers sich in einem Zustande befindet, der den Antrag auf seine Entmündigung begründen würde, oder, wenn beim Tode des Erblassers nach der Vorschrift des § 1910 BGB für seine Person und sein Vermögen eine Pflegschaft besteht.
Der Verlust des Anerbenrechts hat den Verlust des Erbrechts nicht zur Folge.

§ 11

Die Reihenfolge, in welcher die Abkömmlinge des Antragsberechtigten zu Anerben berufen sind, richtet sich, falls der Antragsberechtigte (§ 3 Absatz 2) nicht durch Verfügung von Todes wegen oder in einer öffentlichen Urkunde etwas anderes bestimmt hat, außer im Falle des § 20 nach dem Ältestenrecht: Die Abkömmlinge und an ihrer Stelle ihre Abkömmlinge sind in der Reihenfolge des Alters zu Anerben berufen.
[1]Ist der Hof oder eine später in die Höferolle eingetragene Besitzung von einem ehegatten in eine Gütergemeinschaft bei Eingehen der Gütergemeinschaft oder später eingebracht worden, so gehen die gemeinschaftlichen Abkömmlinge und nach ihnen die Abkömmlinge desjenigen Ehegatten, der den Hof in die Gütergemeinschaft eingebracht hat, in der Reihenfolge des Absatzes 1 den übrigen Abkömmlingen vor. [2]Der Antragsberechtigte kann von der Reihenfolge der vorgenannten drei Gruppen nur mit schriftlicher Zustimmung des anderen Ehegatten abweichen. [3]Ist der an erster Stelle berufene Abkömmling kein Landwirt, so tritt der nächstberechtigte jüngere Abkömmling, welcher Landwirt ist, an seine Stelle. [4]Das gilt nicht, wenn der nach Absätzen 1 und 2 Berufene minderjährig ist, noch keinen Beruf hat und mit Zustimmung seines gesetzlichen Vertreters erklärt, den landwirtschaftlichen Beruf ergreifen zu wollen. [5]Falls der Minderjährige das 7. Lebensjahr noch nicht vollendet hat, genügt die Erklärung des gesetzlichen Vertreters. [6]Die Erklärungen des Minderjährigen und seines gesetzlichen Vertreters bedürfen der Genehmigung des Vormundschaftsgerichts.
[1]Ist keiner der Abkömmlinge des Antragsberechtigten als Anerbe berufen, so erlöschen die Wirkungen der Eintragung in die Höferolle. [2]Die Besitzung ist von Amts wegen in der Höferolle zu löschen.

§ 12

¹ Bis zur Vollendung des 25. Lebensjahres finden auf die rechtliche Stellung des Anerben die für die Vererbschaft geltenden Vorschriften der §§ 2112, 2113, 2115, 2121, 2122, 2124 bis 2126, 2135 BGB entsprechende Anwendung. ² An die Stelle der Erbschaft tritt der Hof nebst Zubehör. ³ Der Umfang der Rechte und Pflichten des nächstberechtigten Abkömmlings bestimmt sich sinngemäß nach den für den Nacherben geltenden Vorschriften der § 2111, 2121, 2122, 2124 bis 2126, 2135 BGB.

Vor Vollendung des in Abs. 1 bestimmten Lebensjahres ist der Anerbe nicht befugt, den Hof in der Höferolle löschen zu lassen.

§ 13

¹ Gibt ein Anerbe vor Vollendung des 25. Lebensjahres die eigene Bewirtschaftung des Hofes auf, oder ergreift er von vornherein einen anderen als den landwirtschaftlichen Beruf, so geht mit dem Eintritt dieses Falles das Eigentum an den Hof nebst Zubehör auf den an nächster Stelle Berufenen über, unbeschadet des Rechts, auf das Anerbenrecht zu verzichten. ² Die Vorschriften des § 9 Abs. 4, Satz 3 und 4, finden Anwendung.

Fallen bei dem einzigen oder an letzter Stelle berufenen Anerben vor Vollendung des in Abs. 1 bestimmten Lebensjahres die Voraussetzungen seiner Berufung fort, so ist der Hof nebst Zubehör nachträglich in die Erbmasse einzuwerfen.

§ 14

Bei der Erbteilung wird der Hofeswert nach folgenden Vorschriften ermittelt.

Der Hof nebst Zubehör, jedoch ausschließlich des Hofesinventars, wird nach dem jährlichen Reinertrag geschätzt, den er durch Benutzung als Ganzes im gegenwärtigen Kulturzustand bei ordnungsmäßiger Bewirtschaftung unter gewöhnlichen Verhältnissen mit entlohnten fremden Arbeitskräften im Durchschnitt nachhaltig gewährt.

¹ Von dem ermittelten jährlichen Ertrage sind alle dauernd auf dem Hofe nebst Zubehör ruhenden Lasten und Abgaben nach ihrem mutmaßlichen Betrage abzusetzen. ² Lasten und Abgaben, auf welche die Ablösungsordnung Anwendung findet, sind dabei nach deren Vorschriften in eine jährliche Geldrente umzurechnen.

Der so ermittelte Jahresertrag wird mit dem fünfundzwanzigfachen zu Kapital gerechnet.

¹ Die zur ordnungsmäßigen und gemeinüblichen Bewirtschaftung erforderlichen Gebäude und Anlagen werden nicht besonders geschätzt, sondern bei der Ermittlung des Ertragswertes einbegriffen. ² Die zur Wohnung und sonstigen persönlichen Benutzung dienenden Gebäude werden nach dem zum Zinsfuß von fünf vom Hundert kapitalisierten Mietwert des letzten Jahres, die teils zur Wohnung, teils zur Bewirtschaftung dienenden Gebäude nach der Hälfte des zum Zinsfuß von fünf vom Hundert kapitalisierten Mietwertes des letzten Jahres geschätzt, die sonstigen Gebäude und Anlagen nach dem Wert des Nutzens, welcher in den letzten fünf Jahren im Durchschnitt durch Vermietung oder auf andere Weise daraus gezogen worden ist oder im Falle der Nutzbarmachung hätte gezogen werden können, veranschlagt. ³ Dies gilt insbesondere von Nebenwohnungen sowie von etwaigen zu besonderen Gewerbebetrieben bestimmten Gebäuden und Anlagen.

Das Hofesinventar, welches das lebende und tote Inventar des Hofes und das Vorratskapital umfaßt, wird nach einem durchschnittlichen Verkaufswert geschätzt.

Von dem Gesamtwert des Hofes nebst Zubehör werden diejenigen Schulden, für welche der Hof oder ein Teil desselben speziell verpfändet oder ein allgemeines Pfandrecht bestellt ist, ferner der nach den Vorschriften der Ablösungsordnung zu berechnende Wert des etwaigen auf dem Hofe lastenden Heimfallrechts und die vorübergehenden Hofeslasten, letztere nach ihrer wahrscheinlichen Dauer zu Kapital berechnet, abgesetzt.

¹ Andere Schulden werden nur, insoweit sie durch das übrige Vermögen nicht gedeckt werden, von dem Hofeswerte abgesetzt. ² Das so ermittelte Kapital bildet den schuldenfreien Hofeswert.

§ 15

Bei der Erbteilung tritt der schuldenfreie Hofeswert an die Stelle des dem Anerben zufallenden Hofes nebst Zubehör.

¹ Die vom Hofeswert abzusetzenden Schulden hat der Anerbe allein zu übernehmen, auch dann, wenn diese Schulden den Hofeswert übersteigen. ² Der Anerbe hat nach Abzug eines ihm als Voraus verbleibenden Viertels die übrigen drei Viertel des schuldenfreien Hofeswertes in die Erbschaftsmasse einzuschließen. ³ Ist ein Abkömmling des Erblassers Anerbe, so steht ihm neben dem Voraus ein Anspruch auf Ausgleichung nach § 2057a des Bürgerlichen Gesetzbuches nicht zu.

¹ Hat der Anerbe durch Zuwendungen, welche von ihm nach den allgemeinen Vorschriften zur Ausgleichung zu bringen sind, mehr erhalten, als ihm bei der Auseinandersetzung mit den Miterben außer dem Voraus zukommen würde, so verringert sich der Voraus um einen entsprechenden Be-

trag. ²Im übrigen erfolgt die Auseinandersetzung unter den Miterben einschließlich des Anerben nach dem allgemeinen Rechte.
¹Nach diesem Rechte richtet sich auch die Haftung der Erben für Erbschaftsschulden. ²Der Anerbe haftet jedoch für die von ihm allein zu übernehmenden Schulden kraft des Gesetzes zum Vollen und ist verpflichtet, die Miterben von der Haftung für dieselben zu befreien.

§ 16

Statt der Bewertung gemäß den Vorschriften des § 14 Abs. 1 bis 5 ist auf Verlangen eines Beteiligten der gemeine Wert (Verkaufswert) der Schätzung zugrunde zu legen
1. bei Höfen, deren Gebäude nebst Hofraum einen höheren Verkaufswert haben als der sonstige Grundbesitz derselben;
2. bei unbebauten Teilen eines Hofes, deren Wert bereits durch ihre Lage als Bauland oder als Land zu Verkehrszwecken bestimmt wird oder bei denen nach sonstigen Umständen, insbesondere nach ihrer Lage und Beschaffenheit, ihrem Erwerbspreis oder ihrer Belastung, anzunehmen ist, daß sie in absehbarer Zeit anderen als landwirtschaftlichen Zwecken dienen werden.

Der gemeine Wert wird durch den Preis bestimmt, der im gewöhnlichen Geschäftsverkehr nach der Beschaffenheit der in Frage kommenden Gebäude und Grundstücke unter Berücksichtigung aller den Preis beeinflussender Umstände bei einer Veräußerung zu erzielen wäre; ungewöhnliche oder lediglich persönliche Verhältnisse sind dabei nicht zu berücksichtigen.

In den Fällen der Ziffer 2 gelten folgende besonderen Bestimmungen:
a) Der Anerbe ist berechtigt, bei Antritt der Stelle die Übernahme solcher Teile abzulehnen.
b) Die nach § 14 vom Hofeswert abzusetzenden Schulden sind nach Verhältnis des für die Ermittlung maßgebenden Wertes teils auf die nach diesem Paragraphen, teils auf die nach § 14 geschätzten Teile des Hofes anzurechnen.

§ 17

Die nach §§ 14 bis 16 erforderlichen Schätzungen werden, wenn kein Beteiligter widerspricht, unter den Beteiligten durch je drei sachverständige Landwirte vorgenommen, von welchen der eine vom Bauerngericht, der zweite von dem Anerben und der dritte von den übrigen Miterben ernannt wird.

Für die Schätzung der verschiedenen Bestandteile sowie die Ermittlung der verschiedenen in Frage kommenden Arten von Werten (Ertragswert, Verkaufswert) können verschiedene Sachverständige ernannt werden.

Die Sachverständigen werden vom Bauerngericht beeidigt oder auf einen etwa geleisteten Amtseid verwiesen und mit Instruktionen versehen und haben diesen gemäß ihr Gutachten abzugeben.

Wenn die Sachverständigen über den Wert nicht einig sind, so wird die sich aus den verschiedenen Wertangaben ergebende mittlere Summe als Wert angenommen.

Sind die Schätzungen unter offenbarer Verletzung der Vorschriften der §§ 14 bis 16 erfolgt, so kann das Amtsgericht eine nochmalige Schätzung durch drei andere gemäß Absatz 1 zu ernennende sachverständige Landwirte anordnen.

¹Wenn einer der Beteiligten diesem Verfahren widerspricht, wozu vom Amtsgericht eine vierzehntägige Frist bei Meidung des Verlustes des Widerspruchsrechts vorgeschrieben werden kann, so sind die Parteien auf den Rechtsweg zu verweisen. ²Entsprechendes gilt, vorbehaltlich der Vorschrift des Absatzes 5, wenn ein Beteiligter wegen Verletzung der Vorschriften der §§ 14 bis 16 gegen das Schätzungsergebnis Einwendung erhebt.

§ 18

(aufgehoben)

§ 19

(aufgehoben)

§ 20

¹Wenn zum Gesamtgut einer durch den Tod eines Ehegatten aufgelösten allgemeinen Gütergemeinschaft oder Errungenschaftsgemeinschaft oder wenn zu dem Gesamtgut einer aufgelösten fortgesetzten Gütergemeinschaft ein Hof gehört, so tritt der überlebende Ehegatte, wenn ihm nach § 3 Abs. 2 das Antragsrecht zusteht oder wenn ihm von dem verstorbenen Ehegatten nach dem allgemeinen Recht die Befugnis, den Hof zu übernehmen, durch letztwillige Verfügung eingeräumt ist, als Anerbe ein. ²In diesem Falle erwirbt er das Eigentum des Hofes nebst Zubehör mit Beendigung der Auseinandersetzung und wenn er vorher in öffentlich beglaubigter Form dem Amtsge-

richt angezeigt hat, daß er von seinem Übernahmerecht Gebrauch mache, mit dem Zeitpunkt, in welchem die Anzeige bei dem Amtsgericht eingeht.

Der überlebende Ehegatte tritt nicht als Anerbe ein, wenn bei Beendigung der Gütergemeinschaft in seiner Person die Gründe vorhanden sind, durch die nach der Vorschrift des § 10 Abs. 2 ein Anerbe von dem Anerbenrechte ausgeschlossen wird oder wenn ihm nach § 1502 Abs. 2 des Bürgerlichen Gesetzbuches ein Übernahmerecht nicht zusteht.

§ 21

Ist der überlebende Ehegatte nach Maßgabe des § 20 zur Übernahme des zum Gesamtgut einer aufgelösten Gütergemeinschaft gehörigen Hofes nicht berechtigt, oder macht er von seinem Rechte keinen Gebrauch oder wird eine fortgesetzte Gütergemeinschaft durch den Tod des überlebenden Ehegatten aufgelöst, so treten die bei der Auseinandersetzung in Ansehung des Gesamtguts beteiligten Abkömmlinge nach Maßgabe der §§ 9 bis 11 als Anerben ein; im Falle des § 10 Abs. 2 ist jedoch statt des Todes des Erblassers der Zeitpunkt maßgebend, in welchem die Gütergemeinschaft endigte.

¹Mit dem gleichen Zeitpunkt erwirbt der Anerbe das Eigentum des Hofes nebst Zubehör. ²Ist jedoch ein zur Übernahme des Hofes berechtigter Ehegatte vorhanden und macht dieser von seinem Rechte keinen Gebrauch, so erwirbt der Anerbe das Eigentum erst mit Beendigung der Auseinandersetzung, falls aber der Ehegatte vorher den Verzicht auf die Übernahme des Hofes dem Amtsgericht in öffentlich beglaubigter Form anzeigt, mit dem Zeitpunkte, in welchem die Anzeige bei dem Amtsgericht eingeht.

§ 22

In den Fällen der §§ 20 und 21 erfolgt die Teilung des Gesamtguts unter die Beteiligten einschließlich des Anerben nach dem allgemeinen Rechte; jedoch finden die für die Erbteilung geltenden Vorschriften der §§ 14 bis 17 mit der Maßgabe entsprechende Anwendung, daß der als Anerbe berufene Ehegatte keinen Voraus erhält.

§ 23

¹Zur Eintragung des Anerben als Eigentümer im Grundbuch ist in den Fällen des § 9 Abs. 4 Satz 1 und der §§ 20 und 21 die Zustimmung der übrigen an der Auseinandersetzung Beteiligten erforderlich. ²Vor der Eintragung im Grundbuch ist der Hof der Zwangsvollstreckung durch die Gläubiger des Anerben nicht unterworfen.

Auf das Recht der Gläubiger des Anerben, zum Zwecke der Zwangsvollstreckung die Umschreibung des Hofes auf den Anerben zu erwirken, findet die Vorschrift des § 14 der Grundbuchordnung entsprechende Anwendung.

§ 24

¹Der Pflichtteil des Anerben und seiner Miterben aus dem Gesamtnachlasse des Hofeseigentümers bestimmt sich ohne Rücksicht auf die §§ 14 bis 17 nach den allgemeinen erbrechtlichen Vorschriften. ²Wenn jedoch der hiernach für die Miterben des Anerben berechnete Pflichtteil größer ist als der Wert des gesetzlichen Erbteils, der ihnen nach Maßgabe der §§ 14 bis 17 von dem Gesamtnachlaß gebühren würde, so beschränkt sich ihr Pflichtteil auf den geringen Wert.

Verfügungen des Hofeseigentümers, durch welche die Fälligkeit der Erbteile der Miterben des Anerben bis zur Volljährigkeit der Miterben unter der Verpflichtung des Anerben, die Miterben bis zu diesem Zeitpunkt angemessen zu erziehen und für den Notfall auf dem Hofe zu unterhalten, hinausgeschoben wird, sind nicht als Beschränkung oder Verkürzung des Pflichtteils anzusehen.

Diese Vorschriften finden, falls der Hof zum Gesamtgut einer fortgesetzten Gütergemeinschaft gehörte, auf die Ansprüche der anteilsberechtigten Abkömmlinge entsprechende Anwendung.

§ 25

Eine Verfügung des Hofeseigentümers, durch welche dieser seinem Ehegatten bis zum vollendeten dreißigsten Lebensjahr des Anerben das Recht beilegt, den Hof nebst Zubehör nach dem Tode des Erblassers in eigene Nutzung und Verwaltung zu nehmen unter der Verpflichtung, den Anerben und seine Miterben, letztere bis zur Auszahlung ihres Erbteils, angemessen zu erziehen und für den Notfall auf dem Hofe zu unterhalten, begründet für den Anerben und seine Miterben, falls sie Abkömmlinge des überlebenden Ehegatten sind, keinen Pflichtteilsanspruch und gilt nicht als Beschränkung ihres Pflichtteils.

Ruby

§ 26

¹Verträge, durch welche unter Lebenden einem Anerben ein Hof übergeben wird (Altenteils- und Gutübergabeverträge), bedürfen der notariellen Beurkundung. ²Die Vorschrift des § 313 Satz 2 BGB findet Anwendung.

¹Der Übergabevertrag ist dem Vormundschaftsgericht einzureichen. ²Das Vormundschaftsgericht hat die Befolgung dieser Vorschrift auf dem Übergabevertrage zu bescheinigen. ³Die Übertragung des Eigentums an dem Hofe erfolgt nach dem allgemeinen Rechte. ⁴Das Grundbuchamt soll jedoch die Eintragung des Eigentumswechsels nur vornehmen, wenn ihm der mit der Bescheinigung des Vormundschaftsgerichts versehene Übergabevertrag vorgelegt wird.

¹Sobald der Anerbe das Eigentum des Hofes nebst Zubehör erworben hat, können seine Miterben, sofern in dem Übergabevertrag nichts anderes vereinbart ist, von dem Anerben verlangen, daß ihnen die nach den Vorschriften der §§ 14 bis 17 zu ermittelnden Abfindungen ausgezahlt werden. ²Für die Ermittlung des Hofeswertes ist der Zeitpunkt des Eigentumsüberganges maßgebend. ³Der Veräußerer ist berechtigt, gemäß der Vorschrift des § 22 Abs. 2 die Fälligkeit der Abfindung hinauszuschieben.

§ 27

Gehören zu einem Nachlasse oder zu dem Gesamtgute einer aufgelösten Gütergemeinschaft mehrere Höfe, so finden die Bestimmungen dieses Gesetzes entsprechende Anwendung, soweit sich nicht aus dem folgenden ein anderes ergibt.

¹Der überlebende Ehegatte tritt unter den Voraussetzungen des § 20 in betreff sämtlicher Höfe als Anerbe ein, im übrigen ist der zum Anerben Berufene Anerbe in betreff sämtlicher Höfe, wenn sie bei Eintritt des Anerbenrechts von derselben Hofstelle aus bewirtschaftet werden. ²In anderen Fällen kann jeder Berechtigte in der Reihenfolge seiner Berufung zum Anerben je einen Hof wählen. ³Sind mehr Höfe als Berechtigte vorhanden, so wird die Wahl in derselben Reihenfolge wiederholt.

Diejenigen Schulden, für welche ein allgemeines Pfandrecht bestellt ist, und die auf Grund des vorletzten Absatzes des § 14 vom Hofeswert abzusetzenden Nachlaß- oder Gesamtgutverbindlichkeiten sind auf die einzelnen Höfe nach dem Verhältnis ihres schuldenfreien Hofeswertes zu verteilen, der schuldenfreie Hofeswert ist dabei ohne Berücksichtigung der auf allen Höfen zu erteilenden Verbindlichkeiten zu ermitteln.

§ 28

Die in den §§ 9 bis 27 enthaltenen Bestimmungen finden nicht Anwendung:
1. wenn der Erblasser bei seinem Tode Miteigentümer des Hofes war,
2. wenn der Hof beim Tode des Erblassers infolge von Veränderungen, welche nach der Eintragung stattgefunden haben, nicht eintragungsfähig war; jedoch ist das Nichtvorhandensein einer Hofstelle zur Zeit des Todes des Erblassers ohne Einfluß, wenn dieser Zustand alsdann noch nicht zwei Jahre gedauert hat.

§ 29

¹Wird der Hof innerhalb 10 Jahren nach dem Übergange des Eigentums auf den Anerben oder nach dem Erlöschen eines in Ansehung des Hofes bestehenden Verwaltungs- und Nutzungsrechts veräußert, so hat der Anerbe den Betrag, um den der Erlös bei der Erbteilung ermittelten Hofeswert übersteigt, nachträglich in die Erbmasse einzuwerfen. ²Das gilt nicht, soweit der Mehrerlös lediglich eine Folgeerscheinung der in der Zeit zwischen der Übernahme des Hofes und dessen Veräußerung eingetretene Geldentwertung ist. ³Erfolgt die Veräußerung des Hofes an einen Enteignungsberechtigten, so entfällt die Verpflichtung, soweit der Erlös vor dem Ablauf von zwei Jahren nach der Veräußerung zum Erwerb eines wirtschaftlich gleichwertigen landwirtschaftlichen Betriebes verwandt wird.

¹Bei der Berechnung des einzuwerfenden Betrages sind abzusetzen die Aufwendungen für Bauten, Umbauten und für sonstige dauernde besondere Verbesserungen, auch solche land- oder forstwirtschaftlicher Art, die innerhalb des fraglichen Zeitraums gemacht sind und nicht der laufenden Bewirtschaftung von Grundstücken dienen, soweit die Bauten und Verbesserungen noch vorhanden sind. ²Als Aufwendung im Sinne dieser Vorschrift gelten Beträge, die aus Versicherungen gedeckt sind nicht, wenn sie zur Wiederherstellung von Baulichkeiten verwendet sind, die vor dem Übergange des Eigentums auf den Anerben errichtet waren.

¹Werden innerhalb des in Absatz 1 bestimmten Zeitraumes Teile des Hofes auf einmal oder nacheinander gegen ein Entgelt veräußert, das im ganzen höher ist als ein Zehntel des Hofeswertes, so hat der Anerbe den Betrag, um den der Erlös den auf die veräußerten Grundstücke entfallenden Teil des Hofeswertes übersteigt, nachträglich in die Erbmasse einzuwerfen. ²Diese Verpflichtung besteht nicht, soweit an Stelle der veräußerten Grundstücke vor dem Ablauf von zwei Jahren nach der Ver-

äußerung für den Hof wirtschaftlich gleichwertige Grundstücke gemäß § 6 in den Bestand des Hofes eingetreten sind. ³Die Vorschriften des Absatzes 2 finden Anwendung.

¹Die Vorschriften der Absätze 1 bis 3 gelten nicht, wenn der Anerbe den Hof ganz oder teilweise an eine ihm gegenüber anerbenberechtigte Person veräußert. ²Sie finden jedoch auf den Erwerber entsprechende Anwendung, wenn dieser den Hof oder Teile des Hofes innerhalb des angegebenen Zeitraums an eine ihm gegenüber nicht anerbenberechtigte Person weiter veräußert.

¹Dauernde Belastungen des Hofes innerhalb der zehnjährigen Frist, die den bei der Übernahme geschätzten Hofeswert übersteigen, bedürfen der Zustimmung der Miterben. ²Diese kann nicht verweigert werden, soweit die höhere Belastung nicht den Betrag übersteigt, um den der Hofeswert sich ziffernmäßig infolge der in der Zwischenzeit eingetretenen Geldentwertung erhöht hat. ³Wird die Zustimmung verweigert, so kann sie auf Antrag des Anerben durch das Amtsgericht ersetzt werden, wenn die Verweigerung ohne ausreichenden Grund erfolgt ist.

¹Die vorstehend bestimmten Ansprüche verjähren mit Ablauf von fünf Jahren nach erfolgtem Übergang des Eigentums. ²Diese Vorschrift findet auch dann Anwendung, wenn der Hof vor der Veräußerung oder Belastung in der Höferolle gelöscht worden ist.

Die Vorschriften der Absätze 1 bis 3 und 6 finden entsprechende Anwendung, wenn im Falle der Enteignung die gezahlte Entschädigungssumme den Hofeswert oder den auf die enteigneten Grundstücke entfallenden Teil des Hofeswerts übersteigt.

§ 30

¹Für jede Eintragung in die Höferolle und jede Löschung in derselben, einschließlich der darüber dem Eigentümer zu machenden Anzeige, wird eine Gebühr von 1,50 Euro erhoben. ²Die Einsicht in die Höferolle erfolgt kostenfrei. ³Die Anträge zur Höferolle sind einer Stempelabgabe nicht unterworfen.

§ 31

¹Das Nachlaßgericht hat dem Anerben auf Antrag einen Erbschein über sein Erbrecht an dem Hof nebst Zubehör zu erteilen. ²Die Vorschriften der §§ 2363 bis 2370 des Bürgerlichen Gesetzbuches finden entsprechende Anwendung.

Der Erbschein über das Erbrecht in das Hofesvermögen und der Erbschein über das Erbrecht an dem sonstigen Nachlaß können auf Antrag in einer Urkunde vereinigt werden.

Solange der Hof zu einer Beisitzmasse gehört, kann der Anerbe nur einen dem § 19 entsprechenden Erbschein verlangen.

§ 32 *(aufgehoben)*

In Bremen gilt das alte BremHöfeG vom 18.7.1899 in der Fassung des Gesetzes vom 29.6.1923. Es wurde nach der kurzen Periode des nazistischen Reichserbhofgesetzes durch Neupromulgation, also alleine durch Neuverlesung des Textes, am 19.7.1948 (BremGBl. S. 119, 124) wieder in Kraft gesetzt. Es wurde seither mehrfach geändert. 1

Damit das BremHöfeG gelten kann, muss die betreffende Grundbesitzung anerbengutsfähig sein. Das ist der Fall, wenn sie ein Hof im Sinne des BremHöfeG ist. Das ist nur bei landwirtschaftlichen, nicht forstwirtschaftlichen Betrieben, möglich, § 1 II BremHöfeG. Eine zur Bewirtschaftung geeignete Hofstelle muss vorhanden sein. Quantitative Mindestanforderung an die Hofesgröße sind 2,5 ha. Ein Höchstumfang ist nicht vorgesehen. 2

In welchem Umfang der Hof dem BremHöfeG unterliegt, ergibt sich aus der Höferolle, in die der Hof als Hof im Sinne des BremHöfeG eingetragen ist. Insbesondere gehört das Zubehör anerbrechtlich zum Hof und folgt daher dessen rechtlichem Schicksal. Der Zubehörbegriff wird im BremHöfeG abweichend vom BGB bestimmt. Zubehör des Hofes sind nach § 7 BremHöfeG die mit dem Hof bzw. Hofesteilen verbundenen Gerechtigkeiten (altrechtliche Nutzungsrechte an einem anderen Grundstück), Hofgebäude, Hofanlagen, Holzungen, Bäume und das Hofesinventar, § 7 BremHöfeG. 3

Als Rechtsträger eines Hofes kann nur eine natürliche, keine juristische Personen sein. Hofinhaber ist grundsätzlich nur eine Einzelperson sein, in deren Alleineigentum ein Hof steht § 1 II 2 BremHöfeG. Nur kraft ehelichen Güterrechts ist eine Erweiterung auf eine Personenmehrheit mit familienrechtlichem Charakter, nämlich als Ehegattenhof in allgemeiner oder fortgesetzter Gütergemeinschaft möglich, § 1 II 2 BremHöfeG. 4

Die Höfe nach dem BremHöfeG sind Antragshöfe. Voraussetzung für die Geltung des Anerbenrechts ist dann – neben den vorstehend beschriebenen materiellen Voraussetzungen – die Eintragung in die Höferolle, § 1 BremHöfeG. Das BremHöfeG vermittelt die Anerbenrechtsgeltung also kraft Registereintrag (mittelbares oder indirektes Anerbenrecht). 5

Für den Schutzfall, dass der Inhaber einer landwirtschaftlichen Besitzung, die anerbengutsfähig im Sinne des BremHöfeG ist, testierunfähig ist, fingiert das BremHöfeG auch ohne Eintragung in die Höferolle die Hofeigenschaft, § 2 II BremHöfeG. 6

Die Hofeseigenschaft entfällt mit Löschung der Eintragung, die im Belieben des Hofeigentümers steht, § 3 I, II BremHöfeG. 7

Ruby

8 Ungeachtet der Geltung des BremHöfeG kann der Hof auch durch entsprechende letztwillige Verfügung dem Anerbenrecht entzogen werden. Nach Art. 64 II EGBGB können nämlich landesrechtliche Anerbengesetze das Recht des Erblassers, über das dem Anerbenrecht unterliegende Grundstück (abweichend von den Regeln des Anerbenrechts) von Todes wegen zu verfügen, nicht beschränken. Das BremHöfeG ist nachgiebiges Recht, § 2 I BremHöfeG.

9 Das BremHöfeG verdrängt in seinem räumlichen und sachlichen Anwendungsbereich als lex specialis die erbrechtlichen Normen des BGB (lex generalis). Mit Rücksicht auf Art. 64 II EGBGB läuft dies für das BremHöfeG im Ergebnis darauf hinaus, dass das BGB-Intestat-Erbrecht durch das BremHöfeG-Intestat-Erbrecht ersetzt wird. Anerbenrechte haben vor allem die Funktion eines hilfsweise geltenden gesetzlichen Erbrechts (Staudinger/*Mayer* 2013, Art. 64 EGBGB Rn. 40). Soweit das BremHöfeG nicht eingreift, richtet sich auch die Vererbung von Höfen nach dem BremHöfeG nach allgemeinem Erbrecht. Das ist z. B Fall, wenn nach den Vorschriften des BremHöfeG kein Anerbe vorhanden ist. Der Hof ist in diesem Fall auch aus der Höferolle zu löschen, § 11 III BremHöfeG.

10 Der Erblasser kann auch bei Geltung des BremHöfeG kraft Testierfreiheit den Anerben bestimmen, § 8 BremHöfeG. Mit Rücksicht auf Art. 64 II EGBGB unterliegt eine auf dem BremHöfeG beruhende Anerbenbestimmung keinen Einschränkungen. Dies gilt insbesondere auch für das Erfordernis der Wirtschaftsfähigkeit des Anerben.

11 Das BremHöfeG stellt für den Fall der gesetzlichen Erbfolge eine vom parentelen System abweichende besondere Erbfolgeordnung (Anerbfolgeordnung) auf und berücksichtigt dabei auch die Herkunft des Hofes von der Mannes- oder Frauenseite. Die Wirtschaftsfähigkeit als persönliche Voraussetzung für den gesetzlichen (wie den gewillkürten) Anerben kennt das BremHöfeG nicht. In Bremen geht bei Fehlen von Abkömmlingen die Hofeigenschaft grundsätzlich verloren, § 11 III 1 BremHöfeG. Der Ehegatte ist nur ausnahmsweise hoferbenfähig, nämlich dann wenn er den Hof in die allgemeine Gütergemeinschaft eingebracht hat oder wenn fortgesetzte Gütergemeinschaft vorliegt, §§ 20 I, 3 II BremHöfeG.

12 Bremen kennt keine vier Anerbenordnungen wie die anderen Anerbengesetze. Anerben sind grds. nur die Abkömmlinge des Erblassers, die nach den Vorschriften des allgemeinen Rechts gesetzliche Erben sind §§ 9 II, 11–13, 20–21 BremHöfeG. Die Ausnahmefälle, in denen der überlebende Ehegatte Anerbe sein kann, regelt § 20 BremHöfeG.

13 Nach § 11 BremHöfeG gilt strenges Ältestenrecht, was wegen Verstoß gegen Art. 3 GG mE verfassungswidrig ist. Auf den vermuteten Erblasserwillen oder die Eignung des Anerben wird nicht abgestellt.

14 Im Gegensatz zum Prinzip der BGB-Universalsukzession sieht das BremHöfeG eine Sondernachfolge in das Anerbengut vor. Der Hof nebst Zubehör bildet eine eigene Erbmasse und vererbt sich selbständig geschlossen auf den Anerben. Wegen dieser Spezialsukzession bedarf es keiner besonderen Übertragungsakte. Dieser ist Erbe im rechtstechnischen Sinn, jedoch beschränkt auf die der Anerbfolge unterliegenden Gegenstände. Neben der Sondererbmasse des Anerbenhofs, die sich nach Anerbenrecht vererbt, besteht eine zweite Erbmasse. Sie setzt sich aus dem hofesfreien Vermögen der Erbmasse zuzüglich des Wertes des Anerbenhofs zusammen und vererbt sich nach allgemeinem Erbrecht, § 9 BremHöfeG.

15 Gegenstand der Anerbfolge ist der Hof nebst Zubehör als Wirtschaftseinheit. Dazu zählen insbesondere alle wirtschaftlich zusammengehörenden Grundstücke des Eigentümers mit den entsprechenden Gebäuden und die dem Anerbengut dienenden Mitgliedschafts-, Nutzungs- und ähnlichen Rechte, wie zB Anteile an Molkerei-, Bezugs-, Kreditgenossenschaftn, Aktien einer Zuckerrüben-AG, Gerechtigkeiten usw, §§ 6, 7 Nr. 1 und 2 BremHöfeG. Auch das Zubehör folgt dem rechtlichen Schicksal des Hofes, soweit es im Eigentum des Erblassers stand und dieser nicht anderweitig verfügt hatte, § 7 Nr. 3 BremHöfeG. Das Zubehör umfasst insbesondere der Hofwirtschaft dienendes Vieh (Arbeits-, Zucht-, Masttiere usw). Zum Zubehör zählt auch das Wirtschafts- und Hausgerät, also das gesamte sogenannte tote Inventar (zB Maschinen, Kraftfahrzeuge, Anhänger usw). Darüber hinaus gehört zum Zubehör der vorhandene Dünger und die zur Bewirtschaftung bis zur nächsten Ernte dienenden Vorräte an landwirtschaftlichen Erzeugnissen und Betriebsmitteln, § 7 Nr. 3 BremHöfeG.

16 Die Anerbenrechtsstellung wird nach den anderen Anerbenrechten grundsätzlich mit dem Anerbfall. Nach bremischem Recht erwirbt der Anerbe das Eigentum des Hofes nebst Zubehör hingegen erst mit der Annahme der Erbschaft, § 9 IV 1 BremHöfeG. Der Anerbe wird Vollerbe (Volleigentümer).

17 § 15 II 2 BremHöfeG gewährt dem Anerben noch einen echten Voraus (Anteil) in Höhe von 1/4 des Hofwertes. Zum Ausgleich steht dem Anerben jedoch ein Anspruch auf Ausgleichung geleisteter Dienste gemäß § 2057a BGB nicht, § 15 II 3 BremHöfeG.

18 Während der Erbe nach allgemeinem Recht (§ 1950 BGB) die Ausschlagung nicht auf einen Teil der Erbschaft zu beschränken vermag, kann der Anerbe auf seine mit dem Anerbfall geschaffene Anerben-Rechtsstellung verzichten, ohne damit die Erbschaft in das übrige (anerbengutsfreie) Vermögen zurückzuweisen, § 9 IV 2 BremHöfeG. Verzichtet der Anerbe auf sein Anerbenrecht, so gilt der Anfall des Anerbenguts an ihn als nicht erfolgt. Das Gut fällt an den an nächster Stelle berufenen Anerben, § 10 I BremHöfeG. Für den Verzicht auf die Anerbenstellung gelten die Ausschlagungsregeln des BGB entsprechend, § 9 IV BremHöfeG. Von dem einseitig nach dem Anerbfall zu erklärenden Verzicht, welcher der Ausschlagung entspricht, ist der vor dem Anerbfall erklärte Verzicht auf das Anerbenrecht zu unterscheiden. Hierbei handelt es sich um einen notariellen Beurkundung bedürftigen Vertrag zwischen dem Hofeigentümer und einem künftigen Hoferben (§§ 2346 ff. BGB). Missverständlich bezeichnet § 10 I BremHöfeG die Ausschlagung der Anerbenstellung als Verzicht.

Nach dem BremHöfeG sind die Miterben des Anerben keine dinglichen Miterben des Hofes. Stattdessen erhalten die weichenden Erben Abfindungsansprüche in Geld gegen den Anerben. Hat der Erblasser die Abfindungshöhe nicht selbst durch Verfügung von Todes wegen festgelegt, so findet die Abfindungsregelung des § 15 BremHöfeG Anwendung. § 15 BremHöfeG begünstigt den Anerben, um das Fortbestehen des Hofes zu gewährleisten. Danach tritt der schuldenfreie Hofeswert bei der Erbteilung an die Stelle des Hofeigentums. Der Hofeswert dient als Bemessungsgrundlage für die Abfindungsansprüche der weichenden Erben. Maßgebend für die Ermittlung des Hofwertes ist der Ertragswert und nicht – wie im allgemeinen Erbrecht – der Verkehrswert. Das BremHöfeG legt einen vereinfachten Ertragswert zu Grunde, der mit dem 25-fachen jährlichen Reinertrag angesetzt wird, § 14 IV BremHöfeG. 19

Der Ertragswert wird grds. von drei sachverständigen Landwirten ermittelt, von denen der Anerbe und die Abfindlinge sowie das Landwirtschafsgericht je einen benennen, § 17 BremHöfeG. Widerspricht einer der Beteiligten diesem Verfahren innerhalb der Zweiwochenfrist des § 17 IV BremHöfeG steht der Rechtsweg offen. Die Durchführung der Abfindung ist in § 15 BremHöfeG eingehend geregelt. Zunächst ist festgelegt, dass der Anerbe im Innenverhältnis der Miterben die kompletten Nachlassverbindlichkeiten zu übernehmen hat, selbst wenn sie den Hofeswert übersteigen, § 15 II BremHöfeG. Dann wird ein Viertel vom Hofeswert zugunsten des Anerben als Voraus abgezogen. Vom Voraus sind evtl. ausgleichspflichtige Zuwendungen, die der Anerbe zu Lebzeiten erhalten hat, in Abzug zu bringen, § 15 IV BremHöfeG. Der so festgestellte Hofwert wird dann in dem Verhältnis unter die Miterben (einschließlich Anerben) aufgeteilt, das sich aus dem allgemeinen Erbrecht ergibt, § 15 III 2 BremHöfeG. Er ist bei der allgemeinen Erbteilung an die Abfindlinge auszuzahlen. Besondere Stundungs- oder Fälligkeitsvorschriften für die Zahlung der Abfindung kennt das BremHöfeG nicht. 20

Ob ein Pflichtteilsanspruch besteht, bestimmt das allgemeine Erbrecht. Er bemisst sich beim BremHöfeG nicht nach ertragswertermäßigten Hofeswert, sondern nach dem Verkehrswert, § 24 I BremHöfeG. Kappungsgrenze für den Pflichtteilsanspruch ist aber der am Hofeswert plus Verkehrswert des hofesfreien Nachlasses bemessene gesetzliche Miterbenanteil des Pflichtteilsberechtigten. Verfügt der Erblasser, dass der Anerbe minderjährige Miterben auf dem Hof bis zur Volljährigkeit zu erziehen und zu unterhalten hat, wird die Fälligkeit der Pflichtteilsansprüche der Minderjährigen bis zu deren Volljährigkeit aufgeschoben, § 24 II BremHöfeG. 21

Das allgemeine deutsche Erbrecht bietet keine Handhabe, um einen missbräuchlichen Verkauf von landwirtschaftlichen Grundstücken durch einen Anerben zu verhindern oder doch mit belastenden Folgen zu versehen. Dagegen verfügen die Anerbengesetze und das Zuweisungsverfahren nach dem Grundstücksverkehrsgesetz seit Langem über das Instrument der Abfindungsergänzung (Nachabfindung). Die Abfindungsergänzung beruht auf folgendem Leitgedanken: Um den Hof vor Zersplitterung und Überschuldung zu bewahren, benachteiligt das Anerbenrecht die Miterben zu Gunsten des Hofübernehmers dadurch, dass ihre Abfindung nach dem gegenüber dem Verkehrswert erheblich niedrigeren Ertragswert berechnet wird. Dieser Zweck wird verfehlt, wenn der Hofinhaber den ganzen Hof oder erhebliche Teile in einem bestimmten Zeitraum nach dem Erbfall veräußert und der dabei erzielte Erlös den bei der Abfindung zu Grunde gelegten Wert erheblich übersteigt. Deshalb muss der Hofinhaber den Mehrerlös in eine Nachtragsauseinandersetzung einschließen. Im Einzelnen gilt: Nachabfindungsberechtigt sind die nach bürgerlichem Recht berufenen Miterben und Pflichtteilsberechtigten. Nachabfindungsansprüche entstehen gem. § 29 I, IV BremHöfeG bei folgenden Tatbeständen: 22

- Veräußerung (Ausnahme: Übergabe im Wege der vorweggenommenen Erbfolge) des Hofes innerhalb von zehn Jahren nach Eigentumsübergang auf den Anerben, wobei der Hofeswert, der den Abfindungen zugrunde gelegt wurde, um den Kaufkraftschwund zu bereinigen ist. Nur der Mehrerlös ist vom Anerben nachträglich in die Erbmasse einzuwerfen.
- Erfolgte die Veräußerung des Hofes aber an einen Enteignungsberechtigten und wurde der Veräußerungserlös binnen zwei Jahren für die Ersatzbeschaffung eines landwirtschaftlichen Betriebes verwendet, entfällt die Nachabfindung.
- Bei der Teilveräußerung, zB von Hofgrundstücken, innerhalb des Zehnjahreszeitraums erfolgt ebenfalls eine Nachabfindung, wenn der durch den Teilverkauf erzielte Erlös insgesamt 1/10 des Hofwertes übersteigt und die Veräußerung nicht zur Erhaltung des Hofes erforderlich war, § 29 III BremHöfeG.

Rechtsfolge eines Nachabfindungstatbestands ist eine Berichtigungsauseinandersetzung. Nachdem der Anerbenzweck (ganz oder teilweise) weggefallen ist, sollen die weichenden Erben und Pflichtteilsberechtigten grundsätzlich so gestellt werden, wie sie insoweit ohne Anerbfolge, sondern nur bei einer Erbfolge nach allgemeinem Recht eingetreten wäre, also der Anerbe die gewährten Vergünstigen nicht erhalten hätte. Berechnungsgrundlage des Nachabfindungsanspruches ist der vom Anerben durch die anerbenzweckwidrige Veräußerung erzielte Erlös, § 29 I BremHöfeG. Bei dieser Ausgangssumme Abschläge für den Verbesserungsaufwand des Anerben vorzunehmen, § 29 II BremHöfeG. 23

Die Abfindungsergänzungsansprüche sind vererblich und übertragbar. Sie verjähren 5 Jahre nach der Veräußerung, § 29 IV 1 BremHöfeG. 24

Trotz Anerbensondererbfolge bildet das Anerbengut für die Abwicklung der Nachlassverbindlichkeiten des Erblassers einen Bestandteil des Nachlasses. Die anerbenrechtliche Nachlassspaltung wird im Verhältnis zu den Nachlassgläubigern nicht aufrechterhalten. Es besteht nach den allgemeinen erbrechtlichen Grundsätzen im Außenverhältnis gegenüber den Nachlassgläubigern eine haftungsrechtliche Nachlasseinheit. Es gilt also für die Haftung der Erben auch im landwirtschaftlichen Sondererbrecht das für den Gesamtnachlass maßgebende Recht des BGB, § 15 IV 1 BremHöfeG. 25

26 Soweit das hofesfreie Vermögen und das Außenverhältnis beim Anerbengut betroffen sind, gilt das allgemeine Recht uneingeschränkt: Alle Miterben einschließlich des Anerben haften nach außen als Gesamtschuldner mit ihrem gesamten Vermögen (§ 2058 BGB) für die gesamten Nachlassverbindlichkeiten – gleichgültig, ob sie den Hof oder das übrige Vermögen betreffen. Als haftungsrechtlicher Nachlassbestandteil unterliegt der Hof dem Zugriff aller Nachlassgläubiger. Eine etwaige Haftungsbeschränkung richtet sich nach den einschlägigen Bestimmungen des BGB (§§ 1975, 1990, 1992). Für das Innenverhältnis zwischen dem Anerben und den übrigen Miterben sieht das BremHöfeG dagegen eine vom allgemeinen Recht abweichende Regelung vor. Während andere Anerbengesetze vorsehen, dass Nachlassverbindlichkeiten zunächst aus dem anerbengutsfreien Nachlass zu tilgen sind, ist das BremHöfeG zum Anerben streng. Der Anerbe hat die Schulden alleine zu übernehmen, selbst wenn sie den Ertrags-Hofeswert übersteigen, § 15 BremHöfeG. Die Miterben haben gegen den Anerben einen Anspruch auf Freistellung, § 15 IV BremHöfeG. Ein aus dem freien Nachlass verbleibender Überschuss und die Abfindungen aus dem Hofeswert sind auf die Miterben nach den Regeln des allgemeinen Rechts, dh entsprechend ihren Erbanteilen zu verteilen.

27 § 31 I BremHöfeG sieht für die Nachlassabwicklung einen auf die Hoferbfolge beschränkten Erbschein (Hoffolgezeugnis) vor.

28 Die Verbindung beider Erbmassen (Hof und sonstiges Vermögen) durch die gesamtschuldnerische Haftung, die Abrechnungsgemeinschaft nach § 15 BremHöfeG und die Möglichkeit eines einheitlichen Erbscheins, der die Nachfolge in den Hof und das sonstige Vermögen ausspricht, zeigt, dass die höferechtliche Erbfolge keine konsequente Nachlassspaltung darstellt. Dogmatisch erscheint es sinnvoller von einer „beschränkten Gesamterbfolge" mit einer vom Gesetz festgelegten und vollzogenen Teilungsanordnung zu sprechen (Muscheler, Universalsikzession und Vonselbsterwerb, S. 55 f.).

29 Zur Zukunft des Anerbenrechts siehe die Kommentierung des BadHofGG.

88. Hessische Landgüterordnung

In der Fassung vom 13. August 1970 (GVBl. I S. 547)

Geändert durch Art. 25 G zur Anpassung der Rechtsstellung von Lebenspartnerschaften und zur Änd. des Hess. Abgeordneten G vom 26. März 2010 (GVBl. I S. 114)

§ 1

(1) Landgut im Sinne dieses Gesetzes ist eine in der Landgüterrolle des nach dem Gesetz über das gerichtliche Verfahren in Landwirtschaftssachen zuständigen Gerichts (Landwirtschaftsgerichts) eingetragene Besitzung.

(2) In die Rolle kann jede im Land Hessen belegene, mit einem Wohnhaus versehene Besitzung eingetragen werden, die zum Betriebe der Land- oder Forstwirtschaft bestimmt ist und mindestens die Größe einer Ackernahrung (Abs. 3 bis 5) hat.

(3) Als Ackernahrung gilt eine genutzte Landfläche, die notwendig ist, um eine Familie, unabhängig vom Markt und von der allgemeinen Wirtschaftslage, zu ernähren und zu bekleiden sowie den Betrieb aus sich selbst zu erhalten.

(4) Beim Weinbau ist als Ackernahrung eine genutzte Landfläche anzusehen, deren eigene Erzeugung an Trauben zum Unterhalt einer Familie ausreicht.

(5) Beim Gemüse- oder Obstbau ist als Ackernahrung eine genutzte Landfläche anzusehen, die auch bei Umstellung auf die Betriebsarten der Abs. 3 oder 4 die dort bestimmten Voraussetzungen erfüllt.

(6) [1]Der Nachweis, dass die Größe einer Ackernahrung vorliegt, wird durch eine Bescheinigung der zuständigen Landwirtschaftlichen Verwaltung in der Kreisstufe geführt. [2]Gegen deren ablehnenden Bescheid kann der Antragsteller innerhalb einer Frist von einem Monat Antrag auf Entscheidung durch das Landwirtschaftsgericht stellen.

§ 2

(1) Ein Landgut soll in die Rolle nur dann eingetragen werden, wenn die Voraussetzungen des § 1 Abs. 2 zur Zeit der Eintragung vorhanden sind.

(2) Die Eintragung kann nicht aus dem Grunde angefochten werden, dass diese Voraussetzungen zur Zeit der Eintragung nicht vorhanden gewesen seien.

§ 3

(1) Die Eintragung in die Rolle und die Löschung erfolgen auf Antrag des Eigentümers, der über das Landgut letztwillig verfügen kann.

(2) Steht das Landgut im Miteigentum, so ist der Antrag sämtlicher Miteigentümer erforderlich.

§ 4

(1) Die Eintragung als Landgut hat rechtsbegründende Bedeutung.

(2) [1]Kein bisheriger Erbhof gilt als automatisch in die Landgüterrolle eingetragen, die nach diesem Gesetz angelegt wird. [2]Die Eintragung jedes Grundeigentums, einschließlich bisheriger Erbhöfe, in die Landgüterrolle erfolgt nur auf Antrag des Eigentümers gemäß § 3.

§ 5

(1) In der Rolle erhält jedes Landgut ein eigenes Blatt.

(2) [1]Das Landgut besteht aus den Grundstücken, die auf dem Rollenblatt vermerkt sind. [2]Auf dem Rollenblatt sind alle Grundstücke des Eigentümers zu vermerken, die als solche auf dem Grundbuchblatt eingetragen sind, einschließlich der nach der Eintragung des Landgutes in die Rolle erworbenen und im Grundbuch zugeschriebenen Grundstücke. [3]Die Zuschreibung der letzteren in der Rolle erfolgt von Amts wegen und gebührenfrei.

(3) [1]Bei der Eintragung des Landgutes in die Rolle und bei dem späteren Erwerb von Grundstücken kann der Eigentümer bestimmen, dass einzelne Grundstücke in die Rolle nicht einzutragen sind. [2]Diese sind auf dem Rollenblatt als ausgenommen zu verzeichnen.

(4) In gleicher Weise sind einzelne Grundstücke auf dem Rollenblatt zu verzeichnen, wenn sie auf Antrag des Eigentümers gelöscht werden.

(5) Auf dem Grundbuchblatt ist die Nummer des Rollenblattes gebührenfrei zu vermerken.

§ 6

(1) ¹Wird infolge von Veräußerungen ein Teil eines Landgutes im Grundbuch abgeschrieben, so erhält dieser Teil in der Rolle ein eigenes Blatt, falls die Voraussetzungen des § 1 Abs. 2 für ihn zutreffen; hiervon ist der Erwerber zu benachrichtigen. ²Treffen diese Voraussetzungen nicht zu, so ist mit der Abschreibung im Grundbuch auch die Löschung des veräußerten Teiles in der Rolle zu bewirken.

(2) Die Anlegung des Blattes und die Löschung erfolgen von Amts wegen und gebührenfrei.

§ 7

Liegen die zum Landgute gehörenden Grundstücke in den Bezirken verschiedener Landwirtschaftsgerichte, so haben diese sich in den Fällen der § 5 und 6 von den Eintragungen und Löschungen im Grundbuch und in der Rolle gegenseitig von Amts wegen Nachricht zu geben.

§ 8

(1) Die Anträge auf Eintragung oder Löschung in der Rolle werden bei dem Landwirtschaftsgericht unter Anwendung des § 29 der Grundbuchordnung in der Fassung der Bekanntmachung vom 5. August 1935 (Reichsgesetzbl. I S. 1073) schriftlich eingereicht.

(2) Das Landwirtschaftsgericht hat dem Antragsteller mitzuteilen, dass die Eintragung oder Löschung erfolgt ist.

§ 9

(1) Die Eintragung verliert ihre Wirksamkeit durch die Löschung.

(2) Die Eintragung ist auch für jeden nachfolgenden Eigentümer wirksam, sofern dieser Eigentümer des ganzen Landgutes oder eines den Voraussetzungen des § 1 Abs. 2 entsprechenden Teiles ist.

§ 10

(1) Die Einsicht der Rolle ist jedem gestattet, der nach dem Ermessen des Landwirtschaftsgerichts ein rechtliches Interesse daran hat.

(2) Für die Einsicht in die Rolle werden keine Gebühren erhoben.

§ 11

(1) Wird der Eigentümer eines Landgutes von mehreren Nachkommen beerbt, so ist in Ermangelung einer entgegenstehenden letztwilligen Verfügung einer von diesen berechtigt, bei der Erbteilung das Landgut nebst Zubehör nach Maßgabe der §§ 12 bis 23 zu übernehmen.

(2) Dasselbe gilt, wenn bei der Erbteilung neben den Nachkommen der überlebende Ehegatte oder Lebenspartner beteiligt ist.

(3) Die Abfindung der Miterben (§ 16 Abs. 1) tritt, auch Dritten gegenüber, an die Stelle des Anteils an der Erbengemeinschaft.

§ 12

Im Sinne dieses Gesetzes sind Zubehör des Landgutes:
1. die mit dem Landgut oder seinen einzelnen Teilen verbundenen Gerechtigkeiten;
2. die auf dem Landgut vorhandenen Gebäude, Anlagen, Holzungen und Bäume;
3. die auf die Rechtsverhältnisse und die Bewirtschaftung des Landgutes bezüglichen, zur Erbmasse gehörigen Bücher und Urkunden;
4. Das Gutsinventar; dieses umfasst:
   a) das auf dem Landgut zu seiner Bewirtschaftung vorhandene Vieh, Acker- und Hausgerät,
   b) den vorhandenen Dünger und
   c) die für die Bewirtschaftung des Landgutes bis zur nächsten Ernte erforderlichen Vorräte an Früchten und sonstigen Erzeugnissen.

§ 13

In Ermangelung einer Vereinbarung der Beteiligten über die Person des Gutsübernehmers und über die Bedingungen der Gutsübernahme hat das Landwirtschaftsgericht auf Antrag der Beteiligten oder eines von ihnen sämtliche Beteiligte zu einem Einigungsversuch zu laden und bei diesem möglichst auf die Erhaltung der Einheit und Leistungsfähigkeit des Landgutes hinzuwirken.

§ 14

Wird bei diesem Versuch keine Einigung erzielt, so bestimmt das Landwirtschaftsgericht nach Maßgabe der §§ 11, 12, 15 bis 23 die Person des Gutsübernehmers und die Bedingungen der Übernahme.

§ 15

(1) Bei der Bestimmung des Gutsübernehmers ist für das Landwirtschaftsgericht die dauernde einheitliche Erhaltung des Gutes in der Hand eines der Familienglieder maßgebend.

(2) Erachtet hiernach das Landwirtschaftsgericht mehrere der Erben als zur Übernahme des Gutes geeignet, so ist demjenigen der Vorzug zu geben, der nach pflichtgemäßem Ermessen als am besten geeignet erscheint.

(3) Die Bestimmung des Gutsübernehmers unterbleibt:
a) wenn das Landwirtschaftsgericht sich davon überzeugt, dass das Landgut wegen hoher Verschuldung oder sonstiger Gründe in der Familie nicht erhalten werden kann;
b) wenn kein Nachkomme des Eigentümers das Landgut zu den vom Landwirtschaftsgericht festgestellten Bedingungen übernehmen will.

§ 16

(1) ¹Das Landwirtschaftsgericht setzt den bei der Erbteilung an die Stelle des Landgutes nebst Zubehör tretenden Wert desselben fest. ²Der Wert bestimmt sich nach dem Ertragswert (§ 2049 BGB); als Ertragswert gilt das Fünfundzwanzigfache des jährlichen Reinertrags. ³Von dem ermittelten Wert sind die Nachlassverbindlichkeiten abzuziehen, die im Verhältnis der Erben zueinander der Gutsübernehmer allein zu tragen hat, mit Ausnahme jedoch der in § 19 erwähnten. ⁴Der hiernach verbleibende Betrag bildet den für die Erbteilung und sonach für die Berechnung der Abfindung der Miterben maßgebenden Wert des Landguts.

(2) Soweit die Beteiligten uneinig sind, ob einzelne Gegenstände zum Gutsinventar gehören, steht dem Landwirtschaftsgericht die Entscheidung zu.

§ 17

(1) Die Nachlassverbindlichkeiten mit Ausnahme der auf dem Gut ruhenden Hypotheken, Grund- und Rentenschulden und der auf dem Gut ruhenden sonstigen Lasten sind, soweit das außer dem Gut vorhandene Nachlassvermögen dazu ausreicht, aus diesem zu berichtigen.

(2) ¹Die auf dem Gut ruhenden Lasten sowie diejenigen Nachlassverbindlichkeiten, die nicht aus dem außer dem Gut vorhandenen Nachlassvermögen berichtigt werden können, hat im Verhältnis zu seinen Miterben der Gutsübernehmer zu tragen. ²Er ist verpflichtet, die Miterben von ihnen zu befreien.

§ 18

(1) ¹Zieht der Gutsübernehmer binnen fünfzehn Jahren nach dem Erwerb (§ 20) aus dem Gut oder Teilen des Gutes durch Veräußerung oder auf andere Weise, die den Zwecken der Übernahme fremd ist, erhebliche Gewinne, so hat er, soweit es der Billigkeit entspricht, die Miterben auf Verlangen so zu stellen, wie wenn der in Betracht kommende Gegenstand im Zeitpunkt des Erwerbes verkauft und der Kaufpreis unter den Miterben entsprechend ihren Erbteilen verteilt worden wäre. ²Ist das Gut im Wege der Erbfolge auf einen anderen übergegangen oder hat der Erwerber das Gut einem anderen im Wege der vorweggenommenen Erbfolge übereignet, so trifft die entsprechende Verpflichtung den anderen hinsichtlich derartiger Gewinne, die er binnen fünfzehn Jahren nach dem in Satz 1 bezeichneten Zeitpunkt aus dem Gut zieht.

(2) ¹Die Ansprüche sind vererblich und übertragbar. ²Sie verjähren in zwei Jahren nach dem Schluss des Jahres, in dem der Berechtigte von dem Eintritt der Voraussetzungen seines Anspruchs Kenntnis erlangt, ohne Rücksicht auf diese Kenntnis in fünf Jahren nach dem Schluss des Jahres, in dem die Voraussetzungen des Anspruchs erfüllt sind.

§ 19

(1) ¹Der Gutsübernehmer ist verpflichtet, seine Miterben zu erziehen und ihnen bis zum vollendeten fünfzehnten Jahre Einsitz und angemessenen Unterhalt zu gewähren. ²Dieser Anspruch er-

lischt, wenn ihnen auf Verlangen ihres gesetzlichen Vertreters ihre Abfindung mit vier vom Hundert verzinst oder ausbezahlt wird. ³Die Auszahlung kann jedoch vor eingetretener Volljährigkeit oder Verheiratung nur verlangt werden, wenn der Miterbe das Landgut zur Wahl eines anderweitigen Lebensberufes verlässt.

(2) Auch nach vollendetem fünfzehnten Jahre behalten die Miterben das Recht des Einsitzes bis zur erlangten Volljährigkeit oder früher eintretenden Verheiratung.

(3) ¹Gebrechlichen und kranken Miterben hat der Gutsübernehmer im Bedürfnisfalle bis zu ihrem Tode, sofern sie nicht die Auszahlung ihrer Abfindung verlangen, Einsitz, Kost und Verpflegung zu gewähren. ²Solange sie von diesem Recht Gebrauch machen, findet eine Verzinsung der Abfindung nicht statt. ³Haben sie von diesem Rechte bis zu ihrem nach erlangter Volljährigkeit erfolgten Tode Gebrauch gemacht und weder einen erbberechtigten Ehegatten oder Lebenspartner noch Kinder hinterlassen, so erlischt ihr Anspruch auf Abfindung zu Gunsten des Gutsübernehmers.

(4) Das Landwirtschaftsgericht ist befugt, die in Abs. 1 bis 3 bestimmten Verpflichtungen des Gutsübernehmers zu erhöhen oder herabzusetzen.

§ 20

(1) ¹Das Eigentum an den zum Landgut nebst Zubehör gehörenden Sachen sowie die zugehörigen Rechte gehen mit der Rechtskraft der gerichtlichen Entscheidung oder, falls in ihr ein späterer Zeitpunkt bestimmt ist, zu diesem Zeitpunkt auf den Gutsübernehmer über. ²Der Vorsitzende des Landwirtschaftsgerichts des ersten Rechtszugs ersucht das Grundbuchamt um Eintragung des Erwerbers.

(2) Die Beteiligten können verlangen, dass ihre Ansprüche gegen den Gutsübernehmer (§§ 19, 25) durch Eintragung im Grundbuch sichergestellt werden.

§ 21

(1) Wenn das Landgut sich im Miteigentum der Ehegatten oder Lebenspartner befindet, so verbleibt die Verwaltung dem längstlebenden Ehegatten oder Lebenspartner, und erst bei dessen Tode erfolgt die Bestimmung des Gutsübernehmers.

(2) Der längstlebende Ehegatte oder Lebenspartner ist jedoch befugt, mit Zustimmung der Erben des verstorbenen Ehegatten oder Lebenspartners (§ 13), hilfsweise mit Zustimmung des Landwirtschaftsgerichts, das Landgut schon bei Lebzeiten auf einen der gemeinschaftlichen Nachkommen zu übertragen.

(3) ¹Im übrigen kann das Miteigentum zwischen dem Längstlebenden und den Kindern als Erben des verstorbenen Ehegatten oder Lebenspartners nur mit gegenseitiger Zustimmung oder auf Beschluss des Landwirtschaftsgerichts aufgehoben werden. ²Hiervon abgesehen können einzelne Erben nur die Auszahlung einer nach Maßgabe der §§ 16 und 17 von dem Landwirtschaftsgericht festzusetzenden Abfindung verlangen.

(4) § 11 Abs. 3 findet auch auf den Anteil an der Erbengemeinschaft und die an seine Stelle tretenden Ansprüche des längstlebenden Ehegatten oder Lebenspartners mit der Maßgabe Anwendung, dass vor dem Tode des verstorbenen Ehegatten oder Lebenspartners erworbene Rechte Dritter unberührt bleiben.

§ 22

(1) ¹Steht das Landgut im alleinigen Eigentum eines Ehegatten oder Lebenspartners, so erfolgt nach dessen Tode die Bestimmung des Gutsübernehmers erst dann, wenn dem anderen Ehegatten oder Lebenspartner ein Nießbrauchs- oder Verwaltungsrecht an dem Landgute nicht mehr zusteht. ²Die Erbengemeinschaft zwischen den Kindern des verstorbenen Ehegatten oder Lebenspartners kann, solange ein Nießbrauchs- oder Verwaltungsrecht des überlebenden Ehegatten oder Lebenspartners besteht, nur mit gegenseitiger Zustimmung und mit Einwilligung des überlebenden Ehegatten oder Lebenspartners aufgehoben werden.

(2) Die Bestimmungen des § 21 Abs. 1 und 2 finden auf den Ehegatten oder Lebenspartner, dem das Nießbrauchs- oder Verwaltungsrecht an dem Landgut oder an einem seiner Teile zusteht, entsprechende Anwendung.

§ 23

Hat ein von mehreren Nachkommen beerbter Eigentümer mehrere Landgüter hinterlassen, so hat in Ermangelung einer Vereinbarung der Beteiligten das Landwirtschaftsgericht darüber zu entscheiden, ob und unter welchen Bedingungen die mehreren Landgüter nur von einem Erben oder jedes einzelne Landgut von einem der Erben zu übernehmen sind.

§ 24

Das Recht der Eigentümer, über das Landgut unter Lebenden und von Todes wegen zu verfügen, wird durch dieses Gesetz nicht berührt.

§ 25

(1) Wer über das Landgut letztwillig verfügen kann, ist befugt, in einem Testament oder in einer notariell oder vom Ortsgericht beglaubigten Urkunde die Anwendung der §§ 11 bis 23 auszuschließen, unter den Miterben die Person zu bestimmen, die zur Übernahme des Landgutes oder der mehreren Landgüter berechtigt sein soll, sowie die in § 19 erwähnten Bestimmungen an Stelle des Landwirtschaftsgerichts selbst zu treffen.

(2) In gleicher Weise kann vorbehaltlich des Pflichtteilrechtes der Beteiligten bestimmt werden, zu welchem Betrage der Gutswert bei der Erbteilung angerechnet werden, dass und in welcher Höhe der Gutsübernehmer bei der Teilung ein Voraus erhalten oder in einer sonstigen der Weise bevorzugt werden soll.

§ 26

(1) Für die Berechnung des Pflichtteils der Miterben, die das Landgut nicht übernehmen, sowie für die Berechnung eines Erbersatzanspruchs ist der auf Antrag des Pflichtteilsberechtigten oder des Erbteilsersatzberechtigten von dem Landwirtschaftsgericht nach Maßgabe der §§ 14 bis 17 festzusetzende Wert des Landgutes maßgebend.

(2) § 18 gilt für Pflichtteilsberechtigte und für Erbersatzberechtigte sinngemäß.

§ 27

Die in den §§ 11 bis 26 enthaltenen Bestimmungen finden keine Anwendung:
1. wenn die bei der Erbteilung beteiligten Personen nicht allein Eigentümer des Landgutes sind;
2. wenn das Landgut beim Tode des Erblassers infolge von Veränderungen, die nach der Eintragung des Landgutes in die Rolle stattgefunden haben, nach § 1 Abs. 2 nicht eintragungsfähig gewesen wäre; jedoch kommt der Mangel eines Wohnhauses zur Zeit des Todes des Erblassers nicht in Betracht, wenn dieser Zustand alsdann noch nicht zwei Jahre gewährt hat.

§ 28

Für jede auf Antrag bewirkte Eintragung oder Löschung in der Rolle einschließlich der darüber dem Eigentümer zu machenden Mitteilung wird ein Zehntel der vollen Gebühr des § 32 der Kostenordnung, mindestens aber drei Deutsche Mark erhoben.

Nach der knapp 15jährigen Episode des reichseinheitlichen Zwangserbrechts für die Reichserbhöfe im Dritten Reich, wurde das durch das Kontrollratsgesetz Nr. 45 in Hessen wieder eingeführte Anerbenrecht mit Wirkung vom 24.4.1947 aufgehoben und gleichzeitig die ehemalige Landgüterordnung für den Regierungsbezirk Kassel vom 1.7.1887 für das ganze Land Hessen als HessLGO vom 1.12.1947 in Kraft gesetzt. Die HessLGO hat sich mit einer Zuweisung des Landguts in der Erbauseinandersetzung begnügt, sich also nicht für eine dinglich wirkende Sondernachfolge entschieden. Systematisch hat sich die HessLandgüterO also gegen eine Sondererbfolge, sondern für eine Anerbenfolge aufgrund eines gesetzlichen Übernahmerechts (Näherecht) entschieden, wie das ansonsten nur beim BadHofGG der Fall ist. Die Sondererbfolge in den Hof wird oft vermeintlich als eigentliches Anerbenrecht angesehen. Die Entstehungsgeschichte der Anerbenrechte spricht aber dafür, dass das Übernahmerecht, die ursprüngliche Form des Anerbenrechts ist (Gerhold, Vererbung landwirtschaftlicher Betriebe in Hessen, S. 29). 1

Das Anerbenrecht als besonderes Recht hat besondere Voraussetzungen; zunächst die Anerbengutsfähigkeit des landwirtschaftlichen Betriebs. Damit die HessLGO Anwendung finden kann, muss der jeweilige Betrieb anerbengutsfähig sein. Dazu muss zunächst eine wirtschaftliche Einheit land- oder forstwirtschaftlich genutzten Bodens, dh ein land- oder forstwirtschaftliches Unternehmen vorliegen, § 1 II HessLGO. Daneben verlangt die HessLGO eine zur Bewirtschaftung geeignete Hofstelle („Wohnhaus"). Quantitative Mindestanforderung ist wie bei den anderen süddeutschen Erbrechten auch die Ackernahrung. Der Landgutertrag muss völlig zum selbstständigen Unterhalt einer Familie sowie zum Erhalt des Betriebs ausreichen, § 1 III, IV HessLGO. Die HessLGO kennt einen Nachweis für diese Ackernahrung, die durch den Landkreis bescheinigt wird, § 1 VI HessLGO. Gegen einen ablehnenden Verwaltungsbescheid ist der Rechtsweg zum Landwirtschaftsgericht eröffnet. 2

In welchem Umfang das Landgut vorliegt, ergibt sich aus der beim Landwirtschaftsgericht geführten Landgüterrolle als öffentlichem Register, §§ 1, 5 II HessLGO. In diese Rolle wird das Landgut auf freiwilligen Antrag des Eigentümers eingetragen, § 3 I HessLGO. Die Eintragung als Land- 3 gut wirkt rechtsbegründend, § 4 I HessLGO. Das Zubehör gehört anerbenrechtlich zum Landgut und folgt daher dessen rechtlichem Schicksal. Der Zubehörbegriff wird in § 12 HessLGO abweichend vom BGB bestimmt.

4 Als Rechtsträger für ein Landgut kommen nur natürliche, keine juristischen Personen in Betracht. Hofinhaber kann zunächst eine Einzelperson sein, in deren Alleineigentum das Landgut steht, § 3 I LGO. Einer Personenmehrheit kann ein Landgut nur zustehen, wenn diese familienrechtlichen Charakter hat. Von praktischer Bedeutung ist hier allein das Landgut, das im „Miteigentum" (zur gesamten Hand oder zu Bruchteilen) von Ehegatten steht (Ehegattenhof), § 21 I HessLGO.

5 Das System der Anerbenrechtsgeltung kraft Gesetzes (unmittelbares Anerbenrecht mit „geborenen" Höfen) ist nur praktikabel, wenn die Größe des Anerbenguts objektiv eindeutig bestimmt ist. Ist dies – wie bei der HessLGO, die auf Ackernahrung abstellt – nicht der Fall, ist aus Gründen der Rechtssicherheit die Eintragung in die Landgüterrolle anerbenrechtsbegründendes Erfordernis, § 4 I HessLGO. Dieses System der Antragshöfe kann als Anerbenrechtsgeltung kraft Registereintrag (mittelbares Anerbenrecht) bezeichnet werden. Dabei gilt der Grundsatz der freiwilligen Eintragung. Es gibt im deutschen Anerbenrecht keine obligatorische, sondern nur eine fakultative Registereintragung. Es ist dem Landwirt freigestellt, ob er sein Gut der HessLGO unterstellt oder nicht.

6 Die Landgutseigenschaft kraft (konstitutiver) Eintragung entfällt mit Löschung der Eintragung nach § 9 HessLGO, die ebenfalls im Belieben des Landguteigentümers steht.

7 Ungeachtet der Geltung der HessLGO kann ein Landgut auch durch entsprechende letztwillige Verfügung dem Anerbenrecht entzogen werden. Nach Art. 64 II EGBGB können nämlich landesrechtliche Anerbengesetze das Recht des Erblassers, über das dem Anerbenrecht unterliegende Grundstück (abweichend von den Regeln des Anerbenrechts) von Todes wegen zu verfügen, nicht beschränken. Die HessLGO ist nachgiebiges Recht, vgl. § 1 LGO.

8 Grundsätzlich verdrängt die HessLGO als lex specialis in ihrem räumlichen und sachlichen Anwendungsbereich die erbrechtlichen Normen des BGB (lex generalis). Mit Rücksicht auf Art. 64 II EGBGB läuft dies für das hessische Anerbenrecht im Ergebnis darauf hinaus, dass das BGB-Intestat-Erbrecht durch das HessLGOIntestat-Erbrecht ersetzt wird. Soweit die HessLGO nicht eingreift, richtet sich auch die Vererbung der Landgüter nach allgemeinem Erbrecht. Das ist zB unter der Geltung der HessLGO der Fall, wenn nach deren Vorschriften kein Nachkomme des Landguteigentümers vorhanden ist, das Landgut überschuldet ist oder kein Nachkomme des Eigentümers das Landgut zu den vom Landwirtschaftsgericht festgestellten Bedingungen übernehmen will, vgl. § 15 III HessLGO.

9 Der Erblasser kann auch bei Geltung der HessLGO kraft seiner Testierfreiheit den Gutsübernehmer bestimmen, §§ 25, 11 HessLGO. Mit Rücksicht auf Art. 64 II EGBGB unterliegt die Bestimmung des Gutsübernehmers keinen Einschränkungen. Dies gilt insbesondere für das Erfordernis der Wirtschaftsfähigkeit, welche die HessLGO nicht einmal erwähnt. Bei einem Ehegattenhof können die Ehegatten einen Gutsübernehmer gemeinsam bestimmen. Liegt keine gemeinsame Bestimmung vor, so ist der überlebende Ehegatte befugt, den Hoferben allein zu bestimmen. Bis dahin verwaltet der überlebende Ehegatte das Landgut (Zwischenwirtschaftsrecht). Die Bestimmung des Gutsübernehmers durch Verfügung von Todes wegen hat in den Formen des BGB zu erfolgen.

10 Im Unterschied zu den anderen Anerbenrechten kennt die HessLGO keine Anerbfolgeordnung. Sie bestimmt nur die anerbenfähigen Personen. Das sind die Abkömmlinge des Erblassers, sofern sie Erben geworden sind (§ 11 I, II HessLGO). Die HessLGO kennt nur den Abkömmling als Gutsübernehmer, §§ 15 IIIb HessLGO, 11 I, II HessLGO. Einer aus diesem Kreis der Anerbenprätendenten ist berechtigt, das Landgut zu übernehmen. Können sich die Nachkommen nicht auf einen Gutsübernehmer einigen, wählt das Landwirtschaftsgericht aus diesem Personenkreis den Gutsübernehmer aus. Die HessLGO steht damit dem Zuweisungsverfahren nach §§ 13 ff. GrdstSVG näher als den anderen Anerbenrechten (*Kreuzer* AgrarR 1977, Beilage I, S. 12). Auswahlkriterium für das Landwirtschaftsgericht ist die Eignung des Gutsübernehmers, das Landgut dauerhaft als Einheit zu erhalten. Unter gleichermaßen geeigneten Abkömmlingen ist derjenige vorzuziehen, der nach pflichtgemäßem Ermessen des Landwirtschaftsgerichts am Besten geeignet erscheint, § 15 I, II HessLGO. Das Gericht wird bei der Ausübung dieses Ermessens auch den Erblasserwillen berücksichtigen (*Weimann* AgrarR 1978, 188).

11 Im Gegensatz zu den Anerbenrechtssystemen der „dinglichen" Anerbfolge fällt das Landgut nach hessischem Recht in den allgemeinen Nachlass. Der Gutsübernehmer hat lediglich einen Anspruch darauf, das Landgut bei der Erbteilung als solches geschlossen zu übernehmen. (Damnationspraelegat, § 11 HessLGO).

12 Gegenstand dieses gesetzlichen Vorausvermächtnisses ist das Landgut als Wirtschaftseinheit. Dazu zählen insbesondere alle wirtschaftlich zusammengehörenden Grundstücke des Eigentümers mit den entsprechenden Gebäuden und die dem Anerbengut dienenden Mitgliedschafts-, Nutzungs- und ähnlichen Rechte, wie zB Anteile an Molkerei-, Bezugs-, Kredit- oder Winzergenossenschaften, Aktien einer Zuckerrüben-AG, Gerechtigkeiten usw, §§ 5, 12 Nr. 1 und 2 HessLGO. Auch das Zubehör folgt dem rechtlichen Schicksal des Landguts, soweit es im Eigentum des Erblassers stand und dieser nicht anderweitig verfügt hatte, §§ 11 I, 12 Nr. 3 und 4 HessLGO. Das Zubehör umfasst insbesondere der Hofwirtschaft dienendes Vieh (Arbeits-, Zucht-, Masttiere usw). Zum Zubehör zählt auch das Wirtschafts- und Hausgerät, also das gesamte sogenannte tote Inventar (zB Maschinen, Kraftfahrzeuge, Anhänger usw). Darüber hinaus gehört zum Zubehör der vorhandene Dünger und die zur Bewirtschaftung bis zur nächsten Ernte dienenden Vorräte an landwirtschaftlichen Erzeugnissen und Betriebsmitteln, §§ 11 I, 12 Nr. 3 und 4 HessLGO.

Die Anerbenrechtsstellung als Gutsübernehmer wird mit der Rechtskraft der landwirtschaftsgerichtlichen Zuweisungsentscheidung begründet, § 20 I 1 HessLGO. Der Gutsübernehmer wird Volleigentümer. Die Regelung hinsichtlich des Eigentumsübergangs auf den Gutsübernehmer ist dem GrdstVG nachgebildet, so dass das Eigentum auch zu einem späteren Zeitpunkt übergehen kann, wenn das Gericht den Zeitpunkt hinausschiebt, § 20 I HessLGO (vgl. § 13 II GrdstVG).

Die Miterben des Gutsübernehmers erhalten als weichenden Erben Abfindungsansprüche in Geld gegen den Übernehmer. Die Abfindungsansprüche treten – auch Nachlassgläubigern gegenüber – an die Stelle des Anteils an der Erbengemeinschaft, § 11 III HessLGO. Die Höhe der Abfindungsansprüche kann der Erblasser durch letztwillige Verfügung festlegen, wobei er das Pflichtteilsrecht nicht einschränken kann. Fehlt es daran, so finden subsidiär die gesetzlichen Abfindungsregelungen der HessLGO Anwendung. Sie begünstigen den Anerben, um das Fortbestehen des Landguts zu gewährleisten. Der Landgutswert tritt an die Stelle des Landgutseigentums. Der Gutswert dient als Bemessungsgrundlage für die Abfindungsansprüche der weichenden Erben. Maßgebend für die Ermittlung des Gutswerts ist grundsätzlich der Ertragswert, nicht – wie im allgemeinen Erbrecht – der Verkehrswert. Der Ertragswert bestimmt sich nach dem 25-fachen jährlichen Reinertrag, § 16 I 2 HessLGO. Er wird vom Landwirtschaftsgericht festgesetzt, § 16 I 1 HessLGO. § 16 I 3 HessLGO legt fest, welche Verbindlichkeiten und Lasten vom Brutto-Gutswert abzuziehen sind. Danach sind die Verbindlichkeiten vom Landgutswert abzusetzen, die im Verhältnis der Erben zueinander den Hof betreffen. Der dann festgestellte Netto-Gutswert wird schließlich in dem Verhältnis unter die Miterben (einschließlich Anerben) aufgeteilt, das sich aus dem allgemeinen Erbrecht ergibt, § 16 I 4 HessLGO.

Besondere Regelungen über Ausgleichungs- und Anrechnungspflichten, Fälligkeit, Stundung, Verzinsung oder Erfüllung der Abfindungsansprüche kennt die HessLGO – im Gegensatz zu den meisten anderen Anerbenrechten – nicht.

Das überkommene Anerbenrecht sah für die weichenden Erben neben oder anstelle der Abfindungsansprüche in Geld eine Reihe von Sonderansprüchen vor. Mit Rücksicht auf die veränderten Umstände, insbesondere die gewachsene Mobilität treten diese Sonderrechte in der neueren Gesetzgebung mehr und mehr zurück. Dem überlebenden Ehegatten, der Miteigentümer am Landgut war, steht die Verwaltung des Landgutes auf seine Lebenszeit zu, § 21 I HessLGO. Erst nach dem Tod des überlebenden Ehegatten erfolgt die Bestimmung des Gutsübernehmers

Regelmäßig gewähren die Anerbenrechte den Abkömmlingen des Erblassers besondere Rechte. So hat auch nach § 19 I HessLGO der Gutsübernehmer minderjährigen Miterben angemessenen Unterhalt bis zum vollendeten 15. und Wohnung bzw. Einsitz bis zur Volljährigkeit zu gewähren. Gebrechliche und kranke Miterben haben sogar ein Recht auf Einsitz, Kost und Verpflegung bis zum Tod, § 19 III HessLGO.

Ob ein Pflichtteilsanspruch besteht bestimmt das allgemeine Erbrecht. Er beträgt – soweit die Anerbfolge betroffen ist – die Hälfte des nach § 16 I HessLGO berechneten Abfindungsanspruches, § 26 HessLGO.

Diese Sonderverpflichtungen des Gutsübernehmers berechtigten nicht zu einer Kürzung der Abfindungsleistungen, § 16 I 3 HessLGO. Das Landwirtschaftsgericht kann die Verpflichtungen allerdings herabsetzen, § 19 IV HessLGO.

Um einen Missbrauch durch anerbengutswidrige Verfügungen über das Landgut oder Teilen davon zu verhindern, gewährt die HessLGO den Miterben des Gutsübernehmers und den Pflichtteilsberechtigten Nachabfindungsansprüche, § 18 I 1 HessLGO. § 18 HessLGO ist fast wörtlich dem § 17 GrdstVG nachgebildet. Die Nachabfindungsfrist beläuft sich auf 15 Jahre; dh der Nachabfindungstatbestand darf nicht später als 15 Jahre nach dem Erwerb des Landguts durch den Gutsübernehmer eintreten, um eine Nachabfindung auszulösen. Rechtsfolge eines Nachabfindungstatbestands ist eine Berichtigungsauseinandersetzung. Nachdem der Anerbenzweck (ganz oder teilweise) weggefallen ist, sollen die weichenden Erben und Pflichtteilsberechtigten grundsätzlich so gestellten werden, wie wenn insoweit keine Gutsübernahme, sondern eine Erbfolge nach allgemeinen Recht eingetreten wäre, also der Anerbe die gewährten Vergünstigen nicht erhalten hätte. Berechnungsgrundlage des Nachabfindungsanspruches ist Verkehrswert des Landguts im Zeitpunkt des Erwerbs durch den Gutsübernehmer, § 18 I LGO. Die Nachabfindungsansprüche sind vererblich und übertragbar, § 18 II HessLGO. Sie verjähren in zwei Jahren nach Kenntniserlangung des Berechtigten von der anerbenzweckwidrigen Veräußerung, spätestens aber in fünf Jahren ab dem Endedes Jahres der Anspruchsentstehung.

Was die Nachlassverbindlichkeiten anbelangt, gilt das allgemeine Recht der BGB-Erbenhaftung, da die HessLGO lediglich eine Erbteilungsvorschrift im Rahmen der Universalsukzession vorsieht. Eine Regelung der Erbenhaftung im Außenverhältnis in der HessLGO war daher nicht erforderlich. Das Landgut haftet als Bestandteil des Gesamtnachlasses für die Abwicklung der Nachlassverbindlichkeiten. Alle Miterben einschließlich des Gutsübernehmers haften nach außen als Gesamtschuldner mit ihrem gesamten Vermögen (§ 2058 BGB) für die gesamten Nachlassverbindlichkeiten – gleichgültig, ob sie das Landgut oder das übrige Vermögen betreffen. Eine etwaige Haftungsbeschränkung richtet sich nach den einschlägigen Bestimmungen des BGB (§§ 1975, 1990, 1992).

Für das Innenverhältnis zwischen dem Gutsübernehmer und den übrigen Miterben sieht die HessLGO vom allgemeinen Recht abweichende Regelungen vor, um das Landgut lebensfähig zu erhalten. Dementsprechend sind im Innenverhältnis Nachlassverbindlichkeiten (mit Ausnahme der auf dem Landgut ruhenden Hypotheken-, Grund- und Rentenschulden und der auf dem Landgut ruhenden sonstigen Lasten) in erster Linie aus dem gutsfreien Nachlass zu tilgen, § 17 Abs. 1 HessLGO. Soweit eine Nachlassverbindlichkeit primär aus dem freien Nachlass zu berichtigen ist, kann der Gutsübernehmer von seinen Miterben Befreiung verlangen. Soweit der gutsfreie Nachlass zur Tilgung der Nachlassschulden nicht ausreicht, hat der Gutsübernehmer sie im Innenverhältnis allein zu tragen und die Miterben davon zu befreien, § 17 II HessLGO. Verbleibt hingegen nach Berichtigung der Nachlassverbindlichkeiten aus dem gutsfreien Nachlass ein Überschuss, so ist dieser auf die Miterben nach den Regeln des allgemeinen Rechts, dh entsprechend ihren Erbanteilen zu verteilen.

23 Zur Zukunft des Anerbenrechts siehe die Kommentierung des BadHofGG.

89. Landesgesetz über die Höfeordnung (HO-RhPf)

Vom 7. Oktober 1953

In der Fassung der Bekanntmachung vom 18. April 1967

Zuletzt geändert durch Gesetz vom 2. März 2017 (GVBl. RhPf 2017, 21)

Abschnitt I. Zweck des Gesetzes

§ 1

Um die Erfolge der Maßnahmen zur Verbesserung der Agrarstruktur zu sichern und um die Zersplitterung der land- und forstwirtschaftlichen Betriebe im Wege der Erbfolge oder der Veräußerung zu verhindern, sollen die Bildung von Höfen und der geschlossene Hofübergang gefördert werden.

Abschnitt II. Der Hof

§ 2 Begriff

(1) ¹Hof im Sinne dieses Gesetzes ist ein in die Höferolle eingetragener land- und forstwirtschaftlicher Betrieb, der im Alleineigentum einer natürlichen Person oder im Eigentum von Ehegatten (Ehegattenhof) steht und von der dazugehörigen Hofstelle aus bewirtschaftet werden kann. ²Die Bestimmungen dieses Gesetzes über Ehegatten und Ehegattenhöfe finden auf Lebenspartner entsprechende Anwendung.

(2) Der Hof soll bei einer den Ertragsbedingungen entsprechenden Wirtschaftsweise ausreichen, um aus seinem land- und forstwirtschaftlichen Ertrag über den notwendigen Betriebsbedarf hinaus eine bäuerliche Familie angemessen zu versorgen sowie Altenteils- und Abfindungsverpflichtungen zu erfüllen (Ackernahrung).

(3) Eintragungsfähig ist auch ein Hof,

a) der noch nicht eine Ackernahrung ist, aber zu einer solchen in absehbarer Zeit ausgebaut werden kann, oder

b) der eine Ackernahrung ist und dessen Hofstelle in Rheinland-Pfalz, dessen Grundstücke aber bis zu einem Drittel der Betriebsfläche außerhalb von Rheinland-Pfalz gelegen sind und insoweit nicht den Bestimmungen dieses Gesetzes unterliegen.

§ 3 Bestandteile

(1) ¹Zum Hof gehören die Hofstelle und die Grundstücke des Eigentümers, die von der Hofstelle aus bewirtschaftet werden können. ²Eine kurzfristige Verpachtung oder ähnliche vorübergehende Überlassung an andere schließt die Zugehörigkeit zum Hof nicht aus.

(2) Zum Hof gehören ferner Nutzungsrechte und ähnliche Rechte, die dem Hof dienen, gleichviel, ob sie mit dem Eigentum am Hofe verbunden sind oder dem Eigentümer persönlich zustehen.

§ 4 Zubehör

(1) ¹Zum Hof gehört auch das Hofzubehör. ²Es umfasst insbesondere das für die Bewirtschaftung erforderliche lebende und tote Inventar und das Hausgerät sowie die für die Bewirtschaftung bis zur nächsten Ernte dienenden Vorräte an landwirtschaftlichen Erzeugnissen und Betriebsmitteln.

(2) Der Eigentümer kann darüber hinaus durch schriftliche Erklärung gegenüber dem Höfeausschuss (§ 28) einzelne Gegenstände zu Zubehörstücken bestimmen.

§ 5 Eintragung des Hofes

(1) ¹Die Eintragung des Hofes in die Höferolle erfolgt aufgrund eines über den Höfeausschuss zu leitenden Antrages des Eigentümers, bei Ehegattenhöfen auf gemeinschaftlichen Antrag der Ehegatten, an das Grundbuchamt. ²Die Eintragung des Hofes in die Höferolle ist nur zulässig, wenn

a) die Voraussetzungen des § 2 vorliegen und

b) der Hof nicht über seine Leistungsfähigkeit hinaus belastet ist; diese Voraussetzung gilt als gegeben, wenn die Belastung ausschließlich aus einem Siedlungsverfahren, Flurbereinigungsverfahren oder sonstigen Verfahren zur Verbesserung der Agrarstruktur unter Mitwirkung einer Behörde herrührt und die Festsetzung der Belastung nicht länger als zehn Jahre zurückliegt.

(2) ²Der Höfeausschuss entscheidet über die Eintragungsfähigkeit des Hofes. ²Bejaht der Ausschuss die Eintragungsfähigkeit, so übersendet der Vorsitzende unter Beifügung einer Ausfertigung der Entscheidung den Antrag auf Eintragung dem Grundbuchamt.

(3) ¹In den Fällen des § 2 Abs. 3 Buchst. a soll der Höfeausschuss dem Eigentümer aufgeben, den Hof innerhalb einer bestimmten Frist zur Ackernahrung aufzustocken. ²Wird diese Frist nicht eingehalten, so kann der Höfeausschuss Fristverlängerung gewähren oder die Löschung des Hofes (§ 6) beantragen.

(4) ¹Der Eigentümer kann aus wichtigem Grunde mit Genehmigung des Höfeausschusses einzelne Grundstücke oder Rechte von der Eintragung in die Höferolle ausschließen. ²Ein wichtiger Grund liegt insbesondere vor, wenn die Grundstücke in absehbarer Zeit nicht mehr land- oder forstwirtschaftlich genutzt werden sollen.

(5) ¹Der Antrag auf Eintragung in die Höferolle kann bis zur Eintragung zurückgenommen werden. ²Wird der Antrag zurückgenommen, so hat der Antragsteller die durch das Verfahren vor dem Höfeausschuss entstandenen Kosten zu tragen.

§ 6 Löschung des Hofes

(1) ¹Die Löschung des Hofes in der Höferolle kann nur aus wichtigem Grund beantragt werden. ²Ein wichtiger Grund liegt insbesondere vor, wenn die Voraussetzungen für die Eintragung nach § 5 Abs. 1 nicht mehr gegeben sind, ein ausbaufähiger Hof nicht fristgemäß aufgestockt wird oder bei einem Ehegattenhof die Ehe rechtskräftig geschieden oder aufgehoben ist.

(2) Antragsberechtigt sind
a) der Eigentümer, bei einem Ehegattenhof jeder der Ehegatten,
b) der Höfeausschuss, wenn die Eintragungsvoraussetzungen nach § 5 Abs. 1 nicht mehr gegeben sind oder ein ausbaufähiger Hof nicht fristgemäß aufgestockt wird (§ 5 Abs. 3 Satz 2).

(3) ¹Über den Antrag auf Löschung entscheidet das Landwirtschaftsgericht. ²Es hat im Falle des Absatzes 2 Buchst. a vorher den Höfeausschuss zu hören.

§ 7 Zugänge und Abgänge

(1) Neu erworbene Grundstücke und Rechte, bei denen die Voraussetzungen des § 3 Abs. 1 oder 2 vorliegen, sind auf Ersuchen des Vorsitzenden des Höfeausschusses in die Höferolle einzutragen, sofern nicht ein Ausschluss nach § 5 Abs. 4 erfolgt.

(2) ¹Der Eigentümer kann aus wichtigem Grund die Löschung einzelner zum Hofe gehöriger Grundstücke oder Rechte beantragen. ²Ein wichtiger Grund ist insbesondere der Austausch von Grundstücken zur Abrundung oder die zur Entschuldung oder Aussiedlung eines Hofes notwendige Veräußerung von Grundstücken. ³Die Wirtschaftlichkeit des Hofes darf dadurch nicht gefährdet werden. ⁴Über die Löschungsvoraussetzungen entscheidet der Höfeausschuss; er kann seine Genehmigung mit Auflagen oder unter Bedingungen erteilen. ⁵Ist die Bedingung eingetreten, so erteilt der Vorsitzende des Höfeausschusses hierüber auf Antrag eine Bescheinigung. ⁶Der Höfeausschuss kann seine Entscheidungsbefugnis für Einzelfälle und Gruppen von Fällen auf den Vorsitzenden übertragen.

(3) Das Grundbuchamt soll im Falle des Absatzes 2 die Umschreibung im Grundbuch erst vornehmen, wenn ihm die Löschung in der Höferolle nachgewiesen ist.

§ 8 Innerbetriebliche Teilung

¹Überschreitet der Hof die dreifache Größe der Ackernahrung, so kann der Eigentümer den Hof durch Bildung mehrerer Höfe teilen. ²Die Teilung bedarf der Genehmigung des Höfeausschusses und soll nur erfolgen, wenn sie der späteren Ausstattung wirtschaftsfähiger Abkömmlinge dient. ³Jeder neu gebildete Hof muss mindestens die eineinhalbfache Größe einer Ackernahrung haben.

§ 9 Hofname

¹Der Eigentümer kann die Eintragung eines besonderen Hofnamens in die Höferolle beantragen. ²Namensrechte Dritter dürfen hierdurch nicht verletzt werden.

Abschnitt III. Der Hofbauer

§ 10 Begriff

Der Eigentümer eines in die Höferolle eingetragenen Hofes heißt Hofbauer, wenn er dem Berufsstand angehört und den Hof selbst bewirtschaftet.

§ 11 Pflichten

(1) Der Hofbauer ist verpflichtet, den Hof ordnungsgemäß zu bewirtschaften.

(2) Der Hofbauer hat seinen Altenteilsverpflichtungen in angemessener Weise nachzukommen.

(3) Zur Erhaltung der Leistungsfähigkeit des Hofes soll der Hofbauer

a) für eine ausreichende Fachausbildung des Hoferben durch anerkannte Lehre und Fachschulbesuch Sorge tragen,
b) rechtzeitig Vorsorge treffen, dass ein zeitiger Übergang des Hofes an den Hoferben ermöglicht wird,
c) Maßnahmen treffen, welche die Abfindung der weichenden Erben nach den Vorschriften dieses Gesetzes beim Hofübergang sichern und dabei als Teil der Abfindung auch die Berufsausbildung berücksichtigen,
d) sich selbst und seine auf dem Hof tätigen Familienmitglieder gegen Krankheit und Arbeitsunfähigkeit versichern.

(4) Die Bestimmungen der Absätze 1 bis 3 gelten in gleicher Weise für den Eigentümer, der nicht Hofbauer im Sinne des § 10 ist.

Abschnitt IV. Staatliche Förderung des Hofes

§ 12 Schutzpflicht des Staates

Der Hof wird dem besonderen Schutz des Staates unterstellt.

§ 13 *(aufgehoben)*

Abschnitt V. Die Rechtsnachfolge in den Hof

§ 14 Einzelnachfolge

¹Der Hof fällt, sofern der Eigentümer durch Verfügung von Todes wegen nichts anderes bestimmt hat, als Teil der Erbschaft kraft Gesetzes nur einem Erben zu. ²An die Stelle des Hofes tritt im Verhältnis der Miterben untereinander der Wert des Hofes (§ 21 Abs. 2).

§ 15 Bestimmung des Hoferben

(1) Der Eigentümer kann den Hoferben durch Verfügung von Todes wegen frei bestimmen.

(2) Beim Ehegattenhof können die Ehegatten die Rechtsnachfolge in den Hof für den Fall des Todes des Erstversterbenden und für den Fall des Todes des Überlebenden durch gemeinschaftliche Verfügung von Todes wegen regeln.

(3) Der Eigentümer und beim Ehegattenhof die Ehegatten können den Hof im Wege vorweggenommener Erbfolge (Übergabevertrag) dem Hoferben übergeben.

(4) Der Hoferbe soll zur ordnungsgemäßen Bewirtschaftung des Hofes geeignet sein.

§ 16 Gesetzliche Hoferbenordnung

(1) Trifft der Erblasser keine andere Bestimmung, sind als Hoferben kraft Gesetzes in folgender Ordnung berufen:

1. die Kinder des Erblassers und deren Abkömmlinge,
2. der Ehegatte des Erblassers,
3. die Eltern des Erblassers,
4. die Geschwister des Erblassers und deren Abkömmlinge.

(2) ¹Der Ehegatte des Erblassers erhält, solange Verwandte der Hoferbenordnungen 3 und 4 leben, den Hof nur vorläufig als Hofvorerbe. ²Die Vorschriften der §§ 2100 bis 2146 des Bürgerlichen Gesetzbuches finden entsprechende Anwendung; jedoch ist eine Befreiung von der Beschränkung des

§ 2113 Abs. 1 nicht zulässig. ³Mit dem Tode des Ehegatten oder dessen Wiederverheiratung wird derjenige Hoferbe, der als Hoferbe des Erblassers berufen wäre, wenn dieser erst in diesem Zeitpunkt gestorben wäre.

(3) Von den Eltern des Erblassers geht derjenige vor, von dem oder aus dessen Familie der Hof stammt.

(4) ¹Stammt der Hof nicht von einem Elternteil oder aus dessen Familie, so fällt er den Eltern gemeinsam zu gleichen Teilen als Ehegattenhof oder, wenn einer von ihnen nicht mehr lebt, dem anderen an. ²Ist die Ehe der Eltern auf andere Weise als durch den Tod beendet worden, so wird der Elternteil Hoferbe, auf den sich die Eltern einigen. ³Die Einigung ist binnen einer Frist von drei Monaten seit dem Zeitpunkt, in welchem beide Elternteile von dem Anfall Kenntnis erlangen, zur Niederschrift des Landwirtschaftsgerichts oder in öffentlich beglaubigter Form gegenüber diesem Gericht zu erklären; auf den Lauf der Frist sind die für die Verjährung geltenden Vorschriften der §§ 203, 206 des Bürgerlichen Gesetzbuches entsprechend anzuwenden. ⁴Erklären die Eltern innerhalb der Frist die Einigung nicht, so scheiden sie als Hoferben aus.

§ 17 Einzelheiten zur Hoferbenordnung

(1) ¹Innerhalb der gleichen Ordnung entscheidet Ältestenrecht. ²Durch nachfolgende Ehe anerkannte Kinder des Erblassers stehen ehelichen Kindern gleich. ³An Kindes statt angenommene Personen sowie für ehelich erklärte Kinder des Vaters und uneheliche Kinder der Mutter gehen den ehelichen Kindern nach.

(2) ¹Hat der Erblasser durch Art und Umfang der Beschäftigung eines Kindes auf dem Hof erkennen lassen, dass dieses Kind den Hof übernehmen soll, so geht es allen anderen Kindern vor. ²Hat der Erblasser mehrere Kinder in gleichem Umfang auf dem Hof beschäftigt, ohne erkennen zu lassen, welches dieser Kinder den Hof übernehmen soll, so gehen diese Kinder allen übrigen Kindern vor; unter ihnen gilt Ältestenrecht. ³Absatz 1 findet insoweit keine Anwendung.

(3) ¹Vollbürtige Geschwister gehen halbbürtigen vor. ²Halbbürtige Geschwister sind nur dann hoferbenberechtigt, wenn sie mit dem Erblasser den Elternteil gemeinsam haben, von dem oder aus dessen Familie der Hof stammt.

(4) ¹Als Hoferbe scheidet aus, wer nicht wirtschaftsfähig ist. ²Das gilt jedoch nicht, wenn allein mangelnde Altersreife der Grund der Wirtschaftsunfähigkeit ist oder wenn unter den gesamten Abkömmlingen des Erblassers keine wirtschaftsfähige Person vorhanden ist oder wenn es sich bei einem Ehegattenhof um den überlebenden Ehegatten handelt. ³Scheidet der zunächst berufene Hoferbe aus, so fällt der Hof demjenigen an, der berufen wäre, wenn der Ausscheidende zur Zeit des Erbfalls nicht gelebt hätte.

§ 18 Der Hoferbe beim Ehegattenhof

¹Der Ehegattenhof fällt beim Tode des einen Ehegatten dem anderen als Hoferben und, wenn der Hof nicht von ihm stammt, als Hofvorerben zu. ²Nach ihm wird derjenige Hoferbe, der als Hoferbe des Ehegatten, von dem der Hof stammt, berufen wäre, wenn dieser erst in diesem Zeitpunkt gestorben wäre. ³Sind solche Personen beim Tode des erstverstorbenen Ehegatten nicht vorhanden oder fallen sie später sämtlich weg, so erhält der überlebende Ehegatte die Stellung als endgültiger Hoferbe.

§ 19 Ausschlagung des Hofanfalles

¹Der Hoferbe kann den Anfall des Hofes durch Erklärung gegenüber dem Nachlassgericht ausschlagen, ohne die Erbschaft in das übrige Vermögen auszuschlagen. ²Auf die Ausschlagung finden die Vorschriften des Bürgerlichen Gesetzbuches über die Ausschlagung einer Erbschaft entsprechende Anwendung.

Abschnitt VI. Ansprüche der Erben des Hofeigentümers

§ 20 Regelung durch den Eigentümer

(1) ¹Der Eigentümer kann durch Verfügung von Todes wegen (§ 15 Abs. 1 und 2) die Ansprüche der Erben, insbesondere deren Ansprüche gegen den Hoferben, regeln. ²Pflichtteilansprüche (§§ 2302 ff. BGB) bleiben unberührt, jedoch ist der Wert des gesetzlichen Erbteils in Ansehung des Hofes nach § 21 zu bestimmen.

(2) ¹Eine Regelung der in Absatz 1 genannten Ansprüche kann auch im Übergabevertrag (§ 15 Abs. 3) erfolgen. ²Zugunsten derjenigen Personen, die im Falle des Todes des Übergebers pflichtteilsberechtigt wären, gilt der Erbfall hinsichtlich des Hofes mit dem Zeitpunkt des Übergangs des Eigentums als eingetreten.

§ 21 Gesetzliche Regelung

(1) ¹Ist eine Bestimmung nach § 20 nicht getroffen, so tritt für die Erben, die nicht Hoferbe geworden sind, anstelle ihres Erbteils am Hof ein Anspruch gegen den Hoferben auf Zahlung eines Geldbetrages. ²Die Höhe des Anteils der Miterben bestimmt sich nach den Vorschriften des Bürgerlichen Gesetzbuches.

(2) ¹Der Anspruch bemisst sich nach dem Wert des Hofes unter Abzug der Verbindlichkeiten. Der Wert des Hofes bestimmt sich nach dem Ertragswert (§ 2049 BGB); als Ertragswert gilt das Fünfundzwanzigfache des jährlichen Reinertrages. ²Die abzuziehenden Verbindlichkeiten umfassen die auf dem Hof ruhenden Hypotheken, Grund- oder Rentenschulden, die auf dem Hof ruhenden sonstigen Lasten (Altenteil, Nießbrauch usw.) und die übrigen Nachlassverbindlichkeiten, soweit sie nach § 25 Abs. 3 von dem Hoferben allein zu tragen sind.

(3) Der Wert von Versicherungen zugunsten weichender Erben ist anrechnungspflichtig.

(4) Die Ansprüche der Miterben werden vorbehaltlich der Regelung des § 24 beim Übergabevertrag mit dem Zeitpunkt des Übergangs des Eigentums, im Falle der Erbfolge mit der Annahme des Hofanfalls oder mit dem Ablauf der Ausschlagungsfrist des § 1944 BGB fällig.

(5) ¹Wird die Erhaltung des Hofes durch die Ansprüche der Erben gefährdet, so kann das Landwirtschaftsgericht die Ansprüche herabsetzen oder Zahlungsziele bestimmen oder beides anordnen. ²Die Interessen des Hofes und die berechtigten Belange der Erben sind gegeneinander abzuwägen. ³Zugunsten der Miterben ist eine Heranziehung des nicht zum Hof gehörenden Nachlasses zur Berichtigung von Nachlassverbindlichkeiten (§ 25 Abs. 2) zu berücksichtigen.

§ 22 Sonderregelung für den überlebenden Ehegatten und die weichenden Abkömmlinge

Die Rechte des überlebenden Ehegatten und der minderjährigen Abkömmlinge, soweit sie Miterben oder pflichtteilsberechtigt sind, richten sich nach den Vorschriften der §§ 23 und 24, sofern der Eigentümer durch Verfügung von Todes wegen nichts anderes bestimmt hat.

§ 23 Weitere Ansprüche des überlebenden Ehegatten

(1) ¹Bis zur Vollendung des 25. Lebensjahres des Hoferben hat der überlebende Ehegatte die Verwaltung und Nutznießung des Hofes. ²Dieses Recht kann auf Antrag des überlebenden Ehegatten oder des Hoferben aus wichtigem Grund durch das Landwirtschaftsgericht verlängert, beschränkt oder aufgehoben werden.

(2) ¹Nach Übergang des Hofes an den Hoferben hat der überlebende Ehegatte Anspruch auf angemessene Versorgung (Wohnung, Unterhalt) auf dem Hofe. ²Hat der überlebende Ehegatte eine neue Ehe geschlossen, so steht dieser Anspruch auch dem neuen Ehegatten zu, wenn dies mit Rücksicht auf die von ihm auf dem Hofe geleistete Mitarbeit der Billigkeit entspricht.

(3) ¹Das Altenteil (Absatz 2) ist nach örtlichem Brauch so zu bemessen, dass es die soziale Unabhängigkeit des Altenteilers gewährleistet. ²Die Leistungsfähigkeit des Hofes darf nicht überschritten werden.

(4) ¹Im Streitfall entscheidet das Landwirtschaftsgericht. Es kann aus besonderem Grund auf Antrag eines Beteiligten eine vom Absatz 2 abweichende Versorgungsregelung treffen. ²Als besonderer Grund gilt unter anderem ein wiederholtes, den Frieden auf dem Hof störendes Verhalten, durch das dem anderen Teil die Fortsetzung des Zusammenlebens auf dem Hofe nicht mehr zugemutet werden kann.

§ 24 Weitere Ansprüche der weichenden Abkömmlinge

(1) ¹Unverheiratete Abkömmlinge, die Miterben oder pflichtteilsberechtigt sind, haben, soweit dies zumutbar ist, Anspruch auf Unterhalt und Einsitz auf dem Hofe bis zur Vollendung des 25. Lebensjahres und darüber hinaus Anspruch auf Einsitz. ²Sie haben ferner Anspruch auf Berufsausbildung und auf angemessene Aussteuer, soweit die Mittel des Hofes dies gestatten.

(2) Solange der Hoferbe Leistungen nach Absatz 1 erbringt, ist die Fälligkeit des Anspruchs des Abkömmlings nach § 21 Abs. 4 hinausgeschoben.

(3) ¹Die Leistungen nach Absatz 1 hat der Abkömmling sich auf den Anspruch nach § 21 Abs. 2 anrechnen zu lassen, sofern sie nicht durch Dienstleistungen des Abkömmlings abgegolten sind. ²Steht dem Abkömmling ein Anspruch nach § 21 Abs. 2 nicht oder nicht mehr zu, so kann er die Rechte nach Absatz 1 nur geltend machen, wenn dies mit Rücksicht auf seine Mitarbeit auf dem Hofe der Billigkeit entspricht.

Abschnitt VII. Verschiedenes

§ 25 Nachlassverbindlichkeiten

(1) Der Hoferbe haftet, auch wenn er an dem übrigen Nachlass nicht als Miterbe beteiligt ist, für die Nachlassverbindlichkeiten als Gesamtschuldner mit den Erben.

(2) Die Nachlassverbindlichkeiten ausschließlich der auf dem Hof ruhenden Hypotheken, Grund- oder Rentenschulden und der auf dem Hof ruhenden sonstigen Lasten (Altenteil, Nießbrauch usw.) sind, soweit das außer dem Hof vorhandene Vermögen dazu ausreicht, aus diesem zu berichtigen.

(3) Soweit die Nachlassverbindlichkeiten im Sinne des Absatzes 2 nicht wie hier vorgesehen berichtigt werden können, ist der Hoferbe den Miterben gegenüber verpflichtet, sie allein zu tragen und die Miterben von ihnen zu befreien.

§ 26 Nachträgliche Auseinandersetzung nach den Vorschriften des allgemeinen Rechts

(1) Erfolgt innerhalb von 15 Jahren nach dem Anfall oder der Übernahme des Hofes die Löschung des Hofes in der Höferolle oder wird der Hof innerhalb von 15 Jahren veräußert, so ist der Hoferbe oder Hofübernehmer verpflichtet, die Miterben so zu stellen, wie sie gestanden hätten, wenn beim Erbfall eine Auseinandersetzung über den gesamten Nachlass nach den Vorschriften des allgemeinen Rechts stattgefunden hätte.

(2) Erfolgt innerhalb der genannten Frist die Löschung hofzugehöriger Grundstücke (§ 7 Abs. 2), so gilt Absatz 1 entsprechend, es sei denn, dass bei Genehmigung der Löschung abweichende Bestimmungen getroffen werden.

§ 27 Die Höferolle

(1) ¹Die Höferolle wird bei dem Grundbuchamt geführt. ²Zuständig ist das Grundbuchamt, in dessen Bezirk die Hofstelle liegt.

(2) Die Eintragungen in die Höferolle sind gebühren- und auslagenfrei.

(3) ¹Der Minister der Justiz wird ermächtigt, durch Rechtsverordnung nähere Vorschriften über die Einrichtung der Höferolle und das Eintragungsverfahren zu erlassen. ²Er kann dabei die Kostenbefreiung nach Absatz 2 auf dem Hofinteresse dienende oder von Amts wegen vorgenommene Löschungen ausdehnen.

§ 28 Der Höfeausschuss

(1) ¹In jedem Landkreis wird ein Höfeausschuss gebildet, der auch für die gleichnamige Stadt zuständig ist. ²Er besteht aus dem Vorsitzenden und vier im Landkreis und der gleichnamigen Stadt wohnhaften Beisitzern. ³Vorsitzender ist der Leiter der unteren Landwirtschaftsbehörde oder der von ihm bestimmte Vertreter. ⁴Die Beisitzer und für jeden Beisitzer ein Stellvertreter werden vom Landwirtschaftsgericht aufgrund von Vorschlagslisten der berufsständischen Kreisorganisationen berufen.

(2) Den Beisitzern sind die Auslagen zu erstatten.

(3) Einzelheiten regeln die Durchführungsvorschriften.

§ 29 Rechtsmittel

(1) Gegen die Entscheidungen des Höfeausschusses oder des Vorsitzenden des Höfeausschusses (§ 7 Abs. 2) können die Beteiligten das Landwirtschaftsgericht anrufen.

(2) Gegen die Entscheidungen des Landwirtschaftsgerichts findet die Beschwerde an das Pfälzische Oberlandesgericht Zweibrücken, gegen die Entscheidungen des Oberlandesgerichts die Rechtsbeschwerde an den Bundesgerichtshof statt.

§ 30 Erbschein

(1) ¹Gehört zu einem Nachlass ein Hof, so ist in dem Erbschein der Hoferbe als solcher aufzuführen. ²Ihm ist auf seinen Antrag ein auf die Hoferbfolge beschränkter Erbschein zu erteilen.

(2) ¹Über die Erteilung, Einziehung oder Kraftloserklärung eines Erbscheins entscheidet das Landwirtschaftsgericht. ²Streitigkeiten über die Hoferbfolge kraft Gesetzes (§§ 16 bis 18) entscheidet das Landwirtschaftsgericht nach Anhörung des Höfeausschusses.

§ 31 Verfahren

(1) ¹Soweit in diesem Gesetz die Zuständigkeit der Landwirtschaftsgerichte, des Pfälzischen Oberlandesgerichts Zweibrücken und des Bundesgerichtshofs gegeben ist, richten sich Besetzung und Verfahren dieser Gerichte nach den Vorschriften des ersten und zweiten Abschnitts des Gesetzes über das gerichtliche Verfahren in Landwirtschaftssachen. ²Über die Erteilung, die Einziehung oder Kraftloserklärung eines Erbscheins kann ohne Zuziehung ehrenamtlicher Richter entschieden werden.

(2) Für die Höhe des Geschäftswertes und der gerichtlichen Gebühren gilt Folgendes:

a) Der Geschäftswert ist im Fall des § 6 Abs. 3 nach dem Einheitswert des Hofes, in den Fällen des § 21 Abs. 5, des § 23 Abs. 1 und 4 nach § 52 des Gerichts- und Notarkostengesetzes (GNotKG), im Übrigen nach den Umständen des Einzelfalles festzusetzen.

b) Im ersten Rechtszug wird die volle Gebühr nach der Anlage zu § 34 GNotKG Tabelle B erhoben; sie ermäßigt sich auf die Hälfte, wenn das Verfahren ohne gerichtliche Entscheidung beendet wird. Die Gebühr erhöht sich im Beschwerdeverfahren auf das Eineinhalbfache und wird in den Fällen des § 21 Abs. 5, des § 23 Abs. 1 und 4 sowie des § 30 Abs. 2 Satz 2 auch erhoben, wenn die Beschwerde Erfolg hat.

Abschnitt VIII. Schlussbestimmungen

§ 32 Durchführungsbestimmungen

Die zur Durchführung dieses Gesetzes erforderlichen Rechts- und Verwaltungsvorschriften erlassen, soweit in diesem Gesetz nichts Abweichendes bestimmt ist, der Minister für Landwirtschaft, Weinbau und Forsten und der Minister der Justiz.

§ 33 Inkrafttreten

Das Gesetz tritt am Tage der Verkündung in Kraft.

Bei der HO-RhPf handelt es sich um das einzige nach dem Zweiten Weltkrieg erlassene Anerbengesetz eines Landesgesetzgebers. Sie wurde am 7.10.1953 verkündet und trat am selben Tag in Kraft. Sie gilt heute in der Neufassung vom 18.4.1967. Ihre Durchführung ist in der Landesverordnung zur Durchführung der Höfeordnung – DVO HO-RhPf vom 14.12.1953, ebenfalls neugefasst am 27.4.1967, geregelt. Die Gesetzesbegründung aus der Entstehungszeit liegt nach freundlicher Mitteilung des rheinland-pfälzischen Landwirtschaftsministeriums vom 8.5.18 nicht mehr vor. Möglicherweise sei sie aber im Landeshauptarchiv Koblenz oder bei der Landtagsverwaltung noch auffindbar. 1

Anerbenrechte sind Sondererbrechte für landwirtschaftliche Betriebe, die in der Bundesrepublik regional gelten, da ein bundesweit geltendes Anerbenrecht fehlt. Das Anerbengut geht beim Tod des Landwirts ungeteilt an einen von mehreren Miterben. Das ist der Anerbe, den die HO-RhPf Hoferbe nennt. Er hat nur eine ermäßigte Abfindung an die übrigen Miterben zu zahlen. Man nennt diese Abfindlinge auch weichende Erben. Das Anerbenrecht ersetzt die im allgemeinen BGB-Erbrecht geltenden Grundsätze der Gesamterbfolge und Gleichbehandlung der Miterben durch eine Sondernachfolge und Bevorzugung eines Miterben. Ziel des Anerbenrechts ist es, die Zersplitterung der landwirtschaftlichen Unternehmen im Erbgang durch Aufteilung und die Gefährdung der Fortführung des ungeteilt übergangenen Unternehmens durch Überschuldung in Folge von hohen Abfindungsansprüchen zu vermeiden. 2

Die HO-RhPf hat ihre Zielsetzung in § 1 schon immer klar ausgesprochen. Im Landesgesetz über die Einführung einer Höfeordnung in Rheinland-Pfalz vom 7. Oktober 1953 wurde als Gesetzeszweck bestimmt, dass die HO-RhPf der Sicherung der Volksernährung sowie der Bildung und Erhaltung gesunder und leistungsfähiger Höfe dient. Zu diesem Zweck sollen die Zersplitterung der Höfe im Wege der Erbfolge oder durch Veräußerung verhindert und die Erfolge landeskultureller Maßnahmen auf Dauer gesichert werden. Dass gerade auch die Neubildung von leistungsfähigen Höfen im Vordergrund gestellt wird, erklärt sich daraus dass Rheinland-Pfalz ein Gebiet mit Jahrhunderte alter Tradition der Realteilung war (Pritsch DNotZ 1953, 618; Mainz RdL 1967, 148). Mitte der 1950er Jahre befanden sich nahezu alle landwirtschaftlichen Betriebe in Rheinland-Pfalz in der Hand von Erbengemeinschaften (Mainz, aaO) Der Zweck des Gesetzes wurde in der heute noch gültigen Neufassung des § 1 vom 18. April 1967 neu formuliert. Die Sicherung der Volksernährung hatte nach Meinung des Gesetzgebers nicht mehr die entscheidende agrarpolitische Bedeutung, sondern die Verbesserung der Agrarstruktur (Mainz RdL 1967, 148). Höfe nach der HO-RhPf sind dem besonderen Schutz des Staates unterstellt, § 12 HO-RhPf. 3

Damit die HO-RhPf gelten kann, muss der jeweilige Betrieb anerbengutsfähig sein. Dazu muss zunächst ein land- oder forstwirtschaftlicher Betrieb vorliegen, § 2 Abs. 1 HO-Rf. Zusätzlich ist eine zur Bewirtschaftung geeignete Hofstelle Voraussetzung, § 2 I HO-RhPf. Während die norddeutschen Anerbenrechte auf absolute Größen abstellen, knüpfen die süddeutschen Anerbenrechte – und somit auch die HO-RhPf – an das relative Kriterium der Ackernahrung an, das in § 2 II HO-RhPf legaldefiniert wird. 4

Der Hofertrag muss nicht nur zum angemessenen Unterhalt einer bäuerlichen Familie ausreichen, sondern soll darüber hinaus den Inhaber in die Lage versetzen seine hofbedingten Altenteils- und Abfindungsansprüche zu erfüllen.

5   In welchem Umfang der Hof dem Anerbenrecht unterliegt, ergibt sich aus der beim Grundbuchamt geführten Höferolle, in welches der Hof als Anerbengut auf freiwilliger Grundlage einzutragen ist, § 1 I HO-RhPf. Insbesondere gehört das Zubehör anerbenrechtlich zum Anerbengut und folgt daher dessen rechtlichem Schicksal. Der Zubehörbegriff wird in der HO-RhPf abweichend vom BGB bestimmt. Zum Hof gehören alle Rechte, die ihm dienen und zwar auch dann, wenn sie nicht mit dem Eigentum am Hof verbunden sind und dem Hofbauern nicht persönlich zustehen, § 3 II HO-RhPf. Als Rechtsträger eines Hofes im Sinne der HO-RhPf kommen nur natürliche, keine juristischen Personen in Betracht, § 2 I 1 HO-RhPf. Hofinhaber kann zunächst eine Einzelperson, nämlich der „Hofbauer" sein, in deren Alleineigentum ein Hof steht. Einer Personenmehrheit kann ein Hof nur zustehen, wenn diese familienrechtlichen Charakter hat. Von praktischer Bedeutung ist hier vor allem der Hof, der im gemeinschaftlichen Eigentum von Ehegatten steht (Ehegattenhof, § 2 I HO-RhPf). Der Begriff des Ehegattenhofs dürfte sowohl Bruchteils- als Gesamthandseigentum der Eheleute umfassen. Zwar ist die fortgesetzte Gütergemeinschaft in der HO-RhPf an keiner Stelle erwähnt, doch dürfte auch auf sie als klassischem landwirtschaftlicher Güterstand die HO-RhPf anwendbar sein. Infolge der früheren Realteilung setzte sich früher das Hofeigentum meist aus Grundstücken der Familien beider Ehegatten zusammen (Mainz RdL 1967, 148, 149).

6   Die HO-RhPf kennt kein unmittelbar geltendes Anerbenrecht. Dies wäre auch nicht praktikabel, da das Anerbengutsfähigkeits-Kriterium der Ackernahrung zu unbestimmt ist. Voraussetzung für die Geltung der HO-RhPf ist daher – neben den oben genannten materiellen Voraussetzungen – die (gebührenfreie, § 27 II HO-RhPf) Eintragung in die Höferolle als öffentlichem Register, § 5 I HO-RhPf. Die HO-RhPf folgt also nicht dem System des unmittelbaren Anerbenrechts, bei dem die Eintragung in ein öffentliches Register lediglich deklaratorische Wirkung hat, sondern dem System des mittelbaren Anerbenrechts. Diesem System der Antragshöfe folgen außer der norddeutschen HöfeO und dem badischen Hofgütergesetz alle anderen deutschen Anerbenrechte. Es gilt der Grundsatz der freiwilligen Eintragung; dh es gibt keine obligatorische, sondern nur eine fakultative Eintragung in die Höferolle. Es ist dem Landwirt freigestellt, ob er seinen Hof der HO-RhPf unterstellt oder nicht. Die Eintragung wirkt konstitutiv. Der Antrag muss vom Alleineigentümer bzw. bei Ehegattenhöfen von beiden Eheleuten gestellt werden, § 5 I HO-RhPf.

7   Eine Anerbengutseigenschaft kraft (konstitutiver) Eintragung entfällt mit Löschung der Eintragung, die nach deutschem Anerbenrecht grundsätzlich im Belieben des Hofeigentümers steht. Hier weist Rheinland-Pfalz eine Besonderheit auf. Der frei möglichen Unterstellung des Betriebs unter die HO-RhPf entspricht keine freie Entziehungsmöglichkeit: Nach § 6 HO-RhPf kann das Amtsgericht dem Antrag auf Löschung eines Hofes in der Höferolle – nach Anhörung des dem Bundesland RhPf eigentümlichen Höfeausschusses (§ 28 HO-RhPf) – nur bei Vorliegen eines wichtigen Grundes stattgeben, wenn es zB bei einem Ehegattenhof zur Scheidung kommt oder der Hof keine Ackernahrung mehr ist und solche auch nicht mehr ausgebaut werden kann (vgl. § 2 III HO-RhPf). Diese rigide Löschungsregelung sollte überdacht werden. In der Urfassung der Höfeordnung von 1953 hatte sie ihre Rechtfertigung darin, dass der heute aufgehobene § 13 HO-RhPf von der Grunderwerbsteuer befreite und Kredit- und Bürgschaftshilfen für den Hofausbau und Abfindungszahlungen an weichende Erben vorsah (Graß, Agrar- und Umweltrecht 2013, 333).

8   Ungeachtet der Geltung der HO-RhPf kann der Hof grundsätzlich auch durch entsprechende letztwillige Verfügung dem Anerbenrecht entzogen werden. Nach Art. 64 II EGBGB können nämlich landesrechtliche Anerbengesetze das Recht des Erblassers, über das dem Anerbenrecht unterliegende Grundstück (abweichend von den Regeln des Anerbenrechts) von Todes wegen zu verfügen, nicht beschränken. Die HO-RhPf ist – wie die anderen Landes-Anerbenrechte – nachgiebiges Recht, § 14 HO-RhPf. Der Hofbauer hat zB die Möglichkeit durch Verfügung von Todes wegen die Sondernachfolge in den Hof auszuschließen.

9   Für Erbfälle im Geltungsbereich der HO-RhPf stellt sich das Problem der Konkurrenz zum bundesweit geltenden allgemeinen Erbrecht des BGB. Grundsätzlich verdrängt das Anerbenrecht als lex specialis in seinem jeweiligen räumlichen und sachlichen Anwendungsbereich die erbrechtlichen Normen des BGB (lex generalis). Mit Rücksicht auf Art. 64 II EGBGB läuft dies für landesrechtliches Anerbenrecht im Ergebnis regelmäßig darauf hinaus, dass das BGB-Intestat-Erbrecht durch das Anerbenrecht-Intestat-Erbrecht ersetzt wird. Anerbenrechte haben vor allem die Funktion eines hilfsweise geltenden gesetzlichen Erbrechts (Staudinger/*Mayer*, 2013, Art. 64 EGBGB Rn. 40). Soweit die HO-RhPf nicht eingreift, richtet sich auch die Vererbung von HO-RhPf-Höfen nach allgemeinem Erbrecht. Das ist der Fall, wenn kein Hoferbe nach der gesetzlichen Hoferbenordnung in § 16 HO-RhPf vorhanden ist.

10 Der Erblasser kann auch bei Geltung der HO-RhPf kraft seiner Testierfreiheit den Anerben bestimmen, § 15 HO-RhPf. Mit Rücksicht auf Art. 64 II EGBGB unterliegt eine auf der HO-RhPf beruhende Hoferbenbestimmung kaum Einschränkungen. Dies gilt insbesondere auch für das Erfordernis der Wirtschaftsfähigkeit, die nach der HO-RhPf keine zwingende Voraussetzung darstellt. Nach § 15 IV HO-RhPf soll der Hoferbe wirtschaftsfähig sein, muss es aber nicht (Sollvorschrift). Wirtschaftsfähig ist, wer nach seinen körperlichen und geistigen Fähigkeiten, nach seinen Kenntnissen und seiner Persönlichkeit in der Lage ist, den von ihm zu übernehmenden Hof selbstständig ordnungsgemäß zu bewirtschaften. Bei einem Ehegattenhof können die Eheleute die Nachfolge in den Hof durch gemeinschaftliche Verfü-

Inkrafttreten §33 HO-RhPf 89

gung von Todes wegen sowohl für den Fall des Todes des Erstversterbenden wie des Überlebenden bestimmen, § 15 II HO-RhPf.

Die HO-RhPf stellt eine vom Parentelsystem abweichende besondere Hoferbenordnung auf und berücksichtigt dabei auch die Herkunft des Hofes von der Mannes- oder Frauenseite. Die Bestimmungen der HO-RhPf gelten für eingetragene Lebenspartnerschaften entsprechend, § 2 II HO-RhPf. Nach 17 IV 1 der Rheinland-Pfälzischen Höfeordnung kann Hoferbe kraft Gesetzes (!) nur werden, wer wirtschaftsfähig ist. Von dieser persönlichen Voraussetzung sieht die HO-RhPf nur ab, wenn das Fehlen der Wirtschaftsfähigkeit allein auf Mangel der Altersreife zurückzuführen ist, § 17 IV 2 HO-RhPf. Nach § 17 IV 2 HO-RhPf bedarf der überlebende Ehegatte als Hoferbe hingegen der Wirtschaftsfähigkeit dann nicht, wenn es sich um einen Ehegattenhof handelt; das Erfordernis der Wirtschaftsfähigkeit entfällt ferner dann, wenn von allen Abkömmlingen des Erblassers keiner wirtschaftsfähig ist, § 17 IV 2 HO-RhPf.

Die gesetzlichen Anerbfolgeordnungen der verschiedenen Landesrechte sehen regelmäßig vier Ordnungen vor. Das ist auch bei der HO-RhPf der Fall. Der ersten Anerbenordnung gehören die Kinder des Erblassers und deren Abkömmlinge an, § 16 I Ziff. 1 HO-RhPf. Während nach den anderen Landeserbengesetzen zusätzliches Erfordernis ist, dass Kinder und Abkömmlinge auch nach den Vorschriften des allgemeinen Rechts gesetzliche Erben sein müssen, sieht die HO-RhPf diese Beschränkung auf gesetzliche Erben nicht vor.

Hoferbe zweiter Ordnung ist der Ehegatte des Erblassers, § 16 I Ziff. 2 HO-RhPf. Der Ehegatte erhält den Hof nur als nicht befreiter Vorerbe, solange Erblasser Verwandte der dritten und vierten Ordnung leben, sodass der Hof in der Familie bleibt, § 16 II 1 HO-RhPf. Nacherbfall ist die Wiederheirat oder der Tod des überlebenden Ehegatten. In der dritten Hoferbenordnung finden sich die Eltern des Erblassers; dabei spielt die Herkunft des Hofes eine Rolle, § 16 I Ziff. 3, III, IV HO-RhPf. So geht von den Eltern zB dasjenige Elternteil als Hoferbe vor, von dessen Familie der Hof stammt. Die vierte Hoferbenordnung bilden die Geschwister des Erblassers und deren Abkömmlinge, Art. 16 I Ziff. 4 HO-RhPf.

Bei Konkurrenz von mehreren gleichermaßen berufenen Angehörigen einer Hoferbenordnung sieht die HO-RhPf Auswahlkriterien vor: In der ersten und vierten Ordnung hat der vermutete Erblasserwille das Ältestenrecht als Auswahlprinzip ersetzt. § 17 II 1 HO-RhPf gibt demjenigen Kind vor allen anderen den Vorzug, bei dem der Erblasser durch Art und Umfang der Beschäftigung auf dem Hof hat erkennen lassen, dass es den Hof übernehmen soll. Liegt keine der gesetzlich fixierten, stillschweigenden Hoferbenbestimmungen vor, so ist der älteste wirtschaftsfähige Miterbe als Hoferbe berufen, § 17 I 1, IV 1 u. 2 HO-RhPf, was mE gegen Art. 3 GG verstößt. Der Nachrang nichtehelicher Kinder bzw. halbbürtiger Geschwister in § 17 I u. III HO-RhPf ist mE ebenfalls verfassungswidrig (so auch *Graß*, Agrar- und Umweltrecht 2013, 333, 334). In der vierten Anerbenfolgeordnung gelten diese Auswahlgrundsätze entsprechend, § 17 III HO-RhPf.

Ein Ehegattenhof fällt beim Tod eines Ehegatten dem anderen als Hoferben zu. Stammt der Hof jedoch nicht vom überlebenden Ehegatten und leben im Zeitpunkt des Todes des Erblassers Verwandte des Verstorbenen, die der dritten oder vierten Hoferbenordnung angehören, wird der verwitwete Ehegatte lediglich Hofvorerbe, § 18 HO-RhPf.

Der Universalsukzession des BGB steht die Spezialsukzession der HO-RhPf in den Hof gegenüber. Der Hof nebst Zubehör nach § 4 HO-RhPf bildet eine eigene Erbmasse und vererbt sich selbstständig und geschlossen auf den Erben. Hof und sonstiger Nachlass gehen dinglich getrennte Wege. Wegen dieser Spezialsukzession bedarf es keiner besonderen Übertragungsakte. Dieser ist Erbe im rechtstechnischen Sinn, jedoch beschränkt auf die der Hoferbfolge unterliegenden Gegenstände. Neben der Sondererbmasse Hof, die sich nach Anerbenrecht vererbt, besteht eine zweite allgemeine Erbmasse. Sie setzt sich aus dem hofsfreien Vermögen der Erbmasse zuzüglich des Wertes des Hofes zusammen und vererbt sich nach allgemeinem Erbrecht, §§ 14, 21 HO-RhPf. Die HO-RhPf folgt somit dem System der „dinglichen" Anerbfolge.

Gegenstand der Hoferbfolge ist das Anerbengut Hof als Wirtschaftseinheit. Dazu zählen insbesondere alle wirtschaftlich zusammengehörenden Grundstücke des Eigentümers mit den entsprechenden Gebäuden und die dem Hof dienenden Mitgliedschafts-, Nutzungs- und ähnlichen Rechte, wie zB Anteile an Molkerei-, Bezugs-, Kredit- oder Winzergenossenschaften, Aktien einer Zuckerrüben-AG, Gerechtigkeiten usw, § 3 HO-RhPf. Auch das Zubehör folgt dem rechtlichen Schicksal des Hofes, soweit es im Eigentum des Erblassers stand und dieser nicht anderweitig verfügt hatte, § 4 I HO-RhPf. Das Zubehör umfasst insbesondere der Hofwirtschaft dienendes Vieh (Arbeits-, Zucht-, Masttiere usw). Zum Zubehör zählt auch das Wirtschafts- und Hausgerät, also das gesamte sogenannte tote Inventar (zB Maschinen, Kraftfahrzeuge, Anhänger usw). Darüber hinaus gehört zum Zubehör der vorhandene Dünger und die zur Bewirtschaftung bis zur nächsten Ernte dienenden Vorräte an landwirtschaftlichen Erzeugnissen und Betriebsmitteln, § 4 I HO-RhPf.

Die Hoferbenstellung wird mit dem Hoferbfall begründet, § 14 I HO-RhPf. Grundsätzlich wird der Hoferbe Vollerbe (Volleigentümer). Hat der Hoferbe das 25. Lebensjahr aber noch nicht vollendet, wird seine Eigentümerstellung durch Verwaltungs- und Nutznießungsrechte des überlebenden Ehegatten des Erblassers beschränkt, § 23 I HO-RhPf. Der überlebende Ehegatte des Erblassers kann als Hoferbe zweiter Ordnung nur Hofvorerbe werden, wenn der Hof nicht von ihm stammt, § 18 II HO-RhPf. Die HO-RhPf kennt keinen Voraus wie andere Anerbenrechte. Anderseits sind dafür die §§ 2050 ff. und insbesondere § 2057a BGB anwendbar, § 21 I 2 HO-RhPf.

Ruby 1339

19 Während es einem Erben nach § 1950 BGB verwehrt ist, einen Teil der Erbschaft auszuschlagen, kann der Hoferbe seine mit dem Hoferbfall geschaffene Hoferben-Rechtsstellung gegenüber dem Nachlassgericht ausschlagen, ohne damit die Erbschaft in das hofesfreie Vermögen zurückzuweisen, § 19 S. 1 HO-RhPf. Schlägt der Hoferbe wirksam aus, so gilt der Anfall des Hofes an ihn als nicht erfolgt. Der Hof fällt an den an nächster Stelle berufenen Hoferben.

20 Nach der HO-RhPf sind die Miterben des Hoferben keine dinglichen Miterben des Hofes. An Stelle ihres „Erbteils am Hof" erhalten die weichenden Erben Abfindungsansprüche in Geld gegen den Hoferben, § 201 I HO-RhPf. Sie werden grundsätzlich mit der Annahme des Hofanfalls durch den Hoferben bzw. nach Ablauf der Ausschlagungsfrist des § 1944 BGB fällig, § 21 IV HO-RhPf. Die Höhe der Abfindungsansprüche kann der Erblasser durch letztwillige Verfügung festlegen, wobei er die Pflichtteilsansprüche der weichenden Erben nicht einschränken kann, § 20 I HO-RhPf. Fehlt es an einer Regelung durch den Eigentümer, so finden subsidiär die gesetzlichen Abfindungsregelungen der HO-RhPf Anwendung. Sie begünstigen den Hoferben, um das Fortbestehen des Hofes zu gewährleisten. Nach der gesetzlichen Abfindungsregelung tritt der Hofwert an die Stelle des Hofeigentums, § 21 HO-RhPf. Der Hofwert dient als Bemessungsgrundlage für die Abfindungsansprüche der weichenden Erben sowie der Pflichtteilsansprüche, § 20 I HO-RhPf. Maßgebend für die Ermittlung des Hofwerts ist der Ertragswert nach § 2049 BGB, der mit dem 25-fachen des jährlichen Reinertrag angesetzt wird, § 21 IV HO-RhPf.

21 Die Hofübergabe im Wege vorweggenommener Erbfolge bewirkt, dass der Erbfall als im Zeitpunkt des Eigentumsübergangs am Hof eingetreten gilt, § 20 II 2 HO-RhPf. Somit löst die vorweggenommene Erbfolge bereits Ansprüche der Pflichtteilsberechtigten, also im Regelfall des Ehegatten und der Kinder, aus, §§ 20 II 2, 21 IV HO-RhPf. Im Hofübergabevertrag übergangene Pflichtteilsberechtigte können ab dem Eigentumsübergang ihre Pflichtteilsansprüche geltend machen (Graß, Agrar- und Umweltrecht 2013, 333, 334; *Hartmann*, Höfeordnung in Rheinland-Pfalz, § 21 Anm. 3).

22 Wird der Hof in seiner wirtschaftlichen Existenz durch die Abfindungsansprüche gefährdet, kann sie das Landwirtschaftsgericht herabsetzen, § 21 II 1 HO-RhPf.

23 Bei der Berechnung des Hofwertes sind Verbindlichkeiten vom Hofwert abzusetzen, die im Verhältnis der Erben zueinander den Hof treffen, § 21 II 3 HO-RhPf. Der festgestellten Netto-Gutswert wird alsdann in dem Verhältnis unter die Miterben (einschließlich Hoferben) aufgeteilt, das sich aus dem allgemeinen Erbrecht ergibt, § 21 I 2 HO-RhPf. Für die so errechneten Abfindungsansprüche der Miterben sieht § 21 II HO-RhPf die Anrechnung von Werten aus Versicherungen zugunsten der weichenden Erben vor.

24 Die Abfindungsansprüche sind vererblich, abtretbar und pfändbar.

25 Dem weichenden überlebenden Ehegatten steht neben dem Abfindungsanspruch vor allem ein Recht auf Verwaltung und Nutznießung am Hof bis zur Vollendung des 25. Lebensjahres des Hoferben zu, § 23 I HO-RhPf. Nach Übergang des Hofs auf den Hoferben hat der überlebende Ehegatte unter Anspruch auf angemessene Versorgung (Wohnung, Unterhalt) auf dem Hof (Altenteilsrecht; § 23 I, III HO-RhPf).

26 Die HO-RhPf gewährt den ledigen Abkömmlingen des Erblassers bis zur Vollendung des 25. Lebensjahres Anspruch auf Unterhalt und Wohnung bzw. Einsitz, § 24 I HO-RhPf. Sofern die Mittel des Hofes es gestatten haben sie gegen den Hoferben auch einen Anspruch auf die Kosten der Berufsausbildung und eine angemessene Aussteuer, § 24 I, II HO-RhPf. Solange der Hoferbe diese Sonderleistungen erbringt ist die Fälligkeit des Abfindungsanspruchs hinausgeschoben. Diese Sonderleistungen sind auf die Abfindungsansprüche anzurechnen und in ihrer Höhe durch die Abfindungsansprüche begrenzt, § 21 III 2 HO-RhPf.

27 Ob ein Pflichtteilsanspruch besteht bestimmt das allgemeine Erbrecht. Er beträgt – soweit die Hoferbfolge betroffen ist – die Hälfte des nach der HO-RhPf berechneten Abfindungsanspruches, § 20 I 2 HO-RhPf.

28 Im Unterschied zum BGB verfügt die HO-RhPf über das Instrument der Abfindungsergänzung (Nachabfindung) bei anerbenrechtswidriger Veräußerung oder Löschung des Hofs oder Hofgrundstücken aus der Höferolle binnen 15 Jahren nach dem Hofanfall. Die Nachabfindung beruht auf folgendem Leitgedanken: Um den Hof vor Zersplitterung und Überschuldung zu bewahren, benachteiligt die HO-RhPf die Miterben zu Gunsten des Hoferben dadurch, dass ihre Abfindung nach dem gegenüber dem Verkehrswert erheblich niedrigeren Ertragswert berechnet wird. Dieser Zweck wird verfehlt, wenn der Hoferbe den ganzen Hof oder erhebliche Teile in einem bestimmten Zeitraum nach dem Erbfall veräußert und der dabei erzielte Erlös den bei der Abfindung zu Grunde gelegten Wert erheblich übersteigt. Deshalb muss der Hoferbe den Mehrerlös in eine Nachtragsauseinandersetzung einschießen. Nachabfindungsberechtigt sind die nach bürgerlichem Recht berufenen Miterben. Nachabfindungsansprüche entstehen bei Hoflöschung oder Veräußerung des gesamten Hofes oder von Teilen, zB einzelnen Hofgrundstücken, § 26 HO-RhPf. Eine Reinvestitionsklausel kennt die HO-RhPf nicht.

29 Rechtsfolge eines Nachabfindungstatbestands ist eine Berichtigungsauseinandersetzung. Nachdem der Anerbenzweck (ganz oder teilweise) weggefallen ist, sollen die weichenden Erben und Pflichtteilsberechtigten grundsätzlich so gestellten werden, wie wenn insoweit keine Anerbfolge, sondern eine Erbfolge nach allgemeinem Recht eingetreten wäre, also der Hoferbe die gewährten Vergünstigen nicht erhalten hätte. Berechnungsgrundlage des Nachabfindungsanspruches ist der Verkehrswert im Zeitpunkt des Erbfalls, § 26 I HO-RhPf.

30 Trotz Sondererbfolge in den Hof bildet dieser bei der Abwicklung der Nachlassverbindlichkeiten des Erblassers einen Bestandteil des Gesamtnachlasses. Die anerbenrechtliche Nachlassspaltung wird im

Verhältnis zu den Nachlassgläubigern nicht aufrechterhalten, vielmehr im Außenverhältnis die Nachlasseinheit fingiert (haftungsrechtliche Nachlasseinheit). Dies regelt § 25 I HO-RhPf ausdrücklich. Für die Erbenhaftung gilt daher auch bei Geltung der HO-RhPf das für den Gesamtnachlass maßgebende Recht des BGB. Alle Miterben einschließlich des Hoferben haften nach außen als Gesamtschuldner mit ihrem gesamten Vermögen (§ 2058 BGB) für die gesamten Nachlassverbindlichkeiten – gleichgültig, ob sie den Hof oder das übrige Vermögen betreffen; dies gilt für den Hoferben selbst dann, wenn er am hofesfreien Nachlass nicht als Miterbe beteiligt ist, § 25 I HO-RhPf. Als haftungsrechtlicher Nachlassbestandteil unterliegt der Hof dem Zugriff aller Nachlassgläubiger. Eine etwaige Haftungsbeschränkung richtet sich nach den einschlägigen Bestimmungen des BGB (§§ 1975, 1990, 1992). Für das Innenverhältnis zwischen dem Hoferben und den übrigen Miterben sieht die HO-RhPf dagegen vom allgemeinen Recht abweichende Regeln vor. Sie bezwecken, den Hof lebensfähig zu erhalten. Dementsprechend sind im Innenverhältnis Nachlassverbindlichkeiten (einschließlich der auf dem Hof ruhenden Hypotheken-, Grund- und Rentenschulden, jedoch ohne die sonstigen auf dem Hof ruhenden Lasten) in erster Linie aus dem hoffreien Nachlass zu tilgen, § 25 II HO-RhPf. Soweit eine Nachlassverbindlichkeit primär aus dem freien Nachlass zu berücksichtigen ist, kann der Hoferbe von seinen Miterben Befreiung verlangen. Soweit der hoffreie Nachlass zur Tilgung der Nachlassschulden nicht ausreicht, hat der Hoferbe sie im Innenverhältnis allein zu tragen und die Miterben davon zu befreien; § 25 II HO-RhPf. Verbleibt hingegen nach Berichtigung der Nachlassverbindlichkeiten aus dem freien Nachlass ein Überschuss, so ist dieser auf die Miterben nach den Regeln des allgemeinen Rechts, dh entsprechend ihren Erbquoten zu verteilen.

Die Verbindung beider Erbmassen (Hof und sonstiges Vermögen) durch die gesamtschuldnerische Haftung, die Abrechnungsgemeinschaft nach § 21 HO-RhPf und die Erbscheinserteilung durch das Landwirtschaftsgericht zeigt, dass die höferechtliche Erbfolge keine konsequente Nachlassspaltung darstellt. Dogmatisch erscheint es richtiger von einer „beschränkten Gesamterbfolge" mit einer vom Gesetz festgelegten und vollzogenen Teilungsanordnung zu sprechen (Muscheler, Universalsikzession und Vonselbsterwerb, S. 55 f.)

Die HO-RhPf sieht einen auf die Hoferbfolge beschränkten Erbschein (Hoffolgezeugnis) vor, § 30 I 2 HO-RhPf. Seine Erteilung, Einziehung oder Kraftloserklärung obliegt dem Landwirtschaftsgericht, § 30 II HO-RhPf. Das Landwirtschaftsgericht ist auch für die Erteilung des Erbscheins über das hofesfreie Vermögen zuständig, wenn zum Nachlass ein Hof gehört, der der HO-RhPf unterliegt (BGH NJW-RR 1995, 197).

Zur Zukunft des Anerbenrechts siehe die Kommentierung des BadHofGG.

Ob ein Hof oder hinzu erworbene Grundstücke auf Antrag des Eigentümers in die Höferolle eingetragen werden können, entscheidet der Höfeausschuss, §§ 5 II, 7 II HO-RhPf. Dem Höfeausschuss steht auch ein Antragsrecht für die Löschung eines Hofes zu. Die Entscheidung trifft das Landwirtschaftsgericht, § 6 III HO-RhPf.

Gegen Entscheidungen des Höfeausschusses ist binnen einer Vierwochenfrist die Anrufung des Landwirtschaftsgerichts möglich, §§ 29 I HO-RhPf, 18 II DVO-RhPf. Beschwerdegericht ist das Oberlandesgericht in Koblenz für ganz Rheinland-Pfalz. Gegen seine Entscheidungen ist die Rechtsbeschwerdegericht an den BGH möglich, § 29 II HO-RhPf. Streitigkeiten über die gesetzliche Hoferbfolge nach §§ 16 ff. HO-RhPf entscheidet das Landwirtschaftsgericht nach Anhörung des Höfeausschusses. Unterbleibt die Anhörung des Höfeausschusses liegt ein wesentlicher Verfahrensmangel vor (OLG AgrarR 1998, 257; 2000, 215). Bei gewillkürter Hoferbfolge gibt es keine Pflicht zur Anhörung des Höfeausschusses (Graß, Agrar- und Umweltrecht 2013, 333, 335).

90. Württembergisches Gesetz über das Anerbenrecht

Vom 14. Februar 1930 (RegBl. S. 5)
In der Fassung der Bekanntmachung vom 30. Juli 1948 (Württ.-Bad. Reg. Bl. S. 165)
Zuletzt geändert durch Gesetz vom 30. Juni 1970 (GBl. S. 289)

I. Voraussetzungen und Wirkungen des Rechts

Art. 1 Begriff des Anerbenguts

(1) Anerbengut im Sinne dieses Gesetzes ist ein in der Höferolle des zuständigen Grundbuchamts eingetragener Grundbesitz.

(2) ¹Als Anerbengut kann eingetragen werden jede ihrem Hauptzwecke nach zum Betrieb der Land- und Forstwirtschaft einschließlich des Weinbaus bestimmte und zur selbstständigen Nahrungsquelle geeignete Besitzung, die einheitlich bewirtschaftet werden kann. ²Das Anerbengut umfasst im Zweifel alle wirtschaftlich zusammengehörenden Grundstücke und grundstücksähnlichen Rechte des Eigentümers.

Art. 2 Höferolle

(1) ¹Die Eintragung und die Löschung in die Höferolle erfolgen auf Antrag des Eigentümers. Ein Vormund bedarf zu dem Antrag der Genehmigung des Vormundschaftsgerichts. ²Die Eintragung wirkt auch für jeden folgenden Eigentümer; sie wird unwirksam mit der Löschung. ³Die Eintragung kann nicht aus dem Grunde angefochten werden, weil die Besitzung nicht eintragungsfähig gewesen sei.

(2) Der Antrag auf Eintragung oder Löschung bedarf der gerichtlichen oder notariellen Beurkundung; er kann auch zum Protokoll des zuständigen Grundbuchbeamten erklärt werden.

(3) Zuständig ist das Grundbuchamt, in dessen Bezirk das Wohnhaus, in Ermangelung eines solchen ein größerer Teil der Besitzung liegt.

(4) Die Einsicht in die Höferolle ist jedem gestattet, der ein berechtigtes Interesse darlegt.

(5) Auf die Führung der Höferolle finden die allgemeinen Vorschriften des Reichsgesetzes über die Angelegenheiten der freiwilligen Gerichtsbarkeit in Verbindung mit Art. 12 des Ausführungsgesetzes zum Bürgerlichen Gesetzbuch Anwendung, soweit nicht in diesem Gesetz oder in den Ausführungsvorschriften etwas anderes bestimmt ist.

Art. 3 Rechtswirkung der Eintragung

(1) Hinterlässt der Eigentümer eines Anerbenguts mehrere Erben, so fällt das Anerbengut nebst Zubehör als Teil der Erbschaft einem der Erben (dem Anerben) zu.

(2) Im Verhältnis der Miterben zueinander tritt an die Stelle des Guts nebst Zubehör der Gutswert.

Art. 4 Feststellung des Gutswerts

(1) ¹Bei der Feststellung des Gutswerts wird der jährliche Reinertrag des Guts nebst Zubehör geschätzt, den es nach seiner wirtschaftlichen Bestimmung bei ordnungsmäßiger und gemeinüblicher Bewirtschaftung mit entlohnten fremden Arbeitskräften unter gewöhnlichen Verhältnissen im Durchschnitt nachhaltig gewähren kann. ²Die der Land- und Forstwirtschaft dienenden Gebäude und Betriebsmittel werden nicht besonders bewertet, sondern bei der Ermittlung des Ertragswerts einbegriffen.

(2) Von dem ermittelten jährlichen Ertrag sind alle dauernd auf dem Gute nebst Zubehör ruhenden Lasen mit Ausnahme der Hypotheken, Grundschulden und Rentenschulden (Art. 5) abzuziehen.

(3) Der ermittelte Jahresertrag wird mit dem Zwanzigfachen zu Kapital gerechnet.

(4) Von dem berechneten Kapitalwert des Guts sind die auf ihm ruhenden vorübergehenden Lasten, nach ihrer wahrscheinlichen Dauer zu Kapital gerechnet, abzuziehen.

(5) ¹Besteht Streit über die Berechnung des Gutswerts, so wird dieser auf Antrag eines Beteiligten von einem Schiedsgericht festgesetzt. ²Erscheint das Ergebnis der Feststellung des Gutswerts nach Abs. 1 bis 4 unbillig, so kann der Gutswert von dem Schiedsgericht auf Antrag eines Beteiligten abweichend festgesetzt werden, soweit es die Billigkeit unter Abwägung aller Verhältnisse erfordert. ³Die Entscheidung des Schiedsrichters ist endgültig.

(5) Der Anerbe und die Miterben zusammen stellen je einen Schiedsrichter auf; die Schiedsrichter ernennen den Vorsitzenden. Einigen sich die Miterben nicht auf die Person eines Schiedsrichters oder die Schiedsrichter nicht auf die Person des Vorsitzenden, oder unterlässt die eine oder die andere Partei aus einem sonstigen Grunde die Bestellung eines Schiedsrichters innerhalb einer angemessenen Frist, so ernennt das Landwirtschaftsministerium auf Antrag den Schiedsrichter oder den Vorsitzenden.

Art. 5 Behandlung der Nachlassverbindlichkeiten

(1) ¹Die gemeinschaftlichen Nachlassverbindlichkeiten, einschließlich der auf dem Anerbengut lastenden Hypotheken, Grundschulden und Rentenschulden sind, soweit das neben dem Gut nebst Zubehör vorhandene Vermögen dazu ausreicht, auf dieses zu verrechnen. ²Der überschießende Betrag wird von dem nach Art. 4 ermittelten Gutswert abgezogen.

(2) Soweit die gemeinschaftlichen Nachlassverbindlichkeiten nicht aus dem neben dem Gut und Zubehör vorhandenen Vermögen berichtigt werden, ist der Anerbe seinen Miterben gegenüber verpflichtet, sie allein zu berichtigen und die Miterben von ihnen zu befreien.

Art. 6 Verfügungsfreiheit des Eigentümers

(1) Das Recht des Eigentümers, über das Anerbengut von Todes wegen zu verfügen, wird durch dieses Gesetz nicht beschränkt.

(2) Der Eigentümer kann insbesondere in einer Verfügung von Todes wegen bestimmen, wer von seinen Erben in Abweichung von den Vorschriften dieses Gesetzes Anerbe werden, dass auf seinen Tod das Anerbenrecht nicht eintreten solle, wie der Gutswert berechnet oder in welcher Weise die Bevorzugung des Anerben stattfinden solle.

(3) Gehört das Anerbengut zum Gesamtgut einer ehelichen Gütergemeinschaft, so können entsprechende Bestimmungen nur von den Ehegatten gemeinschaftlich getroffen werden.

Art. 7 Nichteintritt des Anerbenrechts

Die Vorschriften der Art. 3 ff. dieses Gesetzes finden keine Anwendung
1. wenn der Erblasser – vom Fall der Zugehörigkeit des Gutes zum Gesamtgut einer ehelichen Gütergemeinschaft abgesehen – bei seinem Tode nicht Alleineigentümer des Anerbenguts gewesen ist, es sei denn, dass der Anerbe der einzige Miteigentümer war.
2. wenn zur Zeit des Todes des Erblassers eine der Voraussetzungen des Art. 1 Abs. 2 S. 1 weggefallen ist.

II. Der Anerbe

Art. 8 Person des Anerben

(1) Trifft der Erblasser keine andere Bestimmung, so sind in folgender Rangordnung als Anerben berufen:
1. Die Kinder des Erblassers und deren Abkömmlinge
2. der Ehegatte des Erblassers
3. die Eltern des Erblassers, wenn der Hof von ihnen oder aus ihren Familien stammt,
4. die Geschwister des Erblassers und deren Abkömmlinge.
Kinder des Erblassers und deren Abkömmlinge sind nur dann als Anerben berufen, wenn sie nach den Vorschriften des allgemeinen Rechts gesetzliche Erben sind.

(2) Ist kein Anerbe nach Abs. 1 vorhanden, so vererbt sich der Hof nach den Vorschriften des allgemeinen Rechts.

Art. 8a

(1) In der Anerbenordnung 1 ist der älteste der Erben zum Anerben berufen; das gleiche gilt in der Anerbenordnung 4.

(2) ¹Hat der Erblasser durch die Ausbildung oder durch Art und Umfang der Beschäftigung eines Kindes auf dem Hof erkennen lassen, dass dieses Kind den Hof übernehmen soll, so geht es allen anderen Kindern vor. ²Hat der Erblasser mehrere Kinder in gleicher Weise ausgebildet oder im gleichen Umfang auf dem Hof beschäftigt, ohne erkennen zu lassen, welches von ihnen den Hof übernehmen soll, so gehen diese Kinder allen übrigen Kindern vor; in ihrem Verhältnis zueinander gilt Ältestenrecht. ³Die vorstehenden Vorschriften finden auch Anwendung innerhalb der Anerbenordnung 4.

(3) ¹Der Ehegatte erhält, solange Verwandte der Anerbenordnung 3 und 4 leben, den Hof nur als Vorerbe. ²Die Vorschriften der §§ 2100 bis 2146 des Bürgerlichen Gesetzbuchs finden entsprechende Anwendung. ³Nach dem Tode des Ehegatten wird derjenige Anerbe, der als Anerbe des Erblassers berufen wäre, wenn dieser erst in diesem Zeitpunkt gestorben wäre.

(4) Vollbürtige Geschwister des Erblassers gehen halbbürtigen vor. Halbbürtige Geschwister, die mit dem Erblasser den Elternteil gemeinsam haben, von dem oder aus dessen Familie der Hof stammt, gehen anderen halbbürtigen Geschwistern vor.

Art. 9 Rechtsstellung des Anerben

(1) Der Anerbe erwirbt das Eigentum an dem Anerbengut nebst Zubehör mit dem Erwerb der Erbschaft.

(2) Von dem Gutswert (Art. 4, 5 Abs. 1) gebührt dem Anerben ein Viertel als Voraus.
Ist ein Abkömmling des Erblassers Anerbe, so steht ihm neben dem Voraus ein Anspruch auf Ausgleichung nach § 2057a BGB nciht zu.

(3) ¹Der Anerbe kann auf das Anerbenrecht verzichten, ohne die Erbschaft auszuschlagen. Auf den Verzicht finden die Vorschriften des Bürgerliches Gesetzbuchs über die Ausschlagung der Erbschaft entsprechende Anwendung. ²Die Frist für den Verzicht beginnt mit dem Zeitpunkt, in dem der Anerbe von seiner Berufung zum Anerben Kenntnis erlangt, wenn jedoch die Berufung auf einer Verfügung von Todes wegen beruht, nicht vor der Verkündung der Verfügung.

(4) ¹Wird auf das Anerbenrecht verzichtet, so gilt der Anfall des Anerbenguts an den Verzichtenden als nicht erfolgt. ²Das Gut fällt an den nächsten als Anerben berufenen Miterben. ³Dieser Anfall gilt als mit dem Erbfall erfolgt.

Art. 10 Nachfolgezeugnis

(1) Dem Anerben ist vom Nachlassgericht auf Antrag ein Nachfolgezeugnis auszustellen.

(2) ¹Auf das Nachfolgezeugnis finden die Bestimmungen des Bürgerlichen Gesetzbuchs über den Erbschein entsprechende Anwendung. ²In dem Nachfolgezeugnis sind die Grundstücke anzugeben, die das Anerbengut bilden.

(3) Das Grundbuchamt kann zum Nachweis des Rechts des Anerben die Vorlegung eines Nachfolgezeugnisses verlangen.

III. Rechtsstellung der Miterben

Art. 11 Sicherstellung und Bezahlung der Anteile

(1) ¹Die Anteile der Miterben am Gutswert sind in zehn jährlichen Teilbeträgen zu bezahlen, deren erster auf den 1. April des auf den tod des Erblassers folgenden Kalenderjahres fällig wird. ²Die Anteile sind von Anfang an zu verzinsen und auf Verlangen auf dem Anerbengut sicher zu stellen. ³Der Zinssatz beträgt 1 v. H. unter dem jeweils maßgebenden Bankdiskontsatz. ⁴Die Zinsen sind auf das Ende jeden Kalendervierteljahres zu bezahlen.

(2) Der Miterbe kann jederzeit unter Einhaltung einer Kündigungsfrist von vier Monaten verlangen, dass ihm die Hälfte seines restlichen Abfindungsguthabens unter Anrechnung auf die zuletzt fällig werdenden Teilbeträge in Kapital ausgezahlt wird.

(3) ¹Ist ein Erbe minderjährig so wird der erste Teilbetrag (Abs. 1) auf den 1. April des auf den Eintritt der Volljährigkeit des Miterben folgenden Kalenderjahres fällig. ²Kapitalabfindung nach Abs. 3 kann der Miterbe von der Volljährigkeit an verlangen.

(4) Veräußert der Anerbe das Anerbengut an eine ihm gegenüber nicht anerbenberechtigte Person, so hat der Miterbe das Recht, die Auszahlung des ihm noch zustehenden Anteils am Gutswert in Kapital zu verlangen.

Art. 12 Besondere Ansprüche minderjähriger Miterben

(1) ¹Der Anerbe ist verpflichtet, dem minderjährigen Erben bis zur Höhe seiner Ansprüche und in Anrechnung auf diese die Kosten der Vorbildung zu einem Beruf zu gewähren, soweit nicht ein anderer dazu verpflichtet ist oder der Miterbe selbst ausreichendes sonstiges Vermögen hat. ²In gleicher Weise hat der Anerbe einer minderjährigen Miterbin im Falle ihrer Verheiratung eine angemessene Aussteuer zu gewähren. ³Die Beträge sind vom Vormundschaftsgericht nach Anhörung des Anerben, des gesetzlichen Vertreters und des Minderjährigen, falls er das 18. Lebensjahr vollendet hat, festzusetzen. ⁴Ein minderjähriger Miterbe kann von dem Anerben gegen Leistung standesmäßiger und seinen Kräften entsprechender Arbeitshilfe standesmäßigen Unterhalt auf dem Anerbengut ohne Anrechnung auf seinen Anteil verlangen. ⁵Solange dieser Unterhalt gewährt wird, hat der Miterbe keinen Anspruch auf Verzinsung seines Anteils am Gutswert, soweit die Zinsen die ange-

messenen Kosten des Unterhalts nicht übersteigen. ⁶Arbeitet der minderjährige Miterbe nach Vollendung des 16. Lebensjahrs im Umfang einer bezahlten Arbeitskraft auf dem Gut, so steht ihm ein Anspruch auf den üblichen Dienstlohn und die in Art. 11 Abs. 1 festgesetzte Verzinsung zu.

Art. 13 Nießbrauch und Altenteilsrecht des überlebenden Ehegatten

¹Ist der Ehegatte des Erblassers neben Abkömmlingen des letzteren als Miterbe berufen, so erwirbt er mit der Beendigung der elterlichen Nutznießung oder, falls ihm diese nicht zusteht, sofort den Nießbrauch an dem Anerbengut nebst Zubehör bis zur Vollendung des 25. Lebensjahrs des Anerben und für die spätere Zeit den Anspruch gegen den Anerben auf lebenslänglichen, in derartigen Verhältnissen üblichen Unterhalt auf dem Gut (Altenteilsrecht). ²Der Ehegatten kann Sicherstellung auf dem Anerbengut verlangen. Während der Dauer des Nießbrauchs hat der Ehegatte die in Art 11 Abs. 1 festgesetzten Zinsen zu bezahlen; ferner liegen ihm die Verpflichtungen des Art. 12 ob, und zwar auch gegenüber dem Anerben. ³Auf das Altenteilsrecht finden die Vorschriften der Art. 153 bis 170 des Württ. Ausführungsgesetzes zum Bürgerlichen Gesetzbuch (RegBl. 1931 S. 545), entsprechende Anwendung. ⁴Der Nießbrauch und das Altenteilsrecht erlöschen mit der Wiederverheiratung des Ehegatten; jedoch ist in diesem Falle dem Ehegatten vom Anerben eine dem Altenteilsrecht entsprechende Geldrente zu gewähren; § 760 des Bürgerlichen Gesetzbuchs findet Anwendung.

Art. 14 Rechtsstellung bei Veräußerung des Anerbenguts

(1) ¹Wird das Anerbengut innerhalb eines Zeitraums von fünfzehn Jahren nach dem Übergang des Eigentums auf den Anerben veräußert, so hat der Anerbe den Miterben und Pflichtteilsberechtigten herauszuzahlen, um die sich ihre Ansprüche erhöht hätten, wenn der früheren Auseinandersetzung der bei der Veräußerung erzielte Erlös, sofern er den Übernahmepreis übersteigt, zugrunde gelegt worden wäre und der Anerbe einen Voraus nicht erhalten hätte. ²Von dem bei der Veräußerung erzielten Erlös sind die vom Anerben zur Verbesserung des Guts gemachten Aufwendungen insoweit abzurechnen, als der Wert des Gutes zur Zeit der Veräußerung erhöht ist. ³Den Miterben steht in der Reihenfolge ihrer Berufung als Anerben ein gesetzliches Vorkaufsrecht zu.

(2) ¹Werden innerhalb des erwähnten Zeitraum Teile des Anerbenguts auf einmal oder nacheinander gegen ein Entgelt veräußert, das im Ganzen höher ist als ein Viertel des Gutswerts, so finden die Vorschriften des Abs. 1 unter Beschränkung auf die veräußerten Teile und den auf die entfallenden Voraus entsprechende Anwendung. ²Dies gilt nicht, soweit an Stelle der veräußerten Grundstücke vor dem Ablauf eines Jahres nach der Veräußerung für das Gut wirtschaftlich gleichwertige Grundstücke dem Anerbengut einverleibt worden sind.

(3) Die Vorschriften der Abs. 1 und 2 finden keine Anwendung bei einer Veräußerung an eine dem Anerben gegenüber anerbenberechtigte Person; sie finden jedoch auf den Erwerber entsprechende Anwendung, wenn dieser das Gut innerhalb des in Abs. 1 festgesetzten Zeitraums an eine ihm gegenüber nicht anerbenberechtigte Person veräußert.

(4) ¹Diese Ansprüche verjähren in drei Jahren. ²Sie bestehen auch, wenn der Eintrag in die Höferolle vor der Veräußerung gelöscht worden ist.

Art. 15 Pflichtteilsberechnung

Für die Berechnung des Pflichtteils der Miterben ist der nach diesem Gesetze zu ermittelnde gesetzliche Anteil maßgebend.

IV. Besondere Fälle

Art. 16

(1) Hinterlässt der Erblasser mehrere Anerbengüter, so können die als Anerben berufenen in der Reihenfolge ihrer Berufung je ein Anerbengut wählen.

(2) ¹Die Wahl geschieht durch Erklärung gegenüber dem Nachlassgericht in öffentlich beglaubigter Form. ²Das Nachlassgericht hat dem Wahlberechtigten auf Antrag eines nachstehend Berechtigten eine angemessene Frist zur Erklärung der Wahl zu bestimmen. ³Erfolgt die Wahl nicht vor dem Ablauf der Frist, so tritt der Säumige hinter die übrigen Berechtigten zurück.

(3) ¹Jeder Anerbe erwirbt das Eigentum an dem von ihm gewählten Gut nebst Zubehör mit der Erklärung der Wahl. ²Mit der Erklärung der letzten Wahl erwirbt zugleich der Nächstberechtigte das Eigentum an dem übrig bleibenden Gut nebst Zubehör.

(4) In den Fällen des Art. 5 ist der Mehrbetrag der Nachlassverbindlichkeiten auf die Anerben und die Güter nach dem Verhältnis der Gutswerte zu verteilen.

(5) ¹Im Falle des Art. 12 entscheidet im Streitfall das Vormundschaftsgericht nach Anhörung der Beteiligten unter Berücksichtigung aller Verhältnisse darüber, auf welchem Gut der Minderjährige seinen Unterhalt zu bekommen hat. ²Im Falle der Art. 13 und 22 hat der Ehegatte die Wahl, auf welchem Gut er den Altenteil oder die Geldrente beziehen will; die Anerben der übrigen Güter haben dem Eigentümer des vom Ehegatten gewählten Guts zu diesen Kosten nach dem Verhältnis der Gutswerte beizutragen.

Art. 17

(1) ¹Gehört das Anerbengut zu dem Gesamtgut einer ehelichen allgemeinen Gütergemeinschaft und tritt beim Tode eines Ehegatten keine fortgesetzte Gütergemeinschaft ein, so hat der überlebende Ehegatte das Recht, das Anerbengut nebst Zubehör zum Ertragswert (Art. 4) zu übernehmen. ²Auf die Gesamtgutsverbindlichkeiten, deren Berichtigung bei der Auseinandersetzung verlangt werden kann, findet Art. 5 entsprechende Anwendung.

(2) ¹War jedoch das Anerbengut von dem verstorbenen Ehegatten in die allgemeine Gütergemeinschaft eingebracht oder während derselben durch Erbfolge, durch Vermächtnis oder mit Rücksicht auf ein künftiges Erbrecht oder als Ausstattung erworben, und wird der verstorbene Ehegatte von Abkömmlingen beerbt, so ist das Anerbengut nebst Zubehör gegen Ersatz des Ertragswertes dem Anteil des verstorbenen Ehegatten zuzuschreiben. ²Dem überlebenden Ehegatten stehen die in Art. 13 bestimmten Rechte zu.

(3) Die Vorschrift des Abs. 1 findet auf die Errungenschaftsgermeinschaft, die Fahrnisgemeinschaft und auf die landrechtliche Errungenschaftsgemeinschaft entsprechende Anwendung.

Art. 18

¹Sind beim Tod eines Ehegatten, der in allgemeiner Gütergemeinschaft gelebt hat, neben gemeinschaftlichen Abkömmlingen andere Abkömmlinge vorhanden, so tritt für die Auseinandersetzung mit ihnen an die Stelle des Anerbenguts nebst Zubehör der Gutswert. ²Die Vorschriften der Art. 4 und 5 finden Anwendung.

Art. 19

(1) ¹Endigt die fortgesetzte Gütergemeinschaft durch Aufhebung oder durch Wiederverheiratung des überlebenden Ehegatten, so hat dieser das Recht, das Anerbengut nebst Zubehör zum Ertragswert (Art. 4) zu übernehmen. ²Art. 17 Abs. 1 Satz 2 findet Anwendung.

(2) ¹War jedoch das Anerbengut von dem verstorbenen Ehegatten in die Gütergemeinschaft eingebracht worden oder während derselben in der in Art. 17 Abs. 2 Satz 1 erwähnten Weise erworben worden, so ist das Anerbengut nebst Zubehör gegen Ersatz des Ertragswerts dem Anteil der Abkömmlinge zuzuschreiben. ²Bei der Auseinandersetzung unter diesen hat derjenige von ihnen, der nach Art. 8 zum Anerben berufen wäre, das Recht, das Gut nebst Zubehör zum Ertragswert zu übernehmen. Art. 4, 5, 9 Abs. 2, 17 Abs. 2 Satz 2 finden entsprechende Anwendung.

Art. 20

Endigt die fortgesetzte Gütergemeinschaft durch den Tod oder die Todeserklärung des überlebenden Ehegatten, so ist das Anerbengut nebst Zubehör gegen Ersatz des Ertragswerts dem Anteil der Abkömmlinge zuzuschreiben; Art. 19 Abs. 2 Satz 2 findet Anwendung.

Art. 21

Machen die anteilsberechtigten Abkömmlinge von dem ihnen nach § 1502 Abs. 2 Satz 2 des Bürgerlichen Gesetzbuchs zustehenden Übernahmerecht in Ansehung des Anerbenguts nebst Zubehör Gebrauch, so ist der nach den Vorschriften dieses Gesetzes zu ermittelnde Ertragswert maßgebend.

Art. 22 Fall der statuarischen Nutznießung

Erhält jemand als Anerbe nach den Vorschriften dieses Gesetzes ein Anerbengut, so tritt vom vollendeten 25. Lebensjahr des Anerben an insoweit an die Stelle der dem überlebenden Ehegatten nach dem bisherigen Recht zustehenden statuarischen Nutznießung ein Altenteilsrecht, auf das die Vorschriften des Art. 13 Abs. 1, 2 und 4 entsprechende Anwendung finden.

Art. 23 Ausgleichung

Hat ein Abkömmling nach § 2050 des Bürgerlichen Gesetzbuhs ein Anerbengut auszugleichen, so ist im Zweifel der Ertragswert maßgebend.

V. Schlussbestimmungen

Art. 24 Gebühren

Für die Tätigkeit der Behörden auf Grund dieses Gesetzes werden Gebühren erhoben, deren Regelung durch Verordnung des Staatsministeriums erfolgt.

Art. 25 Vollzug des Gesetzes

Das Justizministerium vollzieht dieses Gesetz.

1 Das WürttARG ist mit Ablauf des 30.12.2000 außer Kraft getreten (Gesetz vom 18.12.1995 GVBl 1996, S. 29). Mit einer wichtigen Ausnahme: Es gilt noch für diejenigen Erbfälle, bei denen der Erblasser vor dem 1.1.1930 geboren wurden und kein Testament hinterlassen haben. Solche Fälle gibt es erstaunlicherweise immer noch.

2 Das ehemalige Land *Württemberg-Baden* hatte das WürttARG zum 24.4.1947 zunächst für den früheren württembergischen Landesteil, der Nordwürttemberg bzw. dem OLG-Bezirk Stuttgart entspricht, wieder in Kraft gesetzt (§ 1 VO Nr. 166 vom 16.7.1947 RegBl. Württ.-Bad. S. 63). Dann wurde es mit Wirkung vom 1.8.1948 auf den früheren badischen Landesteil, der dem heutigen Nordbaden entspricht (LG-Bezirke Heidelberg, Karlsruhe, Mannheim und Mosbach), erstreckt (VO Nr. 147 vom 14.7.1948 RegBl. Württ.-Bad. S. 63). Das ehemalige Land *Württemberg-Hohenzollern* hatte das WürttARG durch Gesetz vom 13.6.1950 (RegBl. Württ.-Hohenzoll. S. 249) für das gesamte Landesgebiet in etwas modifizierter Fassung in Kraft gesetzt und damit dem früheren preußischen Land Hohenzollern erstmals eine anerbengesetzliche Regelung gegeben. Nach Bildung des Landes Baden-Württemberg im Jahre 1952 wurden diese drei Anerbengesetze mehrfach gleichlautend novelliert.

3 Anerbengutsfähig ist ein Betrieb der Land- oder Forstwirtschaft einschließlich des Weinbaus, der zur selbständigen Nahrungsstelle geeignet ist, Art. 1 II WürttARG. Eine Hofstelle verlangt das WürttARG nicht. Erforderlich ist aber die Möglichkeit einheitlicher Bewirtschaftung. Mit der Forderung, dass das Anerbengut als selbständigen Nahrungsstelle geeignet sein muss, stellt das WürttARG darauf ab, dass das landwirtschaftliche Unternehmen zum selbständigen Unterhalt einer Familie ausreichen muss, Art. 1 II S. 2 WürttARG. Das Gut muß dem Eigentümer mit seiner Familie unter normalen Verhältnissen ein Auskommen gewähren (*Kehrer* BWNotZ 1955, 93 f.). Abzustellen ist dabei auf die objektive Beschaffenheit der Besitzung (BGH BWNotZ 1994, 88; OLG Stuttgart Justiz 1980, 22 f.). Die Zielsetzung des WürttARG verbietet eine Auslegung des Begriffs der selbständigen Nahrungsstelle dahin, dass der Ertrag aus dem landwirtschaftlichen Betrieb nur im Wesentlichen zum Unterhalt einer bäuerlichen Familie ausreichen muss (OLG Stuttgart Beschl. v. 9.8.1990 – 8 W 611/89, BeckRS 1990, 30846512).

4 In welchem Umfang der Besitz dem Anerbenrecht unterliegt, ergibt sich aus der Höferolle des zuständigen Grundbuchamtes. Dort ist der Grundbesitz als Anerbengut in Abt. II eingetragen, Art. 1 I WürttARG. Das Zubehör gehört zum Anerbengut und folgt dessen rechtlichem Schicksal. Der Zubehörbegriff entspricht dem BGB.

5 Rechtsträger des Anerbenguts kann nur eine natürliche, also keine juristische Person sein. Einer Personenmehrheit kann ein Anerbengut nur zustehen, wenn diese familienrechtlichen Charakter hat. Einen solchen Ehegattenhof kennt das WürttARG bei allgemeiner oder fortgesetzter Gütergemeinschaft, Art. 6 III, 17 I–III, 18, 19 WürttARG. Art. 7 Nr. 1 WürttARG lässt auch Miteigentum des Erblassers und des Anerben an einem Anerbengut zu.

6 Voraussetzung für die Geltung des WürttARG ist die Eintragung in die Höferolle des Grundbuchamts, Art. 1 I, Art. 2 I WürttARG. Hier gilt der Grundsatz der freiwilligen Eintragung, sodass die Eintragung nur auf Antrag des Eigentümers erfolgt. Die Eintragung wirkt für jeden Eigentümer, also auch Rechtsnachfolger. Zu beachten sind die Überleitungsvorschriften der §§ 2 I, 7 I des württembergisch-hohenzollerschen Gesetzes vom 13.6.1950, wonach das WürttARG auf die bisherigen Erbhöfe für anwendbar erklärt und der Erbhöferolle als Höferolle im Sinne des WürttARG behandelt wurde. Hier galt der Grundsatz der freiwilligen Eintragung nicht.

7 Die Eintragung in die Höferolle ist für die Anerbengutseigenschaft konstitutiv. Die Anerbengutseigenschaft entfällt erst mit Löschung der Eintragung. Diese steht im Belieben des Gutseigentümers, Art. 2 II WürttARG. Ungeachtet der Geltung des WürttARG kann das Anerbengut auch durch entsprechende letztwillige Verfügung dem WürttARG entzogen werden. Nach Art. 64 II EGBGB können nämlich landesrechtliche Anerbengesetze das Recht des Erblassers nicht beschränken, über das dem Anerbenrecht unterliegende Grundstück von Todes wegen abweichend von den Regeln des Anerbenrechts zu verfügen, Art. 6 I WürttARG. Das WürttARG ist also nachgiebiges Recht. Das WürttARG verdrängt als lex specialis in seinem Anwendungsbereich das BGB, wenn keine Verfügung von Todes wegen vorliegt (vgl. Art. 64 II EGBGB). Anerbenrechte haben vor allem die Funktion eines hilfsweise geltenden gesetzlichen Erbrechts (Staudinger/*Mayer*, 2013, Art. 64 EGBGB Rn. 40). So kann der Erblasser den Anerben durch Verfügung von Todes wegen bestimmen, Art. 6 II WürttARG, oder anordnen, das auf seinen Tod Anerbenrecht nicht gelten soll. Insbesondere kann er auch letztwillig verfügen wie der Gutswert berechnet wird oder in welcher Weise die Bevorzugung des Anerben stattfinden soll, Art. 6 II WürttARG. Die Bestimmung des Anerben von Todes wegen unterliegt keinen Einschränkungen.

8 Das WürttARG findet keine Anwendung, wenn zur Zeit des Erbfalls das Anerbengut nach seinem Hauptzweck nicht mehr zum Betrieb der Land- oder Forstwirtschaft einschließlich des Weinbaus bestimmt war. Ebenfalls nicht mehr anwendbar ist das WürttARG, wenn der Betrieb nicht mehr eine zur selbständigen Nahrungsstelle geeignete Besitzung war oder nicht mehr einheitlich bewirtschaftet werden konnte, Art. 7 Nr. 2 WürttARG.

9 Hat der Erblasser den Anerben nicht durch Verfügung von Todes wegen bestimmt, gilt die Anerbfolgeordnung nach Art. 8, 8a WürttARG. Als Anerben sind in der ersten Anerbenordnung die Kinder des Erblassers und deren Abkömmlinge berufen, in der zweiten Ordnung der Ehegatte des Erblassers, in der dritten Ordnung die Eltern des Erblassers und in der vierten und letzten Anerbenordnung die Geschwister des Erblassers und deren Abkömmlinge. Ist keine dieser Personen als Anerbe vorhanden, vererbt sich der Hof nach den erbrechtlichen Vorschriften des BGB. Innerhalb der Anerbenordnung 1 ist der Älteste unter den Erben zum Anerben berufen, was meines Erachtens wegen Verstoßes gegen das Gleichheitsgebot in Art. 3 GG verfassungswidrig ist. Hat der Erblasser aber durch Ausbildung oder durch die Beschäftigung eines Kindes auf dem Hof erkennen lassen, dass ein Kind den Hof übernehmen soll, so geht dieses den anderen Kindern der Anerbenordnung 1 vor. Qualität (Ausbildung) geht also vor Quantität (Alter). Ist kein Anerbe der ersten Ordnung vorhanden wird der Ehegatte des Erblassers (Anerbenordnung 2) Anerbe. Solange die Eltern des Erblassers, von denen der Hof stammt, oder Geschwister des Erblassers einschließlich deren Abkömmlinge noch leben, ist der Ehegatte aber nur Vorerbe. Der Nacherbfall tritt mit dem Tod des Ehegatten ein. Nacherbe wird die Person, die Anerbe des Erblassers geworden wäre, wenn dieser erst im Zeitpunkt des Nacherbfalls gestorben wäre. Damit soll sichergestellt werden, dass der Hof in der Familie bleibt, Art. 8a III 1 WürttARG.

10 Ein Ehegattengut erwähnt das WürttARG ausdrücklich nur bei Vorliegen allgemeiner oder fortgesetzter Gütergemeinschaft, Art. 17ff. WürttARG. Der überlebende Ehegatte einer Gütergemeinschaft hat das Recht, das Anerbengut nebst Zubehör zum Ertragswert zu übernehmen. Einen Voraus kennt das WürttARG nicht, Art. 17 I WürttARG. War das Anerbengut jedoch vom verstorbenen Ehegatten in die allgemeine Gütergemeinschaft eingebracht worden oder während der Ehe durch Erbfolge, vorweggenommene Erbfolge oder als Ausstattung erworben worden, erhält der überlebende Ehegatte lediglich seinen Erbanteil sowie einen Anspruch auf Nießbrauch an dem Anerbengut. Der Nießbrauch endet mit der Vollendung des 25. Lebensjahres des Anerben. Für die Zeit danach erhält der Ehegatte dann ein Altenteilsrecht auf dem Anerbengut, Art. 17 II, 13 WürttARG.

11 Klagt ein Anerbe nach Beendigung der fortgesetzten Gütergemeinschaft aus Art. 16 II WürttARG auf Auflassung des Anerbenguts Zug um Zug gegen Zahlung des durch das Schiedsgericht festzusetzenden Ertragswertes, ist der Klageantrag zu unbestimmt und die Klage als unzulässig abzuweisen (§ 253 II Nr. 2 ZPO). Die Abfindung als Gegenleistung muss vom Anerben beziffert werden (BGH BWNotZ 1994, 88).

12 Die Eintragung als Anerbengut in der Höferolle bewirkt beim Erbfall, dass das Anerbengut „als Teil der Erbschaft" dem Anerben zufällt, Art. 3 I WürttARG. Der Anerbe wird mit dem Erbfall Alleineigentümer des Anerbenguts, Art. 9 I WürttARG. Es liegt eine dinglich wirkende Anerbfolge vor (BVerfG NJW 1995, 2977: „Sondererbfolge"). Das Anerbengut fällt also nicht in den allgemeinen Nachlass, sondern geht als abgesonderte Erbmasse neben der gutsfreien Erbschaft direkt auf den Anerben über. Wegen dieser Spezialsukzession bedarf es keiner besonderen Übertragungsakte.

13 Die Rechtsstellung des Anerben wird mit dem Erwerb der Erbschaft, also mit dem Erbfall, begründet, Art. 9 I WürttARG. Einer Annahme bedarf es nicht. Der Anerbe wird Volleigentümer des Anerbenguts, sofern nicht der Ausnahmefall der Vorerbschaft nach Art. 8a III 1 WürttARG vorliegt. Art. 9 II gewährt dem Anerben vom Gutswert ¼ als echten Vorausanteil. Daneben steht ihm ein Anspruch auf Ausgleichung nach § 2057a BGB nicht zu, Art. 9 II 2 WürttARG. Die Ausgleichung ist durch den Voraus abgegolten.

14 Der Anerbe kann auf seine mit dem Anerbfall geschaffene Anerbenrechtstellung verzichten, ohne damit die Erbschaft in das anerbengutsfreie Vermögen auszuschlagen, Art. 9 III 1 WürttARG. Für den Verzicht gelten die Regeln des BGB über die Ausschlagung der Erbschaft entsprechend. Verzichtet der Anerbe auf seine Anerbenstellung, fällt das Anerbengut an den nächsten als Anerben berufenen Miterben, Art. 9 IV WürttARG. Die Miterben des Anerben werden vom WürttARG hinsichtlich des Anerbenguts wie weichende Erben („Abfindlinge") behandelt. Sie erhalten statt einer dinglichen Berechtigung am Anerbengut Abfindungsansprüche in Geld gegen den Anerben, Art. 11 WürttARG. Der Anerbengutswert tritt für die Abfindung an die Stelle des Anerbengutseigentums, Art. 3 II WürttARG. Bemessungsgrundlage für die Abfindung der weichenden Miterben ist der sogenannte Gutswert. Für die Feststellung des Gutswertes ist der Ertrag und nicht der Verkehrswert maßgebend, Art. 4 WürttARG. Ertragswert des Anerbengutes ist sein 20-facher jährlicher Reinertrag, Art. 4 III WürttARG.

15 Der Gutswert wird im Streitfall von einem Schiedsgericht festgesetzt, Art. 4 V, VI WürttARG. Bei der Bestimmung des Gutswertes werden die Verbindlichkeiten, die das Anerbengut betreffen, abgezogen Art. 4 II WürttARG. Der unter Berücksichtigung auch des Voraus nach Art. 9 II WürttARG festgestellte Nettogutswert ist unter Berücksichtigung der allgemeinen Erbteile der Miterben Grundlage der Ansprüche der Abfindlinge. Die Abfindungen können in zehn gleichen Teilbeträgen bezahlt werden, Art. 11 I WürttARG. Bei minderjährigen Abfindlingen wird der erste Abfindungsteilbetrag erst nach Eintritt der Volljährigkeit fällig, Art. 11 III. Bis zur Volljährigkeit kann der Anerbe verpflichtet sein, dem minderjährigen Abfindling eine Abfindung zu finanzieren, Art. 12 WürttARG. Bei Veräußerung des Anerbenguts an eine nichtanerbenberechtigte Person, ist jeder Abfindling berechtigt, die Auszahlung des ihm noch

zustehenden Anteils am Gutswert in Kapital zu verlangen, Art. 11 IV WürttARG. Die Abfindungsansprüche sind vererblich, abtretbar und pfändbar. Das Recht des überlebenden Ehegatten auf Nießbrauch und Altenteilsrecht auf dem Gut regelt Art. 13 WürttARG. Ein etwaiger Pflichtteilsanspruch bestimmt sich nach allgemeinem Erbrecht und bemisst sich nach der Hälfte des Abfindungsanspruches, Art. 15 WürttARG. Bei einer anerbenzweckwidrigen Veräußerung des Anerbenguts innerhalb von 15 Jahren nach dem Anerbfall entstehen für die Abfindlinge und Pflichtteilsberechtigten Nachansprüche. Berechnungsgrundlage ist der bei der Veräußerung erzielte Erlös, sofern er den Übernahmepreis übersteigt, Art. 14 I WürttARG. Dies gilt entsprechend bei einer anerbenzweckwidrigen Veräußerung von Teilen des Anerbenguts gegen ein Entgelt, das ¼ des Gutswertes übersteigt, Art. 14 II WürttARG. Die Nachabfindungsansprüche verjähren in drei Jahren. Sie sind vererblich und übertragbar.

Bei Nachlassverbindlichkeiten besteht im Außenverhältnis eine haftungsrechtliche Einheit von Anerbengut und anerbengutsfreiem Nachlass. Nachlassgläubigern gegenüber stellen sie eine haftungsrechtliche Nachlasseinheit dar. Die Erbenhaftung ist im WürttARG nicht besonders geregelt. Es gelten somit die allgemeinen Haftungsbestimmungen des BGB. Alle Miterben einschließlich des Anerben haften nach außen als Gesamtschuldner mit ihrem gesamten Vermögen (§ 2058 BGB); und zwar für alle Nachlassverbindlichkeiten, gleichgültig, ob sie das Anerbengut oder den gutsfreien Nachlass betreffen. Das Anerbengut unterliegt dem Zugriff aller Nachlassgläubiger. Eine etwaige Haftungsbeschränkung richtet sich nach §§ 1975, 1990, 1992 BGB. Im Innenverhältnis hingegen sind Nachlassverbindlichkeiten in erster Linie aus dem anerbengutsfreien Nachlass zu tilgen, Art. 5 I 1 WürttARG. Der Anerbe kann insoweit von seinen Miterben Befreiung verlangen. Soweit der anerbengutsfreie Nachlass nicht ausreicht, hat der Anerbe die Nachlassverbindlichkeiten im Innenverhältnis alleine zu tragen und die Miterben davon zu befreien, Art. 5 II WürttARG. 16

Das Nachfolgezeugnis nach Art. 10 WürttARG ist ein auf die Gutsnachfolge beschränkter Erbschein. 17

Die Verbindung beider Erbmassen (Gut und sonstiges Vermögen) durch die gesamtschuldnerische Haftung und die Abrechnungsgemeinschaft nach Art. 5 WürttARG, zeigt, dass die anerbenrechtliche Sonderfolge keine konsequente Nachlassspaltung darstellt. Dogmatisch erscheint es richtiger von einer „beschränkten Gesamterbfolge" mit einer vom Gesetz festgelegten und vollzogenen Teilungsanordnung zu sprechen (Muscheler, Universalsikzession und Vonselbsterwerb, S. 55f.). 18

92. Heimgesetz (HeimG)

In der Fassung der Bekanntmachung vom 5.11.2001 (BGBl. I S. 2970)

Zuletzt geändert durch Art. 3 Satz 2 Gesetz zur Neuregelung der zivilrechtlichen Vorschriften des HeimG nach der Föderalismusreform vom 29.7.2009 (BGBl. I S. 2319)

(Auszug)

§ 14 Leistungen an Träger und Beschäftigte

(1) Dem Träger ist es untersagt, sich von oder zugunsten von Bewohnerinnen und Bewohnern oder den Bewerberinnen und Bewerbern um einen Heimplatz Geld- oder geldwerte Leistungen über das nach § 5 vereinbarte Entgelt hinaus versprechen oder gewähren zu lassen.

(2) Dies gilt nicht, wenn
1. andere als die in § 5 aufgeführten Leistungen des Trägers abgegolten werden,
2. geringwertige Aufmerksamkeiten versprochen oder gewährt werden,
3. Leistungen im Hinblick auf die Überlassung eines Heimplatzes zum Bau, zum Erwerb, zur Instandsetzung, zur Ausstattung oder zum Betrieb des Heims versprochen oder gewährt werden,
4. *(aufgehoben)*

(3) ¹Leistungen im Sinne des Absatzes 2 Nr. 3 sind zurückzugewähren, soweit sie nicht mit dem Entgelt verrechnet worden sind. ²Sie sind vom Zeitpunkt ihrer Gewährung an mit mindestens 4 vom Hundert für das Jahr zu verzinsen, soweit der Vorteil der Kapitalnutzung bei der Bemessung des Entgelts nicht berücksichtigt worden ist. ³Die Verzinsung oder der Vorteil der Kapitalnutzung bei der Bemessung des Entgelts sind der Bewohnerin oder dem Bewohner gegenüber durch jährliche Abrechnungen nachzuweisen. ⁴Die Sätze 1 bis 3 gelten auch für Leistungen, die von oder zugunsten von Bewerberinnen und Bewerbern erbracht worden sind.

(4) *(aufgehoben)*

(5) ¹Der Leitung, den Beschäftigten oder sonstigen Mitarbeiterinnen oder Mitarbeitern des Heims ist es untersagt, sich von oder zugunsten von Bewohnerinnen und Bewohnern neben der vom Träger erbrachten Vergütung Geld- oder geldwerte Leistungen für die Erfüllung der Pflichten aus dem Heimvertrag versprechen oder gewähren zu lassen. ²Dies gilt nicht, soweit es sich um geringwertige Aufmerksamkeiten handelt.

(6) Die zuständige Behörde kann in Einzelfällen Ausnahmen von den Verboten der Absätze 1 und 5 zulassen, soweit der Schutz der Bewohnerinnen und Bewohner die Aufrechterhaltung der Verbote nicht erfordert und die Leistungen noch nicht versprochen oder gewährt worden sind.

Übersicht

	Rn.		Rn.
1. Anwendung des HeimG (Bund)	1–5	Anhang: Landesheimgesetze	35–66
2. Inhalt und Normzweck	6–9	1. Baden-Württemberg	35–38
3. Anwendung der Zuwendungsverbote auf Verfügungen von Todes wegen	10–13	2. Bayern	39–41
		3. Berlin	42/43
4. Geschützter Personenkreis	14–16	4. Brandenburg	44/45
a) Heimbewohner und Heimbewerber	14/15	5. Bremen	46/47
		6. Hamburg	48/49
b) Vorteilsgewährungen durch Dritte	16	7. Hessen	50/51
5. Ausnahmegenehmigung	17–25	8. Mecklenburg-Vorpommern	52/53
a) Zeitpunkt der Einholung	17–20	9. Niedersachsen	54/55
b) Voraussetzungen für die Erteilung der Ausnahmegenehmigung	21–25	10. Nordrhein-Westfalen	56–62
		11. Rheinland-Pfalz	63/64
6. Entsprechende Anwendung des § 14?	26–34	12. Saarland	65/66
a) Unmittelbarer Anwendungsbereich des § 14	26	13. Sachsen	67/68
		14. Sachsen-Anhalt	69/70
b) Entsprechende Anwendung auf Umgehungsgeschäfte	27–29	15. Schleswig-Holstein	71–73
c) Keine entsprechende Anwendung in „heimähnlichen" Verhältnissen	30–34	16. Thüringen	74/75

Literatur: *Burmeister/Dinter*, Die Heimgesetzgebung der Bundesländer – Ein Rechtsvergleich, NVwZ 2009, 628; *Crößmann/Goberg/Iffland/Mangels*, Taschenkommentar zum Heimgesetz, 5. Aufl. 2002; *Dahlem/Giese/Igl/Klie*, Heimrecht des Bundes und der Länder, Kommentar, Stand: März 2018; *Dickmann*, Heimrecht, Kommentar, 11. Aufl. 2014; *Dietz*, § 14 HeimG – Gut gemeinter Schutz für Heimbewohner und -bewerber, Fallstrick für den Testamentsgestalter, MittBayNot 2007, 453; *Drasdo*, Der Heimvertrag nach der Föderalismusreform, NVwZ 2008, 639; *Everts*,

Heimgesetz und Testamentsvollstreckung, ZEV 2006, 544; *Gitter/Schmitt/Kufner-Schmitt*, WBVG, Heimrecht des Bundes und der Länder, Kommentar, Stand: Januar 2018; *Karl*, Auswirkungen der Länderregelungen zum Heimrecht in der erbrechtlichen Praxis, ZEV 2009, 544; *Keim*, Die Testierverbote nach den Heimgesetzen der Länder, notar 2017, 119; *Krahmer/Richter* (Hrsg.), Heimgesetz, Lehr- und Praxiskommentar, 2. Aufl. 2006; *Krug*, Sicherung der Familienerbfolge durch gesetzliche Zuwendungsverbote, FPR 2006, 154; *Lingenfelser*, Zur Bedeutung des § 14 Heimgesetz in der Rechtspraxis – Eine Bestandsaufnahme, BWNotZ 2001, 118; *Ludyga*, Letztwillige Verfügungen von alten und pflegebedürftigen Menschen zu Gunsten eines ambulanten Pflegedienstes, NZS 2013, 201; *G. Müller*, Zur Wirksamkeit lebzeitiger und letztwilliger Zuwendungen des Betreuten an seinen Betreuer, ZEV 1998, 219; *G. Müller*, Zur Anwendung des § 14 HeimG auf Verfügungen von Todes wegen, insbesondere im Rahmen des sog. Behindertentestaments, in: DNotI (Hrsg.), FS 10 Jahre Deutsches Notarinstitut, 2003, 153 ff.; *Neu/Lang*, Mein letzter Wille ist ... – manchmal unwirksam, ErbR 2006, 100; *Petersen*, Die eingeschränkte Testierfreiheit beim Pflegeheimbetrieb durch eine GmbH, DNotZ 2000, 739; *Rastätter*, Der Einfluss des § 14 HeimG auf Verfügungen von Todes wegen, 2004; *Rossak*, Letztwillige Verfügungen von Heimbewohnern zugunsten des Heimträgers oder von Heimmitarbeitern, ZEV 1996, 41; *Sieveking*, Zielkonflikte der künftigen Landesheimgesetzgebung, NordÖR 2007, 398; *Spall*, Behindertentestament und Heimgesetz, MittBayNot 2010, 9; *Tersteegen*, Letztwillige Zuwendungen an den Heimträger bei Heimunterbringung eines Angehörigen, ZErb 2007, 414; *Ziegert*, Verstoß gegen die Testierverbote des § 14 HeimG durch Zuwendungen an heimfremde Dritte, ZErb 2003, 166.

1. Anwendung des HeimG (Bund). Im Rahmen der Föderalismusreform (BT-Drs. 16/813) ist die Gesetzgebungskompetenz für das Heimwesen durch ausdrückliche Herausnahme des Heimrechts aus der „öffentlichen Fürsorge" in Art. 74 I Nr. 7 GG mit Wirkung ab dem 1.9.2006 in die **ausschließliche Gesetzgebungskompetenz der Länder** übergegangen (vgl. *Drasdo* NVwZ 2008, 639). 1

Dies gilt zumindest für die Regelungen des Heimgesetzes, die **öffentlich-rechtlicher** Natur sind, während für die (bürgerlich-rechtlichen) Regelungen des Heimgesetzes über den Heimvertrag nach wie vor eine konkurrierende Gesetzgebungskompetenz des Bundes besteht (vgl. BT-Drs. 16/4847). Die zuletzt genannten, zivilrechtlichen Vorschriften des Heimgesetzes wurden durch das „Gesetz zur Regelung von Verträgen über Wohnraum mit Pflege- oder Betreuungsleistungen (Wohn- und Betreuungsvertragsgesetz – WBVG)" v. 29.7.2009 (BGBl. I S. 2319) neu geregelt (vgl. *Drasdo* NJW 2010, 1174 ff.). Das Gesetz trat zum 1.10.2009 in Kraft. 2

Die zivilrechtlichen Vorschriften des Heimgesetzes bzw. des WBVG sind für die Errichtung von Testamenten/Erbverträgen nicht von Bedeutung und bedürfen hier daher keiner näheren Erläuterung. Anders ist dies hinsichtlich der **öffentlich-rechtlichen** Vorschriften des Heimgesetzes, da diese zT **Zuwendungsverbote** (bzw. Annahmeverbote) enthalten (vgl. § 14 I, V), die die Wirksamkeit letztwilliger Verfügungen unmittelbar beeinflussen können. 3

Nachdem die Gesetzgebungszuständigkeit für das öffentlich-rechtliche Heimwesen auf die Länder übergegangen war, haben die meisten Länder an einer landesgesetzlichen Regelung hierfür gearbeitet (vgl. *Sieveking* NordÖR 2007, 398 ff.; *Karl* ZEV 2009, 544 ff.). Von der neuen Gesetzgebungskompetenz haben mittlerweile alle Bundesländer Gebrauch gemacht. Die entsprechenden Vorschriften sind im Anschluss an die Komm. des § 14 (Bund) im Anhang (versehen mit Literaturhinweisen und kurzen Erläuterungen) wiedergegeben (→ Rn. 35 ff.). 4

Solange die Bundesländer nicht von der neuen Gesetzgebungskompetenz Gebrauch gemacht hatten, **galt dort das Bundesheimgesetz** – und damit auch § 14 HeimG (Bund) – **fort** (vgl. Art. 125a I GG). Ausdrücklich aufrechterhalten wurde § 14 HeimG in Niedersachsen; → Rn. 55). Die anderen Landesheimgesetze enthalten überwiegend den § 14 wörtlich oder zumindest **inhaltlich weitgehend entsprechende Regelungen** (vgl. § 16 WTPG BW; Art. 8 I, V, VI BayPfleWoqG; § 28 I, IV SbStG; *Karl* ZEV 2009, 544 ff.), so dass die zu § 14 HeimG (Bund) ergangene Rspr. und vorherrschende Auslegung **weiterhin maßgeblich bleiben** wird. Nachfolgend ist daher § 14 HeimG (Bund) als (weiterhin) zentrale Verbotsvorschrift ausführlich erläutert. 5

2. Inhalt und Normzweck. § 14 enthält zwei Verbotsvorschriften: Nach **§ 14 I** (idF der Bekanntmachung v. 5.11.2001, BGBl. 2001 I, 2970) ist es dem **Heimträger** untersagt, sich von oder zugunsten von Bewohnerinnen und Bewohnern oder Bewerberinnen und Bewerbern um einen Heimplatz Geld- oder geldwerte Leistungen über das nach § 5 vereinbarte Entgelt hinaus versprechen oder gewähren zu lassen. Nach **§ 14 V** ist es ferner der Leitung, den Beschäftigten oder sonstigen **Mitarbeiterinnen oder Mitarbeitern des Heims** untersagt, sich von oder zugunsten von Bewohnerinnen und Bewohnern neben der vom Träger erbrachten Vergütung Geld- oder geldwerte Leistungen für die Erfüllung der Pflichten aus dem Heimvertrag versprechen oder gewähren zu lassen (sofern es sich nicht nur um geringwertige Aufmerksamkeiten handelt). 6

Mit „Heim" ist ein solches iSd **§ 1** gemeint. Nach § 1 I 2 sind Heime Einrichtungen, die dem Zweck dienen, ältere Menschen oder Pflegebedürftige oder behinderte Volljährige aufzunehmen, ihnen Wohnraum zu überlassen sowie Betreuung und Verpflegung zur Verfügung zu stellen oder vorzuhalten und die in ihrem Bestand von Wechsel und Zahl der Bewohnerinnen und Bewohner unabhängig sind und entgeltlich betrieben werden. Nach der Neufassung des Gesetzes zum 1.1.2002 sind Einrichtungen des sog. **„Betreuten Wohnens"** vom Anwendungsbereich des Heimgesetzes ausgenommen, so lange keine Verpflichtung des Mieters besteht, Verpflegung und weitergehende Betreuungsleistungen von bestimmten Anbietern anzunehmen (vgl. BT-Drs. 14/5399, 18 f.; DNotI-Report 2002, 7; *Heinemann* MittBayNot 2002, 69 ff.; *Forst* RNotZ 2003, 292 (299 f.)). Der Anwendungsbereich der jeweiligen Landesheimgesetze auf „moderne Wohnformen" wie zB betreutes Wohnen, ambulant betreute Wohngruppen, ambulante Pflegedienste usw ist von Land zu Land unterschiedlich geregelt und muss im Einzelfall unter Heranziehung des jeweiligen Landesgesetzes bestimmt werden. 7

8 **Schutzzweck** des § 14 ist es (vgl. BT-Drs. 11/5120, 17 f.)
– eine unterschiedliche, sachlich nicht gerechtfertigte Behandlung der Heimbewohner zu verhindern (Schutz des Heimfriedens),
– die Bewohner vor finanzieller Ausnutzung oder Benachteiligung, insb. durch die nochmalige Abgeltung einer Leistung des Trägers zu schützen sowie
– die Testierfreiheit der Bewohner zu sichern.

9 Hierbei handelt es sich nach Auffassung des Bundesverfassungsgerichts um legitime Gemeinwohlziele (BVerfG ZEV 1998, 312 = NJW 1998, 2964 = DNotZ 1999, 56; vgl. zur Verfassungsmäßigkeit der Regelung bereits BGH ZEV 1996, 145 f.).

10 **3. Anwendung der Zuwendungsverbote auf Verfügungen von Todes wegen.** § 14 wird nach hA als **Verbotsgesetz iSv § 134 BGB** angesehen, so dass ein Rechtsgeschäft, das den Tatbestand erfüllt, **nichtig** ist (BayObLG DNotZ 1992, 258 mwN). Dabei ist mittlerweile anerkannt, dass § 14 nicht nur lebzeitige Zuwendungen erfasst (OLG Celle BeckRS 2013, 01302), sondern auch **Zuwendungen durch Verfügungen von Todes wegen** (bspw. im Rahmen eines Erbvertrages mit dem Verbotsadressaten oder durch einseitiges Testament). Nach der umstrittenen Entscheidung des OLG Stuttgart (NJW-RR 2011, 85) gelten die Verbote des § 14 aber nur für Testamente und Erbverträge, die ab dem 1.1.1975 (Inkrafttreten des HeimG) errichtet worden sind (aA zu Recht die hL, die für die Frage des Verstoßes auf den Eintritt des Erbfalls, nicht den Zeitpunkt der Errichtung der Verfügung abstellt, da es letztlich um ein Annahmeverbot, nicht ein Testierverbot geht; vgl. *Litzenburger* FD-ErbR 2010, 307114).

11 Die Art der Zuwendung spielt in diesem Zusammenhang keine entscheidende Rolle. Erfasst vom Zuwendungsverbot ist also die **vermächtnisweise** Begünstigung des Heimträgers oder Heimmitarbeiters, ebenso wie deren **Erbeinsetzung** (Miterbe, Ersatzerbe, Nacherbe; vgl. zur Nacherbeneinsetzung insb. OLG Düsseldorf ZEV 1997, 459 ff. = NJWE-FER 1997, 253; OLG Stuttgart NJW-RR 2011, 85). Selbst eine „Zuwendung" an den Verbotsadressaten im Wege einer **Auflage** genügt, sofern der Heimträger oder Heimmitarbeiter hierdurch nur unmittelbar begünstigt wird (BayObLGZ 2000, 48 = NJW 2000, 1959 = ZEV 2000, 284 = MittBayNot 2000, 447 mAnm *Rossak*). Die Frage, inwieweit auch die **Einsetzung als Testamentsvollstrecker** § 14 I oder V unterfällt, ist in der Rspr. derzeit noch ungeklärt. In der Lit. wird davon ausgegangen, dass auch die Einsetzung als Testamentsvollstrecker als geldwerte Leistung iSd § 14 anzusehen ist, soweit dieser nach Anordnung im Testament oder gem. § 2221 BGB einen Vergütungsanspruch für seine Tätigkeit hat (*Rossak* MittBayNot 1998, 407; iErg zust. *Everts* ZEV 2006, 544 ff.). Im Hinblick auf die mit der Testamentsvollstreckung verbundene Rechtsmacht wird man – je nach den Umständen des Einzelfalls – aber selbst im Falle der Unentgeltlichkeit uU zu einem (verbotenen) Vermögensvorteil gelangen können (*G. Müller* DNotI 2003, 153 (159 f.); aA *Everts* ZEV 2006, 544 (545 f.)).

12 **Testamentarische Zuwendungen** zu Gunsten des Heimträgers oder eines Heimmitarbeiters sind nach hA wegen der Formulierung „gewähren lassen" nur dann unwirksam, wenn sich der Eintritt des Vermögensvorteils auf ein **Einvernehmen zwischen dem Testierenden und dem Bedachten** gründet (KG ZEV 1998, 437 = NJW-RR 1999, 2). Erforderlich ist also, dass zu der einseitigen Willenserklärung des Testierenden das Einverständnis des Bedachten mit der Zuwendung hinzutritt oder ein entsprechendes Verlangen vorangegangen ist (KG ZEV 1998, 437 = NJW-RR 1999, 2). Hat der Heimträger bspw. von einer einseitigen testamentarischen Zuwendung zu seinen Gunsten **erst nach dem Tod des Erblassers Kenntnis erlangt**, wäre die letztwillige Verfügung nicht wegen Verstoßes gegen § 14 I unwirksam (BayObLGZ 1991, 251 = NJW 1992, 55 = DNotZ 1992, 258; BayObLG FamRZ 1992, 975; BayObLGZ 1992, 344 = NJW 1993, 1143 = DNotZ 1993, 453; vgl. zum sog. „stillen Testament" auch Rn. 13). Dabei lässt die nunmehr hA hinsichtlich der „schädlichen" Kenntniserlangung die Kenntnis einer Person ausreichen, die der Heimträger mit der Wahrnehmung von Angelegenheiten der Heimbewohner betraut hat und die den Heimträger in diesem Bereich **gegenüber dem Heimbewohnern repräsentiert** (BayObLGZ 1992, 344 = NJW 1993, 1143 = DNotZ 1993, 453; OLG Karlsruhe ZEV 1996, 146 mAnm *Rossak*; KG ZEV 1998, 437 = NJW-RR 1999, 2). Die Kenntnis eines Landesverbandes, dem die letztwillige Verfügung mitgeteilt worden war, muss sich der Heimträger aber nicht zurechnen lassen (OLG Stuttgart MittBayNot 2014, 355 ff. m. Anm. *G. Müller* = FamRZ 2014, 1492).

13 Von dem Grundsatz, dass die Kenntniserlangung noch zu Lebzeiten des Erblassers erfolgt sein muss, ist das OLG München (NJW 2006, 2642 = DNotZ 2006, 933) abgewichen für den Fall, dass nicht der Heimbewohner selbst, sondern ein Dritter Erblasser war, der zugunsten des Heimbewohners testiert hat. Nach Ansicht des OLG München (NJW 2006, 2642 = DNotZ 2006, 933) soll die Zuwendung an den Heimträger in diesem Fall selbst dann unwirksam sein, wenn der Heimträger zu Lebzeiten des Erblassers keine Kenntnis von der Zuwendung erlangt habe, sofern nur der Heimvertrag nach der Annahme der Zuwendung (hier: Grundstücksvermächtnis) fortbestand. Diese Rspr. stellt eine bedenkliche Ausweitung des Tatbestands von § 14 I u. V dar und ist daher abzulehnen (so auch *Tersteegen* ZErb 2007, 414 ff.). In seinem Beschl. v. 26.10.2011 (NJW 2012, 155 = MittBayNot 2012, 297 mAnm *G. Müller*) hat der **BGH** nunmehr klargestellt, dass das Testament des Angehörigen eines Heimbewohners, mit dem der Heimträger zum Nacherben eingesetzt wird und von dem dieser erst nach dem Tod des Erblassers erfährt (sog. **„stilles Testament"**), nicht nach § 14 I HeimG iVm § 134 BGB unwirksam ist.

14 **4. Geschützter Personenkreis. a) Heimbewohner und Heimbewerber.** § 14 I u. V schützen zunächst den **„Heimbewohner"**, dh den Bewohner eines Heimes iSd § 1. Mit dem 3. Gesetz zur Änderung des HeimG (BGBl. 2001 I S. 2960 ff.) wurde aber die Vorschrift des § 14 I neu gefasst und der „Bewerber sowie die Bewerberin um einen Heimplatz" mit aufgenommen. § 14 I ist daher seither anwendbar,

wenn sich der Heimträger die Zuwendung **von oder zugunsten eines Heimbewohners oder Heimbewerbers** versprechen oder gewähren lässt.

Wann von einem „Heimbewerber" iSd neu gefassten Vorschrift auszugehen ist, ist infolge Fehlens einschlägiger Rspr. sehr **unsicher**. Man wird von einem „Heimbewerber" wohl nur dann sprechen können, wenn ein entsprechender Wille zur Aufnahme in das Heim gegeben ist und zusätzlich dieser Wille auch bereits nach außen erkennbar in Erscheinung getreten ist, bspw. durch Kontaktaufnahme zum Heim, in Form einer Heimbesichtigung oder eines Informationsgesprächs mit dem Heimleiter (vgl. *G. Müller* DNotI 2003, 153 (163)). Dies lässt sich ua damit begründen, dass mit der Erweiterung des Tatbestands die **besondere Situation vor der Heimaufnahme** erfasst werden sollte, dh hiermit verhindert werden sollte, dass alte oder pflegebedürftige Menschen, die in ein Heim aufgenommen werden und sich der Leitung und dem Personal des Heims anvertrauen wollen, in ihrer Hilf- und Arglosigkeit ausgenutzt werden (vgl. *Dickmann/Karl* Rn. 8; *G. Müller* DNotI 2003, 153 (163f.)). Die Situation eines „potentiellen Heimbewohners" würde daher grds. nicht genügen, um für diesen eine „Heimbewerbereigenschaft" anzunehmen. ZT wird aber in der Lit. auch vertreten, dass eine zunächst wirksam errichtete Verfügung später noch unwirksam werden kann, wenn im weiteren Verlauf der Dinge die Tatbestandselemente des § 14 I **(insb. die Heimaufnahme)** erfüllt werden (vgl. *Rastätter*, Der Einfluss des § 14 auf Verfügungen von Todes wegen, 2004, 106; *Everts* MittBayNot 2005, 320f.). Damit ist insb. nach wie vor umstritten, ob der Begriff „Heimbewerber" iSd § 14 I HeimG nF nicht vielmehr iSv „künftiger Heimbewohner" zu verstehen ist. 15

b) Vorteilsgewährungen durch Dritte. Wie sich aus der Formulierung „von oder zugunsten von Bewohnerinnen und Bewohnern" ergibt, erfassen § 14 I u. V auch **Vorteilsgewährungen durch Dritte** (zB Eltern), soweit diese zugunsten von (bestimmten) Heimbewohnern (oder im Fall des Abs. 1 auch Heimbewerbern) erfolgen (BGH NJW 2012, 155 = MittBayNot 2012, 297 mAnm *G. Müller*; LG Flensburg NJW 1993, 1866 (1867); *Tersteegen* RNotZ 2012, 376ff.). Spenden zugunsten aller Heimbewohner sind dagegen zumindest dann unproblematisch, wenn sie anonym erfolgen (vgl. *Crößmann/Iffland/Mangels* Rn. 5.3). 16

5. Ausnahmegenehmigung. a) Zeitpunkt der Einholung. § 14 VI sieht vor, dass die zuständige Behörde (vgl. § 23 I) in Einzelfällen **Ausnahmen von den Verboten** der Abs. 1 u. 5 zulassen kann, soweit der Schutz der Bewohner die Aufrechterhaltung der Verbote nicht erfordert und die Leistungen noch nicht versprochen oder gewährt worden sind. 17

Wie sich bereits aus dem Gesetzestext eindeutig ergibt, muss die Ausnahmegenehmigung bereits **vor dem Versprechen oder Gewähren-Lassen der Leistung** erteilt werden. Dies beruht darauf, dass zB nach dem Tod des Erblassers kaum noch festgestellt werden kann, ob dieser seine Leistung freiwillig und ohne Druck oder mit dem Ziel einer Besserbehandlung gegenüber anderen Bewohnern erbracht hat (*Dickmann/Karl* Rn. 43). Eine **nachträgliche Ausnahmegenehmigung** (bspw. nach Abschluss eines Erbvertrages mit dem Heimträger oder nach Herstellung des Einvernehmens über eine testamentarische Zuwendung) scheidet damit aus und wäre **unwirksam** (BVerwGE 78, 357ff. = NJW 1988, 984; OVG Berlin OVGE BE 20, 119ff. = MittSozAuf BE 1989, Nr. 4, 3-2). 18

Bei testamentarischen Zuwendungen kann die Ausnahmegenehmigung iÜ noch nach Kenntniserlangung, aber vor Herstellung des Einvernehmens, eingeholt werden (BayObLGZ 1992, 344 = NJW 1993, 1143 = DNotZ 1993, 453; KG ZEV 1998, 437 = NJW-RR 1999, 2). Handelt es sich um einen Heimbewerber, muss die Ausnahmegenehmigung wohl ebenfalls bis zu diesem Zeitpunkt (nicht erst bis zum Einzug in das Heim) eingeholt werden, da nach der Neufassung des § 14 I davon auszugehen ist, dass das Testament von oder zugunsten eines Heimbewerbers bereits mit Erfüllung der sonstigen Tatbestandselemente gegen die Verbotsnorm verstößt. 19

§ 14 schließt übrigens eine erneute Errichtung der Verfügung von Todes wegen nach Einschaltung der Aufsichtsbehörde nicht aus (BVerfG NJW 1998, 2964 = DNotZ 1999, 56). Vor Einholung der Ausnahmegenehmigung für die neue, ggf. inhaltsgleiche Verfügung von Todes wegen dürfte es sich aber empfehlen, die alte Verfügung aufzuheben, um eine rechtliche oder faktische Bindung des Erblassers auszuschließen. 20

b) Voraussetzungen für die Erteilung der Ausnahmegenehmigung. Die Genehmigung ist ein **Verwaltungsakt** der zuständigen Behörde. Ob die Genehmigung erteilt wird, steht nicht im freien Ermessen der Behörde. Nach Auffassung des BVerfG besteht bei Vorliegen der Genehmigungsvoraussetzungen vielmehr ein **Anspruch auf Genehmigung** (BVerfG ZEV 1998, 312 = NJW 1998, 2964 = DNotZ 1999, 56; *Gitter/Schmitt* Anm. IX; *Dickmann/Karl* Rn. 44). Dies lässt sich damit begründen, dass § 14 VI vor dem Hintergrund des Art. 14 I 1 GG – Einschränkung der Testierfreiheit – zu sehen ist. 21

Die Behörde hat im Rahmen des Genehmigungsverfahrens zu prüfen, ob ausnahmsweise der Bewohnerschutz das Aufrechterhalten der Gebote nicht erfordert. Unter „Bewohnerschutz" ist dabei der **Schutz des einzelnen Bewohners** zu verstehen, der die Leistungen versprechen oder gewähren will, aber auch zugleich der **Schutz der Bewohnerschaft insgesamt** (Crößmann/Iffland/Mangels Anm. 10.2). Denn schließlich geht es bei § 14 auch um den Schutz des Heimfriedens. Dies bedeutet zugleich, dass § 14 nicht zur Disposition des Erblassers (und des einvernehmlich Bedachten) steht, da der Schutz des Heimfriedens als einer der anerkannten Schutzgüter des § 14 nicht nur individuell auf der Person des Erblassers oder des Bedachten bezogen ist (vgl. *Rossak* ZEV 2001, 364 (366); *Petersen* DNotZ 2000, 739 (741)). 22

23 Unter welchen Bedingungen im Einzelfall mit einer Genehmigung durch die zuständige Behörde gerechnet werden kann, lässt sich im Vorfeld schwer abschätzen, zumal Genehmigungsentscheidungen nicht publiziert werden und aus der Praxis nur überwiegend Entscheidungen, in denen bereits die Genehmigungsbedürftigkeit der Verfügung verneint wurde, bekannt sind. In der Lit. haben *Neu/Lang* (ErbR 2006, 100 (106)) darauf hingewiesen, dass offizielle Statistiken über erteilte Ausnahmegenehmigungen oder Antragsablehnungen nicht geführt würden; nach inoffiziellen Ermittlungen bewegten sich die erteilten Genehmigungen im Bereich verschiedener Landesbehörden aber bei lediglich ca. ein bis fünf Genehmigungen pro Jahr.

24 Andererseits hat die Einholung der Genehmigung uU den **Nachteil,** dass der Begünstigte erst die Kenntnis von seiner Begünstigung erlangt: denn Beteiligte des Verwaltungsverfahrens iSv § 13 VwVfG hinsichtlich der Erteilung der Ausnahmegenehmigung und damit auch alleinige Antragsteller der Ausnahmegenehmigung sind an sich im Falle des § 14 I der **Heimträger** bzw. im Falle des § 14 V der entsprechende **Heimmitarbeiter** (vgl. Dahlem/Giese/Igl/*Klie* Rn. 29). Selbst wenn man nun im Anschluss an die Ausführungen des BVerfG (ZEV 1998, 312 = NJW 1998, 2964 = DNotZ 1999, 56) auch den **Erblasser** als möglichen Antragsteller einer Ausnahmegenehmigung ansieht, so ist der eigentliche Verbotsadressat doch im Genehmigungsverfahren notwendigerweise zu beteiligen. Dies kann dazu führen, dass der Begünstigte erst im Zusammenhang mit der Einholung der Ausnahmegenehmigung von der Begünstigung **Kenntnis erlangt,** dh die Voraussetzungen hergestellt werden, unter denen die Unwirksamkeit der Verfügungen eintritt. Da man andererseits in vielen Fällen nicht mit der Erteilung der Ausnahmegenehmigung durch die Behörde sicher rechnen kann, dürften sich allgemeine Empfehlungen im Hinblick auf die Einholung der Ausnahmegenehmigung verbieten (aA *Petersen* DNotZ 2000, 739 (748), der pauschal die vorherige Einholung der Ausnahmegenehmigung empfiehlt). Dies gilt zumindest, sofern es sich nicht um einen Erbvertrag mit dem Verbotsadressaten handelt, da dieser **nur** mit vorheriger Genehmigung wirksam zustande kommen kann.

25 Der Urkundsnotar ist verpflichtet, im Zusammenhang mit der Errichtung eines Testaments zugunsten eines Verbotsadressaten des § 14 I und V den Erblasser auf die **Bestimmung des § 14 hinzuweisen** und über die Möglichkeit einer Ausnahmegenehmigung zu belehren (OLG München ZEV 1996, 145 f. mAnm *Rossak*).

26 **6. Entsprechende Anwendung des § 14? a) Unmittelbarer Anwendungsbereich des § 14.** Wie ausgeführt, schützen § 14 I u. V nur den „Heimbewohner" oder „Heimbewerber", dh denjenigen, der in ein **Heim iSv § 1** aufgenommen ist bzw. aufgenommen werden will. Adressat des Verbots ist im Falle des § 14 I ferner nur der Heimträger, bzw. im Falle des § 14 V der Leiter, ein Beschäftigter oder sonstiger Mitarbeiter eines Heimes iSv § 1.

27 **b) Entsprechende Anwendung auf Umgehungsgeschäfte.** Die Rspr. hat mehrfach eine analoge Anwendung des § 14 I oder V auf sog. **„Umgehungstatbestände"** befürwortet, wenn anstelle des Verbotsadressaten eine diesem **nahe stehende natürliche oder mit ihm verbundene juristische Person** begünstigt wurde und sich die Zuwendung – wenn auch über den Umweg eines Dritten – als Zuwendung an den Verbotsadressaten selbst darstellte (OLG Düsseldorf MittBayNot 1998, 264, Erbeinsetzung der Kinder des Heimleiters als Nacherben; BayObLG MittBayNot 2000, 453, Erbeinsetzung des geschäftsführenden Alleingesellschafters der GmbH, in deren Pflegeheim der Erblasser untergebracht war, sowie Ersatzerbeinsetzung von dessen Ehefrau; BayObLG NJW-RR 2001, 295, Erbeinsetzung eines Familienangehörigen der Gesellschafter, der Geschäftsführerin und des Heimleiters bei Heim, das in Rechtsform der GmbH betrieben wird; OLG Frankfurt a. M. NJW 2001, 1504 = DNotZ 2001, 716, Erbeinsetzung der Ehefrau des Pförtners zur Miterbin).

28 Problematisch ist die Prüfung einer „Umgehungskonstruktion" in der Praxis va bei der Begünstigung juristischer Personen (wie zB rechtsfähiger Stiftungen). In seiner Entscheidung v. 22.2.2000 (NJW 2000, 1959) sah es das BayObLG als maßgebliches Kriterium an, ob dem Zuwendungsempfänger die **Entscheidung über die Verwendung des ererbten Vermögens** obliege (dann keine verbotene Zuwendung) oder die Mittel zwingend an den Verbotsadressaten herauszugeben seien (dann mittelbare, verbotene Zuwendung). In einer weiteren Entscheidung des BayObLG v. 4.6.2003 (DNotZ 2003, 873), in der Entscheidung des VG Sigmaringen v. 26.2.2003 (BeckRS 2004, 24325) und in der Entscheidung des OLG Celle v. 5.1.2012 (BeckRS 2013, 01302) wird maßgeblich auf das Vorliegen einer **personellen Verflechtung** bzw. einer **starken faktischen Verknüpfung** der beiden rechtlich selbständigen Vereine abgestellt.

29 Noch weitergehend entschied das VG Würzburg in seinem Urteil v. 3.6.2008 (ZEV 2008, 601 ff. mAnm *Limmer*) ebenfalls zu einer „Stiftungsproblematik", dass es für die analoge Anwendung des § 14 I ausreiche, wenn der Heimträger und der Erbe zwar verschiedene juristische Personen seien, diese aber in der Öffentlichkeit (hier aufgrund eines gemeinsamen Internet-Auftritts) **als zusammengehörig aufträten.** Diese Entscheidung ist als zu weitgehend abzulehnen, da damit der Ausnahmecharakter der Vorschrift verwässert wird.

30 **c) Keine entsprechende Anwendung in „heimähnlichen" Verhältnissen.** Die Rspr. hat bislang eine analoge Anwendung des § 14 auf Sachverhalte, die der Heimsituation vermeintlich vergleichbar sein sollten, abgelehnt. So hat das OLG Düsseldorf (NJW 2001, 2338 = ZEV 2001, 366; LG Bonn NJW 1999, 2977; aA allerdings *Niemann* ZEV 1998, 419 ff.) bei einer letztwilligen Zuwendung an einen **ambulanten Pflegedienst,** der den Behinderten zu Hause versorgt, einen Verstoß gegen § 14 verneint. Gleiches gilt für Zuwendungen des behinderten Betreuten an seinen **zivilrechtlichen Betreuer iSd §§ 1896 ff. BGB** (BayObLGZ 1998, 374 = NJW 1998, 2369; LG Hamburg DNotI-Report 2000, 86; *Rossak* MittBayNot

1998, 407 ff.; *Müller* ZEV 1998, 219 ff.) oder für Zuwendungen des Vollmachtgebers an seinen Vorsorgebevollmächtigten (BayObLG Rpfleger 2003, 130 = DNotZ 2003, 439).

Für die Richtigkeit dieser Auffassung spricht va, dass es in diesen Beispielsfällen an der für eine Analogie erforderlichen generellen Rechtsähnlichkeit der Sachverhalte fehlt, da die Lebenssituation eines ambulant Versorgten/Betreuten oder Vollmachtgebers nicht ohne weiteres mit der besonders eingeschränkten Lebenssituation eines stationär untergebrachten Heimbewohners (und dessen Abhängigkeit gegenüber dem Heim) verglichen werden kann (zust. *Ludyga* NZS 2013, 201 (204 f.)). 31

IÜ ist zu berücksichtigen, dass der Gesetzgeber im Zusammenhang mit der Änderung des Betreuungsrechts zum 1.1.1999 die Problematik gesehen und im Hinblick auf beruflich tätige Betreuer (und sonstige berufliche Vermögensverwalter) diskutiert hat, inwieweit eine an § 14 V angelehnte Bestimmung notwendig oder geeignet ist, um Missbräuche zu vermeiden. Eine dahingehende Gesetzesänderung wurde aber mangels Notwendigkeit ausdrücklich abgelehnt (BT-Drs. 13/7158, 43, 54 f.). 32

Die fehlende Anwendbarkeit des § 14 I oder V bedeutet aber nicht ohne weiteres, dass die Erbeinsetzung des Pflegedienstes/Betreuers/Vorsorgebevollmächtigten auf jeden Fall wirksam wäre. Scheiden andere Begünstigungsverbote, wie zB § 3 II TVöD (entspricht § 10 BAT aF), aus, können sich Wirksamkeitsbedenken gegen letztwillige Zuwendungen noch im Hinblick auf die **fehlende Geschäfts- oder Testierfähigkeit des Erblassers** oder eine **evtl. Sittenwidrigkeit nach § 138 BGB** ergeben. Bereits das BayObLG hat in seiner oa Entscheidung, in der es eine analoge Anwendung des § 14 V auf den zivilrechtlichen Betreuer abgelehnt hat, darauf hingewiesen, dass die Zuwendung im Einzelfall **sittenwidrig** sein könne, wenn der Betreuer seine Stellung dazu missbraucht habe, die Entscheidungsfreiheit des Betreuten zu beeinträchtigen (vgl. *G. Müller* ZEV 1998, 219 (223)). Gleiches gilt für Zuwendungen an einen **ambulanten Pflegedienst** oder seine Beschäftigten (vgl. *Ludyga* NZS 2013, 201 (205 f.): Sittenwidrigkeit dann, wenn das Testament kein Ausdruck freier Entschließung und Selbstbestimmung, sondern von Fremdbestimmung durch den ambulanten Pflegedienst ist). Allerdings ist zu berücksichtigen, dass ambulante Pflegedienste und deren Mitarbeiter z. T. von den Bundesländern direkt in den Anwendungsbereich der Zuwendungsverbote aufgenommen wurden, wie zB in Hessen (vgl. Rn. 50 f.). 33

Ein „Negativbeispiel" stellt in diesem Zusammenhang bspw. die Entscheidung des OLG Braunschweig (FamRZ 2000, 1189 f.) dar, wo der Betreuer die an seniler Demenz erkrankte Erblasserin nur innerhalb von drei Wochen nach seiner Bestellung dazu gebracht hatte, mit ihr Notar N aufzusuchen (bei dem schon mehrere andere Betreute zu seinen Gunsten verfügt hatten). Dort wandte sie dem Betreuer, seiner Ehefrau und seinem Kind testamentarisch ihr erhebliches Vermögen zu, obwohl sie die Familie des Betreuers nie zu Gesicht bekommen hatte. Überlegungszeit wurde ihr nicht gewährt. Das Vorhandensein gesetzlicher Erben (Nichte des verstorbenen Mannes) war nicht zur Sprache gekommen. Aus diesen Umständen leitete das OLG schließlich die **Sittenwidrigkeit** des Testaments her, wobei es daneben auch Testierunfähigkeit bejahte. 34

Anhang: Landesheimgesetze

1. Baden-Württemberg 1

Gesetz für unterstützende Wohnformen, Teilhabe und Pflege
(Wohn-, Teilhabe- und Pflegegesetz – WTPG)
vom 20.5.2014 (GBl. S. 241)

(Auszug)

§ 16 Verbot der Leistungsannahme in stationären Einrichtungen und ambulant betreuten Wohngemeinschaften

(1) Dem Träger einer stationären Einrichtung und dem Anbieter einer ambulant betreuten Wohngemeinschaft ist es untersagt, sich von oder zugunsten von Bewohnern oder Bewerbern um einen Platz in stationären Einrichtungen oder ambulant betreuten Wohngemeinschaften Geldleistungen oder geldwerte Leistungen über das vereinbarte oder zu vereinbarende Entelt hinaus versprechen oder gewähren zu lassen.

(2) Dies gilt nicht, wenn
1. andere als die mit der Bewohnerin oder dem Bewohner vertraglich vereinbarten Leistungen des Trägers oder Anbieters abgegolten werden,
2. geringwertige Aufmerksamkeiten versprochen oder gewährt werden,
3. Geldleistungen oder geldwerte Leistungen im Hinblick auf die Überlassung eines Platzes in der stationären Einrichtung zum Bau, zum Erwerb, zur Instandsetzung, zur Ausstattung oder zum Betrieb der stationären Einrichtung versprochen oder gewährt werden oder
4. Sicherheiten für die Erfüllung der Verpflichtungen aus dem Vertrag geleistet werden und diese Sicherheiten das Doppelte des auf einen Monat entfallenden Entgelts nicht übersteigen. Auf Verlangen der Bewohnerin oder des Bewohners können diese Sicherheiten auch durch eine Garantie

oder ein sonstiges Zahlungsversprechen eines im Geltungsbereich dieses Gesetzes zum Geschäftsbetrieb befugten Kreditinstituts oder Kreditversicherers oder einer öffentlich-rechtlichen Körperschaft geleistet werden. Dies gilt nur für Verträge, auf die das Wohn- und Betreuungsvertragsgesetz keine Anwendung findet.

(3) [1] Leistungen im Sinne von Absatz 2 Nummer 3 sind zurückzugewähren, soweit sie nicht mit dem Entgelt verrechnet worden sind. [2] Sie sind vom Zeitpunkt ihrer Gewährung an mit mindestens dem für Spareinlagen mit dreimonatiger Kündigungsfrist marktüblichen Zinssatz für das Jahr zu verzinsen, soweit der Vorteil der Kapitalnutzung bei der Bemessung des Entgelts nicht berücksichtigt worden ist. [3] Die Verzinsung oder der Vorteil der Kapitalnutzung bei der Bemessung des Entgelts sind der Bewohnerin oder dem Bewohner gegenüber durch jährliche Abrechnungen nachzuweisen. [4] Die Sätze 1 bis 3 gelten auch für Leistungen, die von oder zugunsten von Bewerbern erbracht worden ist.

(4) [1] Der Leitung, den Beschäftigten der stationären Einrichtung und den Beschäftigten des Anbieters einer ambulant betreuten Wohngemeinschaft ist es untersagt, sich von oder zugunsten von Bewohnern neben der vom Träger oder Anbieter erbrachten Vergütung Geldleistungen oder geldwerte Leistungen für die Erfüllung der Pflichten aus dem Vertrag versprechen oder gewähren zu lassen. [2] Dies gilt nicht, soweit es sich um geringwertige Aufmerksamkeiten handelt.

(5) Die zuständige Behörde kann im Einzelfall Ausnahmen von den Verboten der Absätze 1 und 4 zulassen, soweit der Schutz der Bewohner die Aufrechterhaltung der Verbote nicht erfordert und die Leistungen noch nicht versprochen oder gewährt worden sind.

Literatur: *Burmeister/Dinter,* Die Heimgesetzgebung der Bundesländer – Ein Rechtsvergleich, NVwZ 2009, 628; *Schmitt/Küfner-Schmitt,* Heimrecht für Baden-Württemberg, Kommentar zum LHeimG und WBVG, 2012; *Schaal,* Auswirkungen des Landesheimgesetzes auf die erbrechtliche Gestaltungspraxis?, BWNotZ 2008, 114.

2   **Erläuterungen:** Baden-Württemberg war mit der Schaffung des LHeimG BW v. 10.6.2008 (GBl. BW 2008 S. 169), das **zum 1.7.2008** in Kraft getreten ist, das erste Bundesland, das von der Landeskompetenz für das öffentlich-rechtliche Heimwesen Gebrauch gemacht hat. Das Landesheimrecht wurde durch das Gesetz für unterstützende Wohnformen, Teilhabe und Pflege **(Wohn-, Teilhabe- und Pflegegesetz – WTPG)** vom 20.5.2014 (GBl. S. 241) neu geregelt. Das Gesetz trat zum 31.5.2014 in Kraft.

3   Der Anwendungsbereich des WTPG ergibt sich aus § 2. Das Gesetz findet auf unterstützende Wohnformen Anwendung. Dazu zählen neben stationären Einrichtungen iSv § 3 auch ambulant betreute Wohngemeinschaften für volljährige Menschen mit Unterstützungs- und Versorgungsbedarf nach den §§ 4 und 5 (§ 2 I Nr. 2 WTPG) und ambulant betreute Wohngemeinschaften für volljährige Menschen mit Behinderungen nach den §§ 4 und 6 (§ 2 I Nr. 3 WTPG). Die Anwendbarkeit auf betreutes Wohnen richtet sich nach § 2 VI WTPG.

4   Das Zuwendungsverbot in § 16 WTPG entspricht im Wesentlichen § 14 HeimG (Bund, vgl. zur Herstellung des Einvernehmens über die Zuwendung OLG Stuttgart BeckRS 2013, 20030).

5   **2. Bayern**

Gesetz zur Regelung der Pflege-, Betreuungs- und Wohnqualität im Alter und bei Behinderung (Pflege- und Wohnqualitätsgesetz – PfleWoqG)

Vom 8.7.2008 (GVBl. S. 346)

Zuletzt geändert durch § 1 Nr. 198 der Verordnung vom 22.7.2014 (GVBl. S. 286)

(Auszug)

Art. 8 Leistungen an Träger und Beschäftigte

(1) Dem Träger ist es untersagt, sich von oder zugunsten von Bewohnerinnen und Bewohnern oder Bewerberinnen und Bewerbern um einen Platz in der stationären Einrichtung Geld oder geldwerte Leistungen über das vereinbarte Entgelt hinaus versprechen oder gewähren zu lassen.

(2) Dies gilt nicht, wenn
1. andere als die vertraglich aufgeführten Leistungen des Trägers abgegolten werden,
2. geringwertige Aufmerksamkeiten versprochen oder gewährt werden,
3. Leistungen im Hinblick auf die Überlassung eines Platzes in der stationären Einrichtung zum Bau, zum Erwerb, zur Instandsetzung, zur Ausstattung oder zum Betrieb der stationären Einrichtung versprochen oder gewährt werden.

(3) [1] Leistungen im Sinn des Abs. 2 Nr. 3 sind zurückzugewähren, soweit sie nicht mit dem Entgelt verrechnet worden sind. [2] Sie sind vom Zeitpunkt ihrer Gewährung an zu einem Zinssatz, der dem für Spareinlagen mit dreimonatiger Kündigungsfrist marktüblichen Zinssatz entspricht, zu verzinsen, soweit der Vorteil der Kapitalnutzung bei der Bemessung des Entgelts nicht berücksichtigt

worden ist. ³ Die Verzinsung oder der Vorteil der Kapitalnutzung bei der Bemessung des Entgelts ist der Bewohnerin oder dem Bewohner gegenüber durch jährliche Abrechnungen nachzuweisen. ⁴ Sätze 1 bis 3 gelten auch für Leistungen, die von oder zugunsten von Bewerberinnen und Bewerbern erbracht worden sind.

(4) ¹ Der Leitung, den Beschäftigten oder sonstigen Mitarbeiterinnen oder Mitarbeitern der stationären Einrichtung ist es untersagt, sich von oder zugunsten von Bewohnerinnen und Bewohnern neben der vom Träger erbrachten Vergütung Geld oder geldwerte Leistungen für die Erfüllung der Pflichten aus den zwischen dem Träger und den Bewohnerinnen oder Bewohnern geschlossenen Verträgen versprechen oder gewähren zu lassen. ² Dies gilt nicht, soweit es sich um geringwertige Aufmerksamkeiten handelt.

(5) Die zuständige Behörde kann in Einzelfällen Ausnahmen von den Verboten der Abs. 1 und 4 zulassen, soweit der Schutz der Bewohnerinnen und Bewohner die Aufrechterhaltung der Verbote nicht erfordert und die Leistungen noch nicht versprochen oder gewährt worden sind.

Literatur: *Burmeister/Dinter,* Die Heimgesetzgebung der Bundesländer – Ein Rechtsvergleich, NVwZ 2009, 628; *Burmeister/Gaßner/Melzer/Müller,* Bayerisches Pflege- und Wohnqualitätsgesetz, Kommentar, 2. Aufl. 2015; *Karl,* Das Verbot der zusätzlichen Leistungsgewährung im bayerischen Heimrecht nach der Föderalismusreform, BayVBl. 2010, 36; *Ludyga,* Vererben im betreuten Wohnen – Zur Bedeutung der „Landesheimgesetze" in der testamentarischen Gestaltungspraxis, ZEV 2014, 177; *Philipp,* Pflege- und Wohnqualitätsgesetz Bayern, 2015.

Erläuterungen: Das Gesetz ist zum **1.8.2008** in Kraft getreten. Damit war Bayern nach Baden-Württemberg das zweite Bundesland, das von seiner im Rahmen der Föderalismusreform übertragenen Gesetzgebungszuständigkeit für das öffentlich-rechtliche Heimrecht Gebrauch gemacht hat. Die Vorschrift, die die Zuwendungsverbote enthält (Art. 8), wurde mWv 1.7.2013 durch das Gesetz v. 22.5.2013 (GVBl. S. 308) geändert und es wurden dabei mehrere Absätze neu gefasst.

In Abweichung von den Bestimmungen des Heimgesetzes des Bundes setzt das Gesetz seinen neuen inhaltlichen Schwerpunkt auf die Herstellung von mehr Transparenz (vgl. Art. 6 des Gesetzes zu den Informationspflichten des Heimträgers). Ein weiterer inhaltlicher Schwerpunkt liegt in der Entbürokratisierung (vgl. LT-Drs. 15/10182, A III). So werden Einrichtungen der Tages- und Nachtpflege aus dem Anwendungsbereich des Gesetzes herausgenommen (vgl. Art. 2 I 2). Andererseits bezieht Bayern – im Gegensatz zu vielen anderen Bundesländern – ambulant betreute Wohngemeinschaften in sein Pflege- und Wohnqualitätsgesetz ein (Art. 2 III). Gleiches gilt grundsätzlich für das betreute Wohnen (vgl. Art. 2 I, II; *Ludyga* ZEV 2014, 177, 180). Hinsichtlich der in Art. 8 normierten Zuwendungsverbote und der Möglichkeit der Erteilung einer Ausnahmegenehmigung ergeben sich keine inhaltlichen Abweichungen zu § 14 HeimG (Bund).

3. Berlin

Gesetz über Selbstbestimmung und Teilhabe in betreuten gemeinschaftlichen Wohnformen (Wohnteilhabegesetz – WTG)

Vom 3.6.2010 (GVBl. S. 285)

Zuletzt geändert durch Art. 17 FormAnpassG vom 2.2.2018 (GVBl. S. 160)

(Auszug)

§ 12 Geld- oder geldwerte Leistungen an Leistungserbringer und eingesetzte Personen

(1) ¹ Dem Leistungserbringer ist es untersagt, sich von oder zugunsten von Bewohnerinnen und Bewohnern sowie Nutzerinnen und Nutzern oder von Bewerberinnen und Bewerbern um den Abschluss eines Pflege- und Betreuungsvertrages Geld- oder geldwerte Leistungen versprechen oder gewähren zu lassen, die über das vertraglich vereinbarte Entgelt hinausgehen. ² Dies gilt nicht, wenn
1. andere als die vertraglich vereinbarten Leistungen des Leistungserbringers entgolten werden,
2. geringwertige Aufmerksamkeiten versprochen oder gewährt werden
3. oder es sich bei der Geld- oder geldwerten Leistung um eine nach bürgerlich-rechtlichen Vorschriften wirksam vereinbarte Sicherheitsleistung zur Erfüllung der Verpflichtungen aus dem zwischen der Bewohnerin oder dem Bewohner oder zwischen der Nutzerin oder dem Nutzer und dem Leistungserbringer geschlossenen Vertrag handelt.

(2) ¹ Die Leitung und die zur Leistungserbringung eingesetzten sonstigen Personen dürfen sich nicht von oder zugunsten von Bewohnerinnen und Bewohnern sowie Nutzerinnen und Nutzern oder Interessenten Geld- oder geldwerte Leistungen für die Erfüllung der vertraglichen Pflichten versprechen oder gewähren lassen. ² Dies gilt nicht, soweit es sich um geringwertige Aufmerksamkeiten handelt.

(3) Die Aufsichtsbehörde kann auf Antrag eines Leistungserbringers in begründeten Einzelfällen Ausnahmen von den Verboten des Absatzes 1 Satz 1 und des Absatzes 2 Satz 1 zulassen, soweit der Schutz der Bewohnerinnen und Bewohner sowie der Nutzerinnen und Nutzer die Aufrechterhaltung der Verbote nicht erfordert und die Geld- oder geldwerten Leistungen noch nicht versprochen oder gewährt worden sind.

Literatur: *Karl,* Auswirkungen der Länderregelungen zum Heimrecht in der erbrechtlichen Praxis, ZEV 2009, 544 ff.

9 **Erläuterungen:** Das Berliner WTG ist zum **1.7.2010** in Kraft getreten. Das Gesetz gilt nicht nur für stationäre Einrichtungen (§ 3), sondern auch in weitem Umfang für betreute Wohngemeinschaften (§ 4). Die Zuwendungsverbote entsprechen inhaltlich im Wesentlichen § 14 HeimG (Bund). Die Erteilung einer Ausnahmegenehmigung ist sowohl hinsichtlich des Leistungserbringers (Abs. 1 der Vorschrift) als auch hinsichtlich der Mitarbeiter (Abs. 2 der Vorschrift) zulässig, allerdings muss auch in letzterem Fall der Antrag vom Leistungserbringer gestellt werden.

10 **4. Brandenburg**

Gesetz über das Wohnen mit Pflege und Betreuung des Landes Brandenburg (Brandenburgisches Pflege- und Betreuungswohngesetz – BbgPBWoG)

Vom 8.7.2009 (GVBl. I S. 298)

(Auszug)

§ 14 Zusätzliche Leistungen an Leistungsanbieter und Beschäftigte

(1) ¹Dem Leistungsanbieter einer Einrichtung ist es untersagt, sich von oder zugunsten von Bewohnerinnen und Bewohnern oder den Bewerberinnen und Bewerbern um einen Platz in der Einrichtung Geld oder geldwerte Leistungen versprechen oder gewähren zu lassen, die über das unter Einhaltung der zivilrechtlichen Bestimmungen vertraglich vereinbarte Entgelt hinausgehen. ²Dies gilt nicht, wenn

1. andere als die unter Einhaltung der zivilrechtlichen Bestimmungen vertraglich vereinbarten Leistungen abgegolten werden,
2. geringwertige Aufmerksamkeiten versprochen oder gewährt werden,
3. es sich bei der zusätzlichen Leistung um eine wirksam vereinbarte Sicherheitsleistung zur Erfüllung der Verpflichtungen aus dem Vertrag handelt,
4. die Zustimmung der zuständigen Behörde vorliegt, dass der Schutz der Bewohnerinnen und Bewohner eine Aufrechterhaltung des Verbotes nach Satz 1 nicht erfordert, und die zusätzliche Leistung noch nicht gewährt worden ist oder
5. es sich bei der zusätzlichen Leistung um eine Spende handelt, die für den Betrieb der Einrichtung gesetzlich zugelassen ist; eine Bevorteilung der Spendenden oder eine Benachteiligung übriger Bewohnerinnen und Bewohner oder Bewerberinnen und Bewerber um einen Einrichtungsplatz darf hierdurch nicht erfolgen.

(2) ¹Der Leitung, den Beschäftigten und den sonstigen Mitarbeiterinnen und Mitarbeitern ist es untersagt, sich von oder zugunsten von Bewohnerinnen und Bewohnern neben der vom Leistungsanbieter erbrachten Vergütung Geld oder geldwerte Leistungen für die Erfüllung der Pflichten aus dem Vertrag versprechen oder gewähren zu lassen. ²Absatz 1 Satz 2 Nummer 2 gilt entsprechend.

Literatur: *Karl,* Auswirkungen der Länderregelungen zum Heimrecht in der erbrechtlichen Praxis, ZEV 2009, 544 ff.

11 **Erläuterungen:** Das Gesetz ist (im Wesentlichen) zum **1.1.2010** in Kraft getreten. Die Erteilung einer Ausnahmegenehmigung ist nach dem Gesetz (vgl. Art. 14 I 2 Nr. 4) nur für Zuwendungen an den Leistungsanbieter, nicht für die Mitarbeiter nach Abs. 2 der Norm vorgesehen. Dies könnte zur Annahme der Verfassungswidrigkeit der Bestimmung führen (vgl. *Karl* ZEV 2009, 544 (546)).

5. Bremen

Bremisches Wohn- und Betreuungsgesetz

Vom 12.12.2017 (Brem. GBl. S. 730)
Geändert durch Art. 1 ÄndG vom 30.1.2018 (Brem.GBl. S. 17)

(Auszug)

§ 24 Zusätzliche Leistungen an den Leistungsanbieter und dessen Beschäftigte in Wohn- und Unterstützungsangeboten

(1) Dem Leistungsanbieter von Wohn- und Unterstützungsangeboten nach §§ 5, 8 Absatz 3 und § 9 ist es untersagt, sich von oder zugunsten von Nutzerinnen und Nutzern seines Wohn- oder Unterstützungsangebotes oder den Interessentinnen und Interessenten Geld oder geldwerte Leistungen über das hinaus versprechen oder gewähren zu lassen, was nach den Vorschriften des Wohn- und Betreuungsvertragsgesetzes vereinbart ist.

(2) Dies gilt nicht, wenn
1. andere als die in § 6 Absatz 3 Nummer 1 des Wohn- und Betreuungsvertragsgesetzes genannten Leistungen des Leistungsanbieters entgolten werden,
2. geringwertige Aufmerksamkeiten versprochen oder gewährt werden,
3. Geldleistungen oder geldwerte Leistungen im Hinblick auf die Überlassung von Wohnraum zum Bau, zum Erwerb, zur Instandsetzung, zur Ausstattung oder für den Betrieb des verantwortlichen Leistungsanbieters versprochen oder gewährt werden und die zweckentsprechende Verwendung gesichert ist oder
4. eine Zustimmung der nach diesem Gesetz zuständigen Behörde vorliegt.

(3) ¹Der Leistungsanbieter hat Geldleistungen nach Absatz 2 Nummer 3 bis zu ihrer bestimmungsgemäßen Verwendung von seinem Vermögen getrennt für jede Nutzerin oder jeden Nutzer oder für jede Interessentin oder jeden Interessenten einzeln durch die Einrichtung eines Sonderkontos bei einem Kreditinstitut zu verwalten. ²Sie sind vom Zeitpunkt ihrer Gewährung an mit dem für Spareinlagen mit dreimonatiger Kündigungsfrist marktüblichen Zinssatz zu verzinsen, soweit der Vorteil der Kapitalnutzung bei der Bemessung des Entgelts nicht berücksichtigt worden ist. ³Der Leistungsanbieter hat die Verzinsung oder den Vorteil der Kapitalnutzung bei der Bemessung des Entgelts den Nutzerinnen, Nutzern, Interessentinnen oder Interessenten gegenüber durch jährliche Abrechnungen nachzuweisen. ⁴Er muss die Geldleistungen oder die geldwerten Leistungen innerhalb von sechs Monaten nach Beendigung des Vertrages zurückgewähren, soweit sie nicht mit dem Entgelt verrechnet worden sind. ⁵Er hat den Anspruch auf Rückzahlung zu sichern. ⁶Die Sätze 1 bis 5 gelten auch für Geldleistungen oder geldwerte Leistungen, die von oder zugunsten von Bewerberinnen und Bewerbern erbracht worden sind.

(4) ¹Der Leitung, den Beschäftigten oder sonstigen Mitarbeiterinnen oder Mitarbeitern eines Wohn- und Unterstützungsangebotes ist es untersagt, sich von oder zugunsten von Nutzerinnen und Nutzern neben der vom Leistungsanbieter erbrachten Vergütung Geld- oder geldwerte Leistungen für die Erfüllung der vertraglichen Pflichten versprechen oder gewähren zu lassen. ²Dies gilt nicht, soweit es sich um geringwertige Aufmerksamkeiten handelt.

(5) Die zuständige Behörde erteilt ihre Zustimmung zu einem Rechtsgeschäft im Sinne des Absatzes 1 oder 2, soweit der Schutz der Nutzerinnen und Nutzer nicht gefährdet ist und die Geldleistungen oder die geldwerten Leistungen noch nicht versprochen oder gewährt worden sind.

(6) ¹Näheres zur Umsetzung der Absätze 1 bis 5 kann durch eine von der Senatorin für Soziales, Jugend, Frauen, Integration und Sport zu erlassenden Rechtsverordnung bestimmt werden. ²Die Rechtsverordnung regelt auch, unter welchen Bedingungen sich ein Leistungsanbieter von oder zugunsten von Nutzerinnen und Nutzern seines Wohn- und Unterstützungsangebotes oder den Interessentinnen und Interessenten Geld oder geldwerte Leistungen über das hinaus versprechen oder gewähren lassen darf, was nach den Vorschriften des Wohn- und Betreuungsvertragsgesetzes vereinbart ist.

Literatur: *Lutz*, Die „neuen Wohnformen" in den Landesheimgesetzen – Chancen und Risiken für wohnungswirtschaftliche Angebote, FWW 2012, 22.

Erläuterungen: Das 1. Bremische Wohn- und Betreuungsgesetz (BremWoBeG) galt vom 21.10.2010 bis zum 31.12.2015. Es wurde durch das neue Bremische Wohn- und Betreuungsgesetz vom 12.12.2017 (Brem. GBl. S. 730) abgelöst, dazu zum 16.12.2017 in Kraft getreten ist. Das Gesetz musste wegen der noch fehlenden Befristung und Evaluation durch ein Änderungsgesetz im Januar korrigiert werden. Das Gesetz tritt mit Ablauf des 31.12.2022 außer Kraft.

14 6. Hamburg

Hamburgisches Gesetz zur Förderung der Wohn- und Betreuungsqualität älterer, behinderter und auf Betreuung angewiesener Menschen (Hamburgisches Wohn- und Betreuungsqualitätsgesetz – HmbWBG)

Vom 15.12.2009 (HmbGVBl. S. 494)

Zuletzt geändert durch Art. 5 G zur Anpassung gesundheitsrechtlicher Vorschriften an die VO (EU 2016/679) vom 17. 4. 2018 (HmbGVBl. S. 103)

(Auszug)

§ 5a Verbot der Annahme von Leistungen

(1) Betreibern von Wohneinrichtungen, Gasteinrichtungen und ambulanten Diensten ist es untersagt, sich von oder zugunsten von Nutzerinnen und Nutzern oder Bewerberinnen und Bewerbern um einen Platz in einer Wohneinrichtung oder Gasteinrichtung Geld- oder geldwerte Leistungen über das vertraglich vereinbarte Entgelt hinaus versprechen oder gewähren zu lassen.

(2) Dies gilt nicht, wenn
1. andere als die vertraglich vorgesehenen Leistungen des Betreibers abgegolten werden,
2. geringwertige Aufmerksamkeiten versprochen oder gewährt werden,
3. Geldleistungen oder geldwerte Leistungen im Hinblick auf die Überlassung eines Platzes in einer Wohneinrichtung oder Gasteinrichtung zum Bau, zum Erwerb, zur Instandsetzung, zur Ausstattung oder zum Betrieb der Wohneinrichtung oder Gasteinrichtung versprochen oder gewährt werden,
4. Geldleistungen gewährt werden, die zur Deckung eines Eigenanteils des Betreibers einer Wohneinrichtung oder Gasteinrichtung dienen, die dieser nach gesetzlichen Vorschriften aufzubringen hat.

(3) ...

(4) ¹Leitungskräften, Beschäftigten oder sonstigen Mitarbeiterinnen oder Mitarbeitern von Wohneinrichtungen, Gasteinrichtungen oder ambulanten Diensten ist es untersagt, sich von oder zugunsten von Nutzerinnen und Nutzern neben der vom Betreiber erbrachten Vergütung Geld- oder geldwerte Leistungen versprechen oder gewähren zu lassen. ²Dies gilt nicht, soweit es sich um geringwertige Aufmerksamkeiten handelt.

(5) Die zuständige Behörde kann in Einzelfällen Ausnahmen von den Verboten der Absätze 1 und 4 zulassen, soweit der Schutz der Nutzerinnen und Nutzer die Aufrechterhaltung der Verbote nicht erfordert und die Leistungen noch nicht versprochen oder gewährt worden sind.

Literatur: *Lutz,* Die „neuen Wohnformen" in den Landesheimgesetzen – Chancen und Risiken für wohnungswirtschaftliche Angebote, FWW 2012, 22.

15 Erläuterungen: Das Gesetz ist am **1.1.2010** in Kraft getreten. Die Zuwendungsverbote in Abs. 1 u. 4 sowie die Möglichkeit der Erteilung einer Ausnahmegenehmigung nach Abs. 5 entsprechen inhaltlich weitgehend § 14 HeimG (Bund).

16 7. Hessen

Hessisches Gesetz über Betreuungs- und Pflegeleistungen (HGBP)

Vom 7.3.2012 (GVBl. S. 34)

Zuletzt geändert durch Art. 1, 2 ÄndG vom 19.12.2016 (GVBl. S. 322)

(Auszug)

§ 6 Leistungen an die Betreiberin oder den Betreiber und Beschäftigte

(1) ¹Der Betreiberin oder dem Betreiber einer Einrichtung nach § 2 Abs. 1 Satz 1 Nr. 1 ist es untersagt, sich von oder zugunsten von Bewerberinnen und Bewerbern um einen Betreuungs- oder Pflegeplatz oder für die Erbringung von Betreuungs- und Pflegeleistungen Geld- oder geldwerte Leistungen über das in dem Mustervertrag nach § 11 Abs. 1 Satz 2 Nr. 8 vorgesehene Entgelt hinaus versprechen oder gewähren zu lassen. ²Satz 1 gilt entsprechend für bestehende Vertragsverhältnisse mit der Maßgabe, dass das Verbot auch für ambulante Betreuungs- und Pflegedienste und für die Betreuung und Pflege durch vermittelte Pflegekräfte gilt.

(2) Der Leitung und den Beschäftigten oder sonstigen Mitarbeiterinnen oder Mitarbeitern einer Einrichtung nach § 2 Abs. 1 Satz 1 Nr. 1 oder eines Dienstes nach § 2 Abs. 1 Satz 1 Nr. 2 sowie Personen, die zu diesen in einem Angehörigenverhältnis nach § 20 Abs. 5 des Hessischen Verwaltungsverfahrensgesetzes stehen, ist es untersagt, sich von oder zugunsten von Betreuungs- und Pflegebedürftigen neben der von der Betreiberin oder von dem Betreiber erbrachten Vergütung Geld- oder geldwerte Leistungen für die Erfüllung der Pflichten aus dem Vertrag mit der Betreiberin oder dem Betreiber versprechen oder gewähren zu lassen.

(3) Die Verbote nach Abs. 1 und 2 gelten nicht, wenn
1. geringwertige Aufmerksamkeiten versprochen oder gewährt werden,
2. Leistungen im Hinblick auf die Überlassung eines Einrichtungsplatzes zum Bau, zum Erwerb, zur Instandsetzung, zur Ausstattung oder zum Betrieb der Einrichtung als Darlehen versprochen oder gewährt werden oder
3. eine Spende an ein Hospiz oder an einen ambulanten Hospizdienst versprochen oder gewährt wird.

(4) Die Behörde kann in Einzelfällen Ausnahmen von den Verboten der Abs. 1 und 2 zulassen, soweit der Schutz der Bewohnerinnen und Bewohner die Aufrechterhaltung der Verbote nicht erfordert und die Leistungen noch nicht versprochen oder gewährt worden sind.

(5) Durch Rechtsverordnung können für die Fälle des Abs. 3 Nr. 2
1. nähere Bestimmungen über die Pflichten der Betreiberin oder des Betreibers getroffen werden, insbesondere darüber
   a) ausreichende Sicherheiten für die Erfüllung der Rückzahlungsansprüche zu erbringen,
   b) die Leistung angemessen zu verzinsen,
   c) die erhaltenen Vermögenswerte getrennt zu verwalten und
   d) dem Leistenden vor Abschluss des Vertrages die für die Beurteilung des Vertrages erforderlichen Angaben, insbesondere über die Sicherung der Rückzahlungsansprüche, in schriftlicher Form auszuhändigen sowie
2. die Befugnis der Betreiberinnen und Betreiber zur Entgegennahme und Verwendung der Leistungen beschränkt sowie Art, Umfang und Zeitpunkt der Rückzahlungspflicht näher geregelt werden,
3. die Betreiberinnen und Betreiber verpflichtet werden, die Einhaltung der ihnen aufgrund der Rechtsverordnungen nach Nr. 1 und 2 obliegenden Verpflichtungen auf ihre Kosten regelmäßig sowie aus besonderem Anlass prüfen zu lassen und den Prüfbericht der Behörde vorzulegen, soweit es zu einer wirksamen Überwachung erforderlich ist; hierbei können die Einzelheiten der Prüfung geregelt werden, insbesondere
   a) deren Anlass, Zeitpunkt und Häufigkeit,
   b) die Auswahl, Bestellung und Abberufung der Prüferinnen und Prüfer, deren Rechte, Pflichten und Verantwortlichkeit,
   c) der Inhalt des Prüfberichts,
   d) die Pflichten der Betreiberin oder des Betreibers gegenüber den Prüferinnen und Prüfern sowie
   e) das Verfahren bei Meinungsverschiedenheiten zwischen der Prüferin oder dem Prüfer und der Betreiberin oder dem Betreiber.

Literatur: *Keim,* Die Testierverbote nach den Heimgesetzen der Länder, notar 2017, 119; *Lutz,* Die „neuen Wohnformen" in den Landesheimgesetzen, FWW 2012, 26.

Erläuterungen: Das 1. Hessische Gesetz über Betreuungs- und Pflegeleistungen (HGBP) galt vom 21.3.2012 bis zum 31.12.2017. Das Gesetz wurde geändert durch Art. 1, 2 ÄndG v. 19.12.2006 (GVBl. S. 322) mit Geltungszeitraum vom 1.1.2018 bis zum 31.12.2024. Die Verbotsnorm für Zuwendungen findet sich nun in § 6 HGBP (früher § 7 HGPB). Das Gesetz gilt auch für **ambulante** Betreuungs- und Pflegeeinrichtungen und für die Betreuung und Pflege durch vermittelte Pflegekräfte (vgl. § 6 I 2). Ein Erbvertrag zugunsten der Geschäftsführerin eines ambulanten Pflegedienstes ist daher unwirksam (OLG Frankfurt a. M. NJW 2015, 2351; vgl. dazu *Keim* notar 2017, 119).

18 **8. Mecklenburg-Vorpommern**

Gesetz zur Förderung der Qualität in Einrichtungen für Pflegebedürftige und Menschen mit Behinderung sowie zur Stärkung ihrer Selbstbestimmung und Teilhabe (Einrichtungenqualitätsgesetz – EQG M-V)

Vom 17.5.2010 (GVOBl. M-V S. 241)

Geändert durch Art. 2 Landespflegerecht-ÄndG vom 10.12.2012 (GVOBl. M-V S. 532)

(Auszug)

§ 6 Leistungen an Träger und Beschäftigte

(1) Dem Träger, der Leitung und den Beschäftigten sowie allen weiteren in der Einrichtung tätigen Personen ist es untersagt, sich von oder zu Gunsten von Bewohnern oder Bewerbern um einen Platz in der Einrichtung nach § 2 Absatz 1 oder 2 Geld- oder geldwerte Leistungen über das vereinbarte Entgelt hinaus versprechen oder gewähren zu lassen.

(2) ¹Dies gilt nicht, wenn
1. andere als die vertraglich vereinbarten Leistungen des Trägers abgegolten werden,
2. geringwertige Aufmerksamkeiten bis zu einem Betrag in Höhe von insgesamt 100 Euro jährlich versprochen oder gewährt werden,
3. Leistungen im Hinblick auf die Überlassung eines Platzes in der Einrichtung zum Bau, zum Erwerb, zur Instandsetzung, zur Ausstattung oder zum Betrieb der Einrichtung versprochen oder gewährt werden,
4. es sich um Geld- oder Sachspenden an den Träger handelt, die jährlich einen Betrag von 600 Euro nicht überschreiten, oder
5. Sicherheiten für die Erfüllung der Verpflichtungen aus den Verträgen zwischen dem Bewohner und dem Einrichtungsträger geleistet werden.

²Für Hospize im Sinne des § 39a des Fünften Buches Sozialgesetzbuch gilt Satz 1 Nummer 4 ohne Begrenzung auf einen Höchstbetrag.

(3) ...

(4) ...

(5) Die zuständige Behörde kann in Einzelfällen Ausnahmen von den Verboten der Absätze 1 und 3 zulassen, soweit der Schutz der Bewohner die Aufrechterhaltung der Verbote nicht erfordert und die Leistungen noch nicht versprochen oder gewährt worden sind.

Literatur: *Lutz*, Die „neuen Wohnformen" in den Landesheimgesetzen, FWW 2012, 26.

19 Erläuterungen: Das Gesetz ist am **29.5.2010** in Kraft getreten. Die Zuwendungsverbote an den Heimträger und die Heimmitarbeiter sowie die (vorherige) Genehmigungsmöglichkeit nach Abs. 5 entsprechen inhaltlich weitgehend § 14 HeimG (Bund). Als Besonderheit sind Geld- und Sachspenden an den Träger in Höhe von jährlich bis zu 600 EUR, bei Hospizen sogar ohne Begrenzung auf einen Höchstbetrag, zulässig (vgl. die ähnliche Regelung nach dem WTG von Nordrhein-Westfalen).

20 **9. Niedersachsen**

Niedersächsisches Gesetz über unterstützende Wohnformen (NuWG)

Vom 29.6.2011 (Nds. GVBl. S. 196)

Geändert durch Art. 1 ÄndG vom 14.4.2016 (Nds. GVBl. S. 70)

(Auszug)

§ 2 Geltungsbereich

(1) ¹Dieses Gesetz gilt für Heime (Absatz 2) in Niedersachsen. ²Auf die unterstützenden Wohnformen nach Absatz 3 (ambulant betreute Wohngemeinschaften) und Absatz 4 (Formen des betreuten Wohnens) sind die Vorschriften über Heime anzuwenden, soweit nichts anderes bestimmt ist. ³Dieses Gesetz ersetzt das Heimgesetz in der Fassung vom 5. November 2001 (BGBl. I S. 2970), zuletzt geändert durch Artikel 3 Satz 2 des Gesetzes vom 29. Juli 2009 (BGBl. I S. 2319), mit Ausnahme der §§ 14, 21 Abs. 1 Nr. 3 und Abs. 2 Nr. 3 des Heimgesetzes.

(2) Heime sind Einrichtungen für Volljährige, die in ihrem Bestand unabhängig von Wechsel und Zahl der Bewohnerinnen und Bewohner dem Zweck dienen, gegen Entgelt
1. ältere Menschen, pflegebedürftige Menschen oder Menschen mit Behinderungen aufzunehmen,
2. ihnen Wohnraum zu überlassen und
3. für sie Pflege- oder Betreuungsleistungen zur Verfügung zu stellen oder vorzuhalten.

(3) [1] Ambulant betreute Wohngemeinschaften im Sinne des Absatzes 1 Satz 2 sind vorbehaltlich des Absatzes 5 Satz 1 solche Wohngemeinschaften, in denen volljährigen Personen Wohnraum überlassen wird zum Zwecke des Lebens in einer Haushaltsgemeinschaft, in der sie von Dienstleistern aufgrund einer mit dem Mietverhältnis verbundenen vertraglichen Verpflichtung entgeltliche ambulante Pflege- oder Betreuungsleistungen in Anspruch nehmen. [2] Auf die Wohngemeinschaften nach Satz 1 sind neben den Vorschriften über Heime anstelle des § 4 Abs. 1 bis 5 und des § 17 Abs. 2 die § 4 Abs. 6 und § 17 Abs. 3 sowie ergänzend § 20 anzuwenden.

(4) [1] Formen des betreuten Wohnens im Sinne des Absatzes 1 Satz 2 sind vorbehaltlich des Absatzes 5 Satz 2 solche Wohnformen, in denen volljährigen Personen Wohnraum überlassen wird und in denen sie von Dienstleistern aufgrund einer mit dem Mietverhältnis verbundenen vertraglichen Verpflichtung Leistungen in Anspruch nehmen, die über allgemeine Unterstützungsleistungen wie Notrufdienste, Informations- und Beratungsleistungen oder die Vermittlung von Leistungen der hauswirtschaftlichen Versorgung, Pflege- oder Betreuungsleistungen hinausgehen. [2] Auf die Formen des betreuten Wohnens nach Satz 1 sind neben den Vorschriften über Heime anstelle des § 4 Abs. 1 bis 5 und des § 17 Abs. 2 die § 4 Abs. 6 und § 17 Abs. 3 anzuwenden.

(5) [1] Abweichend von Absatz 3 nicht als Heime gelten ambulant betreute Wohngemeinschaften von nicht mehr als zwölf Personen, in denen die Bewohnerinnen und Bewohner spätestens ein Jahr nach der Gründung der Wohngemeinschaft die Dienstleister für die in Absatz 3 genannten Leistungen und die Art und den Umfang der Leistungen frei wählen können. [2] Abweichend von Absatz 4 nicht als Heime gelten Formen des betreuten Wohnens, in denen die Bewohnerinnen und Bewohner spätestens ein Jahr nach dem Einzug der Bewohnerin oder des Bewohners die Dienstleister für die im Sinne des Absatzes 4 über allgemeine Unterstützungsleistungen hinausgehenden Leistungen frei wählen können. [3] Die Möglichkeit, frei zu wählen, besteht in den Fällen der Sätze 1 und 2 auch, wenn die Bewohnerin oder der Bewohner insoweit durch eine für sie oder ihn handelnde Person vertreten wird. [4] Sozialhilferechtliche Einschränkungen der Wahlfreiheit bleiben außer Betracht.

(6) Die Anzeige- und Mitteilungspflichten nach § 7 Abs. 6 und 7, die Beratungspflichten des § 3 Nrn. 2 und 3 sowie § 18 Abs. 1 Nr. 3 betreffen auch unterstützende Wohnformen, die gemäß Absatz 5 nicht als Heime gelten.

(7) [1] Dieses Gesetz gilt auch für Einrichtungen der Tagespflege. [2] § 4 dieses Gesetzes sowie § 14 Abs. 2 Nr. 3 und Abs. 3 des Heimgesetzes und die Verordnung über die Pflichten der Träger von Altenheimen, Altenwohnheimen und Pflegeheimen für Volljährige im Falle der Entgegennahme von Leistungen zum Zwecke der Unterbringung eines Bewohners oder Bewerbers vom 24. April 1978 (BGBl. I S. 553), geändert durch Artikel 18 des Gesetzes vom 27. Dezember 2003 (BGBl. I S. 3022), (Heimsicherungsverordnung) finden keine Anwendung. [3] Nimmt die Einrichtung in der Regel mindestens sechs Menschen auf, so findet § 4 Abs. 4 Anwendung. [4] Die Sätze 2 und 3 gelten entsprechend, wenn Heime oder Teile von Heimen ausschließlich einer bis zu drei Monate dauernden Aufnahme volljähriger Menschen (Kurzzeitheime) dienen.

(8) Dieses Gesetz gilt nicht für Krankenhäuser, für Internate der Berufsbildungs- und Berufsförderungswerke, für Hospize sowie für Einrichtungen der Nachtpflege.

Literatur: *Froese/Michelchen,* Praxiskommentar Niedersächsisches Heimgesetz (NHeimG), 2011; *Lutz,* Die „neuen Wohnformen" in den Landesheimgesetzen, FWW 2012, 18.

Erläuterungen: Das niedersächsische Heimgesetz ist am **6.7.2011** in Kraft getreten. Das NuWG ersetzt das HeimG (Bund), mit Ausnahme der §§ 14, 21 I Nr. 3 und II Nr. 3 (vgl. den oa Wortlaut von § 2 I 3). Die Zuwendungsverbote des § 14 HeimG (Bund) wurden damit **ausdrücklich aufrechterhalten.** Der Grund dafür liegt darin, dass Niedersachsen davon ausgeht, dass der Bund noch – im Anschluss an die Regelung des Heimvertragsrechts durch das WBVG – eine umfassende Nachfolgeregelung für § 14 HeimG (Bund) erlassen wird (vgl. LT-Drs. 16/2493, 41). Dies dürfte aus meiner Sicht eher unwahrscheinlich sein.

Infolge der Aufrechterhaltung des § 14 HeimG (Bund) bleibt für Niedersachsen die bisherige Rspr. und Auslegung des § 14 HeimG weiterhin maßgebend.

22 **10. Nordrhein-Westfalen**

Wohn- und Teilhabegesetz (WTG)

Vom 2.10.2014 (GV. NRW. S. 625, 632)

Geändert durch Art. 1 ÄndG vom 21.3.2017 (GV. NRW. S. 375)

(Auszug)

§ 7 Leistungen an Leistungsanbieterinnen und Leistungsanbieter und deren Beschäftigte

(1) Leistungsanbieterinnen und Leistungsanbietern und deren Beschäftigten ist es untersagt, sich von oder zugunsten von gegenwärtigen oder zukünftigen Nutzerinnen und Nutzern Geld- oder geldwerte Leistungen über das vertraglich vereinbarte Entgelt hinaus versprechen oder gewähren zu lassen, soweit es sich dabei nicht nur um geringwertige Aufmerksamkeiten handelt.

(2) Das Verbot gilt nicht für Leistungen, die im Zusammenhang mit der Überlassung eines Platzes in einem Wohn- und Betreuungsangebot von der Nutzerin oder dem Nutzer der Leistungsanbieterin oder dem Leistungsanbieter darlehensweise gewährt werden oder die im Zusammenhang mit dem Erwerb oder Besitz von Genossenschaftsanteilen oder mit dem Wohnangebot stehen und deren Rückzahlung angemessen abgesichert ist.

(3) ¹Spenden an gemeinnützige Leistungsanbieterinnen und Leistungsanbieter fallen nicht unter die Regelung des Absatzes 1. ²Dies gilt auch für Spenden im zeitlichen Zusammenhang mit der Aufnahme in ein Wohn- und Betreuungsangebot. ³Es ist sicherzustellen, dass den Spenderinnen oder Spendern oder ihren Angehörigen weder bei der Aufnahme in ein Angebot noch während der Nutzung eines Angebotes eine günstigere oder weniger günstige Behandlung zukommt als jeder anderen Person in einer vergleichbaren Situation. ⁴Spenden umfassen sowohl Verfügungen zu Lebzeiten als auch Verfügungen von Todes wegen. ⁵Die Leistungsanbieterin oder der Leistungsanbieter hat das Verfahren zur Spendenannahme der zuständigen Behörde vorher anzuzeigen und die Einnahme sowie ihre Verwendung zu dokumentieren.

(4) Die zuständige Behörde kann weitere Ausnahmen zulassen, wenn die Leistung noch nicht gewährt wurde und das Verbot zur Sicherung des Schutzes der Nutzerinnen und Nutzer nicht erforderlich ist.

Literatur: *Burmeister/Dinter,* Die Heimgesetzgebung der Bundesländer – Ein Rechtsvergleich, NVwZ 2009, 628; *Dickmann,* Wohn- und Teilhabegesetz, Alten- und Pflegegesetz: WTG-APG, 2. Aufl. 2016; *Frings,* Wohn- und Teilhabegesetz Nordrhein-Westfalen, 2010; *Karl,* Auswirkungen der Länderregelungen zum Heimrecht in der erbrechtlichen Praxis, ZEV 2009, 544; *Kassen/Fahnenstich/Esmeier,* Wohn- und Teilhabegesetz Nordrhein-Westfalen, 2. Aufl. 2017; *Lutz,* Die „neuen Wohnformen" in den Landesheimgesetzen, FWW 2012, 18; *Tersteegen,* Letztwillige Verfügungen zugunsten des Heimträgers – Inkrafttreten des Wohn- und Teilhabegesetzes – WTG NRW, RNotZ 2009, 222; *ders.,* Drittzuwendungen an den Heimträger – zugleich Anmerkung zu BGH 26.10.2011, RNotZ 2012, 376.

23 **Erläuterungen:** Das WTG NRW ist zum **10.12.2008** in Kraft getreten und wurde im Jahr 2014 durch das neue Wohn- und Teilhabegesetz (WTG) vom 2.10.2014 ersetzt.

24 Während die anderen Landesheimgesetze ihre Verbotsnormen weitgehend entsprechend § 14 HeimG (Bund) gefasst haben, so dass für diese die bislang ergangene Rspr. und erschienene Lit. herangezogen werden kann, hat Nordrhein-Westfalen einen **Sonderweg** beschritten: Das WTG NRW (2008) hat § 14 HeimG nicht inhaltlich übernommen, sondern in § 10 eine eigenständige Regelung getroffen. Diese unterschied sich in wesentlichen Punkten von § 14 HeimG. So sah § 10 WTG (2008) keine Möglichkeit der Erteilung einer **Ausnahmegenehmigung** vor, was in der Literatur berechtigte Zweifel an der **Verfassungsmäßigkeit** der Bestimmung aufwarf (vgl. *Tersteegen* RNotZ 2009, 222 (225); *Karl* ZEV 2009, 544 (546)).

25 Mit der Neufassung des WTG und des darin enthaltenen Zuwendungsverbotes (jetzt: § 7 WTG) im Jahr 2014 wurde die Möglichkeit einer Ausnahmegenehmigung geschaffen (vgl. § 7 IV WTG). Voraussetzung für die Zulassung einer Ausnahme ist, dass die Leistung noch nicht gewährt wurde, so dass nur eine **vorherige Genehmigung** in Betracht kommt. Außerdem darf der Schutz der Nutzerinnen und Nutzer hierdurch nicht beeinträchtigt werden.

26 Abgesehen davon nimmt das Gesetz allgemein **Spenden** an gemeinnützige Leistungsanbieter aus dem Zuwendungsverbot aus (§ 7 III 1) und zwar selbst solche durch Verfügung von Todes wegen (§ 7 III 4).

27 Dies gilt auch für Spenden im zeitlichen Zusammenhang mit der Aufnahme in ein Wohn- oder Betreuungsangebot, wobei sichergestellt werden muss, dass den Spendern hieraus keine bevorzugte Behandlung erwächst.

28 Das Verfahren zur Spendenannahme muss nach § 7 III 5 der zuständigen Behörde vorher angezeigt und die Einnahme sowie die Verwendung dokumentiert werden.

11. Rheinland-Pfalz

Landesgesetz über Wohnformen und Teilhabe (LWTG)

Vom 22.12.2009 (GVBl. S. 399)

Geändert durch Art. 1 G zur Weiterentwicklung der Wohnformen und zur Stärkung der Teilhabe vom 16.2.2016 (GVBl. S. 25)

(Auszug)

§ 11 Verbot der Annahme von Leistungen

(1) Dem Träger, der Leitung und der Vermieterin oder dem Vermieter einer Einrichtung im Sinne des § 4 oder des § 5 sowie den dort tätig werdenden Dienstleisterinnen und Dienstleistern und Beschäftigten ist es untersagt, sich von oder zugunsten von Bewohnerinnen und Bewohnern oder Bewerberinnen und Bewerbern für einen Platz in der Einrichtung Geldleistungen oder geldwerte Leistungen über das vertraglich vereinbarte Entgelt oder die vom Träger an die Leitung oder die Beschäftigten oder von den Dienstleisterinnen und Dienstleistern an ihre Beschäftigten erbrachte Vergütung hinaus versprechen oder gewähren zu lassen.

(2) Absatz 1 gilt nicht, wenn
1. andere als die vertraglich vorgesehenen Leistungen des Trägers, der Vermieterin oder des Vermieters oder der Dienstleisterin oder des Dienstleisters abgegolten werden,
2. geringwertige Aufmerksamkeiten versprochen oder gewährt werden oder
3. Geldleistungen oder geldwerte Leistungen im Hinblick auf die Überlassung von Wohnraum zum Bau, zum Erwerb, zur Instandsetzung, zur Ausstattung oder für den Betrieb der Einrichtung versprochen oder gewährt werden.

(3) ¹Geldleistungen und geldwerte Leistungen im Sinne des Absatzes 2 Nr. 3 sind der zuständigen Behörde unverzüglich anzuzeigen. ²Sie sind getrennt vom Vermögen des Trägers, der Vermieterin oder des Vermieters oder der Dienstleisterin oder des Dienstleisters mit Sonderkonten für jede einzelne Bewohnerin und jeden einzelnen Bewohner zu verwalten und vom Zeitpunkt ihrer Gewährung an mit dem für Spareinlagen mit dreimonatiger Kündigungsfrist marktüblichen Zinssatz, mindestens mit 4 v.H. für das Jahr zu verzinsen, soweit der Vorteil der Kapitalnutzung bei der Bemessung des Entgelts nicht berücksichtigt worden ist. ³Die Verzinsung oder der Vorteil der Kapitalnutzung bei der Bemessung des Entgelts sind der Bewohnerin oder dem Bewohner durch jährliche Abrechnung nachzuweisen. ⁴Der Anspruch auf Rückzahlung ist zu sichern. ⁵Die Geldleistungen und geldwerten Leistungen sind innerhalb von sechs Monaten nach Beendigung des Vertrags zurückzugewähren, soweit sie nicht mit dem Entgelt verrechnet worden sind. ⁶Die Sätze 1 bis 5 gelten auch für Geldleistungen und geldwerte Leistungen, die von oder zugunsten von Bewerberinnen und Bewerbern für einen Platz erbracht worden sind.

(4) Die zuständige Behörde kann in Einzelfällen Ausnahmen von dem Verbot des Absatzes 1 zulassen, soweit der Schutz der Bewohnerinnen und Bewohner oder der Bewerberinnen und Bewerber für einen Platz die Aufrechterhaltung des Verbots nicht erfordert und die Leistungen noch nicht versprochen oder gewährt worden sind.

Erläuterungen: Das Gesetz ist zum **1.1.2010** in Kraft getreten. Das Gesetz wurde geändert mit Wirkung vom 1.3.2016 durch das Gesetz vom 16.2.2016 (GVBl. S. 25). Dabei wurde § 11 I neu gefasst und § 11 II Nr. 1 und III 2 geändert.

12. Saarland

Saarländisches Gesetz zur Sicherung der Wohn-, Betreuungs- und Pflegequalität volljähriger Menschen mit Pflege- und Unterstützungsbedarf und volljähriger Menschen mit Behinderung (Saarländisches Wohn-, Betreuungs- und Pflegequalitätsgesetz – SaarlWBPfQuG)

Vom 6.5.2009 (ABl. S. 906)

Zuletzt geändert durch Art. 3 G zur Änderung des Saarländischen Krankenhausgesetzes und weiterer Rechtsvorschriften vom 13.6.2018 (ABl. I S. 380)

(Auszug)

§ 8 Leistungen an Träger und Beschäftige

(1) Dem Träger ist es untersagt, sich von oder zugunsten von Bewohnerinnen und Bewohnern von Einrichtungen nach § 1a oder § 1b, Bewerberinnen oder Bewerbern um einen Platz in diesen

Einrichtungen, Empfängerinnen und Empfängern ambulanter Pflegedienstleistungen und Personen, die sich für die Inanspruchnahme ambulanter Pflegedienstleistungen interessieren, Geld- oder geldwerte Leistungen über das vertraglich vereinbarte Entgelt hinaus versprechen oder gewähren zu lassen.

(2) Dies gilt nicht, wenn
1. andere als die vertraglich vereinbarten Leistungen des Trägers abgegolten werden,
2. geringwertige Aufmerksamkeiten versprochen oder gewährt werden,
3. Leistungen im Hinblick auf die Überlassung eines Platzes in einer Einrichtung nach § 1a Absatz 1 zum Bau, zum Erwerb, zur Instandsetzung, zur Ausstattung oder zum Betrieb dieser Einrichtung versprochen oder gewährt werden oder
4. Geldleistungen gewährt werden, die zur Deckung eines Eigenanteils des Trägers dienen, die dieser auf Grund von Vergütungs- oder Pflegesatzvereinbarungen nach gesetzlichen Vorschriften aufzubringen hat.

(3) ...

(4) ¹Der Leitung, den Beschäftigten oder sonstigen Mitarbeiterinnen oder Mitarbeitern der Wohn- und Betreuungsform ist es untersagt, sich von oder zugunsten von Bewohnerinnen und Bewohnern von Einrichtungen nach § 1a oder § 1b und Empfängerinnen und Empfängern ambulanter Pflegedienstleistungen neben der vom Träger erbrachten Vergütung Geld- oder geldwerte Leistungen für die Erfüllung der Pflichten aus dem Vertrag über Wohnraum mit Pflege- oder Betreuungsleistungen versprechen oder gewähren zu lassen. ²Dies gilt nicht, soweit es sich um geringwertige Aufmerksamkeiten handelt.

(5) Die zuständige Behörde kann in Einzelfällen Ausnahmen von den Verboten der Absätze 1 und 4 zulassen, soweit der Schutz der Bewohnerinnen und Bewohner von Einrichtungen nach § 1a oder § 1b und der Empfängerinnen und Empfänger ambulanter Pflegedienstleistungen die Aufrechterhaltung der Verbote nicht erfordert und die Leistungen noch nicht versprochen oder gewährt worden sind.

Literatur: *Karl,* Auswirkungen der Länderregelungen zum Heimrecht in der erbrechtlichen Praxis, ZEV 2009, 544.

Erläuterungen: Das Landesheimgesetz Saarland ist am **19.6.2009** in Kraft getreten. Durch Gesetz vom 15.3.2017 (Amtsbl. I S. 476) wurde mit Wirkung vom 5.5.2017 der Titel des Gesetzes neu gefasst (in der Kurzform: Saarländisches Wohn-, Betreuungs- und Pflegequalitätsgesetz). Das Zuwendungsverbot des § 8 entspricht weitgehend § 14 HeimG (Bund). Allerdings werden auch die Empfänger und Interessenten ambulanter Pflegedienstleistungen vom Schutzzweck mit erfasst.

13. Sachsen

Gesetz zur Regelung der Betreuungs- und Wohnqualität im Alter, bei Behinderung und Pflegebedürftigkeit im Freistaat Sachsen (Sächsisches Betreuungs- und Wohnqualitätsgesetz – SächsBeWoG)

Vom 12.7.2012 (SächsGVBl. S. 397)

Geändert durch Art. 43 G zur Anpassung landesrechtlicher Vorschriften an die DSGVO vom 26.4.2018 (SächsGVBl. S. 198)

(Auszug)

§ 7 Leistungen an Träger und Beschäftigte

(1) Dem Träger ist es untersagt, sich von oder zugunsten von Bewohnern oder Bewerbern um einen Platz in der stationären Einrichtung Geld oder geldwerte Leistungen über das vereinbarte Entgelt hinaus versprechen oder gewähren zu lassen.

(2) Dies gilt nicht, wenn
1. andere als die vertraglich aufgeführten Leistungen des Trägers gemäß Pflegesatzvereinbarung abgegolten werden,
2. geringwertige Aufmerksamkeiten versprochen oder gewährt werden,
3. Leistungen im Hinblick auf die Überlassung eines Platzes in der stationären Einrichtung zum Bau, zum Erwerb, zur Instandsetzung, zur Ausstattung oder zum Betrieb der stationären Einrichtung versprochen oder gewährt werden.

(3) ...

(4) ¹Der Leitung, den Beschäftigten oder sonstigen Mitarbeitern der stationären Einrichtung ist es untersagt, sich von oder zugunsten von Bewohnern neben der vom Träger erbrachten Vergütung Geld oder geldwerte Leistungen für die Erfüllung der Pflichten aus den zwischen dem Träger und

den Bewohnern geschlossenen Verträgen versprechen oder gewähren zu lassen. ²Dies gilt nicht, soweit es sich um geringwertige Aufmerksamkeiten handelt.

(5) Die zuständige Behörde kann in Einzelfällen Ausnahmen von den Verboten der Absätze 1 und 4 zulassen, soweit der Schutz der Bewohner die Aufrechterhaltung der Verbote nicht erfordert und die Leistungen noch nicht versprochen oder gewährt worden sind.

Literatur: *Lutz,* Die „neuen Wohnformen" in den Landesheimgesetzen, Chancen und Risiken für wohnungswirtschaftliche Angebote, FWW 2013, 25.

Erläuterungen: Das Gesetz ist am 12.8.2012 in Kraft getreten. Die Verbotsnorm (§ 7) ist weitgehend dem § 14 HeimG (Bund) angeglichen. 34

14. Sachsen-Anhalt 35

Gesetz über Wohnformen und Teilhabe des Landes Sachsen-Anhalt (Wohn- und Teilhabegesetz – WTG LSA)

Vom 17.2.2011 (GVBl. LSA S. 136)

(Auszug)

§ 15 Verbot der Leistungsannahme

(1) Dem Träger ist es untersagt, sich von oder zugunsten von Bewohnerinnen und Bewohnern oder Bewerberinnen und Bewerbern um einen Platz in der stationären Einrichtung Geld oder geldwerte Leistungen über das vereinbarte Entgelt hinaus versprechen oder gewähren zu lassen.

(2) Dies gilt nicht, wenn
1. andere als die mit der Bewohnerin oder dem Bewohner vertraglich vereinbarten Leistungen des Trägers abgegolten werden,
2. geringwertige Aufmerksamkeiten versprochen oder gewährt werden,
3. Leistungen im Hinblick auf die Überlassung eines Platzes in der stationären Einrichtung zum Bau, zum Erwerb, zur Instandsetzung, zur Ausstattung oder zum Betrieb der stationären Einrichtung versprochen oder gewährt werden.

(3) ...

(4) ¹Der Leitung, den Beschäftigten oder sonstigen Mitarbeiterinnen oder Mitarbeitern der stationären Einrichtung ist es untersagt, sich von oder zugunsten von Bewohnerinnen und Bewohnern neben der vom Träger erbrachten Vergütung Geld- oder geldwerte Leistungen für die Erfüllung der Pflichten aus den zwischen dem Träger und der Bewohnerin oder dem Bewohner geschlossenen Verträgen versprechen oder gewähren zu lassen. ²Dies gilt nicht, soweit es sich um geringwertige Aufmerksamkeiten handelt.

(5) ¹Die zuständige Behörde kann im Einzelfall Ausnahmen von den Verboten der Absätze 1 und 4 zulassen, soweit der Schutz der Bewohnerinnen und Bewohner die Aufrechterhaltung der Verbote nicht erfordert und die Leistungen noch nicht versprochen oder gewährt worden sind. ²Die Bewohnerin oder der Bewohner soll im Genehmigungsverfahren persönlich angehört werden.

Erläuterungen: Das Gesetz ist am **26.2.2011** in Kraft getreten. Die Verbotsnorm (§ 15) ist weitgehend dem § 14 HeimG (Bund) angeglichen. 36

15. Schleswig-Holstein 37

Gesetz zur Stärkung von Selbstbestimmung und Schutz von Menschen mit Pflegebedarf oder Behinderung (Selbstbestimmungsstärkungsgesetz – SbStG) Pflegegesetzbuch Schleswig-Holstein – Zweites Buch

Vom 17.7.2009 (GVOBl. SchlH S. 402)

Geändert durch Art. 25 Haushaltsbegleitgesetz 2011/2012 vom 17.12.2010 (GVOBl. SchlH S. 789)

(Auszug)

§ 28 Leistungen an Träger und Beschäftigte

(1) Der Träger darf sich von oder zugunsten von Bewohnerinnen und Bewohnern oder Bewerberinnen oder Bewerbern um einen Platz in der Einrichtung Geld oder geldwerte Leistungen über das vereinbarte oder zu vereinbarende Entgelt hinaus nicht versprechen oder gewähren lassen.

(2) Das Verbot nach Absatz 1 gilt nicht, wenn
1. andere als in den Verträgen aufgeführte Leistungen des Trägers entgolten werden,
2. eine Spende an ein stationäres Hospiz versprochen oder gewährt wird,
3. geringwertige Aufmerksamkeiten versprochen oder gewährt werden,
4. Leistungen im Hinblick auf die Überlassung eines Platzes in der Einrichtung zum Bau, zum Erwerb, zur Instandsetzung, zur Ausstattung oder zum Betrieb der Einrichtung versprochen oder gewährt werden.

(3) ...

(4) ¹Die Leitung, die Beschäftigten oder die sonstigen Mitarbeiterinnen und Mitarbeiter dürfen sich von oder zugunsten von Bewohnerinnen und Bewohnern neben der vom Träger erbrachten Vergütung Geld oder geldwerte Leistungen für die vertraglich geschuldeten Leistungen nicht versprechen oder gewähren lassen. ²Dies gilt nicht, soweit es sich um geringwertige Aufmerksamkeiten handelt.

(5) Die zuständige Behörde kann Ausnahmen von den Verboten nach den Absätzen 1 und 4 zulassen, soweit der Schutz der Bewohnerinnen und Bewohner die Aufrechterhaltung der Verbote nicht erfordert und die Leistungen noch nicht versprochen oder gewährt worden sind.

Literatur: *Hamdorf*, Das neue Pflegegesetzbuch Schleswig-Holstein – Zweites Buch, NordÖR 2010, 144.

38 Erläuterungen: Das Selbstbestimmungsstärkungsgesetz v. 17.7.2009 (GVOBl. 2009 S. 402) ist am 1.8.2009 in Kraft getreten (vgl. Bericht und Beschlussempfehlung des Sozialausschusses, LT-Drs. 16/2704, abrufbar unter www.dnoti.de unter Gesetzesänderungen Erbrecht).

39 Das Gesetz kopiert größere Bestandteile des HeimG in novellierter Form. Der Terminus „Heim" wird durchgängig durch den Begriff „stationäre Einrichtung" ersetzt. Aufgenommen wurden diverse Legaldefinitionen, was die praktische Durchführung erleichtern soll. Insgesamt betrachtet sind im Gesetz nur marginale sprachliche und inhaltliche Neuerungen erkennbar (vgl. *Hamdorf* NordÖR 2010, 144f.). Die Zuwendungsverbote des § 28 entsprechen inhaltlich § 14 HeimG (Bund).

40 ## 16. Thüringen

Thüringer Gesetz über betreute Wohnformen und Teilhabe (Thüringer Wohn- und Teilhabegesetz – ThürWTG)

Vom 10.6.2014 (GVBl. 2014, 161)

Zuletzt geändert durch Art. 32 G vom 6.6.2018 (GVBl. S. 229, 268)

(Auszug)

§ 12 Verbot der Annahme von Leistungen

(1) Dem Träger ist es untersagt, sich von oder zugunsten von Bewohnern oder Bewerbern um einen Platz in der stationären Einrichtung Geld oder geldwerte Leistungen über das vertraglich vereinbarte Entgelt hinaus versprechen oder gewähren zu lassen.

(2) Dies gilt nicht, wenn
1. andere als die mit dem Bewohner vertraglich vereinbarten Leistungen des Trägers abgegolten werden,
2. geringwertige Aufmerksamkeiten versprochen oder gewährt werden,
3. Leistungen im Hinblick auf die Überlassung eines Platzes in der stationären Einrichtung, zum Bau, zum Erwerb, zur Instandsetzung, zur Ausstattung oder zum Betrieb der stationären Einrichtung versprochen oder gewährt werden.

(3) ¹Dem Leiter, den Beschäftigten oder sonstigen Mitarbeitern der stationären Einrichtung ist es untersagt, sich von oder zugunsten von Bewohnern neben der vom Träger erbrachten Vergütung Geld- oder geldwerte Leistungen für die Erfüllung der Pflichten aus den zwischen dem Träger und dem Bewohner geschlossenen Verträgen versprechen oder gewähren zu lassen. ²Dies gilt nicht, soweit es sich um geringwertige Aufmerksamkeiten handelt.

(4) Als geringwertig im Sinne des Absatzes 2 Nr. 2 sowie des Absatzes 3 Satz 2 gilt in der Regel ein Betrag in Höhe von bis zu 100 Euro pro Bewohner und Jahr.

(5) ...

(6) Die zuständige Behörde kann im Einzelfall Ausnahmen von den Verboten der Absätze 1 und 3 zulassen, soweit der Schutz der Bewohner die Aufrechterhaltung der Verbote nicht erfordert und die Leistungen noch nicht versprochen oder gewährt worden sind.

41 Das letzte Bundesland, das ein eigenes Landesheimgesetz verabschiedet hat, ist Thüringen. Das Thüringer Wohn- und Teilhabegesetz vom 10.6.2014 ist am 24.6.2014 in Kraft getreten. Es enthält in § 12 ein dem § 14 HeimG (Bund) entsprechendes Zuwendungsverbot, so dass zur Auslegung die bisherige Rechtsprechung zu § 14 HeimG (Bund) herangezogen werden kann.

95. Gesetz über die Vergütung der Rechtsanwältinnen und Rechtsanwälte (Rechtsanwaltsvergütungsgesetz – RVG)

Vom 5.5.2004 (BGBl. I S. 718, 788)

Zuletzt geändert durch Art. 5 G zur Einführung einer zivilprozessualen Musterfeststellungsklage vom 12.7.2018 (BGBl. I S. 1151)

Systematische Darstellung

Anwaltliches Vergütungsrecht

Übersicht

	Rn.		Rn.
I. Außergerichtlich	1–291	b) Außergerichtliche Einigungsgebühr	274–291
1. Einleitung	1–18	II. Gerichtlich	292–562
2. Erste Schritte vor bzw. anlässlich der Mandatsübernahme	19–116	1. Einleitung	292–426
a) Hinweispflichten	19–36	a) Verfahrensgebühr	293–321
b) Das Preisgespräch	37–77	b) Terminsgebühr	322–379
c) Beratungshilfe	78–197	c) Zusatzgebühr für besonders umfangreiche Beweisaufnahmen (Nr. 1010 VV)	380–384
d) Beratungsgebühren nach Nr. 2501 VV	108–116	d) Gerichtliche Einigungsgebühr (Nr. 1003 VV)	385–387
3. Erstellung eines Gutachtens	117–130	e) Die Regelungen bei Mehrvergleich	388, 389
4. Die außergerichtliche Vertretung	131–159	f) Verkehrsanwaltsgebühr und Gebühr des Terminsvertreters	390–426
a) Allgemeines	131–139	2. Durchsetzung des anwaltlichen Gebührenanspruchs	427–453
b) Die Geschäftsgebühr gem. Nr. 2300 VV	140–159	a) Durchsetzung gegen den Gegner	454–479
5. Die Bewertungskriterien iE	160–198	b) Durchsetzung gegen den eigenen Mandanten	454–479
a) Umfang der anwaltlichen Tätigkeit	169–168	3. Gerichtstandvereinbarung	480–486
b) Schwierigkeit der anwaltlichen Tätigkeit	169–181	4. Vergütungsvereinbarungen	487–559
c) Einkommens- und Vermögensverhältnisse des Auftraggebers	182–186	a) Allgemeines	487–512
d) Bedeutung der Angelegenheit	187–192	b) Gründe, die gegen eine Erfolgshonorarvereinbarung sprechen	513
e) Haftungsrisiko	193–198	c) Gestaltung von Erfolgshonorarvereinbarungen	514–559
6. Die Anrechnung der Geschäftsgebühr (Vorb. 3 IV VV)	199–233	d) Kostenerstattungsfragen	560–562
7. Die Vertretung mehrerer Auftraggeber	234–291		
a) Abrechnung mit Erhöhung über Nr. 1008 VV	258–273		

I. Außergerichtlich

1. Einleitung. Die Bearbeitung eines erbrechtlichen Mandates ist für den Rechtsanwalt – in der Regel – von hoher Attraktivität. Es verlangt von ihm ebenso hohe Fachkompetenz wie Sozialkompetenz und Dank der meistens hohen Streitwerte können ansprechende Einnahmen auch dann erzielt werden, wenn sich der Rechtsanwalt mit der gesetzlichen Vergütung begnügt und auf eine Vergütungsvereinbarung verzichtet. 1

Gerade im erbrechtlichen Mandat lauern allerdings zahlreiche „Vergütungsfallen", die es zu umschiffen gilt, will man den wohlverdienten Honoraranspruch sichern. 2

Schon das zum 1.7.2004 in Kraft getretene KostRMoG, mit dem die BRAGO durch das RVG abgelöst wurde, brachten Neuerungen, die es schon bei oder besser vor Übernahme eines Mandates zu beachten galt, bzw. gilt, will man den Vergütungsanspruch nicht gefährden, ja gänzlich verlieren. 3

Mit Einführung des RVG durch das KostRMoG wurde zum 1.7.2004 § 49b BRAO durch einen fünften Absatz ergänzt, dessen Bedeutung zunächst über Jahre hinweg umstritten war. 4

§ 49b V BRAO verpflichtet den Rechtsanwalt **vor Auftragsannahme**(!) soweit relevant, den Mandanten darauf hinzuweisen, dass die gesetzliche Vergütung gegenstandswertorientiert abgerechnet wird. 5

Da erbrechtliche Mandate – soweit über eine Vergütungsvereinbarung nichts anderes vereinbart ist – fast immer gegenstandswertorientiert abzurechnen sind, kommt dieser Vorschrift für den Erbrechtler eine hohe Bedeutung zu (→ Rn. 19 f.). 6

Durch die neue Definition der Geschäftsgebühr (vgl. Vorb. 2.3) ist die Abgrenzung zwischen der **außergerichtlichen Vertretungstätigkeit** und der wiederum **außergerichtlichen Beratungstätigkeit** erheblich erschwert, mit weitreichenden Folgen für die Höhe der abzurechnenden gesetzlichen Vergütung (→ Rn. 62 ff.). 7

8   Die Folgen dieser neuen Abgrenzungsschwierigkeiten stellen sich seit dem 1.7.2006 noch verschärft dar. Seit diesem Zeitpunkt gibt es für den außergerichtlichen Beratungsbereich keine gesetzliche Vergütung mehr:

9   Nr. 2100 VV RVG aF wurde durch § 34 ersetzt, wodurch der Rechtanwalt praktisch gezwungen ist, auf eine Gebührenvereinbarung mit dem Mandanten hinzuwirken.

10 Unterlässt er dies, aus welchen Gründen auch immer, so wird er darauf verwiesen, nach § 612 II BGB abzurechnen und seine Gutachtenerstellung wird er nur nach § 632 II BGB in Rechnung stellen können.

11 Bringt der Rechtanwalt seine Tätigkeit gegenüber einem Verbraucher iSv § 13 BGB, was bei erbrechtlichen Mandaten naturgemäß die Regel sein dürfte beschränkt sich seine Vergütung – soweit keine andere Vereinbarung getroffen ist – auf 190 EUR, wenn sich die Beratungstätigkeit auf ein erstes Beratungsgespräch beschränkt und auf 250 EUR, wenn ansonsten Beratung geleistet wird. Bei Verbrauchermandaten ist im Übrigen dann besondere Vorsicht geboten, wenn das Mandat außerhalb der eigenen Kanzleiräume zustandekommt (zu den weiteren Einzelheiten und aktueller Rechtsprechung → Rn. 33 ff.).

12 Da Taxen nicht vorhanden sind und sich auch die übliche Vergütung jedenfalls derzeit noch nicht feststellen lässt, wird man im Streitfalle erst durch das Urteil letzter Instanz informiert werden, welche Vergütung verlangt werden konnte.

13 Zu Recht wird jedenfalls bezweifelt, dass der Gesetzgeber es zulässt, bei der Frage der „üblichen Vergütung" auf die gesetzliche Vergütung vor dem 1.7.2006 zurückzugreifen.

14 Der Gesetzgeber wird die deutsche Anwaltschaft nicht in das von *Römermann* (MDR 2004, 421) beschworene Nirwana seiner eigenen Hilflosigkeit geschickt haben, um es letztendlich doch wieder bei den gesetzlichen Gebühren des RVG zu belassen.

15 Soweit überflüssigerweise in der Lit. zunächst die Frage aufgeworfen wurde, inwieweit auch eine Gebührenvereinbarung nach § 34 den Formvorschriften von § 4 RVG aF und der hierzu ergangenen Rspr. zu unterwerfen sei, ist dieses vermeintliche Problem dankenswerterweise durch den Gesetzgeber in § 3a I 4 klarstellend beseitigt worden (→ Rn. 43 ff.).

16 Zusammenfassend lässt sich jedenfalls feststellen, dass bereits zu Beginn des Mandates die Vergütungsfrage mit dem Auftraggeber unter Berücksichtigung aller Hinweispflichten umfassend und transparent geregelt werden sollte, will man spätere vergütungsrechtliche Nachteile später nicht in Kauf nehmen. Die nachfolgenden Ausführungen sollen hierbei den Blick in einen speziellen Vergütungsrechtskommentar nicht ersetzen.

17 In der vergütungsrechtlichen Übersicht geht es vielmehr darum, den ein erbrechtliches Mandat bearbeitenden Rechtsanwalt für besondere Vergütungsprobleme zu sensibilisieren, die mit entsprechender anwaltlichen Tätigkeit erfahrungsgemäß einhergehen.

18 Insoweit finden sich in der Darstellung der jeweiligen Problematik aber immer wieder Hinweise auf einschlägige Kommentare und weiterführende Rspr.

19 **2. Erste Schritte vor bzw. anlässlich der Mandatsübernahme. a) Hinweispflichten.** Bereits vor Übernahme eines Mandates hat der Gesetzgeber in den letzten Jahren dem Rechtsanwalt „einen ganzen Strauß" von Hinweispflichten auferlegt, wobei es bei Versäumnissen zu ganz erheblichen Nachteilen kommen kann, sei es in vergütungsrechtlicher Hinsicht, sei es in berufsrechtlicher Hinsicht. Besonders eindrucksvoll ist das von Jung dargestellt worden, die über sage und schreibe 10 Seiten hinweg einen Überblick über solche Hinweispflichten bietet (vgl. Jung AnwBl. 2015, S. 724 f.). Es kann an dieser Stelle nur empfohlen werden, sich diese Übersicht sorgfältig anzuschauen.

20 Im Folgenden werden besonders wichtige Hinweispflichten dargestellt:
Soweit das Mandat gegen Zahlung der gesetzlichen Vergütung übernommen werden soll, ist der Rechtsanwalt **vor Auftragsannahme** gem. § 49b V BRAO verpflichtet, den Mandanten darauf hinzuweisen, dass die Vergütung gegenstandswertorientiert abgerechnet wird.

21 **Praxistipp:** Der entsprechende Hinweis sollte grds. auch dann erteilt werden, wenn die Abrechnung über ein ins Auge gefasstes umfassendes Vertretungsmandates über eine Vergütungsvereinbarung iSv § 3a ff. erfolgen soll. Da Fehler bei der Abfassung einer Vergütungsvereinbarung nicht ausgeschlossen werden können (vgl. Abschn. **Vergütungsvereinbarung**) und in diesem Fall der Rechtsanwalt keine höhere als die gesetzliche Vergütung fordern kann (§ 4b) kann der Hinweis später von großer Bedeutung sein.

22 Durch die vorsorglich erteilte Belehrung über die Gegenstandswertabhängigkeit der gesetzlichen Vergütung wird dem Auftraggeber das Argument genommen, bei ordnungsgemäßer Aufklärung hätte man auf anwaltlichen Beistand gänzlich verzichtet.

23 Im Grunde genommen ergibt sich die Notwendigkeit auch bei Vergütungsvereinbarungen auf die gegenstandswertorientierte Abrechnung hinzuweisen auch schon aus der Vorschrift von § 3a.

24 Wenn der Rechtsanwalt dort verpflichtet wird, einen Hinweis darauf zu geben, dass die gegnerische Partei, ein Verfahrensbeteiligter oder die Staatskasse regelmäßig nicht mehr als die gesetzliche Vergütung erstatten muss, so wird eine Erläuterung der Höhe der gesetzlichen Vergütung ohnehin unumgänglich sein.

25 Noch Jahre nach Einführung der berufsrechtlichen Verpflichtung gem. § 49b V BRAO wurde in Rspr. und Lit. darüber gerätselt, ob ein Verstoß lediglich berufsrechtliche Maßnahmen nach sich ziehen kann, oder ob eine versäumte Belehrung auch zivilrechtliche Folgen haben könne (vgl. eing. *Rick* AnwBl 2006, 648 ff.; zivilgerichtliche Auswirkungen noch verneinend AG Charlottenburg AGS 2007, 232 ff. mAnm *Schons*).

Inzwischen hat sich nach dem LG Berlin auch der BGH in zwei bemerkenswerten Entscheidungen 26
mit der Frage auseinandergesetzt (BGH AGS 2008, 7 mAnm *Schons;* AGS 2007, 386 ff. mAnm *Schons;*
LG Berlin AGS 2007, 390 mAnm *Schons*).

In einer ersten Entscheidung v. 24.5.2007 (BGH AGS 2007, 386 ff.) stellt der BGH klar, dass der ge- 27
nannten berufsrechtlichen Vorschrift auch eine zivilrechtliche Bedeutung beizumessen sei. Ein Verstoß
gegen § 49b V BRAO **könne** Schadensersatzansprüche auslösen, die sich übrigens nicht nur auf die eigenen Anwaltskosten beschränken müssen.

So könne in geeigneten Fällen der Mandant sich darauf berufen, bei einer hinreichenden Aufklärung 28
hätte er insgesamt auf die Durchführung eines gerichtlichen Verfahrens verzichtet. Ein Schadensersatzanspruch, mit dem in erster Linie dann gegen den eigenen Gebührenanspruch des Anwaltes aufgerechnet wird, kann sich also durchaus auch auf die gegnerischen Anwaltskosten und die Gerichtskosten ausdehnen.

In der weiteren Entscheidung v. 11.10.2007 (BGH AGS 2008, 7) hat der BGH dann allerdings unter 29
Fortführung der Entscheidungsgründe vom Mai 2007 die Darlegungs- und Beweislast eindeutig dem
Auftraggeber zugewiesen. Der Auftraggeber – so die Entscheidung – muss iE darlegen **und beweisen** wie
er sich alternativ verhalten hätte, wenn ihm der Hinweis nach § 49b V BRAO erteilt worden wäre (s.
aber BGH AnwBl 2010, 147 – OLG Hamm AnwBl 2010, 143 ff.).

Auch die oberlandesgerichtliche Rspr. tendiert dahin, nicht nur dieser im Gesetz normierten Hinweis- 30
pflicht große Bedeutung beizumessen, sondern sieht grds. aufgrund des Anwaltsvertrages eine Aufklärungspflicht über die Höhe der Gebühren; der Rechtsanwalt – so die Rspr. – mache sich schadensersatzpflichtig, wenn er auf Gegenstandswert und den Einfluss des Gegenstandswertes auf die Höhe der
Gebühren nicht **eindeutig** Hinweise (OLG Düsseldorf AGS 2008, 12 ff. mAnm *Schons*).

Vor Übernahme eines jeden Mandates, auch vor Übernahme eines Beratungsmandats ist ferner zu be- 31
achten, dass die Mandanten die Informationen nach der sog. **Dienstleistungsinformationspflichtenverordnung** DL-InfoV zu erteilen sind.

Wer hiergegen verstößt, kann von der zuständigen Rechtsanwaltskammer mit Bußgeldern bis zu 32
1.000 EUR bedacht werden (vgl. hierzu *Schons* AnwBl. 2010, 419 f.).

Schließlich ist besondere Vorsicht geboten, wenn das Mandat außerhalb der Kanzleiräume angenom- 33
men wird, also insbesondere dann, wenn die Mandatserteilung schriftlich oder per Mail erfolgt. Seit dem
13.6.2014 gilt das Gesetz zur Umsetzung der Verbraucherrichtlinien, was **Widerrufsrechte auch bei
Anwaltsverträgen für Verbraucher** herbeigeführt hat (vgl. hierzu zunächst *Hertling* AnwBl. 2014,
906 f. sowie *Mayer* AnwBl. 2014, 908 f.).

Auch der BGH hat sich hierzu bereits geäußert und unter Verarbeitung einiger amtsgerichtlicher Ent- 34
scheidungen die Feststellung getroffen, dass Anwaltsverträge jedenfalls unter bestimmten Umständen
den Regeln für das Fernabsatzgesetz unterfallen und als solche widerrufen werden können (vgl. BGH
Urt. v. 23.112017 – IX ZR 204/16 = AnwBl. 2018, 166 f.). Ganz besondere Vorsicht ist natürlich dann
geboten, wenn die Kanzlei für das Bewerben erbrechtlicher Mandate bundesweit – etwa über die eigene
Homepage – ein Kontaktformular zur Verfügung stellt und die spätere Abwicklung des Mandates entweder ausschließlich oder vornehmlich über Kommunikationsmittel erfolgt.

Es bleibt abzuwarten, wie sich die Rechtsprechung hier weiterentwickelt. Derzeit ist beim Landgericht 35
Düsseldorf ein Verfahren anhängig, das sich mit einer Verfeinerung der Rechtsprechung wird beschäftigen müssen.

Schließlich ist der Mandant in geeigneter über seine Rechte nach der Datenschutzgrundverordnung 36
(**DSGVO**) zu belehren. Die Erteilung all dieser Hinweise und Belehrungen sollten im eigenen Interesse
unbedingt dokumentiert werden.

b) Das Preisgespräch. Gerade beim erbrechtlichen Mandat wird der Auftraggeber – in der Regel – 37
noch keinen umfassenden Auftrag erteilen, sondern sich zunächst anwaltlichen Rat einholen wollen.
Gerade im erbrechtlichen Mandat wird vom Auftraggeber aufgrund der sensiblen Behandlung aller
Rechtsfragen und unter Berücksichtigung enger Familienangehörigkeit oftmals gewünscht, dass der
Rechtsanwalt solange wie möglich im Hintergrund bleibt, die Erbauseinandersetzungsverhandlungen
also im Wesentlichen verdeckt, dh beratend begleitet.

Damit kommt insb. beim erbrechtlichen Mandat der „Ratsgebühr" iSv § 34 eine ganz besondere Be- 38
deutung zu.

Während in der Zeit v. 1.7.2004 bis 30.6.2006 noch ähnlich wie zu Zeiten der BRAGO gegenstands- 39
wertorientiert nach der Gebührentabelle abgerechnet werden konnte, zwingt § 34 den Rechtsanwalt
nunmehr, auf eine sog. Gebührenvereinbarung hinzuwirken. Unterlässt der Rechtsanwalt dies, aus welchen Gründen auch immer, hat dies für ihn fatale Folgen:

Der Gesetzgeber verweist den Rechtsanwalt dann auf die Abrechnung nach den Vorschriften des bür- 40
gerlichen Rechts und bestimmt zudem, dass sein Gebührenanspruch gegenüber einem Verbraucher –
mangels anderweitiger Vereinbarung – auf 190 EUR netto für ein erstes Beratungsgespräch und auf
250 EUR netto für jegliche weitere Beratung beschränkt so umfangreich, schwierig und regressträchtig
die anwaltliche Tätigkeit auch ausfallen mag.

Da man eine „übliche Vergütung" für Rechtsanwälte jedenfalls derzeit nicht feststellen kann und es 41
auch an Taxen fehlt (vgl. zu der Problematik eing. AnwK RVG/*Onderka* § 34 Rn. 84 ff.; Mayer/Kroiß/
Winkler/Teubel § 34 Rn. 79 ff.; s. aber *Hommerich/Kilian*, Vergütungsbarometer, 2009, 70 ff.) besteht de
facto ein Zwang zum Abschluss einer Gebührenvereinbarung, ein Zwang, der vom Gesetzgeber durchaus gewollt ist (s. die Begr. zu Art. 5 KostRMoG in BT-Drs. 15/1971, 247, 238).

42 In der Praxis bestätigt sich leider nach wie vor, dass nur 32% der Rechtsanwälte das Vergütungsgespräch mit dem Mandanten **nicht** unangenehm ist, wobei die Quote bei den Rechtsanwältinnen noch geringer ist (*Hommerich/Kilian*, Vergütungsvereinbarung deutscher Rechtsanwälte, 2006, 190 f. sa *Hommerich/Kilian*, Vergütungsbarometer, 2009, 36 ff.). Aufrufe, an die Anwaltschaft sich anzugewöhnen als „Verkäufer in eigener Sache" aufzutreten (vgl. *Schons* AnwBl 2006, 566; Madert/Schons/*Schons*, Die Vergütungsvereinbarung des Rechtsanwaltes, 3. Aufl. 2006, 74 ff.; *Zöller/Ehlert* JurBüro 2006, 620 ff.; s. Mayer/Kroiß/*Müllerschön* Anh. § 34, Erfolgreiche Vergütungsverhandlungen) bleiben immer noch weitgehend ungehört, obgleich die Mandantschaft frühestmögliche Preisgespräche und Transparenz in der Kostengestaltung ausgesprochen schätzt. Schließlich können weder der Rechtsanwalt noch der verständige Mandant ein Interesse daran haben, im Konfliktfall erst durch eine rechtskräftige Entscheidung darüber informiert zu werden, was der Rechtsanwalt für die Beratungstätigkeit in zutreffender Höhe nach den Vorschriften des bürgerlichen Rechts – (und nach der Auffassung des erkennenden Richters) abrechnen durfte.

43 Den Willen zur Gebührenvereinbarung im außergerichtlichen Beratungsbereich unterstreicht der Gesetzgeber noch zusätzlich dadurch, dass die Gestaltung derartiger Vereinbarungen keinerlei Formalien unterliegt und der Rechtsanwalt auch inhaltlich faktisch alles und jedes frei vereinbaren kann.

44 § 3a stellt in Abs. 1 S. 4 zunächst einmal klar, dass die S. 1 u. 2 dieser Vorschrift für Gebührenvereinbarungen nach § 34 nicht gelten. Soweit S. 3 namentlich nicht aufgeführt ist, ist dies weder ein redaktionelles Versehen, noch hat es die Bedeutung, die *Fölsch* der vollständigen Nichterwähnung beimessen will (*Fölsch* MDR 2007, 724 ff.).

45 Die in S. 3 vorzufindende Verpflichtung, einen Hinweis auf die Erstattungsfähigkeit lediglich der gesetzlichen Gebühren zu erteilen, ist bei einer Gebührenvereinbarung nach § 34 ipse jure überflüssig, da es im Beratungsbereich ja eben keine gesetzliche Vergütung mehr gibt, ein entsprechender Hinweis also ins Leere gehen würde.

46 Frei ist der Rechtsanwalt aber auch bei der Entscheidung, wie er die Gebührenvereinbarung gestaltet, ob er also eine feste Pauschale für die Beratungstätigkeit verlangt, oder ob er es vorzieht, nach Zeitaufwand abzurechnen. Denkbar ist es natürlich auch, die Anwendung des alten Rechts (Nr. 2100 ff. VV) **zu vereinbaren**, wird man sich dann wohl kaum dem Vorwurf ausgesetzt sehen, eine unangemessene Vergütung oder gar eine überraschende Vergütung vereinbart zu haben.

47 In einem solchen Fall erscheint es allerdings nicht ausreichend, nur auf das RVG idF bis zum 30.6.2006 zu verweisen. Nr. 2100 ff. VV RVG aF sollten namentlich erwähnt, inhaltlich wiedergegeben und mit dem Hinweis nach § 49b V BRAO versehen sein, dass gegenstandswertorientiert abgerechnet wird.

48 Grundsätzlich ist die Gebührenvereinbarung vor Übernahme des Mandates zu treffen, um dem Mandanten die Freiheit zu gewähren, selbst zu entscheiden, ob der Gebührenvorschlag angenommen wird oder nicht.

49 Hat der Rechtsanwalt den Abschluss einer Gebührenvereinbarung verabsäumt, etwa weil er auf ein weitergehendes Mandat im außergerichtlichen Vertretungsbereich hoffte und sich die vermeintlichen Schwierigkeiten eines Preisgespräches ersparen wollte oder ist die Gebührenvereinbarung schlichtweg vergessen worden, so ist eine Gebührenvereinbarung meines Erachtens zu einem späteren Zeitpunkt, ja selbst nach Abschluss des Mandates immer noch möglich, wenn der Mandant in voller Kenntnis der Sach- und Rechtslage zustimmt.

50 Dem Mandanten ist dann die Schwierigkeit einer Abrechnung nach den Vorschriften des bürgerlichen Rechts ebenso vor Augen zu halten, wie das anwaltliche Versäumnis, diese Schwierigkeiten durch eine Gebührenvereinbarung vermeiden zu helfen. Alsdann ist ein Vorschlag zu unterbreiten, bei dem die Freiwilligkeit der Zustimmung unterstrichen wird.

51 Tatsächlich werden in der Praxis immer wieder Fälle bekannt, bei denen Rechtsanwälte – ohne entsprechende vorherige oder nachträgliche Vereinbarung – die Gebühr aus der alten Nr. 2100 VV „ziehen" oder gar eine Geschäftsgebühr nach Nr. 2300 VV in Rechnung stellen, obgleich die Tatbestandsvoraussetzungen nicht gegeben sind.

52 Eine solche Vorgehensweise ist nicht nur verheerend für das Ansehen der Anwaltschaft, sondern setzt den betroffenen Rechtsanwalt zumindest im objektiven Bereich auch dem Vorwurf einer Gebührenüberhebung iSv § 352 StGB aus.

53 In einem strafrechtlichen Ermittlungsverfahren dürfte es dann schwierig, zumindest aber peinlich sein, jemanden davon zu überzeugen, dass man das eigene Vergütungsrecht nicht beherrsche.

54 Eine ähnliche Problematik ergibt sich übrigens auch bei § 35.

55 Wer als Rechtsanwalt in (Erbschafts-)Steuersachen tätig wird, kann keine Geschäftsgebühr nach Nr. 2300 VV abrechnen, sondern ist der Steuerberatervergütungsverordnung unterworfen. Ein Konflikt mit § 352 StGB ist ansonsten auch dort gegeben (MAH VergütungsR/*Bauer*, S. 504; grds. zum Problem der Gebührenüberhebung vgl. ausf. BGH AGS 2007, 599 ff. mAnm *Schons*). Schließlich ist die Gebührenvereinbarung – wenn auch gesetzlich nicht vorgeschrieben – in eigenem Interesse schriftlich zu treffen, da es anderenfalls später zu Beweisschwierigkeiten kommen kann. Da es im außergerichtlichen Beratungsbereich seit dem 1.7.2006 an einer gesetzlichen Vergütung fehlt, ist der Rechtsanwalt für die Behauptung einer vereinbarten Vergütung – ebenso wie ein Werkunternehmer – darlegungs- und **beweispflichtig** (vgl. statt aller AnwK RVG/*Onderka* § 34 Rn. 96 mwN).

56 Bei der schriftlichen Niederlegung sollte auch der Vorschrift von § 34 II Beachtung geschenkt werden. Während früher nach überwiegender Ansicht Beträge aus einer Vergütungsvereinbarung – mangels gesetzlicher Vorschrift – auf spätere Vergütungstatbestände nicht anzurechnen waren, bestimmt

§ 34 II ausdrücklich, dass eine **Anrechnung** zu erfolgen hat, wenn der Rechtsanwalt nichts anderes vereinbart.

Zu Recht weist *Schneider* in diesem Zusammenhang auf die Unklarheit hin, in welchem Umfange die 57 Anrechnung eigentlich vorzunehmen ist, ob also – wie an sich üblich – eine Anrechnung nur auf die spätere Geschäfts- oder Verfahrensgebühr erfolgt, oder aber auch auf sonstige Gebühren (*Schneider,* Die Vergütungsvereinbarung, 2005, Rn. 831 ff.).

So kann es relativ uninteressant sein, im Beratungsbereich eine möglichst hohe Vergütung zu vereinba- 58 ren, wenn eine volle Anrechnung auf alle späteren außergerichtlichen oder auch gerichtlichen Gebühren nicht verhindert wird. Was nützt bspw. eine Vergütung von Pauschal 1.500 EUR, wenn diese letztendlich höher ist als die gesetzlichen Gebühren im nachfolgenden Prozess und eine volle Anrechnung auf Verfahrens- und Terminsgebühr nicht vertraglich ausgeschlossen wurde.

Keine Gebührenvereinbarung sollte also die Klausel vermissen lassen, dass die vereinbarte Beratungs- 59 gebühr entweder auf nachfolgende Gebühren überhaupt nicht angerechnet wird, oder nur bis zur Höhe allenfalls einer Geschäftsgebühr nach Nr. 2300 VV bzw. nach einer Verfahrensgebühr nach Nr. 3100 VV.

Eine entsprechende Formulierung könnte lauten: 60

„Die hier zwischen den Parteien vereinbarte Vergütung für die erbrechtliche Beratungstätigkeit bleibt dem Rechtsanwalt – anrechnungsfrei – auch dann erhalten, wenn sich seine Tätigkeit in derselben Angelegenheit außergerichtlich oder gerichtlich fortsetzt."

Nach Wegfall der gesetzlichen Vergütungstatbestände der Nr. 2100 ff. VV aF ist es auch nicht mehr 61 ausreichend, was bis dato ebenfalls zulässig war, die Kappungsgrenzen iHv 190 EUR netto bzw. jetzt die weitere Kappungsgrenze von 250 EUR netto **abzubedingen.** Solche Regelungen helfen ersichtlich nicht weiter, da dann nach wie vor unklar bleibt, wie hoch „zutreffend" oder „richtig" abgerechnet werden kann nach den Vorschriften des BGB.

Ganz besondere Bedeutung haben § 34 und die dort erwähnten Kappungsgrenzen für rechtsschutz- 62 versicherte Mandate, ein Gesichtspunkt, der in der Fachliteratur merkwürdigerweise in den letzten Jahren geradezu „totgeschwiegen" worden ist. Dies ist umso erstaunlicher, als die Rechtsschutzversicherungen es in der Vergangenheit seit Einführung des RVG stets verstanden haben, die Nachteile des neuen anwaltlichen Vergütungsrechts zu thematisieren und durch teilweise fragwürdige Methoden zu kompensieren (vgl. *Schons* NJW 2004, 2952; BRAKMagazin 2007, 8 f.; AnwBl 2010, 861 ff.; *Hansens* RVGreport 2005, 134; *Madert* AGS 2005, 225; *Mock* RVGberater 2005, 107; *Schneider* AGS 2005, 136; *Mayer* AGS 2004, 468).

Bei entsprechend abgeschlossenen Versicherungsverträgen musste der Rechtsschutzversicherer in fa- 63 milien- und erbrechtlichen Mandaten, soweit es sich um eine abschließende Beratung handelte, gegenstandswertorientiert honorieren, was im Einzelfall leicht zu Rechnungen iHv mehreren Tausend Euro führen konnte (vgl. § 25 (1e S. 3) gleichlautend § 26 (3g) und § 27 (3g) der ARB)

Mit der Abkoppelung der Ratstätigkeit von den gesetzlichen Gebühren entfiel in alten Versicherungs- 64 verträgen schon einmal grds. die Verpflichtung des Rechtsschutzversicherers ab 1.7.2006 entsprechende Beratungsleistungen zu regulieren. Die gleichwohl im Kulanzwege vorgenommene Handhabung ist inzwischen in die ARB 2006 übernommen worden. Dies hat zur Folge, dass Ratsgebühren für ein erstes Beratungsgespräch nur noch bis 190 EUR netto von der Versicherung gezahlt werden und weitere Beratungstätigkeit lediglich bis zu einem Betrag iHv 250 EUR netto honoriert wird, gleichgültig wie die individuelle Gebührenvereinbarung zwischen Mandanten und Rechtsanwalt aussieht.

Ruft man sich die höchstrichterliche Rspr. der OLG und des BGH zu den Aufklärungspflichten des 65 Rechtsanwaltes in Erinnerung wird man von Rechtsanwälten wohl verlangen müssen, dass diese über die Beschränkung des Rechtsschutzes beim erbrechtlichen Beratungsmandat aufklären, was in den meisten Fällen dann in der Praxis zu einer Beschränkung des Beratungshonorars auf 190 EUR netto bzw. 250 EUR netto führen wird.

Auch dies – ebenso wie die derzeit noch anzutreffende Unkalkulierbarkeit der Höhe einer Vergütung 66 nach den Vorschriften des Bürgerlichen Rechts – macht es wiederum wichtig, zu klaren Feststellungen zu gelangen, wann der Beratungsbereich verlassen und der Bereich der Geschäftsgebühr oder der Verfahrensgebühr (mit dem sicheren Fahrwasser der gesetzlichen Vergütung) erreicht wird.

Besondere Abgrenzungsschwierigkeiten ergeben sich im Erbrecht, wenn der beauftragte Rechtsanwalt 67 vom Klienten gebeten wird, in der zu führenden Korrespondenz im Hintergrund zu bleiben, gleichwohl aber nicht nur zu beraten, sondern auch perfekt juristisch ausformulierte Schreiben zur Verfügung zu stellen, die der Auftraggeber auf seinem Briefkopf ausdrucken und versenden kann. Ähnlich verhält es sich, wenn der Rechtsanwalt gebeten wird, ein Testament zu entwerfen.

Bei beiden Fallgestaltungen konnte bis zum 30.6.2004 völlig problemlos eine Geschäftsgebühr nach 68 § 118 I BRAGO abgerechnet werden, da das Entwerfen von Urkunden nach dem Gesetzeswortlaut die Geschäftsgebühr auslöste.

Demgegenüber soll nach Vorb. 2.3 VV die Geschäftsgebühr mit dem Betreiben des Geschäfts ein- 69 schließlich der Einholung der Information und durch die Mitwirkung bei der **Gestaltung eines Vertrages** verdient werden können.

Aufgrund dieser – zumindest anscheinend – einschränkenden Formulierung wird es in Rspr. und Lit. 70 höchst unterschiedlich beurteilt, ob der Entwurf eines Kündigungsschreibens, der Entwurf eines Schreibens mit Aufforderung zur Auskunftserteilung oder die Mitwirkung an der Errichtung eines Testamentes noch zur Ratstätigkeit zählen oder bereits mit einer Geschäftsgebühr abgerechnet werden können (einschränkend für Ratsgebühr Mayer/Kroiß/*Winkler/Teubel* § 34 Rn. 33; aA AG Stuttgart NJW 2005, 1956; *Hartung/Römermann/Schons*, RVG, 2. Aufl. 2006, Nr. 2300 VV Rn. 10 f. ebenso *Hartung/Schons/ Enders* Vorb. 2.3 Rn. 12 ff.; Mayer/Kroiß/*Teubel* Vorb. 2.3. Rn. 7; Gerold/Schmidt/*Mayer* Nr. 2300, 2301 VV Rn. 14 noch in Vorauflagen; *Madert* AGS 2005, 2 (5); ebenso jedenfalls für den Entwurf von Testamenten mit guter Begründung AnwK RVG/*Onderka/Wahlen* Vorb. 2.3 VV Rn. 36 f.; aA ders. jetzt 8. Aufl. VV Vorbem. 2.3 Rn. 52 f.).

71 Ob man sich mit Aussicht auf Erfolg auf diese Literaturmeinungen heute noch berufen kann, erscheint fraglich. Sowohl das OLG Nürnberg als auch das OLG Düsseldorf haben hier inzwischen eine klare, restriktive Position eingenommen und gehen davon aus, dass der Entwurf einseitiger Erklärungen, also auch der Entwurf eines Testamentes eine reine Beratungstätigkeit sei, die über § 34 abgerechnet werden müsse (OLG Nürnberg AnwBl 2010, 805 f.; OLG Düsseldorf AGS 2012, 454 f.). Das OLG Düsseldorf geht sogar noch einen Schritt weiter und spricht selbst bei der Erstellung eines Erbvertrages von Beratungstätigkeit, soweit nicht wechselbezügliche Verfügungen Gegenstand des Vertrages seien (OLG Düsseldorf AGS 2012, 454 f.).

72 Zwischenzeitlich hat sich ein drittes Oberlandesgericht, nämlich das OLG Frankfurt dieser Auffassung angeschlossen, so dass es inzwischen geradezu als grob fahrlässig zu bezeichnen wäre, wenn ein Rechtsanwalt für die Gestaltung eines einseitigen Testamentes keine Vorkehrungen und damit eine Gebührenvereinbarung nach § 34 RVG trifft (vgl. OLG Frankfurt, AGS 2015, 505 mAnm *Schons*). Und nunmehr wurde diese Rechtsprechung auch vom BGH bestätigt (Urt. v. 22.2.2018 – IX ZR 115/17 = AfS 2018, 165 ff. mAnm *Schons*).

73 Wer angesichts dieser Meinungsvielfalt den sichersten Weg gehen will, sollte mit dem Auftraggeber eine Gebühren- bzw. Vergütungsvereinbarung treffen.

74 **Praxistipp:** Eine entsprechende Vereinbarung sollte sicherheitshalber den strengen Formerfordernissen einer **Vergütungsvereinbarung** iSv § 3a entsprechen, damit sie auch dann noch Bestand hat, wenn das die Vereinbarung zu beurteilende Gericht nicht von einer Ratstätigkeit, sondern von einer Geschäftstätigkeit ausgehen will. Wird der Entwurf eines Testamentes nämlich als eine die Geschäftsgebühr auslösende Tätigkeit verstanden, so kann eine höhere als die gesetzliche Vergütung nur durchgesetzt werden, wenn die entsprechenden Formerfordernisse erfüllt sind.

75 Umgekehrt ist es unschädlich, wenn das Gericht später die zu beurteilende anwaltliche Tätigkeit – Entwurf eines Auskunftschreibens oder Errichtung eines Testaments – als Ratstätigkeit ansieht:

76 Auch eine als Vergütungsvereinbarung den dortigen strengen Formvorschriften unterworfene Vereinbarung rechtfertigt jedenfalls eine von den „Vorschriften des bürgerlichen Rechts" abweichende Honorierung.

77 Nicht immer nutzen Anwaltskanzleien § 34 RVG zu einer Optimierung der Umsätze, sondern eher zur leichteren Gewinnung von Mandaten.
Bereits nach Einführung des § 34 RVG war zu beobachten, dass Kanzleien mit Dumpingpreisen warben, bis hin zu den berüchtigten „Ein-Euro-Angeboten".
Inzwischen lässt der BGH sogar die Werbung mit kostenloser Erstberatung zu (vgl. BGH AGS 2017, 442 ff.).

78 **c) Beratungshilfe.** Ist der Auftraggeber nicht in der Lage, die Kosten eines Anwalts zu tragen und erfüllt er die Voraussetzungen der Beratungshilfe, so ist der Rechtsanwalt berufsrechtlich verpflichtet, ein derartiges Mandat anzunehmen (vgl. § 49b BRAO).

79 Gerade bei Erbrechtsmandaten wird der Rechtsanwalt hier häufig mit dem Problem konfrontiert, dass der erschienene Mandant zwar **derzeit** nicht „zahlungsfähig ist", dass sich seine Einkommens- und Vermögensverhältnisse jedoch entscheidend verbessern werden, wenn der im Raume stehende Erbanspruch oder Pflichtteilsanspruch mit Hilfe des Rechtsanwaltes durchgesetzt wird.

80 Es stellt sich hier die Frage, wie mit einer derartigen Situation umzugehen ist.

81 Besteht der Mandant darauf, dass die anwaltliche Tätigkeit über Beratungshilfe abgerechnet wird und liegt kein wichtiger Grund vor, das Mandat **grds.** abzulehnen, so wird die Bearbeitung auf Beratungshilfebasis durchgeführt werden müssen.

82 Diese Situation stellt sich nicht nur für den Rechtsanwalt, sondern auch für die Allgemeinheit als höchst unbefriedigend dar. Es ist eigentlich nicht einzusehen, dass ein Mandant, der über einen klar erkennbaren Pflichtteilsanspruch in erheblicher Höhe verfügt, über die Allgemeinheit und den Steuerzahler die Kosten des Rechtsanwaltes finanzieren lassen kann, der ihm bei der Durchsetzung eben dieses Anspruches behilflich ist.

83 Schließlich stellt sich bei einer derartigen Fallkonstellation sogar die Frage, ob der Mandant tatsächlich vermögenslos ist und die Voraussetzungen der Beratungshilfe erfüllt.

84 Als Wahlanwalt hat der Rechtsanwalt gem. § 8 seinen Vergütungsanspruch erst, wenn der Auftrag erledigt oder die Angelegenheit beendet oder der Rechtszug beendet ist.

85 Zwar kann der Rechtsanwalt auch schon vorher über § 9 einen Vorschuss einfordern, der sich auf die bereits verdienten oder noch unmittelbar zu verdienenden Gebühren erstreckt.

86 Eine Verpflichtung zur Erhebung des Vorschusses besteht aber nicht (vgl. statt aller AnwK RVG/ *Schneider* § 9 Rn. 24).

87 **Will sagen:** Unter den hier geschilderten Umständen ist es meines Erachtens möglich, **gemeinsam** mit dem Mandanten auf die Inanspruchnahme von Beratungshilfe zu verzichten, sich ein Wahlanwaltsman-

dat erteilen zu lassen und die Geltendmachung von Gebühren bis zur Erledigung des Mandates zurückzustellen.

All dies setzt aber naturgemäß voraus, dass von Anfang ein umfassendes Mandat – über die Beratung hinaus – im Raume steht, da ein begrenztes **Beratungsmandat** in dem hier konstruierten Fall möglicherweise lange vor Realisierung des Pflichtteilsanspruches endet. Will man gleichwohl Beratungshilfegebühren abrechnen, ist in einem solchen Fall die Verjährungsproblematik im Auge zu behalten. 88

Durch das Inkrafttreten des Gesetzes zur Änderung des Prozesskostenhilfe- und Beratungshilferechts hat sich zum 1.1.2014 die Situation für Rechtsanwälte allerdings ohnehin verbessert. So wird in § 6a BerHG dem Rechtsanwalt die Möglichkeit eröffnet, die Aufhebung der Beratungshilfebewilligung zu beantragen, wenn der Rechtssuchende aufgrund der Beratung oder Vertretung, für die ihm Beratungshilfe bewilligt wurde, etwas erlangt hat. Voraussetzung ist natürlich stets, dass die Beratungshilfevergütung noch nicht abgerechnet wurde und dass der Rechtssuchende bei der Mandatsübernahme auf derartige Möglichkeiten in **Textform(!)** hingewiesen wurde. 89

Ferner ist das in § 8 BerHG noch vorzufindende pauschale Verbot einer Vergütungsvereinbarung entfallen. Freilich bleibt es aber dabei, dass der daraus resultierende Anspruch des Rechtsanwalts gegen den Rechtssuchenden nicht geltend gemacht werden kann, wenn und solange Beratungshilfe bewilligt ist bzw. im Falle nachträglicher Antragstellung das Gericht noch keine Entscheidung über den Antrag getroffen hat. 90

In der Begründung des Gesetzes wird geradezu hervorgehoben, dass die nunmehr vom Gesetzgeber praktisch mehr oder weniger empfohlene vorher geschlossene Vergütungsvereinbarung eine mühsame Auseinandersetzung zwischen Anwalt und Rechtssuchenden darüber entbehrlich mache, in welcher Höhe etwa die übliche Vergütung nach § 34 I 2 RVG, § 612 II BGB geschuldet wird. § 3a IV wurde also zum 1.1.2014 aufgehoben und durch eine Neufassung von § 4a ist es sogar – völlig umgekehrt zur früheren Rechtssituation – erlaubt, dort Erfolgshonorare zu vereinbaren, wo die Voraussetzungen für Beratungshilfe- oder Prozesskostenhilfe vorliegen. In 14a RVG wird folgender Satz angefügt: 91

„Für die Beurteilung nach Satz 1 bleibt die Möglichkeit Beratungs- oder Prozesskostenhilfe in Anspruch zu nehmen, außer Betracht."

Dies bietet nunmehr bei Erbrechtsprozessen mit hohen Gegenstandswerten auch minderbemittelten Parteien die Möglichkeit, mit hochspezialisierten Erbrechtskanzleien eine Erfolgshonorarvereinbarung zu treffen. 92

Leider hat die Kommentierung von *Mayer* (Gerold/Schmidt/*Mayer* RVG 23. Aufl. § 4a Rn. 8a aE) zu ersten Verwirrungen und Einschränkungen geführt. 93

So weist *Mayer* – insoweit zunächst zutreffend – daraufhin, dass es der „armen" Partei nicht möglich sein werde, bei einem hohen Gegenstandswert die Gerichtskosten aufzubringen und dem mandatierten Rechtsanwalt sei es aufgrund von § 49b S. 2 BRAO ja ebenfalls verboten, sich als Prozessfinanzierer zu gerieren. 94

Tatsächlich ist die Lösung einfach und inzwischen von einigen Gerichten auch gefunden worden: Der mandatierte Rechtsanwalt beantragt für das Verfahren ratenfrei Prozesskostenhilfe, verzichtet jedoch auf den Antrag auf seine Beiordnung, indem er schriftsätzlich oder zu Protokoll erklärt, dass die anwaltliche Vertretung auch im Anwaltsprozess vor dem Landgericht durch die getroffene Erfolgshonorarvereinbarung sichergestellt sei (vgl. hierzu zunächst *Schons* AnwBl. 2017, 966ff.; OLG Hamm Beschl. v. 12.1.2018, I-7 W 21/17; ebenso jetzt auch OLG Köln Beschl. v. 13.7.2018 – 5 W 10/18). 95

Als weniger attraktiv darf die Neuerung bezeichnet werden, dass im Bereich der Beratungshilfe auch im Falle der außergerichtlichen Vertretung auf Vergütung gänzlich durch den Anwalt verzichtet werden kann, ohne dass dieser mit seinem Berufsrecht kollidiert. Hierdurch soll die angeblich von weiten Kreisen der Anwaltschaft gewünschte pro bono Tätigkeit rechtskonform ermöglicht werden (krit. *Schons* AnwBl 2013, 206; siehe jetzt hierzu aber erneut BGH AGS 2017, 442ff.). 96

Ein Sonderfall kann vorliegen, wenn zu einem frühen Zeitpunkt, etwa bei Erteilung des Beratungsmandates der dem Auftraggeber zustehende Zahlungsanspruch bereits feststeht. In derartigen Fällen war (vor dem 1.7.2008) und ist es möglich, Vergütungen sogar nach einem bestimmten Anteil eben jenes Pflichtteilsanspruches oder Erbteilsanspruchs vertraglich zu justieren (vgl. Madert/Schons/*Schons*, Die Vergütungsvereinbarung des Rechtsanwaltes, 3. Aufl. 2006, 50 Rn. A 176 mwN). 97

Hier geht es nämlich nicht um eine variable Beteiligung, die vom Erfolg abhängt, sondern letztlich um die Formulierung einer ganz genau bestimmten Vergütung, die entweder schon sogar berechnet werden kann (Höhe des Erbteils und damit Höhe des Pflichtteilsanspruches sind bekannt) oder noch errechnet werden muss, auf die der Rechtsanwalt aber keinen Einfluss nehmen kann. 98

Stellen sich die Voraussetzungen so dar, dass der Auftraggeber berechtigterweise auf die Durchführung des Mandates auf Beratungshilfe besteht, so steht dem Rechtsanwalt nach Nr. 2500 VV die sog. Beratungshilfegebühr iHv 15 EUR zu. 99

Für das Entstehen dieser Gebühr ist nicht Voraussetzung, dass der Rechtssuchende einen vom Amtsgericht ausgestellten Berechtigungsschein nach § 6 BerHG vorlegt, wenngleich er auf die Vorlage eines solchen Scheines bestehen wird, schon um neben der Beratungshilfegebühr auch die Beratungsgebühr nach Nr. 2501 VV liquidieren zu können (vgl. Hartung/Schons/*Enders* Vorb. 2.5 Nr. 2500 VV Rn. 16). 100

Zu beachten ist, dass in dem Betrag iHv 15 EUR die jeweils gültige Mehrwertsteuer enthalten ist, die der Rechtsanwalt entsprechend abführen muss. Über die 15 EUR hinaus darf er – etwa in Höhe der Mehrwertsteuer – keine Beträge erheben, was sich aus der Anm. zu Nr. 2500 VV ergibt: 101

102 Neben der Gebühr dürfen keine Auslagen erhoben werden und nach Nr. 7008 VV gehört die gesetzliche Mehrwertsteuer zu den Auslagen iSd RVG (vgl. statt aller Gerold/Schmidt/*Mayer* Nr. 2500–2508 VV Rn. 32; aA *Euba* RVGreport 2009, 281, der aus verfassungsrechtlichen Gründen die Meinung vertritt, die Gebühr sei völlig von der Umsatzsteuer befreit, eine Auffassung, die die Finanzämter kaum teilen dürften).

103 Neuerdings wird zT die Auffassung vertreten, dass der Anwalt auch diese Gebühr gem. § 10 mit **ausgewiesener Mehrwertsteuer** berechnen müsse (vgl. *Schneider/Thiel*, Das neue Gebührenrecht für Rechtsanwälte, 2. Aufl. 2014, 171). In der bisherigen Kommentierung wird eine solche Auffassung nirgendwo vertreten, auch nicht in der Kommentierung von Schneider.

104 Schuldner dieser „Praxisgebühr für Rechtsanwälte" ist ausschließlich der Auftraggeber, nicht etwa die Staatskasse, weshalb es nach zutreffender Auffassung auch nicht möglich ist, diese Gebühr bei Nichtzahlung durch den Auftraggeber gegen die Staatskasse festsetzen zu lassen (inzwischen allg. Ansicht vgl. AnwK RVG/*Fölsch* Vor Nr. 2500ff. VV Rn. 5; *Hartung/Schons/Enders* Vorb. 2.5 Nr. 2500 VV Rn. 34; ebenso jetzt Mayer/Kroiß/*Pukall* Nr. 2500 VV Rn. 7).

105 Eine Anrechnung der Beratungshilfegebühr auf die aus der Staatskasse zu vergütenden Beratungsgebühren ist im Gesetz nicht vorgesehen. Lediglich dann, wenn der Rechtsanwalt im Namen des Mandanten einen Kostenerstattungsanspruch gegen einen Dritten geltend macht und sich dieser Kostenerstattungsanspruch auch auf die Beratungshilfegebühr bezieht, ist eine Rückerstattung des Betrages an den Mandanten nach Zahlung durch den Dritten selbstverständlich (so jedenfalls *Hartung/Schons/Enders* Vorb. 2.5 Nr. 2500 VV Rn. 32; ebenso Mayer/Kroiß/*Pukall* Nr. 2500 VV Rn. 6; aA Gerold/Schmidt/*Mayer* Nr. 2500–2508 VV Rn. 19 mwN zum Meinungsstand).

106 Der Rechtsanwalt kann dem Rechtsuchenden die Zahlung dieser Gebühr aber auch erlassen, was bereits das Gesetz ausdrücklich zulässt.

107 **Hinweis:** Erfreulich ist es, dass in dem neuen Beratungshilfegesetz auf die ursprünglich vorgesehene Verpflichtung, eine anteilige Beratungshilfegebühr – ob erlassen oder nicht – in bestimmter Höhe auf weitere Gebühren anzurechnen, verzichtet wurde (vgl. Burandt/Rojahn/*Schons*, ErbR, 1. Aufl. 2011, Rn. 87).

108 **d) Beratungsgebühren nach Nr. 2501 VV.** Neben der Beratungshilfegebühr kann der Rechtsanwalt aus der Staatskasse die sog. Beratungsgebühr nach Nr. 2501 VV iHv nunmehr 35 EUR fordern. Diese Gebühr setzt voraus, dass der Auftraggeber einen Berechtigungsschein nach § 6 I BerHG vorlegt. Umstritten ist, ob der Berechtigungsschein vor der Beratung vorgelegt werden muss oder auch nachträglich noch eingeholt werden kann (vgl. zum Ganzen statt aller Gerold/Schmidt/*Mayer* Nr. 2500–2508 VV Rn. 24f.).

109 Der ursprünglich vorgelegte Entwurf des Prozesskostenhilfe- und Beratungshilfeänderungsgesetzes sah vor, diese Möglichkeit entscheidend einzuschränken und einen nachträglichen Antrag auf Bewilligung nur bei Eilbedürftigkeit zu erlauben. Hierauf wurde verzichtet. Ab 1.1.2014 ist aber darauf zu achten, dass der Antrag **spätestens vier Wochen nach Beginn der Beratungshilfetätigkeit** gestellt wird (vgl. § 6 II BerHG).

110 Gleichwohl ist es aufgrund der Praxis bei den Gerichten anzuempfehlen, sich vor jeglicher Beratung den Beratungshilfeschein vorlegen zu lassen, weil es in der Regel nachträglich zu Schwierigkeiten kommt.

111 Keine Beratungshilfe gibt es in den Städten Bremen und Hamburg, während im Land Berlin der Rechtsuchende die Wahl hat zwischen der Inanspruchnahme der dort eingeführten öffentlichen Rechtsberatung und anwaltlicher Beratungshilfe nach diesem Gesetz, wenn und soweit das Landesrecht nichts anderes bestimmt (vgl. Gerold/Schmidt/*Mayer* Nr. 2500–2508 VV Rn. 21).

112 Die Idee, über eine Öffnungsklausel auch anderen Bundesländern die Möglichkeit zu eröffnen, eine öffentliche Rechtsberatung durchzuführen, wurde letztendlich fallen gelassen. Insoweit haben die nachhaltigen Proteste der Anwaltschaft, Schulter an Schulter vertreten durch den DAV und die BRAK, auch hier die gewünschte Wirkung gezeigt.

113 Weniger erfreulich ist es, dass die konsequent auch im Beratungshilfebereich nunmehr hervorgehobene Unterscheidung zwischen Beratung und außergerichtlicher Vertretung nicht verhindert werden konnte.

114 § 2 I BerHG wurde zum 1.1.2014 folgender Satz angefügt:

> „Eine Vertretung ist erforderlich, wenn der Rechtsuchende nach der Beratung angesichts des Umfanges, der Schwierigkeit oder der Bedeutung der Rechtsangelegenheit für ihn seine Rechte nicht selbst wahrnehmen kann."

115 Hier ist mit neuen, erheblichen Auseinandersetzungen zwischen Rechtsuchendem und Rechtsanwalt auf der einen Seite und den Gerichten zu rechnen. In der Gesetzesbegründung heißt es hierzu lapidar, dass anwaltliche Vertretung in der Regel dann nicht mehr erforderlich sei, wenn nur noch ein einfaches Schreiben mit einer Tatsachenmitteilung zu fertigen, ein Widerspruch ohne Begründung einzulegen oder eine einfache Kündigung zu formulieren sei.

116 Aber auch die Gespräche zwischen dem Rechtsanwalt und seinem Mandanten werden länger andauern, wenn der Rechtsanwalt auf diese neuen Schwierigkeiten hinweisen und dem Rechtsuchenden erläutern muss, warum er von nun an auf sich selbst gestellt ist.

117 **3. Erstellung eines Gutachtens.** Auch die Erstellung eines Gutachtens fällt nunmehr unter den Gebührentatbestand von § 34. Dies ist ausdrücklich zu begrüßen, da die „Vorgängervorschrift" in Nr. 2103

VV RVG aF wenig hilfreich war. Dort wurde dem Rechtsanwalt (bis zum 30.6.2006) eine sog. „angemessene Gebühr" zugebilligt, wobei § 14 entsprechend anzuwenden war.

Schon damals konnte aufgrund der Formulierung des Gesetzestextes nur empfohlen werden, auf eine Vergütungsvereinbarung hinzuwirken, damit die Höhe der Vergütung für beide Vertragsparteien verbindlich zu Beginn des Mandates festgelegt werden konnte. 118

Nunmehr rät der Gesetzgeber dem Rechtsanwalt ausdrücklich eine **Gebührenvereinbarung** abzuschließen, um sich nicht auf den unsicheren Boden einer Abrechnung nach den Vorschriften des Bürgerlichen Rechts begeben zu müssen. 119

Bei der Gestaltung der Gebührenvereinbarung ist der Rechtsanwalt ebenso frei (s. oben) wie bei der Gebührenvereinbarung über einen Rat oder Auskunft; allerdings wird man bei der Höhe der Vergütung schon grds. andere Beträge ins Auge fassen, als bei einem Rat und sei dieser auch schriftlich erteilt worden. 120

Zu beachten ist dann aber stets, dass das in Auftrag gegebene Gutachten auch den erforderlichen Inhalt hat. 121

Vom Rat unterscheidet sich das Gutachten dadurch, dass der Rat schriftlich erteilt werden kann aber nicht muss. Das Gutachten hingegen ist stets schriftlich zu erstellen und hat sich wie folgt zu gliedern: 122

Voranzustellen ist die geordnete Darstellung des zu beurteilenden Sachverhaltes, quasi eine Art Tatbestand, dem eine Herausstellung der rechtlichen Probleme unter Gegenüberstellung von Rspr. **und** Lit. folgt. 123

Gewissermaßen im dritten Teil befindet sich dann das eigene Urteil (des Rechtsanwaltes) unter Würdigung der Stimmen aus Rspr. und Lit. (vgl. statt aller Gerold/Schmidt/*Mayer* § 34 Rn. 26 ff. mwN). 124

Die für die Erstellung des Gutachtens gezahlte Vergütung ist auf andere Vergütungstatbestände nicht anzurechnen, so dass der ausdrücklich mit der Erstellung eines Gutachtens beauftragte Rechtsanwalt die hierfür vereinbarte oder geschuldete Vergütung in vollem Umfange auch dann anrechnungsfrei behalten kann, wenn er **in derselben Angelegenheit** später oder parallel durch außergerichtliche bzw. gerichtliche Tätigkeit eine Geschäftsgebühr und/oder Verfahrensgebühr verdient (allgM vgl. statt aller Gerold/Schmidt/*Mayer* § 34 Rn. 59; AnwK RVG/*Onderka* § 34 Rn. 65 mwN zum alten Recht). 125

Hinweis: Anders kann sich dies aus der Sache selbst heraus darstellen, wenn der Rechtsanwalt für beide Tätigkeitsbereiche (Gutachten und gerichtliche Tätigkeit) oder auch nur für einen von beiden eine Vergütungsvereinbarung nach Zeitaufwand getroffen hat. 126

In diesem Fall findet jedenfalls eine „mittelbare" Anrechnung in der Weise statt, als der Rechtsanwalt für die Erstellung von Schriftsätzen, die auf dem Gutachten aufbauen, natürlich nicht den gleichen Zeitaufwand abrechnen kann, als wenn der Schriftsatz ohne Gutachten verfasst worden wäre. Werden also ganze Passagen aus dem Gutachten mehr oder weniger für den Schriftsatz übernommen, so ist dies beim Zeitaufwand praktisch nur einmal zu berücksichtigen, da anderenfalls eine Doppelberechnung der tatsächlich geleisteten Stunden vorläge. 127

Diese vermeintliche „Ungleichbehandlung" erklärt sich aus der unterschiedlichen Vergütungsstruktur. Während die bei der gesetzlichen Vergütung vorzufindenden Pausch- oder Pauschalgebühren auf den Umfang der entfalteten Tätigkeit nur geringfügig oder gar nicht Rücksicht nehmen, bedarf es bei überlappender Tätigkeit einer Korrektur an vielfacher Stelle im Gesetzestext an vielfacher Stelle vorzufindenden Anrechnungsregeln. Die Abrechnung nach Zeitaufwand verzichtet hingegen auf die pauschale Betrachtung kann dann auf Anrechnungsregeln verzichten, muss aber anderseits auf genaue Abrechnung der tatsächlich erbrachten Leistung bestehen. 128

Eine **Erstattung** der Gutachterkosten wird sowohl im gerichtlichen als auch im außergerichtlichen Bereich in der Regel nicht in Betracht kommen. Im Normalfall wird erwartet, dass der Auftraggeber einen kompetenten Rechtsanwalt in Anspruch nimmt, der die erbrechtliche Problematik beherrscht und auch ohne vorherige Erstellung eines Gutachtens dem gewünschten Ergebnis zuführt. 129

Anders kann sich der Vorgang darstellen, wenn Auslandsberührung zu verzeichnen ist oder mit der Bearbeitung schwierige erbschaftsteuerrechtliche Probleme im Zusammenhang stehen (vgl. Gerold/Schmidt/*Madert* § 34 Rn. 100 mwN in Vorauflagen). 130

4. Die außergerichtliche Vertretung. a) Allgemeines. Führt die durch den Rechtsanwalt erteilte Beratung oder auch das erstellte Gutachten zu dem Ergebnis, dass dem Auftraggeber bestrittene oder jedenfalls noch nicht erfüllte Ansprüche zustehen oder ist eine sonstige Tätigkeit gewünscht, die über Beratung oder Gutachtenserstellung hinausgehen so ergibt sich die gesetzliche Vergütung für den beauftragten Rechtsanwalt aus Nr. 2300 VV ff. RVG (zur Problematik zur Erstellung von Testamenten oder gar Erstellung von Erbverträgen vgl. OLG Nürnberg AnwBl 2010, 805 f.; OLG Düsseldorf AGS 2012, 454 f.; nunmehr auch OLG Frankfurt AGS 2015, 505 f. mAnm Schons; BGH Urt. v. 22.2.2018, IX ZR 115/17). 131

Eher auszuschließen ist es, dass in einem erbrechtlichen Mandat der Gebührentatbestand von Nr. 2301 VV tangiert wird. 132

Nach dieser Vorschrift erhält der Rechtsanwalt lediglich eine Gebühr von 0,3, soweit sich der Auftrag auf ein Schreiben einfacher Art beschränkt, welches weder schwierige rechtliche Ausführungen noch größere sachliche Auseinandersetzungen enthält. 133

Soweit man bei einem erbrechtlichen Mandat überhaupt an ein Schreiben einfacher Art zu denken vermag, ließe sich hier auf das Beispiel eines **„einfachen Auskunftsschreibens"** zurückgreifen, mit dem ein Pflichtteilsberechtigter oder Erbe vom Erbschaftsbesitzer Auskunft über den Nachlass begehrt. 134

135 Mag ein solches Auskunftsschreiben auch nicht dringend schwierige rechtliche Ausführungen oder große sachliche Auseinandersetzungen benötigen, so wird dem Auftrag doch ein größeres Volumen beizumessen sein als durch Inhalt und Form des Schreibens erkennbar wird. Nach richtiger Meinung spielt die Anm. zu Nr. 2301 VV nämlich erst dann eine Rolle, wenn sich der Auftrag selbst auf ein Schreiben einfacher Art beschränkt (*Hartung/Schons/Enders* Nr. 2301 VV Rn. 2; *Hergenröder* AGS 2005, 473).

136 In der Regel wird der Auftraggeber aber vom Rechtsanwalt zunächst einmal seine Rechtsposition und die damit verbundenen Folgen wissen wollen und ihn sodann beauftragen, die entsprechenden Ansprüche umfassend durchzusetzen.

137 Das „einfache" Auskunftsersuchen ist dann gewissermaßen nur ein weiterer Schritt im Sinne eines umfassenden Auftrages im Rahmen einer entstandenen Geschäftsgebühr.

138 Insbesondere beim erbrechtlichen Mandat kann die in der Praxis ohnehin recht bedeutungslose Vergütung nach Nr. 2301 VV getrost unberücksichtigt bleiben.

139 Ist der Erbe oder Pflichtteilsberechtigte ausnahmsweise beim Erbfall aufgrund individueller Kenntnisse über seine Rechtssituation ohnehin umfassend unterrichtet, wird er die erste Korrespondenz mit den Anspruchsgegnern schon aus Kostengründen in der Regel selbst führen und einen Anwalt erst hinzuziehen, wenn ein gerichtliches Verfahren unumgänglich erscheint.

140 **b) Die Geschäftsgebühr gem. Nr. 2300 VV.** Maßgeblicher Vergütungstatbestand für die gesamte außergerichtliche Vertretungstätigkeit des Rechtsanwaltes ist die Geschäftsgebühr, gewissermaßen die **außergerichtliche Verfahrensgebühr.**

141 Während Vorb. 2.3 den Regelungsbereich umschreibt, unter dem die Geschäftsgebühr verlangt werden kann, beschäftigt sich Nr. 2300 VV mit der Höhe der Gebühr, wobei die Geschäftsgebühr als Rahmengebühr ausgestaltet ist. (Die der Vorb. 2.3 hinzugefügten Abs. 4–6 werden hier nicht kommentiert, da sie für die Bearbeitung von erbrechtlichen Mandaten ersichtlich keine Rolle spielen werden.)

142 Der vom Gesetz vorgegebene recht weite Gebührenrahmen von 0,5 bis 2,5 ist einerseits gem. § 14 und andererseits unter Berücksichtigung der Anm. zu Nr. 2300 VV auszufüllen.

143 Anhand der in § 14 vorzufindenden Bewertungskriterien hat der Rechtsanwalt die angemessene Gebühr im konkreten Fall „nach billigem Ermessen" festzustellen, wobei die jeweiligen Gewichtungen zu Kompensationen führen können (SG Düsseldorf AGS 2007, 356). Würde man diese Aufgabenstellung wortwörtlich nehmen, so müsste der Rechtsanwalt praktisch jeder Gebührenrechnung eine ausführliche Darstellung sämtlicher Abwägungen bei der Erstellung seiner Gebührenrechnung beifügen.

144 Auftraggeber würden hier sicherlich irritiert reagieren und nicht zuletzt aus diesem Grunde hat es Rspr. und Lit. in der Praxis zugelassen, über die sog. „Mittelgebühr" eine Abrechnungsgrundlage als Normalfall zu betrachten (vgl. die hier sehr zutr. Darstellung bei Mayer/Kroiß/*Winkler* § 14 Rn. 39ff.). Die Mittelgebühr soll den Normalfall betreffen, also jeweils von durchschnittlicher Bedeutung der vom Gesetzgeber vorgegebenen Kriterien ausgehen, wobei die Mittelgebühr wie folgt errechnet wird:
Mindestgebühr zzgl. Höchstgebühr : 2, was bei einem bei der Geschäftsgebühr vorzufindenden Gebührenrahmen von 0,5 bis 2,5, 1,5 ausmacht. Dies ist und bleibt die Mittelgebühr, die zur Grundlage der Gebührenbetrachtung werden sollte.

145 Für die in Ansatz einer über die Mittelgebühr liegende Gebühr trägt der Rechtsanwalt die Beweislast (vgl. Mayer/Kroiß/*Winkler* § 14 Rn. 40), während umgekehrt der Kostenschuldner dafür beweisbelastet ist, dass die vom Anwalt abgerechnete Mittelgebühr zu hoch ist, weil eines oder mehrere Kriterien unterdurchschnittliches Gewicht haben und dies nicht durch eine überdurchschnittliche Gewichtung an anderer Stelle kompensiert wird (OLG München JurBüro 1979, 227; LG Flensburg JurBüro 1976, 1504).

146 Die Eindeutigkeit dieser Betrachtung ist allerdings in Rspr. und Lit. – leider – relativiert worden.

147 Bereits mit Einführung des RVG veröffentlichten eine ganze Reihe von Autoren viel zu früh die mit der Gesetzesbegründung eigentlich nicht zu vereinbarende Auffassung, die Anm. zu Nr. 2300 VV lasse eine höhere Vergütung als 1,3 nicht zu, „sofern die Sache von Umfang und Schwierigkeit her durchschnittlich sei" (vgl. *Madert* DAR 2004, 417 (418); ebenso *Ebert*, Das neue RVG, S. 79).

148 Ohne Not haben hier Kommentatoren mit gutem Ruf und beachtlicher Fachkompetenz eine Deckelung von Gebühren vorgenommen, die sich nur vordergründig mit der Gesetzesbegründung erklären lässt, wonach die Schwellengebühr eine Art Regelgebühr werden sollte (krit. zur Bezeichnung Regelgebühr: AnwK RVG/*Onderka* Nr. 2300 VV Rn. 3, die dann aber auch dem Irrtum unterliegt, die Mittelgebühr sei durch die Anm. „um 0,2 nach unten verschoben" worden, → Rn. 6).

149 Wenn in diesem Zusammenhang immer wieder *Otto* als „Vater" des RVG im BMJ zitiert wird, der von einer neuen Mittelgebühr von 1,3 gesprochen habe (vgl. MAH VergütungsR/*Otto* § 5 Rn. 53; Mayer/Kroiß/*Teubel* Nr. 2300 VV Rn. 8) wird übersehen, dass dies nicht nur im Gesetz selbst **nicht** erkennbar wird, sondern dass auch die historische Entwicklung im Gesetzgebungsverfahren für eine andere Bewertung spricht.

150 Ursprünglich lautete die Anmerkung:

„Eine höhere Gebühr als 1,5 (Mittelgebühr sic!) kann ein Rechtsanwalt nur verlangen, wenn die Angelegenheit besonders schwierig oder besonders umfangreich war."

151 Gegen diese Gesetzesformulierung wehrte sich die Anwaltschaft zu Recht im Hinblick auf die Erfahrung mit der Rspr., die man mit § 99 BRAGO (Pauschgebühr) gemacht hatte. Kaum waren die Worte „besonders" gestrichen, meldete allerdings die Versicherungswirtschaft Bedenken an, weil sie befürchte-

te, die „neue" Mittelgebühr von 1,5 (früher 7,5) bei durchschnittlichen Fällen wie etwa der Regulierung von Verkehrsunfällen nicht schultern zu können.

Der Gesetzgeber gab nach und das Ergebnis ist die Anmerkung, die heute im Gesetz vorzufinden ist. 152

Soweit aufgrund dieser Gesetzeshistorie die Auffassung vertreten wurde, die Anmerkung verlange 153 keineswegs überdurchschnittliche Schwierigkeit oder überdurchschnittlichen Umfang (v. Heimendahl BRAKMitt. 2004, 105; Schons BRAKMitt. 2004, 203; RVGberater 2004, 86; Hartung/Römermann/ Schons, RVG, 2. Aufl. 2006, Nr. 2300 VV Rn. 41 ff.) hat sich diese als absolute Mindermeinung allerdings nicht durchsetzen lassen.

Festzuhalten ist aber daran, dass die Anm. zu Nr. 2300 VV wie früher von Braun vertreten, keine zwei 154 Gebührenrahmen mit zwei Mittelgebühren schafft (vgl. Braun, Gebührenabrechnung nach dem neuen RVG, 2003, 65; zur Kritik Madert AGS 2005, 225; Henke AnwBl 2004, 263; Otto NJW 2004, 1420; Schons NJW 2005, 1024; anders aber auch schon Braun RVGreport 2004, 284), sondern es dabei bleibt, dass in einem ersten Schritt die Geschäftsgebühr „nach billigem Ermessen" unter Einbeziehung aller Bewertungskriterien festzulegen ist und in einem zweiten Schritt – ggf. – wegen der Anmerkung eine Nachkorrektur erfolgen muss.

So kann es durchaus vorkommen, dass wegen der extrem hohen Bedeutung und der exorbitant über- 155 durchschnittlichen Einkommensverhältnisse – ohne die Anmerkung – eine Gebühr weit über der Mittelgebühr (von 1,5) in Betracht käme, dieses Ergebnis aber gleichwohl auf 1,3 nach unten zu korrigieren ist, weil weder Umfang noch Schwierigkeitsgrad einen überdurchschnittlichen Charakter aufweisen (krit. zu diesem Ergebnis mit einem entsprechenden Beispielsfall zu Recht Gerold/Schmidt/Madert 18. Aufl. Nr. 2300, 2301 VV Rn. 27).

Dies ist nicht nur eine „auf den ersten Blick" systemwidrig wirkende Vorrangstellung der Kriterien 156 „Umfang" und „Schwierigkeit" im Rahmen der Abwägung nach § 14 (so aber AnwK RVG/Onderka Nr. 2300 VV Rn. 8), sondern ein vollzogener Systembruch (vgl. Mayer/Kroiß/Winkler § 14 Rn. 43), der Rspr. und Lit. seit Jahren beschäftigt und auch weiterhin beschäftigen wird.

Jedenfalls hat die Hoffnung getrogen, dass sich die Versicherungswirtschaft mit ihrer erfolgreichen 157 Lobby-istentätigkeit zufrieden gibt, Rechtsschutzversicherer und insb. Kfz-Haftpflichtversicherer bemühten und bemühen sich nachhaltig den „Schwellenwert" von 1,3 noch zu unterbieten (vgl. die geradezu erschreckende Rechtsprechungsübersicht bei AnwK RVG/Onderka VV 2300 Rn. 22 ff.; Hartung/Schons/Enders Nr. 2300 VV Rn. 66 ff.).

Der Rechtsanwalt ist also gezwungen unter Einbeziehung aller Bewertungskriterien von § 14 und un- 158 ter Berücksichtigung der Anmerkung zur Geschäftsgebühr seine Vergütung gedanklich festzulegen und gegenüber einem kostenerfahrenen Erstattungspflichtigen auch zu begründen und darzulegen.

Die Ausübung der Bestimmung der Rahmengebühr erfordert schon deshalb besondere Aufmerksam- 159 keit, weil sie Verbindlichkeitscharakter hat, sofern nicht ausnahmsweise ein Vorbehalt erklärt wurde (vgl. Mayer/Kroiß/Winkler § 14 Rn. 50 ff.). Ein sicheres Beherrschen der Bewertungskriterien und eine saubere Subsumtion des Sachverhaltes (was übrigens nur der Rechtsanwalt und nicht die Fachangestellte leisten kann) sind demgemäß unumgänglich.

5. Die Bewertungskriterien iE. a) Umfang der anwaltlichen Tätigkeit. Hierzu gehören Ausführun- 160 gen zum Aktenstudium, Studium von Rspr. und Lit., sowie der Zeitaufwand für Termine – auch mit dem eigenen Mandanten – Vorarbeiten und Besprechungen. Aber auch Wartezeiten vor Beginn der Durchführung einer außergerichtlichen Beweisaufnahme (der Gutachter, der den Wert des hinterlassenen Grundbesitzes schätzen soll, kommt zu spät), sind erwähnenswert und für die Höhe der Geschäftsgebühr maßgeblich.

Berücksichtigung finden kann auch die Tätigkeit gegenüber mehreren Kontrahenten, die Vorbereitung 161 von wichtigen Besprechungen und die intensiven Besprechungen mit dem Auftraggeber, die über Auskünfte oder Beantwortung von einfachen Nachfragen hinausgehen.

Zu gewichten sind sich lang hinziehende Auseinandersetzungsverhandlungen, die Notwendigkeit der 162 Auswertung von Fachgutachten oder das Gebotensein einer zusätzlich erhobenen Dienstaufsichtsbeschwerde.

Die Handakte des Rechtsanwaltes sollte so aufbereitet sein, dass der Umfang der geleisteten anwaltli- 163 chen Tätigkeit jederzeit auch bewiesen werden kann. Handschriftliche Notizen oder Excel-Tabellen helfen hier weiter.

Nichtssagende Floskeln wie die Mitteilung, „dass man in der Kanzlei noch nie so viel gearbeitet habe, 164 wie an diesem Fall" helfen nicht weiter und sind eher kontraproduktiv.

Wird über die Gebührenhöhe gestritten, erwartet das Gericht und die Rechtsanwaltskammer, die ein 165 Gebührengutachten zu erstatten hat, zu Recht, dass ein substantiierter Vortrag erfolgt.

Die Dauer und der Inhalt von Besprechungen mit dem Mandanten sind möglichst genau bekannt zu 166 geben. Gleiches gilt für Besprechungen mit dem Kontrahenten und die Anzahl der Teilnehmer, die bei solchen Besprechungen anwesend waren.

Beruft man sich auf umfangreichen Schriftverkehr, so sollte man die Anzahl der Seiten ebenso ange- 167 ben, wie man die Schriftstücke notfalls vorlegen sollte.

Hilfreich ist es, wenn man längere Telefonate mit dem eigenen Auftraggeber durch eine entsprechende 168 Aktennotiz belegen bzw. beweisen kann.

b) Schwierigkeit der anwaltlichen Tätigkeit. Hier sind die rechtlichen Probleme, die bei der Bearbei- 169 tung des Falles auftraten, genau zu bezeichnen. Die Tätigkeit in Spezialgebieten und zwar unabhängig davon, ob sich der Rechtsanwalt auf dieses Gebiet spezialisiert hat oder nicht, wird es rechtfertigen, hier von einem überdurchschnittlichen Fall auszugehen.

170 Grundsätzlich gilt hier nach wie vor, dass Rechtsgebiete, die vom Gesetzgeber mit einem Fachanwalt belegt worden sind, besonderes Spezialwissen des Rechtsanwaltes abverlangen (vgl. *Hartung/Römermann/Schons*, RVG, 2. Aufl. 2006, Nr. 2300 VV Rn. 56ff.; diff. Gerold/Schmidt/*Mayer* § 14 Rn. 26 mwN; OLG Jena AnwBl 2005, 296 mAnm *Henke;* AnwBl 2005, 419; OLG Düsseldorf AGS 2005, 505).

171 Unerheblich ist es, ob der Rechtsanwalt über den Fachanwaltstitel verfügt oder nicht (vgl. *Hartung/Schons/Enders* Nr. 2300 VV Rn. 70); entscheidend ist vielmehr, dass **vorhandenes** Spezialwissen auch zum Einsatz kommt (vgl. *Eberhard* VersR 2013, 802ff. (808); *Kindermann* AnwBl 2012, 223ff.). Endet also das soeben erteilte erbrechtliche Mandat – aus welchen Gründen auch immer zu einem Zeitpunkt, zudem der Rechtsanwalt noch keine Gelegenheit hatte, in die Tiefen der Problematik einzusteigen, kann auf die besondere Schwierigkeit des Falles und des Rechtsgebietes schwerlich abgestellt werden.

172 Dies wird in Gebührenprozessen – in Missinterpretation der Kommentierung und der Rspr. – oftmals übersehen, wenn nur lapidar darauf hingewiesen wird, familienrechtliche oder erbrechtliche Mandate seien „überdurchschnittlich schwer" zu bearbeiten.

173 Bei der Schwierigkeit der anwaltlichen Tätigkeit ist aber nur in erster Linie auf den juristischen Schwierigkeitsgrad abzustellen, keineswegs nur auf diesen. Zu den nicht zu unterschätzenden tatsächlichen Schwierigkeiten bei der Bearbeitung eines Mandates gehören sicherlich nicht zuletzt die im Einzelfall problematische Persönlichkeitsstruktur des Mandanten selbst, aber auch dessen Wunschvorstellungen, denen es oftmals aus rechtlichen Gründen mit höflicher Ablehnung zu begegnen gilt (LG Karlsruhe AnwBl 1987, 338).

174 Insbesondere die Bearbeitung von erbrechtlichen Mandaten ist oftmals von hoher Emotionalität der Beteiligten geprägt, die noch dadurch verstärkt wird, dass der „eigentliche Mandant" vom Ehegatten begleitet und beeinflusst wird. Derartige Umstände prägen sich gebührenerhöhend sowohl auf den Umfang als auch auf den Schwierigkeitsgrad der anwaltlichen Tätigkeit aus und müssen bei der Bemessung der Gebühr bedacht werden.

175 Ebenso sind Sprachschwierigkeiten des Mandanten und die Notwendigkeit der Hinzuziehung eines Dolmetschers zu gewichten.

176 Als weiteres Beispiel lässt sich die sorgfältige Sichtung der bislang von den Mandanten selbst geführten außergerichtlichen Korrespondenz anführen, die oftmals im Gegensatz zu der mündlich abgegebenen Sachverhaltsdarstellung des Auftraggebers stehen mag (vgl. zum Ganzen eing. *Hartung/Schons/Enders* Nr. 2300 VV Rn. 93ff.).

177 Weitere Beispiele:
– Der Einsatz von Fremdsprachenkenntnissen
– Besondere Kenntnisse in der Buchführung, Buchhaltung und im Steuerrecht
– Die Notwendigkeit Fachgutachten einzuholen und zu kommentieren, ggf. mit Hilfe von anderen Fachleuten
– Die Notwendigkeit aufgrund drohenden Fristablaufes an Samstagen, Sonntagen oder Feiertagen das Mandat zu bearbeiten

178 Auch hier gilt, je substantiierter und genauer der Vortrag zu den aufgetretenen rechtlichen und tatsächlichen Schwierigkeiten ist, umso erfolgreicher wird sich – auch – eine überdurchschnittliche Gebühr durchsetzen lassen.

179 Der ohnehin durch die Anm. zu Nr. 2300 VV exponierten Stellung der Bewertungskriterien Umfang und Schwierigkeitsgrad der anwaltlichen Tätigkeit wäre durch ursprüngliche Entwürfe des 2. KostRMoG eine noch gravierendere Bedeutung zugekommen, wenn dies durch die Anwaltschaft nicht verhindert worden wäre. So war bspw. im Referentenentwurf daran gedacht, den § 14 dadurch abzuändern, dass – unter Beibehaltung der Anmerkung – die weiteren Bewertungskriterien fast völlig zurücktreten sollten. Auf die Einkommensverhältnisse und die Bedeutung der Angelegenheit sollte es nur noch ankommen, wenn dies im Einzelfall und unter besonderen Umständen für notwendig erachtet werden sollte.

180 Kaum war diese Gesetzesänderung verhindert, fand sich im Regierungsentwurf eine Neuregelung, die noch verheerender gewesen wäre: Statt der Anm. zu Nr. 2300 VV sollte es eine neue Nr. 2301 VV mit folgendem Wortlaut geben:

„Die Tätigkeit ist weder schwierig noch umfangreich: Die Gebühr 2300 beträgt höchstens ... 1,3".

181 Trotz den Rechtfertigungsversuchen in der Gesetzesbegründung hätte diese „Kreation" des Gesetzgebers zu einer Neubelebung der „Braun'schen Thesen" von einer Mittelgebühr von 0,9 geführt. Dankenswerterweise hat man in letzter Minute eingesehen, dass die zur Rechtfertigung bemühte Rspr. des BGH zur Toleranzrechtsprechung ja zwischenzeitlich korrigiert worden war, so dass es einer Gesetzesänderung nicht mehr bedurfte (BGH AGS 2011, 120ff. mit dort bereits krit. Anm. *Schons;* BGH AGS 2012, 267f. mAnm *Schons;* und schließlich alles lösend BGH AGS 2012, 373ff. mit zust. Anm. *Schons*).

182 **c) Einkommens- und Vermögensverhältnisse des Auftraggebers.** Hier ist zunächst zu beachten, dass nach überwiegender Ansicht die wirtschaftlichen Verhältnisse jeweils zu dem Zeitpunkt zu begutachten und zu beurteilen sind, in welchem sie sich für den Rechtsanwalt als besser darstellen (vgl. *Hartung/Schons/Enders* Nr. 2300 VV Rn. 87; ebenso Gerold/Schmidt/*Mayer* § 14 Rn. 36 mit weiteren Hin-

weisen zum Meinungsstand), was bei erbrechtlichen Mandaten in der Regel bei Beendigung des Mandates zu einem höheren Gebührenanspruch führen wird.

Grundsätzlich orientiert man sich für die Bestimmung, ob etwa durchschnittliche Verhältnisse vorliegen, an den Statistiken des statistischen Bundesamtes in Wiesbaden. Diese weisen das Durchschnittseinkommen pro Monat für einen Arbeitnehmer in Deutschland aus, das derzeit nach wie vor bei ca. 2.500 EUR in den alten Bundesländern und bei 2.000 EUR in den neuen Bundesländern liegt. Einkommen, die über diesen Satz liegen, rechtfertigen es, dass der Rechtsanwalt von überdurchschnittlichen Einkommensverhältnissen ausgeht; entsprechendes gilt für die Vermögensverhältnisse, etwa wenn Grundbesitz vorhanden ist. 183

Extrem hohe **Schuldverpflichtungen** rechtfertigen es, zumindest im gewerblichen Bereich trotz der zunächst augenscheinlich schlechten Vermögenssituation von überdurchschnittlichen Vermögensverhältnissen auszugehen. Derartigen hohen Schuldverpflichtungen stehen üblicherweise entsprechende Vermögenswerte als Sicherheit gegenüber, ohne die die Banken die Darlehn nicht bewilligt hätten. 184

Im Einzelfall lässt sich aber argumentieren, dass von mindestens durchschnittlichen Einkommensverhältnissen auszugehen ist, wenn der Mandant eine umfassende Rechtsschutzversicherung finanzieren kann (ständige Beurteilungspraxis RAK Düsseldorf; iErg ebenso Gerold/Schmidt/*Mayer* § 14 Rn. 37). 185

Auch zu den Einkommensverhältnissen ist substantiiert vorzutragen. Die schlichte Mitteilung, der Mandant bewege sich in weit über dem Durchschnitt liegenden Einkommensverhältnissen ist nichts sagend (*Hartung/Schons/Enders* Nr. 2300 VV Rn. 104). 186

d) Bedeutung der Angelegenheit. Nach richtiger und wohl auch hA ist die Bedeutung der Angelegenheit immer subjektiv für den Auftraggeber zu bestimmen (vgl. Gerold/Schmidt/*Mayer* § 14 Rn. 30; Mayer/Kroiß/*Teubel* § 14 Rn. 24; Hartung/Römermann/Schons, RVG, 2. Aufl. 2006, Nr. 2300 VV Rn. 89; MAH VergütungsR/*Otto* § 5 Rn. 31; aA BVerwG RVGreport 2006, 21; vgl. *Hansens* RVGreport 2006, 216). Allein dies ermöglicht es, zu gerechten Ergebnissen zu gelangen und damit über die Bedeutung der Angelegenheit zu einer höheren Gebührenbemessung auch dann zu kommen, wenn die Allgemeinheit diesem Rechtsstreit mit Sicherheit keine Bedeutung beimessen würde (vgl. etwa Privatklagedelikte, Nachbarrechtsstreitigkeiten und was der „Gartenzwerg"-Streitereien mehr sind). 187

Von Bedeutung sind hier unter anderem: Berufliche Konsequenzen, Beeinträchtigung der gesellschaftlichen Stellung, Präjudizwirkung für einen nachfolgenden Schadensersatzprozess durch vorangegangenes Bußgeld- oder Strafverfahren, Musterverfahren etc. (vgl. auch die Beispielsfälle bei Gerold/Schmidt/*Mayer* § 14 Rn. 30). 188

Bei einer erbrechtlichen Angelegenheit wird man ohne weiteres stets von einer überdurchschnittlichen Bedeutung sprechen können. 189

Der Stellung als Erben, Vermächtnisnehmer oder auch nur Pflichtteilsberechtigten messen die Betroffenen eine extrem hohe Bedeutung zu. Derartige Rechtsstreitigkeiten werden eben aus diesem Grunde mit hohem Emotionspotential geführt. Oftmals geht es hier nicht nur um die Durchsetzung von rein wirtschaftlichen Interessen, sondern um die Behauptung von Positionen innerhalb der Familie und anderen Familienmitgliedern gegenüber. 190

Umstritten ist, ob der Gegenstandswert beim Bewertungskriterium Bedeutung der Angelegenheit mit berücksichtigt werden kann. Sicherlich ist es richtig, dass die Höhe des Gegenstandswertes ja ohnehin bereits unmittelbaren Einfluss auf die Gebührenhöhe hat. Hieraus sollte man aber nicht undifferenziert schließen, dass ein hoher Wert nicht die Bedeutung der Angelegenheit erhöhen könne (so zu Recht LG Kiel JurBüro 92, 602). 191

Zwar ist es umgekehrt sicherlich nicht richtig mit einem hohen Gegenstandswert eine niedrige Gebühr zu begründen, es gibt aber Fälle, wo auch ein relativ hoher Wert den wahren wirtschaftlichen Wert nicht vollständig abbildet (vgl. Mayer/Kroiß/*Teubel* § 14 Rn. 26; MAH VergütungsR/*Otto* § 5 Rn. 33): Man denke etwa an einen Unterhaltsrechtsstreit, bei dem der Jahresunterhaltsbetrag nicht ansatzweise die Bedeutung für den Unterhaltsempfänger widerspiegelt, dessen Leben aber durch die vereinbarte oder festgesetzte Unterhaltshöhe über Jahrzehnte hinweg bestimmt werden wird. 192

e) Haftungsrisiko. Hier ist zunächst auf die obigen Ausführungen Bezug zu nehmen. Ausführungen zum Haftungsrisiko empfehlen sich stets dann, wenn das Mandat zwar nach Gegenstandswert abgerechnet wird, der Gegenstandswert aber in keinem vernünftigen Verhältnis zum tatsächlichen Haftungsrisiko steht (Unterhaltssachen, Versorgungsausgleich, Rentenangelegenheiten etc vgl. oben). 193

Bei Überlegungen hinsichtlich des Haftungsrisikos ist dem Umstand Rechnung zu tragen, dass jedenfalls die Rspr. im Anwalt nach wie vor den „fiktiven Supermann" sieht, der nicht nur die gesamte veröffentlichte Rspr. kennt, sondern Rechtsprechungstendenzen gewissermaßen auch voraussahnt. 194

Mit dem Allgemeinplatz, dass die Bearbeitung jedes Mandats auch ein Haftungsrisiko in sich birgt, wird man bei der Rspr. mit diesem Bewertungskriterium „keine Punkte machen können". 195

Auch die Mitglieder der Gebührenreferententagung v. 20.3.2004 in Freiburg vertreten demgemäß die Auffassung, dass mit dem Haftungsrisiko bei der Höhe die Gebühr auch in Zukunft nur zurückhaltend argumentiert werden sollte. Haftungsfälle, die sich durch typische Anwaltsfehler realisieren lassen, seien gebührenrechtlich nicht hervorzuheben. 196

Ein sicheres Beherrschen des anwaltlichen Vergütungsrechts und das möglichst fehlerlose Ausüben des Ermessens bei der Bestimmung der Rahmengebühr sind für den Rechtsanwalt aber nicht nur von Bedeutung, soweit er gegenüber seinem eigenen Mandanten abrechnet. 197

198 Aufgrund der mit dem RVG eingeführten erheblich veränderten Anrechnungsregelungen wird die außergerichtlich verdiente Geschäftsgebühr schon insoweit auf den gerichtlichen Prüfstand gestellt, als sie von einem Dritten als Kostenschuldner erstattet verlangt werden muss. Erfolgt die Zahlung des Kostenschuldners nicht freiwillig, ist gerichtliche Hilfe in Anspruch zu nehmen und spätestens hier wird der Rechtsanwalt Überlegungen zur Ausübung seines Ermessens bei der Bestimmung der Rahmengebühr gerichtsfest darzulegen haben.

199 **6. Die Anrechnung der Geschäftsgebühr (Vorb. 3 IV VV).** Gemäß Teil 3 Vorb. 3 IV VV (vgl. Vorb. 2.3 Abs. 4–6) ist die wegen desselben Gegenstandes entstandene Geschäftsgebühr nach VV 2300–2303 auf die entsprechende Verfahrensgebühr des gerichtlichen Verfahrens zur Hälfte, höchstens jedoch mit einem Gebührensatz von 0,75 anzurechnen. Hierbei hat die Anrechnung nach dem Wert des Gegenstandes zu erfolgen, der in das gerichtliche Verfahren übergeht.

200 Im Gegensatz zu der in der BRAGO vorzufindenden alten Regelung findet also keine 100%ige Anrechnung mehr statt, so dass dem Rechtsanwalt für seine außergerichtliche Tätigkeit auch bei einem anschließenden gerichtlichen Verfahren ein gewisser Teil der Geschäftsgebühr verbleibt. Dies führt dann selbstverständlich auch dazu, dass beim Mandanten eine Art Restschaden (Kollateralschaden) aufzufinden ist, der ggf. vom Kostenschuldner eingefordert werden muss.

201 Die durchaus vom Gesetzgeber positiv angedachte Neuregelung mit einem reduzierten Anrechnungsumfang hat in der Praxis von Anfang an Schwierigkeiten gemacht.

202 Obgleich der Gesetzgeber – erklärtermaßen (vgl. BT-Drs. 15/1971, 209) die außergerichtliche Erledigung fördern und dem Rechtsanwalt einen Anreiz geben wollte, einen letzten – außergerichtlichen – Versuch zur Streitbeilegung zu machen, ist dies nicht bei allen Richtern angekommen.

203 Allein die Tatsache, dass dem Anwalt ein Teil der außergerichtlich verdienten Geschäftsgebühr verbleiben sollte, hat höchst unsinnige Überlegungen darüber provoziert, ob sich der Rechtsanwalt nicht umgekehrt immer und stets einen unbedingten Klageauftrag erteilen lassen müsse, um eben die Geschäftsgebühr „zu sparen" (AG Walsrode AGS 2006, 521 mAnm *Schons;* AGS 2008, 103 mAnm *Schons* AG Bremervörde AGS 2009, 302 mAnm *Schons;* ähnlich unsinnig AG Meldorf AGS 2011, 311; aA und mit hervorragender Begründung: OLG Celle AGS 2008, 161 f. mAnm *Schons;* jetzt auch BGH Urt. 17.9.2015 ErbR 2016, 19 ff.).

204 Stets zeichnet sich solch eine merkwürdige und abwegige Rspr. dadurch aus, dass man dem mandatierten Rechtsanwalt die Geschäftsgebühr zwar nehmen, andererseits auf seine außergerichtlichen Vergleichsbemühungen aber nicht verzichten will.

205 So wird mehr oder weniger zynisch darauf hingewiesen, dass auch der mit einem unbedingten Klageauftrag versehene Rechtsanwalt die Kontrahenten nochmals außergerichtlich anschreiben könne, was dann allerdings als kostenneutrale Vorbereitungshandlung für das spätere Verfahren anzusehen sei.

206 Übersehen wird hierbei freilich, dass derartige „Zauberkunststücke" im wahrsten Sinne des Wortes für den Kostenschuldner „nach hinten losgehen" können.

207 Wer – mit einem unbedingten Klageauftrag versehen – den Gegner zunächst ergebnislos anschreibt, um ihn vor Klageeinreichung nochmals telefonisch zwecks Einigung zu kontaktieren (vgl. Teil 3 Vorb. 3 III) erwirtschaftet im Erfolgsfalle eine Verfahrensgebühr iHv 0,8 (VV 3101) sowie eine Termingebühr iHv 1,2, was einem Gesamtgebührenaufkommen von 2,0 entspricht und nur über eine Geschäftsgebühr eher selten erreichbar sein wird.

208 Darüber hinaus wird durch derartige Gerichtsentscheidungen wie jene der Amtsgerichte Walsrode und Bremervörde das erklärte Ziel des Gesetzgebers kontakariert, die außergerichtliche Tätigkeit des Rechtsanwaltes attraktiver zu machen.

209 Neben diesen nicht ernst zu nehmenden „Ausrutschern" einiger Gerichte wurde die – anteilige – Anrechnung der Geschäftsgebühr über rund zwei Jahre hinweg ebenso problemlos durchgeführt, wie dies auch in der Vergangenheit zu Zeiten der BRAGO der Fall war. Auf das eigentliche Kostenfestsetzungsverfahren hatte die neue Anrechnungsregelung keinen Einfluss weil sie ja nach übereinstimmender Auffassung lediglich das Verhältnis von Auftraggeber und Rechtsanwalt intern betraf.

210 Soweit beim Mandanten ein sog. Kollateralschaden in Höhe des nicht durch Anrechnung erledigten Teils der Geschäftsgebühr verblieb, wurde dieser Anteil im Hauptverfahren mit geltend gemacht. Nach stRspr können die außergerichtlichen anwaltlichen Gebühren vom Gericht nämlich nicht gegen den Gegner festgesetzt werden (BGH AGS 2007, 283; 2006, 357; JurBüro 2005, 261; aA *Stöber* AGS 2005, 45; OLG Hamburg ZVS 2005, 201; AG Grevenbroich AGS 2005, 462; AG Hamburg ZMR 2005, 79). Voraussetzung für eine Geltendmachung der anteiligen Geschäftsgebühr war selbstverständlich stets eine entsprechende materiell-rechtliche Anspruchsgrundlage, die sich meistens unter dem Gesichtspunkt des Verzugsschaden finden ließ, was allerdings den BGH nicht hindert, nicht von einem Schadensersatzanspruch sondern von einer Nebenforderung iSv § 4 II ZPO zu sprechen, die nicht zu einer Erhöhung des Streitwertes führt (vgl. BGH AGS 2007, 231 ff.).

211 Die geltend gemachten vorprozessualen Anwaltskosten sind in Berufungsverfahren allerdings als streitwerterhöhender Hauptanspruch zu berücksichtigen, soweit dem Kläger die zugrundeliegende Hauptforderung in erster Instanz aberkannt worden ist und er sein Begehren mit der Berufung insoweit nicht weiterverfolgt (BGH AnwBl 2013, 555: Bestätigung zu BGH VersR 2009, 806 Rn. 4 ff.).

212 Die neuen Anrechnungsregeln führten jedenfalls dazu, dass Prozesse – unabhängig von der Hauptsache – nunmehr durch einen Streit darüber geprägt wurden, ob die vom Anwalt in Ansatz gebrachte Geschäftsgebühr angefallen war oder nicht, ob sie angemessen in Ansatz gebracht wurde oder überhöht.

Mit einer viel kritisierten Entscheidung v. 7.3.2007 tauchte dann ein völlig neues Problem auf. 213
Der BGH entschied sich nunmehr überraschend dafür, die Anrechnungsregel wortwörtlich zu neh- 214
men, so dass die Anrechnung – wie über Jahre hinweg unbeanstandet geschehen – nicht durch Reduzierung der Geschäftsgebühr erfolge, sondern – wie der Gesetzeswortlaut allerdings auch vorsieht – durch spätere Anrechnung auf die Verfahrensgebühr (BGH AGS 2007, 283 ff. mAnm *Hansens/Schneider/ Schons*).

Dies erforderte zunächst ein Umdenken dahingehend, dass statt der anteiligen Geschäftsgebühr nunmehr die volle Geschäftsgebühr einzuklagen war, soweit eine Anspruchsgrundlage (materiell-rechtliche Grundvoraussetzung) für die Erstattung der außergerichtlichen Geschäftsgebühr existierte. 215

Die höchst nachteiligen Folgen für diese neue Abrechnungsweise waren: 216
– der Mandant bestand nun in jedem Fall darauf, dass die außergerichtlich entstandene Geschäftsgebühr neben der Hauptforderung eingeklagt wurde. Dies führte zwar nicht zu einer Erhöhung des Streitwertes (s. oben) brachte dem Rechtsanwalt aber zusätzliche Arbeit und verzögerte in der Regel auch das Verfahren, da nach richtiger Ansicht ein Gebührengutachten der Kammer eingeholt werden musste.
– Wenn der Rechtsanwalt es verabsäumte auf die Notwendigkeit hinzuweisen, die Geschäftsgebühr mit der Hauptsache einzuklagen, drohte ein Regressanspruch. Die Geltendmachung der Geschäftsgebühr in einem späteren Verfahren führte immer zu Kostennachteilen, da im Hauptsacheverfahren keine nachteiligen Folgen zu verzeichnen waren.
– Der Beklagte konnte – jedenfalls in der Regel – die volle Geschäftsgebühr im Wege der Widerklage nicht geltend machen, da es meistens an einer materiell-rechtlichen Anspruchsgrundlage hierfür fehlte. Gleichwohl musste er sich dann anschließend möglicherweise im Kostenfestsetzungsverfahren mit der – falschen – Meinung des Rechtspflegers auseinandersetzen, die Verfahrensgebühr sei gleichwohl um eine anteilige Geschäftsgebühr zu kürzen.
– Vom Beklagtenvertreter wurde die Höhe der geltend gemachten Geschäftsgebühr jetzt umso mehr thematisiert und wenn man besonderes Pech hatte, durfte man sich um diese Frage sowohl im Hauptverfahren als auch im späteren Festsetzungsverfahren „streiten".

Diese in jeder Hinsicht nachteiligen Folgen wurden allerdings zunächst abgemildert durch den vernünftigen Umgang mit dieser – ersten – BGH-Entscheidung zur Anrechnung der Geschäftsgebühr. Das KG und mehrere OLG hatten klargestellt, dass im Kostenfestsetzungsverfahren die Anrechnung natürlich nur und in der Größenordnung vorgenommen werden müsse, in der im Hauptverfahren die eingeklagte Geschäftsgebühr auch zugesprochen, also auch tituliert werde. Einer Doppeltitulierung sei – nach Auffassung des BGH – vorzubeugen (die allerdings auch bei der bisherigen bewährten Methode nicht eintreten konnte. Zu der gesamten Problematik wird verwiesen auf: *Hansens* AGS 2008, 1 ff. sowie KG AGS 2007, 439 ff.; OLG München AGS 2007, 495 ff. mAnm *Schons;* OLG Karlsruhe AGS 2007, 494 ff.; OLG Koblenz AGS 2007, 642 f., OLG Hamm AGS 2008, 47 f.). 217

Auch diese Tür wurde dann allerdings vom 7. Senat und folgend vom 8. Senat wieder geschlossen. Insbesondere in einer weiteren Entscheidung v. 22.1.2008 kam der 8. Senat zu der überraschenden Auffassung, es kommt überhaupt nicht darauf an, ob die Geschäftsgebühr vom Rechtsanwalt in Rechnung gestellt worden sei, ob sie fällig sei oder ob sie gar bezahlt sei; entscheidend sei nach dem Wortlaut der Vorb. 3.3.4 einzig und allein, dass sie **entstanden** sei. Sobald festgestellt werden könne, dass der Rechtsanwalt außergerichtlich tätig geworden und damit eine Geschäftsgebühr verdient habe, entstehe die Verfahrensgebühr im anschließenden gerichtlichen Verfahren nur reduziert, in vielen Fällen also nur zur Hälfte (BGH AGS 2008, 158 f.; sa die Kritik von *Schons* AnwBl 2008, 356 ff.). 218

Diese Entscheidung, der anschließend noch einige Senate folgten, schlug gewissermaßen ein wie eine Bombe: 219
Zunächst einmal musste die bislang ohnehin schon gebeutelte zu Unrecht in Anspruch genommene verklagte Partei, die sich außergerichtlich hatte vertreten lassen, feststellen, dass sie nicht nur die außergerichtlich entstandene Geschäftsgebühr nicht erstattet verlangen konnte (mangels materiell-rechtlicher Anspruchsgrundlage) sondern dass ihr jetzt auch noch im gerichtlichen Festsetzungsverfahren die Verfahrensgebühr reduziert wurde.

Damit nicht genug glaubten einige Rechtspfleger und Gerichte eine Art fiktive Geschäftsgebühr für die Reduzierung der Verfahrensgebühr heranziehen zu können, wo der Rechtsanwalt eine Vergütungsvereinbarung getroffen hatte (OLG Stuttgart AGS 2008, 510 ff. mAnm *Schons;* später aber korrigiert durch OLG Stuttgart AGS 2009, 214 f.; ebenso richtig OLG Frankfurt a. M. AGS 2009, 157; KG AGS 2009, 213; OLG Bremen AGS 2009, 215; sa jetzt BGH AGS 2009, 523 = NJW 2009, 3364). 220

Und schließlich war ein weiteres Gericht ernsthaft der Auffassung, wenn die tatsächlich in Rechnung gestellte Geschäftsgebühr einem Gericht **zu niedrig** erschiene, bestehe der Verdacht, dass man die Reduzierung der Verfahrensgebühr zugunsten des Mandanten einschränken wolle. Dann müsse wegen Unangemessenheit die Geschäftsgebühr – fiktiv – heraufgesetzt werden und eine entsprechende Anrechnung vorgenommen werden (so tatsächlich OLG Koblenz AGS 2009, 217 mAnm *Schons*). 221

Ganz besonders begeistert zeigten sich die Rechtspfleger aber in den Prozesskostenhilfeverfahren. Dort wo sie die Berechnung einer Beratungshilfegebühr für eine erkennbare außergerichtliche Tätigkeit nicht feststellen konnten, unterstellten sie den Anfall einer Geschäftsgebühr und reduzierten sodann die Verfahrensgebühr der Prozesskostenhilfegebühren entsprechend. 222

Insbesondere im OLG-Bezirk Oldenburg kam man sogar auf den Einfall, angeblich zu viel gezahlte Verfahrensgebühren von den betroffenen Rechtsanwälten zurückzuverlangen (vgl. *Schons* AnwBl 2009, 203 ff. mwN; *Schons* BRAKMitt. 2009/4, 172). 223

224 Wer darüber hinaus das zweifelhafte Vergnügen gehabt hatte, das Mandat über mehrere Jahre hinweg zu führen, sah sich dann auch noch mit der Auffassung konfrontiert, die vor dem 1.7.2004 noch außergerichtlich verdiente Geschäftsgebühr nach § 118 BRAGO führe aufgrund der gleichlautenden Anrechnungsregelung (§ 118 II BRAGO) zur vollständigen Reduktion der Verfahrensgebühr (vgl. etwa zur unterschiedlichen Beurteilung OLG Frankfurt a. M. AGS 2008, 474 mAnm *Schons/Schneider*).

225 Da sich der BGH von der allerorten erhobenen Kritik unbeeindruckt zeigte, war der Gesetzgeber aufgefordert, die Dinge wieder zu Recht zu rücken.

226 Zum 5.8.2009 trat § 15a in Kraft, der in mehreren Absätzen rechtlichen Selbstverständlichkeiten wieder Geltung verschaffte.

227 Zunächst wird dort zutreffend darauf hingewiesen, dass die Anrechnungsregeln primär ausschließlich das Verhältnis zwischen Auftraggeber und Rechtsanwalt betreffen und im zweiten Absatz wird – klarstellend – herausgearbeitet, dass eine Reduzierung der Verfahrensgebühr durch eine anteilig anzurechnende Geschäftsgebühr nur dort in Betracht kommt, wo eine solche vom Kostenschuldner bereits bezahlt, anerkannt oder anderweitig tituliert worden ist.

228 Nach zutreffender und ganz hA belegt die Gesetzesbegründung eindeutig, dass, da der vermeintlichen Neuregelung im Gesetz nur eine Klarstellungsfunktion beizumessen ist, sog. Altfälle also auch hierunter abzuhandeln sind (BGH AGS 2009, 466 = NJW 2009, 3101; ebenso BGH AGS 2010, 54; nochmals bestätigend BGH AGS 2010, 106f.; 2010, 159f.; RVGreport 2010, 265; ferner *Schons* AGS 2009, 217; AGS 2009, 313; *Schneider* AGS 2009/5, S. II; 2009/6, S. II; Hansens RVGreport 2009, 161 (164) Kap. 3; LG Berlin AGS 2009, 367; OLG Stuttgart AGS 2009, 371; OLG Düsseldorf AGS 2009, 372; OLG Köln AGS 2009, 512; OVG Münster AGS 2009, 447; ebenso *Henke* AnwBl 2009, 709; *Hansens* AnwBl 2009, 535 (540); *Enders* JurBüro 2009, 393 (400); *Kallenbach* AnwBl 2009, 442; aA BGH AnwBl 2009, 876 mit krit. Anm. *Schons* AnwBl 2010, 98; LAG Hessen AGS 2009, 373; ebenso falsch VGH Mannheim Beck-RS 2011, 48263; OVG Lüneburg Beck-RS 2010, 55171).

229 Wegen der weiteren Einzelheiten und Besonderheiten von § 15a wird auf die Kommentierung im gerichtlichen Bereich (→ Rn. 428 ff.) Bezug genommen.

230 Bereits an dieser Stelle ist aber auf zwei wichtige neue Entscheidungen zur Anrechnung der Geschäftsgebühr hinzuweisen:
So kann ein Rechtsanwalt die Gebühr gemäß Nr. 2300 VV immer nur einmal aus dem Gesamtgegenstandswert abrechnen, nicht etwa zwei Mal aus Teilgegenstandswerten und zwar auch dann nicht, wenn aussergerichtlich teilweise erfüllt wird und wegen des Restbetrages Klage erhoben werden muss (vgl. insoweit BGH AGS 2014, 325).

231 Ferner hat der BGH in einer noch eher jungen Entscheidung festgestellt, dass die stets nur einmal entstehende einheitliche Geschäftsgebühr auf nachträglich entstandene verschiedene Verfahren aufzuteilen ist. Diese Aufteilung hat dann quotal zu erfolgen (vgl. BGH AGS 2014, 498 f. mAnm *Schneider* und Rechenbeispielen).

232 Umgekehrt hat der BGH bei Anfall mehrerer Geschäftsgebühren in unterschiedlichen Angelegenheiten entschieden, dass alle entstandenen Geschäftsgebühren in der tatsächlichen Höhe anteilig auf die Verfahrensgebühr eines folgenden einheitlichen gerichtlichen Verfahrens anzurechnen sind, wobei die Anrechnung allerdings auf die Höhe der Verfahrensgebühr beschränkt wird, auf die angerechnet wird (BGH AGS 2017, 170f. mAnm *Schneider* und Rechenbeispielen).

233 BRAK und DAV versuchen in ihrem Forderungskatalog zum 3. KostRMoG durch Umformulierungen im Gesetzestext Abhilfe zu schaffen. Es bleibt allerdings abzuwarten, inwieweit der Gesetzgeber in diesem Punkt den Vorschlägen des Forderungskatalogs folgt.

234 **7. Die Vertretung mehrerer Auftraggeber.** Bei erbrechtlichen Mandaten kommt es relativ häufig vor, dass die Beauftragung des Rechtsanwaltes durch mehrere Auftraggeber erfolgt. Dies können mehrere oder alle Mitglieder einer Miterbengemeinschaft sein, die sich den Ansprüchen von Nachlassgläubigern gegenübersehen oder aber es sind mehrere Pflichtteilsberechtigte oder Vermächtnisnehmer, die sich aufgrund Ihrer tatsächlichen oder auch vermeintlichen gemeinsamen Interessen entschlossen haben sich – nicht zuletzt aus Kostengründen – durch eine Kanzlei gemeinsam vertreten zu lassen.

235 Je nach Fallkonstellation bzw. Mandatsdefinition sind die gesetzlichen Gebühren dann unterschiedlich abzurechnen und den Rechtsanwalt treffen zudem erweiterte Aufklärungs- und Belehrungspflichten – gerade im Hinblick auf die Gebührensituation.

236 Die Vertretung mehrerer Auftraggeber führt zwar stets zu einer Anhebung des Gebührenvolumens, allerdings auf unterschiedlichem Wege. So kann die Erhöhung der gesetzlichen Gebühren zum einen über die Zusammenrechnung der Werte (vgl. § 22) herbeigeführt werden, oder – ausschließlich alternativ nicht kumulativ – über die Vorschrift von Nr. 1008 VV. Eine Gebührenerhöhung nach Nr. 1008 VV und eine Streitwertaddition nach § 39 I GKG, § 33 I RVG schließen sich nach zutreffender Ansicht wechselseitig hinsichtlich derselben Gegenstände aus. Entweder ist derselbe Gegenstand zugrunde, dann werden die **Gebühren erhöht** oder es sind verschiedenen Gegenstände gegeben, dann werden die **Werte addiert** (vgl. statt aller mit überzeugender Begründung AnwK RVG/*Schneider* § 22 Rn. 34; BGH AGS 2010, 213 = NJW 2010, 1373; OLG Hamm AGS 2010, 394; bestätigt in BGH AGS 2012, 142; aA OLG Dresden AGS 2007, 521; OLG Köln AGS 2009, 454 = RVGreport 2009, 399; *Maier-Reimer* NJW 2009, 3550).

237 Die letzte Klarstellung erfolgte nunmehr durch das 2. KostRMoG, indem in § 22 II 2 festgestellt wird, dass eine Erhöhung von Gegenstandswerten nur vorgenommen werden kann, wenn in derselben Angelegenheit mehrere Personen **wegen verschiedener Gegenstände** Auftraggeber sind.

238 Daraus ergibt sich, dass der Rechtsanwalt zunächst zu überprüfen hat, ob dem oder den von mehreren Auftraggebern erteilten Mandat bzw. erteilten Mandaten derselbe Gegenstand oder mehrere Gegenstände zugrunde liegen.

239 Bei der Vertretung mehrerer Erben kann dies höchst unterschiedlich zu beurteilen sein, je nachdem mit welcher Aufgabenstellung die Erben an den Rechtsanwalt herantreten.

240 Vertritt der Rechtsanwalt die Erbengemeinschaft als Gemeinschaft, die als solches kein Mandatsträger sein kann, weil die einzelnen Interessen der Erben von einem übergeordneten Gesamtinteresse überlagert werden, so besteht Gegenstandsidentität und die Erhöhung der Gebühren erfolgt über Nr. 1008 VV (vgl. statt aller AnwK RVG/*Volpert* VV 1008 Rn. 23, „Stichwort Erbengemeinschaft").

241 Vertritt der Rechtsanwalt hingegen mehrere Erben bei der Auseinandersetzung der Miterbengemeinschaft, so fehlt es an der Gegenstandswertidentität weil das Interesse des Einzelnen (mit-)vertretenen Mandanten (Miterben) auf die Durchsetzung seines individuellen Erbanspruches gerichtet ist, der sich insoweit vom Erbanspruch des anderen (mit-)vertretenen Mandanten unterscheidet. Hier findet dann § 22 Anwendung.

242 Entsprechend verhält es sich bei der Vertretung mehrerer Vermächtnisnehmer oder mehrerer Pflichtteilsberechtigten, die sich für einen gemeinsamen Anwalt entschieden haben. Es fehlt an der Gegenstandsidentität, so dass die Erhöhung der Gebühren auch hier über § 22 eintritt (OLG München JurBüro 1990, 602).

243 Bei PKH-Mandaten ist allerdings auf eine Besonderheit zu achten. Wegen der in § 49 anzutreffenden Höchstgebühren wirkt sich die Mehrheit der Gegenstände nicht mehr auf die Gebühren aus, so dass dann ausnahmsweise Nr. 1008 VV analog anzuwenden ist (vgl. zum Ganzen eing. Gerold/Schmidt/*Müller-Rabe* Nr. 1008 VV Rn. 251 ff. unter Hinweis auf BGH NJW 81, 2757 = AnwBl 81, 402; OLG Hamm AnwBl 2003, 179 = AGS 2003, 200).

244 Von dieser Ausnahmesituation abgesehen, bleibt es aber dabei, dass die Abrechnung – wie oben dargestellt – nur alternativ nach § 22 oder Nr. 1008 VV erfolgen kann.

245 Sieht sich der Rechtsanwalt mehreren Mandanten gegenüber, und dem Mandat liegen mehrere Gegenstände zugrunde, so werden die Mandanten in der Regel erwarten, dass einheitlich über § 22 abgerechnet wird, der Rechtsanwalt also seine – wenn auch erhöhten – Gebühren nur einmal von allen Beteiligten fordern wird, damit sich die Mandanten die Kosten untereinander teilen können.

246 Will der Rechtsanwalt einer solchen – in der Praxis zu unterstellenden – Erwartungshaltung nicht entsprechen, sondern jedes Mandat einzeln bearbeiten, insb. aber einzeln abrechnen, so hat er seine Auftraggeber hierüber vorher zu informieren. Dies gilt uneingeschränkt auch dann, wenn die getrennte Bearbeitung und nachfolgende Abrechnung sachgerecht erscheint, weil die Erwartungshaltung des Mandanten eben eine andere ist.

247 Oftmals liegen nämlich Sachgründe vor, die von mehreren Personen möglicherweise gleichzeitig erteilten und gleichgelagerten Mandate **getrennt** zu bearbeiten, da Probleme mit der anwaltlichen Verschwiegenheit – zumindest zu einem späteren Zeitpunkt – nicht unwahrscheinlich sind.

248 Ein Verstoß gegen Belehrungspflichten kann übrigens nicht nur dazu führen, dass der Anwalt lediglich eine einheitliche Angelegenheit aus den zusammengerechneten Werten abrechnen muss, sondern dies kann auch zur Folge haben, dass der Anwalt den Mandanten von einer hierdurch bedingten höheren Kostenerstattung des Gegners freistellen muss (vgl. AnwK RVG/*Schneider* § 15 Rn. 208).

249 Die alternative Abrechnung:
Hat sich der Rechtsanwalt entschlossen, die von zwei Pflichtteilsberechtigten übertragenen Mandate einheitlich zu bearbeiten, so macht die Abrechnung keine sonderlichen Schwierigkeiten.

250 Nach Zusammenrechnung der Werte ist für die außergerichtliche Vertretung die Geschäftsgebühr in Rechnung zu stellen, wobei bei dem Gebührenrahmen die Anzahl der Gespräche mit den mehreren Auftraggebern eine gebührenerhöhende Rolle spielen kann (Umfang und Schwierigkeitsgrad der anwaltlichen Tätigkeit s. oben).

251 Die Deckelung von § 22 II ist zu beachten. In den entsprechenden Fällen ist dann insb. Abs. 2 S. 2 einschlägig, wonach beim Vorhandensein mehrerer Auftraggeber der Wert für jede Person höchstens 30 Mio. EUR, insgesamt jedoch nicht mehr als 100 Mio. EUR betragen darf (wegen der weiteren Einzelheiten vgl. die Berechnungsbeispiele bei vgl. AnwK RVG/*Schneider* § 22 Rn. 37 ff.; Gerold/Schmidt/*Müller-Rabe* § 22 Rn. 8; s. jetzt insb. BGH AGS 2010, 213 ff.; im Gegensatz zu *Maier-Reimer* NJW 2009, 3550; sowie die Neuregelung in § 22; → Rn. 203).

252 Bis zum 1.7.2004 war eine Deckelung, wie sie in § 22 anzutreffen ist, dem deutschen anwaltlichen Gebührenrecht fremd.

253 Die Vorschrift ist demgemäß bis heute heftig kritisiert worden und es wird bei entsprechenden Fallgestaltungen nach einer Überwindung der Begrenzung gesucht und sei es über eine Vergütungsvereinbarung.

254 Erfahrungsgemäß wird es dem Rechtsanwalt aber bei derart hohen Gegenstandswerten schwer fallen, mit dem Mandanten eine Vergütungsvereinbarung zu treffen, die die gesetzliche Vergütung „noch toppt".

255 Sinnvoller erscheint es demgemäß den Weg zu gehen, den Gebührenrahmen entsprechend auszuschöpfen. So schlägt *Müller-Rabe* vor, auf das Haftungsrisiko abzustellen und mit dieser Begründung notfalls den Gebührenrahmen bis zu 2,5 hin „auszureizen" (vgl. Gerold/Schmidt/*Müller-Rabe* § 22 Rn. 13).

256 In der Tat eröffnet der Gesetzestext von § 14 die Möglichkeit, auch bei gegenstandswertorientierter Abrechnung das Haftungsrisiko mit zu berücksichtigen.

95 RVG

257   Genau genommen liegt bei Mandaten, bei denen die Haftungssumme den – gedeckelten – Gegenstandswert überschreitet exakt die Situation vor, die der Gesetzgeber im Auge gehabt hat, als er eine Mitberücksichtigung des Haftungsrisikos auch bei gegenstandswertorientierten Mandaten zuließ.

258   **a) Abrechnung mit Erhöhung über Nr. 1008 VV.** Vertritt der Rechtsanwalt bei Gegenstandsidentität mehrere Auftraggeber, so erhöht sich die Verfahrens- oder Geschäftsgebühr um 0,3 für jeder weitere vertretene Person bzw. um 30% bei Festgebühren, während sich bei Vertragsrahmengebühren der Mindest- und Höchstbetrag um 30% erhöht.

259   Durch das 2. KostRMoG wird auch endgültig klargestellt, dass sich – selbstverständlich – auch die Schwellengebühr bei Vorliegen entsprechender Voraussetzungen erhöht. Der neu geschaffene Nr. 1008 Abs. 4 VV lautet:

> „Im Fall der Anmerkung zu den Gebühren 2300 und 2302 erhöht sich der Gebührensatz oder Betrag dieser Gebühren entsprechend".

260   Auch hier wird einer kaum nachvollziehbaren Rspr. Einhalt geboten, die ernsthaft zum Besten gab, die Begrenzung in den beiden Anmerkungen sei absolut und gelte für alle Fälle, also auch für die Fälle, in denen der Anwalt mehrere Auftraggeber vertritt (LSG Baden-Württemberg AGS 2009, 73 = RVGreport 2010, 145).

261   Die gesetzliche Klarstellung bestätigt nur die anderslautende richtige Rspr. (SG Aachen AGS 2010, 80; BSG 2010, 373 = NJW 2010, 3533).

262   Auch hier findet sich in Anmerkung Abs. 3 eine Deckelung in der Weise, dass mehrere Erhöhungen einen Gebührensatz von 2,0 nicht übersteigen dürfen bzw. bei Festgebühren dürfen die Erhöhungen das Doppelte der Festgebühr und bei Betragsrahmengebühren das Doppelte des Mindest- und Höchstbetrages nicht übersteigen.

263   Nach ganz hA ist in Nr. 1008 VV keine zusätzliche Gebühr, also keine selbständige Gebühr zu sehen, sondern es wird eine Gebührenerhöhung vorgenommen (vgl. statt aller Gerold/Schmidt/*Müller-Rabe* Nr. 1008 VV Rn. 3; AnwK RVG/*Volpert* Nr. 1008 VV Rn. 3; aA *Mock* RVGberater 04, 87 (88) Ziff. 4). Ebenso entspricht es der ganz herrschenden und auch zutreffenden Auffassung, dass die Erhöhung mehrfach eintreten kann, also bei entsprechender außergerichtlicher und gerichtlicher Tätigkeit sowohl bei der Geschäfts- als auch bei der Verfahrensgebühr (vgl. statt aller Gerold/Schmidt/*Müller-Rabe* Nr. 1008 VV Rn. 9; *Enders* JurBüro 2005, 449 (450) Ziff. 3; *Schneider* AGS 2006, 528; AnwK RVG/*Volpert* Nr. 1008 VV Rn. 78 mwN (missverständlich AnwK RVG/*Volpert* Nr. 1008 VV Rn. 1: „Entweder die Verfahrens- oder die Geschäftsgebühr"); aA AG Düsseldorf AGS 2006, 593; aber aufgehoben durch LG Düsseldorf AGS 2007, 381 ff.).

264   Obgleich im Gesetzestext namentlich nur die Geschäfts- und Verfahrensgebühr erwähnt wird, entspricht es herrschender – und zutreffender – Auffassung, dass bei den bis zum 1.7.2006 angenommenen Mandanten auch die damals noch existierende **gesetzliche Ratsgebühr** von Nr. 2100 VV RVG aF erhöhungsfähig war und ist, da stets die mit mehreren Auftraggebern verbundene Mehrarbeit auch entsprechend honoriert werden soll (vgl. Gerold/Schmidt/*Müller-Rabe* Nr. 1008 VV Rn. 13 f. mwN zum weiteren Meinungsstand).

265   Bei den nach dem 1.7.2006 übernommenen Mandaten spielt der Meinungsstreit ohnehin keine Rolle mehr, da es an einer gesetzlichen Vergütung für die außergerichtliche Beratungstätigkeit (Betriebsgebühr) fehlt. Über die Höhe der zu treffenden Gebührenvereinbarung ist nach § 34 dafür Sorge zu tragen, dass das Vorhandensein mehrerer Auftraggeber angemessen berücksichtigt wird (Gerold/Schmidt/*Müller-Rabe* VV 1008 Rn. 20).

266   Die Deckelung von 2,0 ist absolut zu verstehen und nicht von der Höhe der Ausgangsgebühr abhängig. Wer bspw. mehr als sieben Auftraggeber bei einem Zwangsvollstreckungsauftrag vertritt, erhält eine Gesamtgebühr von 2,3 (0,3 aus Nr. 3309 VV sowie 7 × 0,3 = 2,1, gedeckelt auf 2,0).

267   Umstritten ist trotz des klaren Gesetzeswortlautes – nach wie vor die Frage, wie die Anrechnung vorzunehmen ist, wenn der gerichtlichen Tätigkeit eine außergerichtliche Tätigkeit für mehrere Auftraggeber vorangig.

268   Nach wie vor werden hierzu drei Meinungen vertreten:

a) Unter Berücksichtigung der Beurteilung, dass Nr. 1008 VV keinen eigenen Gebührentatbestand enthält, sondern lediglich zu einer Erhöhung der Grundgebühr führt, soll die Anrechnung in der Weise erfolgen, dass zunächst die Grundgebühr inkl. Mehrvertretungszuschlag errechnet wird und von dem gewonnenen Ergebnis die Anrechnung bis zur Hälfte, höchstens aber bis zu 0,75 erfolgt. Konsequenz ist, dass auch bei einer Geschäftsgebühr iHv 1,3, die sich wegen eines weiteren Auftraggebers auf 1,6 erhöht hat, die Anrechnung bis zu 0,75 erfolgen muss (vgl. Gerold/Schmidt/*Müller-Rabe* Nr. 1008 VV Rn. 282).

b) Wer in Nr. 1008 VV eine eigene Gebühr sieht, bei der eine Anrechnungsvorschrift fehlt, nimmt die Anrechnung nur bei der Grundgebühr vor und reduziert demgemäß um 0,65 in dem vorangegangenen Beispiel (vgl. *Mock* RVGberater 2004, 87 (88) Ziff. 4).

c) Am weitesten und am wenigsten mit dem Gesetzestext zu vereinbaren ist die Abrechnungsmethode, die einzeln anrechnen will, also sowohl zur Hälfte und bis zu 0,75 bei der Grundgebühr als auch jeweils zur Hälfte bis zu 0,75 bei der eingetretenen Erhöhung (vgl. *Hergenröder* AGS 2007, 53 (55) Ziff. VI; RVGreport 2004, 362 (363) Ziff. 2).

Die zuletzt genannte Auffassung argumentiert, die fehlende Anrechnungsvorschrift bei Nr. 1008 VV sei auf einen Fehler und ein Versäumnis des Gesetzgebers zurückzuführen. Dies ist eindeutig falsch, da der Gesetzgeber das Problem einer vorangegangenen Erhöhung sehr wohl gesehen und dort gelöst hat, wo er es für lösenswert erachtete. (vgl. Nr. 3308 VV Anm. S. 2: „Nr. 1008 ist nicht anzuwenden, wenn sich bereits die Gebühr Nr. 3305 erhöht").

Unter Zugrundelegung der zutreffenden ersten Auffassung (vgl. aber auch die hervorragende Begründung in LG Düsseldorf JurBüro 2007, 480 Ziff. 2,3; AGS 2007, 381 ff.) dürfte bei erbrechtlichen Mandaten der Erhöhungsbetrag ungekürzt und anrechnungsfrei beim Rechtsanwalt verbleiben, da es bei derartigen Mandaten kaum denkbar ist, dass eine Geschäftsgebühr unterhalb von 1,5 als Grundgebühr entstehen kann. Die Anrechnung oder Reduzierung wird sich demgemäß regelmäßig nur bei der Grundgebühr auswirken (0,75). **269**

Nach der neuen Rspr. des BGH ist der einzelne Streitgenosse grds. nur in Höhe eines Bruchteils, der seiner wertmäßigen Beteiligung entspricht, belastet. Wenn der Gegner diesen Betrag erstattet, bleibe der Streitgenosse im Allgemeinen auf Dauer und vollständig von außergerichtlichen Kosten befreit und müsse sich auf den Ausgleich im Innenverhältnis verweisen lassen (BGH MDR 2006, 1193 = AGS 2006, 620; MDR 2003, 1140 = NJW-RR 2003, 1217). **270**

Da von Mandanten der Kostenverteilung ein hoher Stellenwert beigemessen wird (Genugtuungsfunktion) kann es im Einzelfall angebracht sein, auch die bescheidenen – anfänglichen Kostenvorteile einer Mehrfachvertretung und ihre Nachteile (zB Verlust an Vertraulichkeit) zu verzichten, um einer Einzelvertretung durch einen oder verschiedene Anwälte den Vorzug zu geben (vgl. zu der Problematik iE sehr eing. AnwK RVG/*Volpert* § 7 Rn. 120 ff.; sowie AnwK RVG/*Volpert* Nr. 1008 VV Rn. 154 ff.). **271**

Gerade im erbrechtlichen Mandat wird man weder dem Rechtsanwalt (bei entsprechender vorangegangener ausf. Belehrung) noch dessen Mandanten auch bei zeitgleicher Mandatierung keine Obliegenheitsverletzung vorwerfen können, wenn auf ein Gesamtmandat verzichtet wird (sehr eing. zu dieser Problematik Gerold/Schmidt/*Müller-Rabe* Nr. 1008 VV Rn. 366 ff.). **272**

Bestehen die Auftraggeber auf Mehrfachvertretung so wird es Aufgabe des Rechtsanwaltes sein, eine Absprache der Streitgenossen herbeizuführen, die ein Minimierung des gemeinsamen Kostenrisikos bewirkt (vgl. AnwK RVG/*Volpert* VV 1008 Rn. 156), und schließlich ist es nicht ausgeschlossen, dass der BGH zu seiner früheren Rspr. (BGH NJW 1954, 1451 = JurBüro 1969, 941) zurückfindet (BGH AGS 2006, 92). **273**

b) Außergerichtliche Einigungsgebühr. Gelingt es dem Rechtsanwalt die erbrechtliche Auseinandersetzung durch eine außergerichtliche Einigung zu beenden, so wächst ihm eine Einigungsgebühr nach Nr. 1000 VV an. **274**

Die Höhe der Gebühr beträgt 1,5 wobei die Besonderheit zu beachten, ist, dass ein selbständiges Beweisverfahren nicht als gerichtliches Verfahren gilt, das zu einer Reduzierung der Einigungsgebühr auf 1,0 führen könnte. Eine Reduzierung auf 1,0 unterbleibt auch dann, wenn lediglich Prozesskostenhilfe für die gerichtliche Protokollierung der Einigung beantragt wird. Auch in diesem Fall bleibt es – wie im außergerichtlichen Vergleich – bei 1,5. **275**

Auf die Regelung bei sog. **Mehrvergleichen** wird im Abschnitt „gerichtliche Gebühren" eingegangen. **276**

Der neue Name „Einigungsgebühr" statt „Vergleichsgebühr" soll verdeutlichen, dass das bisher in Einzelfällen schwierig festzustellende gegenseitige Nachgeben der Parteien nicht mehr für den Anfall dieser Gebühr erforderlich ist. Es reicht, wenn unter Mitwirkung des Rechtsanwaltes ein Streit oder die Ungewissheit der Parteien über ein Rechtsverhältnis beseitigt wird, sei dies durch ein vollständiges Anerkenntnis oder einen vollständigen Verzicht einer Partei. In letzteren Fällen kommt es dann nicht zum Anfall einer Einigungsgebühr. **277**

Umstritten ist nach wie vor, ob der Rechtsanwalt für die Abfassung eines sog. Ratenzahlungsvergleiches eine – außergerichtliche – Einigungsgebühr in Rechnung stellen kann. **278**

Enthält die außergerichtliche Regelung auch eine Ratenzahlungsvereinbarung, so stellt der Meinungsstreit kein Problem dar, da die Modalitäten der Ratenzahlungsvereinbarung mit der einheitlichen Einigungsgebühr, errechnet aus dem Gesamtstreitwert mit abgegolten werden. **279**

Folgt die Ratenzahlungsvereinbarung einer außergerichtlichen oder auch gerichtlichen Einigung oder der Entscheidung per Urteil allerdings nach, bleibt es zweifelhaft, ob diese – neue – Vereinbarung über die Zahlungsmodalitäten eine Einigungsgebühr auszulösen vermag. **280**

Bei einer derartigen Fallkonstellation ist der Streit über ein Rechtsverhältnis nicht erkennbar (weil bereits beigelegt) und die im Gesetzestext vorzufindende „Ungewissheit" hat lediglich eine wirtschaftliche Dimension, ausgelöst von der Frage, ob der vereinbarte oder titulierte Anspruch auch wirtschaftlich durchgesetzt werden kann. **281**

Während § 23 BRAGO die wirtschaftliche Ungewissheit noch mit der rechtlichen Ungewissheit durch einen Verweis auf § 779 BGB (vgl. Abs. 2) gleichsetzte, fehlt es an einem entsprechenden „Link" in Nr. 1000 VV. **282**

Der fehlende Verweis auf § 779 II BGB wird teilweise zur Begründung dafür genommen, eine Einigung bei Ratenzahlungsvereinbarungen zu verneinen (vgl. *Hansens* Anm. zu OLG Stuttgart RVGreport 2005, 224; *Kessel* DGVZ 2004, 179). **283**

Die Gegenmeinung lässt die Ungewissheit der Durchsetzung des titulierten Anspruches auch so für ausreichend erscheinen (vgl. Gerold/Schmidt/*Müller-Rabe* 19. Aufl. Nr. 1000 VV Rn. 239; Mayer/Kroiß/*Klees* Nr. 1000 VV Rn. 17; AnwK RVG/*Schneider* Nr. 1000 Rn. 114 ff.; OLG Jena FamRZ 2006, 1692; KG JurBüro 2006, 530). **284**

285 Das LG Bonn hat in einer vereinzelten Entscheidung des Anfall einer Einigungsgebühr mit der Begründung abgelehnt, bei einer Ratenzahlungsvereinbarung stehe die Vereinbarung stets unter der aufschiebenden Bedingung einer vollständigen Zahlung der geschuldeten Summe (LG Bonn DVGZ 2005, 77).

286 Inzwischen hat sich erneut der Gesetzgeber dieser Problematik angenommen. Statt dem Vorschlag der Anwaltschaft zu folgen und in den Gesetzestext erneut einen Verweis nach § 779 II BGB aufzunehmen, wurde Nr. 1000 VV erweitert. Aufgrund der neu gebildeten Ziff. 2 in Abs. 1 der Anmerkung soll die Einigungsgebühr auch für die Mitwirkung beim Abschluss eines Vertrages entstehen, durch den die Erfüllung des Anspruchs bei gleichzeitigem vorläufigen Verzicht auf die gerichtliche Geltendmachung und wenn bereits ein zur Zwangsvollstreckung geeigneter Titel vorliegt, bei gleichzeitigem vorläufigen Verzicht auf Vollstreckungsmaßnahmen geregelt wird (Zahlungsvereinbarung).

287 Auch diese Neuregelung wird für neue Irrungen und Wirrungen und insb. für gerichtliche Auseinandersetzungen sorgen, zumal begleitend zu der Neuregelung § 31b geschaffen wurde, in dem der Streitwert für derartige Zahlungsvereinbarungen auf 20 % des ursprünglichen Anspruchs reduziert wird.

288 Ungelöst bleiben damit folgende Fallgestaltungen:
Dem zahlungswilligen Schuldner wird Ratenzahlung nur unter der Bedingung eingeräumt, dass er auf seine Kosten ein notarielles Schuldanerkenntnis mit Vollstreckungsunterwerfungsklausel erstellen lässt. Hier geht die Vereinbarung ersichtlich über eine reine Ratenzahlungsvereinbarung und damit über eine Zahlungsvereinbarung iSd Gesetzes hinaus, da auf eine Titulierung außergerichtlich hingewirkt wird und zudem nicht mehr die Möglichkeit besteht, **vorläufig** auf gerichtliche Geltendmachung zu verzichten. Liegt ein notarieller Schuldtitel vor, besteht für eine gerichtliche Geltendmachung ohnehin kein Rechtsschutzbedürfnis mehr, so dass man nicht nur **vorläufig**, sondern **endgültig** auf gerichtliche Geltendmachung verzichtet.

289 Findet die Zahlungsvereinbarung statt, nachdem der Gläubiger bereits Mahnbescheid beantragt und der Schuldner Widerspruch erhoben hat, fehlt es ebenfalls an einem Grund für die Reduzierung des Anspruchs. Da ein Titel noch nicht vorliegt, wird nicht vorläufig auf Zwangsvollstreckung verzichtet, sondern man stellt in Aussicht, dass man später bei Vorliegen des Titels und bei pünktlicher Ratenzahlung nicht sofort vollstrecken werde.

290 Damit findet § 31b im Grunde genommen nur in den Fällen Anwendung, bei denen die Rspr. ohnehin eine Reduzierung des Gegenstandswertes für die Einigungsgebühr vornahm.

291 Wichtig ist es, bei jeder Ratenzahlungsvereinbarung darauf zu achten, dass diese die Kostenübernahme der mit der Einigung verbundenen Kosten zu Lasten des Schuldners vorsieht, da anderenfalls Kostenaufhebung stattfindet (BGH AGS 2007, 302 = NJW 2007, 1213).

II. Gerichtlich

292 **1. Einleitung.** In Teil 3 VV finden sich die Gebühren für die bürgerlichen Rechtsstreitigkeiten, Verfahren der freiwilligen Gerichtsbarkeit und der öffentlich-rechtlichen Gerichtsbarkeiten. Ferner – die hier nicht interessierenden Verfahren nach dem Strafvollzugsgesetz auch in Verbindung mit § 92 JGG und ähnliche Verfahren.

293 **a) Verfahrensgebühr.** Mit der Grundgebühr gem. Nr. 3100 VV wird die gesamte Tätigkeit des Rechtsanwalts abgegolten, die sich auf die eigentliche Prozessführung bezieht, also auf das der Klageerhebung dienende Informationsgespräch mit dem Mandanten, die Verarbeitung dieser Informationen in einem oder mehreren Schriftsätzen, die Beantwortung der gegnerischen Schriftsätze sowie die ständige Information des Mandanten über den aktuellen Prozessstand.

294 Diese **Festgebühr** gilt nunmehr auch im FGG-Verfahren, wodurch Ausübung und Prüfung eines Ermessens bei Bestimmung der Rahmengebühr – wie früher in § 118 BRAGO – entfallen. Gleichzeitig erlauben die Festgebühren (Verfahrensgebühr und Terminsgebühr) auch im FGG-Verfahren eine Festsetzung gegen den eigenen Mandanten (vgl. § 11).

295 Grundsätzlich beträgt die Verfahrensgebühr in der ersten Instanz 1,3. Eine Reduzierung auf 0,8 findet über Nr. 3101 VV jedoch statt, wenn der dem Rechtsanwalt erteilte Verfahrensauftrag – aus welchen Gründen auch immer – endet, bevor der Rechtsanwalt die Klage, den ein Verfahren einleitenden Antrag oder einen Schriftsatz, der **Sachanträge, Sachvortrag, die Zurücknahme der Klage oder die Zurücknahme des Antrages** enthält, eingereicht oder bevor er für seine Partei einen gerichtlichen Termin wahrgenommen hat.

296 Es handelt sich hier um eine alternative **und** abschließende Aufzählung, so dass die Voraussetzungen nicht etwa kumulativ vorliegen müssen (vgl. statt aller Gerold/Schmidt/*Müller-Rabe* Nr. 3101 VV Rn. 14).

297 Sachanträge iSd Gesetzes sind nur solche, durch die der Antragsteller deutlich macht, welchen Inhalt die von ihm erstrebte Entscheidung haben soll. Hieraus folgt, dass Schriftsätze, die lediglich prozessfördernde Anträge, wie etwa den Antrag auf Terminsverlegung oder den Antrag auf Akteneinsicht beinhalten, allein keine volle Verfahrensgebühr auslösen können (wegen weiterer Beispiele vgl. Gerold/Schmidt/*Müller-Rabe* Nr. 3101 VV Rn. 32 mwN).

298 Umgekehrt ist für das Entstehen einer vollen Verfahrensgebühr Sachvortrag auch ohne Sachanträge ausreichend, während wiederum ein bloßer Sachantrag ohne Sachvortrag in einem FGG-Verfahren (das keiner Sachanträge bedarf) nur eine Vergütung nach Nr. 3101 VV entstehen lässt.

Praxistipp: Wer in einem ersten außergerichtlichen Aufforderungsscheiben an den Kontrahenten bereits erklärt, dass ihm ein **unbedingter** Klageauftrag bereits vorliege, macht deutlich, dass das außergerichtliche Schreiben nur der Vorbereitung des Verfahrens dient, verschenkt damit eine Geschäftsgebühr gem. Nr. 2300 VV und muss sich im Fall einer freiwilligen Zahlung der Hauptforderung mit einer Vergütung nach Nr. 3101 VV zufrieden geben. 299

Unter gebührenrechtlichen Gesichtspunkten ist es demgemäß sinnvoller zu formulieren, dass man sich nach Fristablauf sofort Klageauftrag erteilen lassen werde. 300

In diesem Zusammenhang soll allerdings nicht unerwähnt bleiben, dass es inzwischen auch schon Gerichtsentscheidungen gibt, die ernsthaft die Auffassung vertreten, jeder Rechtsanwalt müsse sich sofort einen unbedingten Klageauftrag erteilen lassen, um dem Mandanten die Geschäftsgebühr zu ersparen (AG Bremervörde AGS 2009, 302 ff. mAnm *Schons*; AG Walsrode AGS 2008, 103 mAnm *Schons*; AG Walsrode 2006, 521 mAnm *Schons*; ebenso in diese Richtung AG Meldorf AGS 2011, 311; aA mit überzeugender Begründung OLG Celle AGS 2008, 161 ff. mAnm *Schons*). Erfreulicherweise hat inzwischen auch der BGH ein Machtwort gesprochen und aufgezeigt, dass die meisten Argumente, die von Kostenerstattungsschuldnern gegen die Geschäftsgebühr eingewandt werden, buchstäblich nicht greifen (sehr lesenswert: BGH AGS 2015, 589 f. = BGH ErbR 2016, 19 ff.). 301

Die zitierten Entscheidungen der Amtsgerichte Walsrode und Bremervörde wollen übrigens erklärtermaßen die außergerichtliche Vorarbeit der Rechtsanwälte keineswegs missen. Bei einem unbedingten Klageauftrag erklären sie eine derartige außergerichtliche „Vorarbeit" als kostenneutrale Vorbereitung des Verfahrens und lassen damit die Verfahrensgebühr im wahrsten Sinne des Wortes „entschwinden". 302

Übersehen wird bei solchen Überlegungen, dass der Rechtsanwalt nach Erhalt eines unbedingten Klageauftrages statt einem vorgerichtlichen Schreiben einem Telefonat mit der Gegenseite den Vorzug geben könnte. Ist ein solches auch eine Einigung gerichtetes Telefonat erfolgreich, entsteht – neben der **außergerichtlichen** Einigungsgebühr von 1,5 (ein Verfahren ist zu diesem Zeitpunkt ja noch nicht anhängig) eine Terminsgebühr nach Teil 3 Vorb. 3 Abs. 3 und die gekürzte Verfahrensgebühr nach VV 3101. 303

Durch die außergerichtliche Tätigkeit ist dann insgesamt ein Faktor von 2,0 erreichbar, der über eine Geschäftsgebühr nach VV 2300 wohl eher selten durchgesetzt werden kann. 304

Auch und gerade unter Kostenersparnisgründen ist der sofortige unbedingte Klageauftrag sicherlich eher die schlechtere Lösung. 305

Aber zurück zu VV 3101: 306

Während die Vorschrift von Nr. 3101 VV in der Regel also die nachteilige Wirkung einer Gebührenreduzierung mit sich bringt, führt der Vergütungstatbestand durch Ziff. 2 in Form einer Differenzgebühr zu einer Gebührenanhebung, wenn es zu einem sog. „Mehrvergleich" kommt. Durch das 2. KostRMoG wurde Nr. 3101 Ziff. 2 VV „leicht" umformuliert bzw. umgestellt, um einen Meinungsstreit zwischen Rspr. und Lit. zu beenden. In der Lit. war zT die Auffassung vertreten worden, dass die Formulierung der ursprünglichen Anm. zu Nr. 3101 Nr. 2 VV eine Ermäßigung der Verfahrensgebühr auf 0,8 nur dann zur Folge habe, wenn in einem Termin

– entweder lediglich eine Einigung der Parteien oder der Beteiligten über nicht rechtshängige Ansprüche zu Protokoll genommen wird
– oder wenn lediglich erfolglos über solche Ansprüche verhandelt wird, ohne dass es zur Einigung kommt.

Würde es hingegen bei erfolgreicher Verhandlung im Termin und anschließender Protokollierung somit zu einer Einigung gekommen, würde eine Ermäßigung – nach dieser Meinung – nicht greifen, da weder „lediglich protokolliert" noch „lediglich verhandelt" worden sei (vgl. *Schneider* AGS 2007, 277; AnwK RVG/*Onderka* Nr. 3101 VV Rn. 100; *Mayer*/Kroiß Nr. 3101 VV Rn. 45). Dieser Literaturmeinung entgegentretend will der Gesetzgeber klarstellen, dass auch im Falle einer Verhandlung **und** Einigung über in diesem Verfahren nicht anhängige Gegenstände die Ermäßigung greifen soll. Zu Recht weisen *Schneider/Thiel* daraufhin, dass der Änderung sicherlich keine allzu große Bedeutung beizumessen ist, da sich zwischen den verschiedenen Auffassungen in der Regel bei der Anwendung von § 15 III keine Unterschiede ergeben (vgl. *Schneider/Thiel*, Das neue Gebührenrecht für Rechtsanwälte, 2. Aufl. 2014, 197 und die dort vorzufindenden Beispielsfälle). 307

Der Rechtsanwalt, der in einem gerichtlichen Verfahren dort nicht rechtshängige Ansprüche, worunter sowohl überhaupt nicht rechtshängige Ansprüche als auch **anderweitig** rechtshängige Ansprüche zu verstehen sind, mitvergleicht, verdient neben der 1,3 Verfahrensgebühr aus den hier rechtshängigen Ansprüchen noch eine 0,8 Verfahrensgebühr (Differenzgebühr) aus den nicht – oder anderweitig rechtshängigen Ansprüchen. 308

Wegen der Einzelheiten und wegen eines Rechenbeispiels wird auf die Ausführungen zur gerichtlichen Einigungsgebühr verwiesen (→ Rn. 388 ff.). 309

In den Fällen des Mehrvergleiches ist allerdings zu beachten, dass die Gebühr von 0,8 nach dem Wert der **mitverglichenen** Ansprüche auf eine Verfahrensgebühr, die wegen desselben Gegenstandes in einem anderen Verfahren entsteht, angerechnet werden muss (vgl. Anm. 1 zu Nr. 3101 VV). 310

Ferner ist stets § 15 III zu beachten, mit der Folge, dass nur die höchste Verfahrensgebühr nach dem höchsten abzurechnenden Wert zugrunde gelegt werden darf. 311

Rechnerisch bedeutet dies, dass der Rechtsanwalt nicht mehr erhält, als eine 1,3 Verfahrensgebühr aus den aufaddierten hier rechtshängigen und nicht rechtshängigen Werten. 312

Schließlich ist auch bei der Verfahrensgebühr für jeden weiteren Auftraggeber eine Erhöhung nach Nr. 1008 VV um 0,3 vorzunehmen. 313

314 Wie bereits ausgeführt erhöht sich – entgegen dem angeblich missverständlichen Gesetzeswortlaut – sowohl die Geschäfts- als auch die gerichtliche Verfahrensgebühr beim Vorhandensein mehrerer Auftraggeber, wenn ein und derselbe Rechtsanwalt sowohl außergerichtlich als auch gerichtlich tätig geworden ist (LG Düsseldorf AGS 2007, 381 ff. mAnm *Schons* = RVGreport 2007, 298; LG Ulm AnwBl 2008, 73). Dieser Rechtsauffassung hat sich ausdrücklich auch die Gebührenreferententagung der BRAK in seiner 55. Sitzung v. 22.9.2007 in Bremen angeschlossen.

315 In Verfahren der Berufung und Revision und in Verfahren vor dem Rechtsmittelgericht über die Zulassung von Rechtsmitteln und den anderen in den Vorb. 3.2.1 VV genannten Verfahren, insb. auch vor dem FG und den erstinstanzlichen Verfahren vor dem BVerwG oder OVG beträgt die Verfahrensgebühr 1,6 (Nr. 3200 VV und Nr. 3206 VV), bei vorzeitiger Beendigung und bei nicht rechtshängigen Ansprüchen 1,1 (vgl. Nr. 3201 VV und Nr. 3209 VV). Beim BGH-Anwalt beträgt sie 2,3 (Nr. 3208 VV) bzw. bei vorzeitiger Beendigung 1,8 (Nr. 3209 und Vorb. 3.2.1 Abs. 2 VV).

316 **Hinweis:** Bei Beschwerden in Erbscheins- oder Nachlassverfahren war Vorb. 3.2.1 VV nicht entsprechend anwendbar. Vielmehr war der Rechtsanwalt für das Beschwerdeverfahren auf Nr. 3500 VV (Festgebühr 0,5) verwiesen, was zu Recht von Erbrechtlern stets beanstandet wurde. Schließlich erfordern gerade Beschwerden wegen eines nicht erteilten Erbscheines eine sorgfältige Begründung, so dass der dort anzutreffende Arbeitsaufwand mit einer Vergütung von 0,5 nicht ausreichend vergütet wird (zur Kritik vgl. Mayer/Kroiß/*Teubel* Nr. 3500 VV Rn. 2; demgegenüber den damaligen Gesetzestext bestätigend: OLG München NJW-RR 2006, 1727 = AGS 2006, 475 mit zust. Anm. *Schneider*; OLG Schleswig AGS 2006, 478; LG Bamberg AGS 2006, 595; LG Heidelberg AGS 2007, 399).

317 Die Kritik ist auf offene Ohren gestoßen: Die neue Vorb. 3.2.1 stellt in Ziff. 2 klar, dass die Gebühren der II. Instanz auch bei Beschwerden gegen die Endentscheidung wegen des Hauptgegenstandes „... in den Angelegenheiten der freiwilligen Gerichtsbarkeit" verdient werden können.

318 Stets ist allerdings zu beachten, dass auch nach der Neuregelung die Verfahrensgebühr iHv 1,6 nach Nr. 3200 VV nur dort verdient werden kann, wo es um eine Beschwerde gegen eine Entscheidung in der Hauptsache geht. Eine einfache Beschwerde gegen Zwischenentscheidungen oder -verfügungen, Nebenentscheidungen und verfahrensleitende Beschlüsse in der ersten Instanz werden nach wie vor nach Nr. 3500 VV vergütet.

319 Zu beachten ist ferner, dass der Gesetzgeber offensichtlich befürchtete, „die Bäume zu sehr in den Himmel wachsen zu lassen": Durch Ergänzungen von Nr. 3201 VV (vgl. Anm. Abs. 2 zu dieser Vorschrift) schränkt man die Erhöhung der Verfahrensgebühr auf 1,6 wieder ein, nämlich dann, wenn der Rechtsanwalt lediglich eine sog. „eingeschränkte Tätigkeit" entfaltet. Nach der soeben erwähnten Anm. Abs. 2 zur Nr. 3201 VV soll das dann der Fall sein, wenn sich der Auftrag auf die Einlegung und Begründung des Rechtsmittels und die Entgegennahme der Rechtsmittelentscheidung beschränkt.

320 Zu einer wirklich spürbaren Erhöhung auf 1,6 kommt es demgemäß nur dort, wo mehrere Schriftsätze zu verfassen sind, etwa weil man sich mit Einwänden anderer Beteiligter auseinandersetzen muss oder es gar zu einem Erörterungstermin kommt. Kommt es allerdings zu einem solchen Termin, so berechnet sich die Terminsgebühr natürlich nach Nr. 3202 VV, da im Verfahren der freiwilligen Gerichtsbarkeit Versäumnisentscheidungen nicht vorgesehen sind. Eine Ermäßigung nach Nr. 3203 VV scheidet damit aus (vgl. *Schneider/Thiel*, Das neue Gebührenrecht für Rechtsanwälte, 2. Aufl. 2014, 219).

321 Die Aufnahme der Beschwerdeverfahren in Angelegenheiten der freiwilligen Gerichtsbarkeit in den Katalog der Vorb. 3.2.1 VV führt erfreulicherweise auch dazu, dass die Einigungsgebühr der Nr. 1004 VV zu entnehmen ist und die Gebühr damit statt 1,0, 1,3 beträgt.

322 **b) Terminsgebühr.** Unter dem Begriff Terminsgebühr sind die früheren Verhandlungs- und Erörterungsgebühren zusammengefasst.

323 Die Höhe der Terminsgebühr, die in jedem Rechtszug nur einmal verdient werden kann, beträgt in erster **und** zweiter Instanz(!) 1,2. Für das RVG nicht untypisch (vgl. § 7 und Nr. 1008 VV beim Mehrvertretungszuschlag) sind die maßgeblichen Bestimmungen zum Anfall und zur Höhe der Terminsgebühr an verschiedenen Stellen des Gesetzes geregelt.

324 Während in Vorb. 3 Abs. 3 VV nachzulesen ist, aufgrund welcher Tätigkeiten der Rechtsanwalt eine Terminsgebühr verdienen kann, findet sich in den Nr. 3104 ff. VV die Höhe der Gebühr.

325 Möglicherweise ist es darauf zurückzuführen, dass die Terminsgebühr zu erheblichen Irrungen und Wirrungen in Rspr. und Lit. geführt hat, die letztendlich der BGH im Laufe der Jahre klären und aufarbeiten musste (vgl. zum Ganzen sehr eing. *Schons* AGS 2006, 209 ff.; sowie *Schons* FS Madert, 2006, 226 ff.; vgl. jetzt auch *Schneider* zu Einzelproblemen: ErbR 2016, 691 ff. ders. ErbR 2016, 500 ff.; ders. ErbR 2017, 711 ff.; ders. ErbR 2017, 322 ff.; ders. ErbR 2017 408 ff.).

326 Wahrscheinlicher ist es allerdings, dass sich Rspr. und Lit. zunächst mit der eindeutigen Feststellung überfordert sahen, dass die Terminsgebühr relativ wenig mit der aus der BRAGO bekannten Verhandlungs- und Erörterungsgebühr gemein hat, der Anwendungsbereich also wesentlich weiter gefasst worden ist (so völlig zutr. Gerold/Schmidt/*Müller-Rabe* Vorb. 3 VV Rn. 29, Nr. 3104 VV Rn. 8).

327 Wie bei der Verhandlungs- und Erörterungsgebühr der BRAGO verdient der Rechtsanwalt die Terminsgebühr durch die Vertretung in einem Verhandlungs-, Erörterungs- oder Beweisaufnahmetermin.

328 Darüber hinaus reicht für den Anfall einer Terminsgebühr aber auch die Wahrnehmung eines von einem gerichtlich bestellten Sachverständigen anberaumten Termins ebenso aus, wie die Mitwirkung an einer auf Vermeidung oder Erledigung des Verfahrens gerichteten Besprechung **ohne** Mitwirkung des Gerichts.

329 Diese Erweiterung des Anwendungsbereichs der Terminsgebühr hat zu einer Erhöhung der anwaltlichen Gebühren geführt, die vom Gesetzgeber aber ausdrücklich gewollt war, sollte sie doch zum einen – neben anderen Verbesserungen des RVG – den Wegfall der Beweisgebühr kompensieren und zum anderen dort belohnen, wo eine streitige gerichtliche Entscheidung vermieden wird.

330 Ursprünglich war sogar im Expertenentwurf zum RVG daran gedacht worden, zwischen streitiger und nicht streitiger Verhandlung überhaupt nicht mehr zu unterscheiden. Stets sollte die volle Terminsgebühr verdient werden können, also auch in den Fällen, in denen nur der Antrag auf Erlass eines Versäumnisurteils gestellt wurde.

331 Nr. 3105 VV belegt, dass diese Zielsetzung nicht weiter verfolgt wurde.

332 Auf den ersten Blick sieht es sogar so aus, dass es bei der alten Regelung der BRAGO geblieben sei, wonach der Rechtsanwalt, der ein Versäumnisurteil – hier zumindest im ersten Termin – nimmt, lediglich eine Gebühr von 0,5 erhält. Dies wäre unter Berücksichtigung der neuen Systematik der Terminsgebühr sogar eine Verschlechterung zur BRAGO, da die Hälfte der Terminsgebühr 0,6 hätte betragen müssen.

333 Tatsächlich muss man den Gesetzestext von Nr. 3105 VV aber genau lesen und sicherheitshalber auch noch die Gesetzesbegründung einsehen, um erkennen zu können, dass eine Reduzierung der Terminsgebühr nur in eher seltenen Fällen zu verzeichnen ist.

334 Der Gesetzestext von Nr. 3105 VV lautet:

„Wahrnehmung nur **eines** Termins, in dem eine Partei nicht erschienen **oder** nicht ordnungsgemäß vertreten ist und lediglich Antrag auf Versäumnisurteil oder zur Prozess- oder Sachleitung gestellt wird."

335 Nach der Gesetzesbegründung soll die Reduzierung nur dann gelten, wenn der Rechtsanwalt im Termin tatsächlich keine weiteren Tätigkeiten entfaltet. Da bei gleichzeitiger Anwesenheit bzw. Vertretung beider Parteien im Termin in aller Regel ein Mehr an Tätigkeit erfolgt, soll Voraussetzung sein, dass die gegnerische Partei nicht erschienen oder von Anfang an nicht ordnungsgemäß vertreten ist. Dies – so die Gesetzesbegründung – stelle sicher, dass in nicht selten vorkommenden Fällen, in denen in dem Termin trotz Erlass eines Versäumnisurteils verhandelt bzw. erörtert werden konnte, weil die Parteien erschienen oder ordnungsgemäß vertreten waren, nicht nur die verminderte sondern die volle Terminsgebühr anfalle. Auf eine Erörterung bzw. eine Verhandlung könne hier nicht abgestellt werden, da das RVG diese Begriffe ja nicht mehr kenne.

336 Hier erkennt man durchaus die alte Gesetzeslage wieder. Wurde – auch nach BRAGO – vor Erlass eines Versäumnisurteils erörtert, so konnte statt der halben Verhandlungsgebühr die volle Erörterungsgebühr in Rechnung gestellt werden.

337 Nach richtiger Ansicht wird die volle Terminsgebühr nach Nr. 3104 VV iHv 1,2 aber auch dann verdient, wenn einer der Anwälte, ohne vorher etwas zu sagen, nach Hinweisen des Gerichts die Flucht in die Säumnis antritt. In Abs. 3 der Anm. zu Nr. 3104 VV ist ausdrücklich bestimmt, dass § 333 ZPO nicht zur Anwendung gelangt, also jene Prozessvorschrift, nach der eine Partei den als nicht erschienen anzusehen ist, wenn sie trotz Erscheinens nicht verhandelt. Damit ist die reduzierte Terminsgebühr in der Tat auf die Fälle beschränkt, bei denen vor dem Amtsgericht die gegnerische Partei oder ein bevollmächtigter Rechtsanwalt überhaupt nicht erscheint oder im Anwaltsprozess niemand erscheint, bzw. die Partei nicht ordnungsgemäß durch einen Rechtsanwalt vertreten ist.

338 Die volle und nicht die reduzierte Terminsgebühr erhält der Rechtsanwalt aber auch dann, wenn zum weiteren Termin die gegnerische Partei wiederum nicht erscheint oder nicht ordnungsgemäß vertreten ist und nunmehr der Antrag auf Erlass eines zweiten Versäumnisurteils gestellt wird. Von einigen Gerichten wurde dies zunächst bestritten. Auch hier hat der BGH aber ein Machtwort gesprochen und gleichzeitig in völliger Übereinstimmung mit dem Gesetzestext klargestellt, dass die volle Terminsgebühr selbst dann anfällt (bei Erlass eines zweiten Versäumnisurteils) wenn das erste Versäumnisurteil noch im schriftlichen Verfahren erging (BGH AnwBl 2006, 674 ff. = AGS 2006, 366 mAnm *Schneider, Schons*).

339 Mit dieser Entscheidung folgte der BGH der zutreffenden Literaturmeinung (vgl. zB *Hartung/Römermann/Schons*, RVG, 2. Aufl. 2006, Nr. 3105 VV Rn. 16; *Zöller/Herget* § 345 Rn. 7; *Hansen* RVGreport 2005, 474) und widersprach der falschen anderslautenden Rspr. etwa des OLG Nürnberg (NJW 2006, 1527 = AnwBl 2006, 286).

340 Nicht übertragen werden kann diese Rspr. allerdings auf die Fälle, bei denen einem Vollstreckungsbescheid im sog. zweites Versäumnisurteil folgt (einhellige Auffassung: vgl. statt aller Gerold/Schmidt/Müller-Rabe Nr. 3105 VV Rn. 60).

341 Ferner stellt die Anm. zu Nr. 3104 VV nach zutreffender Auffassung klar, dass im Falle von Anerkenntnis und Anerkenntnisurteil ebenso wie bei einem Vergleich im schriftlichen Verfahren (§ 278 Nr. 6 ZPO) eine volle Terminsgebühr von 1,2 verdient wird.

342 Soweit Letzteres von einigen Oberlandesgerichten (OLG Nürnberg AGS 2005, 144 ff. mAnm *Schons*; NJW 2005, 655; OLG Düsseldorf AGS 2005, 487 f. mAnm *Schneider*; OLG Naumburg AGS 2005, 483 ff. mAnm *Schons*, OLG Saarbrücken AGS 2005, 485). in Frage gestellt wurde hat der BGH dankenswerterweise sich auch hier der zutreffenden Auffassung der Lit. (vgl. *Schons* AGS 2005, 145; *Henke* AnwBl 2004, 594;) angeschlossen und den Anfall einer Terminsgebühr auch dann bejaht, wenn keine Vergleichsgespräche vorab (OLG Nürnberg AGS 2005, 476) stattgefunden hatten (BGH AGS 2005, 540 ff. = NJW 2006, 157; ebenso BGH AGS 2006, 488; 2007, 341).

343 Weitere wesentliche Bestimmungen für den Anfall einer Terminsgebühr finden sich dann schließlich in Teil 3 Vorb. 3 Abs. 3.

95 RVG

344 Dort ist zunächst – abweichend vom früheren Recht – festgehalten, dass auch die Wahrnehmung eines von einem gerichtlich bestellten Sachverständigen anberaumten Termins die Terminsgebühr auslöst.

345 Es macht also Sinn, an derartigen „Beweisterminen" im Gegensatz zu der oftmals früher zu beobachtenden Verhaltensweise – auch dann teilzunehmen, wenn das Gericht selbst nicht teilnimmt.

346 Auch hier ist eine Terminsgebühr zu verdienen, etwa in einem selbständigen Beweisverfahren – die – anders als die Verfahrensgebühr (vgl. Vorb. 3 Abs. 5) auf die spätere Terminsgebühr im Hauptverfahren **nicht** anzurechnen ist.

347 Oftmals bietet sich übrigens im Rahmen eines solchen Beweissicherungsverfahrens auch die Möglichkeit, noch einen Vergleich bzw. eine Einigung herbeizuführen, was dann eine Einigungsgebühr von 1,5 (nicht 1,0) entstehen lässt, da selbständige Beweisverfahren nicht als gerichtliche Verfahren nach Nr. 1003 VV beurteilt werden (vgl. Gesetzestext).

348 Die bedeutendste Änderung bei der Terminsgebühr im Vergleich zur früheren Rechtslage findet sich in Vorb. 3 Abs. 3 in der 3. Alternative:
Während zu „BRAGO-Zeiten" außergerichtliche Gespräche – auch und gerade solche über rechtshängige Ansprüche – keine Verhandlungs- oder Erörterungsgebühr auslösten, sind sie jetzt geradezu der „Paradefall" für das Entstehen einer solchen Gebühr.

349 Wenn man so will, hat das RVG – sehr zum Ärger mancher Kostenschuldner und insb. der Rechtsschutzversicherungen – die „alte Besprechungsgebühr" (vgl. § 118 I Ziff. 2 BRAGO) in deutlich verbesserter Form wieder eingeführt.

350 Entsprechend verbittert und mit höchst unsinnigen Argumenten wurde ein verzweifelter Abwehrkampf geführt (vgl. *Schons* AGS 2006, 209 ff. mwN).

351 Während man den Anfall einer Terminsgebühr auch bei außergerichtlichen Gesprächen nach Rechtshängigkeit zumindest aber nach Anhängigkeit widerwillig noch akzeptierte, wehrte man sich mit abenteuerlicher Begründung dagegen, den Gesetzeswortlaut in seiner Gänze zu akzeptieren.

352 Obgleich im Gesetzestext eindeutig **alternativ** von Gesprächen die Rede war, die der Vermeidung **oder** Erledigung des Verfahrens dienlich sein sollten, wollte man einen Verfahrensauftrag nicht als ausreichend ansehen (LG Köln AGS 2006, 591 mAnm *Schneider, Schons*; LG Hamburg AGS 2007, 131 mAnm *Henke*; AG Wiesloch AGS 2007, 68 mAnm *Schneider, Schons*; AG Frankfurt AGS 2006, 429 mAnm *Henke, Schons*; LG Freiburg AGS 006, 326 mAnm *Schneider*). Auch hier half der BGH den „irrenden und wirrenden Gerichten" weiter und verlieh der sprachlichen Selbstverständlichkeit Nachdruck, dass nur noch nicht anhängige Verfahren **vermieden** werden können (BGH AGS 2007, 166 mAnm *Schons*; zur Kostenfestsetzung BGH AGS 2007, 115 sowie BGH AGS 2007, 292 mAnm *Schons*).

353 Umso bedauerlicher ist es, dass in der Praxis vermehrt Fälle bekannt werden, bei denen Rechtsanwälte wissentlich oder aus Inkompetenz heraus Terminsgebühren auch dort in Rechnung stellen, wo es zwar zur außergerichtlichen Besprechung gekommen sein mag, ein gerichtlicher Verfahrensauftrag aber ersichtlich fehlt oder – im schlimmsten Fall – ein solcher Auftrag behauptet wird, wo ein Verfahren noch nicht einmal im Ansatz erkennbar wird (LG Hamburg 6.2.2008 – 314 O 161/07, nv).

354 Taucht also nebeneinander in einer anwaltlichen Abrechnung eine Geschäftsgebühr nach Nr. 2300 VV und eine Terminsgebühr (ohne eine reduzierte Verfahrensgebühr) auf, liegt der Verdacht einer Gebührenüberhebung iSv § 352 StGB zumindest im objektiven Bereich nahe.

355 Die eigentlich klare Rechtslage fand eine überflüssige Komplikation durch eine Einzelfallentscheidung des OLG Koblenz, die merkwürdigerweise durch den BGH auch noch bestätigt wurde (LG Koblenz AGS 2010, 66ff. mit krit. Anm. *Schons*; BGH AGS 2010, 483 f. mit krit. Anm. *Schons*). In den genannten Entscheidungen sah man es gewissermaßen als unerträglich an, dass der Anwalt der „Aktivpartei" der unstreitig über einen Verfahrensauftrag verfügte, für außergerichtliche Einigungsbesprechungen die Terminsgebühr verdiente, während der Gegenanwalt nicht in den Genuss der Terminsgebühr kommen konnte.

356 Derartige Entscheidungen so anwaltsfreundlich sie auf den ersten Blick erscheinen, sind mit dem Gesetzestext nun einmal nicht vereinbar und führen zumindest vorübergehend zu Verwirrungen und es wäre nicht das erste Mal gewesen, dass das OLG Koblenz aufgrund einer derartigen „anwaltsfreundlichen" Entscheidung vom BGH aufgehoben wird (BGH AGS 2009, 530 ff.; OLG Koblenz AnwBl 2007, 633 = AGS 2007, 347 mAnm *Schons*).

357 Und so ist es zu begrüßen, dass in dem 2. KostRMoG durch Umformulierungen in Vorb. 3 Abs. 3 nochmals hervorgehoben wird, dass Voraussetzung für den Anfall einer Terminsgebühr definitiv die Erteilung eines **unbedingten** Verfahrensauftrages ist.

358 **Praxistipp:** Auch und gerade auf dem Gebiete des Erbrechts mandatierte Rechtsanwälte sollten sich mit derartigen Gebührenfragen vertraut machen, damit sie ihren Mandanten auch bei der Überprüfung von Kostenrechnungen vorher tätiger Rechtsanwälte behilflich sein können, etwa wenn ein Anwaltswechsel während eines erbrechtlichen Mandates vorgenommen wurde.

359 Wichtig ist es schließlich, dass man sich die Unterschiede zwischen den Voraussetzungen einer Terminsgebühr nach Nr. 3104 VV und einer solchen nach Vorb. 3 Abs. 3 VV vor Augen führt.

360 Während die Terminsgebühr nach Nr. 3104 Nr. 1 Alt. 3 VV einen Vergleich und damit einen Erfolg voraussetzt, müssen die nach Vorb. 3 Abs. 3 VV für den Anfall der Terminsgebühr geführten Gespräche den Erfolg nicht herbeigeführt haben. Es genügen vielmehr Gespräche – auch Telefonate – die nur das **Ziel** haben, den Rechtsstreit zu erledigen bzw. zu vermeiden (BGH AGS 2007, 292 f. mAnm *Schons*; an-

ders noch und falsch OLG Karlsruhe AGS 2006, 224 mAnm *Schons;* sowie OLG Naumburg AnwBl 2007, 725 ff. mAnm *Schons).*

Insoweit war und ist es überraschend, dass der BGH in einer Entscheidung v. 15.3.2007 (Iden des März) den Anfall einer Terminsgebühr verneinte, wenn die Prozessbevollmächtigten der Parteien nach Androhung eines Beschlusses nach § 522 ZPO über eine anderweitige Beendigung des Verfahrens kommunizieren (BGH AnwBl 2007, 631 ff. mAnm *Schons).* 361

Weder verlangt der Anfall der Terminsgebühr über Teil 3 Vorb. 3 Abs. 3 VV dass für das Verfahren eine mündliche Verhandlung vorgeschrieben ist (so aber überraschend der BGH), noch macht die reine Ankündigung eines Verfahrens nach § 522 ZPO **zu diesem Zeitpunkt** eine mündliche Verhandlung im Berufungsverfahren entbehrlich. 362

Schließlich kann zu diesem Zeitpunkt – zumindest theoretisch – nicht ausgeschlossen werden, dass es den Berufungsführer gelingt, durch einen weiteren Schriftsatz den Senat von seiner vorläufigen Beurteilung abzubringen, was dann zwingend eine Fortsetzung des Verfahrens mit mündlicher Verhandlung nach sich zieht. 363

Hoffnungen, dass der BGH diese ersichtlich falsche Rspr. ändern würde, hervorgerufen durch die Entscheidung v. 2.11.2011 und 13.12.2011 (BGH AGS 2012, 10; 2012, 124) haben getrogen, wie eine weitere Entscheidung des BGH v. 28.2.2012 eindrucksvoll belegte (BGH AGS 2012, 274 ff. mit krit. Anm. *Schneider).* 364

Der Gesetzgeber sah sich demgemäß veranlasst zu reagieren und die in der Vorb. 3 vorzufindenden Veränderungen sind im Wesentlichen darauf zurückzuführen, dass die in Abs. 3 vorzufindenden Varianten der Terminsgebühr natürlich und **ersichtlich** unabhängig davon sind, ob in dem zugrundeliegenden Verfahren eine mündliche Verhandlung vorgeschrieben ist oder nicht. Damit folgt der Gesetzgeber der zutreffenden Instanzenrechtsprechung und der heftigen Kritik, die die BGH-Rechtsprechung erfahren hat (OLG München AGS 2010, 240; 2011, 213 = AnwBl 2011, 590; OLG Düsseldorf AGS 2011, 322). 365

Da gleichwohl nicht auszuschließen ist, dass einige Gerichte diesen klaren – und eindeutigen Willen des Gesetzgebers nicht aus dem Gesetzestext herauslesen, sei die Gesetzesbegründung (Regierungsentwurf hier abgedruckt): 366

„Der Neuaufbau des Abs. 3 soll einen Streit in der Rspr. zum Anfall der Terminsgebühr für Besprechungen dahingehend entscheiden, dass die Terminsgebühr für die Mitwirkung an ein auf die Vermeidung und Erledigung des Verfahrens gerichtete außergerichtliche Besprechungen auch dann entsteht, wenn die gerichtliche Entscheidung ohne mündliche Verhandlung durch Beschluss ergeht ...."

Die nunmehr vorgeschlagene Klärung der Streitfrage entspricht auch der Intention des Gesetzgebers, wie sich bereits aus Vorb. 3.3.2 VV ableiten lässt. Nach dieser Vorbemerkung bestimmt sich die Terminsgebühr im Mahnverfahren nach Teil 3 Abschnitt 1. Diese Bestimmung würde überhaupt keinen Sinn ergeben, wenn eine mündliche Verhandlung im dem Verfahren vorgeschrieben sein müsste oder zumindest auf Antrag stattfinden müsste. Der erste Satz soll verdeutlichen, dass die Terminsgebühr sowohl durch gerichtliche als auch durch außergerichtliche anwaltliche Tätigkeiten unabhängig voneinander anfallen kann. Mit dem Zusatz „wenn nichts anderes bestimmt ist" sollen die Fälle der fiktiven Terminsgebühr bei denen kein Termin wahrgenommen wird, erfasst werden (vgl. *Schneider/Thiel,* Das neue Gebührenrecht für Rechtsanwälte, 2. Aufl. 2014, 184). 367

Insgesamt lässt sich jedenfalls feststellen, dass die hier dargestellten Möglichkeiten des Verdienstes einer Terminsgebühr zu einer erheblichen Verbesserung der Einkommenssituation des Rechtsanwaltes beigetragen haben: 368

Beispiel: Ein Rechtsanwalt wendet sich in einer zumindest überdurchschnittlich schwierigen Angelegenheit (Erbrecht) die aber insgesamt nach § 14 als eher durchschnittlich anzusetzen ist, nach fruchtlosem schriftlichen Aufforderungsschreiben ohne Klageauftrag, nunmehr mit Klageauftrag vorprozessual an den Gegner, verhandelt mit ihm erfolgreich über eine gütliche Ratenzahlung des Pflichtteilsanspruchs zur Vermeidung einer Klage. 369
Bei einem Gegenstandswert von 7.000 EUR könnte er dann wie folgt abrechnen:

1,5 Geschäftsgebühr nach Nr. 2300 VV	607,50 EUR
0,8 Verfahrensgebühr nach Nr. 3101 VV	324,00 EUR
abzgl. 0,75 Geschäftsgebühr nach Vorb. 3 Abs. 4 VV	303,75 EUR
1,2 Terminsgebühr nach Teil 3 Vorb. 3 Abs. 3 VV	486,00 EUR
1,5 Einigungsgebühr nach Nr. 1000 Abs. 1 VV	607,50 EUR
Summe	1.721,25 EUR

Hinzukommen die doppelte Nebenkostenpauschale und die gesetzliche Umsatzsteuer

Bei gleicher Fallkonstellation hätte der Anwalt nach der BRAGO nur 843,75 EUR netto ohne Auslagenpauschale abrechnen können, nämlich die wertneutralisierte 7,5/10 Geschäftsgebühr iHv 281,25 EUR und eine Vergleichsgebühr iHv 562,50 EUR. Die ebenfalls verdiente halbe Prozessgebühr nach § 32 BRAGO wäre aufgrund des erteilten aber erledigten Klageauftrages durch die volle Verrechnung von 5/10 fortgefallen und eine Besprechungsgebühr iSv § 118 I 2 BRAGO hätte der Rechtsanwalt wegen des bereits erteilten Prozessauftrages nicht berechnen dürfen (vgl. insoweit zutr. Gerold/Schmidt/*Müller-Rabe* Vorb. 3 VV Rn. 136 zur alten Rechtslage). 370

Angesichts der erheblichen Bedeutung der Terminsgebühr muss der Rechtsanwalt im eigenen Interesse jetzt allerdings auch darauf achten, dass die außergerichtlichen Gespräche auch hinreichend dokumentiert sind. Zwar verlangt der BGH nicht, dass sich die Besprechung aus den Gerichtsakten ergibt (was 371 oftmals auch gar nicht der Fall sein kann) oder unstreitig ist (BGH AGS 2007, 322; 2007, 292 mAnm *Schneider;* BGH AGS 2007, 115; LG Bonn AGS 2007, 265 mAnm *Schneider*) eine gewisse Wahrscheinlichkeit sollte aber für die Gespräche angeführt werden können.

372 Auch in jüngster Zeit sind mehrere Entscheidungen ergangen, die der großen Bedeutung der Terminsgebühr sowohl nach Nr. 3104 VV als auch nach Vorb. 3 Abs. 3 VV hinreichend Rechnung tragen (LG Saarbrücken AGS 2011, 480 f.; OVG Lüneburg AGS 2011, 176 f.; KG AGS 2012, 456 ff.; OLG Köln AGS 2012, 84 f.; AG Siegburg AGS 2012, 483 f.; LAG Nürnberg AGS 2011, 521 f.; OLG Dresden AGS 2012, 459 f.; OLG Köln AGS 2012, 481 f.; 2013, 9 f.).

373 Umstritten ist, ob der Anfall einer Terminsgebühr auch per Kommunikation über Internet oder SMS herbeigeführt werden kann (OLG Koblenz AnwBl 2007, 633 = AGS 2007, 347 mAnm *Schons*; aA mit nachvollziehbarer Begründung Gerold/Schmidt/*Müller-Rabe* Vorb. 3 VV Rn. 178; BGH AGS 2009, 530 ff.).

374 Trotz der Schnelligkeit von SMS und Emails und trotz der zu beobachtenden Übung, durch derartige Kommunikation das Telefonat zu ersetzen, werden die Grenzen zum Austausch von Schriftsätzen sicherlich verwischt, wenn man auf das persönliche Gespräch – und sei es auch nur per Telefon – gänzlich verzichten würde.

375 Keine Terminsgebühr fällt auch dann an, wenn ein Rechtsanwalt von seiner Partei lediglich über eine bereits erfolgte Einigung informiert wird.

376 Der BGH begründet dies sehr nachvollziehbar damit, dass ein Rechtsanwalt an einer „auf die Erledigung des Verfahrens gerichteten Besprechung ohne Beteiligung des Gerichts" nur mitwirkt – und dann die Terminsgebühr verdient – wenn bei Beginn des Gesprächs eine Einigung der Parteien tatsächlich noch nicht erzielt worden war (BGH AGS 2017, 267 f. m. zustimmender Anm *Schneider*).

377 Wert legen sollte man schließlich auch auf die Dokumentation des Verfahrensauftrages. Der oftmals zu beobachtende Hinweis, auf das Vorhandensein einer unterschriebenen Prozessvollmacht muss nicht immer überzeugen, da es in der Praxis inzwischen relativ häufig anzutreffen ist, dass sich Rechtsanwälte schon einmal „pro forma" eine Prozessvollmacht zu einem Zeitpunkt unterzeichnen lassen, zu dem die Notwendigkeit eines Verfahrens noch nicht sicher ist, und die Gegenzeichnung der Vollmacht zur Prozessführung durch den Mandanten von dem Versprechen des Rechtsanwaltes begleitet wird, von dieser nur dann Gebrauch zu machen, wenn noch ein Verfahrensauftrag nachfolge.

378 In der Tat belegt das Vorhandensein einer Prozessvollmacht in erster Linie das rechtliche Können des Rechtsanwalts, nicht aber auch das rechtliche Dürfen (Auftrag).

379 Schließlich wirkt sich die verbesserte Form der Terminsgebühr auch bei sog. Mehrvergleichen aus. Nach zutreffender Ansicht errechnet sich die Terminsgebühr bei Mehrvergleichen nach den aufaddierten Werten aus nicht rechtshängigen und rechtshängigen Gegenständen (OLG Karlsruhe AGS 2011, 165 f.; OLG Naumburg AGS 2010, 564 f.; OLG Hamm JurBüro 2007, 482; OLG Koblenz AGS 2006, 349; OLG München AGS 2006, 417 mAnm *Schons*; OLG Stuttgart AGS 2006, 592 mAnm *Schons*; die Rechtslage liegt dem BGH zur Entscheidung vor, ist aber noch nicht abschließend beschieden; zust. auch Gerold/Schmidt/*Müller-Rabe* Nr. 3104 VV Rn. 128).

380 **c) Zusatzgebühr für besonders umfangreiche Beweisaufnahmen (Nr. 1010 VV).** Die Klagen der Anwaltschaft darüber, dass die Teilnahme an Beweisaufnahmen unverständlicherweise überhaupt nicht honoriert werde, nachdem mit dem RVG im Jahre 2004 die Beweisgebühr abgeschafft wurde, wurden erhört. Durch das 2. KostRMoG wird jetzt eine Art erweiterte Terminsgebühr eingeführt, die Erbrechtlern allerdings nur in den seltensten Fällen zusätzliche Einnahmen und dann auch nur im höchst bescheidenen Maße gewähren wird. Nr. 1010 VV sieht eine **einmalige** Zusatzgebühr iHv 0,3 vor, wenn dem Verhandlungstermin „mindestens drei gerichtliche Termine folgen, in denen Sachverständige oder Zeugen vernommen werden". Die Zusatzgebühr stellt sich also als eine maßvolle Erhöhung der Terminsgebühr dar und sie beträgt bei Betragsrahmengebühren 30 % der Mindest- und Höchstbeträge. Um den eher theoretischen Charakter dieser Gebühr, die immer insgesamt vier Termine erfordert, zu unterstreichen lautet die Anm. zu Nr. 1010 VV:

„Die Gebühr entsteht für den durch besonders umfangreiche Beweisaufnahmen anfallenden Mehraufwand".

381 Man wird hier allenfalls von einem ersten Schritt in die richtige Richtung sprechen können. Von einer wirklichen dritten Gebühr kann ebenso wenig die Rede sein, wie von einer auch nur ansatzweise angemessenen Honorierung der anspruchsvollen Tätigkeit bei einer Beweisaufnahme.

382 Diese Beurteilung ist durch die Praxis eindeutig bestätigt worden. Umfragen der BRAK haben ergeben, dass diese Gebühr praktisch nie in den vergangenen Jahren angefallen ist.

383 Demgemäß ist in dem bereits erwähnten Forderungskatalog der BRAK und des DAV zum 3. KostRMoG auch die Forderung aufzufinden, die Vorschrift zu modifizieren.

384 Nach den dort vorzufindenden nach wie vor höchst bescheidenen Vorstellungen soll über die Zusatzgebühr eine Erhöhung der Terminsgebühr – einmalig um 0,3 – bereits dann herbeigeführt werden, wenn der Rechtsanwalt an mehr als 2 Terminen teilnimmt, die insgesamt mehr als 2 Stunden in Anspruch genommen haben.

385 **d) Gerichtliche Einigungsgebühr (Nr. 1003 VV).** Hier kann zunächst auf die Ausführungen zur außergerichtlichen Einigungsgebühr Bezug genommen werden.

386 In der ersten Instanz beträgt die Einigungsgebühr 1,0 (Nr. 1003 VV) und in der zweiten Instanz oder im Revisionsverfahren 1,3 (1004 VV).

Die Einigungsgebühr entsteht nicht in Ehesachen und in Lebenspartnerschaftssachen (vgl. Anm. 5 zu 387
Nr. 1000 VV) wohl aber in den in § 36 bezeichneten Güter- und Schiedsverfahren.

e) Die Regelungen bei Mehrvergleich. Die Regelung bei den Mehrvergleichen entspricht der alten 388
Gesetzeslage. Für die Mitverglichen nicht rechtshängigen Ansprüche gibt es aus dem entsprechenden
Gegenstandswert einen Gebührensatz von 1,5, insgesamt kann jedoch nicht mehr verlangt werden, als die
Höchstgebühr aus allen zusammengerechneten Streitwerten (vgl. § 15 III).

Beispiel: Der Rechtsanwalt klagt für seinen Mandanten Pflichtteilsansprüche iHv 10.000 EUR ein. 389
Während des anhängigen Verfahrens kommt es zwischen den Parteien außergerichtlich noch zum Streit
darüber, ob der Mandant von den Erben auch noch Beträge für geleistete Hausmeistertätigkeit im Hause
des Erblassers verlangen kann.

Im Rahmen von Vergleichsverhandlungen vor Gericht kommt auch dieses Problem zur Sprache und der Mandant bittet den Rechtsanwalt, den weiteren Anspruch in die Verhandlungen mit einzubeziehen. Insgesamt sind weitere Beträge von nochmals 10.000 EUR betroffen.

Der Rechtsstreit wird schließlich in der Weise verglichen, dass der Gegner des Mandanten auf **alle** Ansprüche einen Betrag iHv 8.000 EUR sofort und weitere 5.000 EUR in monatlichen Raten von 500 EUR zahlt.

Das Gericht setzt den Gegenstandswert für das Verfahren auf 10.000 EUR und für den Vergleich auf 20.000 EUR fest (10.000 EUR Pflichtteilsanspruch; 10.000 EUR Hausmeistervergütung).

Hier sind unter Berücksichtigung der obigen Ausführungen zur Verfahrensgebühr (vgl. dort Differenzgebühr) und unter Berücksichtigung der Einigungsgebühr folgende Gebühren entstanden:

1,3 Verfahrensgebühr aus 10.000 EUR (rechtshängig)	725,40 EUR
0,8 Differenzgebühr Nr. 3101 Abs. 2 VV aus 10.000 EUR (nicht rechtshängig)	446,40 EUR
	1.171,80 EUR
über § 15 III jedoch nicht mehr als 1,3 aus 20.000 EUR	964,60 EUR
1,2 Terminsgebühr aus 20.000 EUR	890,40 EUR
Einigungsgebühr: 1,0 nach Nr. 1003 VV aus dem rechtshängigen Gegenstandswert	558,00 EUR
1,5 nach Nr. 1000 VV aus dem nicht rechtshängigen Gegenstandswert	837,00 EUR
	1.395,00 EUR
entsprechend § 15 III korrigiert auf 1,5 aus 20.000 EUR mithin	1.113,00 EUR
Damit hat der Rechtsanwalt netto verdient zzgl. Auslagenpauschale und Umsatzsteuer	2.968,00 EUR

f) Verkehrsanwaltsgebühr und Gebühr des Terminsvertreters. Ist bei der Erbrechtsstreitigkeit die 390
Führung eines Prozesses unvermeidlich geworden, stellt sich die Frage, vor welchem Gericht der Rechtsstreit auszutragen ist.

Soweit es den Prozessbevollmächtigten nicht gelingt eine Prorogation vorzunehmen, kommen als Ge- 391
richtsstand sowohl der Wohnsitz des jeweiligen Beklagten (vgl. §§ 12, 13 ZPO) als auch der besondere
Gerichtsstand der Erbschaft (§ 27 ZPO) sowie der erweiterte Gerichtsstand der Erbschaft (§ 28 ZPO) in
Betracht.

Da die §§ 27, 28 ZPO keinen ausschließlichen Gerichtsstand begründen, steht der klagenden Partei das 392
Wahlrecht gem. § 35 ZPO zu. Aber auch innerhalb von § 27 ZPO existiert ein Wahlrecht. Da an den
allgemeinen Gerichtsstand des Erblassers in § 27 ZPO angeknüpft wird, kommen mehrere Gerichtsstände der Erbschaft in Betracht, wenn der Erblasser zum Zeitpunkt seines Todes bspw. mehrere Gerichtsstände hatte (vgl. Zöller/*Vollkommer* ZPO § 27 Rn. 2).

Ist das anzurufende Gericht weit entfernt, wird der mandatierte Rechtsanwalt zu einem recht frühen 393
Zeitpunkt die Entscheidung treffen müssen, ob er als Hauptbevollmächtigter tätig werden will und ob er
dann Termine selbst wahrnimmt oder durch einen Unterbevollmächtigten wahrnehmen lässt.

Die zu treffende Entscheidung hat auch gebührenrechtliche Konsequenzen. 394

Ist sich der mandatierte Rechtsanwalt sicher, dass er – auf besonderen Wunsch des Mandanten – die 395
Termine vor dem auswärtigen Gericht stets selbst wahrnehmen wird, geht es allenfalls um die Frage, in welcher Größenordnung seine Reisekosten erstattet werden (vgl. hierzu eingehend mit Beispielsfällen *Schneider* ErbR 2017, 74 ff.).

Die hierzu ergangene Rspr. ist höchst komplex und beschäftigt sich mit folgenden Fall-Konstella- 396
tionen:

Variante 1: Obgleich die Partei am eigenen Gerichtsstand verklagt wird oder dort klagt beauftragt sie einen auswärtigen Anwalt (etwa einen Spezialisten für Erbrecht) der nicht im Bezirk des Prozessgerichts niedergelassen ist und auch nicht am Ort des Prozessgerichts wohnt, mit ihrer Vertretung.

Variante 2: Die Partei wird vor einem auswärtigen Gericht verklagt oder klagt dort und beauftragt mit ihrer Vertretung einen Anwalt der an ihrem Wohn- oder Geschäftssitz ansässig ist.

Variante 3: Die Partei, die vor einem auswärtigen Gericht verklagt wird oder dort klagt beauftragt (wie in Var. 1 weil nicht am Ort des Prozessgerichts ansässig) einen Anwalt aus einem dritten Ort (auch hier evtl. wiederum einen Erbrechtsspezialisten).

397 Alle Fallvarianten zeichnen sich dadurch aus, dass Mehrkosten entstehen und die Beurteilung der Frage, ob später die aufgewendeten Prozesskosten iSv § 91 ZPO notwendig waren, hängt davon ab, ob eine verständige und wirtschaftlich vernünftige Partei die kostenauslösende Maßnahme im Zeitpunkt ihrer Veranlassung als sachdienlich ansehen durfte (vgl. umf. Bischof/Jungbauer/Breuer/*Breuer*, RVG, 2012, Einl. Nr. 7003–7006 VV Rn. 8 f.). In der Rspr. ist zwischenzeitlich anerkannt, dass die Hinzuziehung eines am Wohn- oder Geschäftsort der auswärtigen Partei ansässigen Rechtsanwalts zur zweckentsprechenden Rechtsverfolgung oder Rechtsverteidigung zulässig ist und dass dessen Reisekosten grds. immer zu erstatten sind. Zu Recht hat der BGH dies ua damit begründet, dass die Erweiterung der Postulationsfähigkeit vor den Landgerichten auf alle bei einem Amts- oder Landgericht zugelassenen Anwälte darauf zurückzuführen sei, dass das Interesse der Mandanten dahingehe, von einem Anwalt ihres Vertrauens vor auswärtigen Zivilgerichten vertreten werden zu können (BGH JurBüro 2003, 2002 = MDR 2003, 233).

398 Gleichzeitig ist festgestellt worden, dass der Mandant gleichwohl mit seinem Hauptbevollmächtigten die Wahl hat, diesen anreisen zu lassen oder sich eines Unterbevollmächtigten zu bedienen.

399 Kosten eines Unterbevollmächtigten sind jedenfalls dann – erstattungsfähige – notwendige Kosten der Rechtsverfolgung, soweit hierdurch erstattungsfähige Reisekosten des Hauptbevollmächtigten erspart werden, die ansonsten bei der Wahrnehmung des Termins durch den Hauptbevollmächtigten entstanden und als solche erstattungsfähig wären (BGH NJW 2003, 898 = MDR 2003, 233).

400 Hinsichtlich der oben dargestellten Fallvarianten gilt Folgendes:
Variante 1: Reisekosten sind grds. **nicht** erstattungsfähig, wenn eine Partei, die an ihrem Gerichtsstand verklagt wird, einen auswärtigen Anwalt beauftragt (BGH JurBüro 2003, 205 =VersR 2004, 666). Dies gilt nach Auffassung des BGH selbst dann, wenn dieser Rechtsanwalt die Partei ständig vertritt und im konkreten Fall auch bereits außergerichtlich tätig war. Erstattungsfähig bleiben bei derartigen Fallkonstellationen nur Kosten einer Informationsreise vom Geschäftssitz zum Anwalt am Gerichtsort.

401 Gleiches gilt bei der Einschaltung eines spezialisierten Rechtsanwalts am „dritten Ort".

402 Fast ausnahmslos verneinen die Gerichte die Erstattungsfähigkeit, ua mit der Begründung, dass sich heute praktisch an jedem Ort spezialisierte Anwälte bzw. Fachanwälte für unterschiedliche Rechtsgebiete auffinden lassen. Ob dies zutreffend ist, sei einmal dahingestellt; die insoweit fast einhellige Rechtsprechung wird man aber zu berücksichtigen haben. Hierüber gilt es natürlich den Mandanten aufzuklären, wenn er einen solchen Anwalt gleichwohl mandatiert.

403 **Variante 2:** Die Hinzuziehung eines am Wohn- oder Geschäftsort der auswärtigen Partei ansässigen Rechtsanwalt ist regelmäßig als zur zweckentsprechenden Rechtsverfolgung oder Rechtsverteidigung notwendig iSv § 91 II 1 Hs. 2 ZPO anzusehen (BGH JurBüro 2003, 202 = MDR 2003, 233). Auf die obigen Ausführungen kann verwiesen werden. Den besonderen Vertrauensverhältnissen und den Möglichkeiten der besseren Informationserteilung wird hier Rechnung getragen.

404 Allerdings wird auch differenziert. Wenn in einem Verfahren mehrere Termine notwendig werden, kann es günstiger sein, sich für die gesamte Terminswahrnehmung eines Unterbevollmächtigten zu bedienen. Die Abwesenheitsgelder und die Reisekosten des Hauptbevollmächtigten werden bei der Wahrnehmung mehrerer Termine die Kosten des Unterbevollmächtigten überschreiten. Grundsätzlich gilt, dass jeweils nur die niedrigeren Kosten als erstattungsfähig angesehen werden. Diese Rspr. bringt Schwierigkeiten mit sich, da zu Beginn eines Prozesses oftmals nicht abgesehen werden kann, wieviel Termine in einer Instanz notwendig werden. Offensichtlich hat der BGH dies auch so gesehen und in einer jüngeren Entscheidung festgestellt, dass die erstattungsfähigen Reisekosten des nicht am Gerichtsort ansässigen Anwalts der Höhe nach grds. auch dann nicht auf diejenigen Kosten eines Terminsvertreters beschränkt sind, wenn die Reisekosten die Kosten der Terminsvertretung beträchtlich überschreiten (BGH JurBüro 2008, 258).

405 **Variante 3:** Die Reisekosten eines an einem dritten Ort ansässigen Prozessbevollmächtigten (Spezialist) sind bis zur Höhe der fiktiven Reisekosten eines am Wohn- oder Geschäftsort der Partei ansässigen Rechtsanwalts erstattungsfähig, wenn dessen Beauftragung zur zweckentsprechenden Rechtsverfolgung oder Verteidigung erforderlich gewesen wäre (BGH JurBüro 2004, 431 = MDR 2004, 839).

406 Also wird auch hier eine Vergleichsberechnung vorgenommen. Es wird errechnet, welche Kosten entstanden wäre, hätte die Partei einen an ihrem Wohn- oder Geschäftsort ansässigen Rechtsanwalt mit ihrer Vertretung beauftragt, dessen notwendige Beauftragung vorausgesetzt; die entsprechenden fiktiven Kosten sind zu vergleichen, mit den tatsächlich angefallenen Kosten und die niedrigen Kosten sind von der unterlegenen Partei zu erstatten.

407 Vergleichsberechnungen zwischen den fiktiven Reisekosten und den Kosten eines Unterbevollmächtigten sind allerdings auch dann stets anzustellen, wenn ein Verkehrsanwalt eingesetzt wurde.

408 Gibt es Zweifel hinsichtlich der Erstattungsfähigkeit, so wird man jedenfalls Kosten in Höhe einer fiktiven Beratungsgebühr (heute wegen § 34 allerdings schwieriger als früher) berücksichtigen können (vgl. zur alten Rechtslage OLG Stuttgart JurBüro 1983, 768; OLG Koblenz JurBüro 1983, 1716; OLG Bamberg JurBüro 1986, 441; OLG Köln JurBüro 1992, 104).

409 Wichtig wird es jedenfalls sein, dass der Mandant über die Konsequenzen der Kostenerstattungsproblematik informiert wird.

410 Ist der Rechtsanwalt aufgrund der Ortsverschiedenheit definitiv nicht bereit, Termine selbst wahrzunehmen oder hält er auch nur eine Beauftragung eines weiteren Rechtsanwaltes für nicht unmöglich, wird zu überlegen sein, wie sich das Mandat bei Einbeziehung weiterer Anwälte gebührenrechtlich entwickelt.

Soweit der mandatierte Rechtsanwalt das gerichtliche Verfahren als Hauptbevollmächtigter begonnen 411
hat, wird er sich für die Wahrnehmung eines oder mehrerer Termine eines Unterbevollmächtigten bedienen.

Handelt es sich hierbei um einen echten Terminvertreter (Unterbevollmächtigten) so erhält dieser nach 412
Nr. 3401 VV eine Verfahrensgebühr in Höhe der Hälfte der dem Verfahrensbevollmächtigten zustehenden Verfahrensgebühr sowie die Terminsgebühr, die in dem Termin konkret verdient werden kann
(Nr. 3104 VV oder Nr. 3105 VV).

Der Hauptbevollmächtigte selbst partizipiert an der Terminswahrnehmung nicht (mehr). Eine § 33 413
III 1 BRAGO entsprechende Regelung kennt das RVG nicht, so dass dem Hauptbevollmächtigten nur
noch die 1,3 Verfahrensgebühr verbleibt (vgl. statt aller Gerold/Schmidt/*Müller-Rabe* Nr. 3401 VV
Rn. 73 ff.).

Zu Recht wird diese Schlechterstellung des Hauptbevollmächtigten in dem hier bereits mehrfach er- 414
wähnten Forderungskatalog zum 3. KostRMoG kritisiert. Dem Gesetzgeber wird vorgeschlagen, zu der
alten Regelung aus der BRAO zurückzukehren und den Hauptbevollmächtigten zumindest zur Hälfte
auch an der Terminsgebühr partizipieren zu lassen.

Gerade dieser Wunsch an den Gesetzgeber wurde merkwürdigerweise bereits in den Ausschüssen sehr
kritisch diskutiert, so dass abzuwarten bleibt, wie der Gesetzgeber reagiert.

Hat der Hauptbevollmächtigte also nicht zuvor durch andere Aktivitäten (etwa durch außergerichtli- 415
che Einigungsgespräche s. oben) bereits eine Terminsgebühr verdient) entspricht sein „Gebührenverdienst" möglicherweise nicht der erbrachten Leistung, die durch die Gestaltung der Schriftsätze geprägt
war.

Aber selbst dann, wenn beim Hauptbevollmächtigten durch außergerichtliche Einigungsgespräche 416
eine Terminsgebühr entstanden sein sollte, wird diese im Erstattungsverfahren neben einer weiteren
Terminsgebühr kaum durchsetzbar sein. Umgekehrt wird sich der Mandant dann dagegen wehren, mit
einer weiteren – nicht erstattungsfähigen – Terminsgebühr konfrontiert zu werden.

Die vermeintliche Möglichkeit, das als ungerecht empfundene Ergebnis durch eine Gebührenteilungs- 417
vereinbarung zu korrigieren, ist durch die Rspr. des BGH – zu Recht – erheblich eingeschränkt. Gebührenteilungsvereinbarungen zwischen Haupt- und Unterbevollmächtigten sind berufsrechtlich untersagt
(zunächst BGH NJW 2001, 753 = AnwBl 2000, 302; nunmehr BGH AnwBl 2006, 672 ff.).

In der Entscheidung aus dem Jahre 2006 hat der BGH unter konsequenter Fortsetzung seiner Ent- 418
scheidung v. 29.6.2000 klargestellt, dass Gebührenteilungsvereinbarungen allenfalls dann zulässig sind,
wenn das Mandat vom Hauptbevollmächtigten nicht namens und im Auftrag des Mandanten und insb.
auf dessen Rechnung erteilt wird, sondern wenn sich der Hauptbevollmächtigte des Terminvertreters
gewissermaßen als Geschäftsbesorger (vgl. auch § 5) bedient.

Aus verschiedenen Gründen, insb. aber auch aus versicherungsrechtlichen Gründen, dürfte es aller- 419
dings wenig empfehlenswert sein, Terminvertretungsaufträge – jedenfalls an fremde unbekannte Kollegen – im eigenen Namen und auf eigene Rechnung zu vergeben.

Sinnvoller erscheint es, eine Vertragsgestaltung zu wählen, die eine Gebührenteilung berufsrechtlich 420
unbedenklich zulässt.

Dies ist der Fall, wenn sich der „Hauptanwalt" im Falle eines Prozesses an einem weit entfernt liegen- 421
den Gerichtsort mit der Rolle des Verkehrsanwaltes iSv Nr. 3400 VV begnügt und dem „Terminvertreter" die Rolle des Hauptbevollmächtigten überlässt.

Zwischen diesen Anwälten ist eine Gebührenverteilungsabrede problemlos möglich die je nach Ge- 422
wichtung der Arbeitsverteilung auch so aussehen kann, dass der Verfasser der Schriftsätze ²/₃ aller angefallenen Gebühren erhalten soll, während sich der „Terminvertreter" mit ¹/₃ begnügt.

Möglich ist es auch, die entstandene und dem Auftraggeber stets in Rechnung zu stellenden Verkehrs- 423
anwaltsgebühr (Nr. 3400 VV) von der Gebührenteilung zugunsten des Verkehrsanwaltes auszunehmen,
und lediglich die Kosten des Hauptbevollmächtigten einer hälftigen oder auch anderweitigen Teilung
zuzuführen.

Stets ist allerdings darauf zu achten, dass der Inhalt der Gebührenteilungsvereinbarung klar formuliert 424
wird. Der Rechtsanwalt, der mit einem Kollegen „Gebührenteilung" vorschlägt, ohne weitere Einzelheiten zu nennen, vereinbart grds. **hälftige Gebührenteilung** aller entstandenen Gebühren unter Einschluss
der Verkehrsanwaltsgebühr.

Die Verkehrsanwaltsgebühr selbst beträgt lediglich 1,0 und orientiert sich damit nicht an der Verfah- 425
rensgebühr des Hauptbevollmächtigten (1,3) was vom Gesetzgeber damit erklärt und erläutert worden
ist, dass der Wegfall der alten Beweisgebühr den Verkehrsanwalt nicht treffe und auf seinen Tätigkeitsbereich keinen Einfluß gehabt habe.

Wie bereits erwähnt wird der Rechtsanwalt auch bei Einschaltung eines Verkehrsanwaltes auf die 426
Probleme bei der Erstattung hinzuweisen haben. Wird gegen die Aufklärungspflicht verstoßen, macht
sich der Rechtsanwalt schadensersatzpflichtig, so dass ihm die Verkehrsanwaltskosten allenfalls in Höhe
einer Ratsgebühr (fiktiv; vgl. aber die Problematik § 34) zugebilligt werden können (OLG Köln AGS
1998, 166; AnwK RVG/*Schneider* VV 3400 Rn. 115, 116).

2. Durchsetzung des anwaltlichen Gebührenanspruchs. a) Durchsetzung gegen den Gegner. Nach 427
stRspr können die außergerichtlichen anwaltlichen Gebühren vom Gericht nicht gegen den Gegner festgesetzt werden (BGH AGS 2007, 283; 2006, 357; JurBüro 2005, 261; aA *Stöber* AGS 2005, 45; OLG
Hamburg ZfS 2005, 201; AG Grevenbroich AGS 2005, 462; AG Hamburg ZMR 2005, 79; vgl. jetzt aber

auch BGH AGS 2014, 319 ff. mAnm *Schons*; sa Hartung/Schons/Enders Nr. 2300 VV Rn. 161 ff.). Soweit eine materiell rechtliche Anspruchsgrundlage für die Erstattung der außergerichtlichen Anwaltsgebühren vorhanden ist, ist der Rechtsanwalt demgemäß gehalten, die Anwaltsgebühren – in voller Höhe – neben der Hauptsache einzuklagen, will er im späteren Kostenfestsetzungsverfahren für seinen Mandanten nicht Nachteile in Kauf nehmen.

428 Aufgrund der Rspr. des BGH v. 7.3.2007 (AGS 2007, 283 mAnm *Schneider, Schons, Hansens*) und insb. der Entscheidung v. 22.1.2008 (BGH RVGreport 2008, 148 mAnm *Hansens;* AGS 2008, 158 ff.) war die Verfahrensgebühr nach Nr. 3100 VV stets um die anteilige Geschäftsgebühr zu kürzen, wenn außergerichtlich eine Geschäftsgebühr entstanden war, und zwar unabhängig von der Zahlung ja selbst unabhängig von der Berechnung einer solchen Geschäftsgebühr (wegen der weiteren Einzelheiten zur Anrechnungsproblematik → Rn. 213 ff.).

429 Fehlte es hingegen an einem materiellen Kostenerstattungsanspruch, was auf Beklagtenseite regelmäßig der Fall gewesen sein dürfte, waren die negativen Auswirkungen der Rspr. des BGH zur Anrechnung nicht zu verhindern. Es ist demgemäß begrüßenswert, dass der Gesetzgeber auf diese verfehlte nur augenscheinlich mit dem Wortlaut der Anrechnungsvorschrift in Übereinstimmung zu bringende Rspr. des BGH reagiert hat. Zum 5.8.2009 ist § 15a in Kraft getreten, der feststellt, dass die Anrechnungsregeln zunächst einmal nur das Verhältnis zwischen Auftraggeber und Rechtsanwalt betreffen. Darüber hinaus wird klargestellt, dass die Anrechnungsproblematik für den Kostenerstattungsschuldner im Kostenfestsetzungs- oder im Kostenausgleichsverfahren nur dort relevant ist, wo die Geschäftsgebühr von diesem bereits gezahlt, anerkannt oder eine solche tituliert ist.

430 Damit hat der Gesetzgeber die immer schon geltende rechtliche Selbstverständlichkeit nochmals **klargestellt,** dass lediglich eine Doppeltitulierung verhindert werden soll. Aufgrund der Klarstellungsfunktion dieser Gesetzesänderung (besser: Gesetzeserweiterung) ist nach zutreffender Ansicht auch sichergestellt, dass § 15a auch bei Altfällen zur Anwendung gelangt. Dies war zunächst auch bei Inkrafttreten von § 15a völlig einhellige Meinung in Rspr. und Lit. (OLG Stuttgart AGS 2009, 371; OLG Düsseldorf AGS 2009, 372; LG Berlin AGS 2009, 367; AG Wesel AGS 2009, 312; ebenso die Lit. *Schneider* AGS 2009/5, S. II, 2009/6, S. II, 2009/8, S. II; AGS 2009, 361 ff.; *Schons* AGS 2009, 217; AGS 2009, 313; *Hansens* RVGreport 2009, 161 (164)).

431 Schon wenig später fühlten sich allerdings fast alle OLG dazu aufgerufen, § 15a auszulegen und die Frage, ob auch Altfälle hierüber gelöst werden können, entwickelte sich sogar zu einer Art „Glaubensfrage" (OLG München AnwBl 2009, 880). Nach richtiger Auffassung ist § 15a **selbstverständlich auch auf Altfälle anwendbar,** so dass jeder Rechtsanwalt aufgerufen ist, in laufenden Verfahren auf die richtige „Rechtsbehandlung" hinzuwirken (OLG Koblenz AGS 2009, 420; OLG Düsseldorf AGS 2009, 372; OLG Stuttgart AGS 2009, 371; OLG Köln AGS 2009, 512; OLG Bamberg BeckRS 2010, 00764; aA OLG Bamberg BeckRS 2010, 02999; OLG Düsseldorf AGS 2009, 444 = RVGreport 2009, 354).

432 Auch beim BGH haben sich verschiedene Senate mit dieser Frage beschäftigt, wobei auch dort überwiegend die Meinung vorherrscht, dass § 15a auch Altfälle regelt (BGH AGS 2009, 466 = NJW 2009, 3101; BGH AGS 2010, 54; sowie BGH AGS 2010, 106 f.; 2010, 159 BGH RVGreport 2010, 265; aA BGH AnwBl 2009, 876 allerdings nur im Rahmen eines „obiter dictums"; zur Kritik vgl. *Schons* AnwBl 2010, 98; VGH Mannheim Beck-RS 2011, 48263; OVG Lüneburg Beck-RS 2010, 55171).

433 Aufgrund von immerhin fünf positiven BGH-Entscheidungen von vier unterschiedlichen Senaten blieb es dem Großen Senat erspart, sich auch noch mit dieser „Jahrhundertrechtsfrage" zu beschäftigen.
Dies hindert allerdings einige Verwaltungsgerichte nicht sich hier immer noch mit falscher Rspr. „zu profilieren" (VGH Mannheim Beck-RS 2011, 48263; OVG Lüneburg Beck-RS 2010, 55171).

434 Soweit in Altfällen die ungekürzte Verfahrensgebühr zur Festsetzung angemeldet worden und im Kostenfestsetzungsverfahren dann der Anrechnungsbetrag abgesetzt worden ist, kommt übrigens – unabhängig welcher Auffassung man folgt – eine Nachfestsetzung grds. nicht mehr in Betracht komme, da hierüber bereits **entschieden worden ist.** Nur soweit diese Verfahren nicht rechtskräftig abgeschlossen sind, kann hier mit Erinnerung und Beschwerde nachgebessert werden (vgl. das Editorial von *Schneider* AGS 2009, II).

435 Soweit man sich iÜ über Gerichte beklagt, die § 15a immer noch nicht richtig anwenden, muss festgestellt werden, dass derartige Rechtsfehler überwiegend zunächst einmal von Rechtsanwälten verursacht werden, die ihrerseits ihr eigenes Gebührenrecht nicht beherrschen. Als Beleg für diese Kritik mag die Entscheidung des OLG Stuttgart v. 4.12.2009 (AnwBl 2010, 146 ff.) dienen:

436 Dort vertritt der Beklagtenvertreter die Auffassung, die „dritte Alternative" von § 15a II (Geltendmachung beider Gebühren in demselben Verfahren gegenüber dem Beklagten) erlaube eine Reduzierung der Verfahrensgebühr auch dann, wenn es gar nicht zur Titulierung der Geschäftsgebühr in der Hauptsache gekommen sei. Das OLG Stuttgart hat dieser Auffassung zwar eine Absage erteilt, die Rechtsbeschwerde aber zugelassen, weil man der Auffassung ist, es müsste höchstrichterlich geklärt werden, ob Hauptsache- und Kostenfestsetzungsverfahren als „dasselbe Verfahren" iSv § 15a II angesehen werden müssen.

437 Tatsächlich stellt sich diese Frage in dieser Form gar nicht, da die dritte Alternative gänzlich andere Fälle meint, nämlich die, dass entweder Geschäfts- und Verfahrensgebühr nebeneinander im Erkenntnisverfahren eingeklagt werden **oder** dass beide Gebühren zugleich im Kostenfestsetzungsverfahren geltend gemacht werden (vgl. die Beispiele bei *Schneider* AGS 2010, 62; sa sehr eingehend Gerold/Schmidt/ *Müller-Rabe* § 15a Rn. 45; s. aber auch BGH NJW 2011, 861).

IÜ ist natürlich stets darauf zu achten, dass beim Abschluss von Vergleichen auch über das Schicksal 438
der miteingeklagten Geschäftsgebühr mit nachgedacht und auch insoweit eine klare Regelung getroffen
wird (vgl. *Schneider* AGS 2009, 567 f.; sowie OLG Saarbrücken AGS 2010, 60 ff. mAnm *Schneider*; ebenso AG Bremen AGS 2009, 566 mAnm *Schneider*; aA OLG Nürnberg AGS 2010, 463; OLG Köln AGS 2010, 462).

Der BGH hat inzwischen zwar klargestellt, dass ein Vergleich keinen Titel iSv § 15a II Alt. 2 darstellt, 439
wenn es im Vergleichstext an einer konkreten Feststellung fehlt, welcher Teil aus der Vergleichssumme
sich auf die Geschäftsgebühr erstrecken soll (BGH AGS 2011, 6 ff.; mAnm *Schneider*; vgl. *Hagen* AGS
2010, 110). Man wird sich aber nicht stets darauf verlassen können, dass die Instanzgerichte diese Rspr.
auch kennen und anwenden.

Es ist demgemäß empfehlenswert, in den Vergleichstext eine klarstellende Formulierung mit aufzu- 440
nehmen (s. hierzu einen guten Vorschlag bei Gerold/Schmidt/*Müller-Rabe* § 15a Rn. 56: „In dem Vergleichsbetrag in Höhe von …. EUR als Ersatz für eine Geschäftsgebühr mit dem Faktor 1,3
aus einem Gegenstandswert von …. EUR enthalten. [Zitat leicht abgeändert]

Allerdings ist man auch beim BGH mit dem Vergütungsrecht nicht immer gut aufgehoben: 441
So meint der BGH ein vermeintliches Sonderproblem mit falscher Lösung bei solchen Fällen entdeckt
zu haben, bei denen aus abgetretenem Recht geklagt wird. So wurde bereits zwei Mal die – ersichtliche
falsche – Auffassung vertreten, der Zessionar, der aus abgetretenem Recht klage, müsse sich eine Kürzung der Verfahrensgebühr durch Anrechnung gefallen lassen, wenn die vom Zedenten vorgerichtlich
angefallene Geschäftsgebühr tituliert werde (BGH AGS 2012, 223 ff. mit zutr. krit. Anm. *Schneider*;
BGH AGS 2012, 267 ff.)

Tatsächlich ist zu differenzieren: 442
Wechselt die Bearbeitung innerhalb derselben Sozietät von einem Anwalt auf den anderen Anwalt, so
ist die Anrechnung selbstverständlich vorzunehmen, da im Zweifel die Sozietät auch mandatiert war
(Gerold/Schmidt/*Müller-Rabe* Vorb. 3 Rn. 261 ff. mwN). Wechselt hingegen der Mandant die Anwaltskanzlei, so kann sich der Gegner nach zutreffender Rspr. des BGH nicht auf eine Anrechnung berufen,
auch nicht unter dem Gesichtspunkt des Gebotes der Kostenersparnis (BGH AGS 2010, 52 = JurBüro
2010, 190; ebenso OLG Köln AGS 2009, 461; aA AG Nürtingen AGS 2010, 306 mit ablehnender Anm.
Schneider).

Ein weiteres Problem taucht dann auf, wenn der Rechtsanwalt den Anfall einer Geschäftsgebühr nach 443
Nr. 2300 VV via Vergütungsvereinbarung ausgeschlossen hat, im Hauptsacheverfahren dann aber
gleichwohl eine fiktive Geschäftsgebühr mit einklagt, und ggf. auch zugesprochen erhält.

Bejaht man die Möglichkeit, auch nach Abschluss einer Vergütungsvereinbarung eine fiktive Ge- 444
schäftsgebühr geltend zu machen, weil durch den Abschluss einer Vergütungsvereinbarung und der Kostenerstattungsschuldner zwar nicht schlechter aber auch nicht besser gestellt werden soll, stellt sich die
Frage, wie mit einer solchen fiktiven Geschäftsgebühr zu verfahren ist (vgl. zu dieser Problematik Hartung/Schons/Enders Nr. 2300 VV Rn. 176 f.).

Der BGH ist bislang dabei geblieben, dass die Anrechnung einer Geschäftsgebühr nicht in Betracht 445
komme, wenn eine wirksam vereinbarte Vergütungsvereinbarung den Anfall einer Geschäftsgebühr ausgeschlossen habe (vgl. BGH AGS 2015, 147 f.).

Recht überzeugend ist dies eigentlich nicht, da die Titulierung einer fiktiven Geschäftsgebühr dann 446
auch in entsprechender Höhe eine Anrechnung zulassen müsste. Eine neue Entscheidung des OLG
Frankfurt trägt dieser Überlegung jedenfalls dann Rechnung, wenn erst im späteren Kostenfestsetzungsverfahren – nach Titulierung einer behaupteten Geschäftsgebühr – auf eine Vergütungsvereinbarung
verwiesen wird (vgl. OLG Frankfurt AGS 2017, 428 ff.).

§ 15a hat weiterhin zur Folge, dass der Rechtsanwalt wiederum die **Wahlmöglichkeit** hat, die volle 447
Geschäftsgebühr mit der Hauptsache einzuklagen (was zu Zinsvorteilen führen kann) oder eine anteilige
Geschäftsgebühr (aA und völlig falsch OLG Düsseldorf AGS 2012, 543 f. mAnm *Schneider*). Wird dem
Rechtsanwalt aufgrund seines Klageantrages die volle Geschäftsgebühr im Hauptverfahren zugesprochen, reduziert sich – auch und gerade über § 15a – die Verfahrensgebühr um die Hälfte der zugesprochenen Geschäftsgebühr, höchstens allerdings reduziert um 0,75.

Daher gilt: 448
Soweit eine materiell rechtliche Anspruchsgrundlage für die Erstattung der außergerichtlichen Anwaltsgebühren vorhanden ist, wird der Rechtsanwalt zum Grund und insb. zur Höhe der außergerichtlichen Gebühr umfassend vortragen müssen. Nach wie vor sei es unzutreffend, wenn argumentiert wird,
bei einer Gebühr von 1,3 seien Ausführungen zu den Bewertungskriterien von § 14 I überflüssig (vgl.
AnwK RVG/*Onderka* VV 2300 Rn. 22; *Schons* NJW 2005, 1024; BGH AGS 2007, 28 mAnm *Schons*).

Der entsprechende Vortrag im Hauptsacheverfahren wird allerdings nicht gesondert honoriert. 449
Auch wenn die außergerichtlichen Anwaltskosten unter dem Gesichtspunkt des Verzugsschadens gel- 450
tend gemacht werden, sollen sie nach der Rspr. des BGH nicht als streitwerterhöhender Schadensersatzanspruch, sondern als Kosten iSv § 4 II ZPO zu behandeln seien (BGH AGS 2007, 231 ff.).

Dies gilt nicht uneingeschränkt, da bei besonderen Fallkonstellationen der auf die Erstattung von au- 451
ßergerichtlichen Anwaltskosten gerichtete Schadensersatzanspruch neuerdings auch im Wege der Widerklage geltend gemacht werden kann.

So müssen Rechtsanwälte, die ihre ehemaligen Mandanten mit unbegründeten und überzogenen Ho- 452
norarforderungen überziehen, durchaus damit rechnen, bei entsprechender Fallgestaltung nicht nur ein
klageabweisendes Urteil zu erhalten, sondern über eine Hilfswiderklage auch mit den außergerichtlichen

anwaltlichen Abwehrkosten des ehemaligen Mandanten belastet zu werden. Dies hat der BGH in seiner viel beachteten Entscheidung vom 5.6.2014 überzeugend dargestellt (vgl. BGH AGS 2014, 319f. mAnm *Schons*).

453 Ob die Vermutung von *Mayer* zutreffend ist, dass es sich hier um einen absoluten Ausnahmefall gehandelt habe, der jegliche Verallgemeinerungen verbiete, wird die Zukunft wohl erweisen müssen (vgl. insoweit die Kritik bei Gerold/Schmidt/*Mayer* § 4b Rn. 13; zu einer weiteren Fallgestaltung sa Hartung/Schons/Eders Nr. 2300 VV Rn. 165).

454 **b) Durchsetzung gegen den eigenen Mandanten.** Zahlt der eigene Mandant die entstandenen Anwaltskosten nicht, so ist der Rechtsanwalt gehalten, auf die Titulierung seines Gebührenanspruches hinzuwirken.

455 Bzgl. der gerichtlichen Gebühren bietet § 11 eine Hilfestellung, der § 19 BRAGO in leicht verbesserter Form ersetzt hat.

456 So erlaubt § 11 I, auch vorgelegte Gerichtskosten gegen die eigene Partei festsetzen zu lassen, sofern eine Erstattung durch den Mandaten nicht erfolgt ist. Bis zum 30.6.2004 war es in derartigen Fällen erforderlich, eine gesonderte Klage zu erheben.

457 Eine weitere Neuerung findet sich in § 11 VIII, der es zulässt, auch Rahmengebühren gegen den eigenen Mandanten festsetzen zu lassen. Gemeint sind bei diesen Rahmengebühren aber nur die gerichtlichen Rahmengebühren, etwa aus dem sozialgerichtlichen Bereich. Eine Geschäftsgebühr nach Nr. 2300 VV kann nach wie vor auch gegen die eigene Partei nicht festgesetzt werden. Hier ist der Rechtsanwalt gehalten, Gebührenklage zu erheben.

458 Im Rahmen eines solchen Gebührenprozesses, in dem auch die Höhe der geltend gemachten Rahmengebühr im Streite steht, ist das Gericht verpflichtet, ein Gebührengutachten bei der zuständigen Rechtsanwaltskammer einzuholen. Zuständig ist ausschließlich die Rechtsanwaltskammer, bei dem der Rechtsanwalt, dessen Rechnung betroffen ist, zugelassen ist. Die Nichteinholung eines solchen Kammergutachtens stellt einen schweren Verfahrensfehler nach § 539 ZPO dar, so dass mit einer Rückverweisung des Rechtsstreites an die Vorinstanz zu rechnen ist (AnwK RVG/*Onderka/Schneider* § 14 Rn. 122 mwN).

459 Das Gutachten der Rechtsanwaltskammer ist kein Sachverständigengutachten iSv § 411 I ZPO, so dass es weder zu Beweisanträgen noch zu „Beweisbeschlüssen" kommen kann, wie sie teilweise in Gerichtsakten immer noch vorzufinden sind. Aus diesem Grunde kann der „Gutachter" auch nicht für Befangen erklärt (str. aA *Hansens* ZAP Fach 24, 499 ohne nähere Begründung; ebenso wohl auch AnwK RVG/*Onderka/Schneider* § 14 Rn. 116) und ebenso wenig mündlich angehört werden (vgl. Gerold/Schmidt/*Mayer* § 14 Rn. 65). Allenfalls lässt sich eine Anhörung des Autors des Gutachtens stellvertretend für den Kammervorstand herbeiführen, was allerdings freiwillige Mitwirkung des entsprechenden Vorstandsmitgliedes voraussetzen dürfte. Schließlich ist das Gutachten kostenlos und die Bereitschaft einzelner Vorstandsmitglieder über die Erstellung des Gutachtens hinaus weitere Zeit zu opfern, dürfte nicht immer gegeben sein.

460 Zudem ist das Gutachten für das Gericht nicht bindend, so dass das Gericht bei begründeten Einwänden gegen die Qualität des Gutachtens sich über dessen Beurteilung auch hinwegsetzen kann (vgl. Gerold/Schmidt/*Mayer* § 14 Rn. 70; s. aber KG NJW 1965, 1602; BGH AnwBl 2010, 362ff. (371): Abweichungen vom Gutachten sind zu begründen).

461 **Praxistipp:** Entgegen ganz hA (zum Meinungsstand vgl. AnwK RVG/*Onderka/Schneider* § 14 Rn. 100ff.) ist ein Kammergutachten auch dann einzuholen, wenn die umstrittene Geschäftsgebühr vom Rechtsschutzversicherer oder einem sonstigen Erstattungspflichtigen begehrt wird (*Schons* NJW 2005, 1024 (1025); NJW 2005, 3089 (3091); nun auch MAH VergütungsR/*Teubel* S. 765). Unabhängig hiervon kann das Gericht stets auf Anregung ein Gutachten einholen „um sich diese oftmals wertvolle Erkenntnisquelle bei seiner Entscheidungsfindung nutzbar zu machen" (AnwK RVG/*Onderka/Schneider* § 14 Rn. 102 aE; vgl. auch *Madert* Anm. zum AG Gelsenkirchen AGS 2005, 250; sowie *Schneider* Anm. zu AG Aachen AGS 2005, 107).

462 Geht es um die Durchsetzung gerichtlicher Anwaltsgebühren, ist dem Rechtsanwalt – zunächst – der Klageweg verschlossen. Vielmehr fehlt es einer Vergütungsklage in der Regel am Rechtsschutzbedürfnis, weil § 11 eine schnellere und insb. kostengünstigere Titulierung herbeiführen kann (AnwK RVG/*Schneider* § 11 Rn. 2).

463 Darüber hinaus wird durch den Antrag auf Vergütungsfestsetzung der Ablauf der Verjährung ebenso wie bei einer Klageerhebung gehemmt (§ 11 VII).

464 Das Kostenfestsetzungsverfahren gegen die eigene Partei, richtiger: Vergütungsfestsetzungsverfahren ist vom Kostenfestsetzungsverfahren nach §§ 103ff. ZPO zu unterscheiden. Während im letzteren Verfahren über den Kostenerstattungsanspruch der erstattungsberechtigten Partei gegen den erstattungsverpflichteten Gegner entschieden wird, geht es im Vergütungsfestsetzungsverfahren um das materiellrechtliche Verhältnis zwischen Rechtsanwalt und eigenem Auftraggeber. Die Unabhängigkeit der beiden Verfahren wird insb. darin deutlich, dass wechselseitig keine Bindungswirkung an den möglicherweise unterschiedlich getroffenen Entscheidungen eintreten kann (BGH NJW 1991, 2048).

465 Auch beschränkt sich der Vergütungsfestsetzungsantrag nicht auf den Rechtsanwalt oder auch nur eine Prozesspartei. So kann der Auftraggeber selbst, sein Erbe oder der Rechtsschutzversicherer als Rechtsnachfolger das Vergütungsfestsetzungsverfahren betreiben, um die Berechtigung der Kostenrechnung überprüfen zu lassen (vgl. zum Ganzen AnwK RVG/*Schneider* § 11 Rn. 171ff.).

Der Rechtsanwalt wiederum kann die Festsetzung auch gegen den Auftraggeber beantragen, der selbst 466
gar nicht Prozesspartei war (OLG Köln AnwBl 1978, 65 mAnm *Schmidt* = NJW 1978, 896).
  Eine Titulierung im Vergütungsfestsetzungsverfahren scheitert jedoch dann, wenn der Auftraggeber 467
sog. gebührenfremde Einwände erhebt, also insb. Schlechtleistung rügt und mit Schadensersatzansprüchen gegen den Vergütungsanspruch aufrechnen will.
  In all diesen Fällen muss das Gericht die Festsetzung nach Abs. 5 S. 1 ablehnen, wird den Rechtsan- 468
walt aber in der Regel zunächst auffordern, den Kostenfestsetzungsantrag zurückzunehmen.
  Alsdann hat der Rechtsanwalt nur noch die Möglichkeit, seine Vergütung im Mahn- oder Klageverfah- 469
ren geltend zu machen.
  Zu beachten ist stets, dass die Festsetzung allerdings nur insoweit abgelehnt werden kann, als die Ein- 470
wendungen überhaupt durchgreifen können. Bei Teileinwendungen, die lediglich zu einer Reduzierung
der Gebühren führen, ist in Höhe des verbleibenden Betrages eine Festsetzung auszusprechen (vgl.
AnwK RVG/*Schneider* § 11 Rn. 183). Ferner ist eine Festsetzung trotz außergebührenrechtlicher Einwendungen vorzunehmen, wenn der entsprechende Sachvortrag vollkommen unsubstantiiert ist oder
sich die Behauptungen des Kostenschuldners aus dem Akteninhalt eindeutig widerlegen lassen (vgl. iE
Gerold/Schmidt/*Müller-Rabe* § 11 Rn. 117 ff. mwN).
  Zu Recht rät *Müller-Rabe* dazu, den Versuch im Wege des Festsetzungsverfahrens schnell und preis- 471
wert zu einem Titel zu gelangen, nicht vorschnell aufzugeben (Gerold/Schmidt/*Müller-Rabe* § 11
Rn. 118). Das Verfahren ist im ersten Rechtszug kostenfrei und in der Beschwerdeinstanz fällt lediglich
eine Gerichtsgebühr iHv 50 EUR an.
  Ist aber eine Vergütungsklage unumgänglich, so wird in diesem Rechtsstreit die Einholung eines 472
Kammergutachtens nicht geboten sein. Die gerichtlichen Anwaltsgebühren einschließlich der FGG-
Gebühren sind Festgebühren, so dass ein Gutachten nach § 14 II nicht in Betracht kommt.
  Soweit der Anfall einer Gebühr etwa der einer Einigungsgebühr oder die Höhe des Gegenstandswer- 473
tes umstritten sind, sind dies Rechtsfragen, die ausschließlich das Gericht zu klären hat.
  Im Rahmen des Gebührenrechtsstreits hat der Rechtsanwalt strikt darauf zu achten, dass seine Aus- 474
führungen nicht mit der anwaltlichen Verschwiegenheitsverpflichtung kollidieren, die auch bei Beendigung des Mandatsverhältnisses bestehen bleibt.
  Soweit in einigen Kommentaren die Auffassung vertreten wird, die Verschwiegenheitsverpflichtung 475
ende grds. da, wo der Mandant seinen Zahlungsverpflichtungen seinerseits nicht nachkomme, wird die
Sach- und Rechtslage höchst verkürzt und damit schlicht und einfach falsch wiedergegeben.
  Durch die fehlende Zahlungsbereitschaft mag der Auftraggeber den Anwaltsvertrag verletzten, was 476
aber nicht ohne weiteres den Rechtsanwalt zu einer eigenen Vertragsverletzung berechtigt.
  Vielmehr ist der Rechtsanwalt nur insoweit von seiner **Verschwiegenheitsverpflichtung entbunden,** 477
als er Tatsachenvortrag benötigt, um seinen Honoraranspruch erfolgreich durchsetzen zu können. Im
Grunde genommen gibt also der Auftraggeber oder der ehemalige Auftraggeber durch seinen „Beklagtenvortrag" erst einmal vor, inwieweit Einzelheiten aus dem Mandatsverhältnis offenbart werden dürfen.
Je mehr der Auftraggeber im Gebührenprozess bestreitet, umso mehr ist der Rechtsanwalt unter dem
Gesichtspunkt des rechtfertigenden Notstandes berechtigt, substantiiert unter Offenbarung von Einzelheiten vorzutragen (vgl. zum Ganzen sehr eing. *Schons* AnwBl 2007, 441 ff.; AnwBl 2011, 281 ff.).
  Unzulässig ist es insb., sich mit einer negativen Feststellungsklage gegen einen außergerichtlich geltend 478
gemachten Rückzahlungsanspruch des Auftraggebers zu wehren und in einem solchen Verfahren bereits
Details aus dem Mandatsverhältnis vorzutragen (vgl. *Schons* AnwBl 2007, 441 ff.; ebenso nunmehr auch
Kleine-Cosack, BRAO, 7. Aufl. 2015, BRAO § 43a Rn. 57).
  Und schließlich hilft auch die oftmals zu beobachtende Übung im ersten Schritt nicht unbedingt wei- 479
ter, den Gebührenanspruch an einen anderen Rechtanwalt abzutreten, um sich selbst als Zeuge zur Verfügung stellen zu können. Ist der Gebührenanspruch einmal an eine andere Person abgetreten, kann
sich der Zedent auf den rechtfertigenden Notstand hinsichtlich der Verschwiegenheitsverpflichtung nicht
berufen, sondern bedarf nunmehr als Zeuge der Verschwiegenheitsentbindung des ehemaligen Auftraggebers (umstritten, aA OLG Stuttgart MDR 1999, 192).

3. Gerichtsstandvereinbarung. Schon zu Beginn des Mandates sollte man sich Gedanken darüber 480
machen, wo Vergütungsforderungen ggf. einzuklagen sind.
  Die jahrzehntelange Rspr. des BGH zum „Gerichtsstand des Kanzleisitzes" wurde 2004 bekanntlich 481
aufgegeben (BGHZ 157, 20 ff. = NJW 2004, 54 ff.; anders bei ausländischen Mandanten: BGH NJW
2006, 1802).
  Es fragt sich demgemäß ob es Sinn macht, Mandatsbedingungen mit einer Gerichtsstandsvereinbarung 482
zu versehen. Nach derzeit noch hA haben derartige Gerichtsstandsvereinbarungen allerdings nur einen
höchst eingeschränkten Wert, setzen sie doch voraus, dass auf beiden Seiten Kaufleute vorhanden sind
(vgl. § 39 ZPO).
  Selbst wenn der Auftraggeber Kaufmann oder Unternehmer iSd Gesetzes ist, würden Gerichtsstands- 483
vereinbarungen nach dieser Auffassung also nur solchen anwaltlichen Kanzleien weiterhelfen, die sich als
GmbH oder Anwalts-AG organisiert haben.
  Mit beachtlicher Begründung wird in der Lit. und in einer vereinzelten Entscheidung des LG Ham- 484
burg allerdings zutreffend darauf hingewiesen, dass es auch dem Einzelanwalt möglich sein muss, Gerichtsstandsvereinbarungen mit Kaufleuten zu treffen (vgl. zum Ganzen sehr eing. *Schons* FS Scharf,
2008, 297; Zöller/*Vollkommer* ZPO § 38 Rn. 18 mwN; ebenso *Krügermeyer-Kalthoff/Reutershan* MDR

2001, 1216 (1219); de lege ferenda auch *Balthasar* JuS 2004, 571 (573). Für eine teleologische Reduktion des § 38 II ZPO dahingehend, dass Nichtkaufleute für sie günstige Gerichtsstandvereinbarungen treffen können auch *Wagner*, Prozeßverträge, 1998, 560 f.; *Stöber* AGS 2006/9, 413 ff. aA mit abenteuerlicher Begründung OLGR Hamburg 2008, 340).

485 Es ist zu erwarten, dass sich in Zukunft mehr und mehr die Gerichte der vernünftigen Argumentation von Zöller anschießen werden, so dass zur Aufnahme von Gerichtsstandsvereinbarungen in Mandatsbedingungen durchaus geraten werden kann.

486 **Praxistipp:** Es sollte allerdings darauf geachtet werden, dass umfassende Gerichtsstandsvereinbarungen nur in Mandatsbedingungen auftauchen. Gefährlich sind umfassende Gerichtsstandsvereinbarungen in Vergütungsvereinbarungen gem. §§ 3a ff. die sie sich nicht auf Vergütungsklagen aus der Vergütungsvereinbarung selbst beschränken (vgl. zu den Einzelheiten: Gerold/Schmidt/*Mayer* § 3a Rn. 10).

487 **4. Vergütungsvereinbarungen. a) Allgemeines.** Unter Vergütungsvereinbarung ist die Abrede zwischen einem Rechtsanwalt und einem Auftraggeber oder einem Dritten zu verstehen, mit der anstelle der im RVG geregelten gesetzlichen Vergütung eine vertraglich vereinbarte Vergütung geschuldet wird (vgl. *Teubel/Schons*, Erfolgshonorar für Rechtsanwälte, 2008, 1).

488 Unter eine Vergütungsvereinbarung in diesem Sinne fallen also nicht nur Vereinbarungen, die zu einer höheren als der gesetzlichen Vergütung führen, sondern auch solche, die eine niedrigere als die gesetzliche ergeben. Bis zum 30.6.2008 durfte allerdings nur im außergerichtlichen Vertretungsbereich eine niedrigere Gebühr als die gesetzliche Vergütung vereinbart werden. Durch das Gesetz zum Erfolgshonorar, das am 1.7.2008 in Kraft getreten ist, kann über eine – zulässige – Erfolgshonorarvereinbarung auch bei den gerichtlichen Anwaltsgebühren die gesetzliche Vergütung – bis hin zu 0 – unterschritten werden.

489 Durch das sog. Gesetz zur Neuregelung des Verbotes der Vereinbarung von Erfolgshonoraren wurde das Recht der Vergütungsvereinbarung in weiten Teilen vollständig neu geschrieben.

490 Die gesetzliche Neuregelung belässt es eben nicht dabei unter bestimmten Voraussetzungen die Vereinbarung von Erfolgshonoraren zuzulassen, sondern es sind auch Änderungen und zwar ganz entscheidende Änderungen zu verzeichnen, die jede Vergütungsvereinbarung betreffen.

491 So ist inzwischen klargestellt, dass jegliche Vergütungsvereinbarung, auch eine solche, mit denen eine niedrigere als die gesetzliche Vergütung vereinbart werden soll, der Textform bedarf.

492 Schon hier lauern Gefahrenquellen, auf die nicht nachdrücklich genug hingewiesen werden kann: Wer die Textform nicht beachtet, muss nicht nur damit rechnen, seinen Vergütungsanspruch zu verlieren, der über die gesetzliche Vergütung hinausgeht, sondern auch kann auch erfolgreich auf Rückzahlung der die gesetzliche Vergütung überschreitenden Beträge in Anspruch genommen werden (BGH AGS 2012, 118 f. mit zust. Anm. *Schons;* s. jetzt auch BGH AGS 2014, 319 ff. mAnm *Schons*).

493 Ferner ist in § 3a eine Hinweispflicht darauf enthalten, dass die gegnerische Partei, ein Verfahrensbeteiligter oder die Staatskasse im Falle der Kostenerstattung regelmäßig nicht mehr als die gesetzliche Vergütung erstatten muss (s. hierzu *N. Schneider* ErbR 2016, 445 ff. zu BGH Urt. v. 12.5.2016 – IX ZR 208/15) und schließlich fehlt es an der jahrzehntelangen bewährten gesetzlichen Regelung im alten § 4 wonach der Auftraggeber freiwillige und vorbehaltlose Zahlungen nicht mit der Begründung zurückfordern konnte, die Vergütungsvereinbarung habe nicht in allen Punkten den Formvorschriften entsprochen (zur Kritik vgl. *Teubel/Schons*, Erfolgshonorar für Rechtsanwälte, 2008, 32; sa *Rehberg/Schons/Vogt ua*, RVG, 6. Aufl. 2015, 1015 unter Hinweis auf BGH AGS 2012, 118 f.).

494 Geblieben ist im Gesetz die Forderung, die Vergütungsvereinbarung nicht in die Vollmacht aufzunehmen und von sonstigen Erklärungen **deutlich** abzusetzen. Gerade im Zusammenhang mit dieser Regelung war es zu geradezu skurrilen Entscheidungen gekommen. Über Jahrzehnte hinweg vertrat bspw. der 24. Senat des OLG Düsseldorf die Auffassung, Empfangsbekenntnisse, die sich auf die Vergütungsvereinbarung bezögen machten denn diese Vergütungsvereinbarung unwirksam (OLG Düsseldorf AGS 2004, 10 ff. mAnm *Schneider*). Eine ganze Reihe von Rechtsanwälten wurden Opfer dieser Rspr. und gingen des vereinbarten Honorars, teilweise sogar der gesetzlichen Vergütung (OLG Düsseldorf AGS 2004, 10 ff.) verlustig, weil man verabsäumt hatte, in nicht verjährter Zeit zumindest hilfsweise eine Kostenrechnung mit dem gesetzlichen Gebühren vorzulegen (zur Verjährungsunterbrechung bzw. -hemmung sa BGH NJW 2002, 2774 (2776)).

495 Dieser Rspr. hat der BGH mit sehr klaren Worten nun endlich Einhalt geboten und zu Recht ausgeführt, dass kaum etwas so eng mit einer Vergütungsvereinbarung verbunden sei, wie ein Empfangsbekenntnis, da sich auf eben diese Vergütungsvereinbarung beziehe (BGH AGS 2009, 430 ff. mAnm *Schons*).

496 Gleichwohl sollte man auch in Zukunft darauf achten, dass sonstige Erklärungen oder Vereinbarungen von der eigentlichen Vergütungsvereinbarung streng getrennt sind, da anderenfalls die Gefahr besteht, dass die Wirksamkeit der Vergütungsvereinbarung im Nachhinein vom Gericht in Zweifel gezogen wird. Zu den abzusetzenden anderen Vereinbarungen gehören etwa Gerichtsstandsvereinbarungen für Klagen aus dem Mandatsverhältnis, Haftungsbeschränkung, Vereinbarungen über die Art und Weise der Mandatsbearbeitung wie zB Bearbeitung durch einen bestimmten Anwalt, Unterrichtungspflichten und Vereinbarungen über den Ausschluss von Kündigungsrechten (vgl. Mayer/Kroiß/*Teubel*, 2. Aufl. 2006, § 4 Rn. 47 mwN). Unproblematisch sind hingegen Fälligkeits-, Vorschussregelungen, Regelungen über die Vergütung bei vorzeitiger Beendigung des Mandates sowie Gerichtsstandsvereinbarungen für Klagen aus der Vergütungsvereinbarung selbst (vgl. *Teubel/Schons*, Erfolgshonorar für Rechtsanwälte, 2008, § 2

Rn. 70; zur Gerichtsstandsvereinbarung sa *Zöller,* ZPO 26. Aufl. § 38 Rn. 18 ff.; sowie *Schons* FS Scharf, 2008, 297 ff. (299)) sowie nunmehr auch Empfangsbekenntnisse (BGH AGS 2009, 430 ff. mAnm *Schons*).

Besser man verzichtet iÜ auf das „deutliche Absetzen" in der Vergütungsvereinbarung und nutzt für andere Erklärungen eine weitere Urkunde. So ist bspw. eine Trennlinie möglicherweise dann nicht ausreichend, wenn auch der übrige Text bereits mit mehreren Trennlinien versehen wird (BGH NJW 1996, 1964 f.; vgl. *Teubel/Schons,* Erfolgshonorar für Rechtsanwälte, 2008, § 2 Rn. 67–69). 497

Ganz besonders gefährlich und eigentlich nicht nachvollziehbar ist es, wenn Rechtsanwälte die Vergütungsvereinbarung mit ihren allgemeinen Mandatsbedingungen verbinden und die eigentliche Vergütungsvereinbarung nur dadurch von den übrigen Mandatsvereinbarungen trennen, dass sie der Vergütungsvereinbarung einen eigenen Abschnitt einräumen. 498

Oftmals findet man dann vor und nach der eigentlichen Vergütungsvereinbarung andere allgemeine Hinweise, die sich sowohl auf das Mandatsverhältnis als auch auf die Vergütungsvereinbarung beziehen. Derart „eingebettete" Vergütungsvereinbarung entsprechen nicht dem Willen des Gesetzgebers; das Mindeste was man erwarten darf ist, dass **sämtliche** Mandatsbedingungen in **einem gesonderten** Abschnitt vorzufinden sind, und sich die Vergütungsvereinbarung und die darauf beziehenden Bedingungen in **einem anderen** deutlich abgetrennten Abschnitt vorfinden lassen. Alles andere führt zur Intransparenz und damit im Zweifel zur Gefährdung des Vergütungsanspruches, der über die gesetzliche Vergütung hinausgehen soll. 499

Mit Hilfe des OLG Karlsruhe wäre es eigentlich möglich gewesen, diese Sach- und Rechtslage ein für alle Mal abschließend zu regeln. Das OLG Karlsruhe hat mit großer Überzeugungskraft dargelegt, dass deutliches Absetzen hohe Anforderungen stellt und sich hierbei an der oben zitieren Rechtsprechung zum deutlichen Absetzen von Widerrufsbelehrungen orientiert (OLG Karlsruhe AGS 2015, 114 ff.). 500

Leider hat der BGH diese Entscheidung, das OLG Karlsruhe hatte dankenswerterweise bewusst die Revision zugelassen – zwar bestätigt, die Aussage des OLG Karlsruhe allerdings relativiert (vgl. BGH AGS 2016, 56 ff. mAnm *Schons;* sa *N. Schneider* ErbR 2016, 135 ff.). 501

Damit bleibt es bei der oben abgegebenen Empfehlung, den sichersten Weg zu gehen und Vergütungsvereinbarungen von jeglichen anderen Regelungen durch gesonderte Urkunden zu trennen. 502

Im neuen § 4 (erfolgsunabhängige Vergütung) ist festgehalten, dass eine niedrigere als die gesetzliche Vergütung stets in einem angemessenen Verhältnis zur Leistung, Verantwortung und Haftungsrisiko des Rechtsanwaltes stehen muss, was erklärtermaßen auch in Zukunft Preisdumping verhindern helfen soll. Und schließlich ist es dem Rechtsanwalt nunmehr unter bestimmten Voraussetzungen erlaubt, Erfolgshonorarvereinbarungen zu treffen, nämlich dann, wenn der Auftraggeber aufgrund seiner wirtschaftlichen Verhältnisse bei verständiger Betrachtung ohne die Vereinbarung eines solchen Honorars von der Rechtsverfolgung abgehalten würde (§ 4a). 503

Interessanterweise hatte der Gesetzgeber bei dieser Regelung Lebenssachverhalte vor Augen, bei denen insb. der Streit um einen Erbteil namentlich in der Gesetzesbegründung genannt ist (BT-Drs. 16/8384, 11). Gedacht ist gerade hier an eine rechtsuchende Person, die zwar nicht arm iSd Gesetzes ist, sondern sich normaler Einkommens- und Vermögensverhältnisse erfreut, sich gleichwohl aber nicht in der Lage sieht, den Prozess um einen hohen Erbanteil „vorzufinanzieren". 504

Hier soll es nunmehr dem Rechtsanwalt möglich sein, auf die besondere Situation Rücksicht zu nehmen und auch auf gerichtliche Anwaltsgebühren zT oder auch gänzlich zu verzichten, wenn für den Erfolgsfall „ein angemessener Zuschlag auf die gesetzliche Vergütung vereinbart" wird. 505

Auch und gerade bei Erbrechtsstreitigkeiten sollte sich aber jedenfalls der Rechtsanwalt sehr gut überlegen, ob er sich auf ein Erfolgshonorar einlässt. Die gesetzliche Neuregelung stellt zwar weitestgehend sicher, dass für den Auftraggeber mit Erfolgshonoraren nur wenig Gefahren und Risiken verbunden sind, der Rechtsanwalt dagegen sieht sich einem ganz erheblichen Risiko ausgesetzt, dass der Mandant im Erfolgsfalle die ursprünglich getroffene Vereinbarung zu Fall zu bringen sucht (krit. *Teubel/Schons,* Erfolgshonorar für Rechtsanwälte, 2008, 92 f.). 506

Das Misstrauen und der Verdacht, Rechtsanwälte könnten sich über Erfolgshonorarvereinbarungen zu Lasten des Klientels bereichern wollen, wird voraussichtlich auch die spätere Rspr. prägen, die bereits bei den „normalen" Vergütungsvereinbarungen eher restriktiv zu Lasten der Anwaltschaft geurteilt hat (OLG Düsseldorf AGS 2004, 536 ff.; 2006, 530 ff.; 2008, 12 ff.; BGH AGS 2000, 191; NJW 1990, 2407; 2000, 1106; 2003, 3486; 2004, 2818 ff.; 2005, 2142 ff.; BGHZ 138, 100 ff.; 144, 59 ff.; 144, 343 ff.). 507

Zwischenzeitlich misst die Rechtsprechung fehlerhaften Erfolgshonorarvereinbarungen und wohl auch überhaupt fehlerhaften Vergütungsvereinbarungen auch strafrechtliche Relevanz bei, indem der Straftatbestand eines Betruges durch Unterlassung ins Spiel gebracht wird (BGH AGS 2014, 322, rechte Spalte; s. BGH AnwBl. 2014, 1060). 508

Gerade Erbrechtsmandate sind in der Regel „einzelne Mandate" die in der Regel keine weiteren Folgemandate erwarten lassen. Bei einer derartigen Situation baut der Auftraggeber keine enge Bindungswirkung zu seinem Rechtsanwalt auf und hat im Erfolgsfalle auch keine Hemmungen um die Vergütung zu streiten (vgl. *Teubel/Schons,* Erfolgshonorar für Rechtsanwälte, 2008, 94, 95). 509

Die Befürchtungen und Warnungen gegen die Vereinbarung von Erfolgshonoraren haben sich zwischenzeitlich bestätigt. So hat das LG Berlin in einer viel beachteten und wohlbegründeten Entscheidung eine Erfolgshonorarvereinbarung für unwirksam erklärt, in der als Grund für das Fehlen der Voraussetzungen für ein Erfolgshonorar die mögliche Inanspruchnahme der PKH genannt wird. Tatsächlich konnte das Gericht aufgrund des entsprechenden Vortrages des ehemaligen Mandanten feststellen, dass Prozesskostenhilfe erfolgreich hätte in Anspruch genommen werden können und deshalb wurde der 510

Rechtsanwalt trotz des eingetretenen bzw. erwarteten Erfolges auf die gesetzlichen Gebühren verwiesen (LG Berlin AGS 2011, 14 f. mAnm *Schons*).

511 Inzwischen ist der Gesetzgeber allerdings dazu übergegangen, den Zugang zum Erfolgshonorar noch weiter zu lockern:
Seit 1.1.2014 soll es umgekehrt zur bisherigen Rechtslage gerade dort möglich sein, ein Erfolgshonorar mit dem Mandanten zu vereinbaren, wo die Voraussetzungen für die Beratungs- oder Prozesskostenhilfe gegeben sind. Es bleibt abzuwarten, wie lange es dauert, bis diese Neuregelung das BVerfG veranlasst, über eine vollständige Freigabe des Erfolgshonorars nachzudenken.

512 Wie dem auch sei:
Will man trotz dieser Warnhinweise auch beim erbrechtlichen Mandat einer Erfolgshonorarvereinbarung – auf Wunsch des Mandanten – näher treten, sollte man sich an der **nachfolgenden Checkliste** orientieren:

513 **b) Gründe, die gegen eine Erfolgshonorarvereinbarung sprechen**
- Der Auftraggeber hat ersichtlich Anspruch auf Beratungshilfe oder Prozesskostenhilfe (spricht in Zukunft gerade **für** die Möglichkeit ein Erfolgshonorar zu vereinbaren).
- Der Auftraggeber ist rechtsschutzversichert.
- Die Person des Auftraggebers und das Mandat eignen sich ersichtlich für einen Prozessfinanzierer.
- Bedeutung und Gegenstandswert der Angelegenheit sind so gering, dass eine Überschreitung der gesetzlichen Vergütung auch im Erfolgsfalle völlig unangemessen und wirtschaftlich sinnlos erscheint.
- Der Gegenstand des Mandates lässt befürchten, dass die Rspr. Bedenken hinsichtlich einer Erfolgshonorarvereinbarung geltend machen könnte (Sorgerechtsverfahren, Besuchsregelungen, bestimmte Aspekte eines Strafverfahrens).
- Die bekannte oder erkennbar werdende Persönlichkeitsstruktur des Auftraggebers lässt befürchten, dass dieser sich – wenn irgend möglich – im Nachhinein Honoraransprüchen widersetzen wird.

514 **c) Gestaltung von Erfolgshonorarvereinbarungen**
- Kenntlichmachung, dass der Wunsch nach der Erfolgshonorarvereinbarung vom Auftraggeber ausgeht.
- Darstellung der wirtschaftlichen Verhältnisse und der vernünftigen Erwägungen vom Mandanten formulieren lassen und ausdrücklich zur Geschäftsgrundlage der Vereinbarung machen.
- Wesentliche Punkte, die für den Abschluss der Erfolgshonorarvereinbarung maßgeblich waren zur Geschäftsgrundlage machen.
- erteilten Hinweis dokumentieren, dass die gegnerische Partei, ein Verfahrensbeteiligter oder die Staatskasse im Falle der Kostenerstattung regelmäßig nicht mehr als die gesetzliche Vergütung erstatten muss.
- Hinweis dokumentieren, dass die Vereinbarung keinen Einfluss auf die ggf. vom Auftraggeber zu zahlenden Gerichtskosten, Verwaltungskosten und die von ihm zu erstattenden Kosten anderer Beteiligter hat.
- Gesetzliche Vergütung unter Berücksichtigung aller Vergütungstatbestände errechnen und Hinweis dokumentieren, dass Erhöhungen durch Streitwerterhöhungen (Widerklage, Hilfsaufrechnung etc) nicht ausgeschlossen werden können.
- Klarstellung, dass das Mandat alternativ ausschließlich auf der Basis einer gesetzlichen Vergütung übernommen würde.
- Definition des Erfolges, bei welchem ein Zuschlag zu zahlen ist.
- besser: quota litis-Vereinbarung.
- Vergütungsvereinbarung und Erfolgshonorarvereinbarungen wenn irgend möglich auf einer Urkunde treffen, die die Unterschriften der beiden Vertragsparteien trägt.
- Vergütungsvereinbarungen per Telefax treffen, auf denen die Unterschriften beider Vertragsparteien vorzufinden sind.
- Bei E-Mail sicherstellen, dass aus der Textform in einer einheitlichen Urkunde erkennbar wird, wer den Text verfasst hat und das beide Vertragsparteien zustimmend von dem Text Kenntnis genommen haben.
- Vorkehrungen für die 2. (erfolgreiche) Instanz treffen.
- Abtretung von Kostenerstattungsansprüchen vereinbaren und evtl. Kostenerstattungsanspruch als Mindestvergütung vereinbaren.

515 Bei Erbrechtsmandaten kann es natürlich auch vorkommen, dass eine „arme Partei" den hochqualifizierten und üblicherweise nicht auf der Grundlage der gesetzlichen Gebühren abrechnenden Erbrechtler mandatieren will, einen ins Auge gefassten recht hohen Betrag einzuklagen.

516 Eine solche Partei wird nicht in der Lage sein, Stundenhonorare zu bezahlen.

517 Aufgrund der neuen Möglichkeit, Erfolgshonorare auch dort zu vereinbaren, wo die Voraussetzungen für die Prozesskostenhilfe vorliegen, stellt sich die Frage, wie dann mit dem Problem der einzuzahlenden Gerichtskosten umgegangen werden soll; eine Prozessfinanzierung ist dem mandatierten Rechtsanwalt nach § 49b II BRAO bekanntlich untersagt.

518 Hier hilft die – inzwischen auch von der Rechtsprechung befürwortete Möglichkeit weiter, zwar Prozesskostenhilfe für den Mandanten zu beantragen, auf die eigene Beiordnung jedoch zu verzichten und zwar mit dem ausdrücklichen Hinweis, dass die anwaltliche Vertretung über eine Erfolgshonorarvereinbarung gesichert worden sei (*Schons* AnwBl. 2017, 966; OLG Hamm Beschl. v. 12.1.2018 – I-7 W 21/17; jetzt auch OLG Köln Beschl. v. 13.7.2018 – 5 W 10/38). Es bleibt allerdings auch hier die Warnung vor

undankbaren Mandanten, die nach Eintritt des Erfolges nach Möglichkeiten suchen, sich dem entsprechenden Honoraranspruch des Anwalts zu entziehen.

Geeigneter erscheint für die Bearbeitung von erbrechtlichen Mandaten eine **Vergütungsvereinbarung nach Zeitaufwand,** wobei – nicht nur aus berufsrechtlichen Gründen für das gerichtliche Verfahren – darauf hingewirkt werden sollte, dass die gesetzliche Vergütung eindeutig als Mindestvergütung festgelegt wird. 519

Gerade erbrechtliche Mandate entwickeln sich – oftmals nicht vorhersehbar – äußerst zeitintensiv. Selbst bei vermeintlich hohen Gegenstandswerten steht die gesetzliche Vergütung dann anschließend in keinem wirtschaftlich vernünftigen Verhältnis mehr zum Zeitaufwand. 520

Gerade hier empfiehlt es sich demgemäß mit dem Mandanten eine – faire – Stundenhonorarvereinbarung zu treffen. 521

Die immer wieder gestellte Frage – auch in gerichtlichen Beschlüssen – wie hoch das Stundenhonorar angesetzt werden könne, ist weniger problematisch, als es nach solchen Fragestellungen den Anschein hat. Unter 150 EUR erscheint eine Vergütungsvereinbarung wirtschaftlich wenig sinnvoll. Berechnet, verlangt und gezahlt werden Beträge zwischen 150 EUR und 500 EUR, wobei jedenfalls solche Beträge, die einen Bereich von 350 EUR–400 EUR nicht überschreiten, keine Probleme darstellen (vgl. umf. *Hommerich/Kilian*, Vergütungsbarometer, 2009, erschienen im DeutschenAnwaltVerlag). Diese bundesweit bislang gültige Aussage gilt allerdings nicht mehr im OLG-Bezirk Düsseldorf. Der bereits mehrfach zitierte 24. Senat hat nunmehr das erwähnte Vergütungsbarometer 2009 und die dort vorzufindenden **durchschnittlichen** Stundensätze zum Anlass genommen, den Stundensatz eines Strafverteidigers in einem Wirtschaftsstrafverfahren von gerade einmal 230 EUR für unangemessen zu erklären (OLG Düsseldorf AGS 2010, 109ff. (115) mit krit. Anm. *Schons*). 522

Diese Entscheidung wurde – erwartungsgemäß – postwendend vom BGH „kassiert", der zutreffend darauf hinwies, dass durchschnittliche Stundensätze nicht das geringste mit angemessenen Stundensätzen zu tun haben und dass demgemäß der dort zu beurteilende Stundensatz von 230,– EUR mit Sicherheit nicht zu beanstanden sei (BGH AGS 2011, 9f. mAnm *Schons*). 523

Fairerweise sollte die Höhe des Stundensatzes allerdings in einem angemessenen Verhältnis zur Kompetenz des anwaltlichen Beraters stehen. Es sollte die Regel eine Selbstverständlichkeit sein, dass je höher der Stundensatz umso kompetenter, effizienter, effektiver und insb. umso schneller die anwaltliche Leistung (BGH AGS 2010, 267f.; AGS 2011, 9f.). 524

Tatsächlich sind Streitigkeiten aus Vergütungsvereinbarungen nach Zeitaufwand – abgesehen von Formalien – eher auf die Anzahl der abgerechneten Stunden konzentriert als dass die Höhe des einmal vereinbarten Stundensatzes als unangemessen in Frage gestellt wird. 525

Dem Rechtsanwalt kommt demgemäß bei der Abrechnung der einzelnen Stunden eine hohe Verantwortung zu und es empfiehlt sich, die Transparenz der Abrechnung durch zeitnahe, regelmäßige und nachvollziehbare Abrechnungen herbeizuführen. Nichtssagende Ausführungen und Leerformeln wie „Prüfung der Sach- und Rechtslage" oder „Aktenstudium" sowie „diverse Diktate" helfen in der Sache nicht weiter und werden zumindest von einem Teil der Rspr. nicht anerkannt (OLG Düsseldorf AGS 2006, 530ff.; AGS 2010, 109ff.). 526

Je nachvollziehbarer und plausibler die einzelne Stundenabrechnung ist, umso eher kann sich der Rechtsanwalt darauf verlassen, dass seine Abrechnung auch Bestand hat und „gerichtsfest" ist, wenn es doch zu Schwierigkeiten mit dem Mandanten kommt. 527

In der Praxis ist es immer wieder zu beobachten, dass Rechtsanwälte in ihren Stundenaufstellungen bestimmte Zeiten mit „Null" berechnen, um dem Auftraggeber aufzuzeigen, dass kurze Telefonate von zwei bis drei Minuten erst gar nicht in die Abrechnung eingestellt werden. Solche Abrechnungsmodalitäten helfen Vertrauen schaffen und begegnen insb. dem Vorwurf der Rspr., großzügige Zeit-Takt-Klauseln (etwa 75 % der Anwaltschaft rechnet noch im 15-Minuten-Takt ab) seien geeignet, den Auftraggeber unangemessen zu benachteiligen und somit unwirksam (OLG Düsseldorf AGS 2006, 530ff.; AGS 2010, 109ff.; aA OLG Schleswig AGS 2009, 209 mAnm *Schons;* zur Klauselproblematik wohl ebenso BGH AGS 2009, 209f. mAnm *Schons;* BGH AGS 2011, 9f. mAnm *Schons*). 528

Ein zweiter Versuch des OLG Düsseldorf den BGH zur Bestätigung seiner Rspr. zum 15-Minuten-Takt zu bewegen, darf als gescheitert betrachtet werden. Der BGH war trotz einer Vorlage nicht bereit, die Klausel für unwirksam zu erklären (vgl. zunächst OLG Düsseldorf AGS 2010, 109ff.; sodann BGH AGS 2011, 9f. mAnm *Schons*). Gleichwohl hält das OLG Düsseldorf nach vermeintlichem Zögern (OLG Düsseldorf AGS 2011, 366f.) an seiner heftig kritisierten Rechtsauffassung fest (OLG Düsseldorf Beck-RS 2011, 22087). 529

Inzwischen hat die Rechtsprechung des OLG Düsseldorf aber aus Köln Unterstützung erfahren. 530

In einer sehr ausführlichen Begründung und inzwischen rechtskräftigen Entscheidung vom 18.10.2016 kommt man auch in Köln zu dem Ergebnis, dass eine formularmäßige Klausel, wonach ein Viertel des vereinbarten Stundensatzes für jede angefangene 15-Minuten berechnet wird unwirksam sei (AGS 2017, 164ff. = AnwBl. 2017, 560).

Die Entscheidung ist insoweit auch lesenswert, als das LG Köln ferner eine Klausel für unwirksam erklärt, die der Anwaltskanzlei für Post- und Telekommunikationsleistungen nach Teil 7 des Vergütungsverzeichnisses 5 % der berechneten Gebühren zusprechen will. Der dort vorzufindenden Argumentation, eine solche Regelung widerspreche dem gesetzlichen Leitbild in Nr. 7002 VV ist zumindest nachvollziehbar: 531

532 Bereits bei einem Honorarvolumen nach abgerechneten Stunden iHv 20.000 EUR (keine Seltenheit) würde dies eine Kostenpauschale von 1.000 EUR generieren, was ohne entsprechende Nachweise in der Tat unangemessen erscheint.

533 Bei dieser Gelegenheit ist auch eine weitere Entscheidung des LG Köln vom 24.1.2018 (26 O 453/16) erwähnenswert, die sich über viele Seiten hinweg mit weiteren unangemessenen Klauseln in einer Vergütungsvereinbarung beschäftigt.

534 Ua wird dort die Klausel für unwirksam erklärt, die vorsieht, die abgeschlossene Vergütungsvereinbarung auch für die Zukunft und für alle weiteren Mandate gelten zu lassen. Auch diese Entscheidung dürfte – nicht zuletzt unter dem Gesichtspunkt der Transparenz zu begrüßen sein.

535 In der Tat wird man als Mandant nicht damit rechnen müssen, dass bei einem neuen Mandat, das möglicherweise erst viele Monate oder auch mehrere Jahre später erteilt wird, die gleiche Vergütungsvereinbarung wieder zur Anwendung gelangen soll.

536 Dies gilt umso mehr, als bestimmte Stundensätze sicherlich bei gesellschaftsrechtlichen Mandaten gerechtfertigt sind, die bei Bearbeitung eines verkehrsrechtlichen Mandates aber als unangemessen zu bezeichnen wären. Insoweit dürfen die Ausführungen oben unter → Rn. 522 in Erinnerung gerufen werden.

537 Um nochmals auf die genaue Abrechnung des Zeitaufwandes zurückzukommen:
Verfügt die Kanzlei über entsprechende Software ist es natürlich ideal, wenn die Tätigkeit minutengenau abgerechnet wird, wie es das OLG Düsseldorf in der bereits mehrfach zitierten Entscheidung v. 29.6.2006 verlangt.

538 Zur empfehlen ist ferner, dass Daten und Uhrzeiten angegeben werden, es der Rechtsanwalt also nicht dabei belässt, für einen bestimmten Wochentag eine bestimmte Zeitangabe aufzunehmen.

539 Durch die Aufnahme von Datum **und** Uhrzeit beweist die Abrechnung hohe Transparenz und ermöglicht es dem Auftraggeber theoretisch nachzuprüfen, ob **sein** Rechtsanwalt zum fraglichen Zeitpunkt an **seinem** Mandat auch tatsächlich gearbeitet hat.

540 Derartige Vorschläge mögen dem einen oder anderen übertrieben erscheinen, die in der Praxis sich vermehrenden Vergütungsrechtsstreite, gerade über Abrechnungen nach Zeitaufwand, lassen jedoch befürchten, dass die Rspr. in Zukunft die Anforderungen an Vergütungsvereinbarungen bzw. die Einzelabrechnungen verschärft und jeder Rechtsanwalt ist gut beraten, sich hierauf einzustellen, wenn er denn abweichend von der gesetzlichen Vergütung abrechnen will (vgl. insb. BGH AGS 2010, 267 ff. mAnm *Schons*; BGH AGS 2011, 9 f. mAnm *Schons*; sa OLG Frankfurt a. M. AnwBl 2011, 300 f.).

541 Soweit der Rechtsanwalt mit Klauseln versuchen will, seine Abrechnung nach Ablauf eines gewissen Zeitraumes „gerichtsfest" zu machen, reicht ein entsprechender Hinweis in der Vergütungsvereinbarung nicht aus. Vielmehr muss sich der Rechtsanwalt in der Vergütungsvereinbarung verpflichten, den Hinweis auf die nachteiligen Rechtsfolgen eines fehlenden Widerspruchs gegen die Richtigkeit der Abrechnung bei jeder Abrechnung zu wiederholen (vgl. *Schneider*, Die Vergütungsvereinbarung, 2005, Rn. 735 ff., 758).

542 Ferner darf auch in einer Vergütungsvereinbarung über die Abrechnung nach Zeitaufwand nicht die Klarstellung fehlen, dass auf den Stundensatz die jeweils gültige gesetzliche Umsatzsteuer geschuldet wird und dass – sofern gewünscht – auch Abwesenheitsgelder und Reisekosten gezahlt werden müssen (BGH NJW 2005, 2142 ff.).

543 Die zuletzt genannte Entscheidung des BGH hat aber darüber hinaus auch bei Abrechnung nach Zeitaufwand und bei Pauschalabrechnungen erhebliche Auswirkungen auf das Recht der Vergütungsvereinbarung gehabt. In dieser Entscheidung hatte der BGH nämlich die Auffassung vertreten, eine Vergütungsvereinbarung, mit der die gesetzliche (Höchst-)Vergütung um mehr als das fünffache überschritten werde, sei in der Regel unangemessen, sofern es dem Rechtsanwalt nicht gelinge, außergewöhnliche ja geradezu ex orbitante Umstände darzulegen, die ausnahmsweise eine noch höhere Vergütung rechtfertigten.

544 Entgegen vielfach geäußerter Ansichten war die Entscheidung des BGH auch im zivilrechtlichen Bereich und auch und gerade bei Abrechnungen nach Zeitaufwand zu beachten. Zwar ließ der BGH auch in dieser Entscheidung bei besonders niedrigeren Streitwerten wohl noch eine andere Beurteilung zu, gerade bei erbrechtlichen Mandanten durften diese Ausnahmetatbestände aber nur selten anzutreffen sein.

545 In jüngster Zeit hat der BGH seiner Auffassung relativiert und überraschenderweise ua erklärt, über Vergütungsvereinbarungen nach Zeitaufwand habe man sich noch nicht geäußert (BGH AGS 2009, 262 f. mAnm *Schons*; insb. aber BGH AGS 2009, 430 ff. mAnm *Schons*).

546 Gleichzeitig war in den beiden Entscheidungen aber nachzulesen, dass man sich „derzeit noch nicht entschließen könne, die Rspr. vollständig zu ändern".

547 Diese Aufgabe hat das BVerfG (AnwBl 2009, 650 f.; *Schons* BRAKMitt. 2009/4, S. 172) dankenswerterweise dem BGH abgenommen und in der Entscheidung ua folgendes ausgeführt:

„Die Schwere des Eingriffs in die Berufsfreiheit wird darin deutlich, dass die angegriffenen Entscheidungen den vertraglichen Vergütungsanspruch der Beschwerdeführers nicht nur der Höhe nach erheblich reduzieren, sondern auch den Charakter der Vereinbarung gleich in zweifacher Weise umgestaltet haben. ... Vielmehr wird durch die Kappung des Honoraranspruchs auf das fünffache der gesetzlichen Gebühren das Stundenhonorar der Sache nach in ein Pauschalhonorar umgestaltet."

548 Gleichzeitig stellt das BVerfG klar, dass es kein Mäßigungsgebot um der Mäßigung selbst gibt, auch für Rechtsanwälte nicht. Damit werden durch diese Entscheidung die Uhren praktisch wieder auf den Stand zurückgestellt, der bis zum 27.1.2005 galt:

Durch sorgfältige Einzelfallbewertung muss beurteilt werden, ob im konkreten Fall eine unangemessen hohe Vergütungsvereinbarung vorliegt oder nicht. Mit einer derartigen Rspr. wird jedenfalls der redlich arbeitende und auch abrechnende Rechtsanwalt wieder gut leben können

IÜ kann im zivilrechtlichen Bereich auch nach wie vor Veranlassung bestehen, trotz der Entscheidung des BVerfG über eine Deckelung der vereinbarten Vergütung nachzudenken. **549**

Gerade im Erbrecht trifft man oftmals auf relativ hohe Gegenstandswerte. Bei derart hohen Gegenstandswerten im Zivilrecht hat der BGH schon in der Vergangenheit – insoweit unbeanstandet vom BVerfG – einmal entschieden, dass bei sehr hohen Streitwerten ein Honorar unangemessen sein könne, wenn es mehr als das 5-fache der gesetzlichen Gebühren betrage (BGHZ 144, 343 (346) = NJW 2000, 2669; BGH AGS 2010, 267 ff.; s. jetzt auch BGH AGS 2017, 63 ff.). **550**

Wer sich hierfür entscheidet, könnte etwa wie folgt formulieren: **551**

„Der Höchstbetrag der hiermit vereinbarten Vergütung wird insoweit auch bei höherem Zeitaufwand auf das fünffache der gesetzlichen Vergütung nach dem RVG beschränkt, um dem Auftraggeber einen überschaubaren Gebührenrahmen pro Einzelmandat zu geben."

An dieser Stelle könnte dann weiter im Hinblick auf § 49 V BRAO formuliert werden: **552**

„Hinsichtlich der gesetzlichen Vergütung ist der Auftraggeber darauf hingewiesen worden, dass sich diese nach der Höhe des Gegenstandswertes richtet." (→ Rn. 29).

Das Recht der Vergütungsvereinbarung ist im übrigen im Jahre 2014 wieder ganz besonders in den Mittelpunkt des Interesses gerückt, weil der BGH die Beurteilung von Vergütungsvereinbarungen dogmatisch auf andere Füße gestellt hat, wobei die Auswirkungen höchst unterschiedlich bewertet werden. **553**

Im Urteil vom 5.6.2014 (BGH AGS 2014, 319 ff.) wurde dem Wortlaut von § 4b RVG vor den eindeutigen Vorschriften des BGB der Vorrang eingeräumt und man geht nunmehr bei einer fehlerhaften Vergütungsvereinbarung grundsätzlich – auch wenn es an der Textform fehlt – nicht von der Nichtigkeit, sondern von der Wirksamkeit der Vereinbarung aus (vgl. hiergegen § 126b BGB). **554**

Man gelangt also stets zu dem Ergebnis (zu dem man früher allerdings auch bei Nichtigkeit der Vergütungsvereinbarung problemlos gelangte), dass sich der Vergütungsanspruch auf die gesetzliche Vergütung beschränkt, wenn die vereinbarte Vergütung höher war und dass – und dies ist ein Novum – die niedrigere vereinbarte Vergütung auch dann einen Deckel darstellt, wenn die gesetzliche Vergütung höher ist. Dies soll – jedenfalls beim Erfolgshonorar – auch bei gerichtlicher Tätigkeit gelten, was zweifelsfrei mit dem geltenden anwaltlichen Berufsrecht kollidiert, was aber offensichtlich in Kauf genommen wird (zur unterschiedlichen Beurteilung: vgl. BGH AGS 2014, 319 f. mAnm *Schons;* sa *ders.* AnwBl. 2014, 818; *Hansens* RVGreport 2014, 340 f.; *v. Seltmann* NJW 2014, 2653; weitergehend Redaktion des AnwBl. 2014, 758 f.). **555**

Unterschiedlich wird auch beurteilt, wie damit umzugehen ist, wenn die Wirksamkeit einer Vergütungsvereinbarung unter Berücksichtigung der zitierten Rechtsprechung des BGH vom 5.6.2014 in Frage gestellt wird. **556**

So wird thematisiert, was bei einer Berechnung der anwaltlichen gesetzlichen Vergütung vom Rechtsanwalt verlangt werden könne (vgl. etwa *Winkler* AGS 2014, 371; Gerold/Schmidt/*Mayer* § 4b Rn. 11; sa Hartung/Schons/Enders § 3a Rn. 167 f.). **557**

Begründet werden die Überlegungen damit, dass der BGH ja auch im Falle der Fehlerhaftigkeit der Vergütungsvereinbarung grundsätzlich von der wirksamen Vergütungsvereinbarung ausgeht, die lediglich gem. § 4b RVG nunmehr auf die gesetzliche Vergütung beschränkt sein dürfte. Wenn dem so ist, so könnte man sich auf den Standpunkt stellen, es sei nun Aufgabe desjenigen, der die vereinbarte Vergütung nicht akzeptieren will, die gesetzliche Vergütung als eine Art Kappungsgrenze darzulegen und vorzutragen. **558**

Wie dies allerdings bei einer Rahmengebühr gehen soll, darüber schweigen sich Vertreter dieser Auffassung bislang noch aus. Immerhin spricht § 14 RVG in aller Deutlichkeit dem Rechtsanwalt das Ermessen zu und nicht dem Mandanten. **559**

d) Kostenerstattungsfragen. Folgt man der im Gesetz normierten Hinweispflicht auf die begrenzte Kostenerstattung, so wird möglicherweise die dort vorzufindende Formulierung „regelmäßig" die Frage des Mandanten auslösen, ob es auch einen Erstattungsanspruch hinsichtlich der vereinbarten Vergütung geben könne. **560**

Das OLG München vertritt die Auffassung, dass bei besonders komplizierten Fällen (dies kann im Erbrecht als die Regel denn als die Ausnahme bezeichnet werden) ein Mandant darauf angewiesen sein könne, eine Kanzlei zu beauftragen, die grundsätzlich nur nach Zeitaufwand abrechnet. Hier müsse es dann im Einzelfall auch möglich sein, vom Kostenerstattungsschuldner die über die gesetzliche Gebühr hinausgehende außergerichtliche vereinbarte Vergütung erstattet verlangen zu können (OLG München AnwBl. 2010, 719 f.; aA OLG Köln NJW 2014, 8; Beschl. v. 6.11.2013 – 17 W 22/13). **561**

Zu beachten ist allerdings, dass in allen Entscheidungen, in denen sich ein Gericht einmal mit den vereinbarten Honoraren aus einem gerichtlichen Verfahren beschäftigt hat, es nicht um den Erstattungsanspruch gegen die gegnerische Prozesspartei, sondern um einen echten Schadensersatzanspruch gegen jemanden ging, der gewissermaßen als Dritter den Prozess verursacht bzw. nötig gemacht hatte (BGH NJW 2013, 3693 f.: Schadensersatz wegen amtspflichtwidriger Maßnahmen der Staatsanwaltschaft; OLG München AnwBl. 2010, 719 f.: Schadensersatz gegen ein ehemaliges Vorstandsmitglied, dessen Verhalten dazu geführt hatte, dass mehrere Aktionäre erfolgreich Anfechtungsklage gegen das Unternehmen durchgeführt hatten; OLG Koblenz NJW 2009, 1153: außergerichtliche Schadensersatzansprüche gegen **562** einen Testamentsvollstrecker, der pflichtwidrig gehandelt hatte; vgl. aber auch BVerwG AGS 2011, 459 f. mit weiteren Rspr.-Nachweisen; BGH AGS 2015, 541 f.; BGH AnwBl. 2015, 718; BGH AGS 2015, 96 f.; nach wie vor eine Erstattungsverpflichtung ablehnend: KG AGS 2015, 490 f. mAnm *Schneider;* s. aber auch hier; OLG München AGS 2006, 207 mAnm *Schneider*).

96. Gesetz über die Kosten der freiwilligen Gerichtsbarkeit für Gerichte und Notare (Gerichts- und Notarkostengesetz – GNotKG)

Vom 23.7.2013

(BGBl. I S. 2586)

Zuletzt geändert durch Art. 26 G zur Einführung der elektronischen Akte in der Justiz und zur weiteren Förderung des elektronischen Rechtsverkehrs vom 5.7.2017 (BGBl. I S. 2208)

Systematische Darstellung

Übersicht

	Rn.
A. Vorbemerkung	1–7
I. Anwendungsbereich	1
II. Übergangsrecht	2–7
1. Gerichtliches Verfahren	2–6
2. Notarielles Verfahren	7
B. Gerichtskosten	8–80
I. Verwahrung und Eröffnung von Verfügungen von Todes wegen	8–15
1. Verwahrung von Verfügungen von Todes wegen	8–10
2. Eröffnung von Verfügungen von Todes wegen	11–15
II. Erbschein, Europäisches Nachlasszeugnis und andere Zeugnisse	16–33
1. Erteilung eines Erbscheins oder eines Europäischen Nachlasszeugnisses	16–23
2. Einziehung oder Kraftloserklärung eines Erbscheins	24–26
3. Widerruf oder Änderung eines Europäischen Nachlasszeugnisses	27–29
4. Erteilung, Einziehung und Kraftloserklärung anderer Zeugnisse	30–32
5. Rechtsmittelverfahren	33
III. Sicherung des Nachlasses einschließlich Nachlasspflegschaft, Nachlass- und Gesamtgutsverwaltung	34–50
1. Sicherung des Nachlasses	34–38
2. Siegelung und Entsiegelung	39
3. Nachlasspflegschaft	40–45
4. Nachlass- und Gesamtgutsverwaltung	46–49
5. Rechtsmittelverfahren	50
IV. Entgegennahme von Erklärungen, Fristbestimmungen und Nachlassinventar	51–63
1. Entgegennahme von Erklärungen und Anzeigen	51–56
2. Fristbestimmungen	57–60
3. Nachlassinventar	61/62
4. Rechtsmittelverfahren	63
V. Testamentsvollstreckung	64–70
1. Ernennung und Entlassung des Testamentsvollstreckers	64–66
2. Sonstige Anordnungen anlässlich einer Testamentsvollstreckung	67–69
3. Rechtsmittelverfahren	70
VI. Sonstige Verfahren	71–80
1. Erbenermittlung	71
2. Stundung des Pflichtteilsanspruchs	72–75
3. Aufgebot von Nachlassgläubigern	76–79
4. Sonstige Nachlasssachen	80
C. Notarkosten	81–170
I. Beurkundung von Verfügungen von Todes wegen	81–104
1. Testament	81–86
2. Gemeinschaftliches Testament	87–91
3. Erbvertrag	92–96
4. Besondere Verfügungen von Todes wegen	97–100
5. Aufhebung und Änderung von Verfügungen von Todes wegen	101–104
II. Verwahrung und Rückgabe von Erbverträgen	105–108
1. Verwahrung von Erbverträgen	105
2. Rückgabe von Erbverträgen	106–108
III. Beurkundung von Erklärungen und Anträgen an das Nachlassgericht	109–115
1. Notargebühren	109–114
2. Beurkundung durch das Nachlassgericht	115
IV. Abnahme einer eidesstattlichen Versicherung	116–123
1. Notargebühren	116–122
2. Beurkundung durch das Nachlassgericht	123
V. Sonstige Beurkundungen in Erbsachen	124–153
1. Beurkundung von Widerrufs-, Anfechtungs- und Rücktrittserklärungen	124–128
2. Beurkundung von Nachlassvollmachten	129–133
3. Beurkundung von Erb-, Pflichtteils- und Zuwendungsverzichtsverträgen	134–138
4. Beurkundung von Verträgen über einen künftigen Erb- oder Pflichtteil	139–141
5. Beurkundung von Erbauseinandersetzungen	142–145
6. Beurkundung von Erbteilsveräußerungen und -verpfändungen	146–149
7. Beurkundung einer Vermächtniserfüllung	150–153
VI. Aufnahme von Vermögensverzeichnissen und Siegelung	154–162
1. Aufnahme eines Vermögensverzeichnisses	154–160
2. Siegelung und Entsiegelung	161
3. Sicherungsmaßnahmen anderer Stellen	162
VII. Teilungssachen	163–170
1. Anwendungsbereich	163
2. Gebührentatbestand	164/165
3. Geschäftswert	166/167
4. Kostenschuldner	168/169
5. Rechtsmittelverfahren	170
VIII. Beratung in Erb- und Nachlasssachen	171–173

96 GNotKG Gesetz über die Kosten der freiwilligen Gerichtsbarkeit für Gerichte und Notare

Schrifttum: *Diehn/Sikora/Tiedtke,* Das neue Notarkostenrecht, 2013; *Schneider,* Gerichtskosten für die Verfahren über die Ausstellung des Europäischen Nachlasszeugnisses und anderer Erbsachen nach der EuErbVO, Rpfleger 2015, 454; *Wilsch,* Neuregelungen des Kostenrechts aus amtsgerichtlicher Sicht, FGPrax 2013, 47.

A. Vorbemerkung

I. Anwendungsbereich

1 Das Nachlassgericht und der Notar erheben ihre Gebühren nach dem Gesetz über die Kosten der freiwilligen Gerichtsbarkeit für Gerichte und Notare (GNotKG), das mit seinem **Inkrafttreten am 1.8.2013** (Art. 50 2. KostRMoG) die bisherige Kostenordnung (KostO) abgelöst hat. Die KostO bleibt jedoch weiterhin für **Altfälle** anwendbar (→ Rn. 2 ff.).

II. Übergangsrecht

2 **1. Gerichtliche Verfahren. a) Grundsatz.** Für **gerichtliche Verfahren,** die vor dem 1.8.2013 eingeleitet worden sind, bleibt weiterhin die KostO anwendbar, § 136 I 1 Nr. 1. Erfasst werden hiervon auch unselbständige Verfahrenshandlungen oder Vollstreckungsmaßnahmen des Gerichts. Für die Beurteilung der Verfahrenseinleitung kann auf die zu Art. 111 I 1 FGG-RG ergangene Rspr. zurückgegriffen werden.

3 **b) Antragsverfahren.** Danach ist ein **Antragsverfahren** (zB auf Erteilung eines Erbscheins) mit dem vollständigen Eingang des Verfahrensantrags eingeleitet. Wird zu einem bereits eingeleiteten Erbscheinsverfahren nach dem 1.8.2013 ein neuer, ein abgeänderter oder gar ein widersprechender Antrag eingereicht, so handelt es sich dennoch um dasselbe Verfahren, so dass die KostO anwendbar bleibt (OLG Stuttgart FGPrax 2011, 50). Erst wenn nach Zurückweisung eines Antrags ein neuer Antrag eingereicht wird, handelt es sich um ein neues Verfahren, das dem GNotKG unterliegt.

4 **c) Amtsverfahren.** Ein **Amtsverfahren** (zB auf Einziehung eines Erbscheins) ist zu dem Zeitpunkt eingeleitet, zu dem das Gericht erstmals sichtlich nach außen tätig werden wollte. Unerheblich ist hingegen, wann das Gericht hätte tätig werden können oder müssen, so dass es nicht darauf ankommt, wann ein Beteiligter die Einleitung des Verfahrens nach § 24 FamFG angeregt hat (BGH FGPrax 2012, 169 (170)).

5 **d) Dauerpflegschaften und -verwaltungen.** Für vor dem 1.8.2013 bestehende **Nachlasspflegschaften sowie Nachlass- und Gesamtgutsverwaltungen** ist zu beachten, dass die Jahresgebühr nach Nr. 12311 KV-GNotKG (→ Rn. 40) nicht erhoben werden darf, § 136 I Nr. 1 aE.

6 **e) Rechtsmittel.** Für **Rechtsmittelverfahren** ist § 136 I Nr. 2 maßgeblich. Wurde ein Rechtsmittel vor dem 1.8.2013 eingelegt, so sind noch die Vorschriften der KostO (also §§ 131 ff. KostO) anzuwenden. Wurde das Rechtsmittel am 1.8.2013 oder später eingelegt, so gilt das GNotKG. Im Unterschied zum FamFG (vgl. Keidel/*Engelhardt,* FamFG, 17. Aufl. 2011, FGG-RG Art. 111; OLG Frankfurt BeckRS 2016, 02603) bildet das Rechtsmittelverfahren somit kostenrechtlich keine Einheit mit dem erstinstanzlichen Verfahren.

7 **2. Notarielle Verfahren.** Für **notarielle Verfahren und Geschäfte** gilt die KostO, wenn dem Notar der „Auftrag" vor dem 1.8.2013 erteilt wurde, § 136 I Nr. 4. Da der Notar regelmäßig nicht aufgrund eines (privatrechtlichen) Auftrags, sondern aufgrund eines (öffentlich-rechtlichen) Antrags tätig wird, ist darauf abzustellen, zu welchem Zeitpunkt die Beteiligten die Erstellung eines Entwurfs, die Vornahme einer Beurkundung oder die Vornahme einer sonstigen Amtstätigkeit beantragt haben. Teilweise wird vertreten, dass die bloße Vereinbarung bzw. Reservierung eines Besprechungs- oder Beurkundungstermins nur dann genüge, wenn dem Notar zum Zeitpunkt der Vereinbarung sämtliche Informationen und Unterlagen zur vollständigen Vorbereitung bzw. Durchführung der Amtstätigkeit vorgelegen hätten (*Diehn/Sikora/Tiedtke,* Das neue Notarkostenrecht, 2013, Rn. 1070 (1071)). Diese Abgrenzung ist nur schwer durchzuführen und steht mit dem Wortlaut sowie der Intention des Gesetzes nicht im Einklang. Abzustellen ist allein auf den **verfahrenseinleitenden Antrag,** der formlos (also auch fernmündlich) erteilt werden kann. Vereinbaren die Beteiligten telefonisch am 31.7.2013 einen Termin am 5.8.2013 zur Beurkundung eines Testaments, so gilt noch die KostO, auch wenn die Beteiligten erst am 5.8.2013 die zur Erstellung des Testamentsentwurfs erforderlichen Daten mitteilen. Besondere Regelungen gelten für **Vollzugs- und Betreuungstätigkeiten.** Diese folgen dem Schicksal der Haupttätigkeit, so dass die KostO auch für solche Tätigkeiten gilt, die erst nach dem 1.8.2013 durchgeführt werden, solange nur das Hauptgeschäft noch nach der KostO abzurechnen war, § 136 III. Die **Anrechnung** von Gebühren bestimmt sich hingegen ausschließlich nach dem GNotKG, auch wenn sich die anzurechnenden Gebühren nach der KostO gerichtet haben, § 136 II.

B. Gerichtskosten

I. Verwahrung und Eröffnung von Verfügungen von Todes wegen

8 **1. Verwahrung von Verfügungen von Todes wegen. a) Gebührentatbestand.** Die Annahme einer Verfügung von Todes zur besonderen amtlichen Verwahrung löst eine Festgebühr nach Nr. 12100 KV-

B. Gerichtskosten **GNotKG 96**

GNotKG iHv 75 EUR aus. Mit dieser Gebühr sind die Verwahrung, die Erteilung des Hinterlegungsscheins nach § 346 III FamFG, die Mitteilung nach § 347 FamFG an das Zentrale Testamentsregister und die Herausgabe aus der besonderen amtlichen Verwahrung abgegolten. Für **jede weitere letztwillige Verfügung**, die später angenommen wird, entsteht die Gebühr nach Nr. 12100 KV-GNotKG erneut, auch wenn die Verfügung denselben Gegenstand betrifft. Verlangt der Testierende die Verwahrung durch ein **anderes AG** nach § 344 I 2, II u. III FamFG, handelt es sich um die Begründung eines neuen Verwahrungsverfahrens, das erneut den Gebührentatbestand erfüllt.

Keine Gebühren werden erhoben für die einfache amtliche Verwahrung, zB nach Ablieferung eines Testaments (§ 2259 BGB) oder eines Erbvertrags (§ 34a III 1 BeurkG), für die Gewährung der Einsichtnahme in eine Verfügung von Todes wegen, für die Rückgabe an den Erblasser (§ 2256 BGB) und für die Ablieferung zur Eröffnung oder nach erfolgter Eröffnung nach § 350 FamFG. Auch die Wiederverwahrung nach § 349 II 2, IV FamFG verwirklicht nicht den Gebührentatbestand nach Nr. 12100 KV-GNotKG.   9

b) **Kostenschuldner.** Die Verwahrung erfolgt nur auf Antrag, Kostenschuldner ist also der die Verwahrung **beantragende Erblasser**, § 22 I. Sind an der Verfügung mehrere Personen beteiligt (zB bei einem gemeinschaftlichen Testament oder einem Erbvertrag), so schuldet jeder Antragsteller die Verwahrgebühr als Gesamtschuldner, § 32 I. Kann die Verwahrung auch einseitig, wie beim Erbvertrag, verlangt werden, so ist nur der Antragsteller Kostenschuldner, nicht aber die anderen Vertragsbeteiligten, die nicht auf der besonderen amtlichen Verwahrung bestanden haben.   10

2. **Eröffnung von Verfügungen von Todes wegen. a) Gebührentatbestand.** Für die Eröffnung einer Verfügung von Todes wegen fällt eine **Festgebühr** nach Nr. 12101 KV-GNotKG iHv **100 EUR** an. Werden mehrere Verfügungen von Todes wegen eines Erblassers bei demselben Gericht **gleichzeitig** eröffnet, fällt die Eröffnungsgebühr nur einmal an. Werden die Verfügungen allerdings von unterschiedlichen Gerichten eröffnet oder werden die Verfügungen in unterschiedlichen Terminen eröffnet, so fällt die Gebühr für jede Eröffnung gesondert an. Auch **gleichlautende Verfügungen** sind zu eröffnen (BayObLG NJWE-FER 2000, 165), ebenso widerrufene oder nichtige Verfügungen. Es handelt sich nicht um eine unrichtige Sachbehandlung iS § 21 I. Etwas anderes gilt allenfalls dann, wenn es sich bei dem eröffneten Schriftstück offensichtlich nicht um eine Verfügung von Todes wegen handeln konnte. Das Nachlassgericht muss die Eröffnung auch nicht solange zurückstellen, bis alle möglicherweise errichteten Verfügungen von Todes wegen beim Nachlassgericht eingegangen sind (OLG Zweibrücken FamRZ 2012, 396). Die Eröffnungsgebühr ist auch zu erheben ohne dass eine unrichtige Sachbehandlung oder Verwirkung vorläge, wenn die Verfügung von Todes wegen erst erhebliche Zeit nach Eintritt des Erbfalls eröffnet werden konnte (OLG Naumburg FGPrax 2016, 91).   11

Die Kosten für die Eröffnung werden ausschließlich vom nach § 343 FamFG **zuständigen Nachlassgericht** erhoben, auch wenn die Verfügung nach § 350 FamFG von einem anderen Gericht eröffnet wurde, § 18 II 1.   12

Für die Bekanntgabe der Eröffnung nach § 348 III 1 FamFG und eine vorherige Erbenermittlung werden **keine Gebühren** erhoben. Ebenfalls gebührenfrei ist die Übersendung der eröffneten Verfügung an das zuständige Nachlassgericht nach § 350 FamFG. Die anschließende Wiederverwahrung eines gemeinschaftlichen Testaments oder eines Erbvertrags löst keine Verwahrungsgebühr aus (→ Rn. 9), wohl aber die erneute Eröffnung nach dem Tod des längerlebenden Erblassers.   13

b) **Kostenschuldner.** Die Eröffnungsgebühr schulden nach § 24 Nr. 1 nur die **Erben** beschränkt auf die Höhe des Nachlasses. Es besteht keine Kostenbefreiung, § 2 IV (*Schneider* Rpfleger 2017, 13 (14)). Das Gericht kann hiervon abweichend die unbeschränkte Kostenhaftung anordnen, zB wenn gegen die Eröffnung von einem Beteiligten Rechtsbehelfe eingelegt werden (BT-Drs. 17/11471, 161).   14

c) **Einsichtnahme, Erteilung von Abschriften.** Die Einsichtnahme in eine eröffnete Verfügung von Todes wegen nach § 357 I FamFG ist **kostenfrei**. Für die Erteilung einer beglaubigten Abschrift, einer Ausfertigung oder eines elektronisch beglaubigten Dokuments werden keine Gebühren erhoben. Die **Dokumentenpauschale** wird nach Maßgabe von Nr. 31000 KV-GNotKG erhoben. Für eine Bescheinigung des Nachlassgerichts, dass eine Verfügung von Todes wegen vorliegt und dass bislang kein Erbschein erteilt wurde **(Negativauskunft)** fallen keine Gebühren nach § 1 I 1 JVKostG iVm Nr. 1401 KV-JVKostG an (OLG Koblenz NJW-RR 2016, 1277; OLG Köln FGPrax 2017, 142; aA OLG Düsseldorf FamRZ 2018, 782; Rpfleger 2018, 409; OLG Oldenburg Rpfleger 2018, 112 für Niedersachsen).   15

II. Erbscheinsverfahren, Europäisches Nachlasszeugnis und andere Zeugnisse

1. **Erteilung eines Erbscheins oder eines Europäischen Nachlasszeugnisses. a) Gebührentatbestand.** Das Verfahren über den Antrag auf Erteilung eines Erbscheins oder eines Europäischen Nachlasszeugnisses (ENZ) löst eine 1,0 Verfahrensgebühr aus Tab. B aus, Nr. 12210 KV-GNotKG. **Endet das Verfahren** (zB durch Antragsrücknahme oder durch übereinstimmende Erledigungserklärung), bevor eine Endentscheidung, ein Feststellungsbeschluss nach § 352e I FamFG ergangen oder ein ENZ ausgestellt (Nr. 12211 Ziff. 1 KV-GNotKG; Vorb. 1.2.2 III KV-GNotKG) bzw. bei Antragsrücknahme übermittelt oder erlassen (Nr. 12211 Ziff. 2 KV-GNotKG) waren, ermäßigt sich die Gebühr auf 0,3 und höchstens 200 EUR. Wird das Verfahren nach Erlass der Endentscheidung oder des Feststellungsbeschlusses, aber **vor Erbscheinserteilung** bzw. vor Ausstellung des ENZ beendet, so ermäßigt sich die Gebühr auf 0,5 und höchstens 400 EUR (Nr. 12212 KV-GNotKG). Abgesehen von diesen Ermäßi-   16

gungstatbeständen fällt die Verfahrensgebühr stets in voller Höhe an, unabhängig davon, mit welchem Ergebnis das Verfahren endet. Wird der Erbscheinsantrag allerdings zurückgewiesen, muss das Nachlassgericht den Antragsteller auf die **Möglichkeit der Antragsrücknahme** hinweisen, damit er auf einen der Ermäßigungstatbestände ausweichen kann. Entfallen ist die Gebührenermäßigung für zweckbestimmte Erbscheine, insb. für den allein zu Grundbuchzwecken dienenden Erbschein (BT-Drs. 17/11471, 167; OLG Hamm Rpfleger 2015, 50 (51); krit. *Wilsch* FGPrax 2013, 47 (50)).

17   **Sukzessive Erteilung von Erbschein und ENZ.** Wird nach Erteilung eines Erbscheins ein ENZ bzw. wird nach Ausstellung eines ENZ ein Erbschein erteilt und widersprechen sich diese nicht, so ist die im ersten Verfahren **entstandene Gebühr zu 75 %** auf das nachfolgende Verfahren anzurechnen (Anm. 2 zu Nr. 12210 KV-GNotKG). Die Ermäßigung setzt aber die tatsächliche Erteilung bzw. Ausstellung des Erbscheins bzw. des ENZ voraus (BT-Drs. 18/4201, 63).

18   **Ausstellung des ENZ durch das Beschwerdegericht.** Anders als den Erbschein kann das Beschwerdegericht das ENZ unmittelbar im Beschwerdeverfahren ausstellen (§ 43 V 2 IntErbRVG). Durch Vorb. 1.2.2.1 ist klargestellt, dass die Ausstellung durch das Beschwerdegericht einer Ausstellung durch das Nachlassgericht gleichsteht, also eine Gebühr nach Nr. 12210 KV-GNotKG und nicht lediglich nach Nr. 12212 KV-GNotKG auslöst (BT-Drs. 18/4201, 63). Hatte das Nachlassgericht die Ausstellung zu Unrecht abgelehnt, so dürfen für das erstinstanzliche Verfahren keine Kosten mehr erhoben werden, § 28 (falsch *Schneider* Rpfleger 2015, 454 (456)).

19   Neben der Verfahrensgebühr fällt eine gesonderte Gebühr für die Abnahme der nach § 352 III 1, 3 FamFG, § 36 II IntErbRVG erforderlichen **eidesstattlichen Versicherung** an, Anm. 1 zu Nr. 12210 KV-GNotKG, die nach Maßgabe des Notarkostenrechts erhoben wird, vgl. Vorb. 1 II KV-GNotKG (→ Rn. 123).

20   **b) Geschäftswert.** Der Geschäftswert richtet sich nach dem (objektiven) **Wert des Nachlasses** im Zeitpunkt des Erbfalls, wobei vom Erblasser herrührende Verbindlichkeiten (sog. **Erblasserschulden** nach § 1967 II Alt. 1 BGB; OLG Köln FGPrax 2014, 180; 2017, 40; OLG Schleswig FGPrax 2015, 93 (94)) abgezogen werden, § 40 I 1 Nr. 2, S. 2. Hierzu gehört auch eine vom Erblasser herrührende Verpflichtung, ein ihm zu Lebzeiten überlassenes Grundstück im Falle des Vorversterbens an die Eltern zurückübertragen zu müssen (OLG Düsseldorf FGPrax 2016, 187). Nicht abzugsfähig sind hingegen die sog. **Erbfallschulden,** insb. Bestattungskosten, Erbschaftsteuern, Pflichtteilsansprüche, Vermächtnisse und Auflagen (BT-Drs. 17/11471, 165; OLG Hamm FGPrax 2015, 274 (275); OLG Köln FGPrax 2014, 180; 2017, 40; OLG Schleswig FGPrax 2015, 93 (94)). Für die Bewertung von im Nachlass vorhandenen Grundbesitz ist auf dessen Verkehrswert nach § 46 I 2 abzustellen (OLG Frankfurt BeckRS 2015, 11021). Bei einem **Teilerbschein** richtet sich der Geschäftswert nach der Erbquote des Miterben, § 40 II. Für **beschränkte Erbscheine** (§ 352c FamFG) gilt § 40 III, jedoch scheidet auch künftig ein Abzug von Nachlassverbindlichkeiten in diesem Fall aus. Macht der Kostenschuldner glaubhaft, dass der Geschäftswert nach § 40 I 2 niedriger wäre, so muss dieser Wert zugrunde gelegt werden, ein amtswegiger Geschäftswertvergleich findet nicht statt (BT-Drs. 17/11471, 167). Beschränkt sich der Erbschein auf die Bescheinigung der **Hoferbfolge,** so ist der Wert des Hofs als Geschäftswert maßgebend, § 40 I 3. Es werden nur die auf dem Hof lastenden Verbindlichkeiten mit Ausnahme von Grundpfandrechten abgezogen, § 40 I 4. Der Nachlasswert zum **Zeitpunkt des Erbfalls** ist auch dann maßgeblich, wenn der Erbschein erst Jahre nach dem Erbfall erteilt werden soll, selbst wenn zwischenzeitlich erhebliche Wertveränderungen stattgefunden haben sollten (aA OLG Hamm FGPrax 2015, 274 (275); *Wilsch* FGPrax 2013, 47 (50) für den Nacherbenschein).

21   Der Geschäftswert ist durch das Gericht **von Amts wegen** zu ermitteln (OLG Düsseldorf BeckRS 2017, 101204). Allerdings trifft die Beteiligten eine Mitwirkungspflicht; soweit sie dieser nicht nachkommen, kann das Gericht den Verkehrswert nach pflichtgemäßem Ermessen schätzen und darf angeblich abzugsfähige Verbindlichkeiten außer Betracht lassen (OLG Düsseldorf BeckRS 2017, 101204).

22   **c) Kostenschuldner.** Die Kosten des Erbscheinsverfahrens bzw. des Verfahrens auf Erteilung eines ENZ schuldet nach § 22 I der **Antragsteller.** Mehrere Antragsteller haften als Gesamtschuldner, § 32 I. Das Gericht kann aber nach § 81 I FamFG nach billigem Ermessen eine **Kostenlastentscheidung** (§ 27 Nr. 1 FamFG) treffen, zB wenn ein Beteiligter das Verfahren schuldhaft verzögert hat (§ 81 II Nr. 4 FamFG). Die Kosten eines **Sachverständigengutachtens** (zB zur Ermittlung der Testierfähigkeit des Erblassers) können erstattungsfähig sein (OLG Düsseldorf FGPrax 2016, 282) und sind von demjenigen zu tragen, der die Kosten des Verfahrens zu tragen hat, in dem das Gutachten eingeholt wurde. Macht sich ein Dritter dieses Gutachten in einem anderen Verfahren zunutze, so dürfen ihm die Gutachtenkosten nicht auferlegt werden (vgl. OLG München FGPrax 2017, 282 (283)).

23   **d) Einsichtnahme, Erteilung von Abschriften, Verlängerung der Gültigkeitsfrist des ENZ.** Die Einsichtnahme in einen Erbschein oder ein ENZ ist **kostenfrei.** Für die Erteilung einer beglaubigten Abschrift, einer Ausfertigung oder eines elektronisch beglaubigten Dokuments eines bereits erteilten Erbscheins werden nur Auslagen nach Maßgabe von Nr. 31000 KV-GNotKG erhoben. Für die Erteilung einer beglaubigten Abschrift eines ENZ und für die Verlängerung der Gültigkeitsfrist eines ENZ wird keine Dokumentenpauschale, aber eine **Festgebühr von 20 EUR** angesetzt, Nr. 12218 KV-GNotKG. Die erstmalige Erteilung bzw. Ausstellung eines Erbscheins bzw. ENZ ist stets kostenfrei (*Schneider,* Rpfleger 2015, 454 (458)).

2. Einziehung oder Kraftloserklärung eines Erbscheins. a) Gebührentatbestand. Für das Verfahren 24
auf Einziehung oder Kraftloserklärung eines Erbscheins fällt eine 0,5-Gebühr aus Tab. B des GNotKG
an, die aber **höchstens 400 EUR** betragen darf, Nr. 12215 Ziff. 1 KV-GNotKG. Unerheblich ist der
Ausgang des Verfahrens. Da es sich um ein Amtsverfahren handelt, scheiden Gebührenermäßigungen für
„Antragsrücknahmen" aus. Eine **Anrechnung oder Nichterhebung** der Gebühren, falls mit der Einziehung „in demselben Verfahren ein neuer Erbschein erteilt wird" (§ 108 3 KostO), findet sich im neuen
Recht nicht mehr. Dies ist sachgerecht, denn es handelt sich beim Einziehungs- und Erteilungsverfahren
stets um zwei unterschiedliche Verfahrensgegenstände. Die Verfahrensgebühr fällt für die Einziehung
und anschließende Kraftloserklärung des Erbscheins nur einmalig an. Das Gericht muss im Rahmen
seiner Kostengrundentscheidung (→ Rn. 26) stets prüfen, ob die Einziehung nicht auf einer **unrichtigen
Sachbehandlung** des Gerichts (§ 21) im Rahmen des Erteilungsverfahrens beruhte.

b) Geschäftswert. Der Geschäftswert bestimmt sich wie bei der Erbscheinserteilung nach § 40 I–III, 25
vgl. § 40 I 1 Nr. 3. Auch bei der Einziehung ist allein der Nachlasswert zum **Zeitpunkt des Erbfalls**
maßgeblich, etwaige Wertveränderungen danach können allenfalls über eine Nichterhebung aus Billigkeitsgründen nach § 81 I 2 FamFG berücksichtigt werden.

c) Kostenschuldner. Das Nachlassgericht hat im Verfahren der Einziehung oder Kraftloserklärung ei- 26
nes Erbscheins stets eine **Kostengrundentscheidung** nach § 81 FamFG zu treffen, § 353 II 1 FamFG.
Kostenschuldner ist dann der vom Gericht bestimmte Schuldner, § 27 Nr. 1. Im Regelfall ist derjenige als
Schuldner zu bestimmen, dessen Interesse durch die Entscheidung wahrgenommen wurde, also der
wahre Erbe. Diese Kostenschuldnerschaft stellt aber nicht in jedem Fall eine angemessene Lösung dar
(BT-Drs. 16/6308, 281). Das Gericht hat daher stets zu prüfen, wessen Interesse durch die Einziehung
oder Kraftloserklärung wahrgenommen wurde oder wer durch falsche oder unrichtige Angaben die Erteilung des unrichtigen Erbscheins veranlasst hat.

3. Widerruf, Änderung Aussetzung der Wirkungen eines Europäischen Nachlasszeugnisses. a) Wi- 27
derruf. Für das Verfahren über den Widerruf eines ENZ, gleich ob dieses auf Antrag oder von Amts
wegen eingeleitet wird, entsteht eine **0,5-Gebühr** aus Tab. B, die höchstens 400 EUR beträgt, Nr. 12216
KV-GNotKG. Ermäßigungstatbestände sind nicht vorgesehen. Der **Geschäftswert** bestimmt sich nach
§ 40 I Nr. 4, wobei die Bildung eines Teilgeschäftswerts nach § 40 III in Erwägung zu ziehen ist (BT-Drs.
18/4201, 64). **Kostenschuldner** ist nicht der Antragsteller, das Gericht muss eine Kostenentscheidung
nach § 27 Nr. 1 treffen (*Schneider* Rpfleger 2015, 454 (457)).

b) Änderung. Für das Änderungsverfahren entsteht eine **1,0-Gebühr** aus Tab. B, Nr. 12217 28
KV-GNotKG. Ein Teilwiderruf auf Antrag eines Beteiligten ist als Änderungsantrag auszulegen (BT-
Drs. 18/4201, 64). Ermäßigungstatbestände sind nicht vorgesehen. Die bloße Berichtigung eines
ENZ aufgrund offensichtlicher Schreibfehler ist gebührenfrei (*Zimmermann* FGPrax 2015, 145 (150)).
Der **Geschäftswert** bestimmt sich nach § 40 I Nr. 4, wobei die Bildung eines Teilgeschäftswerts nach
§ 40 III in Erwägung zu ziehen ist (BT-Drs. 18/4201, 64). **Kostenschuldner** ist der Antragsteller nach
§ 22 I.

c) Aussetzung der Wirkungen. Sollen die Wirkungen des ENZ nach Art. 73 I EuErbVO ausgesetzt 29
werden, so gilt nach Vorb. 1. 2. 2 II 2, Vorb. 1.6.2 KV-GNotKG der Hauptabschnitt 6 Abschnitt 2 KV-
GNotKG. Im erstinstanzlichen Verfahren entsteht eine **0,3-Gebühr** aus Tab. B, Nr. 16210 KV-
GNotKG. Der **Geschäftswert** bestimmt sich nach § 40 I, ist jedoch nach § 62 2 nur mit dem halben Wert
anzusetzen (*Schneider* Rpfleger 2015, 454 (457)) und ggf. nach § 62 1 weiter zu reduzieren. Für Rechtsmittelverfahren gelten die Nr. 16220, 16222 KV-GNotKG. **Kostenschuldner** ist, soweit das Gericht
keine Kostenentscheidung nach § 27 Nr. 1 trifft, der Antragsteller nach § 22 I (*Schneider* Rpfleger 2015,
454 (457)).

4. Erteilung, Einziehung und Kraftloserklärung sonstiger Zeugnisse. a) Zeugnis über die Fortset- 30
zung der Gütergemeinschaft. Das Nachlassgericht erteilt nach § 1507 BGB ein Zeugnis über die Fortsetzung der Gütergemeinschaft. Für das Verfahren fällt eine 1,0-Gebühr an, es sei denn, das Verfahren
wird vorzeitig beendet, Nr. 12210–12212 KV-GNotKG (→ Rn. 15), Vorb. 1.2.2 Nr. 2 KV-GNotKG. Das
Verfahren über die **Einziehung oder Kraftloserklärung** löst eine 0,5-Gebühr aus, die höchstens
400 EUR betragen darf, Nr. 12215 Ziff. 3 KV-GNotKG. **Geschäftswert** ist der halbe Wert des Gesamtguts zum Zeitpunkt des Erbfalls nach Abzug der entsprechenden Verbindlichkeiten, § 40 IV. Kostenschuldner ist der **Antragsteller**, § 22 I. Im Amtsverfahren fehlt es an einer besonderen Kostenschuldnervorschrift, wenn das Gericht keine **Kostenlastentscheidung** nach § 27 Nr. 1 getroffen hat.

b) Überweisungszeugnisse. Für die Zeugnisse nach §§ 36, 37 GBO, §§ 42, 74 SchiffsRegO und § 86 31
LuftRG wurde bislang nur die **Mindestgebühr** erhoben, was sie für die Verwendung im Grundbuch und
Registerverkehr sehr attraktiv machte. Diese Gebührenersparnis entfällt mit Inkrafttreten des GNotKG,
weil nunmehr dieselben Gebühren erhoben werden, die im Erbscheinsverfahren gelten, also insb. eine
1,0 Gebühr im Erteilungsfall entsteht, Nr. 12210–12240 KV-GNotKG, Vorb. 1.2.2 Nr. 3 KV-GNotKG
(→ Rn. 16). Das Verfahren über die **Einziehung oder Kraftloserklärung** löst eine 0,5-Gebühr aus, die
höchstens 400 EUR betragen darf, Nr. 12215 Ziff. 4 KV-GNotKG. Der **Geschäftswert** bemisst sich nach
§ 41 aus dem **Wert der Gegenstände,** auf die sich der Nachweis der Rechtsnachfolge erstreckt. Da also
ein Schuldenabzug nicht vorgesehen ist, haben die Zeugnisse nach §§ 36, 37 GBO und §§ 42, 74 Schiffs-
RegO keine praktische Bedeutung mehr. Die Vorschriften könnten ersatzlos aufgehoben werden. Kos-

96 GNotKG   Gesetz über die Kosten der freiwilligen Gerichtsbarkeit für Gerichte und Notare

tenschuldner ist der **Antragsteller**, § 22 I. Im Amtsverfahren fehlt es an einer besonderen Kostenschuldnervorschrift, wenn das Gericht keine **Kostenlastentscheidung** nach § 27 Nr. 1 getroffen hat.

32   c) **Testamentsvollstreckerzeugnis.** Für das Verfahren auf Erteilung eines Testamentsvollstreckerzeugnisses fällt eine 1,0-Gebühr an, es sei denn, das Verfahren wird vorzeitig beendet, Nr. 12210–12212 KV-GNotKG (→ Rn. 16). Für die Erteilung eines **weiteren Testamentsvollstreckerzeugnisses** gelten die Ermäßigungen nach Nr. 12213, 12214 KV-GNotKG. Das Verfahren über die **Einziehung oder Kraftloserklärung** löst eine 0,5-Gebühr aus, die höchstens 400 EUR betragen darf, Nr. 12215 Ziff. 3 KV-GNotKG. Der **Geschäftswert** bestimmt sich nach § 40 V und beträgt **20 % des Nachlasses** zum Zeitpunkt des Erbfalls **ohne Schuldenabzug**. Wird das Zeugnis im Wege der **einstweiligen Anordnung** sichergestellt, so ist nach § 62 2 GNotKG der Geschäftswert idR nochmals zu halbieren, soweit jedoch der Testamentsvollstrecker erklärt, gegenwärtig nicht tätig zu werden, kann ein Teilwert von 5 % des Nachlasswerts angesetzt werden (OLG Schleswig FGPrax 2015, 272 (273)). Kostenschuldner ist der **Antragsteller**, § 22 I. Im Amtsverfahren fehlt es an einer besonderen Kostenschuldnervorschrift, wenn das Gericht keine **Kostenlastentscheidung** nach § 27 Nr. 1 getroffen hat.

33   5. **Rechtsmittelverfahren.** Für das **Beschwerdeverfahren** gelten Nr. 12220–12222 KV-GNotKG. Danach beträgt die Beschwerdegebühr 1,0 und höchstens 800 EUR, wird das Verfahren ohne Endentscheidung beendet, ermäßigt sich die Gebühr auf 0,5 und höchstens 400 EUR, wird die Beschwerde vor Einreichung einer Beschwerdebegründung zurückgenommen ermäßigt sich die Gebühr sogar auf 0,3 und höchstens 200 EUR. Im **Rechtsbeschwerdeverfahren** entsteht eine 1,5-Verfahrensgebühr (höchstens 1.200 EUR, Nr. 12230 KV-GNotKG), die sich auf 1,0-Gebühren (höchstens 800 EUR) ermäßigt, wenn das Verfahren vor Erlass der Endentscheidung beendet wird (Nr. 12231 KV-GNotKG), und auf 0,5 Gebühren (höchstens 400 EUR) ermäßigt, wenn das Verfahren vor Begründung der Rechtsbeschwerde endet (Nr. 12232 KV-GNotKG). Das Verfahren über die Zulassung der **Sprungrechtsbeschwerde** löst eine 0,5-Gebühr (höchstens 400 EUR) aus, wenn der Antrag abgelehnt wird, Nr. 12240 KV-GNotKG. Der **Geschäftswert** bestimmt sich nach den Anträgen des Beschwerdeführers, begrenzt durch den Geschäftswert des ersten Rechtszugs, § 61 I 1, II 1. Dabei ist der Geschäftswert nicht nach dem wirtschaftlichen Interesse des Beschwerdeführers (§ 36 I), sondern nach dem Wert des Erbscheinsverfahrens (§ 40), gegen dessen Erteilung sich die Beschwerde richtet (OLG Frankfurt ZEV 2017, 649; OLG Karlsruhe BWNotZ 2015, 115 (116); FGPrax 2016, 182 (183); OLG Köln FGPrax 2017, 42; OLG Schleswig FGPrax 2015, 94; aA OLG Dresden BeckRS 2016, 14932; OLG Düsseldorf FGPrax 2016, 131 unter Aufgabe von FGPrax 2015, 182; OLG Hamm FGPrax 2015, 277; OLG München ZEV 2017, 634 (641); OLG Saarbrücken BeckRS 2017, 137146), zu ermitteln. **Kostenschuldner** ist der Rechtsmittelführer, § 22 I. Soweit das Rechtsmittel erfolgreich eingelegt wurde, entfällt die Kostenschuldnerschaft, soweit nicht das Gericht eine anderweitige Kostenlastentscheidung trifft, § 25 I.

III. Sicherung des Nachlasses einschließlich Nachlasspflegschaft, Nachlass- und Gesamtgutsverwaltung

34   1. **Sicherung des Nachlasses. a) Gebührentatbestand.** Für die in § 1960 II BGB genannten **Sicherungsmaßnahmen** entsteht eine 0,5 Verfahrensgebühr aus Tab. A nach Nr. 12310 KV-GNotKG. Hierunter sind insb. Einzelmaßnahmen zu verstehen, wie die Verwahrung von Geld, Wertpapieren und Kostbarkeiten, die Sperrung von Konten usw (→ BGB § 1960 Rn. 19 ff.). Da es sich um eine Verfahrensgebühr handelt, fällt die Gebühr insgesamt nur einmal an, auch wenn das Gericht **mehrere Sicherungsmaßnahmen** hinsichtlich des Nachlasses treffen muss. Gehört der zu sichernde Gegenstand mehreren Nachlässen an, so entsteht die Gebühr allerdings mehrfach, da die Gebühr nachlass- und nicht gegenstandsbezogen ist (Korintenberg/*Wilsch*, GNotKG, Nr. 12310 KV Rn. 6). Von der Vorschrift erfasst sind die **Ablehnung eines Antrags** auf Anordnung einer Nachlasspflegschaft oder einer Nachlass- bzw. Gesamtgutsverwaltung sowie die **Zurücknahme** eines entsprechenden Antrags vor Entscheidung des Gerichts (BT-Drs. 17/11471, 174).

35   Nicht von diesem Gebührentatbestand erfasst sind aber alle Maßnahmen im Rahmen einer angeordneten **Nachlasspflegschaft** oder einer angeordneten **Nachlass- bzw. Gesamtgutsverwaltung** (S. 1 der Anm. zu Nr. 12310 KV-GNotKG). Für diese Tätigkeiten gehen die Nr. 12311 und 12312 KV-GNotKG als speziellere Tatbestände vor (BT-Drs. 17/11471, 199). Zu beachten ist, dass die Gebühr nach Nr. 12310 KV-GNotKG auch dann nicht erhoben werden darf, wenn die angeordnete Sicherungsmaßnahme schließlich in eine Nachlasspflegschaft oder eine Nachlass- bzw. Gesamtgutsverwaltung mündet (S. 2 der Anm. zu Nr. 12310 KV-GNotKG). Eine **Anrechnung** entsprechend § 106 II KostO findet zwar nicht mehr statt, die nach Nr. 12310 KV-GNotKG erhobene Gebühr muss aber dennoch zurückgezahlt werden bzw. kann mit der spezielleren Gebühr nach Nr. 12311, 12312 KV-GNotKG verrechnet werden (missverständlich insoweit *Wilsch* FGPrax 2013, 47 (50)).

36   Ebenfalls nicht von Nr. 12310 KV-GNotKG erfasst sind die besonderen Sicherungsmaßnahmen der **Siegelung** (→ Rn. 161) und der **Aufnahme eines Nachlassverzeichnisses** (→ Rn. 155). Diese Tätigkeiten werden von den spezielleren Vorschriften der Nr. 23500 ff. KV-GNotKG, die auch für gerichtliche Siegelungen und Inventarisierungen gelten (vgl. Vorb. 1.2.4.1 KV-GNotKG), erfasst. Es fehlt eine § 104 II KostO entsprechende Regelung, die eine zusätzliche Erhebung der Verfahrensgebühr nach Nr. 12310 KV-GNotKG gestatten würde.

B. Gerichtskosten **GNotKG 96**

b) Geschäftswert. Es besteht keine besondere Geschäftswertvorschrift, insb. können weder § 40 noch 37
§ 64 entsprechend herangezogen werden. Maßgeblich ist vielmehr die **allgemeine Geschäftswertvorschrift** des § 36 (ebenso Korintenberg/*Wilsch*, Nr. 12310 KV Rn. 11). Da es sich bei den Sicherungsmaßnahmen regelmäßig um vermögensrechtliche Angelegenheiten handelt, sind § 36 I u. III einschlägig. Für die Geschäftswertbestimmung ist grds. vom Wert des zu sichernden Gegenstands auszugehen (vgl. § 46). Allerdings darf für das maßgebliche **Sicherungsinteresse** nur ein **Teilwert des Verkehrswerts** zugrunde gelegt werden. Eine Bewertung zwischen 10% u. 20% des Verkehrswerts ist für einfache Maßnahmen angemessen. Bei besonders schwierigen Maßnahmen kann der Geschäftswert unter Berücksichtigung des Höchstwerts von 30 Millionen (§ 35 II) allerdings bis zur Höhe des Verkehrswerts angesetzt werden. Der Auffangwert nach § 36 III darf nur ausnahmsweise angewendet werden. Der Geschäftswert ist auf den **Zeitpunkt der Fälligkeit** der Gebühr zu ermitteln (§ 59 2), also auf den Zeitpunkt der Kostenentscheidung, da die Nachlasssicherungsmaßnahmen von Amts wegen angeordnet werden, § 9 I Nr. 1.

c) Kostenschuldner. Die Nachlasssicherungsgebühr schulden nach § 24 Nr. 2 nur die **Erben** be- 38
schränkt auf die Höhe des Nachlasses. Das Gericht kann hiervon abweichend die unbeschränkte Kostenhaftung anordnen, zB wenn gegen eine Sicherungsmaßnahme von einem Beteiligten Rechtsbehelfe eingelegt werden (BT-Drs. 17/11471, 161). Es besteht keine Kostenbefreiung, § 2 Abs. 4.

2. Siegelung und Entsiegelung. Für die **Siegelung**, ohne dass zusätzlich ein Nachlassverzeichnis auf- 39
genommen wird, fällt die 0,5-Verfahrensgebühr aus Tab. B nach Nr. 23503 KV-GNotKG an (vgl. Vorb. 1.2.4.1 KV-GNotKG). Die **Entsiegelung** löst eine weitere Gebühr aus. Der **Geschäftswert** bestimmt sich nach § 115 1 (bzw. § 36 IV 1) und bemisst sich nach dem Wert der versiegelten Gegenstände, der wiederum nach § 46 zu ermitteln ist. **Kostenschuldner** sind die Erben nach Maßgabe des § 24 Nr. 2. Es besteht keine Kostenbefreiung, § 2 IV. Erfolgt die Siegelung im Rahmen der **Aufnahme eines Nachlassinventars**, so wird diese nicht gesondert bewertet, sondern ist mit der Gebühr nach Nr. 23500 KV-GNotKG abgegolten (→ Rn. 155, 161).

3. Nachlasspflegschaft. a) Dauernachlasspflegschaft. Ist eine Nachlasspflegschaft nicht auf eine ein- 40
zelne Rechtshandlung beschränkt, sondern liegt eine Dauernachlasspflegschaft vor, so fällt hierfür nach Nr. 12311 KV-GNotKG keine Verfahrensgebühr, sondern eine **Jahresgebühr** an. Dies rechtfertigt sich daraus, dass solche Pflegschaften mit einem erhöhten Aufwand verbunden sind. Die Jahresgebühr fällt für **jedes Jahr** an, in dem die Pflegschaft besteht, unabhängig davon, wie lange die Pflegschaft in diesem Jahr besteht. Allerdings bestimmt Nr. 12311 II KV-GNotKG, dass für das **Jahr der Bestellung** des Nachlasspflegers und das **Folgejahr** nur eine Jahresgebühr erhoben wird (vgl. BT-Drs. 17/11471, 200). Die Gebühr ist erstmals bei Anordnung der Nachlasspflegschaft und später jeweils zu Beginn eines Kalenderjahres **fällig**, § 8 1.

Die Gebühr beträgt 10 EUR je angefangene 5.000 EUR des **Nachlasswerts**, mindestens jedoch 41
200 EUR pro Jahr. **Verbindlichkeiten** dürfen entsprechend § 38 2 nicht abgezogen werden, Nr. 12311 I 2 KV-GNotKG. Auch bestehen **keine Freibeträge**, weil die Pflegschaft ausschließlich im Interesse der Erben oder der Nachlassgläubiger besteht, nicht jedoch im öffentlichen Interesse (BT-Drs. 17/11471, 199f.). Soweit nur ein Teil des Nachlasses von der Pflegschaft betroffen ist, ist höchstens dieser **Nachlassteil** für die Berechnung der Jahresgebühr maßgeblich, Nr. 12311 I 1 KV-GNotKG.

b) Einzelnachlasspflegschaft. Beschränkt sich die Nachlasspflegschaft auf die Vornahme einzelner 42
Rechtshandlungen, zB zum Zwecke der gerichtlichen Geltendmachung eines Anspruchs gegen den Nachlass (§ 1961 BGB) oder zur Vornahme eines einzelnen Rechtsgeschäfts, wie der Veräußerung eines Nachlassgrundstücks, so entsteht nicht die Jahresgebühr nach Nr. 12311 KV-GNotKG, sondern lediglich eine **Verfahrensgebühr** nach Nr. 12312 KV-GNotKG. Der Gebührensatz beträgt 0,5 aus Tab. A, **höchstens** jedoch den Wert einer **Jahresgebühr** nach Nr. 12311 KV-GNotKG. Wird vom Nachlassgericht im Rahmen einer bestehenden Nachlasspflegschaft eine einzelne Maßnahme vorgenommen, zB ein Rechtsgeschäft des Nachlasspflegers genehmigt, so entsteht neben der Jahresgebühr nach Nr. 12311 KV-GNotKG keine weitere Gebühr nach Nr. 12312 KV-GNotKG (vgl. die Anm. dort).

Der **Geschäftswert** ist nach § 64 zu ermitteln (OLG Hamm BeckRS 2016, 122636; OLG Frankfurt 43
BeckRS 2015, 13599; OLG Schleswig BeckRS 2014, 13638). Maßgeblich ist der Wert des von der Pflegschaft betroffenen **Nachlasses** bzw. Nachlassgegenstands, § 64 I. **Verbindlichkeiten** dürfen nach § 38 2 nicht abgezogen werden. Wird der Antrag von einem Gläubiger gestellt, so ist der (Nominal-)**Betrag der Forderung** maßgeblicher Geschäftswert, § 64 II. Der Forderungswert wird jedoch durch den nach § 64 I zu ermittelnden Nachlasswert **der Höhe nach begrenzt**, § 64 II aE.

c) Ablehnung der Nachlasspflegschaft, Antragsrücknahme, Aufhebung und Entlassung. Wird der 44
Antrag eines Gläubigers auf Bestellung eines Nachlasspflegers abgelehnt oder wird der Antrag vor Entscheidung des Gerichts zurückgenommen, so fällt die Gebühr nach Nr. 12310 KV-GNotKG an. In diesem Fall bestimmt sich der Geschäftswert nach § 64 I u. II (BT-Drs. 17/11471, 174). Ebenfalls nach § 64 bestimmt sich der Geschäftswert, wenn die Aufhebung der Nachlasspflegschaft abgelehnt wird. Für die Aufhebung des Verfahrens oder die Entlassung des Pflegers werden analog § 65 nur 10% des nach § 64 maßgeblichen Werts angesetzt (OLG Celle BeckRS 2016, 112133; OLG Schleswig NJW-RR 2014, 783). Hätte sich die Pflegschaft ohnehin in Kürze erledigt, kann von diesem Geschäftswert ein Teilwert von 1/3 angesetzt werden (OLG Schleswig NJW-RR 2014, 783).

d) Kostenschuldner. Die Nachlasspflegschaft fällt als Maßnahme der Nachlasssicherung unter § 24 45
Nr. 2 (BT-Drs. 17/11471, 161), so dass nur die **Erben** beschränkt auf die Höhe des Nachlasses Kosten-

96 GNotKG   Gesetz über die Kosten der freiwilligen Gerichtsbarkeit für Gerichte und Notare

schuldner sind. Das Gericht kann hiervon abweichend die unbeschränkte Kostenhaftung anordnen, zB wenn gegen eine Sicherungsmaßnahme von einem Beteiligten Rechtsbehelfe eingelegt werden (BT-Drs. 17/11471, 161). Entsprechendes gilt für die nach § 1961 BGB auf **Antrag** eines Gläubigers angeordnete Nachlasspflegschaft, § 24 Nr. 3. Es besteht keine Kostenbefreiung, § 2 IV. Wird der Antrag eines Gläubigers oder eines Erben hingegen **zurückgenommen oder zurückgewiesen**, so schuldet dieser die Gerichtskosten nach § 22 I als Antragsteller.

46   **4. Nachlass- und Gesamtgutsverwaltung. a) Allgemeines.** Für eine **Nachlassverwaltung** (§§ 1975 ff. BGB) und eine **Gesamtgutsverwaltung** (§ 1489 II BGB) fällt stets die **Jahresgebühr** nach Nr. 12311 KV-GNotKG an. Sie fällt für **jedes Jahr**, in dem die Verwaltung besteht, an, unabhängig von deren tatsächlicher Dauer. Nach Nr. 12311 II KV-GNotKG wird für das **Jahr der Anordnung** der Verwaltung und das **Folgejahr** aber nur eine Jahresgebühr erhoben (vgl. BT-Drs. 17/11471, 200). Die Gebühr ist erstmals bei Anordnung und später jeweils zu Beginn eines Kalenderjahres **fällig**, § 8 1.

47   b) Die Gebühr beträgt 10 EUR je angefangene 5.000 EUR des **Nachlass- bzw. Gesamtgutwerts**, mindestens jedoch 200 EUR pro Jahr. **Verbindlichkeiten** dürfen entsprechend § 38 2 nicht abgezogen werden, Nr. 12311 I 2 KV-GNotKG. Es bestehen **keine Freibeträge**. Da die Verwaltung stets den vollständigen Nachlass bzw. das vollständige Gesamtgut erfasst, spielt Nr. 12311 I 1 KV-GNotKG keine Rolle.

48   **c) Ablehnung der Verwaltung, Antragsrücknahme, Aufhebung und Entlassung.** Wird der Antrag auf Anordnung einer Nachlass- oder Gesamtgutsverwaltung **abgelehnt** oder wird der Antrag vor Entscheidung des Gerichts zurückgenommen, so fällt die Gebühr nach Nr. 12310 KV an. In diesem Fall bestimmt sich der Geschäftswert nach § 64 I u. II (BT-Drs. 17/11471, 174). Ebenfalls nach § 64 bestimmt sich der Geschäftswert, wenn die Aufhebung der Nachlassverwaltung abgelehnt wird (OLG Düsseldorf BeckRS 2016, 18615). Für die Aufhebung des Verfahrens oder die Entlassung des Verwalters werden analog § 65 nur 10 % des nach § 64 maßgeblichen Werts angesetzt (OLG Celle BeckRS 2016, 112133; OLG Schleswig NJW-RR 2014, 783; aA OLG Bremen BeckRS 2014, 22983: 1/3 des Nachlasswerts).

49   **d) Kostenschuldner.** Nach § 24 Nr. 5 schulden die Gebühren einer angeordneten Nachlassverwaltung nur die **Erben** beschränkt auf die Höhe des Nachlasses. Es besteht keine Kostenbefreiung, § 2 IV. Das Gericht kann hiervon abweichend die unbeschränkte Kostenhaftung anordnen, zB wenn gegen eine Sicherungsmaßnahme von einem Beteiligten Rechtsbehelfe eingelegt werden (BT-Drs. 17/11471, 161). Die Gesamtgutsverwaltung wird nur im Interesse des **überlebenden Ehegatten** angeordnet, so dass § 24 Nr. 5 analog auf diesen anzuwenden ist. Wird der Antrag auf Nachlass- oder Gesamtgutsverwaltung zurückgenommen oder zurückgewiesen, so schuldet der **Antragsteller** die Gerichtskosten nach § 22 I.

50   **5. Rechtsmittelverfahren.** Für das **Beschwerdeverfahren** gelten Nr. 12320, 12321 KV-GNotKG. Danach beträgt die Beschwerdegebühr 1,0, wird das Verfahren ohne Endentscheidung beendet, ermäßigt sich die Gebühr auf 0,5. Im **Rechtsbeschwerdeverfahren** entsteht eine 1,5-Verfahrensgebühr (Nr. 12330 KV-GNotKG), die sich auf 1,0-Gebühren ermäßigt, wenn das Verfahren vor Erlass der Endentscheidung beendet wird (Nr. 12331 KV-GNotKG), und auf 0,5-Gebühren ermäßigt, wenn das Verfahren vor Begründung der Rechtsbeschwerde endet (Nr. 12332 KV-GNotKG). Das Verfahren über die Zulassung der **Sprungrechtsbeschwerde** löst eine 0,5-Gebühr aus, wenn der Antrag abgelehnt wird, Nr. 12340 KV-GNotKG. **Kostenschuldner** ist der Rechtsmittelführer, § 22 I. Soweit das Rechtsmittel erfolgreich eingelegt wurde, entfällt die Kostenschuldnerschaft, soweit nicht das Gericht eine anderweitige Kostenlastentscheidung trifft, § 25 I.

IV. Entgegennahme von Erklärungen, Fristbestimmungen und Nachlassinventar

51   **1. Entgegennahme von Erklärungen und Anzeigen. a) Gebührentatbestand.** Das Nachlassgericht fungiert als Sammelstelle für die Entgegennahme einer Vielzahl von Erklärungen bzw. Anzeigen, um eine richtige und sichere Erbenfeststellung treffen zu können. Den Gebührentatbestand der Nr. 12410 KV-GNotKG lösen folgende Empfangstätigkeiten aus:
– Entgegennahme einer **Forderungsanmeldung** im Rahmen einer Aufforderung nach § 2061 I 1 BGB (Nr. 12410 I Ziff. 1 KV-GNotKG);
– Entgegennahme einer **Anfechtungserklärung** hinsichtlich eines Testaments nach § 2081 I BGB oder eines Erbvertrags nach § 2281 I BGB (Nr. 12410 I Ziff. 2 KV-GNotKG);
– Entgegennahme einer Anzeige des Vor- oder Nacherben über den **Eintritt der Nacherbfolge** nach § 2146 I BGB (Nr. 12410 I Ziff. 3 KV-GNotKG);
– Entgegennahme einer Erklärung betreffend die Bestimmung der **Person des Testamentsvollstreckers** nach § 2198 I 2 BGB oder eines **Mitvollstreckers** nach § 2199 III BGB (Nr. 12410 I Ziff. 4 KV-GNotKG);
– Entgegennahme einer Erklärung betreffend die **Annahme oder Ablehnung des Amtes als Testamentsvollstrecker** nach § 2202 II 1 BGB (Nr. 12410 I Ziff. 4 KV-GNotKG);
– Entgegennahme einer Erklärung betreffend die **Kündigung des Amtes als Testamentsvollstrecker** nach § 2226 S. 2 BGB (Nr. 12410 I Ziff. 4 KV-GNotKG);
– Entgegennahme der Anzeige über den **Verkauf einer Erbschaft** und über den Namen des Käufers bzw. über die **Veräußerung einer Erbschaft** und den Namen des Erwerbers nach §§ 2384 I 1, 2385 I BGB (Nr. 12410 I Ziff. 5 KV-GNotKG);

B. Gerichtskosten   **GNotKG 96**

– Entgegennahme eines **Nachlassinventars** nach § 1993 BGB oder der **Bezugnahmeerklärung** auf ein bereits eingereichtes Nachlassinventar nach § 2004 BGB (Nr. 12410 I Ziff. 6 KV-GNotKG);
– Entgegennahme einer Erklärung eines Hoferben über die **Wahl des Hofes** nach § 9 II 1 HöfeO (Nr. 12410 I Ziff. 7 KV-GNotKG); diese Tätigkeit gehört eigentlich in die Zuständigkeit des Landwirtschaftsgerichts und hätte dort geregelt werden müssen, vgl. Vorb. 1.5.1 I 1 KV-GNotKG; ohne Bedeutung ist in diesem Zusammenhang die **Geschäftswertvorschrift** des § 76 Nr. 2 HöfeO, da es sich ja um eine geschäftswertunabhängige Festgebühr handelt (BT-Drs. 17/11471, 200).

Es handelt sich bei den vorgenannten Tätigkeiten um standardisierte Verfahrensweisen, die in der Regel nur geringen Aufwand verursachen (BT-Drs. 17/11471, 200). In den genannten Fällen entsteht deshalb nur eine **Festgebühr** iHv **15 EUR**. 52

Für die **gleichzeitige Entgegennahme** der genannten Anmeldungen, Erklärungen und Anzeigen wird die Festgebühr nur einmal erhoben, Nr. 12410 Abs. 2 KV-GNotKG. Eine gleichzeitige Entgegennahme liegt nicht nur dann vor, wenn die Erklärungen in demselben sondern auch dann, wenn sie in unterschiedlichen Schriftstücken niedergelegt sind. Gehen die Erklärungen allerdings nicht zu demselben Zeitpunkt dem Gericht zu, sondern nacheinander, wenn auch am selben Tag, so fällt die **Gebühr mehrfach** an. 53

Keine Gebühr darf das Gericht für die Entgegennahme aller anderen, nicht in Nr. 12410 I KV-GNotKG erwähnten Erklärungen erheben (BT-Drs. 17/11471, 200). **Gebührenfrei** sind somit insb.: 54
– Entgegennahme einer **Erbschaftsausschlagung** nach § 1945 I BGB;
– Entgegennahme einer **Anfechtung der Annahme oder Ausschlagung der Erbschaft** nach §§ 1955 I, 2308 BGB;
– Entgegennahme einer **Anfechtung der Versäumung der Ausschlagungsfrist** nach § 1956 BGB;
– Entgegennahme einer **Ablehnung einer fortgesetzten Gütergemeinschaft** nach § 1484 II 1 BGB;
– Entgegennahme eines **Verzichts eines anteilsberechtigten Abkömmlings** auf seinen Anteil am Gesamtgut einer fortgesetzten Gütergemeinschaft nach § 1491 I 2 BGB;
– Entgegennahme einer **Aufhebungserklärung** hinsichtlich der fortgesetzten Gütergemeinschaft nach § 1492 I 2 BGB;
– Entgegennahme einer **Ausschlagung des Anfalls des Hofes** nach § 11 HöfeO (vgl. Vorb. 1.5.1 I 2 KV-GNotKG).

Hiervon zu unterscheiden ist die Gebühr, die für die **Beurkundung bzw. Beglaubigung dieser Erklärungen** nach Nr. 21201 Ziff. 7 KV-GNotKG vom Gericht (Vorb. 1 II KV-GNotKG) bzw. vom Notar erhoben werden müssen (→ Rn. 115). 55

b) Kostenschuldner. Die Gebühr für die Entgegennahme einer Forderungsanmeldung nach Nr. 12410 I Ziff. 1 schuldet derjenige **Miterbe**, der die **Aufforderung erlassen** hat, § 23 Nr. 3. Die Gebühr nach Nr. 12410 I Ziff. 2, 3, 5–7 KV-GNotKG schuldet nach § 23 Nr. 4a–e derjenige, der die Erklärung, Anzeige oder das Nachlassinventar **abgegeben** hat. Die Gebühr nach Nr. 12410 I Ziff. 4 KV-GNotKG schulden nach § 24 Nr. 8 nur die **Erben** beschränkt auf die Höhe des Nachlasses. Es besteht keine Kostenbefreiung, § 2 IV. 56

2. Fristbestimmungen. a) Gebührentatbestand. Das Nachlassgericht hat in bestimmten Fällen den Erben oder Dritten Fristen zu setzen, damit diese eine Erklärung abgeben oder eine Handlung vornehmen, nämlich dass 57
– ein Beschwerer oder Dritter den **Vermächtnisnehmer** bestimmt, § 2151 III 2 BGB;
– ein Beschwerer oder Dritter die **Anteile der Vermächtnisnehmer** bestimmt, § 2153 II 2 BGB;
– ein Beschwerer oder ein Dritter die **Auswahl des Vermächtnisses** vornimmt, § 2154 II 2 BGB;
– ein Beschwerer oder ein Dritter die **Bestimmung des Vermächtnisgegenstands** vornimmt, § 2155 II BGB;
– ein Beschwerer oder ein Dritter die **Auswahl oder Bestimmung der Auflage** vornimmt, § 2192 BGB;
– ein Beschwerer oder ein Dritter die **Auswahl des Auflagenbegünstigten** trifft, § 2193 III 3 BGB;
– der Erbe ein **Nachlassinventar** errichtet, §§ 1994 I 1, 1995 III, 1996 I BGB;
– ein Dritter den **Testamentsvollstrecker** bestimmt, § 2198 II BGB;
– der Ernannte die **Annahme des Amtes als Testamentsvollstrecker** erklärt, § 2202 III BGB.

Es handelt sich dabei um standardisierte Verfahren, die keinen erheblichen Aufwand verursachen. In den genannten Fällen entsteht eine **Festgebühr** nach Nr. 12411 KV-GNotKG iHv **25 EUR**. Zu beachten ist, dass bei Bestimmung einer **Inventarfrist** die Gebühr sowohl für die erste Fristbestimmung (Nr. 12411 Ziff. 2 KV-GNotKG), als auch für jede Fristverlängerung (Nr. 12411 Ziff. 3 KV-GNotKG) und jede neue Fristbestimmung (Nr. 12411 Ziff. 4 KV-GNotKG) anfällt. Für die Aufnahme und Entgegennahme des Inventars können zusätzlich die Gebühren nach Nr. 23500 ff., Nr. 12410 Ziff. 6 (→ Rn. 155) und Nr. 12412 KV-GNotKG (→ Rn. 62) sowie nach Nr. 12410 Ziff. 6 KV-GNotKG (→ Rn. 160) entstehen. Auch Fristbestimmungen, die Vermächtnisse und Auflagen (Nr. 12411 Ziff. 1 KV-GNotKG) sowie eine Testamentsvollstreckung (Nr. 12411 Ziff. 5 KV-GNotKG) betreffen, können **mehrfach anfallen,** wenn eine erneute Fristsetzung erforderlich wird. 58

Auf die Fristbestimmung zur Ausübung des **Wahlrechts bei mehreren Höfen** nach § 9 II 2 HöfeO findet Nr. 12411 KV-GNotKG überraschenderweise keine Anwendung. Hier ist der Gebührentatbestand nach Nr. 15110 Ziff. 4 KV-GNotKG einschlägig, der Geschäftswert bemisst sich nach § 76 Nr. 3, Kostenschuldner ist der Antragsteller. 59

60 **b) Kostenschuldner.** Die Fristsetzungen nach Nr. 12411 KV-GNotKG erfolgen nur auf Antrag eines Beteiligten, so dass dieser nach § 22 I als **Antragsteller** Kostenschuldner ist. In den Fällen der Nr. 12411 Ziff. 1, 2 u. 5 KV-GNotKG kann das Gericht eine Kostenentscheidung nach § 81 FamFG treffen und die Kosten demjenigen Beteiligten aufgeben, der die **Abgabe der Erklärung schuldet**, § 27 Nr. 1. In den Fällen der Nr. 12411 Ziff. 3 u. 4 KV-GNotKG ist es regelmäßig sachgerecht, die Kosten beim **Erben** als Antragsteller zu belassen, da er die rechtzeitige Abgabe des Inventars versäumt hat. § 24 ist nicht einschlägig.

61 **3. Nachlassinventar.** Für die **Aufnahme eines Nachlassinventars** sind die Gerichte nicht mehr selbst zuständig. Das Gericht überträgt die Inventaraufnahme einem Notar, § 2003 I BGB.

62 Für diese Tätigkeit fällt eine **Festgebühr** von 40 EUR nach Nr. 12412 KV-GNotKG an. Mit dieser Festgebühr werden auch die **Entgegennahme des Inventars** oder der **Erklärung** nach § 2004 BGB iSd Nr. 12410 I Ziff. 6 KV-GNotKG abgegolten.

63 **4. Rechtsmittelverfahren.** Es fehlen spezielle Gebührentatbestände, so dass für das **Beschwerdeverfahren** Nr. 19116 KV-GNotKG gilt, die Gebühr also 60 EUR beträgt. Im **Rechtsbeschwerdeverfahren** entsteht eine Festgebühr von 120 EUR (Nr. 19126 KV-GNotKG), die sich auf 60 EUR ermäßigt, wenn das Verfahren vor Erlass der Endentscheidung beendet wird (Nr. 19127 KV-GNotKG). Das Verfahren über die Zulassung der **Sprungrechtsbeschwerde** löst eine Festgebühr von 60 EUR aus, wenn der Antrag abgelehnt wird, Nr. 19130 KV-GNotKG. **Kostenschuldner** ist der Rechtsmittelführer, § 22 I. Soweit das Rechtsmittel erfolgreich eingelegt wurde, entfällt die Kostenschuldnerschaft, soweit nicht das Gericht eine anderweitige Kostenlastentscheidung trifft, § 25 I.

V. Testamentsvollstreckung

64 **1. Ernennung und Entlassung des Testamentsvollstreckers. a) Gebührentatbestand.** Das Nachlassgericht ernennt auf Ersuchen des Erblassers einen Testamentsvollstrecker, § 2200 I BGB. Auf Antrag eines Beteiligten entlässt das Gericht den Testamentsvollstrecker aus wichtigem Grund, § 2227 I BGB. Da es sich hierbei um aufwändige und streitanfällige Verfahren handelt, entsteht hierfür eine 0,5 **Verfahrensgebühr** gem. Tab. A (Nr. 12420). Die Gebühr fällt stets in voller Höhe an, unabhängig davon, wie das Verfahren endet. Sie wird auch erhoben, wenn der Antrag unzulässig ist (OLG Karlsruhe NJOZ 2017, 652). Es gibt keine Ermäßigungstatbestände und keine Anrechnungsbestimmung. Insbesondere entstehen die Gebühren für ein Ernennungsverfahren und für die Erteilung eines Testamentsvollstreckerzeugnisses nebeneinander (BT-Drs. 17/11471, 201). Werden **mehrere Ernennungen** vom Gericht vorgenommen, wird die Gebühr mehrfach erhoben. Werden **mehrere Entlassungsanträge** gestellt, so handelt es sich um mehrere Verfahren, es sei denn, die Anträge stehen in einem sachlichen und rechtlichen Zusammenhang, so dass es sich um ein einheitliches Entlassungsverfahren handelt.

65 **b) Geschäftswert.** Der Geschäftswert bestimmt sich nach § 65. Anzusetzen sind 10 % des Nachlasswerts zum Zeitpunkt des Erbfalls ohne Abzug von Verbindlichkeiten, § 65 1. Bezieht sich die Testamentsvollstreckung nur auf einen **Miterbenanteil**, so ist nur der Wert dieses Erbanteils maßgeblich, §§ 65 2 iVm 40 II. Erfasst die Testamentsvollstreckung nur einen **Teil des Nachlasses**, so ist der Wert dieses Nachlassteils maßgeblich, §§ 65 2 iVm 40 II. Die Vorschrift findet entsprechende Anwendung auf die Ernennung eines Ersatztestamentsvollstreckers (OLG Hamburg BeckRS 2015, 14454).

66 **c) Kostenschuldner.** Nach § 24 Nr. 7 schulden die Gebühren für die Ernennung und Entlassung des Testamentsvollstreckers nur die **Erben** beschränkt auf die Höhe des Nachlasses. Es besteht keine Kostenbefreiung, § 2 IV. Das Gericht kann hiervon abweichend die unbeschränkte Kostenhaftung anordnen, insb. aber die Kosten einem **anderen Beteiligten** auferlegen, zB wenn gegen die Maßnahme von einem Beteiligten Rechtsbehelfe eingelegt werden oder wenn der Antrag auf Entlassung des Testamentsvollstreckers zurückgewiesen wird. Betrifft die Testamentsvollstreckung nur die Erfüllung von Vermächtnissen und hat der Erblasser angeordnet, dass deren Erfüllung von den Vermächtnisnehmern zu bezahlen ist, so sollte das Gericht auch die Kosten der Testamentsvollstreckung den Vermächtnisnehmern auferlegen.

67 **2. Sonstige Anordnungen anlässlich einer Testamentsvollstreckung. a) Gebührentatbestand.** Das Nachlassgericht trifft im Rahmen einer angeordneten Testamentsvollstreckung weitere Maßnahmen, es kann zB eine vom Erblasser getroffene **Verwaltungsanordnung** nach § 2116 II 2 BGB außer Kraft setzen oder eine **Meinungsverschiedenheit** mehrerer Testamentsvollstrecker nach § 2224 I 1 BGB entscheiden. Auch in diesen Verfahren entsteht eine 0,5 **Verfahrensgebühr** gem. Tab. A (Nr. 12420 KV-GNotKG). Durch Vorb. 1.2.4.2 KV-GNotKG wird klargestellt, dass die Fristbestimmungen im Rahmen einer Testamentsvollstreckung sowie die Erteilung, Einziehung oder Kraftloserklärung eines Testamentsvollstreckerzeugnisses nicht von diesem Gebührentatbestand erfasst werden. Für **Fristbestimmungen** wird zusätzlich die Gebühr nach Nr. 12411 Ziff. 5 KV-GNotKG erhoben, im Verfahren über **Testamentsvollstreckerzeugnisse** fallen die Gebühren nach Nr. 12210 ff. KV-GNotKG an.

68 **b) Geschäftswert.** Der Geschäftswert bestimmt sich in Ermangelung besonderer Geschäftswertbestimmungen regelmäßig nach § 36 I u. III, da es sich vorwiegend um vermögensrechtliche Angelegenheiten handelt. Auf den Auffangwert nach § 36 III kann nur ganz ausnahmsweise zurückgegriffen werden, der Geschäftswert ist regelmäßig aufgrund § 36 I nach **billigem Ermessen** festzusetzen. Auf § 65 kann ebenfalls nicht zurückgegriffen werden, allerdings dürfte dieser die Ermessensbildung insofern beeinflussen, dass keinesfalls mehr als 10 % des Nachlasswerts zum Zeitpunkt des Erbfalls ohne Abzug von Verbindlichkeiten angesetzt werden dürfen. Angemessen erscheint ein **Teilwert** aus dem Wert des von der Verwaltungsanordnung oder vom Meinungsstreit betroffenen Gegenstands.

c) Kostenschuldner. Kostenschuldner der Gerichtsgebühren ist gem. § 22 I der **Antragsteller**. Das 69 Gericht kann nach § 81 I 1 FamFG die Kosten nach billigem Ermessen auch einem anderen Beteiligten auferlegen.

3. Rechtsmittelverfahren. Für das **Beschwerdeverfahren** gelten Nr. 12421, 12422 KV-GNotKG. Da- 70 nach beträgt die Beschwerdegebühr 1,0, wird das Verfahren ohne Endentscheidung beendet, ermäßigt sich die Gebühr auf 0,5. Im **Rechtsbeschwerdeverfahren** entsteht eine 1,5-Verfahrensgebühr (Nr. 12425 KV-GNotKG), die sich auf 1,0 Gebühren ermäßigt, wenn das Verfahren vor Erlass der Endentscheidung beendet wird (Nr. 12427 KV-GNotKG), und auf 0,5-Gebühren ermäßigt, wenn das Verfahren vor Begründung der Rechtsbeschwerde endet (Nr. 12426 KV-GNotKG). Das Verfahren über die Zulassung der **Sprungrechtsbeschwerde** löst eine 0,5-Gebühr aus, wenn der Antrag abgelehnt wird, Nr. 12428 KV-GNotKG. **Kostenschuldner** ist der Rechtsmittelführer, § 22 I. Soweit das Rechtsmittel erfolgreich eingeegelt wurde, entfällt die Kostenschuldnerschaft, wenn nicht das Gericht eine anderweitige Kostenlastentscheidung trifft, § 25 I.

VI. Sonstige Verfahren

1. Erbenermittlung. Eine Erbenermittlung durch das Nachlassgericht findet nur ausnahmsweise statt, 71 nämlich zur Ermittlung des **Fiskuserbrechts** (§§ 1964 ff. BGB) und auf Ersuchen des Grundbuchamts (§ 82a 2 GBO). Aufgrund Landesrechts werden nur noch in **Bayern** (§ 342 I Nr. 4 FamFG, Art. 37 BayAGGVG) die Erben von Amts wegen ermittelt. In Baden-Württemberg findet nach Aufhebung der § 41 I u. II BWLFGG aF zum 9.4.2015 (Art. 4 Nr. 1 G v. 21.4.2015, GBl. S. 281) kein Erbenermittlungsverfahren mehr statt (LT-Drs. 15/6471, 8). Das Verfahren ist gebührenfrei (BT-Drs. 17/11471, 161). Es werden allerdings Auslagen nach Nr. 31000ff. KV-GNotKG erhoben. Auslagenschuldner sind – sofern nicht Kostenfreiheit nach § 2 vorliegt – nach § 24 Nr. 9 nur die **Erben** beschränkt auf die Höhe des Nachlasses. Von der Tragung der Auslagen (zB für das Anmeldeverfahren nach § 1965 BGB) ist auch nicht der Fiskus als Zwangserbe befreit (OLG Naumburg FGPrax 2016, 93 (94); *Schneider* Rpfleger 2017, 13 (15)).

2. Stundung des Pflichtteilsanspruchs. a) Gebührentatbestand. Das Verfahren zur Stundung eines 72 Pflichtteilsanspruchs nach § 362 FamFG iVm § 2331a BGB löst eine 2,0 **Verfahrensgebühr** gem. Tab. A aus (Nr. 12520). Diese Gebühr ermäßigt sich auf eine 0,5 Gebühr, wenn das Verfahren ohne Endentscheidung endet (Nr. 12521 Ziff. 1 KV-GNotKG), wenn der Antrag vor Erlass der Endentscheidung zurückgenommen wird (Nr. 12521 Ziff. 2 KV-GNotKG) oder wenn die Endentscheidung keine Begründung enthält oder nur zum Zwecke ihrer Verwendbarkeit im Ausland eine Begründung enthält (Nr. 12521 Ziff. 3 KV-GNotKG). Die Ermäßigung tritt auch ein, wenn mehrere Ermäßigungstatbestände vorliegen (Nr. 12521 II KV-GNotKG) oder wenn eine ohne Begründung erstellte Endentscheidung nachträglich vervollständigt wird (Nr. 12521 I KV-GNotKG).

b) Geschäftswert. Der Geschäftswert bestimmt sich in Ermangelung besonderer Geschäftswertbe- 73 stimmungen regelmäßig nach § 36 I u. III, da es sich um eine vermögensrechtliche Angelegenheit handelt (vgl. BT-Drs. 17/11471, 202). Auf den Auffangwert nach § 36 III kann nur ganz ausnahmsweise zurückgegriffen werden, der Geschäftswert ist regelmäßig aufgrund § 36 I nach billigem Ermessen festzusetzen. Er sollte regelmäßig einem Teilwert (10 % bis höchstens 30 %) des zu stundenden **Pflichtteilsanspruchs** entsprechen.

c) Kostenschuldner. Kostenschuldner der Gerichtsgebühren ist gem. § 22 I der **Antragsteller**. Das 74 Gericht kann nach § 81 I 1 FamFG die Kosten nach billigem Ermessen auch einem anderen Beteiligten auferlegen.

d) Rechtsmittelverfahren. Für das Beschwerdeverfahren werden Gebühren nach Maßgabe der 75 Nr. 12530–12532 KV-GNotKG (3,0 bzw. 1,0 oder 0,5-Gebühren), für das Rechtsbeschwerdeverfahren Gebühren nach Maßgabe der Nr. 12540–12542 KV-GNotKG (4,0 bzw. 2,0- oder 1,0-Gebühren) und für die Sprungrechtsbeschwerde nach Maßgabe der Nr. 12550 KV-GNotKG (1,0-Gebühren) erhoben.

3. Aufgebot von Nachlassgläubigern. a) Gebührentatbestand. Das Verfahren zum Aufgebot von 76 Nachlassgläubigern nach §§ 454ff. FamFG iVm § 1970 BGB löst eine 0,5 **Verfahrensgebühr** gem. Tab. A aus (Nr. 15212 Ziff. 3 KV-GNotKG), die mit Einleitung des Verfahrens anfällt und unabhängig davon besteht, wie das Verfahren endet. Die Gebühr wird also auch dann erhoben, wenn ein Antrag zurückgenommen wird, wenn das Verfahren ohne eine Entscheidung oder ohne Vornahme der begehrten Gerichtshandlung endet, wenn das Verfahren von Amts wegen zurückgewiesen oder eingestellt wird. Werden mehrere Verfahren betrieben, auch wenn sie denselben Gegenstand haben, wird für jedes Verfahren die Gebühr gesondert erhoben. Eine Gebührenermäßigung für Sonderfälle ist nicht vorgesehen, es findet auch **keine Anrechnung** zuvor angefallener Gebühren statt. Nicht von diesen Gebührenvorschriften erfasst ist das Gläubigeraufgebot nach § 2061 BGB, denn es handelt sich hierbei nicht um eine nachlassgerichtliche Aufgabe (vgl. OLG Köln FGPrax 2016, 231, vgl. aber Rn. 51).

b) Geschäftswert. Der Geschäftswert bestimmt sich in Ermangelung besonderer Geschäftswertbe- 77 stimmungen regelmäßig nach § 36 I u. III, da es sich um eine vermögensrechtliche Angelegenheit handelt. Auf den Auffangwert nach § 36 III kann nur ganz ausnahmsweise zurückgegriffen werden, der

96 GNotKG   Gesetz über die Kosten der freiwilligen Gerichtsbarkeit für Gerichte und Notare

Geschäftswert ist regelmäßig aufgrund § 36 I nach billigem Ermessen festzusetzen. Es sollte ein **Teilwert** von 10 % bis höchstens 30 % aus dem Wert der vermeintlichen **Forderungen** zugrunde gelegt werden.

78   c) **Kostenschuldner.** Kostenschuldner der Gerichtsgebühren ist gem. § 22 I der **Antragsteller**. Das Gericht kann nach § 81 I 1 FamFG die Kosten nach billigem Ermessen auch einem anderen Beteiligten auferlegen, im Verfahren zur Ausschließung von Nachlassgläubigern bspw. der gesamten Erbengemeinschaft.

79   d) **Rechtsmittelverfahren.** Für das Beschwerdeverfahren werden Gebühren nach Maßgabe der Nr. 15223 und 15224 KV-GNotKG (1,0 bzw. 0,5-Gebühren), für das Rechtsbeschwerdeverfahren Gebühren nach Maßgabe der Nr. 15233–15235 KV-GNotKG (1,5 bzw. 1,0 oder 0,5-Gebühren) und für die Sprungrechtsbeschwerde nach Maßgabe der Nr. 15241 KV-GNotKG (0,5-Gebühren) erhoben.

80   **4. Sonstige Nachlasssachen.** Bei den sonstigen Nachlasssachen handelt es sich vor allem um die Erfüllung besonderer gesetzlicher **Mitteilungspflichten** (§§ 83 1, 1953 III, 1957 II, 2081 II, 2281 II BGB; §§ 347, 356 FamFG; § 83 GBO; §§ 111 ff. AO; § 34 ErbStG; § 7 ErbStDV). Da es sich hierbei um die Erfüllung von Informationspflichten handelt, die im öffentlichen Interesse stehen, werden hierfür keine Gebühren und Auslagen erhoben. Die Verfahren sind **kostenfrei**.

C. Notarkosten

I. Beurkundung von Verfügungen von Todes wegen

81   **1. Testament. a) Gebührentatbestand.** Die Beurkundung eines Einzeltestaments löst eine 1,0-Gebühr aus Tab. B nach Nr. 21200 KV-GNotKG aus, die mindestens 60 EUR beträgt.

82   b) **Geschäftswert.** Der Geschäftswert bestimmt sich nach § 102 I–III. Verfügt der Erblasser über seinen **gesamten Nachlass**, insb. im Falle einer Vollerbeinsetzung (auch bei Einsetzung eines Ersatz-, Vor- oder Nacherben), so ist der Wert seines Vermögens zum Zeitpunkt der Beurkundung (BT-Drs. 17/11471, 182) maßgeblich. **Verbindlichkeiten** dürfen abgezogen werden, allerdings nur bis zur **Hälfte des Vermögens**, § 102 I 2. Verfügt der Erblasser nur über einen **Bruchteil des Nachlasses**, so ist der Wert des entsprechenden Bruchteilsvermögens maßgeblich. Verbindlichkeiten können ebenfalls nur anteilig und höchstens bis zur Hälfte des Bruchteilsvermögens abgezogen werden. Ordnet der Erblasser gleichzeitig mit der Bruchteilsverfügung ein **Vermächtnis** oder eine **Auflage** an, so sind diese mit Schuldenabzug bis zur Hälfte des Gegenstandswerts entsprechend § 102 III, aber auch nur anteilig, entsprechend dem Bruchteil, über den nicht verfügt wurde, hinzuzurechnen, § 102 I 3.

83   **Beispiel:** Der zugrunde zu legende Nachlasswert beträgt 200.000 EUR. Verfügt der Erblasser in seinem Testament lediglich über $^1/_2$ des Nachlasses (100.000 EUR) zugunsten der X und wendet darüber hinaus dem Y im Wege des Vermächtnisses weitere 50.000 EUR zu, so ist der Geschäftswert die Summe aus dem Nachlassbruchteil, über den verfügt wurde (100.000 EUR) und $^1/_2$ des Vermächtniswerts (25.000 EUR), da der Anteil des Nachlasses, über den nicht verfügt wurde, $^1/_2$ beträgt. IErg beträgt der Geschäftswert somit 125.000 EUR (BT-Drs. 17/11471, 182).

84   Verfügt der Erblasser über **künftige Vermögensgegenstände**, die ihm also noch nicht gehören, so sind diese mit ihrem vollen Wert anzusetzen, künftig zu übernehmende **Verbindlichkeiten** sind hiervon abzuziehen, jedoch nur bis zur Hälfte des Werts des künftigen Vermögensgegenstands, § 102 II 2. Betrifft die Verfügung nur **bestimmte Vermögensgegenstände,** wird zB nur ein Vermächtnis oder nur eine Auflage angeordnet, so ist der Wert dieses Gegenstands maßgeblich. Vom Begünstigten zu übernehmende Verbindlichkeiten dürfen nur bis zur Hälfte des Gegenstandswerts abgezogen werden, § 102 III iVm II 2.

85   Die Bewertung der einzelnen Vermögensgegenstände erfolgt nach Maßgabe der §§ 36, 46 ff. Für **Sachen** ist nach § 46 somit der Verkehrswert anzusetzen, für **land- und forstwirtschaftliches Vermögen** der vierfache Einheitswert nach § 48. **Lebensversicherungen** werden mit ihrem Rückkaufswert berücksichtigt, aber nur, wenn sie in den Nachlass fallen, ein Bezugsberechtigter also nicht eingesetzt wurde. Die abzugsfähigen **Verbindlichkeiten** sind nicht entsprechend den Bewertungsvorschriften zu ermitteln, sondern mit ihrem Nominalwert zum Zeitpunkt der Beurkundung anzusetzen. Die system- und iÜ verfassungswidrige, weil den Gleichheitsgrundsatz verletzende Privilegierung land- und forstwirtschaftlichen Vermögens, setzt sich somit im Rahmen des Schuldenabzugs fort. Für einen bloß anteiligen Schuldenabzug entsprechend § 48 findet sich im Gesetz kein Anhaltspunkt.

86   c) **Kostenschuldner.** Kostenschuldner ist derjenige, dessen Erklärungen beurkundet wurden, § 30 I. Schließlich haftet noch derjenige, der die Beurkundung nach § 29 Nr. 1 beantragt hatte.

87   **2. Gemeinschaftliches Testament. a) Gebührentatbestand.** Die Beurkundung eines gemeinschaftlichen Testaments löst eine 2,0-Gebühr aus Tab. B nach Nr. 21100 KV-GNotKG aus, Vorb. 2.1.1 Nr. 2 KV-GNotKG, die mindestens 120 EUR beträgt.

88   b) **Geschäftswert.** Der Geschäftswert bestimmt sich nach § 102 I–III. Maßgeblich ist bei Verfügungen über den **Gesamtnachlass** der Wert des gegenwärtigen Vermögens, wobei die Vermögensmassen beider Ehegatten/Lebenspartner **gesondert zu ermitteln** sind. Verbindlichkeiten können nur vom Vermögen des jeweiligen Schuldners abgezogen werden, wobei mindestens die Hälfte seines Vermögens als Geschäftswert anzusetzen bleibt. Leben die Ehe-/Lebenspartner in **Gütergemeinschaft**, so ist mindestens

B. Gerichtskosten **GNotKG 96**

die Hälfte des Gesamtguts anzusetzen, das Vorbehalts- und Sondergut ist dagegen gesondert zu ermitteln.

Für die Bewertung **künftiger Vermögensgegenstände** gilt § 102 II 1 u. 2. Beim gemeinschaftlichen **89** Testament bleiben aber solche künftigen Vermögenswerte außer Betracht, die schon nach § 102 I berücksichtigt wurden, § 102 II 3.

Beispiel: Die Ehegatten A und B errichten ein gemeinschaftliches Testament, in dem sie sich gegenseitig als Alleiner- **90** ben und den gemeinsamen Sohn S zum Schlusserben einsetzen. A verfügt über ein Vermögen iHv 150.000 EUR, B über ein Vermögen von 10.000 EUR. Nach der Regel des § 102 II 1 müsste dem Vermögen von A und B zusätzlich das künftige Gesamtvermögen des Längerlebenden hinzugerechnet werden, was zu einer Verdoppelung des Geschäftswerts führen würde. Anzusetzen sind nach § 102 II 3 iErg nur die beiderseitigen Vermögensmassen zum gegenwärtigen Zeitpunkt, also 160.000 EUR (vgl. BT-Drs. 17/11471, 182).

c) Kostenschuldner. Kostenschuldner sind diejenigen, deren Erklärungen beurkundet wurden, § 30 I, **91** mehrere Erblasser haften als Gesamtschuldner, § 32 I, soweit nicht ausschließlich einseitige Verfügungen vorliegen, § 30 II. Schließlich haftet noch derjenige, der die Beurkundung nach § 29 Nr. 1 beantragt hatte.

3. Erbvertrag. a) Gebührentatbestand. Die Beurkundung eines Erbvertrags löst eine 2,0-Gebühr aus **92** Tab. B nach Nr. 21100 KV-GNotKG aus, die mindestens 120 EUR beträgt.

b) Geschäftswert. Der Geschäftswert bestimmt sich nach § 102 I–III, die vorstehenden Ausführungen **93** zum gemeinschaftlichen Testament gelten entsprechend. Werden **zusätzliche rechtsgeschäftliche Vereinbarungen,** zB mit einem Dritten, getroffen, so stellen diese Vereinbarungen regelmäßig einen besonderen Beurkundungsgegenstand dar, § 111 Nr. 1. Hierbei kann es sich um einen Erb- und/oder Pflichtteilsverzicht, die Übertragung eines Vermögensgegenstands oder einen Ehevertrag handeln. Unterliegen die Gegenstände **verschiedenen Gebührensätzen,** so ist die Vergleichsberechnung nach § 94 I durchzuführen. Von besonderer Bedeutung ist, dass die bislang bestehende Privilegierung des zusammen beurkundeten **Ehe- und Erbvertrags** nach § 46 III KostO entfallen ist.

Beispiel: Die Ehegatten A und B errichten einen Ehe- und Erbvertrag. Sie vereinbaren den Güterstand der Güter- **94** trennung und setzen sich gegenseitig als Alleinerben ein. A verfügt über ein Vermögen iHv 150.000 EUR, B über ein Vermögen von 10.000 EUR. Anzusetzen sind nicht – wie bisher – 160.000 EUR, sondern 320.000 EUR.

Der Erbvertrag kann als **Austauschvertrag** (sog. Verpfründungsvertrag) gestaltet sein. In diesem Fall **95** ist nach § 97 III der Wert der höheren Leistung maßgeblich. Auch die Vereinbarung bestimmter eherechtlicher Wirkungen kann als Gegenleistung für eine Erbeinsetzung angesehen werden, so dass § 97 III den § 111 Nr. 1 überlagert.

c) Kostenschuldner. Kostenschuldner sind diejenigen, deren Erklärungen beurkundet wurden, § 30 I, **96** mehrere Vertragsteile haften als Gesamtschuldner, § 32 I, soweit nicht ausschließlich einseitige Verfügungen vorliegen, § 30 II. Schließlich haftet noch derjenige, der die Beurkundung nach § 29 Nr. 1 beantragt hatte.

4. Besondere Verfügungen von Todes wegen. a) Testamentsvollstreckung. Wird ausschließlich Tes- **97** tamentsvollstreckung angeordnet, so führt § 102 nicht weiter. Der Geschäftswert ist nach § 36 I nach **billigem Ermessen** zu bestimmen, wobei §§ 40 V, 65 als Grundlage der Teilwertbildung durchaus herangezogen werden können. Allerdings muss die Wertung des § 102 I 3 ebenfalls berücksichtigt werden, so dass **10 bis 20 % des gegenwärtigen Vermögens** nach Schuldenabzug bis zum Wert des hälftigen Vermögens angesetzt werden dürfen.

b) Vormundbenennung. Wird in der Verfügung lediglich ein Vormund nach § 1777 III BGB benannt, **98** so ist § 36 maßgeblich. Da der Vormund auch die Vermögenssorge des Kindes besorgt, ist ein Teilwert aus dem gegenwärtigen **Kindesvermögen** anzusetzen, in Ermangelung von Anhaltspunkten hierzu, kann ausnahmsweise auf den Auffangwert nach § 36 III zurückgegriffen werden.

c) Rechtswahlvereinbarungen. Nach § 111 Nr. 4 sind Rechtswahlvereinbarungen stets als besondere **99** Beurkundungsgegenstände zu behandeln, so dass sie dem Geschäftswert einer Verfügung von Todes wegen immer hinzuzurechnen sind. Anzusetzen sind nach § 104 II 30 % des nach § 102 ermittelten Vermögens. Werden in einem gemeinschaftlichen Testament oder in einem Erbvertrag einseitige Rechtswahlvereinbarungen getroffen, so ist die Vergleichsberechnung nach § 94 I durchzuführen.

Beispiel: Die Ehegatten A und B sind ausschließlich deutsche Staatsangehörige. Sie errichten einen Erbvertrag. Sie **100** setzen sich gegenseitig als Alleinerben ein. B hat ihren gewöhnlichen Aufenthalt in Deutschland, A hingegen seinen gewöhnlichen Aufenthalt momentan in Österreich. Im Hinblick auf Art. 21 I EuErbVO wählt A vorsorglich das Erbrecht der Bundesrepublik Deutschland, Art. 22 I EuErbVO. A verfügt über ein Vermögen iHv 150.000 EUR, B über ein Vermögen von 10.000 EUR. Anzusetzen sind neben den 160.000 EUR Gesamtvermögen, 50.000 EUR für die Rechtswahl (30 % aus dem Vermögen des A iHv 150.000 EUR). Nach § 94 I ist die getrennte Bewertung (2,0 aus 160.000 EUR = 762 EUR + 1,0 aus 50.000 EUR = 165 EUR, insgesamt 927 EUR) günstiger als die Bewertung aus dem Gesamtwert (2,0 aus 210.000 EUR = 970 EUR).

5. Aufhebung und Änderung von Verfügungen von Todes wegen. a) Vollständige Aufhebung. **101** Werden ein Erbvertrag oder ein gemeinschaftliches Testament vollständig aufgehoben, so gilt das **Gebührenprivileg** nach Nr. 21102 Ziff. 2 KV-GNotKG, so dass nur ein Gebührensatz von 1,0 anzuwenden ist. Der **Geschäftswert** ist nach § 102 I–III zu ermitteln. Für die vollständige Aufhebung eines **Einzeltestaments** verbleibt es bei der 1,0-Gebühr nach Nr. 21200 KV-GNotKG, so dass der Erblasser auf die kostengünstigere Rücknahme eines in der besonderen amtlichen Verwahrung befindlichen öffentlichen Testaments hinzuweisen ist.

102 **b) Änderung einzelner Verfügungen.** Wird die Verfügung nicht insgesamt aufgehoben, sondern nur teilweise abgeändert, so gelten die normalen Gebührensätze nach Nr. 21100 bzw. 21200 KV-GNotKG. Auch die Geschäftswertermittlung richtet sich nach den § 102 I–III.

103 **c) Aufhebung und Errichtung einer neuen Verfügung.** Nach § 109 II Nr. 2 gelten die Aufhebung (auch die Teilaufhebung) einer Verfügung und die Errichtung einer neuen Verfügung von Todes wegen als ein Beurkundungsgegenstand. Maßgeblich ist dann nur der **höchste in Betracht kommende Geschäftswert**, § 109 II 2, es findet also abweichend von § 35 I keine Zusammenrechnung der Einzelwerte statt. Soweit die Verfügungen allerdings unterschiedlichen Gebührensätzen unterliegen, ist die **Vergleichsberechnung** nach § 94 II durchzuführen.

104 Beispiel: Die Ehegatten A und B haben einen Erbvertrag errichtet. Sie heben diesen Erbvertrag vollständig auf. A verfügt erneut erbvertraglich bindend im Wege eines Vermächtnisses, dass seine Eigentumswohnung nach seinem Ableben der Ehefrau B zustehen soll. Über das weitere Vermögen werden keine letztwilligen Verfügungen getroffen. Das Gesamtvermögen der Ehegatten beträgt 500.000 EUR, die Wohnung hat einen Wert von 150.000 EUR. Nach § 94 II 2 ist die getrennte Bewertung (1,0 aus 500.000 EUR = 935 EUR + 2,0 aus 150.000 EUR = 708 EUR, insgesamt 1.643 EUR) günstiger als die Bewertung aus dem höchsten Geschäftswert (2,0 aus 500.000 EUR = 1.870 EUR).

II. Verwahrung und Rückgabe von Erbverträgen

105 **1. Verwahrung von Erbverträgen.** Die amtliche Verwahrung eines Erbvertrags durch den Notar, die nach § 34 II BeurkG möglich ist, wenn alle Vertragsbeteiligten die besondere amtliche Verwahrung durch das Nachlassgericht ausgeschlossen haben, ist **kostenfrei**. Erhoben werden dürfen allerdings die mit der Übermittlung an das Zentrale Testamentsregister verbundenen und verauslagten Registergebühren (Nr. 32015 KV-GNotKG). Das **Ermittlungsverfahren** nach § 351 FamFG bleibt ebenfalls gebührenfrei. Künftig können allerdings die an deutsche Behörden zu zahlenden Gebühren und Beiträge (zB für Auskünfte der Standesämter und Einwohnermeldeämter) in voller Höhe von den Erblassern bzw. Erben eingefordert werden, Nr. 31013 KV-GNotKG. Die Vorschrift gilt nur für die Gerichte, muss aber über ihren Anwendungsbereich auch auf Notare ausgedehnt werden, da der Gesetzgeber ausdrücklich die Ermittlungsmaßnahmen in § 351 FamFG hiermit abgelten wollte (BT-Drs. 17/11471, 235).

106 **2. Rückgabe von Erbverträgen. a) Gebührentatbestand.** Die Rückgabe eines Erbvertrags aus der notariellen Verwahrung löst eine 0,3-Gebühr aus, Nr. 23100 KV-GNotKG. Wird demnächst eine erneute Verfügung von Todes wegen desselben Erblassers vom zurückgebenden Notar (zum Begriff s. Vorb. 2 I KV-GNotKG) beurkundet, so wird die Rückgabegebühr auf die Beurkundungsgebühr **angerechnet,** S. 1 der Anm. zu Nr. 23100 KV-GNotKG. Handelte es sich um mehrere Erblasser, so erfolgt die Anrechnung nur **anteilig,** S. 2 der Anm. zu Nr. 23100 KV-GNotKG. Dabei ist unerheblich, wie hoch die Rücknahmegebühr war und wer diese tatsächlich getragen hat. Die Beurkundung erfolgt dann noch **demnächst,** wenn zwischen der Rückgabe und dem Beurkundungsauftrag nicht mehr als **sechs Monate** liegen.

107 **b) Geschäftswert.** Der Geschäftswert bemisst sich gem. § 114 nach den Grundsätzen des § 102 I–III (→ Rn. 93), also wie bei der Beurkundung einer Verfügung von Todes wegen nach dem **Reinvermögen** der Erblasser zum Zeitpunkt der Rückgabe des Vertrags (§ 96).

108 **c) Kostenschuldner.** Die Rückgabegebühr schulden die am Erbvertrag beteiligten Personen als Gesamtschuldner nach §§ 29 Nr. 1, 32 I, da die Rückgabe nur auf Verlangen aller Vertragsschließenden erfolgen kann.

III. Beurkundung von Erklärungen und Anträgen an das Nachlassgericht

109 **1. Notargebühren. a) Gebührentatbestand.** Erklärungen und Anträge, die dem Nachlassgericht gegenüber abzugeben sind, bedürfen regelmäßig der Beurkundung, zumindest aber der öffentlichen Beglaubigung. Nr. 21201 Ziff. 6 u. 7 KV-GNotKG sieht hierfür einen ermäßigten Gebührensatz von 0,5 aus Tab. B vor, wobei die Gebühr **mindestens 30 EUR** beträgt. Erfasst sind folgende Beurkundungen bzw. Beglaubigungen:
– Beurkundung eines **Erbscheinsantrags** oder eines Antrags hinsichtlich eines **sonstigen vom Nachlassgericht zu erteilenden Zeugnisses** (Nr. 21201 Ziff. 6 KV-GNotKG); zu beachten ist, dass die Beurkundungsgebühr entfällt, wenn gleichzeitig mit dem Antrag eine **eidesstattliche Versicherung** abgenommen wird (Vorb. 2.3.3 II KV-GNotKG);
– Beurkundung einer **Erbschaftsausschlagung** nach § 1945 I BGB (Nr. 21201 Ziff. 7 KV-GNotKG);
– Beurkundung der **Anfechtung der Annahme oder Ausschlagung der Erbschaft** nach §§ 1955 1, 2308 BGB (Nr. 21201 Ziff. 7 KV-GNotKG);
– Beurkundung einer **Anfechtung der Versäumung der Ausschlagungsfrist** nach § 1956 BGB (Nr. 21201 Ziff. 7 KV-GNotKG);
– Beurkundung einer **Ablehnung einer fortgesetzten Gütergemeinschaft** nach § 1484 II 1 BGB (Nr. 21201 Ziff. 7 KV-GNotKG);
– Beurkundung eines **Verzichts eines anteilsberechtigten Abkömmlings** auf seinen Anteil am Gesamtgut einer fortgesetzten Gütergemeinschaft nach § 1491 I 2 BGB (Nr. 21201 Ziff. 7 KV-GNotKG);

- Beurkundung einer **Aufhebungserklärung** hinsichtlich der fortgesetzten Gütergemeinschaft nach § 1492 I 2 BGB (Nr. 21201 Ziff. 7 KV-GNotKG);
- Beurkundung einer **Ausschlagungserklärung des Anfalls des Hofes** nach § 11 HöfeO (Nr. 21201 Ziff. 7 KV-GNotKG).

b) Beglaubigung mit Entwurf. Hat der Notar die Erklärung nicht beurkundet, aber entworfen, so kann er hierfür eine Rahmengebühr zwischen 0,3 bis 0,5 nach Nr. 24102 KV-GNotKG verlangen, die aber **mindestens 30 EUR** beträgt. Für die Fertigung des vollständigen Entwurfs ist die Höchstgebühr von 0,5 zu erheben, § 92 II. Beglaubigt er anschließend die Unterschrift auf dieser Erklärung, so entsteht für die erstmalige Beglaubigung keine Beglaubigungsgebühr nach Nr. 25100 KV-GNotKG (Vorb. 2.4.1 II KV-GNotKG). Werden an späteren Tagen weitere Beglaubigungen vorgenommen, entsteht zusätzliche Beglaubigungsgebühren. 110

c) Beglaubigung ohne Entwurf. Soweit der Notar die Erklärung nicht beurkundet und diese auch nicht entworfen hat, entsteht lediglich eine 0,2-Gebühr nach Nr. 25100 KV-GNotKG, die **mindestens 20 EUR** und **höchstens 70 EUR** beträgt. Werden an späteren Tagen weitere Beglaubigungen vorgenommen, entstehen zusätzliche Beglaubigungsgebühren. 111

d) Vollzugs- und Betreuungstätigkeit. Fraglich ist, ob dem Notar für die Übermittlung der vorgenannten Erklärungen an das Nachlassgericht eine Vollzugs- oder Betreuungsgebühr zustehen kann. Neben der Beurkundungsgebühr fällt regelmäßig **keine Vollzugsgebühr** für die Erklärungs- bzw. Antragseinreichung (Nr. 22124 KV-GNotKG) an, vgl. Vorb. 2.2.1.2 Nr. 1 KV-GNotKG. Auch das Vorliegen einer Betreuungstätigkeit wird verneint (vgl. Vorb. 2.4.1 IV Ziff. 1 KV-GNotKG), obgleich die Prüfung und Zustellung an das richtige Nachlassgericht bei fristgebundenen Erklärungen eine sehr riskante Tätigkeit darstellt, die auch nach neuer Rechtslage nicht ausreichend vergütet wird. Richtigerweise entsteht eine **Betreuungsgebühr** nach Nr. 22200 Ziff. 5 KV-GNotKG iHv 0,5 aus Tab. B, wenn der Notar eine fristgebundene, dem Nachlassgericht zugangsbedürftige Erklärung für die Beteiligten übermittelt und zwar unabhängig davon, ob er die Erklärung beurkundet, entworfen oder lediglich beglaubigt hat. 112

e) Geschäftswert. Der Geschäftswert bestimmt sich nach § 103. Maßgeblich ist der Wert des **betroffenen Vermögens** zum Zeitpunkt der Beurkundung **nach Abzug der Verbindlichkeiten**. Jede Ausschlagungserklärung ist für sich gesondert anzusetzen und nach § 35 I zusammenzurechnen. 113

f) Kostenschuldner. Kostenschuldner ist derjenige, dessen Erklärungen beurkundet wurden, § 30 I. Werden mehrere Ausschlagungserklärungen beurkundet, haftet jeder Erklärende nach Maßgabe des § 30 II. Schließlich haftet noch derjenige, der die Beurkundung nach § 29 Nr. 1 beantragt hatte. 114

2. Beurkundung durch das Nachlassgericht. Nach §§ 1945 I, 1955, 1484 II 1 BGB und § 11 HöfeO ist das Nachlassgericht zur Beurkundung bestimmter Ausschlagungs- und Anfechtungserklärungen zuständig. Das Gericht erhebt hierfür eine Beurkundungsgebühr nach Nr. 21201 KV-GNotKG iHv 0,5 und **mindestens 30 EUR** (Vorb. 1 II KV-GNotKG). Der Geschäftswert nach § 103 gilt auch für das Gericht, § 36 IV. Weitere Gebühren, insb. für die Entgegennahme der beurkundeten Erklärung, darf das Gericht nicht erheben (→ Rn. 54). Die Kosten für die Beurkundung werden ausschließlich vom nach § 343 FamFG **zuständigen Nachlassgericht** erhoben, auch wenn die Beurkundung nach § 344 VII FamFG von einem anderen Gericht vorgenommen wurde, § 18 II Nr. 2. 115

IV. Abnahme einer eidesstattlichen Versicherung

1. Notargebühren. a) Gebührentatbestand. Zur Erlangung eines Erbscheins, eines ENZ, eines Testamentsvollstreckerzeugnisses, eines Überweisungszeugnisses oder eines Zeugnisses über die Fortsetzung einer Gütergemeinschaft ist regelmäßig neben der (bislang) formfreien Antragstellung die Abgabe einer **eidesstattlichen Versicherung** vor einem Notar oder dem nach § 343 FamFG zuständigen Nachlassgericht erforderlich, vgl. § 352 III 1, 3 FamFG, § 36 II 1 IntErbRVG. Für die Abnahme der eidesstattlichen Versicherung entsteht eine 1,0-**Verfahrensgebühr** nach Tab. B, Nr. 23300 KV-GNotKG. Die Gebühr entsteht unabhängig davon, wie das Erbscheins- bzw. Zeugniserteilungsverfahren endet. Allerdings kann das Verfahren bis zur Abgabe der eidesstattlichen Versicherung **zurückgenommen** werden, so dass sich die Verfahrensgebühr auf 0,3 ermäßigt (Nr. 23301 KV-GNotKG). Abgenommen ist die Versicherung mit der Unterzeichnung der Niederschrift durch den Beteiligten und den Notar. 116

Mehrere Versicherungen bzw. Anträge zu **demselben Erbfall** stellen denselben Beurkundungsgegenstand dar. Werden jedoch Anträge und Versicherungen zu **mehreren Erbfällen** zusammengefasst (zB zur Erlangung eines Gesamterbscheins), so handelt es sich um verschiedene Gegenstände. Gleiches gilt für die Beurkundung eines Erbscheinsantrags und eines Antrags auf Erteilung eines Testamentsvollstreckerzeugnisses, auch wenn derselbe Erbfall betroffen ist. 117

Die Gebühr entsteht neben der Verfahrensgebühr für das **Erteilungsverfahren** nach Nr. 12210 ff. KV-GNotKG und zwar auch dann, wenn die Versicherung nicht vor einem Notar, sondern vor dem zuständigen Nachlassgericht abgegeben wird. Wird allerdings mit der Versicherung auch der **Antrag** beurkundet, so bleibt die Beurkundungsgebühr nach Nr. 21201 Ziff. 6 KV-GNotKG außer Ansatz, Vorb. 2.3.3 II KV-GNotKG. Wird gleichzeitig die **Berichtigung des Grundbuchs** aufgrund der Erbfolge beantragt (dieser Antrag löst eine Gebühr nach Nr. 21201 Ziff. 4 KV-GNotKG aus), liegen mehrere Beurkundungsgegenstände vor. 118

119 **b) Vollzugs- und Betreuungstätigkeit.** Für die Einreichung des Antrags beim zuständigen Nachlassgericht kann der Notar keine Vollzugsgebühr verlangen, wenn er den Antrags entworfen oder beurkundet hatte, vgl. Vorb. 2.2.1.2 Nr. 1 KV-GNotKG. Nur soweit er einen fremden Antrag gemeinsam mit der Versicherung einreicht, fällt eine Vollzugsgebühr von 20 EUR an, Nr. 22124 KV-GNotKG.

120 **c) Geschäftswert.** Der Geschäftswert bestimmt sich nicht nach § 103, der nur für die isolierte Beurkundung eines Erbscheinsantrags gilt. Einschlägig ist vielmehr § 40, vgl. § 40 I 1 Nr. 1. Maßgeblich ist also – wie beim Verfahren der Erbscheinserteilung (→ Rn. 20) – der Wert des **Nachlasses im Zeitpunkt des Erbfalls**. Erblasserschulden sind abzugsfähig, nicht jedoch Erbfallschulden. Für die Versicherung zu einem Teilerbschein ist die Erbquote des Miterben maßgeblich. Dasselbe gilt, wenn ein Miterbe der Versicherung eines anderen Miterben beitritt. Für die eidesstattliche Versicherung zur Erlangung eines Testamentsvollstreckerzeugnisses gilt § 40 V (→ Rn. 32).

121 Werden **mehrere Versicherungen**, die als mehrere Beurkundungsgegenstände anzusehen sind, in einer Urkunde zusammengefasst, so sind die Geschäftswerte nach § 35 I zu addieren. Wird mit dem Erbscheinsantrag ein **Grundbuchberichtigungsantrag** (dessen Wert sich nach dem Verkehrswert des Grundstücks ohne Schuldenabzug bemisst) beurkundet, so ist der Gebührenvergleich nach § 94 I vorzunehmen.

122 **d) Kostenschuldner.** Kostenschuldner ist derjenige, dessen Erklärungen beurkundet wurden, § 30 I. Werden mehrere Versicherungen beurkundet, haftet jeder Erklärende nach Maßgabe des § 32 I als Gesamtschuldner. Schließlich haftet noch derjenige, der die Beurkundung nach § 29 Nr. 1 beantragt hatte. Wäre der Erbschein nicht erforderlich gewesen, weil der Erbe sich auch anderweitig im Rechtsverkehr hätte legitimieren können, so liegt auch dann **keine unrichtige Sachbehandlung** des Notars (§ 21) vor, wenn ihm die Zusammensetzung des Nachlasses bekannt ist, da nie auszuschließen ist, dass der Erbe nicht doch noch nachträglich einen Erbschein benötigen wird (aA LG Münster ZEV 2017, 522).

123 **2. Beurkundung durch das Nachlassgericht.** Nach § 2356 II 1 BGB ist auch das nach § 343 FamFG **zuständige Nachlassgericht** zur Abnahme der eidesstattlichen Versicherung zuständig. Das Gericht erhebt hierfür die Verfahrensgebühren nach Nr. 23300, 23301 KV-GNotKG, vgl. Vorb. 1 II KV-GNotKG. Der Geschäftswert nach § 40 gilt unmittelbar auch für das Gericht, es bedarf keines Rückgriffs auf § 36 IV. Daneben entsteht die Verfahrensgebühr für das **Erteilungsverfahren** nach Nr. 12210 ff. KV-GNotKG.

V. Sonstige Beurkundungen in Erbsachen

124 **1. Beurkundung von Widerrufs-, Anfechtungs- und Rücktrittserklärungen. a) Gebührentatbestand.** Bestimmte erbrechtliche Gestaltungserklärungen, wie der **Widerruf** wechselbezüglicher Verfügungen oder der **Rücktritt** vom Erbvertrag, bedürfen der notariellen Beurkundung, §§ 2271 I 1, 2296 II 2 BGB. IÜ erfolgt der **Widerruf** letztwilliger Verfügungen nach § 2254 BGB durch eigenhändiges oder notarielles Testament. Die **Anfechtungserklärung** ist hingegen nicht formbedürftig, kann aber in notarieller Urkunde oder zu Niederschrift des Nachlassgerichts abgegeben werden. Die Beurkundung bzw. Niederschrift dieser Erklärungen löst nach Nr. 21201 Ziff. 1, 2 u. 3 KV-GNotKG eine Gebühr von 0,5 aus Tab. B aus, wobei die Gebühr **mindestens 30 EUR** beträgt.

125 **b) Vollzugs- und Betreuungstätigkeit.** Neben der Beurkundungsgebühr fällt regelmäßig **keine Vollzugsgebühr** für die Erklärungs- bzw. Antragseinreichung (Nr. 22124 KV-GNotKG) an, vgl. Vorb. 2.2.1.2 Nr. 1 KV-GNotKG. Besorgt der Notar den Zugang des Widerrufs oder Rücktritts erforderlichen Zustellungshandlungen, so entsteht hierfür eine **Betreuungsgebühr** nach Nr. 22200 Ziff. 5 KV-GNotKG. Fraglich ist, ob die Übermittlung einer Anfechtungserklärung an das Nachlassgericht eine Betreuungstätigkeit darstellt (vgl. Vorb. 2.4.1 IV Ziff. 1 KV-GNotKG). Richtigerweise entsteht auch hier eine Betreuungsgebühr nach Nr. 22200 Ziff. 5 KV-GNotKG iHv 0,5 aus Tab. B, weil der Notar eine fristgebundene, dem Nachlassgericht zugangsbedürftige Erklärung für die Beteiligten übermittelt.

126 **c) Geschäftswert.** Der Geschäftswert bestimmt sich nach § 102 V 1 iVm nach Maßgabe des § 102 I–III, also nach dem **Reinvermögen** des Erblassers bzw. des Nachlasses. Da der Widerruf einer wechselbezüglichen Verfügung oder der Rücktritt von einem Erbvertrag auch zur Unwirksamkeit der Verfügungen des Ehe-/Lebenspartners bzw. des Erbvertragspartners führen, bestimmt sich der Geschäftswert in diesen Fällen nach **dem Wert der zusammengerechneten Verfügungen**, § 102 V 2.

127 **d) Kostenschuldner.** Kostenschuldner ist derjenige, dessen Erklärungen beurkundet wurden, § 30 I. Werden mehrere Erklärungen beurkundet, haftet jeder Erklärende nach Maßgabe des § 30 II. Schließlich haftet noch derjenige, der die Beurkundung nach § 29 Nr. 1 beantragt hatte.

128 **e) Niederschrift durch das Nachlassgericht.** Das Nachlassgericht besitzt **keine Beurkundungszuständigkeit** für Widerrufs-, Anfechtungs- und Rücktrittserklärungen. Allerdings kann eine Anfechtungserklärung nach § 2081 I, II 1 BGB formfrei, also auch zur Niederschrift der Geschäftsstelle erklärt werden. Es liegt in diesem Fall jedoch keine Beurkundungstätigkeit iSd Nr. 21201 Ziff. 3 KV-GNotKG vor. Das Gericht darf neben der Gebühr nach Nr. 12410 I Ziff. 2 KV-GNotKG für die **Entgegennahme der Anfechtungserklärung** keine weitere Gebühr ansetzen.

129 **2. Beurkundung von Nachlassvollmachten. a) Gebührentatbestand.** Für die Beurkundung einer Vollmacht, die zu Erklärungen und Verfügungen über den angefallenen Nachlass ermächtigt, entsteht die 1,0 Gebühr nach Nr. 21200 KV-GNotKG, die **mindestens 60 EUR** beträgt.

B. Gerichtskosten **GNotKG 96**

b) Beglaubigung mit Entwurf. Hat der Notar die Erklärung nicht beurkundet, aber entworfen, so 130
kann er hierfür eine Rahmengebühr zwischen 0,3 bis 1,0 nach Nr. 24101 KV-GNotKG verlangen, die
aber **mindestens 60 EUR** beträgt. Für die Fertigung des vollständigen Entwurfs ist die Höchstgebühr von 1,0 zu erheben, § 92 II. Beglaubigt er anschließend die Unterschrift auf dieser Erklärung, so
entsteht für die erstmalige Beglaubigung keine Beglaubigungsgebühr nach Nr. 25100 KV-GNotKG
(Vorb. 2.4.1 II KV-GNotKG). Werden an späteren Tagen weitere Beglaubigungen vorgenommen, entstehen zusätzliche Beglaubigungsgebühren.

c) Beglaubigung ohne Entwurf. Soweit der Notar die Erklärung nicht beurkundet und diese auch 131
nicht entworfen hat, entsteht lediglich eine 0,2-Gebühr nach Nr. 25100 KV-GNotKG, die **mindestens
20 EUR** und **höchstens 70 EUR** beträgt. Werden an späteren Tagen weitere Beglaubigungen vorgenommen, entstehen zusätzliche Beglaubigungsgebühren.

d) Geschäftswert. Der Geschäftswert bestimmt sich nach § 98 I u. II. Maßgeblich ist der Wert des **be-** 132
troffenen Nachlassvermögens bzw. **Nachlassgegenstands** zum Zeitpunkt der Beurkundung (§ 96).
Verbindlichkeiten dürfen nicht abgezogen werden. Auch wenn es sich um eine allgemeine Nachlassvollmacht handelt, ist § 98 III nicht maßgeblich, da dieser nur Generalvollmachten erfasst. Werden die
Vollmachten mehrerer Erben in einer Urkunde zusammengefasst, so handelt es sich nicht um eine unzulässige Zusammenfassung nach § 93 II. Die Geschäftswerte werden nach § 35 I addiert. Der **Höchstgeschäftswert** beträgt 1 Mio. EUR.

e) Kostenschuldner. Kostenschuldner ist derjenige, dessen Erklärungen beurkundet wurden, § 30 I. 133
Werden mehrere Vollmachten in einer Urkunde beurkundet, haftet jeder Erklärende nach Maßgabe des
§ 30 II. Schließlich haftet noch derjenige, der die Beurkundung nach § 29 Nr. 1 beantragt hatte.

3. Beurkundung von Erb-, Pflichtteils- und Zuwendungsverzichten. a) Gebührentatbestand. Erb-, 134
Pflichtteils- und Zuwendungsverzichtsverträge bedürfen der notariellen Beurkundung. Es entsteht die
Beurkundungsgebühr von 2,0 aus Tab. B nach Nr. 21100 KV-GNotKG. Sie beträgt mindestens
120 EUR.

b) Vollzugs- und Betreuungstätigkeit. Neben der Beurkundungsgebühr fällt regelmäßig **keine Voll-** 135
zugs- oder Betreuungsgebühr an. Ist zu dem Vertrag aber die Genehmigung oder Vollmachtsbestätigung des Verzichtenden erforderlich, können zusätzlich Vollzugs-, Entwurfs- und/oder Beglaubigungsgebühren entstehen. Bedarf der Verzicht einer **Genehmigung des Familien- oder Betreuungsgerichts**,
so entsteht für die Einholung, Mitteilung und Entgegennahme derselben die Vollzugsgebühr nach
Nr. 22110 KV-GNotKG, Vorb. 2.2.1.1 I Ziff. 4 KV-GNotKG.

c) Geschäftswert. Der Geschäftswert bestimmt sich gem. § 102 IV 1 nach Maßgabe des § 102 I 1 u. 2, 136
also nach dem **Reinvermögen** des Erblassers, auf den sich der Verzicht bezieht. Soweit nur ein **Bruchteil**
betroffen ist, ist nur dieser maßgeblich. Im Rahmen eines Pflichtteilsverzichts ist der Pflichtteil als
Bruchteil des Nachlasses anzusehen, § 102 IV 2. **Verbindlichkeiten** dürfen abgezogen werden, aber nur
bis zur Hälfte des Vermögens. Bei einem **gegenständlich beschränkten Pflichtteilsverzicht** ist jedoch
die Höhe des Verzichtsbetrags maßgeblich. Betrifft ein Zuwendungsverzicht nur ein **Vermächtnis**, ist
entsprechend § 102 III 1 nur der Wert des Vermächtnisgegenstands maßgeblich, § 102 IV 1 aE. Erhält der
Verzichtende eine Gegenleistung, so handelt es sich um einen **Austauschvertrag**, so dass der Wert der
Gegenleistung maßgeblich ist, wenn dieser höher ist, § 97 III.
Werden in einer Urkunde **mehrere Verzichte** niedergelegt, so handelt es sich nicht um eine unzulässi- 137
ge Zusammenbeurkundung nach § 93 II. Der Geschäftswert ist nach § 35 I durch Zusammenrechnung
zu ermitteln.

d) Kostenschuldner. Kostenschuldner sind alle, deren Erklärungen beurkundet wurden, § 30 I. Wer- 138
den mehrere Erklärungen beurkundet, haftet jeder Erklärende nach Maßgabe des § 30 II. Schließlich
haftet noch derjenige, der die Beurkundung nach § 29 Nr. 1 beantragt hatte.

4. Beurkundung von Verträgen über einen künftigen Erb- oder Pflichtteil. a) Gebührentatbe- 139
stand. Verträge über ein künftiges gesetzliches Erbrecht oder über einen Pflichtteil bedürfen nach § 311b
V 2 der notariellen Beurkundung. Es entsteht die **Beurkundungsgebühr** von 2,0 aus Tab. B nach
Nr. 21100 KV-GNotKG. Sie beträgt mindestens 120 EUR.

b) Geschäftswert. Der Geschäftswert bestimmt sich nach § 36 I, III. Die Vorschrift des § 102 ist nicht 140
einschlägig, so dass ein Abzug von Verbindlichkeiten ausscheidet, § 38 2. Anzusetzen ist also der **Wert
des Erb- bzw. Pflichtteils**, über den eine Vereinbarung getroffen wird, zum Zeitpunkt der Beurkundung
ohne Schuldenabzug. Werden im Rahmen der Vereinbarung Gegenleistungen erbracht, so handelt es
sich um einen **Austauschvertrag**, so dass der Wert der Gegenleistung maßgeblich ist, wenn dieser höher
ist, § 97 III.

c) Kostenschuldner. Kostenschuldner sind alle, deren Erklärungen beurkundet wurden, § 30 I. 141
Schließlich haftet noch derjenige, der die Beurkundung nach § 29 Nr. 1 beantragt hatte.

5. Beurkundung von Erbauseinandersetzungen. a) Gebührentatbestand. Verträge über die Ausei- 142
nandersetzung einer Erbengemeinschaft hinsichtlich eines Nachlassgegenstands lösen, wenn sie notariell
beurkundet werden, die **Vertragsgebühr** von 2,0 aus Tab. B nach Nr. 21100 KV-GNotKG aus. Sie beträgt mindestens 120 EUR.

Heinemann

143 **b) Geschäftswert.** Der Geschäftswert bestimmt sich nach § 36 I, III. Die Vorschrift des § 102 ist nicht einschlägig, so dass ein Abzug von Verbindlichkeiten ausscheidet, § 38 2. Anzusetzen ist also der Wert des auseinandergesetzten **Gegenstands** (vgl. §§ 46 ff.) bzw. der auseinandergesetzten **Nachlassmasse** zum Zeitpunkt der Beurkundung **ohne Schuldenabzug** (OLG Hamm BeckRS 2016, 17410). Es handelt sich bei der Auseinandersetzung nicht um einen Austauschvertrag, so dass § 97 III nicht einschlägig ist und eine etwa zusätzlich erbrachte Leistung eines Miterben nicht als Gegenleistung für die Erbauseinandersetzung angesehen werden kann (aA OLG Hamm BeckRS 2016, 17410). Allerdings kann aus dem Wert der **Abfindungszahlungen** auf den Wert der auseinandergesetzten Sache zurückgeschlossen werden, vgl. § 46 II. Werden **land- und forstwirtschaftliches Vermögen** auseinandergesetzt, so handelt es sich nur dann um eine Zuwendung iSd § 48 I, wenn diese ohne jede Abfindung an die Miterben erfolgt. Soweit die Beteiligten sich lediglich hinsichtlich einzelner Nachlassgegenstände auseinandersetzen wollen, liegt **keine unrichtige Sachbehandlung** des Notars vor, wenn er nicht zu einer kostengünstigeren Erbteilsübertragung oder Abschichtungsvereinbarung rät (OLG Hamm BeckRS 2016, 17410).

144 **c) Vollzugs- und Betreuungstätigkeit.** Neben der Beurkundungsgebühr fällt regelmäßig **keine Vollzugs- oder Betreuungsgebühr** an. Ist zu dem Vertrag aber die Genehmigung oder Vollmachtsbestätigung eines Vertragsteils erforderlich, können zusätzlich Vollzugs-, Entwurfs- und/oder Beglaubigungsgebühren entstehen. Bedarf der Vertrag einer **Genehmigung des Familien-, Betreuungs- oder Nachlassgerichts,** so entsteht für die Einholung, Mitteilung und Entgegennahme derselben die Vollzugsgebühr nach Nr. 22110 KV-GNotKG, Vorb. 2.2.1.1 I Ziff. 4 KV-GNotKG. Bedarf die Auseinandersetzung einer **behördlichen Genehmigung,** zB nach § 144 BauGB oder nach dem GrdStVG, so entsteht nur die Vollzugsgebühr nach Nr. 22112 KV-GNotKG iHv höchstens 50 EUR je Tätigkeit.

145 **d) Kostenschuldner.** Kostenschuldner sind alle, deren Erklärungen beurkundet wurden, § 30 I. Schließlich haftet noch derjenige, der die Beurkundung nach § 29 Nr. 1 beantragt hatte.

146 **6. Beurkundung von Erbteilsveräußerungen und -verpfändungen. a) Gebührentatbestand.** Verträge über die Veräußerung und Übertragung (auch Verpfändung) eines Erbteils bedürfen der notariellen Beurkundung und lösen die **Vertragsgebühr** von 2,0 aus Tab. B nach Nr. 21100 KV-GNotKG aus. Sie beträgt mindestens 120 EUR. Wird mit der Veräußerung gleichzeitig der Antrag auf **Berichtigung des Grundbuchs** gestellt, liegt derselbe Beurkundungsgegenstand nach § 109 I vor. Einen anderen Gegenstand betrifft aber der Antrag auf Grundbuchberichtigung einer vorangegangenen Erbfolge. Hier ist der Wert des Grundstücks als Geschäftswert anzusetzen und eine 0,5-Gebühr nach Nr. 21201 Ziff. 4 KV-GNotKG zu erheben. Die Vergleichsberechnung nach § 94 I ist durchzuführen.

147 **b) Geschäftswert.** Der Geschäftswert bestimmt sich nach § 36 I, III. Die Vorschrift des § 102 ist nicht einschlägig, so dass ein Abzug von Verbindlichkeiten ausscheidet, § 38 2. Anzusetzen ist also der Wert des **übertragenen Erbanteils** zum Zeitpunkt der Beurkundung **ohne Schuldenabzug.** Handelt es sich um die Übertragung einer **Nacherbenanwartschaft,** so ist der Wert nach § 36 I nach billigem Ermessen zu schätzen. Dabei ist auch zu berücksichtigen, wie wahrscheinlich der Eintritt der Nacherbfolge ist. Erhält der Übertragende eine Gegenleistung, so handelt es sich um einen **Austauschvertrag,** so dass nach § 97 III der Wert der höheren Leistung maßgeblich ist.

148 **c) Vollzugs- und Betreuungstätigkeit.** Ist zu dem Vertrag die Genehmigung oder Vollmachtsbestätigung eines Vertragsteils erforderlich, können zusätzlich Vollzugs-, Entwurfs- und/oder Beglaubigungsgebühren entstehen. Bedarf der Vertrag einer **Genehmigung des Familien-, Betreuungs- oder Nachlassgerichts,** so entsteht für die Einholung, Mitteilung und Entgegennahme derselben die Vollzugsgebühr nach Nr. 22110 KV-GNotKG, Vorb. 2.2.1.1 I Ziff. 4 KV-GNotKG. Für die **Anzeige der Veräußerung** an das Nachlassgericht nach § 2384 BGB erhält der Notar eine Betreuungsgebühr nach Nr. 22200 Ziff. 5 KV-GNotKG. Für die Anzeige des **Vorkaufsrechts** an einen Miterben oder die Anzeige der Verpfändung des Erbteils an die anderen Miterben kann der Notar die Betreuungsgebühr nach Nr. 22200 Ziff. 5 KV-GNotKG verlangen.

149 **d) Kostenschuldner.** Kostenschuldner sind alle, deren Erklärungen beurkundet wurden, § 30 I. Schließlich haftet noch derjenige, der die Beurkundung nach § 29 Nr. 1 beantragt hatte.

150 **7. Beurkundung einer Vermächtniserfüllung. a) Gebührentatbestand.** Verträge über die Erfüllung eines Vermächtnisses lösen, wenn sie notariell beurkundet werden, grds. die **Vertragsgebühr** von 2,0 aus Tab. B nach Nr. 21100 KV-GNotKG aus. Sie beträgt mindestens 120 EUR. Erschöpft sich die Erfüllung des Vermächtnisses allerdings in der Beurkundung des **Verfügungsgeschäfts** und war das zugrunde liegende Rechtsgeschäft **bereits notariell beurkundet,** also im Rahmen eines notariellen Testaments oder eines Erbvertrags, so beschränkt sich die Gebühr auf einen 1,0-Satz nach Nr. 21102 Ziff. 1 KV-GNotKG, beträgt aber mindestens 60 EUR. Die Ermäßigung auf eine 0,5-Gebühr nach Nr. 21101 KV-GNotKG ist ausdrücklich ausgeschlossen, Abs. 1 der Anm. zu Nr. 21101 KV-GNotKG.

151 **b) Geschäftswert.** Der Geschäftswert bestimmt sich nach § 36 I, III. Maßgeblich ist der Wert des **vermachten Gegenstands ohne Schuldenabzug,** wobei die §§ 46 ff. vorrangig heranzuziehen sind. Es handelt sich bei der Vermächtniserfüllung nicht um einen Austauschvertrag, so dass § 97 III nicht einschlägig ist. Allerdings können zusätzliche Leistungen an den Vermächtnisnehmer oder weitere Verzichte des Vermächtnisnehmers zu einer Geschäftswerterhöhung nach § 35 I führen, da sie regelmäßig einen anderen Beurkundungsgegenstand betreffen. In diesem Fall ist § 94 I zu beachten.

B. Gerichtskosten **GNotKG 96**

c) **Vollzugs- und Betreuungstätigkeit.** Ist zu dem Vertrag die Genehmigung oder Vollmachtsbestätigung eines Vertragsteils erforderlich, können zusätzlich Vollzugs-, Entwurfs- und/oder Beglaubigungsgebühren entstehen. Bedarf der Vertrag einer **Genehmigung des Familien-, Betreuungs- oder Nachlassgerichts,** so entsteht für die Einholung, Mitteilung und Entgegennahme derselben die Vollzugsgebühr nach Nr. 22110 KV-GNotKG, Vorb. 2.2.1.1 I Ziff. 4 KV-GNotKG. Bedarf die Auseinandersetzung einer **behördlichen Genehmigung,** zB nach § 144 BauGB oder nach dem GrdStVG, so entsteht nur die Vollzugsgebühr nach Nr. 22112 KV-GNotKG iHv höchstens 50 EUR je Tätigkeit. **152**

d) **Kostenschuldner.** Kostenschuldner sind alle, deren Erklärungen beurkundet wurden, § 30 I. Schließlich haftet noch derjenige, der die Beurkundung nach § 29 Nr. 1 beantragt hatte. **153**

VI. Aufnahme von Vermögensverzeichnissen und Siegelung

1. Aufnahme eines Vermögensverzeichnisses. a) Gebührentatbestand. Die Aufnahme eines Vermögensverzeichnisses kommt in Nachlasssachen in folgenden Fällen in Betracht: **154**
– Inventaraufnahme nach § 2003 I BGB zur **Beschränkung der Erbenhaftung;**
– Verzeichnis der Erbschaftsgegenstände durch den **Vorerben,** § 2121 III BGB;
– Nachlassverzeichnis des **Testamentsvollstreckers,** § 2215 IV BGB;
– Nachlassverzeichnis des Erben für den **Pflichtteilsberechtigten,** § 2314 BGB;
– Nachlassverzeichnis als Maßnahme der **Nachlasssicherung,** § 1960 BGB.

Die Aufnahme eines solchen Verzeichnisses ist mit einem erheblichen **Ermittlungs- und Zeitaufwand** verbunden (vgl. BT-Drs. 17/11471, 227f.), weshalb hierfür eine 2,0 Gebühr aus Tab. B erhoben wird, Nr. 23500 KV-GNotKG. Wird das Vermögensverzeichnis im Rahmen eines **beurkundeten Vertrags** (zB einer Erbauseinandersetzung) aufgenommen, so wird die Inventarisierung durch die Beurkundungsgebühr abgegolten, Anm. zu Nr. 23500 KV-GNotKG. Wird im Rahmen der Inventarisierung eine **Siegelung** vorgenommen, ist diese ebenfalls abgegolten (→ Rn. 161). **Endet das Verfahren** vor Aufnahme des Verzeichnisses, zB durch Antragsrücknahme, so ermäßigt sich die Gebühr auf 0,5 (Nr. 23501 KV-GNotKG). Das Verzeichnis ist mit Erstellung der Niederschrift nach § 38 BeurkG aufgenommen. Wirkt der Notar an der Erstellung eines **Privatinventars** mit (vgl. § 2002 BGB), so erhält er hierfür eine 1,0-Gebühr nach Nr. 23502 KV-GNotKG und zwar auch dann, wenn das Verfahren ohne Erstellung des Inventars endet, Nr. 23501 KV-GNotKG gilt hierfür nicht. Mit der Inventaraufnahme ist auch die Fertigung einer **Niederschrift** hierüber oder einer sonstigen Feststellung oder Bescheinigung abgegolten, Vorb. 2.3 I KV-GNotKG. **155**

b) **Beglaubigung, eidesstattliche Versicherung.** Soweit der Notar kein Inventar aufnimmt oder an der Aufnahme mitwirkt, sondern lediglich die Unterschrift unter einem bereits errichteten Inventar beglaubigt, entsteht lediglich eine 0,2-Gebühr nach Nr. 25100 KV-GNotKG, die **mindestens 20 EUR** und **höchstens 70 EUR** beträgt. Soweit der Notar nur die **eidesstattliche Versicherung** zu einem bereits erstellten Inventar aufnimmt (zu deren Abnahme ist er ohnehin nur für den Auslandsverkehr befugt), ist hierfür die Gebühr nach Nr. 23300 KV-GNotKG einschlägig (BT-Drs. 17/11471, 227). **156**

c) **Vollzugs-, Betreuungs- und Zusatztätigkeit.** Neben der Inventargebühr fällt regelmäßig **keine Vollzugsgebühr** für die Inventareinreichung bei Gericht an, Nr. 22124 KV-GNotKG, weil auch bei bloßer Beurkundungstätigkeit keine solche Gebühr angefallen wäre, vgl. Vorb. 2.2.1.2 Nr. 1 KV-GNotKG. Es entsteht auch **keine Betreuungsgebühr** nach Nr. 22200 KV-GNotKG. Schließlich dürfen für den Zeitaufwand außerhalb der Geschäftsstelle **keine Zusatzgebühren** nach Nr. 26002 KV-GNotKG erhoben werden, Vorb. 2.3.5. **157**

d) **Geschäftswert.** Der **Geschäftswert** bestimmt sich nach § 115 1 und bemisst sich nach dem Wert der verzeichneten Gegenstände, der wiederum nach § 46 zu ermitteln ist. **Verbindlichkeiten** dürfen nach § 38 2 nicht abgezogen werden. Dieselben Grundsätze gelten für die Mitwirkung an einer Inventarisierung, § 115 2. **158**

e) **Kostenschuldner.** Kostenschuldner ist derjenige, dessen Erklärungen beurkundet wurden bzw. der den **Antrag auf Aufnahme** bzw. auf Mitwirkung bei der Inventarisierung gestellt hat, § 30 I. Für die Errichtung des Nachlassinventars nach §§ 2002, 2003 BGB haften nur die **Erben** beschränkt auf die Höhe des Nachlasses, § 31 II. **159**

f) **Zusätzliche Gerichtsgebühren.** Für die Entgegennahme des Inventars fällt zusätzlich die Festgebühr nach Nr. 12410 Ziff. 6 KV-GNotKG an. Die Überweisung der Nachlassinventarisierung auf einen Notar löst eine Festgebühr von 40 EUR aus, Nr. 12412 KV-GNotKG. **160**

2. Siegelung und Entsiegelung. Für die **Siegelung,** ohne dass zusätzlich ein Nachlassverzeichnis aufgenommen wird, fällt die 0,5-Verfahrensgebühr aus Tab. B nach Nr. 23503 KV-GNotKG an. Die **Entsiegelung** löst eine weitere Gebühr aus. Der **Geschäftswert** bestimmt sich nach § 115 1 und bemisst sich nach dem Wert der versiegelten Gegenstände, der wiederum nach § 46 ohne Schuldenabzug (§ 38 2) zu ermitteln ist. **Kostenschuldner** sind nur die **Erben** beschränkt auf die Höhe des Nachlasses, § 31 II. Erfolgt die Siegelung im Rahmen der **Aufnahme eines Nachlassinventars,** so wird diese nicht gesondert bewertet, sondern ist mit der Gebühr nach Nr. 23500 KV-GNotKG abgegolten (→ Rn. 155). **161**

3. Sicherungsmaßnahmen anderer Stellen. Soweit nach Landesrecht eine Zuständigkeit der **Gerichtsvollzieher** zur Vornahme von Siegelungen oder zur Aufnahme von Vermögensverzeichnissen be- **162**

steht, erheben diese ihre Gebühren, wie die Notare, nach den vorstehenden Grundsätzen, § 12 I GvKostG. Soweit in Hessen eine Zuständigkeit der **Ortsgerichte** besteht, entstehen Gebühren nach Nr. 7, 9 u. 10 GV-OrtsGGebO.

VII. Teilungssachen

163 1. **Anwendungsbereich.** Teilungssachen nach Nr. 23900 ff. KV-GNotKG sind ausschließlich die in § 342 II 1 FamFG genannten Verfahren zur **Vermittlung einer Nachlass- oder Gesamtgutsauseinandersetzung**, Vorb. 2.3.9 I KV-GNotKG. Die anderen Teilungssachen iSd § 342 II Nr. 2 FamFG zur Erteilung bestimmter Zeugnisse werden von den Gebührentatbeständen der Nr. 12210 ff. KV-GNotKG erfasst, vgl. Vorb. 1.2.2 Nr. 2, 3 KV-GNotKG.

164 2. **Gebührentatbestand.** Das **Vermittlungsverfahren** löst eine 6,0 Gebühr nach Tab. B des GNotKG aus, Nr. 23900 KV-GNotKG. Wird das Verfahren vor Eintritt in eine mündliche Verhandlung durch **Zurücknahme** oder auf andere Weise (zB eine übereinstimmende Erledigungserklärung) **erledigt**, ermäßigt sich die Gebühr auf 1,5 (Nr. 23901 KV-GNotKG). **Verweist** der Notar das Verfahren vor Eintritt in die mündliche Verhandlung zuständigkeitshalber nach § 492 I, § 3 FamFG an einen anderen Notar, so ermäßigt sich die Gebühr auf 1,5 und beträgt höchstens 100 EUR (Nr. 23902 KV-GNotKG). Es entstehen sowohl beim verweisenden als auch beim angewiesenen Notar **gesonderte Gebühren**, dh es findet keine Anrechnung statt, § 5 III. Endet das Verfahren nach Eintritt in die mündliche Verhandlung **ohne Bestätigung** der Auseinandersetzung nach § 366 II oder § 368 I FamFG, so ermäßigt sich die Gebühr auf 3,0 (Nr. 23903 Ziff. 1 KV-GNotKG). Dasselbe gilt, wenn die Beteiligten nach Eintritt in die mündliche Verhandlung sich auf die **Zuständigkeit eines anderen Notars verständigen** (Nr. 23903 Ziff. 2 KV-GNotKG).

165 Zusätzliche **Beurkundungsgebühren** fallen nur an, wenn neben den Beteiligten ein Dritter an der Auseinandersetzung beteiligt ist, Vorb. 2.3.9 II Nr. 3 KV-GNotKG. Für die Aufnahme von **Vermögensverzeichnissen** (Nr. 23500 ff. KV-GNotKG) sowie Schätzungen und für die Vornahme von **Versteigerungen** (Nr. 23600 ff., Nr. 23700 ff. KV-GNotKG) fallen stets zusätzliche Gebühren an, Vorb. 2.3.9 II Nr. 1, 2 KV-GNotKG.

166 3. **Geschäftswert.** Der Geschäftswert bestimmt sich nach dem **Wert des Nachlasses bzw. des Gesamtguts** (§ 118a 1) zum Zeitpunkt der Auseinandersetzung (§ 96). Soll nur ein Teil des Nachlasses bzw. des Gesamtguts auseinandergesetzt werden, so ist der Wert dieses Teils maßgeblich, § 118a 1. Die einzelnen Nachlass- bzw. Gesamtgutsgegenstände sind nach Maßgabe der §§ 46 ff. zu bewerten, **Verbindlichkeiten** dürfen nach § 38 2 nicht abgezogen werden.

167 Werden mehrere **selbständige Nachlässe bzw. Gesamtgutsgemeinschaften** auseinandergesetzt, so sind deren Wert zu addieren, § 118a 2, was aber ohnehin schon aus § 35 I gefolgt hätte. Addiert werden auch die Werte eines **Gesamtguts und des Nachlasses eines verstorbenen Ehegatten**, wenn die Auseinandersetzung beider Massen beantragt wird, § 118a 3.

168 4. **Kostenschuldner.** Kostenschuldner sind der **Antragsteller** nach § 29 Nr. 1 sowie alle **Anteilsberechtigten** nach § 31 III 1. Die Anteilsberechtigten haften jedoch nur beschränkt mit dem Nachlass, § 31 III 2. Die Kostenschuldnerschaft der Anteilsberechtigten besteht aber nicht, wenn der Vermittlungsantrag zurückgewiesen oder vom Antragsteller zurückgenommen wird, § 31 III 1 aE. Daneben haften **alle Beteiligten**, deren Erklärungen im Rahmen des Verfahrens **beurkundet** werden, § 30 I. Fallen zusätzliche **Beurkundungsgebühren** an, so hat diese auch der Dritte nach § 29 Nr. 1, § 30 I zu tragen, unbeschadet der Kostenschuldnerschaft aller Erklärenden nach § 30 I.

169 Im Innenverhältnis fallen die Kosten dem **Nachlass** zur Last, sofern die Beteiligten keine andere Vereinbarung treffen vgl. Art. 28 I 1, II PrFGG; § 129 I 1, II JustG NRW. Die Beteiligten sind im Regelfall zueinander zu gleichen Anteilen verpflichtet (OLG Düsseldorf OLGR 2000, 226).

170 5. **Rechtsmittelverfahren.** Soweit gegen Entscheidungen des Notars Rechtsmittel statthaft sind, gelten die gebührenrechtlichen Auffangnormen der Nr. 19110 ff. KV-GNotKG. Für das Erinnerungsverfahren nach § 492 II FamFG fallen keine Gerichtskosten an, da es an einem einschlägigen Kostentatbestand fehlt (BT-Drs. 17/13537, 272). Für das **Beschwerdeverfahren** gilt Nr. 19116 KV-GNotKG. Danach beträgt die Beschwerdegebühr 60 EUR. Wird die Beschwerde nur teilweise verworfen oder zurückgewiesen, kann das Gericht die Gebühr auf die Hälfte ermäßigen oder aus Billigkeitsgründen ganz von einer Erhebung absehen. Im **Rechtsbeschwerdeverfahren** entsteht eine Festgebühr von 120 EUR (Nr. 19126 KV-GNotKG), die der BGH aus Billigkeitsgründen auf die Hälfte ermäßigen oder auf Null festsetzen kann. Wird das Verfahren vor Erlass der Endentscheidung zurückgenommen, beträgt die Gebühr nur 60 EUR (Nr. 19127 KV-GNotKG). Das Verfahren über die Zulassung der **Sprungrechtsbeschwerde** löst eine 60 EUR Gebühr aus, wenn der Antrag abgelehnt wird, Nr. 19130 KV-GNotKG.

VIII. Beratung in Erb- und Nachlasssachen

171 Die Notare erbringen in Erb- und Nachlasssachen häufig Beratungstätigkeiten, die bislang nur nach der Auffangvorschrift des § 147 II KostO abgerechnet werden konnten. Nunmehr sehen Nr. 24200 ff. KV-GNotKG besondere **Beratungsgebühren** als Rahmengebühren vor. Insoweit kann der Notar die **Rahmengebühr** nach billigem Ermessen gem. § 92 festsetzen. Der Gebührensatz liegt zwischen 0,3 und

B. Gerichtskosten **GNotKG 96**

1,0-Gebühren, Nr. 24200 KV-GNotKG. Soweit die Gebühr Gegenstände betrifft, die auch Beurkundungsgegenstand sein könnten, ist für die Rahmengebühr die **(fiktive) Beurkundungsgebühr** maßgeblich. Bei einer Beurkundungsgebühr von 1,0 liegt die Rahmengebühr zwischen 0,3 und 0,5 (Nr. 24201 KV-GNotKG). Bei einer Beurkundungsgebühr von weniger als 1,0 beträgt die Beratungsgebühr fest 0,3-Gebühren (Nr. 24202 KV-GNotKG). Ist der Beratungsgegenstand demnächst (also binnen sechs Monaten) Gegenstand eines anderen gebührenpflichtigen Geschäfts oder Verfahrens, wird die Beratungsgebühr hierauf **angerechnet**, Abs. 2 der Anm. zu Nr. 24200 KV-GNotKG.

Der **Geschäftswert** bestimmt sich nach § 36. Im Rahmen seiner Ermessensentscheidung soll sich der Notar bei der Geschäftswertfestsetzung aber an den besonderen Geschäftswertvorschriften sowie den Wertbestimmungsvorschriften orientieren, wenn es sich bei den Beratungsgegenständen um Gegenstände handelt, die auch **beurkundet** werden können (BT-Drs. 17/11471, 230). 172

Kostenschuldner sind alle diejenigen, die den Beratungsauftrag erteilt haben, unabhängig davon, wer die Beratungsleistung tatsächlich in Anspruch genommen hat, § 29 Nr. 1. 173

100. Einführungsgesetz zum Bürgerlichen Gesetzbuche (EGBGB)

In der Fassung der Bekanntmachung vom 21.9.1994

(BGBl. I S. 2494, ber. BGBl. 1997 I S. 1061)

Zuletzt geändert durch Art. 2 Abs. 4 G zur Einführung des Rechts auf Eheschließung für Personen gleichen Geschlechts vom 20.7.2017 (BGBl. I S. 2787)

(Auszug)

Vorbemerkungen

1 Die Regelungen des deutschen internationalen Erbrechtes ergaben sich bis zum 16.8.2015 aus den Art. 17b, 25 u. 26.

2 Das auf einen Fall mit Auslandsberührung anwendbare **materielle Erbrecht** ergab sich aus Art. 25. Art. 26 bestimmte die Anknüpfung des anwendbaren Rechts auf die **Form** von letztwilligen Verfügungen.

3 Als Kollisionsnorm für **eingetragene Lebenspartnerschaften** war noch die neue Regelung des Art. 17b I 2 für den Bereich der eingetragenen Lebenspartnerschaften zu beachten.

4 Seit dem 17.8.2015 wird das internationale Erbrecht durch die EuErbVO geregelt. Nach Art. 21 I EuErbVO wird das Erbstatut durch den gewöhnlichen Aufenthalt des Erblassers bestimmt. Der Erblasser kann durch Rechtswahl die Geltung seines Heimatrechtes herbeiführen, wobei beides zur Nachlasseinheit führt, mit einer einheitlichen Geltung des Rechts für den gesamten Nachlass, ausgenommen der Sonderregelungen durch Art. 75 II EuErbVO (vorrangige Staatsverträge) oder Art. 34 I EuErbVO (partielle Rück- oder Weiterverweisung). Für die Form letztwilliger Verfügungen gilt jetzt das Haager Testamentsformübereinkommen v. 5.10.1961 (HTÜ) unmittelbar (→ Art. 26 EGBG Rn. 3). Art. 25 und 26 beschränken sich in ihrer Bedeutung auf die Schließung von Regelungslücken.

Erster Teil. Allgemeine Vorschriften

Zweites Kapitel. Internationales Privatrecht

Dritter Abschnitt. Familienrecht

Art. 17b Eingetragene Lebenspartnerschaft und gleichgeschlechtliche Ehe

(1) ¹Die Begründung, die allgemeinen und die güterrechtlichen Wirkungen sowie die Auflösung einer eingetragenen Lebenspartnerschaft unterliegen den Sachvorschriften des Register führenden Staates. ²Der Versorgungsausgleich unterliegt dem nach Satz 1 anzuwendenden Recht; er ist nur durchzuführen, wenn danach deutsches Recht anzuwenden ist und das Recht eines der Staaten, denen die Lebenspartner im Zeitpunkt der Rechtshängigkeit des Antrags auf Aufhebung der Lebenspartnerschaft angehören, einen Versorgungsausgleich zwischen Lebenspartnern kennt. ³Im Übrigen ist der Versorgungsausgleich auf Antrag eines Lebenspartners nach deutschem Recht durchzuführen, wenn einer der Lebenspartner während der Zeit der Lebenspartnerschaft ein Anrecht bei einem inländischen Versorgungsträger erworben hat, soweit die Durchführung des Versorgungsausgleichs insbesondere im Hinblick auf die beiderseitigen wirtschaftlichen Verhältnisse während der gesamten Zeit der Lebenspartnerschaft der Billigkeit nicht widerspricht.

(2) ¹Artikel 10 Abs. 2 und Artikel 17a gelten entsprechend. ²Unterliegen die allgemeinen Wirkungen der Lebenspartnerschaft dem Recht eines anderen Staates, so ist auf im Inland befindliche bewegliche Sachen § 8 Abs. 1 des Lebenspartnerschaftsgesetzes und auf im Inland vorgenommene Rechtsgeschäfte § 8 Abs. 2 des Lebenspartnerschaftsgesetzes in Verbindung mit § 1357 des Bürgerlichen Gesetzbuchs anzuwenden, soweit diese Vorschriften für gutgläubige Dritte günstiger sind als das fremde Recht. ³Unterliegen die güterrechtlichen Wirkungen einer eingetragenen Lebenspartnerschaft dem Recht eines anderen Staates und hat einer der Lebenspartner seinen gewöhnlichen Aufenthalt im Inland oder betreibt er hier ein Gewerbe, so ist § 7 Satz 2 des Lebenspartnerschaftsgesetzes in Verbindung mit § 1412 des Bürgerlichen Gesetzbuchs entsprechend anzuwenden; der fremde Güterstand steht einem vertragsmäßigen gleich.

(3) Bestehen zwischen denselben Personen eingetragene Lebenspartnerschaften in verschiedenen Staaten, so ist die zuletzt begründete Lebenspartnerschaft vom Zeitpunkt ihrer Begründung an für die in Absatz 1 umschriebenen Wirkungen und Folgen maßgebend.

(4) Die Bestimmungen der Absätze 1 bis 3 gelten für die gleichgeschlechtliche Ehe entsprechend.

I. Allgemeines

1. Normzweck. Mit dem in Kraft treten des „Gesetzes zur Beendigung der Diskriminierung von gleichgeschlechtlichen Gemeinschaften: Lebenspartnerschaften" am 16.2.2001 (BGBl. I 266) ist auch Art. 17a EGBGB aF als dementsprechende Kollisionsnorm geschaffen worden. Die Vorschrift des Art. 17b ist seit dem 1.1.2002 in Kraft. Abs. 1 S. 2 wurde nach Inkrafttreten der EuUntVO und des HUntProt (BGBl. II 898 (917)) hinsichtlich der unterhaltsrechtlichen Folgen geändert. Mit dem 18.6.2011 gilt unterhaltsrechtlich das HUntProt 2007. Mit dem Inkrafttreten der EuErbVO am 16.8.2012, die ab dem 17.8.2015 das Internationale Verfahrens – und Privatrecht abgelöst hat, wurde auch Art. 17b neu gefasst und und die erbrechtliche Sonderregelung des I 2 aufgehoben. Durch das Gesetz zur Einführung des Rechts auf Eheschließung für Personen gleichen Geschlechts (GgEheG) erfolgte die Gesetzesänderung in Abs. 4 Die Notwendigkeit einer kollisionsrechtlichen Regelung folgt aus der Tatsache, dass in einer Vielzahl von Staaten zwischenzeitlich Regelungen für Lebenspartnerschaften und gleichgeschlechtliche Ehen geschaffen worden sind. Abweichend von den Prinzipien des deutschen Kollisionsrechtes wird für die Begründung, die allgemeinen und die güterrechtlichen Wirkungen sowie die Auflösung einer eingetragenen Lebenspartnerschaft und gleichgeschlechtlichen Ehe, auf die Anknüpfungen an die Staatsangehörigkeit oder den gewöhnlichen Aufenthalt verzichtet, sondern an das Recht des Register führenden Staates (lex libri) angeknüpft. Für die erbrechtlichen Folgen der Lebenspartnerschaft und gleichgeschlechtlichen Ehewird auf das nach den allgemeinen Vorschriften anzuwendende Recht abgestellt. Hiermit wird vor allem der Zweck der Regelung, nämlich die Diskriminierung von gleichgeschlechtlichen Partnerschaften zu beenden, deutlich. Denn die Anknüpfung an das Recht des Registerstaates stellt sicher, dass ein Recht Anwendung findet, dass auch die gleichgeschlechtliche Partnerschaft oder Ehe, kennt. IErg kommt es daher zu einer sehr weitgehenden Beanspruchung des Geltungsbereiches des deutschen Rechtes und Verdrängung des Heimatrechtes eines Ausländers, vor dem Hintergrund einer bestmöglichen Durchsetzung der, durch den Gesetzgeber mit dem LPartG gesetzten Ziele.

Durch Urteil v. 17.7.2002 (BVerfG NJW 2002, 2543) hat das BVerfG die Verfassungsmäßigkeit des LPartG bestätigt und damit die eLPart als „aliud" zur Ehe.

Gem. 17a LPartG besteht die Möglichkeit bestehende Lebenspartnerschaften rückwirkend in gleichgeschlechtliche Ehen umzuwandeln und gem. 1 LPartG ist es seit dem Inkrafttreten des GgEheG in Deutschland nicht mehr möglich neue Lebenspartnerschaften zu gründen, so dass die Bedeutung der eingetragenen Lebenspartnerschaften rückläufig ist. Kollisionsrechtlich ist die eingetragene Lebenspartnerschaft und die gleichgeschlechtliche Ehe nunmehr gleichgestellt.

2. Zeitlicher Anwendungsbereich. Das Gesetz enthält keine Übergangsregelung. Nach hM wird ausgehend von dem Gesetzeszweck, von der **Rückwirkung** der Kollisionsnorm ausgegangen (Palandt/*Thorn* Rn. 1; MüKoBGB/*Coester* Rn. 5; *v. Hoffmann* IPR § 8 Rn. 73d; aA Erman/*Hohloch* Rn. 5). Daher fallen auch solche Lebenspartnerschaften in den Anwendungsbereich der Norm, die vor dem 1.8.2001 nach ausländischem Recht registriert worden sind.

3. Regelungen. a) Sachlicher Anwendungsbereich. Neben den gleichgeschlechtlichen Ehen beschränkt der Wortlaut des Abs. 1 S. 1 die Anwendbarkeit der Vorschrift ausschließlich auf **eingetragene Lebenspartnerschaften.** Hiermit wird Bezug auf die deutsche Regelung in § 1 LPartG genommen, wonach **gleichgeschlechtliche, nichteheliche eingetragene Gemeinschaften** erfasst werden. Erfasst werden alle die Formen von Partnerschaften, die mit der Lebenspartnerschaft des deutschen Rechts vergleichbar sind (*Wagern* IPRax 2001, 281). Im **internationalen Regelungsbereich** finden jedoch weit mehr Formen von **registrierten Gemeinschaften** Berücksichtigung: hier findet sich zunächst neben der gleichgeschlechtlichen, nichtehelichen registrierten Gemeinschaft die entsprechende heterosexuelle Form. Daneben gibt es sowohl die nicht formalisierte Lebensgemeinschaft und die Ehe sowohl in gleichgeschlechtlicher als auch in heterosexueller Form. Hinsichtlich der **heterosexuellen registrierten Gemeinschaft,** wie sie im französischen Recht (Staudinger/*Mankowski* Rn. 19) geregelt ist, wird im Hinblick auf das Gebot der Gleichbehandlung und ausgehend sowohl von dem Wortlaut als auch dem Normzweck, allgemein von einer analogen (Palandt/*Thorn* Rn. 1; MüKoBGB/*Coester* Rn. 131; unter Hinweis auf Art. 6: Erman/*Hohloch* Rn. 6) oder auch unmittelbaren Anwendung (AnwK RVG/*Gebauer* Rn. 8) der Vorschrift ausgegangen. Für die **gleichgeschlechtliche Ehe** wurde vor ihrer Einführung durch den deutschen Gesetzgeber durch das GgEheG, die etwa in den Niederlanden, Belgien, Spanien oder den USA schon vorher möglich war, von der Rspr. und hM (BFH IPRax 2006, 287; OLG München FGPrax 2011, 249; KG StAZ 2011, 181; OLG Zweibrücken NJW-RR 2011, 1156; VG Karlsruhe IPRax 2006, 284; so jetzt auch MüKoBGB/*Coester* Rn. 148; aA Palandt/*Thorn* Rn. 1) Art. 17b angewendet. Dies wurde mit der Funktion des Art. 17b als spezielles Anknüpfungsregime für jede rechtlich anerkannte, rechtsförmliche, gleichgeschlechtliche Verbindung, unabhängig von der Regelung durch die ausländische Rechtsordnung als Ehe oder anderer Form der Partnerschaft (OLG München FGPrax 2011, 249) begründet, sowie die Entscheidung des Gesetzgebers das Institut der eLP als „aliud" zur Ehe zu schaffen. Schließlich musste auch in rechtspolitischer Hinsicht die Anknüpfung über Art. 17b erfolgen, da sonst eine im Ausland geschlossene gleichgeschlechtliche Ehe über Art. 13 nach deutschem Recht unwirksam gewesen wäre und somit keine Ansprüche aufgrund einer wirksamen Rechtsbeziehung entstehen konnten. Die **heterosexuelle Ehe** unterfällt den Art. 13ff. Problematisch bleibt dagegen noch die Einordnung der nichtehelichen und nicht durch eine Registrierung formalisierte Lebensgemeinschaft. Hier sind gleichgeschlechtliche und heterosexuelle Lebensgemeinschaften gleichermaßen betroffen. Die Anwendung des Art. 17b

100 EGBGB Art. 17b

scheitert bereits an dem Tatbestandsmerkmal der Registrierung, so dass nach der hM (Staudinger/ *Mankowski* Rn. 96; MüKoBGB/*Coester* Rn. 152) die Kollisionsprüfung über Art. 13 ff. erfolgt, da die Eintragung das entscheidende Tatbestandsmerkmal ist.

6   b) **Sachnormverweisung.** Die kollisionsrechtliche Verweisung durch Art. 17b I 1 erfolgt auf das Recht des Staates der Registrierung. Da es sich um eine Sachnormverweisung handelt, sind Rück- oder Weiterverweisungen unbeachtlich, so dass eine Suche nach den ausländischen Kollisionsnormen entfällt. Darüber hinaus ist Art. 17b eine **allseitige Kollisionsnorm** (BT-Drs. 14/3751, 60), so dass nicht nur die Voraussetzungen der Anwendung des deutschen Rechtes bestimmt werden, sondern auch die Voraussetzungen der Anwendung des ausländischen Rechtes für den deutschen Rechtsanwender. Das Lebenspartnerschaftsstatut kann aber, wie auch das Güter- und das Erbstatut gem. Art. 3 III durch ein vorrangiges Einzelstatut durchbrochen werden (Staudinger/*Mankowski* Rn. 52).

7   c) **Grundsatzanknüpfung.** Die Grundsatzanknüpfung des **Abs. 1 S. 1** für die Begründung, Auflösung sowie für die güterrechtliche Wirkung einer eingetragenen gleichgeschlechtlichen Lebenspartnerschaft und eine gleichgeschlechtliche Ehe erfolgt an das Recht des **Registrierungsstaates** zur Bestimmung des anwendbaren Rechts (Partnerschaftsstatut). Hiernach führt eine Registrierung in Deutschland auch zur Anwendung des deutschen Rechtes, vor allem mit Blick auf Abs. 3 wird deutlich, dass durch eine spätere weitere Registrierung einer nach ausländischem Recht begründeten Lebenspartnerschaft, hinsichtlich der Anwendung des deutschen Rechtes eine faktische Rechtswahl getroffen werden kann. **Register** im Sinne dieser Vorschrift sind nicht unbedingt ausschließliche Lebenspartnerschaftsregister, sondern auch sog. Zivilstandsregister (Staudinger/*Mankowski* Rn. 28) oder andere Formen der öffentlichen Registrierung. Die Begründung der Lebenspartnerschaft muss entsprechend des erforderlichen Inhaltes, den Anforderungen an die Abgabe der Erklärung und der Formvorschriften erfolgt sein. Eine Anwendung des Art. 11 ist ausgeschlossen.

8   Die Frage, ob eine anderweitige Ehe oder Lebenspartnerschaft oder ein Verwandtschaftsverhältnis vorliegt ist eine **Vorfrage**, der selbständigen Anknüpfung unterliegt (Palandt/*Thorn* Rn. 3; Erman/ *Hohloch* Rn. 4). Sofern die Bestimmungen des am Registerort geltenden Rechts erfüllt sind (Alter, Geschlecht, Staatsangehörigkeit ua), so ist die Lebenspartnerschaft wirksam begründet worden, unabhängig von einer etwaigen mangelnden Anerkennung nach dem Heimatrecht der Beteiligten (hinkende Partnerschaft).

9   Ab dem 1.10.2017 ist die gleichgeschlechtliche Ehe von dem Regelungsbereich erfasst und gelten die Vorschriften der Absätze 1–3 gem. Abs. 4 hierfür entsprechend, so dass hiernach auch die Möglichkeit besteht etwaige Unterschiede zu berücksichtigen.

10 Die **Allgemeinen Wirkungen** (Abs. 1 S. 1 Hs. 2) unterliegen den Vorschriften des Registerstaates. Zu den allgemeinen Wirkungen der eingetragenen Lebenspartnerschaft gehören etwa durch das LPartG erfasste Bereiche: die Verpflichtung zur Lebensgemeinschaft, Verpflichtungsbefugnisse im Rahmen einer Schlüsselgewalt, die Fragen des Zusammenlebens, die Gestaltung der vermögensrechtlichen Beziehung oder die Bestimmungen über die Haftung der Partner und insb. der Güterstand und sorgerechtliche Befugnisse.

11 Die **güterrechtlichen Wirkungen** (Abs. 1 S. 1 Hs. 3) richten sich ebenfalls nach den gesetzlichen Bestimmungen des Registerstaates. Zu den güterrechtlichen Regelungen zählen sämtliche Bestimmungen, die eine Ordnung des partnerschaftlichen Vermögens bewirken sowie solche Vorschriften, die sich mit der Vermögensauseinandersetzung nach der Auflösung der Partnerschaft auseinandersetzen (Staudinger/*Mankowski* Rn. 39; MüKoBGB/*Coester* Rn. 43). Wie bei einem erbrechtlichen Gesamtstatut (→ Art. 25 Rn. 28) kann das güterrechtliche Gesamtstatut durch ein vorrangiges Einzelstatut durchbrochen werden (Staudinger/*Mankowski* Rn. 52). Es gilt jedoch ausschließlich Art. 17b I 1, so dass die Lebenspartner keine Rechtswahl treffen können.

12 Die **Auflösung** (Abs. 1 S. 1 Hs. 4) der Lebenspartnerschaft sowie auch die Folgen der Auflösung (MüKoBGB/*Coester* Rn. 35) unterstehen wie die Begründung, dem Recht des Registerstaates.

13 Auch der **Versorgungsausgleich** (Abs. 1 S. 3) richtet sich nach dem Partnerschaftsstatut gem. Abs. 1 S. 1 als Auflösungsstatut. Sofern das deutsche Recht Partnerschaftsstatut ist, so richtet sich der Versorgungsausgleich nach den Vorschriften des LPartG, allerdings nur dann, wenn auch eines der Heimatrechte der Lebenspartner einen Versorgungsaugleich zwischen Lebenspartnern kennt. Dies hat zur Folge, dass über den Regelungsbereich des Abs. 1 S. 3 für Ausländer nur dann der Versorgungsausgleich nach deutschem Recht erfolgt, wenn sein Heimatrecht diesen Bereich entsprechend in seiner Rechtsordnung geregelt hat. In der Regel wird dann **Abs. 1 S. 4** zur Anwendung gelangen. Hiernach ist jedoch erforderlich, dass zumindest einer der Partner ein Anrecht bei einem inländischen Versorgungsträger erworben hat und der Versorgungsausgleich nicht unbillig erscheint im Hinblick auf die beiderseitigen wirtschaftlichen Verhältnisse.

14 d) **Unterhaltsrechtliche Folgen.** Für die unterhaltsrechtlichen Folgen (Abs. 1 S. 2 Hs. 1 EGBGB aF) gilt seit Inkrafttreten der EuUntVO und des HUntProt das allgemeine Unterhaltsstatut. Durch das HUntProt gibt es eine vorrangige abschließende Regelung der Unterhaltsansprüche. Ausschließlich vor dem 18.6.2011 in einem bis dahin eröffneten Verfahren geltend gemachte Ansprüche, richten sich noch nach Abs. 1 S. 2 Hs. 1 EGBGB aF.

15 e) **Erbrechtliche Folgen.** Für die erbrechtlichen Folgen (Abs. 1 S. 2 aF) hatte die Vorschrift auf die „allgemeinen Vorschriften" verwiesen. Die Regelung war mit dem Inkrafttreten der EuErbVo am

17.8.2015 obsolet. Die erbrechtlichen Folgen einer eingetragenen Lebenspartnerschaft richten sich jetzt ausschließlich hiernach.

f) Namensrecht, Wohnung und Hausrat (Abs. 2 S. 1). Die Verweisung auf Art. 10 II gewährt den Lebenspartnern ein Wahlrecht betreffend ihres **Familiennamens**, indem sie gegenüber dem Standesbeamten bei oder nach Begründung der Lebenspartnerschaft, eine Erklärung darüber abgeben können, ob sie ihren Namen entsprechend dem deutschen Recht, wenn einer von ihnen seinen gewöhnlichen Aufenthalt im Inland hat, oder entsprechend dem Recht des Staates bestimmen möchten, dem einer von ihnen angehört. Der Verweis in Abs. 2 S. 1 auf Art. 17a führt zur Anwendbarkeit des Art. 17a auch auf Lebenspartnerschaften. Hiernach gilt über Abs. 1 S. 1 für die Zuweisung von **Hausrat und Wohnung bei Trennung und Auflösung** der Lebenspartnerschaft grds. das Recht des Registerstaates. Über die Sonderregelung in Abs. 2 S. 1 führt jedoch eine Belegenheit im Inland über die Anwendung des Art. 17a zur Geltung des deutschen Rechts. Befindet sich daher weder die Wohnung der Partner noch der Hausrat im Inland, so erfolgt die Anknüpfung über das Aufhebungsstatut und somit an das Recht des Registerstaates. 16

g) Eigentumsvermutung (Abs. 2 S. 2). Die Regelung des Abs. 2 S. 2 dient dem **inländischen Verkehrsschutz**. Denn die Anwendung von ausländischem Güterrecht kann zu unerwarteten Folgen führen. Hiernach werden auf bewegliche Sachen, die sich im Inland befinden sowie auf Rechtsgeschäfte, die im Inland vorgenommen wurden, die Vorschriften über die zivilrechtliche Eigentumsvermutung gem. § 1362 BGB, die Vorschriften über die Schlüsselgewalt gem. § 1357 BGB und die §§ 1365–1370 BGB dann entsprechend angewendet, wenn sie dazu führen, dass sie für gutgläubige Dritte günstiger sind als das fremde Recht. 17

h) Mehrfachregistrierung. Die Folgen der Mehrfachregistrierung (Abs. 3). Nach Abs. 3 wird für den Fall, dass die Partnerschaft nacheinander in verschiedenen Staaten registriert worden ist, geregelt, dass das Partnerschaftsstatut durch die zeitlich letzte Eintragung bestimmt wird. Eine zweite oder auch weitere Registrierung der Lebenspartnerschaft in einem neuen Staat führt somit zum Statutenwechsel. Auf diese Weise wird die gleichzeitige Anwendbarkeit von verschiedenen Rechten ausgeschlossen und darüber hinaus den Lebenspartnern die Möglichkeit eröffnet, eine faktische Rechtswahl zu treffen, da das Partnerschaftsstatut grds. unwandelbar ist. Vor allem können die Partner auf diesem Wege versuchen, eine leichtere Auflösung der Lebenspartnerschaft durch die Registrierung in einem Staat herbeizuführen, der hierfür die günstigeren Regelungen geschaffen hat. 18

i) Kappungsgrenze (Abs. 4 aF). Die Kappungsgrenze des Abs. 4 wurde durch das GgEheG vom 28.7.2017 gestrichen. Die Vorschrift beruhte auf dem verfassungsrechtlichen Gebot der Differenzierung zwischen Lebenspartnerschaft und Ehe und war nach der Einführung der gleichgeschlechtlichen Ehe nicht mehr erforderlich. Eine Begrenzung des nach den Absätzen 1–3 anzuwendenden ausländischen Rechts erfolgt nur noch durch den deutschen Grundsätzen des ordre public. 19

4. Verfahrensrechtliche Hinweise. Deutsche Gerichte sind nach § 103 FamFG in Lebenspartnerschaftssachen international zuständig. Die Brüssel-IIa-Verordnung (EheVO 2003) ist auf Lebenspartnerschaften nicht anwendbar (EuGH FamRZ 2001, 1053). Die Anerkennung ausländischer Entscheidungen über die Auflösung von Lebenspartnerschaften richtet sich nach § 109 FamFG, vorausgesetzt, es greifen keine vorrangigen bilateralen Staatsverträge. Solche bestehen jedoch zumindest derzeit nicht (Erman/*Hohloch* Rn. 20). Die Anerkennung der Auflösung einer im Inland eingetragenen Lebenspartnerschaft im Ausland gem. § 109 FamFG ist jedoch dann ausgeschlossen, wenn diese ohne gerichtliches Urteil oder behördlichen Akt ergangen ist, da es sich dann um eine Privatauflösung handelt, die von § 109 FamFG nicht erfasst wird. 20

Vierter Abschnitt. Erbrecht

Art. 25 Rechtsnachfolge von Todes wegen

Soweit die Rechtsnachfolge von Todes wegen nicht in den Anwendungsbereich der Verordnung (EU) Nr. 650/2012 fällt, gelten die Vorschriften des Kapitels III dieser Verordnung entsprechend.

I. Normzweck

Das internationale Erbrecht sowie das Erbverfahrensrecht werden seit dem 17.8.2015 vollständig durch die EuErbVO (→ EuErbVO § 1 Rn. 1) geregelt. Art 25 wurde daher durch das Gesetz zum Internationalen Erbrecht und zur Änderung des Erbscheinverfahrens neu gefasst. Das nationale Erbkollisionsrecht der Mitgliedstaaten wird durch die Regelungen des Art. 20ff. EuErbVO verdrängt und Art. 25 aF gestrichen. 1

Durch die Neuregelung werden nun noch die Fälle, die nicht vom Wortlaut der Verordnung erfasst werden aufgefangen und ebenfalls dem Anwendungsbereich der EuErbVO unterstellt, mit dem Ergebnis, dass eine Nachlassspaltung vermieden wird. Für Erbfälle vor dem 17.8.2015 verbleibt es bei dem damals geltenden Recht (OLG Schleswig NJW-RR 2016, 1229 – ZEV 2016, 502 mAnm *Margonski* ZEV 2016, 507). Zum früheren Recht siehe Vorauflage. 2

Art. 26 Form von Verfügungen von Todes wegen

(1) ¹In Ausführung des Artikels 3 des Haager Übereinkommens vom 5. Oktober 1961 über das auf die Form letztwilliger Verfügungen anzuwendende Recht (BGBl. 1965 II S. 1144, 1145) ist eine letztwillige Verfügung, auch wenn sie von mehreren Personen in derselben Urkunde errichtet wird oder durch sie eine frühere letztwillige Verfügung widerrufen wird, hinsichtlich ihrer Form gültig, wenn sie den Formerfordernissen des Rechts entspricht, das auf die Rechtsnachfolge von Todes wegen anzuwenden ist oder im Zeitpunkt der Verfügung anzuwenden wäre. ²Die weiteren Vorschriften des Haager Übereinkommens bleiben unberührt.

(2) Für die Form anderer Verfügungen von Todes wegen ist Artikel 27 der Verordnung (EU) Nr. 650/2012 maßgeblich.

I. Allgemeines

1   Mit Inkrafttreten der EuErbVO am 17.8.2015 wurde die Vorschrift vollständig neu gefasst. Geändert wurde, dass das Haager Testamentsformübereinkommens vom 6.10.1961 (HTÜ) nunmehr unmittelbare Geltung hat.

2   **1. Normzweck.** Die Vorschrift ergänzt das HTÜ, indem die Ermächtigung in Art. 3 HTÜ umgesetzt wird, nach der die Vertragsstaaten die weiteren Begünstigungen für die Formgültigkeit letztwilliger Verfügungen selbst regeln können. Nach I 1 wird das tatsächliche oder hypothetische Erbstatut auf genommen, welche sich nach Art. 20 ff. der EuERbVO bestimmen.

3   Das HTÜ lautet wie folgt (BGBl. 1965 II 1145: der deutsche Text ist die amtliche Übersetzung für die deutschsprachigen Staaten, maßgeblich ist der französische Text):

Art. 1 HTÜ (Anknüpfung)

Eine letztwillige Verfügung ist hinsichtlich ihrer Form gültig, wenn diese dem innerstaatlichen Recht entspricht:
a) des Ortes, an dem der Erblasser letztwillig verfügt hat, oder
b) eines Staates, dessen Staatsangehörigkeit der Erblasser im Zeitpunkt, in dem er letztwillig verfügt hat, oder im Zeitpunkt seines Todes besessen hat, oder
c) eines Ortes, an dem der Erblasser im Zeitpunkt, in dem er letztwillig verfügt hat, oder im Zeitpunkt seins Todes seinen Wohnsitz gehabt hat, oder
d) des Ortes, an dem der Erblasser im Zeitpunkt, in dem er letztwillig verfügt hat, oder im Zeitpunkt seines Todes seinen gewöhnlichen Aufenthalt gehabt hat, oder
e) soweit es sich um unbewegliches Vermögen handelt, des Ortes, an dem sich dieses befindet.

Ist die Rechtsordnung, die aufgrund der Staatsangehörigkeit anzuwenden ist, nicht vereinheitlicht, so wird für den Bereich dieses Übereinkommens das anzuwendende Recht durch die innerhalb dieser Rechtsordnung geltenden Vorschriften, mangels solcher Vorschriften durch die engste Bindung bestimmt, die der Erblasser zu einer der Teilrechtsordnungen gehabt hat, aus denen sich die Rechtsordnung zusammensetzt.

Die Frage, ob der Erblasser an einem bestimmten Ort einen Wohnsitz gehabt hat, wird durch das an diesem Orte geltende Recht geregelt.

Art. 2 HTÜ (Widerruf letztwilliger Verfügungen)

Artikel 1 ist auch auf letztwillige Verfügungen anzuwenden, durch die eine frühere letztwillige Verfügung widerrufen wird.
Der Widerruf ist hinsichtlich seiner Form auch dann gültig, wenn diese einer der Rechtsordnungen entspricht, nach denen die widerrufene letztwillige Verfügung gemäß Artikel 1 gültig gewesen ist.

Art. 3 HTÜ (Bestehende Formvorschriften der Vertragsstaaten)

Dieses Übereinkommen berührt bestehende oder künftige Vorschriften der Vertragsstaaten nicht, wodurch letztwillige Verfügungen anerkannt werden, die der Form nach entsprechend einer in den vorangehenden Artikeln nicht vorgesehenen Rechtsordnungen errichtet worden sind.

Art. 4 HTÜ (Anwendung auf gemeinschaftliche Testamente)

Dieses Übereinkommen ist auf die Form letztwilliger Verfügungen anzuwenden, die zwei oder mehrere Personen in derselben Urkunde errichtet haben.

Art. 5 HTÜ (Zur Form gehörig)

¹Für den Bereich dieses Übereinkommens werden die Vorschriften, welche die für letztwillige Verfügungen zugelassenen Formen mit Beziehung auf das Alter, die Staatsangehörigkeit oder andere persönliche Eigenschaften des Erblassers beschränken, als zur Form gehörend angesehen. ²Das gleiche gilt für Eigenschaften, welche die für die Gültigkeit einer letztwilligen Verfügung erforderlichen Zeugen besitzen müssen.

Art. 6 HTÜ (Allseitige Anwendung des Übereinkommens)

¹ *Die Anwendung der in diesem Übereinkommen aufgestellten Regeln über das anzuwendende Recht hängt nicht von der Gegenseitigkeit ab.* ² *Das Übereinkommen ist auch dann anzuwenden, wenn die Beteiligten nicht Staatsangehörige eines Vertragsstaates sind oder das aufgrund der vorangehenden Artikel anzuwendenden Rechts nicht das eines Vertragsstaates ist.*

Art. 7 HTÜ (Ordre-public-Klausel)

Die Anwendung eines durch dieses Übereinkommen für maßgebend erklärten Rechtes darf nur abgelehnt werden, wenn sie mit der öffentlichen Ordnung offensichtlich unvereinbar ist.

Art. 8 HTÜ (Intertemporale Regelung)

Dieses Übereinkommen ist in allen Fällen anzuwenden, in denen der Erblasser nach dem Inkrafttreten des Übereinkommens gestorben ist.

Art. 9 HTÜ (Vorbehalt bezüglich der Bestimmung des Wohnsitzrechtes)

Jeder Vertragsstaat kann sich, abweichend von Artikel 1 Abs. 3, das Recht vorbehalten, den Ort, an dem der Erblasser seinen Wohnsitz gehabt hat, nach dem am Gerichtsort geltenden Recht zu bestimmen.

Art. 10 HTÜ (Vorbehalt bezüglich mündlicher Testamente)

Jeder Vertragsstaat kann sich das Recht vorbehalten, letztwillige Verfügungen nicht anzuerkennen, die einer seiner Staatsangehörigen, der keine andere Staatsangehörigkeit besaß, ausgenommen den Fall außergewöhnlicher Umstände, in mündlicher Form errichtet hat.

Art. 11 HTÜ (Vorbehalt bezüglich bestimmter Formen)

Jeder Vertragsstaat kann sich das Recht vorbehalten, bestimmte Formen im Ausland errichteter letztwilliger Verfügungen auf Grund der einschlägigen Vorschriften seines Rechtes nicht anzuerkennen, wenn sämtliche der folgenden Voraussetzungen erfüllt sind:
a) die letztwillige Verfügung ist hinsichtlich ihrer Form nur nach einem Rechte gültig, das ausschließlich auf Grund des Ortes anzuwenden ist, an dem der Erblasser sie errichtet hat,
b) der Erblasser war Staatsangehöriger des Staates, der den Vorbehalt erklärt hat,
c) der Erblasser hatte in diesem Staate einen Wohnsitz oder seinen gewöhnlichen Aufenthalt und
d) der Erblasser ist in einem anderen Staate gestorben als im dem, wo er letztwillig verfügt hatte.
Dieser Vorbehalt ist nur für das Vermögen wirksam, das sich im dem Staate befindet, der den Vorbehalt erklärt hat.

Art. 12 HTÜ (Vorbehalt bezüglich Anordnungen nicht erbrechtlicher Art)

Jeder Vertragsstaat kann sich das Recht vorbehalten, die Anwendung dieses Übereinkommens auf Anordnungen in einer letztwilligen Verfügung auszuschließen, die nach seinem Rechte nicht erbrechtlicher Art sind.

Art. 13 HTÜ (Zeitlicher Vorbehalt)

Jeder Vertragsstaat kann sich, abweichend von Artikel 8 das Recht vorbehalten, dieses Übereinkommen nur auf letztwillige Verfügungen anzuwenden, die nach dessen Inkrafttreten, errichtet worden sind.

Art. 14–20 HTÜ ...

II. Anwendungsbereich

1. Zeitlicher Anwendungsbereich des HTÜ. Das HTÜ gilt für alle Erbfälle ab dem Inkrafttreten des Abkommens für Deutschland am 1.1.1966.
a) Ist der Tod des Erblassers vor dem Inkrafttreten des Abkommens am 1.1.1966 eingetreten, so gilt allein das bis zu diesem Tage geltende deutsche Kollisionsrecht.
b) Ist der Tod des Erblassers nach dem 31.12.1965 eingetreten und hat er auch nach diesem Datum testiert, so gilt das HTÜ.
c) Hat der Erblasser vor dem 1.1.1966 das Testament errichtet und ist nach dem 31.12.1965 verstorben, so ist das HTÜ anwendbar.

2. Die Anknüpfungsmöglichkeiten. Nach dem Wortlaut des HTÜ wird ein Katalog mit insgesamt zwölf alternativen Anknüpfungspunkten für die Formwirksamkeit einer letztwilligen Verfügung bereitgestellt. Für die Formgültigkeit bedarf es nur einer Übereinstimmung mit den Formerfordernissen einer der genannten Rechtsordnungen, um die letztwillige Verfügung des Erblassers möglichst weitgehend die Formwirksamkeit zu ermöglichen (favor testamenti).

a) Heimatrechtsanknüpfung (Art. 1 I lit. b HTÜ). Die letztwillige Verfügung ist formgültig, wenn sie den, für die Form geltenden Sachnormen des Landes entspricht, dem der Erblasser zur Zeit der Er-

100 EGBGB Art. 26   Erster Teil. Vierter Abschnitt. Erbrecht

richtung der Verfügung oder im Zeitpunkt seines Todes angehörte. Entscheidend ist das Heimatrecht und zwar ohne jede Präferenz, so dass bei Mehrrechtsstaatern jede einzelne Staatsangehörigkeit gleichwertig ist (OLG Hamburg IPRspr 1981 Nr. 131). Dies ergibt sich so auch aus der Formulierung des Abs. 1 S. 1 Nr. 1: „ungeachtet des Artikels 5 I."

7   **b) Anknüpfung an den Vornahmeort (Art. 1 I lit. a HTÜ).** Die letztwillige Verfügung ist auch dann formgültig, wenn sie dem Recht des Ortes, an dem der Erblasser letztwillig verfügt hat, entspricht. Klar erkennbar wird dies aus einem öffentlichen Testament. Es wird der Ort als Errichtungsort angesehen, an dem die letztwillige Verfügung unterzeichnet wurde (Staudinger/*Dörner* Vorbem. Art. 25 Rn. 47; MüKoBGB/*Birk* Rn. 52). Die Aufenthaltsdauer am Errichtungsort ist irrelevant auch wenn der Ort nur mit dem Ziel aufgesucht wurde, um ein Testament nach den dortigen Formvorschriften errichten zu können (LG München I ZEV 1999, 489; Erman/*Hohloch* Rn. 15; Bamberger/Roth/*Lorenz* Rn. 8).

8   **c) Anknüpfung an den Wohnsitz oder den gewöhnlichen Aufenthalt (Art. 1 I lit. c und d HTÜ).** Für die Bestimmung des Wohnsitzes verweist das Abkommen in Art. 1 III auf das, an diesem Ort geltende Recht (OLG Düsseldorf IPRspr 1985, Nr. 114; BayObLG FamRZ 1003, 1594). Für die Bestimmung des gewöhnlichen Aufenthaltsortes hat das Abkommen nicht auf nationale Rechte verwiesen. Dieser Begriff wird definiert über den Daseinsmittelpunkt des Erblassers, der sich aus einer Zentrierung der Lebensumstände für eine bestimmte Zeit am Errichtungsort ergibt oder an dem Ort, an dem sich der Erblasser üblicherweise zuletzt aufhielt (BayObLGZ 1979, 193).

9   **d) Anknüpfung an den Lageort des unbeweglichen Vermögens (Art. 1 I lit. e HTÜ).** Die Definition des unbeweglichen Vermögens richtet sich nach dem Grundsatz des rei sitae nach dem Recht des Lageortes. Die sich hieraus ergebende Formgültigkeit der letztwilligen Verfügung bezieht sich ausschließlich auf den unbeweglichen Nachlass im Geltungsbereich des Lageortes (MüKoBGB/*Birk* Rn. 54). Enthält die letztwillige Verfügung weitere Regelungen, so beurteilt sich die Formgültigkeit dieser Verfügung nach anderen Anknüpfungspunkten.

10   **e) Anknüpfung an das tatsächliche Erbstatut und das hypothetische Erbstatut (Errichtungsstatut) (Art. 3 HTÜ).** Die Formgültigkeit einer letztwilligen Verfügung kann sich auch aus der Erfüllung der Formerfordernisse der Rechtsordnung ergeben, die auf die Rechtsnachfolge von Todes wegen anzuwenden ist. Formwirksamkeit kann sich ferner auch aus dem Recht ergeben, dass zum Errichtungszeitpunkt auf die Rechtsnachfolge anwendbar wäre. Hiernach ist auch ein späterer Wechsel der Staatsangehörigkeit und somit ein Statutenwechsel ohne Auswirkung auf die Wirksamkeit der Verfügung.

11   Im Unterschied zu den Anknüpfungsmöglichkeiten nach Art. 1 I HTÜ besteht nach den weiteren Anknüpfungsmöglichkeiten des Art. 3 HTÜ die Möglichkeit einer Rückverweisung (Art. 4 I 2). Ferner ist Art. 5 zu beachten.

12   **3. Der sachliche Anwendungsbereich Abs. 1–4, HTÜ.** Das Abkommen verwendet nicht definierte Begriffe; dem Wortlaut nach sind nur **letztwillige Verfügungen** betroffen. Hiernach werden Testamente, einschließlich gemeinschaftlicher Testamente (ausdrücklich Art. 4 HTÜ), erfasst, jedoch nicht erbrechtliche Rechtsgeschäfte wie Erbverträge oder Erbverzichte.

13   **a) Gemeinschaftliche Testamente.** Gemeinschaftliche Testamente unterfallen auch dem Anwendungsbereich des HTÜ (Art. 1, 4). Aufgrund ihrer kategorischen Ablehnung in den Rechtsordnungen des romanischen Rechts stoßen gemeinschaftliche Testamente auf besondere Schwierigkeiten. Je nachdem, ob eine Rechtsordnung das gemeinschaftliche Testament aus Formgründen verbietet oder es etwa als Verstoß gegen die Testierfreiheit inhaltlich unzulässig ist, richtet sich seine Statthaftigkeit entweder nach dem Formstatut oder nach dem Errichtungsstatut. Das Verbot des spanischen (vgl. Länderbericht Spanien) und auch des italienischen Rechts (vgl. Länderbericht Italien) BayObLGZ 1957, 385; OLG Frankfurt a. M. IPRax 1986, 112; IPG 1980/81 Nr. 43 (Hamburg, Italien) sowie auch des Rechts in Portugal; OLG Frankfurt a. M. IPRax 1986, 112) und Kroatien; DNotI-Report 2001, 97) beruhen auf materiell-rechtlichen Erwägungen, nämlich einem **Verstoß gegen den Grundsatz der Testierfreiheit.**

14   Probleme ergeben sich im Bereich **bi-nationaler** Ehen, bei denen die Ehegatten verschiedene Staatsangehörigkeiten haben. Hier muss die Formwirksamkeit nach beiden Rechtsordnungen vorliegen, denn es müssen auch für jeden Testator die Voraussetzungen für die Errichtung eines gültigen Testamentes vorliegen.

15   Hinsichtlich des **wechselbezüglichen gemeinschaftlichen** Testamentes des deutschen Rechts, mit der sich hieraus ergebenden **Bindungswirkung** (§ 2270 I BGB) ist **umstritten,** ob die Frage der Bindung nach dem Erbstatut (OLG Hamm NJW 1964, 554; AG Bad Homburg IPRspr 1977 Nr. 103) zu entscheiden ist oder nach dem Errichtungsstatut (BayObLGZ 1961, 13; 1960, 485).

16   Ergibt sich die Unwirksamkeit eines gemeinschaftlichen Testamentes, ist die Möglichkeit einer Umdeutung in Einzeltestamente oder in einen Erbvertrag zu prüfen, wenn der Erblasser seine Erklärung auch unabhängig von der Wirksamkeit der Erklärung des anderen abgeben wollte (*Denzler* IPRax 1982, 181).

17   Der **sachliche Geltungsbereich des HTÜ** mit Bezug auf das gemeinschaftliche Testament erfasst nicht nur die im deutschen Recht üblichen gemeinschaftlichen Testamente von Ehegatten, sondern auch jede andere Form von miteinander verbundenen letztwilligen Verfügungen anderer Beteiligter.

Art. 64 EGBGB

(1) Unberührt bleiben die landesgesetzlichen Vorschriften über das Anerbenrecht in Ansehung landwirtschaftlicher und forstwirtschaftlicher Grundstücke nebst deren Zubehör.

(2) Die Landesgesetze können das Recht des Erblassers, über das dem Anerbenrecht unterliegende Grundstück von Todes wegen zu verfügen, nicht beschränken.

Anerbengesetze sind idR Landesrecht, können aber auch Bundesrecht sein (die HöfeO ist partielles 1 Bundesrecht, das nur in den Bundesländern NRW, Nds., Schl.H. und HH gilt.). Zweck aller Anerbenrechte ist der Erhalt der wirtschaftlichen Einheit eines landwirtschaftlichen Betriebs bzw. sein Schutz vor Zerschlagung oder Zersplitterung im Erbgang. Die Anerbenrechte müssen aus ihrer historischen Entwicklung heraus verstanden werden. Ursprünglicher Anerbenrechtszweck war hauptsächlich, die Sicherung der wirtschaftlichen Leistungsfähigkeit des Anerbenguts, damit die auf ihm ruhenden gutsherrlichen Lasten entrichtet werden konnten. Dieser Ursprungzweck wurde nach dem Wegfall der Gutsherrlichkeit durch das öffentliche Interesse an der „Erhaltung eines gesunden und wohlhabenden Bauernstandes" abgelöst (*Planck*, Bd. VI, Art. 64 EGBGB Ziffer 1.). Nach dem BVerfG legitimiert sich heute ein Sondererbrecht für die Landwirtschaft aus dem öffentlichen agrarpolitischen Interesse am Erhalt leistungsfähiger Höfe, der Sicherung der Volksernährung, und dem familienerbrechtlichen Ziel, landwirtschaftliche Betriebe gerade in der Hand bäuerlicher Familien zu erhalten (BVerfGE 15, 337, 342; 67, 348, 367; 91, 346, 356; *Muscheler*, Universalsukzession und Vonselbsterwerb, S. 108) Mittel der Zielerreichung sind einerseits die Herabsetzung der Bemessungsrundlage für die Berechnung der Abfindung der weichenden Erben oder der Pflichtteilsansprüche durch das Ertragswertprivileg (s. Art. 137 EGBGB); andererseits die „Herausnahme" des Anerbenguts aus dem Gesamtnachlass. Diese Absonderung erfolgt entweder durch dinglich wirkende Sonderrechtsnachfolge (das Anerbengut fällt dem Anerben ipso iure an; „selbstvollziehende Teilungsanordnung") oder der Gewährung eines Übertragungsanspruchs hinsichtlich des Anerbenguts (jeweils gegen Abfindung der weichenden Erben).

Art. 64 II EGBGB gewährleistet die Testierfreiheit des Hofinhabers. Er kann das Anerbenrecht gänzlich abbedingen und stattdessen nach dem BGB testieren oder aber – sofern nach dem jeweiligen Landesrecht zulässig – innerhalb seiner systematischen Grenzen das Anerbenrecht variieren. Die Anerbfolge wird durch Anerbenvermerk im Erbschein oder besonderen Anerbschein bezeugt.

Galten bei Inkrafttreten des BGB noch 24 verschiedene Landesanerbenrechte, ist ihre Zahl mittlerweile auf fünf Landesgesetze (BadHofGG, WürttARG, HessLGO, HO-RhPf, BremHöfeG) und die norddeutsche Höfeordnung herabgeschmolzen, wobei das WürttARG bis auf den Ausnahmefall des vor dem 1.1.1930 geborenen Erblassers bereits außer Kraft gesetzt ist.

Anerbenrechte gehen im Falle der gesetzlichen Erbfolge dem BGB-Landguterbrecht und dem Zuweisungsverfahren nach §§ 13 ff. GrdstVG vor. Gerichtsverfahren richten sich nach dem LwVG. Für die besondere ertragsteuerliche Behandlung bei Anerbenabfindungen ist das BMF-Schreiben v. 14.3.2006 zu beachten. Das Anerbenrecht ist nicht mehr zeitgemäß. Das Zuweisungsverfahren nach den §§ 13 ff. GrdstVG ist zur Erreichung der oben geschilderten Ziele des Anerbenrechts ausreichend.

Sechster Teil. Inkrafttreten und Übergangsrecht aus Anlaß der Einführung des Bürgerlichen Gesetzbuchs und dieses Einführungsgesetzes in dem in Artikel 3 des Einigungsvertrages genannten Gebiet

Artikel 235. Fünftes Buch. Erbrecht

§ 1 Erbrechtliche Verhältnisse

Für die erbrechtlichen Verhältnisse bleibt das bisherige Recht maßgebend, wenn der Erblasser vor dem Wirksamwerden des Beitritts gestorben ist.

I. Normzweck und interlokaler Anwendungsbereich des Art. 235

1. **Normzweck des Art. 235.** Am 3.10.1990 ist im Beitrittsgebiet gem. Art. 3 EinigsV (= die ehemalige 1 DDR) an Stelle des ZGB-DDR wieder das BGB in Kraft getreten (Art. 230). Art. 235 enthält für das Erbrecht die deshalb erforderlichen **Übergangsvorschriften** (intertemporale Kollisionsvorschriften). Grundsätzlich gilt hiernach: Ist der Erblasser vor dem 3.10.1990 verstorben, bleibt für die erbrechtlichen Verhältnisse das bisherige Recht maßgeblich, beim Tod ab diesem Zeitpunkt gilt das BGB (Art. 235 § 1 I). Art. 235 § 2 und der mittlerweile aufgehobene (→ Rn. 25) Art. 235 § 1 II enthalten bzw. enthielten Ausnahmen von diesem Grundsatz.

2. **Interlokaler Anwendungsbereich des Art. 235.** Art. 235 regelt die Rechtsfolgen des (Wieder-)In- 2 krafttretens des BGB im Beitrittsgebiet. Diese Norm gilt im gesamten Bundesgebiet (BGH ZEV 1994, 104), ist also insb. auch von den Gerichten in den alten Bundesländern anzuwenden, aber nur bei Sach-

verhalten mit „Ostbezug". Wann ein Sachverhalt mit „Ostbezug" vorliegt und demnach Art. 235 EGBG anzuwenden ist, regelt das sog. **interlokale (innerdeutsche) Kollisionsrecht**. Dieses wurde im Zug der Wiedervereinigung bewusst nicht kodifiziert, der Gesetzgeber ging vielmehr davon aus, dass die Praxis die Vorschriften des Internationalen Privatrechts grds. entsprechend anwendet. Dies geschieht einheitlich durch alle Gerichte im Bundesgebiet durch die entsprechende Anwendung der Art. 3 ff. (BGH ZEV 1994, 104); das zwischenzeitliche Inkrafttreten der EuErbVO, insbes. die Änderung des Art. 25, dürfte daran nichts geändert haben. Das deutsche Erbrecht besteht daher streng genommen aus einer Teilrechtsordnung West und einer Teilrechtsordnung Ost; nur im Rahmen der zuletzt genannten ist Art. 235 anwendbar. Vor der Anwendung des Art. 235 ist daher nach den Regeln des interlokalen Kollisionsrechts die Anwendbarkeit der **Teilrechtsordnung Ost** zu prüfen.

3   **a) Grundsatz.** Analog Art. 25 aF ist für die Frage der Anwendbarkeit der Teilrechtsordnung Ost grds. an den **gewöhnlichen Aufenthalt** des Erblassers im Zeitpunkt seines Todes anzuknüpfen (BGH ZEV 1994, 104); dasselbe ergibt sich nunmehr auch aus der analogen Anwendung des Art. 21 I EuErbVO. Unbeachtlich ist insb. eine nach dem Recht der DDR (fort-)bestehende Staatsbürgerschaft der DDR (BayObLG ZEV 1994, 312). Ausnahmen gelten, wenn der Erblasser trotz gewöhnlichen Aufenthalts im Beitrittsgebiet eine engere Bindung zu alten Bundesrepublik beibehalten hatte (oder umgekehrt), wie dies etwa bei Journalisten oder Diplomaten der Fall war (*Dörner/Meyer-Sparenberg* DtZ 1991, 1 (6)); dies entspricht auch dem Rechtsgedanken des nunmehr geltenden Art. 21 II EuErbVO. Auch bei Auslandsdeutschen ist wegen der Untauglichkeit der Anknüpfung an den gewöhnlichen Aufenthalt die anwendbare Teilrechtsordnung nach dem Prinzip der engsten Verbindung (Art. 4 III 2 analog) zu bestimmen.

4   **b) Anknüpfung bei der Ausnahmevorschrift.** Die vorstehenden Ausführungen gelten uneingeschränkt nur für die Grundnorm im jetzigen Art. 235 § 1. Bei der Ausnahmevorschrift Art. 235 § 2 ist nicht auf den gewöhnlichen Aufenthalt des Erblassers im Zeitpunkt seines Todes, sondern im Zeitpunkt der Errichtung bzw. Aufhebung der maßgeblichen Verfügung von Todes wegen (Art. 235 § 2) abzustellen (→ § 2 Rn. 2 f.), bei der mittlerweile aufgehobenen (→ Rn. 25) Ausnahmevorschrift des Art. 235 § 1 II auf den gewöhnlichen Aufenthalt des Erblassers zum Ablauf des 2.10.1990 (→ Rn. 29).

II. Tatbestand und Rechtsfolgen des Art. 235 § 1

5   **1. Tatbestand.** Der Tatbestand des Art. 235 § 1 setzt voraus, dass der Erblasser im Zeitpunkt seines Todes seinen gewöhnlichen Aufenthalt im Beitrittsgebiet hatte (→ Rn. 3 f.) und vor Ablauf des 2.10.1990 verstorben ist. Nach allgemeinen Beweislastgrundsätzen trägt derjenige, der sich auf diese Ausnahmevorschrift beruft, für das Vorliegen dieser Voraussetzungen die Beweis- bzw. Feststellungslast.

6   Trotz Tod des Erblassers vor dem 3.10.1990 sollen sich nach Auffassung des BGH allerdings die pflichtteilsrechtlichen Konsequenzen des Entstehens von **Rückübertragungsansprüchen nach dem VermG** (oder ersatzweise von Ersatzansprüchen nach dem EntschG) in jedem Fall nach dem BGB richten, also unabhängig davon, ob der Erblasser im Zeitpunkt seines Todes seinen gewöhnlichen Aufenthalt im Beitrittsgebiet hatte oder nicht oder ob er vor dem 1.1.1976 oder zwischen 1.1.1976 und dem 3.10.1990 verstorben ist. Das Gericht begründet dies äußerst knapp damit, dass die Pflichtteilsansprüche erst durch das VermG „ausgelöst" worden seien, weshalb es sich nicht um einen vor dem Wirksamwerden des Beitritts abgeschlossenen Vorgang handele (BGH NJW 1993, 2176 (2177)). Diese Auffassung ist mE abzulehnen, weil zum einen die Rückübertragungsansprüche nach dem VermG bereits mit Inkrafttreten dieses Gesetzes am 29.9.1990 entstanden sind und zum anderen für das für Pflichtteilsansprüche intertemporal maßgebliche Recht auch dann der Zeitpunkt des Todes des Erblassers entscheidend ist, wenn zum Nachlass bedingte, ungewisse oder unsichere Rechte gehören (Staudinger/*Rauscher* Rn. 40). Die pflichtteilsrechtlichen Konsequenzen richten sich vielmehr nach dem ZGB-DDR, wenn der Erbfall *insoweit* nach allgemeinen Grundsätzen interlokal nach dem ZGB-DDR zu beurteilen ist (insoweit zutr. LG Hamburg NJW 1998, 2608). Gerade dieser Umstand ist allerdings dann problematisch, wenn der Erblasser mit letztem gewöhnlichen Aufenthalt in der alten Bundesrepublik verstorben ist, weil umstritten ist, ob auf Rückübertragungsansprüche nach dem VermG der § 25 II RAG-DDR analog anzuwenden ist (→ Rn. 22 f.; ausf. zur Problematik und des pflichtteilsrechtlichen Konsequenzen iE Staudinger/*Rauscher* Rn. 38 ff.).

7   **2. Erbrechtliche Verhältnisse.** Art. 235 § 1 ordnet die Fortgeltung des bisherigen Rechts für die „erbrechtlichen Verhältnisse" an. Dieser Begriff ist **im weitesten Sinne** zu verstehen und erfasst alle Verhältnisse, die mit dem Anfall und dem Erwerb einer Erbschaft im Zusammenhang stehen (KG ZEV 1996, 269). Es werden daher auch öffentlich-rechtliche Genehmigungen, die Einfluss auf erbrechtliche Verhältnisse haben, wie zB die gem. § 399 ZGB-DDR oder die gem. § 2 GVVO-DDR erfasst (KG ZEV 1996, 269; OLG Naumburg OLG-NL 1996, 181). Da es wie bei Art. 25 aF darum geht, Institutionen einer fremden Rechtsordnung daraufhin einzuordnen, ob sie aus Sicht des BGB erbrechtlicher Natur sind, kann man sich bei der Auslegung des Terminus an Art. 25 aF orientieren (Staudinger/*Rauscher* Rn. 32).

8   **a) Erbfolge.** Zu den erbrechtlichen Verhältnissen gehört daher in erster Linie die Bestimmung des oder der Erben sowie der Erbquoten durch Gesetz oder Verfügung von Todes wegen.

9   **b) Verfügungen von Todes wegen.** Die Errichtung und Aufhebung von Verfügungen von Todes wegen durch Erblasser mit gewöhnlichem Aufenthalt in der ehemaligen DDR, die Einfluss auf die Erbfolge

haben, werden bei Tod bis zum Ablauf des 2.10.1990 ebenfalls nach dem Recht der ehemaligen DDR beurteilt. Dies folgt nicht aus einem Erst-Recht-Schluss aus Art. 235 § 2 S. 1, sondern aus den Regeln des innerdeutschen Kollisionsrechts, konkret der analogen Anwendung des Art. 26 V aF (Staudinger/*Rauscher* § 2 Rn. 6–8). Für den zulässigen Inhalt, die Auslegung und die materielle Wirksamkeit von Verfügungen von Todes wegen ergibt sich dieses Ergebnis allerdings aus Art. 235 § 1 (Staudinger/*Rauscher* § 2 Rn. 14).

c) Rechtliche Stellung des Erben. Auch die Annahme und Ausschlagung der Erbschaft, die Haftung für Nachlassverbindlichkeiten und spezifisch erbrechtliche Ansprüche des Erben gegen Erbschaftsbesitzer zählen zu den erbrechtlichen Verhältnissen im Sinn des Art. 235 § 1 (MüKoBGB/*Leipold* Rn. 21 mwN), kurzum, alle Rechte und Pflichten des Erben im Verhältnis zu Dritten, die ihn gerade in seiner Eigenschaft als Erbe betreffen. 10

d) Erbengemeinschaft. Ist der vor dem 3.10.1990 verstorbene Erblasser von mehreren Personen beerbt worden, richtet sich das Verhältnis der Miterben untereinander, die Erbauseinandersetzung und die Erbteilsübertragung nach altem Recht (MüKoBGB/*Leipold* Rn. 21; Staudinger/*Rauscher* Rn. 33). 11

e) Pflichtteilsrecht. Zu den erbrechtlichen Verhältnissen iSd Art. 235 § 1 zählt auch das gesamte Pflichtteilsrecht einschließlich der Beziehung zwischen dem Pflichtteilsberechtigten und dem Erben (OLG Dresden DNotZ 1999, 826; Staudinger/*Rauscher* Rn. 33). Beim Tod des Erblassers nach dem Beitritt gilt daher das Pflichtteilsrecht des BGB, dabei speziell für den Pflichtteil mindernde Schenkung die §§ 2325, 2329 BGB, und zwar auch dann, wenn die Schenkung vor dem 3.10.1990 erfolgt ist (BGH NJW 2001, 2398). Umstritten ist das auf die pflichtteilsrechtlichen Folgen von Rückübertragungsansprüchen nach dem VermG anwendbare Recht bei vor Ablauf des 2.10.1990 verstorbenen Erblassern (→ Rn. 6). 12

3. Bisheriges Recht. Indem Art. 235 § 1 auf das bisherige Recht verweist, verweist er bei Rechtsänderungen auch auf die **Übergangsvorschriften** des bisherigen Rechts, insb. § 8 EGZGB-DDR (BayObLG ZEV 2001, 489 (491)). Auch hiernach galt der Grundsatz, dass sich das anwendbare Recht nach dem Todeszeitpunkt des Erblassers richtet (§ 8 I EGZGB-DDR). Es wird also iErg auf das für den jeweiligen Erbfall zeitlich gültige Erbrecht der DDR verwiesen. Das Erbrecht der DDR lässt sich seinem zeitlichen Ablauf nach in folgende wichtige Abschnitte gliedern: 13

a) Geltung des BGB bis zum Ablauf des 31.12.1975. Bis zum Ablauf des 31.12.1975 galt das Erbrecht des BGB. Maßgeblich für die Anwendung des alten Rechts war grds., ob der Erbfall bis zum Ablauf dieses Tages eingetreten war (§ 8 I EGZGB-DDR). Aber bereits das Erbrecht des BGB unterlag zu DDR-Zeiten Veränderungen: 14

aa) Einführung der Verfassung der DDR am 7.10.1949. Die Verfassung der DDR vom 7.10.1949 postulierte in Art. 7 I die Gleichberechtigung von Mann und Frau sowie in Art. 33 I die Gleichberechtigung nichtehelicher Kinder; entgegenstehende Gesetze und Bestimmungen wurden jeweils aufgehoben (Art. 7 II, Art. 33 II). Ein gesetzliches Erbrecht des nichtehelichen Kindes wurde aus Art. 33 II der Verfassung gleichwohl nicht abgeleitet (BezG Erfurt DtZ 1993, 344). Die verfassungsrechtliche Gleichberechtigung von Mann und Frau wurde dagegen bei der Anwendung der §§ 1627–1683 BGB aF berücksichtigt (OLG Brandenburg ZEV 2002, 283 (284) mwN). 15

bb) Einführung der Verordnung über die Annahme an Kindes Statt am 1.1.1957. In § 1 dieser am 1.1.1957 in Kraft getretenen Verordnung wurden zwischen Adoptivkind und Adoptiveltern dieselben wechselseitigen Beziehungen wie zwischen leiblichen Eltern und Kindern angeordnet. Dies galt entgegen § 1759 BGB aF also auch für das gesetzliche Erbrecht des/der Annehmenden. 16

cc) Einführung des FGB-DDR am 1.4.1966. Mit der Einführung des FGB-DDR am 1.4.1966 wurde ein beschränktes Erbrecht nichtehelicher Kinder nach ihrem Vater und den Großeltern väterlicherseits sowie des nichtehelichen Vaters und von dessen Verwandten nach dem nichtehelichen Kind eingeführt (§ 9 EGFGB-DDR). Außerdem wurde das gesetzliche Erbrecht des Ehegatten modifiziert (§ 10 EGFGB-DDR). 17

b) Aufhebung des BGB und Einführung des ZGB-DDR am 1.1.1976. Mit dem Inkrafttreten des ZGB-DDR am 1.1.1976 wurde schließlich das gesamte BGB einschließlich seiner erbrechtlichen Bestimmungen sowie die im vorstehenden Absatz erwähnten §§ 9 u. 10 EGFGB-DDR aufgehoben und durch die entsprechenden Vorschriften des ZGB-DDR ersetzt. Der bereits genannte § 8 I EGZGB-DDR ordnete die Geltung des neuen Rechts für alle Erbfälle ab seinem Inkrafttreten an. Jedoch galt für die Wirksamkeit eines Testaments das alte Recht, wenn es vor diesem Zeitpunkt errichtet wurde (§ 8 II 1 EGZGB-DDR). Das alte Recht galt auch für eine in einem solchen – dh vor dem 1.1.1976 errichteten – Testament angeordnete Vor- und Nacherbfolge (dieses Institut wurde im ZGB-DDR ersatzlos abgeschafft), allerdings galten die Beschränkungen der Verfügungsbefugnis des Vorerben nicht, wenn der Erbfall ab dem 1.1.1976 eintrat (§ 8 II 2 EGZGB-DDR). Im Fall des § 8 II 2 EGZGB-DDR galt also die Vor- und Nacherbfolge als solche, lediglich die Rechtsfolgen wurden in einem bestimmten Punkt, nämlich der Verfügungsbefugnis unter Lebenden, abgeändert (BayObLG ZEV 1996, 435); damit war das komplette Entfallen der in § 2112 BGB angeordneten Verfügungsbeschränkungen gemeint (OLG Naumburg VIZ 2000, 186 (187)). 18

c) Politische Wende 1989/90. Während der politischen Wende in der ehemaligen DDR in den Jahren 1989/90 sind keine speziell das Erbrecht betreffende Änderungen des ZGB-DDR erfolgt. 19

100 EGBGB Art. 235 § 1   Sechster Teil. Inkrafttreten und Übergangsrecht

20 **4. Innerdeutsche Nachlassspaltung.** Die in Art. 235 § 1 angeordnete Fortgeltung des DDR-Erbrechts für Altfälle führt bei bestimmten Erbfällen zwischen dem 1.1.1976 und dem 3.10.1990 zu einer innerdeutschen Nachlassspaltung, nämlich dann, wenn der Erblasser seinen gewöhnlichen Aufenthalt im Zeitpunkt seines Todes in der alten Bundesrepublik hatte und damit analog Art. 25 I aF nach dem BGB beerbt wurde, er aber in der ehemaligen DDR befindliche Grundstücke oder Gebäude oder Rechte daran besaß: Diese Vermögensgegenstände wurden gem. § 25 II RAG-DDR nach dem ZGB-DDR vererbt, was als Ausnahme vom Grundsatz des § 25 I RAG-DDR während der Existenz der DDR vom bundesdeutschen interlokalen Kollisionsrecht analog Art. 3 III (jetzt: Art. 3a II) anerkannt wurde, woran sich durch die Wiedervereinigung nichts geändert hat (BGH ZEV 2001, 235).

21 **a) Erfasstes Vermögen – Allgemeines.** Welches Vermögen unter § 25 II RAG-DDR fiel, bestimmte sich – allgemeinen Grundsätzen folgend – nach dem Recht der ehemaligen DDR als dem Recht des Belegenheitsortes (BGH ZEV 1995, 448). Hiernach werden insb. **Beteiligungen an Gesamthandsgemeinschaften** (va Erbengemeinschaften), zu deren Vermögen Grundstücke in der ehemaligen DDR gehören, nicht unter § 25 II RAG-DDR subsumiert (BGH ZEV 2001, 235), wohl aber Miteigentumsanteile an Grundstücken (BayObLG NJW 2000, 440).

22 **b) Rückübertragungsansprüche nach § 3 VermG.** Problematisch ist die Einordnung von Rückübertragungsansprüchen nach § 3 VermG wegen zu DDR-Zeiten entzogener, unter § 25 II RAG-DDR fallender Vermögensgegenstände. Die hM, insb. der BGH, lehnt eine Behandlung nach § 25 II RAG-DDR mit dem Argument ab, es handele sich hierbei lediglich um einen schuldrechtlichen Anspruch, der erst am 29.9.1990 originär in der Person des Erben entstanden sei; bereits rein begrifflich könne dieser daher nicht zu DDR-Zeiten vererbt worden sein (außer bei den wenigen Sterbefällen zwischen dem 29.9.1990 und dem 3.10.1990), und für eine erst nachträglich, nämlich am 29.9.1990 im Zuge der Wiedervereinigung durch eine analoge Anwendung des § 25 II RAG-DDR eingetretene Nachlassspaltung fehle es an einer Rechtfertigung (BGH ZEV 1995, 448). Auch nach dieser Auffassung ist jedoch bei einem zwischen dem 1.1.1976 und dem 3.10.1990 mit letztem gewöhnlichem Aufenthalt in Westdeutschland verstorbenen Erblasser, der **vor seinem Tod** in der DDR Grundbesitz entzogen worden ist, der „Rechtsnachfolger" iSd § 2 I 1 VermG und damit der Gläubiger des Rückübertragungsanspruch nach § 3 VermG nach dem Erbrecht des ZGB-DDR zu bestimmen (BGH ZEV 1995, 448 (450); Staudinger/*Rauscher* Rn. 23). Nur hat dieser den Anspruch eben nicht abgeleitet im Erbwege, sondern originär in seiner Person erworben. Konsequent wird daher in diesen Fällen, wenn sonst keine unter § 25 II RAG-DDR fallenden Vermögensgegenstände vorhanden sind, die Erteilung eines Erbscheins „beschränkt auf das in der ehemaligen DDR belegene unbewegliche Vermögen", abgelehnt. Die „Rechtsnachfolger" iSd § 2 I 1 VermG müssen dann ihre Rechtsstellung im Verwaltungsverfahren nach dem VermG auf andere Weise nachweisen.

23 Ist bei einem zwischen dem 1.1.1976 und dem 3.10.1990 verstorbenen Erblasser mit letztem gewöhnlichen Aufenthalt in Westdeutschland der Grundbesitz erst **nach seinem Tod** entzogen worden, stellt sich das geschilderte Problem nicht: Der Grundbesitz ist gem. § 25 II RAG-DDR nach dem ZGB-DDR vererbt und erst dem hiernach zu bestimmenden Erben entzogen worden, folglich ist der Rückübertragungsanspruch nach § 3 VermG originär in der Person des Erben des Teilnachlasses Ost als dem unmittelbar von Maßnahmen gem. § 1 VermG Betroffenem iSd § 2 II 1 VermG und nicht nur als dem Rechtsnachfolger entstanden. Zweifelhaft ist vor diesem Hintergrund allerdings, wie dann ein Herausgabeanspruch des Erben des Teilnachlasses Ost gegen den Erben des Teilnachlasses West, dem der Grundbesitz zu Unrecht nach § 3 VermG rückübertragen wurde, auf § 2018 BGB gestützt werden kann (so aber OLG Brandenburg ZEV 1997, 157 (rkr. durch Nichtannahme der Rev.); zust. MüKoBGB/*Leipold* Rn. 13; krit. Staudinger/*Rauscher* Rn. 25). Da es hier tatsächlich zu einer Nachlassspaltung gekommen ist und in der Vergangenheit Vermögensgegenstände im abgespaltenen Nachlass vorhanden waren, dürfte die Erteilung eines Erbscheins „beschränkt auf das in der ehemaligen DDR belegene unbewegliche Vermögen" in diesem Fall auch nach Auffassung des BGH zulässig sein.

24 **c) Rechtsfolgen der Nachlassspaltung.** Konsequenz dieser innerdeutschen Nachlassspaltung ist, dass die von § 25 II RAG-DDR erfassten Vermögensgegenstände nicht nur gesondert vererbt wurden, sondern sich insoweit alle erbrechtlichen Verhältnisse nach dem Recht der ehemaligen DDR bestimmen. Diese Vermögensgegenstände bilden also einen **selbständigen Teilnachlass,** hinsichtlich dessen eine eigene Erbfolge besteht, über den der Erblasser gesondert von Todes wegen verfügen konnte, der gesondert ausgeschlagen werden konnte usw (BayObLG NJW 2000, 440; eing. Staudinger/*Rauscher* Rn. 14 mwN).

III. Exkurs: Die aufgehobene Ausnahmevorschrift des Art. 235 § 1 II

25 **1. Normzweck.** In der ehemaligen DDR wurde mit der Einführung des FGB-DDR (→ Rn. 17) zunächst ein beschränktes und dann mit der Einführung des ZGB-DDR (→ Rn. 18) ein **völlig gleichgestelltes Erbrecht nichtehelicher Kinder** und Väter und von deren Verwandten geschaffen (§§ 365, 367, 368 ZGB-DDR). In der alten Bundesrepublik wurde diese Gleichbehandlung dagegen erst durch das Gesetz zur erbrechtlichen Gleichstellung nichtehelicher Kinder (ErbGleichG) v. 16.12.1997 (BGBl. I S. 2969) für Erbfälle ab dem 1.4.1998 hergestellt. Da allerdings durch dieses Gesetz der Art. 12 § 10 II NEhelG nicht aufgehoben wurde, galt – vom BVerfG als verfassungsrechtlich unbedenklich angesehen (BVerfG ZEV 2004, 114) – diese Gleichbehandlung auch bei Erbfällen ab dem 1.4.1998 nicht, wenn das nichteheliche Kind vor dem 1.7.1949 geboren wurde. Als Reaktion auf die dies beanstandende Entscheidung des EGMR, V. Sektion, v. 29.5.2009 (ZEV 2009, 510 mAnm. *Leipold* ZEV 2009, 488) wurde das

1440   *Egerland*

Zweite Gesetz zur erbrechtlichen Gleichstellung nichtehelicher Kinder, zur Änderung der Zivilprozessordnung und der Abgabenordnung v. 12.4.2011 (BGBl. 2012 I S. 615) erlassen. Dieses stellt (mit Rückwirkung auf den 29.5.2009) bei Erbfällen ab dem 29.5.2009 auch die vor dem 1.7.1949 geborenen nichtehelichen Kinder den ehelichen Kindern gleich, wobei die Geltung für Erbfälle erst ab dem 29.5.2009 erneut den EGMR, V. Sektion, auf den Plan gerufen hat, der in seiner Entscheidung vom 23.3.2017 (ZEV 2017, 507 mit Anm. *Leipold* ZEV 2017, 489) eine Abwägung im Einzelfall verlangt und damit weiterhin für erhebliche Rechtsunsicherheit sorgt (insoweit krit. *Weber* NotBZ 2018, 32 ff.). Vor diesem Hintergrund ergibt sich der Normzweck des früheren Art. 235 § 1 II: Die in der ehemaligen DDR bestehende und am 3.10.1990 in der alten Bundesrepublik noch nicht und auch bei Erbfällen zwischen dem 1.4.1998 und dem 29.5.2009 nicht in allen Fällen bestehende Gleichbehandlung ehelicher und nichtehelicher Kinder in erbrechtlicher Hinsicht sollte beibehalten werden. Die Vorschrift diente damit abstrakt dem **Schutz vor dem 3.10.1990 bestehender Erbaussichten** (OLG Brandenburg FamRZ 1997, 1031; OLG Köln DtZ 1993, 125), wobei es irrelevant ist, ob im konkreten Fall wegen des weit entfernten Verwandtschaftsverhältnisses das Recht der ehemaligen DDR solche Erbaussicht überhaupt einräumte (KG ZEV 2017, 571). Durch das genannte Gesetz v. 12.4.2011 wurde Art. 235 § 1 II aufgehoben (Art. 2 des Gesetzes), und zwar ebenfalls mit Rückwirkung auf den 29.5.2009 (Art. 5 S. 2 des Gesetzes). Damit hat die aufgehobene Vorschrift aber nicht jede Bedeutung verloren. Denn der durch das Gesetz v. 12.4.2011 (mit Rückwirkung ab dem 29.5.2009) geänderte Art. 12 § 10 II NEhelG differenziert zwischen vor dem 1.7.1949 geborenen nichtehelichen Kindern, denen vor dem 29.5.2009 kein gesetzliches Erbrecht nach seinem Vater oder dessen Verwandten zustand, und solchen, bei denen dieses gesetzliche Erbrecht bestand. Mit letzteren sind gerade die vom aufgehobenen Art. 235 § 1 II erfassten Fälle gemeint (BT-Drs. 11/3305, 11). Beim Tod des Erblassers zwischen dem 3.10.1990 und dem Ablauf des 28.5.2009 ist der aufgehobene Art. 235 § 1 II daher in seinem interlokalen Anwendungsbereich (→ Rn. 29) nach wie vor zu beachten.

2. Persönlicher Anwendungsbereich. Nach dem (zuletzt geltenden) Wortlaut des aufgehobenen 26 Abs. 2 ist es für die Anwendbarkeit unerheblich, ob der nichteheliche Vater (oder einer von dessen Verwandten) oder das nichteheliche Kind (oder eines von dessen Abkömmlingen) verstorben ist. Die Rspr. und hM subsumiert daher beide Fälle hierunter (OLG Brandenburg NotBZ 2003, 237; MüKoBGB/ *Leipold* Rn. 42 mwN). Dem ist trotz der nicht widerspruchsfreien Entstehungsgeschichte mit folgenden Maßgaben zuzustimmen: Die Norm erfasst nicht nur das Erbrecht des nichtehelichen Kindes nach seinem Vater und den väterlichen Verwandten (zu letzterem KG ZEV 2017, 571), sondern auch das Erbrecht der **Abkömmlinge** des nichtehelichen Kindes. Umgekehrt gilt sie nicht nur für das Erbrecht des nichtehelichen Vaters nach seinem Kind und dessen Abkömmlingen, sondern auch für das Erbrecht **der väterlichen Verwandten,** allerdings wegen des Normzwecks nur dann, wenn sie auch nach den §§ 367, 368 ZGB-DDR Erben geworden wären (eing. *Egerland* FS 10 Jahre DNotI, 2003, 175 (176 ff.)).

Art. 235 § 1 II bezog sich nach seinem Wortlaut auf vor dem Beitritt geborene nichteheliche Kinder. 27 Unklar ist damit, ob der Tatbestand auch erfüllt sein kann, wenn es um zu diesem Zeitpunkt noch nicht geborene, wohl aber **bereits gezeugte Kinder** geht. Die Meinungen im Schrifttum hierzu sind geteilt. ME gilt die Norm auch im Fall des lediglich bereits gezeugten Kindes, da wegen § 363 II Alt. 2 ZGB-DDR kraft Gesetzes der noch Ungeborene bereits im Zeitpunkt des Beitritts dieselbe Erbaussicht hatte wie ein bereits geborenes Kind (Staudinger/*Rauscher* Rn. 121). Wegen des Ausnahmecharakters dieser ZGB-Vorschrift gilt der aufgehobene Art. 235 § 1 II in den Fällen des erst gezeugten Kindes aber – abweichend vom vorstehend dargelegten – nur für das Erbrecht des nichtehelichen Kindes, nicht für das seiner Abkömmlinge und das des nichtehelichen Vaters und dessen Verwandten.

Wie stets im Erbrecht genügt die bloße biologische Abstammung des nichtehelichen Kindes von sei- 28 nem Vater nicht für die Anwendung der Vorschrift, denn auch nach dem Recht der ehemaligen DDR war das Erbrecht nichtehelicher Kinder davon abhängig, dass die Vaterschaft in einem **förmlichen familienrechtlichen Akt** (Vaterschaftsanerkennung, gerichtliches Vaterschaftsfeststellungsverfahren oÄ) festgestellt wurde (OLG Dresden VIZ 1998, 288; Staudinger/*Rauscher* Rn. 130). Entsprechende familienrechtliche Akte in der ehemaligen DDR haben nach dem Beitritt grds. ihre Gültigkeit behalten (Art. 234 § 7).

3. Interlokaler Anwendungsbereich. Der mittlerweile aufgehobene Art. 235 § 1 II als Bestandteil 29 der Teilrechtsordnung Ost ist nur anwendbar, wenn das innerdeutsche Kollisionsrecht auf ihn verweist (→ Rn. 2). Der allgemeine Anknüpfungspunkt hierfür, nämlich der gewöhnliche Aufenthalt des Erblassers im Zeitpunkt seines Todes, ist für die Frage der Anwendbarkeit dieser Vorschrift unter Beachtung ihres Normzwecks (Schutz der vor dem 3.10.1990 bestehenden Erbaussichten) allerdings ungeeignet, weil dieser Umstand nichts damit zu tun hat, ob derartige schutzbedürftige Aussichten bestanden. Es ist vielmehr auf den **gewöhnlichen Aufenthalt des Erblassers zum Ablauf des 2.10.1990** abzustellen, denn wenn der Erblasser zu diesem Zeitpunkt mit gewöhnlichem Aufenthalt im Beitrittsgebiet verstorben, wäre die Frage der Nichtehelichkeit für die Erbfolge noch völlig unbedeutsam gewesen (OLG Köln DtZ 1993, 125; LG Dortmund Urt. v. 1.2.2011 – 3 O 398/10; MüKoBGB/*Leipold* Rn. 42 mwN). Unerheblich sind neben dem gewöhnlichen Aufenthalt des Erblassers im Todeszeitpunkt auch der gewöhnliche Aufenthalt des Erben zum Ablauf des 2.10.1990 oder/und im Todeszeitpunkt des Erblassers sowie die Staatsangehörigkeit des Erblassers und des Erben (*Egerland* FS 10 Jahre DNotI, 2003, 175 (180 f.) mwN). Der gewöhnliche Aufenthalt des Erblassers ist allerdings nach wohl hM nicht maßgeblich, soweit es um die **Beerbung des nichtehelichen Kindes** geht, hier soll ebenfalls der gewöhnliche Aufenthalt des Vaters zum Ablauf des 2.10.1990 entscheidend sein (MüKoBGB/*Leipold* Rn. 43 mwN; dagegen *Egerland* FS 10 Jahre DNotI, 2003, 175 (182 ff.)).

30 **4. Rechtsfolgen.** Ist der Tatbestand des früheren Art. 235 § 1 II erfüllt, „so gelten ... die für die erbrechtlichen Verhältnisse eines ehelichen Kindes geltenden Vorschriften". Damit sind nicht etwa die entsprechenden Vorschriften des ZGB-DDR anzuwenden. Vielmehr ist der gesamte Sachverhalt nach dem BGB so zu behandeln, als wäre das Kind ehelich (KG ZEV 2017, 571 (572)), es ist also vor allem Art. 12 § 10 II NEhelG mit seinem Stichtag 1.7.1949 unberücksichtigt zu lassen sowie – bei Erbfällen vor dem 1.4.1998 – die §§ 1934a–1934e BGB aF und 2338a BGB aF (OLG Dresden ZEV 2010, 260 ff.; MüKoBGB/*Leipold* Rn. 35, 49 f.). Dies gilt nicht nur im Hinblick auf die gesetzliche Erbfolge, sondern auch für das in diesem Bereich besonders praxisrelevante **Pflichtteilsrecht. Die Behandlung des gesamten Sachverhaltes nach dem BGB kann im Einzelfall sogar in der Weise zu einer Besserstellung führen, als dass entfernte Verwandten wegen des unbegrenzten gesetzlichen Verwandtenerbrechts des BGB eine Stellung als gesetzliche Erben haben, die sie nach dem ZGB-DDR nicht gehabt hätten** (KG ZEV 2017, 571 (572)).

31 **5. Berücksichtigung des § 25 II RAG-DDR?** § 25 II RAG-DDR führte bei zwischen dem 1.1.1976 und dem 3.10.1990 verstorbenen Erblassern mit gewöhnlichem Aufenthalt in der alten Bundesrepublik dazu, dass der in der ehemaligen DDR befindliche Grundbesitz nach dem Recht der ehemaligen DDR vererbt wurde; es kam zu einer **innerdeutschen Nachlassspaltung** (→ Rn. 20 ff.). Es stellt sich die Frage, ob der mittlerweile aufgehobene Art. 235 § 1 II Bestandsschutz auch hinsichtlich der Aussicht auf erbrechtlichen Erwerb hinsichtlich dieser Sondererbfolge gewährt. Sie ist mit der hM zu bejahen, weil anderenfalls diese Vorschrift insb. in den Fällen, in denen unter § 25 II RAG-DDR unterfallendes Vermögen den wesentlichen Wert des Nachlasses ausmacht, seine vertrauensschützende Aufgabe nicht erfüllen kann und grundsätzliche rechtspolitische Bedenken gegen eine Weiterberücksichtigung des § 25 II RAG-DDR auch nach der Wiedervereinigung nicht bestehen (*Egerland* FS 10 Jahre DNotI, 2003, 175 (188 ff.)). Aus dem Normzweck ergibt sich mE aber zugleich die Beschränkung, dass die dem § 25 II RAG-DDR unterfallenden Vermögensgegenstände nicht nur im Todeszeitpunkt des Erblassers, sondern bereits zum Ablauf des 2.10.1990 zu dessen Vermögen gehört haben müssen (*Egerland* FS 10 Jahre DNotI, 2003, 175 (190 f.)).

IV. Erbscheine

32 **1. Vor dem 3.10.1990 erteilte Erbscheine. a) Erbscheine bundesdeutscher Nachlassgerichte.** Haben bundesdeutsche Nachlassgerichte bei zwischen dem 1.1.1976 und dem Ablauf des 2.10.1990 verstorbenen Erblassern mit letztem gewöhnlichen Aufenthalt in der Bundesrepublik und in der ehemaligen DDR belegenem unbeweglichem Vermögen iSd § 25 II RAG-DDR unbeschränkte Erbscheine erteilt, so waren und sind diese Erbscheine wegen der in diesen Fällen eingetretenen, in den Erbscheinen aber nicht berücksichtigten **innerdeutschen Nachlassspaltung** (→ Rn. 20 ff.) selbst dann unrichtig, wenn die Erbfolge hinsichtlich beider Teilnachlässe iErg gleich war. Nach hM insb. in der Rspr. sind diese Erbscheine gleichwohl nicht zwingend als unrichtig einzuziehen oder mit einem ergänzenden Geltungsvermerk zu versehen, weil es im notariellen und im Grundbuchverkehr, wo sich derartige Maßnahmen in der Praxis allein auswirken würden, allgemein bekannt sei, dass derartige Erbscheine keine Aussage über Immobilien im Beitrittsgebiet treffen (BayObLG ZEV 1994, 47; LG Berlin DtZ 1992, 30 (31)). Aufgrund dieses Umstandes und der mit einer Einziehung/einem Ergänzungsvermerke verbundenen Aufwandes ist dieser pragmatischen Auffassung zuzustimmen. Zum Nachlass der Erbfolge in den Teilnachlass Ost kann in diesen Fällen jetzt auch noch nachträglich ein gegenständlich beschränkter Erbschein erteilt werden (→ Rn. 35).

33 Bis zum Ablauf des 2.10.1990 erteilte Erbscheine bundesdeutscher Nachlassgerichte bei Erblassern mit letztem gewöhnlichen Aufenthalt im Altbundesgebiet bezeugen dagegen mittlerweile ohne weiteres auch in der ehemaligen DDR die Erbfolge, soweit es sich nicht um von § 25 II RAG-DDR erfasstes Vermögen geht, dh im Hinblick auf bewegliches und unbewegliches Vermögen bei Versterben vor Ablauf des 31.12.1975 und im Hinblick auf bewegliches Vermögen bei Versterben zwischen dem 1.1.1976 und Ablauf des 2.10.1990.

34 **b) Erbscheine Staatlicher Notariate.** Bis zum Ablauf des 2.10.1990 erteilte Erbscheine Staatlicher Notariate der ehemaligen DDR bei Erblasser mit letztem gewöhnlichen Aufenthalt in der ehemaligen DDR sind wirksam geblieben (Art. 18, 19 EinigVtr) und **gelten auch in den alten Bundesländern** (*Böhringer* Rpfleger 1991, 275 (277); *Fritzsche* NJ 1998, 290 (292); *Schotten*/*Johnen* DtZ 1991, 257 (260 f.), unter Berufung auf BGH NJW 1969, 1428). Die Gegenansicht, die sich darauf beruft, dass diese Erbscheine ihrem inneren Geltungsanspruch nach nicht für den in der Bundesrepublik belegenen Nachlass erteilt wurden (Staudinger/*Rauscher* Rn. 93), übersieht, dass diese politisch motivierte Einschränkung erstens von Beginn der DDR an bestand (offiziell wurde an dem Ziel der Einheit Deutschlands – wenn auch unter kommunistischem Vorzeichen – in der ehemaligen DDR bis in die 1960er Jahre festgehalten) und zweitens als dem Grundsatz der Einheit Deutschlands widersprechend von den bundesdeutschen Gerichten nicht anerkannt wurde (vgl. BGH NJW 1969, 1428). Selbstverständlich sind diese Erbscheine einzuziehen, wenn sie unrichtig sind, und zwar unabhängig davon, ob die Unrichtigkeit einen politischen Hintergrund (zB Übergehen von Privatpersonen zugunsten des Eigentums des Volkes) hat oder nicht.

2. Seit dem 3.10.1990 erteilte Erbscheine. Seit dem 3.10.1990 sind in ganz Deutschland wieder die Nachlassgerichte für die Erteilung des Erbscheins zuständig, unabhängig davon, ob der Erbfall vor oder nach dem 3.10.1990 eingetreten ist. Die örtliche Zuständigkeit bestimmt sich nach dem letzten gewöhnlichen Aufenthalt des Erblassers (§ 343 I FamFG). Unabhängig davon, ob das örtlich zuständige Nachlassgericht im Beitrittsgebiet belegen ist oder nicht, sind die Übergangsvorschriften in Art. 235 §§ 1 u. 2 und ist bei Sterbefällen zwischen dem 1.1.1976 und dem Ablauf des 2.10.1990 eine auf § 25 II RAG-DDR bestehende Nachlassspaltung zu beachten. Im zuletzt genannten Fall können (1) ein auf den nach dem BGB vererbten Teilnachlass beschränkter Erbschein, (2) ein auf ein den nach dem ZGB-DDR vererbten Teilnachlass beschränkter Erbschein oder (3) diese beiden beschränkten Erbscheine beantragt und erteilt werden, letzterenfalls auch in der Weise, dass die beiden rechtlich zu unterscheidenden Erbscheine rein äußerlich zu einem sog. Doppelerbschein zusammengefasst werden.

§ 2 Verfügungen von Todes wegen

¹Die Errichtung oder Aufhebung einer Verfügung von Todes wegen vor dem Wirksamwerden des Beitritts wird nach dem bisherigen Recht beurteilt, auch wenn der Erblasser nach dem Wirksamwerden des Beitritts stirbt. ²Dies gilt auch für die Bindung des Erblassers bei einem gemeinschaftlichen Testament, sofern das Testament vor dem Wirksamwerden des Beitritts errichtet worden ist.

I. Normzweck und interlokaler Anwendungsbereich des Art. 235 § 2

1. Normzweck. Beim Tod des Erblassers nach dem Beitritt ordnet S. 1 der Vorschrift als Ausnahme vom Grundsatz des Art. 235 § 1 I an, dass die Errichtung oder Aufhebung einer Verfügung von Todes wegen vor dem Beitritt nach dem bisherigen Recht zu beurteilen ist. Es wird also das Vertrauen in den Fortbestand einer einmal rechtswirksam errichteten Verfügung von Todes wegen geschützt. In S. 2 wird bei gemeinschaftlichen Testamenten dieser **Vertrauensschutz** auf die Bindung des Erblassers an seine darin enthaltenen Verfügungen erweitert.

2. Interlokaler Anwendungsbereich. Aus dem Normzweck des § 2 (Vertrauensschutz) ergibt sich unmittelbar der interlokale Anwendungsbereich: S. 1 ist auf die Errichtungen bzw. Aufhebungen von Verfügungen von Todes wegen und S. 2 ist auf die Bindungswirkungen anwendbar, die bis zum Ablauf des 2.10.1990 nach den Regeln des interlokalen Kollisionsrechts nach dem Recht der ehemaligen DDR zu beurteilen waren (Staudinger/*Rauscher* Rn. 2). Analog Art. 26 V 1 aF ist daher für die Frage der Gültigkeit der Errichtung und die Bindungswirkung der Verfügung auf den gewöhnlichen Aufenthalt des Erblassers im Zeitpunkt der Errichtung der Verfügung von Todes wegen, und für die Frage der Gültigkeit einer Aufhebung (oder Abänderung) der Verfügung auf den gewöhnlichen Aufenthalt des Erblassers im Zeitpunkt der Errichtung (oder Abänderung) der Verfügung von Todes wegen abzustellen (Staudinger/*Rauscher* Rn. 6).

Eine Besonderheit gilt hinsichtlich der **Formgültigkeit** von Verfügungen von Todes wegen bzw. von deren Aufhebung oder Abänderung: Diese ist nach dem Recht der ehemaligen DDR zu beurteilen, soweit analog Art. 26 I–IV aF auf dieses Recht verwiesen wird (MüKoBGB/*Leipold* Rn. 6ff.; Staudinger/*Rauscher* Rn. 3ff.). Wird freilich hiernach auf das Recht der ehemaligen DDR verwiesen (Beispiel: Deutscher mit gewöhnlichem Aufenthalt in der alten Bundesrepublik testiert vor dem 3.10.1990 in der ehemaligen DDR), so kommt es auf die analog Art. 26 I 1 Nr. 2 aF (auch) maßgebliche Formwirksamkeit nach dem Recht der ehemaligen DDR nur an, wenn das Testament nach allen Rechtsordnungen, auf die in Art. 26 I 1 aF (analog) **alternativ** verwiesen wird, also vor allem auch nach dem Recht der alten Bundesrepublik (Art. 26 I 1 Nr. 1 u. 3 aF analog), unwirksam wäre.

II. Sachlicher Anwendungsbereich und Rechtsfolgen des S. 1

1. Verfügungen von Todes wegen. Wie das BGB kannte das ZGB-DDR an Verfügungen von Todes wegen das Einzeltestament (§§ 370 ff. ZGB-DDR) und das gemeinschaftliche Testament (§§ 388 ff. ZGB-DDR) sowie aus der Zeit vor dem 1.1.1976 in übergeleiteter Form den Erbvertrag (→ Rn. 13). S. 1 gilt für alle drei Arten der Verfügung von Todes wegen.

2. Errichtung und Aufhebung. S. 1 betrifft nur die „Errichtung und Aufhebung" von Verfügungen von Todes wegen. Damit sind die für die Errichtung bzw. Aufhebung erforderliche **Form** und die **Fähigkeit zur wirksamen Vornahme** solcher Rechtsgeschäfte gemeint (MüKoBGB/*Leipold* Rn. 13; Staudinger/*Rauscher* Rn. 11). Auch die Frage, ob der Betreffende überhaupt eine Verfügung von Todes wegen errichten wollte, also einen entsprechenden **Testierwillen** hatte, fällt unter S. 1. Dies ist etwa bedeutsam für die Frage, ob ein vor dem 3.10.1990 angefertigtes Schriftstück überhaupt als Testament anzusehen ist. Schließlich fällt unter Begriff der Errichtung auch der Umstand, ob das maßgebliche Recht eine bestimmte Art der Verfügung von Todes wegen überhaupt als Rechtsinstitut zur Verfügung stellte und damit eine solche errichtet werden konnte. Da das ZGB-DDR keinen **Erbvertrag** kannte, sind folglich zwischen dem 1.1.1976 und dem 3.10.1976 von Erblassern mit gewöhnlichem Aufenthalt im Beitrittsgebiet geschlossene Erbverträge als solche unwirksam gewesen und auch nach dem Beitritt geblieben (Staudinger/*Rauscher* Rn. 16).

Egerland

6 **a) Scheidung oder Nichtigerklärung einer Ehe.** Unter den Begriff der Aufhebung fällt nicht nur der rechtsgeschäftliche Widerruf gem. §§ 387, 392 ZGB-DDR, sondern auch die kraft Gesetzes eintretende Unwirksamkeit eines gemeinschaftlichen Testaments im Fall der **Scheidung oder Nichtigerklärung der Ehe** der gemeinschaftlich Testierenden gem. § 392 III ZGB-DDR (so auch OLG Dresden ZEV 2010, 257 (258), welches zugleich die analoge Anwendung auf Einzeltestamente erörtert, iErg aber offen lässt). Dafür spricht bereits die nach dem Recht der ehemaligen DDR erfolgte absolute Gleichsetzung mit dem rechtsgeschäftlichen Widerruf, die auch in der „Einbettung" dieses Falls in den „Widerrufsparagraph" § 392 ZGB-DDR sowie in der fehlenden besonderen Erwähnung dieser beiden Fälle in § 390 I 1 ZGB-DDR zum Ausdruck kommt. Haben also zB Eheleute mit gewöhnlichem Aufenthalt in der ehemaligen DDR ab dem 1.1.1976 ein gemeinschaftliches Testament errichtet und wurde die Ehe vor Ablauf des 2.10.1990 geschieden, war das gemeinschaftliche Testament zwingend gem. § 393 III ZGB-DDR unwirksam; auf einen etwa entgegenstehenden Willen kam es – anders als bei § 2077 III BGB – nicht an. Die vom OLG Dresden (ZEV 2010, 257 (258)) diskutierte **analoge Anwendung auf Einzeltestamente** ist wegen der dort genannten Gründe zu befürworten.

7 **b) Änderungen.** Der Errichtung und Aufhebung einer Verfügung von Todes wegen ist die Änderung einer solchen gleichzustellen, da es sich hierbei je nach Art der Änderung um eine teilweise Aufhebung, eine teilweise Neuerrichtung (Ergänzung) oder um eine Kombination beider Akte handelt.

8 **c) Maßgeblicher Zeitpunkt.** Im Hinblick auf Aufhebungen und Änderungen ist zu betonen, dass sie dann dem Anwendungsbereich des Art. 235 § 2 S. 1 unterfallen, wenn die Aufhebung bzw. Änderung vor dem Wirksamwerden des Beitritts erfolgt sein. Nicht ausreichend ist in diesen Fällen die bloße Errichtung der fraglichen Verfügung von Todes wegen vor dem Beitritt. Die Errichtung vor dem Beitritt hat auf die Aufhebung/Änderung nur iRd S. 2 Bedeutung (→ Rn. 14 ff.).

9 **3. Rechtsfolgen.** Im Anwendungsbereich des S. 1 beurteilen sich also die Form und die Fähigkeit zur wirksamen Vornahme des fraglichen Rechtsgeschäfts nach dem Recht der DDR. Verwiesen wird auch auf die intertemporalen Übergangsregelungen des DDR-Rechts, also vor allem auf § 8 II 1 EGZGB-DDR (Staudinger/*Rauscher* Rn. 19). Das ZGB-DDR kannte an Testamentsformen beim Einzeltestament das notarielle Testament, das eigenhändige Testament und das Nottestament (§§ 383–386 ZGB-DDR), beim gemeinschaftlichen Testament nur das notarielle Testament und das eigenhändige Testament (§ 391 ZGB-DDR). Fähig, ein wirksames Testament zu errichten, waren nur volljährige (Vollendung des 18. Lebensjahres, § 49 S. 1 ZGB-DDR) und handlungsfähige (dh nicht entmündigte, § 52 II ZGB-DDR) Personen (§ 370 ZGB-DDR), die persönlich handelten (§ 370 II ZGB-DDR) und sich darüber hinaus nach allgemeinen Grundsätzen nicht in einem die Entscheidungsfähigkeit ausschließenden Zustand befunden haben durften (§ 53 II 2 ZGB-DDR). Gemeinschaftliche Testamente konnte nur von Ehegatten errichtet werden (§ 388 ZGB-DDR).

10 **a) Zulässigkeit des Inhalts und materiell-rechtliche Wirkungen der Verfügung.** Nicht von der Verweisung auf das Recht der ehemaligen DDR erfassen sich dagegen die Frage der rechtlichen Zulässigkeit des Inhalts und die materiell-rechtlichen Wirkungen (Rechtsfolgen) der Verfügung von Todes wegen. Diese beurteilen sich daher im Anwendungsbereich des Art. 235 § 2 S. 1 stets nach dem BGB, da die Norm nur für Erbfälle ab dem 3.10.1990 gilt (MüKoBGB/*Leipold* Rn. 14; Staudinger/*Rauscher* Rn. 14). Hatten bspw. Eheleute zwischen dem 1.1.1976 und dem 3.10.1990 ein gemeinschaftliches Testament errichtet, dessen Inhalt nicht den Vorgaben des § 389 ZGB-DDR entsprach, weil sich die Eheleute nicht gegenseitig zu Alleinerben eingesetzt hatten, sondern bereits beim ersten Erbfall den Ehegatten und die Kinder als Miterben, so ist beim nach dem 2.10.1990 erfolgten Versterben des ersten Ehegatten der Inhalt nach dem BGB zu beurteilen und damit ohne weiteres zulässig. Für die nach dem Tod des Erstversterbenden entstandene Erbengemeinschaft gelten gleichfalls die §§ 2032 ff. BGB und nicht die §§ 401, 401, 423 ff. ZGB-DDR.

11 **b) Auslegung der Verfügung.** Zu Recht wird im Anwendungsbereich des Art. 235 § 2 S. 1 auch die Auslegung anhand des BGB vorgenommen (BGH ZEV 2003, 284). Dies bedeutet die Anwendung der gesetzlichen Auslegungs- und Ergänzungsregeln (OLG Dresden ZEV 2010, 257 (258 ff.); MüKoBGB/*Leipold* Rn. 14) sowie der ungeschriebenen Auslegungsgrundsätze des BGB. Selbstverständlich darf dabei nicht ignoriert werden, dass der Erblasser bei der Errichtung unter der Geltung des ZGB-DDR von der Anwendbarkeit dieses Gesetzes auf seine Verfügung ausgegangen ist, es sich also – rückblickend betrachtet – um ein „Handeln unter falschem Recht" handelt.

12 **c) Anfechtung der Verfügung.** Für die Anfechtung der Verfügung gilt nach ganz hM bei Erbfällen ab dem 3.10.1990 ebenfalls stets das BGB (OLG Brandenburg FamRZ 1998, 59; MüKoBGB/*Leipold* Rn. 14; Staudinger/*Rauscher* Rn. 16). Dies ergibt sich schlicht aus dem Umstand, dass Art. 235 § 2 S. 1 als eng auszulegende Ausnahmevorschrift (OLG Brandenburg FamRZ 1998, 59 (60); Staudinger/*Rauscher* Rn. 11) keineswegs pauschal „die Wirksamkeit" (und erst recht nicht alle Rechtsfolgen) der Verfügung von Todes wegen dem bisherigen Recht unterstellt, sondern nur bestimmte formale Aspekte im unmittelbaren Zusammenhang mit der Errichtung.

III. Sachlicher Anwendungsbereich und Rechtsfolgen des Satzes 2

13 **1. Sachlicher Anwendungsbereich.** S. 2 gilt seinem Wortlaut nach nur für gemeinschaftliche Testamente; **Erbverträge** sind darin nicht erwähnt. Das ZGB-DDR kannte dieses Rechtsinstitut nicht mehr,

und vor dem 1.1.1976 geschlossene Erbverträge blieben nach Einführung des ZGB-DDR zwar wirksam (§ 2 II 2 EGZGB-DDR), waren aber jedenfalls dann, wenn keiner der Beteiligten vor dem 1.1.1976 verstarb, nunmehr nach dem ZGB-DDR zu beurteilen, § 2 II 1 EGZGB-DDR (OG-DDR NJ 1979, 144f.). Dies führte regelmäßig zu einem Wegfall der erbvertraglichen Bindung gem. § 2289 I 2 BGB (aA MüKoBGB/*Leipold* Rn. 12; auch die Entscheidung des OG-DDR NJ 1979, 144, betraf mit einem entgeltlichen Erbvertrag einen Sonderfall), es sei denn, er enthielt nur solche Verfügungen, die auch unter Geltung des ZGB-DDR in einem gemeinschaftlichen Testament gem. § 389 I ZGB-DDR mit Bindungswirkung hätten getroffen werden können (*Janke* NJ 1998, 393 (396); Staudinger/*Rauscher* Rn. 10, 13). Ob die Nichterwähnung der Erbverträge ein bloßes Redaktionsversehen ist oder diese tatsächlich nicht in den Anwendungsbereich des S. 2 fallen, ist wegen des von Art. 214 II abweichenden Wortlauts und des sachgerechten Ergebnisses, dass für vor dem 1.1.1976 unter der Geltung des BGB errichtete Erbverträge hinsichtlich ihrer Bindungswirkung wieder das BGB gilt, im zuletzt genannten Sinn zu entscheiden (*Janke* NJ 1998, 393 (396); Staudinger/*Rauscher* Rn. 13, 19). IErg nähert man sich damit wieder der Auffassung von *Leipold* (MüKoBGB/*Leipold* Rn. 12), nach der die Einführung des ZGB-DDR die Bindungswirkung bestehender Erbverträge unberührt gelassen hat.

2. Rechtsfolgen. S. 2 verweist für die Bindung des Erblassers beim gemeinschaftlichen Testament auf das bisherige Recht. Dabei ist umstritten, ob bei vor dem 1.1.1976 errichteten gemeinschaftlichen Testamenten auf das im Errichtungszeitpunkt in der ehemaligen DDR noch geltende BGB oder auf das ZGB-DDR verwiesen wird. Die hM geht mit differierenden Begründungen von einer Verweisung auf das BGB aus (KG ZEV 1997, 504; OLG Brandenburg FamRZ 1997, 1030; LG Leipzig NJW 2000, 438 (439); MüKoBGB/*Leipold* Rn. 12). Dem ist nicht zu folgen, denn wenn in Art. 235 auf das bisherige Recht verwiesen wird, dann ist stets **auch das intertemporale Recht** der ehemaligen DDR zu beachten (BayObLG ZEV 2001, 489 (491)). Dieses besagte in § 8 II 1 EGZGB-DDR, dass sich bei vor dem 1.1.1976 errichteten Testamenten nur die Wirksamkeit nach dem BGB bestimmt; es galt daher gem. § 2 II 1 EGZGB-DDR für die Bindung gemeinschaftlicher Testamente ab dem 1.1.1976 das ZGB-DDR, sofern keiner der Ehegatten vor diesem Zeitpunkt verstorben ist (*Janke* NJ 1998, 393 (394f.); Staudinger/*Rauscher* Rn. 10). Es geht nicht an, wie etwa das OLG Brandenburg (FamRZ 1997, 1030) und das LG Leipzig (NJW 2000, 438 (439)), das Übergangsrecht der ehemaligen DDR insoweit zu ignorieren und den Vertrauensschutzgedanken des Art. 235 § 2 S. 2 noch nachträglich dem Übergang vom BGB zum ZGB-DDR in der ehemaligen DDR überzustülpen, womit man zugleich das Vertrauen in den Fortbestand auch des DDR-Übergangsrechts enttäuscht.

a) **Reichweite der Verweisung auf das ZGB-DDR. aa) Art der Rechtsgeschäfte.** S. 2 verweist allgemein für die „Bindung" des Erblassers auf das ZGB-DDR. Damit wird zunächst auf alle Ausprägungen der Bindung verwiesen, dh sowohl auf Einschränkungen für neue, das gemeinschaftliche Testament beeinträchtigende Verfügungen von Todes wegen als auch – soweit vorhanden – auf Einschränkungen für **Rechtsgeschäfte unter Lebenden** oder sonstige Handlungen zu Lebzeiten, die im gemeinschaftlichen Testament Begünstigte beeinträchtigen würden, wie die §§ 2287, 2288 BGB (*Limmer* ZEV 1994, 290 (294)). Derartige Einschränkungen kannte das ZGB-DDR allerdings nicht; im Gegenteil, in § 390 II 1 ZGB-DDR war ausdrücklich angeordnet, dass der überlebende Ehegatte über den Nachlass frei verfügen konnte, eine entsprechende Anwendung der Grundsätze der §§ 2287, 2288 BGB ist wegen der eher bindungskritischen Tendenz des ZGB-DDR nicht zulässig (BGH ZEV 1995, 221; OLG Dresden DtZ 1995, 140 (141); OLG Naumburg OLG-NL 1995, 10). Auch eine entgegenstehende Anordnung in dem gemeinschaftlichen Testament wäre nichtig (§ 373 I, § 371 II ZGB-DDR).

Im Hinblick auf **beeinträchtigende Verfügungen von Todes** wegen galt dagegen eine Bindung an das gemeinschaftliche Testament, solange dieses nicht widerrufen (§ 392 ZGB-DDR) oder aufgehoben (§ 393 ZGB-DDR) worden war (§ 390 I 1 ZGB-DDR); § 390 II 2 ZGB-DDR betonte nochmals, dass testamentarische Verfügungen des überlebenden Ehegatten, die dem gemeinschaftlichen Testament widersprachen, nichtig waren. Allerdings konnte sich die Ehegatten gegenseitig ermächtigen, vom gemeinschaftlichen Testament abweichende Verfügungen zu treffen, **Änderungsvorbehalt** (§ 390 II 2 ZGB-DDR). Soweit hiernach Beschränkungen für neue Verfügungen von Todes wegen gelten, verweist Art. 235 § 2 S. 2 auf das ZGB-DDR ohne Rücksicht darauf, ob beide Ehegatten noch leben oder der erste bereits verstorben ist (MüKoBGB/*Leipold* Rn. 15).

Eine **Differenzierung zwischen wechselbezüglichen und nicht wechselbezüglichen Verfügungen** wie das BGB (§ 2270 BGB) kannte das ZGB-DDR nicht; alle Verfügungen in einem gemeinschaftlichen Testament, also auch Teilungsanordnungen und die Bestimmung eines Testamentsvollstreckers, unterlagen kraft Gesetzes der Bindungswirkung. Eine Ausnahme galt nur dann, wenn sich die Ehegatten gegenseitig zu abweichenden Verfügungen ermächtigten (§ 390 I 2 ZGB-DDR).

bb) **Rechtsfolgen von Verstößen.** Nach dem ZGB-DDR bestimmt sich aber nicht nur, welchen Einschränkungen der durch ein gemeinschaftliches Testament gebundene Erblasser unterliegt, sondern auch die Rechtsfolgen von Verstößen gegen die Bindung (Staudinger/*Rauscher* Rn. 18). Trifft etwa der überlebende Ehegatte eine testamentarische Verfügung, so ist diese jedenfalls dann gem. § 390 II 2 ZGB-DDR **unheilbar nichtig**, wenn zu diesem Zeitpunkt noch eine wirksame und nicht gegenstandslos gewordene widersprechende Verfügung in dem gemeinschaftlichen Testament vorhanden ist, während es nach dem BGB darauf ankommt, ob das Recht des in dem gemeinschaftlichen Testament Bedachten beeinträchtigt (§ 2289 I 2 BGB analog). Dies ist etwa dann nicht der Fall, wenn dieser Bedachte – vor oder nach der Errichtung der widersprechenden Verfügung – ersatzlos wegfällt und dadurch die ihn begünstigende

Verfügung gegenstandslos wird (BayObLG MittBayNot 2000, 446 (447); OLG Frankfurt a. M. NJW-RR 1995, 265 (266)).

19   **b) Beseitigung der Bindung.** Schließlich unterliegt in den Fällen des Art. 235 § 2 S. 2 auch die Beseitigung der Bindung dem ZGB-DDR (Palandt/*Edenhofer* Rn. 5; *Janke* NJ 1998, 393 (394); *Voltz* FS 10 Jahre DNotI, 2003, 193 (197)). Den gemeinsamen Widerruf zu Lebzeiten beider Ehegatten regelt § 392 I ZGB-DDR, den einseitigen Widerruf zu Lebzeiten beider Ehegatten regelt § 392 II ZGB-DDR. Er hat stets die vollständige Unwirksamkeit des gemeinschaftlichen Testaments zur Folge (§ 392 III ZGB-DDR). Dasselbe gilt für die Scheidung oder Nichtigerklärung der Ehe (§ 392 III ZGB-DDR). Nach dem Tod des ersten Ehegatten kann der überlebende Ehegatte seine im gemeinschaftlichen Testament getroffenen Verfügungen widerrufen, wenn er gleichzeitig die Erbschaft – das ZGB-DDR sah im gemeinschaftlichen Testament zwingend die gegenseitige Alleinerbeinsetzung vor (§ 389 I 1 ZGB-DDR) – ausschlägt (§ 392 IV 1 ZGB-DDR). Die in § 392 IV 1 ZGB-DDR vorgesehene Widerrufserklärung gegenüber dem Staatlichen Notariat ist nunmehr gegenüber dem für den Sterbefall des zuerst verstorbenen Ehegatten zuständigen Nachlassgericht zu erklären (*Janke* NJ 1998, 393 (397); ebenso *Voltz* FS 10 Jahre DNotI, 2003, 193 (214), zur vergleichbaren Problematik bei § 393 ZGB-DDR).

20   Eine interessante Möglichkeit der Beseitigung der Bindung sah und sieht schließlich **§ 393 ZGB-DDR** vor: Auch nach Annahme seiner Erbschaft konnte der überlebende Ehegatte seine im gemeinschaftlichen Testament getroffenen Verfügungen durch Erklärung gegenüber dem Staatlichen Notariat aufheben, wenn er das aus der Erbschaft des verstorbenen Ehegatten Erlangte, soweit es seinen gesetzlichen Erbteil überstieg, an die in dem Testament genannten Erben oder deren Rechtsnachfolger herausgab oder wenn diese auf die Herausgabe verzichtet hatten. Diese unter den Voraussetzungen des Art. 235 § 2 S. 2 nach wie vor anwendbare Vorschrift ist insb. dann von praktischer Relevanz, wenn der überlebende Ehegatte nach der hypothetisch zu prüfenden gesetzlichen Erbfolge nach dem zuerst verstorbenen Ehegatte Alleinerbe geworden wäre oder auf die Herausgabe verzichtet wird (*Voltz* FS 10 Jahre DNotI, 2003, 193 (219)). Denn im ersten Fall muss der überlebende Ehegatte für die Wiedererlang seiner Testierfreiheit überhaupt nichts herausgeben (*Janke* NJ 1998, 393 (398) mwN; *Voltz* FS 10 Jahre DNotI, 2003, 193 (200)) und im zweiten Fall kann keine Unsicherheit bestehen, ob der überlebende das Richtige und genug herausgegeben hat (hierzu *Voltz* FS 10 Jahre DNotI, 2003, 193 (206 ff.)). Da sich auch der Verzicht der „im Testament genannten Erben oder deren Rechtsnachfolger" (zur Bestimmung dieses Personenkreises *Voltz* FS 10 Jahre DNotI, 2003, 193 (203 ff.)) nach dem Recht der ehemaligen DDR richtet, ist dieser durch **formlose** Erklärung möglich (*Voltz* FS 10 Jahre DNotI, 2003, 193 (205 f.) mwN), und zwar gegenüber dem überlebenden Ehegatten, nicht gegenüber dem Nachlassgericht. Da dies aber nicht unstreitig ist (s. die Nachw. bei *Voltz* FS 10 Jahre DNotI, 2003, 193 (205 f.)), ist nach dem „Grundsatz des sichersten Weges" analog § 2348 BGB eine notarielle Beurkundung eines entsprechenden **Verzichtsvertrages mit dem überlebenden Ehegatten** zu empfehlen. Ein derartiger Verzichtsvertrag hat dann letztlich dieselbe Funktion wie ein Zuwendungsverzicht gem. § 2352 S. 1 BGB, der im Anwendungsbereich des Art. 235 § 2 S. 2 nicht möglich ist, da wegen der Beseitigung der Bindung gemeinschaftlicher Testamente gerade auf das ZGB-DDR verwiesen wird.

Art. 239 Länderöffnungsklausel

Die Länder können durch Gesetz bestimmen, dass der Antrag auf Erteilung eines Erbscheins der notariellen Beurkundung bedarf und die Versicherung an Eides statt nach § 352 Absatz 3 Satz 3 des Gesetzes über das Verfahren in Familiensachen und in den Angelegenheiten der freiwilligen Gerichtsbarkeit und nach § 36 Absatz 2 Satz 1 des Internationalen Erbrechtsverfahrensgesetzes vom 29.6.2015 (BGBl. I S. 1042) nur vor einem Notar abzugeben ist.

1   Art. 239 EGBGB ist neu eingefügt mit Wirkung vom **1.9.2013** durch das **Gesetz zur Übertragung von Aufgaben im Bereich der freiwilligen Gerichtsbarkeit auf Notare** vom 26.6.2013 (BGBl. I S. 1800). Der Paragraph wurde geändert durch das Gesetz zum Internationalen Erbrecht u. a. v. 29.6.2015 (BGBl. I, S. 1042).

2   Ziel des Gesetzes ist es, zur Entlastung der Justiz beizutragen, indem Notare mit verschiedenen Aufgaben aus dem Bereich der freiwilligen Gerichtsbarkeit (ausschließlich) betraut werden (wie zB mit der Erstellung von Inventaren nach § 2003 BGB n. F., der Vermittlung der Auseinandersetzung von Erbengemeinschaften und beendeten Gütergemeinschaften nach §§ 363 ff. FamFG usw.).

3   Dabei war der **ursprüngliche Gesetzentwurf** des Bundesrates (vgl. BT-Drs. 17/1469 vom 21.4.2010) auf die sog. **„große Lösung"** ausgerichtet, wonach den Bundesländern die Möglichkeit eröffnet werden sollte, durch Gesetz zu bestimmen, dass für die den Amtsgerichten obliegenden Verrichtungen in Nachlasssachen anstelle der Amtsgerichte die Notare zuständig sind (vgl. § 23a Abs. 4 GVG-E). Bei dieser sog. „großen Lösung" wäre der Notar **an die Stelle des Nachlassgerichts erster Instanz** gerückt und hätte dessen Aufgaben mehr oder weniger komplett übernommen, wie zB die Aufnahme von Erbscheinsanträgen, die Erteilung von Erbscheinen, die Aufbewahrung der Verfügungen von Todes wegen, die Testamentseröffnung, die Bestellung und Kontrolle von Nachlasspflegern und Testamentsvollstreckern, usw. (vgl. dazu insbes. *Wagner* RNotZ 2010, 316, 319). Da diese Aufgabenübertragung im Hinblick auf den Funktionsvorbehalt der Art. 33 Abs. 4 GG verfassungsrechtlich problematisch gewesen wäre, wurde der ursprüngliche Entwurf durch einen **weiteren Gesetzentwurf** des Bundesrates (vgl. BT-Drs. 17/1468 vom 21.4.2010) ergänzt; dieser enthielt eine Änderung des Grundgesetzes dahin gehend,

Länderöffnungsklausel   **Art. 239** **EGBGB 100**

dass Angelegenheiten der freiwilligen Gerichtsbarkeit durch Gesetz auf Notare übertragen werden können (Art. 98a GG-E).

Im weiteren Gesetzgebungsverfahren wurde die Änderung des Grundgesetzes (Art. 98a GG) nicht betrieben und vom Bundestag schließlich auf Empfehlung des Rechtsausschusses **abgelehnt** (BT-Drs. 17/13136, S. 2). Stattdessen wurde auf einen von den Fraktionen der CDU/CSU und FDP in den Rechtsausschuss eingebrachten Änderungsantrag eine sog. **„kleine Lösung"** weiterverfolgt, wonach die Nachlassgerichte erster Instanz ihre Aufgaben behalten, die Notare aber mit einigen Aufgaben der Freiwilligen Gerichtsbarkeit betraut werden und die Länder (nur) ermächtigt werden, die Vorbereitung der Gerichtsentscheidungen z. T. auf die Notare übertragen zu können (vgl. dazu Beschlussempfehlung und Bericht des Rechtsausschusses zu den beiden Gesetzentwürfen des Bundesrates vom 17.4.2013, BT-Drs. 17/13136). Der Bundestag hat den entsprechend geänderten Entwurf des Bundesrates in seiner Sitzung am 18.4.2013 beschlossen (vgl. BR-Drs. 358/13). Der Bundesrat hat dem Gesetz am 7.6.2013 zugestimmt. **4**

Die im Gesetz u. a. enthaltene Länderöffnungsklausel des Art. 239 EGBGB eröffnet den Bundesländern die Möglichkeit, den Notaren die **ausschließliche Zuständigkeit für die Beurkundung von Erbscheinsanträgen** (§§ 2353 ff. BGB) und der damit verbundenen **eidesstattlichen Versicherungen** (§ 352 Abs. 3 S. 3 FamFG, § 36 Abs. 2 S. 1 IntErbRVfG) zu übertragen. Hierdurch soll sichergestellt werden, dass der Antragsteller eines Erbscheins durch einen Notar fachkundig über die erbrechtliche Rechtsstellung beraten wird. Außerdem soll durch das Beurkundungserfordernis gewährleistet werden, dass der Erbscheinsantrag die für die Erbscheinserteilung erforderlichen Angaben enthält und dass die diesbezüglich erforderlichen Urkunden dem Nachlassgericht vorgelegt werden (vgl. BT-Drs. 17/13136, S. 32). Damit dient die Übertragungsmöglichkeit letztlich der Entlastung der Justiz und stellt eine qualifizierte Beratung des Bürgers im Zusammenhang mit der Erbscheinsbeantragung sicher. Die – nach der Aufgabenübertragung durch die Länder – zwingend gegebene Funktionsteilung zwischen der den Erbschein aufnehmenden (Notar) und der den Erbschein erteilenden (Nachlassgericht) Stelle führt zudem allgemein das der Qualitätssicherung dienende **Vier-Augen-Prinzip** für die Beantragung eines Erbscheins ein. **5**

Zum Zeitpunkt der Druckfreigabe dieses Werkes hat noch kein Bundesland von der Öffnungsklausel Gebrauch gemacht. Konkrete Planungen einer landesgesetzlichen Regelung sind (noch) nicht bekannt. **6**

110. Verordnung (EU) Nr. 650/2012 des Europäischen Parlaments und des Rates vom 4. Juli 2012 über die Zuständigkeit, das anzuwendende Recht, die Anerkennung und Vollstreckung von Entscheidungen und die Annahme und Vollstreckung öffentlicher Urkunden in Erbsachen sowie zur Einführung eines Europäischen Nachlasszeugnisses [Erbrechtsverordnung]

(ABl. 2012 L 201, 107, ber. ABl. 2013 L 344, 3 und ABl. 2013 L 41, 16 und ABl. 2013 L 60, 140 und ABl. 2014 L 363, 186)

Vorbemerkungen

Übersicht

	Rn.		Rn.
1. Entwicklungsgeschichte	1/2	a) Nachlasseinheit	8
a) Verfahren	1	b) Europäisches Nachlasszeugnis	9
b) Zuständigkeit und Wirkung	2	c) Gleichlaufprinzip	10
2. Anwendbarkeit	3/4	d) Aufenthaltsprinzip	11
3. Bedeutung und Zweck	5/6	e) Rechtswahl	12
4. Inhalt	7–12	5. Inkrafttreten	13/14

Literatur: *Bachmayer,* Ausgewählte Problemfelder bei Nachlasssachen mit Auslandsberührung, BWNotZ 2010, 146; *Baldus,* Erbe und Vermächtnisnehmer nach der Erbrechtsverordnung, GPR 2012, 312; *Bruns,* Eingetragene Lebenspartnerschaften im Rahmen der EU-Erbrechtsverordnung, ZErbR 2014, 181; *Burandt,* Die EuErbVO – Europäisches Erbrecht im Wandel, FuR 2013, 314 (377, 443); *Buschbaum/Simon,* Das Europäische Nachlasszeugnis, ZEV 2012, 525; *Coester,* Das Erbrecht registrierter Lebenspartner unter der EuErbVO, ZEV 2013, 115; *Döbereiner,* Das internationale Erbrecht nach der EU-Erbrechtsverordnung, MittBayNot 2013, 358, 437; *Döbereiner,* (Bindende?) Rechtswahlen nach der EU-Erbrechtsverordnung, DNotZ 2014, 323; *Döbereiner,* Das Gesetz zum Internationalen Erbrecht und zur Änderung von Vorschriften zum Erbschein, NJW 2015, 2449; *Dörner,* Der Entwurf einer europäischen Verordnung zum Internationalen Erb- und Erbverfahrensrecht – Überblick und ausgewählte Probleme, ZEV 2010, 221; *Dörner,* EuErbVO: Die Verordnung zum Internationalen Erb- und Erbverfahrensrecht ist in Kraft!, ZEV 2012, 505; *Dörner/Lagarde,* Rechtsvergleichende Studie der erbrechtlichen Regelungen des Internationalen Verfahrensrechtes und Internationalen Privatrechts der Mitgliedsstaaten der Europäischen Union, 2002; *Dorsel,* Europäische Erbrechtsverordnung und Europäisches Nachlasszeugnis, ZErb 2014, 212; *Dutta,* Europäische Integration und nationales Privatrecht nach dem Vertrag von Lissabon: die Rolle des Internationalen Privatrechts, EuZW 2010, 530; *Dutta,* Das neue internationale Erbrecht der Europäischen Union – Eine erste Lektüre der Erbrechtsverordnung, FamRZ 2013, 4; *Dutta,* Succession and Wills in the Conflict of Laws on the Eve of Europeanisation, RabelsZ 73 (2009) 547; *Everts,* Neue Perspektiven zur Pflichtteilsdämpfung aufgrund der EuErbVO?, ZEV 2013, 124; *Fetsch,* Die Rechtswahlfiktion in Art. 83 Abs. 4 EuErbVO: „Alte Testamente" und „neues Recht" bei Erbscheinsanträgen und Ausschlagungserklärungen, RNotZ 2015, 626; *Frodl,* Einheit durch Aufgabe nationaler Rechtstraditionen? – EU-Erbrechtsverordnung kundgemacht, ÖJZ 2010, 108; *Gierl/Köhler/Kroiß/Wilsch,* Internationales Erbrecht, Baden-Baden 2017; *Hau,* Die Zuständigkeitsgründe der Europäischen Unterhaltsverordnung, FamRZ 2010, 516; *Heining,* Rechtswahlen in Verfügungen von Todes wegen nach der EU-Erbrechts-Verordnung, RNotZ 2014, 197; *Heinig,* Rechtswahlen im Erbrecht nach nationalem Kollisionsrecht – Der Countdown läuft!, RNotZ 2014, 281; *Herzog,* Die EU-Erbrechtsverordnung (EU-ErbVO), ErbR 2013, 1; *Hinden/Müller,* Die Europäische Erbrechtsverordnung, Aktuelle Auswirkungen auf die Nachfolgeplanung, ErbStB 2013, 97; *Janzen,* Die EU-Erbrechtsverordnung, DNotZ 2012, 484; *Kanzleiter,* Die Reform des Internationalen Erbrechts in der Europäischen Union – Bedenken gegen den „gewöhnlichen Aufenthalt" als Kriterium für das anwendbare Recht in FS Stefan Zimmermann, 2010, 165; *Kleinschmidt,* Optionales Erbrecht: Das Europäische Nachlasszeugnis als Herausforderung an das Kollisionsrecht, RabelsZ 77 (2013) 723; *Kohler,* Entwicklungen im europäischen Familien- und Erbrecht 2011 – 2012, FamRZ 2012, 1425; *Kroll-Ludwigs,* Rechtswahl- und Gerichtsstandsvereinbarung nach der Europäischen Erbrechtsverordnung, notar 2016, 75; *Kunz,* Die neue Europäische Erbrechtsverordnung – ein Überblick, GPR 2012, 208 (253); *Lange,* Das Erbkollisionsrecht im neuen Entwurf einer EU-ErbVO, ZErb 2012, 160; *Lange,* Das geplante Europäische Nachlasszeugnis, DNotZ 2012, 168; *Lange/Holtwiesche,* Die Erbausschlagung eines im Ausland lebenden Erben unter Berücksichtigung der ErbVO, ZEV 2016, 29; *Lechner,* Erbverträge und gemeinschaftliche Testamente in der neuen EU-Erbrechtsverordnung, NJW 2013, 26; *Lechner,* Die neue Europäische Erbrechtsverordnung – eine rechtspolitische Betrachtung zum Gesetzgebungsverfahren, ZErb 2014, 188; *Lehmann,* Die EU-Erbrechtsverordnung zur Abwicklung grenzüberschreitender Nachlässe, DStR 2012, 2085; *Lehman,* Die EU-ErbVO: Babylon in Brüssel und Berlin, ZErb 2013, 25; *Leipold,* Das Europäische Erbrechtsverordnung (EuErbVO) und das deutsche gemeinschaftliche Testament, ZEV 2014, 139; *Leipold,* Die internationale Zuständigkeit für die Ausschlagung der Erbschaft nach EuErbVO und IntErbRVG, ZEV 2015, 553; *Leitzen,* EuErbVO: Praxisfragen an der Schnittstelle zwischen Erb- und Gesellschaftsrecht, ZEV 2012, 520; *Leitzen,* Die Rechtswahl nach der EuErbVO, ZEV 2013, 128; *Lorenz,* Erbrecht in Europa – Auf dem Weg zu kollisionsrechtlicher Rechtssicherheit, ErbR 2012, 39; *Ludwig,* Die Wahl zwischen zwei Rechtsordnungen durch bedingte Rechtswahl nach Art. 22 der EU-Erbrechtsverordnung, DNotZ 2014, 12; *Lutz,* Auswirkungen der EU-ErbVO auf die Praxis des Nachlassgerichts, BWNotZ 2016, 34; *Magnus,* Gerichtsstandsvereinbarungen im Erbrecht?, IPRax 2013, 393; *Majer,* Das deutsch-türkische Erbrechtsabkommen – ein Anachronismus, ZEV 2012, 182; *Mansell/Thorn/Wagner,* Europäisches Kollisionsrecht 2012, IPRax 2013, 1; *Margonski,* Ausländische Vindikationslegate nach der EU-Erbrechtsverordnung, GPR 2013, 106; *Mankowski,* Gelten die bilateralen Staatsverträge der Bundesrepublik Deutschland im Internationalen Erbrecht nach dem Wirksamwerden der EuErbVO weiter?, ZEV 2013, 529; *Mankowski,* Erbrechtliche Schiedsgerichte in Fällen mit Auslandsbezug und die EuErbVO,

ZEV 2014, 395; *Mankowski,* Das Verhältnis zwischen der EuErbVO und den neuen Verordnungen zum Internationalen Güterrecht, ZEV 2016, 479; *Max Planck Institute for Comparative and International Private Law,* Comments on the European Commission's Proposal for a Regulation of the European Parliament and of the Council on jurisdiction, applicable law, recognition and enforcement of decisions and authentic instruments in matters of succession and the creation of a European Certificate of Succession, RabelsZ 74 (2010) 522; *Müller-Bromley,* Die Abwicklung deutsch-portugiesischer Erbfälle unter Berücksichtigung des Entwurfs der EU-ErbVO, ZEV 2011, 120; *Müller-Lukoschek,* Die neue EU-Erbrechtsverordnung, Berlin 2015; *Nordmeier,* EuErbVO: Neues Kollisionsrecht für gemeinschaftliche Testamente, ZEV 2012, 513; *Nordmeier,* Erbverträge in der neuen EU-Erbrechtsverordnung: zur Ermittlung des hypothetischen Erbstatuts nach Art. 25 ErbRVO, ZErb 2013, 112; *Nordmeier,* Erbverträge und nachlassbezogene Rechtsgeschäfte in der EuErbVO – eine Begriffsklärung, ZEV 2013, 117; *Nordmeier,* Grundfragen der Rechtswahl in der neuen EU-Erbrechtsverordnung – eine Untersuchung des Art. 22 ErbRVO, GPR 2013, 148; *Nordmeier,* New Yorker Heimfallrecht an erbenlosen Nachlassgegenständen und deutsches Staatserbrecht (§ 1936 BGB), IPRax 2011, 535; *Odersky,* Die Europäische Erbrechtsverordnung in der Gestaltungspraxis, notar 2013, 1; *Odersky, Der wirksam-wirkungslose Erb- und Pflichtteilsverzicht nach der EU-ErbVO; Odersky,* Die Anwendung der Erbrechtsverordnung in der notariellen Praxis ab August 2016, notar 2016, 183; *Paulus,* Das Schicksal von Gesellschaftsanteilen in internationalen Erbfällen, notar 2016, 3; *Reich,* Verfügungen von Todes wegen mit Bindungswirkung in gemischt-nationalen Ehen unter Berücksichtigung der Besonderheiten der EuErbVO, ZEV 2014, 144; *Reimann,* Testamentsvollstrecker im Auslandseinsatz: Änderungen nach Inkrafttreten der EuErbVO?, ZEV 2015, 510; *Remde,* Die Europäische Erbrechtsverordnung nach dem Vorschlag der Kommission v. 14. Oktober 2009, RNotZ 2012, 65; *Richters,* Anwendungsprobleme der EuErbVO im deutsch-britischen Rechtsverkehr, ZEV 2012, 576; *Schaal,* Aktuelles im IPR/aus dem Ausland, BWNotZ 2013, 29; *Schauer/Scheuba,* Europäische Erbrechtsverordnung, Wien 2012, *Schmidt,* Der Erbnachweis in Deutschland ab 2015: Erbschein vs. Europäisches Nachlasszeugnis, ZEV 2014, 389; *Schmitz,* Das Europäische Nachlasszeugnis, RNotZ 2017, 269; *Simon/Buschbaum,* Die neue EU-Erbrechtsverordnung NJW 2012, 2393; *Sonnentag,* Das Europäische Internationale Erbrecht im Spannungsfeld zwischen der Anknüpfung an die Staatsangehörigkeit und den gewöhnlichen Aufenthalt, EWS 2012, 457; *Soutier,* Verbindliche Rechtswahlen im Erbrecht, ZEV 2015, 515; *Stade,* Die EU-Erbrechtsverordnung aus französischer Sicht, ZErb 2015, 69; *Steeden,* Großbritannien: Vorbehalte gegenüber der EU-Erbrechtsverordnung, ZEV 2010, 513; *Steinmetz/Löber/García Alcázar,* EU-Erbrechtsverordnung: Voraussichtliche Rechtsänderungen für den Erbfall von in Spanien ansässigen, deutschen Staatsangehörigen, ZEV 2010, 234; *Steinmetz/Löber/ García Alcázar,* Die EuErbVO und ihre Anwendbarkeit im Mehrrechtsstaat Spanien, ZEV 2013, 535; *Süß,* Der Vorschlag der EG-Kommission zu einer Erbrechtsverordnung (Rom IV-Verordnung) vom 14. Oktober 2009, ZErb 2009, 342; *Süß,* Das Europäische Nachlasszeugnis, ZEuP 2013, 725; *Süß,* Erbrecht in Europa, Bonn 2015; *Traut,* Das Wirkungskonzept des Europäischen Nachlasszeugnisses, ZVglRWiss 115 (2016), 358; *Vollmer,* Die neue europäische Erbrechtsverordnung – ein Überblick, ZErb 2012, 227; *Wagner,* Der Kommissionsvorschlag v. 14.10.2009 zum internationalen Erbrecht: Stand und Perspektiven des Gesetzgebungsverfahrens, DNotZ 2010, 506; *Vollmer,* Erbscheinverfahren und ENZ nach der EuErbVO, notar 2016, 323; *Wall,* Vermeidung negativer Kompetenzkonflikte im Zuständigkeitsrecht der Artt. 4 ff. EUErbVO, ZErb 2014, 272; *Wall,* Richtet sich die internationale Zuständigkeit zur Erbscheinserteilung künftig ausschließlich nach Artt. 4 ff. EU-ErbVO?, ZErb 2015, 9; *Weber,* Ausgewählte Fragen der Testamentsgestaltung unter Geltung der Europäischen Erbrechtsverordnung, notar 2015, 296; *Weber/Schall,* Internationale Zuständigkeit für die Erteilung deutscher Erbscheine: (k)eine Frage der Europäischen Erbrechtsverordnung?, NJW 2016, 3564; *Wilke,* Das internationale Erbrecht nach der neuen EU-Erbrechtsverordnung, RIW 2012, 601; *Wilsch,* EuErbVO: Die Verordnung in der deutschen Grundbuchpraxis, ZEV 2012, 530; *Zimmermann,* Darf ein Europäisches Nachlasszeugnis nur in unstreitigen Fällen ausgestellt werden?, ZErb 2015, 342.

1. Entwicklungsgeschichte. a) Verfahren. Das Gesetzgebungsverfahren zur Europäischen Erbrechtsverordnung – EuErbVO (Verordnung (EU) Nr. 650/2012 des Europäischen Parlaments und des Rates v. 4.7.2012 über die Zuständigkeit, das anzuwendende Recht, die Anerkennung und Vollstreckung von Entscheidungen und die Annahme und Vollstreckung öffentlicher Urkunden in Erbsachen sowie zur Einführung eines Europäischen Nachlasszeugnisses) nahm über ein Jahrzehnt in Anspruch und geht auf einen Aktionsplan der Kommission (Aktionsplan des Rates und der Kommission zur bestmöglichen Umsetzung der Bestimmungen des Amsterdamer Vertrags über den Aufbau eines Raumes der Freiheit, der Sicherheit und des Rechts v. 23.1.1999 (ABl. 1999 C 19, 1 ff.); vgl. daneben Erwäggr. 3–7) zurück. Die Veröffentlichung des Grünbuchs zum Erb- und Testamentsrecht (KOM(2005) 65 endg.), welches auf einer Studie von *Dörner, Lagarde* und dem DNotI basierte (*Dörner/Lagarde,* Rechtsvergleichende Studie der erbrechtlichen Regelungen des Internationalen Verfahrensrechtes und Internationalen Privatrechts der Mitgliedsstaaten der Europäischen Union) bildete die Grundlage für den Entwurf der EuErbVO v. 14.10.2009 (KOM(2009) 154 endg.; Darstellung bei *Remde* RNotZ 2012, 65). Nach intensiven Beratungen und einer Vielzahl weiterer Änderungen (zu den Änderungen vgl. *Kohler* FamRZ 2012, 1425 (1426 ff.); ausf. Analyse und Kritik bei *Max Planck Institute for Comparative and International Private Law* RabelsZ 74 (2010) 522; zu den Beratungen und Streitpunkten s. auch *Lechner,* ZErb 2014, 188) wurde der Vorschlag der Europäischen Kommission vom Rat der EU-Justizminister am 8.6.2012 angenommen und die Verordnung am 27.7.2012 im Amtsblatt der EU veröffentlicht (ABl. 2012 L 201, 107; näher zur Entstehungsgeschichte *Simon/Buschbaum* NJW 2012, 2393). Sie trat nach Art. 84 I am 20. Tag nach ihrer Veröffentlichung in Kraft, wobei für die Anwendbarkeit der meisten Normen eine Übergangszeit bis zum 17.8.2015 vorgesehen war (Ausnahmen: Art. 77, 78 ab 16.1.2014 und Art. 79, 80, 81 ab 5.7.2012 zur Übermittlung von Informationen über das nationale Erbrecht, Rechtsbehelfe, zuständige Behörden, die Erstellung von Formblättern etc; vgl. Erwäggr. 75, 76, 78, 79). Die Formblätter zur Durchführung der EuErbVO sind in der Durchführungsverordnung (EU) Nr. 1329/2014 der Kommission vom 9. Dezember 2014 zur Festlegung der Formblätter nach Maßgabe der Verordnung (EU) Nr. 650/2012 des Europäischen Parlaments und des Rates über die Zuständigkeit, das anzuwendende Recht, die Anerkennung und Vollstreckung von Entscheidungen und die Annahme und Vollstreckung öffentlicher Urkunden in Erbsachen sowie zur Einführung eines Europäischen Nachlasszeugnisses veröffentlicht (**EuErbVO-Formblätter,** ABl. 2014 L 359, 30). Die Ausführung im deutschen Recht erfolgte durch das Gesetz zum internationalen Erbrecht und zur Änderung von Vorschriften zum Erbschein

110 EuErbVO

sowie zur Änderung sonstiger Vorschriften vom 29.5.2015 (BGBl. 2015 I 1042), insbes. durch das in diesem Rahmen (Art. 1) erlassene **Internationale Erbrechtsverfahrensgesetz (IntErbRVG)**. Zum IntErbRVG s. auch *Dutta* ZEV 2015, 493; zum Regierungsentwurf vgl. *Lehmann* ZEV 2015, 138.

2   **b) Zuständigkeit und Wirkung.** Die Zuständigkeit zum Erlass der EuErbVO stützt sich auf Art. 81 II lit. c AEUV (Erwäggr. 2). Die Erbrechtsverordnung bedarf zu ihrer Wirksamkeit keines nationalen Umsetzungsakts und ist gem. Art. 288 UAbs. 2 AEUV **in allen Mitgliedsstaaten unmittelbar anwendbar** (Ausnahme: Dänemark, Irland und das Vereinigte Königreich, welche die Annahme der Verordnung nicht erklärt haben). Die jeweiligen nationalen Kollisionsregeln sind unter Geltung der EuErbVO (Art. 20) nahezu vollständig ohne Anwendungsbereich (in Deutschland bspw. Art. 25, 26 EGBGB aF; zur früheren Rechtslage zusf. mit Beispielen zur neuen Rechtslage *Burandt* FuR 2013, 314 (377, 443)). Zu den Besonderheiten von deutsch-**französischen** Erbfällen vgl. *Stade* ZErb 2015, 69 und zur EuErbVO im französischen Recht *Döbereiner* ZEV 2016, 490; zu deutsch-**italienischen** Erbfällen mit Bezug auf das gemeinschaftliche Testament *Beyer* ZErb 2015, 170; zur Verordnung und die den Auswirkungen auf das **liechtensteinische** Recht *Reymann* ZVgiRWiss 114 (2015) 40; zu den Auswirkungen der Verordnung auf das **lettische** Erbrecht *Seefried/Klauberg* ZErb 2016, 167; zu deutsch-**portugiesischen** Erbfällen *Müller-Bromley* ZEV 2011, 120; zur Anwendung in **Spanien** *Steinmetz/Löber/García Alcázar* ZEV 2013, 535, *Zimmer/Oppermann* ZErb 2018, 111 welche sich insbes. kritisch gegen die pauschale Empfehlung einer Rechtswahl aussprechen).

3   **2. Anwendbarkeit.** Gem. Art. 75 I 1, II bleiben **internationale Abkommen mit Drittstaaten** weiterhin anwendbar. Für Deutschland sind dies das deutsch-türkische Nachlassabkommen (Anlage zu Art. 20 des Konsularvertrags zwischen dem Deutschen Reich und der Türkischen Republik v. 28.5.1929; RGBl. 1930 II 748 ff., § 14), das deutsch-persische Niederlassungsabkommen (Art. 8 des Niederlassungsabkommens zwischen dem Deutschen Reich und dem Kaiserreich Persien v. 17.2.1929; RGBl. 1930 II, 1006) und der deutsch-sowjetische Konsularvertrag (Art. 25 ff. des Konsularvertrags zwischen der Bundesrepublik Deutschland und der Union der Sozialistischen Sowjetrepubliken v. 25.4.1958; BGBl. 1959, II 233 ff.).

4   Die Verordnung findet **nicht in allen Mitgliedsstaaten der Europäischen Union** Anwendung. Dänemark, Irland und das Vereinigte Königreich haben die Annahme der Verordnung verweigert (Erwäggr. 82, 83). Sie sind insoweit als Drittstaaten iSd Verordnung zu behandeln und es verbleibt bei der Anwendung deren nationalen Kollisionsrechts (so auch *Süß* ZEuP 2013, 725 (734)). Die Verordnung selbst ist jedoch auch im Verhältnis zu Drittstaaten anwendbar (vgl. beispielsweise zur Nachlassplanung mit Bezug zum anglo-amerikanischen Rechtskreis vgl. *Jülicher* EWS 2017, 19; zu deutsch-israelischen Erbfällen *Reich/Assan* ZEV 2015, 145; zu deutsch-schweizerischen Erbfällen *Bonomi/Öztürk* ZVgiRWiss 114 (2015) 4, zum deutsch-singapurischen Erbfall *Brinkmann/Blasius* ZErb 2016, 61). Insbes. in Beziehung zum Vereinigten Königreich stellt sich die zukünftige Rechtslage unter Geltung der EuErbVO als problematisch dar (*Richters* ZEV 2012, 576).

5   **3. Bedeutung und Zweck.** Der Verordnung kommt in der **Praxis eine erhebliche Bedeutung** zu, da es jährlich zu etwa 450.000 internationalen Erbfällen mit einem Volumen von ca. 123 Mrd. EUR kommt (Summary of the impact assessment v. 14.10.2009 SEC (2009) 411 final).

6   Ziel der EuErbVO ist es, die Nachlassabwicklung und -planung im europäischen Binnenraum zu vereinfachen und gerade im Hinblick auf die gesteigerte Mobilität der Bürger, deren Bedürfnis nach Rechts- und Planungssicherheit zu befriedigen (Erwäggr. 1, 7; zu ausgewählten Problempunkten *Bachmayer* BWNotZ 2010, 146). Dies wird durch eine einheitliche Normierung der Zuständigkeit und des anwendbaren Rechts und der gegenseitigen Anerkennung von behördlichen Akten erreicht. Angesichts der zuvor bestehenden unterschiedlichen Anknüpfungen (Staatsangehörigkeit, Aufenthalt, Mischformen) war dies dringend geboten. Mithin stellt sie ein wichtigen Schritt in Richtung Vereinheitlichung des internationalen Zivilverfahrens- und Privatrechts dar. Das Modell der Vielfalt der einzelnen Privatrechte in den Mitgliedsstaaten und der Einheitlichkeit der Entscheidungen wird mit der EuErbVO weiter verwirklicht (grdl. *Dutta* EuZW 2010, 530).

7   **4. Inhalt.** Die Verordnung gliedert sich in sieben Kapitel und wird durch 83 Erwägungsgründe ergänzt. Während im 1. Kapitel (Art. 1–3) der Anwendungsbereich der Verordnung und wichtige Begriffsdefinitionen enthalten sind, geht das 2. Kapitel (Art. 4–19) auf die Fragen der Zuständigkeit ein. Das anzuwendende Recht wird im 3. Kapitel (Art. 20–38) bestimmt. Im Anschluss wird durch das 4. Kapitel (Art. 39–58) die Anerkennung, Vollstreckbarkeit und Vollstreckung von Entscheidungen behandelt. Das 5. Kapitel (Art. 59–60) beschäftigt sich mit öffentlichen Urkunden und Vergleichen und regelt deren Annahme und Vollstreckbarkeit. Zuletzt wird im 6. Kapitel (Art. 62–73) das neu eingeführte Europäische Nachlasszeugnis geregelt und durch das 7. Kapitel (Art. 74–88) das Verhältnis zu anderen Verordnungen und Übereinkommen und das Inkrafttreten bestimmt.

8   **a) Nachlasseinheit.** Die Verordnung verwirklicht zumeist das Prinzip der **Nachlasseinheit**, da sie im Rahmen ihrer Anknüpfungen nicht zwischen beweglichem und unbeweglichem Vermögen differenziert (Art. 21 I – „gesamte Rechtsnachfolge von Todes wegen"; Erwäggr. 37 S. 4).

9   **b) Europäisches Nachlasszeugnis.** Ein Novum stellt die Einführung eines einheitlichen **europäischen Nachlasszeugnisses** (Art. 62 ff.) dar. Die Verordnung geht damit über die bloße Regelung von klassischen Fragen des IPR (Zuständigkeit, anwendbares Recht, Anerkennung von behördlichen Akten) hin-

aus und schafft ein neues, einheitliches und grenzüberschreitendes Dokument, welches Erben, Vermächtnisnehmern, Testamentsvollstreckern und Nachlassverwaltern (Art. 63 I) ermöglicht, ihre Rechte und Stellung in einer einheitlichen und in allen Mitgliedstaaten anzuerkennenden Urkunde nachzuweisen. Das Zeugnis entfaltet eine dem deutschen Erbschein vergleichbare Gutglaubenswirkung. Nationale Dokumente (zB der deutsche Erbschein) werden jedoch nicht verdrängt.

c) **Gleichlaufprinzip.** Um die Probleme zu vermeiden, die auftreten, wenn ein inländisches Gericht ausländisches Erbrecht anzuwenden hat, versucht die Verordnung einen **Gleichlauf zwischen Zuständigkeit und anwendbarem Recht** (*forum* und *ius*) zu erzielen (Art. 4, 21) und die Verfahren hierdurch zu beschleunigen. Ein Gericht hat danach meist eigenes Recht anzuwenden. 10

d) **Aufenthaltsprinzip.** Der grundsätzliche Anknüpfungspunkt für beide Aspekte (anzuwendendes Recht und Zuständigkeit) ist der **gewöhnliche Aufenthaltsort** des Erblassers. Die genaue Auslegung des Begriffs wird zukünftig eine zentrale Rolle spielen und bedarf einer weiteren Konkretisierung durch Wissenschaft und Praxis. Der Begriff ist (wie die gesamte Verordnung) autonom, ohne Rückgriff auf ein nationales Begriffsverständnis, auszulegen. Der neue Anknüpfungspunkt des gewöhnlichen Aufenthalts führt dazu, dass eine bereits errichtete Verfügung von Todes wegen bei einem späteren Wechsel des gewöhnlichen Aufenthalts nach einem anderen anwendbaren Recht zu beurteilen sein kann (vgl. insbes. die Problematik der sog. „Mallorca-Rentner" oder ausländischer Pflegekräfte; eing. *Steinmetz/Löber/Alcázar* ZEV 2010, 234; *Steinmetz/Löber/García Alcázar* ZEV 2013, 535). Um diesen Problematiken vorzubeugen, bietet die Verordnung das Instrument der Rechtswahl nach Art. 22. 11

e) **Rechtswahl.** Die **Rechtswahl** dient auch dazu, den, mit der neuen Anknüpfung an den gewöhnlichen Aufenthalt in einigen Mitgliedstaaten vorgenommenen, Wechsel vom Staatsangehörigkeits- zum Aufenthaltsprinzip zu kompensieren. Um ein befürchtetes „*forum shopping*" zur Pflichtteilsvermeidung zu verhindern, beschränkt sich die Wahlmöglichkeit jedoch auf das Recht der Staatsangehörigkeit (Heimatrecht zum Zeitpunkt der Errichtung oder des Todes). Um den Übergang zu erleichtern, normiert Art. 83 IV die Fiktion einer Rechtswahl zugunsten des Rechts, nach dem eine Verfügung von Todes wegen errichtet ist, wenn dieses nach der Verordnung wählbar gewesen wäre. 12

5. Inkrafttreten. Die Verordnung wurde am 27.7.2012 im Amtsblatt der Europäischen Union veröffentlicht und trat gem. Art. 84 am 16.8.2012 in Kraft. Obwohl von der Verordnung nur Erbfälle ab dem 17.8.2015 erfasst sind (Art. 83 I, Art. 84 UAbs. 2), gingen von ihr schon gewisse Vorwirkungen aus, da auch zuvor schon eine Rechtswahl nach Art. 83 II möglich war. Art. 83 III, IV regeln den Übergang zur EuErbVO und gewähren einen gewissen Bestandsschutz für zuvor errichtete Verfügungen von Todes wegen. 13

Es ist absehbar, dass eine Vielzahl von Einzelfragen vor allem bzgl. der Auslegung einzelner Begriffe (zB „Erbvertrag", „gewöhnlicher Aufenthalt", „engste Bindung") im Wege der Vorabentscheidungsverfahren vom EuGH zu beantworten sind (ebenso *Mansel/Thorn/Wagner* IPRax 2013, 1 (6)). Erste Fragen bezüglich der erbrechtlichen Qualifizierung von § 1371 BGB, ausländischen Vindikationslegaten und der internationalen Zuständigkeit zur Erteilung nationaler Erbscheine wurden vom EuGH bereits entschieden (zu § 1371: EuGH Urt. v. 1.3.2018 – C-558/16, NJW 2018, 1377 – Mahnkopf, zum Vindikationslegat EuGH Urt. v. 12.10.2017 – C-218/16, NJW 2017, 3767 – Kubicka; zur internationalen Zuständigkeit bei der Erteilung nationaler Erbscheine: EuGH Urt. v. 1.3.2018 – C-558/16, NJW 2018, 2309 – Mahnkopf). 14

Kapitel I. Anwendungsbereich und Begriffsbestimmungen

Art. 1 Anwendungsbereich

(1) ¹Diese Verordnung ist auf die Rechtsnachfolge von Todes wegen anzuwenden. ²Sie gilt nicht für Steuer- und Zollsachen sowie verwaltungsrechtliche Angelegenheiten.

(2) Vom Anwendungsbereich dieser Verordnung ausgenommen sind:

a) der Personenstand sowie Familienverhältnisse und Verhältnisse, die nach dem auf diese Verhältnisse anzuwendenden Recht vergleichbare Wirkungen entfalten;

b) die Rechts-, Geschäfts- und Handlungsfähigkeit von natürlichen Personen, unbeschadet des Artikels 23 Absatz 2 Buchstabe c und des Artikels 26;

c) Fragen betreffend die Verschollenheit oder die Abwesenheit einer natürlichen Person oder die Todesvermutung;

d) Fragen des ehelichen Güterrechts sowie des Güterrechts aufgrund von Verhältnissen, die nach dem auf diese Verhältnisse anzuwendenden Recht mit der Ehe vergleichbare Wirkungen entfalten;

e) Unterhaltspflichten außer derjenigen, die mit dem Tod entstehen;

f) die Formgültigkeit mündlicher Verfügungen von Todes wegen;

g) Rechte und Vermögenswerte, die auf andere Weise als durch Rechtsnachfolge von Todes wegen begründet oder übertragen werden, wie unentgeltliche Zuwendungen, Miteigentum mit Anwachsungsrecht des Überlebenden (joint tenancy), Rentenpläne, Versicherungsverträge und ähnliche Vereinbarungen, unbeschadet des Artikels 23 Absatz 2 Buchstabe i;

h) Fragen des Gesellschaftsrechts, des Vereinsrechts und des Rechts der juristischen Personen, wie Klauseln im Errichtungsakt oder in der Satzung einer Gesellschaft, eines Vereins oder einer juris-

tischen Person, die das Schicksal der Anteile verstorbener Gesellschafter beziehungsweise Mitglieder regeln;
i) die Auflösung, das Erlöschen und die Verschmelzung von Gesellschaften, Vereinen oder juristischen Personen;
j) die Errichtung, Funktionsweise und Auflösung eines Trusts;
k) die Art der dinglichen Rechte und
l) jede Eintragung von Rechten an beweglichen oder unbeweglichen Vermögensgegenständen in einem Register, einschließlich der gesetzlichen Voraussetzungen für eine solche Eintragung, sowie die Wirkungen der Eintragung oder der fehlenden Eintragung solcher Rechte in einem Register.

1   1. **Normzweck.** Die Norm definiert den **sachlichen Anwendungsbereich** der EuErbVO. In zeitlicher Hinsicht wird sie durch die Art. 83, 84 ergänzt. Räumlich findet die EuErbVO in 25 Mitgliedstaaten Anwendung, wobei sich Dänemark, Irland und das Vereinigte Königreich nicht an der Verordnung beteiligt haben (Erwäggr. 82, 83 – Dänemark hatte sich schon bisher nicht an der Gesetzgebung im Zusammenhang mit der justiziellen Zusammenarbeit in Zivilsachen beteiligt; das Vereinigte Königreich und Irland haben von ihrer *opt-in* Möglichkeit keinen Gebrauch gemacht, *Wagner* DNotZ 2010, 506 (510); zu den Gründen des Vereinigten Königreichs *Steeden* ZEV 2010, 513; *Simon/Buschbaum* NJW 2012, 2393 mit Fn. 6). Sie sind insoweit als Drittstaaten iSd Verordnung zu behandeln und es verbleibt bei der Anwendung deren nationalen Kollisionsrechts. Die Verordnung selbst ist jedoch auch im Verhältnis zu Drittstaaten anwendbar.

2   2. **Positiver Anwendungsbereich.** Abs. 1 S. 1 der Vorschrift erklärt die EuErbVO in sachlicher Hinsicht für die **Rechtsnachfolge von Todes** wegen für anwendbar. Der Begriff ist unionsrechtlich autonom auszulegen. Hiervon sind alle zivilrechtlichen Aspekte der Rechtsnachfolge von Todes wegen erfasst, und zwar jede Form des Übergangs von Vermögenswerten, Rechten und Pflichten. Irrelevant ist hierbei, ob sich dieser Übergang im Wege der gesetzlichen Erbfolge oder durch eine Verfügung von Todes wegen vollzieht (Erwäggr. 9, Art. 3 I lit. a, zur Anwendbarkeit zu Lebzeiten des Erblassers vgl. *Wilke* RIW 2012, 601 (602)). Zur weiteren Konkretisierung des Anwendungsbereichs kann die Aufzählung der von der EuErbVO erfassten Fragestellungen in Art. 23 II herangezogen werden.

3   3. **Negativer Anwendungsbereich.** Nach Abs. 1 S. 2 sind **Steuer- und Zollsachen** sowie **verwaltungsrechtliche Angelegenheiten** vom Anwendungsbereich der Verordnung ausgenommen. Es verbleibt somit bzgl. der Berechnung und Entrichtung von Steuern und sonstigen Verbindlichkeiten öffentlich-rechtlicher Art bei der Anwendbarkeit des innerstaatlichen Rechts. Dies gilt insbes. für Steuerschulden des Erblassers, erbschaftssteuerrechtliche Fragestellungen und die Eintragungen in Register, welche von der Zahlung von Steuern oder sonstigen Abgaben abhängig ist (Erwäggr. 10). Abs. 2 der Vorschrift schränkt den Anwendungsbereich der EuErbVO in negativer Hinsicht ein und nimmt aus Gründen der Rechtsklarheit einige Rechtsgebiete vom Anwendungsbereich aus (Erwäggr. 11). Die Abgrenzung im Einzelfall wird sich zukünftig als komplexes Problem darstellen.

4   4. **Einzelfälle. a) Personenstand und Familienverhältnisse.** Abs. 2 lit. a nimmt Fragen des Personenstands sowie Familienverhältnisse vom Anwendungsbereich der Verordnung aus. Die Bereichsausnahme gilt beispielsweise auch für nichteheliche Lebensverhältnisse. Daneben sind insbes. Fragen der **Abstammung, Adoption** oder solche, die den **Bestand** der Ehe oder Partnerschaft betreffen vom Anwendungsbereich der Verordnung ausgenommen (MüKoBGB/*Dutta* Art. 1 Rn. 13). Dies gilt auch dann, wenn diese Fragen, wie so oft, als Vorfrage im Rahmen einer erbrechtlichen Fragestellung zu klären sind. Die Verordnung selbst lässt offen, ob diese Vorfragenanknüpfung selbstständig oder unselbstständig zu erfolgen hat. Dies ist auch bisher noch stark umstritten, wobei die wohl überwiegende Ansicht von einer selbstständigen **Anknüpfung** ausgeht (ausführlich hierzu Kroiß/Horn/Solomon/*Köhler* Vorb. Art. 20 Rn. 20 ff.; *Bruns* ZErb 2014, 181 (182 f.); anders aber beispielsw. MüKoBGB/*Dutta* Vorb. Art. 20 Rn. 51; Palandt/*Thorn* Art. 1 Rn. 5; Dutta/Weber/*J. P. Schmidt* Art. 1 Rn. 28).

5   b) **Rechts-, Geschäfts-, Handlungsfähigkeit.** Abs. 2 lit. b nimmt Fragen der Rechts-, Geschäfts- und Handlungsfähigkeit vom Anwendungsbereich der Verordnung aus. Zu beachten ist jedoch, dass Fragen der **Testierfähigkeit** in den Anwendungsbereich der Verordnung fallen. Diese beurteilt sich nach dem hypothetischen Erbstatut (Art. 26 I lit. a). Die **Erbfähigkeit** beurteilt sich ebenfalls nach dem Erbstatut (Art. 23 II lit. c). Um der Problematik zu begegnen, dass ein in einem Mitgliedstaat wirksam errichtetes Testament durch die **späteren Wechsel** des anwendbaren Rechts nach dem dann gültigen Erbstatut unwirksam wäre, schützt Art. 26 II die Testierfähigkeit vor einem solchen Statutenwechsel. Auch eine gerichtliche Genehmigung bezüglich einer Mitwirkungshandlung eines gesetzlichen Vertreters in Betreff eines Erbauseinandersetzungsvertrags fällt nicht in den Anwendungsbereich der Verordnung (*Dörner*, ZEV 2016, 117 (121 ff.) mit Bezug auf EuGH Urt. v. 6.10.2015 – C-404/14 – Matoušková – ZEV 2016, 147).

6   c) **Verschollenheit, Abwesenheit, Todesvermutung.** Ebenfalls vom Anwendungsbereich der Verordnung ausgenommen sind gem. Abs. 2 lit. c Fragen der **Todeserklärung** (bspw. § 9 I VerschG) oder der **Verschollenheitserklärung**. Ob in entsprechender Anwendung der Vorschrift hierunter auch Fragen der Voraussetzungen des Todes (insbes. die Bestimmung des Zeitpunkts) fallen, wird unterschiedlich beur-

Anwendungsbereich   Art. 1   EuErbVO 110

teilt (verneinend Dutta/Weber/*J. P. Schmidt* Art. 1 Rn. 35; bejahend MüKoBGB/*Dutta* Art. 1 Rn. 19). Zu beachten ist jedoch, dass Art. 32 eine kollisionsrechtliche Regelung zu Kommorienten enthält.

d) Güterrecht. Abs. 2 lit. d der Vorschrift nimmt Fragen des (ehelichen) Güterrechts vom Anwendungsbereich der Verordnung aus (vgl. Erwäggr. 12; allgemein zu dieser Abgrenzungsfrage: *Weber* DNotZ 2016, 424). Das Kollisionsrecht bzgl. des Güterrechts von Ehegatten und Lebenspartnern ist Gegenstand der Verordnung VO (EU) Nr. 1103/2016 des Rates vom 24.6.2016 zur Durchführung einer verstärkten Zusammenarbeit im Bereich der Zuständigkeit, des anzuwendenden Rechts und der Anerkennung und Vollstreckung von Entscheidungen in Fragen des ehelichen Güterrechts (ABl. 2016 L 183, 1). In diesem Zusammenhang stellte sich somit aus deutscher Sicht erneut die Frage der erbrechtlichen oder güterrechtlichen Qualifikation des **§ 1371 I BGB** mit der Besonderheit, dass die Frage autonom, ohne Rückgriff auf nationales Recht, zu beantworten ist (*Dutta* FamRZ 2013, 4 (9)). Der EuGH hat in der Rechtssache *Mahnkopf* inzwischen entschieden, dass eine nationale Regelung wie § 1371 BGB **als erbrechtlich zu qualifizieren** ist und somit in den Anwendungsbereich der EuErbVO fällt (EuGH Urt. v. 1.3.2018 – C-558/16 – Mahnkopf, NJW 2018, 1377). Die Entscheidung war überraschend, da der EuGH zuvor im Rahmen von familienvermögensrechtlichen Instrumenten eher zu einer am Zweck denn am Mittel ausgerichteten Qualifikation neigte (MüKoBGB/*Dutta* EuErbVO Art. 1 Rn. 22). Im Rahmen der EuErbVO ist § 1371 I BGB somit als erbrechtlich zu qualifizieren und vom Anwendungsbereich der EuErbVO erfasst (zuvor eher einer güterrechtlichen Qualifikation zuneigend OLG Schleswig, Beschl. v. 19.8.2013 – 3 Wx 60/13, ZEV 2014, 93; FuR 2014, 57 (59); *Dörner* ZEV 2012, 505 (507); *Kunz* GPR 2012, 253; *Heinig* DNotZ 2014, 251). Zur damit verbundenen Problematik der Ausweisung der Erbquoten im neuen Europäischen Nachlasszeugnis → Art. 68 Rn. 3.

e) Unterhaltspflichten. Die Vorschrift nimmt das Unterhaltsrecht vom Anwendungsbereich der Verordnung aus. In diesem Rahmen kommen vielmehr die EuUnthVO (VO (EG) Nr. 4/2009) und das Haager Unterhaltsprotokoll (Haager Protokoll über das auf Unterhaltspflichten anzuwendende Recht (HUntProt) vom 23.11.2007 (ABl. 2009 L 331, 19 zur Anwendung). Jedoch ist zu beachten, dass Unterhaltspflichten, die mit dem Tod entstehen, in den Anwendungsbereich der Verordnung fallen. Zu einzelnen erfassten Unterhaltspflichten aus deutscher Perspektive s. MüKoBGB/*Dutta* Art. 1 Rn. 30.

f) Formgültigkeit von mündlichen Verfügungen von Todes wegen. Nach Abs. 2 lit. f sind Fragen der Formgültigkeit von mündlichen Verfügungen von Todes wegen vom Anwendungsbereich der Verordnung ausgenommen. Dies hat aus deutscher Perspektive zur Folge, dass sich die Frage nach dem anwendbaren Recht nach dem Haager Testamentsformübereinkommen von 1961 (bzw. für mündliche Erbverträge nach Art. 26 II EGBGB) richtet.

g) Zuwendungen unter Lebenden. Abs. 2 lit. g nimmt eine Vielzahl verschiedener Zuwendungen unter Lebenden vom Anwendungsbereich der Verordnung aus. Als **unbenannte Zuwendungen** zwischen Ehegatten oder Lebenspartnern unterfallen diese der Europäischen Güterrechtsverordnung (EuGüVO/ VO (EU) Nr. 2016/1103, ABl. 2016 L 183, 1; zum Verhältnis der Verordnungen s. *Mankowski* ZEV 2016, 479). Als **echte Schenkungen** unterfallen sie wiederum der Rom I-VO (Verordnung EG Nr. 593/ 2008 des Europäischen Parlaments und des Rates vom 17.6.2008). Hierunter fallen insbes. Lebensversicherungsverträge und sonstige Verträge zugunsten Dritter auf den Todesfall wie etwa Konten- oder Depotverträge. Im Rahmen von Anrechnungs- und Ausgleichsregelungen des anwendbaren Erbstatuts können solche Zuwendungen jedoch gem. Art. 23 II lit. i berücksichtigt werden. Problematisch ist hingegen die Einordnung von **Schenkungen auf den Todesfall.** Jedoch lassen sich diese begrifflich unter die Definition des Erbvertrags in Art. 3 I lit. b subsumieren (*Dutta* FamRZ 2013, 4 (10); *Vollmer* ZErb 2012, 227 (229)). Für eine Einordnung als Verfügung von Todes wegen iSd Verordnung wird auch angeführt, dass, wenn Erwäggr. 14 schon Verfügungen unter Lebenden mit dinglicher Wirkung vor dem Tod erfasst wissen will, dies somit erst recht für Vermögensübertragungen zum Zeitpunkt des Todes gelten muss (so *Dörner* ZEV 2012, 505 (508)). Zum Vertrag zugunsten Dritter auf den Todesfall vgl. *Werkmüller* ZEV 2016, 123.

h) Gesellschaftsrecht. Nach Abs. 2 lit. h sind Fragen des Gesellschaftsrechts, die die Vererbbarkeit der Gesellschaftsanteile regeln, vom Anwendungsbereich der Verordnung ausgenommen. Eine solche Bereichsausnahme ist bereits aus früheren Verordnungen bekannt (vgl. Art. 1 II lit. f Rom I-VO). Fragen der **Vererblichkeit eines Gesellschaftsanteils** und des Entstehens von Abfindungsansprüchen sind somit weiterhin vor dem Hintergrund des Gesellschaftsstatuts zu beurteilen (gleiches gilt für Fragen des Weiterbestehens der Gesellschaft, Abfindungen oder Eintrittsrechte). Die Ermittlung dieses Gesellschaftsstatuts erfolgt nach den nationalen Kollisionsnormen. Mithin bleibt die Bestimmung des anwendbaren Rechts für gesellschaftsrechtliche Eintritts-, Fortsetzungs- oder Nachfolgeklauseln von der Verordnung unbeeinflusst. Sind iErg nach dem Gesellschaftsstatut gewisse Rechtspositionen vererblich, so erfolgt die Vererbung dieser Positionen wiederum nach dem Erbstatut (ausf. mit Beispielen *Leitzen* ZEV 2012, 520f; *Paulus* notar 2016, 3).

i) Auflösung, Erlöschen und Verschmelzen von Gesellschaften. Abs. 2 lit. i konkretisiert die Bereichsausnahme nach lit. h und stellt insoweit klar, dass die Verordnung nicht auf Fragen des „Todes" einer Gesellschaft, dh deren Auflösung, Erlöschen oder Verschmelzen mit einer anderen Gesellschaft anwendbar ist.

j) Trust. Nach Abs. 2 lit. j sind Fragen im Zusammenhang mit der Errichtung, der Funktionsweise und der Auflösung eines Trusts vom Anwendungsbereich der Verordnung ausgenommen. Was jedoch die

Errichtung eines **testamentarischen oder gesetzlichen** *Trusts* im Rahmen der gesetzlichen Erbfolge betrifft, so ist die Verordnung bzgl. des Übergangs der Vermögenswerte und die Bestimmung der Berechtigten anwendbar und bestimmt diesbzgl. das anzuwendende Recht (Erwäggr. 13; *Falter/Geks* NZG 2017, 1251 (1252)).

14 k) **Sachenrecht.** Nach Abs. 2 lit. k ist die Frage der verschiedenen Arten dinglicher Rechte vom Anwendungsbereich der Verordnung ausgenommen. Der jeweilige nationale *numerus clausus* des **Sachenrechts** bleibt somit unangetastet (EuGH, Urt. v. 12.10.2017 – C-218/16 – *Kubicka* NJW 2017, 3767). Arten, Begründung, Inhalt, Änderung, Schutz, Übertragung unter Lebenden und Aufhebung der dinglichen Rechte richten sich somit nach dem *lex rei sitae* (bspw. sind die beschränkte persönliche Dienstbarkeit und der Nießbrauch nach deutschem Recht unvererblich; *Bachmayer* BWNotZ 2010, 146 (161)). Ein Mitgliedstaat muss danach kein dingliches Recht anerkennen, das seiner Rechtsordnung fremd ist (Erwäggr. 15). Der EuGH legt diese Bereichsausnahme jedoch eng aus. Nach der Rechtsprechung des EuGH werden hingegen **bloße Übergangsmodalitäten** des Eigentums (darunter fasst er Damnations- und **Vindikationslegat**) vor der Ausnahme in Abs. 2 lit. k nicht erfasst (EuGH, Urt. v. 12.10.2017 – C-218/16 – *Kubicka* NJW 2017, 3767).

15 l) **Registereintragungen.** Die Voraussetzungen, Zuständigkeit für eine Eintragung in Register und deren Wirkungen bleiben nach Abs 2. lit. l gleichfalls Fragen des *lex rei sitae* (Erwäggr. 18, 19; vgl. jedoch zu den Wirkungen des Europäischen Nachlasszeugnisses Art. 69 V). Dies hat der EuGH in seiner Entscheidung in der Rechtssache *Kubicka* (Urt. v. 12.10.2017 – C-218/16 – *Kubicka* NJW 2017, 3767) dahingehend weiter konkretisiert, dass die **Voraussetzungen, unter denen Rechte erworben werden,** nicht zu den nach dieser Bestimmung vom Anwendungsbereich dieser Verordnung ausgeschlossenen Bereichen gehören. Abs. 2 lit. l ist nach der genannten Rechtsprechung des EuGH dahingehend auszulegen, dass die Vorschrift der Ablehnung der Anerkennung der gemäß dem gewählten Erbstatut von einem Vindikationslegat im Zeitpunkt des Eintritts des Erbfalls entfalteten dinglichen Wirkungen in einem Mitgliedstaat, dessen Rechtsordnung das Institut des Vindikationslegats nicht kennt, entgegensteht (vgl. zur Thematik auch *Schmidt* ZEV 2014, 133).

Art. 2 Zuständigkeit in Erbsachen innerhalb der Mitgliedstaaten

Diese Verordnung berührt nicht die innerstaatlichen Zuständigkeiten der Behörden der Mitgliedstaaten in Erbsachen.

1 Die Verordnung regelt fast ausschließlich die **internationale Zuständigkeit** in ihrem Anwendungsbereich. Die örtliche, sachliche und funktionale Zuständigkeit wird durch das jeweilige Prozessrecht der Mitgliedstaaten geregelt. Für die Rechtslage in Deutschland sind hier § 2 IntErbRVG für zivilprozessuale Verfahren und die §§ 31, 34, 47 IntErbRVG zu berücksichtigen. Zum Problem der internationalen Zuständigkeit im nationalen Erbscheinserteilungsverfahren → Art. 3 Rn. 8.

Art. 3 Begriffsbestimmungen

(1) Für die Zwecke dieser Verordnung bezeichnet der Ausdruck

a) „Rechtsnachfolge von Todes wegen" jede Form des Übergangs von Vermögenswerten, Rechten und Pflichten von Todes wegen, sei es im Wege der gewillkürten Erbfolge durch eine Verfügung von Todes wegen oder im Wege der gesetzlichen Erbfolge;

b) „Erbvertrag" eine Vereinbarung, einschließlich einer Vereinbarung aufgrund gegenseitiger Testamente, die mit oder ohne Gegenleistung Rechte am künftigen Nachlass oder künftigen Nachlässen einer oder mehrerer an dieser Vereinbarung beteiligter Personen begründet, ändert oder entzieht;

c) „gemeinschaftliches Testament" ein von zwei oder mehr Personen in einer einzigen Urkunde errichtetes Testament;

d) „Verfügung von Todes wegen" ein Testament, ein gemeinschaftliches Testament oder einen Erbvertrag;

e) „Ursprungsmitgliedstaat" den Mitgliedstaat, in dem die Entscheidung ergangen, der gerichtliche Vergleich gebilligt oder geschlossen, die öffentliche Urkunde errichtet oder das Europäische Nachlasszeugnis ausgestellt worden ist;

f) „Vollstreckungsmitgliedstaat" den Mitgliedstaat, in dem die Vollstreckbarerklärung oder Vollstreckung der Entscheidung, des gerichtlichen Vergleichs oder der öffentlichen Urkunde betrieben wird;

g) „Entscheidung" jede von einem Gericht eines Mitgliedstaats in einer Erbsache erlassene Entscheidung ungeachtet ihrer Bezeichnung einschließlich des Kostenfestsetzungsbeschlusses eines Gerichtsbediensteten;

h) „gerichtlicher Vergleich" einen von einem Gericht gebilligten oder vor einem Gericht im Laufe eines Verfahrens geschlossenen Vergleich in einer Erbsache;

i) „öffentliche Urkunde" ein Schriftstück in Erbsachen, das als öffentliche Urkunde in einem Mitgliedstaat förmlich errichtet oder eingetragen worden ist und dessen Beweiskraft

  i) sich auf die Unterschrift und den Inhalt der öffentlichen Urkunde bezieht und

ii) durch eine Behörde oder eine andere vom Ursprungsmitgliedstaat hierzu ermächtigte Stelle festgestellt worden ist.

(2) Im Sinne dieser Verordnung bezeichnet der Begriff „Gericht" jedes Gericht und alle sonstigen Behörden und Angehörigen von Rechtsberufen mit Zuständigkeiten in Erbsachen, die gerichtliche Funktionen ausüben oder in Ausübung einer Befugnisübertragung durch ein Gericht oder unter der Aufsicht eines Gerichts handeln, sofern diese anderen Behörden und Angehörigen von Rechtsberufen ihre Unparteilichkeit und das Recht der Parteien auf rechtliches Gehör gewährleisten und ihre Entscheidungen nach dem Recht des Mitgliedstaats, in dem sie tätig sind,
a) vor einem Gericht angefochten oder von einem Gericht nachgeprüft werden können und
b) vergleichbare Rechtskraft und Rechtswirkung haben wie eine Entscheidung eines Gerichts in der gleichen Sache.

Die Mitgliedstaaten teilen der Kommission nach Artikel 79 die in Unterabsatz 1 genannten sonstigen Behörden und Angehörigen von Rechtsberufen mit.

1. Normzweck. Die Norm definiert eine Vielzahl von zentralen Begriffen der Verordnung. Sie dient somit als Hilfestellung zur gebotenen **autonomen Auslegung** (allg. zum Problem der autonomen Auslegung und den Begriffen des Erben und Vermächtnisnehmers *Baldus* GPR 2012, 312). Das deutsche Begriffsverständnis darf hingegen nicht zugrunde gelegt werden. Daneben können auch die Erwägungsgründe als Indiz herangezogen werden. In Einzelfällen kann die Einordnung jedoch Probleme bereiten. 1

2. Einzelfälle. a) Rechtsnachfolge von Todes wegen. Der Begriff in Abs. 1 lit. a umfasst sowohl die aus dem deutschen Recht bekannte **Universalsukzession**, als auch die **Singularsukzession** anderer Rechtsordnungen. Daneben sind sowohl die **gesetzliche als auch die gewillkürte Erbfolge** erfasst. Des Weiteren sind auch Vindikations- und Damnationslegate umfasst (BeckOGK EuErbVO/*J. Schmidt* Art. 3 Rn. 2). 2

b) Erbvertrag. Abs. 1 lit. b definiert den Erbvertrag als Vereinbarung, die mit oder ohne Gegenleistung Rechte am künftigen Nachlass oder künftigen Nachlässen mindestens einer an dieser Vereinbarung beteiligter Personen begründet, ändert oder entzieht. Die Definition geht über das deutsche Begriffsverständnis in mehrfacher Hinsicht hinaus und muss autonom ausgelegt werden. Anders als im deutschen Recht setzt der Begriff **keine vertragsmäßig bindende Verfügung** voraus. Nichtsdestotrotz fällt ein Erbvertrag nach deutschem Verständnis gleichfalls unter die Regelung, da eine vertragsmäßig bindende Verfügung nicht schadet (ausf. zum Begriff *Nordmeier* ZEV 2013, 117). Daneben sind auch **Erbverzicht, Pflichtteilsverzicht und die Schenkung auf den Todesfall** hierunter zu subsumieren (*Dutta* FamRZ 2013, 4 (10); *Vollmer* ZErb 2012, 227 (229)). 3

c) Gemeinschaftliches Testament. Auch gemeinschaftliche Testamente iSv Abs 1 lit. c sind unter die **Definition des Erbvertrags iSv Abs. 1 lit. b** zu fassen, soweit sie die Voraussetzungen der Vorschrift erfüllen. Dies gilt, obwohl die Verordnung in Abs. 1 lit. c das gemeinschaftliche Testament iSd EuErbVO selbständig definiert (BeckOGK EuErbVO/*J. Schmidt* Art. 3 Rn. 14; *Heinig* RNotZ 2014, 197 (200f.); *Lechner* NJW 2013, 26 (27); *Leipold* ZEV 2014, 139) und unabhängig davon, ob es in einer einzelnen Urkunde oder in mehreren Urkunden niedergelegt wurde. Besondere Bedeutung erlangt diese Zuordnung iRd Art. 25. Diese Auslegung gewährleistet die Bindungswirkung der wechselbezüglichen Verfügungen über eine Anwendung von § 2271 BGB (*Lehmann* ZErb 2013, 25 (26); *Lechner* NJW 2013, 26; für eine Anwendung von Art. 25 zumindest bzgl. der Bindungswirkung: *Dutta* FamRZ 2013, 4 (9); aA *Simon/Buschbaum* NJW 2012, 2393 (2396), die bei Sachverhalten mit internationalem Bezug zum Abschluss eines Erbvertrags raten). Entfaltet das gemeinschaftliche Testament jedoch keinerlei Bindungswirkung (bspw. weil diese ausgeschlossen wurde), so kommt Art. 24 zur Anwendung (*Lechner* NJW 2013, 26 (27)). 4

d) Verfügungen von Todes wegen. Verfügungen von Todes wegen iSd Verordnung sind nach Abs. 1 lit. d Testamente, gemeinschaftliche Testamente und Erbverträge. Auf die Form der Errichtung kommt es nicht an. 5

e) Ursprungsmitgliedstaat. Ursprungsmitgliedstaat iSd Verordnung ist nach Abs. 1 lit. e der Mitgliedstaat, in dem die Entscheidung ergangen, der gerichtliche Vergleich gebilligt oder geschlossen, die öffentliche Urkunde errichtet oder das Europäische Nachlasszeugnis ausgestellt worden ist. Gemeint ist nur ein Mitgliedstaat im Sinne der Verordnung. 6

f) Vollstreckungsmitgliedstaat. Vollstreckungsmitgliedstaat ist nach der Legaldefinition von Abs. 1 lit. f derjenige Mitgliedstaat iSd Verordnung, in dem die Vollstreckbarerklärung oder Vollstreckung der Entscheidung, des gerichtlichen Vergleichs oder der öffentlichen Urkunde betrieben wird. 7

g) Entscheidung. Entscheidung ist nach Abs. 1 lit. g jede von einem Gericht eines Mitgliedstaats in einer Erbsache erlassene Entscheidung ungeachtet ihrer Bezeichnung. Auch ein Kostenfestsetzungsbeschluss eines Gerichtsbediensteten ist darunter zu fassen. Die gegebene Definition ist insbes. im Rahmen der Art. 39ff. (Anerkennung und Vollstreckung) relevant (Dutta/Weber/*J. P. Schmidt* Art. 3 Nr. 7). Äußerst umstritten ist in diesem Zusammenhang, ob auch die **Ausstellung eines nationalen Erbnachweises** eine Entscheidung iSd Verordnung darstelle. Richtiger Ansicht nach gelten auch für die nationale Erbscheinsverfahren die Art. 4ff. (bejahend etwa BeckOGK EuErbVO/*J. Schmidt* Art. 3 Rn. 28; verneinend mit Blick auf die fehlende Rechtskraftfähigkeit Geimer/Schütze/Schall/Simon Art. 3 Rn. 26). Der EuGH 8 hat in der Rechtssache Oberle die Frage offengelassen, ob es sich bei der Ausstellung eines nationalen Erbscheins um eine Entscheidung iSv Abs. 1 lit. g handelt, aber die Anwendung der Art. 4 ff. bezüglich der Ausstellung nationaler Erbscheine dennoch, aufgrund des Sinn und Zwecks der Verordnung (sich widersprechende Entscheidungen in verschiedenen Mitgliedsstaaten zu verhindern) und mit Blick auf Art. 13 bejaht. Art. 64 stehe dem nicht entgegen. Daneben betont er nochmals, dass die Verordnung sowohl Entscheidungen im streitigen, als auch im nicht-streitigen Verfahren erfasst (EuGH Urt. v. 21.6. 2018 – C 20/17, NJW 2018, 2309 – Oberle; aA *Weber/Schall* NJW 2016, 3564 (3565); *Wall* ZErb 2015, 9).

9 **h) Gerichtlicher Vergleich.** Nach Abs. 1 lit. h ist ein gerichtlicher Vergleich iSd Verordnung ein von einem Gericht gebilligter oder vor einem Gericht im Laufe eines Verfahrens geschlossener Vergleich in einer Erbsache. Der Begriff ist im Abschnitt der Art. 59 ff. relevant. Der Begriff des Gerichts wird in Abs. 2 definiert.

10 **i) Öffentliche Urkunde.** Nach Abs. 1 lit. i ist eine öffentliche Urkunde ein Schriftstück in Erbsachen, das als öffentliche Urkunde in einem Mitgliedstaat förmlich errichtet oder eingetragen worden ist und dessen Beweiskraft sich auf die Unterschrift und den Inhalt der öffentlichen Urkunde bezieht und durch eine Behörde oder eine andere vom Ursprungsmitgliedstaat hierzu ermächtigte Stelle festgestellt worden ist. Die Definition ist insbes. im Abschnitt der Art. 59 ff. relevant. Erfasst sind auch elektronische Dokumente (BeckOGK EuErbVO/*J. Schmidt* Art. 3 Rn. 37).

11 **j) Gericht.** Abs. 2 definiert den Begriff des Gerichts iSd Verordnung. Der Begriff ist für die internationale Zuständigkeit nach Art. 4 ff., für das Anerkennungs- und Vollstreckungsverfahren nach Art. 39 ff. und für die Erteilung des Europäischen Nachlasszeugnisses nach Art. 62 ff. relevant. Die **Definition** ist offen gehalten und erfasst somit alle Gerichte, sonstigen Behörden und Angehörige von Rechtsberufen, die die Voraussetzungen des Abs. 2 erfüllen (Erwäggr. 20, 21). Hierunter fallen bspw. auch Notare, wenn sie gerichtliche oder gerichtsähnliche Funktionen wahrnehmen, nicht aber dort, wo sie rein beglaubigende oder beurkundende Tätigkeiten ausüben (*Dörner* ZEV 2012, 505 (509); vgl. auch das Gesetz zur Übertragung von Aufgaben im Bereich der freiwilligen Gerichtsbarkeit auf Notare, BGBl. 2013 I 1800 ff.). Auch die in Nachlasssachen der freiwilligen Gerichtsbarkeit tätig werdenden Rechtspfleger fallen unter den Begriff des Gerichts (BeckOGK EuErbVO/*J. Schmidt* Art. 3 Rn. 19), nicht aber Grundstücks- oder Gesellschaftsregisterstellen oder Schiedsgerichte (Dutta/Weber/*J. P. Schmidt* Art. 3 Rn. 20, 26; zu erbrechtlichen Schiedsgerichten unter Geltung der Verordnung s. *Mankowski* ZEV 2014, 395).

Kapitel II. Zuständigkeit

Art. 4 Allgemeine Zuständigkeit

Für Entscheidungen in Erbsachen sind für den gesamten Nachlass die Gerichte des Mitgliedstaats zuständig, in dessen Hoheitsgebiet der Erblasser im Zeitpunkt seines Todes seinen gewöhnlichen Aufenthalt hatte.

1 Die Norm regelt die internationale Zuständigkeit und verwirklicht hierbei zusammen mit Art. 21 das **Gleichlaufprinzip** als eines der Grundprinzipien der EuErbVO (Erwäggr. 27). Die allgemeine internationale Zuständigkeit richtet sich damit nach dem letzten gewöhnlichen Aufenthalt des Erblassers (näher zum Begriff des „gewöhnlichen Aufenthalts" → Art. 21 Rn. 3 ff.). Es kommt somit nach der Grundintention des Verordnungsgebers zu einem Gleichlauf von *forum* und *ius*, was der Verfahrensökonomie zugutekommt. Das Gleichlaufprinzip wird jedoch in einer Vielzahl von Fällen durchbrochen, was insbes. die Möglichkeit einer Rechtswahl (Art. 22) zeigt. Bis auf wenige Ausnahmen (vgl. Art. 13 u. 19) kann es jedoch infolge der Regelung zu keinen Doppelzuständigkeiten mehr kommen (*Odersky* notar 2013, 1 (4)).

2 Hatte der Erblasser seinen **gewöhnlichen Aufenthalt nicht in einem Mitgliedstaat**, so kommt Art. 4 nicht zur Anwendung. Infrage kommt hier insbes. eine subsidiäre Zuständigkeit nach Art. 10.

3 Die Regelung der internationalen Zuständigkeit gilt sowohl für **streitige als auch für unstreitige Verfahren** (Erwäggr. 59) sowie für die internationale Zuständigkeit für die Erteilung des neuen Europäischen Nachlasszeugnisses (Art. 64).

4 Die **örtliche und sachliche Zuständigkeit** wird durch die EuErbVO hingegen nicht berührt. Aus deutscher Perspektive sind für diese Fragen die Regelungen des IntErbRVG (insbes. §§ 2, 31, 34, 47 IntErbRVG) und die des § 343 FamFG heranzuziehen.

5 Ungeklärt und äußerst umstritten war bisher die Frage, ob die Verordnung in den Art. 4 ff. auch die internationale Zuständigkeit für die **Erteilung nationaler Erbscheine** regelt. Dagegen wurde eingewendet, dass Zuständigkeitsregeln schon systematisch nur „Entscheidungen" iSd Verordnung betreffen, wobei die Ausstellung eines Erbscheins gerade nicht unter diesen Begriff zu fassen sei (vgl. Vorlagebeschluss des KG v. 10.1.2017 – 6 W 125/16, ZEV 2017, 213 m. Anm. *Leipold*; Anm. *Dörner* in DNotZ 2017, 407; *Weber/Schall* NJW 2016, 3564 (3565)). Eine andere Auffassung vertrat der Generalanwalt in seinem Schlussvortrag in der diesbezüglichen Rechtssache *Oberle*. Nunmehr hat der EuGH die Frage dahingehend entschieden, dass sich auch die internationale Zuständigkeit für die Ausstellung nationaler Erbscheine (insbes. die Erteilung eines gegenständlich beschränkten Erbscheins) ausschließlich nach den Art. 4 ff. richtet. Für eine Anwendung von § 105 FamFG verbleibe daneben kein Raum. Ob es sich bei einem deutschen Erbschein um eine Entscheidung iSd Norm handelt, hat der EuGH offengelassen. Aus

dem Wortlaut könne dies insoweit nicht abgeleitet werden. Er stützt seine Entscheidung auf das systematische Argument des Art. 13 und den Sinn und Zweck der Verordnung (Verhinderung von widersprüchlichen Entscheidungen in verschiedenen Mitgliedsstaaten und einer einheitlichen Anwendung und Auslegung der Verordnung). Auch die Tatsache, dass mit Art. 64 ff. eine spezielle Regelung für das Europäische Nachlasszeugnis bestehe, stehe diesem Ergebnis nicht entgegen (EuGH Urt. v. 21.6.2018 – C 20/17, NJW 2018, 2309 – Oberle).

Art. 5 Gerichtsstandsvereinbarung

(1) Ist das vom Erblasser nach Artikel 22 zur Anwendung auf die Rechtsnachfolge von Todes wegen gewählte Recht das Recht eines Mitgliedstaats, so können die betroffenen Parteien vereinbaren, dass für Entscheidungen in Erbsachen ausschließlich ein Gericht oder die Gerichte dieses Mitgliedstaats zuständig sein sollen.

(2) ¹Eine solche Gerichtsstandsvereinbarung bedarf der Schriftform und ist zu datieren und von den betroffenen Parteien zu unterzeichnen. ²Elektronische Übermittlungen, die eine dauerhafte Aufzeichnung der Vereinbarung ermöglichen, sind der Schriftform gleichgestellt.

Art. 5 ermöglicht es den von einer Rechtsnachfolge von Todes wegen **betroffenen Parteien** (alle vom Verfahren betroffenen Parteien, Erwäggr. 28), falls der Erblasser eine Rechtswahl nach Art. 22 getroffen hat, zu vereinbaren, dass die Gerichte des Mitgliedstaats zuständig sind, dessen Recht der Erblasser gewählt hat. Die Möglichkeit einer Gerichtsstandsvereinbarung nach Art. 5 im Falle einer **Rechtswahl nach Art. 24 II oder 25 III** ist hingegen mit der überwiegenden Meinung abzulehnen. Dagegen spricht insbes. schon der Wortlaut des Abs. 1, der nur auf Art. 22 Bezug nimmt (so auch statt vieler Dutta/Weber/*Lein* Art. 4 Rn. 8; *Kroll-Ludwigs* notar 2016, 75 (84); *Heinig* RNotZ 2014, 197 (226); *Janzen* DNotZ 2012, 484 (491); aA hingegen MüKoBGB/*Dutta* Vorb. Art. 4 Rn. 16).

Zu den **betroffenen Parteien** iSd Norm gehören aus deutscher Perspektive nicht nur die formell am Verfahren Beteiligten, sondern alle iSv § 7 Nr. 1 bzw. § 345 FamFG. Es sind somit grundsätzlich alle Parteien erfasst, deren Rechte am Nachlass durch die Entscheidung betroffen sein würden (vgl. Erwäggr. 28). Den Parteien wird somit die Möglichkeit gegeben, den **Gleichlauf zwischen *forum* und *ius*** mittels Gerichtsstandsvereinbarung wiederherzustellen (Erwäggr. 27, 28). Das Gericht des Mitgliedstaats, dessen Recht der Erblasser nach Art. 22 gewählt hat, wird in diesem Fall gem. Art. 7 lit. b zuständig. Das bisher zuständige Gericht erklärt sich in diesem Fall nach Art. 6 lit. b für unzuständig und beendet ein bereits eingeleitetes Verfahren nach Art. 8. Die Gerichtsstandsvereinbarung erfasst sowohl streitige als auch unstreitige Verfahren (krit. *Magnus* IPRax 2013, 393 (394 ff.)). Die örtliche und funktionale Zuständigkeit richtet sich weiterhin nach nationalem Recht.

Nach Art. 5 II muss eine derartige Vereinbarung in **Schriftform** abgefasst werden und ist zu datieren. Alternativ kann auch eine elektronische Übermittlung gewählt werden, wenn sie eine dauerhafte Aufzeichnung der Vereinbarung ermöglicht.

Bemerkenswert an der Regelung des Art. 5 ist, dass die am Verfahren beteiligten Parteien nur dann die Möglichkeit einer Zuständigkeitsvereinbarung haben, wenn der Erblasser selbst eine Rechtswahl getroffen hat. Die Parteien haben insoweit **nur die Möglichkeit den Gleichlauf zwischen *forum* und *jus* wiederherzustellen**, können aber nicht die Zuständigkeit der Gerichte eines Mitgliedstaats, dessen Recht der Erblasser nicht gewählt hat, oder die der Gerichte eines Drittstaats wählen. Eine Gerichtsstandsvereinbarung ist danach nur insoweit möglich, als sie zur Folge hat, dass das sodann angerufene Gericht eigenes Recht anwenden kann (krit. insofern auch *Magnus* IPRax 2013, 393 (394 ff.); *Dutta* FamRZ 2013, 4 (6), der auf die großzügigeren Regelungen in der Brüssel I-VO und der Brüssel IIa-VO hinweist und für eine großzügige Auslegung plädiert).

Daneben fehlt auch dem Erblasser eine **Möglichkeit, einen Gerichtsstand zu wählen** (der dahingehende Vorschlag in der MPI-Studie RabelsZ 74 (2010), 522 (585) wurde nicht übernommen). Allenfalls kann mittels Vereinbarungen mit den künftigen Verfahrensparteien und entsprechender testamentarischer Potestativbedingungen vom Erblasser in diese Richtung gewirkt werden (*Dutta* FamRZ 2013, 4 (7), der diesbzgl. auch auf die besseren Möglichkeiten im Rahmen eines *Trusts* eingeht).

Art. 6 Unzuständigerklärung bei Rechtswahl

Ist das Recht, das der Erblasser nach Artikel 22 zur Anwendung auf die Rechtsnachfolge von Todes wegen gewählt hat, das Recht eines Mitgliedstaats, so verfährt das nach Artikel 4 oder Artikel 10 angerufene Gericht wie folgt:
a) Es kann sich auf Antrag einer der Verfahrensparteien für unzuständig erklären, wenn seines Erachtens die Gerichte des Mitgliedstaats des gewählten Rechts in der Erbsache besser entscheiden können, wobei es die konkreten Umstände der Erbsache berücksichtigt, wie etwa den gewöhnlichen Aufenthalt der Parteien und den Ort, an dem die Vermögenswerte belegen sind, oder
b) es erklärt sich für unzuständig, wenn die Verfahrensparteien nach Artikel 5 die Zuständigkeit eines Gerichts oder der Gerichte des Mitgliedstaats des gewählten Rechts vereinbart haben.

Art. 6 regelt das Vorgehen des nach Art. 4 allgemein oder nach Art. 10 subsidiär zuständigen Gerichts im Falle einer Gerichtsstandsvereinbarung nach Art. 5 (Art. 6 lit. b) oder bei entsprechendem Antrag

110 EuErbVO Art. 7–9

einer Partei, wenn das Gericht der Ansicht ist, dass die Gerichte des Mitgliedstaats, dessen Recht der Erblasser gewählt hat, in der Erbsache besser entscheiden können (Art. 6 lit. a – *forum non conveniens*; zu den Unterschieden im Vergleich zu Art. 15 EUEheVO: *Wilke* RIW 2012, 601 (603)).

2 In letzterem Fall (Art. 6 lit. a) hat das Gericht die konkreten Umstände des Erbfalls, wie etwa den gewöhnlichen Aufenthalt der Parteien und den Ort, an dem die Vermögenswerte belegen sind, zu berücksichtigen. Kommt es sodann zu dem Ergebnis, dass die Gerichte des Mitgliedstaats des gewählten Rechts in der Erbsache besser entscheiden können, so muss es sich für unzuständig erklären (es liegt entgegen dem Wortlaut kein Ermessensspielraum vor (BeckOGK EuErbVO/*J. Schmidt* Art. 6 Rn. 9; Dutta/Weber/*Lein* Art. 6 Rn. 13)).

3 Haben die Verfahrensparteien nach Art. 5 die Zuständigkeit eines Gerichts oder der Gerichte des Mitgliedstaats des vom Erblasser nach Art. 22 gewählten Rechts vereinbart, so hat sich das Gericht für unzuständig zu erklären. Ein Ermessen besteht auch in diesem Fall nicht.

4 In beiden Fällen des Art. 6 wird das Gericht, dessen Recht der Erblasser gem. Art. 22 gewählt hat, gem. Art. 7 **zuständig**.

Art. 7 Zuständigkeit bei Rechtswahl

Die Gerichte eines Mitgliedstaats, dessen Recht der Erblasser nach Artikel 22 gewählt hat, sind für die Entscheidungen in einer Erbsache zuständig, wenn

a) sich ein zuvor angerufenes Gericht nach Artikel 6 in derselben Sache für unzuständig erklärt hat,
b) die Verfahrensparteien nach Artikel 5 die Zuständigkeit eines Gerichts oder der Gerichte dieses Mitgliedstaats vereinbart haben oder
c) die Verfahrensparteien die Zuständigkeit des angerufenen Gerichts ausdrücklich anerkannt haben.

1 Art. 7 fasst die Fälle der **Zuständigkeitsbegründung im Falle der Rechtswahl des Erblassers** nach Art. 22 zusammen. Neben den Fällen der Zuständigkeit nach Art. 4 und Art. 10 ist ein Gericht eines Mitgliedstaats danach auch dann zuständig, wenn der Erblasser das Recht dieses Mitgliedstaats gem. Art. 22 gewählt hat und sich ein zuvor angerufenes Gericht nach der *forum non conveniens* Klausel des Art. 6 lit. a oder aufgrund einer Gerichtsstandsvereinbarung nach Art. 6 lit. b, Art. 5 für unzuständig erklärt hat, Art. 7 lit. a, lit. b. Die Norm verhindert insoweit einen negativen Kompetenzkonflikt.

2 Nach lit. c ist das Gericht eines Mitgliedstaats, dessen Recht der Erblasser gem. Art. 22 gewählt hat, auch dann für das Verfahren zuständig, wenn die Verfahrensparteien seine Zuständigkeit ausdrücklich anerkannt haben. Für Art. 7 lit. c wird in der Praxis nur ein geringer Anwendungsbereich verbleiben, da im Falle eines **ausdrücklichen Anerkenntnisses** meist eine Vereinbarung iSv Art. 5 vorliegen wird.

Art. 8 Beendigung des Verfahrens von Amts wegen bei Rechtswahl

Ein Gericht, das ein Verfahren in einer Erbsache von Amts wegen nach Artikel 4 oder nach Artikel 10 eingeleitet hat, beendet das Verfahren, wenn die Verfahrensparteien vereinbart haben, die Erbsache außergerichtlich in dem Mitgliedstaat, dessen Recht der Erblasser nach Artikel 22 gewählt hat, einvernehmlich zu regeln.

1 Art. 8 regelt anknüpfend an Art. 4 (Zuständigkeit am Ort des gewöhnlichen Aufenthalts) und Art. 10 (Subsidiäre Zuständigkeit) die **Beendigung des Verfahrens bei diesen Gerichten**, wenn der Erblasser eine Rechtswahl iSd Art. 22 getroffen hat und sich die Parteien darüber geeinigt haben, die Erbsache außergerichtlich in dem Mitgliedstaat, dessen Recht der Erblasser gewählt hat, einvernehmlich zu regeln. Die Beendigung erfolgt von Amts wegen.

2 Sollte **kein Verfahren von Amts wegen eröffnet** worden sein, so steht es den Parteien offen, die Erbsache außergerichtlich in einem anderen Mitgliedstaat ihrer Wahl einvernehmlich zu regeln, wobei dies auch möglich sein soll, wenn das anzuwendende Recht nicht das Recht dieses Mitgliedstaats ist (Erwäggr. 29).

Art. 9 Zuständigkeit aufgrund rügeloser Einlassung

(1) Stellt sich in einem Verfahren vor dem Gericht eines Mitgliedstaats, das seine Zuständigkeit nach Artikel 7 ausübt, heraus, dass nicht alle Parteien dieses Verfahrens der Gerichtsstandsvereinbarung angehören, so ist das Gericht weiterhin zuständig, wenn sich die Verfahrensparteien, die der Vereinbarung nicht angehören, auf das Verfahren einlassen, ohne den Mangel der Zuständigkeit des Gerichts zu rügen.

(2) Wird der Mangel der Zuständigkeit des in Absatz 1 genannten Gerichts von Verfahrensparteien gerügt, die der Vereinbarung nicht angehören, so erklärt sich das Gericht für unzuständig.

In diesem Fall sind die nach Artikel 4 oder Artikel 10 zuständigen Gerichte für die Entscheidung in der Erbsache zuständig.

1 Art. 9 knüpft an Art. 7 an und regelt den Fall, dass ein Gericht seine Zuständigkeit auf Art. 7 stützt und sich im Laufe des Verfahrens zeigt, dass Verfahrensparteien vorhanden sind, die nicht an der Ge-

richtsstandsvereinbarung beteiligt waren. Lassen diese sich auf das Verfahren dennoch ein, ohne die Zuständigkeit zu rügen, so bleibt die **Zuständigkeit des Gerichts gem. Art. 9 I erhalten.**

Rügen die Parteien hingegen die Unzuständigkeit, so sind die nach Art. 4 oder Art. 10 zuständigen Gerichte zuständig. Zweifelhaft ist insofern auch das Schicksal der früheren vom nunmehr unzuständigen Gericht getroffenen Maßnahmen (für die Möglichkeit des nunmehr zuständigen Gerichts über die Wirksamkeit der Maßnahmen zu entscheiden *Dutta* FamRZ 2013, 4 (7)). 2

Art. 10 Subsidiäre Zuständigkeit

(1) **Hatte der Erblasser seinen gewöhnlichen Aufenthalt im Zeitpunkt seines Todes nicht in einem Mitgliedstaat, so sind die Gerichte eines Mitgliedstaats, in dem sich Nachlassvermögen befindet, für Entscheidungen in Erbsachen für den gesamten Nachlass zuständig, wenn**
a) **der Erblasser die Staatsangehörigkeit dieses Mitgliedstaats im Zeitpunkt seines Todes besaß, oder, wenn dies nicht der Fall ist,**
b) **der Erblasser seinen vorhergehenden gewöhnlichen Aufenthalt in dem betreffenden Mitgliedstaat hatte, sofern die Änderung dieses gewöhnlichen Aufenthalts zum Zeitpunkt der Anrufung des Gerichts nicht länger als fünf Jahre zurückliegt.**

(2) **Ist kein Gericht in einem Mitgliedstaat nach Absatz 1 zuständig, so sind dennoch die Gerichte des Mitgliedstaats, in dem sich Nachlassvermögen befindet, für Entscheidungen über dieses Nachlassvermögen zuständig.**

Art. 10 begründet eine **subsidiäre Zuständigkeit** der Gerichte eines Mitgliedstaats, die auf der Tatsache beruht, dass in diesem Mitgliedstaat Nachlassvermögen vorhanden ist. Neben der Voraussetzung des Nachlassvermögens in dem betreffenden Mitgliedstaat muss der Erblasser entweder zum Zeitpunkt seines Todes die Staatsangehörigkeit des Mitgliedstaats oder innerhalb der letzten fünf Jahre seinen gewöhnlichen Aufenthalt im Gebiet des Mitgliedstaats gehabt haben. Die Zuständigkeit erstreckt sich in diesen Fällen auf den ganzen Nachlass. Hierbei gilt es jedoch zu beachten, dass eine Zuständigkeit nach Abs. 1 lit. b nicht besteht, wenn für ein anderes Gericht die Voraussetzungen des Abs. 1 lit. a erfüllt sind. Hierfür sprechen sowohl der Wortlaut der Norm („wenn dies nicht der Fall ist"), Erwäggr. 30 („zwingenden Rangfolge") sowie die Tatsache, dass die Überprüfung der Staatsangehörigkeit in der Praxis keine größeren Probleme bereiten dürfte (vgl. *Wilke* RIW 2012, 601 (604), der auch auf die noch umgekehrte Reihenfolge in Art. 6 des Entwurfs hinweist). 1

Abs. 2 regelt den Fall in dem zwar ein Nachlassvermögen in einem Mitgliedstaat vorhanden ist, aber weder die Voraussetzungen von Art. 4, 10 I lit. a noch von Abs. 1 lit. b erfüllt sind und somit **kein Gericht in einem Mitgliedstaat gem. Abs. 1 zuständig ist.** In der Folge sind die Gerichte eines jeden Mitgliedstaats zuständig, in denen sich Nachlassvermögen befindet. Die Zuständigkeit erstreckt sich jedoch nur auf das im Mitgliedstaat belegene Nachlassvermögen. Es besteht insofern die Gefahr einer Nachlasszersplitterung. Nicht anwendbar ist Art. 10, wenn sich ein gewöhnlicher Aufenthalt des Erblassers nicht ermitteln lässt (*Dutta* FamRZ 2013, 4 (6)). 2

Art. 11 Notzuständigkeit (forum necessitatis)

Ist kein Gericht eines Mitgliedstaats aufgrund anderer Vorschriften dieser Verordnung zuständig, so können die Gerichte eines Mitgliedstaats in Ausnahmefällen in einer Erbsache entscheiden, wenn es nicht zumutbar ist oder es sich als unmöglich erweist, ein Verfahren in einem Drittstaat, zu dem die Sache einen engen Bezug aufweist, einzuleiten oder zu führen.

Die Sache muss einen ausreichenden Bezug zu dem Mitgliedstaat des angerufenen Gerichts aufweisen.

Art. 11 normiert eine **Notzuständigkeit** *(forum necessitatis)* falls nach den vorstehenden Regelungen keine Zuständigkeit eines Gerichts eines Mitgliedstaats gegeben ist und die Durchführung oder Einleitung des Verfahrens in einem Drittstaat unmöglich oder unzumutbar ist. Als Beispiele kommen hier Bürgerkriege, Naturkatastrophen, überlange Verfahrensdauern, Diskriminierung oder Fälle der persönlichen Verfolgung in Betracht (Erwäggr. 31). Nichtsdestotrotz muss die Sache jedoch einen ausreichenden Bezug zum Mitgliedstaat des angerufenen Gerichts aufweisen. Zwar spricht der Wortlaut davon, dass Gerichte in den entsprechenden Fällen entscheiden „können", jedoch ist unter Berücksichtigung des Justizgewährungsanspruchs bei Vorliegen der Voraussetzungen wohl von einer Entscheidungspflicht auszugehen (vgl. *Hau* FamRZ 2010, 516 (517) zur EUUnthVO). 1

An den **„ausreichenden Bezug"** iSd UAbs. 2 dürfen keine zu strengen Anforderungen gestellt werden. Infrage kommt hier insbes. die Staatsangehörigkeit oder der (letzte) gewöhnliche Aufenthalt des Erblassers oder der Verfahrensparteien, oder die Belegenheit von Nachlassvermögen (BeckOGK EuErbVO/*J. Schmidt* Art. 11 Rn. 10). Diese Aspekte dürfen jedoch für sich noch keine Zuständigkeit nach anderen Vorschriften der Verordnung (insbes. Art. 10) begründen. 2

Art. 12 Beschränkung des Verfahrens

(1) Umfasst der Nachlass des Erblassers Vermögenswerte, die in einem Drittstaat belegen sind, so kann das in der Erbsache angerufene Gericht auf Antrag einer der Parteien beschließen, über einen oder mehrere dieser Vermögenswerte nicht zu befinden, wenn zu erwarten ist, dass seine Entscheidung in Bezug auf diese Vermögenswerte in dem betreffenden Drittstaat nicht anerkannt oder gegebenenfalls nicht für vollstreckbar erklärt wird.

(2) Absatz 1 berührt nicht das Recht der Parteien, den Gegenstand des Verfahrens nach dem Recht des Mitgliedstaats des angerufenen Gerichts zu beschränken.

1 Die in den Art. 4ff. geregelten Zuständigkeiten erfassen mit Ausnahme von Art. 10 I iVm II den gesamten Nachlass. Art. 12 I macht hiervon jedoch eine weitere Ausnahme für den Fall, dass Vermögenswerte in einem Drittstaat belegen sind und davon auszugehen ist, dass die Entscheidung des Gerichts des Mitgliedstaats dort nicht anerkannt oder für nicht vollstreckbar erklärt wird (**negative Annerkennungs- oder Vollstreckungsprognose** vgl. MüKoBGB/Dutta Art. 12 Rn. 7f.). Die Beschränkung erfolgt jedoch nur auf Antrag hin.

2 Zweifelhaft bleibt der Zweck einer solchen vorgreifenden Beschränkung, die darüber hinaus im Einzelfall **zweifelhafte Prognosen** erfordern wird (ebenso *Dutta* FamRZ 2013, 4 (7), der sich für eine zurückhaltende Ausübung des Ermessens des Gerichts ausspricht).

Art. 13 Annahme oder Ausschlagung der Erbschaft, eines Vermächtnisses oder eines Pflichtteils

Außer dem gemäß dieser Verordnung für die Rechtsnachfolge von Todes wegen zuständigen Gericht sind die Gerichte des Mitgliedstaats, in dem eine Person ihren gewöhnlichen Aufenthalt hat, die nach dem auf die Rechtsnachfolge von Todes wegen anzuwendenden Recht vor einem Gericht eine Erklärung über die Annahme oder Ausschlagung der Erbschaft, eines Vermächtnisses oder eines Pflichtteils oder eine Erklärung zur Begrenzung der Haftung der betreffenden Person für die Nachlassverbindlichkeiten abgeben kann, für die Entgegennahme solcher Erklärungen zuständig, wenn diese Erklärungen nach dem Recht dieses Mitgliedstaats vor einem Gericht abgegeben werden können.

1 Art. 13 normiert eine **besondere Zuständigkeit für die Entgegennahme einer Erklärung** über die Annahme oder Ausschlagung einer Erbschaft, eines Vermächtnisses oder eines Pflichtteils oder einer Erklärung zur Begrenzung der Haftung der betreffenden Person für die Nachlassverbindlichkeiten, wenn sowohl das Erbstatut, als auch das Recht des Mitgliedstaats des betreffenden Gerichts vorsehen, dass die Erklärung gegenüber einem Gericht abgegeben werden kann oder abzugeben ist. Die Vorschrift befreit den Erklärenden jedoch nicht von den weiteren Anforderungen an seine Erklärung, was Frist, Inhalt oder (zweifelhaft) Sprache der Erklärung betrifft (so *Lange/Holtwiesche* ZErb 2016, 29 aA *Leipold* ZEV 2015, 553 (554f.)). Für die **Fristwahrung** soll nach teilweise vertretener Ansicht die Vorlage gegenüber dem Gericht am gewöhnlichen Aufenthaltsort des Erklärenden ausreichend sein und nicht auf den Zugang beim allgemein zuständigen Nachlassgericht abgestellt werden (*Leipold* ZEV 2015, 553 (555f.) aA *Eichel* ZEV 2017, 545 wonach erst die Information des Gerichts der Hauptsache fristwahrend ist).

2 Daneben ist auch die **Anfechtung der Annahme einer Erbschaft** erfasst, nicht jedoch die Annahme oder Ausschlagung eines Vermächtnisses nach deutschem Recht, da diese gem. § 2180 II 1 BGB gegenüber dem Beschwerten zu erklären ist (näher zur Anwendbarkeit aus deutscher Sicht vgl. *Dutta* FamRZ 2013, 4 (7); *Lutz* BWNotZ 2016, 34 (39f.)). Es muss sich allgemein nach dem Erbstatut und der lex fori um **gerichtsempfangsfähige oder gerichtsempfangspflichtige** Erklärungen handeln (MüKoBGB/*Dutta* Art. 13 Rn. 4). Die Norm soll den vom Nachlassverfahren betroffenen Personen eine Verfahrenserleichterung bieten.

3 Nach dem Wortlaut bleibt jedoch die Frage offen, wie das Gericht der Hauptsache von der Erklärung erfährt. Aus Erwäggr. 32 S. 3 ergibt sich, dass die Verordnung davon ausgeht, dass der Erklärende das Gericht der Hauptsache **benachrichtigt**. Die notwendigen Dokumente werden ihm nach deutschem Recht gem. § 31 S. 3 IntErbRVG ausgehändigt.

4 Nach § 31 S. 1 **IntErbRVG** liegt die Zuständigkeit für die Entgegennahme der Erklärung beim Nachlassgericht am gewöhnlichen Aufenthaltsort des Erklärenden.

Art. 14 Anrufung eines Gerichts

Für die Zwecke dieses Kapitels gilt ein Gericht als angerufen

a) zu dem Zeitpunkt, zu dem das verfahrenseinleitende Schriftstück oder ein gleichwertiges Schriftstück bei Gericht eingereicht worden ist, vorausgesetzt, dass der Kläger es in der Folge nicht versäumt hat, die ihm obliegenden Maßnahmen zu treffen, um die Zustellung des Schriftstücks an den Beklagten zu bewirken,

b) falls die Zustellung vor Einreichung des Schriftstücks bei Gericht zu bewirken ist, zu dem Zeitpunkt, zu dem die für die Zustellung verantwortliche Stelle das Schriftstück erhalten hat, vorausgesetzt, dass der Kläger es in der Folge nicht versäumt hat, die ihm obliegenden Maßnahmen zu treffen, um das Schriftstück bei Gericht einzureichen, oder

c) falls das Gericht das Verfahren von Amts wegen einleitet, zu dem Zeitpunkt, zu dem der Beschluss über die Einleitung des Verfahrens vom Gericht gefasst oder, wenn ein solcher Beschluss nicht erforderlich ist, zu dem Zeitpunkt, zu dem die Sache beim Gericht eingetragen wird.

Die Art. 14 ff. sollen verhindern, dass in verschiedenen Mitgliedstaaten Entscheidungen ergehen, die **miteinander unvereinbar** sind und definiert daher übergreifend für die Art. 14 ff. ab wann ein Gericht als angerufen gilt. Inhaltlich orientieren sie sich an den Art. 25 ff. der Brüssel I-VO (Erwäggr. 34). Bedeutung erlangt die Definition insbes. im Rahmen der Art. 7, 10 und 17 f. Allen Varianten ist gemeinsam, dass vorausgesetzt wird, dass der Empfänger seine Mitwirkungsobliegenheiten erfüllt hat (Kroiß/Horn/Solomon/*Köhler* Art. 14 Rn. 1). 1

Ist bei einem **Klage- oder Antragsverfahren** (MüKoBGB/*Dutta* Art. 14 Rn. 3) das verfahrenseinleitende Schriftstück nach der *lex fori* bei Gericht einzureichen, so gilt das Gericht in dem Zeitpunkt als angerufen, in dem das Schriftstück bei Gericht eingereicht worden ist (lit. a). In dem Fall, in dem die *lex fori* dagegen vorsieht, dass das Schriftstück vor der Einreichung bei Gericht dem Beklagten oder Antragsgegner zuzustellen ist, zu dem Zeitpunkt, zu dem die für die Zustellung verantwortliche Stelle das Schriftstück erhalten hat (lit. b). 2

Für das deutsche Erbverfahren ist aufgrund der §§ 253 V, 271 I ZPO, aber auch im Rahmen von § 342 I FamFG jeweils lit. a anzuwenden (MüKoBGB/*Dutta* Art. 14 Rn. 4).

Wird das Verfahren nach der *lex* fori **von Amts wegen eingeleitet,** so ist auf den Zeitpunkt abzustellen, zu dem der Beschluss über die Einleitung des Verfahrens vom Gericht gefasst oder, wenn ein solcher Beschluss nicht erforderlich ist, zu dem Zeitpunkt, zu dem die Sache beim Gericht eingetragen wird (lit. c). 3

Art. 15 Prüfung der Zuständigkeit

Das Gericht eines Mitgliedstaats, das in einer Erbsache angerufen wird, für die es nach dieser Verordnung nicht zuständig ist, erklärt sich von Amts wegen für unzuständig.

Die Vorschrift ergänzt die Zuständigkeitsregelungen der Art. 4 ff. Ist für ein Gericht eine Zuständigkeit nach der EuErbVO nicht gegeben, so hat es sich **von Amts wegen für unzuständig zu erklären.** Ein Antrag oder eine Rüge der Parteien ist insoweit nicht erforderlich. Die Prüfung hat umfassend, in allen Instanzen und in jeder Lage des Verfahrens zu erfolgen (BeckOGK EuErbVO/*J. Schmidt* Art. 15 Rn. 5 ff.). Die Möglichkeit einer **rügelosen Einlassung** der Parteien oder die der Anerkennung der Zuständigkeit ist nur in eng begrenzten Ausnahmefällen möglich (Art. 9, Art. 7 lit. c; vgl. Dutta/*Lein* Art. 15 Rn. 1). 1

Die **Rechtsfolgen** der Unzuständigkeitserklärung richten sich nach dem jeweiligen nationalen Recht. Die Verordnung sieht in Art. 6, 9 II, 17 II und 18 II weitere Sonderfälle der Unzuständigkeitserklärung vor. 2

Art. 16 Prüfung der Zulässigkeit

(1) Lässt sich der Beklagte, der seinen gewöhnlichen Aufenthalt im Hoheitsgebiet eines anderen Staates als des Mitgliedstaats hat, in dem das Verfahren eingeleitet wurde, auf das Verfahren nicht ein, so setzt das zuständige Gericht das Verfahren so lange aus, bis festgestellt ist, dass es dem Beklagten möglich war, das verfahrenseinleitende Schriftstück oder ein gleichwertiges Schriftstück so rechtzeitig zu empfangen, dass er sich verteidigen konnte oder dass alle hierzu erforderlichen Maßnahmen getroffen wurden.

(2) Anstelle des Absatzes 1 des vorliegenden Artikels findet Artikel 19 der Verordnung (EG) Nr. 1393/2007 des Europäischen Parlaments und des Rates vom 13. November 2007 über die Zustellung gerichtlicher und außergerichtlicher Schriftstücke in Zivil- oder Handelssachen in den Mitgliedstaaten (Zustellung von Schriftstücken) Anwendung, wenn das verfahrenseinleitende Schriftstück oder ein gleichwertiges Schriftstück nach der genannten Verordnung von einem Mitgliedstaat in einen anderen zu übermitteln war.

(3) Ist die Verordnung (EG) Nr. 1393/2007 nicht anwendbar, so gilt Artikel 15 des Haager Übereinkommens vom 15. November 1965 über die Zustellung gerichtlicher und außergerichtlicher Schriftstücke im Ausland in Zivil- und Handelssachen, wenn das verfahrenseinleitende Schriftstück oder ein gleichwertiges Schriftstück nach Maßgabe dieses Übereinkommens ins Ausland zu übermitteln war.

Die Vorschrift dient der Sicherstellung der **Information der Verfahrensbeteiligten,** die ihren gewöhnlichen Aufenthalt nicht in dem Mitgliedstaat haben, in dem das Verfahren eingeleitet wurde, und sichert ihnen ihre Verteidigungsmöglichkeiten. Auf diesem Weg soll das Recht auf rechtliches Gehör gewahrt werden. Geschützt werden alle Parteien, die nicht Antragsteller sind, unabhängig von der Verfahrensart 1

(Dutta/*Weber* Art. 16 Rn. 5; MüKoBGB/*Dutta* Art. 16 Rn. 4). Die Prüfung hat mit Abs. 2 zu beginnen, wobei sodann Abs. 3 und erst danach Abs. 1 zur Anwendung kommen können. Ein Verstoß gegen die Vorschrift kann einen **Nichtanerkennungsgrund** nach Art. 40 lit. b darstellen.

2   Wurde das verfahrenseinleitende Schriftstück (oder ein gleichwertiges Schriftstück) nach der **EuZustVO (Verordnung (EG) Nr. 1393/2007** des Europäischen Parlaments und des Rates vom 13. November 2007 über die Zustellung gerichtlicher und außergerichtlicher Schriftstücke in Zivil- oder Handelssachen in den Mitgliedstaaten (Zustellung von Schriftstücken)) von einem Mitgliedsstaat in einen anderen übermittelt, so verweist Abs. 2 auf Artikel 19 der EuZustVO.

3   Ist Abs. 2 mangels Anwendbarkeit der Verordnung nicht einschlägig, so sieht Abs. 3 die Anwendung von Art. 15 HZÜ (**Haager Übereinkommens** vom 15. November 1965 über die Zustellung gerichtlicher und außergerichtlicher Schriftstücke im Ausland in Zivil- und Handelssachen) vor, wenn das verfahrenseinleitende Schriftstück (oder ein gleichwertiges Schriftstück) nach Maßgabe des Haager Übereinkommens ins Ausland zu übermitteln war.

4   Erst wenn sowohl Abs. 2 als auch Abs. 3, also EUZustVO und HZÜ nicht zur Anwendung kommen, ist auf Abs. 1 abzustellen. Danach **setzt das Gericht das Verfahren von Amts wegen aus,** wenn sich der Beklagte, der seinen gewöhnlichen Aufenthalt im Hoheitsgebiet eines anderen Staates als des Mitgliedstaats hat, in dem das Verfahren eingeleitet wurde (was auch ein Drittstaat sein kann), nicht auf das Verfahren eingelassen hat. Ein Nichteinlassen in diesem Sinne liegt insbes. dann vor, wenn weder der Beklagte noch ein Vertreter auftritt. Es ist sodann zu prüfen, ob es dem Beklagten möglich war, das verfahrenseinleitende Schriftstück oder ein gleichwertiges Schriftstück so rechtzeitig zu empfangen, dass er sich verteidigen konnte oder dass alle hierzu erforderlichen Maßnahmen getroffen wurden. Dies ist insbes. dann der Fall, wenn die Klage nach nationalem Recht öffentlich zugestellt wurde, da der Aufenthalt des Beklagten nicht zu ermitteln war. In diesem Fall sind EUZustVO und HZÜ gerade nicht anwendbar (vgl. hierzu insgesamt Geimer/Schütze/*Jäger* Art. 16 Rn. 16; Dutta/*Weber* Art. 16 Rn. 11).

Art. 17 Rechtshängigkeit

(1) **Werden bei Gerichten verschiedener Mitgliedstaaten Verfahren wegen desselben Anspruchs zwischen denselben Parteien anhängig gemacht, so setzt das später angerufene Gericht das Verfahren von Amts wegen aus, bis die Zuständigkeit des zuerst angerufenen Gerichts feststeht.**

(2) **Sobald die Zuständigkeit des zuerst angerufenen Gerichts feststeht, erklärt sich das später angerufene Gericht zugunsten dieses Gerichts für unzuständig.**

1   Die Vorschrift soll sich **widersprechende Entscheidungen** durch Gerichte in verschiedenen Mitgliedstaaten (nicht im Verhältnis zu Gerichten in Drittstaaten) in Erbsachen vermeiden (Erwäggr. 34, 35). Es soll gerade verhindert werden, dass Entscheidungen ergehen, deren Anerkennung an Art. 40 lit. c scheitern würde.

2   Werden danach bei Gerichten in verschiedenen Mitgliedstaaten Verfahren wegen desselben Anspruchs zwischen denselben Parteien anhängig gemacht, so hat das später angerufene Gericht das Verfahren von Amts wegen solange auszusetzen, bis das erstangerufene Gericht über seine Zuständigkeit entschieden hat (**Prioritätsprinzip,** Abs. 1). Eine Überprüfung der Zuständigkeit des Erstgerichts durch das später angerufene Gericht findet nicht statt. Sollte sich das erstangerufene Gericht für zuständig erklären, so erklärt sich das später angerufene Gericht für unzuständig, Abs. 2.

3   Eine **Parteiidentität** iSd Vorschrift kann auch dann vorliegen, wenn lediglich die Prozessrollen abweichend sind. Auch Fälle der Rechtskrafterstreckung oder Prozessstandschaft können eine entsprechende Parteiidentität begründen. Eine Identität des **Streitgegenstands** ist dann gegeben, wenn die jeweiligen Klagen auf eine einheitliche Grundlage gestützt werden und denselben Gegenstand betreffen. (s. zu den einzelnen Voraussetzungen detailliert Geimer/Schütze/*Jäger* Art. 17 Rn. 10ff.). Wann ein Rechtsstreit anhängig ist, beurteilt sich nach Art. 14.

4   Für das Verfahren zur Erteilung eines deutschen Erbscheins ist die Norm hingegen nach bisher überwiegender Auffassung nicht anwendbar. So soll Art. 17 für das deutsche Erbscheinsverfahren im Verhältnis zu Verfahren in anderen Mitgliedstaaten nicht anwendbar sein, da mit der Entscheidung über die Erteilung des Erbscheins keine Entscheidung iSv Art. 39 vorliegt. Nur auf solche soll sich jedoch Art. 17 beziehen (vgl. hierzu ausführlich Dutta/*Weber* Art. 17 Rn. 19; Geimer/Schütze/*Jäger* Art. 17 Rn. 19ff.). Der EuGH hat in der Sache Oberle zwar die Anwendung von Art. 4 auf das nationale Erbscheinsverfahren bejaht, die Frage, ob in der Erteilung des nationalen Erbscheins eine Entscheidung im Sinn der Verordnung (vorliegend insbes. iSv Art. 39) zu sehen ist, hingegen offengelassen (EuGH Urt. v. 21.6.2018 – C 20/17, NJW 2018, 2309 – Oberle mAnm *Fornasier*).

Art. 18 Im Zusammenhang stehende Verfahren

(1) **Sind bei Gerichten verschiedener Mitgliedstaaten Verfahren, die im Zusammenhang stehen, anhängig, so kann jedes später angerufene Gericht das Verfahren aussetzen.**

(2) **Sind diese Verfahren in erster Instanz anhängig, so kann sich jedes später angerufene Gericht auf Antrag einer Partei auch für unzuständig erklären, wenn das zuerst angerufene Gericht für die betreffenden Verfahren zuständig ist und die Verbindung der Verfahren nach seinem Recht zulässig ist.**

(3) Verfahren stehen im Sinne dieses Artikels im Zusammenhang, wenn zwischen ihnen eine so enge Beziehung gegeben ist, dass eine gemeinsame Verhandlung und Entscheidung geboten erscheint, um zu vermeiden, dass in getrennten Verfahren widersprechende Entscheidungen ergehen.

Die Vorschrift dient der **Verfahrenskoordination** zwischen Gerichten verschiedener Mitgliedstaaten (nicht aber innerhalb eines Mitgliedsstaats oder in Beziehung zu Gerichten in Drittstaaten) und soll sich widersprechende Entscheidungen in Erbsachen verhindern (Erwäggr. 34, 35). Auch das Verhältnis zu außergerichtlichen Verfahren ist vom Anwendungsbereich der Norm nicht erfasst (BeckOGK EuErbVO/*J. Schmidt* Art. 18 Rn. 30). 1

Sind bei mehreren Gerichten in verschiedenen Mitgliedsstaaten **zusammenhängende Verfahren** anhängig, so eröffnet Abs. 1 für das später angerufene Gericht die Möglichkeit das Verfahren auszusetzen, oder, bei einem Verfahren in erster Instanz, sich nach Abs. 2 auf Antrag einer der Parteien für unzuständig zu erklären, wenn das erstangerufene Gericht für das Verfahren zuständig ist und die Verbindung des Verfahrens nach dem Recht des erstangerufenen Gerichts zulässig ist. 2

Ein **Zusammenhang** im Sinne der Vorschrift ist nach Abs. 3 gegeben, wenn zwischen den Verfahren eine so enge Beziehung besteht, dass eine gemeinsame Verhandlung und Entscheidung geboten erscheint, um widersprüchliche Entscheidungen zu vermeiden. An den Zusammenhang sind geringe Anforderungen zu stellen, der Begriff ist also weit auszulegen. Ein Zusammenhang ist insbes. dann zu bejahen, wenn die Verfahren den gleichen Erbfall betreffen (MüKoBGB/*Dutta* Art. 18 Rn. 2). Eine Anspruchs- oder Parteiidentität wie im Rahmen von Art. 17 I ist hingegen nicht notwendig. 3

Die Entscheidung über die Aussetzung nach Abs. 1 oder den Antrag nach Abs. 2 liegt im **Ermessen** des zweitangerufenen Gerichts. 4

Art. 19 Einstweilige Maßnahmen einschließlich Sicherungsmaßnahmen

Die im Recht eines Mitgliedstaats vorgesehenen einstweiligen Maßnahmen einschließlich Sicherungsmaßnahmen können bei den Gerichten dieses Staates auch dann beantragt werden, wenn für die Entscheidung in der Hauptsache nach dieser Verordnung die Gerichte eines anderen Mitgliedstaats zuständig sind.

Nach der Vorschrift ist es Gerichten eines Mitgliedsstaats auch dann möglich einstweilige Maßnahmen (einschließlich Sicherungsmaßnahmen) im Anwendungsbereich der Verordnung zu erlassen, wenn für die Entscheidung in der Hauptsache das Gericht eines anderen Mitgliedsstaats zuständig ist. Die **internationale Zuständigkeit** kann sich somit aus den Art. 4 ff. oder über Art. 19 ergeben, wobei ein Wahlrecht besteht. Im Detail stellt sich die Vorschrift als äußerst lückenhaft dar. 1

Der Begriff der einstweiligen Maßnahme ist unionsautonom auszulegen, wobei auf die Rechtsprechung des EuGH zu anderen Verordnungen zurückgegriffen werden kann. Einstweilige Maßnahmen im Sinne der Vorschrift sind danach **Maßnahmen** des nationalen Rechts eines Mitgliedsstaats, die auf in seinen Anwendungsbereich fallenden Rechtsgebieten ergehen und eine Sach- oder Rechtslage erhalten sollen, um Rechte zu sichern, deren Anerkennung im Übrigen bei dem in der Hauptsache zuständigen Gericht beantragt wird (so beispielsweise der EuGH in der Rechtssache, C-261/90, Slg. 1992, 2149 – Reichert/Dresdner Bank zum Brüsseler Übereinkommen vom 27.9.1968). Zur Qualifizierung von einzelnen Maßnahmen s. BeckOGK EuErbVO/*J. Schmidt* Art. 19 Rn. 7. Ist eine einstweilige Maßnahme zugleich eine Entscheidung iSd Art. 3 I lit. j, so ist sie gem. Art. 39 ff. in allen anderen Mitgliedstaaten anzuerkennen und zu vollstrecken (BeckOGK EuErbVO/*J. Schmidt* Art. 19 Rn. 20 f.). 2

Weiterhin muss zwischen dem Gegenstand der beantragten Maßnahme und der gebietsbezogenen Zuständigkeit des Vertragsstaats des angerufenen Gerichts eine sog. **reale Verknüpfung** bestehen (Geimer/Schütze/*Jäger* Art. 19 Rn. 12). Dies ist etwa dann der Fall, wenn in dem Mitgliedstaat Nachlassvermögen liegt. 3

Eine Regelung zum **Verhältnis** von einstweiligen Maßnahmen nach Art. 19 zu solchen des Hauptsachegerichts fehlt gerade (vgl. genauer hierzu Dutta/*Weber* Art. 19 Rn. 3). Hier wird teilweise eine analoge Anwendung des Art. 20 II Brüssel IIa-VO befürwortet (MüKoBGB/*Dutta* Art. 19 Rn. 3). 4

Kapitel III. Anzuwendendes Recht

Art. 20 Universelle Anwendung

Das nach dieser Verordnung bezeichnete Recht ist auch dann anzuwenden, wenn es nicht das Recht eines Mitgliedstaats ist.

Art. 20 verdeutlicht, dass es sich bei der EuErbVO um *loi uniforme* handelt. Die Verordnung ist somit auch dann anwendbar, wenn kein Bezug zu einem weiteren Mitgliedstaat, sondern nur zu einem Drittstaat besteht, die Verordnung also für das anzuwendende Recht auf das Recht eines Drittstaats verweist. Das diesbezügliche nationale Kollisionsrecht wird insofern nicht mehr zur Anwendung kommen. Die bisher in der Praxis bestehende Zweispurigkeit des Kollisionsrechts wird damit vermieden (*Dörner* ZEV 2010, 221 (222)). 1

Art. 21 Allgemeine Kollisionsnorm

(1) Sofern in dieser Verordnung nichts anderes vorgesehen ist, unterliegt die gesamte Rechtsnachfolge von Todes wegen dem Recht des Staates, in dem der Erblasser im Zeitpunkt seines Todes seinen gewöhnlichen Aufenthalt hatte.

(2) Ergibt sich ausnahmsweise aus der Gesamtheit der Umstände, dass der Erblasser im Zeitpunkt seines Todes eine offensichtlich engere Verbindung zu einem anderen als dem Staat hatte, dessen Recht nach Absatz 1 anzuwenden wäre, so ist auf die Rechtsnachfolge von Todes wegen das Recht dieses anderen Staates anzuwenden.

1   **1. Normzweck.** Die zentrale Vorschrift der EuErbVO knüpft für die Ermittlung des anwendbaren Rechts (wie schon Art. 4 für die internationale Zuständigkeit) für die gesamte Rechtsnachfolge von Todes wegen (zum Begriff s. Art. 3 I lit. a) an den **letzten gewöhnlichen Aufenthalt** des Erblassers an und stellt für deutsches Recht einen Paradigmenwechsel dar (Erwäggr. 23). Mit dieser Anknüpfung wird das Prinzip der **Nachlasseinheit** verwirklicht; eine Unterscheidung zwischen beweglichem und unbeweglichem Vermögen findet nicht statt (MüKoBGB/*Dutta* Vorb. Art. 20 Rn. 6). Die Verordnung will damit der zunehmenden Mobilität der Bürger Rechnung tragen und eine ordnungsgemäße Rechtspflege in der Union gewährleisten (Erwäggr. 23). Die Kollisionsnorm findet auch dann Anwendung, wenn der Erblasser seinen gewöhnlichen Aufenthalt in einem Drittstaat hatte.

2   Schon die Wahl des Bezugspunkts des gewöhnlichen Aufenthalts (und nicht etwa der einfacher festzustellenden Staatsangehörigkeit) ist auf vielfache Kritik gestoßen (vgl. nur *Kanzleiter* FS Zimmermann, 2010, 165; *Sonnentag* EWS 2012, 457, mwN zur Gegenansicht auf EWS 2012, 458 (Fn. 23); eing. zur grundsätzlichen Frage der Wahl des Anknüpfungspunkts: *Dutta* RabelsZ 73 (2009) 547 (560ff.); sa *Lorenz* ErbR 2012, 39 (43 f.)). Für Deutschland stellt dies eine **Abkehr von der bisherigen Anknüpfung an das Staatsangehörigkeitsprinzip** (Art. 25 I EGBGB aF) dar. Berücksichtigt man den Anteil der Bevölkerung der verschiedenen Mitgliedstaaten, so unterliegen bisher 62 % dem Prinzip der Anknüpfung an die Staatsbürgerschaft (*Kanzleiter* FS Zimmermann, 2010, 165; zu den einzelnen Staaten vgl. *Sonnentag* EWS 2012, 457 (458 f.) mwN). 14 Mitgliedstaaten folgten bisher dem Staatsangehörigkeitsprinzip, 11 dem Aufenthaltsprinzip, wobei daneben auch Mischformen vorhanden waren (*Lorenz* ErbR 2012, 39 (40)). Die Anknüpfung folgt einem seit längerem erkennbaren Trend weg vom Staatsangehörigkeitsprinzip hin zum gewöhnlichen Aufenthalt (vgl. nur Art. 4 I Rom I-VO; Art. 4 II Rom-II-VO; Art. 8 Rom III-VO; *Simon/Buschbaum* NJW 2012, 2393 (2395)).

3   **2. Begriff des gewöhnlichen Aufenthalts.** Viele Fragen stellen sich bzgl. der Auslegung des Begriffs des „gewöhnlichen Aufenthalts". Die **Bestimmung im Einzelfall** ist oftmals problematisch, was auch der Verordnungsgeber zuvor schon in Erwäggr. 24 erkannt hat. Der Wortlaut der Verordnung selbst gibt für die gebotene autonome Auslegung keinerlei Anhaltspunkte. Lediglich die Erwägungsgründe geben erste Hinweise. Der gewöhnliche Aufenthalt ist im Sinne eines **„Daseinsmittelpunkts"** zu verstehen („Mittelpunkt des Lebensinteresses", KOM (2009) 154 endg. S. 6; *Dörner* 2012, 505 (510)), wobei von der befassten Behörde eine Gesamtbeurteilung der Lebensumstände des Erblassers in den Jahren vor seinem Tod und im Zeitpunkt des Todes verlangt wird (Erwäggr. 23 S. 2).

4   Als dabei **zu berücksichtigende Tatsachen** kommen sowohl die Dauer und die Regelmäßigkeit des Aufenthalts im betreffenden Staat als auch die Gründe hierfür in Betracht (Erwäggr. 23 S. 2). Die Verlagerung des Aufenthalts erst in einem **hohen Alter** kann als Indiz gegen die Annahme eines neuen gewöhnlichen Aufenthalts sprechen. Daneben kann auch die Rspr. des Gerichtshofs zum Kindschaftsverfahrensrecht der Brüssel IIa-VO als Indiz herangezogen werden (*Dutta* FamRZ 2013, 4 (5) mit Verweis auf EuGH Slg. 2009, I-2805 Rn. 39). Hiernach kommt neben den oben genannten Gründen auch den **Sprachkenntnissen** eine Bedeutung zu. Ein bloßes **Auslandsstudium** oder ein Internatsaufenthalt wird regelmäßig nicht ausreichend sein (*Hinden/Müller* ErbStB 2013, 97 (99); weitere typische Problemfälle bei *Döbereiner* MittBayNot 2013, 358 (362) und *Odersky* notar 2013, 1 (5)). Daneben kann auch die **Mitgliedschaft in örtlichen oder regionalen Vereinigungen** als Teil der sozialen Integration zu berücksichtigen sein.

5   Gerade Fälle des **Arbeitsaufenthalts** im Ausland oder ein regelmäßiger Aufenthalt in verschiedenen Staaten, ohne längeres Verweilen an einem Ort, stellen hier ein großes Problem dar. So kann insbes. bei **Grenzpendlern** der gewöhnliche Aufenthalt im Ursprungsstaat verbleiben, obwohl dort kein Wohnsitz mehr besteht, wenn im neuen Staat keine ausreichende soziale Integration gegeben ist (vgl. KG, Beschl. v. 26.4.2016 – 1 AR 8/16; FamRZ 2016, 1203 m. Anm. *Mankowski*). Hierbei ist auch auf den **Schwerpunkt der familiären und sozialen Beziehungen** als wichtiges Kriterium abzustellen. Dies gilt insbes. auch für die Stationierung von Soldaten im Ausland. Daneben kann auch die **Staatsangehörigkeit** oder der **Ort der wesentlichen Vermögensgegenstände** entscheidend sein (Erwäggr. 24 S. 5). Besondere Bedeutung mag auch einem **Wechsel der Staatsangehörigkeit** zukommen (*Kunz* GPR 2012, 208 (211)). Auch die **Integration des Erblassers** in sein Umfeld wird zu berücksichtigen sein (*Süß* ZErb 2009, 342 (344)).

6   Den Ablauf einer gewissen zeitlichen **Frist** kann man ebenso wenig verlangen, wie einen wie auch immer gearteten rechtlichen Bestimmungsakt (anders wohl *Lange* ZErb 2012, 160 (162), der von einer gewissen Zeit des Ausklingens spricht; ebenso wohl *Zimmer/Oppermann* ZEV 2016, 126, die in zentraler Weise auf die Geschäftsfähigkeit abstellen wollen, was abzulehnen ist). Auch das Erfordernis eines **subjektiven Bleibewillens** ist abzulehnen, kann jedoch als gewichtiges Indiz berücksichtigt werden (aA

Lehmann DStR 2012, 2085 (2087). Teilweise wird auf einen subjektiven **Aufenthaltswillen** abgestellt (LG Potsdam, Urt. v. 26.7.2016 – 21 Ks 2/16; BeckRS 2016, 124214, ebenso *Weber/Francasiel* DNotZ 2018, 163 mit weitergehenden Ausführungen zum Fall eines pflegebedürftigen Erblassers). Dem Erwäggr. 24 S. 3 lässt sich weiterhin entnehmen, dass **familiäre und soziale Bindungen** gegenüber einer beruflichen Bindung **vorrangig** zu berücksichtigen sind (vgl. auch KG, Beschl. v. 26.4.2016 – 1 AR 8/16; FamRZ 2016, 1203 m. Anm. *Mankowski; Dörner* 2012, 505 (510)).

Ein beschränktes Mittel zur Vermeidung der mit der Auslegung des Begriffs des gewöhnlichen Aufenthalts verbundenen Rechtsunsicherheit stellt die Möglichkeit der **Rechtswahl gem. Art. 22** dar. 7

3. Ausnahme nach Abs. 2. Obwohl schon der Begriff des gewöhnlichen Aufenthalts offen gestaltet ist 8 und Raum für die Berücksichtigung der Umstände des Einzelfalls lässt, eröffnet Abs. 2 eine weitere **Korrekturmöglichkeit**. Die Klausel orientiert sich am Vorbild des Art. 4 III Rom II-VO (*Janzen* DNotZ 2012, 484 (486)). Der Bedarf für eine derartige Ausweichklausel ist angesichts der Offenheit des Begriffs des gewöhnlichen Aufenthalts krit. zu sehen (ebenso ua *Dutta* FamRZ 2013, 4 (8); *Wilke* RIW 2012, 601 (605); *Vollmer* ZErb 2012, 227 (231); *Lehmann* DStR 2012, 2085 (2086); aA *Hinden/Müller* ErbStB 2013, 97 (100)). Auch hat die Anwendung vergleichbarer Regelungen in früheren Versordnungen schon Probleme bereitet (vgl. Art. 4 IV ROM I-VO). In der Folge ergibt sich eine Trennung von *forum* und *ius*, da sich die internationale Zuständigkeit weiterhin nach Art. 4 ff. richtet. Eine Korrektur nach Abs. 2 kommt insbes. in Fällen in Betracht, in denen der Erblasser erst **kurz vor seinem Tod seinen gewöhnlichen Aufenthalt verlegt** hat, sodass zum Staat des früheren gewöhnlichen Aufenthalts noch eine engere Bindung besteht (Erwäggr. 25). Es gilt jedoch zu beachten, dass die Bestimmung des Abs. 2 ausweislich des Erwäggr. 25 nicht dazu dienen soll, über Probleme bei der Ermittlung des gewöhnlichen Aufenthalts hinweg zu helfen, sondern lediglich als Korrektiv anzuwenden ist. Die im Rahmen der Ausweichklausel des Abs. 2 relevanten Kriterien sind jedoch auch im Rahmen der Ermittlung des gewöhnlichen Aufenthalts nach Abs. 1 heranzuziehen.

Rück- oder Weiterverweisungen durch die nach Abs. 2 ermittelte Rechtsordnung sind nach Art. 34 II 9 nicht zu beachten.

Art. 22 Rechtswahl

(1) Eine Person kann für die Rechtsnachfolge von Todes wegen das Recht des Staates wählen, dem sie im Zeitpunkt der Rechtswahl oder im Zeitpunkt ihres Todes angehört.

Eine Person, die mehrere Staatsangehörigkeiten besitzt, kann das Recht eines der Staaten wählen, denen sie im Zeitpunkt der Rechtswahl oder im Zeitpunkt ihres Todes angehört.

(2) Die Rechtswahl muss ausdrücklich in einer Erklärung in Form einer Verfügung von Todes wegen erfolgen oder sich aus den Bestimmungen einer solchen Verfügung ergeben.

(3) Die materielle Wirksamkeit der Rechtshandlung, durch die die Rechtswahl vorgenommen wird, unterliegt dem gewählten Recht.

(4) Die Änderung oder der Widerruf der Rechtswahl muss den Formvorschriften für die Änderung oder den Widerruf einer Verfügung von Todes wegen entsprechen.

1. Normzweck. Art. 22 gibt dem Erblasser als **Instrument der Nachlassplanung** für seine Rechts- 1 nachfolge von Todes wegen die Möglichkeit, sein Heimatrecht, welchem er zum Zeitpunkt der Rechtswahl oder zum Zeitpunkt seines Todes angehört, zu wählen (ausf. zur Rechtswahl *Nordmeier* GPR 2013, 148; *Leitzen* ZEV 2013, 128, mit Formulierungsvorschlägen; *Kroll-Ludwigs* notar 2016, 75 und *Heinig* RNotZ 2014, 197 (219 ff.); krit. *Magnus* IPRax 2013, 393; eing. zur grundsätzlichen Frage der Zulässigkeit *Dutta* RabelsZ 73 (2009) 547 (569 ff.)). Die Wahlmöglichkeit ist eine **Korrekturoption** im Hinblick auf die ansonsten gegebene Anknüpfung an den gewöhnlichen Aufenthalt (Art. 21). Der Testierende kann seine Nachlassplanung hierdurch gegenüber den Folgen eines Statutenwechsels infolge einer späteren Verlagerung seines gewöhnlichen Aufenthalts absichern. Eine Rechtswahl ist in der Praxis somit auch dann anzuraten, wenn der Testierende seinen gewöhnlichen Aufenthalt derzeit noch in seinem Heimatstaat hat, eine Verlagerung aber wahrscheinlich erscheint.

Die Regelung schafft eine gewisse **Kompensation** für den teilweise vollzogenen Systemwechsel 2 vom Staatsangehörigkeits- zum Aufenthaltsprinzip und die damit verbundene rechtliche Unsicherheit bzgl. der Bestimmung des gewöhnlichen Aufenthalts (*Lorenz* ErbR 2012, 39 (44); *Remde* RNotZ 2012, 65 (73)). Das deutsche Recht kannte bisher im Rahmen des internationalen Erbrechts nur für Ausländer mit inländischem unbeweglichem Vermögen die Möglichkeit einer Rechtswahl (Art. 25 II EGBGB aF).

Die Wahlmöglichkeit ist **auf das Heimatrecht (nicht jedoch auf EU-Mitgliedsstaaten)** begrenzt, da 3 ansonsten insbes. ein „*forum shopping*" zur Pflichtteilsvermeidung befürchtet wurde (Erwäggr. 38 S. 2; zu Recht krit. *Wilke* RIW 2012, 601 (606), aA *Wagner* DNotZ 2010, 506 (510, 515)). Eine Pflichtteilsvermeidung ist im Hinblick auf die Art. 4 ff. somit nicht mehr durch Vermögensverlagerung, sondern höchstens durch Verlagerung des gewöhnlichen Aufenthalts möglich (zu Möglichkeiten und Problemen gerade im Hinblick auf den *ordre-public* Vorbehalt des Art. 35 *Everts* ZEV 2013, 124 (126)). Insbes. eine wünschenswerte Rechtswahl des derzeitigen gewöhnlichen Aufenthalts ist nicht möglich. Hingegen kann das Recht eines Drittstaats gewählt werden.

4 Die Rechtswahl erfasst das **gesamte Vermögen des Erblassers.** Eine Beschränkung auf einzelne Gegenstände oder Vermögensteile *(dépeçage)* ist nicht möglich, insoweit ist das von der EuErbVO verfolgte Prinzip der Nachlasseinheit (Art. 23 I) zu beachten (vgl. auch *Heinig* RNotZ 2014, 197 (206)).

5 Da nach Art. 75 solche internationale Übereinkommen unberührt bleiben, denen ein oder mehrere Mitgliedstaaten zum Zeitpunkt der Annahme dieser Verordnung angehören und die Bereiche betreffen, die in der Verordnung geregelt sind, besteht für türkische und iranische Staatsbürger, sowie für Staatsbürger der meisten Nachfolgestaaten der Sowjetunion mit gewöhnlichem Aufenthalt in Deutschland keine Rechtswahlmöglichkeit nach Art. 22, da insoweit von Deutschland abgeschlossene **Staatsverträge vorrangig anzuwenden** sind (→ Art. 75 Rn. 1).

6 **2. Wahlmöglichkeit.** Die Wahl selbst kann nach Abs. 2 in **ausdrücklicher oder konkludenter Form** erfolgen. Das Erfordernis einer „Eindeutigkeit" wird von der Verordnung gerade nicht gefordert. Dafür spricht insbes. auch die Tatsache, dass Art. 83 IV eine Rechtswahlfiktion vorsieht. Eine dynamische bzw. **abstrakte Rechtswahl** (Wahl des jeweiligen Rechts der Staatsangehörigkeit zum Todeszeitpunkt) ist nach überwiegender Ansicht nicht möglich, auch wenn dies vom Wortlaut der Vorschrift nicht explizit ausgeschlossen wird (so ua Dutta/Weber/*Bauer* Art. 22 Rn. 17; Palandt/*Thorn* Art. 22 Rn. 3; *Janzen* DNotZ 2012, 484 (486); *Dörner* ZEV 2012, 505 (511); aA MüKoBGB/*Dutta* Art. 22 Rn. 11). Zwar hat die Zulassung einer konkludenten Rechtswahl zur Folge, dass bzgl. einer solchen Rechtswahl eine Auslegung erforderlich sein kann, jedoch ist diese Regelung gerade für rechtsunkundige Erblasser zu begrüßen. Die Beurteilung der konkludenten Rechtswahl richtet sich nach dem hypothetisch gewählten Recht (vgl. für Deutschland insbes. die Andeutungstheorie und das Erfordernis eines Erklärungsbewusstseins). Als wichtiges Indiz für eine konkludente Rechtswahl des Erblassers kommt insbes. die Bezugnahme auf spezifische Bestimmungen seines Heimatrechts in Betracht (Erwäggr. 39 S. 2). Daneben sind auch die Sprache und bestimmte Begrifflichkeiten zu berücksichtigen. Wurde eine Verfügung von Todes wegen vor dem 17.8.2015 nach dem Recht errichtet, welches der Erblasser nach der Verordnung hätte wählen können, so wird gem. Art. 83 IV **fingiert,** dass dieses Recht als das auf die Rechtsfolge von Todes wegen anzuwendende Recht gewählt wurde. Insbes. im Rahmen von gemeinschaftlichen Testamenten von Ehegatten könnte die Anwendung von verschiedenen Rechtssystemen für den ersten und zweiten Erbfall eine zu favorisierende Gestaltungsmöglichkeit sein. Ob die dafür notwendige **bedingte Rechtswahl** unter der EuErbVO möglich ist, erscheint zweifelhaft (s.o.; eine Zulässigkeit kann dann in Betracht kommen, wenn der Bedingungseintritt im Zeitpunkt des Erbfalls sicher zu beurteilen ist, *Ludwig* DNotZ 2014, 12 (14f.); *Leitzen* ZEV 2013, 128 (129); *Heinig* RNotZ 2014, 197 (202)).

7 Der praktische Anwendungsbereich für die **Rechtswahlmöglichkeit des Heimatrechts zum Todeszeitpunkt** erscheint gering. Eine solche Wahl wird nur dann erfolgen, wenn der Erblasser für die Zukunft davon ausgeht, die entsprechende Staatsbürgerschaft zu erhalten. Für die Rspr. erübrigt sich durch diese Variante jedoch das Erfordernis, die Staatsbürgerschaft zum Zeitpunkt der Rechtswahl zu erforschen, wenn der Erblasser schon zum Todeszeitpunkt die entsprechende Staatsbürgerschaft innehatte (*Wilke* RIW 2012, 601 (606)).

8 Bei **Mehrrechtsstaaten** ist Art. 36, 37 anzuwenden. Wie sich aus Art. 36, 37 ergibt, kann auch nur das Recht eines Staates gewählt werden und die Wahl muss nicht auf eine einzelne Teilrechtsordnung dieses Staates konkretisiert werden (MüKoBGB/*Dutta* Art. 22 Rn. 11). Eine solche Konkretisierung ist jedoch ebenfalls zulässig (BeckOGK EuErbVO/*J. Schmidt* Art. 22 Rn. 10).

Besitzt der Erblasser **mehrere Staatsangehörigkeiten,** so kann er zwischen diesen Heimatrechten frei wählen. Welche die „effektive Staatsbürgerschaft" ist, ist insoweit unbeachtlich (*Vollmer* ZErb 2012, 227 (231)). Die Frage der Bestimmung der Staatsangehörigkeit ist nicht von der Verordnung erfasst (Erwäggr. 41).

9 **Staatenlose** haben nicht die Möglichkeit einer Rechtswahl nach Art. 22 (für die Wahl des Rechts des Wohnsitzes oder des schlichten Aufenthalts mit Verweis auf das nach Art. 75 I vorrangige Übereinkommen über die Rechtsstellung der Staatenlosen v. 28.9.1954, BGBl. 1976 II 474: *Nordmeier* GPR 2013, 148 (149f.)). Daneben wird eine Lösung über die Anknüpfung des nationalen Rechts oder die Einräumung einer Wahl des Rechts des gewöhnlichen Aufenthalts diskutiert (vgl. MüKoBGB/*Dutta* Art. 22 Rn. 5; Dutta/Weber/*Bauer* Art. 22 Rn. 9).

10 Die Rechtswahl muss **formell** den Anforderungen des Art. 27 entsprechen. Gleiches gilt nach Abs. 4 für die **Änderung oder den Widerruf** der Rechtswahl. Wurde die Wahl vor dem 17.8.2015 getroffen, so ist sie auch wirksam, wenn sie nach den zum Zeitpunkt der Rechtswahl geltenden Vorschriften des Internationalen Privatrechts in dem Staat, in dem der Erblasser seinen gewöhnlichen Aufenthalt hatte oder in einem Staat, dessen Staatsangehörigkeit er besaß, wirksam ist (Art. 83 II). Die Reichweite der Rechtswahl sollte gerade mit Blick auf die Art. 24 II, Art. 25 III genau benannt werden. Daneben empfiehlt es sich im Rahmen von Widerrufstestamenten ausdrücklich klarzustellen, ob der Widerruf auch eine ggf. getroffene Rechtswahl erfasst (*Leitzen* ZEV 2013, 128 (129)).

11 Was die **materielle Wirksamkeit** der (ersten) Rechtswahl (Auslegung, Anfechtung, Willensmängel) betrifft, so ist diese nach dem Recht zu beurteilen, welches der Erblasser gewählt hat. Unbeachtlich ist es hingegen, ob das gewählte Recht selbst eine Rechtswahl zulässt (Erwäggr. 40 S. 1). Die Zulässigkeit der Wahl selbst ergibt sich aus der Verordnung. Bei einer **Änderung** oder einem **Widerruf** der Rechtswahl ist dies hingegen umstritten, da die Verordnung insoweit keine Regelung enthält. Überzeugend erscheint es, danach zu differenzieren, ob die zuvor getroffene Rechtswahl lediglich aufgehoben oder geändert wird. Liegt eine Aufhebung vor, so ist die materielle Wirksamkeit nach dem zuvor gewählten Recht zu bestimmen; liegt eine Änderung vor, so richtet sich die Beurteilung der materiellen Wirksamkeit nach dem neu gewählten Recht (*Döbereiner* DNotZ 2014, 323 (325 f.); für die Anwendung des Rechts des gewöhnlichen Aufenthalts im Falle einer Aufhebung Geimer/Schütze/*Frank* Art. 22 Rn. 36; vgl. auch Dutta/Weber/*Bauer* Art. 22 Rn. 31 ff.; MüKoBGB/*Dutta* Art. 22 Rn. 31 ff.; BeckOGK EuErbVO/ *J. Schmidt* Art. 22 Rn. 40). Die Rechtswahl nimmt, wenn sie im Rahmen eines gemeinschaftlichen Testaments als wechselbezügliche Verfügung, oder innerhalb eines Erbvertrags als vertragsmäßige Verfügung aufgenommen wird, an der jeweiligen **Bindungswirkung** teil, §§ 2270 III, 2278 II BGB (vgl. genauer hierzu *Soutier* ZEV 2015, 515).

Eine **Rück- oder Weiterverweisung** durch die mittels der Rechtswahl bestimmten Rechtsordnung ist nach Art. 34 II nicht zu beachten. Die **Kosten** der Beurkundung einer Rechtswahl richten sich in Deutschland nach §§ 104 II, 102 GNotKG (Einzeltestament: KV 21200 GKG; Erbvertrag KV 21100 GKG). 12

Art. 23 Reichweite des anzuwendenden Rechts

(1) Dem nach Artikel 21 oder Artikel 22 bezeichneten Recht unterliegt die gesamte Rechtsnachfolge von Todes wegen.

(2) Diesem Recht unterliegen insbesondere:
a) die Gründe für den Eintritt des Erbfalls sowie dessen Zeitpunkt und Ort;
b) die Berufung der Berechtigten, die Bestimmung ihrer jeweiligen Anteile und etwaiger ihnen vom Erblasser auferlegter Pflichten sowie die Bestimmung sonstiger Rechte an dem Nachlass, einschließlich der Nachlassansprüche des überlebenden Ehegatten oder Lebenspartners;
c) die Erbfähigkeit;
d) die Enterbung und die Erbunwürdigkeit;
e) der Übergang der zum Nachlass gehörenden Vermögenswerte, Rechte und Pflichten auf die Erben und gegebenenfalls die Vermächtnisnehmer, einschließlich der Bedingungen für die Annahme oder die Ausschlagung der Erbschaft oder eines Vermächtnisses und deren Wirkungen;
f) die Rechte der Erben, Testamentsvollstrecker und anderer Nachlassverwalter, insbesondere im Hinblick auf die Veräußerung von Vermögen und die Befriedigung der Gläubiger, unbeschadet der Befugnisse nach Artikel 29 Absätze 2 und 3;
g) die Haftung für die Nachlassverbindlichkeiten;
h) der verfügbare Teil des Nachlasses, die Pflichtteile und andere Beschränkungen der Testierfreiheit sowie etwaige Ansprüche von Personen, die dem Erblasser nahe stehen, gegen den Nachlass oder gegen den Erben;
i) die Ausgleichung und Anrechnung unentgeltlicher Zuwendungen bei der Bestimmung der Anteile der einzelnen Berechtigten und
j) die Teilung des Nachlasses.

1. Normzweck. Art. 23 verwirklicht das **Ziel der Nachlasseinheit** (Erwäggr. 37 S. 4), indem es für die gesamte Rechtsnachfolge von Todes wegen an das nach Art. 21 oder Art. 22 zu bestimmende Recht anknüpft. Er konkretisiert damit die Regelungsfragen, die dem Erbstatut unterliegen. Zur weiteren Konkretisierung ist die Vorschrift im Zusammenhang mit Art. 1 zu lesen. Die Aufzählung ist nicht abschließend („insbes."). Eine Nachlassspaltung, wie früher nach Art. 25 II EGBGB aF, ist danach nicht mehr möglich. Das Prinzip wird jedoch nicht vollständig verwirklicht und bspw. durch Art. 30 oder den in Art. 75 normierten Vorrang einiger Staatsverträge durchbrochen. 1

Abs. 1 der Vorschrift bestimmt, dass im Grundsatz die komplette Rechtsfolge von Todes wegen dem nach Art. 21 oder 22 bestimmten Recht unterliegt. Zum Begriff vgl. Art. 3 I lit. a. Eine Unterscheidung zwischen beweglichem und unbeweglichem Vermögen wird ebensowenig vorgenommen wie eine Differenzierung zwischen Erbberechtigung und Nachlassabwicklung (MüKoBGB/*Dutta* Art. 23 Rn. 3 f.) Abs. 2 füllt den Anwendungsbereich der Verordnung nach Art. 1 inhaltlich aus. 2

2. Einzelfälle. a) Eintritt des Erbfalls (Abs. 2 lit. a). Die Frage, welches Ereignis die Rechtsnachfolge von Todes wegen (auch für den Nacherbfall) auslöst wird durch das Erbstatut geregelt. Nach Art. 1 I lit c) sind jedoch Fragen betreffend die Verschollenheit oder die Abwesenheit einer natürlichen Person oder die Todesvermutung vom Anwendungsbereich ausgeklammert. 3

b) Berufung und Berechtigung (Abs. 2 lit. b). Die Bestimmung, wer in einer Erbsache Berechtigter ist, richtet sich ebenfalls nach dem Erbstatut (Erwäggr. 47). In den meisten Rechtsordnungen sind dies die (Allein-, Mit- oder, Vor-, Nach-) Erben kraft gewillkürter oder gesetzlicher Rechtsfolge, Vermächtnisnehmer (Damnations- und Vindikationslegat) und Pflichtteilsberechtigte (BeckOGK EuErbVO/*J. Schmidt* Art. 23 Rn. 12 ff.). Gleiches gilt für die Bestimmung ihrer jeweiligen Anteile und auferlegten Pflichten (zB § 1940 BGB) sowie die Bestimmung sonstiger Rechte am Nachlass. Mitumfasst sind auch die Nachlassansprüche des überlebenden Ehegatten oder Lebenspartners. 4

c) Erbfähigkeit (Abs. 2 lit. c). Der Begriff der Erbfähigkeit ist weit zu verstehen und umfasst insbes. die Fähigkeit gesetzlicher oder gewillkürter Erbe zu sein aber auch allgemein die Fähigkeit, auf erbrechtlichem Wege Rechte oder Pflichten zu erwerben. Irrelevant ist dabei, ob als Erbe, Vermächtnisnehmer, Pflichtteilsberechtigter oder auf sonstige Art und Weise (BeckOGK EuErbVO/*J. Schmidt* Art. 23 Rn. 23). 5

6 **d) Enterbung und Erbunwürdigkeit (Abs. 2 lit. d).** Die Vorschrift erfasst alle Fälle, in denen einem Berechtigten seine Berechtigung am Nachlass entzogen wird, oder er diese aufgrund seines Verhaltens verliert. Von lit. d nicht erfasst sind hingegen Erbverzicht und Erbausschlagung (BeckOGK EuErbVO/*J. Schmidt* Art. 23 Rn. 27 ff.).

7 **e) Übergang, Annahme und Ausschlagung (Abs. 2 lit. e).** Vom Erbstatut erfasst werden danach der Übergang der zum Nachlass gehörenden Vermögenswerte einschließlich der Rechte und Pflichten, wobei der Übergang auf Erben und Vermächtnisnehmer erfasst ist. Das Erbstatut regelt auch die Frage was zum Nachlass gehört und wann und wie dieser auf die Berechtigten übergeht. Daneben erstreckt sich die Regelung auch auf die Bedingungen und Wirkungen der Annahme oder Ausschlagung der Erbschaft oder des Vermächtnisses. Genauer zum Erbschaftserwerb nach der Verordnung vgl. *Schmidt* ZEV 2014, 455.

8 **f) Rechte der Erben, Testamentsvollstrecker und Nachlassverwalter (Abs. 2 lit. f).** Ein weiterer vom Erbstatut zu regelnder Bereich ist der, der Rechte von Erben, Testamentsvollstrecker und Nachlassverwalter. Dies betrifft insbes. die Veräußerung von Vermögen und die Befriedigung der Gläubiger. Zu den Befugnissen s. Art. 29 II, III. Die Begriffe sind weit auszulegen, wobei auch der deutsche Nachlasspfleger erfasst ist (→ Art. 63 Rn. 2).

9 **g) Haftung für Nachlassverbindlichkeiten (Abs. 2 lit. g).** Auch die Regelung zur Haftung für Nachlassverbindlichkeiten fällt unter das Erbstatut. Auch dies ist umfassend zu verstehen, sodass die Qualifikation von Verbindlichkeiten zu Nachlassverbindlichkeiten, Haftungsschuldner und die Ausgestaltung der Haftung nach dem Erbstatut zu beurteilen sind. Auch Pflichtteilsergänzungsansprüche sollen erfasst sein (so *Weber* ZEV 2015, 503 (504)).

10 **h) Beschränkungen der Testierfreiheit (Abs. 2 lit. h).** Das Erbstatut bestimmt daneben, über welche Teile und inwieweit über den Nachlass wirksam testiert werden kann (insbes. die Einschränkungen durch Pflichtteilsrechte). Zu speziellen Testierverboten vgl. aber auch Art. 26 I lit. b.

11 **i) Ausgleich und Anrechnung (Abs. 2 lit. i).** Was die genaue Bestimmung der Anteile der einzelnen Berechtigten betrifft, so regelt das Erbstatut auch eine eventuell vorzunehmende Ausgleichung oder eine Anrechnung unentgeltlicher Zuwendungen. Auch diese Bereichsbeschreibung ist weit auszulegen, wobei sämtliche Formen eines „Ausgleichs" oder einer „Anrechnung" erfasst sind.

12 **j) Teilung (Abs. 2 lit. j).** Letztendlich obliegt dem Erbstatut auch die Regelung unter welchen Voraussetzungen eine Teilung bzw. Auseinandersetzung des Nachlasses erfolgen kann, und die Regelung, wie diese durchzuführen ist.

Art. 24 Verfügungen von Todes wegen außer Erbverträgen

(1) **Die Zulässigkeit und die materielle Wirksamkeit einer Verfügung von Todes wegen mit Ausnahme eines Erbvertrags unterliegen dem Recht, das nach dieser Verordnung auf die Rechtsnachfolge von Todes wegen anzuwenden wäre, wenn die Person, die die Verfügung errichtet hat, zu diesem Zeitpunkt verstorben wäre.**

(2) **Ungeachtet des Absatzes 1 kann eine Person für die Zulässigkeit und die materielle Wirksamkeit ihrer Verfügung von Todes wegen das Recht wählen, das sie nach Artikel 22 unter den darin genannten Bedingungen hätte wählen können.**

(3) [1]**Absatz 1 gilt für die Änderung oder den Widerruf einer Verfügung von Todes wegen mit Ausnahme eines Erbvertrags entsprechend.** [2]**Bei Rechtswahl nach Absatz 2 unterliegt die Änderung oder der Widerruf dem gewählten Recht.**

1 Art. 24 enthält eine von Art. 21 u. 22 zu unterscheidende **gesonderte Anknüpfung für die Zulässigkeit und die materielle Wirksamkeit** (zum Begriff der materiellen Wirksamkeit s. Art. 26) einer Verfügung von Todes wegen mit Ausnahme eines Erbvertrags (vgl. Art. 25). Die Zulässigkeit und Wirksamkeit der Verfügung richtet sich dementsprechend nach dem hypothetisch nach der Verordnung zu ermittelnden Recht, wenn die Person im Zeitpunkt der Errichtung verstorben wäre (sog. **Errichtungsstatut**, vgl. Erwäggr. 51). Die Regelung sichert somit die Wirksamkeit der Verfügung von Todes wegen bei einem späteren Wechsel des gewöhnlichen Aufenthaltsorts. Die Rechtssicherheit gebietet es, dass bei Errichtung der Verfügung von Todes wegen feststehen muss, ob diese wirksam errichtet wurde und ein späterer Wechsel des gewöhnlichen Aufenthalts darauf keinen Einfluss haben darf.

2 **Gemeinschaftliche Testamente** mit bindenden Verfügungen fallen unter die Regelung des Art. 25 (→ Art. 25 Rn. 2).

3 Zu den Fragen der **materiellen Wirksamkeit** gehören gem. Art. 26 Fragen der Testierfähigkeit einer Person, besondere Gründe, aufgrund derer die Person, die die Verfügung errichtet, nicht zugunsten bestimmter Personen verfügen darf oder aufgrund deren eine Person kein Nachlassvermögen vom Erblasser erhalten darf, die Zulässigkeit der Stellvertretung, die Auslegung der Verfügung und Fragen in Bezug auf Willensmängel oder den Testierwillen.

4 Abs. 2 eröffnet insofern eine von Art. 22 zu unterscheidende **Möglichkeit der Rechtswahl** allein bezogen auf das **Errichtungsstatut**, also die materielle Wirksamkeit der Verfügung von Todes wegen (mit Ausnahme eines Erbvertrags). Eine solche Rechtswahl wird meist nur dann in Frage kommen, wenn

keine umfassende Rechtswahl iSv Art. 22, 24 I getroffen wurde. In der Folge kann es zu einem Auseinanderfallen von Erbstatut und Errichtungsstatut kommen.

Umstritten ist, ob auch eine direkte Wahlmöglichkeit für den umgekehrten Fall (**isolierte Wahl des** **Erbstatuts,** ohne Wahl des Errichtungsstatuts) gegeben ist. Zwar steht Art. 24 I dem prima facie entgegen, da die Verordnung nur für das Errichtungsstatut eine isolierte Wahlmöglichkeit vorsieht. Es wird jedoch eingewendet, dass dieses Ergebnis auch über die Konstruktion einer späteren isolierten Wahl des Errichtungsstatuts erreicht werden könnte, wobei zweifelhaft ist, ob diese umständliche Konstruktion notwendig wäre (dagegen *Weber* notar 2015, 296 (299); aA *Heinig* RNotZ 2014, 197 (209) und *Süß* § 2 Rn. 105 ff.).

Abs. 3 S. 1 erklärt für **Änderung und Widerruf** einer letztwilligen Verfügung Abs. 1 für entsprechend anwendbar. Danach beurteilt sich die Frage, **ob eine letztwillige Verfügung widerrufen oder geändert werden kann,** nach dem Errichtungsstatut der Verfügung, die widerrufen oder geändert werden soll, da insoweit die Bindungswirkung der Verfügung betroffen ist, welche eine Frage des materiellen Rechts darstellt (Dutta/Weber/*Bauer* Art. 22 Rn. 23; Gierl/Köhler/Kroiß/Wilsch/*Köhler* § 4 Rn. 64; aA Beck-OGK EuErbVO/*J. Schmidt* Art. 22 Rn. 31). Sodann ist die Frage, ob an sich ein wirksamer Widerruf oder eine wirksame Änderung vorliegt, also ob die **Zulässigkeit und die materiellen Voraussetzungen** gegeben sind, nach dem gewählten Errichtungsstatut zu beurteilen (Palandt/*Thorn* Art. 24 Rn. 5; Dutta/Weber/*Bauer* Art. 24 Rn. 24).

Im Falle einer **Rechtswahl nach Abs. 3 S. 2** unterliegen auch Änderung und Widerruf bzgl. deren Zulässigkeit und Wirksamkeit dem gewählten Recht (Dutta/Weber/*Bauer* Art. 24 Rn. 23).

Art. 25 Erbverträge

(1) Die Zulässigkeit, die materielle Wirksamkeit und die Bindungswirkungen eines Erbvertrags, der den Nachlass einer einzigen Person betrifft, einschließlich der Voraussetzungen für seine Auflösung, unterliegen dem Recht, das nach dieser Verordnung auf die Rechtsnachfolge von Todes wegen anzuwenden wäre, wenn diese Person zu dem Zeitpunkt verstorben wäre, in dem der Erbvertrag geschlossen wurde.

(2) Ein Erbvertrag, der den Nachlass mehrerer Personen betrifft, ist nur zulässig, wenn er nach jedem der Rechte zulässig ist, die nach dieser Verordnung auf die Rechtsnachfolge der einzelnen beteiligten Personen anzuwenden wären, wenn sie zu dem Zeitpunkt verstorben wären, in dem der Erbvertrag geschlossen wurde.

Die materielle Wirksamkeit und die Bindungswirkungen eines Erbvertrags, der nach Unterabsatz 1 zulässig ist, einschließlich der Voraussetzungen für seine Auflösung, unterliegen demjenigen unter den in Unterabsatz 1 genannten Rechten, zu dem er die engste Verbindung hat.

(3) Ungeachtet der Absätze 1 und 2 können die Parteien für die Zulässigkeit, die materielle Wirksamkeit und die Bindungswirkungen ihres Erbvertrags, einschließlich der Voraussetzungen für seine Auflösung, das Recht wählen, das die Person oder eine der Personen, deren Nachlass betroffen ist, nach Artikel 22 unter den darin genannten Bedingungen hätte wählen können.

1. Normzweck. Parallel zu Art. 24 regelt Art. 25 das bzgl. Zulässigkeit, materieller Wirksamkeit (zum Begriff vgl. Art. 26) und Bindungswirkung eines **Erbvertrags** anzuwendende Recht. Hierdurch wird die Wirksamkeit und Verbindlichkeit des Erbvertrags bei einem späteren Wechsel des gewöhnlichen Aufenthalts gesichert. Daneben findet die Regelung nach der Begriffsdefinition des Art. 3 I lit. b auch für **Erbverzicht, Pflichtteilsverzicht und die Schenkung auf den Todesfall** Anwendung (*Dutta* FamRZ 2013, 5 (10); *Schaal* BWNotZ 2013, 29 (30); ausf. zu Art. 25 *Nordmeier* ZErb 2013, 112; *Döbereiner* MittBayNot 2013, 437).

Insbes. was die Bindungswirkung betrifft, ist die Norm auch auf **gemeinschaftliche Testamente** nach deutschem Recht anwendbar. Dem steht nicht entgegen, dass Art. 3 I lit. c eine eigenständige Definition des gemeinschaftlichen Testaments enthält, da die Definition an formelle Kriterien anknüpft und somit Überschneidungen mit der materiellen Definition des Erbvertrags in Art. 3 I lit. b möglich sind (so auch ausf. *Heining* RNotZ 2014, 197 (200 f.); *Lechner* NJW 2013, 26 ff.; *Lehmann* ZErb 2013, 25; *Döbereiner* MittBayNot 2013, 437 (438); *Dutta* FamRZ 2013, 4 (9); *Hinden/Müller* ErbStB 2013, 97 (102); *Herzog* ErbR 2013, 1 (9); sa die Komm. bei → Art. 3 Rn. 4; aA *Simon/Buschbaum* NJW 2012, 2393 (2396); *Schaal* BWNotZ 2013, 29 (30); *Nordmeier* ZEV 2012, 513; ZEV 2013, 117 (120)). Da die Einordnung aber bisher noch umstritten ist, empfiehlt es sich für die Praxis auf den Erbvertrag auszuweichen, um die Bindungswirkung sicherzustellen (so auch *Odersky* notar 2013, 1 (8); alternative Lösungsvorschläge für gemeinschaftliches Testament, Erbvertrag und Vor- und Nacherbfolge bei *Lehmann* ZEV 2015, 309). Zur Möglichkeit einer gemeinschaftlichen Testierung mit Bindungswirkung bei gemischt-nationalen Partnern: *Reich* ZEV 2014, 144.

2. Einzelner Nachlass. Ist der Nachlass nur einer Person betroffen, so richtet sich das anzuwendende Recht gem. Abs. 1 nach dem hypothetisch nach der Verordnung zu ermittelnden und zum Zeitpunkt des Vertragsschlusses anzuwendenden **Erbstatut.** Dies ist entweder das Recht des Staates des derzeitigen gewöhnlichen Aufenthalts oder, im Falle einer Rechtswahl, das Recht des Staates, dessen Staatsangehörigkeit die Person am Tag des Vertragsabschlusses besaß (Erwäggr. 51). Der Wortlaut stellt klar, dass sich auch die Bindungswirkung des Erbvertrags nach diesem Recht beurteilt.

4   **3. Nachlass mehrerer.** Betrifft der Erbvertrag den Nachlass mehrerer, so ist er nach Abs. 2 nur dann zulässig, wenn er nach dem hypothetischen Erbstatut eines jeden Beteiligten (dessen Nachlass betroffen ist) zulässig ist (→ Rn. 3; entscheidender Zeitpunkt ist derjenige zu dem die letzte auf den Vertragsschluss gerichtete Erklärung abgegeben wurde, *Nordmeier* ZErb 2013, 112 (113)). Sind diese Voraussetzungen erfüllt, so richtet sich das bzgl. der materiellen Wirksamkeit, der Bindungswirkung und der Auflösung anzuwendende Recht danach, zu welchem der im Rahmen der Zulässigkeit geprüften Rechte die **engste Verbindung** besteht. Wie diese Verbindung zu ermitteln ist, bleibt vorerst unklar. Nach teilweise vertretener Ansicht soll dem Errichtungsort besondere Bedeutung zukommen (*Simon/Buschbaum* NJW 2012, 2393 (2396)). Daneben sind insbes. der gewöhnliche Aufenthalt der Vertragsteile, ihre Staatsangehörigkeit und die Belegenheit des künftigen Nachlasses zu berücksichtigen (*Döbereiner* MittBayNot 2013, 437 (442); weitere Kriterien bei *Nordmeier* ZErb 2013, 112 (115)). Nichtsdestotrotz empfiehlt es sich, eine Rechtswahl nach Abs. 3 zu treffen, um der mit der Bestimmung der „engsten Verbindung" verbundenen Rechtsunsicherheit zu begegnen.

5   **4. Wahlmöglichkeit.** Wie schon Art. 24 II eröffnet Abs. 3 für die Parteien eines Erbvertrages die Möglichkeit bzgl. Zulässigkeit, materieller Wirksamkeit, Bindungswirkung des Erbvertrags und Auflösung (**Errichtungsstatut** des Erbvertrags) eine Rechtswahl zu treffen, wobei die **Wahl insoweit beschränkt** ist, als die Person oder eine der Personen, deren Nachlass betroffen ist, nur ein Recht wählen kann, welches sie auch nach Art. 22 hätte wählen können (Heimatrecht zum Zeitpunkt der Rechtswahl oder zum Zeitpunkt des Todes). Die Wahl ist nur für den gesamten Nachlass möglich, eine Teilrechtswahl ist ausgeschlossen (vgl. Art. 22 I UAbs. 1). Besondere Probleme können sich bei Abschluss eines Verzichtsvertrags und dem späteren Wechsel des gewöhnlichen Aufenthalts ergeben (eingehend hierzu: *Odersky* notar 2014, 139; *Weber* ZEV 2015, 503 (505 ff.)). Zur isolierten Wahl des Erbstatus vgl. oben → Art. 22 Rn. 5 und *Weber* notar 2015, 296 (302)).

Art. 26 Materielle Wirksamkeit einer Verfügung von Todes wegen

(1) Zur materiellen Wirksamkeit im Sinne der Artikel 24 und 25 gehören:
a) die Testierfähigkeit der Person, die die Verfügung von Todes wegen errichtet;
b) die besonderen Gründe, aufgrund deren die Person, die die Verfügung errichtet, nicht zugunsten bestimmter Personen verfügen darf oder aufgrund deren eine Person kein Nachlassvermögen vom Erblasser erhalten darf;
c) die Zulässigkeit der Stellvertretung bei der Errichtung einer Verfügung von Todes wegen;
d) die Auslegung der Verfügung;
e) Täuschung, Nötigung, Irrtum und alle sonstigen Fragen in Bezug auf Willensmängel oder Testierwillen der Person, die die Verfügung errichtet.

(2) Hat eine Person nach dem nach Artikel 24 oder 25 anzuwendenden Recht die Testierfähigkeit erlangt, so beeinträchtigt ein späterer Wechsel des anzuwendenden Rechts nicht ihre Fähigkeit zur Änderung oder zum Widerruf der Verfügung.

1   Art. 26 erläutert den iRd Art. 24 u. 25 verwendeten Begriff der „**materiellen Wirksamkeit**" näher. Im Bereich der in Abs. 1 lit. a aufgeführten Regelungsbereiche bleibt die Verfügung von Todes wegen bzw. der Erbvertrag bei einer späteren Verlagerung des gewöhnlichen Aufenthalts in seiner Wirksamkeit geschützt. Ob die Liste des Abs. 1 abschließend ist, wird unterschiedlich beurteilt (so etwa BeckOGK EuErbVO/*J. Schmidt* Art. 26 Rn. 1; Bergquist/Damascelli/Frimston/Lagarde/Odersky/Reinhartz/ *Lagarde* Art. 26 Rn. 1; aA Dutta/Weber/*Bauer* Art. 26 Rn. 2).

2   Besondere Bedeutung kommt in diesem Rahmen den Regelungen über die **Testierfähigkeit** (Abs. 1 lit. a, Abs. 2) zu, welche auch nach einem Wechsel des gewöhnlichen Aufenthalts die Änderung oder den Widerruf ermöglichen. Testierfähigkeit iSd Abs. 1 lit. a meint damit die Fähigkeit, eine Verfügung von Todes wegen zu errichten, abzuändern oder zu widerrufen, nicht hingegen die Voraussetzungen für die Errichtung eines gemeinschaftlichen Testaments (BeckOGK EuErbVO/*J. Schmidt* Art. 26 Rn. 7, 12). Unter den **Einsetzungs- und Erwerbsbeschränkungen** des Abs. 1 lit. b sind allgemein spezielle Regelungen zu verstehen, die bestimmte Personen aus dem Kreis der möglichen Berechtigten ausnehmen oder dem Testierenden eine Verfügung zu ihren Gunsten untersagen. Aus deutscher Perspektive sind hierunter insbes. die Heimgesetze der Länder zu fassen (näher *Keim* notar 2017, 119 (126 f.). Zur Erbunwürdigkeit → Art. 23 Rn. 6. Auch die **Zulässigkeit der Stellvertretung** (Abs. 1 lit. c) ist unter den Begriff der materiellen Wirksamkeit zu fassen, wobei es hierbei um eine Repräsentation bei der Willensbildung geht und nicht um etwaige Formvorschriften aus Beweisgründen (BeckOGK EuErbVO/*J. Schmidt* Art. 26 Rn. 19). Daneben sind auch die Regelungen zur **Auslegung** (Abs. 1 lit. d) und die dazu entwickelten Auslegungsgrundsätze (zB Andeutungstheorie) als Teil der materiellen Wirksamkeit aufzufassen. Zuletzt sind Fragen der **Willensmängel** (zB Täuschung, Nötigung, Irrtum) und sonstige Fragen in Bezug auf Willensmängel oder Testierwillen der testierenden Person nach Abs. 1 lit. e Teil der materiellen Wirksamkeit. Nach der gebotenen autonomen und weiten Auslegung sind hierunter auch Fragen eines ggf. notwendigen Konsens zu fassen.

Art. 27 Formgültigkeit einer schriftlichen Verfügung von Todes wegen

(1) Eine schriftliche Verfügung von Todes wegen ist hinsichtlich ihrer Form wirksam, wenn diese:
a) dem Recht des Staates entspricht, in dem die Verfügung errichtet oder der Erbvertrag geschlossen wurde,
b) dem Recht eines Staates entspricht, dem der Erblasser oder mindestens eine der Personen, deren Rechtsnachfolge von Todes wegen durch einen Erbvertrag betroffen ist, entweder im Zeitpunkt der Errichtung der Verfügung bzw. des Abschlusses des Erbvertrags oder im Zeitpunkt des Todes angehörte,
c) dem Recht eines Staates entspricht, in dem der Erblasser oder mindestens eine der Personen, deren Rechtsnachfolge von Todes wegen durch einen Erbvertrag betroffen ist, entweder im Zeitpunkt der Errichtung der Verfügung oder des Abschlusses des Erbvertrags oder im Zeitpunkt des Todes den Wohnsitz hatte,
d) dem Recht des Staates entspricht, in dem der Erblasser oder mindestens eine der Personen, deren Rechtsnachfolge von Todes wegen durch einen Erbvertrag betroffen ist, entweder im Zeitpunkt der Errichtung der Verfügung oder des Abschlusses des Erbvertrags oder im Zeitpunkt des Todes seinen/ihren gewöhnlichen Aufenthalt hatte, oder
e) dem Recht des Staates entspricht, in dem sich unbewegliches Vermögen befindet, soweit es sich um dieses handelt.

Ob der Erblasser oder eine der Personen, deren Rechtsnachfolge von Todes wegen durch einen Erbvertrag betroffen ist, in einem bestimmten Staat ihren Wohnsitz hatte, regelt das in diesem Staat geltende Recht.

(2) ¹Absatz 1 ist auch auf Verfügungen von Todes wegen anzuwenden, durch die eine frühere Verfügung geändert oder widerrufen wird. ²Die Änderung oder der Widerruf ist hinsichtlich ihrer Form auch dann gültig, wenn sie den Formerfordernissen einer der Rechtsordnungen entsprechen, nach denen die geänderte oder widerrufene Verfügung von Todes wegen nach Absatz 1 gültig war.

(3) ¹Für die Zwecke dieses Artikels werden Rechtsvorschriften, welche die für Verfügungen von Todes wegen zugelassenen Formen mit Beziehung auf das Alter, die Staatsangehörigkeit oder andere persönliche Eigenschaften des Erblassers oder der Personen, deren Rechtsnachfolge von Todes wegen durch einen Erbvertrag betroffen sind, beschränken, als zur Form gehörend angesehen. ²Das Gleiche gilt für Eigenschaften, welche die für die Gültigkeit einer Verfügung von Todes wegen erforderlichen Zeugen besitzen müssen.

Art. 27 regelt (anders als noch der Kommissionsvorschlag) die **formelle Wirksamkeit von schriftlichen Verfügungen von Todes wegen.** Inhaltlich ist die Norm an das Haager Testamentsformübereinkommen (Übereinkommen über das auf die Form letztwilliger Verfügungen anzuwendende Recht v. 5.10.1961, BGBl. 1965 II 1144; Erwäggr. 52) angelehnt, wobei von Art. 27 in Abweichung vom Übereinkommen auch Erbverträge erfasst werden. Von einem ursprünglich vorgesehenen bloßen Verweis wurde abgesehen. Die Vorschrift wurde in die Verordnung aufgenommen, da längst nicht alle Mitgliedstaaten der EU Vertragsstaaten des Übereinkommens sind. Die verschiedenen Varianten des Abs. 1 lit. a–e sollen die formelle Wirksamkeit fördern (*favor testamenti*). 1

Für die **Mitgliedstaaten, die zugleich Vertragsstaaten des Haager Testamentsformübereinkommens sind,** stellt sich die Frage des anwendbaren Rechts etwas komplizierter dar, da die Verordnung das Übereinkommen unangetastet lässt. Nach Art. 75 I UAbs. 2 wenden die Mitgliedstaaten, die Vertragsparteien des Haager Testamentsformübereinkommens sind, in Bezug auf die Formgültigkeit von Testamenten und gemeinschaftlichen Testamenten nicht Art. 27, sondern weiterhin die Bestimmungen des Übereinkommens an. Im Falle Deutschlands (Vertragsstaat) wurden diese in Art. 26 EGBGB umgesetzt. Der Vorbehalt der Verordnung zugunsten des Haager Testamentsformübereinkommens erfasst jedoch keine Regelungen, die den Kreis der nach dem Übereinkommen alternativ anwendbaren Rechte erweitern (Art. 3 des Übereinkommens; *Dutta* FamRZ 2013, 4 (10)). Da von dem autonom auszulegenden Erbvertragsbegriff der Verordnung auch **gemeinschaftliche Testamente** (nach deutschem Begriffsverständnis) erfasst sind und das Übereinkommen nicht für Erbverträge gilt, richtet sich deren formelle Wirksamkeit nach Art. 27 (*Dutta* FamRZ 2013, 4 (10); *Janzen* DNotZ 2012, 484 (488)). Von der Verordnung nicht erfasst (im Gegensatz zum Haager Testamentsformübereinkommen) sind hingegen mündlich errichtete Verfügungen von Todes wegen (Art. 1 II lit. f). 2

Art. 28 Formgültigkeit einer Annahme- oder Ausschlagungserklärung

Eine Erklärung über die Annahme oder die Ausschlagung der Erbschaft, eines Vermächtnisses oder eines Pflichtteils oder eine Erklärung zur Begrenzung der Haftung des Erklärenden ist hinsichtlich ihrer Form wirksam, wenn diese den Formerfordernissen entspricht
a) des nach den Artikeln 21 oder 22 auf die Rechtsnachfolge von Todes wegen anzuwendenden Rechts oder
b) des Rechts des Staates, in dem der Erklärende seinen gewöhnlichen Aufenthalt hat.

1 Art. 28 regelt die **Formgültigkeit erbrechtlicher Erklärungen** eines Beteiligten bzgl. eines Nachlasses (Annahme, Ausschlagung, Begrenzung der Haftung). Für die Formgültigkeit der Erklärung (nicht hingegen bezüglich weiterer Anforderungen was Frist, Inhalt oder sonstige materiellrechtliche Voraussetzungen betrifft; genauer zum Anwendungsbereich *Schmidt* ZEV 2014, 455 (458ff.)) kommt es auf das nach Art. 21 oder 22 auf die Rechtsnachfolge von Todes wegen anzuwendende Recht (lit. a) oder das Recht des Staates des gewöhnlichen Aufenthalts des Erklärenden an (lit. b). Zu Recht wird kritisiert, dass nicht auch alternativ das Recht am Ort der Erklärung maßgeblich ist (*Dutta* FamRZ 2013, 4 (11)).

2 Für die Entgegennahme der Erklärung ist, neben dem nach dem Art. 4ff. für den Erbfall **zuständigen Gericht**, gem. Art. 13 auch das Gericht am gewöhnlichen Aufenthalt des Erklärenden zuständig.

Art. 29 Besondere Regelungen für die Bestellung und die Befugnisse eines Nachlassverwalters in bestimmten Situationen

(1) Ist die Bestellung eines Verwalters nach dem Recht des Mitgliedstaats, dessen Gerichte nach dieser Verordnung für die Entscheidungen in der Erbsache zuständig sind, verpflichtend oder auf Antrag verpflichtend und ist das auf die Rechtsnachfolge von Todes wegen anzuwendende Recht ausländisches Recht, können die Gerichte dieses Mitgliedstaats, wenn sie angerufen werden, einen oder mehrere Nachlassverwalter nach ihrem eigenen Recht unter den in diesem Artikel festgelegten Bedingungen bestellen.

¹Der/die nach diesem Absatz bestellte(n) Verwalter ist/sind berechtigt, das Testament des Erblassers zu vollstrecken und/oder den Nachlass nach dem auf die Rechtsnachfolge von Todes wegen anzuwendenden Recht zu verwalten. ²Sieht dieses Recht nicht vor, dass eine Person Nachlassverwalter ist, die kein Berechtigter ist, können die Gerichte des Mitgliedstaats, in dem der Verwalter bestellt werden muss, einen Fremdverwalter nach ihrem eigenen Recht bestellen, wenn dieses Recht dies so vorsieht und es einen schwerwiegenden Interessenskonflikt zwischen den Berechtigten oder zwischen den Berechtigten und den Nachlassgläubigern oder anderen Personen, die für die Verbindlichkeiten des Erblassers gebürgt haben, oder Uneinigkeit zwischen den Berechtigten über die Verwaltung des Nachlasses gibt oder wenn es sich um einen aufgrund der Art der Vermögenswerte schwer zu verwaltenden Nachlasses handelt.

Der/die nach diesem Absatz bestellte(n) Verwalter ist/sind die einzige(n) Person(en), die befugt ist/sind, die in den Absätzen 2 oder 3 genannten Befugnisse auszuüben.

(2) ¹Die nach Absatz 1 bestellte(n) Person(en) üben die Befugnisse zur Verwaltung des Nachlasses aus, die sie nach dem auf die Rechtsnachfolge von Todes wegen anzuwendenden Recht ausüben dürfen. ²Das bestellende Gericht kann in seiner Entscheidung besondere Bedingungen für die Ausübung dieser Befugnisse im Einklang mit dem auf die Rechtsnachfolge von Todes wegen anzuwendenden Recht festlegen.

Sieht das auf die Rechtsnachfolge von Todes wegen anzuwendende Recht keine hinreichenden Befugnisse vor, um das Nachlassvermögen zu erhalten oder die Rechte der Nachlassgläubiger oder anderer Personen, die für die Verbindlichkeiten des Erblassers gebürgt haben, zu schützen, so kann das bestellende Gericht beschließen, es dem/den Nachlassverwalter(n) zu gestatten, ergänzend diejenigen Befugnisse, die hierfür in seinem eigenen Recht vorgesehen sind, auszuüben und in seiner Entscheidung besondere Bedingungen für die Ausübung dieser Befugnisse im Einklang mit diesem Recht festlegen.

Bei der Ausübung solcher ergänzenden Befugnisse hält/halten der/die Verwalter das auf die Rechtsnachfolge von Todes wegen anzuwendende Recht in Bezug auf den Übergang des Eigentums an dem Nachlassvermögen, die Haftung für die Nachlassverbindlichkeiten, die Rechte der Berechtigten, gegebenenfalls einschließlich des Rechts, die Erbschaft anzunehmen oder auszuschlagen, und gegebenenfalls die Befugnisse des Vollstreckers des Testaments des Erblassers ein.

(3) Ungeachtet des Absatzes 2 kann das nach Absatz 1 einen oder mehrere Verwalter bestellende Gericht ausnahmsweise, wenn das auf die Rechtsnachfolge von Todes wegen anzuwendende Recht das Recht eines Drittstaats ist, beschließen, diesen Verwaltern alle Verwaltungsbefugnisse zu übertragen, die in dem Recht des Mitgliedstaats vorgesehen sind, in dem sie bestellt werden.

Bei der Ausübung dieser Befugnisse respektieren die Nachlassverwalter jedoch insbesondere die Bestimmung der Berechtigten und ihrer Nachlassansprüche, einschließlich ihres Anspruchs auf einen Pflichtteil oder ihres Anspruchs gegen den Nachlass oder gegenüber den Erben nach dem auf die Rechtsnachfolge von Todes wegen anzuwendenden Recht.

1 Aufgrund des von der Verordnung meist verwirklichten Gleichlaufs von *forum* und *ius* wird die Vorschrift in der Praxis nur selten Bedeutung erlangen. Sie regelt den Fall, in welchem ein Gericht in der Hauptsache angerufen wird, welches jedoch **ausländisches Recht anzuwenden** hat, wobei nach dem Recht des Mitgliedstaats des Gerichts die Bestellung eines Verwalters verpflichtend oder auf Antrag verpflichtend ist (Erwäggr. 43, 44 mit Beispielen). In diesem Fall kann das Gericht nach Abs. 1 einen derartigen Verwalter bestellen. Da Irland und das Vereinigte Königreich nicht Mitgliedstaaten iSd Verordnung sind, kommen insofern vor allem Gerichte in Malta oder Zypern in Betracht (vgl. *Dutta* FamRZ 2013, 4 (11)).

Die Verwaltung selbst richtet sich jedoch grds. weiterhin nach dem auf den Erbfall anzuwenden Recht (Art. 21, 22). Nur falls das auf die Rechtsnachfolge von Todes wegen anzuwendende Recht **keine hinreichenden Befugnisse** vorsieht, um das Nachlassvermögen oder die Rechte der Nachlassgläubiger zu schützen, kann das Gericht beschließen, dem Nachlassverwalter ergänzende Befugnisse einzuräumen, welche hierfür im Recht des Mitgliedstaats des Gerichts vorgesehen sind (Abs. 1). Der Nachlassverwalter hat jedoch das auf die Rechtsnachfolge von Todes wegen anzuwendende Recht bzgl. Eigentumsübergang, Haftung für Nachlassverbindlichkeiten, Rechte der Berechtigten und die Befugnisse des Testamentsvollstreckers zu berücksichtigen (Abs. 2). Zuletzt ermöglicht Abs. 3 dem Gericht, wenn das auf die Rechtsnachfolge von Todes wegen anzuwendende Recht das Recht eines Drittstaats ist, zu beschließen, dem Verwalter alle Verwaltungsbefugnisse zu übertragen, die in dem Recht des Mitgliedstaats vorgesehen sind, in dem sie bestellt werden. 2

Art. 30 Besondere Regelungen mit Beschränkungen, die die Rechtsnachfolge von Todes wegen in Bezug auf bestimmte Vermögenswerte betreffen oder Auswirkungen auf sie haben

Besondere Regelungen im Recht eines Staates, in dem sich bestimmte unbewegliche Sachen, Unternehmen oder andere besondere Arten von Vermögenswerten befinden, die die Rechtsnachfolge von Todes wegen in Bezug auf jene Vermögenswerte aus wirtschaftlichen, familiären oder sozialen Erwägungen beschränken oder berühren, finden auf die Rechtsnachfolge von Todes wegen Anwendung, soweit sie nach dem Recht dieses Staates unabhängig von dem auf die Rechtsnachfolge von Todes wegen anzuwendenden Recht anzuwenden sind.

Die Vorschrift stellt die Anwendung nationaler Vorschriften sicher, welche ohne Rücksicht auf das allgemeine Erbstatut Geltung beanspruchen und die Rechtsnachfolge von Todes wegen in Bezug auf bestimmte Vermögenswerte aus wirtschaftlichen, familiären oder sozialen Erwägungen beschränken oder berühren (in Deutschland bspw. §§ 4 ff. HöfeO). Die Ausnahme ist eng auszulegen (Erwäggr. 54 S. 3; OLG Nürnberg Beschl. v. 27.10.2017 – 15 W 1461/17; FuR 2018, 11). Nicht ausreichend sind somit bloße nationale Kollisionsregelungen, die für die Erbfolge in beweglichen und unbeweglichen Vermögen unterschiedliche Regelungen vorsehen (Nachlasseinheit; Erwäggr. 54 S. 4). Auch Verfahrensvorschriften zur Grundbucheintragung sind von der Vorschrift ausgenommen (vgl. OLG Nürnberg Beschl. v. 27.10.2017 – 15 W 1461/17; FuR 2018, 11). Fragen der Vererblichkeit von Gesellschaftsanteilen sind hingegen schon gar nicht von der Verordnung erfasst (→ Art. 1 Rn. 11). 1

Art. 31 Anpassung dinglicher Rechte

Macht eine Person ein dingliches Recht geltend, das ihr nach dem auf die Rechtsnachfolge von Todes wegen anzuwendenden Recht zusteht, und kennt das Recht des Mitgliedstaats, in dem das Recht geltend gemacht wird, das betreffende dingliche Recht nicht, so ist dieses Recht soweit erforderlich und möglich an das in der Rechtsordnung dieses Mitgliedstaats am ehesten vergleichbare Recht anzupassen, wobei die mit dem besagten dinglichen Recht verfolgten Ziele und Interessen und die mit ihm verbundenen Wirkungen zu berücksichtigen sind.

Nach **Abs. 1 lit. k** ist die Frage der verschiedenen Arten dinglicher Rechte vom Anwendungsbereich der Verordnung ausgenommen (*numerus clausus* **des Sachenrechts**). Da jedoch gem. Art. 23 II lit. e „der Übergang der zum Nachlass gehörenden Vermögenswerte, Rechte und Pflichten" vom Anwendungsbereich der Verordnung erfasst ist, stellt sich die Frage, welche sachenrechtliche Wirkung einem ausländischen dinglichen Recht im Inland zukommt, wenn dieses dem inländischen Sachenrecht unbekannt ist (ursprünglich insbes. diskutiert für Vermächtnisse: im deutschen Recht Damnationslegat nach § 2174 BGB ohne direkte dingliche Wirkung; in anderen Rechtsordnungen Vindikationslegat mit direkter dinglicher Wirkung; ausf. *Margonski* GPR 2013, 106; zum umgekehrten Fall des deutschen Damnationslegats im Ausland *Döbereiner* ZEV 2015, 559). 1

Ist ein nach dem Erbstatut bestehendes dingliches Recht dem zur Anwendung berufenen *lex rei sitae* unbekannt, ist eine Anpassung nach Art. 31 vorzunehmen (vgl. zum Problem der Art und Weise von Zuordnungsänderungen *Dörner* ZEV 2012, 505 (509); *Volmer* notar 2016, 323 (324)). Im Rahmen dieser Anpassung sind die mit dem unbekannten Recht verfolgten Ziele, Interessen und Wirkungen zu berücksichtigen (Erwäggr. 16 S. 2). 2

Nicht von Art. 31 umfasst ist hingegen der **Erwerbsmodus** an sich, wie der EuGH in seiner Entscheidung in der Rechtssache *Kubicka* festgestellt hat (EuGH Urt. v. 12.10.2017 – Rs. C-218/16 – *Kubicka*; NJW 2017, 3767; vgl. auch die Anmerkungen von *Weber* DNotZ 2018, 16, *Wagner* NJW 2017, 3755 und *Bandel* MittBayNot 2018, 99; zu den Folgeproblemen vgl. *Leitzen* ZEV 2018, 311). Die Eigentumsübertragung in Form eines Vindikationslegats ist daher kein Fall von Art. 31, da der Berechtigte unmittelbar Eigentümer wird, das dingliche Recht „Eigentum" aber keiner Rechtsordnung unbekannt ist. Danach muss das deutsche Recht die dingliche Wirkung eines Vindikationslegats anerkennen. Eine Anpassung oder Umdeutung ist nicht vorzunehmen. Vielmehr vollzieht sich der Eigentumsübergang außerhalb des Grundbuchs. Es spricht jedoch viel dafür, dass der Registervorbehalt iSv Art. 1 II lit. l in diesem Rahmen vom EuGH nicht ausreichend berücksichtigt wurde. Dennoch hat sich die Praxis auf die neue Rechtslage 3 einzustellen. Zu den daraus folgenden Problemen im deutschen Grundbuchverfahren und dem Anpassungsbedarf der GBO: *Dorth* ZEV 2018, 11.

4 Für die Eintragung des Vindikationslegatars muss jedoch ein dem Typenzwang des § 35 GBO genügender Nachweis erbracht werden. Insofern kommt ein Europäisches Nachlasszeugnis in Betracht. Nach überwiegender Ansicht soll in Fortbildung von § 2353 und § 343 FamFG auch ein Legatsschein erteilt werden können (*Weber* DNotZ 2018, 16).

5 Wurde vom ausländischen Erbstatut das Entstehen eines *trust* angeordnet, so kommt bzgl. des *life interest* die Umdeutung in eine Vor- und Nacherbschaft in Betracht (*Dutta* FamRZ 2013, 4 (12)).

6 Das **Europäische Nachlasszeugnis** hat die Rechtslage nach dem Erbstatut auszuweisen. Die Anpassung an das *lex rei sitae* erfolgt erst im Rahmen der Verwendung des Nachlasszeugnisses (*Buschbaum/Simon* ZEV 2012, 525 (527)).

Art. 32 Kommorienten

Sterben zwei oder mehr Personen, deren jeweilige Rechtsnachfolge von Todes wegen verschiedenen Rechten unterliegt, unter Umständen, unter denen die Reihenfolge ihres Todes ungewiss ist, und regeln diese Rechte diesen Sachverhalt unterschiedlich oder gar nicht, so hat keine der verstorbenen Personen Anspruch auf den Nachlass des oder der anderen.

1 Zwar sind nach Art. 1 II lit. c Fragen der Verschollenheit oder der Todesvermutung nicht vom Anwendungsbereich der Verordnung erfasst, jedoch ordnet Art. 32 im Falle des Versterbens mehrerer Personen, deren Rechtsnachfolge verschiedenen Rechten (die die vorliegende Problematik unterschiedlich oder nicht regeln) unterliegt, bei Unklarheit über die Reihenfolge des Versterbens an, dass **keine gegenseitige Erbnachfolge** erfolgt. Die Norm ist inhaltlich an Art. 13 des Haager Erbrechtsübereinkommens angelegt und entspricht der deutschen Regelung des § 11 VerschG. Genauer zur Kommorientenregelung unter der Verordnung: *Rugullis* ZVglRWiss 113 (2014), 186 (206 ff.).

Art. 33 Erbenloser Nachlass

Ist nach dem nach dieser Verordnung auf die Rechtsnachfolge von Todes wegen anzuwendenden Recht weder ein durch Verfügung von Todes wegen eingesetzter Erbe oder Vermächtnisnehmer für die Nachlassgegenstände noch eine natürliche Person als gesetzlicher Erbe vorhanden, so berührt die Anwendung dieses Rechts nicht das Recht eines Mitgliedstaates oder einer von diesem Mitgliedstaat für diesen Zweck bestimmten Einrichtung, sich das im Hoheitsgebiet dieses Mitgliedstaates belegene Nachlassvermögen anzueignen, vorausgesetzt, die Gläubiger sind berechtigt, aus dem gesamten Nachlass Befriedigung ihrer Forderungen zu suchen.

1 Die Vorschrift gestattet es einem Mitgliedstaat, sich bei einem erbenlosen Nachlass den in seinem Staatsgebiet gelegenen Nachlass anzueignen, wobei der Zugriff der Gläubiger sicherzustellen ist. Dieser Staat genießt danach insoweit Vorrang vor dem Staat, nach dessen Erbstatut sich der Erbfall richtet. Die Vorschrift entscheidet danach beispielsweise einen möglichen mitgliedsstaatlichen Konflikt zwischen einem staatlichen sachenrechtlichen Aneignungsrecht und dem Erbrecht des Fiskus und stellt hierzu auf das Sachenrecht am Belegenheitsort der Sache ab (*Müller-Lukoschek* § 2 Rn. 216 ff.).

Art. 34 Rück- und Weiterverweisung

(1) Unter dem nach dieser Verordnung anzuwendenden Recht eines Drittstaats sind die in diesem Staat geltenden Rechtsvorschriften einschließlich derjenigen seines Internationalen Privatrechts zu verstehen, soweit diese zurück- oder weiterverweisen auf:
a) das Recht eines Mitgliedstaats oder
b) das Recht eines anderen Drittstaats, der sein eigenes Recht anwenden würde.
(2) Rück- und Weiterverweisungen durch die in Artikel 21 Absatz 2, Artikel 22, Artikel 27, Artikel 28 Buchstabe b und Artikel 30 genannten Rechtsordnungen sind nicht zu beachten.

1 Die Vorschrift stellt im Vergleich zum sonstigen unionsrechtlichen Privatrecht eine Besonderheit dar (vgl. nur Art. 20 Rom I-VO; Art. 24 Rom II-VO; Art. 11 Rom III-VO). Eine derartige Regelung war im Entwurf der Kommission noch nicht enthalten (zur damaligen Kritik: *Max Planck Institute for Comparative and International Private Law* RabelsZ 74 (2010) 522 (657) Rn. 232; Notes, S. 17; am Beispiel New Yorker Rechts: *Nordmeier* IPRax 2011, 535 (540)). Grundsätzlich enthält die Verordnung nur Sachnormverweisungen. Unter bestimmten Voraussetzungen erkennt die Verordnung ein *renvoi* an, spricht also insofern eine Gesamtverweisung auf nationales Recht (auch auf Kollisionsrecht) aus (Palandt/*Thorn* Art. 34 Rn. 3). Der *renvoi* ist danach beachtlich, wenn das Kollisionsrecht des Drittstaats auf das Recht eines Mitgliedsstaats (Abs. 1 lit. a) oder auf das Recht eines anderen Drittstaats, der sein eigenes Recht anwendet (Abs. 1 lit. b), verweist. In diesen Fällen kann es somit zu einer Nachlassspaltung kommen.

2 **Ausgeschlossen** ist ein *renvoi* hingehen in Fällen alternativer Anknüpfungen, Ausweichklauseln oder einer Rechtswahl (Art. 21 II, Art. 22, 27, 28 lit. b, Art. 30; vgl. Erwäggr. 57). Dies schränkt den Anwen-

dungsbereich erheblich ein. Bedeutung erlangt die Norm somit nur dann, wenn der Erblasser seinen gewöhnlichen Aufenthalt in einem Drittstaat hat und sich das Gericht eines Mitgliedsstaats auf seine subsidiäre Zuständigkeit nach Art. 10 oder eine Notzuständigkeit nach Art. 14 stützt und das Recht des gewöhnlichen Aufenthalts auf das Recht eines Mitgliedsstaats zurückverweist (*Dörner* ZEV 2012, 505 (511)).

Art. 35 Öffentliche Ordnung (ordre public)

Die Anwendung einer Vorschrift des nach dieser Verordnung bezeichneten Rechts eines Staates darf nur versagt werden, wenn ihre Anwendung mit der öffentlichen Ordnung (ordre public) des Staates des angerufenen Gerichts offensichtlich unvereinbar ist.

Die Vorschrift normiert einen Vorbehalt für die öffentliche Ordnung *(ordre public)* und ergänzt 1 Art. 40 lit. a. Danach wird fremdes Erbrecht insoweit nicht angewandt, als es gegen den inländischen *ordre public* verstoßen würde. Auch dementsprechende Entscheidungen werden nicht anerkannt (zu Recht auf den aufgrund des Gleichlaufs von *forum* und *ius* geringen Anwendungsbereich hinweisend: *Dörner* ZEV 2012, 505 (511)).

Beachtlich ist hingegen, dass sich ein Hinweis darauf, dass eine abweichende Regelung bzgl. des 2 **Pflichtteilsrechts** noch keinen *ordre public* Verstoß begründet, nicht mehr in der Verordnung findet (ein solcher war noch im Entwurf v. 14.9.2009 enthalten; Art. 27 II KOM (2009) 154 endg.). Daraus lässt sich folgern, dass unterschiedliche Pflichtteilsregelungen unter engen Voraussetzungen die Berufung auf den *ordre public* rechtfertigen können (ebenso *Mansel/Thorn/Wagner* IPRax 2013, 1 (7); *Frodl* ÖJZ 2012, 950 (956); *Dörner* ZEV 2012, 505 (512) mit Verweis auf BVerfG NJW 2005, 1561, BVerfGE 112, 332; aA *Herzog* ErbR 2013, 1 (5)). Dies zumindest dann, wenn das anzuwendende Recht auch keinerlei Äquivalent vorsieht (zu weiteren Beispielen insbes. bezüglichen islamisch geprägten Rechtsordnungen vgl. Palandt/*Thorn* EGBGB Art. 6 Rn. 30, zur Interpretation durch den französischen *Cour de Cassation* vgl. *Stade* ZErb 2018, 29).

Da Art. 17b I 2 EGBGB aF unter Geltung der EuErbVO nicht mehr zur Anwendung kommen wird, 3 stellt sich daneben die Frage, ob der *ordre-public* Vorbehalt auch dann anzuwenden ist, wenn das nach den Art. 20 ff. anzuwendende Recht eine **Erbberechtigung des Lebenspartners** nicht kennt. Im Hinblick auf Erwäggr. 58 und das darin (wenn auch aus anderer Perspektive) in Bezug genommene Diskriminierungsverbot des Art. 21 der Charta der Grundrechte der EU erscheint dies denkbar, insbes. dann, wenn das anzuwendende Recht überhaupt kein vergleichbares Äquivalent kennt (bejahend *Coester* ZEV 2013, 115).

Art. 36 Staaten mit mehr als einem Rechtssystem – Interlokale Kollisionsvorschriften

(1) Verweist diese Verordnung auf das Recht eines Staates, der mehrere Gebietseinheiten umfasst, von denen jede eigene Rechtsvorschriften für die Rechtsnachfolge von Todes wegen hat, so bestimmen die internen Kollisionsvorschriften dieses Staates die Gebietseinheit, deren Rechtsvorschriften anzuwenden sind.

(2) In Ermangelung solcher interner Kollisionsvorschriften gilt:
a) jede Bezugnahme auf das Recht des in Absatz 1 genannten Staates ist für die Bestimmung des anzuwendenden Rechts aufgrund von Vorschriften, die sich auf den gewöhnlichen Aufenthalt des Erblassers beziehen, als Bezugnahme auf das Recht der Gebietseinheit zu verstehen, in der der Erblasser im Zeitpunkt seines Todes seinen gewöhnlichen Aufenthalt hatte;
b) jede Bezugnahme auf das Recht des in Absatz 1 genannten Staates ist für die Bestimmung des anzuwendenden Rechts aufgrund von Bestimmungen, die sich auf die Staatsangehörigkeit des Erblassers beziehen, als Bezugnahme auf das Recht der Gebietseinheit zu verstehen, zu der der Erblasser die engste Verbindung hatte;
c) jede Bezugnahme auf das Recht des in Absatz 1 genannten Staates ist für die Bestimmung des anzuwendenden Rechts aufgrund sonstiger Bestimmungen, die sich auf andere Anknüpfungspunkte beziehen, als Bezugnahme auf das Recht der Gebietseinheit zu verstehen, in der sich der einschlägige Anknüpfungspunkt befindet.

(3) Ungeachtet des Absatzes 2 ist jede Bezugnahme auf das Recht des in Absatz 1 genannten Staates für die Bestimmung des anzuwendenden Rechts nach Artikel 27 in Ermangelung interner Kollisionsvorschriften dieses Staates als Bezugnahme auf das Recht der Gebietseinheit zu verstehen, zu der der Erblasser oder die Personen, deren Rechtsnachfolge von Todes wegen durch den Erbvertrag betroffen ist, die engste Verbindung hatte.

Die Verordnung verweist in ihrem Anwendungsbereich lediglich allgemein auf das Recht eines Staates. 1 Die Art. 36 u. 37 beschäftigen sich mit der Problematik, falls ein Staat mehrere **interlokale** (Bsp.: Vereinigte Staaten von Amerika) oder **interpersonale** (Bsp.: arabische Staaten die an die Religionszugehörigkeit anknüpfen) Rechtsordnungen kennt. Nach Abs. 1 bzw. Art. 37 S. 1 richtet sich die Ermittlung des anwendbaren Rechts bei solchen Rechtsspaltungen insoweit nach den nationalen kollisionsrechtlichen

Vorschriften. Sind solche Vorschriften nicht vorhanden, so ist nach Abs. 2, Abs. 3 bzw. Art. 37 S. 2 zu verfahren. Zum Begriff der engsten Verbindung → Art. 25 Rn. 4. Zum Mehrrechtsstaat Spanien vgl. *Steinmetz/Löber/García Alcázar* ZEV 2013, 535.

Art. 37 Staaten mit mehr als einem Rechtssystem – Interpersonale Kollisionsvorschriften

¹Gelten in einem Staat für die Rechtsnachfolge von Todes wegen zwei oder mehr Rechtssysteme oder Regelwerke für verschiedene Personengruppen, so ist jede Bezugnahme auf das Recht dieses Staates als Bezugnahme auf das Rechtssystem oder das Regelwerk zu verstehen, das die in diesem Staat geltenden Vorschriften zur Anwendung berufen. ²In Ermangelung solcher Vorschriften ist das Rechtssystem oder das Regelwerk anzuwenden, zu dem der Erblasser die engste Verbindung hatte.

1   Die Vorschrift regelt den Fall, dass die Verordnung auf eine gesamtstaatliche Rechtsordnung verweist, die eine **interpersonelle Rechtsspaltung** vorsieht. Der Verweis der Verordnung ist danach als Verweis auf das Regelwerk zu verstehen, das nach den Vorschriften des Staates, auf dessen Rechtsordnung verwiesen worden ist, zur Anwendung berufen ist. Das Kollisionsrecht des Gesamtstaats bestimmt somit über die Anwendung der verschiedenen interpersonellen Rechtsordnungen. Sieht das nationale Kollisionsrecht keinen entsprechenden Verweis vor, oder existiert ein solches Recht schlicht nicht, ordnet S. 2 **hilfsweise** eine Anwendung des Regelwerks an, zu dem der Erblasser die engste Verbindung hatte. Zum Begriff der engsten Verbindung → Art. 25 Rn. 4

Art. 38 Nichtanwendung dieser Verordnung auf innerstaatliche Kollisionen

Ein Mitgliedstaat, der mehrere Gebietseinheiten umfasst, von denen jede ihre eigenen Rechtsvorschriften für die Rechtsnachfolge von Todes wegen hat, ist nicht verpflichtet, diese Verordnung auf Kollisionen zwischen den Rechtsordnungen dieser Gebietseinheiten anzuwenden.

1   Die Verordnung regelt nur internationale, nicht intranationale mitgliedsstaatliche Zuständigkeiten. Für diese **kollisionsrechtlichen nationalen Konflikte** (Beispiel: Spanien) ist die Verordnung gem. Art. 38 nicht anwendbar.

Kapitel IV. Anerkennung, Vollstreckbarkeit und Vollstreckung von Entscheidungen

Art. 39 Anerkennung

(1) Die in einem Mitgliedstaat ergangenen Entscheidungen werden in den anderen Mitgliedstaaten anerkannt, ohne dass es hierfür eines besonderen Verfahrens bedarf.

(2) Bildet die Frage, ob eine Entscheidung anzuerkennen ist, als solche den Gegenstand eines Streites, so kann jede Partei, welche die Anerkennung geltend macht, in dem Verfahren nach den Artikeln 45 bis 58 die Feststellung beantragen, dass die Entscheidung anzuerkennen ist.

(3) Wird die Anerkennung in einem Rechtsstreit vor dem Gericht eines Mitgliedstaats, dessen Entscheidung von der Anerkennung abhängt, verlangt, so kann dieses Gericht über die Anerkennung entscheiden.

1   Die Regelungen über die Anerkennung, Vollstreckbarkeit und Vollstreckung von Entscheidungen (zum Begriff s. Art. 3 I lit. g) haben ihren **Ursprung in der Brüssel I-VO** (EuGVVO – EG 44/2001 – Verordnung des Rates v. 22.12.2000 über die gerichtliche Zuständigkeit und die Anerkennung und Vollstreckung von Entscheidungen in Zivil- und Handelssachen) und stimmen mit dieser teilweise wortgleich überein.

2   Da die EuErbVO jedoch auch auf unstreitige Verfahren im Rahmen der freiwilligen Gerichtsbarkeit anwendbar ist (Erwäggr. 59), sind insoweit **Friktionen** möglich (*Dutta* FamRZ 2013, 4 (13)). Ist in einem Mitgliedstaat eine Entscheidung ergangen, so ist diese grds. in anderen Mitgliedstaaten anzuerkennen, ohne dass es hierzu eines besonderen Verfahrens bedarf. Eine Ausnahme hiervon bilden jedoch die in Art. 40 lit. a–d aufgezählten Varianten.

3   Nach Abs. 1 der Vorschrift sind Entscheidungen in Erbsachen in einem Mitgliedstaat in jedem anderen Mitgliedstaat ohne besonderes Verfahren, also *ipso iure* anzuerkennen und entfalten dort die gleichen Wirkungen, wie im Ursprungsmitgliedstaat. Ausnahmen hierzu finden sich in Art. 40. Ist die Frage, ob eine Entscheidung anzuerkennen ist, streitig, so kommt gem. Abs. 2 das Verfahren nach Art. 45 ff. zur Anwendung. Für die Rechtslage in Deutschland ist hier § 21 I IntErbRVG und bezüglich der Kosten § 22 IntErbRVG zu beachten.

4   Ist die Frage der Anerkennung in einem Rechtsstreit vor einem Gericht eines Mitgliedstaats präjudiziell, so wird die Frage inzident geklärt. Alternativ besteht die Möglichkeit ein selbständiges Anerkennungsverfahren nach Abs. 2 zu beantragen (MüKoBGB/*Dutta* Art. 39 Rn. 4). Zum Problem der Bin-

dungswirkung einer Entscheidung betreffend die internationale Zuständigkeit gem. Art. 4 ff. und das Problem des negativen Kompetenzkonflikts vgl. *Wall* ZErb 2014, 272, der sich für eine entsprechende Bindungswirkung gegenüber dem Zweitgericht hinsichtlich Tenor und Entscheidungsgründen ausspricht.

Art. 40 Gründe für die Nichtanerkennung einer Entscheidung

Eine Entscheidung wird nicht anerkannt, wenn
a) die Anerkennung der öffentlichen Ordnung (ordre public) des Mitgliedstaats, in dem sie geltend gemacht wird, offensichtlich widersprechen würde;
b) dem Beklagten, der sich auf das Verfahren nicht eingelassen hat, das verfahrenseinleitende Schriftstück oder ein gleichwertiges Schriftstück nicht so rechtzeitig und in einer Weise zugestellt worden ist, dass er sich verteidigen konnte, es sei denn, der Beklagte hat die Entscheidung nicht angefochten, obwohl er die Möglichkeit dazu hatte;
c) sie mit einer Entscheidung unvereinbar ist, die in einem Verfahren zwischen denselben Parteien in dem Mitgliedstaat, in dem die Anerkennung geltend gemacht wird, ergangen ist;
d) sie mit einer früheren Entscheidung unvereinbar ist, die in einem anderen Mitgliedstaat oder in einem Drittstaat in einem Verfahren zwischen denselben Parteien wegen desselben Anspruchs ergangen ist, sofern die frühere Entscheidung die notwendigen Voraussetzungen für ihre Anerkennung in dem Mitgliedstaat, in dem die Anerkennung geltend gemacht wird, erfüllt.

Nach Art. 39 ist eine in einem Mitgliedsstaat ergangene Entscheidung grds. ohne besonderes **Verfahren in einem anderen Mitgliedsstaat anzuerkennen**. Nach Art. 40 gilt dies jedoch nicht, wenn die Entscheidung dem inländischen *ordre public* offensichtlich widerspricht (lit. a; vgl. auch Art. 35), schwerwiegende prozessuale Rechte verletzt wurden (lit. b), die Entscheidung im Widerspruch zu einer bereits ergangenen Entscheidung zwischen den gleichen Parteien im Staat der Anerkennung steht (lit. c) oder sie im Widerspruch zu einer früheren Entscheidung in einem anderen Mitgliedstaat oder in einem Drittstaat in einem Verfahren zwischen denselben Parteien wegen desselben Anspruchs steht (lit. d), falls diese frühere Entscheidung die Voraussetzung für die Anerkennung darstellt; zu den letzten beiden Varianten vgl. auch Erwäggr. 34. 1

Die **Begrifflichkeiten** der Norm sind teilweise ungenau. Die EuErbVO erfasst auch unstreitige Verfahren der freiwilligen Gerichtsbarkeit (Erwäggr. 59). Damit stellt sich das Problem, dass es teilweise keine „Beklagten" im eigentlichen Sinne gibt. Die Begriffe sind somit richtigerweise weit auszulegen und auch auf alle auf Antrag oder von Amts wegen zu beteiligende Personen zu erstrecken (*Dutta* FamRZ 2013, 4 (13)). 2

Art. 41 Ausschluss einer Nachprüfung in der Sache

Die in einem Mitgliedstaat ergangene Entscheidung darf keinesfalls in der Sache selbst nachgeprüft werden.

Die Vorschrift schließt eine *révision au fond* aus. Eine sachliche Prüfung einer in einem Mitgliedstaat ergangenen Entscheidung findet im Sinne der Beschleunigung des Verfahrens nicht statt. 1

Art. 42 Aussetzung des Anerkennungsverfahrens

Das Gericht eines Mitgliedstaats, vor dem die Anerkennung einer in einem anderen Mitgliedstaat ergangenen Entscheidung geltend gemacht wird, kann das Verfahren aussetzen, wenn im Ursprungsmitgliedstaat gegen die Entscheidung ein ordentlicher Rechtsbehelf eingelegt worden ist.

Das Anerkennungsverfahren bezüglich einer vollstreckbaren Entscheidung aus einem Ursprungsmitgliedstaat (Art. 3 I lit. g, e) kann ausgesetzt werden, wenn im Ursprungsmitgliedstaat gegen die für vollstreckbar zu erklärende Entscheidung ein ordentlicher Rechtsbehelf eingelegt wurde. Die Vorschrift behandelt nur die **Aussetzung** im Fall des Verfahrens nach Art. 39 I und im Inzidentanerkennungsverfahren nach Art. 39 III. Handelt es sich hingegen um ein selbstständiges Anerkennungsverfahren nach Art. 39 II, kann eine Aussetzung nur nach Art. 53 erfolgen. 1

Ein „**ordentlicher Rechtsbehelf**" in diesem Sinne ist ein Rechtsbehelf, der zur Abänderung oder Aufhebung der Entscheidung führen kann und welcher dem Recht des Ursprungsstaats fristgebunden ist (Dutta/*Weber* Art. 42 Rn. 2). 2

Die Entscheidung über die Aussetzung ergeht von Amts wegen und steht im **Ermessen** des Gerichts (vgl. in Deutschland § 148 ZPO). Eine Aussetzung kommt dann in Betracht, wenn vernünftige Zweifel am Bestand der Entscheidung bestehen (vgl. BeckOGK EuErbVO/*J. Schmidt* Art. 42 Rn. 14). 3

Art. 43 Vollstreckbarkeit

Die in einem Mitgliedstaat ergangenen und in diesem Staat vollstreckbaren Entscheidungen sind in einem anderen Mitgliedstaat vollstreckbar, wenn sie auf Antrag eines Berechtigten dort nach dem Verfahren der Artikel 45 bis 58 für vollstreckbar erklärt worden sind.

1 Ist in einem Mitgliedstaat (Ursprungsstaat) eine Entscheidung nach Art. 3 I lit. g ergangen, die dort vollstreckbar ist (dh insbes. auch einen vollstreckbaren Inhalt hat), so kann diese im Rahmen des Verfahrens nach Art. 45 ff. auch in jedem **anderen Mitgliedstaat für vollstreckbar erklärt werden**. Die Art. 50 ff. regeln das Rechtsbehelfsverfahren. Der Nachweis der Vollstreckbarkeit der Ursprungsentscheidung erfolgt grundsätzlich (Art. 47) mit der Bescheinigung nach Art. 46 III lit. b. Was den vollstreckbaren Inhalt der Entscheidung betrifft, so muss dieser daneben hinreichend bestimmt sein.

2 Die Vollstreckbarerklärung erfolgt in der Regel auf **Antrag** des Titelgläubigers (Dutta/*Weber* Art. 43 Rn. 4). Antragsberechtigt ist aber allgemein jeder, der sich im Ursprungsstaat auf die vollstreckbare Entscheidung berufen kann (BeckOGK EuErbVO/*J. Schmidt* Art. 43 Rn. 15). Die Erstentscheidung muss nach dem Recht des Ursprungsstaats, in dem sie ergangen ist, zumindest formell vollstreckbar sein. Auch die weiteren Voraussetzungen für die Vollstreckbarkeit dieser ersten Entscheidung und der Umfang der Vollstreckbarkeit richten sich nach dem Recht dieses Ursprungsstaats (Dutta/*Weber* Art. 43 Rn. 5).

3 Für die Vollstreckung einer Entscheidung, durch die ein **Zwangsgeld** angeordnet wird, wird zumindest eine analoge Anwendung von Art. 49 Brüssel I-VO befürwortet (MüKoBGB/*Dutta* Art. 43 Rn. 7).

Art. 44 Bestimmung des Wohnsitzes

Ist zu entscheiden, ob eine Partei für die Zwecke des Verfahrens nach den Artikeln 45 bis 58 im Hoheitsgebiet des Vollstreckungsmitgliedstaats einen Wohnsitz hat, so wendet das befasste Gericht sein eigenes Recht an.

1 Ist im Rahmen des **Exequaturverfahrens** nach Art. 45–58 zu prüfen, ob eine Person einen **Wohnsitz** im Gebiet des Vollstreckungsmitgliedstaats hat, so wird dieser gem. Art. 44 nach dem jeweiligen nationalen Recht des Vollstreckungsstaats bestimmt. Die Bestimmung ist insbes. im Rahmen von Art. 45 II (örtliche Zuständigkeit) und Art. 50 IV, V relevant. Für den Wohnsitz juristischer Personen und Gesellschaften wird eine analoge Anwendung von Art. 63 Brüssel Ia-VO befürwortet (BeckOGK EuErbVO/*J. Schmidt* Art. 44 Rn. 7, 9). Die Bestimmung des Wohnsitzes erfolgt im deutschen Recht gem. §§ 7 ff. BGB.

Art. 45 Örtlich zuständiges Gericht

(1) Der Antrag auf Vollstreckbarerklärung ist an das Gericht oder die zuständige Behörde des Vollstreckungsmitgliedstaats zu richten, die der Kommission von diesem Mitgliedstaat nach Artikel 78 mitgeteilt wurden.

(2) Die örtliche Zuständigkeit wird durch den Ort des Wohnsitzes der Partei, gegen die die Vollstreckung erwirkt werden soll, oder durch den Ort, an dem die Vollstreckung durchgeführt werden soll, bestimmt.

1 Die Vorschrift regelt für die Vollstreckbarerklärung die sachliche (Abs. 1) und örtliche (Abs. 2) Zuständigkeit. Sie knüpft für die sachliche Zuständigkeit an die jeweilige Mitteilung der Mitgliedstaaten nach Art. 78 an.

2 Die **sachliche Zuständigkeit** liegt in Deutschland gem. § 3 I IntErbRVG beim Landgericht, dort entscheidet gem. § 3 III IntErbRVG der Vorsitzende einer Zivilkammer.

3 Nach Abs. 2 wird die **örtliche Zuständigkeit** durch den Wohnsitz der Partei, gegen die die Vollstreckung erwirkt werden soll, oder durch den Ort, an dem die Vollstreckung durchgeführt werden soll, bestimmt. Für die Bestimmung des Wohnsitzes ist der Zeitpunkt der Antragstellung maßgeblich (BeckOGK EuErbVO/*J. Schmidt* Art. 45 Rn. 3). Der Antragsteller hat insoweit ein **Wahlrecht**. Wird ein Vollstreckbarkeitsantrag gegen mehrere Miterben mit unterschiedlichen Wohnsitzen gestellt, so ist zweckmäßigerweise auf den letzten Wohnsitz des Erblassers abzustellen (Dutta/*Weber* Art. 45 Rn. 4).

4 Für die **Rechtslage in Deutschland** sieht § 3 II 1 IntErbRVG vor, dass das Gericht, in dessen Bezirk der Schuldner seinen Wohnsitz hat oder in dessen Bezirk die Zwangsvollstreckung durchgeführt werden soll, ausschließlich zuständig ist. Bei Gesellschaften ist diesbezüglich auf den Sitz abzustellen, § 3 II 2 IntErbRVG. Die nationale Umsetzungsvorschrift in § 3 II IntErbRVG bringt insoweit keine wesentlichen Abweichungen zur unionsrechtlichen Vorschrift und erscheint aufgrund des Vorrangs des Unionsrechts als überflüssig (vgl. BeckOGK EuErbVO/*J. Schmidt* Art. 45 Rn. 17 f.).

Art. 46 Verfahren

(1) Für das Verfahren der Antragstellung ist das Recht des Vollstreckungsmitgliedstaats maßgebend.

(2) Von dem Antragsteller kann nicht verlangt werden, dass er im Vollstreckungsmitgliedstaat über eine Postanschrift oder einen bevollmächtigten Vertreter verfügt.

(3) Dem Antrag sind die folgenden Schriftstücke beizufügen:

a) eine Ausfertigung der Entscheidung, die die für ihre Beweiskraft erforderlichen Voraussetzungen erfüllt;

b) die Bescheinigung, die von dem Gericht oder der zuständigen Behörde des Ursprungsmitgliedstaats unter Verwendung des nach dem Beratungsverfahren nach Artikel 81 Absatz 2 erstellten Formblatts ausgestellt wurde, unbeschadet des Artikels 47.

Die Vorschrift verweist für die Antragstellung im Grundsatz auf die **lex fori des Vollstreckungsmitgliedsstaats.** Hingegen darf das nationale Recht nach Abs. 2 vom Antragsteller nicht verlangen, dass dieser im Vollstreckungsmitgliedstaat eine Postanschrift oder einen bevollmächtigten Vertreter hat. Dem nationalen Recht steht es jedoch frei, für die Postulationsfähigkeit einen Anwaltszwang vorzusehen (BeckOGK EuErbVO/*J. Schmidt* Art. 46 Rn. 11). 1

Dem Antrag ist eine **Ausfertigung der Entscheidung,** die die für ihre Beweiskraft erforderlichen Voraussetzungen erfüllt (Abs. 3 lit. a) und eine **Bescheinigung,** die von dem Gericht oder der zuständigen Behörde des Ursprungsmitgliedstaats unter Verwendung des Formblatts I (Anhang 1 EuErbVO-Formblätter) ausgestellt wurde (Abs. 3 lit. b) beizufügen. Die Vorlage letzterer kann nach Art. 47 entbehrlich sein. Zum Verfahren in Deutschland vgl. §§ 4, 27 IntErbRVG. 2

Art. 47 Nichtvorlage der Bescheinigung

(1) Wird die Bescheinigung nach Artikel 46 Absatz 3 Buchstabe b nicht vorgelegt, so kann das Gericht oder die sonst befugte Stelle eine Frist bestimmen, innerhalb deren die Bescheinigung vorzulegen ist, oder sich mit einer gleichwertigen Urkunde begnügen oder von der Vorlage der Bescheinigung absehen, wenn kein weiterer Klärungsbedarf besteht.

(2) ¹Auf Verlangen des Gerichts oder der zuständigen Behörde ist eine Übersetzung der Schriftstücke vorzulegen. ²Die Übersetzung ist von einer Person zu erstellen, die zur Anfertigung von Übersetzungen in einem der Mitgliedstaaten befugt ist.

Die Vorschrift ordnet an, dass bei **Nichtvorlage der Bescheinigung** nach Art. 45 III lit. b (Formblatt) vom Gericht eine Frist zur Vorlage bestimmt werden kann, oder dass unter bestimmten Umständen die Vorlage entbehrlich ist. So kann das Gericht eine gleichwertige Urkunde für ausreichend erachten (beispielsweise beglaubigte Abschriften aus Gerichtsakten des Ursprungsmitgliedstaats, (BeckOGK EuErbVO/*J. Schmidt* Art. 47 Rn. 9.1) oder ganz von der Vorlage der Bescheinigung absehen, wenn kein weiterer Klärungsbedarf besteht. Welche Option gewählt wird, steht im **Ermessen** des Gerichts. 1

Nach Abs. 2 kann das Gericht verlangen, dass eine Übersetzung vorgelegt wird. Eine **Beglaubigung** ist nach dem Wortlaut nicht erforderlich. Dies erscheint auch konsequent, da das Gericht auch vollständig auf die Übersetzung verzichten kann. 2

Der Wortlaut von Abs. 2 S. 2 bedarf hingegen der Auslegung. Zur bloßen Erstellung von Übersetzungen ist jedermann befugt. Die Auslegung muss wohl dahingehend erfolgen, dass die Übersetzung von einer Person erfolgen muss, deren Übersetzungen nach dem Recht des Mitgliedstaats irgendeine Form der **Beweiswirkung,** bzw. eine Vermutung der Richtigkeit und Vollständigkeit zukommt (Dutta/*Weber* Art. 47 Rn. 5, für das Erfordernis der Berechtigung zur Erstellung von **beglaubigten Übersetzungen** hingegen MüKoBGB/*Dutta* Art. 47 Rn. 2). Zum Verfahren in Deutschland vgl. § 4 III IntErbRVG. Zu den Kosten der Übersetzung s. § 7 I 4 IntErbRVG, der auf § 788 ZPO verweist. 3

Art. 48 Vollstreckbarerklärung

¹Sobald die in Artikel 46 vorgesehenen Förmlichkeiten erfüllt sind, wird die Entscheidung unverzüglich für vollstreckbar erklärt, ohne dass eine Prüfung nach Artikel 40 erfolgt. ²Die Partei, gegen die die Vollstreckung erwirkt werden soll, erhält in diesem Abschnitt des Verfahrens keine Gelegenheit, eine Erklärung abzugeben.

Die Vorschrift regelt das Exequaturverfahren in erster Instanz. Im Sinne einer Beschleunigung und Formalisierung des Verfahrens beschränkt sie den Prüfungsumfang in erheblichem Maße. Es handelt sich nach S. 2 um **kein kontradiktorisches Verfahren,** da der Gegenpartei kein Recht zur Stellungnahme zusteht. 1

Sind danach die in Art. 46 aufgeführten Förmlichkeiten erfüllt, ist die Entscheidung unverzüglich für vollstreckbar zu erklären. Die **Anerkennungsverweigerungsgründe des Art.** 40 sind nicht zu prüfen. Diese Voraussetzungen werden erst im Rahmen der Rechtsbehelfsverfahren nach Art. 50 zum Prüfungsgegenstand. Art. 53 ist nicht anzuwenden. 2

Hingegen muss das Gericht die **Eröffnung des Anwendungsbereichs** der Verordnung und die in Art. 43 genannten Voraussetzungen der Vollstreckbarerklärung von Amts wegen prüfen und örtlich gem. Art. 45 zuständig sein. Daneben müssen auch die nach Art. 46 III notwendigen Unterlagen vorliegen, soweit keine Ausnahme nach Art. 47 gegeben ist (Dutta/*Weber* Art. 48 Rn. 2). In Deutschland sind die Einzelheiten des Verfahrens durch §§ 5 ff. IntErbRVG geregelt. 3

Art. 49 Mitteilung der Entscheidung über den Antrag auf Vollstreckbarerklärung

(1) Die Entscheidung über den Antrag auf Vollstreckbarerklärung wird dem Antragsteller unverzüglich in der Form mitgeteilt, die das Recht des Vollstreckungsmitgliedstaats vorsieht.

(2) Die Vollstreckbarerklärung und, soweit dies noch nicht geschehen ist, die Entscheidung werden der Partei, gegen die die Vollstreckung erwirkt werden soll, zugestellt.

1   Das Gericht hat dem Antragsteller die **Entscheidung über den Antrag** auf Vollstreckbarerklärung unverzüglich mitzuteilen, Abs. 1. Unbeachtlich ist hierbei der Inhalt der Entscheidung. Die Form der Mitteilung richtet sich nach der *lex fori*.

2   Für die **Rechtslage in Deutschland** sieht § 9 I IntErbRVG im Fall der Zulassung der Zwangsvollstreckung die Übersendung einer beglaubigten Abschrift des Beschlusses, die mit der Vollstreckungsklausel versehene Ausfertigung des Titels sowie eine Bescheinigung über die **bewirkte Zustellung** an den Antragsteller vor. Gerade die letzte Anordnung erscheint problematisch, da mit einer vorherigen Zustellung an den Vollstreckungsgegner der Vollstreckungserfolg erheblich gefährdet wird. Insoweit ist fraglich, ob die vorherige Zustellung an den Antragsgegner wirklich eine Voraussetzung für die Mitteilung ist. Dies ist gerade mit Blick auf die von der Verordnung geforderte Unverzüglichkeit der Mitteilung zu verneinen (vgl. auch Dutta/*Weber* Art. 49 Rn. 2; BeckOGK EuErbVO/*J. Schmidt* Art. 49 Rn. 9; Geimer/Schütze/*Franzmann/Schwerin* Art. 49 Rn. 3). Wird der Antrag auf Erteilung der Vollstreckungsklausel abgelehnt, so ist der Beschluss dem Antragsteller nach § 9 II IntErbRVG zuzustellen.

Art. 50 Rechtsbehelf gegen die Entscheidung über den Antrag auf Vollstreckbarerklärung

(1) Gegen die Entscheidung über den Antrag auf Vollstreckbarerklärung kann jede Partei einen Rechtsbehelf einlegen.

(2) Der Rechtsbehelf wird bei dem Gericht eingelegt, das der betreffende Mitgliedstaat der Kommission nach Artikel 78 mitgeteilt hat.

(3) Über den Rechtsbehelf wird nach den Vorschriften entschieden, die für Verfahren mit beiderseitigem rechtlichem Gehör maßgebend sind.

(4) Lässt sich die Partei, gegen die die Vollstreckung erwirkt werden soll, auf das Verfahren vor dem mit dem Rechtsbehelf des Antragstellers befassten Gericht nicht ein, so ist Artikel 16 auch dann anzuwenden, wenn die Partei, gegen die die Vollstreckung erwirkt werden soll, ihren Wohnsitz nicht im Hoheitsgebiet eines Mitgliedstaats hat.

(5) ¹Der Rechtsbehelf gegen die Vollstreckbarerklärung ist innerhalb von 30 Tagen nach ihrer Zustellung einzulegen. ²Hat die Partei, gegen die die Vollstreckung erwirkt werden soll, ihren Wohnsitz im Hoheitsgebiet eines anderen Mitgliedstaats als dem, in dem die Vollstreckbarerklärung ergangen ist, so beträgt die Frist für den Rechtsbehelf 60 Tage und beginnt mit dem Tag, an dem die Vollstreckbarerklärung ihr entweder in Person oder in ihrer Wohnung zugestellt worden ist. ³Eine Verlängerung dieser Frist wegen weiter Entfernung ist ausgeschlossen.

1   Die Vorschrift trifft genauere Regelungen zu dem **Rechtsbehelf gegen eine Entscheidung über die Vollstreckbarerklärung** nach Art. 48. Der Rechtsbehelf kann nur von den Parteien des Ausgangsverfahrens eingelegt werden, soweit diese beschwert sind (BeckOGK EuErbVO/*J. Schmidt* Art. 50 Rn. 7ff.). Das zuständige Gericht ist von den Mitgliedstaaten zu bestimmen und der Kommission nach Art. 78 mitzuteilen, Abs. 2. Daneben sind auch für das Verfahren zur Entscheidung über den Rechtsbehelf nach Abs. 3 die nationalen Vorschriften zum kontradiktorischen Verfahren maßgeblich.

2   Lässt sich die Partei, gegen die die Vollstreckung erwirkt werden soll, nicht auf das Verfahren ein, so kommt Art. 16 zur Anwendung. Dies gilt gem. Abs. 4 auch dann, wenn die Partei, gegen die die Vollstreckung erwirkt werden soll, ihren Wohnsitz nicht im Hoheitsgebiet eines Mitgliedstaats hat. Das Gericht hat das Verfahren somit so lange **auszusetzen**, bis festgestellt ist, dass es dem Beklagten möglich war, das verfahrenseinleitende Schriftstück oder ein gleichwertiges Schriftstück so rechtzeitig zu empfangen, dass er sich verteidigen konnte oder dass alle hierzu erforderlichen Maßnahmen getroffen wurden (Art. 16 I).

3   Für die **Frist zur Einlegung** des Rechtsbehelfs differenziert Abs. 5 nach dem Wohnsitz des Schuldners. Ist dieser in dem Mitgliedstaat, in dem die Vollstreckbarerklärung ergangen ist, so beträgt die Frist 30 Tage, ist dieser in einem anderen Mitgliedstaat, so beträgt sie 60 Tage. Eine weitere Verlängerung wegen weiter Entfernung ist für diesen Fall gem. Abs. 5 S. 3 ausgeschlossen. Bei einem Wohnsitz in einem Drittstaat, bleibt es bei der Regelung des Abs. 5 S. 1 (Dutta/*Weber* Art. 50 Rn. 12). Die Frist beginnt mit der nach nationalem Recht ordnungsgemäßen Zustellung der Entscheidung. Die Berechnung erfolgt nach der europäischen Fristenverordnung (Art. 1ff. Fristen-VO; MüKoBGB/*Dutta* Art. 50 Rn. 1; aA Kroiß/Horn/Solomon/*Köhler* Art. 50 Rn. 2, der sich für eine Anwendung des nationalen Prozessrechts in Deutschland somit § 222 ZPO iVm. §§ 187ff. BGB, ausspricht).

4   §§ 10ff. IntErbRVG sieht für das deutsche Recht die Beschwerde zum Oberlandesgerichts vor.

Art. 51 Rechtsbehelf gegen die Entscheidung über den Rechtsbehelf

Gegen die über den Rechtsbehelf ergangene Entscheidung kann nur der Rechtsbehelf eingelegt werden, den der betreffende Mitgliedstaat der Kommission nach Artikel 78 mitgeteilt hat.

Die Vorschrift bestimmt, welche **Rechtsbehelfe gegen die zweitinstanzliche Endentscheidung** nach Art. 50 statthaft sind. Die Mitgliedsstaaten teilen der Kommission den betreffenden Rechtsbehelf nach Art. 78 mit.

Zwischen- oder Nebenentscheidungen sind nicht von der Norm erfasst (Dutta/*Weber* Art. 51 Rn. 2). Der Rechtsbehelf selbst kann nur von den **Parteien** des zweitinstanzlichen Verfahrens eingelegt werden, nicht hingegen von Dritten. Die Prüfung selbst ist allein auf **Rechtsfragen** beschränkt (BeckOGK EuErbVO/*J. Schmidt* Art. 51 Rn. 6 ff.).

Für das deutsche Recht eröffnet §§ 12 ff. IntErbRVG die Möglichkeit einer Rechtsbeschwerde nach § 574 ZPO zum Bundesgerichtshof.

Art. 52 Versagung oder Aufhebung einer Vollstreckbarerklärung

¹**Die Vollstreckbarerklärung darf von dem mit einem Rechtsbehelf nach Artikel 50 oder Artikel 51 befassten Gericht nur aus einem der in Artikel 40 aufgeführten Gründe versagt oder aufgehoben werden.** ²**Das Gericht erlässt seine Entscheidung unverzüglich.**

Die Vorschrift definiert den **Prüfungsumfang** im Rahmen der Rechtsbehelfe nach Art. 50 und 51 (S. 1) und spricht die Verpflichtung des Gerichts aus, die Entscheidung unverzüglich zu treffen (S. 2). Danach ist eine Vollstreckbarerklärung im Sinne einer zügigen Durchführung des Rechtsbehelfsverfahrens, neben den Prüfungspunkten der ersten Instanz, nur aufgrund der in Art. 40 genannten Gründe zu versagen oder aufzuheben (BeckOGK EuErbVO/*J. Schmidt* Art. 52 Rn. 7). Eine Nachprüfung der ausländischen Entscheidung in der Sache *(révision auf fond)* erfolgt hingegen gerade nicht (BeckOGK EuErbVO/*J. Schmidt* Art. 52 Rn. 9).

Weitergehende Einwendung sind nach dem **deutschen Recht** gem. § 23 IntErbRVG im Rahmen einer Vollstreckungsabwehrklage gem. § 767 ZPO geltend zu machen.

Art. 53 Aussetzung des Verfahrens

Das nach Artikel 50 oder Artikel 51 mit dem Rechtsbehelf befasste Gericht setzt das Verfahren auf Antrag des Schuldners aus, wenn die Entscheidung im Ursprungsmitgliedstaat wegen der Einlegung eines Rechtsbehelfs vorläufig nicht vollstreckbar ist.

Ist ein Gericht mit einem Rechtsbehelf nach Art. 50 (Entscheidung über den Antrag auf Vollstreckbarerklärung) oder Art. 51 (Entscheidung über den Rechtsbehelf) befasst und ist die Entscheidung aufgrund der Einlegung eines Rechtsbehelfs im Ursprungsmitgliedstaat nicht vollstreckbar, so hat das Gericht auf Antrag des Schuldners das Verfahren bis zur Entscheidung über den Rechtsbehelf im Ursprungsmitgliedstaat **auszusetzen.** Der Anwendungsbereich der Norm beschränkt sich somit auf das Exequaturverfahren zweiter und dritter Instanz (BeckOGK EuErbVO/*J. Schmidt* Art. 53 Rn. 5). Über die Verweisung des Art. 39 II gilt die Vorschrift auch für das Anerkennungsverfahren.

Eine Aussetzung ist nach dem Wortlaut der Norm nur auf Antrag des Schuldners möglich. Eine Aussetzung von Amts wegen kommt hingegen nicht in Betracht. Gegen die Entscheidung im Ursprungsmitgliedstaat muss ein Rechtsbehelf eingelegt worden sein, wobei jede Art von **Rechtsbehelf** ausreichend ist. Die Vorschrift beschränkt dies gerade nicht auf „ordentliche Rechtsbehelfe". Daneben muss die Nichtvollstreckbarkeit im Ursprungsmitgliedstaat gerade kausal auf der Einlegung des Rechtsbehelfs beruhen (vgl. insgesamt zu den Voraussetzungen BeckOGK EuErbVO/*J. Schmidt* Art. 53 Rn. 9). In der Folge hat das befasste Gericht das Verfahren auszusetzen. Ein Ermessen besteht nicht.

Art. 54 Einstweilige Maßnahmen einschließlich Sicherungsmaßnahmen

(1) Ist eine Entscheidung nach diesem Abschnitt anzuerkennen, so ist der Antragsteller nicht daran gehindert, einstweilige Maßnahmen einschließlich Sicherungsmaßnahmen nach dem Recht des Vollstreckungsmitgliedstaats in Anspruch zu nehmen, ohne dass es einer Vollstreckbarerklärung nach Artikel 48 bedarf.

(2) Die Vollstreckbarerklärung umfasst von Rechts wegen die Befugnis, Maßnahmen zur Sicherung zu veranlassen.

(3) Solange die in Artikel 50 Absatz 5 vorgesehene Frist für den Rechtsbehelf gegen die Vollstreckbarerklärung läuft und solange über den Rechtsbehelf nicht entschieden ist, darf die Zwangsvollstreckung in das Vermögen des Schuldners nicht über Maßnahmen zur Sicherung hinausgehen.

Die Vorschrift trifft eine Regelung zu **einstweilgen Maßnahmen einschließlich Sicherungsmaßnahmen** bei einer nach diesem Abschnitt anzuerkennenden vollstreckbaren Entscheidung und differenziert dabei danach, ob bereits eine Vollstreckbarerklärung vorliegt.

Liegen die Voraussetzung einer Anerkennung nach Art. 39 vor, **fehlt** jedoch noch eine **Vollstreckbarerklärung** nach Art. 48, so kann der Antragsteller bereits zu diesem Zeitpunkt nach Abs. 1 einstweilige Maßnahmen einschließlich Sicherungsmaßnahmen nach dem Recht des Vollstreckungsmitgliedstaats in Anspruch nehmen.

3   Liegt bereits eine **Vollstreckbarerklärung vor,** so wird bereits durch diese nach Abs. 2 die Befugnis vermittelt, Maßnahmen zur Sicherung zu veranlassen. Dies gilt unabhängig davon, welche Voraussetzungen das nationale Recht hierfür normalerweise vorsieht (Kroiß/Horn/Solomon/*Köhler* Art. 54 Rn. 2).

4   Ist hingegen die in Art. 50 V für die Einlegung von Rechtsbehelfen gegen die Vollstreckbarerklärung eingeräumte **Frist noch nicht abgelaufen** oder wurde über den eingelegten **Rechtsbehelf noch nicht entschieden,** darf die Zwangsvollstreckung solange nicht über bloße Maßnahmen zur Sicherung hinausgehen.

5   Das nationale Verfahren ist in Deutschland durch § 15 IntErbRVG genauer ausgestaltet.

Art. 55 Teilvollstreckbarkeit

(1) **Ist durch die Entscheidung über mehrere Ansprüche erkannt worden und kann die Vollstreckbarerklärung nicht für alle Ansprüche erteilt werden, so erteilt das Gericht oder die zuständige Behörde sie für einen oder mehrere dieser Ansprüche.**

(2) **Der Antragsteller kann beantragen, dass die Vollstreckbarerklärung nur für einen Teil des Gegenstands der Entscheidung erteilt wird.**

1   Die Vorschrift macht einen Hilfsantrag in den Fällen entbehrlich, in denen über mehrere Ansprüche erkannt worden ist, aber die **Vollstreckbarerklärung nur für einen Teil der Ansprüche** erteilt werden kann. Das Gericht oder die zuständige Behörde nimmt sodann von Amts wegen die Vollstreckbarerklärung für diese Ansprüche vor. Ein Ermessen besteht nicht (BeckOGK EuErbVO/*J. Schmidt* Art. 55 Rn. 9). Überwiegend wird wohl eine Anwendung des Abs. 1 ebenfalls für den Fall bejaht, dass nur ein quantitativer Teil eines Anspruchs betroffen ist (Dutta/*Weber* Art. 55 Rn. 2; Geimer/Schütze/*Franzmann/Schwerin* Art. 55 Rn. 3).

2   Nach Abs. 2 der Vorschrift kann der Antragsteller auch von sich aus den **Antrag** auf Vollstreckbarerklärung auf Teile des Gegenstands der Entscheidung **beschränken.**

Art. 56 Prozesskostenhilfe

Ist dem Antragsteller im Ursprungsmitgliedstaat ganz oder teilweise Prozesskostenhilfe oder Kosten- und Gebührenbefreiung gewährt worden, so genießt er im Vollstreckbarerklärungsverfahren hinsichtlich der Prozesskostenhilfe oder der Kosten- und Gebührenbefreiung die günstigste Behandlung, die das Recht des Vollstreckungsmitgliedstaats vorsieht.

1   Wurde dem Antragsteller im Ursprungsmitgliedstaat ganz oder teilweise Prozesskostenhilfe oder eine Kosten-/Gebührenbefreiung gewährt, so ist im Vollstreckungsstaat ein **erneutes Prozesskostenhilfeverfahren entbehrlich.** Vielmehr muss dem Antragsteller nach der nationalen *lex fori* ebenfalls Prozesskostenhilfe gewährt werden, ohne dass die Gerichte die ursprüngliche Prozesskostenhilfeentscheidung zu prüfen haben (Dutta/*Weber* Art. 56 Rn. 3 f.). Dem Antragsteller ist im Vollstreckungsstaat die jeweils günstigste Regelung zu gewähren, auch wenn diese über den Umfang im Ursprungsstaat hinausgeht.

2   Überwiegender Ansicht nach ist Art. 56 daneben auf **alle Instanzen des Exequaturverfahrens** anwendbar und nicht auf das Vollstreckbarerklärungsverfahren beschränkt (Dutta/*Weber* Art. 56 Rn. 2; BeckOGK EuErbVO/*J. Schmidt* Art. 56 Rn. 5). Für den **Vollstreckungsgegner** enthält die Vorschrift keinerlei Regelungen, insoweit verbleibt es bei den Vorschriften des nationalen Rechts.

Art. 57 Keine Sicherheitsleistung oder Hinterlegung

Der Partei, die in einem Mitgliedstaat die Anerkennung, Vollstreckbarerklärung oder Vollstreckung einer in einem anderen Mitgliedstaat ergangenen Entscheidung beantragt, darf wegen ihrer Eigenschaft als Ausländer oder wegen Fehlens eines inländischen Wohnsitzes oder Aufenthalts im Vollstreckungsmitgliedstaat eine Sicherheitsleistung oder Hinterlegung, unter welcher Bezeichnung es auch sei, nicht auferlegt werden.

1   Nach der Vorschrift darf von einer Partei aufgrund ihrer Eigenschaft als **Ausländer** oder dem Fehlen eines inländischen Wohnsitzes oder Aufenthalts im Mitgliedstaat, in dem die Vollstreckung durchgeführt werden soll, im Rahmen der Anerkennung, Vollstreckbarerklärung oder Vollstreckung einer in einem anderen Mitgliedstaat ergangenen Entscheidung **keine Sicherheitsleistung oder Hinterlegung** gefordert werden. Unter den Begriff der Partei sind auch **Angehörige von Drittstaaten** zu fassen (BeckOGK EuErbVO/*J. Schmidt* Art. 57 Rn. 7).

2   Dem nationalen Gesetzgeber bleibt es aber unbenommen, **unabhängig von den genannten Anknüpfungspunkten** allgemein eine entsprechende Sicherheitsleistung oder Hinterlegung zu fordern (BeckOGK EuErbVO/*J. Schmidt* Art. 57 Rn. 8).

Art. 58 Keine Stempelabgaben oder Gebühren

Im Vollstreckungsmitgliedstaat dürfen in Vollstreckbarerklärungsverfahren keine nach dem Streitwert abgestuften Stempelabgaben oder Gebühren erhoben werden.

Nach der Vorschrift dürfen die Gerichtsgebühren für ein Vollstreckbarerklärungsverfahren **nicht** **1** **streitwertabhängig** ausgestaltet sein. Nicht erfasst sind hingegen **Anwaltsgebühren**. Daneben regelt die Vorschrift nur das Verfahren erster Instanz, nicht aber ein eventuell anschließendes Rechtsbehelfsverfahren nach Art. 50 f. Die Umsetzung im deutschen Kostenrecht findet sich in KV 1510 GKG.

Kapitel V. Öffentliche Urkunden und gerichtliche Vergleiche

Art. 59 Annahme öffentlicher Urkunden

(1) **Eine in einem Mitgliedstaat errichtete öffentliche Urkunde hat in einem anderen Mitgliedstaat die gleiche formelle Beweiskraft wie im Ursprungsmitgliedstaat oder die damit am ehesten vergleichbare Wirkung, sofern dies der öffentlichen Ordnung (ordre public) des betreffenden Mitgliedstaats nicht offensichtlich widersprechen würde.**

Eine Person, die eine öffentliche Urkunde in einem anderen Mitgliedstaat verwenden möchte, kann die Behörde, die die öffentliche Urkunde im Ursprungsmitgliedstaat errichtet, ersuchen, das nach dem Beratungsverfahren nach Artikel 81 Absatz 2 erstellte Formblatt auszufüllen, das die formelle Beweiskraft der öffentlichen Urkunde in ihrem Ursprungsmitgliedstaat beschreibt.

(2) [1] Einwände mit Bezug auf die Authentizität einer öffentlichen Urkunde sind bei den Gerichten des Ursprungsmitgliedstaats zu erheben; über diese Einwände wird nach dem Recht dieses Staates entschieden. [2] Eine öffentliche Urkunde, gegen die solche Einwände erhoben wurden, entfaltet in einem anderen Mitgliedstaat keine Beweiskraft, solange die Sache bei dem zuständigen Gericht anhängig ist.

(3) [1] Einwände mit Bezug auf die in einer öffentlichen Urkunde beurkundeten Rechtsgeschäfte oder Rechtsverhältnisse sind bei den nach dieser Verordnung zuständigen Gerichten zu erheben; über diese Einwände wird nach dem nach Kapitel III anzuwendenden Recht entschieden. [2] Eine öffentliche Urkunde, gegen die solche Einwände erhoben wurden, entfaltet in einem anderen als dem Ursprungsmitgliedstaat hinsichtlich des bestrittenen Umstands keine Beweiskraft, solange die Sache bei dem zuständigen Gericht anhängig ist.

(4) **Hängt die Entscheidung des Gerichts eines Mitgliedstaats von der Klärung einer Vorfrage mit Bezug auf die in einer öffentlichen Urkunde beurkundeten Rechtsgeschäfte oder Rechtsverhältnisse in Erbsachen ab, so ist dieses Gericht zur Entscheidung über diese Vorfrage zuständig.**

Die Vorschrift dient der **erleichterten grenzüberschreitenden Verwendung öffentlicher Urkunden**. **1** Sie geht über die bisher bekannten unionsrechtlichen Regelungen hinaus. Art. 3 lit. i definiert eine öffentliche Urkunde als ein Schriftstück in Erbsachen, das als öffentliche Urkunde in einem Mitgliedstaat förmlich errichtet oder eingetragen worden ist, dessen Beweiskraft sich auf die Unterschrift und den Inhalt der öffentlichen Urkunde bezieht und durch eine Behörde oder eine andere vom Ursprungsmitgliedstaat hierzu ermächtigte Stelle festgestellt worden ist (zur Anwendbarkeit des Art. 59 auf den deutschen Erbschein: *Kleinschmidt* RabelsZ 77 (2013), 723 (735)).

Die ursprüngliche im Entwurf enthaltene Überschrift des Art. 59 („Anerkennung öffentlicher Urkun- **2** den" – Art. 34 KOM 2009(154) endg.) wurde zugunsten der jetzigen Überschrift „Annahme von öffentlichen Urkunden" aufgegeben. Durch weitere Verbesserungen gegenüber dem ursprünglichen Entwurf wurde klargestellt, dass Gegenstand der grenzüberschreitenden Annahme nur die **formellen Beweiskraftwirkungen** einer öffentlichen Urkunde sind, nicht hingegen die materielle Gültigkeit der in ihr enthaltenen Rechtsgeschäfte (Art. 59 I UAbs. 1; *Simon/Buschbaum* NJW 2012, 2393 (2397)). Bspw. wird somit die Beweiswirkung einer deutschen öffentlichen Urkunde (Beweis bzgl. der in ihnen bezeugten Tatsachen, wobei der Nachweis des Gegenteils möglich ist, § 418 ZPO) in andere Mitgliedsstaaten transportiert. Eine Legalisation oder andere Förmlichkeiten sind nicht nötig, Art. 74.

Problematisch ist, ob der Beweiswirkung **Grenzen** gesetzt sind. Man kann insofern eine Begrenzung **3** in zweifacher Hinsicht annehmen (so *Simon/Buschbaum* NJW 2012, 2393 (2397)). Eine öffentliche Urkunde kann danach im Annahmestaat keine über im Vergleich zu inländischen öffentlichen Urkunden hinausgehende formelle Beweiskraft zugemessen werden. Daneben kann der öffentlichen Urkunde auch nicht mehr formelle Beweiskraft zugemessen werden, als ihr in ihrem Ursprungsstaat zukommt („die damit am ehesten vergleichbare Wirkung"). Alternativ lässt sich die Formulierung auch als Verpflichtung der annehmenden Stelle verstehen, der ausländischen öffentlichen Urkunde im Inland eine möglichst vergleichbare Beweiskraft zukommen zu lassen (so *Dutta* FamRZ 2013, 4 (14); *Burandt* FuR 2013, 377 (387)).

Nach Abs. 1 ist die Annahme einer öffentlichen Urkunde zu verweigern, wenn dies dem nationalen **4** *ordre public* widerspricht. Dies ist insbes. dann denkbar, wenn das ausländische Verfahrensrecht bzgl. der in der Urkunde aufgeführten Tatsachen nicht den Beweis des Gegenteils zulässt (*Dutta* FamRZ 2013, 4 (14)).

Einwände, die die **Echtheit der Urkunde** betreffen, sind nach Abs. 2 vor den Gerichten des Ur- **5** sprungslands geltend zu machen, die darüber auf Grundlage ihres nationalen Rechts entscheiden. Solange ein diesbezügliches Verfahren bei dem zuständigen Gericht anhängig ist, entfaltet die Urkunde in einem anderen Mitgliedstaat keine Beweiskraft.

6   Einwände bzgl. der in der **öffentlichen Urkunde beurkundeten Rechtsgeschäfte oder Rechtsverhältnisse** (zum Begriff vgl. Erwäggr. 63) sind vor dem nach der Verordnung zuständigen Gericht zu erheben (Art. 4 ff.). Auch das diesbzgl. anzuwendende Recht richtet sich nach der Verordnung (Art. 20 ff.). Wurden derartige Einwände erhoben, so entfaltet die Urkunde bzgl. des bestrittenen Umstands in einem anderen als dem Ursprungsmitgliedstaat keine Beweiskraft, solange die Sache bei dem zuständigen Gericht anhängig ist (Erwäggr. 65).

Art. 60 Vollstreckbarkeit öffentlicher Urkunden

(1) Öffentliche Urkunden, die im Ursprungsmitgliedstaat vollstreckbar sind, werden in einem anderen Mitgliedstaat auf Antrag eines Berechtigten nach dem Verfahren der Artikel 45 bis 58 für vollstreckbar erklärt.

(2) Für die Zwecke des Artikels 46 Absatz 3 Buchstabe b stellt die Behörde, die die öffentliche Urkunde errichtet hat, auf Antrag eines Berechtigten eine Bescheinigung unter Verwendung des nach dem Beratungsverfahren nach Artikel 81 Absatz 2 erstellten Formblatts aus.

(3) Die Vollstreckbarerklärung wird von dem mit einem Rechtsbehelf nach Artikel 50 oder Artikel 51 befassten Gericht nur versagt oder aufgehoben, wenn die Vollstreckung der öffentlichen Urkunde der öffentlichen Ordnung (ordre public) des Vollstreckungsmitgliedstaats offensichtlich widersprechen würde.

1   Abs. 1 normiert die Anwendbarkeit der Art. 45–58 zur **Vollstreckbarerklärung von öffentlichen Urkunden,** die im Ursprungsland vollstreckbar sind. Die Vorschriften über die Vollstreckbarkeit öffentlicher Urkunden und gerichtlicher Vergleiche (Art. 60, 61) orientieren sich an den **entsprechenden Vorschriften der Brüssel I-VO** (vgl. Art. 57 Brüssel I-VO). Das in Abs. 2 genannte **Formblatt** ist als Anlage zu Art. 1 II der Durchführungsverordnung EuErbVO-Formblätter als Formblatt II in Anhang 2 veröffentlicht. Das nationale Verfahren in Deutschland ist in §§ 3 IV, 27 IntErbRVG genauer geregelt.

Art. 61 Vollstreckbarkeit gerichtlicher Vergleiche

(1) Gerichtliche Vergleiche, die im Ursprungsmitgliedstaat vollstreckbar sind, werden in einem anderen Mitgliedstaat auf Antrag eines Berechtigten nach dem Verfahren der Artikel 45 bis 58 für vollstreckbar erklärt.

(2) Für die Zwecke des Artikels 46 Absatz 3 Buchstabe b stellt das Gericht, das den Vergleich gebilligt hat oder vor dem der Vergleich geschlossen wurde, auf Antrag eines Berechtigten eine Bescheinigung unter Verwendung des nach dem Beratungsverfahren nach Artikel 81 Absatz 2 erstellten Formblatts aus.

(3) Die Vollstreckbarerklärung wird von dem mit einem Rechtsbehelf nach Artikel 50 oder Artikel 51 befassten Gericht nur versagt oder aufgehoben, wenn die Vollstreckung des gerichtlichen Vergleichs der öffentlichen Ordnung (ordre public) des Vollstreckungsmitgliedstaats offensichtlich widersprechen würde.

1   Die Vorschrift ordnet die Anwendbarkeit der Art. 45–58 bzgl. der **Vollstreckbarerklärung von gerichtlichen Vergleichen,** die im Ursprungsland vollstreckbar sind, an (zum Begriff des gerichtlichen Vergleichs s. Art. 3 I lit. h). Das in Abs. 2 genannte **Formblatt** ist als Anlage zu Art. 1 III der Durchführungsverordnung EuErbVO-Formblätter als Formblatt II in Anhang 3 veröffentlicht. Das nationale Verfahren in Deutschland ist in § 27 IntErbRVG genauer geregelt.

Kapitel VI. Europäisches Nachlasszeugnis

Art. 62 Einführung eines Europäischen Nachlasszeugnisses

(1) Mit dieser Verordnung wird ein Europäisches Nachlasszeugnis (im Folgenden „Zeugnis") eingeführt, das zur Verwendung in einem anderen Mitgliedstaat ausgestellt wird und die in Artikel 69 aufgeführten Wirkungen entfaltet.

(2) Die Verwendung des Zeugnisses ist nicht verpflichtend.

(3) ¹Das Zeugnis tritt nicht an die Stelle der innerstaatlichen Schriftstücke, die in den Mitgliedstaaten zu ähnlichen Zwecken verwendet werden. ²Nach seiner Ausstellung zur Verwendung in einem anderen Mitgliedstaat entfaltet das Zeugnis die in Artikel 69 aufgeführten Wirkungen jedoch auch in dem Mitgliedstaat, dessen Behörden es nach diesem Kapitel ausgestellt haben.

1   Besondere Bedeutung kommt dem durch die EuErbVO neu eingeführten **Europäischen Nachlasszeugnis** zu (ausführlich hierzu *Schmitz* RNotZ 2017, 269). Eine Anerkennung ausländischer Erbrechtsnachweise im Inland stellte sich bisher oft schwierig dar und war meist nur bei entsprechenden Anpassungen und Ergänzungen möglich. Vergleichbares gilt für den Erbnachweis vor Nachlassgerichten in anderen Mitgliedstaaten (*Lange* DNotZ 2012, 168). Das Europäische Nachlasszeugnis ermöglicht es zukünftig Erben, Vermächtnisnehmern, Testamentsvollstreckern und Nachlassverwaltern (Art. 63 I) ihre

Rechte und Stellungen mittels einer einheitlichen und in allen Mitgliedsstaaten anzuerkennenden Urkunde nachzuweisen. Dies ist auch für grenzüberschreitende Investitionen förderlich, da es sich für die Erben erübrigt in jedem Staat ein Nachlassverfahren durchzuführen, um einen nationalen Erbnachweis zu erhalten (*Süß* ZEuP 2013, 725 (727)). Die Wirkungen sind weitestgehend mit denen des deutschen Erbscheins vergleichbar, mit dem Unterschied, dass es für die Anerkennung in anderen Mitgliedsstaaten keiner Legislation oder anderer Förmlichkeiten (zB Apostille) bedarf, Art. 69 I. Das Europäische Nachlasszeugnis stellt mithin eine erhebliche Erleichterung für die Abwicklung grenzüberschreitender Nachlassfälle dar.

Die Abs. 2 u. 3 stellen klar, dass die Beantragung und Verwendung des Zeugnisses freiwillig sind und es neben vergleichbare Schriftstücke der Mitgliedsstaaten tritt (vgl. Erwäggr. 67 S. 3). Im deutschen Recht verbleibt es somit bei der Möglichkeit der Beantragung und Verwendung eines Erbscheins (zum Vergleich zwischen deutschem Erbschein und Europäischen Nachlasszeugnis s. *Schmidt* ZEV 2014, 389). Nach bisher überwiegender Ansicht richtet sich die internationale Zuständigkeit für die Erteilung eines nationalen Erbscheins allein nach nationalem Recht. Danach soll sich die Frage der internationalen Zuständigkeit für die Erteilung eines deutschen Erbscheins nach §§ 105, 343 FamFG beurteilen (vgl. *Dörner* DNotZ 2017, 407 (413 ff.)). Dem hat der EuGH in der Sache Oberle eine Absage erteilt. Auch die Zuständigkeit für die Ausstellung nationaler Erbscheine (insbes. die Erteilung eines gegenständlich beschränkten Erbscheins) richtet sich danach ausschließlich nach den Art. 4 ff. Die Vorschrift des § 105 FamFG ist daneben nicht anzuwenden. Die Entscheidung begründet das Ergebnis mit dem Sinn und Zweck der Verordnung, widersprüchliche Entscheidungen in verschiedenen Mitgliedsstaaten zu verhindern und eine einheitliche Anwendung der Verordnung in den Mitgliedsstaaten sicherzustellen (EuGH Urt. v. 21.6.2018 – C 20/17, NJW 2018, 2309 – Oberle). Das Europäische Nachlasszeugnis stellt nur eine **optionale Wahlmöglichkeit** bei Erbfällen mit Auslandsberührung dar (Erwäggr. 69). Das System des nationalen Erbscheinswirkungen tritt neben die Möglichkeit der Beantragung eines Europäischen Nachlasszeugnisses (*Kleinschmidt* RabelsZ 77 (2013), 723 (748 f.)) mwN zu den Gegenansichten).

In diesem Zusammenhang stellte sich die Frage, wie mit **widersprüchlichen Erbnachweisen** in Form von Europäischen Nachlasszeugnis und deutschem Erbschein umzugehen ist (vgl. hierzu: *Volmer* notar 2016, 323 (326 ff.); *Traut* ZVglRWiss 115 (2016), 358 (416 ff.)). Ein einheitlicher Lösungsansatz wurde hierfür nicht gefunden. Überzeugend erschien es, jedem der beiden Erbnachweise die Vermutungswirkung und den Gutglaubensschutz zu versagen und die Klärung im Rahmen des streitigen Verfahrens zu klären (*Döbereiner* NJW 2015, 2449 (2453). Nach anderer Ansicht soll das Europäische Nachlasszeugnis weiterhin seine Gutglaubenswirkungen nach Art. 69 III, IV entfalten (Dutta/Weber/*Fornasier* Art. 62 Rn. 20). Wiederum andere plädieren dafür, in diesem Fall lediglich dem Europäischen Nachlasszeugnis die Gutglaubenswirkungen abzusprechen (*Dorsel* ZErb 2014, 212 (222 f.)). Für eine differenzierte Lösung hingegen *Dörner* DNotZ 2017, 407.

Zwar ist das Europäische Nachlasszeugnis zur Verwendung in einem anderen Mitgliedsstaat bestimmt (Abs. 1), jedoch kommen ihm nach seiner Ausstellung auch **im Inland** die in Art. 69 näher beschriebenen Wirkungen zu. Für reine Inlandssachverhalte kann das Zeugnis hingegen nicht ausgestellt werden. Insbes. ist im Rahmen des Antrags nach Art. 65 III lit. f der entsprechende Zweck des Zeugnisses (Art. 63) nachzuweisen. Allgemein ist die Verwendung eines Europäischen Nachlasszeugnisses nicht zwingend, sondern es verbleibt bei der Möglichkeit, einen ausländischen Erbnachweis zu verwenden oder die Anerkennung eines deutschen Erbscheins im Ausland zu erwirken (vgl. Erwäggr. 69).

Ein zentrales Problem bei der Einführung des Europäischen Nachlasszeugnisses ist die Frage der **Vorfragenanknüpfung**. Soll das Nachlasszeugnis seinem Zweck gerecht werden, muss sichergestellt sein, dass alle Mitgliedsstaaten bzgl. der Ermittlung des Inhalts zu gleichen Ergebnissen kommen. Die Anwendung der Sachnormen des nach Art. 20 ff. anzuwendenden Rechts hängt jedoch oft von Vorfragen ab, die nicht in den Anwendungsbereich der Verordnung fallen (Wirksamkeit einer Ehe, wirksame Adoption, (Fort-)Bestehen eines Vermögensrechts etc). Beantwortet man diese Fragen nach dem *lex fori* (sog. selbstständige Vorfragenanknüpfung), so gelangt man zu einem internen Entscheidungseinklang. Die Ergebnisse können danach je nach Mitgliedsstaat abweichen. Vermeiden lässt sich dieses Ergebnis nur durch eine Anwendung des *lex causae*, also durch Heranziehung des nach Art. 20 ff. auf den Erbfall anzuwendenden Rechts (sog. unselbstständige Vorfragenanknüpfung; zum Problem *Dörner* ZEV 2010, 221 (224); 2012, 505 (512 f.), der aus einer Gesamtschau von Art. 62–73 und dem „*effet utile*" die Regel einer unselbstständigen Vorfragenanknüpfung ableitet; gleichfalls für eine unselbstständige Anknüpfung *Dutta* FamRZ 2013, 4 (15); *Döbereiner* MittBayNot 2013, 358 (361); *Kleinschmidt* RabelsZ 77 (2013) 723 (764 ff.)).

Das Verfahren zur **Erteilung eines Europäischen Nachlasszeugnisses in Deutschland** wird in den §§ 33 ff. IntErbRVG genauer ausgestaltet, wobei diesbezüglich teilweise auf die Regelungen des FamFG Bezug genommen wird. Die **sachliche Zuständigkeit** für die Ausstellung des Europäischen Nachlasszeugnisses liegt gem. § 34 II 3 IntErbRVG beim Amtsgericht als Nachlassgericht, die **örtliche Zuständigkeit** wird durch § 34 I–III IntErbRVG geregelt. Die funktionelle Zuständigkeit liegt gem. § 3 Nr. 2 lit. i RpflG beim Rechtspfleger, bei Vorliegen einer letztwilligen Verfügung oder der Anwendung ausländischen Rechts gem. § 16 III 1 Nr. 2 RpflG beim Richter.

Art. 63 Zweck des Zeugnisses

(1) Das Zeugnis ist zur Verwendung durch Erben, durch Vermächtnisnehmer mit unmittelbarer Berechtigung am Nachlass und durch Testamentsvollstrecker oder Nachlassverwalter bestimmt, die sich in einem anderen Mitgliedstaat auf ihre Rechtsstellung berufen oder ihre Rechte als Erben oder Vermächtnisnehmer oder ihre Befugnisse als Testamentsvollstrecker oder Nachlassverwalter ausüben müssen.

(2) Das Zeugnis kann insbesondere als Nachweis für einen oder mehrere der folgenden speziellen Aspekte verwendet werden:
a) die Rechtsstellung und/oder die Rechte jedes Erben oder gegebenenfalls Vermächtnisnehmers, der im Zeugnis genannt wird, und seinen jeweiligen Anteil am Nachlass;
b) die Zuweisung eines bestimmten Vermögenswerts oder bestimmter Vermögenswerte des Nachlasses an die in dem Zeugnis als Erbe(n) oder gegebenenfalls als Vermächtnisnehmer genannte(n) Person(en);
c) die Befugnisse der in dem Zeugnis genannten Person zur Vollstreckung des Testaments oder Verwaltung des Nachlasses.

1   Die Vorschrift umschreibt den **Zweck des Europäischen Nachlasszeugnisses** und seine Einsatzmöglichkeiten. Abs. 1 bestimmt in diesem Zusammenhang den **Kreis der antragsberechtigten Personen** und zugleich die nachweisbaren Rechtspositionen. Zur Stellung der Testamentsvollstrecker unter Geltung der Verordnung s. *Reimann* ZEV 2015, 510.
2   Die Begriffe sind jeweils autonom auszulegen. Sowohl für den Begriff des **Erben**, als auch für den des **Vermächtnisnehmers** ist damit eine unmittelbare Berechtigung am Nachlass erforderlich (MüKoBGB/*Dutta* Art. 63 Rn. 6). Daher ist auch der **Nachlasspfleger** erfasst, wenn sein Aufgabenkreis auch die Verwaltung des Nachlasses umfasst. Dies gilt unabhängig von der Tatsache, dass der Begriff nicht ausdrücklich in der Norm genannt ist (so auch OLG Schleswig, Beschl. v. 2.2.2018 – 3 Wx 4/18, BeckRS 2018, 1230; FuR 2018, 280; MüKoBGB/*Dutta* Art. 63 Rn. 11). Abs. 2 zählt sodann in beispielhafter, nicht abschließender Form verschiedene durch das Nachlasszeugnis bescheinigbare Rechtsstellungen auf.
3   Zur Verwendung des Europäischen Nachlasszeugnisses im **elektronischen Rechtsverkehr** in Grundbuchsachen s. *Becker/Wegener* notar, 2017, 32.

Art. 64 Zuständigkeit für die Erteilung des Zeugnisses

Das Zeugnis wird in dem Mitgliedstaat ausgestellt, dessen Gerichte nach den Artikeln 4, 7, 10 oder 11 zuständig sind. Ausstellungsbehörde ist
a) ein Gericht im Sinne des Artikels 3 Absatz 2 oder
b) eine andere Behörde, die nach innerstaatlichem Recht für Erbsachen zuständig ist.

1   Für die **Erteilung** des Europäischen Nachlasszeugnisses sind international diejenigen Gerichte zuständig, welche auch für die Entscheidungen in der Nachlasssache zuständig sind (Art. 4 ff.). Die Zuständigkeit richtet sich somit grds. nach dem gewöhnlichen Aufenthalt des Erblassers (Art. 4), wobei hiervon im Falle einer Rechtswahl (Art. 7), einer subsidiären Zuständigkeit (Art. 10) oder Notzuständigkeit (Art. 11) Ausnahmen zu machen sind.
2   Welche **Behörde oder welches Gericht** (zum Begriff Art. 3 II) funktional und örtlich für die Erteilung zuständig ist, richtet sich nach nationalem Recht. Insbes. ist eine Übertragung der Aufgabe auf Notare möglich (Erwäggr. 70 S. 2).
3   Die örtliche Zuständigkeit richtet sich in **Deutschland** insofern grds. nach § 34 III IntErbRVG und damit nach dem (letzten) gewöhnlichen Aufenthalt des Erblassers. Hatte der Erblasser hingegen keinen gewöhnlichen Aufenthalt im Inland, so liegt die **örtliche Zuständigkeit** beim Amtsgericht Schöneberg in Berlin, wobei es die Sache aus wichtigem Grund an ein anderes Nachlassgericht verweisen kann (§ 34 III IntErbRVG). **Sachlich zuständig** sind gem. § 34 IV IntErbRVG grds. die Amtsgerichte als Nachlassgerichte.

Art. 65 Antrag auf Ausstellung eines Zeugnisses

(1) Das Zeugnis wird auf Antrag jeder in Artikel 63 Absatz 1 genannten Person (im Folgenden „Antragsteller") ausgestellt.

(2) Für die Vorlage eines Antrags kann der Antragsteller das nach dem Beratungsverfahren nach Artikel 81 Absatz 2 erstellte Formblatt verwenden.

(3) Der Antrag muss die nachstehend aufgeführten Angaben enthalten, soweit sie dem Antragsteller bekannt sind und von der Ausstellungsbehörde zur Beschreibung des Sachverhalts, dessen Bestätigung der Antragsteller begehrt, benötigt werden; dem Antrag sind alle einschlägigen Schriftstücke beizufügen, und zwar entweder in Urschrift oder in Form einer Abschrift, die die erforderlichen Voraussetzungen für ihre Beweiskraft erfüllt, unbeschadet des Artikels 66 Absatz 2:

a) Angaben zum Erblasser: Name (gegebenenfalls Geburtsname), Vorname(n), Geschlecht, Geburtsdatum und -ort, Personenstand, Staatsangehörigkeit, Identifikationsnummer (sofern vorhanden), Anschrift im Zeitpunkt seines Todes, Todesdatum und -ort;
b) Angaben zum Antragsteller: Name (gegebenenfalls Geburtsname), Vorname(n), Geschlecht, Geburtsdatum und -ort, Personenstand, Staatsangehörigkeit, Identifikationsnummer (sofern vorhanden), Anschrift und etwaiges Verwandtschafts- oder Schwägerschaftsverhältnis zum Erblasser;
c) Angaben zum etwaigen Vertreter des Antragstellers: Name (gegebenenfalls Geburtsname), Vorname(n), Anschrift und Nachweis der Vertretungsmacht;
d) Angaben zum Ehegatten oder Partner des Erblassers und gegebenenfalls zu(m) ehemaligen Ehegatten oder Partner(n): Name (gegebenenfalls Geburtsname), Vorname(n), Geschlecht, Geburtsdatum und -ort, Personenstand, Staatsangehörigkeit, Identifikationsnummer (sofern vorhanden) und Anschrift;
e) Angaben zu sonstigen möglichen Berechtigten aufgrund einer Verfügung von Todes wegen und/oder nach gesetzlicher Erbfolge: Name und Vorname(n) oder Name der Körperschaft, Identifikationsnummer (sofern vorhanden) und Anschrift;
f) den beabsichtigten Zweck des Zeugnisses nach Artikel 63;
g) Kontaktangaben des Gerichts oder der sonstigen zuständigen Behörde, das oder die mit der Erbsache als solcher befasst ist oder war, sofern zutreffend;
h) den Sachverhalt, auf den der Antragsteller gegebenenfalls die von ihm geltend gemachte Berechtigung am Nachlass und/oder sein Recht zur Vollstreckung des Testaments des Erblassers und/oder das Recht zur Verwaltung von dessen Nachlass gründet;
i) eine Angabe darüber, ob der Erblasser eine Verfügung von Todes wegen errichtet hatte; falls weder die Urschrift noch eine Abschrift beigefügt ist, eine Angabe darüber, wo sich die Urschrift befindet;
j) eine Angabe darüber, ob der Erblasser einen Ehevertrag oder einen Vertrag in Bezug auf ein Verhältnis, das mit der Ehe vergleichbare Wirkungen entfaltet, geschlossen hatte; falls weder die Urschrift noch eine Abschrift des Vertrags beigefügt ist, eine Angabe darüber, wo sich die Urschrift befindet;
k) eine Angabe darüber, ob einer der Berechtigten eine Erklärung über die Annahme oder die Ausschlagung der Erbschaft abgegeben hat;
l) eine Erklärung des Inhalts, dass nach bestem Wissen des Antragstellers kein Rechtsstreit in Bezug auf den zu bescheinigenden Sachverhalt anhängig ist;
m) sonstige vom Antragsteller für die Ausstellung des Zeugnisses für nützlich erachtete Angaben.

Antragsberechtigt sind nach Art. 65 I iVm Art. 63 I Erben, Vermächtnisnehmer mit unmittelbarer Berechtigung am Nachlass, Testamentsvollstrecker und Nachlassverwalter, welche sich in einem anderen Mitgliedstaat auf ihre Rechtsstellung berufen oder ihre Rechte als Erben oder Vermächtnisnehmer oder ihre Befugnisse als Testamentsvollstrecker oder Nachlassverwalter ausüben müssen. Insgesamt ist davon auszugehen, dass an die Antragsberechtigung keine zu strengen Anforderungen zu stellen sind. Der Antrag kann auch durch einzelne Erben einer Erbengemeinschaft gestellt werden, wobei auch die Erteilung eines Teil-Nachlasszeugnisses möglich ist (str. so aber auch *Schmitz* RNotZ 2017, 269 (275)). Zweifelhaft ist hingegen die Antragsberechtigung von Gläubigern des Erben (bejahend *Buschbaum/Simon* ZEV 2012, 525; ebenfalls bejahend im bei Vorliegen eines vollstreckbaren Titels *Lutz* BWNotZ 2016, 34 (42); aA *Süß* ZEuP 2013, 725 (737)). Dem **Erbengläubiger** steht jedoch zumindest die Möglichkeit offen, ein berechtigtes Interesse iSv Art. 70 I nachzuweisen und so eine Abschrift des Europäischen Nachlasszeugnisses zu erlangen. 1

Abs. 3 lit. a–m enthalten die **Pflichtangaben**, welche der Antrag auf das Nachlasszeugnis enthalten muss. Die nötigen Angaben gehen in ihrem Umfang weit über die für einen Erbschein nötigen Angaben hinaus, vgl. §§ 2354, 2355 BGB. Die danach erforderlichen Schriftstücke sind in Urschrift oder in Form einer Abschrift, wenn dieser die nötige Beweiskraft zukommt, beizufügen. Ist eine Urschrift oder entsprechende Abschrift nicht verfügbar, so besteht für die Ausstellungsbehörde nach Art. 66 II die Möglichkeit, auch andere Formen des Nachweises zu akzeptieren. Die Erteilung selbst erfolgt nach Art. 70. Für die Antragstellung kann das **Formblatt** IV (abgedruckt als Anhang 4 der EU-Durchführungsverordnung) verwendet werden, nach der Formulierung des Abs. 2 ist dies jedoch nicht verpflichtend. 2

Die Frage der an dem Verfahren zu Beteiligenden wird in **Deutschland** durch § 37 IntErbRVG genauer geregelt. Zur Form des Antrags nach Abs. 2 vgl. auch § 36 IntErbRVG. 3

Art. 66 Prüfung des Antrags

(1) ¹Nach Eingang des Antrags überprüft die Ausstellungsbehörde die vom Antragsteller übermittelten Angaben, Erklärungen, Schriftstücke und sonstigen Nachweise. ²Sie führt von Amts wegen die für diese Überprüfung erforderlichen Nachforschungen durch, soweit ihr eigenes Recht dies vorsieht oder zulässt, oder fordert den Antragsteller auf, weitere Nachweise vorzulegen, die sie für erforderlich erachtet.

(2) Konnte der Antragsteller keine Abschriften der einschlägigen Schriftstücke vorlegen, die die für ihre Beweiskraft erforderlichen Voraussetzungen erfüllen, so kann die Ausstellungsbehörde entscheiden, dass sie Nachweise in anderer Form akzeptiert.

(3) Die Ausstellungsbehörde kann – soweit ihr eigenes Recht dies vorsieht und unter den dort festgelegten Bedingungen – verlangen, dass Erklärungen unter Eid oder durch eidesstattliche Versicherung abgegeben werden.

(4) ¹Die Ausstellungsbehörde unternimmt alle erforderlichen Schritte, um die Berechtigten von der Beantragung eines Zeugnisses zu unterrichten. ²Sie hört, falls dies für die Feststellung des zu bescheinigenden Sachverhalts erforderlich ist, jeden Beteiligten, Testamentsvollstrecker oder Nachlassverwalter und gibt durch öffentliche Bekanntmachung anderen möglichen Berechtigten Gelegenheit, ihre Rechte geltend zu machen.

(5) Für die Zwecke dieses Artikels stellt die zuständige Behörde eines Mitgliedstaats der Ausstellungsbehörde eines anderen Mitgliedstaats auf Ersuchen die Angaben zur Verfügung, die insbesondere im Grundbuch, in Personenstandsregistern und in Registern enthalten sind, in denen Urkunden oder Tatsachen erfasst werden, die für die Rechtsnachfolge von Todes wegen oder den ehelichen Güterstand oder einen vergleichbaren Güterstand des Erblassers erheblich sind, sofern die zuständige Behörde nach innerstaatlichem Recht befugt wäre, diese Angaben einer anderen inländischen Behörde zur Verfügung zu stellen.

1 Die Vorschrift regelt in allgemeiner Weise das weitere Verfahren nach Eingang des Antrags auf Erteilung eines Europäischen Nachlasszeugnisses. Die **Angaben** werden von der Ausstellungsbehörde geprüft. Das Verfahren richtet sich, abgesehen von den Vorgaben der Vorschrift, nach den entsprechenden Vorschriften des nationalen Rechts.

2 In Deutschland sind die Vorschriften des FamFG anzuwenden, insoweit die EuErbVO und das IntErbRVG keine abweichenden Regelungen vorsehen (§ 35 I IntErbRVG; *Lange* DNotZ 2012, 168 (172)). Der Antragsteller hat seine Angaben gem. § 36 II 1 IntErbRVG an Eides statt zu versichern, wobei dies vom Gericht gem. § 36 II 2 auch erlassen werden kann. Für die Bestimmung der an Verfahren zu Beteiligenden trifft § 37 IntErbRVG ergänzende Regelungen; s. zudem §§ 39 ff. IntErbRVG zur Art, Bekanntgabe und Wirksamwerden der Entscheidung.

Art. 67 Ausstellung des Zeugnisses

(1) ¹Die Ausstellungsbehörde stellt das Zeugnis unverzüglich nach dem in diesem Kapitel festgelegten Verfahren aus, wenn der zu bescheinigende Sachverhalt nach dem auf die Rechtsnachfolge von Todes wegen anzuwendenden Recht oder jedem anderen auf einen spezifischen Sachverhalt anzuwendenden Recht feststeht. ²Sie verwendet das nach dem Beratungsverfahren nach Artikel 81 Absatz 2 erstellte Formblatt.

Die Ausstellungsbehörde stellt das Zeugnis insbesondere nicht aus,
a) wenn Einwände gegen den zu bescheinigenden Sachverhalt anhängig sind oder
b) wenn das Zeugnis mit einer Entscheidung zum selben Sachverhalt nicht vereinbar wäre.

(2) Die Ausstellungsbehörde unternimmt alle erforderlichen Schritte, um die Berechtigten von der Ausstellung des Zeugnisses zu unterrichten.

1 Art. 67 regelt die **Ausstellung des Nachlasszeugnisses**. Die Verwendung des Formblatts V der EU-Durchführungsverordnung ist hierbei obligatorisch. Die Erstellung desselben richtet sich nach Art. 81 II. Wird die Ausstellung verweigert, so richten sich die Rechtsmittel nach Art. 72. Mit Rücksicht auf die Rechtstraditionen der anderen Mitgliedstaaten folgt das Verfahren zur Erteilung des Europäischen Nachlasszeugnisses einem **konsensualen Prinzip**. Eine Erteilung des Zeugnisses ist nach Abs. 1 UAbs. 2 lit. a bereits dann ausgeschlossen, wenn **Einwände** anhängig sind (vgl. *Milzer* NJW 2015, 2997 (2998)) oder das Zeugnis mit einer Entscheidung zum selben Sachverhalt nicht vereinbar wäre (Abs. 1 UAbs. 2 lit b.). Gegen die Entscheidung kann gem. Art. 72 I ein **Rechtsbehelf** eingelegt werden. Zum Prüfungsumfang in diesem Verfahren → Art. 72 Rn. 6.

2 Aufgrund des zu weit gefassten Wortlauts des Abs. 1 UAbs. 2 lit. a werden vielfach verschiedene **Einschränkungen** gefordert. So sollen Einwände nur beachtlich sein, wenn sie von einem zumindest potenziell Berechtigten erhoben wurden, der Einwand nicht rechtsmissbräuchlich ist und Einwände, die in anderen Verfahren erhoben wurden, nur dann berücksichtigt werden, wenn die Entscheidung anzuerkennen wäre (vgl. genauer hierzu MüKoBGB/*Dutta* Art. 67 Rn. 5 ff.; für eine Entscheidung auch von streitigen Fragen hingegen *Zimmermann* ZErb 2015, 342 (343); ebenso *Steiner*, der lit. a auf Einwände in anderweitigen Verfahren beschränken will *Steiner* ZEV 2016, 487 (488)).

3 Für die Ausstellung des Zeugnisses ist in Deutschland kein Beschluss notwendig (vgl. § 39 I IntErbRVG). Ein solcher ist nur bei einer Ablehnung der Ausstellung erforderlich. Die Bekanntgabe der Entscheidung über den Antrag erfolgt gem. § 40 IntErbRVG durch Übersendung der beglaubigten Abschrift.

Art. 68 Inhalt des Nachlasszeugnisses

Das Zeugnis enthält folgende Angaben, soweit dies für die Zwecke, zu denen es ausgestellt wird, erforderlich ist:

a) die Bezeichnung und die Anschrift der Ausstellungsbehörde;
b) das Aktenzeichen;
c) die Umstände, aus denen die Ausstellungsbehörde ihre Zuständigkeit für die Ausstellung des Zeugnisses herleitet;
d) das Ausstellungsdatum;
e) Angaben zum Antragsteller: Name (gegebenenfalls Geburtsname), Vorname(n), Geschlecht, Geburtsdatum und -ort, Personenstand, Staatsangehörigkeit, Identifikationsnummer (sofern vorhanden), Anschrift und etwaiges Verwandtschafts- oder Schwägerschaftsverhältnis zum Erblasser;
f) Angaben zum Erblasser: Name (gegebenenfalls Geburtsname), Vorname(n), Geschlecht, Geburtsdatum und -ort, Personenstand, Staatsangehörigkeit, Identifikationsnummer (sofern vorhanden), Anschrift im Zeitpunkt seines Todes, Todesdatum und -ort;
g) Angaben zu den Berechtigten: Name (gegebenenfalls Geburtsname), Vorname(n) und Identifikationsnummer (sofern vorhanden);
h) Angaben zu einem vom Erblasser geschlossenen Ehevertrag oder, sofern zutreffend, einem vom Erblasser geschlossenen Vertrag im Zusammenhang mit einem Verhältnis, das nach dem auf dieses Verhältnis anwendbaren Recht mit der Ehe vergleichbare Wirkungen entfaltet, und Angaben zum ehelichen Güterstand oder einem vergleichbaren Güterstand;
i) das auf die Rechtsnachfolge von Todes wegen anzuwendende Recht sowie die Umstände, auf deren Grundlage das anzuwendende Recht bestimmt wurde;
j) Angaben darüber, ob für die Rechtsnachfolge von Todes wegen die gewillkürte oder die gesetzliche Erbfolge gilt, einschließlich Angaben zu den Umständen, aus denen sich die Rechte und/oder Befugnisse der Erben, Vermächtnisnehmer, Testamentsvollstrecker oder Nachlassverwalter herleiten;
k) sofern zutreffend, in Bezug auf jeden Berechtigten Angaben über die Art der Annahme oder der Ausschlagung der Erbschaft;
l) den Erbteil jedes Erben und gegebenenfalls das Verzeichnis der Rechte und/oder Vermögenswerte, die einem bestimmten Erben zustehen;
m) das Verzeichnis der Rechte und/oder Vermögenswerte, die einem bestimmten Vermächtnisnehmer zustehen;
n) die Beschränkungen ihrer Rechte, denen die Erben und gegebenenfalls die Vermächtnisnehmer nach dem auf die Rechtsnachfolge von Todes wegen anzuwendenden Recht und/oder nach Maßgabe der Verfügung von Todes wegen unterliegen;
o) die Befugnisse des Testamentsvollstreckers und/oder des Nachlassverwalters und die Beschränkungen dieser Befugnisse nach dem auf die Rechtsnachfolge von Todes wegen anzuwendenden Recht und/oder nach Maßgabe der Verfügung von Todes wegen.

Die Vorschrift fasst den **Inhalt des Europäischen Nachlasszeugnisses** zusammen, welcher erheblich von dem eines deutschen Erbscheins abweicht. Eine inhaltliche Beschränkung auf in der Europäischen Union befindliches Vermögen ist nicht vorgesehen (*Dutta* FamRZ 2013, 4 (14)). 1

Das Europäische Nachlasszeugnis selbst gibt die Rechtslage nach dem nach Art. 4 ff. zu ermittelnden Erbstatut wieder. Erst **im Rahmen der Verwendung des Zeugnisses** in anderen Mitgliedsstaaten wird eine Anpassung an das *lex rei sitae* vorgenommen. Beispielsweise sind etwa Vindikationslegate auszuweisen. Eine Anpassung iSv Art. 31 erfolgt auch (→ Art. 31 Rn. 3). 2

Zweifel ergaben sich bzgl. der **Angabe der Erbquoten** auch dadurch, dass das Güterrecht nicht vom Anwendungsbereich der Verordnung erfasst ist (Art. 1 II lit. d), aber direkte Auswirkungen auf die Erbquoten haben kann (vgl. § 1371 I BGB). Die Frage lag im Spannungsfeld der Abgrenzung der Anwendungsbereiche von EuErbVO und der EuGüVO (Verordnung VO (EU) 2016/1103 des Rates vom 24.6.2016 zur Durchführung einer verstärkten Zusammenarbeit im Bereich der Zuständigkeit, des anwendbaren Rechts und der Anerkennung und Vollstreckung von Entscheidungen in Fragen des ehelichen Güterrechts (ABl. 2016 L 183, 1; zur früheren Problemstellung vgl. *Dutta* FamRZ 2013, 4 (14) und *Mankowski* ZEV 2014, 121; bereits vor der Entscheidung des EuGH für eine im Rahmen der Verordnung erbrechtliche Qualifikation argumentierend *Kleinschmidt* RabelsZ 77 (2013) 723 (752 ff.)). Der EuGH hat sich in der Rechtssache *Mahnkopf* inzwischen mit der Problematik beschäftigt und sich für eine **erbrechtliche Qualifikation von § 1371 BGB** entschieden. In der Folge hat er klargestellt, dass Angaben zu dem nach § 1371 I BGB zufallenden Anteil auch mit allen nach Art. 69 damit verbundenen Folgen **in das Europäische Nachlasszeugnis aufzunehmen** sind (EuGH Urt. v. 1.3.2018 – C-558/16 – Mahnkopf, BeckRS 2018, 2032; NJW 2018, 1377; vgl. hierzu *Dörner* ZEV 2018, 305). Daneben erlangt in diesem Zusammenhang auch die Frage der **Vorfrageanknüpfung** Bedeutung als insoweit fraglich sein kann, ob eine Ehe bzw. ein Güterstand überhaupt wirksam begründet wurde (→ Art. 62 Rn. 5; zur Vorfragenproblematik im Verhältnis zu ehe- und güterrechtlichen Fragestellungen *Vollmer*, ZEV 2014, 129)). 3

Zur Frage der Erhöhung der Erbquote nach § 1371 I BGB bei ausländischen Güterständen vgl. *Weber* NJW 2018, 1356.

4 Eine **Angabe von einzelnen Gegenständen** nach lit. l kommt nach dem **deutschen Erbrecht** aufgrund der Universalsukzession (§ 1922 BGB) nicht in Betracht. Eine solche Angabe kommt gerade nur dann in Betracht, wenn die angegebenen Gegenstände dem Erben mit dinglicher Wirkung unmittelbar zugewiesen sind, was nach dem deutschen Erbrecht aber nicht der Fall ist. Eine solche Aufnahme ist auch nicht aus rein „informatorischen Gründen" möglich, da sich der dem Europäischen Nachlasszeugnis zukommende Vertrauensschutz gerade nicht auf diese Angaben erstreckt (vgl. hierzu OLG München, Beschl. v. 12.9.2017 – 31 Wx 275/17; FamRZ 2018, 142; OLG Nürnberg, Beschl. v. 27.10.2017 – 15 W 1461/17; FuR 2018, 11; OLG Nürnberg, Beschl. v. 5.4.2017 – 15 W 299/17; ZEV 2017, 579 m. Anm. *Weinbeck*).

Art. 69 Wirkungen des Zeugnisses

(1) Das Zeugnis entfaltet seine Wirkungen in allen Mitgliedstaaten, ohne dass es eines besonderen Verfahrens bedarf.

(2) ¹Es wird vermutet, dass das Zeugnis die Sachverhalte, die nach dem auf die Rechtsnachfolge von Todes wegen anzuwendenden Recht oder einem anderen auf spezifische Sachverhalte anzuwendenden Recht festgestellt wurden, zutreffend ausweist. ²Es wird vermutet, dass die Person, die im Zeugnis als Erbe, Vermächtnisnehmer, Testamentsvollstrecker oder Nachlassverwalter genannt ist, die in dem Zeugnis genannte Rechtsstellung und/oder die in dem Zeugnis aufgeführten Rechte oder Befugnisse hat und dass diese Rechte oder Befugnisse keinen anderen als den im Zeugnis aufgeführten Bedingungen und/oder Beschränkungen unterliegen.

(3) Wer auf der Grundlage der in dem Zeugnis enthaltenen Angaben einer Person Zahlungen leistet oder Vermögenswerte übergibt, die in dem Zeugnis als zur Entgegennahme derselben berechtigt bezeichnet wird, gilt als Person, die an einen zur Entgegennahme der Zahlungen oder Vermögenswerte Berechtigten geleistet hat, es sei denn, er wusste, dass das Zeugnis inhaltlich unrichtig ist, oder ihm war dies infolge grober Fahrlässigkeit nicht bekannt.

(4) Verfügt eine Person, die in dem Zeugnis als zur Verfügung über Nachlassvermögen berechtigt bezeichnet wird, über Nachlassvermögen zugunsten eines anderen, so gilt dieser andere, falls er auf der Grundlage der in dem Zeugnis enthaltenen Angaben handelt, als Person, die von einem zur Verfügung über das betreffende Vermögen Berechtigten erworben hat, es sei denn, er wusste, dass das Zeugnis inhaltlich unrichtig ist, oder ihm war dies infolge grober Fahrlässigkeit nicht bekannt.

(5) Das Zeugnis stellt ein wirksames Schriftstück für die Eintragung des Nachlassvermögens in das einschlägige Register eines Mitgliedstaats dar, unbeschadet des Artikels 1 Absatz 2 Buchstaben k und l.

1 Das Europäische Nachlasszeugnis entfaltet bzgl. der in ihm enthaltenen Sachverhalte eine **Beweiswirkung** und gegenüber Dritten einen **Gutglaubensschutz** (vergleichbar den Wirkungen des deutschen Erbscheins nach §§ 2365 ff. BGB) ohne, dass es einer Anerkennung oder einem anderen förmlichen Verfahren bedarf (Abs. 1). Zu den Wirkungen vgl. auch *Dorsel* ZErb 2014, 212 (216 ff.); *Traut* ZVglRWiss 115 (2016), 358 (374 ff., 383 ff.). Bzgl. der Beweiswirkung ist der Beweis des Gegenteils jedoch möglich (*Dutta* FamRZ 2013, 4 (15)). Die Richtigkeitsvermutung erfasst bspw. die materielle Wirksamkeit einer letztwilligen Verfügung, nicht aber Status- oder Eigentumsfragen bzgl. der einzelnen Nachlassgegenstände. Sie erstreckt sich somit nicht auf Elemente, die nicht von der Verordnung geregelt werden (Erwäggr. 71 S. 3). Der Gutglaubensschutz kommt jedem Dritten zugute, der im Vertrauen auf die Angaben im Nachlasszeugnis an einem in dem Zeugnis als berechtigt Bezeichneten leistet oder von diesem Leistungen empfängt (Abs. 3, 4). Wusste der Dritte jedoch positiv von der Unrichtigkeit oder war ihm diese in Folge grob fahrlässiger Unkenntnis unbekannt, so scheidet eine diesbezügliche Gutglaubenswirkung aus (anders beim deutschen Erbschein, wo nur positive Kenntnis schadet, §§ 2366, 2367 BGB). Gerade letzteres mag für die Akzeptanz eines in Deutschland ausgestellten Europäischen Nachlasszeugnisses bei Verwendung im Inland (Art. 62 III 2) hinderlich sein (allgemein zur Attraktivität des Europäischen Nachlasszeugnisses *Kleinschmidt* RabelsZ 77 (2013) 723 (774 ff.)). Die Vorlage des Europäischen Nachlasszeugnisses ist jedoch für den Gutglaubensschutz nicht notwendig (*Buschbaum/Simon* ZEV 2012, 525 (527)).

2 Zwar sind die Arten von dinglichen Rechten und die Eintragung von Rechten an beweglichen oder unbeweglichen Vermögensgegenständen in einem Register nicht vom Anwendungsbereich der Verordnung erfasst (Art. 1 II lit. k, l), jedoch stellt das Nachlasszeugnis eine taugliche Grundlage für die Eintragung in entsprechende Register dar (Abs. 5 – **Legitimationswirkung**; vgl. ausf. zum Europäischen Nachlasszeugnis in der Grundbuchpraxis *Wilsch* ZEV 2012, 530).

3 Im **deutschen Grundbuchverkehr** wurde das Europäische Nachlasszeugnis durch § 35 I 1 GBO dem nationalen Erbschein gleichgestellt (vgl. hierzu *Hertel* ZEV 2013, 539). Den Grundbuchämtern ist es jedoch nicht verwehrt, die Vorlage zusätzlicher Angaben oder Schriftstücke zu verlangen, die nach nationalem Recht für die Eintragung notwendig sind (zB Nachweise über Steuerzahlungen; Erwäggr. 18).

Art. 70 Beglaubigte Abschriften des Zeugnisses

(1) Die Ausstellungsbehörde bewahrt die Urschrift des Zeugnisses auf und stellt dem Antragsteller und jeder anderen Person, die ein berechtigtes Interesse nachweist, eine oder mehrere beglaubigte Abschriften aus.

(2) Die Ausstellungsbehörde führt für die Zwecke des Artikels 71 Absatz 3 und des Artikels 73 Absatz 2 ein Verzeichnis der Personen, denen beglaubigte Abschriften nach Absatz 1 ausgestellt wurden.

(3) ¹Die beglaubigten Abschriften sind für einen begrenzten Zeitraum von sechs Monaten gültig, der in der beglaubigten Abschrift jeweils durch ein Ablaufdatum angegeben wird. ²In ordnungsgemäß begründeten Ausnahmefällen kann die Ausstellungsbehörde abweichend davon eine längere Gültigkeitsfrist beschließen. ³Nach Ablauf dieses Zeitraums muss jede Person, die sich im Besitz einer beglaubigten Abschrift befindet, bei der Ausstellungsbehörde eine Verlängerung der Gültigkeitsfrist der beglaubigten Abschrift oder eine neue beglaubigte Abschrift beantragen, um das Zeugnis zu den in Artikel 63 angegebenen Zwecken verwenden zu können.

Um einen entsprechenden Verkehrsschutz zu gewährleisten, wird dem Antragsteller und anderen Personen, die an der Ausstellung ein entsprechendes Interesse nachweisen, nur eine beglaubigte Abschrift ausgehändigt (Abs. 1). Die Urschrift verbleibt bei der Ausstellungsbehörde, welche ein Verzeichnis der Personen, denen eine beglaubigte Abschrift ausgestellt wurde, führt (Abs. 2). 1

Um spätere Korrekturen (Berichtigung, Änderung, Widerruf – Art. 71) leichter vornehmen zu können, wird jedes Nachlasszeugnis mit einem **„Verfallsdatum" von 6 Monaten** versehen (in Ausnahmefällen länger; Abs. 3 S. 2; die Dauer von sechs Monaten als zu lang erachtend: *Lange* DNotZ 2012, 168 (178)). Das Vorliegen eines **Ausnahmefalls** beurteilt sich nach allen Umständen des Einzelfalls, insbes. nach der Komplexität der Abwicklung (beispielsweise im Fall einer Dauertestamentsvollstreckung oder Nachlassverwaltung, BeckOGK EuErbVO/*J. Schmidt* Art. 70 Rn. 20). 2

Die **Erteilung oder Verlängerung** erfolgt nach deutschem Recht nicht durch Beschluss, sondern durch die Erteilung (oder Verlängerung) selbst, § 39 I 1, 2 IntErbRVG. Folglich ist gegen die Entscheidung auch keine Beschwerdemöglichkeit gegeben, § 43 I 1 IntErbRVG. Die **Fristberechnung** und der Vermerk des Ablaufdatums werden durch die §§ 41 f. IntErbRVG näher geregelt (vgl. auch Erwäggr. 77). Die **Form** des ENZ richtet sich verpflichtend nach dem Formvordruck des Formblatts V der EU-Durchführungsverordnung (abgedruckt als Anhang 5 der Durchführungsverordnung). 3

Dieser kurze zeitliche Geltungsraum muss insbes. bei der Verwendung im **Grundbuchverkehr** berücksichtigt werden, da die Eintragung hier oftmals eine erhebliche Zeit in Anspruch nimmt und die Legitimationswirkung des Zeugnisses zum Zeitpunkt der Eintragung schon erloschen sein kann (zur Vermeidung dieses Problems eine analoge Anwendung von § 878 BGB befürwortend: *Volmer* notar 2016, 323 (325); aA *Schmitz* RNotZ 2017, 269 (286)). 4

Nach **Ablauf** des Verfallsdatums kommen dem Zeugnis nicht mehr die in Art. 63 dargestellten Wirkungen zu. Es ist eine neue beglaubigte Abschrift zu beantragen (krit. *Vollmer* ZErb 2012, 227 (233)). 5

Art. 71 Berichtigung, Änderung oder Widerruf des Zeugnisses

(1) Die Ausstellungsbehörde berichtigt das Zeugnis im Falle eines Schreibfehlers auf Verlangen jedweder Person, die ein berechtigtes Interesse nachweist, oder von Amts wegen.

(2) Die Ausstellungsbehörde ändert oder widerruft das Zeugnis auf Verlangen jedweder Person, die ein berechtigtes Interesse nachweist, oder, soweit dies nach innerstaatlichem Recht möglich ist, von Amts wegen, wenn feststeht, dass das Zeugnis oder einzelne Teile des Zeugnisses inhaltlich unrichtig sind.

(3) Die Ausstellungsbehörde unterrichtet unverzüglich alle Personen, denen beglaubigte Abschriften des Zeugnisses gemäß Artikel 70 Absatz 1 ausgestellt wurden, über eine Berichtigung, eine Änderung oder einen Widerruf des Zeugnisses.

Die Vorschrift regelt die **Berichtigung** (Abs. 1) und die **Änderung** oder den **Widerruf** (Abs. 2) des Europäischen Nachlasszeugnisses durch die Ausstellungsbehörde. Abs. 3 sieht daran anknüpfend eine Informationspflicht gegenüber denjenigen Personen vor, denen eine beglaubigte Abschrift des Zeugnisses erteilt wurde. 1

Eine **Korrektur von bloßen Schreibfehlern** im Europäischen Nachlasszeugnis kann sowohl auf Verlangen einer Partei hin, als auch von Amts wegen erfolgen. Änderungen und Widerruf sind zwar auch auf Verlangen einer Person hin möglich, von Amts wegen jedoch nur, insoweit das nationale Recht dies gestattet (vgl. § 2361 I 1 BGB).

Vom deutschen System der Einziehung und Kraftloserklärung weicht die Norm erheblich ab. Anstelle einer Einziehung ist nur die **Benachrichtigung aller Personen,** denen eine beglaubigte Abschrift erteilt wurde, vorgesehen (Abs. 3). Die Erteilung eines geänderten Nachlasszeugnisses ist somit nicht von der vorherigen Rückgabe der falschen Fassungen abhängig (mit Hinweis auf das Risiko für die wahren Erben: *Buschbaum/Simon* ZEV 2012, 525 (526)). Die Vorschrift sieht gerade **kein Verfahren zur Einziehung** des Zeugnisses oder einen Herausgabeanspruch vor. Die Regelung ist insofern abschließend (zur 2

Möglichkeit einer diesbezüglichen Rechtsfortbildung oder Analogie zu § 2361 BGB s. Kroiß/Horn/Solomon/*Köhler* Art. 72 Rn. 5; für eine Anpassung der EuErbVO hingegen *Traut* ZVglRWiss 115 (2016), 358 (412)).

3   Die unrichtigen beglaubigten Abschriften des Europäischen Nachlasszeugnisses entfalten bis zum Ablauf ihrer Gültigkeit oder ihrer Rückgabe die in Art. 69 III, IV beschriebenen Gutglaubenswirkungen (Dutta/Weber/*Fornasier* Art. 69 Rn. 49; BeckOGK EuErbVO/*J. Schmidt* Art. 71 Rn. 36 ff.). Die abweichende Ansicht würde hier zur einer fast vollständigen Entwertung der Abschriften führen (so aber MüKoBGB/*Dutta* Art. 69 Rn. 2, der darauf verweist, dass ansonsten die Rechtsschutzmöglichkeit nach Art. 73 I ein „stumpfes Schwert" bleibt. Anders ist dies freilich bei Kenntnis der anderen Partei von der Unrichtigkeit (*Süß* ZEuP 2013, 725 (746 f.)).

4   Zur **Rechtsbehelfsmöglichkeit** gegen die Entscheidung s. Art. 72. Die **Umsetzung** der Regelung für das nationale deutsche Recht erfolgt in § 38 IntErbRVG. Danach ist von Amts wegen nur ein Widerruf des Zeugnisses möglich, nicht hingegen eine Änderung, § 38 2 IntErbRVG.

Art. 72 Rechtsbehelfe

(1) Entscheidungen, die die Ausstellungsbehörde nach Artikel 67 getroffen hat, können von einer Person, die berechtigt ist, ein Zeugnis zu beantragen, angefochten werden.

Entscheidungen, die die Ausstellungsbehörde nach Artikel 71 und Artikel 73 Absatz 1 Buchstabe a getroffen hat, können von einer Person, die ein berechtigtes Interesse nachweist, angefochten werden.

Der Rechtsbehelf ist bei einem Gericht des Mitgliedstaats der Ausstellungsbehörde nach dem Recht dieses Staates einzulegen.

(2) Führt eine Anfechtungsklage nach Absatz 1 zu der Feststellung, dass das ausgestellte Zeugnis nicht den Tatsachen entspricht, so ändert die zuständige Behörde das Zeugnis oder widerruft es oder sorgt dafür, dass die Ausstellungsbehörde das Zeugnis berichtigt, ändert oder widerruft.

Führt eine Anfechtungsklage nach Absatz 1 zu der Feststellung, dass die Versagung der Ausstellung nicht gerechtfertigt war, so stellen die zuständigen Justizbehörden das Zeugnis aus oder stellen sicher, dass die Ausstellungsbehörde den Fall erneut prüft und eine neue Entscheidung trifft.

1   Die Vorschrift trifft eine Regelung zu den **Rechtsbehelfen** in den Verfahren betreffend die Ausstellung oder Nichtausstellung (Art. 67), die Berichtigung, Änderung oder Widerruf (Art. 71) eines Europäischen Nachlasszeugnisses oder die Aussetzung seiner Wirkungen (Art. 73 I lit. a).

2   Die Vorschrift des Abs. 1 UAbs. 1 ist nach teilweise vertretener Ansicht **analog anwendbar** auf Entscheidungen der Ausstellungsbehörde nach Art. 70 I eine beglaubigte Abschrift auszustellen oder nicht auszustellen und in Fällen des Art. 70 III 2, 3 (MüKoBGB/*Dutta* Art. 72 Rn. 3; BeckOGK EuErbVO/*J. Schmidt* Art. 72 Rn. 11; vgl. auch Erwäggr. 72 S. 4). Gerade im Hinblick auf den Wortlaut der Vorschrift und die diesbezügliche Regelung im deutschen IntErbRVG erscheint dies jedoch zweifelhaft (→ Art. 70 Rn. 3; Dutta/Weber/*Fornasier* Art. 72 Rn. 5).

3   Der Kreis der **Anfechtungsberechtigten** ist unterschiedlich weit gefasst. So steht das Anfechtungsrecht gegen eine Entscheidung nach Art. 67 denjenigen zu, die bezüglich des Zeugnisses antragsberechtigt sind. Richtigerweise ist dieser Personenkreis jedoch auf die Personen zu beschränken, die durch die Entscheidung beschwert sind (Dutta/Weber/*Fornasier* Art. 72 Rn. 2). Entscheidungen nach Art. 71 und Art. 73 I lit. a können hingegen von jeder Person angefochten werden, die ein berechtigtes Interesse nachweist.

4   Abs. 2 der Vorschrift regelt die Rechtsfolgen einer erfolgreichen Anfechtungsklage nach Abs. 1, wobei nach den jeweiligen **Rechtsfolgen** differenziert wird. Führt die Anfechtungsklage zur Feststellung, dass das Zeugnis nicht den Tatsachen entspricht, so hat die Behörde das Zeugnis zu widerrufen oder zu ändern bzw. dafür zu sorgen, dass die Ausstellungsbehörde dies tut. Richtigerweise kann auch eine Berichtigung sowohl durch die zuständige Behörde, als auch die Ausstellungsbehörde erfolgen. Wird hingegen nach der Anfechtungsklage festgestellt, dass die Versagung der Ausstellung des Zeugnisses nicht gerechtfertigt war, so ist das Zeugnis durch die Justizbehörden auszustellen oder sicherzustellen, dass die Ausstellungsbehörde eine erneute Prüfung vornimmt und eine neue Entscheidung trifft. Die genauere Ausgestaltung obliegt dem nationalen Gesetzgeber.

5   Im **deutschen Recht** erfolgte die Umsetzung durch das IntErbRVG. Dieses eröffnet die Möglichkeit der **Beschwerde (§ 43 IntErbRVG)**. Die Beschwerdefrist beträgt für Beschwerdeführer mit gewöhnlichem Aufenthalt im Inland einen Monat, ansonsten zwei Monate, jeweils ab Bekanntgabe der Entscheidung (§ 43 III IntErbRVG). Gegen die Entscheidung des Oberlandesgerichts als Beschwerdegericht besteht unter gewissen Voraussetzungen die Möglichkeit der Rechtsbeschwerde zum Bundesgerichtshof (§ 44 IntErbRVG).

6   Unterschiedlich wird die Frage des **Prüfungsumfangs** im Verfahren nach Abs. 2 UAbs. 1 beurteilt. So legt der Wortlaut nahe, dass nur die inhaltliche Richtigkeit des Zeugnisses („nicht den Tatsachen entspricht") überprüft wird, nicht hingegen auch die verfahrensrechtliche Richtigkeit der Erteilung. Richtigerweise ist aber davon auszugehen, dass mit der Formulierung keine Begrenzung des inhaltlichen Prüfungsumfangs verbunden ist (Dutta/Weber/*Fornasier* Art. 73 Rn. 8; MüKoBGB/*Dutta* Art. 72 Rn. 7; aA dagegen für einen Gleichlauf des Prüfungsumfangs *Zimmermann* ZErb 2015, 342 (342 f.)).

Art. 73 Aussetzung der Wirkungen des Zeugnisses

(1) Die Wirkungen des Zeugnisses können ausgesetzt werden
a) von der Ausstellungsbehörde auf Verlangen einer Person, die ein berechtigtes Interesse nachweist, bis zur Änderung oder zum Widerruf des Zeugnisses nach Artikel 71 oder
b) von dem Rechtsmittelgericht auf Antrag einer Person, die berechtigt ist, eine von der Ausstellungsbehörde nach Artikel 72 getroffene Entscheidung anzufechten, während der Anhängigkeit des Rechtsbehelfs.

(2) Die Ausstellungsbehörde oder gegebenenfalls das Rechtsmittelgericht unterrichtet unverzüglich alle Personen, denen beglaubigte Abschriften des Zeugnisses nach Artikel 70 Absatz 1 ausgestellt worden sind, über eine Aussetzung der Wirkungen des Zeugnisses.
Während der Aussetzung der Wirkungen des Zeugnisses dürfen keine weiteren beglaubigten Abschriften des Zeugnisses ausgestellt werden.

Die **Wirkungen des Zeugnisses** können auf Antrag einer Person ausgesetzt werden, wenn ein Verfahren zur Änderung oder zum Widerruf nach Art. 71 (Abs. 1, lit. a) oder ein Rechtsbehelfsverfahren nach Art. 72 anhängig ist (Abs. 1 lit. b). Das Antragsrecht nach Abs. 1 steht den Personen zu, die auch das Verfahren nach Abs. 1 lit. a oder lit. b einleiten können. Ein berechtigtes Interesse im Sinne der Vorschrift besitzt jede Person, der die Aussetzung der Wirkungen zustattenkäme (MüKoBGB/*Dutta* Art. 73 Rn. 2)   **1**

Nach Abs. 2 sind die Personen, denen beglaubigte Abschriften des Zeugnisses ausgestellt wurden unverzüglich von der Ausstellungsbehörde oder dem Rechtsmittelgericht, je nachdem welche Stelle mit dem Verfahren befasst ist, **über die Aussetzung der Wirkungen zu informieren** (Abs. 2 UAbs. 1). Die Entscheidung über die Aussetzung steht im Ermessen der zuständigen Stelle („können"). Notwendig ist eine Abwägung und eine summarische Prüfung der Erfolgsaussichten der nach Art. 71 bzw. Art. 72 eingeleiteten Verfahren (vgl. BeckOGK EuErbVO/*J. Schmidt* Art. 73 Rn. 18). Genauer zu den Rechtsfolgen s. *Steiner* ZEV 2016, 487 (489 ff.).   **2**

Eine Ausstellung von **weiteren beglaubigten Abschriften** ist während der Aussetzung nicht möglich (Abs. 2 UAbs. 2). In der Folge der Aussetzung entfallen die Rechtswirkungen des Europäischen Nachlasszeugnisses iSv Art. 69 I, V, nicht jedoch die Gutglaubenswirkungen iSv Art. 69 III, IV (Dutta/Weber/*Fornasier* Art. 73 Rn. 6; BeckOGK EuErbVO/*J. Schmidt* Art. 73 Rn. 21).   **3**

Nach deutschem Recht kann gegen die Entscheidung **Beschwerde** nach § 43 I 1 IntErbVG eingelegt werden.   **4**

Kapitel VII. Allgemeine und Schlussbestimmungen

Art. 74 Legalisation oder ähnliche Förmlichkeiten

Im Rahmen dieser Verordnung bedarf es hinsichtlich Urkunden, die in einem Mitgliedstaat ausgestellt werden, weder der Legalisation noch einer ähnlichen Förmlichkeit.

Die Regelung stellt Urkunden, die im Rahmen der EuErbVO in einem Mitgliedstaat ausgestellt wurden, inländischen Urkunden gleich. Die Vorschrift bezieht sich primär auf **öffentliche Urkunden**. Der Wortlaut sieht eine solche Beschränkung indessen nicht vor. Somit wären auch andere Urkunden wie Prozessvollmachten und Personenstandsurkunden unter die Norm zu fassen (Dutta/Weber/*Bauer* Art. 74 Rn. 5; BeckOGK EuErbVO/*J. Schmidt* Art. 74 Rn. 9).   **1**

Aus deutscher Perspektive bedarf es diesbezüglich keiner **Legislation** iSv § 438 II ZPO. Insbes. einer **Apostille**, wie nach dem Haager Übereinkommen zur Befreiung ausländischer öffentlicher Urkunden von der Legalisation vom 5.10.1961, bedarf es nicht mehr (eine solche Erleichterung ist nach Art. 3 II des Übereinkommens möglich). Die ausländische Urkunde steht der inländischen vielmehr gleich und hat die Vermutung der Echtheit für sich (§ 437 I ZPO). Dies erleichtert den grenzüberschreitenden Rechtsverkehr.   **2**

Die Norm findet hingegen **keine Anwendung** auf die Fälle des Art. 59 II, da diesbezüglich die Prüfung der Echtheit im Ausstellungsstaat vorgenommen wird. Genauer zum Anwendungsbereich s. Dutta/Weber/*Bauer* Art. 74 Rn. 9 ff.   **3**

Art. 75 Verhältnis zu bestehenden internationalen Übereinkommen

(1) Diese Verordnung lässt die Anwendung internationaler Übereinkommen unberührt, denen ein oder mehrere Mitgliedstaaten zum Zeitpunkt der Annahme dieser Verordnung angehören und die Bereiche betreffen, die in dieser Verordnung geregelt sind.
Insbesondere wenden die Mitgliedstaaten, die Vertragsparteien des Haager Übereinkommens vom 5. Oktober 1961 über das auf die Form letztwilliger Verfügungen anzuwendende Recht sind, in Bezug auf die Formgültigkeit von Testamenten und gemeinschaftlichen Testamenten anstelle des Artikels 27 dieser Verordnung weiterhin die Bestimmungen dieses Übereinkommens an.

(2) Ungeachtet des Absatzes 1 hat diese Verordnung jedoch im Verhältnis zwischen den Mitgliedstaaten Vorrang vor ausschließlich zwischen zwei oder mehreren von ihnen geschlossenen Übereinkünften, soweit diese Bereiche betreffen, die in dieser Verordnung geregelt sind.

(3) Diese Verordnung steht der Anwendung des Übereinkommens vom 19. November 1934 zwischen Dänemark, Finnland, Island, Norwegen und Schweden mit Bestimmungen des Internationalen Privatrechts über Rechtsnachfolge von Todes wegen, Testamente und Nachlassverwaltung in der geänderten Fassung der zwischenstaatlichen Vereinbarung zwischen diesen Staaten vom 1. Juni 2012 durch die ihm angehörenden Mitgliedstaaten nicht entgegen, soweit dieses Übereinkommen Folgendes vorsieht:

a) Vorschriften über die verfahrensrechtlichen Aspekte der Nachlassverwaltung im Sinne der in dem Übereinkommen enthaltenen Begriffsbestimmung und die diesbezügliche Unterstützung durch die Behörden der dem Übereinkommen angehörenden Staaten und

b) vereinfachte und beschleunigte Verfahren für die Anerkennung und Vollstreckung von Entscheidungen in Erbsachen.

1   Auch im Rahmen ihres eigenen Anwendungsbereichs räumt die Verordnung **internationalen Übereinkommen** zwischen Drittstaaten und einem oder mehreren Mitgliedstaaten Vorrang ein (Abs. 1, 2). Für Deutschland bleibt es somit insbes. bei der Anwendbarkeit des **deutsch-türkischen Nachlassabkommens** (Anl. Art. 20 des Konsularvertrags zwischen dem Deutschen Reich und der Türkischen Republik v. 28.5.1929; RGBl. 1930 II 748, § 14 – bewegliches Vermögen/Heimatrecht, unbewegliches Vermögen/*lex rei sitae*; ausf. *Majer* ZEV 2012, 182; insbes. Zu deutsch-türkischen Doppelstaatern *Kaya*, ZEV 2015, 208), dem **deutsch-persischen Niederlassungsabkommen** (Art. 8 des Niederlassungsabkommens zwischen dem Deutschen Reich und dem Kaiserreich Persien v. 17.2.1929; RGBl. 1930 II 1006 – Erbfolge nach dem Heimatrecht) und dem **deutsch-sowjetischen Konsularvertrag** (Art. 25 ff. des Konsularvertrags zwischen der Bundesrepublik Deutschland und der Union der Sozialistischen Sowjetrepubliken v. 25.4.1958; BGBl. 1959 II 233 ff. – unbewegliches Vermögen/*lex rei sitae*). Allgemein zu der Fortgeltung der Staatsverträge aus deutscher Perspektive: *Mankowski* ZEV 2013, 529.

2   Zum Vorrang des **Haager Testamentsformübereinkommens** vgl. die Komm. bei → Art. 27 Rn. 2 und Erwäggr. 73.

3   Abs. 3 betrifft lediglich das nordische Übereinkommen zwischen Dänemark, Finnland, Island, Norwegen und Schweden vom 19.11.1934.

Art. 76 Verhältnis zur Verordnung (EG) Nr. 1346/2000 des Rates

Diese Verordnung lässt die Anwendung der Verordnung (EG) Nr. 1346/2000 des Rates vom 29. Mai 2000 über Insolvenzverfahren unberührt.

1   Klarstellend weist die Vorschrift darauf hin, dass die Verordnung (EG) Nr. 1346/2000 des Rates vom 29. Mai 2000 über Insolvenzverfahren den Regelungen der EuErbVO vorgeht. Der Verweis bezieht sich auf die Neufassung der EuInsVO (vgl. Art. 91 EuInsVO). Abweichend von der EuErbVO knüpft die **EuInsVO** an den Mittelpunkt der hauptsächlichen Interessen des Schuldners an (Art. 3 I EuInsVO). Bei Vorliegen eines überschuldeten Nachlasses richtet sich die Durchführungen eines Nachlassinsolvenzverfahrens folglich nach den Regelungen der EuInsVO.

Art. 77 Informationen für die Öffentlichkeit

Die Mitgliedstaaten übermitteln der Kommission eine kurze Zusammenfassung ihrer innerstaatlichen erbrechtlichen Vorschriften und Verfahren, einschließlich Informationen zu der Art von Behörde, die für Erbsachen zuständig ist, sowie zu der Art von Behörde, die für die Entgegennahme von Erklärungen über die Annahme oder die Ausschlagung der Erbschaft, eines Vermächtnisses oder eines Pflichtteils zuständig ist, damit die betreffenden Informationen der Öffentlichkeit im Rahmen des Europäischen Justiziellen Netzes für Zivil- und Handelssachen zur Verfügung gestellt werden können.

Die Mitgliedstaaten stellen auch Merkblätter bereit, in denen alle Urkunden und/oder Angaben aufgeführt sind, die für die Eintragung einer in ihrem Hoheitsgebiet belegenen unbeweglichen Sache im Regelfall erforderlich sind.

Die Mitgliedstaaten halten die Informationen stets auf dem neuesten Stand.

1   Die Vorschrift verpflichtet die Mitgliedstaaten der Kommission eine **Zusammenfassung der nationalen Erbrechts- und Erbverfahrensrechtsvorschriften** zu übermitteln. Daneben sind die Mitgliedstaaten nach UAbs. 2 verpflichtet **Merkblätter** zur Verfügung zu stellen, die alle Urkunden und Angaben enthalten, die nach nationalem Recht zur Registereintragung von unbeweglichem Vermögen notwendig sind (vgl. Erwäggr. 68 S. 2). Nach UAbs. 3 sind die Mitgliedstaaten zur Aktualisierung der Informationen verpflichtet.

2   Die Vorschrift soll der Öffentlichkeit eine erste überblicksartige Information über das nationale Erbrecht der Mitgliedstaaten ermöglichen. Die Informationen werden über das **Europäische Justizportal** unter https://e-justice.europa.eu/content_successions-166-de.do?clang=de der Öffentlichkeit zugänglich gemacht.

Art. 78 Informationen zu Kontaktdaten und Verfahren

(1) Die Mitgliedstaaten teilen der Kommission bis zum 16. November 2014 mit:
a) die Namen und Kontaktdaten der für Anträge auf Vollstreckbarerklärung gemäß Artikel 45 Absatz 1 und für Rechtsbehelfe gegen Entscheidungen über derartige Anträge gemäß Artikel 50 Absatz 2 zuständigen Gerichte oder Behörden;
b) die in Artikel 51 genannten Rechtsbehelfe gegen die Entscheidung über den Rechtsbehelf;
c) die einschlägigen Informationen zu den Behörden, die für die Ausstellung des Zeugnisses nach Artikel 64 zuständig sind, und
d) die in Artikel 72 genannten Rechtsbehelfe.
Die Mitgliedstaaten unterrichten die Kommission über spätere Änderungen dieser Informationen.

(2) Die Kommission veröffentlicht die nach Absatz 1 übermittelten Informationen im Amtsblatt der Europäischen Union, mit Ausnahme der Anschriften und sonstigen Kontaktdaten der unter Absatz 1 Buchstabe a genannten Gerichte und Behörden.

(3) Die Kommission stellt der Öffentlichkeit alle nach Absatz 1 übermittelten Informationen auf andere geeignete Weise, insbesondere über das Europäische Justizielle Netz für Zivil- und Handelssachen, zur Verfügung.

Abs. 1 der Vorschrift normiert eine **Informations- und Aktualisierungspflicht** der Mitgliedsstaaten bezüglich der dort genannten Daten. **1**

Mit Ausnahme der Anschriften und sonstigen Kontaktdaten der Gerichte (Abs. 1 lit. a) werden die entsprechenden Informationen durch die Kommission im Amtsblatt der Europäischen Union veröffentlicht. Daneben erfolgt online eine Information über das Europäische Justizielle Netz (EJN) bzw. das **Europäische Justizportal** unter https://e-justice.europa.eu/content_succession-380-de.do?clang=de. Die Publikationspflichten nach Abs. 2 und 3 erstreckt sich nicht nur auf die ursprünglich von den Mitgliedstaaten mitgeteilten Informationen, sondern auch auf eventuell später mitgeteilte Änderungen bzw. Aktualisierungen. **2**

Art. 79 Erstellung und spätere Änderung der Liste der in Artikel 3 Absatz 2 vorgesehenen Informationen

(1) Die Kommission erstellt anhand der Mitteilungen der Mitgliedstaaten die Liste der in Artikel 3 Absatz 2 genannten sonstigen Behörden und Angehörigen von Rechtsberufen.

(2) Die Mitgliedstaaten teilen der Kommission spätere Änderungen der in dieser Liste enthaltenen Angaben mit. Die Kommission ändert die Liste entsprechend.

(3) Die Kommission veröffentlicht die Liste und etwaige spätere Änderungen im Amtsblatt der Europäischen Union.

(4) Die Kommission stellt der Öffentlichkeit alle nach den Absätzen 1 und 2 mitgeteilten Informationen auf andere geeignete Weise, insbesondere über das Europäische Justizielle Netz für Zivil- und Handelssachen, zur Verfügung.

Nach Abs. 1 der Vorschrift sind die Mitgliedsstaaten verpflichtet, der Kommission eine Liste der unter Art. 3 II fallenden Behörden und sonstigen Angehörigen von Rechtsberufen mitzuteilen, welche unter den **Begriff des „Gerichts" iSd Verordnung** fallen. Ergänzt wird dies durch eine Pflicht zur Mitteilung von Aktualisierungen nach Abs. 2. **1**

Die Kommission ist für die **Erstellung und Aktualisierung der Liste** verantwortlich (Abs. 1, 2). Die Liste kann inzwischen über das Europäische Justizielle Netz (EJN) bzw. das Europäische Justizportal abgerufen werden (https://e-justice.europa.eu/content_succession-380-de.do?clang=de), womit die Pflicht aus Abs. 4 erfüllt wurde. Daneben erfolgen in Übereinstimmung mit der Publikationspflicht aus Abs. 3 Veröffentlichungen im Amtsblatt der Europäischen Union. **2**

Art. 80 Erstellung und spätere Änderung der Bescheinigungen und der Formblätter nach den Artikeln 46, 59, 60, 61, 65 und 67

¹Die Kommission erlässt Durchführungsrechtsakte zur Erstellung und späteren Änderung der Bescheinigungen und der Formblätter nach den Artikeln 46, 59, 60, 61, 65 und 67. ²Diese Durchführungsrechtsakte werden nach dem in Artikel 81 Absatz 2 genannten Beratungsverfahren angenommen.

Die Vorschrift sieht für die Erstellung und spätere Änderung der **Bescheinigungen und Formblätter** das Beratungsverfahren (vgl. Art. 81) vor und gilt gem. Art. 84 UAbs. 2 seit dem 5.7.2012. Dies betrifft die Bescheinigung der Vollstreckbarkeit des Titels im Exequaturverfahren für Entscheidungen, für öffentliche Urkunden und für Prozessvergleiche (Art. 46 III lit. b, 60 II und 61 II), das Formular bezüglich der formellen Beweiskraft einer öffentlichen Urkunde (Art. 59 I UAbs. 1) und die Formulare für den **1**

Antrag auf Erlass eines Europäischen Nachlasszeugnisses, sowie für die Ausstellung des Europäischen Nachlasszeugnisses (Art. 65, 67).

2   Die erlassenen Durchführungsakte finden sich in der **EuErbVO-Durchführungsverordnung (Formblätter;** Durchführungsverordnung (EU) Nr. 1329/2014 der Kommission vom 9.12.2014 zur Festlegung der Formblätter nach Maßgabe der Verordnung (EU) Nr. 650/2012 des Europäischen Parlaments und des Rates über die Zuständigkeit, das anzuwendende Recht, die Anerkennung und Vollstreckung von Entscheidungen und die Annahme und Vollstreckung öffentlicher Urkunden in Erbsachen sowie zur Einführung eines Europäischen Nachlasszeugnisses, ABl. EU 2014 L 359, 30; ber. 2015 L 195, 49; 2016 L 9, 14).

Art. 81 Ausschussverfahren

(1) ¹Die Kommission wird von einem Ausschuss unterstützt. ²Dieser Ausschuss ist ein Ausschuss im Sinne der Verordnung (EU) Nr. 182/2011.

(2) Wird auf diesen Absatz Bezug genommen, so gilt Artikel 4 der Verordnung (EU) Nr. 182/2011.

1   Die Vorschrift ergänzt die Regelung des Art. 80. Im Rahmen des Erlasses der **Durchführungsakte** kommt das in der Verordnung (EU) Nr. 182/2011 geregelte Beratungsverfahren zur Anwendung. Die Verordnung gilt gem. Art. 84 UAbs. 2 seit dem 5.7.2012. Der Ausschuss ist mit Vertretern der Mitgliedsstaaten besetzt. Den Vorsitz hat ein Vertreter der Kommission inne.

2   Im Rahmen der Regelungen zur Erstellung der **Formblätter und Bescheinigungen** (Art. 46 III lit. b; 59 I UAbs. 2, 60 II, 61 II, 65 II, 67 II und 80 II 2) wird auf Abs. 2 verwiesen, wobei mit dem weiteren Verweis auf Art. 4 der Verordnung (EU) Nr. 182/2011 ein Beratungsverfahren vorgesehen ist.

Art. 82 Überprüfung

¹Die Kommission legt dem Europäischen Parlament, dem Rat und dem Europäischen Wirtschafts- und Sozialausschuss bis 18. August 2025 einen Bericht über die Anwendung dieser Verordnung vor, der auch eine Evaluierung der etwaigen praktischen Probleme enthält, die in Bezug auf die parallele außergerichtliche Beilegung von Erbstreitigkeiten in verschiedenen Mitgliedstaaten oder eine außergerichtliche Beilegung in einem Mitgliedstaat parallel zu einem gerichtlichen Vergleich in einem anderen Mitgliedstaat aufgetreten sind. ²Dem Bericht werden gegebenenfalls Änderungsvorschläge beigefügt.

1   Die Vorschrift verpflichtet die Europäische Kommission zur Erstellung eines **Evaluationsberichts** 10 Jahre nach dem in Art. 83 I bestimmten Zeitpunkt, also bis zum 18.8.2025. Die Klausel soll sicherstellen, dass die Verordnung und ihre Wirkungen nach einem angemessenen Zeitraum überprüft werden und gegebenenfalls Änderungen vorgenommen werden können.

2   Die Evaluierung soll auch zu einer möglichen **Weiterentwicklung** der Verordnung dienen, wenn gerade die praktische Probleme im Bezug auf die parallele gerichtliche Beilegung von Erbstreitigkeiten oder die außergerichtliche Beilegung von Erbstreitigkeiten in einem Mitgliedstaat parallel zu einem gerichtlichen Vergleich in einem anderen Mitgliedsstaat evaluiert werden sollen. Zu diesen Bereichen finden sich in der derzeitigen Fassung der Verordnung noch keine Regelungen (vgl. Erwäggr. 36).

Art. 83 Übergangsbestimmungen

(1) Diese Verordnung findet auf die Rechtsnachfolge von Personen Anwendung, die am 17. August 2015 oder danach verstorben sind.

(2) Hatte der Erblasser das auf seine Rechtsnachfolge von Todes wegen anzuwendende Recht vor dem 17. August 2015 gewählt, so ist diese Rechtswahl wirksam, wenn sie die Voraussetzungen des Kapitels III erfüllt oder wenn sie nach den zum Zeitpunkt der Rechtswahl geltenden Vorschriften des Internationalen Privatrechts in dem Staat, in dem der Erblasser seinen gewöhnlichen Aufenthalt hatte, oder in einem Staat, dessen Staatsangehörigkeit er besaß, wirksam ist.

(3) Eine vor dem 17. August 2015 errichtete Verfügung von Todes wegen ist zulässig sowie materiell und formell wirksam, wenn sie die Voraussetzungen des Kapitels III erfüllt oder wenn sie nach den zum Zeitpunkt der Errichtung der Verfügung geltenden Vorschriften des Internationalen Privatrechts in dem Staat, in dem der Erblasser seinen gewöhnlichen Aufenthalt hatte, oder in einem Staat, dessen Staatsangehörigkeit er besaß, oder in dem Mitgliedstaat, dessen Behörde mit der Erbsache befasst ist, zulässig sowie materiell und formell wirksam war.

(4) Wurde eine Verfügung von Todes wegen vor dem 17. August 2015 nach dem Recht errichtet, welches der Erblasser gemäß dieser Verordnung hätte wählen können, so gilt dieses Recht als das auf die Rechtsfolge von Todes wegen anzuwendende gewählte Recht.

1   Die Art. 83 u. 84 regeln das Inkrafttreten und die Anwendbarkeit der Verordnung mit entsprechenden Übergangsregelungen. Die Verordnung findet danach auf alle Erbfälle ab dem **Stichtag 17.8.2015** Anwendung, Art. 83 I, Art. 84 UAbs. 2. Für Erbfälle vor diesem Stichtag verbleibt es bei der Anwendung

des jeweiligen nationalen Rechts. Eine Regelung zur Bestimmung des Todeszeitpunkts enthält die Norm nicht. Dieser bestimmt sich damit nach den Vorschriften des nationalen Rechts.

Wurde **vor diesem Datum eine Verfügung von Todes wegen errichtet oder eine Rechtswahl getroffen**, so bleiben diese auch nach dem 17.5.2015 wirksam, wenn sie den Voraussetzungen der Art. 4 ff. entsprechen (Art. 83 II Var. 1; III Var. 1) oder den Voraussetzungen des bis dahin im Staat des gewöhnlichen Aufenthalts oder der Staatsangehörigkeit anwendbaren Kollisionsnormen entsprochen haben (Art. 83 II Var. 2; III Var. 2–3). Überblick zu den Rechtswahlmöglichkeiten vor und nach Inkrafttreten der Verordnung mit Formulierungsbeispielen bei *Heinig* RNotZ 2014, 281. Daneben ist eine vor diesem Datum errichtete Verfügung von Todes wegen auch dann wirksam, wenn sie in dem Mitgliedstaat, dessen Behörde mit der Erbsache befasst ist, zulässig sowie materiell und formell wirksam ist (Art. 83 III Var. 3; vgl. mit Hinweis auf die englische Sprachfassung *Dutta* FamRZ 2013, 4 (15)). Den Anwendungsfällen der Abs. 2–4 ist gemeinsam, dass der Erblasser jeweils an oder nach dem 17.8.2015 verstorben ist, da der Anwendungsbereich der Verordnung andernfalls überhaupt nicht eröffnet ist (Abs. 1). 2

Obwohl von der Verordnung nur Erbfälle ab dem 17.8.2015 erfasst werden, kam der Verordnung eine gewisse **Vorwirkung** zu. Wie dargestellt war auch vor Inkrafttreten eine Rechtswahl nach Art. 22 möglich. Dies war vor allem dann sinnvoll, wenn schon zuvor die Anwendung deutschen Erbrechts auf den späteren Erbfall sichergestellt werden sollte. Auch bei Fällen ohne Auslandsberührung hat sich eine dementsprechende Rechtswahl angeboten, wenn nicht sicher ausgeschlossen werden konnte, dass es später zu einer Verlagerung des gewöhnlichen Aufenthalts kommt. 3

Abs. 2 regelt diesbezüglich den Fall einer **Rechtswahl vor dem 17.8.2015**. Die Rechtswahl ist unter anderem dann wirksam, wenn sie den Voraussetzungen des Kapitel III. entspricht (Var. 1). Richtigerweise ist von der Vorschrift auch eine Teilrechtswahl erfasst, da der Wortlaut auf den gesamten Abschnitt des Kapitel III. verweist, also gerade auch auf die Art. 24 II und Art. 25 III (Dutta/Weber/*Bauer* Art. 83 Rn. 10 mwN). Daneben kann eine Rechtswahl auch dann wirksam sein, wenn sie zum Zeitpunkt der Wahl den geltenden Vorschriften des Internationalen Privatrechts des Aufenthalts- oder Heimatrechts entsprochen hat (Var. 2). Ausreichend ist es, dass die Rechtswahl nach den genannten Kollisionsrechten ihre Wirkung vor dem Stichtag des 17.8.2015 entfaltet hat (MüKoBGB/*Dutta* Art. 83 Rn. 9, wonach auch eine Wirkung im Rahmen eines *renvoi* ausreichend ist). Eine Einschränkung, dass dies nur für Rechte der Mitgliedsstaaten gilt, sieht die Norm nicht vor (vgl. *Heinig* RNotZ 2014, 197 (214)). Allgemein ist es ausreichend, wenn die Rechtswahl nach einer der in Abs. 2 genannten Möglichkeiten wirksam ist. 4

Abs. 3 regelt den Fall, dass eine **Verfügung von Todes wegen vor dem 17.8.2015** (zum Begriff Art. 3 I lit. d) errichtet wurde. Diese ist wirksam, wenn sie entweder den Voraussetzungen des Kapitel III. genügt (Var. 1), oder zum Zeitpunkt der Errichtung der geltenden Vorschriften des Internationalen Privatrechts des Aufenthalts- oder Heimatrechts (Var. 2) oder denen eines Mitgliedsstaats, dessen Behörde mit der Sache befasst ist (Var. 3), entsprochen hat. Unter den Begriff der Behörde fallen insbes. auch die Gerichte der Mitgliedsstaaten (BeckOGK EuErbVO/*J. Schmidt* Art. 83 Rn. 17.1). 5

Abs. 4 **fingiert eine Rechtswahl** für den Fall, dass der Erblasser vor dem 17.8.2015 nach einem Recht testiert hat, welches er nach Art. 22 (Staatsangehörigkeit) hätte wählen können. Die Norm gewährt damit einen gewissen Vertrauensschutz. Gerade der Vergleich zu der englischen und französischen Sprachfassung zeigt, dass die fingierte Rechtswahl formell und materiell im Einklang mit dem Heimatrecht stehen muss. Ein Rechtswahlbewusstsein oder dergleichen ist hingegen nicht notwendig. Ob hingegen ein Rechtsanwendungsbewusstsein zu fordern ist, wird unterschiedlich beurteilt (so etwa MüKoBGB/*Dutta* Art. 83 Rn. 13; aA Palandt/*Thorn* Art. 83 Rn. 7; ausführlich hierzu auch *Fetsch* RNotZ 2015, 626). 6

Art. 84 Inkrafttreten

Diese Verordnung tritt am zwanzigsten Tag nach ihrer Veröffentlichung im Amtsblatt der Europäischen Union in Kraft.

Sie gilt ab dem 17. August 2015, mit Ausnahme der Artikel 77 und 78, die ab dem 16. November 2014 gelten, und der Artikel 79, 80 und 81, die ab dem 5. Juli 2012 gelten.

Die Erbrechtsverordnung wurde am 27.7.2012 veröffentlicht, trat somit gem. UAbs. 1 am **16.8.2012** in Kraft und ist ab diesem Zeitpunkt in allen teilnehmenden Mitgliedstaaten verbindlich. In wesentlichen Teilen gilt sie gem. UAbs. 2 seit dem 17.8.2015 (vgl. auch Art. 83 I zur zeitlichen Anwendung). Zu den Vorwirkungen → Art. 83 Rn. 2 f. 1

Eine Ausnahme bezüglich der Vorbedingungen der Anwendung der Verordnung statuiert UAbs. 2 für die Art. 77–81. Zu den vorgenommenen Korrekturen und der Geschichte der Norm vgl. MüKoBGB/*Dutta* Art. 84 Rn. 3. 2

120. Länderberichte

Länderbericht England und Wales (Vereinigtes Königreich)

Übersicht

	Rn.
Vorbemerkung	1
I. Internationales Erbrecht (IPR)	2–25
1. Rechtsquellen	2
2. Bestimmung des anwendbaren Rechts	3–21
a) Erbstatut	3–13
b) Verfügungen von Todes wegen	14–17
c) Nachlassabwicklung	18–20
d) Trusts	21
3. Internationale Zuständigkeit	22/23
4. Anerkennung ausländischer Entscheidungen	24/25
II. Materielles Recht	26–171
1. Rechtsquellen	26
2. Grundsystem	27/28
3. Gesetzliche Erbfolge	29–49
a) Allgemeines	29
b) Gesetzliches Erbrecht des Ehegatten	30–39
c) Gesetzliches Erbrecht der Verwandten	40–46
d) Erbrecht des Staates („bona vacantia")	47
e) „Partial intestacy"	48
f) „Hotchpot"	49
4. Gewillkürte Erbfolge	50–114
a) Allgemeines	50
b) Testierfähigkeit („capacity to make a will")	51–55
c) Testierwille („animus testandi") und Willensmängel	56–58
d) Testamentsform	59–73
e) Möglicher Inhalt der Verfügungen von Todes wegen	74–83
f) Testamentsauslegung („construction")	84–88
g) Ungültigkeit von Testamenten	89–94
h) Widerruf des Testaments und Änderungen im Testament	95–102
i) Gemeinschaftliche und gegenseitige Testamente	103–106
j) „Contracts to make a will"	107
k) Rechtsgeschäfte unter Lebenden auf den Todesfall sowie Vermögensnachfolge beim Tod außerhalb des Erbrechts	108–114
5. Allgemeine Voraussetzungen gesetzlicher oder gewillkürter Erbfolge	115–120
a) Erbfähigkeit und Überlebenserfordernis	115
b) Erbunwürdigkeit („forfeiture")	116–118
c) Ausschlagung („disclaimer")	119/120
6. Pflichtteilsrecht: „Family provision"	121–131
a) Allgemeines	121
b) Letztes domicile des Erblassers in England/Wales	122
c) Berechtigter Personenkreis	123
d) Frist	124
e) Bedürftigkeit	125–127
f) Inhalt der Anordnung	128/129
g) Entscheidungskriterien	130
h) Schutz vor beeinträchtigenden Rechtsgeschäften des Erblassers	131
7. Nachlassverwaltung	132–166
a) Grundlagen	132
b) Auswahl des personal representative	133–141
c) Antritt des Amtes	142–144
d) Aufgaben und Befugnisse des personal representative	145–157
e) Beendigung des Amtes	158–161
f) Vergütung des personal representative	162
g) Haftung des personal representative	163–165
h) Der „executor de son tort"	166
8. Erbschaftserwerb und Auswirkungen für den deutschen Erbschein	167–170
9. Erbengemeinschaft und Erbenhaftung	171
III. Nachlassverfahrensrecht	172–178
1. Grant of probate, letters of administration in England	172–176
a) Allgemeines	172/173
b) Probate	174
c) Letters of administration	175
d) Sonderformen	176
2. Anerkennung englischer grants of representation in Deutschland	177/178
IV. Erbschaftsteuer	179–207
1. Rechtsquellen und Grundprinzipien	179–181
2. Steuerobjekt	182–186
a) Vermögenserwerb von Todes wegen	183/184
b) „Potentially exempt transfers" („PETs")	185
c) Sonstige Zuwendungen unter Lebenden	186
3. Steuerpflicht und Haftung	187–193
a) Person des Zuwendenden	187/188
b) Steuerschuldner	189–193
4. Befreiungen und Ermäßigungen	194–199
5. Steuersatz und „nil-rate band"	200–205
6. Bewertung	206
7. Vermeidung der Doppelbesteuerung	207

Schrifttum: Übergreifendes Schrifttum: *Henrich* in *Ferid/Firsching/Dörner/Hausmann* (Hrsg.), Internationales Erbrecht, Großbritannien, Stand: 1.9.1983; *Cornelius* in *Flick/Piltz* (Hrsg.), Der internationale Erbfall, 2. Aufl. 2008, 177–191; *Ivens*, Internationales Erbrecht, 2006, 262–286, 491–495; *Odersky*, Die Abwicklung deutsch-englischer Erbfälle, 2001; *Odersky* in *Kroiß/Ann/Mayer* (Hrsg.), NomosKommentar BGB, Bd. 5, Erbrecht, Großbritannien, 5. Aufl. 2018, 1877–1891; *Odersky* in *Süß* (Hrsg.), Erbrecht in Europa, 3. Aufl. 2015, 585–628. **IPR:** *Hill/Ní Shúilleabháin*, Clarkson & Hill's Conflict of Laws, 5. Aufl. 2016; *Collins* (Hrsg.), *Dicey/Morris/Collins*, The Conflict of Laws, 15. Aufl. 2012 (insb. Vol. II, Chapter 26, 27, 1393–1460); *Torremans* (Hrsg.), Cheshire, North & Fawcett: Private International Law, 15. Aufl. 2017; *McClean/Ruiz Abou-Nigm*, Morris: The Conflict of Laws, 9. Aufl. 2016; *Miller*, International Aspects of Succession, 2000. **Materielles Recht:** *Barlow/King/King*, Wills, Administration and Taxation Law and Practice, 12. Aufl. 2017; *Barlow/Wallington/Meadway/Macdougal*, Williams on Wills, 10. Aufl. 2014; *Sloan*, Borkowski's Law of Succession, 3. Aufl. 2017; *Kerridge* in *Burrows* (Hrsg.), English Private Law, 3. Aufl. 2013, 417–477; *Margrave-Jones*, Mellows: The Law of Succession, 5. Aufl. 1993; *Kerridge*, Parry & Kerridge, The Law of Succession, 13. Aufl. 2016; *Sawyer,* Principles of Succession, Wills & Probate, 2. Aufl. 1998; *Sherrin/Bonehill,* The Law and Practice of Intestate Succession, 3. Aufl. 2004; *Martyn/Caddick* (Hrsg.), Williams, Mortimer and Sunnucks on Executors, Administrators and Probate, 20. Aufl. 2013.

Gesetzestexte abrufbar unter *https://www.legislation.gov.uk.*

Vorbemerkung. Das „Vereinigte Königreich Großbritannien und Nordirland" ist ein **Mehrrechtsstaat,** bestehend aus England, Wales, Schottland und Nordirland. Während englische Gesetzgebungsakte generell einheitlich in **England und Wales** gelten, ist grds. im Einzelfall zu prüfen, ob ein bestimmtes Gesetz auch in **Schottland** oder **Nordirland** gelten soll. So wurden insbes. für Schottland eigene, erbrechtlich relevante Gesetze erlassen, wie der Succession (Scotland) Act 1964, durch die sich das schottische stärker vom englischen Erbrecht unterscheidet. Grundsätzlich hat auch jedes der Teilrechtsgebiete sein eigenes **Kollisionsrecht,** das inhaltlich jedoch weitgehend übereinstimmt.

I. Internationales Erbrecht (IPR)

1. Rechtsquellen. Das Vereinigte Königreich besitzt **kein einheitliches autonomes Kollisionsrecht;** allerdings besteht eine weitgehende inhaltliche Übereinstimmung zwischen den erbrechtlichen Kollisionsnormen der einzelnen Teilrechtsgebiete. Quelle des autonomen IPR sind die richterrechtlich entwickelten Grundsätze des Common Law. Daneben ist das Vereinigte Königreich Vertragsstaat des **Haager Testamentsformübereinkommens** sowie des **Haager Trustübereinkommens,** zu deren Umsetzung jeweils Gesetze erlassen wurden (→ Rn. 14, 21). Das Vereinigte Königreich beteiligt sich **nicht** an der **EuErbVO.**

2. Bestimmung des anwendbaren Rechts. a) Erbstatut. aa) Nachlassspaltung. In England gilt die traditionelle Regel des Common Law, wonach der **bewegliche Nachlass** nach dem **Recht des „*domicile*"** **des Erblassers zum Zeitpunkt seines Todes, der unbewegliche Nachlass** nach dem **Recht des jeweiligen Lageortes** vererbt wird (vgl., für die gesetzliche Erbfolge, *Re Collens* [1986] 1 All ER 611; aus der deutschen Rspr.: BayObLGZ 1982, 331 (336); BayObLG NJW 1988, 2745 (2746); OLG Zweibrücken Rpfleger 1994, 466). Das gilt grds. gleichermaßen für die gesetzliche wie für die testamentarische Erbfolge. Jedoch ist zu beachten, dass mitunter die Anknüpfung von Einzelaspekten noch offen ist und insofern zT besondere Regeln befürwortet werden (vgl. etwa zur Erbfähigkeit oder Erbunwürdigkeit eines Begünstigten *Hill/Ní Shúilleabháin,* Clarkson & Hill's Conflict of Laws, 499). Eine **Rechtswahl** ist grds. nicht möglich (zur Ausnahme hinsichtlich der Testamentsauslegung → Rn. 17).

bb) „*Domicile*". Der Begriff des „*domicile*" bezeichnet den tatsächlichen Lebensmittelpunkt, das **dauerhafte Heim** (*„permanent home"*) einer Person. Auch wenn im Detail Unterschiede zum deutschen Begriff des „Wohnsitzes" oder des „gewöhnlichen Aufenthalts" bestehen, führen die verschiedenen Anknüpfungsmomente doch häufig zu den gleichen Ergebnissen. Nach den traditionellen Regeln des Common Law (eing. Dicey/Morris/Collins Conflict of Laws Kap. 6) besitzt jeder Mensch notwendig **ein** *domicile;* andererseits kann niemand *mehr* als ein *domicile* haben. Es wird grds. unterschieden zwischen dem durch Geburt erworbenen „*domicile of origin*" und dem später erworbenen „*domicile of choice*" (Wahldomizil).

Das *domicile of origin* entsteht mit Geburt. Ein eheliches Kind erwirbt als *domicile* grds. zunächst dasjenige seines Vaters (vgl. aber, bei Getrenntleben der Eltern, → Rn. 8). Ist der Vater verstorben oder handelt es sich um ein nichteheliches Kind, so erwirbt das Kind das *domicile* seiner Mutter.

Der Erwerb eines *domicile of choice* ist an zwei Voraussetzungen geknüpft: **Objektiv** ist erforderlich, dass der Betreffende an dem neuen Ort seine *„residence"* begründet, dh sich dort tatsächlich niedergelassen hat. **Subjektiv** muss der Betreffende den *„animus manendi et non rivertendi"* haben, dh die Absicht, an dem neuen Ort dauerhaft, oder zumindest für unbestimmte Zeit, zu bleiben und nicht mehr zum früheren *domicile* zurückzukehren. Bei der Beurteilung beider Voraussetzungen sind alle Umstände des Einzelfalls zu berücksichtigen, insbes. die Motive für die Begründung einer *residence* sowie die Freiwilligkeit der Begründung und die objektive Wahrscheinlichkeit des Fortbestandes der *residence.* So begründen etwa **Soldaten,** die im Ausland stationiert sind, dort im Regelfall kein *domicile of choice* (vgl. zum schottischen Recht, IPG 1996 Nr. 37 S. 509 f. [Berlin]; näher Dicey/Morris/Collins Conflict of Laws Rn. 6–063).

Ein *domicile of choice* kann nur **erwerben,** wer zugleich sein früheres *domicile* („ *of origin*" oder „ *of choice*") aufgibt. Jedoch kann ein *domicile of choice* ohne Begründung eines neuen **aufgegeben** werden; in diesem Fall lebt das *domicile of origin* wieder auf. IÜ wird **vermutet,** dass ein einmal begründetes *domicile* **fortbesteht,** bis die Begründung eines neuen *domicile* nachgewiesen worden ist.

Daneben existiert für abhängige Personen noch ein *„domicile of dependency",* dessen Anwendungsbereich durch den am 1.1.1974 in Kraft getretenen Domicile and Matrimonial Proceedings Act 1973 erheblich eingeschränkt wurde: Zunächst wurde das frühere *domicile of dependency* der **verheirateten Frau** durch s. 1 des Gesetzes abgeschafft. Ferner wurde das Alter, ab dem ein eigenständiges *domicile* begründet werden kann, auf die **Vollendung des 16. Lebensjahres** herabgesetzt. Vor diesem Zeitpunkt teilt ein eheliches Kind wiederum grds. das *domicile* seines Vaters, sofern dieser noch lebt, sonst, ebenso wie ein nichteheliches, dasjenige seiner Mutter (→ Rn. 5). **Leben die Eltern getrennt,** so ergibt sich jedoch aus s. 4 Domicile and Matrimonial Proceedings Act 1973 ein *domicile of dependency* bei der Mutter, wenn das Kind bei ihr lebt; dieses tritt ggf. sogleich an die Stelle des nach dem Vater bestimmten *domicile of origin* (vgl. Dicey/Morris/Collins Conflict of Laws Rn. 6–028).

120 England und Wales

9 **cc) Unbewegliches Vermögen.** Die Qualifikation eines Vermögensgegenstandes als unbeweglich als Voraussetzung für die Anwendbarkeit der Situs-Regel überlässt das englische Kollisionsrecht dem jeweiligen Belegenheitsrecht (sog. **Qualifikationsverweisung**; *Re Berchtolt* [1923] 1 Ch 192; *Re Cutcliffe's Will Trusts* [1940] 1 Ch 565). Soweit es um die Qualifikation von **in England belegenem Vermögen** geht, ist zu beachten, dass im Detail Unterschiede zur Abgrenzung sowohl im englischen Sachrecht, als auch zum deutschen Recht bestehen können. So wird etwa eine **Hypothek** (*„mortgage"*) in kollisionsrechtlicher Hinsicht als *unbeweglich* angesehen, während sie im internen englischen Recht als bewegliches Vermögen (*„personalty"*) eingeordnet wird (*Re Hoyles* [1911] 1 Ch 179). Die **Kaufpreisforderung aus einem Grundstücksverkauf** wurde in der Rspr. zT gleichfalls als unbewegliches Vermögen eingeordnet; vgl. Dicey/Morris/Collins Conflict of Laws Rn. 22-013 mwN.

10 **dd) Beachtlichkeit eines Renvoi.** Die Verweisungen des englischen Internationalen Erbrechts enthalten **Kollisionsnormverweisungen;** eine Rück- oder Verweisung durch das jeweils berufene ausländische Recht ist demnach zu beachten (*Re Ross* [1930] 1 Ch 377). Dabei folgt das englische IPR der sog. *„foreign-court"-Theorie,* dh es wendet das berufene ausländische Kollisionsrecht genauso an, wie dies das jeweilige ausländische Gericht tun würde, und zwar auch, soweit es um den Abbruch eines Verweisungszirkels geht. Für das in Deutschland belegene Grundstück eines Engländers mit letztem gewöhnlichem Aufenthalt in England bedeutet das etwa: Nachdem unser IPR auf englisches Recht verweist (Art. 21 I iVm Art. 36 II lit. a EuErbVO) und die Rückverweisung durch englisches IPR auf das deutsche Belegenheitsrecht angenommen würde (Art. 34 I lit. a EuErbVO; → Rn. 13), folgt dem auch das englische Recht. Es bricht also nicht die aus seiner Sicht bestehende Rückverweisung durch unser IPR auf englisches Recht ab, sondern übernimmt die *deutsche* Sicht, wonach die Rückverweisung des englischen IPR beim deutschen Recht abzubrechen ist (sog. *„double renvoi"*). Auch aus englischer Sicht käme daher im Bsp. deutsches Recht zur Anwendung.

11 **ee) Folgerungen für den deutschen Rechtsanwender.** In den meisten Fällen werden die Anknüpfung an den gewöhnlichen Aufenthalt nach Art. 21 I EuErbVO und an das *„domicile"* nach englischem Recht (→ Rn. 4 ff.) zum selben Ergebnis führen, so dass insoweit das Erbstatut übereinstimmen wird. Eine Rechtswahl gem. Art. 22 EuErbVO wird aus englischer Sicht zumindest nicht generell für die Bestimmung des Erbstatuts anerkannt; beschränkte Wirkung kommt ihr aber für die Auslegung der Verfügung von Todes wegen zu (→ Rn. 16).

12 Bei einem **in Deutschland ansässigen Erblasser** unterliegt die Erbfolge aus unserer Sicht insgesamt gem. Art. 21 I EuErbVO deutschem Recht. Gehört zum Nachlass auch Grundvermögen in England, so unterliegt dieses zwar aus englischer Sicht dem Belegenheitsrecht, doch ist diese Regelung unter Geltung der EuErbVO bei nicht in England ansässigen Erblassern nicht mehr beachtlich (zur Unanwendbarkeit des Art. 30 EuErbVO auf Fälle kollisionsrechtlicher Nachlassspaltung insb. Erw.gr. 54 S. 4; vgl. auch MüKoBGB/*Dutta* Art. 30 EuErbVO Rn. 9). Insofern ergibt sich eine Änderung gegenüber dem bisherigen deutschen IPR (in der herrschenden Auslegung des Art. 3a II EGBGB; dazu noch BGH ZEV 2004, 374, sowie Voraufl.). Aus deutscher (europäischer) Sicht unterliegt in einem solchen Fall auch der englische Immobiliarnachlass deutschem Erbrecht.

13 Bei einem **im Vereinigten Königreich ansässigen Erblasser** führt die Verweisung in Art. 21 I iVm Art. 36 II lit. a EuErbVO zum Recht der Gebietseinheit, in der der Erblasser seinen letzten gewöhnlichen Aufenthalt hatte, gegebenenfalls also zum englischen Recht. Gehört zum Nachlass auch Grundvermögen in Deutschland (oder einem anderen EU-Mitgliedstaat, in dem die EuErbVO gilt), so führt die englische Situsregel zur Rückverweisung auf das jeweilige Belegenheitsrecht, Art. 34 I lit. a EuErbVO. Befindet sich das Grundstück in einem Drittstaat, so wird die Weiterverweisung beachtet, wenn der Drittstaat die Berufung seines Rechts annimmt (wie etwa in den USA), Art. 34 I lit. b EuErbVO. Auch wenn dies nach dem Wortlaut des Art. 34 EuErbVO nicht ganz klar ist, ist auch einem *interlokalen* Renvoi zu folgen, etwa wenn ein in England ansässiger Erblasser Grundvermögen in Schottland hinterlässt (ebenso Süß ErbR/*Odersky* Rn. 2).

14 **b) Verfügungen von Todes wegen. aa) Form.** Das Vereinigte Königreich ist Vertragsstaat des Haager Übereinkommens v. 5.10.1961 über das auf die Form letztwilliger Verfügungen anzuwendende Recht, dem auch Deutschland beigetreten ist. Insofern kann auf die Rechtslage in Deutschland verwiesen werden. Zu beachten ist, dass das Vereinigte Königreich die Vorbehalte gem. Art. 9 bzgl. der Bestimmung des Wohnsitzrechts und gem. Art. 10 bzgl. mündlicher Testamente erklärt hat. Das Übereinkommen wurde umgesetzt durch den **Wills Act 1963.**

15 **bb) Materielle Gültigkeit und Testierfähigkeit.** Die **materielle Gültigkeit** des Testaments wird nach dem Erbstatut beurteilt: es gilt also für den beweglichen Nachlass das Domizilrecht beim Tod und für den unbeweglichen Nachlass das Belegenheitsrecht (Dicey/Morris/Collins Conflict of Laws Rn. 27R-044, 27R-023). In Ermangelung einer klaren Rechtsprechungslinie ist die Rechtslage hinsichtlich der **Testierfähigkeit** umstritten. Zumindest hinsichtlich des beweglichen Nachlasses wird aber allgemein auf das Domizilrecht bei Testamentserrichtung abgestellt (Dicey/Morris/Collins Conflict of Laws Rn. 27R-023 f.); hinsichtlich des unbeweglichen Nachlasses wird wohl wiederum auf das Belegenheitsrecht abzustellen sein (vgl. Dicey/Morris/Collins Conflict of Laws Rn. 27R-025; demgegenüber für Domizilrecht hinsichtlich *englischer* Grundstücke *Hill/Ní Shúilleabháin,* Clarkson & Hill's Conflict of Laws, 502 ff.).

16 **cc) Testamentsauslegung.** Hinsichtlich der Testamentsauslegung stellt das englische Kollisionsrecht zentral auf den **Willen des Erblassers** ab: es gilt das vom Erblasser für die Auslegung bestimmte Recht.

I. Internationales Erbrecht (IPR) **England und Wales**

Lässt sich kein diesbezüglicher Wille ermitteln, so wird ein hypothetischer Erblasserwille zugunsten der Anwendung des **Domizilrechts im Zeitpunkt der Testamentserrichtung** vermutet (Dicey/Morris/Collins Conflict of Laws Rn. 27R-057; zur Unbeachtlichkeit einer nachträglichen Änderung des *domicile* s. 4 Wills Act 1963). Dies gilt sowohl für den beweglichen als auch für den unbeweglichen Nachlass (Dicey/Morris/Collins Conflict of Laws Rn. 27R-066). Da es um den vermuteten Erblasserwillen geht, ist die Vermutung widerlegbar (*Dellar v. Zivy* [2007] ILPr 60).

dd) Widerruf. Der Widerruf eines Testaments wird grds. nach dem Domizilrecht des Erblassers im Zeitpunkt des Widerrufs beurteilt (Dicey/Morris/Collins Conflict of Laws Rn. 27R-086). Der Widerruf durch ein neues Testament setzt natürlich dessen Gültigkeit nach den insofern maßgeblichen Kollisionsnormen voraus (Dicey/Morris/Collins Conflict of Laws Rn. 27R-094). Speziell zum Widerruf infolge Eheschließung → Rn. 100; *Jahn* IPRax 2008, 149 (154). 17

c) Nachlassabwicklung. Nach englischem IPR richtet sich die Nachlassabwicklung (*„administration"*) immer nach der *„lex fori"*; dh nach dem Recht des Landes, dessen Gericht den *personal representative* (→ Rn. 132ff.) eingesetzt hat (Dicey/Morris/Collins Conflict of Laws Rn. 26R-030; KG ZEV 2000, 499 (500)). Dies gilt unabhängig davon, ob für die eigentliche Erbfolge ausländisches Recht zur Anwendung berufen ist. Der *lex fori* unterliegt die gesamte Verwaltungstätigkeit des *personal representative* ebenso wie die Schuldenhaftung. **Ausgenommen** sind die materiellen Regeln zur **Bestimmung der Begünstigten**, an die der Restnachlass vom *personal representative* nach Begleichung der Verbindlichkeiten auszukehren ist (ebenso wie die Bestimmung einer etwaigen *family provision;* → Rn. 121ff.); diese unterliegen als Fragen der *„succession"* dem Erbstatut (→ Rn. 3ff.). Zur mitunter problematischen Abgrenzung von *„succession"* und *„administration"* näher Dicey/Morris/Collins Conflict of Laws Rn. 26–034. 18

Was die **Nachlassabwicklung in Deutschland** anbelangt, wurde aus diesem Grundsatz nach altem Recht verbreitet eine **versteckte Rückverweisung** auf deutsches Recht abgeleitet (vgl. Staudinger/*Dörner* EGBGB Art. 25 Rn. 667, 683, 895 (mwN), Anh. Art. 25f. Rn. 286; betr. US-amerikanisches Recht auch KG IPRspr 1972 Nr. 123; IPG 1978 Nr. 39 S. 435f. [München]; aA jedoch BGH WM 1969, 72). Die Annahme einer solchen versteckten Rückverweisung war jedoch allenfalls angezeigt, wenn und soweit es um die Ernennung eines *personal representative* in Deutschland und sein Verwaltungshandeln auf der Grundlage der deutschen Ernennung ging. Insofern dürfte sich die Frage jedoch weitgehend erledigt haben, da sich im Regelfall internationale Zuständigkeit und anwendbares Recht decken (insb. nach Art. 4, 21 I EuErbVO); ein Auseinanderfallen von *„forum"* und *„ius"* kann sich vor allem aus einer Rechtswahl (Art. 22 EuErbVO) oder (selten) aus der Ausweichklausel (Art. 21 II EuErbVO) ergeben, für beide Fälle ist nunmehr aber gem. Art. 34 II EuErbVO ein Renvoi explizit ausgeschlossen. Art. 29 EuErbVO hat für die deutschen Nachlassgerichte insofern keine Bedeutung. Soweit es um das Tätigwerden eines in England ernannten *personal representative* geht, sollte es bei der Maßgeblichkeit englischen Rechts bleiben, soweit dieses aus unserer Sicht als Erbstatut berufen ist (Art. 23 II lit. f EuErbVO; Süß ErbR/*Odersky* Rn. 18ff.). Zur **Anerkennung** eines englischen *grant of representation* in Deutschland → Rn. 177f. 19

Der **Rechtsübergang auf den** in England ernannten *personal representative* (→ Rn. 132) beschränkt sich auf den in England belegenen oder dorthin nach dem Tode des Erblassers verbrachten Nachlass. Der Erwerb hinsichtlich des im Ausland belegenen Vermögens richtet sich grds. nach dem jeweiligen Belegenheitsrecht (Dicey/Morris/Collins Conflict of Laws Rn. 26R-022f.). 20

d) *Trusts* (→ Rn. 111ff.). Das Vereinigte Königreich ist Vertragsstaat des Haager Übereinkommens vom 1.7.1985 über das auf Trusts anzuwendende Recht und über ihre Anerkennung; das Übereinkommen wurde umgesetzt durch den Recognition of Trusts Act 1987. Das Übereinkommen gilt auch für Trusts, die für den Todesfall errichtet werden. Anzuwenden ist das vom Begründer (*settlor*) gewählte Recht (Art. 6), sonst das Recht, das mit dem Trust die „engste Verbindung" aufweist, wobei insbes. der vom Begründer bezeichnete Ort der Verwaltung des Trusts, die Belegenheit von Trust-Vermögen, der gewöhnliche Aufenthalt oder die Niederlassung des *trustee* sowie die Zwecke des Trusts und die Orte, an denen sie erfüllt werden sollen, zu berücksichtigen sind (Art. 7). Zum Kollisionsrecht des Trust aus englischer Sicht näher Dicey/Morris/Collins Conflict of Laws Kap. 29; zum Haager Übereinkommen Staudinger/*Dörner* EGBGB Vor Art. 25f. Rn. 129–135 (mwN); zur deutschen Sicht (im erbrechtlichen Kontext) insbes. Staudinger/*Dörner* EGBGB Art. 25 Rn. 424–432 (mwN); zur Reichweite der Bereichsausnahme für Trusts in Art. 1 II lit. j EuErbVO BeckOGK/*Schmidt*, Art. 1 EuErbVO Rn. 41–43; MüKoBGB/*Dutta*, Art. 1 EuErbVO Rn. 45 (jeweils mwN). 21

3. Internationale Zuständigkeit. Die englischen Gerichte (konkret: der *High Court*) sind grds. nur dann international zuständig, über **Fragen der Rechtsnachfolge von Todes** wegen zu entscheiden, wenn der Antrag durch einen in England ordnungsgemäß bestellten (und damit durch einen englischen *„grant of representation"* ausgewiesenen) *personal representative* (→ Rn. 132ff.) gestellt wird (Dicey/Morris/Collins Conflict of Laws Rn. 27R-001; *Re Lorillard* [1922] 2 Ch 638). Anders als nach früherem Recht hängt die internationale Zuständigkeit für die **Bestellung des** *personal representative* (den *„grant of representation"*) nicht mehr notwendig davon ab, dass sich Nachlassvermögen in England befindet. Vielmehr handelt es sich insofern um eine Ermessensentscheidung des High Court, so dass ein *grant* grds. in jedem Fall möglich ist, in dem der Antragsteller ein berechtigtes Interesse an der Erteilung hat (etwa wenn ein englischer *grant* für die Nachlassverwaltung im Ausland notwendig ist). Im Regelfall wird ein *grant of representation* jedoch nach wie vor nur erteilt, wenn in England Nachlassgegenstände belegen 22 sind (vgl. *Aldrich v. Att.-Gen.* [1968] P 281). Besteht nach den dargelegten Grundsätzen eine internationale Zuständigkeit der englischen Gerichte, so erstreckt sich diese grds. auch bei auswärtigem *domicile* des Erblassers auf den gesamten, wo auch immer belegenen Nachlass (*Re Ross* [1930] 1 Ch 377).

23 Bei einem Erblasser mit *domicile* **außerhalb von England/Wales** kann ein Zeugnis gem. r. 30 Non-Contentious Probate Rules 1987 (NCPR) erteilt werden. Dabei ist der *grant* in erster Linie an **den im Domizilstaat eingesetzten Verwalter** zu erteilen, r. 30 (1)(a); man spricht insofern von einer *„ancillary administration"* gegenüber der *„principal administration"* im Domizilstaat. Im Regelfall wird der *grant* zugunsten des auswärtigen *personal representative* auch hinsichtlich des englischen Immobiliarvermögens erteilt (*In the Goods of Meatyard* [1903] P 125; Dicey/Morris/Collins Conflict of Laws Rn. 26-015). Möglich ist aber gem. r. 30 (3)(b) auch ein beschränkter *grant* nach englischem Recht, wenn der englische Nachlass ausschließlich oder zum ganz überwiegenden Teil in Immobilien besteht. Wurde **im Ausland noch kein Verwalter eingesetzt**, so bestimmt der englische *registrar* den *personal representative* gem. r. 30 (1)(b) nach Maßgabe des ausländischen Domizilrechts, kann aber gem. r. 30 (1)(c) nach seinem Ermessen auch eine andere Person bestimmen.

24 **4. Anerkennung ausländischer Entscheidungen.** Grundsätzlich werden Entscheidungen ausländischer Staaten über die Rechtsnachfolge von Todes wegen in England anerkannt, und zwar bei **Entscheidungen des Staates, in dem der Erblasser sein letztes** *domicile* **hatte** (*Re Trufort* (1887) 36 ChD 600), hinsichtlich des gesamten, wo auch immer belegenen **beweglichen** Nachlasses, bei **Entscheidungen anderer** Staaten hinsichtlich des gesamten **im Entscheidungsstaat belegenen** Nachlasses (Dicey/Morris/Collins Conflict of Laws Rn. 27R-007; vgl. *Al-Bassam v. Al-Bassam* [2004] EWCA Civ 857). Zur umgekehrten Frage der Anerkennung englischer *grants of representation* in Deutschland → Rn. 177 f.

25 Die **Einsetzung eines** *personal representative* bzw. die Ausstellung eines Verwalterzeugnisses (*„grant of representation"*; → Rn. 132) durch ein ausländisches Gericht wird in England dagegen grds. **nicht anerkannt** (Dicey/Morris/Collins Conflict of Laws Rn. 26R-036; *Peer International Corp. v. Termidor Music Publishers Ltd.* [2006] EWHC 2883). Im Gegenzug kann ein ausländischer *personal representative* in England grds. nicht für etwaige Pflichtverletzungen bei der Nachlassverwaltung haftbar gemacht werden (Dicey/Morris/Collins Conflict of Laws Rn. 26R-042).

II. Materielles Recht

26 **1. Rechtsquellen.** Das Erbrecht wird im Vereinigten Königreich zT durch Gesetzesrecht (*statute law*), zT durch Fallrecht (*case law*) bestimmt. Dabei ist das erbrechtlich relevante Gesetzesrecht auf zahlreiche Einzelgesetze verteilt. Von besonderer Bedeutung sind in England insbes.: Administration of Estates Act 1925 (**AEA 1925**), Wills Act 1837 (**WA 1837**), Inheritance (Provision for Family and Dependants) Act 1975 (**IA 1975**); zum Verfahrensrecht → Rn. 172 ff. Die Gesetze sind naturgemäß seit ihrem Erlass wiederholt Gegenstand verschiedener Änderungen gewesen., in neuerer Zeit insbes. durch den Inheritance and Trustees' Powers Act 2014 (**ITPA 2014**; Inkrafttreten: 1.10.2014).

27 **2. Grundsystem.** Für das Verständnis und die richtige Einordnung der erbrechtlichen Begriffe und Rechtsinstitute ist ein fundamentaler Unterschied zum deutschen Recht zu beachten, der das gesamte englische Erbrecht prägt: Nach englischem Recht geht mit dem Tod einer Person der Nachlass nicht unmittelbar im Wege der Universalsukzession auf die gesetzlichen oder testamentarischen Erben über, sondern zunächst auf den *„personal representative"*, der die Nachlassverbindlichkeiten zu begleichen hat und sodann den verbleibenden Nachlass (*„residuary estate"*) nach Maßgabe der Regeln über die gesetzliche oder gewillkürte Erbfolge an die jeweiligen Begünstigten auskehrt (→ Rn. 145 ff.). Der *personal representative* wird somit Rechtsinhaber hinsichtlich der Nachlassgegenstände, die er wie ein Treuhänder im Interesse der Nachlassgläubiger bzw. der erbrechtlich letztlich Begünstigten (*„beneficiaries"*) zu verwalten hat. Die *beneficiaries* haben ihm gegenüber lediglich Herausgabe- oder Übertragungsansprüche. Insofern ist dem englischen Recht eine grundsätzliche Unterscheidung zwischen Erben und Vermächtnisnehmern fremd, da alle Begünstigten in gleicher Weise Rechte gegen den *personal representative* auf Übertragung von Nachlassvermögen nach Maßgabe der gesetzlichen bzw. testamentarischen Nachfolgeregelung haben.

28 Die grundsätzliche **Trennung zwischen beweglichem und unbeweglichem Nachlass**, die heute noch im **Kollisionsrecht** fortwirkt (→ Rn. 3), bestand früher auch im materiellen Erbrecht. So ging nach früherem Recht nur der bewegliche Nachlass auf den *personal representative* über, während der unbewegliche Nachlass unmittelbar an die Erben fiel (→ Rn. 146), die zudem einst nach anderen Grundsätzen bestimmt wurden als für den beweglichen Nachlass. Auf **sachrechtlicher Ebene** wurde die Unterscheidung jedoch spätestens durch den AEA 1925 beseitigt. Der gesamte Nachlass des Erblassers unterliegt heute somit grds. einer **einheitlichen Erbfolge**. Unterschiede bestehen lediglich noch in terminologischer Hinsicht (→ Rn. 74).

29 **3. Gesetzliche Erbfolge** (*„intestacy"*, *„intestate succession"*). **a) Allgemeines.** Gesetzliche Erbfolge tritt ein, wenn der Erblasser kein (wirksames) Testament hinterlässt (*„total intestacy"*) oder er in seinem Testament lediglich über einen Teil seines Nachlasses wirksam verfügt hat (*„partial intestacy"*). Geregelt ist die gesetzliche Erbfolge in **Part IV** des **AEA 1925**; durch den **ITPA 2014** wurde die erbrechtliche Stellung des überlebenden Ehegatten noch weiter gestärkt; zur Reform siehe *Kerridge* in Häcker/Mitchell (Hrsg.), Current Issues in Succession Law, 2016, 1 ff.

II. Materielles Recht
England und Wales 120

b) Gesetzliches Erbrecht des Ehegatten. aa) Allgemeines. S. 46 (1)(i) AEA 1925 begründet eine sehr starke erbrechtliche Stellung des überlebenden Ehegatten (→ Rn. 39). **Ehegatte** ist, wer zur Zeit des Todes des Erblassers wirksam mit diesem verheiratet war (Burrows English Private Law/*Kerridge* Rn. 7.17), unabhängig davon wie lange die Ehe bestand (vgl. *Re Park* [1954] P 89). Eine Ehe endet grds. mit einem **Scheidungsurteil** *(„decree absolute of divorce")*. Das gesetzliche Erbrecht als Ehegatte entfällt aber auch schon vorher, wenn die Ehegatten aufgrund einer gerichtlichen Anordnung *(„separation order")* **getrennt leben.** Der Ehegatte wird dann als vorverstorben behandelt (Barlow/King/King Wills Rn. 3.14). Er kann jedoch trotzdem bei Gericht eine angemessene finanzielle Unterstützung unter dem Gesichtspunkt der *family provision* beantragen (→ Rn. 121 ff.). Zu den Auswirkungen der Ehescheidung auf eine **testamentarische Zuwendung** → Rn. 94. Für Erbfälle ab dem 1.1.1996 wurde in s. 46 (2A) AEA 1925, das Erfordernis eingefügt, dass der Ehegatte den Erblasser um mindestens **28 Tage überlebt** hat. 30

Das **Güterrecht** hat keinen Einfluss auf das Erbrecht des Ehegatten. 31

Durch den Civil Partnership Act 2004 (Inkrafttreten: 5.12.2005) wurden **eingetragene gleichgeschlechtliche Lebenspartner** *(„civil partners")* Ehegatten in erbrechtlicher Hinsicht gleichgestellt; die folgenden Regeln gelten somit in gleicher Weise auch für eingetragene Lebenspartner. Schließlich wurde durch den Marriage (Same Sex Couples) Act 2013 (Inkrafttreten: 13.3.2014) auch die **gleichgeschlechtliche Eheschließung** zugelassen. – **Nichteheliche Lebenspartner** *(„cohabitants")* haben kein gesetzliches Erbrecht, sie können aber ggf. Rechte gegen den Nachlass unter dem Gesichtspunkt der *family provision* haben (→ Rn. 123). 32

bb) Erbrecht neben Abkömmlingen. Hinterlässt der Erblasser Abkömmlinge (zum Begriff → Rn. 41–44), so gebührt dem überlebenden Ehegatten zunächst die gesamte **persönliche Habe des Erblassers** *(„personal chattels").* Essentiell für den Umfang des Erbrechts ist damit zunächst die Abgrenzung gegenüber sonstigen beweglichen Nachlassgegenständen (die grds. als Teil des *residuary estate* zur Hälfte den Abkömmlingen zustehen; → Rn. 36). Eine Definition der „*personal chattels"* enthält s. 55 (1)(x) AEA 1925 in der Fassung des ITPA 2014. Erfasst sind körperliche bewegliche Gegenstände mit Ausnahme von Geld sowie Gegenständen, die ausschließlich oder hauptsächlich geschäftlichen Zwecken *(„business purposes")* oder ausschließlich als Vermögensanlage *(„investment")* dienen (zur Abgrenzung einer geschäftlichen Tätigkeit von bloßen Hobbys vgl. *Ogilby v. Wentworth-Stanley* [1942] 1 Ch 288; *Holt v. Hutchinson* [1955] 1 Ch 255). Auf den Wert der Gegenstände kommt es nicht an. Zu den *personal chattels* können eine Uhrensammlung (*Re Crispin's Will Trust* [1974] 3 All ER 772) oder eine große Yacht (*Re Chaplin* [1950] Ch 507) gehören. Geld und Wertpapiere zählen jedenfalls *nicht* zu den *personal chattels*, so dass sie in den *residuary estate* fallen. 33

Zusätzlich hat der überlebende Ehegatte (gegenüber dem *residuary estate*) einen ab dem Zeitpunkt des Todes des Erblassers verzinslichen Anspruch auf einen **festen Geldbetrag** *(„statutory legacy")* von gegenwärtig £ 250,000 (reformiert durch Family Provision (Intestate Succession) Order 2009, in Kraft seit 1.2.2009). Der Betrag ist seit 2014 kraft Gesetzes einer Überprüfung im Hinblick auf die Inflationsrate unterworfen (Parry/Kerridge Law of Succession Rn. 2–19). 34

Darüber hinaus erhält der überlebende Ehegatte die **Hälfte des verbleibenden** *residuary estate.* Bis zur Reform von 2014 handelte es sich hierbei um einen bloßen *„life interest"*, durch den der Ehegatte ein lebenslanges Nutzungsrecht am halben Restnachlass erlangte; verwirklicht wurde dieser über einen *trust* (→ Rn. 111 ff.), der durch den *personal representative* zugunsten des überlebenden Ehegatten verwaltet wurde (vgl. Voraufl. Rn. 34). Seit 1.10.2014 wird dem überlebenden Ehegatten die Hälfte des *residuary estate* zu vollem Recht (*„absolute interest"*) zugewiesen. 35

Die **andere Hälfte des** *residuary estate* steht als *„statutory trust"* den **Abkömmlingen** zu. Nach altem Recht fiel den Abkömmlingen außerdem der nach Beendigung des *life interest* des überlebenden Ehegatten verbleibende *„remainder"* zu (vgl. → Rn. 35). Mit der Reform, die dem überlebenden Ehegatten die Hälfte des *residuary estate* als *absolute interest* zuweist, ist der *remainder* der Abkömmlinge entfallen (Süß ErbR/*Odersky* Rn. 37). Zur Ausgestaltung des *statutory trust* zugunsten der Abkömmlinge → Rn. 42. 36

cc) Erbrecht neben sonstigen Verwandten. Hinterlässt der Erblasser keine Abkömmlinge, so erhält der überlebende Ehegatte seit der Reform von 2014 den **gesamten Nachlass.** Die Neuregelung gilt für Erbfälle seit dem 1.10.2014. Für das nach altem Recht bestehende gesetzliche Erbrecht von Eltern, Geschwistern oder deren Abkömmlingen neben dem überlebenden Ehegatten vgl. Voraufl. Rn. 37. 37

dd) Besondere Regeln für das Familienheim *(„matrimonial home").* Gehörte das Familienheim den Ehegatten – wie häufig – als *„joint tenancy"*, so fällt es mit dem Tod eines Ehegatten unmittelbar dem überlebenden Ehegatten an und unterliegt nicht den erbrechtlichen Nachfolgeregeln (näher → Rn. 114). Stand das Familienheim dagegen im **Alleineigentum des Erblassers**, so fällt es zunächst in den Restnachlass. Nach dem **Intestates' Estate Act 1952** (s. 5 iVm Second Schedule) hat jedoch der überlebende Ehegatte einen Anspruch gegen den *personal representative* auf Übertragung des Familienheims, sofern er darin zum Zeitpunkt des Erbfalles tatsächlich wohnte, in Anrechnung auf seine Berechtigung am Restnachlass. Maßgeblich ist der Wert des Familienheims zum Zeitpunkt des Vollzugs durch den *personal representative*, nicht derjenige zum Zeitpunkt des Erbfalls (*Robinson v. Collins* [1975] 1 All ER 321). Übersteigt dieser Wert denjenigen der Berechtigung des Ehegatten am Restnachlass, so kann der Ehegatte das Familienheim gleichwohl verlangen, wenn er eine entsprechende Ausgleichszahlung leistet (*Re Phelps* [1980] Ch 275). Das Wahlrecht muss innerhalb einer (gerichtlich verlängerbaren) Frist von 12 Monaten ab der Bestellung des *personal representative* schriftlich ausgeübt werden. 38

Solomon

39 **ee) Starke erbrechtliche Stellung des überlebenden Ehegatten.** In der Mehrzahl der Fälle wird der überlebende Ehegatte nach den geschilderten Regeln neben Verwandten des Erblassers regelmäßig zum Alleinerben: So erkennt die Reform von 2014 neben dem überlebenden Ehegatten überhaupt nur noch Abkömmlinge als gesetzliche Erben an. Auch dann wird jedoch das hohe Vorausvermächtnis von £ 250.000 schon für sich viele Nachlässe aufzehren, zumal dem Ehegatten außerdem sämtliche *personal chattels* unabhängig von ihrem Wert zugewiesen sind. Waren die Ehegatten gemeinsam Eigentümer einer Sache (insbes. des Familienheims) in Form der *„joint tenancy"*, so fällt der Anteil des Verstorbenen nach dessen Tod ferner unmittelbar an den anderen, der dann Alleineigentümer wird. Dieses Vermögen fällt somit von vornherein nicht in den Nachlass, so dass auch keine Berechtigung der Verwandten hieran entstehen kann.

40 **c) Gesetzliches Erbrecht der Verwandten.** Ist kein überlebender Ehegatte als Erbe berufen, so unterliegt die Erbfolge den folgenden Regeln:

41 **aa) Erbrecht der Abkömmlinge.** Sind Abkömmlinge des Erblassers vorhanden, schließen diese alle weiteren Verwandten von der Erbfolge aus; der gesamte Restnachlass fällt dann als *„statutory trust"* an diese; s. 46 (1)(ii) AEA 1925. Zum Erbrecht der Abkömmlinge neben Ehegatten → Rn. 33 ff.

42 Zugunsten von Abkömmlingen des Erblassers entsteht ein **statutory trust** nach Maßgabe von s. 47 (1) AEA 1925: Mehrere Abkömmlinge des Erblassers erben **zu gleichen Teilen.** Ist ein Abkömmling vorverstorben, so treten dessen Abkömmlinge zu gleichen Teilen an seine Stelle. Die Erbfolge erfolgt somit **nach Stämmen** *(„per stirpes")*. Um einen *„vested interest"*, also ein durchsetzbares Vollrecht gegenüber dem *personal representative* zu erlangen, muss der Abkömmling jedoch das 18. Lebensjahr vollendet oder vor diesem Zeitpunkt geheiratet haben. Schon vor dem Eintritt der Volljährigkeit kann der *personal representative* einem Abkömmling jedoch den Gebrauch und die Nutzung von *personal chattels* überlassen; s. 47 (1)(iv) AEA 1925. Auch kann er dem Abkömmling aus dem Restnachlass Unterhalt leisten oder dem Erziehungsberechtigten die hierfür erforderlichen Mittel zuwenden (Flick/Piltz Int. Erbfall/*Cornelius* Rn. 558). Verstirbt ein Abkömmling nach dem Erblasser, aber vor Vollendung des 18. Lebensjahres, so fällt sein Anteil an seine Abkömmlinge oder, falls solche nicht vorhanden sind, an die anderen Berechtigten des *statutory trust,* wie wenn der betreffende Abkömmling vorverstorben gewesen wäre (vgl. das Bsp. bei Mellows Law of Succession/*Margrave-Jones* Rn. 12.25).

43 **Nichteheliche Kinder,** deren Eltern nach der Geburt geheiratet haben, werden nach dem Legitimacy Act 1976 wie eheliche Kinder behandelt, und sind damit uneingeschränkt erbberechtigt. Auch iÜ haben nichteheliche Kinder (sowie deren Abkömmlinge) gem. s. 18 Family Law Reform Act 1987 im Verhältnis zu ihren Eltern ein gesetzliches Erbrecht und umgekehrt (Parry/Kerridge Law of Succession Rn. 2–40). Ein Kind, welches nach der Scheidung seiner Eltern geboren, aber vor der Scheidung seiner Eltern gezeugt wurde, gilt als eheliches Kind (*Knowles v. Knowles* [1962] P 161).

44 **Adoptierte Kinder** werden gem. s. 39 Adoption Act 1976 wie eheliche Kinder der annehmenden Ehegatten bzw. der annehmenden Personen behandelt; iÜ werden die Verwandtschaftsverhältnisse zu den leiblichen Eltern beendet. Dementsprechend besteht ein gesetzliches Erbrecht im Verhältnis zu den annehmenden Personen und ggf. deren Verwandten. **Stiefkinder** des Erblassers besitzen ihm gegenüber kein gesetzliches Erbrecht (*Re Leach* [1985] 2 All ER 754).

45 **bb) Erbrecht der Eltern.** Hinterlässt der Erblasser weder einen Ehegatten noch Abkömmlinge, so fällt der Restnachlass an seine Eltern je zur Hälfte (s. 46 (1)(iii) AEA 1925) oder an den überlebenden Elternteil alleine (s. 46 (1)(iv) AEA 1925).

46 **cc) Erbrecht der übrigen Verwandten.** Hinterlässt der Erblasser auch keine Eltern, so erben die übrigen Verwandten in folgender Rangfolge, s. 46 (1)(v) AEA 1925: **(a)** vollbürtige Geschwister oder deren Abkömmlinge; **(b)** halbbürtige Geschwister oder deren Abkömmlinge; **(c)** Großeltern; **(d)** vollbürtige Geschwister der Eltern oder deren Abkömmlinge; **(e)** halbbürtige Geschwister der Eltern oder deren Abkömmlinge. Solange zumindest ein Erbe einer vorrangigen Ordnung vorhanden ist, sind sämtliche nachrangigen von der gesetzlichen Erbfolge ausgeschlossen. Innerhalb einer Ordnung wird der Nachlass zu gleichen Teilen nach Stämmen verteilt.

47 **d) Erbrecht des Staates** *(„bona vacantia")*. Sind weder ein Ehegatte noch sonstige erbberechtigte Verwandte vorhanden, so fällt der Restnachlass gem. s. 46 (1)(vi) AEA 1925 als *bona vacantia* an die **Krone,** das Herzogtum Lancaster oder das Herzogtum Cornwall, abhängig vom letzten *domicile* des Erblassers. Der *Treasury Solicitor* kann jedoch nach seinem Ermessen Zahlungen an Unterhaltsabhängige des Erblassers oder sonstige Personen erbringen, hinsichtlich derer eine Versorgung durch den Erblasser vernünftigerweise zu erwarten war. In England qualifiziert man das Erwerbsrecht des Staates als **sachenrechtliches Aneignungsrecht** (vgl. Burrows English Private Law/*Briggs* Rn. 20.197), so dass es dem jeweiligen Belegenheitsrecht unterliegt. Das Erbstatut entscheidet jedoch, ob der Nachlass mangels gesetzlicher Erben (zu denen bei entsprechender Ausgestaltung auch ein ausländischer Staat gehören kann) herrenlos wird und damit dem Aneignungsrecht unterfällt (*Re Maldonado's Estate* [1953] 2 All ER 1579; Dicey/Morris/Collins Conflict of Laws Rn. 27-013 f. mit Rn. 27-016, Bsp. 2; zur kollisionsrechtlichen Behandlung aus deutscher Sicht Art. 33 EuErbVO).

48 **e)** *„Partial intestacy".* Hat der Erblasser lediglich über einen Teil seines Nachlasses testamentarisch verfügt, so finden hinsichtlich des übrigen Teils die gesetzlichen Regeln entsprechende Anwendung; s. 49 (1) AEA 1925.

f) „Hotchpot". Nach altem Recht waren lebzeitige Zuwendungen *(„advancements")* zur Ausstattung 49
oder Versorgung von Abkömmlingen oder anlässlich ihrer Eheschließung unter bestimmten Umständen
auf ihren gesetzlichen Anteil am Restnachlass **anzurechnen oder auszugleichen** (sog. *„hotchpot rules"*).
Diese Regeln wurden durch den Law Reform (Succession) Act 1995 **für Erbfälle ab 1.1.1996 aufgehoben.** Nach dem seither geltenden Recht haben derartige Zuwendungen keine Auswirkungen auf das
gesetzliche Erbrecht mehr. Dies gilt ebenfalls für die Anrechnung testamentarischer Zuwendungen auf
gesetzliche Erbrechte im Falle der *partial intestacy.* Damit kommen die jeweiligen Begünstigten in den
vollen Genuss beider Berechtigungen (Süß ErbR/*Odersky* Rn. 43).

4. Gewillkürte Erbfolge. a) Allgemeines. Neben dem Einzeltestament (*„will"*, dazu im Folgenden) 50
kennt das englische Recht das gemeinschaftliche Testament (*„joint will"*, → Rn. 103) und das gegenseitige Testament (*„mutual will"*, → Rn. 104 ff.). Der Erbvertrag ist dem englischen Recht hingegen unbekannt. Jedoch ist es möglich, sich vertraglich zu verpflichten, bestimmte letztwillige Verfügungen zu
treffen oder nicht zu widerrufen (*„contract to make a will"*, → Rn. 107).

b) Testierfähigkeit (*„capacity to make a will"*). **aa) Alter.** Die Testierfähigkeit beginnt gem. s. 7 WA 51
1837 mit Vollendung des **18. Lebensjahres** bei Testamentserrichtung nach dem 1.1.1970 (zuvor 21 Jahre).
Eine **Ausnahme** gilt für die privilegierten Testamente von Soldaten im Dienst und Seeleuten auf See
(→ Rn. 73).

bb) Geistige Anforderungen. Erforderlich ist darüber hinaus die geistige Fähigkeit des Erblassers, ein 52
Testament zu errichten (*„mental capacity"*). Dies wird nach der Leitentscheidung in *Banks v. Goodfellow* [1870] L.R. 5 QB 549 danach beurteilt, ob der Erblasser bei Testamentserrichtung im Vollbesitz
seiner geistigen Kräfte war (*„of sound mind and disposing memory"*). Das erfordert grds., dass der Erblasser über ein hinreichendes Verständnis der Art der von ihm getroffenen Verfügung, des Umfangs des
erfassten Vermögens, der begünstigten Personen und der Art und Weise der Verteilung des Vermögens
zwischen diesen Personen verfügt. Die konkreten Anforderungen hängen im Einzelfall von der Komplexität der Verfügung von Todes wegen ab (*Hoff v. Atherton* [2004] EWCA Civ 1554). Zur Darlegung
mangelnder *mental capacity* genügt es nicht, dass der Inhalt der Verfügung exzentrisch oder kapriziös
erscheint. Die Testierfähigkeit kann insbes. durch **Wahnvorstellungen** ausgeschlossen sein, sofern sie
sich gerade auf den Inhalt der Verfügung ausgewirkt haben (unerheblich etwa die Vorstellung, der Erblasser werde von „bösen Geistern" heimgesucht: *Banks v. Goodfellow* [1870] L.R. 5 QB 549; erheblich
dagegen die Vorstellung, die Tochter des Erblassers sei „Satans besonderer Besitz": *Dew v. Clark* [1826]
3 Add 79; aus neuerer Zeit *Sharp v. Adam* [2006] EWCA 449; *Kostic v. Chaplin* [2007] EWHC 2298).
Die Anforderungen wurden nunmehr (mit Wirkung über das Erbrecht hinaus) im **Mental Capacity Act
2005** (s. 3) gesetzlich niedergelegt, die frühere Rspr. bleibt jedoch zur Ausdeutung der Anforderungen
speziell in erbrechtlichem Zusammenhang weiter von Bedeutung. Steht zu befürchten, dass in Zweifelsfällen die Testierfähigkeit des Erblassers später bestritten werden könnte, bietet es sich an, als Testamentszeugen (→ Rn. 64) einen Arzt hinzuzuziehen, der diese später bezeugen kann (vgl. *Re Key* [2010]
EWHC 408; auch dies schließt indes nicht aus, dass das Testament später gleichwohl für unwirksam
erachtet werden mag: (*Re Ritchie* [2009] EWHC 709). Weiterführendes **Schrifttum:** *Reed* in Hä-
cker/Mitchell (Hrsg.), Current Issues in Succession Law, 2016, 169 ff.

cc) Maßgeblicher Zeitpunkt. Maßgeblich ist grds. der Zeitpunkt der **Testamentserrichtung;** es ge- 53
nügt, dass der Erblasser zu dieser Zeit einen **„lichten Moment"** hatte. Ferner wurde es in der Rspr. für
ausreichend erachtet, dass der Erblasser **im Zustand der Testierfähigkeit Instruktionen** zur Errichtung
seines Testaments gegeben hat; wurde das Testament dann seinen Instruktionen entsprechend verfasst
und vom Erblasser als das von ihm in Auftrag gegebene Testament unterzeichnet, so ist es auch dann
gültig, wenn der Erblasser im Zeitpunkt der Unterzeichnung nicht mehr testierfähig ist (*Parker
v. Felgate* [1883] 8 PD 171; sehr weitgehend aus neuerer Zeit *Re Perrins* [2010] EWCA Civ 840, wo zwischen der Instruktion des Erblassers und der tatsächlichen Testamentserrichtung über ein Jahr vergangen
war).

dd) Beweislast. Grundsätzlich trägt die Beweislast für die Testierfähigkeit des Erblassers derjenige, der 54
aus dem Testament Rechte herleiten will. Jedoch besteht eine Vermutung zugunsten der Testierfähigkeit,
wenn das Testament *prima facie* einen vernünftigen Inhalt hat. Umgekehrt besteht bei unvernünftigem
Inhalt eine Vermutung der Testierunfähigkeit. Allein der Umstand, dass der Erblasser alkohol- oder
drogenabhängig war, macht das Testament noch nicht unwirksam (vgl. *Ayrey v. Hill* (1824) 2 Add 206;
Campbell v. Campbell (1906) 5 WLR 59; *Chana v. Chana* [2001] WTLR 205), kann aber Auswirkungen
auf die Beweislast haben (*Groom v. Thomas* (1829) 2 Hagg ECC 434; näher BWMM Williams on Wills
S. 46 f.).

ee) „Statutory wills". Fehlt einer Person die Testierfähigkeit, so besteht nach dem **Mental Capacity** 55
Act 2005 (s. 16 iVm s. 18 (1)(i)) die Möglichkeit, dass das Gericht (zuständig ist in England der *Court of
Protection*) ein Testament für den Betroffenen errichtet. Nach der Rspr. hat das Inkrafttreten des Mental
Capacity Act 2005 eine grundsätzliche Änderung der Rechtslage bewirkt, so dass frühere Entscheidun-
gen (zum Mental Health Act 1983) keine Beachtung mehr finden (*Re P* [2009] EWHC 163; *Re M* [2009]
EWHC 2525). Im Zentrum steht danach nicht mehr der hypothetische Wille des Betroffenen (*„substitu-
ted judgment"*), sondern eine Gesamtbetrachtung seiner Interessenlage (*„best interests"*; s. 4 Mental Capacity Act 2005). Zur Rechtsentwicklung näher *Harding*, MLR 2015, 945 ff.; *Lush*, Liber Amicorum
Makoto Arai 2015, 498 ff.

120 England und Wales

56   c) **Testierwille** *("animus testandi")* **und Willensmängel.** Neben der *Fähigkeit* des Erblassers, ein Testament zu errichten, setzt die Gültigkeit des Testaments auch einen entsprechenden *Willen* des Erblassers voraus. Dies erfordert aus englischer Sicht *"knowledge and approval"*, also Kenntnis und Zustimmung. **Willensmängel** stehen insofern der Gültigkeit des Testaments entgegen. Ein bloßer Rechtsfolgenirrtum ist dagegen kein Unwirksamkeitsgrund; *Collins v. Elstone* [1893] P 1. Die **Beweislast** liegt zwar auch insofern grds. bei demjenigen, der sich auf die Gültigkeit des Testaments beruft, jedoch besteht eine Vermutung zugunsten eines entsprechenden Testierwillens, wenn ein Testament unter Beachtung der Formerfordernisse von einem hierzu fähigen Erblasser errichtet wurde (*Barry v. Butlin* [1838] 2 MooPC 480). Die Vermutung kann durch den Nachweis "**verdächtiger Umstände**" (*"suspicious circumstances"*) erschüttert werden, so dass die Beweislast wieder auf denjenigen zurückfällt, der aus dem Testament Rechte herleitet (*Gill v. Woodall* [2010] EWCA Civ 1430). Dies kann insbes. dann der Fall sein, wenn ein testamentarisch Begünstigter an der Errichtung des Testaments beteiligt war. So wurde in *Franks v. Sinclair* [2006] EWHC 3365 ein Testament für ungültig befunden, das vom Sohn der Erblasserin, einem Rechtsanwalt (*solicitor*), ausgearbeitet worden war und ihm die Hälfte des Nachlasses zuerkannte. Vgl. auch *Cushway v. Harris* [2012] EWHC 2273. Weiterführendes **Schrifttum:** *Reed* in Häcker/Mitchell (Hrsg.), Current Issues in Succession Law, 2016, 169 ff.

57   Neben der **Ungültigkeit** des Testaments kommen als Rechtsfolgen von Irrtümern auch die Streichung einzelner Teile oder die Berichtigung des Testaments in Betracht. – **Streichung** (*"omission"*)*:* Enthält das Testament vom Erblasser nicht gewollte Teile, so können sie gestrichen werden, sofern der Inhalt des Testaments iÜ hiervon nicht berührt wird (*Re Phelan* [1971] 3 WTLR 888). – **Berichtigung** (*"rectification"*)*:* Eine Berichtigung des Testaments durch das Gericht ist gem. s. 20 Administration of Justice Act 1982 möglich, wenn sein Wortlaut aufgrund eines Schreibfehlers (*"clerical error"*) oder eines Missverständnisses der Anweisungen des Erblassers dem Willen des Erblassers nicht entspricht. Beachtlich sind hiernach auch Schreibfehler des Erblassers selbst; *Re Williams* [1985] 1 All E.R. 694. Eine großzügige Handhabung der Berichtigungsmöglichkeit für "*clerical errors"* befürwortet der Supreme Court in *Marley v. Rawlings* [2014] UKSC 2 (Ehegatten hatten ihren Anwalt beauftragt, Testamente vorzubereiten, in denen sie sich jeweils wechselseitig begünstigten; bei der Vorlage zur Unterschrift wurden beide Urkunden jedoch versehentlich vertauscht); zum Verfahren auch *Häcker*, LQR 2014, 360 ff.; *Goodwin/Granger*, MLR 2015, 140 ff. Für den Berichtigungsantrag besteht gem. s. 20 (2) eine Frist von sechs Monaten nach erstmaligem "*grant of representation"* hinsichtlich des Nachlasses (→ Rn. 132), das Gericht kann die Frist jedoch nach freiem Ermessen verlängern (*Gerling v. Gerling* [2010] EWHC 3661).

58   Kam das Testament durch **Gewalt oder Drohung** (*"undue influence"*)*,* also mithilfe von Zwang (*Wingrove v. Wingrove* [1885] 11 PD 81; *Hall v. Hall* [1868] 1 P&D 481), oder durch **arglistige Täuschung** (*"fraud"*; *Riding v. Hawkins* (1889) 14 PD 56) zustande, so ist es unwirksam. Die Beweislast liegt bei demjenigen, der sich gegen die Gültigkeit des Testaments wendet (*Wharton v. Bancroft* [2011] EWHC 3250). Zur Anwendung auf Zuwendungen an Pflegepersonen: *Sloan* in Häcker/Mitchell (Hrsg.), Current Issues in Succession Law, 2016, 189 ff.

59   d) **Testamentsform.** Die Testamentsform ist in **s. 9 Wills Act 1837** geregelt. Die neuere Rspr. tendiert zu einer großzügigeren Handhabung der Formerfordernisse (vgl. Burrows English Private Law/*Kerridge* Rn. 7.68).

60   aa) **Schriftform.** Das Testament muss zunächst gem. s. 9(a) WA 1837 schriftlich abgefasst sein (*"in writing"*). Eigenhändige Errichtung ist nicht erforderlich; es genügt Maschinenschrift oder gedruckte Form; das Testament kann auch von einer anderen Person verfasst worden sein (insbes. *solicitor;* haben Begünstigte an der Verfassung mitgewirkt, so begründet dies indes einen "verdächtigen Umstand"; → Rn. 56). Die Sprache ist unerheblich (zB französisch: *Whiting v. Turner* (1903) 89 LT 71), auch die Schriftart; akzeptiert werden auch Zeichen und Symbole, sofern sie entzifferbar sind (zB Stenographie; vgl. Williams/Mortimer/Sunnucks Executors Rn. 12-08). Hinsichtlich von Träger- und Schreibmaterial gibt es keine Beschränkung, solange nur eine dauerhafte visuelle Verkörperung vorliegt (zB Eierschale: *Hodson v. Barnes* (1926) 42 TLR 71).

61   bb) **Unterschrift.** Das Testament muss vom Erblasser oder einer anderen Person in Gegenwart und auf Geheiß des Erblassers unterzeichnet sein. Die Anforderungen an die Unterschrift werden tendenziell großzügig gehandhabt. So genügen Verwandtschaftsbezeichnungen (zB "Your loving mother"; *In the Estate of Cook* [1960] 1 All ER 689), Initialen (*Re Reynolds* [2005] EWHC 6), Faksimilestempel (*Jenkins v. Gaisford* (1863) 164 ER 1208), Daumenabdruck (*Re Pasons* [2002] WTLR 237) oder eine sonstige Markierung wie insbes. ein Kreuz, selbst wenn der Erblasser schreiben kann (*Baker v. Dening* (1838) 8 A & E 94). Es wurde als ausreichend anerkannt, wenn der Erblasser seine Unterschrift beginnt, aber zu schwach ist, sie abzuschließen (*Re Chalcraft* [1948] 1 All ER 700; anders aber *Re Colling* [1972] 1 WLR 1440, wenn ein Zeuge den Raum verlässt, bevor die Unterschrift beendet worden ist; → Rn. 64 f.).

62   Den gesetzlichen Anforderungen genügt es auch, wenn **eine andere Person** das Testament in Gegenwart und auf Geheiß des Erblassers (*"in his presence and by his direction"*) unterzeichnet. Dabei kann es sich auch um einen der Zeugen handeln (*Smith v. Harris* (1845) 163 ER 1033) oder um denjenigen, der das Testament entworfen hat (*Re Elcock* (1869) 20 LT 757). In *Barret v. Bem* [2012] EWCA Civ 52 wurde es grundsätzlich auch für möglich gehalten, dass ein Begünstigter für den Erblasser unterzeichnet; die Gültigkeit des Testaments wurde aber mangels Feststellung eines tatsächlichen Geheißes des Erblassers abgelehnt (dezidiert krtisch Parry/Kerridge Law of Succession Rn. 4–19, 5–41). Der Dritte kann im Namen des Erblassers oder im eigenen Namen (*In the Goods of Clark* (1839) 163 ER 428) unterschreiben.

II. Materielles Recht

cc) Wirksamkeitsabsicht. Erforderlich ist nach s. 9 (b) WA 1837 ferner, dass der Erblasser die Absicht 63 hatte, dem Testament durch seine Unterschrift Wirksamkeit zu verleihen. Ist dies der Fall, dann schadet es nicht, wenn sich die Unterschrift nicht am Ende des Testaments befindet (*Weatherhill v. Pearce* [1995] 2 All ER 492); eine Unterschrift auf dem Umschlag des Testaments kann genügen (*In the Goods of Mann* [1942] 2 All ER 193). Selbst wenn in *zeitlicher* Hinsicht noch nach der Unterzeichnung Verfügungen niedergeschrieben werden, schadet das nicht, solange die Niederschrift des Testaments und die Unterzeichnung in einem Fluss erfolgten (*Wood v. Smith* [1992] 3 All ER 556: „*all one operation*").

dd) Gleichzeitige Anwesenheit von zwei Zeugen. Die Unterschrift muss gem. s. 9 (c) WA 1837 bei 64 gleichzeitiger Anwesenheit von mindestens zwei Zeugen vom Erblasser geleistet oder anerkannt werden. Die Zeugen brauchen weder den Text des Testamentes zu kennen noch überhaupt zu wissen, dass es sich um ein Testament handelt (*Daintree v. Butcher and Fasulo* (1888) 13 PD 102). Sie müssen lediglich den Akt der Unterzeichnung des betreffenden Dokuments oder der Anerkennung bezeugen. Insofern schadet es, wenn den Zeugen gar nicht klar war, dass sie etwas bezeugen sollten (s. *Re Sherrington* [2005] WTLR 587).

Die Zeugen müssen **sowohl körperlich als auch geistig anwesend** sein. Allerdings genügt auf Seiten 65 der Zeugen die bloße Möglichkeit, den Unterzeichnungsakt zu beobachten; erforderlich ist insofern eine ungehinderte Sichtlinie zwischen Zeugen und Erblasser. Ist diese gegeben, so ist es nicht erforderlich, dass die Zeugen die Unterzeichnung tatsächlich beobachtet haben (*Re White* [1991] Ch 1). Eine **blinde Person** kann in diesem Sinne nicht Zeuge sein (*In the Estate of Gibson* [1949] 2 All ER 90), auch nicht eine schlafende oder unter Drogen- oder Alkoholeinfluss stehende Person (*Hudson v. Parker* (1844) 163 ER 948). **Minderjährige** können Zeugen sein (*Wilson v. Beddard* [1841] 12 Sim 28: 14jähriger Zeuge), ebenso der beratende **Rechtsanwalt** oder der spätere *personal representative* (Barlow/King/King Wills Rn. 2.10).

Begünstigte (oder Ehegatten von Begünstigten) können zwar Zeugen sein, jedoch ist die an sie gerich- 66 tete Vermögenszuwendung **gem. s. 15 WA 1837 nichtig**, sofern nicht zwei weitere, nicht bedachte Zeugen beteiligt sind (s. 1 Wills Act 1968). Der Gegenstand der nichtigen Zuwendung fällt dann in den Restnachlass (→ Rn. 89). Auf die Kenntnis des Zeugen von seiner Begünstigung kommt es nicht an. Nicht unter s. 15 fällt die Begünstigung von *Verlobten* (*Thorpe v. Bestwick* [1881] 6 QBD 311) oder eines *trustee* (*Re Ray's WT* [1936] 2 All ER 93; → Rn. 111). Ein Verstoß gegen s. 15 WA 1837 kann durch nachträgliche, formwirksame Neuerrichtung *ohne* den begünstigten Zeugen geheilt werden (*Re Trotter* [1899] 1 Ch 764). Zur Unanwendbarkeit von s. 15 WA 1837 bei den privilegierten Testamentsformen → Rn. 73. – **Schrifttum:** *Yale* LQR 100 (1984), 453 (467).

Hat der Erblasser die Unterschrift *nicht* bei gleichzeitiger Anwesenheit zweier Zeugen geleistet, so be- 67 steht nach s. 9 (c) WA 1837 auch die Möglichkeit, dass er die bereits geleistete Unterschrift nachträglich bei gleichzeitiger Anwesenheit mindestens zweier Zeugen **anerkennt**. Die Anerkennung durch den Erblasser kann durch Worte oder schlüssiges Verhalten erfolgen (*In the Goods of Davies* (1850) 163 ER 1337; *Couser v. Couser* [1996] 1 WLR 1301). In diesem Fall muss ebenfalls eine ungehinderte Sichtlinie zwischen den Zeugen und der Unterschrift bestehen (*Re Groffman* [1969] 2 All ER 108).

ee) Bezeugung. Nach s. 9 (d) WA 1837 muss jeder Zeuge die Unterschrift des Erblassers bezeugen 68 und das Testament in Anwesenheit des Erblassers unterschreiben oder seine Unterschrift anerkennen. Diese Bezeugung selbst muss nicht mehr in gleichzeitiger Anwesenheit beider Zeugen, wohl aber jeweils in Anwesenheit des Erblassers geschehen (*Cooper v. Bockett* (1843) 3 Curt 648; *Re Webb* (1855) Dea & Sw 1; anders *Casement v. Fulton* (1845) 5 MooPC 130).

Was die Bezeugung und Unterschrift (bzw. die Anerkennung der Unterschrift) durch die Zeugen in 69 Anwesenheit des Erblassers anbelangt, finden grds. die für die Unterschrift durch den Erblasser in Anwesenheit der Zeugen geltenden Regeln entsprechende Anwendung. So muss der Erblasser insofern seinerseits körperlich und geistig anwesend sein (→ Rn. 65). Verliert er etwa das Bewusstsein, bevor mindestens zwei Zeugen seine Unterschrift bezeugt haben, ist das Testament unwirksam (*Right v. Price* (1779) 99 ER 157; *Re Chalcraft* [1948] 1 All ER 700). Bei der Unterschrift durch den Zeugen muss zum Erblasser eine ungehinderte Sichtlinie bestanden haben (*Casson v. Dade* (1781) 28 ER 1010). Auch die Unterschrift der Zeugen können an einer beliebigen Stelle des Testaments erfolgen (*Re Braddock* (1876) 1 PD 433) und müssen sich nicht etwa am Ende oder neben der Unterschrift des Erblassers befinden. Die Zeugen können erst unterschreiben, wenn der Erblasser das Testament unterschrieben hat. Ist die Unterschrift eines Zeugen schon vorher erfolgt, besteht aber immer noch die Möglichkeit, die Unterschrift nachträglich anzuerkennen.

Die Bezeugung ist, abgesehen vom Unterschriftserfordernis, grds. formfrei, insbes. ist nach der aus- 70 drücklichen Anordnung in s. 9 (d) WA 1837 keine „*attestation clause*" erforderlich. Es muss nur zum Ausdruck gebracht werden, dass die Zeugen die Unterschriftsleistung (bzw. die Anerkennung der Unterschrift) durch den Erblasser bestätigen. Gleichwohl ist die Aufnahme einer solchen *attestation clause* empfehlenswert, da diese eine Vermutung der wirksamen Errichtung des Testaments begründet (s. *Sherrington v. Sherrington* [2005] EWCA Civ 326; *Channon v. Perkins* [2005] EWCA Civ 1808; auch diese kann in Ausnahmefällen aber widerlegt werden: *Re Singh* [2011] EWHC 2907).

ff) Vermutung der Formgültigkeit. Grundsätzlich wird vermutet, dass die formellen Erfordernisse 71 der Testamentserrichtung eingehalten wurden, sofern sich, insbes. aus der Testamentsurkunde, nichts anderes ergibt (zu den strengen Anforderungen an die Widerlegung der Vermutung *Channon v. Perkins*

120 England und Wales

[2005] EWCA Civ 1808). Ein besonderes Indiz kann sich insofern auch aus der Aufnahme einer „*attestation clause*" ergeben; → Rn. 70.

72 **gg) Bezugnahme auf sonstige Dokumente (*„incorporation"*).** Der Erblasser kann ein Dokument, welches selbst nicht den Formerfordernissen von s. 9 WA 1837 entspricht, durch Bezugnahme zum Bestandteil seines Testaments machen. Hierfür bestehen drei Voraussetzungen: Das Dokument muss zum Zeitpunkt der Testamentserrichtung bereits existieren (*Singleton v. Tomlinson* [1878] 3 App Cas 404), es muss im Testament hinreichend genau bestimmt sein (*In the Goods of Garnett* [1894] P 90) und es muss im Testament als bereits bestehend (also nicht als potenziell erst zu errichten) bezeichnet sein (*University College of North Wales v. Taylor* [1908] P 140). Im Wege der *incorporation* kann auch ein ursprünglich unwirksam errichtetes Testament wirksam werden (*In the Goods of Almosnino* (1859) 29 LJP 46; zur Inkorporation eines fehlerhaft errichteten englischen Testaments in ein später errichtetes hebräisches, *jüdischem* Recht unterliegendes Testament *Re Berger* [1989] 1 All ER 591).

73 **hh) Privilegierte Testamente.** Formerleichterungen gelten für Testamente von **Soldaten** im aktiven Dienst und von **Seeleuten** auf See (vgl. s. 11 WA 1837 sowie Wills (Soldiers and Sailors) Act 1918). Das Testament kann **in jeder Form** errichtet werden, selbst mündlich; s. 9 WA 1837 findet keine Anwendung. Eine Beglaubigung durch Zeugen ist daher nicht erforderlich; dementsprechend findet auch s. 15 WA 1837 (→ Rn. 66) keine Anwendung (*Re Limond* [1915] 2 Ch 240). Es muss nur zur Überzeugung des Gerichts feststehen, dass der Erblasser seinen letzten Willen zum Ausdruck gebracht hat. Die Testamentserrichtung ist auch **Minderjährigen** möglich (s. 1 Wills (Soldiers and Sailors) Act 1918). Wurde ein privilegiertes Testament wirksam errichtet, steht es in seinen **Wirkungen** und seiner Widerruflichkeit einem in ordentlicher Form errichteten Testament gleich. – Aus der neueren Rspr.: *Re Servoz-Gavin, Ayling v. Summers* [2009] EWHC 3168: Testament eines Funkoffiziers auch dann privilegiert, wenn es auf Land errichtet wurde, der Testator aber bereits auf das Schiff beordert worden war.

74 **e) Möglicher Inhalt der Verfügungen von Todes wegen. aa) Allgemeines.** Das englische Recht unterscheidet nicht zwischen Erbeinsetzungen und Vermächtnissen im Sinne des deutschen Rechts. Vielmehr lasten grds. alle Vermögenszuwendungen von Todes wegen in gleicher Weise auf dem Nachlass und sind vom *personal representative* zu erfüllen (→ Rn. 27; → Rn. 132 ff.). Damit ist die Unterscheidung zwischen einer unmittelbar „dinglich" wirkenden Rechtsnachfolge als Erbe und einem lediglich Ansprüche gegen den Nachlass bzw. die Erbengemeinschaft vermittelnden Vermächtnis gegenstandslos (zu den Auswirkungen auf die Erbscheinserteilung → Rn. 167 ff.). Davon unabhängig findet sich im englischen Recht noch eine traditionelle **terminologische Unterscheidung**, in der die alte Trennung zwischen beweglichem und unbeweglichem Nachlass fortwirkt (→ Rn. 28): So werden Zuwendungen von beweglichem Vermögen (*„personal property"*) als *„legacies"* oder *„bequests"*, Zuwendungen von unbeweglichem Vermögen (*„real property"*), als *„devises"* bezeichnet (wobei allerdings bei der Abgrenzung von *„personal"* und *„real property"* im englischen Recht Unterschiede zur Abgrenzung im deutschen Recht bestehen; vgl. Flick/Piltz Int. Erbfall/*Cornelius* Rn. 569, sowie, zum IPR, → Rn. 9). Diese begriffliche Unterscheidung bleibt aber grds. ohne rechtliche Folgen (vgl. Parry/Kerridge Law of Succession Rn. 2–55), so dass im modernen Schrifttum häufig auch schlicht von *„testamentary gifts"* die Rede ist. Soweit eine Verfügung den Restnachlass (*residuary estate*, nach Tilgung der Verbindlichkeiten und Erfüllung von testamentary gifts; → Rn. 27) betrifft, spricht man auch von einem *„residuary gift"*. Auch dieses wendet sich aber in gleicher Weise zunächst an den *personal representative*.

75 **Auflagen** nach Art des deutschen Rechts sind dem englischen Erbrecht unbekannt. Die gewünschten Bindungen können über Vorgaben an den *personal representative* umgesetzt werden, der dieser bei der Nachlassabwicklung zu beachten hat (→ Rn. 157), ferner durch die relativ freie Möglichkeit der Zuwendung sukzessiver Berechtigungen (→ Rn. 82) sowie der Begründung von *testamentary trusts* (→ Rn. 112).

76 Zulässig sind auch **Bedingungen**, und zwar sowohl als aufschiebende wie auch als auflösende Bedingung (Williams/Mortimer/Sunnucks Executors Rn. 11–14). An die Bestimmtheit (→ Rn. 91) auflösender Bedingungen werden strengere Anforderungen gestellt als hinsichtlich aufschiebender Bedingungen (vgl. den illustrativen Fall *Re Abrahams WT* [1969] 1 Ch 463). Die Bedingung kann sowohl das Testament als Ganzes (*„conditional will"*) wie auch einzelne Verfügungen betreffen. Wurde das Testament nicht eindeutig unter die Bedingung gestellt, wollte jedoch der Erblasser die Gültigkeit des Testaments bedingen, so ist das Testament wegen mangelnden Testierwillens (→ Rn. 56) unwirksam (Burrows English Private Law/*Kerridge* Rn. 7.43). Daran ändert sich nichts, wenn die Bedingung letztlich dennoch eintritt (s. *Corbett v. Newey* [1998] Ch 57). Abzugrenzen ist die Bedingung von bloßen Motiven des Erblassers bei der Errichtung des Testaments.

77 **bb) Arten von Vermögenszuwendungen.** Rechtliche Bedeutung erlangt die Unterscheidung zwischen *„specific"*, *„general"* und *„demonstrative gifts"*, da hiervon die Haftung des Nachlasses für die Zuwendung abhängt. Mit einem ***specific gift*** werden bestimmte Vermögensgegenstände oder Gruppen von Vermögensgegenständen zugewendet, die sich im Nachlass befinden. Mit einem ***general gift*** werden Vermögensgegenstände zugewendet, die sich nicht notwendigerweise im Nachlass befinden müssen, aber mit Nachlassmitteln für den Begünstigten beschafft werden sollen. Schließlich gibt es die (seltener vorkommenden) ***demonstrative gifts***; in der Sache handelt es sich dabei um *general gifts*, bei denen jedoch die Haftung vorrangig (→ Rn. 80) einem bestimmten Nachlassteil auferlegt wird (zB „£ 10,000, die aus den Einnahmen meiner Buchhandlung zu begleichen sind"). Geldzuwendungen werden auch als *„pecu-*

niary gifts" (oder „*legacies*") bezeichnet, die dann wiederum *specific, general* oder *demonstrative gifts* sein können.

Die Unterscheidung hat zunächst Bedeutung für die sog. „*ademption*", durch die Vermögenszuwendungen von Todes wegen entfallen können, wenn sich der betreffende Vermögensgegenstand nicht (mehr) im Nachlass befindet: Nur bei einem *specific gift* führt der Wegfall des zugewandten Gegenstandes zwischen Testamentserrichtung und Erbfall zur *ademption,* also zur Unwirksamkeit der Zuwendung (*Ashburner v. Macguire* (1786) 29 ER 62; *Durrant v. Friend* (1852) 64 ER 1145). Dies ist insbes. dann der Fall, wenn der Erblasser den Gegenstand zerstört oder veräußert hat; demgegenüber soll keine *ademption* eintreten, wenn über den Gegenstand ohne Wissen und Wollen des Erblassers verfügt wurde (*Jenkins v. Jones* [1866] LR 2 Eq 323, betr. Verfügung des Begünstigten vor dem Tod des Erblassers). Schwieriger ist die Abgrenzung, wenn der Gegenstand im Nachlass noch vorhanden, jedoch in seiner Art verändert worden ist. Allgemein wird darauf abgestellt, ob die Änderung lediglich die äußere Form oder den Namen des Gegenstandes oder seine substanzielle Eigenart betrifft (vgl. *Re Slater* [1907] 1 Ch 665; Bsp. aus der Rspr.: *Re Dorman* [1994] 1 All ER 804, Änderung des Bankkontos wegen besserer Verzinsung). Zur problematischen Beurteilung der *ademption* bei noch nicht vollzogenen Verträgen und Optionen BWMM Williams on Wills S. 503 ff. 78

Keine *ademption* tritt ein bei einem *general gift,* da dieses gerade unabhängig vom konkreten Nachlassbestand zugewandt wird (dies gilt auch für ein *demonstrative gift,* da dieses, soweit die vom Erblasser dafür vorgesehenen Mittel nicht ausreichen, hilfsweise auf dem übrigen Nachlass lastet; → Rn. 80). Im Hinblick auf eine mögliche *ademption* ist folglich das *general gift* für den Begünstigten gegenüber einem *specific gift* vorteilhaft. Die Abgrenzung erfolgt im Wege der Testamentsauslegung: hat der Erblasser etwa „meine gesamten Aktien der A-Gesellschaft" vermacht, so ist dies als *specific gift* auszulegen, die Zuwendung von „Aktien der A-Gesellschaft im Wert von £ 10 000" dagegen als *general gift* (vgl. *Bothamley v. Sherson* [1875] LR 20 Eq 304); im Zweifel wird eine Auslegung als *general gift* bevorzugt (*Re Rose* [1949] Ch 78). 79

Bedeutung erlangt die Unterscheidung ferner für die Haftung für Nachlassverbindlichkeiten, das sog. *abatement: Specific gifts* sind erst nachrangig nach *general gifts* zur Schuldentilgung heranzuziehen (→ Rn. 151). Soweit es zu keiner *ademption* kommt, ist folglich das *specific gift,* was die Schuldenhaftung anbelangt, für den Begünstigten vorteilhafter. Bei *demonstrative gifts* haftet zunächst der vom Erblasser bestimmte Nachlassteil; genügt dieser jedoch nicht (oder ist er zum Zeitpunkt des Erbfalls nicht mehr vorhanden), so haftet der allgemeine Nachlass. 80

cc) „*Power of appointment*". Das englische Recht erlaubt es dem Erblasser in relativ weitem Umfang, die Bestimmung des Begünstigten einem Dritten zu überlassen (*Re Beatty* [1990] 3 All ER 844); man spricht dann allgemein von einem sog. „*power of appointment*" oder, im erbrechtlichen Kontext, von „*testamentary delegation*"; vgl. Parry/Kerridge Law of Succession Rn. 14–63. Wird dem Bestimmungsberechtigten („*appointor*") ein freies Wahlrecht eingeräumt („an die Personen, die X bestimmt"), so spricht man von einem „*general power*", wird der Kreis der möglichen Empfänger eingeschränkt („an diejenigen meiner Kinder, die X bestimmt"), von einem „*special power*". Es kann grds. durch förmliche Urkunde („*deed*") oder Testament („*will*") auszuüben sein; im letzteren Fall muss die Ausübung den Formerfordernissen für Testamente entsprechen, s. 10 WA 1837 (→ Rn. 59). Weiterführendes **Schrifttum:** *Hanbury/Martin,* Modern Equity, 20. Aufl. 2015, Kap. 6; BWMM Williams on Wills Kap. 39, 40; *Smith* in Häcker/Mitchell (Hrsg.), Current Issues in Succession Law, 2016, 209 ff. 81

dd) **Absolute und zeitlich beschränkte Berechtigungen.** Die Flexibilität des englischen Sachenrechts, insbes. unter dem Einfluss des Trust-Rechts (→ Rn. 111 ff.), erlaubt es dem Erblasser grds., neben der absoluten Zuwendung von Rechtspositionen („*absolute interests*") auch lediglich zeitlich beschränkte Positionen (insbes. „*life interests*") mit unterschiedlichem Inhalt zuzuweisen. Näher BWMM Williams on Wills Kap. 83. 82

ee) **Ernennung des** „*personal representative*". Der Erblasser kann in seinem Testament auch den späteren Nachlassverwalter, den *personal representative,* bestimmen. Dieser wird im Falle seiner Ernennung durch den Erblasser „*executor*" genannt; → Rn. 136. 83

f) **Testamentsauslegung** („*construction*"). **aa) Grundsatz.** Im englischen Recht hat sich hinsichtlich der Testamentsauslegung **keine ganz einheitliche Linie** entwickelt: Die für Fragen der Testamentsauslegung zuständige Chancery Division des High Court neigt traditionell eher zu einer **strengen,** eng am Wortlaut orientierten Auslegung („*literal approach*"; vgl. *Re Sykes* [1940] 4 All ER 10; *Re Rowland* [1963] Ch 1), während der Supreme Court (früher: House of Lords) eine **liberale,** auf die Ermittlung des wahren Erblasserwillens ausgerichtete Auslegung verfolgt („*intentional approach*"; vgl. *Perrin v. Morgan* [1943] AC 399); vgl. zum Ganzen Parry/Kerridge Law of Succession Rn. 10–15–10–40; *Kerridge/Rivers* LQR 116 (2000), 287 (317). Grundsätzlich ist der **übliche Wortsinn** zugrunde zu legen; eine Nebenbedeutung des Wortes kann maßgeblich sein, um Widersprüche und Unstimmigkeiten im Testament zu vermeiden (*Abbott v. Middleton* [1858] 7 HLC 68; *Re Smalley* [1929] 2 Ch 112). **Fachbegriffe** sind im Zweifel im technischen Sinn auszulegen, sofern sich aus den Umständen nichts anderes ergibt (*Re Bailey* [1945] Ch 191). Bei der Auslegung ist das **Testament als Ganzes** zur Ermittlung des Erblasserwillens in den Blick zu nehmen (*Re Macandrew's WT* [1964] Ch 704; *Higgins v. Dawson* [1902] AC 1). Lassen sich Zweifel am Inhalt des Testaments auch bei Ausschöpfung der zulässigen Auslegungsmethoden und Beweismittel nicht beheben, so ist die betreffende Verfügung wegen **Unbestimmtheit** („*uncertainty*") ungültig (*Re Williams* [1985] 1 All E.R. 964; *Solem v. Guyster* [2002] WTLR 1517; 84

→ Rn. 91). Weiterführendes **Schrifttum:** *Kerridge,* Hawkins on the Construction of Wills, 5. Aufl. 2000. Zum **Verhältnis zur** *rectification* (→ Rn. 57) *Häcker* in Häcker/Mitchell (Hrsg.), Current Issues in Succession Law, 2016, 131 ff.

85 **bb) Besondere Auslegungsregeln.** Soweit das Testament auf *Vermögen* Bezug nimmt (zB „meine Bankguthaben"), sind gem. s. 24 WA 1837 die Verhältnisse und die Vermögenszusammensetzung zum Zeitpunkt des Erbfalls maßgeblich, soweit sich aus dem Testament kein anderer Wille des Erblassers ergibt. S. 24 WA 1837 gilt nicht hinsichtlich der Bestimmung der *Begünstigten;* insofern wird im Zweifel grds. auf die Verhältnisse im Zeitpunkt der Testamentserrichtung abgestellt (*Re Whorwood* [1887] 34 ChD 446). Die Bezugnahme auf „Kinder" *(„children")* erfasst im Zweifel auch nichteheliche Kinder (s. 1 Family Reform Act 1987) und Adoptivkinder (s. 39 Adoption Act 1976). Hinsichtlich des (in der Umgangssprache unüblichen) Begriffs *„issue"* ist unsicher, ob damit nur die Kinder oder auch fernere Abkömmlinge erfasst sind; vgl. eing. BWMM Williams on Wills Kap. 76. Der Begriff *„next of kin"* bezieht sich auf die Blutsverwandten nächsten Grades im Zeitpunkt des Todes (BWMM Williams on Wills Kap. 77) und erfasst damit im Zweifel nicht den überlebenden Ehegatten (*Garrick v. Lord Cauden* [1807] 14 Ves 372). Falschbezeichnungen schaden nicht, soweit sich das vom Erblasser Gemeinte aus dem Testament und zulässigen sonstigen Umständen (→ Rn. 87) ermitteln lässt (*Re Gifford* [1944] Ch 186; *Re Price* [1932] 2 Ch 54; restriktiver bei der namentlichen Benennung eines Begünstigten *NSPCC v. Scottish NSPCC* [1915] AC 207). Bleibt das vom Erblasser Gewollte unklar, so ist das Testament so auszulegen, dass eine Intestaterbfolge möglichst vermieden wird (sog. *„golden rule"* in *Re Harrison* [1885] 30 ChD 390).

86 **cc) Zuwendungen an Personengruppen** *(„class gifts").* Besondere Bedeutung kommt im englischen Recht Zuwendungen an nach allgemeinen Kriterien bestimmte Personengruppen zu (sog. *„class gifts",* zB „an die Kinder von X"). Hier stellt sich die Frage, ob und inwieweit auch Gruppenangehörige begünstigt sind, die erst nach dem Erbfall geboren werden. Maßgeblich ist insofern zunächst die Anordnung des Erblassers (zB „an alle zum Zeitpunkt meines Todes lebenden Kinder von X"). Lässt sich ein diesbezüglicher Wille des Erblassers nicht ermitteln, so greifen komplexe Auslegungsregeln ein, die sog. *„class-closing rules":* Erst mit dem *„closing"* der begünstigten *„class"* stehen deren konkrete Zusammensetzung und damit die Anteile der einzelnen Begünstigten fest; erst ab diesem Zeitpunkt kann folglich die betreffende Zuwendung vom *personal representative* zuverlässig vollzogen werden. Die Regeln unterscheiden danach, ob die Zuwendung unmittelbar mit dem Tod des Erblassers anfallen soll oder (etwa im Hinblick auf einen vorrangigen *„life interest",* → Rn. 82) aufgeschoben ist (zB „an X für die Dauer seines Lebens, danach an die Kinder von Y") und dabei unbedingt oder bedingt ist (zB „an die Kinder von X, die das 18. Lebensjahr vollenden"). Im Fall der **unbedingten Zuwendung** (zB „an die Kinder von X") etwa ist die Gruppe abgeschlossen, wenn zum maßgeblichen Zeitpunkt (Erbfall, Ablauf eines vorrangigen *„life interest"*) zumindest ein Gruppenangehöriger lebt; die Zuwendung geht dann anteilig an die existierenden Gruppenangehörigen (im Bsp. an die bei Erbfall lebenden Kinder des X; nachgeborene Kinder des X erben dann nicht). Lebt zu diesem Zeitpunkt kein Gruppenangehöriger, so bleibt die Gruppe unabgeschlossen (im Bsp. erben dann alle nachgeborenen Kinder des X). Zur Problematik und sonstigen Fallgestaltungen näher BWMM Williams on Wills Ch 66; Hawkins on the Construction of Wills, Kap. 14.

87 **dd) Zulässigkeit externer Beweismittel** *(„extrinsic evidence").* Die Zulässigkeit einer Berücksichtigung von außerhalb des Testaments liegenden Beweismitteln zur Klärung eines nach den herkömmlichen Auslegungsmethoden mehrdeutigen Testaments ist in s. 21 Administration of Justice Act 1982 geregelt. Danach kann solche *„extrinsic evidence"* herangezogen werden, wenn Teile des Testaments bedeutungslos, offen oder verborgen mehrdeutig sind. Letzteres ist etwa der Fall, wenn sich die Mehrdeutigkeit erst aus den begleitenden Umständen ergibt (vgl. *Re Jackson* [1933] Ch 237; *Re Chambers* [2001] WTLR 1375). Sind diese Voraussetzungen nicht gegeben, ist die Heranziehung externer Beweismittel unzulässig (*Re Owen* [2002] WTLR 619). Zur Zulässigkeit von *extrinsic evidence* auch *Marley v. Rawlings* [2014] UKSC 2.

88 **ee) Verfahrensfragen.** Ist die Auslegung des Testaments zweifelhaft und zwischen den Beteiligten streitig, so kann der *personal representative* eine gerichtliche Entscheidung über die Testamentsauslegung herbeiführen (sog. *„construction application");* näher Williams/Mortimer/Sunnucks Executors Rn. 60–06.

89 **g) Ungültigkeit von Testamenten. aa) Allgemeines.** Im englischen Recht existieren eine Reihe verschiedener Gründe, aus denen eine Vermögenszuwendung von Todes wegen für unwirksam erachtet wird. Grundsätzlich fällt Vermögen, das Gegenstand einer unwirksamen Zuwendung ist, in den Restnachlass *(„residuary estate")* und ist damit den diesbezüglichen testamentarischen Anordnungen des Erblassers *(„residuary gifts";* → Rn. 74) oder den Regeln über die gesetzliche Erbfolge unterworfen. Zur Ungültigkeit wegen **Willensmängeln** → Rn. 56, zur Ungültigkeit von Zuwendungen an **Zeugen** → Rn. 66; zur *„ademption"* → Rn. 78; zu **Bedingungen** → Rn. 76.

90 **bb) Rechts- und Sittenwidrigkeit,** *„public policy".* Vermögenszuwendungen, die rechts- oder sittenwidrig sind, sind unwirksam. Häufig spricht man im englischen Recht insofern allgemein von einem Verstoß gegen die *„public policy";* als Ausdruck der *public policy* wird insbes. die *„forfeiture"-*Regel (→ Rn. 116) angesehen.

91 **cc) Unbestimmtheit.** Wenn im Wege der Testamentsauslegung der Inhalt einer Vermögenszuwendung nicht hinreichend bestimmt werden kann, so ist sie unwirksam. Die Unbestimmtheit kann sich sowohl

auf den **Gegenstand der Zuwendung** (aus neuerer Zeit etwa *Anthony v. Donges* [1998] 2 FLR 775: Zuwendung an die überlebende Ehefrau von einem „so geringen Teil des Nachlasses, wie er nach englischem Recht zu Unterhaltszwecken geschuldet wäre") als auch auf die **Person des Begünstigten** beziehen (*Dowset v. Sweet* (1753) 27 ER 117; *Re Stephenson* [1897] 1 Ch 75). Die Anforderungen, die an die Bestimmtheit hinsichtlich der Begünstigten gestellt werden, hängen auch von der Art der Zuwendung ab (zB *Re Barlow's WT* [1979] 1 All ER 296: Einräumung einer Kaufoption hinsichtlich der im Nachlass enthaltenen Bilder an „Familie und Freunde" nicht zu unbestimmt). So scheitert etwa die Zuwendung von Nachlassgegenständen an eine **nicht näher bezeichnete Wohltätigkeitsorganisation** nicht an mangelnder Bestimmtheit (*Chichester Diocesan Fund and Board of Finance v. Simpson* [1944] AC 341; *Re White* [1893] 2 Ch 41); ggf. ist dann die Organisation nach dem Ermessen des *personal representative* oder des Gerichts auszuwählen. Zur Möglichkeit, die **Bestimmung des Begünstigten einem Dritten zu überlassen,** → Rn. 81.

dd) „*Lapse*". Stirbt der Begünstigte vor dem Erblasser, so ist die Vermögenszuwendung unwirksam (sog. „*lapse*"; *Elliott v. Davenport* (1705) 24 ER 304). der betreffende Gegenstand fällt dann in den Restnachlass. Der Erblasser kann der Wirkung des *lapse* begegnen, indem er testamentarisch **Ersatzbegünstigte** *(„substitute beneficiaries")* einsetzt. Besonderheiten gelten außerdem für Zuwendungen an Personenmehrheiten, insbes. in Form von *class gifts* (→ Rn. 86) oder einer *joint tenancy* (→ Rn. 114). Hier kommt es erst dann zu einem *lapse*, wenn alle Angehörigen der begünstigten Personengruppe vor dem Erblasser sterben (*Morley v. Bird* (1798) 30 ER 1192). Zur **Überlebensvermutung** in Zweifelsfällen → Rn. 115. 92

Eine wichtige **Ausnahme** enthält s. 33 WA 1837. Danach kommt es zu keinem *lapse* bei Zuwendungen an einen **Abkömmling des Erblassers,** der zwar vor dem Erblasser verstorben ist, aber seinerseits Abkömmlinge hinterlässt. In diesem Fall treten gem. s. 33 diese an die Stelle des bedachten Abkömmlings, sofern sich kein anderer Wille des Erblassers ermitteln lässt (für ein Bsp. zur Widerlegung der Regel aus der neueren Rspr.: *Rainbird v. Smith* [2012] EWHC 4276). Eine weitere Ausnahme wird von der Rspr. gemacht, wenn die Zuwendung vom Erblasser in Erfüllung einer **moralischen Verpflichtung** erbracht wurde, die zum Zeitpunkt des Erbfalls noch fortbestand (etwa zur Tilgung von rechtlich nicht durchsetzbaren, insbes. verjährten, Verbindlichkeiten; vgl. Parry/Kerridge Law of Succession Rn. 14–27; *Re Leach's WT* [1948] 1 All ER 383). In diesem Fall kommt die Zuwendung dem Nachlass des Begünstigten und damit dessen Erben zugute. 93

ee) **Zuwendungen an den Ehegatten.** Wird die Ehe des Erblassers in der Zeit zwischen der Testamentserrichtung und seinem Tod geschieden oder aufgehoben, so wird der testamentarisch begünstigte Ehegatte gem. s. 18A WA 1837 so behandelt, als sei er zum Zeitpunkt der Rechtskraft der Ehescheidung bzw. -aufhebung verstorben. Eine Vermögenszuwendung an einen früheren Ehegatten oder seine Einsetzung als *executor* (→ Rn. 137) ist daher unwirksam. Die Zulässigkeit eines Antrags auf *family provision* (→ Rn. 123) bleibt hiervon unberührt. 94

h) **Widerruf des Testaments und Änderungen im Testament. aa) Grundsätze.** Ein wirksam errichtetes Testament kann vom Erblasser bis zu seinem Tode grds. widerrufen werden. Eine Erklärung des Erblassers, seine Verfügung sei unwiderruflich, ist unbeachtlich (*Vynior's Case* [1609] 8 CoRep 81b). Das Widerrufsrecht kann nicht testamentarisch auf einen Dritten übertragen werden (*Stockwell v. Ritherdon* (1848) 1 Rob Ecc 661). Zum Widerruf gemeinsamer oder gegenseitiger Testamente → Rn. 103 ff. 95

bb) **Widerruf durch nachträgliches Testament, Kodizill oder sonstige schriftliche Erklärung.** Ein Testament kann gem. s. 20 WA 1837 durch ein späteres Testament, Kodizill oder eine sonstige schriftliche Erklärung *(„some writing declaring an intention to revoke the same")* widerrufen oder inhaltlich geändert werden (als „*codicil*" bezeichnet man im englischen Recht eine bloße Änderung bzw. Ergänzung des früheren Testaments, die dieses nicht vollständig ersetzen soll). In jedem Fall ist der Widerruf nur gültig, wenn er die Formerfordernisse für Testamente (→ Rn. 59–73) erfüllt (*In the Goods of Gosling* (1886) 11 PD 79); etwaige Privilegierungen (→ Rn. 73) sind auch insofern beachtlich (*Wood v. Gossage* [1921] P 194). Ein mangelnder Wille des Erblassers (*„knowledge and approval",* → Rn. 56) macht auch hier das Testament ungültig (*Re Phelan* [1971] 3 WLR 888; ein bloßer Rechtsfolgenirrtum ist wiederum unbeachtlich; *Collins v. Elstone* [1893] P 1). Der Widerruf kann ganz oder teilweise erfolgen (Burrows English Private Law/*Kerridge* Rn. 7.101), ausdrücklich („I hereby revoke all my previous wills.") oder konkludent durch eine mit dem früheren Testament unvereinbare Verfügung; im letzteren Fall wird das spätere Dokument als bloßes *codicil* erachtet, so dass die früheren Verfügungen nur insoweit stillschweigend widerrufen sind, wie sie im Widerspruch zum späteren Testament stehen (*Lemage v. Goodban* (1865) LR 1 P&D 57; *Townsend v. Moore* [1905] P 66). Typischer Fall einer „sonstigen schriftlichen Erklärung" ist ein Brief des Erblassers (der, um als Widerruf zu wirken, jedoch die Formerfordernisse von s. 9 WA 1837 erfüllen, also insbes. durch zwei Zeugen bezeugt sein muss). 96

Der Widerruf kann auch **bedingt** sein (*Re Finnemore* [1992] 1 All ER 800; *In the Estate of Southerden* [1925] P 177); an die Feststellung eines entsprechenden Willens des Erblassers werden jedoch strenge Anforderungen gestellt (*Re Jones* [1976] Ch 200). Eine typische Fallgestaltung ist der Widerruf unter der Bedingung der Errichtung eines anderen Testaments. Wird dieses Testament dann später nicht (*Dixon v. Treasury Solicitor* [1905] P 42) oder nicht wirksam (*In the Estate of Botting* [1951] 2 All ER 997) errichtet, so ist der Widerruf ungültig. 97

cc) **Widerruf durch Vernichtung.** Ein Widerruf kann gem. s. 20 WA 1837 auch dadurch erfolgen, dass der Erblasser das Testament mit Widerrufsabsicht verbrennt, zerreißt oder auf andere Weise vernichtet. 98

120 England und Wales

Sowohl das objektive Element (Vernichtung) wie auch das subjektive Element (Widerrufsabsicht) sind zwingend erforderlich (*Cheese v. Lovejoy* [1877] 2 PD 251). **In objektiver Hinsicht** muss das Testament nicht völlig, wohl aber in seinen wesentlichen Teilen (*„the essence of the instrument": Hobbs v. Knight* [1838] 1 Curt 768) vernichtet werden (vgl. Williams/Mortimer/Sunnucks Executors Rn. 14–17). Es genügt, wenn der Erblasser seine Unterschrift ausschneidet oder auf sonstige Weise tilgt (*Re Adams* [1990] 2 All ER 97), ebenso wohl hinsichtlich der Unterschrift der Zeugen (so Burrows English Private Law/*Kerridge* Rn. 7.107). Nicht für hinreichend erachtet wurde es, dass der Erblasser nur einzelne Teile durchstreicht (*Stephens v. Tapell* (1840) 2 Curt 459; *Re Rose* (1845) 4 NC 101; anders, wenn ein Testament mit einem Kugelschreiber so stark verändert wurde, dass die Unterschriften mit bloßem Auge nicht mehr zu erkennen sind (*In the Estates of Adams* [1990] 2 WLR 924)) oder das Testament in den Mülleimer wirft (vgl. *Cheese v. Lovejoy* [1877] 2 PD 251). Wurde lediglich ein (nicht „essentieller") Teil des Testaments vernichtet, kann darin ein Teilwiderruf liegen (näher *In the Estate of Nunn* [1936] 1 All ER 555; *Re Everest* [1975] 2 WLR 333). Schließlich kann die Vernichtung auch durch eine dritte Person in Gegenwart und auf Geheiß des Erblassers erfolgen. Erforderlich ist zu diesem Zweck eine direkte Sichtlinie zwischen dem Erblasser und dem Vernichtungsvorgang (*In the Goods of Dadds* [1857] Deane 290; → Rn. 65). Die bloße Duldung der Zerstörung bedeutet kein hinreichendes Geheiß des Erblassers (*Gill v. Gill* [1909] P 157). **In subjektiver Hinsicht** bestehen dieselben Anforderungen wie hinsichtlich der Testamentsrichtung (*Re Sabbatini* [1969] 114 SJ 35; → Rn. 56); die erforderliche Widerrufsabsicht kann etwa bei starker Trunkenheit des Erblassers fehlen (*Brunt v. Brunt* [1873] 3 P&D 37).

99 Zu beachten ist in diesem Zusammenhang das Eingreifen von **Vermutungen:** Wird ein Testament, das sich zuletzt im Gewahrsam des Erblassers befunden hat, in vernichtetem Zustand aufgefunden, so wird widerlegbar vermutet, dass es vom Erblasser mit Widerrufsabsicht vernichtet wurde (*Bell v. Fothergill* [1870] 2 PD 148). Gleiches wird vermutet, wenn ein Testament, das sich zuletzt im Gewahrsam des Erblassers befunden hat, im Erbfall nicht aufgefunden werden kann (*Sugden v. St. Leonards* [1876] 1 PD 154; anders, wenn das Testament sich nie im Gewahrsam des Erblassers befunden hat: *d'Eye v. Avery* [2001] WTLR 227; ebenfalls anders, wenn das Testament vom Erblasser einem Dritten zur Verwahrung überlassen worden war: *Chana v. Chana* [2001] WTLR 205).

100 **dd) Widerruf durch Heirat.** Grundsätzlich führt die Eheschließung kraft Gesetzes zum Widerruf eines vorher errichteten Testaments (s. 18 WA 1837; Entsprechendes gilt gem. s. 18B WA 1837 für die Begründung einer registrierten Lebenspartnerschaft; demgegenüber *keinen* Widerruf bewirkt die Umwandlung einer eingetragenen Lebenspartnerschaft in eine Ehe: s. 18D WA 1837). Dies setzt voraus, dass die Ehe wirksam ist; eine nichtige Ehe (*void marriage*) begründet damit keinen Widerruf (*Mette v. Mette* (1859) 164 ER 792), wohl aber eine lediglich anfechtbare Ehe (*voidable marriage, Re Roberts* [1978] 1 WLR 653). Ebenso wie die nachträgliche Scheidung führt auch die nachträgliche Anfechtung nur zur Aufhebung der Ehe mit Wirkung *ex nunc* (s. 16 Matrimonial Causes Act 1973), so dass sich an der zunächst eingetretenen Widerrufswirkung nichts ändert (*Sawyer* S. 138). Das Testament bleibt indes **gültig**, wenn sich aus dem Testament ergibt, dass der Erblasser bei seiner Errichtung die Eheschließung mit einer bestimmten Person erwartete und den Willen hatte, dass das Testament über die beabsichtigte Heirat hinaus gültig sein soll (s. 18 (3) WA 1837); die Fortgeltung kann sich gem. s. 18 (4) WA 1837 auch lediglich auf einzelne testamentarische Anordnungen des Erblassers beschränken. Ein entsprechender Fortgeltungswille des Erblassers kann sich etwa aus der Bezeichnung eines Begünstigten als „Verlobter" ergeben (*Re Coleman* [1975] 1 All ER 675). Es genügt nicht, wenn der Erblasser lediglich allgemein bestimmt, sein Testament solle durch eine nachträgliche Eheschließung nicht widerrufen werden, da sich die Erwartung auf eine bestimmte Person richten muss (so, für die Lebenspartnerschaft, *Court v. Despallieres* [2010] EWHC 3340).

101 **ee) Wirkungen des Widerrufs.** Durch den Widerruf wird das widerrufene Testament unwirksam. Wird das widerrufende Testament seinerseits widerrufen, so lebt das ursprüngliche Testament grds. nicht wieder auf (s. 22 WA 1837; *In the Goods of Hodgkinson* [1893] P 339), sofern es nicht den gesetzlichen Anforderungen entsprechend neu errichtet wird oder sein Wiederaufleben (*„revival"*) in einem Kodizill des Erblassers angeordnet wird; ein entsprechender Wille kann sich aber auch stillschweigend aus den Erklärungen des Erblassers ergeben (*In the Goods of Davis* [1952] P 279). Ein solches Wiederaufleben setzt jedoch voraus, dass das Testament selbst noch existiert; ein Wiederaufleben vernichteter Testamente ist damit ausgeschlossen (*Rogers v. Goodenough* [1862] 2 Sw&Tr 342).

102 **ff) Änderungen im Testamentstext.** Änderungen, die **vor der förmlichen Testamentserrichtung** vorgenommen werden, werden grds. von der Erfüllung der Formerfordernisse hinsichtlich des gesamten Testaments nach s. 9 WA 1837 erfasst, so dass keine weiteren Förmlichkeiten erfüllt werden müssten. Änderungen **nach Testamentserrichtung** unterliegen gem. s. 21 WA 1837 eigenständig den allgemeinen Formerfordernissen, müssen also unterzeichnet und bezeugt werden (näher *Re White* [1991] Ch 1). Soweit durch die Änderungen der ursprüngliche Testamentstext nicht mehr erkennbar ist (*„not apparent"*), entfällt dadurch insoweit die Wirkung der ursprünglichen Verfügung. Im Zweifel wird **vermutet**, dass etwaige Änderungen des Testamentstextes nachträglich erfolgten.

103 **i) Gemeinschaftliche und gegenseitige Testamente. aa) Gemeinschaftliche Testamente** (*„joint wills"*). Es ist zulässig, dass mehrere Personen auf derselben Urkunde gemeinsam Verfügungen von Todes wegen treffen. In diesem Fall müssen für jede Person die Formerfordernisse von s. 9 WA 1837 erfüllt sein. Wurde das Testament wirksam errichtet, wirkt es so, als hätte jeder Beteiligte ein eigenständiges

Testament über sein Vermögen errichtet (*Re Duddell* [1932] 1 Ch 585). Insbes. bleibt ein Widerruf oder eine Änderung der jeweiligen Testamente frei möglich.

bb) Gegenseitige Testamente *(„mutual wills")*. Bei einem gegenseitigen Testament müssen die beteiligten Personen vereinbart haben, dass sie an ihre jeweiligen Verfügungen, auch über den Tod des Erstversterbenden hinaus, **gebunden** sein wollen, ein späterer Widerruf also ausgeschlossen sein soll. Typisch sind gegenseitige Testamente von Ehegatten, in denen sich diese wechselseitig und danach die gemeinsamen Kinder als Erben einsetzen. Die beiden Testamente brauchen nicht auf derselben Urkunde errichtet zu werden. Entscheidend ist allein die **Vereinbarung wechselseitiger Bindung** zwischen den Beteiligten, die grds. auch mündlich erfolgen kann. Umgekehrt ergibt sich aus der Errichtung eines gemeinschaftlichen Testaments noch nicht ohne Weiteres ein entsprechender Bindungswille der Beteiligten (*Goodchild v. Goodchild* [1997] 1 WLR 1216; vgl. auch *Rauscher* ZEuP 1998, 140 ff.). An die Feststellung einer entsprechenden Vereinbarung werden traditionell strenge Anforderungen gestellt (*Birch v. Curtis* [2002] WTLR 965; *Re Cleaver* [1981] 2 All ER 1018; großzügiger, hinsichtlich einer mündlichen Vereinbarung: *Fry v. Densham-Smith* [2010] EWCA Civ 1410). Grundsätzlich besteht keine persönliche oder inhaltliche Beschränkung hinsichtlich der Zulässigkeit gegenseitiger Testamente. Möglich ist zB auch ein *mutual will* zwischen Geschwistern (*Charles v. Fraser* [2010] EWHC 2154). Auch ist es nicht notwendig, dass sich die Beteiligten gegenseitig begünstigen (*Re Dale* [1993] 4 All ER 129: Einsetzung der gemeinsamen Kinder).

Hinsichtlich der **Bindungswirkung** ist zu unterscheiden: **Zu Lebzeiten aller Beteiligten** bleibt der Widerruf möglich, die andere Partei hat jedoch einen **Anspruch auf Schadensersatz** wegen Vertragsverletzung (→ Rn. 107). Wenn der erste Beteiligte stirbt, nachdem er das Testament widerrufen oder verändert hat, tritt mit seinem Tod keine Bindungswirkung für den Überlebenden ein (*Re Hobley* [2006] WTLR 467). Seit Inkrafttreten des Contracts (Rights of Third Parties) Act 1999 können jedoch die durch die Vereinbarung begünstigten Dritten in bestimmten Fällen noch weitergehende Rechte, selbst gegenüber einer einvernehmlichen Aufhebung durch die Parteien, haben (vgl. Parry/Kerridge Law of Succession Rn. 6–39).

Nach dem Tod des Erstversterbenden entsteht, sofern dieser sein Testament nicht widerrufen hat, grundsätzlich zugunsten der testamentarisch Begünstigten kraft Gesetzes ein sog. *constructive trust* am Nachlass (*Olins v. Walters* [2008] EWCA Civ 782; zum Trust allg. → Rn. 111 ff.). Die Vereinbarung ändert zwar nichts an der grundsätzlichen Widerruflichkeit des Testaments (→ Rn. 95 ff.), die Berechtigung aus dem *constructive trust* bleibt hiervon aber unberührt, so dass der *personal representative* des Zweitversterbenden die im *mutual will* getroffenen Verfügungen ausführen muss (Parry/Kerridge Law of Succession Rn. 6–39). Zulässig bleiben jedoch grds. **Verfügungen unter Lebenden;** das auf diesem Wege veräußerte Vermögen fällt dann auch nicht unter den *constructive trust*. Missbräuchliche Schenkungen in beträchtlicher Höhe, die der Erblasser zur Umgehung seiner Bindung vornimmt, sind jedoch unzulässig (*Re Cleaver* [1981] 1 WLR 939; vgl. auch Mellows Law of Succession/*Margrave-Jones* Rn. 4.25). Eine **erneute Eheschließung** des Überlebenden, die nach s. 18 WA 1837 zum Widerruf früherer Testamente führt (→ Rn. 100), lässt den *constructive trust* unberührt (*Re Goodchild* [1997] 3 All ER 63). Weiterführendes **Schrifttum:** *Liew,* LQR 2016, 664 ff.; *Liew* in Häcker/Mitchell (Hrsg.), Current Issues in Succession Law, 2016, 99 ff.

j) „*Contracts to make a will".* Das englische Recht erlaubt es, sich wirksam zur Errichtung (oder Aufrechterhaltung) einer bestimmten Verfügung von Todes wegen zu verpflichten. Ist der Erblasser dieser Verpflichtung nicht nachgekommen, bleibt eine vereinbarungswidrige Verfügung des Erblassers zwar wirksam, der Begünstigte hat aber einen Schadensersatzanspruch, der nach dem Tod des Erblassers gegenüber dem *personal representative* (→ Rn. 132) geltend zu machen ist. Auf diesem Wege kommt der *contract to make a will* iErg einem Erbvertrag gleich (Flick/Piltz Int. Erbfall/*Cornelius* Rn. 567). Für einen solchen Vertrag gelten nicht die strengen Formvorschriften des Testamentsrechts, sondern die allgemeinen Vertragsformen (Parry/Kerridge Law of Succession Rn. 6-01).

k) Rechtsgeschäfte unter Lebenden auf den Todesfall sowie Vermögensnachfolge beim Tod außerhalb des Erbrechts. aa) Allgemeines. Neben der erbrechtlichen Nachfolgeregelung im Wege testamentarischer Verfügung stehen dem Erblasser im englischen Recht noch andere Möglichkeiten zur Verfügung, die Rechtsnachfolge in sein Vermögen für den Todesfall zu regeln. Die betroffenen Gegenstände fallen dann nicht in den Nachlass und unterliegen nicht der Verwaltung und Verteilung durch den *personal representative*. Die möglichen Gestaltungsformen solcher Rechtsgeschäfte sind zahlreich. Im Folgenden kann nur auf ausgewählte Beispiele eingegangen werden. Weiterführendes **Schrifttum:** Barlow/King/King Wills Kap. 21; zu Vereinbarungen über die Altersversorgung: *Braun* in Häcker/Mitchell (Hrsg.), Current Issues in Succession Law, 2016, 2311 ff.

bb) Schenkung von Todes wegen *(„donatio mortis causa").* Möglich ist insbes. eine Schenkung von Todes wegen, bei der der zugewandte Gegenstand in der Folge eines Rechtsgeschäfts unter Lebenden beim Tod des Zuwendenden unmittelbar auf den Begünstigten übergeht. Nach englischem Recht bestehen insofern drei Voraussetzungen (s. *Sen v. Hedley* [1991] 2 All ER 636): **(1)** Die Zuwendung muss **in Erwartung des Todes** *(„in contemplation of death")* gemacht worden sein, also in Anbetracht der Wahrscheinlichkeit des Todes in naher Zukunft. **(2)** Die Zuwendung muss unter der aufschiebenden **Bedingung des Todes** des Zuwendenden gemacht worden sein. **(3)** Der Gegenstand der Zuwendung muss dem Begünstigten **willentlich übergeben** worden sein. Ausreichend kann insofern eine symbolische Übergabe *(„constructive delivery")* sein, etwa durch Übergabe der Schlüssel (*Re Lillingston* [1952] 2 All ER 184;

zum Fall, dass der Zuwendende einen Satz Schlüssel behält: *Re Craven's Estate* [1937] Ch 423; *Woodard v. Woodard* [1995] 3 All ER 980). Bei Rechten ist häufig die Übergabe eines Legitimationspapiers oder sonstigen Dokuments erforderlich, aus dem sich die Berechtigung ergibt (vgl. *Birch v. Treasury Solicitor* [1951] Ch 298), bei Grundstücken die einschlägigen Urkunden (*"title deed"*, *"land certificate"*). Die Einhaltung der **Testamentsform** nach s. 9 WA 1837 ist dabei **nicht erforderlich**.

110 **Bis zum Tod des Zuwendenden** ist die Schenkung frei widerruflich, jedoch nicht durch Verfügung von Todes wegen (*Jones v. Selby* (1710) Prec Ch 300). Erholt sich der Zuwendende und ist damit die Todesgefahr vorüber, wird die Schenkung automatisch widerrufen. **Stirbt der Zuwendende,** so gilt die Schenkung als unter Lebenden vollzogen und der Begünstigte wird unmittelbar Rechtsinhaber; der Zuwendungsgegenstand fällt damit nicht in den Nachlass. Weiterführendes **Schrifttum:** *Borkowski,* Deathbed Gifts, 1999.

111 **cc) Trust.** Eine Regelung der Vermögensnachfolge von Todes wegen kann auch im Wege eines Trust erfolgen. Beim *"trust"* handelt es sich um ein dem Common Law eigentümliches Rechtsinstitut, das in seiner rechtlichen Ausgestaltung maßgeblich durch die Unterscheidung zwischen *"law"* und *"equity"* geprägt ist. Inhalt des *trust* ist ein treuhänderisches Rechtsverhältnis, bei dem einer Person (*"trustee"*) in Bezug auf eine Vermögensmasse (*"trust res"* oder *"trust property"*) der *"legal title"* zusteht, das Vermögen jedoch einer anderen Person (*"beneficiary"*) zugutekommen soll. In seiner Grundform entsteht der *trust* dadurch, dass der Begründer des *trust* (*"settlor"*, *"grantor"* oder *"trustor"*) das *trust*-Vermögen auf den *trustee* mit der Maßgabe überträgt, es zum Nutzen des *beneficiary* zu verwalten und zu verwenden. Charakteristisch für den *trust* ist die Aufspaltung der dinglichen Berechtigung am *"trust property"*: *"At law"* liegt die Berechtigung (der *"legal title"*) zwar ausschließlich beim *trustee,* *"in equity"* werden jedoch die dem *beneficiary* vom *settlor* mit der Errichtung des *trust* zugedachten Rechte anerkannt. Die Gesamtheit der auf diese Weise begründeten Rechte des *beneficiary* wird als *"equitable title"* bezeichnet, dem aus unserer Sicht auch dingliche Wirkung zukommt. Der *beneficiary* ist demnach nicht, wie bei der Treuhand des deutschen Rechts, auf rein obligatorische Ansprüche gegen den *trustee* beschränkt. Damit lässt sich sagen, dass im Common Law beim *trust* die dingliche Berechtigung hinsichtlich des *trust property* gespalten ist: der *legal title* steht dem *trustee,* der *equitable title* (auch *"equitable"* oder *"beneficial interest"*) dem *beneficiary* zu.

112 Bei der **inhaltlichen Ausgestaltung** der dem *beneficiary* gewährten Rechte ist dem *settlor* eine weitgehende Gestaltungsfreiheit eingeräumt. Die Rechte des *beneficiary* bestimmen sich ihrem Inhalt nach grds. allein nach Maßgabe der Trustbedingungen; ein irgendwie gearteter „Typenzwang" besteht nicht. Der Trust bildet damit ein äußerst flexibles Rechtsinstitut, das zu den verschiedensten Zwecken – und damit auch zur privatautonomen Ausgestaltung der Rechtsnachfolge von Todes wegen – eingesetzt werden kann. So kann der Erblasser etwa bereits **zu Lebzeiten** rechtsgeschäftlich einen Trust errichten (sog. *"inter vivos trust"*); durch entsprechende Ausgestaltung der Trustbedingungen kann er so die Vermögenszuordnung unter Umgehung des Erbrechts für einen längeren Zeitraum festlegen. Einem solchen Trust kann er dann auch durch Verfügung von Todes wegen Vermögen zuwenden. Er kann einen Trust aber auch erst durch **Verfügung von Todes wegen** errichten (sog. *"testamentary trust"*). Bei letzterem müssen die Testamentsformvoraussetzungen von s. 9 WA 1837 (→ Rn. 59ff.) eingehalten werden. Ein Trust kann schließlich auch **kraft Gesetzes** entstehen, wie etwa der *statutory trust* zugunsten von Abkömmlingen des Erblassers gem. s. 47 (1) AEA 1925 (→ Rn. 42).

113 Das englische Trust-Recht ist ein **eigenständiges, komplexes Rechtsgebiet,** das vor allem durch die Grundsätze des **Equity-Rechts** geprägt ist. Weiterführendes **Schrifttum:** Allgemeine Einführung zunächst bei Burrows English Private Law/*Swadling* Rn. 4.140-4.359. Vertiefend *Hanbury/Martin,* Modern Equity, 20. Aufl. 2015; *Hudson,* Equity & Trusts, 9. Aufl. 2016; *Oakley,* Parker & Mellows: The Modern Law of Trusts, 9. Aufl. 2008; *Pearce/Barr,* Pearce & Stevens' Trusts and Equitable Obligations, 6. Aufl. 2014; *Pettit,* Equity and the Law of Trusts, 12. Aufl. 2012; *Virgo,* The Principles of Equity & Trusts, 2. Aufl. 2016; *Watt,* Trusts and Equity, 7. Aufl. 2016. Zur **kollisionsrechtlichen Behandlung** des Trust → Rn. 21 Zur Auslegung eines Testaments, das einen englischen Trust begründen soll, bei deutschem Erbstatut (sog. **Handeln unter falschem Recht**) OLG Schleswig IPRax 2016, 163 mAufs *Dutta* 139 (*trustee* als Dauer-Testamentsvollstrecker, *beneficiary* als Erbe); vgl. auch *Klein* ZVglRWiss 101 (2002), 175 (199).

114 **dd) „Joint tenancy".** Ein Vermögensübergang außerhalb der erbrechtlichen Regeln vollzieht sich auch dann, wenn der Erblasser einen Vermögensgegenstand zusammen mit anderen in Form der *"joint tenancy"* zu eigen hatte, wie dies insbes. bei **Ehegatten** häufig der Fall sein kann. Bei einer *joint tenancy* geht im Todesfall die Berechtigung an dem betreffenden Vermögensgegenstand **unabhängig vom Erbgang** auf den anderen *joint tenant* über (sog. *"right of survivorship"*; Burrows English Private Law/*Swadling* Rn. 4.364; vgl., zum US-amerikanischen Recht, BayObLG 1980, 42 (49f.)). Beim Tod des Letztversterbenden wird der Vermögensgegenstand dann aber nach den allgemeinen erbrechtlichen Regeln vererbt. Mit der Vereinbarung einer *joint tenancy* beim Eigentumserwerb zu Lebzeiten kann also bereits für eine bestimmte Rechtsnachfolge beim späteren Tode eines der Mitberechtigten gesorgt werden. Demgegenüber wird bei der *"tenancy in common"* der jeweilige Anteil der Mitberechtigten nach den allgemeinen erbrechtlichen Regeln vererbt (Burrows English Private Law/*Swadling* Rn. 4.370). Strukturell besteht damit eine Nähe der *joint tenancy* zum Gesamthandseigentum und der *"tenancy in common"* zum Bruchteilseigentum. **Kollisionsrechtlich** sollte die Anwachsung aufgrund des *"right of survivorship"* sachenrechtlich qualifiziert und nach dem Belegenheitsrecht beurteilt werden (Art. 43 EGBGB); die

erbrechtlichen Konsquenzen eines solchen Erwerbs unterstehen aber dem Sachenrechtsstatut; vgl. MüKoBGB/*Dutta* Art. 1 EuErbVO Rn. 34. Weiterführendes **Schrifttum:** *Jülicher* ZEV 2001, 469 (474).

5. Allgemeine Voraussetzungen gesetzlicher oder gewillkürter Erbfolge. a) Erbfähigkeit und 115
Überlebenserfordernis. Erbfähig ist nur, wer zur Zeit des Erbfalls lebt oder bereits gezeugt war (s. 55 (2) AEA 1925). Ist ein Begünstigter **vorverstorben,** so kommt es zu einem *„lapse"* (→ Rn. 92). Ist ungewiss, wer wen überlebt hat, stellt s. 184 Law of Property Act 1925 die widerlegbare **Vermutung** auf, dass der Jüngere den Älteren überlebt hat (zu Auslegung des „Ungewissheitserfordernisses" und damit verbundenen Beweislastfragen *Hickman v. Peacey* [1945] AC 304; *Re Bate* [1947] 2 All ER 418). Für das **gesetzliche Erbrecht des überlebenden Ehegatten** muss dieser den Erblasser gem. s. 46 (2A) AEA 1925 sogar um **28 Tage** überlebt haben (→ Rn. 30).

b) **Erbunwürdigkeit** *(„forfeiture").* Nach der von der Rspr. entwickelten *„forfeiture rule"* können 116 Personen, die den Erblasser widerrechtlich getötet haben, keine Rechte hieraus erwerben (aus neuerer Zeit *Jones v. Roberts* [1995] 2 FLR 422); dies gilt sowohl für die gesetzliche wie für die gewillkürte Erbfolge. Erfasst sind insbes. Fälle von Mord *(murder)* oder Totschlag *(manslaughter)* im Sinne des englischen Strafrechts. Wie weit die *forfeiture rule* darüber hinaus reicht, ist iE unklar. Die Frage der grundsätzlichen Anwendbarkeit der Regel wird überlagert durch den **Forfeiture Act 1982,** nach dem das Gericht unter Billigkeitserwägungen im Einzelfall von der *forfeiture rule* befreien kann, sofern der Täter nicht wegen Mordes verurteilt wurde (s. 5 Forfeiture Act 1982). Beispiele aus der Rspr.: *Re K* [1985] Ch 85: Tötung des Ehemannes, der seine Frau körperlich misshandelt hatte; *Dunbar v. Plant* [1998] Ch 442: gemeinsamer Selbstmordversuch junger Verlobter, den die Frau überlebt hat.

Wird der Täter wegen **Schuldunfähigkeit** freigesprochen, so findet die Regel keine Anwendung (*Re* 117 *Houghton* [1915] 2 Ch 173). In Fällen **verminderter Schuldfähigkeit** kommt es auf die Umstände des Einzelfalls an (angewandt in *Re Giles* [1971] 3 All ER 1141; *Re Royse* [1984] 3 All ER 339; *Re K* [1985] Ch 85; nicht angewandt in *Re H* [1990] 1 FLR 441). Eine vorherige strafrechtliche Verurteilung ist nicht erforderlich; die Tat kann auch vom zuständigen Zivilgericht festgestellt werden (*Re Dellow's WT* [1964] 1 All ER 771).

Rechtsfolge der Erbunwürdigkeit ist, dass der (kraft Gesetzes oder Testaments) dem Täter zugedachte 118 Gegenstand in den Restnachlass fällt. Abkömmlinge des Täters waren bislang ebenfalls von der Erbfolge ausgeschlossen, soweit ihr Erbrecht von demjenigen des Täters abhängt (*In the Estate of Crippen* [1911] P 108; *Re DWS* [2001] Ch 568). Mit Wirkung ab 1.2.2012 hat jedoch der **Estates of Deceased Persons (Forfeiture Rule and Law of Succession) Act 2011** eine neue s. 46A in den AEA 1928 (für die gesetzliche Erbfolge) und eine neue s. 33A in den WA 1837 (für die gewillkürte Erbfolge) eingefügt, wonach der erbunwürdige Täter lediglich als **vorverstorben** gilt. Für die testamentarische Erbfolge führt dies zu einem *„lapse",* sofern nicht gem. s. 33 WA 1837 die Abkömmlinge einrücken (→ Rn. 92 f.). Weiterführendes **Schrifttum:** *Williams* in Häcker/Mitchell (Hrsg.), Current Issues in Succession Law, 2016, 51 ff.

c) **Ausschlagung** *(„disclaimer").* Der Begünstigte kann Vermögenszuwendungen sowohl bei der ge- 119 setzlichen als auch bei der gewillkürten Erbfolge ausschlagen. Der Gegenstand der Zuwendung fällt dann in den Restnachlass. Nach der neuen s. 46A AEA 1928 (gesetzliche Erbfolge) bzw. der neuen s. 33A WA 1837 (gewillkürte Erbfolge) gilt der ausschlagende Begünstigte als **vorverstorben** (→ Rn. 118). Bei gesetzlicher Erbfolge fällt die Zuwendung dann an die sonstigen Verwandten (vgl. *Re Scott* [1975] 2 All ER 1033). Bei testamentarischer Erbfolge kommt es (vorbehaltlich s. 33 WA 1837) zu einem *„lapse"* (→ Rn. 92f.). **Motive** für eine Ausschlagung können sich (nachdem der Begünstigte als solcher nicht für Nachlassverbindlichkeiten haftet) insbes. im Hinblick auf die Beeinflussung der Rechtsnachfolge von Todes wegen unter steuerlichen Gesichtspunkten ergeben.

Die Ausschlagung erfordert **keine besondere Form oder Frist;** sie kann auch stillschweigend erfolgen, 120 wird aber regelmäßig zumindest schriftlich oder in Form einer Urkunde *(„deed")* vorgenommen. Adressat ist der *personal representative* (→ Rn. 132). Die Ausschlagung ist ausgeschlossen, wenn bereits eine eindeutige **Annahme** erfolgte (*Re Hodge* [1940] Ch 260). Ein **Widerruf der Ausschlagung** ist möglich, solange kein Beteiligter seine Position im Vertrauen auf die Ausschlagung geändert hat (*Re Cranstoun* [1949] Ch 253). Der Begünstigte kann **verschiedene Vermögenszuwendungen** jeweils für sich ausschlagen oder annehmen. Bei einer **einheitlichen Zuwendung** einer Vermögensgesamtheit muss die Ausschlagung bzw. Annahme jedoch einheitlich erfolgen (*Re Joel* [1943] Ch 311).

6. Pflichtteilsrecht: *„Family provision".* **a) Allgemeines.** Im englischen Recht wird die Testierfreiheit 121 des Erblassers weder durch ein Pflichtteils- noch durch ein Noterbrecht beschränkt. Ein entsprechender Schutz wird jedoch in Form der sog. *„family provision"* durch den **Inheritance (Provision for Family and Dependants) Act 1975** (IA 1975) gewährt. Auf dessen Grundlage können die Gerichte nach ihrem Ermessen bedürftigen Angehörigen auf Antrag Rechte gegen den Nachlass gewähren, soweit diese Angehörigen im Wege der testamentarischen oder gesetzlichen Erbfolge keine angemessene finanzielle Versorgung erlangen. Besondere Bedeutung hat dies etwa für Abkömmlinge des Erblassers im Hinblick auf die starke Stellung des überlebenden Ehegatten bei gesetzlicher Erbfolge (→ Rn. 39; Süß ErbR/*Odersky* Rn. 51). Weiterführendes **Schrifttum:** *Tyler/Oughton,* Tyler's Family Provision, 3. Aufl. 1997; *Trulsen,* Pflichtteilsrecht und englische family provision im Vergleich, 2004; zur **Reform** durch den ITPA 2014 *Probert* in Häcker/Mitchell (Hrsg.), Current Issues in Succession Law, 2016, 31 ff.; zur **Vereinbarkeit mit dem deutschen ordre public** *Röthel,* FS von Hoffmann 2011, 348 ff.

120 England und Wales

122 b) **Letztes *domicile* des Erblassers in England/Wales.** Voraussetzung ist zunächst, dass der Erblasser sein letztes *domicile* (→ Rn. 4 ff.) in England/Wales hatte (s. 1 (1) IA 1975; vgl. *Cyganik v. Agulian* [2006] EWCA Civ 129). Dass sich der Erblasser dort illegal aufhielt, ist irrelevant (*Witkouska v. Kaminksi* [2006] WLTR 1293). Das *domicile* des Antragstellers ist unerheblich (Süß ErbR/*Odersky* Rn. 52).

123 c) **Berechtigter Personenkreis.** Zum Antrag auf Gewährung einer *family provision* sind gem. s. 1 (1) IA 1975 folgende Personen berechtigt: **(a) Ehegatte oder eingetragener Lebenspartner** (→ Rn. 32) des Erblassers; unter bestimmten Voraussetzungen berechtigt auch eine nichtige Ehe (*void marriage*, → Rn. 100) zur *family provision* gem. s. 25 (4) IA 1975; in diesem Zusammenhang anerkannt wurde auch eine polygame Ehe (*Re Sehota* [1978] 3 All ER 385); **(b) ein früherer Ehegatte** (oder eingetragener Lebenspartner), der keine weitere Ehe eingegangen ist; im Scheidungs- oder Aufhebungsurteil kann jedoch gem. s. 15 (1) IA 1975 die spätere Anordnung einer *family provision* ausgeschlossen werden, etwa zur Absicherung einer in diesem Zusammenhang erfolgten abschließenden Vermögensauseinandersetzung; **(c)** eine sonstige Person, die mit dem Erblasser mindestens während der letzten zwei Jahre unmittelbar vor dem Erbfall in demselben Haushalt **als Ehegatte oder *civil partner* zusammengelebt** hat *(„cohabitant")*; erforderlich ist insofern ein offenes und unzweideutiges Zusammenleben (*Lindop v. Agus* [2009] EWHC 1795); ob auch sexuelle Beziehungen zwischen den Beteiligten bestanden haben, ist unerheblich (*Re Watson* [1999] 1 FLR 878); **(d) Kinder** des Erblassers, unabhängig von ihrem Alter; erfasst sind auch nichteheliche Kinder und Adoptivkinder, nicht jedoch Stiefkinder (diese können jedoch über lit. d oder e erfasst sein); **(e)** Personen, die vom Erblasser in Bezug auf eine Ehe (oder eine eingetragene Lebenspartnerschaft) **als Kind der Familie** behandelt worden sind; **(f)** Personen, die unmittelbar vor dem Erbfall vom Erblasser **ganz oder teilweise unterhalten** worden sind; dies ist gem. s. 1 (3) IA 1975 der Fall, wenn der Erblasser einen substantiellen geldwerten Beitrag zu den angemessenen Bedürfnissen dieser Person geleistet hat, ohne hierfür vollen Gegenwert erhalten zu haben; Beispiele aus der Rspr.: *Rees v. Newberry* [1998] 1 FLR 1041: Überlassung einer Wohnung für deutlich weniger als die marktübliche Miete erfasst; *Grundy v. Ottey* [2003] WTLR 1253: Einzelzuwendung eines Pkw nicht ausreichend; *Bishop v. Plumley* [1991] 1 All E. R. 236: besonders aufopfernde Pflege keine (das Recht auf *family provision* ausschließende) Gegenleistung.

124 d) **Frist.** Der Antrag auf Anordnung einer *family provision* muss gem. s. 4 IA 1975 spätestens **sechs Monate** nach erstmaligem *„grant of representation"* hinsichtlich des Nachlasses (→ Rn. 132) beim zuständigen Gericht gestellt werden. Die Antragstellung kann auch noch nach Fristablauf nach Ermessen des Gerichts zugelassen werden (zu den hierbei relevanten Kriterien im Allgemeinen *Re Salmon* [1980] 3 All ER 532; bei besonderen Erfolgsaussichten in der Sache wird die Zulassung großzügig gehandhabt; vgl. *Stock v. Brown* [1994] 1 FLR 840; *Re Dennis* [1981] 2 All ER 140; *Re McNulty* [2002] WTLR 737, wo ein Antrag selbst nach drei Jahren noch zugelassen wurde). **Zuständiges Gericht** ist (mit weitgehender Wahlmöglichkeit des Antragstellers) die Chancery Division, die Family Division des High Court oder der County Court (eing., mit Beispielen, Williams/Mortimer/Sunnocks Executors Rn. 59-01 ff.).

125 e) **Bedürftigkeit.** Die Anordnung von *family provision* setzt voraus, dass der Antragsteller **keine angemessene finanzielle Versorgung** (*„reasonable financial provision"*) erlangt hat. Dies gilt für die gewillkürte Erbfolge ebenso wie für die gesetzliche Erbfolge; in beiden Fällen kann es also zu einer entsprechenden Anordnung kommen. Bei der gesetzlichen Erbfolge kann dies insbes. für Kinder des Erblassers gegenüber dessen überlebendem Ehegatten (→ Rn. 33 ff.) oder für den nichtehelichen Lebenspartner des Erblassers (vgl. *Re Evans* [2011] EWHC 945) Bedeutung erlangen. Der Maßstab für die Beurteilung der Angemessenheit ist **objektiv** und unterscheidet sich danach, ob es sich um den überlebenden Ehegatten oder sonstige Antragsberechtigten handelt.

126 Für den **überlebenden Ehegatte** (sog. *„surviving spouse standard"*) stellt s. 1 (2)(a) IA 1975 auf die finanzielle Versorgung ab, die angesichts aller Umstände für einen Ehegatten als angemessen erscheint, *unabhängig* davon, ob diese für seinen Unterhalt erforderlich ist (Entsprechendes gilt gem. s. 1 (2)(aa) für den eingetragenen Lebenspartner). Nach s. 3 (2) IA 1975 soll das Gericht dabei berücksichtigen, welche Versorgung der Ehegatte im Falle der Scheidung erlangt hätte. Wie eng sich das Gericht an den diesbezüglichen Regeln zu orientieren hat, wurde in der englischen Rspr. nicht ganz einheitlich beurteilt. Die Gerichte neigten zunehmend dazu, in der Vermögensverteilung bei Scheidung nur einen ersten Orientierungspunkt zu sehen, der gegenüber anderen Gesichtspunkten abzuwägen ist; vgl. insbes. *Re Besterman* [1984] 2 All ER 656; *Re Krubert* [1996] 3 WLR 959; *Singer v. Isaac* [2001] WTLR 1045. Diese Praxis wurde in einer Ergänzung der s. 3 (2) IA 1975 durch die Reform von 2014 ausdrücklich bestätigt.

127 Für alle **sonstigen Berechtigten** stellt s. 1 (2)(b) IA 1975 auf die finanzielle Versorgung ab, die angesichts aller Umstände für den Unterhalt der betreffenden Person als angemessen erscheint (sog. *„maintenance standard"*). Wie hoch dieser Betrag anzusetzen ist, ist gesetzlich nicht näher geregelt; vgl. insofern etwa *Re Coventry* [1979] 3 All ER 815; *Re Dennis* [1981] 2 All ER 140. Hinsichtlich **volljähriger Kinder** wurde der ursprünglich restriktivere Standard der Rspr. in neuerer Zeit etwas gelockert (vgl. insofern insbes. *Re Hancock* [1998] 2 FLR 346; *Ilott v. Mitson* [2011] EWCA Civ 346): danach soll es nicht mehr *notwendig* auf eine „moralische" Verpflichtung oder sonstige besondere Umstände (Krankheit, Berufsunfähigkeit) ankommen; gleichwohl sind solche Umstände tendenziell geeignet, die Bedürftigkeit eines volljährigen Kindes zu begründen; bei berufstätigen Kindern sollen sie weiterhin erforderlich sein. Typische Beispiele für eine Berechtigung volljähriger Kinder sind Fälle, in denen die Kinder längere Zeit ohne angemessene Entlohnung im Geschäft der Eltern mitgearbeitet haben; vgl. etwa *Re Abram* [1996] 2 FLR 379; *Re Pearce* [1998] 2 FLR 705. Eine zumindest restriktivere Tendenz deutet sich indes an durch die

II. Materielles Recht   **England und Wales   120**

Entscheidung des Supreme Court in Sachen *Ilott v. Blue Cross* [2017] UKSC 17 (betr. eine volljährige Tochter, die seit 26 Jahren mit der Erblasserin keinen Kontakt mehr hatte; auch in diesem Fall wurde aber immerhin eine *family provision* von £ 50,000 zuerkannt (vgl. → Rn. 130) Für **frühere Ehegatten** wird, auch ohne Ausschluss gem. s. 15 (1) IA 1975 (→ Rn. 123), nur in besonderen Ausnahmefällen *family provision* angeordnet; vgl. *Re Fullard* [1981] 2 All ER 796; *Barrass v. Harding* [2001] 1 FLR 138; Bsp. eines erfolgreichen Antrags in *Re Farrow* [1987] 1 FLR 205.

f) Inhalt der Anordnung. Sind die Voraussetzungen für die Gewährung einer *family provision* erfüllt,   **128** so eröffnet s. 2 (1) IA 1975 dem Gericht einen weiten Kreis möglicher Anordnungen: **(a) wiederkehrende Zahlungen** über einen vom Gericht zu bestimmenden Zeitraum; zu deren Erfüllung kann gem. s. 2 (3) ein Teil des Nachlasses zurückgestellt werden; **(b) Einmalzahlungen; (c) Übertragung bestimmter Nachlassgegenstände; (d) treuhänderische Bindung** (*„settlement"*) **von Nachlassvermögen**, insbes. zugunsten minderjähriger Berechtigter; **(e) Erwerb von Vermögensgegenständen** aus Nachlassmitteln zugunsten des Berechtigten; **(f) Anpassung von Vereinbarungen zwischen dem Erblasser und seinem Ehegatten** zugunsten des Berechtigten (Entsprechendes gilt gem. lit. g für die eingetragene Lebenspartnerschaft); **(g) Änderung der Bedingungen eines** *trust*, in den Nachlassvermögen eingebracht ist.

Gem. s. 2 (4) IA 1975 steht es im Ermessen des Gerichtes zu bestimmen, welche Nachlassteile bzw.   **129** welche gesetzlich oder testamentarisch Begünstigten durch die Anordnung der *family provision* **belastet** werden. Zulässig ist auch eine **einstweilige Anordnung** gem. s. 5 IA 1975. Eine nachträgliche **Änderung** der Anordnung ist nur für wiederkehrende Zahlungen gem. s. 6 IA 1975 möglich.

g) Entscheidungskriterien. Die für die Beurteilung der Bedürftigkeit wie für den konkreten Inhalt   **130** der gerichtlichen Anordnung relevanten Kriterien sind in s. 3 IA 1975 niedergelegt. **Allgemein** hat das Gericht gem. s. 3 (1) die finanzielle Lage und Bedürftigkeit des Antragstellers, etwaiger konkurrierender Antragsteller und der testamentarisch oder gesetzlich erbberechtigten Personen, die Verpflichtungen des Erblassers, Art und Größe des Nachlasses, Behinderungen des Antragstellers oder erbberechtigter Personen sowie sonstige Umstände zu berücksichtigen. Die Bandbreite des gerichtlichen Ermessens bei der Abwägung dieser Kriterien und der Bemessung der *family provision* illustriert das Verfahren in Sachen *Ilott v. Blue Cross* [2017] UKSC 17 (bei einem Nachlass von £ 486.000 in erster Instanz £ 50,000, in zweiter Instanz £ 163,000; der Supreme Court stellte die erstinstanzliche Entscheidung wieder her; zum Verfahren näher *Douglas*, LQR 2016, 20 ff.; vgl. → Rn. 127). Inwieweit bei der Beurteilung der finanziellen Lage und Bedürftigkeit des Antragstellers auch **Sozialleistungen** zu berücksichtigen sind, wird in der Rspr. nicht ganz einheitlich beurteilt (grds. gegen Berücksichtigung *Re Collins* [1990] 2 All ER 47). Bei **geringwertigen Nachlässen** wird *family provision* eher ablehnend beurteilt (vgl. *Re Fullard* [1981] 2 All ER 766). Als sonstige Umstände können auch das **Verhalten des Antragstellers** oder sonstiger Beteiligter (*Espinosa v. Bourke* [1999] 1 FLR 747; *Stephanides v. Cohen* [2002] WTLR 1373) sowie die **vom Erblasser geäußerten Gründe** für seine Verfügung berücksichtigt werden, aber nur, soweit diese nach Beurteilung des Gerichts für die „angemessene" Bemessung der *family provision* relevant sind (vgl. Parry/Kerridge Law of Succession Rn. 8–31). – Daneben enthält s. 3 (2)–(4) noch **spezielle Kriterien** für die verschiedenen Antragsberechtigten gem. s. 1 (1) IA 1975 (→ Rn. 123). Für den **überlebenden Ehegatten** etwa sind sein Alter, die Dauer der Ehe sowie sein Beitrag zum Unterhalt der Familie zu berücksichtigen.

h) Schutz vor beeinträchtigenden Rechtsgeschäften des Erblassers. Die Regeln der ss. 10–13 IA   **131** 1975 gewähren einen Schutz gegenüber Rechtsgeschäften des Erblassers, durch die dieser den Nachlass zu Lasten der *family provision* vermindert. Erfasst sind Verfügungen (s. 10) und Verpflichtungsgeschäfte auf den Todesfall (s. 11), die der Erblasser in der Absicht vorgenommen hat, Ansprüche auf *family provision* nach dem IA 1975 zu vereiteln, und bei denen keine vollwertige Gegenleistung erbracht wurde. Hier kann das Gericht die Rückgewähr durch den Begünstigten verlangen, sofern dies die Anordnung von *family provision* zugunsten eines Antragsberechtigten fördern würde. Was die Umgehungsabsicht des Erblassers anbelangt, genügt es, wenn dieser allgemein Ansprüche gegen den Nachlass vereiteln wollte (*Hanbury v. Hanbury* [1999] 2 FLR 255). Die Rückabwicklung von Verfügungen ist auf solche beschränkt, die in den letzten sechs Jahren vor dem Erbfall vorgenommen wurden.

7. Nachlassverwaltung. a) Grundlagen. Nach englischem Erbrecht unterliegt der Nachlass generell   **132** einer Verwaltung durch den sog. *„personal representative"*, der grds. in die Stellung des Erblassers einrückt. Dieser ist entweder der vom Erblasser ernannte *„executor"* oder der vom Gericht ernannte *„administrator"*. Zum Nachweis seiner Stellung als Nachlassverwalter erhält der *personal representative* ein entsprechendes **Zeugnis** (allg.: *„grant of representation"*), beim *executor* handelt es sich um den *„grant of probate"*, beim *administrator* um den *„grant of letters of administration"*. Grundsätzlich ist niemand befugt, über das Vermögen einer verstorbenen Person zu verfügen, ohne zuvor eine entsprechende gerichtliche Ermächtigung erhalten zu haben (*New York Breweries Co. v. Att.-Gen.* [1899] AC 62). Das Verfahren ergibt sich insbes. aus den Non-Contentious Probate Rules 1987 (**NCPR**); zur Zuständigkeit und zum Verfahren → Rn. 172 ff.

b) Auswahl des *personal representative*. **aa) Allgemeines.** Als *personal representative* kann grds. jede   **133** volljährige, geschäftsfähige Person, aber insbes. auch eine sog. *„trust corporation"* ernannt werden (s. 115 Senior Courts Act 1981); zur Ausstellung eines zeitlich beschränkten Zeugnisses bei Minderjährigkeit des testamentarisch eingesetzten *executor* auch → Rn. 176. Unter den **natürlichen Personen**

120 England und Wales

können insbes. auch nahestehende Personen wie Familienangehörige oder Freunde ernannt werden. Dass die betreffende Person selbst gesetzlich oder testamentarisch begründete Rechte am Nachlass hat, steht der Ernennung als *personal representative* nicht entgegen, ist sogar typischerweise ein Gesichtspunkt, der gerade *für* die Ernennung spricht. Insbes. wird regelmäßig ein „Alleinerbe" zugleich auch testamentarisch als *executor* eingesetzt, was im englischen Recht zulässig ist.

134 Bestellt werden können auch **berufsmäßige Verwalter**, etwa Rechtsanwälte *(solicitors)*, Banken oder allgemein Treuhandgesellschaften *(trust corporations)*. Möglich (und durchaus gebräuchlich) ist es auch, eine Anwaltskanzlei testamentarisch als Verwalter einzusetzen; dabei kann auch der (unverbindliche) Wunsch geäußert werden, dass ein bestimmter Anwalt tätig werde (sog. *„Horgan clause"*, vgl. *Re Horgan* [1971] P 50). Zur **Entgeltlichkeit** der Tätigkeit professioneller Nachlassverwalter → Rn. 162.

135 Stehen **mehrere Personen** gleichrangig als *personal representative* zur Auswahl, so ist ggf. eine gerichtliche Entscheidung nach Maßgabe von r. 27 NCPR erforderlich.

136 **bb) *Executor*.** Wird der *personal representative* vom Erblasser im Testament ernannt, so heißt er *„executor"*. Der Erblasser kann **einen oder mehrere Personen** benennen. In der Praxis üblich ist die Ernennung von **zwei** *executors* (außer, es ist nur *ein* Begünstigter vorhanden, dann wird dieser meist auch als *executor* eingesetzt), der Erblasser ist in der Zahl der von ihm benannten *executors* jedoch nicht beschränkt. Allerdings erhalten gem. s. 114 (1) Senior Courts Act 1981 jeweils nur höchstens **vier** (in der Reihenfolge ihrer Nennung) das *probate* für denselben Nachlassteil. Die Ernennung kann **bedingt, befristet** sowie **örtlich oder sachlich beschränkt** erfolgen (Burrows English Private Law/*Kerridge* Rn. 7.201); so können etwa verschiedene *executors* für verschiedene Teile des Nachlasses eingesetzt werden (diese erhalten dann jeweils *limited grants of probate*; → Rn. 176). Möglich ist auch Bestellung eines **Ersatzverwalters**.

137 Die Einsetzung einer bestimmten Person kann sich auch **konkludent** aus dem Inhalt des Testaments ergeben (sog. *„executor according to the tenor"*; Williams/Mortimer/Sunnucks Executors Rn. 3–13). Dies ist dann der Fall, wenn der Erblasser eine solche Person mit den typischen Aufgaben eines *executor* (also insbes. mit der Tilgung der Verbindlichkeiten und der Nachlassverteilung; → Rn. 145) betraut (zB *In the Goods of Cook* [1902] P 115; *In the Estate of Fawcett* [1941] P 85). Aus der Einsetzung als Alleinerbe ergibt sich indes noch keine stillschweigende Einsetzung als *executor* (*Re Pryse* [1904] P 301). Ferner kann der Erblasser auch **einen Dritten ermächtigen**, den *personal representative* zu bestimmen. Hat der Erblasser seinen **Ehegatten** als *executor* ernannt (was möglich ist, → Rn. 133), so entfällt diese Ernennung bei späterer Scheidung oder Aufhebung der Ehe gem. s. 18A WA 1837 (→ Rn. 94).

138 Das Gericht kann von der Erteilung des *probate* an den vom Erblasser bestimmten Verwalter gem. s. 116 Senior Courts Act 1981 **bei Vorliegen besonderer Umstände absehen** (zB *In the Estate of S* [1968] P 302: vorgesehene *executrix* verbüßte lebenslange Freiheitsstrafe wegen Tötung des Erblassers).

139 Eine **mehrstufige Testamentsvollstreckung** (sog. *„chain of representation"*) wird durch s. 7 AEA 1925 bewirkt: Stirbt der einzige verbleibende *executor* eines Nachlasses, so tritt ggf. dessen *executor* an seine Stelle und verwaltet damit sowohl den Nachlass des ursprünglichen Erblassers als auch denjenigen des verstorbenen *executor*. Dies setzt voraus, dass er das *probate* für das zweite Testament erwirkt; dieses begründet dann aber ohne Weiteres seine Stellung als *personal representative* für den ersten Nachlass. Der nachrückende *executor* kann das Amt somit nur für beide Nachlässe insgesamt annehmen oder ablehnen. Eine solche mehrstufige Testamentsvollstreckung kommt nur bei testamentarisch eingesetzten *executors* in Betracht; Willliams/Mortimer/Sunnucks Executors Rn. 4–16.

140 **cc) *Administrator*.** Hat der Erblasser kein Testament errichtet oder in seinem Testament keinen *executor* ernannt, so obliegt die Bestimmung des *personal representative* dem Gericht. **Hinterlässt der Erblasser kein Testament**, so ist der *administrator* gem. r. 22 (1) NCPR aus dem Kreise der **gesetzlich Erbberechtigten** nach folgender Rangfolge zu bestimmen: Ehegatte, Kinder des Erblassers bzw. deren Abkömmlinge, Eltern des Erblassers, vollbürtige Geschwister des Erblassers bzw. deren Abkömmlinge, halbbürtige Geschwister des Erblassers bzw. deren Abkömmlinge, Großeltern des Erblassers, vollbürtige Onkel und Tanten des Erblassers bzw. deren Abkömmlinge, halbbürtige Onkel und Tanten des Erblassers bzw. deren Abkömmlinge. – Übernimmt keiner der hiernach Berechtigten das Amt, so können gem. r. 22 (3) NCPR auf Antrag auch **Gläubiger** des Erblassers zum *administrator* ernannt werden. Ist einer der berechtigten Verwandten nach dem Erbfall verstorben, hat gem. r. 22 (4) NCPR dessen *personal representative* an seiner Stelle Anspruch auf Ernennung.

141 Hinterlässt der Erblasser ein Testament, ohne einen *executor* zu ernennen, so wird vom Gericht ein sog. *administrator with the will annexed* bestimmt (den *letters of administration* wird das Testament beigefügt, an dessen Vorgaben der Verwalter gebunden ist). Dessen Person wird gem. r. 20 NCPR nach folgender Rangfolge bestimmt: *trustees* (→ Rn. 111) des Restnachlasses, Begünstigte des Restnachlasses bzw. deren *personal representative*, sonstige Begünstigte oder Gläubiger bzw. deren *personal representative*.

142 **c) Antritt des Amtes. aa) *Executor*.** Die Stellung des *executor* erwächst nach englischem Verständnis unmittelbar aus dem Testament und seiner Ernennung durch den Erblasser. Der *executor* wird folglich (sofern er volljährig ist, → Rn. 133) **mit Wirkung ab dem Erbfall Rechtsträger des gesamten Nachlasses** und ist ab diesem Zeitpunkt befugt, für den Nachlass zu handeln. Das ihm erteilte Zeugnis („*grant of probate*"; → Rn. 174) hat damit nur **deklaratorische Bedeutung**, es wird aber gleichwohl in der Praxis zum Nachweis seiner Rechtsstellung benötigt (Parry/Kerridge Law of Succession Rn. 18–21).

Der *executor* ist grds. **frei**, das Amt (ohne Angabe von Gründen) **zu übernehmen oder abzulehnen** (Burrows English Private Law/*Kerridge* Rn. 7.210). Die **Ablehnung** muss schriftlich gegenüber dem *probate registry* erfolgen. Das Gericht kann den *executor* gem. s. 112 Senior Courts Act 1981 auffordern, sich in dieser Hinsicht förmlich zu erklären. Im Falle der Ablehnung gilt die automatische Rechtsnachfolge als nicht eingetreten. 143

bb) *Administrator*. Der *administrator* wird erst nach Ernennung durch das Gericht durch die Erteilung der Ernennungsurkunde *("letters of administration")* Inhaber des Nachlasses und berechtigt, für diesen zu handeln; die Erteilung der Urkunde wirkt hier also **konstitutiv**. Vorher kann der *administrator* grds. nicht wirksam für den Nachlass handeln (*Mills v. Anderson* [1984] QB 704); der Nachlass ruht während dieser Zeit formal beim *"Public Trustee"* (s. 9 AEA 1925). Sind die *letters of administration* erteilt, so kann der *administrator* kraft seiner Verwaltungsbefugnis aber auch Rechte aus Vorgängen geltend machen, die sich zwischen dem Erbfall und der Erteilung der *letters* ereignet haben (sog. *"doctrine of relation back"*; vgl. Williams/Mortimer/Sunnucks Executors Rn. 8–11 ff.). Bei bestimmten **geringfügigen Beträgen** (Grenze: £ 5.000) kann eine Leistung an den *personal representative* auch ohne Vorlage eines Zeugnisses erbracht werden (vgl. Administration of Estates (Small Payments) Act 1965; näher Parry/Kerridge Law of Succession Rn. 18–25 ff.). Auch der nach r. 22 (1) NCPR auszuwählende *administrator* ist nicht gezwungen, das Amt anzunehmen. 144

d) Aufgaben und Befugnisse des *personal representative*. aa) Allgemeines. Die Aufgaben und Befugnisse sind für alle *personal representatives* (*executors* und *administrators*) einheitlich geregelt. Ihnen obliegt ganz allgemein die **Nachlassverwaltung** *(administration of the estate)*. Zu diesem Zweck haben sie den Nachlass in Besitz zu nehmen, die Nachlassschulden zu begleichen, die Zuwendungen von Todes wegen (*"gifts"*, → Rn. 74) zu erfüllen und dann den verbleibenden Nachlass (*"residue"* oder *"residuary estate";* → Rn. 27) an die insofern kraft Testaments oder gesetzlicher Erbfolgeregelung Begünstigten zu verteilen. Die einzelnen Befugnisse ergeben sich aus dem **AEA 1925**, dem Trustee **Act 1925**, dem **Trustee Act 2000** (zur Anwendbarkeit auf *personal representatives* s. 35) sowie, wenn im Nachlass Grundvermögen enthalten ist, aus dem Trusts of Land and Appointment of Trustees Act 1996 (zur Anwendbarkeit auf *personal representatives* s. 18). Detaillierte Darstellung bei Barlow/King/King Wills Rn. 11.01 ff. 145

bb) Ermittlung und Inbesitznahme des Nachlasses. Nach **altem Common Law** fiel lediglich der bewegliche Nachlass an den *personal representative*, während der unbewegliche Nachlass unmittelbar auf die gesetzlichen oder testamentarischen Erben überging und auch nur nachrangig für die Nachlassschulden haftete. Diese grundsätzliche Unterscheidung zwischen beweglichem und unbeweglichem Nachlass wurde jedoch Ende des 19. Jahrhunderts aufgehoben; dementsprechend bestimmt s. 1 AEA 1925 ausdrücklich, dass der unbewegliche Nachlass auf den *personal representative* übergeht. Dass dasselbe auch für den beweglichen Nachlass gilt, ergab sich schon aus der traditionellen Regel und musste nicht mehr besonders angeordnet werden. Gleichwohl wirkt die frühere Trennung in manchen Einzelfragen, zT auch nur auf begrifflicher Ebene, noch fort. 146

Nicht in den Nachlass fallen Rechte des Erblassers, die mit dem Tode enden, also etwa der Anteil an einer *joint tenancy* (→ Rn. 114) oder ein *life interest* (vgl. → Rn. 82). 147

Kraft seines Amtes ist der *personal representative* zur **Inbesitznahme und Einziehung von Nachlassgegenständen**, erforderlichenfalls auch im Klagewege, befugt; ggf. hat er ein **Inventar** zu erstellen (s. 25 AEA 1925). 148

cc) Ermittlung und Begleichung der Nachlassverbindlichkeiten. Der *personal representative* muss die Nachlassverbindlichkeiten umfassend ermitteln und vor Verteilung des Nachlasses an die Begünstigten begleichen. Verteilt er vorzeitig (ggf. auch gutgläubig in Unkenntnis des Bestehens weiterer Verbindlichkeiten) an die Begünstigten, so unterliegt er einer **persönlichen Haftung** für die unerfüllten Nachlassverbindlichkeiten (Williams/Mortimer/Sunnucks Executors Rn. 50-03, 52-02; → Rn. 164). Der *personal representative* kann jedoch gem. s. 27 Trustee Act 1925 durch ein **öffentliches Aufgebot** etwaige Nachlassgläubiger auffordern, ihre Forderungen innerhalb einer Frist von mindestens zwei Monaten anzumelden. Nach Ablauf der Frist kann der *personal representative* den Nachlass auf Grundlage der ihm bekannten Forderungen verteilen (vgl. Re Aldhous [1955] 1 WLR 459). Dem beeinträchtigten Nachlassgläubiger bleibt allenfalls die Möglichkeit, gegen die befriedigten Begünstigten vorzugehen (→ Rn. 171). 149

Für die Nachlassverbindlichkeiten haftet gem. s. 32 (1) AEA 1925 das **gesamte bewegliche und unbewegliche Vermögen des Erblassers**. Ausgenommen ist Vermögen, das dem Erblasser lediglich als *trustee* zustand und an dem er keinen eigenen *beneficial interest* hat (Re Webb [1941] Ch 225; → Rn. 111 f.). 150

Die **Reihenfolge der Verwertung von Nachlassgegenständen** zur Begleichung der Nachlassverbindlichkeiten wird als *"abatement"* bezeichnet (vgl. Parry/Kerridge Law of Succession Rn. 14–53 ff.) und ergibt sich für den solventen Nachlass aus s. 34 (3) AEA 1925 iVm Part II des First Schedule. Heranzuziehen ist vom *personal representative* der Reihe nach: (1) Vermögen, über das keine Verfügung von Todes wegen vorliegt; (2) Vermögen, das keiner speziellen Zuwendung (*specific gift;* → Rn. 77) unterliegt, also der *residuary estate;* (3) Vermögen, das ausdrücklich zur Tilgung von Verbindlichkeiten bestimmt wurde; (4) Vermögen, das unter dem Vorbehalt der Haftung für Nachlassverbindlichkeiten zugewendet wurde; (5) Mittel, die für *pecuniary gifts* zurückgestellt wurden; nach der Legaldefinition in s. 55 (1)(ix) des AEA 1925 erfassen diese jedoch auch *general gifts* (zur Begrifflichkeit → Rn. 77); (6) Vermögen, das einer speziellen Zuwendung (*specific gift*) unterliegt; (7) Vermögen, das testamentarisch aufgrund eines 151

120 England und Wales

allgemeinen *„power of appointment"* zugewiesen worden ist. Die Abgrenzung der verschiedenen Kategorien kann im Einzelfall erhebliche Schwierigkeiten bereiten (vgl. Willliams/Mortimer/Sunnucks Executors Rn. 50-25 ff.). Nach Abs. 8 lit. a von Part II des First Schedule kann der Erblasser testamentarisch eine **andere Reihenfolge** vorsehen (zur Auslegung von Testamenten in dieser Hinsicht näher Barlow/King/King Wills Rn. 15.18 ff.).

152 Zu beachten ist, dass die geschilderte Haftungsverteilung nur das **Verhältnis der verschiedenen Begünstigten untereinander** betrifft. Die Nachlassgläubiger können zur Befriedigung ihrer Forderungen grds. auf jeden beliebigen Nachlassgegenstand zugreifen. Gegebenenfalls ist ein Ausgleich unter den Begünstigten im Innenverhältnis erforderlich (sog. *„doctrine of marshalling",* dazu Parry/Kerridge Law of Succession Rn. 21–66 ff.).

153 **Verbindlichkeiten, die auf einem bestimmten Gegenstand lasten,** sind gem. s. 35 AEA 1925 vorrangig aus diesem Gegenstand zu begleichen, sofern der Erblasser nichts anderes bestimmt hat. Typischer Anwendungsfall der Regel ist die Belastung eines Grundstücks mit einer **Hypothek** *(mortgage).* Reicht der belastete Gegenstand zur Befriedigung nicht aus, so kann ein Rückgriff auf anderes Nachlassvermögen möglich sein.

154 Im Falle eines **überschuldeten Nachlasses** richtet sich die Begleichung der Nachlassverbindlichkeiten nach der Administration of Insolvent Estates of Deceased Persons Order 1986, die mit gewissen Einschränkungen auf die Vorschriften des Insolvency Act 1986 verweist. Dabei hat die Nachlassabwicklung nicht zwingend im Rahmen eines ordentlichen Insolvenzverfahrens zu erfolgen, sondern kann auch durch den *personal representative,* ggf. unter Mitwirkung des Gerichts, bewirkt werden. Näher Williams/Mortimer/Sunnucks Executors Rn. 50-44 ff.

155 dd) **Verteilung des Nachlasses.** Nach Begleichung der Nachlassverbindlichkeiten hat der *personal representative* schließlich den Nachlass entsprechend der gesetzlichen oder testamentarischen Nachfolgeregelung zu verteilen. Hierzu ist er gem. s. 44 AEA 1925 nicht vor Ablauf eines Jahres nach dem Erbfall (sog. *„executor's year"*) verpflichtet; er kann aber auch schon früher mit der Verteilung beginnen oder auch länger brauchen, soweit eine pflichtgemäße Abwicklung des Nachlasses dies erforderlich macht (s. *Re Hayes* [1971] 1 WLR 758).

156 Auch die **Ermittlung der Begünstigten bzw. Erben** ist Aufgabe des *personal representative.* Um eine persönliche Haftung für Pflichtverletzungen bei der Verteilung des Nachlasses wegen unzureichender Ermittlung der Begünstigten (→ Rn. 164 f.) auszuschließen, kann der *personal representative* eine gerichtliche Genehmigung der von ihm vorgesehenen Verteilung des Nachlasses einholen (sog. *„Benjamin Order",* vgl. *Re Benjamin* [1902] 1 Ch 723). Gleichwohl bleibt hiervon das Recht etwaiger nachträglich ausfindig gemachter Berechtigter am Nachlass unberührt (*Re Green's Will Trust* [1985] 3 All ER 455). Dies kann uU komplizierte Ausgleichsleistungen erforderlich machen; vgl. Williams/Mortimer/Sunnucks Executors Rn. 67–20.

157 Bei der **Verteilung des Nachlasses an die Begünstigten** kommt dem *personal representative,* vorbehaltlich diesbezüglicher Vorgaben aus dem Testament, ein weitreichendes Ermessen zu. Insbes. kann er gem. s. 41 AEA 1925 den Begünstigten zu ihrer Befriedigung einzelne Nachlassgegenstände zuweisen *(„power of appropriation"),* grds. allerdings nur mit deren Zustimmung. Allgemein hat der *personal representative* bei der Verteilung die Wünsche der Begünstigten zu berücksichtigen. Eine **Verteilung des Nachlassvermögens in seiner ursprünglichen Form** ist der vollständigen Liquidierung und Auskehrung des entsprechenden Erlöses prinzipiell vorzuziehen (*Blake v. Bayne* [1908] AC 371). Dementsprechend ist auch der mit dem Tod des Erblassers gem. s. 33 (1) AEA 1925 entstehende Trust lediglich ein *„trust with the power to sell",* also nicht mehr *notwendig* auf die Gesamtliquidation des Nachlasses gerichtet; der *personal representative* ist zu einer Veräußerung des Nachlasses vielmehr nur *befugt* (vgl. Parry/Kerridge Law of Succession Rn. 20–21).

158 e) **Beendigung des Amtes.** Das Amt des *personal representative* endet nicht mit der (augenscheinlich) vollständigen Abwicklung des Nachlasses, sondern **besteht grds. auf Lebenszeit fort.** Dadurch kann er seine Tätigkeit jederzeit wieder aufnehmen, wenn sich ein Anlass hierfür ergibt, etwa weil weitere Nachlassgegenstände auftauchen oder Klage gegen den Nachlass erhoben wird.

159 Das Gericht kann gem. s. 121 Senior Courts Act 1981 mit r. 41 NCPR die Ernennung des *personal representative* (also den jeweiligen *grant;* → Rn. 132) **widerrufen** *(„revocation"),* wenn sich herausstellt, dass die Ernennung zu Unrecht erfolgt ist (zB *In the Goods of Moore* (1845) 3 NC 601: Widerruf des *grant* an die vermeintliche Witwe, die in Wirklichkeit mit dem Erblasser nicht verheiratet war; *Ravenscroft v. Ravenscroft* (1671) 1 Lev 305: Widerruf wegen Übergehung vorrangig zur Übernahme des Amts berechtigter Personen), etwa weil das Testament, in dem der *executor* ernannt wurde, sich nachträglich (zB infolge Widerrufs) als unwirksam herausstellt. Einen weiteren Widerrufsgrund bilden schwerwiegende Pflichtverletzungen des *personal representative* bei der Verwaltung des Nachlasses (vgl. *In the Estate of Cope* [1954] 1 All ER 698, wo die Pflichtverletzung jedoch als nicht hinreichend schwerwiegend erachtet wurde). Auch der *personal representative* selbst kann den Widerruf seiner Bestellung beantragen (s. 50 Administration of Justice Act 1985), anders als bei der Entscheidung über die Amtsübernahme jedoch nur, wenn ein hinreichender Grund (insbes. Alter oder Gesundheit) besteht.

160 **Rechtsfolgen des Widerrufs:** Nach **s. 204 (1) Law of Property Act 1925** bleiben bis zum Widerruf vorgenommene Rechtsgeschäfte des *personal representative,* insbes. Verfügungen über Nachlassgegenstände *unabhängig von der Gutgläubigkeit des Erwerbers* gültig. Ähnliches bestimmt **s. 37 AEA 1925,** jedoch nur für den Fall eines gutgläubigen entgeltlichen Erwerbs (vgl. die Definition des *„purchaser"* in

s. 55 (1)(xviii) AEA 1925). Der sachliche Anwendungsbereich und das Verhältnis der beiden Vorschriften ist heillos unklar und umstritten; vgl. aus der Rspr. insbes. *Re Bridgett & Hayes' Contract* [1928] Ch 163; aus dem Schrifttum insbes. Mellows Law of Succession/*Margrave-Jones* Rn. 21.8, 21.11; Parry/Kerridge Law of Succession Rn. 19–52 ff. Leistungen, die in gutem Glauben an den *personal representative* erbracht wurden, befreien den Leistenden gem. s. 27 (2) AEA 1925. Der gutgläubige *personal representative* selbst ist hinsichtlich seiner Aufwendungen gleichfalls durch s. 27 AEA 1925 geschützt.

Gem. s. 50 Administration of Justice Act 1985 kann das Gericht auf Antrag eines *personal representative* oder eines Begünstigten den *personal representative* auch **ersetzen** oder einen von mehreren *personal representatives* **abberufen**. Dem Wunsch des *personal representative*, abberufen zu werden, wird das Gericht jedoch nur bei Vorliegen eines hinreichenden Grundes (insbes. Alter oder Gesundheit) Rechnung tragen (Parry/Kerridge Law of Succession Rn. 19–48). **161**

f) **Vergütung** des *personal representative*. Die Tätigkeit des *personal representative* ist grds. **unentgeltlich**. Jedoch erhalten **professionelle Nachlassverwalter** gem. s. 29 iVm s. 35 Trustee Act 2000 grds. eine Vergütung. Nach altem Recht hing der Honoraranspruch auch solcher Verwalter von einer diesbezüglichen Anordnung im Testament (sog. *„charging clause"*; vgl. hierzu s. 28 Trustee Act 2000) ab. **162**

g) **Haftung des** *personal representative*. Sofern es sich nicht um höchstpersönliche Verpflichtungen handelt, haftet der *personal representative* gem. s. 1 Law Reform (Miscellaneous Provisions) Act 1934 als Rechtsnachfolger für sämtliche **Verbindlichkeiten des Erblassers** – allerdings nur mit dem Nachlassvermögen, das insofern streng von dem persönlichen Vermögen des *personal representative* zu trennen ist (Mellows Law of Succession/*Margrave-Jones* Rn. 22.20). Auch für Verträge, die der *personal representative* in ordnungsgemäßer und ausdrücklicher Ausübung seiner Befugnisse gem. s. 39 AEA 1925 schließt, haftet er grds. nur mit dem Nachlassvermögen (Williams/Mortimer/Sunnucks Executors Rn. 55–70 ff.). Eine persönliche Haftung des *personal representative* besteht insofern nur in Ausnahmefällen; dazu näher Parry/Kerridge Law of Succession Rn. 24-01 ff. **163**

Verletzt der *personal representative* seine **Verpflichtung zur ordnungsgemäßen Verwaltung des Nachlasses und Verteilung an die Berechtigten**, so haftet er gegenüber den Nachlassgläubigern bzw. den Begünstigten auf Schadensersatz (zB *Shelley's Case* (1693) 91 ER 262: Haftung für unverhältnismäßige Aufwendungen für die Bestattung unter dem Gesichtspunkt des *„devastavit"*; zur Haftung gegenüber Begünstigten *Re Leigh's Wills Trust* [1970] Ch. 277). Gem. s. 61 Trustee Act 1925 kann das Gericht den *personal representative* ganz oder teilweise von seiner persönlichen Haftung wegen etwaiger Pflichtverletzungen **entlasten**, sofern er „redlich und angemessen" *("honestly and reasonably")* gehandelt hat (vgl. *Marsden v. Regan* [1954] 1 WLR 423). **164**

Hat der *personal representative* die Nachlassverwaltung vollständig abgeschlossen, so kann er später erhobenen Ansprüchen gegen das Nachlassvermögen mit dem Einwand des *plene administravit* begegnen. Der betreffende Gläubiger kann dann nur noch auf solches Nachlassvermögen zugreifen, das dem *personal representative* noch (oder zukünftig wieder) zur Verfügung steht. Versäumt der *personal representative* die Erhebung der Einrede, so unterliegt er in jedem Fall in voller Haftung für die betreffende Verbindlichkeit (*Midland Bank v. Green (No. 2)* [1979] 1 All ER 726; vgl. Parry/Kerridge Law of Succession Rn. 24–32). Eine persönliche Haftung des *personal representative* aufgrund versäumter Ermittlung und Begleichung der Nachlassverbindlichkeiten vor Verteilung des Nachlassvermögens bleibt vom Einwand des *plene administravit* freilich stets unberührt (Williams/Mortimer/Sunnucks Executors Rn. 63-20 f.; Mellows Law of Succession/*Margrave-Jones* Rn. 28.34; → Rn. 149, 156). **165**

h) **Der** *„executor de son tort"*. Tritt jemand als *personal representative* auf, ohne hierzu als *executor* oder als *administrator* befugt zu sein, so kann er unter bestimmten Umständen einer Haftung wie ein *personal representative* unterliegen, insbes. gegenüber Nachlassgläubigern oder den Steuerbehörden. Man spricht dann, da sich die Haftung aus der objektiv unbefugten Amtsausübung ergibt, von einem *„executor de son tort"*. Typischerweise ergibt sich die Haftungsbegründung unter diesem Gesichtspunkt aus der Übernahme von Verwaltungsmaßnahmen wie der Einziehung von Aktiva oder der Tilgung von Schulden (*Re Stevens* [1898] 1 Ch 162; nicht ausreichend dagegen die bloße Ausrichtung der Beisetzung: *Harrison v. Rowley* (1798) 4 Ves 212). Näher Parry/Kerridge Law of Succession Rn. 24–48 ff. **166**

8. Erbschaftserwerb und Auswirkungen für den deutschen Erbschein. Nach englischem Recht fällt die Berechtigung an den Nachlassgegenständen, der sog. *„legal title"* zunächst an den *personal representative*. Erst nach Begleichung der Nachlassverbindlichkeiten wird der verbleibende Nachlass vom *personal representative* an die jeweils Begünstigten (*„beneficiaries"*) nach den jeweils einschlägigen Regeln übertragen. Bei einem *specific gift* (→ Rn. 77) erlangt der Begünstigte jedoch bereits mit dem Tod des Erblassers einen *„equitable interest"* an dem betreffenden Gegenstand (*Inland Revenue Commissioners v. Hawley* [1928] 1 KB 578; *Re K (deceased)* [1985] 2 All ER 833), der dingliche Wirkungen zu entfalten geeignet ist. Am **Restnachlass** entstehen grds. *keine* dinglichen Berechtigungen der insofern Begünstigten, solange dieser nicht durch Begleichung auf ihm lastender Verbindlichkeiten konkret bestimmt ist (*Dr. Barnardo's v. Commissioners of the Income Tax Acts* [1921] 2 AC 1). Vor diesem Zeitpunkt können die Begünstigten keine Rechte an bestimmten einzelnen Nachlassgegenständen geltend machen (*Lord Sudeley v. Attorney General* [1897] AC 11). Dementsprechend liegt insofern die umfassende Berechtigung am Nachlass beim *personal representative* (vgl. *Commissioner of Stamp Duties (Queensland) v. Livingston* [1965] AC 694). **167**

120 England und Wales

168 Die Regelungsstruktur des englischen Rechts hinsichtlich von Erbschaftserwerb und Nachlassverteilung kann nicht ohne Modifikationen in den **deutschen Erbschein** übernommen werden. Auch wenn der *personal representative* nach englischem Recht formal Rechtsinhaber hinsichtlich des gesamten Nachlasses wird, soll dieser doch nicht letztlich ihm zugutekommen, sondern den jeweiligen *beneficiaries*. Dementsprechend geht man allgemein davon aus, dass im Erbschein als „**Erbe**" grds. nicht der *personal representative*, sondern die jeweiligen *beneficiaries* anzugeben sind (Staudinger/*Dörner* EGBGB Art. 25 Rn. 893; Süß ErbR/*Odersky* Rn. 110; jeweils mwN). Der *personal representative* ist vielmehr nur wie ein **Testamentsvollstrecker** anzusehen; ihm ist daher ggf. ein Testamentsvollstreckerzeugnis (dem *administrator* ein analoges Nachlassverwalterzeugnis; *Kegel/Schurig*, Internationales Privatrecht, 9. Aufl. 2004, 1024) auszustellen. Entsprechendes gilt für den *trustee* eines „*testamentary trust*" (→ Rn. 112; Staudinger/*Dörner* EGBGB Art. 25 Rn. 894 mwN).

169 Probleme ergeben sich jedoch auch, was die **konkreten Rechte der *beneficiaries*** hinsichtlich des Nachlasses anbelangt, da das englische Recht nicht kategorisch zwischen Erben und bloßen Vermächtnisnehmern unterscheidet (→ Rn. 74). Das zeigt sich besonders deutlich am gesetzlichen Erbrecht des Ehegatten, das neben einem Anteil am Restnachlass auch spezifische Zuwendungen der ***personal chattels*** (→ Rn. 33) sowie einen absolut bestimmten Geldbetrag von £ 250,000 als ***statutory legacy*** (→ Rn. 34) beinhaltet. Meines Erachtens wird es der Funktion des deutschen Erbscheins nicht gerecht, den überlebenden Ehegatten hinsichtlich dieser Positionen als „Erben" auszuweisen (so aber Staudinger/*Dörner* EGBGB Art. 25 Rn. 892; jedenfalls im Ergebnis FFDH IntErbR/*Henrich* Großbritannien Rn. 92, geht es insofern nicht darum, den Ehegaten überhaupt zu *verschweigen*, vgl. das Formulierungsbeispiel → Rn. 170), da zum einen die gegenständliche Reichweite der Zuweisung der „*personal chattels*" durchaus zweifelhaft sein kann (→ Rn. 33) und zum anderen der Ausweis einer Nachfolge in einen abstrakten Geldbetrag keine Legitimation des Begünstigten hinsichtlich konkreter Vermögensgegenstände bewirken kann. Auch erscheint es wenig zweckmäßig, bei **Nachlässen, die schon die *statutory legacy* von £ 250.000 nicht ausschöpfen**, den überlebenden Ehegatten ohne Weiteres als Erben auszuweisen (so aber LG Düsseldorf RzW 1963, 564; FFDH IntErbR/*Henrich* Großbritannien Rn. 94). Dies würde im Einzelfall unsichere Bewertungen und Spekulationen des Nachlassgerichts über das Vorhandensein weiteren Nachlassvermögens erforderlich machen.

170 Man wird daher nicht umhin kommen, bei der **Fassung des Erbscheins** die Besonderheiten des englischen Erbrechts möglichst genau zum Ausdruck zu bringen. Ein solcher Erbschein könnte für die gesetzliche Erbfolge nach einem Erblasser mit überlebender Ehefrau und zwei Töchtern lauten (orientiert am Formulierungsvorschlag von *Kegel/Schurig*, Internationales Privatrecht, 9. Aufl. 2004, 1024; allerdings entfallen die Besonderheiten im Hinblick auf den *life interest* am Nachlass, da dieser 2014 in einen *absolute interest* geändert wurde; → Rn. 35 f.):

„Der Erblasser wird nach englischem Recht beerbt. Der Nachlass ist übergegangen auf einen Nachlassverwalter *(administrator)*. Der *administrator* verwaltet den Nachlass als Treuhänder zugunsten der folgenden Berechtigten:
1. Aus dem nach Erfüllung der Nachlassschulden verbleibenden Restnachlass gebühren [der Witwe] vorweg die persönliche Habe *(personal chattels)* des Erblassers sowie £ 250,000 nebst 6 % Zinsen seit dem Erbfall.
2. Der sonstige Restnachlass gebührt zur Hälfte [der Witwe] und zu je einem Viertel [den Kindern]."

171 **9. Erbengemeinschaft und Erbenhaftung.** Die Mehrheit von Erben und die Auseinandersetzung unter mehreren Erben bildet im System des englischen Erbrechts kein eigenständiges Regelungsproblem (Flick/Piltz/*Cornelius* Rn. 582). Allenfalls stellt sich für den *personal representative* die Frage, wie er den Restnachlass an eine Mehrheit von Berechtigten zu verteilen hat (→ Rn. 157). Indem der Nachlass nach englischem Recht zunächst auf den *personal representative* übergeht und die Begünstigten das ihnen jeweils zugewandte Vermögen erst nach Begleichung aller Nachlassverbindlichkeiten übertragen bekommen, stellt sich auch nicht das Problem einer Erbenhaftung für Nachlassverbindlichkeiten. Es besteht vielmehr **grds. keine persönliche Haftung der *beneficiaries* für Nachlassverbindlichkeiten**. Eine Erbenhaftung kommt nur ausnahmsweise dann in Betracht, wenn dem Begünstigten *vor* Befriedigung sämtlicher Nachlassverbindlichkeiten vom *personal representative* Nachlassgegenstände übertragen worden sind (s. zB s. 36 (9) AEA 1925; zudem gibt es noch eine Erbenhaftung in Equity; vgl. Parry/Kerridge Law of Succession Rn. 24–36 ff.).

III. Nachlassverfahrensrecht

172 **1. *Grant of probate*, *letters of administration* in England. a) Allgemeines.** Nachlassverfahrensrechtliche Fragen stellen sich im Wesentlichen im Zusammenhang mit der Ausstellung des **Zeugnisses für den *personal representative*** (→ Rn. 132). **Zuständig** ist jeweils das örtliche *District Probate Registry* des High Court oder das *Principal Registry* in London (s. 105 Senior Courts Act 1981); zur internationalen Zuständigkeit → Rn. 22 f. IE unterliegt das **Verfahren** vor den „*registries*" dem **Senior Courts Act 1981** (insbes. ss. 25 und 105–128) sowie den (auf Grundlage von s. 127 Senior Courts Act erlassenen) **Non-Contentious Probate Rules 1987 (NCPR).**

173 Gem. r. 6 NCPR wird das Zeugnis bei testamentarischer Erbfolge **frühestens 7 Tage**, bei gesetzlicher Erbfolge **frühestens 14 Tage** nach dem Tod des Erblassers ausgestellt. Dem **Antrag** sind regelmäßig die Sterbeurkunde, ggf. das Testament im Original, der sog. „*oath*" (beeidete Erklärung des Antragstellers über die Umstände, auf die die Antragstellung gestützt wird, und Versicherung ordnungsgemäßer Nachlassabwicklung) und ein Nachweis über die Bezahlung der Kosten beizufügen; näher Süß ErbR/*Odersky* Rn. 94; Barlow/King/King Wills Rn. 10.01 ff. Ferner setzt die Ausstellung des Zeugnisses grds. voraus, dass die **Entrichtung der Erbschaftsteuer** nachgewiesen wird. Da der *personal representative* mangels Zeugnisses zu diesem Zweck häufig nicht auf den Nachlass zugreifen kann, sind in der Praxis Behelfskonstruktionen erforderlich, insbes. die **Aufnahme eines Darlehens** für den Nachlass von einem zahlungsfähigen Begünstigten oder einer Bank; vgl. Parry/Kerridge Law of Succession Rn. 19-11.

b) *Probate.* Im Falle des testamentarisch eingesetzten *executor* muss ein sog. *grant of probate* erlangt werden, dessen Erteilung eine gerichtliche Überprüfung der Wirksamkeit des Testaments beinhaltet. Kommt das Gericht zum Ergebnis, dass das Testament ungültig ist, wird kein *probate* erteilt. Besteht hinsichtlich der Auswahl und Ernennung des *executor* kein Streit, so erfolgt die Erteilung des *probate* in einem vereinfachten, nichtstreitigen Verfahren *("will proved in common form")*. Das in diesem Verfahren erteilte *probate* entfaltet **keine materielle Rechtskraft** und kann vom Gericht jederzeit auf Antrag eines Beteiligten oder von Amts wegen wieder aufgehoben werden (→ Rn. 159). Besteht hinsichtlich der Ernennung des *executor* Streit, muss darüber vor Erteilung des Zeugnisses zunächst in einem streitigen Gerichtsverfahren entschieden werden *("will proved in solemn form")*. Klageberechtigt ist jeder, der als möglicher *personal representative* oder Begünstigter ein Interesse an der Entscheidung des Gerichts hat. Das in diesem Verfahren erteilte *probate* entfaltet **materielle Rechtskraft** hinsichtlich der an dem Verfahren unmittelbar Beteiligten sowie jedem, der von dem Verfahren Kenntnis hatte (*Newell v. Weeks* (1814) 2 Phill 224; *Re Langton* [1964] P 163; Williams/Mortimer/Sunnucks Executors Rn. 20-04). 174

c) *Letters of administration.* Ernennt das Gericht einen *administrator*, erteilt es ihm die sog. *letters of administration.* Für das Verfahren gelten die soeben dargelegten Grundsätze entsprechend. Insbes. kann auch hier erforderlich sein, die Gültigkeit eines Testaments (*letters of administration with the will annexed,* → Rn. 141) in einem streitigen Verfahren zu klären. Zu einem solchen kann es auch dann kommen, wenn über die Auswahl und Bestellung des *administrators* Uneinigkeit besteht (sog. *„interest action";* s. Williams/Mortimer/Sunnucks Executors Rn. 35-11). 175

d) Sonderformen. Das reguläre Zeugnis (*grant*) begründet bzw. bestätigt grds. eine unbeschränkte Verfügungsbefugnis über den Nachlass (→ Rn. 132, 145). Möglich ist aber auch ein **gegenständlich oder zeitlich beschränktes Zeugnis** (*limited grant;* s. 113 Senior Courts Act 1981), insbes. wenn sich eine entsprechende gegenständliche Beschränkung aus dem Testament ergibt (→ Rn. 136). Die Art der Beschränkung liegt im Ermessen des Gerichts (vgl. im Einzelnen Parry/Kerridge Law of Succession Rn. 18–34 ff.). Eine zeitliche Beschränkung wird insbes. relevant, wenn der testamentarisch eingesetzte *executor* noch minderjährig ist und für die Übergangszeit ein anderer *personal representative* eingesetzt werden muss (vgl. s. 118 Senior Courts Act 1981 iVm r. 32 NCPR). Zur Ausstellung des *grant* bei *„ancillary administration"* → Rn. 23. 176

2. Anerkennung englischer *grants of representation* **in Deutschland.** Was die Anerkennung eines englischen *grant of representation* (*probate* oder *letters of administration*) in Deutschland anbelangt, so ist zu **unterscheiden:** Hinsichtlich der eigentlichen **Rechtsnachfolge von Todes wegen** sind solche Zeugnisse grds. **nicht** gem. §§ 108 f. FamFG anzuerkennen und substituieren auch nicht den nach § 35 I 1 GBO erforderlichen deutschen Erbschein (vgl. BayObLG DNotZ 1984, 47 (50) betr. *letters of administration;* OLG Bremen ZEV 2011, 481 = DNotZ 2012, 687 mAnm *Hertel* [betr. *probate*]; *Schäuble* ZErb 2011, 267 (271)). Soweit es um den Regelfall eines *probate in common form* geht, folgt die mangelnde Anerkennungsfähigkeit bereits aus dem Fehlen einer rechtskräftigen Entscheidung in der Sache. Auch iÜ ist zu beachten, dass die englischen Zeugnisse regelmäßig keine Aussage über die aus Sicht des deutschen Rechts relevante Erbberechtigung treffen, sondern allein über die Verwaltungsbefugnis des *personal representative* und allenfalls, im Fall eines *probate,* über die Vorfrage der Gültigkeit des Testaments. Für die Möglichkeit, im Falle eines *probate* § 35 I 2 GBO anzuwenden, Soergel/*Schurig* EGBGB Art. 25 Rn. 73 f. 177

Eine andere Frage ist die, ob die **Bestellung des Nachlassverwalters** (als *executor* oder *administrator*) in der Hinsicht anzuerkennen ist, dass er als solcher auch **im Inland zu Handeln befugt** ist. Verbreitet will man das ablehnen (Staudinger/*Dörner* EGBGB Art. 25 Rn. 911 f., mwN). Ebenso wie man hinsichtlich eines in England eingesetzten *personal representative* in kollisionsrechtlicher Hinsicht nicht von einer versteckten Rückverweisung auf deutsches Recht ausgehen sollte (→ Rn. 19), spricht auch nichts dagegen, ihm auf Grundlage der ausländischen Einsetzung eine Nachlassverwaltung in Deutschland nach englischem Recht zu erlauben (MüKoBGB/*Dutta* Art. 23 EuErbVO Rn. 20; ebenso, betr. US-amerikanisches Recht, IPG 1997 Nr. 43 S. 573 f. [Köln]; betr. kanadisches Recht IPG 1975 Nr. 35 S. 299 [Bonn]). Unberührt davon bleibt, dass ihm zur Legitimation in Deutschland ein eigenständiges (Fremdrechts-)Testamentsvollstreckerzeugnis auszustellen sein kann (Kegel/*Schurig*, Internationales Privatrecht, 9. Aufl. 2004, 1024). Zur Anerkennung der Befugnisse eines englischen *administrator* in Deutschland näher *Hausmann* FS Heldrich, 2005, 649 (666). 178

IV. Erbschaftsteuer

1. Rechtsquellen und Grundprinzipien. Rechtliche Grundlage der Erbschafts- und Schenkungsbesteuerung sind der **Inheritance Tax Act (IHTA) 1984** (ursprünglich Capital Transfer Act) sowie die jährlichen Finanzgesetze (*Finance Acts*) ab 1986. Der IHTA 1984 ist abrufbar unter http://www.legislation.gov.uk; allgemeine Informationen zur Erbschaftsteuer, insbes. ein *glossary of terms* und zahlreiche 179

120 England und Wales

Statistiken, finden sich auf der Homepage des *HM Revenue & Customs* unter http://www.gov.uk/government/organisations/hm-revenue-customs. **Schrifttum:** *Albrecht,* Die steuerliche Behandlung deutsch-englischer Erbfälle, 1992; *Bakalova,* Besteuerung von grenzüberschreitenden Erbfällen, 2015, S. 17–19, 64–71; Barlow/King/King Wills Rn. 4.01–4.359; *Boadway/Chamberlain/Emmerson,* Taxation of Wealth and Wealth Transfers, in Mirrlees (Hrsg.), Dimensions of Tax Design, 2010, 737–814; *Bauer,* Die Erbschaftsbesteuerung von Betriebsvermögen im Vereinigten Königreich, 2010; *Faltings,* Die Vermeidung der Doppelbesteuerung im Internationalen Erbschaftssteuerrecht – Deutschland und Großbritannien, 2010; FFDH IntErbR/*Henrich* Großbritannien Rn. 258–265; *Mirrlees ua,* Taxes on Wealth Transfers, in *Mirrlees* (Hrsg.), Tax by Design, 2011, 347–367; *Kau,* Erbschafts- und Schenkungssteuerrecht in Großbritannien, UVR 2005, 84 (91); *Mennel/Förster,* Steuern in Europa, Amerika und Asien, Länderteil Großbritannien, Stand: 111. EL, Juli 2017; *Nöcker,* Nachlassverwaltung, materielles Erbrecht und Erbschaftsteuerrecht in England – eine Einührung (Teil III), ZErb 2005, 17 (24); *Richter* IStR 2008, 59 (62); Troll/Gebel/Jülicher, ErbStG, Stand: 53. EL Juni 2017, ErbStG § 21 Rn. 102; Süß ErbR/*Odersky* Rn. 117–134.

180 **Grundansatz** des ursprünglichen Capital Transfer Act war es, unentgeltliche Zuwendungen unter Lebenden und solche von Todes wegen unterschiedslos einer einheitlichen Besteuerung zu unterwerfen. Dieser Grundansatz wurde trotz der Umbenennung in Inheritance Tax Act im Jahre 1986 fortgesetzt, auch wenn der Schwerpunkt nunmehr auf der Besteuerung des Erwerbs von Todes wegen liegt; Zuwendungen unter Lebenden werden nach heutigem Recht noch erfasst, soweit sie in den letzten sieben Jahren vor dem Erbfall erbracht wurden. Damit ist die **Inheritance Tax (IHT)** Erbschaft- und Schenkungssteuer zugleich. Bezogen auf den Erwerb von Todes wegen handelt es sich bei der IHT nicht um eine Erbanfall-, sondern um eine **Nachlasssteuer:** Besteuert wird der Nachlass als Ganzes, nicht der Zufluss beim einzelnen Erben oder Vermächtnisnehmer.

181 Die (komplizierte) **Regelungssystematik des IHTA 1984** lässt sich wie folgt skizzieren: IHT ist auf zu besteuernde Vermögensübertragungen *(chargeable transfers)* zu entrichten, s. 1 IHTA 1984. Ein *chargeable transfer* liegt gem. ss. 2 und 3 IHTA 1984 vor, wenn aufgrund einer unentgeltlichen (s. 10 (1) IHTA 1984) Verfügung *(disposition)* einer natürlichen Person *(transferor)* eine Vermögensübertragung *(transfer of value)* stattfindet, durch die der Wert des Vermögens *(estate)* dieser Person unmittelbar vermindert wird, wobei der Wert der Vermögensminderung dem übertragenen Wert entspricht. Verfügung in diesem Sinne ist jede Handlung, durch die Vermögensgegenstände aus dem Vermögen ausgeschieden werden können.

182 **2. Steuerobjekt.** Der IHT unterliegen alle von einer natürlichen Person ausgehenden Vermögensübertragungen von Todes wegen sowie bestimmte Schenkungen unter Lebenden. Konkret sind **drei Arten von erfassten Vermögensübertragungen** zu unterscheiden (Barlow/King/King Wills Rn. 4.04): Zuwendungen von Todes wegen, Zuwendungen unter Lebenden als *„potentially exempt transfers"* und Zuwendungen unter Lebenden als *„chargeable lifetime transfers"* (zu den gem. ss. 18 ff. IHTA 1984 ausgenommenen Vermögensübergängen → Rn. 194 ff.).

183 a) Erfasst ist zunächst der **Vermögenserwerb von Todes wegen** im Allgemeinen. Dieser wird in das System des IHTA 1984 (→ Rn. 181) durch s. 4 (1) IHTA 1984 in der Weise eingefügt, dass im Todesfall eine Vermögensverfügung, die den gesamten Nachlass *(estate)* umfasst, durch den Erblasser unmittelbar vor dessen Todeszeitpunkt fingiert wird. Aus der Ausrichtung auf die Vermögensminderung beim Zuwendenden ergibt sich der Charakter der IHT als Nachlasssteuer (→ Rn. 180).

184 Das erfasste **Vermögen** *(estate)* des Erblassers wird nach Maßgabe von s. 5 IHTA 1984 ermittelt (*„the aggregate of all the property to which he is beneficially entitled"*; zur Bewertung → Rn. 206). **Nachlassverbindlichkeiten** sind bei der Wertbestimmung des *estate* grds. zu berücksichtigen (vgl. s. 5 (3) IHTA 1984) ebenso wie **angemessene Beerdigungskosten** (s. 172 IHTA 1984). Das gem. s. 6 IHTA 1984 **ausgeschlossene Vermögen** hat bei der Vermögensbewertung außer Betracht zu bleiben.

185 b) Einer lediglich potenziellen Besteuerung unterliegen die sog. *„potentially exempt transfers"* („PETs") iSd s. 3A IHTA 1984. Hierunter fallen **unentgeltliche Zuwendungen an andere natürliche Personen** und solche an spezielle Formen des *trust,* namentlich zugunsten von behinderten Personen (*„disabled trust"*) oder (Halb-)Waisen (*„bereaved minor's trust"*). Diese Zuwendungen sind insofern „potenziell ausgenommen", als sie endgültig nicht besteuert werden, wenn sie **mindestens sieben Jahre vor dem Tod des Zuwendenden** erfolgt sind. Während der Schwebezeit werden sie zunächst keinem Steuerabschlag unterworfen. Verstirbt der Schenker *(transferor)* jedoch innerhalb der Sieben-Jahres-Frist, so wandeln sie sich in einen *chargeable transfer* um, der einer abgestuften Besteuerung unterliegt (→ Rn. 202). Bei **Zuwendungen unter Vorbehalt des Gebrauchs oder der Nutzung** der übertragenen Sache (*„gifts with reservation"*) beginnt die Sieben-Jahres-Frist jedoch gemäß einer Sonderbestimmung des Finance Act 1986 erst mit dem Verzicht des Zuwendenden auf den Vorbehalt zu laufen (Barlow/King/King Wills Rn. 4.112). Dies führt dazu, dass Eigentümer selbstbewohnter Immobilien nicht in den Genuss einer steuerfreien Übertragung der Immobilie zu Lebzeiten kommen, sofern sie nicht bereit sind, an den neuen Eigentümer einen marktüblichen Mietzins zu entrichten.

186 c) **Sonstige Zuwendungen unter Lebenden,** die keine PETs sind, werden von vornherein als *„chargeable lifetime transfers"* besteuert. Hierzu zählen Zuwendungen an juristische Personen, Personengesellschaften und an solche *trusts,* die nicht nach s. 3A IHTA 1984 privilegiert sind. Nur in diesen Fällen ist damit die IHT bereits vor dem Tod des Zuwendenden fällig (zum Steuertarif → Rn. 201).

IV. Erbschaftsteuer **England und Wales** 120

3. Steuerpflicht und Haftung. a) Für das Bestehen einer Steuerpflicht nach dem IHTA 1984 ist je- 187
weils auf die **Person des Zuwendenden,** also auf den Schenker oder den **Erblasser,** abzustellen. Hat diese
Person ihr *domicile* (→ Rn. 4 ff.) im Vereinigten Königreich, so ist sie **unbeschränkt steuerpflichtig;**
besteuert wird dann das gesamte übertragene Weltvermögen. IÜ unterliegt nur das **im Vereinigten Königreich belegene Vermögen** der Steuerpflicht, vgl. s. 6 (1) IHTA 1984. Erfasst sind alle dort befindlichen Vermögenswerte, neben Immobilien und beweglichen Sachen. Für die Belegenheit von Bankguthaben wird auf den Sitz der kontoführenden Zweigstelle, für Gesellschaftsanteile auf den Ort der
Registrierung abgestellt (vgl. die Erl. im *glossary of terms* des HM Revenue & Customs, → Rn. 179).

Die **Aufgabe des** *domicile* im Vereinigten Königreich wirkt erst nach drei Jahren steuerbefreiend, 188
s. 267 (1)(a) IHTA 1984. Sofern eine natürliche Person in mehr als 15 (bis 2017: 17) von 20 Jahren vor
dem Veranlagungszeitraum im Vereinigten Königreich ansässig war, ohne dort ihr *domicile* zu haben
(*resident*), wird das **Domizil im Inland fingiert,** s. 267 (1)(b) IHTA 1984. Mit Wirkung zum 6.4.2013
wurde durch Einfügung der ss. 267ZA und 267ZB IHTA 1984 die Möglichkeit eröffnet, durch Option
ein **Wahldomizil** im Vereinigten Königreich zu begründen. Diese Möglichkeit steht Personen offen,
deren Ehegatte oder Lebenspartner im Vereinigten Königreich domiziliert ist bzw. war. Dies kann
attraktiv sein, um bestimmte Freibeträge in Anspruch zu nehmen (→ Rn. 195).

b) Steuerschuldner ist grds. zunächst der **Zuwendende,** bei der Zuwendung unter Lebenden der 189
Schenker (s. 199 (1)(a) IHTA 1984) und bei derjenigen von Todes wegen der *personal representative* des
Erblassers als dessen Nachfolger (→ Rn. 132), s. 200 (1)(a) IHTA 1984. Da die meisten Zuwendungen
unter Lebenden als PETs (→ Rn. 185) allenfalls nach dem Tod des Erblassers besteuert werden, ist auch
insofern regelmäßig der *personal representative* Steuerschuldner, s. 199 (2)(a) IHTA 1984.

Daneben haften diejenigen, denen die Zuwendung **zugeflossen** ist bzw. die von ihr **profitieren,** s. 199 190
(1)(b)–(d) bzw. s. 200 (1)(b)–(d) IHTA 1984. Andere Steuerschuldner als der *personal representative* haften aber nur in dem Umfang der Steuer, der wertmäßig auf die von ihnen erhaltene Zuwendung entfällt
(„*so far as the tax is attributable to the value of the property …*").

Bei der Besteuerung von **PETs** (→ Rn. 185) haftet der *personal representative* nachrangig, dh nur dann, 191
wenn sich aus s. 199 (1)(b)–(d) IHTA 1984 kein anderer Schuldner ergibt oder die Steuerschuld innerhalb
von zwölf Monaten nach dem Tod des Schenkers nicht von einer dieser Personen beglichen wurde,
s. 204 (8) IHTA 1984. Somit hat hier im Regelfall der **Beschenkte** die IHT zu entrichten (vgl. Süß
ErbR/*Odersky* Rn. 125).

Die **Haftung** für die IHT ist in folgender Weise **beschränkt** *(limitation of liabilities):* Bei Zuwendun- 192
gen von Todes wegen haftet der *personal representative* zwar grds. auf die gesamte IHT, der Höhe nach
aber beschränkt auf den Wert des Vermögens, das er zur Nachlassverwaltung erhalten hat, s. 204 (1)(a)
IHTA 1984. Entsprechend ist die Haftung der Empfänger einer Zuwendung beschränkt auf den Wert des
jeweils empfangenen Vermögens, s. 204 (3) IHTA 1984.

Mehrere Pflichtige haften nebeneinander auf die volle Steuer, s. 205 IHTA 1984. Ferner kann der Erb- 193
lasser **testamentarisch bestimmen,** welche Vermögensgegenstände mit der auf sie entfallenden IHT
belastet oder davon frei sein sollen (dazu näher Barlow/King/King Wills Rn. 4.266 f.). IÜ kann die Person, die die Steuer entrichtet hat, ggf. **Rückgriff bei anderen Personen** nach Maßgabe der ss. 211–214
IHTA 1984 nehmen.

4. Befreiungen und Ermäßigungen. Steuerbefreiungen sind für bestimmte Vermögensübertragungen 194
in ss. 18 ff. IHTA 1984 vorgesehen *(exempt transfers).* Im Zusammenhang mit der **Rechtsnachfolge von
Todes wegen** sind vor allem die folgenden zwei Tatbestände von Bedeutung:

Vermögensübertragungen zwischen Ehegatten oder Partnern einer eingetragenen Partnerschaft 195
(spouse/civil partner exemption, s. 18 IHTA 1984) sind **in voller Höhe steuerbefreit,** sofern beide ihr
domicile im Vereinigten Königreich haben. Hat lediglich der zuwendende Ehegatte (der Erblasser) sein
domicile im Vereinigten Königreich, nicht jedoch der Empfänger (Erbe), war bislang ein Freibetrag von
£ 55.000 vorgesehen. Dieser Betrag wurde allerdings durch den Finance Act 2013 mit Wirkung ab April
2013 angehoben auf die Höhe des jeweils geltenden allgemeinen Freibetrags *(„nil-rate band")* derzeit
£ 325.000 (→ Rn. 203), s. 18 (2A) IHTA 1984; damit ist er um ein Vielfaches erhöht worden.

Zuwendungen an gemeinnützige Organisationen *(charities),* politische Parteien und bestimmte In- 196
stitutionen im öffentlichen Interesse (zB Museen, Universitäten) sind ebenfalls steuerbefreit (vgl. ss. 23–
25 IHTA 1984).

Daneben gelten für **Zuwendungen unter Lebenden** weitere Befreiungen; so etwa der allgemeine jähr- 197
liche Freibetrag *(annual exemption:* £ 3.000; s. 19 IHTA 1984), die Freigrenze für geringfügige Geschenke *(small gifts:* £ 250; s. 20 IHTA 1984), Befreiungen für Hochzeitsgeschenke *(gifts in consideration of
marriage:* bis zu £ 5.000; s. 22 IHTA 1984) sowie übliche, wiederkehrende Zuwendungen aus dem laufenden Einkommen *(normal expenditure out of income;* s. 21 IHTA 1984). Bis auf die *small gifts exemption* sind alle Tatbestände frei kumulierbar, so dass eine Besteuerung erst erfolgt, wenn zusätzlich zu den
ausgeschöpften besonderen Freibeträgen die *„nil-rate band"* (→ Rn. 200 ff.) überschritten wird (Barlow/
King/King Wills Rn. 4.192). Diese Befreiungen wirken sich **mittelbar auf die Besteuerung des Nachlasses** aus; sie sind nämlich bei der Bestimmung der ausgeschöpften *nil-rate band* zu berücksichtigen.

Die wichtigsten **Steuerermäßigungen** *(reliefs)* des IHTA 1984 sind der *Business property relief* 198
(ss. 103–114 IHTA 1984), der *Agricultural property relief* (ss. 115–124b IHTA 1984) und der *Woodlands
relief* (ss. 125–130 IHTA 1984): Je nachdem, um welche Vermögensgegenstände es sich konkret handelt,
ist die Übertragung von **betrieblichem und landwirtschaftlichem Vermögen** entweder ganz oder zur

Solomon

120 England und Wales

Hälfte steuerbefreit, vgl. ss. 104 (1), 116 (2) IHTA 1984. Im Hinblick auf **Forstland** besteht für den steuerpflichtigen Erben die Möglichkeit, dieses für die IHT außer Betracht zu lassen, und stattdessen erst im Veräußerungsfall eine Steuer zu entrichten, ss. 125 ff. IHTA 1984. Weiterführendes **Schrifttum** zum *business property relief: Chamberlain* in Häcker/Mitchell (Hrsg.), Current Issues in Succession Law, 2016, 257 ff.

199 Für den Fall, dass der Empfänger einer steuerbaren Vermögensübertragung **innerhalb von fünf Jahren nach deren Empfang selbst verstirbt**, erfolgt schließlich ein abgestufter Steuernachlass (*quick succession relief*, s. 141 IHTA 1984); dieser beträgt 100 %, wenn der Erbe innerhalb eines Jahres nach dem ersten Erbfall verstirbt.

200 **5. Steuersatz und „nil-rate band".** Der Steuersatz beträgt für **Zuwendungen von Todes wegen** gem. s. 7 IHTA 1984 iVm Schedule 1 IHTA 1984 grds. **einheitlich 40 %**. Er bezieht sich auf den Wert des Nachlasses, der über die sog. *nil-rate band* (→ Rn. 203) liegt; die *nil-rate band* ist somit (allgemeiner) Freibetrag, nicht Freigrenze. Seit 6.4.2012 besteht die Möglichkeit, den Steuersatz **auf 36 % zu senken**, wenn bei einer Zuwendung von Todes wegen mindestens 10 % des gesamten Nachlasses **wohltätigen Einrichtungen** zugutekommt. Mit dem Finance Act 2012 wurde dem IHTA 1984 insoweit ein Schedule 1A angefügt, aus dem sich die einzelnen Voraussetzungen ergeben.

201 Bei **Zuwendungen unter Lebenden** ist zu unterscheiden: Hier beträgt der Steuersatz gem. s. 7 (2) IHTA 1984 zunächst nur die **Hälfte des Normaltarifs, also 20 %**. Diese Steuer wird bei einem *chargeable lifetime transfer* (→ Rn. 186) sofort fällig; bei PETs ist die Steuerpflicht zunächst aufgeschoben und hängt davon ab, ob der Zuwendende innerhalb von sieben Jahren nach der Schenkung verstirbt (→ Rn. 185). **Verstirbt der Schenker innerhalb von sieben Jahren nach der Schenkung**, ist die Zuwendung, **je nachdem, wie viele Jahre seit der Schenkung vergangen sind**, mit 20, 40, 60, 80 oder 100 % des normalen Tarifs (40 %) zu versteuern (also mit 8 bis 40 %), s. 7 (4) IHTA 1984 (sog. *tapering relief*). Dies gilt grds. für PETs ebenso wie für *chargeable lifetime transfers*. Für letztere kann im Hinblick auf die zunächst mit 20 % erfolgte Besteuerung eine Nachbesteuerung fällig werden (bei frühem Versterben des Schenkers); umgekehrt führt ein nach dieser Berechnung günstigerer Tarif nicht zu einer Steuererstattung (vgl. s. 7 (5) IHTA 1984). Für PETs sind nunmehr erstmalig Steuern zu entrichten.

202 Auch **Zuwendungen unter Lebenden** werden in die *nil-rate band* einbezogen. Zu diesem Zweck sind alle *chargeable transfers* des Erblassers innerhalb der letzten sieben Jahre vor der jeweils in Blick genommenen Zuwendung zusammenzuzählen, s. 7 (1)(b) IHTA 1984. Wurde die *nil-rate band* in den sieben Jahren vor der zu bewertenden Zuwendung ausgeschöpft, ist der überschießende Betrag zu versteuern. Auf diese Weise kann sich auch eine Zuwendung, die selbst nicht steuerbar ist, weil sie länger als sieben Jahre vor dem Tod getätigt wurde, mittelbar auswirken, indem sie nämlich einen Teil der zur Verfügung stehenden *nil-rate band* verbraucht; vgl. dazu das Berechnungsbeispiel bei Süß ErbR/*Odersky* Rn. 125. Die volle *nil-rate band* kann also erst dann erneut in Anspruch genommen werden, wenn sieben Jahre in Folge keinerlei Zuwendungen erfolgt sind. Ist die *nil-rate band* durch Zuwendungen unter Lebenden bereits ausgeschöpft, so ist der gesamte Nachlass mit 40 % zu versteuern.

203 Die **Höhe der *nil-rate band*** unterliegt grds. einer jährlichen Anpassung gem. s. 8 IHTA 1984. Nachdem eine solche Anpassung über mehrere Jahrzehnte tatsächlich erfolgte, ist der seit 6.4.2009 geltende Betrag von **£ 325.000** nicht mehr verändert worden; gegenwärtig ordnet s. 10 des Finance (No. 2) Act 2015 seine Fortgeltung bis Ende des Steuerjahres 2020/21 an.

204 Durch den Finance Act 2008 wurde mit Wirkung ab 9.10.2007 die Möglichkeit einer **Übertragung der ungenutzten *nil-rate band* zwischen Ehegatten und Lebenspartnern** gem. ss. 8A–8C IHTA 1984 eingeführt. Dabei wird der vom vorverstorbenen Partner nicht ausgeschöpfte Teil des Freibetrags *prozentual* auf den überlebenden Partner übertragen. Für die absolute Höhe des Freibetrags, die dem überlebenden Partner zugutekommt, ist somit der zum Zeitpunkt *seines* Todes geltende Freibetrag maßgeblich. Hat also der Erstversterbende seinem Ehegatten den gesamten Nachlass hinterlassen, ist für den zweiten Erbfall ein Steuerfreibetrag iHv 200 % des zur Zeit des zweiten Erbfalls maßgeblichen Freibetrages verfügbar. **Voraussetzung** ist, dass der überlebende Partner sein *domicile* im Vereinigten Königreich hat und der zweite Erbfall nach dem Stichtag (9.10.2007) liegt (vgl. Barlow/King/King Wills Rn. 4.53 ff.; *Wilson* ZEV 2009, 186). Die übertragene *nil-rate band* kann nicht für lebzeitige Zuwendungen des überlebenden Ehegatten, sondern nur für Zuwendungen von Todes wegen verwendet werden; s. 8A (3) IHTA 1984. Die Übertragung ist innerhalb von zwei Jahren nach dem Tod des Letztverstorbenen zu beantragen. Berechtigt ist insoweit dessen *personal representative* oder jeder andere zur Steuerzahlung Verpflichtete; für Letztere kann die Frist durch die Finanzbehörden verlängert werden.

205 Darüber hinaus wurde durch den Finance (No. 2) Act 2015 für Erbfälle ab 6.4.2017 zur Privilegierung der Vererbung von Familienheimen an die eigenen Abkömmlinge eine zusätzliche *residence nil-rate band* eingeführt (ss. 8D–8M IHTA 1984). Diese betrug zunächst £ 100.000 für das Jahr 2017/18 und steigt jährlich um weitere £ 25.000 bis zum Betrag von £ 175.000 ab 2020/21. Danach orientiert sich die Höhe des Freibetrags am *consumer prices index*. Pro Erbfall wird nur ein Eigenheim privilegiert, in dem der Erblasser zu Lebzeiten zumindest zeitweise gewohnt haben muss. Das Erbe muss unmittelbar den Abkömmlingen oder den Gatten oder Lebenspartnern der Abkömmlinge des Erblassers zufallen – bestimmte Arten von Trusts profitieren daher nicht. Die *residence nil-rate band* lässt sich mit dem allgemeinen Freibetrag kumulieren und ist ebenfalls an den Ehegatten oder Lebenspartner übertragbar. Ein Ehepaar kann damit potenziell £ 1.050.000 an Nachlasswerten steuerfrei übertragen. Übersteigt der Ge-

samtwert des Nachlasses allerdings den *taper threshold* von £ 2.000.000, so verringert sich der Freibetrag um £ 1 je £ 2 Nachlasswert, der £ 2.000.000 übersteigt.

6. Bewertung. Die Bewertung des Nachlasses erfolgt grds. mit dem **Verkehrswert** *(market value)*, vgl. s. 160 IHTA 1984. Für Wertpapier- und Immobilienvermögen enthalten ss. 178–189 bzw. ss. 190–198 IHTA 1984 diverse Sonderregelungen. Maßgeblich ist der Zeitpunkt der Vornahme der Verfügung bzw. des Versterbens des Erblassers.

7. Vermeidung der Doppelbesteuerung. Doppelbesteuerungsabkommen bestehen ua mit Frankreich, Irland, Italien, den Niederlanden, Schweden, der Schweiz, Südafrika und den USA; nicht jedoch mit Deutschland (*Troll/Gebel/Jülicher* § 21 Rn. 102). Unilateral werden ausländische Steuern, die ihrem Charakter nach der IHT ähneln, bis zu einem Höchstbetrag auf die britische IHT angerechnet, sofern andernfalls eine Doppelbesteuerung droht (sog. „*unilateral relief*", vgl. s. 159 IHTA 1984 mit Berechnungsformel). Näher *Faltings,* Die Vermeidung der Doppelbesteuerung im Internationalen Erbschaftssteuerrecht – Deutschland und Großbritannien, 2010, 139 ff.

Länderbericht Frankreich

Übersicht

	Rn.		Rn.
I. Internationales Erbrecht (IPR)	1–15	b) Personenkreis der Noterben und Höhe des Noterbrechts	92–96
1. Nachlassspaltung	3–7	c) Überschreitung der *quotité disponsible* und deren Konsequenzen	97–99
2. Rechtswahl	8	d) Herabsetzungsklage	100–104
3. Güterrechtsstatut	9–12	4. Testamentsvollstreckung	105–108
4. Formstatut	13/14	5. Erbengemeinschaft und Erbauseinandersetzung	109–125
5. Entnahmerecht französischer Staatsangehöriger	15	a) Die Erbengemeinschaft	109–113
II. Materielles Recht	16–128	b) Die Erbauseinandersetzung	114–121
1. Gesetzliche Erbfolge	16–52	c) Vorausteilung und Teilungsanordnungen	122–125
a) Einführung	16–22	6. Erbenhaftung	126–128
b) Die vier Erbordnungen	23–27	III. Nachlassverfahrensrecht	129–136
c) Gesetzliches Erbrecht des Ehegatten	28–44	1. Allgemeines	129
d) Güterstand der Wahl-Zugewinngemeinschaft	45	2. Testamentseröffnung	130
e) Erbrecht des Ehegatten vor der Erbrechtsreform	46–50	3. Nachweis der Erbenstellung	131–135
f) Sondererbrecht, gesetzliches Erbrecht des Staates	51/52	4. Vollmacht	136
2. Gewillkürte Erbfolge	53–88	IV. Erbschaftsteuer	137–157
a) Allgemeines	53/54	1. Unbeschränkte und beschränkte Steuerpflicht	137–139
b) Wirksamkeitsvoraussetzungen eines Testaments	55–75	2. Steuerwert	140
c) Hinfälligkeit und Widerruf testamentarischer Bestimmungen	76–78	3. Steuerklassen	141/142
d) Der Erbvertrag	79–87	4. Steuersätze und Freibeträge	143–148
e) Weitere Formen der Nachlassplanung	88	5. Abwicklung der Erbschaftsteuer	149
3. Pflichtteilsrecht/Noterbrecht	89–104	6. Deutsch-französische Erbfälle – Doppelbesteuerungsabkommen	150–157
a) Allgemeines	89–91	a) Fälle der Doppelbesteuerung	150/151
		b) Regelungen des Doppelbesteuerungsabkommens	152–157

I. Internationales Erbrecht (IPR)

1 Das internationale Privatrecht (IPR) ist immer dann heranzuziehen, wenn ein Sachverhalt einen Auslandsbezug aufweist. Die Normen des internationalen Privatrechts sind Teil des nationalen Rechts eines jeden Staates und bestimmen, welche der in Betracht kommenden nationalen Vorschriften bei der Behandlung eines Lebenssachverhaltes mit Auslandsbezug zur Anwendung kommen. Ein einheitliches, international geltendes Regelungssystem existiert nicht. Da ein solches zur Klärung vielfältiger Sachverhalte wünschenswert wäre, gibt und gab es immer wieder diesbezügliche Reformbestrebungen.

2 Die Bestimmungen, die regeln, welche Vorschriften auf die Rechtsnachfolge von Todes wegen anzuwenden sind, werden allgemein als „**Internationales Erbrecht**" bezeichnet (*Schömmer/Steinhauer/Haydu* FrzErbR Rn. 2, 3).

3 **1. EuErbVO** Seit dem 17.8.2015 gilt auch in Frankreich die EuErbVO für alle seitdem eingetretenen Erbfälle. Danach entfällt nun die früher bestehende Nachlassspaltung. Vielmehr wird einheitlich nach einem Recht beerbt, grundsätzlich nach dem letzten gewöhnlichen Aufenthalt des Erblassers, Art. 21 Abs. 1 EuErbVO. Bei der Beurteilung des letzten gewöhnlichen Aufenthalts stellen sich weitgehend dieselben Fragen wie auch in Deutschland (*Döbereiner*, Aktuelle Entwicklungen zur EuErbVO in Frankreich, ZEV 2016, 490).

4 Mit der EuErbVO besteht nun auch die Möglichkeit einer Rechtswahl nach Art. 22 EuErbVO.

5 Im CPC wurde ein neuer Abschnitt (Art. 1381-1 bis 1381-4) zum Europäischen Nachlasszeugnis (*certificat successoral européen*) eingefügt. Zuständig zur Ausstellung sind die Notare. Das Verfahren richtet sich nach Art. 65–67 EuErbVO.

6 **Vor der EuErbVO:**
Nachlassspaltung. Das französische internationale Erbrecht unterschied zwischen dem auf Mobilien und Immobilien anzuwendenden Erbrecht. Waren sowohl Mobilien, als auch Immobilien im Nachlass vorhanden, so kam es zu dessen Spaltung: Es entstanden **zwei Nachlassmassen**, die eigenständig zu behandeln waren.

7 Für **bewegliches Vermögen** galt nach dem Grundsatz „mobilia sequuntur personam" das Recht am letzten Wohnsitz *(domicile)* des Erblassers. (→ Burandt/Rojahn/*Lauck*, 2. Aufl. 20 Länderbericht, Rn. 3) Für **Immobilien** (Grundstücke, Eigentumswohnungen, Nießbrauch an unbeweglichen Sachen) galt nach dem Grundsatz „lex rei sitae" das Recht des Lageortes (Art. 3 II Code Civil). Was zum unbeweglichen Vermögen gehört, wurde nach örtlich geltendem Recht bestimmt (Süß ErbR/*Döbereiner* Rn. 2; *Schömmer/Steinhauer/Haydu* FrzErbR Rn. 236, 237).

II. Materielles Recht

2. Rechtswahl. Eine **Rechtswahl** war im französischen internationalen Erbrecht nicht zulässig (Große-Wilde EE 2008, 193 (197)), ausländische Rechtswahlen wurden in der Praxis dann anerkannt, wenn sie dem französischen IPR nicht widersprachen (Döbereiner, Aktuelle Entwicklungen zur EuErbVO in Frankreich, ZEV 2016, 490 (492)).

3. Güterrechtsstatut. Im Todesfall geht die güterrechtliche Abwicklung der erbrechtlichen Auseinandersetzung vor. Die Höhe des Nachlasses wird daher erheblich durch das geltende Güterrechtsstatut bestimmt.

Frankreich ist dem **Haager Übereinkommen** über das auf Ehegüterstände anzuwendende Recht mWv 1.9.1992 beigetreten. Für die Ermittlung des geltenden Güterrechtsstatuts ist daher zu unterscheiden, ob eine Ehe vor oder nach diesem Datum geschlossen wurde.

Auf vor dem 1.9.1992 geschlossene Ehen findet das Güterrechtsstatut des ersten **gemeinsamen Wohnsitzes** der Eheleute Anwendung, soweit sie vor der Eheschließung nichts anderes vereinbart haben. Das Statut ist grds. unwandelbar, es besteht lediglich nach Art. 21 iVm Art. 6 des Haager Ehegüterrechtsabkommens (HGA) die Möglichkeit einer nachträglichen Rechtswahl.

Für nach dem 1.9.1992 geschlossene Ehen gilt das Ehegüterrechtsabkommen. Dieses bestimmt in Art. 3 II, dass die Eheleute die Wahl haben, welchem Recht sie ihre güterrechtlichen Verhältnisse unterwerfen wollen. Danach können sie ihre güterrechtlichen Verhältnisse nach dem Recht des Staates, dem ein Ehegatte angehört, des Staates, in dem ein Ehegatte seinen gewöhnlichen Aufenthalt hat, oder dem Recht des Staates, in dem ein Ehegatte nach der Eheschließung seinen Wohnsitz begründen wird, unterstellen. Für unbewegliches Vermögen kann zudem das Güterrecht des Lageortes gewählt werden. Grundsätzlich wird das **Güterrecht im Ehevertrag vereinbart.** Eine Vereinbarung kann jedoch während der Ehe auch nachgeholt bzw. geändert werden. Haben die Eheleute keine diesbezüglichen Vereinbarungen getroffen, so gilt gem. Art. 4 des HGA das Recht des ersten gemeinsamen gewöhnlichen Aufenthalts *(résidence habituelle)*. Für diesen Fall ist zudem eine automatische Änderung des Güterrechtsstatuts möglich (Art. 7 II HGA). Verlegen die Ehegatten nach der Eheschließung ihren gewöhnlichen Aufenthaltsort in ihren Heimatstaat oder leben sie nach der Eheschließung zehn Jahre gemeinsam in einem anderen Staat als dem des letzten Aufenthalts, so wird das Recht des neuen gewöhnlichen Aufenthaltsorts anwendbar (Süß ErbR/*Döbereiner* Rn. 18–28).

4. Formstatut. Seit dem 19.11.1967 gilt in Frankreich das Haager Übereinkommen über das auf die Form letztwilliger Verfügungen anzuwendende Recht aus dem Jahr 1961. Danach ist ein Testament immer dann als **formwirksam** errichtet anzusehen, wenn es entsprechend den Regelungen des Heimatrechts des Verfügenden, nach den Bestimmungen des Errichtungsortes oder, bei Immobilien, nach den Bestimmungen des Lageortes des Vermögens errichtet wurde. Auch wenn das französische Recht keine wechselbezüglichen Testamente (insbesondere Bindungswirkung) kennt, gilt dies grundsätzlich auch für gemeinschaftliche Testamente und Erbverträge (Rieck: Senioren aus Deutschland in Frankreich, NZFam 2017, 390 (393)).

Frankreich ist zudem seit dem 20.3.1976 Vertragsstaat des Baseler Übereinkommens über die Errichtung einer Organisation zur **Registrierung von Testamenten** aus dem Jahr 1972 und seit dem 1.12.1994 des Washingtoner UN-Übereinkommens über ein einheitliches Recht der Form eines internationalen Testaments aus dem Jahr 1973 (Süß ErbR/*Döbereiner* Rn. 4).

5. Entnahmerecht französischer Staatsangehöriger. Entsteht durch den Erbfall eine Erbengemeinschaft, der sowohl Personen mit französischer Staatsbürgerschaft, als auch Personen anderer Staatsbürgerschaft angehören, so steht den **französischen Miterben** ein Entnahmerecht, das sog. *droit de prélèvement,* zu. Bei Teilung der Erbschaft steht es ihm frei, in Frankreich belegene Erbschaftsgegenstände bereits vorweg zu entnehmen, vorausgesetzt es kommt nicht-französisches Erbrecht zur Anwendung und dieses stellt ihn schlechter, als er bei Anwendung des Code Civil stehen würde. Das Entnahmerecht besteht in der Höhe, in der das französische Erbrecht eine höhere Beteiligung des Miterben vorsieht. Französischen Staatsangehörigen soll bei der Auseinandersetzung der Erbengemeinschaft mindestens dasjenige zukommen, was sie bei Anwendung des französischen Erbrechts auf den gesamten Nachlass erhielten. Dieses Recht beruht auf einem französischen Gesetz aus dem Jahr 1819. Es ist inzwischen zweifelhaft, ob diese Regelung europarechtskonform und daher überhaupt anwendbar ist (Süß ErbR/*Döbereiner* Rn. 5).

II. Materielles Recht

1. Gesetzliche Erbfolge. a) Einführung. aa) Grundsatz der Universalsukzession. In Frankreich gilt der Grundsatz der Universalsukzession, der in Art. 724 I Code Civil verankert ist. Universalsukzession bzw. **Gesamtrechtsnachfolge** bezeichnet den unmittelbaren Übergang eines Vermögens als Ganzes auf den Rechtsnachfolger. Der Gesamtrechtsnachfolger erlangt alle Ansprüche und Rechte, aber auch alle Verpflichtungen, Schulden und Lasten des Erblassers, soweit es sich um vermögensrechtliche Positionen handelt. Unvererblich und damit der Universalsukzession nicht unterworfen sind einige mit der Person des Erblassers eng verbundene Rechte, die sog. *droits patrimoniaux à caractère personnel,* bspw. Leibrenten (Art. 1980 Code Civil) oder dingliche Wohn- und Nutzungsrechte (Art. 625, 617 Code Civil) (Süß ErbR/*Döbereiner* Rn. 42).

120 Frankreich

17 **bb) Erbfähigkeit und Erbwürdigkeit.** Erbfähig sind **natürliche und juristische Personen.** Art. 725 I Code Civil bestimmt, dass nur derjenige Erbe sein kann, der den Erblasser überlebt oder bei dessen Tod bereits gezeugt war und später lebensfähig zur Welt kommt.

18 Von der gesetzlichen Erbfolge ausgeschlossen ist, wer **erbunwürdig** ist. Dies regeln die Art. 726, 727, 727-1 Code Civil. Gem. Art. 726 Code Civil ist erbunwürdig, wer wegen eines Verbrechens wegen versuchter oder vollendeter Tötung, Körperverletzung oder sonstiger Gewalt mit Todesfolge gegen den Erblasser verurteilt wurde. Wenn der gesetzliche Erbe in den Fällen des Art. 726 Code Civil wegen eines Vergehens zu einer *peine correctionelle* verurteilt wurde, entscheidet das *Tribunal de grande instance* über seine Erbunwürdigkeit, sofern die Erben dies innerhalb von sechs Monaten nach dem Erbfall beantragen. Ebenso verhält es sich, wenn der gesetzliche Erbe wegen einer falschen Aussage gegen den Erblasser in einem Strafverfahren, wegen unterlassener Hilfeleistung, die zum Tod des Erblassers geführt hat oder wegen falscher Verdächtigung gegenüber dem Erblasser verurteilt wurde (Süß ErbR/*Döbereiner* Rn. 53).

19 **cc) Erbfall, Annahme und Ausschlagung.** Das französische Erbrecht unterscheidet zwischen **ordentlichen** gesetzlichen Erben, den *successeurs réguliers,* und **außerordentlichen** gesetzlichen Erben, den *successeurs irréguliers.* Die ordentlichen gesetzlichen Erben genießen das Privileg der *saisine,* sie werden unmittelbare Rechtsnachfolger des Erblassers bereits im Augenblick des Erbfalls. Zu den außerordentlichen gesetzlichen Erben gehört heute gem. Art. 724, 811 Code Civil nur noch der Staat. Er bedarf, um Rechtsnachfolger des Erblassers zu werden, einer förmlichen Besitzeinweisung, einer *mise en possession* (*Hök* ZFE 333, 334).

20 Das französische Erbrecht unterscheidet zwischen der unbeschränkten Annahme der Erbschaft und der Annahme unter Vorbehalt, die die Haftung des Erben auf den Nachlass beschränkt. Eine **vorbehaltlose Annahme** kann ausdrücklich oder stillschweigend erfolgen. Art. 782 Code Civil regelt, dass eine ausdrückliche Annahme vorliegt, wenn der Erbberechtigte seine Berechtigung in einem notariellen oder einem privatwirtschaftlichen Akt annimmt (*Hök* ZFE 2007, 333 (335)). Als stillschweigend gilt die Erbschaft angenommen, wenn der Erbe eine Handlung vornimmt, zu der nur er bemächtigt ist und die notwendigerweise die Annahmeabsicht erkennen lässt. Dazu genügt bereits die Verfügung über einzelne Nachlassgegenstände. Einzelne Verfügungen, die lediglich der Sicherung des Nachlasses oder der Erfüllung bestimmter Nachlassverbindlichkeiten dienen, führen jedoch noch nicht zu einer konkludent erklärten Annahme der Erbschaft (*Klima* ZEV 2006, 440 (441)). Das Recht zur Annahme der Erbschaft verjährt gem. Art. 780 Code Civil innerhalb von zehn Jahren, beginnend mit der Eröffnung der Erbschaft. Wurde bis dahin nicht angenommen, so gilt sie als ausgeschlagen. Nach Art. 771 Code Civil kann der Erbe bereits nach Ablauf einer Frist von vier Monaten von Nachlassgläubigern, Miterben oder dem Staat aufgefordert werden, sich zu entscheiden, ob er die Erbschaft annehmen wird. Für diese Entscheidung bleiben ihm weitere zwei Monate Zeit. Trifft er in diesem Zeitraum keine Entscheidung, so muss er sich nach Art. 772 II Code Civil so behandeln lassen, als habe er die Erbschaft vorbehaltlos angenommen. Die vorbehaltlose Annahme der Erbschaft führt zu einer Vermischung des Nachlasses mit dem Vermögen des Erben. Aus dem entstehenden Gesamtvermögen haftet der Erbe unbedingt für sämtliche Nachlassverbindlichkeiten (*Klima* ZEV 2006, 440 (441)).

21 Um dies abzuwenden hat der Erbe, wenn er als Alleinerbe oder Miterbe berufen ist, die Möglichkeit, die Erbschaft **unter Vorbehalt** anzunehmen. Dann haftet er gem. Art. 768, 787 ff. Code Civil bis zur Höhe des Nachlassaktivvermögens. Dazu muss der Erbe eine entsprechende Erklärung gegenüber dem Gerichtsschreiber des *Tribunal de Grande Instance (TGI),* in dessen Bezirk die Erbschaft eröffnet wurde, abgeben. Dieser Erklärung hat der Erbe binnen zwei Monaten ein durch einen beeidigten Sachverständigen *(commissaire-priseur)* oder Notar erstelltes Nachlassverzeichnis beizufügen. Gem. Art. 790 Code Civil gilt seine Annahme bei Versäumnis dieser Frist als vorbehaltlos erteilt. Durch die Annahmeerklärung unter Vorbehalt kann der Erbe die Vermischung seines Vermögens mit dem Nachlass verhindern. Zusätzlich bleiben seine sämtlichen Rechte gegen den Nachlass aufrecht erhalten, die er zuvor gegen die Güter des Verstorbenen besaß (*Hök* ZFE 2007, 333 (335)). Der Erbe wird bis zur Befriedigung der Nachlassgläubiger Verwalter des Nachlasses. Einzelheiten bzgl. des Verfahrens zur Befriedigung von Nachlassgläubigern regeln die Art. 792–803 Code Civil.

22 Schließlich steht es dem Erben frei, die Erbschaft ganz auszuschlagen. Die **Ausschlagung** *(renonciation)* ist geregelt in den Art. 804 ff. Code Civil. Danach muss die Ausschlagung ausdrücklich vor dem Gericht des Bezirks erklärt werden, in dem die Erbschaft eröffnet wurde. Ein Erbe, der die Erbschaft ausschlägt, wird nach Art. 805 II Code Civil so behandelt, als sei er nie Erbe geworden. Sein Erbteil fällt nicht an die Miterben, sondern an seine Repräsentanten. Durch eine spätere vorbehaltlose Annahme kann der Ausschlagende die Erbschaft bis zum Ablauf der Verjährungsfrist noch so lange annehmen, wie diese nicht von anderen Erben angenommen bzw. solange noch nicht der Staat in den Besitz eingewiesen wurde (*Klima* ZEV 2006, 440 (441)).

23 **b) Die vier Erbordnungen. aa) Erste Ordnung – Abkömmlinge.** Gem. Art. 734 Code Civil sind **Abkömmlinge** *(descendants)* des Erblassers gesetzliche Erben erster Ordnung. Dazu zählen neben den Kindern auch Enkel, Urenkel usw des Erblassers. Seit dem Reformgesetz aus dem Jahr 1972 zählen sowohl die gemeinschaftlichen als auch die Abkömmlinge eines der beiden Ehegatten zu den gesetzlichen Erben der ersten Ordnung. Die **Gleichbehandlung nichtehelicher Abkömmlinge** regeln die Art. 733, 735 Code Civil. Ebenso sind volladoptierte Kinder den leiblichen Kindern gleichgestellt.

24 Gem. Art. 745 Code Civil erben die Abkömmlinge allein, soweit kein überlebender Ehegatte des Erblassers vorhanden ist. Untereinander erben Abkömmlinge zu gleichen Teilen (Art. 744 II Code Civil).

Gradnähere verdrängen entferntere Abkömmlinge, wobei die Gradnähe durch die Zahl der sie vermittelnden Geburten bestimmt wird (Art. 741 Code Civil). Bei Vorversterben eines oder mehrerer Abkömmlinge greift gem. Art. 752 Code Civil das Repräsentationsprinzip: der Erbteil des Vorverstorbenen geht auf dessen Abkömmlinge über.

bb) Zweite Ordnung – privilegierte Aszendenten und Seitenverwandte. Gesetzliche Erben der 25 zweiten Ordnung sind gem. Art. 734 Code Civil **Eltern und Geschwister des Erblassers,** sowie die Abkömmlinge der Geschwister, die sog. *ascendents privilégiés et collérataux privilégiés.* Erben der zweiten Ordnung sind immer dann berufen, wenn keine Erben der ersten Ordnung vorhanden sind. Ab der zweiten Ordnung findet eine Teilung des Nachlasses (sog. *fente,* Art. 738 Code Civil) zwischen der väterlichen und der mütterlichen Linie statt. Beide Nachlasshälften werden unabhängig voneinander behandelt, wodurch Erben verschiedener Klassen nebeneinander erben können. Sind beide Elternteile vorhanden, so erben diese jeweils die Hälfte des Nachlasses. Ist ein Elternteil vorverstorben, so erbt der überlebende Elternteil eine Hälfte, die gradnächsten Abkömmlinge des vorverstorbenen Elternteils erhalten die andere Hälfte des Nachlasses.

cc) Dritte Ordnung – gewöhnliche Aszendenten. Sonstige **direkte Vorfahren** des Erblassers, die sog. 26 *ascendents ordinairs* (Großeltern, Urgroßeltern) bilden gem. Art. 734 Code Civil die dritte Ordnung. Diese erben, wenn weder gesetzliche Erben der ersten Ordnung, noch solche der zweiten Ordnung vorhanden sind. Auch hier wird der Nachlass in eine väterliche und eine mütterliche Linie gespalten (Art. 747 Code Civil). Innerhalb jeder Linie erbt derjenige, der die gradnächste Verwandtschaft zum Erblasser aufweist.

dd) Vierte Ordnung – gewöhnliche Seitenverwandte. Zur vierten Ordnung gehören die **Seitenverwandten** 27 des Erblassers bis zum sechsten Grad (Art. 734, 745 Code Civil), also Onkel, Tanten, Cousins, Cousinen usw., die sog. *collatéraux ordinairs.* Auch innerhalb dieser Linie findet eine Nachlassteilung in eine väterliche und eine mütterliche Linie statt. Wie in der dritten Ordnung wird derjenige Erbe, der innerhalb einer Linie am nächsten mit dem Erblasser verwandt war (Art. 750 Code Civil) (zu den Erbordnungen Süß ErbR/*Döbereiner* Rn. 54–62).

c) Gesetzliches Erbrecht des Ehegatten. aa) Allgemeines. Eines der Hauptanliegen der Erbrechtsreform 28 aus den Jahren 2002 und 2007 war die Stärkung der **Rechtsstellung des überlebenden Ehegatten** (Süß ErbR/*Döbereiner* Rn. 41).

Das gesetzliche Erbrecht des überlebenden Ehegatten ist nunmehr in den Art. 731ff. Code Civil gere- 29 gelt. Voraussetzung für ein gesetzliches Erbrecht ist das formelle Bestehen einer Ehe zum Zeitpunkt des Todes eines Ehegatten. Die Beantragung der Scheidung durch einen Ehegatten und auch die bloße tatsächliche Trennung der Ehegatten haben für das Erbrecht keine Bedeutung. Dem nichtehelichen Lebenspartner steht kein gesetzliches Erbrecht zu. Mit der Verabschiedung des Gleichstellungsgesetzes durch das französische Parlament am 18.5.2013 ist nun auch gleichgeschlechtlichen Paaren die Eheschließung möglich. Im neuen Art. 143 Code Civil heißt es: „Die Ehe wird geschlossen von zwei Personen unterschiedlichen oder gleichen Geschlechts." Auch dem **gleichgeschlechtlichen Lebenspartner** steht nach der Eheschließung das gesetzliche Erbrecht des überlebenden Ehegatten gem. Art. 731ff. Code Civil zu. Bisher konnten gleichgeschlechtliche Paare lediglich einen **PACS** *(Pacte civil de solidarité)* schließen, eine Form der eingetragenen Partnerschaft, die auch Heterosexuellen offensteht.

bb) Erbteil des Ehegatten. Bzgl. der **Höhe des Erbteils** des Ehegatten ist ausschlaggebend, ob neben 30 ihm weitere Erben vorhanden sind: Gem. Art. 757-2 Code Civil erbt der überlebende Ehegatte allein, wenn neben ihm weder Abkömmlinge, noch die Eltern des Erblassers vorhanden sind. Geschwister, Großeltern, Urgroßeltern und deren Abkömmlinge sind in diesem Fall von der gesetzlichen Erbfolge ausgeschlossen.

Hinterlässt der Erblasser neben seinem Ehegatten auch Abkömmlinge, unterscheidet das französische 31 Recht zwischen Abkömmlingen aus der Ehe des Erblassers mit dem überlebenden Ehegatten und Abkömmlingen aus anderen Beziehungen (Art. 757 Code Civil). Sind nur **Abkömmlinge aus der gemeinsamen Ehe** vorhanden, hat der überlebende Ehegatte ein Wahlrecht: ihm steht entweder ein Viertel des Nachlasses als Eigentum oder der Nießbrauch *(usufruit)* am gesamten Teil des Nachlasses, der nicht durch Vermächtnisse beschwert ist, zu. Entscheidet sich der überlebende Ehegatte für die Ausübung seines Nießbrauchs, geht das Eigentum am Nachlass auf die Abkömmlinge über. Dieses Eigentumsrecht wird als „bloßes" Eigentum *(pleine proprieté)* bezeichnet, da es kein Nutzungsrecht beinhaltet. Das alleinige Nutzungsrecht am Nachlass gebührt dem überlebenden Ehegatten. Gem. Art. 617 Code Civil erlischt der Nießbrauch erst mit dessen Tod. Die anderen Erben haben das Recht, den überlebenden Ehegatten schriftlich aufzufordern, binnen einer Frist von drei Monaten eine Entscheidung zu treffen, auf welche Weise er sein Erbrecht ausüben möchte. Entscheidet er sich innerhalb der Frist nicht, wird angenommen, er habe das Nießbrauchsrecht gewählt. Bei vorliegendem Einverständnis zwischen den Abkömmlingen und dem überlebenden Ehegatten kann der Nießbrauch auch durch eine Ablösezahlung ersetzt werden (Art. 761 Code Civil). Gegenüber **nicht gemeinsamen Kindern** steht dem überlebenden Ehegatten hingegen kein Wahlrecht zu. Er erbt ein Viertel des Gesamtnachlasses, die Abkömmlinge drei Viertel (Süß ZErb 2002, 62 (64)).

Hinterlässt der Erblasser neben seinem Ehegatten **keine Abkömmlinge,** dafür aber Vater und Mutter, 32 so erhält der überlebende Ehegatte die Hälfte des gesamten Nachlassvermögens, die Eltern erhalten jeweils ein Viertel. Lebt nur noch ein Elternteil, so gilt für diesen Fall das Repräsentationsprinzip nicht.

Der überlebende Ehegatte erhält zusätzlich den Erbteil des vorverstorbenen Elternteils. Er erhält demnach drei Viertel und Vater oder Mutter des Erblassers ein Viertel des Nachlasses. Haben die Eltern dem Erblasser zu dessen Lebzeiten Schenkungen gemacht, kann jedes Elternteil ein Rückgaberecht iHv ein Viertel der Schenkung gegenüber dem überlebenden Ehegatten geltend machen. Der zurückgegebene Teil wird allerdings auf den Erbteil angerechnet (*Gnan* ZEV 2008, 421 (422)).

33 **cc) Weitere Rechte des überlebenden Ehegatten.** Neben dem gesetzlichen Erbrecht stehen dem überlebenden Ehegatten weitere Vermögensvorteile zu. Nach dem Tod des Erblasser verbleibt dem überlebenden Ehegatten ein einjähriges **Nutzungsrecht an der Ehewohnung** und dem zugehörigen Mobiliar *(droit au logement temporaire)* gem. Art. 763 Code Civil. Soweit die von den Eheleuten genutzte Wohnung in deren Eigentum stand, darf der überlebende Partner diese unentgeltlich weiter nutzen. Handelt es sich um eine Mietwohnung, ist ihm für ein Jahr die Miete aus dem Nachlass zu zahlen (Art. 763 II Code Civil). Bei Geltendmachung innerhalb dieses Jahres ist dem überlebenden Ehegatten gem. Art. 764, 765-1 Code Civil ein lebenslanges Nutzungsrecht an der ehelichen Wohnung und dem Mobiliar *(droit viager au logement)* einzuräumen, soweit der Erblasser dies nicht ausgeschlossen hat. Der ihm daraus entstehende Vorteil ist dem überlebenden Ehegatten auf seinen Erbteil anzurechnen.

34 Weiterhin steht dem überlebenden Ehegatten ein sog. **postmortaler Unterhaltsanspruch** *(droit á pension)* gegen den Nachlass gem. Art. 767 Code Civil zu, soweit er bedürftig ist.

35 Er kann zudem eine Entschädigung für seine unentgeltliche Mitarbeit im Betrieb des Erblassers verlangen. Hat er mindestens zehn Jahre ohne Entgelt in einem Betrieb mitgearbeitet, der im alleinigen Eigentum des Erblassers stand, so hat er Anspruch auf Zahlung dreier gewerblicher Jahresmindestlöhne (Süß ErbR/*Döbereiner* Rn. 74).

36 **dd) Einfluss des Güterstands auf die Erbfolge.** Der Güterstand erlangt im französischen Recht Bedeutung bei der **Feststellung des Nachlasses**. Zudem können sich Ehegatten durch Erbvertrag Begünstigungen für den Fall der Auflösung des Güterstandes durch Tod *(avantages matrimoniaux)* gewähren. Auf die Höhe der Erbquote hat er keinen Einfluss.

37 **(1) Gesetzlicher Güterstand.** Gesetzlicher Güterstand in Frankreich ist die *communauté réduite aux acquêts*, die **Errungenschaftsgemeinschaft**, geregelt in den Art. 1400 ff. Code Civil. In der Errungenschaftsgemeinschaft wird zwischen dem gemeinsamen Vermögen der Eheleute, dem Gesamtgut *(la communauté)* und dem Eigengut jedes einzelnen Ehegatten *(les propres)* unterschieden. Zum Gesamtgut zählen alle Vermögenswerte, die die Ehegatten während der Ehe erwirtschaften. Gem. Art. 1402 Code Civil gilt die durch Urkunden widerlegbare gesetzliche Vermutung, das alle beweglichen und unbeweglichen Güter der Eheleute zum Gesamtgut gehören. Bei Beendigung der Ehe, sei es durch Tod oder durch Scheidung, steht jedem Ehegatten gem. Art. 1475 Code Civil die Hälfte des Gesamtgutes zu. Die Auseinandersetzung der Errungenschaftsgemeinschaft ist in den Art. 1467 ff. Code Civil geregelt.

38 Zum Eigengut eines Ehegatten zählen solche Vermögenswerte, die besonders eng mit seiner Person verbunden sind. Dazu zählen gem. Art. 1404 ff. Code Civil ua Gegenstände, die ein Ehegatte als ihm gehörend in die Ehe einbringt, auch wenn diese im Laufe der Ehe bspw. wegen Beschädigung durch Surrogate ersetzt werden. Außerdem gehören zum Eigengut nicht abtretbare Forderungen und Versorgungsbezüge wie bspw. Ruhestandsrenten, aber auch Kleidungsstücke, Familienandenken und Schmuckgegenstände. Jeder Ehegatte kann gem. Art. 1423 Code Civil testamentarisch über sein Eigengut, sowie über die Hälfte des Gesamtguts verfügen (Süß ErbR/*Döbereiner* Rn. 44).

39 **(2) Vertragliche Güterstände.** Das französische Recht kennt bisher drei verschiedene vertragliche Güterstände: die vertragliche Gütergemeinschaft, die Gütertrennung und die sog. Teilhabe an der Errungenschaft. Künftig wird zusätzlich die Vereinbarung eines vierten Güterstandes, der Wahl-Zugewinngemeinschaft, möglich sein.

40 **(a) Gütergemeinschaft.** Die vertragliche Gütergemeinschaft stellt eine Abwandlung des gesetzlichen Güterstandes dar, bei der Zusammensetzung, Verwaltung und Auseinandersetzung des Gesamtguts modifiziert werden können. Soweit für einen dieser Bereiche keine Änderungen vereinbart werden, kommen die Regelung der Errungenschaftsgemeinschaft des Code Civil zur Anwendung. Für die Berechnung des Nachlasses sind vor allem Vereinbarungen über die Zusammensetzung des Gesamtguts bedeutungsvoll. Die Eheleute haben die Möglichkeit, **vollständige Gütergemeinschaft** *(communauté universelle)* zu vereinbaren. Dies hat zur Folge, dass eine Differenzierung zwischen Eigen- und Gesamtvermögen zwar nicht ausgeschlossen, aber stark eingeschränkt wird. Zum Gesamtgut gehören dann nicht nur die Vermögenswerte, die die Ehegatten während der Ehe erworben haben, sondern auch solche, die sie in die Ehe eingebracht oder während der Ehe durch Schenkung oder Verfügung von Todes wegen erhalten haben. Als weitere Möglichkeit der Änderung der Zusammensetzung des Gesamtguts steht den Eheleuten die Vereinbarung einer **Fahrnis- und Errungenschaftsgemeinschaft** offen. Dann umfasst das Gesamtgut im Verhältnis zur Errungenschaftsgemeinschaft zusätzlich das gesamte bewegliche Vermögen, das ein Ehegatte in die Ehe eingebracht oder während des Bestehens der Ehe durch Schenkung oder Verfügung von Todes wegen erlangt hat.

41 Weiterhin können sich die Ehegatten gegenseitig **pflichtteilsfeste** und **erbschaftsteuerfreie Begünstigungen** *(avantages matrimoniaux)* auf den Todesfall gewähren und so die Auseinandersetzung des Gesamtguts zu ihren Gunsten beeinflussen. Dies kann zunächst durch die Vereinbarung der sog. *clause de prélèvement moyennant indemnité* geschehen. Diese ist geregelt in den Art. 1511–1514 Code Civil. Vereinbaren die Ehegatten diese Klausel, dann erhält der überlebende Ehegatte das Recht, nach Auflösung

der Ehe bestimmte Gegenstände aus dem Gesamtgut zu entnehmen, bevor es zur Teilung kommt. Dieser Anspruch kann nur den gesetzlichen Erben gegenüber geltend gemacht werden. Die Erklärung ist nicht form- oder fristgebunden, die Erben können den Berechtigten jedoch acht Monate nach dem Todesfall auffordern, sich innerhalb eines Monats zu entscheiden, ob er sein Entnahmerecht in Anspruch nehmen will. Erklärt er sich nicht, so ist dieses Recht hinfällig. Für die Entnahme schuldet der überlebende Ehegatte dem Gesamtgut jedoch einen Ausgleichsbetrag. Dessen Höhe können die Ehegatten gem. Art. 1512 Code Civil frei bestimmen. Treffen sie keine diesbezügliche Verfügungen, so ist der Wert des entnommenen Gegenstandes am Tag der Auseinandersetzung der Erbengemeinschaft maßgeblich (Art. 1511 Code Civil). Ausgenommen vom Entnahmerecht sind Anteile an einer Personengesellschaft. Die *clause de prélèvement moyennant indemnité* beschränkt die Ehegatten während des Bestehens der Ehe nicht in ihrer Verfügungsbefugnis. Die Ehegatten können stattdessen auch die sog. *clause de préciput* ehevertraglich vereinbaren. Auch diese stellt ein Vorwegnahmerecht dar, sieht allerdings keine Ausgleichspflicht des überlebenden Ehegatten an das Gesamtgut vor. Die *clause de préciput* ist geregelt in den Art. 1515–1519 Code Civil. Gegenstand der *clause de préciput* kann sowohl eine Geldsumme (wobei die Höhe gem. Art. 1515 Code Civil nicht angegeben, sondern lediglich bestimmbar sein muss), als auch einer oder mehrere Gegenstände des Gesamtguts, sowie das Mobiliar der Ehewohnung sein. Ebenso ist die Vereinbarung eines Nießbrauchs an diesen Gegenständen zulässig. Die Ausübung dieses Entnahmerechts ist bis zur endgültigen Teilung des Gesamtguts möglich. Sie ist nicht an eine bestimmt Form oder Frist gebunden. Im Gegensatz zur *clause de prélèvement moyennant indemnité* gibt es auch keine Frist, innerhalb derer die Erben den Ehegatten auffordern können, sein Entnahmerecht auszuüben.

Schließlich haben die Ehegatten die Möglichkeit, im Ehevertrag eine sog. *clause d'attribution de la totalité de la communauté* zu vereinbaren. Diese ist in den Art. 1520–1525 Code Civil geregelt. Sie beinhaltet eine Änderung bzgl. der **Aufteilung des Gesamtguts**. Es kann vereinbart werden, dass einem Ehegatten ein höherer Anteil als dem anderen Partner zustehen soll, ohne das er zu einer Ausgleichszahlung verpflichtet wird (parts inégals) oder das diesem sogar das gesamte gemeinschaftliche Vermögen (totalité de la communauté) zustehen soll (Süß ErbR/*Döbereiner* Rn. 154–164). 42

(b) Gütertrennung. Bei vertraglicher Vereinbarung der **Gütertrennung** behält jeder Ehegatte sowohl die Vermögenswerte, die er in die Ehe einbringt, als auch solche Vermögenswerte, die er während der Ehe erwirbt, als Eigengut, mit der Konsequenz, dass er darüber frei verfügen darf. Davon ausgenommen sind lediglich der gemeinsame Hausrat und die Ehewohnung, soweit sie im Eigentum der Eheleute stehen. 43

(c) Teilhabe an der Errungenschaft. Der vertragliche Güterstand der Teilhabe an der Errungenschaft (participation aux aquêts) entspricht in etwa dem deutschen Güterstand der **Zugewinngemeinschaft**. Beim Tod eines Ehegatten ist dann ein Zugewinnausgleich vorzunehmen (zu den vertraglichen Güterständen Süß ErbR/*Döbereiner* Rn. 43 ff.; *Schömmer/Steinhauer/Haydu* FrzErbR Rn. 349 ff.). 44

d) Güterstand der Wahl-Zugewinngemeinschaft. Nach dem am 4.2.2010 von Deutschland und Frankreich unterzeichneten und am 13.5.2013 in Kraft getretenen „Abkommen zum deutschfranzösischen Güterstand der Wahl-Zugewinngemeinschaft" ist es zukünftig möglich durch einen Ehevertrag den Güterstand der Wahl-Zugewinngemeinschaft zu wählen. Dieser kann vor Eingehung der Ehe, aber auch für bestehende Ehen vereinbart werden. Mit diesem Abkommen wurde nun ein neues und vor allem gemeinsames materielles Recht geschaffen. Inhaltlich ähnelt dieser Güterstand stark der in beiden Staaten bereits bestehenden Zugewinngemeinschaft. Nach der Ratifizierung steht der deutschfranzösische Wahlgüterstand nun auch anderen Mitgliedstaaten der EU offen (*Gnan* ZEV 2010, 238 f.). 45

e) Erbrecht des Ehegatten vor der Erbrechtsreform. Ein gesetzliches Erbrecht des überlebenden Ehegatten kannte der Code Civil in seiner ursprünglichen Fassung aus dem Jahr 1804 nur für den Fall, dass der Erblasser keine Blutsverwandten bis einschließlich der gewöhnlichen Seitenverwandten 12. Grades hinterließ. Praktisch kam ein Erbrecht des Ehegatten daher sehr selten vor, vielmehr sollte das Vermögen nach der Intention des Gesetzgebers in der Familie des Erblassers verbleiben. Im Jahr 1891 sah der Code Civil erstmals eine erbrechtliche Beteiligung des überlebenden Ehegatten am Nachlass durch die Zuweisung eines **Eigentums-** *(droit successoral ab intestat en pleine propriété)* oder eines **Nutznießungsrechts** *(droit successoral ab intestat en usufruit)* vor. Diese Regelung unterlag mehreren Novellen, blieb aber grds. aufrecht erhalten. Die letzte große Reform des Ehegattenerbrechts fand im Jahr 2002 statt. 46

Vor der Erbrechtsreform im Jahr 2002 war die gesetzliche Versorgung des überlebenden Ehegatten in den Art. 765–767 Code Civil (aF) geregelt. Hinterließ der Erblasser neben seinem Ehegatten nur gewöhnliche Seitenverwandte, so gewährte Art. 765 Code Civil dem überlebenden Ehegatten unabhängig von deren Gradnähe zum Erblasser, den **gesamten Nachlass als Eigentum**. Gewöhnliche Seitenverwandte sind alle Verwandten des Erblassers, die nicht in gerade Linie mit diesem verwandt sind, mit Ausnahme der Geschwister und Geschwisterkinder des Erblassers. Gem. der Art. 766 Code Civil aF erhielt der überlebende Ehegatte die **Hälfte des Nachlasses** als Eigentum, wenn der Erblasser in der väterlichen oder der mütterlichen Linie gewöhnliche Aszendenten, in der anderen Linie aber nur gewöhnliche Seitenverwandte hinterlässt. Der Ehegatte erhielt dann die Nachlasshälfte der Linie, in der nur noch gewöhnliche Seitenverwandte vorhanden sind. Außerdem erhielt der überlebende Ehegatte die Hälfte des Nachlasses als Erbe, wenn er mit einem außerhalb der Ehe gezeugten Kind des Erblassers zusammentraf (Art. 759 Code Civil aF). 47

48 Trat keine dieser Konstellationen ein, sondern traf der Ehegatte mit ehelichen Kindern oder anderen mit dem Erblasser in gerader Linie verwandten Personen zusammen, so erhielt er statt eines Eigentumsrechts lediglich ein **Nießbrauchsrecht** an einem Teil des Nachlasses. Die Höhe des Nießbrauchs bestimmte sich wiederum danach, mit welchen anderen Erben der Ehegatte zusammentraf. Waren neben ihm eheliche Kinder vorhanden, so stand ihm ein Viertel des Nachlasses als Nießbrauch zu, traf er auf Geschwister oder Eltern des Erblassers, so erhielt er die Hälfte des Nachlasses als Nießbrauch (Art. 767 I Code Civil aF).

49 Vor der Erbrechtsreform gab es für die erbberechtigten Familienangehörigen des Erblassers gem. Art. 767 V Code Civil (aF) zusätzlich die Möglichkeit, das Nutznießungsrecht des Ehegatten in eine **Leibrente** *(rente viagère)* für den Ehegatten umzuwandeln. Zwingende Voraussetzung für alle Formen des Übergangs von Vermögen von Todes wegen auf den überlebenden Ehegatten war das Bestehen einer gültigen Ehe mit dem Erblasser bei Eintritt des Erbfalls.

50 Der Gesetzgeber hat durch die Erbrechtsreform den Grundsatz, dass das Vermögen in der Familie des Erblassers verbleiben soll, aufgegeben und damit der Tatsache Rechnung getragen, dass heute in der Regel das Familienvermögen durch beide Eheleute gemeinsam aufgebaut wird (*Gresser* ZErb 2006, 407 (408); *Klima* ZEV 2006, 440 (441); *Baumann*, Gesetzliche Erbfolge und Möglichkeiten testamentarischer Erbeinsetzung im Code Civil, 1996, 45–57).

51 **f) Sondererbrecht, gesetzliches Erbrecht des Staates.** Neben den gesetzlichen Erben kennt das französische Erbrecht sog. **Sondererben.** Bspw. steht dem Adoptierenden bei einfacher Adoption gem. Art. 368-1 Code Civil dasjenige zu, was er dem Adoptierten geschenkt hat, soweit er den Adoptierten überlebt und soweit der Adoptierte weder Abkömmlinge noch einen Ehegatten hinterlässt. Ebenso verhält es sich mit den leiblichen Eltern des Adoptierten bzgl. der diesem von ihnen zugewendeten Gegenstände. Der nach Ausgliederung dieser Geschenke übrige Nachlass wird unter den gleichen Voraussetzungen zwischen der Familie des Adoptierenden und der leiblichen Familie hälftig aufgeteilt (Süß ErbR/*Döbereiner* Rn. 42). Weiterhin steht dem überlebenden Ehegatten ein Sondererbrecht an literarischen und künstlerischen Urheberrechten zu. Sind Sondererben vorhanden, wird der Nachlass in eine allgemeine und eine der Sondererbfolge unterliegende Sondermasse gespalten.

52 Hinterlässt der Erblasser weder erbberechtigte Verwandte noch einen Ehegatten, so tritt **Erblosigkeit** *(déshérence)* ein. In diesem Fall fällt der Nachlass gem. Art. 724 Code Civil an den Staat.

53 **2. Gewillkürte Erbfolge. a) Allgemeines.** In Frankreich gilt der Grundsatz der **Testierfreiheit,** die aber, wie in Deutschland, nicht unbeschränkt gilt. Auch im französischen Erbrecht ist ein Teil des Nachlasses der sog. Noterben vorbehalten. Durch die großen Erbrechtsreformen in den Jahren 2002 und 2007 wurde der Kreis der Noterben, die eine stärkere Stellung als die Pflichtteilsberechtigten im deutschen Recht innehaben, zwar eingeschränkt, ihre Enterbung bleibt dennoch unmöglich. Zum Schutz der Testierfreiheit gestattet das französische Erbrecht nur die Errichtung einseitiger Testamente.

54 Gemeinschaftliche Testamente sind grds. verboten. Gem. Art. 968 Code Civil können nicht zwei oder mehrere Personen in einer Urkunde ihr Testament errichten. So soll eine Beeinflussung der Ehegatten untereinander vermieden und die Testierfreiheit gestärkt werden. Ein Verstoß gegen dieses Verbot führt zur absoluten Nichtigkeit der getroffenen Verfügungen. Die Regelung des Art. 968 Code Civil wird allerdings restriktiv ausgelegt. So soll nur verboten sein, dass ein Partner ein Testament errichtet und der andere Partner es lediglich mit unterzeichnet. Die rein äußerliche Verbindung zweier Testamente hingegen ist unschädlich, bspw. wenn zwei Testamente auf einem Blatt niedergeschrieben, durch einen Strich jedoch räumlich getrennt sind (Süß ErbR/*Döbereiner* Rn. 97).

55 **b) Wirksamkeitsvoraussetzungen eines Testaments. aa) Testierfähigkeit.** Zum Zeitpunkt der Errichtung eines Testaments muss der Erblasser testierfähig sein. Testierfähig sind grds. alle **volljährigen Personen,** auch solche, die unter Pflegschaft *(majeur en curatelle)* stehen. Unter Vormundschaft stehende Volljährige *(majeurs en tutelle)* bedürfen zur wirksamen Testamentserrichtung einer Ermächtigung durch den Familienrat *(conseil de famille)* gem. Art. 504 Code Civil. Minderjährige, die mindestens das sechzehnte Lebensjahr vollendet haben, sind bzgl. der Hälfte ihres Vermögens testierfähig. Minderjährige unter sechzehn Jahren sind gem. Art. 903 Code Civil testierunfähig.

56 Der Erblasser darf gem. Art. 901 Code Civil zum Zeitpunkt der Testamentserrichtung nicht unter Einschränkungen seiner geistigen Gesundheit leiden und muss seinen letzten Willen frei von Willensmängeln (Täuschung, Drohung oder Zwang) errichten. Das Fehlen einer dieser Voraussetzungen führt zur **relativen Nichtigkeit** des Testaments. Diese kann von den gesetzlichen Erben und den Universalvermächtnisnehmern binnen fünf Jahren nach dessen Tod gerichtlich geltend gemacht werden (Süß ErbR/*Döbereiner* Rn. 81 f.).

57 **bb) Zulässige Testamentsformen.** Das französische Recht kennt drei Formen der Testamentserrichtung: das handschriftliche oder holographische Testament, das öffentliche bzw. notarielle Testament und das verschlossene bzw. geheime Testament.

58 Das **holographische Testament** *(testament olographe)* kann der Erblasser errichten, indem er es vollständig eigenhändig schreibt, mit Tag, Monat und Jahr datiert und unterschreibt (Art. 970 Code Civil). Strittig ist, ob ein Fehlen der Datumsangabe zur Ungültigkeit des gesamten Testaments führt. Jedenfalls wird das Testament ungültig, wenn das Datum nachweislich falsch angegeben wurde.

59 Das **notarielle Testament** *(testament authentique)* muss entweder in Anwesenheit zweier Notare oder eines Notars und zwei weiterer Zeugen errichtet werden. Die Zeugen dürfen weder Angehörige des

II. Materielles Recht

Erblassers bis zum vierten Grad, noch testamentarisch begünstigt sein. Ebenso ausgeschlossen sind Notarangestellte (Art. 975 Code Civil). Nach Art. 980 Code Civil dürfen nicht beide Ehegatten bei der Errichtung des Testaments eines Dritten als Zeugen mitwirken. Die Zeugen müssen zudem volljährig und voll geschäftsfähig sein und französisch sprechen (Art. 980 Code Civil). Der Erblasser hat dem Notar das Testament zu diktieren, der es niederschreibt und anschließend laut vorliest. Abschließend ist das Dokument von allen Beteiligten eigenhändig zu unterzeichnen. Ist der Erblasser dazu nicht in der Lage ist dies anstelle seiner Unterschrift zu vermerken.

Das **verschlossene bzw. geheime Testament** ist wenig praxisrelevant. Es wird gem. Art. 976 Code Civil vom Erblasser selbst oder von einem Dritten niedergeschrieben und vom Erblasser eigenhändig unterschrieben. Alsdann wird es in einem verschlossenen und versiegelten Umschlag in Gegenwart zweier Zeugen an einen Notar übergeben, wobei der Notar vom Inhalt des Testaments keine Kenntnis erlangt. 60

Notarielle Testamente werden in Frankreich seit dem 1.1.1975 in einem zentralen **Testamentsregister** *(fichier central)* erfasst. Die Möglichkeit der Erfassung besteht grds. auch für holographische Testamente. Die Registrierung muss der Unterzeichner durch Vorlage einer notariellen Urkunde, aus der Datum, Errichtungsort des Testaments und die Personalien des Unterzeichners hervorgehen, beantragen (Süß ErbR/*Döbereiner* Rn. 80). 61

cc) **Testamentarisch Bedachte.** Das französische Recht unterstellt, das nur derjenige Erbe sein kann, der als gesetzlicher Erbe berufen ist. Eine testamentarische Einsetzung als Erbe ist demnach trotz bestehender Testierfreiheit nicht möglich. Der testamentarische Bedachte wird daher nicht als Erbe, sondern, soweit der gesamte Nachlass auf ihn übergehen soll, gem. Art. 1003 Code Civil als **Universalvermächtnisnehmer** *(légataire universel)* bezeichnet. Wird der letztwillig Bedachte nur auf einen Bruchteil der Erbschaft eingesetzt, so heißt er gem. Art. 1010 Code Civil **Vermächtnisnehmer zu Bruchteilen** *(légataire à titre universel)* (*Hök* ZFE 2007, 333 (334)). Der Vermächtnisnehmer muss durch den Erblasser hinreichend bestimmt werden und in der Lage sein, das Vermächtnis anzunehmen. Für die objektive Fähigkeit, Vermächtnisnehmer zu sein, gelten die Vorschriften über die Erbfähigkeit entsprechend (Art. 906 Code Civil). Vermächtnisnehmer können zudem solche Personen nicht werden, bei denen die Vermutung besteht, sie könnten bei der Errichtung der letztwilligen Verfügung ihren Einfluss auf den Erblasser zu ihrem Vorteil ausgenutzt haben. Dazu gehören bspw. der Vormund des Mündels, der Arzt, Apotheker oder Heilpraktiker des behandelten Patienten oder der Inhaber, Geschäftsführer oder Angestellte von Alters- und Pflegeheimen von Heimbewohnern (*Schömmer/Steinhauer/Haydu* FrzErbR Rn. 275). 62

dd) **Testamentsinhalt.** Der Erblasser ist bei der Formulierung seines letzten Willens an die Verfügungen gebunden, die im Gesetz verankert sind. Es herrscht insofern **Typenzwang**. 63

(1) **Das Universalvermächtnis.** Durch ein Universalvermächtnis *(legs universel)* kann der Erblasser einem oder mehreren Personen sein **gesamtes Vermögen** hinterlassen (Art. 1003 Code Civil), soweit es nicht durch Noterbrechte oder weitere Vermächtnisse beschwert ist. Fallen Noterben oder andere Vermächtnisnehmer durch Tod oder Ausschlagung weg, so erhält der Universalvermächtnisnehmer den gesamten Nachlass allein. Die *saisine* steht dem Universalvermächtnisnehmer nur dann zu, wenn er in einem notariellen Testament bedacht wurde und neben ihm keine Noterben vorhanden sind. Trifft der Universalvermächtnisnehmer mit Noterben zusammen, so hat er gegen diese einen Anspruch auf Auslieferung der Nachlassgegenstände (Art. 1004, 1006 Code Civil). Wurde der Vermächtnisnehmer lediglich in einem holographischen oder verschlossenen Testament bedacht, so steht ihm die *saisine* nicht zu – er muss sich in den Besitz einweisen lassen *(envoi en possession)*. Die Rechtsstellung des Universalvermächtnisnehmers entspricht, bis auf wenige Ausnahmen, der des gesetzlichen Erben. Dies spiegelt sich vor allem in der Nachlasshaftung wieder. Der Universalvermächtnisnehmer haftet gem. der Art. 785, 1009 Code Civil entsprechend seines Anteils am Nachlass unbegrenzt, dh mit seinem gesamten Vermögen, für Nachlassverbindlichkeiten. 64

(2) **Das Erbteilvermächtnis.** Gem. Art. 1010 Code Civil liegt ein Erbteilvermächtnis *(legs à titre universel)* dann vor, wenn der Erblasser testamentarisch anordnet, dass ein Vermächtnisnehmer einen **Vermögensbruchteil**, alle Mobilien oder Immobilien oder einen Bruchteil aller Mobilien oder Immobilien erhalten soll. Den gesamten Nachlass kann der Erbteilvermächtnisnehmer jedoch nie erlangen. Im Gegensatz zum Universalvermächtnisnehmer steht dem Erbteilvermächtnisnehmer unter keinen Umständen die *saisine* zu, er bedarf, um seine Eigentumsrechte ausüben zu können, stets einer Besitzeinweisung durch den gesetzlichen Erben oder durch einen Universalvermächtnisnehmer, dem die *saisine* zusteht (Art. 1011 Code Civil). Der Erbteilvermächtnisnehmer haftet gleich dem Universalvermächtnisnehmer für Nachlassverbindlichkeiten entsprechend seines Anteils am Gesamtnachlasses (Art. 785, 1012 Code Civil). 65

(3) **Das Erbstückvermächtnis.** Ein Vermächtnis, das weder als Universal–, noch als Erbteilvermächtnis ausgestaltet ist, bezeichnet man gem. Art. 1010 II Code Civil als Erbstückvermächtnis *(legs à titre particulier)*. Dabei handelt es sich um die testamentarische Zuwendung von **Einzelgegenständen** oder auch eines Geldbetrages. Der Anteil des Wertes der Gegenstände am Wert des gesamten Nachlasses ist unerheblich – ein Erbstückvermächtnis liegt auch dann vor, wenn dem Vermächtnisnehmer nur ein Einzelgegenstand vermacht wurde, der aber den gesamten Nachlass ausmacht. Der vermachte Gegenstand muss im Zeitpunkt des Erbfalls im Eigentum des Erblassers gestanden haben (Art. 1021 Code Civil). 66

Auch beim Erbstückvermächtnis geht das Eigentum gem. Art. 1014 I Code Civil bereits mit dem Tod des Erblassers auf den Vermächtnisnehmer über. Um über das Eigentum verfügen zu dürfen, bedarf der 67

120 Frankreich

Erbstückvermächtnisnehmer der **Auslieferung** *(délivrance)* des Vermächtnisgegenstandes durch den Beschwerten (Art. 1014 II Code Civil). Im Gegensatz zum Universalvermächtnisnehmer und zum Erbteilvermächtnisnehmer haftet der Erbstückvermächtnisnehmer gem. Art. 1024 Code Civil nicht für Nachlassverbindlichkeiten. Er unterliegt jedoch dem Risiko der Herabsetzung der Höhe seines Vermächtnisses, da Nachlassgläubiger vor der Erfüllung von Vermächtnissen befriedigt werden.

68   **(4) Einsetzung eines Ersatzvermächtnisnehmers.** Gem. Art. 898 Code Civil kann der Erblasser für den Fall, dass ein von ihm eingesetzter Vermächtnisnehmer das Vermächtnis nicht annimmt oder vorverstirbt, einen oder mehrere Ersatzvermächtnisnehmer bestimmen. Dieser tritt mit allen sich ergebenden Rechten und Pflichten in die Stellung des ursprünglichen Vermächtnisnehmers ein, soweit der Erblasser nicht etwas anderes anordnet. Schlägt der vom Erblasser eingesetzte Vermächtnisnehmer das Vermächtnis aus oder stirbt er vor dem Erblasser und hat der Erblasser keinen Ersatzvermächtnisnehmer bestimmt, so wächst das „freie" Vermächtnis den übrigen Vermächtnisnehmern an, soweit solche vorhanden sind (zum Testamentsinhalt *Schömmer/Steinhauer/Haydu* FrzErbR Rn. 313–317).

69   **(5) Vor- und Nacherbschaft.** Bis zur am 1.1.2007 in Kraft getretenen Erbrechtsreform war in Frankreich die Vor- und Nacherbschaft, bzw. das Vor- und Nachvermächtnis *(substitution fidéicommissaire)* **grds. gesetzlich verboten.** Jede Verfügung des Erblassers, die eine Herausgabe des durch Tod erlangten Vermögens an einen Zweitbedachten zum Inhalt hatte, war nichtig und hatte die Unwirksamkeit der Einsetzung des Erstbedachten zur Folge.

70   Von diesem Grundsatz kannte der Code Civil jedoch schon vor der Erbrechtsreform zwei **Ausnahmen:** wollte der Erblasser seine Enkelkinder bedenken, so hatte er die Möglichkeit, seine eigenen Kinder als Vorerben bzw. Vorvermächtnisnehmer und deren Kinder als Nacherben bzw. Nachvermächtnisnehmer einzusetzen. Hatte der Erblasser keine Kinder, so stand ihm das gleiche Recht bzgl. seiner Neffen und Nichten zu. In diesem Fall wurden deren Eltern, also die Geschwister des Erblassers, Vorvermächtnisnehmer. In beiden Fällen hatte der Erblasser seine Enkel bzw. Neffen und Nichten zu gleichen Teilen zu bedenken. Die Einrichtung von Vor- und Nachvermächtnis war nur für den Teil des Nachlasses möglich, der nicht den Pflichterben vorbehalten war. Bis zum Eintritt des Nacherbfalls wurde der Erstbedachte aufschiebend bedingt Eigentümer der betroffenen Nachlassgegenstände. Verfügungen des Vorvermächtnisnehmers, die dieser ohne Zustimmung des Zweitbedachten vornahm, wurden im Zeitpunkt des Eintritts des Nacherbfalls unwirksam (*Schömmer/Steinhauer/Haydu* FrzErbR Rn. 318).

71   Mit der Reform 2007 wurde durch den Art. 1048ff. Code Civil ein der Vor- und Nacherbschaft ähnliches Rechtsinstitut dergestalt eingeführt, dass das grds. fortbestehende Verbot der Vor- und Nacherbschaft durch zwei **weitere Ausnahmen** eingeschränkt wird. Diese werden als *libéralités graduelles* und *libéralités résiduelles* bezeichnet.

72   Die *libéralité graduelle* ist vergleichbar mit der nicht befreiten Vorerbschaft. Sie ist geregelt in den Art. 1048–1056 Code Civil und gibt dem Erblasser die Möglichkeit, ein Vermächtnis mit der Auflage zu verbinden, dass der Vermächtnisnehmer das Zugewendete bewahren und bei seinem Tod an einen vom Erblasser bestimmten Dritten weitergeben muss. Die Voraussetzungen für eine solche Erbeinsetzung regelt Art. 1049 Code Civil. Der Erblasser kann nur für solche Gegenstände eine entsprechende Auflage anordnen, die zum Zeitpunkt der Anordnung bestimmt oder zumindest bestimmbar sind und die zum Zeitpunkt des Erbfalls in Natur vorhanden sind. Art. 1049 III Code Civil bestimmt, dass die Anordnung einer Nacherbschaft bei Immobilien zur Entfaltung von Drittwirkung stets der Veröffentlichung im *bureau des hypothèques* bedarf. Diese Veröffentlichung stellt zudem die einzige gesetzliche Regelung zum Schutz des Zweitbedachten dar. Hält der Erblasser weitere Maßnahmen zur Sicherung des Übergangs des Zugewendeten an den Zweitbedachten für erforderlich, so steht es ihm nach Art. 1052 Code Civil frei, solche testamentarisch anzuordnen. Gem. Art. 1050 I Code Civil entsteht die Begünstigung des Nacherben im Zeitpunkt des Todes des beschwerten Erstbedachten, soweit die Beteiligten nicht einen früheren Übertragungszeitpunkt vereinbaren (Art. 1050 II Code Civil). Dies ist jederzeit möglich, solange dadurch Gläubiger nicht beeinträchtigt werden (Art. 1050 III Code Civil). Die Zuwendung gilt gem. Art. 1051 Code Civil, unabhängig vom Übertragungszeitpunkt, als direkt vom Erblasser an den Zweitbegünstigten erfolgt. Verstirbt der Zweitbegünstigte vor dem Eintritt der Nacherbschaft, oder verzichtet er auf die Zuwendung, so fällt der Gegenstand der Zuwendung in den Nachlass des Beschwerten, soweit der Erblasser gem. Art. 1056 Code Civil keine Ersatzerben bestimmt hat.

73   Die *libéralité résiduelle* ist in den Art. 1057ff. Code Civil geregelt. Durch sie kann der Erblasser dem Vorerben verbieten, letztwillig über das Erworbene zu verfügen. Zudem hat der Erblasser durch die *libéralité résiduelle* die Möglichkeit, dem Vorerben zu verbieten, unter Lebenden unentgeltlich über das Erworbene zu verfügen (Art. 1059 I Code Civil). Eine Ausnahme davon regelt Art. 1059 III Code Civil: ist der Erstbedachte Noterbe, so behält er die Freiheit, über den zugewendeten Gegenstand sowohl durch unentgeltliche Verfügung unter Lebenden, als auch von Todes wegen, zu verfügen, soweit er diesen Gegenstand als Voraus auf sein Noterbe erhalten hat. Den beschwerten Erstbedachten trifft jedoch im Gegensatz zur *libéralité graduelle* keine Verpflichtung zur Erhaltung des zugewendeten Gegenstandes. Der Zweitbegünstigte erhält beim Tod des Vorerben lediglich dasjenige, was zu diesem Zeitpunkt vom Zugewendeten noch vorhanden ist. Dabei werden Surrogate nicht berücksichtigt. Die Vorschriften der Art. 1049, 1051, 1052, 1056 Code Civil sind auf die *libéralité résiduelle* entsprechend anzuwenden (*Süß* ErbR/*Döbereiner* Rn. 91, 92).

74   **(6) Auflagen, Bedingungen und Befristungen.** Der Erblasser kann Vermächtnisnehmer mit Auflagen und Bedingungen beschweren, soweit diese gem. Art. 900 Code Civil nicht unmöglich, verboten oder

sittenwidrig sind. In diesem Fall gilt die Auflage oder Bedingung als nicht angeordnet und ist aus diesem Grund unbeachtlich. Zulässig sind **Veräußerungsverbote**, wenn diese zeitlich begrenzt und durch ein ernsthaftes, rechtlich gebilligtes Interesse gerechtfertigt sind. Fällt dieses Interesse nach dem Tod des Erblassers weg, kann der Beschwerte durch gerichtliche Ermächtigung trotz angeordnetem Veräußerungsverbot über den Vermögenswert verfügen.

Der Erblasser hat die Möglichkeit, ein Vermächtnis unter einer **aufschiebenden Bedingung** anzuordnen. Für diesen Fall verwaltet der Erbe den Nachlass bis zum Eintritt der angeordneten Bedingung. Eine Zuwendung von Todes wegen unter einer auflösenden Befristung ist hingegen gem. Art. 896 II Code Civil verboten.

c) Hinfälligkeit und Widerruf testamentarischer Bestimmungen. Das Testament wird hinfällig *(caduc)*, wenn der Vermächtnisnehmer vor dem Erblasser stirbt (Art. 1039 Code Civil), wenn er erbunfähig wird oder das Vermächtnis ausschlägt (Art. 1043 Code Civil) oder wenn der Gegenstand des Vermächtnisses vor dem Erbfall untergeht (Art. 1042 Code Civil).

Der Erblasser kann sein Testament jederzeit **frei widerrufen** *(révocation)*. Dies kann ausdrücklich (Art. 1035 Code Civil) oder konkludent erfolgen. Ausdrücklich kann eine letztwillige Verfügung von Todes wegen durch ein späteres Widerrufstestament oder durch eine notariell beurkundete Erklärung unter Hinzuziehung eines zweiten Notars oder zweier Zeugen erfolgen. Ein konkludenter Widerruf liegt vor, wenn der Erblasser ein neues, wirksames und mit dem ursprünglichen Testament unvereinbares Testament errichtet (Art. 1036 Code Civil), oder wenn er bei Anordnung eines Vermächtnisses den Vermächtnisgegenstand veräußert (Art. 1038 Code Civil).

Ein **gerichtlicher Widerruf** eines Testaments ist nur nach dem Tod des Erblassers möglich. Klagebefugt sind die gesetzlichen Erben und die Universalvermächtnisnehmer. Die Klagefrist beträgt 30 Jahre, wenn geltend gemacht wird, dass ein Vermächtnisnehmer die ihm obliegenden Auflagen nicht erfüllt. Hat sich ein testamentarisch Bedachter eines Anschlags auf das Leben des Erblassers oder einer anderen schweren Verfehlung gegenüber dem Erblasser schuldig gemacht (Art. 1046, 955 Code Civil), so beträgt die Klagefrist ein Jahr seit Kenntnis des Anschlags bzw. ab Begehung der Verfehlung. Ausgeschlossen ist ein gerichtlicher Widerruf eines Testaments, wenn der Erblasser die Gründe, die einen Widerruf rechtfertigen würden, kannte und in dieser Kenntnis sein Testament nicht geändert hat (Süß ErbR/*Döbereiner* Rn. 95).

d) Der Erbvertrag. aa) Gesetzliches Verbot von Erbverträgen. Bis zur Erbrechtsreform 2007 herrschte in Frankreich ein striktes Verbot von Erbverträgen. Seit der im Jahr 2007 in Kraft getretenen Erbrechtsreform gilt das Verbot der *„pactes sur succession future"* des Art. 1130 Code Civil nur noch eingeschränkt, Verträge über künftige Erbschaften bleiben jedoch, bis auf die gesetzlich geregelten Ausnahmen, verboten. Neben Erbverträgen sind auch Erbverzichts– bzw. Pflichtteilsverzichtsverträge, sowie alle anderen Vereinbarungen, die eine noch nicht eröffnete Erbschaft zum Gegenstand haben, von diesem Verbot betroffen. Dennoch geschlossene Verträge sind **nichtig**, eine Umdeutung in eine einseitige Verfügung von Todes wegen sieht das französische Erbrecht nicht vor. Diese Regelung soll einerseits die Testierfreiheit schützen, da der Grundsatz der freien Widerrufbarkeit von letztwilligen Verfügungen durch den Abschluss von Erbverträgen durchbrochen würde. Zudem gelten Verträge über künftige Erbschaften in Frankreich als unmoralisch, da sie den Begünstigten möglicherweise dazu veranlassen könnten, den Tod des Verfügenden herbeizusehnen oder diesen beschleunigen zu wollen (Süß ErbR/*Döbereiner* Rn. 111, 112).

bb) Ausnahmen. (1) Verzicht auf Herabsetzungsklage und Noterbrecht. Eine gesetzliche Ausnahme für die Errichtung eines zulässigen *pacte sur succession future* ist der **Verzicht auf die Herabsetzungsklage** *(action en réduction)* und das Noterbrecht bereits zu Lebzeiten des Erblassers gem. der Art. 929 ff. Code Civil. So kann der Erblasser zu seinen Lebzeiten die volle Verfügungsbefugnis über sein Vermögen erlangen. Der Verzicht kann nicht allgemein, sondern nur zu Gunsten einer bestimmten Person erfolgen und muss vom Erblasser ausdrücklich angenommen werden. Die Beschränkung des Verzichts auf einen Teil der *réserve* oder auf einzelne Nachlassgegenstände ist gem. Art. 929 II Code Civil möglich.

Wegen der weitreichenden Bedeutung des Verzichts auf Noterbrecht und Herabsetzungsklage werden an die formellen Voraussetzungen **hohe Anforderungen** gestellt. Die Folgen des Verzichts sind in der Verzichtserklärung, die gem. Art. 930 Code Civil unter Beteiligung zweier Notare zu beurkunden ist *(acte solennel)*, ausdrücklich hervorzuheben. Dabei kann ein Notar von den Beteiligten frei gewählt werden, der zweite Notar wird durch den Präsidenten der zuständigen Notarkammer bestimmt. Alsdann hat der Noterbe die Erklärung ausschließlich in Anwesenheit der beiden Notare zu unterzeichnen. Der Verzicht ist – im Gegensatz zum deutschen Recht – kein gegenseitiger Vertrag, sondern eine einseitige empfangsbedürftige Willenserklärung. Verstöße gegen diese formellen Voraussetzungen führen zur Nichtigkeit der Erklärung, ebenso deren Zustandekommen aufgrund von Irrtum, Täuschung, Drohung oder Zwang. Dieser Verzicht kann, bis auf wenige Ausnahmen gem. Art. 930-3 Code Civil, nicht widerrufen werden. Eine solche Ausnahme liegt bspw. vor, wenn der Verzichtende zur Zeit des Erbfalls bedürftig ist und die Bedürftigkeit nicht bestünde, wenn der Verzicht nicht erklärt worden wäre (Süß ErbR/*Döbereiner* Rn. 108).

Der vertraglich geregelte Verzicht auf die Erhebung der Herabsetzungsklage ist erst seit der Erbrechtsreform 2007 gesetzlich geregelt. Vor der Reform wurde ein solcher Verzicht als Vertrag über den Nachlass eines noch Lebenden angesehen und für unzulässig betrachtet (*Gresser* ZErb 2006, 407 (409)).

83 **(2) Die institution contractuelle.** Die *institution contractuelle* stellt eine weitere Ausnahme vom Verbot, Erbverträge zu schließen, dar. Sie ist in den Art. 1082 ff. Code Civil geregelt. Dabei handelt es sich um einen Vertrag, in dem der eine Teil *(instituant)* verspricht, dem anderen Teil *(institué)* bei seinem Tod sein gesamtes Vermögen, einen Teil seines Vermögens oder einen bestimmten Gegenstand unentgeltlich zu hinterlassen. Es gibt drei Formen, wie dieser Vertrag zustande kommen kann: durch einen Dritten zugunsten von zukünftigen Ehegatten in deren Ehevertrag, zwischen den künftigen Ehegatten in ihrem Ehevertrag und zwischen Ehegatten nach Eheschließung außerhalb ihres Ehevertrages.

84 Die **Verfügung durch einen Dritten** ist geregelt in den Art. 1082, 1083 Code Civil. Durch diese Verfügung können Dritte über ihr gesamtes Vermögen *(institution universelle)*, einen Teil davon *(institution à titre universelle)*, oder einen einzelnen Gegenstand *(institution à titre particulier)* zugunsten der künftigen Ehegatten verfügen. Sollten diese vor dem Verfügenden sterben, geht der Anspruch auf ihre gemeinsamen Abkömmlinge über. Dies muss vor der Eheschließung unter notarieller Beurkundung im Ehevertrag niedergelegt werden. Die Einsetzung anderer Personen als der künftigen Eheleute ist nichtig, der Verfügende kann jedoch auch nur zum Vorteil eines der Ehegatten agieren. Der Rechtsübergang findet mit dem Tod des Verfügenden statt, zu seinen Lebzeiten behält er gem. Art. 1083 Code Civil die uneingeschränkte Verfügungsbefugnis über sein Vermögen. Verfügungen über Gegenstände, über die die *institution contractuelle* geschlossen wurde, sind jedoch ausnahmsweise dann unwirksam, wenn sie allein dem Zweck dienen sollen, die getroffene Vereinbarung auszuhöhlen. Ebenso ist es mit unentgeltlichen Verfügungen. Der Zuwendende kann sich allerdings vertraglich vorbehalten, über einzelne Gegenstände oder eine festgelegte Geldsumme weiterhin frei verfügen zu können. Die bedachten Eheleute erhalten mit Abschluss der *institution contractuelle* kein dingliches Recht an den betreffenden Gegenständen, sondern ein unübertragbares sog. *droit éventuel,* das mit dem deutschen Anwartschaftsrecht vergleichbar ist. Die einmal im Ehevertrag getroffenen Vereinbarungen sind für die Zukunft unwiderruflich, ein Widerrufsvorbehalt ist unwirksam. Ebenso ist ein einseitiger Verzicht durch die Eheleute unzulässig.

85 Die *institution contractuelle* **zwischen künftigen Eheleuten** regeln die Art. 1091–1096 Code Civil. Art. 1093 Code Civil verweist auf die Vorschriften der *institution contractuelle* durch Dritte, die entsprechend anwendbar sind. Eine *institution contractuelle* unter Ehegatten kann einseitig oder wechselseitig ausgestaltet sein. Im Gegensatz zur *institution contractuelle* durch einen Dritten geht der Anspruch bei Tod eines Ehegatten nicht auf die aus der Ehe stammenden Abkömmlinge über, da diesen bereits ein gesetzliches Erbrecht bzw. ein Noterbrecht zusteht. Auch die *institution contractuelle* unter Ehegatten ist grds. unwiderruflich. Ein Widerruf wegen Undanks, der gem. Art. 956 Code Civil gerichtlich ausgesprochen werden muss, ist jedoch möglich (Art. 959 Code Civil). Bei Scheidung wird die *institution contractuelle,* genauso wie alle anderen letztwilligen Zuwendungen zugunsten des überlebenden Ehegatten, automatisch widerrufen (Art. 265 II Code Civil). Der überlebende Ehegatte verliert seinen Anspruch auch, wenn die Ehegatten wirksam eine Wiederverheiratungsklausel in den Ehevertrag aufgenommen haben und er nach dem Tod seines Ehegatten erneut heiratet. Diese Rechtsfolge tritt rückwirkend ein, ohne dass es einer expliziten diesbezüglichen Erklärung bedarf.

86 Die *institution contractuelle* **zwischen Ehegatten während der Ehe** ist gesetzlich nicht ausdrücklich geregelt, aber allgemein anerkannt. Sie wird hergeleitet aus den Art. 1096, 943 u. 947 Code Civil. Die Errichtung der *institution contractuelle* bedarf, wie eine Schenkung unter Lebenden, der notariellen Beurkundung gem. der Art. 931, 932 Code Civil. Bzgl. des Inhalts der *institution contractuelle* bestehen keine Besonderheiten. Auch hier ist die Vereinbarung einer Wiederverheiratungsklausel zulässig, soweit sie nicht aus verwerflichen oder unmoralischen Gründen wie übertriebener Eifersucht aufgenommen wird. Eine Verfügungsbeschränkung resultiert aus der *institution contractuelle* unter Ehegatten nicht (Süß ErbR/*Döbereiner* Rn. 113–137).

87 **(3) Schenkung auf den Todesfall.** Eine weitere Ausnahme vom Verbot des Abschlusses von Erbverträgen ergibt sich im Zusammenhang mit der Schenkung auf den Todesfall, die dem französischen Recht jedoch als solche nicht bekannt ist. Unentgeltliche Rechtsgeschäfte sind nur durch Schenkungen unter Lebenden oder durch Testament möglich (Art. 893 Code Civil). Dennoch gibt es die Möglichkeit, eine Schenkung mit dem Tod einer Partei in zulässiger Weise zu verknüpfen, indem die **Erfüllung** einer Schenkung bis zum Zeitpunkt des Todes des Verfügenden **hinausgeschoben** wird *(donation post mortem).* Dies geschieht durch Vertrag *(institution contractuelle)* zwischen dem zukünftigen Erblasser und dem Begünstigten (Süß ErbR/*Döbereiner* Rn. 153). Das französische Recht kennt außerdem eine Schenkung zu Lebzeiten, die mit der auflösenden Bestimmung verbunden ist, dass das Geschenkte an den Schenkenden zurückfällt, wenn der Schenkende den Beschenkten überlebt. Das Geschenkte fällt in diesem Fall nicht in den Nachlass des Beschenkten. Die lange umstrittene Frage, was dann mit der bereits entrichteten Schenkungsteuer geschieht, wurde nun mWv 1.1.2010 in Art. 791 S. 2 CGI (näheres zum CGI → Rn. 85 ff.) geregelt: die ursprünglich gezahlte Schenkungsteuer muss vom Fiskus an den Schenkenden zurückerstattet werden (*Gnan* ZEV 2010, 239).

88 e) **Weitere Formen der Nachlassplanung.** Weitere Formen der Nachlassplanung, die auch schon vor der Erbrechtsreform 2007 zulässig waren, sind bspw. sie sog. „*clause commerciale*", die es dem überlebenden Ehegatten ermöglicht, den Betrieb des Erblassers fortzusetzen und die gesellschaftsrechtliche Fortsetzungsklausel, die es dem Erblasser ermöglicht, nach seinem Tod zu berufenden Gesellschafter zu bestimmen (*Hök* ZFE 2007, 333 (337)).

89 **3. Pflichtteilsrecht/Noterbrecht. a) Allgemeines.** Das Pflichtteils- bzw. Noterbrecht ist in den Art. 912–930 Code Civil geregelt. In Frankreich ist das Pflichtteilsrecht nicht wie im deutschen Erbrecht

als schuldrechtlicher Anspruch gegen die Erben, sondern als **materielles Noterbrecht** und damit als echtes Erbrecht ausgestaltet. Der Pflichterbe erwirbt einen echten Erbteil, er wird Miterbe mit allen sich daraus ergebenden Rechten und Pflichten.

Wie im deutschen Recht bildet das Pflichtteils- bzw. Noterbrecht die Grenze der Testierfreiheit des Erblassers. Die von ihm angeordneten testamentarischen Zuwendungen dürfen die den Pflichterben gesetzlich eingeräumten Rechte nicht einschränken. Dies gilt auch für Schenkungen des Erblassers unter Lebenden und auf den Todesfall, wobei es auf eine Beeinträchtigungsabsicht nicht ankommt. Damit soll verhindert werden, dass der Erblasser durch Verfügungen unter Lebenden das Recht seiner Noterben obsolet werden lässt. Demzufolge darf der Erblasser nur über einen Teil seines Vermögens, die sog. *quotité disponible*, von Todes wegen frei verfügen. Der Rest des Nachlasses, die *réserve*, ist den Noterben vorbehalten (Art. 912 I Code Civil). Verfügungen des Erblassers, die die Höhe der *quotité disponible* übersteigen, sind jedoch solange wirksam, wie kein Noterbe die Einräumung bzw. Ergänzung seines Pflichtteils durch Erhebung der sog. Herabsetzungsklage (Art. 920 ff. Code Civil) begehrt.

Auch das Pflichtteilsrecht hat durch die am 1.1.2007 in Kraft getretene **Erbrechtsreform** zahlreiche Änderungen erfahren. Seit der Reform ist unklar, ob das Noterbrecht weiterhin als echtes Erbrecht zu verstehen ist oder zu einem schuldrechtlichen Anspruch umgewandelt wurde. Dafür spricht, dass der Noterbe gem. Art. 924 Code Civil nunmehr einen vorrangig in Geld zu erfüllenden Ausgleichsanspruch hat. Ein echtes Erbrecht ist nur noch als Ausnahme in Art. 924-1 Code Civil vorgesehen. Demgegenüber wurde die Regelung des alten Art. 930 Code Civil in die neue Regelung des Art. 924 IV Code Civil übernommen (Schlitt/Müller Pflichtteils-HdB/*Heggen* § 15 Rn. 170). Darin wird geregelt, dass die Herabsetzungsklage des Pflichterben auch gegen den Rechtsnachfolger geltend gemacht werden kann, mit der Konsequenz, dass pflichtteilsberechtigte Erben nach wie vor einem Nachlassgegenstände betreffenden Veräußerungsgeschäft zustimmen müssen. Wie sich das Noterbrecht bzw. Pflichtteilsrecht künftig entwickeln wird, bleibt daher abzuwarten (*Gresser* ZErb 2006, 407 (408)).

b) Personenkreis der Noterben und Höhe des Noterbrechts. Pflichtteilsberechtigt sind grds. nur die **Abkömmlinge** des Erblassers gem. Art. 913 Code Civil. Dabei wird nicht zwischen ehelichen und unehelichen Abkömmlingen unterschieden. Es gilt das Repräsentationsprinzip (Art. 913-1 Code Civil): ist ein Abkömmling vor dem Erblasser verstorben, so treten dessen Abkömmlinge an seine Stelle. Die *réserve* geht zu gleichen Teilen auf die Abkömmlinge über. Die Höhe der *réserve* bestimmt sich nach der Zahl der Kinder. Bei einem Kind kann der Erblasser über die Hälfte, bei zwei über ein Drittel und bei drei oder mehr Kindern über ein Viertel seines Nachlasses frei verfügen; der verbleibende Teil des Nachlasses steht den Abkömmlingen zu. Auch dem Pflichterben steht die Möglichkeit der Ausschlagung zu. Gem. Art. 913 Code Civil wird ein Abkömmling, der seinen Pflichtteil ausschlägt, bei der Verteilung der *réserve* nur dann mitgezählt, wenn er selbst Abkömmlinge hat und diese nach dem Repräsentationsprinzip in seine Stellung eintreten (Art. 745 Code Civil).

Der **überlebende Ehegatte** hat gem. Art. 914-1 Code Civil nur dann ein Noterbrecht, wenn neben ihm keine Abkömmlinge des Erblassers vorhanden sind. Auch außereheliche Abkömmlinge schließen ein Noterbrecht des überlebenden Ehegatten aus. Sind keine Abkömmlinge vorhanden, so kann der Erblasser über drei Viertel seines Nachlasses frei verfügen, ein Viertel steht dem überlebenden Ehegatten als *réserve* zu. Pflichtteilsberechtigt ist nur der nicht rechtskräftig geschiedene Ehegatte. Die Rechtshängigkeit eines Scheidungsverfahrens oder eines Verfahrens über die Trennung von Tisch und Bett haben keine Auswirkungen auf das Noterbrecht des überlebenden Ehegatten. Nichteheliche Lebensgefährten und gleichgeschlechtliche Lebenspartner, die mit dem Erblasser in einer registrierten Lebenspartnerschaft (PACS) gelebt haben, sind analog zum gesetzlichen Erbrecht dem Ehegatten nicht gleichgestellt. Sie haben keine Pflichtteilsansprüche.

Besonderheiten für die Berechnung der *quotité disponible* ergeben sich gem. Art. 1094 ff. Code Civil immer dann, wenn der überlebende Ehegatte mit pflichtteilsberechtigten Abkömmlingen zusammentrifft. Gem. Art. 1094-1 Code Civil hat der Erblasser über die Möglichkeit, entweder über die „normale" *quotité disponible*, deren Höhe abhängig von der Anzahl der Abkömmlinge ist, zu verfügen, er hat aber auch die Möglichkeit, dem überlebenden Ehegatten ein Viertel des Nachlasses als Eigentum und drei Viertel des Nachlasses als Nießbrauch zu hinterlassen. Letztlich kann er auch über seinen gesamten Nachlass als Nießbrauch verfügen. Zulässig ist es zudem, die Entscheidung offen zu lassen und dem Ehegatten das Wahlrecht zwischen den verschiedenen Alternativen einzuräumen (Süß ErbR/*Döbereiner* Rn. 104).

Das Noterbrecht der **Aszendenten** wurde mit der Erbrechtsreform im Jahr 2007 abgeschafft. An dessen Stelle wurde in Art. 738-2 Code Civil ein Rückfallrecht *(droit de retour légal)* für die Eltern des Erblassers gesetzt. Haben sie dem Erblasser zu dessen Lebzeiten Schenkungen gemacht, so können sie diese von den Erben in Natur zurückfordern. Ist eine Rückgabe bspw. wegen Veräußerung nicht möglich, so besteht eine Ersatzforderung in Geld, den den Wert des Nachlasses jedoch nicht übersteigen darf. Das Rückforderungsrecht ist gem. Art. 738 Code Civil auf die gesetzliche Erbquote beschränkt und wird auf diese angerechnet, wenn die Eltern des Erblassers gesetzliche Erben sind. Stirbt ein Elternteil vor dem Erblasser, so geht der gesamte Rückforderungsanspruch auf den anderen Elternteil über. Sterben beide Elternteile vor dem Erblasser, so geht der Anspruch unter. Eine Geltendmachung durch andere Aszendenten ist ausgeschlossen.

Vor der **Erbrechtsreform 2007** waren, wenn der Erblasser keine Abkömmlinge hinterließ, auch Aszendenten des Erblassers pflichtteilsberechtigt. Der Kreis der pflichtteilsberechtigten Aszendenten war auf diejenigen Aszendenten beschränkt, die bei Eintritt der gesetzlichen Erbfolge zur Erbschaft berufen gewesen wären. Die Höhe des Pflichtteils betrug für die mütterliche und für die väterliche Linie des Nachlasses jeweils ein Viertel (Art. 914 Code Civil aF). Der überlebende Ehegatte war vor der Erbrechtsreform nur pflichtteilsberechtigt, wenn der Erblasser außer ihm weder Abkömmlinge noch pflichtteilsberechtigte Aszendenten hinterließ. Für diesen Fall erhielt er gem. Art. 914-1 Code Civil (aF) ein Viertel des Nachlasses zu Eigentum (Süß ErbR/*Döbereiner* Rn. 101, 102; *Schömmer/Steinhauer/Haydu* FrzErbR Rn. 336).

97 c) **Überschreitung der *quotité disponible* und deren Konsequenzen. aa) Berechnung der quotité disponible.** Um festzustellen, ob der Erblasser die quotité disponible beachtet, oder ob er den ihm gesetzten Rahmen durch weiterreichende Verfügungen von Todes wegen überschritten und damit die Pflichtteilsberechtigten benachteiligt hat, ist es zunächst notwendig, die Höhe der *quotité disponible* zu bestimmen. Dazu ist gem. Art. 922 I Code Civil zunächst der Wert des Nachlasses zum Zeitpunkt des Todes des Erblassers festzustellen. Dabei sind auch solche Werte zu berücksichtigen, über die der Erblasser durch Testament verfügt hat, dh es wird der gesamte, ungeteilte Nachlass betrachtet. Der so ermittelte Wert wird als **Aktivmasse** bezeichnet (Art. 922 II Code Civil). Davon sind gem. Art. 922 II Code Civil die Nachlassverbindlichkeiten abzuziehen. Dazu gehören alle Schulden, die auf den Erblasser zurückgeführt werden können. Nicht abzugsfähig sind Verbindlichkeiten, die mit dem Erbfall entstehen, bspw. Bestattungskosten.

98 Nach Abzug der Verbindlichkeiten ist der **Wert von Schenkungen**, die der Erblasser zu seinen Lebzeiten vollzogen hat, dem Nachlass fiktiv hinzuzurechnen (Art. 922 II Code Civil). So erhält man den Wert des Nachlasses, den dieser gehabt hätte, wenn der Erblasser den Nachlass nicht durch unentgeltliche Verfügungen gemindert hätte. Dabei wird der Wert der weggegebenen Gegenstände im Zeitpunkt des Anfalls der Erbschaft und nicht im Zeitpunkt der Schenkung zugrunde gelegt. Veräußerte der Erblasser zu seinen Lebzeiten Gegenstände, so wird der Wert dieser Gegenstände zum Zeitpunkt der Veräußerung zugrunde gelegt. Mit der Anrechnung dieser Vermögenswerte soll verhindert werden, dass der Erblasser vor seinem Tod Gegenstände unter Wert veräußert und so den Pflichtteil der Berechtigten in unzulässiger Weise verringert. Bei Anschaffung von Ersatzgegenständen zählt der Wert dieser Ersatzgegenstände im Zeitpunkt des Todesfalls. Bei Schenkungen zu Gunsten der Pflichtteilsberechtigten wird differenziert: Handelt es sich um eine Schenkung *hors part successorale*, also außerhalb des Erbteils, so findet eine Anrechnung nicht statt. Eine Anrechnung auf das Noterbrecht ist gem. Art. 919-1 Code Civil jedoch dann vorzunehmen, wenn es sich um eine Schenkung *en avancement de part successorale* handelt. Bei der Unterscheidung ist auf den Erblasserwillen, der in der Schenkungsurkunde zum Ausdruck kommen muss, abzustellen.

99 bb) **Konsequenzen der Überschreitung der quotité disponible.** Nach der Berechnung der *quotité disponible* kann festgestellt werden, ob der Erblasser diese durch letztwillige Verfügungen von Todes wegen, durch Schenkungen unter Lebenden oder durch anderweitige unzulässige Veräußerungsgeschäfte überschritten hat. Eine Überschreitung der *quotité disponible* hat jedoch nicht automatisch die Unwirksamkeit der getroffenen Verfügungen zur Folge, sondern hat nur dann Konsequenzen, wenn die Pflichtteilsberechtigten mit der sog. **Herabsetzungsklage** gerichtlich gegen diese vorgehen (Süß ErbR/*Döbereiner* Rn. 105–107).

100 d) **Herabsetzungsklage.** Überschreitet eine Zuwendung des Erblassers den frei verfügbaren Teil des Nachlasses, so können die Pflichtteilsberechtigten die Herabsetzungsklage *(action en réduction)* gegen den oder die Begünstigten erheben. Ob sie die Herabsetzungsklage erheben, steht den Pflichtteilsberechtigten frei. **Klagebefugt** sind nur diejenigen Pflichtteilsberechtigten, die die Erbschaft angenommen haben, oder deren Rechtsnachfolger. Gem. Art. 921 II Code Civil ist die Klage innerhalb von fünf Jahren nach Eröffnung der Erbschaft oder innerhalb von zwei Jahren nach Kenntnisnahme durch die Pflichtteilsberechtigten zu erheben, spätestens aber 10 Jahre nach dem Tod des Erblassers.

101 Hat die Herabsetzungsklage Erfolg, so haben die Pflichtteilsberechtigten gem. Art. 924 Code Civil einen Anspruch auf **Entschädigung in Geld** in Höhe des Teils, der dem Nachlass vom Erblasser in oben genannter Weise entzogen wurde. Besteht ein Gegenstand noch in Natur, so kann der Pflichtteilsberechtigte nach seiner Wahl auch Herausgabe dieses Gegenstandes verlangen (Art. 924-1 Code Civil).

102 Bei mehreren Verfügungen werden zunächst die **testamentarischen Zuwendungen** und erst danach die zu Lebzeiten erfolgten Schenkungen um den Teil, über den der Erblasser nicht hätte verfügen dürfen, so weit anteilig gekürzt, bis die *réserve* wiederhergestellt ist (Art. 923 Code Civil). Dabei wird nicht zwischen Universal- und Einzelvermächtnissen unterschieden, soweit der Erblasser für den Fall der Erhebung der Herabsetzungsklage durch seine Pflichtteilsberechtigten nicht selbst eine Rangfolge für den Rückgriff festgelegt hat (Art. 926 Code Civil).

103 Auf **Schenkungen unter Lebenden** wird nur dann zurückgegriffen, wenn eine gänzliche Streichung aller Verfügungen von Todes wegen zur Wiederherstellung der *réserve* nicht ausreicht. Diese werden jedoch nicht anteilig gekürzt, sondern es findet gem. Art. 923 Code Civil eine Herabsetzung in voller Höhe und in der zeitlichen Reihenfolge statt, in der die Verfügungen getätigt wurden. Dabei wird mit den Verfügungen begonnen, deren zeitliche Nähe zum Zeitpunkt des Todes des Erblassers am größten ist. Von dieser Regelung betroffene Schenkungen gelten als rückwirkend unwirksam. Die Pflichtteilsberechtigten können das ihnen Zugewendete, soweit dieses noch vorhanden ist, nach ihrer Wahl von den ursprünglichen Empfängern entweder in natura herausverlangen, oder sie können eine Entschädigung in Geld geltend machen.

Das Institut der Herabsetzungsklage war dem französischen Erbrecht auch schon vor der Reform im Jahr 2007 bekannt. Geändert hat sich diesbzgl. nur die Klagefrist, die statt früher 30 Jahren nun fünf Jahre beträgt (*Gresser* ZErb 2006, 407 (408)).

4. Testamentsvollstreckung. Die Testamentsvollstreckung ist in den Art. 1025–1034 Code Civil geregelt. Danach kann der Erblasser einen Testamentsvollstrecker *(exécuteur testamentaire)* einsetzen. Dies kann er weder einem Dritten, noch dem Gericht überlassen. Der eingesetzte Testamentsvollstrecker muss geschäftsfähig sein. Seine Aufgabe besteht darin, die **Durchsetzung des Erblasserwillens** zu überwachen. Der Erblasser kann einen oder mehrere Testamentsvollstrecker einsetzen, wobei mehrere Testamentsvollstrecker auch nacheinander als Ersatztestamentsvollstrecker ernannt werden können. Findet eine Einsetzung mehrerer Testamentsvollstrecker nebeneinander statt, so kann jeder der Eingesetzten sein Amt allein ausführen, soweit der Erblasser nicht etwas anderes bestimmt hat (Art. 1027 Code Civil). Der Ernannte kann das Amt annehmen oder ablehnen, eine Rechtspflicht zur dessen Ausübung besteht nicht. Ebenso kennt das französische Recht kein dem deutschen Testamentsvollstreckerzeugnis ähnliches Dokument. Der Testamentsvollstrecker weist sich lediglich mit einer vom Notar zu erstellenden Offenkundigkeitsurkunde *(acte de notoriété)* und der Testamentsurkunde aus.

Der **Aufgabenkreis** des Testamentsvollstreckers umfasst die Vornahme vorläufiger Maßnahmen zur Sicherung des Nachlasses (Art. 1029 I Code Civil), die Erstellung eines Nachlassverzeichnisses (Art. 1029 II Code Civil) und die Veräußerung beweglicher Sachen, soweit dies zur Befriedigung von Nachlassgläubigern dringend erforderlich ist (Art. 1029 III Code Civil). Eine Veräußerung beweglicher Nachlassgegenstände zur Erfüllung von Vermächtnissen ist dem Testamentsvollstrecker nur nach ausdrücklicher Anordnung durch den Erblasser gestattet (Art. 1030 Code Civil). Eine Ermächtigung zur Veräußerung von unbeweglichem Vermögen durch den Erblasser ist nur wirksam, wenn dieser keine Pflichterben hinterlässt.

Der Testamentsvollstrecker erhält seine Auslagen aus dem Nachlass ersetzt, soweit der Nachlass über dafür ausreichende Mittel verfügt. Einen Anspruch auf **Vergütung** hat er nur, wenn ihm vom Erblasser ein diesbezügliches Vermächtnis hinterlassen wurde. Die Befugnisse des Testamentsvollstreckers sind auf zwei Jahre begrenzt, nach Ablauf dieser Frist erlischt es automatisch (Art. 1033 Code Civil).

Eine **Dauervollstreckung** ist nicht zulässig. Innerhalb von sechs Monaten nach Beendigung seines Amtes hat der Testamentsvollstrecker gem. Art. 1033 Code Civil Rechnung zu legen. Er haftet den Erben und Vermächtnisnehmern nach den Grundsätzen über die Erteilung eines Auftrages, mehrere nebeneinander eingesetzte Testamentsvollstrecker haften als Gesamtschuldner (Bengel/Reimann TV-HdB/ *Haas* Rn. 470; Süß ErbR/*Döbereiner* Rn. 180–185).

5. Erbengemeinschaft und Erbauseinandersetzung. a) Die Erbengemeinschaft. Treffen mehrere gesetzliche Erben zusammen, so bilden sie eine Erbengemeinschaft *(indivision)*. Diese wurde im französischen Recht erstmals 1976 geregelt. Da sie weder einer Gesamthands- noch einer Bruchteilsgemeinschaft entspricht, wird sie in der deutschsprachigen Lit. vielfach als **Gemeinschaft eigener Art** bezeichnet. Die Erbengemeinschaft ist in den Art. 815 ff. Code Civil geregelt. Jeder Miterbe ist Eigentümer eines ideellen Nachlassteils. Dieser ist grds. frei veräußerbar, jedoch wird den Miterben für den Fall der entgeltlichen Veräußerung gem. Art. 815-14 Code Civil ein Vorkaufsrecht eingeräumt. Eine dem deutschen Recht entsprechende gesamthänderische Bindung besteht jedoch nicht.

Man unterscheidet zwei Arten der Erbengemeinschaft: die **gesetzliche** *(régime légal ou primaire)* und die **vertragliche** *(régime conventionnel ou secondaire)* Erbengemeinschaft. Die Wahl der Form ist grds. den Erben überlassen. Die Regelungen über die gesetzliche Erbengemeinschaft gelten subsidiär. Sie kommen immer dann zur Anwendung, wenn die Erben ihre Rechtsverhältnisse nicht vertraglich regeln (Art. 1873-1 Code Civil). Diese Unterscheidung ist von grundlegender Bedeutung für die Ausgestaltung der Erbengemeinschaft.

Hinterlässt der Erblasser neben seinem nießbrauchsberechtigten Ehegatten weitere gesetzliche Erben, so entstehen, wenn sich die Beteiligten nicht anderweitig einigen und die gesetzlichen Regelungen Anwendung finden, **verschiedene Erbengemeinschaften.** Zum einen entsteht eine sog. *indivision en usufruit* gem. Art. 815-18 I Code Civil, die aus den Nießbrauchsberechtigten besteht. Außerdem entsteht eine sog. *indivision en nue-proprieté*, in der die Erben, deren Erbteile mit einem Nießbrauch belastet sind, zusammengefasst werden. Diejenigen Erben, die weder ein Nutzungsrecht haben noch mit einem solchen beschwert sind, gehören beiden Erbengemeinschaften an.

Diese Aufspaltung der Erben in verschiedene Erbengemeinschaften führt offensichtlich zu erheblichen Schwierigkeiten, sowohl bei der Verwaltung, als auch bei der Auseinandersetzung der Erbengemeinschaften. Teilweise enthalten die Art. 817–819 Code Civil Regelungen, um diese Schwierigkeiten zu umgehen. Wegen der Komplexität des Problems gelingt es allerdings nicht, alle Eventualitäten abzudecken, so dass oftmals eine Einigung durch die Erben unumgänglich ist. Zur **Vermeidung dieser Problematik** können die Erben durch Vertrag vereinbaren, dass lediglich eine Erbengemeinschaft gebildet wird, Art. 1873-16 Code Civil.

Wollen oder müssen die Erben zur Verwaltung des Nachlasses bestimmte **Verwaltungs- oder Verfügungsgeschäfte** tätigen, so sieht das Gesetz unterschiedliche Voraussetzungen vor, je nachdem, um was für eine Erbengemeinschaft es sich handelt. Bei der gesetzlichen Erbengemeinschaft wird gem. Art. 815-3 Code Civil eine Mehrheit von zwei Dritteln verlangt, wenn diese einen Verkauf von beweglichen Nachlassgegenständen zur Schuldentilgung, einen Abschluss eines Mietvertrages von nicht gewerblich genutzten Immobilien oder auch die Erteilung einer Verwaltungsvollmacht an Mitglieder der Erbengemein-

120 Frankreich

schaft bzw. an Dritte vornehmen will. Die vertragliche Erbengemeinschaft kann von dieser Vorgabe durch Vereinbarung abweichen. Sie hat zudem die Möglichkeit, gem. Art. 1873-5 Code Civil einen Geschäftsführer mit umfassenden Befugnissen einzusetzen. Bei der gesetzlichen Erbengemeinschaft ist die Möglichkeit des Handelns durch einen Miterben allein durch Art. 815-2 Code Civil stark eingeschränkt. Demnach darf ein Miterbe allein lediglich dann tätig werden, wenn dies zur Erhaltung einzelner Vermögenswerte des Nachlasses notwendig ist. Für alle Maßnahmen, die über die in den Art. 815-2 u. 815-3 Code Civil genannten hinausgehen, ist Einstimmigkeit erforderlich (Süß ErbR/*Döbereiner* Rn. 141).

114 **b) Die Erbauseinandersetzung.** Die Erbengemeinschaft ist auf Teilung ausgerichtet. Jeder Miterbe kann die Teilung gem. Art. 815 I Code Civil grds. jederzeit verlangen. Ein **Ausschluss der Teilung** kann jedoch sowohl vertraglich (Art. 1873-2 Code Civil), als auch auf Antrag eines Miterben gerichtlich (Art. 821 ff. Code Civil) angeordnet werden. Die Teilungsausschlussfrist beträgt jeweils fünf Jahre (Art. 823 Code Civil), kann aber verlängert werden. Voraussetzung für die Verlängerung ist, dass sich im Nachlass ein Unternehmen befindet und der Erblasser minderjährige Abkömmlinge oder seinen Ehegatten hinterlässt. Ist ein minderjähriger Abkömmling vorhanden, so kann die Teilung bis zum Eintritt von dessen Volljährigkeit ausgeschlossen werden, hinterlässt der Erblasser seinen Ehegatten ist ein Teilungsausschluss bis zu dessen Tod möglich. Wird der Erblasser von seinem Ehegatten überlebt, gilt diese Regelung auch für die Ehewohnung samt Inventar. Wäre die Teilung des Nachlasses zu dem Zeitpunkt, in dem ein Miterbe diese verlangt, unwirtschaftlich, oder würde diese die Fortführung eines zum Nachlass gehörenden Unternehmens gefährden, so kann gem. Art. 820 Code Civil eine Teilungsaussetzung für bis zu zwei Jahren angeordnet werden.

115 Die Teilung kann einverständlich oder durch gerichtliches Verfahren stattfinden. Die einverständliche oder **gütliche Erbteilung** *(partage amiable)* ist in den Art. 835–839 Code Civil geregelt. Sie setzt voraus, dass alle Mitglieder der auseinanderzusetzenden Erbengemeinschaft geschäftsfähig sind und sich tatsächlich über die Teilung geeinigt haben. Das Gesetz sieht für die einvernehmliche Einigung grds. keine besonderen Formvorschriften vor, die Erben müssen sich auch hierüber einigen. Lediglich wenn zum Nachlass ein Grundstück gehört, ist gem. Art. 835 II Code Civil eine notarielle Beurkundung der Einigung für deren Wirksamkeit notwendig.

116 Können sich die Miterben nicht über die Art und Weise der Verteilung des Nachlasses einigen, so können sie eine **gerichtliche Teilung** herbeiführen. Die gerichtliche Teilung *(partage judiciaire)* wird geregelt in den Art. 840–842 Code Civil. Zuständig ist gem. Art. 840 Code Civil das *Tribunal de grande instance* am Ort des Erbfalls. Das angerufene Gericht ordnet die Teilung des Nachlasses an, nachdem es dessen Höhe geschätzt hat. Es lässt ggf. einzelne Nachlassgegenstände verkaufen. Wenn dieses Vorgehen abgeschlossen ist, beauftragt das angerufene Gericht einen Notar mit der weiteren Ausführung der Teilung. Dieser erstellt, nachdem er die Teilungsmasse verbindlich festgestellt hat, einen Teilungsplan.

117 Bei der Feststellung der Teilungsmasse hat der eingesetzte Notar gem. Art. 825 II Code Civil **ausgleichspflichtige Vorausempfänge** *(rapport des libéralités)* zu berücksichtigen. Dabei wird zugrunde gelegt, dass alles, was der Erbe unentgeltlich unter Lebenden vom Erblasser erhalten hat, auf seinen Erbteil anzurechnen ist (Art. 843 I Code Civil).

118 Hat der Erblasser zu Gunsten eines Erben ein **Vermächtnis** verfügt, so gilt dieses nicht als Teil des Erbes und ist daher nicht anzurechnen. Etwas anderes soll nur gelten, wenn der Erblasser es ausdrücklich angeordnet hat (Art. 843 II Code Civil).

119 Nach Feststellung der Teilungsmasse bildet der Notar für die Erbteile **Lose.** Dies geschieht nach Maßgabe der Art. 825 ff. Code Civil entsprechend der Höhe der Ansprüche der einzelnen Erben am Gesamtnachlass. Die Lose und der Teilungsplan sind gerichtlich zu genehmigen. Bei der Bildung der Lose hat der Notar nach Möglichkeit eine Zerschlagung von Vermögensgegenständen zu vermeiden. Zusätzlich kann er gem. Art. 831 ff. Code Civil einzelne Gegenstände auf bestimmte Miterben verteilen, bspw. dem überlebenden Ehegatten die Ehewohnung zuteilen. Auch die vorzugsweise Zuteilung *(attribution préférentielle)* von Betrieben, Unternehmen und Gesellschaftsbeteiligungen ist möglich.

120 Nach der **gerichtlichen Genehmigung** kommt es zur Verlosung und der Aushändigung der auf die Lose entfallenden Nachlassgegenstände an die Erben. Mit der Teilung wird die Erbengemeinschaft aufgelöst. Die Durchführung der Teilung wirkt auf den Zeitpunkt des Anfalls der Erbschaft zurück. Sie hat lediglich deklaratorischen Charakter *(effet déclaratif).* Dies hat zur Konsequenz, dass Rechtsgeschäfte, die ein Erbe während des Bestehens der Erbengemeinschaft getätigt hat, nur dann Bestand haben, wenn sie solche Nachlassgegenstände zum Inhalt hatten, die ihm bei der Teilung tatsächlich zugewiesen worden sind *(effet rétroactif).* Die Miterben haben auch nach der Anrufung des *Tribunal de grande instance* gem. Art. 842 Code Civil jederzeit die Möglichkeit, sich gütlich zu einigen. Eine gerichtliche Entscheidung ergeht dann nicht mehr (Süß ErbR/*Döbereiner* Rn. 142–145).

121 Wurde eine gerichtliche Teilung vorgenommen und fühlt sich ein Miterbe übergangen, so steht es ihm offen, die Teilung durch die *action en nullité* gem. Art. 887–892 Code Civil **anzufechten.** Gem. Art. 887 I Code Civil kann die Teilung aufgehoben werden, wenn diese auf der Ausübung von Gewalt, auf Täuschung oder auf Drohung beruht. Eine Annullierung ist auch dann vorgesehen, wenn während der Teilung Fehler aufgetreten sind, die zu einer unrichtigen Berechnung der Quote eines Miterben geführt haben, oder bei der Teilung ein Miterbe nicht berücksichtigt wurde (Art. 887-1 I Code Civil). In diesen Fällen hebt das zuständige *Tribunal de grande instance* auf Antrag des benachteiligten Miterben die Teilung auf oder führt, wenn dies möglich ist, eine Berichtigung der Teilung durch. Der Anspruch auf Berichtigung ist gem. Art. 888 Code Civil ausgeschlossen, wenn ein Miterbe den ihm zugewiesenen Teil des Nachlas-

ses veräußert, nachdem er von den Gründen, die eine Anfechtungsklage begründen würden, Kenntnis erlangt hat (Süß ErbR/*Döbereiner* Rn. 141–145; *Schömmer/Steinhauer/Haydu* FrzErbR Rn. 365–371).

c) Vorausteilung und Teilungsanordnungen. Ein Auseinandersetzungsverfahren kann durch eine **Vorausteilung** *(liberalité-partage)* gem. Art. 1075 ff. Code Civil vermieden werden, indem der Erblasser die Verteilung der Güter unter seinen voraussichtlichen Erben regelt. Dies kann er sowohl vertraglich *(donation partage)*, als auch testamentarisch *(testament partage)* vornehmen. 122

Die **vertragliche Vorausteilung** ist in den Art. 1076 ff. Code Civil geregelt. Um den Nachlass bereits vor dem Tod wirksam vertraglich unter den späteren Erben aufteilen zu können, bedarf es gem. Art. 1075 II, Art. 931 Code Civil einer notariellen Beurkundung der entsprechenden Vereinbarung. Voraussichtliche Erben sind diejenigen Personen, die zum Zeitpunkt der Vereinbarung Erben des Verfügenden wären. Bereits mit dem Abschluss der Vereinbarung geht das Eigentum an den Nachlassgegenständen unwiderruflich auf die Begünstigten über. Die *donation partage* ist somit Schenkung und Erbteilung in einem. Sie stellt eine weitere Ausnahme vom Verbot, Erbverträge abzuschließen, dar. 123

Die *testament partage* wird durch ein sog. **Teilungstestament** des Erblassers gem. Art. 1079, 1080 Code Civil angeordnet. Dieses darf lediglich die Teilung unter Abkömmlingen regeln. IÜ gelten die Regelungen über die Errichtung von Testamenten, insbes. ist auch das Teilungstestament jederzeit frei widerruflich. Im Gegensatz zur *donation partage* findet noch kein Eigentumsübergang im Zeitpunkt der Verfügung statt. Eine testamentarische Teilungsanordnung führt auch nicht dazu, dass die Begünstigten testamentarisch bedacht sind. Sie bleiben gesetzliche Erben, die im Testament verfügten Zuwendungen stellen ihren gesetzlichen Erbteil dar. 124

Auch hier hat die **Erbrechtsreform** im Jahr 2007 zu Änderungen geführt. Vor den Reformen war eine Teilungsanordnung nicht für alle gesetzliche Erben möglich, sondern auf die Eltern des Erblassers als sog. *partage d'ascendents* beschränkt (Süß ErbR/*Döbereiner* Rn. 146–148). 125

6. Erbenhaftung. Die Erben haften grds. für die **Passiva des Nachlasses.** Diese werden in zwei Gruppen eingeteilt: die Schulden des Erblassers *(dettes)* und die Erbfallschulden *(charges)*. Unter dem Begriff *dettes* werden die Verbindlichkeiten zusammengefasst, die der Erblasser zu Lebzeiten selbst begründet hat. Dazu gehören neben allgemeinen schuldrechtlichen Verpflichtungen bspw. vom Verstorbenen übernommene Bürgschaften, aber auch hinreichend konkretisierte Bußgeldbescheide. Als Erbfallschulden werden solche Verbindlichkeiten bezeichnet, die erst mit dem Erbfall entstanden sind, die also nicht durch den Erblasser begründet und zu erfüllen waren. Regelmäßig zählen dazu Beerdigungskosten und Kosten, die hinsichtlich der Verwaltung und Abwicklung der Erbschaft entstehen. 126

Soweit die Erben das ihnen Hinterlassene nicht unter Vorbehalt angenommen oder ausgeschlagen haben, haften sie für sämtliche Nachlassverbindlichkeiten *(dettes* und *charges)* mit ihrem **gesamten Vermögen.** Die Haftung ist für den Einzelnen jedoch sowohl im Innen-, als auch im Außenverhältnis auf die Höhe der Erbquote beschränkt. Die Miterben haften nicht als Gesamtschuldner. Diese Regelungen gelten ebenso für Universal- und Erbteilvermächtnisnehmer. Der Begünstigte eines Erbstückvermächtnisses haftet hingegen nicht für Nachlassverbindlichkeiten. Vor der Erbteilung haben alle Gläubiger die Möglichkeit, auf die ungeteilte Erbmasse zuzugreifen. Nach der Teilung können Gläubiger von jedem Erben die Absonderung des geerbten vom persönlichen Vermögen *(séparation des patrimoines)* verlangen. 127

Wurde die Erbschaft durch einen oder mehrere Erben unter Vorbehalt angenommen, so führt dies zur **Beschränkung der Haftung** auf das Nachlassvermögen. Grundsätzlich steht es den Erben frei, die Gläubiger in der Reihenfolge zu befriedigen, in der diese sich melden. Hat jedoch ein Gläubiger Einspruch eingelegt, so entscheidet das Gericht über die Reihenfolge, in der die Gläubiger zu befriedigen sind (Flick/Piltz Int. Erbfall/*Cornelius* Rn. 537; *Schömmer/Steinhauer/Haydu* FrzErbR Rn. 372). 128

III. Nachlassverfahrensrecht

1. Allgemeines. Die zentrale Stellung bei der Nachlassabwicklung kommt in Frankreich dem **Notar** zu. Zu seinen Aufgaben zählt die Verwahrung und Eröffnung der Testamente, die Ermittlung der Erben, die Erstellung von Nachlasszeugnissen und die Veranlassung evtl. erforderlicher Berichtigungen des Grundbuchs und anderer Register, sowie die Einziehung der mit dem Erbfall anfallenden Steuern (*Schömmer/Steinhauer/Haydu* FrzErbR Rn. 389). 129

2. Testamentseröffnung. In Frankreich existiert **kein förmliches Verfahren** zur Testamentseröffnung. Zur Eröffnung privater und verschlossener öffentlicher Testamente sind diese dem Notar zur Eröffnung zu übergeben (Art. 1007 Code Civil). Dieser eröffnet das Testament und fertigt darüber und über seine Feststellungen zum Zustand des Testaments eine Niederschrift. Das Original nimmt der Notar in Verwahrung. Gem. Art. 1007 II Code Civil hat der Notar innerhalb eines Monats bei dem großen Instanzengericht *(Tribunal de grande instance)*, in dessen Bezirk der Erblasser seinen letzten Wohnsitz hatte, eine Ausfertigung der von ihm angefertigten Niederschrift und eine Abschrift des Testaments abzuliefern. Zudem obliegt ihm die Pflicht, das Testament binnen drei Monaten bei der Urkundenstelle *(enregistrement)* registrieren zu lassen. Ein notarielle Testament bedarf keiner Eröffnung, unterliegt aber ebenso der Registrierungspflicht (Art. 1000 Code Civil). 130

3. Nachweis der Erbenstellung. Ein **gerichtliches Erbscheinverfahren** gibt es im französischen Recht nicht. Eine Ausnahme besteht für Elsass-Lothringen: dort gilt für Erblasser trotz Wiedereinfüh- 131 rung des französischen Zivilrechts ein Gesetz aus dem Jahr 1924 über den deutschen Erbschein (sog. *certificat d'héritier*), der vom Gericht erster Instanz *(tribunal d'instance)* ausgestellt wird und in ganz Frankreich Gültigkeit hat.

132 Von dieser Sonderregelung abgesehen kann die Erbenstellung gem. Art. 730 Code Civil durch alle Beweismittel nachgewiesen werden. Das geläufigste Dokument ist die **Offenkundigkeitsurkunde** *(acte de notariété)*. Diese wurde mit der Erbrechtsreform erstmals gesetzlich geregelt (Art. 730-1 ff. Code Civil). Sie dient dem Nachweis, dass eine Person durch gesetzliche oder gewillkürte Erbfolge Erbe bzw. Vermächtnisnehmer geworden ist. Treffen mehrere Erben bzw. Vermächtnisnehmer zusammen, so enthält sie auch Angaben zum Berufungsgrund und zur Quote der Begünstigten.

133 Die Offenkundigkeitsurkunde wird auf Antrag eines oder mehrerer Erbberechtigter durch einen **Notar** bei Vorliegen einer letztwilligen Verfügung auf deren Grundlage, sonst auf Grund der Verwandtschaftsverhältnisse ausgestellt. Zusätzlich zieht der Notar Eheverträge und andere amtliche Dokumente, wie Sterbeurkunden oder Auszüge aus dem Heiratsregister, hinzu. Neben der Angabe der rechtlichen und tatsächlichen Grundlagen, auf denen der Inhalt der Urkunde beruht, enthält diese eine unterschriebene Versicherung der Erben und Vermächtnisnehmer, dass diese nach ihrem Kenntnisstand zur Erbschaft berufen sind. Tritt mangels Ehevertrag und Testament gesetzliche Erbfolge ein, kann die Offenkundigkeitsurkunde auch vom leitenden Rechtspfleger *(greffier en chef)* des *Tribunal de grande instance*, an dem der Erblasser seinen letzten Wohnsitz hatte, ausgestellt werden (Art. 730-1 II Code Civil). Der *acte de notariété* dient dem Beweis der Erbenstellung im Rechtsverkehr (Art. 730-3 Code Civil), solange nicht das Gegenteil bewiesen wurde. Gem. Art. 730-4 Code Civil begründet er zudem gegenüber Dritten einen Gutglaubensschutz dahingehend, dass die in der Urkunde aufgeführten Personen zu den angegebenen Quoten als Erben berufen sind und über den Nachlass frei verfügen dürfen.

134 Für die Erteilung eines **Europäischen Nachlasszeugnisses** (Art. 1381-1 bis 1381-4 CPC) sind die Notare zuständig. Gegen ablehnende Entscheidungen des Notars steht das Rechtsmittel der Beschwerde beim Präsidenten des *Tribunal de grande instance* im Amtsbezirk des Notars zur Verfügung, wobei eine Frist von 15 Tagen besteht *(Döbereiner* ZEV 2016, 490 (491)). Dieses dürfte aber im Verhältnis zur attestation notariée im Grundstücksverkehr eher ungeeignet sein, da es sich bei einem ausländischen ENZ nicht um eine von einem französischen Notar errichtete Urkunde handelt, Art. 710-1 CC *(Döbereiner,* aaO).

135 Ist die Erbfolge unklar, so kann die Rechtslage auf Antrag vor dem *Tribunal de grande instance* mittels der **Erbschaftsklage** geklärt werden. Für diesen Fall hat derjenige, der behauptet, Erbe zu sein, dies durch Vorlage einer letztwilligen Verfügung, sowie von Geburts- und Heiratsurkunden nachzuweisen. Einer durch den Notar erteilten Offenkundigkeitsurkunde kommt dabei kein Beweiswert zu (Süß ErbR/*Döbereiner* Rn. 182–184; *Schömmer/Steinhauer/Haydu* FrzErbR Rn. 391–393).

136 **4. Vollmacht.** Vollmachten erlöschen im französischen Recht gem. Art. 2003 Code Civil grds. mit dem Tod des Vollmachtgebers. Erst mit der Erbrechtsreform wurde es dem Erblasser möglich, durch notarielle Urkunde einen **Nachlassverwalter** zu benennen und somit eine Vollmacht mit Wirkung über den Tod hinaus *(mandat à effet posthume)* zu erteilen. Dies ist nunmehr in den Art. 812 ff. Code Civil geregelt. Voraussetzung für die Erteilung einer solchen Vollmacht ist ein besonderes Interesse des Erblassers bzgl. der Person des Erben oder des zu verwaltenden Vermögens. Gem. Art. 812-1-1 II Code Civil ist die Laufzeit der Vollmacht auf zwei Jahre beschränkt, kann jedoch in Ausnahmefällen für bis zu fünf Jahre erteilt und zusätzlich durch gerichtliche Entscheidung verlängert werden. Eine solche Ausnahme liegt bspw. vor, wenn minderjährige Erben vorhanden sind, deren Benachteiligung bei einer frühzeitigen Erbauseinandersetzung befürchtet werden muss. Eine Vergütung steht dem Bevollmächtigten nach Art. 812-2 Code Civil nur zu, wenn der Erblasser dies ausdrücklich verfügt hat (Süß ErbR/*Döbereiner* Rn. 179).

IV. Erbschaftsteuer

137 **1. Unbeschränkte und beschränkte Steuerpflicht.** Die Grundlagen des französischen Erbschaftsteuerrechts sind geregelt im *Code Général des Impôts* (CGI). Dabei wird zwischen unbeschränkter und beschränkter Steuerpflicht unterschieden. Entscheidend ist dabei der **steuerliche Wohnsitz** *(domicile fiscal)* des Erblassers bei dessen Tod.

138 Liegt dieser in Frankreich, so unterliegt der Erbfall der **unbeschränkten Steuerpflicht**, dh der gesamte Nachlass, unabhängig davon, ob sich dieser in Frankreich befindet, unterliegt dem französischen Steuerrecht (Art. 705 CGI). Der steuerliche Wohnsitz liegt in Frankreich, wenn der Erblassers vor seinem Tod eine Wohnung in Frankreich unterhielt und sich dort mindestens sechs Monate im Jahr aufhielt (Art. 4b CGI). Auf die Staatsangehörigkeit des Erblassers kommt es nicht an.

139 Der **beschränkten Steuerpflicht** unterliegt ein Erbfall, wenn der Erblasser die oben genannten Voraussetzungen nicht erfüllt. Greift nur die beschränkte Steuerpflicht, so findet das französische Erbschaftsteuerrecht nur bzgl. der in Frankreich gelegenen Erbschaftsgegenstände Anwendung. Zum steuerpflichtigen Inlandsvermögen gehören unter anderen in Frankreich gelegene bewegliche Gegenstände und Immobilien, Staatsgelder, Beteiligungen an französischen Personen- und Kapitalgesellschaften, Wertpapiere, soweit sie von einer Gesellschaft mit Sitz in Frankreich ausgegeben werden, und Forderungen, deren Schuldner ihren Wohnsitz in Frankreich haben *(Fraedrich* sam 2008, 171 (174); *Oertzen* ZEV 2007, 406 (407)).

IV. Erbschaftsteuer

2. Steuerwert. Steuerwert ist generell der **Verkehrswert** *(valeur vénale)* des Nachlasses (Art. 761, 764 CGI). Verbindlichkeiten (Art. 767 ff. CGI) sind bei Ermittlung des Nachlasswertes vom Nachlass abzuziehen. Bei Immobilien, die der Erblasser gemeinsam mit seiner Familie oder seinen minderjährigen Kindern als Hauptwohnsitz bewohnte, wird gem. Art. 764 CGI ein Abschlag von 20 % des Verkehrswertes gewährt. Der in einer registrierten Partnerschaft lebende Partner ist in diesem Fall dem Ehegatten gleichgestellt. Der Hausrat findet in der steuerrechtlichen Praxis Berücksichtigung durch einen weiteren Abschlag iHv 5 %. Ein Abschlag iHv 75 % wird für die Übertragung von Betriebsvermögen gewährt, soweit dieses unter bestimmten Bedingungen fortgeführt wird (Art. 787 CGI). Die steuerrechtliche Bewertung eines Nießbrauchs richtet sich nach Art. 669 CGI, wobei es auf das Alter des Nießbrauchsberechtigten ankommt. Je älter dieser ist, desto geringer wird der Wert des Nießbrauchs angesetzt (Süß ErbR/*Döbereiner* Rn. 205).

3. Steuerklassen. Das französische Erbschaftsteuerrecht unterscheidet in Art. 777 ff. CGI **vier Steuerklassen:**
Zur ersten Steuerklasse gehören der Erwerb unter Lebenden vom Ehegatten oder Partner einer eingetragenen Lebenspartnerschaft *(pacte civil de solidarité*-PACS) sowie der Erwerb unter Lebenden und von Todes wegen von Verwandten in direkter Linie.
Zur zweiten Steuerklasse zählt der Erwerb von Bruder oder Schwester, zur dritten Steuerklasse der Erwerb von Verwandten in Seitenlinien bis einschließlich zum vierten Grad. Zur vierten Steuerklasse zählt schließlich der Erwerb von Personen, die nicht unter eine der ersten drei Steuerklassen fallen (*Gottschalk* ZEV 2009, 185).

4. Steuersätze und Freibeträge. Die Steuersätze sind je **nach Steuerklasse verschieden.** Mit Inkrafttreten des Steuerreformpakets zur Förderung der Arbeit, der Beschäftigung und der Kaufkraft (*projet de loi en faveur du travail, de l'emploi et du pouvoir d'achat* – TEPA) am 22.8.2007 sind die erbschaftsteuerlichen Progressionsstufen und Freibeträge, die auch bei beschränkter Steuerpflicht gelten, zum 1.1. eines jeden Jahres neu festzulegen. Die hier genannten Werte sind diejenigen, die zum 1.1.2013 für das laufende Jahr festgesetzt wurden.
Gem. Art. 796 CGI sind der überlebende **Ehegatte** (seit dem 18.5.2013 auch der überlebende Ehegatte einer gleichgeschlechtlichen Ehe) und der überlebende Partner einer **eingetragenen Lebenspartnerschaft** von der Erbschaftsteuer befreit, ebenso alleinstehende oder arbeitsunfähige Geschwister über 50 Jahre, die mit dem Erblasser die letzten fünf Jahre vor seinem Tod zusammengelebt haben (Troll/Gebel/Jülicher/*Jülicher*, 45. Aufl. 2013, ErbStG Rn. 100). Ehegatten und eingetragene Lebenspartner unterliegen dennoch der Schenkungsteuer mit einem Steuersatz zwischen 5 % und 45 %. Der niedrigste Steuersatz findet für alle Steuerklassen Anwendung bei einem Wert des steuerpflichtigen Erwerbs von höchstens 8.072 EUR, der Höchststeuersatz wird bei einem steuerpflichtigen Erwerb von über 1.805.677 EUR erreicht. Ehegatten und Lebenspartnern steht (bei Schenkungen) ein Freibetrag iHv 80.724 EUR zu. Abkömmlinge und Verwandte in gerader Linie unterliegen den gleichen Steuersätzen, sind jedoch nicht von der Erbschaftsteuer befreit. Kinder und Eltern des Erblassers haben einen Freibetrag von jeweils 159.325 EUR. Sofern das Repräsentationsprinzip zur Anwendung kommt, teilt sich der Freibetrag entsprechend unter den Berechtigten auf. Bei Schenkungen haben Enkel einen Freibetrag von jeweils 31.865 EUR, Urenkel von 5.310 EUR.
Für die **zweite Steuerklasse** gilt für die Schenkung- und Erbschaftsteuer ein Mindeststeuersatz von 35 % und ein Höchststeuersatz von 45 %. Der Freibetrag beträgt in der zweiten Steuerklasse 15.636 EUR.
Verwandte in Seitenlinien bis zum vierten Grad **(Steuerklasse drei)** unterliegen einem einheitlichen Steuersatz von 55 %. Treten Cousins oder Cousinen aufgrund des Repräsentationsprinzips an die Stelle der Geschwister des Erblassers, so gilt jedoch auch für sie der niedrigere Steuersatz der Steuerklasse zwei. Der Freibetrag beträgt für Cousins und Cousinen 7.818 EUR. Alle Übrigen Erben und Vermächtnisnehmer der dritten Steuerklasse erhalten einen allgemeinen Freibetrag von lediglich 1.594 EUR, der jedoch nicht für Schenkungen gilt.
Sonstige Erwerber, die der **Steuerklasse vier** unterfallen, unterliegen einem einheitlichen Steuersatz von 60 %. Auch für sie gilt der allgemeine Freibetrag iHv 1.594 EUR, der jedoch nicht für Schenkungen gilt.
Die Regelungen zur Förderung von **frühzeitigen Vermögensübertragungen** traten zum 30.7.2011 außer Kraft. Seit dem 1.1.2006 gewährte der Staat gem. Art. 790 CGI einen Abschlag von 50 % auf die Schenkungsteuer, wenn der Schenkende das siebzigste Lebensjahr noch nicht vollendet hatte. War der Schenkende älter als 70, aber jünger als 80 Jahre, so wurde ein Abschlag von 30 % gewährt (Troll/Gebel/Jülicher/*Jülicher*, 45. Aufl. 2013, ErbStG Rn. 100; zur alten Regelung *Gottschalk* ZEV 2009, 185 (186); Süß ErbR/*Döbereiner* Rn. 215).

5. Abwicklung der Erbschaftsteuer. Für die Abwicklung der Erbschaftsteuer ist in der Regel der **Notar** zuständig, der die Erbschaftsteuererklärung für die Erben abgibt. Die Erben haben ihm die notwendigen Informationen über die Nachlassgegenstände und eine Aufstellung der Aktiva und Passiva mitzuteilen. Die Frist zur Abgabe der Erbschaftsteuererklärung beträgt, wenn der Erblasser seinen Wohnsitz in Frankreich hatte, sechs Monate, ansonsten ein Jahr (Süß ErbR/*Döbereiner* Rn. 217).

6. Deutsch-französische Erbfälle – Doppelbesteuerungsabkommen. a) Fälle der Doppelbesteuerung. Das Problem einer Doppelbesteuerung im Bereich der Erbschaft- und Schenkungsteuer bei Erb-

120 Frankreich

fällen mit deutscher und französischer Beteiligung tritt weit häufiger auf, als dies auf den ersten Blick den Anschein erweckt. Sowohl Deutschland, als auch Frankreich, knüpfen für die persönliche Erbschaftsteuerpflicht an den Wohnsitz des Erblassers und der Erben an. Der Fall einer **doppelten unbeschränkten Steuerpflicht** liegt demnach bereits dann vor, wenn der Erblasser seinen Wohnsitz in Frankreich hatte, die Erben hingegen in Deutschland ansässig sind.

151 Zu einer **Kollision** zwischen **beschränkter** und **unbeschränkter Steuerpflicht** kommt es, wenn der Erblasser seinen Wohnsitz in einem Staat hat, das zu vererbende Vermögen jedoch in einem anderen Staat belegen ist. Zudem stellt sich das Problem der Wegzugsbesteuerung. Wer in Frankreich seinen Wohnsitz hat, ist dort unbeschränkt steuerpflichtig. Ein deutscher Staatsangehöriger wäre, wenn er Vermögen erbt, gleichzeitig in Deutschland steuerpflichtig, wenn er zwar in Frankreich wohnt, Deutschland aber noch nicht für mindestens fünf Jahre verlassen hat. Um diesem Konflikten zu entgegnen, wurde zwischen Deutschland und Frankreich, wie auch zwischen zahlreichen weiteren Staaten, ein Doppelbesteuerungsabkommen geschlossen (*Fraedrich* sam 2008, 171 (175)).

152 **b) Regelungen des Doppelbesteuerungsabkommens. aa) Zustandekommen und Anwendbarkeit des Abkommens.** Bereits am 12.10.2006 unterzeichneten die deutsche und die französische Regierung das „Abkommen zur Vermeidung der Doppelbesteuerung auf dem Gebiet der Nachlässe, Erbschaften und Schenkungen" (**ErbSt-DBA**). Infolge dessen wurde auf deutscher Seite das erforderliche Zustimmungsgesetz erlassen, welches noch im Jahr 2007 in Kraft trat. Die Ratifikation in Frankreich erfolgte erst durch das Zustimmungsgesetz Loi No. 2009-225 v. 26.2.2009, welches am 27.2.2009 im Journal *Officiel de la République Française* verkündet wurde. Bis zum Inkrafttreten des Doppelbesteuerungsabkommens wurde im Ausland gezahlte Erbschaftsteuer gem. § 21 ErbStG auf die deutsche Erbschaftsteuer angerechnet (*Gottschalk* ZEV 2009, 185). Das Doppelbesteuerungsabkommen (DBA) gilt gem. Art. 2 III, IV DBA für Abgaben vom unentgeltlichen Vermögensübergang in Frankreich, für die Erbschaft- und Schenkungsteuer Deutschlands sowie für alle Steuern gleicher oder im Wesentlichen ähnlicher Art.

153 Zur **Anwendung** kommt das Abkommen, wenn der Erblasser seinen abkommensrechtlichen Wohnsitz zum Todeszeitpunkt in einem der beiden Vertragsstaaten hatte (Art. 1 DBA). Dies trifft gem. Art. 4 DBA für alle Personen, deren Nachlass nach dem Recht eines der beiden Staaten dort aufgrund ihres Wohnsitzes, ihres ständigen Aufenthalts, des Ortes ihrer Geschäftsleitung oder eines anderen ähnlichen Merkmals steuerpflichtig ist, zu. Nicht erfasst werden Personen, deren Nachlass in einem Staat nur mit in diesem Staat gelegenem Vermögen steuerpflichtig ist, also Personen ohne grenzüberschreitenden Bezug. Hat eine Person in beiden Staaten einen Wohnsitz im Sinne dieser Vorschrift und kann nicht festgestellt werden, in welchem Staat diese Person ihren gewöhnlichen Aufenthalt hat, so gilt ihr Wohnsitz als in dem Staat gelegen, dessen Staatsangehörige sie ist (*Fraedrich* sam 2008, 171 (175)).

154 **bb) Verteilung der Besteuerungsrechte.** Die **Verteilung der Besteuerungsrechte** ist in den Art. 5–9 DBA geregelt. Grundsätzlich steht gem. Art. 9 DBA dem Staat, in dem der Erblasser seinen Wohnsitz hatte, das Besteuerungsrecht zu, soweit keine Ausnahme der Art. 5–8 DBA einschlägig ist. Dann richtet sich die Besteuerung nach dem Zuwendungsobjekt. Unbewegliches Vermögen (Art. 5 DBA), bewegliches Vermögen einer Betriebsstätte mit Ausnahme von Forderungen, Aktien und Gesellschaftsanteilen (Art. 6 DBA), Schiffe und Luftfahrzeuge (Art. 7 DBA) und bewegliches materielles Vermögen (Art. 8 DBA), soweit dieses nicht in dem Vertragsstaat gelegen ist, in dem der Erblasser seinen abkommensrechtlichen Wohnsitz hatte, unterliegen dem sog. Betriebsstättenprinzip, dh sie werden jeweils in dem Staat besteuert, in dem der Erblasser seinen Wohnsitz hatte.

155 **cc) Schuldenabzug.** In Art. 10 DBA ist ein Schuldenabzug geregelt. Schulden, die im Zusammenhang mit dem Erwerb, dem Bau, der Änderung, der Verbesserung, der Instandsetzung oder der Instandhaltung des in Art. 5 DBA genannten Vermögens entstanden sind, werden gem. Art. 10 I DBA **vom Wert des Vermögens abgezogen** und mindern so die Höhe der anfallenden Steuer. Ebenso verhält es sich gem. Abs. 2 der Vorschrift bzgl. Schulden, die mit einer Betriebsstätte (Art. 6 I DBA), einer der in Art. 6 VI DBA genannten festen Einrichtung, einem Schiff oder Luftfahrzeug und mit Schulden, die mit beweglichem materiellen Vermögen gem. Art. 8 DBA zusammenhängen (Art. 10 II–IV DBA). Übersteigt eine nach diesen Vorschriften abziehbare Schuld den Wert des jeweiligen Vermögensgegenstandes, so wird der übersteigende Betrag vom Wert des übrigen Vermögens, das im jeweiligen Staat versteuert werden kann, abgezogen (Art. 10 VI DBA). Auch Schulden, die im Zusammenhang mit sonstigem Vermögen, für das Art. 9 DBA einschlägig ist, entstanden sind, sind abzugsfähig. Verbleibt in einem Vertragsstaat nach allen Abzügen lediglich ein Schuldenrest, so wird dieser vom Wert desjenigen Vermögens, das im anderen Vertragsstaat besteuert werden kann, abgezogen (Art. 10 VII DBA).

156 **dd) Vermeidung der Doppelbesteuerung.** Eine Vermeidung der Doppelbesteuerung wird gem. Art. 11 DBA erreicht, indem beide Vertragsstaaten die sog. **Anrechnungsmethode** anwenden. Kommt es zu einer umfassenden Besteuerung in dem Staat, in dem der Erblasser seinen Wohnsitz hatte und zusätzlich zu einer Besteuerung in dem jeweils anderen Vertragsstaat, so wird die Steuer, die dort anfällt, auf die Steuer des „Wohnsitzstaates" angerechnet. Die Anrechnung erfolgt auf Grundlage der jeweiligen nationalen Vorschriften (Art. 784 CGI bzw. § 21 ErbStG). Ein höheres Steuerniveau im jeweils anderen Vertragsstaat darf sich dabei nicht steuermindernd auswirken, weshalb bei der wechselseitigen Anrechnung auf beiden Seiten Höchstbeträge zu berücksichtigen sind.

157 Da das französische Steuerniveau insgesamt höher liegt als das deutsche Steuerniveaus, ist dieser **Anrechnungshöchstbetrag** in der Regel nur auf deutscher Seite relevant. Er berechnet sich gem. Art. 11 I DBA folgendermaßen: Der Anrechnungsbetrag darf den Teil der vor der Anrechnung ermittelten fran-

IV. Erbschaftsteuer

zösischen Steuer, der auf das Vermögen entfällt, für das die Anrechnung zu gewähren ist, nicht übersteigen. Wird die für dieses Vermögen zu zahlende Steuer auf Grundlage eines proportionalen Steuersatzes errechnet, so wird der Nettowert dieses Vermögens mit dem darauf tatsächlich angewandten Satz multipliziert. Wird die anfallende Steuer unter Anwendung eines progressiven Tarifs bestimmt, so wird, um den Anrechnungshöchstbetrag zu bestimmen, der Nettowert dieses Vermögens mit dem Satz, der sich aus dem Verhältnis zwischen der Steuer, die für das gesamte nach französischem innerstaatlichem Recht zu besteuernde Vermögen tatsächlich zu zahlen ist und mit dem Nettowert des gesamten Vermögens multipliziert.

Länderbericht Griechenland

Übersicht

	Rn.		Rn.
I. Internationales Erbrecht	1–41	k) Ausgleichung	106–110
1. Allgemeines	1–8	4. Testamentarische Erbfolge	111–150
2. Erbstatut	9–37	a) Grundsätze	112–114
a) Bestimmung des Erbstatuts	9–10	b) Testierfähigkeit	115–119
b) Besonderheiten bei Auslandsbezug	11–13	c) Formerfordernisse	120
c) Nachlasseinheit vs. Territorialitätsprinzip	14–17	d) Testamentsarten	121–129
		e) Auslegung von Testamenten	130–133
d) Güterrechtsstatut	18–21	f) Anfechtbarkeit des Testaments	134/135
e) Erbvertrag und gemeinschaftliches Testament	25–33	g) Widerruf des Testaments	136–138
		h) Testamentarische Anordnungen	139–150
f) Internationaler ordre public	34–37	5. Pflichtteilsrecht	151–169
3. Testierfähigkeit und Formfragen	38–41	a) Grundsätze und Rechtsnatur	151–155
II. Materielles Recht	42–177	b) Pflichtteilsberechtigte	156/157
1. Grundsätze	43–61	c) Pflichtteilsquote	158–164
a) Erbfähigkeit	48–50	d) Pflichtteilsverzicht	165–169
b) Erbunwürdigkeit	51–53	6. Erbengemeinschaft und Erbauseinandersetzung	170–175
c) Erbverzicht	54–61		
2. Gegenstand der Erbfolge	62–73	7. Erbenhaftung	176/177
a) Universalsukzession	62	III. Nachlassverfahren	178–188
b) Annahme und Ausschlagung der Erbschaft	63–73	1. Grundsätze der Abwicklung	178
		2. Testamentseröffnung	179–181
3. Gesetzliche Erbfolge	74–110	3. Erbscheinverfahren	182–185
a) Grundregeln	74–76	4. Besonderheiten bei Grundstücken	186–188
b) Erste Ordnung	77–85	IV. Erbschaftsteuer	189–226
c) Zweite Ordnung	86	1. System der Erbschaftsteuer	189/190
d) Dritte Ordnung	87	2. Erbschaft- und Schenkungsteuer	191–221
e) Vierte Ordnung	88	a) Rechtsgrundlage	191–193
f) Fünfte Ordnung	89	b) Sonderfälle	194–197
g) Sechste Ordnung	90	c) Entstehen der Steuerpflicht	198/199
h) Gesetzliches Erbrecht des überlebenden Ehegatten	91–101	d) Bewertung von Immobilien	200–203
		e) Steuerbefreiungen	204–210
i) Gesetzliches Erbrecht des überlebenden Lebenspartners	102–104	f) Steuerkategorien und Steuersätze	211–221
		3. Der Fiskus und die Kirche	222
j) Anwachsung	105	4. Weitere Steuertatbestände	223–226

Literatur: *Balis*, Klironomikon Dikaion, 7. Auflage, 1965; *Bergmann/Ferid/Henrich/Dutta/Ebert*, Internationales Ehe- und Kindschaftsrecht mit Staatsangehörigkeitsrecht (Loseblattsammlung), 6. Aufl. 1983, Griechenland (bearbeitet von *Kastrissios, Eleftherios*, Stand 1.1.2016); *Ferid/Firsching/Dörner/Hausmann*, Internationales Erbrecht, Länderteil Griechenland (bearbeitet von *Georgiades, Apostolos*, Stand 1.3.2002); *Georgiadis/Stathopoulos*, Astikos Kodix (Αστικός Κώδιξ), Band 9, Klironomiko Dikaio, 1. Auflage 1996 (in griechischer Sprache); *Georgiadis/Stathopoulos*, Astikos Kodix (Αστικός Κώδιξ), Band 10, Klironomiko Dikaio, 1. Auflage 1996 (in griechischer Sprache); *Gierl/Köhler/Kroiß/Wilsch*, Internationales Erbrecht, 1. Aufl. 2015; *Koutsouradis*, Griechenland: Medizinisch unterstützte Fortpflanzung beim Menschen, FamRZ 2013, 1068; *Mankowski*, Das Verhältnis zwischen der EuErbVO und den neuen Verordnungen zum Internationalen Güterrecht, ZEV 2016, 479; *Meincke/Hannes/Holtz*, ErbStG, 17. Auflage 2018; *Psouni*, Klironomiko Dikaio (Κληρονομικό Δίκαιο), Band 1, 5. Auflage 2016 (in griechischer Sprache); *Psouni*, Klironomiko Dikaio (Κληρονομικό Δίκαιο), Band 2, 5. Auflage 2016 (in griechischer Sprache); *Psouni*, 100 Praktika themata Klironomikou Dikaiou (100 Πρακτικά θέματα Κληρονομικού Δικαιού), 5. Auflage 2016 (in griechischer Sprache); *Schlitt/Müller*, Handbuch Pflichtteilsrecht, 2. Auflage 2017; *Schömmer/Kosmidis*, Internationales Erbrecht Griechenland, 1. Auflage 2007; *Süß*, Erbrecht in Europa, 3. Auflage 2015; *Tosounidis*, Griechenland: Änderung der Preiszonen für die Grundstücksbewertung, ZEV 2016, 143; *Tosounidis*, Griechenland: Änderung des Erbschaftssteuerrechts, ZEV 2010, 512; *Tosounidis*, Griechenland: erbrechtliche Ansprüche nichtehelicher Lebenspartner, ZEV 2009, 503; *Vousikas*, Klironomikon Dikaion, Band 1, 1972; *Weber*, Erb- und Pflichtteilsverzichtsverträge im Spiegel der EuErbVO, ZEV 2015, 503.

I. Internationales Erbrecht

1 **1. Allgemeines.** Das internationale Privatrecht Griechenlands ist im Allgemeinen Teil (Art. 4–33) des griechischen Zivilgesetzbuchs (Αστικός Κώδικας – Astikos Kodikas, künftig: grZGB) kodifiziert. Daneben bestehen Internationale Verträge, die nach Art. 28 I 1 der griechischen Verfassung (Σύνταγμα της Ελλάδας – Syntagma tis Elladas, zuletzt reformiert 2008) durch Ratifizierung zu Bestandteilen des inneren griechischen Rechtes werden und jeder entgegenstehenden Gesetzesbestimmung vor gehen. Hierzu gehört insbesondere das Haager Übereinkommen über das auf die Form letztwilliger Verfügungen anzuwendende Recht (HTestformÜ) vom 5. Oktober 1961, dem die Hellenische Republik am 2. August 1983 beigetreten ist. Das HTestformÜ ist auch nach Inkrafttreten der VO (EU) Nr. 650/2012 (künftig: EUErbVO) maßgebend für die Frage der Formgültigkeit von Testamenten, Art. 75 I 2 EUErbVO.

2 Daneben bestehen eine Reihe bilateraler Abkommen, etwa die Staatsverträge mit Spanien vom 21. Februar 1919, der Tschechoslowakei vom 7. April 1927, der Schweiz vom 1. Dezember 1927 und der Konsularvertrag mit Italien aus dem Jahr 1880, sowie Übereinkommen mit Ungarn vom 8. Oktober

1979 und Zypern vom 5. März 1984 (eine Übersicht auch internationaler Abkommen mit mittelbarer Auswirkung auf das Erbrecht bei *Schömmer/Kosmidis*, Internationales Erbrecht Griechenland, Rn. 238 ff.).

Von praktischer Bedeutung im Verhältnis zum Nachbarland Türkei sind nach wie vor das Friedensabkommen vom 14. November 1913, das Vertragskonvolut von Sèvres vom 10. August 1920, sowie das Friedensabkommen von Lausanne vom 24. Juli 1923. Der Vertrag von Sèvres hinsichtlich des Schutzes von Minderheiten in Griechenland ist nach wie vor in Kraft und garantiert der vorwiegend muslimischen Bevölkerung West-Thrakiens umfassende Autonomie bei der Regelung unter anderem des Familien- und Erbrechts für muslimische Bürger. Die muslimische Minderheit im Nordosten des heutigen Griechenlands und eine griechisch-orthodoxe Minderheit in Konstantinopel (heute Istanbul) sollte vom Bevölkerungsaustausch nach dem Ende des Griechisch-Türkischen Krieges 1919–1922 ausgenommen werden. Türkische Staatsbürger, die in den Territorien lebten, die nach dem 1. Januar 1923 zu Griechenland gehörten, erhielten die griechische Staatsangehörigkeit unter Anerkennung und Garantie umfassender Minderheitenrechte.

In der Region West-Thrakien im äußersten Nordosten Griechenlands (bestehend aus den Präfekturen Evros, Rhodopi und Xanthi) leben geschätzt ca. 100.000 griechische Staatsangehörige muslimischen Glaubens, die sich mehrheitlich als ethnische Türken verstehen (Tsafos, beck-aktuell vom 5.12.2017, becklink 2008516, letzter Abruf 14. April 2018). Für diese griechischen Staatsangehörige muslimischen Glaubens richten sich familien- und erbrechtliche Fragen nach dem islamischen Heiligen Recht, der Scharia, somit auch das Erbstatut. Die richterliche Kompetenz liegt bei den für jede Präfektur berufenen Mufti, dessen Entscheidungen und Urteile vom örtlich zuständigen griechischen Landgericht in einem formalen Verfahren ohne die Möglichkeit inhaltlicher Überprüfung anzuerkennen sind, somit den Rang griechischer Zivilurteile genießen. Diese Urteile (etwa ein Scheidungsurteil mit Übertragung der elterlichen Sorge) ist sodann nach Art. 21 I der VO (EG) Nr. 2201/2003 (EUEheVO) in den anderen Mitgliedstaaten der Europäischen Union anerkannt, ohne dass es hierfür eines besonderen Verfahrens bedarf. Das Gesetz Nr. 4511/2018 vom 15.1.2018 bestimmt nunmehr, dass das islamische Heilige Recht nur dann zur Anwendung kommen und in der Folge die Zuständigkeit des Mufti begründen soll, wenn sämtliche Verfahrensparteien dies ausdrücklich und unwiderruflich beantragen. Die Nachlassangelegenheiten von Angehörigen der muslimischen Minderheiten in Thrakien sollen nunmehr in den Anwendungsbereich des grZGB fallen, es sei denn, der Erblasser hat in Gestalt eines notariellen öffentlichen Testaments die Geltung des islamischen Heiligen Rechts bestimmt.

Im internationalen Erbrecht sind vorbehaltlich der Bestimmungen der EUErbVO folgende Grundsätze des griechischen IPR zu beachten:

Maßgeblicher Anknüpfungstatbestand für Erbfälle außerhalb des Anwendungsbereichs der EUErbVO ist weiterhin die Staatsangehörigkeit des Erblassers zum Zeitpunkt seines Todes, Art. 28 grZGB. Hatte der Erblasser zu diesem Zeitpunkt neben der griechischen noch eine weitere Staatsangehörigkeit, so wird stets an die griechische Staatsangehörigkeit angeknüpft, Art. 31 1 grZGB.

Daneben besteht im griechischen Recht der Grundsatz der Nachlasseinheit, um die Anwendung unterschiedlicher Rechtsordnungen für unterschiedliche Nachlassgegenstände zu vermeiden. Die griechischen Gerichte beachten demnach in der Konsequenz eine Rückverweisung (Renvoi) oder Weiterverweisung durch das IPR des Heimatstaates des Erblassers nicht. Nach Art. 32 grZGB sind in dem anzuwendenden (aus griechischer Sicht) fremden Recht die Bestimmungen des Internationalen Privatrechts des fremden Staates nicht enthalten (Übersetzung der Vorschriften des grZGB, soweit sie noch dem Stand 1. März 2002 entsprechen, nach FFDH IntErbR/*Georgiades*).

Auch im griechischen IPR ist der Grundsatz des ordre public verankert. Nach Art. 33 grZGB wenden griechische Gerichte Bestimmungen eines fremden Rechts nicht an, wenn ihre Anwendung den guten Sitten oder allgemein der öffentlichen Ordnung widerspricht. Steht etwa bei der Anwendung deutschen Sachrechts die Erbeinsetzung aufgrund Erbvertrages oder Erbverzichtsvertrages im Raum, so stellen diese Berufungsgründe einen Verstoß gegen den griechischen ordre public dar. Nach Art. 368 grZGB sind Verträge über die Erbschaft eines Lebenden und Verträge, durch die die Freiheit zur letztwilligen Verfügung beschränkt wird, nichtig.

Auch die Errichtung gemeinschaftlicher Testamente ist nach Art. 1717 grZGB verboten, dennoch wird in diesen Fällen kein Verstoß gegen den ordre public angenommen, sodass gemeinschaftliche Testamente, die nach ausländischem Recht wirksam errichtet wurden, in Griechenland grundsätzlich zu berücksichtigen sind (FFDH IntErbR/*Georgiades* Rn. 23).

2. Erbstatut. a) Bestimmung des Erbstatuts. Für Erbfälle, die nach dem 17.8.2015 eintreten, ist auch in Griechenland vorrangig die EUErbVO maßgebend, soweit der Erbfall einen Auslandsbezug aufweist. Für rein innergriechische Nachlassangelegenheiten ist weiterhin das Erbstatut nach dem grZGB maßgebend. Die weiteren Ausführungen beziehen sich auf das griechische Recht mit ergänzenden Hinweisen, sollten bei Anwendung der EUErbVO abweichende Rechtsfolgen in Frage kommen.

Die Bestimmung des Erbstatuts nach griechischem Recht, das heißt außerhalb des Anwendungsbereichs der EUErbVO, erfolgt ausschließlich über Art. 28 ZGB: „Die erbrechtlichen Beziehungen richten sich nach dem Recht der Staatsangehörigkeit, die der Erblasser zum Zeitpunkt seines Todes besaß." Es gilt somit das Staatsangehörigkeitsprinzip. Die Anknüpfung an die Staatsangehörigkeit des Erblassers zum Zeitpunkt seines Todes soll die Unwandelbarkeit des Erbstatuts sicherstellen (Süß ErbR/*Stamatiadis* Rn. 1 mwN).

120 Griechenland

11 **b) Besonderheiten bei Auslandsbezug.** Der durch das Staatsangehörigkeitsprinzip bislang gewährleistete Grundsatz der Unwandelbarkeit des Erbstatuts, wurde mit Inkrafttreten der EUErbVO grundlegend relativiert. Die universelle Geltung der EUErbVO führt dazu, dass die aus griechischer Sicht grundlegend neue Anknüpfung an den gewöhnlichen Aufenthalt des Erblassers zum Zeitpunkt seines Todes nicht nur für Erbfälle im Verhältnis zwischen Griechenland und anderen EU-Mitgliedsstaaten vorrangig maßgeblich ist, sondern auch im Verhältnis zwischen Griechenland und Drittstaaten Anwendung findet.

12 Die in Art. 22 EUErbVO vorgesehene Rechtswahl eröffnet griechischen Staatsangehörigen mit gewöhnlichem Aufenthalt im Ausland die Möglichkeit, für die Rechtsnachfolge von Todeswegen griechisches Recht zu wählen. Die beiden im nationalen griechischen Kollisionsrecht verankerten Grundsätze des Staatsangehörigkeitsprinzips und der Nachlasseinheit (su) haben zur Folge, dass das griechische IPR eine Rechtswahl aufgrund der Gefahr einer Nachlassspaltung nicht vorsieht (*Schömmer/Kosmidis*, Internationales Erbrecht Griechenland, Rn. 250). Auch hier wird der Paradigmenwechsel durch die Geltung der EUErbVO in Griechenland deutlich.

13 Von praktischer Bedeutung ist die Rechtswahlmöglichkeit für Mehrstaater. Diese können nach Art. 22 I 2 EUErbVO das Recht eines der Staaten wählen, denen sie im Zeitpunkt der Rechtswahl oder im Zeitpunkt ihres Todes angehören. Die Hinnahme von Mehrstaatigkeit innerhalb der EU eröffnet ein breiteres Spektrum an Rechtswahlmöglichkeiten.

14 **c) Nachlasseinheit vs. Territorialitätsprinzip.** Das nationale griechische Kollisionsrecht hält weiterhin am Prinzip der Nachlasseinheit fest. Eine Nachlassspaltung soll grundsätzlich vermieden werden. Die Unwandelbarkeit des Erbstatuts unter Anknüpfung an die Staatsangehörigkeit des Erblassers in Verbindung mit Art. 32 ZGB, der eine Verweisung in ausländisches Recht mit Ausnahme des internationalen Privatrechts dieses Staates vorsieht, soll verhindern, dass etwa Immobilien nach einer anderen Rechtsordnung als Mobilien beurteilt werden. Ein Verweis auf die lex rei sitae ist somit grundsätzlich nicht vorgesehen.

15 Dieses Prinzip wurde jedoch bereits vor Inkrafttreten der EUErbVO in Einzelbereichen durchbrochen. So ist das Territorialitätsprinzip im Bereich der Erbschaftssteuer grundsätzlich anerkannt. Das griechische Steuerrecht ist für alle in Griechenland gelegenen Nachlassgegenstände anzuwenden sowie für im Ausland befindliche Mobilien eines Erblassers, der die griechische Staatsangehörigkeit besitzt (im Verhältnis zu Deutschland besteht ein Doppelbesteuerungsabkommen, hierzu → Rn. 189). Die Besteuerung einer zum Nachlass gehörenden Auslandsimmobilie nach dem Recht des Belegenheitsortes wird ausdrücklich anerkannt, so dass eine Nachlassspaltung im steuerrechtlichen Sinne besteht.

16 Eine weitere Besonderheit besteht für Erblasser mit griechischer Staatsangehörigkeit, die sich zum Zeitpunkt ihres Todes seit mehr als 25 Jahren im Ausland aufgehalten haben. Bereits 1987 wurde eine Sonderregelung in Bezug auf den Pflichtteil eingeführt. Danach soll die Vorschrift über den Pflichtteil bei letztwilligen Verfügungen über im Ausland befindliches Vermögen nicht zur Anwendung kommen mit der Folge, dass Verfügungen, die vom griechischen Pflichtteilsrecht abweichen, wirksam bleiben. Diese Vorschrift war lange Zeit umstritten, sie gilt mittlerweile jedoch als verfassungsgemäß (*Schömmer/Kosmidis*, Internationales Erbrecht Griechenland, Rn. 259; Süß ErbR/*Stamatiadis* Rn. 5, mit weiteren Nachweisen.).

17 Seit Inkrafttreten der EUErbVO müssen sich die griechischen Gerichte mit dem Phänomen der Nachlassspaltung vermehrt auseinandersetzen, etwa wenn aufgrund wirksamer Rechtswahl das Recht eines Staates zur Anwendung kommt, das die lex rei sitae für Immobilien ausdrücklich vorsieht.

18 **d) Güterrechtsstatut.** Die Schnittstelle zwischen internationalem Erbrecht und internationalem Familienrecht bereitet in der Praxis erhebliche Schwierigkeiten. So können bei gemischt nationalen Ehen unterschiedliche Anknüpfungspunkte im Erbrecht und Güterrecht bestehen.

19 Während in den Fällen außerhalb des Anwendungsbereichs der EUErbVO das Erbstatut dem Staatsangehörigkeitsprinzip folgt, Art. 28 grZGB, richten sich die güterrechtlichen Verhältnisse der Ehegatten nach dem Recht, das für ihre persönlichen Rechtsverhältnisse zum Zeitpunkt der Eheschließung maßgebend ist, Art. 15 grZGB, also nach dem Personalstatut. Dieses bestimmt sich nach Art. 14 grZGB nach der (letzten) gemeinsamen Staatsangehörigkeit während der Ehe, falls einer diese Staatsangehörigkeit noch besitzt, in Ermangelung dessen nach dem Recht des letzten gemeinsamen gewöhnlichen Aufenthalts während der Ehe, ansonsten nach dem Recht, zu dem die Ehegatten am engsten verbunden sind. Das Erbstatut der Staatsangehörigkeit kann somit bei gemischt nationalen Ehen mit Wohnsitz im Ausland auseinanderfallen.

20 Insbesondere im Vergleich zu Deutschland werden erhebliche Unterschiede deutlich. Der gesetzliche Güterstand nach griechischem Familienrecht ist die Gütertrennung mit der Möglichkeit eines Zugewinnausgleichs, soweit ein Ehegatte bei der Vermehrung des Vermögens des anderen Ehegatten mitgewirkt hat. Lässt sich die Mitwirkung rechnerisch nicht konkret darstellen, wird eine Mitwirkung in Höhe eines Drittels des Zugewinns des anderen Ehegatten gesetzlich vermutet, Art. 1400 I grZGB.

21 Dieser Ausgleichsanspruch richtet sich für den Fall, dass die Ehe durch den Tod eines Ehegatten endet, gegen die Erben des verstorbenen Ehegatten in entsprechender Anwendung der familienrechtlichen Regelungen in den Art. 1400 und 1402 grZGB. Eine Pauschalierung des Zugewinns nach deutschem Vorbild, wie in § 1371 I BGB, kennt das griechische Recht nicht.

22 Im Anwendungsbereich deutschen Güterrechts stellte sich bislang in der Praxis die Frage, ob § 1371 I BGB güterrechtlich oder erbrechtlich zu qualifizieren ist. Während die herrschende Meinung und die deutsche Rechtsprechung von einer güterrechtlichen Qualifikation des pauschalierten Zugewinnausgleichs im Erbfall ausging (zuletzt BGH, Beschl. v. 13.5.2015 – IV ZB 30/14, NJW 2015, 2185), hat der Europäische Gerichtshof mit Urteil v. 1.3.2018 (EuGH Urt. v. 1.3.2018 – C-558/16, NZFam 2018, 372; ZEV 2018, 205) den § 1371 I BGB als erbrechtliche Norm iSd EUErbVO qualifiziert. In den Fällen mit deutschem Güterrechtsstatut ist somit unabhängig vom Erbstatut das zusätzliche Viertel beim Ehegattenerbrecht auch im internationalen Rechtsverkehr, etwa bei der Erstellung eines europäischen Nachlasszeugnisses, erhöhend zu berücksichtigen.

Mit Geltung der europäischen Güterrechtsverordnungen VO (EU) 2016/1103 (EUGüVO) und VO (EU) 2016/1104 (EUPartVO) ab 29.1.2019, die im Rahmen einer verstärkten Zusammenarbeit (teilnehmende Staaten: Belgien, Bulgarien, Deutschland, Finnland, Frankreich, Griechenland, Italien, Kroatien, Luxemburg, Malta, Niederlande, Österreich, Portugal, Schweden, Slowenien, Spanien, Tschechische Republik, Zypern) am 28.7.2016 in Kraft getreten ist, sollte im europäischen Rechtsraum ein Gleichlauf von Erb- und Güterrechtsstatut durch die Primäranknüpfung an den gewöhnlichen Aufenthalt die Regel sein. Eine Verbindung zwischen der EUErbVO und der Europäischen Güterrechtsverordnungen findet bereits im Bereich der Internationalen Zuständigkeiten statt. Art. 4 EUGüVO sieht vor, dass ein Gericht, das mit der Rechtsnachfolge von Todes wegen eines Ehegatten nach der EUErbVO angerufen wird, auch für Entscheidungen über das eheliche Güterrecht in Verbindung mit diesem Nachlass zuständig sein soll. Aufgrund dieser Akzessorietät wird das Gericht des Staates des gewöhnlichen Aufenthalts des Erblassers sowohl für die Nachlassabwicklung, wie auch für die Klärung güterrechtlicher Fragen zuständig sein und bleiben. Die Frage, ob das örtlich und sachlich im jeweiligen Mitgliedstaat zuständige Gericht der Nachlasssache tatsächlich auch über das Güterrecht entscheiden kann, richtet sich indes nach nationalem Verfahrens- und Zuständigkeitsregeln (*Mankowski* ZEV 2016, 479).

Das griechische Familienrecht kennt eine Vererbung von Unterhaltspflichten. Ein Unterhaltsanspruch nach Ehescheidung ist nach Art. 1444 II grZGB vererblich und kann vom Unterhaltsberechtigten gegen die Erben geltend gemacht werden. Der Anspruch stellt insoweit eine Nachlassverbindlichkeit dar.

e) **Erbvertrag und gemeinschaftliches Testament.** Art. 368 grZGB verbietet Erbverträge unter Lebenden. Die Vorschrift lautet: Ein Vertrag über die Erbschaft eines Lebenden, sei es mit ihm selbst oder mit einem Dritten, sei es über die ganze Erbschaft oder einen Bruchteil derselben, ist nichtig. Das Gleiche gilt für den Vertrag, durch den die Freiheit zur letztwilligen Verfügung beschränkt wird. (FFDH IntErbR/*Georgiadis* Texte Seite 47). Erbverträge und Erbverzichtsverträge nach dem Tod des Erblassers sind indes zulässig.

Art. 368 grZGB ist gesetzessystematisch im 4. Kapitel des allgemeinen Schuldrechts, nicht im 5. Buch des Erbrechts zu finden. Das strikte Verbot von Erbverträgen wird beispielsweise durchbrochen im Bereich der eingetragenen Partnerschaften. Die Begründung einer eingetragenen Partnerschaft ist in Griechenland für verschieden geschlechtliche Paare mit Inkrafttreten des Gesetzes Nr. 3719/2008 seit 26.11.2008 möglich. Mit Gesetz Nr. 4356/2015 vom 24.12.2015 wurde die eingetragene Lebenspartnerschaft auch für gleichgeschlechtliche Paare ermöglicht. Nach Art. 8 des Gesetzes Nr. 4356/2015 gelten für eingetragene Partner die erbrechtlichen Regelungen des grZGB für Ehegatten analog. Darüber hinaus besteht nunmehr die Möglichkeit, im Rahmen des Partnerschaftsvertrages auf den Pflichtteil zu verzichten. (*Psouni*, Klironomiko Dikaio I, S. 9).

Auch gemeinschaftliche Testamente sind nach griechischem Recht verboten. Art. 1717 grZGB sieht vor: Mehrere Personen können nicht durch dieselbe Urkunde ein Testament errichten. Ein gemeinschaftliches Testament zugunsten dritter Personen, ein Testament, in welchem sich mehrere Erblasser gegenseitig zu Erben einsetzen oder gemeinschaftliche Testamente, die auf Gegenseitigkeit beruhen, sind nichtig. Wirksam hingegen sind unterschiedliche Testamente, die gleichzeitig errichtet werden, selbst wenn sie aufeinander abgestimmt werden. Auch das Testieren von selbständigen Verfügungen mehrerer Personen auf demselben Blatt wird als zulässig erachtet, sofern die einzelnen Bestimmungen isoliert und unabhängig voneinander Wirksamkeit entfalten. (FFDH IntErbR/*Georgiades* Rn. 73).

Stellt der Inhalt des Testaments eine Einheit dar, etwa ein zusammenhängender Text mit zwei Unterschriften und ist der einseitige Akt des Testierens, die Widerrufsmöglichkeit und die Autonomie neu zu testieren, nicht deutlich erkennbar, so ist ein solches Testament gemeinschaftlich und somit nichtig (*Psouni*, Klironomiko Dikaio I, S. 86). Eine Umdeutung in ein einseitiges eigenhändiges Testament ist dann nicht möglich. Es wird wesentlich auf die äußere Form des Testaments abgestellt. Zwei einseitige eigenhändige Testamente mit der eigenhändigen Unterschrift des Testierenden stellen ein eigenhändige und somit wirksame Testamente dar, selbst wenn sie untereinander auf demselben Blatt Papier geschrieben und inhaltlich aufeinander abgestimmt sind. (*Psouni*, Klironomiko Dikaio II, S. 8).

Die nach wie vor herrschende Meinung sieht im Verbot des gemeinschaftlichen Testaments nach Art. 1717 grZGB kein rein formelles Verbot, das in den Anwendungsbereich des Haager Testamentsformübereinkommens fällt, sondern ein materiell-rechtliches Verbot.

Seit Geltung der EUErbVO hat sich vor allem in der deutsch-griechischen Erbrechtspraxis ein Spannungsfeld aufgebaut. Nach Art. 25 III EUErbVO können beispielsweise Ehegatten mit unterschiedlicher Staatsangehörigkeit für die Zulässigkeit, die materielle Wirksamkeit und die Bindungswirkungen ihres Erbvertrages das Recht der Staatsangehörigkeit einer der am Erbvertrag beteiligten Personen wählen.

Somit kann eine Griechin, die mit einem Deutschen verheiratet ist, für den Abschluss eines Erbvertrages deutsches Recht wählen. Der Erbvertrag ist dann grundsätzlich wirksam, selbst wenn die griechische Ehefrau ihren gewöhnlichen Aufenthalt zum Zeitpunkt ihres Todes in Griechenland haben sollte. Ein

120 Griechenland

solcher Erbvertrag wäre auch nicht zwingend vor einem deutschen Notar abzuschließen. Vielmehr kann ein Erbvertrag nach dem gewählten deutschen Recht wirksam auch vor einem griechischen Notar abgeschlossen werden, dem jedoch die inhaltlichen Voraussetzungen eines (deutschen) Erbvertrags weniger bzw. gar nicht vertraut sein dürften. Hier besteht die Notwendigkeit einer Internationalisierung der bislang auf nationale Gegebenheiten beschränkte Arbeitsweise der Notare.

32 Ein weiteres Beispiel für die Durchbrechung des strikten Verbots von Erbverträgen stellt die sogenannte Lex Onassis dar. Bereits mit Verordnung Nr. 472 aus dem Jahr 1974 wurde der vertragliche Erbverzicht eines Ausländers auf die Erbschaft (ganz, teilweise oder des Pflichtteils) seines griechischen Ehegatten für zulässig erklärt, wenn beide Ehegatten zum Zeitpunkt des Vertragsschlusses ihren Wohnsitz im Ausland haben, der Erbvertrag im Ausland geschlossen wird und die Ehe nach Abschluss des Erbvertrags auch tatsächlich geschlossen wurde.

33 Verträge, in denen sich der Erblasser verpflichtet, vor dem Erbfall einzelne Gegenstände zu veräußern, sind zulässig, ebenso wie der Vertrag über die Schenkung von Todes wegen nach Art. 2032 grZGB.

34 **f) Internationaler ordre public.** Auch das nationale Kollisionsrecht Griechenlands kennt den ordre public-Vorbehalt. Art. 33 grZGB sieht vor, dass die Bestimmung eines fremden Rechts nicht angewandt wird, wenn ihre Anwendung den guten Sitten oder allgemein der öffentlichen Ordnung widerspricht.

35 In den Anwendungsbereich des Art. 33 grZGB fielen bislang ua ausländische Erbverträge, die nach Art. 368 ZGB nach griechischem Rechtsverständnis nichtig sind, mit Ausnahme der bereits erwähnten Erb- bzw. Pflichtteilsverzichtsverträge in der Sonderkonstellation der Lex Onassis bzw. bei den eingetragenen Partnerschaften.

36 Auch ausländische gemeinschaftliche Testamente wurden bislang über Art. 33 grZGB für unwirksam erklärt, selbst wenn sie nach dem Recht des Staates, in dem ein gemeinschaftliches Testament aufgesetzt wurde, zulässig sind.

37 Seit Inkrafttreten und Geltung der EUErbVO hat sich in der griechischen Rechtspraxis ein Paradigmenwechsel vollzogen. Aufgrund des Vorrangs und der universellen Geltung der EUErbVO sind nach Art. 3b, c iVm Art. 25 EUErbVO wirksam nach ausländischem Recht errichtete Erbverträge und gemeinschaftliche Testamente auch für den griechischen Rechtsraum verbindlich und können grundsätzlich weder über den nationalen ordre public (Art. 33 grZGB) noch über den ordre public-Vorbehalt des Art. 35 EUErbVO für unwirksam erklärt werden.

38 **3. Testierfähigkeit und Formfragen.** Die Fähigkeit, Verfügungen von Todes wegen zu errichten, wieder aufzuheben oder zu ändern, richtet sich grundsätzlich nach dem Erbstatut zum Zeitpunkt der Errichtung der letztwilligen Verfügung, somit nach Art. 28 grZGB. In der EUErbVO finden sich keine Vorschriften zur Testierfähigkeit, vielmehr wird über Art. 26 I lit. a iVm Art. 24, 25 EUErbVO auf das sogenannte Errichtungsstatut verwiesen. Die Testierfähigkeit bestimmt sich somit auch im Anwendungsbereich der EUErbVO nach nationalem Recht. Nach Art. 1719 grZGB ist nach griechischem Recht eine Person erst mit Vollendung des 18. Lebensjahrs testierfähig.

39 Im Geltungsbereich der EUErbVO werden griechische Gerichte bspw. deutsche Testamente einer zum Errichtungszeitpunkt erst 16jährigen Person zu beachten haben. Nach Ansicht des Verfassers können griechische Gerichte die Ausstellung eines europäischen Nachlasszeugnisses auf Basis einer letztwilligen Verfügung eines zum Zeitpunkt der Errichtung 16jährigen Testators nicht mit der Begründung ablehnen, das Testament sei mangels Testierfähigkeit nach griechischem Recht nicht wirksam errichtet worden.

40 Die Form letztwilliger Verfügungen richtet sich hingegen nicht nach dem Erbstatut. Vielmehr ist auch im Anwendungsbereich der EUErbVO das Haager Testamentsformübereinkommen vom 5.10.1961 maßgebend. Griechenland ist dem Übereinkommen mit Gesetz Nr. 1325/1983 beigetreten. Auch die übrigen EU-Mitgliedsstaaten, in denen die EUErbVO anzuwenden ist, sind dem Haager Testamentsformübereinkommen beigetreten, so dass sich nach Art. 27 I EUErbVO die Formgültigkeit schriftlicher Verfügungen von Todes wegen einheitlich nach dem Haager Testamentsformübereinkommen richtet.

41 Bei der Frage, ob ein nach ausländischem Recht wirksam errichtetes gemeinschaftliches Testament gegen den griechischen ordre public verstößt, wird von der griechischen Rechtsprechung mittlerweile einhellig die Ansicht vertreten, dass die Zulässigkeit gemeinschaftlicher Testamente nach dem Formstatut (Art. 11 grZGB) zu bewerten sei, somit in den Anwendungsbereich des Haager-Testamentsformübereinkommens fällt (zumindest für gemeinschaftliche Testamente, die nach Inkrafttreten des Beitrittsgesetzes Nr. 1325/1983 am 2.8.1983 errichtet wurden). Danach liegt kein Verstoß gegen den griechischen ordre public vor (Süß ErbR/*Stamatiadis* Rn. 9 mit Rechtsprechungsnachweis).

II. Materielles Recht

42 Das griechische Zivilgesetzbuch ist im Jahr 1946 in Kraft getreten und wird entstehungsgeschichtlich dem zentraleuropäischen Rechtskreis zugeordnet. Es weist inhaltlich aber auch vom Aufbau starke Parallelen zum deutschen BGB auf, so wird das grZGB wie das BGB in fünf Bücher aufgeteilt, dem allgemeinen Teil, dem Schuldrecht, dem Sachenrecht, dem Familienrecht und dem Erbrecht.

43 **1. Grundsätze.** Auch im griechischen Recht herrscht der Grundsatz der Gesamtrechtsnachfolge. Nach Art. 1710 grZGB geht mit dem Tode einer Person deren Vermögen als Ganzes kraft Gesetzes oder kraft Testaments auf eine oder mehrere andere Personen über. Der Erbe wird Gesamtrechtsnachfolger, tritt somit in alle Rechte und Pflichten des Erblassers ein. Diese Rechtsposition ist mit dem Tod des Erblas-

sers jedoch zunächst nur eine vorläufige. Erst mit Annahme der Erbschaft wird diese vorläufige Rechtsposition endgültig. Hierfür bedarf es einer besonderen Erbschaftsannahmeerklärung bzw. die Nicht-Ausschlagung der Erbschaft.

Die gesetzliche Erbfolge ist nach der Gesetzessystematik gegenüber der gewillkürten Erbfolge nachrangig, Art. 1710 II grZGB, und kommt zum Tragen, wenn keine oder keine wirksame Verfügung von Todeswegen vorliegt, wenn eine Verfügung von Todes wegen keine Erbeinsetzung enthält bzw. wenn der Erblasser Teile seines Nachlasses im Testament unberücksichtigt gelassen hat (Süß ErbR/*Stamatiadis* Rn. 27). 44

Zur Frage der Zulässigkeit und Wirksamkeit von Erbverträgen, Verzichtsverträgen und gemeinschaftlichen Testamenten wird auf die Ausführungen unter → Rn. 25 ff., 165 ff. verwiesen. 45

Das griechische Pflichtteilsrecht, Art. 1825 ff. grZGB ist ein echtes Noterbrecht. Im Gegensatz zum deutschen Recht erwirbt der Pflichtteilsberechtigte keinen schuldrechtlichen Anspruch auf Auszahlung eines Geldbetrages; vielmehr wird der Pflichtteilsberechtigte nach griechischem Recht echter (Mit-)Erbe und erwirbt eine auch dingliche Rechtsposition. In der Folge ist sein Pflichtteil wiederum vererblich und er haftet ebenfalls für Nachlassverbindlichkeiten (→ Rn. 151 ff.). 46

Für sämtliche Schulden des Erblassers haften die Erben nach dem Verhältnis ihrer Erbteile, Art. 1885 grZGB, sobald die Erbschaft angenommen wurde. Vermächtnisse und Auflagen werden nachrangig berücksichtigt (*Schömmer/Kosmidis*, Internationales Erbrecht Griechenland, Rn. 292). 47

a) **Erbfähigkeit.** Nach Art. 1711 grZGB kann Erbe nur derjenige sein, der zur Zeit des Anfalls der Erbschaft lebt oder wenigstens erzeugt ist. Der Nasciturus muss selbstverständlich lebend geboren werden (Art. 35, 36 grZGB). Wird beispielsweise ein zum Zeitpunkt des Erbfalls gezeugtes aber noch nicht geborenes Kind mit Lebendgeburt zum Erben und verstirbt es kurz danach, geht sein Erbteil nach der gesetzlichen Erbfolge auf seine nächsten Verwandten über. 48

Nach Art. 1711 2 grZGB (geändert durch Gesetz Nr. 3089/2002 über die medizinisch unterstützte Fortpflanzung beim Menschen, siehe auch Koutsouradis, FamRZ 2003, 1068) ist auch ein durch posthume künstliche Befruchtung geborenes Kind Erbe, selbst wenn die Geburt dieses Kindes viele Jahre nach dem Tod des Erblassers erfolgt. Als Zeitpunkt des Erbfalls gilt nach Art. 1711 3 grZGB jedoch immer der Zeitpunkt des Todes des Erblassers. 49

Auch juristische Personen sind erbfähig unter der Voraussetzung, dass sie zum Zeitpunkt des Erbfalls auch rechtsfähig sind. Wird die juristische Person als Erbe erst zu einem späteren Zeitpunkt rechtsfähig, ist sie zunächst als Nacherbin anzusehen, Art. 1924 II grZGB, in diesem Fall erfolgt der Anfall der Erbschaft mit der Entstehung (Rechtsfähigkeit) der juristischen Person, Art. 1935 II grZGB. 50

b) **Erbunwürdigkeit.** Erbunwürdig ist eine Person, die den Erblasser, die Kinder, die Eltern oder den Ehegatten des Erblassers getötet oder zu töten versucht hat; wer verurteilt wurde, weil er den Erblasser wegen eines Verbrechens falsch angeschuldigt hat; wer den Erblasser vorsätzlich und widerrechtlich daran gehindert hat, ein Testament zu errichten oder zu widerrufen; wer den Erblasser durch arglistige Täuschung gezwungen hat, ein Testament zu errichten oder zu ändern; wird ein bereits errichtetes Testament Erblassers verändert oder beiseite schafft, Art. 1860 grZGB. 51

Auch eine Person, die die tatbestandlichen Voraussetzungen für die Feststellung der Erbunwürdigkeit erfüllt, ist zunächst erbfähig. Die Erbunwürdigkeit kann nach Art. 1862 grZGB nur durch gerichtliche Entscheidung ausgesprochen werden und wirkt in diesen Fällen auf den Erbfall zurück. Eine Klage auf Feststellung der Erbunwürdigkeit ist jedoch binnen einer Frist von zwei Jahren seit dem Anfall der Erbschaft an den Erbwürdigen zu erheben, Art. 1862 II grZGB. 52

Mit Rechtskraft der Entscheidung über die Erbunwürdigkeit fällt die Erbschaft rückwirkend zum Tode des Erblassers der Person zu, die berufen sein würde, wenn der Erbunwürdige zur Zeit des Anfalls der Erbschaft nicht gelebt hätte, Art. 1863 grZGB. Nachdem Pflichtteilsberechtigte echte Noterben sind, gelten die Vorschriften über die Erbunwürdigkeit auch für Pflichtteilsberechtigte und Vermächtnisnehmer, Art. 1864 grZGB. 53

c) **Erbverzicht.** Wie bereits oben ausgeführt, sind Erbverträge zu Lebzeiten des Erblassers nach griechischem Recht nichtig. Nur im Bereich des Pflichtteils ausländischer Ehegatten bei Auslandswohnsitz (Lex Onassis), dem Pflichtteilsrecht im Ausland lebender Griechen nach 25 Jahren Auslandsaufenthalt (Gesetz Nr. 1738/1987) und beim Pflichtteil des Lebenspartners im Rahmen eines Partnerschaftsvertrages werden Pflichtteilsverzichtsverträge für zulässig und wirksam erachtet. 54

Seit Inkrafttreten der EUErbVO sind Erbverzichtsverträge Teil der griechischen Rechtspraxis geworden. Ein nach dem Recht des Errichtungsstaats wirksam geschlossener Erbverzichtsvertrag verstößt nach den Maßgaben der EUErbVO nicht gegen den griechischen ordre public und muss entsprechend anerkannt werden. Bei der Ausstellung entsprechender Erbscheine bzw. des Europäischen Nachlasszeugnisses durch griechische Behörden gibt es in diesem Zusammenhang immer wieder Anerkennungsprobleme in der Praxis, die sich im Laufe der Zeit jedoch relativieren sollten. 55

Die bspw. im Geltungsbereich des deutschen Rechts sehr verbreiteten Erb- und Pflichtteilsverzichtsverträge nach § 2346 BGB werden ua in Griechenland mit gewisser Skepsis zur Kenntnis genommen. Dies hängt mit dem bereits mehrfach erwähnten Grundsatz des griechischen Erbrechts zusammen, wonach Erbverträge und gemeinschaftliche Testamente unwirksam sind. Schließt beispielsweise ein in Deutschland lebender Grieche mit seiner deutschen Ehefrau eine Trennungsvereinbarung mit wechselseitigem Erbverzicht und verlegt der Grieche sodann seinen gewöhnlichen Aufenthalt nach Griechenland, wo er verstirbt, gilt für ihn nach Art. 21 I EuErbVO grundsätzlich griechisches Recht. Das griechi- 56 sche Nachlassgericht hat sodann zu entscheiden, ob der Erb- und Pflichtteilsverzichtsvertrag wirksam bleibt oder im Wege einer Inhaltskontrolle anzupassen ist. Gleiches gilt für Erbverträge, in denen beispielsweise bei lebzeitiger Übertragung einer Immobilie auf ein Kind das andere Kind auf Pflichtteilsansprüche – bezogen auf diese Immobilie – verzichtet. Wird dieser Vertrag zunächst wirksam in Deutschland geschlossen und verlegt der Erblasser sodann seinen gewöhnlichen Aufenthalt nach Griechenland, wo er verstirbt, stellt sich die Frage, ob der Vertragspartner, der auf Pflichtteilsansprüche verzichtet hat, sich nunmehr auf die Unwirksamkeit des Vertrages nach griechischem Recht berufen kann.

57 Nachdem das Pflichtteilsrecht in Griechenland nicht nur einen schuldrechtlichen Geldanspruch beinhaltet, sondern als Noterbrecht eine unmittelbare Beteiligung am Nachlass vorsieht, sind diese Anerkennungs- und Wirksamkeitsfragen von erheblicher praktischer Bedeutung.

58 Nach einhelliger Ansicht fällt auch das Pflichtteils- bzw. Noterbrecht in den Anwendungsbereich der Art. 21 bzw. 22 EuErbVO, also dem Recht des gewöhnlichen Aufenthalts zum Zeitpunkt des Todes bzw. dem gewählten Recht. Es gilt das Erbstatut, Art. 23 II lit. h EuErbVO iVm Erwägungsgrund 50. Auch Pflichtteilsergänzungsansprüche sind in der Systematik der EuErbVO erbrechtlich zu qualifizieren (Weber, ZEV 2015, 503). Erb- und Pflichtteilsverzichtsverträge fallen somit unter Art. 25 EuErbVO. Es gilt daher das Errichtungsstatut.

59 Selbst innerhalb der EuErbVO gibt es jedoch Abgrenzungsprobleme zwischen dem Erbstatut (hier nach Art. 23 II lit. h EuErbVO) und dem Errichtungsstatut (Art. 25 EuErbVO). Im Beispielsfall ist der Erb- und Pflichtteilsverzicht nach dem deutschen Errichtungsstatut zulässig und wirksam, nach dem griechischen Erbstatut hingegen zunächst unzulässig. Auch in der griechischen Rechtspraxis scheint sich die Ansicht durch zu setzen, dass Erb- und Pflichtteilsverzichtsverträge auch nach einem Statutenwechsel wirksam bleiben. Begründet wird dies im Wesentlichen damit, dass Art. 25. EuErbVO ua eine Bestandsgarantie für Erbverträge im Lichte der Rechtssicherheit und Personenfreizügigkeit beinhaltet (ua Weber ZEV 2015, 503 (507) mit Verweis auf Erwägungsgrund 48 EuErbVO und MüKoBGB/*Dutta*, 6. Auflage 2015, Art. 25 EuErbVO Rn. 1).

60 Noch völlig offen ist die Frage, inwieweit sich eine durch den Statutenwechsel bedingte Veränderung der Erb- und Pflichtteilsquoten (etwa im Bereich des Ehegattenerbrechts nach deutschem Errichtungsstatut und nach griechischem Erbstatut) auf die Wirksamkeit des Erbvertrags auswirkt. Auch für die Frage einer Auslegung und Anpassung des Vertrages im Wege der Inhaltskontrolle dürfte das Errichtungsstatut maßgeblich sein (*Weber* ZEV 2015, 503 (508)). Wurde der Erbvertrag, wie im Beispielsfall, nach deutschem Recht errichtet und ergeben sich nach dem griechischen Erbstatut andere Pflichtteilsquoten, so dürfte das griechische Nachlassgericht eine Anpassung und Auslegung im Wege der Inhaltskontrolle nach dem deutschen Errichtungsstatut für zulässig erachten und materiell im Ergebnis die Pflichtteilsquoten nach griechischem Recht ermitteln und im Rahmen eines Erbscheins bzw. europäischen Nachlasszeugnisses zugrunde legen. Diese Einschätzung ist jedoch äußerst umstritten. Das griechische Gericht könnte „genauso gut" mit dem Argument des Wegfalls der Geschäftsgrundlage den Erbvertrag insgesamt für unwirksam erklären. Auf dieses Risiko ist bei der Vertragsgestaltung in jedem Fall hinzuweisen. Auf Salvatorische Klauseln und einer klarstellenden Erklärung, dass etwa ein Pflichtteilsverzicht auch bei Geltung eines anderen Erbrechts Bestand haben soll, darf insoweit nicht verzichtet werden.

61 Im Verhältnis zu Griechenland wäre im Übrigen eine Rechtswahl zu griechischem Recht zum Zeitpunkt der Errichtung des Erbvertrages im Hinblick auf die klare gesetzliche Regelung zur Unwirksamkeit von Erb- und Verzichtsverträgen kontraproduktiv. Hielt sich indes der griechische Erblasser zum Zeitpunkt der Errichtung des Erbvertrages bereits mehr als 25 Jahre im Ausland auf, dürften Pflichtteilsverzichte auch bei kritischer Überprüfung nach dem griechischen Erbstatut uneingeschränkt wirksam bleiben (su → Rn. 167).

62 **2. Gegenstand der Erbfolge. a) Universalsukzession.** Der auch im griechischen Erbrecht verankerte Grundsatz der Universalsukzession, Art. 1710 grZGB, führt dazu, dass das Vermögen der verstorbenen Person als Ganzes bezogen auf Aktiva und Passiva auf den bzw. die Erben übergeht.

63 **b) Annahme und Ausschlagung der Erbschaft.** Der Erbe erwirbt kraft Gesetzes die Erbschaft mit dem Anfall, Art. 1846 grZGB. Bis zum Ablauf der für die Ausschlagung der Erbschaft maßgeblichen Frist von vier Monaten bzw. von einem Jahr, falls der Erblasser seinen letzten Wohnsitz im Ausland hatte bzw. der Erbe bei Kenntnisnahme sich gewöhnlich im Ausland aufhielt, erlangt der Erbe eine zunächst nur vorläufige Rechtsposition. Nach der EuErbVO bestimmt sich auch das Erbstatut nach dem gewöhnlichen Aufenthalt des Erblassers zum Zeitpunkt seines Todes. Die Ausschlagungsfristen richten sich demnach ebenfalls nach dem Recht des Erbstatuts.

64 Eine ausdrückliche Annahme der Erbschaft ist in den Fällen obligatorisch, wo Immobilien zum Nachlass gehören. Die Annahme ist in diesen Fällen für den Eigentumserwerb des Grundstücks oder auch eines dinglichen Rechts, etwa ein Nießbrauch, zwingend erforderlich (Art. 1846, 1198, 1193, 1195 grZGB). Die Annahme der Erbschaft erfolgt durch notarielle Urkunde in analoger Anwendung des Art. 1848 grZGB, der die notarielle Form für die Ausschlagung einer Erbschaft vorsieht. In ebenfalls analoger Anwendung des Art. 1854 gr ZGB, wonach das Recht zur Ausschlagung der Erbschaft auf die Erben des Erben übergeht, ist auch das Recht der Annahme der Erbschaft vererblich.

65 Neben der notariellen Annahme erfolgt die Annahme mangels Ausschlagung nach Art. 1850 grZGB, wenn die Frist zur Ausschlagung der Erbschaft verstrichen ist. Erben minderjährige Kinder, so gilt deren Erbschaft immer als unter dem Vorbehalt der Inventarerrichtung angenommen, Art. 1527 grZGB (Über-

setzung nach Bergmann/Ferid/Henrich IntEheR/*Kastrissios*, Stand 1.1.2016). Einer (Vormundschafts-) gerichtlichen Genehmigung bedarf die Annahme der Erbschaft durch die Eltern eines minderjährigen Kindes grundsätzlich nicht; der gesetzliche Vorbehalt der Inventarerrichtung schützt das Kind vor einem überschuldeten Nachlass (*Schömmer/Kosmidis*, Internationales Erbrecht Griechenland, Rn. 324). Gleiches gilt für die Annahme einer Erbschaft durch den Beistand bei Anordnung gerichtlicher Beistandschaft aufgrund der ausdrücklichen Verweisung auf Art. 1527 grZGB im griechischen Beistandschaftsrecht, Art. 1678 IV grZGB (*Schömmer/Kosmidis*, Internationales Erbrecht Griechenland, Rn. 325).

Die Annahme bzw. Ausschlagung einer Erbschaft ist nichtig, wenn sie vor dem Anfall oder im Irrtum über den Berufungsgrund erfolgt ist, Art. 1851 grZGB. Auch die Annahme unter einer Bedingung und Befristung ist nichtig. Wird ein Erbe zu mehreren Erbteilen aus demselben oder aus verschiedenen Gründen berufen, so kann er jeden von ihnen getrennt annehmen oder ausschlagen, es sei denn, der Erblasser hat ein anderes bestimmt, Art. 1853 grZGB. Bestehen unterschiedliche Erbteile, beispielsweise aufgrund gesetzlicher und zusätzlich testamentarischer Erbfolge, so können die Erbteile getrennt angenommen oder ausgeschlagen werden. Die Annahme der Erbschaft ist zunächst unwiderruflich. Nach Art. 1857 II grZGB kann die Annahme ebenso wie die Ausschlagung der Erbschaft, die wegen Irrtums oder aufgrund Drohung oder arglistiger Täuschung erfolgt ist, angefochten werden, wobei die Anfechtungsklage innerhalb einer kurzen Verjährungsfrist von 6 Monaten erhoben werden muss, Art. 1857 grZGB. Ein Irrtum über Aktiva oder Passiva der Erbschaft wird ausdrücklich nicht als Anfechtungsgrund anerkannt. 66

Erwähnenswert ist die Annahme unter dem Vorbehalt der Inventarerrichtung, Art. 1901 ff. grZGB. Mit Annahme der Erbschaft haftet der Erbe grundsätzlich auch mit seinem eigenen Vermögen für die Nachlassverbindlichkeiten. Die Erfüllung von Vermächtnissen und Auflagen erfolgt grundsätzlich nachrangig nach der Erfüllung der übrigen Verbindlichkeiten, Art. 1901 grZGB. Die Annahme der Erbschaft unter dem Vorbehalt der Inventarerrichtung wird in Art. 1902 grZGB als „Annahme mit der Rechtswohltat des Inventars" bezeichnet und ist nur innerhalb der Ausschlagungsfrist von vier Monaten bzw. einem Jahr bei Auslandswohnsitz möglich. Diese besondere Form der Annahme ist formbedürftig und muss gegenüber dem Sekretär der Geschäftsstelle des Nachlassgerichts erklärt werden, Art. 1902 I grZGB. Auslandsgriechen können die Erklärung auch vor dem Konsularbeamten abgeben. Der Inventarerbe muss nach der entsprechenden Annahmeerklärung innerhalb von 4 Monaten das Inventarverzeichnis errichten, Art. 1903 grZGB. Er haftet als Inventarerbe „nur" für Verbindlichkeiten des Nachlasses bis zum Nachlasswert. Diese Haftungsbeschränkung des Inventarerben führt dazu, dass der Erbe hinsichtlich des Nachlasses mit den übrigen Nachlassgläubigern gleichgestellt ist (*Schömmer/Kosmidis*, Internationales Erbrecht Griechenland, Rn. 339). 67

Die Ausschlagung der Erbschaft ist formbedürftig und gegenüber dem Sekretär der Geschäftsstelle des Nachlassgerichts zu erklären, Art. 1848 I grZGB. Bei wirksamer Ausschlagung fällt die Erbschaft (rückwirkend) demjenigen zu, der Erbe des Erblassers geworden wäre, wenn der Ausschlagende bei Eintritt des Erbfalls nicht gelebt hätte. Hat der Ausschlagende selbst Kinder, werden diese Erben und haben ein eigenes Ausschlagungsrecht innerhalb der Frist von vier Monaten bzw. einem Jahr (bei gewöhnlichem Aufenthalt im Ausland) ab Kenntnis ihrer Erbenstellung. Bei minderjährigen Kindern bedarf die Ausschlagung der Erbschaft durch die Eltern oder den Vormund der gerichtlichen Genehmigung, Art. 1526, 1625 grZGB. Hat der Minderjährige die Erbschaft während der gesetzlichen Ausschlagungsfrist nicht oder nicht wirksam ausgeschlagen und ist er dadurch Erbe geworden, gilt für ihn gem. Art. 1527 grZGB die Haftungsbeschränkung des Inventarerben entsprechend. Die Frist für die Errichtung des Inventars beträgt für Geschäftsunfähige oder beschränkt Geschäftsfähige ein Jahr ab Erwerb der uneingeschränkten Geschäftsfähigkeit, bei Minderjährigen somit bis Vollendung des 18. Lebensjahres, also dem 19. Geburtstag. Errichtet der junge Erwachsene das Inventar bis dahin nicht, verliert er das Privileg des Inventarerben und haftet auch mit seinem Privatvermögen für Schulden des Erblassers. 68

Die Ausschlagung der Erbschaft hat in jüngster Vergangenheit als Folge der Finanzkrise in Griechenland erheblich an praktischer Bedeutung gewonnen. Medienberichten zufolge hat sich die Zahl der Ausschlagungen von 54.422 in 2016 auf über 130.000 in 2017 nahezu verdreifacht (Kathimerini vom 11.5.2018; Griechenland Zeitung vom 22.5.2018). In nahezu allen Ausschlagungsfällen befinden sich Immobilien im Nachlass. Die Erben können meist Schulden des Erblassers bezogen auf die Immobilie (rückständige Steuern und Abgaben), sowie die bei Annahme entstehende Erbschaftssteuer, aber auch laufende Immobiliensteuern nicht bezahlen. So werde der Fiskus zum größten Erben mit der Folge, dass die Immobilienpreise in Zukunft weiter sinken werden, nachdem der Staat kaum in der Lage ist, Immobilien zeitnah zu verwerten oder angemessen zu verwalten. 69

In den Fällen der Ausschlagung ist zu beachten, dass etwa die wirksame Ausschlagung der Erbschaft aufgrund testamentarischer Erbfolge zur Erbenberufung aufgrund gesetzlicher Erbfolge führen kann. Diesbezüglich wäre sodann eine erneute Ausschlagung notwendig, wenn diese nicht bereits aus allen Berufungsgründen erfolgt ist. 70

Folgender **Beispielsfall** verdeutlicht die Problematik (nach *Psouni*, 100 Praktika themata, S. 1 ff.): Der geschiedene M setzt seine einzige Tochter T zu seiner Alleinerbin bezogen auf seinen gesamten Nachlass ein. Zum Zeitpunkt der Testamentserrichtung besteht sein Vermögen aus Immobilien im Gesamtwert von ca. 1.000.000 EUR. Zehn Jahre später erleidet M infolge der Finanzkrise und Vermögensverfall einen Schlaganfall. Zu dessen Genesung stellt T für ihren Vater eine ausländische Pflegekraft P ein, die ihn Tag und Nacht unterstützt. Es entwickelt sich eine Beziehung, die ein Jahr später in einer notariellen Partnerschaftsvereinbarung mündet. Im Zuge dessen setzt M ein handschriftliches Testament auf, in 71

120 Griechenland

welchem er seine eingetragene Lebensgefährtin als Erbin mit der expliziten Beschränkung auf ihren Pflichtteil einsetzt. Kurze Zeit später erleidet M einen weiteren Schlaganfall und verstirbt. Sein Nachlass ist inzwischen überschuldet.

72   Seine Tochter, die volle Kenntnis über die finanzielle Situation ihres Vaters hatte, wendet sich unmittelbar nach Testamentseröffnung an die Geschäftsstelle des Amtsgerichts des letzten Wohnsitzes ihres Vaters und schlägt die Erbschaft aus dem (ersten) Testament wirksam aus. Fünf Monate später erhält sie die schriftliche Aufforderung eines Gläubigers ihres Vaters, die kraft Gesetzes auf sie übergegangene Schuld zu begleichen.

73   Die Rechtslage stellt sich wie folgt dar: Durch die wirksame Ausschlagung verliert T ihre Erbenstellung aus dem ersten Testament, nachdem sie testamentarische Alleinerbin war und sich die testamentarische Regelung auf die Erbschaft als ganze bezog. Das zweite handschriftliche Testament des M hebt das frühere Testament insoweit auf, als es im Widerspruch zu diesem steht, Art. 1764 I grZGB. Der Pflichtteil der P beträgt ⅛ des Nachlasses des M. Nach dem Gesetz Nr. 4356/2015 über die eingetragene Lebenspartnerschaft ist der Erbteil des eingetragenen Lebenspartners mit dem des Ehegatten identisch und beträgt nach Art. 1820 grZGB ¼, entsprechend beschränkt sich der Pflichtteil der P auf die Hälfte des gesetzlichen Erbteils, nämlich auf ⅛ des Nachlasses. Die hat zur Folge, dass T aus der ersten testamentarischen Verfügung ihres Vaters, die in Höhe von 1/8 durch das zweite testamentarische Verfügung abgelöst wurde, Erbin zu ⅞ wurde. Folge der Ausschlagung der Erbschaft aus dem ersten Testament durch T ist nunmehr, dass ihre gesetzliche Erbenstellung wieder auflebt. Der von T ausgeschlagene Erbteil von ⅞ steht somit nach wie vor als Nachlass zur Verfügung. Gem. Art. 1852 grZGB fällt somit der Nachlass des M in Höhe von ⅞ der T als gesetzliche Erbin erster Ordnung, Art. 1813 grZGB, zu. Art. 1852 grZGB sieht ausdrücklich vor, dass ein Erbe, der die ihm aus einem Testament angefallene Erbschaft ausschlägt, diese annehmen kann, wenn sie ihm später aufgrund der gesetzlichen Erbfolge zufällt. Somit haftet T als gesetzliche Erbin für die Schulden ihres verstorbenen Vaters. Die Erbschaft (aufgrund der gesetzlichen Erbfolge) gilt zunächst auch als angenommen, da die Ausschlagungsfrist von vier Monaten verstrichen ist, Art. 1850 grZGB. T hat nunmehr die Möglichkeit die Annahme der Erbschaft anzufechten mit der Begründung, sie sei aufgrund Rechtsirrtums davon ausgegangen, dass die Anfechtung der Erbschaft (aus dem ersten Testament) umfänglich wirke und ihr nicht bekannt war, dass sie aus anderem Rechtsgrund erneut Erbin des unveränderten Nachlasses werden würde. Führt die Anfechtungsklage, die innerhalb einer Sechsmonatsfrist eingereicht werden muss, zur Aufhebung der Annahmeerklärung, muss T erneut aktiv werden und die Erbschaft (aufgrund gesetzlicher Erbfolge) ausschlagen. Die rückwirkende Aufhebung der Annahme führt nicht zugleich auch zur Ausschlagung der Erbschaft. Erst nach (erneuter) Ausschlagung der Erbschaft und Fehlens weiterer nachrangiger Erben, tritt die öffentliche Hand als Erbin der letzten Ordnung in die Erbschaft ein. Sollte P in Kenntnis der finanziellen Lage des verstorbenen M ihren Pflichtteil von ⅛ ausschlagen, fällt dieser Teil im Wege der gesetzlichen Erbfolge abermals der T zu, sodass sie auch bezüglich dieses Erbteils von ⅛ die Erbschaft ein drittes Mal ausschlagen müsste.

74   **3. Gesetzliche Erbfolge. a) Grundregeln.** Die gesetzliche Erbfolge tritt immer dann ein, wenn kein Testament vorhanden ist oder wenn die testamentarische Erbfolge ganz oder zum Teil wegfällt, Art. 1710 II grZGB. Aufgrund des auch im griechischen Recht verankerten Grundsatzes der Testierfreiheit leitet die höchstrichterliche Rechtsprechung aus Art. 1710 II grZGB einen Vorrang der gewillkürten vor der gesetzlichen Erbfolge ab (Süß ErbR/*Stamatiadis* Rn. 27, mit Verweis auf Aeropag Urteil Nr. 88/1991, NoB 1992, 545.).

75   Die testamentarische und die gesetzliche Erbfolge können im Einzelfall auch parallel zum Tragen kommen, etwa wenn der Erblasser zwar testamentarisch verfügt hat, diese Verfügung aber nicht seinen gesamten Nachlass umfasst. Die gesetzliche Erbfolge ist auch maßgebend, wenn ein Testament erfolgreich angefochten wurde oder wenn die im Testament bedachten Erben vor dem Erbfall verstorben sind oder nach dem Erbfall wegfallen, etwa aufgrund Ausschlagung.

76   Auch aus der Gesetzessystematik lässt sich der Vorrang der testamentarischen vor der gesetzlichen Erbfolge ableiten. Das erste Kapitel des fünften Buches des griechischen ZGB (Art. 1710 bis 1715) regelt die Erbfolge im Allgemeinen. Das zweite und dritte Kapitel des fünften Buches regelt die testamentarische Erbfolge. Im vierten Kapitel (Art. 1813ff. grZGB) wird die gesetzliche Erbfolge geregelt. Wie im deutschen Recht beruht die gesetzliche Erbfolge zunächst auf Verwandtschaft im Sinne der Blutsverwandtschaft. Die Definition der Verwandtschaft im griechischen Familienrecht, Art. 1463 grZGB ist mit der deutschen Bestimmung des § 1589 BGB inhaltsgleich. Die Erbfolge der Verwandten wird in vier Ordnungen nach dem Parentelsystem unterteilt. Frühere Parentele schließen spätere aus, Art. 1819 grZGB. Innerhalb der Parentele werden die nächstberufenen Erben durch das System der Erbfolge nach Stämmen und Linien bestimmt. Jedes Kind des Erblassers bildet einen eigenen Stamm; Enkelkinder bilden entsprechende Unterstämme. Innerhalb des Parentels wird die Erbschaft nach der Zahl der Stämme (nicht der Köpfe) verteilt, Art. 1813 III grZGB.

77   **b) Erste Ordnung.** Zur ersten Ordnung gehören nach Art. 1813 grZGB sämtliche Abkömmlinge des Erblassers, also Kinder, Enkel, Urenkel usw. Den Kindern steht grundsätzlich die gesamte Erbschaft zu, es sei denn es existiert ein Ehegatte des Erblassers, der dann eine Viertel der Erbschaft erhält, Art. 1820 grZGB. Die Verwandtschaft zur Mutter wird mit Geburt begründet. Mit Einführung des Gesetzes Nr. 3089/2002 in der Fassung des Gesetzes Nr. 4272/2014 wird auch die künstliche Befruchtung, Art. 1464 grZGB, und die Ersatzmutterschaft, Art. 1458 grZGB zur Begründung des Verwandtschafts-

verhältnisses zwischen Mutter und Kind ausdrücklich zugelassen. War im Rahmen der Ersatzmutterschaft nach Art. 8 des Gesetzes 3089/2002 Voraussetzung, dass beide Frauen (also diejenige, die das Erbgut zur Verfügung stellt und diejenige, die das Kind austrägt) ihren Wohnsitz in Griechenland haben, wurde dies mit Art. 17 des Gesetzes Nr. 4272/2014 dahingehend abgeändert, dass der gewöhnliche oder vorübergehende Aufenthalt einer der beiden Frauen in Griechenland ausreicht. Des Weiteren muss in diesen Fällen eine schriftliche Vereinbarung getroffen werden zwischen der Frau, von der das Erbgut stammt, der Frau, die das Kind austragen wird und, falls diese verheiratet ist, auch ihres Ehemannes. Diese Vereinbarung ist sodann gerichtlich zu genehmigen nach den Vorgaben der Art. 1455 ff. grZGB.

Das Vorliegen der Vaterschaft eines Kindes wird gesetzlich (widerlegbar) vermutet für den Ehemann der Mutter, soweit das Kind während der Ehe oder innerhalb von 300 Tagen nach deren Auflösung geboren wurde, Art. 1565 I grZGB. Nach Abs. 2 gilt dies auch für Fälle, in denen das Kind doch durch manche künstliche Befruchtung geboren wurde, soweit die gesetzlichen Voraussetzungen des Art. 1457 grZGB vorliegen (hierzu ausführlich *Schömmer/Kosmidis*, Internationales Erbrecht Griechenland, Rn. 419). 78

Vaterschaftsbegründend gilt auch die freiwillige Anerkennung eines Kindes, wobei die Anerkennung notariell oder testamentarisch (!) erklärt werden kann, Art. 1476 grZGB. Soweit die Mutter zum Zeitpunkt der Anerkennung lebt, muss sie dieser zustimmen. Die nach Art. 1456 I 2 grZGB obligatorische notarielle Zustimmung des Mannes zur künstlichen Befruchtung der Frau ersetzt die Anerkennung der Vaterschaft, die Zustimmung der Frau zur künstlichen Befruchtung ersetzt deren Zustimmung zur Anerkennung. Die Vaterschaftsanerkennung kann nach höchstrichterlicher Rechtsprechung auch durch die Eltern eines verstorbenen oder geschäftsunfähig gewordenen Vaters abgegeben werden (*Schömmer/Kosmidis*, Internationales Erbrecht Griechenland, aaO, Rn. 419). Rechtsfolge der Anerkennung ist, dass das Kind als ehelich geborenes Kind eingestuft wird, Art. 1484 grZGB. 79

Neben der freiwilligen Anerkennung kann die Mutter eines Kindes auch die gerichtliche Anerkennung beantragen, soweit keine gesetzliche Vaterschaftsvermutung greift. Auch das Kind selbst hat ein entsprechendes Antragsrecht auch auf Vaterschaftsanerkennung, wenn die Mutter ihre Zustimmung zur freiwilligen Vaterschaftsanerkennung verweigert hat, Art. 1575 I grZGB. Die erfolgreiche Anfechtung der Vaterschaft durch einen Mann, der der unverheirateten Mutter beigewohnt hat, führt kraft Gesetzes zur Anerkennung des Kindes durch diesen Mann, was die entsprechende Erbfolge auslöst, Art. 1472 II grZGB. 80

Soweit nach dem Tod des Ehemannes oder des Lebensgefährten einer Frau eine posthume künstliche Befruchtung mit gerichtlicher Genehmigung durchgeführt wird, die frühestens sechs Monate und spätestens zwei Jahre nach dem Tod des Mannes erfolgt sein muss, führt ebenfalls zur Begründung eines Verwandtschaftsverhältnisses zwischen dem (verstorbenen) Vater und dem nach dessen Tod geborenen Kindes. 81

Schließlich wird Verwandtschaft (in der ersten Ordnung) durch Adoption begründet, wobei auch das griechische Adoptionsrecht, das mit Gesetz Nr. 2447/1996 neu geregelt wurde, zwischen der minderjährigen Adoption und der volljährigen Adoption unterscheidet. 82

Die Minderjährigenadoption führt zum vollständigen Erlöschen der bisherigen verwandtschaftlichen Verhältnisse des Adoptivkindes; es wird vollständig in die Familie des Adoptierenden integriert und erwirbt sämtliche Rechte gegenüber ihm und dessen Verwandten im Rang eines ehelich geborenen Kindes. Das adoptierte minderjährige Kind wird somit Erbe nicht nur seines Elternteils, sondern auch der übrigen Verwandten des adoptierenden Elternteils (etwa Großeltern, Geschwister etc.). Das Adoptivkind genießt sämtliche Steuervorteile eines ehelichen Kindes. 83

Die Volljährigenadoption, die nach griechischem Recht (Art. 1579 grZGB) nur möglich ist, wenn der Annehmende das 40. Lebensjahr vollendet hat und mindestens 18 Jahre älter ist als das Adoptivkind, führt lediglich zu einer beschränkten Verwandtschaft zwischen dem Adoptivelternteil und dem adoptierten Kind unter Beibehaltung der verwandtschaftlichen (und erbrechtlichen) Bindungen des volljährigen Adoptivkindes zu dessen leiblichen Eltern und deren Verwandten. Das volljährige Adoptivkind wird somit Erbe sowohl seiner natürlichen, wie auch seiner Adoptiveltern. 84

Nach Art. 1813 III grZGB erben Kinder stets zu gleichen Teilen. Eine Unterscheidung zwischen leiblichen, freiwillig oder gerichtlich anerkannten, oder adoptieren Kindern erfolgt nicht. 85

c) Zweite Ordnung. Die zweite Ordnung umfasst die Eltern des Erblassers, dessen Geschwister sowie deren Kinder und Enkel der vorverstorbenen Geschwister, dh Neffen/Nichten und Großneffen/Großnichten des Erblassers, Art. 1814 Satz 1 grZGB. Die Eltern und Geschwister des Erblassers erben zu gleichen Teilen, die Kinder und Enkel vorverstorbener Geschwister erben nach Stämmen; die Kinder vorverstorbener Geschwister schließen die Enkel desselben Stammes aus. Erwähnenswert ist die Sonderregelung für Halbgeschwister in Art. 1815 grZGB. Erben Halbgeschwister zusammen mit einem Elternteil des Erblassers oder mit dessen Halbgeschwistern bzw. deren Kinder, so erhalten sie nur die Hälfte des Erbteils, der Vollgeschwistern zustehen würde (dazu ausführlich mit Fallbeispielen *Schömmer/Kosmidis*, Internationales Erbrecht Griechenland, Rn. 427 ff.). 86

d) Dritte Ordnung. Nach Art. 1816 I grZGB fallen in die dritte Ordnung die Großeltern des Erblassers und deren Kinder und Enkel, dh Tanten/Onkel und Cousins/Cousinen ersten Grades des Erblassers. Sind Verwandte bis zu diesem Grade in der dritten Ordnung nicht vorhanden, so endet die Erbfolge in dieser Ordnung. Leben zum Zeitpunkt des Erbfalls die Großeltern beider Linien, so erben sie allein und zu gleichen Teilen. Die Verteilung der Erbschaft in der dritten Ordnung erfolgt nach Art. 1816 II 2 87

120 Griechenland

und 3 grZGB in besonderer Weise: Lebt beim Erbfall aus der väterlichen oder mütterlichen Linie der Großvater oder die Großmutter nicht, so treten an die Stelle des verstorbenen dessen Kinder und Enkel. Sind keine Kinder oder Enkel vorhanden, so fällt der Erbteil des Verstorbenen dem noch lebenden Großvater oder der noch lebenden Großmutter derselben Linie zu, und wenn ein solcher nicht vorhanden ist, dessen Kindern und Enkeln. Lebt zur Zeit des Erbfalls der Großvater und die Großmutter von der väterlichen oder mütterlichen Linie nicht und sind von den Verstorbenen keine Kinder und Enkel vorhanden, so erben allein die Großeltern der anderen Linie oder deren Kinder und Enkel (dazu ausführlich mit Fallbeispielen *Schömmer/Kosmidis*, Internationales Erbrecht Griechenland, Rn. 430 ff.).

88 **e) Vierte Ordnung.** In der vierten Ordnung sind die Urgroßeltern (ohne Abkömmlinge) des Erblassers als Erben zu gleichen Teilen unabhängig davon, ob sie derselben oder verschiedenen Linien angehören, berufen.

89 **f) Fünfte Ordnung.** Erbe der fünften Ordnung ist nur der Ehegatte des Erblassers, wenn keine Verwandten der ersten vier Ordnungen vorhanden sind. In diesem Fall wird der überlebende Ehegatte Alleinerbe. Auch für das Erbrecht des Ehegatten in der fünften Ordnung gilt der Ausschluss des Art. 1822 grZGB, wenn der Erblasser die Scheidung zu begehren berechtigt war und er eine insoweit begründete Scheidungsklage erhoben hatte.

90 **g) Sechste Ordnung.** Ist zur Zeit des Anfalls der Erbschaft weder ein durch Gesetz berufener Verwandter, noch der Ehegatte des Erblassers vorhanden, so ist der Fiskus als letzter gesetzlicher Erbe berufen, Art. 1824 grZGB. Der Fiskus kann testamentarisch nicht von der Erbfolge ausgeschlossen werden. Genauso wenig steht dem Fiskus ein Ausschlagungsrecht zu, Art. 1848 II grZGB. Die Haftung des Fiskus richtet sich indes stets nach Art. 1904 grZGB und beschränkt sich auf den Nachlasswert. Der Fiskus ist kraft Gesetzes (Art. 118 grEGZGB) haftungsprivilegierter Inventarerbe.

91 **h) Gesetzliches Erbrecht des überlebenden Ehegatten.** Der überlebende Ehegatte ist nach Art. 1820 grZGB gesetzlicher Erbe. Sein Erbteil beträgt neben Verwandten der ersten Ordnung (Abkömmlinge des Erblassers) stets ¼ und zwar völlig unabhängig von der Anzahl der Kinder. Sind keine Kinder vorhanden beträgt der Erbteil des überlebenden Ehegatten neben Verwandten der zweiten, dritten oder vierten Ordnung stets ½. Erbberechtigt ist der überlebende Ehegatte selbstverständlich dann nicht, wenn die zwischen ihm und dem Erblasser bestehende Ehe zum Zeitpunkt des Erbfalls bereits rechtskräftig geschieden war. Auch wenn der Erblasser zum Zeitpunkt seines Todes eine begründete Scheidungsklage gegen seinen Ehegatten erheben konnte und dies auch bereits getan hat, führt dies zum Ausschluss des Ehegattenerbrechts, Art. 1822 grZGB.

92 Zusätzlich zu seinem Erbteil von ¼ bzw. ½ erhält der überlebende Ehegatte nach Art. 1820 2 grZGB als Vorausvermächtnis die Möbel, Geräte, Kleider und andere Haushaltsgegenstände, die entweder von ihm allein oder von beiden Ehegatten benutzt wurden. Auf besondere Bedürfnisse der Kinder des verstorbenen Ehegatten ist Rücksicht zu nehmen.

93 Hinsichtlich der Erhebung einer Scheidungsklage nach Art. 1822 grZGB ist nicht nur auf die Einreichung, sondern auch auf die Zustellung der Scheidungsklage abzustellen. Soweit es sich um eine streitige Scheidung handelte, muss der Scheidungsgrund begründet und substantiiert bewiesangeboten worden sein. Ein nicht bewiesener Scheidungsgrund soll nicht zum Ausschluss des Ehegattenerbrechts führen. Sollte der Erblasser während eines anhängigen streitigen Scheidungsverfahrens versterben, muss gegebenenfalls im Rahmen der Erbschaftsklage oder auch im Rahmen des Erbscheinerteilungsverfahrens inzident geprüft und entschieden werden, ob ein begründeter Scheidungsgrund, der zum Ausschluss des Ehegattenerbrechts führt, vorliegt. Eine solche Inzidentprüfung im Rahmen des standardisierten Verfahrens auf Erteilung eines europäischen Nachlasszeugnisses wird in aller Regel nicht erfolgen. In diesen Fällen müsste das Verfahren auf Erteilung eines europäischen Nachlasszeugnisses ausgesetzt werden, bis im Rahmen einer Erbschaftsklage vor den griechischen Zivilgerichten der Bestand des Ehegattenerbrechts geklärt ist.

94 Von den Fällen der Scheidungsanträge im streitigen Verfahren (die als ZPO Verfahren in den Zuständigkeitsbereich der erstinstanzlichen Landgerichtskammern fallen), sind bzw. waren die in der Praxis (bis 31.12.2017) überwiegend vorkommenden Fälle der einvernehmlichen Scheidung gem. Art. 1441 grZGB zu unterscheiden. Das einvernehmliche gerichtliche Scheidungsverfahren war ein Verfahren der freiwilligen Gerichtsbarkeit. Ist der Antrag auf einvernehmliche Scheidung eingereicht und zugestellt entfällt das Ehegattenerbrecht, wenn sämtliche Voraussetzungen (etwa die umfassende Regelung der Scheidungsfolgen) für den Ausspruch des Scheidungsurteils vorliegen.

95 **Exkurs:** Einvernehmliche Scheidung beim Notar.
Mit Wirkung ab 1.1.2018 wurde mit Gesetz Nr. 4509/2017 auch in Griechenland die Möglichkeit geschaffen, einvernehmliche Scheidungen ohne die Mitwirkung der Gerichte durch Beurkundung beim Notar durchzuführen. Griechenland ist nunmehr das 8. Land in der EU (neben Dänemark, Estland, Frankreich, Italien, Norwegen, Portugal und Spanien), in dem eine außergerichtliche einvernehmliche Scheidung zulässig ist. Voraussetzung ist die schriftliche Vereinbarung der Ehegatten, dass sie beide die Auflösung ihrer Ehe wünschen, für den Fall, dass minderjährige Kinder aus der Ehe vorhanden sind, ist eine Vereinbarung über das Sorgerecht, den Umgang und den Kindesunterhalt mit einer Geltungsdauer von zumindest zwei Jahren zusätzlich erforderlich. Der vollständig neu gefasste Art. 1441 grZGB sieht für die einverständliche Scheidung beim Notar die zwingende anwaltliche Vertretung für jeden Ehegatten vor. Der Notar bestätigt die Auflösung der Ehe und beurkundet die Vereinbarung hinsichtlich des

Sorge- und Umgangsrecht und des Kindesunterhalts; die Unterhaltsverpflichtung kann entsprechend vollstreckbar tituliert werden.

Die Auflösung der Ehe wird erst wirksam mit Einreichung der notariellen Scheidungsurkunde beim zuständigen Standesamt. Bis zu diesem Zeitpunkt gilt die Ehe weiterhin als bestehend. **96**

Der „alte" Art. 1441 grZGB sah für die einvernehmliche Scheidung (im Rahmen eines Verfahrens der freiwilligen Gerichtsbarkeit vor dem Einzelrichter des Landgerichts) einen gemeinsamen Antrag der Ehegatten (mit der Möglichkeit der Vertretung durch einen Rechtsanwalt mit spezieller Vollmacht) vor, oder wechselseitige Anträge auf einvernehmliche Scheidung. Voraussetzung für die einvernehmliche gerichtliche Scheidung war auch bis 31.12.2017 die Vereinbarung zwischen den Ehegatten über das Sorge- und Umgangsrecht sowie dem Kindesunterhalt bei Vorhandensein gemeinsamer Kinder. **97**

Aus der Begründung des Gesetzes Nr. 4509/2017 ergibt sich ausdrücklich die Möglichkeit der Ehegatten im anhängigen gerichtlichen Verfahren nach altem Recht, die Anträge zurückzunehmen, das gerichtliche Verfahren zu beenden und die einvernehmliche Scheidung über den schnelleren notariellen Weg weiter zu betreiben. **98**

Eine einvernehmliche Scheidung im Rahmen eines gerichtlichen Verfahrens ist in Griechenland somit nicht mehr möglich. Die einvernehmliche Scheidung nach Art. 1441 grZGB findet nunmehr ausschließlich beim Notar statt. Für die Familiengerichte sind somit nur noch die streitige Scheidungsverfahren nach Art. 1439 grZGB „übrig geblieben", die den Nachweis von Zerrüttungsgründen im Rahmen eines ZPO Verfahrens vor der Dreierkammer des Landgerichts erfordern. Art. 1439 III grZGB sieht weiterhin vor, dass die Zerrüttung unwiderleglich vermutet wird, wenn die Eheleute zwei Jahre voneinander getrennt leben. **99**

Im Zusammenhang mit der neuen einverständlichen Scheidung beim Notar wird die Einreichung der Scheidungsvereinbarung beim Notar der maßgebliche Zeitpunkt sein, ab dem im Falle des Versterbens eines Ehegatten das Erbrecht des anderen Ehegatten nach Art. 1822 grZGB ausgeschlossen sein wird. **100**

Exkurs: Güterrechtliche Ansprüche des überlebenden Ehegatten **101**

Neben dem Ehegattenerbrecht in Höhe eines Viertels neben Verwandten der ersten Ordnung und in Höhe der Hälfte neben Verwandten der anderen Ordnungen, hat der überlebende Ehegatte im gesetzlichen Güterstand der Gütertrennung mit Zugewinnausgleich (Art. 1400 bis 1402 grZGB) Anspruch auf Zugewinnausgleich nach Art. 1400 grZGB, soweit es beim verstorbenen Ehegatten während der Ehezeit zu einem Zuwachs seines Vermögens gekommen ist und der überlebende Ehegatte an dieser Zunahme des Vermögens auf irgendeine Weise beigetragen hat (*Psouni*, Klironomiko Dikaio I, S. 338 ff. mit weiteren Nachweisen). Die Höhe des Anspruchs richtet sich nach den güterrechtlichen Vorschriften, die auch im Fall der Scheidung zur Anwendung kommen. Auch zugunsten des überlebenden Ehegatten gilt selbstverständlich die gesetzliche Vermutung der Art. 1400 grZGB, wonach gesetzlich vermutet wird, dass sein Anteil an der Zunahme des Vermögens des verstorbenen Ehegatten $1/3$ beträgt, es sei denn ein höherer bzw. niedrigerer Anteil wird nachgewiesen. Der überlebende Ehegatte hat Anspruch auf ein weiteres Drittel am Nachlass und zwar gegenüber seinen Miterben. Hinterlässt somit beispielsweise der Erblasser einen Ehegatten und zwei Kinder, so hat der Ehegatte Anspruch auf güterrechtlichen Ausgleich in Höhe eines Drittels des Erbteils der beiden Kinder gegenüber. Nach der gesetzlichen Erbfolge würde der überlebende Ehegatte in diesem Fall $1/4$ und die beiden Kinder jeweils $3/8$ erben. Der Anspruch des überlebenden Ehegatten gegenüber den beiden Kindern beträgt dann jeweils $1/8$ ($1/3$ von $3/8 = 3/24$). Im Ergebnis ist er mit $1/4$ als gesetzlichen Erbteil und $1/4$ über den güterrechtlichen Ausgleichsanspruch, somit mit insgesamt $1/2$ Erbe am Nachlass des verstorbenen Ehegatten. Bei dem güterrechtlichen Anspruch handelt es sich um eine nach dem griechischen Wortlaut „Schuld der Erbschaft", die sich kraft Gesetzes unter den Erben nach dem Verhältnis ihrer Erbteile verteilt.

i) Gesetzliches Erbrecht des überlebenden Lebenspartners. Neben dem Rechtsinstitut der Ehe können in Griechenland zwei Personen, die als Paar zusammenleben und zwar unabhängig davon ob es sich um eine gleich- oder verschiedengeschlechtliche Beziehung handelt, einen zivilrechtlichen Partnerschaftsvertrag schließen und diesen standesamtlich registrieren lassen. Das Rechtsinstitut der eingetragenen nichtehelichen Lebensgemeinschaft war erstmals mit Gesetz Nr. 3719/2008 mit Wirkung ab 26.11.2008 eingeführt worden und beschränkte sich zunächst ausschließlich auf heterosexuelle Partnerschaften. Eine vollständige erbrechtliche Gleichstellung zwischen dem überlebenden Lebenspartner und dem überlebenden Ehegatten war zunächst jedoch nicht vorgesehen. Nach Art. 11 des Gesetzes Nr. 3719/2008 betrug der gesetzliche Erbteil des überlebenden Lebenspartners neben Erben erster Ordnung $1/6$ des Nachlasses. Neben Erben der übrigen Rangordnungen stand dem überlebenden Lebenspartner ein Erbteil von $1/3$ zu. Für den Fall, dass keine gesetzlichen Erben vorhanden waren, wurde der überlebende Lebenspartner Alleinerbe. Das Pflichtteilsrecht fand analoge Anwendung auf eingetragene Lebenspartner. Diese Ungleichbehandlung zwischen dem eingetragenem nichtehelichen und dem ehelichen Lebenspartner war vom Gesetzgeber seinerzeit bewusst vorgenommen worden mit der Begründung, die Ehe sei nach wie vor die substanzielle und vorrangige Bindungsform des Zusammenlebens, sie genieße Bestandsschutz und eröffne weitere Rechtsprivilegien, im Gegensatz zu der vergleichsweise „lockeren" Ausgestaltung der nichtehelichen Lebenspartnerschaft (*Tosounidis* ZEV 2009, 503). Nichteheliche Lebenspartner sollten somit nach dem Willen des Gesetzgebers Benachteiligungen unter anderem im Erbrecht in Kauf nehmen oder sich schlicht für eine Ehe entscheiden; schlossen eingetragene Lebenspartner nachträglich die Ehe, stellte dies einen gesetzlichen Auflösungsgrund für die Lebenspartnerschaft dar. **102**

Balomatis

103 Der überlebende Lebenspartner wurde zudem nicht nur hinsichtlich seines Erbteils, sondern auch und vor allem bei der Erbschaftssteuer benachteiligt. Er wurde zunächst in der dritten Steuerklasse mit dem höchsten Erbschaftssteuersatz eingeordnet.

104 War die eingetragenen Lebenspartnerschaft seit 2008 zunächst nur für verschiedengeschlechtliche Partner vorgesehen, erfolgte mit der Reform im Dezember 2015 die Öffnung auch für gleichgeschlechtliche Partner. Mit Gesetz Nr. 4356/2015 wurde nicht nur die eingetragene Lebenspartnerschaft auch für gleichgeschlechtliche Paare eingeführt, es wurde vielmehr die erbrechtliche Ungleichbehandlung zwischen eingetragenen Lebenspartnern und Ehegatten aufgehoben. Seit dem 24.12.2015 gelten somit für eingetragenen nichtehelichen Lebenspartner gleich welchen Geschlechts die für Ehegatten geltenden erbrechtlichen Vorschriften des grZGB entsprechend. Auch erbschaftssteuerrechtlich sind eingetragene Lebenspartner Ehegatten mittlerweile weitestgehend gleichgestellt (hierzu näher → Rn. 213).

Ein Recht auf Eheschließung für gleichgeschlechtliche Paare besteht in Griechenland derzeit nicht.

105 **j) Anwachsung.** Die Vorschrift über die Anwachsung im griechischen Erbrecht, Art. 1823 grZGB ist nahezu identisch mit § 1935 BGB. Die Anwachsung erfolgt im gesetzlicher Erbfolge in den ersten drei Ordnungen, wenn ein gesetzlicher Miterbe vor oder nach dem Erbfall wegfällt und an seiner Stelle kein Abkömmling eintritt. Die Vorschrift ist analog für die Fälle anzuwenden, wenn testamentarische Erben wegfallen und eine Anwachsung zugunsten anderer testamentarischer Erben ausgeschlossen wurde (FFDH IntErbR/*Georgiades* Rn. 69). Der anwachsende Erbteil gilt in Bezug auf Vermächtnisse und Auflagen, sowie im Hinblick auf Ausgleichspflichten als besonderer Erbteil. Umstritten ist, ob dieser gesonderte, im Wege der Anwachsung entstandene Erbteil auch im Hinblick auf die Ausschlagung und die Annahme (sei es uneingeschränkt oder unter der Haftungsbeschränkung des Inventars) eigenständigen Charakter hat. Während die früher herrschende Meinung (*Balis*, Klironomikon Dikaion, 7. Auflage, Athen 1965, § 136/4; *Vousikas*, Klironomikon Dikaion, Band 1, 1972, S. 239ff.; zitiert von FFDH IntErbR/*Georgiades* Rn. 69; *Schömmer/Kosmidis*, Internationales Erbrecht, Griechenland, Rn. 461) von einem rechtlich selbständigen Erbteil ausgeht, der gesondert angenommen bzw. ausgeschlagen werden kann; geht die nunmehr herrschende Meinung entsprechend des Wortlauts des Art. 1823 grZGB davon aus, dass der anwachsende Erbteil nicht gesondert ausgeschlagen oder angenommen werden kann (*Psouni*, Klironomiko Dikaio I, S. 399 mit weiteren Nachweisen in Fn. 382).

106 **k) Ausgleichung.** Nach den Vorschriften der Art. 1895 bis 1900 grZGB sind Abkömmlinge, die als gesetzliche Erben berufen sind, verpflichtet, untereinander alles auszugleichen, was ihnen der Erblasser zu Lebzeiten geschenkt oder auf andere Weise ohne Vergütung zugewandt hat. Eine zeitliche Grenze besteht insoweit nicht. Auch Aufwendungen des Erblassers für die berufliche Ausbildung eines Kindes sind ausgleichspflichtig, sofern sie das seinen Vermögensverhältnissen entsprechende Maß überstiegen haben.

107 Ausgleichspflichtig sind lediglich die Abkömmlinge, die als gesetzliche Erben berufen sind. Abkömmlinge als testamentarische Erben sind grundsätzlich zunächst nicht ausgleichspflichtig, da der Gesetzgeber davon ausgeht, dass der Erblasser in seiner letztwilligen Verfügung auch Anordnungen zur Ausgleichung treffen kann. Das Gesetz schränkt im Ausgleichungsrecht den Grundsatz der Testierfreiheit insoweit ein, als eine Ausgleichspflicht besteht, falls der testamentarische Erbteil des Abkömmlings dem gesetzlichen Erbteil entspricht, Art. 1897 grZGB, der insoweit eine gesetzliche Auslegungsregel darstellt (*Schömmer, Kosmidis*, Internationales Erbrecht, Griechenland, Rn. 467). Fällt der ausgleichungspflichtige Abkömmling vor oder nach dem Tod des Erblassers weg (etwa durch Tod, Ausschlagung, Enterbung), so ist der an seine Stelle tretende Abkömmling zur Ausgleichung verpflichtet, Art. 1896 I grZGB. Gleiches gilt nach Abs. 2 im Zweifel auch für einen Ersatzerben, falls der Erblasser einen solchen für den wegfallenden Abkömmling eingesetzt haben sollte.

108 Eine Ausgleichspflicht besteht selbstverständlich dann nicht, wenn der Erblasser dies bei der Zuwendung bzw. Aufwendung angeordnet hat.

109 Zuwendungen an entferntere Abkömmlinge (Enkel oder Urenkel), die zum Zeitpunkt der Zuwendung nach der gesetzlichen Erbfolge noch nicht zu Erben berufen waren, sind nicht auszugleichen, selbst wenn die entfernten Abkömmlinge durch späteren Wegfalls des nahen Abkömmlings noch gesetzliche Erben werden; es sei denn, der Erblasser hat bei der Zuwendung an entferntere Abkömmlinge die Ausgleichung angeordnet, Art. 1898 grZGB.

110 Die Ausgleichung erfolgt dadurch, dass der Wert der auszugleichenden Zuwendung vom Wert des Erbteils des Ausgleichspflichtigen abgezogen und auf den unter den Abkömmlingen zu teilenden Nachlass hinzuaddiert wird, Art. 1899 grZGB. Da sich die Ausgleichspflicht nur auf die Abkömmlinge beschränkt und entsprechend nur im Verhältnis unter ihnen eine Neuberechnung erfolgt, ist beim Zusammentreffen ausgleichspflichtiger Miterben mit anderen Miterben, wie in aller Regel der überlebende Ehegatte oder eingetragene Lebenspartner, dessen gesetzlicher Erbteil vorweg vom Nachlass abzuziehen. Beim eingetragenen Lebenspartner kann es hier noch Schwierigkeiten bei Altfällen geben. Ist der Partnerschaftsvertrag zwischen dem Erblasser und dem überlebenden Partner dem Geltungsbereich der Rechtslage vor dem 24.12.2015 zuzuordnen, beträgt der Vorwegabzug des „Partnererbteils" ⅙, wurde der Partnerschaftsvertrag nach dem 24.12.2015 geschlossen, beträgt der Vorwegabzug ¼ (*Psouni*, Klironomiko Dikaio I, S. 420). Nach dem Vorwegabzug in entsprechender Höhe wird der Wert der auszugleichenden Zuwendung dem (restlichen) Erbe hinzugerechnet. Es erfolgt ein rein kalkulatorischer Ausgleich, kein Realausgleich; maßgeblich ist der Wert zum Zeitpunkt der Zuwendung. Eine Indexierung findet demnach in aller Regel nicht statt. Der durch Zurechnung ermittelte fiktive Nachlass wird sodann

durch die Abkömmlinge entsprechend der gesetzlichen Erbfolge geteilt. Schließlich erfolgt vom fiktiven Erbteil des Ausgleichspflichtigen der Abzug des Werts der Zuwendung. Wurde der ausgleichspflichtige Miterbe überdacht, dh ist der Wert der auszugleichenden Zuwendung höher als der Wert seines Erbteils, so erhält er bei der „Schlussverteilung" nichts und darf den Mehrwert der Zuwendung behalten, Art. 1900 grZGB. Selbst wenn der Ausgleichspflichtige in diesem Fall rechnerisch am Nachlass nicht beteiligt ist, bleibt er Miterbe und haftet für Nachlassschulden, es sei denn es besteht die Haftungsbeschränkung des Inventarerben.

4. Testamentarische Erbfolge. Die EuErbVO beinhaltet in den Art. 24 und 25 spezielle Anknüpfungsregeln für Verfügungen von Todes wegen, zu denen nach der Legaldefinition des Art. 3 I lit. d EuErbVO Testamente, gemeinschaftliche Testamente oder Erbverträge gehören. Die materiellen Wirksamkeitsvoraussetzungen richten sich nach Art. 26 iVm Art 24 EuErbVO nach dem hypothetischen Erbstatut zum Zeitpunkt der Errichtung der Verfügung von Todes wegen, dem sogenannten Errichtungsstatut. Die Formwirksamkeit richtet sich zunächst nach Art. 27 EuErbVO, der jedoch nach Art. 75 I EuErbVO von dem vorrangig anzuwendenden Haager Testamentsformübereinkommen verdrängt wird (Gierl/Köhler/Kroiß/Wilsch IntErbR/*Köhler* § 4, Rn. 65). Im Anwendungsbereich griechischen Rechts gilt für die testamentarische Erbfolge nachfolgendes. 111

a) Grundsätze (Allgemeines und Rechtsnatur). Nach Art. 1710 II grZGB tritt die gesetzliche Erbfolge ein, wenn kein Testament vorhanden ist oder wenn testamentarische Erbfolge ganz oder zum Teil wegfällt. Damit genießt die testamentarische Erbfolge Vorrang gegenüber der gesetzlichen Erbfolge. 112

Die Legaldefinition des Testaments bzw. der letztwilligen Verfügung findet sich in Art. 1712 grZGB, wonach der Erblasser durch einseitige Verfügung von Todes wegen einen Erben einsetzen kann. Das Testament stellt damit ein einseitiges Rechtsgeschäft von Todes wegen dar. Die strikte Betonung auf die Einseitigkeit des Testaments führt dazu, dass Erbverträge und echte gemeinschaftliche Testamente unwirksam sind, siehe oben Rn. 22 ff. Das Verbot echter Erbverträge folgt aus dem Prinzip der freien Widerruflichkeit eines Testaments bis zum Tode des Erblassers. Jede Bindung des Erblasserwillens soll verhindert werden, um dem Erblasser zu ermöglichen, seinen letzten Willen zu überdenken, gegebenenfalls zu widerrufen und durch einen „allerletzten" Willen zu ersetzen. Die vertragliche Beschränkung der Freiheit zur letztwilligen Verfügung ist gemäß Art. 368 2 grZGB verboten. Somit sind auch Erbverzichts- und Pflichtteilsverzichtsverträge grundsätzlich unwirksam; zu den bereits nach griechischem Recht bestehenden Ausnahmen, s. → Rn. 165 ff. zu den Auswirkungen von ausländischen Erbverträgen, die nach dem Errichtungs- und Formstatut der EuErbVO wirksam und in Griechenland anzuerkennen sind, s. → Rn. 25 ff. 113

Ein Testament kann nur vom Erblasser persönlich errichtet werden, Art. 1716 grZGB, das heißt jede Form der Stellvertretung ist unzulässig. Nach dem Tod des Erblassers erfolgt die Testamentseröffnung durch das Nachlassgericht oder durch die konsularische Auslandsvertretung für den Fall, dass ein Testament dort hinterlegt wurde. Die Vorschriften über die Testamentseröffnung wurden durch Gesetz Nr. 4055/2012 mit Wirkung ab 1.3.2013 neu geregelt und die Art. 1769 bis 1774 und 1776 grZGB neu gefasst. Der Erblasser kann testamentarisch über sein Vermögen als Ganzes oder auch nur teilweise verfügen. Er kann eine oder mehrere Personen als Erben einsetzen. Trifft der Erblasser über Teile seines Nachlasses keine Verfügung, so tritt diesbezüglich in aller Regel die gesetzliche Erbfolge ein mit der Besonderheit, dass bezogen auf den Berufungsgrund gesetzliche Erbfolge ein gesondertes Ausschlagungsrecht besteht (näher oben unter → Rn. 63 ff.). Ein Testament, das unter Nichtbeachtung der gesetzlichen Formvorschriften (Art. 1716, 1721 ff. grZGB) errichtet wird, ist ungültig und führt ebenfalls zur gesetzlichen Erbfolge. 114

b) Testierfähigkeit. Die Testierfähigkeit der Person, die eine Verfügung von Todes wegen errichtet, bestimmt sich im Anwendungsbereich der EuErbVO nach Art. 26 I lit. a iVm Art. 24 und 25 EuErbVO. Es wird somit erneut verwiesen auf das Errichtungsstatut. 115

Die Testierfähigkeit wird in Art. 1719 grZGB negativ definiert. Danach sind nachfolgende Personen testierunfähig: 116

(1) Minderjährige, das heißt Personen, die das 18. Lebensjahr noch nicht vollendet haben, Art. 127 grZGB. Minderjährige können daher nur gesetzlich, nicht testamentarisch beerbt werden. 117

(2) Personen unter gerichtlicher Betreuung mit Feststellung der Geschäftsunfähigkeit bzw. bei gerichtlicher Betreuung unter ausdrücklicher Entziehung der Testierfähigkeit. Maßgeblicher Zeitpunkt ist die Antragstellung und zwar sowohl hinsichtlich des Antrags auf Errichtung der Beistandschaft wie auch umgekehrt hinsichtlich des Antrags auf Aufhebung der Beistandschaft. Errichtet also ein unter Vormundschaft stehender Volljähriger kurz nach Einreichung eines Antrags auf Aufhebung der Beistandschaft ein eigenhändiges Testament und wird dem Aufhebungsantrag in der Folgezeit rechtskräftig stattgegeben, so ist das eigenhändige Testament des zum Zeitpunkt der Errichtung noch unter Betreuung stehenden Erblassers gültig. Entsprechend ist ein Testament, das der Erblasser während eines laufenden Verfahrens auf Anordnung der Beistandschaft errichtet, ungültig, wenn dem Antrag stattgegeben und ihm ein Betreuer beigeordnet wird. Stirbt indes der Erblasser, bevor eine die Beistandschaft anordnende Gerichtsentscheidung rechtskräftig wird, so bleibt das Testament gültig, Art. 1720 grZGB. 118

(3) Personen, die sich zur Zeit der Errichtung des Testaments im Zustand der Bewusstlosigkeit oder infolge Störung der Geistestätigkeit in einem die freie Willensbestimmung entscheidend einschränkenden Zustand befinden (Übersetzung nach FFDH IntErbR/*Georgiades*). Die Testierunfähigkeit nach 119

120 Griechenland

Art. 1719 1 Nr. 3 grZGB hat derjenige darzulegen und zu beweisen, der sich auf die Ungültigkeit des Testaments, beispielsweise im Erbscheinsverfahren oder im Rahmen der Erbschaftsklage, beruft.

120 **c) Formerfordernisse.** Das grZGB sieht für die verschiedenen Testamentsarten unterschiedliche Formen vor, die nachfolgend beschrieben werden. Die Nichteinhaltung der gesetzlich vorgeschriebenen Form führt zur Ungültigkeit des Testaments und es tritt die gesetzliche Erbfolge ein.

121 **d) Testamentsarten.** Das griechische Recht unterscheidet einerseits zwischen ordentlichen Testamenten und außerordentlichen Testamenten. Unter die ordentlichen Testamentsformen fallen das eigenhändige Testament, das geheime Testament und das öffentliche Testament. Es bestehen daher insgesamt vier Testamentsarten, die sich hinsichtlich der Form ihrer Errichtung unterscheiden. Sämtliche Testamentsformen sind untereinander gleichrangig. Spätere Testamente ersetzen frühere, sofern der Erblasser das frühere Testament ausdrücklich widerruft oder das spätere Testament Verfügungen enthält, die in Widerspruch zu Inhalten des früheren Testaments stehen. Insoweit können durchaus mehrere Testamente nebeneinander bestehen, soweit sie sich ergänzen (siehe hierzu Fallbeispiel unter dem Kapitel Ausschlagung, → Rn. 71 ff.). Im Einzelnen sieht das griechische Recht folgende Testamentsformen vor:

122 **aa) Ordentliche Testamente. (1) Eigenhändiges Testament:** Das eigenhändige Testament (Art. 1721 bis 1723 grZGB) wird vom Erblasser komplett handschriftlich, das heißt ohne Verwendung technischer Hilfsmittel wie Schreibmaschine, PC oder ähnliches verfasst, datiert und unterschrieben. Das genaue Datum der Errichtung des eigenhändigen Testaments kann sich auch aus dem Wortlaut ergeben. Eine bewusst falsche oder irrtümliche Datierung führt für sich genommen noch nicht zur Nichtigkeit des Testaments, soweit sich das richtige Datum aus dem Inhalt des Testaments ggf. unter Zuhilfenahme weiterer Umstände außerhalb des Testaments herleiten lässt (FFDH IntErbR/*Georgiades* Rn. 82 mit Verweis ua auf Urteile des Areopag Nr. 97/1979 und 509/1983; *Psouni*, Klironomiko Dikaio II, S. 45 mit Verweis auf Urteile des Areopag Nr. 497/2009, NoB 58/2010, 377 und Urteil Areopag Nr. 1811/2009, NoB 58/2010, 735). Eine Person, die nicht in der Lage ist Handgeschriebenes zu lesen, kann kein eigenhändiges Testament errichten, so der Wortlaut des Art. 1723 grZGB. Sollten sich Anhaltspunkte dafür ergeben, dass ein Teil des Testaments von einer anderen Person geschrieben wurde, ist zumindest dieser Teil nichtig. Ob dies zur Folge hat, dass das gesamte eigenhändige Testament nichtig sein soll, wird nach ganz herrschender Meinung nach Art. 181 grZGB bestimmt, der parallel zur deutschen Vorschrift § 139 BGB vorsieht, dass die Nichtigkeit eines Teils die Nichtigkeit des ganzen Rechtsgeschäfts zur Folge hat, wenn anzunehmen ist, dass es ohne den nichtigen Teil nicht vorgenommen worden wäre. Dies ist wie im deutschen Recht durch Auslegung zu ermitteln.

123 Das eigenhändige Testament kann nach Art. 1722 grZGB in amtliche Verwahrung eines Notares gegeben werden; eine Verpflichtung hierzu besteht jedoch nicht. Wer ein eigenhändiges Testament in seinem Besitz hat (oder findet), ist verpflichtet, dieses unverzüglich dem Nachlassgericht des letzten Wohnsitzes des Erblassers bzw. dem Nachlassgericht seines eigenen Wohnsitzes vorzulegen, sobald er vom Tod des Erblassers Kenntnis erlangt, Art. 1774 grZGB. Hat die Person, in deren Besitz sich ein eigenhändiges Testament befindet, ihren Wohnsitz im Ausland, erfolgt die Übergabe bei einer beliebigen griechischen Auslandsvertretung (Konsularbehörde).

124 Mit Gesetz Nr. 4182/2013 (Art. 77 Ziff. 1) hatte der Gesetzgeber eine umstrittene Einschränkung der Testierfreiheit bei eigenhändigen Testamenten verabschiedet. Danach sollte die Erbeinsetzung einer außenstehenden Person, die nicht gleichzeitig gesetzlicher Erbe ist, nur noch im Rahmen öffentlicher Testamente möglich sein (vgl. in der deutschen Literatur Süß ErbR/*Stamatiadis* Rn. 37, 38). Das Gesetz wurde am 10. September 2013 veröffentlicht und trat zwei Monate später in Kraft. Begründet wurde die Einschränkung der Testierfreiheit bei eigenhändigen Testamenten mit der Bekämpfung gefälschter eigenhändiger Testamente. Die Gesetzesänderung wurde erheblich kritisiert und führte in der Praxis zu weitreichenden Problemen, insbesondere bei Übergangsfällen, in denen der Erblasser vor November 2013 verstorben war und durch eigenhändiges Testament außenstehende Personen, die nicht gesetzliche Erben waren, bedacht hatte. Mit Gesetz Nr. 4335/2015 (Art. 9 Ziff. 9) vom 23.7.2015 wurde diese Einschränkung rückwirkend wieder aufgehoben, so dass auch bei eigenhändigen Testamenten die uneingeschränkte Testierfreiheit weiter besteht (vgl. *Psouni*, Klironomiko Dikaio II, S. 53 mit ausführlichen Nachweisen zur Kritik am Gesetz Nr. 4182/2013 in Fn. 90).

125 **(2) Geheimes Testament:** Das geheime Testament (Art. 1738 bis 1748 grZGB) wird vom Erblasser lediglich eigenhändig unterschrieben und dem Notar zur amtlichen Verwahrung mit der Erklärung, bei dem Testament handele es sich um seinen letzten Willen, übergeben. Bei der Übergabe müssen drei Zeugen oder ein zweiter Notar und ein Zeuge anwesend sein. Das Dokument wird, falls es nicht bereits in einem verschlossenen und versiegelten Umschlag beim Notar abgegeben wurde, von diesem versiegelt und mit einem Vermerk versehen, der mit Datumangabe vom Erblasser und den beteiligten Zeugen/Notaren unterzeichnet wird.

126 Die Besonderheit beim geheimen Testament besteht darin, dass die eigenhändige Niederschrift durch den Erblasser nicht obligatorisch ist. Geheime Testamente können also unter Zuhilfenahme technischer Mittel erstellt werden, müssen aber in jedem Fall die eigenhändige Unterschrift des Erblassers enthalten. Nach dessen Tod hat der Notar das Original des geheimen Testaments persönlich beim Nachlassgericht am Sitz seines Notariats abzugeben, Art. 1769 grZGB. Der Nachlassrichter hat sich vor Testamentseröffnung davon zu überzeugen, dass die Versiegelung des geheimen Testaments nach wie vor in Takt ist.

127 **(3) Öffentliches Testament:** Die in der Praxis recht verbreitete Form des öffentlichen Testaments wird gemäß Art. 1724 grZGB vom Erblasser mündlich gegenüber dem Notar in Anwesenheit von drei Zeugen

oder gegenüber zwei Notaren in Anwesenheit nur eines Zeugen erklärt. Der Notar erstellt eine öffentliche Urkunde, die der Verfügende unterzeichnet. Auslandsgriechen können ein öffentliches Testament auch vor dem Konsularbeamten mit Notariatsbefähigung, in Ermangelung dessen beim Konsul errichten. Die Urkunde wird auch von den Zeugen unterschrieben und sodann in amtliche Verwahrung genommen. Das Gesetz sieht gewisse Einschränkungen bei den Personen vor, die als Zeugen oder als zweiter Notar in Frage kommen. Nach Art. 1726 grZGB kann als Notar oder Zeuge bei der Errichtung eines öffentlichen Testaments nicht mitwirken, wer testamentarisch bedacht wird (Erbe oder Vermächtnisnehmer) oder als Testamentsvollstrecker bestellt werden soll. Ebenso sind Ehegatten oder Verwandte in gerader Linie bzw. bis zum dritten Grad in der Seitenlinie als Notar oder Zeugen bei der Errichtung eines öffentlichen Testaments verboten. Dadurch soll eine Einschränkung der Testierfreiheit durch moralischen Druck seitens Familienangehöriger vermieden werden.

bb) Außerordentliches Testament. Zu den außerordentlichen Testamentsformen gehören ua Seetestamente nach Art. 1749 ff. grZGB, die in Anwesenheit von zwei Zeugen schriftlich aufzusetzen sind. Im Übrigen gelten die Vorschriften für das öffentliche Testament (Art. 1725 bis 1737 grZGB) entsprechend. Weitere außerordentliche Testamentsformen sind Testamente von Soldaten während des Militäreinsatzes (Art. 1753 bis 1756 grZGB) und von Personen an einem abgesperrten Ort (Isolation, Art. 1757 ZGB). 128

Sämtliche außerordentlichen Testamente haben kraft Gesetzes eine zeitlich beschränkte Geltungsdauer. Gemäß Art. 1758 grZGB gilt ein außerordentliches Testament als nicht errichtet, wenn drei Monate seit Beendigung dieser außerordentlichen Umstände vergangen sind und der Testierende noch lebt. Die beurkundende Person, wie zB der Kapitän auf Schiffen oder ein Offizier im Kriegseinsatz hat ein außerordentliches Testament unverzüglich bei der nächsten griechischen Konsularbehörde oder einem Notar in Griechenland abzuliefern. Die praktische Bedeutung außerordentlicher Testamente ist gegenwärtig nicht zuletzt aufgrund der zeitlich beschränkten Geltungsdauer sehr gering. 129

e) Auslegung von Testamenten. Aus der Rechtsnatur des Testaments als einseitiges Rechtsgeschäft, das vom Erblasser jederzeit im Rahmen seiner Testierfreiheit widerrufen werden kann, folgt das Dogma des Schutzes des Erblasserwillens. Ist der Inhalt eines Testaments seines Wortlauts nach eindeutig, besteht kein Raum für eine Auslegung. Die Überprüfung und Beurteilung, ob der Wortlaut eines Testaments klar und eindeutig ist, findet durch die Gerichte statt. Soweit die Notwendigkeit einer Auslegung besteht, findet diese nach den allgemeinen Regeln des Art. 173 grZGB statt, wonach bei der Auslegung einer Willenserklärung der wirkliche Wille erforscht wird, ohne Festhalten am reinen Wortlaut; Art. 173 grZGB entspricht inhaltlich aber auch dem Wortlaut nach § 133 BGB. 130

Eine Testamentsauslegung nach den Grundsätzen der Vertragsauslegung nach Art. 200 grZGB (der dem § 157 BGB entspricht) wird nach einhelliger Ansicht in Literatur und Rechtsprechung abgelehnt (*Psouni*, Klionomiko Dikaio II, S. 336 mit Verweis ua auf Urteil des Areopag Nr. 865/2006 NoB 54/2006, 1278). Im Rahmen einer ergänzenden Auslegung ist der hypothetische Wille des Erblassers zu ermitteln. Haben sich die Verhältnisse zwischen Testamentserrichtung und Erbfall wesentlich verändert, ist zu ermitteln, was der Erblasser gewollt hätte, wären ihm die Verhältnisse zum Zeitpunkt des Erbfalls bei Testamentserrichtung bekannt gewesen. Bei der Ermittlung des hypothetischen Willens können in engen Grenzen auch Umstände berücksichtigt werden, die außerhalb des Testaments liegen. Lässt sich so ein Wille des Erblassers ermitteln, ist gewissermaßen als Gegenprobe zu überprüfen, ob dieser Wille mit dem Testament tatsächlich noch vereinbar ist, um dem strengen Formerfordernis des Testaments auch im Wege der Auslegung gerecht zu werden. Das grZGB stellt in den Vorschriften zum Testament diverse Auslegungsregeln zur Verfügung, erkennbar meist an den Worten „im Zweifel", wie zB Art. 1790 bis 1792 grZGB für die Begriffe ua gesetzliche Erben, Verwandte, Abkömmling oder „die Armen". 131

Kann auch unter Einhaltung sämtlicher Auslegungsregeln die begünstigte Person nicht eindeutig bestimmt werden, so hat dies gemäß Art. 1781 grZGB die Nichtigkeit des Testaments zur Folge, so dass das Rechtsgeschäft nach Art. 180 grZGB als nicht vorgenommen gilt und durch den Wegfall des Testaments ganz oder teilweise die gesetzliche Erbfolge zum Tragen kommt. 132

Weitere Nichtigkeitsgründe sind ua die fehlende Testierfähigkeit, Nichtbeachtung zwingender Formvorschriften, die Errichtung eines echten gemeinschaftlichen Testaments, Art. 1717 grZGB, sowie die unter der Bedingung einer gegenseitigen testamentarischen Bedenkung erfolgte testamentarische Zuwendung, Art. 1796 grZGB, die Errichtung eines Schein- oder Scherztestaments bzw. der Verstoß gegen ein gesetzliches Verbot oder die guten Sitten nach Art. 174, 178 grZGB (siehe auch zusammenfassende Fallbeispiele bei *Schömmer/Kosmidis*, Internationales Erbrecht Griechenland, Rn. 579). 133

f) Anfechtbarkeit des Testaments. Liegen Gründe für eine Anfechtung der letztwilligen Verfügung des Erblassers vor, so führt erst die Nichtigerklärung durch ein der Anfechtungsklage stattgebendes Urteil zur rückwirkenden Nichtigkeit der letztwilligen Verfügung. Die Anfechtungsgründe sind abschließend in den Art. 1781 bis 1786 grZGB geregelt. Wurde beispielsweise der Erblasser zur Erstellung eines Testaments durch widerrechtliche oder sittenwidrige Drohung (Art. 1782 I grZGB) veranlasst oder durch arglistige Täuschung, ohne die er die Verfügung so nicht getroffen hätte (Art. 1782 II grZGB) kann das Testament angefochten werden. Gleiches gilt, wenn sich der Testierende über die Identität entweder der bedachten Person oder des Gegenstandes, dem er zuwenden wollte, irrte, Art. 1783 grZGB. Auch ein Motivirrtum, also falsche Beweggründe können zur Anfechtbarkeit eines Testaments führen, wenn die (ursprünglichen) Motive im Testament erwähnt waren oder sich zumindest hinreichende Anhaltspunkte für die Bestimmung der Beweggründe herleiten lassen, Art. 1784 grZGB. Anfechtbar ist 134 auch eine testamentarische Verfügung des Erblassers zu Gunsten seines Ehegatten, wenn die zwischen ihm bestehende Ehe zu Lebzeiten des Erblassers aufgelöst wurde oder er eine begründete Scheidungsklage eingereicht hatte, Art. 1785 grZGB, der insoweit eine Parallele zu den Voraussetzungen für den Ausschluss des gesetzlichen Ehegattenerbrechts nach Art. 1822 grZGB aufweist. Das Anfechtungsrecht nach Art. 1785 grZGB gilt seit dem 24.12.2015 entsprechend für eingetragene Lebenspartner nach deren Gleichstellung zu Ehegatten mit Gesetz Nr. 4356/2015.

135 Hat der Erblasser einen bei seinem Tod vorhandenen Pflichtteilsberechtigten übergangen, dessen Existenz ihm bei der Errichtung des Testaments nicht bekannt war oder dieser erst nach dessen Errichtung geboren oder Pflichtteilsberechtigter wurde, ist das Testament anfechtbar, es sei denn, es lässt sich nachweisen, dass der Erblasser das Testament auch bei entsprechender Kenntnis so errichtet hätte, Art. 1786 grZGB. Führt die Anfechtung wegen Übergehung eines Pflichtteilsberechtigten somit zu einer vollständigen oder teilweisen Nichtigkeit des Testaments, so tritt insoweit die gesetzliche Erbfolge ein. Die mittlerweile wohl herrschende Meinung favorisiert in den Fällen des Art. 1786 grZGB eine Teilnichtigkeit des Testaments mit der Folge, dass der übergangene Erbe bzw. Pflichtteilsberechtigte seinen gesetzlichen Erb- bzw. Pflichtteil verlangen kann, im Übrigen jedoch die testamentarischen Bestimmungen aufrechterhalten bleiben soll (*Psouni*, Klironomiko, Dikaio II, S. 317 f., mit Literaturübersicht in Fn. 171).

136 **g) Widerruf des Testaments.** Folge des Dogmas der uneingeschränkten Willens- und Testierfreiheit des Erblassers ist, dass dieser jeder Zeit ganz oder zum Teil und vor allen Dingen ohne Angabe von Gründen ein errichtetes Testament widerrufen kann. Eine Einschränkung des Widerrufsrechts im Rahmen eines gegenseitigen Vertrages unter Lebenden ist nach Art. 368 grZGB unwirksam.

137 Jedes Testament kann durch Errichtung eines späteren gültigen Testaments mit einer ausdrücklichen Widerrufserklärung nach Art. 1763 Nr. 1 grZGB widerrufen werden. Gleiches gilt, wenn das spätere Testament zwar keine ausdrückliche Widerrufserklärung enthält, jedoch inhaltlich mit dem früheren Testament im Widerspruch steht. In Folge der Gleichwertigkeit und Gleichrangigkeit sämtlicher vorgenannter Testamentsformen kann ein bestehendes Testament durch ein beliebiges Testament einer anderen Form oder selbstverständlich der gleichen Form widerrufen werden. Eine besondere Widerrufsform ist in Art. 1763 Ziffer 2 grZGB vorgesehen. Danach wird der Widerruf eines Testaments vor einem Notar in Anwesenheit von drei Zeugen notariell beurkundet. Die Vorschrift umfasst die Fälle, in denen der Erblasser das Testament lediglich widerrufen möchte, ohne zugleich ein neues Testament zu erstellen. Ein eigenhändiges Testament wird dadurch widerrufen, dass die Testamentsurkunde durch den Erblasser vernichtet oder wesentlich verändert wird. Es wird gesetzlich vermutet, dass eine vollzogene Vernichtung oder Veränderung des Testamtens in Widerrufsabsicht erfolgt, Art. 1765 II grZGB. Nimmt der Erblasser ein eigenhändiges Testament aus der amtlichen Verwahrung des Notars wieder zu sich zurück, so wird hierin jedoch noch kein Widerruf des Testaments gesehen, Art. 1767 2 grZGB. Anders beim geheimen Testament. Hier gilt das Testament als widerrufen, wenn der Erblasser die versiegelte Testamentsurkunde wieder an sich nimmt, Art. 1766 I grZGB.

138 Der Widerruf einer letztwilligen Verfügung stellt genauso wie die Errichtung eines Testaments ein persönliches Rechtsgeschäft dar, so dass eine Vertretung unzulässig ist. Der Erblasser muss zum Zeitpunkt des Widerrufs entsprechend testierfähig sein, Art. 1768 mit Verweis auf 1716 bis 1720 grZGB. Ein Widerruf des Widerrufs ist unter Einhaltung der vorgenannten Formvorschriften rechtlich zulässig und führt zu einem Aufleben der letztwilligen Verfügung, die zuvor widerrufen worden war, rückwirkend ab dem Zeitpunkt ihrer Errichtung.

139 **h) Testamentarische Anordnungen. aa) Enterbung.** Der Erblasser kann testamentarisch neben der Erbeinsetzung bestimmter Personen auch den Ausschluss bestimmter Personen von der Erbfolge verfügen, dies auch isoliert ohne Bestimmung eines Erben im Übrigen. Diese allgemeine Form der Enterbung eines gesetzlichen Erben gemäß Art. 1713 grZGB, der dem deutschen Paragraphen 1938 BGB entspricht, reduziert den Enterbten, soweit ihm ohne Enterbung ein Erbteil zugestanden hätte, auf den gesetzlichen Pflichtteil. Die Enterbung im engeren Sinne betrifft die Fälle, in denen auch der gesetzliche Pflichtteil aberkannt wird. Unter den engen Voraussetzungen der Art. 1839 ff. grZGB ist dies nur bei Vorliegen der in den Art. 1840 bis 1842 grZGB abschließend genannten Enterbungsgründen im Zeitpunkt der Errichtung des Testaments vorlagen. Die Enterbungsgründe entsprechen im Wesentlichen denen des § 2333 BGB und müssen im Testament benannt werden.

140 **bb) Nacherbfolge.** Der Erblasser kann den Erben verpflichten, dass er die erworbene Erbschaft oder einen Teil derselben mit Eintritt eines bestimmten Ereignisses oder Zeitpunktes an einen anderen (Nacherben) herausgibt, Art. 1923 grZGB. Hat der Erblasser einen konkreten Zeitpunkt oder ein Ereignis für den Nacherbfall nicht bestimmt, so fällt die Erbschaft dem Nacherben erst mit dem Tod des Vorerben zu, Art. 1935 grZGB. Stirbt der Vorerbe vor dem Erblasser, tritt nach Art. 1932 grZGB im Zweifel (Auslegungsregel!) der Nacherbe als Ersatzerbe an die Stelle des Vorerben. Der Vorerbe ist nach Art. 1937 grZGB nur befugt über Nachlassgegenstände im Rahmen der ordnungsgemäßen Verwaltung des Nachlasses oder mit Zustimmung des Nacherben zu verfügen, es sei denn die Nacherbschaft beschränkt sich nach Art. 1939 grZGB auf das, was von der Vorerbschaft übrig bleibt.

141 Der Nacherbe erwirbt mit dem Tod des Erblassers zunächst ein Anwartschaftsrecht auf die Nacherbschaft, das nach Art. 1936 I grZGB nicht vererblich, dafür mit notariellem Vertrag veräußert werden kann, Art. 1942 grZGB. Der Nacherbe hat ein eigenes Annahme- bzw. Ausschlagungsrecht. Maßgeblicher Zeitpunkt ist der Eintritt des Nacherbfalles, Art. 1940 grZGB. Befindet sich Immobilienvermögen in Nachlass, bedarf es einer notariellen Annahmeerklärung mit Eintragung in das Transkriptionsbuch.

II. Materielles Recht   **Griechenland 120**

cc) **Vermächtnisse.** Nach der Legaldefinition des Art. 1714 grZGB kann ein Erblasser durch Testa- 142
ment einem anderen einen Vermögensvorteil zuwenden, ohne ihn als Erben einzusetzen. Im Gegensatz
zum Erben, der mit Eintritt des Erbfalls unmittelbar Eigentümer der Erbschaftsgegenstände wird, erwirbt der Vermächtnisnehmer grundsätzlich nur einen schuldrechtlichen Anspruch gegen den Beschwerten auf Erfüllung des Vermächtnisses, Art. 1995 grZGB. Ein Vermächtnis ist unwirksam, wenn es auf
eine unmögliche Leistung gerichtet ist oder gegen das Gesetz verstößt, Art. 1980 grZGB. Die schuldrechtliche Forderung des Vermächtnisnehmers stellt eine Nachlassverbindlichkeit dar. Der mit dem
Vermächtnis beschwerte Erbe oder Nacherbe haftet grundsätzlich unbeschränkt, also auch mit seinem
eigenen Vermögen, Art. 1902 grZGB, es sei denn er hat die Erbschaft mit dem Privileg des Inventars, also
haftungsbeschränkt auf den Nachlasswert nach Art. 1904 grZGB angenommen. Das Vermächtnis fällt
nach der Legaldefinition des Art. 1997 grZGB mit dem Tode des Erblassers an. Der Vermächtnisnehmer
hat unter entsprechender Anwendung der Vorschriften über die Ausschlagung der Erbschaft (Art. 1854
bis 1856 grZGB) ein eigenes Ausschlagungsrecht, Art. 2001 grZGB. Für die Ausschlagung eines Vermächtnisses ist weder eine bestimmte Form vorgeschrieben, noch hat diese innerhalb der für die Ausschlagung einer Erbschaft maßgeblichen Fristen zu erfolgen, nachdem der Vermächtnisnehmer lediglich
schuldrechtlicher Forderungsinhaber gegenüber dem Erben ist und kein öffentliches Interesse an der
zeitnahen Klärung der Erbfolge entgegensteht (*Psouni*, Klioronomiko Dikaio II, S. 169).

Der Pflichtteilserbe haftet als reiner Noterbe in gleicher Weise wie der Erbe für Nachlassverbindlich- 143
keiten, also auch für die Erfüllung des Vermächtnisses. Kann das Vermächtnis nicht erfüllt werden, etwa
weil bei unbeschränkter Haftung die Erbschaft und das Eigenvermögen des Erben bzw. bei beschränkter
Haftung der Wert des Nachlasses nicht ausreicht, gilt das Vermächtnis als unerfüllbar und ist somit nach
Art. 1980 grZGB unwirksam. Eine erwähnenswerte Besonderheit stellt das dingliche Vermächtnis nach
Art. 1996 grZGB dar: Ist mit dem Vermächtnis der Erbe (oder Nacherbe) beschwert und ist der Vermächtnisgegenstand eine bestimmte Sache oder ein dem Erblasser zustehendes Recht, so erwirkt der
Vermächtnisnehmer diesen Gegenstand oder das Recht sofort und kraft Gesetzes, sofern der Erblasser
nichts anderes bestimmt hat. Besteht das Vermächtnis in der Übertragung des Eigentums oder eines
dinglichen Rechts an einem Grundstück, so erfolgt der unmittelbare Erwerb ebenfalls erst mit der Eintragung der notariell beurkundeten Annahme des Vermächtnisses im Transkriptionsbuch beim
Transkriptionsamt des Bezirks des belegenen Grundstücks, Art. 1193, 1198, 1199 grZGB, *Psouni*, Klioronomiko Dikaio II, S. 161.

dd) **Auflagen.** Wie im deutschen Recht kann in Wege der Auflage der Erblasser durch letztwillige Ver- 144
fügung bestimmen, dass eine Person zugunsten einer anderen Person eine Leistung zu erbringen hat; die
durch eine Auflage begünstigte Person erwirbt jedoch kein Recht auf diese Leistung, Art. 1715 grZGB.
Lediglich der Testamentsvollstrecker, die Miterbe und derjenige, dem der Wegfall des mit der
Auflage zunächst Beschwerten unmittelbar zu Gute kommen würde, sind berechtigt, vom Beschwerten
die Leistung an den Begünstigten zu verlangen, Art. 2014 grZGB. Wie beim Vermächtnis kann über die
Verweisung des Art. 2011 grZGB in die Vorschriften über das Vermächtnis, hier Art. 1967 grZGB, nur
der Erbe, der Nacherbe oder der Vermächtnisnehmer mit einer Auflage beschwert werden.

ee) **Testamentsvollstreckung.** Der Erblasser kann nach den Vorschriften der Art. 2017 ff. grZGB Tes- 145
tamentsvollstreckung anordnen, um die Bestimmungen des Testaments auszuführen, Art. 2020 grZGB.
Der Testamentsvollstrecker haftet den Erben gegenüber nach den Vorschriften über das Auftragsverhältnis für jede durch sein Verschulden eingetretene Beeinträchtigung der Erbschaft. Übt der Testamentsvollstrecker das erweiterte Amt der Verwaltung aus, ist er den Erben gegenüber zur Rechenschaftslegung
verpflichtet. Die Testamentsvollstreckung beginnt mit der Annahmeerklärung gegenüber dem Nachlassgericht und endet mit der vollständigen Abwicklung der testamentarischen Vorgaben bzw. durch Tod
oder Geschäftsunfähigkeit des Testamentsvollstreckers oder mit besonderer Entscheidung des Nachlassgerichts aus wichtigem Grund.

ff) **Sonstige Anordnungen.** Im Rahmen eines Testaments können auch nicht-erbrechtliche Anord- 146
nungen getroffen werden, wie beispielsweise die Anerkennung eines nichtehelichen Kindes nach
Art. 1476 grZGB. Umstritten ist, ob der Widerruf einer solchen Verfügung die Anerkennung eines nichtehelichen Kindes mit umfasst, sodass diese unwirksam wird. Die wohl herrschende Meinung geht davon
aus, dass ein Widerruf des Testaments die Vaterschaftsanerkennung unberührt lässt (*Psouni*, Klioronomiko Dikaio II, S. 256 f. mit Verweis auf den aktuellen Meinungsstand in der griechischen Literatur,
Fn. 662, 663.).

Weitere testamentarische Anordnungen, wie etwa den Umfang der Verwaltung eines dem minderjähri- 147
gen Kind vererbten Vermögens, die Bestimmung eines bestimmten Vormunds für ein minderjähriges
Kind für den Fall, dass der sorgeberechtigte Elternteil während der Minderjährigkeit des Kindes verstirbt, sind allgemein anerkannt und zulässig.

gg) **Schenkung von Todes wegen.** Die Schenkung von Todes wegen findet sich in der Praxis recht 148
häufig, stellt aber keine testamentarische Anordnung dar. Vielmehr finden die Vorschriften über die
Schenkung Anwendung, wenn nach der Legaldefinition des Art. 2032 grZGB eine Schenkung unter der
aufschiebenden Bedingung erfolgt, dass der Schenker vor dem Beschenkten oder gleichzeitig stirbt, ohne
dass der Beschenkte vor dem Tod des Schenkers in dem Genuss des Geschenkes gekommen ist. Die
Schenkung von Todes wegen ist aufgrund des Verbotes von Erbverträgen im griechischen Recht nach
wie vor weit verbreitet. Dies dürfte im griechischen Rechtsraum unabhängig von der Geltung der EU-

Balomatis

120 Griechenland

ErbVO, die zu einer obligatorischen Anerkennung systemfremder Erbverträge führt, auch in Zukunft so bleiben.

149 Die Schenkung von Todes wegen kann vom Schenker jederzeit widerrufen werden, wobei die Widerrufserklärung notariell zu beurkunden und dem Beschenkten bekanntzugeben ist. Die Widerrufserklärung bedarf der Eintragung in das Transkriptionsbuch, wenn die Schenkung ein Grundstück betrifft. Durch den Widerruf wird die Schenkung kraft Gesetzes aufgehoben, Art. 2033 grZGB.

150 Die letzte Vorschrift des griechischen Zivilgesetzbuches Art. 2035 grZGB betrifft Schenkungen von Todes wegen, die das Vermögen des Schenkers zu Lasten von Gläubigern mindern oder das Pflichtteilsrecht pflichtteilsberechtigter Erben beeinträchtigen. In diesem Fall finden die Vorschriften über Vermächtnisse Anwendung, wonach die Schenkung von Todes wegen erst nach Erfüllung der übrigen Verbindlichkeiten zu erfüllen ist. Reicht die Erbschaft zur Befriedigung der Nachlassgläubiger und Pflichtteilsberechtigten nicht aus, kommt es zur entsprechenden Kürzung der Schenkung von Todes wegen, Art. 2006, 2007 grZGB; *Schömmer/Kosmidis*, Internationales Erbrecht Griechenland, Rn. 715).

151 **5. Pflichtteilsrecht. a) Grundsätze und Rechtsnatur.** Das griechische Pflichtteilsrecht (Art. 1825 bis 1845 grZGB) unterscheidet sich vom deutschen Pflichtteilsrecht im Wesentlichen darin, dass es als echtes Noterbrecht ausgestaltet ist, der Pflichtteilsberechtigte somit nicht nur, wie im deutschen Recht, zum Inhaber eines schuldrechtlichen Anspruchs in Form einer Geldforderung gegen den Erben wird und dadurch den Rang eines Nachlassgläubigers annimmt. Vielmehr wird der Pflichtteilsberechtigte nach Art. 1825 II grZGB unmittelbar mit Eintritt des Erbfalls echter Miterbe in Höhe seiner Pflichtteilsquote. Diese Rechtsnatur des Pflichtteils ist so im Übrigen auch in den Rechtsordnungen von Belgien, Frankreich, Italien, Luxemburg, Niederlande, Portugal, Schweiz und Spanien zu finden (*Schömmer/Kosmidis*, Internationales Erbrecht Griechenland, Rn. 96 mit Verweis auf Staudinger/Ferid/Cieslar, Einl. zu §§ 2303 ff. Rn. 194 ff.).

152 Ist der Pflichtteilsberechtigte somit als echter Erbe anzusehen, gelten für ihn auch die allgemeinen erbrechtlichen Vorschriften unter anderem zur Erbfähigkeit/Erbwürdigkeit, zur Annahme/Ausschlagung der Erbschaft; der Pflichtteilserbe hat die Rechtsschutzmöglichkeiten des Erben; schließlich ist das Pflichtteilsrecht selbst wiederum vererblich.

153 Der Pflichtteilsberechtigte wird von Art. 1829 grZGB dahingehend geschützt, dass eine testamentarische Beschränkung seines Noterbrechts unwirksam ist. Diese führt dazu, dass er als Noterbe zwar auch für Nachlassverbindlichkeiten haftet, nicht jedoch für die Erfüllung von Vermächtnissen.

154 Der Pflichtteilsberechtigte kann zu den Schenkungen, die der Erblasser in den letzten zehn Jahren vor seinem Tod getätigt hat und nicht einer sittlichen Pflicht entsprechen, somit dem Nachlass hinzuzurechnen wären (Art. 1831 grZGB) anfechten, wenn diese Schenkung dazu geführt hat, dass die zur Zeit des Todes des Erblassers vorhandene Erbschaft nicht ausreicht, um den Pflichtteil zu decken, Art. 1835 I grZGB. Diese Anfechtungsklage verjährt in zwei Jahren seit dem Tod des Erblassers. Die Anfechtung kann vom Beschenkten dadurch abgewendet werden, dass er den zur Erfüllung des Pflichtteils fehlenden Betrag an den Pflichtteilsberechtigten entrichtet, Art. 1836 grZGB.

155 Problematisch waren in diesem Zusammenhang stets die elterlichen Schenkungen, also Schenkungen zu Lebzeiten an ihre Kinder, um ihnen eine berufliche Ausbildung oder die finanzielle oder familiäre Unabhängigkeit zu ermöglichen (Art. 1509 grZGB). Inwieweit diese Form der elterlichen Schenkungen vom Anfechtungsrecht der Pflichtteilsberechtigten nach Art. 1835 I ZGB umfasst war, wurde in der griechischen Rechtsprechung uneinheitlich behandelt. Mit Urteil Nr. 23/2015 vom 14.1.2015 hat das oberste griechische Gericht, der Areopag, entschieden, dass elterliche Schenkungen, die sich im Rahmen des Art. 1509 grZGB bewegen, also die Schaffung oder Beibehaltung einer finanziellen oder familiären Unabhängigkeit des Kindes bezwecken oder die Berufsausbildung fördern, keine Schenkungen darstellen, die nach Art. 1835 I grZGB vom Pflichtteilsberechtigten angefochten werden können. Dabei ist im Einzelfall im Rahmen des Art. 1509 grZGB zu prüfen, inwieweit die konkreten Zuwendungen der Eltern an ihre Kinder im Rahmen der konkreten familiären und finanziellen Verhältnisse liegen. Der über das Maß der familiären Verhältnisse hinausgehende Teil der Zuwendung stellt hingegen eine Schenkung dar, die wiederum in den Anfechtungsbereich des Pflichtteilsberechtigten über Art. 1835 grZGB fiele (Aeropag, Urteil Nr. 23/2015, verkündet am 14.1.2015, abrufbar über die Homepage des Areopag www.ariospagos.gr in griechischer Sprache).

156 **b) Pflichtteilsberechtigte.** Nach Art. 1825 I 1 grZGB sind die Abkömmlinge, die Eltern und der überlebende Ehegatte pflichtteilsberechtigt, unter der Voraussetzung, dass sie in Ermangelung eines Testaments auch als gesetzliche Erben berufen wären. Verfügt beispielsweise ein Erblasser über sein gesamtes Vermögen ohne Berücksichtigung seiner Ehefrau, eines gemeinsamen Kindes und Enkels, sowie seines noch lebenden Vaters, so wären zwar alle prinzipiell pflichtteilsberechtigt; in Ermangelung des Testaments wäre jedoch nur die Ehefrau und das gemeinsame Kind gesetzliche Erben und somit pflichtteilsberechtigt (FFDH IntErbR/*Georgiades* Rn. 198). Auch der gleich- bzw. verschiedengeschlechtliche eingetragene Lebenspartner des Erblassers ist seit Inkrafttreten des Gesetzes Nr. 4356/2005 am 24.12.2015 pflichtteilsberechtigt.

157 Wurde im obigen Beispielsfall das Kind des Erblassers (im engeren Sinne nach Art. 1839 grZGB) enterbt oder für erbunwürdig erklärt, oder hat er selbst auf dem Pflichtteil verzichtet (das heißt ausgeschlagen), so treten seine gesetzlichen Erben an seine Stelle und erben den Pflichtteil, unter der Voraussetzung, dass sie selbst zum Kreis der pflichtteilsberechtigten Personen nach dem Erblasser gehören. Im Beispielsfall ging somit der Pflichtteil des Kindes des Erblassers auf das Enkelkind über.

c) Pflichtteilsquote. Wie im deutschen Recht beträgt die Pflichtteilsquote nach Art. 1825 I 2 grZGB **158** stets ½ des gesetzlichen Erbteils. Insoweit gelten für die Ermittlung der Erben und deren gesetzlicher Erbteile die gesetzlichen Ordnungen nach dem Parentelsystem (vgl. ua Schlitt/Müller, Pflichtteils-HdB/*Heggen*, Rn. 192 ff. mit äußerst hilfreicher tabellarischer Übersicht, Rn. 194). Bei der Ermittlung der gesetzlichen Erbteile zur Berechnung des Pflichtteils sind somit sämtliche Verwandten, die zu gesetzlichen Erben berufen sind, zu berücksichtigen, selbst wenn diese selbst nicht pflichtteilsberechtigt sind (*Schömmer/Kosmidis*, Internationales Erbrecht Griechenland, Rn. 485 mit Fallbeispielen).

Maßgeblich für die Berechnung des Pflichtteils ist der Aktivbestand des Nachlasses zum Zeitpunkt des **159** Todes des Erblassers nach Abzug etwaiger Nachlassschulden und der Beerdigungskosten und ggf. Kosten für die Inventaraufnahme, Art. 1831 I grZGB. Vermächtnisse und Auflagen werden bei der Berechnung des Pflichtteils jedoch nicht berücksichtigt (ganzherrschende Meinung, vgl. statt aller *Psouni*, Klironomiko Dikaio I, S. 499; FFDH IntErbR/*Georgiades* Rn. 207). Sind Eltern des Erblassers (neben seinem überlebenden Ehegatten bzw. Lebenspartner) pflichtteilsberechtigt, so wird bei der Berechnung des Pflichtteils der Eltern das dem überlebenden Ehegatten nach Art. 1820 grZGB zustehende Vorausvermächtnis (Haushaltsgegenstände, Möbel, Kleider etc.) nicht berücksichtigt, dh vorab vom Nachlass abgezogen, Art. 1831 III grZGB.

Hat der Erblasser Zuwendungen oder Schenkungen zu Lebzeiten an Dritte oder Erben getätigt, die **160** den Pflichtteilsanspruch eines Noterben beeinträchtigen und daher nach Art. 1831 II ZGB fiktiv dem Nachlass hinzuzurechnen wären, findet grundsätzlich die Anrechnung statt. Der Erblasser kann eine Anrechnung jedoch testamentarisch ausschließen.

Für den Fall, dass ein Pflichtteil an einem gesetzlichen Erben, der selbst pflichtteilsberechtigt ist, wei- **161** ter vererbt wird (etwa durch Verzicht/Ausschlagung oder Unwürdigerklärung) so findet bei der Berechnung des Pflichtteils des Erben des Pflichtteilsberechtigten eine Anwachsung nicht statt. Das heißt der ursprüngliche Pflichtteil geht wertmäßig unverändert auf den pflichtteilsberechtigten Erben des weggefallenen Pflichtteilsberechtigten über.

Sind mehrere Kinder des Erblassers pflichtteilsberechtigt und haben diese zu Lebzeiten bereits aus- **162** gleichungspflichtige Zuwendungen vom Erblasser erhalten, so ist zunächst der gesetzliche Erbteil unter Hinzurechnung der ausgleichspflichtigen Zuwendung fiktiv zu berechnen. Der konkrete Pflichtteil umfasst im Ergebnis die Hälfte des gesetzlichen Erbteils nach Wiederabzug der Zuwendung. Ergibt sich hierbei ein Negativsaldo, hat also der Pflichtteilsberechtigte bereits zu Lebzeiten mehr bekommen, als ihm selbst nach der gesetzlichen Erbfolge zustünde, so steht ihm selbstverständlich auch kein (weiterer) Pflichtteil zu.

Der Pflichtteilsberechtigte kann seine Ansprüche im Wege der „klassischen" Erbschaftsklage nach **163** Art. 1871 ff. grZGB geltend machen. Aktiv legitimiert ist entweder der Pflichtteilsberechtigte selbst, oder einer seiner Erben, oder auch ein berechtigter Dritter (zB ein Erbschaftskäufer); auch ein Gläubiger des Pflichtteilsberechtigten kann die Erbschaftsklage einreichen, sollte der Pflichtteilsberechtigte seinen Pflichtteil angenommen bzw. nicht ausgeschlagen haben. Die Klage richtet sich gegen den Erben und Erbschaftsbesitzer und ist auf Anerkennung des Erbrechts des Pflichtteilsberechtigten und Herausgabe der Erbschaft in Höhe des festzustellenden Pflichtteils gerichtet (vgl. zur Erbschaftsklage *Schömmer/Kosmidis*, Internationales Erbrecht Griechenland, Rn. 519 mit weiteren Nachweisen).

Schließlich kann der Pflichtteilsberechtigte selbst oder sein Rechtsnachfolger gegen einen Beschenkten **164** oder dessen Erben im Wege der Pflichtteilsergänzungsklage eine Schenkung des Erblassers zu Lebzeiten, die nach Art. 1831 II grZGB der Erbschaft zuzurechnen wäre, anfechten. Diese Klage muss binnen der Zweijahresfrist des Art. 1836 II grZGB erhoben werden (vgl. hierzu *Schömmer/Kosmidis*, Internationales Erbrecht Griechenland, Rn. 520 f.).

d) Pflichtteilsverzicht. Der Berechtigte kann nach Eintritt des Erbfalls auf seinen Pflichtteil verzich- **165** ten. Dies geschieht dann im Wege der Ausschlagung nach Art. 1848 grZGB innerhalb der entsprechenden Ausschlagungsfristen (vier Monate bzw. ein Jahr bei Auslandswohnsitz). Ein Pflichtteilsverzicht vor dem Erbfall, dh zu Lebzeiten des Erblassers im Rahmen etwa eines Pflichtteilsverzichtsvertrages ist nach Art. 368 grZGB unzulässig und nichtig. Zu den Auswirkungen der EUErbVO und die „schleichende Aushöhlung" des starren Verbots von Erbverträgen in Fällen mit Auslandsberührung, siehe oben unter → Rn 25 ff. Der griechische Gesetzgeber hat unabhängig von der Internationalisierung des Erbrechts im Rahmen der EUErbVO Ausnahmen vom strikten Verbot des Art. 368 grZGB im Zusammenhang mit Pflichtteilsverzichtsverträgen zugelassen, und zwar im Wesentlichen in drei Konstellationen:

aa) Lex Onassis. Anlässlich der Eheschließung zwischen Aristoteles Onassis und Jaqueline Kennedy **166** wurde die Verordnung Nr. 472/1974 (ausführliche Darstellung bei Georgiadis, DNotZ 1975, 354) erlassen, die eine im Ausland geschlossene erbvertragliche Regelung zwischen einem griechischen und einem ausländischen Ehegatten zulässt, soweit im Rahmen dieses Vertrages der ausländische Ehegatte auf sein Erb- oder Pflichtteilsrecht nach seinem griechischen Ehegatten verzichtet. Ein wechselseitiger Verzicht auch des griechischen Ehegatten auf Erb- und Pflichtteilsansprüche nach seinem ausländischen Ehegatten ist nach dieser Verordnung indes unzulässig, ebenso wenig ein Vertragsschluss in Griechenland.

bb) Auslandsgriechen. Mit Gesetz Nr. 1738/1987 wurde eine Sonderregelung in Bezug auf den **167** Pflichtteil von im Ausland lebenden Griechen eingeführt. Leben griechische Staatsangehörige vor ihrem Tod bereits 25 Jahre im Ausland unterliegen sie nicht den Beschränkungen des griechischen Pflichtteilsrechts für ihr Auslandsvermögen. Das heißt, Auslandsgriechen können bezogen auf ihr Vermögen außerhalb Griechenlands auf Pflichtteilsansprüche diesbezüglich verzichten. Soweit ersichtlich wurde von dieser Möglichkeit in der Praxis kaum Gebrauch gemacht.

168   Bei der Berechnung der Pflichtteile nach dem Tod eines seit 25 Jahren im Ausland lebenden griechischen Erblassers, wird nach dem Gesetz Nr. 1738/1987 nur das in Griechenland belegene Vermögen berücksichtigt. Dies gilt bei einem Erbfall nach dem 17.8.2015 aber nur, wenn der Erblasser nach Art. 22 EUErbVO griechisches Recht gewählt haben sollte.

169   **cc) eingetragene Lebensgemeinschaft.** Schließlich ist auf eine nennenswerte Vorschrift hinzuweisen, die nach Ansicht des Unterzeichners den Beginn einer Öffnung im Sinne einer Abkehr vom starren Verbot des Abschlusses zumindest von Pflichtteilsverzichtsverträgen angesehen werden kann. Nach Art. 8 2 des Gesetzes Nr. 4356/2015 über die Begründung einer eingetragenen Lebenspartnerschaft für gleich- und verschiedengeschlechtliche Paare können nichteheliche Lebensgefährten im Rahmen ihres Partnerschaftsvertrags auf das ihnen zustehende Pflichtteilsrecht jeweils verzichten. Damit dürfte sich die Tür in Richtung Zulässigkeit von Pflichtteilsverzichtsverträgen auch zwischen Ehegatten ein Stück weit geöffnet haben.

170   **6. Erbengemeinschaft und Erbauseinandersetzung.** Sind mehrere Personen zu Erben berufen, entsteht eine Erbengemeinschaft im Sinne einer Bruchteilsgemeinschaft, für die die allgemeinen Vorschriften über die Gemeinschaft (Art. 785–805, 1113–1117 grZGB) anzuwenden sind. Jeder Miterbe hat das Recht, über seinen Anteil am Nachlass oder an einzelnen Nachlassgegenständen zu verfügen und kann entsprechend jederzeit die Teilung des Nachlasses nach Art. 1887 grZGB verlangen (Süß ErbR/*Stamatiadis* Rn. 56).

171   Sind sich alle Miterben über die Aufteilung des Nachlasses einig, kann dies außergerichtlich im Rahmen eines Teilungsvertrages erfolgen. Befinden sich Grundstücke im Nachlass, ist der Teilungsvertrag notariell zu beurkunden und eine entsprechende Eintragung im Transkriptionsbuch im Hinblick auf die Grundstücksübertragung zu veranlassen.

172   Können sich die Erben untereinander nicht einigen, kann die Auseinandersetzung im Wege der gerichtlichen Teilungsklage, bezogen auf den gesamten Nachlass oder auch nur einzelne Nachlassgegenstände (in der Praxis häufig Grundstücke), geltend gemacht werden. Die Teilungsklage richtet sich nach Art. 478 grZPG (griechisches Zivilprozessgesetz) obligatorisch gegen alle Miterben, ansonsten wäre die Teilungsklage unzulässig (vgl. FFDH IntErbR/*Georgiades* Rn. 243). Die Teilungsklage richtet sich nach den allgemeinen zivilprozessualen Vorschriften über die Auseinandersetzung von Bruchteilsgemeinschaften mit der Besonderheit, dass für die Erbteilungsklage das Nachlassgericht, nicht das allgemeine Zivilgericht, zuständig ist, Art. 30 grZPG. Das im Rahmen des Teilungsverfahrens ergangene Urteil wirkt mit Rechtskraft unmittelbar rechtsgestaltend. Für die Eigentumsübertragung etwa an einem Grundstück ist abermals die Eintragung des rechtskräftigen Urteils in das Transkriptionsbuch erforderlich, Art. 489 II grZPG.

173   Eine Besonderheit des griechischen Rechts ist die sogenannte elterliche Teilung des Nachlasses (Art. 1891–1894 grZGB). Danach kann der Erblasser zu Lebzeiten sein Vermögen unter seinen Abkömmlingen verteilen. Die Teilung erfolgt durch Vertrag zwischen ihm und den Abkömmlingen und umfasst nur das zum Zeitpunkt des Vertragsschlusses vorhandene Vermögen. Die elterliche Teilung stellt keine Schenkung unter Lebenden oder von Todes wegen dar, sondern hat lediglich den Zweck der Vorausteilung, zur Vermeidung eines gerichtlichen Teilungsverfahrens nach dem Tod des Erblassers. Der Erblasser ist über die elterliche Teilung hinaus nicht in seinem Verfügungsrecht oder in seiner Testierfreiheit eingeschränkt. Er kann jederzeit über die von der elterlichen Teilung betreffenden Nachlassgegenstände anderweitig verfügen oder die Aufteilung im Rahmen seines Testaments anderweitig regeln (FFDH IntErbR/*Georgiades* Rn. 247). Aufgrund dessen wird die elterliche Teilung auch nicht als (unzulässiger) Erbvertrag im Sinne des § 368 grZGB angesehen. Die elterliche Teilung wird erst dann wirksam, wenn der Erbfall eintritt und die am Vertragsschluss beteiligten Abkömmlinge auch tatsächlich Erben werden (nicht etwa das Erbe ausschlagen oder für erbunwürdig erklärt werden).

174   Die dingliche Wirkung der elterlichen Teilung tritt unmittelbar mit dem Erbfall ein, soweit der Erblasser keine anderweitige Verfügung zwischenzeitlich getroffen hat. Ein Teilungsvertrag unter Einbeziehung von Grundstücken bedarf bei Abschluss der notariellen Beurkundung und Eintragung in das Transkriptionsbuch, so dass der dingliche Akt der Eigentumsübertragung bei Eintritt des Erbfalls ohne weiteres Zutun erfolgen kann.

175   Wurde bei der elterlichen Teilung ein pflichtteilsberechtigter Abkömmling übergangen, so ist der Vertrag in Bezug auf den übergangenen pflichtteilsberechtigten Abkömmling und in Höhe seines Pflichtteils nichtig, Art. 1893 grZGB. Der Übergangene wird dann Miterbe an allen geteilten oder ungeteilten Nachlassgegenständen in Höhe seiner Pflichtteilsquote, kann also im Rahmen einer Erbschaftsklage, seine Pflichtteilsansprüche gegen die anderen Abkömmlinge als Miterben geltend machen.

176   **7. Erbenhaftung.** Für Erben und Pflichtteilserben gilt zunächst der Grundsatz der unbeschränkten Haftung, das heißt sie haften unter Nachlassverbindlichkeiten mit dem Nachlass und ihrem eigenen Vermögen, Art. 1901, 1885 grZGB, es sei denn, die Annahme der Erbschaft erfolgt unter dem Privileg des Inventars mit Haftungsbeschränkung, Art. 1903, 1904 grZGB. Diese privilegierte Annahme erfolgt durch ausdrückliche und formbedürftige Erklärung bei der Geschäftsstelle des Nachlassgerichts innerhalb der Ausschlagungsfrist von 4 Monaten bzw. einem Jahr bei Auslandswohnsitz. Eine faktische Annahme der Erbschaft aufgrund Ablaufs der Ausschlagungsfrist führt in der Regel zur unbeschränkten

Haftung des Erben. Die (auch faktische) Annahme einer Erbschaft durch Minderjährige oder Geschäftsunfähige erfolgt stets privilegiert, so dass deren Haftung von Gesetzes wegen auf den Nachlasswert beschränkt ist.

Die fristgerechte privilegierte Annahmeerklärung setzt eine weitere Frist von vier Monaten in Gang, innerhalb derer das Inventar des Nachlasses erstellt werden muss, Art. 1903 grZGB. Der Erbe verwirkt sein Haftungsprivileg, wenn er das Inventar des Nachlasses nicht rechtzeitig oder vorsätzlich unrichtig erstellt, ebenso bei rechtsmissbräuchlichem Handeln im Zusammenhang mit der Verwaltung des Nachlasses. 177

III. Nachlassverfahren

1. Grundsätze der Abwicklung. Ob ein gerichtliches Nachlassverfahren notwendig ist, richtet sich danach, ob ein Fall testamentarischer oder gesetzlicher Erbfolge vorliegt. Während bei der testamentarischen Erbfolge zwingend die Testamentseröffnung im gerichtlichen Verfahren erforderlich ist, besteht bei der gesetzlichen Erbfolge allenfalls die praktische Notwendigkeit, ein Erbscheinerteilungsverfahren durchzuführen. 178

2. Testamentseröffnung. Die obligatorische Eröffnung des Testaments findet nach den Vorschriften der Art. 807–809 grZPG statt. Danach ist für öffentliche, dh notariell beurkundete Testamente, geheime und außerordentliche Testamente das Einzelrichtergericht erster Instanz (Landgericht) bzw. der Friedensrichter (Amtsgericht) zuständig, in dessen Bezirk der Notar, der das Testament verwahrt, seinen Sitz hat. Eigenhändige Testamente können bei jedem Einzelrichtergericht erster Instanz zur Eröffnung vorgelegt werden. Testamente, die bei einer Konsularbehörde erstellt wurden oder sich dort in Verwahrung befinden, werden von diesen eröffnet, Art. 807 grZPG. Das Verfahren richtet sich nach den Vorschriften für die Verfahren der freiwilligen Gerichtsbarkeit. Die Eröffnung des Testaments erfolgt durch die Niederschrift seines vollständigen Inhalts in das Gerichtsprotokoll, Art. 808 Ziff. 1 grZPG Die Konsularbehörde erstellt ein Protokoll, das vom Konsul und (im Falle eines eigenhändigen Testaments) von demjenigen (mit-) unterschrieben wird, der das Testament vorgelegt hat, Art. 808 Ziff. 2 grZPG. 179

Ein eigenhändiges Testament wird zum Haupttestament erklärt, wenn die Echtheit der Schrift und der Unterschrift des Erblassers glaubhaft gemacht wurden, Art. 808 Ziff. 3 S. 1 grZPG. Damit wird die Echtheit des eigenhändigen Testaments gesetzlich vermutet, Art. 1777 grZGB. 180

Die Eröffnung des Testaments ist maßgeblich für den Beginn der Ausschlagungsfrist, Art. 1847 I 2 grZGB. Des Weiteren setzt die Testamentseröffnung die zweijährige Verjährungsfrist für die Anfechtung eines Testaments in Gang, Art. 1788 grZGB. 181

3. Erbscheinverfahren. Im grenzüberschreitenden Kontext wird zur Nachlassabwicklung ein Europäisches Nachlasszeugnis (Art. 62 ff. EUErbVO) auf Antrag ausgestellt, das seine Wirkung in allen Mitgliedstaaten entfaltet, ohne dass es eines besonderen Verfahrens bedarf, Art. 69 EUErbVO. Im griechisch-deutschen Rechtsverkehr war auch vor Inkrafttreten der EUErbVO die wechselseitige formale Anerkennung nationaler Erbscheine unproblematisch. Die materiell-rechtlichen Vorschriften in den Art. 1956–1966 grZGB wurden vom deutschen BGB (§§ 2353 ff. BGB) übernommen. Die Abwicklung von in Griechenland belegenem Nachlass eines deutschen Erblassers mit einem griechischen Erbschein war genauso möglich, wie die Abwicklung von in Deutschland belegenem Nachlass eines griechischen Erblassers mit einem deutschen (Fremdrechts-)Erbschein. 182

Für die griechischen Abwicklungsfälle ohne Auslandsbezug gilt weiterhin die Zuständigkeit des Einzelrichtergerichts erster Instanz (Landgericht) am letzten Wohnsitz des Erblassers. Die zentrale Zuständigkeit des Einzelrichtergerichts Athen für griechische Erblasser mit Auslandswohnsitz dürfte inzwischen noch für die Fälle mit Drittstaatenbezug und außerhalb des Geltungsbereichs der EUErbVO praktisch relevant bleiben. 183

Folgende Angaben sind obligatorisch und müssen glaubhaft gemacht werden: der Todeszeitpunkt des Erblassers; das Testament und sein Inhalt bzw. das Verwandtschaftsverhältnis, auf das der Antragsteller sein Erbrecht stützt; dass keine anderen Personen vorhanden sind, die das Erbrecht des Antragstellers ausschließen oder beschränken oder dass und aus welchem Grund vorhandene Personen weggefallen sind; ggf. der Inhalt anderer Testamente und ob ein Rechtsstreit über das Erbe anhängig ist, Art. 1957 grZGB. 184

Für den Fall, dass das Nachlassgericht die Angaben im Antrag für nachgewiesen erachtet, ergeht, ein die Erteilung des Erbscheins anordnendes Urteil (Art. 820 grZPG). Die Ausstellung des Erbscheins aufgrund des Urteils des Nachlassgerichts erfolgt dann durch den Beamten der Geschäftsstelle. Der Erbschein entfaltet wie im deutschen Recht öffentlichen Glauben. Auch die Ausstellung eines Teilerbscheines ist möglich. 185

4. Besonderheiten bei Grundstücken. Befinden sich Grundstücke im Nachlass ist bei der Abwicklung zu beachten, dass nach griechischem Recht die Eintragung eines „Titels", dh der Nachweis der Erbenstellung, in das Transkriptionsbuch erforderlich ist. Dieser „Titel" ist entweder die notariell beurkundete Erklärung des Erben, dass er das Erbe annimmt oder ein Erbschein bzw. Teilerbschein (bezogen auf das Grundstück), der ihn als Erben ausweist, sowie das Europäische Nachlasszeugnis. 186

Aufgrund des öffentlichen Glaubens und der gesetzlichen Vermutung der unbeschränkten Berechtigung wird dem Erbschein gegenüber der notariellen Erbscheinsannahme in der Praxis ein höheres Gewicht beigemessen, obwohl rechtlich beide „Titel" absolut gleichrangig sind. Die Vorlage eines Erb- 187

120 Griechenland

scheins wirkt sich beim Immobilienverkauf offenbar günstig aus (Süß ErbR/*Tsantinis* Rn. 72.). Die notarielle Erbschaftsannahme führt jedoch in aller Regel schneller zur Eintragung in das Transkriptionsbuch.

188 Für die notarielle Erbschaftsannahme werden folgende Unterlagen benötigt: Personen- und Steuerdaten des Antragstellers; Sterbeurkunde; standesamtliche oder konsularische Bestätigung über die näheren Verwandten des Verstorbenen; Bestätigung über die Eröffnung des Testaments und seines Inhalts, sowie ggf. Bestätigung des Landgerichts, dass kein weiteres Testament des Erblassers eröffnet wurde; beglaubigte Abschrift der Erbschaftssteuererklärung, die beim zuständigen Finanzamt am letzten Wohnsitz des Erblassers eingereicht wurde; Bestätigung des Finanzamts oder eidesstattliche Erklärung des Erben, dass der Erblasser aus der Immobilie keine Einkünfte erwirtschaftet hat, bzw. die entsprechende Steuererklärung; Baugenehmigungen für Immobilien, die nach dem 14.3.1983 erbaut wurden; Grundbuchauszug, falls das Grundstück bereits katastermäßig erfasst wurde, sowie Grundstückspläne; (in Ergänzung zu Süß ErbR/*Tsantinis* Rn. 71). Für die Annahme der Erbschaft und die Eintragung in das Transkriptionsbuch sind stets sämtliche Steuern (Erbschaftssteuer, aber auch etwaige Steuerschulden des Erblassers bezogen auf das betreffende Grundstück) zu bezahlen. Dies führte unter anderem zu einem starken Anstieg der Erbschaftsausschlagungen in den letzten Jahren, siehe oben → Rn. 69.

IV. Erbschaftsteuer

189 **1. System der Erbschaftsteuer.** Zwischen Griechenland und Deutschland besteht nach wie vor das Doppelbesteuerungsabkommen vom 18.11./1.12.1910 zur Vermeidung der doppelten Besteuerung der Erbschaften an beweglichen Sachen, das am 1.1.1953 wieder in Kraft getreten ist. Dieses Abkommen stellt jedoch kein umfassendes Doppelbesteuerungsabkommen dar, da es lediglich die Besteuerung des beweglichen Nachlassvermögens umfasst. Dieses wird zunächst nur vom Wohnsitzstaat des Erblassers besteuert. Lebt der Erbe im jeweils anderen Staat kann auch der Wohnsitzstaat des Erben das bewegliche Vermögen des Erblassers besteuern (Meincke/*Hannes/Holtz* § 2 Rn. 32).

190 Griechenland hat mit insgesamt 57 Staaten Doppelbesteuerungsabkommen geschlossen (eine Liste findet sich auch in englischer Sprache auf der Internetseite des griechischen Wirtschaftsministeriums unter http://www.gsis.gr/gsis/info/gsis_site/ddos/b.html). In der Praxis der Besteuerung zumindest des beweglichen Vermögens im deutsch-griechischen Rechtsverkehr gilt das Prinzip der wechselseitigen Anerkennung und Berücksichtigung bezahlter Erbschaftsteuer. Nach Art. 32 des griechischen Erbschaftsteuergesetzes entfällt (auf Antrag) eine Besteuerung in Griechenland für im Ausland befindliches bewegliches Vermögen in Höhe der dort bezahlten Steuern. Die Parallelvorschrift des § 21 des deutschen ErbStG sieht ebenfalls eine Anrechnungsmöglichkeit der im Ausland bezahlten Steuern auf die deutsche Steuerschuld vor.

191 **2. Erbschaft- und Schenkungsteuer. a) Rechtsgrundlage.** Die Rechtsgrundlage des griechischen Erbschaftsteuerrechts bildet das Gesetz über die Besteuerung von Erbschaften, Schenkungen, elterlichen Zuwendungen Nr. 2961/2001 (künftig grErbStG) vom 22.11.2001, zuletzt geändert am 15.5.2018 mit Gesetz Nr. 4537/2018 zur Umsetzung der Richtlinie (EU) 2015/2366 über Zahlungsdienste im Binnenmarkt. Das griechische Erbschaftsteuerrecht unterliegt ständigen Neuerungen, Anpassungen und wird ergänzt durch zahlreiche, sich ständig verändernde Verordnungen und Erlasse.

192 Grundsätzlich ist jeder Vermögenserwerb im Wege der Erbfolge steuerpflichtig Maßgeblich für deren Feststellung dem Grunde nach ist der Ort, an dem sich die Erbsache befindet, ob es sich um eine bewegliche oder unbewegliche Sache, sowie Staatsangehörigkeit und Wohnort des Erblassers.

193 Es gilt zunächst eine unbeschränkte Steuerpflicht für alle in Griechenland lebende Personen unabhängig von ihrer Staatsangehörigkeit. Daneben ist sämtliches im Inland befindliche Vermögen, das einem Griechen oder Ausländer gehört, steuerpflichtig (Art. 3 I lit. a grErbStG), auch wenn der Erblasser nicht in Griechenland gelebt hat (beschränkte Steuerpflicht). Auch im Ausland befindliches Vermögen unterfällt der Steuerpflicht, wenn sie einem Griechen gehört, unabhängig von seinem Wohnsitz, oder wenn sie einem Ausländer gehört, der in Griechenland seinen Wohnsitz hat (Art. 3 I lit. b grErbStG).

194 **b) Sonderfälle.** Von der (griechischen) Steuerpflicht ausgenommen ist nach Art. 25 II lit. e grErbStG das bewegliche Vermögen eines seit mindestens 10 Jahren im Ausland lebenden Griechen.

195 Auch in Griechenland registrierte Schiffe und Flugzeuge werden steuerlich als in Griechenland befindliches bewegliches Vermögen erfasst (zu den Steuerbefreiungen im übrigen, su → Rn. 204 ff.).

196 Die Entschädigung für ein tödlich verunglücktes Opfer an die Berechtigten, wird nach Art. 3 IV grErbStG nicht besteuert (vgl. auch Süß ErbR/*Tsantinis* Rn. 86).

197 Die Auszahlung der Versicherungssumme aus einer Lebensversicherung wird indes versteuert, wenn im Versicherungsvertrag kein Bezugsberechtigter genannt ist. Wird hingegen die Versicherungssumme an einen Berechtigten ausbezahlt, wird sie schenkungssteuerpflichtig (*Schömmer/Kosmidis*, Internationales Erbrecht Griechenland, Rn. 849).

198 **c) Entstehen der Steuerpflicht.** Die Steuerpflicht entsteht mit dem Anfall der Erbschaft, also mit dem Todeszeitpunkt des Erblassers, Art. 6 I grErbStG. Ab diesem Zeitpunkt läuft die Frist zur Abgabe der Steuererklärung, die grundsätzlich 6 Monate beträgt, wenn der Erblasser in Griechenland verstorben ist, für Auslandsfälle ein Jahr, Art. 62 grErbStG. Der Todeszeitpunkt ist auch maßgeblich für die Bestimmung des Wertes des Nachlasses, Art. 9 grErbStG. Weit verbreitet ist die Annahme, das griechische Erbschaftsteuergesetz biete nach wie vor die Möglichkeit, die Erbschaftsteuererklärung für den Fall, dass sich unbewegliches Vermögen im Nachlass befindet, 3 Jahre nach dem Erbfall einzureichen und den

IV. Erbschaftsteuer **Griechenland 120**

Zeitpunkt für die Wertermittlung auf diesen Zeitpunkt zu verschieben. Der frühere Art. 9 II grErbStG wurde jedoch mit Wirkung ab 13.12.2007 aufgehoben. Nach Art. 7 grErbStG besteht jedoch im Einzelfall die Möglichkeit, den Entstehungszeitpunkt und somit die Fälligkeit der Steuerpflicht auf den Zeitpunkt nach hinten zu verschieben, an dem der wirtschaftliche Wert des Nachlassgegenstandes auf den Erben übergeht. Vor allem bei Grundstücken im Nachlass kann zwischen Erbfall und wirtschaftliche Verfügungsmöglichkeit durch den Erben ein sehr langer Zeitraum liegen, der sich faktisch auf den Wert der Immobilie auswirkt.

In Einzelfällen und für ausländische Erben von Bedeutung ist die Möglichkeit in Art. 8 grErbStG, 199 die Frist für die Abgabe der Steuererklärung bzw. den Zeitpunkt der Fälligkeit der Erbschaftsteuer zu verlängern. Über entsprechende Anträge entscheidet der Leiter/Vorgesetzte des zuständigen Finanzamts.

d) Bewertung von Immobilien. Die Bewertung von Immobilien soll nach objektiven Kriterien erfolgen. 200 Zur Ermittlung des Einheitswerts werden die jeweiligen Orte in Preiszonen unterteilt, etwa vergleichbar mit den in Deutschland bekannten Bodenrichtwertkarten. Die Einheitswerte wurden zuletzt im Januar 2016 erheblich verringert, nachdem die arithmetischen (Sach-)Werte nach den Preiszonen von den Marktwerten nicht zuletzt als Folge der Finanzkrise ganz erheblich (nach oben) abwichen, sodass das oberste Verwaltungsgericht mit Urteil Nr. 4446/2015 den Gesetzgeber veranlasste die Einheitswerte den Marktgegebenheiten anzupassen (vgl. auch *Tosounidis* ZEV 2016, 143).

Nachdem es in Griechenland immer noch kein landesweites Katastersystem gibt und extreme Markt- 201 schwankungen bei den Immobilienpreisen sowie große Unterschiede zwischen den Regionen bestehen, wird der Wert regelmäßig im Wege des Vergleichs mit ähnlichen Immobilien in der Region, möglichst in der Nachbarschaft, ermittelt. Die Vorschrift über den Wert einer Immobilie Art. 10 grErbStG unterscheidet zwischen dem Marktwert und dem Sachwert. Maßgeblich für die Besteuerung soll grundsätzlich der Sachwert einer Immobilie sein, der sich aus verschiedenen in Art. 10 B I grErbStG aufgeführten Faktoren zusammensetzt. Ist der steuerpflichtige Erbe der Ansicht, der so ermittelte Sachwert einer Immobilie sei höher als der aktuelle Marktwert, so hat er die Möglichkeit, die gerichtliche Wertfestsetzung beim zuständigen Verwaltungsgericht zu beantragen, was er innerhalb von 60 Tagen nach Einreichung seiner Erbschaftsteuererklärung veranlassen muss, Art. 10 B IV 1 grErbStG.

Der in der Praxis weit verbreitete Fall des Nießbrauchsvorbehalts, etwa zu Gunsten der Eltern bei 202 Übertragung der Immobilie zu Lebzeiten an die Kinder, ist erbschaftsteuerrechtlich in Art. 15 grErbStG geregelt. Danach bestimmt sich der Wert des Nießbrauchs anhand des Alters des Nießbrauchers als Quote des Wertes bei Volleigentum; so beträgt etwa der Wert des Nießbrauchs eines 40-jährigen Nießbrauchers $^5/_{10}$ des Wertes bei vollständigem Eigentum (im 10-Jahres-Abstand verringert sich der Wert des Nießbrauchs um jeweils $^1/_{10}$), Art. 15 IV grErbStG.

Bei der Bewertung des Nachlasses werden grundsätzlich sämtliche nachgewiesenen Nachlassverbindlichkeiten, 203 also Schulden des Erblassers, auch Steuerschulden, wertmindernd berücksichtigt. Gleiches gilt für Lasten im Zusammenhang mit der Erbschaft, wie zB Vermächtnisse, aber auch die Kosten für die Testamentseröffnung, der Erbscheinserteilung oder für die Errichtung des Inventars bei der haftungsprivilegierten Erbschaftsannahme nach Art. 1902 grZGB. Auch die Beerdigungskosten sind abzuziehen; können die konkreten Kosten nicht nachgewiesen werden, wird eine Pauschale von 1.500,00 EUR in jedem Fall berücksichtigt. Ist der Nachlass mit dem güterrechtlichen Anspruch des überlebenden Ehegatten auf Zugewinnausgleich nach Art. 1400 grZGB belastet, so wird auch dieser Anspruch wertmindernd bei der Berechnung der Steuerpflicht des Erben berücksichtigt, wenn es sich bei dem steuerpflichtigen Erben nicht um den überlebenden Ehegatten handelt. Beim überlebenden Ehegatten bleibt erbschaftsteuerrechtlich der güterrechtliche Anspruch neutral, da sich insoweit eine Aktiv- und Passivposition in gleicher Höhe aufhebt (siehe auch *Schömmer, Kosmidis,* Internationales Erbrecht Griechenland, Rn. 874).

Bei einer Erbengemeinschaft beschränkt sich die Steuerpflicht jedes Miterben auf seinen Erbteil.

e) Steuerbefreiungen. Art. 25 grErbStG sieht eine Reihe von Steuerbefreiungen vor, die regelmäßig 204 aktuellen wirtschaftlichen und politischen Gegebenheiten angepasst werden. Exemplarisch wird auf folgende Befreiungstatbestände hingewiesen:

Der Erwerb von großen Handelsschiffen mit einem Volumen von über 1.500 Bruttoregistertonnen ist 205 vollständig von der Erbschaftsteuer befreit und zwar unabhängig davon, ob das Handelsschiff unter griechischer oder ausländischer Flagge fährt, Art. 25 II lit. a grErbStG.

Von praktischer Bedeutung ist auch die Steuerbefreiung für gemeinsame Bankkonten, wenn vereinbart 206 ist, dass mit dem Tod eines Berechtigten das Bankkonto von Rechts wegen auf die oder den übrigen Berechtigten übergehen soll.

Steuerbefreit sind Vermögenswerte, die der Erblasser als Schenkung oder elterliche Zuwendung von 207 seinen Eltern erhalten hat, wenn diese im Wege der Erbfolge wieder an die Eltern zurückfallen, Art. 25 II f grErbStG.

Von großer praktischer Bedeutung ist die Steuerbefreiung für Ehegatten und minderjährige Kinder des 208 Erblassers mit einem Freibetrag von jeweils 400.000,00 EUR. Für die Steuerbefreiung in dieser Höhe zu Gunsten des überlebenden Ehegatten muss die Ehe nach Art. 25 II lit. g grErbStG zumindest 5 Jahre vor dem Tod des Ehegatten bestanden haben. Ist dies nicht der Fall, gilt der allgemeine Freibetrag für Ehegatten in der ersten Kategorie in Höhe von 150.000,00 EUR. Diese Steuerbefreiungsgründe sind entsprechend auf eingetragene nichteheliche Lebenspartner des Erblassers anzuwenden, wobei die erst seit

120 Griechenland

209 24.12.2015 mögliche eingetragene Lebensgemeinschaft von gleichgeschlechtlichen Paaren frühestens ab Weihnachten 2020 in den Genuss des besonderen Freibetrags von 400.000,00 EUR kommen dürfte.

209 Von Bedeutung ist auch die Steuerbefreiung für den Erwerb des „ersten Wohnsitzes". Seit 2010 ist der Erwerb einer Immobilie des Verstorbenen erbschaftsteuerbefreit, wenn diese von den oder dem Erben selbst bewohnt wird. Das Gesetz spricht insoweit von Wohnbedürfnissen, die erfüllt sind, wenn die Grundstücke, die der Erbe bereits besitzt, zusammen mit dem geerbten Grundstück insgesamt 70 qm beträgt, wobei sich diese Zahl um 20 qm für das erste und zweite Kind, um weitere 25 qm für das dritte und folgende Kind erhöht. Die Steuerbefreiung ist wertmäßig beschränkt auf Wohnhäuser bis 200.000,00 EUR für minderjährige oder unverheiratete Erben bzw. 250.000,00 EUR für verheiratete, geschiedene, verwitwete oder unverheiratete Elternteile, in Ausübung des Sorgerechts für ihre Kinder. Dieser Betrag erhöht sich um jeweils 25.000,00 EUR für das erste und zweite Kind sowie um 30.000,00 EUR für das dritte und jedes weitere Kind. (Art. 26 A I lit. a grErbStG; vgl. *Tosounidis*, Griechenland: Änderung des Erbschaftssteuerrechts, ZEV 2010, 512).

210 Eine pauschale Steuerbefreiung in Höhe von 10 % sieht Art. 29 III grErbStG für Steuerpflichtige mit einem Grad der Behinderung von zumindest 67 % vor.

211 **f) Steuerkategorien und Steuersätze.** Die Erbschaftssteuer wird nach drei Kategorien (entspricht dem deutschen Begriff der Steuerklassen) mit unterschiedlichen Steuersätzen berechnet, Art. 29 grErbStG.

212 **aa) Kategorie A.** In die erste Kategorie fallen: (1) Der Ehegatte des Erblassers, (2) sein Lebenspartner, mit dem der Erblasser in einer eingetragenen Lebenspartnerschaft nach dem Gesetz Nr. 3719/2008 lebte, wenn die Lebensgemeinschaft durch den Tod endete und zuvor mindestens 2 Jahre bestanden hat, (3) Abkömmlinge ersten Grades (sowie nichteheliches Kinder gegenüber der Mutter, gerichtlich oder freiwillig anerkannte Kinder gegenüber dem Vater, bzw. bei Eheschließung nach Geburt des Kindes gegenüber beiden Eltern), (4) Blutsverwandte in absteigender Linie zweiten Grades und (5) Blutsverwandte aufsteigender Linie ersten Grades, Art. 29 I 1 grErbStG.

213 Mit Gesetz Nr. 4356/2015 wurde mit Wirkung ab 24.12.2015 die eingetragene Lebenspartnerschaft auch auf gleichgeschlechtliche Paare erweitert; nach dessen Art. 8 sind ab diesem Zeitpunkt die für Ehegatten geltenden erbrechtlichen Vorschriften entsprechend auf eingetragene Lebenspartner anzuwenden (bis dahin hatte der überlebende eingetragene Lebenspartner als gesetzlicher Erbe nur Anspruch auf 1/6 des Nachlasses des verstorbenen Lebenspartners neben Erben der ersten Ordnung bzw. ¼ neben Erben der übrigen Ordnungen). Während für Ehegatten keine Mindestdauer für die Einstufung in die Steuerkategorie A vorgesehen ist, kommen eingetragene Lebenspartner erst nach einer Mindestbestandszeit von 2 Jahren in den Genuss der maximalen Steuerbefreiung, bei einem Erbfall in den ersten beiden Jahren fällt der überlebende eingetragene Lebenspartner in die niedrigste Kategorie C. Es bleibt abzuwarten, wann diese Form der erbschaftssteuerlicher Ungleichbehandlung zu einer möglichst rückwirkenden Aufhebung der Mindestbestandszeit in Art. 29 I 1 grErbStG führen wird.

214 Für die Kategorie A gelten aktuell folgende Steuersätze und Freibeträge, Art. 29 II grErbStG.

Steuerstufe	Faktor (Stufensteuersatz)	Stufensteuer	Steuerpflichtiges Vermögen	Steuerschuld
150.000,00 EUR	0 %	0,00 EUR	150.000,00 EUR	0,00 EUR
150.000,00 EUR	1 %	1.500,00 EUR	300.000,00 EUR	1.500,00 EUR
300.000,00 EUR	5 %	15.000,00 EUR	600.000,00 EUR	16.500,00 EUR
Darüber hinaus	10 %			

215 Die besondere Steuerbefreiung für Ehegatten (nach fünfjähriger Ehe) und minderjährige Kinder des Erblassers von 400.000,00 EUR je Berechtigten führt zu folgenden Steuersätzen und Freibeträgen, Art. 25 II lit. g, 29 II grErbStG.

Steuerstufe	Faktor (Stufensteuersatz)	Stufensteuer	Steuerpflichtiges Vermögen	Steuerschuld
150.000,00 EUR	0 %	0,00 EUR	150.000,00 EUR	0,00 EUR
250.000,00 EUR	0 %	0,00 EUR	400.000,00 EUR	0,00 EUR
200.000,00 EUR	5 %	10.000,00 EUR	600.000,00 EUR	10.000,00 EUR
Darüber hinaus	10 %			

216 Der überlebende Ehegatte nach bspw. 4 Jahren Ehe müsste für ein Vermögen von 500.000,00 EUR Erbschaftssteuer in Höhe von insgesamt 11.500,00 EUR bezahlen, im Einzelnen: in der Steuerstufe 1 fällt für die „ersten" 150.000,00 EUR keine Steuer an, in der Steuerstufe 2 werden 150.000,00 EUR mit 1 % = 1.500,00 EUR und in der Steuerstufe 3 weitere 200.000,00 EUR mit 5 % = 10.000,00 EUR besteuert.

217 Bestand die Ehe mit dem Erblasser zum Zeitpunkt seines Todes indes länger als 5 muss der überlebende Ehegatte nur 5.000,00 EUR Erbschaftssteuer bezahlen, er hat somit eine Ersparnis von 6.500,00 EUR, im Einzelnen: in der Steuerstufe 1 fällt für die „ersten" 150.000,00 EUR keine Steuer an, in der Steuerstufe 2 fällt für weitere 250.000,00 EUR ebenfalls keine Steuer an, in der Steuerstufe 3 werden noch 100.000,00 EUR mit 5 % = 5.000,00 EUR besteuert.

218 **bb) Kategorie B.** In die zweite Kategorie fallen: (1) Blutsverwandte in absteigender Linie ab dem dritten Grad, (2) Blutsverwandte in aufsteigender Linie ab dem zweiten Grad, (3) gerichtlich oder freiwillig

IV. Erbschaftsteuer **Griechenland**

anerkannte Kinder gegenüber den Vorfahren des Vaters der sich anerkannt hat, (4) Abkömmlinge des anerkannten Kindes gegenüber dem Vater (der das Kind anerkannt hat) und dessen Vorfahren, (5) Geschwister und Halbgeschwister, (6) Blutsverwandte dritten Grades in der Seitenlinie, (7) Stiefmütter und Stiefväter, (8) Kinder des Ehegatten aus (dessen) früheren Ehen, (9) Schwiegertöchter und Schwiegersöhne und (10) Schwiegereltern.

Für die Kategorie B gelten aktuell folgende Steuersätze und Freibeträge, Art. 29 II grErbStG. 219

Steuerstufe	Faktor (Stufensteuersatz)	Stufensteuer	Steuerpflichtiges Vermögen	Steuerschuld
30.000,00 EUR	0 %	0,00 EUR	30.000,00 EUR	0,00 EUR
70.000,00 EUR	5 %	3.500,00 EUR	100.000,00 EUR	3.500,00 EUR
200.000,00 EUR	10 %	20.000,00 EUR	300.000,00 EUR	23.500,00 EUR
Darüber hinaus	20 %			

cc) **Kategorie C.** In die dritte Kategorie fallen alle weiteren verwandte und verschwägerte Peronen, 220 sowie die (wörtlich übersetzt) „Exoten", dh alle anderen Erben.

Für die Kategorie C gelten aktuell folgende Steuersätze und Freibeträge, Art. 29 II grErbStG. 221

Steuerstufe	Faktor (Stufensteuersatz)	Stufensteuer	Steuerpflichtiges Vermögen	Steuerschuld
6.000,00 EUR	0 %	0,00 EUR	6.000,00 EUR	0,00 EUR
66.000,00 EUR	20 %	13.200,00 EUR	72.000,00 EUR	13.200,00 EUR
195.000,00 EUR	30 %	58.500,00 EUR	267,000,00 EUR	71.700,00 EUR
Darüber hinaus	40 %			

3. Der Fiskus und die Kirche. Der Fiskus ist von der Erbringung von Erbschaftsteuer befreit. Für 222 griechisch-orthodoxe Kirchen und Klöster, das Patriarchat von Jerusalem (Heiligtum der Grabeskirche) das Kloster auf dem Berg Sinai, das ökumenische Patriarchat Konstantinopel, dem Patriarchat von Alexandria, die Kirche Zyperns, die orthodoxe Kirche Albaniens (abschließende Aufzählung in Art. 25 III lit. a grErbStG) gelten Sonderregeln. Es gilt ein einheitlicher Erbschaftssteuersatz von 0,5 % nach Art. 29 V grErbStG.

4. Weitere Steuertatbestände. Für Schenkungen zu Lebzeiten, Schenkungen von Todes wegen, elterli- 223 che Zuwendungen zu Lebzeiten an die Kinder gelten die Steuertatbestände der Erbschaftssteuer und die Freibeträge entsprechend mit unterschiedlichen Entstehungszeitpunkten. Die Steuer bei Schenkungen zu Lebzeiten entsteht mit Abschluss des schuldrechtlichen Schenkungsvertrages bzw. in Ermangelung dessen mit Übergabe des geschenkten Gegenstandes, Art. 39 I grErbStG.

Die Steuer bei Schenkungen von Todes wegen entsteht indes erst bei Eintritt des Todes des Schenkers, 224 Art. 39 II grErbStG.

Die Schenkung von Geldvermögen unter Lebenden wird ohne Freibeträge und ohne Staffelung mit ei- 225 nem erhöhten Steuersatz je nach Kategorie besteuert. Für den Beschenkten in der Kategorie A beträgt der Steuersatz 10 %, in der Kategorie B 20 % und in der Kategorie C 40 %, Art. 44 II grErbStG. Das bedeutet in der Praxis, dass ein auf Kreta lebendes Enkelkind, das von seiner in Thessaloniki lebenden Großmutter einen Geldbetrag von 5.000,00 EUR etwa für die Anschaffung eines PKW bekommt, Schenkungssteuer in Höhe von 500,00 EUR bezahlen muss. Das Enkelkind müsste die Steuererklärung bei dem für seine Großmutter zuständigen Finanzamt in Thessaloniki einreichen. Handelte es sich um eine Schenkung des Onkels an seinen Neffen, müsste dieser Schenkungssteuer in Höhe von 1.000,00 EUR bezahlen.

Für verspätet abgegebene Steuererklärungen können Bußgelder festgesetzt werden. Die Steuerforde- 226 rung des Fiskus verjährt in 10 Jahren nach Abgabe der Steuererklärung, wobei die Frist am 1.1. des auf die Abgabe folgenden Jahres beginnt. Hat der Steuerpflichtige keine Steuererklärung abgegeben, beträgt die Verjährungsfrist 15 Jahre beginnend ab dem Jahr, das auf das Ende der Abgabefrist folgt.

Länderbericht Italien

Übersicht

	Rn.		Rn.
I. Internationales Erbrecht	1–49	b) Annahme und Ausschlagung	58–63
1. Grundsätze des italienischen internationalen Privatrechts	1–5	3. Gesetzliche Erbfolge	64–78
		a) Verwandte	65–70
2. Rechtslage vor Inkrafttreten der EUErbVO	6–31	b) Ehegatte	71–77
		c) Staat	78
a) Erbstatut	6–24	4. Gewillkürte Erbfolge	79–107
aa) Bestimmung des Erbstatuts	6–10	a) Materielle Wirksamkeit des Testaments	79–82
bb) Insbesondere: Rechtswahl	11–16	b) Arten von letztwilligen Verfügungen	83–88
cc) Die Beerbung eines Deutschen mit in Italien belegenem Vermögen	17–19	c) Formfragen	89–94
dd) Umfang des Erbstatuts	20–24	d) Testamentarische Anordnungen	95–107
b) Formstatut	25–27	5. Noterbrecht	108–116
c) Internationales Verfahrensrecht in Erbangelegenheiten	28–31	a) Noterbrecht und verfügbare Quote	108–111
		b) Noterbberechtigte und Höhe der Quote	112–116
3. Rechtslage nach Inkrafttreten der EUErbVO	32–49	6. Erbengemeinschaft	117/118
a) Abgrenzung zu anderen Statuten	33–41	7. Erbenhaftung	119
b) Form letztwilliger Verfügungen	42	III. Nachlassverfahren	120–124
c) Einzelfragen	43–49	IV. Erbschaftsteuer	125–140
aa) Gemeinschaftliche Testamente und Erbverträge	43–47	1. Erbschaft- und Schenkungsteuer	125–135
		a) Entstehungsgeschichte	125–128
bb) Auf die Nachlassabwicklung anwendbares Recht	48/49	b) Erbschaftsteuer	129/130
II. Materielles Erbrecht	50–119	c) Besteuerung von Schenkungen zu Lebzeiten	131
1. Grundlagen	50–56	d) Bewertung, Verfahren	132–134
a) Erbfähigkeit	51/52	e) Steuerklassen, Tarife	135
b) Erbunwürdigkeit	53–55	2. Sonstige im Rahmen der Erbfolge und der Schenkung anfallenden Steuern	136–138
c) Erbverzicht	56		
2. Übergang des Vermögens	57–63	3. Erbschaftsteuerpflicht aus deutscher Sicht	139/140
a) Erwerb der Erbschaft	57		

Schrifttum: Textsammlungen zum italienischen Recht: *Patti,* Italienisches Zivilgesetzbuch – Codice Civile, zweisprachige Ausgabe, 2. Auflage 2012. **Literatur zum italienischen (internationalen) Erbrecht:** *Beyer,* Die Problematik gemeinschaftlicher Testamente im internationalen Erbrecht am Beispiel Deutschland – Italien, Zerb 2015, 170 ff.; *Borthloff/Mutti,* Der Erwerb von in Italien belegenen Immobilien durch Erbfolge, RIW 1997, 920; *Castelli/Molinari,* Der patto di famiglia im italienischen Recht, ZErb 2007, 367 ff.; *Castelli,* Italien: Gesetz zur Abschaffung der unterschiedlichen Behandlung von ehelichen und unehelichen Kindern, ZEV 2013, 135; *Castelli,* Italien: Verfassungswidrigkeit des obligatorischen Schlichtungsverfahrens in Erbrechtsangelegenheiten, ZEV 2013, 135; *Castelli,* Italien: Vereinfachung der Inventarerrichtung durch unmittelbare Beauftragung des Notars, ZEV 2012, 587; *ders.,* Italien: Erbrecht bei eingetragenen Partnerschaften zwischen gleichgeschlechtlichen Personen, ZEV 2016, 496; *Dolce/Lederer/Ludewig,* Italien, in Frank/Wachter (Hrsg.), Handbuch Immobilienrecht in Europa, Länderbericht Italien, 2. Aufl. 2014; *Dreher,* Die Rechtswahl im internationalen Erbrecht. Unter besonderer Berücksichtigung des italienischen IPR-Reformgesetzes Nr. 218 v. 31.5.1995, 1999; *Ebenroth/Kleiser,* Das internationale Privatrecht in Italien und seine Reform, RIW 1993, 353; *Engbers,* Deutsch-italienische Erbfälle, 2003; *Flick/Piltz* (Hrsg.), Der Internationale Erbfall, 2. Aufl. 2008, 158 ff.; *Frank,* Zivilrechtliche und steuerrechtliche Folgen des Erwerbs, des Verkaufs und der Vererbung von Immobilien in Italien, IWB 2003, Gruppe 2, 503 ff. (Teil 1) und 517 ff. (Teil 2); *Gabrielli,* Familienbeziehungen und Testierfreiheit in der Erbfolge nach italienischem Recht, in Henrich (Hrsg.), Familienerbrecht und Testierfreiheit im europäischen Vergleich, 2001, 125 ff.; *Grundmann,* Zur Errichtung eines gemeinschaftlichen Testaments durch italienische Ehegatten in Deutschland, IPRax 1985, 94; *Haas,* in Bengel/Reimann, Handbuch der Testamentsvollstreckung, 3. Aufl. 2001, Kap. 9; *Hausmann,* Rechtliche Probleme bei der Errichtung letztwilliger Verfügungen durch italienische Staatsangehörige vor deutschen Notaren, JbItalR 15/16 (2002), 173; *Jayme,* Die Beteiligung der Pflichterben am Nachlass: Herabsetzungs- und Auskunftsklage sowie Inventarerrichtung nach italienischem Erbrecht vor deutschen Gerichten, JbItalR 12(1999), 177; *Kindler,* Die Schenkung einer in Italien belegenen Immobilie, ZEV 1997, 190; *Kindler,* Internationale Zuständigkeit und anwendbares Recht im italienischen IPR-Gesetz von 1995, RabelsZ 61 (1997), 227; *Kindler,* Neue Gestaltungen im italienischen Unternehmenserbrecht: der Familienvertrag („patto di famiglia"), FamRZ 2007, 954 ff.; *Kruis,* Das italienische internationale Erbrecht, 2005; *von Lutterotti,* Ergänzende Hinweise zur Schenkung einer Immobilie in Italien aus Sicht der notariellen Praxis, ZEV 1997, 193; *Mayer/Süß/Tanck/Bittler/Wälzholz,* Handbuch Pflichtteilsrecht, 2003, § 16 Rn. 158 ff.; *Pesce,* Reform des italienischen internationalen Privat- und Verfahrensrechts, RIW 1995, 977; *Pocar,* Das neue italienische internationale Privatrecht, IPRax 1997, 145; *Priemer,* Das italienische Internationale Privatrecht nach seiner Reform – Insbesondere zum Recht der allgemeinen Ehewirkungen, Güterrecht, Erbrecht, MittRhNotK 2000, 45; *Rauscher/Scheuer,* Entwicklungen im italienischen Erbrecht, JbItalR 8 (1995), 59; *Reiß,* Das Pflichtteilsrecht nach italienischem Recht, ZEV 2005, 148; *Reiß,* Die Erbengemeinschaft im italienischen Recht, ZErb 2005, 212; *ders.,* Das Zusammenwirken von Güterrechtsstatut und Erbstatut bei Beendigung der deutsch-italienischen Ehen durch Tod eines Ehegatten, ZErb 2005, 306; *Salaris,* Grundzüge und Besonderheiten des italienischen Erbrechts, ZEV 1995, 240; *Schmellenkamp,* in *Hausmann/Odersky,* Internationales Privatrecht in der Notar- und Gestaltungspraxis, 3. Aufl. 2017, Rn. 401 ff.; *Schömmer/Reiß,* Internationales Erbrecht Italien, 2. Aufl. 2005; *Sprengel,* Die Besteuerung deutsch-italienischer Erb- und Schenkungsfälle, 2000; *Stadler* bzw. *Ferid* in Ferid/Firsching/Dörner/Hausmann, Internationales Erbrecht, Italien, Loseblattsammlung; Staudinger/*Dörner,* Anh. Art. 25 f. EGBGB, Rn. 259 ff.; *Süß,* Einige Besonderheiten bei der Beerbung von Italienern, ZErb 2000, 50; *Cubbeddu-Wiedemann,* Erbrecht in Italien, in Süß/Haas, Erbrecht in Europa, 3. Aufl. 2015, 695 ff.

Literatur zum italienischen Erbschaft- und Schenkungsteuerrecht: *Bortloff/Mutti,* Der Erwerb von in Italien belegenen Immobilien durch Erbfolge, RIW 1997, 920; *Flick/Piltz,* Der Internationale Erbfall, 3. Aufl. 2015; *Jülicher* in Troll/Gebel/Jülicher, Erbschaft- und Schenkungsteuer, Loseblattsammlung, § 21 Rn. 106; *Jülicher,* Frühere italienische Wertzuwachssteuer anrechenbar nach § 21 Abs. 1 ErbStG, PISTB 2002, 187; *Frank,* Feriendomizil in Italien: Abschafung der Erbschaftsteuer führt zu Steuervorteilen, PIStB 2002, 106; *Kneisler-Dall' Acqua/Comolli,* Erbschaft- und Schenkungsteuer in Italien – Stand Oktober 2012, ZErb 2013, 7; *Lobis,* Reform der italienischen Erbschaft- und Schenkungsteuer, ZEV 2000, 497; *Lobis,* Reform der Erbschaft- und Schenkungsteuer – Entwurf des Haushaltsrahmengesetzes 2001, IStR 23/2000, Beihefter S. 3; *Lobis,* Abschaffung der italienischen Erbschaft- und Schenkungsteuer, ZEV 2001, VI; *Lutterotti,* Ergänzende Hinweise zur Schenkung einer Immobilie in Italien aus Sicht der notariellen Praxis, ZEV 1997, 193; *Mayr/Frei,* Entwicklungen und Neuerungen im italienischen Steuerrecht zum Jahr 2000, IWB 2000, Fach 5, Gruppe 2, 453; *Mayr/Frei,* Steuerliche Neuerungen in Italien, IWB 2001, Fach 5, Gruppe 2, 463; *Reichel,* Ferienimmobilien in Italien, 2. Aufl. 1999, 158 ff.; *Salaris,* Grundzüge und Besonderheiten des italienischen Erbrechts, ZEV 1995, 240; *Schömmer/Reiß,* Internationales Erbrecht Italien, 2. Aufl. 2005; *Sprengel,* Die Besteuerung deutsch-italienischer Erb- und Schenkungsfälle, 2000.

I. Internationales Erbrecht

1. Grundsätze des italienischen internationalen Privatrechts. Das italienische internationale Privatrecht wurde in neuerer Zeit grundlegend **reformiert**. Rechtsgrundlage ist nun das Gesetz v. 31.5.1995 Nr. 218 über die Reform des italienischen Privatrechts (Legge 31 maggio 1995, n. 218 sulla riforma del sistema italiano di diritto internazionale privato, ordentliche Beilage zur G. U. n. 128 v. 3.6.1995; abgedr. in deutscher Sprache bei Riering/*de Meo,* IPR-Gesetze in Europa, 1997, 42 ff.; sowie bei FFDH IntErbR/*Ferid* Texte A I.). Das Gesetz ist zum 1.9.1995 in Kraft getreten. Ist der Erbfall vor diesem Zeitpunkt eingetreten, gilt das alte Kollisionsrecht (das internationale Privatrecht Italiens war zuvor hauptsächlich durch die Einführungsbestimmungen des Codice civile aus dem Jahre 1942 geregelt; die maßgeblichen Bestimmungen sind abgedr. in deutscher Sprache bei Riering/*de Meo,* IPR-Gesetze in Europa, 1997, 29 ff.). Ferner ist die EU-Verordnung Nr. 650/2012 vom 4.7.2012 des Europäischen Parlaments und des Rates über die Zuständigkeit, das anzuwendende Recht, die Anerkennung und Vollstreckung von Entscheidungen und die Annahme und Vollstreckung öffentlicher Urkunden in Erbsachen, sowie zur Einführung eines Europäischen Nachlasszeugnisses („EUErbVO") auch für Italien am 16.8.2012, hinsichtlich der Art. 78, 79 und 80 ab 5.7.2013 in Kraft getreten. Sie gilt für Erbfälle, welche nach dem 17.8.2015 eintreten (dazu sogleich → Rn. 32). 1

Seit der Reform aus dem Jahr 1995 erkennt das italienische internationale Privatrecht grds. auch die **Rück- und Weiterverweisung** (renvoi = *rinvio*) an (Art. 13 IPRG). Voraussetzung ist allerdings, dass der Staat, auf den verwiesen wird, die Verweisung annimmt oder dass auf italienisches Recht zurückverwiesen wird (Art. 13 I IPRG). Der renvoi ist dagegen ausgeschlossen bei Formfragen und im Falle einer Rechtswahl (Art. 13 II IPRG). In diesen Fällen liegen Sachnormverweisungen vor. 2

Eine an sich anwendbare ausländische Rechtsordnung kann in der Anwendbarkeit ausgeschlossen sein, wenn ihre Ergebnisse im Widerspruch zum italienischen **ordre public** *(ordine pubblico)* stehen (Art. 16 I IPRG). In diesem Fall sind zunächst die im IPRG ggf. vorgesehenen Alternativen oder Hilfsanknüpfungen zu beachten, mangels derer gilt wiederum hilfsweise italienisches Sachrecht (Art. 16 II IPRG). Art. 16 IPRG wird eng ausgelegt (*Priemer* MittRhNotK 2000, 45 (49) mwN). Ferner sind trotz Verweisung auf ausländisches Recht **zwingend anwendbare italienische Rechtsnormen** vorrangig anzuwenden (Art. 17 IPRG). 3

Verweist das IPRG auf einen **Mehrrechtsstaat**, zB die USA, wird das anwendbare Recht nach Maßgabe derjenigen Kriterien bestimmt, die jene Rechtsordnung selbst durch ihr interlokales Kollisionsrecht anwendet. Hilfsweise wird auf die Rechtsordnung zurückgegriffen, mit der der Fall die engste Verbindung aufweist (Art. 18 IPRG). 4

Bei **Mehrstaatlern** gilt die Staatsangehörigkeit des Staates, zu dem die engste Verbundenheit besteht (Art. 19 II 1 IPRG), ist eine Staatsangehörigkeit jedoch die italienische, geht diese vor (Art. 19 II 2 IPRG). Die „enge Verbundenheit" wird vornehmlich nach dem Wohnsitz, dem gewöhnlichen Aufenthalt, dem Schwerpunkt der Geschäftstätigkeit oder dem sonstigen allgemeinen hauptsächlichen Lebensmittelpunkt ermittelt (*Priemer* MittRhNotK 2000, 45 (46)). Bei **Staatenlosen** und **Flüchtlingen** gilt das Recht des Wohnsitzes *(domicilio),* ersatzweise das Recht des gewöhnlichen Aufenthalts *(residenza)* (Art. 19 I IPRG) (Die unterschiedlichen Begrifflichkeiten von „Wohnsitz" und „gewöhnlichem Aufenthalt" entsprechen denen des Codice civile; iE s. *Priemer* MittRhNotK 2000, 45 (47) mwN). 5

2. Rechtslage vor Inkrafttreten der EUErbVO. a) Erbstatut. aa) Bestimmung des Erbstatuts. Staatsvertragliche Regelungen auf dem Gebiet des Erbrechts zwischen Italien und Deutschland bestehen nicht. Italien hat aber mehrere multilaterale Übereinkommen ratifiziert (s. *Engbers,* Deutschitalienische Erbfälle, 2003, 16). Wichtiges bilaterales Abkommen ist der italienisch-türkische Konsularvertrag v. 9.9.1925 (auszugswise abgedr. bei FFDH IntErbR/*Stadler,* Texte A II 1b). Danach wird grds. an das Heimatrecht des Erblassers angeknüpft; für Grundbesitz gilt die lex rei sitae. Ferner ist die EU-Verordnung Nr. 650/2012 v. 4.7.2012 des Europäischen Parlaments und des Rates über die Zuständigkeit, das anzuwendende Recht, die Anerkennung und Vollstreckung von Entscheidungen und die Annahme und Vollstreckung öffentlicher Urkunden in Erbsachen, sowie zur Einführung eines Europäischen 6

120 Italien

Nachlasszeugnisses („EUErbVO") auch für Italien am 16.8.2012, hinsichtlich der Art. 78, 79 u. 80 ab 5.7.2013 in Kraft getreten. Sie gilt für Erbfälle, welche nach dem 17.8.2015 eintreten.

7 Das **autonome Kollisionsrecht** ist im VII. Abschnitt des IPRG (Art. 46–50 IPRG) geregelt. Wie das deutsche internationale Erbrecht folgt Italien dem Grundsatz der **Nachlasseinheit** und knüpft unabhängig von Wohnsitz oder Belegenheit der Sache an die **Staatsangehörigkeit** des Erblassers zum Zeitpunkt seines Todes an (Art. 46 I IPRG). Bei Mehrstaatlern und Staatenlosen → Rn. 5.

8 Ein Sonderstatut entsprechend Art. 3a II EGBGB kennt das italienische Recht nicht. Es verbleibt daher beim Grundsatz der Nachlasseinheit. Das Erbstatut regelt ua die Fragen des Eintritts des Erbfalls, der gesetzlichen und testamentarischen Erbfolge, den Erwerb und Verlust der Erbenstellung, die Annahme und Ausschlagung, die Anfechtung der Erbschaft und die Erbenhaftung sowie den Umfang des Nachlasses, die Zulässigkeit, Arten und Wirksamkeit von letztwilligen Verfügungen. Der patto di famiglia (→ Rn. 68) wird nach hM ebenfalls erbrechtlich qualifiziert.

9 Die **Testierfähigkeit** ist gesondert geregelt. Dazu gehört neben der Fähigkeit, letztwillige Verfügungen abzuschließen, auch, diese zu ändern und zu widerrufen. Sie bestimmt sich nach dem Recht der Staatsangehörigkeit des Erblassers zum Zeitpunkt der letztwilligen Verfügung, der Abänderung bzw. des Widerrufs (Art. 47 IPRG).

10 **Schenkungen** werden besonders angeknüpft. Sie bestimmen sich durch das Heimatrecht des Schenkers zum Zeitpunkt der Schenkung. Der Schenker kann jedoch durch ausdrückliche Erklärung das Recht des Staates seines gewöhnlichen Aufenthalts wählen. Die Schenkung ist formwirksam, wenn sie den Formerfordernissen des Rechts entspricht, welches auf die Schenkung anwendbar ist, oder aber dem Recht des Staates, in dem die Schenkung vorgenommen wurde.

11 **bb) Insbesondere: Rechtswahl.** Das neue IPR-Gesetz lässt in Art. 46 II eine beschränkte Rechtswahl zu.

12 Danach kann der Erblasser für die Rechtsnachfolge in sein gesamtes Vermögen durch ausdrückliche Erklärung in der Form eines Testaments das Recht des Staates seines gewöhnlichen Aufenthalts wählen. Die Rechtswahl ist unwirksam, wenn der Erblasser zum Zeitpunkt seines Todes in jenem Staat keinen gewöhnlichen Aufenthalt hatte. Im Falle der Rechtsnachfolge nach einem italienischen Staatsangehörigen bleiben die nach italienischem Recht bestehenden Rechte von Pflichtteilsberechtigten, die im Zeitpunkt des Todes des Erblassers ihren gewöhnlichen Aufenthalt in Italien haben, von der Rechtswahl unberührt (Art. 46 II IPRG). Die Bestimmung ist Ausprägung des italienischen ordre public und ist zwingend.

13 Damit unterliegt die Rechtswahl folgenden **Voraussetzungen** bzw. **Einschränkungen**:
– **Wählbares Recht:** Der Erblasser kann nicht irgendein Recht, sondern nur das Recht des Staates wählen, in welchem er zum Zeitpunkt der Rechtswahl seinen gewöhnlichen Aufenthalt hat (dies kann gleichzeitig der Wohnsitz sein, sofern der Erblasser sich dort effektiv aufhält).

14 – **Form der Rechtswahl:** Die Rechtswahl hat testamentarisch zu erfolgen. Nach wohl hM hat sie durch ausdrückliche Erklärung zu erfolgen (Nachw. bei *Priemer* MittRhNotK 2000, 45 (57)). Sie kann einziger Inhalt des Testaments sein.

15 – **Grenzen der Rechtswahl:** Die Rechtswahl wird unwirksam, wenn der Erblasser zum Zeitpunkt seines Todes seinen gewöhnlichen Aufenthalt nicht mehr in dem Staat des gewählten Rechts hat.

16 – **Italienische Pflichtteilsrechte:** Beim Tod eines Italieners bleibt die Rechtsstellung von Pflichtteilsberechtigten ungeschmälert, die zum Zeitpunkt des Erbfalls ihren gewöhnlichen Aufenthalt in Italien haben. Ihre Noterbrechte (→ Rn. 108 ff.) bleiben unberührt. Lebt kein noterbberechtigter Angehöriger des italienischen Erblassers in Italien, so ist die Rechtswahlmöglichkeit des Erblassers diesbzgl. unbeschränkt.
Bis zum Geltungszeitpunkt der EU-Erbrechtsverordnung (dh Erbfälle nach dem 17.8.2015 – s. hierzu sogleich → Rn. 32 ff.) sollte für in Deutschland wohnende italienische Staatsangehörige neben der Rechtswahl nach Art. 46 II IPRG vorsorglich von der Rechtswahl nach Art. 25 II EGBGB hinsichtlich in Deutschland befindlicher Immobilien Gebrauch gemacht werden, um zu gewährleisten, dass bei Unwirksamkeit, zB wegen späteren Umzugs oder wegen der eingeschränkten Geltung in Hinblick auf in Italien lebende Pflichtteilsberechtigte zumindest für die deutschen Immobilien dem Willen des Erblassers Rechnung getragen werden kann. Nach einer Entscheidung des OLG Frankfurt a. M. ZEV 2013, 559 waren italienische Ehegatten auch befugt, eine Rechtswahl für das deutsche Recht in einer gemeinsamen letztwilligen Verfügung zu treffen. Hiervon zu unterscheiden ist freilich die Frage, ob italienische Ehegatten – nach der alten Rechtslage – gemeinschaftliche Testamente bzw. Erbverträge mit Bindungswirkung errichten duften (→ Rn. 20 und 84).

17 **cc) Die Beerbung eines Deutschen mit in Italien belegenem Vermögen.** Aus deutscher Sicht richtet sich die Rechtsnachfolge von Todes wegen grds. nach dem Heimatrecht des Erblassers, bei deutschen Staatsangehörigen demnach nach deutschem Erbrecht (Art. 25 I EGBGB). Dieser Grundsatz der Gesamtverweisung wird nach Art. 3a II EGBGB durchbrochen, wenn das Recht des ausländischen Staates besondere Regelungen für die Vererbung vorsieht. Das ist bspw. für Frankreich der Fall, das die Vererbung von Immobilien gesondert vom sonstigen Erbstatut der lex rei sitae unterstellt. Italien folgt hinsichtlich der Rechtsnachfolge von Todes wegen ebenfalls einheitlich dem Heimatrecht, Sondervorschriften für Immobilien gibt es nicht. Es bleibt daher beim deutschen Erbrecht. Aus der Sicht des italienischen Rechts gelangt man zum selben Ergebnis: Art. 46 IPRG verweist auf deutsches internationales Privatrecht, dieses nimmt die Verweisung an (Art. 4 I 2 EGBGB).

Deutsche Staatsangehörige werden somit auch hinsichtlich ihres in Italien belegenen Vermögens ausschließlich nach deutschem Erbrecht beerbt.

Unterschiedliche Ergebnisse erhält man jedoch bei Doppelstaatlern deutscher und italienischer Staatsangehörigkeit: nach deutschem Recht geht die deutsche Staatsangehörigkeit vor (Art. 5 I 2 EGBGB), nach italienischem Recht die italienische (Art. 19 II 2 italienisches IPRG). Aus deutscher Sicht wird der Erblasser damit nach deutschem Erbrecht beerbt, aus italienischer Sicht nach italienischem Recht.

dd) Umfang des Erbstatuts. Dem Erbstatut unterliegen die Fragen der **gesetzlichen** wie der **gewillkürten Erbfolge.** Es umfasst alle materiellen Fragen des Erbrechts, zB Eröffnung der Erbschaft, Annahme und Ausschlagung, die Modalitäten des Übergangs des Nachlasses auf die Erben und Vermächtnisnehmer, Erbfähigkeit und Erbwürdigkeit, Noterbrechte und Verzichtsmöglichkeiten, ferner Fragen der Erbenhaftung und die Sicherung des Nachlasses. Bestimmt werden auch die möglichen Anordnungen des Erblassers durch letztwillige Verfügung wie Erbeinsetzung, Vermächtnisse, die Zulässigkeit von Vor- und Nacherbfolge, Testamentsvollstreckung etc. Die Fragen der Zulässigkeit eines gemeinschaftlichen Testaments oder Erbvertrags wird materiell-rechtlich qualifiziert und unterliegt ebenfalls dem Erbstatut.

Auch die **Schenkung auf den Todesfall** sowie der Vertrag zugunsten Dritter auf den Todesfall unterliegen dem Erbstatut (*Ebenroth/Kleiser* RIW 1993, 353 (358 f.); *Priemer* MittRhNotK 2000, 45 (55); zur Schenkung iÜ → Rn. 10).

Der **dingliche Erwerb** und Verlust von Vermögensgegenständen des Nachlasses bestimmt sich nach dem Sachstatut. Dieses unterstellt diese Fragen – wie fast überall – der lex rei sitae (Einzelheiten sowie Darstellung des Streitstands bei *Priemer* MittRhNotK 2000, 45 (53 f.)).

Eine besondere Regelung erfährt die **Erbauseinandersetzung** in Art. 46 III IPRG. Danach bestimmt sich die Teilung des Nachlasses nach dem Recht, das auf die Erbfolge anwendbar ist, mit anderen Worten das Erbstatut, es sein denn die an der Erbauseinandersetzung Beteiligten haben einvernehmlich das Recht des Staates für anwendbar erklärt, in dem das Verfahren über die Erbfolge eröffnet wurde oder in dem sich ein oder mehrere Vermögensgegenstände befinden. Unter die Regelung fallen wohl auch Erbauseinandersetzungsverträge. Die sachenrechtlichen Komponenten der Erbauseinandersetzung unterfallen dagegen der lex rei sitae (ausf. mit Anwendungsbeispielen *Reiß* ZErb 2005, 212).

Fehlen andere Erbberechtigte und sieht das auf die Erbfolge anwendbare Recht kein Erbrecht des Staates vor, fällt das in Italien belegene Nachlassvermögen an den italienischen Staat (Art. 49 italienisches IPRG).

b) Formstatut. Italien ist dem Haager Übereinkommen über das auf die Form letztwilliger Verfügungen anwendbare Recht v. 5.10.1961 nicht beigetreten. Für das Formstatut gilt daher Art. 48 IPRG, der die bisherigen Anknüpfungen für die Formwirksamkeit einer letztwilligen Verfügung nach Art. 26 disp. prel. Cciv erheblich erweitert hat und die wichtigsten Anknüpfungspunkte von Art. 1 des Haager Übereinkommens übernommen hat:

Ein Testament ist danach hinsichtlich seiner Form gültig, wenn es den Formerfordernissen des Staates, in dem der Erblasser verfügt hat, oder dem er im Zeitpunkt der Testamentserrichtung oder seines Todes angehörte oder in dem er seinen Wohnsitz oder gewöhnlichen Aufenthalt hatte, entspricht.

Keine Regelung enthält das IPRG über die Form und Zulässigkeit der in Italien unbekannten und verbotenen gemeinschaftlichen Testamente und Erbverträge. Ihre Zulässigkeit wird als materiell-rechtliche Frage qualifiziert und unterliegt damit nicht dem Form-, sondern dem Erbstatut (→ Rn. 20).

c) Internationales Verfahrensrecht in Erbangelegenheiten. Die **Internationale Zuständigkeit** italienischer Gerichte bestimmt sich auch durch das IPRG. Neben allgemeinen Zuständigkeitsvorschriften der Art. 3 ff. IPRG regelt Art. 9 IPRG speziell die Zuständigkeit im Bereich der freiwilligen Gerichtsbarkeit und vor allem Art. 50 IPRG die Zuständigkeit für Erbangelegenheiten. Danach besteht die Zuständigkeit der italienischen Gerichtsbarkeit, wenn der Erblasser im Zeitpunkt seines Todes italienischer Staatsangehöriger war, die Erbfolge in Italien eröffnet wurde, sich derjenige Teil des Nachlasses, dem die größte wirtschaftliche Bedeutung zukommt, in Italien befindet, der Beklagte seinen Wohnsitz oder gewöhnlichen Aufenthalt in Italien hat oder die Klage Vermögen betrifft, welches in Italien belegen ist. Insbesondere aus letzterer Bestimmung ergibt sich die Zuständigkeit italienischer Gerichte für deutsche Staatsangehörige mit Vermögen in Italien. Art. 9 IRPG tritt ergänzend für Verfahren der freiwilligen Gerichtsbarkeit neben Art. 50 IPRG, sodass sich eine weit reichende Zuständigkeit der italienischen Gerichte gegeben ist (ausf. *Engbers*, Deutsch-italienische Erbfälle, 2003, 15 ff., 150 ff., 199 f.).

Italienische Gerichte sind auch dann international zuständig, wenn die die Zuständigkeit begründenden Tatsachen noch im Laufe des Verfahrens eintreten (Art. 8 IPRG).

Ist auf Grund der Verweisung des IPRG ausländisches Sachrecht anwendbar, hat der italienische Richter dessen Inhalt nach seinen eigenen Auslegungsregeln von Amts wegen zu ermitteln (Art. 14, 15 IPRG). Erst wenn dies überhaupt nicht möglich ist und auch keine hilfsweisen Anknüpfungen zu einem Ergebnis führen, kann italienisches Sachrecht aus lex fori angewandt werden (Art. 14 II IPRG).

Die **Anerkennung ausländischer Entscheidungen** und Maßnahmen richtet sich, sofern nicht Staatsverträge vorrangig sind, nach Art. 64 ff. IPRG.

3. Rechtslage nach Inkrafttreten der EUErbVO. Auch für Italien gilt für Erbfälle ab dem 17.8.2015 die Verordnung (EU) Nr. 650/2012 des Europäischen Parlaments und des Rates vom 4. Juli 2012 über die Zuständigkeit, das anzuwendende Recht, die Anerkennung und Vollstreckung von Entscheidungen und

120 Italien

die Annahme und Vollstreckung öffentlicher Urkunden in Erbsachen sowie zur Einführung eines Europäischen Nachlasszeugnisses (EUErbVO). Im Folgenden werden nur die Besonderheiten im Hinblick auf das italienische Recht dargestellt.

33 **a) Abgrenzung zu anderen Statuten.** Vom Anwendungsbereich der EUErbVO ausgenommen sind gem. Art. 1 II lit. b) EUErbVO die Fragen der Rechts-, Geschäfts- und Handlungsfähigkeit natürlicher Personen, die wie bisher dem Personalstatut unterliegen. Die Erbfähigkeit unterliegt dagegen gem. Art. 23 Abs. 1 lit. c) EUErbVO dem allgemeinen Erbstatut gem. Art. 21 f. EUErbVO, die Testierfähigkeit dem Errichtungsstatut des Art. 24 EUErbVO. Vom Errichtungsstatut gem. Art. 26 I lit. b) EUErbVO umfasst werden die besonderen Gründe, aufgrund derer die Person, die die Verfügung von Todes wegen errichtet, nicht zugunsten bestimmter Personen verfügen darf, zB die Frage, inwieweit der Erblasser über sein Vermögen durch letztwillige Verfügung frei disponieren darf und welchen Beschränkungen er unterliegt. Zu unterscheiden sind diese wiederum von den allgemeinen Beschränkungen der Verfügungsfreiheit, die sich beispielsweise aus dem Pflichtteils- und Noterbrecht ergeben: Jene unterliegen dem allgemeinen Erbstatut. Dagegen richten sich die Beschränkungen der Einsetzbarkeit bestimmter Personengruppen oder Personen nach dem Errichtungsstatut. Dies betrifft in Italien zB Art. 596 und 597 CCiv, wonach der Testator grundsätzlich keine Verfügungen von Todes wegen zugunsten des beurkundenden Notars oder seines Vormunds errichten darf (*Geimer/Schütze* (Hrsg.), Internationaler Rechtsverkehr in Zivil- und Handelssachen, Europäische Erbrechtsverordnung (EuErbVO), Art. 23, Rn. 18).

34 Unentgeltliche Zuwendungen sind nach Art. 1 II lit. g) EUErbVO vom Anwendungsbereich der EUErbVO ausgenommen. Für sie gilt die Rom I-Verordnung mit ihren Rechtswahlmöglichkeiten. Für unbenannte Zuwendungen von Ehegatten gilt die künftige Güterrechtsverordnung, bis zu deren Inkrafttreten das güterrechtliche Kollisionsrecht, Art. 15 EGBGB. Art. 23 II lit. i) EUErbVO stellt allerdings klar, dass die Ausgleichung und Anrechnung unentgeltlicher Zuwendungen bei der Bestimmung der Anteile der einzelnen Berechtigten im Erbfall vom Erbstatut geregelt werden. Das Gleiche gilt gem. Art. 23 II lit. h) EUErbVO für den verfügbaren Teil des Nachlasses und die Pflichtteile.

35 Problematisch ist die Zuordnung dann, wenn der Erblasser bereits lebzeitige Verfügungen von Todes wegen im Wege der vorweggenommenen Erbfolge an künftige Erben vorgenommen hatte und diese lebzeitige Zuwendung Auswirkungen im Todesfall hatte. Schon im bisherigen Recht wurden die Ausgleichung und Anrechnung, ferner die Frage, inwieweit Noterbrechte etc greifen, dem Erbstatut zugeordnet. Gleiches gilt auch nach Geltung der EUErbVO (*Frank/Döbereiner*, Nachlassfälle mit Auslandsbezug, Rn. 61 ff.).

36 Nach Art. 1 II lit. d) EUErbVO sind Fragen des ehelichen Güterrechts sowie des Güterrechts aufgrund von Verhältnissen, die nach dem auf diese Verhältnisse anzuwendenden Recht mit der Ehe vergleichbare Wirkungen entfalten, vom Anwendungsbereich der EUErbVO ausgeschlossen. Andererseits bestimmt Art. 23 II lit. b) EUErbVO, dass dem Erbstatut die Nachlassansprüche des überlebenden Ehegatten oder Lebenspartners unterliegen.

37 Auch nach dem bisherigen italienischen internationalen Privatrecht wird das Güterrechtsstatut gesondert angeknüpft, und zwar gemäß Art. 30 IPRG nach dem für die persönlichen Rechtsbeziehungen geltenden Recht gemäß Art. 29 IPRG: In erster Linie entscheidet das von den Ehegatten gewählte Recht; möglich zu wählen sind namentlich das Heimatrecht eines Ehegatten oder das Recht am gewöhnlichen Aufenthalt. Mangels Rechtswahl gilt das Recht des Staates, in dem sich der Schwerpunkt der ehelichen Lebensgemeinschaft der Ehegatten befand, idR wird dies ihr gemeinsamer gewöhnlicher Aufenthalt sein. Anders als im deutschen Recht ist das Güterrechtsstatut wandelbar. Nach hM ist bei einem Statutenwechsel während der Ehezeit rückwirkend auf den Zeitpunkt der Eheschließung nach dem neuen Statut anzuknüpfen (*Cubeddu Wiedemann/Wiedemann*, in Süß, Erbrecht in Europa, Rn. 48 mwN).

38 Gesetzlicher Güterstand ist die Errungenschaftsgemeinschaft (*communione legale*), Art. 159, 177 ff. Cciv. Bei dieser werden folgende Vermögensmassen unterschieden: Gemeinschaftliches Vermögen der Ehegatten (Gesamtgut) ist alles, was die Ehegatten seit Eheschließung zusammen oder getrennt erwerben und zwar durch Arbeit oder Nutzung ihres Vermögens. Das übrige Vermögen, dh voreheliches Vermögen, Vermögen kraft unentgeltlichen Erwerbs durch Schenkung oder Erbschaft, höchstpersönliche Gegenstände, Surrogate und Erträge, verbleiben im Eigentum eines jedes Ehegatten (Eigengut). Im Falle des Todes gilt: Zunächst ist güterrechtlich die Errungenschaftsgemeinschaft auseinanderzusetzen. Im Einzelnen hierzu → Rn. 75.

39 Die jüngst zugelassene eingetragene Lebenspartnerschaft gleichgeschlechtlicher Paare findet in Art. 32 bis – quinquies IPRG Berücksichtigung.

40 Die Abstammung einer Person beurteilt sich weitgehend nach dem Personalstatut, dh dem Heimatrecht des Betroffenen. Das internationale Kindschaftsrecht wurde durch die Kindschaftsreform 2013 reformiert und hat Niederschlag in den Art. 33–36bis IPRG gefunden. Die Voraussetzungen und Wirkungen der Adoption bestimmen sich grundsätzlich nach dem Heimatrecht der Annehmenden; bei Ehegatten verschiedener Staatsangehörigkeit oder Staatenlosigkeit entscheidet deren gemeinsamer gewöhnlicher Aufenthalt bzw. dem Lebensmittelpunkt bei Antragstellung. Die Voraussetzungen, adoptiert zu werden, regelt prinzipiell das Heimatrecht des Anzunehmenden (*Cubeddu Wiedemann/Wiedemann*, in Süß, Erbrecht in Europa, Rn. 45 mwN).

41 Auch die Abgrenzung zum Sachenrecht ist nicht immer einfach: Nach wohl hM bestimmt das Erbstatut, ob es aufgrund des Todes zu einer Änderung der dinglichen Rechtszuordnung kommt. Wie sich dieser Übergang mit dinglicher Wirkung vollzieht, ob also zB eine zusätzliche Eintragung im Grund-

stücksregister erforderlich ist, bestimmt dagegen die lex rei sitae. Dies gilt auch für das Vindikationslegat nach italienischem Recht, ferner für dinglich wirkende Teilungsanordnungen und Erbauseinandersetzungen.

b) Form letztwilliger Verfügungen. Art. 75 I UAbs. 2 EUErbVO sieht auch weiterhin die Anwendung des Haager Testamentsformübereinkommens (s. hierzu oben → Rn. 28) anstelle der Verordnung ausdrücklich vor, soweit deren Anwendungsbereich eröffnet ist. Für Testamente und gemeinschaftliche Testamente verbleibt es somit bei der Anwendung des Haager Testamentsformübereinkommens, soweit anwendbar, ansonsten Art. 48 IPRG. Erbverträge waren dagegen auch bislang nicht vom Haager Übereinkommen umfasst und unterlagen den allgemeinen nationalen Kollisionsnormen. Erbverträge iSd Art. 25 EUErbVO, also im unionsrechtlichen Sinne, unterfallen somit auch künftig nicht dem Haager Übereinkommen, sondern für sie bleibt es bei der Anwendung von Art. 27 EUErbVO. Da die Verordnung selbst bestimmt (s. Erwägungsgrund Nr. 52), dass Art. 27 der Verordnung der Sache nach den Bestimmungen des Haager Übereinkommens entspricht, ist auch eine einheitliche Auslegung geboten. Auf die Auslegungspraxis des Haager Übereinkommens kann daher auch für Art. 27 EUErbVO zurückgegriffen werden.

c) Einzelfragen. aa) Gemeinschaftliche Testamente und Erbverträge. Ein gemeinschaftliches Testament sowie ein Erbvertrag sind nach italienischem Verständnis wegen Verstoßes gegen die Testierfreiheit nicht möglich (Art. 458, 589 und 635 Cciv). Die Umdeutung solcher zweiseitiger bindender Verfügungen in zwei einzelne Testamente wird regelmäßig abgelehnt. Nach wohl herrschender Ansicht wird das Verbot internationalprivatrechtlich bislang nicht als Form-, sondern als Sachfrage qualifiziert. Vor der Gestaltung gemeinschaftlicher Testamente oder Erbverträge durch Erblasser, von denen auch nur einer von beiden die italienische Staatsangehörigkeit hat, war bisher daher unbedingt abzuraten (s. unten → Rn. 84).

Die EUErbVO eröffnet in ihrem Anwendungsbereich und unter ihren Voraussetzungen nun auch italienischen Erblassern die Möglichkeit, gemeinschaftliche Testamente und Erbverträge abzuschließen.

Ob das gemeinschaftliche Testament künftig unter den weiten Erbvertragsbegriff des Art. 25 EUErbVO subsumiert werden kann, wird noch zu klären sein. In jedem Fall ist es gemäß Art 24 EUErbVO zulässig.

Erbverträge sind gemäß und unter den Voraussetzungen des Art. 25 EUErbVO auch für italienische Staatsangehörige zulässig. Nach herrschender italienischer Meinung sind unter den (autonom zu bestimmenden) Begriff der Erbverträge iSv Art. 25 EUErbVO allerdings nur Verfügungsverträge italienischen Rechts über den eigenen Nachlass, Art. 458 IV Cciv *(patti istitutivi)* hierunter zu subsumieren, nicht jedoch die weiterhin unzulässigen Verträge über künftige Nachlässe *(patti dispositivi,* Art. 458 V Cciv) oder Verzichtsverträge *(patti rinunciativi,* Art. 458 VI Cciv) *(Cubeddu Wiedemann/Wiedemann,* in Süß, Erbrecht in Europa, Italien, Rn. 41 und 159 mwN).

Haben italienische Staatsangehörige mit gewöhnlichem Aufenthalt in Deutschland wirksam ein gemeinschaftliches Testament oder einen Erbvertrag errichtet, bleibt dieses/dieser auch bei einem Statutenwechsel, dh einem Umzug nach Italien, wirksam: Für die Zulässigkeit und Wirksamkeit des Testamentes bzw. Erbvertrag wird an die Verhältnisse zum Errichtungszeitpunkt abgestellt (*Cubeddu Wiedemann/Wiedemann,* in Süß, Erbrecht in Europa, Italien, Rn. 56; *Frank/Döbereiner,* Nachlassfälle mit Auslandsbezug, Rn. 424 ff., 475 ff. und 494).

bb) Auf die Nachlassabwicklung anwendbares Recht. Gemäß Art. 23 II lit. e) EUErbVO richtet sich der „Übergang der zum Nachlass gehörenden Vermögenswerte ... einschließlich der Bedingungen für die Annahme oder die Ausschlagung der Erbschaft oder eines Vermächtnisses und deren Wirkungen" nach dem gem. Art. 21 oder 22 EUErbVO anzuwendenden Recht. Art. 28 EUErbVO beinhaltet eine Sonderanknüpfung hinsichtlich der Formgültigkeit von Annahme- und Ausschlagungserklärungen.

Wie früher bleibt aber auch mit Geltung der EUErbVO die Schwierigkeit der Differenzierung zwischen dem Erb- und dem Sachstatut auch im Rahmen der Nachlassabwicklung bestehen. Auch nach der EUErbVO bestimmt das Erbstatut über den Zuordnungsvorgang selbst, dh ob es aufgrund des Erbfalls zu einer direkten dinglichen Vermögenszuordnung für den Erben kommt oder ob es noch weiterer Akte bedarf oder der Erwerb sich zunächst mittelbar vollzieht. Das Erbstatut regelt hierbei auch die Frage, ob Teilungserklärungen eine direkte dinglich wirkende Zuweisung nach sich ziehen oder lediglich schuldrechtlich zwischen den Erben wirken. Ist nach dem Erbstatut noch ein Vollzugsakt erforderlich, um den Erwerb abzuwickeln, sind insbesondere einzelne Nachlassgegenstände zu übertragen, richtet sich dies nach dem jeweiligen Belegenheitsstatut des betreffenden Rechts. Die Auseinandersetzung bedarf in Italien eines Teilungsverfahrens, Art. 713. Cciv.

II. Materielles Erbrecht

1. Grundlagen. Das materielle Erbrecht ist im zweiten Buch des Codice civile (Art. 456 ff. Cciv) geregelt und basiert als romanische Rechtsordnung auf dem französischen Code civil von 1865, wenngleich durch den Codice civile von 1942 und die Änderungsgesetze im Laufe der Jahre, insbes. auch das Familienrechtsreformgesetz 1975 (Gesetz v. 19.5.1975, n. 151), wesentliche Änderungen zum französischen Nachbarn erfolgt sind. Weitere Neuerungen ergaben sich durch das Gesetz Nr. 35 v. 14.3.2005 über die Modifizierung des Pflichtteilsrechts (→ Rn. 108 ff.) und durch das Gesetz Nr. 137 v. 8.7.2005, welches die Erbunwürdigkeitsgründe erweiterte (→ Rn. 53). Jüngst hat Italien durch das sog. Gesetz *Cirinnà* die eingetragene Partnerschaft gleichgeschlechtlicher Paare zugelassen (s. unten → Rn. 77).

120 Italien

51 **a) Erbfähigkeit.** Erbfähig *(capacità di succedere)* sind alle natürlichen Personen, die zum Zeitpunkt der Eröffnung der Erbfolge wird im Zeitpunkt des (physischen) Todes des Erblassers am Ort seines letzten Wohnsitzes eröffnet (Art. 456 ff. Cciv)) geboren oder empfangen sind (Art. 462 Cciv). Als empfangen gilt eine Person dann, wenn sie innerhalb von 300 Tagen ab dem Todes des Erblassers geboren wird. Diese gesetzliche Vermutung ist widerlegbar. Durch testamentarische Verfügungen können auch die Kinder des Erblassers bereits Zuwendungen erhalten, wenn sie noch nicht empfangen sind (Art. 462 Cciv).

52 Die Erbfähigkeit von Ausländern ist nicht beschränkt. Juristische Personen sind grds. erbfähig; mit Ausnahme von Gesellschaften dürfen sie die Erbschaft aber nur unter dem Vorbehalt der Inventarerrichtung annehmen (Art. 473 Cciv; Art. 17 Cciv, der früher die Notwendigkeit einer staatlichen Genehmigung für den Erbschaftserwerb juristischer Personen vorsah, wurde mit Gesetz v. 15.5.1997 Nr. 127 aufgehoben). Relativ erbunfähig sind der Vormund des Erblassers und dessen Stellvertreter, der beurkundende Notar, die hinzugezogenen Zeugen und Dolmetscher: sie dürfen nicht Erben auf Grund testamentarischer Anordnung sein (Art. 596 f. Cciv) (Weitere relative Erbunfähigkeitsgründe ergeben sich aus Art. 598 f. Cciv).

53 **b) Erbunwürdigkeit.** Von der Erbfolge ist ausgeschlossen, wer **erbunwürdig** *(indegnità)* ist. Art. 463 Cciv zählt mehrere automatische Erbunwürdigkeitsgründe auf, zB – vergleichbar mit der deutschen Rechtslage – die (versuchte) Tötung des Erblassers oder diesem nahe stehenden Personen oder die fälschliche Anfertigung eines Testaments. Der Katalog der Erbunwürdigkeitsgründe wurde durch das Gesetz Nr. 137 v. 8.7.2005, in Kraft getreten am 3.8.2005, um eine Alternative erweitert, Art. 463 Cciv wurde entsprechend um einen Absatz ergänzt (Legge n. 137 dal 8 luglio 2005 (Modifiche all'articolo 463 del codice civile in materia di indegnità a succedere), G. U. n. 166 v. 19.7.2005). Danach sind künftig auch die Eltern des Erblassers von der Erbfolge ausgeschlossen, wenn ihnen durch gerichtliche Entscheidung die elterliche Gewalt entzogen wurde, Art. 463 III iVm Art. 330 Cciv.

54 Durch notarielle Urkunde oder Testament kann der Erblasser den Erbunwürdigen wieder zur Erbfolge zulassen. Das Gleiche gilt, wenn der Erbunwürdige zum Zeitpunkt des Unwürdigkeitsgrundes testamentarisch eingesetzt war und der Erblasser dies wissentlich belässt (Art. 466 Cciv). Bei Entzug der elterlichen Sorge entfällt der Unwürdigkeitsgrund außerdem, wenn die elterliche Sorge im Zeitpunkt des Erbfalls wieder zugesprochen wurde.

55 Der Erbunwürdige hat die Nachlassmasse sowie darauf gezogene Früchte zurückzugeben (Art. 464 Cciv).

56 **c) Erbverzicht.** Ein Pflichtteils- oder Erbverzicht des künftigen Erben zu Lebzeiten des Erblassers ist nach italienischem Erbrecht wegen des Verbots von Erbverträgen unzulässig (Art. 458 S. 2 Cciv). Auch ein zB vor einem deutschen Notar abgeschlossener Verzichtsvertrag iSd §§ 2346 ff. BGB wird in Italien nicht anerkannt und hindert den Erben nicht, nach Eintritt des Erbfalls Herabsetzungsklage zu erheben (→ Rn. 84). Der Erbe kann erst nach dem Erbfall ausschlagen (MSTBW PflichtteilsR-HdB/*Süß* § 16 Rn. 189; *Engbers*, Deutsch-italienische Erbfälle, 2003, 82).

57 **2. Übergang des Vermögens. a) Erwerb der Erbschaft.** Besonderheit des italienischen Erbrechts ist die Tatsache, dass die Rechtsstellung als Erbe **nicht automatisch** mit der Eröffnung des Erbfalls, dh dem Tode des Erblassers, eintritt, sondern dass es einer **konstitutiven Annahme** der (potenziellen) gesetzlichen und testamentarischen Erben bedarf (Art. 459 S. 1 Cciv). Mit dem Tod des Erblassers erhält der Erbe vielmehr „nur" das Recht, die Erbschaft zu erwerben, erwirbt sie aber nicht von selbst. Stirbt der zur Annahme Berufene vor der Annahme, geht das Recht auf die Erben über (Art. 479 Cciv). Hat der Erbe angenommen, wirkt dies auf den Zeitpunkt zurück, in dem die Erbfolge eröffnet wurde (Art. 459 Cciv). Bis zum Zeitpunkt der Annahme besteht ein Schwebezustand, während der Nachlass ohne Rechtsträger ist. Der potenzielle Erbe hat vor der Annahme jedoch bestimmte Befugnisse zur Sicherung und zum Schutz des Nachlasses (Art. 460 f. Cciv). Ferner kann auf Antrag der Erben oder von Amts wegen ein Nachlasspfleger bestellt werden (Art. 528 Cciv).

58 **b) Annahme und Ausschlagung.** Mit dem Recht, die Erbschaft zu erwerben, stehen dem potenziellen Erben drei Möglichkeiten offen:
– die vorbehaltslose Annahme der Erbschaft (Art. 470 ff. Cciv);
– die Ausschlagung (Art. 519 ff. Cciv) oder
– die Annahme unter dem Vorbehalt der Inventarerrichtung (Art. 484 ff. Cciv) (Einzelheiten bei Schömmer/Reiß/*Faßold*/*Bauer*, Internationales Erbrecht Italien, 2. Aufl. 2005, 75 ff.).

59 Die **Annahme** der Erbschaft ohne Vorbehalt kann ausdrücklich oder stillschweigend sein. Eine ausdrückliche Annahme liegt vor, wenn in einer öffentlichen oder privaten Urkunde erklärt wurde, die Erbschaft anzunehmen oder unter der Bezeichnung als Erbe erfolgt ist (Art. 475 Cciv); die stillschweigende Annahme erfolgt durch entsprechende Handlungen des Erben, die die Annahme der Erbschaft notwendig voraussetzen und nur den Erben zum Handeln berechtigen (Art. 476 Cciv). Hierzu gehört auch die Schenkung oder Veräußerung von Erbrechten (Art. 477 Cciv). Ferner gilt die Erbschaft als vorbehaltlos angenommen, wenn die gesetzlichen Fristen der Inventarerrichtung nicht eingehalten oder die entsprechend notwendigen Erklärungen und Maßnahmen nicht zeitig vorgenommen werden (Art. 485 ff. Cciv).

60 Die Annahme der Erbschaft kann nur als Ganzes und nicht unter einer Bedingung erfolgen. Das Recht der Annahme oder Ausschlagung verjährt nach zehn Jahren (Art. 480 Cciv). Allerdings kann das Gericht

auf Antrag eine Frist festsetzen, innerhalb derer angenommen werden muss (Art. 481 Cciv). Wurde bis zu diesem Zeitpunkt keine Entscheidung getroffen, geht das Recht zur Annahme verloren.

Die **Ausschlagung** wird vor einem Beamten des Landgerichts, in dessen Sprengel die Erbschaft eröff- 61 net wurde, oder vor einem Notar zur Eintragung in das dort geführte Register erklärt (Art. 519 Cciv). Frühestmöglicher Zeitpunkt ist der Tod des Erblassers. Der vorherige **Verzicht** zu Lebzeiten auf die Erbschaft ist unzulässig. Die Ausschlagung kann nur für die Erbschaft als Ganzes erklärt werden und darf nicht unter einer Bedingung oder Befristung erfolgen, allerdings ist der Ausschlagende befugt, ein ihm ausgesetztes Vermächtnis zu verlangen oder eine Schenkung bis zur Höhe des verfügbaren Teils zu behalten. Der ausschlagende Erbe wird so angesehen, als wäre er nie zur Erbschaft berufen worden (Art. 521 Cciv). Sein Anteil wächst den Miterben zu, bei Alleinerbschaft fällt das Erbe denen zu, denen die Erbschaft im Falle seines Fehlens zustünde (Art. 522 f. Cciv). Der ausschlagende Erbe kann innerhalb der Verjährungsfrist der Annahme die Erbschaft solange wieder annehmen, dh seine Ausschlagung widerrufen oder anfechten, wie sie noch kein anderer Erbe angenommen hat (Art. 525 Cciv).

Als dritte Möglichkeit bleibt dem Erben die **Annahme unter dem Vorbehalt der Inventarerrichtung** 62 (Art. 470, 484 ff. Cciv).

Der Annehmende wird Erbe, verhindert aber die Vermischung der Vermögensmassen des Nachlasses 63 mit seinem eigenen und somit, dass das Eigenvermögen für Verbindlichkeiten des Erblassers haftet. Für Minderjährige, Entmündigte sowie juristische Personen mit Ausnahme von Gesellschaften ist diese Art der Erbschaftsannahme zwingend (Art. 471–473 Cciv). Voraussetzung ist eine entsprechende Erklärung an das Gericht, bei dem die Erbschaft eröffnet wurde oder vor einem Notar innerhalb der gesetzlich vorgesehenen Frist (Art. 484 ff. Cciv). Ferner ist ein Nachlassinventar zu errichten.

3. Gesetzliche Erbfolge. Das italienische Erbrecht unterscheidet fünf **Gruppen** von Erbfolgeberech- 64 tigten (Art. 565 ff. Cciv):
- Ehegatten bzw. eingetragene Lebenspartner;
- eheliche und nichteheliche Kinder und sonstige Abkömmlinge;
- Eltern und Geschwister;
- andere Verwandte bis zum 6. Grad;
- Staat.

a) Verwandte. Die verschiedenen Gruppen innerhalb des Erbrechts von Verwandten stehen in einem 65 **Rangverhältnis,** wonach die dem Erblasser nähere Gruppe vorrangig vor der jeweils nächsten Gruppe zu berücksichtigen ist.

Kinder des Erblassers schließen alle anderen Verwandten aus (Art. 566 Cciv). Sind Kinder vorhanden, 66 beerben diese die Eltern zu gleichen Teilen. Eheliche und nichteheliche, adoptierte und legitimierte Kinder stehen einander gleich. Für nichteheliche Kinder bestanden bislang aber Sonderregeln nach Maßgabe des Art. 573 ff. Cciv. Aufgrund einer Gesetzesänderung durch das Gesetz 219/2012 sind alle Kinder, ob ehelich, nichtehelich, legitimiert oder adoptiert, mit Wirkung ab dem 1.1.2013 gleichgestellt (Art. 315 Cciv nF).

Es gilt das **Repräsentationsprinzip** = Eintrittsrecht *(rappresentazione)*, dh will ein Kind oder ein 67 sonstiger vorrangiger Vorfahre die Erbschaft nicht annehmen oder kann er sie, bspw. wegen Vorversterbens, nicht annehmen, treten die Nachkommen des Verstorbenen an dessen Stelle (Art. 467 ff. Cciv). Kinder des Erblassers werden durch deren Abkömmlinge ersetzt.

Sind keine Kinder oder sonstigen Abkömmlinge des Erblassers vorhanden, erben **Eltern und Ge-** 68 **schwister** im zweiten Grad zu gleichen Teilen nach Köpfen mit der Maßgabe, dass der Elternanteil nicht geringer als die Hälfte des Nachlasses sein darf (Art. 571 Cciv). Halbbürtige Geschwister erben die Hälfte dessen, was Vollgeschwister erhalten. Sind keine Geschwister vorhanden, erben die überlebenden Eltern zu gleichen Teilen bzw. der Überlebende allein (Art. 568 Cciv). Mehrere Geschwister erben nebeneinander zu gleichen Teilen. Sie erben allein, wenn keine Eltern des Erblassers mehr leben. Auch hier gilt das Repräsentationsprinzip.

Entferntere Vorfahren als die Eltern erben nur, wenn weder Abkömmlinge des Erblassers vorhanden 69 sind noch dessen Eltern oder Geschwister (und deren Abkömmlinge). Sind Aszendenten gleichen Grades, wie zB Großeltern väterlicher- und mütterlicherseits, vorhanden, teilt sich der Nachlass in eine väterliche und eine mütterliche Hälfte. Stehen die Verwandten allerdings nicht im gleichen Grad, fällt die Erbschaft unabhängig von der Linie den Gradnächsten zu, auch wenn diese nur einer Linie angehören (Art. 569 Cciv). Ein gesetzliches Erbrecht der entfernteren Verwandten gibt es nur bis zum sechsten Grad.

Für die Bestimmung der Verwandtschaft und des Grades gelten die Legaldefinitionen der Art. 74 ff. 70 Cciv.

b) Ehegatte. aa) Gesetzliche Erbfolge. Der Ehegatte erhält seit der Erbrechtsreform des Jahres 1975 71 eine **eigene Quote** am Nachlass und damit eine echte Erbenstellung (vorher erhielt er, wie in anderen Rechtsordnungen, zB Spanien, lediglich den Nießbrauch an einem Teil des Nachlasses). Deren Höhe hängt davon ab, ob bzw. mit welchen Verwandten des Erblassers der überlebende Ehegatte zusammentrifft:

Hinterlässt der Erblasser neben dem Ehegatten ein (eheliches oder nichteheliches) Kind, so erbt der 72 Ehegatte neben diesem die Hälfte des Nachlasses, bei mehreren Kindern $^1/_3$ (Art. 581 Cciv). Sind keine Abkömmlinge des Erblassers vorhanden, erbt der Ehegatte neben den Eltern des Erblassers, entfernteren

Vorfahren und (halb- und vollbürtigen) Geschwistern des Erblassers ²/₃ des Nachlasses (Art. 582 Cciv). Fehlen solche Erben, wird er Alleinerbe (Art. 583 Cciv).

73 Das Erbrecht des Ehegatten besteht auch dann, wenn die Ehegatten getrennt leben, aber noch nicht durch gerichtliches Urteil in ehelicher Trennung von Tisch und Bett (iSd Art. 151 Cciv) leben (Art. 585 Cciv). In letzterem Fall entfällt das Erbrecht, wenn der überlebende Ehegatte schuldig gesprochen wurde.

74 **bb) Einfluss des Güterstands.** Gesetzlicher Güterstand ist die Errungenschaftsgemeinschaft (*communione legale*) (Art. 159, 177 ff. Cciv). Zum Gesamtgut gehören alle Erwerbe, die die Ehegatten oder einer von ihnen während der Ehe erzielen. Das Eigengut eines jeden Ehegatten umfasst dagegen sein jeweiliges voreheliches Vermögen sowie spätere unentgeltliche Erwerbe unter Lebenden oder von Todes wegen und Gegenstände des persönlichen Gebrauchs. Die Verwaltung des Gesamtguts steht grds. jedem Ehegatten alleine zu. Bei Verfügungen über Immobilien des Gesamtguts kann jedoch der andere Ehegatte innerhalb eines Jahres nach grundbuchrechtlicher Eintragung auf Nichtigkeit klagen, wenn die Veräußerung durch einen Ehegatten alleine erfolgte.

75 Das italienische Güterrecht hat keinen Einfluss auf die Erbquote, eine § 1371 BGB entsprechende Vorschrift existiert nicht. Jedoch ist bei Tod eines Ehegatten, sofern die Ehegatten ehevertraglich nichts abweichendes vereinbart haben, das Gesamtgut vor der Nachlassteilung auseinanderzusetzen. Neben dem Eigengut des Erblassers fällt auch dessen Hälfte des Gesamtguts in die Erbmasse. Die andere Hälfte des Gesamtguts erhält der überlebende Ehegatte vorab.

76 **cc) Sonstige Rechte des überlebenden Ehegatten im Todesfall.** Neben dem gesetzlichen Erbrecht und dem güterrechtlichen Ausgleich stehen dem Ehegatten als gesetzliches Vorausvermächtnis das Wohnrecht an der Ehewohnung und die Nutzung des Hausrats zu, sofern sie im Eigentum des Erblassers bzw. im gemeinschaftlichen Eigentum beider Ehegatten standen (Art. 540 II Cciv).

77 **dd) Eingetragene Lebenspartner.** Durch Gesetz vom 20.5.2016 n. 76 (das sog. Gesetz *Cirinnà*) (Gazz.Uff. v. 21.5.2016 Nr. 118), in Kraft getreten am 5.6.2016, hat Italien eingetragene Lebenspartnerschaften zwischen gleichgeschlechtlichen Paaren rechtlich zugelassen und durch verschiedene Dekrete umgesetzt (*Castelli*, ZEV 2017, 199). In erbrechtlicher Hinsicht erhält der eingetragene Partner hierdurch eine dem Ehegatten entsprechende Rechtsposition. Das Gesetz verweist explizit auf die Regelungen des Codice Civile hinsichtlich Fragen der Erbunwürdigkeit, des Pflichtteils, des lebenslänglichen Wohnrechts im Familienheim, der gesetzlichen Erbfolge und der Ausgleichung. Für die übrigen erbrechtlichen Vorschriften, hinsichtlich derer eine ausdrückliche Verweisung fehlt, nimmt die herrschende Lehre dennoch ihre Geltung an (zum Ganzen s. *Castelli* ZEV 2016, 496 ff.).

78 **c) Staat.** Fehlen andere gesetzliche Erben, so erhält die gesamte Erbschaft der Staat. Der Erwerb vollzieht sich kraft Gesetzes, ohne dass es in diesem Fall der Annahme der Erbschaft bedarf oder eine Ausschlagung möglich wäre (Art. 586 Cciv). Die Haftung des Staates ist der Höhe nach auf den Wert des Nachlasses beschränkt (Art. 586 II Cciv).

79 **4. Gewillkürte Erbfolge. a) Materielle Wirksamkeit des Testaments.** Die **Testierfähigkeit** beginnt mit Vollendung des 18. Lebensjahrs (Volljährigkeit). Testierunfähig sind damit Minderjährige, daneben Entmündigte sowie die zur Zeit der Testamentserrichtung (auch nur vorübergehend) Unzurechnungsfähigen (Art. 591 Cciv).

80 Folge der Testierunfähigkeit ist die **relative Nichtigkeit** des Testaments: (Im Gegensatz zur relativen Nichtigkeit sind letztwillige Verfügungen, die schwer wiegende Verstöße enthalten, von vornherein unwirksam und unheilbar absolut nichtig. Absoluter Nichtigkeitsgrund ist zB der Abschluss eines Erbvertrags. Zu den weiteren Nichtigkeitsgründen sowie der Geltendmachung durch Nichtigkeitsklage (*azione di nullitá*) s. FFDH IntErbR/*Stadler* Rn. 120) die letztwillige Verfügung kann innerhalb von fünf Jahren ab Testamentseröffnung durch jeden daran Interessierten angefochten werden (Art. 591 II Cciv).

81 Weitere Anfechtungsmöglichkeiten wegen relativer Nichtigkeit des Testaments sind gegeben, wenn die Verfügung auf Grund von **Irrtum, Zwang** oder **Arglist** errichtet wurde (Art. 624 Cciv).

82 Ein Testament kann jederzeit **widerrufen** werden (Art. 587 I Cciv). Ein Verzicht auf die Widerrufsmöglichkeit ist unzulässig (Art. 679 Cciv). Der Widerruf kann ausdrücklich durch ein neues Testament oder durch notarielle, in Gegenwart von zwei Zeugen aufgenommene Erklärung erfolgen (Art. 680 Cciv). Der Widerruf kann auch stillschweigend durch Errichtung eines neuen Testaments mit abändernden oder widersprechenden Verfügungen erfolgen, desgleichen durch Vernichtung eines eigenhändigen Testaments (Art. 682–684 Cciv). Wird ein verschlossenes Testament aus der notariellen Verwahrung geholt, gilt dies nur dann als Widerruf, wenn es nicht als eigenhändiges Testament aufrechterhalten werden kann. Eine Vermächtnis gilt als widerrufen, wenn der Erblasser die vermachte Sache veräußert (Art. 686 Cciv). Kraft Gesetzes gelten Verfügungen zur Gesamt- oder Einzelrechtsnachfolge als widerrufen, wenn der Erblasser zur Zeit der Testamentserrichtung keine Kinder hatte oder ihm deren Existenz unbekannt war und er diese bei der Testamentserrichtung nicht berücksichtigt hatte. Einzelheiten regelt Art. 687 Cciv.

83 **b) Arten von letztwilligen Verfügungen. aa) Testament.** Grundlegende Verfügung von Todes wegen ist das Testament als jederzeit widerrufliche Rechtshandlung, mit welcher der Erblasser für den Fall seines Todes über sein gesamtes Vermögen oder einen Teil davon verfügt (Legaldefinition des Art. 587 I Cciv).

84 Ein **gemeinschaftliches Testament** sowie ein **Erbvertrag** sind nach italienischem Verständnis wegen Verstoßes gegen die Testierfreiheit nicht möglich (Art. 458, 589 u. 635 Cciv). Die Umdeutung solcher

zweiseitiger bindender Verfügungen in zwei einzelne Testamente wird regelmäßig abgelehnt. Nach wohl hA wird das Verbot internationalprivatrechtlich nicht als Form-, sondern als Sachfrage qualifiziert (MSTBW PflichtteilsR-HdB/*Süß* § 16 Rn. 167 mwN). Vor der Gestaltung gemeinschaftlicher Testamente oder Erbverträge durch Erblasser, von denen auch nur einer von beiden die italienische Staatsangehörigkeit hat, ist daher unbedingt abzuraten (offen gelassen vom OLG Frankfurt a. M. ZEV 2013, 559; → Rn. 16, das zur Frage, ob die Rechtswahl zweier Ehegatten in einer gemeinsamen Verfügung von Todes wegen vorgenommen werden kann, Stellung nimmt. Strittig ist aber auch die Anerkennung eines von zwei deutschen Staatsangehörigen abgeschlossenen Erbvertrages. Teilweise wird hier als der Anerkennung entgegenstehend der italienische ordre public eingewandt. Die Anerkennung eines gemeinschaftlichen Testaments deutscher Ehegatten dürfte dagegen eher gewährleistet sein (MSTBW PflichtteilsR-HdB/*Süß* § 16 Rn. 167 mwN).

bb) Schenkung auf den Todesfall. Schenkungen zu Lebzeiten sind nach romanischem Rechtsverständnis immer als Rechtsgeschäfte in vorweggenommener Erbfolge zu behandeln. Dies bedeutet, dass die Schenkung zu Lebzeiten an einen Ehegatten oder Abkömmling den gleichen Grundsätzen unterliegt wie dessen Erbeinsetzung. Insbesondere sind daher die Notrechte von Abkömmlingen und sonstigen Verwandten zu beachten, die nicht umgangen werden dürfen. Zuwendungen zu Lebzeiten sind daher nur im Rahmen der freien Quote möglich (→ Rn. 89ff.). 85

Die Schenkung von Todes wegen ist als Umgehung des Verbots des Erbvertrags unzulässig (Flick/Piltz Int. Erbfall Rn. 629). 86

cc) Patto di famiglia. Mit Inkrafttreten des Gesetzes Nr. 55 v. 14.2.2006 am 16.3.2006 hat der italienische Gesetzgeber ein völlig neues, aber wichtiges Instrument der vorweggenommenen Vermögensnachfolge im betrieblichen Bereich geschaffen. Das neue Gesetz wurde über die Art. 768–786octies in den Codice civile eingefügt. In der Sache handelt es sich um ein lebzeitiges Übertragungsgeschäft zwischen einem Unternehmer und seinen pflichtteilsberechtigten Abkömmlingen mit dem Ziel, einem dieser Abkömmlinge das Unternehmen zu übertragen und die Pflichtteilsansprüche der übrigen Erben zu regeln sowie ggf. abzufinden. 87

Inhalt des Vertrages ist die Übertragung eines Betriebs oder der Gesellschaftsanteile an Gesellschaften mit unternehmerischer Tätigkeit (iSd Art. 2082 Cciv) auf den betrieblichen Nachfolger. Vertragsteil sind der Unternehmer sowie dessen nicht getrennt lebender Ehegatte, der Abkömmling, an den das Unternehmen übertragen wird sowie alle sonstigen Personen, die ein Anrecht auf Pflichtteilsrechte hätten. In dem Vertrag kann den weichenden Erben eine Abfindung gezahlt oder können Vereinbarungen hinsichtlich eines Verzichts darauf getroffen werden. Bei Vorliegen eines wirksamen Vertrages ist der Unternehmensnachfolger gegenüber den am Vertrag beteiligten Pflichtteilsberechtigten von der Ausgleichspflicht und dem Herabsetzungsanspruch beim Ableben des Erblassers befreit (Art. 768quater Cciv). Privilegiert ist nur der Erwerb durch einen Abkömmling des Erblassers, nicht aber durch entferntere Verwandte oder Dritte. Dem zum Zeitpunkt des Abschlusses des Vertrages nicht beteiligten Pflichtteilsberechtigten oder den danach hinzukommenden stehen sämtliche Pflichtteilsrechte zu (weitere Einzelheiten bei *Castelli/Molinari* ZErb 2007, 367ff.; *Dörner/Ferrante* ZEV 2008, 53ff.; Süß ErbR/*Cubeddu-Wiedemann/Wiedemann* Länderbericht Italien Rn. 115ff.). 88

c) Formfragen. Als Testamentsformen kennt das italienische Recht das notarielle Testament und das eigenhändige (holografische) Testament (Art. 601 Cciv). 89

aa) Eigenhändiges Testament. Das eigenhändige Testament muss vollständig vom Erblasser geschrieben, datiert und am Ende unterschrieben sein (Art. 602 Cciv). Die Unterschrift hat am Ende der Verfügungen zu stehen und muss die Person des Erblassers sicher kenntlich machen. Die ausdrückliche Unterschrift mit Vor- und Nachnamen ist nicht erforderlich. Das Datum hat den Tag, Monat und das Jahr zu enthalten. 90

Sind die gesetzlichen formalen Voraussetzungen für die Testamentserrichtung nicht erfüllt, ist das Testament unheilbar nichtig (Art. 606 Cciv). Die Nichtigkeit kann von jedem, der ein Interesse daran hat, innerhalb von fünf Jahren ab Testamentseröffnung klageweise geltend gemacht werden. 91

Vernichtet, zerreißt oder streicht der Erblasser alle oder einzelne Verfügungen des eigenhändigen Testaments, gilt es als ganz oder teilweise widerrufen (Art. 684 Cciv; → Rn. 82). 92

bb) Notarielles Testament. Das notarielle Testament unterscheidet wiederum zwischen zwei Formen: Das **öffentliche Testament** wird vor dem Notar in Gegenwart von zwei Zeugen errichtet und von allen Beteiligten unterschrieben. Einzelheiten des Verfahrens und der Förmlichkeiten regelt Art. 603 Cciv. Alternativ kann der Erblasser seine Verfügungen dem Notar in Gegenwart von zwei Zeugen verschlossen, als sog. als **verschlossenes (= geheimes) Testament,** übergeben (Art. 604, 605 Cciv). Dieses Testament kann vom Erblasser selbst oder von Dritten geschrieben sein. 93

cc) Sonderformen. In der Praxis kaum gebräuchliche Sonderformen sind das Nottestament, das See- und Militärtestament (Art. 609ff. Cciv). 94

d) Testamentarische Anordnungen. aa) Erbeinsetzung. Der Erblasser kann – vorbehaltlich der Notrechte (→ Rn. 108) – Erben einsetzen (Gesamtrechtsnachfolge) oder einzelnen Personen bestimmte Vermögenspositionen durch Vermächtnis zuwenden (Einzelrechtsnachfolge). 95

Die Erbenstellung wird begründet, wenn die testamentarische Verfügung des Erblassers die Gesamtheit oder einen Anteil am Nachlass des Erblassers umfasst. Ähnlich dem deutschen Recht (vgl. § 2087 BGB) kommt es auf die Bezeichnung des Erblassers in der letztwilligen Verfügung nicht an, sondern 96

120 Italien

darauf, welche Vorstellungen der Verfügung tatsächlich zugrunde liegen (Art. 588 Cciv). Die Wirksamkeit des Testaments, welches keine Erbeinsetzung enthält, sondern lediglich die Enterbung, ist strittig (FFDH IntErbR/*Stadler* Rn. 126 mwN).

97   **bb) Ersatzerbe.** Der Erblasser kann für den Fall, dass der eingesetzte Erbe die Erbschaft nicht annehmen kann oder will, eine andere Person als Erben einsetzen. Dabei kann er für den ursprünglich eingesetzten Alleinerben auch mehrere Ersatzerben bestimmen und diese wiederum untereinander ersatzweise einsetzen. Verfügt der Erblasser nichts anderes, gelten seine Verfügungen hinsichtlich des ursprünglichen Erben entsprechende (Art. 688 ff. Cciv).

98   Die testamentarische Erbsatzerbeinsetzung geht dem gesetzlichen **Eintrittsrecht** (Repräsentation) des Angehörigen (→ Rn. 67) vor; dieses kommt nur zum Tragen, wenn der Erblasser keine Ersatzerben bestimmt hat und kein persönliches Recht betroffen ist (Art. 467 II Cciv). Greift auch diese nicht, wächst der Anteil des ursprünglichen Erben den anderen Miterben zu. Voraussetzung der **Anwachsung** ist die testamentarische Einsetzung mehrerer Erben ohne Bestimmung von Quoten oder zu gleichen Quoten, von denen ein Miterbe wegfällt, ohne dass sich aus dem Testament ein anderer Wille ergibt (zB ausdrücklich Ersatzerbeinsetzung) und ohne dass ein erbrechtliches gesetzliches Eintrittsrecht möglich wäre (Art. 674 Cciv). Kommt auch keine Anwachsung infrage, fällt der Erbteil den gesetzlichen Erben zu (Art. 677 I Cciv).

99   Für **Ersatzvermächtnisnehmer** gilt Vorgesagtes entsprechend (Art. 691 Cciv).

100 **cc) Vor- und Nacherbfolge.** Die Vor- und Nacherbfolge (*sostituzione fedecommissaria*) ist nur unter sehr eingeschränkten Voraussetzungen möglich und grds. als Verstoß gegen das Prinzip der Testierfreiheit verboten und unwirksam (Art. 692 V Cciv). Ausnahmsweise zulässig sind nur wenige Konstellationen: Eltern oder andere Vorfahren gerader Linie oder der Ehegatte eines Entmündigten können ihr Kind bzw. dessen Abkömmlinge oder den Ehegatten als Vorerben einsetzen. Nacherben können nur die (natürlichen und juristischen) Personen sein, die für den Entmündigten unter vormundschaftlicher Aufsicht gesorgt haben (Art. 692 Cciv).

101 Für Vermächtnisse gelten diese Bestimmungen entsprechend (Art. 697 Cciv).

102 **dd) Vermächtnis.** Setzt der Erblasser die begünstigte Person nicht auf die Gesamtheit oder einen Teil des Nachlasses ein, sondern nur auf einzelne Vermögensgegenstände, erwirbt der Begünstigte diese im Wege der Einzelrechtsnachfolge als Vermächtnisnehmer (Art. 588 I Cciv). Anders als im deutschen Recht ist das Vermächtnis (*legato*) nach italienischem Recht als **Vindikationslegat** ausgestaltet und geht damit mit dem Erbfall automatisch und unmittelbar auf den Vermächtnisnehmer über (Art. 649 Cciv). Ähnlich dem deutschen Recht kennt das italienische Recht ua auch Gattungs- und Wahlvermächtnisse, Vermächtnisse an Forderungen, Vorausvermächtnisse an Miterben. Einzelheiten bestimmen die Art. 649–673 Cciv (für Einzelheiten s. Schömmer/Reiß/*Schömmer/Reiß*, Internationales Erbrecht Italien, 2. Aufl. 2005, 64 ff.).

103 **ee) Auflage.** Auflagen (*onere*) im Testament sind zulässig (Art. 647 Cciv), ebenso aufschiebende oder auflösende Bedingungen und Befristungen (Art. 633 ff. Cciv). Sie dürfen nicht unmöglich sein, gegen die guten Sitten, zwingendes Recht oder die Grundwerte der italienischen Rechtsordnung verstoßen.

104 **ff) Testamentsvollstreckung.** Der Erblasser kann einen oder mehrere Testamentsvollstrecker (*esecutore testamentario*) bestellen (Art. 700 I Cciv). Die Amtszeit des Testamentsvollstreckers ist jedoch auf ein Jahr ab Annahme des Amts beschränkt. Seine Aufgabe ist es, für den Vollzug der letztwilligen Verfügungen des Erblassers zu sorgen und diesen zu überwachen. Hierzu ist er befugt, den Nachlass in Besitz zu nehmen und (auf die Dauer eines Jahres) zu verwalten (Art. 703 Cciv).

105 Die Annahme des Amts als Testamentsvollstrecker erfolgt durch Erklärung gegenüber der Kanzlei des Landgerichts desjenigen Sprengels, in welchem die Erbschaft eröffnet wurde. Die Annahme wird im Register über die Erbfolge vermerkt (Art. 702 Cciv). Ein dem deutschen Recht, insbes. seinen Rechtswirkungen entsprechendes Testamentsvollstreckerzeugnis gibt es nicht.

106 **gg) Teilungsanordnung.** Dem Erblasser steht es frei, Teilungsanordnungen für die Erben im Testament aufzunehmen. Sie sind für die Erben bei der Auseinandersetzung der Erbengemeinschaft bindend, wenn der Wert der Güter dem Wert der vom Erblasser festgesetzten Erbanteile entspricht (Art. 733 Cciv). Davon zu unterscheiden ist die unmittelbar dinglich wirkende **Vorausteilung** des Erblassers gem. Art. 734 Cciv. Eine Erbengemeinschaft entsteht in diesem Fall nicht, die einzelnen Nachlassgegenstände gehen unmittelbar auf die Begünstigten über. Voraussetzung ist, dass alle Noterbberechtigten und testamentarisch bezeichneten Erben berücksichtigt wurden; andernfalls ist die verfügte Teilung – nicht das Testament iÜ – nichtig (Art. 735 Cciv) (*Engbers*, Deutsch-italienische Erbfälle, 2003, 72 f.).

107 **hh) Sonstiges.** Art. 587 II Cciv erlaubt es, eine Reihe von Verfügungen nichtvermögensrechtlicher Art in das Testament aufzunehmen, bspw. die Anerkennung eines nichtehelichen Kindes (Art. 254 Cciv), die Benennung eines Vormunds (Art. 348 Cciv) oder Anordnungen für die Vermögensverwaltung (Art. 356 Cciv).

108 **5. Noterbrecht. a) Noterbrecht und verfügbare Quote.** Wie üblich im romanischen Rechtskreis ist das Pflichtteilsrecht als **echtes dingliches Noterbrecht** ausgestaltet, das den Berechtigten (*legittimari*) eine direkte Beteiligung am Nachlass sichert (Art. 536 ff. Cciv). Letztwillige Anordnungen des Erblassers können sich nur auf den freien Teil der Erbschaft, der nicht dem Noterbrecht (*riserva*) unterliegt, beziehen (*quota disponibile*; Art. 457 III Cciv). Die riserva ist der Verfügungsbefugnis des Erblassers entzogen

(zum Ganzen s. Henrich/*Gabrielli,* Familienerbrecht und Testierfreiheit im europäischen Vergleich, 2001, 125 ff.).

Ein **Verzicht** auf das Noterbrecht – entsprechend dem deutschen Pflichtteilsverzicht – vor dem Tode 109 des Erblassers ist nicht möglich. Ein solcher abgegebener Verzicht ist unwirksam (→ Rn. 56). Der Verzicht auf Noterbrechte **nach Eintritt** des Erbfalls ist dagegen formlos möglich.

Verfügt der Erblasser über die freie Quote hinaus, macht dies das Testament nicht unmittelbar unwirksam. 110 Vielmehr haben die Noterbberechtigten ihren Anteil im Wege der **Herabsetzungsklage** geltend zu machen. Der Herabsetzungsanspruch unterliegt der zehnjährigen Verjährungsfrist (Art. 2946 Cciv). Sie beginnt ab Annahme der Erbschaft durch den zur Erbschaft Berufenen zu laufen (so nun kürzlich die klärende Entscheidung der vereinigten großen Zivilkammer der Corte di Cassazione, Urteil n. 20644 v. 25.10.2004; bislang war der Fristbeginn streitig: die unterinstanzliche Rspr. ging vom Fristbeginn ab Veröffentlichung des Testaments aus, die hM der italienischen Lit. favorisierte dagegen als Fristbeginn den Zeitpunkt der Eröffnung der Erbschaft, zum Streitstand sowie allg. zum Pflichtteilsrecht s. *Reiß* ZEV 2005, 148). Bei der Ermittlung der Ansprüche wird zunächst die Nachlassmasse ermittelt und Schulden abgezogen. Die über die Quote hinausgehenden testamentarischen Verfügungen werden gekürzt, ebenso bereits erfolgte Schenkungen zu Lebzeiten. Einzelheiten regeln die Art. 553 ff. Cciv (Einzelheiten ebenso bei MSTBW PflichtteilsR-HdB/*Süß* § 16 Rn. 184 ff.). Eine Gesetzesänderung in jüngster Zeit hat hier Änderungen bzw. Erleichterungen für die Beschenkten gebracht: Schenkungen von Immobilienvermögen, die vor mindestens 20 Jahren vor dem Erbfall vollzogen wurden, sind – im Gegensatz zur bisherigen Rechtslage – künftig nicht mehr auf Anforderung des Noterbberechtigten rückgängig zu machen. Die Frist ist bzgl. Ehegatten und Abkömmlinge jedoch gehemmt, wenn diesen ein Widerspruch gegen die Schenkung zugestellt und dieser Widerspruch im Immobilienregister vorgemerkt wurde. Der Widerspruch verfällt allerdings nach 20 Jahren (Art. 563 Cciv nF, geändert durch Gesetz (Legge di Conversione) n. 80 v. 14.5.2005, G. U. n. 111 v. 14.5.2005, in Kraft getreten zum 15.5.2005, nochmals modifiziert durch Gesetz n. 263 v. 28.12. 2005).

Die Noterbberechtigten können auf Einlegung der Herabsetzungsklage verzichten. 111

b) Noterbberechtigte und Höhe der Quote. Noterbberechtigt sind der Ehegatte, die ehelichen und 112 nichtehelichen Kinder sowie weitere eheliche Vorfahren. Ehelichen Kindern sind Adoptivkinder und legitimierte Kinder gleichgestellt (Art. 536 Cciv). Nachdem eheliche und uneheliche Kinder durch das Gesetz 219/2012 ab 1.1.2013 gleichgestellt sind (→ Rn. 66) dürfte die Unterscheidung und damit der Bezug nur auf eheliche Kinder seit diesem Zeitpunkt wegfallen.

Bei Zusammentreffen von ehelichen und unehelichen Kindern können erstere die nichtehelichen Kinder 113 mit Geld oder Grundvermögen abfinden. Hiergegen können die nichtehelichen Kinder Widerspruch erheben; in diesem Fall entscheidet das Gericht (Art. 537 Cciv). Die ehelichen Vorfahren haben nur dann ein Noterbrecht, wenn keine Kinder vorhanden sind (Art. 538 Cciv). Der Ehegatte hat auch nach rechtskräftigem Urteil über Trennung von Tisch und Bett ein Noterbrecht; allerdings kann dieses in eine Unterhaltsrente umgewandelt werden, wenn er der Trennung für schuldig befunden wurde (Art. 548 Cciv). Zu den Rechten des geschiedenen Ehegatten s. FFDH IntErbR/*Stadler* Rn. 66d; MSTBW PflichtteilsR-HdB/*Süß* § 16 Rn. 174.

Die **Höhe** des jeweiligen Anteils am Nachlass variiert grds. nach der Zahl der Noterbberechtigten. 114

Die „riserva" des Ehegatten beträgt grds. $1/2$, bei Vorhandensein eines Kindes neben diesem $1/3$, neben 115 mehreren Kindern $1/4$. Der Ehegatte erhält neben seiner Noterbquote ein gesetzliches Vorausvermächtnis (Art. 540 II Cciv) (→ Rn. 76). Die Noterbquote eines einzelnen Kindes beträgt $1/2$ neben dem überlebenden Ehegatten – wie dieser – $1/3$. Zwei Kinder erhalten je $1/3$, ab drei Kinder erhalten diese zusammen $1/2$ des Nachlasses. Neben dem überlebenden Ehegatten erhalten zwei Kinder – wie der Ehegatte – je $1/4$, bei mehr als zwei Kindern erhalten sie zusammen $1/2$ der Erbschaft.

Die ehelichen bzw. nach Inkrafttreten der Art. 315 ff. Ccic nF, wohl auch uneheliche Vorfahren erhal- 116 ten kein Noterbrecht, wenn Kinder vorhanden sind. Neben dem überlebenden Ehegatten steht ihnen $1/4$ am Nachlass zu, gibt es keinen überlebenden Ehegatten, erhalten sie $1/3$ des Nachlasses.

6. Erbengemeinschaft. Hinterlässt der Erblasser mehrere Erben, entsteht grds. (zur Ausnahme bei 117 Vorausteilung → Rn. 80) eine **ungeteilte Erbengemeinschaft.** Sie ist rechtlich eine Bruchteilsgemeinschaft eigener Art und keine Gesamthandsgemeinschaft (Art. 1100 ff. Cciv; instruktiv *Reiß* ZErb 2005, 212). Die Verwaltung der Gemeinschaft steht bis zur Teilung des Nachlasses allen Beteiligten gemeinschaftlich zu (Art. 1105 Cciv); zur Veräußerung von Nachlassgegenständen bedarf es der Zustimmung aller Miterben (Art. 1108 III Cciv). Kein Miterbe kann über einzelne Nachlassgegenstände ohne Zustimmung der anderen Miterben verfügen, jeder Miterbe kann aber über seine Nachlassquote verfügen (Art. 1103 Cciv) (Die Corte di Cassazione hat in – einem vielbesprochenen Urteil v. 28.11.2007, n. 24657 entschieden, dass Forderungen des Erblassers, insofern anders als Schulden, der Erbengemeinschaft insgesamt zufallen und nicht den Erben anteilsmäßig entsprechend ihrer Quote zugeordnet werden. Unabhängig davon besteht aber das Recht der einzelnen Erben, die Forderung insgesamt für die Erbmasse geltend zu machen; vgl. Besprechungen durch *Reiß* ZEV 2008, 428; sowie *Castelli* ZEV 2009, 504).

Die Teilung und Auseinandersetzung kann grds. jederzeit von jedem Miterben verlangt werden, außer 118 der Erblasser hat anderes verfügt: Maximal besteht die Erbengemeinschaft jedoch für einen Zeitraum von zehn Jahren. Einzelheiten der Teilung regelt der Art. 713 ff. Cciv.

119 **7. Erbenhaftung.** Haben die Erben die Erbschaft nicht unter dem Vorbehalt der Inventarerrichtung angenommen, haften sie grds. persönlich und mit ihrem gesamten Vermögen, jedoch nur im Verhältnis ihrer Erbquote. Eine Gesamtschuldnerschaft besteht nur für die Erbschaftsteuerschulden, unteilbare Schulden, hypothekarisch gesicherte Forderungen, ansonsten nicht. Im Fall der Erbschaftsannahme unter dem Vorbehalt der Inventarerrichtung ist die Haftung auf den Nachlass beschränkt.

III. Nachlassverfahren

120 Der **Erbschein** iSd deutschen Rechts ist mit Ausnahme in den Provinzen Südtirol (Alto Adige) und Trient (Trentino) in Italien unbekannt. In diesen beiden Provinzen wird der Erbennachweis durch ein erbscheinähnliches *certificato di eredità* erbracht (Art. 13–23 r.d.l. v. 28.3.1929, n. 499, G.U. v. 18.4.1929, n. 91 mit Änderungen durch Gesetz v. 29.10.1974, n. 594 und v. 8.8.1977, n. 8). Dieses wird beim zuständigen Amtsgericht, bei dem die Erbschaft eröffnet wurde, beantragt. Umfasst der Nachlass unbewegliches Vermögen, ist die Beantragung des Erbscheins für die Erben Pflicht.

121 Der **deutsche Erbschein** wird zur Abwicklung des Nachlasses eines deutschen Staatsangehörigen mit Hinterlassung von Vermögen in Italien, insbes. Immobiliarvermögen, nur in den beiden Provinzen Südtirol und Trient anerkannt (zur umgekehrten Anerkennung des Südtiroler Erbscheins in Deutschland s. *Engbers*, Deutsch-italienische Erbfälle, 2003, 170 ff.). Er genügt dort auch zur Umschreibung der Immobilie des deutschen Erblassers auf seine Erben im Grundbuch. In Restitalien genügt er nicht. In der Praxis wird bei Abwicklung einer Erbangelegenheit eines deutschen Erblassers, der Vermögen in Italien hinterlässt, in den meisten Fällen dennoch die Vorlage des deutschen Erbscheins verlangt – und sei es als „Vermutungszeugnis" zur Zugrundelegung des eigenen Erbschaftsverfahrens.

122 In allen anderen Provinzen Italiens wird der Nachweis der Erbenqualität über die sog. **Notorietätsurkunde** *(atto di notorietà)* erbracht. Ähnlich wie in Frankreich wird diese vor dem Notar oder dem pretore des Ortes der Erbschaftseröffnung von den Erblasser bekannten Personen unter Eid abgegeben und beinhaltet die Erklärung über ihnen bekannte Tatsachen. Einen Gutglaubensschutz beinhaltet sie nicht (*Engbers*, Deutsch-italienische Erbfälle, 2003, 204).

123 Ferner muss eine **Erbschaftserklärung** *(dichiarazione della successione)*, die auch Teil des Erbschaftsteuerverfahrens ist, beim italienischen Register- und Finanzamt des Erbschaftsteuerverfahrens innerhalb einer Frist von 12 Monaten ab Erbfall abgegeben werden. Örtlich zuständig ist das Registeramt, in dessen Bezirk der letzte Wohnsitz des verstorbenen Erblassers war. Hat dieser keinen Wohnsitz in Italien, ist das Registeramt in Rom örtlich zuständig. Die Erklärung hat auf einem amtlichen Vordruck zu erfolgen und ist durch mindestens einen Erben bzw. Vermächtnisnehmer zu unterzeichnen.

124 Das **europäische Nachlasszeugnis (ENZ)** wird in Italien durch die Notare ausgestellt (Art. 32 I des Gesetzes vom 30. Oktober 2014, Nr. 161). Eine besondere örtliche Zuständigkeit ist allerdings nicht vorgeschrieben (*Castelli/Dolce Lauda* ZEV 2015, 575).

IV. Erbschaftsteuer

125 **1. Erbschaft- und Schenkungsteuer. a) Entstehungsgeschichte.** Das italienische Erbschaft- und Schenkungsteuerrecht *(imposte sulle successioni e donazioni)* wurde zunächst zum 1.1.2001 grundlegend reformiert. Das vor diesem Zeitpunkt geltende Erbschaftsteuerrecht war durch ein zweigeteiltes Steuersystem mit zwei verschiedenen Steuertarifen gekennzeichnet: eine Nachlasssteuer auf den Gesamtbetrag des Nachlasses sowie eine Erbanfallsteuer. Die Steuerreform zum 1.1.2001 hatte diese Tarife aufgehoben und durch ein einheitliches Steuertarifsystem ersetzt. Diese Steuerreform führte zu einer radikalen Herabsetzung der Steuersätze und zu der Abschaffung der Progression.

126 Die Regierung Berlusconi hat mit Gesetz Nr. 383/01 v. 18.10.2001 das erst zum 1.1.2001 in Kraft getretene Steuersystem mit Wirkung zum 25.10.2001 abgeschafft und außer Kraft gesetzt. Diese Steuerreform hat die Erbschaft- und Schenkungsteuer nahezu vollständig abgeschafft.

127 Durch Gesetzesdekret Nr. 262/06 und durch das Gesetz Nr. 286/06 wurde die Steuer wieder rückwirkend eingeführt, und war zum 3.10.2006 für Erbschaften sowie zum 1.1.2007 für Schenkungen.

128 Ein Doppelbesteuerungsabkommen hinsichtlich der Erbschaft- und Schenkungsteuer besteht zwischen der Bundesrepublik Deutschland und Italien nicht.

129 **b) Erbschaftsteuer.** Für den zwischen dem 25.10.2001 und dem 3.10.2006 eintretenden Todesfall gilt unverändert die alte Rechtslage, mithin, dass dieser in Italien grds. erbschaftsteuerfrei bleibt. Das gilt auch für die (italienische) Besteuerung eines deutschen Staatsangehörigen mit gewöhnlichem Aufenthalt in Deutschland, der eine in Italien belegene Ferienimmobilie besitzt. Im Falle seines Todes werden künftig seine Erben nur in Deutschland, aber nicht in Italien besteuert.

130 Seit dem 3.10.2006 unterliegen grds. wieder alle aufgrund Todesfall erworbenen Vermögensgegenstände und Rechte der Erbschaftsteuer. Es bestehen in engen Grenzen Befreiungstatbestände, zB bei der letztwilligen Übertragung von Anteilen von Personen- und Kapitalgesellschaften.

131 **c) Besteuerung von Schenkungen zu Lebzeiten.** Der Schenkungsteuer unterliegen alle unmittelbaren und mittelbaren Zuwendungen unter Lebenden. Geschenke und andere unentgeltliche Übertragungen von geringem Wert iSd Art. 742, 783 Cciv sind von der Schenkungsteuerpflicht ausgenommen.

132 **d) Bewertung, Verfahren.** Für Immobilien und sonstige dingliche Rechte ist grds. der Verkehrswert als Bewertungsmaßstab zugrundezulegen. Handelt es sich jedoch um in Italien belegenen Grundbesitz, wird regelmäßig auf den Katasterwert zurückgegriffen. Bei Unternehmen ist der Buchwert des Reinver-

IV. Erbschaftsteuer **Italien 120**

mögens der letzten Handelsbilanz anzusetzen, börsennotierte Anteile mit ihrem Durchschnittsbörsenwert des letzten vor dem Todeszeitpunkt liegenden Quartals.
Verbindlichkeiten sind abzuziehen. 133
Die Erbschaftsteuererklärung wird im Rahmen des Nachlassverfahrens durch die Erbschaftserklärung 134
abgegeben (zum Inhalt s. Ziff. III).

e) Steuerklassen, Tarife 135

Personen	Steuersatz/Freibetrag	Hypothekensteuer	Katastersteuer
Ehegatte Verwandte gerader Linie	4 % Freibetrag: 1.000.000 EUR, – pro Begünstigter	168 EUR (prima casa), ansonsten 2 %	168 EUR (prima casa), ansonsten 1 %
Geschwister	6 % Freibetrag: 100.000 EUR, – pro Begünstigter	168 EUR (prima casa), ansonsten 2 %	168 EUR (prima casa), ansonsten 1 %
Verwandte bis zum 4. Grad Verschwägerte in gerader Linie Verschwägerte bis zum 3. Grad Seitenlinie	6 % Kein Freibetrag	168 EUR (prima casa), ansonsten 2 %	168 EUR (prima casa), ansonsten 1 %
Andere Personen	8 % Kein Freibetrag Für Schwerbehinderte besteht unabhängig vom Verwandtschaftsgrad ein Freibetrag von 1.500.000 EUR, –	168 EUR (prima casa), ansonsten 2 %	168 EUR (prima casa), ansonsten 1 %

2. Sonstige im Rahmen der Erbfolge und der Schenkung anfallenden Steuern. Beim Erwerb einer 136
italienischen Immobilie fallen für den Erwerber im Wesentlichen die folgenden drei Steuern an:
– Registersteuer *(imposta di registro)*,
– Hypothekarsteuer *(imposta ipotecaria)* und
– Katastersteuer *(imposta catastale)*.
Beim Übergang von Grundstücken und Gebäuden im Todesfall fällt Hypothekarsteuer iHv 2 %, min- 137
destens 168 EUR, sowie Katastersteuer iHv 1 % an. Die Hypothekarsteuer erfolgt für die Eintragung in
das Immobiliarregister, die Katastersteuer für die Katasterumschreibung. Erwirbt der Erwerber eine sog.
„prima casa" (Hauptwohnsitzhaus), fallen nur Fixgebühren in geringer Höhe an (168 EUR [Stand:
2009]). Zudem ist als gesonderte Abgabe eine Hypothekargebühr *(tassa ipotecaria)* und eine Stempel-
steuer *(imposta di bollo)* zu zahlen.
Die Besteuerung des Wertzuwachses (INVIM) erfolgt seit 1992 nicht mehr. Sie wurde gemäß einer 138
Übergangsregelung noch auf alle Veräußerungen bis zum Jahr 2002 erhoben, besteuert wurde dabei aber
nur der Wertzuwachs bis zum 31.12.1992. Sie ist nunmehr abgeschafft (vgl. D. L. Nr. 79/97).

3. Erbschaftsteuerpflicht aus deutscher Sicht. Ist der Erblasser, Schenker oder Erwerber Inländer, 139
unterliegt der Vorgang der unbeschränkten Steuerpflicht. Mithin fällt auch das in Italien belegene Fe-
rienhaus eines deutschen Staatsangehörigen mit Wohnsitz in Deutschland der deutschen Erbschaftsteuer,
s. § 2 I Ziff. 1 S. 1 ErbStG. Nach Maßgabe von § 21 I 1 ErbStG kann eine in Italien festgesetzte Erbschaftsteuer auf die deutsche Steuer angerechnet werden. Ausländisches Grundvermögen ist „ausländisches Vermögen" iSd § 21 II Ziff. 1 ErbStG.
Die frühere INVIM ist auf die deutsche Erbschaftsteuer gem. § 21 I ErbStG anrechenbar (FG Mün- 140
chen EFG 2002, 482; *Jülicher* PIStB 2002, 187). Die übrigen, oben genannten, in Italien bei unentgeltlichen Vermögensübertragungen erhobenen Steuern und Gebühren entsprechen nicht der deutschen Erb-
schaft- und Schenkungsteuer und sind daher nicht gem. § 21 ErbStG anrechenbar (Erl. Bay. FinMin IStR
2004, 174 f.; Erl. FinMin BW ZEV 2007, 448 für die italienische Hypothekarsteuer iHv 2 % und die italienische Katastersteuer iHv 1 %).

Länderbericht Luxemburg

Übersicht

	Rn.
I. Internationales Erbrecht	1–42
1. Grundsätze des luxemburgischen internationalen Erbrechts	1–3
2. Rechtslage vor Inkrafttreten der EU-ErbVO	4–21
a) Erbstatut	4–16
aa) Bestimmung des Erbstatuts	4–10
bb) Besonderheiten für die Beerbung eines Deutschen mit Immobiliarvermögen in Luxemburg	11/12
cc) Umfang des Erbstatuts	13–15
dd) Vorwegnahmerecht	16
b) Formfragen	17–19
c) Internationales Verfahrensrecht in Erbangelegenheiten	20/21
3. Rechtslage nach Inkrafttreten der EU-ErbVO	22–42
a) Abgrenzung zu anderen Statuten	23–36
b) Form letztwilliger Verfügungen	37
c) Einzelfragen	38–42
aa) Gemeinschaftliche Testamente	38
bb) Erbverträge, Erbverzichte	39/40
cc) Auf die Nachlassabwicklung anwendbares Recht	41/42
II. Materielles Recht	43–115
1. Grundsätze	43–48
a) Erbfähigkeit	42–46
b) Erbunwürdigkeit	47
c) Erbverzicht	48
2. Übergang des Vermögens	49–56
a) Universalsukzession	49–51
b) Annahme und Ausschlagung der Erbschaft	52–56
3. Gesetzliche Erbfolge	57–71
a) Grundregeln	57–60
b) Gesetzliches Erbrecht der Abkömmlinge	61–63
c) Gesetzliches Erbrecht des überlebenden Ehegatten	64–66
d) Lebenspartner	67
e) Gesetzliches Erbrecht der sonstigen Verwandten	68–70

	Rn.
f) Erbrecht des Staates	71
4. Gewillkürte Erbfolge	72–103
a) Materielle Wirksamkeit des Testaments	73–75
b) Arten von letztwilligen Verfügungen	76–80
c) Formfragen	81–88
d) Testamentarische Anordnungen	89–103
5. Noterbrecht	104–110
a) Noterbrecht und verfügbare Quote	104/105
b) Noterbberechtigte	106/107
c) Höhe der Quote	108–110
6. Testamentsvollstreckung	111
7. Erbengemeinschaft und Erbauseinandersetzung	112
8. Erbenhaftung	113–115
III. Nachlassverfahren	116–125
1. Grundsätze der Abwicklung	116–122
2. Besonderheiten bei Vorlage im Ausland errichteter Testamente	123–125
IV. Erbschaftsteuer	126–158
1. System der Erbschaftsteuer	126
2. Erbschaft- und Schenkungsteuer	127–151
a) Rechtsgrundlage und Steuertatbestand	127–129
b) Steuertatbestände	130–134
c) Bemessungsgrundlage	135–140
d) Persönliche und sachliche Freibeträge	141/142
e) Steuertarif	143–147
f) Steuerverfahren	148–151
3. Beschränkte und unbeschränkte Steuerpflicht	152–156
a) Unbeschränkte Steuerpflicht für Erbschaftsteuer	152–154
b) Beschränkte Steuerpflicht für Erbschaftsteuer	155
c) Steuerpflicht für Schenkungsteuer	156
4. Weitere im Rahmen der Erbfolge anfallende Steuern	157/158

Literatur: *Bernecker,* Internationales Privat- und Prozessrecht im Großherzogtum Luxemburg, RabelsZ 1962, 263 ff.; *Frank* in Bergmann/Ferid/Henrich, Internationales Familien- und Kindschaftsrecht, Loseblattsammlung, Frankfurt a. M., Bd. IV: Luxemburg, Stand: 1.2.2003; *Hustedt* in Ferid/Firsching/Dörner/Hausmann, Internationales Erbrecht, Loseblattsammlung, Bd. IV: Luxemburg, München, Stand: 2011; *Flick/Piltz,* Der internationale Erbfall, 2. Aufl. München 2008, Rn. 712 ff.; *Frank* in Süß, Erbrecht in Europa, 2. Aufl. 2008, Länderbericht Luxemburg; *Meussen/Frank* in Frank/Wachter, Handbuch Immobilienrecht in Europa, Länderbericht Luxemburg, 2004; *Watgen/Watgen* in Frank/Wachter, Handbuch Immobilienrecht in Europa, Länderbericht Luxemburg, 2. Aufl., 2014; *Schockweiler,* Les conflits de lois et les conflits de juridiction en droit international privé luxembourgeois, Luxembourg, 2. Aufl. 1996; *Dörner* in Staudinger, Kommentar zum Bürgerlichen Gesetzbuch mit Einführungsgesetz und Nebengesetzen EGBGB/IPR, Berlin, Neubearbeitung 2001, Anh. Art. 25 f. EGBGB Rn. 389 ff.; *Süß* in Mayer/Süß/Tanck/Bittler/Wälzholz, Handbuch Pflichtteilsrecht, Angelbachtal 2003, § 16 Rn. 499 ff.; *de Valkeneer/Laethem/Doerner/Watgen,* in Union Internationale du Notariat Latin – Commission des Affaires Européennes (Hrsg.), régimes matrimoniaux, successions et libéralités dans les relations internationales et internes, 2003 Länderbericht Luxembourg; *Wanke,* Die Besteuerung deutsch-luxemburgischer Erb- und Schenkungsfälle, 2001; *Watgen/Watgen,* Successions et Donations, Luxembourg, 2. Aufl. 2002; *Watgen/Watgen,* Erbengemeinschaft und Teilung des Nachlasses, Luxemburg 1987; *R. Watgen,* Erbschaft und Testament, Luxemburg 1995; *Weirich/Weirich,* JClDrComp, Luxembourg, Fasc. 2, Paris, Stand: 2/2001; *Weitzel/Ravarani/Weitzel,* JClDrComp, Fasc. 3, Paris, Stand: 2/2001. *Wiwinius,* Le droit international privé au Grand-Duché de Luxembourg, 3. Aufl. 2011; Literatur zum Bereich Schenkungs- und Erbschaftsteuerrecht: *Flick/Piltz,* Der internationale Erbfall, 2. Aufl. 2008, Rn. 1754 ff.; *Francis Levebvre,* Luxembourg – juridique, fiscal, social, comptable, Paris 2001; *Jülicher* in Troll/Gebel/Jülicher, Erbschaftsteuer- und Schenkungsteuergesetz, Loseblattsammlung, München, Stand: 2017, § 21 Rn. 115; *Steichen,* Mémento de droit fiscal, 2. Aufl. 2002; *Urbin,* Handbuch der Luxemburger Steuern, Luxemburg 2001; *Warner,* Luxemburg in international tax planning, 1997; Europe & Liberté, magazine 2002, fiscalité des quinze, Länderbericht Luxembourg, S. 68.

I. Internationales Erbrecht

1. Grundsätze des luxemburgischen internationalen Erbrechts. Das internationale Privatrecht Luxemburgs ist nur marginal kodifiziert, ein IPR-Gesetz, vergleichbar dem deutschen EGBGB, gibt es nicht. Neben der Grundregel des Art. 3 II Cciv wurden durch den luxemburgischen Gesetzgeber peu à peu Einzelregelungen vor allem im internationalen Familienrecht in den Code civil integriert, zT auch besonderen Gesetzen unterworfen. Besteht keine Regelung, basiert das internationale Privatrecht, sofern keine Staatsverträge vorrangig einschlägig sind, auf Richterrecht (Zusammenstellung der Rspr. zum internationalen Privatrecht bei *Wiwinius,* Pas lux t. 29, 4 ff.). 1

Auch im internationalen Erbrecht sind nachfolgende Grundsätze des luxemburgischen IPR zu beachten: 2

Die Qualifikation einer Rechtsfrage erfolgt nach der *lex fori.* Der *renvoi* (Rückverweisung) sowie die Weiterverweisung sind anerkannt (zB Trib arrdt. Luxembourg v. 18.2.1993, n. 82/93; Ausnahmen von der Zulässigkeit des renvoi gelten für das Formstatut und das anwendbare Recht des Vertragsstatuts auf Grund Parteienautonomie: hier werden Sachnormverweisungen ausgesprochen. Verweist das luxemburgische IPR auf ein ausländisches Recht, handelt es sich hierbei um eine Gesamtnormverweisung. Der renvoi auf das Recht eines dritten Staates ist allerdings Sachnormverweisung. Verweist das ausländische IPR auf luxemburgisches Recht zurück, sind die luxemburgischen Sachvorschriften anzuwenden.

Auch in Luxemburg sind die Rechtsinstitute der *fraude à la loi* (Gesetzesumgehung) sowie der ordre public als Korrektiv bekannt. Letzterer unterscheidet bzgl. der Strenge seiner Anwendung zwischen der bloßen Anerkennung einer ausländischen Entscheidung auf Basis eines dem luxemburgischen Recht unbekannten Rechtsinstituts und der Neuschaffung einer rechtlichen Situation auf Grund der Anwendung einer ausländischen Norm. 3

2. Rechtslage vor Inkrafttreten der EUErbVO. a) Erbstatut. aa) Bestimmung des Erbstatuts. Staatsvertragliche Sonderregeln im Bereich des anwendbaren Erbrechts bestehen nicht (folgende staatsvertragliche Regelungen im Bereich des Erbrechts gelten für Luxemburg: Haager Übereinkommen über das auf die Form letztwilliger Verfügungen anzuwendende Recht v. 5.10.1961, in Kraft in Luxemburg seit 5.2.1979 (→ Rn. 17); Baseler Europäisches Übereinkommen über die Einrichtung einer Organisation zur Registrierung von Testamenten v. 16.5.1972, in Luxemburg in Kraft seit 4.9.1982. Das Haager Übereinkommen über die nationale Verwaltung von Nachlässen v. 2.10.1973 wurde von Luxemburg gezeichnet. Das Haager Übereinkommen über das auf die Rechtsnachfolge von Todes wegen anwendbare Recht v. 1.8.1989 wurde von Luxemburg nicht gezeichnet). Ferner ist die EU-Verordnung Nr. 650/2012 v. 4.7.2012 des Europäischen Parlaments und des Rates über die Zuständigkeit, das anwendbare Recht, die Anerkennung und Vollstreckung von Entscheidungen und die Annahme und Vollstreckung öffentlicher Urkunden in Erbsachen, sowie zur Einführung eines Europäischen Nachlasszeugnisses („EUErbVO") auch für Luxembourg am 16.8.2012, hinsichtlich der Art. 78, 79 u. 80 ab 5.7.2013 in Kraft getreten. Sie gilt für Erbfälle, welche nach dem 17.8.2015 eintreten, s. hierzu gleich unten Ziffer 3. 4

Das Erbstatut ist nach altem Recht autonom zu bestimmen. Mangels gesetzlicher Regel wird das Erbstatut durch die Grundsätze der Rspr. bestimmt.

Danach wird – wie in Frankreich und Belgien – zwischen beweglichem und unbeweglichem Vermögen unterschieden. Es kommt zur Nachlassspaltung: 5

Für unbewegliches Vermögen ist der Belegenheitsgrundsatz *(lex rei sitae)* maßgeblich, dh Grundvermögen wird nach dem Recht des Staates vererbt, in dem es belegen ist. Die Rspr. verallgemeinert hier die Regelung des Art. 3 II Cciv, wonach Immobilien, auch wenn sie Ausländern gehören, den luxemburgischen Gesetzen unterliegen (Trib. ardt. Luxembourg, 11.6.1913, Pas lux t. 9, 478; Trib. ardt. Luxembourg, 20.11.1965, n. 1021/96). In der Praxis hat dies zur Folge, dass für den Erblasser die Erbrechte mehrerer Rechtsordnungen parallel zur Anwendung gelangen können, wenn er Immobilien in verschiedenen Ländern besitzt. 6

Bewegliches Vermögen wird nach dem Recht des letzten Wohnsitzes des Erblassers vererbt (Trib. ardt. Luxembourg, 20.6.1931, Pas lux t. 13, 466). Der Begriff des Wohnsitzes ist hierbei nicht unbedingt identisch mit der Definition des Art. 102 Cciv (Hauptniederlassung einer Person). Dieser kann aber, ebenso wie die behördliche Meldung einer Person gem. Art. 104 Cciv, als Indiz herangezogen werden. Ferner bilden der Ort der Haupteinnahmen des Erblassers sowie sein hauptsächliches Betätigungsfeld die einschlägigen Kriterien (Trib. ardt. Luxembourg, 17.6.1992, n. 427/92; Trib. ardt. Luxembourg, 30.4.1998, 486/98). Im internationalen Privatrecht Luxemburgs wird für den Wohnsitz grds. auf den gewöhnlichen Aufenthalt einer Person abgestellt (*Watgen/Watgen, successions et donations,* S. 193). 7

Ob ein Objekt als beweglich oder unbeweglich qualifiziert wird, wird in Anlehnung an die französische Rspr. nach der lex fori beurteilt. Unabhängig davon bleibt es dem Tatrichter unbenommen, hierbei die rechtliche Qualifizierung des infrage stehenden, im Ausland belegenen Objekts nach der ausländischen Rechtsordnung mitzuberücksichtigen, um seine Entscheidung über die Qualifikation als beweglich oder unbeweglich zu fällen (TGI Seine, 12.1.1966, Rev. crit. DIP 1967, 120). 8

Die Rechtswahl im Erbrecht ist unzulässig. Die Rechtswahl gem. Art. 25 II EGBGB wird aber anerkannt (Flick/Piltz Int. Erbfall, Rn. 743; FFDH IntErbR/*Hustedt* Rn. 8). 9

Folge der unterschiedlichen Anknüpfung von beweglichem und unbeweglichem Vermögen ist die kollisionsrechtliche Nachlassspaltung. Das bedeutet, dass das Vermögen des Erblassers, je nachdem, wo er gewohnt hat und wo sich sein Vermögen befindet, nach verschiedenen, parallel anwendbaren Rechtsord- 10 nungen beerbt wird. Ein Luxemburger wird aus der Sicht des luxemburgischen internationalen Privatrechts dann ausschließlich nach luxemburgischen Erbrecht beerbt, wenn er seinen Wohnsitz in Luxemburg hat und sich sein gesamtes Immobiliarvermögen ebenfalls auf luxemburgischen Territorium befindet (die Belegenheit des beweglichen Vermögens, bspw. Bankkonten im Ausland, ist dagegen unerheblich; das deutsche IPR kommt hier zum gleichen Ergebnis: gem. Art. 25 I EGBGB wird zunächst auf luxemburgisches IPR als Heimatrecht des Erblassers verwiesen (Gesamtnormverweisung), welches dann bei luxemburgischen Erbrecht bleibt). Bei einem Wohnsitz im Ausland kommt es darauf an, ob das ausländische internationale Privatrecht auf luxemburgisches Erbrecht zurückverweist. Andernfalls bestehen zwei völlig voneinander unabhängige Nachlässe, die jeweils eigenen Regeln, insbes. auch im Hinblick auf Pflichtteile, unterliegen.

11   bb) **Besonderheiten für die Beerbung eines Deutschen mit Immobiliarvermögen in Luxemburg.** Aus der Sicht des deutschen Rechts wird der deutsche Erblasser gem. Art. 25 I EGBGB hinsichtlich seines gesamten Vermögens nach deutschem Recht als seinem Heimatrecht beerbt, und zwar unabhängig vom Wohnsitz des Erblassers und der Belegenheit seines Vermögens. Eine Ausnahme ergibt sich lediglich gem. Art. 3a II EGBGB, wenn eine ausländische Rechtsordnung dort belegenes Vermögen Sondervorschriften unterstellt („Vorrang des Einzelstatuts"). Nach ganz hM gilt die kollisionsrechtliche Nachlassspaltung, die das Immobiliarvermögen besonderen Vorschriften, idR der lex rei sitae, unterstellt, als derartige besondere Vorschrift (anstatt aller Palandt/*Thorn* EGBGB Art. 3a Rn. 6). Hat der deutsche Erblasser Grundvermögen in Luxemburg, wird er diesbzgl. nach luxemburgischem Erbrecht beerbt. Es kommt zur Nachlassspaltung.

12   Aus der Sicht des luxemburgischen IPR stellt sich der Sachverhalt dann entsprechend dar, wenn der Erblasser seinen Wohnsitz in Deutschland hat. Er wird dann hinsichtlich seines beweglichen Nachlasses nach deutschem Recht beerbt, bzgl. seines Immobiliarvermögens jeweils nach der Rechtsordnung, in deren Land das Grundvermögen belegen ist. Hat der Erblasser eine Immobilie in Luxemburg, ansonsten nur in Deutschland, kommt das luxemburgische Recht zum gleichen Ergebnis wie die soeben dargestellte deutsche Sicht. Zu einem anderen Ergebnis gelangt das luxemburgische Recht aber dann, wenn der Deutsche zB seinen Wohnsitz in Luxemburg hat: aus der Sicht des deutschen Recht ist dies unerheblich, aus luxemburgischer Sicht wird der Erblasser dann hinsichtlich seines beweglichen Vermögens nach luxemburgischen Erbrecht beerbt.

13   cc) **Umfang des Erbstatuts.** Das Erbstatut bestimmt sowohl die gesetzliche als auch die gewillkürte Erbfolge. Es umfasst alle materiellen Fragen des Erbrechts wie die Eröffnung der Erbschaft, die Modalitäten des Übergangs des Nachlasses auf die Erben und Vermächtnisnehmer (Annahme, Ausschlagung, Universalsukzession oder Inbesitznahme), Erbfähig- und Erbwürdigkeit, die gesetzliche Erbfolge, insbes. auch die erbrechtliche Stellung des überlebenden Ehegatten, Fragen der Erbenhaftung, Ausgestaltung und Folgen der Erbengemeinschaft. Bestimmt werden auch die möglichen Anordnungen des Erblassers wie Vermächtnis, Nießbrauch, die Zulässigkeit des Vor- und Nacherbfolge, Testamentsvollstreckung sowie das „Pflichtteils"- bzw. Noterbrecht. Ob die *institution contractuelle* erbrechtlich zu qualifizieren ist oder dem Ehegüter- oder Schenkungsstatut unterliegt, ist strittig (weitere Nachw. bei FFDH IntErbR/*Hustedt* Rn. 60).

14   Hinsichtlich der Testierfähigkeit ist zu unterscheiden: grds. unterliegt diese nicht dem Erbstatut, sondern dem Personalstatut des Testierenden, also seinem Heimatrecht. Besonderheiten, zB Beschränkungen zugunsten bestimmter Personen (zB Verbot, zugunsten des Arztes zu verfügen) sind dagegen dem Erbstatut unterworfen.

15   Wie im romanischen Rechtskreis üblich, sind Schenkungen unter Lebenden eng mit dem Erbrecht verknüpft. Grundsätzlich gilt für die materielle Wirksamkeit der Schenkung zwar das Vertragsstatut, sodass die Vertragsparteien das Recht frei wählen können. Allerdings beurteilt sich die Frage, inwieweit Noterbrechte etc greifen, nach dem Erbstatut (Trib. ardt. Luxembourg, 20.6.1932, Pas lux t. 13, 466). Für die Form der Schenkung gilt dagegen die *Locus-regit-actum*-Regel. Die Geschäftsfähigkeit wird gesondert an das Heimatrecht der Parteien angeknüpft.

16   dd) **Vorwegnahmerecht.** Eine Besonderheit des luxemburgischen Rechts ist das Vorwegnahmerecht des luxemburgischen Erben. Selbst wenn nach den Regeln des internationalen Privatrechts ein anderes Erbrecht als das luxemburgische anzuwenden ist, haben luxemburgische Miterben bzgl. des in Luxemburg belegenen Vermögens ein Vorwegnahmerecht in Höhe eines Erbteils gleich dem Wert des im Ausland belegenen Vermögens, von dem sie, egal aus welchem Rechtsgrund, ausgeschlossen sind (Art. 1 des Gesetzes v. 29.2.1872, abgedr. bei FFDH IntErbR/*Hustedt*, Texte A.I., Fn. 1; Trib. ardt. Diekirch, 22.2.1900, Pas lux t. 7, 41; Zweifel an der Vereinbarkeit dieser Regel innerhalb der Europäischen Union äußern zu Recht Flick/Piltz Int. Erbfall, Rn. 737).

17   b) **Formfragen.** Für die Form letztwilliger Verfügungen gilt traditionell wie für alle Fragen der Form die Anknüpfung nach der Ortsform (*„locus regit actum"*). Luxemburg hat jedoch das Haager Übereinkommen über das auf die Form letztwilliger Verfügungen anzuwendende Recht v. 5.10.1961 ratifiziert. Es gilt in Luxemburg seit dem 5.2.1979 (Gesetz v. 13.6.1978, Mémorial, 662; BGBl. II S. 303), in Deutschland ist es seit dem 1.1.1966 in Kraft (BGBl. 1966 II S. 11; Text zB bei Palandt/*Thorn* EGBGB Anh. Art. 26). Damit wird eine in Deutschland errichtete, nach deutschem Erbrecht formwirksame letztwillige Verfügung auch in Luxemburg anerkannt und umgekehrt. Luxemburg hat die Vorbehalte nach Art. 9 (Wohnsitzbestimmung nach der lex fori) (Art. 10 (grds. keine Anerkennung mündlicher Tes-

tamente) und Art. 12 (Ausschluss von Anordnungen, die aus luxemburgischer Sicht nicht erbrechtlicher Art. sind) des Übereinkommens erklärt.

Die Abfassung eines gemeinschaftlichen Testaments, welches in Luxemburg gem. Art. 968 Cciv verboten ist, wird – entsprechend Art. 4 HÜ – als bloße Formvorschrift aufgefasst (Trib. ardt. Luxembourg, 13.1.1960, Pas lux t. 18, 144). Errichtet ein Luxemburger also in Deutschland mit seinem Ehegatten ein gemeinschaftliches Testament iSd §§ 2265 ff. BGB, wird dies nach derzeitiger Rspr. in Luxemburg anerkannt. Vor der Abfassung eines gemeinschaftlichen Testaments ist aber dennoch Vorsicht geboten! Im Rahmen einer sicheren Gestaltungsüberlegung sollte die Abfassung von Einzeltestamenten bevorzugt werden (die Frage und Problematik der Bindungswirkung dürfte wohl materiell-rechtlich und damit dem Erbstatut zugeordnet werden). 18

Erbverträge und Erbverzichte sind dagegen vom Haager Übereinkommen nicht umfasst. Entsprechend der französischen Auffassung dürften sie aber materiell-rechtlich, und damit dem Erbstatut unterliegend, zu qualifizieren sein. 19

c) **Internationales Verfahrensrecht in Erbangelegenheiten.** Gesetzliche Bestimmungen zur internationalen Zuständigkeit gibt es nicht. Die Rspr. bestimmt diese daher nach den gleichen Vorschriften wie die innerstaatliche Zuständigkeit. Auch hier ist zwischen beweglichem und unbeweglichem Vermögen zu unterscheiden: 20

Streitigkeiten betreffend Grundvermögen werden vor dem Gericht der Belegenheit der Immobilie ausgetragen. Für bewegliches Vermögen ist das Gericht der Nachlasseröffnung für das Nachlassverfahren zuständig. Bei Beteiligung eines luxemburgischen Staatsangehörigen ergibt sich die luxemburgische internationale Zuständigkeit außerdem aus Art. 14, 15 Cciv. 21

3. Rechtslage nach Inkrafttretender EUErbVO. Auch für Luxemburg gilt für Erbfälle ab dem 17.8.2015 die Verordnung (EU) Nr. 650/2012 des Europäischen Parlaments und des Rates vom 4. Juli 2012 über die Zuständigkeit, das anzuwendende Recht, die Anerkennung und Vollstreckung von Entscheidungen und die Annahme und Vollstreckung öffentlicher Urkunden in Erbsachen sowie zur Einführung eines Europäischen Nachlasszeugnisses (EUErbVO). Im Folgenden werden nur die Besonderheiten im Hinblick auf das luxemburgische Recht dargestellt, zum Anwendungsbereich der Verordnung, deren Inhalt und Umfang s. die Kommentierung von *Burandt/Schmuck* zur EuErbVO unter Gliederungsnummer 110 dieses Kommentars. 22

a) **Abgrenzung zu anderen Statuten.** Vom Anwendungsbereich der EUErbVO ausgenommen sind gem. Art. 1 II lit. b) EUErbVO die Fragen der **Rechts-, Geschäfts- und Handlungsfähigkeit** natürlicher Personen, die wie bisher dem Personalstatut unterliegen. Die **Erbfähigkeit** unterliegt dagegen gem. Art. 23 I lit. c) l lit. a) EUErbVO dem allgemeinen Erbstatut gem. Art. 21 f. EUErbVO, die **Testierfähigkeit** dem Errichtungsstatut des Art. 24 EUErbVO. Vom Errichtungsstatut gem. Art. 26 I lit. c) EUErbVO umfasst werden die besonderen Gründe, aufgrund derer die Person, die Verfügung von Todes wegen errichtet, nicht zugunsten bestimmter Personen verfügen darf, zB die Frage, inwieweit der Erblasser über sein Vermögen durch letztwillige Verfügung frei disponieren darf und welchen Beschränkungen er unterliegt. Zu unterscheiden sind diese wiederum von den allgemeinen Beschränkungen der Verfügungsfreiheit, die sich beispielsweise aus dem Pflichtteils- und Noterbrecht ergeben: Jene unterliegen dem allgemeinen Erbstatut. Dagegen richten sich die Beschränkungen der Einsetzbarkeit bestimmter Personengruppen oder Personen nach dem Errichtungsstatut. Dies betrifft in Luxemburg insbesondere die Vorschriften, die dem Testator die Einsetzung von bei der Testamentserrichtung mitwirkenden Ärzten, Apothekern und Beamten im Gesundheitswesen verbieten, ferner Verfügungen zugunsten des Vormunds und staatlicher Behörden, Art. 907, 909 und 910 Cciv. 23

Unentgeltliche Zuwendungen sind nach Art. 1 II lit. g) EUErbVO vom Anwendungsbereich der EUErbVO ausgenommen. Für sie gilt die Rom I-Verordnung mit ihren Rechtswahlmöglichkeiten. Für unbenannte Zuwendungen von Ehegatten gilt – nach dem bisherigen Entwurfsstand – die künftige Güterrechtsverordnung, bis zu deren Inkrafttreten das güterrechtliche Kollisionsrecht, Art. 15 EGBGB. Art. 23 II lit. i) EUErbVO stellt allerdings klar, dass die Ausgleichung und Anrechnung unentgeltlicher Zuwendungen bei der Bestimmung der Anteile der einzelnen Berechtigten im Erbfall vom Erbstatut geregelt werden. Das Gleiche gilt gem. Art. 23 II lit. h) EUErbVO für den verfügbaren Teil des Nachlasses und die Pflichtteile. 24

Problematisch ist die Zuordnung dann, wenn der Erblasser bereits lebzeitige Verfügungen von Todes wegen im Wege der vorweggenommenen Erbfolge an künftige Erben vorgenommen hatte und diese lebzeitige Zuwendung Auswirkungen im Todesfall hatte. Schon im bisherigen Recht wurden die Ausgleichung und Anrechnung, ferner die Frage, inwieweit Noterbrechte etc greifen, dem Erbstatut zugeordnet. Gleiches gilt auch nach Geltung der EUErbVO. 25

Nach Art. 1 II lit. d) EUErbVO sind Fragen des **ehelichen Güterrechts** sowie des Güterrechts aufgrund von Verhältnissen, die nach dem auf diese Verhältnisse anzuwendenden Recht mit der Ehe vergleichbare Wirkungen entfalten, vom Anwendungsbereich der EUErbVO ausgeschlossen. Andererseits bestimmt Art. 23 II lit. b) EUErbVO, dass dem Erbstatut die Nachlassansprüche des überlebenden Ehegatten oder Lebenspartners unterliegen. 26

Auch nach dem bisherigen luxemburgischen internationalen Privatrecht wird das **Güterrechtsstatut** gesondert angeknüpft, und zwar auf der Basis des Haager Übereinkommens über das auf die Ehegüterstände anwendbare Recht vom 14.3.1978: In erster Linie entscheidet das von den Ehegatten gewählte 27

Recht; möglich zu wählen sind namentlich das Heimatrecht eines Ehegatten oder das Recht am gewöhnlichen Aufenthalt zum Zeitpunkt der Rechtswahl oder des Rechts des Staates des gewöhnlichen Aufenthalts eines Ehegatten nach der Eheschließung sowie das Belegenheitsrecht für Immobilien. Mangels Rechtswahl gilt das Recht des Staates, in dem die Ehegatten ihren ersten gemeinsamen gewöhnlichen Aufenthalt nach Eheschließung begründen.

28 Gesetzlicher Güterstand ist die Errungenschaftsgemeinschaft. Bei dieser werden folgende Vermögensmassen unterschieden: Gemeinschaftliches Vermögen der Ehegatten (Gesamtgut) ist alles, was die Ehegatten seit Eheschließung zusammen oder getrennt erwerben, und zwar durch Arbeit oder Nutzung ihres Vermögens. Das übrige Vermögen, dh voreheliches Vermögen, Vermögen kraft unentgeltlichen Erwerbs durch Schenkung oder Erbschaft, höchstpersönliche Gegenstände, Surrogate und Erträge, verbleiben im Eigentum eines jedes Ehegatten (Eigengut). Es besteht eine gesetzliche Vermutung für gemeinschaftliches Eigentum. Über Eigengut darf alleine verfügt werden. Auch das Gesamtgut darf jeder Ehegatte grundsätzlich alleine verwalten und darüber verfügen. Eine Ausnahme gilt hier für unentgeltliche Verfügungen, ferner Verfügungen über Grundstücke und grundstücksgleiche Rechte, Handelsunternehmen und Gesellschaftsanteile. Verfügungen über Rechte, durch die die Familienwohnung gewährleistet ist, sowie Verfügungen über Einrichtungsgegenstände bedürfen der Zustimmung des Ehegatten.

29 Im Falle des Todes gilt: Zunächst ist güterrechtlich die Errungenschaftsgemeinschaft auseinanderzusetzen. Der überlebende Ehegatte erhält hiernach die Hälfte des Gesamtguts als güterrechtlicher Ausgleich. Erst dann steht fest, was in den Nachlass fällt und nach dem anwendbaren Erbrecht beerbt wird, nämlich die andere Hälfte des verstorbenen Ehegatten sowie dessen Eigengut.

30 Ob die **institution contractuelle** (s. hierzu unten → Rn. 77 ff.) erbrechtlich zu qualifizieren ist oder dem Ehegüter- oder Schenkungsstatut unterliegt, ist strittig. Nach bisher wohl hM dürfte sie entsprechend der für die französische Rechtslage geführten Diskussion dem Ehestatut unterliegen. Es bleibt abzuwarten, welche Anknüpfung sich unter der EUErbVO durchsetzen wird.

31 Die **Abstammung** einer Person beurteilt sich weitgehend nach dem Personalstatut, dh dem Heimatrecht des Betroffenen. Das **Adoptionsstatut** ist in Art. 370 Cciv gesetzlich geregelt. Die Voraussetzungen und Wirkungen der Adoption bestimmen sich danach grundsätzlich nach dem Heimatrecht der Annehmenden; bei Ehegatten verschiedener Staatsangehörigkeit oder Staatenlosigkeit entscheidet deren gemeinsamer gewöhnlicher Aufenthalt bei Antragstellung. Die Voraussetzungen, adoptiert zu werden, regelt prinzipiell das Heimatrecht des Anzunehmenden.

32 Auch die Abrenzung zum **Sachenrecht** ist nicht immer einfach: Nach wohl hM bestimmt das Erbstatut, ob es aufgrund des Todes zu einer Änderung der dinglichen Rechtszuordnung kommt. Wie sich dieser Übergang mit dinglicher Wirkung vollzieht, also ob zB eine zusätzliche Eintragung im Grundstücksregister erforderlich ist, bestimmt dagegen die lex rei sitae. Dies gilt auch für das Vindikationslegat oder das gesetzlich aufgrund des Erbfalls entstehende Nießbrauchsrecht des überlebenden Ehegatten nach luxemburgischen Recht, ferner für dinglich wirkende Teilungsanordnungen und Erbauseinandersetzungen.

33 Konkret stellt sich die Frage, wie sich der **Vollzug eines nach luxemburgischem Recht angeordneten Vermächtnisses** an einem in Deutschland belegenen Grundbesitz vollzieht. Geschieht dieser von selbst oder bedarf es eines weiteren Vollzugsakts, insbesondere einer Auflassung?

34 Das Universalvermächtnis *(legs universel)* (siehe → Rn. 93 ff.) entspricht am ehesten der deutschen Erbeinsetzung und ist diejenige testamentarische Verfügung, durch die der Erblasser einer oder mehreren Personen sein gesamtes Vermögen hinterlässt. Der oder die eingesetzten Vermächtnisnehmer erhalten automatisch den Besitz *(saisine)*, wenn es keine Noterbberechtigten gibt und die Einsetzung aus einem notariellen Testament hervorgeht, anderenfalls müssen sie von Letzteren die Auslieferung verlangen. Mittels des Erbteilvermächtnisses *(legs à titre universel)* verfügt der Erblasser über eine Quote des Nachlasses. Anders als der Universalvermächtnisnehmer muss der Erbteilvermächtnisnehmer immer die Aushändigung des ihm zugewandten Gegenstände verlangen, auch wenn das Eigentum ipso iure am Sterbetag des Erblassers übergeht. Mit dem Erbstückvermächtnis *(legs particulier)* vermacht der Erblasser schließlich einzelne Gegenstände. Das Recht an der vermachten Sache steht dem Vermächtnisnehmer mit dem Todestag des Erblassers zu (sog. Vindikationslegat), jedoch muss er die Aushändigung des Besitzes verlangen. Damit sind zumindest die beiden letzteren Fälle mit dem deutschen Damnationslegat insofern vergleichbar, als auch hier weitere Vollzugsakte erforderlich sind. Viel spricht daher dafür, auch mit der EUErbVO eine Auflassung zu verlangen.

35 Vergleichbares dürfte auch künftig für den gesetzlichen **Nießbrauch** des überlebenden Ehegatten am Nachlass sein. Schon bisher wurde er nach Ansicht der Rechtsprechung und Teilen der Literatur nicht im Erbschein aufgeführt, sondern als Vermächtnis qualifiziert und bedürfen einer neuen Bestellung an den in Deutschland belegenen Nachlassgegenständen.

36 Im umgekehrten Fall (**deutsches Vermächtnis an luxemburgischem Grundbesitz**) kann auch wie bisher wohl nicht eine „Auflassung" nach luxemburgischem Recht verlangt werden. In der Praxis üblich ist bislang neben dem *acte de notoriété*, der Offenkundigkeitserklärung vor dem Notar oder dem Gericht, zum Nachweis der Erbenstellung dem Grundstücks- und Hypothekenregister *(Bureau des Hypothèques)* gegenüber zusätzlich eine sog. *attestation notariée* (notarielle Bescheinigung) durch den Notar. Erstellt wird diese durch denjenigen (luxemburgischen) Notar, welcher mit der Berichtigung des Grundstücks- und Hypothekenregisters beauftragt ist. Künftig werden vermutlich die luxemburgischen Notare neben den Gerichten auch ausstellende Behörden iSd Art. 64 lit. b) EUErbVO für das Europäische Nachlasszeugnis sein. Da das Europäische Nachlasszeugnis wohl keine schuldrechtlichen Ver-

II. Materielles Recht **Luxemburg 120**

mächtnisse, wie beispielsweise nach deutschem Recht, enthalten wird, die sich auf luxemburgischen Grundbesitz beziehen, wird die Umschreibung auf den Vermächtnisnehmer auch künftig auf Basis der Offenkundigkeitserklärung und der attestation notariée erfolgen (siehe → Rn. 116 ff.).

b) Form letztwilliger Verfügungen. Art. 75 Abs. 1 UAbs. 2 EUErbVO sieht auch weiterhin die An- 37
wendung des Haager Testamentsformübereinkommens (s. hierzu oben → Rn. 17) anstelle der Verordnung ausdrücklich vor, soweit deren Anwendungsbereich eröffnet ist. Für Testamente und gemeinschaftliche Testamente verbleibt es somit bei der Anwendung des Haager Testamentsformübereinkommens. Erbverträge waren dagegen auch bislang nicht vom Haager Übereinkommen umfasst und unterlagen den allgemeinen nationalen Kollisionsnormen. Erbverträge iSd Art. 25 EUErbVO, also im unionsrechtlichem Sinne, unterfallen somit auch künftig nicht dem Haager Übereinkommen, sondern für sie bleibt es bei der Anwendung von Art. 27 EUErbVO. Da die Verordnung selbst bestimmt (s. Erwägungsgrund Nr. 52), dass Art. 27 der Verordnung der Sache nach den Bestimmungen des Haager Übereinkommens entspricht, ist auch eine einheitliche Auslegung geboten. Auf die Auslegungspraxis des Haager Übereinkommens kann daher auch für Art. 27 EUErbVO zurückgegriffen werden.

c) Einzelfragen. aa) Gemeinschaftliche Testamente. Die Abfassung eines gemeinschaftlichen Testa- 38
ments, welches in Luxemburg gem. Art. 968 Cciv verboten ist (siehe → Rn. 76), wird bislang in Luxemburg – entsprechend Art. 4 des Testamentsformübereinkommens – als Formvorschrift aufgefasst. Errichtet ein Luxemburger also in Deutschland mit seinem Ehegatten ein gemeinschaftliches Testament iSd §§ 2267 ff. BGB, wird dies nach derzeitiger Rechtsprechung in Luxemburg anerkannt. Die Frage der Bindungswirkung dürfte aber wohl materiell-rechtlich qualifiziert werden. Im Zweifel wird sie – entsprechend französischem Vorbild – aufgrund der gesetzlich ausnahmslos angeordneten freien Widerruflichkeit von Testamenten nicht anerkannt. Voraussichtlich wird das gemeinschaftliche Testament künftig unter den weiten Erbvertragsbegriff des Art. 25 EUErbVO subsumiert werden.

bb) Erbverträge, Erbverzichte. Erbverträge und Erbverzichte sind vom Haager Übereinkommen 39
nicht umfasst. Entsprechend der französischen Auffassung wurden sie bisher aber materiell-rechtlich – und damit dem Erbstatut unterliegend – qualifiziert.

Art. 25 EUErbVO eröffnet bei Vorliegen dessen Voraussetzungen auch luxemburgischen Erblassern 40
nunmehr die Möglichkeit der Abfassung von Erbverträgen.

c) Auf die Nachlassabwicklung anwendbares Recht. Gemäß Art. 23 II lit. e) EUErbVO richtet sich 41
der „Übergang der zum Nachlass gehörenden Vermögenswerte ... einschließlich der Bedingungen für die Annahme oder die Ausschlagung der Erbschaft oder eines Vermächtnisses und deren Wirkungen" nach dem gem. Art. 21 oder 22 EUErbVO anzuwendenden Recht. Art. 28 EUErbVO beinhaltet eine Sonderanknüpfung hinsichtlich der Formgültigkeit von Annahme- und Ausschlagungserklärungen.

Wie früher bleibt aber auch mit Geltung der EUErbVO die Schwierigkeit der Differenzierung zwi- 42
schen dem Erb- und dem Sachstatut auch im Rahmen der Nachlassabwicklung bestehen. Auch nach der EUErbVO bestimmt das Erbstatut über den Zuordnungsvorgang selbst, dh ob es aufgrund des Erbfalls zu einer direkten dinglichen Vermögenszuordnung für den Erben kommt oder ob es noch weiterer Akte bedarf oder der Erwerb sich zunächst mittelbar vollzieht. Das Erbstatut regelt hierbei auch die Frage, ob Teilungserklärungen eine direkte dinglich wirkende Zuweisung nach sich ziehen oder lediglich schuldrechtlich zwischen den Erben wirken. Ist nach dem Erbstatut noch ein Vollzugsakt erforderlich, um den Erwerb abzuwickeln, sind insbesondere einzelne Nachlassgegenstände zu übertragen, richtet sich dies nach dem jeweiligen Belegenheitsstatut des betreffenden Rechts. Die Auseinandersetzung bedarf in Luxemburg eines Teilungsverfahrens, Art. 815 ff. Cciv. Ist dieses durchgeführt, wirkt die Teilung nach der Fiktion des § 883 CCov dann aber auf den Zeitpunkt des Erbfalls zurück und zwar im Verhältnis zu Dritten, als wäre der Nachlass bereits mit dem Erbfall ipso iure auf den betreffenden Empfänger übergegangen.

II. Materielles Recht

Entsprechend der Konzeption des Code civil (der vom luxemburgischen Justizministerium herausge- 43
gebene Code Civil in Printform (Stand: 1.10.2010), er kann im Internet unter www.legilux.lu eingesehen werden) ist dem Erbrecht, anders als dem deutschen BGB, kein eigenes Buch gewidmet, sondern es wird im dritten Buch mit dem Titel „über die verschiedenen Arten und Weisen, Eigentum zu erwerben" geführt. Davon regelt der erste Abschnitt die erbrechtlichen Grundlagen sowie die gesetzliche Erbfolge, Verfügungen von Todes wegen werden im zweiten Abschnitt behandelt. Schenkungen unter Lebenden sind mit dem Erbrecht eng verknüpft und daher mit den letztwilligen Verfügungen zusammengefasst.

1. Grundsätze. a) Erbfähigkeit. Die Erbfolge wird mit dem Tod des Erblassers eröffnet (Art. 718 44
Cciv). Die Möglichkeit, Erbe zu werden, setzt also voraus, dass der Erblasser verstorben ist und der potenzielle Erbe oder Vermächtnisnehmer den Erblasser überlebt (Art. 718, 719 Cciv) (zu den Wirkungen der Verschollenheit s. Art. 112 ff. Cciv: erst bei endgültiger Verschollenheit kommt es zu den erbrechtlichen Wirkungen; Einzelheiten s. bei *Watgen/Watgen* S. 193 Rn. 8). Nicht erbfähig sind daher der noch nicht Empfangene sowie das nicht lebensfähig geborene Kind (Art. 725 Cciv). Der bürgerliche Tod wurde durch Art. 18 luxemburgische Verfassung abgeschafft (der bürgerliche Tod lag vor, wenn bspw. bei bestimmten Straftaten die bürgerlichen Rechte abgesprochen wurden; maßgeblich ist nunmehr nur noch der medizinische Tod (Herztod)).

120 Luxemburg

45 Vermutungsregeln bei gleichzeitigem Versterben stellt der Art. 720 ff. Cciv auf: Kommen mehrere Personen, die sich gegenseitig beerben würden, auf Grund gleicher Ursache um, wird deren gleichzeitiges Versterben vermutet (Kommoriententheorie).

46 Juristische Personen sind grds. erbfähig, Einschränkungen ergeben sich jedoch für juristische Personen des öffentlichen Rechts aus Art. 910 Cciv: sie bedürfen der großherzoglichen Genehmigung. Von der testamentarischen Erbfolge ausgeschlossen sind ferner den Erblasser behandelnde Ärzte, Apotheker und Gesundheitsbeamte nach Maßgabe von Art. 909 Cciv.

47 **b) Erbunwürdigkeit.** Erbunwürdig und damit von der Erbfolge ausgeschlossen ist der wegen versuchter oder vollendeter Tötung Verurteilte, derjenige, der gegen den Erblasser wegen einer mit Todesstrafe bedrohten Straftat eine Anzeige erstattet hat, die durch Urteil für bewusst unwahr erklärt wurde sowie der volljährige Erbe, der den am Erblasser begangenen Mord trotz Kenntnis nicht gerichtlich angezeigt hat (Art. 727 Cciv). Ausnahmen der Anzeigepflicht gelten für bestimmte nähere Verwandte nach Maßgabe des Art. 728 Cciv. Kinder eines Erbunwürdigen können aus eigenem Recht (nicht auf Grund Repräsentation) selbst Erben werden (Art. 730 Cciv).

48 **c) Erbverzicht.** Ein Erbverzicht zu Lebzeiten des Erblassers ist, wie in nahezu allen romanischen Rechtsordnungen, unzulässig und wird nicht anerkannt (Art. 791 Cciv). Der Erbe kann erst nach Eintritt des Erbfalls die Erbschaft ausschlagen *(renonciation)*, sogleich → Rn. 52 ff.

49 **2. Übergang des Vermögens. a) Universalsukzession.** Der Nachlass geht durch die Wirkung der Eröffnung der Erbschaft im Wege der Universalsukzession mit allen Aktiva und Passiva auf die Erben über, es wird nicht zwischen einzelnen Vermögenswerten oder Mobilien/Immobilien unterschieden (Art. 724 Cciv).

50 Eine Besitzeinweisung in den Erbschaftsbesitz *(saisine)* ist nur ausnahmsweise notwendig. Die gesetzlichen Erben erhalten mit dem automatischen Eigentumsübergang auch notwendig ipso iure den Erbschaftsbesitz, ohne dass es weiterer Förmlichkeiten bedarf *(le mort saisit le vif)* und können den tatsächlichen Besitz *(possession)* sofort übernehmen (Art. 724 II Cciv). Gleiches gilt bei gewillkürter Erbfolge, wenn Pflichterben vorhanden sind, für diese. Die Vermächtnisnehmer müssen sich dann in den Besitz einweisen lassen. Sind keine Pflichterben vorhanden, erhält der Universalvermächtnisnehmer den automatischen Erbschaftsbesitz nur dann, wenn seine Einsetzung aus einem notariellen Testament hervorgeht (weitere Einzelheiten außerdem bei FFDH IntErbR/*Hustedt* Rn. 101 ff.).

51 Der Staat muss sich in den Besitz einweisen lassen (Art. 724 IV Cciv).

52 **b) Annahme und Ausschlagung der Erbschaft.** Voraussetzung des Übergangs des Nachlasses ist die Annahme der Erbschaft durch den Erben. Der Erbe ist dazu nicht verpflichtet (Art. 775 Cciv). Vielmehr stehen ihm drei Möglichkeiten offen:
– die vorbehaltslose Annahme der Erbschaft (Art. 774 ff. Cciv);
– die Ausschlagung (Art. 784 ff. Cciv) oder
– die Annahme unter dem Vorbehalt der Inventarerrichtung (Art. 793 ff. Cciv).

53 Die Annahme der Erbschaft ohne Vorbehalt kann ausdrücklich oder stillschweigend sein. Ersteres ist der Fall, wenn in einer (öffentlichen oder privaten) Urkunde die Bezeichnung bzw. Eigenschaft eines Erben angenommen wurde; die stillschweigende Annahme erfolgt durch entsprechende Handlungen des Erben, die die Annahme der Erbschaft notwendig voraussetzen und nur den Erben zum Handeln berechtigen (Art. 778 Cciv). Hierzu gehört auch die Bezahlung von Nachlassverbindlichkeiten, außer es handelt sich um dringliche Schulden (CA Luxembourg, 17.10.1973, Pas lux t. 22, 510), sowie die Schenkung oder Veräußerung von Erbrechten (Art. 780 Cciv). Die Abgabe der Erbschaftsteuererklärung impliziert als gesetzliche Pflicht dagegen keine stillschweigende Annahme (CA Luxembourg, 4.6.1975, Pas lux t. 23, 175). Das Gleiche gilt für ausschließlich auf Erhaltung gerichtete, der Aufsicht oder der vorläufigen Verwaltung dienende Handlungen (Art. 779 Cciv). Für Minderjährige gelten Sondervorschriften (Art. 776 II Cciv).

54 Die Annahme wirkt auf den Tag der Eröffnung der Erbfolge (= Tod des Erblassers) zurück (Art. 777 Cciv). Verstirbt ein Erbe nach Eintritt des Erbfalls, ohne vorher angenommen oder ausgeschlagen zu haben, steht dieses Recht seinen Erben zu (Art. 781 Cciv). Das Recht der Annahme oder Ausschlagung verjährt nach 30 Jahren (Art. 789 Cciv). Wurde bis zu diesem Zeitpunkt keine Entscheidung getroffen oder von allen Erben ausgeschlagen, gilt der Nachlass als erbenlos und fällt dem Staat zu (Art. 811 Cciv).

55 Die Ausschlagung wird vor dem Gericht, bei dem die Erbschaft eröffnet wurde, zur Eintragung in das dort geführte Register erklärt (Art. 784 Cciv). Frühestmöglicher Zeitpunkt ist der Tod des Erblassers. Der vorherige Verzicht zu Lebzeiten auf die Erbschaft ist unzulässig (Art. 791 Cciv). Der ausschlagende Erbe wird so angesehen, als wäre er nie Erbe gewesen. Sein Anteil wächst den Miterben zu, bei Alleinerbschaft fällt das Erbe dem nächstberufenen Grad zu (Art. 785 ff. Cciv). Der ausschlagende Erbe kann innerhalb der 30jährigen Verjährungsfrist die Erbschaft solange wieder annehmen, wie die Ausschlagung widerrufen oder anfechten, wie sie noch kein anderer Erbe angenommen hat (Art. 790 Cciv). Bei vorsätzlicher Nachlasshinterziehung gilt das Ausschlagungsrecht als verwirkt (Art. 792 Cciv).

56 Als dritte Möglichkeit bleibt dem Erben die Annahme unter dem Vorbehalt der Inventarerrichtung (Art. 774, 793 ff. Cciv). Der Annehmende wird Erbe, verhindert aber die Vermischung der Vermögensmassen des Nachlasses mit seinem eigenen und somit, dass das Eigenvermögen für Verbindlichkeiten des Erblassers haftet. Für den Minderjährigen unter Vormundschaft ist diese Art der Erbschaftsannahme obligatorisch. Voraussetzung ist eine entsprechende Erklärung an das Gericht, bei dem die Erbschaft eröffnet wurde sowie die Einreichung eines notariell errichteten Nachlassinventars innerhalb der gesetzlich vorgesehenen Frist (Art. 793 ff. Cciv). Regelmäßig sind dies drei Monate und 40 Tage ab Erbfall. Nach Ablauf dieser Frist kann er nur noch innerhalb der 30jährigen Verjährungsfrist zwischen der vorbehaltlosen Annahme und der Ausschlagung wählen.

3. Gesetzliche Erbfolge. a) Grundregeln. Das luxemburgische Recht unterscheidet vier Ordnungen 57 *(ordres)* von gesetzlichen Erben *(héritiers)* (Art. 731 Cciv):
- Kinder und sonstige Abkömmlinge des Erblassers;
- den überlebenden Ehegatten;
- Verwandte in aufsteigender Linie und
- Verwandte in der Seitenlinie (teilweise wird auch zwischen fünf Ordnungen unterschieden, da das Gesetz bestimmten Aszendenten und Seitenverwandten eine vorrangige Erbenstellung einräumt; zB Weirich/Weirich, JClDrComp, Luxembourg, Fasc. 2, Paris, Stand: 2/2001, Rn. 76; FFDH IntErbR/*Hustedt* Rn. 33).

Grundsätzlich gilt der Vorrang der näheren Ordnung: Sind also Abkömmlinge (erste Ordnung) vor- 58 handen, schließt dies eine Erbschaft der sonstigen Verwandten (dritte und vierte Ordnung) aus. Eine Ausnahme gilt für Abkömmlinge und den überlebenden Ehegatten, die nebeneinander erben können. Innerhalb einer Erbordnung ist der nähere Verwandtschaftsgrad *(degrée)* entscheidend. Dieser wird durch die Zahl der Geburten bestimmt (Art. 735 Cciv); mehrere aufeinanderfolgende Grade bilden eine Linie *(ligne)*. Personen in gerade Linie stammen voneinander ab, Seitenlinie ist die Gradfolge von Personen, die nicht voneinander, sondern von einer gemeinschaftlich dritten Person abstammen (Art. 736 Cciv) (weitere Definitionen finden sich in Art. 737, 738 Cciv).

Ausnahmen von den vorgenannten Grundsätzen der Ausschließlichkeit der vorrangigen Erbordnung 59 und des Vorrangs des Grades ergeben sich aus dem Prinzip der Repräsentation, das den Eintritt des entfernteren Erben erlaubt (Art. 739 ff. Cciv). Zulässig ist die Repräsentation bei Abkömmlingen (unbegrenzt) sowie in der Seitenlinie zugunsten von Kindern und Abkömmlingen der Geschwister des Erblassers.

Aus dem französischem Recht übernommen wurde die Institution der *fente:* Gelangen Verwandte der 60 aufsteigenden Linie oder Seitenverwandte zur Erbfolge (in der ersten und zweiten Erbordnung ist die fente ausgeschlossen), wird der Nachlass in zwei Hälften geteilt: eine väterliche wie eine mütterliche Seite, innerhalb derer sich der Nachlass entsprechend der vorigen Grundsätze nach Graden vererbt. Eine Verteilung der einen Seite auf die andere, dh von der mütterlichen zur väterlichen, kommt nur in Betracht, wenn in ersterer noch Aszendenten noch Seitenverwandte vorhanden sind (Art. 733, 734 Cciv).

b) Gesetzliches Erbrecht der Abkömmlinge. In der ersten Ordnung erben die Kinder des Erblassers 61 zu unter sich gleichen Teilen, unabhängig davon, ob sie aus derselben Ehe des Erblassers stammen oder nicht. Die Aufteilung des Nachlasses erfolgt nach Köpfen, wird jedoch ein Kind, zB auf Grund Vorversterbens, durch dessen Abkömmlinge repräsentiert, erben sie nach Stämmen (Art. 745 Cciv). Ist der Erblasser nicht verheiratet, steht den Abkömmlingen der gesamte Nachlass zu, die Erben der dritten und vierten Ordnung sind ausgeschlossen. Hinterlässt der Erblasser einen Ehegatten, so erbt dieser neben den Abkömmlingen.

Kinder bzw. Abkömmlinge im Sinne der ersten Erbordnung sind: 62
- eheliche Kinder, wobei diese nicht aus derselben Ehe des Erblassers hervorgegangen sein müssen (das aus der ungültigen Ehe hervorgegangene Kind wird dem ehelichen Kind gleichgestellt (Art. 201 f. Cciv));
- nichteheliche Kinder, soweit die Abstammung auf Grund Anerkennung oder Vater-/Mutterschaftsklage rechtlich festgestellt (Art. 334 Cciv) wurde (Art. 756 ff. Cciv) (s. iE Bergmann/Ferid/Henrich IntEheR/*Frank* Kap. III Abschn. A Rn. 7a; die erbrechtliche Gleichstellung ist erst durch das Erbrechtsreformgesetz v. 26.4.1979 erfolgt; bis dahin hatte das nichteheliche Kind keine Erbberechtigung. Das Ehebruchskind ist dem nichtehelichen Kind gleichgestellt; Erbfolge nach dem nichtehelichen Kind: Art. 757 f. Cciv);
- das zunächst nichteheliche und durch nachfolge Eheschließung legitimierte Kind (Art. 330 ff. Cciv).
- Beim Adoptivkind ist zu unterscheiden: 63
Bei der Einfachadoption *(adoption simple,* Art. 343 ff. Cciv) bleibt der Adoptierte in seiner Familie und behält ihr gegenüber alle Rechte und Pflichten, namentlich auch die Erbrechte (Art. 358 Cciv). Daneben hat er gegenüber der Adoptivfamilie die gleichen Rechte wie ein eheliches Kind, mit Ausnahme der Noterbberechtigung gegenüber Vorfahren des Adoptierenden: diese entfällt (Art. 363 Cciv) (Erbfolge nach dem Einfachadoptierten: s. Art. 364 Cciv); bei der Volladoption *(adoption plenière,* Art. 367 ff. Cciv) werden hingegen die Bande zur ursprünglichen Familie gekappt, der Adoptierte gilt nur noch mit der neuen Familie als verwandt und wird so gesetzlicher Erbe wie ein leibliches Kind (Art. 368 Cciv).

c) Gesetzliches Erbrecht des überlebenden Ehegatten. aa) Gesetzliche Erbfolge. Der überlebende 64 Ehegatte *(conjoint survivant)* ist erbberechtigt, soweit die Ehe zwischen ihm und dem Erblasser nicht geschieden ist und kein rechtskräftiges Urteil auf Trennung von Tisch und Bett vorliegt (Art. 767 Cciv). Der überlebende Ehegatte ist gesetzlicher Erbe zweiter Ordnung. Durch Gesetz vom 17.7.2014 (Mém. A Nr. 125, S. 1797 ff.) wurde das Recht zur Eheschließung mit Wirkung zum 1.1.2015 auch gleichgeschlechtlichen Paaren eröffnet.

120 Luxemburg

65 Hinterlässt der Erblasser neben dem Ehegatten keine Kinder oder sonstige Abkömmlinge (erste Ordnung), so erbt der Ehegatte den gesamten Nachlass (Art. 767-2 Cciv). Die Verwandten der dritten und vierten Ordnung sind ausgeschlossen (Insoweit besteht ein großer Unterschied zur erbrechtlichen Situation des Ehegatten nach französischem Recht des ansonsten in weiten Teilen ähnlichen Zivil- und auch Erbrechts. Die erbrechtliche Stellung des Ehegatten wurde in Luxemburg bereits durch die Erbrechtsreform v. 12.5.1967 gestärkt). Hinterlässt der Erblasser neben dem Ehegatten Kinder oder Abkömmlinge, so erben diese entsprechend der nachfolgenden Grundsätze nebeneinander: Der überlebende Ehegatte hat die Wahl, entweder das Eigentum an einem Anteil des am wenigsten erhaltenden Kindes am Nachlass zu erhalten, mindestens jedoch ¼, oder den Nießbrauch am von den Ehegatten gemeinsam bewohnten und ihnen gemeinsam oder dem Erblasser gehörenden Grundstück sowie an den dazugehörigen Einrichtungsgegenständen. Im ersteren Fall reduziert sich der Anteil der Kinder um den Erbanteil des Ehegatten, also maximal auf ¾, in letzterem Fall erhalten die Kinder das „nackte" Eigentum *(nue propriété)* (Art. 767-1 Cciv). Im Fall der Wiederheirat können die Kinder im Falle des Nießbrauchs innerhalb von sechs Monaten die Umwandlung in eine Kapitalzahlung verlangen. Der Ehegatte hat sein Wahlrecht innerhalb von drei Monaten und 40 Tagen nach Eröffnung der Erbfolge durch Erklärung zur Niederschrift gegenüber dem Bezirksgericht, bei welchem die Erbschaft eröffnet wurde, auszuüben. Im Zweifel gilt der Nießbrauch als gewählt (Art. 767-3 Cciv). Bei Wahl des Nießbrauchs ist innerhalb von 15 Tagen ein Inventarverzeichnis der Einrichtungsgegenstände nach Maßgabe des Art. 767-4 Cciv aufzustellen.

66 bb) **Einfluss des Güterstands.** Der Güterstand der Ehegatten ist insofern auch erbrechtlich zu berücksichtigen, als er darüber entscheidet, was in den Nachlass fällt. Lebten die Ehegatten im gesetzlichen Güterstand der Gütergemeinschaft (Art. 1400 ff. Cciv), fallen der Anteil des überlebenden Ehegatten am Gesamtgut sowie dessen Eigengut nicht in den Nachlass. Unabhängig vom Güterstand gewährt das allgemeine Eherecht dem überlebenden Ehegatten bei Bedürftigkeit einen Unterhaltsanspruch gegenüber dem Nachlass (Art. 205 Cciv).

67 d) **Lebenspartner.** Durch Gesetz v. 9.7.2004 (Loi du 9.7.2004 relative aux effets légaux de certains partenariats, Mém. n. 143 v. 6.8.2006, 2019) wurde gleich- und verschiedengeschlechtlichen Paaren die Möglichkeit eröffnet, mit vermögens-, steuer- und sozialversicherungsrechtlichen Konsequenzen eine Lebenspartnerschaft eintragen zu lassen *(Partenariat)*. In erb- und schenkungsrechtlicher Hinsicht wird der Partner allerdings nicht zum gesetzlichen oder Pflichterben erhoben. Art. 10 des Gesetzes stellt den Erben frei, sich gegenseitig testamentarisch zu beerben oder gegenseitig sich mit lebzeitigen Schenkungen zu bedenken, jedoch unter dem Vorbehalt der bestehenden Noterbrechte. Durch Gesetz vom 17.7.2014 (Mém. A Nr. 125, S. 1797 ff.) wurde daneben das Recht zur Eheschließung mit Wirkung zum 1.1.2015 auch gleichgeschlechtlichen Paaren eröffnet, so dass diese neben der Eingehung einer Lebenspartnerschaft auch heiraten können. Es gelten in diesem Fall die Bestimmungen über Ehegatten.

68 e) **Gesetzliches Erbrecht der sonstigen Verwandten.** Sind weder Abkömmlinge noch ein überlebender Ehegatte des Erblassers vorhanden, erben die sonstigen Verwandten des Erblassers nach Maßgabe des Art. 746 ff. Cciv. Bei den beiden erbfolgeberechtigten Ordnungen der Verwandten in aufsteigender Linie und Seitenverwandten wird wiederum zwischen bevorrechtigten und gewöhnlichen Verwandten unterschieden:

69 Bevorrechtigte Aszendenten sind die Eltern des Erblassers; seine Geschwister bzw. Neffen und Nichten sind bevorrechtigte Seitenverwandte. Sie erben den Nachlass wie folgt: Überleben beide Elternteile, fällt der Nachlass zur Hälfte an sie, zur anderen Hälfte an die Geschwistern bzw. deren Abkömmlingen (Kraft Repräsentation) zu; überlebt nur ein Elternteil, geht der Nachlass zu ¼ auf ihn über, ¾ erben die Geschwister bzw. deren Abkömmlinge (Art. 751 Cciv) (die Aufteilung unter den Geschwistern erfolgt nach Maßgabe des Art. 752 Cciv, ggf. unter Berücksichtigung der *fente*). Sind beide Eltern vorverstorben, erben die Geschwister bzw. deren Abkömmlinge den Nachlass vollständig (Art. 749, 750 Cciv). Existieren umgekehrt keine Geschwister oder Abkömmlinge von ihnen, so erben die überlebenden Eltern bzw. der Überlebende von ihnen alles (Art. 746, 753 Cciv). Sind keine bevorrechtigten Aszendenten oder Seitenverwandte (gewöhnliche Verwandte) vorhanden, geht der Nachlass auf Grund der fente (→ Rn. 60) je hälftig auf die väterliche und die mütterliche Linie der gradnächsten Vorfahren über (Art. 746 Cciv) (Art. 733, 734 Cciv; Erbfolge der gradnächsten Verwandten nach Köpfen). Fehlt eine Linie, erhält die andere den Nachlass ganz (Art. 753 Cciv).

70 Erst wenn auch keine gewöhnlichen Verwandten in aufsteigender Linie vorhanden sind, erben die gewöhnlichen Seitenverwandten den Nachlass (Art. 753, 755 Cciv) unter Berücksichtigung der fente (→ Rn. 60).

71 f) **Erbrecht des Staates.** Mangels anderer Erben erwirbt die Erbschaft der Staat (Art. 768 Cciv). Er bedarf der Besitzeinweisung *(envoi en possession;* Art. 770 Cciv).

72 4. **Gewillkürte Erbfolge.** Entsprechend des dem Erbrecht zugrunde liegenden Rechtsgedankens, den Nachlass der Familie möglichst ungeschmälert zukommen zu lassen, sind testamentarische Verfügungen weit weniger zulässig, als das der deutsche Jurist gewohnt ist. Ausdruck findet dies vornehmlich in den eingeschränkten Möglichkeiten der testamentarischen Anordnungen sowie einem grundsätzlichen Verbot der Bindung zu Lebzeiten. Das Pflichtteilsrecht ist stark ausgeprägt, Verzichte sind unzulässig. Unter diesem Blickwinkel werden Schenkungen unter Lebenden mit den Verfügungen von Todes wegen gleichgestellt und im zweiten Abschnitt des dritten Buches mit diesem zusammenfassend behandelt.

a) **Materielle Wirksamkeit des Testaments.** Die Testierfähigkeit des Erblassers beginnt mit dem vollendeten 16. Lebensjahr: bis zu seinem 18. Geburtstag kann der Erblasser über die Hälfte seines Vermögens verfügen, über das ein Volljähriger (mit Vollendung des 18. Lebensjahrs) verfügen darf (Art. 903, 904 Cciv). Zu Gunsten seines Vormunds darf der 16jährige Minderjährige gar nicht, nach Eintritt der Volljährigkeit nur nach Maßgabe des Art. 907 Cciv verfügen. Minderjährige unter 16 Jahren dürfen keine Testamente errichten, jedoch mittels Ehevertrag Schenkungen an ihren künftigen Ehegatten machen; die Schenkung bedarf der gleichen Zustimmung wie der Ehevertrag (Art. 1095, 1398 Cciv) (bei Vormundschaft oder Pflegschaft s. Art. 504, 513 Cciv). Voraussetzung ist ferner geistige Gesundheit (Art. 901 Cciv). Davon zu unterscheiden sind körperliche Gebrechen. Ein Sehunfähiger kann ein notarielles Testament ohne weiteres errichten (CA, 21.4.1969, Luxembourg Pas lux t. 21, 133).

Das einmal errichtete Testament wird unwirksam, wenn es widerrufen wird (Art. 1035 ff. Cciv). Der Widerruf kann ganz oder teilweise durch späteres Testament oder durch notarielle Urkunde erfolgen. Er wird ausdrücklich oder stillschweigend erklärt. Im Zweifel bleibt derjenige Teil der vorhergehenden letztwilligen Verfügung gültig, der mit der späteren nicht unvereinbar oder widersprüchlich ist (Art. 1036 Cciv). Veräußert der Erblasser einen vermachten Gegenstand, gilt dies als Widerruf des Vermächtnisses (Art. 1038 Cciv).

Ein Testament bzw. die entsprechende testamentarische Anordnung ist hinfällig bei Versterben des Begünstigten vor dem Erblasser, (Nicht-)Eintritt gesetzter Bedingungen, Zerstörung des vermachten Gegenstands sowie Ausschlagung des testamentarischen Erbens/Vermächtnisnehmers (Art. 1039 ff. Cciv).

b) **Arten von letztwilligen Verfügungen. aa) Testament.** Wie die meisten romanischen Rechtsordnungen kennt das luxemburgische Erbrecht nur das Testament als Art der letztwilligen Verfügung. Der Erbvertrag ist als Ausfluss des Verbots von Rechtsgeschäften über eine noch nicht angefallene Erbschaft ebenso unzulässig wie der Erb- oder Pflichtteilsverzicht oder der Erbschaftsverkauf zu Lebzeiten (Art. 1130 II Cciv). Nach der Prämisse des freien Widerrufs einer testamentarischen Verfügung sind auch gemeinschaftliche Testamente *(testament conjonctif)* verboten. Zwei voneinander unabhängige Verfügungen können jedoch in einer Urkunde zusammengefasst werden, sofern sie nicht voneinander bedingt sind (zu den internationalprivatrechtlichen Fragestellungen → Rn. 18).

bb) **Institution contractuelle.** Als Ausnahme vom Verbot des Erbvertrags ist die auch im französischen Recht sehr geläufige *institution contractuelle* unter Ehegatten zulässig. Rechtlich wird dieses Rechtsinstitut in den Typus der ehevertraglichen Vereinbarungen eingeordnet, inhaltlich handelt es sich um eine Zuwendung unter Ehegatten oder von Dritten an die Ehegatten oder anderen Kinder zu Lebzeiten auf den Todesfall: Ehevertraglich verspricht eine Person, der anderen im Falle ihres Todes ihr ganzes oder Teile ihres Vermögens zu hinterlassen (Art. 1081 ff., 1091 ff. Cciv). Der Begünstigte kann die Schenkung bei Anfall ausschlagen. Sie wird dann hinfällig und wird nicht auf die freie Quote angerechnet (CA Luxembourg, 10.12.1958, Pas lux t. 17, 417; das Gleiche gilt, wenn die Ehe (bei Vereinbarung vor Eheschließung) nicht geschlossen wird sowie wenn der Begünstige und dessen Abkömmlinge vor dem Erbfall versterben).

Erfolgt die ehevertragliche Schenkung durch Dritte, bspw. die Eltern eines Ehegatten, ist sie insofern unwiderruflich, als dass der Schenker zu Lebzeiten nicht mehr unentgeltlich über den verschenkten Gegenstand verfügen darf (Art. 1083 Cciv) (verfügt er dennoch, kann der Begünstigte im Wege der Herabsetzungsklage vorgehen). Dasselbe gilt, wenn die Ehegatten ihre ehevertraglichen Vereinbarungen vor Abschluss der Ehe abschließen (Art. 1091 f. Cciv). Vereinbaren die Ehegatten dagegen ihre institution contractuelle während bestehender Ehe, ist sie jederzeit frei widerruflich und damit als sicheres Gestaltungsmittel zur Absicherung und zum Schutz eines Ehegatten nur bedingt geeignet (Art. 1096 Cciv).

Sind Abkömmlinge vorhanden, kann jeder Ehegatte zugunsten des anderen nur innerhalb der verfügbaren Quote verfügen, maW die Noterbrechte der Kinder müssen unberührt bleiben (Art. 1094 Cciv). Der minderjährige Ehegatte kann eine institution contractuelle nach Maßgabe von Art. 1095 Cciv abschließen. Die institution contractuelle bedarf der notariellen Beurkundung (Art. 931 Cciv) (weitere Einzelheiten zur institution contractuelle bei *Watgen/Watgen successions et donations*, Rn. 273 ff.; Weirich/Weirich, JClDrComp, Luxembourg, Fasc. 2, Paris, Stand: 2/2001, Rn. 125 ff.; FFDH IntErbR/*Hustedt* Rn. 60 ff.).

cc) **Schenkung auf den Todesfall.** Zu den Schenkungen (Art. 913 ff. Cciv) und nicht zu den Verfügungen von Todes wegen gehört die Schenkung auf den Todesfall *(donation pour cause de mort)*. Wie für alle Schenkungen ist Voraussetzung, dass sie notariell beurkundet wird und die bestehenden Noterbrechte von Abkömmlingen beachtet werden. Konstruktiv können sich die Ehegatten unter diesen Prämissen jeweils unter der Bedingung des Überlebens eines von ihnen gegenseitig auf den jeweiligen Tod des anderen beschenken (Flick/Piltz Int. Erbfall, Rn. 735 mwN).

c) **Formfragen.** Das luxemburgische Erbrecht kennt drei Formen von Testamenten:
- das handschriftliche Testament *(testament olograph)*;
- das öffentliche Testament *(testament authentique/par acte public)*;
- das geheime Testament *(testament mystique)*.

aa) **Handschriftliches Testament.** Das handschriftliche Testament ist vom Erblasser gänzlich eigenhändig zu schreiben, zu datieren und zu unterschreiben. Andernfalls ist es nichtig (Art. 970 Cciv). Ist das Datum falsch, ist dies dem Fehlen des Datums gleichzustellen mit der Folge der Nichtigkeit der letztwil-

120 Luxemburg

ligen Verfügung (CA Luxembourg, 25.5.1932, Pas lux t. 12, 557). Das Datum enthält Tag, Monat und Jahr der Errichtung, die Angabe des Errichtungsorts ist dagegen nicht notwendig (CA Luxembourg, 25.5.1932, Pas lux t. 12, 557). Einfügungen mit fremder Hand oder maschinengeschrieben machen das Testament ebenfalls unwirksam.

83 **bb) Öffentliches Testament.** Das öffentliche Testament wird vor zwei Notaren oder vor einem Notar in Gegenwart von zwei Zeugen errichtet (Art. 971 Cciv). Der Erblasser diktiert seinen letzten Willen, der von dem/den Notar(en) niedergeschrieben wird. Das Testament ist sodann vom Erblasser vorzulesen und abschließend von allen Beteiligten, dh Erblasser, Notar und Zeugen bzw. beiden Notaren, zu unterzeichnen (Art. 972 ff. Cciv). In der Urkunde sind diese Förmlichkeiten festzuhalten (Art. 974 Cciv).

84 Die hinzugezogenen Zeugen dürfen nicht mit dem Erblasser oder dem Notar verwandt oder verschwägert bis zum dritten Grade sein, es darf sich nicht um deren Ehegatten, Angestellte oder Hauspersonal handeln, ferner dürfen auch nicht eingesetzte Vermächtnisnehmer oder deren Ehegatten, deren Verwandte und Verschwägerte bis zum vierten Grade hinzugezogen werden (Art. 975 Cciv).

85 Soll ein öffentliches Testament widerrufen werden, ist Art. 980 Cciv zu beachten.

86 **cc) Geheimes Testament.** Das geheime Testament ist ein durch den Erblasser oder einen Dritten verfasstes Testament, das der Erblasser in Anwesenheit von zwei Zeugen dem Notar – oder in Anwesenheit von zwei Notaren – in einem verschlossenen, versiegelten und gestempelten Umschlag übergibt und versichert, dass des sich um sein Testament handele. Hat ein Dritter das Testament geschrieben, bedarf es zusätzlich der Versicherung, dass der Erblasser den Wortlaut überprüft hat. Ferner ist die Schreibweise des Testaments, handschriftlich oder maschinengeschrieben, bekanntzugeben (Art. 976 Cciv).

87 **dd) Sonstige Formen.** Besondere Verfahrensarten sind erleichternd vorgesehen, wenn der Erblasser zB nicht zu schreiben, lesen oder sprechen vermag (Art. 977 ff. Cciv).

88 Außerordentliche Formen sind ferner das Seetestament und das Militärtestament (Art. 981 ff. Cciv). Sie spielen praktisch keine Rolle.

89 **d) Testamentarische Anordnungen. aa) Erbeinsetzung.** Erbeinsetzungen im eigentlichen Sinne, wie diese dem deutschen Erbrecht bekannt sind, sind nach luxemburgischen Recht unbekannt und unzulässig. Als Erben *(héritiers)* versteht das luxemburgische Recht nur die gesetzlichen Erben.

90 Dennoch kennt auch das luxemburgische Recht die Testierfreiheit und die Möglichkeit zu testieren, wenngleich nicht im gleichen Maße wie im deutschen Recht. Will der Erblasser eine Person begünstigen, muss er dieser ein Vermächtnis aussetzen; das gilt auch, wenn die Begünstigung das gesamte oder einen Großteil des Nachlasses ausmacht (Art. 1002 Cciv).

91 Zu berücksichtigen sind außerdem bestehende Noterbrechte. Anders als im deutschen Recht sind diese als echte erbrechtliche Beteiligung, nicht nur als bloße Geldforderung ausgestaltet, die der testatorischen Verfügungsmöglichkeit entzogen bleibt. Der Erblasser kann lediglich über die sog. verfügbare Quote *(quotité disponible)*, dh denjenigen Teil des Nachlasses, der nicht durch Noterbrechte gebunden ist, verfügen (Einzelheiten → Rn. 104).

92 Der Wille des Erblassers muss sich aus dem Testament ergeben, die tatsächliche Bezeichnung durch den Erblassers ist dagegen unerheblich, sofern sein tatsächlicher Wille feststellbar ist (Art. 967 Cciv).

93 **bb) Vermächtnis.** Jede Zuwendung des Erblassers durch letztwillige Verfügung erfolgt durch Vermächtnis *(legs)*. Unterschieden wird zwischen dem
– Universal- oder Erbvermächtnis,
– Erbteilvermächtnis und
– Erbstückvermächtnis.

94 Das Universalvermächtnis *(legs universel)* entspricht der deutschen Erbeinsetzung und ist diejenige testamentarische Verfügung, durch die der Erblasser einer oder mehreren Personen sein gesamtes Vermögen hinterlässt (Art. 1003 ff. Cciv). Sind Noterbberechtigte vorhanden, kann das Vermächtnis nur die verfügbare Quote umfassen, ansonsten bezieht es sich auf den gesamten Nachlass des Erblassers. Daneben können freilich noch andere letztwillige Verfügungen getroffen werden, bspw. Aussetzung von Erbstückvermächtnissen zugunsten Dritter. Der oder die eingesetzten Vermächtnisnehmer erhalten automatisch den Besitz *(saisine)*, wenn es keine Noterbberechtigten gibt (Art. 1006 Cciv), andernfalls müssen sie von letzteren die Auslieferung verlangen (Art. 1004 Cciv). Das Nutznießungsrecht des Vermächtnisnehmers besteht aber unabhängig von der Aushändigung (Art. 1005 Cciv). Für die Schuldhaftung gilt Art. 1009 Cciv.

95 Mittels des Erbteilvermächtnisses *(legs à titre universel)* verfügt der Erblasser über eine Quote des Nachlasses; iE sind möglich Verfügungen über: eine Quote seines (verfügbaren) Vermögens, zB $1/3$, das gesamte Grundvermögen, das gesamte Mobiliarvermögen, eine bestimmte Quote seines Immobiliarvermögens oder eine bestimmte Quote seines Mobiliarvermögens.

96 Die Aufzählung des Art. 1010 Cciv ist abschließend. Die Rspr. hat den Anwendungsbereich des Erbteilvermächtnisses aber noch auf die Verfügung über eine Quote des nackten Eigentums sowie des gesamten bzw. einer Quote des Erbnießbrauchs ausgedehnt (Weirich/Weirich, JClDrComp, Luxembourg, Fasc. 2, Paris, Stand: 2/2001, Rn. 134). Anders als bei dem Universalvermächtnisnehmer muss der Erbteilsvermächtnisnehmer immer die Aushändigung der ihm zugewandten Gegenstände verlangen, auch wenn das Eigentum ipso iure am Sterbetag des Erblassers übergeht (Art. 1011 Cciv) (Trib ardt. Diekirch, 17.11.1987, n. 6225). Die Schuldenhaftung übernimmt er nach Maßgabe von Art. 1012 Cciv.

Wie der Name bereits erahnen lässt, bezieht sich das Erbstückvermächtnis *(legs particulier)* nicht auf 97
den Nachlass als solchen oder bestimmte Quoten hiervon, sondern auf einzelne Nachlassgegenstände
und ist damit mit dem Vermächtnis nach deutschem Recht vergleichbar (Art. 1014ff. Cciv). Das Recht an
der vermachten Sache steht dem Vermächtnisnehmer mit dem Todestag des Erblassers zu, jedoch muss er
die Aushändigung des Besitzes verlangen.

cc) Vor- und Nacherbfolge. Die Einsetzung von Nacherben/-vermächtnisnehmern *(substitution)* ist 98
als Verstoß gegen den Grundsatz der Testierfreiheit des Erblassers verboten und macht das Testament
nichtig (FFDH IntErbR/*Hustedt* Rn. 84). Nacherbfolge in diesem Sinne ist jede Verfügung, durch die
einem eingesetzten Erben oder Vermächtnisnehmer auferlegt wird, etwas für einen Dritten zu erhalten
und an ihn herauszugeben (Art. 896 Cciv). Entsprechend der deutschen Rechtsfigur der Vor- und Nacherbfolge kommt es darauf an, den Nachlass erst einer Person und nach deren Person einer weiteren zukommen zu lassen.

Von diesem grundsätzlichen Verbot macht das Gesetz zwei Ausnahmen (Art. 897 Cciv). Zulässiger- 99
weise darf der Erblasser zunächst seine Kinder, anschließend im Nacherbfolgegang seine (bereits geborenen oder noch zu erwartenden) Enkelkinder einsetzen (Art. 1048 Cciv) oder, sofern er selbst keine Kinder hat, seine Geschwister als Vor- und deren Kinder als Nacherben (Art. 1049 Cciv).

dd) Ersatzerbe. Anders als der Nacherbe wird der Ersatzerbe/-vermächtnisnehmer für den Fall beru- 100
fen, dass der an erster Stelle Eingesetzte das Vermachte nicht erhält, sei es auf Grund Vorversterbens,
Ausschlagung, etc. Diese Ersatzberufung ist zulässig (Art. 898 Cciv).

ee) Auflage. Die Auflage ist nicht ausdrücklich positiv erwähnt. Gem. Art. 900 Cciv gelten allerdings 101
unmögliche sowie gegen das Gesetz oder gegen die guten Sitten verstoßende Bedingungen als nicht geschrieben; iU sind Bedingungen zulässig (Flick/Piltz Int. Erbfall, Rn. 725).

ff) Teilungsanordnung. Teilungsanordnungen des Erblassers sind nur bei Kindern und sonstigen Ab- 102
kömmlingen möglich (Art. 1075ff. Cciv). Die Teilungsanordnung gibt dem Erblasser die Möglichkeit, zu
bestimmen, wie sein Vermögen iE aufgeteilt werden soll. Sie kann das gesamte oder Teile seines Vermögens umfassen oder einzelne Vermögensgegenstände; namentlich ermöglicht sie, den Kindern einzelne
Objekte zuzuweisen.

Das Gesetz nennt als mögliche Teilungsanordnungen: 103
Die in der Praxis häufige Schenkungsteilung *(donation-partage;* Art. 1075, 1076ff. Cciv) erfolgt unter
den Voraussetzungen, Formalia und Bedingungen der Schenkung unter Lebenden.
Die Testamentsteilung *(testament-partage;* Art. 1975, 1979f. Cciv) folgt den Regeln der letztwilligen
Verfügungen.
Die Noterbquote der Kinder ist in jedem Fall zu berücksichtigen, ansonsten kann der Übergangene
oder Benachteiligte Herabsetzungsklage erheben (Art. 1077-1, 1080 Cciv) (die Vermögenswerte, die die
Kinder auf Grund der Schenkungsteilung vor dem Tod des Erblassers erhalten, gelten als Vorauszahlung
auf die Erbschaft und sind auf den Pflichtteil anzurechnen (Art. 1077 Cciv); zu Lebzeiten des Erblassers
gelten die Kinder aber noch nicht als Erben, CA Luxembourg, 7.6.1978, Pas lux t. 24, 162).

5. Noterbrecht. a) Noterbrecht und verfügbare Quote. Wie die meisten romanischen Rechtsord- 104
nungen kennt der luxemburgische Code Civil kein schuldrechtliches, als Geldforderung ausgestaltetes
Pflichtteilsrecht bestimmter Erben, sondern gewährt den Berechtigten ein echtes Noterbrecht *(reserve)*
in dem Sinne, dass dieses eine echte dingliche Nachlassbeteiligung gewährt, über die der Erblasser nicht
verfügen darf. Letzteres ist ihm nur über denjenigen Teil des Vermögens erlaubt, der über das Noterbrecht hinausgeht, die sog. verfügbare Quote *(quotité disponible;* Art. 913ff. Cciv). Das Noterbrecht ist
nicht nur bei letztwilligen Verfügungen, sondern bereits bei den eng damit zusammenhängenden Verfügungen zu Lebzeiten *(libéralités)* zu beachten (Art. 913 Cciv).

Verfügt der Erblasser allerdings über die freie Quote hinaus, ist die Erbeinsetzung hinsichtlich der et- 105
waige Noterbrechte betreffenden Quote nicht nichtig. Vielmehr steht den Noterbberechtigten ein Herabsetzungsanspruch bis auf den verfügbaren Vermögensteil zu (Art. 920 Cciv), bis zu deren Geltendmachung durch Klage die Verfügung des Erblassers gültig ist. Praktisch ist dabei zunächst die fiktive
Erbmasse zu ermitteln, Schenkungen zu Lebzeiten sind hinzuzurechnen, Schulden abzuziehen (Art. 922
Cciv). Das Verfahren und die genaue Wertermittlung setzt der Art. 920ff. Cciv fest. Vorrangig ist
dann zunächst die Herabsetzung in Natur durch Rückgabe verschenkter Gegenstände bzw. Rückzahlung
empfangener Gelder durch Nichterbberechtigte; iÜ schulden der Beschenkte oder betroffene Vermächtnisnehmer entsprechende Ausgleichszahlungen (Art. 924-2ff. Cciv).

b) Noterbberechtigte. Vorbehaltserben *(héritiers réservataires)* und noterbberechtigt sind nur die Ab- 106
kömmlinge des Erblassers jeder Art (Art. 913, 914 Cciv). Zwischen ehelichen und nichtehelichen, Adoptiv-, Ehebruchs- und Inzestkindern wird kein Unterschied gemacht. Wie die gesetzliche Erbfolge beschränkt sich auch die Noterbberechtigung auf den gradnächsten, tatsächlich zur Erbfolge gelangenden
Abkömmling (Art. 914 Cciv).

Der überlebende Ehegatte hat ebenso wenig ein Noterbrecht wie die sonstigen Verwandten des Erb- 107
lassers (das Aszendentennoterbrecht wurde durch die Erbrechtsreform v. 26.4.1979 abgeschafft). Selbiges
gilt für den Partner des sog. *Partenariats*. Hat der Erblasser keine Kinder oder sonstige Abkömmlinge,
kann er sein Vermögen frei verschenken oder letztwillig darüber verfügen (Art. 916 Cciv) (weitere Einzelheiten bei Weirich/Weirich, JClDrComp, Luxembourg, Fasc. 2, Paris, Stand: 2/2001, Rn. 138ff.;
FFDH IntErbR/*Hustedt* Rn. 93).

120 Luxemburg

108 c) **Höhe der Quote.** Die Höhe des Noterbrechts hängt von der Zahl der Kinder bzw. Abkömmlinge des Erblassers ab. Hinterlässt der Erblasser ein Kind, ist dieses notberechtigt in Höhe der Hälfte des Nachlasses, über die andere Hälfte („verfügbare Quote") kann der Erblasser verfügen. Hinterlässt er zwei Kinder, haben diese Noterbrechte von insgesamt 2/3, dh über 1/3 des Nachlasses darf verfügt werden; bei Hinterlassung von drei oder mehr Kindern gehört diesen insgesamt 3/4 dh über 1/4 darf der Erblasser verfügen (Art. 913 Cciv).

109 Der Ehegatte ist zwar kein Vorbehaltserbe, er ist jedoch seit der Erbrechtsreform v. 26.4.1979 auch nicht rechtelos gestellt: Art. 1094 Cciv erlaubt jedem Erblasser, der Kinder oder Abkömmlinge von ihnen (es ist unerheblich, ob die Kinder aus der gemeinsamen Ehe der Eheleute hervorgehen oder nicht) hinterlässt, zugunsten seines Ehepartners durch letztwillige Verfügung oder durch Ehevertrag wahlweise ihm das volle Eigentum in der Höhe einzuräumen, in der er zugunsten eines Fremden verfügen könnte, maW die verfügbare Quote oder den Nießbrauch am Überschussbetrag, der dem Ehegatten nicht eigentumsmäßig zufällt, oder aber auch den Nießbrauch am ganzen Nachlass zu übertragen.

110 Das Noterbrecht der Kinder kann damit derart beschränkt werden, dass es sich auf das bloße nackte Eigentum bezieht und die Kinder zu Lebzeiten des Ehepartners nicht darüber verfügen können. Der Erblasser hat ein uneingeschränktes Wahlrecht, wie er verfügen möchte. Ein Herabsetzungsanspruch der Kinder scheidet aus. Sie können nur im Falle der Wiederverheiratung des überlebenden Ehegatten innerhalb von sechs Monaten einstimmig die Kapitalisierung des zugewandten Nießbrauchs verlangen (Art. 1094-1 Cciv). Sie haben ferner Anspruch auf Inventarerstellung nach Maßgabe von Art. 1094-2 Cciv. Verfügt der Erblasser über die in Art. 1094 Cciv zulässige Quote hinaus, ist die gesamte Verfügung nichtig (Art. 1099, 1100 Cciv).

111 **6. Testamentsvollstreckung.** Der Testamentsvollstrecker *(exécuteur testamentaire)* unterscheidet sich von der Rechtsfigur nach deutschem Recht insofern, als er eine reine Überwachungsfunktion innehat und nicht den Nachlass verwaltet (Art. 1031 Cciv). Das Besitzrecht erhält er nur bei ausdrücklicher Anordnung des Erblassers (Art. 1026 Cciv). Testamentsvollstrecker kann grds. jede natürliche Person sein, die der Erblasser testamentarisch dazu bestimmt, auch mehrere Personen (Art. 1025 Cciv). Ausgeschlossen sind lediglich Personen, die keine Verbindlichkeiten eingehen dürfen, und Minderjährige (Art. 1028 Cciv).

112 **7. Erbengemeinschaft und Erbauseinandersetzung.** Hinterlässt der Erblasser mehrere Erben, entsteht mit dem Erbfall automatisch eine sog. ungeteilte Erbengemeinschaft *(indivision ordinaire)*, die bis zur Teilung des Nachlasses bestehen bleibt. Die Verwaltung obliegt den Erben gemeinschaftlich, notwendig ist grds. die Zustimmung aller Miterben (so muss die Klage auf Forderung eines Nachlassgegenstands durch alle Miterben eingelegt werden, ansonsten ist sie unzulässig; Trib. ardt. Luxembourg, 8.12.1983, n. 28448). Kein Miterbe kann über den Nachlass als solchen oder einzelne Gegenstände ohne Zustimmung aller anderen verfügen, freie Verfügbarkeit besteht für den einzelnen Miterben lediglich über seinen Erbanteil. Jeder Erbe hat das Recht, sofortige Teilung des Nachlasses zu beantragen, niemand kann gezwungen werden, die Gemeinschaft aufrechtzuerhalten (Art. 815 Cciv). Sondervorschriften gelten seit der Gesetzesreform v. 8.4.1993 für landwirtschaftliche Betriebe (Art. 815-1 ff. Cciv).

113 **8. Erbenhaftung.** Die Passiva des Nachlasses umfassen nicht nur Verbindlichkeiten des Erblassers *(dettes)*, (Art. 877 Cciv: Umschreibung von Vollstreckungstiteln gegen den Erblasser auf die Erben) sondern auch Erbfallschulden *(charges)*, namentlich Erbfallkosten und Kosten aus der Erfüllung von Vermächtnissen.

114 Zu deren Erfüllung sind sowohl die gesetzlichen Erben wie auch die eingesetzten Vermächtnisnehmer von Universal- und Erbteilvermächtnissen verpflichtet, die in ihrer Einsetzung Erben gleichkommen (→ Rn. 93). Der Stückvermächtnisnehmer haftet dagegen normalerweise nicht (Art. 871 Cciv). Für belastete Immobilien gelten besondere Vorschriften (Art. 872 ff. Cciv).

115 Die Haftung erfolgt grds. mit dem gesamten persönlichen Vermögen, sofern keine Erbschaftsannahme unter dem Vorbehalt der Inventarerrichtung erfolgt ist (s. aber Art. 878 Cciv). Mehrere Verpflichtete haften sowohl untereinander als auch im Außenverhältnis den Gläubigern gegenüber im Verhältnis ihrer geerbten/vermachten Anteile (Art. 870, 873 Cciv) (Ausnahmen gelten in insbes. hypothekarisch gesicherten Immobilien (Art. 873, 875 Cciv) und unteilbaren Schulden; weitere Nachw. bei FFDH IntErbR/*Hustedt* Rn. 125). Eine Gesamtschuldnerschaft entsprechend des deutschen Rechts gibt es nicht.

III. Nachlassverfahren

116 **1. Grundsätze der Abwicklung.** Zuständig zur Nachlassabwicklung ist das Nachlassgericht der Eröffnung der Erbschaft (Art. 110 Cciv). Dieses bestimmt sich grds. nach dem letzten Wohnsitz des Erblassers, mangels dessen nach seinem letzten gewöhnlichen Aufenthalt (Art. 102 ff. Cciv).

117 Das Verfahren der Nachlassabwicklung setzt sich aus folgenden Schritten zusammen: (iE Wanke Dt.-Lux. Erbfälle S. 51 ff.).
– Feststellung des Todes des Erblassers: auf Antrag ist durch den Standesbeamten eine Sterbeurkunde auszustellen (Art. 78 Cciv), deren Inhalt sich aus Art. 79 Cciv ergibt.

118 – Privatschriftliche Testamente sind dem Präsidenten des erstinstanzlichen Bezirksgerichts der Erbschaftseröffnung vorzulegen und von ihm zu eröffnen. Nach einer gerichtlichen Niederschrift wird das Testament bei einem Notar nach Wahl des Gerichts hinterlegt (Art. 1007 Cciv) (die Eröffnung eines geheimen Testaments erfordert grds. zusätzlich die Anwesenheit derjenigen Notare und Zeugen,

IV. Erbschaftsteuer

die das Testament mitunterzeichnet haben, s. iE Art. 1007 II Cciv). Die Eröffnung des notariellen Testaments bedarf keiner gerichtlichen Mitwirkung (FFDH IntErbR/*Hustedt* Rn. 129 ff.).
- Erben und Vermächtnisnehmer haben eine Erbschaftserklärung abzugeben, die eine Übersicht über 119 Höhe und Zusammensetzung des Nachlasses bildet und als Grundlage für die Erbschaftsteuer fungiert.
- Sofern das Erbbesitzrecht nicht automatisch übergeht, weist das Gericht den Betroffenen auf Gesuch 120 in den Besitz ein (s. Art. 1008 Cciv.
- Zum Schutz des Nachlasses kann die Anlegung von Siegeln beantragt und verfügt werden, bei minder- 121 jährigen Erben ist dies obligatorisch (Art. 819 ff. Cciv).
- Schließlich erfolgt die Ausgleichung und Teilung des Nachlasses (Art. 843 ff. u. 815 ff. Cciv). Dabei ist 122 zunächst die Teilungssumme zu ermitteln, wobei Schulden des Erblassers ebenso wie Schenkungen zu Lebzeiten zu berücksichtigen und vorrangig auszugleichen sind (Art. 843 ff. Cciv) (Einzelheiten bei Wanke Dt.-Lux. Erbfälle S. 53 ff.).

2. Besonderheiten bei Vorlage im Ausland errichteter Testamente. Ein besonderes Verfahren ist 123 nach Maßgabe von Art. 1000 Cciv notwendig, wenn ein im Ausland errichtetes Testament in Luxemburg vollzogen werden soll, namentlich weil sich in Luxemburg Vermögen des Erblassers, insbes. Immobilienvermögen befindet.

Unabhängig von seiner Form- und materiellen Gültigkeit, die sich nach den Grundsätzen des inter- 124 nationalen Privatrechts richtet, ist das Testament darüber hinaus bei dem Register des letzten (bekannten) Wohnsitzes des Erblassers zu registrieren. Enthält das Testament Verfügungen über in Luxemburg belegene Immobilien, ist es darüber hinaus in das Register am Belegenheitsort der Immobilien einzutragen. Hatte die Vorschrift ursprünglich internationalprivatrechtlichen Charakter, bezweckt sie heute die Sicherung des luxemburgischen Fiskus zur eventuellen Erhebung der Erbschaftsteuer (zum Register FFDH IntErbR/*Hustedt* Rn. 67).

Die Anerkennung eines deutschen Erbscheins ist zweifelhaft. In der Bankpraxis genügt aber wohl zum 125 Zugriff auf das luxemburgische Depot die Vorlage einer Sterbeurkunde des Erblassers sowie des deutschen Erbscheins (*Gottwald/Stangl* ZEV 1997, 217 (220)).

IV. Erbschaftsteuer

1. System der Erbschaftsteuer. Ein Doppelbesteuerungsabkommen auf dem Gebiet der Erbschaft- 126 und Schenkungssteuern zwischen Luxemburg und Deutschland besteht nicht (eine Liste der von Luxemburg geschlossenen Doppelbesteuerungsabkommen findet sich auf der Internetseite des luxemburgischen Außenministeriums unter www.mae.lu).

2. Erbschaft- und Schenkungsteuer. a) Rechtsgrundlage und Steuertatbestand. Die Rechtsgrund- 127 lage des luxemburgischen Erbschaftsteuerrechts bildet noch immer das Gesetz v. 27.12.1817 (Loi du 27.12.1817 *pour la perception du droit de successions*, Journal Officiel (J.O.) *du Royaume des Pays Bas*, n. 37, S. 3) über die Erhebung einer Erbschaftsteuer. Das Gesetz wurde durch eine Fülle von Gesetzen geändert und ergänzt (aufgrund der Vielzahl nebeneinander bestehenden Gesetzen ist die Rechtslage zunächst sehr unübersichtlich. Der luxemburger Gesetzgeber veröffentlicht mit den Ministerien daher jährlich ein sog. „*Annuaire Officiel*", das zu den verschiedenen Rechtsgebieten und Gesetzen die jeweilige Rechtslage zusammenfasst und die einschlägigen Gesetze auflistet. Das „*Annuaire Officiel*" ist im Internet auf der Seite des Luxemburgischen Staates unter www.etat.lu abrufbar). Die derzeit letzte wesentliche Änderung erfolgte durch Gesetz v. 28.12.2009 (Loi du 18. décembre 2009, Mém. 2009 A, S. 5441).

Der luxemburgische Gesetzgeber beschränkt sich auf die Besteuerung von Erbschaften. Dabei handelt 128 es sich grds. um eine Erbanfallsteuer (mit vereinzelten Merkmalen einer Nachlasssteuer). Schenkungen sind dagegen nicht vom Anwendungsbereich des Gesetzes umfasst. Letztere unterliegen lediglich einer Registersteuer.

Terminologisch wird nachfolgend unterschieden zwischen Erbschaftsteuer bei unbeschränkter Steuer- 129 pflicht (*droits de succession*) und Nachlasssteuer bei beschränkter Steuerpflicht (*droits de mutation par décès*).

b) Steuertatbestände. Für die Erbschaftsbesteuerung ist steuerbarer Rechtsvorgang der unentgeltliche 130 Übergang des Vermögens von Todes wegen.

Steuergegenstand der Nachlasssteuer sind nur die in Luxemburg belegenen Immobilien. Dazu gehören 131 auch Grundstücke im Betriebsvermögen einer Personengesellschaft (Wanke Dt.-Lux. Erbfälle S. 131). Bankkonten, Wertpapiere und Depots in Luxemburg eines nicht in Luxemburg Ansässigen sind damit nicht steuerpflichtig.

Steuerschuldner der Erbschaft- und Nachlasssteuer ist der jeweilige Erwerber, dh Erben und Ver- 132 mächtnisnehmer.

Steuerbarer Tatbestand der Registersteuer sind formbedürftige, dh notariell zu beurkundende Schen- 133 kungen gem. Art. 931 Cciv. Für die Handschenkung (*don manuel*), dh die Übergabe einer beweglichen Sache, die nach der Rspr. nicht der notariellen Beurkundung bedarf, fällt keine Registersteuern an. In der Praxis betrifft die Schenkung iSd Art. 931 Cciv im Wesentlichen Immobilienübertragungen. Handschenkungen werden nur aus Beweisgründen gelegentlich beurkundet. Ist dies der Fall, fällt Registersteuer an, und zwar auch dann, wenn der Schenkungsgegenstand ausländisches bewegliches Vermögen betrifft.

134 Steuerschuldner sind der Schenker wie der Beschenkte. Der Notar haftet daneben gesamtschuldnerisch für die Steuer.

135 **c) Bemessungsgrundlage.** Für Besteuerung des Übergangs von Vermögen von Todes wegen wird grds. der gemeine Wert (Verkehrswert) zum Zeitpunkt des Todestages als Bemessungsgrundlage angesetzt. IE besteht eine Vielzahl von Regelungen, s. Art. 11 L. 27.12.1817. Bei Gesellschaftsbeteiligungen ist zu unterscheiden: Anteile an Personengesellschaften werden als transparent betrachtet und die einzelnen Wirtschaftsgüter der Gesellschaft ihrem Inhaber entsprechend seines Anteils direkt zugerechnet. Bei Fortführung des Unternehmens sind dann die Buchwerte der Bilanz anzusetzen, bei Verkauf des Unternehmens an Dritte ist zusätzlich der entstandene Veräußerungsgewinn ggf. einkommensteuerrechtlich zu berücksichtigen. Entsprechendes gilt bei Liquidation des Unternehmens. Anteile an Kapitalgesellschaften werden mit dem Verkehrswert bzw. dem Börsenwert zum Todeszeitpunkt bewertet.

136 Grundsätzlich gilt: Vorangegangene Schenkungen werden nicht in die Berechnungsgrundlage einberechnet, außer sie sind in dem dem Sterbejahr des Erblassers vorangegangenen Jahr erfolgt und wurden nicht mit einer Registersteuer belegt.

137 Vom Aktivvermögen ist das Passivvermögen abzuziehen. Abzugsfähige Verbindlichkeiten sind die am Todestag nachweisbaren Schulden des Erblassers samt der darauf entfallenden Zinsen, die bis zum Todestag zu zahlende Einkommensteuer, gemeindlichen Abgaben und sonstigen Steuern, die bis zum Todestag angefallenen Kosten der Haushaltsführung sowie die Beerdigungskosten. Auch im Zusammenhang mit Immobilien stehende Verbindlichkeiten sind abzugsfähig, soweit sich die Immobilie nicht im Ausland befindet.

138 Grundstücke werden mit dem Verkaufswert zum Zeitpunkt des Todes des Erblassers bewertet, Art. 11a L. 27.12.1817. Ansonsten gelten keine Besonderheiten.

139 Auch bei der Nachlasssteuer können die Verbindlichkeiten in Abzug gebracht werden, die im Zusammenhang mit der steuerbaren Immobilie stehen (grundpfandrechtliche gesicherte Darlehen sowie Verbindlichkeiten zum Erwerb, Verbesserung sowie Bestanderhaltung der Immobilie). Früher war ein Schuldenabzug nicht möglich.

140 Bemessungsgrundlage bei der Schenkung ist ebenfalls der Verkehrswert des verschenkten Gegenstandes, ein Abzug von Verbindlichkeiten ist nicht erlaubt (Bruttowert). Die Beteiligten haben eine Erklärung über den geschätzten Wert des Objekts abzugeben, die die Verwaltung bei Zweifeln gutachterlich überprüfen lassen kann. IÜ erfolgt die Bewertung wie bei der Erbschaftsteuer (Wanke Dt.-Lux. Erbfälle S. 198).

141 **d) Persönliche und sachliche Freibeträge.** Das Erbschaftsteuerrecht gewährt eine Fülle von Steuerbefreiungen: Ehegatten und Lebenspartner, die durch eine Partnerschaftserklärung verbunden sind, mit gemeinsamen Kindern oder sonstigen Abkömmlingen des Erblassers sind gänzlich steuerbefreit, gleiches gilt für Lebenspartner iSd Gesetzes v. 9.7.2004 (→ Rn. 67). Verwandte in gerader Linie bezahlen keine Steuer für ihren gesetzlichen Erbteil. Ehegatten sowie Lebenspartner ohne Kinder erhalten einen persönlichen Freibetrag von 38.000 EUR. Für alle übrigen Erwerber existiert eine Freigrenze von 1.250 EUR. Der vorstehende Freibetrag wird seit der jüngsten Gesetzesreform v. 18.12.2009 auch im Falle der Nachlasssteuer gewährt.

142 Besondere Befreiungen bestehen für Diplomaten und Europabeamte sowie deren Hinterbliebene, Kriegsopfer und für den großherzoglichen Nachlass. Ebenso bestehen Befreiungen für bestimmte wichtige gemeinnützige luxemburgische Einrichtungen, wie zB das Rote Kreuz, und den luxemburgischen Staat als Erben mit Ausnahmen von Gemeinden und diversen staatlichen Einrichtungen (Aufzählung bei Wanke Dt.-Lux. Erbfälle S. 107 ff.). Keine Erbschaftsteuer fällt ferner auf wirtschaftlich genutzte Patente sowie auf bestimmte Stiftungen, sofern sie der Förderung der Ausbildung dienen.
Bei Schenkungen werden keine Freibeträge gewährt.

143 **e) Steuertarif.** Der Steuertarif ist unterteilt in einen Grundtarif und einen Steigerungstarif. Der Grundtarif differenziert nach dem Verwandtschaftsverhältnis. Bei Abkömmlingen ist danach zu unterscheiden, ob diese ihren gesetzlichen Erbteil erhalten, den darüber hinausgehenden freien Teil (*quotité disponible*) oder entsprechend einer *donation partage*, die das Vermögen wertmäßig gleich unter den Abkömmlingen aufteilt.

144 **Grundtarif** (s. Art. 10 L. 13.6.1984):

Verwandtschaftsverhältnis	Registersteuer in %	Erbschaftsteuer in %	Nachlasssteuer in %
Abkömmlinge in direkter Linie bei gesetzlichem Erbteil oder bei „donation partage"		0,0	2,0
Abkömmlinge in direkter Linie über den gesetzlichen Erbteil hinaus	2,5	0,0	2,0
Ehegatten und Lebenspartner mit Abkömmlingen		0,0	5,0
Ehegatten und Lebenspartner ohne Abkömmlinge		5,0	5,0

IV. Erbschaftsteuer

Verwandtschaftsverhältnis	Registersteuer in %	Erbschaftsteuer in %	Nachlasssteuer in %
Geschwister	6,0[3]	6,0 (15: wenn über gesetzlichen Erbteil hinaus)	6,0
Onkel und Tanten, Neffen und Nichten	7,2	9,0 (15: wenn über gesetzlichen Erbteil hinaus)	9,0
Schwiegereltern und Schwiegerkinder	8,4	15,0	15,0
Nichtverwandte	14,4	15,0	15,0

[3] Bei Heirat des Schenkers beträgt der Steuersatz nur 3 %.

Soweit Gemeinden, öffentliche Einrichtungen und mildtätige Institutionen nicht steuerbefreit sind, gilt ein Grundtarif von 4 %, für gemeinnützige Einrichtungen und Kirchen 6 %. 145

Steigerungstarif 146
Die oben genannten Steuersätze des Grundtarifs erhöhen sich für Erwerbe ab 10.000 EUR progressiv um einen nach Zehnteln bemessenen Tarif:

Steuerpflichtiger Erwerb in EUR	Steigerungstarif (Zuschlag)
10.000–20.000	$1/_{10}$
20.000–30.000	$2/_{10}$
30.000–40.000	$3/_{10}$
40.000–50.000	$4/_{10}$
50.000–75.000	$5/_{10}$
75.000–100.000	$6/_{10}$
100.000–150.000	$7/_{10}$
150.000–200.000	$8/_{10}$
200.000–250.000	$9/_{10}$
250.000–380.000	$12/_{10}$
380.000–500.000	$13/_{10}$
500.000–620.000	$14/_{10}$
620.000–750.000	$15/_{10}$
750.000–870.000	$16/_{10}$
870.000–1.000.000	$17/_{10}$
1.000.000–1.250.000	$18/_{10}$
1.250.000–1.500.000	$19/_{10}$
1.500.000–1.750.000	$20/_{10}$
über 1.750.000	$22/_{10}$

Für Schenkungen von Grundvermögen im Gebiet der Gemeinde Luxemburg wird ein Zuschlag von 50 % auf die Registrierungsgebühr erhoben. Allerdings gibt es auch hier Ermäßigungen für Einfamilienwohnhäuser. 147

f) Steuerverfahren. (eing. Wanke Dt.-Lux. Erbfälle S. 135 ff.). Jeder Erbe und Vermächtnisnehmer hat 148 eine Erbschaftserklärung (Ein Muster einer Erbschaftserklärung findet sich bei Wanke Dt.-Lux. Erbfälle S. 249 f.) *(déclaration de succession)* eines bestimmten, gesetzlich vorgeschriebenen Inhalts abzugeben, Art. 4 I L. 27.12.1817, unabhängig davon, ob tatsächlich Steuer anfällt oder nicht, Art. 7 L. 27.12.1817. Die Frist für die Abgabe beträgt sechs Monate ab Erbfall, soweit der Erblasser in Luxemburg verstorben ist, bei Versterben im Ausland ist die Frist länger (bei Versterben in Europa: acht Monate, USA: 12 Monate, sonst: 24 Monate). Verlängerung auf schriftlichen Antrag ist möglich. Die Erklärenden haben umfangreiche Unterlagen und Nachweise über letztwillige Verfügungen des Erblassers, ihr verwandtschaftliches Verhältnis zum Erblasser, den Bestand und Wert des Nachlasses, etc beizufügen, die von der

120 Luxemburg

149 Finanzverwaltung überprüft werden können. Die Erklärung kann innerhalb einer Frist von sechs Wochen berichtigt oder ergänzt werden.

149 Nach Ablauf dieser Frist übersendet die Verwaltung den Erklärenden entsprechende Zahlungsbescheide, die regelmäßig innerhalb von sechs Wochen ab Aufforderung zu begleichen sind. Bei Zuwiderhandlung können Ordnungsgelder auferlegt und Säumniszuschläge festgesetzt werden.

150 Zuständig ist die Enregistrementverwaltung des Bezirks des letzten bzw. des letzten bekannten Wohnsitzes des Erblassers. Die Oberverwaltung beim Finanzministerium kann postalisch unter
Ministère des Finances
Administration de l'Enregistrement et de Domaines
1–3, avenue Guillaume
B.P. 1004
L – 1010 Luxembourg
www.etat.lu/FI
erreicht werden.

151 Dort erhält man auch die Adressen der Bezirksverwaltungen *(Bureau de recette)* in Capellen, Clervaux, Diekirch, Echternach, Esch/Alzette, Grevenmacher, Luxembourg, Mersch, Redange, Remich und Wiltz.

152 **3. Beschränkte und unbeschränkte Steuerpflicht. a) Unbeschränkte Steuerpflicht für Erbschaftsteuer.** Eine unbeschränkte Steuerpflicht aufgrund Besteuerung mittels der Erbschaftsteuer *(droits de successions)* besteht, wenn der Erblasser luxemburgischer Einwohner *(résident)* war, Art. 1 I L. 27.12.1817. Auf den Wohnsitz der Erben kommt es nicht an.

153 Man gilt als luxemburgischer Einwohner, wenn sich der letzte Wohnsitz *(domicile)* des Erblassers oder der Mittelpunkt seiner wirtschaftlichen Interessen in Luxemburg befand (Inländer). Für den Wohnsitz kommt es nicht auf die behördliche Meldung oder das Bestehen mehrere Wohnsitze an, entscheidend ist das tatsächliche, kontinuierliche Wohnen und der Aufenthalt des Erblassers im Staatsgebiet (Circulaire du Directeur de l'Administration de l'Enregistrement et des Domaines de Luxembourg v. 1.3.1948, n. 114). Auf die Staatsangehörigkeit des Erblassers kommt es nicht an, ebenso wenig auf die der Erben.

154 Besteuert wird der Erwerb von Todes wegen bzgl. des gesamten Weltvermögens; ausgenommen sind lediglich ausländisches Grundvermögen, Patentrechte und bestimmte Stiftungen. Bewegliche, sich im Ausland befindliche Gegenstände unterliegen dann keiner Erbschaftsbesteuerung, wenn sie in dem Staat, in dem sie sich befinden, aufgrund der Staatsangehörigkeit des Erblassers erbschaftsteuerlich erfasst werden (Art. 12 I L. 13.6.1984).

155 **b) Beschränkte Steuerpflicht für Erbschaftsteuer.** Hat der Erblasser keinen Wohnsitz im vorgenannten Sinne in Luxemburg, unterliegt nur das in Luxemburg befindliche Grundvermögen mittels einer Nachlasssteuer der Besteuerung (beschränkte Steuerpflicht = *droits de mutation par décès*), Art. 18 II L. 27.12.1817.

156 **c) Steuerpflicht für Schenkungsteuer.** Eine Unterscheidung zwischen Inländer und Ausländer gibt es bei der Schenkungsteuer nicht. Sie knüpft unabhängig davon an die Registrierung eines Rechtsvorgangs an.

157 **4. Weitere im Rahmen der Erbfolge anfallende Steuern.** Immobilienschenkungen werden über die Registersteuer hinaus mit einer Eintragungsgebühr *(droits de transcription)* iHv 1% belegt.

158 Im Rahmen der Einkommensteuer kann ggf. ua insbes. bei Veräußerungsgewinnen aus dem Verkauf einer wesentlichen Beteiligung an einer Kapitalgesellschaft der Wertzuwachs steuerpflichtig werden. Dies ist der Fall, wenn der Erwerber alleine oder zusammen mit seinem Ehegatten mehr als 10% (bis 1.1.2002: 25%: Für am 1.1.2002 bestehende Beteiligungen gilt bis zum Steuerjahr 2007 eine Wesentlichkeitsgrenze von 25%; zu diesen Steueränderungen s. *Höfer* IStR 2003, 368 (371); *Neffati/Gutknecht* IWB Gruppe 2, 233 (234)) des Gesellschaftskapitals besitzt oder innerhalb von fünf Jahren unentgeltlich erworben hat und beim Überlasser diese Voraussetzungen vorlagen (*Urbin*, Handbuch der Luxemburger Steuern, 2001, 20).

Länderbericht Montenegro

Übersicht

	Rn.		Rn.
I. Internationales Erbrecht	1–16	e) Berechnung des Pflichtteils	75
1. Bestimmung des anwendbaren Rechts	1–8	f) Verletzung und Verwirklichung des Pflichtteils	76/77
a) Aufenthaltsprinzip und beschränkte Rechtswahl	2–5	g) Pflichtteilsentziehung	78–80
b) Verfügungen von Todes wegen	6/7	5. Testamentsvollstreckung	81
c) Erbenloser Nachlass	8	6. Anrechnung von Vermögenszuwendungen (Schenkungen und Vermächtnissen) auf den Erbteil	82/83
2. Internationale Zuständigkeit	9/10	7. Erbschaftserwerb, Erbengemeinschaft und Erbauseinandersetzung (Erbteilung)	84–91
3. Anerkennung und Vollstreckung ausländischer Entscheidungen	11–16	a) Erwerb der Erbschaft	84–88
a) Rechtsquellen	11	b) Erbengemeinschaft	89/90
b) Gleichstellungsprinzip und Begriff der ausländischen Gerichtsentscheidung	12	c) Erbteilung (Erbauseinandersetzung)	91
c) Anerkennungsvoraussetzungen und -hindernisse	13	8. Erbenhaftung	92/93
d) Verfahren	14–16	III. Nachlassverfahrensrecht	94–112
II. Materielles Recht	17–93	1. Allgemeines	94/95
1. Allgemeines	17–19	2. Zuständigkeit	96–98
a) Rechtsquellen	17	3. Vorverfahren	99–102
b) Erbfolge, Erbfähigkeit und Erbunwürdigkeit	18/19	a) Allgemeines	99
		b) „Smrtovnica"	100
2. Gesetzliche Erbfolge	20–34	c) Eröffnung und Verkündung des Testaments	101/102
a) Parentalsystem (Ordnungen)	20–24	4. Verlassenschaftsabhandlung (Nachlassabhandlung)	103–107
b) Gesetzliches Erbrecht des Ehegatten	25–29	a) Allgemeines	103/104
c) Gesetzliches Erbrecht der Adoptivkinder und -eltern	30–32	b) Gegenstand der Nachlassabhandlung	105
d) Erbrechtliche Stellung der Eltern	33	c) Erbschaftserklärung	106
e) Staat als Erbe	34	d) Unterbrechung des Nachlassverfahrens und Anweisung auf Streitverfahren	107
3. Gewillkürte Erbfolge	35–70		
a) Allgemeines	35		
b) Testament	36–65	5. Nachlassbeschluss	108
c) Erbverträge und gemeinschaftliches Testament	66/67	6. Rechtsbehelfe	109–111
d) Rechtsgeschäfte unter Lebenden auf den Todesfall	68–70	a) Einspruch gegen den vom Notar erlassenen Nachlassbeschluss	109
4. Pflichtteilsrecht	71–80	b) Beschwerde	110
a) Allgemeines	71	c) Revision	111
b) Rechtsnatur	72	7. Erbschaftsanspruch (Erbschaftsklage)	112/113
c) Pflichtteilsberechtigte	73	IV. Erbschaftsteuer	114/115
d) Pflichtteilsquote	74		

Literatur: IPR: *Kostic-Mandic,* The New Private International Law Act of Montenegro, Yearbook of Private International Law, vol. XVI, 2014/2015; Kostic-Mandic, Medjunarodno privatno pravo, 2017; *Kostic-Mandic,* National Report – Montenegro, in: European Encyclopedia of Private International Law, vol. 3, Edvard Elgar, 2017; *Stanivukovic/Zivkovic,* Medjunarodno privatno pravo, opsti deo, 2008; *Varadi/Bordas/Knezevic/Pavic,* Medjunarodno privatno pravo, 2007; *Vukoslavcevic,* Uporedni prikaz postupaka priznanja stranih odluka u pravu Crne Gore, Republike Srbije i Sjedinjenih americkih drzava, Strani pravni zivot 1/2011, 271–289. **Materielles Recht:** *Antic/Djurdjevic,* Prirucnik za nasledno pravo, 2003; *Blagojevic,* Nasledno pravo u Jugoslaviji, 1983; *Blagojevic/Antic,* Nasledno pravo u Jugoslaviji, 1986; *Djordjevic/Svorcan,* Nasledno pravo, 1997; *Djurdjevic,* Aktuelna reforma naslednog prava u Crnoj Gori, Anali Pravnog fakulteta u Beogradu, 1/2009, 265–282; *Djurdjevic,* Apsolutna nistavost zavestanja, Diss., 2005; *Djurdjevic,* Osnovi naslednog prava Crne Gore, 2010; *Markovic,* Nasledno pravo, 1981.

I. Internationales Erbrecht

1. Bestimmung des anwendbaren Rechts. Das maßgebliche Gesetz Montenegros, das privatrechtliche Verhältnisse mit Auslandsberührung regelt, stellt das neue Gesetz zum Internationalen Privatrecht von 2014 dar („Amtsblatt von Montenegro [Sl. list CG]", 1/2014, 6/2014 – ispr., 11/2014 – ispr., 14/2014, 47/2015 – dr. zakon; in dem weiteren Text: IPRG), das an die Stelle des jugoslawischen Gesetzes über die Regelung von Kollisionen der Gesetze mit den Vorschriften anderer Staaten von 1982 („Amtsblatt der SFRJ [Sl. list SFRJ]", 43/82) getreten ist. Die Kollisionsnormen für erbrechtliche Verhältnisse finden sich in Art. 71–76 IPRG. Diese wurden unter Einfluss der ErbVO, des ErbVOVorschlags v. 2009 und der Kommentierung dieses Vorschlags vom Max Planck Institut in Hamburg (Comments on the European Commission's Proposal for a Regulation of the European Parliament and of the Council on the jurisdiction, applicable law, recognition and enforcement of decisions and authentic instruments in matters of succession and the creation of a European Certificate of Succession, RabelsZ 74 (2010) 522) ausgestaltet.

120 Montenegro

2 a) **Aufenthaltsprinzip und beschränkte Rechtswahl.** Gem. Art. 71 IPRG gilt **das Aufenthaltsprinzip** als Grundregel: Die gesamte Erbfolge unterliegt dem Recht des Staates, in dem der Erblasser im Zeitpunkt seines Todes seinen gewöhnlichen Aufenthalt hatte. Die Verweisung auf das Aufenthaltsrecht des Erblassers ist, gem. Art. 4 IPRG, eine Gesamtverweisung. Rückverweist die Kollisionsnorm des ausländischen Staates auf das montenegrinische Recht, wird das materielle Erbrecht Montenegros angewendet. Verweist die ausländische Kollisionsnorm auf einen dritten Staat weiter, so wird das materielle Erbrecht dieses Staates angewendet (sog. single renvoi). Der Renvoi ist ausdrücklich ausgeschlossen, wenn die Parteien das Recht eines Staates wählen können (Art. 4 II Nr. 3 IPRG).

3 Da Art. 8 IPRG eine **generelle Ausweichklausel** vorsieht, wird die Abweichung vom Aufenthaltsrecht möglich, wenn sich aus einer Gesamtheit der Umstände ergibt, dass das erbrechtliche Verhältnis im Zeitpunkt des Todes des Erblassers eine offensichtlich engere Verbindung zu einem anderen Staat als zu dem seines Aufenthalts hatte. In diesem Fall ist auf die Erbfolge das Recht dieses anderen Staates anzuwenden. Bei der Anwendung der Ausweichklausel ist der Renvoi unbeachtlich, obwohl dies nicht ausdrücklich vorgesehen wird.

4 Der IPRG – ließ eine **beschränkte Rechtswahl** zu. Gem. Art. 72 I IPRG kann der Erblasser für die Erbfolge das Recht des Staates, dessen Staatsangehörigkeit er im Zeitpunkt der Rechtswahl oder im Zeitpunkt seines Todes besitzt, wählen. Er kann auch für sein unbewegliches Vermögen das Belegenheitsrecht wählen (Art. 72 II). Die Rechtswahl muss ausdrücklich in Form einer Verfügung von Todes wegen erfolgen oder sich offensichtlich aus den Umständen (insbes. aus den Bestimmungen einer solchen Verfügung) ergeben (Art. 72 III). Der Renvoi ist ausdrücklich ausgeschlossen (s. Art. 4 II Nr. 3).

5 Das durch Art. 71 und 72 IPRG bestimmte Erbstatut umfasst insbes. die Gründe für den Eintritt des Erbfalls sowie dessen Zeitpunkt, die Berufung der Berechtigten und die Bestimmung ihrer Anteile, die Erbfähigkeit, die Enterbung, die Erbwürdigkeit, den Übergang des Nachlasses auf die Erben und Vermächtnisnehmer, die Haftung für die Nachlassverbindlichekeiten, den verfügbaren Teil des Nachlasses, Pflichtteile und andere Beschränkungen der Testierfreiheit, die Ausgleichung und Anrechnung von Vermögenszuwendungen bei der Bestimmung der Erbteile oder/und Pflichtteile, die Teilung des Nachlasses usw (s. näher Art. 76 IPRG).

6 b) **Verfügungen von Todes wegen.** Für die Form der testamentarischen Verfügungen gilt das Haager Übereinkommen v. 5.10.1961 über das auf die Form letztwilliger Verfügungen anzuwendende Recht. Art. 73 IPRG hat die Bestimmungen des genannten Übereinkommens inhaltsgleich übernommen.

7 Das Bestehen, die materielle Gültigkeit, die Wirkungen sowie die Auslegung der Verfügungen von Todes wegen unterliegen dem Recht des Staates, in dem der Erblasser im Zeitpunkt der Errichtung der Verfügung von Todes wegen seinen gewöhnlichen Aufenthalt hatte (Art. 74 I IPRG; das Errichtungsstatut). Wäre die Verfügung von Todes wegen nach dem Errichtungsstatut unwirksam, gilt sie als wirsam, wenn sie nach dem Erbstatut (dem Recht des letzen gewöhnlichen Aufenthalts des Erblassers) gültig ist (Art. 74 II IPRG). Wenn es um ein gemeinschaftliches Testament oder einen Erbvertrag geht, können die Parteien für das Bestehen, die materielle Gültigkeit, die Wirkungen und die Auslegung dieser Verfügungen das Recht wählen, das eine von ihnen nach Art. 72 IPRG hätte wählen können (Art. 74 IV IPRG).

8 c) **Erbenloser Nachlass.** Art. 75 des montenegrinischen IPRG sieht vor, dass erbenloser Nachlass dem Recht des Staates, in dem sich die Nachlassgegenstände befinden, unterliegt.

9 **2. Internationale Zuständigkeit.** Die internationale Zuständigkeit für die Verlassenschaftsabhandlung ist in Art. 127–129 IPRG- geregelt. Diese Bestimmungen schliessen die Anwendung der allgemeinen Zuständigkeitsregeln aus.

10 Gem. Art. 127 sind die Gerichte Montenegros für den gesamten Nachlass zuständig, wenn der Erblasser im Zeitpunkt seines Todes seinen gewöhnlichen Aufenthalt in Montenegro hatte. Hatte der Erblasser seinen gewöhnlichen Aufenthalt im Zeitpunkt seines Todes nicht in Montenegro, so sind gem. Art 128 die Gerichte Montenegros, in dem sich das Nachlassvermögen befindet, für die Erbfolge zuständig, wenn (1) das montenegrinische Recht als anzuwendendes Recht gewählt wurde oder (2) der Erblasser die montenegrinische Staatsangehörigkeit im Zeitpunkt seines Todes besaß oder (3) der Gegenstand des Nachlassverfahrens nur das Vermögen ist, das sich in dem Montenegro befindet. Schließlich kann der Erblasser in seiner Verfügung von Todes wegen bestimmen, dass die Gerichte Montenegros für den gesamten Nachlass oder den Teil des Nachlasses zuständig sind, sofern er montenegrinisches Recht als anzuwendendes Recht iSd Art. 72 IPRG wählen kann (s. Art. 129). Die so festgestellte Zuständigkeit ist ausschließlich.

11 **3. Anerkennung und Vollstreckung ausländischer Entscheidungen. a) Rechtsquellen.** Die Anerkennung und Vollstreckung ausländischer Entscheidungen sind in Art. 141–149 und Art. 152–158 IPRG geregelt. Das Anerkennungsverfahren ist seiner Natur nach ein Außerstreitverfahren („Verfahren der Freiwilligen Gerichtsbarkeit"/„Nichtstreitiges Verfahren"). Es ist durch Art. 152–158 IPRG und Gesetz über das Außerstreitverfahren – AußStrG v. 27.4.2006 („Sl. list RCG", 27/2006, 20/2015) geregelt. Daneben enthält das Gesetz über die Vollstreckung und Sicherungsmaßnahmen – VollstSG v. 27.7.2011 („Sl. List CG", 36/2011, 28/2014, 20/2015, 22/2017, 76/2017 – odluka US) eine Vorschrift über die Vollstreckung ausländischer kondemnatorischer gerichtlicher Entscheidungen („die Vollstreckung des ausländischen Vollstreckungstitels", Art. 12 VollstSG).

12 b) **Gleichstellungsprinzip und Begriff der ausländischen Gerichtsentscheidung.** Gem. Art. 141 I IPRG bedeutet die Anerkennung einer ausländischen Gerichtsentscheidung, dass diese einer Entscheidung eines montenegrinischen Gerichts gleichgestellt wird. Als anerkennungsfähige ausländische Entscheidung iSd Art 142 II und III IPRG gilt eine Entscheidung eines ausländischen Gerichts, ein vor dem ausländischen Gericht geschlossener Vergleich sowie die Entscheidung anderer ausländischer Behörden (zB Notar), die im Ursprungsstaat einer Gerichtsentscheidung gleichgestellt ist. Alle diese Entscheidungen müssen in Zivil- und Handelssachen erlassen werden.

c) Anerkennungsvoraussetzungen und -hindernisse. Voraussetzungen für die Anerkennung und Vollstreckbarerklärung der ausländischen Entscheidungen sind in Art. 142–149 IPRG geregelt (s. näher *Kostic-Mandic*, Medjunarodno privatno pravo, 2017, 186 ff.). Das montenegrinische Gericht kann nur die ausländische Entscheidung anerkennen, die nach dem Recht des Ursprungsstaates rechtskräftig und vollstreckbar ist (Art. 142 und Art 149 II IPRG). Deshalb muss der Antragsteller das Zeugnis über die Rechtskraft und Vollstreckbarkeit der ausländischen Entscheidung befügen. Die Anerkennung der ausländischen Gerichtsentscheidung wird abgelent, wenn 1) die Verteidigungsrechte verletzt wurden (Art. 143 IPRG), 2) in der Sache eine ausschließlich montenegrinischer Gerichte gegeben ist (Art. 144 IPRG), 3) ein ausländisches Gericht seine Zuständigkeit auf Kriterien, die das montenegrinische Recht nicht kennt, gegründet hat (Art. 145 IPRG), 4) in derselben Sache und zwischen denselben Parteien ein montenegrinisches Gericht eine rechtskräftige Entscheidung erlassen hat oder bereits eine andere ausländische Gerichtsentscheidung anerkannt wurde, die in derselben Sache und zwischen denselben Parteien erlassen wurde (Art. 146 I IPRG – res iudicata) und 5) die Entscheidung nicht gegen die öffentliche Ordnung (ordre public) verstößt (Art. 147 IPRG). Die Erfüllung der Voraussetzungen, die unter 2), 3), 4) und 5) benannt werden, hat das Gericht von Amts wegen zu überprüfen. Es ist wichtig zu betonen, dass das neue IPRG Montenegros die Gegenseitigkeit zwischen Montenegro und dem Ursprungsstaat nicht als Anerkennungsvoraussetzung vorsieht. 13

d) Verfahren. Die Anerkennung ausländischer Entscheidungen kann selbständiger Gegenstand eines Verfahrens sein oder als Vorfrageproblem in einem anderen Verfahren behandelt werden (Inzidentanerkennung). 14

aa) Anerkennung als Hauptsache. Über die Anerkennung der ausländischen Gerichtsentscheidungen entscheidet das Gericht in dem Außerstreitverfahren. Die Grundgerichte (Gerichte erster Instanz) sind sachlich zuständig (Art. 14 I(4)c Gesetz über die Gerichte Montenegros – GerichtG, „Sl. list CG", 11/2015. Das Anerkennungsverfahren ist näher in Art. 152–158 IPRG geregelt. Es wird durch einen Antrag eingeleitet (Art. 152 I IPRG). Neben den Parteien kann die Anerkennung von jeder Person beantragt werden, die ein Interesse an einer solchen geltend machen kann (vgl. *Vukoslavcevic*, Uporedni prikaz postupaka priznanja stranih odluka u pravu Crne Gore, Republike Srbije i Sjedinjenih americkih drzava, Strani pravni zivot 1/2011, 274; *Kostic-Mandic*, Medjunarodno privatno pravo, 2017, 200). Der Antragsteller muss zudem die ausländische Gerichtsentscheidung im Original oder in beglaubigter Abschrift mit einer beurkundeten Übersetzung sowie das Zeugnis über die Rechtskraft und Vollstreckbarkeit dieser Gerichtsentscheidung beifügen (Art. 156 IPRG). Das Gericht hat ausschließlich zu prüfen, ob die Anerkennungsvoraussetzungen in Art. 142–147 vorliegen (Art. 153 I IPRG). Bestimmt das Gericht, dass es keine Anerkennungshindernisse gibt, wird es einen Beschluss über die Anerkennung der ausländischen Gerichtsentscheidung erlassen, der der Gegenpartei und anderen Prozessteilnehmer zugestellt wird (Art. 153 II und III IPRG). Gegen diesen Beschluss kann die Gegenpartei bzw. ein anderer Prozessteilnehmer innerhalb einer Frist von 30 Tagen vom Tage der Zustellung des Beschlusses beim gleichen Gericht einen Einspruch einlegen. Hängt die Entscheidung über diesen Einspruch von der Aufklärung der streitigen Tatsachen ab, wird das Gericht nach der mündlichen Verhandlung über den Einspuch entscheiden (s. Art. 153 III und IV IPRG). Gegen den Beschluss, mit dem über den eingelegten Einspruch entschieden wird, sowie den Beschluss über die Versagung der Anerkennung kann die Beschwerde innerhalb einer Frist von 30 Tagen vom Tage der Zustellung des Beschlusses beim Obergericht eingelegt werden (Art. 153 V IPRG; s. näher *Kostic-Mandic*, Medjunarodno privatno pravo, 2017, 199–200). Wenn der Beschluss über Anerkennung der ausländischen (kondemnatorischen) Entscheidung rechtskräftig wird, erfolgt die Vollstreckung der anerkannten Entscheidung nach den Regeln des VollstSG als inländische kondemnatorische Entscheidung (s. Art. 12 VollstSG). 15

bb) Inzidentanerkennung. Bevor ein gesonderter, erga omnes wirkender Beschluss über die Anerkennung einer ausländischen Entscheidung ergangen ist, kann jedes Gericht in Montenegro selbst über die Anerkennung einer ausländischen Entscheidung in einem anderen Verfahren als Vorfrage entscheiden, jedoch mit der Wirkung nur für dieses Verfahren (Art. 155 IPRG Die Anerkennung eines ausländischen Entscheidung als Vorfrage in einem Vollstreckungsverfahren ist nich mehr möglich, weil der geänderte Art 12 VollstSG vorsieht, dass die ausländische Entscheidung nur vollstreckt werden kann, wenn sie vorher vom zuständigen montenegrinischen Gericht anerkannt wurde (s. Art. 2 des Gesetzes zur Änderung des Gesetzes über die Vollstreckung und Sicherungsmaßnahmen, „Sl. list CG", 20/2015). 16

II. Materielles Recht

1. Allgemeines. a) Rechtsquellen. Die grundlegende Quelle für das materielle Erbrecht Montenegros bildet das Erbschaftsgesetz – ErbG v. 5.11.2008 („Sl. list RCG", 74/2008, 75/2017 – odluka US). Neben diesem ist auch das Obligationsgesetz – OblG von 2008 („Sl. list CG", 47/2008, 4/2011 – dr. zakon, 22/2017) – von besonderer Bedeutung, da dieses zwei besondere Verträge mit erbrechtlichen Folgen 17

(Leibrentenvertrag und Vertrag über die Aufteilung des Nachlasses zu Lebzeiten des Erblassers – Übergabevertrag), die der Erblasser zu seinen Lebzeiten abschließen kann, regelt.

18   b) **Erbfolge, Erbfähigkeit und Erbunwürdigkeit.** Nach montenegrinischem Erbrecht wird die Erbenstellung durch zwei Umstände begründet: durch gesetzliche Erbfolge und Testament (Art. 6 ErbG), wobei letzterem Vorrang zukommt. Jedoch ist es möglich, dass der Erbe einen Teil der Erbschaft durch Testament und den anderen Teil kraft gesetzlicher Erbfolge erlangt. Erbverträge und gemeinschaftliche Testamente sind im montenegrinischen Erbrecht nicht zulässig und fallen in die Kategorie der absolut nichtigen Rechtsgeschäfte (Art. 121–123 ErbG). Erbe kann nur werden, wer zur Zeit des Erbfalls lebt (Art. 126 I ErbG). Als Erbe kommt auch ein Ausländer in Betracht. Er hat, durch Bestehen der Gegenseitigkeit, die gleiche erbrechtliche Stellung wie ein montenegrinischer Staatsangehöriger, es sei denn, dass durch internationale Abkommen etwas anderes bestimmt ist (Art. 5 ErbG). Eine juristische Person kann nur durch Testament Erbe werden (Art. 126 II ErbG).

19   Die als Erbe berufene Person muss erbwürdig sein. Art. 127 I ErbG benennt enumerativ Gründe, die zur Erbunwürdigkeit führen; sie tritt ex lege ein und ist seitens des Gericht von Amts wegen zu prüfen. Ist eine Person hiernach nicht erbwürdig, besteht für den Erblasser die Möglichkeit, ihr zu verzeihen (Art. 127 III ErbG); dies muss in testamentarischer Form erfolgen und hat zur Folge, dass die Person wiederum als erbwürdig zu behandeln ist. Die Erbunwürdigkeit lässt das Repräsentationsprinzip unangetastet (Art. 127 II ErbG).

20   **2. Gesetzliche Erbfolge. a) Parentalsystem (Ordnungen).** Das gesetzliche Erbrecht Montenegros beruht auf dem Parentelsystem. Es kennt vier Erbordnungen (s. Art. 9–20 ErbG). Die Erben einer näheren Ordnung schließen die Erben der ferneren Ordnung von der Erbschaft aus (Art. 10 II ErbG).

21   Die erste Erbordnung besteht aus den Abkömmlingen des Erblassers und seinem Ehegatten, welche die Erbschaft des Erblassers zu gleichen Teilen erben (Art. 11 ErbG). Die ehelichen und nichtehelichen Kinder haben die gleiche erbrechtliche Stellung (Art. 4 I ErbG). Wenn ein Kind des Erblassers nicht erben kann oder nicht erben will, treten an seine Stelle ersatzweise seine Kindern, die zu gleichen Teilen erben usw (Art. 12 ErbG; das Repräsentationsprinzip ist nicht begrenzt. Wenn der Ehegatte des Erblassers nicht erben kann oder nicht erben will, gilt das Repräsentationsprinzip hingegen nicht. Hat der Erblasser keine Nachkommen, erbt sein Ehegatte nicht allein sondern nur neben den Erben der zweiten gesetzlichen Erbordnung (Art. 13 I ErbG). Ein nichtehelicher Partner hat die gleiche erbrechtliche Stellung wie ein Ehegatte (Art. 9 II ErbG). Es ist jedoch streitig, ob ein nichtehelicher Partner das Pflichtteilsrecht hat (s. *Djurdjevic*, Aktuelna reforma naslednog prava u Crnoj Gori, Anali Pravnog fakulteta u Beogradu, 1/2009, 275–276).

22   Die Erben zweiter Ordnung bilden der Ehegatte des Erblassers, seine Eltern und deren Nachkommen. Der Ehegatte erbt die Hälfte des Nachlasses und die andere Hälfte erben die Eltern zu gleichen Teilen (Art. 13 II ErbG). Wenn der Ehegatte nicht erben kann oder nicht erben will, erben die Eltern des Erblassers den ganze Nachlass zu gleichen Teilen (Art. 13 III ErbG). Das Repräsentationsprinzip gilt für die Eltern und ist nicht begrenzt (Art. 14 ErbG). In der zweiten Erbordnung gilt das Anwachsungsprinzip, welches in zwei Situationen Anwendung findet. Wenn ein Elternteil nicht erben kann und keine Nachkommen hat, wächst sein Erbteil dem anderen Elternteil und seinen Nachkommen an (Art. 15 ErbG). Die zweite Situation liegt vor, wenn die Eltern des Erblassers nicht erben können und keine Nachkommen haben. Dann erbt der Ehegatte den ganzen Nachlass (Art. 16 ErbG).

23   In der dritten Ordnung erben die zwei Großelternpaare des Erblassers und deren Nachkommen (Art. 17 ErbG). Jedes Großelternpaar erbt eine Hälfte des Nachlasses. Das bedeutet, dass jeder Großelternteil ein Viertel des Nachlasses erhält. Wenn einer von diesen nicht erben kann oder nicht erben will, erben seinen Teil seine Nachkommen (Kinder, Enkelkinder usw; Art. 18 I ErbG). Auch hier ist das Repräsentationsprinzip nicht begrenzt. Das Anwachsungsprinzip gilt auch in der dritten Ordnung und wird nach den Regel, die für die Eltern des Erblassers gelten, geführt (Art. 18 III, Art. 19 ErbG).

24   Die vierte Erbordnung besteht aus den Urgroßeltern des Erblassers (Art. 20 ErbG). Die Urgroßväter und die Urgroßmütter väterlicherseits (eine Linie, die zwei Zweige, dh zwei Urgroßelternpaare, hat) erben zu gleichen Teilen die Hälfte des Nachlasses und die Urgroßväter und die Urgroßmütter mütterlicherseits (eine Linie, die auch zwei Zweige, dh zwei Urgroßelternpaare, hat) erben die andere Hälfte des Nachlasses ebenfalls zu gleichen Teilen. Das heißt, dass jeder Urgroßelternteil ein Achtel des Nachlasses erhält. In der vierten Erbordnung gilt das Repräsentationsprinzip nicht, es wird jedoch das Anwachsungsprinzip angewandt.

25   **b) Gesetzliches Erbrecht des Ehegatten. aa) Allgemeines.** Im montenegrinischen Erbrecht hat der Ehegatte eine besondere erbrechtliche Stellung. Er kann Erbe sowohl der ersten als auch der zweiten Ordnung sein. In erster Ordnung erbt er zusammen mit den Kindern des Erblassers zu gleichen Teilen. Hinterlässt der Erblasser keine Kinder, so geht der Ehegatte in die zweite Ordnung über und erbt die Hälfte des Nachlasses. Die güterrechtlichen Verhältnisse, die zwischen den Ehegatten bestanden haben, haben keinen Einfluss auf die erbrechtliche Stellung des überlebenden Ehegatten (zur erbrechtlichen Stellung des Ehegatten näher; *Djurdjevic*, Osnovi naslednog prava Crne Gore, 2010, 109 ff.).

26   Das montenegrinische Erbrecht sieht vor, dass die Erbquote des Ehegatten unter bestimmten Voraussetzungen vermindert, erhöht oder sogar vollständig entzogen werden kann.

27   **bb) Verminderung der Erbquote des Ehegatten in der ersten Erbordnung.** Wenn der Ehegatte zusammen mit den Kindern des Erblassers in erster Ordnung erbt, kann sein Erbteil vermindert sein, so-

II. Materielles Recht   **Montenegro 120**

fern das Kind des Erblassers, dessen anderer Elternteil mit dem Erblasser nicht verheiratet ist, als Erbe eintritt (Art. 23 ErbG). Diese Regelung bezweckt, die Stellung nichtehelicher Kinder des Erblassers oder solcher, die aus einer früheren Ehe des Erblassers stammen zu verbessern (*Djurdjevic*, Osnovi naslednog prava Crne Gore, 2010, 110). Zu einer Verminderung der Erbquote kommt es dann, wenn das Vermögen des Ehegatten den Betrag übersteigt, der ihm nach seiner Erbquote aus der Erbschaft zustünde. Der Erbteil des Ehegatten kann bis zur Hälfte des Erbteils, den jedes Kind des Erblassers erhält, herabgesetzt werden. Es bedeutet, dass die Erhöhung des Erbteils alle Kinder des Erblassers (dh gemeinsame Kinder des überlebenden Ehegatten und des Erblassers, nichteheliche Kinder des Erblassers sowie die Kinder, die aus einer früheren Ehe des Erblassers stammen) trifft (s. Art. 23 ErbG; s. auch die Entscheidung des Verfassungsgerichts Montenegros, „Sl. glasnik CG", 75/2017, die einen Teil des Art. 23 ErbG aufgehoben hat; s. auch *Djurdjevic*, Osnovi naslednog prava Crne Gore, 2010, 112–113).

cc) Erhöhung der Erbquote des Ehegatten in der ersten oder zweiten Erbordnung. Die Erbquote 28 des überlebenden Ehegatten kann nur dann erhöht werden, wenn dieser nach dem Tod des Erblassers über keine ausreichenden Mittel zur Bestreitung seines Lebensunterhalts verfügt. Die Erhöhung kann dadurch erfolgen, dass dem Ehegatten ein Nießbrauchrecht auf Lebenszeit an dem ganzen Nachlass bzw. an einem Teil von diesem oder der Erwerb eines Teils des Nachlasses, der anderen Erben gehören sollte, eingeräumt wird (Art. 24 I und II ErbG). Ist der Wert des gesamten Nachlasses jedoch so gering, dass eine Aufteilung unter den Erben dazu führen würde, dass dem Ehegatten nicht mehr genug Mittel zur Bestreitung seines Lebensunterhalts zugesprochen werden könnten, kann das Gericht diesem auch den ganzen Nachlass zusprechen (Art. 24 II ErbG).

dd) Verlust des gesetzlichen Erbrechts des Ehegatten. Gem. Art. 25 ErbG verliert der überlebende 29 Ehegatte sein gesetzliches Erbrecht, wenn (1) der Erblasser zur Lebzeit die Scheidungsklage erhoben hat, die sich nach seinem Tod als begründet erweist, (2) die Ehe nicht gültig war, wovon der überlebende Ehegatte im Moment der Eheschließung Kenntnis hatte oder (3) die Lebensgemeinschaft einvernehmlich oder durch das Verschulden des überlebenden Ehegatten unterbrochen wurde.

c) Gesetzliches Erbrecht der Adoptivkinder und -eltern. aa) Allgemeines. Die Art. 21–22 ErbG regeln 30 die erbrechtliche Stellung der Adoptivkinder- und Eltern, welche von der Art der Adoption abhängt. Das Familiengesetz Montenegros (FamG; „Sl. list RCG", 1/2007) unterschied eine Volladoption von einer nicht vollständigen Adoption (Art. 144 und 148 FamG aF). Mit dem Erlass der Änderungen des FamG („Sl. list CG", 53/2016, die am 19.8.2016 in Kraft getreten sind, gibt es in Montenegro nur noch die Volladoption (Art. 144 f. FamG). Art. 21 I und II ErbG regelt die erbrechtliche Folgen der Volladaptionen, die sowohl vor als auch nach dem Inkrafttreten der Änderungen des FamG zustande gekommen sind. Art 21 III und IV ErbG gelten nur für die nicht vollständige Adoption, die nach den Bestimmungen des FamG aF zustande gekommen sind.

bb) Erbrechte der Volladoptivkinder- und -eltern. Mit der Volladoption entsteht zwischen den 31 Adoptiveltern und deren Verwandten einerseits und dem Adoptivkind und seine Abkömmlingen andererseits ein rechtliches Verhältnis, das demjenigen zwischen Eltern und ihren natürlichen Kindern gleichgestellt ist (Art. 144 FamG). Deshalb sieht das ErbG vor, dass ein volladoptiertes Kind wie ein Abkömmlinge den Erblasser sowie alle seine Verwandten unter den gleichen Voraussetzungen, wie sie für ein natürliches Kind und dessen Abkömmlinge bestehen, beerben können, was natürlich auch umgekehrt gilt (Art. 21 I und II ErbG). Die Volladoption unterbricht die Verbindung mit den eigenen biologischen Eltern und Verwandten vollständig, so dass in diesem Verhältnis kein gesetzliches Erbrecht mehr besteht (Art. 4 II ErbG).

cc) Erbrechte der Adoptivkinder und -eltern aus der nicht vollständigen Adoption. Bei einer nicht 32 vollständigen Adoption entsteht ein rechtliches Verhältnis nur zwischen den Adoptiveltern einerseits (ihre Verwandten kommen nicht in Betracht) und dem adoptierten Kind und seinen Abkömmlingen andererseits (Art. 148 II FamG aF). Das adoptierte Kind unterbricht nicht völlig die Verbindung mit der eigenen biologischen Familie. Deshalb beschränkt das ErbG die Erbrechte der Adoptivkinder und -eltern aus der nicht vollständigen Adoption. Das Adoptivkind und seine Abkömmlinge können nur den Erblasser beerben (Art. 21 III ErbG). Die nicht vollständige Adoption hat keinen Einfluss auf die Erbrechte des Angenommenen gegenüber denen seiner biologischen Verwandten und umgekehrt (Art. 21 IV ErbG).

d) Erbrechtliche Stellung der Eltern. Die erbrechtliche Stellung der Eltern des Erblassers, die eine 33 Erhöhung ihrer Erbquote begründen kann, ist in Art. 26 ErbG näher geregelt.

e) Staat als Erbe. Ist zur Zeit des Erbfalls kein gesetzlicher und testamentarischer Erbe vorhanden, 34 fällt der erbenlose Nachlass der Republik Montenegro zu. Der Nachlass wird zu staatlichem Vermögen (Art. 8 ErbG).

3. Gewillkürte Erbfolge. a) Allgemeines. Handelt es sich um eine Erbfolge, die vom Willen des Erb- 35 lassers abhängt, erkennt das ErbG nur das Testament als letztwillige Verfügung von Todes wegen an. Erbvertrag und gemeinschaftliches Testament sind unzulässige Rechtsgeschäfte im montenegrinischen Erbrecht (vgl. *Markovic*, Nasledno pravo, 1981, 103 ff., 235 f.; *Zivojinovic* Nevaznost zavestanja S. 164 ff.; *Djurdjevic*, Osnovi naslednog prava Crne Gore, 2010 33). Daneben regelt das OblG zwei besondere Verträge mit erbrechtlichen Folgen, welche der Erblasser zu Lebzeiten abschließen kann: Zum einen den Leibrentenvertrag, zum anderen den Vertrag über die Aufteilung des Nachlasses zu Lebzeiten des Erblassers (Übergabevertrag).

120 Montenegro

36 **b) Testament. aa) Begriff.** Das Testament ist eine einseitige, persönliche, stets widerrufliche und letztwillige Verfügung von Todes wegen der testierfähigen Person, die in der gesetzlich vorgeschriebenen Form errichtet werden muss. Das Testament ist ein höchstpersönliches Rechtsgeschäft und muss inhaltlich vom Erblasser selbst getroffen wird. Eine Stellvertretung des Erblassers ist ausdrücklich unzulässig (*Djurdjevic,* Osnovi naslednog prava Crne Gore, 2010, 129 ff.).

37 **bb) Testierfähigkeit.** Gem. Art. 61 ErbG kann nur eine Person, die das 15. Lebensjahr vollendet hat und zur Beurteilung fähig ist ein wirksames Testament errichten. Eine Person ist zur Beurteilung fähig, wenn sie die wirkliche und rechtliche Bedeutung ihrer Handlungen und deren Folgen vollständig und bewusst verstehen kann (näher *Zivojinovic* Nevaznost zavestanja S. 10–12). Ein Mangel der Testierfähigkeit kann zur absoluten Nichtigkeit oder zur Anfechtbarkeit („relative Nichtigkeit") führen. Das Testament ist nichtig, wenn der Erblasser im Moment der Testamentserrichtung das 15. Lebensjahr noch nicht vollendet hat oder beurteilungsunfähig war (Art. 61 II ErbG).

38 **cc) Testierwille.** Der Testierwille muss ernstlich gemeint, wirklich vorhanden und frei zustande gekommen sein, zudem muss die Absicht des Erblassers zur Errichtung des Testaments bestimmt und unbedingt sein. Der letzte Wille ist ernstlich gemeint und wirklich vorhanden, wenn der Erblasser bewusst und unbedingt ein Testament, in dem er über sein Vermögen verfügt, errichtet hat. Seine Willensbildung muss frei von Zwang, Betrug und Irrtum erfolgt sein (näher *Zivojinovic* Nevaznost zavestanja S. 24 ff.). Wurde das Testament unter dem Einfluss des Zwangs, der Bedrohung, des Betrugs oder eines Irrtums errichtet, ist es nichtig (relative Nichtigkeit; Art. 62 I). Sind nur einige Bestimmungen des Testaments aufgrund von Willensmängeln nichtig, haben sie keinen Einfluss auf die Anfechtbarkeit des ganzen Testaments (Art. 62 IV).

39 Gem. Art. 63 ErbG kann die Anfechtung wegen Testierunfähigkeit und Willensmängeln innerhalb einer Frist von einem Jahr vom Tage der Erlangung der Kenntnis von dem Anfechtungsgrund (subjektive Frist) geltend gemacht werden, und spätestens innerhalb von 10 Jahren ab der Testamentseröffnung und Verkündigung (objektive Frist). Die Jahresfrist (subjektive Frist) kann nicht vor der Testamentsverkündigung zu laufen beginnen. Wenn die Anfechtungsklage gegen eine Person, die nicht in gutem Glauben gehandelt hat, erhoben wird, beträgt die objektive Frist 20 Jahre.

40 **dd) Testamentsformen. (1) Allgemeines.** Ein Testament ist wirksam, wenn es die gesetzlichen Formerfordernissen erfüllt (Art. 64 ErbG). Gem. Art. 65 ErbG kann die Anfechtung wegen Formmangels innerhalb einer Frist von einem Jahr vom Tage der Erlangung der Kenntnis von dem Anfechtungsgrund (subjektive Frist) geltend gemacht werden; sie endet spätestens 10 Jahre nach der Testamentseröffnung und Verkündigung (objektive Frist). Das montenegrinische Erbrecht kennt acht Testamentsformen: ein eigenhändiges (holographes) Testament, ein fremdhändiges (allographes) Testament, ein gerichtliches Testament, ein konsularisches Testament, ein schriftliches Testament, ein militärisches Testament, ein mündliches Testament und ein internationales Testament.

41 **(2) Eigenhändiges (holographes) Testament.** Das eigenhändige Testament ist eine ordentliche Testamentsform und muss vollständig durch die eigene Hand des Erblassers geschrieben und unterschrieben werden. Die Angabe von Datum und Ort ist nicht nötig und hat keinen Einfluss auf die Gültigkeit des Testaments, ist aber wünschenswert (Art. 66 ErbG). Die Unterschrift des Erblassers muss sich stets am Ende des Texts des Testaments befinden. Sofern der Erblasser das Testament durch technische Mittel errichtet hat oder von einer anderen Person niederschreiben ließ, dieses jedoch nicht unterschrieben hat, erfüllt ein solches Testament nicht die Form des holographen Testaments und ist damit unwirksam (Urteil des Obersten Gerichts Montenegros, Rev. 832/97, 5.3.1998, Izbor sudske prakse 2/2000, 38).

42 **(3) Fremdhändiges (allographes) Testament.** Bei einem allographen Testament handelt es sich um ein Testament, dessen Text entweder unter Verwendung technischer Mittel oder von einer anderen Person vorher geschrieben worden ist. Bei einem solchen muss der Erblasser vor zwei fähigen Zeugen erklären, dass er den Text des Testaments gelesen hat und der Inhalt seinem letzten Willen entspricht (Art. 67 I ErbG). Die Zeugen müssen des Lesens und Schreibens kundig, volljährig und geschäftsfähig sein (Art. 68 I ErbG). Das Testament muss der Erblasser eigenhändig unterschreiben. Die Zeugen müssen bei der Erklärung des Erblassers anwesend sein und sodann gleichzeitig das Dokument unterschreiben (Art. 67 II ErbG). Die Zeugen brauchen den Inhalt des Testaments nicht zu kennen (*Djurdjevic,* Osnovi naslednog prava Crne Gore, 2010, 145). Gem. Art. 68 II ErbG kommen als Testamentszeugen nicht in Betracht: die Abkömmlinge des Erblassers (auch dessen adoptierte Kinder) und deren Abkömmlinge, seine Vorfahren und Annehmenden, seine Verwandten in der Nebenlinie bis zum vierten Grad, die Ehegatten aller genannten Personen und der Ehegatte des Erblassers.

43 **(4) Gerichtliches Testament.** Das gerichtliche Testament ist ein öffentliches Testament, das vor einem Richter bzw. Notar durch mündliche Erklärung errichtet wird (Art. 69 I ErbG). Das Verfahren über die Errichtung eines gerichtlichen Testaments wird durch die Bestimmungen des AußerstG näher geregelt (Art. 190–206 AußerstG). Für die Errichtung ist das Grundgericht sachlich zuständig; örtlich zuständig ist jedes Gericht in Montenegro. Das Errichtungsverfahren führt ein Einzelrichter im Gerichtsgebäude. Im Ausnahmefall kann das Verfahren auch außerhalb des Gerichtsgebäudes durchgeführt werden, sofern es dem Erblasser aufgrund besonderer Umstände (zB Krankheit) nicht möglich ist, das Gerichtsgebäude persönlich aufzusuchen (Art. 190 AußerstG). Der Richter hat den Inhalt des Testaments nach dem Willen des Testierenden aufzunehmen (Art. 201 AußerstG). Wenn der Erblasser die errichtete Urkunde lesen kann, hat dieser zu erklären, dass der Inhalt der Urkunde seinem letzten Willen entspricht, und die

II. Materielles Recht **Montenegro 120**

Urkunde zu unterschreiben (Art. 202 AußerstG). Sofern der Testierende den Text der Urkunde nicht lesen kann (weil er bspw. blind oder Analphabet ist), müssen in dem Verfahren zusätzlich zwei Zeugen anwesend sein, welche mit ihrer Unterschrift auf der Urkunde die Ordnungsmäßigkeit des Verfahrens beglaubigen (Art. 203 I u. II AußStrG). Der Testierende kann in diesem Falle seine Unterschrift mit einem Fingerabdruck ersetzen (Art. 203 I AußStrG). Gem. Art. 69 II ErbG kommen als Testamentszeugen nicht in Betracht: die Abkömmlinge des Erblassers (auch nicht seine adoptierten Kinder) und deren Abkömmlinge, seine Vorfahren und Annehmenden, seine Verwandten in der Nebenlinie bis zum vierten Grad, die Ehegatten aller genannten Personen und der Ehegatte des Erblassers.

(5) **Konsularisches Testament.** Bei einem konsularischen Testament handelt es sich um ein öffentliches Testament, das durch eine konsularische oder diplomatische Vertretung Serbiens im Ausland beurkundet wird. Für dieses Testament gelten mutatis mutandis die Regeln des gerichtlichen Testaments (Art. 71 ErbG). 44

(6) **Seetestament.** Das schiffliche Testament ist ein außerordentliches und öffentliches Testament, das durch den Kapitän eines Schiffes errichtet wird. Dieses Testament wird nach den Regeln errichtet, die auch auf das gerichtliche Testament anzuwenden sind (Art. 72 I ErbG). Das Seetestament bleibt bis zu 30 Tagen nach der Rückkehr des Erblassers in Montenegro gültig (Art. 72 II ErbG). 45

(7) **Militärisches Testament.** Dieses Testament ist ebenfalls ein außerordentliches und öffentliches Testament. Es kann während der Mobilisierung oder im Kriegszustand durch einen militärischen Befehlshaber beurkundet werden, wenn der Erblasser Wehrdienst leistet. Die Regeln für die Errichtung des gerichtlichen Testaments werden entsprechend angewandt. Das militärische Testament bleibt bis zu 60 Tage nach dem Kriegsende gültig (s. näher Art. 73 ErbG). 46

(8) **Internationales Testament.** Die Errichtung des internationalen Testaments, das eine ordentliche und öffentliche Form des Testaments darstellt, regelt das Washingtoner Übereinkommen über ein einheitliches Recht hinsichtlich der Form eines internationalen Testaments v. 26.10.1973, das am 3.7.1977 von SFR Jugoslawien unterzeichnet wurde („Sl. list SFRJ", 2/1977). Dieses Übereinkommen ist ein Teil der montenegrinischen Rechtsordnung geworden und wurde mit Art. 74–87 ErbG kodifiziert. 47

(9) **Mündliches Testament.** Der Erblasser kann seine Verfügung von Todes wegen zwei gleichzeitig anwesenden Zeugen mündlich mitteilen, sofern er aufgrund außerordentlicher Umstände das schriftliche Testament nicht errichten kann (Art. 88 I ErbG). Die Zeugen müssen ein schriftliches Dokument mit dem Inhalt des Erblasserwillens unverzüglich errichten und sodann unterschreiben. Die errichtete Urkunde müssen die Zeugen dem Gericht unverzüglich zustellen (Art. 90 I ErbG). Ebenso ist es möglich, dass die Zeugen die mündliche Verfügung des Erblassers dem Gericht direkt mitteilen, ohne zuvor ein schriftliche Dokument errichtet zu haben. Bei einem mündlichen Testament kommen die Analphabeten als Zeugen in Betracht (Art. 89 ErbG). Sofern der Erblasser die unmittelbare drohende Gefahr überlebt, verliert das mündliche Testament 30 Tage nach Wegfall der Gefahrensituation seine Gültigkeit (Art. 88 II ErbG). 48

ee) **Inhalt des Testaments.** Das Testament enthält vermögensrechtliche Verfügungen des Erblassers, welche die erbrechtliche Stellung der Erben und der Vermächtnisnehmer regeln und näher ausgestalten (zB Erbeinsetzung, Bestimmung der Erbquote, Anordnung des Vermächtnisses, Enterbung usw), sowie anderweitige Regelungen, wie die Ernennung eines Testamentsvollstreckers, die Bestimmung des Ortes der Beerdigung, die Anerkennung eines unehelichen Kindes usw. 49

(1) **Erbeinsetzung.** Der Erblasser kann einen oder mehrere Erben als Gesamtrechtsnachfolger einsetzen (Art. 93 I ErbG). Der testamentarische Erbe ist diejenige Person, welcher der Erblasser sein gesamtes Vermögen oder einen quotenmäßigen Teil zugewendet hat (Art. 93 II ErbG). Wenn der Erblasser einer Person einer oder mehrere individuelle Nachlassgegenstände zugewendet hat, gilt diese Anordnung als Erbeinsetzung, sofern der Erblasser den Willen und die Absicht hatte, diese Person als Erben zu bestimmen (Art. 93 III ErbG). Ob es sich um eine Erbeinsetzung oder ein Vermächtnis handelt, hängt damit also von dem Willen des Erblassers ab. Sein Wille kann durch Auslegung ermittelt werden; dies etwa, wenn andere Regelungen im Testament darauf schließen lassen, dass eine Person als Gesamtnachfolger eingesetzt werden sollte (zB die Übernahme der Nachlassschulden, Entrichtung von Vermächtnisses usw; näher *Djurdjevic*, Osnovi naslednog prava Crne Gore, 2010, 166). 50

(2) **Erbquote.** Grundregel ist, dass der Erblasser die Erbquote für jeden Erben selbst anordnet. Unterlässt er dies, kommen in den meisten Rechtssystemen die besonderen Auslegungsregeln zur Anwendung. Leider enthält das ErbG Montenegros keine Auslegungsregeln für diese Situation. Die montenegrinischen Gerichte müssen auf die allgemeine Regel über die Auslegung des Testaments (Art. 99 ErbG) zurückgreifen, um den Testatorwillen zu ermitteln (näher *Djurdjevic*, Osnovi naslednog prava Crne Gore, 2010, 166f.). 51

(3) **Vermächtnis (Legat). (a) Allgemeines.** Das Vermächtnis (Legat) stellt eine Verfügung von Todes wegen dar, mit der der Erblasser dem Bedachten einen Vermögensvorteil aus seinem Nachlass zuwendet, ohne ihn als Erben einzusetzen (Art. 100 ErbG). Folglich ist der Bedachte (Vermächtnisnehmer) nicht Erbe. Er erwirbt nicht den Nachlass oder einen Teil hiervon, sondern erwirbt nur einen bestimmten Vermögensvorteil oder ein Recht aus dem Nachlass des Erblassers. Deshalb ist der Vermächtnisnehmer Einzelnachfolger. Im montenegrinischen Erbrecht hat das Vermächtnis schuldrechtliche Natur. In dem Testament kann der Erblasser einen oder mehrere Vermächtnisnehmer zusätzlich auch als Erben einsetzen (s. *Djurdjevic*, Osnovi naslednog prava Crne Gore, 2010, 190ff.). 52

53 **(b) Vermächtnisnehmer.** Der Vermächtnisnehmer kann jede natürliche oder juristische Person sein, die in dem Zeitpunkt des Erbfalls lebt bzw. rechtlich existent ist. Sie muss erbfähig und erbwürdig sein. Der Vermächtnisnehmer kann auch ein gesetzlicher oder testamentarischer Erbe sein; dann handelt es sich um ein sog. Vorausvermächtnis. Das Vorausvermächtnis ist auf den Erbteil des gesetzlichen Erben anzurechnen, es sei denn der Erblasser hat dies durch Testament anders bestimmt (Art. 49 ErbG). Diese Anrechnung gilt nicht für den testamentarischen Erben (s. *Djurdjevic*, Osnovi naslednog prava Crne Gore, 2010, 193 f.).

54 Der Vermächtnisnehmer erwirbt mit dem Tod des Erblassers den schuldrechtlichen Anspruch auf Übertragung des Gegenstands des Vermächtnisses gegen Beschwerten, aber nicht den Gegenstand selbst (Art. 102 I ErbG). Als Einzelnachfolger haftet er nicht für die Schulden des Erblassers. Jedoch kann der Erblasser durch Testament die Haftung des Vermächtnisnehmers vorsehen. Seine Haftung ist dann auf den Wert des Vermächtnisses beschränkt (Art. 108 ErbG).

55 **(c) Beschwerter.** Regelmäßig bestimmt der Erblasser den Beschwerten durch Testament. Der Beschwerte kann jede Person sein, die einen Vorteil aus dem Nachlass bekommt, also die Erben und Vermächtnisnehmern. Die Belastung eines anderen Vermächtnisnehmers wird als Untervermächtnis bezeichnet (Art. 101 ErbG). Verpflichtet die Erfüllung des Vermächtnisses mehrere Beschwerte zusammen, so sind sie im Verhältnis ihrer Erbquote beschwert, es sei denn der Erblasser hat etwas anderes bestimmt (Art. 102 II ErbG).

56 **(d) Inhalt (Gegenstand) und Arten von Vermächtnissen.** Dem Erblasser steht es frei, den Vermächtnisnehmer, den Beschwerten und den Gegenstand des Vermächtnisses zu bestimmen. Gegenstand des Vermächtnisses kann jeder Vermögensvorteil sein, zB eine oder mehrere Sachen, ein Recht, Geld, eine Forderung, Unterhalt, ein Nießbrauch, eine Schuldbefreiung usw (Art. 100 ErbG; s. *Djurdjevic*, Osnove naslednog prava Crne Gore, 2010, 194–198).

57 Zum sog. Stückvermächtnis Art. 107 ErbG, zum Schuldvermächtnis Art. 109 ErbG, zum sog. Befreiungsvermächtnis Art. 110 ErbG, zum Forderungsvermächtnis Art. 111 ErbG.

58 **(e) Beendigung und Verjährung des Vermächtnisses.** Stirbt der Vermächtnisnehmer vor dem Erblasser, schlägt er das Vermächtnis aus oder ist er erbunwürdig, erlischt das Vermächtnis. In diesem Fall gehört der Gegenstand des Vermächtnisses der Beschwerte, es sei denn der Erblasser hat dies durch Testament anders bestimmt (Art. 106 ErbG). Das Vermächtnis erlischt auch, wenn der Erblasser den vermachten Gegenstand veräußert, im Zeitpunkt des Erbfalls nicht mehr existiert oder wenn die Erfüllung des Vermächtnisses aus anderen Gründen unmöglich wird (Art. 107 ErbG).

59 Der Vermächtnisanspruch verjährt ein Jahr ab dem Tage, an dem der Vermächtnisnehmer von seiner Einsetzung Kenntnis erlangt und berechtigt war, das Vermächtnis zu verlangen (Art. 112 ErbG).

60 **(4) Substitution (Ersatzerbschaft).** Im montenegrinischen Erbrecht ist nur eine einfache Substitution zulässig. Der Erblasser kann durch Testament einen oder mehrere Ersatzerben (Substitut) bestimmen, wenn ein eingesetzter Erbe (Institut) die Erbschaft nicht annehmen kann oder will (Art. 94 I ErbG). Gleiches gilt für einen Vermächtnisnehmer (Art. 94 II ErbG). Die fideikommissarische Substitution ist im montenegrinischen Erbrecht verboten und die Testamentsbestimmung, die einen Nacherben einsetzt, ist absolut nichtig (čl. 94 III ErbG).

61 **(5) Bedingungen und Befristungen.** Der Erblasser kann in seinem Testament Bedingungen und Befristungen festlegen. Die Bedingungen müssen möglich, moralisch, zulässig, verständlich und in sich widerspruchslos sein (Art. 97 ErbG).

62 **ff) Auslegung des Testaments.** Für die Auslegung von Testamenten gilt die subjektive Methode. Die Bestimmungen des Testaments sollen entsprechend der wahren Absichten des Erblassers ausgelegt werden (Art. 99 I ErbG). Dies bedeutet, dass das Gericht bei der Testamentsauslegung den wahren Wille des Erblassers feststellen und die Bedeutung der in dem Testament verwendeten Worte ermitteln muss. Bei dieser Beurteilung betrachtet das Gericht auch die Umstände, die im Zeitpunkt der Testamentserrichtung bestanden haben (*Markovic*, Nasledno pravo, 1981, 307 f.; *Djurdjevic*, Osnovi naslednog prava Crne Gore, 2010, 202 f.; *Djordjevic/Svorcan*, Nasledno pravo, 1997, 271). Ist das Testament zwar hinsichtlich seiner Form wirksam, bestehen jedoch Zweifel an seiner materiell-rechtlichen Wirksamkeit, so misst das Gericht dem Testament in Zweifel eher jene Bedeutung bei, bei welcher das Testament materiell wirksam ist (die Regel in favorem testamenti; näher *Djurdjevic*, Osnovi naslednog prava Crne Gore, 2010, 206; *Blagojevic/Antic*, Nasledno pravo u Jugoslaviji, 1986, 257 f.; *Markovic*, Nasledno pravo, 1981, 307 ff.). Ist die Feststellung des wahren Wille des Erblassers nicht möglich, legt das Gericht das Testament zugunsten der gesetzlichen Erben oder derjenigen, denen durch das Testament Pflichten auferlegt werden, aus (Art. 99 II ErbG).

63 **gg) Widerruf des Testaments.** Gem. Art. 117 I kann der Erblasser jederzeit sein Testament widerrufen. Der Widerruf ist ebenfalls eine Verfügung von Todes wegen und unterliegt denselben Regeln, die für die Errichtung des Testaments gelten. Der Erblasser kann das schriftliche Testament auch durch die Vernichtung des Dokuments, welches das Testament enthält, widerrufen (Art. 117 II ErbG).

64 Das Testament kann durch die Errichtung eines neuen Testaments mit anderem Inhalt stillschweigend widerrufen werden. In der Regel wird durch das spätere Testament das frühere Testament widerrufen, sofern die Testamente miteinander völlig unvereinbar sind. Sind die Testamentsinhalte nicht völlig unvereinbar, bleiben die Bestimmungen des früheren Testaments, die nicht mit dem Inhalt des neuen Testaments in Widerspruch stehen, wirksam (s. näher Art. 118 ErbG). Gem. Art. 119 ErbG gilt ein Vermächt-

nis als widerrufen, wenn der Erblasser über den Gegenstand des Vermächtnisses verfügt hat (zB Veräußerung der vermachten Sache).

hh) Testamentsregister. Die Tatsachen über die Errichtung, Wahrung und Verkündung der Testamente evidentieren sich im Testamentsregister, welches die Notarkammer Montenegro führt (näher Art. 120 ErbG). 65

c) Erbverträge und gemeinschaftliches Testament. aa) Allgemeines. Im montenegrinischen Erbrecht ist jeder Vertrag, mit dem eine Partei ihr Vermögen oder Teile hiervon einer anderen Partei im Falle des Todes hinterlässt, absolut nichtig (Art. 123 ErbG). Ausdrücklich verboten sind Verträge, die eine Verfügung über einen zukünftigen Nachlass oder Vermächtnis zum Gegenstand haben und Verträge, deren Gegenstand der Testamentsinhalt ist (Art. 122–123 ErbG). Jedoch sind die Verträge, mit denen der potenzielle Erbe im Voraus auf sein Erbrecht verzichtet, zulässig (Art. 35 ErbG). Obwohl das ErbG die Nichtigkeit des gemeinschaftlichen Testaments nicht ausdrücklich vorsieht, ergibt sich seine Nichtigkeit aus seiner hybriden Natur und der Beschränkung der Testierfreiheit, weil dem gemeinschaftlichen Testament nach dem Tod einer der Parteien die Wirkungen eines Erbvertrages zukommt (s. *Djurdjevic*, Apsolutna nistavost zavestanja, 2005, 154 ff.). 66

bb) Erbverzichtsvertrag. Gem. Art. 135 II ErbG kann der Erbe, der Abkömmling des Erblassers ist, durch Vertrag mit dem Erblasser im Voraus auf sein Erbrecht verzichten. Dieser Vertrag muss schriftlich ausgestaltet und notariell oder gerichtlich beurkundet werden (Art. 135 III ErbG). Die Verzichtswirkung erstreckt sich auch auf die Nachkommen des Verzichtenden, es sei denn die Vertragsparteien haben etwas anderes in dem Vertrag bestimmt (Art. 135 V ErbG). 67

d) Rechtsgeschäfte unter Lebenden auf den Todesfall. Das OblG regelt zwei besondere schuldrechtliche Verträge mit erbrechtlichen Folgen, die der Erblasser zu Lebzeiten abschließen kann. Zum einen handelt es sich hierbei um den Vertrag über die Aufteilung des Nachlasses zur Lebzeit des Erblassers (Übergabevertrag) und zum anderen um den Vertrag über den Unterhalt zur Lebzeit (Leibrentenvertrag). 68

aa) Der Vertrag über die Aufteilung des Nachlasses zur Lebzeit des Erblassers (Übergabevertrag) wird in den Art. 1063–1074 OblG geregelt. Der Übergabevertrag muss in schriftlicher Form und vor einem Notar, der eine Belehrung über die erbrechtlichen Folgen vorzunehmen hat, abgeschlossen werden. Die Regelung dieses Vertrages entspricht völlig derjenigen, die in Serbien gilt (s. näher Länderbericht Serbien). 69

bb) Der Vertrag über den Unterhalt zu Lebzeiten (Leibrentenvertrag) wird in den Art. 1075–1086 OblG geregelt. Er muss auch in der besonderen notariellen Form abgeschlossen werden. Die Regelung entspricht völlig derjenigen, die in Serbien gilt (s. näher Länderbericht Serbien). 70

4. Pflichtteilsrecht. a) Allgemeines. Das Pflichtteilsrecht ist in den Art. 27–47 ErbG geregelt. Gem. Art. 28 I ErbG wird es als Teil des Nachlasses, über den der Erblasser nicht verfügen konnte, definiert. 71

b) Rechtsnatur. Art. 29 ErbG stellt als Grundregel auf, dass das Pflichtteilsrecht erbrechtlicher (dinglicher) Natur ist. Das bedeutet, dass der Pflichtteilberechtigte (Noterbe) quotenmäßigen einen Teil des Nachlasses im Zeitpunkt des Erbfalls verlangen kann. Von dieser Regel kann man abweichen: Der Erblasser kann durch Testament bestimmen, dass der Pflichtteilsberechtigte seinen Pflichtteil in Geld bekommt (schuldrechtliche Natur). Hierbei handelt es um einen Anspruch auf Zahlung einer bestimmten Summe, die gegen die Erben gerichtet ist. Damit entsteht zwischen dem Pflichtteilsberechtigten und den testamentarischen Erben bzw. Vermächtnisnehmern ein Schuldverhältnis. 72

c) Pflichtteilsberechtigte. Pflichtteilsberechtigt sind gem. Art. 27 I ErbG alle Abkömmlinge und Ehegatte des Erblasser, die Adoptivkinder (Angenommene) und deren Abkömmlinge, die Eltern und die Adoptiveltern. Als Pflichtteilsberechtigte kommen auch die Geschwistern, die Großeltern und andere Vorfahren in Betracht, dies aber nur, wenn sie arbeitsunfähig sind und keine ausreichenden Mittel zum Bestreiten ihres Lebensunterhalts haben (Art. 27 II ErbG). Das Bestehen eines Pflichtteilsrechts setzt voraus, dass der Pflichtteilsberechtigte auch im konkreten Fall ohne Vorliegen des Testaments (gesetzlicher) Erbe geworden wäre (Art. 27 III ErbG). 73

d) Pflichtteilsquote. Die Pflichtteilsquote der Abkömmlinge, des Adoptivkindes und dessen Abkömmlinge und des Ehegatten beträgt gem. Art. 28 II ErbG die Hälfte, die der anderen Pflichtteilsberechtigten ein Drittel ihres gesetzlichen Erbteils. 74

e) Berechnung des Pflichtteils. Die Grundlage für die Berechnung des Pflichtteils ist gem. Art. 30 ErbG ein Erbschaftsrechnungswert. Die Erbschaftsrechnungswert wird in der Weise berechnet, dass auf den reinen Nachlass (dh der Wert der Aktiva abzüglich der Passiva) der Wert der Schenkungen, welche der Erblasser zu Lebzeiten den gesetzlichen Erben zugewandt hat, sowie der Wert der Schenkungen, welche er innerhalb des letzten Jahres seines Lebens dritten Personen zugewandt hat, angerechnet wird (Art. 30 III u. IV ErbG; näher *Djurdjevic*, Osnovi naslednog prava Crne Gore, 2010, 240 ff.). Der maßgebliche Zeitpunkt für diese Berechnung ist der Todestag des Erblassers. Gem. Art. 31 ErbG ist die Definition der Schenkung weit gefasst, so dass jede Verfügung des Erblassers ohne Entgelt als Schenkung gilt. Folglich fallen unter diesen Begriff auch ein Schuldenerlass und der Verzicht auf ein Recht. In den Erbschaftsrechnungswert werden jedoch Schenkungen, die aus Nächstenliebe oder aus allgemein nützlichem Zweck erfolgten, nicht einbezogen, ebenso wenig wie Schenkungen von unbedeutendem Wert, 75

120 Montenegro

Unterhalts- und Ausbildungszahlungen (Art. 34 ErbG). Auch das Vermögen, das Gegenstand des Übergabevertrages oder des Leibrentenvertrages ist, bleibt bei der Berechnung unberücksichtigt.

76 **f) Verletzung und Verwirklichung des Pflichtteils. aa) Allgemeines.** Der Erblasser kann dem Pflichtteilsberechtigten seinen Pflichtteil in Form eines Erbteils oder eines Vermächtnisses hinterlassen. Er kann ihm die Schenkungen zu seinen Lebzeiten zuwenden, die jedoch dann auf seinen Pflichtteil anzurechnen ist, wenn der Wert der Schenkungen dem Wert des Pflichtteils entspricht oder höher ist (näher *Djurdjevic*, Osnovi naslednog prava Crne Gore, 2010, 261 ff.). Das Pflichtteilsrecht ist verletzt, wenn der Erblasser durch verschiedene Zuwendungen den Pflichtteil nicht gedeckt hat, dh wenn der Wert des Pflichtteils höher als der Wert der erteilten Zuwendungen ist (Art. 36 II ErbG).

77 Bei der Verletzung des Pflichtteilsrechts kann der Pflichtteilsberechtigte Minderung der testamentarischen Verfügungen und, wenn dies zur Befriedigung nicht ausreichend ist, die Rückabwicklung der Schenkungen, die der Erblasser zu seinen Lebzeiten erteilt hat, verlangen (Art. 36 ErbG). Die testamentarischen Verfügungen werden verhältnismäßig gemindert (Art. 38 ErbG). Die Reihenfolge, nach der die Schenkungsnehmer als Schuldner berufen sind, ist umgekehrt zu der Reihenfolge der erteilten Schenkungen – die zeitlich späteren Schenkungsnehmer sind zuerst als Schuldner zu berufen (Art. 40 ErbG). Der Pflichtteilsberechtigte kann die Klage auf Minderung der testamentarischen Verfügungen innerhalb von drei Jahre vom Tage der Testamentsverkündigung erheben; die gleiche Frist gilt für die Schenkungsrückabwicklung, sie läuft aber bereits ab dem Todestag des Erblassers (Art. 43 ErbG).

78 **g) Pflichtteilsentziehung.** Der Erblasser kann durch sein Testament aus den gesetzlich vorgeschriebenen Gründen die Pflichtteilsberechtigten ausschließen bzw. enterben (exheredatio nota causa) oder ihnen den Pflichtteil zugunsten ihrer Nachkommen entziehen (exheredatio bona mente).

79 **aa) Ausschließung der Pflichtteilsberechtigten von der Erbschaft (Enterbung).** Gem. Art. 44 I ErbG kann der Erblasser einen Pflichtteilsberechtigten, der (1) eine gesetzliche oder moralische (sittliche) Pflicht gegenüber dem Erblasser schwerwiegend verletzt hat, (2) eine vorsätzliche Straftat gegenüber dem Erblasser, seinem Ehegatten, seinen Kindern oder seinen Eltern begangen hat oder (3) ein unwürdiges Leben geführt hat, von der Erbschaft ausschließen. Die Enterbung ist nur dann wirksam, wenn der Erblasser seinen Willen zur Enterbung in unzweifelhafter Weise im Testament zum Ausdruck gebracht hat (Art. 45 I ErbG). Der Enterbungsgrund muss im Moment des Erbfalls (Todes des Erblassers) bestehen und die Beweislast trifft denjenigen, der sich auf die Enterbung beruft (Art. 45 II u. III ErbG). Ein Pflichtteilberechtigter kann ganz oder teilweise ausgeschlossen werden (Art. 44 II ErbG).

80 **bb) Pflichtteilsentziehung zugunsten der Nachkommen des Pflichtteilsberechtigten.** Gem. Art. 47 ErbG kann der Erblasser durch das Testament das Pflichtteilsrecht des berechtigten Abkömmlingen, der verschuldet oder verschwendungssüchtig ist, zugunsten seiner Abkömmlinge entziehen. Diese Pflichtteilsentziehung ist nur dann wirksam, wenn der Pflichtteilsberechtigte ein minderjähriges Kind oder ein minderjähriger Enkel ist; ist das Kind bzw. Enkelkind volljährig, kommt eine Pflichtteilsentziehung nur dann in Betracht, wenn dieses arbeitsunfähig und über keine ausreichenden Mittel zum Bestreiten seines Lebensunterhalts verfügt (Art. 47 II ErbG).

81 **5. Testamentsvollstreckung.** Der Erblasser kann durch Testament einen oder mehrere Testamentsvollstrecker bestimmen (Art. 113 III ErbG). Wenn dies nicht erfolgt, kann das Gericht einen Testamentsvollstrecker einsetzen, sofern es dies für notwendig hält (Art. 113 VI ErbG). Als Testamentsvollstrecker kann jede geschäftsfähige Person berufen werden, jedoch nicht gegen ihren Willen (Art. 113 I u. III ErbG). Die Obliegenheiten des Testamentsvollstreckers, falls der Erblasser nicht etwas anderes bestimmt hat, stellen die Überwachung und die Verwaltung des Nachlasses sowie die Durchführung und Durchsetzung der Testamentsanordnungen dar (Art. 114 ErbG). Das Gericht kann auf Antrag oder von Amts wegen den Testamentsvollstrecker abberufen, wenn er sein Amt nicht im Einklang mit dem Willen des Erblassers oder dem Gesetz ausübt (Art. 116 ErbG).

82 **6. Anrechnung von Vermögenszuwendungen (Schenkungen und Vermächtnissen) auf den Erbteil.** Die Anrechnung von Schenkungen und Vermächtnissen auf den Erbteil ist in den Art. 48–60 ErbG geregelt. Bei der Erbteilung sind die Schenkungen, die der Erblasser dem Erbe zu Lebzeiten gemacht hat, auf seinen Erbteil anzurechnen (Art. 48 I ErbG). Gleiches gilt für das dem Erben zugewandte Vermächtnis, es sei denn, der Erblasser hat etwas anderes in dem Testament bestimmt (Art. 49 ErbG). Es ist ausdrücklich vorgesehen, dass Schenkungen von kleinerem Umfang (Art. 57 II ErbG), Früchte und Benutzungen der geschenkten Sache vor dem Tod des Erblassers (Art. 48 II ErbG) sowie die Unterhalts- und Ausbildungskosten des Erben (Art. 56 I ErbG) nicht anzurechnen sind. Die Anrechnung können nur die Miterben bis zur Erbteilung verlangen (Art. 60 ErbG).

83 Die Schenkungen und Vermächtnisse sind auf den Erbteil so anzurechnen, dass die Erben, die vom Erblasser zu seinen Lebzeiten nichts erhalten haben, zunächst einen bestimmten Wert aus dem Nachlass bekommen, nachdem der Rest des Nachlasses zwischen den Miterben aufgeteilt wurde (s. Art. 50 ErbG; sog. Idealkollation; näher *Djurdjevic*, Osnovi naslednog prava Crne Gore, 2010, 410). Die Anrechnungsregeln sind nicht zwingend, weil der Erblasser im Zeitpunkt des Abschlusses des Schenkungsvertrages oder später oder durch Testament ihre Anwendung ausdrücklich ausschließen kann (s. Art. 48 III ErbG). Dies hat indes keinen Einfluss auf die Regeln über das Pflichtteilsrecht (Art. 48 IV ErbG).

84 **7. Erbschaftserwerb, Erbengemeinschaft und Erbauseinandersetzung (Erbteilung). a) Erwerb der Erbschaft. aa) Grundsatz.** Der Nachlass einer Person geht kraft Gesetzes (ex officio) mit dem Erbfall

auf die Erben über (Art. 130 I ErbG). Handelt es sich um eine Beerbung einer vermissten (verschollenen) Person, die für tot erklärt wurde, tritt der Erbfall am Tag, der im Beschluss über die Todeserklärung als Todestag benannt wird, ein (Art. 125 I ErbG).

bb) Gegenstand der Erbfolge. Der Gegenstand der Erbfolge ist der Nachlass, dh die Verlassenschaft. 85 Der Nachlass stellt die Gesamtheit der vererblichen vermögenswerten Rechte und Verbindlichkeiten des Erblassers dar (Art. 3 I ErbG). Die Gegenstände des häuslichen Gebrauchs, die den gesetzlichen Erben dienen, gehören nicht zum Nachlass (Art. 3 III ErbG). Auch ist das Vermögen, das die mit dem Erblasser zusammenlebenden gesetzlichen Erben erworben haben (Art. 3 II ErbG), der Anspruch des überlebenden Ehegatten aus der ehelichen Gütergemeinschaft (s. *Djordjevic/Svorcan,* Nasledno pravo, 1997, 55; *Djurdjevic,* Osnovi naslednog prava Crne Gore, 2010, 47 f.; *Markovic,* Nasledno pravo, 1981, 54 f.) sowie das Vermögen, das Gegenstand des Leibrentenvertrag ist, von der Verlassenschaft ausgenommen.

cc) Ausschlagung der Erbschaft. Ein Erbe kann durch Erklärung vor dem Nachlassgericht erster Instanz bis zum Abschluss des Nachlassverfahrens die Erbschaft ausschlagen (Art. 131 I ErbG). Außerdem kann ein Erbe die Ausschlagungserklärung vor jedem montenegrinischen Gericht erster Instanz (sog. „Grundgericht") oder vor einer diplomatischen Vertretung Montenegros im Ausland oder vor einem ausländischen Notar abgeben (Art. 128 AußerstG). Die Ausschlagungserklärung gilt auch für die Abkömmlinge des ausgeschlagenen Erben, sofern er ausdrücklich nicht erklärt hat, dass er die Ausschlagungserklärung in seinem Namen abgegeben hat (Art. 131 II ErbG; s. Kritik bei *Djurdjevic,* Aktuelna reforma naslednog prava u Crnoj Gori, Anali Pravnog fakulteta u Beogradu, 1/2009, 270). Der Erbe, der die Erbschaft ausgeschlagen hat, wird so behandelt, als hätte er den Erbfall nicht erlebt (Art. 131 IV ErbG); an seine Stelle tritt der Nachberufene (Repräsentationsprinzip; Art. 138 ErbG). Die Ausschlagungserklärung ist unwiderruflich und muss unbedingt abgegeben werden (Art. 136 I, Art. 134 ErbG). Eine Anfechtung wegen Willensmangels ist möglich (Art. 136 III ErbG).

dd) Annahme der Erbschaft (Erbantrittserklärung). Eine Erbantrittserklärung kann ausdrücklich, 87 konkludent (stillschweigend) oder schweigend abgegeben werden (*Djurdjevic,* Osnovi naslednog prava Crne Gore, 2010, 378 ff.). Der Erbe kann vor dem zuständigen Gericht ausdrücklich erklären, dass er die Erbschaft annehme, oder eine amtlich beglaubigte Urkunde über die Erbschaftsannahme übergeben (Art. 128 AußerstG). Eine Anfechtung aufgrund von Willensmängeln ist möglich (Art. 136 III ErbG).

Eine stillschweigende Erbantrittserklärung erfolgt durch konkludente Handlung. Sofern ein Erbe vor 88 Abgabe der Erbantrittserklärung über den Nachlass oder einen Teil hiervon verfügt, wird fingiert, dass er die Erbschaft angenommen hat (s. Art. 133 II ErbG). Schweigt der Erbe, dh gibt er keine Erklärung bis zum Abschluss des Nachlassverfahrens ab, gilt dies als Annahme der Erbschaft.

b) Erbengemeinschaft. Gem. Art. 143 I ErbG bilden mehrere Miterben, entweder gesetzliche oder 89 testamentarische, eine Erbengemeinschaft, die bis zur Erbteilung fortdauert. Während des Bestehens der Erbengemeinschaft verwalten die Miterben die Erbschaft zusammen, sie können über diese auch nur gemeinschaftlich verfügen. Von dieser Regel ist abzuweichen, wenn der Erblasser einen Testamentsvollstrecker bestimmt und vorgesehen hat, dass dieser den Nachlass verwaltet. Wird ein Testamentsvollstrecker nicht bestimmt und können die Miterben sich nicht einigen, kann das Gericht auf den Antrag eines Miterben einen Nachlassverwalter ernennen oder den Nachlass einem der bestimmten Miterben zur Verwaltung geben (Art. 143 II und III ErbG). Der Nachlassverwalter ist verpflichtet, den Nachlass im Namen aller Miterben zu verwalten; er kann nur über den Nachlass verfügen, wenn es sich um Nachlassverbindlichkeiten (zB Erblasserschulden) oder um einen Schadensersatz handelt, und dies auch nur mit gerichtlicher Genehmigung (Art. 143 IV ErbG).

Jeder Miterbe kann vor der Erbteilung seinen Erbteil nur auf andere Miterben übertragen. Der Über- 90 tragungsvertrag muss amtlich beglaubigt werden. Sofern ein Miterbe diesen Vertrag mit Dritten abschließt, ist er verpflichtet, seinen Erbteil auf Dritte erst nach der Erbteilung zu übertragen. Bis zur Erbteilung hat der Dritte keine Rechte an dem Erbteil, der Gegenstand des Vertrages ist (Art. 144 ErbG).

c) Erbteilung (Erbauseinandersetzung). aa) Grundsätze. Die Erbengemeinschaft wird durch die 91 Erbteilung aufgehoben, die jeder Miterbe jederzeit verlangen kann. Das Recht zur Erbteilung verjährt nicht; ein Vertrag, mit dem ein Miterbe auf dieses Recht verzichtet, ist nichtig (Art. 142 ErbG). Die Miterben können eine Vereinbarung über die Erbteilung treffen. Die Erbteilsvereinbarung kann im Nachlassverfahren erfolgen; in diesem Falle wird die Vereinbarung in den Beschluss des Nachlassgerichts über die Erbschaft aufgenommen (gerichtlich geschlossene Erbteilungsvereinbarung; s. Art. 133 III AußerstG). Wurde keine Erbteilungsvereinbarung getroffen, hat das Gericht auf Antrag eines Miterben die Erbteilung durchzuführen (s. Art. 173–180 AußStrG; näher *Djurdjevic,* Osnovi naslednog prava Crne Gore, 2010, 405 f.). Sonderregeln gelten, wenn ein Miterbe mit dem Erblasser in häuslicher Gemeinschaft gewohnt hat. Dieser ist berechtigt, besondere Nachlassgegenstände zu verlangen (s. Art. 146 ErbG).

8. Erbenhaftung. Im montenegrinischem Erbrecht haften die Erben für die Schulden des Erblassers 92 nur bis zur Höhe ihrer jeweiligen Erbquote (Art. 140 I ErbG). Dies stellt eine Verwirklichung des Systems pro viribus heridatis dar – die Gläubiger können ihre Forderungen sowohl aus dem Nachlass als auch aus dem Vermögen der Erben begleichen, jedoch ist die Erbenhaftung mit dem Wert des Nachlasses bzw. der Höhe der Erbteilen beschränkt (näher *Djurdjevic,* Osnovi naslednog prava Crne Gore, 2010, 389). Mehrere Erben haften im Außenverhältnis als Gesamtschuldner, aber im Innenverhältnis ist die Haftung nach dem Verhältnis ihrer Erbteile verteilt (Art. 140 IV ErbG).

120 Montenegro

93 Von der Regel pro viribus heridatis gibt es zwei Ausnahmen, die dem System cum viribus heridatis angehören. Zum einen können die Gläubiger des Erblassers die Trennung des Nachlasses vom Vermögen des Erben bzw. der Miterben verlangen (sog. separatio bonorum; s. näher Art. 141 ErbG). In diesem Fall können sich die Gläubiger des Erblassers nur aus dem Nachlass befriedigen (Art. 141 III ErbG); sie haben Vorrang vor den Gläubigern der Erben (Art. 141 II ErbG). Zum anderen tritt die Ausnahme von der Grundregel dann auf, wenn das Nachlassgericht gem. Art. 129 ErbG einen Kurator für den Nachlass (Verlassenschaftskurator) ernannt hat, der berechtigt ist, im Namen der Miterben die Schulden des Erblassers zu begleichen. In diesem Fall sind auch die Gläubiger des Erblassers aus dem Nachlass zu befriedigen.

III. Nachlassverfahrensrecht

94 **1. Allgemeines.** Bei dem Nachlassverfahren handelt es sich um ein Außerstreitverfahren, in dem die erbrechtlichen Folgen des Todes des Erblassers festgestellt werden. Dieses Verfahren ist durch das Gesetz über Außerstreitverfahren aus dem Jahr 2006 (Außerstreitgesetz – AußStrG, „Sl. list RCG", 27/2006, 20/2015) Subsidiär und entsprechend gelten auch die Regeln des Gesetzes über Streitverfahren (die Zivilprozessordnung, „Sl. list RCG", 22/2004, 28/2005 – odluka US, 76/2006 und „Sl. list CG", 47/2015 – dr. zakon, 48/2015, 51/2015, 75/2015 – odluka US), soweit das AußStrG nichts anderes vorsieht (Art. 2 II AußStrG). Da es sich um ein Außerstreitverfahren handelt, löst das Nachlassgericht oder der Notar, dem die Durchführung des Verfahrens vom Nachlassgericht übertragen wurde, die erbrechtlichen Streitigkeiten nicht, sondern sorgt mittels der vorgetragenen und festgestellten Tatsachen für die richtige Anwendung der materiellen Normen des Erbrechts (Art. 93 AußStrG).

95 Das Nachlassverfahren wird von Amts wegen eingeleitet, sobald das zuständige Gericht Kenntnis über den Tod des Erblassers erlangt (Art. 97 AußStrG). Das Gericht ermittelt die rechtlich relevanten Tatsachen (Daten über den Verstorbenen, den Wert des Nachlassvermögens, potenzielle Erben usw) von Amts wegen. Dem Gericht dient hierfür insbes. eine spezielle Todesurkunde (sog. „**Smrtovnica**"), die vom zuständigen Standesamt erstellt wird, übermittelt, weitere Sachverhaltsaufklärung erfolgt durch das Hinzuziehen der Sterbeurkunde und der Erklärungen von interessierten Personen, zu deren Vernehmung das Gericht verpflichtet ist (Art. 99 ff. AußStrG). Von der Einleitung des Verfahren von Amts wegen ist nur dann abzuweichen, wenn der Erblasser nur bewegliches Vermögen hinterlassen hat; in diesem Fall ist das Nachlassverfahren auf Antrag der berechtigten Person einzuleiten (Art. 122 II AußStrG).

96 **2. Zuständigkeit.** Für die Abwicklung des Nachlasses (Verlassenschaftsabhandlung) und Nachlassverfahrenseinleitung ist das Grundgericht sachlich zuständig (Art. 16 GerichtG). Örtlich zuständig ist das Grundgericht, in dessen Bezirk der Erblasser seinen letzten Wohnsitz hatte, in Ermangelung eines solchen das Grundgericht, in dessen Bezirk der Erblasser seinen letzten Aufenthalt gehabt hat. Hatte der Erblasser keinen Wohnsitz oder Aufenthalt in Montenegro, ist dasjenige Grundgericht örtlich zuständig, in dessen Bezirk sich der überwiegende Teil des Nachlasses oder der gesamte Nachlass befindet (Art. 95 AußStrG).

97 Das zuständige Grundgericht wird dem Notar, der offiziellen Sitz im Bezirk dieses Gerichts hat, die Durchführung des Nachalassverfahrens übertragen (Art. 119a I und Art. 152 I AußStrG) und die Smrtovnica übermitteln (Art. 94 I und II AußStrG). In diesem Falle übt der Notar die gerichtliche Funktion aus – er ist, als Beauftragter des Gerichts, befugt, alle Handlungen im Nachlassverfahren vorzunehmen und die Entscheidungen zu erlassen (Art. 94 III AußStrG). Haben mehrere Notare die Sitze im Bezirk eines Nachlassgerichts, erfolgt die Übertragung der Durchführung des Nachlassverfahrens nach der alphabetischen Ordnung der persönlichen Namen der Notare (Art. 119a II und 152 II AußStrG). Der Notar kann nicht das Nachlassverfahren in Fällen, in denen der Nachlasskurator (Verlassenschaftskurator) ernannt werden muss oder der Anspruch auf die Trennung des Nashlasses vom Vermögen des Erben geltend gemacht wurde, durchführen (Art. 94 IV AußStrG).

98 Das Nachlassverfahren unterteilt sich in ein Vorverfahren (Art. 99–124) und ein Verlassenschaftsabhandlungsverfahren (Art. 125–132 AußStrG).

99 **3. Vorverfahren. a) Allgemeines.** Im Vorfahren sammelt das Nachlassgericht die Daten und Tatsachen, aufgrund derer festgestellt werden kann, dass eine Person tot ist und zudem die Voraussetzungen für ein Nachlassverfahren erfüllt sind, sowie die Tatschen, die es dem Gericht ermöglichen, die erbrechtlichen Folgen festzustellen und den Beschluss über den Nachlass zu erlassen. Die wichtigsten prozessrechtlichen Handlungen, die im Vorverfahren vorzunehmen sind, sind die Errichtung und Erstellung einer speziellen Todesurkunde (sog. „**Smrtovnica**"), das Inventar und Bewertung des Vermögens des Erblassers (Sicherungsmaßnahme; näher Art. 103 ff. AußStrG), Ernennung des Testamentsvollstreckers und die Verkündung des Testaments (s. näher *Djurdjevic*, Osnovi nalsednog prava Crne Gore, 2010, S. 344 ff.).

100 **b) Smrtovnica.** Das zuständige Standesamt ist verpflichtet, dem zuständigen Nachlassgericht innerhalb einer fünfzehntägigen Frist die spezielle Todesurkunde (sog. **Smrtovnica**), die detaillierte, gesetzlich vorgeschriebene Angaben beinhalten muss, zu übermitteln (Art. 99 I AußStrG). Sobald das Gericht die Smrtovnica erhält, eröffnet es das Verfahren von Amts wegen. Die **Smrtovnica** (s. näher Art. 100–102 AußStrG) stellt eine öffentliche Urkunde dar, welche Tatsachen über den Tod einer Person sowie Tatsachen, die für die Feststellung der erbrechtlichen Folgen wichtig sind, beinhaltet (*Blagojevic*, Nasledno pravo u Jugoslaviji, 1983, 346; *Djordjevic/Svorcan*, Nasledno pravo, 1997, 378 f.; *Djurdjevic*, Osnovi

nasledneg prava Crne Gore, 2010, 345). Näher über Smrtovnica s. Länderbericht Serbien. Die **Smrtovnica** erbringt jedenfalls den Beweis über den Tod des Erblassers, aber der Tod einer Person kann auch durch Übermittlung der Sterbeurkunde vom Standesamt, einen rechtskräftigen gerichtlichen Beschluss über die Todesfeststellung und einen rechtskräftigen gerichtlichen Beschluss über die Erklärung des Todes der vermissten Person erbracht werden.

c) Eröffnung und Verkündung des Testaments. Jede Person, in deren unmittelbarem Besitz sich das 101 Testament befindet, ist verpflichtet, das Testament dem zuständigen Standesamt oder dem Gericht zu übergeben (vgl. Art. 113 und 125 AußStrG; s. näher *Djurdjevic*, Osnovi naslednog prava Crne Gore, 2010, 347). Das Gericht eröffnet und verkündet das (schriftliche) Testament in Anwesenheit zweier volljähriger Personen, die auch die Erben sein können (Art. 114 AußStrG). Möglich ist auch die Anwesenheit anderer interessierter Personen (Erben, Vermächtnisnehmer). Die Verkündung ist eine prozessrechtliche Handlung, die aus der Verlesung des Inhalts des Testaments besteht; hierüber ist ein Protokoll zu führen (näher Art. 115 AußStrG). Für die Verkündung ist das Nachlassgericht, das Gericht, in dessen Bezirk sich das Testament im Zeitpunkt des Erbfalls befindet (das verwahrende Gericht), oder das Gericht, dem das Testament nach dem Erbfall übergeben worden ist, zuständig (Art. 114 V AußStrG).

Die Verkündung des mündlichen Testaments ist in Art. 116 AußStrG geregelt. Sofern die Zeugen das 102 schriftliche Dokument über das mündliche Testament des Erblassers errichtet und unterzeichnet haben, verkündet das Gericht den Inhalt dieses Dokuments nach den obengenannten Regeln. Gibt es kein schriftliches Dokument über das mündliche Testament, vernimmt das Gericht die Zeugen, um den Inhalt des Testaments festzustellen. Darüber erstellt das Gericht ein Protokoll, das nach den für das schriftliche Testament geltenden Regeln verkündet wird.

4. Verlassenschaftsabhandlung (Nachlassabhandlung). a) Allgemeines. Sobald das Nachlassgericht 103 die Smrtovnica erhalten und die relevanten Tatsachen ermittelt sowie seine Zuständigkeit festgestellt hat, hat das Nachlassgericht in der Verlassenschaftsabhandlung, welches das zentrale Stadium des Nachlassverfahrens darstellt, alle Frage des Erbrechts und der Nachlassteilung abzuhandeln. Das Nachlassgericht wird dem Notar, der offiziellen Sitz im Bezirk dieses Gerichts hat, die Durchführung der Nachlassabhandlung übertragen (119a AußStrG). Die Nachlassabhandlung läuft in der Regel in einer mündlichen Verhandlung ab, aber die einzelnen prozessrechtlichen Handlungen können auch ohne Verhandlung durchgeführt werden. Das Nachlassgericht bzw. der Notar stellt die Ladung zur Verhandlung allen interessierten Personen zu (potenziellen Erben, Vermächtnisnehmer usw; Art. 125 AußStrG).

Sind die Erbe oder auch nur deren Wohnsitz unbekannt oder befinden sich die Erben im Ausland, ist 104 eine persönliche Zustellung nicht möglich. In diesen Fällen fordert das Nachlassgericht bzw. der Notar durch öffentliche Bekanntmachung alle interessierten Personen, die ein Erbrecht beanspruchen, auf, sich binnen sechs Monaten bei dem Gericht zu melden. Sofern sich niemand meldet, führt das Gericht bzw. der Notar das Nachlassverfahren aufgrund der Erklärung des Nachlasskurators und der bekannten Daten und Tatsachen durch (Art. 126 AußStrG).

b) Gegenstand der Nachlassabhandlung. Während der mündlichen Verhandlung hat das Nachlassgericht 105 bzw. der Notar alle erbrechtlichen Fragen, insbes. das Erbrecht, die Erbquote, das Pflichtteilsrecht und das Vermächtnisrecht, zu klären (Art. 127 I AußStrG). Über die Rechte der Personen, die trotz erfolgter Zustellung der Ladung nicht zur Verhandlung erschienen sind, entscheidet das Nachlassgericht bzw. der Notar aufgrund der Daten und Tatsachen, die ihm in diesem Zeitpunkt bekannt sind. Dabei ist das Gericht bzw. der Notar verpflichtet, die schriftliche Erklärungen dieser Personen, die vor anderen Gerichten oder Organen abgegeben und dem Nachlassgericht zugestellt wurden, zu beachten (Art. 127 III u. IV AußStrG).

c) Erbschaftserklärung. Die Erbantrittserklärung oder die Ausschlagungserklärung wird in der Regel 106 mündlich vor dem Nachlassgericht bzw. dem Notar erklärt. Hierüber wird ein Protokoll errichtet, das von dem Erben oder seinem Vertreter unterzeichnet werden muss (Art. 128 I u. IV AußStrG).

d) Unterbrechung des Nachlassverfahrens und Anweisung auf Streitverfahren. Stellt das Nach- 107 lassgericht bzw. der Notar fest, dass es zwischen den Parteien Streit über Tatsachen gibt, von denen das Bestehen des Erbrechts einer Partei abhängt, unterbricht der Richter bzw. der Notar das Nachlassverfahren und weist diejenige Partei, deren Anspruch ihm weniger begründet erscheint, an, ein Streitverfahren (Erkenntnisverfahren) einzuleiten (Art. 129 I, Art. 132 u. 23 AußStrG). Das Nachlassgericht bzw. der Notar bestimmt eine Frist (maximal 15 Tage) für die Klageerhebung. Die Unterbrechung des Nachlassverfahrens erfolgt bis zu dem Zeitpunkt, in dem der Rechtsstreit rechtskräftig entschieden worden ist. Sofern die Klage innerhalb einer bestimmten Frist nicht erhoben wurde, wird das Nachlassverfahren fortgesetzt (Art. 23 II AußStrG).

5. Nachlassbeschluss. Der Beschluss über die Erbschaft stellt eine meritorische Entscheidung dar, mit 108 der das Nachlassgericht bzw. der Notar das Nachlassverfahren abschließt, dh die erbrechtliche Folge des Todes des Erblassers feststellt bzw. erklärt, welchen Personen die Erbschaft zusteht. Es handelt sich um eine deklaratorische Entscheidung (Art. 133 I AußStrG). Der Nachlassbeschluss enthält die Namen des Erblassers und der Erben, deren Erbteil und Erbquote, das Verzeichnis der Gegenstände des Nachlasses, den Namen des Vermächtnisnehmers usw (zum Inhalt des Nachlassbeschlusses näher Art. 133 II AußStrG). Haben die Erben eine Vereinbarung über die Erbteilung geschlossen, führt das Gericht bzw. der Notar auch diese Vereinbarung in den Nachlassbeschluss ein (Art. 133 III AußStrG). Der Nachlassbeschluss ist allen Erben und Vermächtnisnehmern sowie anderen interessierten Personen, die im Nachlassverfahren Ansprüche geltend gemacht haben, zuzustellen. Der rechtskräftige Nachlassbeschluss muss dem zuständigen Standesamt ebenfalls zugestellt werden (Art. 134 AußStrG).

109 **6. Rechtsbehelfe. a) Einspruch gegen den von dem Notar erlassenen Nachlassbeschluss.** Gegen den vom Notar erlassenen Nachlassbeschluss kann ein Verfahrensteilnehmer (Erbe, Vermächtnisnehmer) einen Einspruch innerhalb von 8 Tagen nach Zustellung des Nachlassabschlusses erheben (Art. 134a AußStrG). Der Einspruch wird dem Notar zugestellt, der diesen den anderen Verfahrensteilnehmer und dem Gericht, das ihm die Durchführung des Nachlassverfahrens übertragen hat, weiterleitet (Art. 134b AußerStrG). Dieses Gericht entscheidet über den Einspruch und kann den vom Notar erlassenen Nachlassbeschluss vollständig oder teilweise bestätigen, revidieren oder aufheben (Art. 134d I AußStrG). Hebt das Gericht vollständig oder teilweise den vom Notar erlassenen Nachlassbeschluss auf, wird es über den aufgehobenen Teil des Beschlusses entscheiden (Art. 134d II AußStrG).

110 **b) Beschwerde.** Gegen den Beschluss, mit dem der vom Notar erlassenen Nachlassbeschluss vollständig oder teilweise bestätigt oder revidiert wird, sowie gegen den vom Nachlassgericht erlassenen Nachlassbeschluss kann ein Verfahrensteilnehmer (Erbe, Vermächtnisnehmer) eine Beschwerde erheben (Art. 134e I und Art. 18 AußStrG). Sog. Nebensubjekte des Nachlassverfahrens (zB Gläubiger des Erblassers) sind nicht berechtigt, Beschwerde einzulegen; sie können ihre Rechte alleine im Streitverfahren verfolgen (näher *Djurdjevic,* Osnovi naslednog prava Crne Gore, 2010, 370). Die Beschwerde kann innerhalb von 15 Tagen nach Zustellung des obengenannten Beschlusses (Art. 18 AußStrG) aus den folgenden Gründen erhoben werden: 1) wegen wesentlicher Verletzung der Regeln des Nachlassverfahrens; 2) wegen der unrichtigen und unvollständigen Feststellung des Sachverhalts; und 3) wegen fehlerhafter Anwendung des materiellen Rechts. Die Beschwerde wird dem Nachlassgericht erster Instanz zugestellt, das eine verfristete, unvollständige und unzulässige Beschwerde ablehnen kann. Ist die Beschwerde fristgerecht, vollständig und zulässig erhoben, stellt das Nachlassgericht erster Instanz diese den anderen Verfahrensteilnehmer zu, die auf die Beschwerde antworten können. Sobald die Erwiderung auf die Beschwerde eingegangen ist, wird die Beschwerde zusammen mit den Erwiderungen und anderen notwendigen Dokumenten dem Gericht der zweiten Instanz weitergeleitet (s. näher Art. 370–373 StreitG).

111 **c) Revision.** Die Revision stellt einen außerordentlichen Rechtsbehelf dar, der gegen den rechtskräftigen, in der zweiten Instanz erlassenen Nachlassbeschluss innerhalb von 30 Tage erhoben werden kann (Art. 397 StreitG). Revisionsgründe sind: fehlerhafte Anwendung des materiellen Rechts, Verletzung der absolut wichtigen Regeln des Nachlassverfahrens in beiden Instanzen und die Verletzung relativ wichtiger Regeln des Nachlassverfahrens in zweiter Instanz (s. Art. 400 StreitG). Über die Revision entscheidet das oberste Gericht; sie ist nur in vermögensrechtlichen Streitigkeiten, deren Wert 20.000 EUR übersteigt, zulässig (Art. 397 I und II StreitG). Da das Nachlassverfahren ein außerordentliches Verfahren darstellt und in diesem (anders als im ordentlichen Verfahren) kein Streitwert festgesetzt wird, wird zur Bestimmung des für die Revision maßgeblichen Wertes auf den Nettowert des Nachlasses (der „reine" Nachlass) abgestellt. Wenn der Nachlass nicht bewertet werden kann, wird davon ausgegangen, dass der Wert des Nachlasses 20.000 EUR übersteigt und die Revision zulässig ist (s. Schluss der Beratung von dem Bundesgericht SFRJ, dem Obersten Gerichte der Republiken und Länder und dem Obersten Militärgerichtshof, 26–27.12.1992, veröffentlicht bei *Antic/Djurdjevic,* Prirucnik za nasledno pravo, 2003, 312ff.).

112 **7. Erbschaftsanspruch.** Der Erbschaftsanspruch ist eine Leistungsklage, die auf die vollständige oder teilweise Übertragung des Nachlasses gerichtet ist. Die Erbschaftsklage kann erst nach dem rechtskräftigen Abschluss des Nachlassverfahrens erhoben werden. Durch sie wird die Vermutung der Richtigkeit und Vollständigkeit der erbrechtlichen Wirkungen, die im Nachlassbeschluss festgestellt wurden, widerlegt. Aktivlegitimiert ist diejenige Person (Kläger), die behauptet, dass ihr ein besseres Erbrecht zusteht, als der im Beschluss zum Erben erklärten Person. Passivlegitimiert ist demgegenüber die Person (Beklagte), der nach dem Beschluss Rechte aus dem Nachlass zustehen, die ihr nach schlüssiger Behauptung des Klägers nicht zukommen (s. *Djurdjevic,* Osnovi naslednog prava Crne Gore, 2010, 394 ff.).

113 Die Erbschaftsklage ist zulässig: 1) wenn sich ein neuer Erbe nach Rechtskraft des Nachlassbeschlusses meldet, 2) wenn ein neues Testament nach Rechtskraft des Nachlassbeschlusses aufgefunden wird, 3) wenn das Nachlassgericht Fragen, die im Streitverfahren gelöst werden müssen, behandelt hat und 4) wenn ein Antrag auf Wiedereinleitung des Verfahrens nach den Regeln des Streitverfahrens eingelegt werden kann (s. näher Art. 141–143 AußStrG sowie *Djurdjevic,* Osnovi naslednog prava Crne Gore, 2010, 398). Gem. Art. 139 ErbG ist die Geltendmachung des Erbrechtsanspruchs verjährbar.

IV. Erbschaftsteuer

114 Die Besteuerung des Erwerbs eines Grundstücks von Todes wegen ist im Grunderwerbsteuergesetz – GrEStG („Sl. list CG", 36/2013) geregelt. Steuerschuldner ist der jeweilige Erbe oder Schenkungsnehmer (Art. 8 GrEStG). Berechnungsgrundlage ist der Marktwert des vererbten bzw. geschenkten Grundstücks, der im Zeitpunkt des Erwerbs festgelegt wird (Art. 9 GrEStG). Hinsichtlich der Erbfolge entsteht die Steuerschuld mit Rechtskraft des Nachlassbeschlusses (Art. 15 GrEStG). Der Steuersatz ist verhältnismäßig und beträgt 3 % (Art. 11 GrEStG).

115 Die Steuerbefreiung ist in Art. 14 GrEStG geregelt. Die Erben erster Ordnung, der Ehegatte und Eltern des Erblassers bzw. Schenkungsnehmers sind von der Erbschaft- und Schenkungsteuerzahlung befreit. Die Erben der zweiten Ordnung sind hinsichtlich der Vererbung einer Wohnung des Erblassers

IV. Erbschaftsteuer

von der Steuerzahlung nur dann befreit, wenn sie in dieser Wohnung mit dem Erblasser mindestens ein Jahr vor dem Tod des Erblassers gelebt haben. Ein Erbe zweiter Ordnung, der die Landwirtschaft als Beruf betreibt, ist auch von der Steuerzahlung befreit, wenn er das landwirtschaftliche Vermögen erbt und mit dem Erblasser mindestens drei Jahre vor dem Erbfall gelebt hat. Nichtregierungsorganisationen sind von der Steuerzahlung befreit, wenn es um Vererbung bzw. Schenkung des Grundstücks geht, das ausschließlich dem festgelegten Zweck dient. Die Republik Montenegro ist auch von der Erbschaftsteuerzahlung befreit.

Länderbericht Norwegen

Übersicht

	Rn.		Rn.
I. Internationales Erbrecht	1–7	4. Pflichtteilsrecht	45–65
II. Materielles Recht	8–74	a) Grundregeln	45/46
1. Rechtsquellen	8	b) Pflichtteilsrecht der Leibeserben	47–52
2. Gesetzliche Erbfolge	9–17	c) Mindesterbe der Ehegatten	53/54
a) Erbordnungen	9–12	d) Gegenstand der Pflichtteilsberechnung	55/56
b) Erbquote	13	e) Besondere Bestimmungen durch den Erblasser	57–60
c) Ehegattenerbrecht	14	f) Pflichtteilsergänzung	61
d) Erbrecht des nicht-ehelichen Lebenspartners *(samboer)*	15	g) Pflichtteilsentziehung und Pflichtteilsverzicht	62/63
e) Fortsetzung der Gütergemeinschaft *(uskiftet bo)*	16	h) Vorausempfänge	64/65
f) Änderungsvorschläge der Reformkommission	17/18	5. Testamentsvollstreckung	66
3. Gewillkürte Erbfolge	19–44	6. Erbschaftserwerb und Entziehung des Erbrechts	67–73
a) Grundregeln	19/20	a) Grundregeln	67/68
b) Materielle Wirksamkeit des Testaments	21/22	b) Verjährung	69–71
c) Arten von Verfügungen von Todes wegen	23–25	c) Ausschlagung der Erbschaft	72
d) Errichtung des Testaments	26–38	d) Entziehung des Erbrechts	73
e) Auslegung von Testamenten	39–41	7. Erbenhaftung	74
f) Widerruf oder Änderung von Testamenten	42	III. Nachlassverfahren	75–85
g) Aufbewahrung und Abhandenkommen von Testamenten	43/44	1. Private Teilung	78–80
		2. Öffentliche Teilung	81–84
		3. Streitiges Verfahren	85
		IV. Erbschaftsteuer	86

Literatur: *Giesen,* Die Anknüpfung des Personalstatuts im norwegischen und deutschen Internationalen Privatrecht; *Lillebolt, Knophs* oversikt over norges rett; *Lødrup/Asland,* Arverett, 7. Auflage Oslo 2018; *Röthel/Lødrup,* Reformfragen des Pflichtteilsrechts, Pflichtteilsrecht in Norwegen und in den nordischen Staaten, 235 ff.; NOU – Norges offentlige utredninger, Ny arvelov, Utredning fra et utvalg oppnevnt ved kongelig resolusjon 15. April 2011, avgitt til Justis- og beredskapsdepartementet 10. Februar 2014; *Paintner,* Das Erbrecht des nichtehelichen Lebenspartners im norwegischen Recht – vorbildlich ?, ZfRV 03/2014, 138 ff.; Schlitt/Müller/*Paintner* Handbuch Pflichtteilsrecht, Länderbericht Norwegen, 863 ff.; Ferid/Firsching/Dörner/Hausmann/*Ring/Olsen-Ring* Internationales Erbrecht, Norwegen, München, Stand: 2009; *Süß/Sedlmayr* Erbrecht in Europa, Länderbericht Norwegen.

I. Internationales Erbrecht

1   **1. Bestimmung des anwendbaren Rechts.** Das **Internationale Privatrecht Norwegens** ist **nicht kodifiziert.** Das IPR basiert daher im Wesentlichen auf **Gewohnheitsrecht** und internationalen Abkommen (Süß ErbR/*Sedlmayer* Norwegen Rn. 3). Das norwegische Recht folgt dem **Wohnsitz- bzw. Domizilprinzip.** Das anwendbare Erbrecht bestimmt sich somit nach dem Wohnsitz des Erblassers im Zeitpunkt seines Todes (Gewohnheitsrecht bestätigt durch das Höchste Gericht, Norsk Rettstidende (Rt.) 1995 S. 1420). Einen Wohnsitz in diesem Sinne hat der Erblasser dort, wo er sich niedergelassen hat und seinen Lebensmittelpunkt hat (Zu den gebräuchlichen Begriffen, Wohnsitz, Domizil, gewöhnlicher Aufenthalt als Anknüpfungskriterium siehe NOU 2014:1, 22.1.3, FFDH IntErbR/*Ring/Olsen-Ring* Rn. 12; Nach norwegischer Auffassung ist der Begriff Wohnsitz/Domizil nicht identisch mit dem Begriff des gewöhnlichen Aufenthaltes aus der EU-Erbrechtsverordnung, siehe hierzu: NOU 2014: 1, 22.2.1.).

2   Umstritten ist, ob der Erblasser die Möglichkeit hat, das Recht des Landes zu wählen, dessen Staatsangehörigkeit er hat. Jedenfalls ausgeschlossen ist die beschränkte Rechtswahl in Bezug auf unbewegliches Vermögen. In Teilen der Literatur wird jedoch eine Rechtswahl im Übrigen für zulässig gehalten (*Giesen* S. 301 mit weiteren Nachweisen).

3   Der **Nachlass** wird unabhängig von der Art des Vermögens und der Belegenheit **als Einheit** behandelt (*Lødrup/Asland* 1.1.6. S. 39). Ausnahmen bestehen für **Sondererbrechte** wie das Recht auf Übernahme des ungeteilten Hofes *(åsetsrett)* (*Giesen* S. 280). Wie mit einer **kollisionsrechtlichen Nachlassspaltung** umzugehen ist, ist im Einzelfall **umstritten** (Darstellung der verschiedenen Positionen bei: *Giesen* S. 282 ff.).

4   Auch die Frage, ob eine Rückverweisung vom norwegischen Recht angenommen wird, ist umstritten. In der Literatur wird die Annahme einer **Rückverweisung überwiegend abgelehnt** (*Giesen* S. 287 mit weiteren Nachweisen). Der Grundsatz des *ordre public* gilt auch im norwegischen Recht, so dass fremdes Recht nicht anzuwenden ist, wenn es gegen Grundprinzipien des norwegischen Rechts verstößt (Süß ErbR/*Sedlmayr* Rn. 13). Das Erbstatut ist maßgeblich für Fragen zum materiellen Inhalt eines Testaments, in Pflichtteilssachen und für Erbverträge. Umstritten ist, ob die fortgesetzte Gütergemeinschaft *(uskiftet bo)* dem Erbstatut unterfällt oder das Recht des Staates anwendbar sein soll, in dem die Ehepartner ihr erstes gemeinsames Domizil hatten (FFDH IntErbR/*Ring/Olsen-Ring* Rn. 26).

Das Haager Übereinkommen über das auf die Form letztwilliger Verfügungen anzuwendende Recht 5
ist in Norwegen über §§ 54, 76 ErbG integriert. Ob der Erblasser testierfähig ist, richtet sich nach dem
Personalstatut des Erblassers im Zeitpunkt der Testamentserrichtung (FFDH IntErbR/*Ring/Olsen-Ring*
Rn. 22).

2. Internationale Zuständigkeit. Die internationale Zuständigkeit der norwegischen Gerichte be- 6
stimmt sich grundsätzlich nach § 4-3 des Zivilprozessgesetzes (Lov om mekling og rettergang i sivile
tvister [tvisteloven] LOV-2005-06-17–90). Danach sind norwegische Gerichte in grenzüberschreitenden
Fällen zuständig wenn der Sachverhalt eine **ausreichende Verbindung zu Norwegen** hat. Für die Erb-
teilung findet sich eine spezielle Regelung in § 8 des Teilungsgesetzes (Gesetz über das Verfahren der
Teilung (Lov om skifte [skifteloven] LOV-1930-02-21), wonach der letzte Wohnsitz des Erblassers den
Gerichtsstand bestimmt (§ 8 Erbteilungsgesetz regelt primär die örtliche Zuständigkeit norwegischer
Gerichte, wird aber auch für die Bestimmung der internationalen Zuständigkeit angewendet, FFDH Int-
ErbR/*Ring/Olsen-Ring* Rn. 12).

3. Anerkennung und Vollstreckung ausländischer Entscheidungen. Norwegen ist der **Lugano-** 7
Konvention über die Anerkennung und Vollstreckung ausländischer Entscheidungen beigetreten. Eine
Entscheidung eines ausländischen Gerichts, das nach den Regeln der Lugano-Konvention zuständig war,
wird automatisch in Norwegen anerkannt. Entscheidungen von Gerichten anderer nordischen Staaten
werden nach den Regeln der Nordischen Konvention über die Anerkennung und Vollstreckung nordischer Entscheidungen anerkannt. Im Übrigen entfalten nach § 19-16 des Zivilprozessgesetzes **ausländi-**
sche Entscheidungen auch in Norwegen Rechtskraft und können nach § 4-1 des Zwangsvollstre-
ckungsgesetzes (Lov om tvangsfullbyrdelse [tvangsfullbyrdelsesloven] LOV-1992-06-26–86) in Norwegen vollstreckt werden (*Lilleholt*, § 119 VII S. 635).

II. Materielles Recht

1. Rechtsquellen. Regelungen zum Erbrecht finden sich in erster Linie im Erbgesetzbuch (Lov om arv 8
m. m. [arvelova] LOV-1972-03-03–5) vom 3. März 1972. Derzeit wird an einer umfassenden **Reform des**
Erbrechts gearbeitet. Anfang des Jahres 2014 legte eine eigens dazu eingesetzte Kommission dem Justizministerium ihren Abschlussbericht mit Reformvorschlägen vor. Bislang sind die Vorschläge aber
noch nicht in ein neues Erbgesetzbuch eingearbeitet worden. Die folgende Darstellung des norwegischen
Erbrechts stellt daher die zum 1.1.2018 geltende Rechtslage nach dem Erbgesetzbuch von 1972 dar. Die
Änderungsvorschläge der Reformkommission werden jeweils in eigenen Abschnitten ergänzend dargestellt. Ergänzend zum Erbgesetzbuch finden sich die Regelungen zur Teilung des Nachlasses im Tei-
lungsgesetz. Für die Vererbung von landwirtschaftlichem Eigentum gibt es besondere Regelungen – das
odelsrett og åsetsrett (Lov om odelsretten og åsetsretten [odelslova], LOV-1974-06-28–58). Diese Bestimmungen sind nicht Gegenstand der folgenden Darstellung. Vor allem bei der Abgrenzung zwischen
Verfügungen unter Lebenden und Verfügungen von Todes wegen und im Testamentsrecht spielt Rechtsprechung eine große Rolle *(Lødrup/Asland 1.1.2. S. 33 f.)*. Darüber hinaus werden im norwegischen
Recht stets auch Zweckmäßigkeitserwägungen *(reelle hensyn)* angestellt. Erscheint die Antwort auf eine
Rechtsfrage unbillig oder kommt man mit dem Gesetz zu keiner klaren Lösung, ist man bestrebt, zu
einem guten Ergebnis zu kommen. Im Erbrecht darf dies einzig bei den Formvorschriften für Testamente keine Rolle spielen *(Lødrup/Asland 1.1.2. S. 34)*.

2. Gesetzliche Erbfolge. a) Erbordnungen. Das norwegische Erbrecht folgt dem **linearen Parentel-** 9
system. Die gesetzlichen Erben sind demgemäß in verschiedene Ordnungen unterteilt, innerhalb der
Ordnung wird nach Linien vererbt. Innerhalb einer Linie schließt jeder Erbe seine Leibeserben als Erben
aus.

Erben der ersten Ordnung sind die **Leibeserben** *(livsarvinger)* des Erblassers (§ 1 ErbG). **Erben** 10
zweiter Ordnung sind die **Eltern** und deren Leibeserben (§ 2 ErbG). Ist ein Elternteil vorverstorben, so
treten die Leibeserben dieses Elternteils an dessen Stelle. Sind keine Leibeserben vorhanden, erbt der
überlebende Elternteil alles. Eine Ausnahme gilt jedoch, wenn der Erblasser zum Zeitpunkt seines Todes
minderjährig war und die Eltern nicht miteinander verheiratet waren. In diesem Fall erben die Großeltern von Seiten des vorverstorbenen Elternteils dessen Hälfte (§ 2 II 2 ErbG).

Erben dritter Ordnung sind gemäß § 3 ErbG die **Großeltern** und deren Leibeserben (Eine Übersicht 11
zu den Erbordnungen findet sich bei: *Lilleholt* § 31 I S. 145; eine ausführliche Darstellung des gesetzlichen Erbrechts mit Fallbeispielen findet sich bei: NOU 2014: 1 2.2.). Nicht erbberechtigt sind Verwandte
der Großeltern über deren Enkelkinder hinaus, da für ein gesetzliches Erbrecht ein Mindestmaß an ver-
wandtschaftlicher Nähe zwischen Erblasser und Erben bestehen soll (*Lilleholt* § 31 II S. 146).

Gem. § 4 ErbG sind **uneheliche Kinder** den ehelichen Kindern **gleichgestellt**. Das Erbrecht von 12
Adoptivkindern ergibt sich aus § 13 des Adoptionsgesetzes (Lov om adopsjon [adopsjonsloven] LOV-
1986-02-28-8).

b) Erbquote. Im norwegischen Erbrecht gilt das Grundprinzip, dass alle gesetzlichen Erben der glei- 13
chen Ordnung gleich viel erben. **Vorausempfänge** von beträchtlichem Umfang sollen dementsprechend
auf das Erbe **angerechnet** werden. Kinder des Erblassers, die zum Todeszeitpunkt ihre Ausbildung noch
nicht abgeschlossen haben oder die noch im Haushalt des Erblassers gewohnt und den Erblasser gepflegt
haben, erhalten einen angemessenen Voraus (§ 36 ErbG).

14   c) **Ehegattenerbrecht.** Ehegatten (gleichgeschlechtliche ebenso wie verschiedengeschlechtliche) haben gem. §§ 6 ff. ErbG ein gesetzliches Erbrecht in Höhe von einem **Viertel neben Erben erster Ordnung**, der **Hälfte neben Erben der zweiten Ordnung** und **im Übrigen in voller Höhe**. Gem. § 8 ErbG erbt der Ehegatte nicht, wenn die Ehegatten zum Zeitpunkt des Todes rechtswirksam getrennt waren *(separert ved dom eller løyve)*. Der Erblasser kann das Ehegattenerbrecht durch Testament einschränken, Voraussetzung für die Gültigkeit einer solchen Bestimmung ist jedoch, dass der Ehegatte vor dem Tod Kenntnis davon erlangt hat (§ 7 ErbG).

15   d) **Erbrecht des nicht-ehelichen Lebenspartners** *(samboer)*. Nicht-eheliche Lebenspartner *(samboer)* haben gemäß § 28b ErbG ein **gesetzliches Erbrecht** in Höhe des **Vierfachen des Jahresgrundbetrages der öffentlichen Sozialversicherung** (4 G – Grundbetrag seit 1. Mai 2018: 96.883 NOK; Erbe somit 387.532 NOK), sofern sie ein gemeinsames Kind haben, hatten oder erwarten. Eine Lebensgemeinschaft im Sinne des § 28a ErbG liegt vor, wenn zwei Personen über 18 Jahre, die weder miteinander verheiratet sind, noch mit anderen Personen eheähnlich zusammenwohnen, in einer eheähnlichen Gemeinschaft zusammenleben. Dieses Recht kann gemäß § 28b II ErbG durch Testament eingeschränkt werden. Voraussetzung ist auch hier, dass der Lebenspartner vor dem Tod des anderen von dem Inhalt des Testaments Kenntnis erlangt. Durch testamentarische Anordnung kann einem Lebenspartner ein gesetzliches Erbrecht eingeräumt werden, wenn das Paar vor dem Tod des einen Partners mindestens fünf Jahre in der eheähnlichen Gemeinschaft zusammengelebt hat (Ausführlich zum Erbrecht des nichtehelichen Lebenspartners: *Paintner* ZfRV 2014, 138 ff.).

16   e) **Fortsetzung der Gütergemeinschaft** *(uskiftet bo)*. Während der Dauer der Ehe hat jeder Ehegatte eigenes Vermögen, über das er frei verfügen kann. Grundsätzlich ist jegliches Vermögen, das im Eigentum bzw. Besitz eines Ehegatten ist, Gesamtgut *(felleseie* – Während der Dauer der Ehe erwirbt der andere Ehegatte weder Eigentum noch Besitz an den zum Gesamtgut gehörenden Vermögensgegenständen; ähnlich der Zugewinngemeinschaft nach deutschem Recht). Daneben gibt es Vorbehaltsgut *(særeie)*; beispielsweise durch Schenkungen oder Erbschaften von einem Partner zugewandtes Vermögen. Erst mit Beendigung der Ehe durch Tod oder Scheidung wird das Vermögen beider Ehegatten, das zum Gesamtgut gehört, addiert und sodann hälftig geteilt (Zur Berechnung des Gesamtgutes bei Beendigung der Ehe siehe: *Lilleholt* § 24 II S. 123 f.). Diese Gütergemeinschaft kann nach dem Tod eines Ehegatten nach § 9 I ErbG von dem überlebenden Ehegatten fortgesetzt werden. Das heißt, er kann das eheliche Gesamtgut ungeteilt übernehmen. Dieses Recht müssen die gesetzlichen Erben respektieren. Lediglich Leibeserben des verstorbenen Ehegatten aus einer anderen Beziehung *(særkullsbarn)* können eine sofortige Teilung des Nachlasses und ihren Erbteil verlangen. Die Übernahme des gesamten Gesamtguts durch den überleben Ehegatten ist dann nur mit Zustimmung dieser Leibeserben möglich. Können ein Erbe oder mehrere Erben sofort ihren Erbteil verlangen, führt dies jedoch nicht dazu, dass der überlebende Ehegatte sein Recht auf Fortsetzung der Gütergemeinschaft in Bezug auf andere Erben verliert (§ 12 ErbG). Nicht-ehelichen Lebenspartnern steht gemäß § 28c I 1 ErbG ein Recht zu einer dinglich beschränkten Fortsetzung der Gütergemeinschaft zu. Dieses Recht ist dinglich beschränkt auf die in § 28c I ErbG genannten Gegenstände, kann aber durch Testament oder Zustimmung der übrigen Erben auf andere Gegenstände erweitert werden (§ 28c I 2 ErbG).

17   f) **Änderungsvorschläge der Reformkommission.** Nach den Reformvorschlägen der Kommission soll das **Erbrecht des Ehegatten** weiter **gestärkt** werden. Neben Erben erster Ordnung soll der Ehegatte künftig die Hälfte des Nachlasses erhalten (NOU 2014:1 3.4.2.). Im Übrigen soll der überlebende Ehegatte Alleinerbe sein (NOU 2014:1 3.4.3.).

18   Auch die Stellung des nicht-ehelichen Lebenspartners soll weiter gestärkt werden. Dieser soll Ehegatten gleichgestellt werden (NOU 2014:1 4.6.3.). Darüber hinaus soll die Voraussetzung wegfallen, dass bei einer fünf Jahre bestehenden Lebenspartnerschaft eine testamentarische Anordnung des Erbrechts erforderlich ist (NOU 2014:1 4.6.2.).

19   **3. Gewillkürte Erbfolge. a) Grundregeln.** Der Erblasser genießt zwar **grundsätzlich Testierfreiheit**, ist aber insoweit eingeschränkt, als dass er **nur über ein Drittel seines Nettovermögens frei verfügen** kann, sofern er Leibeserben hat. Zwei Drittel seines Vermögens sind von vornherein gebunden. Zu Lebzeiten kann der Erblasser hingegen über sein Vermögen frei verfügen.

20   Die Verteilung des Erbes kann der Erblasser nach norwegischem Recht nur mittels Testament vornehmen. Zudem können die Erben nicht über ein zukünftiges Erbe verfügen, es beispielsweise veräußern oder verpfänden (§ 44 ErbG). Erklärt werden kann lediglich der Verzicht auf ein zukünftiges Erbe (§ 45 ErbG).

21   b) **Materielle Wirksamkeit des Testaments.** Testierfähig ist, wer das 18. Lebensjahr vollendet hat (§ 48 ErbG). Personen unter 18 Jahren können im Ausnahmefall ein Testament errichten, dieses bedarf jedoch gem. § 48 II ErbG der Bestätigung durch den König (Justizministerium). Der Antrag auf Bestätigung kann auch nach dem Tod des Testators durch die Erben nachgeholt werden (*Lødrup/Asland* 5.1.1. S. 151). Lässt der minderjährige Testator das Testament nicht bestätigen, wird das Testament nicht automatisch mit Erreichen der Volljährigkeit gültig, vielmehr muss der Testator die Errichtung des Testaments unter Beachtung der Formvorschriften wiederholen (*Lødrup/Asland* 5.1.1. S. 151).

22   Ein Testament ist nichtig, wenn der Testator zum Zeitpunkt der Errichtung des Testament unzurechnungsfähig (wörtl. geisteskrank) war, in hohem Grade in seiner geistigen Entwicklung gehemmt oder geistig geschwächt war, es sei denn dieser Zustand hatte keinen Einfluss auf die Verfügung. Steht der

Testator unter Betreuung bedeutet dies nicht notwendigerweise, dass er testierunfähig ist. § 48 III ErbG sieht aber vor, dass dem Testament in diesem Fall eine Erklärung eines Arztes über den Zustand des Testators beigefügt werden soll.

c) Arten von Verfügungen von Todes wegen. Das norwegische Recht kennt **Testamente, Erbverträge und Schenkungen von Todes wegen** (*Lødrup/Asland 3.1.3.* S. 92 f.). Neben der Errichtung eines einseitigen Testaments ist die Errichtung eines gemeinsamen Testaments durch mehrere Personen *(felles testament)* sowie die Errichtung eines gegenseitigen Testaments *(gjensidig testament)* möglich (§ 49 III ErbG). 23

Erbverträge nach deutschem Verständnis gibt es im norwegischen Recht nicht. Der Erblasser kann sich jedoch gemäß § 56 ErbG vertraglich verpflichten, kein Testament zu errichten oder ein vorhandenes Testament nicht zu ändern oder zu widerrufen. In der Kommission zur Ausarbeitung eines neuen Erbgesetzes war umstritten, ob es diese Möglichkeit weiterhin geben soll. Mit dem Hinweis auf die lange Tradition dieser Vorschrift hat sich die Mehrheit dafür ausgesprochen (NOU 2014:1 9.2.). Ein solcher Vertrag unterliegt den Formvorschriften für Testamente. Durch den Abschluss eines solchen Erbvertrages wird der Testator nicht daran gehindert, zu Lebzeiten über sein Vermögen zu verfügen (FFDH IntErbR/ *Ring/Olsen-Ring* Rn. 206). 24

Schenkungen auf den Todesfall sind nach § 35 ErbG nur gültig, wenn sie aus dem freien Teil des Vermögens, also dem Teil der nicht dem Mindesterbe der Pflichtteilsberechtigten vorbehalten ist, bewirkt werden. 25

d) Errichtung des Testaments. aa) Schriftliches Zeugentestament. Gemäß § 49 ErbG wird ein Testament **schriftlich vor zwei Zeugen** errichtet. Das Testament muss nicht vom Testator eigenhändig geschrieben werden sondern lediglich von ihm unterschrieben werden. Die Zeugen müssen bei der Errichtung des Testaments gleichzeitig anwesend sein und Kenntnis davon haben, dass es sich um eine Testamentserrichtung handelt. Es genügt, dass der Testator den Zeugen mitteilt, dass es sich bei dem Schriftstück, das er unterschreibt, um ein Testament handelt. Somit ist auch die Errichtung „geheimer Testamente" möglich (FFDH IntErbR/*Ring/Olsen-Ring* Rn. 216). 26

Der Testator muss das Testament in Gegenwart der Zeugen unterschreiben oder seine vorher geleistete Unterschrift anerkennen. Die Anerkennung erfolgt in der Regel ausdrücklich, kann aber auch konkludent erfolgen (FFDH IntErbR/*Ring/Olsen-Ring* Rn. 217). Gemäß § 49 I 3 ErbG sollen die Zeugen auf Wunsch des Testators ihren Namen auf das Dokument setzen. Attestieren die Zeugen, dass die Formvorschriften nach § 49 I ErbG eingehalten worden sind, gilt dieses Attest gemäß § 49 II ErbG als hinreichender Beweis für die Einhaltung der Formvorschriften. 27

Gemäß § 50 ErbG sollen die Zeugen außerdem angeben, dass der Testator das Testament aus freiem Willen errichtet hat und bei Sinnen war. Beruf und Anschrift der Zeugen sowie das Datum der Testamentserrichtung sollen ebenfalls angegeben werden. 28

Als Testamentszeuge kann fungieren, wer das 18. Lebensjahr vollendet hat und geistig dazu in der Lage ist (§ 52 ErbG). Eine Verfügung zugunsten eines Testamentszeugen ist gemäß § 61 ErbG ungültig. Das Gleiche gilt für Verfügungen zugunsten des Ehegatten eines Zeugen, zu Gunsten eines Verwandten eines Zeugen in gerade auf- oder absteigender Linie oder zum Vorteil von Geschwistern eines Zeugen. Ebenfalls ungültig sind Verfügungen zu Gunsten eines Ehepartners eines nahen Verwandten oder zu Gunsten eines nahen Verwandten des Ehepartners eines Zeugen. Die Nichtigkeit bezieht sich jeweils nur auf die einzelne Verfügung, nicht auf das gesamte Testament (Süß ErbR/*Sedlmayr* Rn. 39). 29

Nach § 61 II ErbG sind Verfügungen zugunsten eines Testamentszeugen ungültig, der in Diensten des Testators steht. Damit ist in der Regel ein Anstellungsverhältnis gemeint. Unter die Vorschrift fällt aber auch die Tätigkeit als Mitglied des Vorstands oder eine vergleichbare Tätigkeit in einem Unternehmen des Testators. Ein selbständiger Auftragnehmer kann hingegen Testamentszeuge sein *(Lødrup/Asland 3.2.4.* S. 111). Diese strengen Voraussetzungen werden abgemildert durch § 61 III ErbG. Demnach sind Verfügungen dann gültig, wenn die Verbindung nur lose und für den Inhalt des Testaments ohne Bedeutung ist. 30

bb) Nottestament. Ist die Errichtung eines Zeugentestaments aufgrund einer plötzlichen und gefährlichen Krankheit oder einer anderen Notlage nicht möglich, kann ein Nottestament errichtet werden. Es ist ausreichend, dass die Errichtung eines ordentlichen Zeugentestaments unverhältnismäßig schwierig ist (FFDH IntErbR/*Ring/Olsen-Ring* Rn. 222). Das Nottestament nach § 51 I ErbG errichtet der Erblasser **mündlich vor zwei von ihm akzeptierten Zeugen.** Die Zeugen sollen das Testament unverzüglich schriftlich aufzeichnen und auf der Urkunde die Gründe vermerken, die den Erblasser daran gehindert haben, ein schriftliches Zeugentestament zu errichten. 31

Ist die **Hinzuziehung von Zeugen unverhältnismäßig schwierig,** kann der Testator **auch ein eigenhändig verfasstes und unterschriebenes Testament** errichten (§ 51 II ErbG). Der Wortlaut des Gesetzes legt nahe, dass der Testator das Testament handschriftlich errichten muss. In der Literatur wird jedoch die Auffassung vertreten, dass auch ein maschinengeschriebenes Testament die Formerfordernisse erfüllt. Bezug genommen wird dabei auf das dänische Recht und eine entsprechende Entscheidung des höchsten dänischen Gerichts *(Lødrup/Asland 3.2.3.4.* S. 108). Umstritten ist, ob ein Nottestament möglich ist, wenn der Testator Suizid begeht *(Lødrup/Asland 3.2.3.5.* S. 108 f.). 32

Ein Nottestament verliert nach drei Monaten seine Gültigkeit, wenn der Testator nicht daran gehindert war, ein Testament nach § 49 ErbG zu errichten. 33

34 **cc) Notartestament.** Ein notarielles Testament gibt es im ErbG von 1972 nicht. Der Vorschlag für ein neues Erbgesetz sieht jedoch vor, wieder ein Notartestament einzuführen (NOU 2014:1 8.3.4.). Einen Notar wie nach deutschem Recht, gibt es in Norwegen nicht. Ein notarielles Testament würde vor dem *Notarius Publicus* errichtet; dies ist eine öffentliche Dienststelle beim Gericht erster Instanz *(tingrett)*, in Oslo beim *Oslo Byfogdembete*.

35 **dd) Gemeinschaftliche und wechselbezügliche Testamente.** Nach § 49 III ErbG können mehrere Personen ein gemeinschaftliches **Testament** errichten *(felles testament)*. Anders als in Deutschland ist das gemeinschaftliche Testament **nicht beschränkt auf zwei Personen.** Mehrere Personen können außerdem ein Testament mit **wechselbezüglichen Verfügungen** errichten *(gjensidig testament)*.

36 Gemeinschaftliche und wechselbezügliche Testamente werden nach denselben Formvorschriften errichtet, wie Einzeltestamente. **Sonderregelungen** gibt es für wechselbezügliche Testamente in Bezug auf die **Änderungs- und Widerrufsmöglichkeiten.** Nach § 57 III ErbG ist der Widerruf oder die Änderung eines wechselbezüglichen Testaments nur gültig, wenn der andere Testator davon vor dem Tod des Erblassers Kenntnis erlangt hat, es sei denn, es war unmöglich oder unverhältnismäßig schwierig, den anderen Testator zu warnen.

37 Haben Ehegatten ein wechselbezügliches Testament mit Bestimmungen über die Verteilung des Nachlasses nach dem Tod des Überlebenden errichtet und der überlebende Ehegatte das Erbe bereits übernommen, kann der Überlebende die testamentarische Bestimmung nur in Bezug auf seinen eigenen Erben ändern oder widerrufen (§ 58 I ErbG).

38 **ee) Im Ausland errichtete Testamente.** Im Ausland errichtete Testamente sind gemäß § 54 ErbG und **entsprechend dem Haager Testamentsformübereinkommen** auch bei Verstoß gegen die norwegischen Formvorschriften gültig, wenn sie entweder
– den Formvorschriften des Staates, entsprechen, in dem sie errichtet worden sind oder
– den Formvorschriften des Staates, dessen Staatsbürgerschaft der Testator im Zeitpunkt der Testamentserrichtung oder seines Todes hatte, entsprechen, oder
– den Formvorschriften des Staates entsprechen, in dem der Testator zum Zeitpunkt der Testamentserrichtung oder seines Todes seinen Wohnsitz bzw. sein Domizil (wenn die Begriffe in dem Land eine unterschiedliche Bedeutung haben) hatte
– den Formvorschriften des Staates entsprechen, in dem eine Immobilie belegen ist, auf die sich das Testament bezieht.

39 **e) Auslegung von Testamenten.** Für die Auslegung von Testamenten ist nach § 65 I ErbG der **wirkliche Wille des Erblassers** zum Zeitpunkt der Testamentserrichtung maßgeblich (subjektive Auslegung). Enthält das Testament einen Schreibfehler oder einen anderen Fehler und kommt es deshalb zu einem anderen Testamentsinhalt als der Testator wollte, ist der wirkliche Wille des Testators maßgeblich, sofern man ihn nachweisen kann (§ 65 II ErbG).

40 Verändern sich nach Testamentserrichtung die Umstände und ist anzunehmen, dass der Testator seine testamentarische Verfügung unter diesen Umständen nicht mehr gewollt hat, entfällt diese testamentarische Verfügung (§ 57 II 2 ErbG).

41 Im Übrigen gelten die Auslegungsregeln des § 66 ErbG:
– Reicht der Erbschaft nicht aus, geht der Erbe einer bestimmten Sache dem Erben vor, der einen Geldbetrag erhalten soll.
– Stirbt ein Erbe vor dem Testator oder kann aus anderen Gründen die Erbschaft nicht annehmen, treten dessen Leibeserben an dessen Stelle, sofern sie ein gesetzliches Erbrecht nach dem Testator haben.
– Ist der Ehegatte zum testamentarischen Erben eingesetzt, die Eheleute jedoch rechtswirksam getrennt, gelten die Regeln des § 8 ErbG entsprechend, mithin ist die testamentarische Erbeinsetzung unwirksam.
– Wer als Erbe einer bestimmten Sache eingesetzt ist, kann keine Entschädigung verlangen, wenn die Sache belastet oder nicht mehr im Nachlass vorhanden ist.
– Gibt es mehr als ein Testament, sind alle Testamente gültig, es sei denn durch ein jüngeres Testament wird ein altes widerrufen oder Verfügungen eines jüngeren Testaments stehen mit Verfügungen eines älteren Testaments in Widerspruch. Reicht der Nachlass nicht aus, um alle Verfügungen zu erfüllen, gehen neuere Verfügungen den älteren vor.

42 **f) Widerruf oder Änderung von Testamenten.** Nach § 57 I gelten für den Widerruf und die Änderung eines Testaments **dieselben Regelungen wie für dessen Errichtung.** Eine Verfügung fällt auch weg, wenn ein grundsätzlich widerrufliches Testament vernichtet oder durchgestrichen wird und es wahrscheinlich ist, dass die Verfügung nicht gelten soll. Vernichtet werden muss das Original; gibt es mehrere Originale ist streitig, ob alle vernichtet werden müssen (Süß ErbR/*Sedlmayr* Rn. 68). Ein minderjähriger Testator bedarf für den Widerruf seines Testaments keiner Bestätigung durch das Justizministerium, für eine Änderung jedoch schon.

43 **g) Aufbewahrung und Abhandenkommen von Testamenten.** Nach § 68 ErbG besteht die Möglichkeit ein **Testament** beim örtlich zuständigen Gericht erster Instanz *(tingrett)* bzw. in Oslo beim *Oslo Byfogdembete* **registrieren und aufbewahren** zu lassen. Das Testament kann auch im verschlossenen Umschlag aufbewahrt werden. Alle aufbewahrten Testamente werden in einer landesweiten Übersicht gelistet. Anstelle des Originals kann auch eine beglaubigte Abschrift hinterlegt werden.

44 Kann ein Testament zum Todeszeitpunkt nicht aufgefunden werden, ist es gleichwohl gültig, wenn der Inhalt des Testaments rekonstruiert werden kann (§ 69 ErbG). Ausreichend ist allerdings nicht, dass der ungefähre Inhalt rekonstruiert werden kann (Süß ErbR/*Sedlmayr* Rn. 70).

4. Pflichtteilsrecht. a) Grundregeln. Das Pflichtteilsrecht ist im norwegischen Recht unabhängig vom 45
gesetzlichen Erbrecht. Zwar sind im Wesentlichen diejenigen pflichtteilsberechtigt, die auch ein gesetzliches Erbrecht haben, jedoch bestimmt sich die Höhe des Pflichtteils nicht – wie etwa im deutschen Recht – nach der gesetzlichen Erbquote. Die **Höhe des Pflichtteils** bestimmt sich vielmehr nach dem **Nettovermögen des Erblassers**. Sowohl der Pflichtteil der Leibeserben als auch das Mindesterbe des Ehegatten sind als **Noterbrecht** ausgestaltet, nicht als schuldrechtlicher Anspruch gegenüber den Erben.

Für das Pflichtteilsrecht der Leibeserben gilt die Grundregel, dass der Erblasser über die gebundenen 46
zwei Drittel seines Vermögens testamentarisch nicht verfügen kann. Der Erblasser kann somit auch über einzelne Vermögensgegenstände, deren Wert das freie Drittel übersteigt, insgesamt nicht verfügen (Fallbeispiel bei *Lødrup/Asland* 4.2.2. S. 128; Schlitt/Müller/*Paintner* Rn. 486). Der Erblasser darf grundsätzlich an Vermögensgegenständen auch keine das freie Drittel übersteigende Rechte testamentarisch einräumen (Fallbeispiel unter *Lødrup/Asland* 4.2.2. S. 124; Schlitt/Müller/*Paintner* Rn. 487). Nach § 29 II ErbG kann der Erblasser in Ausnahmefällen – etwa bei Zustimmung der Leibeserben – über das freie Drittel verfügen.

b) Pflichtteilsrecht der Leibeserben. Hat der Erblasser Leibeserben, darf er nur über ein Drittel seines 47
Vermögens testamentarisch verfügen. Die restlichen **zwei Drittel** sind dem **Pflichtteil der Leibeserben** vorbehalten. Die Höhe des gesamten Pflichtteils ist grundsätzlich immer gleich, unabhängig davon, wieviele Leibeserben der Erblasser hinterlässt. Die Leibeserben haben das Recht auf den Pflichtteil **direkt, unbedingt und unbelastet** (*Lilleholt* § 31 VIII S. 149).

Die Höhe des Pflichtteils unterliegt jedoch einer **Begrenzung**. Nach § 29 I 2 ErbG ist der Pflichtteil 48
auf **eine Million NOK pro Kind** bzw. dessen Linie beschränkt (Diese Begrenzung wurde 1918 auf eine private Initiative des ehemaligen Ministerpräsidenten Michelsen in das Gesetz eingefügt sog. *Lex Michelsen*) (*Lødrup/Asland* 4.1.2. S. 119). Hinterlässt der Erblasser beispielsweise zwei Enkelkinder aus derselben Linie, bekommt jedes der Enkelkinder maximal 500.000 NOK. Nach § 29 I 2 2. HS ErbG bekommt jeder **Enkel mindestens 200.000 NOK**. Hinterlässt der Erblasser sechs Enkelkinder, haben alle sechs zusammen Anspruch auf 1,2 Millionen NOK (*Lødrup/Asland* 4.1.2. S. 120). Bei mehr als fünf Enkeln derselben Linie wird somit die Begrenzung auf eine Million NOK überschritten. Schlägt ein Leibeserbe das Erbe aus, haben seine Leibeserben keinen Anspruch auf den Pflichtteil. Anderenfalls könnten Kinder mit mehr als fünf eigenen Leibeserben den Pflichtteilsbetrag für ihre Linie insgesamt erhöhen.

aa) Zusammentreffen von Pflichtteil und fortgesetzter Gütergemeinschaft. Hinterlässt der Erblasser Kinder und setzt dieser mit dem Ehepartner die Gütergemeinschaft fort, so können die Kinder 49
ihren **Pflichtteil erst nach dem Tod des Längerlebenden** beanspruchen. Das Recht des Ehegatten, die Gütergemeinschaft fortzusetzen suspendiert das Erbrecht und damit auch das Pflichtteilsrecht der Leibeserben (Röthel/*Lødrup* S. 241). **Leibeserben aus einer anderen Beziehung des Erblassers** *(særkullsbarn)* haben dagegen das **Recht auf die sofortige Teilung**.

bb) Auswirkungen des Güterstandes auf den Pflichtteil der Leibeserben. Durch Ehevertrag können 50
Ehegatten zu Lebzeiten auch auf den Pflichtteil der Leibeserben einwirken. Vom Gesamtgut *(felleseie)* beider Ehegatten fällt im Todesfall diese Hälfte in den Nachlass des verstorbenen Ehegatten und wird der Berechnung des Pflichtteils zu Grunde gelegt. Das Vorbehaltsgut *(særeie)* fällt dagegen vollständig in den Nachlass des verstorbenen Ehegatten (Ein Fallbeispiel dazu findet sich bei *Lødrup/Asland* 4.1.6. S. 126; Schlitt/Müller/*Paintner* Rn. 478).

Durch **Ehevertrag** kann außerdem dem anderen Ehegatten das **Recht** eingeräumt werden, die **Güter-** 51
gemeinschaft auch mit dem Vorbehaltsgut fortzusetzen. Das Pflichtteilsrecht der Leibeserben wird dann vollständig bis zum Tod des längerlebenden Ehegatten aufgeschoben. Auch solche die Leibeserben benachteiligenden Eheverträge müssen von diesen akzeptiert werden, selbst wenn sie erst auf dem Sterbebett geschlossen werden (*Lødrup/Asland* 4.2.3.8. S. 135 unter Verweis auf Rt. 1985 S. 1291).

cc) Änderungsvorschläge der Reformkommission. Der Pflichtteil der Leibeserben soll nach den Än- 52
derungsvorschlägen der Reformkommission lediglich die Hälfte des Nachlasses betragen, sofern der Erblasser keinen Ehegatten oder nichtehelichen Lebensgefährten hinterlässt. Darüber hinaus soll der Pflichtteil künftig nicht als Anteil am Gesamtnachlass sondern als Anteil an der gesetzlichen Erbquote des Leibeserben berechnet werden. Hinterlässt der Erblasser einen Ehegatten oder Lebenspartner, soll der Pflichtteil lediglich in Höhe von einem Viertel bestehen. Der Pflichtteil pro Leibeserbe soll auf 40 G begrenzt werden. Begründung für diesen Vorschlag ist, dass verheiratete Erblasser mit Leibeserben und einem begrenzten Vermögen (eine Million NOK oder weniger) nach der geltenden Regelung faktisch keine Testierfreiheit haben. Die Grenze von 40 G wurde im Hinblick auf die Entwicklung des Grundbetrages seit 1972 festgelegt (NOU 2014:1 16.5.2.).

c) Mindesterbe des Ehegatten. Auch der überlebende (gleichgeschlechtliche ebenso wie verschieden- 53
geschlechtliche) Ehegatte wird mit einem gewissen Anteil am Nachlass des Ehepartners beteiligt. Der Ehegatte erbt gemäß § 6 I 1 ErbG **neben Leibeserben ein Viertel mindestens** jedoch gemäß § 6 I 2 ErbG das **Vierfache des Jahresgrundbetrages der öffentlichen Sozialversicherung** (4 G). Dieses Mindesterbe des Ehegatten ist **vorrangig vor dem Erb- und auch dem Pflichtteilsrecht der Leibeserben** zu berücksichtigen. Neben Eltern oder deren Leibeserben erbt der überlebende Ehegatte die Hälfte, mindestens jedoch das Sechsfache des Grundbetrages (6 G). Ab einem Vermögen von mehr als 16 G (derzeit = 1.550.128 NOK) hat das Mindesterbe des Ehegatten keine Bedeutung mehr (Ein Fallbeispiel dazu findet sich bei Schlitt/Müller/*Paintner* Rn. 481).

54   Die Vorschläge der Reformkommission sehen wie bereits dargestellt eine Stärkung des Erbrechts des Ehegatten vor. Dementsprechend soll das Mindesterbe auf 6 G erhöht werden (NOU 2014:1 3.4.4.).

55   **d) Gegenstand der Pflichtteilsberechnung.** Für die Bewertung der Vermögensgegenstände gibt es im ErbG keine besonderen Vorschriften, weshalb auf die allgemeinen Bewertungsmaßstäbe aus Rechtsprechung und Literatur zurückgegriffen werden muss (*Lødrup/Asland* 4.3.1. S. 136f.). Grundsätzlich wird vom **Verkehrswert** ausgegangen. Ist der Verkehrswert beispielsweise für landwirtschaftliche Grundstücke nicht zu ermitteln, wird der Ertragswert zugrunde gelegt (*Lødrup/Asland* 4.3.1. S. 136). Vom Bruttovermögen des Erblassers werden seine Schulden abgezogen. Zeitpunkt der Berechnung ist grundsätzlich der **Zeitpunkt der Erbauseinandersetzung**. Für den Wert eines Vermächtnisses oder den Wert von Gesellschaftsanteilen, die von den übrigen Gesellschaftern abgelöst werden, ist der Todeszeitpunkt Stichtag (*Lødrup/Asland* 4.3.2. S. 138).

56   Ist der Erblasser verheiratet, setzt sich sein Nettovermögen aus seinem Anteil am Gesamtgut (*felleseie*) und seinem Vorbehaltsgut (*særeie*) zusammen. Lebensversicherungen werden grundsätzlich nicht in das Vermögen eingerechnet, sondern fallen dem Ehegatten nach § 15-1 des Versicherungsvertragsgesetzes (Lov om forsikringsavtaler [forsikringsavtaleloven] LOV-1989-06-16–69) zu, wenn der Erblasser niemanden bevorrechtigt benannt hat. Hinterlässt der Erblasser keinen Ehegatten oder anderen Bezugsberechtigten, fällt die Versicherungssumme in den Aktivnachlass und wird der Berechnung des Pflichtteils zu Grunde gelegt (§ 15-1 III Versicherungsvertragsgesetz; ausführlich dazu *Lødrup/Asland* 4.3.5. S. 140ff.).

57   **e) Besondere Bestimmungen durch den Erblasser.** Nach § 31 ErbG kann der Erblasser bestimmen, dass der Pflichtteil eines Leibeserben bei diesem Vorbehaltsgut (*særeie*) sein soll. Diese Anordnung kann der Erblasser unabhängig davon treffen, ob der Leibeserbe bereits verheiratet ist.

58   Nach § 32 ErbG kann der Erblasser den **Pflichtteil** in besonderen Fällen „**einfrieren**". Ist ein Erbe bzw. Pflichtteilsberechtigter nicht in der Lage, seine wirtschaftlichen Angelegenheiten selbst zu regeln oder sprechen besondere Fürsorgegesichtspunkte dafür, kann der Erblasser bestimmen, dass der Erb- bzw. Pflichtteil erst bei Eintritt einer bestimmten Bedingung oder nach Ablauf einer bestimmten Frist ausbezahlt wird. Der Erb- bzw. Pflichtteil wird solange wie das Vermögen eines Geschäftsunfähigen verwaltet (§ 32 II ErbG). Der Erblasser kann zusätzlich anordnen, dass dem Pflichtteilsberechtigten aus dem Pflichtteil eine Leibrente gezahlt wird, über die er frei verfügen kann.

59   Gemäß § 33 ErbG kann der Erblasser testamentarisch verfügen, dass ein einzelner Erbe ungeachtet des Pflichtteils der anderen sein Unternehmen ungeteilt erhält. Voraussetzung ist die Zustimmung der übrigen Erben sowie die Bestätigung durch das Justizministerium. Diese Regelung hat jedoch angesichts der Begrenzung des Pflichtteils auf eine Million NOK und der Möglichkeit, Vermögen zu Lebzeiten ohne Rücksicht auf den Pflichtteil zu übertragen, wenig praktische Bedeutung (*Lødrup/Asland* 4.2.3.4. S. 133).

60   Eine Verletzung des Pflichtteilsrechts kann außerdem dadurch geheilt werden, dass die Pflichtteilsberechtigten nicht gemäß § 70 ErbG innerhalb von sechs Monaten nach Kenntnis vom Inhalt des Testaments und vom Tod des Erblassers das Gericht erster Instanz von diesen Umständen unterrichten (FFDH IntErbR/*Ring/Olsen-Ring* Rn. 254ff.).

61   **f) Pflichtteilsergänzung.** Der Erblasser kann zu Lebzeiten über sein Vermögen frei verfügen: Zu einer Pflichtteilsergänzung kommt es nicht. Auf diese Weise kann er das Pflichtteilsrecht durch eigene Ausgaben aber auch **durch Schenkungen aushöhlen** (*Lødrup/Asland* 4.1.6. S. 125f.). Von dieser Möglichkeit wird insbesondere im Hinblick auf Betriebsvermögen Gebrauch gemacht. So wird die Mehrzahl der landwirtschaftlichen Betriebe bereits zu Lebzeiten übertragen und auch bei Betrieben anderer Art ist dies üblich (*Röthel/Lødrup* S. 240). Im Einzelfall problematisch kann die Abgrenzung von lebzeitigen Verfügungen und Verfügungen von Todes wegen sein. Grundlegendes Abgrenzungskriterium ist die Frage, ob die Verfügung für den Erblasser zu Lebzeiten reale Auswirkungen hat (*Lilleholt* § 31 IX S. 150; NOU 2014:1 7.1; ausführlich zur Abrenzungsproblematik mit Darstellung der Fallgruppen und Hinweisen auf Rechtsprechung: *Lødrup/Asland* Kapitel 6).

62   **g) Pflichtteilsentziehung und Pflichtteilsverzicht.** Gemäß § 34 ErbG kann der Erblasser den Pflichtteil entziehen, wenn der Pflichtteilsberechtigte volljährig ist und sich gegenüber dem Erblasser, einem Verwandten in gerader auf- oder absteigender Linie, seinen Geschwistern oder deren Leibeserben gegenüber strafbar gemacht hat. Eine Entziehung des Pflichtteils ist außerdem möglich, wenn der Pflichtteilsberechtigte es unterlassen hat, dem Erblasser Hilfe zu leisten, als dieser in wirtschaftlicher oder gesundheitlicher Notlage war. Ein Pflichtteilsentzug bedarf nach § 34 I 2 ErbG der Bestätigung durch das norwegische Justizministerium.

63   Ein Pflichtteilsverzicht ist in zweierlei Hinsicht möglich. Zum einen können Pflichtteilsberechtigte eine ihren Pflichtteil **einschränkende testamentarische Verfügung** des Erblassers **anerkennen**. Eine solche Anerkennung wird nicht wie eine Ausschlagung des bereits angefallenen Erbes behandelt, da dies nicht zu einer Begünstigung der testamentarischen Erben führen würde (*Lødrup/Asland* 4.1.4. S. 121). Vielmehr erhöht sich durch die Anerkennung der Anteil des Nachlasses über den der Erblasser frei verfügen kann. Zum anderen können Pflichtteilsberechtigte gegenüber dem Erblasser nach § 45 ErbG **auf den zu erwartenden Erb- bzw. Pflichtteil verzichten.** Ein solcher Verzicht bindet auch die Leibeserben des Verzichtenden.

64   **h) Vorausempfänge.** Nach § 38 ErbG müssen sich **Leibeserben Vorausempfänge** auf ihren Erbteil **anrechnen lassen, sofern** dies **vom Erblasser angeordnet** worden ist. Die Anrechnung erfolgt, indem die übrigen Erben denselben Betrag aus dem Nachlass entnehmen und sodann der mögliche Rest nach

den Vorschriften über die Erbteilung geteilt wird. War Gegenstand der Schenkung nicht Geld, wird der Wert des Schenkgegenstandes zum Zeitpunkt der Schenkung zu Grunde gelegt, es sei denn, dies ist offensichtlich unangemessen oder der Erblasser hat einen Wert bestimmt (*Lilleholt* § 31 III S. 147) Diese Anordnung kann der Erblasser vor oder nach der Zuwendung treffen. Sie unterliegt keinen Formvorschriften, es muss aber zum Ausdruck kommen, dass eine Anrechnung erfolgen soll. Die Formulierung „Vorschuss auf das Erbe" dürfte ausreichend sein (Süß ErbR/*Sedlmayr* Rn. 79).

Besondere Regelungen gibt es zudem für Kinder des Erblassers, die zum Todeszeitpunkt ihre Ausbildung noch nicht abgeschlossen haben oder die noch im Haushalt des Erblassers gewohnt und den Erblasser gepflegt haben. Gem. § 36 ErbG erhalten diese einen angemessenen Voraus aus dem Erbe zur Sicherung ihrer Ausbildung bzw. zur Abgeltung ihrer Pflegeleistung. Die Regelung gilt nur für Kinder des Erblassers, nicht für weitere Leibeserben. Über die Regelung kann der Erblasser nicht testamentarisch disponieren. 65

5. Testamentsvollstreckung. Bis 1990 sah das norwegische Erbrecht vor, dass die Nachlassteilung durch einen vom Erblasser benannten Testamentsvollstrecker vorgenommen werden kann. 1990 wurde die Teilung durch den **Testamentsvollstrecker abgeschafft.** Nunmehr kann zwar testamentarisch ein Testamentsvollstrecker eingesetzt werden, er fungiert jedoch **lediglich als Vertreter der Erben.** In dieser Eigenschaft kann er die private Teilung durchführen (*Lødrup/Asland* 8.1.9. S. 329f.). Die Benennung eines Testamentsvollstreckers durch den Erblasser ist jedoch nicht bindend für Leibeserben oder Ehegatten (*Lødrup/Asland* 8.1.9. S. 330). Übernimmt keiner der Erben die Erblasserschulden und kommt es somit zur öffentlichen Teilung, wird in der Regel der Testamentsvollstrecker als *bobestyrer* eingesetzt (*Lødrup/Asland* 8.1.9. S. 330). 66

6. Erbschaftserwerb und Entziehung des Erbrechts. a) Grundregeln. Der Erbe erwirbt die Erbschaft **unmittelbar** im Zeitpunkt des Todes des Erblassers, es sei denn er schlägt sie aus oder hat einen Erbverzicht erklärt. Einer Annahmeerklärung durch den Erben bedarf es nicht. 67

Vom Erben zu unterscheiden sind **Vermächtnisnehmer** (*legatar*). § 124 III TeilungsG definiert einen Legatar als jemanden, dem aufgrund testamentarischer Verfügung ein Vorteil aus dem Nachlass zugesagt wird. Unterschieden werden Erbe und Legatar also danach, ob sie einen bestimmten Gegenstand aus dem Nachlass erhalten oder den gesamten Nachlass, einen Bruchteil oder den „Rest" erhalten. Die Rechte eines Erben sind somit negativ begrenzt, ein Legatar bekommt das, was ihm im Testament positiv zugesagt worden ist. Derjenige, der aufgrund des Testaments oder aufgrund Gesetz den „Rest" bekommt, also Erbe ist, kann wirtschaftlich betrachtet mitunter am schlechtesten dastehen (*Lødrup/Asland* 8.1.2.1. S. 303). 68

b) Verjährung. Der **Anspruch auf die Erbschaft entfällt** gemäß § 75 I ErbG, wenn der Erbe ihn **nicht innerhalb von zehn Jahren nach dem Tod des Erblassers geltend macht.** Zu einer Unterbrechung der Verjährung kommt es dann, wenn der Erbanspruch beim zuständigen Gericht erster Instanz angemeldet wird, ein Antrag auf öffentliche Teilung gestellt wird oder Klage gegen diejenige erhoben wird, die in sonstiger Weise die Erbschaft erlangt haben. Solange das Verfahren auf öffentliche Teilung läuft, verjährt der Anspruch nicht (§ 75 II ErbG). 69

Sofern der überlebende Ehepartner den Nachlass ungeteilt übernommen hat *(uskiftet bo)* beginnt die Verjährungsfrist erst mit dem Tod des überlebenden Ehegatten. Hat der überlebende Ehegatte die Teilung zwischenzeitlich vorgenommen, beginnt die Verjährungsfrist mit dem Zeitpunkt in dem die Teilung abgeschlossen worden ist (FFDH IntErbR/*Ring*/*Olsen-Ring* Rn. 317). 70

Von der Verjährung des Erbanspruchs zu unterscheiden ist die Regelung des § 70 ErbG. Danach kann ein Recht in Bezug auf ein Testament nur geltend gemacht werden, wenn einer der Erben innerhalb einer Frist von sechs Monaten nachdem er Kenntnis vom Tod des Testators und vom Testament erhalten hat, das zuständige Gericht erster Instanz entsprechend benachrichtigt. Gemäß § 70 II ErbG beträgt die Frist Einwendungen gegen die Gültigkeit eines Testaments zu erheben ebenfalls sechs Monate. 71

c) Ausschlagung der Erbschaft. Eine Ausschlagung der Erbschaft kann bis zum endgültigen Abschluss der Nachlassauseinandersetzung gegenüber den Miterben, dem Gericht erster Instanz, dem Nachlassverwalter oder dem Testamentsvollstrecker erklärt werden (§ 74 ErbG). Die Ausschlagung kann für die gesamte Erbschaft oder einen Teil – Bruchteil oder bestimmten Betrag – erklärt werden. Eine ausgeschlagene Erbschaft wird nach § 74 II ErbG so behandelt, wie wenn der Ausschlagende vorverstorben wäre. 72

d) Entziehung des Erbrechts. Gemäß § 73 ErbG kann ein Erbe sein Erbrecht verlieren, wenn er eine strafbare Handlung begangen hat, durch die er den Tod des Erblassers oder einer Person verursacht hat, durch deren Tod der Erbanteil des Erben größer geworden ist. Umfasst sind vorsätzliche und fahrlässige Tötung und Körperverletzung mit Todesfolge. Der Erbe muss für diese Tat zu einer Freiheitsstrafe ohne Bewährung verurteilt worden sein. Der Verlust des Erbrechts muss im Urteil ausdrücklich erklärt werden. Dieser Urteilsspruch muss nicht notwendigerweise im Strafverfahren erfolgen sondern kann auch in einem späteren Zivilprozess erfolgen (§ 73 III ErbG). Auch das Recht auf Fortsetzung der Gütergemeinschaft unterfällt einer Entziehung des Erbrechts (Süß ErbR/*Sedlmayer* Rn. 82). 73

7. Erbenhaftung. Für die Annahme der Erbschaft ist nicht Voraussetzung, dass die Schulden des Erblassers übernommen werden. Soll eine private Teilung durchgeführt werden, muss jedoch mindestens einer der Erben die Haftung für die Verbindlichkeiten übernehmen (Zu den Einzelheiten → III. Nachlassverfahren). 74

III. Nachlassverfahren

75 Für die Nachlassauseinandersetzung gibt es zwei Verfahren: die private und die öffentliche Teilung. Beide Verfahren richten sich nach den Vorschriften des Teilungsgesetzes. Das Recht, die Teilung zu verlangen, hat grundsätzlich jeder Erbe. Darüber hinaus kann ein Gläubiger eines Erben, der den Erbteil gepfändet hat, die Teilung verlangen, sofern dies zur Befriedigung seiner Forderung notwendig ist.

76 Sofern der Erblasser nicht gemäß § 87 TeilungsG testamentarisch die öffentliche Teilung angeordnet hat, entscheiden die Erben, ob eine private oder eine öffentliche Teilung vorgenommen wird.

77 Ein Todesfall ist unverzüglich der örtlichen Polizeibehörde, den Vollstreckungsbehörden *(namsfogd)* oder dem Gericht erster Instanz zu melden (§ 12 TeilungsG).

78 **1. Private Teilung.** Die **private Teilung** ist der **Regelfall**. Voraussetzung für die private Teilung ist, dass einer der Erbanteilseigner *(loddeier)* dem Gericht erster Instanz gegenüber innerhalb von 60 Tagen erklärt, dass er die Haftung für die Nachlassverbindlichkeiten übernehmen wird. Übernehmen mehrere Erbanteilseigner die Haftung, haften sie den Gläubigern gegenüber uneingeschränkt und solidarisch (§ 78 I 2 TeilungsG). Diejenigen Erbanteilseigner, die keine Haftungsübernahmeerklärung abgegeben haben, haften nur in Höhe ihres Erbteils.

79 Auf Antrag der Erbanteilseigner kann gemäß § 69 TeilungsG eine öffentliche Aufforderung an die Gläubiger ergehen, Nachlassschulden anzumelden *(proklama)*. Gemäß § 75 TeilungsG erlischt die Nachlassforderung, wenn der Gläubiger die Frist zur Anmeldung versäumt.

80 Voraussetzung für die private Teilung ist weiter, dass das Gericht erster Instanz ein sogenanntes *skifteattest* ausstellt. Mit diesem Attest erlangen die Erben das Verfügungsrecht über die Vermögensgegenstände des Verstorbenen. Sofern der Erblasser ein Testament errichtet hat, sind die Erben, die die Verantwortung für die Teilung übernommen haben, verpflichtet, etwaige weitere Erben und Vermächtnisnehmer über ihre Rechte zu informieren (§ 82 III TeilungsG). Besondere Vorschriften, wie die private Teilung vorgenommen werden muss, gibt es nicht. Es gibt keine staatliche Kontrolle der privaten Teilung.

81 **2. Öffentliche Teilung.** Die **öffentliche Teilung** erfolgt in der Regel **auf Antrag.** Antragsberechtigt sind die Erbanteilseigner, der Vormund eines geschäftsunfähigen Erbanteilseigners sowie Vermächtnisnehmer, denen ein wesentlicher Teil des Nachlasses zusteht. Darüber hinaus kann ein Gläubiger eines Erben, der den Erbteil gepfändet hat, die öffentliche Teilung beantragen, sofern dies zur Befriedigung seiner Forderung notwendig ist.

82 Zu einer öffentlichen Teilung kommt es **von Amts wegen,** wenn die Voraussetzungen für die private Teilung nicht gegeben sind und anzunehmen ist, dass der Nachlass ausreicht, die Beerdigungskosten und die Kosten der Teilung zu decken (§ 83 TeilungsG).

83 Bei der öffentlichen Teilung **nimmt das Gericht erster Instanz den Nachlass in Besitz** und fordert die Gläubiger auf, Nachlassschulden anzumelden *(proklama)*. Aus der Erbmasse werden sodann zunächst die Gläubiger befriedigt. Anschließend werden Vermächtnisse ausgezahlt und der verbleibende Nachlass entsprechend der Erbquoten unter den Erben aufgeteilt. Ist der Nachlass überschuldet, werden alle Vermögenswerte geldmäßig realisiert; daraus werden die Gläubiger befriedigt (*Lilleholt* § 37 I S. 161). In der Regel benennt das Gericht erster Instanz gemäß § 91 I TeilungsG einen **Nachlassverwalter** *(bobestyrer)*. Er erledigt sämtliche Aufgaben von der Eröffnung bis zum Abschluss der Teilung. Er entwirft einen Beschluss für die Verteilung des Nachlasses, der dann durch das Gericht erlassen wird (Süß ErbR/*Sedlmayr* Rn. 96).

84 Dem Ehegatten stehen bei der Erbauseinandersetzung eine Reihe von Vorteilen zu. So kann der Ehegatte auch noch im Rahmen einer öffentlichen Teilung verlangen, die Gütergemeinschaft fortzusetzen. Er hat dann Anspruch auf Rückübertragung des Nachlasses (FFDH IntErbR/*Ring/Olsen-Ring* Rn. 348). Außerdem stehen ihm Aussonderungsrechte an Nachlassgegenständen zu, die er ganz oder im Wesentlichen in die Gemeinschaft eingebracht hat, sowie an einer Immobilie, die die Ehepartner als gemeinsame Wohnung genutzt haben. Soll ein Gegenstand aus dem Gemeinschaftsvermögen des Ehegatten verkauft werden, steht dem überlebenden Ehegatten ein Vorkaufsrecht zu (§ 63 V TeilungsG).

85 **3. Streitiges Verfahren.** Kommt es bei der Teilung des Nachlasses zu Streitigkeiten, können diese im Rahmen eines **Zivilprozesses** geklärt werden. Entstehen die Streitigkeiten bei einer privaten Teilung, wird der Prozess nach den gewöhnlichen zivilprozessualen Regeln vor dem Zivilgericht geführt. Entstehen die Streitigkeiten im Rahmen einer öffentlichen Teilung, ist das Gericht erster Instanz *(tingrett)* zuständig und führt den Prozess nach eigenen Prozessregeln. Üblicherweise führt dieses **vereinfachte Verfahren** zu einer rascheren Lösung des Konflikts. (*Lødrup/Asland* 8.1.7.1 S. 322).

IV. Erbschaftsteuer

86 Erbschafts- und Schenkungsteuer wurde in Norwegen mit Wirkung zum 1.1.2014 **abgeschafft.** Für unentgeltliche Zuwendungen, die nach dem 31.12.2013 gegeben worden sind sowie für Erbfälle nach dem 31.12.2013 wird keine Schenkungs- bzw. Erbschaftsteuer mehr erhoben.

Länderbericht Österreich

Übersicht

	Rn.		Rn.
Vorbemerkung	1	b) Pflichtteilsberechtigte	102
I. Internationales Erbrecht	2–10	c) Pflichtteilsquote	103/104
1. Rechtsquellen	2/3	d) Berechnung des Pflichtteils	105
a) EuErbVO	2	e) Anrechnung von Zuwendungen auf den Todesfall unter Lebenden	106–110
b) Staatsverträge	3	f) Pflichtteilserhöhung infolge von Schenkungen unter Lebenden an nicht pflichtteilsberechtigte Personen	111/112
2. IPR	4/5		
a) Wesentliche Änderungen	4		
b) Kollisionsrechtliche Besonderheiten für besondere Nachfolgeregelungen	5	g) Verwirklichung und Durchsetzung des Pflichtteils	113–115
3. Internationale Zuständigkeit	6	h) Pflichtteilsentziehung	116–119
4. Anerkennung und Vollstreckung ausländischer Entscheidungen	7–10	i) Pflichtteilsverzicht	120
a) Rechtsquellen	7	5. Testamentsvollstreckung	121–125
b) Grundsätze der Anerkennung und Vollstreckung ausländischer Entscheidungen nach der EO	8–10	6. Erbschaftserwerb, Erbengemeinschaft und Erbauseinandersetzung	126–151
		a) Erwerb der Erbschaft	126–140
II. Materielles Recht	11–161	b) Erbengemeinschaft	141–143
1. Rechtsquellen	11	c) Erbauseinandersetzung (Erbteilung)	144–151
2. Gesetzliche Erbfolge	12–27	7. Erbenhaftung	152–161
a) Allgemeines	12	a) Allgemeines	152
b) Gesetzliches Erbrecht der Verwandten	13–17	b) Schuldenhaftung bis zur Einantwortung	153
c) Gesetzliches Erbrecht des Ehegatten	18–27	c) Schuldenhaftung nach der Einantwortung	154–159
d) Außerordentliches Erbrecht des Lebensgefährten und der Vermächtnisnehmer	24	d) Gläubigereinberufung	160
		e) Nachlassabsonderung	161
e) Erbenloser Nachlass	25	III. Nachlassverfahrensrecht	162–187
f) Gesetzliche Sondererbfolge	26/27	1. Verlassenschaftsverfahren	162–184
3. Gewillkürte Erbfolge	28–100	a) Allgemeines	162/163
a) Allgemeines	28	b) Zuständigkeit	164/165
b) Grundsatz der Höchstpersönlichkeit	29	c) Verfahrenseinleitung und Vorverfahren	166
c) Letztwillige Verfügung, Testament	30–86	d) Unterbleiben einer Verlassenschaftsabhandlung	167/168
d) Gemeinschaftliches Testament	87–89	e) Verlassenschaftsabhandlung	169–184
e) Erbvertrag	90–95	2. Erbschaftsklage	185–187
f) Rechtsgeschäfte unter Lebenden auf den Todesfall	96–99	IV. Erbschaftsteuer	188–197
g) Rechtsnachfolge in Gesellschaften	100	1. Erbschaft- und Schenkungsteuer	188–190
4. Pflichtteilsrecht	101–120	2. Grunderwerbsteuer	191–196
a) Allgemeines	101	3. Doppelbesteuerungsabkommen	197

Literatur: Übergreifendes Schrifttum: *Verschraegen* in *Ferid/Firsching/Dörner/Hausmann* (Hrsg.), Internationales Erbrecht, Band VI, Österreich (Stand: 15.4.2011); *Wachter* in *Flick/Piltz* (Hrsg.), Der internationale Erbfall, 2. Aufl. 2008, 246–262; *Gruber/Kalss/Müller/Schauer* (Hrsg.), Erbrecht und Vermögensnachfolge, 2. Aufl. 2018; *Ivens*, Internationales Erbrecht, 2006, 174–176, 357–373; *Süß* in *Kroiß/Ann/Mayer* (Hrsg.), NomosKommentar BGB, Band 5, Erbrecht, Österreich, 5. Aufl. 2018, 1978–1993; *Schömmer/Bauer/Faßold*, Internationales Erbrecht Österreich, 2. Aufl. 2003; *Haunschmidt* in *Süß* (Hrsg.), Erbrecht in Europa, 3. Aufl. 2015, 957–994. **Neues IPR (EuErbVO):** *Bajons* in *Löhnig* u.a. (Hrsg.), Erbfälle unter Geltung der Europäischen Erbrechtsverordnung, 2014, 93–107; *Burgstaller/Neumayr/Geroldinger/Schmaranzer* (Hrsg.), Die EU-Erbrechtsverordnung, 2016; *Deixler-Hübner/Schauer* (Hrsg.), Kommentar zur EU-Erbrechtsverordnung (EuErbVO), 2015; *Lurger/Melcher*, Handbuch Internationales Privatrecht, 2017; *Lurger/Melcher*, Bürgerliches Recht Band VII: Internationales Privatrecht, 2. Aufl. 2017; *Oswald*, Grenzüberschreitende Erbrechtsfälle, 2016; *Rechberger/Zöchling-Jud*, Die EU-Erbrechtsverordnung in Österreich, 2015; *Rechberger* in: *König/Mayr* (Hrsg.), Europäisches Zivilverfahrensrecht IV, 2015, 61–75; *Rudolf*, Die Erbrechtsverordnung der Europäischen Union, NZ 2013, 225–242; *Reichelt/Rechberger/Traar*, Europäisches Erb- und Erbverfahrensrecht, 2011, 85–107; *Schauer/Scheuba* (Hrsg.), Europäische Erbrechtsverordnung, 2012; *Traar* in *Barth/Pesendorfer* (Hrsg.), Praxishandbuch des neuen Erbrechts, 2016, 353–392; *Verschraegen*, Internationales Privatrecht, 2012. Schrifttum zum alten IPR siehe Voraufl. **Materielles Recht: Vor der Erbrechtsreform:** *Ferrari/Likar-Peer* (Hrsg.), Erbrecht. Ein Handbuch für die Praxis, 2007; *Gschnitzer/Faistenberger*, Erbrecht, 2. Aufl. 1984; *Kralik*, Erbrecht, 3. Aufl. 1983; *Rummel/Lukas* (Hrsg.), Kommentar zum Allgemeinen Bürgerlichen Gesetzbuch, Teilband §§ 531–824 ABGB (Erbrecht), 4. Aufl. 2014; *Schwimann/Kodek* (Hrsg.), ABGB Praxiskommentar, Bd. 3 (§§ 531–858), 4. Aufl. 2013; *Welser/Zöchling-Jud*, Bürgerliches Recht, Band II, 14. Aufl. 2015. **Erbrechtsreform 2015:** *Barth/Dokalik/Potyka*, ABGB Taschenkommentar, 25. Aufl. 2017; *Barth/Pesendorfer*, Erbrechtsreform 2015. Konsolidierte Gesetzestexte – Hervorhebung der Änderungen – Materialien und Anmerkungen, 2015; *Barth/Pesendorfer* (Hrsg.), Praxishandbuch des neuen Erbrechts, 2016; *Eccher*, Bürgerliches Recht, Band VI: Erbrecht, 6. Aufl. 2016; *Eccher*, Die österreichische Erbrechtsreform, 2016; *Ferrari*, Neues Erbrecht in Österreich, FamRZ 2016, 1542–1546; *Gruber/Kalss/Müller/Schauer* (Hrsg.), Erbrecht und Vermögensnachfolge, 2. Aufl. 2018; *Haunschmidt*, Erbschaft und Testament, 5. Aufl. 2016; *Haunschmidt/Haunschmidt*, Erbschaft kompakt, 4. Aufl. 2016; *Fenyves/Kerschner/Vonkilch* (Hrsg.), Klang-Kommentar zum Allgemeinen Bürgerlichen Gesetzbuch, Teilband §§ 531–551, 3. Aufl. 2016, Teilband §§ 552–646, 3. Aufl. 2017; *Koziol/Bydlinski/Bollenberger* (Hrsg.), ABGB. Kurzkommentar, 5. Aufl. 2017; *Meusburger-Hammerer/Wittwer*, Die Erbrechtsreform 2015 in

120 Österreich

Österreich, ErbR 2016, 542–549; *Rabl/Zöchling-Jud* (Hrsg.), Das neue Erbrecht, Erbrechts-Änderungsgesetz 2015; *Schauer*, Das neue Erbrecht, ÖJZ 2017, 53–62; *Schwimann* (Hrsg.), ABGB Taschenkommentar, 3. Aufl 2015; *Steiner*, Reform des österreichischen Erbrechts und ihre Auswirkungen auf die deutsche kautelarjuristische Praxis, ZEV 2016, 131–133; *Winkler*, Erbrecht Ein Leitfaden für die Praxis, 2. Aufl. 2016; *Zankl*, Erbrecht, 8. Aufl. 2017.
Gesetzestexte und Rechtsprechung abrufbar unter *www.ris.bka.gv.at* (Rechtsinformationssystem des Bundes).

1 **Vorbemerkung:** Auf dem Gebiet des Erbrechts unterlagen sowohl das IPR als auch das materielle Recht in Österreich einer grundlegenden **Reform.** Für das IPR ergibt sich die Änderung aus dem Inkrafttreten der EuErbVO (dazu unten → Rn. 2). Das materielle Erbrecht wurde umfassend reformiert durch das Erbrechtsänderungsgesetz 2015 (dazu unten → Rn. 11).

I. Internationales Erbrecht

2 **1. Rechtsquellen. a) EuErbVO.** Mit dem Inkrafttreten der EuErbVO wird auch in Österreich für Erbfälle ab dem 17.8.2015 (näher Art. 83 EuErbVO) das bisherige nationale Kollisionsrecht einschließlich des internationalen Verfahrensrechts durch die europäischen Regeln der EuErbVO ersetzt. Dementsprechend hat der österreichische Gesetzgeber mit Wirkung zum selben Tag die Regelungen der §§ 28–30 IPRG aufgehoben (Art. 8 ErbRÄG 2015). Für das internationale Erbrecht sowie das internationale Nachlassverfahrensrecht kann somit auf die Kommentierung der EuErbVO verwiesen werden. Zum bisherigen österreichischen internationalen Erbrecht siehe Vorauf.

3 **b) Staatsverträge** auf dem Gebiet des internationalen Erb- und Nachlassrechts bleiben nach Maßgabe des Art. 75 EuErbVO in Kraft. Insbesondere unterliegt die Form von letztwilligen Verfügungen dem Haager Testamentsformübereinkommen vom 5.10.1961, dem auch Deutschland beigetreten ist. Auch insofern kann folglich auf die Rechtslage in Deutschland verwiesen werden. Im Übrigen bestehen Abkommen, die insbesondere konsularische Befugnisse betreffen, zu folgenden Drittstaaten: Bosnien-Herzegowina, Iran, Kosovo, Mazedonien, Montenegro, Russische Föderation, Serbien, Tunesien, Türkei, Vereinigtes Königreich und Vereinigte Staaten von Amerika. Über die EuErbVO hinausgehende Regelungen enthalten Abkommen mit den Mitgliedstaaten Bulgarien, Kroatien, Polen, Rumänien, Slowakei, Slowenien und Tschechische Republik. Dazu näher *Fucik* in Deixler-Hübner/Schauer, EuErbVO Art. 75 Rn. 6 ff.

4 **2. IPR. a) Wesentliche Änderungen:** Das Inkrafttreten der EuErbVO bewirkt für Österreich – ebenso wie für Deutschland (vgl. Art. 25 I aF EGBGB) – den fundamentalen Wechsel vom Staatsangehörigkeitsprinzip (§ 28 I aF IPRG) zum Aufenthaltsprinzip (Art. 21 I EuErbVO). Ferner entfallen die bisherigen österreichischen Sonderanknüpfungen für den Erbschaftserwerb und die Haftung für Nachlassschulden in § 28 II und § 32 aF IPRG. Stattdessen unterliegen der Erbschaftserwerb (Art. 23 II lit. e EuErbVO) und die Schuldenhaftung (Art. 23 II lit. g EuErbVO) nunmehr auch bei Durchführung eines Nachlassverfahrens in Österreich und auch für österreichische Grundstücke dem (ggf. ausländischen) Erbstatut. Auch das Erfordernis einer Einantwortung des Nachlasses (§§ 797 ff. ABGB) ist folglich in jedem Fall als materielle Erwerbsfrage nach dem Erbstatut zu beurteilen; MüKoBGB/*Dutta*, EuErbVO Art. 23 Rn. 20; vgl. auch OGH 21.12.2017 – 5 Ob 186/17i, ZfRV 2018, 77; zum möglichen Unterbleiben einer Verlassenschaftsabhandlung bei ausländischem Erbstatut § 153 I AußStrG (→ Rn. 167). Zu den Folgen aus österreichischer Sicht im Einzelnen *Oswald*, Grenzüberschreitende Erbrechtsfälle, S. 140 ff.

5 **b) Kollisionsrechtliche Besonderheiten für besondere Nachfolgeregelungen.** Besondere Regeln gelten insbesondere hinsichtlich der Erbfolge nach dem bäuerlichen Anerben- und Höferecht sowie der Rechtsnachfolge in Wohnungseigentum. Insofern ist grundsätzlich österreichisches Recht als Belegenheitsrecht berufen, sei es kraft sachenrechtlicher Qualifikation, sei es kraft Sonderanknüpfung gem. Art. 30 EuErbVO (vgl. zum Wohnungseigentum → Rn. 130 f., zum Anerben- und Höferecht → Rn. 26).

6 **3. Internationale Zuständigkeit.** Mit Inkrafttreten der EuErbVO richtet sich auch die internationale Zuständigkeit für Erbsachen nach europäischem Recht (Art. 4 ff. EuErbVO). Dementsprechend wurde die Vorschrift des § 106 JN (Jurisdiktionsnorm) zur internationalen Zuständigkeit für die Verlassenschaftsabhandlung (vgl. Vorauf. Rn. 19 ff.) zum 17.8.2015 dahingehend geändert, dass sie nur noch die Zuständigkeit der österreichischen Gerichte für die Fälle regelt, in denen diese sich aus gem. Art. 75 EuErbVO vorrangigen völkerrechtlichen Abkommen (→ Rn. 3) ergibt. – Zur Unzuständigkeit österreichischer Gerichte bei einem österreichischen Erblasser mit letztem gewöhnlichem Aufenthalt im Ausland nach neuem Recht vgl. OGH 17.3.2016 – 2 Nc 27/15s, NZ 2016, 198.

7 **4. Anerkennung und Vollstreckung ausländischer Entscheidungen. a) Rechtsquellen.** Die Anerkennung und Vollstreckung von Entscheidungen und Urkunden aus einem (an der EuErbVO teilnehmenden) Mitgliedstaat unterliegen wiederum den Regeln der **EuErbVO (Art. 39 ff.).** Zur Anerkennung **eines deutschen Erbscheins** nach einer in Deutschland ansässigen Erblasserin als Grundlage für die Eintragung des Alleinerben ins österreichische Grundbuch OGH 21.12.2017 – 5 Ob 186/17i, ZfRV 2018, 77. – Hinsichtlich von **Entscheidungen aus Drittstaaten** kommt dagegen weiterhin das autonome österreichische Recht zur Anwendung. Die Regeln über die Vollstreckbarerklärung und Anerkennung ausländischer Akte und Urkunden, bislang in §§ 79–86 aF EO (Exekutionsordnung) enthalten, wurden durch die Exekutionsordnungs-Novelle 2016 (öBGBl 2016 I Nr. 100) in einen neu geschaffenen Dritten Teil über das Internationale Exekutionsrecht verschoben und sind nunmehr in **§§ 406–416 nF EO** zu finden (Inkrafttreten der Änderung: 1.1.2017). Inhaltlich bleibt es aber im Wesentlichen bei den bisherigen Grund-

sätzen. Zum Vorrang von Rechtsakten der Europäischen Union und einschlägiger Staatsverträge siehe nunmehr § 416 I nF EO. Der **deutsch-österreichische Vertrag** über die gegenseitige Anerkennung und Vollstreckung von gerichtlichen Entscheidungen, Vergleichen und öffentlichen Urkunden in Zivil- und Handelssachen v. 6.6.1959 (BGBl. 1960 II, 1245; dazu Voraufl. Rn. 26) wird gem. Art. 75 II EuErbVO durch die Verordnung verdrängt.

b) Grundsätze der Anerkennung und Vollstreckung ausländischer Entscheidungen nach der EO. **8**
aa) Sachlicher Anwendungsbereich. Die §§ 406–416 EO gelten grds. für alle Akte und Urkunden, unabhängig davon, ob sie in einem streitigen Verfahren oder in einem Verfahren der freiwilligen Gerichtsbarkeit ihren Ursprung finden (vgl. § 407 EO).

bb) Anerkennungsvoraussetzungen und -hindernisse. Voraussetzung für Anerkennung und Vollstreckbarerklärung ist gem. § 406 EO die Vollstreckbarkeit des Akts oder der Urkunde im Ursprungsstaat und die formelle Gegenseitigkeit aufgrund einer Verordnung oder eines Staatsvertrags. Ferner muss gem. § 407 EO aus österreichischer Sicht die internationale Zuständigkeit des Ursprungsstaats gegeben und die Ladung ordnungsgemäß zugestellt worden sein. Trotz Vorliegens der Anerkennungsvoraussetzungen ist gem. § 408 EO eine Vollstreckbarerklärung oder Anerkennung nicht möglich, wenn das rechtliche Gehör des Antragsgegners verletzt wurde (Nr. 1), eine nach österreichischem Recht verbotene oder nicht erzwingbare Handlung durchgesetzt werden soll (Nr. 2) oder die Anerkennung oder Vollstreckung gegen den österreichischen ordre public verstoßen würde (Nr. 3). **9**

cc) Zuständigkeit und Verfahren. Dazu näher §§ 409–414 EO. Voraussetzung der Vollstreckung ist **10** grds. eine Vollstreckbarerklärung gem. § 403 EO. Wird eine Entscheidung vorfragweise geltend gemacht, so erfolgt eine Inzidentanerkennung durch die jeweils zuständige Stelle. Ein gesondertes Anerkennungsverfahren existiert nicht; gem. § 415 EO kann aber Feststellung der Anerkennung beantragt werden.

II. Materielles Recht

1. Rechtsquellen. Das österreichische Erbrecht ist ganz überwiegend in §§ 531–824 ABGB (Allgemeines bürgerliches Gesetzbuch von 1811) geregelt. Weit reichende Reformen erfolgten durch das Familien- und Erbrechtsänderungsgesetz (FamErbRÄG) von 2004 (öBGBl. 2004 I S. 58), das zum 1.1.2005 in Kraft getreten ist (Übergangsvorschriften enthalten in Art. IV FamErbRÄG), sowie jüngst durch das **Erbrechtsänderungsgesetz 2015** („ErbRÄG 2015"; öBGBl 2015 I Nr. 87). Das neue Recht gilt grundsätzlich für Erbfälle seit dem 1.1.2017 (Übergangsvorschrift: § 1503 VII ABGB). Es handelt sich um die wohl umfangreichste Reform im Kernbereich des Zivilrechts seit Inkrafttreten des ABGB, die zu zahlreichen begrifflichen wie auch inhaltlichen Änderungen gegenüber dem früheren Recht geführt hat. – Sonderregeln außerhalb des ABGB gelten insbes. für die Rechtsnachfolge in landwirtschaftliche Güter (→ Rn. 26). **11**

2. Gesetzliche Erbfolge. a) Allgemeines. Gem. §§ 727 f. ABGB kommt es zur gesetzlichen Erbfolge, **12** soweit der Erblasser keine gültige Verfügung von Todes wegen getroffen hat oder soweit die eingesetzten Erben die Erbschaft nicht annehmen können oder wollen. Als gesetzliche Erben sind gem. § 730 ABGB die Verwandten in nächster Linie und der Ehegatte oder eingetragene Partner des Erblassers berufen.

b) Gesetzliches Erbrecht der Verwandten. Das Verwandtenerbrecht beruht auf dem **Parentelsystem.** **13** Insofern unterscheidet das österreichische Recht zwischen vier **Ordnungen**, den sog. „Linien" (§ 731 ABGB). Angehörige einer näheren Linie schließen Angehörige der ferneren Linie von der Erbschaft aus (vgl. § 730 ABGB).

Die **erste Linie** besteht aus den Kindern des Erblassers und deren Nachkommen (§§ 731 I, 732–734 **14** ABGB). Seit dem Erbrechtsänderungsgesetz 1989 (Inkrafttreten: 1.1.1991) wird nicht mehr zwischen **ehelichen und nichtehelichen Kindern** unterschieden. Die **Abstammung** ergibt sich im Verhältnis zur Mutter aus der Geburt (§ 143 ABGB), im Verhältnis zum Vater aus der Ehe mit der Mutter, der Anerkennung oder der gerichtlichen Feststellung der Vaterschaft (§§ 144 ff. ABGB); eine Vaterschaftsfeststellung ist auch noch nach dem Tod möglich. Zur Beachtlichkeit eines österreichischen Vaterschaftsanerkenntnisses aus dem Jahre 1921 im Rahmen der Bestimmung der gesetzlichen Erbfolge nach österreichischem Recht LG Kleve ZEV 2018, 232. Zur erbrechtlichen Position von Kindeskindern nach dem ErbRÄG 2015 *Arnold/Schwarzenegger* JBl 2017, 152.

Ferner wird ein Kindschaftsverhältnis auch durch **Adoption** (§§ 191–203 ABGB) begründet. Zunächst **15** entsteht durch die Adoption zwischen dem **Annehmenden** und dessen Nachkommen einerseits und dem Adoptivkind und dessen im Zeitpunkt der Wirksamwerdens der Adoption minderjährigen Nachkommen andererseits ein der leiblichen Abstammung entsprechendes Verwandtschaftsverhältnis (§ 197 I ABGB), das ein gesetzliches Erbrecht begründet. Kein Verwandtschaftsverhältnis wird jedoch zu den Vorfahren des Annehmenden und deren Nachkommen begründet; in diesem Verhältnis bestehen somit wechselseitig keine gesetzlichen Erbrechte. Auch wenn im Verhältnis zu den **leiblichen Eltern** § 197 II ABGB grds. das Erlöschen der „nicht bloß in der Verwandtschaft an sich bestehenden familienrechtlichen Beziehungen" vorschreibt, so gelten doch Sonderregeln, ua für das gesetzliche Erbrecht gem. § 199 ABGB. Danach besteht trotz der Adoption das Erbrecht im Verhältnis zu den leiblichen Verwandten wechselseitig fort (§ 199 I ABGB); das Adoptivkind hat folglich ein gesetzliches Erbrecht sowohl nach seinen leiblichen als auch nach seinen Adoptiveltern. Bei der Erbfolge nach dem Adoptivkind in der zweiten Linie (→ Rn. 16) gehen jedoch gem. § 199 II ABGB die Adoptiveltern und deren Nachkommen den leiblichen Eltern und deren Nachkommen vor. Bei der Einzeladoption fällt der Nachlass ggf. zur Hälfte an den Adoptierenden (oder dessen Nachkommen) und zur anderen Hälfte an den anderen, nicht verdrängten, leiblichen Elternteil (oder dessen Nachkommen). Zur Beachtlichkeit der österreichischen adoptionsrechtlichen Regelungen als Vorfrage bei **deutschem Erbstatut** KG NJW 1988, 1471 = FamRZ 1988, 434 mAnm *Gottwald, Lüderitz* S. 881 f.

16 Die **zweite Linie** besteht aus den Eltern des Erblassers und deren Nachkommen (§ 731 II, §§ 735–737 ABGB). Hat ein vorverstorbener Elternteil keinerlei Nachkommen, erbt der noch lebende Elternteil den gesamten Nachlass (§ 737 S. 1 ABGB). Die **dritte Linie** besteht aus den Großeltern des Erblassers sowie den Geschwistern seiner Eltern und deren Abkömmlingen (§ 731 III, §§ 738–740 ABGB). Hat ein vorverstorbener Großelternteil keine Nachkommen, fällt sein Anteil dem anderen Großelternteil der gleichen Seite zu; sind von einer Seite beide Großeltern ohne Nachkommen vorverstorben, so fällt ihr Anteil der anderen Seite zu (§ 740 ABGB). Verwandte der **vierten Linie** sind allein die Urgroßeltern des Erblassers, nicht auch ihre Nachkommen (§ 731 IV, § 741 ABGB). Fernere Verwandte sind nicht mehr als gesetzliche Erben berufen (§ 743 ABGB). Anders als im deutschen Recht existiert damit im österreichischen Erbrecht eine **Erbrechtsgrenze.**

17 Für die **Erbfolge innerhalb einer Ordnung** gelten die folgenden Prinzipien: Der Aszendent (in der ersten Linie die Kinder, in der zweiten die Eltern, in der dritten die Großeltern) **schließt jeweils seine Nachkommen aus** (vgl. für die erste Linie: § 732 S. 3 ABGB). Die Erbquote der gradnächsten Verwandten berechnet sich **nach Köpfen** (vgl. § 732 S. 2, §§ 733, 735 S. 2 ABGB). Scheidet innerhalb der ersten drei Ordnungen ein Angehöriger wegen Vorversterbens als Erbe aus, so treten an seine Stelle seine Nachkommen nach Stämmen (**Eintrittsprinzip**, in Österreich üblicherweise mit dem **Repräsentationsprinzip** gleichgesetzt; vgl. §§ 733, 735 S. 3, §§ 736, 739 S. 2 ABGB; Entsprechendes gilt bei Erbunwürdigkeit [→ Rn. 135], jedoch gegenläufige Vermutung bei Erbverzicht [→ Rn. 144] und Ausschlagung [→ Rn. 174]). Sind keine Nachkommen vorhanden, die eintreten könnten, so wächst die Erbschaft den anderen Stämmen bzw. bei Aszendenten ggf. dem anderen Elternteil etc an (**Anwachsungsprinzip;** vgl. §§ 737, 740, 741 ABGB).

18 c) **Gesetzliches Erbrecht des Ehegatten oder eingetragenen Partners. aa) Allgemeines.** Der Ehegatte des Erblassers oder sein eingetragener Partner ist gem. §§ 730, 744 I ABGB gesetzlicher Erbe. Das Erbrecht des eingetragenen Partners wurde durch das am 1.1.2010 in Kraft getretene Eingetragene Partnerschaft-Gesetz (EPG, öBGBl. 2009 S. 135) zunächst in § 537a ABGB niedergelegt, nach dem die für Ehegatten maßgebenden erbrechtlichen Bestimmungen des ABGB auf eingetragene Partner sinngemäß anzuwenden waren. Das ErbRÄG 2015 hat diese Regelung aufgehoben und führt nunmehr den eingetragenen Partner bei den einschlägigen Regeln zum Ehegatten jeweils ausdrücklich mit an. Die folgenden Grundsätze gelten somit gleichermaßen auch für eingetragene Partner. – In diesem Zusammenhang ist zu beachten, dass der österr. VfGH in einer Entscheidung vom 4.12.2017 (G 258–259/2017-9) die Verfassungswidrigkeit der Beschränkung der Ehe auf „Personen verschiedenen Geschlechtes" (§ 44 ABGB) ausgesprochen hat; österr. VfGH FamRZ 2018, 191 mAnm *Ferrari*.

19 Voraussetzung ist das **Bestehen einer wirksamen Ehe** (oder eingetragenen Partnerschaft) im Zeitpunkt des Erbfalls. Demnach entfällt das gesetzliche Erbrecht bei Aufhebung oder Scheidung der Ehe (§ 746 I ABGB). Anders als nach altem Recht (§ 759 aF ABGB) führt nach § 746 II nF ABGB die bloße Anhängigkeit eines Verfahrens über die Auflösung der Ehe grundsätzlich nicht mehr zum Wegfall des gesetzlichen Erbrechts. Etwas anderes gilt nur dann, wenn in einem zum Zeitpunkt des Erbfalls anhängigen Verfahren zur Auflösung der Ehe bereits eine Vereinbarung über die Aufteilung des Gebrauchsvermögens und der Ersparnisse für den Fall der Rechtskraft der Auflösungsentscheidung vorliegt; eine solche gilt dann im Zweifel auch für den Todesfall und geht dem gesetzlichen Erbrecht vor. Streitig ist, ob insofern nur Vereinbarungen beachtlich sind, die iSv § 97 V EheG im Zug des Scheidungsverfahrens getroffen wurden (so Koziol/Bydlinski/Bollenberger/*Musger* ABGB § 746 Rn. 4), oder auch Vereinbarungen iSv § 97 I–IV EheG, die vor oder während der Ehe getroffen wurden (so *Deixler-Hübner* in Barth/Pesendorfer, Praxishandbuch, S. 39 (44 f.)).

20 bb) **Gesetzliche Erbquote.** Das ErbRÄG 2015 hat die Stellung des überlebenden Ehegatten (oder eingetragenen Partners) neben Geschwistern und Großeltern des Erblassers gestärkt. (§ 744 I ABGB): Neben Erben der ersten Linie erhält er weiterhin ein Drittel und neben Eltern des Erblassers zwei Drittel. Im Übrigen wird der überlebende Ehegatte nunmehr Alleinerbe. Ist ein Elternteil vorverstorben, so fällt auch sein Erbteil an den Ehegatten; hierdurch kann sich die gesetzliche Erbquote des Ehegatten also noch weiter erhöhen. Der nach Bestimmung des Ehegatten-Erbteils verbleibende Nachlass ist dann nach den Regeln über das Verwandtenerbrecht aufzuteilen. Bei Vorversterben des Ehegatten kommt es zu keinem Eintritt seiner Nachkommen, sondern der Nachlass wird umfassend nach den Regeln des Verwandtenerbrechts aufgeteilt.

21 cc) **Gesetzliches Vorausvermächtnis.** Zugunsten des überlebenden Ehegatten (und des eingetragenen Partners; nach neuem Recht *außerdem* des Lebensgefährten) begründet § 745 I ABGB zusätzlich ein gesetzliches Vorausvermächtnis hinsichtlich der Ehewohnung und des Hausrats; → Rn. 56–58.

22 dd) **Verhältnis zum Güterrecht.** Gesetzlicher Güterstand ist nach österreichischem Recht die **Gütertrennung** (§ 1237 ABGB). In diesem Fall sind bei der Rechtsnachfolge von Todes wegen keine güterrechtlichen Besonderheiten zu beachten; das Vermögen des verstorbenen Ehegatten bildet dessen nach erbrechtlichen Regeln zu verteilenden Nachlass. Die Ehegatten können jedoch mittels (gem. § 1 I lit. a

NotaktsG (Notariatsaktsgesetz) notariatsaktspflichtigen) Ehepaktes auch eine **Gütergemeinschaft** vereinbaren (§ 1233 ABGB). Insofern bestehen breite Gestaltungsmöglichkeiten: Die allgemeine Gütergemeinschaft umfasst das gesamte gegenwärtige und künftige Vermögen, eine beschränkte Gütergemeinschaft bezieht sich nur auf bestimmte Vermögensteile. Zu unterscheiden ist ferner zwischen einer Gütergemeinschaft **unter Lebenden** und einer solchen **auf den Todesfall**. Letztere ist gem. § 1234 ABGB der gesetzliche Regelfall; dabei bleibt es zu Lebzeiten der Ehegatten bei einer Gütertrennung; erst wenn ein Ehegatte stirbt, kommt es zu einer Vereinigung der Vermögensmassen. In jedem Fall wird das gemeinsame Gut beim Tod eines Ehegatten zunächst güterrechtlich nach den vereinbarten Anteilen zwischen dem überlebenden Ehegatten und dem Nachlass aufgeteilt. Zweifelhaft ist das **Verhältnis der güterrechtlichen Beteiligung des überlebenden Ehegatten zu seinem gesetzlichen Erbrecht.** Gem. § 744 II ABGB ist auf den gesetzlichen Erbteil des Ehegatten alles anzurechnen, was er durch Ehepakt oder Erbvertrag aus dem Vermögen des Erblassers erhält, sofern nicht der Erblasser die Anrechnung erlassen hat (→ Rn. 148). Dies gilt im Grundsatz auch für Berechtigungen aus einer Gütergemeinschaft. Doch ist gem. § 744 II ABGB nur dasjenige anzurechnen, was der überlebende Ehegatte „aus dem Vermögen des Verstorbenen" erhält. Nach Rummel/Lukas/*Welser* ABGB § 757 Rn. 3 soll die Anrechnung davon abhängen, dass es sich um eine Gütergemeinschaft von Todes wegen handelt, nach Koziol/Bydlinski/Bollenberger/*Apathy*/*Musger* ABGB § 744 Rn. 5 f. davon, wer die dem überlebenden Ehegatten zufallende Hälfte in die Gemeinschaft eingebracht hat; zT werden beide Kriterien auch kumulativ herangezogen (vgl. Ferrari/Likar-Peer ErbR/*Likar-Peer* S. 435 f.).

Nach früherem IPR konnte es grundsätzlich zu einer Kombination des nach österreichischem Erbrecht bestimmten gesetzlichen Erbteils des Ehegatten mit dem „güterrechtlichen Viertel" des § 1371 I BGB kommen, wenn zwischen den Ehegatten eine **Zugewinngemeinschaft nach deutschem Recht** bestand, da diese Vorschrift nach BGHZ 205, 290 = IPRax 2017, 102 mAufs *Dörner* 81 güterrechtlich zu qualifizieren war; zu den sich hieraus ergebenden Folgefragen näher Vorauflage Rn. 43. Der EuGH hat sich jedoch jüngst für eine erbrechtliche Qualifikation ausgesprochen; EuGH (1.3.2018 – C 558/16), NJW 2018, 1377; dazu *Weber* NJW 2018, 1356. § 1371 I BGB kommt danach nur zur Anwendung, wenn *deutsches Recht als Erbstatut* berufen ist. Das von der Vorschrift sachrechtlich vorausgesetzte Bestehen einer Zugewinngemeinschaft wird grundsätzlich nur durch eine solche des deutschen Rechts erfüllt werden können. Ist andererseits *österreichisches Recht als Erbstatut* berufen, so wird eine Zugewinngemeinschaft nach deutschem Recht nur real, nach Maßgabe der §§ 1372 ff. BGB, auszugleichen sein. Zum Ganzen näher *Dörner* ZEV 2018, 305 ff. (mit Beispielen zum deutsch-österreichischen Verhältnis ZEV 2018, 310). 23

d) Außerordentliches Erbrecht des Lebensgefährten und der Vermächtnisnehmer. Durch das ErbRÄG 2015 neu eingeführt wurde ein „außerordentliches Erbrecht" des Lebensgefährten des Erblassers, dem (neben dem schon bislang zugunsten der Vermächtnisnehmer bestehenden außerordentlichen Erbrecht nach § 726 S. 3 aF bzw. § 749 nF ABGB; → Rn. 43) Vorrang gegenüber dem „Heimfallsrecht" des Staates (→ Rn. 25) zukommt. Das **Erbrecht des Lebensgefährten** besteht nach § 748 ABGB nur, wenn sonst kein gesetzlicher Erbe vorhanden ist, und setzt grundsätzlich voraus, dass der Lebensgefährte mit dem Verstorbenen zumindest in den letzten drei Jahren vor dessen Tod im gemeinsamen Haushalt gelebt hat. Vom Erfordernis des gemeinsamen Haushalts ist jedoch abzusehen, wenn diesem erhebliche Gründe (insbes. gesundheitlicher oder beruflicher Art) entgegenstanden, ansonsten aber eine für Lebensgefährten typische besondere Verbundenheit bestand. Dies soll insbes. Partnerschaften zwischen älteren Personen erfassen, bei denen sich mindestens ein Teil in einem Pflegeheim befindet. Daneben kommt dem Lebensgefährten gem. § 745 II nF ABGB ein gesetzliches Vorausvermächtnis zu (→ Rn. 56). Zum gesetzlichen Erbrecht des Lebensgefährten eingehend *Christandl* JBl 2016, 21; *Verweijen* ÖJZ 2016, 853. 24

e) Erbenloser Nachlass. Sind weder gewillkürte noch gesetzliche Erben vorhanden, so hat nach § 750 I ABGB der Bund (die Republik Österreich), das Recht, sich der Verlassenschaft anzueignen (sog. Heimfallsrecht; zum Verfahren: § 184 AußStrG, → Rn. 173). Die Neufassung bestätigt die schon bislang hM, wonach es sich beim Heimfallsrecht des Staates umein spezifisches **Aneignungsrecht** handelt, das inhaltlich einem gesetzlichen Erbrecht aber zumindest angenähert ist (*Welser*/*Zöchling-Jud* BürgerlR II Rn. 2225). Der Staat kann von der Ausübung dieses Aneignungsrechts auch absehen (Schwimann/Kodek/*Eccher* ABGB § 760 Rn. 1). In **kollisionsrechtlicher** Hinsicht behält Art. 33 EuErbVO ein solches Aneignungsrecht des Belegenheitsstaates auch gegenüber einem ausländischen Erbstatut vor; diese Regelung wird nunmehr durch § 750 II ABGB ausdrücklich aufgenommen. Zur kollisionsrechtlichen Behandlung nach altem Recht siehe Vorauflage Rn. 18. 25

f) Gesetzliche Sondererbfolge. Abweichungen von der gesetzlichen Erbfolgeregelung des ABGB sind im **bäuerlichen Anerbenrecht** zu finden (§ 751 ABGB). Dieses unterliegt grds. dem Anerbengesetz v. 21.5.1958 (öBGBl. 1958 S. 106 reformiert: öBGBl. 1989 S. 659; idF öBGBl. 2003 I S. 112). Ein besonderes **Höferecht** gilt in Kärnten (Krnt ErbHöfeG 1990; öBGBl. 1989 S. 658 idF öBGBl. 2003 I S. 112) und Tirol (Tiroler HöfeG LGBl. 1900 S. 47 reformiert: öBGBl. 1989 S. 657 idF öBGBl. 2003 I S. 112). Ziel dieser Sonderregeln ist die Sicherung eines wirtschaftlich gesunden und leistungsfähigen Bauernstandes sowie die Vermeidung von Zwergwirtschaften. In **kollisionsrechtlicher Hinsicht** sind diese Regelungen zwar erbrechtlich zu qualifizieren, unterliegen aber wegen ihrer besonderen rechtspolitischen Zielsetzung gem. Art. 30 EuErbVO österreichischem Recht als Belegenheitsrecht; Deixler-Hübner/Schauer/*Schwartze* EuErbVO Art. 30 Rn. 17; vgl. auch OGH SZ 2003/44 = JBl 2003, 940. Weiterführendes **Schrifttum**: Schwimann/Kodek/*Eccher* Höferecht, AnerbenG, KrntErbHöfeG, TirHöfeG; Ferrari/Likar-Peer ErbR/*Ferrari* S. 95–105; *Kind* ÖJZ 2003, 741 (749); *Zemen* NZ 2005, 353 (361). 26

120 Österreich

27   Die früher bestehenden Sonderregeln für die gesetzliche Erbfolge nach **Geistlichen** wurden mWz 1.1.2000 aufgehoben.

28   **3. Gewillkürte Erbfolge. a) Allgemeines.** Der Erblasser kann Verfügungen von Todes wegen in Form eines **Testaments** oder eines **Erbvertrags** (→ Rn. 90–95) treffen. Das Testament kann sowohl als **einseitiges** als auch als **gemeinschaftliches Testament** (→ Rn. 87–89) errichtet werden. Wird eine Verfügung über die Erbfolge getroffen, so liegt nach § 552 II ABGB ein **Testament** vor; es können aber auch **sonstige letztwillige Verfügungen** (nach altem Recht: „Kodizill"; dieser Begriff ist jedoch mit dem ErbRÄG 2015 entfallen) getroffen werden (zB Vermächtnisse oder Auflagen); Bedeutung hat die Unterscheidung für die Aufhebung der Verfügung (→ Rn. 79 f.). Für die **Gültigkeit** der Verfügungen von Todes wegen gelten die allgemeinen Rechtsgeschäftsregeln, soweit das Erbrecht keine besonderen Vorschriften enthält. Entscheidend für die Gültigkeit ist der Zeitpunkt der Errichtung der Verfügung; nachträgliche Änderungen bleiben gem. §§ 575 f. ABGB sowohl in negativer wie in positiver Hinsicht außer Betracht.

29   **b) Grundsatz der Höchstpersönlichkeit.** Verfügungen von Todes wegen sind höchstpersönliche Rechtsgeschäfte. Sie müssen inhaltlich vom Erblasser selbst getroffen werden; eine Stellvertretung ist unzulässig. So muss der Erblasser gem. § 564 ABGB die Person des Erben selbst bestimmen und kann dessen Ernennung nicht einem Dritten überlassen; dasselbe gilt für die Bestimmung des Anteils eines Erben. Der Begünstigte muss jedoch nicht notwendigerweise namentlich in der Verfügung genannt werden. Es genügt seine Bestimmbarkeit im Wege der Auslegung. Für zulässig erachtet wird es auch, die Ernennung des Erben einem Dritten in der Weise zu überlassen, dass der Erblasser diesem neben dem relevanten Personenkreis sachliche Auswahlkriterien vorgibt (*Welser/Zöchling-Jud* BürgerlR II Rn. 2069); vgl. zur Anordnung eines Vermächtnisses § 651 ABGB (→ Rn. 47).

30   **c) Letztwillige Verfügung, Testament. aa) Testierfähigkeit.** Die Testierfähigkeit hängt sowohl vom Alter als auch von der geistigen Verfassung des Testators ab. Ein **Mangel** der Testierfähigkeit führt nach hM (entgegen dem Wortlaut des § 567 ABGB) nicht zur Nichtigkeit, sondern nur zur bloßen Anfechtbarkeit der letztwilligen Verfügung (OGH SZ 53/10; Schwimann/Kodek/*Eccher* ABGB § 565 Rn. 14; aM Rummel/Lukas/*Welser* ABGB §§ 566–569 Rn. 1 mwN; → Rn. 76).

31   **(1) Alter.** Voll testierfähig sind Volljährige; das Volljährigkeitsalter beträgt 18 Jahre (§ 21 II ABGB). **Nicht testierfähig** sind Unmündige (§ 569 S. 1 ABGB); unmündig sind Personen, die das 14. Lebensjahr noch nicht vollendet haben (§ 21 II ABGB). **Beschränkte Testierfähigkeit** kommt mündigen Minderjährigen (zwischen Vollendung des 14. und des 18. Lebensjahres) zu: Sie können nur mündlich vor dem Notar oder Gericht testieren oder ein Nottestament gem. § 584 ABGB (→ Rn. 40) errichten (§ 569 S. 2 ABGB).

32   **(2) Geistige Anforderungen.** Gem. § 566 ABGB ist **testierfähig**, wer die Bedeutung und die Folgen seiner letztwilligen Verfügung verstehen und sich entsprechend verhalten kann. Die durch das ErbRÄG 2015 geänderte Fassung greift die bisherige Rspr. auf, nach der es genügt, dass dem Erblasser der Testiervorgang und der Inhalt seiner Verfügung bewusst waren (OGH SZ 56, 180; 52, 173; vgl. Koziol/Bydlinski/Bollenberger/*Apathy/Neumayr* ABGB § 566 Rn. 1). Wirksame Testamentserrichtung in einem lichten Augenblick ist gem. § 568 ABGB möglich, doch trägt die Beweislast insofern derjenige, der sich auf die Gültigkeit des Testaments beruft. – Nach bisherigem Recht (§ 568 aF ABGB) konnten psychisch Kranke und geistig Behinderte, für die gem. §§ 268 ff. ABGB ein Sachwalter bestellt worden war, nur mündlich vor Gericht oder Notar testieren (näher Voraufl. Rn. 51). Durch das ErbRÄG 2015 wurde die Vorschrift ersatzlos gestrichen; Personen unter Sachwalterschaft stehen damit grundsätzlich alle Testamentsformen zur Verfügung. Unberührt bleibt die Möglichkeit einer Testierunfähigkeit gem. § 566 ABGB.

33   **bb) Testierwille.** Letztwillige Verfügungen sind Willenserklärungen, deren Gültigkeit das Bewusstsein voraussetzt, eine letztwillige Verfügung zu errichten (Testierwille). Der Testierwille muss jedoch nicht in der letztwilligen Verfügung zum Ausdruck kommen, die Andeutungstheorie (→ Rn. 69) findet insofern keine Anwendung (*Welser/Zöchling-Jud* BürgerlR II Rn. 2008).

34   **cc) Testamentsformen.** Die Formvorschriften für Testamente wurden durch das **FamErbRÄG 2004** erheblich geändert (→ Rn. 11). Abgeschafft wurde insbes. die ordentliche Testamentsform des mündlichen Dreizeugentestaments (LG München I ZEV 1999, 489). Das neue Recht ist anwendbar auf Verfügungen, die nach dem 31.12.2004 errichtet wurden (Art. IV § 3 Nr. 1 FamErbRÄG). – Durch das **ErbRÄG 2015** wurden insbes. die Anforderungen an die Wirksamkeit eines fremdhändigen Testaments verschärft sowie Änderungen und Präzisierungen für Nottestamente eingeführt. Die Änderungen gelten für alle Verfügungen, die nach dem 31.12.2016 errichtet werden (§ 1503 VII Nr. 6 ABGB). **Schrifttum:** *Kogler*, Formvorschriften im neuen Erbrecht, 2016.

35   **(1) Eigenhändiges (holographes) Testament.** Das eigenhändige Testament muss vom Erblasser eigenhändig geschrieben und unterschrieben worden sein; die Angabe von Ort und Datum ist keine Gültigkeitsvoraussetzung (§ 578 ABGB). Für die Unterschrift genügt auch der Vorname oder eine andere übliche Bezeichnung (zB „Eure Mutter", OGH EvBl 1955/102; zu Initialen OGH EvBl 2005/93). Die Unterschrift muss sich auf der Urkunde selbst am Ende der Anordnung befinden. Der genügenden Unterschrift auf einem die Verfügung enthaltenden Umschlag OGH EvBl 2004/163. Nachträge auf derselben Urkunde benötigen eine zusätzliche, sie abschließende Unterschrift (OGH EvBl 1964/160).

36   **(2) Fremdhändiges (allographes) Testament.** Ein Testament kann auch als „fremdhändiges" unter den weiteren Voraussetzungen des § 579 ABGB wirksam sein. § 579 ABGB gilt generell für eine vom Erblas-

ser „nicht eigenhändig geschriebene letztwillige Verfügung" und erfasst damit nicht nur ein von einer *anderen* Person geschriebenes Testament, sondern auch ein vom Erblasser selbst (oder einem Dritten) maschinell erstelltes Testament. Zusätzliche Anforderungen bestehen für den Fall, dass der Erblasser **nicht schreiben** oder **nicht lesen kann** (§ 580 ABGB).

Die **Formerfordernisse** für ein fremdhändiges Testament wurden durch das ErbRÄG 2015 verschärft (zum alten Recht Voraufl. Rn. 55): Nach § 579 I nF ABGB muss der Verfügende das Testament nicht mehr nur **eigenhändig unterschreiben**, sondern es auch mit einem **eigenhändig geschriebenen Zusatz** versehen, dass die Urkunde seinen letzten Willen enthält (zB „Mein letzter Wille", „So soll es sein"); eine lediglich mündliche Bekräftigung genügt nicht mehr. Die Unterschrift muss **in Gegenwart von drei gleichzeitig anwesenden Zeugen** geleistet werden. Ferner muss die Identität der Zeugen aus der Urkunde hervorgehen (gefordert werden Vor- und Familienname und Geburtsdatum oder Adresse), und sie müssen die Urkunde **mit einem auf ihre Zeugeneigenschaft hinweisenden, eigenhändig geschriebenen Zusatz** unterzeichnen (§ 579 II 1 nF ABGB). Die Zeugen brauchen den Inhalt des Testaments jedoch nicht zu kennen (§ 579 II 2 ABGB). – **Schrifttum** zur Neuregelung: Fenyves/Kerschner/Vonkilch/*Tschuggel*, Klang-Kommentar-ABGB, § 579 Rn. 16 ff.; Koziol/Bydlinski/Bollenberger/*Apathy/Neumayr*, ABGB, § 579 Rn. 2 f. 37

Anforderungen an die Testamentszeugen im Allgemeinen. Die Zeugen müssen vom Erblasser mit Wissen und Willen als Zeugen hinzugezogen, wenn auch nicht eigens zu diesem Zweck einberufen worden sein. Sie müssen auch selbst zur Bezeugung bereit sein. **Zeugnisunfähig** sind gem. § 587 S. 1 ABGB unmündige Minderjährige (also Personen bis Vollendung des 14. Lebensjahres, → Rn. 31), Personen welchen aufgrund einer körperlichen oder geistigen Beeinträchtigung die Fähigkeit fehlt, den letzten Willen des Erblassers zu bezeugen, und Personen, welche die Sprache der Verfügung nicht verstehen. Während Minderjährige nach altem Recht (§ 591 aF ABGB) generell zeugnisunfähig waren, können mündige Minderjährige nach neuem Recht (§ 587 S. 2 nF ABGB) immerhin Zeugen eines Nottestaments (→ Rn. 40) sein. – Ein Ausschluss besteht ferner bei **Befangenheit**, soweit der betreffende Zeuge oder eine ihm nahestehende Person als Erbe oder Vermächtnisnehmer eingesetzt wird (§ 588 I ABGB). Darüber hinaus wurde durch das ErbRÄG 2015 der Kreis der befangenen Personen erweitert auf gesetzliche Vertreter, Vorsorgebevollmächtigte, vertretungsbefugte Organe, Gesellschafter, Machthaber und Dienstnehmer bedachter Personen oder rechtsfähiger Gesellschaften (§ 588 II ABGB); zur streitigen Rechtslage vor der Reform Rummel/Lukas/*Welser* ABGB §§ 591–596 Rn. 4). Der Verfasser eines fremdhändigen Testaments kann selbst Zeuge sein, soweit nicht iÜ die Befangenheitsregeln eingreifen (§ 590 ABGB); davon abgesehen finden die Befangenheitsregeln auch auf den bedachten Verfasser eines fremdhändigen Testaments und ihm nahestehende Personen entsprechende Anwendung (§ 591 ABGB). Bei Verstoß gegen die Befangenheitsregeln ist allein die Verfügung zugunsten des Befangenen ungültig. 38

(3) Öffentliches Testament. Öffentliche Testamente können vor Gericht oder dem Notar durch mündliche Erklärung oder Übergabe einer Urkunde errichtet werden (§§ 581–583 ABGB, §§ 70 ff. NO [Notariatsordnung]). Das **schriftliche** Testament (§ 581 I, II bzw. § 583 ABGB) muss der Erblasser eigenhändig unterschreiben und dem Gericht bzw. Notar persönlich übergeben. Das Testament ist gerichtlich zu versiegeln und zu hinterlegen; über die Testamentserrichtung ist ein Protokoll aufzunehmen. Das **mündliche** Testament (§ 581 I, III bzw. § 583 ABGB) wird vom Gericht bzw. Notar protokolliert; iÜ ist wie bei schriftlichen Testamenten zu verfahren. Das gerichtliche Testament kann nur beim örtlich zuständigen Richter errichtet werden, wobei gem. § 582 I ABGB grds. eine zweite beeidete Gerichtsperson mitwirken muss; die zweite Gerichtsperson kann aber auch durch zwei Zeugen ersetzt werden. Entsprechendes gilt für das notarielle Testament. Vom öffentlich errichteten (notariellen) Testament abzugrenzen sind private Testamente (→ Rn. 35–38), die beim Notar gem. § 104 NO (Notariatsordnung) lediglich in Verwahrung gegeben wurden. 39

(4) Nottestament. Gem. § 584 ABGB setzt die Errichtung eines Nottestaments die unmittelbar drohende Gefahr voraus, dass der Erblasser stirbt oder die Testierfähigkeit verliert, bevor er seinen letzten Willen auf andere Weise wirksam zu erklären in der Lage sein wird. Die durch ErbRÄG 2015 bewirkte Änderung des Wortlauts stellt klar, dass die Sicht des letztwillig Verfügenden maßgeblich ist; die Gefahr muss folglich nicht tatsächlich vorliegen, es genügen objektive Umstände, die den begründeten Eindruck einer solchen Gefahrenlage beim Testator erwecken (im selben Sinn, zum bisherigen Recht, OGH JBl 2016, 520). Ist diese Voraussetzung gegeben, so kann der Testator mündlich oder schriftlich (fremdhändig iSv § 579 ABGB, → Rn. 36) testieren. Erforderlich ist hier die Beiziehung von lediglich zwei gleichzeitig anwesenden Zeugen (zur Zeugeneigenschaft → Rn. 38; insbes. können gem. § 587 S. 2 ABGB auch mündige Minderjährige Zeugen eines Nottestaments sein). Im Fall der mündlichen Verfügung müssen gem. § 584 I 2 ABGB auf Verlangen eines jeden, der ein begründetes rechtliches Interesse daran hat, beide Zeugen die Anordnung bestätigen, andernfalls ist das Testament ungültig (zum Streit, ob es sich hierbei nicht nur um eine Beweisregel handelt, Schwimann/Kodek/*Eccher* ABGB § 597 Rn. 10 mwN). In jedem Fall verliert das Nottestament drei Monate nach Wegfall der Gefahrensituation seine Gültigkeit (§ 584 II ABGB). 40

(5) Rechtsfolgen eines Formmangels. Gem. § 601 ABGB sind letztwillige Verfügungen, die zwingenden Formerfordernissen nicht genügen, ungültig. Bei privaten Testamenten sind die Formerfordernisse grundsätzlich zugleich Gültigkeitsvoraussetzungen (mit Ausnahme der „ratsamen" Angaben, etwa von Ort und Datum der Errichtung: § 578 S. 2 ABGB). Bei öffentlichen Testamenten sind jedenfalls die Versiegelung und die Belehrung über die Notwendigkeit einer Unterschrift keine Gültigkeitserfordernisse 41

(Rummel/Lukas/*Welser* ABGB §§ 587–590 Rn. 6). Ein Formmangel führt nach ganz hM nicht zur Nichtigkeit, sondern zur bloßen **Anfechtbarkeit** der Verfügung (mit Verjährung gem. § 1487a ABGB), ist also nicht von Amts wegen zu beachten (OHG SZ 59/164; Schwimann/Kodek/*Eccher* ABGB § 601 Rn. 3; Rummel/Lukas/*Welser* ABGB § 601 Rn. 3; aM [Nichtigkeit] Kralik ErbR Rn. 128 f.; → Rn. 66).

42 **dd) Möglicher Inhalt der Verfügungen von Todes wegen. (1) Allgemeines.** Die Gültigkeit einer Verfügung von Todes wegen unterliegt den allgemeinen Regeln der § 878 ABGB (anfängliche Unmöglichkeit) und § 879 ABGB (Gesetz- und Sittenwidrigkeit), soweit das Erbrecht keine Sonderregelungen enthält.

43 **(2) Erbeinsetzung. (a) Abgrenzung zum Vermächtnis.** Die Abgrenzung der Erbeinsetzung von der Anordnung eines Vermächtnisses ist grds. danach vorzunehmen, ob der Nachlass insgesamt oder ein quotenmäßiger Anteil desselben (Erbeinsetzung) oder individuelle Nachlassgegenstände zugewiesen werden (Vermächtnis; vgl. § 535 ABGB). Dabei kommt es nicht auf den Wortlaut der Anordnung, sondern in erster Linie auf den Willen des Testators an. Anhaltspunkte für eine Erbeinsetzung sind nach der Rspr. der Wille des Erblassers, den Bedachten als Gesamtnachfolger einzusetzen, ihm den direkten Zugriff auf das Nachlassvermögen einzuräumen oder ihm die Entrichtung von Vermächtnissen oder die Übernahme der Nachlassschulden aufzuerlegen (vgl. *Welser/Zöchling-Jud* BürgerlR II Rn. 2064; *Eccher* BürgerlR VI Rn. 4/74). – Fallen sowohl gewillkürte als auch gesetzliche Erben sowie der Lebensgefährte aus, so werden die vom Erblasser bedachten Vermächtnisnehmer als Miterben mit Erbquoten entsprechend dem Wertverhältnis ihrer Vermächtnisse berufen (außerordentliches Erbrecht gem. § 749 ABGB, dazu OGH JBl 1988, 712 sowie → Rn. 24).

44 **(b) Erbquote.** Bei gewillkürter Erbfolge ergeben sich die Erbquoten zunächst aus den Anordnungen des Erblassers. In Zweifelsfällen ist auf die Auslegungsregeln der §§ 554–559 ABGB zurückzugreifen, insbes.: unbeschränkte Einsetzung einer einzigen Person als Alleinerbeneinsetzung (§ 554 S. 1 ABGB); Vermutung zugunsten gleicher Erbteile (§ 555 ABGB); Zusammenfassung mehrerer Erben desselben Stamms zu einer Person bei der Bemessung der Erbquoten (§ 559 ABGB); Zuweisung des vom Erblasser nicht zugewandten Nachlassteils an die gesetzlichen Erben (§§ 554, 556 ABGB) oder die testamentarischen Erben ohne bestimmte Erbquoten (§ 557 ABGB).

45 **(c) Anwachsung.** Gelangen einzelne vom Erblasser eingesetzte Erben nicht zur Erbschaft (oder ist die Einsetzung eines von mehreren Erben unwirksam) und hat der Erblasser nicht bestimmt, wer ihre Teile erhält (Vorrang der Testamentsauslegung), so finden die Anwachsungsregeln der §§ 560, 563 ABGB Anwendung. Hat der Erblasser über den gesamten Nachlass verfügt, so wächst der frei gewordene Erbteil den übrigen Erben im Verhältnis ihrer Erbteile an (§ 560 I ABGB). Dies gilt (im Unterschied zum bisherigen Recht) unabhängig davon, ob die Einsetzung mit oder ohne Quoten erfolgte. Kommt es zu keiner Anwachsung, so fällt der frei gewordene Teil gem. § 560 II ABGB an die gesetzlichen Erben. Die gilt insbes. auch, wenn der Anwachsungsberechtigte die Anwachsung ausschlägt (*Welser/Zöchling-Jud* BürgerlR II Rn. 2217 mwN).

46 **(3) Vermächtnis. (a) Allgemeines.** Mit dem Vermächtnis wendet der Erblasser dem Bedachten, ohne ihn als Erben einzusetzen, einen Vermögensvorteil zu (§ 535 ABGB, zur Abgrenzung auch → Rn. 43). Wie im deutschen Recht begründet das Vermächtnis einen **persönlichen Anspruch** gegen den jeweiligen Beschwerten (§§ 649, 684 ABGB), der im Wege der Vermächtnisklage geltend zu machen ist. Der Anspruch richtet sich zunächst gegen den Nachlass, ab Einantwortung (→ Rn. 127, 153 f.) gegen die beschwerten Erben (§ 649 I ABGB). Der Anspruch wird erfüllt durch Übertragung des betreffenden Gegenstandes nach den Regeln über die Einzelrechtsnachfolge (§ 684 II ABGB). Das Vermächtnis entsteht kraft **Verfügung von Todes wegen** (Testament oder Erb- bzw. Vermächtnisvertrag) oder kraft **gesetzlicher Anordnung** (insbes. Vorausvermächtnis des Ehegatten oder Lebensgefährten gem. § 745 ABGB, → Rn. 56); § 647 I ABGB. Die Anordnung durch Verfügung von Todes wegen unterliegt den diesbezüglichen allgemeinen Regeln, soweit nicht für Vermächtnisse Sonderregeln bestehen, wie etwa die Widerrufsvermutung gem. § 724 ABGB (→ Rn. 84). – Das frühere gesetzliche **Vindikationslegat betreffend Wohnungseigentum** ist durch eine spezifische wohnrechtliche Anwachsung gem. § 14 WEG 2002 ersetzt worden (→ Rn. 131).

47 **(b) Vermächtnisnehmer.** Der begünstigte Vermächtnisnehmer muss beim Anfall (→ Rn. 50, 126) erbfähig (→ Rn. 134) und darf nicht erbunwürdig (→ Rn. 135 ff.) sein. Weitergehend als bei der Erbeinsetzung (§ 564 ABGB, → Rn. 29) kann der Erblasser in Form eines sog. **Verteilungsvermächtnisses** die Begünstigten auch durch eine allgemeine Kategorie bezeichnen (insbes.: die Verwandten, Dienstnehmer oder bedürftige Menschen) und die nähere Auswahl dem Erben oder Dritten überlassen (§ 651 ABGB).

48 Vermächtnisnehmer kann auch ein **(Mit)erbe** sein (§ 648 ABGB). Im Zweifel handelt es sich dabei um ein **Vorausvermächtnis**, so dass es nicht auf den Erbteil anzurechnen ist (§ 648 I ABGB). Ergibt sich dagegen aus der Auslegung, dass das Vermächtnis auf den Erbteil anzurechnen ist, so handelt es sich um ein **Hineinvermächtnis**, das im Zweifel als Teilungsanordnung (→ Rn. 144) wirkt (§ 648 II ABGB). Allerdings kann die Vermutung zugunsten einer Teilungsanordnung widerlegt werden; dies begründet die Möglichkeit eines „echten Hineinvermächtnisses", bei dem der Begünstigte das Vermächtnis unabhängig von seiner Erbenstellung (insbes. auch bei Ausschlagung der Erbschaft, die bei bloßer Teilungsanordnung zum Verlust der Zuwendung führen würde) erhalten soll; vgl. *Pesendorfer* in Barth/Pesendorfer, Praxishandbuch, S. 101–114 (105). Zusätzliche Auslegungsregeln für den Fall, dass der Wert eines

Hineinvermächtnisses den Wert des dem Begünstigten zugedachten Erbteils übersteigt, enthält § 648 III ABGB.

(c) **Beschwerter.** Durch das Vermächtnis beschwert ist gem. § 649 ABGB grds. zunächst die Verlassenschaft, nach Einantwortung die Erben, und zwar im Außenverhältnis zur ungeteilten Hand, im Innenverhältnis nach Maßgabe ihrer Erbquoten. Der Erblasser kann jedoch auch einzelne Miterben oder einen Vermächtnisnehmer (Untervermächtnis; dazu § 650 ABGB) mit dem Vermächtnis belasten. 49

(d) **Anfall und Fälligkeit des Vermächtnisses.** Der **Anfall** (Erwerb) des Vermächtnisses erfolgt grds. mit dem Tod des Erblassers (§ 684 I ABGB) und ist von seiner Fälligkeit abzugrenzen. Der Vermächtnisnehmer muss nur den Anfallstag erleben, nicht auch den Fälligkeitstag (*Welser/Zöchling-Jud* BürgerlR II Rn. 2248). Nach Anfall ist der Vermächtnisanspruch vererblich (vgl. § 647 II ABGB). Ein aufschiebend bedingtes Vermächtnis wird erst mit Bedingungseintritt erworben (§ 703 ABGB), ein aufschiebend befristetes Vermächtnis bereits mit dem Erbfall (vgl. § 705 ABGB). Die **Fälligkeit** des Vermächtnisses richtet sich grds. nach § 685 ABGB: Danach sind alle Vermächtnisse im Zweifel sofort mit Anfall fällig. Geldvermächtnisse und Vermächtnisse von Sachen, die sich nicht in der Verlassenschaft befinden (insbes. Verschaffungsvermächtnisse) können jedoch erst ein Jahr nach dem Erbfall *geltend gemacht* werden. Diese Regel bewirkt keinen Aufschub der Fälligkeit, sondern eine „reine Stundung", so dass ab dem Tag des Anfalls Verzugszinsen anfallen; vgl. *Ferrari* in: Rabl/Zöchling-Jud, Das neue Erbrecht, S. 57–70 (64 f.). Zum **Rentenvermächtnis** s. § 687 ABGB. 50

(e) **Annahme und Ausschlagung.** Eine besondere Annahmeerklärung ist nicht erforderlich (*Welser/Zöchling-Jud* BürgerlR II Rn. 2249; Koziol/Bydlinski/Bollenberger/*Apathy/Neumayr* ABGB § 647 Rn. 4). Eine Ausschlagung ist möglich (vgl. §§ 647 II, 689 ABGB). 51

(f) **Inhalt und Arten von Vermächtnissen.** Das **Gattungsvermächtnis** eröffnet ein Wahlrecht im Zweifel für den Erben, das Wahlrecht kann aber auch dem Vermächtnisnehmer selbst oder einem Dritten überlassen werden (§ 656 ABGB). Im Zweifel handelt es sich um ein sog. **echtes** Gattungsvermächtnis, bei dem der Erbe auch zur Verschaffung einer sich nicht im Nachlass befindlichen Sache verpflichtet ist (§ 658 ABGB). Bei ausdrücklicher Anordnung des Erblassers kann die Verschaffungspflicht auch auf die Sachen des Nachlasses beschränkt sein (§ 657 ABGB; sog. **unechtes** Gattungsvermächtnis). Geldvermächtnisse sind stets echte Gattungsvermächtnisse (§ 658 II ABGB). 52

Beim **Stückvermächtnis** vermacht der Erblasser eine individuell bestimmte Sache (dazu §§ 660 f. ABGB); auch hier kann die Wahl aus mehreren bestimmten Sachen dem Erben, Vermächtnisnehmer oder einem Dritten überlassen werden (§ 660 II ABGB). Handelt es sich um eine **fremde** (weder im Eigentum des Erblassers noch des Beschwerten stehende) Sache, ist das Vermächtnis grds. unwirksam (§ 662 I ABGB), sofern nicht der Erblasser „ausdrücklich" ein **Verschaffungsvermächtnis** angeordnet hat (§ 662 II ABGB; hierfür genügt nach OGH NZ 1999, 149 Kenntnis des Erblassers von Fremdheit). Ist im letzteren Fall die Sache nicht zu beschaffen, so hat der Vermächtnisnehmer nur einen Anspruch auf Zahlung des Verkehrswertes. 53

Zum Forderungsvermächtnis näher § 664 ABGB, zum sog. Befreiungsvermächtnis § 663 ABGB, zum Schuldvermächtnis § 665 ABGB, zum Unterhaltsvermächtnis § 672 ABGB, zum Ausbildungsvermächtnis § 673 ABGB. 54

(g) **Kürzung von Vermächtnissen.** Genügt der Nachlass nicht zur Befriedigung der Nachlassforderungen (→ Rn. 152), so sind die Vermächtnisse gem. § 692 ABGB bei beschränkter Haftung der Erben infolge bedingter Antrittserklärung (→ Rn. 154 ff.) anteilig zu kürzen. Wurde das Vermächtnis bereits geleistet, so besteht ein bereicherungsrechtlicher Rückforderungsanspruch nach Maßgabe der §§ 693 f. ABGB. Sind die **Pflichtteile** nicht vollständig abgedeckt (vgl. § 763 ABGB), bestimmt § 764 II ABGB eine verhältnismäßige Beitragspflicht aller Erben und Vermächtnisnehmer; ausgenommen sind das gesetzliche Vorausvermächtnis des Ehegatten, eingetragenen Partners oder Lebensgefährten gem. § 745 ABGB (→ Rn. 56 ff.) und das Pflegevermächtnis gem. §§ 677 f. ABGB (→ Rn. 59). Bei **Erschöpfung des Nachlasses durch Vermächtnisse** gelten §§ 690 f. ABGB. 55

(h) **Gesetzliches Vorausvermächtnis des Ehegatten, eingetragenen Partners oder Lebensgefährten.** Zugunsten des überlebenden Ehegatten oder eingetragenen Partners besteht gem. § 745 ABGB ein gesetzliches Vorausvermächtnis hinsichtlich des Wohnrechts an der Ehewohnung und der zum ehelichen Haushalt gehörenden beweglichen Sachen. Das Vorausvermächtnis hat Pflichtteilscharakter, so dass es dem Ehegatten nur durch „rechtmäßige Enterbung" (→ Rn. 116) entzogen werden kann. **Anrechnung:** Der Voraus wird nicht auf den Erbteil des Ehegatten angerechnet, doch kann der Erblasser insofern etwas anderes anordnen (*Winkler* ErbR Rn. 53). Auf den Pflichtteil ist der Voraus dagegen anzurechnen (§ 780 ABGB). **Rang:** Erblasser- und Erbgangsschulden gehen dem Vorausvermächtnis vor, so dass es zu Kürzungen gem. §§ 690 ff. ABGB kommen kann. Gegenüber anderen Vermächtnissen hat das Vorausvermächtnis nach hM wegen seines Unterhaltscharakters (vgl. § 691 ABGB) Vorrang (*Eccher* BürgerlR VI Rn. 9/29; *Welser/Zöchling-Jud* BürgerlR II Rn. 1948). Vorrang hat es gem. § 764 II ABGB auch gegenüber Pflichtteilsrechten anderer. Zu Lebzeiten des Erblassers ist ein **Verzicht** gem. § 551 ABGB (→ Rn. 138) möglich, nach dessen Tod eine **Ausschlagung** (*Eccher* BürgerlR VI Rn. 9/32). Das ErbRÄG 2015 hat mit § 745 II ABGB „ein solches gesetzliches Vermächtnis" auch zugunsten des **Lebensgefährten** eingeführt, wenn dieser in den letzten drei Jahren mit dem Erblasser im gemeinsamen Haushalt gelebt hat (vgl. → Rn. 24; ob die Ausnahme des § 748 II ABGB auch hier anzuwenden ist, ist str.; siehe Koziol/Bydlinski/Bollenberger/*Musger* ABGB § 745 Rn. 11 mwN) und der Erblasser nicht verheiratet 56 war oder in eingetragener Partnerschaft lebte. Das Vermächtnis des Lebensgefährten ist allerdings befristet auf ein Jahr. **Schrifttum:** *Zankl,* Das gesetzliche Vorausvermächtnis des Ehegatten, 1996. – Ergänzend begründet § 747 ABGB einen **Unterhaltsanspruch** des Ehegatten bzw. eingetragenen Partners gegen die Erben.

57 **Wohnrecht:** Die **Rechtsnatur** des Vorausvermächtnisses hinsichtlich der Ehewohnung ist streitig: Damnationslegat mit Notwendigkeit einer weiteren dinglichen Rechtsübertragung entsprechend den allgemeinen Regeln (→ Rn. 46; so *Welser/Zöchling-Jud* BürgerlR II Rn. 1950, 2235) oder Vindikationslegat mit unmittelbarer Entstehung des Wohnrechts kraft Gesetzes (*Eccher* BürgerlR VI Rn. 9/31; offen gelassen von OGH EvBl 2005/31, jedenfalls aber sofortige Fälligkeit gem. § 685 ABGB). Voraussetzung ist, dass die Eheleute in der betreffenden Wohnung **beim Tod des Erblassers** gewohnt haben (ausreichend ist gem. OGH SZ 2004/5 Nutzung als Lebensgefährten und Eheschließung im Krankenhaus vor dem Tod). Bei mehreren Wohnungen umfasst das Wohnrecht nur die Hauptwohnung (OGH NZ 1996, 304 mAnm *Zankl*). Subsidiarität: Das Wohnrecht gem. § 745 ABGB kommt nicht zum Tragen, soweit dem überlebenden Ehegatten ein solches schon aus eigenem Recht zusteht (zB Alleineigentum, dingliches Wohnrecht, Mietrecht) oder auf andere Weise infolge des Erbfalls zufällt (zB Erbrecht, Vermächtnis, Anwachsung von Wohnungseigentum gem. § 14 WEG 2002 [→ Rn. 131], Eintritt in das Mietverhältnis gem. § 14 MRG [→ Rn. 132]). Str. ist der Fortbestand des Wohnrechts nach **Wiederverheiratung des Ehegatten** (dafür *Welser/Zöchling-Jud* BürgerlR II Rn. 1952; dagegen Schwimann/Kodek/*Eccher* ABGB § 758 Rn. 14 mwN).

58 **Haushaltsgegenstände.** Das Vorausvermächtnis bezieht sich auch auf die zum ehelichen Haushalt gehörenden beweglichen Sachen, soweit sie zu dessen Fortführung nach den bisherigen Lebensverhältnissen erforderlich sind. Insofern handelt es sich unstreitig um ein Damnationslegat; ein Vollzug der Übereignung durch Übergabe wird jedoch meist im Hinblick auf den Mitbesitz des Ehegatten entbehrlich sein (*Eccher* BürgerlR VI Rn. 9/31). Nicht erfasst sind Bargeld und Gegenstände des persönlichen oder beruflichen Bedarfs des Erblassers. Die Zuordnung von Fahrzeugen hängt von den Umständen des Einzelfalls ab (*Eccher* BürgerlR VI Rn. 9/36). Das neue Vorausvermächtnis zugunsten des **Lebensgefährten** gem. § 745 II ABGB begründet im Hinblick auf seine Befristung (→ Rn. 56 aE) keinen Anspruch auf Übereignung, sondern lediglich auf Einräumung eines Benutzungsrechts (*Deixler-Hübner* in: Barth/Pesendorfer, Praxishandbuch, S. 39–53 (49, mwN).

59 **(i) Gesetzliches Pflegevermächtnis.** Durch das ErbRÄG 2015 neu eingeführt wurde in §§ 677 f. ABGB ein gesetzliches Pflegevermächtnis, das eine erbrechtliche Abgeltung von Pflegeleistungen durch nahestehende Personen (vgl. § 677 III ABGB) ermöglichen soll, die den Erblasser in den letzten drei Jahren vor seinem Tod mindestens sechs Monate in nicht bloß geringfügigem Ausmaß gepflegt haben, ohne dafür eine Gegenleistung zu erhalten. Die Höhe richtet sich gem. § 678 I ABGB nach Art, Dauer und Umfang der Pflegeleistungen. Das Vermächtnis steht gem. § 678 II ABGB jedenfalls neben einem etwaigen Pflichtteil, im Zweifel auch neben anderen Leistungen aus der Verlassenschaft (Vorausvermächtnis), sofern nicht der Erblasser etwas anderes verfügt hat. Eine Entziehung des Pflegevermächtnisses ist generell (auch bei nicht pflichtteilsberechtigten Personen) nur bei Vorliegen eines Enterbungsgrundes möglich (§ 678 II 1 ABGB). Das Verhältnis zur allgemeinen Bereicherungshaftung analog § 1435 ABGB (vgl OGH NZ 2015, 433) ist str.; vgl. *Eccher* BürgerlR VI Rn. 9/37 (mwN). Zum Verfahren: § 174a AußStrG. **Schrifttum:** *Neumayr/Kiener* in: Barth/Pesendorfer, Praxishandbuch, S. 123–153; *Fischer-Czermak* in: Rabl/Zöchling-Jud, Das neue Erbrecht, S. 27–42 (38 ff.); *Hueber* NZ 2016, 281; *Kaulbach* ZfRV 2016, 135.

60 **(4) Ersatzerbschaft.** Der Erblasser kann für den Fall, dass ein (eingesetzter oder testamentarischer) Erbe die Erbschaft nicht annehmen kann oder will, einen oder mehrere Ersatzerben bestimmen (§ 604 ABGB, „gemeine Substitution"). Der Ersatzerbe muss nur den Erbfall des Erblassers erleben, nicht auch den Wegfall des ersteingesetzten Erben (*Eccher* BürgerlR VI Rn. 4/102). Mit Annahme der Erbschaft durch den Ersteingesetzten erlischt die Ersatzerbschaft (§ 615 I ABGB). Außer durch ausdrückliche letztwillige Anordnung kann eine Ersatzerbschaft auch kraft widerlegbarer gesetzlicher Vermutung eintreten (zB zu Gunsten des Nacherben, § 608 I 2 ABGB, oder der Nachkommen vorverstorbener Kinder, §§ 681, 605 ABGB). Die ausdrücklich angeordnete Ersatzerbschaft geht der vermuteten vor, die Vermutungsbestimmungen sind vorbehaltlich eines entgegenstehenden Erblasserwillens gleichrangig (*Eccher* BürgerlR VI Rn. 4/101). Möglich ist auch die Benennung eines Ersatzvermächtnisnehmers (§ 652 ABGB).

61 **(5) Nacherbschaft. (a) Begründung.** Gem. § 608 ABGB kann der Erblasser auch einen Nacherben einsetzen. Entsprechendes gilt wiederum für Vermächtnisse (§ 652 ABGB). Die Anordnung mehrfacher, sukzessiver Nacherbschaft ist zwar zulässig, aber zur Vermeidung langfristiger Vermögensbindungen gem. §§ 611 f. ABGB beschränkt, soweit die Nacherben zur Zeit der Testamentserrichtung noch nicht geboren sind. Gem. § 614 ABGB ist die Anordnung der Nacherbschaft im Zweifel zugunsten einer möglichst geringen Beschränkung des Vorerben auszulegen (insbes. eher befreite als volle Nacherbschaft); dies gilt auch für die Frage, ob überhaupt eine Nacherbschaft angeordnet wurde. Hat der Erblasser die Einsetzung eines Erben oder Vermächtnisnehmers aufschiebend oder auflösend bedingt oder befristet, so führt dies gem. §§ 707 f. ABGB zu einer entsprechenden Vor- und Nacherbfolge, ggf. im Verhältnis zu den gesetzlichen Erben. Zur Umdeutung eines Testierverbotes oder -gebotes in die Anordnung einer Nacherbfolge (§ 610 ABGB) → Rn. 71.

(b) Stellung des Vorerben. Mit der Einantwortung (→ Rn. 127) erwirbt der Vorerbe nur beschränkte 62
Rechte (§ 613 ABGB). So ist seine Berechtigung hinsichtlich des Nachlasses durch den Nacherbfall **auflösend befristet oder bedingt:** Mit Eintritt des Nacherbfalls kommt es ipso iure zu einem Erwerb des Nachlasses (im jeweiligen Zustand) durch den Nacherben nach den allgemeinen Regeln. Wie im deutschen Recht wird der Nacherbe Erbe des Erblassers und nicht des Vorerben. Bei Eintritt des Nacherbfalls ist somit das Abhandlungsverfahren nach dem Erblasser wieder aufzunehmen (*Welser/Zöchling-Jud* BürgerlR II Rn. 2180). Der Nachlass bildet beim Vorerben ein Sondervermögen, für welches der Grundsatz der dinglichen Surrogation gilt (§ 613 III ABGB). Der Vorerbe hat insofern gem. § 613 I ABGB die **Stellung eines Fruchtgenussberechtigten** (Nießbrauchers, geregelt in §§ 509–520 ABGB): Er kann die Erbschaft unbeschränkt nutzen, ist aber zur Schonung und Erhaltung ihrer Substanz verpflichtet. Die dem Fruchtnießer obliegenden Aufwendungen (§ 513 ABGB) hat er aus dem eigenen Vermögen, die dem Eigentümer obliegenden (§§ 514 f. ABGB) aus der Vorerbschaft zu bestreiten (*Welser/Zöchling-Jud* BürgerlR II Rn. 2183). Den Vorerben trifft hinsichtlich des Nachlasses ein **Veräußerungs- und Belastungsverbot:** Verfügungen über Nachlassgegenstände, die die Rechtsstellung des Nacherben beeinträchtigen, sind gem. § 613 II ABGB grds. nur mit Zustimmung des Nacherben zulässig (Ausnahmen: Erfüllung von Nachlassverbindlichkeiten, Vermeidung einer Schädigung des Nachlasses, Maßnahmen im Rahmen der ordentlichen Verwaltung), doch ist nach hM ein gutgläubiger Erwerb in Analogie zu §§ 367, 456 ABGB möglich (Koziol/Bydlinski/Bollenberger/*Apathy/Neumayr* ABGB § 613 Rn. 4; Rummel/Lukas/*Welser* ABGB § 613 Rn. 6).

(c) Substitution auf den Überrest. In §§ 609, 613 IV ABGB nunmehr gesetzlich ausdrücklich anerkannt ist die auch vor dem ErbRÄG allgemein für zulässig erachtete Substitution auf den Überrest 63
(befreite Vorerbschaft), bei der der Vorerbe unter Lebenden frei über die Erbschaft verfügen kann und lediglich den Teil der Erbschaft an den Nacherben auszuliefern hat, der im Zeitpunkt des Nacherbfalls noch vorhanden ist. Schranken bestehen bei arglistigem Handeln des Vorerben, das Unterlassungs- und Schadensersatzansprüche begründen kann (Koziol/Bydlinski/Bollenberger/*Apathy/Neumayr* ABGB § 613 Rn. 9).

(d) Beendigung. Die Nacherbschaft erlischt, wenn kein Nacherbe mehr vorhanden ist oder der Nach- 64
erbfall nicht mehr eintreten kann (§ 615 I 2 ABGB), doch ist die Rechtsposition des Nacherben gem. § 615 II ABGB vererblich). Sie endet ferner bei einvernehmlicher Aufhebung durch Vor- und Nacherben (*Eccher* BürgerlR VI Rn. 4/119). Die Nacherbschaft zu Lasten eines Testierunfähigen erlischt im Zweifel mit dem Nachweis der (Wiedererlangung der) Testierfähigkeit (§ 616 ABGB), die Nacherbschaft zu Lasten eines kinderlosen Kindes erlischt im Zweifel, wenn es Nachkommen erhält (§ 617 ABGB).

(6) Bedingungen und Befristungen. Verfügungen von Todes wegen können auch bedingt oder befris- 65
tet getroffen werden (§ 695 ABGB). Insofern gelten die Sonderregeln gem. §§ 696–708 ABGB (insbes. was unverständliche, unbestimmte, unmögliche oder unerlaubte Bedingungen oder Befristungen anbelangt).

Die Regelung des § 700 ABGB zur **Bedingung der Nichtverehelichung** (dazu Voraufl. Rn. 83) wurde 66
durch das ErbRÄG 2015 aufgehoben, weil der Gesetzgeber in letztwilligen Eheverboten eine nicht mehr zeitgemäße, unzumutbare Beschränkung des höchstpersönlichen Lebensbereichs des Bedachten sieht. Vielmehr wird eine Bedingung der Nichtverehelichung nunmehr grds. als sittenwidrig iSd § 697 ABGB angesehen. Eine aufgrund erlaubter Motive angeordnete, zeitlich beschränkte Bedingung der Nichtverehelichung soll jedoch nach wie vor zulässig sein (näher *Eccher* BürgerlR VI Rn. 4/85).

Kassatorische Klauseln, welche einem Bedachten einen Vorteil entziehen, wenn dieser den letzten 67
Willen bestreitet, haben keine Wirkung, wenn nur die Echtheit oder der Sinn der Erklärung angefochten werden (§ 712 II ABGB).

(7) Auflagen. Möglich sind auch Auflagen (§ 695 ABGB), die in §§ 709–712 ABGB näher geregelt sind 68
(vor dem ErbRÄG 2015: „Auftrag"). Die Auflage ist eine Nebenbestimmung, durch die der Zuwendungsempfänger zu einem bestimmten Verhalten verpflichtet wird. Die Durchsetzung der Auflage erfolgt im streitigen Verfahren durch den Auflageberechtigten, der aber von dem durch die Auflage materiell Begünstigten verschieden sein muss, da es sich sonst um ein Vermächtnis handelte (*Welser/Zöchling-Jud* BürgerlR II Rn. 2086). Als durchsetzungsberechtigt kommen insbes. der Testamentsvollstrecker (§ 816 ABGB, → Rn. 122) oder die Erben in Betracht (§ 817 S. 1 ABGB), soweit diese nicht selbst mit der Auflage belastet sind. Gem. § 710 ABGB ist die Auflage im Zweifel als auflösende Bedingung zu verstehen (zum Verhältnis von Auflage und Bedingung näher Klang/*Gschnitzer*, Kommentar zum Allgemeinen Bürgerlichen Gesetzbuch, Bd. 3 (§§ 531–858), 2. Aufl. 1952, 690 f.).

ee) Auslegung und Konversion. (1) Auslegung. Grundsätzlich muss der Erblasser seinen letzten Wil- 69
len bestimmt erklären (§ 565 ABGB). Bei mangelnder Bestimmtheit ist der Wille des Erblassers im Wege der Auslegung zu ermitteln, deren Grundsätze nunmehr in § 553 ABGB niedergelegt worden sind. Oberste Richtschnur bei der Testamentsauslegung ist die Ermittlung des **wahren Willens** des Erblassers (§ 553 S. 2 ABGB). Dieser hat Vorrang vor den gesetzlichen Auslegungsregeln. Den allgemeinen Grundsatz enthält § 553 S. 1 ABGB: in erster Linie sind Wörter nach ihrer **gewöhnlichen Bedeutung** auszulegen, sofern der Verfügende mit ihnen nicht einen besonderen Sinn verbunden hat. Zeigt sich, dass die bedachte Person oder die zugewendete Sache nur unrichtig benannt oder beschrieben wurde **(falsa demonstratio),** so gilt die Verfügung im gewollten Sinn (§ 571 ABGB). Soweit der Wortlaut einen Auslegungsspielraum lässt, können als **Auslegungshilfe** andere schriftliche oder mündliche Äußerungen des

Erblassers (OGH JBl 1965, 264) oder sonstige, außerhalb der Testamentsurkunde liegende Beweismittel (OGH JBl 1990, 581 mAnm *Eccher*) herangezogen werden (*Welser/Zöchling-Jud* BürgerlR II Rn. 2050). Jedoch muss in jedem Fall im Hinblick auf die Formbedürftigkeit des Testaments der durch die Auslegung ermittelte Wille noch irgendeinen Anhaltspunkt in der Testamentsurkunde gefunden haben (sog. **Andeutungstheorie,** § 553 S. 2 ABGB; aus der Rspr: OGH NZ 2000, 44; JBl 1991, 244). Die Auslegung darf sich nicht im Widerspruch zu dem vom Erblasser „unzweideutig ausgedrückten Willen" befinden (OGH SZ 25/203; JBl 1991, 244). Im Zweifel ist eine letztwillige Verfügung so auszulegen, dass sie wirksam ist (**favor testamenti,** § 553 S. 3 ABGB). Die **Unwirksamkeit einer einzelnen Verfügung** hat grds. nicht die der übrigen zur Folge (OGH NZ 1986, 85), sofern nicht die Auslegung ergibt, dass der Erblasser die Wirksamkeit verschiedener Anordnungen miteinander verknüpfen wollte (OGH SZ 36/156).

70 Im ABGB sind auch verschiedentlich **Auslegungsregeln** zu finden. So führt etwa gem. § 605 ABGB die Erbeinsetzung eines Kindes des Erblassers zur stillschweigenden Ersatzerbenberufung der Nachkommen des Kindes; Entsprechendes gilt für das Vermächtnis gem. § 681 ABGB. Im Zusammenhang mit dem Vermächtnisrecht finden sich weitere, zT verallgemeinerungsfähige Auslegungsregeln (zB § 682 ABGB: „Verwandte"). Auslegungsregeln zur Erbeinsetzung enthalten die §§ 554–559 ABGB (→ Rn. 44).

71 **(2) Konversion.** Ist eine Verfügung von Todes wegen unwirksam, so besteht grds. die Möglichkeit einer Umdeutung (Konversion) in eine gültige Verfügung. Voraussetzung hierfür ist allgemein, dass der Erblasser bei Kenntnis der Nichtigkeit eine derartige Verfügung getroffen hätte. Einen gesetzlich angeordneten Fall einer Konversion bildet § 610 I ABGB, der das Verbot an den Erben, über den Nachlass von Todes wegen zu verfügen, wegen der damit verbundenen Beschränkung der Testierfreiheit des Erben in eine Nacherbschaft (→ Rn. 61) umdeutet (Entsprechendes gilt für das Gebot, über den Nachlass in bestimmter Weise zu testieren; Rummel/Lukas/*Welser* ABGB § 610 Rn. 1).

72 **ff) Willensmängel.** Kann der Wille des Erblassers nicht auf dem Wege der Auslegung zur Geltung gebracht werden, so kommt eine Anfechtung der Verfügung wegen eines Willensmangels in Betracht.

73 **(1) Anfechtungsgründe im Allgemeinen.** Die allgemein beachtlichen Willensmängel ergeben sich aus § 565 ABGB: Danach muss der Wille des Erblassers „frei von Drohung, List und wesentlichem Irrtum erklärt werden". Angesichts der breiten Möglichkeit einer Irrtumsanfechtung (auch wegen Motivirrtums) kommt daneben der Anfechtung wegen **Drohung** oder **List** allenfalls geringe praktische Bedeutung zu (*Eccher* BürgerlR VI Rn. 4/23). Zentraler Anfechtungsgrund ist der „**wesentliche Irrtum**" gem. § 570 ABGB, wobei aber eine bloße falsa demonstratio unschädlich ist (§ 571 ABGB). Ein Irrtum ist wesentlich, wenn der Erblasser bei Kenntnis der wahren Sachlage die betreffende Verfügung gar nicht getroffen hätte. Die Anfechtung wegen eines solchen Irrtums führt dementsprechend zur Ungültigkeit der Verfügung in Gänze. Andererseits ist aber auch ein **unwesentlicher Irrtum** nicht unbeachtlich; hierbei handelt es sich um einen Irrtum, ohne den der Erblasser zwar verfügt hätte, aber in anderer Weise (zB Irrtum über Nebenumstände wie Termine oder Befristungen). Hier führt die Anfechtung nur insoweit zur Ungültigkeit der Verfügung, als sie auf dem Irrtum beruht; die Verfügung entfällt damit nicht insgesamt, sondern wird inhaltlich korrigiert (zum Ganzen Schwimann/Kodek/*Eccher* ABGB § 570 Rn. 3 f.; Ferrari/Likar-Peer ErbR/*Weiß*/*Likar-Peer* S. 130 f.). Gem. § 572 ABGB sind auch **Motivirrtümer** beachtlich, sofern erwiesen ist, dass der Wille des Erblassers „einzig und allein auf diesem irrigen Beweggrund beruht hat". Nach der Neufassung durch das ErbRÄG 2015 wird § 572 ABGB verbreitet so gelesen, dass der Beweggrund (entgegen der bisherigen Rechtsprechung des OGH NZ 2007, 335) in der Verfügung selbst angegeben worden sein muss (Koziol/Bydlinski/Bollenberger/*Apathy*/*Neumayr* ABGB § 572 Rn. 3). Hinsichtlich der Erheblichkeit des Motivirrtums wird die Kausalität von der Rspr. eher streng überprüft („einzig und allein"; vgl. zB OGH SZ 52/173).

74 **(2) Rechtsfolgen von Willensmängeln.** Rechtsfolge eines Willensmangels ist entgegen dem missverständlichen Wortlaut der §§ 570–572 ABGB („ungültig") nach wohl allgM die bloße Anfechtbarkeit, die der Verjährung gem. § 1487 ABGB unterliegt (Schwimann/Kodek/*Eccher* ABGB § 570 Rn. 5; *Kralik* ErbR Rn. 108; → Rn. 76).

75 **(3) Übergehung pflichtteilsberechtigter Erben.** Die gänzliche Übergehung pflichtteilsberechtigter Erben ist in § 775 ABGB geregelt. Grundsätzlich bedeutet die Übergehung eine Enterbung: die betreffenden Personen können gem. § 775 I ABGB nur den Pflichtteil verlangen. Eine Sonderregelung trifft § 775 II ABGB, für den Fall, dass der Erblasser **Kinder** und deren Nachkommen hatte, **von deren Geburt er bei Errichtung einer letztwilligen Verfügung nicht wusste:** Handelt es sich bei dem Kind um **eines von mehreren Kindern,** so kann es den gleichen Anteil verlangen wie das vom Erblasser am geringsten bedachte (§ 775 II 2 ABGB; für zusätzliche Beschränkung auf die Höhe des gesetzlichen Erbteils *Kralik* ErbR Rn. 112). Hat der Erblasser **sein einziges Kind** übergangen (Präterition), so gilt die letztwillige Verfügung als widerrufen, wenn nicht feststeht, dass der Verstorbene die Verfügung auch in Kenntnis seinem Kind errichtet hätte (§ 775 II 3 ABGB). Zweifelhaft ist angesichts des Wortlauts von § 775 II 1 nF ABGB („von deren *Geburt* er bei Errichtung einer letztwilligen Verfügung nicht wusste"), ob durch die Regelung auch der Fall erfasst sein soll, dass ein zunächst kinderloser Erblasser erst *nach* Erklärung seines letzten Willens ein Kind erhält (Agnation); dafür Koziol/Bydlinski/Bollenberger/*Musger* ABGB § 775 Rn. 3 (mwN). Dem Erblasser ist das Dasein eines Kindes **bekannt,** wenn er sowohl dessen physische Existenz als auch das familienrechtliche Verhältnis zu ihm kannte; zweifelhaft ist, ob die Kenntnis von der Schwangerschaft ausreicht (dafür zB *Eccher* BürgerlR VI Rn. 4/30 mwN).

II. Materielles Recht   Österreich 120

Sterben die irrtümlich übergangenen Kinder vor dem Erblasser, bleibt die Verfügung wirksam (*Zankl*, Erbrecht, Rn. 90, unter Fortführung von § 778 2 aF ABGB).

gg) **Rechtsfolgen von Gültigkeitsmängeln.** Entgegen dem insofern zT missverständlichen Wortlaut 76 der einschlägigen Vorschriften, die von der „Ungültigkeit" der betreffenden Verfügung sprechen (insbes. §§ 570–572 ABGB betr. Willensmängel (→ Rn. 74), § 601 ABGB betr. Formmängel (→ Rn. 41)), ist die Rechtsfolge eines Gültigkeitsmangels von Testamenten grds. nicht die absolute Nichtigkeit, sondern die bloße „**Anfechtbarkeit**" („relative Nichtigkeit", vgl. *Welser/Zöchling-Jud* BürgerlR II Rn. 2039; *Gschnitzer/Faistenberger*, Erbrecht, 2. Aufl. 1984, Rn. 31). Das bedeutet, dass der betreffende Mangel nicht zeitlich unbegrenzt von Amts wegen zu beachten ist, sondern von der interessierten Partei gem. § 1487a ABGB innerhalb einer **Verjährungsfrist von drei Jahren ab Kenntnis** des Mangels, **spätestens 30 Jahre nach dem Erbfall**, geltend gemacht werden muss. Nach Ablauf der Frist können folglich insbes. Form- und Willensmängel nicht mehr geltend gemacht werden. Etwas anderes gilt nur, wenn ausnahmsweise ein derart **schwerwiegender Mangel** vorliegt, dass es sich nicht einmal dem Inhalt und der äußeren Form nach um eine letztwillige Verfügung handelt (*Welser/Zöchling-Jud* BürgerlR II Rn. 2040; Beispiel: zerrissenes Testament, *Gschnitzer/Faistenberger*, Erbrecht, 2. Aufl. 1984, Rn. 31; zu den Abgrenzungsfragen zwischen absoluter und relativer Nichtigkeit näher Ferrari/Likar-Peer ErbR/*Weiß/Likar-Peer* S. 185–187; Rummel/*Bydlinski* ABGB § 1487 Rn. 2; Schwimann/Kodek/*Mader/Janisch* § 1487 Rn. 2ff.).

hh) **Widerruf. (1) Allgemeines.** Anders als der Erbvertrag [→ Rn. 90] entfaltet die letztwillige Verfü- 77 gung **keine lebzeitige Bindungswirkung** für den Erblasser. Er kann somit sein Testament jederzeit widerrufen und damit die gesetzliche oder eine andere gewillkürte Erbfolge eintreten lassen. Der Erblasser kann eine letztwillige Verfügung auch nicht durch testamentarische Anordnung unwiderruflich machen (§ 716 ABGB). Der Widerruf einer letztwilligen Verfügung unterliegt grds. denselben Regeln wie deren Errichtung (vgl. zB § 719 ABGB). So muss auch der Widerrufende testierfähig sein (§ 718 ABGB) und sind die Irrtumsregeln (→ Rn. 72–75) auch auf den Widerruf anwendbar (*Welser/Zöchling-Jud* BürgerlR II Rn. 2134).

(2) **Modalitäten des Widerrufs. (a) Ausdrücklicher Widerruf.** Der Erblasser kann ein Testament je- 78 derzeit gem. §§ 717, 719 ABGB ausdrücklich widerrufen. Der Widerruf muss in einer der für die Testamentserrichtung vorgesehenen Formen erfolgen (Rummel/Lukas/*Welser* ABGB § 719 Rn. 1).

(b) **Errichtung einer neuen letztwilligen Verfügung.** Die Auswirkungen einer letztwilligen Verfü- 79 gung auf frühere Verfügungen hängt davon ab, ob es sich jeweils um Testamente oder sonstige letztwillige Verfügungen (ohne Erbeinsetzung; früher: „Kodizille") handelt (zur Abgrenzung → Rn. 28): Ein früheres **Testament** wird, sofern der Erblasser nicht dessen Fortbestand „zu erkennen gegeben hat", gem. § 713 I ABGB durch ein späteres Testament in allen Teilen aufgehoben, auch soweit die Testamente miteinander vereinbar wären (*Welser/Zöchling-Jud* BürgerlR II Rn. 2137). Dies gilt auch, wenn im nachfolgenden Testament nur für einen Teil des Nachlasses ein Erbe bestimmt wird; der übrige Nachlass fällt dann an die gesetzlichen Erben (§ 713 I 2, 3 ABGB). Eine **sonstige spätere letztwillige Verfügung** (ohne Erbeinsetzung) hebt frühere derartige Verfügungen nur insoweit auf, als es mit ihnen im Widerspruch steht (§ 714 ABGB). Allein aus dem Bestehen einer früheren testamentarischen Erbeinsetzung ergibt sich kein Widerspruch, da das weitere Vermächtnis mit der Erbenstellung grds. vereinbar ist (Rummel/Lukas/*Welser* ABGB § 714 Rn. 3).

Gesetzlich nicht geregelt war bisher die **Wirkung eines späteren Testaments auf ein früheres „Kodi-** 80 **zill"**, also eine letztwillige Verfügung ohne Erbeinsetzung. § 713 II ABGB bestimmt numehr, dass im Zweifel eine solche frühere Verfügung im Zweifel nur durch ein späteres Testament, mit dem über die gesamte Verlassenschaft verfügt wird, aufgehoben wird; hat der Erblasser das nicht getan, so bleibt die frühere Verfügung im Zweifel aufrecht (zur bisherigen Rechtslage vgl. Voraufl. Rn. 97).

Lässt sich die **Reihenfolge der Verfügungen** nicht ermitteln, so gelten gem. § 715 ABGB beide, so- 81 weit sie nebeneinander bestehen können.

(c) **Einwirkungen auf die Urkunde.** Eine letztwillige Verfügung kann auch stillschweigend durch 82 Zerstörung widerrufen werden. Gem. § 721 ABGB kann dies insbes. durch Zerreißen, Zerschneiden, Verbrennen oder Durchstreichen der Unterschrift oder des ganzen Inhalts geschehen. Die Aufzählung ist nicht abschließend; es genügt jede Einwirkung auf die Urkunde, die auf einen endgültigen Aufhebungswillen schließen lässt; nach hL genügt auch der bloße (nicht unterschriebene) Vermerk „ungültig" auf der Urkunde (Schwimann/Kodek/*Eccher* ABGB § 721 Rn. 1 mwN). Vernichtet der Erblasser von mehreren gleich lautenden Urkunden nur eine, liegt hierin noch kein Widerruf (§ 721 S. 2 ABGB). Erfolgt die Zerstörung oder Veränderung der Urkunde durch Zufall, so liegt hierin mangels *animus revocandi* kein Widerruf, doch sind Zufall und Inhalt der Verfügung zu beweisen (§ 722 ABGB).

(d) **Öffentliche Testamente.** Öffentliche Testamente sind nach den allgemeinen Regeln widerruflich. 83 Vom Widerruf abzugrenzen ist jedoch die bloße **Zurücknahme** des Testaments aus der öffentlichen Verwahrung: Mit der Rücknahme verliert das Testament zunächst nur seine Eigenschaft als öffentliche Urkunde. Erfüllt es die Anforderungen eines privaten schriftlichen Testaments (→ Rn. 35ff.), so gilt es grds. als solches fort (*Welser/Zöchling-Jud* BürgerlR II Rn. 2148), doch soll die Rücknahme im Einzelfall als stillschweigende Aufhebung analog § 721 ABGB zu deuten sein können (Rummel/Lukas/*Welser* ABGB § 719 Rn. 5; aM Kralik ErbR Rn. 151; *Kralik* FS Wagner, 1987, 235 (237); im Zweifel für Gültigkeit Schwimann/Kodek/*Eccher* ABGB § 721 Rn. 4 mwN).

120 Österreich

84 **(e) Vermuteter Widerruf eines Vermächtnisses.** Vermächtnisse können zunächst nach den allgemeinen Regeln widerrufen werden. Darüber hinaus gilt gem. § 724 I ABGB ein Vermächtnis als widerrufen, wenn der Erblasser die vermachte Forderung eingezogen oder die vermachte Sache veräußert oder wesensmäßig umgestaltet hat (anders, wenn die betreffende Veränderung nicht mit dem Willen des Erblassers herbeigeführt wurde: § 724 II ABGB).

85 **(3) Wiederaufleben früherer Verfügungen.** Hat der Erblasser eine spätere letztwillige Verfügung zerstört, eine frühere schriftliche Verfügung aber unversehrt gelassen, so erlangt die frühere mit dem Wegfall der späteren wieder Geltung (§ 723 S. 1 ABGB). Zu einem Wiederaufleben kommt es dagegen nicht bei einer früheren *mündlichen* Anordnung, sofern es sich nicht um eine mündliche gerichtliche oder notarielle Verfügung handelt (§ 723 S. 2 ABGB). Im Hinblick auf den Wortlaut („zerstört") beschränkt die hM die Vorschrift auf den „stillschweigenden Widerruf" durch Einwirkung auf die Urkunde (→ Rn. 82), so dass es in den sonstigen Widerrufsfällen nicht zum Wiederaufleben einer früheren Verfügung kommt (OGH SZ 62/11; für analoge Anwendung auf die ausdrückliche Aufhebung Rummel/Lukas/*Welser* ABGB § 723 Rn. 2; vgl. auch Schwimann/Kodek/*Eccher* ABGB § 719 Rn. 3 mwN).

86 **ii) Aufhebung einer letztwilligen Verfügung durch Verlust der Angehörigenstellung.** Durch das ErbRÄG 2015 neu eingefügt wurde § 725 ABGB zur Aufhebung des Testaments infolge nachträglichen Verlusts der Angehörigenstellung einer letztwillig begünstigten Person. Erfasst werden die Auflösung der Ehe, eingetragenen Partnerschaft oder Lebensgemeinschaft zu Lebzeiten des Erblassers (§ 725 I 1 ABGB) sowie die Aufhebung der Abstammung oder einer Adoption (§ 725 I 2 ABGB). Erfasst sind nur die Verfügungen, die dem jeweiligen Angehörigen betreffen. Es handelt sich um eine Vermutung, die widerlegt ist, wenn der Erblasser „ausdrücklich das Gegenteil angeordnet hat". Nach Maßgabe des § 725 II ABGB genügt auch bereits die Einleitung eines entsprechenden Verfahrens. Näher zum neuen § 725 ABGB *Fischer-Czermak* in: Rabl/Zöchling-Jud, Das neue Erbrecht S. 27–42 (31 ff.). Speziell zur zeitlichen Anwendbarkeit des § 725 ABGB *Zankl*, Erbrecht, Rn. 145.

87 **d) Gemeinschaftliches Testament. aa) Zulässigkeit.** Ein gemeinsames Testament können gem. §§ 586 ABGB nur **Ehegatten oder eingetragene Partner** errichten. Darüber hinaus wird jedoch nach allgemeiner Ansicht in Parallele zum Ehevertrag (→ Rn. 90) ein gemeinschaftliches Testament auch bei **Verlobten** als zulässig angesehen; seine Wirksamkeit steht jedoch unter der aufschiebenden Bedingung nachträglicher Eheschließung (Koziol/Bydlinski/Bollenberger/*Apathy*/*Neumayr* ABGB § 586 Rn. 1; *Eccher* BürgerlR VI Rn. 4/52). Haben **andere Personen** ein gemeinschaftliches Testament errichtet, so ist eine Umdeutung ausgeschlossen (OGH SZ 55/143).

88 **bb) Form.** Es gelten grds. die allgemeinen Formvorschriften für Testamente; es gibt kein Formprivileg für gemeinschaftliche Testamente. Zweifelhaft ist allerdings, ob im Hinblick auf die Gemeinschaftlichkeit des Textes der Kreis möglicher Formen von vornherein beschränkt ist (insbes. was die mündliche Errichtung anbelangt, → Rn. 39; zum Problem *Eccher* BürgerlR VI Rn. 4/53). Beim eigenhändigen Testament ist erforderlich (aber auch ausreichend), dass jeder Ehegatte seinen Text selbst schreibt und unterschreibt (OGH SZ 10/327; *Welser*/*Zöchling-Jud* BürgerlR II Rn. 2120; restriktiver *Eccher* BürgerlR VI Rn. 4/53; zum Ganzen auch Ferrari/Likar-Peer ErbR/*Weiß*/*Likar-Peer* S. 177 f. mwN).

89 **cc) Widerruf.** Auch gemeinschaftliche Testamente sind nach den allgemeinen Regeln (→ Rn. 77 ff.) **widerruflich** (§ 586 II 2 ABGB). Dies gilt gleichermaßen zu Lebzeiten beider Erblasser wie nach dem Tod des Erstversterbenden (*Kralik* ErbR Rn. 142). Beim Widerruf zu Lebzeiten ist eine Inkenntnissetzung des anderen Erblassers nicht erforderlich; es gibt keinen Vertrauensschutz (Ferrari/Likar-Peer ErbR/*Weiß*/*Likar-Peer* S. 178). Besonderheiten gelten für **wechselbezügliche Verfügungen,** bei denen die Verfügung eines jeden nur unter der Bedingung der Geltung der Verfügung des anderen gelten soll: Nach § 586 II 3 ABGB führt der Widerruf der gegenseitigen Erbeinsetzung durch einen Teil im Zweifel zum Widerruf dieser Erbeinsetzung durch den anderen. *Keine* solche Vermutung besteht jedoch, wenn die Einsetzung eines *Dritten* von einem Teil widerrufen wird. Für den Fall der **Ehescheidung** greift die Vermutung eines stillschweigenden Widerrufs gem. § 725 ABGB (→ Rn. 86) ein

90 **e) Erbvertrag. aa) Allgemeines.** Der Erbvertrag wird insbes. in den §§ 602, 1249–1254 ABGB geregelt. Es handelt sich um ein zweiseitiges Rechtsgeschäft, in dem zumindest für eine Partei eine bindende Verfügung von Todes wegen (Erbeinsetzung oder Vermächtnis) getroffen wird. Einen Erbvertrag können gem. § 602 ABGB nur **Ehegatten, eingetragene Partner und Verlobte** errichten.

91 Dem Erbvertrag wird in Österreich eine **Doppelnatur** als Vertrag unter Lebenden und Verfügung von Todes wegen zugemessen (*Welser/Zöchling-Jud* BürgerlR II Rn. 2200; Ferrari/Likar-Peer ErbR/*Fritsch* S. 250). Dementsprechend können sowohl die Regeln über Rechtsgeschäfte unter Lebenden als auch diejenigen über Verfügungen von Todes wegen zur Anwendung kommen. Dem **allgemeinen Vertragsrecht** unterliegen etwa die Regeln über Geschäftsfähigkeit, Vertragsabschluss und -aufhebung, Wirksamkeit von Nebenbestimmungen (zu Bedingungen insbes. § 1251 ABGB), Folgen von Willensmängeln (OGH SZ 59/71). Dem **Erb- und Testamentsrecht** zu entnehmen sind die Regeln über die Testier- und Erbfähigkeit, höchstpersönliche Errichtung, den zulässigen Inhalt und die erbrechtlichen Wirkungen des Erbvertrags. Die Regelung § 1250 BGB zu Erbverträgen beschränkt Testierfähiger (vgl. Voraufl. Rn. 109) wurde durch das ErbRÄG 2015 aufgehoben und ist als entbehrlich angesehen worden.

92 **bb) Form.** Durch das ErbRÄG 2015 wurde die Fassung des § 1249 S. 2 ABGB zur Form des Erbvertrags klarer gefasst. Die Vorschrift sieht nun ausdrücklich vor, dass dieser „als Notariatsakt und mit allen Erfordernissen eines schriftlichen Testamentes" errichtet werden muss (*Eccher* BürgerlR VI Rn. 5/4).

Insofern liegt dann als Testamentsform die des öffentlichen notariellen Testaments nahe (→ Rn. 39), sodass der Notariatsakt unter Beiziehung eines zweiten Notars oder zweier weiterer Zeugen zu errichten ist (§§ 56 I lit. a, 67 NO).

cc) Wirkungen. Durch den Erbvertrag wird die Verfügungsbefugnis des Erblassers **unter Lebenden** 93 nicht beschränkt (§ 1252 S. 1 ABGB). Doch auch was Verfügungen **von Todes wegen** anbelangt, kann sich der Erblasser gem. § 1253 ABGB nicht umfassend binden: „Ein reines Viertel, das weder durch Pflichtteile noch durch andere Forderungen belastet sein darf, muss zur freien letztwilligen Verfügung stehen." (§ 1253 S. 2 ABGB, sog. **„freies Viertel"**). Über das freie Viertel kann der Erblasser also in jedem Fall frei verfügen. Zwar kann er es dann auch dem Vertragserben zuwenden, doch muss dies durch eine besondere Verfügung von Todes wegen erfolgen. Die bloße Zuweisung des gesamten Nachlasses an den Vertragserben genügt insofern nicht (keine Umdeutung); vielmehr fällt das freie Viertel in diesem Fall (ebenso wie wenn der Erblasser darüber gar nicht verfügt hat) an die gesetzlichen Erben (§ 1253 S. 3 ABGB; BayObLG DNotZ 1982, 50 (54) mAnm *Dörner*). Die **Berechnung des freien Viertels** ist umstritten (vgl. *Eccher* BürgerlR VI Rn. 5/8 mit Rechenbeispiel), namentlich ob das Viertel allein von den Nachlassaktiva (*Kralik* ErbR Rn. 158f.) zu berechnen ist, ob vorher die Erblasser- und Erbgangsschulden (→ Rn. 152) („reiner Nachlass"; so *Eccher* BürgerlR VI Rn. 5/8) oder darüber hinaus auch die Pflichtteilsansprüche (→ Rn. 101 ff.) abzuziehen sind (so Ferrari/Likar-Peer ErbR/*Fritsch* S. 256 mwN; anders OGH SZ 20/92).

Der Erbvertrag kann zwar auch **Verfügungen zugunsten Dritter** enthalten, da mit einem anderen als 94 dem Ehegatten keine bindenden Eheverträge getroffen werden können, werden diese Verfügungen aber als einseitig **widerrufliche** letztwillige Verfügungen erachtet (OGH SZ 58/14).

dd) Aufhebung und sonstige Beendigung. Soweit der Erbvertrag nach dem Gesagten bindet, ist ein 95 **einseitiger Widerruf nicht zulässig** (§ 1254 S. 1 ABGB). Möglich ist aber eine **einvernehmliche Aufhebung** durch neuen Erbvertrag, Aufhebungsvertrag oder gegenseitigen Erbverzicht (→ Rn. 138). Erb- und Aufhebungsvertrag bedürfen nach hM der Form eines Notariatsaktes (vgl. OGH JBl 1971, 263), beim Erbverzichtsvertrag genügt auch ein gerichtliches Protokoll (OGH SZ 52/58). – Bei **Scheidung oder Aufhebung** (vgl. § 42 EheG) **der Ehe** verliert der Erbvertrag gem. § 1266 S. 1 ABGB seine Wirksamkeit, wenn die Ehegatten nicht etwas anderes vereinbart haben und die Ehe ohne oder mit beiderseitigem gleichteiligem Verschulden geschieden wird. Bei alleinigem oder weit überwiegendem Verschulden eines Ehegatten hat der andere Ehegatte ein Wahlrecht: Er kann es bei den Unwirksamkeitsfolgen gem. S. 1 belassen *oder* er kann die vereinbarten Rechte aus dem Ehepakt geltend machen (§ 1266 S. 2, 3 ABGB). Erbrechtliche Folgen kann er aber erst beim Vortod des schuldigen Ehegatten geltend machen (OGH SZ 34/53; Koziol/Bydlinski/Bollenberger/*Koch* ABGB § 1266 Rn. 4). Bei **Nichtigerklärung** der Ehe (vgl. § 31 EheG) erlöschen gem. § 1265 S. 1 ABGB die Ehepakte rückwirkend. Hatte ein Ehegatte bei der Eheschließung den Nichtigkeitsgrund nicht gekannt, gelten die Rechtsfolgen der Ehescheidung, wobei der andere Ehegatte, wenn er den Nichtigkeitsgrund kannte, wie ein schuldiger Ehegatte behandelt wird; es kommt § 1266 S. 2, 3 ABGB zur Anwendung.

f) Rechtsgeschäfte unter Lebenden auf den Todesfall. Als Rechtsgeschäfte unter Lebenden auf den 96 Todesfall unterscheidet man in Österreich verbreitet die Schenkung, die Übergabe und den Auftrag auf den Todesfall (ausführlich zum Ganzen Ferrari/Likar-Peer ErbR/*Weiß* S. 308–333).

Die **Schenkung auf den Todesfall** wurde durch das ErbRÄG 2015 grundlegend reformiert und ist 97 nunmehr in § 603 ABGB geregelt (bisher: § 956 aF ABGB; zum alten Recht Vorauf. Rn. 115). Eine solche Schenkung, die erst mit dem Tod des Schenkenden wirksam werden soll, wird nach neuem Recht als bindender Vertrag angesehen, wenn der Schenkende sich kein Widerrufsrecht vorbehalten hat und der Vertrag als Notariatsakt aufgenommen wurde („echte" Schenkung auf den Todesfall). Liegt eine der beiden Voraussetzungen nicht vor, so ist die Schenkung auf den Todesfall ungültig (Koziol/Bydlinski/Bollenberger/*Apathy*/*Neumayr* ABGB § 603 Rn. 3). Auf die echte Schenkung auf den Todesfall sind gem. § 603 S. 2 ABGB die Vorschriften des Schenkungsrechts (§§ 938ff. ABGB) sowie § 1253 ABGB über das „freie Viertel" (→ Rn. 93) anzuwenden. **Schrifttum:** *Ferrari* in: Rabl/Zöchling-Jud, Das neue Erbrecht, S. 59–70 (65–69); zum alten Recht: *Längle*, Schenkung auf den Todesfall, 2009.

Bei der **Übergabe auf den Todesfall** übergibt der Erblasser einem anderen eine Sache mit der Bestim- 98 mung, dass sie nach seinem Tod in dessen Eigentum übergehen soll. Als Rechtsgrund ist eine Schenkung oder ein Vermächtnis erforderlich, für das die betreffenden Formerfordernisse (→ Rn. 34ff.) erfüllt sein müssen, was aber häufig nicht der Fall sein wird (Welser/Zöchling-Jud BürgerlR II Rn. 2274f.).

Beim gem. § 1022 ABGB zulässigen **Auftrag auf den Todesfall** übergibt der Erblasser einem anderen 99 eine Sache mit dem Auftrag, sie nach dem Tod des Erblassers an eine begünstigte Person herauszugeben. Auch in diesem Fall ist als Rechtsgrund im Verhältnis zum Begünstigten ein Vermächtnis oder eine Schenkung auf den Todesfall mit entsprechender Form erforderlich (Welser/Zöchling-Jud BürgerlR II Rn. 2277; vgl. OGH JBl 1991, 244; JBl 1991, 312).

g) Rechtsnachfolge in Gesellschaften. Schrifttum zur Rechtsnachfolge in Gesellschaften und den 100 diesbezüglichen Gestaltungsmöglichkeiten → Rn. 133.

4. Pflichtteilsrecht. a) Allgemeines. Das Pflichtteilsrecht ist einer der inhaltlich am stärksten durch die 101 Reform von 2015 betroffenen Teile des Erbrechts. **Schrifttum** zur Neuregelung: *Barth* in: Barth/Pesendorfer, Praxishandbuch, S. 157–191; *Zöchling-Jud* in: Rabl/Zöchling-Jud, Das neue Erbrecht, S. 71–88. – Geregelt ist das Pflichtteilsrecht nunmehr in §§ 756–792 ABGB. Wie im deutschen Recht begründet das Pflichtteilsrecht lediglich einen **Anspruch auf Geldzahlung** gegen den Nachlass bzw. die Erben (→ Rn. 152 ff.). Dementsprechend verzichtet die Neuregelung auf den insofern missverständlichen Begriff des „Noterben" (§ 764 aF ABGB; vgl. Voraufl. Rn. 119).

102   b) **Pflichtteilsberechtigte.** Pflichtteilsberechtigt sind gem. § 757 ABGB die **Nachkommen** sowie der **Ehegatte oder eingetragene Partner** des Erblassers. Das frühere Pflichtteilsrecht der Vorfahren (Voraufl. Rn. 120) entfällt; der Lebensgefährte ist trotz seines nunmehr bestehenden (subsidiären) Erbrechts gem. § 748 ABGB (→ Rn. 24) nicht pflichtteilsberechtigt. Auch die Adoption führt zu einem Pflichtteilsrecht des Wahlkindes (§ 197 I ABGB → Rn. 15). – Das Bestehen eines Pflichtteilsrechts setzt voraus, dass die jeweilige Person auch im konkreten Fall nach der gesetzlichen Ordnung Erbe wäre; zu berücksichtigen ist damit insbes. auch das Eintritts- und Repräsentationsprinzip (→ Rn. 17). Dementsprechend ist ein Pflichtteilsrecht ausgeschlossen bei Erbunfähigkeit (→ Rn. 134), Erbunwürdigkeit (→ Rn. 135), Erbverzicht (→ Rn. 138) oder Ausschlagung (→ Rn. 174). Zum Ausschluss durch Enterbung → Rn. 116.

103   c) **Pflichtteilsquote. aa) Grundsatz.** Die Pflichtteilsquote beträgt gem. § 759 ABGB die Hälfte des jeweiligen gesetzlichen Erbteils.

104   **bb) Minderung des Pflichtteils.** Durch das ErbRÄG 1989 wurde die Möglichkeit einer Pflichtteilsminderung eingeführt, die nunmehr (ErbRÄG 2015) in § 776 ABGB enthalten ist. Standen der Erblasser und der Pflichtteilsberechtigte zu keiner Zeit oder zumindest über einen längeren Zeitraum vor dem Tod des Erblassers nicht in einem Naheverhältnis, wie es zwischen solchen Familienangehörigen gewöhnlich besteht, kann der Erblasser den Pflichtteil auf die Hälfte mindern. Als „längerer Zeitraum" wird im Allgemeinen zumindest 20 Jahre angesehen (*Eccher* BürgerlR VI Rn. 11/23), wobei aber genügt, dass die Entfremdung im Zeitpunkt der Verfügung bereits begonnen hat (näher Koziol/Bydlinski/Bollenberger/*Musger* ABGB § 776 Rn. 3 mwN). Nach neuem Recht besteht die Minderungsmöglichkeit nicht mehr nur gegenüber Verwandten, sondern auch gegenüber dem Ehegatten bzw. eingetragenen Partner. Hauptanwendungsfall ist indes das Verhältnis zwischen Vätern und nichtehelichen Kindern (*Welser/Zöchling-Jud* BürgerlR II Rn. 2293). Das Bestehen eine Naheverhältnisses erfordert im Verhältnis zu Kindern, dass der Elternteil zumindest zeitweise am Wohlergehen und Werden des Kindes Anteil genommen hat; insofern genügt es nicht, wenn lediglich Unterhalt für das Kind gezahlt wird (Koziol/Bydlinski/Bollenberger/*Musger* ABGB § 603 Rn. 2). Die Beweislast für das Bestehen eines Minderungsgrundes trägt der Erbe (§ 776 III, § 774 I ABGB). Gem. § 776 II ABGB ist die Minderung ausgeschlossen, wenn der Erblasser grundlos gemieden oder berechtigten Anlass für den fehlenden Kontakt gegeben hat.

105   d) **Berechnung des Pflichtteils.** Grundlage für die Berechnung des Pflichtteils ist die gem. § 779 ABGB zu ermittelnde „**reine Verlassenschaft**", dh der Wert der Aktiva abzüglich der Passiva, wobei jedoch „Vermächtnisse und andere aus dem letzten Willen entspringende Lasten" nicht abzuziehen sind. Als Passiva abzuziehen sind auch Schenkungen auf den Todesfall (→ Rn. 97) (näher Koziol/Bydlinski/Bollenberger/*Musger* ABGB § 779 Rn. 1; anders nach bisherigem Recht zB OGH SZ 70/107). **Bewertungszeitpunkt** ist gem. § 778 II ABGB der Todestag des Erblassers; bis zur Erfüllung des Geldpflichtteils (die gem. § 765 II ABGB erst ein Jahr nach dem Erbfall verlangt werden kann, → Rn. 114) stehen dem Pflichtteilsberechtigten aber die gesetzlichen Zinsen zu (diese Zinsenregelung tritt an die Stelle der nach bisherigem Recht bestehenden generellen Beteiligung der Pflichtteilsberechtigten an wertmäßigen Veränderungen des Nachlasses; vgl. Voraufl. Rn. 123).

106   e) **Anrechnung von Zuwendungen auf den Todesfall und unter Lebenden. aa) Grundsatz.** Gerade auch die Regeln über die Anrechnung von Zuwendungen des Erblassers an Pflichtteilsberechtigte und Dritte wurden durch das ErbRÄG 2015 umfassend reformiert und klarer strukturiert. **Schrifttum** zur Neuregelung: *Schauer* in: Barth/Pesendorfer, Praxishandbuch, S. 193–226; *Kletečka* in: Rabl/Zöchling-Jud, Das neue Erbrecht, S. 89–110; *Zankl*, ebd., S. 111–117; *Apathy* ÖJZ 2016, 805. Zum bisherigen Recht Voraufl. Rn. 124 ff. – Zur Anrechnung von Zuwendungen auf den **Erbteil** → Rn. 146 ff.

107   **bb) Zuwendungen auf den Todesfall.** Auf den Geldpflichtteil anzurechnen sind gem. § 780 ABGB sämtliche Vermögenswerte, die der Pflichtteilsberechtigte von Todes wegen aus der Verlassenschaft erwirbt (insb. Erbteile, Vermächtnisse inkl. gesetzlicher Vorausvermächtnisse). Die Anrechnung erfolgt, indem die Zuwendung vom Geldpflichtteil abgezogen wird. Die Bewertung ist bezogen auf den Zeitpunkt des Erbfalls (§ 780 II ABGB).

108   **cc) Schenkungen unter Lebenden.** § 781 ABGB erfasst die Hinzu- und Anrechnung von lebzeitigen Schenkungen des Erblassers sowohl an den Pflichtteilsberechtigten als auch an Dritte (dazu → Rn. 111). Während die Behandlung von echten Schenkungen auf den Todesfall nach altem Recht zweifelhaft war, werden diese nach neuem Recht (§ 603 ABGB, → Rn. 97) als Schenkungen unter Lebenden behandelt. Die Forderung des Beschenkten ist demnach zunächst als Passivum in das Inventar aufzunehmen (→ Rn. 105); sodann unterliegt die Schenkung der Hinzu- und Anrechnung gem. § 781 ABGB (*Eccher* BürgerlR VI Rn. 12/6). In § 781 II ABGB wird die Anwendbarkeit der Hinzu- und Anrechnungsregeln auf weitere Zuwendungen unter Lebenden erstreckt (insbes. Ausstattung, Vorschuss auf den Pflichtteil, Abfindung für einen Erb- oder Pflichtteilsverzicht, Verfügungen in Bezug auf Privatstiftungen, Nachfolgeregelungen in Gesellschaftsverträgen). Die Anrechnung von **Schenkungen an Pflichtteilsberechtigte** erfolgt gem. § 783 ABGB auf Antrag eines anderen Pflichtteilsberechtigten, eines Erben oder eines Vermächtnisnehmers, der durch den Pflichtteilsanspruch belastet würde (→ Rn. 114). Anders als Schenkungen an nicht pflichtteilsberechtigte Personen (→ Rn. 111) unterliegen Schenkungen an Pflichtteilsberechtigte einer **unbefristeten Anrechnung** (zur Problematik näher *Zankl* in: Rabl/Zöchling-Jud, Das neue

Erbrecht, S. 111–117; zur Abgrenzung von befristeter und unbefristeter Schenkungsanrechnung näher *Kogler* JBl 2016, 220; aus der neueren Rspr. [Schenkung an die Schwiegertochter] OGH JBl 2017, 329). Die Anrechnung ist gem. § 784 ABGB **ausgeschlossen,** wenn die Schenkung aus Einkünften ohne Schmälerung des Stammvermögens, zu gemeinnützigen Zwecken, in Entsprechung einer sittlichen Pflicht oder aus Gründen des Anstandes gemacht wurde, sofern zwischen Erblasser und Geschenknehmer nichts anderes vereinbart wurde.

Durchführung der Hinzu- und Anrechnung (dazu *Eccher* BürgerlR VI Rn. 12/23–24; *Welser/ Zöchling-Jud* BürgerlR II Rn. 2350 f.): Die anrechnungspflichtigen Schenkungen werden gem. § 787 ABGB zunächst zur reinen Verlassenschaft hinzugerechnet. Die Bewertung der Schenkung erfolgt gem. § 788 ABGB bezogen auf den Zuwendungszeitpunkt mit Anpassung auf den Todeszeitpunkt nach Maßgabe eines von der Statistik Austria verlautbarten Verbraucherpreisindexes. Von diesem fiktiven Nachlass werden dann die Pflichtteile ermittelt und für jeden Berechtigten sein anrechnungspflichtiger Teil abgezogen. Der Anrechnungspflichtige ist nicht verpflichtet, einen seinen Pflichtteil übersteigenden Vorempfang herauszugeben (*Welser/Zöchling-Jud* BürgerlR II Rn. 2350). 109

Gem. § 785 BGB kann der Erblasser die **Anrechnung von Schenkungen an Pflichtteilsberechtigte erlassen.** Die Befreiung gilt jedoch nur für die Anrechnung auf den Pflichtteil des jeweiligen Pflichtteilsberechtigten, nicht für die Ermittlung der Pflichtteile der übrigen Pflichtteilsberechtigten (Koziol/ Bydlinski/Bollenberger/*Musger* ABGB § 785 Rn. 2). 110

f) Pflichtteilserhöhung infolge von Schenkungen unter Lebenden an nicht pflichtteilsberechtigte Personen. Auch Schenkungen an nicht pflichtteilsberechtigte Personen unterliegen den allgemeinen Regeln der §§ 781 ff. ABGB über die Hinzu- und Anrechnung von Schenkungen unter Lebenden (→ Rn. 108 ff.). Über die in § 787 I ABGB vorgesehene Hinzurechnung (→ Rn. 109) können sie sich damit pflichtteilserhöhend auswirken und dienen dem Schutz des Pflichtteilsberechtigten vor beeinträchtigenden Verfügungen des Erblassers. Erfasst sind wiederum alle Schenkungen unter Lebenden iSd § 781 ABGB (→ Rn. 108). Von der Anrechnung **befreit** sind auch hier Schenkungen iSd § 784 BGB (→ Rn. 108 aE). Hinzuzurechnen sind ferner nur Schenkungen an nicht pflichtteilsberechtigte Personen (zu Pflichtteilsberechtigten oben → Rn. 108), die der Erblasser **in den letzten beiden Jahren vor seinem Tod** geleistet hat (§ 782 I ABGB). Gem. § 782 I ABGB erfolgt die Berücksichtigung von Schenkungen an nicht pflichtteilsberechtigte Personen **nur auf Antrag eines Pflichtteilsberechtigten.** Die Antragsberechtigung eines Nachkommen setzt voraus, dass der Erblasser im Zeitpunkt der Schenkung einen pflichtteilsberechtigten Nachkommen (nicht notwendigerweise den Antragsteller) hatte, die des Ehegatten bzw. eingetragenen Partners, dass bereits im Zeitpunkt der Schenkung die Ehe bzw. eingetragene Partnerschaft mit dem Erblasser bestand (§ 782 II ABGB). 111

Durchführung der Anrechnung: Im Gegensatz zum bisherigen Recht (Vorauf. Rn. 129) erfolgt keine getrennte Berechnung von gewöhnlichem und Schenkungspflichtteil mehr. Vielmehr unterliegen alle anrechenbaren Schenkungen der Regel des § 787 ABGB (→ Rn. 109). Es wird folglich von dem um alle anrechenbaren Schenkungen erhöhten Nachlass ein *einheitlicher* Pflichtteil berechnet, auf den sich etwaige Pflichtteilsberechtigte an sie erbrachte Schenkungen anrechnen lassen müssen. 112

g) Verwirklichung und Durchsetzung des Pflichtteils. Der Pflichtteil ist zwar gem. § 761 I ABGB grundsätzlich in Geld zu leisten, er kann jedoch auch durch eine Zuwendung auf den Todesfall (§ 780 ABGB, → Rn. 107) oder eine Schenkung unter Lebenden (§ 781 ABGB, → Rn. 108) gedeckt werden. Insbes. kann ein Pflichtteilsberechtigter die Erbschaft nicht unter dem Vorbehalt des Pflichtteils ausschlagen (§ 808 II ABGB). Die jeweilige Begünstigung ist nach Maßgabe der oben → Rn. 107 ff. dargelegten Grundsätze anzurechnen. Nach neuem Recht ist nicht mehr erforderlich, dass der Pflichtteilsberechtigte über die Zuwendung frei verfügen kann: Gem. § 762 ABGB hindern Bedingungen und Belastungen, die der Verwertung des zugewendeten Vermögens entgegenstehen, nicht dessen Eignung zur Pflichtteilsdeckung; sie sind aber bei der Bewertung der Zuwendung wertmindernd zu berücksichtigen (näher *Eccher* BürgerlR VI Rn. 12/2). 113

Gegenüber einer beeinträchtigenden letztwilligen Verfügung begründet § 729 I ABGB einen Anspruch auf den gesetzlichen Pflichtteil. Soweit der Pflichtteil nicht durch anrechenbare Zuwendungen gedeckt ist, hat der Pflichtteilsberechtigte gem. § 763 ABGB einen **Pflichtteils- bzw. Pflichtteilsergänzungsanspruch,** der im Wege der Pflichtteilsklage geltend zu machen ist. Bis zur Einantwortung (→ Rn. 127, 153 f.) richtet sich der Anspruch gegen den ruhenden Nachlass, danach gegen die Erben (§ 764 I ABGB). Der Erbe haftet jedoch selbst bei unbedingter Erbantrittserklärung (→ Rn. 155) nur bis zur Höhe des Nachlasses (OGH SZ 57/7; *Welser/Zöchling-Jud* BürgerlR II Rn. 2367). Vermächtnisnehmer sind keine Pflichtteilsschuldner nach außen; allerdings folgt aus § 764 II ABGB, dass im Innenverhältnis auch der Vermächtnisnehmer subsidiär beitragspflichtig ist. Der Anspruch **entsteht** gem. § 765 I ABGB mit dem Tod des Erblassers; zu diesem Zeitpunkt muss dem Berechtigten der seinem Pflichtteil entsprechende Wert also zugekommen sein. Den Geldpflichtteil **geltendmachen** kann der Berechtigte gem. § 765 II ABGB indes erst **ein Jahr nach dem Tod des Erblassers.** Durch die Reform von 2015 neu eingeführt wurde die allgemeine Möglichkeit einer **Stundung** oder Anordnung von Ratenzahlung durch den Erblasser (§ 766 ABGB) oder das Gericht (§ 767 ABGB) (zur Stundung näher *Verweijen* ÖJZ 2016, 997). In jedem Fall ist der Geldpflichtteil aber ab dem Todestag gem. § 778 II ABGB zu **verzinsen** (§ 1000 ABGB: 4 %; vgl. → Rn. 105; zur Verzinsung des Pflichtteils näher *Verweijen* ÖJZ 2016, 949). Die **Verjährungsfrist** beträgt drei Jahre ab Kenntniserlangung, maximal 30 Jahre ab dem Erbfall (§ 1487a I ABGB). 114

115 **Ergänzende Haftung des Geschenknehmers.** Genügt der Nachlass infolge der Hinzu- oder Anrechnung von Schenkungen nicht zur Deckung der Pflichtteile, kann der verkürzte Pflichtteilsberechtigte vom Beschenkten die Zahlung des Fehlbetrags verlangen (§ 789 I ABGB; zur Haftung mehrerer Beschenkter: § 789 II ABGB); die Haftung ist jedoch auf die zugewendete Sache beschränkt (§ 789 III ABGB; jedoch unbeschränkte Haftung des unredlichen Geschenknehmers gem. § 790 ABGB). Die Zweijahresfrist bei Schenkungen an nicht pflichtteilsberechtigte Personen (§ 782 I ABGB, → Rn. 111) kommt auch hier zur Anwendung (§ 792 ABGB). Ist der Beschenkte selbst pflichtteilsberechtigt, haftet er nur in dem Ausmaß, das über seinen durch die Hinzurechnung erhöhten Pflichtteil hinausgeht (§ 791 I ABGB). Vgl. zum Ganzen insbes. *Eccher* BürgerlR VI Rn. 12/33 ff. Str. ist, ob dem Pflichtteilsberechtigten auch bei überschuldetem Nachlass ein Zahlungsanspruch gem. § 789 ABGB zusteht (vgl. *Eccher* BürgerlR VI Rn. 12/33; zum bisherigen Recht dagegen OGH SZ 65/39; dafür *Welser/Zöchling-Jud* BürgerlR II Rn. 2369).

116 **h) Pflichtteilsentziehung. aa) Allgemeines.** Enterbung und Pflichtteilsentziehung werden in §§ 769 ff. ABGB begrifflich gleichgestellt. Die Enterbung setzt voraus, dass einer der dort abschließend aufgezählten Enterbungsgründe vorliegt. Für das Bestehen eines Enterbungsgrundes trägt der Erbe die Beweislast (§ 774 ABGB). Sind die Voraussetzungen für die Enterbung nicht gegeben, kann ein Pflichtteilsberechtigter gem. §§ 729 I, 775 I ABGB den Pflichtteil geltend machen (→ Rn. 101). In Betracht kommt aber eine Umdeutung in eine Pflichtteilsminderung (→ Rn. 104), sofern deren Voraussetzungen erfüllt sind (Ferrari/Likar-Peer ErbR/*Likar-Peer* S. 393). Ist der vom Erblasser angenommene Enterbungsgrund in Wirklichkeit nicht erfüllt, kommt eine Anfechtung der Verfügung wegen Irrtums (→ Rn. 73) in Betracht mit der Folge, dass das volle gesetzliche Erbrecht wieder auflebt (*Welser/Zöchling-Jud* BürgerlR II Rn. 2315). Auch eine wirksame Enterbung lässt gem. § 777 ABGB den Anspruch des Pflichtteilsberechtigten auf den notwendigen Unterhalt unberührt. Im Falle einer Enterbung treten gem. § 729 III ABGB bei gesetzlicher Erbfolge die Nachkommen an die Stelle der enterbten Person. Nach § 758 II ABGB sind die Nachkommen einer enterbten vorverstorbenen Person ihrerseits pflichtteilsberechtigt (sofern sie nicht ihrerseits erbunwürdig oder wirksam enterbt sind). – Zur Erbunwürdigkeit kraft Gesetzes → Rn. 135 ff.

117 **bb) Enterbungsgründe.** Die Enterbungsgründe wurden durch das ErbRÄG 2015 umfassend reformiert und sind nunmehr in §§ 770 f. ABGB abschließend geregelt. **Schrifttum:** *Zöchling-Jud* in: Rabl/Zöchling-Jud, Das neue Erbrecht, S. 71–88 (85 ff.); *Barth* in: Barth/Pesendorfer, Praxishandbuch, S. 157–191 (185 ff.). – Gem. § 770 ABGB kann ein Pflichtteilsberechtigter enterbt werden bei Begehung bestimmter vorsätzlicher Straftaten gegen den Verstorbenen (Nr. 1) oder dessen Angehörige (Nr. 2), bei absichtlicher Vereitelung der Verwirklichung des wahren letzten Willens des Verstorbenen (Nr. 3), bei verwerflicher Zufügung schweren seelischen Leids (Nr. 4), bei sonstiger gröblicher Vernachlässigung seiner familienrechtlichen Pflichten gegenüber dem Verstorbenen (Nr. 5) oder bei sonstigen schweren Straftaten, für die er zu einer lebenslangen oder zwanzigjährigen Freiheitsstrafe verurteilt worden ist (Nr. 6; zur Verurteilung durch ein ausländisches Gericht: Ferrari/Likar-Peer ErbR/*Likar-Peer* S. 383). Die beharrliche anstößige Lebensführung (§ 768 Nr. 4 aF ABGB) ist mit der Reform als Enterbungsgrund entfallen. – Zulässig ist gem. § 771 ABGB außerdem eine „**Pflichtteilsentziehung in guter Absicht**": Besteht bei einem stark verschuldeten oder verschwenderischen Pflichtteilsberechtigten die Gefahr, dass der ihm zustehende Pflichtteil ganz oder größtenteils seinen Kindern entgehen würde, kann der Erblasser ihm den Pflichtteil entziehen, wenn er ihn den Kindern des Pflichtteilsberechtigten zuwendet.

118 **cc) Form und Kausalität.** Die Enterbung erfolgt durch Verfügung von Todes wegen, entweder ausdrücklich oder stillschweigend durch Übergehung (§ 772 I ABGB; beachte jedoch bei irrtümlicher Übergehung von Kindern § 775 II ABGB, → Rn. 75). Nach § 772 II ABGB muss der Enterbungsgrund für die Enterbung ursächlich gewesen sein, doch besteht insofern eine Vermutung gem. § 774 II ABGB.

119 **dd) Widerruf der Enterbung und Verzeihung.** Gem. § 773 I ABGB kann die Enterbung ausdrücklich oder stillschweigend widerrufen werden. Der stillschweigende Widerruf erfolgt durch die nachträgliche letztwillige Bedenkung des zuvor Enterbten oder durch den Widerruf der die Enterbung anordnenden letztwilligen Verfügung. Die formlose **Verzeihung** durch den Erblasser führt gem. § 773 II ABGB nur dann zur Unwirksamkeit der Enterbung, wenn der Erblasser die Enterbung auf Grund fehlender Testierfähigkeit nicht mehr widerrufen konnte (zu den Anwendungsproblemen Koziol/Bydlinski/Bollenberger/*Musger* ABGB § 773 Rn. 2 f.). Erforderlich ist aber gleich wohl ein gewisses, wenn auch gemindertes Maß an Einsichts- und Urteilsfähigkeit. Ob die Verzeihung einer nachträglichen Enterbung entgegensteht, ist str. (dafür Rummel/Lukas/*Welser* ABGB § 770 Rn. 1; dagegen *Kralik* ErbR Rn. 282).

120 **i) Pflichtteilsverzicht.** → Rn. 138.

121 **5. Testamentsvollstreckung.** Der Erblasser kann zur Überwachung, Durchführung und Durchsetzung seiner Anordnungen durch Verfügung von Todes wegen einen Testamentsvollstrecker bestimmen (§ 816 ABGB). Im Vergleich zum deutschen Recht kommen dem Testamentsvollstrecker nach österreichischem Recht deutlich beschränktere Befugnisse zu, so dass die Testamentsvollstreckung **praktisch weitgehend bedeutungslos** ist (*Welser/Zöchling-Jud* BürgerlR II Rn. 2157). Insbesondere ist die Abhandlungspflege in Österreich dem Verlassenschaftsgericht vorbehalten (→ Rn. 162) und kann vom Erblasser nicht einem Dritten übertragen werden (OGH SZ 13/112). **Schrifttum:** *Süß* in Bengel/Reimann (Hrsg.), Handbuch der Testamentsvollstreckung, 6. Aufl. 2017, Kap. 9 Rn. 313–339.

Gem. § 816 S. 2 ABGB obliegt es dem Testamentsvollstrecker, „entweder als Machthaber die Anordnungen des Verstorbenen selbst zu vollziehen oder deren Einhaltung zu überwachen und den säumigen Erben zur Vollziehung derselben zu veranlassen". Seine Funktion besteht also zunächst lediglich in der **Überwachung des ordnungsgemäßen Vollzugs der Anordnungen des Erblassers,** insbes. durch die Erben. Bedeutung hat dies insbes. hinsichtlich von Auflagen, zu deren Durchsetzung er als „**Auflageberechtigter**" befugt ist (→ Rn. 68). Im Rahmen seiner Aufgaben hat der Testamentsvollstrecker Parteistellung im Verlassenschaftsverfahren. So ist er zu laden, wenn bei Einberufung der Verlassenschaftsgläubiger eine mündliche Verhandlung anberaumt wird (§ 174 I AußStrG).

Der Testamentsvollstrecker ist als solcher weder zur Verwaltung noch zur Vertretung des Nachlasses oder der Erben oder zur Verfügung über die Nachlassgegenstände befugt (*Welser/Zöchling-Jud* BürgerlR II Rn. 2151; vgl. auch OGH EvBl 1957/73; NZ 2002, 334 = ecolex 2002, 741). Zur **eigenständigen Verwaltung und Vertretung** ist er vielmehr **nur dann** „als Machthaber" befugt, wenn eine entsprechende **Befugnis vom Erblasser besonders verliehen** wurde (OGH SZ 40/70; Schwimann/Kodek/ *Nemeth* ABGB § 816 Rn. 6). Selbst dann ist eine solche Befugnis durch die Erben nach hM jederzeit **widerruflich** (OGH JBl 1993, 310; NZ 1998, 79; aM *Welser/Zöchling-Jud* BürgerlR II Rn. 2155 mwN), doch kann der Erblasser dies durch Bedingungen oder Auflagen absichern (Schwimann/Kodek/*Nemeth* ABGB § 816 Rn. 6). Möglich ist es, dass das Verlassenschaftsgericht einen Testamentsvollstrecker zum **Nachlassverwalter** ernennt; dann richtet sich nach den diesbezüglichen Regeln (→ Rn. 177).

IÜ unterliegt die Stellung des Testamentsvollstreckers den Regeln über den **Auftrag** („Bevollmächtigungsvertrag", §§ 1002 ff. ABGB). Bei berufsmäßiger Testamentsvollstreckung (zB Rechtsanwalt, Notar) ist Entgeltlichkeit iSv § 1004 ABGB anzunehmen (OGH EvBl 1990/20).

Die Stellung als Testamentsvollstrecker hängt von einer Annahme durch den Benannten ab (§ 816 S. 2 ABGB). Eine Verpflichtung zur Übernahme des Amtes besteht nicht (Koziol/Bydlinski/Bollenberger/ *Sailer* ABGB § 816 Rn. 3). Das Amt kann auch durch mehrere Personen gemeinsam ausgeübt werden. Eine Eintragung in die Einantwortungsurkunde (→ Rn. 180) erfolgt nicht (*Welser/Zöchling-Jud* BürgerlR II Rn. 2152). Das Amt des Testamentsvollstreckers **endet** durch Zeitablauf, Bedingungseintritt, Verlust der Geschäftsfähigkeit oder Tod. Nach hM ist eine Abberufung aus wichtigem Grund durch das Verlassenschaftsgericht möglich (*Eccher* BürgerlR VI Rn. 4/123). Keine Beendigung tritt durch Abschluss der Verlassenschaftsabhandlung ein, da der Testamentsvollstrecker auch darüber hinaus die Durchführung des letzten Willens überwacht (OGH EvBl 1968/120).

6. Erbschaftserwerb, Erbengemeinschaft und Erbauseinandersetzung. a) Erwerb der Erbschaft. aa) Grundsätze. Anders als nach deutschem Recht geht im österreichischen Erbrecht der Nachlass einer Person **nicht schon kraft Gesetzes** automatisch mit dem Erbfall auf den oder die Erben über. Vielmehr vollzieht sich der Erwerb grds. in **drei Stufen:** Zunächst erfolgt der **Erbanfall** mit dem Tod Erblassers (anders bei aufschiebender Bedingung, → Rn. 50). Mit dem Erbanfall wird das subjektive Erbrecht erworben (§ 536 ABGB); auf diesen Zeitpunkt kommt es daher auch für die Erbfähigkeit an (→ Rn. 134). Stirbt der Erbe nach dem Erbanfall (aber noch vor der Einantwortung), so geht sein Erbrecht auf seine (gesetzlichen oder gewillkürten) Erben über (**Transmission,** §§ 537, 809 ABGB). Zwischen Erbanfall und Einantwortung besteht auch die Möglichkeit einer **Veräußerung des Erbrechts** im Wege des Erbschaftskaufs gem. §§ 1278 ff. ABGB (dazu *Welser/Zöchling-Jud* BürgerlR II Rn. 2444 ff.); *vor* dem Eintritt des Erbfalls ist eine Veräußerung der zukünftigen Erbschaft gem. § 879 II Nr. 3 ABGB nichtig.

Allein die Berufung zum Erben erlaubt jedoch noch nicht die eigenmächtige Inbesitznahme der Erbschaft (§ 797 ABGB). Vielmehr ist zunächst die Durchführung einer gerichtlichen **Verlassenschaftsabhandlung** (→ Rn. 162) erforderlich: In deren Rahmen muss sich der Erbe zur **Annahme der Erbschaft** erklären (Erbantrittserklärung): Der Erbschaftserwerb setzt eine ausdrückliche Annahme gem. §§ 799 f. ABGB voraus (→ Rn. 171). Auch durch die Annahme wird der Erbe jedoch noch nicht Nachfolger des Erblassers. Erforderlich ist vielmehr darüber hinaus gem. §§ 547, 797 I 2 ABGB auch die **gerichtliche Einantwortung** des Nachlasses, dh „die Übergabe in den rechtlichen Besitz" (→ Rn. 180). Erst mit Rechtskraft der Einantwortung wird der Erbe Gesamtrechtsnachfolger des Erblassers (Rummel/Lukas/ *Welser* ABGB § 532 Rn. 2 f., ABGB § 547 Rn. 1, ABGB §§ 797–798a Rn. 5). Anders als die Erbscheinserteilung durch deutsche Gerichte hat somit die gerichtliche Einantwortung nach österreichischem Recht konstitutive Bedeutung für den Erwerb der Erbschaft. Zwischen Erbfall und Einantwortung bildet der Nachlass als **„ruhender Nachlass"** gem. § 546 ABGB (der die auch bislang ganz herrschende Auffassung kodifiziert) eine eigene Rechtsperson, die Trägerin der vererblichen Rechte und Verbindlichkeiten des Erblassers ist. Die Rechtskraft der Einantwortung führt dann zur **Universalsukzession** des Erben in den ihm zustehenden Erbteil (*Welser/Zöchling-Jud* BürgerlR II Rn. 2386; OGH JBl 2016, 578). Der Erbschaftserwerb ist nach österreichischem Recht somit **stark verfahrensrechtlich geprägt;** insofern ist auf die Ausführungen zum Nachlassverfahrensrecht zu verweisen (→ Rn. 162–184), insbes. auch was die **Annahme** und die **Ausschlagung** der Erbschaft anbelangt (→ Rn. 171 ff.).

Wie beim Eigentumserwerb unter Lebenden unterscheidet das österreichische Recht damit auch bei der Rechtsnachfolge von Todes wegen zwischen *titulus* und *modus* des Erwerbs: Der **Titel** ist gem. §§ 533 f. ABGB das durch Testament, Erbvertrag oder Gesetz begründete Erbrecht, der **Modus** ist der Besitzerwerb in Form der gerichtlichen Einantwortung (§ 797 ABGB).

129 **bb) Gegenstand der Erbfolge (Verlassenschaft). (1) Grundsatz.** Gegenstand der Erbfolge ist – nach der durch das ErbRÄG 2015 nunmehr einheitlichen Terminologie – die **Verlassenschaft** als Gesamtheit der vermögenswerten Rechte und Verbindlichkeiten des Erblassers, soweit sie „nicht höchstpersönlicher Art" sind (§ 531 ABGB). Der Erbfolge unterliegen somit grds. sämtliche privatrechtliche Rechte und Pflichten, sofern sie nicht höchstpersönlich sind; zur Haftung der Erben für die Schulden (§ 548 ABGB) → Rn. 152 ff. **Vererblich** sind generell auch Schadensersatzansprüche und -pflichten einschließlich von Schmerzensgeldansprüchen (OGH SZ 69/217). **Unvererblich** sind insbes. Persönlichkeitsrechte, ebenso private Rechte und Rechtsverhältnisse, soweit ihre Beendigung mit dem Tod des Berechtigten oder Verpflichteten vorgesehen ist, so im Zweifel zB bei persönlichen Dienstbarkeiten (§ 529 ABGB) oder bei Auftrag und Vollmacht (§ 1022 ABGB, anders bei Prokura, § 52 III UGB [Unternehmensgesetzbuch], und Prozessvollmacht, § 35 I ZPO). – Vgl. iÜ (ua auch zur Nachfolge in öffentlich-rechtliche Rechte und Pflichten) Schwimann/Kodek/*Eccher* ABGB § 531 Rn. 4–34, 57–60; Rummel/Lukas/*Welser* ABGB § 531 Rn. 2–13.

130 **(2) Rechtsnachfolge in Wohnungseigentum.** Hier ergeben sich Besonderheiten zunächst aufgrund des in § 12 I WEG niedergelegten **Unteilbarkeitsgrundsatzes:** danach kann Wohnungseigentum nur *einer* natürlichen oder juristischen Person, einer eingetragenen Personengesellschaft oder einer sog. Eigentümerpartnerschaft zustehen. Unter einer Eigentümerpartnerschaft versteht man gem. § 2 X WEG die Rechtsgemeinschaft zweier natürlicher Personen, die gemeinsam Wohnungseigentümer eines Wohnungseigentumsobjekts zu gleichen Teilen (§ 13 II WEG) sind. Andere Formen gemeinsamer Berechtigung sind ausgeschlossen. **Verstirbt ein Alleineigentümer einer Eigentumswohnung,** so wird der Unteilbarkeitsgrundsatz durch § 12 II WEG in der Form abgesichert, dass das Nachlassgericht noch vor der Einantwortung des Nachlasses erforderlichenfalls (falls sich keine den Anforderungen des § 13 WEG entsprechende Beteiligungsform begründen lässt) eine öffentliche Versteigerung des Mindestanteils und des damit verbundenen Wohnungseigentums durchführt. Wird der Nachlass im Ausland abgehandelt oder unterliegt die Erbfolge ausländischem Recht (was nach der EuErbVO meist zusammenfallen wird), so wird im Regelfall eine Einantwortung unterbleiben, so dass die Rechtsnachfolge ohne Feilbietung des Mindestanteils eingetreten sein kann. Für solche Fälle bestimmt der durch das ErbRÄG 2015 neue eingefügte § 12 III WEG, dass nunmehr das Grundbuchsgericht eine Frist zur Herbeiführung eines eintragungsfähigen Rechtszustandes setzen und bei erfolglosem Fristablauf die Versteigerung nach § 12 II WEG vornehmen soll. **Kollisionsrechtlich** ergibt sich hieraus, dass in jedem Fall zunächst die Rechtsnachfolge von Todes wegen nach dem Erbstatut zu bestimmen ist. Dann unterliegt österreichischem Recht als Belegenheitsrecht (Art. 43 I EGBGB bzw. § 31 IPRG) die Entscheidung darüber, ob eine solche Trägerschaft des Mindestanteils sachenrechtlich zulässig (vgl. Art. 1 II lit. k EuErbVO) und wie auf eine mit österreichischem Recht nicht vereinbare Trägerschaft zu reagieren ist (zur sachenrechtlichen Qualifikation dieser Fragen auch NK-BGB/*Süß*, Länderbericht Österreich, Rn. 3).

131 Die Nachfolge in den **Anteil an einer Eigentümerpartnerschaft an Wohnungseigentum** ist in § 14 WEG näher geregelt. War Wohnungseigentümer eine Eigentümerpartnerschaft, so sieht § 14 I WEG vor, dass der Anteil des Verstorbenen – „unter Ausschluss sonstigen Erwerbs von Todes wegen, aber vorbehaltlich einer abweichenden Vereinbarung nach Abs. 5" – von Gesetzes wegen unmittelbar auf den überlebenden Partner übergeht. Der überlebende Partner leistet hierfür gem. § 14 II WEG eine Zahlung in Höhe der Hälfte des Verkehrswerts der Eigentumswohnung in den Nachlass. Ist der überlebende Partner zugleich pflichtteilsberechtigt und dient die Wohnung der Befriedigung seines dringenden Wohnbedürfnisses, so ist gem. § 14 III WEG keine bzw. nur eine geringere Abfindung zu leisten, sofern nicht noch andere Pflichtteilsberechtigte vorhanden sind (dazu näher Ferrari/Likar-Peer ErbR/*Likar-Peer* S. 505 ff., mit Berechnungsbeispielen). Der pflichtteilsberechtigte Partner einer Eigentümerpartnerschaft erhält den Anteil also gegebenenfalls ohne dafür eine Abfindung in den Nachlass zahlen zu müssen. Bei der Nachfolge gem. § 14 I WEG handelt es sich um eine spezifische wohnrechtliche Anwachsung (*Eccher* BürgerlR VI Rn. 9/41). Wie diese **kollisionsrechtlich** einzuordnen ist, ist str.: Wohl überwiegend will man § 14 I WEG als Eingriffsnorm iSd Art. 30 EuErbVO qualifizieren, was zur Anwendbarkeit österreichischen Belegenheitsrechts führt (eingehend *Krist* NZ 2016, 361 mwN; *Schwartze* in Deixler-Hübner/Schauer, EuErbVO Art. 30 Rn. 19; *Oswald*, Grenzüberschreitende Erbrechtsfälle, S. 163 f.). ME spricht die deutliche Nähe zur Anwachsung bei der *„joint tenancy"* (vgl. Art. 1 II lit. g EuErbVO) eher für eine Einordnung als sachenrechtliche Sondernachfolge (ebenso Deixler-Hübner/*Schauer* in Deixler-Hübner/Schauer, EuErbVO Art. 3 Rn. 12; NK-BGB/*Süß*, Länderbericht Österreich, Rn. 3), was aber kollisionsrechtlich zum selben Ergebnis führt. Die Vererbung des gegebenenfalls an die Stelle des Eigentumsanteils tretenden Übernahmepreises (§ 14 II WEG) ebenso wie die in diesem Zusammenhang auftretenden pflichtteilsrechtlichen Fragen sollten demgegenüber nach dem jeweiligen Erbstatut beurteilt werden.

Schrifttum zur Nachfolge in Wohnungseigentum: Ferrari/Likar-Peer ErbR/*Likar-Peer* S. 498–516; Welser/Zöchling-Jud BürgerlR II Rn. 1962–1971; Süß ErbR/*Haunschmidt* Rn. 22–25.

132 **(3)** Einen **gesetzlichen Eintritt in Mietverhältnisse** sieht § 14 MRG (Mietrechtsgesetz v. 12.11.1981) vor; zur kollisionsrechtlichen **Einordnung:** Deixler-Hübner/*Schauer* in Deixler-Hübner/Schauer, EuErbVO Art. 3 Rn. 12.

133 **(4)** Zur **Rechtsnachfolge in Unternehmen und Gesellschaften** und den diesbezüglichen Gestaltungsmöglichkeiten Schwimann/Kodek/*Eccher* ABGB § 531 Rn. 35–56; Ferrari/Likar-Peer ErbR/*Weiß* S. 517–539; *Gruber/Kalss/Müller/Schauer* (Hrsg.), Erbrecht und Vermögensnachfolge, 2. Aufl. 2018

(insbes. §§ 30, 33, 34); *Kalss/Nowotny/Schauer,* Österreichisches Gesellschaftsrecht, 2. Aufl. 2017, Rn. 2/ 783–791; *Krejci,* Unternehmensnachfolge und Pflichtteilsrecht, 2006.

cc) Voraussetzungen auf Seiten des Erben. (1) Erbfähigkeit, Erleben des Erbfalls. Erben können natürliche und juristische Personen sein, sofern sie im Zeitpunkt des **Erbanfalls** (Tod des Erblassers [§ 543 I ABGB], bei aufschiebend bedingter Erbeinsetzung der Bedingungseintritt [§§ 536 I, 696, 703 ABGB], → Rn. 50) erbfähig sind. Eine **natürliche Person** ist erbfähig, wenn sie bei Erbanfall lebt (§ 536 ABGB; Kommorientenvermutung gem. § 11 TEG [Todeserklärungsgesetz]). Erbfähig ist gem. § 22 ABGB auch der nasciturus, sofern er lebend geboren wird. Ein noch nicht gezeugtes Kind kann nur als testamentarischer Nacherbe mit den Schranken des § 612 ABGB (→ Rn. 61) berufen sein; eine unmittelbare Erbeinsetzung kann in die Anordnung einer Nacherbschaft umgedeutet werden (Ferrari/Likar-Peer ErbR/ *Fritsch* S. 45). Eine **juristische Person** muss sich bereits im Gründungsstadium befinden, eine **Stiftung** kann auch erst in der letztwilligen Verfügung selbst errichtet werden (näher Schwimann/Kodek/*Eccher* ABGB § 536 Rn. 8).

(2) Erbunwürdigkeit. Die Erbunwürdigkeit wird in § 583 ABGB als Ausschlussgrund für die Erbfähigkeit eingeordnet ("relative Erbunfähigkeit"). Die Erbunwürdigkeitsgründe wurden durch das ErbRÄndG reformiert. Das neue Recht differenziert zwischen "absoluten" Erbunwürdigkeitsgründen (§§ 539f. ABGB), die unabhängig von einer Anordnung des Erblassers zum Tragen kommen, und "relativen" Erbunwürdigkeitsgründen (§ 541 ABGB), die grundsätzlich eine Enterbung durch den Erblasser voraussetzen und nur hilfsweise kraft Gesetzes eingreifen, wenn dieser nicht zu einer Enterbung in der Lage war. In allen Fällen steht der Erbunwürdigkeit eine Verzeihung durch den Erblasser entgegen; diese muss jeweils "zu erkennen gegeben" worden sein. Gem. § 542 ABGB treten bei gesetzlicher Erbfolge die Nachkommen der unwürdigen Person an deren Stelle.

Absolute Erbunwürdigkeit liegt gem. § 539 ABGB (entspricht § 540 Alt. 1 aF ABGB) vor, wenn gegen den Verstorbenen oder die Verlassenschaft eine Straftat begangen wurde, die nur vorsätzlich begangen werden kann und mit mehr als einjähriger Freiheitsstrafe bedroht ist. Sterbehilfe führt nicht zur Erbunwürdigkeit, da sie nicht gegen den Willen des Erblassers erfolgt (OGH JBl 2009, 100). Außerdem führen absichtliche Angriffe auf die Verwirklichung des letzten Willens des Erblassers gem. § 540 ABGB (entspricht § 542 aF ABGB) zur absoluten Erbunwürdigkeit. Erleiden Dritte aufgrund des Vereitelungsversuchs einen Schaden, ist der Täter nach § 540 S. 2 ABGB zum Ersatz verpflichtet. Gem. § 543 II ABGB können in den Fällen der §§ 539f. ABGB auch nachträgliche Handlungen zur Erbunwürdigkeit führen.

Nach § 541 ABGB tritt **relative Erbunwürdigkeit** ein, wenn der Erbe gegen den Ehegatten, eingetragenen Partner oder Lebensgefährten des Erblassers oder dessen Verwandte in gerader Linie eine Straftat iSv § 539 ABGB (→ Rn. 136) begangen hat (Nr. 1), dem Erblasser in verwerflicher Weise schweres seelisches Leid zugefügt hat (Nr. 2) oder sonst Pflichten aus dem Eltern-Kind-Verhältnis gegenüber dem Erblasser gröblich vernachlässigt hat (Nr. 3). In diesen Fällen liegt es grundsätzlich am Erblasser, die betreffende Person durch letztwillige Verfügung zu enterben (→ Rn. 116ff.); zur Erbunwürdigkeit kraft Gesetzes kommt es daher nur, wenn der Erblasser wegen Testierunfähigkeit, Unkenntnis oder aus sonstigen Gründen nicht zur Enterbung in der Lage war. **Schrifttum** zum neuen Recht: *Pesendorfer* in: Barth/Pesendorfer, Praxishandbuch, S. 17–36 (21–28); *Eccher* BürgerlR VI Rn. 2/10ff.

(3) Erbverzicht. Gem. § 551 I ABGB kann der Erbe durch Vertrag mit dem Erblasser im Voraus auf sein Erbrecht verzichten. Der Vertrag muss notariell oder gerichtlich beurkundet werden. Der Erbverzicht kann als reiner Erbverzicht, als umfassender Erb- und Pflichtteilsverzicht oder auch als bloßer Pflichtteilsverzicht erklärt werden. Inhalt und Umfang sind mittels Auslegung zu bestimmen. Im Zweifel erstreckt sich ein Erbverzicht auch auf den Pflichtteil (§ 551 II ABGB). Ein bloßer Pflichtteilsverzicht umfasst demgegenüber im Zweifel nicht einen Verzicht auf die Stellung als gesetzlicher Erbe. Denkbar ist auch ein Vermächtnisverzicht, für den ebenfalls § 551 ABGB gilt (Rummel/Lukas/*Welser* ABGB § 551 Rn. 1). Der Erbverzicht steht einer späteren Bedenkung durch den Erblasser nicht entgegen (*Welser*/ Zöchling-Jud BürgerlR II Rn. 1906; vgl. OGH JBl 2014, 792 mAnm *Kogler*). Zur *Veräußerung* des Erbrechts → Rn. 126.

Für die **Gültigkeit** des Erbverzichts kommen subsidiär die **allgemeinen Regeln** zur Anwendung, insbes. über die Irrtumsanfechtung (OGH NZ 1974, 155) oder den Wegfall der Geschäftsgrundlage (OGH JBl 1962, 606). Die einvernehmliche **Aufhebung** bedarf nach neuem Recht der Schriftform (§ 551 I 2 aE ABGB; bisher: formfrei; OGH JBl 1966, 616). Ein **Verzicht zu Gunsten Dritter** ist in der Weise möglich, dass die Berufung des Dritten zur Bedingung des Verzichtsvertrags gemacht wird. Eine solche Bedingung wird bei fehlender Abfindung und Nennung des Dritten vermutet (OGH JBl 1991, 726).

Wirkungen des Verzichts: Gem. § 760 I ABGB wirkt der Pflichtteilsverzicht im Zweifel nicht zugunsten der anderen Pflichtteilsberechtigten; er erhöht folglich die für den Erblasser frei verfügbare Quote. Gem. §§ 551 II, 758 II 2 ABGB erstreckt sich der Verzicht im Zweifel auf die Nachkommen des Verzichtenden, welche somit nicht eintrittsberechtigt sind. **Schrifttum** zum neuen Recht: *Kogler,* JBl 2015, 613–630. Zum Kollisionsrecht (EuErbVO): *Bonimaier* NZ 2016, 321.

b) Erbengemeinschaft. Mehrere Miterben bilden gem. § 550 ABGB eine **schlichte Rechtsgemeinschaft** iSd §§ 825ff. ABGB. Anders als im deutschen Recht wird die gemeinsame Berechtigung der Miterben nicht als Gesamthand verstanden. Die Erbengemeinschaft bezieht sich bis zur Einantwortung nur auf das subjektive Erbrecht, erst danach auf die Bestandteile des Nachlasses; OGH JBl 2016, 245 = ÖJZ 2016, 674 mAnm *Apathy;* OGH JBl 2016, 578.

142 **Vor der Einantwortung** ist die gemeinschaftliche Berechtigung der Miterben im Hinblick auf die eigene Rechtssubjektivität des Nachlasses von untergeordneter Bedeutung (*Welser/Zöchling-Jud* BürgerlR II Rn. 2438). Sie äußert sich aber im Hinblick auf die Benutzungs-, Verwaltungs- und Vertretungsbefugnisse der Erben gem. § 810 ABGB (→ Rn. 177). Die Rechtsgemeinschaft steht einer Veräußerung des Erbrechts, die gem. §§ 1278 ff. ABGB ab Anfall der Erbschaft möglich ist, nicht entgegen.

143 **Nach der Einantwortung** bleibt die Rechtsgemeinschaft hinsichtlich der einzelnen Nachlassgegenstände bis zur Erbteilung aufrecht. Teilbare Nachlassforderungen zerfallen in Teilforderungen, für unteilbare entsteht eine Gesamtgläubigerschaft (§§ 889 f. ABGB; *Welser/Zöchling-Jud* BürgerlR II Rn. 2439; OGH JBl 2016, 578).

144 **c) Erbauseinandersetzung (Erbteilung). aa) Grundsätze.** Die Aufhebung der Erbengemeinschaft erfolgt durch Erbteilung, die sowohl vor als auch nach der Einantwortung (→ Rn. 127, 180) erfolgen kann. Die Erbteilung kann auf einer **Anordnung des Erblassers** oder dem **Willen der Miterben** beruhen. Eine Teilungsanordnung des Erblassers im Wege einer letztwilligen Verfügung ist verbindlich, sofern die Erben nicht einvernehmlich etwas anderes vereinbaren (*Welser/Zöchling-Jud* BürgerlR II Rn. 2441). Den Miterben bleibt es somit unbenommen, die Gemeinschaft einverständlich aufzuheben und den Nachlass nach ihrem Willen aufzuteilen. Zu diesem Zwecke können sie gerichtlich oder außergerichtlich **Erbteilungsübereinkommen** schließen. Die Vereinbarung muss einstimmig getroffen werden und bedarf bei Beteiligung minderjähriger oder pflegebefohlener Erben einer Genehmigung durch das Pflegschaftsgericht (§ 181 I AußStrG). Vor der Einantwortung können die Erben ihre Vereinbarung gem. § 181 I AußStrG vom Gerichtskommissär protokollieren lassen. Solche Vereinbarungen haben die Wirkung eines gerichtlichen Vergleichs und sind damit Vollstreckungstitel (§ 1 Nr. 5 EO [Exekutionsordnung]). Auf ein **vor der Einantwortung geschlossenes Erbteilungsübereinkommen** ist im Einantwortungsbeschluss hinzuweisen (§ 178 I Nr. 3 AußStrG). Eine bereits vor Einantwortung vorgenommene Erbteilung entfaltet jedoch erst mit der Einantwortung dingliche Wirkung (OGH SZ 55/101), sie führt dann aber ohne einen weiteren Übertragungsakt zu einem Einzelrechtserwerb der betreffenden Erben nach Maßgabe der Erbteilung (OGH NZ 1996, 207).

145 Kommt eine einvernehmliche Erbteilung nicht zustande, so ist die Erbengemeinschaft durch **Erbteilungsklage** nach der allgemeinen Regelung des § 830 ABGB aufzuheben; diese Möglichkeit besteht grundsätzlich auch schon vor Einantwortung, beachte jedoch näher OGH JBl 2016, 245 = ÖJZ 2016, 674 mAnm *Apathy*. Die Klage ist auf Teilung unter Angabe des Wertverhältnisses der jeweiligen Erbteile gerichtet; einzelne Vermögensgegenstände werden erst im Vollstreckungsverfahren gem. § 351 EO (Exekutionsordnung) zugeteilt (Rummel/Lukas/*Tanczos/Eliskases* ABGB § 830 Rn. 33). Zuständig ist das Nachlassgericht (§ 77 II JN).

146 **bb) Anrechnung von Vermögenszuwendungen auf den Erbteil.** Auch die Anrechnung von Zuwendungen auf den Erbteil wurde durch das ErbRÄG 2015 weitgehend reformiert (vgl. zur Anrechnung auf den Pflichtteil gem. §§ 780–788 ABGB → Rn. 106 ff.); die diesbezüglichen Regelungen finden sich nunmehr in den §§ 752–755 ABGB (zum alten Recht Voraufl. Rn. 161 ff.).

147 **(1) Voraussetzungen der Anrechnung.** Nach § 752 ABGB muss sich ein Erbe generell, bei gewillkürter wie bei gesetzlicher Erbfolge, Schenkungen unter Lebenden iSd § 781 (näher → Rn. 108; auch hier ist somit eine Schenkung auf den Todesfall iSd § 752 ABGB mit umfasst) anrechnen lassen, sofern der Erblasser dies **letztwillig angeordnet oder mit dem Geschenknehmer vereinbart** hat. Die Anrechnungsvereinbarung (ebenso wie ihre Aufhebung) bedarf der Schriftform; wird die Vereinbarung erst nach erfolgter Schenkung getroffen, so gelten die Formerfordernisse für einen Erbverzicht (→ Rn. 138). Die Anrechnung nach § 752 ABGB gilt für alle Erben und erfolgt unabhängig vom Berufungsgrund.

148 Anrechnungspflichtig ist für den **Ehegatten oder eingetragenen Partner** gem. § 744 II ABGB zunächst alles, was er durch Ehe- oder Partnerschaftspakt oder Erbvertrag (→ Rn. 90) aus dem Vermögen des Erblassers erhält; gleiches kann der Erblasser auch anderen Erben jedoch nur letztwillig auferlegen (Koziol/Bydlinski/Bollenberger/*Apathy/Musger*, ABGB § 744 Rn. 4); zur Anrechnung von Vorteilen aus einer Gütergemeinschaft → Rn. 22. IÜ kommt noch eine Anrechnung kraft Anordnung oder Vereinbarung gem. § 752 ABGB in Betracht.

149 Eine Sonderregel trifft § 753 ABGB hinsichtlich der Anrechnung bei der **gesetzlichen Erbfolge der Kinder:** Hier sind Schenkungen unter Lebenden iSd § 781 grundsätzlich (auch ohne Anordnung) auf Verlangen eines anderen Kindes anzurechnen, sofern nicht (1) der Erblasser die Schenkung aus Einkünften ohne Schmälerung des Stammvermögens bewirkt hat oder (2) der Erblasser den Erlass der Anrechnung letztwillig angeordnet oder mit dem Geschenknehmer schriftlich vereinbart hat. Die Anrechnung nach § 753 ABGB wirkt nur zu Gunsten und zu Lasten der Kinder; so können etwa Schenkungen an Ehegatten oder eingetragene Partner nicht von Kindern geltend gemacht werden (sofern die Anrechnung nicht nach § 752 ABGB angeordnet ist). Ferner kommt § 753 ABGB nur bei gesetzlicher Erbfolge zur Anwendung. Erben Nachkommen aufgrund gewillkürter Erbfolge, so erfolgt die Anrechnung nur kraft Anordnung oder Vereinbarung gem. § 752 ABGB.

150 Gem. § 754 ABGB müssen sich Nachkommen auch Schenkungen an ihre Vorfahren anrechnen lassen.

151 **(2) Durchführung der Anrechnung.** Die Durchführung der Anrechnung ist in § 755 ABGB entsprechend zur Anrechnung im Pflichtteilsrecht (§§ 787 f. ABGB → Rn. 109) geregelt: Die anzurechnenden Zuwendungen werden dem Wert des Nachlasses hinzugerechnet, aus dem fiktiven Nachlass dann von diesen die Vorempfänge abgezogen. Jedoch sind im Falle der Anrechnung gem. § 753 ABGB (→ Rn. 149) die Schenkungen nur dem Erbteil der Abkömmlinge hinzuzurechnen, da

nur die Gleichbehandlung unter diesen erzielt werden soll (Koziol/Bydlinski/Bollenberger/*Musger*, ABGB §§ 752–755 Rn. 5). Bei der Anrechnung ist das zu berücksichtigende Vermögen mit dem Wert im Zeitpunkt der Zuwendung anzusetzen und dann nach dem Verbraucherpreisindex auf den Todeszeitpunkt anzupassen. Genügt der Nachlass zur Umverteilung nicht, sind die Erbteile verhältnismäßig zu kürzen; eine Pflicht zur Herausgabe von Zuwendungen besteht nicht (§ 755 II 2 ABGB).

7. Erbenhaftung. a) Allgemeines. Bei den Nachlassverbindlichkeiten wird unterschieden: **Erblasserschulden** (§ 548 ABGB) sind alle Verbindlichkeiten des Erblassers, die noch zu seinen Lebzeiten entstanden sind (soweit sie nicht mit seinem Tod erloschen sind, → Rn. 129). **Erbfallschulden** sind sämtliche erbrechtlich oder familienrechtlich begründeten Verbindlichkeiten, die durch den Erbfall ausgelöst werden, insbes. Pflichtteils- und Vermächtnisansprüche sowie gewisse Unterhaltsansprüche (§§ 233, 747, 777 ABGB) und die Begräbniskosten (§ 549 ABGB). **Erbgangsschulden** sind alle Verbindlichkeiten, die im Zusammenhang mit dem Verlassenschaftsverfahren oder dem Erbschaftserwerb entstehen, zB Kosten der Inventarerrichtung, des Gerichtskommissärs oder einer Prozessführung des Nachlasses. ZT werden auch Erbfall- und Erbgangsschulden, da sie beide mit dem Tod des Erblassers entstehen, zu einer Gruppe zusammengefasst (vgl. *Eccher* BürgerlR VI Rn. 8/4). 152

b) Schuldenhaftung bis zur Einantwortung. Bis zur Einantwortung (→ Rn. 127) haftet für Nachlassverbindlichkeiten **nur der Nachlass**, nicht auch die Erben (Welser/Zöchling-Jud BürgerlR II Rn. 2419; Schwimann/Kodek/*Eccher* ABGB § 547 Rn. 4, Schwimann/Kodek/*Nemeth* ABGB § 801 Rn. 1, § 819 Rn. 10). 153

c) Schuldenhaftung nach der Einantwortung. Nach der Einantwortung hängt die Frage der beschränkten oder unbeschränkten Erbenhaftung im Wesentlichen davon ab, ob es zu einer **Inventarerrichtung** gekommen ist. Dies wiederum hängt zunächst von der **Art der Erbantrittserklärung** des Erben ab, nämlich davon, ob er die Erbschaft **unbedingt** oder **bedingt** (dh „unter dem Vorbehalt der Errichtung eines Inventars") antritt (§§ 800–802 ABGB, → Rn. 171). Die „Bedingung" betrifft somit nicht die Annahme als solche, sondern lediglich die Beschränkung der Erbenhaftung. 154

Gem. § 801 ABGB führt die **unbedingte Erbantrittserklärung** grds. (→ Rn. 157) zu einer **unbeschränkten persönlichen Haftung** des Erben. Mehrere Erben haften im Außenverhältnis als Gesamtschuldner; im Innenverhältnis richtet sich die Haftung nach dem Verhältnis ihrer Erbteile (§ 820 ABGB). 155

Im Falle einer **bedingten Erbantrittserklärung** ist von Amts wegen ein Nachlassinventar aufzunehmen (§ 802 S. 1 ABGB, § 165 I Nr. 1 AußStrG, → Rn. 176). Die Haftung des Erben ist **auf den Wert des Nachlasses beschränkt** (§ 802 S. 2 ABGB). Doch handelt es sich auch hier um eine **persönliche Haftung** des Erben, für die die Gläubiger auf das gesamte Vermögen des Erben zugreifen können. Gem. § 821 S. 1 ABGB trifft bei teilbaren Schulden jeden Miterben nur eine **anteilige Haftung** entsprechend seiner Erbquote; teilbare Forderungen zerfallen daher mit Einantwortung in selbständige Teilforderungen (Schwimann/Kodek/*Nemeth* ABGB § 819 Rn. 10, § 821 Rn. 1; vgl. OGH ZVR 2006, 108 mAnm *Veiter*); bei unteilbaren Schulden besteht dagegen auch bei bedingtem Erbantritt gem. § 821 S. 2 eine Solidarhaftung der Erben, die aber auf den Wert der eingeantworteten Verlassenschaft beschränkt ist. Zweifelhaft ist, ob die Haftungsgrenze für jeden Erben nach der ideellen Erbquote am Gesamtnachlass (so Schwimann/Kodek/*Nemeth* ABGB § 821 Rn. 4) oder nach dem tatsächlich aus dem Nachlass erworbenen Vermögen (so wohl Welser/Zöchling-Jud BürgerlR II Rn. 2443) zu bestimmen ist. Näher zur beschränkten Erbenhaftung nach österreichischem Recht auch IPG 2009–2011 Nr. 44, S. 550ff. [Passau]. 156

Zu einer **Haftungsbeschränkung** nach Maßgabe der §§ 802, 821 ABGB kommt es nicht nur für den Erben, der eine bedingte Erbantrittserklärung abgegeben hat, sondern **immer dann, wenn ein Nachlassinventar errichtet wurde**. Sobald also nur ein Erbe die Erbschaft nur bedingt angetreten ist, kommt die haftungsbeschränkende Wirkung des Inventars auch dem unbedingt angetretenen Erben zugute (§ 807 ABGB). Dasselbe gilt, wenn es aus sonstigen Gründen zur Inventarerrichtung gekommen ist, etwa gem. § 165 I Nr. 6 AußStrG auf Antrag des Verlassenschaftskurators (→ Rn. 177) oder eines Pflichtteilsberechtigten (§ 804 ABGB). 157

Ob und inwieweit das Haftungsprivileg auch für **Erbgangsschulden** gilt, ist streitig (Schwimann/Kodek/*Nemeth* ABGB § 802 Rn. 1 mwN). 158

Genügt im Fall beschränkter Erbenhaftung der Nachlass nicht für die Erfüllung der Nachlassverbindlichkeiten, so erfolgt die Befriedigung der Gläubiger entsprechend konkursrechtlichen Grundsätzen (Schwimann/Kodek/*Nemeth* ABGB § 802 Rn. 3): zunächst sind Aussonderungs- und Absonderungsansprüche zu befriedigen, danach Masseforderungen und zuletzt die der Haftungsbegrenzung unterliegenden Nachlassverbindlichkeiten. Vgl. auch → Rn. 168. 159

d) Gläubigereinberufung. Der Erbe oder Verlassenschaftskurator kann gem. § 813 ABGB „zur Feststellung des Schuldenstandes" die Nachlassgläubiger mittels Edikt zur Anmeldung ihrer Forderungen innerhalb einer bestimmten Frist auffordern lassen (Gläubigereinberufung). Liegt eine bedingte Erbantrittserklärung vor, so erfolgt die Gläubigereinberufung von Amts wegen (§ 165 II AußStrG). Ein Gläubiger, der die fristgemäße Anmeldung seiner Forderung versäumt, fällt bei ungenügendem Nachlass mit seiner Forderung aus (§ 814 ABGB). Gläubiger, die infolge unterbliebener Gläubigereinberufung oder vorzeitiger Befriedigung anderer Gläubiger einen Nachteil erleiden, haben gem. § 815 ABGB einen Ersatzanspruch gegen den Erben, der hierfür unabhängig einer etwaigen bedingten Erbantrittserklärung persönlich haftet. 160

161 **e) Nachlassabsonderung.** Jeder Nachlassgläubiger kann gem. § 812 ABGB iVm § 175 AußStrG im Rahmen des Verlassenschaftsverfahrens die Absonderung eines seiner Forderung entsprechenden Teils des Nachlassvermögens beantragen, wenn seine Forderung durch Vermengung des Nachlasses mit dem Erbenvermögen durch den Zugriff der Erbengläubiger auf den Nachlass objektiv gefährdet wäre. Wird die Nachlassabsonderung bewilligt, wird das getrennte Sondervermögen von einem Absonderungskurator verwaltet, eine Inventarisierung ist erforderlich (§ 165 I Nr. 3 AußStrG); dementsprechend haftet der Erbe nur noch beschränkt (§ 812 II ABGB). Nach § 812 III ABGB kann die Absonderung durch Sicherheitsleistung abgewendet werden. Wird die Nachlassabsonderung zulässig beantragt, so darf die Einantwortung nicht stattfinden, bis die Separation tatsächlich erfolgt ist; OGH ÖJZ 2014, 555.

III. Nachlassverfahrensrecht

162 **1. Verlassenschaftsverfahren. a) Allgemeines.** § 797 I ABGB bestimmt, dass niemand eine Erbschaft eigenmächtig in Besitz nehmen darf. Das Erbrecht muss vielmehr vor Gericht verhandelt werden; Voraussetzung der Rechtsnachfolge ist die gerichtliche Einantwortung des Nachlasses, dh die „Übergabe in den rechtlichen Besitz" (→ Rn. 180). Die Durchführung eines Verlassenschaftsverfahrens ist somit in der Regel (zu Ausnahmen → Rn. 167) zentraler Bestandteil des Erbschaftserwerbs durch die Erben. Geregelt ist das Verfahren im Außerstreitgesetz (AußStrG), das in einer neuen Fassung zum 1.1.2005 in Kraft getreten ist. Speziell das Verlassenschaftsverfahren ist geregelt in §§ 143–185 AußStrG. Schrifttum zum neuen Recht: *Feil*, Außerstreitgesetz, Kurzkommentar für die Praxis, 3. Aufl. 2016; *Fucik/Mondel*, Das Verlassenschaftsverfahren nach der EuErbVO und dem Erbrechts-Änderungsgesetz 2015, 2. Aufl. 2016; *Rechberger*, Kommentar zum Außerstreitgesetz, 2. Aufl. 2013; *Schilchegger/Kieber*, Österreichisches Verlassenschaftsverfahren, 2. Aufl. 2015; *Verweijen*, Handbuch Verlassenschaftsverfahren, 2. Aufl. 2017.

163 Das Verlassenschaftsverfahren ist unterteilt in ein Vorverfahren (§§ 143–155 AußStrG) und die eigentliche Verlassenschaftsabhandlung (§§ 156–181b AußStrG).

164 **b) Zuständigkeit.** Zuständig für die Verfahrenseinleitung ist das **Bezirksgericht** (§ 104a JN [Jurisdiktionsnorm]), in dessen Bezirk der Erblasser zuletzt seinen **allgemeinen Gerichtsstand** in Streitsachen hatte (§ 105 I 1 JN). Der allgemeine Gerichtsstand einer natürlichen Person bestimmt sich alternativ nach ihrem **Wohnsitz** (§ 66 I JN) oder ihrem **gewöhnlichen Aufenthalt** (§ 66 II JN, jeweils mit näherer Begriffsbestimmung). Fallen Wohnsitz und gewöhnlicher Aufenthalt auseinander, so ist ein allgemeiner Gerichtsstand an *beiden* Orten begründet (§ 66 III JN). Lässt sich **kein inländischer allgemeiner Gerichtsstand** ermitteln (ist aber gleichwohl eine internationale Zuständigkeit der österreichischen Gerichte gegeben, → Rn. 6) oder ist er **bei mehreren Gerichten** begründet, so ist das Bezirksgericht zuständig, in dessen Bezirk sich der größte Teil des inländischen Nachlassvermögens befindet, sonst das Bezirksgericht Innere Stadt Wien (§ 105 I 2 JN).

165 **Funktionell zuständig** ist hauptsächlich der **Gerichtskommissär** (meist Notar, vgl. §§ 1, 2 GKoärG [Gerichtskommissärsgesetz]). Der Gerichtskommissär ist auch zuständig für die Eingaben der Parteien (§ 144 I AußStrG); erforderlichenfalls ist an das Gericht vorzulegen (§ 144 III AußStrG).

166 **c) Verfahrenseinleitung und Vorverfahren.** Wird der Todesfall bekannt (etwa durch Übermittlung der Sterbeurkunde vom Standesamt an das Gericht), so ist das Verlassenschaftsverfahren von Amts wegen einzuleiten (§ 143 I AußStrG). Gem. § 145 AußStrG hat der Gerichtskommissär die **Todesfallaufnahme** zu errichten. Dabei hat er alle für die Verlassenschaftsabhandlung und etwaige pflegschaftsgerichtliche Maßnahmen relevanten Umstände zu erheben. Ferner hat er den Wert des hinterlassenen Vermögens nach Maßgabe des § 145a AußStrG summarisch zu ermitteln. Näher zu den Rechten und Pflichten des Gerichtskommissärs bei seinen Erhebungen § 146 AußStrG, zur Sicherung des Nachlasses § 147 AußStrG. Gem. § 151 AußStrG besteht eine **Verpflichtung zur Übermittlung von Verfügungen von Todes wegen** und sonstigen für die Erbfolge relevanten Dokumenten an den Gerichtskommissär.

167 **d) Unterbleiben einer Verlassenschaftsabhandlung.** Ausnahmsweise kann die Durchführung einer Verlassenschaftsabhandlung unterbleiben. Dies gilt gem. § 153 I AußStrG für **geringfügige Nachlässe**, bei denen die Aktiva des Nachlasses den Wert von 5.000 EUR nicht übersteigen oder die Erbfolge nach dem Erbstatut von Gesetzes wegen eintritt (vgl. → Rn. 4; zur Berichtigung des Grundbuchs bei automatischem Erwerb nach ausländischem Erbstatut § 182 IV AußStrG) und keine Eintragungen in öffentliche Bücher erforderlich sind. Hier kann eine Abhandlung nur **auf Antrag** durchgeführt werden. Bei österreichischem Erbstatut hat das Gericht gem. § 153 II AußStrG auf Antrag einzelne Personen, deren Anspruch nach Aktenlage bescheinigt ist, zu ermächtigen, den Nachlass ganz oder zT zu übernehmen oder Nachlassrechte geltend zu machen. Die Überlassung führt zur Einzelrechtsnachfolge, iÜ bleibt der ruhende Nachlass bestehen (Schwimann/Kodek/*Nemeth* ABGB § 798a Rn. 3).

168 Bei überschuldeten Nachlässen ist eine **Verlassenschaftsinsolvenz** möglich, die den Regelungen der IO (Insolvenzordnung) unterliegt (näher Schwimann/Kodek/*Nemeth* ABGB § 798a Rn. 10–14). Möglich ist auch die **Überlassung** eines überschuldeten Nachlasses an die Gläubiger **an Zahlungs statt** gem. § 798 ABGB iVm §§ 154f. AußStrG (näher Schwimann/Kodek/*Nemeth* ABGB § 798a Rn. 4–9).

169 **e) Verlassenschaftsabhandlung. aa) Allgemeines.** Die Verlassenschaftsabhandlung dient der Klärung des Erbrechts und endet nach dessen Feststellung mit der Rechtskraft der Einantwortung (→ Rn. 180). Durchgeführt wird es dementsprechend in erster Linie mit den Erben. Pflichtteilsberechtigte (sofern sie nicht entgegen der Verfügung ein Erbrecht geltend machen) und Erbschaftsgläubiger werden grds. nur beteiligt, soweit es ihren Rechten entspricht (zum Schutz der Erbschaftsgläubiger → Rn. 160f.). Ver-

mächtnisnehmer werden über ihre Ansprüche in Kenntnis gesetzt, die Durchsetzung ihrer Rechte erfolgt außerhalb des Verlassenschaftsverfahrens.

Zunächst sind alle Personen, die ein Erbrecht beanspruchen, zu ermitteln. Zu diesem Zweck sind erforderlichenfalls unbekannte Erben und Noterben durch öffentliche Bekanntmachung zur Geltendmachung ihrer Ansprüche aufzufordern (§ 158 AußStrG). Gem. § 157 AußStrG **fordert** der Gerichtskommissär die potentiellen Erben **zur Erklärung darüber auf,** ob und wie **(bedingt oder unbedingt)** sie die Erbschaft **antreten** (Annahme, Erbantrittserklärung) oder ob sie diese **ausschlagen** wollen. Dabei sind sie insbes. auch über die Rechtsfolgen einer bedingten oder unbedingten Erbantrittserklärung (→ Rn. 155 f.) zu belehren. 170

bb) Erbantrittserklärung und Ausschlagung der Erbschaft. (1) Erbantrittserklärung (Annahme der Erbschaft). Gem. § 799 ABGB muss der Erbe zum einen seinen Berufungsgrund (Titel, → Rn. 128) hinreichend nachweisen und ausdrücklich erklären, die Erbschaft anzutreten. Die Annahme oder Erbantrittserklärung muss zugleich enthalten, ob sie **unbedingt oder bedingt,** dh „unter dem Vorbehalt der Errichtung eines Inventars", erfolgt (§ 800 ABGB, → Rn. 154). Die Befugnis zum bedingten oder unbedingten Erbantritt kann weder durch letztwillige Anordnung noch durch Verzicht im Voraus beschränkt werden (§ 803 ABGB) Die Erbantrittserklärung hat schriftlich oder mündlich zu Protokoll mit eigenhändiger Unterschrift zu erfolgen (§ 159 III AußStrG). **Stellvertretung** ist zulässig, doch ist für eine unbedingte Erbantrittserklärung und für eine Ausschlagung gem. § 1008 S. 2 ABGB jeweils eine Spezialvollmacht erforderlich. Zum weiteren **Inhalt** der Erbantrittserklärung § 159 I, II AußStrG. Erbantrittserklärung und Ausschlagung können nur einheitlich für einen Berufungsgrund oder eine bestimmte Quote, nicht aber zwischen einzelnen Nachlassgegenständen differenzierend erfolgen (näher IPG 1999 Nr. 42, S. 382 f. [Passau]). 171

Gem. § 806 ABGB ist die Erbantrittserklärung **unwiderruflich;** auch kann eine unbedingte nicht nachträglich in eine bedingte Erbantrittserklärung abgeändert werden, wohl aber umgekehrt (Schwimann/Kodek/*Nemeth* ABGB § 806 Rn. 5). Nach der Rspr. ist eine Anfechtung wegen Irrtums (anders als bei der Ausschlagung → Rn. 174) ausgeschlossen (OGH SZ 73/69; näher Schwimann/Kodek/*Nemeth* ABGB § 799 Rn. 3). 172

Gibt ein als Erbe Berufener **keine Erbantrittserklärung** ab, so liegt hierin ohne weiteres noch keine stillschweigende Erbausschlagung (OGH SZ 44/72; aber auch OGH EvBl 1987/198). Die betreffende Person ist jedoch gem. § 157 II, III AußStrG am weiteren Verfahren nicht mehr zu beteiligen, solange sie die Erklärung nicht nachholt (§ 164 AußStrG). Nichtbeteiligung im Verfahren steht der späteren Erhebung der Erbschaftsklage nicht entgegen (Schwimann/Kodek/*Nemeth* ABGB § 799 Rn. 15). Wird die Erbschaft **von keinem angetreten,** so ist sie im Hinblick auf das Heimfallsrecht des Staates (→ Rn. 25) gem. § 184 AußStrG auf Antrag der Finanzprokuratur der Republik Österreich zu übergeben. Gem. § 157 IV AußStrG ist in diesen Fällen zunächst ein Verlassenschaftskurator zu bestellen. 173

(2) Ausschlagung der Erbschaft. Für die Erbausschlagung (§ 805 ABGB) gelten grds. die Regeln über die Erbantrittserklärung entsprechend; sie ist somit ebenfalls gem. § 806 ABGB unwiderruflich. Eine Anfechtung wegen Willensmangels, auch wegen Irrtums, wird von der Rspr. zugelassen (OGH SZ 34/57; NZ 2000, 13; vgl. auch LG Kassel NJWE-FER 1997, 63). Infolge der Ausschlagung gilt die Erbschaft als dem Ausschlagenden nicht angefallen; sie erstreckt sich im Zweifel auch auf die Nachkommen (§ 758 II 2 ABGB). Anders als nach altem Recht (Vorauf. Rn. 189) kann gem. § 808 II ABGB ein mit einem Erbteil bedachter Pflichtteilsberechtigter die Erbschaft nicht mehr unter dem Vorbehalt des Geldpflichtteils ausschlagen; auch eine Ausschlagung der gewillkürten zu Gunsten der gesetzlichen Erbfolge ist nicht möglich (näher *Eccher* BürgerlR VI Rn. 2/34 f.). 174

cc) Entscheidung über das Erbrecht bei widersprechenden Erbantrittserklärungen. Bei einander widersprechenden Erbantrittserklärungen hat sich zunächst der Gerichtskommissär um eine einvernehmliche Anerkennung der jeweiligen Erbrechte zu bemühen (§ 160 AußStrG). Kommt eine solche Anerkennung nicht zustande, so entscheidet über die jeweiligen Erbrechte das Verlassenschaftsgericht innerhalb des Abhandlungsverfahrens (§§ 161–164 AußStrG). Die Beweislast trifft jeweils die ein Erbrecht geltend machende Person; dementsprechend ist die bestrittene Echtheit eines eigenhändigen Testaments vom Testamentserben zu beweisen; OGH JBl 2018, 56 = ÖJZ 2018, 308 (mwN der bisherigen Streitstand). Die Entscheidung erfolgt mit dem Einantwortungsbeschluss (→ Rn. 180) oder einem gesonderten Beschluss (§ 161 AußStrG). Zur Rechtskraft im Verhältnis zur späteren Erbschaftsklage → Rn. 187. 175

dd) Inventarerrichtung und Vermögenserklärung. Ein Inventar (Nachlassverzeichnis) ist in bestimmten, in § 165 AußStrG näher geregelten Fällen zu errichten, insbes. wenn eine bedingte Erbantrittserklärung abgegeben wurde (§ 165 I Nr. 1 AußStrG); näher §§ 166–169 AußStrG. Ist hiernach kein Inventar zu errichten (insbes. bei unbedingter Erbantrittserklärung, → Rn. 155), so tritt an dessen Stelle die Vermögenserklärung durch den Erben gem. § 170 AußStrG. 176

ee) Benützung, Verwaltung und Vertretung des Nachlasses. Gem. § 810 I 1 ABGB hat ein Erbe, der die Erbschaft angenommen hat (Erbantritt) und sein Erbrecht hinreichend ausweist, grds. das Recht auf Benützung, Verwaltung und Vertretung des Nachlasses (zur rechtlichen Stellung des Erben gem. § 810 ABGB aus deutscher Sicht OLG München ZEV 2009, 196 = IPRax 2010, 254 mAnm *Hoyer* IPRax 2010, 232–234). Eine konstitutive Überlassung dieser Befugnis durch das Nachlassgericht ist hierfür nicht erforderlich (Schwimann/Kodek/*Nemeth* ABGB § 810 Rn. 1, mit Hinweisen zum früheren Rechtszu- 177 stand); das Nachlassgericht ist aber befugt, diese Fragen anders zu regeln. Den berechtigten Erben ist gem. § 172 AußStrG eine **Amtsbestätigung** über ihre Vertretungsbefugnis auszustellen. Steht das Verwaltungsrecht mehreren zu, so üben sie es gem. § 810 I 2 ABGB gemeinsam nach Maßgabe der §§ 833 ff. ABGB aus. Die Miterben können die Art der Vertretung aber auch einvernehmlich abweichend regeln (Schwimann/Kodek/*Nemeth* ABGB § 810 Rn. 6). Können sich die Erben über einzelne Vertretungshandlungen oder die Art der Vertretung nicht einigen oder ist im Hinblick auf widersprechende Erbantrittserklärungen ein Verfahren über das Erbrecht einzuleiten (→ Rn. 175), so ist gem. § 173 AußStrG erforderlichenfalls ein **Verlassenschaftskurator** zu bestellen. Mit dessen Bestellung endet die Vertretungsbefugnis anderer Personen.

178 Die Verwaltung und Vertretung des Nachlasses sowie die Veräußerung von Nachlassgegenständen bedürfen gem. § 810 II ABGB der **Genehmigung durch das Verlassenschaftsgericht,** sofern sie nicht zum ordentlichen Wirtschaftsbetrieb gehören (zu dessen Inhalt vgl. § 167 III ABGB). Die Genehmigung ist zu versagen, wenn die Maßnahme für den Nachlass offenbar nachteilig wäre (§ 810 II 2 ABGB). Nach dem Wortlaut des § 810 II ABGB besteht das Genehmigungserfordernis eigentlich nur, solange nicht hinsichtlich des gesamten Nachlasses Erbantrittserklärungen erfolgt sind, doch soll auch über diesen Zeitpunkt hinaus noch ein entsprechendes Genehmigungserfordernis geboten sein (*Welser/Zöchling-Jud* BürgerlR II Rn. 2406).

179 In jedem Fall ist gem. § 810 III ABGB eine außerordentliche Veräußerung eines Nachlassgegenstandes ausgeschlossen, solange die Errichtung eines Inventars zu erwarten ist.

180 **ff) Einantwortung. (1) Grundsätze.** Abgeschlossen wird das Abhandlungsverfahren durch die Einantwortung, die Übergabe des Nachlasses in den rechtlichen Besitz des Erben, durch den die Universalsukzession bewirkt wird (§§ 797, 819 ABGB, §§ 176–180 AußStrG, → Rn. 127). Die Einantwortung erfolgt durch **Beschluss,** der insbes. den Erblasser und die Erben, deren Erbrechtstitel und Erbquoten und die Art der abgegebenen Erbantrittserklärung nennt, ggf. auch Beschränkungen der Erben durch die Anordnung einer Nacherbfolge oder ähnliche Anordnungen (zum Inhalt des Einantwortungsbeschlusses näher § 178 AußStrG). Der Beschluss ist den Parteien zuzustellen (§ 178 V AußStrG). Auf Antrag können die Parteien auch eine **Amtsbestätigung** über die Einantwortung erhalten (§§ 178 VII, 186 I AußStrG).

181 **(2) Wirkungen der Einantwortung.** Mit Rechtskraft des Einantwortungsbeschlusses geht der Nachlass im Wege der **Universalsukzession** auf die Erben über, ohne dass es weiterer Übertragungsakte bedarf; dies gilt auch für Grundvermögen (§ 819 ABGB; *Welser/Zöchling-Jud* BürgerlR II Rn. 2413 mwN). Das Grundbuch ist insofern also lediglich zu berichtigen (dazu § 182 AußStrG; die Änderung kann erforderlichenfalls auch von Amts wegen vom Gerichtskommissär beantragt werden); näher zu grundbuchrechtlichen Fragen bei der Nachfolge in österreichische Immobilien *Wilsch* ZEV 2013, 541. Nach Eintritt der formellen Rechtskraft ist **keine Änderung des Einantwortungsbeschlusses** mehr möglich (§ 180 II AußStrG; vorher können gem. § 164 AußStrG noch Erbantrittserklärungen abgegeben werden). Danach können erbrechtliche Ansprüche nur noch durch die **Erbschaftsklage** gem. § 823 ABGB (→ Rn. 185) geltend gemacht werden. Dies gilt auch, wenn nach Abschluss des Verlassenschaftsverfahrens noch Verfügungen von Todes wegen bekannt werden. Werden lediglich weitere Nachlassgegenstände aufgefunden, so kann das Inventar oder die Vermögenserklärung ohne Änderung des Einantwortungsbeschlusses ergänzt werden (§ 183 AußStrG). Eine zusätzliche Erbantrittserklärung ist nicht erforderlich (Schwimann/Kodek/*Nemeth* ABGB § 819 Rn. 3). Unter Umständen ist die zunächst unterbliebene Einleitung der Verlassenschaftsabhandlung (→ Rn. 182) nachzuholen. Zur **Rechtskraftwirkungen** eines Einantwortungsbeschlusses → Rn. 187.

182 **Legitimationswirkung.** Die Einantwortung begründet zugunsten des eingeantworteten Erben die Vermutung seiner Erbenstellung. Dementsprechend sind redliche Dritte beim Erwerb von Nachlassgegenständen in ihrem Vertrauen auf die durch die Einantwortung ausgewiesene Erbenstellung geschützt (§ 824 S. 2 ABGB). Dies gilt gleichermaßen für sämtliche Vermögensgegenstände (bewegliche und unbewegliche Sachen, Forderungsrechte) und sowohl für entgeltlichen wie für unentgeltlichen Erwerb. Nach hM ist Redlichkeit nur bei Kenntnis der fehlenden Erbenstellung ausgeschlossen (*Welser/Zöchling-Jud* BürgerlR II Rn. 2462).

183 **(3) Einantwortung durch deutsche Gerichte.** Vor Inkrafttreten der **EuErbVO** ging die deutsche Rspr. (unnötig restriktiv) davon aus, dass deutsche Nachlassgerichte eine Einantwortung nicht vornehmen können, weil ihnen die entsprechenden Verfahrensvorschriften fehlen (zB BayObLGZ 1971, 34 (44); 1967, 197 (201 f.); näher Voraufl. Rn. 198). Unterlag der Erbschaftserwerb österreichischem Recht, so waren die Erben also grds. gezwungen, eine Einantwortung in Österreich vornehmen zu lassen. War eine solche nicht zu erlangen, sollte nach der deutschen Rspr. aber immerhin „im Wege der Angleichung in den Erbscheinsanträgen der Erben ... eine Erbserklärung [heute: Erbantrittserklärung] gesehen und die Wirkungen der Einantwortung an die Erteilung des Erbscheins geknüpft" werden können (BayObLGZ 1971, 34 (44); ebenso BayObLG ZEV 1995, 416 (418) mAnm *v. Oertzen* = DNotZ 1996, 106 (108 f.) mAnm *Riering* = MittBayNot 1995, 230 (232) mAnm *Geimer*; BayObLGZ 1967, 197 (201 ff.). Schon nach altem Recht wäre es indes überzeugender gewesen, von vornherein eine Einantwortung auch durch inländische Gerichte vornehmen zu lassen (Staudinger/*Dörner* EGBGB Art. 25 Rn. 852 ff. mwN; vgl. auch IPG 1998 Nr. 34, S. 512 ff. [Passau]).

184 Der durch die **EuErbVO** im Regelfall herbeigeführte Gleichlauf von internationaler Zuständigkeit und anwendbarem Recht (vgl. insbes. Art. 4, 21 EuErbVO) führt dazu, dass deutsche Nachlassgerichte

den Nachlass in den meisten Fällen auch nach deutschem Recht abhandeln. Dann wird sich die Problematik nicht mehr stellen. Mitunter können deutsche Nachlassgerichte aber nach wie vor gehalten sein, eine Verlassenschaftsabhandlung nach österreichischem Recht durchzuführen, etwa wenn ein österreichischer Erblasser mit letztem gewöhnlichem Aufenthalt in Deutschland gem. Art. 22 EuErbVO sein Heimatrecht als Erbstatut gewählt hat, es aber zu keiner Zuständigkeit der österreichischen Gericht nach Art. 5 ff. EuErbVO kommt. In diesen Fällen wird man **an der bisherigen Rechtsprechungspraxis nicht mehr festhalten** können: Die von der EuErbVO angeordnete Anwendung ausländischen Rechts auf den Erbschaftserwerb (Art. 23 II lit. e; (→ Rn. 4) darf nicht durch Berufung auf eine für die eigenen Gerichte vermeintlich „wesensfremde Tätigkeit" ausgehöhlt werden; insofern muss das nationale Verfahren die nötige Anpassungsfähigkeit an die unionsrechtlichen Vorgaben zeigen (MüKoBGB/*Dutta* EuErbVO vor Art. 4 Rn. 27, Art. 23 Rn. 20; aA *Bajons* in: Löhnig ua, Erbfälle unter Geltung der Europäischen Erbrechtsverordnung, S. 93–107 (insbes. 101 f.)). Damit korrespondiert eine entsprechende Verpflichtung anderer Mitgliedstaaten (wie Österreich), derartige **Zeugnisse anzuerkennen** (MüKoBGB/*Dutta* EuErbVO vor Art. 4 Rn. 28). Hinsichtlich eines **Europäischen Nachlasszeugnisses** stellt iÜ § 33 I lit. d GBG (Allgemeines Grundbuchsgesetz) klar, dass dieses Grundlage einer „Einverleibung" in das österreichische Grundbuch sein kann.

2. Erbschaftsklage. Nach Abschluss des Verlassenschaftsverfahrens kann ein Erbprätendent sein besseres Erbrecht gegenüber dem eingeantworteten Erben im Wege der Erbschaftsklage gem. § 823 I ABGB durchsetzen (beim Staat: Aneignungsklage, § 823 II ABGB). Die Klage ist erst nach Rechtskraft des Einantwortungsbeschlusses zulässig (*Welser/Zöchling-Jud* BürgerlR II Rn. 2452; vorher: § 164 AußStrG, → Rn. 181). Die Beweislast trägt der klagende Erbprätendent (*Welser/Zöchling-Jud* BürgerlR II Rn. 2414). Zur Erbschaftsklage auch IPG 1998 Nr. 33 S. 499–502 (Passau).

Die Erbschaftsklage ist **Leistungsklage**, gerichtet auf die vollständige oder teilweise **Übertragung des Nachlassbesitzes** (*Welser/Zöchling-Jud* BürgerlR II Rn. 2451). Ist die Klage erfolgreich, erhält der Erbschaftskläger mit Rechtskraft des Urteils die Stellung eines eingeantworteten Erben und wird somit rückwirkend **Universalnachfolger** des Erblassers (*Eccher* BürgerlR VI Rn. 6/29). Daneben wird der unterlegene Beklagte auch zur Herstellung des der Erbenstellung des Klägers entsprechenden tatsächlichen Zustandes verpflichtet (*Welser/Zöchling-Jud* BürgerlR II Rn. 2457); insofern sind ergänzend die Regeln des Eigentümer-Besitzer-Verhältnisses anzuwenden (§ 824 iVm §§ 329 ff. ABGB). Der erfolgreiche Kläger haftet wie hM wie ein Erbe mit bedingter Erbantrittserklärung (*Eccher* BürgerlR VI Rn. 6/30; *Welser/Zöchling-Jud* BürgerlR II Rn. 2459). Die (nach bisherigem Recht streitige) **Verjährung** der Erbschaftsklage unterliegt nunmehr § 1487a ABGB.

Nicht ganz klar ist, inwieweit der **Entscheidung des Nachlassgerichts** im Verlassenschaftsverfahren **materielle Rechtskraft** gegenüber einer späteren Erbschaftsklage zukommt (allg. zu diesem Problem *Schäuble*, Die Einweisung der Erben in die Erbschaft nach österreichischem Recht durch deutsche Nachlassgerichte, 2011, 46–60). Als Akt der außerstreitigen Gerichtsbarkeit entfaltet der Einantwortungsbeschluss zunächst keine materielle Rechtskraft. Dementsprechend kann mit der Erbschaftsklage etwa geltend gemacht werden, dass sich die der Einantwortung zugrunde gelegte letztwillige Verfügung nachträglich als ungültig herausgestellt hat (*Welser/Zöchling-Jud* BürgerlR II Rn. 2452). Wurde jedoch im Rahmen der Verlassenschaftsabhandlung über widerstreitende Erbrechte gem. §§ 160–164 AußStrG entschieden (→ Rn. 175), so soll diese Entscheidung Rechtskraft gegenüber allen Parteien entfalten, die Erbantrittserklärungen abgegeben haben, und insoweit der nachträglichen Erhebung einer Erbschaftsklage entgegenstehen (so insbes. *Eccher* BürgerlR VI Rn. 6/20 mit 6/12, 6/24; Schwimann/Kodek/*Nemeth* ABGB § 799 Rn. 12f., 15; eine materielle Rechtskraft des Einantwortungsbeschlusses hingegen generell abl. FFDH IntErbR/*Verschraegen* Österreich Rn. 504, 523; eine Klärung der Frage durch die österreichische Rspr. steht noch aus). *Soweit* dem Einantwortungsbeschluss nach dem insofern maßgeblichen österreichischen Recht materielle Rechtskraft zukommt (was nach dem Gesagten grds. nicht der Fall ist), ist diese auch in Deutschland **anzuerkennen**. Zur Anerkennung österreichischer Einantwortungsbeschlüsse nach altem Recht *Schäuble*, Die Einweisung der Erben in die Erbschaft nach österreichischem Recht durch deutsche Nachlassgerichte, 2011, 291–328; gegen Anerkennung eines Einantwortungsbeschlusses, der auf einer Einigung der Erbprätendenten über die Erbquoten beruht, OLG Köln ZEV 2018, 344.

IV. Erbschaftsteuer

1. Erbschaft- und Schenkungsteuer. MWv 1.8.2008 wurde in Österreich die Erbschaft- und Schenkungsteuer abgeschafft. Anlass waren zwei Entscheidungen des österreichischen Verfassungsgerichtshofs (VfGH ZEV 2007, 237 mAnm *Steiner*; VfGH ZEV 2007, 430 mAnm *Steiner*), mit denen die Tatbestände des § 1 I Nr. 1 (Erbschaftsteuer) und Nr. 2 (Schenkungsteuer) wegen Gleichheitswidrigkeit für **verfassungswidrig** erklärt wurden; vgl. auch *Steiner* ErbStB 2007, 147 ff. Die betreffenden Tatbestände traten unmittelbar durch die VfGH-Urteile mit Ablauf des 31.7.2008 außer Kraft. Der österreichische Gesetzgeber entschied sich, die vom VfGH in beiden Urteilen gesetzte „Reparaturfrist" zur Überarbeitung des ErbStG nicht wahrzunehmen und stattdessen die **Erbschaft- und Schenkungsteuer auslaufen zu lassen.** Vgl. zum Ganzen: Information zum Auslaufen der Erbschaft- und Schenkungsteuer. Fragen und Antworten im Zusammenhang mit der Abschaffung der Erbschaft- und Schenkungsteuer, BMF – VI/6 v. 18.7.2008; Verkehrssteuerliche Auswirkungen durch das Schenkungsmeldegesetz 2008, BMF – VI/5 v.

18.2.2009, jeweils abrufbar über das Rechts- und Fachinformationssystem des Finanzressorts (Findok) des Bundesministeriums für Finanzen (BMF) unter *www.bmf.gv.at*. **Erbfälle vor dem 1.8.2008** unterliegen weiterhin der Erbschaftsteuer nach dem ErbStG. Dazu näher *Dorazil/Taucher*, Erbschaft- und Schenkungsteuergesetz, 4. Aufl. 2009; Flick/Piltz Int. Erbfall/*Jülicher* S. 504–510, Rn. 1794–1802; *Ivens*, Internationales Erbrecht, 2006, 371 ff.; *Schömmer/Bauer/Faßold*, Internationales Erbrecht Österreich, 2. Aufl. 2003, 152–156, Rn. 462–483.

189 **Nachfolgeregelungen zum ErbStG** enthält das am 1.8.2008 in Kraft getretene **Schenkungsmeldegesetz** (SchenkMG; öBGBl. 2008 I Nr. 85). Dieses Änderungsgesetz regelt das Entfallen der Erbschaft- und Schenkungsteuer und sieht durch den neu eingeführten § 121a der Bundesabgabenordnung (BAO) eine Anzeigepflicht für bestimmte Schenkungen unter Lebenden sowie Zweckzuwendungen unter Lebenden vor. Es ändert zudem das **GrEStG** (→ Rn. 191) und bringt Neuerungen für Privatstiftungen durch die Schaffung eines neuen **StiftEG** (→ Rn. 190). **Schrifttum** zum SchenkMG: *Fraberger/Petritz* ZErb 2008, 146 (151); 262 (266); *Peyerl*, Die Meldepflicht für Schenkungen, in *Fraberger/Petritz* (Hrsg.), Handbuch Estate Planning, 2011, 51–69; *Fugger* ZEV 2009, 506 f.; *Gahleitner/Fugger* ZEV 2008, 405 (411); Gruber/Kalss/Müller/Schauer/*Malle*, Erbrecht und Vermögensnachfolge, 2. Aufl. 2018, § 45 Rn. 211–269; *Inwinkl* RIW 2008, 855 (864); *Steiner* ErbStB 2008, 246 (250); Troll/Gebel/Jülicher/Gottschalk/*Jülicher*, Stand: 54. EL, November 2017, ErbStG § 21 Rn. 121; *Puchinger*, Schenkungsmeldegesetz 2008, 2008; *Adametz/Proksch/Rathgeber*, Das Schenkungsmeldegesetz, 2008. Zur neuen Rechtslage insgesamt Mennel/Förster/*Kirchmayr*, Steuern in Europa, Amerika und Asien, Länderteil Österreich, Stand: 114. EL, April 2018.

190 **Stiftungseingangssteuergesetz (StiftEG).** Unentgeltliche Zuwendungen an privatrechtliche Stiftungen unterlagen früher der Schenkungsteuer mit einem Steuersatz von grds. 5 %. Gem. § 2 I StiftEG beträgt der Steuersatz der nunmehr erhobenen Stiftungseingangssteuer grds. 2,5 % und in bestimmten, in § 2 I StiftEG geregelten Fällen 25 %. Die Steuerpflicht entsteht gem. § 1 II StiftEG, wenn der Zuwendende oder die Stiftung (der Erwerber) im Zeitpunkt der Zuwendung einen Wohnsitz, gewöhnlichen Aufenthalt, Sitz oder Ort der Geschäftsleitung im Inland hat, so dass auch grenzüberschreitende Zuwendungen erfasst sind. Einen **Befreiungstatbestand** für Zuwendungen von bestimmtem Kapitalvermögen von Todes wegen enthält § 1 VI Nr. 3 StiftEG; ausgenommen sind allerdings Zuwendungen bestimmter Anteile an in- und ausländischen Kapitalgesellschaften (vgl. insoweit die Modifikationen durch öBGBl. 2012 I Nr. 112). Eingeführt wurde mit § 1 VI Nr. 5 StiftEG auch ein genereller Befreiungstatbestand für Zuwendungen von Grundstücken; ab 1.1.2012 unterliegen diese damit nicht mehr der Stiftungseingangssteuer; sie fallen nun ausschließlich in den Anwendungsbereich des GrEStG (→ Rn. 191). Da der Grunderwerbsteuer aber nur Vorgänge hinsichtlich von in Österreich belegenen Grundstücken unterliegen, hat dies zur Folge, dass die Zuwendung von ausländischen Immobilien an österreichische Privatstiftungen in Österreich nicht mehr besteuert werden. **Schrifttum:** *Bodis* RdW 2011, 239 ff., 2011, 693–698; *Kleemann*, Das Stiftungseingangssteuergesetz (StEG), in *Fraberger/Petritz* (Hrsg.), Handbuch Estate Planning, 2011, 473–491; *Fugger* ZEV 2012, 201 f.; *Ludwig/Jorde* IStR 2009, 19 (23); *Schmidt/Gatterer* IStR-LB 2012, 88 (90); *Varro*, Stiftungseingangssteuer, 2011. Vgl. allg. auch *Boving*, Die Stiftung als Instrument der Nachlassgestaltung in Österreich und Deutschland, ZErb 2017, 131–134, 153–158.

191 **2. Grunderwerbsteuer.** Der Erwerb eines Grundstücks in Österreich von Todes wegen unterliegt seit dem 1.8.2008 anstelle der Erbschaftsteuer der Grunderwerbsteuer. Eine weitere Neuregelung der Grunderwerbsteuer wurde erforderlich durch die Entscheidung des österr. Verfassungsgerichtshofs vom 27.11.2012 (G 77/12-6, öBGBl. I Nr. 116/2012), nach der die frühere Bewertung mit dem dreifachen Einheitswert gem. § 6 aF GrEStG verfassungswidrig war. Infolgedessen wurde das GrEStG mit Wirkung zum 1.6.2014 reformiert (öBGBl. I Nr. 36/2014).Weiterführendes Schrifttum: *Arnold/Arnold*, Kommentar zum Grunderwerbsteuergesetz, Stand: 15. EL, 2017. Zur Reform auch *Steiner* ZEV 2014, 487; *Fugger* ZEV 2015, 576 f.

192 Gem. § 1 I Nr. 2 GrEStG unterliegt der Eigentumserwerb, wenn kein den Anspruch auf Übereignung begründendes Rechtsgeschäft vorausgegangen ist, der Grunderwerbsteuer. Erfasst ist damit gem. § 7 I Nr. 1 lit. b GrEStG insbesondere auch der Erwerb durch Erbschaft, Vermächtnis oder Erfüllung eines Pflichtteilsanspruchs sowie durch Schenkung. Unter den Voraussetzungen von § 3 I Nr. 2 lit. a–g GrEStG besteht allerdings für den unentgeltlichen Erwerb von Grundstücken, die zu Betriebsvermögen iSv lit. a gehören, seit 1.1.2016 ein Freibetrag iHv 900.000 EUR (zuvor: 365.000 EUR).

193 Gem. § 3 I Nr. 7 GrEStG ist der Erwerb eines Grundstücks im Wege der Schenkung unter Lebenden durch einen Ehegatten unmittelbar zum Zwecke der gleichteiligen Anschaffung oder Errichtung einer Wohnstätte mit höchstens 150 m² Wohnnutzfläche zur Befriedigung des dringenden Wohnbedürfnisses der Ehegatten von der Besteuerung ausgenommen. Die früher vorgesehene Befreiung für den Übergang von Grundstücken auf Grund eines Vorgangs, der unter das StiftEG fällt, ist ersatzlos gestrichen worden, da Zuwendungen von Grundstücken an Privatstiftungen nicht mehr der Stiftungseingangssteuer unterliegen (→ Rn. 190).

194 Gem. § 4 I GrEStG ist **Berechnungsgrundlage** grundsätzlich der Wert der Gegenleistung, bei unentgeltlichem Erwerb von Todes wegen jedoch der Wert des Grundstücks. Lediglich bei den in § 4 II GrEStG genannten Erwerbsvorgängen betreffend land- und forstwirtschaftliche Grundstücke ist nicht auf den Grundstückswert iSv § 4 I GrEStG, sondern auf den Einheitswert iSv § 6 GrEStG abzustellen.

195 Hinsichtlich des **Steuersatzes** differenziert § 7 nF GrEStG nicht mehr zwischen dem Erwerb durch Verwandte und dem durch sonstige Erwerber. Grundsätzlich gilt gem. § 7 I Nr. 2 lit. a GrEStG bei un-

entgeltlichem Erwerb (vgl. § 7 I Nr. 1 lit. b GrEStG) ein Stufentarif von 0,5 % für die ersten 250.000 EUR, 2 % für die nächsten 150.000 EUR und darüber hinaus 3,5 %, wobei die Erwerbe des Steuerschuldners vom Erblasser der letzten 5 Jahre zusammenzurechnen sind (§ 7 I Nr. 2 lit. a aE GrEStG). Bei den in § 4 II Nr. 1 und 2 GrEStG genannten Erwerbsvorgängen betreffend land- und forstwirtschaftliche Grundstücke gilt gem. § 7 I Nr. 2 lit. d GrEStG generell ein Steuersatz von 2 %.

Die **Steuerschuld entsteht,** sobald ein nach dem GrEStG steuerpflichtiger Erwerbsvorgang verwirklicht ist (§ 8 I GrEStG), mithin mit Rechtskraft des Beschlusses über die Einantwortung (→ Rn. 180) bzw. mit Bestätigung des Verlassenschaftsgerichts gem. § 182 III AußStrG. Für den Erwerb aufgrund einer Schenkung auf den Todesfall (→ Rn. 97) entsteht die Steuerschuld mit dem Tod des Schenkenden (§ 8 III GrEStG). **Steuerschuldner** ist der jeweilige Erwerber (§ 9 Nr. 1 GrEStG), unabhängig davon, ob er in Österreich beschränkt oder unbeschränkt steuerpflichtig ist (*Inwinkl* RIW 2008, 860). 196

3. Doppelbesteuerungsabkommen. Die deutsche Bundesregierung hat anlässlich der Abschaffung der österreichischen Erbschaft- und Schenkungsteuer das DBA v. 4.10.1954 (BGBl. 1955 II S. 755; BStBl. 1955 I S. 375) mWz 31.12.2007 gekündigt. Für den Zeitraum v. 1.1.2008 bis 31.7.2008 wurde zwischenzeitlich die Weitergeltung des bisherigen DBA vereinbart (Abkommen v. 6.11.2008, BGBl. 2009 II S. 715, ZustG v. 6.7.2009, BGBl. II S. 714; 2010 BGBl. II S. 12). Für die Zeit nach diesem Stichtag ist die Möglichkeit entfallen, durch Verlegung des Hauptwohnsitzes nach Österreich einen Großteil des zu vererbenden Vermögens (Ausnahmen galten für in Deutschland belegenes Betriebs- und Immobiliarvermögen) steuerfrei an in Deutschland ansässige Erben zu vererben. Bereits die Beibehaltung einer Zweitwohnung in Deutschland begründet beim Erblasser eine unbeschränkte Erbschaftsteuerpflicht. Unklar ist, ob nunmehr eine in Österreich entrichtete Grunderwerbsteuer auf die deutsche Erbschaftsteuer anzurechnen ist (§ 21 dtErbStG); vgl. *Steiner* ErbStB 2008, 246 (248). Insbesondere für österreichische Staatsangehörige ergibt sich durch den Wegfall des DBA zudem die Gefahr, durch schwache Verknüpfungen mit der deutschen Steuerhoheit (Gelegenheitswohnsitz in Deutschland) mit dem Weltvermögen der deutschen Erbschaft- und Schenkungsteuer zu unterliegen. **Schrifttum,** insbesondere zur Rechtslage nach Kündigung des DBA: *Fraberger,* Überlegungen zur steuerlichen Nachlassplanung zwischen Österreich und Deutschland, in *Fraberger/Petritz* (Hrsg.), Handbuch Estate Planning, 2011, 333–365; *Götzenberger* BB 2008, 2439 (2441); *Hoheisel* IStR 2008, 139 (142); *Jülicher* ZEV 2008, 64 (68); Kapp/Ebeling/*Eisele,* Erbschaftssteuer- und Schenkungssteuergesetz, Stand: 76. EL, Juni 2018, § 21 Rn. 171 ff.; *Steiner* ErbStB 2008, 60 ff.; Troll/Gebel/Jülicher/Gottschalk/*Jülicher,* Stand: 54. EL, November 2017, ErbStG § 2 Rn. 211 ff. 197

Länderbericht Russland

Übersicht

	Rn.		Rn.
I. Internationales Erbrecht (IPR)	1–14	d) Entziehung des Pflichtteils	62/63
1. Rechtsquellen	1	e) Pflichtteilsverzicht	64
2. Bestimmung des anwendbaren Rechts	2–8	5. Testamentsvollstreckung	65–69
		a) Testamentsvollstrecker	65–68
a) Erbstatut	2–6	b) Erbschaftsverwaltung durch einen Treuhänder	69
b) Verfügungen von Todes wegen	7–8	6. Erbschaftserwerb, Erbengemeinschaft und Erbauseinandersetzung	70–94
3. Internationale Zuständigkeit	9–11	a) Eröffnung des Erbgangs	70/71
a) Wohnsitzzuständigkeit	9	b) Erwerb der Erbschaft	72–81
b) Heimatzuständigkeit	10	c) Erbengemeinschaft	82/83
c) Belegenheitszuständigkeit	11	d) Erbauseinandersetzung	84–89
4. Anerkennung und Vollstreckung ausländischer Entscheidungen	12–14	e) Besonderheiten bei der Vererbung der Anteile und Mitgliedschaften	90–94
II. Materielles Recht	15–98	7. Erbenhaftung	95–98
1. Rechtsquellen	15	a) Erblasserschulden	95–97
2. Gesetzliche Erbfolge	16–29	b) Erbrechtlicher Gläubigerschutz	98
a) Allgemeines	16	III. Nachlassverfahrensrecht	99–110
b) Parentalsystem (Ordnungen)	17–22	1. Zuständigkeit und Verfahren im Allgemeinen	99
c) Gesetzliches Erbrecht des Ehegatten	23–26	2. Testamentseröffnung	100/102
d) Erbrecht der Unterhaltempfänger des Erblassers	27/28	3. Erbbescheinigung	103–105
		a) Verfahren	103/104
e) Staat als Erbe	29	b) Inhalt	105
3. Gewillkürte Erbfolge	30–57	4. Sicherungsmaßnahme	106–109
a) Allgemeines	30	5. Erbschaftsklage	111
b) Testament	31–57	IV. Erbschaftsteuer	111–113
4. Pflichtteilsrecht	58–64	1. Besteuerung der Erbschaft	111/112
a) Allgemeines	58	2. Steuerersatz	113
b) Pflichtteilsberechtigte Personen und Höhe des Pflichtteils	59		
c) Durchsetzung des Pflichtteils	60/61		

Literatur: Übergreifendes Schrifttum: *Mosgo Oleg,* in: *Ferid/Firsching/Dörner/Hausmann* (Hrsg.), Internationales Erbrecht, Band VI, Russland (Stand: 1.7.2009); *Graf, Hans Lothar,* in: *Firsching/Graf* (Hrsg.), Nachlassrecht, 9. Auflage, 2008, Teil 2, Rn 2.116, *von Oertzen/Pawlytta,* in: *Scherer* (Hrsg.), Münchener Anwaltshandbuch zum Erbrecht, 2. Auflage, 2007, § 33, Rn 56, 84, *Haas, Ulrich,* in: *Bengel/Reimann* (Hrsg.), Handbuch der Testamentsvollstreckung, 3. Auflage, 2001, 9. Kapitel, Rn. 268–283. **IPR:** *Mayer/Breig,* Das internationale Privatrecht im Zivilgesetzbuch der Russischen Föderation, ZEuP 2006, 829; *Sadikov, Oleg:* Die Kodifikation des Internationalen Privatrechts in Russland, RabelsZ, 2003, S. 318–340, *Mindach, Christel:* Neuregelung des IPR im Dritten Teil des Zivilgesetzbuches der Russischen Föderation, IPRax, 2002, S. 309–311, *Mankowski,* Gelten die bilateralen Staatsverträge der Bundesrepublik Deutschland im Internationalen Erbrecht nach dem Wirksamwerden der EuErbVO weiter?, ZEV, 2013, S. 529. **Materielles Recht:** *Mosgo Oleg,* in: *Schlitt/Müller* (Hrsg.), Handbuch Pflichtteilsrecht, 2. Auflage 2017; *Süß,* in *Bengel/Reimann* (Hrsg.), Handbuch der Testamentsvollstreckung, 6. Auflage 2017, Rn. 355–371; *Masannek,* Erbrecht in Russland, in *Süß,* Erbrecht in Europa, 3. Aufl. 2015, Rn. 1079; *Butler,* Russian Inheritance Law, 2014; *Trunk,* „Erben Lenins" – Bemerkungen zum erneuerten russischen Erbrecht, FS Heldrich, 2005, 457; *Himmelreich, Antje:* Russland: Erbfolge bei „erbenlosem Vermögen", ZEV, 2008, S. 431, *Himmelreich, Antje:* Russland: Übergang der ausschließlichen Rechte des geistigen Eigentums im Todesfall, ZEV, 2008, S. 431, *Koelsch, Yvonne:* Tritt das russische Erbrecht in den Kreis des europäischen Rechtssysteme ein? – Das russische Erbrecht anhand der gesetzlichen Erbfolge, der Testierfreiheit und des Erbrechts des Staates von 1832 bis zur Gegenwart. (Dissertation an der Humboldt-Universität Berlin, 2000), Europäische Hochschulschriften Reihe 2, Rechtswissenschaft, Band 3202; *Sultanova, Natalia:* Das neue Erbrecht der Russischen Föderation im Vergleich zu den erbrechtlichen Normen des deutschen Bürgerlichen Gesetzbuches, OstEuR, 2003, S. 432–447; *Petrov E. Ju.* (Hrsg.) Osnovy nasledstvennogo prava Rossii, Germanii, Francii, 2015; *Makovskij/Suchanov* (Hrsg.): Kommentarij k časti tret'ej Graždanskogo kodeksa Rossijskoj Federacii, Izdatelskaja gruppa „Jurist", 2002; *Medvedev* (Hrsg.) Nastolnaja kniga notariusa: v 4 tomach. Tom 3. Semejnoe i nasledstvennoe pravo v notarialnoj praktike, 2015; *Kraseninnikov* (Hrsg.) Postatejnyj kommentarij k Graždanskomu kodeksu Rossijskoj Federacii, časti tretej, 2011; *Sergeev* (Hrsg.) Kommentarij k Graždanskomu kodeksu Rossijskoj Federacii. Čast tretja: uchebno-praktičeskij kommentarij, 2011.

I. Internationales Erbrecht (IPR)

1 **1. Rechtsquellen.** Das internationale Privatrecht wird im Abschnitt VI des dritten Teils des Zivilgesetzbuches (ZGB) der Russischen Föderation geregelt, der eine umfassende Kodifikation des russischen IPR darstellt. Die Kollisionsnormen für erbrechtliche Verhältnisse finden sich in Art. 1224 ZGB.

2 **2. Bestimmung des anwendbaren Rechts. a) Erbstatut. aa) Objektive Anknüpfung.** Mit Ausnahme der Besonderheiten bei der Form des Testaments sowie der Beerbung des unbeweglichen Vermögens unterliegen sämtliche anderen Fragen der Erbfolge dem Erbstatut. Das Erbstatut wird durch den Wohnsitz des Erblassers im Zeitpunkt des Todes bestimmt (Art. 1224 Ziff. 1 Abs. 1 ZGB). Unter „Wohnsitz" wird der Ort verstanden, an dem eine Person ständig oder überwiegend ansässig ist (Art. 20 Ziff. 1

ZGB). Als Wohnsitz von Minderjährigen im Alter bis 14 Jahre sowie von Personen, über welche die Vormundschaft angeordnet wurde, gilt der Wohnsitz ihrer Eltern, Adoptiveltern oder ihres Vormunds (Art. 19 Ziff. 2 ZGB). Das Qualifikationsproblem, das bei der Bestimmung des Wohnortes einer Person entstehen kann, hat man aus der russischen Sicht in der Übereinstimmung mit Art. 1187 Ziff. 1 ZGB nach der *lex fori* zu lösen. Nach dem Erbstatut bestimmen sich: der Kreis der gesetzlichen Erben, die Reihenfolge der Berufung zur Erbfolge, die Größe der Erbteile, Fragen der Testierfreiheit, insbesondere die Erbfähigkeit der testamentarischen Erben, ihre Anteile am Nachlass, der Kreis der Pflichtteilsberechtigten und die Höhe des Pflichtteils sowie die Bestimmung der Ersatzerben, die Frist für die Annahme bzw. Ausschlagung der Erbschaft, die Voraussetzungen der Erbunwürdigkeit ua.

bb) Vererbung unbeweglichen Vermögens. Für die Vererbung des unbeweglichen Vermögens legt Art. 1224 Ziff. 1 Abs. 2 ZGB den Grundsatz des *lex rei sitae* fest. Diese Kollisionsnorm wird durch eine weitere einseitige Konkretisierung für unbewegliches Vermögen, welches in das staatliche Register in der Russischen Föderation eingetragen ist, ergänzt. Danach richtet sich die Vererbung solches eingetragenen Vermögens zwingend nach russischem Recht. Damit hat sich der russische Gesetzgeber bei Immobilien für Abkehr vom allgemeinen Erbstatut und für die Nachlassspaltung entschieden. 3

Als unbewegliche Sachen gelten nach Art. 130 Ziff. 1 Abs. 1 ZGB Grundstücke, Teile des Erdinneren, eingeschlossene Wasserobjekte und alles, was fest mit der Erde verbunden ist. Bei der Beurteilung der Frage, welche Objekte fest mit der Erde verbunden sind, kommt es entscheidend auf die Möglichkeit ihrer Verlegung ohne einen unverhältnismäßigen Schaden für ihre Zweckbestimmung an. Im Mittelpunkt steht der Sicht auf den wirtschaftlichen Zweck eines bestimmten Objektes und nicht auf die technische Möglichkeit seiner Verlegung. Als unbewegliche Sachen sind Gebäude, kapitale Bauten, Wälder und mehrjährige Pflanzen anerkannt. 4

Grundstücke und auf ihnen stehende Gebäuden und kapitale Bauten bilden nach russischem Recht separate unbewegliche Sachen. Das Gebäude kann in der Regel nicht als Bestandteil oder Zubehör des Grundstückes betrachtet werden. Rechte auf das Grundstück und auf jedes auf dem Grundstück stehende kapitale Gebäude sind separat eintragungspflichtig und eintragungsfähig. In der Praxis fallen das Grund- und Gebäudeeigentum oft auseinander. 5

Nach Art. 130 Ziff. 1 Abs. 2 ZGB gelten eintragungspflichtige See-, Fluss- und Luftschiffe sowie künstliche Weltraumobjekte als unbewegliches Vermögen. Für sie gilt ebenfalls die Ausnahme aus dem allgemeinen Erbstatut mit der Folge der Nachlassspaltung. Sie werden nach dem Recht des Staates, in dem sie in ein entsprechendes Register eingetragen sind, vererbt. 6

b) Verfügungen von Todes wegen. aa) Testamentsform, Testierfähigkeit. Die Form des Testaments und des Aktes seiner Aufhebung sowie die Testierfähigkeit bestimmen sich nach dem Recht des Staates, in dem der Erblasser seinen ständigen Wohnsitz im Zeitpunkt der Errichtung oder Aufhebung hatte (Art. 1224 Ziff. 2 S. 1 ZGB). Das Testament oder der Akt seiner Aufhebung können jedoch nicht wegen Formmangels für unwirksam erklärt werden, wenn die Form den Erfordernissen des Ortes, an dem der Erblasser letztwillig verfügt hat, oder denen des russischen Rechts entspricht (Art. 1224 Ziff. 2 S. 2 ZGB). 7

bb) Erbfähigkeit. Das ZGB enthält keine spezielle Kollisionsnorm zur Anknüpfung der Erbfähigkeit. Sie wird daher von der Rechtsfähigkeit abgeleitet. Nach Art. 1196 ZGB bestimmt sich die zivilrechtliche Rechtsfähigkeit einer natürlichen Person nach ihrem Personalstatut. Dabei genießen ausländische Staatsbürger und staatenlose Personen in der Russischen Föderation die gleiche zivilrechtliche Rechtsfähigkeit wie Staatsbürger der Russischen Föderation, wenn gesetzlich nicht etwas anderes bestimmt ist. Das gilt auch für die Erbfähigkeit. Das Personalstatut einer natürlichen Person wird nach den Regeln des Art. 1195 ZGB bestimmt. Als Personalstatut einer natürlichen Person gilt grundsätzlich das Recht des Staates, dessen Staatsangehörigkeit diese Person besitzt (Art. 1195 Ziff. 1 ZGB). Besitzt eine Person neben der russischen eine ausländische Staatsangehörigkeit, so gilt das russische Recht als ihr Personalstatut (Art. 1195 Ziff. 2 ZGB). Hat ein ausländischer Bürger sein Wohnsitz in der Russischen Föderation, so ist für ihn das russische Recht ausschlaggebend, es gilt als sein Personalstatut (Art. 1195 Ziff. 3 ZGB). Besitzt eine Person mehrere ausländische Staatsangehörigkeiten, so gilt das Recht des Staates seines Wohnsitzes als ihr Personalstatut (Art. 1195 Ziff. 4 ZGB). Als Personalstatut eines Staatenlosen gilt das Recht des Staates, in dem diese Person ihren Wohnsitz hat (Art. 1195 Ziff. 5 ZGB). Als Personalstatut eines Asylanten gilt das Recht des Staates, der ihm Asyl gewährt hat (Art. 1195 Ziff. 6 ZGB). 8

3. Internationale Zuständigkeit. a) Wohnsitzzuständigkeit. Notare, Behörden und Gerichte des Staates, in dem der Erblasser im Zeitpunkt des Todes seinen Wohnsitz hatte, werden international für erbrechtliche Angelegenheiten für zuständig anerkannt. Internationale Zuständigkeit stimmt damit weitgehend mit dem Erbstatut überein. Dieses Prinzip wird direkt in den Rechtshilfeabkommen zwischen Russland und Tschechien, der Slowakei, Litauen, Lettland, Estland, Moldau, Ägypten sowie in dem Minsker Abkommen über die Rechtshilfe und Rechtsbeziehungen der GUS-Staaten verankert. Im Bezug auf die Staaten, mit denen Russland keine Rechtshilfeabkommen hat, wird es aus den Normen des nationalen Rechts über die internationale Zuständigkeit abgeleitet. Es soll daher auch für deutsch-russische Erbfälle gelten. 9

b) Heimatzuständigkeit. Einige von zwischen Russland und anderen Staaten abgeschlossenen Rechtshilfeabkommen verzichten auf die Wohnsitzzuständigkeit zugunsten des Prinzips der Heimatzuständigkeit. Das ist bei den bestehenden völkerrechtlichen Verträgen zwischen Russland und Ungarn, 10

Bulgarien, Polen, Vietnam und Nordkorea der Fall. Danach sind für erbrechtliche Angelegenheiten Justizorgane des Staates zuständig, dessen Staatsangehörigkeit der Erblasser im Zeitpunkt des Todes besaß.

11 **c) Belegenheitszuständigkeit.** Für die Vererbung des unbeweglichen Vermögens gilt aus russischer Sicht immer der Grundsatz des *lex rei sitae*. Unbewegliches und sonstiges rechtlich gleichgestelltes Vermögen, welches in das staatliche Register in der Russischen Föderation eingetragen ist, wird aus russischer Sicht immer nach russischem Recht vererbt, ausschließlich zuständig sind in solchen Fällen die Justizorgane der Russischen Föderation. Entscheidungen ausländischer Justizorgane über die Vererbung des in Russland belegenen unbeweglichen Vermögens werden wegen des Verstoßes gegen die ausschließliche Zuständigkeit nicht anerkannt.

12 **4. Anerkennung und Vollstreckung ausländischer Entscheidungen.** Im gegenwärtigen russischen Recht wird die Frage der Anerkennung und (oder) Vollstreckung von Entscheidungen ausländischer Staatsgerichte in Abhängigkeit von der Existenz eines internationalen Vertrages mit dem Staat, dessen gerichtliche Entscheidung der Anerkennung und Vollstreckung im russischen Gericht beansprucht (Art. 409 Zivilprozesskodex der Russischen Föderation (ZPO)) oder von der Existenz einer Norm des nationalen Rechts, die die Anerkennung und (oder) Vollstreckung einer ausländischen gerichtlichen Entscheidung in Ermangelung eines entsprechenden internationalen Vertrags vorsieht, gelöst. Russland hat multi- und bilaterale internationale Verträge über die Anerkennung und Vollstreckung ausländischer Gerichtsurteile mit allen GUS-Staaten, den 15 EU-Ländern (Bulgarien, Ungarn, Griechenland, Spanien, Italien, Zypern, Lettland, Litauen, Polen, Rumänien, Slowakei, Slowenien, Kroatien, Tschechische Republik, Estland), Indien, China und einer Reihe anderer europäischer und asiatischer Staaten. Im Hinblick auf Deutschland fehlt es allerdings an einem derartigen Vertrag.

13 In zivil- und familienrechtlichen Angelegenheiten gibt es Kategorien von Streitigkeiten, die keine Vollstreckung erfordern und die in Russland auf der Grundlage direkter gesetzlicher Hinweise anerkannt werden. Gemäß Art. 415 ZPO werden in Russland unabhängig von der Existenz eines internationalen Vertrags mit dem betroffenen Staat anerkannt:
– Entscheidungen über den Status des Bürgers eines Staates, dessen Gericht eine Entscheidung getroffen hat. Unter dem Status des Bürgers sind in diesem Fall zivilrechtliche und familienrechtliche Gerichtsentscheidungen zu verstehen, die den Status und die Rechts- und Geschäftsfähigkeit einer natürlichen Person im Einklang mit seinem nationalen Recht beeinflussen: die Auflösung der Ehe, Feststellung der Ungültigkeit der Ehe, Adoption, Einschränkung der Geschäftsfähigkeit oder Entmündigung und andere ähnliche Entscheidungen. Diese verfahrensrechtliche Norm soll in Verbindung mit Kapitel 67 ZGB angewandt werden, welches den Status einer natürlichen Person im internationalen Privatrecht bestimmt;
– Entscheidung über die Scheidung oder Aufhebung einer Ehe zwischen einem russischen und einem ausländischen Staatsangehörigen, wenn zum Zeitpunkt der Prüfung des Falles mindestens einer der Ehegatten außerhalb der Russischen Föderation lebte;
– Entscheidung über Scheidung oder Feststellung der Ungültigkeit der Ehe zwischen russischen Staatsangehörigen, wenn beide Ehegatten zum Zeitpunkt des Gerichtsverfahrens außerhalb der Russischen Föderation lebten.

14 Der Grundsatz der Anerkennung und Vollstreckung gerichtlicher Entscheidungen auf der Grundlage der Gegenseitigkeit, der von einer Reihe ausländischer Staaten weitgehend angewandt wird, hat in den russischen Rechtsvorschriften noch keine allgemeine Anerkennung gefunden. Zwar besteht in Russland umfangreiche Gerichtspraxis der Anerkennung und Vollstreckung ausländischer Gerichtsurteile unter der Berufung auf die Prinzipien der Gegenseitigkeit/internationalen „Höflichkeit", die auch von dem Russischen Obersten Gericht unterstützt wird (Beschluss der Zivilkammer des Obersten Gerichts der Russischen Föderation vom 7.6.2002 Nr. 5-G02–64). Sie kann aber nicht als ständige Rechtsprechung gelten. In Bezug auf deutsch-russische Fälle wurde das Bestehen der Gegenseitigkeit aus deutscher Sicht in dem Urteil von OLG Hamburg vom 13.7.2016 verneint, was wiederum von russischen Gerichten als Argument gegen die Anwendung des Prinzips der Gegenseitigkeit verwendet werden kann.

II. Materielles Recht

15 **1. Rechtsquellen.** Die verfassungsrechtliche Grundlage des russischen Erbrechts bildet Art. 35 Abs. 4 der Verfassung der Russischen Föderation vom 12.12.1993. Die kurze Verfassungsnorm legt fest, dass das Erbrecht garantiert wird. Die grundlegende Quelle für das materielle Erbrecht Russlands bildet das 3. Teil des russischen Zivilgesetzbuches. Der 5. Abschnitt des dritten Teils kodifiziert das russische Erbrecht. Er besteht aus 76 Artikeln und wird in fünf Kapitel unterteilt: Allgemeine Bestimmungen über die Erbfolge, Testamentarische Erbfolge, Gesetzliche Erbfolge, Erbschaftserwerb und Besonderheiten der Vererbung einzelner Vermögensarten.

16 **2. Gesetzliche Erbfolge. a) Allgemeines.** Die gesetzliche Erbfolge wird in Kap. 63 ZGB geregelt. Das gesetzliche Erbrecht Russlands beruht auf dem Parentalsystem. Das ZGB sieht sieben Erbordnungen vor. Gesetzliche Erben jeder nachfolgenden Ordnung werden zur Erbschaft berufen, wenn es keine Erben der vorherigen Ordnung gibt, wenn sie erbunwürdig sind oder die Erbschaft ausgeschlagen oder nicht angenommen haben (Art. 1141 Ziff. 1 Abs. 2 ZGB). Erben derselben Ordnung erben zu gleichen Teilen. Eine Ausnahme bilden Erben, die kraft Erbvertretung nach Stämmen erben.

b) Parentalsystem (Ordnungen). Gesetzliche Erben der ersten Ordnung sind die Kinder, der Ehegatte und die Eltern des Erblassers (Art. 1142 Ziff. 1 ZGB). Sie erben zu gleichen Teilen nach Köpfen. Enkelkinder und ihre direkten Abkömmlinge erben kraft Erbrepräsentation nach Stämmen (Art. 1142 Ziff. 2 ZGB). Eheliche und nichteheliche Abkömmlinge werden erbrechtlich gleichgestellt. 17

Zu den Erben der zweiten Ordnung gehören Voll- und Halbgeschwister des Erblassers und seine Großeltern sowohl seitens der Mutter als auch seitens des Vaters (Art. 1143 Ziff. 1 ZGB). Neffen und Nichten des Erblassers erben kraft Erbrepräsentation nach Stämmen (Art. 1143 Ziff. 2 ZGB). 18

Zur dritten Ordnung zählen Voll- und Halbgeschwister der Eltern – Onkel und Tanten des Erblassers (Art. 1144 Ziff. 1 ZGB). Kusinen und Vettern des Erblassers erben kraft Erbrepräsentation Art. 1144 Ziff. 2 ZGB). 19

Hat der Erblasser keine Erben der ersten, zweiten und dritten Ordnung, so werden zur Erbfolge Verwandte des dritten, vierten und fünften Verwandtschaftsgrades berufen, welche nicht zu den Erben einer vorherigen Ordnung gehören. Der Verwandtschaftsgrad wird durch die Geburtenzahl bestimmt, welche die Verwandten untereinander trennt. Die Geburt des Erblassers selbst wird nicht gezählt. So werden als Erben der vierten Ordnung Verwandte des dritten Verwandtschaftsgrades, also die Urgroßeltern des Erblassers zur Erbfolge berufen. Die Erben der fünften Ordnung sind Verwandte des vierten Verwandtschaftsgrades: Kinder der blutsverwandten Neffen und Nichten des Erblassers (Großneffen und Großnichten) und blutsverwandte Geschwister der Großeltern des Erblassers (Großonkel und Großtanten). Als Erben der sechsten Ordnung erben Verwandte des fünften Verwandtschaftsgrades: Kinder seiner Großneffen und Großnichten, Kinder seiner Vettern und Kusinen, Kinder seiner Großonkel und Großtanten. 20

Beim Fehlen der Erben der vorangehenden sechs Ordnungen werden als gesetzliche Erben der siebten Ordnung die Stiefkinder, der Stiefvater und die Stiefmutter des Erblassers berufen. 21

Der Verwandtschaftsgrad wird damit nur bei der Bestimmung der Erben der vierten bis sechsten Ordnungen (Art. 1145 ZGB) zugrunde gelegt. Bei den ersten drei Ordnungen finden sich mehrfach Abweichungen von der Regel des Verwandtschaftsgrades. Bei den Erben der siebten Ordnung besteht überhaupt keine Verwandtschaft mit dem Erblasser. 22

c) Gesetzliches Erbrecht des Ehegatten. Bei einem verheirateten Erblasser ist der erbrechtliche vom güterrechtlichen Erwerb zu unterscheiden (Art. 1150 ZGB). Der Ehegatte erbt neben den Kindern und Eltern des Erblassers als gesetzlicher Erbe erster Ordnung. Das testamentarische oder gesetzliche Erbrecht des überlebten Ehegatten des Erblassers berührt nicht seine Rechte auf einen Teil des während der Ehe mit dem Erblasser erworbenen Vermögens, welches Gemeineigentum ist. Der Anteil des verstorbenen Ehegatten an dem Gemeineigentum der Ehegatten wird nach Art. 256 ZGB (Gemeineigentum der Ehegatten) bestimmt. Lediglich dieser Teil gehört zum Nachlass und geht auf die Erben inklusive des überlebenden Ehegatten nach den Vorschriften über gesetzliche bzw. testamentarische Erbfolge über. 23

Der Erblasser kann die Rechte des überlebenden Ehegatten aufgrund des zwischen den Ehegatten bestandenen gesetzlichen oder vertraglichen Güterstandes testamentarisch nicht ändern. Der Ehegatte kann von dem Erblasser nicht enterbt werden, wenn er wegen Arbeitsunfähigkeit nach Art. 1149 Ziff. 1 ZGB pflichtteilberechtigt ist. Das russische Erbrecht kennt gleichzeitig keinen festen Anteil des Ehegatten; dieser hängt vielmehr von dem Vorhandensein und der Zahl sonstiger Erben erster Ordnung ab. 24

Im gesetzlichen russischen Güterstand der Zugewinngütergemeinschaft (*obščaja sovmestnaja sobstvennost suprugov*) fällt das Gesamtgut dem überlebenden Ehegatten güterrechtlich zur Hälfte zu. Die andere Hälfte des Gesamtgutes und das Eigengut des Vorverstorbenen gehören zu seinem Nachlass. Was der Überlebende hieraus erhält, hat erbrechtlichen Charakter. Als Eigengut gilt Vermögen, welches von jedem der Ehegatten vor der Eheschließung oder während der Ehe im Wege der Schenkung oder des Erbganges erworben wurde. Der Rest des während der Ehe erworbenen Vermögens bildet das Gesamtgut der Ehegatten. Die Anteile der Ehegatten an dem Gesamtgut werden gleich angenommen. Eine Abweichung von der Anteilsgleichheit ist nur durch ein Gerichtsurteil beim Vorliegen von besonderen im Gesetz genannten Gründen möglich. Dabei ist es grundsätzlich unerheblich, ob und wer von den Ehegatten berufstätig war und wie die Einkommensverhältnisse der Ehegatten während der Ehe ausgesehen haben. Der gesetzliche russische Güterstand der Zugewinngütergemeinschaft sowie die Möglichkeiten seiner Änderung durch einen Ehevertrag werden ausführlich im russischen Familiengesetzbuch geregelt. 25

Art. 1150 ZGB ist analog auch dann anzuwenden, wenn der gesetzliche Güterstand der Zugewinngütergemeinschaft durch einen Ehevertrag geändert wurde. Dies gilt zumindest dann, wenn die Entstehung des Gesamtgutes der Ehegatten durch den Ehevertrag nicht ausgeschlossen ist. 26

d) Erbrecht der Unterhaltsempfänger des Erblassers. Personen, die zwar zum Kreis der gesetzlichen Erben aber zu einer entfernteren als zu der zur Erbfolge berufenen Ordnung gehören und zum Zeitpunkt des Erbfalles arbeitsunfähig sind, erben zusammen mit den Erben der berufenen Ordnung, wenn sie mindestens ein Jahr lang vor dem Tod des Erblassers von ihm Unterhalt bezogen haben. Für das Erbrecht dieser Unterhaltsbezieher ist es unerheblich, ob sie mit dem Erblasser in einem Haushalt gelebt haben oder nicht (Art. 1148 Ziff. 1 ZGB). Arbeitsunfähige Unterhaltsbezieher, die zusammen mit den Erben einer früheren Ordnung zur Erbfolge berufen werden, erben zu gleichen Teilen mit den Erben der berufenen Ordnung. 27

Personen, die zu keiner der ersten sieben Ordnungen gehören, aber zum Zeitpunkt des Erbfalles arbeitsunfähig sind und mindestens ein Jahr lang von dem Erblasser Unterhalt bezogen und in einem gemeinsamen Haushalt mit ihm gewohnt haben, gehören ebenfalls nach Art. 1148 Ziff. 2 ZGB zum Kreis 28

120 Russland

der gesetzlichen Erben. Sind neben ihnen andere gesetzlichen Erben vorhanden, so erben die arbeitsunfähigen Unterhaltsempfänger zusammen mit den Erben der Ordnung, die zur Erbfolge berufen wird, zu gleichen Teilen. Beim Fehlen anderer Erben der ersten sieben Ordnungen erben die oben genannten Unterhaltsempfänger selbständig als gesetzliche Erben der achten Ordnung.

29 e) **Staat als Erbe.** Fehlen sowohl gesetzliche als auch testamentarische Erben, oder ist keiner der Erben zum Erbgang berechtigt, oder sind alle Erben erbunwürdig, oder nahm kein Erbe die Erbschaft an, oder schlugen alle Erben sie aus und gab dabei keiner an, dass er die Erbschaft zugunsten eines anderen Erben ausschlägt, so gilt der Nachlass als erbenlos (Art. 1151 Ziff. 1 ZGB). Der erbenlose Nachlass in Form eines auf dem Gebiet der Russischen Föderation belegenen Wohnraumes geht im Wege der gesetzlichen Erbfolge in das Eigentum der kommunalen Körperschaft, in der sich dieser Wohnraum befindet, über. Befindet er sich in den Städten Moskau oder Sankt Petersburg, so geht er in das Eigentum des entsprechenden Subjektes der Russischen Föderation über. Anderes erbenloses Vermögen geht im Wege der gesetzlichen Erbfolge ins Eigentum der Russischen Föderation über. Für den Erwerb eines erbenlosen Nachlasses ist keine Annahme erforderlich (Art. 1152 Ziff. 1 Abs. 2 ZGB).

30 **3. Gewillkürte Erbfolge. a) Allgemeines.** Das individuelle Testament war historisch die einzige Möglichkeit der Verfügung über das Vermögen für den Todesfall im russischen Recht. Die Erbrechtsreform von 2018 erweitert die bestehenden Optionen durch die Einführung der Institute des gemeinsamen Testaments der Ehegatten und des Erbvertrages zwischen dem Erblasser, potentiellen Erben oder Dritten. Die Neuerungen treten am 1.6.2019 in Kraft. An das gemeinsame Testament und den Erbvertrag werden gesetzliche Regelungen über das individuelle Testament angewandt, soweit aus dem Gesetz oder dem Wesen dieser Rechtsinstitute nicht etwas anderes folgt.

31 b) **Testament. aa) Begriff und Charakteristiken.** Jede Person kann nach russischem Recht über ihr ganzes Vermögen oder einen Teil zugunsten einer oder mehrerer Personen, die sowohl aus dem Kreis gesetzlicher Erben stammen als auch Dritte sein können, sowie zugunsten der juristischen Personen, der Russischen Föderation und ihrer administrativ-territorialen Einheiten durch Errichtung eines Testaments letztwillig verfügen. Als Testament gilt eine Willenserklärung der natürlichen Person, mit der sie über ihr Vermögen für den Todesfall verfügt. Das Testament ist ein einseitiges Rechtsgeschäft. Auf seine Regulierung finden subsidiär die Vorschriften des allgemeinen Teils des Schuldrechts über Rechtsgeschäfte (Kap. 9 ZGB) Anwendung.

32 Der Erblasser kann ohne Angabe von Gründen einzelne oder alle gesetzlichen Erben enterben. Er kann den Erhalt der Erbschaft an rechtmäßige Bedingungen bezüglich der Verhaltensweise des Erben knüpfen und das errichtete Testament jederzeit nach seiner Errichtung ohne Angabe von Gründen aufheben oder abändern (Art. 1119 ZGB).

33 Der Erblasser ist berechtigt, im Testament Nacherben einzusetzen (Art. 1121 Ziff. 2 ZGB). Ein Nacherbe wird zur Erbschaft berufen, wenn der eingesetzte testamentarische oder gesetzliche Erbe vor der Eröffnung des Erbganges oder gleichzeitig mit dem Erblassers oder nach der Eröffnung des Erbganges, jedoch vor der Erklärung der Annahme der Erbschaft stirbt, die Erbschaft aus anderen Gründen nicht annimmt oder sie ausschlägt, erbunwürdig wird oder von der Erbfolge als erbunwürdig ausgeschlossen wird.

34 Der Erblasser kann ein Testament errichten, welches letztwillige Verfügungen hinsichtlich jeglichen Vermögens enthält, unter anderem hinsichtlich des Vermögens, welches er zum Zeitpunkt der Errichtung des Testamentes nicht hat und erst künftig erwerben kann (Art. 1120 Ziff. 1 ZGB). Der Testator kann über sein Vermögen oder einen Teil davon durch Errichtung eines oder mehrerer Testamente letztwillig verfügen (Art. 1120 Ziff. 2 ZGB). Teile des Vermögens, welche von der letztwilligen Verfügung nicht erfasst wurden, werden nach den Vorschriften über die gesetzliche Erbfolge vererbt. Zur Erbfolge werden dabei auch solche gesetzlichen Erben berufen, die von dem Erblasser bereits testamentarisch bedacht worden sind.

35 Am 1.9.2018 trat eine Novelle des russischen ZGB in Kraft, welche die Gründung einer erbrechtlichen Stiftung ermöglichen soll. Das Testament kann die Gründung einer Stiftung und die Übertragung des Erbgutes an die Stiftung anstatt Erben vorsehen. Das Testament hat den Beschluss über die Gründung, die Satzung und Bedingungen über Verwaltung der Stiftung zu enthalten. Der Notar hat die Stiftung nach dem Willen des Testators nach dem Erbgang zu gründen.

36 bb) **Testierfähigkeit.** Ein Testament kann nur von einer voll geschäftsfähigen Person und nur persönlich errichtet werden (Art. 1118 Ziff. 2 ZGB). Vertretung ist bei der Errichtung des Testaments ausdrücklich verboten (Art. 1118 Ziff. 3 ZGB). Nach russischem Recht kann ein Testament nur Verfügungen einer einzigen Person enthalten. Die Errichtung eines Gemeinschaftstestaments sowie eine vertragliche Regelung der Vermögensverhältnisse für den Fall des Todes wird seit dem 1.6.2018 möglich sein.

37 cc) **Testamentsformen. (1) Allgemeines.** Das Testament bedarf nach russischem Recht der Schriftform und muss von einem Notar oder in besonderen Situationen von einer anderen dazu gesetzlich ermächtigten Person beurkundet werden (Art. 1124 Ziff. 1 S. 1 ZGB). Die Missachtung der Formvorschriften hat die Unwirksamkeit des Testaments zur Folge. Eine Ausnahme aus dem allgemeinen Beglaubigungserfordernis enthält Art. 1129 ZGB für die Errichtung des Testamentes in einer Notlage.

38 (2) **Notarielles Testament.** Die notarielle Beurkundung des Testamentes wird im russischen Recht als Regelfall betrachtet. Die Beglaubigung des Testamentes durch andere Personen sowie die Befreiung von der Beglaubigungspflicht sind dagegen nur in besonderen Ausnahmefällen zulässig. Das notarielle Tes-

tament muss von dem Erblasser geschrieben oder zur Niederschrift des Notars aufgenommen werden (Art. 1125 Ziff. 1 S. 1 ZGB). Wird das Testament zur Niederschrift des Notars aufgenommen, so hat der Testator vor der Unterschrift es in Anwesenheit des Notars vollständig durchzulesen. Ist der Testator außerstande, das Testament persönlich zu lesen, so wird ihm sein Text von dem Notar vorgelesen. Im Testament sind in diesem Falle die Gründe anzugeben, infolge derer der Erblasser außerstande war, das Testament persönlich zu lesen (Art. 1125 Ziff. 2 ZGB).

Das notarielle Testament hat für seine Wirksamkeit den Ort und das Datum der Beurkundung zu enthalten (Art. 1124 Ziff. 4 ZGB), ausgenommen davon sind geschlossene Testamente nach Art. 1126 ZGB. Der Text des Testaments ist von dem Erblasser eigenhändig zu unterschreiben. Kann der Testator infolge körperlicher Mängel, einer schweren Krankheit oder Analphabetismus das Testament nicht eigenhändig unterschreiben, so kann es auf Wunsch des Testators von einer anderen Person in Anwesenheit des Notars unterschrieben werden. Im Testament sind in diesem Falle die Gründe anzugeben, infolge derer der Erblasser außerstande war, das Testament eigenhändig zu unterschreiben. Das Testament hat darüber hinaus den Familien-, Vor- und Vatersnamen sowie den Wohnsitz und Passdaten der Person, die nach dem Verlangen des Testators das Testament unterschrieben hat, zu enthalten (Art. 1125 Ziff. 3 ZGB). 39

Auf Wunsch des Testators kann bei der Errichtung und notariellen Beurkundung des Testaments ein Zeuge anwesend sein. Der Zeuge hat in diesem Falle das Testament neben dem Testator zu unterschreiben. Im Testament sind der Familien-, Vor- und Vatersname sowie die Passdaten des Zeugen anzugeben (Art. 1125 Ziff. 4 ZGB). Der Notar hat den Zeugen und die Person, welche das Testament anstatt des Testators unterschreibt, über ihre Pflicht aufzuklären, das Testiergeheimnis zu wahren (Art. 1123, 1125 Ziff. 5 ZGB). Darüber hinaus hat der Notar den Testator über die Vorschriften über den Pflichtteil aufzuklären und dies im Testament zu vermerken (Art. 1125 Ziff. 6 ZGB). 40

Das geschlossene Testament wird in Art. 1126 ZGB geregelt. Es handelt sich dabei um ein Testament, welches von dem Notar auf Wunsch des Erblassers ohne Kenntnisnahme seines Inhalts beurkundet wird. Für die Errichtung eines geschlossenen Testaments gelten besonders strikte Form- und Verfahrensvorschriften, deren Verletzung zur Nichtigkeit des Testaments führt, worüber der Notar den Erblasser aufzuklären hat. Das geschlossene Testament ist von dem Testator eigenhändig zu verfassen und zu unterschreiben (Art. 1046 Ziff. 2 ZGB). Ein geschlossenes Testament wird von dem Testator dem Notar in einem geschlossenen Umschlag in Anwesenheit von zwei Zeugen überreicht, die ihre Unterschriften auf den Umschlag setzen. Der von den Zeugen unterschriebene Umschlag wird von dem Notar in der Anwesenheit der Zeugen in einem anderen Umschlag verschlossen. Dieser wird von dem Notar mit einem Vermerk versehen, welcher die Angaben über den Testator, von dem der Notar das geschlossene Testament entgegengenommen hat, über das Datum und den Ort der Entgegennahme und auch die Personaldaten jedes Zeugen zu enthalten hat. Der Notar hat den Testator über die Pflichtteilregelung zu belehren und dies auf dem zweiten Umschlag zu vermerken. Der Notar hat dem Testator eine Bestätigung über die Entgegennahme des geschlossenen Testaments zu erteilen (Art. 1146 Ziff. 3 ZGB). 41

Auch bei der Eröffnung eines geschlossenen Testaments nach dem Tod des Erblassers muss ein besonderes Verfahren eingehalten werden (Art. 1126 Ziff. 4 ZGB). Bei der Vorlage der Sterbeurkunde über den Tod der Person, die das geschlossene Testament errichtet hat, hat der Notar innerhalb einer Frist von maximal 15 Tagen ab der Vorlage der Sterbeurkunde und unter Anwesenheit von interessierten Personen aus dem Kreis der gesetzlichen Erben und von nicht weniger als zwei unabhängigen Zeugen den Umschlag mit dem geschlossenen Testament zu öffnen. Gleich nach der Öffnung des Umschlages wird der Text des Testamentes allen beteiligten Personen vorgelesen. Danach hat der Notar ein Protokoll zu errichten und zusammen mit den Zeugen zu unterzeichnen, in dem die Öffnung des Umschlages mit dem Testament bestätigt und der vollständige Text des Testaments wiedergegeben wird. Das Original des Testaments wird bei dem Notar aufbewahrt. Die Erben erhalten eine notarielle Abschrift des Protokolls (Art. 1126 Ziff. 4 S. 1–4 ZGB). 42

(3) Beglaubigung des Testaments durch andere Amtspersonen. Sind Amtspersonen von örtlichen Selbstverwaltungsorganen sowie von konsularischen Einrichtungen der Russischen Föderation im Ausland durch Gesetz mit dem Recht zur Vornahme notarieller Handlungen beliehen, so kann ein Testament anstelle des Notars von einer entsprechenden Amtsperson nach den Vorschriften des ZGB und unter der Einhaltung der Vorschriften über die Form, das notarielle Beglaubigungsverfahren und das Testiergeheimnis beglaubigt werden (Art. 1125 Ziff. 7 ZGB). 43

(4) Außerordentliche Formen des Testaments. Unter Sondertestamenten versteht man Testamente, die nicht durch Notare oder andere zur Vornahme von notariellen Handlungen kraft ihres Amtes bevollmächtigte Amtspersonen beurkundet, sondern unter Mitwirkung von anderen im Gesetz genannten Personen errichtet wurden. Diese Regelung trägt der Tatsache Rechnung, dass unter russischen Umständen nicht immer eine Möglichkeit besteht, für die Errichtung eines Testaments Notare oder zuständige Beamte hinzuzuziehen. 44

Zu außerordentlichen Sondertestamenten gehören nach Art. 1127 Ziff. 1 ZGB: 45
– Testamente der sich in Behandlung in Krankenhäusern, Hospitalen, anderen stationären Heilanstalten befindlichen sowie in Alters- und Invalidenheimen lebenden Personen, die von Chefärzten, stellvertretenden Chefärzten für medizinische Behandlung oder diensthabenden Ärzten dieser Krankenhäuser, Hospitäler und anderer stationären Heilanstalten sowie von Hospitalleitern und Leitern oder Chefärzten der Alters- und Invalidenheime beglaubigt worden sind;

120 Russland

- Testamente der Personen, die sich an Bord von den unter der russischen Flagge fahrenden Schiffen befinden, welche durch den Kapitän des Schiffes beglaubigt worden sind;
- Testamente der an Forschungs-, arktischen und ähnlichen Expeditionen beteiligten Personen, die von dem Leiter der Expedition beglaubigt worden sind;
- Testamente von Armeeangehörigen sowie im Falle, dass es in den Stationierungspunkten der Militärverbände keine Notare gibt, auch Testamente der bei diesen Verbänden tätigen Zivilpersonen, ihrer Familienangehörigen und der Familienangehörigen der Armeeangehörigen, die durch den Kommandanten dieser Militärverbände beglaubigt worden sind;
- Testamente der sich in Haftvollzugsanstalten befindlichen Personen, die durch die Leiter dieser Haftanstalten beglaubigt worden sind.

46 Ein Sondertestament ist von dem Testator in Anwesenheit der Person, die das Testament beglaubigt, und eines Zeugen, der das Testament zu unterschreiben hat, zu unterschreiben (Art. 1127 Ziff. 2 S. 1 ZGB). Im Übrigen werden auf ein solches Testament die allgemeinen Vorschriften über die Form, den Inhalt und das Errichtungsverfahren (Art. 1124, 1125 ZGB) sinngemäß angewandt.

47 Sondertestamente sind in ihrer Wirkung den notariellen Testamenten gleichgestellt. An die Beglaubigungsform sind jedoch keine so strikten Anforderungen zu stellen wie an ein notarielles Testament. Bei der Beurteilung der Gültigkeit eines Sondertestaments hat man zu berücksichtigen, dass sie in der Regel unter außergewöhnlichen Bedingungen errichtet werden und dass die beglaubigende Person, die sonst keine notariellen Handlungen vornimmt, weder eine spezielle Ausbildung noch Erfahrung bei der Vornahme solcher Handlungen hat.

48 Über Geldmittel, die sich auf einem Bankkonto befinden, kann der Kontoinhaber durch die Errichtung einer testamentarischen Verfügung unmittelbar bei der kontoführenden Bank letztwillig verfügen (Art. 1128 ZGB). Eine Nachlassspaltung erfolgt dadurch jedoch nicht.

49 **(5) Errichtung des Testamentes in einer Notlage.** Nach Art. 1129 Ziff. 1 ZGB sind Personen, die sich in einer offensichtlich lebensgefährlichen Lage befinden und wegen der außergewöhnlichen Umstände keine Möglichkeit der Testamentsrichtung haben, berechtigt, ihren letzten Willen hinsichtlich ihres Vermögens in der einfachen Schriftform darzulegen. Die Darlegung des letzten Willens in der einfachen Schriftform wird als Testament anerkannt, wenn der Testator in der Anwesenheit von zwei Zeugen das Dokument, aus dessen Inhalt hervorgeht, dass es ein Testament darstellt, eigenhändig geschrieben und unterzeichnet hat. Die Zeugen sollen weder von dem Inhalt des Testamentes Kenntnis nehmen noch das Testament mitunterschreiben. Der Tod eines oder beider Zeugen nach der Testamentseinrichtung ist für die Wirksamkeit des Testamentes unerheblich, wenn ihre Anwesenheit bei der Testamentserrichtung mit anderen Beweismitteln bewiesen werden kann. Die Zeugen dürfen jedoch nicht zu dem Kreis der testamentarischen Erben nach diesem Testament gehören. Das Material, auf dem das Testament geschrieben wurde, ist für die Wirksamkeit des Testamentes ebenfalls irrelevant.

50 Das Testament, welches auf die oben genannte Art und Weise errichtet wurde, wird unwirksam, wenn der Testator innerhalb eines Monats nach der Beendigung der lebensbedrohenden Umstände nicht von der Möglichkeit Gebrauch macht, das Testament in einer der von Art. 1124–1128 ZGB vorgesehenen regulären Formen zu errichten. Stirbt der Testator nach der Beendigung der lebensbedrohenden Umstände aber vor dem Ablauf der Monatsfrist, so bleibt das Testament wirksam.

51 Ein in einer Notlage nach Art. 1129 errichtetes Testament wird nur unter der Bedingung vollzogen, dass auf Antrag der interessierten Personen die Tatsache der Testamentserrichtung in einer Notlage durch das Gericht bestätigt wird (Art. 1129 Ziff. 3 S. 1 ZGB). Der Antrag ist vor dem Ablauf der für die Annahme der Erbschaft festgelegten Frist zu stellen.

52 **dd) Aufhebung, Änderung, Auslegung.** Der Erblasser ist berechtigt, das von ihm errichtete Testament jederzeit ganz aufzuheben oder durch die Errichtung eines neuen Testaments, welches seine einzelnen testamentarischen Verfügungen aufhebt, modifiziert oder neue hinzufügt, zu ändern (Art. 1130 Ziff. 1 ZGB). Er braucht dabei keine Gründe zu nennen oder seine Schritte in irgendeiner Form zu begründen. Für die Aufhebung oder Änderung des Testaments ist keine Zustimmung Dritter, ua keine Zustimmung von Personen, die als Erben im aufzuhebenden oder abzuändernden Testament eingesetzt wurden, erforderlich (Art. 1130 Ziff. 1 ZGB).

53 Der Testator ist berechtigt, durch die Errichtung eines späteren Testaments das frühere Testament als Ganzes aufzuheben oder es durch die Aufhebung oder Änderung seiner einzelnen testamentarischen Verfügungen zu ändern. Das spätere Testament, welches keine ausdrücklichen Bestimmungen über die Aufhebung des früheren oder seiner einzelnen testamentarischen Verfügungen enthält, hebt das früheren Testaments ganz oder in dem Teil, in welchem es dem späteren Testament widerspricht, auf (Art. 1130 Ziff. 2 ZGB). Das Testament, welches ganz oder teilweise von einem späteren Testament aufgehoben wurde, wird nicht wiederhergestellt, wenn das spätere Testament von dem Testator später ganz oder im betroffenen Teil aufgehoben wird (Art. 1130 Ziff. 2 Abs. 3 ZGB). Ist das spätere Testament nichtig oder wird es von dem Gericht auf Klage einer interessierten Person für unwirksam erklärt, so richtet sich die Erbfolge nach dem früheren Testament (Art. 1130 Ziff. 3 ZGB).

54 Der Testator ist berechtigt, das Testament durch eine Aufhebungsverfügung aufzuheben ohne dabei ein neues Testament zu errichten. Die Aufhebungsverfügung bedarf der Form, die durch das russische ZGB für die Testamentserrichtung vorgeschrieben ist (Art. 1130 Ziff. 4 ZGB). Das Testament, welches in einer Notlage errichtet wurde (Art. 1129), kann nur ein gleichartiges Testament aufheben oder ändern (Art. 1130 Ziff. 5 ZGB).

In Art. 1132 werden Richtlinien für die Auslegung des Testamentes bestimmt. Bei der Auslegung eines 55
Testamentes durch den Notar, den Testamentsvollstrecker oder das Gericht ist primär die wörtliche Bedeutung der in ihm enthaltenen Wörter und Ausdrücke zu berücksichtigen. Ist die wörtliche Bedeutung einer testamentarischen Bestimmung unklar, so wird ihr Inhalt durch die Gegenüberstellung dieser Bestimmung mit anderen Bestimmungen und dem allgemeinen Sinn des Testaments ermittelt. Man hat dabei eine möglichst vollständige Verwirklichung des vermutlichen Willens des Testators zu gewährleisten.

ee) Testamentsanfechtung. Verletzungen der Bestimmungen des ZGB über die Testamentserrichtung, 56
welche die Unwirksamkeit des Testaments nach sich ziehen, führen je nach Unwirksamkeitsgrund zur Unwirksamkeit des Testaments entweder kraft gerichtlicher Unwirksamkeitserklärung (anfechtbares Testament) oder unabhängig von einer solchen Erklärung (nichtiges Testament) (Art. 1131 Ziff. 1 ZGB). Das Testament stellt ein einseitiges Rechtsgeschäft dar, dessen Rechtsfolgen erst nach der Eröffnung des Erbganges eintreten. Bei der Beurteilung der Wirksamkeit des Testaments sind sowohl spezialgesetzliche Regelungen des Erbrechts als auch allgemeine Vorschriften des ZGB über Rechtsgeschäfte zu berücksichtigen. Die Nichtigkeitsgründe eines Testamentes sind:
– Verletzung der Schriftform oder des Verfahrens der Beurkundung (Art. 1124 Ziff. 1 ZGB);
– das Testament wurde ohne Anwesenheit eines Zeugen (der Zeugen) erstellt, unterschrieben, beglaubigt oder an den Notar übergeben, wenn die Anwesenheit der Zeugen vorgeschrieben ist. Diese ist in folgenden Situationen zwingend vorgeschrieben:
 • bei der Übergabe eines Geschlossenen Testamentes an den Notar (Art. 1126 Ziff. 3 ZGB),
 • bei der Beglaubigung von Testamenten, welche den notariell beurkundeten Testamenten gleichgestellt sind (Art. 1127 Ziff. 1 ZGB) sowie
 • bei der Errichtung des Testamentes in einer Notlage (Art. 1129 ZGB).
– Errichtung des Testamentes durch eine geschäftsunfähige Person;
– Errichtung des Testamentes durch einen Vertreter.

Die zweite Gruppe bilden anfechtbare Testamente. Ein Testament kann von jeder Person, deren Rechte und Interessen es betrifft, wegen Inhalts- und Formmängel im gerichtlichen Klageverfahren angefochten werden (Art. 1131 Ziff. 2 Abs. 1 ZGB). Als Beispiel kann die Missachtung der Pflichtteilsregelungen durch den Testator genannt werden. Die Anfechtung des Testaments vor dem Erbfall ist jedoch unzulässig (Art. 1131 Ziff. 2 S. 2 ZGB). Auf Klage der interessierten Personen können sowohl das Testament als Ganzes als auch seine einzelnen testamentarischen Verfügungen für unwirksam erklärt werden. Die Unwirksamkeit einzelner testamentarischer Verfügungen berührt nicht den restlichen Teil des Testaments, wenn anzunehmen ist, dass das Testament auch ohne diese für unwirksam erklärten Verfügungen errichtet worden wäre (Art. 1052 Ziff. 4 ZGB). Schreibfehler im Testament oder andere unwesentliche Verletzungen des Verfahrens seiner Errichtung, Unterzeichnung oder Beurkundung führen nicht zur Unwirksamkeit des Testaments, wenn im Laufe des gerichtlichen Verfahrens festgestellt wird, dass sie das Verständnis der Willenserklärung des Testators nicht beeinträchtigt hatten (Art. 1131 Ziff. 3 ZGB). Die Unwirksamkeit des Testaments berührt nicht das Recht der testamentarischen Erben oder der Vermächtnisnehmer, aufgrund gesetzlicher Erbfolge oder eines anderen gültigen Testaments zur Erbschaft berufen zu werden (Art. 1131 Ziff. 5 ZGB). 57

4. Pflichtteilsrecht. a) Allgemeines. Nach Art. 1149 Ziff. 1 ZGB bildet die Erbschaft den Ausgangs- 58
punkt der Berechnung des gesetzlichen Pflichtteils. Diese umfasst Sachen, anderes Vermögen einschließlich vermögenswerter Rechte und Pflichten, die dem Erblasser zum Zeitpunkt der Eröffnung des Erbganges gehörten (Art. 1112 Abs. 1 ZGB).

b) Pflichtteilsberechtigte Personen und Höhe des Pflichtteils. Pflichtteilsberechtigt sind minderjäh- 59
rige oder arbeitsunfähige Kinder des Erblassers, seine arbeitsunfähigen Eltern, sein arbeitsunfähiger Ehegatte sowie arbeitsunfähige Unterhaltsempfänger des Erblassers, die nach Art. 1148 Ziff.1 und 2 ZGB zur Erbfolge berufen werden. Zugunsten dieser aus der Sicht des Gesetzgebers schutzbedürftigen Personengruppen wird die Testierfreiheit eingeschränkt. Unabhängig vom Inhalt des Testaments erben sie nach Art. 1149 Ziff.1 ZGB mindestens die Hälfte ihres gesetzlichen Erbteils. Die Liste der pflichtteilsberechtigten Erben ist abschließend und kann nicht auf Enkelkinder und Urenkelkinder erweitert werden. Der Pflichtteil ist personengebunden und auch im Wege der Erbrepräsentation nicht übertragbar.

c) Durchsetzung des Pflichtteils. Bei dem Pflichtteil nach russischem Recht handelt es sich nicht um 60
einen bloßen Anspruch, sondern um einen echten Erbteil. Der Anspruch auf den Pflichtteil wird vorrangig aus dem testamentarisch nicht verfügten Teil des Nachlassvermögens befriedigt, auch wenn dies zur Reduzierung der Erbteile anderer gesetzlichen Erben dieses Teils des Nachlassvermögens führt. Reicht der testamentarisch nicht verfügte Teil des Nachlassvermögens für die Befriedigung des Pflichtteilanspruchs nicht aus, wird er aus dem testamentarisch verfügten Teil des Nachlasses befriedigt (Art. 1149 Ziff. 2 ZGB).

Auf den Pflichtteil wird jedoch alles angerechnet, was der pflichtteilsberechtigte Erbe aus dem Nach- 61
lass aus irgendeinem anderen Rechtsgrund erhält, darunter auch der Wert des Hausrates und anderer Gegenstände des täglichen Bedarfs sowie der Wert des ihm vermachten Vermögens (Art. 1149 Ziff. 3 ZGB). Jegliche Beschränkungen und Auflagen, die einem pflichtteilsberechtigten Erben testamentarisch auferlegt werden, gelten nur für den Teil des Nachlasses, der den Pflichtteil übersteigt (Art. 1149 Ziff. 3 ZGB).

120 Russland

62 **d) Entziehung des Pflichtteils.** Führt die Realisierung des Pflichtteilsanspruchs zur Unmöglichkeit der Übergabe des Vermögens an einen der testamentarischen Erben, welches von dem pflichtteilsberechtigten Erben zu Lebzeiten des Erblassers nicht benutzt wurde, und von dem testamentarischen Erben zu Wohnzwecken oder als Hauptquelle zur Bestreitung des Lebensunterhaltes verwendet wurde, so kann das Gericht auf Klage des testamentarischen Erben und unter der Berücksichtigung der Vermögenssituation des pflichtteilberechtigten Erbens den Pflichtteil reduzieren oder ganz versagen (Art. 1149 Ziff. 4 ZGB). Es hat eine Abwägung zwischen den Interessen der testamentarischen und erbteilsberechtigten Erben im gesetzlich abgesteckten Rahmen stattzufinden.

63 Daneben verlieren Personen, die erbunwürdig sind, auch ihren Pflichtteil. Die Erbunwürdigkeitsgründe werden in Art. 1117 ZGB geregelt. Sowohl von der testamentarischen als auch von der gesetzlichen Erbfolge werden Personen ausgeschlossen, welche durch ihre vorsätzlichen rechtswidrigen Handlungen, die gegen den Erblasser, einen seiner Erben oder gegen die Verwirklichung des im Testament ausgedrückten letzten Willens des Erblassers gerichtet waren, zu eigener Berufung als Erben oder zur Berufung von anderen Personen bzw. zur Erhöhung ihres Erbanteils oder zur Erhöhung des Anteils anderer Personen beitrugen oder versuchten, beizutragen. Solche Umstände sollen auf dem Gerichtswege rechtskräftig bestätigt werden (Art. 1117 Ziff. 1 Abs. 1 S. 1 ZGB).

64 **e) Pflichtteilsverzicht.** Einen Pflichtteilsverzicht kennt das russische Erbrecht nicht. Entsprechend der geltenden russischen Tradition versteht es den Erb- oder Pflichtteilsverzicht als unzulässiges Rechtsgeschäft über den Nachlass einer noch lebenden Person, das nichtig ist. Allerdings ist darauf hinzuweisen, dass nach Eintritt des Erbfalls derjenige sein Pflichtteilsrecht verliert, der die Erbschaft ausschlägt.

65 **5. Testamentsvollstreckung. a) Testamentsvollstrecker.** Das Testament wird von testamentarischen Erben unter Mitwirkung des Notars vollstreckt, es sei denn, dass seine Vollstreckung ganz oder in einem bestimmten Teil von einem Testamentsvollstrecker wahrgenommen wird (Art. 1133 ZGB). Der Testator kann eine von ihm im Testament genannte Person (Testamentsvollstrecker) mit der Testamentsvollstreckung beauftragen. Es ist unerheblich, ob der Testamentsvollstrecker Erbe ist (Art. 1134 Ziff. 1 Abs. 1 ZGB). Nur eine voll geschäftsfähige Person kann zum Testamentsvollstrecker bestellt werden. Der Testator kann im Testament auch einen Ersatztestamentsvollstrecker für den Fall vorsehen, dass die als erste genannte Person die Ausübung der Funktionen des Testamentsvollstreckers nicht übernehmen kann oder will.

66 Die Übernahme der Funktionen des Testamentsvollstreckers ist freiwillig und bedarf einer entsprechenden Willenserklärung. Die Zustimmung des Testamentsvollstreckers ist von ihm durch eigenhändigen Vermerk im Testament oder in einer Erklärung, die dem Testament beigelegt wird, oder in einer Erklärung, die gegenüber dem Notar innerhalb eines Monats seit der Eröffnung des Erbganges abgegeben wird, zu bekunden (Art. 1134 Ziff. 1 Abs. 2 ZGB).

67 Der Testamentsvollstrecker ist berechtigt, in eigenem Namen aber im Interesse der Erben und Vermächtnisnehmer Geschäfte betreffend die Vollstreckung des Testaments ua vor Gerichten und anderen Staatsorganen und -institutionen vorzunehmen (Art. 1135 Ziff. 3 ZGB). Weitere Rechte des Testamentsvollstreckers sind in den Vorschriften über den Schutz des Nachlasses bestimmt. Der Testamentsvollstrecker kann selbständig keine Nachlassforderungen befriedigen sondern nur entsprechende Ansprüche der Nachlassgläubiger entgegennehmen und erfassen.

68 Der Testamentsvollstrecker hat zulasten des Nachlasses Anspruch auf die Erstattung der notwendigen Aufwendungen, die im Zusammenhang mit der Vollstreckung des Testaments entstehen, sowie darüber hinaus auf eine Vergütung, wenn ihre Zahlung im Testament vorgesehen wurde (Art. 1136 ZGB). Die Vergütung des Testamentsvollstreckers wird erst nach der Erfüllung der Pflichten zusammen mit anderen Nachlassforderungen aus dem Nachlassvermögen beglichen. Der Testamentsvollstrecker kann seinen Vergütungsanspruch fixieren und den Erben mitteilen. Die Bezahlung der Vergütung des Testamentsvollstreckers erfolgt durch die Erben, die die Erbschaft angenommen haben, und aus dem Nachlassvermögen, welches vom Testamentsvollstrecker an die Erben übergeben wurde.

69 **b) Erbschaftsverwaltung durch einen Treuhänder.** Gehört zum Nachlass Vermögen, welches nicht nur verwahrt, sondern auch verwaltet werden muss (Unternehmen, Anteile am satzungsmäßigen Kapital einer Kapital- oder Personengesellschaft, Wertpapiere, ausschließliche Rechte uÄ), so hat der Notar als Treugeber einen Treuhandvertrag nach Art. 1026 ZGB über die Verwaltung dieses Vermögens abzuschließen. Erfolgt der Erbgang aufgrund eines Testaments, in dem ein Testamentsvollstrecker bestellt wurde, so stehen die Rechte des Treugebers dem Testamentsvollstrecker zu (Art. 1173 ZGB). Als Treuhänder können sowohl natürliche als auch juristische – darunter auch gemeinnützige oder andere nicht kommerzielle – Personen auftreten. Schutz und Verwaltung des Nachlasses sind entgeltlich. Die Kosten der Nachlasssicherung und die Vergütung des Treuhänders werden aus dem Nachlass vorrangig vor allen anderen Nachlassschulden aber nachrangig im Bezug auf die Kosten der medizinischen Behandlung und Bestattung des Erblassers entrichtet (Art. 1174 Ziff. 1 ZGB). Die Vergütung des Treuhänders für die Verwaltung des Nachlassvermögens darf 3 % des Schätzwertes des Nachlasses nicht übersteigen.

70 **6. Erbschaftserwerb, Erbengemeinschaft und Erbauseinandersetzung. a) Eröffnung des Erbgangs.** Der Erbgang wird mit dem Tod des Erblassers eröffnet (Art. 1113 ZGB). Eine gerichtliche Todeserklärung hinsichtlich einer Person zieht dieselben Rechtsfolgen wie der Tod nach sich. Als Tag der Erbgangeröffnung gilt der Todestag, wird eine Person für tot erklärt, so gilt der Tag, an dem das Gerichtsurteil

II. Materielles Recht **Russland 120**

über die Todeserklärung Rechtskraft erwirbt, und in den Fällen der gerichtlichen Feststellung des vermeintlichen Todestages der im Urteil bestimmte Tag als Todestag (Art. 1114 Ziff. 1 ZGB). Personen, welche am gleichen Tag gestorben sind, gelten für die Zwecke der Erbrechtsnachfolge als gleichzeitig gestorben und erben eine nicht nacheinander. Zur Erbschaft werden ihre Erben berufen.

Als Ort der Eröffnung des Erbganges gilt der letzte Wohnort des Erblassers. Ist der letzte Wohnort 71 des Erblassers, der über Vermögen auf dem Gebiet der Russischen Föderation verfügt hat, unbekannt oder liegt er im Ausland, so gilt der Ort, an dem sich dieses Erbvermögen befindet, als Ort der Eröffnung des Erbganges in Russland.

b) Erwerb der Erbschaft. aa) Annahme der Erbschaft. Der Erbschaftserwerb erfolgt durch die An- 72 nahme der Erbschaft durch den Erben (Art. 1152 Ziff. 1 Abs. 1 ZGB). Die Annahme kann grundsätzlich durch eine Willenserklärung oder konkludente Handlung des Erben erfolgen. Die Annahme eines Teils der Erbschaft durch den Erben bedeutet der Annahme der ganzen Erbschaft unabhängig davon, woraus sie besteht und wo sie sich befindet (Art. 1152 Ziff. 2 Abs. 1 ZGB). Es ist dabei unerheblich, ob die Annahme im Bezug auf bewegliche oder unbewegliche Sachen oder sonstige zum Nachlass gehörenden Rechtsobjekte erfolgt ist. Jeder Erbe hat die Erbschaft separat durch seine individuelle Willenserklärung anzunehmen. Die Annahme stellt ein einseitiges Rechtsgeschäft (Art. 154 Ziff. 2 ZGB) dar, welches den allgemeinen Vorschriften des ZGB über Rechtsgeschäfte unterliegt. Die Annahme der Erbschaft durch einen oder mehrere Erben bedeutet nicht die Annahme der Erbschaft durch die übrigen Erben (Art. 1152 Ziff. 3 ZGB).

Die Annahme der Erbschaft unter einer Bedingung oder mit Vorbehalten ist unzulässig (Art. 1152 73 Ziff. 2 Abs. 3 ZGB). Dadurch spiegelt sich der Grundsatz des Erbganges als universelle Rechtsnachfolge wider, bei der das Nachlassvermögen als Ganzes mit allen seinen Rechten und Pflichten auf den Rechtsnachfolger übergeht (Art. 1110 Ziff. 1 ZGB). Die Norm gilt sowohl bei der testamentarischen als auch bei der gesetzlichen Erbfolge und unabhängig davon, ob der Erbe bei der Annahme der Erbschaft über ihren genauen Bestand und konkrete Vermögensobjekte, die er im Ergebnis des Erbganges erwerben soll, informiert ist oder nicht. Ein Verstoß dagegen führt zur Unwirksamkeit der Annahme. Das spätere Recht des Erben, die angenommene Erbschaft innerhalb der gesetzlich bestimmten Frist auszuschlagen, wird jedoch nicht berührt.

Die Form der Erbschaftsannahme wird in Art. 1153 ZGB geregelt. Die ausdrückliche Annahme der 74 Erbschaft durch eine schriftliche Willenserklärung des Erben wird als der Regelfall betrachtet. Sie hat gegenüber dem Notar oder gegenüber einer anderen zur Ausstellung von Erbbescheinigungen gesetzlich bevollmächtigten Amtsperson oder durch die Stellung des Antrages auf die Ausstellung der Erbbescheinigung zu erfolgen (Art. 1153 Ziff. 1 Abs. 1 ZGB). Die Annahme der Erbschaft durch einen rechtsgeschäftlichen Vertreter ist zulässig, wenn die Vollmacht das Recht zur Erbschaftsannahme ausdrücklich vorsieht (Art. 1153 Ziff. 1 Abs. 3 S. 1 ZGB). Für die Annahme der Erbschaft durch einen gesetzlichen Vertreter ist keine Vollmacht erforderlich (Art. 1153 Ziff. 1 Abs. 3 S. 2 ZGB). Die Annahmefrist beträgt sechs Monate. Eine versäumte Annahmefrist kann auf Antrag des Erben vom Gericht wiederhergestellt werden, wenn das Gericht die Versäumnisgründe als triftig anerkennt (zB wenn der Erbe nachweisen kann, dass er über den Erbfall nicht informiert wurde) und der Antrag vor dem Ablauf von sechs Monaten seit dem Wegfall der Versäumnisgründe gestellt wird.

Hilfsweise kann die Annahme der Erbschaft durch konkludente Handlungen des Erblassers erfolgen. 75 Diese Form stellt eigentlich keine Annahme der Erbschaft als solche sondern eine Präjudiz der Annahme dar. In der Praxis erfolgt jedoch die Erbschaftsannahme auf diese Weise sehr oft, wenn zur Erbschaft keine registrierungspflichtigen Rechtsobjekte gehören, und kein Streit zwischen den Erben entsteht, so dass die Heranziehung der Notare und der staatlichen Organe mit dem damit verbundenen Aufwand entbehrlich ist. Solange das Gegenteil nicht bewiesen wurde, gilt die Erbschaft nach Art. 1153 Ziff. 2 ZGB als angenommen, wenn der Erbe Handlungen unternommen hat, die auf eine tatsächliche Annahme der Erbschaft hinweisen, insbesondere wenn der Erbe zB den Besitz und die Verwaltung des Nachlassvermögens übernimmt, Maßnahmen zur Bewahrung des Nachlassvermögens und zu seinem Schutz vor Eingriffen und Ansprüchen Dritter ergreift, auf eigene Rechnung Aufwendungen zum Erhalt des Vermögens vornimmt oder auf eigene Rechnung Schulden des Erblassers begleicht oder von Dritten dem Erblasser zustehende Geldmittel einfordert.

Als Maßnahmen zur Bewahrung des Nachlassvermögens und zu seinem Schutz vor Eingriffen und 76 Ansprüchen Dritter gelten ua die Mitnahme der zum Nachlass gehörenden Vermögensgegenstände aus der Wohnung des Erblassers, die Übergabe des Nachlassvermögens in eine Verwahrung, der Einbau von zusätzlichen Schlössern bei dem Raum, in dem sich das Nachlassvermögen befindet, sowie andere ähnliche Schritte. Als Aufwendung zum Erhalt des Vermögens gilt vor allem die Bezahlung der Steuern für unbewegliches Vermögen und Kraftfahrzeuge. Aber auch der Kauf von Futtermitteln für Haustiere und die Bestellung der landwirtschaftlichen Grundstücke des Erblassers werden als solche von der gerichtlichen und notariellen Praxis anerkannt.

bb) Ausschlagung der Erbschaft. Der Erbe kann innerhalb der für die Erbschaftsannahme festgeleg- 77 ten Frist die Erbschaft ausschlagen, sogar wenn er sie bereits vorher angenommen hat. Die Ausschlagung kann nachträglich weder abgeändert noch zurückgenommen werden (Art. 1157 Ziff. 3 ZGB). Der Erbe kann die Erbschaft entweder zugunsten anderer Personen oder ohne Angabe von Personen, zu deren Gunsten er die Erbschaft ausschlägt, ausschlagen. Die Ausschlagung eines erbenlosen Nachlasses durch den Staat ist dagegen unzulässig (Art. 1157 Ziff. 1 ZGB).

Mosgo

120 Russland

78 Bei der Ausschlagung der Erbschaft handelt es sich also um ein einseitiges Rechtsgeschäft, das durch eine formelle Willenserklärung gegenüber dem am Ort der Eröffnung des Erbganges amtsansässigen Notar zustande kommt. Die Erklärung bedarf für ihre Wirksamkeit einer notariellen Beurkundung oder einer anderen nach Art. 1153 Ziff. 1 ZGB zugelassenen Form der Beglaubigung, wenn sie nicht vor dem am Ort der Eröffnung des Erbganges amtsansässigen Notar zustande kommt und an ihn übergeben oder übersandt wird (Art. 1159 Ziff. 1 ZGB). Hat der Erbe durch konkludente Handlungen eine Präjudizierung der Erbschaftsannahme geschaffen (Art. 1153 Ziff. 2 ZGB), so kann das Gericht auf Antrag dieses Erben auch nach Ablauf der gesetzlichen Ausschlagungsfrist feststellen, dass die Erbschaft von dem Erben ausgeschlagen wurde, wenn nach der Auffassung des Gerichts ein triftiger Grund für das Fristversäumnis vorlag (Art. 1157 Ziff. 2 Abs. 2 ZGB).

79 Der Kreis der Personen, zu deren Gunsten die Ausschlagung zulässig ist, wird in Art. 1158 Ziff. 1 ZGB bestimmt. Der Erbe kann die Erbschaft zu Gunsten anderer testamentarischer oder gesetzlicher Erben beliebiger Ordnung ausschlagen, die nicht enterbt wurden (Art. 1119 Ziff. 1 ZGB), unter anderem zu Gunsten derer, die kraft Erbrepräsentation oder Erbtransmission (Art. 1156) erben. Die Ausschlagung der Erbschaft zu Gunsten anderer Personen ist unzulässig. Die Ausschlagung der Erbschaft unter Vorbehalt oder Bedingung ist ebenfalls unzulässig. Die Erbschaft darf gemäß Art. 1158 Ziff. 1 Abs. 2 ZGB nicht zu Gunsten anderer Personen ausgeschlagen werden, wenn das Vermögen im Wege der testamentarischer Erbfolge vererbt wird und der Erblasser sein gesamtes Vermögen zu Gunsten der testamentarischen Erben vererbt hat; wenn sie den Pflichtteil (Art. 1149) betrifft oder wenn dem Erben ein Nacherbe bestellt wurde (Art. 1121).

80 Die Ausschlagung eines Teiles der dem Erben zustehenden Erbschaft ist unzulässig. Ist der Erbe jedoch aus mehreren Gründen gleichzeitig zur Erbfolge berufen (aus dem Testament und Gesetz bzw. durch Erbtransmission und durch die Eröffnung des Erbganges uÄ), so kann er eine, mehrere oder alle Erbfolgen ausschlagen (Art. 1158 Ziff. 3 ZGB). Der Vermächtnisnehmer kann das Vermächtnis (Art. 1137 ZGB) ausschlagen. Die Ausschlagung zu Gunsten einer anderen Person, mit Vorbehalten oder unter Bedingung ist dabei unzulässig (Art. 1160 ZGB).

81 **cc) Anwachsungsrecht.** Nimmt der Erbe die Erbschaft nicht an, schlägt er sie ohne Angabe eines anderen Erben aus (Art. 1158 ZGB); wird er enterbt oder wird das Testament für unwirksam erklärt, so geht sein Erbteil auf die gesetzlichen Erben, die zur Erbfolge berufen werden, im Verhältnis ihrer Erbteile über. Vermacht der Erblasser sein ganzes Vermögen den durch ihn eingesetzten testamentarischen Erben, so geht der Erbteil des ausgeschiedenen Erben auf die übrigen testamentarischen Erben über und wird unter ihnen im Verhältnis ihrer Erbteile verteilt, es sei denn, dass im Testament etwas anderes bestimmt ist (Art. 1161 Ziff. 1 Abs. 2 ZGB). Wurde für den ausgeschiedenen Erben ein Ersatzerbe ernannt, so wird dieser Ersatzerbe zur Erbfolge berufen (Art. 1161 Ziff. 2 ZGB).

82 **c) Erbengemeinschaft.** Geht bei gesetzlicher Erbfolge der Nachlass auf zwei oder mehr Erben über oder wurden von dem Erblasser bei testamentarischer Erbfolge zwei oder mehr Erben eingesetzt, ohne dabei zu bestimmen, welche konkreten Sachen und Rechte jeder von ihnen zu erben hat, so werden die Erben des Nachlasses seine Gemeineigentümer nach Bruchteilen (Art. 1164 Ziff. 1 ZGB). Sie bilden eine Erbengemeinschaft. Auf die Verhältnisse zwischen den Erben findet vorbehaltlich spezialgesetzlicher Normen das Kap. 16 ZGB über das Gemeineigentum nach Bruchteilen und auf die Verhältnisse zwischen den Erben einerseits und den Gläubigern und Schuldnern des Erblassers andererseits die Bestimmungen des Schuldrechts Anwendung (Art. 1164 Ziff. 2 ZGB). Das Gemeineigentum der Erben entsteht mit der Annahme der Erbschaft rückwirkend zum Tag des Erbfalles (Art. 1164 Ziff. 1 ZGB).

83 Die Norm des Art. 1164 über die Entstehung der Erbengemeinschaft ist imperativ und kann weder durch den Erblasser noch von den Erben geändert werden. Der Erblasser kann jedoch durch Bestimmung konkreter Sachen im Testament, die jedem der Erben zustehen, die Entstehung der Erbengemeinschaft vermeiden. Die Erben können die Erbengemeinschaft nur im Wege der Auseinandersetzung beenden. In den Art. 1165–1170 ZGB werden eine Reihe von Sonderregelungen bestimmt, die bei der Auseinandersetzung der Miterben gelten und die allgemeinen Bestimmungen des Zivilrechts über das Miteigentum nach Bruchteilen und seine Aufteilung abändern. Die Geltung dieser Normen ist jedoch auf drei Jahre seit der Eröffnung des Erbganges befristet (Art. 1164 Ziff. 2 ZGB).

84 **d) Erbauseinandersetzung. aa) Grundsätze.** Das russische Erbrecht kennt drei Formen der Erbenauseinandersetzung: 1) freiwillige Auseinandersetzung ohne Mitwirkung des Notars und Gerichts, 2) freiwillige Auseinandersetzung unter Mitwirkung des Notars, 3) gerichtliche Auseinandersetzung. Die freiwillige Auseinandersetzung stellt ein klassisches Rechtsgeschäft dar, mit dem das Gemeineigentum nach Bruchteilen beendet wird. Auf dieses Rechtsgeschäft finden die allgemeinen Normen für Rechtsgeschäfte und Verträge Anwendung. Das gilt insbesondere für die Form der Auseinandersetzung. In Abhängigkeit von dem Bestand des Nachlasses, seinem Wert und dem Willen der Erben kann die Vereinbarung über die Auseinandersetzung mündlich, in einfacher Schriftform oder in notarieller Form abgeschlossen werden (Art. 1165 Ziff. 1 Abs. 2 ZGB).

85 **bb) Auseinandersetzung ohne Mitwirkung des Notars und Gerichts.** Bei Nachlässen mit eindeutigen Rechtsverhältnissen können sich die Miterben ohne Mitwirkung des Notars oder Gerichts gütlich über die Nachlassteilung einigen, soweit zum Nachlass nicht Gegenstände gehören, die eine obligatorische Registrierung erfordern oder hinsichtlich deren Übertragung eine Entscheidung des Gerichts oder Notars unerlässlich ist (Art. 1165 Ziff. 1 Abs. 1 ZGB). Nach der Absprache mit den Gläubigern des Erblassers können die Erben bestimmen, wer von ihnen die Schulden tilgen soll und wem die Forderungen

des Erblassers zugutekommen sollen. Soll die Absprache der Erben über die Nachlassteilung sofort durchgeführt werden, so genügt eine mündliche Form der Absprache (Art. 159 Ziff. 2 ZGB). Die Erben können aber derartige Vereinbarungen auch in schriftlicher oder sogar notarieller Form treffen.

cc) **Auseinandersetzung unter Mitwirkung des Notars.** Befinden sich in der Erbmasse Gegenstände 86 oder Rechte, über welche die Erben ohne Vorlage der Erbbescheinigung nicht verfügen dürfen, oder ist die Erbbescheinigung für die Registrierung des Eigentumsrechts erforderlich (Grundstücke, Häuser, Wohnungen, Wochenendhäuser, Kfz, Waffen, auf Namen laufende Wertpapiere, Anteile an Personen- und Kapitalgesellschaften, Guthaben und sonstige Konten bei Kreditinstituten), so findet die Auseinandersetzung unter Mitwirkung des Notars statt, soweit die Miterben bestrebt sind, sich über die Nachlassteilung zu einigen. Können sich die Erben über die Auseinandersetzung einigen, so werden die Ergebnisse der Absprache in einem Vertragsentwurf niedergelegt, der von allen Miterben unterzeichnet und von dem Notar beurkundet werden muss. Die Vereinbarung der Erben hat Vorrang vor den durch Testament oder gesetzliche Erbfolge entstandenen Erbteilen.

dd) **Gerichtliche Auseinandersetzung.** Kommt es zu keiner Einigung zwischen den Erben über die 87 Teilung des Nachlasses oder die Aussonderung eines Erben, geschieht die Verteilung der Erbschaft oder die Aussonderung des Erben im gerichtlichen Verfahren auf Klage eines der Erben. Dabei finden die allgemeinen Grundsätze über die Aufteilung des Gemeineigentums nach Bruchteilen unter der Berücksichtigung der erbrechtlichen Besonderheiten im Bezug auf einzelner Erben Anwendung. Das Verfahren vor dem Notar wird bis zur Entscheidung der Sache durch das Gericht ausgesetzt. Das Gericht kann auch über alle anderen mit der Erbfolge zusammenhängenden Fragen entscheiden.

ee) **Schutz der Interessen des Kindes bei Nachlassteilung.** Wird die Geburt eines Miterben erwartet, 88 so kann die Teilung des Nachlasses gemäß Art. 1166 ZGB erst nach seiner Geburt erfolgen. Die Vorschrift dient dem Schutz der Interessen des ungeborenen Kindes und trägt der im russischen Recht geltenden Auffassung Rechnung, dass ein Mensch vor der Geburt noch keine Rechtsfähigkeit besitzt (Art. 17 ZGB), so dass auch keine Rechtsausübung durch einen gesetzlichen Vertreter vor der Geburt möglich ist. Da es außerdem bis zur Geburt des Kindes nicht bekannt ist, ob es lebendig zur Welt kommt oder nicht, ist die Bestimmung der Erbteile der übrigen Erben vor der Geburt des Miterben unmöglich. Ein Verstoß gegen das in Art. 1166 ZGB enthaltene Gebot führt zumindest dann, wenn der Miterbe lebendig geboren wurde, zur Unwirksamkeit der Vereinbarung über Auseinandersetzung der übrigen Erben. Die Norm gilt sowohl bei freiwilliger als auch bei gerichtlicher Nachlassauseinandersetzung.

ff) **Vorrechte.** Der Erbe, welcher Miteigentümer einer zum Nachlass gehörenden unteilbaren Sache 89 ist, hat gemäß Art. 1168 Ziff. 1 ZGB bei der Teilung des Nachlasses und im Rahmen seines Erbteils das Vorrecht auf den Erhalt dieser Sache. Die Vorschrift hat insbesondere für den überlebenden Ehegatten Bedeutung, da im gesetzlichen russischen Güterstand die Ehegatten automatisch Miteigentümer des gesamten während der Ehe erworbenen Vermögens mit Ausnahme des Sonderguts werden. Auch dem Erben, welcher eine zum Nachlass gehörende unteilbare Sache selbständig oder zusammen mit dem Erblasser nutzte, steht das Vorrecht auf den Erhalt dieser Sache zu (Art. 1168 Ziff. 2 S. 1 ZGB). Die Nutzungsdauer ist dabei irrelevant. Dieses Vorrecht besteht gegenüber den Erben, welche die Sache weder genutzt haben noch früher ihre Miteigentümer waren.

e) **Besonderheiten bei der Vererbung der Anteile und Mitgliedschaften.** Die Vererbung der Mit- 90 gliedschaften in (bzw. Anteile an) gewerblichen und anderen Organisationen (Personen- und Kapitalgesellschaften, Genossenschaften, eingetragenen Vereinen, andere gesellschaftliche Organisationen) wird besonders in Kap. 65 ZGB dort Art. 1176 und Art. 1177 und in speziellen Gesetzen geregelt.

Zum Nachlass des Gesellschafters einer Vollgesellschaft, einer Gesellschaft mit beschränkter Haftung 91 bzw. einer Gesellschaft mit zusätzlicher Haftung oder des Komplementärs einer Kommanditgesellschaft oder des Mitgliedes einer Produktionsgenossenschaft gehört der Anteil des Gesellschafters (des Genossen) am satzungsmäßigen Kapital (Vermögen) der entsprechenden Personen- oder Kapitalgesellschaft oder Genossenschaft. Wird gesetzlich oder satzungsmäßig die Aufnahme des Erben in die Personengesellschaft oder Produktionsgenossenschaft bzw. der Übergang des Geschäftsanteils der Kapitalgesellschaft an den Erben von der Zustimmung anderer Gesellschafter oder Genossen abhängig gemacht und wird die Zustimmung verweigert, so hat der Erbe Anspruch gegenüber der entsprechenden Personen- oder Kapitalgesellschaft oder Produktionsgenossenschaft auf den Erhalt des tatsächlichen Wertes des geerbten Anteils bzw. auf den ihm entsprechenden Teil des Vermögens nach den Vorschriften, die für einen solchen Fall von dem ZGB, anderen speziellen Gesetzen oder den Gründungsdokumenten der entsprechenden juristischen Person vorgesehen wurden (Art. 1176 Ziff. 1 Abs. 1 und 2 ZGB).

Zum Nachlass des Kommanditisten einer Kommanditgesellschaft gehört sein Anteil an dem Kom- 92 manditkapital dieser Gesellschaft. Der Erbe, der diesen Anteil geerbt hat, wird Kommanditist (Art. 1176 Ziff. 2 ZGB).

Zum Nachlass des Aktionärs einer Aktiengesellschaft gehören seine Aktien. Die Erben, die diese Akti- 93 en geerbt haben, werden unmittelbar Aktionäre. Die Vererbung der Aktien kann satzungsmäßig nicht eingeschränkt werden (Art. 1176 Ziff. 3 ZGB).

Zum Nachlass des Mitgliedes einer Konsumgenossenschaft gehört sein Anteil an dieser Genossen- 94 schaft (Art. 1177 Ziff. 1 Abs. 1 ZGB). Für den Erwerb der Mitgliedschaft in einer Konsumgenossenschaft ist jedoch eine Entscheidung der Versammlung der Mitglieder der Konsumgenossenschaft erforderlich. Der Erbe des Mitglieds einer Wohn-, Wochenendhaus- oder anderen Konsumgenossenschaft hat

95 **7. Erbenhaftung. a) Erblasserschulden.** Ein Erbe, der die Erbschaft angenommen hat, haftet für die Schulden des Erblassers in Höhe des wirklichen, auf ihn entfallenen Nachlasswertes (Art. 1175 Ziff. 1 Abs. 2 ZGB). Die Haftung umfasst alle Schulden des Erblassers, ua auch solche, die erst nach dem Tod des Erblassers fällig geworden sind. Nicht erfasst sind dagegen die Forderungen, die untrennbar mit der Persönlichkeit des Erblassers verbunden sind und nach Art. 1112 ZGB nicht zum Nachlass gehören (zB Unterhaltsansprüche) sowie öffentlich-rechtliche Verbindlichkeiten des Erblassers (zB im Zusammenhang mit der Bezahlung von Bußgeldern, personengebundenen Steuern und Abgaben).

96 Sind mehrere Erben vorhanden, so haften sie für die Schulden des Erblassers gesamtschuldnerisch (Art. 1175 Ziff. 1 Abs. 1 ZGB). Jeder von ihnen haftet jedoch nur in Höhe des wirklichen Wertes seines Erbteils. Der Erbe, welcher sowohl unmittelbar aufgrund der gesetzlichen oder testamentarischen Erbfolge als auch im Wege der Erbtransmission zur Erbschaft berufen wird, haftet nicht für die Schulden der Person, von der er das Recht auf die Annahme der Erbschaft erhält. Für die Schulden des Erblassers haftet er nach allgemeinen Regeln bis zur Höhe des Wertes des nach beiden Rechtsgrundlagen erworbenen Nachlassvermögens (Art. 1175 Ziff. 2 ZGB).

97 Zu den Schulden des Nachlasses zählen nach Art. 1174 Ziff. 1 ZGB insbesondere Aufwendungen für Krankheitsbehandlung und Beisetzung des Erblassers sowie Aufwendungen im Zusammenhang mit der Vornahme von Maßnahmen zum Schutz und zur Verwaltung des Nachlasses. Sie werden aus dem Nachlass bis zur Höhe seines Wertes erstattet. Die Erstattungsansprüche bezüglich der oben genannten Aufwendungen können gegenüber den Erben und vor der Annahme der Erbschaft gegenüber dem Testamentsvollstrecker oder gegen den Nachlass geltend gemacht werden (Art. 1174 Ziff. 2 Abs. 1 ZGB). Solche Aufwendungen werden vor der Begleichung der Nachlassverbindlichkeiten und bis zur Höhe des auf jeweiligen Erben entfallenden Nachlasswertes erstattet. Dabei werden die Aufwendungen im Zusammenhang mit der Krankheit und Bestattung des Erblassers erstrangig, die Aufwendungen für den Schutz und die Verwaltung des Nachlasses zweitrangig und die Aufwendungen im Zusammenhang mit der Testamentsvollstreckung drittrangig erstattet (Art. 1174 Ziff. 2 Abs. 2 ZGB).

98 **b) Erbrechtlicher Gläubigerschutz.** Die Gläubiger des Erblassers können ihre Ansprüche innerhalb der Verjährungsfristen gegen die Erben, die die Erbschaft angenommen haben, geltend machen (Art. 1175 Ziff. 3 S. 1 ZGB). Ansprüche der Gläubiger können vor der Annahme der Erbschaft gegenüber dem Testamentsvollstrecker oder gegen das Nachlassvermögen geltend gemacht werden (Art. 1175 Ziff. 3 S. 2 ZGB). Die Verhandlung der Sache wird in diesem Fall bis zur Annahme der Erbschaft durch die Erben oder bis zum Übergang des erblosen Nachlasses an die Russische Föderation ausgesetzt (Art. 1175 Ziff. 3 S. 3 ZGB). Die Erben, welche die Erbschaft während des Verfahrens angenommen haben, sind in das Verfahren als Beklagte einzubeziehen. Die Ansprüche der Gläubiger können unabhängig von der Fälligkeit der entsprechenden Forderung geltend gemacht werden. Die Erben bzw. der Nachlassverwalter sind jedoch nicht verpflichtet, diese Schulden vor dem Fälligkeitstermin zu begleichen.

III. Nachlassverfahrensrecht

99 **1. Zuständigkeit und Verfahren im Allgemeinen.** Für die Durchführung des Nachlassverfahrens ist das Notariat am letzten Wohnort des Erblassers, hilfsweise am Ort, an dem sich das Vermögen des Erblassers oder sein Hauptteil befinden, zuständig. Der Erbe kann die Eröffnung des Nachlassverfahrens bei beliebigem örtlich zuständigem Notar beantragen und gleichzeitig die Erbschaftsannahme erklären. Wird das Nachlassverfahren auf Antrag eines Erben eröffnet, so haben sich alle anderen Erben diesem Nachlassverfahren anzuschließen. Wird außerdem ein Testamentsvollstrecker bestellt, so wirkt er mit dem zuständigen Notar im Rahmen des Nachlassverfahrens zusammen.

100 **2. Testamentseröffnung.** Der Notar, welcher das Nachlassverfahren eröffnet hat, hat innerhalb eines Tages ab der Einleitung des Nachlassverfahrens über das einheitliche Informationssystem des Notariats zu prüfen, ob der Erblasser ein Testament errichtet hat und gegebenenfalls den Inhalt des Testaments festzustellen. Der Inhalt des Testaments wird aufgrund einer elektronischen Kopie des Testaments aus dem einheitlichen Informationssystem des Notariats, welches Informationen über alle notariellen Testamente enthält, festgestellt.

101 Der Zuständige Notar hat Erben, deren Wohn- oder Arbeitsort ihm von anderen Erben oder aus anderen Quellen bekannt ist, über die Eröffnung des Erbganges zu informieren. Die Benachrichtigung der Erben kann auch über Veröffentlichung in den Medien erfolgen. Der Notar nimmt innerhalb der gesetzlichen Frist von sechs Monaten Erklärungen der Erben über die Annahme der Erbschaft oder über ihre Ausschlagung entgegen. Diese Erklärungen bedürfen der Schriftform.

102 Weiterhin hat der zuständige Notar Maßnahmen zur Feststellung des Nachlassvermögens zu ergreifen. Er kann dabei Auskünfte aus den staatlichen Immobilien- und Unternehmensregistern sowie anderen behördlichen Datenbanken (zB über die auf den Namen des Erblassers registrierten Land-, Fluss-, See- und Luftfahrzeuge) einholen. Banken, andere Kreditinstitutionen und sonstige juristische Personen sind auf Anfrage des Notars zum Ziele der Ermittlung des Nachlassvermögens und seines Schutzes zur Auskunftserteilung über die bei diesen Personen vorhandenen Informationen über das Vermögen des Erblassers verpflichtet. Erhaltene Angaben sollen vom Notar vertraulich behandelt werden und dürfen von diesem nur dem Testamentsvollstrecker und den Erben mitgeteilt werden (Art. 1171 Ziff. 3 ZGB).

3. Erbbescheinigung. a) Verfahren. Die Erben, die die Erbschaft angenommen haben, können das zuständige Notariat ersuchen, ihnen eine Erbbescheinigung zu erteilen (Art. 1162 Ziff. 1 Abs. 2 ZGB). Sie ist ein über das Erbrecht und die Größe des Erbteils ausgestelltes Zeugnis und dient dem Erben dazu, im rechtsgeschäftlichen Verkehr und vor Registrierungsbehörden den Nachweis des Erbrechts zu führen. Aufgrund einer solchen Erbbescheinigung kann der Erbe als Eigentümer registrierungspflichtiger Sachen von zuständigen Registrierungsorganen eingetragen werden. 103

Die Erbbescheinigung kann den Erben zu einem beliebigen Zeitpunkt nach Ablauf der Annahmefrist von sechs Monaten nach Eröffnung des Erbganges ausgestellt werden (Art. 1163 Ziff. 1 ZGB). Die Erbbescheinigung kann sowohl bei gesetzlicher als auch bei testamentarischer Erbfolge vor dem Ablauf von sechs Monaten seit Eröffnung des Erbganges ausgestellt werden, wenn verlässliche Angaben darüber vorliegen, dass es außer den die Erteilung der Erbbescheinigung beantragenden Personen keine weiteren Erben des Nachlasses oder Teilen davon gibt (Art. 1163 Ziff. 2 ZGB). Die Ausstellung der Erbbescheinigung wird aufgrund eines Gerichtsbeschlusses bei einem Gerichtsstreit zwischen den Erben sowie in dem Fall, dass ein gezeugter aber noch nicht geborener Erbe vorhanden ist, ausgesetzt (Art. 1163 Ziff. 3 ZGB). 104

b) Inhalt. Nach Wunsch der Erben kann die Erbbescheinigung allen Erben gemeinsam oder jedem Erben einzeln und für den ganzen Nachlass oder für seine einzelne Teile ausgestellt werden (Art. 1162 Ziff. 1 Abs. 2 S. 2 ZGB). Auch über einen erbenlosen Nachlass wird eine Erbbescheinigung nach denselben Regeln erstellt (Art. 1162 Ziff. 1 Abs. 3 ZGB). Wird nach der Ausstellung der Erbbescheinigung Nachlassvermögen festgestellt, das von dieser Erbbescheinigung nicht erfasst wurde, so wird eine zusätzliche Erbbescheinigung erteilt (Art. 1162 Ziff. 2 ZGB). Vor der Auseinandersetzung werden in der Erbbescheinigung alle Erben, die die Erbschaft angenommen haben, als Gemeineigentümer aufgeführt. Nach der Auseinandersetzung kann jeder Erbe die Ausstellung einer Erbbescheinigung mit der Angabe der konkret von ihm erhaltenen Gegenstände beantragen. 105

4. Sicherungsmaßnahmen. Für das Zwischenstadium zwischen dem Erbfall und der Ausstellung der Erbbescheinigung können von dem am Ort der Eröffnung des Erbganges amtierenden Notar auf Antrag eines oder mehrerer Erben, des Testamentsvollstreckers, des Organs der örtlichen Selbstverwaltung, des Vormundschafts- und Pflegeorgans oder anderer Personen, die im Interesse der Wahrung des Nachlassvermögens handeln, oder von Amts wegen Maßnahmen zur Nachlasssicherung und -verwaltung gemäß Art. 1171 – 1173 ZGB vorgenommen bzw. angeordnet werden (Art. 1171 Ziff. 1 und 2 ZGB). Wurde von dem Erblasser ein Testamentsvollstrecker bestellt (Art. 1134 ZGB), so hat der Notar Maßnahmen zum Schutz und zur Verwaltung des Nachlasses im Einvernehmen mit dem Testamentsvollstrecker vorzunehmen. 106

Die Maßnahmen zum Schutz des Nachlasses umfassen die Erstellung eines Nachlassverzeichnisses, die Hinterlegung der Bargeldbeträge und die Übergabe des Nachlassvermögens, welches nicht verwaltet werden braucht, zur Verwahrung. Zum Schutz des Nachlasses hat der Notar in Anwesenheit von zwei Zeugen ein Nachlassverzeichnis zu erstellen. Bei der Erstellung des Nachlassverzeichnisses können der Testamentsvollstrecker, die Erben und in entsprechenden Fällen die Vertreter des Vormundschafts- und Pflegeorgans anwesend sein (Art. 1172 Ziff. 1 Abs. 1 und 2 ZGB). Das Nachlassvermögen kann dabei auf Antrag der oben genannten Personen einvernehmlich bewertet werden. Wird keine Einigung über die Bewertung erzielt, so wird das Nachlassvermögen oder ein Teil von diesem, über welches keine Einigung erzielt wurde, von einem unabhängigen Schätzer bewertet. Die Kosten der Bewertung trägt derjenige, der die Bewertung des Nachlassvermögens beantragt hat. Sie werden nachträglich zwischen den Erben im Verhältnis der Werte ihrer erhaltenen Erbteile geteilt (Art. 1172 Ziff. 1 Abs. 3 ZGB). 107

Das zum Nachlass gehörende Bargeld wird von dem Notar hinterlegt. Die Valutawerte, Edelsteine und -metalle sowie Erzeugnisse aus Edelsteinen und Edelmetallen sowie Wertpapiere, die nicht verwaltet werden müssen, werden aufgrund eines abzuschließenden Vertrages einer Bank zur Verwahrung übergeben (Art. 1172 Ziff. 2 ZGB). Über die zum Nachlass gehörenden Waffen hat der Notar die Organe des Ministeriums für innere Angelegenheiten zu informieren, damit sie im Rahmen ihrer Kompetenz entsprechende Maßnahmen zur Kontrolle und Aufbewahrung der Waffen vornehmen können (Art. 1172 Ziff. 3 ZGB). 108

Das sonstige Nachlassvermögen, das nicht verwaltet werden muss, wird vom Notar aufgrund eines Verwahrungsvertrages zur Verwahrung einem der Erben oder, falls das nicht möglich ist, einer anderen Person nach Wahl des Notars übergeben. Erfolgt der Erbgang aufgrund eines Testaments, in dem ein Testamentsvollstrecker bestellt wurde, so wird die Aufbewahrung des genannten Vermögens von dem Testamentsvollstrecker selbst oder im Wege des Abschlusses eines Verwahrungsvertrages mit einem der Erben oder mit einer anderen Person nach Wahl des Testamentsvollstreckers sichergestellt (Art. 1172 Ziff. 4 ZGB). 109

5. Erbschaftsklage. Streitigkeiten zwischen den Erben und Vermächtnisnehmern im Zusammenhang mit der Berufung zur Erbfolge, der Wirksamkeit des Testaments und Vermächtnisses, der Höhe der Erbteile, dem Pflichtteil, der Auseinandersetzung uÄ werden von ordentlichen Gerichten im Rahmen des zivilrechtlichen Klageverfahrens entschieden. Die Tatsache der faktischen Annahme der Erbschaft durch konkludente Handlung kann beim Fehlen eines Rechtsstreits im Wege der freiwilligen Gerichtsbarkeit 110

120 Russland

gerichtlich festgestellt werden. Dasselbe gilt für das Wiedereinsetzen der versäumten Frist für die Annahme der Erbschaft. Entsteht bei der Verhandlung der Sache ein Rechtsstreit mit den anderen Erben oder betroffenen Personen, so wird das Verfahren der freiwilligen Gerichtsbarkeit in ein Klageverfahren überführt.

IV. Erbschaftsteuer

111 **1. Besteuerung der Erbschaft.** Die Besteuerung der Erbschaft in Russland richtet sich zurzeit nach den Bestimmungen des russischen Steuergesetzbuches (weiterhin SteuerGB). Sie wird im Rahmen der Steuer auf Einkünfte von natürlichen Personen (Einkommenssteuer) behandelt, die im 23. Kapitel des SteuerGB geregelt wird. Das im Wege der Erbfolge an den Erben übergehende Vermögen wird nach dem SteuerGB als Einkünfte im Sinne der Steuer auf Einkünfte von natürlichen Personen betrachtet. Das Nachlassvermögen wird jedoch in Art. 217 Ziff. 18 SteuerGB von der Besteuerung mit der obengenannten Steuer befreit. Steuerbefreit bleiben unabhängig von der Höhe die Einkünfte in Geld und natura, die von natürlichen Personen im Wege der Erbfolge erhalten werden.

112 Ausgenommen von der Steuerbefreiung bleiben nach Art. 217 Ziff. 18 SteuerGB die Vergütungen, die den Erben (Nachfolgern) der Urheber der Werke der Wissenschaft, Literatur und Kunst, Entdeckungen, Erfindungen und Industriemuster gezahlt werden. Hier wird eine Unterscheidung nach dem Zeitpunkt der Entstehung des Vergütungsanspruches vorgenommen. Das vermögenswerte Urheberrecht des Urhebers besteht seit der Schaffung des Werkes während des gesamten Lebens des Urhebers und 70 Jahre nach seinem Tod (Art. 1281 Abs. 1 ZGB). Die vermögenswerten Rechte des Urhebers, aus denen die Vergütungsansprüche für die Verwendung der Werke entstehen, gehen an die Erben des Urhebers im Wege der Erbnachfolge über und können von diesen innerhalb von 70 Jahren seit dem Tod des Urhebers realisiert werden. Vergütungsansprüche des Erblassers urheberrechtlicher Natur, die vor der Eröffnung des Erbganges entstanden sind, gehören neben anderen Forderungen des Erblassers zum Nachlass. Sie werden als Einkünfte des Erblassers im Sinne der Steuer auf Einkünfte von natürlichen Personen betrachtet. Die darauf entstehende Einkommenssteuer bildet eine öffentlich-rechtliche Verbindlichkeit des Erblassers, belastet das Nachlassvermögen und wird grundsätzlich nach den Regeln über die Erbenhaftung behandelt. Bei der Ausnahme von der Steuerbefreiung des Art. 217 Ziff. 18 SteuerGB handelt es sich um solche urheberechtlichen Vergütungsansprüche, die bereits nach der Eröffnung des Erbganges entstanden sind. Sie bilden eigene Einkünfte des Erben, welcher das zugrundeliegende Urheberrecht des Erblassers geerbt hat.

113 **2. Steuerersatz.** Der Erbe ist für solche Einkünfte einkommenssteuerpflichtig. Es gelten die regulären russischen Einkommenssteuersätze von 13 % bei Steuerresidenten und 30 % bei Personen, die keine russischen Steuerresidenten sind, dh sich weniger als 183 Tage pro Jahr auf dem Gebiet der Russischen Föderation aufhalten. Die Steuersätze hängen nicht von der Höhe des Einkommens des Steuerpflichtigen ab.

Länderbericht Schweden*

Übersicht

	Rn.		Rn.
I. Internationales Erb- und Verfahrensrecht (IPR)	1–30	c) Anrechnung von Schenkung unter Lebenden auf das Erbteil der Kinder	85
1. Rechtsquellen	1–7	7. Pflichtteilsrecht	86–97
a) EuErbVO und Altregelungen	1–4	a) Pflichtteilsberechtigte und Schutz des Ehegatten	86–88
b) Internordisches Erbrecht	5–7	b) Pflichtteilsquote	89
2. Bestimmung des anwendbaren Rechts	8–21	c) Berechnung des Pflichtteils	90/91
a) Erbstatut	8	d) Pflichtteilsanrechnung	92
b) Möglichkeit der Rechtswahl	9/10	e) Durchsetzung des Pflichtteils	93–95
c) Rückverweisung und Ordre public	11/12	f) Pflichtteilsentziehung	96
d) Erbenloser Nachlass	13–15	g) Pflichtteilsverzicht	97
e) Formstatut für Verfügungen von Todes wegen	16/17	8. Erbenhaftung	97/99
f) Exkurs: Güterrecht	18–21	a) Allgemeines	98
3. Internationale Zuständigkeit	22–27	b) Nachträgliche Haftung nach Erbteilung	99
a) EuErbVO	22–24	III. Nachlassverfahren und Erbauseinandersetzung	100–161
b) Altfälle	25	1. Nachlass als juristische Person	100–102
c) Güterrechtsausgleich	26/27	2. Grundsatz der gemeinsamen Verwaltung	103–106
4. Internationale Nachlassverfahren	28–30	3. Nachlassverwalter	107–120
a) Altfälle	28	a) Ernennung	107/108
b) Verfahren nach der EuErbVO	29/30	b) Rechte und Pflichten	109/116
II. Materielles Recht	31–99	c) Kontrolle des Nachlassverwalters, Abberufung, Haftung	117–120
1. Rechtsquellen und Zuständigkeiten	31–34	4. Testamentsvollstrecker	121–124
a) Rechtsquellen	31	a) Ernennung	121
b) Zuständige Stellen	32–34	b) Nachlassverwaltung	122/123
2. Grundlagen	35–56	c) Erbauseinandersetzung	124
a) Vorrang der güterrechtlichen Auseinandersetzung	35–37	5. Nachlassverzeichnis	125–136
b) Erbfähigkeit	38–41	a) Inhalt	127–129
c) Erbunwürdigkeit/Verwirkung des Erbrechts	42–44	b) Erstellung	130–133
d) Erbverzicht	45–47	c) Registrierung	134/135
e) Übergang des Vermögens/Universalsukzession	48/49	d) Ergänzung	136
f) Annahme und Ausschlagung der Erbschaft	50	6. Verwaltung des Nachlasses	137–143
g) Verjährung des Erbanspruchs	51–56	a) Abwicklung und Verwaltung	137–140
3. Gesetzliche Erbfolge	57–64	b) Zustellung eines Testament an die gesetzlichen Erben	141
a) Ehegatte	57–61	c) Vorbereitung der Erbteilung	142/143
b) Gesetzliches Erbrecht der Kinder und sonstiger Verwandter	62	7. Nachlassinsolvenz (Nachlasskonkurs)	144–147
c) Erbrecht des Staates	63/64	8. Erbauseinandersetzung	148–157
4. Testament	65–78	a) Grundsatz: einvernehmliche Regelung durch die Erben; Alleinerbe	148–151
a) Errichtung und Widerruf	65–68	b) Zwangsweise Erbteilung	152–154
b) Wirksamkeit	69–72	c) Verbleib im ungeteilten Nachlass	155–157
c) Verfügungen und Auslegung	73–77	9. Europäisches Nachlasszeugnis	158–161
d) Gemeinschaftliches Testament	78	IV. Erbschafts- und Einkommensteuer	162–171
5. Erbvertrag	79/80	1. Erbschaftssteuer	162
6. Schenkung auf den Todesfall	81–85	2. Steuerpflicht des Nachlasses	163/164
a) Abgrenzung zur Schenkung unter Lebenden	81/82	3. Gewinnsteuer	165–168
b) Pflichtteilsergänzung bei Schenkung auf den Todesfall	83/84	a) Grundstücke	166/167
		b) Wertpapiere	168
		4. Besteuerung in Deutschland	169–171

Gesetzestexte: Ärvdabalk (Erbgesetz), zit. ÄB. Schwedischer Text (Stand 1.1.2006) mit deutscher Übersetzung bei *Carsten*. Äktenskapsbalk (Ehegesetz), zit. ÄktB. Lag (1937:81) om internationella rättsförhållanden rörande dödsbo, zit. IDL. Lag (2015:417) om arv i internationella situationer, zit. IAL. Lag (1990:272) om internationella frågor rörande makars och sambors förmögenhetsförhållanden, zit. LIMF. Föräldrabalk (Regelungen zu Elternschaft, Abstammung, Pflegschaft, Vormundschaft ua), zit. FB.

Schrifttum: Schwedische Literatur: *Anders Agell,* Testamentsrätt, 3. Aufl. 2003; *Bergquist,* Internationell arvs- och bodelningsrätt. En kommentar, 2003 (zit. *Bergquist,* IDL); *Bergquist/Melén,* Internationella arvslagen och de internationella bodelningslagarna. En kommentar, 2015 (zit. *Bergquist,* IAL); *Michael Bogdan,* Svensk internationell privat- och processrätt, 7. Aufl. 2008 (zit. *Bogdan* 2008); *Michael Bogdan,* Svensk internationell privat- och processrätt, 8. Aufl. 2014 (zit. *Bogdan*); *Anders Eriksson,* Den nya familjerätten, 11. Aufl. 2017; *Anders Eriksson,* Arv och testamente, 2008;

---

* Ich danke meinen Kollegen *Katja Ober* und *Jens Katzoreck* für die wertvolle Unterstützung.

120 Schweden

Folke Grauers, Ekonomisk familjerätt, 9. Aufl. 2016 (zit. *Grauers*); *Kent Källström*, Om testamentsförordnande, 1. Aufl. 2015; *Anna Molin/Ulf Bokelund Svensson*, Bouppteckning & Arvsskifte: praktisk handbok, 8. Aufl. 2015; *Peter Nilsson/Urban Rydin/Christer Silfverberg/Maria Rommerud/Olle Stenman*, Generationsskiften och blandade fång: en praktisk handledning, 4. Aufl. 2016; *Anna Singer, Margareta Brattström*, Rätt arv: fördelning av kvarlåtenskap, 4. Aufl. 2015; *Gösta Walin/Göran Lind*, Kommentar till Ärvdabalken, 7. Aufl. 2017 in der Datenbank Zeteo (zit. *Walin/Lind zu [Kapitel]:[Paragraph] [ÄB]*); *Lennart Grauers*, Ekonomisk Familjerätt, 9. Aufl. 2016 (zit. *Grauers*); *Lennart Pålsson*, Svensk rättspraxis i internationell familje- och arvsrätt, 2. Aufl. 2006 (zit. *Pålsson*); *Skatteverket*, Handledning för bouppteckningsärenden m. m., SKV 460 3. Ausg. 2013; *Örjan Teleman*, Bodelning under Äktenskap och vid skilsmässa (zur Güterauseinandersetzung im Zusammenhang mit dem Erbfall), 6. Aufl. 2016.

Deutschsprachige Literatur: Prof. Dr. *Gebhard Carsten*, Schweden (Stand 1.1.2006), in: Ferid/Firsching/Dörner/Haussmann: Internationales Erbrecht (zit. FFDH IntErbR/*Carsten*); *Ernst Johansson*, Schweden, in: Süß: Erbrecht in Europa, 3. Aufl. 2015 (zit. Süß/*Johansson* Erbrecht in Europa); Dr. Anatol Dutta, M. Jur. in Münchener Kommentar zum BGB, 11. Band, 7. Aufl. 2018 (zit. MüKoBGB*Dutta*).

I. Internationales Erb- und Verfahrensrecht (IPR)

1 **1. Rechtsquellen. a) EuErbVO und Altregelungen.** Die EU-Erbrechtsverordnung 650/2012 (EuErbVO) gilt auch in Schweden und ist auf alle Erbfälle ab einschließlich dem 17. August 2015 anwendbar. Sie enthält zwar keine materiellen erbrechtlichen Regelungen, verändert jedoch die Anknüpfung zur Bestimmung des anwendbaren nationalen Erbrechts von der Staatsangehörigkeit zum Ort des letzten dauerhaften Aufenthalts.

2 Das schwedische Gesetz zur Umsetzung der EuErbVO (Lag (2015:417) om arv i internationella situationer, IAL) enthält neben den Formalien bzgl. Anerkennung und Vollstreckung ausländischer Urteile im Bereich des Erbrechts sowie der Ausstellung des europäischen Nachlasszeugnisses ua auch eigenständige Regelungen zur Wirksamkeit letztwilliger Verfügungen sowie zur Nachlassverzeichnung und -verwaltung (Näher *Bergquist*, IAL S. 43 ff. Rz 1 ff.).

3 Für Erbfälle vor dem 17.8.2015 findet noch das Gesetz von 1937 über internationale Nachlassfragen Anwendung (Lag (1937:81) om internationella rättsförhållanden rörande dödsbo, IDL). Das Gesetz IDL wurde durch das IAL aufgehoben und ist nur noch auf Altfälle vor dem 17.8.2015 anwendbar (Punkt 3 der Übergangsregelung, *Bergquist*, IAL S. 43 Rz 2 und S. 171 f. Rz 1 ff.; missverständlich *Johansson*, Rz 1 ff.). Hiernach richtete sich das anwendbare materielle Erbrecht nach der Staatsangehörigkeit des Erblassers. Dabei konnte eine Nachlassspaltung eintreten, da für unbewegliches Vermögen im Ausland die Anwendbarkeit ausländischen Erbrechts akzeptiert wurde, soweit das Ortsrecht eine Sonderanknüpfung für unbewegliches Vermögen vorsah (Kap. 1 §§ 2, 5, IDL).

4 Güterrechtliche IPR-Fragen, falls der Verstorbene einen Ehegatten hinterlässt, sind im Gesetz über internationale Güterrechtsfragen ua (Lag (1990:272) om internationella frågor rörande makars och sambors förmögenhetsförhållanden, LIMF) geregelt. Dies gilt für Erbfälle nach der EuErbVO als auch in Altfällen, in denen diese noch nicht anwendbar ist.

5 **b) Internordisches Erbrecht.** Bereits seit 1935 bestehen in den skandinavischen bzw. nordischen Ländern gleichlautende Kollisionsregelungen auf dem Gebiet des internationalen (internordischen) Erbrechts, die auf eine gemeinsame sog. nordische Erbkonvention zurückgehen (Kopenhagenkonvention vom 19. November 1934 zwischen Dänemark, Finnland, Island, Norwegen und Schweden über Erbschaft, Testament und Nachlassermittlung, Neufassung 2012; *Bogdan*, S. 236 ff. Kap. 13.2, *Bergquist*, IAL S. 45 Rz 1 ff.). Die Konvention sieht vor, dass das Nachlassverfahren durch die Behörden und nach dem materiellen des nordischen Landes durchgeführt wird, in welchem der Verstorbene mit nordischer Staatsangehörigkeit seinen Wohnsitz hatte. Das Nachlassverfahren erfasst dann nach dem Universalitätsprinzip sämtliches Vermögen, auch wenn dies in anderen (nordischen) Ländern belegen ist. Die Entscheidungen einer danach zuständigen nationalen Instanz wird durch alle anderen nordischen Länder anerkannt.

6 Die schwedischen „internordischen" Erbgesetze sind durch das schwedische Einführungsgesetz zur EuErbVO, IAL, aufgehoben worden (Punkt 2 der Übergangsbestimmungen zum IAL); stattdessen enthält nun Kap. 3 IAL auch die anwendbaren Bestimmungen für internordische Erbfälle in Durchführung der nordischen Erbrechtskonvention. Da die Konvention ausdrücklich den Vorrang der EuErbVO, soweit anwendbar, vorschreibt, konnte auch Schweden der Konvention beitreten (*Bergquist*, IAL S. 50 Rz 16).

7 Die nordische Erbrechtskonvention gilt in vollem Umfang für die Nicht-EU-Mitgliedsstaaten Norwegen und Island sowie für Dänemark, für das die EuErbVO nicht gilt. Für Schweden und Finnland geht dagegen die EuErbVO vor, allerdings ermöglicht die Öffnungsklausel des Art. 75 III EuErbVO die Anwendung der internordischen Sonderregeln für die Nachlassverwaltung sowie die gegenseitige Anerkennung von Entscheidungen in Erbsachen (*Bergquist*, IAL S. 49 f. Rz 13 ff.; *Bogdan*, S. 224 Kap. 13.5). Die in Kap. 3 IAL genannten Sonderregeln für die Nachlassverwaltung und Anerkennung von Entscheidungen gelten also im Verhältnis Schwedens zu Finnland, Norwegen, Island und Dänemark.

8 **2. Bestimmung des anwendbaren Rechts. a) Erbstatut.** Seit Inkrafttreten der EuErbVO wird das materiell anwendbare Recht nach dem Ort des gewöhnlichen Aufenthalts beim Todesfall bestimmt, und zwar auch im Verhältnis zu Drittstaaten (*Bogdan*, S. 217 Kap. 13.2). Auf Erbfälle von schwedischen Staatsbürgern, die ab dem Stichtag 17.8.2015 außerhalb Schwedens versterben, ist daher grundsätzlich das Erbrecht des Staates anzuwenden, in dem der Erblasser im Zeitpunkt des Todes seinen gewöhnlichen

I. Internationales Erb- und Verfahrensrecht (IPR) **Schweden 120**

Aufenthalt hatte. Versterben ausländische Staatsbürger mit gewöhnlichem Aufenthalt in Schweden, ist seit dem Stichtag grundsätzlich schwedisches Erbrecht anwendbar.

b) Möglichkeit der Rechtswahl. Nach der EuErbVO kann ein Erblasser in einer letztwilligen Verfügung bestimmen, dass unabhängig von seinem letzten gewöhnlichen Aufenthalt immer das materielle Erbrecht des Staates anwendbar sein soll, dessen Staatsangehöriger er im Zeitpunkt der Rechtswahl oder seines Todes ist (Art. 22 EuErbVO; *Bogdan*, S. 218 Kap. 13.2). Über die Rechtswahl kann damit weiterhin in Schweden ausländisches materielles Erbrecht anwendbar sein. 9

Es ist dabei zu beachten, dass aus schwedischer Sicht die Anwendbarkeit ausländischen materiellen Erbrechts auch dessen Verjährungsregeln umfasst (*Bergquist*, S. 23, 278; anders für Altfälle: nach Kap. 2 § 8 Abs. 2 IDL unterlag der Erbanspruch als solcher den sog. Verjährungsregeln des schwedischen Rechts, zu diesen unten → Rn. 51 ff.). 10

c) Rückverweisung und Ordre public. Seit Inkrafttreten der EuErbVO mit ihrer direkten Verweisung auf das anwendbare materielle Erb- und Nachlassverfahrensrecht der Mitgliedsstaaten (mit Ausnahme Dänemarks, Irlands und des Vereinigten Königreichs) stellt sich die Frage von Rückverweisungen aus dem anwendbaren ausländischen Recht grundsätzlich nicht mehr. Nur soweit auf das Recht eines Drittstaates verwiesen wird, umfasst diese Verweisung auch dessen Internationales Privatrecht. Eine dort vorgesehene Rück- oder Weiterverweisung auf das Recht eines Mitgliedstaates oder eines Drittstaates ohne erneuten Renvoi wird akzeptiert (vgl. Art. 34 EuErbVO; *Bogdan*, S. 220 Kap. 13.2). 11

Diese Regelung der EuErbVO stellt im Vergleich zur bisherigen schwedischen Rechtslage, die weiterhin auf Altfälle anwendbar ist, eine Veränderung dar (*Bogdan*, S. 220 Kap. 13.2), denn das schwedische IPR folgt einem Renvoi in der Regel nicht (*Johansson*, Rz 4; *Bergquist*, IAL S. 38 Rz 54 mwN; *Bogdan*, S. 51 ff. Kap. 4; *Pålsson*, S. 37 ff. Rz 1.5). Allenfalls wenn die Anwendung des ausländischen (Erb-)Rechts gegen den schwedischen ordre public verstößt, ist es möglich, das Ergebnis zu korrigieren bzw. die ausländische Rechtsregel nur eingeschränkt anzuwenden (Art. 35 EuErbVO; wobei die schwedischen Gerichte – jedenfalls offiziell – die ordre-public-Regel nur sehr restriktiv anwenden; näher *Bogdan*, S. 67 ff. Kap. 6.3; *Pålsson*, S. 47 ff. Rz 1.7 mwN; *Bergquist*, IAL S. 160 ff. Rz 31 ff. mit (konstruierten) Beispielen). 12

d) Erbenloser Nachlass. Nach Art. 33 EuErbVO können bei erbenlosen Nachlässen die Mitgliedsstaaten an auf ihrem Staatsgebiet belegenen Nachlassgegenständen ein Staatserb- bzw. -aneignungsrecht ausüben. Der schwedische Staat nimmt dieses Staatserbrecht an allen auf seinem Staatsgebiet belegenen Nachlassgegenständen in Anspruch (Kap. 2 § 4 Abs. 1 IAL; *Bergquist*, S. 66). 13

Soweit sich Nachlassgegenstände außerhalb des Geltungsbereichs der EuErbVO befinden – also in Großbritannien, Irland, Dänemark oder einem Drittstaat – macht der schwedische Staat auch hieran sein Staatserbrecht geltend (*Bergquist*, S. 68 f., ob ein Staatserbrecht Schwedens von diesem Staat anerkannt wird, ist freilich eine andere Frage). Ein gesetzliches Staatserb- oder Aneignungsrecht anderer Staaten an in Schweden belegenen Nachlassgegenständen erkennt Schweden dagegen nicht an (Kap. 2 § 4 Abs. 2 IAL; anders jedoch ein testamentarisches Erbrecht eines anderen Staates; *Bergquist*, IAL S. 67). 14

Auch bei Erbfällen vor dem Stichtag nach der EuErbVO, dem 17.8.2015, nimmt Schweden gem. Kap. 1 § 11 IDL das Staatserbrecht an Nachlassgegenständen in Schweden für sich in Anspruch (*Bergquist*, IDL S. 61 f.). Zum Erbrecht des Staates unten → Rn. 63 f. 15

e) Formstatut für Verfügungen von Todes wegen. Bei Erbfällen ab dem 15.8.2015 gilt ein Testament als formgültig errichtet, wenn es die Formvorschriften des Staates erfüllt, in dem es errichtet wurde, in dem der Testator bei Errichtung oder bei seinem Tod seinen Wohnsitz oder sein sog. Domizil oder dessen Staatsangehörigkeit er zu einem dieser Zeitpunkte hatte. Soweit unbewegliches Vermögen betroffen ist, genügen auch die Formerfordernisse des belegenen Staates (Kap. 2 § 3 IAL, anstelle von Art. 27 EuErbVO anwendbar; näher *Bergquist*, IAL S. 62 ff. Rz 1 ff.). 16

Diese Regelungen entsprechen dem noch für Altfälle geltenden früheren Recht, das weitgehend das Haager Testamentsformübereinkommen von 1961 umgesetzt hatte (Kap. 1 § 4 IDL, *Johansson*, Rz 21 f.). 17

f) Exkurs: Güterrecht. Hinterlässt der Verstorbene einen Ehegatten, ist in einem schwedischen Nachlassverfahren noch vor der erbrechtlichen eine *güterrechtliche* Auseinandersetzung vorzunehmen (unten → Rn. 45). Hierzu ist bei internationalem Bezug separat das anwendbare Güterrecht zu bestimmen. 18

Bei multinationalen Anknüpfungen ist zu beachten, dass das anwendbare nationale Güterrecht nach den IPR-Regeln zum Güterrechtsstatut zu bestimmen ist, die nicht unbedingt mit dem Erbstatut zusammenfallen. Seit Inkrafttreten der EuErbVO gilt nun jedoch für beide als Grundregel das Wohnsitzprinzip, womit derzeit aus schwedischer Sicht im Regelfall ein Gleichlauf von Güterrechts- und Erbstatut gewährleistet ist (näher hierzu *Bergquist*, IAL S. 43 f. Rz 3 ff.). 19

Nach derzeit geltender Rechtlage finden sich die schwedischen IPR-Regeln zum Güterstatut im „LIMF" (Lag 1990:272 om internationella frågor rörande makars och sambors förmögenhetsförhållanden). Danach ist ohne Rechtswahl in einem Ehevertrag grundsätzlich das Recht des gemeinsamen Aufenthaltsorts bei der Eheschließung anwendbar; das Statut ist jedoch wandelbar und nach einem gemeinsamen Umzug der Eheleute wird das Recht des neuen Wohnsitzstaates anwendbar, und zwar direkt, wenn sie dort bereits früher während der Ehe gemeinsam gelebt hatten, wenn beide dessen Staatsangehörige sind, oder andernfalls nach einer Aufenthaltsdauer von zwei Jahren (§ 4 LIMF, näher *Bergquist*, IAL S. 194 ff.) Abstimmungsprobleme zwischen Erb- und Ehegüterstatut können damit immer noch auftreten, etwa wenn der Erblasser nach einer Trennung, aber vor einer Ehescheidung nach Schweden verzo- 20 gen ist, der andere Ehegatte aber im letzten gemeinsamen Wohnsitzstaat verblieben ist (zum Ganzen näher *Bergquist*, IAL 2. Teil). Der überlebende Ehegatte kann durch Vereinbarung mit den Erben auch eine Vereinbarung über das anwendbare Güterrecht treffen und statt dessen das materielle Recht seines eigenen Wohnsitz- oder Staatsangehörigkeitslandes wählen (§ 3 Abs. 2 LIMF; nach *Bergquist* IAL S. 194 kann unter Verweis auf die Gesetzesvorarbeiten aber nicht das Wohnsitz- oder Staatsangehörigkeitsland des Erblassers gewählt werden).

21 Für Ehen, die ab dem 29.1.2019 geschlossen werden, oder bei zuvor geschlossenen Ehen mit einer Rechtswahl zum Ehegüterstatut wird zukünftig die EU-Güterrechtsverordnung (Verordnung (EU) 2016/1103 des Rates zur Durchführung einer Verstärkten Zusammenarbeit im Bereich der Zuständigkeit, des anzuwendenden Rechts und der Anerkennung und Vollstreckung von Entscheidungen in Fragen des ehelichen Güterrechts, EuGüVO) beziehungsweise die parallel dazu ergangene Verordnung über registrierte Partnerschaften gelten. Schweden hat sich im Rahmen der verstärkten Zusammenarbeit beiden Verordnungen angeschlossen. Danach wird auf den Güterstand ohne Rechtswahl im Regelfall das Recht des ersten gemeinsamen Aufenthaltsortes der Eheleute angewandt (vgl. Art. 26 Ia) EuGüVO; allerdings kann nach Art. 26 III EuGüVO ausnahmsweise das Recht eines späteren gemeinsamen Aufenthaltsstaates der Eheleute anwendbar sein). Durch einen späteren Wegzug vom ersten gemeinsamen Aufenthaltsort kann es also auch zukünftig wieder vermehrt zum Auseinanderfallen von Erb- und Ehegüterstatut kommen.

22 **3. Internationale Zuständigkeit. a) EuErbVO.** Die internationale Zuständigkeit der schwedischen Gerichte in Nachlasssachen ergibt sich seit dem 17.8.2015 aus dem 2. Kap. der EuErbVO. Schwedische Gerichte sind für Entscheidungen in Erbsachen dann insgesamt, dh für den gesamten Nachlass international zuständig, wenn der Erblasser seinen letzten gewöhnlichen Aufenthalt in Schweden hatte (Art. 4 EuErbVO, sog. Universalitätsprinzip). Wenn der Erblasser durch Rechtswahl bestimmt hat, dass das materielle Recht eines Mitgliedstaates anwendbar sein soll, können die Parteien eines Rechtsstreits außerdem eine Zuständigkeit der Gerichte in diesem Mitgliedstaat vereinbaren, so dass ein Gleichlauf des materiellen und des Prozessrechts gewährleistet ist (Art. 5, 7 EuErbVO).

23 Soweit der Erblasser im Zeitpunkt des Todes keinen dauerhaften Aufenthalt in einem Staat im Geltungsbereich der EuErbVO hatte, sind die schwedischen Gerichte dann für den gesamten Nachlass international zuständig, wenn in Schweden Nachlassgegenstände belegen sind und der Erblasser entweder schwedischer Staatsangehöriger war oder in den letzten fünf Jahren vor der Anrufung eines schwedischen Gerichts einen dauerhaften Aufenthalt in Schweden hatte (Art. 10 I EuErbVO). Wenn keine dieser Voraussetzungen erfüllt ist, verbleibt eine Auffangzuständigkeiten schwedischer Gerichte, jedoch beschränkt auf Entscheidungen über die Nachlassgegenstände, die sich in Schweden befinden (Art. 10 II EuErbVO, sog. Territorialprinzip; zum Ganzen *Bodgan* S. 221 Kap. 13.3).

24 Die so begründete internationale Zuständigkeit Schwedens umfasst auch die Zuständigkeit für die Ausstellung des europäischen Nachlasszeugnisses (Art. 64 EuErbVO, näher unten → Rn. 158 ff.).

25 **b) Altfälle.** Für Erbfälle vor dem 17.8.2015 beurteilt sich die internationale Zuständigkeit – auch bei Einleitung eines Verfahrens erst nach dem Stichtag – weiter nach den früheren nationalen schwedischen Zuständigkeitsvorschriften (MüKoBGB*Dutta* Art. 83 EuErbVO Rn. 3). Hiernach sind die schwedischen Nachlassgerichte international zuständig, wenn der Erblasser schwedischer Staatsangehöriger war, seinen Wohnsitz in Schweden hatte, oder der Streit Nachlassgegenstände betrifft, die in Schweden belegen sind, es sei denn, die streitbefangenen Gegenstände wurden einem ausländischen Nachlassverfahren zugeordnet (Kap. 2 § 10 IDL).

26 **c) Güterrechtsausgleich.** Da in schwedischen Nachlassverfahren, soweit der oder die Verstorbene einen Ehegatten hinterlässt, immer zunächst eine güterrechtliche Auseinandersetzung stattfindet, muss für einen Streitfall auch hierfür ein Gerichtsstand ermittelt werden. Nach schwedischem IPR ist ein schwedisches Gericht für die güterrechtlichen Fragen anlässlich des Todes eines Ehegatten zuständig, wenn der Verstorbene seinen gewöhnlichen Aufenthalt in Schweden hatte, der Kläger seinen Gerichtsstand in Schweden hat, wenn der Beklagte seinen Gerichtsstand in Schweden hat und zugleich materielles schwedisches Güterrecht anwendbar ist, oder auf Antrag des überlebenden Ehegatten, wenn schwedische Gerichte bereits für das Nachlassverfahren nach den Zuständigkeitsregeln der EuErbVO zuständig sind (§ 2a LIMF).

27 Die hiernach zuständigen schwedischen Gerichte müssen dann ggf. ausländisches Güterrecht anwenden. Das Gesetz schreibt jedoch zwei Sonderregeln zugunsten des schwedischen materiellen Güterrechts vor. Zum einen kann auf Antrag des Ehegatten oder eines Nachlassbeteiligten schwedisches *Verfahrensrecht* auf die güterrechtliche Auseinandersetzung Anwendung finden (§ 6 LIMF). Dies gilt dann aber nur für die güterrechtliche Auseinandersetzung und nicht für das Nachlassverfahren, da insoweit die internationale Zuständigkeit nach der EuErbVO zwingend geregelt ist (*Bergquist*, IAL S. 203 f., der auf die Schwierigkeiten bei zwei unterschiedlichen nationalen Güterrechts- bzw. Nachlassverfahren hinweist). Zum anderen kann das Ergebnis der Güterteilung nach ausländischem Recht gemäß der Vorschriften in Kap. 12 Ehegesetz (ÄktB) „angepasst" werden (sog. *jämkning*). Hierdurch kann ein aus schwedischer Sicht „unangemessenes" Ergebnis korrigiert werden, auch wenn die traditionell hohe Schwelle zu einem ordre-public-Vorbehalt nicht überschritten ist (*Bergquist*, IAL S. 213). Unter Berufung auf diese Vorschrift kann insbesondere der Ehegatte in einem schwedischen Güterrechtsverfahren die Privilegierung nach Kap. 12 § 2 ÄktB in Anspruch nehmen und die güterrechtliche Teilung verhindern (hierzu unten → Rn. 88), auch wenn ansonsten ausländisches Güterrecht anwendbar ist.

II. Materielles Recht　　　　　　　　　　　　　　　　　　　　　　　　　　　　　　**Schweden 120**

4. Internationale Nachlassverfahren. a) Altfälle. Nach bisherigem Recht war über in Schweden belegenes (bewegliches und unbewegliches) Vermögen immer ein schwedisches Nachlassverfahren durchzuführen, auch wenn der Erblasser seinen Wohnsitz nicht in Schweden hatte und materiell ausländisches Erbrecht anwendbar war (Kap. 2 §§ 2, 6 IDL; *Johansson*, Rz 31; näher *Bogdan* 2008, S. 233 Kap. 13.1). Ebenso sollte immer ein schwedisches Nachlassverfahren durchgeführt werden, wenn der Verstorbene seinen Wohnsitz in Schweden hatte (auch wenn dann ggf. materiell ausländisches Erbrecht anwendbar war), und dieses schwedische Verfahren sollte nach dem Universalitätsprinzip sämtliches, auch im Ausland belegenes Vermögen umfassen (Kap. 2 § 1 Abs. 1 IDL; *Bogdan* 2008, S. 233 ff. Kap. 13.1; *Bergquist*, IDL S. 79 ff.). Ausländische Urteile mit Bezug auf schwedisches Vermögen wurden nicht anerkannt (Kap. 2 § 12 IDL, so etwa entschieden für ein deutsches Urteil mit Feststellung eines Pflichtteilsrechts HD (Oberster Gerichtshof), NJA 2007, 748). 28

b) Verfahren nach der EuErbVO. Art. 23 EuErbVO regelt nunmehr für Erbfälle seit dem 17.8.2015, dass das Nachlassverfahren nach den Regeln der materiell anwendbaren Rechtsordnung durchzuführen ist. 29

Bei einem schwedischen Nachlassverfahren mit internationalem Bezug schreibt das schwedische Recht nun ausdrücklich die Ernennung eines unabhängigen Nachlassverwalters vor, der nicht Nachlassbeteiligter sein und kein Eigeninteresse am Nachlass und dessen Verwaltung haben darf (sog. *särskild boutredningsman*, Kap. 2 § 2 IAL, in Umsetzung von Art. 29 II EuErbVO). Hierdurch wird sichergestellt, dass die Entscheidungen dieses schwedischen Verwalters auch in den anderen Mitgliedsstaaten anzuerkennen und vollstreckbar sind (näher *Bergquist*, IAL S. 55 ff. Rz 1 ff. mit Bezug auf Art. 39 iVm 3 II EuErbVO). Dies gilt für Nachlassverfahren nach einem im Ausland ansässigen Erblasser, die in Schweden nach schwedischem Recht durchgeführt werden, etwa wenn ein im Ausland lebender Schwede durch Rechtswahl schwedisches Recht als anwendbar gewählt hat. Die gilt auch, wenn nach einem zuletzt in Schweden ansässigen Erblasser aufgrund einer Rechtswahl ausländisches Nachlassverfahrensrecht zur Anwendung kommt, aber nur soweit dieses ausländische Recht nicht seinerseits die Ernennung eines (ausländischen) Nachlassverwalters vorschreibt (Kap. 2 § 2 Abs. 2 IDL, näher *Bergquist*, IAL S. 60 Rz 15 mit Bezug auf Art. 29 EuErbVO). 30

II. Materielles Recht

1. Rechtsquellen und Zuständigkeiten. a) Rechtsquellen. Das schwedische materielle Erbrecht ist im Wesentlichen im Erbgesetz „Ärvdabalken", ÄB, geregelt. Vorschriften für den güterrechtlichen Ausgleich nach dem Tod des Ehegatten finden sich auch im Ehegesetz „Äktenskapsbalken", ÄktB. Für das Erbrecht relevante Bestimmungen zur Elternschaft, Abstammung, Stellung von Adoptivkindern, Pflegschaft bzw. Vormundschaft für Minderjährige, der Abwesenheitspflegschaft für unbekannte Erben ua sind in „Föräldrabalken", FB, enthalten. Zudem gibt es einige hier nicht sämtlich aufzuzählende Gesetze, die Einzelfragen regeln. 31

b) Zuständige Stellen. In schwedischen Nachlassverfahren werden einige öffentliche Funktionen, insbesondere die Registrierung des Nachlassverzeichnisses, seit dem Jahr 2001 durch die schwedische Finanzbehörde/Steuerbehörde *(Skatteverket)* wahrgenommen; hierdurch sollten die bis dahin zuständigen Gerichte entlastet werden, die Steuerbehörde schien hierzu geeignet, da sie zugleich die (inzwischen abgeschaffte) Erbschaftssteuer festsetzte und auch das nationale Einwohnermeldeverzeichnis *(folkbokföring)* bei der Steuerbehörde geführt wird. Seit 2011 sind auch Aufrufe an unbekannte Erben (unten → Rn. 53) durch die Steuerbehörde zu veröffentlichen. Gegen Entscheidungen der Steuerbehörde ist der Verwaltungsrechtsweg gegeben; die inhaltliche Richtigkeit eines Nachlassverzeichnisses ist jedoch nur durch zivilrechtliche Klage unter den Erben zu klären. 32

Das Nachlassgericht ist weiterhin ua für die Ernennung eines Nachlassverwalters zuständig und überwacht dessen Verwaltung (unten → Rn. 118 ff.). Örtlich zuständig sind die erstinstanzlichen Gerichte *(tingsrätt)* am letzten Wohnsitz des Verstorbenen; für Verstorbene mit unbekanntem Wohnsitz oder Wohnsitz im Ausland gilt eine Auffangzuständigkeit von Stockholms tingsrätt. 33

Da der Nachlass eine eigene juristische Person darstellt, ist dieser als solcher aktiv und passiv prozessfähig (unten → Rn. 100). Das zuständige Gericht für zivilrechtliche Klagen gegen den Nachlass entspricht dem Gerichtsstand des Verstorbenen für das entsprechende Klagverfahren (Kap. 10 § 1 Abs. 4 Prozessgesetz Rättegångsbalken, RB). 34

2. Grundlagen. a) Vorrang der güterrechtlichen Auseinandersetzung. Zunächst ist in Schweden vorrangig zum erbrechtlichen Nachlassverfahren die *güterrechtliche Auseinandersetzung (bodelning)* vorzunehmen, wenn der Verstorbene einen Ehegatten hinterlässt (vgl. unten → Rn. 57 ff.). 35

Wenn der schwedische gesetzliche Ehegüterstand der sog. *giftorättsgemenskap* anwendbar ist (zur Bestimmung des anwendbaren Rechts oben → Rn. 18 ff.), erhält der überlebende Ehegatte zunächst auf dem Wege des güterrechtlichen Ausgleichs die Hälfte des Nettovermögensmasse beider Ehegatten, wobei anders als in Deutschland auch das Anfangsvermögen in das sog. *giftorättsgods*, Ausgleichsgut eingestellt wird. In der güterrechtlichen Auseinandersetzung wird das Endvermögen beider Ehegatten, bestehend aus dem Ausgleichsgut (ohne Vorbehaltsgut, *enskild egendom*) abzüglich der Schulden des jeweiligen Ehegatten, zusammengelegt und dann in zwei Hälften aufgeteilt (Kap. 7 § 1, Kap. 10 § 1 ÄktB, *Carsten*, Rz 31; *Johansson*, Rz 146 ff.). Nur die andere Hälfte, die güterrechtlich auf den verstorbenen Ehegatten entfällt, wird überhaupt vererbt. 36

Schütz-Gärdén

120 Schweden

37 Durch einen schriftlichen Ehevertrag *(äktenskapsförord)* können die Eheleute jedoch auch andere Regelungen treffen. Zu güterrechtlichen Schutzvorschriften zugunsten des Ehegatten unten → Rn. 87 f.

38 **b) Erbfähigkeit.** Das schwedische Recht unterscheidet zwischen der Erbfähigkeit des gesetzlichen und der des testamentarischen Erben.

39 Gesetzlicher Erbe kann nur sein, wer beim Tod des Erblassers lebt. Bereits zuvor gezeugte Kinder erben gesetzlich, wenn sie lebend geboren werden. Ist der gesetzliche Erbe verstorben und kann nicht bewiesen werden, dass er den Erblasser überlebt hat, wird vermutet, dass er vor dem Erblasser verstorben ist (Kap. 1 § 2 ÄB). Ist unsicher, ob der gesetzliche Erbe lebt oder verstorben ist, wird bis auf weiteres vermutet, dass er oder sie im Zeitpunkt des Erbfalls lebte. Die Ansprüche eines unbekannten Erben können allerdings in zehn oder fünf Jahren verjähren, hierzu unten → Rn. 51 ff.

40 Ausländischen Staatsangehörigen wird grundsätzlich dasselbe gesetzliche Erbrecht wie schwedischen Staatsangehörigen eingeräumt. Das Gesetz gibt der schwedischen Regierung allerdings die Befugnis, bei Beschränkungen des Erbrechts schwedischer Staatsangehöriger im anderen Staat gleichlaufende Beschränkungen für dessen Staatsangehörige einzuführen (Kap. 1 § 3 ÄB, sog. Retorsionsprinzip).

41 Durch Testament kann ein Erblasser zusätzlich im Wege der Vor- und Nacherfolge eine Nacherbschaft zum Todestag noch gar nicht gezeugter Abkömmlinge anordnen. Dies gilt jedoch mit der Beschränkung, dass noch nicht gezeugte Geschwister mit bereits vorhandenen Kindern und Kindeskindern gleich behandelt werden müssen (Kap. 9 § 2 Abs. 3 ÄB).

42 **c) Erbunwürdigkeit/Verwirkung des Erbrechts.** Bei bestimmten schwerwiegenden Verfehlung ist das gesamte (testamentarische oder gesetzliche) Erbrecht einschließlich des Pflichtteilsrechts gesetzlich verwirkt. Hierunter fällt insbesondere, wenn der Betreffende den Erblasser vorsätzlich durch eine Straftat getötet oder durch eine vorsätzliche Handlung, die Gewalt oder die Versetzung in einen hilflosen Zustand beinhaltet, ums Leben gebracht hat (Kap. 15 § 1 ÄB; dies gilt nicht bzw. nur eingeschränkt bei einem Täter unter 15 – 18 Jahren oder wenn die Tat unter Einwirkung einer ernsthaften psychischen Störung begangen wurde). Erbunwürdig ist auch, wer auf verwerfliche Weise auf den Erblasser in Bezug auf ein Testament eingewirkt hat, indem er durch Zwang, Irreführung oder Ausnutzen des Unverstands, der Willensschwäche oder abhängigen Stellung des Erblassers diesen zur Errichtung oder dem Widerruf eines Testaments verleitet oder von der Errichtung oder dem Widerruf abgehalten hat, sowie wer ein Testament vernichtet oder zurückhält (Kap. 15 §§ 1, 2 ÄB; *Johansson*, Rz 79 f.).

43 Bei Erbunwürdigkeit, die per Gesetz eintritt, ist das Erbrecht so zu bestimmen, als sei der Erbunwürdige vorverstorben (Kap. 15 § 4 ÄB). Bei gesetzlicher Erbfolge treten damit die Abkömmlinge des Erbunwürdigen an dessen Stelle. Im Falle der testamentarischen Erbfolge ist durch Testamentsauslegung zu ermitteln, ob der Erblasser in diesem Fall die Abkömmlinge des (erbunwürdigen) Testamentserben als Ersatzerben hätte einsetzen wollen (*Walin/Lind* zu 15:4).

44 Liegt einer der vorgenannten Tatbestände für die Erbunwürdigkeit beim überlebenden Ehegatten vor, so entfällt außerdem auch die eherechtliche Güterteilung sowie das Recht des Ehegatten, sein güterrechtliches Ausgleichsgut zu behalten (Kap. 12 § 2 Abs. 2 ÄktB, zu dieser Vorschrift unten → Rn. 88).

45 **d) Erbverzicht.** Ein Erbe kann *nach dem Erbfall* durch Erklärung auf seinen Erbteil verzichten, der dann einer oder mehreren anderen Personen anfällt (auch bezeichnet als *arvsavståenden*"). Diese Situation ist im schwedischen Erbgesetz nicht geregelt, wird aber allgemein anerkannt. Seit der Abschaffung der Erb- und Schenkungssteuer dürfte die praktische Bedeutung des Erbverzichts jedoch gering sein, da ein Erbe nunmehr ohne steuerliche Konsequenzen das Erbe genauso gut antreten und anschließend als Schenkung an seine Kinder oder andere Dritte weiterreichen kann (*Grauers*, S. 135, 190; *Walin/Lind* zu 17:2). Wird nicht zugleich erklärt, dass der Verzicht zugunsten eines bestimmten Dritten erfolgt (dann spricht man von einer Übertragung des Erbteils), so fällt der Erbteil des Verzichtenden seinen Abkömmlingen zu (*Grauers*, S. 135). Erfolgt der Verzicht noch vor der Erbteilung, so werden diese zu Nachlassbeteiligten *(dödsbodelägare);* soll der Verzicht dagegen umfassend gelten (sog. *arvsavsägelse*), so fällt der betroffene Erbteil zurück an den Nachlass und wird zwischen den übrigen gesetzlichen oder testamentarischen Erben verteilt (Skatteverkets ställningstagande vom 22.12.2005, Dnr 131 655318-05/111).

46 Gesetzlich geregelt ist der vollständige Verzicht auf das Erbrecht, einschließlich der Abkömmlinge des Verzichtenden, noch *zu Lebzeiten* des Erblassers, ebenfalls als *arvsavsägelse* bezeichnet (Kap. 17 § 2 Abs. 1 ÄB). In der Regel handelt es sich hierbei um einen Erbvertrag (hierzu unten → Rn. 79 f.). Verzichtet ein Kind sowohl auf seinen Erb- als auch auf seinen Pflichtteil, so ist dies nur wirksam, wenn es im Gegenzug eine angemessene Entschädigung erhält (Kap. 17 § 2 ÄB; unten → Rn. 97). In der Praxis erfolgt der Verzicht oft dergestalt, dass der Verzichtende ein ihn ganz oder teilweise enterbendes Testament „genehmigt". Hier stellt sich die Frage, ob die „Genehmigung" nur einen Verzicht auf Einwendungen gegen die Errichtung und Gültigkeit des Testaments enthält (dazu unten → Rn. 71 f.) oder auch einen Erb- oder gar Pflichtteilsverzicht. Diese Fragen sind durch Auslegung zu klären (*Walin/Lind* zu 17:2 Abs. 1).

47 Eine Sonderregelung des Erbverzichts betrifft das Zusammentreffen eines überlebenden Ehegatten mit Kindern aus einer früheren Verbindung des Erblassers *(särkullbarn)*. In diesem Fall erben diese Kinder sofort, während im Übrigen der überlebende Ehegatte zunächst als Vorerbe der gemeinsamen Kinder sowie der Verwandten des Erblasser eintritt (unten → Rn. 57). Zur Begünstigung des überlebenden Ehegatten sieht aber das Gesetz die Möglichkeit vor, dass die *Stiefkinder auf ihr Recht, ihr Erbteil sofort zu verlangen, verzichten*. Sie erhalten dann zum Ausgleich ein Nacherbrecht nach der Stiefmutter bzw. dem Stiefvater, ggf. gemeinsam mit ihren Halb- oder Stiefgeschwistern (Kap. 3 § 9 ÄB). Ein solcher Verzicht

II. Materielles Recht   **Schweden 120**

kann zum einen sinnvoll sein, wenn diese Kinder zusammen mit gemeinsamen Kindern der Eheleute in der neuen Familie leben und der Zusammenhalt dieser „Patchworkfamilie" nicht durch eine unterschiedliche erbrechtliche Behandlung der Halbgeschwister gestört werden soll (*Walin/Lind* zu 3:9). Zum anderen kann der spätere Erbteil dieser Kinder am Nachlass des nachverstorbenden Ehegatten wertvoller sein, wenn dessen Vermögen unterdessen erheblich an Wert gewonnen hat (*Walin/Lind* zu 3:9). Bei dieser Regelung handelt es sich also nicht um einen Verzicht auf den Pflichtteil, sondern um den Verzicht auf das sofortige Erbrecht.

e) Übergang des Vermögens/Universalsukzession. Mit dem Tod des Erblassers erfolgt eine Gesamtrechtsnachfolge in das gesamte Vermögen des Erblassers einschließlich dessen Schulden. Der Nachlass geht aber nicht direkt auf den Erben oder die Erbengemeinschaft über, sondern bildet zunächst eine eigenständige juristische Person (sog. *dödsbo*, näher unten → Rn. 100 ff.). Erst mit der Erbauseinandersetzung (unten → Rn. 148 ff.) geht das Eigentum an einzelnen Vermögensgegenständen auf den oder die Erben über. 48

Der Nachlass kann als eigene juristische Person auch im Grundbuch eingetragen werden. Dies ist nicht zwingend vorgeschrieben, aber erforderlich, wenn ggf. Grundstücke aus dem Nachlass veräußert werden sollen, da nur so die Berechtigung des Veräußerers als Vertreter des Nachlasses nachgewiesen werden kann. Ein gesetzlicher oder testamentarischer Erbe kann dagegen direkt nach dem Erblasser im Grundbuch eingetragen werden, vgl. unten → Rn. 151. 49

f) Annahme und Ausschlagung der Erbschaft. Im schwedischen Erbrecht ist eine ausdrückliche Annahme der Erbschaft im Sinne einer Annahmeerklärung oder einer Annahmefiktion nach Ablauf einer Ausschlagungsfrist nicht vorgesehen. Hieran besteht zunächst auch kein Bedarf, da der Nachlass eine eigene juristische Person darstellt. Eine der Ausschlagung der Erbschaft vergleichbare Funktion hat in Schweden die sog. „Verjährung" des Erbrechts gegenüber zunächst unbekannten Erben (hierzu sogleich unten → Rn. 51 ff., vgl. auch zum Testament unten → Rn. 69) sowie der Erbverzicht (oben → Rn. 45 ff.). 50

g) Verjährung des Erbanspruchs. Wer sein gesetzliches oder testamentarisches Erbrecht nicht innerhalb gesetzlich bestimmter Fristen geltend macht, verliert sein Erbrecht endgültig (Kap. 16 § 4, 7 ÄB). Man spricht hierbei von einer Verjährung des Erbrechts. Die absolute Verjährungsfrist beträgt zehn Jahre (Kap. 16 § 4 ÄB), in bestimmten Fällen kann sie verkürzt werden. 51

Für unbekannte gesetzliche Erben, sowie für gesetzliche Erben mit einem unbekannten Wohnort ist zunächst ein Abwesenheitspfleger zu bestellen (*god man*, Kap. 11:3 FB; *Grauers*, S. 52). 52

Besteht Unsicherheit, ob (weitere) gesetzliche Erben oder testamentarische Erben vorhanden sind, oder ist zwar der Name, nicht aber die Postanschrift eines solchen Erben bekannt, kann die Steuerbehörde auf Antrag eine Bekanntmachung im (nunmehr nur noch elektronisch geführten) Amtsblatt „Post- och Inrikes tidningar" veröffentlichen (Kap. 16 § 1 – 3 ÄB in der Fassung seit 2011, zuvor war das Nachlassgericht zuständig; *Grauers*, S. 179). Die Bekanntmachung enthält zugleich den Aufruf, sein Erbrecht innerhalb von fünf Jahren nach der Bekanntmachung geltend zu machen. Die Fünfjahresfrist zur Anmeldung kann auf Antrag des Abwesenheitspflegers bei Vorliegen besonderer Gründe verlängert werden (Lag 1958:52, sog. „Lex Wallenberg", das anlässlich des Schicksals Raoul Wallenbergs den vorschnellen Verlust des Erbrechts von in Kriegswirren verschwundenen Personen verhindern soll und eine Verlängerung auf insgesamt bis zu 15 Jahren ermöglicht). 53

Sonderregeln bestehen für den Fall, dass die Elternschaft des Erblassers bei dessen Versterben nicht feststand (Kap. 16 § 3a ÄB, näher *Walin/Lind* zu 16:3a). 54

Die fünf- oder zehnjährige Verjährung wird unterbrochen, indem ein Erbe sein Erbe antritt oder durch Anmeldung bei der Steuerbehörde, beim Abwesenheitspfleger oder Nachlassverwalter oder bei einem Nachlassbeteiligten, sofern der Nachlass bereits in Besitz genommen hat (Kap. 16 § 6 ÄB). Wenn der Erbe sich nur meldet, ohne deutlich zu erklären, ob und ggf. welche Ansprüche er oder sie am Nachlass geltend machen will, kann das zuständige Nachlassgericht (hierzu oben → Rn. 33) ihm auf Antrag eine Frist von sechs Monaten zur Geltendmachung seiner Rechte setzen. Antragsberechtigt ist, wer begünstigt wird, wenn der Erbe von seinem Erbrecht ausgeschlossen wird (Kap. 16 § 5 ÄB). Diese Vorschrift ermöglicht es, auch schon vor Ablauf der zehn- bzw. fünfjährigen Ausschlussfrist Klarheit darüber zu schaffen, ob bekannte Personen ihr Erbe antreten möchten (*Walin/Lind* zu 16:5). 55

Versäumt ein Erbe die Anmeldung seiner Ansprüche innerhalb vorgenannter Fristen, wird er so behandelt, als sei er oder sie vorverstorben (Kap. 16 § 8 ÄB). Beim Testamentserben ist durch Testamentsauslegung zu bestimmen, wer an Stelle des weggefallenen Erben begünstigt sein soll (*Grauers*, S. 195). Zu beachten ist jedoch, dass diese Personen ihren Erbanspruch wiederum innerhalb einer 10jährigen Verjährungsfrist geltend machen müssen. Ist diese Frist abgelaufen, wächst der Erbteil bei den bereits vorhandenen Erben an (*Walin/Lind* zu 16:8). 56

3. Gesetzliche Erbfolge. a) Ehegatte. Das schwedische gesetzliche Erbrecht begünstigt seit der Familienrechtsreform von 1987 den überlebenden Ehegatten (schon die Anhängigkeit eines Scheidungsverfahrens beim Todesfall schließt aber das Güter- und (Vor-) Erbrecht des Noch-Ehegatten aus, Kap. 3 § 10 ÄB, *Carsten* Rz 31 aE). Nach der Durchführung der güterrechtlichen Auseinandersetzung fällt in der gesetzlichen Erbfolge – soweit keine Kinder des Erblassers aus einer anderen Verbindung vorhanden sind – der Nachlass an den überlebenden Ehegatten (Kap. 3 § 1 Abs. 1 ÄB). Hinterlässt der Verstorbene keine erbberechtigten Verwandten, so erbt der Ehegatte allein. Sind jedoch andere gesetzliche Erben vorhanden, so ist der Ehegatte vor diesen nur *gesetzlicher Vorerbe*. Gemeinsame Kinder sowie Eltern, 57

Schütz-Gärdén

120 Schweden

Geschwister, oder Abkömmlinge von Geschwistern des Erblassers (zweite oder dritte Parentel) sind gesetzlich *nur Nacherben* und erben erst nach dem Versterben beider Eltern bzw. Ehepartner. Sie erwerben mit dem Erbfall zunächst nur eine Art Nacherbanwartschaft auf den Fall des Todes des überlebenden Ehegatten (Kap. 3 § 1 Abs. 1 Satz 1 ÄB; *Walin/Lind* zu 3:1). Dies wurde bei der Reform 1987 damit begründet, dass Kinder zu ihrer Versorgung nicht mehr auf ihren Erbteil angewiesen sind, Witwen und Witwer dagegen vor einer Aufteilung des Hausrates und Haushaltes oder gar Verkauf des Eigenheims zur Auszahlung der Kinder bzw. Verwandten des Verstorbenen geschützt werden sollen (*Walin/Lind*, Einleitung zu Kap. 3). In Schweden entspricht also die gesetzliche Erbfolge etwa dem Berliner Testament.

58 Zudem erhält der überlebende Ehegatte ein sog. freies Verfügungsrecht an dem Vorerbteil und kann zu Lebzeiten über den mit dem Nacherbrecht belasteten Nachlass rechtsgeschäftlich frei verfügen (*fri förfoganderätt*; ausgeschlossen sind nur Verfügungen von Todes wegen, Kap. 3 § 2 Abs. 1 ÄB, sowie Schenkungen, die ggf. nach Kap. 3 § 3 ÄB ausgeglichen oder rückerstattet werden müssen; *Walin/Lind*, Einleitung zu Kap. 3). Es kann also sein, dass das Nacherbe der Kinder beim Versterben des zweiten Ehegatten vollständig verbraucht ist.

59 Auf die recht komplizierten Regelungen zur Berechnung des Erbrechts der Kinder nach dem Versterben des zweiten Ehegatten, insbesondere wenn es sich um teilweise nicht gemeinsame Kinder handelt, kann hier nicht näher eingegangen werden (Kap. 3 §§ 2–4 ÄB).

60 Die Grundregel über das Vorerbrecht des Ehegatten gilt nur dann nicht, wenn der Verstorbene Kinder aus einer anderen Verbindung (*särkullbarn*) hinterlässt. Diese erben und erhalten ihren Erbteil *sofort* (Kap. 3 § 1 Abs. 1 Satz 2 ÄB; *Walin/Lind* zu 3:1; die Stiefkinder können jedoch auf ihr sofortiges Erbe verzichten und erhalten dann ein Nacherbrecht nach der Stiefmutter bzw. dem Stiefvater, Kap. 3 § 9 ÄB, oben → Rn. 47). Haben die Eheleute neben dem Kind des Verstorbenen keine gemeinsamen Kinder, erhält der überlebende Ehegatte somit *gar keinen Erbteil* (*Walin/Lind* zu 3:1; falsch *Johansson* Rn. 64, OLG Frankfurt a. M., Beschluss vom 20.10.2009 – 20 W 80/07; zu den güterrechtlichen Schutzvorschriften zugunsten des Ehegatten unten → Rn. 87f.; zum Vorrang der güterrechtlichen Auseinandersetzung vor der Erbteilung bereits oben → Rn. 35f.).

61 Seit 2009 sind in Schweden gleichgeschlechtliche Ehen möglich. Bereits seit 1994 konnten gleichgeschlechtliche Partner durch Eintragung ihrer Partnerschaft ein volles Erbrecht wie bei der Ehe erreichen (nach Kap. 3 § 1 Lag (1994:1117) om registrerad partnerskap, aufgehoben durch Lag (2009:260); zur alten Rechtslage *Johansson*, Rz 67; vgl. *Carsten*, Rz 30 aE). Ein gesetzliches Erbrecht des Lebensgefährten in einer nichtehelichen Lebensgemeinschaft gibt es in Schweden dagegen nicht. Für den/die (homo- oder heterosexuellen) Lebensgefährten/in sieht das Gesetz jedoch einen güterrechtsähnlichen Anspruch auf Übernahme der zur gemeinsamen Nutzung angeschafften Wohnung sowie der Hälfte des gemeinsam genutzten Hausrates vor (§ 18 Abs. 1 Sambolag (2003:376); *Johansson*, Rz 67; vgl. *Carsten*, Rz 30; zudem auch der halbe Betrag nach der *Basbeloppsregel* (unten → Rn. 87; § 18 Abs. 2 Sambolag; Kap. 3 § 7 ÄB regelt die Situation, dass der zweitversterbende Ehegatte bei seinem Tod in einer solchen Lebensgemeinschaft lebte, ohne erneut geheiratet zu haben; näher *Walin/Lind* zu 3:7). Darüber hinausgehende Beteiligungen des Lebensgefährten am Nachlass können dagegen nur durch Testament erreicht werden.

62 **b) Gesetzliches Erbrecht der Kinder und sonstiger Verwandter.** Das schwedische Verwandtenerbrecht folgt dem Stamm- und Parentelsystem. In der ersten Parentel erben die Abkömmlinge des Erblassers (eheliche, nichteheliche Kinder und Adoptivkinder sind hierbei gleichgestellt) zu gleichen Teilen, wobei Abkömmlinge vorverstorbener Kinder, also Enkel und Urenkel, an die Stelle ihres Elternteils treten (Kap. 2 § 1 ÄB; *Johansson*, Rz 66). Wenn ein Stamm ohne Nachkommen vorverstorben ist, fällt dessen Anteil jeweils an die anderen Stämme (Geschwister). Sind weder Kinder noch Kindeskinder vorhanden, erben in der zweiten Parentel die Eltern zu gleichen Teilen, oder an deren Stelle ihre Nachkommen, also Geschwister bzw. Nichten und Neffen des Erblassers. Voll- und Halbgeschwister des Verstorbenen einschließlich deren Abkommen werden hierbei gleich behandelt (Kap. 2 § 2 Abs. 3 ÄB; *Carsten*, Rz 27; *Johansson*, Rz 70). Ist ein Elternteil ohne Abkömmlinge vorverstorben, so fällt wiederum die gesamte Erbschaft an den anderen Stamm. Leben weder Abkömmlinge des Erblassers noch dessen Eltern oder deren Abkömmlinge, so erben in der dritten Parentel die Großeltern oder deren direkte Abkömmlinge, also Onkel oder Tanten des Erblassers. Auch hier fällt jeweils der Anteil eines Stammes an die anderen, wenn keine erbberechtigten Abkömmlinge vorhanden sind. Kindeskinder der dritten Parentel, also Cousins und Cousinen des Erblassers, deren Abkömmlinge und weitere Verwandte sind dagegen von der gesetzlichen Erbfolge ausgeschlossen (Kap. 2 § 4 ÄB; *Carsten*, Rz 28; *Johansson*, Rz 71).

63 **c) Erbrecht des Staates.** Wenn ein Verstorbener keine letztwillige Verfügung getroffen hat und weder einen Ehegatten noch erbberechtigte Verwandte hinterlässt, erbt der schwedische Staat. Es handelt sich hierbei um ein echtes Erbrecht (*Johansson*, Rz 72).

64 Das schwedische Staatserbrecht wird nicht, wie in vielen anderen Staaten, direkt durch den Staat oder eine Gebietskörperschaft ausgeübt. Vielmehr hat der schwedische Staat sein Staatserbrecht auf ein Sondervermögen, den allgemeinen Erbfonds, übertragen, aus dessen Mitteln Jugend-, Kinder- und Behindertenarbeit gefördert werden (Lag (1994:243) om Allmänna arvsfonden).

65 **4. Testament. a) Errichtung und Widerruf.** Die allgemeine Testierfähigkeit ist mit der Vollendung des 18. Lebensjahres gegeben.

66 Die schwedischen *Formvorschriften* sehen vor, dass das Testament eigenhändig unterzeichnet, aber nicht eigenhändig geschrieben sein muss (Kap. 10 § 1 ÄB; *Johansson*, Rz 81ff.). Außerdem muss seine

II. Materielles Recht **Schweden 120**

Unterschrift durch zwei gleichzeitig mit dem Testator anwesende sog. *Testamentszeugen beglaubigt* werden (Kap. 10 § 1 ÄB). Als Testamentszeuge kommt ua nicht in Betracht, wer mit dem Testator direkt verwandt oder verschwägert oder sein/ihr Ehegatte oder Lebensgefährte in einem gemeinsamen Haushalt *(sambo)* ist, sowie bestimmte Personen, die durch das Testament begünstigt werden (Kap. 10 § 4 ÄB, näher *Walin/Lind* zu 10:4; *Grauers*, S. 181). Die Zeugen müssen wissen, dass es sich bei dem von ihnen beglaubigten Dokument um ein Testament handelt; dessen Inhalt brauchen sie jedoch nicht zu kennen (Kap. 10 § 1 Satz 3 ÄB). Es ist üblich, dass die Zeugen zugleich Angaben zur Freiwilligkeit und zum Geisteszustand des Testators machen, denen im Falle einer Anfechtung wegen Ungültigkeit (sogleich unten → Rn. 70ff.) eine hohe Beweiswirkung zukommt (*Grauers*, S. 53).

Unter bestimmten Bedingungen ist ein Nottestament zulässig, das durch mündliche Erklärung vor zwei Zeugen errichtet wird oder ohne Zeugen, dafür handschriftlich ge- und unterschrieben (sog. holographisches Testament), dessen Wirkungen aber drei Monate nach Wegfall des Hindernisses für die Errichtung eines gewöhnlichen Testaments wieder entfallen (Kap. 10 § 3 ÄB). 67

Der *Widerruf* eines Testaments erfolgt entweder ausdrücklich in Form eines neuen formgerechten Testaments oder durch formgerechte Abänderung einschl. erneuter Beglaubigung durch zwei Zeugen, oder durch Vernichtung der Testamentsurkunde. Bei unklaren Änderungen oder wenn ein neues Testamten einem früheren inhaltlich widerspricht, ist durch Auslegung zu ermitteln, ob hiermit das frühere Testament – ganz oder teilweise – widerrufen werden sollte. Ein Widerruf ist auch durch „eindeutige Kundgabe" möglich, dass das Testament nicht länger Ausdruck des letzten Willens ist; in diesem Fall werden aber hohe Anforderungen an die Auslegung einer solchen Erklärung gestellt (näher *Walin/Lind* zu 10:5; *Grauers*, S. 182f.). 68

b) Wirksamkeit. Im schwedischen Recht spricht man davon, dass ein Testamentserbe sein Erbrecht aktiv in in Anspruch nehmen muss (vgl. *Grauers*, S. 188). Bis zum Jahr 1989 musste ein testamentarischer Erbe das Testament innerhalb von sechs Monaten beim Nachlassgericht registrieren lassen *(bevakning)*. Dies gilt nun nicht mehr; geblieben ist jedoch die Voraussetzung, dass ein testamentarischer Erbe eine beglaubigte Abschrift oder Kopie des Testaments den gesetzlichen Erben *zustellen* muss (auch leiblichen Kindern, die nur Nacherben nach ihrem überlebenden Elternteil sind; *Walin/Lind* zu 14:4 Abs. 2), und in Ermangelung erbberechtigter Verwandter dem Staat in Form des allgemeinen Erbfonds (zum Staatserbrecht oben → Rn. 63f.). Gibt es mehrere testamentarische Erben, so genügt es, wenn einer von ihnen die Zustellung besorgt (Kap. 14 § 4 Abs. 3 ÄB). Das Testament muss *allen* gesetzlichen Erben zugestellt werden, bei unbekannten Erben oder unbekanntem Aufenthaltsort dem für diese ernannten Abwesenheitspfleger (hierzu oben → Rn. 52); die Zustellung ist jedoch entbehrlich, wenn ein Erbe – ggf. bereits zu Lebzeiten des Testators – das Testament durch schriftliche Bestätigung genehmigt, dh anerkannt hat. In der Praxis besorgt oft der Nachlassverwalter bzw. Testamentsvollstrecker die Zustellung des Testaments an die testamentarischen Erben (vgl. unten → Rn. 141). 69

Zweck dieser Zustellung ist es, den durch das Testament benachteiligten gesetzlichen Erben die Möglichkeit zu geben, das Testament wegen Unwirksamkeit anzufechten. Hierzu muss innerhalb von sechs Monaten nach wirksamer Zustellung des Testaments Klage erhoben werden. Erst wenn alle gesetzlichen Erben das Testament genehmigt oder nach Ablauf dieser Frist keine Anfechtungsklage erhoben haben, spricht man davon, dass das Testament „rechtskräftig" ist (*Grauers*, S. 189). Der Sinn dieser Formvorschriften ist es, Rechtssicherheit über die Wirksamkeit des Testamentes herzustellen. 70

Als Unwirksamkeitsgründe werden im schwedischen Erbgesetz angeführt: Mangelnde Testierfähigkeit oder Formfehler (Kap. 13 § 1 ÄB), wenn das Testament unter Einwirkung einer psychischen Störung zustande gekommen ist (Kap. 13 § 2 ÄB), oder wenn es unter Zwang, in Ausnutzung einer Willensschwäche oder eines Abhängigkeitsverhältnisses oder infolge einer Täuschung oder eines Irrtums errichtet wurde (Kap. 13 § 3 ÄB; näher *Walin/Lind* zu 13:3). 71

In allen diesen Fällen ist das Testament aber nicht automatisch nichtig, sondern *anfechtbar* (Kap. 14 § 5 ÄB, näher *Walin/Lind* zu 14:5). Hierzu muss im gesetzlichen Erben innerhalb von sechs Monaten, nachdem ihm das Testament in beglaubigter Abschrift bekanntgegeben wurde, Feststellungsklage vor dem ordentlichen Zivilgericht erheben (sog. *klandertalan*, Kap. 14 § 5 ÄB). Die Klage ist dabei gegen sämtliche testamentarische Erben zu richten (vgl. *Walin/Lind* zu 14:5); eine Klage gegen den Nachlassverwalter unterbricht die Ausschlussfrist nicht. Ist die Anfechtungsklage nicht rechtzeitig erhoben, ist das Klagerecht des benachteiligten gesetzlichen Erben verwirkt. 72

c) Verfügungen und Auslegung. Grundsätzlich gilt im schwedischen Recht umfassende Testierfreiheit. Deswegen sind zB keine bindenden Verpflichtungen über zukünftige Verfügungen von Todes wegen möglich (Kap. 10 § 5 Abs. 2 ÄB). Die Testierfreiheit wird begrenzt durch das Pflichtteilsrecht (hierzu unten → Rn. 86ff.) und die güterrechtlichen Ansprüche sowie Schutzvorschriften zugunsten eines überlebenden Ehegatten (näher → Rn. 87ff.). 73

Bei der Auslegung ist soweit wie möglich der Wille des Testators zu beachten, auch wenn ein offensichtlicher Schreibfehler oder Irrtum vorliegt (Kap. 11 § 1 ÄB). Da es sich um eine einseitige Erklärung handelt, ist anders als bei der Vertragsauslegung nicht der Empfängerhorizont, sondern der subjektive bzw. hypothetische Wille des Testators ausschlaggebend (sog. Willensprinzip; *Walin/Lind* zu 11:1; *Grauers*, S. 192). Ähnlich wie im deutschen Recht schreibt das schwedische Erbgesetz einige Auslegungsregeln vor, wenn sich dieser Wille nicht ermitteln lässt (*Grauers*, S. 192), so zB für die Abgrenzung zwischen Erbeinsetzung und Vermächtnis (Kap. 11 § 10 ÄB), den Wegfall einer Verfügung zugunsten des Ehegatten, wenn die Ehe bei Ableben des Testators geschieden oder eine Scheidung anhängig war 74

Schütz-Gärdén

(Kap. 11 § 8 ÄB, ähnlich für Lebensgefährten), den Übergang des Erbrechts eines vorverstorbenen Testamentserben auf dessen Abkömmlinge (Kap. 11 § 6 ÄB), sowie die Kürzung von Vermächtnissen, wenn der Nachlass nicht ausreicht, um alle testamentarischen Verfügungen zu erfüllen (Kap. 11 § 3 ÄB).

75 Durch das *Vermächtnis (legat)* wird dem Begünstigten vergleichbar mit der deutschen Rechtslage ein bestimmter Gegenstand oder bestimmter Geldbetrag zugewandt (Kap. 11 § 10 Abs. 1 ÄB), während eine Zuwendung des gesamten Nachlasses, eines Anteils oder des Restes nach Erfüllung der Vermächtnisse als Erbeinsetzung anzusehen ist (Kap. 11 § 10 Abs. 2 ÄB). Der testamentarische Erbe *(universell testamentstagare)* ist im Gegensatz zum Vermächtnisnehmer Beteiligter des Nachlassverfahrens *(dödsbodelägare, Grauers,* S. 136 f.; siehe unten → Rn. 103 ff.). Ein Vermächtnis ist grundsätzlich aus dem ungeteilten Nachlass zu erfüllen, soweit das Testament die Erfüllung nicht einem bestimmten Erben auferlegt (Kap. 11 § 2 ÄB, *Walin/Lind* zu 11:2).

76 Der Testator kann auch durch Auflage *(ändamålsbestämmelse)* dem Erben, oder soweit diese nicht an einen bestimmten Nachlassgegenstand gebunden ist, dem gesamten Nachlass gegenüber der Allgemeinheit oder einem unbestimmten Personenkreis eine Pflicht auferlegen, etwa dass eine Kunstsammlung während eines bestimmten Zeitraums öffentlich zugänglich gemacht werden, oder ein Teil der Erträge aus einer Vermögensmasse ähnlich wie einer Stiftung Bedürftigen zufallen soll (Kap. 11 § 9 ÄB, Beispiele aus *Walin/Lind* zu 11:9).

77 Durch die *Teilungsanordnung* kann der Testator abweichend von der gesetzlichen Grundregel, dass jeder Erbe an jeder Art von Nachlassgegenständen beteiligt werden soll, für die Auseinandersetzung die Zuweisung bestimmter Vermögensgegenstände auf die Erbquoten vorgeben. Die Erben können aber hiervon im Auseinandersetzungsvertrag einvernehmlich abweichen (*Walin/Lind* zu 23:1, 23:3 Abs. 1).

78 **d) Gemeinschaftliches Testament.** *Gemeinschaftliche Testamente (inbördes testamente)* sind möglich und können von zwei oder sogar mehreren beliebigen Personen errichtet werden. Da Eheleute in Schweden bereits gesetzlich einander beerben, ist eine dem deutschen „Berliner Testament" entsprechende Regelung in der Regel überflüssig (s. oben → Rn. 57); durch Testament kann aber zB dem überlebenden Ehegatten ein volles Verfügungsrecht (sog. *full äganderätt*) am Erbteil des vorverstorbenen Ehegatten eingeräumt werden, dh einschließlich des Rechts, hierüber testamentarisch zu verfügen (*Grauers*, S. 184). Da nach schwedischem Recht ein Testator nicht mit bindender Wirkung auf seine Testierfreiheit verzichten kann, ist ein gemeinschaftlich errichtetes Testament jederzeit frei widerruflich, etwa durch ein späteres abweichendes Testament (Kap. 10 § 5 Satz 2 ÄB; *Walin/Lind* zu 10:7). Ein Widerruf des gegenseitigen Testaments durch einen Teil hat aber zur Folge, dass sich der Widerrufende nicht auf Verfügungen des anderen Teils zu seinen Gunsten berufen kann, die in einem Gegenseitigkeitsverhältnis stehen (Kap. 10 § 7 ÄB). Ein solches Gegenseitigkeitsverhältnis ist dann anzunehmen, wenn die Auslegung ergibt, dass der andere Teil eine Änderung als so wesentlich angesehen hätte, dass er oder sie seinerseits in Kenntnis der späteren Änderung bzw. des Widerrufs seine eigenen Verfügungen nicht so wie erfolgt getroffen, oder zumindest unter die Bedingung gestellt hätte, dass bestimmte Verfügungen des anderen Teils Bestand haben. Bei gegenseitig begünstigenden Verfügungen wird dies regelmäßig angenommen; bezüglich Verfügungen, die erst nach Versterben des überlebenden Testators eintreten, in der Regel nur, wenn die entsprechende Verfügung dem Interesse des vorverstorbenen Testators entsprach, insbesondere wenn von diesem der größere Teil des gemeinsamen Vermögens stammte (*Walin/Lind* zu 10:7).

79 **5. Erbvertrag.** Nach schwedischem Recht ist ein Erbvertrag, mit dem der Erblasser Verfügungen über den künftigen Nachlass (oder einzelne in den Nachlass fallende Gegenstände, *Walin/Lind* zu 17:3) trifft, ungültig (Kap. 17 § 3 Satz 1 ÄB), ebenso ein Vertrag zwischen künftigen Erben oder Dritten über einen Nachlass zu Lebzeiten des Erblassers (Kap. 17 § 1 ÄB). In solchen Verträgen mit bindender Begründung von Rechten und Pflichten an einem (künftigen) Nachlass noch *zu Lebzeiten des Erblassers* wird eine unzulässige Beschränkung der umfassenden lebzeitigen Testierfreiheit des Erblassers gesehen.

80 Zulässig ist aber, dass ein potentieller gesetzlicher Erbe mit bindender Wirkung auf sein künftiges Erb- und ggf. auch auf sein Pflichtteilsrecht vorab *verzichtet* (Kap. 17 § 2 ÄB; vgl. oben → Rn. 45 f.). Dieser Verzicht kann durch einseitige Erklärung oder in einem Vertrag mit dem Erblasser, in der Regel gegen entsprechende Gegenleistungen, erfolgen. Handelt es sich zugleich um einen Pflichtteilsverzicht, muss eine angemessene Gegenleistung gewährt werden (unten → Rn. 97).

81 **6. Schenkung auf den Todesfall. a) Abgrenzung zur Schenkung unter Lebenden.** Schenkungsversprechen auf den Todesfall *(ad mortis causa)* sind möglich (Kap. 17 § 3 Satz 2 ÄB). Sie müssen jedoch die Form- und Wirksamkeitsvorschriften für Testamente erfüllen (hierzu oben → Rn. 65 ff.). Sie sind damit lebzeitig frei abänderbar und widerrufbar, also nicht bindend (*Grauers*, S. 226). Dies wird mit der umfassenden Testierfreiheit begründet (*Walin/Lind,* Einleitung zu Kap. 17 ÄB).

82 Bei einem gemischten Schenkungsversprechen mit Wirkungen teils auf den Tod, teils lebzeitig, wie bei Schuldversprechen mit postmortaler Fälligkeit, muss nach von der Rechtsprechung entwickelten Kriterien entschieden werden, ob es sich um eine bindende Schenkung zu Lebzeiten oder ein unverbindliches Schenkungsversprechen auf den Todesfall handelt. Die Abgrenzung erfolgt danach, ob den Schenker bereits zu Lebzeiten eine fühlbare Vermögenseinbuße („nennenswerte Aufopferung") trifft, oder die Verpflichtung nur den künftigen Nachlass belastet. Werden bestimmte Gegenstände unter Verfügungsbeschränkungen und ggf. Beibehaltung eines lebenslangen Nutzungsrechts des Schenkers übertragen, muss nach denselben Kriterien die lebzeitige Schenkung von einer Schenkung auf den Todesfall abgegrenzt werden. Erfolgt die Übertragung zu Lebzeiten unter Aufgabe der Veräußerungs- oder Verpfän-

dungsmöglichkeit des Erblassers, wird dies tendenziell als lebzeitige Schenkung angesehen, die damit nicht widerruflich ist. Insgesamt bestehen aber Abgrenzungsschwierigkeiten, da neben objektiven Kriterien auch die Motivlage des Erblassers in die Beurteilung einbezogen wird (vgl. insgesamt zur Thematik und den bestehenden Abgrenzungsschwierigkeiten *Walin/Lind* zu 17:3 ÄB mit Rechtsprechungsnachweisen).

b) Pflichtteilsergänzung bei Schenkung auf den Todesfall. Eine andere Fallgruppe betrifft Schenkungen auf den Todesfall, deren Zweck eine Regelung des Nachlasses ist, etwa wenn der Erblasser in Erwartung des nahen Todes sein Eigentum verteilt oder sich zugleich am geschenkten Gegenstand ein eigenes Nutzungsrecht vorbehält. Für diese Fälle sieht das Gesetz einen sog. verstärkten Pflichtteilsschutz vor (Kap. 7 § 4 ÄB). Der Marktwert solcher Schenkungen zum Zeitpunkt der Nachlassteilung (und nicht, wie bei Anrechnung sonstiger Schenkungen, zum Zeitpunkt der Zuwendung, Kap. 6 § 3 ÄB, *Walin/Lind* zu 7:4) ist bei der Ermittlung eines Pflichtteilsanspruchs dem Nachlass hinzuzurechnen, und wenn nötig, wird die Schenkung entsprechend gekürzt: Der Beschenkte hat in dem Umfang, in dem der Nachlass zur Befriedigung des höheren Pflichtteilsanspruchs nicht ausreicht, die Schenkung zurückzuerstatten oder, wenn dies nicht möglich ist, hierfür Wertersatz zu leisten. 83

Der Anspruch auf Pflichtteilsergänzung wegen Schenkung auf den Todesfall muss innerhalb eines Jahres einklagt werden, andernfalls entfällt er (Kap. 7 § 4 Abs. 2 ÄB). 84

c) Anrechnung von Schenkung unter Lebenden auf das Erbteil der Kinder. Bei Schenkung unter Lebenden ist zu beachten, dass *Schenkungen an leibliche Kinder* im Zweifelsfall *auf das Erbe anzurechnen* sind, während dies für Schenkungen an andere Verwandte nur gilt, wenn eine solche Anrechnung ausdrücklich angeordnet wurde oder aus den Umständen eindeutig hervorgeht (Kap. 6 § 1 ÄB). Der Begriff der Schenkung wird weit ausgelegt und umfasst sämtliche unentgeltlichen Zuwendungen, auch Verkauf unter Wert (gemischte Schenkung), Verzicht auf eine Forderung oder Übernahme einer Bürgschaft (*Walin/Lind* zu 6:1). 85

7. Pflichtteilsrecht. a) Pflichtteilsberechtigte und Schutz des Ehegatten. Nach schwedischem Erbrecht steht nur *Kindern* ein Pflichtteilsrecht zu. Ein Pflichtteilsrecht der Eltern oder anderer Verwandter gibt es im schwedischen Recht nicht (Kap. 7 § 1 ÄB; *Johansson*, Rz 115). 86

Der *Ehegatte* hat in Schweden kein Pflichtteilsrecht. Einen Mindestschutz gewährleistet zunächst die sog. Grundbetragsregel. Hiernach kann der überlebende Ehegatte immer verlangen, dass er oder sie aus dem Nachlass so viel erhält, dass er zusammen mit seinem Vorbehaltsgut (*enskild egendom*) sowie seinem Anteil nach der güterrechtlichen Auseinandersetzung (*bodelning*) insgesamt Vermögen in Höhe des vierfachen Grundbetrags hat (sog. *Basbeloppregel*, Kap. 3 § 1 Abs. 2 ÄB; *Grauers*, S. 156; *Johansson*, Rz 65). Der Grundbetrag/*basbelopp* ist eine in vielen Vorschriften verwendete Bezugsgröße, die jährlich nach der Preis- und Inflationsentwicklung angepasst wird. Für 2018 beträgt er SEK 45.500. Dieses Bezugsrecht geht auch dem Erb- und Pflichtteilsrecht nicht gemeinsamer Kinder vor (*Walin/Lind* Einleitung zu 3:1). Die Vorschrift schützt vor allem überlebende Ehegatten, deren eigenes Vermögen geringer war als das ihres verstorbenen Ehepartners. 87

Von erheblicher praktischer Bedeutung ist weiterhin eine Schutzvorschrift im Ehegesetz, die vor allem für den vermögenderen Ehegatten von Interesse ist. Der überlebende Ehegatte kann nämlich verlangen, sein eigentlich von der güterrechtlichen Auseinandersetzung umfasstes Eigentum/*Ausgleichsgut zu behalten* (Kap. 12 § 2 Äktenskapsbalk, ÄktB). Während der Ehegatte in Schweden ebenso wie in Deutschland jeder Ehegatte Eigentümer „seines" Vermögens, das erst beim wegen Auflösung der Ehe durchzuführenden Güterrechtsausgleich zusammengelegt und aufgeteilt wird (hierzu oben → Rn. 36; vgl. *Johansson*, Rz 65 aE, Rz 142). Durch einseitige Erklärung kann somit ein vermögender Ehegatte verhindern, dass er oder sie im Wege des Güterrechtsausgleichs Vermögen in den Nachlass überführen muss. Diese Vorschrift soll ausdrücklich den überlebenden Ehegatten gegenüber den nicht-gemeinsamen Kindern des Verstorbenen, denen testamentarische Erben schützen, führt aber zu einer erheblichen Benachteiligung der eigentlich pflichtteilsberechtigten Kinder, die dann ggf. völlig leer ausgehen, indem ohne die güterrechtliche Auseinandersetzung kein nennenswerter Nachlass vorhanden ist. Diese Regelung verhindert auch einen Pflichtteilsergänzungsanspruch auf Rückgewähr etwaiger Schenkungen auf den Todesfall an den überlebenden Ehegatten (hierzu oben → Rn. 83). 88

b) Pflichtteilsquote. Der Pflichtteil (*laglott*) entspricht der Hälfte des gesetzlichen Erbteils, ist also abhängig von der Anzahl der miterbenden Geschwister. 89

c) Berechnung des Pflichtteils. Da es sich bei dem Pflichtteil anders als im deutschen Erbrecht um ein echtes, wenn auch reduziertes Erbrecht (Noterbrecht) handelt, umfasst der Pflichtteilsanspruch grundsätzlich den gesamten erbrechtlich zu verteilenden Nachlass. Zunächst sind jedoch testamentarisch verfügte Vermächtnisse auszukehren, es sei denn, im Testament ist ausdrücklich etwas anderes bestimmt. Anschließend ist der Anteil des Pflichtteilsberechtigten durch Kürzung der Ansprüche der testamentarischen Erben entsprechend dem Verhältnis ihrer Anteile durchzuführen, bezüglich testamentarisch bedachter Abkömmlinge nur zu demjenigen Anteil, den sie sich nicht auf ihren Pflichtteil anrechnen lassen müssen (Kap. 7 § 3 Abs. 1 ÄB). 90

Welche konkreten Gegenstände auf den Anteil des Pflichtteilsberechtigten entfallen, ist dann eine Frage der Erbteilung. Hat der Erblasser durch das Testament Nutzungsrechte an Gegenständen verfügt, die nach der Erbteilung an einen Pflichtteilsberechtigten fallen, so erhält er diese Gegenstände trotzdem mit 91

120 Schweden

vollem Verfügungsrecht; das Pflichtteilsrecht geht also Nutzungseinschränkungen vor (Kap. 7 § 5 ÄB; *Johansson*, Rz 123).

92 **d) Pflichtteilsanrechnung.** Nach schwedischem Recht hat sich ein Kind auf seinen Pflichtteil anrechnen zu lassen, was es vom Erblasser *zu Lebzeiten als Schenkung* erhalten hat (Kap. 7 § 2 ÄB iVm Kap. 6 § 1 ÄB, hierzu oben → Rn. 85). Hierbei wird bei sämtlichen Schenkungen an Kinder – ohne Frist in Bezug auf den Erbfall – *vermutet,* dass es sich um eine auf den Pflichtteil anzurechnende Schenkung handelt; nur wenn der Wille des Erblasser nachweisslich etwas anderes vorsah, wird die gesetzliche Vermutung widerlegt (*Walin/Lind* zu 7:2; vgl. *Carsten,* Rz 33). Der Begriff der Schenkung wird auch hier weit ausgelegt (vgl oben → Rn. 85). Die Regel und Vermutung zur Anrechnung auf den Pflichtteil gilt grundsätzlich auch für Zuwendungen, die ein Kind durch Testament erhalten hat (Kap. 7 § 4, näher *Walin/Lind* zu 7:4). – Zur Anrechnung und ggf. Rückgabe von Schenkungen auf den Todesfall, die ein Pflichtteilsrecht geschmälert haben, siehe oben → Rn. 83 (Kap. 7 § 4 ÄB).

93 **e) Durchsetzung des Pflichtteils.** Das Pflichtteilsrecht ist nicht automatisch im Nachlassverfahren zu berücksichtigen, sondern muss vom Berechtigten geltend gemacht werden. Man spricht hier von einem Anspruch auf „Anpassung des Testaments" (*jämkning,* Kap. 7 § 3 ÄB). Das enterbte Kind muss diesen Anspruch innerhalb sechs Monaten, nachdem ihm das Testament bekanntgegeben wurde (hierzu oben → Rn. 69) *anmelden* oder in dieser Frist *Klage erheben,* wobei eine formlose Anmeldung ausreicht (Kap. 7 § 3 ÄB; *Walin/Lind* zu 7:3). Die Anmeldung oder Klage muss nicht etwa gegenüber dem Nachlassverwalter (soweit ein solcher bestellt ist), sondern gegenüber dem/den testamentarischen Erben erfolgen (*Carsten,* Rz 34). Wird die form- und fristgerechte Anmeldung des Anspruchs oder Klageerhebung versäumt, so ist das betroffene Pflichtteilsrecht ausgeschlossen (Kap. 7 § 3 Abs. 3 ÄB; *Johansson,* Rz 118). Diese Klage ist nicht zu verwechseln mit der Anfechtungsklage, mit der die Wirksamkeit eines Testaments als solches angegriffen wird (Kap. 14 § 5 ÄB, oben → Rn. 72).

94 Eine Besonderheit besteht im Verhältnis von gemeinsamen Kindern zum überlebenden Ehegatten, also Mutter oder Vater. Wie oben dargestellt, ist in Schweden der überlebende Ehegatte gegenüber den gemeinsamen Kindern erheblich begünstigt, indem das Erbe der gemeinsamen Kinder bei Versterben des ersten Elternteils zunächst an den überlebenden Elternteil als Vorerbe fällt. Dies gilt auch für den Pflichtteil, wenn das Testament vorsieht, dass das gesamte Erbe uneingeschränkt an den überlebenden Ehegatten fallen soll; realiter haben die Kinder also bei Versterben des ersten Elternteils gegenüber dem anderen Elternteil gar kein Pflichtteilsrecht (oben → Rn. 57; *Walin/Lind* Einleitung zu Kap. 7). Auch wenn ihr gesetzliches Nacherbrecht durch Testament zugunsten des überlebenden Ehegatten ganz aufgehoben oder beschränkt wird, insbesondere wenn der Witwe oder dem Witwer im Testament ein sog. volles Eigentum einschließlich Testierrecht am Nacherbenanteil der Kinder eingeräumt wird (*full äganderätt,* oben → Rn. 78), können die Kinder keine sofortige Auszahlung ihres Pflichtteils verlangen (Kap. 7 § 3 Abs. 2 ÄB); sie sind nur dadurch geschützt, dass das überlebende Elternteil jedenfalls *über ihren Pflichtteil* nicht testamentarisch verfügen kann. Das freie Verfügungsrecht des überlebenden Ehegatten zu Lebzeiten an ihrem Pflichtteil können die gemeinsamen Kinder nicht verhindern (*Walin/Lind* zu 7:3; *Johansson,* Rz 119).

95 Dagegen können die Kinder ihren Pflichtteil sofort verlangen und erhalten, wenn sie im Testament *zugunsten Dritter* enterbt wurden (Kap. 7 § 3 Abs. 2 ÄB; *Carsten,* Rz 31 aE; *Walin*/Lind, Einleitung zu Kap. 7).

96 **f) Pflichtteilsentziehung.** Das schwedische Recht ermöglicht keine Pflichtteilsentziehung durch den Erblasser etwa im Hinblick auf Verfehlungen oder den Lebenswandel des Kindes (*Walin/Lind* zu 15:4). In den gesetzlich geregelten Fällen der sog. *Erbunwürdigkeit* wegen Tötung, Testamentsunterdrückung, sowie wegen einer durch Zwang, Ausnutzung einer abhängigen Stellung oder Willensschwäche erlangten testamentarischen Verfügung geht jedoch sowohl das Erb- als auch das Pflichtteilsrecht des Täters oder Beteiligten verloren (siehe oben → Rn. 42).

97 **g) Pflichtteilsverzicht.** Durch schriftliche Erklärung, in der Regel in der Form eines Erbvertrags, kann ein Erbe *zu Lebzeiten des Erblassers* auf sein künftiges Erbrecht verzichten (oben → Rn. 46). Ergibt Wortlaut oder Auslegung der Erklärung, dass der verzichtende Erbe – Kind auf sein künftiges Erbrechts – vollständig, also auch auf seinen künftigen Pflichtteil verzichtet, so ist dieser Verzicht nach dem Gesetz nur wirksam, wenn das Kind im Gegenzug eine *„angemessene Entschädigung"* erhält (Kap. 17 § 2 ÄB). Hierbei ist zu ermitteln, ob der Wert der Gegenleistung zum Zeitpunkt des Verzichts in etwa dem Wert des entsprechenden Pflichtteils am aktuellen Vermögen des künftigen Erblassers entspricht (*Walin/Lind* zu 17:2). Berücksichtigt werden Zuwendungen wie Schenkungen von Vermögensgegenständen oder Geldbeträgen, aber auch zB eine Schuldbefreiung. Der Verzicht ist auch wirksam, wenn die angemessene Gegenleistung nicht dem Kind selbst, aber einer diesem nahestehenden Person, insbesondere seinem Ehegatten oder seinen Kindern, also den Enkeln des Erblassers zugutekommt (Kap. 17 § 2 Abs. 1 ÄB aE; *Walin/Lind* zu 17:2). – Zum Verzicht des Kindes auf sein sofortiges Erbrecht zugunsten von Stiefmutter oder -vater siehe oben → Rn. 47.

98 **8. Erbenhaftung. a) Allgemeines.** Das schwedische Erbrecht kennt keine Erbenhaftung. Das Netto-Nachlassvermögen wird erst an die Erben verteilt, nachdem sämtliche Schulden des Erblassers sowie die Nachlassschulden beglichen sind. Zeigt sich im Laufe des Nachlassverfahrens, dass das Nachlassvermögen hierzu nicht ausreicht, ist stattdessen die Eröffnung eines Nachlassinsolvenzverfahrens zu beantragen (vgl. Kap. 19 § 7 ÄB; *Carsten,* Rz 58 aE; näher unten → Rn. 144ff.). Aus diesem Grund besteht in

Schweden auch kein formelles Erbausschlagungsverfahren (*Johansson*, Rz 158; der Verzicht auf das Erbrecht ist möglich, der Bedarf daran jedoch seit der Abschaffung der Erbschaftssteuer gering (oben → Rn. 45).

b) Nachträgliche Haftung nach Erbteilung. Wurden Schulden nicht beglichen, bevor der Nachlass 99 an den oder die Erben verteilt wurde, so haften die Erben für diese Schulden trotzdem nicht, sondern sind allenfalls verpflichtet, die aus dem Nachlass erhaltenen Vermögenswerte in dem erforderlichen Umfang zurückzuerstatten; ist der Gegenstand nicht mehr vorhanden, ist stattdessen Wertersatz zu leisten (Kap. 21 § 4–6 ÄB).

III. Nachlassverfahren und Erbauseinandersetzung

1. Nachlass als juristische Person. Der Nachlass *(dödsbo)* ist im schwedischen Recht eine eigene juris- 100 tische Person. Der Nachlass kann beispielsweise im Grundbuch als Rechtsnachfolger des Verstorbenen eingetragen werden, im eigenen Namen Aktiv- und Passivprozesse führen und ist eigenständiges Insolvenz- und Steuersubjekt (*Walin/Lind*, Einleitung zu Kap. 18).

Die gesetzlichen Erben erwerben an dieser juristischen Person bereits beim Erbfall einen Anteil, der 101 im Falle einer Scheidung in die güterrechtliche Auseinandersetzung einfließt und in den die Gläubiger des Erben vollstrecken können. Um dies zu vermeiden, muss der Erbe auf sein Erbrecht vollständig oder zugunsten eines anderen verzichten (*Grauers*, S. 213, zum Erbverzicht oben → Rn. 45 ff.). Bei testamentarischen Erben fällt der Erbteil jedoch erst an, wenn sie in irgendeiner Weise zum Ausdruck bringen, das testamentarische Erbe auch antreten zu wollen (oben → Rn. 55; *Grauers*, S. 213).

Diese juristische Person besteht, bis der ungeteilte Nachlass durch Erbteilung aufgelöst wird. Ist nur 102 ein Erbe vorhanden, ist die eigenständige juristische Person des Nachlasses mit der Registrierung des Nachlassverzeichnisses bei der Steuerbehörde (unten → Rn. 134) beendet. Es ist jedoch möglich, dass die juristische Person auch nach Nachlassteilung „wiederaufersteht", wenn wegen nachträglich bekannt gewordener Aktiva oder Schulden aus dem oder aus anderen Gründen ein neues Nachlassverzeichnis erstellt werden muss, oder um beispielsweise eine Schadensersatzklage gegen den Nachlass zu erheben (*Walin/Lind* zu 18:1).

2. Grundsatz der gemeinsamen Verwaltung. Der Nachlass wird grundsätzlich von den Erben bzw. 103 den Nachlassbeteiligten gemeinsam verwaltet und vertreten (Kap. 18 § 1 Abs. 1 ÄB, *Johansson*, Rz 126). Nachlassbeteiligte *(dödsbodelägare)* sind nach Kap. 18 § 1 ÄB die gesetzlichen Erben, ggf. bis zum Eintritt der sog. Rechtskraft des Testaments (hierzu oben → Rn. 70) neben den testamentarischen Erben, sowie der überlebenden Ehegatte oder Lebensgefährte *(sambo);* letztere jedoch nur bis zur güterrechtlichen Aufteilung, wenn er oder sie nicht zugleich gesetzlicher oder testamentarischer Erbe ist (zur Stellung des Ehegatten oben → Rn. 57 ff., 78, 86 ff.).

Bis die Erben die gemeinsame Verwaltung des Nachlasses übernehmen können, nimmt zunächst der 104 mit dem Erblasser zusammenlebende Erbe, ein Haushaltsmitglied des Erblassers, der Vermieter oder eine andere dem Nachlass nahestehende Person den Nachlass in Verwahrung. Sie haben die Erben vom Erbfall zu unterrichten oder ihn der Sozialbehörde zu melden. Die Sozialbehörde kümmert sich um die vorläufige Nachlassverwaltung, bis die Verwaltung durch alle Erben übernommen wird (Kap. 18 § 2 ÄB). Wer den Nachlass verwaltet oder in seinem Besitz hat, muss auch dafür sorgen, dass für unbekannte Erben oder Erben mit einem unbekannten Aufenthaltsort ein Abwesenheitspfleger ernannt wird (*god man*, s. oben → Rn. 52).

Die gemeinsame Verwaltung erfordert – außer in Eilfällen – die Zustimmung aller Nachlassbeteiligten; 105 hat ein Beteiligter ohne entsprechende Ermächtigung Zahlungen geleistet oder Rechtsgeschäfte abgeschlossen, haftet er oder sie andernfalls wie ein vollmachtloser Vertreter persönlich (*Walin/Lind* zu 18:1). Zustellungen sind grundsätzlich gegenüber allen Nachlassbeteiligten vorzunehmen (Kap. 18 § 1a ÄB). Für Aktiv- und Passivklagen in Nachlassangelegenheiten gelten besondere Bestimmungen (Kap. 18 § 1b ÄB).

Die Nachlassbeteiligten können zu Lasten des Nachlasses nur Rechtsgeschäfte abschließen, die für die 106 Beerdigung, für Unterhalt und Verwaltung des Nachlasses sowie die Erstellung des Nachlassverzeichnisses erforderlich sind. Darüber hinausgehende Rechtsgeschäfte sind unwirksam, es sei denn der Vertragspartner war im guten Glauben (Kap. 18 § 3 ÄB).

3. Nachlassverwalter. a) Ernennung. Auf Antrag eines gesetzlichen oder testamentarischen Erben, 107 eines Testamentsvollstreckers oder auch eines Nachlassgläubigers kann – ohne dass besondere Gründe nachgewiesen werden brauchen – durch das Nachlassgericht ein unabhängiger Nachlassverwalter *(boutredningsman)* ernannt werden, dessen Befugnisse zur Vertretung und Abwicklung des Nachlasses in Kap. 19 ÄB gesetzlich geregelt sind. Auch ein Erbe oder Nachlassbeteiligter kann grundsätzlich als Nachlassverwalter ernannt werden (Kap. 19 § 3 Abs. 2; anders bei internationalen Erbfällen mit internationalem Bezug, oben → Rn. 30). Bei der Wahl des Verwalters sind die Vorschläge der Erben besonders zu berücksichtigen, der Verwalter muss aber zugleich geeignet sein, um eine angemessene Verwaltung in Anbetracht der besonderen Gegebenheiten des Nachlasses zu gewährleisten (Kap. 19 § 3 Abs. 1 ÄB). Ist ein Testamentsvollstrecker vorhanden, soll dieser im Regelfall auch als Nachlassverwalter ernannt werden (Kap. 19 § 3 Abs. 3 ÄB) und kommt hierdurch in den Genuss der gesetzlichen Befugnisse. Die Gerichte berufen in der Praxis regelmäßig Anwälte oder Juristen als Nachlassverwalter.

120 Schweden

108 Neben dem gerichtlich bestellten Nachlassverwalter finden sich in der Praxis noch private Nachlassverwalter, oft aus Bestattungsunternehmen und freien Juristenbüros. Diese verwalten in Vollmacht aller Nachlassbeteiligten aufgrund eines Geschäftsbesorgungsvertrages den Nachlass. Die Verwaltungsbefugnisse, deren Beschränkungen und die Modalitäten der Verwaltung werden vertraglich geregelt, so dass diese Verwalter auch nur in Vollmacht aller Erben handeln und keine genuin eigenen Befugnisse haben (*Walin/Lind* zu Kap. 19 aE).

109 **b) Rechte und Pflichten.** Mit gerichtlicher Bestellung des Nachlassverwalters geht die gesamte Verwaltungsbefugnis über den Nachlass auf ihn oder sie über, der Nachlassverwalter vertritt somit den Nachlass statt der Erben in allen Angelegenheiten.

110 Der Nachlassverwalter ist danach befugt, jede Art von Geschäften für den Nachlass vorzunehmen. Für Grundstücksgeschäfte muss er oder sie jedoch die schriftliche Zustimmung der Nachlassbeteiligten einholen, die in Ausnahmefällen durch eine gerichtliche Genehmigung ersetzt werden kann (Kap. 19 § 13 ÄB). In der Praxis holen die Nachlassverwalter auch bei sonstigen wesentlichen Entscheidungen zumindest Stellungnahmen der Nachlassbeteiligten ein.

111 Bei Uneinigkeit mit dem überlebenden Ehegatten über die güterrechtliche Auseinandersetzung kann der Nachlassverwalter eine zwangsweise *Güterauseinandersetzung (bodelning)* vornehmen (Kap. 17 § 1 Abs. 2 ÄktB; *Walin/Lind* zu 23:5, vgl. oben → Rn. 36).

112 Der Nachlassverwalter vertritt den Nachlass auch vor Gericht; Aktivprozesse können unter bestimmten Voraussetzungen jedoch auch auf eigenes Kostenrisiko durch Nachlassbeteiligte geführt werden (Kap. 19 § 12a ÄB).

113 Der Nachlassverwalter hat einmal jährlich gegenüber den Erben Rechenschaft über die Nachlassverwaltung des vergangenen Kalenderjahres abzulegen, und zwar in Form einer geordneten Aufstellung über die zu Beginn des Jahres vorhandenen Mittel, die Zu- und Abflüsse und den Endsaldo. Zusätzlich sind Kontoauszüge vorzulegen, wenn sich Gelder auf Bankkonten uÄ befinden. Es ist ausreichend, wenn das Verzeichnis einem Nachlassbeteiligten übermittelt wird und die anderen nur hierüber informiert werden. Auf Wunsch ist jedoch auch ihnen eine Abschrift zu übermitteln (Kap. 19 § 14a ÄB). In der Praxis wird auch das Nachlassgericht über die Rechenschaftslegung informiert, da es den Verwalter bei entsprechendem Versäumnis hierzu gegen Geldbuße verpflichten kann (Kap. 19 § 14a Abs. 4 ÄB).

114 Wenn nach Auffassung des Nachlassverwalters der Nachlass geordnet ist und zwischen den Erben verteilt werden kann, hat er oder sie die Auseinandersetzungsreife den Erben *anzuzeigen* (Kap. 19 § 15 Abs. 1 ÄB, besondere Formvorschriften für diese Mitteilung bestehen nicht). Dies ist das Signal an die Erben, dass sie die Verteilung nun selbst regeln können, und zugleich Voraussetzung dafür, dass eine wirksame Erbauseinandersetzung erfolgen kann (Kap. 23 § 2 Abs. 3 ÄB; dies gilt sowohl für eine einvernehmliche als auch für eine zwangsweise Auseinandersetzung, zu der der Nachlassverwalter auch ohne zusätzliche Bestellung berechtigt ist, näher unten → Rn. 152ff.). Die Verwaltung endet grundsätzlich erst mit der Herausgabe der Nachlassgegenstände an die Erben (Kap. 19 § 15 Abs. 2 ÄB).

115 Nach Beendigung seiner Verwaltung, egal aus welchem Grund, muss der Nachlassverwalter eine Schlussabrechnung erstellen (Kap. 19 § 15 Abs. 1, 3 ÄB). Er oder sie ist dann auf Antrag vom Nachlassgericht von seinem Auftrag zu entledigen (Kap. 19 § 15 Abs. 4 ÄB).

116 Der Nachlassverwalter hat einen Anspruch auf ein angemessenes Entgelt für seine bzw. ihre Leistung. Reicht der Nachlass hierzu nicht aus, haftet subsidiär derjenige, der seine Ernennung beantragt hat (Kap. 19 § 19 Abs. 2 ÄB).

117 **c) Kontrolle des Nachlassverwalters, Abberufung, Haftung.** Besteht Streit zwischen den Nachlassbeteiligten und dem Nachlassverwalter über die Verwaltung, kann auf Antrag ein Nachlassbetreuer *(god man)* bestellt werden, der den Nachlassverwalter überwacht. Der Nachlassverwalter kann diese Aufsicht durch Sicherheitsleistung für mögliche Schäden abwenden (Kap. 19 § 17 Abs. 1 ÄB).

118 Daneben kann ein Nachlassbeteiligter eine gerichtliche Anordnung gegen den Verwalter zur Auskunft über den Nachlass und dessen Verwaltung erwirken (Kap. 19 § 17 Abs. 2 ÄB).

119 Bei gravierenden Pflichtverletzungen des Nachlassverwalters kann das Gericht auf Antrag eines Nachlassbeteiligten dessen Abberufung anordnen (Kap. 19 § 5 Abs. 2 ÄB). Ein Nachlassverwalter kann auch auf gemeinsamen Antrag aller Nachlassbeteiligten wieder abberufen werden, soweit hierdurch keine Interessen Dritter, insbesondere der Nachlassgläubiger, nachteilig berührt sind (Kap. 19 § 6 ÄB).

120 Der Nachlassverwalter haftet dem Nachlass sowie Nachlassgläubigern und Dritten für mögliche Schäden aus der Verletzung seiner Pflicht zur ordnungsgemäßen Abwicklung und Verwaltung (Kap. 19 § 18 ÄB). Eine gegen seine Verwaltung gerichtete Klage muss innerhalb einer Ausschlussfrist von einem Jahr nach ordnungsgemäßer Schlussabrechnung bei Gericht eingereicht werden (sog. *klandertalan;* Kap. 19 § 19 ÄB iVm Kap. 18 § 9 Handelsbalken HB; *Walin/Lind* zu 19:19 ÄB).

121 **4. Testamentsvollstrecker. a) Ernennung.** Hat der Erblasser im Testament einen Testamentsvollstrecker *(testamentsexekutor)* ernannt, und nimmt dieser nach dem Erbfall den Auftrag an, so gilt folgendes.

122 **b) Nachlassverwaltung.** Der Erblasser kann den Aufgabenkreis im Testament genauer bestimmen oder einengen, in dubio gilt eine umfassende Befugnis für die „Nachlassermittlung" (Kap. 19 § 20 ÄB). Die Aufgaben, Befugnisse und Pflichten des Testamentsvollstreckers bei der Nachlassverwaltung sind dann mit denjenigen des Nachlassverwalters (oben → Rn. 109ff.) weitgehend identisch. Ein Testamentsvollstrecker verwaltet den Nachlass statt der Erben, er hat die testamentarischen Anordnungen umzusetzen und den Nachlass für die Auseinandersetzung vorzubereiten (also hauptsächlich die Erblasser- und

III. Nachlassverfahren und Erbauseinandersetzung

Nachlassschulden zu begleichen und Nachlassforderungen beizubringen). Der Testamentsvollstrecker hat im Gegensatz zum Nachlassverwalter auch die Befugnis, Grundstücke ohne Zustimmung der Erben oder gerichtliche Genehmigung zu veräußern.

Anders als ein Nachlassverwalter kann er oder sie jedoch *keine güterrechtliche Auseinandersetzung* 123 zwischen dem Nachlass und dem überlebenden Ehegatten vornehmen (*Walin/Lind* zu 23:5 Abs. 2). Hintergrund dieser Abweichung ist, dass der Erblasser nicht ohne weiteres über die Person des Testamentsvollstreckers Einfluss auf die Güterauseinandersetzung nehmen soll, die wegen der Berührung zum Vermögen des Ehegatten seiner testamentarischen Verfügungsbefugnis entzogen ist (*Walin/Lind* zu 19:20). Der Testamentsvollstrecker ist auch nicht berechtigt, einen Antrag auf Eröffnung eines Nachlassinsolvenzverfahrens zu stellen. In diesen Fällen kann und muss er oder sie stattdessen gerichtlich als Nachlassverwalter bestellt werden, um auch diese Befugnisse ausüben zu können.

c) Erbauseinandersetzung. Nach Begleichung der Schulden und Erfüllung eventueller Vermächtnisse 124 hat der Testamentsvollstrecker den Erben bei der Auseinandersetzung behilflich zu sein. Können sich die Erben nicht einigen, kann er auch einseitig eine sog. Zwangsauseinandersetzung durchführen, soweit er nicht selbst Nachlassbeteiligter ist (23 § 5 Abs. 2 ÄB, unten → Rn. 152ff.).

5. Nachlassverzeichnis. Erste Maßnahme der Nachlassverwaltung ist – jedenfalls wenn mehrere potentielle Erben vorhanden sind – die Erstellung eines Nachlassverzeichnisses (*bouppteckning*, Kap. 20 ÄB). 125

Die Erstellung eines Nachlassverzeichnisses ist nur in zwei Fällen entbehrlich. Zum einen genügt eine 126 sog. Anmeldung des Todesfalls (*dödsboanmälan*), wenn der Nachlass so überschuldet ist, dass er allenfalls ausreicht, die Kosten der Beerdigung und weitere Kosten im Zusammenhang mit dem Todesfall zu decken (damit er nicht durch zusätzliche Kosten für das Nachlassverzeichnis belastet wird; Kap. 20 § 8a ÄB, *Grauers*, S. 204); in diesem Fall meldet stattdessen die Sozialbehörde den Todesfall an die Behörde Skatteverket. Zum anderen wird in der Regel von einem Nachlassverzeichnis abgesehen, wenn der überlebende Ehegatte güterrechtlich und erbrechtlich den gesamten Nachlass übernimmt. Allerdings wäre zur Ermittlung der jeweiligen Quoten zwischen güterrechtlichem und erbrechtlichem Vermögensanfall für ein späteres Nacherbe der (gemeinsamen) Kinder oder anderer Verwandter des Verstorbenen auch hier ein Nachlassverzeichnis mit einer aktuellen Bewertung des jeweiligen Vermögens dringend geboten (*Grauers,* S. 160ff., S. 206f.).

a) Inhalt. Das Nachlassverzeichnis nennt neben Details zum Erblasser zunächst alle am Nachlass tat- 127 sächlich oder potentiell beteiligten Personen *(dödsbodelägare).* Dies sind die gesetzlichen Erben, auch wenn sie ggf. enterbt sind oder auf ihr Erbrecht verzichtet haben (Kap. 20 § 3 Abs. 1 ÄB); testamentarische Erben, falls ein Testament vorliegt; sowie ggf. der überlebende Ehegatte (vgl. oben → Rn. 103). Sind Kinder des Verstorbenen ggf. nicht zugleich Kinder des überlebenden Ehegatten, ist auch dies zu vermerken, da es das Erbrecht des überlebenden Ehegatten beeinflusst (Kap. 20 § 3 Abs. 1 ÄB; vgl. oben → Rn. 47, 60). Sind Kinder aufgrund sie benachteiligender testamentarischer Verfügungen des Erblassers pflichtteilsberechtigt, so sind auf ihren Antrag Erbvorschüsse und Schenkungen an den Ehegatten oder Testamentserben ebenfalls zu verzeichnen, um ihnen die Geltendmachung von Pflichtteilsergänzungsansprüchen zu ermöglichen (hierzu oben → Rn. 83f.), ebenso sind eventuelle Erbvorschüsse, die ein Erbe aus dem Vermögen des überlebenden Ehegatten erhalten hat, anzugeben (Kap. 20 § 5 Abs. 2 ÄB).

Im Nachlassverzeichnis sind sodann die Aktiva und Schulden des Verstorbenen aufzuführen und zu 128 ihrem Marktwert zum Todestag des Erblassers zu bewerten, einschließlich der Beerdigungskosten und der Kosten für die Nachlassverzeichnung. Auch strittige oder unsichere Ansprüche sind unter entsprechender Kennzeichnung aufzunehmen. War der Erblasser verheiratet, sind auch die Aktiva und Schulden des überlebenden Ehegatten im Nachlassverzeichnis aufzuführen, weil dies für die Güterauseinandersetzung und als Information für Nachlassgläubiger über die verschiedenen Vermögensmassen von Bedeutung ist (Kap. 20 § 4 Abs. 2 ÄB). Lebte der Erblasser in einer Lebensgemeinschaft, so sind auch Haushaltsgegenstände und ggf. eine Wohnung oder Immobilie anzugeben, die zur gemeinsamen Nutzung in einer Lebensgemeinschaft angeschafft wurden, da der nichteheliche Lebensgefährte *(sambo)* auch hieran Ansprüche hat (Kap. 20 § 4 Abs. 3 ÄB, hierzu oben → Rn. 61).

Ebenfalls ist anzugeben, ob ein Testament existiert und in diesem Fall, ebenso wie ein Ehevertrag, in 129 (durch 2 Zeugen) beglaubigter Kopie beizufügen. Schließlich werden auch eventuelle Lebensversicherungen und private Rentenversicherungen mit Bezugsberechtigung auf den Todesfall aufgeführt, obwohl sie nicht Teil des Nachlasses sind und direkt auf den Bezugsberechtigten bzw. Begünstigten übergehen (Kap. 20 § 5 Abs. 2 ÄB; näher *Grauers,* S. 205).

b) Erstellung. Das Nachlassverzeichnis wird nicht durch die Erben, den Testamentsvollstrecker oder 130 den Nachlassverwalter erstellt, sondern durch zwei neutrale sog. Nachlassverzeichner (*bouppteckningsförrättare* oder *god man*/Plural *gode män*), die durch die Vertreter des Nachlasses zu bestellen sind (Kap. 20 § 2 ÄB, *Grauers,* S. 204). In der Praxis sind dies oft Mitarbeiter von Bestattungsinstituten oder auch Banken.

Zur formellen Aufnahme des Nachlassverzeichnisses ist ein Termin anzuberaumen, zu dem sämtliche 131 Nachlassbeteiligte, der überlebende Ehegatte oder Lebensgefährte (auch wenn diese neben Kindern des Verstorbenen nicht Erbe sind), eventuelle Nacherben, sowie gesetzliche Erben auch dann, wenn sie durch Testament enterbt wurden, rechtzeitig vorab *geladen werden.* Im Nachlassverzeichnis sind auch alle diese Personen anzugeben, sowie ob sie anwesend waren, andernfalls ist ein Nachweis ihrer ordnungsgemäßen Ladung beizufügen (Kap. 20 § 3 ÄB).

132 Die Angaben zum Vermögen etc. sind vorrangig von einer Person mitzuteilen, die die beste Kenntnis der Vermögensverhältnisse hatte, wie oft der überlebende Ehegatte, aber nicht notwendigerweise ein Nachlassbeteiligter. Diese Person *(bouppgivare)*, hat zu erklären, dass sie den Nachlass nach bestem Wissen und Gewissen angegeben hat. Die beiden Vertrauenspersonen unterzeichnen das Nachlassverzeichnis und versichern, die Bewertungen nach bestem Wissen und Gewissen vorgenommen zu haben.

133 Das Nachlassverzeichnis muss innerhalb von drei Monaten nach dem Todesfall errichtet werden (Kap. 20 § 1 ÄB); auf Antrag kann die Registrierungsbehörde (Skatteverket) die Frist verlängern.

134 **c) Registrierung.** Das Nachlassverzeichnis ist sodann bei der schwedischen Steuerbehörde (Skatteverket) zur Registrierung einzureichen (Kap. 20 §§ 8–9 ÄB; *Carsten*, Rz 62). Die Steuerbehörde prüft nur, ob die erforderlichen Angaben dem ersten Anschein nach enthalten und korrekt dargestellt sind. Die materielle Richtigkeit der Angaben ist ggf. in einem zivilrechtlichen Rechtsstreit zwischen den Beteiligten zu klären. Gegen die Registrierung eines Nachlassverzeichnisses kann Rechtsmittel vor dem Verwaltungsgericht durch Klage gegen die Steuerbehörde eingereicht werden, wenn formelle Fehler vorhanden sind, etwa die Anwesenheit in Wahrheit nicht anwesender Personen in dem Dokument angegeben wurde.

135 Das registrierte Nachlassverzeichnis dient ua der Information von Nachlassgläubigern über den Nachlassbestand sowie als Nachweis über die Vertretungsverhältnisse. Es hat damit im inländischen schwedischen Rechtsverkehr eine Funktion vergleichbar einem deutschen Erbschein. Für internationale Erbfälle, etwa mit Vermögen im Ausland, steht seit dem 15.8.2015 das europäische Nachlasszeugnis zur Verfügung (unten → Rn. 158 ff.), das die Legitimierung des Nachlassverwalters sowie den Nachweis der Erbenbestellung vereinheitlicht und so erheblich erleichtert.

136 **d) Ergänzung.** Werden nach der Registrierung des Nachlassverzeichnisses noch zu verzeichnende Umstände bekannt, sind diese in einem Nachtragsverzeichnis anzugeben und der Steuerbehörde nachzureichen (Kap. 20 § 10 ÄB).

137 **6. Verwaltung des Nachlasses. a) Abwicklung und Verwaltung.** Ist das Nachlassverzeichnis erstellt, sind ähnlich wie in einem Liquidationsverfahren Forderungen einzutreiben und die Schulden zu begleichen. Hinterlässt der Verstorbene einen Ehegatten, ist vorrangig die güterrechtliche Auseinandersetzung vorzunehmen (oben → Rn. 35 ff.).

138 Wird festgestellt, dass aus dem Nachlass nicht alle Verbindlichkeiten Dritter beglichen werden können, so ist ein Nachlassinsolvenzantrag zu stellen (unten → Rn. 144 ff.).

139 Anschließend ist der verbleibende Nettobehalt des Nachlasses „konservativ zu verwalten" (*Walin/Lind* zu 18:1).

140 Ein Nachlassverwalter hat ein umfassendes Verfügungsrecht über alle Vermögenswerte, etwa über die Bankkonten des Erblassers. Dieses wird ihm oder ihr von den Banken bei Vorlage des Bestellungsbeschlusses eingeräumt. Im internationalen Rechtsverkehr kann sich ein schwedischer Nachlassverwalter nunmehr mit dem „ersten" europäischen Nachlasserzeugnis legitimieren (unten → Rn. 159). Das Verfügungsrecht der Erben bei gemeinschaftlicher Verwaltung wird durch ihre Benennung im registrierten Nachlassverzeichnisses nachgewiesen (vgl. zum Gutglaubensschutz Kap. 18 § 4 ÄB, oben → Rn. 106).

141 **b) Zustellung eines Testaments an die gesetzlichen Erben.** Sollte ein Testament vorhanden sein, ist sicherzustellen, dass es den eventuell benachteiligten gesetzlichen Erben formgerecht (!) zugestellt wird, so dass die Frist für eine eventuelle Anfechtung des Testaments zu laufen beginnt (hierzu oben → Rn. 70). In der Praxis werden durch Testament betroffene gesetzliche Erben ohne oder mit der Zustellung des Testaments regelmäßig vom Nachlassverwalter aufgefordert, dieses zu genehmigen, wodurch sie dann nachweislich ihr Anfechtungsrecht verlieren.

142 **c) Vorbereitung der Erbteilung.** Sind die Schulden bezahlt, so ist der Nachlass zur Teilung vorzubereiten. Hierzu hat der Nachlassverwalter bei unteilbaren Gegenständen zu klären, ob ein Nachlassbeteiligter diesen Gegenstand übernehmen möchte, ggf. gegen eine Ausgleichszahlung an den Nachlass. Kann keine Einigung hergestellt werden, kann der Nachlassverwalter zB Gegenstände veräußern, oder sie werden im Rahmen der Erbteilung zu Miteigentum übertragen (Kap. 23 § 3 ÄB; *Walin/Lind* zu 19:13). Die Veräußerung von Grundstücken ist nur mit Zustimmung aller Erben zulässig, die nur in Ausnahmefällen durch eine gerichtliche Erlaubnis ersetzt werden kann, und ua verweigert wird, wenn ein Erbe erklärt, das Grundstück übernehmen zu wollen (Kap. 19 § 13; *Walin/Lind* zu 19:3). Bei der Veräußerung von Grundstücken und Wertpapieren ist zu beachten, dass hierdurch Steuerschulden des Nachlasses entstehen (unten → Rn. 165 ff.), so dass entsprechende Mittel noch zurückgehalten werden sollten.

143 Ist ein Testament vorhanden und wirksam (oben → Rn. 65 ff.), sind vor der Auseinandersetzung eventuelle Legate/Vermächtnisse zu erfüllen (Kap. 22 § 1 ÄB).

144 **7. Nachlassinsolvenz (Nachlasskonkurs).** Wenn die Nachlassaktiva nicht zur Deckung der Verbindlichkeiten ausreichen und keine einvernehmliche Lösung gefunden wird, ist ein Nachlassinsolvenzverfahren durchzuführen. Da der Nachlass eine eigenständige insolvenzfähige juristische Person darstellt, greifen die allgemeinen Regelungen des schwedischen Insolvenzgesetzes (Konkurslag, KonkL); dies ist nicht ausdrücklich geregelt, ergibt sich aber indirekt ua aus Kap. 2 § 3 Abs. 2 und § 14 Ziff. 2 KonkL, die bestimmte Fragen des Nachlasskonkurses regeln).

145 Ist ein Nachlassverwalter ernannt, so soll er zunächst versuchen, einen Gesamtvergleich mit den Nachlassgläubigern abzuschließen. Erst wenn dies misslingt, muss er einen Insolvenzantrag stellen (Kap. 19 § 11 Abs. 2 ÄB, mit der Insolvenzeröffnung endet zugleich seine Ernennung als Nachlassver-

walter, Kap. 19 § 7 ÄB). Ebenso kann bei gemeinsamer Nachlassverwaltung einer der Erben Insolvenzantrag stellen. Ein Testamentsvollstrecker ist hierzu jedoch nicht befugt (oben → Rn. 123 aE).

Nach den allgemeinen Regeln können auch die Gläubiger des Verstorbenen jederzeit die Eröffnung eines Insolvenzverfahrens über den Nachlass beantragen (*Walin/Lind* zu 19:11 Abs. 2). Steht der Nachlass zu diesem Zeitpunkt unter Eigenverwaltung der Erben, können die Erben zunächst eine Insolvenzeröffnung abwenden, indem sie die Bestellung eines Nachlassverwalters beantragen. Wird ein solcher eingesetzt, wird der Insolvenzantrag wirkungslos (Kap. 2 § 14 Abs. 4 KonkL), da das Nachlassverfahrensrecht dem Nachlassverwalter die Pflicht zur geordneten Schuldenregulierung, ggf. durch Gesamtvergleich auferlegt, und damit zunächst die Gläubigerinteressen in einem günstigeren Verfahren als ausreichend geschützt angesehen werden (auch durch Schadensersatzverpflichtungen des Nachlassverwalters gegenüber den Gläubigern).

Wird ein Insolvenzverfahren durchgeführt, so wird die juristische Person des Nachlasses vollständig abgewickelt, da im Falle der Überschuldung keine an die Erben auskehrbaren Aktiva verbleiben.

8. Erbauseinandersetzung. a) Grundsatz: einvernehmliche Regelung durch die Erben; Alleinerbe. Als letzter Schritt wird der Nachlass auf die Erben verteilt *(lottläggning)*. Erst mit der konkreten Verteilung der Vermögensgegenstände fällt die Erbschaft bei den Erben an.

Vorrangig nehmen die Erben die konkrete Verteilung des Nachlasses und der Nachlassgegenstände selbst vor (Kap. 23 § 1 Abs. 1 ÄB; *Johansson*, Rz 154). Ist ein Nachlassverwalter bestellt, so muss dieser zuvor die Auseinandersetzungsreife den Erben *angezeigt* haben (Kap. 19 § 15 Abs. 1 ÄB; oben → Rn. 114).

Die Aufteilung des Nachlasses unter den Erben erfolgt in der Praxis so, dass zu einem Stichtag ein Auseinandersetzungsverzeichnis über alle nach Befriedigung der Verbindlichkeiten verbliebenen Nachlassgegenstände und deren aktuelle Werte erstellt wird (zu den im Einzelnen streitigen Fragen zur Bewertung der Nachlassgegenstände *Walin/Lind* zu 23:3). Anschließend werden die Erbquoten festgestellt. Sodann werden einzelne Vermögenswerte bei Einigkeit auf die Erbquoten verteilt, bis diese jeweils ausgefüllt sind. Einverständliche Abweichungen von einer Quotenteilung sind möglich (*Walin/Lind* zu 23:3).

Wenn nur *ein* – gesetzlicher oder testamentarischer – Erbe vorhanden ist, gilt der Erbanfall mit Abschluss und Registrierung des Nachlassverzeichnisses, bzw. beim testamentarischen Einzelerben mit dem Testament als erfolgt, die dann zugleich die Rechtsgrundlage für den Erwerb der einzelnen Vermögensgegenstände bilden (*Walin/Lind* zu 23:1). Es ist jedoch zu beachten, dass der Nachlass bis zur Befriedigung aller Verbindlichkeiten und der erfolgten Erfüllung von Vermächtnissen auch in den Händen des Alleinerben weiterhin eine eigenständige juristische Person darstellt, die erst mit der Auseinandersetzungsreife endet. Um eine vorzeitige Vermischung mit dem Privateigentum des Erben zu verhindern, können die Gläubiger des Nachlasses selbständig die Ernennung eines Nachlassverwalters beantragen, der dann die Abwicklung übernimmt (*Walin/Lind* zu 18:1 zur Verwaltung durch einen Nachlassbeteiligten). Enthält der Nachlass ein Grundstück, so kann und muss der Alleinerbe unter Vorlage des registrierten Nachlassverzeichnisses bzw. des Testamentes seine Eintragung im Grundbuch beantragen.

b) Zwangsweise Erbteilung. Können sich die Erben nicht über die Verteilung einigen, kann das Nachlassgericht auf Antrag einen besonderen Auseinandersetzungsbeauftragten ernennen (*skiftesman*; Kap. 23 § 5 ÄB; *Carsten*, Rz 60 aE). Ein bereits bestellter Nachlassverwalter oder Testamentsvollstrecker ist automatisch auch Auseinandersetzungsbeauftragter, es sei denn er oder sie ist zugleich selbst Nachlassbeteiligter (Kap. 23 § 5 ÄB; Kap. 17 § 1 Abs. 2 ÄktB, *Grauers*, S. 218; *Walin/Lind* zu 23:5).

Der Auseinandersetzungsbeauftragte, Nachlassverwalter bzw. Testamentsvollstrecker soll zunächst versuchen, Einigkeit unter den Erben herzustellen. Erst wenn sie seine Vorschläge verwerfen, kann er als letzte Lösung eine Zwangsteilung verfügen (Kap. 23 § 5 Abs. 2 ÄB iVm Kap. 17 § 6 Abs 2 ÄktB, *Grauers*, S. 218).

Bei der Zwangsteilung soll nach Möglichkeit jedem Nachlassbeteiligten ein gleicher Anteil an jeder Art von Gegenständen zukommen, soweit es sich um teilbare Gegenstände handelt, es denn, eine Aufteilung erscheint nicht sachgerecht, insbesondere wenn die Teilung zu einem Wertverlust führen würde. In diesen Fällen sollen die Gegenstände bzw. Vermögenswerte soweit möglich einem Erben zugewiesen werden; alternativ kommt ein Verkauf und eine gleichmäßige Verteilung des Erlöses in Frage. Dies gilt insbesondere auch bei Grundstücken, wenn eine Zuweisung von Miteigentumsanteilen an die Erben fortgesetztes Streitpotential zwischen ihnen mit sich führen würde. Eine andere Möglichkeit ist, geringwertigere Nachlassgegenständen durch Los auf die Erbteile zu verteilen (*Walin/Lind* zu 23:3).

c) Verbleib im ungeteilten Nachlass. Wenn unter den Erben hierüber Einigkeit besteht, können sie den Nachlass ohne Erbteilung weiter gemeinsam verwalten (als sog. *oskiftat bo*). Es handelt sich hierbei um ein eigenes Rechtsinstitut, das vom Gesellschaftsrecht zu unterscheiden ist (*Walin/Lind*, Einleitung zu Kap. 24).

In der Form des ungeteilten Nachlasses können beispielsweise Immobilien gemeinsam verwaltet oder Unternehmen gemeinsam fortgeführt werden. Dies ist ohne zeitliche Begrenzung möglich, allein für landwirtschaftliche Unternehmen wird in Kap. 18 § 7 ÄB eine Vier-Jahres-Frist für die Auseinandersetzung vorgeschrieben.

Die Einzelheiten der Verwaltung werden durch Vertrag zwischen den Erben geregelt. In Kap. 24 ÄB finden sich einige, in der Regel dispositive Vorschriften zu Verwaltung, Vertretung, Kündigungsmöglichkeiten, Erträgen, Wiederverheiratung oder Tod eines beteiligten überlebenden Ehegatten usw (näher *Walin/Lind* zu 24:1–6).

158 **9. Europäisches Nachlasszeugnis.** Das neue europäische Nachlasszeugnis (Art. 62 ff. EuErbVO) stellt eine erhebliche Erleichterung bei internationalen Erbfällen dar. Bislang erfüllte das schwedische Nachlassverzeichnis diese Funktion (oben → Rn. 135), was jedoch in anderen Staaten nicht immer anerkannt wurde.

159 Für die internationale Praxis relevant ist insbesondere die Möglichkeit, ein „erstes" europäisches Nachlasszeugnis zu beantragen, mit dem ein schwedischer Nachlassverwalter seine Vertretungsbefugnis für den Nachlass auch gegenüber ausländischen Behörden, Schuldnern, Banken uÄ nachweisen kann.

160 Ist die Abwicklung des Nachlasses durch Begleichung der Schulden und Verteilung auf die Erben abgeschlossen, kann ein europäisches Nachlasszeugnis beantragt werden, das dann die Verteilung einzelner Vermögensgegenstände auf die einzelnen Erben angibt und zB als Nachweis des Erwerbs für eine Grundbuchumschreibung dient (*Bergquist*, IAL S. 84 Rz 15; für das schwedische Grundbuch nunmehr ausdrücklich geregelt in Kap. 20 § 5 Abs. 1 Jordabalken).

161 Das europäische Nachlasszeugnis wird in Schweden durch die Steuerbehörde (Skatteverket) ausgestellt (Kap. 2 §§ 7 ff. IAL, *Bergquist*, IAL S. 79 ff. Rz 1 ff.).

IV. Erbschafts- und Einkommenssteuer

162 **1. Erbschaftssteuer.** Die Erbschaftssteuer ist, ebenso wie die Schenkungssteuer, seit dem 1.1.2005 in Schweden abgeschafft (zudem wurde diese Abschaffung retroaktiv anlässlich der sog. Tsunami-Katastrophe auf den 27. Dezember 2004 vorverlegt). Hierdurch wollte man hohe Steuern bei Vererbung von Grundstücken sowie bei Generationswechseln kleinerer Unternehmen vermeiden, außerdem sah man den Verwaltungsaufwand im Vergleich zu den Steuereinnahmen als recht hoch an (*Walin/Lind*, 5. Aufl. Einleitung zu Teil II S. 22).

163 **2. Steuerpflicht des Nachlasses.** Bis zur Auseinandersetzung besteht der Nachlass als Steuersubjekt und tritt an die Stelle des Erblassers. Der Nachlass übernimmt die Steuerpflicht des Erblassers und haftet zugleich für eigene steuerpflichtige Einkünfte. Dies wird in Kap. 4 des Einkommenssteuergesetzes (Inkomstskattelag, IL) klargestellt.

164 Die Steuerpflicht des Nachlasses umfasst insbesondere eventuelle Einkünfte aus gewerblicher Tätigkeit oder Kapital (Zinsen, Ausschüttungen etc.; Kap. 41 ff. IL). Zu beachten ist insbesondere die Gewinnsteuer auf Kapitalgewinne.

165 **3. Gewinnsteuer.** Bei schwedischen Erbfällen kann nach dem allgemeinen schwedischen Steuerrecht schwedische Einkommenssteuer auf sog. Kapitalgewinne anfallen, wenn nämlich ein zur Erbschaft gehörendes Grundstück oder Wertpapiere veräußert werden.

166 **a) Grundstücke.** Werden Grundstücke in Schweden veräußert, ist der sog. Realisationsgewinn steuerpflichtig. Dieser wird aus der Differenz zwischen den Anschaffungskosten des Erblassers (dem nominellen Kaufpreis, ohne Aufrechnung für Inflation und Geldentwertung!) und dem Verkaufserlös, abzüglich der Verkaufskosten sowie bestimmter werterhöhender Investitionen ermittelt (Kap. 44, 45 IL).

167 Wird das Grundstück erst durch den oder die Erben *nach der Erbauseinandersetzung* veräußert, so trifft die entsprechende Steuerpflicht den oder die Erben. Der Veräußerungsgewinn beträgt rd. 22,5 % der Differenz zwischen den Anschaffungskosten des Erblassers und dem Veräußerungserlös des Erben. Gerade bei Grundstücken mit langen Haltedauern können wegen der Geldentwertung und der allgemeinen Preisentwicklung hohe Steuerschulden entstehen, die den Veräußerungsgewinn erheblich schmälern.

168 **b) Wertpapiere.** Werden im Rahmen der Nachlassverwaltung Aktien oder Wertpapiere veräußert, um Schulden oder Kosten zu begleichen oder die Erbteilung zu erleichtern, so fällt beim Nachlass die übliche schwedische Gewinnsteuer auf die Wertsteigerung an (Kap. 42 IL). Vor einer Erbteilung sollten daher im Nachlass ausreichende Mittel zur Begleichung der entsprechenden Steuerschulden zurückbehalten werden.

169 **4. Besteuerung in Deutschland.** Wenn ein Erbe in Deutschland erbschaftssteuerpflichtig ist, etwa wegen seines dortigen dauerhaften Aufenthalts, unterliegt dessen Erbteil deutschem Erbschaftssteuerrecht, auch wenn und soweit er in Schweden belegen ist.

170 Wenn ein deutscher Erbe ein ererbtes schwedisches Grundstück verkauft, kann der sog. Realisationsgewinn (oben → Rn. 166) nach dem deutsch-schwedischen Doppelbesteuerungsabkommen (Art. 13 Nr. 1 DBA) auch in Schweden besteuert werden. Die so in Schweden gezahlte Steuer kann dann in Deutschland von der deutschen Einkommenssteuer für diese Vermögenswerte abgezogen werden (Art. 23 Nr. 1b) bb) DBA).

171 Deutsche Steuerbefreiungen, etwa bei der Einhaltung von Spekulationsfristen bezüglich Grundeigentum, haben aber keine Bedeutung für die schwedische Besteuerung etwa des Gewinns nach Verkauf eines in Schweden belegenen Grundstücks.

Länderbericht Schweiz

Übersicht

	Rn.		Rn.
I. Internationales Erbrecht (IPR)	1–31	d) Nutznießungsrecht des überlebenden Ehegatten gem. Art. 473 ZGB	114–117
1. Rechtsquellen	1	e) Entziehung des Pflichtteils	118–123
2. Bestimmung des anwendbaren Rechts	2–15	f) Pflichtteilsverzicht	124
a) Erbstatut	2–10	5. Willensvollstreckung und sonstige Formen der Erbschaftsverwaltung	125–133
b) Verfügungen von Todes wegen	11–13	a) Allgemeines	125
c) Ordre public und zwingendes Recht	14/15	b) Willensvollstreckung	126–130
3. Internationale Zuständigkeit	16–23	c) Erbschaftsverwalter und Erbenvertreter	131–133
a) Grundsatz: Wohnsitzzuständigkeit	16	6. Erbschaftserwerb, Erbengemeinschaft und Erbauseinandersetzung	134–161
b) Heimatzuständigkeit	17–19	a) Eröffnung des Erbgangs	134
c) Belegenheitszuständigkeit	20/21	b) Erwerb der Erbschaft	135–146
d) Sonstige Zuständigkeitsgründe	22	c) Erbengemeinschaft	147/148
e) Sichernde Maßnahmen	23	d) Erbauseinandersetzung	149–161
4. Anerkennung und Vollstreckung ausländischer Entscheidungen	24–31	7. Erbenhaftung	162–178
a) Allgemeines	24	a) Erblasserschulden	162
b) Sachlicher Anwendungsbereich	25	b) Erbgangsschulden	163
c) Anerkennungsvoraussetzungen und -hindernisse	26–29	c) Erbenschulden	164
d) Verfahren	30	d) Haftung nach Teilung des Nachlasses	165
e) Wirkungen	31	e) Erbrechtlicher Gläubigerschutz	166–169
II. Materielles Recht	32–178	f) Möglichkeiten der Haftungsbeschränkung	170–178
1. Rechtsquellen	32	III. Nachlassverfahrensrecht	179–188
2. Gesetzliche Erbfolge	33–48	1. Zuständigkeit und Verfahren im Allgemeinen	179
a) Allgemeines	33	2. Testamentseröffnung	180–183
b) Gesetzliches Erbrecht der Verwandten	34–37	a) Einlieferung	180
c) Gesetzliches Erbrecht des Ehegatten	38–47	b) Eröffnung	181
d) Erbrecht des Gemeinwesens	48	c) Mitteilung an die Beteiligten	182
3. Gewillkürte Erbfolge	49–107	d) Erbverträge	183
a) Allgemeines	49/50	3. Erbenbescheinigung	184–186
b) Grundsatz der Höchstpersönlichkeit	51	a) Verfahren	184
c) Letztwillige Verfügung, Testament	52–96	b) Inhalt	185
d) Erbvertrag	97–105	c) Wirkung	186
e) Rechtsgeschäfte unter Lebenden auf den Todesfall	106	4. Sonstige Sicherungsmaßregeln	187
f) Nachfolge- und Abfindungsklauseln in Gesellschaftsverträgen	107	5. Erbschaftsklage	188
4. Pflichtteilsrecht	108–124	IV. Erbschaftsteuer	189–200
a) Allgemeines	108	1. Steuerhoheit	190/191
b) Pflichtteilsberechtigte Personen und Höhe des Pflichtteils	109/110	2. Interkantonales Steuerrecht	192
c) Durchsetzung des Pflichtteils	111–113	3. Steuerarten	193
		4. Steuersubjekte	194–196
		5. Steuerobjekt	197
		6. Steuermaß	198
		7. Doppelbesteuerungsabkommen	199/200

Literatur: Übergreifendes Schrifttum: *Bürgi*, Internationales Erbrecht Schweiz, 3. Aufl. 2017; *Lorenz* in Ferid/Firsching/Dörner/Hausmann (Hrsg.), Internationales Erbrecht, Bd. VII, Schweiz, Stand: 1.12.2002; *Wachter* in Flick/Piltz (Hrsg.), Der internationale Erbfall, 2. Aufl. 2008, 263–276; *Ivens*, Internationales Erbrecht, 2006, 177–182, 385–399; *Pfeiffer*, Nachlassplanung deutsch-schweizerischer Ehepaare, 2011; *Schneider*, Die Nachlaßabwicklung deutsch-schweizerischer Erbfälle in Deutschland und in der Schweiz, 1997; *Stober*, Der deutsch-schweizerische Erbfall, 2009; *Süß* in Kroiß/Ann/Mayer (Hrsg.), NomosKommentar BGB, Bd. 5, Erbrecht, Schweiz, 5. Aufl. 2018, 2046–2059; *Wolf/Dorjee-Good* in Süß (Hrsg.), Erbrecht in Europa, 3. Aufl. 2015, 1141–1199; Handelskammer Deutschland-Schweiz, Erbschaftsratgeber Deutschland-Schweiz, 2018. **IPR:** BSK IPR: Honsell/Vogt/Schmyder/Berti (Hrsg.), Basler Kommentar: Internationales Privatrecht, 3. Aufl. 2013; *Bucher*, Droit international privé suisse, Tome II: Personnes, Famille, Successions, 1992; HandKomm SchweizPrivatR: Furrer/Girsberger/Müller-Chen (Hrsg.), Handkommentar zum Schweizer Privatrecht: Internationales Privatrecht, 3. Aufl. 2016; *Dutoit*, Droit international privé suisse: Commentaire de la loi fédérale du 18 décembre 1987, 5. Aufl. 2016; Knoepfler/Schweizer/Othenin-Girard, Droit international privé suisse, 3. Aufl. 2005; *Kren Kostkiewicz*, Grundriss des schweizerischen Internationalen Privatrechts, 2012; *Patocchi/Geisinger*, Internationales Privatrecht, 2000; Schnyder/Liatowitsch, Internationales Privat- und Zivilverfahrensrecht, 4. Aufl. 2017; *Siehr*, Das Internationale Privatrecht der Schweiz, 2002; ZüKoIPRG: Girsberger/Heini/Keller/Kren Kostkiewicz/Siehr/Vischer/Volken (Hrsg.), Zürcher Kommentar zum IPRG, 2. Aufl. 2004. **Materielles Recht:** BSK ZGB II: Honsell/Vogt/Geiser (Hrsg.), Basler Kommentar: Zivilgesetzbuch II, Art. 457–977 ZGB, Art. 1–61 SchlT ZGB, 5. Aufl. 2015; BernKomm: Hausheer/Walter (Hrsg.), Berner Kommentar zum schweizerischen Privatrecht, Bd. III: Art. 457–516 (2009), Art. 517–518 (2011); Art. 457–536 (1952, Nachdruck 1973), Art. 537–640 (1957–1973, Nachdruck 1984), Art. 626–632 (2004); Breitschmid/Eitel/Fankhauser/Geiser/Jungo, Erbrecht, 3. Aufl. 2016; HandKomm SchweizPrivatR: Breitschmid/Jungo (Hrsg.), Handkommentar zum Schweizer Privatrecht: Erbrecht, 3. Aufl. 2016; *Druey*, Grundriss des Erbrechts, 5. Aufl. 2002; *Druey/Breitschmid*: Güter- und erbrechtliche Planung, 1999; Gui-

nand/Stettler/Leuba, Droit des successions (art. 457–640 CC), 6. Aufl. 2005; OFK: KUKO: *Büchler/Jakob* (Hrsg.), Kurzkommentar ZGB, 2. Aufl. 2018; *Kren Kostkiewicz/Wolf/Amstutz/Fankhauser* (Hrsg.), ZGB Kommentar, 3. Aufl. 2016; *Piotet,* Schweizerisches Privatrecht: Erbrecht, Bd. IV/1 (1978) und IV/2 (1981), Nachtrag 1986; Prax-Komm: *Abt/Weibel* (Hrsg.), Praxiskommentar Erbrecht, 3. Aufl. 2015; *Steinauer,* Le droit des successions, 2. Aufl. 2015; Tuor ZGB: *Tuor/Schnyder/Schmid/Jungo,* Das Schweizerische Zivilgesetzbuch, 14. Aufl. 2015, 613–812; *Wolf/ Genna,* Schweizerisches Privatrecht: Erbrecht, Bd. IV/1, 2012, Bd. IV/2, 2015; *Wolf/Hrubesch-Millauer,* Grundriss des schweizerischen Erbrechts, 2017; ZüKoZGB: *Gauch/Schmid* (Hrsg.), Zürcher Kommentar zum Schweizerischen Zivilgesetzbuch, Bd. III: Art. 457–536 (1959), Art. 537–640 (1960, Ergänzungslieferung 1975). **Internet:** www.successio.ch.
Gesetzestexte abrufbar unter *https://www.admin.ch.*

I. Internationales Erbrecht (IPR)

1 **1. Rechtsquellen.** Das internationale Privatrecht ist zusammen mit dem internationalen Verfahrensrecht geregelt im **IPRG** (Bundesgesetz über das Internationale Privatrecht v. 18.12.1987). Speziell das Erbrecht betreffen die Art. 86–96 IPRG. Für Erbfälle, die sich vor Inkrafttreten des IPRG am 1.1.1989 ereignet haben, gelten gem. Art. 196 I IPRG die Vorschriften des bis dahin geltenden NAG (Bundesgesetz betr. die zivilrechtlichen Verhältnisse der Niedergelassenen und Aufenthalter v. 25.6.1891). – Gegenüber dem im IPRG geregelten autonomen internationalen Privat- und Verfahrensrecht vorrangig zu beachten sind **völkerrechtliche Verträge** (Art. 1 II IPRG). Was die Bestimmung des Erbstatuts anbelangt, bestehen Staatsverträge mit kollisionsrechtlichen Regelungen im Verhältnis zu Griechenland, Großbritannien, dem Iran, Italien, Portugal und den USA (näher BSK IPR/*Schnyder/Liatowitsch* Art. 86 Rn. 24–33, Art. 90 Rn. 26–33). Im Verhältnis zu Deutschland bestehen keine vorrangig anwendbaren Staatsverträge. Das Luganer Übereinkommen über die gerichtliche Zuständigkeit und die Anerkennung und Vollstreckung von Entscheidungen in Zivil- und Handelssachen (v. 30.10.2007, Nachfolger des Abkommens v. 16.9.1988) findet nach seinem Art. 1 II lit. a auf dem Gebiet des Erbrechts keine Anwendung. Insofern kommt daher noch das deutsch-schweizerische Abkommen über die gegenseitige Anerkennung und Vollstreckung von gerichtlichen Entscheidungen und Schiedssprüchen v. 2.11.1929 (RGBl. 1930 II S. 1066) zur Anwendung. Vgl. *Geimer/Schütze* (Hrsg.), Internationaler Rechtsverkehr in Zivil- und Handelssachen, Bd. IV, Stand: 1978, Nr. 660 mit Erl. von *Müller.*

2 **2. Bestimmung des anwendbaren Rechts. a) Erbstatut. aa) Objektive Anknüpfung.** In Ermangelung einer Rechtswahl des Erblassers wird das Erbstatut in der Schweiz grds. an den **letzten Wohnsitz des Erblassers** angeknüpft (Art. 90 I, 91 I IPRG). Damit herrscht Parallelität zur Anknüpfung der Zuständigkeit in Art. 86 I IPRG (→ Rn. 16). Gem. Art. 20 I lit. a IPRG hat eine natürliche Person ihren Wohnsitz in dem Staat, in dem sie sich mit der Absicht dauernden Verbleibens aufhält. Auch wenn der Wohnsitzbegriff danach objektive wie subjektive Elemente vereinbart, wird er doch nach der Rspr. verobjektiviert, indem sie darauf abstellt, „ob die Person den Ort, an dem sie weilt, in einer für Dritte erkennbaren Weise zum Mittelpunkt ihrer Lebensinteressen gemacht hat oder zu machen beabsichtigt. Dieser Mittelpunkt ist regelmäßig dort zu suchen, wo die familiären Interessen und Bindungen am stärksten lokalisiert sind" (BGE 119 II 64 (65)). Auch wenn der Wohnsitz iSd IPRG kraft ausdrücklicher gesetzlicher Anordnung in Art. 20 I 3 IPRG autonom gegenüber dem Wohnsitzbegriff des ZGB zu bestimmen ist, ist doch anerkannt, dass zumindest auf die zu Art. 23 ZGB entwickelten Grundsätze auch im Rahmen des IPRG zurückgegriffen werden kann (BGE 120 III 7 (8)). Eine Person kann jeweils nur einen Wohnsitz iSd IPRG haben (Art. 20 II 1 IPRG). Kann ein Wohnsitz im obigen Sinne nicht festgestellt werden, so ist hilfsweise an den gewöhnlichen Aufenthalt anzuknüpfen (Art. 20 II 2 IPRG).

3 Das so bestimmte Erbstatut gilt grds. für die gesamte, wo auch immer belegenen Nachlass; es herrscht somit kollisionsrechtliche **Nachlasseinheit.** Zweifelhaft ist, ob sich in kollisionsrechtlicher Hinsicht eine Ausnahme aus Art. 86 II IPRG ergibt, der gegenüber der allgemeinen Wohnsitzzuständigkeit die Zuständigkeit des Staates vorbehält, der für **Grundstücke** auf seinem Gebiet die ausschließliche Zuständigkeit vorsieht (→ Rn. 20). Damit ist zunächst zwar nur die internationale Zuständigkeit angesprochen, doch wird in dieser Regelung stillschweigend vorausgesetzt, dass der betreffende Staat dann regelmäßig auch kollisionsrechtlich sein eigenes Recht für anwendbar erklären wird. Einem solchen Regelungsanspruch des ausländischen Rechts gibt das schweizerische Kollisionsrecht nach (BSK IPR/ *Schnyder/Liatowitsch* Art. 86 Rn. 18, Art. 90 Rn. 5). Auf **deutsche Grundstücke** findet Art. 86 II IPRG keine Anwendung, da Deutschland insofern keine ausschließliche Zuständigkeit in Nachlasssachen in Anspruch nimmt; vgl. auch Süß ErbR/*Wolf/Dorjee-Good* Rn. 9, 38.

4 Ein **Erblasser mit letztem Wohnsitz in der Schweiz** wird somit gem. Art. 90 I IPRG nach schweizerischem Recht beerbt. Bei einem **Erblasser mit letztem Wohnsitz außerhalb der Schweiz** unterliegt der Nachlass gem. Art. 91 I IPRG dem Recht, auf welches das Kollisionsrecht des Wohnsitzstaates verweist. Damit ist einer Rück- oder Weiterverweisung durch das IPR des Wohnsitzstaates Folge zu leisten (vgl. Art. 14 I IPRG). Anders als im deutschen IPR (Art. 4 I 2 EGBGB) findet sich im Schweizer IPR allerdings keine Regelung, wie mit einer etwaigen Rückverweisung auf Schweizer Recht umzugehen ist. Teilweise will man auch in der Schweiz die Rückverweisung beim eigenen Recht abbrechen (BSK IPR/ *Schnyder/Liatowitsch* Art. 91 Rn. 6), teilweise folgt man aber auch der sog. „foreign-court theory", der zufolge der Abbruch der Verweisung genauso wie im erstberufenen ausländischen Staat zu erfolgen hat (*Siehr* SchweizIPR S. 165f.).

5 Daraus ergibt sich im **Verhältnis zu Deutschland:** Die schweizerische Anknüpfung an den Wohnsitz wird in den meisten Fällen mit der Anknüpfung an den **gewöhnlichen Aufenthalt** gem. Art. 21 I EuErbVO übereinstimmen; in Grenzfällen sind allerdings Unterschiede in der Handhabung der jeweiligen

Anknüpfungspunkte möglich; dazu insb. *Bürgi*, Internationales Erbrecht Schweiz, 3. Aufl. Rn. 773 f.; *Bonomi/Öztürk* ZVglRWiss 114 (2015), 13 f., 31 f.; vgl. auch, unter dem besonderen Blickwinkel des „Demenztourismus", *Zimmer/Oppermann* ZEV 2016, 126 ff. – Die (allenfalls sehr zurückhaltend anzuwendende) **Ausweichklausel** des Art. 21 II EuErbVO findet ein Gegenstück in Art. 15 IPRG. – Weiterführendes **Schrifttum** zur Bestimmung des Erbstatuts im Verhältnis der Schweiz zu den Mitgliedstaaten der EuErbVO: *Bonomi/Öztürk* ZVglRWiss 114 (2015), 4–39; *Grun Meyer/Sprecher* ZBGR 2015, 145–157; *Kalt/Uhl* in: *Fahrländer/Heizmann* (Hrsg.), Europäisierung der schweizerischen Rechtsordnung, Zürich 2013, 103–133; *Leu* SJZ 2016, 441–449; *Picht* FS Coester-Waltjen 2015, 619–629; *Schwander* AJP/PJA 2014, 1084–1103; *Weiss/Bigler* successio 2014, 163 ff.; weiteres, insb. schweizerisches, Schrifttum bei *Breitschmid* ZEV 2016, 145. Zu anstehenden Anpassungen des IPRG an die EuErbVO *Breitschmid/Zencirkiran* ZEV 2018, 328; *Girsberger/Trüten* SJZ 2018, 108 f. Zur Rechtslage in deutschschweizerischen Erbfällen vor Inkrafttreten der EuErbVO näher Voraufl. Rn. 4 ff.

Für **Schweizer mit letztem Wohnsitz im Ausland** können sich kollisionsrechtliche Besonderheiten 6 aus Art. 91 II iVm Art. 87 IPRG ergeben: Sofern nämlich gem. Art. 87 IPRG eine Heimatzuständigkeit der schweizerischen Gerichte besteht, führt diese grds. (dh sofern der Erblasser nicht ausdrücklich die Anwendung seines Wohnsitzrechts vorbehalten hat) gem. Art. 91 II IPRG zur Anwendung schweizerischen Erbrechts. Die Regel greift aber eben nur ein, sofern eine schweizerische Zuständigkeit gem. Art. 87 IPRG besteht. Im **Verhältnis zu Deutschland** ergibt sich jedenfalls keine Zuständigkeit aus Art. 87 I IPRG (→ Rn. 18). In Betracht kommt also allenfalls eine Zuständigkeit nach Art. 87 II IPRG, die aber eine entsprechende Anordnung des Erblassers erfordert (→ Rn. 9, 19). Für die objektive Anknüpfung des Erbstatuts in deutsch-schweizerischen Fällen bleibt es sonst beim Grundsatz des Art. 91 I IPRG.

bb) **Rechtswahl.** Auch für die Rechtswahl unterscheidet das Schweizer IPR zwischen Erblassern mit 7 Wohnsitz in der Schweiz (Art. 90 II IPRG) und solchen mit Wohnsitz in einem anderen Staat (Art. 91 II iVm Art. 87 IPRG). Die Rechtswahl bezieht sich im Zweifel auf das betreffende Sachrecht und ist unabhängig davon gültig, ob sie auch nach dem IPR der gewählten Rechtsordnung gültig wäre (*Siehr* SchweizIPR S. 163). In beiden Fällen wird die Rechtswahl durch letztwillige Verfügung oder Erbvertrag getroffen. Soweit die Formerfordernisse eingehalten sind, kann die Rechtswahl aber auch stillschweigend getroffen werden (BGE 125 III 35).

Ein **ausländischer Erblasser mit letztem Wohnsitz in der Schweiz** kann gem. Art. 90 II IPRG eines 8 seiner Heimatrechte als Erbstatut wählen. Bei einem Mehrstaater kommt es nicht darauf an, ob das gewählte Recht das seiner „effektiven" Staatsangehörigkeit iSd Art. 23 II IPRG ist. Besitzt der Erblasser neben einer ausländischen auch die schweizerische Staatsangehörigkeit, so schließt diese jedoch die Eigenschaft als Ausländer und damit die Rechtswahl gem. Art. 90 II IPRG aus. Die Rechtswahl kann nur einheitlich für den gesamten Nachlass getroffen werden, erfasst dann aber auch Schweizer Grundvermögen (BSK IPR/*Schnyder/Liatowitsch* Art. 90 Rn. 14–17). – Eine entsprechende Wahlmöglichkeit zugunsten des Heimatrechts besteht grundsätzlich auch **aus deutscher/europäischer Sicht** gem. Art. 22 EuErbVO. Wählt ein Deutscher mit gewöhnlichem Aufenthalt bzw. Wohnsitz in der Schweiz sein Heimatrecht, so wird die Erbfolge in beiden Staaten folglich übereinstimmend nach deutschem Recht beurteilt. Etwas anderes gilt jedoch, wenn der Erblasser die gewählte Staatsangehörigkeit später verliert: Nach Art. 22 I 1 EuErbVO bleibt nämlich die Gültigkeit der Rechtswahl unberührt, während sie nach Art. 90 II 2 IPRG ungültig wird. Unterschiede ergeben sich ferner bei deutsch-schweizerischen Doppelstaatern: Ein solcher kann gem. Art. 22 I 2 EuErbVO unabhängig davon, wo er seinen gewöhnlichen Aufenthalt hat, deutsches oder schweizerisches Recht wählen. Für einen schweizerischen Doppelstaater mit letztem Wohnsitz in der Schweiz erklärt demgegenüber Art. 90 II 2 IPRG die Wahl deutschen Rechts für ungültig.

Ein **Schweizer Erblasser mit letztem Wohnsitz im Ausland** kann gem. Art. 87 II IPRG iVm Art. 91 9 II IPRG sein in der Schweiz belegenes Vermögen oder seinen gesamten Nachlass dem schweizerischen Recht unterstellen. Auch hieraus ergibt sich also die Möglichkeit, vom Wohnsitzprinzip des Art. 91 I IPRG durch Rechtswahl auf das schweizerische Heimatrecht des Erblassers auszuweichen. Hier ist (anders als bei Art. 90 I IPRG) auch eine auf den Schweizer Nachlass beschränkte Rechtswahl möglich. Das Zusammenspiel von Art. 87 II und Art. 91 II IPRG ist diffizil: Gem. Art. 87 II IPRG kann der Erblasser den betreffenden Nachlass *entweder* der schweizerischen Zuständigkeit *oder* dem schweizerischen Recht unterstellen. Im ersteren Fall führt dies über Art. 91 II IPRG zur Anwendung schweizerischen Rechts (sofern der Erblasser nicht ausdrücklich die Anwendung seines Wohnsitzrechts vorbehalten hat, also *allein* eine schweizerische Zuständigkeit begründen wollte); im letzteren Fall begründet an sich schon Art. 87 II IPRG selbst die kollisionsrechtliche Wählbarkeit schweizerischen Rechts und zugleich auch die Zuständigkeit der Schweizer Gerichte (→ Rn. 19). – Auch **aus deutscher/europäischer Sicht** kann ein hier ansässiger Schweizer gem. Art. 22 EuErbVO sein Heimatrecht wählen, jedoch nur für den gesamten Nachlass. Die nach schweizerischem IPR in einem solchen Fall mögliche Wahl Schweizer Rechts allein für den in der Schweiz belegenen Nachlass ist unzulässig. Die Teilrechtswahl wäre also aus unserer Sicht unwirksam, so dass der gesamte Nachlass nach dem Recht des letzten gewöhnlichen Aufenthalts vererbt würde (Art. 21 I EuErbVO). Aus schweizerischer Sicht käme es dagegen zur Nachlassspaltung: der schweizerische Nachlass würde nach Schweizer Recht, der übrige Nachlass nach dem deutschen Wohnsitzrecht des Erblassers vererbt.

cc) **Umfang des Erbstatuts.** Hinsichtlich des Geltungsbereichs des Erbstatuts ist gem. Art. 92 IPRG 10 eine Abgrenzung zu dem auf die Nachlassabwicklung anwendbaren „Eröffnungsstatut" erforderlich.

120 Schweiz

Dem **Erb- oder Erbfolgestatut** unterliegt gem. Art. 92 I IPRG, was zum Nachlass gehört, wer in welchem Umfang daran berechtigt ist, wer die Schulden des Nachlasses trägt, welche Rechtsbehelfe und Maßnahmen zulässig sind und welche Voraussetzungen hierfür gegeben sein müssen. Demgegenüber richtet sich gem. Art. 92 II IPRG die Durchführung der einzelnen Maßnahmen nach dem Recht am Ort der zuständigen Behörde, also der jeweiligen lex fori. Diesem sog. **Eröffnungsstatut** unterstehen namentlich die sichernden Maßnahmen und die Nachlassabwicklung mit Einschluss der Willensvollstreckung. Die genaue Abgrenzung zwischen Erbstatut und Eröffnungsstatut kann iE zweifelhaft sein, doch besteht eine gewisse Tendenz zu extensiver Bestimmung des Erbstatuts. So sollen etwa Erbgang und Erbschaftserwerb nebst Annahme und Ausschlagung der Erbschaft grds. dem Erbstatut unterliegen, die *Form* der Annahme oder Ausschlagung aber dem Eröffnungsstatut (BSK IPR/*Schnyder/Liatowitsch* Art. 92 Rn. 5, 8). Selbst für die in Art. 92 II 2 IPRG ausdrücklich dem Eröffnungsstatut unterstellte Willensvollstreckung wird dies wohl überwiegend auf formelle, verfahrensrechtliche Aspekte beschränkt, während „inhaltliche Aspekte", also insbes. die rechtlichen Befugnisse des Willensvollstreckers, dem Erbstatut unterworfen bleiben sollen (BSK IPR/*Schnyder/Liatowitsch* Art. 92 Rn. 5, 8 mwN; aM [generelle Anwendung des Eröffnungsstatuts] ZüKoIPRG/*Heini* Art. 92 Rn. 21). Soweit das Schweizer IPR für das Eröffnungsstatut auf die lex fori verweist, können sich wiederum Unterschiede zur EuErbVO ergeben, die diese Fragen zum Teil dem Erbstatut unterstellt (vgl. Art. 23 II lit. e und f EuErbVO). Hieraus kann sich bei Erblassern mit letztem gewöhnlichem Aufenthalt in der Schweiz eine Rückverweisung auf deutsches Recht ergeben (vgl. auch, zum früheren IPR, *Roth* IPRax 1991, 322 (323 f.) zu BayObLG NJW-RR 1990, 906). Sonderanknüpfungen gelten ferner für **Verfügungen von Todes wegen** hinsichtlich der Form und der Verfügungsbefugnis (→ Rn. 11 ff.).

11 **b) Verfügungen von Todes wegen. aa) Form.** Gem. Art. 93 IPRG gilt für die Form von letztwilligen Verfügungen das Haager Übereinkommen v. 5.10.1961 über das auf die Form letztwilliger Verfügungen anzuwendende Recht, dem auch Deutschland beigetreten ist. Insofern kann auf die Rechtslage in Deutschland verwiesen werden (beachte jedoch ergänzend Art. 26 I EGBGB). Zu beachten ist, dass die Schweiz einen Vorbehalt gem. Art. 10 des Übereinkommens erklärt hat: Demnach kann ein Schweizer Erblasser, der keine andere Staatsangehörigkeit besitzt und sich nicht in einer Notsituation befindet (vgl. insofern Art. 506 ZGB, → Rn. 66), kein mündliches Testament errichten. Art. 93 II IPRG erstreckt die Kollisionsnormen des Übereinkommens auf die Form anderer Verfügungen von Todes wegen, insbes. auf Erbverträge (vgl. Art. 95 IV IPRG). In Deutschland kommt insofern Art. 27 EuErbVO zur Anwendung.

12 **bb) Verfügungsfähigkeit.** Gem. Art. 94 IPRG kann eine Person von Todes wegen verfügen, wenn sie im Zeitpunkt der Verfügung nach dem Recht am Wohnsitz oder am gewöhnlichen Aufenthalt oder nach dem Recht eines ihrer Heimatstaaten verfügungsfähig ist. Nach herrschender Auffassung handelt es sich hierbei um eine Sachnormverweisung (BSK IPR/*Schnyder/Liatowitsch* Art. 94 Rn. 2 mwN; aM ZüKoIPRG/*Vischer* Art. 35 Rn. 15).

13 **cc) Erbverträge und gegenseitige Verfügungen von Todes wegen.** Eine Sonderregelung für Erbverträge und gegenseitige Verfügungen von Todes wegen enthält Art. 95 IPRG. Vorbehalten bleiben nach dessen Abs. 4 jedoch zunächst die Regelungen über die Form (Art. 93 IPRG, → Rn. 11) und die Verfügungsfähigkeit (Art. 94 IPRG, → Rn. 12). Für den **einseitigen Erbvertrag** verweist Art. 95 I IPRG iÜ auf das Wohnsitzrecht des Erblassers zur Zeit des Vertragsschlusses. Ein späterer Wohnsitzwechsel hat somit keine Auswirkungen auf das für den Erbvertrag maßgebliche Statut. Da es hier um das hypothetische Erbstatut bei Vertragsabschluss geht, sollte man auch ohne ausdrückliche gesetzliche Anordnung die Verweisung auf das Wohnsitzrecht als Kollisionsnormverweisung verstehen (BSK IPR/*Schnyder/Liatowitsch* Art. 95 Rn. 1). Der Erblasser kann gem. Art. 95 II IPRG wiederum sein Heimatrecht als Erbvertragsstatut für den ganzen Nachlass bestimmen. Das Erbvertragsstatut regelt die den Erbvertrag betreffenden Fragen umfassend und bestimmt damit insbes. über dessen Zulässigkeit, Bindungswirkung und erbrechtliche Wirkungen (ZüKoIPRG/*Heini* Art. 95 Rn. 1). IÜ bleibt es bei der Maßgeblichkeit des gem. Art. 90 f. IPRG bestimmten Erbstatuts. **Zweiseitige Erbverträge** und **gegenseitige Verfügungen von Todes wegen** im Allgemeinen müssen gem. Art. 95 III IPRG dem Wohnsitzrecht jedes Verfügenden oder dem von ihnen gewählten gemeinsamen Heimatrecht entsprechen. Dies gilt auch für wechselbezügliche Verfügungen in korrespektiven Testamenten (→ Rn. 49, 91). Zwar sind solche Verfügungen (außerhalb des Erbvertrags) dem schweizerischen Erbrecht unbekannt, sie widersprechen jedoch grds. nicht dem schweizerischen ordre public (→ Rn. 14) und werden somit anerkannt, wenn sie nach dem Erbvertragsstatut gültig sind.

14 **c) Ordre public und zwingendes Recht.** Gem. Art. 17 IPRG ist die Anwendung von Bestimmungen eines ausländischen Rechts ausgeschlossen, wenn sie zu einem Ergebnis führen würde, das mit dem schweizerischen **ordre public** unvereinbar ist. Die Handhabung der Vorbehaltsklausel entspricht grds. derjenigen in Deutschland (Art. 6 EGBGB bzw. nunmehr Art. 35 EuErbVO): Die Regelung ist als Ausnahmeklausel eng und zurückhaltend anzuwenden; entscheidend ist nicht die abstrakte Überprüfung eines ausländischen Rechtssatzes am Maßstab der schweizerischen Werteordnung, sondern dass das konkrete Ergebnis seiner Anwendung im Einzelfall dieser Ordnung widerspricht. Erforderlich für das Eingreifen des ordre public ist ferner ein hinreichender Binnenbezug des Sachverhalts (zum Ganzen etwa *Siehr* SchweizIPR S. 598–608). Zum Eingreifen des ordre public gegenüber dem islamischen Erbverbot der Religionsverschiedenheit BGE 143 III 51. **Kein** Verstoß gegen den schweizerischen ordre public liegt

etwa in der Versagung von Pflichtteilsrechten (→ Rn. 108 ff.) durch ein ausländisches Erbstatut (BGE 102 II 136 (139 f.); differenzierend BSK IPR/*Schnyder/Liatowitsch* Art. 90 Rn. 19).

Gem. Art. 18 IPRG bleiben Bestimmungen des schweizerischen Rechts vorbehalten, die, unabhängig 15 von dem durch das IPRG bezeichneten Recht, **wegen ihres besonderen Zwecks zwingend anzuwenden** sind. Gemeint sind Normen, die wegen der von ihnen verfolgten Gemeinwohlinteressen (insbes. staats-, wirtschafts- oder sozialpolitische Zwecke) als so wichtig erachtet werden, dass sie unabhängig vom jeweils anwendbaren Erbstatut auf die von ihnen erfassten Sachverhalte anzuwenden sind („positiver" **ordre public, Eingriffsnormen**). Auf dem Gebiet des Erbrechts kann die Abgrenzung zum ("negativen") ordre public gem. Art. 17 IPRG im Einzelfall zweifelhaft sein, ist aber für die Entscheidung iErg regelmäßig nicht entscheidend. Über Art. 18 IPRG zu erfassen sind insbes. die Bestimmungen des **Bundesgesetzes über den Erwerb von Grundstücken durch Personen im Ausland** v. 16.12.1983, das den Erwerb von Schweizer Grundstücken durch Ausländer in bestimmten Fällen einer behördlichen Bewilligung unterwirft (Text bei FFDH IntErbR, Schweiz, Texte II Nr. 10; Bürgi, Internationales Erbrecht Schweiz, 3. Aufl. 2017, Rn. 1184–1195), sowie des **bäuerlichen Bodenrechts** (→ Rn. 161).

3. Internationale Zuständigkeit. a) Grundsatz: Wohnsitzzuständigkeit. Die internationale Zustän- 16 digkeit schweizerischer Gerichte und Behörden auf dem Gebiet des Erbrechts bestimmt sich gem. Art. 86 I IPRG grds. nach dem letzten Wohnsitz des Erblassers. Zugleich bestimmt diese Vorschrift auch die interkantonale und die örtliche Zuständigkeit. Der Wohnsitz des Erblassers bestimmt sich nach Art. 20 IPRG (→ Rn. 2). Die Zuständigkeit der Wohnsitzgerichte erstreckt sich grds. auf den gesamten in- und ausländischen Nachlass (zur Ausnahme gem. Art. 86 II IPRG → Rn. 3, 20). Auch in zuständigkeitsrechtlicher Hinsicht besteht Nachlasseinheit (zur kollisionsrechtlichen Seite → Rn. 3). Damit kommt es in der Schweiz grds. zu einem Gleichlauf von internationaler Zuständigkeit und anwendbarem Recht. Sachlich erfasst Art. 86 IPRG sowohl die freiwillige als auch die streitige Gerichtsbarkeit in Nachlasssachen einschließlich der güterrechtlichen Auseinandersetzung im Falle des Todes eines Ehegatten (Art. 51 lit. a IPRG) und der Ansprüche von Nachlassgläubigern im Rahmen einer behördlich organisierten Nachlassabwicklung.

b) Heimatzuständigkeit. Art. 87 IPRG regelt die Zuständigkeit schweizerischer Gerichte und Behör- 17 den, wenn der Erblasser **Schweizer Bürger mit letztem Wohnsitz im Ausland** war. Zur Anwendbarkeit des Art. 87 IPRG genügt es, wenn der Erblasser zumindest auch Schweizer Staatsbürger war (Art. 23 I IPRG).

Gem. Art. 87 I IPRG sind Schweizer Gerichte und Behörden zunächst zuständig, **soweit sich die aus-** 18 **ländische Behörde mit dem Nachlass nicht befasst**. Dies hängt davon ab, ob der betreffenden Behörde nach ihrem Recht hinsichtlich des Nachlasses eine internationale Zuständigkeit zukommt. Im **Verhältnis zu Deutschland** wird Art. 87 I IPRG regelmäßig nicht zum Tragen kommen: Bei in *Deutschland* ansässigen Schweizern besteht eine Zuständigkeit deutscher Gerichte gem. Art. 4 EuErbVO. War der Erblasser in einem *anderen Mitgliedstaat* ansässig, unterliegt der deutsche Nachlass aus unserer Sicht (Art. 4 EuErbVO) der Zuständigkeit dieses Staates. Da sich die Zuständigkeit des Aufenthaltsstaates auf den deutschen Nachlass erstreckt, dürfte sie gleichfalls von Art. 87 I IPRG zu respektieren sein (Bonomi/Öztürk ZVglRWiss 114 (2015), 4 (15)). War der Erblasser in einem *Nicht-Mitgliedstaat* (außer der Schweiz) ansässig, so ergibt sich wiederum eine subsidiäre Zuständigkeit des (deutschen) Belegenheitsstaates aus Art. 10 EuErbVO.

Gem. Art. 87 II IPRG besteht eine Zuständigkeit der Schweizer Gerichte und Behörden ferner dann, 19 wenn der schweizerische Erblasser sein in der Schweiz belegenes Vermögen oder seinen gesamten Nachlass durch Verfügung von Todes wegen **der schweizerischen Zuständigkeit oder dem schweizerischen Recht unterstellt** hat. Das Zusammenspiel von Art. 87 II und Art. 91 II IPRG führt dazu, dass im Regelfall schon die Zuständigkeitsbestimmung *oder* Rechtswahl durch den Erblasser *sowohl* die internationale Zuständigkeit Schweizer Gerichte *als auch* die Anwendbarkeit Schweizer Rechts begründen (→ Rn. 9).

c) Belegenheitszuständigkeit. aa) Ausländische Grundstücke. Eine Ausnahme vom Grundsatz der 20 zuständigkeitsrechtlichen Nachlasseinheit bildet Art. 86 II IPRG: Sieht ein ausländischer Staat für die auf seinem Gebiet belegenen Grundstücke eine ausschließliche Nachlasszuständigkeit vor, so wird dieser der Vorrang gegenüber der Zuständigkeit Schweizer Gerichte sowohl nach Art. 86 I als auch nach Art. 87 II 2 IPRG eingeräumt. Bedeutung wird der Vorschrift insbes. im Verhältnis zu Staaten des anglo-amerikanischen Rechtskreises zugemessen (BSK IPR/*Schnyder/Liatowitsch* Art. 86 Rn. 15). Auch in den von Art. 86 II IPRG erfassten Fällen muss das ausländische Grundstück jedoch im schweizerischen Nachlassverfahren nicht völlig unberücksichtigt bleiben, sondern kann im Rahmen der Behandlung des Schweizer Recht unterliegenden Nachlasses zu berücksichtigen sein, etwa bei der Berechnung der Erbquoten und der Bestimmung der Pflichtteilsrechte (vgl. BSK IPR/*Schnyder/Liatowitsch* Art. 86 Rn. 18a mwN).

bb) Schweizerischer Nachlass. Gem. Art. 88 IPRG sind die schweizerischen Gerichte und Behörden 21 für den in der Schweiz belegenen Nachlass zuständig, soweit sich die ausländische Behörde damit nicht befasst. Die Vorschrift gilt nur für Ausländer mit letztem Wohnsitz im Ausland, da sich sonst eine Zuständigkeit schon aus Art. 86, 87 IPRG ergäbe. Im **Verhältnis zu Deutschland** wird sich hieraus im Regelfall keine Zuständigkeit ergeben, da sich die Zuständigkeit gem. Art. 4 EuErbVO grundsätzlich (vorbehaltlich Art. 12 EuErbVO) auf den gesamten Nachlass bezieht.

120 Schweiz

22 **d) Sonstige Zuständigkeitsgründe.** Nicht von vornherein ausgeschlossen ist die Begründung einer von Art. 86 ff. IPRG abweichenden Zuständigkeit durch **Gerichtsstandsvereinbarung** (Art. 5 IPRG), **rügelose Einlassung** (Art. 6 IPRG) oder **Schiedsvereinbarung** (Art. 7 und Art. 176 ff. IPRG). Sie wird allerdings häufig daran scheitern, dass alle beteiligten Personen der betreffenden Zuständigkeitsbegründung zugestimmt haben müssen; Bedeutung können diese Kompetenzgründe allerdings in Streitverfahren erlangen, die nur die Streitparteien betreffen (näher BSK IPR/*Schnyder/Liatowitsch* Art. 86 Rn. 19 ff.). Eine nach Art. 3 IPRG grds. eröffnete **Notzuständigkeit** wird in Nachlasssachen neben Art. 86 ff. IPRG regelmäßig nicht in Betracht kommen (*Siehr* SchweizIPR S. 161 f.).

23 **e) Sichernde Maßnahmen.** Hinterlässt ein Erblasser mit letztem Wohnsitz im Ausland Vermögen in der Schweiz, so ordnen gem. Art. 89 IPRG die schweizerischen Behörden am Belegenheitsort die zum einstweiligen Schutz der Vermögenswerte notwendigen Maßnahmen an. Die zu treffenden Maßnahmen richten sich nach schweizerischem Recht (BSK IPR/*Schnyder/Liatowitsch* Art. 89 Rn. 5).

24 **4. Anerkennung und Vollstreckung ausländischer Entscheidungen. a) Allgemeines.** Art. 96 IPRG betrifft die **Anerkennung** ausländischer Entscheidungen, Maßnahmen, Urkunden und Rechte, regelt insofern aber nur die („äußere" oder „indirekte") Anerkennungszuständigkeit, nicht dagegen die übrigen Anerkennungsvoraussetzungen. Diese ergeben sich vielmehr aus den allgemeinen Regelungen der Art. 25 ff. IPRG. Die **Vollstreckbarerklärung** einer ausländischen Entscheidung wird in Art. 28 IPRG an die Erfüllung der Anerkennungsvoraussetzungen geknüpft.

25 **b) Sachlicher Anwendungsbereich.** In sachlicher Hinsicht erfasst Art. 96 IPRG sowohl **Entscheidungen** der streitigen als auch Anordnungen und **Maßnahmen** der freiwilligen Gerichtsbarkeit. Der Kreis grds. anerkennungsfähiger Akte wird weit verstanden. Hierzu zählen insbes. Entscheidungen über Erbschafts-, Teilungs-, Ungültigkeits-, Herabsetzungs- oder ähnliche Klagen, die Anordnung der Inventaraufnahme, der amtlichen Verwaltung oder der Einweisung in den Erbschaftsbesitz, die Testamentseröffnung, die Bestellung eines Nachlassverwalters oder die Anordnung der amtlichen Liquidation. **Urkunden,** die den Nachlass betreffen, sind insbes. Erbscheine und Willensvollstrecker- bzw. Testamentsvollstreckerzeugnisse; auch das Europäische Nachlasszeugnis ist grundsätzlich nach Art. 96 IPRG anerkennungsfähig; *Grun Meyer/Sprecher* ZBGR 2015, 145 (155); *Leu* SJZ 2016, 441 (447). Eher zweifelhaft ist, inwieweit darüber hinaus dem Verweis in Art. 96 I IPRG auf „**Rechte** aus einem im Ausland eröffneten Nachlass" eigenständige Bedeutung zukommt: denn soweit solche Rechte Gegenstand einer formellen Entscheidung oder sonstigen Maßnahme wurden, sind sie schon von den sonstigen Anerkennungsgegenständen erfasst; iÜ unterliegen sie grds. der autonomen Beurteilung durch Schweizer Gerichte oder Behörden nach Maßgabe des vom Schweizer IPR berufenen Rechts (vgl. BSK IPR/*Schnyder/Liatowitsch* Art. 96 Rn. 5; ZüKoIPRG/*Heini* Art. 96 Rn. 5). Zur Anerkennung erbrechtlicher Entscheidungen und Urkunden im Verhältnis Deutschland/Schweiz näher *Schnyder/Capaul*, FS Geimer 2017, 629–640.

26 **c) Anerkennungsvoraussetzungen und -hindernisse. aa) Anerkennungszuständigkeit.** Voraussetzung der Anerkennung ist zunächst, dass die Gerichte oder Behörden des Staates, in dem die Entscheidung iSd Art. 96 IPRG ergangen ist, aus Schweizer Sicht international zuständig waren (Art. 25 lit. a IPRG). Diese sog. „Anerkennungszuständigkeit" (auch „indirekte" oder „äußere" internationale Zuständigkeit) ist in Art. 96 IPRG für Erbschafts- und Nachlasssachen besonders geregelt. Ergänzend kann sich die Anerkennungszuständigkeit auch aus der allgemeinen Regelung des Art. 26 IPRG ergeben (ZüKoIPRG/*Volken* Art. 26 Rn. 9).

27 Gem. **Art. 96 IPRG** anzuerkennen sind zunächst Entscheidungen des Staates, in dem der **Erblasser seinen letzten Wohnsitz** hatte oder dessen **Recht der Erblasser gewählt** hat (Art. 96 I lit. a). Das Bestehen eines Wohnsitzes ist aus Schweizer Sicht zu beurteilen (→ Rn. 2). Wonach die Wirksamkeit der Rechtswahl im anerkennungsrechtlichen Zusammenhang zu beurteilen ist, wird in Art. 96 IPRG nicht gesagt; zumindest bei Erblassern mit letztem Wohnsitz in der Schweiz soll die Rechtswahl nach Schweizer IPR (Art. 90 II IPRG, → Rn. 8) zu beurteilen sein (BSK IPR/*Schnyder/Liatowitsch* Art. 96 Rn. 9, auch zu sonstigen Fällen). Im Hinblick auf **Grundstücke** sind ferner Entscheidungen des **Belegenheitsstaates** anzuerkennen (Art. 96 I lit. b IPRG). Erstrecht wird die Anerkennungsfähigkeit in beiden Fällen des Art. 96 I IPRG auf **Entscheidungen, die ihrerseits in einem aus Schweizer Sicht zuständigen Staat anerkannt werden.** Beachtet wird auch eine vom Belegenheitsstaat für seine Grundstücke in Anspruch genommene **ausschließliche Zuständigkeit** in der Weise, dass in einem solchen Fall *nur* Entscheidungen des Belegenheitsstaates anerkannt werden (Art. 96 II IPRG). Anzuerkennen sind schließlich auch **sichernde Maßnahmen** des jeweiligen Belegenheitsstaates (Art. 96 III IPRG).

28 Als ergänzende Anknüpfungspunkte für die internationale Zuständigkeit kommen gem. **Art. 26 IPRG** in Betracht: Beklagtenwohnsitz (lit. a), Gerichtsstandsvereinbarung (lit. b), rügelose Einlassung (lit. c) und Sachzusammenhang im Fall der Widerklage (lit. d). Vgl. insofern auch zur „direkten" oder „inneren" internationalen Entscheidungszuständigkeit → Rn. 22.

29 **bb) Sonstige Anerkennungsvoraussetzungen und -hindernisse.** IÜ setzt Art. 25 lit. b IPRG grds. die **formelle Rechtskraft** der betreffenden Entscheidung voraus. Gem. Art. 25 I lit. c iVm Art. 27 IPRG können der Anerkennung schließlich die folgenden **Verweigerungsgründe** entgegenstehen: Verstoß gegen den ordre public (Abs. 1; → Rn. 14 f.), mangelhafte Ladung einer Partei (Abs. 2 lit. a), Verletzung wesentlicher Grundsätze des schweizerischen Verfahrensrechts, insbes. Verweigerung rechtlichen Ge-

hörs (Abs. 2 lit. b), entgegenstehende Rechtshängigkeit oder Rechtskraft (Abs. 2lit. c). Eine inhaltliche Überprüfung der Entscheidung („révision au fond") ist ausgeschlossen (Art. 27 III IPRG).

d) Verfahren. Das Verfahren der Anerkennung und Vollstreckbarerklärung nebst vorzulegender Urkunden ist in Art. 28f. IPRG näher geregelt. Voraussetzung der Vollstreckung ist grds. eine Vollstreckbarerklärung gem. Art. 28 IPRG. Wird eine Entscheidung vorfrageweise geltend gemacht, so ist gem. Art. 29 III IPRG eine Inzidentanerkennung durch die jeweils zuständige Stelle möglich. Dies betrifft insbes. auch die Anerkennung ausländischer Erbscheine (Art. 29 III iVm Art. 31 IPRG; näher BSK IPR/ *Schnyder/Liatowitsch* Art. 96 Rn. 4 mwN). 30

e) Wirkungen. Wird eine Entscheidung in der Schweiz anerkannt, so entfaltet diese grds. dieselben Rechtsfolgen wie im Entscheidungsstaat (Wirkungserstreckung oder -übernahme; BSK IPR/*Däppen/ Mabillard* Art. 25 Rn. 40–49). Zu beachten ist dabei, dass Entscheidungen in Verfahren der freiwilligen Gerichtsbarkeit (und insbes. auch Erbzeugnissen) häufig keine materielle Rechtskraft zukommt (ZüKo-IPRG/*Heini* Art. 96 Rn. 13). Die Legitimationswirkung von Erbscheinen oder Testamentsvollstreckerzeugnissen soll dem jeweiligen Geschäftsstatut (Vertrags- oder Sachenrechtsstatut) unterliegen (ZüKo-IPRG/*Heini* Art. 96 Rn. 8). Zur Anerkennung ausländischer Erbscheine zB KantG Zug SJZ 2009, 70. 31

II. Materielles Recht

1. Rechtsquellen. Das schweizerische Erbrecht ist ganz überwiegend im Dritten Teil des ZGB (Schweizerisches Zivilgesetzbuch v. 10.12.1907) in Art. 457–640 geregelt. Vereinzelt wird aber auch auf die kantonale Gesetzgebung verwiesen, zB in Art. 499, 504f. ZGB (Verwahrung von Verfügungen von Todes wegen), Art. 552 ZGB (Siegelung), Art. 553, 581 ZGB (Inventarerrichtung). Für die Vererbung landwirtschaftlicher Güter existieren Sonderregeln im „Bundesgesetz über das bäuerliche Bodenrecht" (BGBB) v. 4.10.1991 (→ Rn. 161). Ergänzend können die allgemeinen Regeln des Schuldrechts zur Anwendung kommen (zB gem. Art. 638 für den Erbteilungsvertrag), die im OR (Schweizerisches Obligationenrecht v. 30.3.1911) enthalten sind. Zu den Überlegungen über eine **Reform** des schweizerischen Erbrechts vgl. *Breitschmid* ZEV 2016, 497f. 32

2. Gesetzliche Erbfolge. a) Allgemeines. Soweit die Erbfolge nicht vom Erblasser durch Verfügung von Todes wegen geregelt ist, kommen die Regeln über die gesetzliche Erbfolge zur Anwendung. Als gesetzliche Erben kommen in Betracht: die Verwandten (Art. 457–460 ZGB; → Rn. 34–37), der überlebende Ehegatte (Art. 462 ZGB; → Rn. 38–47) und das Gemeinwesen (Art. 466 ZGB; → Rn. 48). 33

b) Gesetzliches Erbrecht der Verwandten. Das Verwandtenerbrecht beruht auf dem **Parentelsystem.** Angehörige einer ferneren Parentel sind nur dann Erben, wenn alle Angehörigen der vorangehenden Parentel als Erben ausscheiden (Art. 458 I, Art. 459 I ZGB). 34

Die **erste Parentel** besteht aus den **Nachkommen** des Erblassers (Art. 457 ZGB). Seit der Reform des Kindschaftsrechts durch das Bundesgesetz v. 25.6.1975 wird nicht mehr zwischen **ehelichen und nichtehelichen Kindern** unterschieden. Die Abstammung ergibt sich im Verhältnis zur Mutter aus der Geburt (Art. 252 I ZGB), im Verhältnis zum Vater aus der Ehe mit der Mutter, der Anerkennung oder der gerichtlichen Feststellung der Vaterschaft (Art. 252 II ZGB). Ferner entsteht ein Kindesverhältnis auch durch **Adoption** (Art. 252 III ZGB). Das Recht der Adoption wurde durch Bundesgesetz v. 30.6.1972 neu geregelt. Nach neuem Recht erhält das Adoptivkind gem. Art. 267 I ZGB die Rechtsstellung eines Kindes der Adoptiveltern; hieraus ergeben sich wechselseitige gesetzliche Erbrechte zwischen dem Adoptivkind und den Adoptiveltern sowie deren Verwandten. Gem. Art. 267 II ZGB erlischt das bisherige Kindesverhältnis; insofern entfallen folglich sämtliche Erbrechte. Die Neuregelung ist am 1.4.1973 in Kraft getreten; für Adoptionen, die vor diesem Termin ausgesprochen wurden, bleibt gem. Art. 12a SchlT ZGB die frühere Regelung (Art. 465 aF ZGB) anwendbar; auch solche Adoptionen konnten aber gem. Art. 12b SchlT ZGB innerhalb einer Frist von fünf Jahren neuem Recht unterstellt werden. 35

Die **zweite Parentel** besteht aus den Eltern des Erblassers und deren Nachkommen (Art. 458 ZGB), die **dritte Parentel** aus den Großeltern und deren Nachkommen (Art. 459 ZGB). Fernere Ordnungen sind nicht mehr als gesetzliche Erben berufen (Art. 460 ZGB). Anders als im deutschen Recht existiert damit im schweizerischen Erbrecht eine **Erbrechtsgrenze.** Die früher bestehende gesetzliche Nutznießung des Stammes der Urgroßeltern wurde durch das Bundesgesetz v. 5.10.1984 aufgehoben. Sind weder Verwandte der ersten drei Parentelen noch ein Ehegatte vorhanden, so fällt der Nachlass gem. Art. 466 ZGB an das Gemeinwesen (→ Rn. 48). 36

Für die **Erbfolge innerhalb einer Parentel** gelten die folgenden Prinzipien: Der Aszendent (in der ersten Parentel die Kinder, in der zweiten die Eltern, in der dritten die Großeltern) schließt jeweils seine Nachkommen aus (**Repräsentationsprinzip**). Kinder (Art. 457 II ZGB), Eltern (Art. 458 II ZGB) und Großeltern (Art. 459 II ZGB) erben jeweils zu gleichen Teilen (**Gleichheitsprinzip**). Scheidet ein Angehöriger wegen Vorversterbens als Erbe aus, so treten an seine Stelle seine Nachkommen nach Stämmen (**Eintrittsprinzip;** Art. 457 III, 458 III, Art. 459 III ZGB; Entsprechendes gilt etwa bei Erbunwürdigkeit [→ Rn. 137] und Ausschlagung [→ Rn. 144f.]; gegenläufige Vermutung beim Erbverzicht [→ Rn. 103]). Sind keine Nachkommen vorhanden, die eintreten könnten, so wächst die Erbschaft dem anderen Stamm an (**Anwachsungsprinzip;** Art. 458 IV, Art. 459, IV, V ZGB). 37

c) Gesetzliches Erbrecht des Ehegatten. aa) Allgemeines. Durch Bundesgesetz v. 5.10.1984 wurde die erbrechtliche Stellung des überlebenden Ehegatten erheblich gestärkt. Das alte Recht (Art. 462–464 aF 38

ZGB) erkannte dem überlebenden Ehegatten je nach konkurrierenden Erben Nutznießungsrechte und/ oder echte Erbteile zu (näher FFDH IntErbR/*Lorenz* Rn. 78; zum alten Recht auch LG Hamburg IPRspr 1980 Nr. 127). Die Neuregelung, die das Nutznießungsrecht des Ehegatten als gesetzliche Position des Ehegatten aufgibt (vgl. aber → Rn. 114) und ihn stärker als bisher an der Erbschaft partizipieren lässt, ist auf alle Erbfälle anwendbar, die sich nach Inkrafttreten der Neuregelung am 1.1.1988 ereignet haben (Art. 15 SchlT ZGB). Weiterführendes **Schrifttum:** *Aebi-Müller,* Die optimale Begünstigung des überlebenden Ehegatten – Güter-, erb-, obligationen- und versicherungsrechtliche Vorkehren, unter Berücksichtigung des Steuerrechts, 2. Aufl. 2007; *Wildisen,* Das Erbrecht des überlebenden Ehegatten, 2. Aufl. 1999; *Fröhler* BWNotZ 2008, 38 (47).

39   Der Ehegatte des Erblassers ist gem. Art. 462 ZGB gesetzlicher Erbe. Voraussetzung ist das Bestehen einer **wirksamen Ehe** im Zeitpunkt des Erbfalls. Gem. Art. 120 II ZGB haben geschiedene Ehegatten zueinander kein gesetzliches Erbrecht. Entscheidend ist die Rechtskraft des Scheidungsurteils; die bloße Anhängigkeit eines Scheidungsantrags hat keinen Einfluss auf das gesetzliche Erbrecht des Ehegatten (BSK ZGB II/*Staehelin* Art. 462 Rn. 2; anders bei *testamentarischer* Erbeinsetzung, → Rn. 96). Anders als bei der Scheidung führt eine Ungültigerklärung der Ehe gem. Art. 109 I ZGB auch nach dem Erbfall rückwirkend zum Verlust des gesetzlichen Erbrechts (zu der insofern bis 1.1.2000 geltenden Rechtslage FFDH IntErbR/*Lorenz* Rn. 77).

40   Seit Inkrafttreten des Bundesgesetzes v. 18.6.2004 über die **eingetragene Partnerschaft** gleichgeschlechtlicher Paare (PartG) am 1.1.2007 sind überlebende eingetragene Partner gem. Art. 462 ZGB Ehegatten im Hinblick auf das gesetzliche Erbrecht gleichgestellt.

41   Anders als im deutschen Recht (§ 1371 BGB) bleiben im schweizerischen Recht **güter- und erbrechtliche Vermögensauseinandersetzung** klar getrennt. Vor der erbrechtlichen hat zunächst die güterrechtliche Auseinandersetzung stattzufinden (BSK ZGB II/*Staehelin* Art. 462 Rn. 3), da sich erst hieraus der Umfang des der Rechtsnachfolge von Todes wegen unterliegenden Nachlasses ergibt. Nach Durchführung der güterrechtlichen Auseinandersetzung partizipiert der Ehegatte am verbleibenden Vermögen auch erbrechtlich (*Druey* ErbR § 5 Rn. 48). Die insofern maßgeblichen (und ggf. in einem Erbschein auszuweisenden) Erbquoten ergeben sich aus Art. 462 ZGB (→ Rn. 47).

42   bb) Güterrechtliche Auseinandersetzung. Gem. Art. 204 I ZGB wird der Güterstand mit dem Tod eines Ehegatten aufgelöst. Die güterrechtlichen Regeln haben keinen Einfluss auf die Erbquoten, bestimmen aber, welche Vermögenspositionen in den Nachlass fallen und nach den erbrechtlichen Regeln übergehen. Näher zum schweizerischen Güterrecht: FFDH IntErbR/*Lorenz* Rn. 54–64; *Schwenzer* DNotZ 1991, 419 (431); *Sturm* FamRZ 1993, 755 (761); Bergmann/Ferid/Henrich IntEheR/*von Werdt/ Möckli,* Schweiz, Stand: 1.1.2017, S. 37ff.; Süß EheR/*Wolf/Berger-Steiner/Schmuki* Schweiz Rn. 17–30.

43   (1) Errungenschaftsbeteiligung. Gesetzlicher Güterstand ist gem. Art. 181 ZGB die Errungenschaftsbeteiligung (Art. 196–220 ZGB). Dabei wird grds. für jeden Ehegatten zwischen der Errungenschaft (Art. 197 ZGB) und dem Eigengut (Art. 198f. ZGB) unterschieden. Sowohl Eigengut als auch Errungenschaft gehören jedoch zunächst zum Vermögen des jeweiligen Ehegatten. In der Sache handelt es sich also, ähnlich wie bei der Zugewinngemeinschaft des deutschen Rechts, um eine Gütertrennung mit schuldrechtlichem Ausgleichsanspruch bei Beendigung der Ehe (Bergmann/Ferid/Henrich IntEheR/ *von Werdt/Möckli,* Schweiz, S. 37ff.; zu weiteren Einzelheiten FFDH IntErbR/*Lorenz* Rn. 57). Das „Eigengut" ist insofern das nicht dem Ausgleichsanspruch des anderen Ehegatten unterliegende Vermögen (das Anfangsvermögen und das in bestimmten privilegierte Weise, insbes. unentgeltlich, erworbene Vermögen). Berechnet wird der Ausgleichsanspruch auf Grundlage des sog. „Vorschlags". Dieser errechnet sich gem. Art. 210 I ZGB aus dem Gesamtwert der Errungenschaft, einschließlich der hinzuzurechnenden Vermögenswerte und Ersatzforderungen, abzüglich der auf ihr lastenden Schulden. Ergibt sich hierbei ein Negativsaldo (ein sog. „Rückschlag"), so partizipiert daran der andere Ehegatte nicht (Art. 210 II ZGB). Gem. Art. 215 ZGB steht dann jedem Ehegatten (oder seinen Erben) die Hälfte des Vorschlags des anderen zu; die gegenseitigen Forderungen werden verrechnet. Die Ehegatten können gem. Art. 216 ZGB durch Ehevertrag eine andere Beteiligung am Vorschlag vereinbaren, wobei jedoch Pflichtteilsansprüche der *nicht* gemeinsamen Kinder und deren Nachkommen nicht beeinträchtigt werden dürfen.

44   (2) Gütergemeinschaft. Bei der Gütergemeinschaft (Art. 221–246 ZGB) ist zwischen dem gemeinsamen Gesamtgut (Art. 222–224 ZGB) und dem Eigengut jedes Ehegatten (Art. 225 ZGB) zu unterscheiden. Wird die Gütergemeinschaft durch den Tod eines Ehegatten aufgelöst, so steht die Hälfte des Gesamtguts dem überlebenden Ehegatten kraft Güterrechts zu, die andere Hälfte wird zusammen mit dem Eigengut des Erblassers nach den erbrechtlichen Regeln vererbt (vgl. Art. 241 I ZGB). Eine abweichende Teilungsvereinbarung durch Ehevertrag ist möglich (Art. 241 II ZGB), doch dürfen hierdurch nicht die Pflichtteilsansprüche der Nachkommen beeinträchtigt werden (Art. 241 III ZGB).

45   (3) Gütertrennung. Bei der Gütertrennung (Art. 247–251 ZGB) hat die Auflösung der Ehe durch Tod eines Ehegatten keine vermögensrechtlichen Auswirkungen (mit Ausnahme von im Miteigentum stehenden Vermögenswerten, Art. 251 ZGB). Die Ehegatten werden hinsichtlich ihres Vermögens wie nicht verheiratete Personen behandelt.

46   (4) Ehegattengesellschaft. Einen Sonderfall im Rahmen der güterrechtlichen Beziehungen unter den Ehegatten bildet die Ehegattengesellschaft. Deren Auseinandersetzung richtet sich nach den gesell-

II. Materielles Recht **Schweiz 120**

schaftsrechtlichen Vorschriften der Art. 530 ff. OR. In Betracht kommt die (formlos mögliche) Begründung einer Ehegattengesellschaft etwa beim Erwerb eines Grundstücks, sofern die Ehegatten nicht lediglich Miteigentum daran erwerben wollen (Süß ErbR/*Wolf/Dorjee-Good* Rn. 147). Wird die Ehe durch den Tod eines Ehegatten aufgelöst, so führt dies grds. zur Auflösung der Ehegattengesellschaft. Gem. Art. 549 I OR ist der nach Abzug der gemeinschaftlichen Schulden, Rückerstattung der Einlagen und Ersatz der Auslagen und Verwendungen verbleibende Gewinn auf die Ehegatten zu verteilen. Gem. Art. 533 OR entfällt, sofern nichts anderes vereinbart wurde, jeweils die Hälfte des Gewinns auf die Ehegatten. Die Ehegatten können aber auch eine **Fortsetzungsklausel** zugunsten des überlebenden Ehegatten vereinbaren (vgl. Süß ErbR/*Wolf/Dorjee-Good* Rn. 150; näher *Genna*, Auflösung und Liquidation der Ehegattengesellschaft, 2008).

cc) Gesetzliche Erbquote des Ehegatten. Die Erbquote des überlebenden Ehegatten bestimmt sich danach, neben welchen Verwandten des Erblassers der Ehegatte als Erbe berufen ist (Art. 462 ZGB): Der Ehegatte erhält neben Erben der ersten Parentel (→ Rn. 35) die Hälfte der Erbschaft (Nr. 1), neben Erben der zweiten Parentel (→ Rn. 36) drei Viertel der Erbschaft (Nr. 2) und iÜ (Nr. 3) die gesamte Erbschaft. Der nach Bestimmung des Ehegatten-Erbteils verbleibende Nachlassteil ist dann nach den Regeln über das Verwandtenerbrecht aufzuteilen. 47

d) Erbrecht des Gemeinwesens. Hinterlässt der Erblasser keine Erben, so fällt die Erbschaft gem. Art. 466 ZGB an den Kanton, in dem der Erblasser seinen letzten Wohnsitz hatte, oder an die Gemeinde, die von der Gesetzgebung dieses Kantons als berechtigt bezeichnet wird. Über den Wortlaut des Art. 466 ZGB hinaus können die Kantone aber auch andere Gebietskörperschaften, insbes. Bezirke oder Kreise, als erbberechtigt bestimmen. Verstirbt der Erblasser mit letztem Wohnsitz außerhalb der Schweiz, so kommt es (sofern überhaupt schweizerisches Erbrecht anzuwenden ist; → Rn. 4 ff.) nach hM auf den Heimatkanton an (BSK ZGB II/*Staehelin* Art. 466 Rn. 3; Piotet SPR IV/1 § 12). Anders als im deutschen Recht ist das Gemeinwesen im schweizerischen Recht zur **Ausschlagung** der Erbschaft befugt (Druey ErbR § 5 Rn. 19). – Nach Art. 592 ZGB **haftet** das Gemeinwesen nur im Umfang der Vermögenswerte, die es aus der Erbschaft erworben hat. Die Vorschrift sieht jedoch außerdem vor, dass von Amts wegen ein Rechnungsruf gem. Art. 582 ZGB (Aufforderung an Gläubiger und Schuldner des Erblassers zur Anmeldung ihrer Forderungen und Schulden) vorzunehmen ist. Streitig ist, ob das Gemeinwesen nur dann nach Art. 592 ZGB beschränkt haftet, wenn ein solcher Rechnungsruf erfolgt ist (dazu BSK ZGB II/*Wissmann/Vogt/Leu* Art. 592 Rn. 2 ff. mwN). 48

3. Gewillkürte Erbfolge. a) Allgemeines. Das ZGB kennt zwei verschiedene Formen von Verfügungen von Todes wegen (Art. 481 ZGB): das **Testament** als einseitige letztwillige Verfügung (→ Rn. 52 ff.) und den **Erbvertrag** (→ Rn. 97 ff.). Anders als der Erbvertrag erzeugt das Testament keine lebzeitige Bindung des Erblassers. Ein **gemeinschaftliches Testament**, wie es das deutsche Erbrecht kennt, ist dem Schweizerischen Recht unbekannt; korrespektive (= wechselbezügliche) Anordnungen bedürfen grds. der Form des Erbvertrags (Art. 512 ZGB); eine Konversion ist denkbar, soweit die inhaltliche Wechselbezüglichkeit nicht entgegensteht (näher BSK ZGB II/*Breitschmid* Art. 498 Rn. 16 ff.; *Druey* ErbR § 9 Rn. 5 ff.; IPG 1983 Nr. 35 [Köln]; → Rn. 91). 49

Neben der Einhaltung der für die betreffende Verfügung vorgesehenen **Form** bedarf es der **Verfügungsfähigkeit**, die für Testament (→ Rn. 52 ff.) und Erbvertrag (→ Rn. 98) unterschiedlich geregelt sind. Ferner kann der Erblasser nur über den Teil des Nachlasses verfügen, der nicht vom **Pflichtteil** umfasst ist (Art. 470 ZGB, → Rn. 108 ff.). 50

b) Grundsatz der Höchstpersönlichkeit. Bei allen Verfügungen von Todes wegen handelt es sich um absolut höchstpersönliche Rechtsgeschäfte. Ist eine Person nicht verfügungsfähig (→ Rn. 52), so kann über ihren Nachlass keine Verfügung von Todes wegen getroffen werden. Der Grundsatz der Höchstpersönlichkeit ist sowohl in formeller als auch in materieller Hinsicht bedeutsam. In **formeller** Hinsicht äußert er sich darin, dass gem. Art. 505 I ZGB eigenhändige letztwillige Verfügungen vollständig eigenhändig vom Erblasser verfasst werden müssen. In **materieller** Hinsicht besagt der Grundsatz, dass alle Verfügungen inhaltlich vom Erblasser selbst getroffen werden müssen. Eine Vertretung ist in keinem Fall möglich. Unzulässig ist eine Verfügung, in der die Bestimmung des Begünstigten (Erbe oder Vermächtnisnehmer) oder des Inhalts der Zuwendung der Entscheidung eines Dritten überlassen wird (*Wolf/Genna* SPR IV/1 § 10 Abschn. IV 2). Der Begünstigte muss jedoch nicht notwendigerweise namentlich in der Verfügung genannt werden. Es genügt, wenn der Erblasser **objektive Kriterien** aufstellt, anhand derer eine Bestimmung der begünstigten Person möglich ist (BGE 93 II 223 (228); *Druey* ErbR § 8 Rn. 26; Rspr. zur notwendigen Bestimmtheit, die die Verfügung in diesen Fällen haben muss, *Druey* ErbR § 8 Rn. 28). Ferner kann die Erbeinsetzung auch an **Bedingungen** geknüpft werden, zB „die erste meiner Töchter, die heiratet" (vgl. *Wolf/Genna* SPR IV/1 § 10 Abschn. IV 3). 51

c) Letztwillige Verfügung, Testament. aa) Verfügungsfähigkeit. Um ein Testament errichten zu können, muss der Erblasser gem. Art. 467 ZGB verfügungsfähig sein (für Erbverträge gilt Art. 468 ZGB; → Rn. 98). Danach muss der Erblasser im Zeitpunkt der Testamentserrichtung urteilsfähig sein und das 18. Lebensjahr vollendet haben. Sind die Voraussetzungen nicht erfüllt, ist die Verfügung ungültig (Geltendmachung durch Ungültigkeitsklage, → Rn. 89). 52

(1) Urteilsfähigkeit. Urteilsfähig ist jede Person, der nicht wegen ihres Kindesalters, infolge geistiger Behinderung, psychischer Störung, Rausch oder ähnlicher Zustände die Fähigkeit fehlt, vernunftgemäß zu handeln (Art. 16 ZGB). Der Erblasser muss in der Lage sein, mit Überlegung und Selbstbestimmung 53

120 Schweiz

eine letztwillige Verfügung zu errichten (Tuor ZGB § 68 Rn. 2). Nach der Rspr. setzt die Testierfähigkeit grds. „eine normale Widerstandsfähigkeit gegen Willensbeeinflussungen" voraus (BGE 117 II, 231 (233)). Ein Geisteskranker ist verfügungsfähig, sofern das Testament in einem lichten Augenblick errichtet wurde (vgl. zur Beweislast in diesem Fall: BGE 117 II 231).

54 **(2) Vollendung des 18. Lebensjahrs.** Der Erblasser muss zudem das 18. Lebensjahr vollendet haben.

55 **bb) Testamentsformen.** Der Erblasser kann eine letztwillige Verfügung entweder mit öffentlicher Beurkundung, eigenhändig oder durch mündliche Erklärung errichten (Art. 498 ZGB). Dabei bilden das eigenhändige und das öffentliche Testament die ordentlichen Testamentsformen, während das mündliche Testament nur als Nottestament zulässig ist. Die Nichtbeachtung der Form führt zur Ungültigkeit der Verfügung, die durch eine Ungültigkeitsklage geltend zu machen ist (→ Rn. 89).

56 **(1) Eigenhändiges (holographisches) Testament** (Art. 505 ZGB). Gem. Art. 505 I ZGB muss das eigenhändige Testament vom Erblasser von Anfang bis Ende mit Einschluss der Angabe von Jahr, Monat und Tag der Errichtung von Hand niedergeschrieben und mit seiner Unterschrift versehen werden. **Eigenhändig** errichtet ist ein Testament auch dann, wenn der Erblasser bei der Niederschrift von einem Dritten unterstützt wird, „sofern die Individualität der Schriftzüge des Testators erhalten und dem Testator die Möglichkeit gewahrt bleibt, seinen Willen zur Geltung zu bringen"; unzulässig ist demgegenüber ein Testament, bei dem das Schriftbild nicht mehr vom Testator, sondern von einem Dritten bestimmt wurde (BGE 98 II 73 (79f.)). Wurden einzelne Teile des Testaments von einem Dritten verfasst (was gegen den Grundsatz der Höchstpersönlichkeit verstößt, → Rn. 51), so ist das Testament nur dann insgesamt ungültig, wenn der von der Hand des Erblassers stammende Text für sich allein keinen Sinn hat oder anzunehmen ist, dass der Erblasser die eigenhändig niedergeschriebene Verfügung ohne die Einfügungen des Dritten nicht vorgenommen hätte (BGE 98 II 73 (84)). Verweise auf andere, den Formerfordernissen nicht genügende Texte sind unzulässig (BGE 101 II 211 (217f.); *Druey* ErbR § 9 Rn. 15f.; *Wolf/Genna* SPR IV/1 § 12 Abschn. I 2a lit. bb). Zur Form des eigenhändigen Testaments im deutschen und schweizerischen Recht auch *Muscheler* ErbR 2015, 3.

57 Grundsätzlich erforderlich ist auch die (eigenhändige) **Datumsangabe.** Das Datum muss auf den Tag genau angegeben werden. Entscheidend ist der Tag des Abschlusses der Errichtung (*Druey* ErbR § 9 Rn. 21). Fehlt das Datum oder wurde es unrichtig angegeben, so unterliegt die letztwillige Verfügung nach Art. 520a ZGB nur dann der Ungültigerklärung, wenn sich die erforderlichen zeitlichen Angaben nicht auf andere Weise feststellen lassen und das Datum für die Beurteilung der Verfügungsfähigkeit, der Reihenfolge mehrerer Verfügungen oder einer anderen, die Gültigkeit der Verfügung betreffenden Frage notwendig ist. Mit dieser Regelung, die seit dem 1.1.1996 in Kraft ist, wurde die früher geltende, strenge Ungültigkeitsfolge bei fehlender Datumsangabe (dazu näher FFDH IntErbR/*Lorenz* Rn. 120) abgemildert.

58 Bzgl. der **Unterschrift** bestimmt Art. 505 ZGB nicht ausdrücklich, wo diese auf dem Dokument anzubringen ist. Es ist jedoch allgemein anerkannt, dass mit der Unterschrift des Erblassers dessen Anerkennung des Textes ausgedrückt werden soll (*Druey* ErbR § 9 Rn. 30). Die Unterschrift muss das Testament abdecken; sie steht daher grds. an dessen Ende. Auch ein Querschreiben über den Text oder am Rand ist aber möglich (etwa bei Platzmangel), sofern sich daraus hinreichend ergibt, dass von der Unterschrift die gesamte Verfügung umfasst sein soll (*Druey* ErbR § 9 Rn. 30; BSK ZGB II/*Breitschmid* Art. 505 Rn. 6). Sofern eindeutig feststeht, dass die Unterschrift vom Erblasser stammt, ist auch ein lediglich abgekürzter Namenszug (zB bloßer Vorname oder Initialen) ausreichend (BGE 80 II 302 (306)). Werden nachträglich Ergänzungen vorgenommen, so müssen diese ihrerseits erneut unterzeichnet werden (BGE 80 II 302).

59 Umfasst das Testament mehrere Seiten, so muss sich auch immer die **Einheitlichkeit** der Urkunde aus dem Dokument selbst ergeben (zB Seitennummerierung, Büroklammer, etc) (*Druey* ErbR § 9 Rn. 35). Auch Angaben auf einem Briefumschlag können noch mit dem darin enthaltenen Dokument eine Einheit bilden, sofern er verschlossen ist und sich aus den Umständen ergibt, dass beide Teile einem einheitlichen Errichtungsakt angehören (*Druey* ErbR § 9 Rn. 29).

60 Eine **Verwahrung** des eigenhändigen Testaments ist **nicht** erforderlich. Nach Art. 505 II ZGB müssen die Kantone lediglich dafür Sorge tragen, dass die Möglichkeit einer offenen oder verschlossenen Aufbewahrung bei einer Amtsstelle besteht. Eine Auflistung der kantonalen Hinterlegungsstellen findet sich in den jeweiligen Einführungsgesetzen zum ZGB.

61 **(2) Öffentliches Testament** (Art. 499–504 ZGB). Nach Art. 499 ZGB erfolgt die Errichtung einer öffentlichen Verfügung unter Mitwirkung von zwei Zeugen vor dem Beamten, Notar oder einer anderen Urkundsperson, die nach kantonalem Recht mit diesen Geschäften betraut ist. Eine Auflistung der **zuständigen Urkundspersonen** findet sich bei FFDH IntErbR/*Lorenz* Rn. 121. Dem kantonalen Recht unterliegt auch die Regelung der zulässigen Urkundssprache und des ggf. erforderlichen Übersetzungsverfahrens (BSK ZGB II/*Jeitziner/Ruf* Art. 499 Rn. 12f.). IÜ werden die formellen Gültigkeitserfordernisse abschließend in Art. 500–504 ZGB geregelt. Etwaige weitere oder abweichende Anforderungen des kantonalen Rechts sind als bloße Ordnungsvorschriften anzusehen und haben auf die Gültigkeit des Testaments grds. keinen Einfluss (*Druey* ErbR § 9 Rn. 43).

62 Nach Art. 500 ZGB teilt der Erblasser der Urkundsperson seinen Willen mit, woraufhin dieser die Urkunde aufsetzt oder aufsetzen lässt und dem Erblasser zu lesen gibt. Die Mitteilung des Erblasserwillens ist Teil des sog. **Vorverfahrens** und an keine bestimmte Form gebunden. Die Form der Urschrift, die anschließend von der Urkundsperson aufgesetzt wird, bestimmt sich nach kantonalem Recht (*Bürgi*,

II. Materielles Recht **Schweiz 120**

Internationales Erbrecht Schweiz, 3. Aufl.2017, Rn. 132). Hieran schließt eine von **zwei Verfahrensarten** an: das Selbstlesungs- oder das Vorlesungsverfahren. Eine Kombination von Elementen beider Verfahrensarten ist nach hM nicht möglich; das öffentliche Testament ist nur wirksam, wenn es die Voraussetzungen einer Variante vollständig erfüllt (BGE 118 II 273; BSK ZGB II/*Jeitziner/Ruf* Art. 499 Rn. 9 mwN).

Im sog. **Selbstlesungsverfahren** (Tuor ZGB § 70 Rn. 15f.) wird die Urkunde dem Erblasser in Gegenwart der Urkundsperson zum Lesen übergeben und anschließend unterzeichnet (Art. 500 I, II ZGB). Der Urkundsbeamte selbst datiert die Urkunde und unterzeichnet sie ebenfalls (Art. 500 III ZGB). Unmittelbar darauf muss der Erblasser gegenüber den beiden Zeugen in Gegenwart des Urkundsbeamten erklären, dass er die Urkunde gelesen habe und sie seine letztwillige Verfügung enthalte (Art. 501 I ZGB). Die Zeugen bestätigen anschließend durch ihre Unterschrift, dass der Erblasser die vorgenannte Erklärung ihnen gegenüber abgegeben hat und er sich nach ihrer Wahrnehmung dabei im Zustand der Verfügungsfähigkeit befunden hat (Art. 501 II ZGB). Es ist jedoch nicht erforderlich, dass die Zeugen vom Inhalt der Urkunde Kenntnis erhalten (Art. 501 III ZGB). 63

Anders als im Selbstlesungsverfahren liest der Erblasser im sog. **Vorlesungsverfahren** (Tuor ZGB § 70 Rn. 17f.) die Urkunde nicht selbst. Nach Art. 502 ZGB wird ihm das Testament vom Urkundsbeamten in Gegenwart der beiden Zeugen vorgelesen, woraufhin der Erblasser erklären muss, dass die Urkunde seine Verfügung enthalte. Diese Erklärung ersetzt die eigene Unterschrift des Erblassers. Die Zeugen haben hier gem. Art. 502 II ZGB nicht nur die Erklärung des Erblassers sowie ihre Wahrnehmung über seine Verfügungsfähigkeit zu bezeugen, sondern auch die Tatsache, dass die Urkunde in ihrer Gegenwart dem Erblasser vorgelesen worden ist. Das Vorlesungsverfahren ist zwar in erster Linie für Testatoren gedacht, die des Lesens und Schreibens unkundig sind, es steht jedoch dem Testator neben dem Selbstlesungsverfahren ohne weitere Bedingung zur freien Wahl zur Verfügung (BSK ZGB II/*Jeitzinger/Ruf* Art. 500 Rn. 1). 64

Die **persönlichen Anforderungen** an die bei der Errichtung des öffentlichen Testaments mitwirkenden Personen (Urkundsperson und Zeugen) sind näher in Art. 503 ZGB geregelt. – Die **Aufbewahrung** der öffentlichen Testamente unterliegt gem. Art. 504 ZGB kantonaler Regelung. Es handelt sich insofern um bloße Ordnungsvorschriften; die Aufbewahrung selbst ist kein Gültigkeitselement (BSK ZGB II/ *Jeitzinger/Ruf* Art. 504 Rn. 2f.). 65

(3) **Mündliches Testament als Nottestament** (Art. 506–508 ZGB). Nach Art. 506 ZGB ist der Erblasser befugt, eine mündliche letztwillige Verfügung zu errichten, sofern er infolge außerordentlicher Umstände, wie nahe Todesgefahr, Verkehrssperre, Epidemien oder Kriegsereignisse, verhindert ist, sich einer der anderen Errichtungsformen zu bedienen. In diesem Fall hat er seinen letzten Willen vor zwei Zeugen zu erklären und sie zu beauftragen, seiner Verfügung die nötige Beurkundung zu verschaffen (Art. 506 II ZGB). Als Zeugen ausgeschlossen sind Personen, die auch bei der Errichtung eines öffentlichen Testaments nicht mitwirken können (Art. 506 III iVm Art. 503 ZGB). 66

Die mündliche Verfügung ist sofort von einem der Zeugen unter Angabe von Ort und Datum der Errichtung schriftlich niederzulegen und von beiden Zeugen zu unterzeichnen; sie ist von den Zeugen anschließend mit der Erklärung, dass der Erblasser im Zustande der Verfügungsfähigkeit unter den genannten besonderen Umständen ihnen seinen letzten Willen mitgeteilt habe, unverzüglich bei einer Gerichtsbehörde zu hinterlegen (Art. 507 I ZGB). Alternativ können die Zeugen den Inhalt der Verfügung auch bei einer Gerichtsbehörde zu Protokoll geben (Art. 507 II ZGB). Versäumen die Zeugen die ihnen obliegenden Handlungen, so führt dies zur Ungültigkeit des Testaments (BGE 45 II 527 (529); 65 II 49 (50f.); Geltendmachung durch Ungültigkeitsklage, → Rn. 89). 67

Gem. Art. 508 ZGB verliert das mündliche Testament seine Gültigkeit vierzehn Tage nachdem es dem Erblasser möglich geworden ist, sich einer anderen Verfügungsform zu bedienen. Streitig ist, ob der Fristablauf ipso iure zur Nichtigkeit des Testaments oder (entsprechend dem Wortlaut) nur zu seiner Ungültigkeit führt, die im Wege einer Klage gem. Art. 520 ZGB (→ Rn. 89) geltend gemacht werden muss (BSK ZGB II/*Breitschmid* Art. 506–508 Rn. 10 mwN). 68

cc) **Möglicher Inhalt der Verfügungen von Todes wegen (Verfügungsarten).** Im schweizerischen Erbrecht gilt ein numerus clausus zulässiger Verfügungen von Todes wegen. Die zulässigen Verfügungsarten sind grds. in Art. 481ff. ZGB festgelegt. Abgesehen von der Beschränkung auf die gesetzlichen Verfügungsarten kann der Erblasser auch nur über den Teil des Nachlasses verfügen, der nicht vom Pflichtteil gem. Art. 470ff. ZGB umfasst wird (→ Rn. 108ff.). Die zulässigen Verfügungsarten sind: Erbeinsetzung (→ Rn. 70), Anordnung eines Vermächtnisses (→ Rn. 71ff.), Einsetzung eines Ersatzerben oder Ersatzvermächtnisnehmers (→ Rn. 74), Einsetzung eines Nacherben oder Nachvermächtnisnehmers (→ Rn. 75ff.), Errichtung einer Stiftung (→ Rn. 78), Anordnung von Auflagen und Bedingungen (Art. 482 ZGB). Darüber hinaus kann der Erblasser folgende Bestimmungen treffen: Enterbung und Pflichtteilsentziehung (→ Rn. 118ff.), Einsetzung eines Willensvollstreckers (→ Rn. 126ff.), Teilungsanordnungen (→ Rn. 154), Widerruf eines Testaments (→ Rn. 91ff.) oder Aufhebung eines Erbvertrags (→ Rn. 104), Anordnungen über die Ausgleichung (→ Rn. 157ff.), Anordnungen bzgl. der Herabsetzung pflichtteilswidriger Verfügungen (→ Rn. 112). Für weitere Möglichkeiten s. FFDH IntErbR/ *Lorenz* Rn. 124. 69

(1) **Erbeinsetzung** (Art. 483 ZGB). Der Erblasser kann neben natürlichen Personen auch juristische Personen als Erben einsetzen (*Druey* ErbR § 11 Rn. 9). 70

120 Schweiz

71 **(2) Vermächtnis** (Art. 484–486 ZGB). Mit dem Vermächtnis wendet der Erblasser dem Bedachten, ohne ihn als Erben einzusetzen, einen Vermögensvorteil zu (Art. 484 ZGB). Wie im deutschen Recht begründet das Vermächtnis einen **persönlichen Anspruch** gegen den jeweiligen Beschwerten; mangels abweichender Bestimmung durch den Erblasser sind dies die gesetzlichen oder testamentarischen Erben (Art. 562 ZGB), doch können auch Vermächtnisnehmer selbst beschwert sein (Art. 484 II ZGB; „Untervermächtnis"). Zur **Ausschlagung** des Vermächtnisses → Rn. 146. Zur **Verjährung** der Vermächtnisklage: Art. 601 ZGB.

72 **Gegenstand** des Vermächtnisses kann ein bestimmter Vermögensgegenstand, eine bestimmte Geldsumme oder die Nutznießung an der Erbschaft (im Ganzen oder zu einem Teil) sein. In Abgrenzung zur Erbeinsetzung begründet Art. 483 II ZGB eine Vermutung zugunsten der Erbeinsetzung, wenn dem Bedachten die Erbschaft insgesamt oder ein Bruchteil davon zugewendet wird. Die letztwillige Verfügung kann auch nur Vermächtnisnehmer benennen; die Erbfolge richtet sich dann nach den gesetzlichen Vorschriften (*Druey* ErbR § 11 Rn. 14).

73 **Inhalt** des Vermächtnisanspruchs: Gem. Art. 485 ZGB ist eine vermachte Sache dem Bedachten im jeweiligen Zustand zum Zeitpunkt des Erbgangs zu leisten. Befindet sich ein bestimmter Vermächtnisgegenstand nicht im Nachlass, so entfällt gem. Art. 484 III ZGB im Zweifel die Verpflichtung des Beschwerten. Ein anderer Wille des Erblassers ist jedoch beachtlich und führt zu einem Verschaffungsvermächtnis, insbes. wenn der Erblasser bei Testamentserrichtung bewusst war, dass die vermachte Sache nicht ihm gehörte (BGE 101 II 25 (28)). Ist der Vermächtnisnehmer bereits vorverstorben, so entfällt im Zweifel das Vermächtnis zugunsten des Beschwerten (Art. 543 II ZGB). Übersteigen die Vermächtnisse den Umfang der Zuwendung an den oder die Bedachten (Vermächtnisnehmer oder Erben), so erfolgt eine verhältnismäßige Herabsetzung gem. Art. 486 ZGB.

74 **(3) Ersatzerbschaft und Ersatzvermächtnis** (Art. 487 ZGB). Gem. Art. 487 ZGB kann der Erblasser in seiner Verfügung eine oder mehrere Personen bezeichnen, denen die Erbschaft oder das Vermächtnis für den Fall des Vorversterbens oder der Ausschlagung des Begünstigten zufallen soll. Da der Wegfall des Erben auch im Falle der Ausschlagung rückwirkend erfolgt, reicht es für die Einsetzung als Ersatzerbe aus, dass dieser den Erbfall erlebt; er muss nicht auch den Wegfall des Erstbegünstigten erleben. In diesem Fall geht gem. Art. 542 II ZGB der Anteil des Ersatzerben auf dessen Erben über (*Piotet* SPR IV/1 § 19 Abschn. II).

75 **(4) Nacherbschaft und Nachvermächtnis** (Art. 488–492 ZGB). Gem. Art. 488 I ZGB kann der Erblasser auch einen Nacherben einsetzen. Entsprechendes gilt gem. Art. 488 III ZGB für Vermächtnisse. Die Anordnung mehrfacher, sukzessiver Nacherbschaft ist gem. Art. 488 II ZGB unzulässig. Zwar spricht das Gesetz (insbes. in Art. 488 I, 491 I ZGB) lediglich von einer „Verpflichtung" des Vorerben zur Auslieferung der Erbschaft an den Nacherben, doch ist der Wortlaut insofern ungenau: zum Zeitpunkt des Nachfolgefalls kommt es zu einem Erwerb des Nachlasses (im jeweiligen Zustand) durch die Nacherben im Wege der Universalsukzession nach den allgemeinen Regeln (BSK ZGB II/*Bessenich* Art. 492 Rn. 1). Wie im deutschen Recht wird der Nacherbe Erbe des Erblassers und nicht des Vorerben. Ist in der Verfügung nichts anderes bestimmt, so gilt als Zeitpunkt der Auslieferung der Tod des Vorerben (Art. 489 I ZGB). Erlebt der Nacherbe den Zeitpunkt des Nacherbfalls nicht mehr, so verbleibt die Erbschaft gem. Art. 492 II ZGB im Zweifel dem Vorerben.

76 **Stellung des Vorerben**. Gem. 491 ZGB erwirbt der Vorerbe die Erbschaft wie ein anderer Erbe, unterliegt jedoch einer „Pflicht zur Auslieferung". Abgesichert wird diese Pflicht gem. Art. 490 ZGB durch eine Inventaraufnahme und eine vom Vorerben zu leistende Sicherung (insbes. Vormerkung der Auslieferungspflicht im Grundbuch), von der ihn der Erblasser aber befreien kann. Der Nachlass bildet beim Vorerben ein Sondervermögen (*Druey* ErbR § 11 Rn. 42), das er zu schonen und zu erhalten verpflichtet ist (*Druey* ErbR § 11 Rn. 39). Tritt der Nacherbfall ein, so muss der Vorerbe die Erbschaft einschließlich etwaiger Surrogate für nicht mehr vorhandene Erbschaftsgegenstände an den Nacherben herausgeben. **Verfügungen unter Lebenden** trifft der Vorerbe zwar wegen Art. 491 I ZGB zunächst als Berechtigter, seine Berechtigung ist jedoch auflösend bedingt. Verfügungen, die nicht der ordentlichen Verwaltung entsprechen oder nicht mit Zustimmung des Nacherben vorgenommen werden, stehen daher nach ganz hM unter dem Vorbehalt der Regeln über den gutgläubigen Erwerb (BSK ZGB II/*Bessenich* Art. 491 Rn. 6 mwN; *Wolf/Genna* SPR IV/1 § 13 Abschn. VIII 4b). Scheitert der Erwerb hiernach, so kann der Nacherbe sein Recht auch gegen den vermeintlichen Dritterwerber durchsetzen. IÜ bleiben ihm jedenfalls Schadensersatzansprüche gegen den Vorerben. **Verfügungen von Todes wegen** durch den Vorerben lassen die Rechte des Nacherben grds. unberührt (BSK ZGB II/*Bessenich* Art. 491 Rn. 7).

77 Im Gesetz nicht allgemein geregelt, aber dennoch für zulässig erachtet wird die **Nacherbeneinsetzung auf den Überrest**, bei der der Vorerbe unter Lebenden frei über die Erbschaft verfügen kann und lediglich den Teil der Erbschaft an den Nacherben auszuliefern hat, der im Zeitpunkt des Nacherbfalls noch vorhanden ist. Auch hier sind jedoch Verfügungen von Todes wegen und zumindest unübliche Schenkungen unzulässig (näher BSK ZGB II/*Bessenich* Art. 491 Rn. 9). Eine Sonderregel für urteilsunfähige Nachkommen enthält Art. 492a iVm Art. 531 nF ZGB.

78 **(5) Stiftung** (Art. 493 ZGB). Gem. Art. 493 ZGB ist der Erblasser befugt, den verfügbaren Teil seines Vermögens ganz oder teilweise für irgendeinen Zweck als Stiftung zu widmen. Die Errichtung einer Stiftung ist sowohl durch Testament als auch durch Erbvertrag möglich (vgl. Art. 81 ZGB). Näher *Zeiter*, Die Erbstiftung (Art. 493 ZGB), 2001. Zur testamentarischen Zuwendung an eine schweizerische Stif-

tung bei deutschem Erbstatut OLG München ZEV 2009, 512 mAnm *Muscheler; Lange/Honzen* ZEV 2010, 228 (231 ff.) = MittBayNot 2009, 484 mAnm *Süß*.

dd) Auslegung und Konversion. (1) Auslegung. Oberste Richtschnur bei der Testamentsauslegung ist die Ermittlung des wirklichen Willens des Erblassers. Anders als beim Erbvertrag muss nicht auf das Vertrauen des Vertragspartners Rücksicht genommen werden. Es gilt der Grundsatz des favor testamenti, wonach eine letztwillige Verfügung möglichst so auszulegen ist, dass ihr Gültigkeit zukommt (BGE 89 II 437 (441); *Druey* ErbR § 12 Rn. 22 f.). 79

Ausgangspunkt der Auslegung ist der **Wortlaut** der Verfügung. Ist dieser klar und eindeutig formuliert, so ist eine diesem Wortlaut widersprechende Auslegung grds. ausgeschlossen (BGE 100 II 440 (446); sog. **Eindeutigkeitsregel**). Unterlag der Erblasser jedoch einem offenbaren Irrtum in Bezug auf Personen oder Sachen und lässt sich sein wirklicher Wille mit Bestimmtheit feststellen, so muss die Verfügung in diesem Sinne richtiggestellt werden (Art. 469 III ZGB) – *falsa demonstratio*. Ist der **Wortlaut unklar**, so können auch außerhalb der Testamentsurkunde liegende Beweismittel zur Auslegung herangezogen werden (BGE 100 II 440 (446); 91 II 264 (269)). Jedoch muss in diesem Fall im Hinblick auf die Formbedürftigkeit des Testaments der durch die Auslegung ermittelte Wille in irgendeiner, wenn auch unvollkommener Weise in der Testamentsurkunde Ausdruck gefunden haben (BGE 108 II 393 (396); sog. **Andeutungstheorie**). – **Ändern sich die Umstände** nach der Errichtung des Testaments, so ist eine Berücksichtigung dieser Änderung unter Berufung auf den hypothetischen Erblasserwillen nach herrschender Rspr. und Lehre unzulässig, da auch hierdurch das Formerfordernis unterlaufen würde (näher *Druey* ErbR § 12 Rn. 14–17). Eine solche Auslegung scheitert wiederum an der Formstrenge letztwilliger Verfügungen, da der hypothetische Erblasserwille regelmäßig nicht aus der Testamentsurkunde selbst heraus ersichtlich ist (BGE 108 II 393 (396)). 80

Im ZGB sind vereinzelt **Auslegungsregeln** zu finden: Art. 483 II ZGB (Zuwendung einer Quote als Erbeinsetzung), Art. 484 III ZGB (Vermächtnis eines Gegenstandes kein Verschaffungsvermächtnis), Art. 486 III ZGB (Vermächtnisanspruch nicht bei Erbausschlagung), Art. 511 ZGB (Widerruf durch spätere Verfügung), Art. 543 II ZGB (Wegfall des Vermächtnisses bei Vorversterben des Vermächtnisnehmers), Art. 608 III ZGB (Zuweisung eines Nachlassgegenstandes an Erben als Teilungsvorschrift), Art. 626 II, Art. 629, 631 I ZGB (Ausgleichung). – Bei mehreren Auslegungsmöglichkeiten gilt die **Vermutung,** dass der Wille des Erblassers **mit dem Intestaterbrecht übereinstimmt**. Setzt der Erblasser etwa seine Kinder ein, so sind im Zweifel nicht nur diese selbst, sondern auch deren Nachkommen gemeint (*Piotet* SPR IV/1 § 33 Abschn. IV B). 81

(2) Konversion. Führt die Auslegung zur Ungültigkeit des Testaments, so besteht grds. die Möglichkeit einer Umdeutung (Konversion) in eine gültige Verfügung. So wurde zB die ungültige Errichtung eines gemeinschaftlichen Testaments in eine gültige Errichtung eines eigenhändigen Testaments umgedeutet (BGE 89 II 284 (285 f.)). Voraussetzung hierfür ist allgemein, dass der Erblasser bei Kenntnis der Nichtigkeit eine derartige Verfügung getroffen hätte (BGE 96 II 273 (282 f.)); *insofern* kommt es also auf den hypothetischen Erblasserwillen an. 82

ee) Willensmängel. Verfügungen, die der Erblasser unter dem Einfluss von **Irrtum, arglistiger Täuschung, Drohung oder Zwang** errichtet hat, sind gem. Art. 469 ZGB ungültig (Geltendmachung durch Ungültigkeitsklage, → Rn. 89). Unter Zwang ist psychischer Zwang (vis compulsiva) zu verstehen. Wurde der Erblasser unter Anwendung physischen Zwangs (vis absoluta) zur Errichtung einer letztwilligen Verfügung gezwungen, so liegt kein Willensmangel iSv Art. 469 ZGB vor. Vielmehr gilt in diesem Fall die Verfügung als gar nicht vom Erblasser errichtet (BGE 98 II 80). 83

Art. 469 ZGB gilt nach hM, sowohl für **Testamente** wie auch für **Erbverträge** (BGE 99 II 382; *Wolf/Genna* SPR IV/1 § 16 Abschn. II 2a lit. aa; aM *Piotet* SPR IV/1 § 35 Abschn. III; zur Problematik BSK ZGB II/*Breitschmid* Art. 469 Rn. 4; FFDH IntErbR/*Lorenz* Rn. 107). Unterschiede ergeben sich im Wesentlichen bei der Behandlung des **Motivirrtums:** Bei Testamenten ist grds. mangels schutzwürdigen Vertrauens Dritter *jeder* Motivirrtum beachtlich, beim Erbvertrag muss der Irrtum dagegen einen „Grundlagenirrtum" iSd Art. 24 I Nr. 4 OR bilden, wie er auch sonst die Lösung von einem geschlossenen Vertrag erlaubt (BSK ZGB II/*Breitschmid* Art. 469 Rn. 14). Wurde der Irrtum durch arglistige Täuschung, Drohung oder Zwang herbeigeführt, so ist er in jedem Fall beachtlich. 84

Erforderlich ist die **Kausalität** des Willensmangels für die getroffene Verfügung. Nach der Rspr. des Bundesgerichts genügt insofern im Falle eines Irrtums die Wahrscheinlichkeit, dass der Erblasser bei Kenntnis der Sachlage die betreffende Verfügung lieber hätte aufheben als unverändert fortbestehen lassen wollen (BGE 119 II 208). 85

Gem. Art. 469 II ZGB erlangt eine Verfügung auch bei Vorliegen eines Willensmangels Gültigkeit, wenn der Erblasser sie nicht **innerhalb eines Jahres** aufhebt, nachdem er von dem Irrtum oder von der Täuschung Kenntnis erhalten hat oder der Einfluss von Zwang oder Drohung weggefallen ist. – Zur Behebung offenbarer Irrtümer im Wege der Auslegung gem. Art. 469 III ZGB → Rn. 80. 86

ff) Ungültige und nichtige Testamente. Im schweizerischen Erbrecht ist strikt zwischen ungültigen und nichtigen Testamenten zu unterscheiden. Allein nichtige Testamente entfalten von Anfang an keinerlei Rechtswirkungen nach außen. Im Gegensatz dazu wird das ungültige Testament zunächst als rechtswirksam behandelt (FFDH IntErbR/*Lorenz* Rn. 113). 87

Nichtige Testamente sind solche, die schon keine Verfügung von Todes wegen zu sein beanspruchen (etwa Entwürfe), die nicht vom Erblasser stammen, die keinen schlüssigen Inhalt haben oder die inhaltlich in keine erbrechtliche Verfügungsart passen (*Druey* ErbR § 12 Rn. 59–64). Die Nichtigkeit kann 88

120 Schweiz

zeitlich unbeschränkt durch Erhebung einer Feststellungsklage geltend gemacht werden; auch unabhängig davon ist sie von Amts wegen zu berücksichtigen (BSK ZGB II/*Forni/Piatti* Art. 519, 520 Rn. 4 f.).

89 Um die Rechtswirkungen eines **ungültigen Testaments** zu beseitigen, muss eine **Ungültigkeitsklage** gem. Art. 519–521 ZGB erhoben werden. Diese ist erforderlich bei mangelnder Verfügungsfähigkeit des Erblassers (Art. 519 I Nr. 1 ZGB, → Rn. 52), bei Willensmängeln (Art. 519 I Nr. 2 ZGB, → Rn. 83), bei sitten- oder rechtswidrigen Verfügungen (Art. 519 I Nr. 3 ZGB) sowie bei Formmängeln (Art. 520 ZGB, → Rn. 55). Gem. Art. 519 II ZGB (ggf. iVm Art. 520 III ZGB) kann die Ungültigkeitsklage von jedermann erhoben werden, der als Erbe oder Bedachter ein Interesse daran hat, dass die Verfügung für ungültig erklärt wird. Die Klage ist gegen die Person oder Personen zu erheben, die durch die betroffene Verfügung begünstigt wird bzw. werden (*Druey* ErbR § 12 Rn. 51). Es handelt sich um eine Gestaltungsklage, die im Falle ihres Erfolges die Gültigkeit der Verfügung ex tunc beseitigt (*Druey* ErbR § 12 Rn. 56). Wird die Klage nur gegen einzelne Begünstigte erhoben, so wirkt das Urteil auch nur gegen die Prozessparteien (*Druey* ErbR § 12 Rn. 51, 57).

90 Gem. Art. 521 I ZGB **verjährt** die Ungültigkeitsklage mit Ablauf eines Jahres von dem Zeitpunkt an, in dem der Kläger von der Verfügung und dem Ungültigkeitsgrund Kenntnis erhalten hat, spätestens jedoch mit Ablauf von zehn Jahren ab Eröffnung der Verfügung. War der Bedachte bösgläubig, verlängert sich die Verjährungsfrist gem. Art. 521 II ZGB in Fällen der Verfügungsunfähigkeit sowie der Rechts- oder Sittenwidrigkeit auf 30 Jahre. Entgegen dem Wortlaut („Verjährung") ist die Einhaltung der Frist des Art. 521 ZGB im Prozess von Amts wegen zu beachten (BGE 98 II 176 (179 ff.)). Unabhängig von einer Klage kann die Ungültigkeit der Verfügung zeitlich unbeschränkt im Wege der **Einrede** geltend gemacht werden (Art. 521 III ZGB).

91 gg) **Widerruf. (1) Allgemeines, insbes. Unzulässigkeit korrespektiver Testamente.** Anders als der Erbvertrag (→ Rn. 97 ff.) entfaltet die letztwillige Verfügung **keine lebzeitige Bindungswirkung** für den Erblasser. Er kann somit sein Testament jederzeit widerrufen und damit die gesetzliche oder eine andere gewillkürte Erbfolge eintreten lassen. Der Erblasser kann sich auch nicht wirksam vertraglich gegenüber einem Dritten im Hinblick auf eine bestimmte letztwillige Verfügung zu Lebzeiten binden (*Druey* ErbR § 9 Rn. 4). Als solche ungültig sind dementsprechend wechselbezügliche, **korrespektive Testamente,** in denen verschiedene Erblasser (insbes. Ehegatten) voneinander abhängige Verfügungen treffen (dazu *Druey* ErbR § 9 Rn. 5–7; → Rn. 49). Denkbar ist jedoch eine Aufrechterhaltung als (gem. Art. 482 ZGB zulässige) bedingte Verfügung. Unter Umständen kann sich aus der Auslegung auch ergeben, dass das Testament unabhängig vom Eintritt einer Selbstbindung gültig sein soll; auch dann kann es in dieser Hinsicht Bestand haben. Ist jedoch (wie wohl häufig) anzunehmen, dass der Erblasser die Verfügung ohne eine lebzeitige Bindung des anderen Teils nicht getroffen hätte, hätte also der eine Teil nicht ohne die (bindende) Verfügung des anderen verfügt, so ist die Verfügung insgesamt unwirksam (BGE 89 II 284 (286)). Ein **gemeinschaftliches Testament,** bei dem lediglich verschiedene Personen in derselben Urkunde verfügen, ist nach neuerer Auffassung als solches unbedenklich (BSK ZGB II/*Breitschmid* Art. 498 Rn. 16). Werden jedoch korrespektive Verfügungen getroffen, so können sie grds. nur als Erbvertrag Bestand haben, müssen also insbes. in der Form des Art. 512 ZGB errichtet werden (*Wolf/Genna* SPR IV/1 § 10 Abschn. IV 4c; → Rn. 100); auch hier kann aber wieder eine Umdeutung in ein einfaches Testament möglich sein (BSK ZGB II/*Breitschmid* Art. 498 Rn. 18). Zur **Wirksamkeit eines in Deutschland errichteten gemeinschaftlichen Testaments** schweizerischer Eheleute IPG 1983 Nr. 35 (Köln).

92 (2) **Modalitäten des Widerrufs.** Der Erblasser kann seine letztwillige Verfügung jederzeit durch Widerruf, Vernichtung oder spätere Verfügung wieder aufheben. Die Unwirksamkeit tritt in diesem Fall ipso iure ein, die Erhebung einer Ungültigkeitsklage (→ Rn. 89) ist nicht erforderlich. Anders als im deutschen Recht wird das Testament im schweizerischen Erbrecht nicht durch die Rücknahme aus der amtlichen Verwahrung (→ Rn. 60) aufgehoben.

93 (a) **Widerruf gem. Art. 509 ZGB.** Der Erblasser kann seine letztwillige Verfügung gem. Art. 509 I ZGB jederzeit in einer der für die Testamentserrichtung vorgesehenen Formen widerrufen. Nach Art. 509 II ZGB ist auch ein Teilwiderruf möglich. Widerruft der Erblasser später seinen Widerruf, so lebt damit nicht automatisch die widerrufene Verfügung wieder auf; dies ist vielmehr nur dann der Fall, wenn der Erblasser einen entsprechenden Willen in seinem Widerruf zum Ausdruck bringt (BGE 91 II 264 (274)).

94 (b) **Vernichtung gem. Art. 510 ZGB.** Der Erblasser kann seine letztwillige Verfügung auch widerrufen, indem er die Urkunde vernichtet (Art. 510 I ZGB). Wird die Urkunde durch Zufall oder aus Verschulden anderer vernichtet, so liegt hierin zwar mangels *animus revocandi* kein Widerruf, doch verliert die Verfügung gem. Art. 510 II ZGB gleichfalls ihre Gültigkeit, soweit ihr Inhalt nicht mehr genau und vollständig festgestellt werden kann. Unter den Begriff der Vernichtung fallen alle physischen Veränderungen wie zB Durchstreichen (BGE 116 II 411 (414 ff.)), Herausschneiden oder Radieren (BGE 83 II 500 (506)). Nicht ausreichend ist etwa die bloße Ablage in einer Mappe für nicht mehr gültige Papiere (BGE 73 II 144).

95 (c) **Spätere Verfügung gem. Art. 511 ZGB.** Errichtet der Erblasser eine letztwillige Verfügung, ohne eine früher errichtete ausdrücklich aufzuheben, so tritt gem. Art. 511 I ZGB die spätere Verfügung an die Stelle der früheren Verfügung, soweit sie sich nicht zweifellos als deren bloße Ergänzung darstellt. Anders als im deutschen Recht wird demnach die frühere Verfügung im Zweifel auch dann aufgehoben, wenn zwischen beiden Verfügungen kein Widerspruch besteht (FFDH IntErbR/*Lorenz* Rn. 123); doch

II. Materielles Recht **Schweiz 120**

kann die inhaltliche Vereinbarkeit der verschiedenen Verfügungen jedenfalls mit herangezogen werden, um das von Gesetzes wegen eher strenge Beweismaß („zweifellos") zu erreichen (BSK ZGB II/*Breitschmid* Art. 509–511 Rn. 7). Darüber hinaus wird eine letztwillige Verfügung über eine bestimmte Sache nach Art. 511 II ZGB auch dadurch aufgehoben, dass der Erblasser über die Sache im Nachhinein eine Verfügung trifft, die mit der letztwilligen Verfügung nicht vereinbar ist.

(3) **Nachträgliche Unwirksamkeit bei Ehescheidung bzw. Auflösung der Partnerschaft.** Im Fall der 96 Scheidung werden gem. Art. 120 II ZGB vor Eintritt der Rechtshängigkeit des Scheidungsverfahrens errichtete Verfügungen von Todes wegen zugunsten des Ehegatten unwirksam (vgl. hinsichtlich der gesetzlichen Erbfolge → Rn. 39). Entsprechendes gilt gem. Art. 31 II PartG bei Auflösung einer eingetragenen Partnerschaft.

d) **Erbvertrag. aa) Allgemeines.** Der Erbvertrag wird insbes. in den Art. 468, 494–497, 512–515, 535f. 97 ZGB geregelt. Es handelt sich um ein zwei- oder mehrseitiges Geschäft, in dem zumindest für eine Partei bindende Vereinbarungen bzgl. eines zukünftigen Nachlasses getroffen werden. Das Schweizer Recht unterscheidet zwischen positivem (Erbeinsetzungs- oder Vermächtnisvertrag, Art. 494 ZGB, → Rn. 102) und negativem Erbvertrag (Erbverzichtsvertrag, Art. 495 ZGB, → Rn. 103). Je nachdem, ob nur auf einer oder auf beiden Seiten bindende Zusagen gemacht werden, unterscheidet man zwischen einseitigen und zweiseitigen Erbverträgen.

bb) **Höchstpersönliche Errichtung und Verfügungsfähigkeit.** Der Abschluss eines Erbvertrags kann 98 durch den Erblasser nur persönlich erfolgen. Der Vertragspartner, der selbst keine Verfügung trifft, kann sich hingegen vertreten lassen (FFDH IntErbR/*Lorenz* Rn. 138). Durch das neue Kindes- und Erwachsenenschutzrecht wurde das bisherige Erfordernis der Mündigkeit für Erbverträge mit Wirkung ab 1.1.2013 aufgehoben und die Verfügungsfähigkeit derjenigen bei Testamenten gleichgestellt: auch für Erbverträge stellt nunmehr Art. 468 I nF ZGB auf Urteilsfähigkeit sowie Vollendung des 18. Lebensjahres ab (→ Rn. 52ff.; vgl. HandKomm SchweizPrivatR/*Abt* Art. 467–468 Rn. 10; zum alten Recht vgl. 1. Aufl.).

Bei **zweiseitigen Erbverträgen** muss jeder Vertragspartner in diesem Sinne verfügungsfähig sein. 99 Selbst bei der Entgegennahme eines Erbverzichts, der für den Erblasser selbst keinen Nachteil mit sich bringt, muss dieser nach hL voll handlungsfähig sein (*Druey* ErbR § 12 Rn. 27). Hingegen kann bei **einseitigen Erbverträgen** der handlungsunfähige (aber urteilsfähige) Vertragspartner gem. Art. 19 II ZGB auch ohne Zustimmung des gesetzlichen Vertreters einen Erbvertrag abschließen, soweit ihm hieraus lediglich Vorteile erwachsen. Die Erbeinsetzung soll jedoch nach manchen im Hinblick auf die mit der Erbenstellung verbundene Schuldenhaftung auch für den eingesetzten Erben nicht unter Art. 19 II ZGB fallen (so insbes. *Piotet* SPR IV/1 § 34 Abschn. III B); erforderlich wären demnach auch hierfür Handlungsfähigkeit oder die Zustimmung des gesetzlichen Vertreters. Demgegenüber verweist die heute wohl hM auf die Möglichkeit der Ausschlagung, so dass auch der handlungsunfähige Erbe gem. Art. 19 II ZGB wirksam einen Erbvertrag abschließen kann (BSK ZGB II/*Breitschmid* Art. 467–468 Rn. 6).

cc) **Form.** Gem. Art. 512 ZGB bedarf der Erbvertrag zu seiner Gültigkeit der Form der öffentlichen 100 letztwilligen Verfügung (→ Rn. 61–65). Die Vertragschließenden haben gleichzeitig dem Beamten ihren Willen zu erklären und die Urkunde vor ihm und zwei Zeugen zu unterschreiben. Der Abschluss eines Ehevertrags (Art. 184 ZGB) reicht somit zur Einhaltung der Form jedenfalls nicht aus; zT wird vertreten, für einen kombinierten Ehe- und Erbvertrag allein die Form des Art. 512 ZGB zur Anwendung zu bringen (BSK ZGB II/*Ruf/Jeitzinger* Art. 512 Rn. 3). Ein Formmangel des Erbvertrags ist wie bei der letztwilligen Verfügung im Wege der Ungültigkeitsklage gem. Art. 520 ZGB geltend zu machen (→ Rn. 89).

dd) **Möglicher Inhalt des Erbvertrags.** Grundsätzlich können alle Verfügungsarten auch Inhalt eines 101 Erbvertrags sein (Art. 481 I ZGB). Insofern kann also grds. auf die Ausführungen zu testamentarischen Verfügungen verwiesen werden (→ Rn. 69–78).

(1) **Erbeinsetzungs- und Vermächtnisvertrag.** Gem. Art. 494 I ZGB kann sich der Erblasser durch 102 einen Erbvertrag gegenüber einem anderen verpflichten, diesem oder einem Dritten seine Erbschaft oder ein Vermächtnis zu hinterlassen. Verspricht der Vertragspartner dem Erblasser im Gegenzug hierzu eine Zuwendung von Todes wegen oder eine Leistung unter Lebenden, so handelt es sich um einen zweiseitigen bzw. entgeltlichen Erbvertrag. Der Erblasser ist zwar erbvertraglich gebunden, er kann jedoch gem. Art. 494 II ZGB über sein Vermögen unter Lebenden grds. frei verfügen. Trifft der Erblasser Verfügungen von Todes wegen oder Schenkungen, die mit seinen Verpflichtungen aus dem Erbvertrag nicht vereinbar sind, so können diese gem. Art. 494 III im Wege der Herabsetzungsklage gem. Art. 522ff. ZGB (→ Rn. 111ff.) angefochten werden (BGE 101 II 305 (311f.); *Druey* ErbR § 10 Rn. 52). Die Klage ist gegen den Empfänger der Zuwendung zu richten (BSK ZGB II/*Breitschmid* Art. 494 Rn. 14) und kann erst nach dem Tod des Erblassers erhoben werden.

(2) **Erbverzichtsvertrag.** Gem. Art. 495 I ZGB kann der Erblasser mit einem Erben einen Erbverzichtsvertrag oder einen Erbauskauf abschließen. Um einen Erbauskauf handelt es sich, wenn der Verzicht gegen eine Abfindung erfolgt. Der Verzichtende fällt beim Erbgang als Erbe außer Betracht (Art. 495 II ZGB); er verliert damit grds. auch alle Mitwirkungsrechte in der Erbengemeinschaft, die an die Erbenstellung anknüpfen (BSK ZGB II/*Breitschmid* Art. 495 Rn. 10). Ist im Erbvertrag nichts anderes angeordnet, so wirkt der Erbverzicht auch gegenüber den Nachkommen des Verzichtenden (Art. 495 III ZGB). Eine Bindung begründet der Erbverzichtsvertrag nur gegenüber dem Verzichtenden: nach

dem Tod des Erblassers kann er auch keine Pflichtteilsrechte mehr geltend machen (*Druey* ErbR § 10 Rn. 40). Der Erblasser ist demgegenüber nicht gebunden, sondern kann den Verzichtenden trotz der vertraglichen Absprache noch bedenken (*Druey* ErbR § 10 Rn. 24). Umstritten ist, welche Auswirkungen der Erbverzicht auf die Berechnung der Pflichtteilsquoten haben. Nach ganz hM erhöht der wegfallende Pflichtteil die verfügbare Quote des Erblassers und führt zu keiner Erhöhung der Pflichtteile der übrigen Pflichtteilsberechtigten (BGE 50 II 450 (458); BSK ZGB II/*Staehelin* Art. 470 Rn. 17).

104 ee) **Aufhebung des Erbvertrags.** Der Erbvertrag bindet die Vertragsparteien. Seine Aufhebung ist demnach grds. nur **übereinstimmend** und schriftlich möglich (Art. 513 I ZGB). Unter besonderen Umständen kann der Erblasser den Erbvertrag jedoch auch einseitig zu Fall bringen: Gem. Art. 513 II ZGB ist die **einseitige Aufhebung** eines Erbeinsetzungs- oder Vermächtnisvertrags möglich, wenn sich der Erbe oder der Bedachte nach Abschluss des Vertrags gegenüber dem Erblasser eines Verhaltens schuldig macht, das einen Enterbungsgrund (Art. 477 ZGB; → Rn. 118ff.) darstellt; die einseitige Aufhebung muss in Testamentsform erfolgen (Art. 513 III ZGB). Ein **einseitiger Rücktritt** vom Erbvertrag ist möglich, wenn aufgrund des Erbvertrags Leistungen unter Lebenden zu erbringen sind und diese Verpflichtungen nicht vertragsgemäß erfüllt oder sichergestellt werden (Art. 514 ZGB iVm Art. 107 OR); der Rücktritt ist formlos möglich. Das Rücktrittsrecht steht auch demjenigen Vertragspartner zu, der einen Erbverzicht erklärt hat, sofern die vereinbarte Abfindung ausbleibt. Unabhängig davon kann ein Erbvertrag ebenso wie eine letztwillige Verfügung im Falle eines **Willensmangels** im Wege der Klage nach Art. 519 Nr. 2 iVm Art. 469 ZGB für ungültig erklärt werden (→ Rn. 89).

105 ff) **Hinfälligkeit des Erbvertrags.** Erlebt der Erbe oder Vermächtnisnehmer den Tod des Erblassers nicht mehr, so wird der Erbvertrag gem. Art. 515 I ZGB hinfällig. Ist der Erbvertrag zwischen zwei Ehegatten vor Rechtshängigkeit des Scheidungsverfahrens errichtet worden, so können sie aus dem Vertrag nach erfolgter Scheidung keine Ansprüche mehr erheben (Art. 120 II ZGB; → Rn. 96). Demgegenüber beeinträchtigt die Scheidung den Erbvertrag nicht, wenn er erst nach Rechtshängigkeit des Scheidungsverfahrens errichtet worden ist (FFDH IntErbR/*Lorenz* Rn. 142).

106 e) **Rechtsgeschäfte unter Lebenden auf den Todesfall.** Im Ausgangspunkt wie das deutsche Recht unterstellt auch das Schweizer Recht eine Schenkung von Todes wegen, deren Vollziehung auf den Tod des Schenkers aufgeschoben ist, in Art. 245 II OR den Vorschriften über Verfügungen von Todes wegen und denen grds. auch über Erbverträge (näher zu einzelnen Anwendungsfällen FFDH IntErbR/*Lorenz* Rn. 105; BSK OR/*Vogt/Vogt* Art. 245 Rn. 10f.). Wird lediglich eine Rückfallklausel ausbedungen für den Fall, dass der Beschenkte vor dem Schenker stirbt, bleibt es jedoch bei der Anwendung von Schenkungsrecht (Art. 247 OR).

107 f) **Nachfolge- und Abfindungsklauseln in Gesellschaftsverträgen.** Dazu, insbes. zur streitigen Behandlung von Abfindungsklauseln, näher *Wolf/Hrubesch-Millauer* ErbR Rn. 245ff.; BSK ZGB II/*Breitschmid* Vor Art. 467–536 Rn. 35ff., mwN Vor Rn. 1.

108 **4. Pflichtteilsrecht. a) Allgemeines.** Das Pflichtteilsrecht ist in Art. 470–480, 522–533 ZGB geregelt. Es unterlag im Jahre 1984 einer grundlegenden Reform, in der insbes. die Pflichtteilsquoten herabgesetzt und das Pflichtteilsrecht der Geschwister abgeschafft wurden (vgl. FFDH IntErbR/*Lorenz* Rn. 81, 83). Die geltende Regelung findet Anwendung auf Erbfälle, die sich nach dem 1.1.1988 ereignet haben. – Nach schweizerischem Recht (Art. 470 I ZGB) beschränkt das Pflichtteilsrecht den Teil des Nachlasses, über den der Erblasser durch Verfügung von Todes wegen frei verfügen kann. Dementsprechend spricht das ZGB insofern auch von der „Verfügungsfreiheit" des Erblassers. Anders als im deutschen Recht folgt aus dem Pflichtteilsrecht somit nicht lediglich ein Anspruch gegen den oder die Erben, sondern eine materielle Berechtigung am Nachlass selbst **(Noterbrecht)**, die jedoch erst durch eine besondere Klage (Herabsetzungsklage gem. Art. 522ff. ZGB, → Rn. 111ff.) geltend zu machen ist. IÜ erhält der Pflichtteilsberechtigte die volle Erbenstellung, was sich insbes. im Hinblick auf seine Auskunftsrechte und das Recht, an der Erbteilung mitzuwirken, auswirkt. – Nur in Ausnahmefällen kann der Erblasser auch über den Pflichtteil verfügen (Enterbung, Erbverzicht, → Rn. 118–124).

109 b) **Pflichtteilsberechtigte Personen und Höhe des Pflichtteils.** Pflichtteilsberechtigt sind gem. Art. 470 I ZGB die Nachkommen, die Eltern, der Ehegatte und die eingetragene Partner. Voraussetzung hierfür ist, dass die jeweils pflichtteilsberechtigte Person auch im konkreten Fall nach der gesetzlichen Ordnung Erbe ist (*Druey* ErbR § 6 Rn. 19). Es entfällt somit bei Erbverzicht (→ Rn. 103), Ausschlagung (→ Rn. 140) oder Erbunwürdigkeit (→ Rn. 137). Die **Pflichtteilsquote** ergibt sich gem. Art. 471 ZGB in Abhängigkeit vom gesetzlichen Erbrecht der Pflichtteilsberechtigten. Danach erhalten Nachkommen drei Viertel (Nr. 1), jeder Elternteil (Nr. 2) und der überlebende Ehegatte oder eingetragene Partner die Hälfte (Nr. 3) des gesetzlichen Erbrechts (→ Rn. 33–47).

110 Die konkrete **Höhe des Pflichtteils** errechnet sich nach den Vorschriften der Art. 474–476 ZGB. Diese Vorschriften regeln, was alles im Hinblick auf die Berechnung der Pflichtteile zur Erbschaft gehört, die sog. **Berechnungsmasse** (BSK ZGB II/*Staehelin* Art. 474 Rn. 1; zur Bildung der Berechnungsmasse näher Tuor ZGB § 69 Rn. 15ff.). Entbehrlich ist deren Wertberechnung, soweit der Erblasser lediglich quotenmäßig über den Nachlass verfügt hat, da dann der Nachlass ohne weiteres unter Berücksichtigung der jeweiligen Pflichtteile zu verteilen ist (BGE 103 II 88 (95); vgl. auch Beispiele bei FFDH IntErbR/*Lorenz* Rn. 93). **Ausgangspunkt** bei der Bestimmung der Berechnungsmasse ist gem. Art. 474 I ZGB der Stand des Vermögens zur Zeit des Todes des Erblassers. **Abzuziehen** sind hiervon gem. Art. 474 II ZGB die Schulden des Erblassers, die Auslagen für das Begräbnis, für die Siegelung und In-

ventaraufnahme (→ Rn. 187) sowie die Ansprüche der Hausgenossen auf Unterhalt während eines Monats. **Hinzuzurechnen** sind nach Art. 475 ZGB solche Zuwendungen unter Lebenden, die der Herabsetzungsklage unterstellt sind (Art. 527 ZGB; → Rn. 111 f.), unabhängig von einer etwaigen Rückleistungspflicht. Ferner hinzuzurechnen ist gem. Art. 476 ZGB der Rückkaufswert bestimmter Lebensversicherungen auf den Tod des Erblassers. Darüber hinaus sind, auch wenn dies im Gesetz nicht ausdrücklich angeordnet ist, Werte hinzuzurechnen, die der Erblasser seinen Erben zu Lebzeiten übertragen hat, sofern diese der Ausgleichung (→ Rn. 157 ff.) unterliegen (Tuor ZGB § 69 Rn. 17 mwN).

c) Durchsetzung des Pflichtteils. Das Pflichtteilsrecht begründet nicht schon ipso iure eine Berechtigung am Nachlass, sondern ist durch **Herabsetzungsklage** gem. Art. 522 ff. ZGB durchzusetzen. Es handelt sich hierbei um eine Gestaltungsklage, durch die die beeinträchtigende Verfügung auf das erlaubte Maß herabgesetzt wird (Art. 522 I ZGB). Die Herabsetzungsklage kann jedoch nicht erhoben werden, soweit der Pflichtteilsberechtigte durch Verfügung unter Lebenden oder von Todes wegen (etwa aufgrund eines Vermächtnisses) dem Werte nach seinen Pflichtteil erhalten hat. Insofern ist also in jedem Fall ein Vergleich mit der konkreten Berechnung des Pflichtteils (→ Rn. 110) geboten. Zur Möglichkeit einer Herabsetzungsklage in Deutschland *Dörner* IPRax 2004, 519 f.

Der Herabsetzung unterliegen gem. Art. 532 ZGB in erster Linie Verfügungen von Todes wegen und erst subsidiär Zuwendungen unter Lebenden (diese in ihrer zeitlichen Reihenfolge, beginnend bei der späteren). Gem. Art. 525 ZGB erfolgt die Herabsetzung für alle eingesetzten Erben und Bedachten im gleichen Verhältnis, sofern nicht ein anderer Wille des Erblassers aus der Verfügung ersichtlich ist. Folge der **Herabsetzung einer Verfügung von Todes wegen** ist der rückwirkende Erwerb der Erbenstellung durch den Pflichtteilsberechtigten. Bis zum Erlass des Herabsetzungsurteils haftet der Pflichtteilsberechtigte nicht für Nachlassverbindlichkeiten (*Piotet* SPR IV/1 § 53 Abschn. II). Die **Herabsetzung einer Verfügung unter Lebenden** ist möglich in den Fällen des Art. 527 ZGB, etwa bei widerruflichen Schenkungen des Erblassers während der letzten fünf Jahre vor seinem Tod, mit Ausnahme der üblichen Gelegenheitsgeschenke (Nr. 3). Folge der Herabsetzung ist nicht die Ungültigkeit der Verfügung selbst; vielmehr hat der Pflichtteilsberechtigte einen persönlichen Anspruch gegen den Empfänger (BGE 110 II 228 (233 f.)), der bei Gutgläubigkeit des Empfängers auf Herausgabe der zur Zeit des Erbgangs noch vorhandenen Bereicherung beschränkt ist (Art. 528 I ZGB). Weiterführendes **Schrifttum:** *Wolf* ZBJV 2014, 435.

Die Herabsetzungsklage **verjährt** gem. Art. 533 I ZGB mit Ablauf eines Jahres von dem Zeitpunkt an, in dem die Erben von der Verletzung ihrer Rechte Kenntnis erlangt haben, und kenntnisunabhängig spätestens mit Ablauf von zehn Jahren ab Eröffnung der letztwilligen Verfügung bzw. (in Ermangelung einer solchen) ab dem Tode des Erblassers. Einredeweise kann die Herabsetzbarkeit jedoch auch noch nach Ablauf der Verjährungsfrist geltend gemacht werden (Art. 533 III ZGB).

d) Nutznießungsrecht des überlebenden Ehegatten gem. Art. 473 ZGB. Der Erblasser kann gem. Art. 473 ZGB den überlebenden Ehegatten dadurch begünstigen, dass er ihm durch Verfügung von Todes wegen gegenüber den mit dem gemeinsamen Nachkommen die **Nutznießung** an dem ganzen, ihnen zufallenden Teil der Erbschaft zuwendet. Das Bundesgericht hat die Nutznießung als „das inhaltlich umfassende (dingliche) Nutzungs- und Gebrauchsrecht an einem fremden Vermögensobjekt" definiert (BGE 122 V 394 (401)). Die Rechtsstellung des Ehegatten als Nutznießer unterliegt dann Art. 745 ff. ZGB. Hinsichtlich der Berechtigung gem. Art. 473 ZGB ist der Ehegatte **Vermächtnisnehmer** und nicht Erbe; er hat dementsprechend lediglich einen persönlichen Anspruch gegenüber den Erben auf Einräumung des Nutznießungsrechts (BSK ZGB II/*Staehelin* Art. 473 Rn. 12 mwN; → Rn. 71). Mit dem Erwerb des Nutznießungsvermächtnisses **entfällt das gesetzliche Erbrecht** des Ehegatten gem. Art. 473 II ZGB.

Das Nießbrauchsrecht des Ehegatten gem. Art. 473 ZGB ist geeignet, das Pflichtteilsrecht der übrigen Erben einzuschränken; denn soweit es reicht, verbleibt diesen lediglich das nackte Eigentum (*Druey* ErbR § 6 Rn. 30). Diese Beschränkung wird seit einer mit Wirkung zum 1.3.2002 in Kraft getretenen Reform des ZGB nur noch den **gemeinsamen Abkömmlingen** des Ehegatten auferlegt. Alle sonstigen Pflichtteilsberechtigten können hinsichtlich des Nießbrauchsrechts die Herabsetzungsklage erheben (vgl. insbes. Art. 530 ZGB). Im Falle der **Wiederverheiratung** des nießbrauchsberechtigten Ehegatten lebt gem. Art. 473 III ZGB auch das Pflichtteilsrecht der gemeinsamen Abkömmlinge wieder auf. Da nach dem Wortlaut des Gesetzes in diesem Fall die Nutznießung „entfällt", geht die hM davon aus, dass diese Folge schon von Gesetzes wegen eintritt (BSK ZGB II/*Staehelin* Art. 473 Rn. 25 mwN; aM *Steinauer*, Le droit des successions, 2. Aufl. 2015, Rn. 447).

Neben dem Nutznießungsrecht kann der Erblasser dem Ehegatten auch eine **Quote aus dem verfügbaren Nachlass** zuwenden. Nach altem Recht war die Höhe der insofern verfügbaren Quote umstritten. Mit der Reform des ZGB zum 1.3.2002 ist die Frage nunmehr geklärt: gem. Art. 473 II 2 ZGB beträgt der verfügbare Teil ein Viertel des Nachlasses.

Der Ehegatte kann die Nutznießung nach Art. 473 ZGB **ausschlagen.** Im Hinblick auf den Ausschluss des gesetzlichen Erbrechts gem. Art. 473 II 1 ZGB gesteht ihm die ganz hM in diesem Fall lediglich den Pflichtteil zu (BSK ZGB II/*Staehelin* Art. 473 Rn. 18 mwN).

e) Entziehung des Pflichtteils. Enterbung und Pflichtteilsentziehung werden in Art. 477–480 ZGB begrifflich gleichgestellt. Das Gesetz unterscheidet in dieser Hinsicht zwischen der „Strafenterbung" (Art. 477 ZGB), die an bestimmte Verfehlungen des Erben anknüpft, und der „Präventiventerbung" (Art. 480 ZGB), die die Erbschaft vor dem Zugriff der Gläubiger des Erben schützen soll.

aa) Strafenterbung (Art. 477 ZGB). Gem. Art. 477 Nr. 1 ZGB kann einem Erben der Pflichtteil entzogen werden, wenn er gegen den Erblasser oder gegen eine diesem nahe verbundene Person eine

120 Schweiz

schwere Straftat begangen hat. Ob tatsächlich eine strafrechtliche Verfolgung oder Verurteilung stattgefunden hat, ist unerheblich (BGE 76 II 270). Gem. Art. 477 Nr. 2 ZGB ist eine Pflichtteilsentziehung ferner möglich, wenn der Erbe gegenüber dem Erblasser oder einem von dessen Angehörigen die ihm obliegenden **familienrechtlichen Pflichten schwer verletzt** hat. Nach der Rspr. des Bundesgerichts muss hierfür der Erbe „schuldhaft und widerrechtlich in gesinnungs- und wirkungsmäßig schwerer Weise gegen seine familienrechtlichen Pflichten verstoßen, dh eine gesetzliche Bestimmung des Familienrechts verletzt [haben]; die fragliche Handlung muss eine Untergrabung der Familiengemeinschaft zur Folge gehabt haben" (BGE 106 II 304). Beispiele aus der Rspr. bei BSK ZGB II/*Bessenich* Art. 477 Rn. 14. – Eine **Verzeihung** schließt analog Art. 540 II ZGB (→ Rn. 137) eine spätere Enterbung aus. Eine bereits formwirksam (→ Rn. 121) erfolgte Enterbung soll jedoch in ihrer Wirksamkeit von einer nachfolgenden Verzeihung grds. unberührt bleiben, solange der Erblasser die Enterbung nicht in den gesetzlichen Formen widerrufen (→ Rn. 92–95) hat (BGE 73 II 208 (215f.); aM *Druey* ErbR § 6 Rn. 62; Tuor ZGB § 69 Rn. 73).

120   bb) **Präventiventerbung** (Art. 480 ZGB). Gem. Art. 480 ZGB kann der Erblasser seinem Nachkommen die **Hälfte des Pflichtteils** entziehen, wenn gegen diesen bei Eröffnung des Erbgangs **Verlustscheine** (Urkunde über den ungedeckten Betrag einer Forderung in Zwangsvollstreckung und Konkurs, Art. 149, 265 SchKG [Bundesgesetz über Schuldbetreibung und Konkurs v. 11.4.1889]) bestehen und die vorenthaltene Hälfte des Pflichtteils den vorhandenen oder später geborenen Kindern des Pflichtteilsberechtigten zugewendet werden; die bloße Überschuldung des Erben genügt nicht, solange die Gläubiger noch keine Verlustscheine erlangt haben (BGE 111 II 130 (132f.)). Hierdurch soll verhindert werden, dass der betreffende Anteil des Pflichtteilsberechtigten am Nachlass durch dessen Gläubiger sogleich wieder entzogen wird. Gem. Art. 480 II ZGB ist die Enterbung jedoch hinfällig, wenn bei der Eröffnung des Erbgangs die Verlustscheine nicht mehr bestehen oder wenn deren Gesamtbetrag ein Viertel des Erbteils nicht übersteigt.

121   cc) **Form.** Die Enterbung erfolgt gem. Art. 477 ZGB durch Verfügung von Todes wegen und ist nur gültig bei Angabe des Enterbungsgrundes (Art. 479 I ZGB).

122   dd) **Anfechtung der Enterbung.** Gegen die Enterbung kann sich der Betroffene mit einer besonderen Art der allgemeinen Herabsetzungsklage wenden (BSK ZGB II/*Bessenich* Art. 479 Rn. 3, 5). Die Beweislast trifft gem. Art. 479 II ZGB den durch die Enterbung Begünstigten.

123   ee) **Wirkung der Enterbung.** Gem. Art. 478 I ZGB kann der Enterbte weder an der Erbschaft teilnehmen noch die Herabsetzungsklage (→ Rn. 111) geltend machen. Der Anteil des Enterbten fällt, soweit der Erblasser nicht anderweitig verfügt hat, an die gesetzlichen Erben, wie wenn der Enterbte den Erbfall nicht erlebt hätte (Art. 478 II ZGB). Die Nachkommen des Enterbten behalten jedoch ihr Pflichtteilsrecht (Art. 478 III ZGB).

124   f) **Pflichtteilsverzicht.** Durch Erbvertrag kann ein Erbe gem. Art. 495 ZGB gegenüber dem Erblasser ganz oder teilweise auf sein Pflichtteilsrecht verzichten (zu den Rechtsfolgen → Rn. 103).

125   5. **Willensvollstreckung und sonstige Formen der Erbschaftsverwaltung. a) Allgemeines.** Zur Verwaltung des Nachlasses können im schweizerischen Erbrecht drei verschiedene Personen berufen sein: der Willensvollstrecker (Art. 517f. ZGB), der Erbschaftsverwalter (Art. 554f. ZGB) und der Erbenvertreter (Art. 602 III ZGB). Die Willensvollstreckung entspricht weitgehend der Testamentsvollstreckung des deutschen Rechts. Hat der Erblasser testamentarisch einen Willensvollstrecker eingesetzt, so bedarf es grds. keiner Erbschaftsverwaltung oder Erbenvertretung, da diese Ämter von der Willensvollstreckung regelmäßig mit umfasst werden (*Druey* ErbR § 14 Rn. 39). Das Gesetz regelt die inhaltliche Ausgestaltung dieser Ämter nur fragmentarisch; insofern kann ergänzend auf das Mandatsrecht zurückgegriffen werden, etwa betreffend die Haftung für ordnungsgemäße Amtsführung (Art. 398f. OR), die Rechenschaftspflicht (Art. 400 OR) oder den Rücktritt (Art. 404 OR) (Druey ErbR § 14 Rn. 41). **Schrifttum:** Bengel/Reimann TV-HdB/*Haas* Kap. 9 Rn. 391–443.

126   b) **Willensvollstreckung. aa) Bestellung.** Der Erblasser kann in seiner letztwilligen Verfügung eine oder mehrere handlungsfähige Personen mit der Vollstreckung seines Willens beauftragen (Art. 517 I ZGB). Die Einsetzung eines Willensvollstreckers ist auch im Rahmen eines Erbvertrags möglich, bleibt dann aber als testamentarische Verfügung widerruflich (BSK ZGB II/*Karrer/Vogt/Leu* Art. 517 Rn. 2). Auch die Benennung eines Ersatzwillensvollstreckers ist möglich (*Wolf/Genna* SPR IV/1 § 13 Abschn. XI 2). Der Erblasser kann auch mehrere Willensvollstrecker einsetzen, die ihre Befugnisse dann, wenn der Erblassers keine gegenteilige Anordnung getroffen hat, gemeinsam ausüben (Art. 518 III ZGB); erforderlich ist dann Einstimmigkeit (BSK ZGB II/*Karrer/Vogt/Leu* Art. 518 Rn. 92). Als Willensvollstrecker kann jede handlungsfähige natürliche oder juristische Person eingesetzt werden (Tuor ZGB § 71 Rn. 33). Auch Erben, Vermächtnisnehmer oder Testamentszeugen können als Willensvollstrecker benannt werden. Der Erblasser muss die Person des Willensvollstreckers eindeutig bestimmbar bezeichnen; er kann die Benennung, anders als nach deutschem Recht, nicht der zuständigen Behörde überlassen (BSK ZGB II/*Karrer/Vogt/Leu* Art. 517 Rn. 5). Gem. Art. 517 II ZGB ist die testamentarische Beauftragung von Amts wegen der eingesetzten Person mitzuteilen, die sich innerhalb von 14 Tagen über die Annahme oder Ablehnung des Auftrages zu erklären hat. Schweigen gilt als Annahme.

127   Die zuständige Behörde hat dem Willensvollstrecker ein sog. **Willensvollstreckerzeugnis** zu erteilen, und zwar auch dann, wenn die Gültigkeit des Testaments (und damit auch der Einsetzung des Willensvollstreckers), insbes. durch Erhebung der Ungültigkeitsklage, bestritten ist (BGE 91 II 177 (181f.)).

II. Materielles Recht **Schweiz 120**

Doch ist dann der betreffende Umstand (etwa die Rechtshängigkeit der Ungültigkeitsklage) im Willensvollstreckerzeugnis zu vermerken (BSK ZGB II/*Karrer/Vogt/Leu* Art. 517 Rn. 19). Nach Schweizer Recht bezeugt das Willensvollstreckerzeugnis lediglich Ernennung und Annahme des Amtes, nicht auch das Ausmaß von Rechten und Pflichten, welche sich aus dem Testament und dem Gesetz ergeben (BSK ZGB II/*Karrer/Vogt/Leu* Art. 517 Rn. 18).

bb) Rechtsstellung des Willensvollstreckers. Die hM versteht die Willensvollstreckung als eine Art der Treuhand. Der Willensvollstrecker handelt demnach im eigenen Namen, ist aber dem Interesse des Erblassers verpflichtet (BGE 108 II 535; *Wolf/Genna* SPR IV/1 § 13 Abschn. XI 4b lit. bb). Den Erben gegenüber ist er somit nicht weisungsgebunden. Soweit nichts anderes verfügt ist, steht der Willensvollstrecker in den **Rechten und Pflichten eines Erbschaftsverwalters** (Art. 518 I ZGB). Als solcher unterliegt er entsprechend Art. 595 III ZGB (der über seinen Wortlaut hinaus auch auf den Willensvollstrecker anzuwenden ist; *Druey* ErbR § 14 Rn. 45) der Aufsicht der zuständigen Behörde und einem Beschwerderecht der Erben (BSK ZGB II/*Karrer/Vogt/Leu* Art. 518 Rn. 2). Für seine Tätigkeit hat der Willensvollstrecker gem. Art. 517 III ZGB Anspruch auf eine angemessene Vergütung gegen die Erben. – Eine Absetzung des Willensvollstreckers ist möglich im Falle einer **Interessenkollision**, sofern hierdurch die Amtsausübung wesentlich beeinträchtigt wird (*Druey* ErbR § 14 Rn. 73). Dass der Willensvollstrecker zugleich Erbe ist, genügt nicht. Bejaht wird eine Interessenkollision, wenn der Willensvollstrecker zugleich Erbschaftsgläubiger ist und seine Forderungen von den Erben bestritten werden (näher BSK ZGB II/*Karrer/Vogt/Leu* Art. 518 Rn. 104).

Der Willensvollstrecker hat den **Willen des Erblassers zu vertreten** und gilt insbes. als beauftragt, die **Erbschaft zu verwalten**, die Schulden des Erblassers zu bezahlen, die Vermächtnisse auszurichten und die Teilung nach den Anordnungen des Erblassers oder den gesetzlichen Vorschriften auszuführen (Art. 518 II ZGB). Die Teilung der Erbschaft kann jedoch nicht gegen den Willen der Erben erfolgen, da hierfür die Teilungsklage gem. Art. 604 ZGB und damit eine Entscheidung durch den Richter erforderlich ist; dem Willensvollstrecker obliegt damit lediglich die Vorbereitung der Teilung (*Druey* ErbR § 14 Rn. 68). Die dem Willensvollstrecker in Art. 518 ZGB zugewiesenen Befugnisse sind **dispositiv** und können vom Erblasser sowohl ausgedehnt als auch eingeschränkt werden (näher BSK ZGB II/*Karrer/Vogt/Leu* Art. 518 Rn. 8–11). Soweit der Geschäftskreis des Willensvollstreckers reicht, kann er **Verfügungen über die Erbschaft** treffen und die Besitzeinräumung von den Erben und von Dritten verlangen. In diesem Rahmen ist ein **eigenes Handeln der Erben ausgeschlossen** (Tuor ZGB § 72 Rn. 47; BayObLG NJW-RR 1990, 906 (907)).

cc) Beendigung. Die Willensvollstreckung endet in der Regel mit der vollständigen Erledigung der dem Willensvollstrecker obliegenden Aufgaben. Bereits vorher endet das Amt (ggf. mit Eintritt eines Ersatzmannes) bei Handlungsunfähigkeit, Tod oder Rücktritt des Willensvollstreckers oder Absetzung des Willensvollstreckers durch die Aufsichtsbehörde (insbes. wegen grober Pflichtverletzung oder bei Interessenkollision, → Rn. 128; näher BSK ZGB II/*Karrer/Vogt/Leu* Art. 517 Rn. 24 f.).

c) Erbschaftsverwalter und Erbenvertreter. Neben der Figur der Willensvollstreckung haben die Erbschaftsverwaltung und die Einsetzung eines Erbenvertreters praktisch nur geringe Bedeutung.

Die Anordnung der **Erbschaftsverwaltung** gem. Art. 554 ZGB dient der Sicherung des Nachlasses in Fällen, in denen nicht alle Miterben gesamthänderisch tätig werden können oder der Erbschaft aus anderen Gründen eine Gefährdung droht. Ein Erbschaftsverwalter kann auch zur **Liquidation** gem. Art. 595 ZGB eingesetzt sein. Dann obliegt ihm neben der Verwaltung des Nachlasses auch die Veräußerung und Schuldentilgung (*Druey* ErbR § 14 Rn. 54).

Gem. Art. 602 III ZGB kann auf Antrag eines Miterben für die Erbengemeinschaft bis zur Teilung ein **Erbenvertreter** bestellt werden. Hierdurch können Probleme bei der Nachlassverwaltung behoben werden, die sich aus dem Einstimmigkeitsprinzip des Art. 602 II ZGB (→ Rn. 147) ergeben. Der Antrag kann von der Behörde auch abgewiesen werden, wenn es an einem hinreichenden Grund für die Einsetzung eines Erbenvertreters (insbes. Zerstrittenheit unter den Miterben oder Abwesenheit von Erben) fehlt (*Druey* ErbR § 14 Rn. 60).

6. Erbschaftserwerb, Erbengemeinschaft und Erbauseinandersetzung. a) Eröffnung des Erbgangs. Mit „Erbgang" überschreibt das ZGB die verschiedenen Stufen des vollständigen Rechtserwerbs durch die zur Rechtsnachfolge von Todes wegen berufenen Personen, vom Anfall der Erbschaft mit dem Tod des Erblassers bis zur Auseinandersetzung unter mehreren Erben (vgl. Tuor ZGB § 74 Rn. 1 f.). Die diesbezüglichen materiell-rechtlichen Regeln des ZGB sind dementsprechend stark mit verfahrensrechtlichen Regelungen verknüpft. Eröffnet wird der Erbgang durch den **Tod des Erblassers** (Art. 537 I ZGB). Die Eröffnung des Erbgangs erfolgt gem. Art. 538 ZGB für den gesamten Nachlass am letzten Wohnsitz des Erblassers.

b) Erwerb der Erbschaft. aa) Grundsatz. Mit dem Tod des Erblassers fällt die Erbschaft als Ganzes den Erben kraft Gesetzes an (Art. 560 I ZGB). Es gelten somit wie im deutschen Recht die Prinzipien der **Universalsukzession** und des **eo-ipso-Erwerbs**. Nach Art. 560 II ZGB gehen mit Vorbehalt der gesetzlichen Ausnahmen die Forderungen, das Eigentum, die beschränkten dinglichen Rechte und der Besitz des Erblassers auf die Erben über; die Schulden des Erblassers werden zu persönlichen Schulden der Erben (zur Schuldenhaftung → Rn. 162 ff.).

bb) Persönliche Voraussetzungen auf Seiten des Erben. (1) Erbfähigkeit. Gem. Art. 539 I ZGB ist jedermann fähig, Erbe zu sein und aus Verfügungen von Todes wegen zu erwerben, solange er nicht nach den Vorschriften des Gesetzes erbunfähig ist. Erbfähig sind danach natürliche wie juristische Personen. Durch kantonales Rechts kann jedoch die Erbfähigkeit juristischer Personen des kantonalen öffentlichen Rechts beschränkt oder besonderen Regelungen unterworfen werden (BSK ZGB II/*Schwander* Art. 539 Rn. 2). Gem. Art. 539 II ZGB kann der Erblasser auch eine Mehrheit von Personen bedenken, die selbst keine rechtsfähige juristische Person bilden.

137 (2) **Erbunwürdigkeit.** Die Erbunwürdigkeitsgründe sind in Art. 540 I ZGB niedergelegt. Danach kann nicht Erbe werden, wer vorsätzlich und rechtswidrig den Tod des Erblassers herbeigeführt oder herbeizuführen versucht hat (Nr. 1), wer den Erblasser vorsätzlich und rechtswidrig in einen Zustand bleibender Verfügungsunfähigkeit gebracht hat (Nr. 2), wer den Erblasser durch Arglist, Zwang oder Drohung dazu gebracht oder daran gehindert hat, eine Verfügung von Todes wegen zu errichten oder zu widerrufen (Nr. 3), oder wer eine Verfügung von Todes wegen vorsätzlich und rechtswidrig unter Umständen, die dem Erblasser deren Erneuerung nicht mehr ermöglichten, beseitigt oder ungültig gemacht hat (Nr. 4). Die Erbunwürdigkeit entfällt infolge einer **Verzeihung** gem. Art. 540 II ZGB. Die Erbunfähigkeit besteht nur für den Unwürdigen selbst; seine Nachkommen beerben den Erblasser, wie wenn er vor dem Erblasser gestorben wäre (Art. 541 ZGB).

138 (3) **Erleben des Erbgangs.** Erben und Vermächtnisnehmer müssen jeweils den Erbgang in erbfähigem Zustand erleben, um die Erbschaft bzw. den Vermächtnisanspruch zu erwerben (Art. 542 I, 543 I ZGB). Eine Ausnahme macht das Gesetz für den nasciturus: dieser ist gem. Art. 544 ZGB bereits vom Zeitpunkt der Empfängnis an unter dem Vorbehalt erbfähig, dass er lebendig geboren wird. Auch der eingesetzte Nacherbe bzw. Nachvermächtnisnehmer muss gem. Art. 545 I ZGB zur Zeit des Erbfalls noch nicht leben. Hat der Erblasser in einem solchen Fall keinen Vorerben benannt, so gelten gem. Art. 545 II ZGB die gesetzlichen Erben als Vorerben.

139 cc) **Annahme und Ausschlagung.** (1) **Annahme.** Aufgrund des eo-ipso-Erwerbs (→ Rn. 135) bedarf es keiner Annahme des Nachlasses durch die Erben. Ausnahmsweise ist eine ausdrückliche Annahme der Erbschaft erforderlich: bei amtlich festgestellter oder offenkundiger Zahlungsunfähigkeit des Erblassers (Art. 566 II ZGB), bei Ausschlagung zugunsten der nachfolgenden Erben (Art. 575 II ZGB; → Rn. 145) und bei Ausschlagung der Erbschaft durch die Nachkommen für den überlebenden Ehegatten (Art. 574 ZGB; → Rn. 145). Die Annahme ist, wenn auch nicht erforderlich, so doch möglich und steht einer späteren Ausschlagung der Erbschaft entgegen (→ Rn. 142).

140 (2) **Ausschlagung.** (a) **Voraussetzungen.** Die gesetzlichen und die eingesetzten Erben können die Erbschaft ausschlagen (Art. 566 I ZGB). Die Ausschlagung muss vom Erben mündlich oder schriftlich, unbedingt und vorbehaltlos vor der zuständigen Behörde **erklärt** werden (Art. 570 ZGB). Die Erklärung ist unwiderruflich (BSK ZGB II/*Schwander* Art. 566 Rn. 4).

141 Die **Ausschlagungsfrist** beträgt drei Monate (Art. 567 I ZGB). Sie beginnt für die **gesetzlichen Erben** mit der Kenntniserlangung vom Tod des Erblassers (vorbehaltlich nachweislich späterer Kenntniserlangung von der eigenen Berufung als Erbe) und für die **eingesetzten Erben** mit dem Zugang der amtlichen Mitteilung von der Verfügung des Erblassers (Art. 567 II ZGB). Im Falle der Inventarerrichtung (→ Rn. 187) beginnt die Frist mit der amtlichen Mitteilung vom Abschluss des Inventars (Art. 568 ZGB). Eine **Fristverlängerung** (oder Neuansetzung einer bereits abgelaufenen Frist) ist gem. Art. 576 ZGB möglich aus wichtigen Gründen, deren Beurteilung im Ermessen des Gerichts steht (Art. 4 ZGB: „nach Recht und Billigkeit"). Nicht einheitlich beurteilt wird die Frage, ob ein wichtiger Grund auch dann vorliegt, wenn der Erbe einem Irrtum etwa über bestehende Schulden des Erblassers unterlag (BSK ZGB II/*Schwander* Art. 576 Rn. 4 mwN). – Erklärt der Erbe nicht fristgerecht die Ausschlagung, so hat er die Erbschaft vorbehaltlos erworben (Art. 571 I ZGB).

142 Der Erbe kann sein Recht zur Ausschlagung auch **verwirken.** Dies ist gem. Art. 571 II ZGB dann der Fall, wenn sich der Erbe vor Ablauf der Anfechtungsfrist in die Angelegenheiten der Erbschaft eingemischt oder Handlungen vorgenommen hat, die nicht durch die bloße Verwaltung der Erbschaft und durch den Fortgang der Geschäfte des Erblassers gefordert waren, oder wenn er sich Erbschaftssachen angeeignet oder verheimlicht hat. Auch die **Erklärung der Annahme** der Erbschaft schließt eine spätere Ausschlagung aus (BSK ZGB II/*Schwander* Art. 571 Rn. 3).

143 **Stirbt der Erbe** vor Ausschlagung oder Annahme der Erbschaft, so geht die Ausschlagungsbefugnis nach Maßgabe des Art. 569 ZGB auf seine Erben über.

144 (b) **Wirkungen** (Art. 572–579 ZGB). Schlägt nur **einer von mehreren Miterben** aus, so bestimmen sich die Rechtsfolgen der Ausschlagung nach Art. 572 ZGB: Schlägt ein **gesetzlicher Erbe** aus, so vererbt sich sein Anteil, wie wenn er den Erbfall nicht erlebt hätte (Art. 572 I ZGB), fällt also ggf. an dessen Nachkommen oder wächst den Miterben an. Schlägt ein **testamentarischer Erbe** aus, so fällt sein Anteil (sofern kein anderer Wille des Erblassers aus der Verfügung ersichtlich ist) an die gesetzlichen Erben des Erblassers (Art. 572 II ZGB).

145 Schlagen **alle nächsten gesetzlichen Erben** (insbes. auch der Alleinerbe) die Erbschaft aus, so kommt es gem. Art. 573 I ZGB zur Liquidation der Erbschaft durch das Konkursamt. Die nächsten gesetzlichen Erben können aber bei der Ausschlagung verlangen, dass vorher noch bei den auf sie folgenden Erben angefragt und ihnen damit die Möglichkeit zur Annahme der Erbschaft gegeben wird (Art. 575 ZGB). Schließlich erhält der überlebende Ehegatte (der selbst nicht Erbe geworden ist, weil ihm die bloße Nutznießung zusteht; → Rn. 114ff.) gem. Art. 574 ZGB bei Ausschlagung der Erbschaft durch die Nachkommen die Möglichkeit, innerhalb eines Monats nach Mitteilung durch die Behörde die Erbschaft

anzunehmen. Verbleibt nach Durchführung der Liquidation ein Überschuss, so wird dieser den Berechtigten überlassen, wie wenn keine Ausschlagung stattgefunden hätte (Art. 573 II ZGB).

Schlägt ein **Vermächtnisnehmer** aus, so fällt das Vermächtnis gem. Art. 577 ZGB zugunsten des Beschwerten weg, wenn kein anderer Wille des Erblassers aus der Verfügung ersichtlich ist. **146**

c) Erbengemeinschaft. Die gesetzlichen Regelungen zur Erbengemeinschaft vor Teilung des Nachlasses finden sich in Art. 602–606 ZGB. Beerben mehrere Erben den Erblasser, so besteht unter ihnen vom Zeitpunkt der Eröffnung des Erbgangs bis zur Teilung eine „Gemeinschaft aller Rechte und Pflichten der Erbschaft" (Art. 602 I ZGB). Die Erbengemeinschaft ist wie im deutschen Recht eine **Gesamthandgemeinschaft** (*Druey* ErbR § 14 Rn. 22). Die Erben werden Gesamteigentümer der Erbschaftsgegenstände (allgemeine Regelung in Art. 652–654 ZGB) und verfügen unter Vorbehalt der vertraglichen und gesetzlichen Vertretungs- und Verwaltungsbefugnisse (→ Rn. 129) über die Rechte der Erbschaft gemeinsam (Art. 602 II ZGB). Die Verwaltung des Nachlasses sowie Verfügungen über einzelne Nachlassgegenstände unterliegen somit zwingend dem **Einstimmigkeitsprinzip** (vgl. Art. 653 II ZGB; *Druey* ErbR § 14 Rn. 23 f.). Die Rspr. erkennt jedoch auch **Ausnahmefälle** an. Insbesondere in dringlichen Fällen soll ein einzelner Erbe allein für den Nachlass handeln können (BGE 125 III 219 (220 ff.), 121 III 118 (122)); zu den Ausnahmen näher BSK ZGB II/*Schaufelberger/Keller-Lüscher* Art. 602 Rn. 18–21; Druey ErbR § 14 Rn. 26–32. Immer möglich ist die (einvernehmliche) Erteilung einer **rechtsgeschäftlichen Vollmacht** an einen Miterben oder einen Dritten (*Druey* ErbR § 14 Rn. 30) sowie die Einsetzung eines **Erbenvertreters** gem. Art. 602 III ZGB (→ Rn. 133). – Über seinen **Anteil an der Erbschaft** kann ein einzelner Miterbe dagegen frei verfügen (Art. 635 ZGB). Für die **Schulden des Erblassers** haften die Erben in der ungeteilten Erbengemeinschaft solidarisch (Art. 603 I ZGB; → Rn. 162 ff.). **147**

Die Erbengemeinschaft **endet** mit der **Teilung der Erbschaft**. Hierauf hat jeder Miterbe jederzeit Anspruch, soweit er nicht durch Vertrag oder Gesetz zur Gemeinschaft verpflichtet ist (Art. 604 I ZGB). Bei einem Teilungsverlangen zur Unzeit kann die Aufschiebung der Teilung angeordnet werden (Art. 604 II ZGB). Ferner ist gem. Art. 605 I ZGB die Teilung aufzuschieben, sofern ein beim Erbgang noch nicht geborenes Kind (→ Rn. 138) berücksichtigt werden muss. Auch der Erblasser kann in einer Verfügung von Todes wegen einen Teilungsaufschub anordnen (BGE 96 III 10). **148**

d) Erbauseinandersetzung. aa) Grundsätze. Mit der in Art. 607–640 ZGB geregelten **Teilung** werden die bei Vorhandensein mehrerer Erben gesamthänderisch gebundenen Nachlassgegenstände auf die einzelnen Erben zu eigenem Recht übertragen. Möglich ist auch eine lediglich **partielle Teilung** hinsichtlich eines Teils des Nachlasses (objektiv partielle Teilung) oder hinsichtlich bestimmter Erben (subjektiv partielle Teilung) (*Druey* ErbR § 16 Rn. 16). Im Teilungsverfahren gelten die Grundsätze der **freien Erbteilung** (Art. 607 II ZGB), der **Gleichberechtigung der Erben** (Art. 610 I ZGB) und der **Naturalteilung** (Art. 610 I ZGB). Zu den Grundsätzen der Erbteilung und den Befugnissen des Teilungsgerichts eingehend BGE 143 III 425 (mwN). **149**

bb) Teilungsverfahren. Die **einvernehmliche Auseinandersetzung** unter den Erben erfolgt entweder im Wege der **Realteilung** oder durch Abschluss eines **Teilungsvertrags** (Art. 634 ZGB). Der Unterschied besteht allein darin, dass im Falle der Realteilung bereits die dingliche Rechtsübertragung auf die einzelnen Erben eingeschlossen ist, während durch den Teilungsvertrag eine verbindliche gegenseitige Verpflichtung der Erben begründet wird, den Nachlass auf eine bestimmte Weise zu teilen (*Druey* ErbR § 16 Rn. 19). Auf diese Weise kann insbes. bei größeren Nachlässen eine verbindliche Teilung bereits vor endgültigem Vollzug bewirkt werden. In der Sache unterliegt die Teilung aber in beiden Fällen denselben Regeln (→ Rn. 154–156). **150**

Zur Durchführung der **Realteilung** bilden die Erben gem. Art. 611 ZGB aus den Nachlassgegenständen Lose. Sind alle Erben zu gleichen Teilen berufen, so entspricht die Anzahl der Lose der Anzahl der Erben; sonst wird der kleinste gemeinsame Nenner gebildet (BSK ZGB II/*Schaufelberger/Keller Lüscher* Art. 611 Rn. 4). Können sich die Erben über die Bildung der Lose nicht einigen, so entscheidet auf Verlangen eines Erben die zuständige Behörde (Art. 611 II ZGB); können sie sich über die Zuteilung der Lose nicht einigen, so wird der Nachlass durch Losziehung verteilt (Art. 611 III Alt. 2 ZGB). Vollzogen wird die Realteilung grds. durch direkten Besitzübergang der einzelnen Lose auf die betreffenden Erben mit Willen aller Miterben (*Druey* ErbR § 16 Rn. 18 f.). Zu beachten sind jedoch die Modi des jeweiligen Einzelrechtserwerbs; so ist bei Grundstücken die Eintragung im Grundbuch erforderlich (iE BSK ZGB II/*Schaufelberger/Keller Lüscher* Art. 634 Rn. 4–11). **151**

Der **Erbteilungsvertrag** muss gem. Art. 634 II ZGB schriftlich abgeschlossen werden. Inhaltlich muss der Vertrag so bestimmt sein, dass die Teilung ohne weitere Vereinbarung vollzogen werden kann (BSK ZGB II/*Schaufelberger/Keller Lüscher* Art. 634 Rn. 19). Zustandekommen, Gültigkeit und Auslegung sowie Irrtumsanfechtung unterliegen gem. Art. 7, 638 ZGB den allgemeinen Bestimmungen des OR. Durch den Teilungsvertrag erhalten die Erben einen obligatorischen Anspruch auf Vollzug der vereinbarten Teilung. Die Übertragung der einzelnen Nachlassgegenstände erfolgt durch Einzelrechtsübertragung nach Maßgabe der jeweils einschlägigen Regeln. **152**

Die Auseinandersetzung durch Realteilung oder Teilungsvertrag beruht auf dem Grundsatz der freien, einvernehmlichen Teilung durch die Erben. Können sich die Erben bei der Auseinandersetzung nicht einigen, so sieht das Gesetz in verschiedenen Fällen die **Mitwirkung der zuständigen Behörde** vor (Art. 611 II, 612 III, 613 III ZGB). Der Behörde kommt dabei jedoch meist nur eine vorbereitende Vermittlungsfunktion, keine materielle Teilungskompetenz zu (vgl. Tuor ZGB § 83 Rn. 9); Ausnahme nach hM: Art. 613 III ZGB, dazu BSK ZGB II/*Schaufelberger/Keller Lüscher* Art. 613 Rn. 10 f. mwN). **153**

Kommt auch unter Mitwirkung der zuständigen Behörde keine Einigung der Erben zustande, so muss **Teilungsklage gem. Art. 604 ZGB** erhoben werden. Die möglichen Entscheidungen des Gerichts reichen von einer bloßen Verurteilung der beklagten Erben auf Einlassung in die Teilung bis hin zur Vornahme der Teilung durch das Gericht selbst (Tuor ZGB § 83 Rn. 11).

154 cc) **Teilungsregeln.** Für die Durchführung der Teilung gelten zwei Maximen: Einerseits können die **Erben die Teilung frei vereinbaren** (Art. 607 II ZGB). Andererseits ist der **Erblasser** befugt, durch Verfügung von Todes wegen **Teilungsanordnungen** zu treffen, die für die Erben verbindlich sind (Art. 608 I, II ZGB). Diese Bindung besteht jedoch nur bei Uneinigkeit der Erben: eine einvernehmliche Teilungsvereinbarung *aller* Miterben setzt sich auch gegenüber einer Teilungsanordnung des Erblassers durch (BSK ZGB II/*Schaufelberger/Keller Lüscher* Art. 607 Rn. 5, Art. 608 Rn. 10). Jeder Erbe ist aber befugt, eine vom Erblasser getroffene Teilungsanordnung gegenüber den anderen Erben durchzusetzen. **Ausgenommen** vom Grundsatz der freien Erbteilung sind insbes. die Regeln über die Solidarhaftung gegenüber Gläubigern (Art. 603, 639 ZGB).

155 Gem. Art. 610 I ZGB haben die Erben bei der Teilung grds. den **gleichen Anspruch** auf die Gegenstände der Erbschaft **in natura.** Die Nachlassgegenstände sind demnach möglichst ausgeglichen unter den Erben aufzuteilen. Für die **Bewertung** der Nachlassgegenstände stellt Art. 617 ZGB für Grundstücke auf den Verkehrswert im Zeitpunkt der Teilung ab, doch ist auch für sonstige Vermögenswerte auf den Verkehrswert abzustellen (*Druey* ErbR § 16 Rn. 70). Auch insofern hat jedoch die einvernehmliche Bewertung durch die Erben Vorrang. Im Rahmen der Teilung soll eine **Verwertung der Nachlassgegenstände** nur in Ausnahmefällen erfolgen, so zB gem. Art. 612 II, 613 III ZGB bei Uneinigkeit der Erben.

156 **Einzelne Teilungsregeln:** Nach Art. 612 I ZGB soll eine **Erbschaftssache, die durch Teilung an Wert wesentlich verlieren würde,** einem der Erben ungeteilt zugewiesen werden. Lediglich im Falle einer Uneinigkeit der Erben soll die Sache veräußert und der Erlös verteilt werden (Art. 612 II, III ZGB). Die **gemeinsame Ehewohnung und der Hausrat** sind auf Antrag dem überlebenden Ehegatten (oder eingetragenen Partner) unter Anrechnung zuzuteilen (Art. 612a I ZGB). Etwas anderes gilt, wenn der Erblasser in den Räumlichkeiten eine geschäftliche Tätigkeit ausübte, die von einem Nachkommen dort weitergeführt werden soll (Art. 612a III ZGB). **Gegenstände, die ihrer Natur nach zusammengehören,** sollen nicht voneinander getrennt werden, sofern ein Erbe gegen die Teilung Einspruch erhebt (Art. 613 I ZGB). Familienschriften und **Gegenstände, die für die Familie einen besonderen Erinnerungswert haben,** sollen, sofern ein Erbe widerspricht, nicht veräußert werden (Art. 613 II ZGB). Sonderregeln gelten schließlich für **landwirtschaftliche Betriebe** (→ Rn. 161).

157 dd) **Ausgleichung.** Bei der Durchführung der Teilung sind auch **lebzeitige Zuwendungen** nach Maßgabe der Art. 626–632 ZGB anzurechnen. Insofern sind die Erben untereinander gem. Art. 610 II ZGB zur Auskunftserteilung verpflichtet.

158 Nach dem Grundsatz des Art. 626 I ZGB sind die **gesetzlichen Erben** gegenseitig verpflichtet, alles zur Ausgleichung zu bringen, was ihnen der Erblasser **zu Lebzeiten auf Anrechnung an ihrem Erbteil zugewendet** hat. Der Ausgleichungspflicht unterliegt grds. alles, was der Erblasser seinen Nachkommen als Heiratsgut, Ausstattung oder durch Vermögensabtretung, Schulderlass und dergleichen zugewendet hat, sofern er nichts Gegenteiliges verfügt hat (Art. 626 II ZGB). Ausgenommen von der Ausgleichungspflicht sind gem. Art. 632 ZGB lediglich übliche Gelegenheitsgeschenke. Auslagen für die Erziehung und Ausbildung einzelner Kinder unterliegen der Ausgleichungspflicht im Zweifel nur, soweit sie das übliche Maß übersteigen (Art. 631 I ZGB). – **Übersteigen** die Zuwendungen den Betrag des Erbanteils, so muss der Überschuss dann nicht ausgeglichen werden, wenn nachgewiesen ist, dass der Erblasser den Erben damit begünstigen wollte (Art. 629 ZGB). – Die **Durchführung** der Ausgleichung erfolgt gem. Art. 628 I ZGB entweder durch Einwerfung in Natur, dh Rückgabe des empfangenen Gegenstandes, oder durch Anrechnung dem Werte nach. Insofern steht dem ausgleichungspflichtigen Erben ein Wahlrecht zu. Die Wertermittlung ist in Art. 630 ZGB näher geregelt.

159 Im Gegensatz zu den gesetzlichen Erben sind **eingesetzte Erben** nur dann ausgleichungspflichtig, wenn der Erblasser eine diesbezügliche Anordnung getroffen hat (BSK ZGB II/*Forni/Piatti* Art. 626 Rn. 7). Vermutet wird eine Ausgleichungspflicht dann, wenn der Erblasser seine Nachkommen und den überlebenden Ehegatten als Erben zu gleichen Teilen oder in Übereinstimmung mit dem Intestaterbrecht eingesetzt hat (*Piotet* SPR IV/1 § 52 Abschn. I).

160 ee) **Haftung der Miterben untereinander.** Die Werthaltigkeit der den einzelnen Erben zugewiesenen Nachlassteile wird durch die Haftungsregel des Art. 637 ZGB abgesichert: Nach Abschluss der Teilung haften die Miterben einander für die Erbschaftssachen nach Maßgabe des kaufrechtlichen Gewährleistungsrechts. Eine Haftung besteht auch für den Bestand von Forderungen und, soweit es sich nicht um Wertpapiere mit Kurswert handelt, für die Zahlungsfähigkeit des Schuldners.

161 ff) **Bäuerliches Erbrecht.** Das bäuerliche Erbrecht ist weitgehend außerhalb des ZGB im BGBB geregelt (→ Rn. 32). Es verfolgt vor allem auch das Ziel, der Zerstückelung und Überschuldung landwirtschaftlicher Gewerbe entgegenzuwirken. Dementsprechend stellt das BGBB insbes. im Rahmen des Teilungsrechts Sonderregelungen auf (vgl. Art. 619 ZGB). Zum bäuerlichen Erbrecht insgesamt näher FFDH IntErbR/*Lorenz* Rn. 79; Tuor ZGB § 84; *Druey* ErbR § 17 mwN.

162 7. **Erbenhaftung. a) Erblasserschulden** (auch Erbschaftsschulden). Für die Schulden des Erblassers haften die Erben ab Eröffnung des Erbgangs (→ Rn. 134) gem. Art. 560 II, 603 I ZGB **solidarisch und persönlich** (zum Fortbestehen der Haftung nach Teilung → Rn. 165). Zu den Erblasserschulden gehören

II. Materielles Recht

alle fälligen sowie die aufschiebend befristeten und bedingten Verbindlichkeiten; ausgenommen sind die höchstpersönlichen Verpflichtungen des Erblassers (BSK ZGB II/*Schaufelberger/Keller Lüscher* Art. 603 Rn. 7).

b) Erbgangsschulden. Unter Erbgangsschulden versteht man diejenigen Verbindlichkeiten, die anlässlich des Erbfalls entstehen. Dazu gehören insbes. die Begräbniskosten, die Kosten einer Willensvollstreckung und die angeordneten Vermächtnisse und Auflagen (*Druey* ErbR § 13 Rn. 53). Auch die Unterhaltsansprüche der Mutter eines noch nicht geborenen Erben (Art. 605 II ZGB) und der Hausgenossen („Dreißigster", Art. 606 ZGB) sind hierzu zu zählen. Für diese Schulden haftet grds. zunächst der Nachlass, doch kommt insofern auch eine solidarische Haftung gem. Art. 603 I ZGB in Betracht (näher BSK ZGB II/*Schaufelberger/Keller Lüscher* Art. 603 Rn. 8; *Druey* ErbR § 13 Rn. 54).

c) Erbenschulden. Von den Erblasser- und Erbgangsschulden zu unterscheiden sind die eigenen Verbindlichkeiten der einzelnen Erben. Für diese haften zunächst nur die Erben persönlich. Auf den Nachlass können die persönlichen Gläubiger des Erblassers erst zugreifen, soweit er Teil des jeweiligen Schuldnervermögens geworden ist, also jedenfalls nach Durchführung der Teilung. Der Anteil an der unverteilten Erbschaft ist nur subsidiär zur Befriedigung der Gläubiger heranzuziehen, sofern andere Vermögenswerte des betreffenden Erben nicht ausreichen (*Druey* ErbR § 13 Rn. 56, 82).

d) Haftung nach Teilung des Nachlasses. Die Haftung der Erben gegenüber Erbschaftsgläubigern ist in Art. 639 f. ZGB geregelt. Gem. Art. 639 I ZGB haften die Erben auch nach der Teilung für die Schulden des Erblassers weiterhin solidarisch und mit ihrem ganzen Vermögen solange, bis die Gläubiger in eine Teilung oder eine Übernahme der Schulden ausdrücklich oder stillschweigend eingewilligt haben. Die Verjährungsfrist beträgt insofern fünf Jahre (Art. 639 II ZGB). Mit Zustimmung des betroffenen Gläubigers erlischt die Solidarhaftung und es haftet fortan nur noch der betreffende Miterbe (Schuldübernahme). – Hat ein Erbe Erblasserschulden in größerem Umfang getilgt, als ihm im Innenverhältnis obliegt, so ist ein **Regress** gem. Art. 640 ZGB möglich.

e) Erbrechtlicher Gläubigerschutz. aa) Schutz gegenüber Vermischung der Haftungsmassen. Weder die Erbschafts- noch die Erbengläubiger können sich grds. gegen eine Vermischung von Nachlass und persönlichem Vermögen der Erben wehren. Im Hinblick auf die persönliche Haftung der Erben kann dies Nachteile mit sich bringen für die Erbengläubiger, wenn der Nachlass „schlecht", dh überschuldet ist, wie auch für die Erbschaftsgläubiger, wenn ein Erbe persönlich verschuldet ist. Ein **Schutz der Erbschaftsgläubiger** wird jedoch durch Art. 594 I ZGB bewirkt, indem diese bei Besorgnis, dass sie mit ihren Forderungen ausfallen werden, die **amtliche Liquidation** der Erbschaft verlangen können (→ Rn. 175–178). Aus dem Erlös der Liquidation werden die Erbschaftsgläubiger dann vorrangig befriedigt. Ein entsprechender Schutz wird auch Vermächtnisnehmern gewährt (Art. 594 II ZGB).

bb) Schutz gegenüber Vermächtnisnehmern. Gem. Art. 564 I ZGB gehen die **Erbschaftsgläubiger** mit ihren Ansprüchen den Vermächtnisnehmern vor. Im Hinblick auf die Gleichstellung von **Erbengläubigern** mit Erbschaftsgläubigern in Art. 564 II ZGB stellt sich die Frage, ob dies auch für die Bevorzugung gegenüber den Vermächtnisnehmern gilt. Dagegen wird von einer verbreiteten Meinung eingewendet, dass es keinen sachlichen Grund gebe, die Verfügungsfreiheit des Erblassers zugunsten der persönlichen Gläubiger der Erben zu beschränken (*Druey* ErbR § 13 Rn. 76 mwN; zum Meinungsstand auch BSK ZGB II/*Breitschmid* Art. 564 Rn. 7 f.).

cc) Schutz der Erwartungen auf den Erbfall. Die **Erbengläubiger** werden hinsichtlich ihrer Erwartungen auf einen künftigen Erbfall zugunsten ihres Schuldners dadurch geschützt, dass sie gem. Art. 578 I ZGB die **Ausschlagung der Erbschaft** durch ihren Schuldner **anfechten** können (demgegenüber ist nach BGE 138 III 497 ein *Erbverzicht* nicht nach Art. 578 ZGB anfechtbar). Darüber hinaus können die Erbengläubiger im Falle einer **Pflichtteilsverletzung** gem. Art. 524 ZGB **Herabsetzungsklage** erheben, falls der Erbe selbst sie nicht erhebt und gegen ihn Verlustscheine (→ Rn. 120) bestehen oder er sich in Konkurs befindet.

dd) Schutz der Erbschaftsgläubiger bei Ausschlagung. Schlagen die Erben eines zahlungsunfähigen Erblassers die Erbschaft aus, so haften sie dessen Gläubigern gem. Art. 579 I ZGB gleichwohl insoweit, als sie vom Erblasser innerhalb der letzten fünf Jahre vor seinem Tod Vermögenswerte empfangen haben, die bei der Erbteilung der Ausgleichung unterworfen wären (→ Rn. 157 ff.). Ausgenommen hiervon bleiben die landesübliche Ausstattung bei der Verheiratung sowie die Kosten der Erziehung und Ausbildung (Art. 579 II ZGB).

f) Möglichkeiten der Haftungsbeschränkung. aa) Öffentliches Inventar. Die unbeschränkte Haftung der Erben kann durch die Errichtung eines öffentlichen Inventars gem. Art. 580–592 ZGB eingeschränkt werden. Darüber hinaus dient die Inventarerstellung auch der Aufklärung über den Nachlassbestand und der Verlängerung der Ausschlagungsfristen (vgl. *Druey* ErbR § 15 Rn. 53).

(1) Verfahren. Die Inventarerstellung erfolgt auf **Antrag eines Erben** (Art. 580 I ZGB); Pflichtteilsberechtigte haben *kein* Antragsrecht: BGE 143 III 369. Er setzt voraus, dass der Erbe (noch) ausschlagungsbefugt ist; die **Frist** beträgt einen Monat, wobei sich der Fristbeginn nach den Regeln über die Ausschlagungsfrist (→ Rn. 141) bestimmt; hinsichtlich der **Form** gelten gleichfalls die Regeln über die Ausschlagung (Art. 580 II iVm Art. 570 ZGB; → Rn. 140). Der Antrag eines Miterben gilt auch für die übrigen (Art. 580 III ZGB). – Auf den Antrag hin erstellt die zuständige Behörde ein **Verzeichnis der Aktiva und Passiva,** wobei alle Inventarstücke mit einer Schätzung versehen werden (Art. 581 I ZGB).

120 Schweiz

Zum Zwecke der Inventarerstellung sind alle Personen, die Auskunft über die Vermögensverhältnisse des Erblassers geben können, insbes. auch die Erben selbst, **zur Auskunftserteilung verpflichtet** (Art. 581 II, III ZGB). Mit der Inventaraufnahme wird ein **Rechnungsruf** gem. Art. 582 ZGB verbunden, durch den die Gläubiger und Schuldner des Erblassers aufgefordert werden, binnen einer bestimmten Frist (mindestens ein Monat) ihre Forderungen und Verbindlichkeiten anzumelden. **Von Amts wegen aufzunehmen** sind Forderungen und Verbindlichkeiten, die aus öffentlichen Büchern oder Papieren des Erblassers ersichtlich sind (Art. 583 I ZGB). Nach Ablauf der Auskündigungsfrist wird das **Inventar geschlossen** und für mindestens einen Monat **zur Einsicht aufgelegt** (Art. 584 I ZGB). – Anschließend werden die **Erben aufgefordert**, sich innerhalb eines Monats über die Annahme der Erbschaft zu **erklären** (Art. 587 I ZGB).

172 (2) Wirkung. **Während der Inventarerstellung** ist gem. Art. 586 I ZGB die Betreibung für die Schulden des Erblassers ausgeschlossen; diese Regelung steht nicht nur der Zwangsvollstreckung, sondern auch der Einleitung oder Fortsetzung des Erkenntnisverfahrens entgegen (mit Ausnahme dringender Fälle; Art. 586 III ZGB); anhängige Verfahren werden demnach ausgesetzt. Dafür wird der Lauf der Verjährungsfrist gehemmt (Art. 586 II ZGB). Allein die notwendigen Verwaltungshandlungen dürfen während der Dauer der Inventarerstellung vorgenommen werden (Art. 585 I ZGB).

173 **Nach Abschluss des Inventars** können die (gem. Art. 587 I ZGB zur Erklärung aufgeforderten, → Rn. 171) Erben gem. Art. 588 I ZGB: (1) die Erbschaft ausschlagen (→ Rn. 140 ff.), (2) die Erbschaft vorbehaltlos annehmen (→ Rn. 139), (3) die amtliche Liquidation verlangen (→ Rn. 175 ff.) oder (4) die Erbschaft unter öffentlichem Inventar annehmen. Wird innerhalb der gesetzten Frist keine Erklärung abgegeben, so gilt gem. Art. 588 II ZGB die Erbschaft als unter öffentlichem Inventar angenommen.

174 Bei **Annahme unter öffentlichem Inventar** gehen **sämtliche Vermögenswerte** (Aktiva) unabhängig von ihrer Aufnahme ins Inventar auf den Erben über; von den **Schulden des Erblassers** (Passiva) gehen nur die **im Inventar verzeichneten** über (Art. 589 I ZGB). Der Erbe haftet insofern unbeschränkt und persönlich. Für die **nicht in das Inventar aufgenommenen Schulden** haften die Erben somit weder persönlich noch beschränkt auf den Nachlass. Etwas anderes gilt, soweit Gläubiger die Anmeldung **ohne eigene Schuld** unterlassen haben: dann haftet der Erbe auch für nicht inventarisierte Verbindlichkeiten, soweit er aus der Erbschaft bereichert ist (Art. 590 II ZGB). – Unabhängig von der Aufnahme in das öffentliche Inventar kann der Gläubiger jedoch gem. Art. 590 III ZGB Forderungen geltend machen, für die eine **dingliche Haftung** von Erbschaftsgegenständen (Pfandrecht) besteht. Eine Ausnahme von diesen Grundsätzen gilt für **öffentlich-rechtliche Forderungen**, insbes. für Steuerschulden des Erblassers: Hierfür haften die Erben stets unbeschränkt und persönlich, auch wenn eine Aufnahme in das öffentliche Inventar unterblieben ist (BSK ZGB II/*Wissmann/Vogt/Leu* Art. 589 Rn. 5 f.).

175 bb) **Amtliche Liquidation**. Die amtliche Liquidation ist in Art. 593–597 ZGB geregelt. Sie verhindert, dass der Nachlass mit dem persönlichen Vermögen der Erben in einer Vermögensmasse zusammenfällt (→ Rn. 166). Damit kommt es für die Erben zu einer Haftungsbeschränkung auf den Nachlass.

176 (1) **Verfahren**. Die Anordnung der amtlichen Liquidation erfolgt auf **Antrag eines Erben** (Art. 593 ZGB) **oder eines Erbschaftsgläubigers** (Art. 594 ZGB). Antragsbefugt ist ein **Erbe**, der noch zur Ausschlagung oder Annahme unter öffentlichem Inventar berechtigt wäre (Art. 593 I ZGB). Anders als bei der Erstellung eines öffentlichen Inventars, das jeder Erbe unabhängig von den Miterben beantragen kann, ist eine amtliche Liquidation gem. Art. 593 II ZGB nicht möglich, sofern auch nur ein Miterbe die Annahme erklärt. Der Antrag von **Erbschaftsgläubigern** richtet sich nach Art. 594 ZGB. Die Erben können in diesem Fall die amtliche Liquidation durch Befriedigung oder Sicherstellung der Gläubiger abwenden.

177 Die **Durchführung der amtlichen Liquidation** unterliegt der kantonal zuständigen Behörde oder in deren Auftrag einem oder mehreren Erbschaftsverwaltern (Art. 595 I ZGB). Diese erstellen zunächst ein Inventar, das mit einem Rechnungsruf verbunden wird (Art. 595 II ZGB). Die weiteren Verfahrensschritte im Rahmen einer **ordentlichen Liquidation** nennt Art. 596 I ZGB: Beendigung der laufenden Geschäfte des Erblassers, Erfüllung seiner Verpflichtungen, Einziehung der Forderungen, Ausrichtung der Vermächtnisse, gerichtliche Feststellung der Rechte und Pflichten des Erblassers und „Versilberung" des Vermögens. Verbleibt nach Abschluss des Liquidationsverfahrens ein **Überschuss**, so wird dieser an die Erbengemeinschaft ausgekehrt, die dann nach den allgemeinen Grundsätzen die Erbteilung vornimmt (BSK ZGB II/*Karrer/Vogt/Leu* Art. 596 Rn. 33). Bereits während des Liquidationsverfahrens können die Erben gem. Art. 596 III ZGB verlangen, dass ihnen diejenigen Sachen und Gelder der Erbschaft ausgeliefert werden, die für die Liquidation entbehrlich sind. – Stellt sich bei Errichtung des Inventars heraus, dass der **Nachlass überschuldet** ist, so findet gem. Art. 597 ZGB eine konkursamtliche Liquidation nach den konkursrechtlichen Vorschriften statt.

178 (2) **Wirkung**. Die Durchführung der amtlichen Liquidation führt zu einer **Beschränkung der Erbenhaftung**: gem. Art. 593 III ZGB haften die Erben für die Schulden der Erbschaft nicht persönlich. Gesetzlich nicht geregelt ist die Behandlung von Verbindlichkeiten, deren Bestehen erst nach Abschluss des Verfahrens bekannt wird. Überwiegend wird hier angenommen, dass diesbzgl. die Erben im Umfang der noch vorhandenen Bereicherung haften (Tuor ZGB § 79 Rn. 12; *Druey* ErbR § 15 Rn. 86).

III. Nachlassverfahrensrecht

1. Zuständigkeit und Verfahren im Allgemeinen. Das Nachlassverfahren ist zu einem großen Teil im ZGB selbst geregelt. Häufig wird in diesem Zusammenhang schlicht auf die „zuständige Behörde" verwiesen. In dieser Hinsicht ist zu unterscheiden: Die **örtliche Zuständigkeit** ist in Art. 28 I ZPO (bis 1.1.2011 Art. 18 II Gerichtsstandsgesetz) bundesrechtlich geregelt: maßgeblich ist insofern der letzte Wohnsitz des Erblassers (vgl. auch Art. 538 ZGB betr. Eröffnung des Erbgangs; → Rn. 134). Die **Behördenorganisation** (und damit auch die **sachliche Zuständigkeit**) sowie das **Verfahren** unterliegen dagegen kantonalem Recht (Art. 54 SchlT ZGB). Als „zuständige Behörde" kann das kantonale Recht grds. sowohl ein Gericht als auch eine Verwaltungsbehörde bestimmen; die erbrechtlichen Zuständigkeiten können bei einer bestimmten Behörde gebündelt oder auch verschiedenen Behörden zugewiesen werden. Testamentseröffnung, Ausstellung einer Erbenbescheinigung und sonstige Sicherungsmaßregeln nach Art. 551–559 ZGB gehören zur **freiwilligen Gerichtsbarkeit**; die in diesem Rahmen getroffenen Behördenentscheide entfalten grds. keine materielle Rechtskraft (BSK ZGB II/*Karrer*/*Vogt*/*Leu* Vor Art. 551–559 Rn. 10). 179

2. Testamentseröffnung. a) Einlieferung. Art. 556 ZGB begründet für jedermann, der eine letztwillige Verfügung in Verwahrung genommen oder unter den Sachen des Erblassers vorgefunden hat (einschließlich der Hinterlegungsstellen), eine **Einlieferungspflicht** auch für den Fall, dass sie als ungültig erachtet wird. Die Verletzung der Einlieferungspflicht kann unter den allgemeinen Voraussetzungen zum **Schadensersatz** verpflichten (näher BSK ZGB II/*Karrer*/*Vogt*/*Leu* Art. 556 Rn. 22). Darüber hinaus kommt eine Strafbarkeit gem. Art. 254 StGB (Urkundenunterdrückung) und Erbunwürdigkeit gem. Art. 540 I Nr. 4 ZGB in Betracht. Nach Einlieferung der letztwilligen Verfügung hat die Behörde gem. Art. 556 III ZGB die Beteiligten, soweit tunlich, anzuhören und sodann die Erbschaft einstweilen entweder den gesetzlichen (nicht den eingesetzten!) Erben zu überlassen oder die Erbschaftsverwaltung anzuordnen. 180

b) Eröffnung. Gem. Art. 557 I ZGB muss die letztwillige Verfügung von der zuständigen Behörde innerhalb eines Monats nach Einlieferung eröffnet werden. Hierzu werden die (gesetzlichen wie testamentarischen) Erben, soweit sie der Behörde bekannt sind, vorgeladen, um ihnen Gelegenheit zu geben, zur Gültigkeit und Auslegung der letztwilligen Verfügung Stellung zu nehmen (*Druey* ErbR § 15 Rn. 14). 181

c) Mitteilung an die Beteiligten. Nach der Eröffnung erhalten alle an der Erbschaft Beteiligten eine Abschrift der Verfügung, soweit diese sie angeht (Art. 558 I ZGB). Der Zugang der Mitteilung setzt die Monatsfrist für die Beantragung einer Erbbescheinigung und die Auslieferung der Erbschaft gem. Art. 559 ZGB (→ Rn. 184) in Gang. In materiell-rechtlicher Hinsicht kommt dieser Mitteilung keine Präjudizwirkung bzgl. der beinhalteten Feststellungen zu (BayObLG NJW-RR 1991, 1098 (1099)). 182

d) Erbverträge. Über die Eröffnung von Erbverträgen enthält das ZGB keine Regelung. Daraus wird von der hM abgeleitet, dass grds. auch keine Einlieferungspflicht bestehe (BGE 90 II 376 (391)). Nach kantonalem Recht ist aber regelmäßig eine freiwillige Einlieferung und Eröffnung möglich. Überwiegend wird eine bundesrechtliche Einlieferungs- und Eröffnungspflicht dann bejaht, wenn der Erbvertrag testamentarische (dh einseitig widerrufbare) Verfügungen enthält (*Piotet* SPR IV/2 § 90 Abschn. III 1). Vereinzelt wird auch eine generelle analoge Anwendung der Art. 556 ff. ZGB auf Erbverträge befürwortet (BSK ZGB II/*Karrer*/*Vogt*/*Leu* Art. 556 Rn. 10–14 mit näheren Ausführungen zum Streitstand). 183

3. Erbbescheinigung. a) Verfahren Auf Verlangen wird den **eingesetzten Erben** gem. Art. 559 I ZGB nach Ablauf eines Monats eine Erbbescheinigung ausgestellt, wenn die gesetzlichen Erben oder die aus einer früheren Verfügung Bedachten nicht ausdrücklich deren Berechtigung bestritten haben. Es ist anerkannt, dass über den Wortlaut des Art. 559 ZGB hinaus auch den **gesetzlichen Erben** auf Antrag eine Erbbescheinigung auszustellen ist (BSK ZGB II/*Karrer*/*Vogt*/*Leu* Art. 559 Rn. 6). Auch wenn die Entscheidung der Behörde nur provisorische ist (→ Rn. 186), muss sie doch in Zweifelsfällen, etwa bei Vorliegen mehrerer Verfügungen im Hinblick auf Art. 511 ZGB (→ Rn. 95), zumindest ein vorläufiges Wahrscheinlichkeitsurteil über die Erbfolge treffen (*Druey* ErbR § 15 Rn. 17 f.). **Unterbleiben** muss die Ausstellung der Erbbescheinigung, wenn ein anderer **Erbprätendent** das Recht des eingesetzten Erben **bestreitet**. Es bleibt dann bei der gem. Art. 556 III ZGB angeordneten Besitzregelung bzw. Erbschaftsverwaltung (→ Rn. 180; BSK ZGB II/*Karrer*/*Vogt*/*Leu* Art. 559 Rn. 13). Die Erbberechtigung ist dann im Streitverfahren, insbes. im Wege der Erbschaftsklage gem. Art. 598 ff. ZGB (→ Rn. 188) zu klären. Das **Unterlassen eines Bestreitens** führt nicht zum Rechtsverlust (solange nicht die Berechtigung der eingesetzten Erben positiv anerkannt wird), so dass die betreffenden Erbprätendenten gleichwohl noch die (im Erbschein ohnehin vorbehaltene) Erbschafts- oder Ungültigkeitsklage erheben können (BSK ZGB II/*Karrer*/*Vogt*/*Leu* Art. 559 Rn. 14 f.). 184

b) Inhalt. Die Erbbescheinigung nennt den Erblasser sowie notwendig sämtliche Erben einschließlich des gem. Art. 473 ZGB nutznießungsberechtigten Ehegatten (→ Rn. 114 ff.); die Angabe der jeweiligen Erbquoten ist zumindest nicht erforderlich (BGE 118 II 108 (111 f.)). Nicht aufzunehmen sind Vermächtnisnehmer. Hinzuweisen ist auf eine etwaige Willensvollstreckung oder sonstige Formen der Nachlassverwaltung im Hinblick auf die damit verbundene Einschränkung der Verwaltungs- und Verfügungsbefugnis der Erben. Schließlich muss gem. Art. 559 I ZGB generell auch der Vorbehalt der Ungültigkeitsklage und der Erbschaftsklage in die Erbbescheinigung mit aufgenommen werden. 185

186　c) **Wirkung.** Die Erbbescheinigung ist lediglich ein **provisorischer Legitimationsausweis** und präjudiziert in keiner Weise die spätere materielle Beurteilung der Erbberechtigung, insbes. im Rahmen einer Erbschafts-, Ungültigkeits- oder Herabsetzungsklage (BGE 95 II 109 (118); BSK ZGB II/*Karrer/Vogt/Leu* Art. 559 Rn. 2, 32, 45). Auch die ausstellende Behörde selbst ist an die Erbbescheinigung nicht gebunden und zu ihrer **Abänderung** befugt. – Auswirkungen hat die Erbbescheinigung jedoch auf den **Besitz** an der Erbschaft, indem diese nunmehr an die in der Bescheinigung ausgewiesenen Erben auszuliefern ist (Art. 559 II ZGB). Damit verlieren die gesetzlichen Erben gegenüber Art. 556 III ZGB ihren Besitz, wodurch im Regelfall für künftige erbrechtliche Prozesse die Parteirollen vertauscht werden (BSK ZGB II/*Karrer/Vogt/Leu* Art. 559 Rn. 45). Ferner bildet die Erbbescheinigung die Grundlage für die **Berichtigung des Grundbuchs** gem. Art. 18 II lit. a GBV (Grundbuchverordnung). – Umstritten ist, ob die Erbbescheinigung ähnlich wie im deutschen Recht **Gutglaubensschutz** hinsichtlich der Verfügungsbefugnis der darin ausgewiesenen Erben entfaltet. Das Bundesgericht hat diese Frage bislang offen gelassen (BGE 95 II 109 (118)). Die ganz hL spricht sich im Hinblick auf die Bedeutung der Erbbescheinigung als vorläufiger Legitimationsausweis zugunsten eines Schutzes gutgläubiger Dritter aus (BSK ZGB II/*Karrer/Vogt/Leu* Art. 559 Rn. 49; *Piotet* SPR IV/2 § 91 Abschn. I). – Zur Ablehnung einer Grundbuchberichtigung **in Deutschland** aufgrund eines Schweizer Erbscheins LG Stuttgart ZEV 2008, 83.

187　**4. Sonstige Sicherungsmaßregeln.** Neben der Eröffnung letztwilliger Verfügungen zählt Art. 551 II ZGB als Sicherungsmaßregeln insbes. die Siegelung der Erbschaft, die Aufnahme des Inventars und die Anordnung der Erbschaftsverwaltung auf. Die **Siegelung** der Erbschaft wird gem. Art. 552 ZGB nur in den nach kantonalem Recht vorgesehenen Fällen angeordnet und soll eine Veränderung der tatsächlichen Nachlassbestands durch die Erben oder Dritte verhindern. Ergänzt wird sie ggf. durch die Errichtung eines **Erbschaftsinventars,** die aber auch eigenständig angeordnet werden kann. Einzelne Möglichkeiten der Inventarerrichtung werden in Art. 553 ZGB bundesrechtlich geregelt (etwa die Vormundschaft über einen Erben), darüber hinaus kann wiederum kantonales Recht weitere Fälle vorsehen. Zur Sicherung und Erhaltung des Nachlasses sowie zur Vornahme dringender Verwaltungs- und Verfügungshandlungen kann weiterhin **Erbschaftsverwaltung** gem. Art. 554 ZGB angeordnet werden (→ Rn. 132). Bei Ungewissheit über das Vorhandensein von Erben kommt es gem. Art. 555 ZGB zum sog. **Erbenruf.** Melden sich innerhalb einer Frist von einem Jahr keine Erben und sind der Behörde auch keine Erben bekannt, so fällt die Erbschaft unter Vorbehalt der Erbschaftsklage (→ Rn. 188) an das gem. Art. 466 ZGB erbberechtigte Gemeinwesen (→ Rn. 48).

188　**5. Erbschaftsklage.** Die in Art. 598–601 ZGB geregelte Erbschaftsklage ermöglicht es dem gesetzlichen oder eingesetzten Erben, sein Erbrecht gegenüber dem Besitzer der Erbschaft durchzusetzen. Zur Begründung der Aktivlegitimation müssen unter Umständen zunächst erfolgreich Ungültigkeits- (→ Rn. 89) oder Herabsetzungsklage (→ Rn. 111) erhoben werden, wobei aber eine Verbindung möglich ist. Es handelt sich hierbei um ein normales Streitverfahren (einheitlicher Gerichtsstand am Wohnsitz des Erblassers, Art. 28 I ZPO, → Rn. 179). Bei erfolgreicher Klage wird der Besitzer zur Herausgabe der Erbschaft oder der betreffenden Nachlassgegenstände verurteilt (Art. 599 I ZGB). Betreffend unkörperlicher Gegenstände, bei denen eine Herausgabe begrifflich ausscheidet, wird durch das stattgebende Urteil der Übergang auf den Erben festgestellt (*Druey* ErbR § 13 Rn. 46). Zur Verjährung: Art. 600 ZGB.

IV. Erbschaftsteuer

189　Informationen über das Steuersystem der Schweiz und die einzelnen Steuern finden sich auf der **Homepage der Eidgenössischen Steuerverwaltung ESTV:** *www.estv.admin.ch*.

Schrifttum: *Hindersmann/Myssen*, Die Erbschafts- und Schenkungsteuer der Schweizer Kantone, 2003; *Höhn/Waldburger*, Steuerrecht, Bd. 1, 10. Aufl. 2011; *Höhn/Mäusli*, Interkantonales Steuerrecht, 4. Aufl. 2000; *Locher*, Einführung in das interkantonale Steuerrecht, 4. Aufl. 2015; *Lyk*, Einführung in das schweizerische Erbschaftsteuerrecht, in *Fraberger/Petritz* (Hrsg.), Handbuch Estate Planning, 2011, 185–225; *Mäusli-Allenspach*, Erbschafts- und Schenkungsteuern in der Schweiz – ein Überblick, successio 2010, 179–192; 2012, 184–202; *Mennel/Förster/Kolb*, Steuern in Europa, Amerika und Asien, Länderteil Schweiz, Stand: 111. EL, Juli 2017; *Troll/Gebel/Jülicher*, Erbschaftsteuergesetz, Stand: 53. EL, Juni 2017, § 21 Rn. 126; *Zweifel/Beusch/Mäusli-Allenspach*, Interkantonales Steuerrecht, 2011.

190　**1. Steuerhoheit.** In der Schweiz werden Erbschaft- und Schenkungsteuern nicht vom Bund, sondern gem. **Art. 3 BV** (Bundesverfassung) von den **Kantonen** erhoben. In wenigen Kantonen steht die Befugnis zur Erhebung der Erbschaft- und Schenkungsteuer neben den Kantonen kumulativ den **Gemeinden** zu (s. zB *Strunz* ZEV 2003, 157). Derzeit erheben alle Kantone Erbschaft- und Schenkungsteuern, mit Ausnahme des Kantons Schwyz (weder Erbschaft- noch Schenkungsteuer) und des Kantons Luzern (Erbschaftsteuer, aber keine Schenkungsteuer; wobei aber Schenkungen, die innerhalb der letzten fünf Jahre vor dem Tod des Erblassers erfolgten, als Erbschaft besteuert werden). Die kantonalen Gesetze über die Erbschaft- und Schenkungsteuer, die ergänzenden Verordnungen sowie das maßgebliche Verfahrensrecht sind abrufbar über die jeweilige Homepage des Kantons unter *www.[Kantonskennzeichen].ch* (zB *www.zh.ch*).

191　Die Initiative, die kantonalen Erbschaft- und Schenkungsteuern durch eine neue Bundessteuer abzulösen (vgl. Vorauflage.), wurde bei der Volksabstimmung am 14.6.2015 mit 71 % der Stimmen abgelehnt; s. Schweizerische Steuerkonferenz SSK (Hrsg.), Steuerinformationen – Die Erbschafts- und Schenkungssteuern, 2016, S. 3.

2. Interkantonales Steuerrecht. Gem. Art. 127 III BV (vormals Art. 46 II BV aF; nF in Kraft seit **192**
1.1.2000) ist die **interkantonale Doppelbesteuerung** untersagt. Eine nähere Ausfüllung des Verbots
interkantonaler Doppelbesteuerung durch den Gesetzgeber erfolgte nicht, so dass es sich beim interkantonalen Steuerrecht im Wesentlichen um Richterrecht handelt. Nach der Rspr. des Bundesgerichts liegt
eine verfassungswidrige Doppelbesteuerung vor, wenn eine steuerpflichtige Person von zwei oder mehreren Kantonen für das gleiche Steuerobjekt und für die gleiche Zeit zu Steuern herangezogen wird (aktuelle Doppelbesteuerung) oder wenn ein Kanton in Verletzung der geltenden Kollisionsnorm seine
Steuerhoheit überschreitet oder eine Steuer erhebt, die einem anderen Kanton zusteht (virtuelle Doppelbesteuerung) (zB BGE 131 I 409 (412); 130 I 205 (210)). Dies gilt grds. auch dann, wenn der berechtigte
Kanton den betreffenden Tatbestand überhaupt nicht besteuert. – Das Bundesgericht hat in stRspr für
die Erbschaft- und Schenkungsteuer die folgende **Kollisionsregel** aufgestellt: Zur Erhebung der Erbschaftsteuer auf das **bewegliche Vermögen** ist derjenige Kanton berechtigt, in welchem der Erblasser
(bzw. Schenker) zur Zeit seines Todes (bzw. zum Zeitpunkt der Schenkung) seinen letzten Wohnsitz
hatte (BGE 95 I 26 (29)); **unbewegliches Vermögen** ist in dem Kanton zu versteuern, in dem es belegen
ist (vgl. insgesamt *Höhn/Mäusli*, Interkantonales Steuerrecht, 4. Aufl. 2000, § 17 Rn. 13, 15; *Locher*, Einführung in das interkantonale Steuerrecht, 4. Aufl. 2015, § 9 S. 72–74 mwN; *Mäusli-Allenspach* successio
2012, 184 (186 ff.)).

3. Steuerarten. Die Besteuerung in den Kantonen erfolgt entweder als **Erbanfall-** oder als **Nachlass-** **193**
steuer oder durch Kumulation dieser beiden Steuerarten. Die Erbanfallsteuer wird auf den Erbteil jedes
einzelnen Erben oder Vermächtnisnehmers, die Nachlasssteuer auf den gesamten, ungeteilten Nachlass
erhoben. Eine Abstufung der Besteuerung nach Verwandtschaftsgraden ist demnach bei der Nachlasssteuer nicht möglich. Alle Kantone außer Graubünden erheben eine Erbanfallsteuer. Der Kanton Graubünden erhebt anstelle der Erbanfallsteuer eine Nachlasssteuer auf den gesamten Nachlass (zur praktischen Durchführung des Besteuerungsverfahrens im Kanton Graubünden vgl. BGE 136 II 525). Der
Kanton Solothurn erhebt kumulativ zur Erbanfallsteuer eine Nachlasssteuer.

4. Steuersubjekte. Steuerpflichtig sind als **Empfänger** die Erben und die Vermächtnisnehmer, bei der **194**
Schenkung der Beschenkte. – Bei der **Nacherbeneinsetzung** wird in den meisten Kantonen (außer Jura
und ggf. Waadt) die Steuer zweimal erhoben, dh sowohl beim Übergang vom Erblasser auf den Vorerben
als auch beim Übergang vom Vorerben auf den Nacherben. Für das Steuermaß ist in der Regel das jeweilige Verwandtschaftsverhältnis von Vor- und Nacherben zum Erblasser maßgeblich (vgl. zu den Besteuerungsmodi bei Nacherbeneinsetzung: Schweizerische Steuerkonferenz SSK (Hrsg.), Steuerinformationen
– Die Erbschafts- und Schenkungssteuern, 2016, S. 8 f., abrufbar bei ESTV). Das Schweizer Bundesgericht hat allerdings entschieden, dass die zweimalige volle Besteuerung beim Vor- und beim Nacherben
gegen den verfassungsmäßigen Grundsatz der Besteuerung nach der wirtschaftlichen Leistungsfähigkeit
(Art. 127 II BV) verstößt (BG ZErb 2003, 229 mAnm *Wachter*). Dies gilt jedenfalls, soweit es um eine
ordentliche Nacherbeneinsetzung gem. Art. 488 ZGB (→ Rn. 75 f.) geht. Die Kantone setzen diese Vorgabe zunehmend dadurch um, dass beim Vorerben lediglich der sog. kapitalisierte Ertragswert besteuert
wird; zT wird auch die vom Vorerben entrichtete Steuer auf die Steuerpflicht des Nacherben angerechnet. Bei der Nacherbeneinsetzung auf den Überrest (→ Rn. 77) wird es für gerechtfertigt erachtet, beide
Erbgänge voll zu besteuern (vgl. *Mäusli-Allenspach* successio 2010, 179 (188)).

Der **überlebende Ehegatte** (sowie der überlebende Partner einer eingetragenen Partnerschaft) ist **195**
(nunmehr) in allen Kantonen von der Steuer befreit. Zum Teil sind auch besondere Tarife (bis hin zur
vollständigen Befreiung, vgl. Art. 107 des Steuergesetzes des Kantons Graubünden) für in eheähnlicher
Gemeinschaft lebende, unverheiratete Paare (sog. **Konkubinatspartner**) vorgesehen. Die **direkten**
Nachkommen des Erblassers sind in der Mehrzahl der Kantone von der Steuer befreit, mit Ausnahme
von Appenzell-Innerrhoden, Waadt und Neuenburg; in Luzern erhebt etwa die Hälfte aller Gemeinden
keine Nachkommen-Erbschaftsteuer. Die **direkten Vorfahren** des Erblassers sind hingegen nur in einigen Kantonen von der Steuer befreit (Uri, Nidwalden, Obwalden, Zug, Freiburg, Appenzell-Ausserrhoden, Basel-Landschaft, Tessin, Wallis und Genf). In allen anderen Kantonen werden sie besteuert, wobei aber häufig Steuerfreibeträge (persönliche Abzüge) vorgesehen sind. Die kantonalen Gesetze sehen diverse weitere Befreiungen vor, ua für Zuwendungen an die öffentliche Hand und für den
vom Verstorbenen hinterlassenen Hausrat (vgl. zu den Steuerbefreiungen die Übersichten in Steuerinformationen – Die Erbschafts- und Schenkungssteuern, 2016, S. 17–29).

Sind **mehrere Erben** vorhanden, haften diese bis zur Höhe des Erbanfalls für die insgesamt geschulde- **196**
te Erbschaftsteuer, dh einschließlich der auf die Vermächtnisse entfallenden Erbschaftsteuer, **gesamt-**
schuldnerisch. In einigen Kantonen haften hingegen auch die Vermächtnisnehmer bis zur Höhe ihres
Vermächtnisses selbst. In Waadt und Genf haften die Erben darüber hinaus auch persönlich mit ihrem
gesamten Vermögen für die Erbschaftsteuer.

5. Steuerobjekt. Gegenstand der Erbschaftsteuer ist der Vermögensübergang auf die gesetzlichen Er- **197**
ben und die eingesetzten Erben sowie auf die Vermächtnisnehmer. Auch der Vermögensanfall durch eine
Schenkung auf den Todesfall (→ Rn. 106) unterliegt in allen Kantonen der Erbschaftsteuer. Zuwendungen an zu errichtende/bestehende Stiftungen unterliegen ebenfalls der Erbschaftsteuer. IE unterschiedlich erfolgt die Besteuerung weiterer Zuwendungen, so zB in einigen Kantonen der Vorempfang auf
Rechnung künftiger Erbschaft (→ Rn. 157 ff.).

120 Schweiz

198 **6. Steuermaß.** Maßgeblicher Berechnungszeitpunkt ist der Zeitpunkt des Todes des Erblassers (Eröffnung des Erbgangs; → Rn. 134); bei Nacherbeneinsetzung ist dies grds. der Zeitpunkt des Todes des Vorerben. Bemessungsgrundlage für die Steuer ist grds. der **Verkehrswert**; bei Nutznießung (etwa der Ehegatten, → Rn. 114) ist es meistens der Kapitalwert. Die Steuer bemisst sich sodann nach dem **Nettowert**. Die **Erbschaftsschulden** sind in fast allen Kantonen abzugsfähige Verbindlichkeiten. In der Mehrheit der Kantone ist der Abzug der **Erbgangsschulden** (Todesfall- und Teilungskosten) entweder ausdrücklich in den kantonalen Steuergesetzen geregelt oder wird in der Praxis entsprechend zugelassen, jedoch mit kantonal unterschiedlichen Einschränkungen. – Die **Steuertarife** sind zumeist progressiv ausgestaltet und richten sich einerseits nach dem Verwandtschaftsgrad und andererseits nach der Höhe des Vermögensanfalles (vgl. nähere Übersichten bei Fraberger/Petritz/*Lyk*, Handbuch Estate Planning, 2011, 189 ff.; FFDH IntErbR/*Lorenz* Rn. 192–218).

199 **7. Doppelbesteuerungsabkommen.** Das in Art. 127 III BV enthaltene *interkantonale* Doppelbesteuerungsverbot (→ Rn. 192) findet keine Anwendung im Verhältnis der Schweiz zu anderen Staaten. Die kantonalen Erbschaftsteuergesetze enthalten grds. keine Regelungen zur Vermeidung einer internationalen Doppelbesteuerung, insbes. auch keine Anrechnungsvorschriften. Das Bundesgericht hat die Freiheit der Kantone im Hinblick auf eine internationale Doppelbesteuerung nur dahingehend eingeschränkt, dass sie nicht gegen offensichtliche und allgemeine Grundsätze des Völkerrechts verstoßen und nicht ausländische Liegenschaften besteuern dürfen, wenn diese bereits im Belegenheitsstaat tatsächlich besteuert werden (BGE 73 I 191 (199)). Zur Vermeidung einer internationalen Doppelbesteuerung hat der Bund mit den folgenden Staaten Doppelbesteuerungsabkommen auf dem Gebiet des Erbschaftsteuerrechts abgeschlossen: Dänemark (einschließlich der Färöer-Inseln), Deutschland, Finnland, Frankreich, Vereinigtes Königreich, Niederlande, Norwegen, Österreich, Schweden und USA. Auf Kantonsebene existieren **Gegenrechtserklärungen** betreffend die Erbschaftsteuern im Verhältnis zu Deutschland, Frankreich, Israel, Liechtenstein und den USA. Die jeweiligen Doppelbesteuerungsabkommen sind unter *www.admin.ch* in der Systematischen Rechtssammlung des Bundesrechts, Ordnungsnummer 0.67, abrufbar.

200 Das **DBA Deutschland-Schweiz** v. 16.4.1980 (BGBl. 1980 II S. 594; BStBl. I 1980 S. 243) gilt für Nachlass- und Erbanfallsteuern, Abgaben vom Vermögensübergang oder Steuern von Schenkungen auf den Todesfall, die von einem der Vertragsstaaten oder seinen Untergliederungen erhoben werden (Art. 2 I DBA = Art. 2 I OECD-MA), also insbes. für die von den Schweizer Kantonen erhobenen Steuern einschließlich gemeindlicher Zuschläge.

Schrifttum zum deutsch-schweizerischen Doppelbesteuerungsrecht: Troll/Gebel/*Jülicher* § 2 Anh. III Rn. 216–239; Bur Bürgin/Ludwig/Schmidt/*Schwind* ZErb 2009, 49 (54); *Jochum* UVR 2001, 100 (105); *Jülicher* IStR 2004, 37 (43); Kapp/Ebeling/*Eisele*, Erbschaftsteuer- und Schenkungssteuergesetz, Stand: 74. EL, Oktober 2017, § 21 Rn. 45; *Mäusli-Allenspach* successio 2012, 184 (197 ff.); *Schindhelm/Hindersmann* ZEV 2003, 491 (495); *Stein* ErbStB 2003, 295 ff.

Länderbericht Serbien

Übersicht

	Rn.
I. Internationales Erbrecht	1–21
1. Bestimmung des anwendbaren Rechts	1–9
a) Allgemeine Kollisionsregel – Lex nationalis des Erblassers	2–5
b) Materielle Gültigkeit, Wirkungen und Auslegung des Testaments und anderer Verfügungen von Todes wegen	6/7
c) Form der Verfügungen von Todes wegen	8
d) Erbenloser Nachlass	9
2. Internationale Zuständigkeit	10–15
a) Verlassenschaftsabhandlung, wenn der Erblasser serbischer Staatsangehörigen ist	11/12
b) Verlassenschaftsabhandlung, wenn der Erblasser ausländischer Staatsangehörigen ist	13
c) Verlassenschaftsabhandlung, wenn der Erblassers Staatenloser oder Flüchtling ist	14
d) Nachlassspaltung	15
3. Anerkennung und Vollstreckung ausländischer Entscheidungen	16–21
a) Rechtsquellen	16
b) Gleichstellungsprinzip und Begriff der ausländischen Gerichtsentscheidung	17
c) Anerkennungsvoraussetzungen und -hindernisse	18
d) Verfahren	19–21
II. Materielles Recht	22–139
1. Allgemeines	22–24
a) Rechtsquellen	22
b) Berufungsgründe zu Erbfolge, Erbfähigkeit und Erbunwürdigkeit	23/24
2. Gesetzliche Erbfolge	25–44
a) Parentalsystem (Ordnungen)	25–30
b) Gesetzliches Erbrecht des Ehegatten	31–36
c) Gesetzliches Erbrecht der Adoptivkinder und -eltern	37–42
d) Erbrechtliche Stellung der Eltern	43
e) Staat als Erbe	44
3. Gewillkürte Erbfolge	45–105
a) Allgemeines	45
b) Testament	46–99
c) Erbverträge und gemeinschaftliches Testament	100/101
d) Rechtsgeschäfte unter Lebenden auf den Todesfall	102–106
4. Pflichtteilsrecht	107–121
a) Allgemeines	107
b) Rechtsnatur	108/109
c) Pflichtteilsberechtigte	110/111
d) Pflichtteilsquote	112
e) Berechung des Pflichtteils	113
f) Verwirklichung und Durchsetzung des Pflichtteils	114–118
g) Pflichtteilsentziehung	119–121
5. Testamentsvollstreckung	122/123
6. Anrechnung von Vermögenszuwendungen (Schenkungen und Vermächtnissen) auf den Erbteil	124–126
7. Erbschaftserwerb, Erbengemeinschaft und Erbauseinandersetzung (Erbteilung)	127–138
a) Erwerb der Erbschaft	127–133
b) Erbengemeinschaft	134/135
c) Erbteilung (Erbauseinandersetzung)	136–138
8. Erbenhaftung	139/140
III. Nachlassverfahrensrecht	141–172
1. Allgemeines	141/142
2. Zuständigkeit	143–146
3. Vorverfahren	147–156
a) Errichtung und Erstellung der speziellen Todesurkunde (sog. Smrtovnica)	148/149
b) Inventar und Bewertung des Nachlasses – Nachlassverzeichnis	150
c) Eröffnung und Verkündigung des Testaments und Testamentsrekonstruktion	151–155
d) Andere prozessrechtliche Handlungen im Vorverfahren	156
4. Verlassenschaftsabhandlung (Nachlassabhandlung)	157–164
a) Allgemeines	159/160
b) Gegenstand der Nachlassabhandlung	160
c) Erbschaftserklärung	161
d) Unterbrechung des Nachlassverfahrens und Anweisung auf Streitverfahren	162/163
e) Unterbleiben des Nachlassverfahrens	164
5. Nachlassbeschluss	165–167
6. Rechtsbehelfe	168/169
a) Beschwerde	168
b) Revision	169
7. Erbschaftsanspruch (Erbschaftsklage)	170–172
IV. Erbschaftsteuer	173–179
1. Erbschaft- und Schenkungsteuer	173
2. Gegenstand der Steuer und Steuerschuldner	174
3. Berechungsgrundlage und Entstehung der Steuerschuld	175
4. Steuerersatz	176
5. Steuerbefreiung	179

Literatur: IPR: *Dika/Knezevic/Stojanovic*, Komentar Zakona o medjunarodnom privatnom i procesnom pravu, 1991; *Djordjevic*, O problemima nekoordiniranog raspravljanja zaostavstine jednog lica u razlicitim drzavama, in Bejatovic (Hrsg), Pravni sistem Srbije i standardi Evropske unije i Saveta Evrope, Knj. 5, Kragujevac 2010, 377; *Djordjevic*, Prilagodjavanje u MPP, Diss., 2010; *Djordjevic/Meskic*, Medjunarodno privatno pravo, 2016; *Djordjevic*, National Report – Serbia, in: European Encyclopedia of Private International Law, vol. 3, Edvard Elgar, 2017; *Jaksic*, Medjunarodno privatno pravo, 2008; *Lipowschek*, Das neue jugoslawische Internationales Privat- und Prozeßrecht im Bereich des Vermögensrechts, RabelsZ 49 (1985), S. 426; *Petrovic*, Renovi u uporednom pravu i ZRSZ, in Zivkovic (Hrsg.), Dvadeset godina Zakona o medjunarodnom privatnom pravu, 2004, 33; *Stanivukovic/Djundic*, Medjunarodno privatno pravo, posebni deo, 2008; *Stanivukovic/Zivkovic*, Medjunarodno privatno pravo, opsti deo, 2008; *Stojanovic*, Sta donose novo izmene i dopune Zakona o nasledjivanju Republike Srbije?, Pravo – teorija i praksa 7–9/2015; *Varadi*, Anerkennung und Vollstreckung ausländischer Entscheidungen in Jugoslawien, RabelsZ 51 (1987), S. 632; *Varadi*, Medjunarodno privatno pravo, 1990; *Varadi/Bordas/Knezevic/Pavic*, Medjunarodno privatno pravo, 2007. **Materielles Recht:** *Antic*, Nasledno pravo, Beograd 2010; *Antic/Balinovac*, Komentar Zakona o nasledjivanju, 1996; *Antic/Djurdjevic*, Prirucnik za nasledno pravo, 2003; *Blagojevic,* Nasledno pravo u Jugoslaviji, 1983; *Blagojevic/Antic,* Nasledno pravo u Jugoslaviji, 1986; *Djordjevic/Svorcan,* Nasledno pravo, 1997; *Djurdjevic,* Apsolutna nistavost zavestanja, Diss., 2005; *Djurdjevic,* Institucije naslednog prava, 2018; *Djurdjevic,* Uvodjenje ugovora o nasledjivanju u srpsko pravo, Anali Pravnog fakulteta u Beogradu 2/2009, 186; *Kurdulija,* Prirucnik za nasledno pravo, 1976; *Markovic,* Nasledno pravo, 1981; *Svorcan,* Nasledno pravo, 2000; *Zivojinovic,* Nevaznost zavestanja, Diss., 2003.

I. Internationales Erbrecht

1 **1. Bestimmung des anwendbaren Rechts.** Das maßgebliche Gesetz Serbiens, das privatrechtliche Verhältnisse mit Auslandsberührung regelt, stellt auch heute noch das jugoslawische Gesetz über die Regelung von Kollisionen der Gesetze mit den Vorschriften anderer Staaten von 1982 dar („Amtsblatt der SFRJ [Sl. list SFRJ]", 43/82, 72/82, „Amtsblatt der Bundesrepublik Jugoslawien [Sl. list SRJ]", 46/96 und „Amtsblatt der Republik Serbien [Sl. glasnik RS]", 46/2006 – dr. zakon; in dem weiteren Text: IPRG). Das IPRG bildet die grundlegende und damit zugleich auch wichtigste Quelle für den gesamten Bereich des IPR und IZVR Serbiens (näher über die Quelle des IPR in Serbien *Lipowschek* RabelsZ 49 (1985), S. 427 ff.; *Djordjevic,* National Report – Serbia, Encyclopedia of Private International Law, 2017, 2469 ff.; *Djordjevic/Meskic,* Medjunarodno privatno pravo, 2016, 24 ff.; *Stanivukovic/Zivkovic,* Medjunarodno privatno pravo, opsti deo, 2008, 33 ff.). Die allseitig ausgestalteten Kollisionsnormen für erbrechtliche Verhältnisse finden sich in Art. 30, 31 IPRG.

2 **a) Allgemeine Kollisionsregel – Lex nationalis des Erblassers.** Art. 30 I IPRG geht vom Prinzip der Nachlasseinheit aus: die gesamte Erbfolge unterliegt dem Recht desjenigen Staates, dem der Erblasser im Zeitpunkt seines Todes angehörte. Diese Kollisionsregel gilt sowohl für die gesetzliche als auch für die testamentarische Erbfolge. Gehört der Erblasser mehreren Staaten an, so ist für die Anknüpfung zu unterscheiden: Hat der Erblasser zugleich auch die serbische Staatsangehörigkeit, ist diese alleine maßgeblich, unabhängig davon, ob es sich bei dieser zugleich um die effektive Staatsangehörigkeit handelt – Erbstatut ist damit in dieser Konstellation stets serbisches Recht (Art. 11 I IPRG). Besitzt der Erblasser hingegen zwei oder mehrere ausländische Staatsangehörigkeiten, nicht jedoch auch die serbische, gilt das Recht desjenigen Staates, dessen Staatsangehöriger er ist und in dem er auch seinen Wohnsitz hat (Art. 11 II IPRG). Hat der Erblasser seinen Wohnsitz in keinem der Staaten, deren Staatsangehöriger er ist, findet das Recht desjenigen Staates Anwendung, dessen Staatsangehörigkeit er besitzt und zu dem er die engste Verbindung hat (Art. 11 III IPRG). Für Staatenlose und Personen, deren Staatsangehörigkeit nicht festgestellt werden kann, gilt primär das Recht ihres Wohnsitzes, hilfsweise das Recht ihres Aufenthaltsortes, wenn diese Personen keinen Wohnsitz haben oder dieser nicht festgestellt werden kann (Art. 12 I, II IPRG). Kann weder der Wohnsitz noch der Aufenthaltsort festgestellt werden, findet serbisches Recht Anwendung (Art. 12 III IPRG).

3 Bei der von Art. 30 I IPRG ausgesprochenen Verweisung handelt es sich gem. Art. 6 I IPRG um eine Kollisionsnormverweisung, so dass das serbische IPR ggf. einer Rück- oder Weiterverweisung (Renvoi) durch das berufene ausländische IPR Folge zu leisten hat. Verweisen die Kollisionsnormen des ausländischen Staates auf serbisches Recht zurück, wird die Verweisung autonom abgebrochen und serbisches Sachrecht angewandt (Art. 6 II und Art. 30 I IPRG). Verweisen die ausländischen Kollisionsnormen weiter, ist das materielle Recht des Staates, dessen Kollisionsnormen die Verweisung annehmen maßgeblich. Wenn dies nicht der Fall ist, ist das materielle Recht des Staates, der zum zweiten Mal in der Reihe von Weiterverweisung auftritt, maßgeblich (näher *Djordjevic/Meskic,* Medjunarodno privatno pravo, 2016, 48–50; nach aA gilt die foreign court theory, s. näher *Dika/Knezevic/Stojanovic,* Komentar Zakona o medjunarodnom privatnom i procesnom pravu, 1991, 23 ff., oder kommt es nur zu einem single renvoi, s. näher *Varadi,* Medjunarodno privatno pravo, 1990, 77 f.; *Zivkovic/Petrovic,* Renovi u uporednom pravu i ZRSZ, Dvadeset godina Zakona o medjunarodnom privatnom pravu, 2004, 51). Obwohl das serbische IPR vom Einheitsprinzip ausgeht, kann es aufgrund der Beachtlichkeit eines Renvoi dennoch zu einer Nachlassspaltung kommen. Dies ist immer dann der Fall, wenn Art. 30 I IPRG auf eine ausländische Rechtsordnung verweist, die selbst (kollisionsrechtliche) Nachlassspaltung anordnet, die also bspw. die Vererbung von Immobilien der lex rei sitae und die Vererbung von Mobilien der lex domicili unterstellt (näher *Djordjevic,* Prilagodjavanje u MPP, 2010, 283 ff.).

4 Eine Rechtwahl ist nach serbischen Recht nicht zulässig, sie kann aber ebenfalls im Rahmen eines Renvoi beachtlich sein, sofern die berufenen ausländischen Kollisionsnormen die Möglichkeit einer solchen vorsehen (*Stanivukovic/Djundic,* Medjunarodno privatno pravo, posebni deo, 2008, 206 f.).

5 Das durch Art. 30 I IPRG bestimmte Erbstatut (lex nationalis) umfasst insbes. die Voraussetzungen für den Eintritt des Erbfalls sowie dessen Zeitpunkt und Ort, den Übergang des Nachlasses auf die Erben, die Bestimmung der Erben, die Erbordnung und Erbquoten, die Erbfähigkeit und Erbwürdigkeit, den Erbschaftserwerb und die Erbschaftsteilung, die Erbenhaftung, die Testierfreiheit, die Pflichtteilsrechte und Pflichtteilsquote, die Bestimmung des Testamentsvollstrecker, die Anrechnung von Vermögenszuwendungen auf den Erbteil und Pflichtteil usw (näher *Varadi/Bordas/Knezevic/Pavic,* Medjunarodno privatno pravo, 2007, 345).

6 **b) Materielle Gültigkeit, Wirkungen und Auslegung des Testaments und anderer Verfügungen von Todes wegen.** Art. 30 II IPRG enthält eine besondere Kollisionsnorm für die Testierfähigkeit. Gem. dieser Bestimmung ist für die Testierfähigkeit das Recht des Staates maßgeblich, dessen Staatsangehörigkeit der Erblasser im Zeitpunkt der Errichtung des Testaments hatte. Die übrigen materiellen Wirksam-

keitsvoraussetzungen, die Wirkungen sowie die Auslegung des Testaments (und andere Verfügungen von Todes wegen) unterliegen dem allgemeinen (realen) Erbstatut (Art. 30 I IPRG).

Das serbische materielle Erbrecht kennt nur das Testament als Form der Verfügung von Todes wegen. Erbverträge sind im serbischen Recht verboten (näher *Djurdjevic* Anali Pravnog fakulteta u Beogradu 2/2009, 199 ff.). Die Kollisionsnormen der Art. 30 II und Art. 31 IPRG erwähnen daher ausdrücklich nur das Testament und keine anderen Verfügungen von Todes wegen. Dennoch lassen sich die genannten Kollisionsnormen analog auf andere letztwillige Verfügungen anwenden (vgl. *Varadi/Bordas/Knezevic/Pavic*, Medjunarodno privatno pravo, 2007, 345 ff.; *Jaksic*, Medjunarodno privatno pravo, 2008, 418 ff.). 7

c) **Form der Verfügungen von Todes wegen.** Für die Form der testamentarischen Verfügungen gilt das Haager Übereinkommen v. 5.10.1961 über das auf die Form letztwilliger Verfügungen anzuwendende Recht, dem Serbien beigetreten ist. Art. 31 IPRG hat die Bestimmungen des Art. 1 I und des Art. 2 I des genannten Übereinkommens inhaltsgleich übernommen und nur eine weitere Anknüpfung, die lex fori (Art. 31 Nr. 5 IPRG), hinzugefügt. Diese steht im Einklang mit dem Prinzip *in favorem testamenti*, welches in Art. 3 Haager Übereinkommen geregelt ist. Serbische Autoren äußerten an der Kodifikation des Art. 31 IPRG Kritik und schlugen alternativ vor, dass das IPRG alleine einen Verweis auf die Bestimmungen des Haager Übereinkommens aufnehmen sollte (vgl. *Dika/Knezevic/Stojanovic*, Komentar Zakona o medjunarodnom privatnom i procesnom pravu, 1991, 108 ff.; *Stanivukovic/Djundic*, Medjunarodno privatno pravo, posebni deo, 2008, 202). Ein solcher (deklaratorischer) Verweis wäre jedenfalls ausreichend gewesen, da auch nach serbischem Recht ratifizierte internationale Abkommen dem IPRG und anderen Gesetzen vorgehen (Art. 194 der Serbischen Verfassung, vgl. auch Art. 3 IPRG). Aufgrund dieses Vorrangs wenden manche auch unmittelbar die mit Art. 31 IPRG inhaltsgleichen Kollisionsnormen des Haager Übereinkommens von 1961 an, was iErg jedoch keine Auswirkungen hat: Auch nach dieser Ansicht findet Art. 31 Nr. 5 IPRG, der im genannten Haager Übereinkommen keine Entsprechung hat, Anwendung, so dass das Testament formwirksam errichtet wurde, wenn die serbischen Formvorschriften eingehalten worden sind. 8

d) **Erbenloser Nachlass.** Das serbische IPRG enthält weder eine kollisionsrechtliche noch eine sachenrechtliche Lösung für den erbenlosen Nachlass. Die Lit. schlägt insoweit vor, dass der bewegliche Nachlass dem Staat, dessen Staatsangehörigkeit der Erblasser besitzt, und der unbewegliche Nachlass dem Staat, in dem sich dieser Nachlass befindet, gehört (näher *Dika/Knezevic/Stojanovic*, Komentar Zakona o medjunarodnom privatnom i procesnom pravu, 1991, 107 f.). 9

2. Internationale Zuständigkeit. Die internationale Zuständigkeit für die Verlassenschaftsabhandlung, die Streitigkeiten aus erbrechtlichen Beziehungen sowie die Streitigkeiten wegen Forderungen der Gläubiger gegen den Nachlass sind in Art. 71–73 IPRG geregelt. Nach diesen Bestimmungen, welche der allgemeinen Zuständigkeitsregel (Art. 46 IPRG) vorgehen, sind die die Zuständigkeit begründenden Kriterien die Staatsangehörigkeit des Erblassers und der Ort, an dem sich der unbewegliche und bewegliche Nachlass befindet. Ob der Nachlass beweglich oder unbeweglich ist, bestimmt das Recht des Staates, in dem sich der Nachlass befindet (*Dika/Knezevic/Stojanovic*, Komentar Zakona o medjunarodnom privatnom i procesnom pravu, 1991, 233). 10

a) **Verlassenschaftsabhandlung, wenn der Erblasser serbischer Staatsangehöriger ist.** Art. 71 IPRG regelt die internationale Zuständigkeit für die Abwicklung der Verlassenschaft eines serbischen Staatsangehörigen. Wenn die unbewegliche Verlassenschaft (der Nachlass) eines serbischen Staatsangehörigen in Serbien belegt ist, sind für ihre Abhandlung ausschließlich serbische Gerichte zuständig (Art. 71 I IPRG). Befindet sich der unbewegliche Nachlass im Ausland, so ist eine Zuständigkeit serbischer Gerichte nur dann gegeben, wenn die Gerichte des Staates, in dem der unbewegliche Nachlass belegen ist, nach ihrem Recht unzuständig sind (Art. 71 II IPRG). Geht es um die Abhandlung des beweglichen Nachlasses, sind serbische Gerichte konkurrierend zuständig, wenn sich die beweglichen Sachen auf dem Territorium Serbiens befinden. Sind nach dem Recht des Belegenheitsstaates dessen Gerichte unzuständig bzw. lehnen diese die Abhandlung des Nachlasses ab, begründet dies ebenfalls eine serbische Zuständigkeit (Art. 71 III IPRG). Diese Zuständigkeitsregeln gelten ebenso für Streitigkeiten aus erbrechtlichen Beziehungen sowie Streitigkeiten wegen Forderungen der Gläubiger gegen den Nachlass (Art. 71 IV IPRG). 11

Bei wortlautgetreuer Anwendung des Art. 71 II und III IPRG wäre die internationale Zuständigkeit serbischer Gerichte immer dann ausgeschlossen, wenn die Gerichte des Staates, in welchem sich der Nachlass befindet, nach ihrem Recht zuständig wären – und dies unabhängig davon, ob es sich hierbei um eine konkurrierende oder ausschließliche Zuständigkeit handelt. Um die Zuständigkeit serbischer Gerichte jedoch nicht übermäßig zu beschränken, verlangt die überwiegende/einhellige Auffassung in Serbien eine einschränkende Auslegung des Art. 71 II und III IPRG dahingehend, dass die Zuständigkeit serbischer Gerichte nach dieser Vorschrift alleine dann ausgeschlossen ist, wenn die Gerichte des Belegenheitsstaates nach ihrem Recht ausschließlich zuständig sind (*Stanivukovic/Djundic*, Medjunarodno privatno pravo, posebni deo, 2008, 195 ff.). Diese restriktive Auffassung wurde mittlerweile von der serbischen Rspr. bestätigt (Beschluss des Kreisgerichts Belgrad [Rešenje Okru nog suda u Beogradu], Gž. 1782/04, Izbor sudske prakse 2/2005, 62). 12

b) **Verlassenschaftsabhandlung, wenn der Erblasser ausländischer Staatsangehöriger ist.** Art. 72 IPRG regelt die internationale Zuständigkeit serbischer Gerichte für die Abhandlung der Verlassenschaft eines ausländischen Erblassers. Sofern sich der unbewegliche Nachlass in Serbien befindet, liegt eine 13 ausschließliche Zuständigkeit serbischer Gerichte vor (Art. 72 I IPRG). Für den in Serbien befindlichen beweglichen Nachlass besteht zudem eine konkurrierende Zuständigkeit serbischer Gerichte, es sei denn, dass in dem Staate, dessen Staatsangehörigkeit der Erblasser hatte, kein Gericht für die Abhandlung des beweglichen Vermögens eines serbischen Staatsangehörigen zuständig ist (Art. 72 II IPRG). Aus diesen Vorschriften ergibt sich, dass eine Zuständigkeit serbischer Gerichte für die Abhandlung des im Ausland befindlichen unbeweglichen Nachlasses eines ausländischen Staatsangehörigen vollständig ausgeschlossen ist (vgl. *Dika/Knezevic/Stojanovic*, Komentar Zakona o medjunarodnom privatnom i procesnom pravu, 1991, 239; *Djordjevic*, Prilagodjavanje u MPP, 2010, 380).

14 **c) Verlassenschaftsabhandlung, wenn der Erblasser Staatenloser oder Flüchtling ist.** Art. 73 IPRG regelt die internationale Zuständigkeit serbischer Gerichte für die Abhandlung der Verlassenschaft eines Staatenlosen, einer Person mit ungeklärten Staatsangehörigkeit sowie einer Person mit Flüchtlingsstatus. Der Regelungsgehalt dieser Vorschrift ist Art. 72 IPRG nachempfunden: Serbische Gerichte sind für die Abhandlung des in Serbien befindlichen unbeweglichen Nachlasses ausschließlich zuständig (Art. 73 I IPRG). Für die Abhandlung des in Serbien befindlichen beweglichen Nachlasses besteht eine konkurrierende Zuständigkeit serbischer Gerichte dann, wenn der Erblasser im Zeitpunkt seines Todes seinen Wohnsitz in Serbien hatte (Art. 73 II IPRG). Aus diesen Regeln folgt, dass die internationale Zuständigkeit serbischer Gerichte für die Abhandlung des im Ausland befindlichen beweglichen und unbeweglichen Nachlasses dieser Personen ausgeschlossen ist (aM *Stanivukovic/Djundic*, Medjunarodno privatno pravo, posebni deo, 2008, 201, nach denen eine Zuständigkeit serbischer Gerichte für den im Ausland befindlichen beweglichen Nachlass dann anzunehmen ist, wenn der Erblasser, der entweder Staatenloser, eine Person mit ungeklärter Staatsangehörigkeit oder Flüchtling ist, in Serbien seinen Wohnsitz hat).

15 **d) Nachlassspaltung.** Aus Art. 71–73 IPRG ergibt sich, dass serbische Gerichte nur selten in der Lage sind, einheitlich über einen in mehreren Staaten belegenen Nachlass zu entscheiden, da das zuständige Gericht nur über denjenigen Teil des Nachlasses entscheidet, auf den sich die Zuständigkeitsregeln der Art. 71–73 IPRG beziehen. Für die anderen Teile des Nachlasses sind die ausländischen Gerichte oder entsprechenden Organe zuständig (bzw. sollten jedenfalls nach der Intention des Gesetzes zuständig sein). Obwohl Art. 30 IPRG vom Prinzip der Nachlasseinheit ausgeht, wird dieses Prinzip durch Anwendung der Art. 71–73 IPRG de facto nur teilweise verwirklicht. Die Abhandlung der in verschiedenen Staaten belegenen Teile des Nachlasses eines Erblassers durch serbische und ausländische Gerichte impliziert das Erlassen zweier oder gar mehrerer Entscheidungen in getrennten Verfahren, so dass es zu einer durch die Zuständigkeitsnormen verursachten Nachlassspaltung kommt (näher *Djordjevic*, Prilagodjavanje u MPP, 2010, 377 ff.).

16 **3. Anerkennung und Vollstreckung ausländischer Entscheidungen. a) Rechtsquellen.** Die Anerkennung und Vollstreckung ausländischer Entscheidungen sind in Art. 86–97 und 101 IPRG geregelt. Das Anerkennungsverfahren ist seiner Natur nach ein Außerstreitverfahren („Verfahren der Freiwilligen Gerichtsbarkeit"/„Nichtstreitiges Verfahren"). Es ist durch Gesetz über das Außerstreitverfahren – AußstG von 1982 („Sl. glasnik SRS", 25/82, 48/88, „Sl. glasnik RS", 46/95 – dr. zakon, 18/2005 – dr. zakon, 85/2012, 45/2013 – dr. zakon, 55/2014, 6/2015, 106/2015 – dr. zakon) und Art. 101 IPRG geregelt. Daneben enthält das Gesetz über die Vollstreckung und Sicherungsmaßnahmen – VollstSG von 2011 („Sl. glasnik RS", 106/2015, 106/2016 – autenticno tumacenje, 113/2017 – autenticno tumacenje) besondere Vorschriften über die Vollstreckung ausländischer kondemnatorischer gerichtlicher Entscheidungen („die Vollstreckung des ausländischen Vollstreckungstitels", Art. 46).

17 **b) Gleichstellungsprinzip und Begriff der ausländischen Gerichtsentscheidung (anerkennungsfähige Entscheidungen).** Gem. Art. 86 I IPRG bedeutet die Anerkennung einer ausländischen Gerichtsentscheidung, dass diese einer Entscheidung eines serbischen Gerichts gleichgestellt wird und die gleichen Rechtswirkungen entfaltet. Als ausländische Gerichtsentscheidung iSd Art. 86 II und III IPRG gilt eine Entscheidung eines ausländischen Gerichts, welche in Zivil- und Handelssachen erlassen wird (einschließlich ein vor dem Gericht geschlossener Vergleich), sowie die Entscheidung anderer Behörden (zB Notar), die im Ursprungsstaat einer Gerichtsentscheidung gleichgestellt ist. Folglich ist das Recht des Ursprungslandes für die Qualifizierung der Gerichtsentscheidung maßgeblich (näher *Varadi* RabelsZ 51 (1987) 650 ff.).

18 **c) Anerkennungsvoraussetzungen und -hindernisse.** Voraussetzungen und Hindernisse für die Anerkennung und Vollstreckbarerklärung der ausländischen Entscheidungen sind in Art. 87–92 und Art. 96 IPRG geregelt (näher *Varadi* RabelsZ 51 (1987) 657 ff.). Zunächst wird die ausländische Gerichtsentscheidung nur anerkannt, wenn sie nach dem Recht des Ursprungsstaats rechtskräftig und vollstreckbar ist (Art. 87 und 97 IPRG). Der Antragsteller muss das Zeugnis über die Rechtskraft und Vollstreckbarkeit der Entscheidung beifügen. Die Anerkennung der ausländischen Gerichtsentscheidung wird abgelehnt, wenn 1) die Verteidigungsrechte verletzt wurden (Art. 88 IPRG), 2) in der Sache eine ausschließliche Zuständigkeit serbischer Gerichte gegeben ist (Art. 89 IPRG), 3) in derselben Sache und zwischen denselben Parteien ein serbisches Gericht oder ein anderes serbisches Organ eine rechtskräftige Entscheidung erlassen hat oder bereits eine andere ausländische Gerichtsentscheidung anerkannt wurde, die in derselben Sache und zwischen denselben Parteien erlassen wurde (Art. 90 IPRG – res iudicata), 4) die Entscheidung nicht gegen die öffentliche Ordnung (ordre public) verstößt (Art. 91 IPRG) und 5) keine Gegenseitigkeit zwischen Serbien und dem Ursprungsland besteht (Art. 92 I IPRG). Die Erfüllung der Voraussetzungen, die unter 2), 3) und 4) benannt werden, hat das Gericht von Amts wegen zu überprü-

fen. Es ist wichtig zu erwähnen, dass das Bestehen der Gegenseitigkeit in Bezug auf die Anerkennung ausländischer Gerichtsentscheidungen bis zum Beweis des Gegenteils vermutet wird; ihr Fehlen stellt zudem kein Anerkennungshindernis für Gerichtsentscheidungen dar, die in einem Ehestreit oder in einem Vaterschafts- und Mutterschaftsstreit ergangen sind, ebensowenig, wenn ein serbischer Staatsangehöriger die Anerkennung und Vollstreckung ausländischer Entscheidung beantragt (Art. 92 II und III IPRG). Art. 93–95 IPRG enthalten Sonderregelung für die Anerkennung ausländischer Gerichtsentscheidungen, welche den Personenstand von In- und Ausländern betreffen.

d) Verfahren. Die Anerkennung ausländischer Entscheidungen kann selbständiger Gegenstand eines Verfahrens sein oder als Vorfrageproblem in einem anderen Verfahren behandelt werden (Inzidentanerkennung). 19

aa) Anerkennung als Hauptsache. Über die Anerkennung als Hauptsache entscheidet das Gericht in dem Außerstreitverfahren. Für die Anerkennung der ausländischen Entscheidungen sind die Obergerichte sachlich zuständig. Örtlich zuständig ist das Obergericht, in dessen Bezirk das Anerkennungsverfahren durchgeführt werden soll (Art. 101 I IPRG). Für die Annahme der örtlichen Zuständigkeit reicht es aus, dass der Antragsteller beim sachlich zuständigen Gericht einen Antrag auf Anerkennung einer bestimmten ausländischen Gerichtsentscheidung mit der Behauptung stellt, dass er in dem Bezirk dieses Gerichtes die ausländische Entscheidung verwenden könnte (*Varadi/Bordas/Knezevic/Pavic,* Medjunarodno privatno pravo, 2007, 564). Neben den Parteien kann die Anerkennung von jeder Person beantragt werden, die ein Interesse an einer solchen geltend machen kann. Der Antragsteller muss zudem die ausländische Gerichtsentscheidung im Original mit einer beurkundeten serbischen Übersetzung beifügen. Das Verfahren ist nach den Regeln des Außerstreitverfahrens durchzuführen. Das Gericht ist verpflichtet, den Antrag auf Anerkennung der anderen Partei zuzustellen. Das Gericht hat ausschließlich zu prüfen, ob die Anerkennungsvoraussetzungen vorliegen und kann, wenn es dies für erforderlich hält, sowohl von dem Gericht des Ursprungsstaates als auch von den Parteien Aufklärung (weitere Auskunft) verlangen (Art. 101 I IPRG). Zu einer mündlichen Verhandlung kommt es nur dann, wenn das Gericht dies für eine weitere Sachverhaltsaufklärung für erforderlich hält (Art. 11 AußStrG). Das Anerkennungsverfahren endet mit einem Beschluss über die Anerkennung der ausländischen Gerichtsentscheidung, die erga omnes wirkt. Gegen diesen Beschluss können die Parteien innerhalb einer Frist von 15 Tagen vom Tage der Zustellung des Beschlusses beim Appellationsgericht Beschwerde einlegen (Art. 101 III IPRG). Wenn der Beschluss über Anerkennung der ausländischen (kondemnatorischen) Entscheidung rechtskräftig wird, erfolgt die Vollstreckung der anerkannten Entscheidung nach den Regeln des VollstSG als inländische kondemnatorische Entscheidung (Art. 21 II VollsrSG). 20

bb) Inzidentanerkennung. Bevor ein gesonderter, erga omnes wirkender Beschluss über die Anerkennung einer ausländischen Entscheidung ergangen ist, kann jedes Gericht in Serbien selbst über die Anerkennung einer ausländischen Entscheidung in einem anderen Verfahren als Vorfrage entscheiden, jedoch mit der Wirkung nur für dieses Verfahren (Art. 101 IV IPRG). In der Praxis erfolgt die Anerkennung einer ausländischen Entscheidung am häufigsten als Vorfrage in einem Vollstreckungsverfahren (näher *Stanivukovic/Zivkovic,* Medjunarodno privatno pravo, opsti deo, 2008, 459 ff.; *Varadi/Bordas/Knezevic/Pavic,* Medjunarodno privatno pravo, 2007, 565 ff.). Das VollstSG kennt mit Art. 46 besondere Regelungen über die Vollstreckung ausländischer kondemnatorischer gerichtlicher Entscheidungen („ausländischer Vollstreckungstitel"), die als Vorfragenproblem im Vollstreckungsverfahren auftreten. Sachlich zuständig sind die Gerichte erster Instanz (sog. „Grundgericht") und örtlich zuständig das Gericht, in dessen Bezirk der Gläubiger seinen Wohnsitz oder Aufenthalt bzw. Sitz hat (Art. 7 VollstSG). Der Vollstreckungsgläubiger reicht den Antrag für die Vollstreckung der ausländischen kondemnatorischen Gerichtsentscheidung dem Grundgericht ein, das im Vollstreckungsverfahren die Anerkennungsvoraussetzungen, prüft und den Beschluss über die Vollstreckung des ausländischen Vollstreckungstitels erlässt (Art. 46 III und Art. 73 VollstSG). Gegen diesen Beschluss können die Parteien innerhalb von acht Tagen eine Beschwerde, in der die Erfüllung oder Nichterfüllung der Anerkennungsvorausetzungen als Beschwerdegrund genannt werden können, bei dem gleichen Gericht (dh dem Grundgericht) einlegen (Art. 25 I, 46 IV und 76 I VollstSG). Das Grundgericht hat die verspätete und/oder unvollständige Beschwerde abzuweisen (Art. 76 II VollstSG). Ist die vollständige Beschwerde rechtzeitig eingelegt, leitet das Grundgericht die Beschwerde mit allen Unterlagen dem Gericht der zweiten Instanz – dem Obergericht (s. Art 6 II VollstSG) weiter, das über die Beschwerde entscheidet (Art. 6 II und Art. 77–80 VollstSG). 21

II. Materielles Recht

1. Allgemeines. a) Rechtsquellen. Die grundlegende Quelle für das materielle Erbrecht Serbiens bildet das Erbschaftsgesetz – ErbG von 1995 („Sl. glasnik RS", 46/95, 101/2003 – odluka USRS, 6/2015). Neben diesem ist jedoch auch das Obligationsgesetz („Sl. list SFRJ", 29/78, 39/85, 45/89 – odluka USJ, 57/89, „Sl. list SRJ", 31/93, „Sl. list SCG", 1/2003 – Ustavna povelja) – OblG von 1978 – von besonderer Bedeutung, da dieses auch für erbrechtliche Rechtsgeschäfte (Testament, Erbschaftserklärung, Rechtsgeschäfte unter Lebenden usw) gilt. 22

b) Erbfolge, Erbfähigkeit und Erbunwürdigkeit. Nach serbischem Erbrecht wird die Erbenstellung durch zwei Umstände begründet: durch gesetzliche Erbfolge und Testament (Art. 2 ErbG), wobei letzterem Vorrang zukommt (Art. 136 II ErbG). Jedoch ist es möglich, dass der Erbe einen Teil der Erbschaft 23 durch Testament und den anderen Teil kraft gesetzlicher Erbfolge erlangt. Erbverträge und gemeinschaftliche Testamente sind im serbischen Erbrecht nicht zulässig und fallen in die Kategorie der absolut nichtigen Rechtsgeschäfte (Art. 179–181 ErbG; arg. Art. 2 ErbG). Erbe kann nur werden, wer zur Zeit des Erbfalls lebt (Art. 3 I ErbG). Als Erbe kommt auch ein Ausländer in Betracht. Er hat, durch Bestehen der Gegenseitigkeit, die gleiche erbrechtliche Stellung wie ein serbischer Staatsangehöriger, es sei denn, dass durch internationale Abkommen etwas anderes bestimmt ist (Art. 7 ErbG). Eine juristische Person kann nur durch Testament Erbe werden (Art. 3 III ErbG).

24 Die als Erbe berufene Person muss erbwürdig sein. Art. 4 ErbG benennt enumerativ Gründe, die zur Erbunwürdigkeit führen; sie tritt ex lege ein und ist seitens des Gerichts von Amts wegen zu prüfen. Ist eine Person hiernach nicht erbwürdig, besteht für den Erblasser die Möglichkeit, ihr zu verzeihen (Art. 5 ErbG); dies muss in testamentarischer Form erfolgen und hat zur Folge, dass die Person wiederum als erbwürdig zu behandeln ist. Die Erbunwürdigkeit lässt das Repräsentationsprinzip unangetastet (Art. 6 ErbG).

25 **2. Gesetzliche Erbfolge. a) Parentalsystem (Ordnungen).** Das gesetzliche Erbrecht Serbiens beruht auf dem Parentelsystem. Es kennt eine unbeschränkte Zahl der Erbordnungen (s. Art. 8–20 ErbG). Die Erben einer näheren Ordnung schließen die Erben der ferneren Ordnung von der Erbschaft aus (Art. 8 III ErbG).

26 Die erste Erbordnung besteht aus den Abkömmlingen des Erblassers und seinem Ehegatten, welche die Erbschaft des Erblassers zu gleichen Teilen erben (Art. 9 I und III ErbG). Die ehelichen und nichtehelichen Kinder haben die gleiche erbrechtliche Stellung. Wenn ein Kind des Erblassers nicht erben kann oder nicht erben will, treten an seine Stelle ersatzweise seine Kinder (Enkelkinder der Erblassers), die zu gleichen Teile erben usw (Art. 10 ErbG; das Repräsentationsprinzip ist nicht begrenzt). Wenn der Ehegatte des Erblassers nicht erben kann oder nicht erben will, gilt das Repräsentationsprinzip hingegen nicht, weil dies die Berufung der Stiefkinder als Erben, die jedoch nicht zum Kreis der gesetzlichen Erben gehören, zur Folge haben könnte (*Djurdjevic*, Institucije naslednog prava, 2018, 86). Hat der Erblasser keine Nachkommen, erbt sein Ehegatte nicht allein sondern nur neben den Erben der zweiten gesetzlichen Erbordnung.

27 Die Erben zweiter Ordnung bilden der Ehegatte des Erblassers, seine Eltern und deren Nachkommen. Der Ehegatte erbt die Hälfte des Nachlasses und die andere Hälfte erben die Eltern zu gleichen Teilen. Wenn der Ehegatte nicht erben kann oder nicht erben will, erben die Eltern des Erblassers den ganzen Nachlass zu gleichen Teilen (Art. 12 ErbG). Das Repräsentationsprinzip gilt nur für die Eltern und ist nicht begrenzt; kann ein Elternteil nicht erben, wird sein Teil gleichmäßig auf seine Nachkommen verteilt (Art. 13 ErbG). In der zweiten Erbordnung gilt das Anwachsungsprinzip, welches in zwei Situationen Anwendung findet. Wenn ein Elternteil nicht erben kann und keine Nachkommen hat, wächst sein Erbteil dem anderen Elternteil und seinen Nachkommen an (Art. 14 ErbG). Die zweite Situation liegt vor, wenn die Eltern des Erblassers nicht erben können und keine Nachkommen haben. Dann erbt der Ehegatte den ganzen Nachlass (Art. 15 ErbG).

28 In der dritten Ordnung erben die zwei Großelternpaare des Erblassers und deren Nachkommen (Art. 16 ErbG). Jedes Großelternpaar erbt eine Hälfte des Nachlasses. Das bedeutet, dass jeder Großelternteil ein Viertel des Nachlasses erhält. Wenn einer von diesen nicht erben kann oder nicht erben will, erben seine Nachkommen seinen Teil (Art. 17 II ErbG). Auch hier ist das Repräsentationsprinzip nicht begrenzt. Das Anwachsungsprinzip gilt auch in der dritten Ordnung. Wenn ein Großelternteil, der nicht erben kann oder will, keine Kinder hinterlässt, wächst sein Erbteil dem mit ihm verbundenen Großelternteil und dessen Nachkommen an (Art. 17 III ErbG). Hinterlässt ein Großelternpaar, das nicht erben kann oder will, keine Nachkommen, wächst ihr Erbteil dem anderen Großelternpaar und dessen Nachkommen an (Art. 18 ErbG).

29 Die vierte Erbordnung besteht aus den Urgroßeltern des Erblassers (Art. 19 ErbG). Die Urgroßväter und die Urgroßmütter väterlicherseits (eine Linie, die zwei Zweige, dh zwei Urgroßelternpaare, hat) erben zu gleichen Teilen die Hälfte des Nachlasses und die Urgroßväter und die Urgroßmütter mütterlicherseits (andere Linie, die auch zwei Zweige, dh zwei Urgroßelternpaaren, hat) erben die andere Hälfte des Nachlasses ebenfalls zu gleichen Teilen. Das heißt, dass jedes Urgroßelternteil ein Achtel des Nachlasses erhält. In der vierten Erbordnung gilt das Repräsentationsprinzip nicht, es wird jedoch das Anwachsungsprinzip angewandt. Wenn einer der Urgroßeltern nicht erben kann oder will, sieht Art. 19 III ErbG vor, dass sein Teil seinem Ehegatten anwächst. In der serbischen Lit. wird diese Vorschrift kritisiert, weil sie dem Parentelsystem widerspricht. Nach dem Sinn des Anwachsungsprinzip soll der Erbteil eines Urgroßelternteils dem mit ihm verbundenen Urgroßelternteil (dem Urgroßelternteil, das dem gleichen Zweig angehört) anwachsen, ungeachtet dessen, ob sie zugleich Ehegatten sind (näher *Djurdjevic*, Institucije naslednog prava, 2018, 96). Kann ein Urgroßelternpaar eines Zweigs nicht erben, so wächst sein Erbteil dem Urgroßelternteil des anderen Zweigs der gleichen Linien an (Art. 19 IV ErbG). Können die Urgroßeltern einer Linie letztendlich nicht erben, so wächst ihr Erbteil den Urgroßeltern der anderen Linie an (Art. 19 V ErbG).

30 Die ferneren Erbordnungen bestehen aus den entfernten Vorfahren des Erblassers. Sie erben nach den Regeln der vierten Erbordnung (Art. 20 ErbG).

31 **b) Gesetzliches Erbrecht des Ehegatten. aa) Allgemeines.** Im serbischen Erbrecht hat der Ehegatte eine besondere erbrechtliche Stellung. Er kann Erbe sowohl der ersten als auch der zweiten Ordnung sein. In erster Ordnung erbt er zusammen mit den Kindern des Erblassers zu gleichen Teilen. Hinterlässt

der Erblasser keine Kinder, so geht der Ehegatte in die zweite Ordnung über und erbt die Hälfte des Nachlasses. Die güterrechtlichen Verhältnisse, die zwischen den Ehegatten bestanden, haben keinen Einfluss auf die erbrechtliche Stellung des überlebenden Ehegatten (zur erbrechtlichen Stellung des Ehegatten näher *Antic/Balinovac*, Komentar Zakona, S. 145 ff.; *Djurdjevic*, Institucije naslednog prava, 2018, 103 ff.).

Das serbische Erbrecht sieht vor, dass die Erbquote des Ehegatten unter bestimmten Voraussetzungen vermindert, erhöht oder sogar vollständig entzogen werden kann. In der ersten Erbordnung ist eine Erhöhung jedoch von vornherein ausgeschlossen. 32

bb) **Verminderung der Erbquote des Ehegatten in der ersten Erbordnung.** Wenn der Ehegatte zusammen mit den Kindern des Erblassers in erster Ordnung erbt, kann sein Erbteil vermindert sein, sofern das Kind des Erblassers, dessen anderer Elternteil mit dem Erblasser nicht verheiratet war, als Erbe eintritt (Art. 9 III ErbG). Diese Regelung bezweckt die Stellung nichtehelicher Kinder des Erblassers oder solcher, die aus einer früheren Ehe des Erblassers stammen, zu verbessern (*Djurdjevic*, Institucije naslednog prava, 2018, 104 f.; *Antic/Balinovac* Komentar Zakona S. 130 f.). Zu einer Verminderung der Erbquote kommt es dann, wenn das Vermögen des Ehegatten den Betrag übersteigt, der ihm nach seiner Erbquote aus der Erbschaft zustünde, und das Gericht zudem die Verminderung als sinnvoll und gerechtfertigt betrachtet. Der Erbteil des Ehegatten kann bis zur Hälfte des Erbteils, den ein Kind des Erblassers erhält, herabgesetzt werden (Art. 9 III ErbG). 33

cc) **Erhöhung und Verminderung der Erbquote des Ehegatten in der zweiten Erbordnung.** In der zweiten Erbordnung kann die Erbquote des überlebenden Ehegatten nur dann erhöht werden, wenn dieser nach dem Tod des Erblassers über keine ausreichenden Mittel zur Bestreitung seines Lebensunterhalts verfügt. Die Erhöhung, die innerhalb einer einjährigen Frist geltend zu machen ist, kann bspw. dadurch erfolgen, dass dem Ehegatten ein Nießbrauchrecht auf Lebenszeit an dem ganzen Nachlass bzw. an einem Teil von diesem eingeräumt wird. Ist der Wert des gesamten Nachlasses jedoch so gering, dass eine Aufteilung unter den Erben dazu führen würde, dass dem Ehegatten nicht mehr genug Mittel zum Bestreiten seines Lebensunterhaltes zugesprochen werden könnten, kann das Gericht diesem auch den ganzen Nachlass zusprechen. Das Recht des Ehegatten, die Erhöhung seiner Erbquote zu verlangen, ist höchstpersönlich und damit nicht vererblich (s. Art. 23–25 ErbG; näher *Djurdjevic*, Institucije naslednog prava, 2018, 106 ff.). 34

Die Erbquote des Ehegatten kann bis zu einem Viertel vermindert werden, wenn die Hälfte des Vermögens des Erblassers aus solchen Gegenständen besteht, die der Erblasser von seinen Vorfahren und Verwandten geerbt hat; dies jedoch nur unter der Voraussetzung, dass die Lebensgemeinschaft zwischen ihm und dem Erblasser nicht lange bestand (Art. 26 I ErbG). In der serbischen Lit. herrscht die Ansicht vor, dass diese Voraussetzung dann erfüllt ist, wenn die Lebensgemeinschaft weniger als drei Jahre dauerte (näher *Djurdjevic*, Institucije naslednog prava, 2018, 110; *Antic*, Nasledno pravo, Beograd 2010, 141). Den Anspruch auf Verminderung können die anderen Erben innerhalb einer einjährigen Frist nach dem Tod des Erblassers geltend machen (näher Art. 26–28 ErbG). 35

dd) **Verlust des gesetzlichen Erbrechts des Ehegatten.** Gem. Art. 22 ErbG verliert der überlebende Ehegatte sein gesetzliches Erbrecht, wenn: (1) der Erblasser zu Lebzeiten die Scheidungsklage erhoben hat, die sich nach seinem Tod als begründet erweist, (2) die Ehe nicht gültig war, wovon der überlebende Ehegatte im Moment der Eheschließung Kenntnis hatte, (3) die Lebensgemeinschaft einvernehmlich oder durch das Verschulden des überlebenden Ehegatten unterbrochen wurde. 36

c) **Gesetzliches Erbrecht der Adoptivkinder und -eltern. aa) Allgemeines.** Art. 34–38 ErbG regeln die erbrechtliche Stellung der Adoptivkinder und -eltern, welche von der Art der Adoption abhängt. Das ErbG trat 1996 im Kraft. Damals galt das Gesetz über die Ehe und die familienrechtlichen Verhältnisse aus dem Jahr 1980 (EheFamG), das eine Volladoption von einer nicht vollständigen Adoption unterschied. Mit dem Erlass des neuen serbischen Familiengesetzes (FamG; „Sl. glasnik RS", 18/2005, 72/2011 – dr. zakon, 6/2015), das am 1.8.2005 in Kraft getreten ist, gibt es in Serbien nur noch die Volladoption. Art. 34 und 37 ErbG regeln die erbrechtlichen Folgen der Volladoptionen, die sowohl vor als auch nach dem Inkrafttreten des FamG zustande gekommen sind. Art. 35, 36 und 38 ErbG gelten nur für die nicht vollständige Adoption, die nach den Bestimmungen des aufgehobenen EheFamG zustande gekommen sind (näher *Djurdjevic*, Institucije naslednog prava, 2018, 98 ff.). 37

bb) **Erbrechte der Volladoptivkinder und -eltern.** Mit der Volladoption entsteht zwischen den Adoptiveltern und deren Verwandten einerseits und dem Adoptivkind und seinen Abkömmlingen andererseits ein rechtliches Verhältnis, das demjenigen zwischen den Eltern und deren natürlichen Kindern gleichgestellt ist (Art. 104 FamG). Deshalb sieht das ErbG vor, dass ein volladoptiertes Kind und seine Abkömmlingen den Erblasser sowie alle seine Verwandten unter den gleichen Voraussetzungen, wie sie für ein natürliches Kind und dessen Abkömmlinge bestehen, beerben können, was natürlich auch umgekehrt gilt (Art. 34 I und Art. 37 ErbG). Die Volladoption unterbricht die Verbindung mit den eigenen biologischen Eltern und Verwandten vollständig, so dass in diesem Verhältnis kein gesetzliches Erbrecht mehr besteht (Art. 34 II ErbG). 38

cc) **Erbrechte der Adoptivkinder und -eltern aus der nicht vollständigen Adoption.** Seit dem Inkrafttreten des FamG (1.8.2005) gibt es die unvollständige Adoption als besondere Rechtsfigur des serbischen Familienrechts nicht mehr. Da eine unvollständige Adoption, die nach dem EheFamG von 1980 zustande gekommen ist, weiterhin wirksam bleibt, kennt das serbische Recht mit Art. 35, 36 und 38 39

ErbG auch heute noch Regelungen, die sich mit den erbrechtlichen Folgen einer nicht vollständigen Adoption beschäftigen. Bei einer solchen entsteht ein rechtliches Verhältnis nur zwischen den Adoptiveltern einerseits (ihre Verwandten kommen nicht in Betracht) und dem adoptierten Kind und seinen Abkömmlingen andererseits. Das adoptierte Kind unterbricht nicht völlig die Verbindung mit der eigenen biologischen Familie. Deshalb beschränkt das ErbG die Erbrechte der Adoptivkinder und Eltern aus der nicht vollständigen Adoption.

40 Das Adoptivkind und seine Abkömmlinge kann nur den Erblasser beerben, es sei denn, dass dieses Erbrecht im Moment des Zustandekommens der nicht vollständigen Adoption beschränkt oder ausgeschlossen wurde (Art. 35 I ErbG). Art. 76 EheFamG sah die Möglichkeit vor, dass in der Adoptionsurkunde die Erbrechte des Adoptivkindes beschränkt oder gänzlich ausgeschlossen werden, sofern der Annehmende eigene biologische Kinder hatte. Adoptierten die Ehegatten, so war es unter Geltung der alten Rechtslage möglich die Erbrechte des Angenommenen gegenüber jedem Ehegatten unterschiedlich zu regeln. Die nicht vollständige Adoption hat keinen Einfluss auf die Erbrechte des Angenommenen gegenüber dieser seiner Verwandter und umgekehrt (Art. 35 II ErbG).

41 Art. 38 I ErbG geht von dem Grundsatz aus, dass der Annehmende und seine Verwandten den Angenommenen nicht beerben können. Jedoch gibt es hiervon eine Ausnahme: Verfügt der Annehmende nicht über ausreichende Mittel zum Bestreiten seines Lebensunterhalts und hat der Angenommene keinen Erben in der ersten Erbordnung, kann der Annehmende innerhalb einer einjährigen Frist nach dem Tod des Angenommenen ein Nießbrauchrecht auf Lebenszeit verlangen, es sei denn, dass sein Erbrecht nicht ausgeschlossen war (Art. 38 II ErbG).

42 In der Praxis spielt die nicht vollständige Adoption eine sehr geringe Rolle.

43 **d) Erbrechtliche Stellung der Eltern.** Die erbrechtliche Stellung der Eltern des Erblassers, die eine Erhöhung deren Erbquote begründen kann, ist in den Art. 31–33 ErbG näher geregelt.

44 **e) Staat als Erbe.** Ist zur Zeit des Erbfalls kein gesetzlicher und testamentarischer Erbe vorhanden, erbt die Republik Serbien den Nachlass (Art. 21 I ErbG). Die Republik Serbien hat grds. die gleiche rechtliche Stellung wie jeder andere Erbe auch. Jedoch kann der Staat weder auf sein Erbrecht verzichten (Art. 21 II ErbG) noch erbunwürdig sein. Der Nachlass wird durch den Erbgang zu staatlichem Vermögen (Art. 21 III ErbG).

45 **3. Gewillkürte Erbfolge. a) Allgemeines.** Handelt es sich um eine Erbfolge, die vom Willen des Erblassers abhängt, erkennt das ErbG nur das Testament als letztwillige Verfügung von Todes wegen an. Erbvertrag und gemeinschaftliches Testament sind unzulässige Rechtsgeschäfte im serbischen Erbrecht (vgl. *Markovic*, Nasledno pravo, 1981, 103 ff., 235 f.; *Zivojinovic* Nevaznost zavestanja S. 164 ff.; *Djurdjevic*, Institucije naslednog prava, 2018, 48; *Antic/Balinovac* Komentar Zakona S. 15, 476 ff.). Neben dem Testament regelt das ErbG zwei besondere Verträge mit erbrechtlichem Bezug, welche der Erblasser zu seinen Lebzeiten abschließen kann: Zum einen den Leibrentenvertrag, zum anderen den Vertrag über die Aufteilung des Nachlasses zu Lebzeiten des Erblassers (Übergabevertrag).

46 **b) Testament. aa) Begriff und Charakteristiken.** Gem. Art. 78 ErbG ist das Testament eine einseitige, persönliche, stets widerrufliche und letztwillige Verfügung von Todes wegen der testierfähigen Person, die in der gesetzlich vorgeschriebenen Form errichtet werden muss. Das Testament ist ein höchstpersönliches Rechtsgeschäft und muss inhaltlich vom Erblasser selbst getroffen werden. Eine Stellvertretung des Erblassers ist ausdrücklich unzulässig. Nach seinem ernstlichen, wirklichen und freien Willen (Art. 81 ErbG) bestimmt der Erblasser selbst seine Erben und die Aufteilung seines Nachlasses. Er kann dies nicht einem Dritten überlassen. Bei der Gestaltung des Testamentsinhalts ist der Erblasser nur durch zwingende Vorschriften, die öffentliche Ordnung und die guten Sitten beschränkt (Art. 155 ErbG).

47 **bb) Testierfähigkeit.** Gem. Art. 79 ErbG kann ein wirksames Testament nur diejenige Person errichten, das das 15. Lebensjahr vollendet hat und zur Beurteilung fähig ist. Eine Person ist zur Beurteilung fähig, wenn sie die wirkliche und rechtliche Bedeutung ihrer Handlungen und deren Folgen vollständig und bewusst verstehen kann (näher *Zivojinovic* Nevaznost zavestanja S. 10 f.; *Antic/Balinovac* Komentar Zakona S. 310 f.). Ein Mangel der Testierfähigkeit kann zur absoluten Nichtigkeit oder zur Anfechtbarkeit („relative Nichtigkeit") führen. Das Testament ist nichtig, wenn der Erblasser im Moment der Testamentserrichtung das 15. Lebensjahr noch nicht vollendet hat oder ihm wegen mangelnder Beurteilungsfähigkeit die Geschäftsfähigkeit vollständig entzogen wurde (Art. 156 ErbG). Eine Anfechtbarkeit ist zu bejahen, wenn ein über 15 Jahre alter Erblasser im Zeitpunkt der Testamentserrichtung nicht hinreichend beurteilungsfähig war, ihm jedoch vom zuständigen Standesamt die Geschäftsfähigkeit noch nicht entzogen wurde (Art. 166 ErbG).

48 **cc) Testierwille.** Der Testierwille muss ernstlich gemeint, wirklich vorhanden und frei zustande gekommen sein, zudem muss die Absicht des Erblassers zur Errichtung des Testaments bestimmt und unbedingt sein (Art. 81 und 82 ErbG). Der letzte Wille ist ernstlich gemeint und wirklich vorhanden, wenn der Erblasser bewusst und unbedingt ein Testament, in dem er über sein Vermögen verfügt, errichtet hat. Seine Willensbildung muss frei von Zwang, Betrug und Irrtum erfolgt sein (näher *Zivojinovic* Nevaznost zavestanja S. 24 ff.).

49 **dd) Testamentsformen. (1) Allgemeines.** Das serbische Erbrecht kennt acht Testamentsformen: ein eigenhändiges (holographes) Testament, ein fremdhändiges (allographes) Testament, ein gerichtliches Testament, ein konsularisches Testament, ein schriftliches Testament, ein militärisches Testament, ein mündliches Testament und ein internationales Testament. Holographe, allographe, gerichtliche, konsula-

rische und internationale Testamente stellen die ordentlichen Testamentsformen dar. Die außerordentlichen Testamentsformen sind Seetestamenten und militärische Testamente, weil sie nur dann errichtet werden können, wenn sich der Erblasser in besonderen Situationen befindet. Das Nottestament ist ein mündliches Testament. Öffentliche Testamente sind solche, die vor einem Gericht oder einem anderen öffentlichen Organ errichtet werden, also gerichtliche und konsularische Testamente sowie Seetestamente. Die privaten Testamente sind holographe, allographe und mündliche Testamente (zur Klassifizierung der Testamenten näher *Markovic*, Nasledno pravo, 1981, 246 ff.; *Blagojevic/Antic*, Nasledno pravo u Jugoslaviji, 1986, 269 f.).

(2) Eigenhändiges (holographes) Testament. Das eigenhändige Testament muss vollständig durch die 50 eigene Hand des Erblassers geschrieben und unterschrieben werden. Die Angabe von Datum und Ort ist nicht nötig und hat keinen Einfluss auf die Gültigkeit des Testaments, ist aber wünschenswert (Art. 84 ErbG). Die Unterschrift des Erblassers muss sich stets am Ende des Texts des Testaments befinden. Es genügt die Verwendung des Vorname oder einer anderen Bezeichnung, anhand derer der Erblasser identifiziert werden kann (zB „Euer Vater"; *Djurdjevic*, Institucije naslednog prava, 2018, 131; Urteil des Obersten Gerichts Serbiens [Vrhovni sud Srbije], G . 2108/1959, 31.3.1960, veröffentlicht bei *Kurdulija*, Prirucnik za nasledno pravo, 1976, 191). Sofern der Erblasser das Testament durch technische Mittel errichtet hat oder von einer anderen Person niederschreiben ließ, dieses jedoch nicht unterschrieben hat, erfüllt ein solches Testament nicht die Form des holographen Testaments und ist damit unwirksam (Urteil des Obersten Gerichts Montenegro, Rev. 832/97, 5.3.1998, Izbor sudske prakse 2/2000, 38; Urteil des Obersten Gerichts Serbiens, Rev. 1318/2000, 5.4.2000, Sudska praksa 1/2001, 33; *Antic/Djurdjevic*, Prirucnik za nasledno pravo, 2003, 127 f.).

(3) Allographes Testament. Bei einem allographen Testament handelt es sich um ein Testament, dessen 51 Text entweder unter Verwendung technische Mitteln oder von einer anderen Person vorher geschrieben worden ist. Bei einem solchen muss der Erblasser vor zwei fähigen Zeugen erklärt, dass er den Text des Testaments gelesen hat und der Inhalt seinem letzten Willen entspricht (Art. 85 I ErbG). Das Testament muss der Erblasser eigenhändig unterschreiben. Die Zeugen müssen bei der Erklärung des Erblassers anwesend sein und sodann gleichzeitig oder hintereinander das Dokument unterschreiben (Art. 85 II ErbG). Die Zeugen brauchen den Inhalt des Testaments nicht zu kennen (*Djurdjevic*, Institucije naslednog prava, 2018, 135).

(4) Gerichtliches Testament. Das gerichtliche Testament ist ein öffentliches Testament, das vor einem 52 Richter durch mündliche Erklärung errichtet wird (Art. 87–88 ErbG). Das Verfahren über die Errichtung eines gerichtlichen Testaments wird durch die Bestimmungen des AußStrG näher geregelt, die für die gerichtliche Urkunde (Art. 163–183) und besonders für das gerichtliche Testament gelten (Art. 184). Für die Errichtung ist das Grundgericht sachlich zuständig; örtlich zuständig ist jedes Gericht in Serbien (Art. 183 III AußStrG). Der Erblasser wird vor das Grundgericht wählen, in dessen Bezirk er seinen Wohnsitz hat (Art. 89 ErbG). Das Errichtungsverfahren führt ein Einzelrichter im Gerichtsgebäude. Im Ausnahmefall kann das Verfahren auch außerhalb des Gerichtsgebäude durchgeführt werden, sofern es dem Erblasser aufgrund besonderer Umstände (zB Krankheit) nicht möglich ist, das Gerichtsgebäude persönlich aufzusuchen (Art. 183 IV AußStrG). Der Richter hat den Inhalt des Testaments nach dem Willen des Testierenden aufzunehmen (Art. 171 II AußStrG). Wenn der Erblasser die errichtete Urkunde lesen kann, hat dieser zu erklären, dass der Inhalt der Urkunde seinem letzten Willen entspricht, und die Urkunde zu unterschreiben (s. näher Art. 87 ErbG, Art. 173 II und III AußStrG). Sofern der Testierende den Text der Urkunde nicht lesen kann (weil er bspw. blind oder Analphabet ist), müssen in dem Verfahren zusätzlich zwei Zeugen anwesend sein, welche mit ihrer Unterschrift auf der Urkunde die Ordnungsmäßigkeit des Verfahrens beglaubigen. Der Testierende kann in diesem Falle seine Unterschrift mit einem Fingerabdruck ersetzen (s. näher Art. 88 ErbG und Art. 176 AußStrG).

(5) Notarielles Testament. Es handelt sich um ein öffentliches Testament, das vom einen Notar in ei- 53 ner Niederschrift abgefasst wird (notarielle Beurkundung; s. Art. 111a ErbG). Die Errichtung des notariellen Testament ist durch die Bestimmungen des AußStrG, die für die Errichtung von Urkunden gilt (Art. 164–182), und des Notargesetzes, die für die notarielle Beurkundung gilt (Art. 82 ff.), näher geregelt (s. auch näher *Stojanovic* Pravo – teorija i praksa 7–9/2015, 11 ff.; *Djurdjevic*, Institucije naslednog prava, 2018, 135 ff.

(6) Konsularisches Testament. Bei einem konsularischen Testament handelt es sich um ein öffentli- 54 ches Testament, das durch eine konsularische oder diplomatische Vertretung Serbiens im Ausland beurkundet wird. Für dieses Testament gelten mutatis mutandis die Regeln des gerichtlichen Testaments (Art. 91 ErbG).

(7) Seetestament. Das schiffliche Testament ist ein außerordentliches und öffentliches Testament, das 55 durch den Kapitän eines Schiffes errichtet wird (Art. 108 I ErbG). Auch dieses Testament wird nach den Regeln errichtet, die auf das gerichtliche Testament anzuwenden sind (Art. 108 II ErbG).

(8) Militärisches Testament. Dieses Testament ist ebenfalls ein außerordentliches und öffentliches Tes- 56 tament. Es kann während der Mobilisierung oder im Kriegszustand durch einen militärischen Befehlshaber beurkundet werden, wenn der Erblasser Wehrdienst leistet. Die Regeln für die Errichtung des gerichtlichen Testaments werden entsprechend angewandt. Das militärische Testament bleibt bis zu 60 Tage nach dem Kriegsende gültig (s. näher Art. 109 ErbG).

57 **(9) Internationales Testament.** Die Errichtung des internationalen Testaments, das eine ordentliche und öffentliche Form des Testaments darstellt, regelt das Washingtoner Übereinkommen über ein einheitliches Recht hinsichtlich der Form eines internationalen Testaments v. 26.10.1973, das am 3.7.1977 von SFR Jugoslawien unterzeichnet wurde („Sl. list SFRJ", 2/1977). Dieses Übereinkommen ist Teil der serbischen Rechtsordnung geworden und wurde mit Art. 92–107 ErbG kodifiziert.

58 **(10) Mündliches Testament.** Der Erblasser kann seine Verfügung von Todes wegen drei gleichzeitig anwesenden Zeugen mündlich mitteilen, sofern er wegen außerordentlichen Umstände das schriftliche Testament nicht errichten kann (Art. 110 I ErbG). Außerordentliche Umstände liegen vor, wenn sich der Erblasser in einer unmittelbar drohenden Gefahr für sein Leben, die plötzlich und unvorhersehbar sein muss, befindet (zB Krieg, Erdbeben, Feuer, plötzliche Krankheit des Erblassers; näher *Antic/Balinovac* Komentar Zakona S. 355 ff.; s. Rspr. veröffentlicht bei *Antic/Djurdjevic*, Prirucnik za nasledno pravo, 2003, 141). Der Erblasser muss seinen Willen mündlich drei fähigen Zeugen mitteilen, die ein schriftliches Dokument mit dem Inhalt des Erblasserwillens unverzüglich errichten und sodann unterschreiben müssen. Die errichtete Urkunde müssen die Zeugen dem Gericht unverzüglich zustellen. Ebenso ist es möglich, dass die Zeugen die mündliche Verfügung des Erblassers direkt dem Gericht mitteilen, ohne zuvor ein schriftliches Dokument errichtet zu haben (Art. 111 ErbG). Sofern der Erblasser die unmittelbare drohende Gefahr überlebt, verliert das mündliche Testament 30 Tagen nach Wegfall der Gefahrensituation seine Gültigkeit (Art. 110 II ErbG).

59 **(11) Testamentszeugen. (a) Zeugnisfähigkeit.** Gem. Art. 112 I ErbG müssen die Zeugen des Lesens und Schreibens kundig, volljährig und geschäftsfähig sein. Bei einem mündlichen Testament entfällt die erste Voraussetzung, so dass auch Analphabeten als Zeugen in Betracht kommen. Bei einem internationalen und einem allographen Testamenten müssen die Zeugen zudem auch die Sprache, in welcher der Testierende seinen letzten Willen erklärt hat, und bei den gerichtlichen und mündlichen Testamenten die Sprache, in welcher die Verfügung verfasst wurde, verstehen (Art. 112 II ErbG).

60 **(b) Ausgeschlossene Personen.** Gem. Art. 113 ErbG kommen als Testamentszeugen nicht in Betracht: die Verwandte des Erblassers in gerader Linie (dh seine Nachkommen und Vorfahren), seine Verwandten in der Nebenlinie bis zum vierten Grad, seine Schwäger/Schwägerinnen ersten und zweiten Grades, die Personen, die durch Adoption mit dem Erblasser verwandt sind, der Ehegatte des Erblassers, der frühere Ehegatte des Erblassers, der Vormund des Erblassers, der frühere Vormund des Erblassers, das Mündel und das frühere Mündel des Erblassers. Dies gilt jedoch nicht für das mündliche Testament.

61 **(12) Rechtsfolgen eines Testamentsformmangels.** Das Testament, das die gesetzlichen Formerfordernisse nicht erfüllt, ist anfechtbar („relativ nichtig"; Art. 168 ErbG). Die Anfechtung des Testaments kann binnen Jahresfrist erfolgen, die an dem Tag, an welchem der Anfechtungsberechtigte von dem Testament Kenntnis erlangt, zu laufen beginnt, und spätestens nach zehn Jahren ab Testamentseröffnung und Verkündung endet. Die Jahresfrist kann nicht vor der Testamentsverkündigung zu laufen beginnen (Art. 170 ErbG).

62 **ee) Inhalt des Testaments.** Das Testament enthält vermögensrechtliche Verfügungen des Erblassers, welche die erbrechtliche Stellung der Erben und der Vermächtnisnehmer regeln und näher ausgestalten (zB Erbeinsetzung, Bestimmung der Erbquote, Anordnung des Vermächtnisses, Enterbung usw), sowie anderweitige Regelungen wie die Ernennung eines Testamentsvollstreckers, die Bestimmung des Ortes der Beerdigung, die Anerkennung eines unehelichen Kindes usw (näher *Antic/Balinovac* Komentar Zakona S. 369 ff.).

63 **(1) Erbeinsetzung.** Der Erblasser kann einen oder mehrere Erben als Gesamtrechtsnachfolger einsetzen (Art. 114 I ErbG). Der testamentarische Erbe ist diejenige Person, welcher der Erblasser sein gesamtes Vermögen oder einen quotenmäßigen Teil zugewendet hat (Art. 114 II ErbG). Wenn der Erblasser einer Person eine oder mehrere individuelle Nachlassgegenstände zugewendet hat, gilt diese Anordnung als Erbeinsetzung, sofern der Erblasser den Wille und die Absicht hatte, diese Person als Erben zu bestimmen, (Art. 114 III ErbG). Ob es sich um eine Erbeinsetzung oder ein Vermächtnis handelt, hängt damit also von dem Willen des Erblassers ab. Sein Wille kann durch Auslegung ermittelt werden; dies etwa, wenn andere Regelungen im Testament darauf schließen lassen, dass eine Person als Gesamtnachfolger eingesetzt werden sollte (zB die Übernahme der Nachlassschulden, Entrichtung von Vermächtnisses usw; näher *Djurdjevic*, Institucije naslednog prava, 2018, 154). In seinem Testament muss der Erblasser den Erben hinreichend bezeichnen oder Angaben über dessen Person machen, die eine Bestimmung ermöglichen (Art. 115 ErbG).

64 **(2) Erbquote.** Der Erblasser kann die Erbquote für jeden Erben selbst anordnen. Unterlässt er dies, kommen die Auslegungsregeln der Art. 136–139 ErbG zur Anwendung. Wurde nur eine Person als Erbe eingesetzt, ohne dass zugleich auch eine Erbquote bestimmt wurde, wird sie Alleinerbe des gesamten Nachlasses. Ist eine Person als Erbe zu einer bestimmten Erbquote (zB $1/2$ oder $1/3$ des Nachlasses) eingesetzt, so erben die gesetzlichen Erben den Rest des Nachlasses (Art. 136 ErbG). Bei der Einsetzung mehrerer Erben ohne Anordnung von Erbquoten gilt die Vermutung, dass diese als Erben zu gleichen Teilen eingesetzt werden sollten (Art. 137 ErbG). Hat der Erblasser mehrere Erben eingesetzt, jedoch nur für manche Erben Erbquoten festgelegt, erben diese ihrer Quote entsprechend, wohingegen der restliche Nachlass unter den übrigen, ohne Erbquote eingesetzten Erben zu gleichen Teilen verteilt wird (Art. 139 I ZON). Bei widersprüchlichen Anordnungen der Erbquote kann das Gericht die Erbteile vermindern (s. näher Art. 139 II und III ErbG).

(3) Anwachsung. Sofern einer der testamentarisch eingesetzten Erben nicht erben kann oder will, gilt 65
das Anwachsungsprinzip. Das ErbG unterscheidet drei Situation, in denen dieses Prinzip zur Anwendung kommt: (1) sind mehrere Erben eingesetzt, ohne dass Erbquoten bestimmt wurden, wächst der Teil desjenigen Erben, der nicht erben kann oder will, den übrigen Erben zu gleichen Teilen an (Art. 140 I ErbG); (2) sind von mehreren Erben, die einen mit Erbquote, die anderen ohne Erbquote eingesetzt, wächst der Erbteil desjenigen Erben, der nicht erben kann oder will, den Erben, die ohne Erbquote eingesetzt wurden, zu gleichen Teilen an (Art. 140 II ErbG); (3) sind alle Erben mit bestimmten Erbquoten eingesetzt, wächst der Erbteil des weggefallenen Erben den gesetzlichen Erben an (Art. 140 III ErbG).

(4) Vermächtnis (Legat). (a) Allgemeines. Das Vermächtnis (Legat) stellt eine Verfügung von Todes 66
wegen dar, mit der der Erblasser dem Bedachten, ohne ihn als Erben einzusetzen, einen Vermögensvorteil aus seinem Nachlass zuwendet (s. Art. 141 ErbG). Folglich ist der Bedachte (Vermächtnisnehmer) nicht Erbe. Er erwirbt nicht den Nachlass oder einen Teil hiervon, sondern erwirbt nur einen bestimmten Vermögensvorteil oder ein Recht aus dem Nachlass des Erblassers. Deshalb ist der Vermächtnisnehmer Einzelnachfolger. Im serbischen Erbrecht hat das Vermächtnis schuldrechtliche Natur. Im Zeitpunkt des Todes des Erblassers erwirbt der Vermächtnisnehmer einen schuldrechtlichen Anspruch gegen den Beschwerten auf Übertragung des Vermögensvorteils oder eines Recht bzw. Erfüllung des Vermächtnisses. In dem Testament kann der Erblasser einen oder mehrere Vermächtnisnehmer zusätzlich auch als Erben einsetzen (s. näher *Djurdjevic*, Institucije naslednog prava, 2018, 175 ff.; *Antic/Balinovac* Komentar Zakona S. 140 ff.).

(b) Vermächtnisnehmer. Der Vermächtnisnehmer kann jede natürliche oder juristische Person sein, 67
die in dem Zeitpunkt des Erbfalls lebt bzw. rechtlich existent ist. Sie muss erbfähig und erbwürdig sein, wobei letzteres bei juristischen Personen irrelevant ist. Der Vermächtnisnehmer kann auch ein gesetzlicher oder testamentarischer Erbe sein; dann handelt es sich um ein sog. Vorausvermächtnis. Das Vorausvermächtnis ist auf den Erbteil des gesetzlichen Erben anzurechnen, es sei denn der Erblasser hat dies durch Testament anders bestimmt (Art. 68 ErbG). Diese Anrechnung gilt nicht für den testamentarischen Erben (s. *Djurdjevic*, Institucije naslednog prava, 2018, 178; *Antic/Balinovac* Komentar Zakona S. 413).

Der Vermächtnisnehmer erwirbt mit dem Tod des Erblassers den schuldrechtlichen Anspruch auf 68
Übertragung des Gegenstandes des Vermächtnisses gegen Beschwerten, aber nicht den Gegenstand selbst. Als Einzelnachfolger haftet er nicht für die Schulden des Erblassers. Jedoch kann der Erblasser durch Testament die Haftung des Vermächtnisnehmers vorsehen. Seine Haftung ist dann auf den Wert des Vermächtnisses beschränkt (Art. 147 ErbG).

(c) Beschwerter. Regelmäßig bestimmt der Erblasser den Beschwerten durch Testament. Der Be- 69
schwerte kann jede Person sein, die einen Vorteil aus dem Nachlass bekommt, also die Erben und Vermächtnisnehmer. Die Belastung eines anderen Vermächtnisnehmers wird als Untervermächtnis bezeichnet (Art. 142 ErbG). Verpflichtet die Erfüllung des Vermächtnisses mehrere Beschwerte zusammen, so sind sie im Verhältnis ihrer Erbquote beschwert, es sei denn der Erblasser hat etwas anderes bestimmt (Art. 145 II ErbG). Sofern der Beschwerte den Todestag des Erblassers nicht erlebt oder die Erbschaft nicht annehmen kann oder will, tritt sein Rechtsnachfolger an die Stelle des Vermächtnisnehmers (Art. 146 ErbG). Der Erblasser kann dies jedoch durch Testament auch anders regeln.

(d) Inhalt (Gegenstand) und Arten von Vermächtnissen. Dem Erblasser steht es frei, den Ver- 70
mächtnisnehmer, den Beschwerten und den Gegenstand des Vermächtnisses zu bestimmen. Gegenstand des Vermächtnisses kann jeder Vermögensvorteil sein, zB eine oder mehrere Sachen, ein Recht, Geld, eine Forderung, Unterhalt, ein Nießbrauch, eine Schuldbefreiung usw (Art. 141 ErbG; s. näher *Antic/Balinovac* Komentar Zakona S. 414; *Djurdjevic*, Institucije naslednog prava, 2018, 178 f.).

Sofern der Erblasser eine oder mehrere individuell bestimmten Sachen vermacht, handelt es sich um ein 71
sog. Stückvermächtnis, das jedoch nur wirksam ist, wenn sich diese Sache im Zeitpunkt des Erbfalls im Vermögen des Erblassers befindet (Art. 149 ErbG).

Zum Vermächtnis von Sachen, die der Gattung nach bezeichnet wurden, näher Art. 153 ErbG, zum 72
Schuldvermächtnis näher Art. 150 ErbG, zum sog. Befreiungsvermächtnis, näher Art. 151 ErbG, zum Forderungsvermächtnis, näher Art. 152 ErbG.

(e) Verminderung von Vermächtnissen. Ist der Erbe gleichzeitig Beschwerter, so ist er zur Erfüllung 73
des Vermächtnisses nur verpflichtet, wenn ihm sein Pflichtteilwert mäßig erhalten bleibt. Das Gleiche gilt für den Untervermächtnisnehmer, wenn der Wert des Untervermächtnisses den Wert seines Vermächtnisses übersteigt (Art. 144 ErbG).

(f) Beendigung und Verjährung des Vermächtnisses. Stirbt der Vermächtnisnehmer vor dem Erblas- 74
ser, schlägt er das Vermächtnis aus oder ist er erbunwürdig, erlischt das Vermächtnis. In diesem Fall gehört der Gegenstand des Vermächtnisses dem Beschwerten, es sei denn der Erblasser hat dies durch Testament anders bestimmt (Art. 148 ErbG). Das Vermächtnis erlischt auch, wenn der Erblasser den vermachten Gegenstand veräußert, er im Zeitpunkt des Erbfalls nicht mehr existiert oder wenn die Erfüllung des Vermächtnisses aus anderen Gründen unmöglich wird (Art. 149 ErbG).

Der Vermächtnisanspruch verjährt ein Jahr ab dem Tag, an dem der Vermächtnisnehmer von seiner 75
Einsetzung Kenntnis erlangt und berechtigt war, das Vermächtnis zu verlangen (Art. 154 ErbG).

(5) Substitution (Ersatzerbschaft). Im serbischen Erbrecht ist nur eine einfache Substitution zulässig. 76
Der Erblasser kann durch Testament einen oder mehreren Ersatzerben (Substitut) bestimmen, wenn ein

eingesetzter Erbe (Institut) die Erbschaft nicht annehmen kann oder will (Art. 116 ErbG). Gleiches gilt für einen Vermächtnisnehmer (Art. 116 II ErbG). Die einfache Substitution ist nur dann möglich, wenn der Substitutionsfall eintritt. Als Substitutionsfälle kommen verschiedene Ereignisse in Betracht, zB der Tod des eingesetzten Erben (des Instituts), seine Ausschlagung der Erbschaft, die Erbunfähigkeit und Erbunwürdigkeit des eingesetzten Erben usw. Der Testator ist frei, den Substitutionsfall zu bestimmen. Sofern er die Bestimmung des Substitutionsfalls unterließ, tritt die Substitution immer dann ein, wenn der eingesetzte Erbe aus irgendeinem Grund die Erbschaft nicht annehmen kann oder will. Ein Ersatzerbe muss alle allgemeinen erbrechtlichen Voraussetzungen (Erbfähigkeit, Erleben und Erbwürdigkeit), die auch für den vorrangig eingesetzten Erbe gelten, erfüllen (s. näher *Antic/Balinovac* Komentar Zakona S. 372 f.; *Djurdjevic*, Institucije naslednog prava, 2018, 158 f.).

77   Die fideikommissarische Substitution ist im serbischen Erbrecht verboten und die Testamentsbestimmung, die einen Nacherben einsetzt, ist absolut nichtig (Art. 159 ErbG).

78   **(6) Bedingungen und Befristungen.** Der Erblasser kann in seinem Testament Bedingungen und Befristungen festlegen. Die Bedingungen müssen mit den zwingenden Vorschriften, der öffentlichen Ordnung und den guten Sitten im Einklang stehen. Sie müssen möglich, verständlich und in sich widerspruchslos sein (Art. 120 I und II ErbG). Die Bedingung ist definiert als ein zukünftiger unerwarteter Umstand, von denen bestimmte Wirkungen des Testaments abhängen (*Antic/Balinovac* Komentar Zakona S. 377).

79   Von einer Befristung des Testaments spricht man, wenn die Wirkungen des Testaments erst nach einer bestimmten Frist oder nach dem Eintritt eines erwarteten Ereignisses eintreten sollen (*Djurdjevic*, Institucije naslednog prava, 2018, 169 f.). Die Bestimmung der Frist, die nicht anlaufen kann oder unangemessen lange ist, ist unwirksam (Art. 120 I ErbG). Sofern offensichtlich ist, dass dem Erblasser in der Berechnung des Zeitraums ein Fehler unterlaufen ist, bestimmt das Gericht die Dauer der Frist nach dem vermuteten Wille des Erblassers (Art. 120 II ErbG).

80   Zum Eintritt der auflösenden bzw. aufschiebenden Bedingung oder Frist, näher Art. 121–123 und Art. 125–131 ErbG.

81   **(7) Auflagen.** Der Erblasser kann durch Testament dem gesetzlichen und testamentarischen Erben und dem Vermächtnisnehmer Pflichten in Form einer Auflage auferlegen. Auf diese Weise wird der Erbe oder der Vermächtnisnehmer zu einem bestimmten Verhalten zugunsten des Auflageberechtigten verpflichtet. Zwischen ihnen entsteht aber kein schuldrechtliches Verhältnis (Art. 132 I ErbG). Dies stellt den wichtigsten Unterschied zum Vermächtnis dar, weil der Auflageberechtigte keinen schuldrechtlichen Anspruch gegen den Auflagebelasteten hat (s. näher *Djurdjevic*, Institucije naslednog prava, 2018, 172). Auflagen, die gegen zwingende Vorschriften, die öffentliche Ordnung oder die guten Sitten verstößt sowie unmögliche, unverständliche und widersprüchliche Auflagen sind unwirksam (Art. 132 I und II ErbG).

82   Ist der Auflagebelastete für die Nichterfüllung der Auflagen verantwortlich, verliert er sein Erbrecht bzw. seinen Vermächtnisanspruch (Art. 134 I ErbG). Die Klage auf die Feststellung, dass das Erbrecht bzw. Vermächtnis die Auflagebelastete erloschen ist, kann der Testamentsvollstrecker oder jede interessierte Person (zB der gesetzliche Erbe) erheben (Art. 134 II ErbG). Sie können auch die Erfüllung der Auflage vom Belasteten verlangen, weil der Auflageberechtigte auf diesen Anspruch gegen den Belasteten nicht berechtig ist (*Djurdjevic*, Institucije naslednog prava, 2018, 174). Erfolgt die Nichterfüllung der Auflagen ohne Verschulden des Auflagebelasteten, verliert er seine Stellung als Erbe bzw. als Vermächtnisnehmer nicht (näher *Antic/Balinovac* Komentar Zakona S. 400).

83   **ff) Auslegung des Testaments.** Für die Auslegung von Testamenten gilt die subjektive Methode. Die Bestimmungen des Testaments sollen entsprechend den wahren Absichten des Erblassers ausgelegt werden (Art. 135 I ErbG). Dies bedeutet, dass das Gericht bei der Testamentsauslegung den wahren Wille des Erblassers feststellen und die Bedeutung der in dem Testament verwendeten Worte ermitteln muss. Bei dieser Beurteilung betrachtet das Gericht auch die Umstände, die im Zeitpunkt der Testamentserrichtung bestanden haben (*Markovic*, Nasledno pravo, 1981, 307 f.; *Djurdjevic*, Institucije naslednog prava, 2018, 185 f.; *Antic/Balinovac* Komentar Zakona S. 403; *Djordjevic/Svorcan*, Nasledno pravo, 1997, 271). Ist das Testament zwar hinsichtlich seiner Form wirksam, bestehen jedoch Zweifel an seiner materiell-rechtlichen Wirksamkeit, so misst das Gericht dem Testament im Zweifel diejenige Bedeutung bei, bei welcher das Testament materiell wirksam ist (die Regel in favorem testamenti; näher *Djurdjevic*, Institucije naslednog prava, 2018, 187, der deutlich macht, dass die Auslegung eines Testaments der Anfechtung oder der Erklärung der Nichtigkeit vorgeht; vgl. *Antic/Balinovac* Komentar Zakona S. 402; *Blagojevic/Antic*, Nasledno pravo u Jugoslaviji, 1986, 257 f.; *Markovic*, Nasledno pravo, 1981, 307 ff.). Die Unwirksamkeit einer einzelnen Testamentsbestimmung hat grds. keinen Einfluss auf die Gültigkeit des ganzen Testaments, sofern das Testament ohne diese unwirksame Bestimmung wirksam bleibt; war die nichtige Bestimmung jedoch das entscheidende Motiv für die Testamentserrichtung, wird das ganze Testament unwirksam (Art. 158 ErbG). Ist die Feststellung des wahren Wille des Erblassers nicht möglich, legt das Gericht das Testament zugunsten der gesetzlichen Erben oder denjenigen, denen durch das Testament Pflichten auferlegt werden, aus (Art. 135 II ErbG).

84   **gg) Widerruf des Testaments. (1) Allgemeines.** Gem. Art. 176 kann der Erblasser jederzeit sein Testament widerrufen. Der Widerruf ist ebenfalls eine Verfügung von Todes wegen und unterliegt denselben Regeln, die für die Errichtung des Testaments gelten.

(2) Ausdrücklicher Widerruf. Der Erblasser kann ausdrücklich sein Testament widerrufen. Der ausdrückliche Widerruf muss in einer der für die Testamentserrichtung vorgesehenen Formen erfolgen (Art. 176 II ErbG). Die Errichtung eines neuen Testaments mit der Bestimmung, dass das frühere Testament widerrufen wird, ist als ein ausdrücklicher Widerruf anzusehen (Art. 177 ErbG). 85

(3) Stillschweigender Widerruf. Das Testament kann durch die Errichtung eines neuen Testaments mit anderem Inhalt stillschweigend widerrufen werden. In der Regel wird durch das spätere Testament das frühere Testament widerrufen, sofern die Testamente miteinander völlig unvereinbar sind. Sind die Testamentsinhalte nicht völlig unvereinbar, bleiben die Bestimmungen des früheren Testaments, die nicht mit dem Inhalt des neuen Testaments in Widerspruch stehen, wirksam (Art. 177 I ErbG). 86

(4) Vernichtung des Testaments (unformeller Widerruf). Der Erblasser kann das schriftliche Testament auch durch die Vernichtung des Dokuments, welches das Testament enthält, widerrufen (Art. 176 III ErbG; s. näher *Antic/Balinovac* Komentar Zakona S. 472; *Djurdjevic*, Institucije naslednog prava, 2018, 197). 87

(5) Vermuteter Widerruf eines Vermächtnisses. Das Vermächtnis kann nach den gleichen Regeln wie ein Testament widerrufen werden. Gem. Art. 178 ErbG gilt jedoch ein Vermächtnis als widerrufen, wenn der Erblasser über den Gegenstand des Vermächtnisses verfügt hat (zB Veräußerung der vermachten Sache). 88

hh) Ungültigkeit des Testaments. (1) Allgemeines. Sind die gesetzlichen Voraussetzungen für die Wirksamkeit des Testaments nicht erfüllt, so kann das Gericht das Testament oder einzelne seiner Bestimmungen für nichtig erklären. Das serbische Gesetz unterscheidet zwischen absolut nichtigen und relativ nichtigen (anfechtbaren) Testamenten (vgl. *Djurdjevic*, Apsolutna nistavost zavestanja, Diss., 2005, 4 ff.; *Zivojinovic*, Nevaznost zavestanja S. 58 ff.; *Antic/Balinovac* Komentar Zakona S. 432 ff., 454 ff.). 89

(2) Absolute Nichtigkeit. (a) Gründe. Gem. Art. 155 ErbG, der eine allgemeine Klausel enthält, ist das Testament absolut nichtig, wenn sein Inhalt zwingenden Vorschriften, der öffentlichen Ordnung oder den guten Sitten widerspricht. Bei der Beurteilung der Frage, ob ein Testament der öffentlichen Ordnung widerspricht, kommt es auf den Zeitpunkt des Erbfalls an (*Djurdjevic*, Institucije naslednog prava, 2018, 202). Auf diese Klausel berufen sich die Gerichte, wenn der Inhalt des Testaments zu einer Diskriminierung führt, wenn sie die persönliche Handlungsfreiheit der Erben übermäßig einschränkt oder dem Moral im Bereich des Familienlebens verletzt (näher *Djurdjevic*, Apsolutna nistavost zavestanja, Diss., 2005, 90 ff.; *Zivojinovic* Nevaznost zavestanja S. 100 ff.; Urteil des Obersten Gerichts Serbiens, Gz 112/1950, 21.3.1950, veröffentlicht bei *Kurdulija*, Prirucnik za nasledno pravo, 1976, 183). 90

Das ErbG benennt einige besondere Gründen absoluter Nichtigkeit, die im Zeitpunkt der Testamentserrichtung vorliegen müssen. Zunächst ist ein Testament absolut nichtig, wenn der Testator im Zeitpunkt der Testamentserrichtung das 15. Lebensjahr nicht vollendet hat oder ihm wegen der Beurteilungsunfähigkeit die Geschäftsfähigkeit vollständig entzogen wurde (Art. 156 ErbG). Absolut nichtig ist auch ein gefälschtes Testament (Art. 157 ErbG). Bestimmungen des Testaments, welche eine fideikommissarische Substitution anordnen oder die dem Erbe bzw. dem Vermächtnisnehmer die Veräußerung der beerbten bzw. vermachten Sache oder die Erbteilung verbieten oder beschränken, sind ebenfalls absolut nichtig (Art. 159 ErbG). 91

Öffentliche Testamente sind absolut nichtig, wenn der Testator den Personen, die für die Errichtung eines öffentlichen Testaments berechtigt sind (Richter, Notar, Kapitän des Schiffe usw), und/oder deren Ehegatten und Verwandten einen Erbteil oder ein Vermächtnis zuwendet (s. näher Art. 160 ErbG). 92

(b) Rechtsfolgen. Ist das Testament absolut nichtig, so ist es als von Anfang an als nicht existierend anzusehen (Art. 163 ErbG). Wenn das Gericht das Testament für absolut nichtig erklärt (deklaratorische Entscheidung), sind die testamentarischen Erben verpflichtet, ihre Erbteile den gesetzlichen Erben zurückgeben, ebenso wie die Vermächtnisnehmer, die den Gegenstand des Vermächtnisses den Beschwerten zurückgeben müssen (näher *Zivojinovic* Nevaznost zavestanja S. 318 ff.). Die absolute Nichtigkeit ist von Amts wegen zu beachten und an keine Frist gebunden. Jedoch bleiben die Regeln über die Ersitzung, den gutgläubigen Erwerb vom Nichtberechtigten sowie die Verjährung der Forderungen unberührt (Art. 162 ErbG). 93

(c) Teilweise Nichtigkeit und Konversion. Es wurde schon erwähnt, dass die Nichtigkeit einer Bestimmung des Testaments keinen Einfluss auf die Nichtigkeit des ganzen Testament hat, wenn es auch ohne diese nichtige Bestimmung wirksam bleiben kann und diese nicht der entscheidende Grund für die Testamentserrichtung gewesen ist (Art. 158 ErbG). Der Grund gilt als entscheidend, sofern der Erblasser das Testament nicht errichtet hätte, wenn ihm die Nichtigkeit dieser Bestimmung bekannt gewesen wäre (*Djurdjevic* Nasledno pravo 2009, 207). 94

Auch wenn das Testament absolut nichtig ist, besteht die Möglichkeit der Konversion in ein gültiges Testament. Die Konversion (Umdeutung) des Testaments ist im ErbG nicht ausdrücklich vorgesehen, sie stellt jedoch eine allgemeine Regel des Obligationsgesetzes (Art. 106 OblG) dar, die auch im Bereich des Erbrechts Beachtung findet. Eine Konversion des nichtigen Testaments in ein gültiges Testament ist dann möglich, wenn der Wille des Erblassers auf eine erlaubte erbrechtliche Wirkung gerichtet war, er aber in Unkenntnis der erbrechtlichen Vorschriften ein nichtiges Testament errichtet hat. Daher ist für die Konversion den hypothetischen Wille des Erblassers entscheidend (näher *Zivojinovic* Nevaznost zavestanja S. 308 ff.; *Djurdjevic*, Institucije naslednog prava, 2018, 204). 95

96 **(3) Relative Nichtigkeit (Anfechtbarkeit). (a) Gründe.** Die Anfechtungsgründe, dh die Gründe für die relative Nichtigkeit eines Testaments, stellen Testierunfähigkeit, Willensmängel und Formmangel dar (näher *Zivojinovic* Nevaznost zavestanja S. 169 ff.).

97 Eine Anfechtbarkeit liegt vor, wenn ein über 15 Jahre alter Erblasser im Zeitpunkt der Testamentserrichtung zur Beurteilung unfähig war, ihm aber von dem zuständigen Standesamt die Geschäftsfähigkeit nicht entzogen wurde (Art. 166 ErbG). Das Testament, das unter Einfluss von Zwang, Drohung, Betrug oder eines Irrtum errichtet wurde, ist ebenfalls relativ nichtig. Sind nur einige Bestimmungen des Testaments wegen Willensmängeln anfechtbar, haben sie keinen Einfluss auf die Anfechtbarkeit des ganzen Testaments, soweit es ohne diese Bestimmungen gültig bleiben kann oder diese Bestimmung nicht entscheidender Grund für die Testamentserrichtung darstellen (Art. 167 ErbG). Schließlich ist das Testament relativ nichtig, wenn es den gesetzlichen Formerfordernissen nicht genügt (Art. 168 ErbG).

98 **(b) Rechtsfolgen und Fristen.** Im Gegensatz zur absoluten Nichtigkeit stellt die relative Nichtigkeit die mildere Sanktion dar. Die relative Nichtigkeit ist nicht von Amts wegen zu beachten, sondern muss von einer Partei innerhalb einer bestimmten Frist geltend gemacht werden (Art. 165 ErbG). Wenn das Gericht das Bestehen des Anfechtungsgrunds feststellt, erlässt es eine konstitutive Entscheidung (Urteil) über die Unwirksamkeit des Testaments. Versäumt die anfechtende Partei die Frist zur Erhebung der Anfechtungsklage, tritt Konvalidation (Gültigmachung) des Testaments ein (näher *Zivojinovic* Nevaznost zavestanja S. 287 ff., 303 ff., 318 ff.; *Antic/Balinovac* Komentar Zakona S. 455 f.; *Djurdjevic*, Institucije naslednog prava, 2018, 199 f.).

99 Gem. Art. 169 ErbG kann die Anfechtung wegen Testierunfähigkeit und Willensmängel innerhalb einer Frist von einem Jahr vom Tage der Erlangung der Kenntnis vom Anfechtungsgrund (subjektive Frist) geltend gemacht werden; sie endet spätestens zehn Jahre nach der Testamentseröffnung und Verkündigung (objektive Frist). Die Jahresfrist (subjektive Frist) läuft nicht vor der Testamentsverkündigung an. Wenn die Anfechtungsklage gegen eine Person, die nicht in gutem Glauben ist, erhoben wird, beträgt die objektive Frist 20 Jahre. Wenn es um die Anfechtung wegen Formmangels geht, beträgt die subjektive Frist ebenfalls ein Jahr und die objektive Frist zehn Jahre (Art. 170 ErbG).

100 **c) Erbverträge und gemeinschaftliches Testament.** Im serbischen Erbrecht ist jeder Vertrag, mit dem eine Partei sein Vermögen oder Teile hiervon einer anderen Partei im Falle des Todes hinterlässt, nichtig (Art. 179 ErbG). Ausdrücklich verboten sind Verträge, die eine Verfügung über einen zukünftigen Nachlass oder Vermächtnis zum Gegenstand haben, Verträge, deren Gegenstand der Testamentsinhalt ist, und Verträge, mit denen der potenzielle Erbe im Voraus auf sein Erbrecht verzichtet (s. Art. 181 und 218 ErbG). Obwohl das ErbG die Nichtigkeit des gemeinschaftlichen Testaments nicht ausdrücklich vorsieht, ergibt sich seine Nichtigkeit aus seiner hybriden Natur und der Beschränkung der Testierfreiheit, weil dem gemeinschaftlichen Testament nach dem Tod einer der Parteien die Wirkungen eines Erbvertrages zukommt (s. näher *Djurdjevic*, Apsolutna nistavost zavestanja, Diss., 2005, 154 ff.).

101 Jedoch soll erwähnt werden, dass im Vorentwurf des serbischen Zivilgesetzbuches besondere Bestimmungen über den Erbvertrag vorgesehen waren. Gem. dieser Bestimmungen (Art. 2776 Vorentwurf, V. Buch) kann ein Erbvertrag nur zwischen Ehegatten und zugunsten den Kinder und Abkömmlinge geschlossen werden (vgl. *Djurdjevic* Anali Pravnog fakulteta u Beogradu 2/2009, 186 ff.).

102 **d) Rechtsgeschäfte unter Lebenden auf den Todesfall. aa) Allgemeines.** Das ErbG regelt zwei besondere schuldrechtliche Verträge mit erbrechtlichen Folgen, die der Erblasser zu seinen Lebzeiten abschließen kann. Zum einen handelt es sich hierbei um den Vertrag über die Aufteilung des Nachlasses zu Lebzeiten des Erblassers (Übergabevertrag) und zum anderen um den Vertrag über den Unterhalt zu Lebzeiten (Leibrentenvertrag) (näher über diese Verträge s. *Antic/Balinovac* Komentar Zakona S. 478 ff.; *Markovic*, Nasledno pravo, 1981, 356 ff.; *Djurdjevic*, Institucije naslednog prava, 2018, 243 ff.; *Djordjevic/Svorcan*, Nasledno pravo, 1997, 352 ff.).

103 **bb) Der Vertrag über die Aufteilung des Nachlasses zu Lebzeiten des Erblassers (Übergabevertrag)** wird in den Art. 182–193 ErbG geregelt. Es handelt sich um ein zweiseitiges Rechtsgeschäft, das zwischen dem zukünftigen Erblasser und allen seinen Abkömmlingen geschlossen wird. Durch diesen Vertrag wendet der zukünftige Erblasser sein Vermögen, das im Zeitpunkt des Vertragsschlusses vorhanden ist, seinen Abkömmlingen zu. Für die Wirksamkeit dieses Vertrages ist entscheidend, dass alle Abkömmlinge, die als Erben berufen werden könnten, einbezogen werden (Art. 183 I ErbG). Das Vermögen, das den Gegenstand des Vertrages bildet, ist kein Bestandteil des Nachlasses (Art. 186 ErbG). Wenn nicht alle Abkömmlinge dem Vertrag zugestimmt haben, ist der Übergabevertrag nichtig. In diesem Falle wird aber gem. Art. 187 ErbG. eine Umdeutung dieses Vertrags in einen Schenkungsvertrag vorgenommen (Art. 187 ErbG). Der Übergabevertrag kann auch mit dem Ehegatten geschlossen werden, der dann die gleiche Stellung als Abkömmling hat. Sofern der Ehegatte durch diesen Vertrag nicht einbezogen wurde, bleibt sein Pflichtteil unberührt (Art. 189 ErbG). Gem. Art. 184 ErbG bedarf der Übergabevertrag der Beurkundung durch einen Notar, der eine Belehrung über die erbrechtlichen Folgen vorzunehmen hat. Wurde diesen Formerfordernissen nicht genügt, ist der Vertrag absolut nichtig. Der zukünftige Erblasser kann den Übergabevertrag gegenüber den Abkömmlingen, die ihm gegenüber groben Undank gezeigt haben oder die ihre vertraglichen Verpflichtungen nicht erfüllen, widerrufen (s. Art. 192–193 ErbG).

104 **cc) Der Vertrag über den Unterhalt zu Lebzeiten (Leibrentenvertrag)** wird in den Art. 194–205 ErbG geregelt. Es handelt sich um einen gegenseitig verpflichtenden, entgeltlichen und aleatorischen

Vertrag, der zwischen dem Unterhaltsnehmer (dem zukünftigen Erblassers) und dem Unterhaltsgeber geschlossen wird (näher *Antic/Balinovac* Komentar Zakona S. 493 ff.). Durch diesen Vertrag verpflichtet sich der Unterhaltsnehmer, das Eigentum an bestimmten Gegenständen im Zeitpunkt seines Todes an den Unterhaltsgeber zu übertragen. Der Unterhaltsgeber verpflichtet sich demgegenüber, den Unterhaltsberechtigten bis zu seinem Ableben zu unterstützen, ihm Unterhalt zu gewähren, ggf. zu pflegen und nach dem Tod des Unterhaltsberechtigten die Beerdigungskosten zu übernehmen (Art. 194 I ErbG). Gegenstand dieses Vertrages können nur Sachen (im Regelfall sind es immer Immobilien) und Rechte (zB Forderungen) sein, die im Zeitpunkt des Vertragsschlusses bestehen (Art. 194 II ErbG). Die Leistungen aus dem Vertrag sind nicht Bestandteil des Nachlasses und werden einem ebenfalls als Erbe berufenen Unterhaltsverpflichteten nicht auf seinen Erbteil angerechnet. Auch bei der Pflichtteilsberechnung bleiben die Leistungen aus dem Vertrag unberücksichtigt.

Der Leibrentenvertrag wird in der Regel zwischen natürlichen Personen abgeschlossen, ungeachtet ob sie miteinander verwandt sind. Eine juristische Person kann nur Unterhaltsgeber sein (*Djurdjevic*, Institucije naslednog prava, 2018, 254 f.). Hinsichtlich der Form dieses Vertrages gilt das Gleiche wie beim Übergabevertrag (vgl. Art. 195 ErbG). Sofern der Leibrentenvertrag nicht aleatorisch war (zB der Tod des Unterhaltsnehmers war wegen seiner seriösen Krankheit absolut sicher), können die gesetzlichen Erben die Anfechtungsklage erheben (Art. 203 ErbG).

Gem. Art. 201 und 202 ErbG kann eine Partei den Rücktritt des Leibrentenvertrags verlangen, wenn die Verhältnisse zwischen den Parteien unerträglich geworden sind oder sich die Umstände nach Vertragsschluss schwerwiegend verändert haben (rebus sic stantibus). In dem Fall der rebus sic stantibus kann das Gericht den Vertrag anpassen, sofern die beide Parteien zustimmen (Art. 202 I ErbG).

4. Pflichtteilsrecht. a) Allgemeines. Das Pflichtteilsrecht ist in den Art. 39–65 ErbG geregelt. Gem. Art. 39 I ErbG wird es als Teil des Nachlasses, über den der Erblasser nicht verfügen konnte, definiert.

b) Rechtsnatur. Art. 43 I ErbG stellt als Grundregel auf, dass das Pflichtteilsrecht schuldrechtlicher Natur ist, so dass es sich hierbei um einen Anspruch auf Zahlung einer bestimmten Summe, der gegen die Erben gerichtet ist, handelt. Das bedeutet, dass der Pflichtteilberechtigte (Noterbe) keinen quotenmäßigen Teil des Nachlasses im Zeitpunkt des Erbfalls verlangen kann. Er wird zum Gläubiger der testamentarischen Erben bzw. der Vermächtnisnehmer und kann gegen diese einen Geldanspruch in der Höhe seines Nachlassteils geltend machen. Damit entsteht zwischen dem Pflichtteilsberechtigten und den testamentarischen Erben bzw. Vermächtnisnehmern ein Schuldverhältnis. Deswegen ist der Pflichtteilsberechtigte weder Gesamtrechtsnachfolger noch Teil der Erbengemeinschaft (näher *Antic/Balinovac* Komentar Zakona S. 231 ff.).

Von der Regel, dass das Pflichtteilsrecht einen Anspruch auf Geldzahlung darstellt, gibt es zwei Ausnahmen. Zum einen kann der Erblasser durch Testament bestimmen, dass der Pflichtteilsberechtigte seinen Pflichtteil *in natura* bekommt (Art. 43 II ErbG). Zum anderen kann der Pflichtteilsberechtigte vor Gericht beantragen, dass ihm der Pflichtteil *in natura* auszuzahlen ist (Art. 43 II ErbG; s. *Antic/Balinovac* Komentar Zakona S. 235). Damit kann das Gericht die schuldrechtliche Natur des Pflichtteils verändern. Sofern der Erblasser oder das Gericht das Pflichtteilsrecht in ein dingliches Recht konvertieren, wird der Pflichtteilberechtigte (Noterbe) Gesamtrechtsnachfolger und kann bis zur Höhe seines Pflichtteils von den testamentarischen Erben bzw. den Vermächtnisnehmern die Übergabe der Gegenstände aus dem Nachlass verlangen (näher *Djurdjevic*, Institucije naslednog prava, 2018, 216 ff.).

c) Pflichtteilsberechtigte. Pflichtteilsberechtigt sind gem. Art. 39 I ErbG alle Abkömmlinge des Erblasser, die Adoptivkinder (Angenommene) und deren Abkömmlinge, die Eltern und die Adoptiveltern (Annehmende) aus der vollständigen Adoption. Als Pflichtteilsberechtigte kommen auch die Adoptiveltern aus der unvollständigen Adoption, die Geschwister, die Großeltern und andere Vorfahren in Betracht, dies aber nur, wenn sie arbeitsunfähig sind und keine ausreichenden Mittel zum Bestreiten ihres Lebensunterhalts haben (Art. 39 II ErbG). Das Bestehen eines Pflichtteilsrechts setzt voraus, dass der Pflichtteilsberechtigte auch im konkreten Fall ohne Vorliegen des Testaments (gesetzlicher) Erbe geworden wäre (Art. 39 III ErbG).

Die oben genannten Pflichtteilsberechtigten sind in vier Pflichtordnungen aufgeteilt. Die erste Ordnung besteht aus dem Kindern und ihren Abkömmlingen, Adoptivkindern und ihren Abkömmlingen und Ehegatte. Die Pflichtteilsberechtigten der zweiten Ordnung sind: der Ehegatte des Erblassers, falls er der alleinige Erbe innerhalb der ersten Ordnung geblieben ist, die Eltern, die Adoptiveltern und Geschwister. In der dritten Pflichtordnung erben die Großeltern des Erblassers und in der vierten Ordnung weitere Vorfahren (näher *Antic/Balinovac* Komentar Zakona S. 212).

d) Pflichtteilsquote. Die Pflichtteilsquote der Abkömmlinge, des Adoptivkindes, dessen Abkömmlinge und des Ehegatten beträgt gem. Art. 40 II ErbG die Hälfte, die der anderen Pflichtteilsberechtigten ein Drittel ihres gesetzlichen Erbteils. Sofern ein Pflichtteilsberechtigter keinen Anspruch hat oder auf ihn verzichtet, wächst sein Pflichtteil den anderen Pflichtteilsberechtigten nicht an (Art. 40 III ErbG).

e) Berechnung des Pflichtteils. Die Grundlage für die Berechnung des Pflichtteils ist gem. Art. 48 ErbG ein Erbschaftsrechnungswert. Der Erbschaftsrechnungswert wird in der Weise berechnet, dass auf den reinen Nachlass (dh der Wert der Aktiva abzüglich der Passiva) der Wert der Schenkungen, welche der Erblasser zu Lebzeiten den gesetzlichen Erben zugewandt hat, sowie der Wert der Schenkungen, welche er innerhalb des letzten Jahres seines Lebens dritten Personen zugewandt hat, angerechnet wird (Art. 48 III und IV ErbG; näher Antic/Balinovac Komentar Zakona S. 251 ff.; *Djurdjevic*, Institucije nasledno prava, 2018, 213. Der maßgebliche Zeitpunkt für diese Berechnung ist der Todestag des Erblassers. Gem. Art. 50 ErbG ist die Definition der Schenkung weit gefasst, so dass jede Verfügung des Erblassers ohne Entgelt als Schenkung gilt. Folglich fallen unter diesen Begriff auch ein Schuldenerlass und der Verzicht auf ein Recht (*Djurdjevic*, Institucije naslednog prava, 2018, 215). In den Erbschaftsrechnungswert werden jedoch Schenkungen, die aus Nächstenliebe oder aus allgemein nützlichen Zwecke erfolgen, nicht einbezogen, ebenso wenig wie Schenkungen von unbedeutendem Wert, Unterhalts- und Ausbildungszahlungen. Auch das Vermögen, das Gegenstand des Übergabevertrages oder des Leibrentenvertrages ist, bleibt bei der Berechnung unberücksichtigt (Art. 49 ErbG).

114 **f) Verwirklichung und Durchsetzung des Pflichtteils. aa) Allgemeines.** Der Erblasser kann dem Pflichtteilsberechtigten seinen Pflichtteil in Form eines Erbteils oder eines Vermächtnisses hinterlassen. Er kann ihm die Schenkungen zu seinen Lebzeiten zuwenden, die jedoch dann auf seinen Pflichtteil anzurechnen sind, wenn der Wert der Schenkungen dem Wert des Pflichtteils entspricht oder höher ist (näher *Djurdjevic*, Institucije naslednog prava, 2018, 228 ff.). Das Pflichtteilsrecht ist verletzt, wenn der Erblasser durch verschiedene Zuwendungen den Pflichtteil nicht gedeckt hat, dh wenn der Wert des Pflichtteils höher als der Wert der erteilten Zuwendungen ist (Art. 42 ErbG). Die Rechtsfolgen der Pflichtteilsverletzung und Arten seines Schutzes hängen von der Rechtsnatur des Pflichtteilsrechts ab.

115 **bb) Verletzung des schuldrechtlichen Pflichtteils.** Die Verletzung des schuldrechtlichen Pflichtteils hat die Entstehung des schuldrechtlichen Verhältnisses zur Folge, in dem der Pflichtteilsberechtigte der Gläubiger ist und die testamentarischen Erben und Vermächtnisnehmer die Schuldner sind. Die Erben und Vermächtnisnehmer schulden den Geldgegenwert des Pflichtteils im Verhältnis ihrer Zuwendungen. Ist dies nicht genug, kann der Pflichtteilsberechtigter die Ergänzung von den Schenkungsnehmer verlangen (Art. 44 ErbG). Die Reihenfolge, nach der die Schenkungsnehmer als Schuldner berufen sind, ist umgekehrt zu der Reihenfolge der erteilten Schenkungen – die zeitlich späteren Schenkungsnehmer sind zuerst als Schuldner zu berufen (Art. 44 und 56 ErbG).

116 **cc) Verletzung des dinglichen Pflichtteilsrechts.** Bei der Verletzung des dinglichen Pflichtteilsrechts kann der Pflichtteilsberechtigte Minderung der testamentarischen Verfügungen und, wenn dies zur Befriedigung nicht ausreichend ist, die Rückabwicklung der Schenkungen, die der Erblasser zu seinen Lebzeiten erteilt hat, verlangen (Art. 53 EbG). Die testamentarischen Verfügungen werden verhältnismäßig gemindert. Das bedeutet, dass nach der Minderung die Erbquote der testamentarischen Erben in demjenigen Verhältnis bleiben, das der Erblasser in seinem Testament bestimmt hat (in diesem Sinne Art. 54 I ErbG, näher *Djurdjevic*, Institucije naslednog prava, 2018, 235 f.; *Antic/Balinovac* Komentar Zakona S. 261 ff.).

117 **dd) Anspruch des Pflichtteilsberechtigten und Fristen.** Der Pflichtteilsberechtigte kann die Befriedigung seines Pflichtteils in dem Nachlassverfahren (Außerstreitverfahren) oder durch Erhebung einer Klage im ordentlichen Streitverfahren verfolgen (näher Antic/Balinovac Komentar Zakona S. 270 ff.). Handelt es sich um eine Verletzung eines schuldrechtlichen Pflichtteils, kann der Pflichtteilsberechtigter den Anspruch auf Geldzahlung innerhalb einer Frist von drei Jahren vom Tage der Testamentsverkündigung, wenn das Pflichtteilsrecht nur durch das Testament verletzt wurde, oder vom Todestag des Erblassers, wenn die Pflichtteilsverletzung durch die Schenkungen erfolgt hat, geltend machen (Art. 58 ErbG). Ist das Pflichtteilsrecht ein dingliches Recht, kann der Pflichtteilsberechtigte die Klage auf Minderung der testamentarischen Verfügungen innerhalb von drei Jahren vom Tage der Testamentsverkündigung erheben (Art. 59 I ErbG). Die gleiche Frist gilt für die Schenkungsrückabwicklung, sie läuft aber bereits ab dem Todestag des Erblassers (Art. 59 II ErbG).

118 Das Pflichtteilsrecht ist relativ vererblich (so klar *Djurdjevic*, Institucije naslednog prava, 2018, 237). Sofern der Pflichtteilsberechtigte, der Abkömmling oder der Angenommene des Erblassers ist, vor dem Ablauf der dreijährigen Frist verstirbt, sind seine Erben berechtigt, den Pflichtteil innerhalb einer Frist von sechs Monaten ab dem Todestag des Pflichtteilsberechtigten zu verlangen (Art. 60 II ErbG).

119 **g) Pflichtteilsentziehung.** Der Erblasser kann durch sein Testament aus den gesetzlich vorgeschriebenen Gründen die Pflichtteilsberechtigten ausschließen bzw. enterben (exheredatio nota causa) oder ihm den Pflichtteil zugunsten ihrer Nachkommen entziehen (exheredatio bona mente).

120 **aa) Ausschließung der Pflichtteilsberechtigten von der Erbschaft (Enterbung).** Gem. Art. 61 I ErbG kann der Erblasser einen Pflichtteilsberechtigten, der eine gesetzliche oder moralische (sittliche) Pflicht gegenüber dem Erblasser schwerwiegend verletzt hat, von der Erbschaft ausschließen (näher *Antic/Balinovac* Komentar Zakona S. 277 ff.). In Art. 62 ErbG ist exempli causa genannt, wann die schwerwiegende Verletzung der gesetzlichen oder moralischen (sittlichen) Pflicht besteht: die beleidigende Behandlung des Erblassers; das Begehen einer vorsätzlichen Straftat gegenüber dem Erblasser, seines Ehegatten, seiner Kinder oder seinen Eltern; die Führung eines unwürdigen Lebens. Die Enterbung ist nur dann wirksam, wenn der Erblasser seinen Willen zur Enterbung in unzweifelhafter Weise im Testament zum Ausdruck gebracht hat; für den Erblasser ist es empfehlenswert, den Enterbungsgrund zu benennen (Art. 61 II ErbG; näher über die ausdrücklichen und stillschweigenden Enterbung *Djurdjevic*, Institucije naslednog prava, 2018, 224). Ein Pflichtteilsberechtigter kann ganz oder teilweise ausgeschlossen werden (Art. 61 II ErbG). Der Enterbungsgrund muss im Moment des Erbfalls (Todes des Erblassers) bestehen und die Beweislast trifft denjenigen, der sich auf die Enterbung beruft (zB die testamentarischen Erben; Art. 62 II und III ErbG).

II. Materielles Recht **Serbien**

bb) Pflichtteilsentziehung zugunsten der Nachkommen des Pflichtteilsberechtigten. Diese Form der Enterbung ist nur hinsichtlich der Pflichtteilsberechtigten, welche Abkömmlinge des Erblassers sind, möglich. Gem. Art. 64 ErbG kann der Erblasser durch das Testament das Pflichtteilsrecht des berechtigten Abkömmlingen, der verschuldet oder verschwendungssüchtig ist, zugunsten seiner Abkömmlinge entziehen. Diese Pflichtteilsentziehung ist nur dann wirksam, wenn der Pflichtteilsberechtigte ein minderjähriges Kind oder ein minderjähriger Enkel ist; ist das Kind bzw. Enkelkind volljährig, kommt eine Pflichtteilsentziehung nur dann in Betracht, wenn dieses arbeitsunfähig und über keine ausreichenden Mittel zum Bestreiten seines Lebensunterhalts verfügt (Art. 65 ErbG). Der Pflichtteilsentziehungsgrund muss im Zeitpunkt des Erbfalls bestehen und der Wille des Erblassers zur Enterbung muss im Testament in unzweifelhafter Weise zum Ausdruck gekommen sein.

5. Testamentsvollstreckung. Der Erblasser kann durch Testament einen oder mehrere Testamentsvollstrecker bestimmen (Art. 172 I ErbG). Wenn dies nicht erfolgt, kann das Gericht gem. Art. 172 III ErbG einen Testamentsvollstrecker einsetzen, sofern es dies für notwendig erachtet. Die Obliegenheiten des Testamentsvollstreckers, falls der Erblasser nicht anderes bestimmt hat, stellen die Überwachung und die Verwaltung des Nachlasses sowie die Durchführung und Durchsetzung der Testamentsanordnungen dar (Art. 173 ErbG).

Gem. Art. 172 II ErbG kann als Testamentsvollstrecker jede geschäftsfähige Person berufen werden, jedoch nicht gegen ihren Willen. Das Gericht kann auf Antrag oder von Amts wegen den Testamentsvollstrecker abberufen, wenn er sein Amt nicht im Einklang mit dem Willen des Erblassers oder dem Gesetz ausübt (Art. 175 ErbG).

6. Anrechnung von Vermögenszuwendungen (Schenkungen und Vermächtnissen) auf den Erbteil. Die Anrechnung von Schenkungen und Vermächtnissen auf den Erbteil ist in den Art. 66–77 ErbG geregelt. Bei der Erbteilung sind die Schenkungen, die der Erblasser dem Erbe zu Lebzeiten gemacht hat, auf seinen Erbteil anzurechnen (Art. 66 I ErbG). Gleiches gilt für das dem Erben zugewandte Vermächtnis, es sei denn, der Erblasser hat etwas anderes im Testament bestimmt (Art. 68 ErbG). Es ist ausdrücklich vorgesehen, dass Schenkungen von kleinerem Umfang (Art. 75 II ErbG), Früchte und Benutzungen der geschenkten Sache vor dem Tod des Erblassers (Art. 66 II ErbG) sowie die Unterhalts- und Ausbildungskosten des Erben (Art. 76 I ErbG) nicht anzurechnen sind. Die Anrechnung können nur die Miterben bis zur Erbteilung verlangen (Art. 77 ErbG).

Im serbischen Erbrecht gilt das System der Idealkollation: Die Schenkungen und Vermächtnisse sind auf den Erbteil so anzurechnen, dass die Erben, die vom Erblasser zur seinen Lebzeiten nichts erhalten haben, zunächst ihren bestimmten Wert aus dem Nachlass bekommen, nachdem der Rest des Nachlasses zwischen den Miterben aufgeteilt wurde (Art. 69 I ErbG; näher *Antic/Balinovac* Komentar Zakona S. 292 ff.; *Djurdjevic,* Institucije naslednog prava, 2018, 347). Ist der Wert des ganzen Nachlasses nicht in dem Maße ausreichend, dass die anderen Erben den bestimmten Wert aus dem Nachlass bekommen, so ist der Erbe, auf dessen Erbteil die Schenkung angerechnet wird, nicht verpflichtet, die Schenkung zurückzugeben (Art. 69 II ErbG). In diesem Fall bleibt das Pflichtteilsrecht gem. Art. 69 III ErbG unberührt.

Die Anrechnungsregeln sind nicht zwingend. Der Erblasser kann daher im Zeitpunkt des Abschlusses des Schenkungsvertrages oder später oder durch Testament ihre Anwendung ausdrücklich ausschließen. Möglicherweise ergeben auch die Umstände, dass eine Ausschließung der Schenkungsanrechnung dem Willen und den Absichten des Erblassers entsprach (Art. 67 I ErbG). Dies hat indes keinen Einfluss auf die Regeln über das Pflichtteilsrecht (Art. 67 II ErbG).

7. Erbschaftserwerb, Erbengemeinschaft und Erbauseinandersetzung (Erbteilung). a) Erwerb der Erbschaft. aa) Grundsatz. Der Nachlass einer Person geht kraft Gesetzes (ex officio) mit dem Erbfall auf die Erben über (Art. 212 I ErbG). Handelt es sich um eine Beerbung einer vermissten (verschollenen) Person, die für tot erklärt wurde, tritt der Erbfall an dem Tag, der im Beschluss über die Todeserklärung als Todestag benannt wird, ein (Art. 207 I ErbG). Gleichzeitig mit dem Erbfall erwerben die Erben auch das Ausschlagungsrecht (Art. 212 II ErbG).

bb) Gegenstand der Erbfolge. Der Gegenstand der Erbfolge ist der Nachlass, dh die Verlassenschaft. Der Nachlass stellt die Gesamtheit der vererblichen vermögenswerten Rechte und Verbindlichkeiten des Erblassers dar (Art. 1 II ErbG; näher *Antic/Balinovac* Komentar Zakona S. 77 ff.). Die Gegenstände des häuslichen Gebrauchs, die den Abkömmlingen des Erblassers dienen, gehören nicht zum Nachlass, sondern werden gemeinsames Eigentum dieser Personen (Art. 1 III ErbG). Auch ist das Vermögen, das die mit dem Erblasser zusammenlebenden Abkömmlinge erworben haben (Art. 1 IV ErbG), der Anspruch des überlebenden Ehegatten aus der ehelichen Gütergemeinschaft (s. *Antic/Balinovac* Komentar Zakona S. 83; *Djordjevic/Svorcan,* Nasledno pravo, 1997, 55; *Djurdjevic,* Institucije naslednog prava, 2018, 59; *Markovic,* Nasledno pravo, 1981, 54 f.) sowie das Vermögen, das Gegenstand des Leibrentenvertrag ist, von der Verlassenschaft ausgenommen (Art. 194 ErbG).

cc) Ausschlagung der Erbschaft. Ein Erbe kann durch Erklärung vor dem Nachlassgericht erster Instanz bis zum Abschluss des Nachlassverfahrens die Erbschaft ausschlagen (Art. 213 I ErbG). Außerdem kann ein Erbe die Ausschlagungserklärung vor jedem serbischen Gericht erster Instanz (sog. „Grundgericht") oder vor einer diplomatischen Vertretung Serbiens im Ausland abgeben (Art. 118 AußStrG). Der Erbe, der die Erbschaft ausgeschlagen hat, wird so behandelt, als hätte er den Erbfall nicht erlebt (Art. 213 III ErbG); an seine Stelle tritt der Nachberufene (Repräsentationsprinzip). Die Ausschlagungserklärung ist höchstpersönlich und unwiderruflich und muss unbedingt abgegeben werden (Art. 213 II, Art. 214 I und III ErbG). Eine Anfechtung wegen Willensmangels ist möglich (Art. 214 IV ErbG).

130 Schlägt ein Erbe die Erbschaft zugunsten eines anderen Miterben aus, so wird unterstellt, dass er eine Erbantrittserklärung abgegeben und gleichzeitig seinen Erbteil dem Miterben geschenkt hat (Art. 216 ErbG). Der Erbe, der schon die Erbschaft angenommen hat, kann nicht nachträglich eine Ausschlagungserklärung abgeben (Art. 217 ErbG).

131 **dd) Annahme der Erbschaft (Erbantrittserklärung).** Eine Erbantrittserklärung kann ausdrücklich, konkludent (stillschweigend) oder schweigend abgegeben werden (*Djurdjevic*, Institucije naslednog prava, 2018, 322). Der Erbe kann vor dem zuständigen Gericht ausdrücklich erklären, dass er die Erbschaft annehme, oder eine amtlich beglaubigte Urkunde über die Erbschaftsannahme übergeben (Art. 118 AußStrG). Ist die Erbantrittserklärung unter einer Bedingung oder Befristung abgegeben worden, ist dies unerheblich; die Erklärung gilt als unbedingt und unbefristet abgegeben (Art. 220 I ErbG). Die Erbantrittserklärung ist unwiderruflich und kann sich nur auf den ganzen Nachlass beziehen; eine begrenzte Wirkung, etwa eine Beschränkung auf einzelne Gegenstände des Nachlasses, kann nicht erreicht werden (Art. 220 II und III ErbG). Eine Anfechtung wegen Willensmängeln ist möglich (Art. 220 IV ErbG).

132 Eine stillschweigende Erbantrittserklärung erfolgt durch konkludente Handlung. Sofern ein Erbe vor Abgabe der Erbantrittserklärung über den Nachlass oder einen Teil hiervon verfügt, wird fingiert, dass er die Erbschaft angenommen hat (Art. 219 II ErbG).

133 Schweigt der Erbe, dh gibt er keine Erklärung bis zum Abschluss des Nachlassverfahrens ab, gilt dies als Annahme der Erbschaft (Art. 219 IV ErbG).

134 **b) Erbengemeinschaft.** Gem. Art. 229 I ErbG bilden mehrere Miterben, entweder gesetzliche oder testamentarische, eine Erbengemeinschaft, die bis zur Erbteilung fortdauert. Während des Bestehens der Erbengemeinschaft verwalten die Miterben die Erbschaft zusammen, sie können über diese auch nur gemeinschaftlich verfügen. Damit bedarf die Vornahme jeder Handlung, die auf die Verwaltung oder Verfügung des Nachlasses gerichtet ist, der Zustimmung aller Miterben. Von dieser Regel ist abzuweichen, wenn der Erblasser einen Testamentsvollstrecker bestimmt und vorgesehen hat, dass dieser den Nachlass verwaltet. Wird ein Testamentsvollstrecker nicht bestimmt und können sich die Miterben nicht einigen, kann das Gericht auf den Antrag eines Miterben einen Nachlassverwalter ernennen oder jedem Miterben einen bestimmten Teil des Nachlasses zur Verwaltung geben (Art. 229 II und III ErbG). Der Nachlassverwalter ist verpflichtet, den Nachlass im Namen aller Miterben zu verwalten; er kann nur über den Nachlass verfügen, wenn es sich um Nachlassverbindlichkeit (zB Erblasserschulden) oder um einen Schadensersatz handelt, und auch dies nur mit gerichtlicher Genehmigung (Art. 230 ErbG).

135 Jeder Miterbe kann vor der Erbteilung seinen Erbteil nur auf andere Miterben übertragen. Der Übertragungsvertrag muss von einem Notar beurkundet werden. Sofern ein Miterbe diesen Vertrag mit Dritten abschließt, ist er verpflichtet, seinen Erbteil auf Dritte erst nach der Erbteilung zu übertragen. Bis zur Erbteilung hat der Dritte keine Rechte an dem Erbteil, der Gegenstand des Vertrages ist (Art. 231 ErbG).

136 **c) Erbteilung (Erbauseinandersetzung). aa) Grundsätze.** Die Erbengemeinschaft wird durch die Erbteilung aufgehoben. Die Erbteilung kann jeder Miterbe jederzeit verlangen. Das Recht zur Erbteilung verjährt nicht; ein Vertrag, mit dem ein Miterbe auf dieses Recht verzichtet, ist nichtig (Art. 228 ErbG). Die Miterben können eine Vereinbarung über die Erbteilung treffen. Die Erbteilsvereinbarung kann im Nachlassverfahren erfolgen; in diesem Falle wird die Vereinbarung im Beschluss des Nachlassgerichts über die Erbschaft aufgenommen (gerichtlich geschlossene Erbteilungsvereinbarung; s. Art. 122 III AußStrG). Es ist auch möglich, die Erbteilungsvereinbarung nach dem Erlass eines rechtskräftigen Beschlusses über die Erbteilung abzuschließen (außergerichtlich getroffene Erbteilungsvereinbarung). Die Vereinbarung verpflichtet alle Miterben und von ihr kann nicht einseitig zurückgetreten werden (Kreisgericht Kragujevac, G 603/1992, 18.8.1992 – *Antic/Djurdjevic*, Prirucnik za nasledno pravo, 2003, 363). Wurde keine Erbteilungsvereinbarung getroffen, hat das Gericht auf Antrag eines Miterben die Erbteilung durchzuführen. Auf die Erbteilung wendet das Gericht die Regeln des Gesetzes über die Grundlagen eigentumsrechtlicher Verhältnisse aus 1980 – EigentG („Sl. list SFRJ", 6/80, 36/90, „Sl. list SRJ", 26/96, „Sl. glasnik RS", 115/2005 – dr. zakon), die die Aufhebung der Miteigentumsgemeinschaft zum Gegenstand haben, an (näher Antic/Balinovac Komentar Zakona S. 599f.; *Djurdjevic*, Institucije naslednog prava, 2018, 343ff.).

137 Sonderregeln gelten, wenn ein Miterbe mit dem Erblasser in häuslicher Gemeinschaft gewohnt hat. Dieser ist berechtigt, besondere Nachlassgegenstände zu verlangen (s. näher Art. 232–234 ErbG).

138 **bb) Gegenseitiger Schutz der Miterben nach der Erbteilung.** Jedem Miterben garantieren ex lege die anderen Miterben, dass die Sache, die er durch Erbteilung erworben hat, keine Sach- und Rechtsmängel haben (Art. 234 I und II ErbG). Gleiches gilt für ausstehende Forderungen, die begründet und durchsetzbar sein müssen (Art. 235 III ErbG). Falls die Sache mit Sach- und Rechtsmängeln behaftet oder die Forderung nicht begründet und durchsetzbar ist, schulden die andere Miterben Ausgleich entsprechend ihrer Erbteile (Art. 235 IV ErbG). Dieses Gewährleistungsrecht verjährt nach drei Jahren nach Abschluss der Erbteilung bzw. ab der Fälligkeit der Forderung, falls sie nach dem Erbfall fällig werden (vgl. Art. 16 VI und VII EigentG, Art. 236 ErbG).

139 **8. Erbenhaftung.** Der Nachlass geht mit dem Erbfall auf den Erben über und verschmilzt mit seinem Vermögen. Eine wichtige Frage ist daher, in welchem Umfang der Erben für die Erblasserschulden einzustehen hat und welche Stellung den Nachlassgläubigern zukommt. Im serbischen Erbrecht haften die

Erben für die Schulden des Erblassers nur bis zur Höhe ihrer jeweiligen Erbquote (Art. 222 ErbG). Dies stellt eine Verwirklichung des Systems pro viribus heridatis dar – die Gläubiger können ihre Forderungen sowohl aus dem Nachlass als auch aus dem Vermögen der Erben begleichen, jedoch ist die Erbenhaftung mit dem Wert des Nachlasses bzw. der Höhe der Erbteilen beschränkt. Mehrere Erben haften im Außenverhältnis als Gesamtschuldner, aber im Innenverhältnis ist die Haftung nach dem Verhältnis ihrer Erbteile verteilt (Art. 224 ErbG). Deshalb kann der Gläubiger die Bezahlung seiner gesamten Forderung nur von einem Miterben verlangen. Wenn ihr Wert höher ist als die Erbquote des Miterben, hat dieser Miterbe einen Regressanspruch gegen die anderen Miterben (*Djurdjevic,* Institucije naslednog prava, 2018, 332 f.).

Von der Regel pro viribus heridatis gibt es zwei Ausnahmen, die dem System cum viribus heridatis angehören. Zum einen können die Gläubiger des Erblassers die Trennung des Nachlasses vom Vermögen des Erben bzw. der Miterben verlangen (sog. Separatio bonorum). Der Antrag für separatio bonorum kann innerhalb einer Frist von drei Monaten ab dem Tage der Erbschaftseröffnung beim Nachlassgericht eingelegt werden (Art. 225 ErbG und Art. 114 AußStrG). Das Nachlassgericht hat eine Entscheidung über die Trennung des Nachlasses zu treffen, sofern die Befriedigung der Gläubiger gefährdet ist (dies bspw., wenn der Erbe hoch verschuldet ist; näher *Antic/Balinovac* Komentar Zakona S. 594 f.; *Djurdjevic,* Institucije naslednog prava, 2018, 333). In diesem Fall können sich die Gläubiger des Erblassers nur aus dem Nachlass befriedigen (Art. 227 ErbG); sie haben Vorrang vor den Gläubigern der Erben (Art. 226 ErbG). Die zweite Ausnahme von der Grundregel tritt dann auf, wenn das Nachlassgericht gem. Art. 210 ErbG einen Kurator für den Nachlass (Verlassenschaftskurator) ernannt hat, der berechtigt ist, im Namen der Miterben die Schulden des Erblassers zu begleichen. In diesem Fall sind auch die Gläubiger des Erblassers aus dem Nachlass zu befriedigen (s. Art. 211 ErbG; näher *Djurdjevic,* Institucije naslednog prava, 2018, 330 f.; *Antic/Balinovac* Komentar Zakona S. 548).

III. Nachlassverfahrensrecht

1. Allgemeines. Bei dem Nachlassverfahren handelt es sich um ein Außerstreitverfahren, in dem die erbrechtlichen Folgen des Todes des Erblassers festgestellt werden. Dieses Verfahren ist durch das Gesetz über Außerstreitverfahren (Außerstreitgesetz – AußStrG) geregelt. Subsidiär und entsprechend gelten auch die Regeln des Gesetzes über Streitverfahren (die Zivilprozessordnung, „Sl. glasnik RS", 72/2011, 49/2013 – odluka US, 74/2013 – odluka US, 55/2014), soweit das AußStrG nichts anderes vorsieht (Art. 30 II AußStrG). Da es sich um ein Außerstreitverfahren handelt, löst das Nachlassgericht oder der Notar, dem die Durchführung des Verfahrens vom Gericht übertragen wurde, die erbrechtlichen Streitigkeiten nicht, sondern sorgt mittels der vorgetragenen und festgestellten Tatsachen für die richtige Anwendung der materiellen Normen des Erbrechts. Hierin liegt der Unterschied zwischen Außerstreit- und Streitverfahren. Sofern im Nachlassverfahren unter den Parteien (Verfahrensteilnehmern) die Tatsachen betreffend der Erbberechtigung einer Person streitig sind, weist der Richter dies Parteien an, ein Streitverfahren (Erkenntnisverfahren) einzuleiten (näher *Antic/Balinovac* Komentar Zakona S. 25 ff.; *Djurdjevic,* Institucije naslednog prava, 2018, 275 ff.; *Djordjevic/Svorcan,* Nasledno pravo, 1997, 371 ff.).

Das Nachlassverfahren wird von Amts wegen eingeleitet, sobald das zuständige Gericht Kenntnis über den Tod des Erblassers erlangt (Art. 89 II AußStrG). Das Gericht ermittelt die rechtlich relevanten Tatsachen (Daten über den Verstorbenen, den Wert des Nachlassvermögens, potenzielle Erben usw.) von Amts wegen. Dem Gericht wird hierfür insbes. eine spezielle Todesurkunde (sog. „**Smrtovnica**"), die vom zuständigen Notar abgefasst wird, übermittelt, weitere Sachverhaltsaufklärung erfolgt durch die Hinzuziehung der Sterbeurkunde und den Erklärungen von interessierten Person, zu deren Vernehmung das Gericht verpflichtet ist (Art. 117 II AußStrG). Von der Einleitung des Verfahren von Amts wegen ist nur dann abzuweichen, wenn der Erblasser nur bewegliches Vermögen hinterlassen hat; in diesem Fall ist das Nachlassverfahren auf Antrag der berechtigten Person einzuleiten (Art. 113 II AußStrG).

2. Zuständigkeit. Für die Abwicklung des Nachlasses (Verlassenschaftsabhandlung) und Nachlassverfahrenseinleitung ist das Grundgericht sachlich zuständig (Art. 22 II des Gesetzes über die Einordnung der Gerichte aus 2009). Örtlich zuständig ist das Grundgericht, in dessen Bezirk der Erblasser seinen letzten Wohnsitz hatte, in Ermangelung eines solchen das Gericht, in dessen Bezirk der Erblasser seinen letzten Aufenthalt hatte. Hatte der Erblasser keinen Wohnsitz oder Aufenthalt in Serbien, ist dasjenige Gericht örtlich zuständig, in dessen Bezirk sich der überwiegende Teil des Nachlasses oder der gesamte Nachlass befindet (Art. 88 AußStrG).

In erster Instanz leitet der Einzelrichter das Nachlassverfahren ein (Art. 17 I AußStrG) und in zweiter Instanz der Spruchkörper von drei Richtern. Einzelne Handlungen im Nachlassverfahren sowie Erklärungen und Anträge der Parteien (außer die Erbschaftserklärungen) kann der fachliche Mitarbeiter des Richters vornehmen bzw. einnehmen (Art. 17 III AußStrG).

Das Nachlassgericht kann dem Notar, der für die Erstellung der speziellen Todesurkunde (sog. **Smrtovnica**) im Vorverfahren zuständig ist, die Durchführung des Nachlassverfahrens übertragen (Art. 110a II AußStrG). Jedoch ist dies unmöglich, wenn das ausländische Recht für die Erbfolge anwendbar ist. (Art. 30a II und Art. 110a I AußStrG). Sofern der für die Erstellung der Smrtovnica zuständiger Notar das Nachalasverfahren nicht durchführen kann, überträgt das Nachlassgericht die Durchführung des Verfahrens einem Notar, der offiziellen Sitz in seinem Bezirk hat (Art. 30a I, 20v II AußStrG). Haben mehrere Notare ihren Sitz im Bezirk eines Nachlassgerichts, erfolgt die Übertragung

146 Das Nachlassverfahren unterteilt sich in ein Vorverfahren (Art. 92–114 AußStrG) und ein Verlassenschaftsabhandlungsverfahren (Art. 115–126 AußStrG).

147 **3. Vorverfahren.** Im Vorverfahren sammelt das Nachlassgericht die Daten und Tatsachen aufgrund derer festgestellt werden kann, dass eine Person tot ist und zudem die Voraussetzungen für ein Nachlassverfahren erfüllt sind, sowie die Tatschen, die es dem Gericht ermöglichen, die erbrechtlichen Folgen festzustellen und den Beschluss über den Nachlass zu erlassen. Die wichtigste prozessrechtliche Handlungen, die im Vorverfahren vorzunehmen sind, sind die Errichtung und Erstellung einer speziellen Todesurkunde (sog. „**Smrtovnica**") und die Verkündung des Testaments (näher *Antic/Balinovac* Komentar Zakona S. 35; *Djurdjevic*, Institucije naslednog prava, 2018, 293).

148 a) **Errichtung und Erstellung der speziellen Todesurkunde (sog. Smrtovnica).** Wenn eine Person starb oder vom Gericht als tot erklärt wurde (durch einen rechtskräftigen gerichtlichen Beschluss über die Todesfeststellung oder einen rechtskräftigen gerichtlichen Beschluss über die Erklärung des Todes der vermissten Person), ist das zuständige Standesamt verpflichtet, dem zuständigen Nachlassgericht innerhalb von 30 Tagen nach der Eintragung des Todes im Sterberegister die Sterbeurkunde zu übermitteln (Art. 92 I AußStrG). Sobald das Gericht die Sterbeurkunde erhält, ernennt es einen Notar, der die spezielle Todesurkunde (sog. **Smrtovnica**), die detaillierte, gesetzlich vorgeschriebene Angaben beinhalten muss, zu errichten hat. Zuständig ist der Notar, in dessen Bezirk der Erblasser seinen letzten Wohnsitz bzw. Aufenthalt hatte. Hatte der Erblasser keinen Wohnsitz oder Aufenthalt in Serbien, ist derjenige Notar örtlich zuständig, in dessen Bezirk sich der überwiegende Teil des Nachlasses oder der gesamte Nachlass befindet (Art. 92 III AußStrG).

149 Die **Smrtovnica** stellt eine öffentliche Urkunde dar, welche Tatsachen über den Tod einer Person sowie Tatsachen, die für die Feststellung der erbrechtlichen Folgen wichtig sind, beinhaltet (*Blagojevic*, Nasledno pravo u Jugoslaviji, 1983, 346; *Djordjevic/Svorcan*, Nasledno pravo, 1997, 378 ff.; *Djurdjevic*, Institucije naslednog prava, 2018, 293). In der **Smrtovnica** sind verpflichtend die Daten über den Verstorbenen (Erblasser), seinen Ehegatten, die ehelichen und unehelichen Kinder, die Adoptivkinder, die potenziellen Erben, sein unbewegliches und bewegliches Vermögen, das Testament usw aufzunehmen. Der zuständige Notar bekommt diese Informationen von Personen, die dem Erblassers nahestanden (zB von seinem Ehegatten, seinem Kind usw) sowie von anderen Personen, die relevante Angaben machen können (Art. 93 I AußStrG). Zweck dieser speziellen Todesurkunde in Serbien ist es, die Leitung des Nachlassverfahrens zu erleichtern. Falls der Notar alle notwendigen Angaben nicht erlangen kann, übermittelt er dem Gericht eine unvollständige **Smrtovnica**. In diesem Falle muss der Sachverhalt durch das Gericht weiter aufgeklärt werden; es kann selbst entscheiden, eine **Smrtovnica** zu errichten (Art. 94 und Art. 92 V AußStrG).

150 b) **Inventar und Bewertung des Nachlasses – Nachlassverzeichnis.** Über das Nachlassverzeichnis informiert sich das Gericht anhand der Smrtovnica, da dieses Dokument auch Daten über das Vermögen des Erblassers enthält. Jedoch sind diese Daten unzuverlässig, da der Notar bei der Erstellung der Smrtovnica Erklärungen von dem Erblasser nahe stehenden Personen zugrundegelegt hat. Daher kann der für die Ausstellung der Smrtovnica zuständige Notar oder das Nachlassgericht das Inventar und die Bewertung des Vermögens des Erblassers als Sicherungsmaßnahme anordnen (Art. 96 AußStrG). Der Notar wird diese Sicherungsmaßnahme auf Antrag der Erben oder Vermächtnisnehmer bei der Erstellung der Smrtovnica vornehmen (Art. 96 II AußStrG). Das Nachlassgericht ordnet das Inventar und die Bewertung des Vermögens auf den Antrag der Erben, Vermächtnisberechtigten oder Gläubigern des Erblassers an, aber auch auf eigene Initiative (ex officio), wenn die Erben oder deren Aufenthalt unbekannt sind, die Erben minderjährig oder sonst nicht fähig sind, für die eigenen Interesse Sorge zu tragen, wenn der Nachlass dem Staat zu übergeben ist, sowie in anderen gerechtfertigten Fällen, die im freien Ermessen des Gerichts stehen (Art. 96 III und IV AußStrG). In allen diesen Fällen führt der Notar das Inventar und die Bewertung des Vermögens durch (Art. 96 I AußStrG). Ausnahmsweise kann dies ein Mitarbeiter des Richters machen (Art. 99a II AußStrG).

151 c) **Eröffnung und Verkündung des Testaments und Testamentsrekonstruktion. aa) Allgemeines.** Der für die Smrtovnica zuständige Notar hat zu untersuchen, ob der Verstorbene ein Testament hinterlassen hat, und hat dieses – sofern vorhanden – zusammen mit der Smrtovnica dem Nachlassgericht zuzustellen (Art. 105 AußStrG). Wenn dies nicht möglich ist (dh der Notar keinen Erfolg hatte), ist jede Person, in deren unmittelbaren Besitz das Testament sich befindet, verpflichtet, das Testament dem Gericht oder dem für die Smrtovnivca zuständigen Notar zu übergeben (s. *Djurdjevic*, Institucije naslednog prava, 2018, 295).

152 bb) **Eröffnung und Verkündung des schriftlichen Testaments.** Das Gericht eröffnet und verkündet das (schriftliche) Testament in Anwesenheit zweier volljähriger Personen, die auch die Erben sein können (Art. 106 III AußStrG). Möglich ist auch die Anwesenheit anderer interessierter Personen (Erben, Vermächtnisnehmer). Die Verkündung ist eine prozessrechtliche Handlung, die aus der Verlesung des Inhalts des Testaments besteht; hierüber ist ein Protokoll zu führen (Art. 106 I AußStrG). Für die Verkündung ist das Nachlassgericht (dh das für die Führung des Nachlassverfahrens zuständige Gericht), das Gericht, in dessen Bezirk sich das Testament im Zeitpunkt des Erbfalls befindet (das verwahrende Gericht), oder das Gericht, dem das Testament nach dem Erbfall übergeben worden ist, zuständig (s.

III. Nachlassverfahrensrecht **Serbien 120**

Djurdjevic, Institucije naslednog prava, 2018, 295; Art. 106 V AußStrG). Die letzten zwei zuständigen Gerichte sind nach der Verkündung des Testaments verpflichtet das Testament und das Protokoll über die Verkündung dem Nachlassgericht zuzustellen (Art. 110 AußStrG).

cc) **Verkündung des mündlichen Testaments.** Die Verkündung des mündlichen Testaments ist in Art. 108 AußStrG geregelt. Sofern die Zeugen das schriftliche Dokument über das mündliche Testament des Erblasser errichtet und unterzeichnet hat, verkündet das Gericht den Inhalt dieses Dokuments nach den oben genannten Regeln. Gibt es kein schriftliches Dokument über das mündliche Testament, vernimmt das Gericht die Zeugen, um den Inhalt des Testaments festzustellen. Darüber erstellt das Gericht ein Protokoll, das nach den für das schriftliche Testament geltenden Regeln verkündet wird. 153

dd) **Rekonstruktion des abhanden gekommenen oder vernichteten Testaments.** Das nicht durch den Willen des Erblassers vernichtete oder verlorene Testament kann Wirkungen haben, sofern die interessierte Person das Bestehen, die Form und den Inhalt des Testaments beweisen kann (Art. 171 ErbG). Wenn es zwischen allen potenziellen Erben und anderen interessierten Personen keinen Streit über das Bestehen und den Inhalt des Testaments gibt, wird das Gericht diese Personen vernehmen und die notwendige Beweise erheben. Darüber erstellt das Gericht ein Protokoll, das nach den für das schriftliche Testament geltenden Regeln verkündet wird (Art. 109 I AußStrG). 154

Wenn es zwischen den interessierten Personen Streit über das Bestehen und den Inhalt des Testaments gibt, kann die Feststellungsklage erhoben werden (*Djordjevic/Svorcan* Nasledno pravo 1997, 383; *Djurdjevic*, Institucije naslednog prava, 2018, 297). 155

d) **Andere prozessrechtliche Handlungen im Vorverfahren.** Neben dem Inventar und der Bewertung des Vermögens des Erblassers kann das Nachlassgericht andere Sicherungsmaßnahmen anordnen, zB Ernennung des Testamentsvollstreckers (Art. 111 AußStrG), Benachrichtigung des Vormundschaftsorgans, um die Interessen noch nicht geborener Kinder (nasciturus; Art. 112 AußStrG) oder minderjährige Kinder zu schützen (Art. 4 II AußStrG). 156

4. **Verlassenschaftsabhandlung (Nachlassabhandlung). a) Allgemeines.** Sobald das Nachlassgericht die Smrtovnica erhalten und die relevanten Tatsachen ermittelt sowie seine Zuständigkeit festgestellt hat, hat das Nachlassgericht in der Verlassenschaftsabhandlung, welche das zentrale Stadium des Nachlassverfahren darstellt, alle Frage des Erbrechts und der Nachlassteilung abzuhandeln. Das Nachlassgericht kann entscheiden, dem für die Smrtovnica zuständigen Notar die Durchführung der Verlassenschaftsabhandlung zu übertragen, sofern es nach dem Erhalt der Smrtovnica bestimmt hat, dass das serbische Recht für die Erbfolge anwendbar ist (Art. 30a II und Art. 110a I AußStrG). 157

Die Nachlassabhandlung läuft in der Regel in einer mündlichen Verhandlung ab, aber die einzelnen prozessrechtlichen Handlungen können auch ohne Verhandlung durchgeführt werden. Das Nachlassgericht stellt die Ladung zur Verhandlung allen interessierten Personen zu (potenziellen Erben, Vermächtnisnehmer usw; Art. 115 AußStrG). Sofern Regeln über die persönliche Zustellung verletzt werden, ist die Zustellung nicht erfolgreich und unwirksam (näher *Djurdjevic*, Institucije naslednog prava, 2018, 304). 158

Sind die Erbe oder auch nur deren Wohnsitz unbekannt oder befinden sich die Erben im Ausland, ist eine persönliche Zustellung nicht möglich. In diesen Fällen fordert das Nachlassgericht durch öffentliche Bekanntmachung alle interessierten Personen, die ein Erbrecht beanspruchen, auf, sich binnen Jahresfrist bei dem Gericht zu melden. Sofern sich niemand meldet, führt das Gericht das Nachlassverfahren aufgrund der Erklärung des Nachlasskurators und der bekannten Daten und Tatsachen durch (Art. 116 AußStrG). Falls es keine Erbe gibt, wird das Nachlassgericht einen Beschluss mit dem Inhalt erlassen, dass das Nachlassvermögen an den Staat übergeht (s. Art. 208–209 ErbG). 159

b) **Gegenstand der Nachlassabhandlung.** Während der mündlichen Verhandlung hat das Nachlassgericht alle erbrechtlichen Frage, insbes. das Erbrecht, die Erbquote, das Pflichtteilsrecht und das Vermächtnisrecht, zu klären (Art. 117 I und II AußStrG). Über die Rechte der Personen, die trotz erfolgter Zustellung der Ladung nicht zur Verhandlung erschienen sind, entscheidet das Nachlassgericht aufgrund der Daten und Tatsachen, die ihm in diesem Zeitpunkt bekannt sind. Dabei ist das Gericht verpflichtet, die schriftliche Erklärungen dieser Personen, die vor anderen Gerichten oder Organen abgegeben und dem Nachlassgericht zugestellt wurden, zu beachten (Art. 117 III und IV AußStrG). 160

c) **Erbschaftserklärung.** Die Erbantrittserklärung oder die Ausschlagungserklärung wird in der Regel mündlich vor dem Nachlassgericht erklärt. Hierüber wird ein Protokoll errichtet, das von den Erben oder seinem Vertreter unterzeichnet werden muss (Art. 118 I und IV AußStrG). Die Erbschaftserklärung kann in der Form einer öffentlichen Urkunde (ein schriftliches Dokument mit einer amtlich beglaubigten Unterschrift) dem Nachlassgericht zugestellt werden (Art. 118 II AußStrG). Außerdem kann die Erbschaftserklärung vor jedem Grundgericht in Serbien oder vor der serbischen diplomatischen Vertretung im Ausland abgegeben werden (Art. 118 IV AußStrG). 161

d) **Unterbrechung des Nachlassverfahrens und Anweisung auf Streitverfahren.** Stellt das Nachlassgericht fest, dass es zwischen den Parteien Streit über Tatsachen gibt, von denen das Bestehen des Erbrechts einer Partei abhängt, unterbricht der Richter das Nachlassverfahren und weist diejenige Partei, dessen Anspruch ihm weiniger begründet erscheint, an, ein Streitverfahren (Erkenntnisverfahren) einzuleiten (Art. 119 I und Art. 23 AußStrG). Das Nachlassgericht bestimmt eine Frist (Maximum 30 Tage) für die Klageerhebung. Die Unterbrechung des Nachlassverfahrens erfolgt bis zu dem Zeitpunkt, bis zu dem der Rechtsstreit rechtskräftig entschieden worden ist. Sofern die Klage innerhalb einer bestimmten 162

Frist nicht erhoben wurde, wird das Nachlassverfahren fortgesetzt (Art. 24 AußStrG). Wenn zwischen den Parteien ein Streit über die Tatsachen, die Vermächtnis oder ein anderes Recht aus dem Nachlass betreffen, entsteht, weist das Nachlassgericht auch die Parteien an, das Streitverfahren einzuleiten, aber ohne Unterbrechung des Nachlassverfahrens (Art. 120 AußStrG).

163   Zur Sonderregelung für einen Streit über die Nachlassgegenstände s. Art. 121 AußStrG.

164   **e) Unterbleiben des Nachlassverfahrens.** Stellt das Nachlassgericht fest, dass der Erblasser kein Vermögen hinterlässt, lehnt es die Eröffnung des Nachlassverfahrens durch Beschluss ab (Art. 113 I AußStrG). Ein Nachlassverfahren unterbleibt auch dann, wenn der Nachlass nur aus beweglichem Vermögen besteht und keiner der interessierten Personen die Durchführung des Verfahren verlangt (Art. 113 II AußStrG). In jedem Fall kann die interessierte Person zu einem späteren Zeitpunkt einen Antrag auf Einleitung des Nachlassverfahren einlegen (Art. 113 III AußStrG).

165   **5. Nachlassbeschluss.** Der Beschluss über die Erbschaft stellt eine meritorische Entscheidung dar, mit der das Nachlassgericht das Nachlassverfahren abschließt, dh die erbrechtliche Folge des Todes des Erblassers feststellt bzw. erklärt, welchen Personen die Erbschaft zusteht. Es handelt sich um eine deklaratorische Entscheidung (Art. 122 I AußStrG). Der Nachlassbeschluss enthält die Namen des Erblassers und der Erben, deren Erbteil und Erbquote, das Verzeichnis der Gegenstände des Nachlasses, den Namen des Vermächtnisnehmers usw (zum Inhalt des Nachlassbeschlusses näher Art. 122 II AußStrG). Haben die Erben eine Vereinbarung über die Erbteilung geschlossen, führt das Gericht auch diese Vereinbarung in den Nachlassbeschluss ein (Art. 122 III AußStrG). Das Nachlassgericht kann vor dem Erlass des Nachlassbeschlusses einen Beschluss über das Vermächtnis erlassen, wenn das Vermächtnisrecht zwischen den Parteien unstreitig ist (Art. 126 AußStrG). Dieser Beschluss, der auf Antrag des Vermächtnisnehmers erlassen wird, ist ein Teilbeschluss (*Djurdjevic*, Institucije naslednog prava, 2018, 312).

166   Der Nachlassbeschluss ist allen Erben und Vermächtnisnehmern sowie anderen interessierten Personen, die im Nachlassverfahren Ansprüche geltend gemacht haben, zuzustellen. Der rechtskräftige Nachlassbeschluss muss dem zuständigen Standesamt ebenfalls zugestellt werden (Art. 123 AußStrG).

167   Sofern neues Vermögen nach Rechtskraft des Nachlassbeschlusses aufgefunden wird, erlässt das Gericht einen Ergänzungsbeschluss und teilt das gefundene Vermögen gemäß dem ursprünglich erlassenen Nachlassbeschluss auf (Art. 128 I AußStrG). In anderen Fällen (Auffinden eines neuen Testaments, Auftreten eines neuen Erben) werden die interessierten Personen von dem Gericht auf das Streitverfahren verwiesen (s. Art. 129–130 AußStrG).

168   **6. Rechtsbehelfe. a) Beschwerde.** Eine Beschwerde gegen den Nachlassbeschluss kann nur ein Verfahrensteilnehmer (Erbe, Vermächtnisnehmer; näher *Djurdjevic* Institucije naslednog prava, 2018, 315) erheben. Sog. Nebensubjekte des Nachlassverfahrens (zB Gläubiger des Erblassers) sind nicht berechtigt, Beschwerde einzulegen; sie können ihre Rechte alleine im Streitverfahren verfolgen. Die Beschwerde kann innerhalb von 15 Tagen nach Zustellung des Nachlassbeschlusses (Art. 19 AußStrG) aus den folgenden Gründen erhoben werden: 1) wegen wesentlicher Verletzung der Regeln des Nachlassverfahrens; 2) wegen der unrichtigen und unvollständigen Feststellung des Sachverhalts; und 3) wegen fehlerhafter Anwendung des materiellen Rechts. Die Beschwerde wird dem Nachlassgericht erster Instanz zugestellt, das eine verfristete, unvollständige und unzulässige Beschwerde ablehnen kann. Ist die Beschwerde fristgerecht, vollständig und zulässig erhoben, stellt das Nachlassgericht erster Instanz diese den anderen Verfahrensteilnehmer zu, die auf die Beschwerde antworten können. Sobald die Erwiderung auf die Beschwerde eingegangen ist, wird die Beschwerde zusammen mit den Erwiderungen und anderen notwendigen Dokumenten dem Gericht der zweiter Instanz (dem Obergericht) weitergeleitet (s. näher *Djurdjevic*, Institucije Naslednog prava, 2018, 315 f. sowie Art. 377–381 StreitG).

169   **b) Revision.** Die Revision stellt einen außerordentlichen Rechtsbehelf dar, der gegen den rechtskräftigen, in der zweiten Instanz erlassenen Nachlassbeschluss innerhalb von 30 Tagen erhoben werden kann (analoge Anwendung von Art. 403 I StreitG). Revisionsgründe sind: fehlerhafte Anwendung des materiellen Rechts, Verletzung der absolut wichtigen Regeln des Nachlassverfahrens in beider Instanzen und die Verletzung der relativ wichtigen Regeln des Nachlassverfahrens in zweiter Instanz (Art. 407 StreitG). Über die Revision entscheidet das oberste Kassationsgericht; sie ist nur in vermögensrechtlichen Streitigkeiten, deren Wert 40.000 EUR übersteigt, zulässig (Art. 403 III StreitG). Da das Nachlassverfahren ein außerordentliches Verfahren darstellt und in diesem (anders als im ordentlichen Verfahren) kein Streitwert festgesetzt wird, wird zur Bestimmung des für die Revision maßgeblichen Wertes auf den Nettowert des Nachlasses (das „reine" Nachlass) abgestellt. Wenn der Nachlass nicht bewertet werden kann, wird es davon ausgegangen, dass der Wert des Nachlasses 40.000 EUR übersteigt und die Revision zulässig ist (s. näher Schluss der Beratung von den Bundesgericht SFRJ, Obersten Gerichte der Republiken und Länder und Obersten Militärgerichtshof, 26.–27.12.1992, veröffentlicht bei *Antic/Djurdjevic*, Prirucnik za nasledno pravo, 2003, 312 ff.).

170   **7. Erbschaftsanspruch.** Der Erbschaftsanspruch ist eine Leistungsklage, die auf die vollständige oder teilweise Übertragung des Nachlasses gerichtet ist. Die Erbschaftsklage kann erst nach dem rechtkräftigen Abschluss des Nachlassverfahrens erhoben werden. Durch sie wird die Vermutung der Richtigkeit und Vollständigkeit der erbrechtlichen Wirkungen, die im Nachlassbeschluss festgestellt wurden, widerlegt. Aktiv legitimiert ist diejenige Person (Kläger), die behauptet, dass ihr ein besseres Erbrecht zusteht, als der im Beschluss zum Erben erklärten Person. Passiv legitimiert ist demgegenüber die Person (Beklagte), der nach dem Beschluss Rechte aus dem Nachlass zustehen, die ihr nach schlüssiger Behauptung

des Klägers nicht zukommen (näher *Antic/Balinovac* Komentar Zakona S. 568 ff.; *Djurdjevic,* Institucije naslednog prava, 2018, 335 ff.).

Die Erbschaftsklage ist zulässig: 1) wenn sich ein neuer Erbe nach Rechtskraft des Nachlassbeschlusses meldet, 2) wenn neues Vermögen nach Rechtskraft des Nachlassbeschlusses aufgefunden wird, 3) wenn ein neues Testament nach Rechtskraft des Nachlassbeschlusses aufgefunden wird, 4) wenn das Nachlassgericht Fragen, die im Streitverfahren gelöst werden müssen, behandelt hat und 5) wenn ein Antrag auf Wiedereinleitung des Verfahrens nach den Regeln des Streitverfahrens eingelegt werden kann (s. Art. 128–131 AußStrG; s. näher *Djurdjevic* Institucije naslednog prava, 2018, 338; *Antic/Balinovac* Komentar Zakona S. 572). 171

Die Geltendmachung des Erbrechtsanspruchs ist unverjährbar. Jedoch bleibt die Regeln über die Ersitzung, den gutgläubigen Erwerb und die Forderungsverjährung unberührt (Art. 221 ErbG). 172

IV. Erbschaftsteuer

1. Erbschaft- und Schenkungsteuer. Das maßgebliche Gesetz Serbiens, das Erbschaft- und Schenkungsteuer regelt, ist das Vermögensteuergesetz von 2001 („Sl. glasnik RS", 26/2001, „Sl. list SRJ" 42/2002 – odluka SUS, „Sl. glasnik RS", 80/2002, 80/2002 – drugi zakon, 135/2004, 61/2007, 5/2009, 101/2010, 24/2011, 78/2011, 57/2012 – odluka US, 47/2013, 68/2014 – dr. zakon). In Art. 14–21 des Vermögensteuergesetzes (VermögStG) werden der Gegenstand der Erbschaft- und Schenkungsteuer, steuerpflichtige Personen, Berechnungsgrundlage, Entstehung der Steuerschuld und Steuerersatz geregelt. 173

2. Gegenstand der Steuer und Steuerschuldner. Besteuert wird die Vererbung oder Schenkung unbeweglicher und beweglicher Sachen sowie der Forderungen, Geldsummen und Rechte des geistigen Eigentums (s. Art. 14 VermögStG). Steuerschuldner ist der jeweilige Erbe oder Schenkungsnehmer, der Resident oder Nicht-Resident Serbiens sein kann (Art. 15 I VermögStG). Eine juristische Person ist Resident Serbiens, wenn sie in Serbien gegründet war, auf serbischem Markt geschäftstätig ist oder sich der Ort ihres Sitzes und ihrer Kontrolle in Serbien befindet (näher Art. 1 und 2 des Gesetzes über Einkommensteuer von juristischen Personen, „Sl. glasnik RS", 25/2001, 80/2002, 80/2002 – dr. zakon, 43/2003, 84/2004, 18/2010, 101/2011, 119/2012, 47/2013, 108/2013, 68/2014 – dr. zakon, 142/2014, 91/2015 – autenticno tumacenje, 112/2015, 113/2017). Nicht-Resident ist eine juristische Person, die im Ausland gegründet und deren Ort ihres Sitzes und ihrer Kontrolle sich im Ausland befindet (Art. 3 II des Gesetzes über Einkommensteuer von juristischen Personen). Eine natürliche Person ist Resident Serbiens, wenn sie ihren Wohnsitz in Serbien hat oder sich das Zentrum ihrer geschäftlichen und lebenden Interessen in Serbien befindet, oder ihr Aufenthalt in Serbien 183 Tage pro Jahr übersteigt (Art. 7 II des Gesetzes über Einkommensteuer von Bürgern, „Sl. glasnik RS", 24/2001, 80/2002, 80/2002 – dr. zakon, 135/2004, 62/2006, 65/2006 – ispr., 31/2009, 44/2009, 18/2010, 50/2011, 91/2011 – odluka US, 7/2012,93/2012, 114/2012 – odluka US, 8/2013, 47/2013, 48/2013 – ispr., 108/2013, 6/2014, 57/2014, 68/2014 – dr. zakon, 5/2015, 112/2015, 5/2016, 7/2017, 113/2017, 7/2018). Alle anderen natürlichen Personen werden als Nicht-Residenten betrachtet (Art. 8 I des Gesetzes über Einkommensteuer von Bürger). Residenten Serbiens sind für die Vererbung und Schenkung unbeweglicher Sachen, die sich in Serbien befinden, und beweglicher Sachen und anderer Gegenstände, unabhängig davon ob sich diese Gegenstände im Inland oder Ausland befinden, steuerpflichtig (Art. 15 I und II VermögStG). Nicht-Residenten sind nur dann steuerpflichtig, wenn sich die Gegenstände der Steuer (unbewegliche und bewegliche Sache usw) in Serbien befinden (Art. 15 I und III VermögStG). 174

3. Berechnungsgrundlage und Entstehung der Steuerschuld. Gem. Art. 16 VermögStG ist die Berechnungsgrundlage der marktliche Nettowert des vererbten Vermögens bzw. der marktliche Wert des geschenkten Vermögens, der im Zeitpunkt der Entstehung der Steuerschuld festgelegt wird. Hinsichtlich der Erbfolge entsteht die Steuerschuld mit Rechtskraft des Nachlassbeschlusses. Wenn es um eine Schenkung geht, entsteht die Steuerschuld im Zeitpunkt des Abschlusses des Schenkungsvertrages (Art. 17 I VermögStG). Wurde der Schenkungsvertrag nicht in einer schriftlichen Form abgeschlossen, gilt der Zeitpunkt der Schenkungsannahme (Art. 17 II VermögStG). Sofern die Schenkung, der Nachlassbeschluss oder eine andere gerichtliche Entscheidung, die auf Vererbung oder Schenkung die Wirkungen hat, nicht der Steuerbehörde rechtzeitig gemeldet wird, wird fingiert, dass die Steuerschuld an dem Tag entstanden ist, an welchem die zuständige Steuerbehörde von der Erbfolge oder Schenkung Kenntnis erlangt (Art. 17 V VermögStG). 175

4. Steuerersatz (Tarif der Erbschaft- und Schenkungsteuer). Für die Erben zweiter Erbordnung beträgt der Steuerersatz 1,5 % (Art. 19 I VermögStG). Für die Erben dritter und weiterer Ordnungen sowie Nichtverwandte beträgt der Steuerersatz 2,5 %. 176

5. Steuerbefreiung. Die Steuerbefreiung ist in Art. 21 VermögStG geregelt. Die Erben erster Ordnung, der Ehegatte und Eltern des Erblassers bzw. der Schenkungsnehmer der ersten Erbordnung und der Ehegatte des Schenkungsgebers sind von der Erbschaft- und Schenkungssteuerzahlung befreit (Art. 21 I Nr. 1 VermögStG). Die Erben der zweiten Ordnung sind hinsichtlich der Vererbung einer Wohnung des Erblassers von der Steuerzahlung nur dann befreit, wenn sie in dieser Wohnung mit dem Erblasser mindestens ein Jahr vor dem Tod des Erblassers gelebt haben (Art. 21 I Nr. 3 VermögStG). Ein Erbe zweiter Ordnung, der die Landwirtschaft als Beruf betreibt, ist auch von der Steuerzahlung befreit, wenn er das landwirtschaftliche Vermögen erbt und mit dem Erblasser mindestens ein Jahr vor dem Erb- 177 fall gelebt hat (Art. 21 I Nr. 2 VermögStG). Stiftungen und Fondationen sind von der Steuerzahlung befreit, wenn es um Vererbung des Vermögens geht, das ausschließlich dem vom Stifter festgelegten Zweck dient (Art. 21 I Nr. 5 und 5a VermögStG). Die Republik Serbien ist immer von der Erbschaftsteuerzahlung befreit (Art. 21 I Nr. 8 VermögStG).

Länderbericht Spanien

Übersicht

	Rn.
I. Internationales Erbrecht (IPR)	1–16
1. Erbstatut	1–7
2. Einschränkungen des Erbstatutes	8–11
3. Die EuErbVO	12
4. Die Foralrechte	13–16
II. Materielles Erbrecht	17–159
1. Gesetzliche Erbfolge	17–50
a) Regelungen der gesetzlichen Erbfolge des spanischen Gemeinschaftsrechtes im Codigo Civil	17–37
b) Regelung der gesetzlichen Erbfolge in den Foralrechten der Autonomien	38–50
2. Gewillkürte Erbfolge	51–90
a) Regelungen der gewillkürten Erbfolge des spanischen Gemeinschaftsrechtes im Codigo Civil	51–81
b) Regelung der gewillkürten Erbfolge in den Foralrechten der Autonomien	82–90
3. Pflichtteilsrecht/Noterbrecht	91–113
a) Regelung des gemeinen Rechtes des Codigo Civil	91–101
b) Regelung in den Foralrechten der Autonomien	102–113
4. Testamentsvollstreckung	114–122
a) Regelung des gemeinen Rechts des Codigo Civil	114–116
b) Regelung in den Foralrechten der Autonomien	117–122
5. Erbengemeinschaft und Erbauseinandersetzung	123–126
6. Erbenhaftung	127–151

	Rn.
a) Allgemeines	127–133
b) Annahme und Ausschlagung der Erbschaft	134–151
7. Sonderbestimmungen der Foralrechte für die Erbauseinandersetzung und die Erbenhaftung	152–159
a) Aragonien	152/153
b) Balearen	154
c) Katalonien	155
d) Galizien	156/157
e) Navarra	158
f) Baskenland	159
III. Nachlassverfahrensrecht	160–172
1. Sterbeurkunde und Meldepflichten	161/162
2. Testamentseröffnung	163–165
3. Erbscheinsverfahren	166–169
a) Notarieller Erbnachweis	166/167
b) Gerichtliche Erklärung	168/169
4. Erteilungsverfahren	170/171
5. Deutsche Erbscheine in Spanien	172
IV. Erbschaftsteuer	173–207
1. Unbeschränkte Steuerpflicht	175/176
2. Beschränkte Steuerpflicht	177/178
3. Kein Doppelbesteuerungsabkommen	179–182
a) Anrechnung in Deutschland	181
b) Anrechnung in Spanien	182
4. Bemessungsgrundlage	183–200
5. Das Steuerverfahren	201–207
a) Zuständigkeit	201
b) Selbstveranlagung oder Veranlagung von Amts wegen	202/2034
c) Fälligkeit	204/205
d) Verjährung	206/207

Literatur allgemein: *Peuster/Witold,* Das spanische Zivilgesetzbuch, Código Civil, Spanisch-deutsche Textausgabe, 2002; **Literatur zum spanischen (internationalen) Erbrecht:** *Chlepas,* Fallstricke in der Vermögensnachfolge im Rechtsverkehr mit Spanien, NwB-EV 2010, 285; *Gergen,* Das Erbrecht nach balearischem Lebenspartnerschaftsgesetz, ZErb 2009, 348; *Ferid/Firsching/Dörner/Hausmann/Hirneis,* Internationales Erbrecht, Spanien, Loseblattsammlung, Stand 2017; *Herzig/Watrin/Wakter,* Grundzüge des spanischen Erbschafts- und Schenkungssteuerrecht, ZEV 2000, 473; *Jayme/Hausmann,* Internationales Privat- und Verfahrensrecht, Textausgabe, 7. Aufl. 1994; *Juan José Rivas Martinez,* Derecho de Succesiones, Común y Foral, Bd. I–III; *Kegel,* Internationales Erbrecht, 7. Aufl. 1995; *Korth,* Erbschaftsteuer bei deutsch-spanischen Nachlässen, Aktuelles Steuerrecht Spezial, 2002, 119; *Löber/Huzel,* Erben und Vererben in Spanien, 5. Aufl. 2015; *Piske,* Vorweggenommene Erbfolge in Spanien, ZEV 2003, 495; *Piske,* Ehegattentestament und Spaniennachlass, ZErb 2004, 214; *Puig Brutau,* Fundamentos de Cerecho Civil, Band IV, 2. Aufl. 1985; NK-BGB/*Reckhorn-Hengemühle,* Band 5, 3. Aufl. 2010; *Süß* (Hrsg.), Erbrecht in Europa, 3. Aufl. 2015, 1049 ff.

I. Internationales Erbrecht (IPR)

1. Erbstatut. Das spanische internationale Erbrecht ist im spanischen Bürgerlichen Gesetzbuch, dem Codigo Civil (Art. 8–12 CC, durch das Haager Übereinkommen über das auf letztwillige Verfügungen anwendbare Recht (→ EGBGB Art. 26 Rn. 2 ff.) und die EuErbVO, geregelt. 1

Die EUErbVO verdrängt nur im Rahmen ihres Anwendungsbereichs das spanische IPR, so dass die Darstellung der Regelungen des spanischen IPR insbesondere für Altfälle erforderlich bleibt. Darüber hinaus erfolgt die Bestimmung der innerhalb Spaniens anwenbaren Teilrechtsordnung der Autonomien nach den Regelungen des IPR (Art. 36 I EuErbVO). 2

Die zentrale Norm stellt im Bereich des internationalen Erbrechts Art. 9 VIII CC dar, der für einen internationalen Erbfall auf das **Heimatrecht** des Erblassers abstellt, ohne Berücksichtigung der Natur seines Vermögens (bewegliches oder unbewegliches) oder dessen Belegenheit. Hierbei wird das Heimatrecht durch die **Nationalität/Staatsangehörigkeit** des Erblassers im Zeitpunkt des Todes bestimmt (TS 10.11.1987; 13.2.1990; 26.12.1990). Eine Möglichkeit zur Rechtswahl ist nicht vorgesehen. Es besteht jedoch die Möglichkeit faktisch durch die Änderung der Gebietszugehörigkeit. Es gilt das **Prinzip der Nachlasseinheit** (TS 15.11.1996) ohne Berücksichtigung wo sich das Vermögen befindet (Art. 9 VIII 1 CC). Ausgenommen ist das Ehegattenerb- und Pflichtteilsrecht, welches nach Art. 9 VIII 3 CC das Recht des Ehegüterrechts anwendet. Hierzu hat das TS (TS 28.4.2014) entschieden, dass auf den Nachlass eines Italieners, der mit seiner spanischen Ehefrau im spanischen Güterstand lebte, nicht das italienische, sondern das spanische Erbrecht anwendbar ist, um eine erb- und güterrechtliche Über- oder Unterprivilegierung zu vermeiden. 3

120 Spanien

4   Besitzt der Erblasser eine Doppelte- oder Mehrstaatsangehörigkeit, verweist das spanische Kollisionsrecht auf die Anwendung des spanischen Rechts, soweit eine der Staatsangehörigkeiten spanisch ist (Art. 9 IX 2 CC).

5   Das spanische Kollisionsrecht stellt klar, dass die Bestimmung der anwendbaren Kollisionsvorschriften ausschließlich nach den spanischen Kollisionsnormen erfolgt und immer nur einen Verweis auf das ausländische, materielle Recht bedeutet. Eine etwaige Weiterverweisungen des ausländischen Rechtes auf das Recht dritter Staaten ist unbeachtlich (Art. 12 II CC). Hiernach ist nur die Weiterverweisung ersten Grades oder Rückverweisung zulässig, also auch die Verweisung durch die ausländische Kollisionsnorm auf das spanische Recht (*Rivas Martinez*, Derecho de Sucesiones. Común y Foral, Bd. III, 2905).

6   Die **Rückverweisung** auf spanisches Recht (TS 15.11.1996 – Nachlass eines US-Staatsbürgers), wie sie typischerweise durch die Staaten erfolgt, die nach dem Recht der Belegenheit für unbewegliche Sachen auf das jeweilige Erbstatut des Belegenheitsstaates verweisen, **wird nicht angenommen.** Gegen die Annahme der Rückverweisung auf das spanische Recht bzgl. nur der in Spanien belegenen Immobilien spricht, dass dies gegen den **Grundsatz der Nachlasseinheit** verstößt (TS 21.5.1999 – Nachlass eines Britischen Staatsbürgers). Denn sofern sich der Nachlass sowohl im Ausland als auch in Spanien befindet, käme es zur Anwendung des spanischen Rechtes auf die in Spanien belegenen Nachlassbestandteile und zur Anwendung des ausländischen – hier britischen Rechtes- hinsichtlich des weiteren Nachlasses. Dies ist unter dem Aspekt des Prinzips der Nachlasseinheit inakzeptabel. Es verbleibt bei der ausschließlichen Geltung des ausländischen Rechts.

7   Ausgenommen hiervon ist der Fall, dass sich der Nachlass des Ausländers (hier des Britischen Staatsbürgers) ausschließlich auf, in Spanien belegene Immobilien beschränkt (TS 23.9.2002), da hier ausschließlich das spanische Recht zur Anwendung gelangt und es somit nicht zur Nachlassspaltung kommt. In diesem besonderen Fall hat daher das Tribunal Supremo (TS 23.9.2002) die Rückverweisung auf das spanische Recht anerkannt.

8   **2. Einschränkungen des Erbstatutes.** Bei der Anwendung des Staatsangehörigkeitsprinzips wird nach gesetzlicher oder testamentarischer Erbfolge unterschieden (*Simó Santonja, Vicente-Louís:* Derecho sucesorio comparado. Conflictos de leyes en materia de Sucesiones.Tecnos, Madrid, 1968):
    Bei **gesetzlicher Erbfolge** wird grds. das **Heimatrecht** des Erblassers im Zeitpunkt seines Todes, angewendet.

9   Bei **testamentarischer Erbfolge** oder Erbverträgen gilt die gleiche Regel. Für den Fall jedoch, dass der Erblasser nach der Errichtung seines Testamentes oder Erbvertrages seine Staatsangehörigkeit geändert hat, verbleibt es für die Fragen der **Gültigkeit der Verfügung** bei der Anwendbarkeit des Rechtes, welches zu der Zeit der Errichtung der Verfügung anwendbar war **(Errichtungsstatut),** während für die weiteren Fragen des Nachlasses (bspw.: Pflichtteilsrechte) es zur Anwendung des spanischen Rechtes kommt (Art. 9 VIII 2 CC).

10 Abhängig von der Frage einer gesetzlichen oder durch letztwillige Verfügung zu bestimmender Erbfolge, ist die Nationalität im ersteren Fall im Zeitpunkt des Todes entscheidend im letzteren Fall, im Moment der Errichtung der Verfügung. Würde also ein Erblasser, der zum Zeitpunkt der Errichtung seines Testamentes deutscher Staatsbürger war, später die spanische Staatsbürgerschaft erwerben, so richtet sich die Frage der Gültigkeit seines Testaments nach den deutschen Vorschriften über die Errichtung von Verfügungen von Todes wegen, während sich die Frage etwaiger Pflichtteilsrechte der Abkömmlinge ausschließlich nach dem spanischen Recht richtet.

11 Spanien ist auch **Vertragsstaat des Haager Übereinkommens über das auf die Form letztwilliger Verfügungen** anzuwendende Recht v. 5.11.1961 (→ EGBGB Art. 26 Rn. 1), woraus sich diverse Anknüpfungsmöglichkeiten ergeben, nach der im Ausland errichtete Testamente formwirksam sind. Von besonderer Relevanz ist hier allerdings das deutsche gemeinschaftliche Ehegattentestament, welches nach den spanischen materiell-rechtlichen Vorschriften (Art. 669, 733 CC) ausdrücklich unzulässig ist, auch wenn es im Ausland nach dem dort geltenden Recht, formwirksam errichtet worden ist.

12 **3. Die Europäische Erbrechtsverordnung.** Auch für Spanien gilt für Erbfälle seit dem 17.8.2015 die EuErbVO. Gem. Art. 83 I ErbVO richten sich seit diesem Datum die internationalen Erbfälle nach Art. 21 f. EuErbVO. Wenn es hiernach zur Anwendung des spanischen Erbrechtes kommt, ist die sodann konkret geltende spanische Teilrechtsordnung zu bestimmen. Dies erfolgt nach Art. 36 EuErbVO nach dem spanischen IPR. Bei einem spanischen Erblasser bestimmt sich hierbei das anwendbare Foralrecht nach dessen Gebietszugehörigkeit (vecinidad civil). Bei der Bestimmung der anwendbaren Teilrechtsordnung eines in Spanien verstorbenen Ausländers so wird nach Art. 36 II EuErbVO unmittelbar das Recht der spanischen Teilrechtsordnung berufen, in dessen Bereich der Erblasser seinen letzten gewöhnlichen Aufenthalt hatte (DGRN 10.4.2017 – Entscheidung der spanischen Aufsichtsbehörde für Register und Notariate).

13 **4. Die Foralrechte.** Während das spanische **internationale Erbrecht** im Codigo Civil abschließend geregelt ist und der ausschließlichen Zuständigkeit des Staates unterliegt, so gilt dies nicht für das materielle Erbrecht.

14 Kommt es zur Anwendung des spanischen **materiellen Erbrechtes,** so ist für die Feststellung der materiellen Rechtslage zunächst noch die Frage, ob es zur Anwendung des **gemeinen spanischen Erbrechtes** kommt oder welche der verschiedenen **interlokalen Rechtsordnungen** (Foralrechte) der spanischen Autonomien hier einschlägig ist, zu beantworten. Die Regelung der Gesetzeskonflikte bei widerspre-

chenden örtlichen Vorschriften in zwei betroffenen Autonomien, erfolgt ebenfalls aufgrund der Kollisionsnormen des Codigo Civil (Interregionales Privatrecht).

Die materiell-rechtlichen Regeln des spanischen Codigo Civil gelten im Bereich des Erbrechtes nur ergänzend (Art. 13 I, II C. C.), da die 17 Autonomen Gemeinschaften („**Comunidades Autonomas**") aufgrund der ihnen durch die spanische Verfassung verliehenen Rechtsetzungsbefugnisse, eigene Regelungen getroffen haben. Hiernach ist zunächst die **Gebietszugehörigkeit des Erblassers** festzustellen. Die Feststellung der Gebietszugehörigkeit erfolgt aufgrund Art. 14 I CC und ergibt sich durch Geburt, die gemeinsame Abstammung der Eltern oder wird erworben, indem man seinen gewöhnlichen Aufenthalt über zwei Jahre hinaus in diesem Gebiet hat und eine hierauf gerichtete Erklärung bei dem zuständigen Register abgegeben hat. Nach zehn Jahren wird auch ohne Abgabe einer solchen Erklärung die Gebietszuständigkeit erworben. Die Gebietszugehörigkeit geht durch den Wegzug aus Spanien nicht verloren und bleibt auch bei, im Ausland lebenden Spaniern erhalten. Ab dem 22.7.2014 tritt das Gesetz L 20/2011 in Kraft, wonach die Gebietszugehörigkeit in ein gesondertes Register eingetragen wird.

Die **Foralrechte** sind für **Aragonien, die Balearen, Katalonien, Galizien, Navarra und das Baskenland** zu beachten. Für Asturien und Murcia gibt es noch örtlich zu beachtende Gewohnheitsrechte. Für das gesamte darüber hinausgehende Staatsgebiet gilt allerdings der Codigo Civil.

II. Materielles Recht

1. Gesetzliche Erbfolge. a) Regelungen der gesetzlichen Erbfolge des spanischen Gemeinschaftsrechtes im Codigo Civil. Die gesetzliche Erbfolge wird im System des Codigo Civil als Auffangregelung für den Fall der **Abwesenheit einer letztwilligen Verfügung** oder wenn diese nichtig ist oder auch später ihre Gültigkeit verliert, gesehen. Schließlich kommen die Regelungen über die gesetzliche Erbfolge auch dann zur Anwendung, wenn der Testierende nicht über seinen gesamten Nachlass testiert hat oder der eingesetzte Erbe erbunfähig ist, das Erbe ausschlägt, vor dem Erblasser verstirbt oder eine Bedingung für den Eintritt der Erbfolge nicht eingetreten ist (Art. 912 CC). Es gilt wie auch im deutschen Recht die **Gesamtrechtsnachfolge**, dh die Rechtsnachfolge des Erben erfolgt gem. Art. 657, 661 CC, unmittelbar allein aufgrund des Todes mit den vererblichen Rechte und Verbindlichkeiten (Universalsukzession). Allerdings ist in Spanien (ausgenommen die Provinz Navarra) eine **Erbannahmeerklärung** erforderlich, die sowohl ausdrücklich als auch stillschweigend abgegeben werden kann. Nach dem Tode des Erblassers entsteht zunächst ein Schwebezustand als erbenloser Nachlass (TS 15.4.2011, EDJ 60599). Für die Umschreibung von **Immobilien** im Grundbuch ist allerdings die Abgabe einer **notariellen Erbannahmeerklärung** erforderlich.

Die Erbfolge richtet sich nach **Stämmen** und **Linien** und die Verteilung innerhalb dieser erfolgt durch **Köpfe**.

Entscheidend ist immer der **Verwandtschaftsgrad** zum Erblasser. Hierbei bestimmt sich die Nähe der Verwandtschaft nach der Zahl der Generationen; jede Generation bildet einen Grad:

Die gesetzlichen Erben sind in der folgenden Reihenfolge:
a) Abkömmlinge des Erblassers (Descendenten)
b) Verwandte aufsteigender Linie (Ascendenten)
c) Der überlebende Ehegatte
d) Verwandte der Seitenlinien bis zum vierten Grad
e) Der Staat

aa) Abkömmlinge des Erblassers (Descendenten). Nach Art. 930 CC steht die Erbschaft an erster Stelle der direkten absteigenden Linie zu, dh den Kindern und ihren Abkömmlingen. Der Nachlass wird zu gleichen Teilen aufgeteilt und zwar ohne Unterscheidung nach Alter, Geschlecht oder Abstammung (Art. 931, 932 CC). Hiernach sind eheliche, nichteheliche und adoptierte Kinder gleichgestellt. Es gilt das **Repräsentationsprinzip**, dh der nähere Abkömmling schließt die ferneren Abkömmlinge von der Erbfolge aus; nach dem Tode eines näheren Abkömmlings erben dessen Abkömmlinge zu gleichen Teilen und nach Stämmen.

bb) Verwandte der aufsteigenden Linie (Ascendenten). Die Eltern des Erblassers erben an zweiter Stelle, dh wenn keine Abkömmlinge vorhanden sind und zwar zu gleichen Teilen (Art. 935 CC); lebt nur ein Elternteil, so erbt er allein (Art. 937 CC). Leben die Eltern beide nicht mehr, erben die Ascendenten (Großeltern und Urgroßeltern) mit dem nächsten Grad. Sofern daher noch Verwandte aufsteigender Linien existieren, schließen diese nähere Verwandten die ferneren Verwandten der Seitenlinien, aus. Die Verteilung unter den Ascendenten erfolgt innerhalb einer Linie zu gleichen Teilen. Wenn also die Großeltern väterlicherseits beide überleben, während die Großeltern mütterlicherseits beide vorverstorben sind, so erhalten die Großmutter und der Großvater je die Hälfte. Während in dem Falle, in dem die Großeltern sowohl mütterlicherseits als auch väterlicherseits vorhanden sind, jede dieser Linien die Hälfte des Nachlasses, erhält. Innerhalb der Linien wird dann wieder nach Köpfen verteilt.

cc) Der Ehegatte. Der überlebende Ehegatte erbt alleine, wenn **keine Abkömmlinge und keine Ascendenten** vorhanden sind (Art. 945 CC). Sein Erbrecht ist ausgeschlossen, wenn die Trennung der Ehegatten durch ein rechtskräftiges Urteil erfolgte oder wenn in einer beweiskräftigen Weisen feststeht, dass eine tatsächliche Trennung durch einen einvernehmlichen Entschluss erfolgte (Art. 945 CC).

120 Spanien

23 Sind keine Abkömmlinge vorhanden, leben jedoch noch Ascendenten von der direkten aufsteigenden Linie des Erblassers, so erhält der Ehegatte **neben den Ascendenten** den **Nießbrauch** an der Hälfte des Nachlasses (Art. 837 CC).

24 **Neben den Abkömmlingen** des Erblassers erhält der Ehegatte den Nießbrauch an dem Drittel des Nachlasses, der für die erhöhte Zuwendung gem. Art. 823 CC, bestimmt ist (Art. 834 CC).

25 **Neben Seitenverwandten** (Geschwister und Nichten und Neffen) des Erblassers erhält der überlebende Ehegatte ein Nießbrauchsrecht an zwei Dritteln des Nachlasses (Art. 838 CC).

26 **(1) Rechtsnatur des Nießbrauchsrechts des Ehegatten.** Ein gesetzliches Erbrecht besteht für den überlebenden Ehegatten nur sehr eingeschränkt, er ist grds. nur über ein Nießbrauchsrecht in verschiedenen Quoten, am Nachlass beteiligt. Zur **Regelung des Nießbrauchsrechts**, steht es den Erben im Rahmen einer vorhergehenden **Einigung** zu, den Nießbrauchanteil auszuzahlen, indem sie dem überlebenden Ehegatten eine Leibrente, die Erträge aus bestimmten Gütern oder einen Betrag in Bar gewähren (Art. 839 CC). Kommt keine Einigung zustande, kann auch eine gerichtliche Anordnung beantragt werden. Solange jedoch keine Einigung erfolgt ist, haften alle Nachlassgegenstände für die Zahlung des Nießbrauchanteils. Aus deutscher Sicht stellt sich die Frage nach der **Rechtsnatur** des Anspruches. Denn sofern es sich hierbei nicht nur um einen schuldrechtlichen Anspruch gegen den Nachlass handelt, sondern um ein kraft Gesetzes mit dem Tode entstehendes unmittelbares Recht an dem Nachlass, so wäre eine Aufnahme in den gegenständlich beschränkten **Erbschein** gem. § 2369 BGB erforderlich. Aufgrund der Entstehung des Anspruches kraft Gesetzes und der damit verbundenen Einschränkung der Verfügungsmacht der Erben in der Lit. vertreten, dass es sich um eine in dem deutschen Erbschein zu bezeichnende Tatsache handelt (*Rudolph* MittRhNotK 1990, 99; *Kegel*, Internationales Erbrecht, 7. Aufl. 1995, § 21 Abschn. IV 3; IPG 1972 Nr. 31, Hamburg). Da es sich jedoch lediglich um einen Anspruch auf Bestellung des Nießbrauchsrechts in Höhe der jeweils dem Ehegatten zugestandenen Quote handelt, wird auch vertreten, dass es sich um einen lediglich schuldrechtlichen Anspruch handelt (*Erman* BGB § 2353 Rn. 11, *Ferid*, Internationales Privatrecht, Rn. 7–32, 8–131, 9–45), der eher als Vermächtnis gilt und daher keinen Platz im Erbschein hat (*Johnen* MittRhNotK 1986, 67).

27 Dieser Auffassung steht jedoch entgegen, dass im Falle der Nießbrauchserbschaft durch den überlebenden Ehegatten, das spanisch Recht den **Rechtsübergang** von dem Erblasser auf den Erben ausschließlich auf das bloße Eigentum an der, dem Nießbrauchsrecht unterliegenden Sache **beschränkt** und hiervon das Recht über die Nutzung der Sache trennt, so dass dieses Nutzungsrecht nicht dem Erben übergeht, sondern dem Nießbraucher zufällt (TS 24.1.1963; RJ 518), sodass das Nießbrauchsrecht nicht nur einen lediglich schuldrechtlichen Anspruch darstellt. In der spanischen Lit. werden zu der dogmatischen Einordnung des Nießbrauchsrechts drei Meinungen vertreten: die traditionell Lehre, die sich auf den Wortlaut des Art. 807 CC stützt, nach dem der übererlebende Ehegatte ein sog. **Zwangserbe** („heredero forzoso" häufig auch übersetzt als „Noterbe") ist sowie auf den Wortlaut des Art. 855 CC, nach dem die zulässigen Gründe einer **Enterbung** des Ehegatten festgelegt werden, wonach für die Enterbung auch ein entsprechendes Erbrecht vorhanden sein muss. Nach der vermittelnden Lehre handelt es sich bei dem überlebenden Ehegatten um einen Erben „sui generis" (eigener Art), der sowohl mit den Charakteristiken eines Erben ausgestattet ist, als auch mit solchen eines Vermächtnisnehmers. Die aktuelle hL (*Rivas Martinez*, Derecho de Sucesiones. Común y Foral, Bd. II, 1629 mit Verweisen auf *Vallet* und *Puig Brutau*) ist der überlebende Ehegatte **nicht Erbe**. Hiernach sind die Bezeichnungen des Erbes und des Nießbrauchs nicht miteinander vereinbar. Der nießbrauchberechtigte Ehegatte ist lediglich ein Erbe ehrenhalber, da die Berufung zu einem Nießbrauchsrecht keine Teilhabe an einer Quote des Nachlasses beinhaltet und der Berechtigte auch keinerlei Haftung für Nachlassverbindlichkeiten übernimmt. Vor allem wird jedoch aus der Regelung des Art. 839 CC, nach der die Erben das Nießbrauchsrecht durch eine Auszahlung an den überlebenden Ehegatten ablösen können und somit den Anspruch auf einen Zahlungsanspruch reduzieren können, geschlossen, dass **keine Erbenstellung** gegeben ist. Hiernach ist iErg eine Aufnahme des Nießbrauchsrechts in den deutschen Erbschein schließlich nicht erforderlich. Der überlebende Ehegatte ist zwar nach der Formulierung des Art. 807 CC ein Zwangserbe, Erbe soll er aber nur dann sein, wenn der Erblasser ihn im Testament auch als solcher einsetzt. Er wird als „legitimario" bezeichnet, dem Vermächtnisnehmer des deutschen Rechts am nächsten kommt, jedoch häufig auch als Pflichtteilsberechtigter übersetzt wird. Beide Rechtsbegriffe des deutschen Rechts vermögen die Stellung des Berechtigten nicht zutreffend zu bezeichnen, aufgrund der Verschiedenheit der Regelungsbereiche der Rechtsordnungen, müssen solche Übersetzungsdefizite hingenommen werden. Zu beachten ist, dass das gesetzliche Nießbrauchsrecht dem überlebenden Ehegatten sowohl bei der gesetzlichen – als auch bei der testamentarischen Erbfolge, zusteht.

28 **(2) Auswirkungen der Güterstände. (a) Gesetzlicher Güterstand der Errungenschaftsgemeinschaft.** Sofern die Ehegatten keinen anderen Güterstand durch Abschluss eines notariellen Ehevertrages vereinbart haben, so gilt der gesetzliche Güterstand der Errungenschaftsgemeinschaft (Art. 1316 CC – sociedad deganaciales). Hier wird das Vermögen der Ehegatten in zwei getrennte Vermögensmassen eingeteilt. Zum einen das Vermögen der Errungenschaftsgemeinschaft (bienes comunes) und zum anderen die eigenen Vermögenswerte (bienes privativos). Diese eigenen Vermögenswerte werden auch als Vorbehaltsgut bezeichnet, welches sämtliche Vermögenswerte erfasst, die ausschließlich einem Ehegatten gehören, da sie entweder schon zur Zeit der Eheschließung vorhanden waren oder deren Surrogate sind oder die von Todes wegen oder durch Schenkungen erworben wurden (Art. 1346 CC). Die während der Ehezeit gemeinsam erwirtschafteten Vermögenswerte stellen das Gesamtgut dar. Diese Güter stehen im

II. Materielles Recht **Spanien 120**

Eigentum der Ehegatten als Gesamthandsgemeinschaft und hierüber können sie auch nur gemeinschaftlich verfügen (Art. 1375 CC). Mit dem Tode eines der Ehegatten wird die **Errungenschaftsgemeinschaft aufgelöst**. Die Hälfte des verbleibenden Gewinns des Gesamtgutes fällt nach Begleichung sämtlicher Schulden in den Nachlass des Erblassers. Das Vorbehaltsgut fällt insgesamt in den Nachlass.

(b) **Vertraglicher Güterstand der Teilhaberschaft.** Im vertraglichen Güterstand der Teilhaberschaft 29 (Art. 1411 ff. CC – regimen de participacion –) besteht kein gemeinsames Vermögen der Eheleute. Die Ehegatten halten jeder zum einen das Vermögen, das sie in die Ehe eingebracht haben als Anfangsvermögen sowie zusätzlich diejenigen Werte, die sie von Todes wegen oder durch Schenkungen hinzuerworben haben. Ferner wird eine zweite Vermögensmasse gebildet aus den, zu Ehezeiten erwirtschafteten Gewinnen.

Beim Tode eines Ehegatten wird der jeweilige Zugewinn ermittelt und gegenübergestellt. Bei einem 30 höheren Zugewinn des Erblassers fällt eine Hälfte seines Überschusses in den Nachlass und die andere an den überlebenden Ehegatten. Sofern der Überschuss auf Seiten des überlebenden Ehegatten erwirtschaftet wurde, fällt auch hiervon eine Hälfte in den Nachlass des Erblassers und die andere Hälfte bleibt bei dem überlebenden Ehegatten.

(c) **Vertraglicher Güterstand der Gütertrennung.** Der Güterstand der Gütertrennung entsteht 31 durch eine entsprechende vertragliche Vereinbarung oder auch dann, wenn durch Vertrag ausdrücklich der gesetzliche Güterstand ausgeschlossen wurde, jedoch keine Regelung hinsichtlich des, stattdessen geltenden Güterstandes getroffen wurde.

Der Güterstand der Gütertrennung bewirkt, dass jeder der Ehegatten ausschließlich eigenes Vermögen 32 hat und im Todesfall sämtliche Vermögenswerte des Erblassers in seinen Nachlass fallen.

dd) **Lebenspartnerschaft und gleichgeschlechtliche Ehe.** Seit dem Inkrafttreten des Gesetzes 15/2005 33 ist die Ehe auch für Personen des gleichen Geschlechts erlaubt und unterliegt den gleichen Voraussetzungen wie eine heterosexuelle Ehe (Art. 44 CC). Die Vorschriften des spanischen Erbrechtes beziehen sich daher sowohl auf die heterosexuelle Ehe als auch auf die Ehe homosexueller Paare.

Ein Gesetz zur Regelung der Lebenspartnerschaften ist im gemeinen spanischen Recht, im Unter- 34 schied zu den Gesetzen der Autonomien, nicht ergangen. Lebenspartnerschaftsgesetze sind in den folgenden Autonomien erlassen worden: Aragonien, Balearen, Katalonien, Navarra und im Baskenland. Darüber hinaus gibt es Regelungen in den Regionen Andalusien, Asturien, Extremadura, Kanarische Inseln, Madrid und Valencia, in denen iÜ das gemeine spanische Recht des Codigo Civil gilt. Geregelt werden sowohl heterosexuelle als auch homosexuelle Partnerschaften. Die formellen Voraussetzungen für eine gültige Lebenspartnerschaft variieren in den Autonomien. Sowohl auf den Balearen, als auch im Baskenland ist die Eintragung in das Register konstitutiv.

Die Partner einer eheähnlichen Gemeinschaft (pareja de hecho) haben keinerlei Erbrechte, da sie nicht 35 dem Schutz des Gesetzes unterstehen, wie die Familie (TS 4.6.1998, RJ 3722).

ee) **Weiter entfernte Verwandte.** Die weiter entfernten Verwandten der Seitenlinien bis zum vierten 36 Grad (Geschwister des Erblassers, Onkel und Tanten, Nichten und Neffen, etc) erben, wenn weder Descendenten noch Ascendenten, noch ein Ehegatte vorhanden sind.

ff) **Der Staat.** Sind beim Tode des Erblassers weder ein überlebender Ehegatte, noch Verwandte bis 37 zum vierten Grad vorhanden, so bestimmt Art. 956 CC das Erbrecht des Staates.

b) **Regelung der gesetzlichen Erbfolge in den Foralrechten der Autonomien. aa) Aragonien.** In 38 Aragonien ist das gesetzliche Erbrecht seit dem 23.4.2011 neu geregelt (Art. 516–536 Código del Derecho Foral de Aragón). Es sind vier verschiedene Arten der Erbfolge möglich: Die gesetzliche Erbfolge tritt ein, wenn keine oder eine nur unvollständige Regelung des Nachlasses durch eine letztwillige Verfügung vorliegt. Neben der gesetzlichen Erbfolge gibt es die testamentarische sowie die vertragliche Erbfolge und schließlich besteht auch die Möglichkeit einer gemischten Erbfolge, bei der es zu einer Kombination von gewillkürter Erbfolge mit der gesetzlichen Erbfolge kommt. Die **Kinder und Abkömmlinge** des Erblassers erben zu gleichen Teilen. Innerhalb einer Linie schließen die gradnäheren die entfernteren Abkömmlinge aus. Kinder und andere gradgleiche Verwandte teilen den Nachlass nach Köpfen. Die Enkel und weitere Abkömmlinge erben als Ersatzerben, wenn der direkte Abkömmling vorverstorben, verschollen, erbunwürdig oder er vom Erbe ausgeschlossen worden ist. Sofern der direkte Abkömmling jedoch ausgeschlagen oder auf das Erbe verzichtet hat, erben dessen Abkömmlinge aus eigenem Recht und nicht durch Substitution. Sofern keine Kinder oder Abkömmlinge vorhanden sind, sind solche Gegenstände aus dem Nachlass an die Ascendenten und Geschwister des Erblassers zurückzugewähren, die er von diesen als Geschenk erhalten hatte und die im Nachlass noch vorhanden sind. Zu dieser **stammesgebundenen Erbfolge** kommt es immer, wenn Abkömmlinge des Erblassers fehlen. Hiernach fallen bestimmte stammesgebundene Vermögensgegenstände zurück an die Linie väterlicher- oder mütterlicherseits, von der der Erblasser sie ursprünglich erhalten hatte. Zu diesen stammesgebundenen Vermögensgegenständen gehören solche, die während der beiden Generationen vor dem Erblasser in seinem Anwesen oder seiner Familie verblieben sind, auch wenn diese entgeltlich erworben worden sind. Ferner gehören hierzu solche Vermögenswerte, die der Erblasser von seinen Verwandten der aufsteigenden Linie geschenkt bekommen hat. Solche Vermögenswerte, die keiner Stammesbindung unterliegen, erben die Eltern und sofern diese verstorben sind, die weiteren Ascendenten des Erblassers zu gleichen Teilen. Der Anteil eines vorverstorbenen Elternteils fällt an den anderen Elternteil. Die Ascendenten väterlicher- und mütterlicherseits erben je zur Hälfte. Der **Ehegatte** ist vor den Verwandten der Seitenlinien als gesetzlicher Erbe berufen, jedoch nur, sofern weder Abkömmlinge noch Ascendenten vorhanden sind. In diesem Fall erhält er ein Nießbrauchsrecht am Nachlass. Als weitere gesetzliche Erben sind die **Geschwister des Erblassers sowie die Abkömmlinge von Geschwistern** genannt. Schließlich sind die weiteren Seitenverwandten des Erblassers bis zum 4. Grad und bei Abwesenheit dieser Verwandten, Aragonien als Autonomie als gesetzlicher Erbe, berufen.

39 **bb) Balearen.** Auf der Insel Mallorca gelten die Regelungen des gemeinen Rechts, dem Codigo Civil (→ Rn. 18 ff.). Für die Rechte des überlebenden Ehegatten sind jedoch eigene, dem gemeinen Recht vorgehende Regelungen getroffen worden. Wenn Abkömmlinge vorhanden sind, wird er nicht Erbe, sondern Noterbe mit einem Nießbrauchsrecht an der Hälfte des Nachlasses des Erblassers. Wenn keine Abkömmlinge, jedoch Eltern des Erblassers vorhanden sind, erstreckt sich das Nießbrauchsrecht auf zwei Drittel des Nachlasses. Wenn auch keine Descendenten vorhanden sind, gilt der Nießbrauch für den gesamten Nachlass.

40 Für die Insel Menorca gelten ebenfalls die Regelungen des gemeinen Rechts für die gesetzliche Erbfolge. Hier gilt eine Sonderregelung dahingehend, dass Erbverträge und auch der Erbverzicht unzulässig sind.

41 Für die Inseln Ibiza und Formentera kommt es ebenfalls zur Anwendung der Regelungen des Codigo Civil, mit der abweichenden Maßgabe, dass der überlebende Ehegatte gesetzlicher Erbe wird, sofern weder Abkömmlinge noch Ascendenten vorhanden sind. Wenn Abkömmlinge vorhanden sind, so erhält der überlebende Ehegatte das Nießbrauchsrecht an der Hälfte des Nachlasses und an zwei Dritteln des Nachlasses, wenn Ascendenten vorhanden sind. Hetero- und homosexuelle Lebenspartner sind mit dem überlebenden Ehepartner gleichgestellt.

42 **cc) Katalonien.** Die gesetzliche Erbfolge wurde durch das vierte Buch des Codigo Civil von Katalonien mWz 1.1.2009 neu gefasst. Die **Kinder** des Erblassers sind die gesetzlichen Erben an erster Stelle. Die weiteren Abkömmlinge erben durch Repräsentation. Die Ausschlagung durch einen der Abkömmlinge bewirkt die Anwachsung des Erbteiles bei den weiteren Abkömmlingen seines Grades. Wenn sämtliche Abkömmlinge des gleichen Grades ausschlagen, so erben die Abkömmlinge des folgenden Grades. Sofern jedoch der Ehegatte des Erblassers und überlebende Elternteil der Abkömmlinge, die ausgeschlagen haben, lebt, erbt dieser den gesamten Nachlass und nicht die weiteren Abkömmlinge. Wenn der Erblasser keine Kinder oder weitere Abkömmlinge hinterlässt, erbt der überlebende **Ehegatte** des Erblassers an zweiter Stelle. Neben den Kindern oder Abkömmlingen erhält der überlebende Ehegatte ein Universalnießbrauchsrecht am gesamten Nachlass des Erblassers, das auch bestehen bleibt, wenn er wieder heiratet.

43 Innerhalb eines Jahres seit dem Tode des Erblassers hat der überlebende Ehegatte ein Wahlrecht zur Umwandlung des Universalnießbrauchs in einen Anteil an einem Viertel des Nachlasses und einem Nießbrauch an der Ehewohnung. Bei der Berechnung des Anteils in Höhe eines Viertels des Nachlasses wird der Wert des Nießbrauchsrechts an der Ehewohnung mit hinzugerechnet. Die Erben können wählen, ob sie eine Auszahlung in Bar oder durch Nachlassbestandteile vornehmen.

44 Sofern der Erblasser keine Kinder oder sonstige Abkömmlinge, noch einen Ehegatten hinterlässt, so erben die Eltern und Ascendenten des Erblassers. Die Eltern erben allein, je zur Hälfte. Wenn die Eltern nicht mehr leben, so erben die Geschwister oder Nichten und Neffen. Schließlich sind die ferneren Seitenverwandten bis zum 4. Grad berufen. Als letzter gesetzlicher Erbe ist die Autonomie Katalonien berufen. Ein besonderes Erbrecht wurde durch das Gesetz 22/2000 über die Aufnahme ältere Menschen geregelt: hiernach wird derjenige, der eine Person, die älter als 65 Jahre ist, bei sich zu Hause aufnimmt nach einer Aufenthaltsdauer von mindestens vier Jahren, gesetzlicher Erbe. Neben den Verwandten bis zum zweiten Grad und dem Ehegatten des Erblassers erhält er ein Viertel des Nachlasses. Sofern nur weiter entferntere Verwandten vorhanden sind, so erhält er den gesamten Nachlass. Ferner hat ein Hausgenosse des Erblassers, der in dem letzten Jahr vor dem Tode des Erblassers von diesem unterhalten worden ist und selbst bedürftig ist, einen für drei Jahre fortgeltenden Unterhaltsanspruch gegen den Erben (Gesetz über Haushaltsgemeinschaften mit gegenseitigem Beistand). Der **Lebenspartner** ist in der gesetzlichen Erbfolge dem überlebenden Ehegatten gleichgestellt.

45 **dd) Galizien.** Die gesetzliche Erbfolge richtet sich nach Art. 143 des Gesetzes 2/2006 nach dem gemeinen Recht des Codigo Civil (→ Rn. 17 ff.). Als einzige Abweichung von dem gemeinen Recht ist die Autonomie von Galizien als letzter gesetzlicher Erbe berufen, sofern keine weiteren erbberechtigten Personen vorhanden sind. Lebenspartner sind seit 2007 dem überlebenden Ehegatten erbrechtlich gleichgestellt.

46 **ee) Navarra.** Die gesetzliche Erbfolge ist in Navarra in den Gesetzen 305–307 LF Navarra 1/1973, modifiziert durch das Gesetz LF 5/1987, geregelt. Hiernach kommt es zur gesetzlichen Erbfolge, wenn der Erblasser keine letztwillige Verfügung hinterlassen hat, er nicht wirksam verfügt hat oder er nur über Teile des Nachlasses verfügt hat.

47 Hiernach können die gesetzliche und die testamentarische Erbfolge nebeneinander zu Anwendung gelangen. Anders als nach dem gemeinen Recht des Codigo Civil besteht in Navarra die Möglichkeit vor dem Tode des Erblassers auf das Erbrecht zu verzichten, so dass derjenige der auf sein Erbrecht verzichtet hat, von der Erbfolge ausgeschlossen ist. Das Nachlassvermögen wird hinsichtlich **stammesgebundenen Vermögens** und solchem Vermögen unterschieden, das nicht stammesgebunden ist.

48 Stammesvermögen stellen Grundstücke dar, die der Erblasser unentgeltlich oder im Tausch gegen anderes Stammesvermögen von seinen Verwandten bis zum 4. Grad erhalten hat. Nach Gesetz 305 tritt die

besondere Erbfolge für das stammesgebundene Vermögen nur dann ein, wenn der Erblasser selbst hierüber keine Verfügung getroffen hat, denn sowohl durch eine Verfügung unter Lebenden als auch durch Verfügung von Todes wegen verliert das Stammesvermögen die Stammesbindung. Ferner ist Voraussetzung für die besondere Erbfolge des Stammesvermögens, dass der Erblasser ohne Nachkommen verstirbt. In diesem Fall erhalten diejenigen Verwandten des Erblassers das Stammesvermögen, von deren Familienseite das Vermögen stammt. Hier erben zunächst die Geschwister des Erblassers. Sofern keine Geschwister vorhanden sind, erben die gradnächsten Ascendenten und danach die weiteren Seitenverwandten bis zum 4. Grad. Sofern keiner dieser Verwandten vorhanden ist, kommt es zur gesetzlichen Erbfolge für das nicht stammesgebundene Vermögen. Die gesetzliche Erbfolge in das nicht stammesgebundene Vermögen regelt zunächst das Erbrecht der Kinder und Abkömmlinge des Erblassers nach dem Repräsentationsprinzip. Danach erben die Geschwister des Erblassers sowie deren Abkömmlinge. Die Ascendenten sind nach den Geschwistern berufen. Der Ehegatte erhält ein **Universaltreunießbrauchsrecht** an dem gesamten Nachlass. Es besteht jedoch die Möglichkeit hierauf nach der Eheschließung durch eine notarielle Urkunde zu verzichten. Für die Verwaltung des Nachlassvermögens durch den Ehegatten werden diesem durch das Gesetz besondere Sorgfaltspflichten auferlegt, nach denen er ordnungsgemäß den Nachlass zu verwalten hat und etwa Unterhalt an die Kinder des Erblassers leisten muss. Der überlebende Ehegatte verliert sein Nießbrauchsrecht, wenn er mit einem anderen Partner wie in einer Ehe zusammen lebt, einen lasterhaften Lebenswandel hat oder seine Treuepflichten verletzt.

Der **Lebenspartner** ist dem überlebenden Ehegatten gleichgestellt. Besondere Regelungen gelten für Schenkungen und die Mitgift aus Anlass der Ehe, sowie für Schenkungen der Ascendenten an solche Abkömmlinge, die ohne Kinder verstorben sind. Hierfür ist ein sog. Rückfall- oder Heimfallrecht geregelt.

ff) **Baskenland.** Die gesetzliche Erbfolge ist durch das Gesetz 1/1992 geregelt und tritt ein, soweit der Erblasser keine oder eine unwirksame oder unvollständige letztwillige Verfügung hinterlassen hat. Die gesetzliche Erbfolge kann neben der gewillkürten Erbfolge zur Anwendung gelangen. Neben der gesetzlichen Regelung kommt es in den Territorien Gipuzkoa, Alava und Biskaya zu gewohnheitsrechtlichen Sonderregelungen. Auch im Baskenland wird zwischen dem **stammesgebundenen Nachlass** und dem nicht stammesgebundenen Nachlass unterschieden. Die Stammesbindung gilt hinsichtlich des Grundvermögens in der Region Biskaya. Zum Stammesvermögen gehört der Grundbesitz des Erblassers, der von einem Vorfahren des Erblassers und des Stammeserben stammt. Sofern der Erblasser keine Kinder oder Abkömmlinge hinterlässt, erben die Vorfahren des Erblassers aus deren Stamm das Stammesvermögen stammt. Wenn keine Ascendenten vorhanden sind, so erben die Seitenverwandten des Erblassers bis zum 4. Grad. Sofern auch diese Verwandten nicht vorhanden sind, so wird dieser Bestandteil des Nachlasses nicht mehr als stammesgebundenes Vermögen betrachtet. Für den nicht stammesgebundenen Nachlass gilt zunächst die gesetzliche Erbfolge durch die Kinder und Abkömmlinge des Erblassers. Danach sind als gesetzliche Erben die Eltern und Ascendenten berufen. Der überlebende Ehegatte erbt allein, sofern keine Abkömmlinge oder Seitenverwandten vorhanden sind. Wenn Abkömmlinge oder Ascendenten vorhanden sind, erhält der überlebende Ehegatte nur ein Nießbrauchsrecht an der Hälfte des Nachlasses. Sofern nur Seitenverwandte vorhanden sind, so besteht das Nießbrauchsrecht an zwei Dritteln des Nachlasses.

Auch im Baskenland ist der Lebenspartner erbrechtlich dem überlebenden Ehegatten gleichgestellt.

2. **Gewillkürte Erbfolge. a) Regelungen der gewillkürten Erbfolge des spanischen Gemeinschaftsrechtes im Codigo Civil.** Jede testierfähige Person kann entsprechend der bestehenden Testierfreiheit durch ein Testament Verfügungen von Todes wegen treffen (Art. 662 CC). **Testierfähig** ist der geschäftsfähig ist und das 14. Lebensjahr vollendet hat. Solange der Testator noch **minderjährig** ist, ist allerdings eine notarielle Beurkundung des Testamentes erforderlich. Das spanische Recht unterscheidet zwischen drei Testamentsformen. Hierbei kann das ordentliche Testament **eigenhändig, öffentlich** oder **verschlossen** errichtet werden. Daneben gibt es noch die besonderen Testamentsformen.

aa) **Das eigenhändige Testament.** Der Codigo Civil erkennt nur die als Einzeltestament verfasste letztwillige Verfügung an. Sowohl das **gemeinschaftliche Ehegattentestament** des deutschen Rechts, als auch der notarielle **Erbvertrag** sind nach dem spanischen Recht verboten (Art. 669 CC). **Gegenseitige oder wechselseitige** Verfügungen mit sich daraus ergebenden Bindungswirkungen werden als **Einschränkung der Testierfreiheit** betrachtet.

Hiervon macht jedoch das Foralrecht von Aragonien und dem Baskenland eine Ausnahme, denn hier sind gemeinschaftliche Testamente für Ehegatten zugelassen. In Aragonien sind darüber hinaus auch gemeinschaftliche Testamente von nicht verheirateten, beliebigen Personen zugelassen.

bb) **Formerfordernisse.** Für die Wirksamkeit des eigenhändigen Testamentes muss es vom Erblasser **eigenhändig** (holographisch) geschrieben sein, unter Angabe des vollständigen Datums, an dem es errichtet wurde. Eine Ortsangabe ist nicht erforderlich.

Durchgestrichene oder verbesserte Wörter müssen mit einem Berichtigungsvermerk und einer Unterschrift des Testators versehen sein. Das Fehlen führt für den Fall zur Gesamtnichtigkeit des Testamentes, in dem die Änderung zu einer wesentlichen Veränderung des ursprünglichen Textes und des Willens des Erblassers führen. Wurden lediglich Schreibfehler berichtigt, so werden lediglich die betroffenen einzelnen Verfügungen unwirksam (*Rivas Martinez*, Derecho de Sucesiones. Común y Foral, Bd. I, 356 ff.).

120 Spanien

56   cc) **Protokollierungspflicht.** Das eigenhändige Testament muss innerhalb von **fünf Jahren nach dem Tode** des Erblassers von dem Richter des Gerichts erster Instanz entweder an dem Ort des letzten Wohnsitzes des Erblassers oder an dessen Sterbeort, zu Protokoll genommen werden (Art. 689 CC). Ohne die Protokollierung **verliert** das Testament nach dem Ablauf von fünf Jahren **seine Wirksamkeit**.

57   Die Person, die ein Testament verwahrt, muss innerhalb einer Frist von zehn Tagen, gerechnet ab dem Zeitpunkt ab dem sie Kenntnis von dem Tode des Erblassers hatte, das Testament dem Gericht vorlegen. Erfolgt die Vorlage nach Ablauf dieser **Zehntagesfrist**, so haftet diese Person für die Schäden und Nachteile, die durch die Verzögerung entstanden sind (Art. 690 CC).

58   Der Richter muss die Echtheit des Testamentes feststellen, hierzu hat er drei Zeugen, die die Handschrift des Erblassers kennen, vorzuladen damit diese die Handschrift überprüfen und zu erklären haben, dass sie keine vernünftige Zweifel an der Echtheit der Handschrift und der Unterschrift des Erblassers hegen. Hierzu nennt das Gesetz den überlebenden Ehegatten, sowie die Abkömmlinge und die Aszendenten des Erblassers und bei deren Fehlen dessen Geschwister als die zu ladenden Personen. Bei Zweifeln kann der Richter auch ein Sachverständigengutachten über die Echtheit einholen. Sind keine der zu ladenden Zeugen im Gerichtsbezirk ansässig oder erreichbar, kann die Ladung auch an die Staatsanwaltschaft erfolgen. Sofern das Gericht letztendlich von der Echtheit überzeugt ist, wird die Protokollierung des Testamentes durch einen Notar angeordnet, der dann den Beteiligten auch die erforderlichen Kopien und Bescheinigungen erteilt. Sofern das Gericht nicht von der Echtheit überzeugt ist, wird es die Protokollierung verweigern. Die Beteiligten können auf dem Klageweg auf Feststellung der Echtheit des Testamentes klagen. Der Anspruch auf Feststellung der Gültigkeit oder auch der Nichtigkeit eines Testamentes **verjährt** innerhalb einer Frist von **15 Jahren** (Art. 1964 CC).

59   dd) **Das notarielle Testament.** Die **häufigste** in Spanien gewählte Testamentsform ist das notarielle Testament (*Rivas Martinez*, Derecho de Sucesiones. Común y Foral, Bd. I, 183). Diese Testamentsform wird auch als offenes Testament bezeichnet. Der Testator begibt sich hierfür zu einem, am Errichtungsort zugelassenen Notar, dem er seinen letzten Willen mitteilt. Der Notar erstellt eine Niederschrift, die dem Testator vorgelesen und von ihm und dem Notar unterzeichnet wird. Hierbei hat der Notar in der Urkunde auch zu vermerken, dass er von der **Geschäftsfähigkeit** des Testators überzeugt ist.

60   ee) **Das verschlossene Testament.** Das verschlossene Testament wird von dem Testator dem Notar übergeben, mit der Erklärung, dass der Umschlag sein Testament enthält. Dieses Testament kann von dem Testator entweder handschriftlich verfasst worden sein oder aber durch einen Dritten niedergeschrieben worden oder auch maschinell erstellt worden sein. Es ist jedoch erforderlich, dass das Testament am Ende jeder Seite mit der eigenhändigen Unterschrift des Testators versehen wurde.

61   Auf dem Umschlag beurkundet der Notar die Errichtung des Testamentes. Die Hinzuziehung von Zeugen ist nicht erforderlich, jedoch sowohl auf Wunsch des Testators als auch des Notars, möglich. Ist der Testator allerdings nicht in der Lage zu unterzeichnen, so ist die Hinzuziehung von zwei Zeugen erforderlich.

62   Werden die gesetzlich vorgesehenen Formvorschriften nicht eingehalten, so ist das Testament gem. Art. 715 CC nichtig. Diese Vorschrift regelt zugleich auch die Haftung des Notars, sofern der Fehler auf seiner unentschuldbaren Fahrlässigkeit, Arglist oder Unkenntnis beruhte.

63   ff) **Das besondere Testament.** Als besondere Testamentsformen sind **Nottestamente** für den Fall einer unmittelbaren Todesgefahr oder im Falle von Epidemien (Seuchentestament) vorgesehen. In der unmittelbaren Todesgefahr kann das Testament vor fünf Zeugen errichtet werden. Das Seuchentestament sieht die Errichtung vor drei Zeugen vor.

64   Geregelt werden darüber hinaus noch das Militärtestament, das Seetestament und das Auslandstestament. Hinsichtlich des sog. **Auslandstestamentes** ist hiermit eine Regelung gemeint, die es einem Spanier erlaubt, im Ausland zu testieren. Da für Spanien seit dem 10.6.1988 das Haager Übereinkommen über das, für Formen letztwilliger Verfügungen geltende Recht in Kraft ist, richtet sich die Wirksamkeit einer im Ausland errichteten letztwilligen Verfügung eines spanischen Erblassers, nach diesem Übereinkommen. Allerdings verbleibt es dabei, dass ein, im Ausland errichtetes **gemeinschaftliches Testament** wegen des Verstoßes gegen Art. 669 CC unzulässig ist, selbst dann, wenn es an seinem Errichtungsort zulässig ist, denn die gemeinsame Testamentserrichtung stellt **keine Formfrage** dar, sondern eine inhaltliche Regelung, so dass Art. 4 des Haager Übereinkommens nicht anwendbar ist. Ein Testament, welches ein Spanier im Ausland unter Beachtung der dortigen Formvorschriften errichtet hat, ist wirksam (Art. 732 CC), jedoch sind solche materiell-rechtlichen Verfügungen, die gegen das spanische Recht verstoßen, unwirksam.

65   gg) **Aufbewahrung der letztwilligen Verfügung.** Der Notar behält von dem notariellen Testament eine Kopie in seinem Protokollbuch. Das Original erhält der Testator, welcher dieses selbst aufbewahren kann, es einer dritten Person zur Aufbewahrung übergeben kann oder es auch zur Aufbewahrung dem Notar übergibt.

66   hh) **Das Zentralregister für letztwillige Verfügungen.** In Madrid (Anschrift: *Servicio de Registro General de Actos de Última Voluntad – Direccion General do los Registros y del Notariado – Ministerio de Justice, C./San Bernardo 45 y 62, E – 28071 Madrid*) befindet sich ein **zentrales Nachlassregister** (Registro General de Actos de Última Voluntad). Nach dem Baseler Übereinkommen v. 16.5.1972 haben sich die Vertragsparteien des Übereinkommens verpflichtet, zentrale Nachlassregister einzurichten. Dort werden alle **Testamente** registriert, die vor einem spanischen Notar oder vor einem im Ausland tätigen

Konsularbeamten erreicht wurden. Erfasst werden sollen auch der **Widerruf von Testamenten** oder **andere Abänderungen** letztwilliger Verfügungen sowie **Schenkungen von Todes wegen**. Registriert werden dort auch, auf den Wunsch des Testators hin solche Testamente, die von Spaniern vor ausländischen Notaren errichtet wurden oder **von Ausländern errichtete Testamente**.

Schließlich werden auch solche Testamente registriert, die in einem Vertragsstaat des Baseler Europäischen Übereinkommens über die Errichtung einer Organisation zur Registrierung von Testamenten, errichtet wurden. 67

Deutschland hat das Abkommen noch nicht ratifiziert (*Jayme/Hausmann*, Internationales Privat- und Verfahrensrecht, Textausgabe, 7. Aufl. 1994, 137, Fn. 3). Durch Beschluss der Generaldirektion für Register und Notariate v. 8.6.1970 werden aber auch die vor deutschen Notaren mit spanischem Bezug errichteten Testamente, registriert. 68

ii) **Erbverträge.** Erbverträge sind nach dem spanischen Recht aufgrund der von der Bindungswirkung ausgehenden Einschränkung der Testierfreiheit **unzulässig und unwirksam** (Art. 1271 II CC). Zulässig ist nur ein Vertrag über eine Vermögensteilung unter Lebenden. Ausgenommen sind auch solche Vereinbarungen unter Eheleuten, die in einem Ehevertrag für zukünftiges Vermögen, für den Fall des Todes eines der Ehegatten, getroffen werden (Art. 1341 II CC). 69

In den Foralrechten von Aragonien, den Balearen (Ausgenommen Menorca), dem Baskenland, Galizien, Katalonien und Navarra, ist der Erbvertrag als weiterer Berufungsgrund neben der gesetzlichen und testamentarischen Erbfolge zulässig. 70

jj) **Testamentarische Bestimmungen des Erblassers. (1) Testamente ohne vermögensrechtliche Verfügungen.** Das Testament kann neben vermögensrechtlichen Verfügungen auch andere Verfügungen enthalten, wie etwa persönlicher oder familiärer Art. Wirksam ist insbes. auch eine letztwillige Verfügung, die keine vermögensrechtlichen Verfügungen enthält, in dem also keine Erbeinsetzung geregelt wird. 71

Während dies nach dem gemeinen Erbrecht des Codigo Civil möglich ist und insbes. Verfügungen über Vormundschaft, Anerkennung von Kindern oder Bestimmungen über die Bestattung sowie die Anordnung und Benennung von Testamentsvollstreckern anerkannt sind, gilt für die Foralrechte von Katalonien und Mallorca und Menorca, dass ein Testament, das keine Erbeinsetzung enthält, ungültig ist. 72

(2) Die Erbeinsetzung. Die Erbeinsetzung erfordert nicht die ausdrückliche Bezeichnung einer Person als Erben, der Wille des Erblassers muss jedoch klar erkennbar sein. Eine Erbeinsetzung wird dann nicht angenommen, wenn der Erblasser einer Person **bestimmte Gegenstände** zugedacht hat (*Rivas Martinez*, Derecho de Sucesiones. Común y Foral, Bd. I, 35 ff.), für den Fall wird die Anordnung eines Vermächtnisses angenommen. 73

Nach den Regelungen des gemeinen spanischen Rechts kann der Erblassers sowohl eine **Ersatzerbschaft** (Art. 774–805 CC) für den Fall, dass der Erstberufene nicht Erbe wird, anordnen, als auch eine eingeschränkte Form der **Vor- und Nacherbschaft** (Sustitución fideicomisaria). Hierbei darf der Vorerbe als Treuhänder über das Erbe nicht verfügen und hat den Nachlass für den Nacherben zu erhalten (Art. 781 ff. CC). Der Nacherbe darf aber über den zweiten Grad nicht hinausgehen. Die Bestellung eines Ersatzerben (Sustitución vulgar) kann sowohl für den Fall des Vorversterbens des eingesetzten Erbens erfolgen, als auch für den Fall, dass dieser das Erben nicht annehmen will oder kann. Der Ersatzerbe tritt dann in die Rechtsstellung des Erben ein, wobei auch die Einsetzung mehrerer Ersatzerben möglich ist. Wenn der Erblasser keinen Ersatzerben benannt hat, so stellt Art. 766 CC klar, dass das für den Wegfall des Erben, dessen Erbrecht nicht auf seine Erben übergeht. Sofern der Erblasser keine Zwangserben (→ Rn. 90 ff.) hat, kann er jeden beliebigen Erben einsetzen. Auch die Befristung oder Bedingung der Erbschaft ist zulässig (Art. 790 CC). Die Testamentsvollstreckung kann gem. Art. 892 CC angeordnet werden (albaceazgo). 74

Die Erbeinsetzung kann gem. Art. 763 I CC zugunsten jeglicher Personen erfolgen die **erbfähig** sind. Die Fähigkeit mit oder ohne Testament zu erben ist in den Art. 744 ff. CC geregelt. Ausdrücklich für erbunfähig erklärt werden lebensuntüchtige Frühgeburten sowie Vereinigungen und Körperschaften, die vom Gesetz nicht zugelassen sind. 75

(3) Bedingungen, Befristungen. Sowohl die Erbeinsetzung als auch die Zuwendung eines Vermächtnisses kann unter der Anordnung einer Bedingung oder Befristung erfolgen (Art. 790 u. 805 CC). Bedingungen, die dahingehend lauten, dass der Erbe oder Vermächtnisnehmer seinerseits eine Verfügung zugunsten des Erblassers oder einer dritten Person treffen muss, sind gem. Art. 794 CC nichtig. Bei der Erbeinsetzung unter einer aufschiebenden Bedingung erfolgt bis zum Eintritt der Bedingung die Verwaltung des Nachlasses (Art. 801 u. 802 CC). 76

(4) Vermächtnisse. Art. 660 CC definiert den Unterschied zwischen Erben und Vermächtnisnehmer dahingehend, dass der Erbe Gesamtrechtsnachfolger und der Vermächtnisnehmer **Einzelrechtsnachfolger**. Auch der als Erbe nur für eine bestimmte Sache eingesetzte, wird als Vermächtnisnehmer angesehen (Art. 768 CC). Grundsätzlich stellt der Vermächtnisanspruch ein **schuldrechtliches Forderungsrecht** gegen den Erben dar, das auch vererblich ist (Art. 881 CC). 77

Sofern jedoch das Vermächtnis an einer bestimmten Sache besteht, so erwirbt der Vermächtnisnehmer das Eigentum mit dem Tode des Erblassers. Die Gefahr des Untergangs der Sache geht ebenfalls unmittelbar mit dem Tode des Erblassers auf den Vermächtnisnehmer über. Trotzdem darf der Vermächtnisnehmer nicht die Sache einfach an sich nehmen, sondern muss den Erben oder Testamentsvollstrecker 78 zur Herausgabe auffordern (Art. 885 CC). Für Geldvermächtnisse ist ausdrücklich geregelt, dass diese auch auszuzahlen sind, sofern sich kein Geld im Nachlass befindet (Art. 886 CC). Die Regelungen zum Vermächtnis sind sehr differenziert, vor allem im Hinblick auf Auflagen oder Belastungen sowie der Frage der Dürftigkeit des Nachlasses.

79 **kk) Widerruf von Testamenten.** Der Widerruf (revocación) von Testamenten ist jederzeit möglich, selbst, wenn der Testierende in seinem Testament zuvor eine gegenteilige Verfügung getroffen hatte (Art. 737 CC). Der Widerruf unterliegt der Form der zuvor errichteten letztwilligen Verfügung (Art. 738 CC). Ein früheres Testament wird durch ein späteres widerrufen (Art. 739 CC). Das frühere Testament kann jedoch wieder Wirksamkeit erlangen, wenn der Testator das spätere Testament widerruft und erklärt, dass das frühere Testament wieder gelten soll (Art. 739 II CC). Ein verschlossenes Testament, welches am Wohnsitz des Testators aufbewahrt wurde, wird als widerrufen angesehen, wenn der Umschlag zerstört ist oder das Siegel gebrochen oder wenn die Unterschrift durchgestrichen, ausradiert oder verbessert ist (Art. 742 I CC). Der gegenteilige Beweis, dass das Testament dennoch wirksam bleiben sollte, kann erbracht werden. Auch für den Fall, dass sich das Testament im Gewahrsam einer anderen Person befindet, kann bei einer Zerstörung des Umschlags oder Beschädigung des Siegels oder Veränderungen der Unterschrift durch streichen, ausradieren oder verbessern, nachgewiesen werden, dass das Testament echt ist. Es wird jedoch angenommen, dass der Fehler von der Person stammt, die das Testament in Verwahrung hatte.

80 **ll) Einschränkungen der Testierfreiheit durch das Noterbrecht (legítima).** Der Erblasser kann, wenn sog. erzwungene Erben vorhanden sind nicht über seinen gesamten Nachlass frei verfügen. Sobald Abkömmlinge vorhanden sind, erfolgt eine Drittelung des Nachlasses des Erblassers: 2/3 des Nachlasses sind der freien Verfügung des Erblassers entzogen (legítima). Dieser Teil des Nachlasses muss an die Zwangserben (auch als Noterben bezeichnet) gelangen.

81 Zwangserben/Noterben sind gem. Art. 807 CC: 1. Kinder und Abkömmlinge im Verhältnis zu ihren Eltern und Aszendenten (→ Rn. 21); 2. bei Fehlen von Abkömmlingen die Eltern und Aszendenten im Verhältnis zu ihren Kindern und Abkömmlingen; 3. der überlebende Ehegatte nach Maßgabe der weiteren Vorschriften (→ Rn. 22). Art. 809 CC bestimmt für den Fall, dass der Erblasser keine Abkömmlinge hatte und nicht verheiratet war, dass der Nachlass hälftig geteilt wird und eine Hälfte dem Noterbrecht der Eltern und Aszendenten zusteht. Für den Fall, dass der kinderlose Erblasser verheiratet war sowie Eltern und/oder Aszendenten vorhanden sind, so beträgt die Quote des Noterbteils der Eltern und Aszendenten 1/3 neben dem Ehegatten.

82 **b) Regelung der gewillkürten Erbfolge in den Foralrechten der Autonomien. aa) Aragonien.** In Aragonien ist auch die Errichtung eines **gemeinschaftlichen Testamentes** zulässig. Hierbei ist insbes. bemerkenswert, dass das gemeinschaftliche Testament nicht nur für Eheleute zulässig ist, sondern für unverheiratete Personen und nicht miteinander verwandte Personen. Ausreichend ist, wenn einer der Testierenden die Gebietszugehörigkeit von Aragonien besitzt und das Personalstatut des weiteren Testators ein gemeinschaftliches Testament nicht verbietet. Ein Testament ist für jegliche Art von Verfügungen zulässig, es ist insbes. auch wirksam, wenn keine Vermögensverfügungen getroffen werden. Es sind sowohl das handschriftliche als auch das verschlossenen Testament zulässig, auch für die Errichtung eines gemeinschaftlichen Testamentes. Bei einem gemeinschaftlichen handschriftlichen Testament bedarf es am Ende des Textes einer Hinzufügung des zweiten Testators, dass dies auch sein letzter Wille ist und einer Unterschrift von beiden Testierenden am Ende des, mit einem Datum versehenen Textes. Die Testierfähigkeit liegt schon mit 14 Jahren vor, allerdings bedarf es bis zur Volljährigkeit einer notariellen Beurkundung des Testamentes. Bei einem verschlossenen Testament, das einem Notar in einem verschlossenen Briefumschlag übergeben wird, besteht auch die Möglichkeit den Text mit mechanischen Hilfsmitteln zu erstellen oder auch von einer dritten Person niederschreiben zu lassen. Der oder die Testierenden müssen jedoch vor dem Notar bestätigen, dass es sich in dem Briefumschlag um ihr Testament handelt. Ein notarielles Testament bedarf in Aragonien nicht der Hinzuziehung von Zeugen, es sei denn, es liegen besondere Umstände vor, wie etwa bei Blindheit oder Schreibunfähigkeit des Testators; es kann insbes. auch in einer ausländischen Sprache verfasst werden, wobei jedoch ein Dolmetscher hinzugezogen werden muss, der die Urkunde auch unterzeichnen muss. Der **Widerruf** eines gemeinschaftlichen Testamentes kann von beiden Testierenden gemeinsam erfolgen. Der einseitige Widerruf muss in einem offenen Testament vor einem Notar erfolgen, durch den der andere Testierende innerhalb von acht Tagen von dem Widerruf zu benachrichtigen ist. Wechselbezügliche Verfügungen können nach dem Tode eines der Testierenden nicht mehr widerrufen werden. Das gegenseitige Testament von Ehegatten wird durch ein Scheidungsurteil oder ein Urteil, das die Ehe für nichtig erklärt, unwirksam. Zulässig sind auch Erbverträge (sucesión paccionada) durch die sich zwei oder auch mehr Personen im Rahmen einer öffentlichen Urkunde hinsichtlich ihrer Verfügungen von Todes wegen vertraglich binden. Eheleute können auch einen **erbrechtlichen Treuhänder** (fiducia sucesoria) benennen, der angewiesen wird, die Erbfolge zwischen den Abkömmlingen und Verwandten zu regeln.

83 **bb) Balearen.** Auch auf den Balearen ist neben dem Testament der Erbvertrag als weiterer Berufungsgrund zulässig. Für die testamentarische Erbfolge gelten die Regelungen des gemeinen Rechts, so dass hier das gemeinschaftliche Testament unter Ehegatten unzulässig ist. Es besteht für Ehegatten die Möglichkeit den überlebenden Ehegatten zum erbrechtlichen Treuhänder einzusetzen, mit der Aufgabe, den Nachlass unter den gemeinsamen Abkömmlingen zu verteilen. Die Einsetzung eines Erben ist auf den

Inseln Mallorca und Menorca eine Gültigkeitsvoraussetzung des Testamentes. Dies gilt nicht für die Inseln Ibiza und Formentera.

cc) Katalonien. Die testamentarische Erbfolge wird in dem vierten Buch des Codigo Civil von Katalonien seit dem 1.1.2009 in den Art. 421 u. 422 geregelt. Es gilt das Prinzip der Testierfreiheit nach dem freien Willen des Erblassers und in Übereinstimmung mit dem Gesetz. Das Testament soll den Nachlass durch die Einsetzung eines oder mehrerer Erben regeln, wobei auch Vermächtnisse oder andere Anordnungen für den Todesfall erfolgen können (Art. 421-2 L Cataluña 10/2008). Die Testierfähigkeit beginnt mit dem 14. Lebensjahr. Die zulässigen Testamentsformen sind auf zwei Formen reduziert worden: zum einen besteht die Möglichkeit der Errichtung eines öffentlichen Testamentes vor einem Notar oder eines privaten, handschriftlichen Testamentes. Die früher zugelassenen Zeugentestamente sind nichtig (Art. 421-5 L Cataluña 10/2008). Das notarielle Testament kann in der Form des offenen und des geschlossenen Testamentes errichtet werden. Das offene Testament wird nach dem Willen des Erblassers durch den Notar verfasst und dem Erblasser durch den Notar verlesen und durch diesen unterzeichnet oder durch zwei Zeugen, sofern der Erblasser nicht schreiben kann. 84

Das verschlossene Testament wird durch den Testator niedergeschrieben, handschriftlich oder mit technischen Hilfsmitteln oder auch durch eine dritte Person und mit Ort, Datum und Unterschrift des Testators versehen. In dem Fall, in dem der Testator das Testament mit elektronischer Hilfe verfasst hat, soll es auch mit einer anerkannten elektronischen Unterschrift versehen werden. Der Notar fertigt einen Aktenvermerk darüber, dass der verschlossene Umschlag das Testament der Person beinhaltet, die das Testament übergeben hat und nimmt den verschlossen Umschlag zu seinen Akten. Das handschriftliche Testament muss wie im gemeinen Recht innerhalb von fünf Jahren nach dem Tode des Erblassers durch den Richter auf seine Echtheit geprüft und protokolliert werden, damit es seine Wirksamkeit nicht verliert. 85

In Katalonien sind auch noch sog. Kodizille und testamentarische Nachzettel möglich. Ein Kodizill ist eine letztwillige Verfügung, die keine Erbeinsetzung enthält. Testamentarische Nachzettel dienen der späteren Ergänzung von Testamenten. Das gemeinschaftliche Testament ist nicht geregelt, so dass es über die ergänzende Anwendung des gemeinen Rechtes unzulässig ist. Gem. Art. 136-1 L Cataluña 10/2008 muss ein Testament eine Erbeinsetzung erhalten, damit es gültig ist. 86

Ausgenommen hiervon ist die Einsetzung eines Universaltestamentsvollstreckers, wodurch die fehlende Erbeinsetzung ersetze wird. Möglich ist auch die Ernennung eines Vertrauenserben, der den Nachlass entsprechend den Wünschen des Erblassers zu verteilen hat. Eine besondere Regelung besteht hinsichtlich der Einräumung bestimmter Befugnisse zugunsten des überlebenden Ehegatten, wonach dieser die Aufgabe erhält unter den gemeinsamen Kindern und Abkömmlingen den oder die Erben auszuwählen. 87

dd) Galizien. Die testamentarische Erbfolge ist in Galizien in dem Gesetz L Galicia 2/2006 in den Art. 183 ff. geregelt. Das notarielle öffentliche Testament kann auch in Form eines gemeinschaftlichen Testamentes von zwei oder mehr Personen, nicht notwendigerweise Ehegatten, errichtet werden. Ehegatten können auch wechselbezügliche Verfügungen treffen. Der Widerruf wechselbezüglicher Verfügungen kann nur zu Lebzeiten des anderen Ehegatten erfolgen und erfolgt wie die Errichtung durch ein offenes notarielles Testament. Der Notar muss den Widerruf dem anderen Ehegatten mitteilen. Ehegatten können sich auch durch eine Testiervollmacht die Befugnis erteilen, den oder die Erben oder Vermächtnisnehmer unter den gemeinsamen Kindern und Abkömmlingen auszuwählen. 88

ee) Navarra. In Navarra bestimmen die Gesetze 184 LF Navarra 1/1973 in der Form der Modifikation durch das Gesetz LF Navarra 5/1987 die testamentarische Erbfolge. Die Testierfähigkeit beginnt mit dem 14. Lebensjahr. Für ein notarielles offenes Testament ist die Anwesenheit von zwei Zeugen erforderlich. Für die Errichtung eines verschlossenen Testamentes vor einem Notar bedarf es der Hinzuziehung von sieben Zeugen. Wenn sich der Erblasser in unmittelbarer Todesgefahr befindet, so kann er ein Testament vor dem Pfarrer errichten, jedoch unter Anwesenheit von zwei Zeugen. Sofern ein Pfarrer nicht erreichbar ist, genügt auch die Anwesenheit von zwei Zeugen. Auch in Navarra sind Kodizille und testamentarische Nachzettel zulässig (→ Rn. 86). Ein Testament oder ein Erbvertrag sind jedoch auch zulässig, wenn sie keine Erbeinsetzung enthalten. Es besteht auch die Möglichkeit der Einsetzung eines Vertrauenserben, der die Aufgabe hat, den Nachlass zu regeln und entsprechend den Wünschen des Erblassers zu verteilen. 89

ff) Baskenland. Neben den gesetzlichen Bestimmungen in dem Gesetz L País Vasco 3/1992 sind auch noch die verschiedenen territorial geltenden Gewohnheitsrechte zu beachten. Hinsichtlich der Testierfähigkeit gilt mangels eigener Vorschriften das gemeine Recht. Es werden neben den notariellen Testamentsformen des gemeinen Rechts drei weitere Testamentsformen geregelt: Das Testament in der Todesgefahr „hil-buruko", das gegenseitige Testament und das Testament durch einen beauftragten Kommissar. Die notariellen Testamente erfordern nicht die Hinzuziehung von Zeugen, es sei denn, der Testator wünscht dies. Bei dem Testament durch einen Beauftragten beauftragt der Testator einen oder mehrere mit der Einsetzung des oder der Erben und der Verteilung des Nachlasses. Sofern der überlebende Ehegatte beauftragt wird, so ist die Tätigkeit beschränkt auf die Verteilung des Nachlasses unter den Kindern und Abkömmlingen. Ehegatten können auch ein notarielles gemeinschaftliches Testament errichten. Diese Testament kann durch beide Ehegatten gemeinschaftlich widerrufen werden oder durch einen der Ehegatten, wenn der Widerruf durch den Notar dem anderen Ehegatten zugestellt wird. Wenn einer der Ehegatten innerhalb eines Jahres seit der Errichtung des Testamentes verstirbt, kann der über- 90

120 Spanien

lebende Ehegatte nicht mehr die Regelungen betreffend das gemeinschaftliche Vermögen, widerrufen. Darüber hinaus sind Erbverträge ausführlich geregelt und dürfen jede Art von Bestimmungen hinsichtlich Rückfallklauseln und anderer Modalitäten regeln.

91   **3. Pflichtteilsrecht/Noterbrecht. a) Regelungen des gemeinen Rechtes des Codigo Civil.** Das spanische Recht kennt keine dem deutschen Pflichtteilsanspruch vergleichbare Regelung. Während der deutsche Rechtsordnung durch ein schuldrechtliches Forderungsrecht zugunsten bestimmter gesetzlicher Erben deren Teilhabe am Nachlass des Erblassers durch einen liquiden Anspruch abgesichert hat, hat das spanische Erbrecht die Teilhabe der engsten Angehörigen auf anderem Wege realisiert. Hierbei wird den Begünstigten als **Zwangs- oder Noterben** (heredero forzoso) eine Stellung als **unmittelbar am Nachlass Berechtigtem (pars hereditatis)**, eingeräumt und nicht nur ein Forderungsrecht (pars valoris) (TS 8.5.1989, RJ 3673). Der Noterbteil (legítima) unterliegt nicht der Disposition des Erblassers. In Bezug auf den gegenständlich beschränkten **Erbschein** des deutschen Nachlassgerichts ist demnach der Noterbe darin aufzuführen. Vor allem ist der Noterbe an den Nachlassgegenständen unmittelbar berechtigt und darf hiervon nicht ausgeschlossen werden (AP Granada 12.5.2001, AC 1598; TS 26.4.1997, RJ 3542). Der Noterbteil kommt daher in zwei Situationen zur Geltung: zum einem im Rahmen der gesetzlichen Erbfolge, durch die der Noterben als gesetzliche Erben berücksichtigt werden und zum anderen im Rahmen der testamentarischen Erbfolge, durch die der Erblasser die Noterben entsprechend der gesetzlichen Vorgaben berücksichtigen kann und sofern er dies nicht getan hat, bestimmen die gesetzlichen Vorgaben die Beteiligung der Noterben an dem Nachlass des Erblassers.

92   Die Noterben sind zunächst die **Kinder** des Erblassers und entsprechend dem Repräsentationsgrundsatz deren **Abkömmlinge,** wenn die Kinder vorverstorben sind (Art. 807 Nr. 1 CC). Wenn keine Abkömmlinge vorhanden sind, sind auch die **Eltern** und deren Vorfahren **(Aszendenten)** Noterben (Art. 807 Nr. 2 CC). Schließlich hat auch der **überlebende Ehegatte** (Art. 807 Nr. 3 CC) ein Noterbrecht, welches jedoch inhaltlich anders gestaltet ist, als die Noterbrechte von Abkömmlingen und Vorfahren (→ Rn. 26). Der dem Noterbrecht unterliegende Noterbteil ist eine **Quote vom Gesamtnachlass,** über die der Erblasser nicht frei verfügen kann und der bestimmten Noterben zugewiesen ist. Bei der Berechnung der Noterbteile werden **Schenkungen** hinzugerechnet und der Nachlass – wie bei der deutschen Pflichtteilsberechnung – saldiert. Der Erblasser kann die ihm durch das Gesetz auferlegte Verpflichtung in seiner letztwilligen Verfügung berücksichtigen und so verfügen, wie diese Verpflichtung erfüllt werden soll. So kann der Testator im Wege einer Nachlassplanung schon zu Lebzeiten den Noterbteil durch Schenkungen erfüllen oder den Noterben entsprechend seiner Quote als Erben einsetzen oder durch eine vermächtnisweise Zuwendung in Höhe der Quote zugunsten der Noterben verfügen. Die Bezeichnung Noterbe trifft zwar hinsichtlich der unmittelbaren Berechtigung des Noterben am Nachlass zu, ist jedoch nicht zutreffend hinsichtlich der Tatsache, dass der Noterbe durch die weiteren Erben auch abgefunden werden kann und eine Haftung für die Nachlassverbindlichkeiten nicht besteht.

93   Die Ermittlung des verteilbaren Nachlasses erfolgt unter der Saldierung des Nachlasses und unter Einberechnung sämtlicher Schenkungen im Leben des Erblassers. Der Noterbteil wird dann unter Anrechnung von bereits erhaltenen Schenkungen oder Vermächtnissen ermittelt. Hierbei werden die Kosten einer Berufsausbildung (Art. 1042 CC) hinzugerechnet, nicht jedoch Unterhaltszahlungen und Anstandsschenkungen, wie zu Weihnachten oder Geburtstagen (Art. 1044 CC).

94   Obwohl das Gesetz nur die Schenkungen an Kinder und Abkömmlinge nennt, werden auch die Schenkungen an die Eltern und Aszendenten bei der Berechnung ihres Noterbteils angerechnet (*Rivas Martínez*, Derecho de Sucesiones. Común y Foral, 1434).

95   Sofern der Nachlass nicht ausreicht, um die Ansprüche der Noterben zu befriedigen, so werden die Schenkungen des Erblassers als pflichtteilswidrig und somit nichtig erklärt und zwar insgesamt oder auch nur anteilig.

96   **aa) Noterbteil der Abkömmlinge.** Das Gesetz nennt zunächst die Kinder und Abkömmlinge des Erblassers gegenüber ihren Eltern und Aszendenten als Noterben (Art. 807 Nr. 1 CC). Hierfür wird der Nachlass in drei Teile aufgeteilt. Hiervon unterliegen ²/₃ des Reinnachlasses dem Noterbrecht der Kinder und Abkömmlinge (Art. 808 CC – Legítima larga). Die erste Hälfte (Legítima corta) hiervon (¹/₃), wird unter den vorhandenen Noterben zu gleichen Teilen aufgeteilt (Art. 932 CC), wobei die Erbteile nach Köpfen ermittelt werden (Art. 939 CC). Die zweite Hälfte dieser ²/₃ also ¹/₃ darf der Erblassers unter seinen Kindern und Abkömmlingen verteilen und somit das Erbe eines oder mehrerer aufbessern (tercio de mejora). Die Auswahl obliegt hier dem Erblasser. Macht der Erblasser von dieser Möglichkeit der Verteilung dieses Drittels keinen Gebrauch, so wird es zu gleichen Teilen verteilt. Der freien Disposition des Erblassers unterliegt ausschließlich das letzte Drittel des Nachlasses. Eheliche, nicht eheliche und adoptierte Kinder sind in erbrechtlicher Hinsicht gleichgestellt.

97   **bb) Noterbteil der Eltern und Aszendenten.** Sofern keine Abkömmlinge vorhanden sind, sind die Eltern oder die weiteren Aszendenten des Erblassers Noterben (Art. 807 Nr. 2 CC). Sofern kein Ehegatte vorhanden ist, so beträgt der Noterbteil der Eltern und Aszendenten die Hälfte des Nachlasses. Ist ein Ehegatte vorhanden, so beträgt der Noterbeteil die Hälfte des Nachlasses des Erblassers. Hier gilt, dass der nähere Verwandte die ferneren ausschließt. Solange der Vater oder die Mutter noch leben, erben die Großeltern nicht und jeder von ihnen bekommt die Hälfte des Noterbteils. Wenn nur noch einer von beiden Eltern lebt, so bekommt dieser die Hälfte des Noterbteils, während die andere Hälfte an die Linie der Großeltern des verstorbenen Elternteils gelangt. Sollten beide Eltern nicht mehr leben, jedoch noch Großeltern, so erben sowohl die väterliche- als auch die mütterliche Linie je die Hälfte des Noterbteils.

cc) **Noterbteil des Ehegatten.** Das Noterbrecht des Ehegatten besteht in dem Nießbrauch an dem 98
Nachlass oder einem Teil des Nachlasses. Es unterscheidet sich in seiner Rechtsnatur von den weiteren
Noterbrechten als Erbe sui generis, der auch nicht für die Verbindlichkeiten des Nachlasses haftet (AP
Alicante 8-3-10). Der Nießbrauch kann auf drei Wegen befriedigt werden: 1. Leibrente; 2. Übertragung
von Erträgen; 3. Übertragung von Barkapital. Es bedarf eines einstimmigen Beschlusses bei der Wahl der
Option. Kommt keine Einigung zustande, kann gerichtlich die Übertragung bestimmter Erträge herbeigeführt werden (TS 13.7.2009).

dd) **Schutz und Geltendmachung des Noterbteils.** Das Gesetz verbietet jegliche **Beeinträchtigung** 99
des Noterbteiles: Gem. Art. 816 CC sind ein Verzicht oder ein Vergleich über einen künftigen Noterbteil
nichtig. Auch sind **Beschränkungen** und **Belastungen** zulasten des Noterbteils in Form von Bedingungen oder Auflagen unzulässig (Art. 813 II CC). Ausnahmen gelten zugunsten des Nießbrauchsrechts des
überlebenden Ehegatten sowie in Bezug auf gerichtlich für beschränkt handlungsfähig erklärte Abkömmlinge (Art. 808 III CC).
Die **Geltendmachung** im Falle der Übergehung des Noterben erfolgt durch den Schutz des Art. 814 100
CC, der bestimmt, dass die Übergehung eines Noterben unbeachtlich ist. Im Falle einer ungerechtfertigten Entziehung des Noterbteiles bestimmt Art. 851 die erfolgte Erbeinsetzung als unwirksam, soweit sie
den enterbten Noterben beeinträchtigt. Bei einer letztwilligen Verfügung, die den Noterben übergeht
oder nicht ausreichend berücksichtigt, erfolgt die Geltendmachung durch einen Antrag auf die **Herabsetzung** der testamentarischen Verfügungen, die den Noterbteil beeinträchtigen (Art. 817 CC). Hierbei
wird wie folgt vorgegangen: Die Herabsetzung sämtlicher testamentarischer Verfügungen erfolgt anteilig, ohne Präferenzen, es sei denn, der Erblasser hat eine Bevorzugung bestimmter Vermächtnisse angeordnet. Soweit hierdurch der Noterbteil abgedeckt werden kann, bleiben die durch den Erblasser zu
Lebzeiten getätigten Schenkungen unberücksichtigt. Darüber hinaus sieht Art. 820 Nr. 3 CC vor, dass in
dem Fall, in dem eine Auflage durch einen Nießbrauch oder eine Leibrente besteht und deren Wert höher einzuschätzen ist, als der verfügbare Teil, so können die Noterben wählen, ob sie die testamentarische Verfügung erfüllen wollen oder dem Vermächtnisnehmer den Teil des Nachlasses zu übergeben,
über den der Erblasser frei verfügen konnte. Wenn sich ein herabzusetzendes Vermächtnis in Form eines
Grundstückes im Nachlass befindet, das nicht ohne weiteres geteilt werden kann, so verbleibt das
Grundstück bei dem Vermächtnisnehmer, wenn der Wert der Herabsetzung weniger als die Hälfte des
Grundstückswertes ausmacht. Macht die Herabsetzung mehr als die Hälfte des Grundstückswertes aus,
so fällt es an den Noterben. Guthaben sind in Geld zu vergüten (Art. 821 CC). Eine **Verjährungsfrist**
für die Erhebung der Herabsetzungsklage ist gesetzlich nicht geregelt. Die hier anzuwendende Verjährungsvorschrift ist umstritten (*Rivas Martinez,* Derecho de Sucesiones. Común y Foral, 1451). Das Tribunal Supremo hat eine Verjährung von fünf Jahren angenommen (TS 4.3.1999).

ee) **Erbunwürdigkeit, Enterbung/Entziehung des Noterbteils.** Das Gesetz nennt explizit die ab- 101
schließenden Gründe, die einen Erblasser dazu berechtigen, einem Noterben den Noterbteil zu entziehen (Art. 848–857 CC). Grundsätzlich findet die Dispositionsfreiheit des Erblassers ihre Grenzen in den
Noterbrechten, die sowohl quantitativ als auch qualitativ unantastbar sind (TS 22.5.2009). Hiervon zu
unterscheiden ist die Erbunwürdigkeit (Art. 756 CC), die sich im spanischen Recht aus einer mangelnden Qualifikation als Erbe ergibt und nicht zur Disposition des Erblassers steht. **Erbunwürdig** sind:
1. Eltern, die ihre Kinder im Stich gelassen haben, prostituiert haben oder moralisch verdorben haben
(Art. 756 Nr. 1 CC), 2. derjenige, der gerichtlich verurteilt worden ist, weil er nach dem Leben des Erblassers, seinem Ehegatten, seiner Abkömmlinge oder seinem Aszendenten getrachtet hat (Art. 756 Nr. 2
CC) – diese Gründe führen auch bei einem Noterben zu einem Verlust des Rechtes auf den Noterbteil –,
3. derjenige, der den Erblasser einer Straftat beschuldigt hat, die das Gesetz mit einer Strafe nicht unter
Gefängnis oder Zuchthaus bedroht, sofern die Anschuldigung für verleumderisch erklärt worden ist,
4. der volljährige Erbe, der obwohl er vom gewaltsamen Tod des Erblassers weiß, ihn nicht innerhalb
eines Monats der Gerichtsbarkeit angezeigt hat, sofern diese nicht schon von Amts wegen tätig geworden ist, sofern die gesetzliche Anzeigepflicht besteht (Art. 756 Nr. 4 CC), 5. derjenige, der den Testator
durch Drohung, Betrug oder Gewalt dazu bringt, ein Testament zu errichten oder abzuändern (Art. 756
Nr. 5 CC) sowie schließlich derjenige, der mit denselben Mitteln einen anderen daran hindert, ein Testament zu errichten oder das, welches er errichtet hat, zu widerrufen oder ein anderes, späteres Testament
austauscht, verbirgt, oder verändert (Art. 756 Nr. 6 CC). Die **Enterbung** erfolgt durch eine entsprechende Anordnung des Erblassers in dessen letztwilliger Verfügung (Art. 849 CC). Hierbei ist der
Grund für die Enterbung zu nennen. Als besondere Enterbungsgründe für **Kinder und Abkömmlinge**
gelten die Misshandlung oder gröbliche Beleidigung sowie die Verweigerung von Unterhalt gegenüber
den Eltern, ohne rechtfertigenden Grund (Art. 853 CC). **Eltern und Aszendenten** kann der Noterbteil
entzogen werden, wenn sie den Kindern und Abkömmlingen ohne rechtfertigenden Grund den Unterhalt verweigert haben oder ein Elternteil einen Angriff gegen das Leben des anderen Elternteils unternommen hatte, ohne, dass eine Aussöhnung zwischen beiden stattgefunden hat (Art. 854 CC). Ferner
gilt der Verlust der elterlichen Gewalt aus einem der Gründe, die Art. 170 CC nennt, als ausreichender
Grund einer Entziehung des Noterbteils. Dem **Ehegatten** kann der Noterbteil dann entzogen werden,
wenn er den Kindern oder dem Ehegatten gegenüber den Unterhalt verweigert hat, Gründe vorliegen,
die gem. Art. 170 CC zum Verlust der elterlichen Gewalt geführt haben oder er gröblich und wiederholt
die ehelichen Pflichten verletzt hat (Art. 855 CC).

120 Spanien

102   b) **Regelung in den Foralrechten der Autonomien.** Die Autonomien haben sowohl hinsichtlich des Kreises der berechtigten Noterben als auch hinsichtlich der Quoten der Noterbteile erheblich voneinander abweichende Regelungen geschaffen:

103   aa) **Aragonien.** In Aragonien sind ausschließlich die Abkömmlinge des Erblassers noterbberechtigt. Ein Noterbrecht des Ehegatten oder der Aszendenten ist nicht geregelt (Art. 486 CDFA). Der Erblasser kann den Noterbteil an seine Abkömmlinge nach seinem Dafürhalten verteilen, nach Köpfen oder auch nur an einen von mehreren.

104   Das Noterbrecht wird als kollektives Noterbrecht bezeichnet, da in dem Fall, indem der Erblasser keine Zuordnung vornimmt, der kollektive Noterbteil nach Köpfen unter den Noterben mit Präferenz, aufgeteilt wird. Keiner der Abkömmlinge hat hiernach ein Individualrecht, sondern es besteht nur die Möglichkeit der kollektiven Ausübung des Rechtes (*Rivas Martinez, Derecho de Sucesiones. Común y Foral*, 1769). Noterben mit einer Präferenz sind die Kinder sowie die Abkömmlinge der, wegen Vorversterbens, Enterbung oder Erbunwürdigkeit weggefallenen Kinder. Die Noterben sind **direkt am Nachlass beteiligt** (pars bonorum) und zwar mit einer Noterbteilsquote in Höhe der Hälfte des Nachlasses. Die Berechnung erfolgt wie im gemeinen Recht: der Nachlass wird saldiert unter Hinzurechnung der Schenkungen. Es kann jedoch wirksam ein Verzicht des Noterben auf sein Noterbrecht, auch vor dem Erbfall erklärt werden. Für die Durchsetzung des Anspruches des Noterben hat das Gesetz eine Frist von fünf Jahren seit dem Tod des Erblassers bestimmt; bei Minderjährigen gelten besondere Regelungen.

105   bb) **Balearen.** (1) Für Mallorca und Menorca sind gem. Art. 41 als Noterben die Kinder und Abkömmlinge des Erblassers ohne Unterscheidung nach Ehelichkeit oder Adoption, genannt. Ferner die leiblichen – und die Adoptiveltern sowie der überlebende Ehegatte. Wenn keine Kinder oder Abkömmlinge vorhanden sind, so sind bei einem ehelichen Kind dessen Eltern noterbberechtigt und bei einem nichtehelichen Kind, die Eltern, die es anerkannt haben oder gerichtlich erkannt worden sind; bei einem adoptierten Kind, die Adoptiveltern. Das Noterbrecht der Aszendenten ist auf ein Noterbrecht der Eltern ausschließlich, beschränkt. Die Natur des Noterbrechtes stellt eine direkte Beteiligung am Nachlass des Erblassers dar (Art. 48 – pars bonorum). Die Quote des Noterbteils beträgt für die leiblichen und die adoptierten Kinder, wenn es vier Kinder oder weniger Kinder sind, $1/3$ des Nachlasses und wenn es mehr als vier Kinder sind, die Hälfte des Nachlasses. Der Noterbteil der Eltern beträgt $1/4$ des Nachlasses und wenn beide Eltern noch leben, erhält jeder $1/8$. Das Noterbrecht des Ehegatten besteht in dem Nießbrauch an der Hälfte des Nachlasses, wenn Abkömmlinge vorhanden sind und an $2/3$ des Nachlasses, wenn nur Eltern des Erblassers vorhanden sind. In den weiteren Fällen besteht das Nießbrauchsrecht an dem gesamten Nachlass.

106   (2) **Ibiza und Formentera.** Auf Ibiza und Formentera sind gem. Art. 79 L Baleares 8/1990 die leiblichen Kinder sowie die ehelichen, unehelichen und adoptierten Kinder des Erblassers noterbberechtigt. Der Noterbteil beträgt ein Drittel des Nachlasses wenn vier oder weniger als vier Kinder vorhanden sind. Bei mehr Kindern macht die Hälfte des Nachlasses den Noterbteil aus. Daneben sind die Eltern noterbberechtigt und zwar nach den Vorschriften des gemeinen Rechts. Der testamentarische oder vertragliche Erbe kann den Noterbteil auszahlen, er ist vom Tage des Todes des Erblassers an zu verzinsen.

107   cc) **Katalonien.** Noterbberechtigte sind die ehelichen, unehelichen und adoptierten Kinder des Erblassers nach Köpfen (Art. 451 III CSC). Es gilt das Repräsentationsprinzip, so dass die Abkömmlinge der vorverstorbenen Kinder erben. Wenn keine Abkömmlinge vorhanden sind, sind die Eltern noterbberechtigt. Der überlebende Ehegatte ist nicht noterbberechtigt. Er hat jedoch einen Anspruch auf das sog. Witwenviertel (*Cuarta vidual*) als höchstpersönlicher Anspruch an einem Viertel des Nachlasses des Erblassers (Art. 452 I). Hierbei hat der Erbe ein Wahlrecht dahingehend, dem überlebenden Ehegatten ein Viertel des Nachlasswertes in Form von Nachlassgegenständen zu überlassen oder den Anspruch in bar auszuzahlen. Die Geltendmachung des Witwengeldes muss innerhalb von fünf Jahren nach dem Tode des Erblassers erfolgen; er verliert den Anspruch, wenn er vorher in eheähnlicher Weise mit einer anderen Person zusammenlebt oder wieder heiratet.

108   Der Anspruch ist nicht vererblich, wenn der überlebende Ehegatte stirbt, ohne zuvor den Anspruch geltend gemacht zu haben. Zur Absicherung seines Anspruches kann der überlebende Ehegatte eine Eintragung im Grundbuch verlangen.

109   Das Noterberecht stellt in Katalonien **keine Beteiligung am Nachlass** dar, sondern lediglich eine schuldrechtliche **Forderung gegen den Nachlass** (pars valori), die nach der Wahl des Verpflichteten in Geld ausgezahlt werden kann oder auch durch die Übertragung von Nachlassgegenständen (*Rivas Martinez, Derecho de Sucesiones. Común y Foral*, Bd. II, 1805).

110   Die Höhe des Noterbteils beträgt ein Viertel des saldierten Nachlasses, einschließlich der Werte der Schenkungen des Erblassers (Art. 451 CSC). Dieses Viertel wird nach Köpfen unter den Noterbberechtigten aufgeteilt (Art. 452 CSC). Der Anspruch auf den Noterbteil unterliegt einer Verjährungsfrist von zehn Jahren nach dem Tode des Erblassers (Art. 451 XXVII CSC).

111   dd) **Galizien.** Bis zum Jahre 1995 galt in Galizien betreffend der Noterbrechte das Gemeinrecht des Codigo Civil. Durch das Gesetz 2/2006 Derecho Civil de Galicia wurde das Noterbrecht neu geregelt. Noterbberechtigte sind die Kinder und Abkömmlinge des Erblassers sowie der juristisch und tatsächlich nicht vom Erblasser getrennte Ehegatte. Der Noterbteil stellt ein **schuldrechtliches Forderungsrecht** (pars valori) dar (*Rivas Martinez, Derecho de Sucesiones. Común y Foral*, Bd. II, 1854). Der Noterbteil der Abkömmlinge beträgt ein Viertel des saldierten Nachlasses (Art. 243 DCG). Die Auszahlung erfolgt

entsprechend den Anordnungen des Erblassers in Natura oder in Geld. Sofern der Erblaser hierzu keine Bestimmungen vorgenommen hat, können die Erben entscheiden, ob sie dem Noterben Vermögensgegenstände aus dem Nachlass übertragen oder den Anspruch in Geld befriedigen. Der Erbe muss **innerhalb eines Jahres**, seit Geltendmachung des Anspruches durch den Noterben den Anspruch befriedigen (Art. 250 DCG). Nach Ablauf der Frist gilt der gesetzliche Zinssatz für die Forderung. Für die gerichtliche Geltendmachung des Anspruches gilt eine **Verjährungsfrist von 15 Jahren** (Art. 252 DCG).

ee) Navarra. Das Noterbrecht in Navarra gewährt keine rechtlich realisierbare Teilhabe am Nachlass des Erblassers. Es gibt nur eine symbolische Zuwendung.

ff) Baskenland. Noterben sind die Kinder des Erblassers, einschließlich adoptierter Kinder sowie die Eltern und die weiteren Aszendenten (Art. 53 L País Vasco 3/1992). Der Noterbteil beträgt für die Abkömmlinge vier Fünftel des Nachlasses. Der Noterbteil der Eltern und übrigen Aszendenten beträgt die Hälfte des Nachlasses. Der verwitwete Ehegatte erhält ein Nießbrauchsrecht an der Hälfte des Vermögens des Erblassers, wenn gleichzeitig Abkömmlinge oder Aszendenten vorhanden sind. Sofern weder Abkömmlinge noch Aszendenten vorhanden sind, besteht das Nießbrauchsrecht an zwei Dritteln des Nachlasses. Es gibt Sonderbestimmungen für sog. stammesgebundenes Vermögen. Der Erblasser darf auch zugunsten seines Ehegatten ein Vermächtnis über den Nießbrauch seines gesamten Vermögens verfügen. Es gibt darüber hinaus noch regionale Sondervorschriften im Bereich von Fuero de Ayala, betreffend die Gemeinden Ayala, Amurrio und Okondo, sowie die Orte Mendieta, Retes de Tudela, Santa Coloma und Sojoguti der Gemeinde Artziniega.

4. Testamentsvollstreckung. a) Regelung des gemeinen Rechts des Codigo Civil. Die Testamentsvollstreckung (albacea) kann umfassend, als **Universalvollstreckung**, oder als **Sondertestamentsvollstreckung** (Einzeltestamentsvollstreckung) angeordnet werden (Art. 894 CC). Der Sondertestamentsvollstrecker hat lediglich einzelne, explizit durch den Erblasser bezeichnete Aufgaben zu erfüllen, während der Universalvollstrecker die vollständige Abwicklung des Erbfalles, einschließlich des Begräbnisses, der Auslegung des Testamentes und der Verteilung des Nachlasses unter den Erben, vorzunehmen hat.

Der Erblasser kann den Testamentsvollstrecker ermächtigen, die Testamentsvollstreckung auf eine oder mehrere andere Personen zu übertragen (Art. 909 CC). Es können auch mehrere Testamentsvollstrecker gleichzeitig bestellt werden, die im Zweifel Entscheidungen durch Mehrheitsbeschlüsse fassen müssen (Art. 895 CC). Sofern der Erblasser den Tätigkeitsbereich des Testamentsvollstreckers nicht im Rahmen seiner letztwilligen Verfügung festgelegt hat, so sind die folgenden **gesetzlichen Befugnisse** gegeben:
– Anordnung der Fürbitten und des Begräbnisses des Erblassers sowie die Bezahlung, wie es der Erblasser im Testament verfügt hat oder bei Fehlen einer Anordnung entsprechend den örtlichen Sitten;
– Die Begleichung von Geldvermächtnissen in Kenntnis und mit Billigung des Erben;
– Die Überwachung der Durchführung der testamentarischen Anordnungen sowie erforderlichenfalls die gerichtliche Durchsetzung der Gültigkeit des Testamentes;
– Sorge zu tragen für die Erhaltung und Aufbewahrung des Nachlasses unter Beteiligung der anwesenden Erben.

Hiernach ist die Testamentsvollstreckung als ausschließliche **Abwicklungsvollstreckung** zu sehen. Eine **Dauervollstreckung** ist nicht vorgesehen. Grundsätzlich hat der Testamentsvollstrecker seine Aufgaben innerhalb eines Jahres zu erledigen, gerechnet seit dem Datum der Amtsannahme oder dem Tag nach dem Ende eines Rechtsstreites über die Gültigkeit des Testamentes (Art. 904 CC). Diese Frist kann durch den Richter verlängert werden. Der Testamentsvollstrecker ist den Erben gegenüber **rechenschaftspflichtig** (Art. 907 CC). Sofern der Erblasser angeordnet hatte, dass der Nachlass nicht an die Erben verteilt wird, sondern durch den Testamentsvollstrecker anzulegen ist, so erfolgt die Rechnungslegung gegenüber dem Richter. **Verfügungen** durch den Testamentsvollstrecker sind zunächst nur zulässig, wenn sie durch den Erblasser bestimmt wurden. Darüber hinaus liegt die Verfügungsbefugnis normalerweise nur bei den Erben. Eine Ausnahme besteht darin, dass der Testamentsvollstrecker zur Befriedigung der Zahlungsansprüche der Vermächtnisnehmer sowie zur Begleichung der Beerdigungskosten, befugt ist, bewegliche und auch unbewegliche Nachlassbestandteile zu veräußern (TS 30.8.1932, RJ 1183). Eine **Vergütung** steht dem Testamentsvollstrecker zunächst nicht zu (Art. 908 I 1 CC). Doch zum einen kann der Erblasser eine Vergütung für den Testamentsvollstrecker bestimmen und darüber hinaus steht ihm eine Entschädigung für die Bearbeitung der Erbauseinandersetzung und anderer fachkundiger Arbeit (Art. 908 I 2 CC) zu. Die Rspr. hat einen umfassenden Entschädigungsanspruch anerkannt (TS 14.12.2002, RJ 9359). Darüber hinaus hat der Testamentsvollstrecker das Recht, die Nachlassgegenstände zurückzuhalten, bis seine Ansprüche erfüllt sind. Dem Testamentsvollstrecker ist es verboten, Gegenstände, die seiner Testamentsvollstreckung unterliegen, selbst zu erwerben, auch wenn diese Gegenstand einer öffentlicher Versteigerung werden (Art. 1459 Nr. 3 CC). Der Testamentsvollstrecker haftet im Rahmen seiner Tätigkeit für vorsätzliche und fahrlässige Schäden, die er verursacht hat (TS 20.2.1993, RJ 1004).

b) Regelung in den Foralrechten der Autonomien. In **Galicien** und auf den **Balearen** finden sich keine Regelungen zur Testamentsvollstreckung.

aa) Aragonien. Die Testamentsvollstreckung ist im Recht von Aragonien nur oberflächlich geregelt und hat eine ergänzende Funktion für Bereiche, die nicht durch das gemeine Recht geregelt sind. Die

120 Spanien

Testamentsvollstreckung kann auch in einem Erbvertrag angeordnet werden. Die Rechte, mit denen der Testamentsvollstrecker ausgestattet ist, obliegen der vollständigen Disposition des Erblassers.

119   **bb) Katalonien.** In dem seit dem 1.1.2009 geltenden neuen Recht wurde für den Testamentsvollstrecker eine neue Regelung, seine Vergütung betreffend, aufgenommen. Hiernach (Art. 429 V L Cataluña 10/2008) erhält der Universalvollstrecker eine Vergütung iHv 5 % des Nachlasswertes, während zuvor 10 % geregelt waren. Der Testamentsvollstrecker, der nur die Auseinandersetzung betreibt (contador partidor), erhält eine Vergütung iHv 2 % des Wertes, des zu verteilenden Nachlasses.

Mit dem neuen Recht wurde eine Höchstdauer der Vollstreckung von 30 Jahren eingeführt und ebenfalls die Erbschaft durch die Armen, dem Recht der Testamentsvollstreckung zugeordnet.

120   Auch hier kann der Erblasser einen oder mehrerer Testamentsvollstrecker sowie Ersatztestamentsvollstrecker ernennen. Der Universalvollstrecker hat die Aufgabe das Erbe unter den Begünstigten entsprechend der Anordnungen des Erblassers aufzuteilen oder aber es den, im Testament genannten Zwecken entsprechend aufzuteilen. Die Ernennung eines Universaltestamentsvollstreckers ersetzt auch die fehlende Erbeinsetzung durch den Erblasser. Die Befugnisse des Universaltestamentsvollstreckers sind im katalanischen Recht ausführlich aufgeführt (Art. 429 IX L Cataluña 10/2008):
a) Entgeltliche Verfügung über die Nachlassgegenstände
b) Eintreibung von Forderungen und Kündigung von Sicherheiten
c) Aufhebung von Guthaben jeder Art
d) Begleichung von Schulden und Nachlassverbindlichkeiten sowie der Erbschaftsteuern
e) Erfüllung der Vermächtnisse und der übrigen Anordnungen des Testamentes
f) Die Erfüllung von Auflagen zu verlangen
g) Bezahlung der Noterbteile
h) Insgesamt sämtliche Tätigkeiten, die notwendig sind um die Nachlassgüter zu liquidieren

121   **cc) Navarra.** Die zivilrechtlichen Vorschriften unterscheiden zwischen einem **Testamentsvollstrecker** (Comp Navarra leyes 296–299) und einem **Teilungsvollstrecker** (Comp Navarra leyes 340–344). Der Testamentsvollstrecker verfügt über sämtliche Befugnisse, die ihm durch den Erblasser eingeräumt wurden sowie diejenigen Befugnisse, die das Gesetz ausführt. Dies sind mit Bezug auf den Eintritt des Erbfalls: die Auslegung des Testamentes und der letztwilligen Verfügungen des Erblassers sowie die Beantragung der Bestätigung und Protokollierung des handschriftlichen Testamentes und solcher Schriftstücke, auf die sich der Erblasser in seinem Testament bezieht, in denen der Inhalt der letztwilligen Verfügung steht; die Vertretung der Gültigkeit der letztwilligen Verfügung im Prozess; die Veranlassung und Bezahlung der Beerdigung und die Übergabe der Vermächtnisse an die Begünstigten. Mit Bezug auf die Abwicklung des Nachlasses hat er die folgenden Befugnisse: die Inbesitznahme des Nachlasses, Erstellung eines Inventars und Bezahlung der Schulden sowie Realisierung von Forderungen des Nachlasses. Ferner die Vertretung des Nachlasses außergerichtlich und gerichtlich sowie die Abgabe von Steuererklärungen und die Einlegung von Rechtsmitteln hiergegen. Ferner ist er berechtigt über die Nachlassgegenstände zu verfügen, um Kosten zu decken oder Schulden zu begleichen oder auch zum Zwecke der Erfüllung von Vermächtnissen, vorausgesetzt, die Erben leisten nicht die hierfür erforderlichen Mittel.

122   **dd) Baskenland.** Geregelt ist lediglich in Art. 39 des Gesetzes 3/1992 (LPaís Vasco 3/1992), dass der Kommissar für den Nachlass des Kommittenten einen Testamentsvollstrecker oder einen Teilungsvollstrecker ernennen kann.

123   **5. Erbengemeinschaft und Erbauseinandersetzung.** Mit dem Erbanfall erfolgt der Übergang des ungeteilten Nachlassvermögens einschließlich aller Rechte und Verbindlichkeiten auf die Erben als **Gesamthand** (TS 12.3.1987, RS 145; TS 21.6.1986, RJ 3788). Die Erbengemeinschaft entsteht zwischen den Miterben vor dem Zeitpunkt der Erbteilung. Erst durch die Teilung erwirbt der Erbe ausschließliches Eigentum an Vermögenswerten des Nachlasses. Nach dem Urteil des Tribunal Supremo v. 11.12.1914 werden die **Vorschriften über die Gütergemeinschaft** der Art. 392 CC entsprechend auf die Erbengemeinschaft angewendet. Sämtliche Miterben sind zur ordnungsgemäßen Verwaltung des Nachlasses verpflichtet. Jeder Miterbe ist berechtigt, seinen Anteil zu verkaufen oder anders darüber zu verfügen. Im Falle des Verkaufs gilt jedoch, dass jeder Miterbe sowie die Erbengemeinschaft sich gegen Erstattung des Kaufpreises an die Stelle des Erwerbers setzen kann (Art. 1067 CC).

124   Hinsichtlich der Verwaltung des Nachlasses bedarf es des Einverständnisses aller Miterben für jegliche Form der Verfügung über Teile des Nachlasses oder den Nachlass insgesamt (TS 31.1.1994; 30.12.1996).

125   Die **Erbauseinandersetzung** erfolgt gem. Art. 1051 ff. CC und kann von jedem der Miterben jederzeit verlangt werden (Art. 1052 CC). Ausgenommen ist hiervon der Fall, dass der Erblasser die Teilung ausdrücklich ausgeschlossen hat. Der Erblasser kann Teilungsanordnungen für die Zuteilung bestimmter Vermögensgegenstände treffen (Art. 1056 CC), er darf auch, jedoch nur für eine bestimmte Zeit, die Teilung ausschließen und zwar höchstens für einen Zeitraum von zehn Jahren, der ggf. auch verlängert werden kann (TS 21.12.2000, RJ 9336). Die Miterben können auch durch Vertrag untereinander die Auseinandersetzung für zehn Jahre ausschließen, mit der Option, den Ausschluss einmalig um einen weiteren Zeitraum von zehn Jahren, zu verlängern (Art. 1707 CC). Für die Teilung (Art. 1061–1067 CC) gilt, dass zwischen den Erben möglichst gleich zu verteilen ist und jedem der Miterben Sachen gleicher Art, Güte oder Gattung zugewiesen werden. Notwendige Verwendungen oder Schäden sowie Erträge und Früchte sind zwischen den Erben zu erstatten. Jeder der Erben kann auch die öffentliche Versteigerung der Nachlassgegenstände verlangen. Sofern sich die Erben über die Teilung des Nachlasses nicht einigen

können, kann auf Antrag das Gericht über die Teilung des Nachlasses im Rahmen einer Teilungsklage (Art. 1059 CC iVm Art. 782 LEC) entscheiden. Durch die Teilung des Nachlasses wird jeder Erbe Alleineigentümer der ihm zugewiesenen Nachlassgegenstände. Die Erben haften jedoch grds. untereinander für Sach- und Rechtsmängel, es sei denn, die Teilung erfolgte aufgrund einer Teilungsanordnung durch den Erblasser, die Erben haben untereinander einen Haftungsausschluss vereinbart oder wenn denjenigen, dem ein Vermögenswert zugeschlagen worden ist, ein Verschulden trifft (Art. 1070 CC).

Die Noterben sind gem. Art. 1035–1050 CC zur **Ausgleichung** derjenigen Zuwendungen durch den Erblasser verpflichtet, die sie als Schenkungen, Mitgift oder sonst unentgeltlich von diesem erhalten haben. Allerdings unterliegen nur die Erben nach der gesetzlichen Erbfolge der Ausgleichungspflicht, da bei einer testamentarischen Erbfolge davon ausgegangen wird, dass der Erblasser dies sonst angeordnet hätte. Eine Ausgleichung von Schenkungen ist jedoch dann ausgeschlossen, wenn der Schenker dies bei der Schenkung so bestimmt hat oder auch, wenn der Beschenkte die Erbschaft ausgeschlagen hat. Ausgenommen hiervon ist jedoch der Fall, dass die Schenkung herabgesetzt werden muss, da sie noterbteilswidrig war. 126

6. Erbenhaftung. a) Allgemeines. Die Haftung hängt von der Annahmeerklärung ab. Der Erbe kann eine unbedingte Erbannahme („pura y simple – rein und einfach") erklären, was zu einer privaten Haftung für alle Nachlassverbindlichkeiten führt. Er kann die Annahmeerklärung aber auch unter der Rechtswohltat des Inventars erklären, wodurch die Haftung auf das Nachlassvermögen beschränkt wird (Art. 1023 CC). Eine anders lautende Anordnung des Erblassers ist unwirksam. Die Erklärung ist vor einem Notar oder vor dem zuständigen Richter abzugeben. Ein im Ausland ansässiger Erbe darf hierzu auch die Annahmeerklärung vor einem diplomatischen oder konsularischen Vertreter Spaniens abgeben, der über die Befugnis zur Wahrnehmung notarieller Aufgaben verfügt. Für die Errichtung des Inventars sind strenge Fristen zu beachten, deren Missachtung zum Verlust der Haftungsbeschränkung führt: Der Erbe, der in Besitz des Nachlasses oder von Teilen des Nachlasses ist und am Sterbeort wohnt, hat innerhalb von zehn Tagen ab Kenntnis des Todes des Erblassers das Inventar zu errichten. Ein Erbe, der nicht am Sterbeort wohnhaft ist, hat für die Errichtung des Inventars eine Frist von 30 Tagen (Art. 1014 CC). Mit der Errichtung des Inventars muss der Erbe auch die Ladung der Gläubiger und Vermächtnisnehmer beantragen. 127

In dem Falle, in dem der Erbe keinen Besitz am Nachlass oder einzelnen Nachlassteilen hat, gilt die jeweiligen 10- oder 30 Tages-Frist, die jedoch erst nach Ablauf der durch den Richter zuvor gesetzten Frist zur Annahme oder Ausschlagung der Erbschaft oder ab dem Tage gerechnet wird, ab dem die Erbschaft angenommen wurde. 128

Sofern keine Klage gegen den Erben auf Annahme oder Ausschlagung erhoben wird, hat der Erbe innerhalb der allgemeinen **Verjährungsfrist von 15 Jahren** (Art. 1964 CC) das Recht die Annahme unter der Haftungsbeschränkung zu erklären. 129

Im spanischen Recht hat der Erbe darüber hinaus vor der Annahme der Erbschaft das Recht, den Zustand des Nachlasses zu ermitteln, bevor er die Annahmeerklärung abgibt. Hierzu kann er ein Inventarverzeichnis fordern, bevor er eine Erklärung abgibt und ein Überlegungsrecht in Anspruch nehmen. Nach dem Ablauf von 30 Tagen, in denen er das Inventarverzeichnis erstellen muss, ist gegenüber dem Gericht die Annahme oder die Ausschlagung zu erklären. Erfolgt keine Erklärung, so gilt das Erbe als angenommen. 130

Sofern der Erbe Vermögensgegenstände oder Ansprüche oder Rechte des Erblassers vorsätzlich nicht in seinem Inventarverzeichnis aufnimmt, verliert er die Haftungsbeschränkung. Zum Verlust der Haftungsbeschränkung führt auch, wenn der Erbe vor einer vollständigen Begleichung der Nachlassverbindlichkeiten und Vermächtnisse, Vermögensgegenstände veräußert, ohne zuvor die Ermächtigung der übrigen Beteiligten und des Gerichts einzuholen oder auch den Erlös einer Verwertung nicht wie vorgesehen verwendet. 131

Während des Schwebezustandes bis zur Annahme der Erbschaft kann bei Gericht die Verwaltung und Verwahrung des Nachlasses beantragt werden. 132

Eine Nachlassverwaltung ist auch von Amts wegen vorgesehen, wenn nach einem Erbfall weder Verwandte zu ermitteln sind noch ein Testament vorhanden ist. Wenn ein Testament nicht vorhanden ist, kann das Gericht auf einen Antrag hin, die gesetzlichen Erben feststellen. 133

b) Annahme und Ausschlagung der Erbschaft. aa) Regelungen des spanischen Gemeinschaftsrechtes im Codigo Civil. (1) Erbschaftsannahmeerklärung. Anders als im deutschen Recht tritt die Gesamtrechtsnachfolge nicht von selbst ein, sondern durch Antritt der Erbschaft aufgrund einer **Erbschaftsannahmeerklärung,** die sowohl ausdrücklich als auch stillschweigend erfolgen kann (Art. 998ff. CC). Bis zur Annahme der Erbschaft gilt diese als **ruhende Erbschaft.** In diesem Stadium dürfen die Erben nur vorläufige Verwaltungsmaßnahmen zur Erhaltung des Nachlasses ergreifen (Art. 999 IV CC). Mit der Annahmeerklärung wirkt diese auf den Zeitpunkt des Todes des Erblassers zurück. 134

Zwar ist eine notarielle Annahmeerklärung nicht erforderlich und insbes. aus der Sicht eines Erben eines deutschen Erblassers überflüssig, da hier durch die Geltung des materiellen deutschen Erbrechtes (→ EGBGB Art. 26 Rn. 48) der Vonselbsterwerb des Nachlasses gilt. Sofern jedoch **Grundvermögen** in Spanien vorhanden ist, lässt sich die Abgabe einer notariellen Erbannahmeerklärung nicht umgehen, da ohne eine solche notarielle Urkunde keine Umschreibung des Grundbesitzes im Grundbuch vollzogen werden kann (Art. 14 Ley Hipotecaria). 135

120 Spanien

136 Eine **Frist** für die Annahme der Erbschaft besteht nicht. Das Gericht kann jedoch auf Antrag eines Dritten, der ein Interesse daran hat, dass der Erbe annimmt oder ausschlägt, dem Erben eine 30tägige Frist zur Abgabe der Erklärung setzen, verbunden mit der Belehrung, dass nach fruchtlosem Ablauf der Frist, die Erbschaft als angenommen gilt (Art. 1005 CC). Die Annahmeerklärung ist sowohl bedingungs- als auch befristungsfeindlich und kann auch nicht auf einen Teil des Nachlasses beschränkt werden.

137 Ein **Widerruf der Annahmeerklärung** ist nicht zulässig, wohl jedoch eine **Anfechtung**, sofern ein Willensmangel vorgelegen hat oder ein bisher unbekanntes Testament (Art. 997 CC). Abgesehen davon, dass der Erbe ein Überlegungsrecht ausüben kann (Art. 1010 II CC) und zunächst die Errichtung eines Inventars verlangen kann, gibt es zwei Klassen der Erbannahme: die vorbehaltlose/schlichte Annahme (pura y simple) und die Annahme unter der Rechtswohltat des Inventars (a beneficio de inventario).

138 **(2) Die vorbehaltlose Annahme gem. Art. 1003 CC.** Erfolgt die Annahme der Erbschaft ohne Vorbehalt, so verschmilzt das Vermögen des Erben mit dem Nachlass, mit der Folge der Haftung für sämtliche Nachlassverbindlichkeiten mit seinem eigenen Vermögen und dem Nachlassvermögen (Art. 1003 CC). Hinsichtlich der Erbannahme durch einen Minderjährigen bedarf der Vormund jedoch einer gerichtlichen Ermächtigung für die Annahme einer Erbschaft ohne Haftungsbeschränkung so wie auch für die Ausschlagung einer Erbschaft (Art. 271 Nr. 4 CC). Als vorbehaltlose Annahme gilt es, wenn von dem Erben Nachlassgegenstände beiseite geschafft worden sind (Art. 1002 CC) oder wenn eine Inventarerrichtung durch Verschulden oder Nachlässigkeit des Erben nicht innerhalb von 60 Tagen begonnen oder abgeschlossen worden ist (Art. 1018 CC). Diese Frist kann durch das Gericht bei Vorliegen entsprechender Gründe auch bis zu einem Jahr verlängert werden.

139 Die vorbehaltlose Annahme bewirkt die Verschmelzung des Vermögens des Erben mit dem Nachlassvermögen sowie die **Haftung für sämtliche Nachlassverbindlichkeiten** einschließlich der Vermächtnisse mit dem Gesamtvermögen (Art. 1003 CC).

140 **(3) Die Annahme unter der Rechtswohltat des Inventars.** Die Erklärung der Annahme unter der Rechtswohltat des Inventars führt zu einer Beschränkung der Haftung des Erben. Der Erblasser kann dieses Recht des Erben auch nicht im Rahmen seiner letztwilligen Verfügung versagen (Art. 1010 I CC). Das Verfahren verläuft in fünf Phasen: zunächst muss der Erbe vor einem Notar oder dem zuständigen Richter oder sofern sich der Erbe im Ausland befindet, vor dem Konsularbeamten, der hierzu ermächtigt ist (Art. 1012 CC), eine Erklärung abgeben, dass er das Erbe unter der Rechtswohltat des Inventars annimmt. Danach ist das Inventar zu erstellen, der Nachlass zu verwalten, nach Erstellung des Inventars die Annahme zu erklären und zuletzt, die Gläubiger und Vermächtnisnehmer zu bezahlen. Derjenige Erbe, der Gewahrsam am Nachlass hat und am Ort, an dem der Erblasser gestorben ist, wohnt, muss innerhalb von 10 Tage nach dem er von dem Tode des Erblassers erfahren hat gegenüber dem Richter erklären, dass er von dem Recht der Annahme unter der Rechtswohltat des Inventars, Gebrauch macht (Art. 1014 CC). Wenn der Erbe außerhalb wohnt beträgt die Frist 30 Tage. Die Errichtung des Inventars hat dann 30 Tage nach der Ladung der Gläubiger und Vermächtnisnehmer und vor dem Ablauf weiterer 60 Tage, zu erfolgen. In dieser Zeit ist auch der Anspruch der Vermächtnisnehmer auf Auszahlung ausgesetzt (Art. 1025 CC). Die Rechtswohltat des Inventars bewirkt zum einen die **Beschränkung der Haftung** der Erben auf den Nachlass (Art. 1023 CC) und zum anderen die **Trennung des Vermögens** des Erben von dem Nachlassvermögen.

141 Das Recht auf Annahme der Erbschaft und diese einzufordern verjährt nach 30 Jahren seit dem Tode des Erblassers (*Rivas Martinez*, Derecho de Sucesiones. Común y Foral, Bd. III, 2503) und folgt damit der Verjährung zur Verfolgung dinglicher Ansprüche an Immobilien.

142 **(4) Die Ausschlagung.** Die **Ausschlagung** der Erbschaft ist wie auch die Erbannahme ein freiwilliges, einseitiges, ausdrückliches und **formbedürftiges Rechtsgeschäft**. Die Ausschlagungserklärung erfolgt in öffentlicher oder beglaubigter Form oder durch eine schriftliche Erklärung vor dem, für den Nachlass zuständigen Richter. Gem. Art. 1001 CC können die **Gläubiger** des Erben, zu deren Nachteil der Erbe ausgeschlagen hat, bei dem Richter beantragen, dass er sie ermächtigt, im Namen des Erben die Erbschaft anzunehmen. Hierbei geht die Wirkung der Annahme jedoch nur so weit, wie es zur Deckung der Forderungen der Gläubiger erforderlich ist (TS 30.5.2003, RJ 3917). Die Ausschlagung bewirkt, dass sie sowohl für die gesetzliche als auch die testamentarische Erbfolge gilt. An die Stelle des Ausschlagenden treten die Ersatzerben oder das Erbrecht wächst denjenigen Noterben an, die nicht ausgeschlagen haben (TS 30.5.2003, RH 3917). Das Gesetz bestimmt keine Frist für die Ausschlagungserklärung. Lediglich in dem Fall, in dem ein Dritter dies bei Gericht beantragt hat, kann der Richter dem Erben eine Frist von 30 Tagen zur Abgabe der Erklärung setzen. Nach Ablauf der Frist gilt das Erbe als angenommen. Für den Nachlass eines Deutschen Erblassers gilt auch für das unbewegliche Vermögen das deutsche Erbrecht (→ EGBGB Art. 25 Rn. 48), so dass hier insofern ausschließlich die deutschen Vorschriften über die Ausschlagung zu beachten sind. Für die Ausschlagungserklärung besteht Formzwang (Art. 1008 CC). Sie kann bei dem zuständigen Nachlassgericht oder bei einem Notar in Form einer öffentlichen Urkunde vorgenommen werden. Die Ausschlagung ist nicht mehr möglich, sofern die Erbschaft zuvor angenommen wurde, dh wenn der Erbe Handlungen vorgenommen hat, die einen Willen zur Annahme erkennen lassen, wie bei jeglichen Verfügungen über zum Nachlass gehörende Gegenstände wie Schenkungen, Verkäufe oder Abtretungserklärungen. Ein Verzicht zugunsten anderer Miterben gilt selbst dann als Annahme, wenn er unentgeltlich erklärt wurde. Ausgenommen ist lediglich der Verzicht, der unentgeltlich erfolgt jedoch zugunsten der verbleibenden Miterben und zu jeweils gleichen Teilen. Ausschlagen kann auch nicht mehr, wer Teile des Nachlasses beiseite geschafft oder verborgen hat. Hatte der

II. Materielles Recht

Erbe sich vorbehalten, ein Inventar zu errichten und dieses nicht innerhalb von 60 Tagen oder der ihm hierfür gewährten Fristverlängerungen vorgenommen, so gilt die Annahme der Erbschaft durch ihn ebenfalls als vorbehaltslose Annahme mit der Folge des Verlustes des Ausschlagungsrechtes. Eine **Frist** für die Ausschlagung gibt es nicht.

Es kann nur ein Dritter, der ein Interesse daran hat, das der Erbe sich erklärt, bei Gericht beantragen, 143 dass der Erbe hierzu innerhalb einer Frist von 30 Tagen aufgefordert wird.

Die Ausschlagung bewirkt zunächst eine Rückwirkung auf den Zeitpunkt des Todes des Erblassers 144 (Art. 989 CC) und ferner, dass der Ausschlagende nie Erbe des Erblassers wurde und so entweder der Ersatzerbe berufen ist oder es zur Anwachsung des Erbteiles kommt oder aber zur teilweisen oder vollständigen gesetzlichen Erbfolge (*Rivas Martinez*, Derecho de Sucesiones. Común y Foral, 2526).

Die Ausschlagung des Erbes bedeutet allerdings nicht die Ausschlagung sämtlicher Rechte und Vorteile 145 des Ausschlagenden, denn die Ausschlagung wirkt sich nicht auf das Recht des Abkömmlings aus, den Pflichtteil (la mejora) geltend zu machen. Das Recht steht auch dem Vermächtnisnehmer zu, der das Erbe unbeschadet des Vermächtnisses ausschlagen kann. Dies gilt auch umgekehrt, das Vermächtnis kann auch ausgeschlagen werden, ohne dass das Erbe ausgeschlagen werden (*Rivas Martinez*, Derecho de Sucesiones. Común y Foral, Bd. III, 2511).

bb) Regelung in den Foralrechten der Autonomien. (1) Die Annahme und Ausschlagung ist in **Aragonien** in den Art. 342 ff. CDFA geregelt. Die Regelung entspricht weitgehend dem gemeinen Recht. 146

(2) Das Recht der **Balearen** enthält hierzu keine Regelungen. 147

(3) Das seit dem 1.1.2009 geltende neue **katalanische Recht** regelt die Annahme und Ausschlagung 148 der Erbschaft in Art. 561. Annahme und Ausschlagung sind unwiderruflich und können nicht befristet oder bedingt erklärt werden. Die Annahme kann ausdrücklich oder konkludent erklärt werden. Die Ausschlagung muss formgerecht durch ein öffentliches Dokument oder durch eine schriftliche Erklärung gegenüber dem zuständigen Richter erfolgen. Die Gläubiger des Erben können, befristet bis zu dem Ablauf eines Jahres nach der Ausschlagung des Erben, ihre Forderungen aus dem Nachlassvermögen befriedigen. Das Recht zur Annahme oder Ausschlagung verfällt 30 Jahre nach dem Tode des Erblassers. Auch hier besteht das Recht von Dritten, durch einen Richter eine Frist zur Erklärung der Annahme oder Ausschlagung setzen zu lassen, nach deren fruchtlosem Ablauf das Erbe als angenommen gilt.

(4) In **Galizien** gibt es keine diesbezüglichen Regelungen, es gilt das gemeine Recht. 149

(5) In **Navarra** gibt es ebenfalls keine Regelungen hierzu. 150

(6) Das Recht des **Baskenlandes** enthält hierzu gleichfalls keine Ausführungen. 151

7. Sonderbestimmungen der Foralrechte für die Erbauseinandersetzung und die Erbenhaftung. 152
a) Die Ausgleichung von Schenkungen durch den Erblasser ist in **Aragonien** gesetzlich nicht vorgesehen und erfolgt nur dann, wenn der Erblasser dies ausdrücklich angeordnet hat. Die **Erbauseinandersetzung** erfolgt nach den Art. 362 ff. CDFA. Jeder Erbe kann zu jeder Zeit die Auseinandersetzung fordern.

Dies gilt nicht, sofern der Erblasser den Ausschluss der Auseinandersetzung angeordnet hat. Hierfür 153 sieht das Gesetz eine Höchstdauer von 15 Jahren vor. Auch die Erben können durch einstimmigen Beschluss die Auseinandersetzung für die Dauer von 15 Jahren ausschließen und einmalig eine Verlängerung dieser Frist bestimmen. Die Erben sind untereinander zum Ersatz von Auslagen verpflichtet. Eine Besonderheit ergibt sich hinsichtlich der Haftung des Erben. Denn für den Fall, dass der Erbe kein Inventar errichtet hat, ist die Haftung auf das Nachlassvermögen beschränkt. Nur in dem Fall, dass der Erbe das Nachlassvermögen veräußert hat, haftet er in Höhe des Wertes, des veräußerten Gegenstandes.

b) Das Recht der **Balearen** enthält hierzu keine Bestimmungen. 154

c) In **Katalonien** befinden sich die Vorschriften über die Erbengemeinschaft in Art. 465 ff. CCC. Jeder 155 Erbe kann jederzeit die Teilung des Nachlasses verlangen, ausgenommen, es gibt eine gegenteilige Anordnung des Erblassers oder Vereinbarung unter den Erben. Die Erben müssen sich die unentgeltlichen Zuwendungen des Erblassers anrechnen lassen (Art. 464 XVII CCC). Die Erbannahme kann unter der **Rechtswohltat des Inventars** erfolgen. Das Inventar kann vor oder nach der Erbannahme errichtet werden, jedoch innerhalb von sechs Monaten nach der Kenntnis des Erben von dem Eintritt des Erbfalles. Minderjährige, unter Betreuung stehende, öffentliche juristische Personen und Vereinigungen im öffentlichen oder sozialem Interesse genießen den Vorteil der Erbannahme unter der Rechtswohltat des Inventars, obwohl sie kein solches Inventar errichtet haben (Art. 461 XVI CCC). Durch die einfache Erbannahme haftet der Erbe für sämtliche Nachlassverbindlichkeiten und Erblasserschulden auch mit seinem privaten Vermögen.

d) In **Galizien** kann die Erbauseinandersetzung zum einen durch Anordnung des Erblassers, durch 156 den Auseinandersetzungsvollstrecker (contador-partidor), die Erben selbst oder durch eine gerichtliche Entscheidung erfolgen. Der Erblasser kann durch Teilungsanordnung die Zuweisung der Nachlassgegenstände vornehmen.

Diese Fähigkeit kann der Erblasser auch auf einen Dritten übertragen. Die Teilung durch die Erben er- 157 folgt durch ein notarielles Verfahren, das durch mehr als die Hälfte der Erbengemeinschaft eingeleitet werden kann. In diesem notariellen Antrag werden die Nachlassbestandteile genannt und ein Datum festgesetzt, an dem die Auseinandersetzung stattfinden soll. Sofern keine Einigung im notariellen Verfahren möglich ist, so erfolgt die Teilung im Rahmen eines Gerichtsverfahrens. Sofern keine ausdrücklich anders lautende Anordnung des Erblassers vorhanden ist, werden Zuwendungen ausgeglichen, wenn

120 Spanien

Beschenkte oder Abkömmlinge mit Noterben zusammentreffen (Art. 227 L Galicia 2/2006). Für die Frage der Erbannahme und der Haftung gelten die Regelungen des gemeinen Rechts ergänzend.

158 e) Die Erbauseinandersetzung kann in **Navarra** durch Teilungsanordnung des Erblassers erfolgen oder durch einen hierfür eingesetzten Auseinandersetzungsvollstrecker (contador-partidor). Sofern der Erblasser hierfür keine Anordnungen getroffen hat, können die Erben durch einstimmige Vereinbarung den Nachlass so aufteilen, wie sie es für richtig erachten. Sofern dies nicht möglich ist, kann jeder der Erben den Zivilrechtsweg beschreiten. Die Erbteilung kann unter bestimmten Voraussetzungen bei falscher Bewertung der Nachlassbestandteile und einem Schaden iHv mehr als 50 % des tatsächlichen Wertes, aufgehoben werden (Gesetz 34 LF Navarra 1/1973).

159 f) Das forale Zivilrecht des **Baskenlandes** enthält keine Bestimmungen hinsichtlich der Erbteilung jedoch Anordnungen für die Berechnung und Ausgleichung von Schenkungen (Art. 62 L País Vasco 3/1992). Wenn der Erblasser und der überlebende Ehegatte gemeinsame Kinder hatten, so bilden diese Kinder mit dem überlebenden Ehegatten eine Erbengemeinschaft in der der überlebende Ehegatte als ernannter Kommissar die Hälfte des Nachlasses zu teilen hat und darüber hinaus ein Nießbrauchsrecht an dem gesamten Nachlass erhält.

III. Nachlassverfahrensrecht

160 Die örtliche Zuständigkeit spanischer Gerichte richtet sich nach Art. 52 des spanischen Zivilprozessgesetzes (LEC 2000). In Nachlassangelegenheiten ist das Gericht an dem letzten Wohnsitz des Erblassers zuständig. Sofern sich der letzte Wohnsitz des Erblassers im Ausland befand, richtet sich die Zuständigkeit des spanischen Gerichtes nach dem Ort des letzten Wohnsitzes des Erblassers in Spanien oder nach dem Ort, wo sich der größte Teil des Nachlasses des Erblassers befindet (Art. 52 I Nr. 4 LEC). Die **Eilzuständigkeit** für Maßnahmen zur Sicherung des Nachlasses liegt bei dem Gericht des Sterbeortes (Art. 790ff. LEC). Verfahrensvorschriften über die Teilung und Verwaltung des Nachlasses ergeben sich aus den Art. 782–805 LEC.

161 **1. Sterbeurkunde und Meldepflichten.** Bei einem Erbfall in Spanien wird die amtliche Sterbeurkunde (Certificado a acta de defunción) durch das spanischen Personenstandsregister ausgestellt, dem Registro Civil. Sofern der Erbfall internationalen Bezug hat, so kann auch direkt eine internationale Sterbeurkunde ausgestellt werden, die dann auch ausländischen Behörden vorgelegt werden kann.

162 Nach dem Tode eines deutschen Staatsangehörigen in Spanien sind die spanischen Behörden gem. Art. 11 des Wiener UN-Übereinkommens über konsularische Beziehungen zur Mitteilung an die deutsche konsularische Vertretung verpflichtet. Die Angehörigen können jedoch auch von selbst eine entsprechende Meldung beim Konsulat vornehmen, welches dann das Standesamt I in Berlin-Schöneberg informiert.

163 **2. Testamentseröffnung.** Ein eigenhändiges Testament muss gem. Art. 689 CC innerhalb von fünf Jahren nach dem Tode des Erblassers von dem Richter der ersten Instanz am letzten Wohnort des Erblassers oder an dem Sterbeort des Erblassers zu Protokoll genommen werden. Erfolgt die Vorlage nicht innerhalb dieser Frist, so wird das Testament unwirksam. Die Vorlagepflicht trifft die Person, bei der der Erblasser das Testament hinterlegt hatte. Sie macht sich Schadensersatzpflichtig, wenn sie nicht innerhalb von zehn Tagen nachdem sie Kenntnis von dem Tod des Erblassers erlangt hatte, das Testament dem Gericht vorlegt. Der Richter hat nach Feststellung des Todes die Echtheit des Testamentes mittels dreier Zeugen zu prüfen. Das Gericht ordnet dann an, dass das Testament durch einen Notar zu Protokoll genommen wird. Der Notar hat den Beteiligten die erforderlichen Kopien und Bescheinigungen zu erteilen.

164 Das vor einem Notar errichtete öffentliche Testament (→ Rn. 58) wird auch nach Vorlage einer Sterbeurkunde durch den Notar eröffnet.

165 Ein verschlossenes Testament (→ Rn. 60) muss gem. Art. 712 CC ebenfalls innerhalb von zehn Tagen dem Richter vorgelegt werden und nach Prüfung der Echtheit des Testamentes wird ein Protokoll hierüber durch einen Notar gefertigt.

166 **3. Erbscheinsverfahren. a)** Im Rahmen der gesetzlichen Erbfolge können der überlebende Ehegatte, die Abkömmlinge und die Eltern des Erblassers bei einem **Notar** mit Sitz am letzten Wohnsitz des Erblassers oder auch an einem Ort, wo sich der Nachlass des Erblassers befindet, durch einen Antrag einen **notariellen Erbnachweis** verlangen (Acta de notariedad). Nach dem Erwägungsgrund Nr. 23 zur EuErbVO erfolgt die Bestimmung des gewöhnlichen Aufenthaltes des Erblassers nach einer Gesamtbeurteilung von dessen Lebensumständen vor seinem Tod und zum Zeitpunkt seines Todes. Der Ort des gewöhnlichen Aufenthaltes sollte eine besonders enge und feste Bindung zu dem betreffenden Staat erkennen lassen (OLG Hamburg, Beschluss v. 16.11.2016, FGPrax 2017, 129). Zur Erteilung dieses Erbnachweises bedarf es einer Legitimation des Antragstellers durch eine internationale Sterbeurkunde oder ein Negativattest des Zentralen Nachlassregisters in Madrid darüber, dass kein Testament hinterlegt worden ist sowie eines Nachweises über die Verwandtschaft zum Erblasser, etwa durch eine Geburtsurkunde oder Heiratsurkunde. Notwendig sind ferner zwei Zeugen und ein Miterbe, die die Richtigkeit der Angaben bestätigen können. Bei einer Beantragung des Erbnachweises für einen deutschen Erblasser bedarf es ferner der Vorlage einer notariell beglaubigten **Bescheinigung von zwei deutschen Rechtsan-**

wälten, über die Erbfolge nach deutschem Recht. Mit diesem Erbnachweis können Grundbücher und Bankguthaben umgeschrieben werden.

Sofern spanische Notare aufgrund der Problematik der Anwendbarkeit des deutschen Erbstatutes die Ausstellung des Erbnachweises scheuen, so bleibt noch der Weg der Feststellung der Erben durch das gerichtliche Verfahren oder durch einen deutschen Erbschein, der in Spanien vor einer deutschen konsularischen Vertretung oder in Deutschland – sofern kein Wohnsitz in Deutschland mehr angemeldet war – vor dem Amtsgericht in Berlin-Schöneberg, beantragt werden kann. 167

b) Die gesetzlichen Erben, die nicht über den notariellen Erbnachweis vorgehen können, können eine **gerichtliche Erklärung** über die gesetzlichen Erben (Procedimiento de declaración de herederos abintestato) beantragen. Voraussetzung für dieses Verfahren ist der Nachweis, dass der Erblasser ohne Hinterlassung einer letztwilligen Verfügung verstorben ist (AP Ceuta Auto 11.6.2003, AC 2060). Dieser Nachweis wird durch das Negativattest des Zentralen Nachlassregisters in Madrid erbracht. Ab einem Streitwert iHv 2.404,04 EUR ist die Vertretung durch einen Rechtsanwalt erforderlich. Der Richter und der Staatsanwalt prüfen die Akte und sofern es Anlass für die Vermutung gibt, dass noch weitere Verwandte vorhanden sein könnten, werden an öffentlichen Orten, die im Zusammenhang mit dem Erblasser stehen, öffentliche Bekanntmachungen ausgehängt, in denen die bekannten Erben genannte werden und die weiteren Verwandten, die glauben, ein Erbrecht zu haben, ersucht werden, sich innerhalb von 30 Tagen zu melden. Diese Frist kann nach dem Ermessen des Richters verlängert werden. Die Veröffentlichungen erfolgen im Amtsblatt der betreffenden Autonomie, in einer der am meisten verbreiteten Tageszeitungen der Provinz sowie in dem Boletín Oficial de Estado – BOE – (Gesetzblatt). 168

Der Richter entscheidet durch Beschluss auf Vorschlag des Staatsanwaltes. Dieser Beschluss ist rechtsmittelfähig. 169

4. Erbteilungsverfahren. Die Erben und die Vermächtnisnehmer können ein **gerichtliches Erbteilungsverfahren beantragen** (Art. 782 LEC). Voraussetzung ist jedoch, dass der Erblasser keinen Teilungsvollstrecker ernannt hat. Dem Antrag muss eine Sterbeurkunde beigefügt sein und ein Nachweis über das Erbrecht oder das Vermächtnis. Die Nachlassgläubiger haben kein eigenes Antragsrecht. Die Gläubiger der Erben können sich jedoch an dem Verfahren beteiligen, um zu verhindern, dass zu ihrem Nachteil gehandelt wird. Im Rahmen des Verfahrens wird zunächst ein Nachlassverzeichnis errichtet und sämtliche Beteiligte geladen (Art. 783 LEC). In der Verhandlung werden durch die Beteiligten Beschlüsse über die Ernennung eines Nachlassverteilers gefasst sowie über die Ernennung des oder der Gutachter, die für die Bewertung der Nachlassgegenstände zuständig sind. Sofern eine Einigung nicht erzielt werden kann, entscheidet das Los über die Ernennung eines spezialisierten Rechtsanwaltes (Art. 784 LEC). Nach der Bewertung der Nachlassgegenstände erfolgt die Durchführung der Teilung durch den ernannten Teilungsvollstrecker (Art. 786 LEC). Nach der Teilung haben die Parteien innerhalb einer Frist von zehn Tagen die Möglichkeit, Einwendungen gegen die Teilung zu erklären. In diesem Fall entscheidet das Gericht durch Beschluss über die Teilung. 170

Sofern unter den Erben Einigkeit besteht, kann die Erbteilung durch Zuteilung des Nachlasses untereinander – de facto – erfolgen. In den Fällen, in denen Grundbesitz oder Bankkonten auf den Namen des Erblassers vorhanden sind, bedarf es der Errichtung einer **notariellen Urkunde.** Mit dieser Urkunde zahlen Banken die Guthaben entsprechend aus und kann die Umschreibung des Grundbuches veranlasst werden. 171

5. Deutsche Erbscheine in Spanien. Ein deutscher Erbschein muss für die Vorlage bei einer Behörde in Spanien durch einen vereidigten Übersetzer in die spanische Sprache übersetzt werden und mit der Apostille überlegalisiert werden. Das spanische Recht erkennt den deutschen Erbschein als ausländischen erbrechtlichen Titel gem. Art. 14 I LH iVm Art. 36 u. 37 RH an. 172

IV. Erbschaftsteuer

Die Erbschaftsteuer richtet sich in Spanien nach dem Erbschaft- und Steuerschenkungsgesetz (Ley del Impuesto sobre Sucesiones y Donaciones, LISyD), das seit dem 1.1.1988, in der letzten Fassung v. 28.12. 2012, in Kraft ist. Hierzu ist eine Durchführungsverordnung (Decreto Ley Nr. 1629/91) am 8.11.1991 in Kraft getreten. Die spanische Verfassung hat ua auch die Ertragshoheit dem spanischen Staat zugewiesen, jedoch fällt das Erbschaftsteueraufkommen den Autonomien zu, welche daher ebenfalls ergänzende Befugnisse ausüben. Vor allem besteht jedoch seit dem 1.1.2002 eine eigene Gesetzgebungskompetenz für Freibeträge, Steuertarife und Multiplikationskoeffizienten und somit die Befugnis, die Höhe der Erbschaftsteuer festzulegen (FFDH IntErbR/*Hellwege* N Rn. 3). Eigene Regelungen wurden von den folgenden Autonomien erlassen: Andalusien, Balearen, Baskenland, Katalonien, Madrid, Navarra, Rioja, Santander, Valencia. Diese Regelungen betreffen jedoch Vergünstigungen für die Fälle, in denen sowohl der Steuerschuldner, als auch der Erblasser ihren gewöhnlichen Aufenthalt in Spanien haben (Süß ErbR/*Süß* Rn. 189), was auf die hier relevanten deutsch-spanischen Erbfälle in der Regel nicht zutreffen wird. 173

Die Erbschaftsteuer besteuert den unentgeltlich erzielten Vermögenszuwachs von natürlichen Personen durch den Erwerb von Todes wegen oder durch eine Lebensversicherung; juristische Personen werden durch die Körperschaftsteuer besteuert. Der Besteuerungsgegenstand ist daher jeder Erwerb durch eine Erbschaft oder Vermächtnis sowie im allgemeinen jeder Erwerb von Todes wegen. Hiervon betroffen sind auch die Noterbrechte und das Nießbrauchsrecht des überlebenden Ehegatten. 174

120 Spanien

175 **1. Unbeschränkte Steuerpflicht.** Der unbeschränkten Steuerpflicht (das gesamte bzw. Weltvermögen erfassende Steuerpflicht) unterliegen in Spanien alle natürlichen Personen mit **gewöhnlichem Aufenthalt** in Spanien. Die Belegenheit des, durch den Erbfall erworbenen Vermögens ist irrelevant. Die Frage, wann eine Person ihren gewöhnlichen Aufenthalt (residencia habitual) in Spanien hat, richtet sich nach den Regelungen über die Einkommensteuerpflicht: Art. 9 des spanischen Einkommensteuergesetzes bestimmt, dass ein Steuerpflichtiger als Inländer im Sinne dieses Gesetzes gilt, wenn er mindestens 183 Tage im Jahr in den 12 Monaten vor der Entstehung der Steuer im Inland war, wobei jedoch urlaubsbedingte und nur vorübergehende Aufenthalte im Ausland, nicht als Unterbrechung gelten sollen.

176 Eine unwiderlegbare Vermutung für einen gewöhnlichen Aufenthalt in Spanien gilt für denjenigen, der seine Haupteinnahmequelle, bzw. den Schwerpunkt seiner beruflichen oder unternehmerischen Tätigkeit, in Spanien hat. In diesen Fällen hat es der Steuerpflichtige zu beweisen, wenn er seinen gewöhnlichen Aufenthalt tatsächlich im Ausland hat. Der gewöhnliche Aufenthalt des Erblassers ist für die Steuerpflicht irrelevant.

177 **2. Beschränkte Steuerpflicht.** Diejenigen Erwerber von Vermögensgegenständen und Rechten durch Nachfolge von Todes wegen, die sich in Spanien befinden oder in Spanien geltend gemacht oder erfüllt werden müssen und die ihren gewöhnlichen Aufenthalt nicht in Spanien haben, sind nach Art. 7 LlSyD **beschränkt steuerpflichtig** (Beschränkung der Steuerpflicht auf das erworbene Inlandsvermögen). Entscheidend für die Anknüpfung der Steuerpflicht ist die territoriale Zuordnung der Vermögenswerte. Nach der Durchführungsverordnung zum spanischen Erbschaft- und Schenkungsteuergesetz (Art. 18 II Nr. 1 u. 2 RISyD) werden das in Spanien belegene bewegliche und unbewegliche Vermögen erfasst. Die Erfassung von sämtlichen Forderungen und Rechten bewirkt auch eine Steuerpflicht für Wertpapiere spanischen Ursprungs, sofern die sich hieraus ergebenden Forderungen in Spanien geltend gemacht werden können sowie Lebensversicherungen spanischer Versicherer. Die beschränkte Steuerpflicht führt zu einer Verpflichtung zur Bestellung eines in Spanien ansässigen Vertreters für die Zustellung durch die Steuerverwaltung (Art. 18 Nr. II Nr. 4 RISyD).

178 Die in Deutschland lebenden Erben von in Spanien belegenen Nachlassgegenständen unterliegen daher hinsichtlich dieser Vermögenswerte der spanischen Erbschaftsteuer.

179 **3. Kein Doppelbesteuerungsabkommen.** In **Deutschland** gilt die **unbeschränkte Steuerpflicht** für alle Erwerber, wenn der **Erblasser** seinen Wohnsitz oder gewöhnlichen Aufenthalt im Inland hatte (§ 2 I Nr. 1 ErbStG). Die Ansässigkeit des Erwerbers ist hiernach nicht relevant. In dem Fall, in dem der Erblasser Steuerausländer war und der Erwerber Inländer ist, ergibt sich für den deutschen Erwerber eine unbeschränkte Steuerpflicht.

180 Aufgrund der unterschiedlichen Anknüpfungspunkte beider Rechtsordnungen, kann es iErg für einen Erwerber zu einer unbeschränkten Besteuerung in beiden Staaten kommen. Ein deutsch-spanisches **Doppelbesteuerungsabkommen** ist **nicht existent**. Vor allem in dem Fall, in dem ein Erblasser mit deutscher Staatsangehörigkeit und Vermögenswerten in beiden Ländern, von einem in Spanien ansässigen Erben beerbt wird, kommt es zu einer Erbschaftsteuerpflicht für den Nachlass in beiden Ländern und zwar über den Gesamterwerb. Auch in den Fällen, in denen sowohl der Erblasser, als auch der Erwerber in Deutschland leben und hier unbeschränkt steuerpflichtig sind, ergibt sich eine Steuerpflicht auf den Gesamterwerb in Deutschland und auf das in Spanien belegene Nachlassvermögen. Ferner verbleibt es in den Fällen, in denen sowohl der Erblasser als auch Erwerber in Spanien ansässig sind, in Deutschland bei einer beschränkten Steuerpflicht für das Inlandsvermögen in Deutschland und einer unbeschränkten Steuerpflicht in Spanien. Hiernach erfasst die spanische Erbschaftsteuer sowohl das in Spanien, als auch das in Deutschland belegene Vermögen.

181 a) **Anrechnung in Deutschland.** Nach § 21 I 2 ErbStG kann in Deutschland die in **Spanien** auf die spanischen Nachlassgegenstände gezahlte Erbschaftsteuer bis zu einem Höchstbetrag **angerechnet** werden. Jedoch wird die Erbschaftsteuer, die in Spanien auf die deutschen Nachlassgegenstände bezahlt wurde, nicht angerechnet.

182 b) **Anrechnung in Spanien.** Das spanische Recht regelt in Art. 23 LISyD eine **Anrechnung für im Ausland entrichtete Steuern.** Voraussetzung ist hierfür eine unbeschränkte Steuerpflicht in Spanien und ein Beleg dafür, dass die im Ausland fällige Steuer bezahlt worden ist. Die Anrechnung erfolgt in der Weise, dass die spanische Steuerlast entweder um denjenigen Betrag gekürzt werden kann, der im Ausland aufgrund der dort vergleichbaren Steuer zu leisten war oder um denjenigen Betrag, der der durchschnittlichen spanischen Steuer entspricht, die auf die im Ausland belegenen Vermögenswerte zu zahlen ist. Es wird der geringer dieser beiden Beträge als Abzugsbetrag angerechnet (Berechnungsbeispiel: FFDH IntErbR/*Hellwege* Spanien N Rn. 86).

183 **4. Bemessungsgrundlage.** Das spanische Erbschaftsteuerrecht besteuert, so wie auch das Deutsche Erbschaftsteuerrecht den, bei dem Berechtigten eingetretenen Vermögenszuwachs als Bemessungsgrundlage und nicht das Vermögen des Erblassers im Todeszeitpunkt. Grundlage der Vermögenszuwachssteuer ist der Erwerb von Todes wegen unter Berücksichtigung des Grades der verwandtschaftlichen Nähe zu dem Erblasser im Rahmen der Berechnung. Für die Berechnung der Erbschaftsteuer wird die vorläufige Bemessungsgrundlage (base imponible) aus der Differenz zwischen dem tatsächlich vorhandenen Wert des Nachlasses und der abzugsfähigen Schulden, Belastungen und Auslagen, ermittelt. Die Wertermittlung von Grundbesitz durch den Steuerschuldner erfolgt nach dem jeweils höheren, ermittelbaren

IV. Erbschaftsteuer **Spanien 120**

Wert (Katasterwert, bereits in anderem Zusammenhang durch die Finanzverwaltung festgesetzter Wert, Kaufpreis, Beleihungswert oder der Anschaffungswert).

Der Wertansatz durch das Finanzamt erfolgt bei Grundbesitz durch Ansatz des Verkehrswertes im Zeitpunkt des Erbfalles. Die Bewertung von Wertpapieren erfolgt nach dem Kurswert. Für die Bewertung gebrauchter Pkw gibt es eine jährlich aktualisierte Liste des Wirtschafts- und Finanzministeriums über die hierfür anzusetzenden Werte. Sämtliche weiteren Nachlassgegenstände werden mit ihrem Verkehrswert in Ansatz gebracht. Nach dem Abzug der Belastungen, Schulden und Auslagen erfolgt die Ermittlung der bereinigten Bemessungsgrundlage (base liquidable) durch Abzug der, je nach Alter und Verwandtschaftsgrad zu berücksichtigenden **Freibeträge** (deducciones) und **Steuerbefreiungen** (exenciones). Steuerbefreiungen (Art. 20 LISyD) gibt es für mehrfache Erwerbe der gleichen Vermögensgegenstände innerhalb von zehn Jahren, sofern ein Abkömmling des Erblassers das Vermögen erworben und versteuer hat. Steuerermäßigungen gibt es auch bei dem Erwerb eines Familienbetriebes in Form eines Einzelunternehmens oder einer Beteiligung an einem Unternehmen durch den Ehegatten, einen Abkömmling oder ein Adoptivkind. In diesen Fällen kommt es bei einer Haltefrist für die Dauer von zehn Jahren nach dem Tode des Erblassers im Rahmen der Ermittlung der Festsetzungsgrundlage zusätzlich zu den Freibeträgen, zu einem Abzug iHv 95 % des Unternehmens- oder Beteiligungswertes. Zu einer Steuerermäßigung in gleicher Höhe, jedoch auf einen Höchstbetrag iHv 122.606,47 EUR beschränkt, kommt es auch für die durch den Erblasser selbst genutzte Wohnung, wenn der Erwerber älter als 65 Jahre ist und die Wohnung zehn Jahre lang von dem Erwerber behalten wird. Steuerermäßigungen in dieser Höhe gibt es darüber hinaus auch für den Erwerb von land- und forstwirtschaftlich genutzten Flächen und Betrieben sowie beim Erwerb von solchen Vermögensgegenständen, die zum historischen Erbe des spanischen Staates oder kulturellen Erbe einer der Autonomien gehören. Die zu berücksichtigenden Freibeträge ergeben sich aus der Nähe des Verwandtschaftsverhältnisses zu dem Erblasser. Bei Abkömmlingen ist zusätzlich das Alter des Erwerbers relevant (Art. 20 Ziff. a LISyD). Hiernach wird zwischen vier Steuerklassen unterschieden:

Steuerklasse 1: **Abkömmlinge oder Adoptivkinder,** die **jünger als 21 Jahre** alt sind: 15.956,87 EUR. Für jedes Jahr, dass der Abkömmling jünger als 21 Jahre alt ist, erhöht sich der Freibetrag um weitere 3.990,72 EUR, wobei der Höchstbetrag 47.858,59 EUR beträgt.

Steuerklasse 2: **Abkömmlinge und Adoptivkinder, die 21 Jahre alt oder älter** sind sowie **Ehegatten** und **Aszendenten** (Verwandte aufsteigender Linie- Eltern, Großeltern) sowie Adoptiveltern: 15.956,87 EUR.

Steuerklasse 3: **Seitenverwandte zweiten und dritten Grades,** verschwägerte Abkömmlinge: 7.993,46 EUR

Steuerklasse 4: Seitenverwandte **vierten oder entfernteren Grades** und außenstehende Personen, einschließlich Partner einer **eheähnlichen Lebensgemeinschaft:** kein Freibetrag.

In den einzelnen Autonomien werden noch gesonderte Freibeträge geregelt. Nach Abzug des Freibetrages ist nach dem gemeinen Recht aus den aktuellen Steuertarifen (Art. 21 LISyD) der effektive Steuersatz zu ermitteln, sofern die betroffene Autonomie keine eigenen Steuertarife erlassen hat. Die nach dem gemeinen Recht geltenden Steuertarife ergeben sich aus Art. 20 Ziff. 2 LISyD:

Steuerpflichtiger Erwerb – bis Euro	Steuerbetrag – Euro	Restlicher Betrag – Euro	Effektiver Steuersatz %
0	–	7.993,46	7,65
7.993,46	611,50	7.987,45	8,50
15.980,91	1.290,43	7.987,45	9,35
23.968,36	2.037,26	7.987,45	10,20
31.955,81	2.851,98	7.987,45	11,05
39.943,26	3.734,59	7.987,45	11,90
47.930,72	4.685,10	7.987,45	12,75
55.918,17	5.703,50	7.9 87,45	13,60
63.905,62	6.789,79	7.987,45	14,45
71.893,07	7.943,98	7.987,45	15,30
79.880,52	9.166,06	39.877,15	16,15
119.757,67	15.606,22	39.877,15	18,70
159.634,83	23.063,25	79.754,30	21,25
239.389,13	40.011,04	159.388,41	25,50
398.777,54	80.655,08	398.777,54	29,75 %
797.555,08	199.291,40	Und höher	34,00 %

120 Spanien

(Diese Tarife gelten auch in Aragonien und Galizien).

Folgende Steuertarife haben die Autonomien geregelt:

190 **(1) Balearen**

Steuerpflichtiger Erwerb – bis Euro	Steuerbetrag – Euro	Restlicher Betrag – Euro	Effektiver Steuersatz %
0	–	8.000,00	7,65
8.000,00	612,00	8.000,00	8,50
16.000,00	1.292,00	8.000,00	9,35
24.000,00	2.040,00	8.000,00	10,20
32.000,00	2.856,00	8.000,00	11,05
40.000,00	3.740,00	8.000,00	11,90
48.000,00	4.692,00	8.000,00	12,75
56.000,00	5.712,00	8.000,00	13,60
64.000,00	6.800,00	8.000,00	14,45
72.000,00	7.956,00	8.000,00	15,30
80.000,00	9.180,00	40.000,00	16,15
120.000,00	15.640,00	40.000,00	18,70
160.000,00	23.120,00	80.000,00	21,25
240.000,00	40.120,00	160.000,00	25,50
400.000,00	80.920,00	400.000,00	29,75
800.000,00	199.920,00	Exceso	34,00

191 **(2) Kantabrien**

Steuerpflichtiger Erwerb – bis Euro	Steuerbetrag – Euro	Restlicher Betrag – Euro	Effektiver Steuersatz %
0	–	7.993,46	7,65
7.993,46	611,50	7.987,45	8,50
15.980,91	1.290,43	7.987,45	9,35
23.968,36	2.037,26	7.987,45	10,20
31.955,81	2.851,98	7.987,45	11,05
39.943,26	3.734,59	7.987,46	11,90
47.930,72	4.685,10	7.987,45	12,75
55.918,17	5.703,50	7.987,45	13,60
63.905,62	6.789,79	7.987,45	14,45
71.893,07	7.943,98	7.987,45	15,30
79.880,52	9.166,06	39.877,15	16,15
119.757,67	15.606,22	39.877,16	18,70
159.634,83	23.063,25	79.754,30	21,25
239.389,13	40.011,04	159.388,41	25,50
398.777,54	80.655,08	398.777,54	29,75
797.555,08	199.291,40	Und mehr	34,00

IV. Erbschaftsteuer **Spanien 120**

(3) Katalonien

Steuerpflichtiger Erwerb – bis Euro	Steuerbetrag	Restlicher steuerpflichtiger Erwerb – bis Euro	Steuersatz %
0	0	8.000,00	7,42
8.000,00	593,64	8.000,00	8,25
16.000,00	1.253,24	8.000,00	9,07
24.000,00	1.978,80	8.000,00	9,89
32.000,00	2.770,32	8.000,00	10,72
40.000,00	3.627,80	8.000,00	11,54
48.000,00	4.551,24	8.000,00	12,37
56.000,00	5.540,64	8.000,00	13,19
64.000,00	6.596,00	8.000,00	14,02
72.000,00	7.717,32	8.000,00	14,84
80.000,00	8.904,60	40.000,00	15,67
120.000,00	15.172,60	40.000,00	18,16
160.000,00	22.436,60	80.000,00	20,64
240.000,00	38.948,60	160.000,00	24,75
400.000,00	78.548,60	400.000,00	28,87
800.000,00	194.028,60	Und mehr	32,98

(4) Madrid

Steuerpflichtiger Erwerb – bis Euro	Steuerbetrag – bis Euro	Restlicher steuerpflichtiger Erwerb – bis Euro	Steuersatz %
0	0	8.313,00	7,65
8.313,20	635,95	7.688,00	8,50
16.001,35	1.360,11	8.001,00	9,35
24.002,01	2.244,09	8.001,00	10,20
32.002,70	3.264,28	8.001,00	11,05
40.003,36	4.420,37	8.000,68	11,90
48.004,04	5.712,48	8.001,00	12,75
56.004,71	7.140,60	8.001,00	13,60
64.005,39	8.704,73	8.001,00	14,45
72.006,05	10.404,97	8.001,00	15,30
80.006,73	12.241,03	39.941,00	16,15
119.947,58	19.371,53	39.940,87	18,70
159.888,45	29.899,14	79.881,71	21,25
239.770,16	50.951,16	159.638,00	25,50
339.408,59	101.849,19	399.409,00	29,75
798.817,20	237.648,11	Und mehr	34,00

120 Spanien

194 **(5) Valencia**

Steuerpflichtiger Erwerb – bis Euro	Steuerbetrag	Restlicher steuerpflichtiger Erwerb – bis Euro	Steuersatz %
0	0	7.993,46	7,65
7.993,46	611,50	7.668,91	8,50
15.662,38	1.263,36	7.831,19	9,35
23.493,56	1.995,58	7.831,19	10,20
31.324,75	2.794,36	7.831,19	11,05
39.155,94	3.659,70	7.831,19	11,90
46.987,13	4.591,61	7.831,19	12,75
54.818,31	5.590,09	7.831,19	13,60
62.649,50	6.655,13	7.831,19	14,45
70.480,69	7.786,74	7.831,19	15,30
78.311,88	8.984,91	39.095,84	16,15
117.407,71	15.298,89	39.095,84	18,70
156.503,55	22.609,81	78.191,67	21,25
234.695,23	39.225,54	156.263,15	25,50
390.958,37	79.072,64	390.958,37	29,75
781.916,75	1.953.682,76	Und mehr	34,00

195 Zur Ermittlung der endgültigen Steuerschuld wird der so ermittelte Betrag mit einem Koeffizienten multipliziert (Art. 22 LISyD). Die Höhe des Koeffizienten richtet sich nach der Steuerklasse und dem Vorvermögen des Erwerbers. Für den in Spanien nur beschränkt steuerpflichtigen Erwerber ist hier jedoch nur der Wert seines, in Spanien belegenen Vermögens relevant. Sofern in den Autonomien keine eigenen Koeffizienten geregelt sind, ergibt sich der anzusetzende Koeffizient nach dem gemeinen spanischen Recht aus Art. 22 LISyD:

Vorhandenes Vermögen in Euro	Steuerklassen, Art. 20		
	I und II	III	IV
von 0–402.678,11	21,	1,5882	2
von über 402.678,11–2.007.380,43	1,05	1,6676	2,1
von über 2.007.380,43–4.020.770,98	1,1	1,7471	2,2
über 4.020.770,98	1,2	1,9059	2,4

196 **(6) Kantabrien**

Erwerb von Todes wegen	Steuerklassen I und II
Vorhandenes Vermögen in Euro	Steuerklassen I und II
von 0–403.000	0,0100
von 403.000,01–2.007.000	0,0200
von 2.007.000,01	0,0300
bis 4.020.000	0,0400
über 4.020.000,01	

197 Sonstige Steuertatbestände

Vorhandenes Vermögen in Euro	Steuerklassen I und II	Steuerklasse III	Steuerklasse IV
von 0–402.678,11	1	1,5882	2
von über 402.678,11–2.007.380,43	1,05	1,6676	2,1
von über 2.007.380,43–4.020.770,98	1,1	1,7471	2,2
über 4.020.770,98	1,2	1,9059	2,4

IV. Erbschaftsteuer

(7) Katalonien

Vorhandenes Vermögen in Euro	Steuerklassen, I und II	Art. 20	
		III	IV
von 0–402.700	21	1,5882	2
von über 402.700–2.007.400	1,05	1,6676	2,1
von über 2.007.400–4.020.800	1,1	1,7471	2,2
über 4.020.800	1,2	1,9059	2,4

(8) Madrid

Vorhandenes Vermögen in Euro	Steuerklassen, I und II	Art. 20	
		III	IV
von 0–403.000	21	1,5882	2
von über 403.000–2.008.000	1,05	1,6676	2,1
von über 2.008.000–4.021.000	1,1	1,7471	2,2
über 4.021.000	1,2	1,9059	2,4

(9) Valencia

Vorhandenes Vermögen in Euro	Steuerklassen, I und II	Art. 20	
		III	IV
von 0–390.657,87	21	1,5882	2
von 390.657,87–1.965.309,58	1,05	1,6676	2,1
von 1.965.309,58–3.936.629,28	1,1	1,7471	2,2
über 3.936.629,28	1,2	1,9059	2,4

5. Das Steuerverfahren. a) Zuständig für die Erhebung der Erbschaftsteuer ist die Finanzbehörde in dem Ort, in dem der Erblasser seinen letzten Wohnsitz hatte. Sofern hiernach ein Ort des gewöhnlichen Aufenthaltes nicht ermittelt werden kann, so ist die zentrale staatliche Finanzverwaltungsbehörde in Madrid zuständig.

b) Selbstveranlagung oder Veranlagung von Amts wegen. Das spanische Steuerrecht unterscheidet zwischen dem Prinzip der **Selbstveranlagung** (autoliquidation) und der **Veranlagung von Amts wegen** (liquidation administrativa oficial). Der Erwerber hat die Wahl zwischen beiden Möglichkeiten.

Für die Veranlagung von Amts wegen muss der Erwerber sämtliche Unterlagen beibringen, die den Steuertatbestand belegen: Sterbeurkunde, beglaubigte Kopie der letztwilligen Verfügung und des Erbscheins, einschließlich einer beglaubigten Übersetzung sowie die Erbschaftsannahmeerklärung. Im Hinblick auf den Nachlass bedarf es einer Darlegung des Nachlasses einschließlich der Nachlassverbindlichkeiten sowie der Vorlage des letzten Vermögenssteuerbescheides des Erwerbers. Der Erwerber muss eine zustellfähige Anschrift in Spanien mitteilen. Für die Selbstveranlagung müssen zunächst sämtliche Erwerber der Selbstveranlagung zustimmen. Die v. g. Unterlagen sind auch hier durch den oder die Erwerber vorzulegen. Die Selbstveranlagung ist eher der Regelfall und führt zu einer schnelleren Abwicklung, vor allem im Hinblick auf ein Grundbuchumschreiben um Rahmen der Verwertung von Grundbesitz aus dem Nachlass.

c) Fälligkeit. Die Erbschaftsteuer wird mit dem Stichtag des Todestages **fällig**. Die Steuererklärung (declaración tributaria) muss innerhalb einer Frist von sechs Monaten ab dem Todestag des Erblassers abgegeben werden. Sofern die erforderlichen Belege nicht innerhalb dieser Frist beigebracht werden können, kann die Abgabefrist auf Antrag um sechs Monate verlängert werden. Die Zahlungsfristen liegen bei der Veranlagung von Amts wegen zwischen rd. 34 Tagen und rd. 19 Tagen (bei Zustellung zwischen dem 1. und dem 15. Tag eines Monates: Zahlung bis zum 5. Tag des nächsten Monats und bei Zustellung zwischen dem 16. und dem letzten Tag des Monats: Zahlung bis zum 20. Tag des nächsten Monats). Erfolgt die Steuererklärung im Rahmen der Selbstveranlagung, so ist die Zahlung innerhalb der Erklärungsfrist von sechs Monaten seit dem Tode des Erblassers fällig.

Säumniszuschläge werden zwischen 5 u. 20 % erhoben. Die Anhängigkeit eines zivilrechtlichen Erbteilungs- oder Erbauseinandersetzungsverfahrens führt zur Unterbrechung der Vorlage- und Erklärungsfrist. Auch die Einleitung eines Strafverfahrens über die Fälschung der letztwilligen Verfügung führt zur Unterbrechung der Fristen. Die außergerichtliche Erbauseinandersetzung oder das Verfahren über die Errichtung des Inventars führen zu keiner Unterbrechung der Fristen.

120 Spanien

206 **d) Verjährung.** Die Verjährung führt zum Erlöschen der Steuerschuld und tritt innerhalb von vier Jahren nach dem Ablauf der sechsmonatigen Erklärungs- und Vorlagefrist ein (Art. 25 LISyD iVm Art. 64 LGT – Ley General Tributaria –). Der Verjährungstatbestand muss von Amts wegen geprüft werden (Art. 67 LGT). Hier ist zu beachten, dass diese Verjährungsfrist von ursprünglich fünf Jahren, im Jahre 1999 auf vier Jahre verkürzt worden ist. Die Verjährung kann daher heute bereits innerhalb von vier Jahren und sechs Monaten eintreten. Im Hinblick auf die sechsmonatige Verlängerungsfrist tritt sie spätestens fünf Jahre nach dem Todesfall ein. Die Tatsache, dass Testamente, um ihre Wirksamkeit zu behalten, innerhalb einer Frist von fünf Jahren vom Gericht protokolliert werden müssen, sind hier die Fristen genau zu überwachen.

207 Für solche Urkunden (escrituras autorizadas), die im Zusammenhang mit dem Erbfall vor einer ausländischen Urkundsperson errichtet worden sind (also insbes. die Erbannahmeerklärung), hat es mit dem 1.1.2003 eine Neuregelung gegeben: hier bestimmt Art. 25 II LISyD, dass der Beginn der Verjährungsfrist auf den Tag der Erstvorlage dieser Urkunde vor einer spanischen Steuerverwaltung, verschoben wird. Durch diese Regelung kann nun keine Umgehung der Steuerpflicht bewirkt werden, indem erst nach vier Jahren vor einem deutschen oder anderem ausländischen Notar die Erbannahme im Hinblick auf eine grundbuchliche Umschreibung von Grundbesitz erklärt wird. Denn nach der Neuregelung wird erst mit dieser Erklärung die Verjährungsfrist in Gang gesetzt. Hiernach bleibt aber noch die Möglichkeit die Erbannahmeerklärung vor einem spanischen Notar abzugeben oder die Protokollierung bei einem spanischen Konsulat in Deutschland vorzunehmen. Im Hinblick auf die, mit dieser Vorschrift verbundene und sachlich nicht gerechtfertigte Diskriminierung ausländischer Staatsbürger und Urkundspersonen, dürfte diese Vorschrift allerdings europarechtswidrig sein (so auch AnwK-Spanien/ *Reckhorn-Hengemühle* Rn. 121).

Länderbericht Türkei

Übersicht

	Rn.
I. Internationales Erbrecht	1–34
1. Rechtsquellen	1/2
2. Erbstatut	3–16
a) Bestimmung des Erbstatuts	3
b) Deutsch-türkisches Nachlassabkommen	6
c) Nachlassspaltung	12
d) Rechtswahl	13
e) Umfang des Erbstatuts	14
3. Verfügungen von Todes wegen	17–20
a) Formfragen	17
b) Verfügungsfähigkeit	18
c) Erbverträge und Erbverzichte	19
d) Ordre public	20
4. Internationales Verfahrensrecht in Erbangelegenheiten	21–27
a) Wohnsitzzuständigkeit	21
b) Belegenheitszuständigkeit	22
c) Sicherungsmaßnahmen	24
d) Internationale Zuständigkeit	26
5. Anerkennung und Vollstreckbarerklärung ausländischer Entscheidungen	28–34
a) Allgemein	28
b) Sachlicher Anwendungsbereich	29
c) Anerkennungsvoraussetzungen und Hindernisse	32
d) Verfahren	33
e) Wirkungen	34
II. Materielles Recht	35–159
1. Rechtsquellen	35–42
a) Zivilgesetzbuch	35
b) Weitere Rechtsquellen	39
2. Gesetzliche Erbfolge	43–72
a) Allgemein	43
b) Gesetzliches Erbrecht der Abkömmlinge	44
c) Erben der dritten Ordnung	46
d) Gesetzliches Erbrecht des Ehegatten	48
e) Erbrecht des Staates	72
3. Gewillkürte Erbfolge	73–107
a) Allgemeines	73
b) Arten von letztwilligen Verfügungen	75
c) Inhalt der Verfügungen von Todes wegen	85
d) Erbvertrag	98
4. Pflichtteilsrecht	108–128
a) Allgemein	108
b) Pflichtteilsberechtigte und Pflichtteilsquoten	109
c) Durchsetzung des Pflichtteils	111
d) Entziehung und Beschränkung des Pflichtteils	122
5. Testamentsvollstreckung	129–132
6. Erbschaftserwerb, Erbengemeinschaft und Erbauseinandersetzung	133–139
7. Erbenhaftung/Nachlassverbindlichkeiten	140–159
a) Erblasserschulden	141
b) Erbfallschulden	145
c) Haftungsbeschränkung/Rückgriff	147
d) Ausschlagung	148
e) Amtliche Liquidation	153
f) Erbrechtlicher Gläubigerschutz	156
III. Nachlassverfahren	160–170
1. Allgemein	160
2. Erbscheinverfahren	161–170
IV. Erbschaftsteuer	171–189
1. System der Erbschaftsteuer	171
2. Erbschaft- und Schenkungsteuer	172–189
a) Rechtsgrundlage und Steuertatbestände	172
b) Ausnahmen und Befreiungen	175
c) Erbschafts- und Schenkungssteuergesetz	178
3. Ausländische Steuern/Doppelbesteuerung	187–189

Literatur: *Antalya/Sağlam*, İpek Miras Hukuku (Erbrecht); *Çelikel/Erdem*, Milletlerarası Özel Hukuk (Internationales Privatrecht), 14. Aufl., 2016; *Damar*, Deutsch-türkisches Nachlassabkommen: zivilprozess- und kollisionsrechtliche Aspekte, IPRax 2010, 278; *Dural/Öz*, Miras Hukuku (Erbrecht), 10. Auflage 2016; *Dutta*, Das neue internationale Erbrecht Europäischen Union – Eine erste Lektüre der Erbrechtsverordnung, FamRZ 2013, 4; *Gençcan* Miras Hukuku (Erbrecht), 3. Auflage 2016; *İmre/Erman* Miras Hukuku (Erbrecht), 9. Auflage 2013; *İnal*, Miras Davaları (Erbprozesse), 5. Auflage 2016; *Kaya*, Der Nachlass eines deutsch-türkischen Doppelstaaters, ZEV 2015, 208; *Kılıçoğlu*, Miras Hukuku (Erbrecht), 7. Auflage 2017; *Krüger/Nomer-Ertan*, Das türkische Gesetz Nr. 5717 vom 27.11.2007 über das internationale Privat- und Zivilverfahrensrecht, IPrax 2008, 283–290; *Krüger/Körtek/Krüger*, Beiträge zum türkischen Recht, Erbrecht und Sozialrecht, Deutsch-Türkische Rechtsstudien, Band 9, 2010; *Krüger*, in Festschrift für Tuğrul Ansay zum 75. Geburtstag; *Krüger*, Neues zum deutsch-türkischen Nachlassabkommen, Informationsbrief der DTJV, Jhrg. 22, Nr. 1–2/2013; *Mankowski*, Gelten die bilateralen Staatsverträge der Bundesrepublik Deutschland im Internationalen Erbrecht nach dem Wirksamwerden der EuErbVO weiter?, ZEV 2013, 529; *Odendahl/Kortak*, Ehegattenerbrecht zwischen Deutschland und der Türkei, FamRBint 2010, 12; *Schaal*, Verfügungsbeschränkungen bei Verfügungen über in Deutschland belegenen Grundbesitz durch verheiratete türkische oder ehemals türkische Staatsangehörige, BWNotZ 2009, 172; *Şanlı/Esen/Ataman-Figanmeşe*, Milletlerarası Özel Hukuk (Internationales Privatrecht), 5. Aufl. 2016; *Savaş*, Türkisches Familienrecht in der anwaltlichen Praxis, 2. Auflage; *Sütçü*, Deutsch-türkische Erbschaftsfälle in der Anwaltspraxis, ZErb 2015, 43; *Tekinalp/Uyanık*, Milletlerarası Özel Hukuk (Internationales Privatrecht), 12. Aufl., 2016; *Yarayan*, Ehegüterrecht nach türkischem Recht in der deutschen Rechtspraxis, NZFam 2016, 1147.

I. Internationales Erbrecht

1. Rechtsquellen. Das internationale Privatrecht ist im türkischen **Gesetz Nr. 5718 über das internationale Privatrecht und Zivilverfahrensrecht vom 27.11.2007 (IPRG)** geregelt. Dieses bestimmt das auf privatrechtliche Geschäfte und Beziehungen mit Auslandsberührung anzuwendende Recht, die internationale Zuständigkeit der türkischen Gerichte sowie die Anerkennung und Vollstreckung ausländischer Entscheidungen (Art. 1 I IPRG). Für **deutsch-türkische Erbfälle** gilt das **Nachlassabkommen (NA)** als Anlage des deutsch-türkischen Konsularvertrags vom 28.5.29 (RGBl II 30, 747). Dieses enthält neben Kollisionsregeln auch Regelungen zur Zuständigkeit, gegenseitigen Anerkennung sowie Verfahrensregeln. Das Nachlassabkommen bleibt als Staatsvertrag mit einem Drittstaat nach Art. 75 Nr. 1 EuErbVO auch nach dem Inkrafttreten der EuErbVO bestehen (Dutta, FamRZ 2013, 4; Krüger, DTJV Informationsbrief Nr. 1–2/2013, S. 6; Mankowski, ZEV 2013, 529). Unabhängig davon gilt die EuErbVO aus Sicht der Türkei nicht, so dass auch außerhalb des Anwendungsbereichs des Nachlassabkommens auf den unbeweglichen Nachlass in der Türkei türkisches Recht anzuwenden ist (Art 20 I 2 IPRG). Was die **Form letztwilliger Verfügungen** anbelangt, ist zu beachten, dass die Türkei und Deutschland Vertragspartner des **Haager Testamentsformübereinkommens** vom 5.10.1961 (Haager Übereinkommen über das auf die Form von letztwilligen Verfügungen anzuwendende Recht vom 5.10.1961) sind. Die Türkei ist diesem am 23.8.1983 mit Vorbehalten beigetreten. Die Vorbehalte betreffen die Bestimmung des Wohnsitzes, Ablehnung der Anerkennung von mündlichen Testamenten außerhalb von Notsituationen sowie den Ausschluss der Anwendung auf Anordnungen nicht erbrechtlicher Art (zu den Vorbehalten vgl. Tekinalp/Uyanık S. 249). Es ist am 22.10.1983 in Kraft getreten und gilt seit diesem Zeitpunkt auch im Verhältnis zu Deutschland. Das Haager Testamentsformübereinkommen erweitert die Möglichkeiten für die Errichtung von Testamenten. Es ist als späteres Abkommen gegenüber dem Nachlassabkommen vorrangig.

2 Für die Anerkennung von Urkunden gilt das **Haager Übereinkommen zur Befreiung ausländischer öffentlicher Urkunden von der Legalisation vom 5.10.1961**. Die Urkunden werden in Deutschland durch den zuständigen Landgerichtspräsidenten mit einer Apostille versehen.

3 **2. Erbstatut. a) Bestimmung des Erbstatuts. aa) Grundregel.** Die Kollisionsnormen für die Erbschaft regelt Art. 20 IPRG. Danach unterliegt die Erbschaft dem **Heimatrecht** des Erblassers (Art. 20 I 1 IPRG). Grundsätzlich wird daher an die Staatsangehörigkeit des Erblassers angeknüpft. Maßgeblich ist hierbei dessen Staatsangehörigkeit zum Zeitpunkt des Erbfalls (vgl. Art. 3 IPRG zur wechselnden Anknüpfung). In den Fällen von Mehrstaatigkeit, in denen die Person auch türkischer Staatsangehöriger ist, hat diese Vorrang (Art. 4b IPRG). Ist der Erblasser daher (auch) türkischer Staatsangehöriger, führt dies zur Anwendung des türkischen Rechts. Ansonsten ist nach Art. 4c IPRG das Recht des Staates anzuwenden, zu dem die engste Verbindung besteht. Bei Staatenlosen und Flüchtlingen wird an den Wohnsitz, falls ein solcher fehlt an den gewöhnlichen Aufenthalt und falls auch kein gewöhnlicher Aufenthalt vorhanden ist, den Aufenthaltsort angeknüpft (Art. 4a IPRG).

4 **bb) Belegenheitsort.** Was das die **in der Türkei belegenen Immobilien** anbelangt, wird jedoch nicht an die Staatsangehörigkeit angeknüpft sondern an den **Belegenheitsort**. Nach Art. 20 I 2 IPRG ist auf das in der Türkei belegene unbewegliche Vermögen türkisches Recht anzuwenden. Gehört zum Nachlass eines Erblassers mit ausländischer Staatsangehörigkeit auch eine türkische Immobilie, ist insoweit türkisches Recht anzuwenden, während es im Übrigen bei der Anknüpfung an die Staatsangehörigkeit verbleibt. Art. 20 I 2 IPRG sieht nur für die türkischen Immobilien die Anwendung türkischen Rechts vor. Befinden sich die zum Nachlass gehörigen Immobilien in einem anderen Land, verbleibt es daher bei der Anknüpfung an die Staatsangehörigkeit. Eine **Rechtswahl** lässt das IPRG nicht zu (Şanlı/Esen/Atamer-Figanmeşe S. 212). Der Erblasser kann daher nicht über das Erbstatut bestimmen. Bei ausländischen Erblassern mit Immobilien in der Türkei kommt es daher zur Nachlassspaltung.

5 Nach Art. 1 II IPRG bleiben **internationale Verträge vorbehalten** und haben Vorrang vor den Regelungen des IPRG. Im Verhältnis zu Deutschland ist hierbei insbesondere das deutsch-türkische Nachlassabkommen zu berücksichtigen.

6 **b) Deutsch-türkisches Nachlassabkommen.** Im Verhältnis zur Türkei ist das deutsch-türkische Nachlassabkommen anzuwenden. Das Nachlassabkommen ist in der Anlage zu Art. 20 des Deutsch-Türkischen Konsularvertrags vom 28.5.1929 enthalten (RGBl 1930 II 747; 1931 II 538). Es gilt aufgrund Bekanntmachung vom 26.2.1952 (BGBl. 1952 II 608) weiterhin auch im Verhältnis zwischen der Bundesrepublik und der Republik Türkei. Das Inkrafttreten der EuErbVO zum 17.8.2015 hat auf die Geltung des Nachlassabkommens keine Auswirkungen, da nach Art. 75 Nr. 1 EuErbVO die mit Drittstaaten bestehenden Abkommen bestehen bleiben. Das Nachlassabkommen mit der Türkei stellt ein solches dar, so dass dieses auf deutsch-türkische Erbfälle nach wie vor anzuwenden ist (→ Rn. 1). Insbesondere sind auch bilaterale Staatsverträge wie das Nachlassabkommen gegenüber der EuErbVO vorrangig (Mankowski ZEV 2013, 531). Das Erbstatut ist daher in deutsch-türkischen Erbfällen nach dem Nachlassabkommen zu bestimmen.

7 Das Nachlassabkommen enthält neben den Kollisionsregeln auch Regelungen zur Zuständigkeit sowie zum Verfahren.

8 Nach § 14 Nr. 1 NA bestimmen sich die erbrechtlichen Verhältnisse nach den Gesetzen des Landes, dem der Erblasser zuletzt angehört hat. Das Nachlassabkommen knüpft daher ebenfalls vorrangig an die Staatsangehörigkeit des Erblassers an. Demgegenüber sind nach § 14 Nr. 2 NA auf den **unbeweglichen Nachlass** die Gesetze des Landes anzuwenden, in dem dieser Nachlass liegt. Dies in der gleichen Weise wie wenn der Erblasser zur Zeit seines Todes Angehöriger dieses Landes gewesen wäre. Auf die im Nachlass vorhandenen Immobilien ist daher das Recht des Belegenheitsorts anzuwenden. Gehören zum Nachlass Immobilien im anderen Land, führt dies zur **Nachlassspaltung**. Hinterlässt der Erblasser mit türkischer Staatsangehörigkeit **Immobilien in Deutschland**, ist auf diese deutsches Recht anzuwenden. Im Übrigen verbleibt es hinsichtlich des beweglichen Nachlasses unabhängig davon, wo er sich befindet, sowie der türkischen Immobilien bei der Anwendung des türkischen Rechts als Heimatrecht. Demnach

ist auch auf den, in der Türkei befindlichen unbeweglichen Nachlass eines deutschen Staatsangehörigen türkisches Recht anwendbar.

§ 14 NA führt in derartigen Fällen mit Immobilienbesitz im anderen Staat zur **Nachlassspaltung**. Es entstehen zwei voneinander unabhängige Nachlassmassen (Spaltnachlässe) die nach dem jeweils anwendbaren Recht zu beurteilen sind. Das gesetzliche Erbrecht, die Wirksamkeit letztwilliger Verfügungen (zur Formwirksamkeit letztwilliger Verfügungen → Rn. 75ff.), Pflichtteilsansprüche, Erbenhaftung, die Ausschlagung der Erbschaft (→ Rn. 148ff.) usw richten sich nach dem, auf den Spaltnachlass anzuwendenden Recht. Dementsprechend können sowohl die Erbquoten als auch die weiteren Rechtsfolgen beider Spaltnachlässe unterschiedlich ausfallen. Aufgrund des unterschiedlichen Güterrechts können sich insbesondere bei der Erbquote des Ehegatten Unterschiede ergeben (→ Rn. 48ff.). 9

Den in der Praxis häufig vorkommenden **Fall von Doppelstaatern** regelt das Nachlassabkommen nicht. Besaß der Erblasser zum Zeitpunkt seines Todes sowohl die deutsche als auch die türkische Staatsangehörigkeit, ist fraglich, wie das Erbstatut zu bestimmen ist. Teilweise wird angenommen, dass in diesen Fällen das Nachlassabkommen insgesamt nicht anwendbar ist und das Erbstatut sich nach den Regelungen des deutschen bzw. türkischen internationalen Privatrechts richtet (Krüger/Körtek/*Krüger*, Beiträge zum türkischen Recht, S. 42). Nach anderer Auffassung ist nur § 14 Nr. 1 NA in derartigen Fällen nicht anwendbar. An dessen Stelle soll das Erbstatut in diesen Fällen nach Art. 25, 5 I EGBGB ermittelt werden. Danach verbleibt es im Übrigen bei der Anwendung des § 14 Nr. 2 NA (vgl. Kaya, ZEV 2015, 209 mwN). 10

Bei **Mehrstaatigkeit** wird nach beiden Rechtsordnungen jeweils der eigenen Staatsangehörigkeit der Vorrang eingeräumt (Art. 5 I 2 EGBGB; Art. 4b) IPRG). Zudem sieht das IPRG für die inländischen Immobilien die Anwendbarkeit des türkischen Rechts als Recht des Belegenheitsortes vor (Art. 20 I 2 IPRG). Bei einem deutsch-türkischen Erblasser ist daher auf den in Deutschland befindlichen beweglichen und unbeweglichen Nachlass deutsches Recht und auf den beweglichen sowie unbeweglichen Nachlass in der Türkei türkisches Recht anzuwenden. 11

c) Durch die unterschiedliche Anknüpfung von beweglichem und unbeweglichem Vermögen kommt es zur **Nachlassspaltung**. Dies unabhängig davon, ob das Nachlassabkommen anwendbar ist. Es entstehen daher zwei Spaltnachlässe, die unterschiedlich zu behandeln sind. 12

d) **Rechtswahl.** Eine Nachlassspaltung kann auch nicht durch eine Rechtswahl verhindert werden. Eine Rechtswahl sehen das IPRG sowie Nachlassabkommen nicht vor. Die EuErbVO findet keine Anwendung. Eine Rechtswahl nach § 22 EuErbVO wäre nur denkbar, wenn das Nachlassabkommen nicht anwendbar wäre. Teilweise wird dies für Doppelstaater (deutsch-türkisch) vertreten (→ Rn. 7). Jedoch gilt auch in diesem Fall die EuErbVO aus türkischer Sicht nicht und es bleibt jedenfalls für den beweglichen Nachlass in der Türkei und die türkischen Immobilien bei der Anwendung des türkischen Rechts. Das Ehegattenerbrecht kann durch die **Wahl des ehelichen Güterrechts** gestaltet werden. Eine Rechtswahl ist nach Art. 15 I IPRG vor der Eheschließung oder wenn sich der Eheschließung ein gemeinsames Recht ergibt nach Art. 15 III IPRG möglich. Letzteres etwa bei späterem Erwerb einer gemeinsamen Staatsangehörigkeit. Die türkischen Ehegatten mit gewöhnlichem Aufenthalt in Deutschland können daher vor der Eheschließung beispielsweise deutsches Recht als Recht ihres Aufenthalts wählen, so dass deutsches Güterrecht gilt. Eine **nachträgliche Rechtswahl** ist bei einer Einbürgerung der Ehegatten nach der Eheschließung möglich. Durch die Wahl des deutschen Güterrechts kann in derartigen Fällen eine pauschale Erhöhung des Ehegattenerbrechts um ¼ nach § 1371 I BGB erreicht werden. Dies betrifft den beweglichen Nachlass sowie die deutschen Immobilien. Auf den Meinungsstreit betreffend die pauschale Erhöhung des Ehegattenerbrechts aufgrund Art. 15 II IPRG (→ Rn. 58ff.) kommt es dann nicht an. Für die in der Türkei befindlichen Immobilien verbleibt es dagegen auch im Falle der Wahl des deutschen Güterrechts bei der Anwendung des türkischen Erbrechts (Art. 20 I 2 IPRG). 13

e) **Umfang des Erbstatuts.** Das anwendbare Erbstatut bestimmt die gesetzliche sowie gewillkürte Erbfolge. Dieses unterliegt einheitlich dem Heimatrecht des Erblassers (Art. 20 I 1 IPRG). Das IPRG sieht ein einheitliches Erbstatut vor und knüpft hierbei grundsätzlich an die Staatsangehörigkeit des Erblassers zum Todeszeitpunkt an. Ausgenommen sind hiervon gemäß Art. 20 I 2 IPRG die in der Türkei belegenen Immobilien. Auf diese ist immer türkisches Recht anzuwenden. Das Nachlassabkommen unterstellt die Immobilen dem Recht des Belegenheitsorts (§ 14 Nr. 2 NA) und umfasst somit auch die deutschen Immobilien türkischer Staatsangehöriger (→ Rn. 8). Dem Erbstatut unterliegen die Regelungen des Erbrechts wie gesetzliche Erben, Erbquoten, Wirksamkeit letztwilliger Verfügungen, Pflichtteilsrecht, Erbunwürdigkeit, Übergang der Erbschaft, Annahme und Ausschlagung der Erbschaft (str.) usw. 14

Die **Eröffnung, der Erwerb und die Auseinandersetzung des Nachlasses** richten sich nach dem Recht des Belegenheitsorts (Art. 20 II IPRG). Das hierauf anwendbare Recht kann daher bei Auslandsvermögen vom Heimatrecht abweichen. Die **Eröffnung** im iSd Art. 20 II tZGB ist hierbei nicht mit dem Abschnitt über die Eröffnung der Erbschaft im tZGB (Art. 575–588 tZGB) gleichzusetzen. Die in diesem Abschnitt geregelten Gegenstände betreffen nicht nur die Eröffnung der Erbschaft iSd IPRG. Die dort enthaltenen Regelungen befinden sich in den ausländischen Rechtsordnungen auch in anderen oder eigenen Abschnitten. Dies betrifft etwa die Regelungen über die Erbunwürdigkeit (Art. 578f. tZGB) die im BGB in einem eigenen Abschnitt (§§ 2339ff. BGB) geregelt sind. Oder das Erbrecht des ungeborenen Kindes (Art. 582f. tZGB), das im BGB in § 1923 II BGB geregelt ist (vgl. Tekinalp/Uyanık S. 233). 15

Ob die **Annahme und Ausschlagung** ebenfalls dem Ortsrecht unterliegt ist streitig. Nach der hM soll für die Annahme und Ausschlagung das Ortsrecht anzuwenden sein, da es sich nicht um eine Verfügung 16

Savaş

120 Türkei

des Erblassers sondern des Erben handele. Im Falle einer Ausschlagungserklärung gegenüber einem deutschen Nachlassgericht führt dies dazu, dass die **kürzere Ausschlagungsfrist nach deutschem Recht** gilt (vgl. FFDH IntErbR/*Rumpf/Odendahl* Rn. 81).

17 **3. Verfügungen von Todes wegen. a) Formfragen.** Die Form der letztwilligen Verfügungen richtet sich nach den Regeln des Orts, an dem diese vorgenommen werden (Art. 20 IV 1 iVm Art. 7 IPRG). Verfügungen eines Erblassers die in der Form seines Heimatrechts errichtet werden sind jedoch daneben ebenfalls wirksam (Art. 20 IV 2 IPRG). Ein ausländischer Erblasser kann daher auch in der Türkei in der Form seines Heimatrechts verfügen. Dies ergibt sich auch aus dem Haager Testamentsformübereinkommens vom 5.10.1961, welches auch in deutsch-türkischen Erbfällen zu beachten ist. Das **Haager Testamentsformübereinkommen ist vorrangig** daher, bleibt für Art. 20 IV IPRG nur ein eingeschränkter Anwendungsbereich außerhalb von Testamenten. Da das türkische Recht als letztwillige Verfügung neben dem Testament nur den Erbvertrag vorsieht, ist Art. 20 IV IPRG auf Erbverträge anwendbar (Şanlı/Esen/Atamer-Figanmeşe S. 227). Das **Nachlassabkommen** bestimmt ebenfalls, dass Verfügungen von Todes wegen sowohl in der Form des Ortes an dem diese errichtet wurden als auch in der Form das Heimatrechts wirksam sind (Art. 16 Nr. 1 NA). Aufgrund der Anknüpfung an die Ortsform kann der Erblasser im Ausland auch in einer nach seinem Heimatrecht nicht vorgesehenen Form verfügen. Dementsprechend können türkische Ehegatten in Deutschland formwirksam ein **gemeinschaftliches Testament** verfassen, obwohl dies nach türkischem Recht nicht zulässig ist. Hierdurch kann jedoch nur ein Formverbot umgangen werden. Aus türkischer Sicht ist ein gemeinschaftliches Testament unwirksam. Es kann ggf. durch Umdeutung in ein Einzeltestament oder einen Erbvertrag aufrechterhalten werden (→ Rn. 87f.). Türkische Ehegatten können demnach nur gemeinsam durch Vertrag oder jeweils eigene Testamente ohne wechselbezügliche Erklärungen für ihren Tod verfügen.

18 **b) Verfügungsfähigkeit.** Die Testierfähigkeit richtet sich nach dem im Zeitpunkt der Verfügung von Todes wegen geltenden Heimatrecht des Testierenden (Art. 20 V IPRG). Entscheidend ist der Zeitpunkt der Verfügung und nicht derjenige der Klageerhebung. Art. 20 V IPRG stellt daher eine Ausnahme von der wechselnden Anknüpfung (Art. 3 IPRG) dar. Auch bei einem Widerruf oder eine Änderung der Verfügung ist danach das Heimatrecht im Zeitpunkt des Widerrufs bzw. der Änderung maßgeblich. Probleme können in diesem Fall bei einem zwischenzeitlichen Staatsangehörigkeitswechsel entstehen, wenn nach dem neuen Heimatrecht im Gegensatz zum früheren keine Testierfähigkeit besteht (vgl. Şanlı/Esen/Atamer-Figanmeşe 226).

19 **c) Erbverträge und Erbverzichte.** Erbverträge können ebenfalls unter Einhaltung der Ortsform oder der Form des Heimatrechts des Erblassers errichtet werden (§ 16 I NA). Für Erbverträge ergibt sich dies nur aus dem Nachlassabkommen. Das Haager Testamentsformübereinkommen umfasst nur Testamente und gilt nicht für Erbverträge (str. aA FFDH IntErbR/*Rumpf/Odendahl* Rn. 101).

20 **d) Ordre public.** Verstößt eine anzuwendende Vorschrift ausländischen Rechts offensichtlich gegen den türkischen ordre public, ist diese nicht anzuwenden. Statt dessen wird erforderlichenfalls, türkisches Recht angewandt (Art. 5 IPRG).

21 **4. Internationales Verfahrensrecht in Erbangelegenheiten. a) Wohnsitzzuständigkeit.** Für Erbschaftsangelegenheiten ist nach Art. 43 IPRG das Gericht am letzten Wohnsitz des Erblassers zuständig. Die Vorschrift bestimmt sowohl die internationale als auch örtliche Zuständigkeit innerhalb der Türkei.

22 **b) Belegenheitszuständigkeit.** Hatte der Erblasser keinen Wohnsitz in der Türkei, ist das Gericht am Ort der Belegenheit der Gegenstände des Nachlassvermögens zuständig. Die Eröffnung, der Erwerb und die Auseinandersetzung des Nachlasses unterliegen dem Recht des Belegenheitsortes (Art. 20 II IPRG).

23 Das Nachlassabkommen sieht vor, dass der Konsul die Nachlassregelung übernehmen kann (§ 4 NA). Was den unbeweglichen Nachlass anbelangt, sind ausschließlich die Behörden des Staates zuständig, in dem sich dieser befindet (§ 12 Nr. 1 1 NA).

24 **c) Sicherungsmaßnahmen.** Das IPRG enthält keine Regelungen über die Sicherung des Nachlasses. Teilweise wird angenommen, dass die Sicherungsmaßnahmen dem Verfahrensrecht unterliegen und daher das Ortsrecht Anwendung findet. Nach anderer Auffassung ist das Ortsrecht jedenfalls ergänzend anzuwenden, selbst wenn die Sicherungsmaßregeln dem Erbstatut unterstellt werden. Eine Sicherung von einzelnen Nachlassgegenständen oder die Verwahrung von Testamenten kann in erster Linie nur durch die Anwendung des Ortsrechts gewährleistet werden. Zudem kann das Gericht auch bei Sicherungsmaßnahmen von Amts wegen nach Art. 589 I tZGB das Ortsrecht anwenden, wenn es die Sicherungsmaßnahmen des ausländischen Rechts nicht für ausreichend hält (Tekinalp/Uyanık S. 237f.).

25 Nach dem **Nachlasskommen** haben die Ortsbehörden für die Sicherungsmaßregeln zu sorgen. Diese sind verpflichtet, durch Maßnahmen wie Siegelung oder Aufnahme eines Nachlassverzeichnisses den Nachlass zu sichern (§ 2 Nr. 1 NA). Die Konsuln können ihrerseits allein oder gemeinsam mit den Ortsbehörden den beweglichen Nachlass siegeln und ein Nachlassverzeichnis aufnehmen (Art. 2 Nr. 2 NA).

26 **d) Internationale Zuständigkeit** bestimmt Art. 40 IPRG. Danach wird die internationale Zuständigkeit der türkischen Gerichte durch die innerstaatlichen Regelungen über die örtliche Zuständigkeit bestimmt. Die türkischen Gerichte sind daher auch international zuständig, wenn sie örtlich zuständig sind. In Erbschaftsangelegenheiten ist das Gericht am letzten Wohnsitz des Erblassers andernfalls das Gericht am Ort der Belegenheit der Gegenstände des Nachlassvermögens zuständig (Art. 43 IPRG, Art. 11 türk. Zivilverfahrensgesetz).

Bei Erbschaftsklagen in **deutsch-türkischen Erbfällen** ist das Nachlassabkommen zu beachten. § 15 NA sieht für den beweglichen Nachlass die **ausschließliche Zuständigkeit der Gerichte des Heimatlandes des Erblassers** und für den unbeweglichen Nachlass die des Belegenheitsorts vor (→ Rn. 8). 27

5. Anerkennung und Vollstreckbarerklärung ausländischer Entscheidungen. a) Allgemein. Ausländische Entscheidungen bedürfen zu Ihrer Wirksamkeit in der Türkei einer Anerkennung bzw. Vollstreckbarerklärung. Eine Vollstreckbarerklärung *(tenfiz)* bedürfen ausländische Entscheidungen wie Zahlungstitel die in der Türkei vollstreckt werden sollen (Art. 50 I IPRG). Eine Anerkennung *(tanıma)* erfolgt bei Entscheidungen die keinen vollstreckungsfähigen Inhalt aufweisen wie etwa bei Scheidungsurteilen. 28

b) Sachlicher Anwendungsbereich. Zu den anerkennungsfähigen Entscheidungen gehören die, in einem Zivilverfahren förmlich ergangenen rechtskräftigen Urteile ausländischer Gerichte. Ausländische Erbscheine sind in der Türkei nicht rechtswirksam und daher als solche nicht zu beachten. Diese können jedoch auch nicht anerkannt oder für vollstreckbar erklärt werden. Beim Erbschein handelt es sich um eine Urkunde, die im Verfahren der freiwilligen Gerichtsbarkeit erteilt wird und keine Rechtskraft entfaltet. Die Unwirksamkeit des Erbscheins kann jederzeit geltend gemacht werden. Nach der Rechtsprechung des Kassationshofs ist daher eine **Anerkennung ausländischer Erbscheine nicht möglich** (vgl. Gençcan S. 953 mwN). Für den Nachlass eines ausländischen Erblassers kann in der Türkei jedoch ein Erbschein erteilt werden. In diesem Fall ist ggf. mit Hilfe des Klägers das ausländische Recht zu ermitteln und ein Erbschein zu erteilen (2. ZS des Kassationshofs Urt. v. 19.7.2006 – E. 2006/4837, K. 2006/11476). Ausländer sowie türkische Staatsangehörige können auch im Ausland Erbscheine erhalten. Diese können jedoch nur in einem türkischen Gerichtsverfahren als Beweismittel vorgelegt werden (Çelikel/Erdem S. 308). Ein ausländischer Erbschein kann daher nur als Beweismittel berücksichtigt werden. 29

Für **deutsch-türkische Erbfälle** ist zu beachten, dass die Erbscheine, soweit sie den **beweglichen Nachlass** betreffen, nach § 17 NA jeweils auch im anderen Staat gelten. Für die Echtheit sieht das Nachlassabkommen die Beglaubigung durch einen Konsul oder einen diplomatischen Vertreter des Staates, dem der Erblasser angehört hat vor. In der Praxis erfolgt die Beglaubigung in der Regel durch eine Apostille. Beide Länder haben das Haager Übereinkommen über die Befreiung öffentlicher Urkunden von der Legalisation vom 5.10.1961 ratifiziert. Art. 17 NA bestimmt nur die Anerkennung des Erbscheins des Staates, dem der Erblasser angehört hat. Der in Deutschland für den Nachlass eines türkischen Erblassers erteilte Erbschein fällt daher nicht darunter. 30

Für den **unbeweglichen Nachlass** in der Türkei ist dagegen immer ein türkischer Erbschein erforderlich. Die türkischen Gerichte sind für die, in der Türkei belegenen Immobilien ausschließlich zuständig (Şanlı/Esen/Atamer-Figanmeşe S. 212). 31

c) Anerkennungsvoraussetzungen und Hindernisse sind in Art. 54 IPRG geregelt. Die gegenseitige Vollstreckbarerklärung muss aufgrund staatsvertraglicher oder gesetzlicher Bestimmungen gewährleistet sein (Art. 54a IPRG). Für das Anerkennungsverfahren bedarf es keiner Gegenseitigkeit (Art. 58 I 2 IPRG). Die ausländische Entscheidung muss rechtskräftig sein. Eine Anerkennung ist ausgeschlossen, wenn das anzuerkennende Urteil einen Gegenstand betrifft, für den die türkischen Gerichte ausschließlich zuständig sind. Ferner wenn das entscheidende ausländische Gericht keine Beziehung zum Klagegenstand oder den Parteien aufweist und dies vom Beklagten gerügt wird (Art. 54b IPRG). Des Weiteren bei einem offensichtlichen Verstoß der Entscheidung gegen den ordre public (Art. 54c IPRG). Eine Anerkennung ist auch abzulehnen, wenn derjenige demgegenüber die Anerkennung bzw. Vollstreckbarerklärung beantragt wird einwendet, dass er nicht ordnungsgemäß geladen wurde oder vor Gericht nicht vertreten gewesen war oder ein Versäumnisurteil unter Verletzung der Gesetze des ausländischen Staates ergangen ist (Art. 54 ç IPRG). 32

d) Verfahren. Für die Anerkennungsverfahren/Vollstreckbarerklärung sind die Zivilkammern der Grundgerichte *(asliye hukuk mahkemesi).* Örtlich zuständig ist das Gericht am Wohnsitz des Antragsgegners in der Türkei, ersatzweise das Gericht an dessen Aufenthaltsort. Falls keiner der beiden Gerichtsstände vorhanden ist, sind die Gerichte in Ankara, Istanbul oder Izmir zuständig (Art. 51 IPRG). Die Anerkennung erfolgt auf Antrag. Diesem sind die ausländische Entscheidung mit Übersetzung und Rechtskraftvermerk beizufügen (Art. 53 IPRG). Der Antrag auf Vollstreckbarerklärung ist der Gegenseite zusammen mit der Bekanntgabe des Verhandlungstermins zuzustellen (Art. 55 I 1 IPRG). Das Gericht entscheidet gemäß Art. 56 IPRG. Es kann das ausländische Urteil vollständig oder teilweise für vollstreckbar erklären oder die Klage abweisen. Die Entscheidung wird auf dem ausländischen Urteil vermerkt (Art. 56 2 IPRG). Gegen die Entscheidung ist die Revision zulässig. Diese führt zur Aussetzung der Vollstreckung (Art. 57 II 2 IPRG). 33

e) Wirkungen. Das für vollstreckbar erklärte ausländische Urteil ist wie ein türkisches Urteil vollstreckbar (Art. 57 I 1 IPRG). 34

II. Materielles Recht

1. Rechtsquellen. a) Zivilgesetzbuch. Die erbrechtlichen Bestimmungen befinden sich hauptsächlich im türkischen Zivilgesetzbuch. Dieses beruht auf einer Rezeption des schweizer ZGB und stimmt daher in weiten Teilen mit diesem überein. Bei der Rechtsanwendung können daher auch die Rechtsquellen 35

120 Türkei

zum schweizer Recht ergänzend und unter Berücksichtigung der unterschiedlichen Entwicklung herangezogen werden. Das Erbrecht ist im dritten Buch des tZGB (Art. 495 – 682) geregelt.

36 Das **türkische Zivilgesetzbuch** vom 3.12.2001 (Gesetz Nr. 4721) hat das Zivilgesetzbuch mit der Nr. 743 vom 17.2.1926 ersetzt. Das Zivilgesetzbuch wurde umfassend reformiert und hat neben einer sprachlichen Anpassung auch für das Erbrecht bedeutsame inhaltliche Änderungen gebracht (vgl. Kılıçoğlu S. 15 ff.). Diese betreffen insbesondere das Erbrecht des Ehegatten. Der gesetzliche Güterstand der Gütertrennung wurde durch den Güterstand der Errungenschaftsbeteiligung abgelöst. Das Erbrecht des Ehegatten wurde gestärkt. Das Erbrecht der Erben der dritten Ordnung wurde begrenzt. Der Erblasser wird in diesen Fällen neben dem überlebenden Ehegatten nur noch von seinen Großeltern beerbt. Deren Abkömmlinge (Onkel, Tanten sowie deren Abkömmlinge) gehören dagegen nicht mehr zu den gesetzlichen Erben. Mit dem neuen Zivilgesetzbuch wurden der gesetzliche Erbteil sowie der Pflichtteil des Ehegatten erhöht. Dem überlebenden Ehegatten wurde das Recht auf Zuweisung der Ehewohnung sowie des Hausrats eingeräumt (Art. 652 tZGB). Stirbt der antragstellende Ehegatte während des Scheidungsverfahrens, haben die übrigen Erben die Möglichkeit, dieses fortzuführen und können verhindern, dass der Ehegatte erbt (Art. 181 tZGB → Rn. 51).

37 Das neue tZGB hat auch die Vorschriften über die letztwilligen Verfügungen geändert. Die Angabe des Ortes ist beim handschriftlichen Testament keine Wirksamkeitsvoraussetzung mehr. Die Möglichkeiten zur Errichtung eines mündlichen Testaments wurden erweitert.

38 Art. 17 des Einführungsgesetzes zum tZGB enthält eine **Übergangsbestimmung.** Danach bestimmen sich das Erbrecht und der Anfall der Erbschaft nach den, zum Zeitpunkt des Todes des Erblassers geltenden Vorschriften. Auf Erbfälle, die vor dem 1.1.2002 eingetreten ist daher weiterhin das tZGB alter Fassung anzuwenden. Das neue tZGB gilt für sämtliche Erbfälle ab dem 1.1.2002.

39 b) **Weitere Rechtsquellen.** Weitere erbrechtliche Bestimmungen enthalten die Gesetze zum Schutz des geistigen Eigentums.

40 Von Bedeutung ist auch das Staatsangehörigkeitsgesetz Nr. 5901 vom 29.5.2009. Dieses enthält Regelungen für den Fall des **Verlusts der Staatsangehörigkeit** nach Art. 23 ff. Staatsangehörigkeitsgesetz. Hierbei ist zwischen der freiwilligen Entlassung auf Antrag sowie der Aberkennung zu unterscheiden. Eine Aberkennung erfolgt etwa bei einer Tätigkeit für einen anderen Staat oder wenn wegen bestimmter Straftaten ermittelt wird und der Betroffene trotz Aufforderung nicht in die Türkei zurückkehrt (Art. 29 Staatsangehörigkeitsgesetz). Nach Art. 33 des Gesetzes haben diese Personen ihr Vermögen in der Türkei innerhalb eines Jahres auseinanderzusetzen. Ansonsten wird deren in der Türkei befindliches Vermögen vom Fiskus auseinandergesetzt und der Erlös auf ein Konto bei einer öffentlichen Bank auf den Namen des Betroffenen einbezahlt.

41 Die **ehemaligen türkischen Staatsangehörigen,** die auf ihren Antrag hin aus der Staatsangehörigkeit entlassen wurden, behalten weitgehend die selben Rechte wie die türkischen Staatsangehörigen. Ausgenommen sind das aktive und passive Wahlrecht, die freie Einfuhr von Fahrzeugen und Hausrat, die Wehrpflicht und der Zugang zum öffentlichen Dienst (Art. 28 Staatsangehörigkeitsgesetz). Zum Nachweis dieser Rechte erhalten diese Personen auf Antrag ein Ausweisdokument (*Mavi Kart* = Blaue Karte)

42 Abschluss und Wirksamkeit von erbrechtlichen Verträgen richten sich nach dem Obligationengesetz (OG). Das tZGB sieht vertragliche Regelungen wie die Erbauseinandersetzung (Art. 676 tZGB) oder den Vertrag über einen Erbteil (Art. 677 tZGB) vor, enthält hierzu jedoch keine weiteren Regelungen. Es gelten insoweit die Vorschriften des Obligationenrechts (Schuldrechts).

43 2. **Gesetzliche Erbfolge. a) Allgemeines.** Das gesetzliche Erbrecht beruht auf dem Grundsatz der Blutsverwandtschaft und der Unterteilung der Verwandten in Ordnungen (Parentelsystem). Sind Erben der vorrangigen Ordnung vorhanden, schließen sie die Erben nachfolgender Ordnungen aus. Das gesetzliche Erbrecht ist hierbei auf drei Ordnungen begrenzt. Zu den gesetzlichen Erben gehört auch der Ehegatte. Dessen Erbteil hängt davon ab, mit welcher Ordnung er gemeinsam erbt. Sind in allen drei Ordnungen keine Erben und kein Ehegatte vorhanden, erbt der Staat.

44 b) **Gesetzliches Erbrecht der Abkömmlinge.** Die **Erben der ersten Ordnung** sind nach Art. 495 tZGB die Nachkommen bzw. Abkömmlinge des Erblassers (Kinder) sowie deren Abkömmlinge (Enkel, Urenkel usw.). Kinder erben zu gleichen Teilen (Art. 495 II tZGB). An die Stelle der vorverstorbenen Kinder treten deren Abkömmlinge nach Stämmen (Art. 495 III tZGB). Zwischen **nichtehelichen Kindern** bzw. Abkömmlingen und den ehelichen Kindern besteht hierbei kein Unterschied. Die nichtehelichen Abkömmlinge beerben den Vater wie dessen eheliche Abkömmlinge, wenn diese anerkannt sind oder die Verwandtschaft durch gerichtliche Entscheidung festgestellt ist (Art. 498 tZGB). Die Vaterschaft kann hierbei auch durch Testament anerkannt werden (Art. 295 I tZGB), wenn nicht bereits ein anderweitiges Abstammungsverhältnis besteht (Art. 295 III tZGB). **Adoptivkinder** und deren Abkömmlinge erben in gleicher Weise wie die leiblichen Verwandten des Erblassers (Art. 500 I 1 tZGB). Das Adoptivkind wird jedoch nur Erbe der Annehmenden (Art. 314 II tZGB) und nicht dessen Verwandten. Es gehört daher auch nicht zu deren gesetzlichen Erben wie etwa der Eltern des Annehmenden. Für das Adoptivkind besteht zudem die Besonderheit, dass das Erbrecht zu den leiblichen Verwandten mit der Adoption nicht endet. Dessen **Erbrecht gegenüber seinen leiblichen Verwandten** bleibt unberührt (Art. 500 I 2 tZGB), so dass das Adoptivkind sowohl seine leiblichen Verwandten, als auch den Adoptierenden beerben kann. Der Annehmende (Adoptierende) und dessen Verwandten sind jedoch Ihrerseits von der Erbschaft des Adoptierten ausgeschlossen (Art. 500 II tZGB).

Sind keine Abkömmlinge des Erblassers bzw. Erben der ersten Ordnung vorhanden, sind die **Erben** 45
der zweiten Ordnung berufen. Die Eltern des Erblasser erben in diesem Fall jeweils zur Hälfte
(Art. 496 I tZGB). Sind diese vorverstorben, treten deren Abkömmlinge (Geschwister, Neffen und Nichten des Erblassers usw.) nach Stämmen an deren Stelle (Art. 496 II tZGB). Sind auf einer Seite keine Nachkommen vorhanden, fällt die Erbschaft insgesamt an die Erben der anderen Seite (Art. 496 III tZGB).

c) **Erben der dritten Ordnung.** Sind auch keine Erben der zweiten Ordnung vorhanden, erben die 46
Großeltern des Erblassers zu gleichen Teilen (Art. 497 I tZGB) sowie deren Nachkommen (Onkel, Tanten, Cousins und Cousinen des Erblassers usw.) jeweils nach Stämmen (Art. 497 II tZGB). Ist auf der
väterlichen oder mütterlichen Seite der Großvater oder die Großmutter ohne Nachkommen vorverstorben, erbt die gesamte Hälfte der andere Großelternteil bzw. die auf dieser Seite vorhandenen Erben
(Art. 497 III tZGB). Sind dagegen auf der väterlichen oder mütterlichen Seite der Großeltern keine Erben vorhanden, fällt die Erbschaft insgesamt an die Erben der anderen Seite (Art. 497 IV tZGB). Ist ein
überlebender Ehegatte vorhanden, und ein Großelternteil vorverstorben, erbt dessen Teil das eigene
Kind. Ist ein Kind nicht vorhanden, fällt dieser Erbteil an den anderen Großelternteil und ist dieser
ebenfalls vorverstorben an die andere Seite (Art. 497 V tZGB). Mit dieser, vom schweizer Vorbild abweichenden, Bestimmung soll das Erbrecht der großelterlichen Stämme bei einem überlebenden Ehegatten
auf die näheren Verwandten begrenzt werden.

Für **Altfälle** ist zu beachten, dass bis zum 23.11.1990 auch die Verwandten bzw. **Erben der vierten** 47
Ordnung (Urgroßeltern und deren Nachkommen) zu den gesetzlichen Erben gehörten. Bei Erbfällen
die vor diesem Zeitpunkt eigetreten sind, sind daher ggf. die gesetzlichen Erben der vierten Ordnung zu
ermitteln (vgl. Art. 442 tZGB aF).

d) **Gesetzliches Erbrecht des Ehegatten. aa) Gesetzliche Erbquote des Ehegatten.** Der Erbteil des 48
überlebenden Ehegatten richtet sich danach, mit welcher Ordnung er gemeinsam erbt bzw. zusammentrifft. Erbt der Ehegatte gemeinsam mit Erben der ersten Ordnung wie Kindern, beträgt dessen Erbteil
ein Viertel (Art. 499 Nr. 1 tZGB). Schlagen sämtliche Abkömmlinge das Erbe aus, erbt der überlebende
Ehegatte allein (Art. 613 tZGB → Rn. 125). Trifft der überlebende Ehegatte mit Erben der zweiten Ordnung zusammen, erbt er die Hälfte (Art. 499 Nr. 2 tZGB). Wird der Erblasser neben dem Ehegatten von
seinen Großeltern und deren Kindern beerbt, beträgt der Anteil des Ehegatten drei Viertel (Art. 499
Nr. 3 tZGB). Sind auch solche nicht vorhanden, erbt der Ehegatte allein. Art. 499 Nr. 3 tZGB begrenzt
die Erben der Dritten Ordnung auf die Großeltern und deren Kinder, also Onkel und Tanten des Erblassers. Abweichend von der Regelung betreffend die ersten beiden Ordnungen werden die Bezeichnungen
Nachkommen oder Ordnung bzw. Stamm nicht verwendet. Der Gesetzgeber hat abweichend vom
schweizer Vorbild (vgl. Art. 462 ZGB) auch den Erben der dritten Ordnung ein Erbrecht eingeräumt
aber zugleich verhindert, das entfernte Verwandte (Cousins und Cousinen) mit dem Ehegatten erben
und damit das Erbrecht des Ehegatten gestärkt. Fraglich ist ob diese Beschränkung auch gilt, wenn neben
den Kindern der Großeltern auch Abkömmlinge vorverstorbener Kinder (wie etwa Enkel) vorhanden
sind. Angenommen neben der Ehefrau des Erblassers sind als einzige Verwandten eine Tante und die
beiden Kinder des vorverstorbenen Onkels des Erblassers vorhanden. In diesem Beispiel beträgt der
Erbteil des Ehegatten drei Viertel, da die Tante zu den Erben nach Art. 499 Nr. 3 tZGB gehört. Diese
würde jedoch nur ein Achtel erben, da die andere Hälfte des auf die dritte Ordnung entfallenden Erbteils
an sich auf den vorverstorbenen Onkel entfällt. Die Zuordnung dieses Erbteil ist in derartigen Fällen
daher fraglich.

Art. 499 Nr. 3 tZGB soll dem Ehegatten ein **alleiniges Erbrecht** einräumen, wenn keine Großeltern 49
oder deren Abkömmlinge vorhanden sind. Erbt er jedoch gemeinsam mit einem der berechtigten Verwandten wie im Beispielsfall, fehlt eine Regelung betreffend die Behandlung des auf die vorverstorbenen
Erben entfallenden Erbteils. Der Gesetzgeber hat weder die Erhöhung der Erbquote des Ehegatten noch
den Übergang auf die überlebenden anderen Erben vorgesehen. In diesen Fällen können daher auch die
Abkömmlinge der in Art. 499 Nr. 3 tZGB genannten Personen mit dem Ehegatten erben (Kılıçoğlu S. 94).

Im oben genannten Beispielsfall bleibt es daher bei einem Ehegattenerbrecht von drei Viertel. Die Tan- 50
te des Erblassers erbt ein Achtel und die beiden Kinder des vorverstorbenen Onkels jeweils ein Sechzehntel. Wäre in diesem Beispiel die Tante des Erblassers ebenfalls vorverstorben, wäre die Ehefrau Alleinerbin.

bb) Voraussetzung ist der **Fortbestand der Ehe.** Mit der Scheidung entfällt das gesetzliche Erbrecht 51
des Ehegatten und wenn nichts anderes bestimmt ist auch die Ansprüche aus einer vor der Scheidung
getroffenen Verfügung von Todes wegen (Art. 181 I tZGB). Probleme bereiten die Fälle, in denen der
Erblasser während eines Scheidungsverfahrens verstirbt oder eine ausländische Scheidung in der Türkei nicht anerkannt worden ist. Nach Art. 181 II tZGB kann einer der Erben das Scheidungsverfahren
fortsetzen, wenn eine Partei im Laufe des Verfahrens stirbt. Wird ein Verschulden des anderen Ehegatten
nachgewiesen, entfällt dessen gesetzliches Erbrecht ebenfalls. Wurde die Ehe der im Ausland lebenden
türkischen Ehegatten von einem ausländischen Gericht geschieden, bedarf es einer Anerkennung in der
Türkei. Ansonsten besteht die Ehe in der Türkei fort, so dass der andere Ehegatte noch erbberechtigt ist.
Nach Art. 52 des IPRG kann jeder, der ein berechtigtes Interesse daran hat, die Anerkennung (Vollstreckbarerklärung) beantragen. Dementsprechend können auch die übrigen Erben, deren Erbteil durch
das Erbrecht des Ehegatten beeinträchtigt wird, die **Anerkennung der ausländischen Scheidung** beantragen (Savaş S. 152).

120 Türkei

52 **cc) Güterrechtliche Ansprüche im Erbfall.** Mit dem Tod erfolgt auch ein **güterrechtlicher Ausgleich.** In der Türkei besteht seit dem 1.1.2002 der gesetzliche **Güterstand der Errungenschaftsbeteiligung.** Dieser Güterstand unterscheidet zwischen Eigengut (Art. 220 ff. tZGB) und Errungenschaft (Art. 219 ff. tZGB). Die **Errungenschaft** in diesem Sinne besteht aus den während der Ehe von dem Ehegatten erworbenen Vermögenswerten. Im Zweifel gilt sämtliches Vermögen des Ehegatten als Errungenschaft (vgl. Art. 222 III tZGB). Dagegen sind unter **Eigengut** Gegenstände und Vermögenswerte zu zählen, die ausschließlich dessen persönlichen Gebrauch dienen, beim Beginn des Güterstands vorhanden waren oder später durch Erbgang oder Schenkung unentgeltlich erworben wurden (privilegierter Erwerb). Jeder Ehegatte verfügt daher über zwei Vermögensmassen. Die **Beweislast** für die Zugehörigkeit zu einer der Vermögensmassen trifft den Ehegatten, der sich hierauf beruft (Art. 222 I tZGB). Kann nicht geklärt werden, welchem Ehegatten ein Vermögensgegenstand gehört, wird angenommen, dass Miteigentum beider Ehegatten besteht (Art. 222 II tZGB). Ansonsten gilt sämtliches Vermögen eines Ehegatten bis zum Beweis des Gegenteils als Errungenschaft (Art. 222 III tZGB). Den Ehegatten ist daher für das Vorliegen von Eigengut beweispflichtig.

53 Dem überlebenden bzw. anderen Ehegatten steht ein **Anspruch auf Beteiligung am Wertzuwachs** des anderen Ehegatten zu. Jedem Ehegatten steht die Hälfte des Wertzuwachses des anderen Ehegatten zu Die gegenseitigen Forderungen werden verrechnet (Art. 236 I tZGB). Der Wertzuwachs ergibt sich aus dem Gesamtwert der Errungenschaft zuzüglich der hinzuzurechnenden Vermögenswerte (Art. 229 tZGB) zB illoyale Vermögensverfügungen sowie Ausgleichsforderungen und Abzug der hierauf lastenden Schulden (Art. 231 I tZGB). Der Beteiligungsanspruch kann unter Umständen aufgehoben oder gemindert werden. Das Gericht kann den Anspruch nach Billigkeit bei Scheitern der Ehe wegen Ehebruchs oder Angriffs auf das Leben mindern oder aufheben (Art. 236 II tZGB). Hat der Ehegatte zum Erwerb, zur Verbesserung oder Erhaltung eines Vermögensgenstands des anderen Ehegatten beigetragen, erwirbt er einen Anspruch auf Ausgleich seines **Mehrwertanteils** (*değer artış payı*). Maßgeblich sind die Wertverhältnisse zum Zeitpunkt der Auseinandersetzung. Bei einer Wertminderung ist der ursprünglich Beitrag auszugleichen (Art. 227 I tZGB). Im Falle einer Wertsteigerung ist der höhere Wert bei der Auseinandersetzung zugrunde zu legen. Der Mehrwertanteil erhöht sich entsprechend im Verhältnis zum Beitrag des ausgleichsberechtigten Ehegatten. Der Beteiligungsanspruch überlagert den Anspruch auf den Mehrwertanteil (Bergmann/Ferid/Henrich IntEheR/*Rumpf/Odendahl* Türkei S. 36).

54 Endet der Güterstand durch den Tod eines Ehegatten, sind die güterrechtlichen Ansprüche des überlebenden Ehegatten vorab aus dem Nachlass auszugleichen. Es handelt sich um eine **Nachlassverbindlichkeit** (→ Rn. 143).

55 Der überlebende Ehegatte kann zur Beibehaltung seiner bisherigen Lebensweise die **Zuteilung eines Nutzungs- oder Wohnrechts** an der zuletzt mit dem Erblasser gemeinsam bewohnten Wohnung bzw. dem Haus **unter Anrechnung auf seine Beteiligungsforderung** verlangen (Art. 240 I tZGB). Dies gilt auch für die Zuweisung des Eigentums am Hausrat (Art. 240 II tZGB). Bei Vorliegen von wichtigen Gründen, kann dem überlebenden Ehegatten auf dessen Antrag oder Antrag der Erben auch das Eigentum an dem Haus bzw. der Wohnung eingeräumt werden (Art. 240 III tZGB).

56 (1) Der Güterstand der **Errungenschaftsbeteiligung** (*edinilmiş mallara katılma rejimi*) **endet** nach Art. 225 I tZGB mit dem Tod. Im Falle der Beendigung des Güterstands ist der Wertzuwachs unter Trennung von Eigengut und Errungenschaft sowie Abzug der Schulden zu ermitteln (Art. 231 I tZGB). Jedem Ehegatten steht die Hälfte des Wertzuwachses des anderen Ehegatten zu, wobei die gegenseitigen Forderungen verrechnet werden (Art. 236 tZGB). Einen pauschalen güterrechtlichen Ausgleich im Todesfall durch Erhöhung des Erbteils wie im deutschen Recht (§ 1371 I BGB) sieht das tZGB nicht vor. Die güterrechtlichen Ausgleichsansprüche des überlebenden Ehegatten sind jeweils im Einzelfall zu ermitteln. Dessen Ansprüche mindern gegebenenfalls den Nachlass und sind vorab in Abzug zu bringen.

57 (2) Die **Gütertrennung** war bis zum 1.1.2002 der gesetzliche Güterstand. Güterrechtliche Ausgleichsansprüche bestanden grundsätzlich nicht. Die Rechtsprechung hat jedoch einen Anspruch auf Entschädigung wegen **ehebedingter Zuwendungen** der Ehefrau anerkannt. Diese war nach dem alten tZGB nicht verpflichtet, zum Unterhalt der Familie beizutragen. Es handelt sich hierbei um einen schuldrechtlichen Ausgleichsanspruch, der im Falle der Scheidung fällig wird (Bergmann/Ferid/Henrich IntEheR/*Rumpf/Odendahl* Türkei S. 35). Voraussetzung für einen entsprechenden Ausgleichsanspruch ist, dass die Ehefrau auch Einkommen erzielt hat, dass in die Vermögensbildung geflossen ist. Eine Haushaltsführung oder Kinderbetreuung allein begründet keinen entsprechenden Ausgleichsanspruch.

58 dd) Ob eine **pauschale Erhöhung des Erbteils des Ehegatten um ein Viertel gemäß § 1371 I BGB** aufgrund Rückverweisung nach Art. 15 II IPRG erfolgt, ist umstritten. Dies ist insbesondere für die in Deutschland belegenen Immobilien türkischer Staatsangehöriger von Bedeutung. Aufgrund des Nachlassabkommens werden diese nach deutschem Recht vererbt. Aber auch für die Immobilie eines deutschen Erblassers in der Türkei stellt sich die Frage, ob der Erbteil des Ehegatten sich pauschal nach § 1371 I BGB erhöht.

59 Die hM in der deutschen Literatur qualifiziert Art. 15 II IPRG als Kollisionsnorm und geht von einer güterrechtlichen Rückverweisung aus. Danach richtet sich die Erbquote nach dem Recht des Belegenheitsorts, so dass sich bei einer deutschen Immobilie eines türkischen Erblassers der Erbteil des Ehegatten um ein Viertel gemäß § 1371 I BGB erhöht. (Odendahl/Kortak, S. 16; Bergmann/Ferid/Henrich

II. Materielles Recht **Türkei 120**

IntEheR/*Rumpf/Odendahl* Türkei S. 23; Schaal, S. 175; Savaş, S. 75; Sütçü, S. 46; Yarayan, NZFam 2016, 1147f.). So auch OLG Bremen, Beschl. v. 7.5.2015 – 4 WF 52/15; OLG Stuttgart Beschl. v. 1.2.2016 – 17 WF 165/15.

Demgegenüber sieht die Gegenansicht in Art. 15 II IPRG keine Kollisionsnorm sondern nur eine **Verweisung auf die dingliche Auseinandersetzung** (DNotI 2010, Gutachten Nr. 101558; DNotI 2014 Gutachten Nr. 133673; Rauscher, Thomas, Entwicklung des Internationalen Privatrechts 2013–2014, NJW 2014, 1319 (1320)). Die Vorschrift enthält nach dieser Auffassung nur eine Klarstellung, dass die Auseinandersetzung der ausländischen Immobilien nach den (Verfahrens-)Vorschriften des Belegenheitsorts erfolgt. Das Ehegattenerbrecht des überlebenden Ehegatten erhöht sich dementsprechend nicht pauschal nach § 1371 I BGB. Dieser Ansicht folgen auch das OLG Köln (Beschl. v. 11.2.2014 – 2 WX 245/13, NJW 2014, 2290) sowie OLG Karlsruhe Beschl. v. 27.2.2018 – 14 W 113/16 Wx, FamRZ 2018, 858). In der türkischen Literatur wird ebenfalls teilweise nur eine Verweisung auf die dingliche Auseinandersetzung angenommen. Überwiegend wollen die Vertreter dieser Ansicht die Rückverweisung im Wege der teleologischen Reduktion auf die dingliche Auseinandersetzung beschränken (vgl. Bergmann/Ferid/Henrich IntEheR/*Rumpf/Odendahl* Türkei S. 23 mwN). 60

Der Umfang der Rückverweisung wurde im Gesetzgebungsverfahren erörtert und klargestellt, dass es sich um eine **güterrechtliche Verweisung** handelt. Art. 15 II IPRG verweist auf das eheliche Güterrecht und nicht auf die dingliche Auseinandersetzung. Diese ist bereits in Art. 21 IPRG geregelt. Zudem spricht auch der Wortlaut für eine güterrechtliche Verweisung. Der Kassationshof hat hierüber nicht ausdrücklich entschieden, in einer Entscheidung, in der es auch um türkische Immobilien eines geschiedenen deutschen Ehepaares ging, jedoch festgestellt, dass sich das Güterrecht grundsätzlich nach dem gemeinsamen Heimatrecht im Zeitpunkt der Eheschließung richtet. Es sei denn es liegt ein Verstoß gegen den türkischen ordre public vor oder es handelt sich um inländische Immobilien, Art. 5, 15 II IPRG (8. ZS des Kassationshofs Urteil v. 26.6.2011 – E. 2010/5330, K. 2011/3103). 61

Es handelt sich daher bei Art. 15 II IPRG um eine **güterrechtliche Kollisionsnorm**. Der Erbteil des überlebenden Ehegatten eines türkischen Erblassers erhöht sich damit pauschal hinsichtlich deutscher Immobilien nach § 1371 II BGB. Dieses Ergebnis folgt auch aus dem Grundsatz der Inländergleichbehandlung des Nachlassabkommens (§ 14 Nr. 2 NA), wenn § 1371 I BGB als erbrechtliche Vorschrift qualifiziert wird. Der BGH und die hM ordnen § 1371 I BGB jedoch als güterrechtliche Regelung ein (BGH Beschl. v. 13.5.2015 – IV ZB 30/14 mwN). Der EuGH hat demgegenüber entschieden, dass § 1371 I BGB erbrechtlich und nicht güterrechtlich zu qualifizieren ist und somit den EuErbVO unterliegt (EuGH Urt. v. 1.3.2018 – C-558/6, FamRZ 2018, 632 – Mahnkopf). 62

Die Verweisung nach Art. 15 II IPRG ist zeitlich nicht eingeschränkt. Eine **Übergangsvorschrift fehlt**. Die Verweisung umfasst daher auch Ehen, die vor dem Inkrafttreten des IPRG und vor dem Inkrafttreten des neuen tZGB geschlossen wurden (Krüger/Nomer-Ertan IPrax 2008, 283; Schaal S. 175; aA für die Anwendung auf Vermögenserwerbstatbestände nach dem Inkrafttreten des IPRG, Bergmann/Ferid/Henrich IntEheR/*Rumpf/Odendahl* Türkei S. 23). 63

Die Verweisung umfasst daher auch die deutschen Immobilien von türkischen Ehegatten, die vor dem 1.1.2002 geheiratet haben. Dies auch wenn diese Immobilien vor dem 1.1.2002 erworben wurden. 64

ee) Andere Güterstände/Wahlgüterstände. Neben dem gesetzlichen Güterstand können die Ehegatten auch einen der Wahlgüterstände (Gütertrennung, Gütertrennung mit Aufteilung und Gütergemeinschaft) wählen. Die Ehegatten können den Güterstand vor oder nach der Eheschließung wählen (Art. 203 I tZGB). Die Wahl erfolgt durch einen notariell zu beurkundenden oder zu beglaubigenden Güterrechtsvertrag (Art. 205 I tZGB). Daneben können die Ehegatten auch mit dem Antrag auf Eheschließung nach Art. 134 I tZGB durch schriftliche Mitteilung den Güterstand wählen (Art. 205 I tZGB). Bei der Wahl und Gestaltung des Güterstands sind die Ehegatten an die gesetzlichen Schranken gebunden (Art. 203 II tZGB). Unter bestimmten Umständen wie etwa der Einbürgerung besteht auch die Möglichkeit der Wahl des Güterrechts (→ Rn. 13). 65

Bei der **Gütertrennung** (*mal ayrılığı*) verfügt jeder Ehegatte über sein Vermögen (Art. 242 tZGB). Ausgleichsansprüche bestehen nicht, so dass auch im Erbfall keine güterrechtlichen Ansprüche bestehen. Es handelt sich hierbei um den bis zum 1.1.2002 geltenden gesetzlichen Güterstand. Bei Ehen, die vor dem 1.1.2002 geschlossen worden sind, gilt bis dahin Gütertrennung und danach der Güterstand der Errungenschaftsbeteiligung, wenn die Ehegatten nicht innerhalb der Jahresfrist von der Wahlmöglichkeit nach Art. 10 I 2 Einführungsgesetz zum tZGB Gebrauch gemacht haben. 66

Haben die Ehegatten die **Gütertrennung mit Aufteilung** (*paylaşmalı mal ayrılığı*) gewählt (Art. 244ff. tZGB), entsteht an Gütern, die ein Ehegatte nach Beginn des Güterstands anschafft und dem Gebrauch und der gemeinsamen Nutzung durch die Familie zugewiesen hat, sowie an Investitionen zur Zukunftssicherung der Familie Beteiligungsrechte. Diese sind bei Beendigung des Güterstandes unter den Ehegatten zu gleichen Teilen aufzuteilen (Art. 250 tZGB). Die Aufteilung erfolgt grundsätzlich in der Form der **Realteilung**, ansonsten sind Ausgleichszahlungen zu leisten (Art. 253 I tZGB). Zudem steht dem Ehegatten bei Beendigung des Güterstands ein Ausgleichsanspruch nach Billigkeit zu, wenn er zum Erwerb, zur Verbesserung oder zur Erhaltung eines außerhalb des aufteilbaren Gutes verbleibenden Vermögensgegenstandes des anderen ohne oder ohne angemessene Gegenleistung beigetragen hat (Art. 249 tZGB). Der Güterstand der Gütertrennung mit Aufteilung endet mit dem Tod, oder der Vereinbarung eines anderen Güterstands und bei Scheidung, Ungültigerklärung der Ehe sowie gerichtlicher Anordnung der Gütertrennung zum Zeitpunkt der Antragstellung (Art. 247 tZGB). 67

68 Auch bei der Gütertrennung mit Aufteilung kann der überlebende Ehegatte die **Zuweisung der Ehewohnung und des Hausrats** unter Anrechnung auf seinen Erbteil und seine Ausgleichsforderung verlangen. Falls diese nicht ausreichen, kann der überlebende Ehegatte eine Ausgleichszahlung leisten (Art. 255 I tZGB).

69 Bei der **Gütergemeinschaft** (*mal ortaklığı*) verfügt neben dem Gesamtgut jeder Ehegatte über Eigengut. Das Vermögen und die Einkünfte der Ehegatten werden im Übrigen zu einem Gesamtgut vereinigt. Ausgenommen hiervon sind die Gegenstände, die von Gesetzes wegen Eigengut sind Das Gesamtgut gehört beiden Ehegatten in ungeteilter Form (Art. 257 tZGB). Endet die Gütergemeinschaft durch Tod, steht jedem Ehegatten oder seinen Erben die Hälfte des Gesamtguts zu (Art. 276 I tZGB). Daneben können bei der Beendigung des Güterstands Ausgleichsansprüche zwischen den Vermögensmassen bestehen. Dies wenn Schulden, die sich auf das Eigengut beziehen, mit Mitteln des Gesamtguts, oder Schulden des Gesamtguts mit Mitteln des Eigenguts beglichen wurden (Art. 273 tZGB). Wurde mit Mitteln der einen Vermögensmasse zum Erwerb, zur Verbesserung oder zur Erhaltung eines Vermögensgegenstandes einer andern Vermögensmasse beigetragen, ist diese Zuwendung nach den Bestimmungen über den Mehrwertanteil bei der Errungenschaftsbeteiligung auszugleichen (Art. 274 tZGB).

70 ff) **Zuweisung der Familienwohnung.** Der überlebenden Ehegatten kann nach Art. 652 tZGB unter Anrechnung auf seinen Erbteil die **Zuweisung der Familienwohnung und des Hausrats** an sich verlangen. Gehört zum Nachlass eine Familienwohnung sowie Hausrat, ist der überlebende Ehegatte berechtigt, die Übertragung des Eigentums an sich zu verlangen. Liegen berechtigte Gründe vor, kann auf Antrag des Ehegatten oder der anderen gesetzlichen Erben dem Ehegatten nur ein Nutzungs- oder Wohnrecht eingeräumt werden (Art. 652 II tZGB). An Gebäudeteilen, die der Berufsausübung dienen und von den Abkömmlingen hierzu benötigt werden, besteht kein entsprechendes Recht (Art. 652 III tZGB). Voraussetzung ist, dass der der Ehegatte auch Erbe geworden ist. Daher entfällt der Anspruch etwa bei Erbunwürdigkeit oder Anhängigkeit eines Scheidungsverfahrens (vgl. Art. 181 II tZGB). Auf den zwischen den Ehegatten bestehenden Güterstand kommt es hierbei nicht an. Der Anspruch besteht unabhängig davon, welcher Güterstand gilt. Im Falle der Errungenschaftsbeteiligung kann die Zuweisung der Ehewohnung und des Hausrats bereits unter Anrechnung auf die Beteiligungsforderung verlangt werden (→ Rn. 55). Auf die Höhe des Erbteils kommt es ebenfalls nicht an. Reicht der Erbteil des überlebenden Ehegatten nicht aus, kann er diesen durch Zahlung des Wertunterschieds ausgleichen (vgl. Gençcan S. 1361; 2 ZS des Kassationshofs Urt. v. 19.11.2008 – E. 2008/12883, K. 2008/15476).

71 gg) **Ansprüche aus Zahlungsversprechen.** Mit dem Tod des Ehemannes kann auch ein Anspruch aus einer Morgengabe *(mehir)* fällig werden. Die Morgengabe beruht auf islamischen Traditionen bzw. dem Koran und dient der Absicherung der Ehefrau für den Fall der Scheidung sowie des Todes. Es handelt sich hierbei um ein Zahlungsversprechen, dass überwiegend als Schenkung (str.) qualifiziert wird. Das tZGB enthält keine Regelungen zur Morgengabe. Von der türkischen Rechtsprechung wird diese als **Schenkungsversprechen** eingeordnet. Handelt es sich um eine Morgengabe, die nicht sogleich bei der Eheschließung geleistet wird, wird diese spätestens bei Scheidung oder Tod fällig. Voraussetzung ist ein wirksames Zahlungsversprechen. Bei einer Einordnung als Schenkung ist in Deutschland eine notarielle Beurkundung erforderlich. In der Türkei genügt jedoch bereits die Einhaltung der Schriftform (Art. 288 I OG). Liegt danach ein wirksames Zahlungsversprechen vor, besteht ein entsprechender Anspruch gegen den Nachlass.

72 e) **Erbrecht des Staates.** Sind keine Erben vorhanden, fällt die Erbschaft an den Staat (Art. 501 tZGB). Geht die Erbschaft auf den Staat über, ist durch das Friedensgericht von Amts wegen ein Verzeichnis zu errichten. Die Haftung des Staates als Erbe ist auf die Höhe des Nachlasses beschränkt (Art. 631 tZGB). Der Staat kann das Erbe als gesetzlicher Erbe auch ausschlagen (→ Rn. 148).

73 **3. Gewillkürte Erbfolge. a) Allgemeines.** Im tZGB können letztwillige Verfügungen als Testament (Art. 531 ff. tZGB) in verschiedenen Formen und in der Form des Erbvertrags (Art. 545 ff. tZGB) erfolgen. Demgegenüber sieht das türkische Recht ein gemeinschaftliches Testament mit wechselbezüglichen Verfügungen wie im deutschen Recht nicht vor. Ein solches wäre daher grundsätzlich nach türkischem Recht unwirksam. Es kann allenfalls als Erbvertrag oder Einzeltestament wirksam sein, wenn es in einen Vertrag oder ein Testament umgedeutet werden kann und die Formvorschriften eingehalten sind (str.). Zudem dürfen die wechselbezüglichen Verfügungen einer Umdeutung nicht entgegenstehen (→ Rn. 58).

74 Voraussetzung ist das Vorliegen der **Testier- bzw. Verfügungsfähigkeit.** Nach Art. 502 tZGB erfordert dies, dass der Verfügende urteilsfähig ist und das fünfzehnte Lebensjahr vollendet hat. Urteilsfähig ist, wer nicht aufgrund Minderjährigkeit, Geisteskrankheit, Geistesschwäche, Trunkenheit oder ähnlicher Gründe außerstande ist, vernunftgemäß zu handeln (Art. 13 tZGB). Für den **Abschluss eines Erbvertrags** ist dagegen auch erforderlich, dass der Verfügende volljährig ist. Die Volljährigkeit tritt mit der Vollendung des achtzehnten Lebensjahrs ein. Jedoch führt auch eine Heirat zur Volljährigkeit (Art. 11 tZGB). Zudem besteht nach Art 12 tZGB bei Minderjährigen die mindestens das fünfzehnte Lebensjahr vollendet haben, die Möglichkeit der Volljährigkeitserklärung.

75 b) **Arten von letztwilligen Verfügungen.** Ein **Testament** kann in der Form des öffentlichen Testaments (Art. 532 ff. tZGB), als eigenhändiges Testament (Art. 538 tZGB) und als mündliches Testament (Art. 539 ff. tZGB) errichtet werden.

II. Materielles Recht

aa) Öffentliches Testament. Das öffentliche Testament wird durch eine Amtsperson unter Hinzuziehung von zwei Zeugen errichtet. Amtsperson in diesem Sinne kann der Friedensrichter, Notar oder eine andere vom Gesetz ermächtigte Person sein (Art. 532 tZGB). 76

Die Errichtung erfolgt in der Weise, dass der Testierende seinen Willen der Amtsperson mitteilt und dieses selbst oder mit Hilfe eines Dritten das Testament erstellt. Dem Testierenden wird dieses dann übergeben und von Ihm unterzeichnet. Danach versieht die Amtsperson das Testament mit dem Datum und unterschreibt dieses ebenfalls (Art. 533 tZGB). Im Anschluss daran erklärt der Testierende im Beisein der Amtsperson gegenüber den beiden Zeugen dass er das Testament gelesen habe und dies seinem letzten Willen entspricht. Die Zeugen selbst vermerken auf dem Testament, dass dies vor Ihren Augen erfolgt ist und unterzeichnen diese Erklärung. Bei der Errichtung eines öffentlichen Testaments in dieser Weise ist es nicht erforderlich, dass den Zeugen der Inhalt des Testaments mitgeteilt wird (Art. 534 tZGB). Das öffentliche Testament kann daher auch errichtet werden, ohne dass die Zeugen von dessen Inhalt Kenntnis erlangen. 77

Kann der Testierende jedoch das Testament nicht selbst lesen oder unterschreiben, ist ihm das Testament in der Gegenwart der Zeugen vorzulesen. Diese bestätigen in diesem Fall dass die Erklärung vor Ihnen abgegeben wurde und sie den Erblasser für verfügungsfähig halten (Art. 535 tZGB). In diesem Fall kann der Inhalt des Testaments nicht geheim gehalten werden. 78

Als **Amtsperson oder Zeugen** sind die in Art. 536 tZGB genannten Personen wie Geschäftsunfähige, Personen die von öffentlichen Ämtern **ausgeschlossen** sind, der Ehegatte des Erblasser, seine Abkömmlinge, Verwandten in aufsteigender Linie, Geschwister des Erblasser und die Ehegatte dieser Personen ausgeschlossen. Zudem dürfen in dem Testament an die Amtsperson, die Zeugen oder deren Abkömmlinge, Verwandte in aufsteigender Linie, Geschwister und deren Ehegatten keine Zuwendungen gemacht werden. Das Testament ist von der Amtsperson zu verwahren (Art. 537 tZGB). Die Amtsperson zeigt dem Standesamt, bei dem der Testierende gemeldet ist an, das sich bei ihm ein Testament befindet. Das Standesamt vermerkt dies in dem Personenstandsregister des Testierenden und benachrichtigt die Amtsperson bei dessen Tod. Nach Erhalt dieser Mitteilung hat die Amtsperson das Testament beim Gericht oder der Staatsanwaltschaft zu hinterlegen. 79

bb) Handschriftliches Testament. Das handschriftliche Testament muss das Datum enthalten und vollständig vom Erblasser handschriftlich abgefasst und eigenhändig unterschrieben sein (Art. 538 I tZGB). Wer nicht lesen und schreiben kann oder aufgrund körperlicher Behinderungen nicht in der Lage ist, ein Testament selbst abzufassen, kann kein handschriftliches Testament errichten. Der Text muss vollständig handschriftlich erstellt werden. Änderungen und Korrekturen durch den Erblasser sind zulässig. Unerheblich ist, in welcher Sprache der Text abgefasst ist. Die Verwendung einer Fremdsprache steht der Wirksamkeit nicht entgegen. Das Erfordernis der Handschriftlichkeit ist auch erfüllt, wenn der behinderte Erblasser mit dem Mund oder Fuß schreibt, maßgeblich ist, dass der Text von ihm mit einem Schreibmittel erstellt wurde und ihn zugeordnet werden kann. 80

Das **Datum der Errichtung** des Testaments ist in diesem anzugeben. Es handelt sich hierbei um eine Wirksamkeitsvoraussetzung und dient dazu, die Testierfähigkeit zum Zeitpunkt der Verfügung sowie deren etwaigen Widerruf bei mehreren Verfügungen prüfen zu können. Nach dem Gesetzeswortlaut sind Jahr, Monat und Tag anzugeben. Die Angabe des Datums in abgekürzter Form ist ausreichend, wenn das Erstellungsdatum zweifelsfrei bestimmbar ist. 81

Die Angabe des Ortes ist dagegen keine Wirksamkeitsvoraussetzung mehr (vgl. Art. 485 tZGB aF).

Das handschriftliche Testament kann ebenfalls zur Verwahrung einem Notar, Friedensrichter oder hierzu ermächtigten Amtsperson übergeben werden. Die Hinterlegung des Testaments kann offen oder verschlossen erfolgen (Art. 538 II tZGB). Der Notar protokolliert die Entgegennahme des Testaments und verwahrt dieses. Wie beim öffentlichen Testament teilt er dies dem Standesamt, bei dem der Erblasser gemeldet ist, mit. 82

cc) Mündliches Testament. Im Falle eines Notstands besteht die Möglichkeit ein mündliches Testament zu errichten, wenn keine Möglichkeit besteht, ein eigenhändiges oder handschriftliches Testament zu errichten. Das Gesetz gibt als mögliche Notstände eine nahe Todesgefahr, einen Ausfall der Verkehrsmittel, Krankheit, Krieg oder ähnliche Fälle an (Art. 539 I tZGB). Liegen die Voraussetzungen danach vor, teilt der Erblasser seinen Willen zwei Zeugen mit und beauftragt diese seinen Willen zu dokumentieren oder abfassen zu lassen. Ein vom Erblasser bestimmter Zeuge schreibt den Willen des Erblassers mit der Datumsangabe nieder und unterschreibt diese Urkunde mit dem anderen Zeugen. Die Urkunde ist anschließend unverzüglich dem Friedensgericht oder der Zivilkammer eines Landgerichts vorzulegen und diesem mitzuteilen, dass der Erblasser ihnen seinen Willen unter außergewöhnlichen Umständen mitgeteilt hat und sie ihn für verfügungsfähig halten (Art. 540 I tZGB). Statt dessen können die Zeugen jedoch auch ohne eine Urkunde zu erstellen sich an das Gericht wenden und den Willen und die Umstände der Erklärung zur Niederschrift mitteilen (Art. 540 II tZGB). Art. 540 III tZGB enthält Sonderregelungen zur Zuständigkeit bei Militärangehörigen, Reisenden und Patienten. 83

Als Nottestament wird das mündliche Testament unwirksam, sobald der Testierende wieder in der Lage ist, ein Testament in einer anderen Form zu errichten und ein Monat nach dem Entstehen dieser Möglichkeit abgelaufen ist (Art. 541 tZGB). 84

c) Inhalt der Verfügungen von Todes wegen. Der **mögliche Inhalt der Verfügungen von Todes wegen** ergibt sich aus den Art. 514 ff. tZGB. Hinzu kommen mögliche Verfügungen, die außerhalb des Erbrechts geregelt sind. Zu diesen gehört die Anerkennung der Vaterschaft eines nichtehelichen Kindes 85

Savaş

durch Testament (Art. 295 I tZGB) und die Errichtung einer Stiftung durch Verfügung von Todes wegen (vgl. Art. 102, 526 tZGB).

86 aa) **Verfügungsfreiheit.** Nach Art. 514 I tZGB kann der Erblasser im Rahmen der Verfügungsfreiheit über sein Vermögen mit letztwilliger Verfügung oder Erbvertrag verfügen. Die Verfügungsfreiheit des Erblassers ist durch die bestehenden Pflichtteilsansprüche beschränkt (→ Rn. 108). Die möglichen Verfügungsarten sind in den Art. 514 ff. tZGB genannt. Diese sind die Anordnung von Bedingungen und Auflagen (Art. 515 tZGB), Erbeinsetzung (Art. 516 tZGB), Zuwendung eines Vermächtnisses (Art. 517 tZGB), Einsetzung eines Ersatzerben (Art. 520 tZGB) und die Einsetzung eines Nacherben (Art. 521 tZGB). Die möglichen Verfügungsarten sind hauptsächlich in dritten Unterabschnitt (Art. 514 ff. tZGB). enthalten. Die zulässigen Verfügungen sind jedoch nicht nur im Erbrecht geregelt. Bestimmungen zu letztwilligen Verfügungen befinden sich auch in anderen Büchern des tZGB. Etwa die **Anerkennung nichtehelicher Kinder** durch ein Testament (Art. 295 tZGB) oder die **Errichtung einer Stiftung** durch letztwillige Verfügung (Art. 102 tZGB). Die im Gesetz genannten Verfügungsarten sind ansonsten abschließend. Ist die Verfügung des Erblassers im Gesetz nicht vorgesehen und ist auch eine entsprechende Auslegung nicht möglich, ist die Verfügung nicht bindend (Dural/Öz Rn. 649).

87 Ein **gemeinschaftliches Testament** (*ortak vasiyetname/müşterek vasiyetname*) sieht das türkische Recht nicht vor. Ein gemeinschaftliches Testament ist daher als solches nach türkischem Recht unwirksam (Imre/Erman S. 227, Gençcan S. 318). Hierbei ist streitig, ob ein gemeinschaftliches Testament bereits nichtig oder – wie überwiegend angenommen wird – anfechtbar ist, so dass dessen Unwirksamkeit fristgemäß geltend gemacht werden muss (Imre/Erman 228, Dural/Öz Rn. 228). Der Kassationshof geht ebenfalls von einer Anfechtbarkeit und nicht Nichtigkeit aus (3. Zivilsenat des Kassationshofs Urt. v. 17.2.2014 – E. 2013/18224, K. 2014/2251 bei Gençcan S. 318 f.). Dessen Unwirksamkeit muss danach mit der Anfechtungsklage nach Art. 557 tZGB geltend gemacht werden (→ Rn. 96). Hierbei ist auch streitig, ob es sich um eine materielle Regelung handelt, die dem Erbstatut unterliegt oder um ein Formverbot, dass etwa durch Errichtung im Ausland umgangen werden kann. In letzterem Fall wäre ein nach der Ortsform im Ausland formwirksam errichtetes gemeinschaftliches Testament wirksam (vgl. Tekinalp S. 237). Der Kassationshof und die hM gehen von einem Formverbot aus.

88 Ist das gemeinschaftliche Testament als solches unwirksam, kommt eine **Umdeutung in ein Einzeltestament oder einen Erbvertrag** in Betracht. Voraussetzung hierfür ist, dass die Formvorschriften eingehalten worden sind. So kann bei einem handschriftlichen gemeinschaftlichen Testament die Verfügung des Erblassers, der die Urkunde eigenhändig aufgesetzt hat, in ein Einzeltestament umgedeutet werden. Es sei denn, das Testament enthält wechselbezügliche Verfügungen, die allein nicht bestehen bleiben sollen (Dural/Öz Rn. 269). Ist das gemeinschaftliche Testament vor einem Notar errichtet worden, kann dieses als Erbvertrag aufrechterhalten werden (Dural/Öz Rn. 269 mwN).

89 bb) **Auflagen und Bedingungen.** Nach Art. 515 I tZGB kann der Erblasser seine Verfügungen mit Auflagen (*yüklemeler*) und Bedingungen (*koşullar*) verknüpfen. Die Verfügung wird in diesem Fall wirksam, wenn die Bedingung eintritt bzw. die Auflage erfüllt wird. Möglich sind sowohl aufschiebende als auch auflösende Bedingungen. Die Verfügung kann auf diese Weise mit dem Eintritt eines ungewissen Ereignisses verknüpft werden. Unwirksam sind rechts- und sittenwidrige Auflagen und Bedingungen (Art. 514 II tZGB) sowie Bedingungen, deren Eintritt unmöglich. Unbeachtlich sind zudem Auflagen und Bedingungen, die sinnlos sind oder nur die Belästigung anderer bezwecken (Art. 514 III tZGB). Ist die Auflage oder Verfügung im Sinne des Art. 514 II tZGB- bzw. sittenwidrig, ist die Verfügung unwirksam. Eine sinnlose oder belästigende Auflage bzw. Bedingung ist dagegen unbeachtlich, so dass die Verfügung wirksam bleibt. Die Bedingung unterscheidet sich von der Auflage dadurch, dass deren Eintritt ungewiss ist. Durch die Auflage wird dem Bedachten eine Rechtspflicht auferlegt. Deren Vollziehung kann von jedem, der ein Interesse daran hat verlangen und eingeklagt werden (Art. 515 I S. 2 tZGB). Die Vollziehung der Auflage kann jederzeit verlangt werden. Eine Frist besteht nicht. Die Vollziehung kann solange der Verpflichtete oder dessen unmittelbare Erben leben verlangt werden (Kılıçoğlu S. 143, Dural/Öz Rn. 766).

90 cc) **Erbeinsetzung und Zuwendung von Vermächtnissen.** Mit der letztwilligen Verfügung erfolgt vor allem die Erbeinsetzung und Zuwendung von Vermächtnissen. Eine Erbeinsetzung (*mirasçı atama*) liegt vor, wenn der Bedachte die Erbschaft insgesamt oder zu einem Bruchteil erhalten soll (Art. 516 II tZGB). Bei der **Zuwendung eines Vermächtnisses** (*belirli mal bırakma*) wird dem Bedachten ein Vermögensvorteil zugewandt, ohne dass er als Erbe eingesetzt wird (Art. 517 I tZGB). Hierbei kann dem Bedachten sowohl ein einzelner Erbschaftsgegenstand zugewandt werden als auch die Nutznießung (Nießbrauch) an der gesamten Erbschaft. Der Erblasser kann auch ein Vermächtnis dergestalt zuwenden, dass dem Bedachten von den Erben Leistungen oder eine Rente aus der Erbschaft zu gewähren oder dieser von Verbindlichkeiten zu befreien ist (Art. 517 II tZGB). Durch die Zuwendung eines Vermächtnisses erwirbt der Vermächtnisnehmer/Bedachte einen Anspruch gegen den Erben. Dieser ist verpflichtet, den Gegenstand an den Vermächtnisnehmer in dem Zustand, in dem er sich befindet, herauszugeben (Art. 518 I tZGB). Ist ein bestimmter Gegenstand vermacht worden und befindet sich dieser nicht im Nachlass, wird der Beschwerte nicht verpflichtet, wenn kein anderer Wille des Erblassers ersichtlich ist (Art. 517 II tZGB). Der Anspruch des Vermächtnisnehmers muss nicht zwingend mit dem Erbfall fällig werden. Die **Fälligkeit** kann auch später eintreten. Übersteigen die Vermächtnisse die Erbschaft bzw. die Zuwendungen an den Beschwerten, kann deren verhältnismäßige Herabsetzung verlangt werden (Art. 519 I tZGB). Im **Falle des Vorversterbens** des Beschwerten, der Ausschlagung oder Erbunwürdig-

keit bleiben die Vermächtnisse in Kraft. Diese sind von denjenigen zu erfüllen, die durch den Wegfall des ursprünglich Beschwerten profitieren (Art. 519 II tZGB). Schlägt ein gesetzlicher oder eingesetzter Erbe die Erbschaft aus, kann er dennoch ein Vermächtnis annehmen (Art. 519 III tZGB).

dd) Für den Fall des Vorversterbens des Erben oder der Ausschlagung kann der Erblasser einen oder mehrere **Ersatzerben** (*yedek mirasçı*) bestimmen. Die gilt auch bei einem Vermächtnis (Art. 520 tZGB). Der Ersatzerbe soll erben, wenn der Erbe aus irgendeinem Grund von der Erbschaft ausgeschlossen ist. Der Ersatzerbe ist daher außer in den Fällen des Vorversterbens oder der Ausschlagung auch bei der Erbunwürdigkeit des Erben im Sinne des Art. 578 tZGB sowie dem Vorliegen von Ausschlussgründen nach Art. 510 tZGB (→ Rn. 122) in dessen Person berufen. 91

Nach Art. 521 tZGB kann der Erblasser einen **Nacherben** (*artmirasçı*) bzw. Nachvermächtnisnehmer bestimmen. Die Bestimmungen über die Einsetzung eines Nacherben gelten auch für das Vermächtnis (Art. 521 III tZGB). Der Erblasser kann einen oder mehrere Nacherben bestimmen. Die Pflicht zur Übertragung des Erbes kann jedoch nicht dem Nacherben auferlegt werden (Art. 521 II tZGB). Die Anordnung der Nacherbschaft ist daher auf eine Stufe beschränkt. Demgegenüber besteht bei der Bestimmung von Ersatzerben keine entsprechende Begrenzung (Kılıçoğlu 152). Der Erblasser kann in seiner Verfügung bestimmen, wann der **Nacherbfall** eintreten soll. Hat der Erblasser nichts anderes verfügt, geht das Erbe mit dem Tod des Vorerben (*önmirasçı*) auf den Nacherben über (Art. 522 I tZGB). Ist ein Übergangszeitpunkt bestimmt, jedoch dieser beim Tod des Vorerben noch nicht eingetreten, geht der Besitz an der Erbschaft gegen Sicherheitsleistung auf die Erben des Vorerben über (Art. 522 II tZGB). Ist ein Übergang auf den Nacherben nicht möglich, erbt der Vorerbe unbedingt. Ansonsten erwirbt der Vorerbe diese mit der Last, sie an den Nacherben herauszugeben (Art. 524 II tZGB). Ist der Vorerbe verstorben, erben dessen Erben (Art. 522 II tZGB). Zur **Sicherung der Ansprüche des Nacherben** ist vom Friedensgericht ein Inventar über den Nachlass zu erstellen (Art. 523 I tZGB). Für die Übergabe des Nachlasses an den Vorerben ist eine **Sicherheitsleistung** erforderlich. Diese kann bei Grundstücken durch die Eintragung einer Vormerkung erfolgen, wenn dies als ausreichend erachtet wird. Der Erblasser kann in seiner Verfügung auf das Erfordernis einer Sicherheitsleistung durch ausdrückliche Erklärung verzichten (Art. 523 II tZGB). Ist der Vorerbe nicht in der Lage eine Sicherheit zu leisten oder gefährdet er die Anwartschaftsrechte des Nacherben, ist Nachlassverwaltung anzuordnen (Art. 523 III tZGB). 92

Ist der Nacherbe vor dem bestimmten Übergangszeitpunkt bzw. dem Vorerben verstorben, verbleibt die Erbschaft, sofern der Erblasser nichts anderes bestimmt hat, beim Vorerben (Art. 525 II tZGB). Die Erben des Nacherben treten dann nicht an dessen Stelle. In den Fällen, in denen der Erblasser den Vorerben überlebt, dieser erbunwürdig ist oder ausschlägt, geht die Erbschaft unmittelbar an den Nacherben (Art. 525 II tZGB). 93

ee) Auslegung letztwilliger Verfügungen. Die Auslegung letztwilliger Verfügungen erfolgt zunächst anhand des Wortlauts der Verfügung. Der letzte Wille des Erblassers ergibt sich aus seiner Verfügung. Ist diese klar und eindeutig, ist kein Raum für eine Auslegung. Eine Auslegung kann sich nur auf die, in der Verfügung genannten Angelegenheiten beziehen (İmre/Erman S. 114). Ist die Verfügung mehrdeutig, ist der wirkliche Wille des Erblassers zu ermitteln. Der wirkliche Wille ist unter Berücksichtigung sämtlicher äußeren Umstände wie Umfeld des Erblassers, dessen Bildungsstand, soziale Beziehungen, Alter, familiäre Bindungen usw. zu ermitteln. Nach dem Grundsatz des *favor testamenti* ist die letztwillige Verfügung möglichst in der Weise auszulegen, dass der Wille des Erblassers aufrechterhalten werden kann (vgl. Gençcan S. 425 ff.). 94

Bei der Auslegung sind zudem die **im tZGB enthaltenen Auslegungsregeln** zu berücksichtigen. Die Zuwendung des gesamten Erbes oder eines bestimmten Anteils gilt als Erbeinsetzung (Gençcan S. 425). Regelungen betreffend die Anteile der gesetzlichen Erben gelten nach Art. 560 II tZGB als **Teilungsregeln**, wenn sich kein anderer Wille des Erblassers feststellen lässt. Die Zuweisung eines Nachlassgegenstands an einen Erben gilt nach Art. 647 III tZGB nicht als Vermächtnis sondern als **Teilungsanordnung** wenn sich kein anderer Wunsch ergibt. Die Zuwendung an eine Personenmehrheit ohne eigene Rechtspersönlichkeit gilt als Begründung einer Stiftung, wenn der Zweck nicht erreicht werden kann (Art. 577 II tZGB). Weitere gesetzliche Auslegungsregeln und Vermutungen sind in Art. 504 II (offenkundiger Irrtum bei der Bestimmung der Person), Art. 514 II (Unwirksamkeit von Verfügungen bei rechts-/sittenwidrigen Bedingungen oder Auflagen), 583 II tZGB (gesetzlicher Erbe gilt als Vorerbe) enthalten. Bei der Auslegung letztwilliger Verfügungen ist zudem zwischen Testamenten und Erbverträgen zu unterscheiden. Bei einem Testament handelt es sich anders als bei einem Erbvertrag nicht um einen gegenseitigen Vertrag. Auf einen möglichen Vertrauensschutz der anderen Partei kommt es daher nicht an. Daher ist bei der Auslegung eines Testaments vorrangig der Wille des Erblassers zu ermitteln. Bei der Auslegung von Erbverträgen hat demgegenüber der Vertrauensschutz Vorrang (Kılıçoğlu S. 188). 95

ff) Unwirksamkeit und Nichtigkeit von letztwilligen Verfügungen. Ist eine letztwillige Verfügung wegen der fehlenden Verfügungsfähigkeit des Erblassers, aufgrund Irrtums infolge Täuschung oder Nötigung, sittenwidriger Verfügungen oder Bedingungen/Auflagen oder wegen Formmängeln unwirksam, muss dies mit der **Anfechtungsklage** (Art. 557 tZGB) geltend gemacht werden. Ansonsten ist die Verfügung bis zu deren Anfechtung rechtswirksam. Die Anfechtungsklage kann jeder Erbe oder Vermächtnisnehmer erheben, der ein Interesse daran hat (Art. 558 I tZGB). Als letzter gesetzlicher Erbe kann auch der Staat eine Anfechtungsklage erheben (Gençcan S. 499). Die Klage richtet sich gegen den Begünstigten (Erben, Vermächtnisnehmer, durch die Auflage Bedachten usw.). Sie kann auch gegen den Testamentsvollstrecker erhoben werden (Gençcan S. 501). Die Klage ist gegenüber gutgläubigen Beklagten inner- 96 halb der **Ausschlussfrist von einem Jahr** nach Kenntnis des Klägers spätestens jedoch innerhalb von **zehn Jahren ab der Eröffnung** des Testaments oder des Übergangs der Erbschaft zu erheben. Gegenüber einem **bösgläubigen Beklagten** beträgt die Ausschlussfrist **zwanzig Jahre** (Art. 558 I tZGB). Es handelt sich hierbei um von Amts wegen zu beachtende Ausschlussfristen (*hak düşürücü süreler*) und nicht um eine Verjährung Die Neufassung der Vorschrift durch das neue tZGB hat dies klargestellt. Die Unwirksamkeit kann jedoch jederzeit einredeweise geltend gemacht werden (Art. 558 II tZGB). Die erfolgreiche Anfechtungsklage führt zur rückwirkenden Aufhebung der angefochtenen Verfügung, soweit diese angefochten ist. Das Urteil bzw. die Aufhebung der Verfügung gilt nur im Verhältnis zwischen den Prozessparteien (Gençcan S. 523 f. mwN). Im Gegensatz zu den unwirksamen Verfügungen sind die **nichtigen Verfügungen** von Anfang an unwirksam und bedürfen keiner Anfechtung. Nichtigkeitsgründe sind von Amts wegen zu beachten. Da Art. 557 tZGB die wichtigsten möglichen Nichtigkeitsgründe als Unwirksamkeitsgründe behandelt, bleibt für die Annahme einer Nichtigkeit nur ein geringer Raum. Nichtig sind beispielsweise gefälschte Verfügungen, bloße Entwürfe von Verfügungen oder Erklärungen, die bereits keiner erbrechtlichen Verfügungsart zugeordnet werden können (zur Wirksamkeit gemeinschaftlicher Testamente → Rn. 87 f.).

97 gg) **Widerruf des Testaments.** Der Widerruf des Testaments ist in Art. 542 ff. tZGB geregelt. Das Testament kann ganz oder teilweise durch die **Errichtung eines neuen formgültigen Testaments** widerrufen werden (Art. 542 tZGB). Ferner durch die **Vernichtung des Testaments** durch den Erblasser (Art. 543 I tZGB). Wird das Testament dagegen versehentlich vom Erblasser oder schuldhaft durch einen Dritten vernichtet, stellt dies keinen Widerruf dar. Das Testament ist jedoch dennoch unwirksam, wenn dessen Inhalt nicht vollständig wiederhergestellt werden kann (Art. 543 I tZGB). Eine Vernichtung kann hierbei auch nur einen Teil des Testaments betreffen, wie etwa durch Schwärzung einzelner Passagen. Ein **Widerruf durch Vernichtung** kommt nur beim einem eigenhändigen Testament in Betracht. Das öffentliche Testament wird von der Amtsperson verwahrt, so dass der Testierenden nur über eine Abschrift verfügt. Deren Vernichtung stellt keinen Widerruf dar (Kılıçoğlu S. 126). Zudem kann das Testament durch eine **spätere Verfügung** widerrufen werden. Errichtet der Erblasser später ein neues Testament, ohne dass das frühere Testament ausdrücklich aufgehoben wird, wird das frühere Testament hierdurch ersetzt. Es sei denn, es handelt sich hierbei zweifelsfrei nur um eine Ergänzung des früheren Testaments (Art. 543 I tZGB). Ein Vermächtnis wird nach Art. 544 II tZGB aufgehoben, wenn der Erblasser über den Vermächtnisgegenstand später in einer Weise verfügt, die mit dem Vermächtnis nicht vereinbar ist.

98 d) **Erbvertrag.** Als weitere Möglichkeit der Verfügung von Todes wegen sieht das tZGB den Erbvertrag (*miras sözleşmesi*) vor. Der Erbvertrag verweist wegen der Formvorschriften auf diejenigen für die Errichtung des öffentlichen Testamens. Der Abschluss des Erbvertrags erfolgt indem die Parteien ihren Willen gegenüber der Amtsperson erklären und anschließend vor dieser und in Gegenwart von zwei Zeugen den Vertrag unterschreiben (Art. 545 tZGB). Ein Erbvertrag kann daher nur in der **Form der Beurkundung** (*düzenleme şeklinde*) errichtet werden. Im Übrigen kann der Erbvertrag wie beim öffentlichen Testament auch abgeschlossen werden ohne das den Zeugen dessen Inhalt mitgeteilt wird (→ Rn. 64). Wegen der Mitwirkungsverbote ist Art. 536 tZGB ebenfalls anwendbar.

99 Die Verfügungsfähigkeit erfordert, dass die Partei urteilsfähig, volljährig und unbeschränkt geschäftsfähig ist (Art. 503 tZGB).

100 **Inhalt des Erbvertrags.** Beim Erbvertrag handelt es sich um einen gegenseitigen Vertrag, so dass eine Willenserklärung beider Parteien erforderlich ist. Er kann als positiver Erbvertrag mit der Verpflichtung zur Überlassung der Erbschaft oder eines Guts (Art. 527 I tZGB) oder als Erbverzichtsvertrag (Art. 528 tZGB) abgeschlossen werden. Im Falle eines **positiven Erbvertrags** verpflichtet sich der Erblasser sein Erbe oder einen Vermächtnis dem Vertragspartner oder einem Dritten zuzuwenden. In der Praxis kann als positiver Erbvertrag der Leibgedingsvertrag (*ölünceye kadar bakma sözleşmesi*) vorkommen. Der Leibgedingsvertrag (Verpfründungsvertrag) ist in Art. 611 ff. OG geregelt. Darin verpflichtet sich der Erblasser (Leibgedinger) dem Erben (Leibgedingsherren) ein Vermögen zu übertragen bzw. setzt diesen als Erben ein. Der Erbe verpflichtet sich als Gegenleistung dem Erblasser Pflege und Unterhalt auf Lebenszeit zu gewähren. Durch einen **Erbverzichtsvertrag** (*mirastan feragat sözleşmesi*) kann der Erbe mit oder ohne Gegenleistung auf das Erbe verzichten und scheidet aus der Erbfolge aus. Typischerweise werden Erbverzichtsverträge mit pflichtteilsberechtigten Erben abgeschlossen, um diese von der Erbfolge auszuschließen. Falls nichts anderes geregelt ist, sind bei einem **Erbverzicht mit Gegenleistung** auch dessen Abkömmlinge von der Erbfolge ausgeschlossen (Art. 528 III tZGB). Beim Erbverzichtsvertrag ohne Gegenleistung hat dies dagegen keine Auswirkungen auf die Abkömmlinge des Verzichtenden.

101 Der Verzichtsvertrag kann **zugunsten einer bestimmten Person** abgeschlossen werden. Kann diese das Erbe nicht antreten, ist der Verzicht unwirksam. Wird der Verzicht nicht zugunsten einer bestimmten Person erklärt, gilt er als zugunsten der Abkömmlinge des nächsten gemeinsamen Vorfahren erklärt. Können diese das Erbe nicht antreten, ist der Verzicht ebenfalls unwirksam (Art. 529 tZGB). Ein wirksamer Verzicht kann nur durch einen Erbvertrag erfolgen. Eine zu Lebzeiten des Erblassers vom Erben abgegebene **einseitige Verzichtserklärung** ist unwirksam. Verzichten die Erben (Kinder des Erblassers) aufgrund der vorangegangen Übertragung von Immobilien in einer notariellen Erklärung einseitig auf ihr künftiges Erbrecht, ist der Verzicht rechtsunwirksam. Auf das noch nicht entstandene Recht kann nicht wirksam verzichtet werden (2. Zivilsenat des Kassationshofs Urt. v. 6.12.2005 – E. 2005/19483, K. 2005/17034 bei Gençcan S. 416).

II. Materielles Recht **Türkei**

Der Erbvertrag kann durch Einigung unter Lebenden jederzeit aufgehoben werden. Er entfällt zudem wenn der Erblasser den Erben bzw. Vermächtnisnehmer überlebt. Der Erblasser, der sich durch einen Erbvertrag verpflichtet hat, kann von diesem grundsätzlich nicht zurücktreten. Im Übrigen wird er durch den Erbvertrag in seiner **Verfügungsfreiheit nicht eingeschränkt** und kann über sein Vermögen frei verfügen. Die andere Partei kann Verfügungen von Todes wegen und Schenkungen des Erblassers, die im Widerspruch zu den Verpflichtungen aus dem Erbvertrag stehen anfechten (Art. 527 II tZGB). Die Anfechtung erfolgt in entsprechender Anwendung der Regelungen über die Herabsetzung (Gençcan S. 414). Die andere Partei kann daher erst nach dem Tod des Erblassers gegen den Empfänger der Zuwendung auf Herabsetzung klagen.

Die **Aufhebung** kann jederzeit durch eine **schriftliche Vereinbarung** erfolgen (Art. 546 I tZGB). Für die einvernehmliche Aufhebung des Erbvertrags bedarf es daher keiner Beurkundung durch einen Notar oder eine Amtsperson. Die Einhaltung der Schriftform nach Art. 13 OG genügt. Die Aufhebung kann aber auch wie bei der Errichtung in der Form der öffentlichen Beurkundung erfolgen. Die Aufhebung muss nicht den gesamten Erbvertrag umfassen und kann auf einen Teil beschränkt werden.

Ein **einseitiger Rücktritt vom Erbvertrag** durch den Erblasser ist grundsätzlich nicht zulässig. Stellt sich nach Abschluss des Erbvertrags jedoch heraus, dass auf Seiten des Begünstigten **Gründe für eine Enterbung** vorliegen, kann der Erblasser vom Erbvertrag zurücktreten (Art. 545 II tZGB). Der Rücktritt kann durch die für die Errichtung des Testaments bestimmten Formen erklärt werden (Art. 545 III tZGB). Die Beweislast dafür, dass keine Rücktrittsgründe bzw. Gründe für eine Enterbung (Art. 510 tZGB) vorliegen obliegt dem Begünstigten.

Zudem kann jede Vertragspartei zurücktreten, wenn sie nach dem Erbvertrag einen Anspruch auf Leistung unter Lebenden hat und die **Leistung nicht erbracht wird**. Der Rücktritt richtet sich nach den schuldrechtlichen Regeln. Die andere Partei (Begünstigter) muss sich mit der geschuldeten Leistung in Verzug befinden. Der Erblasser muss diesen zur Erfüllung oder Sicherheitsleistung aufgefordert und unter Fristsetzung gemahnt haben (Art. 123 OG). Der Erbvertrag kann zudem auch wegen Willensmängeln wie Täuschung, Drohung, Irrtums usw angefochten werden.

Überlebt der Erblasser den Begünstigten wird der Erbvertrag hinfällig. Die Erben des Begünstigten haben jedoch Anspruch auf Herausgabe der Bereicherung (Art. 548 tZGB).

Bei **Ehegatten** ist zu beachten, dass nach Art. 181 I tZGB mit der Ehescheidung nicht nur das gesetzliche Erbrecht endet sondern –falls nicht ausdrücklich etwas anderes bestimmt ist- auch die Ansprüche aus Verfügungen von Todes wegen, die vor der Scheidung getroffen worden sind. Dementsprechend wird der Erbvertrag auch grundsätzlich mit der Ehescheidung hinfällig.

4. Pflichtteilsrecht. a) Allgemein. Der Erblasser ist nach dem türkischen Recht in seiner Verfügungsfreiheit durch das Pflichtteilsrecht eingeschränkt. Er kann daher nicht frei über sein gesamtes Erbe verfügen. Der Pflichtteil schränkt dessen Verfügungsfreiheit von vornherein ein. In Höhe des Pflichtteils kann der Erblasser daher nicht verfügen. Den Pflichtteilsberechtigten steht daher ein entsprechender Anteil an dem Nachlass zu und nicht nur ein Zahlungsanspruch gegenüber dem Nachlass. Die Pflichtteilsberechtigten verfügen über dieselben Rechte wie die durch letztwillige Verfügung eingesetzten Erben. Der Pflichtteil ist durch Herabsetzungsklage (*tenkis davası*) nach Art. 565 tZGB geltend zu machen. Mit dieser Klage kann die Herabsetzung der Verfügungen des Erblassers verlangt werden, soweit diese den verfügbaren Teil übersteigen.

b) Pflichtteilsberechtigte und Pflichtteilsquoten. Pflichtteilsberechtigt sind die Nachkommen und Eltern sowie der Ehegatte des Erblassers. Der Pflichtteil der Nachkommen beträgt die Hälfte des gesetzlichen Erbteils. Der Pflichtteil der Eltern bzw. Elternteils beträgt jeweils ein Viertel des gesetzlichen Erbteils. Die Höhe des Pflichtteils des überlebenden Ehegatten richtet sich danach, mit wem er gemeinsam erbt. Erbt er mit den Nachkommen oder den Eltern bzw. deren Nachkommen entspricht sein Pflichtteil dem gesetzlichen Erbteil. Trifft er mit anderen Erben zusammen beträgt der Pflichtteil drei Viertel des gesetzlichen Erbteils (Art. 506 tZGB).

Mit dem Gesetz Nr. 5650 wurde Art. 505 I 1 und 506 Nr. 3 tZGB geändert und das **Pflichtteilsrecht der Geschwister** seit dem 10.5.2007 abgeschafft. Bis dahin waren auch die Geschwister des Erblassers pflichtteilsberechtigt. Deren Pflichtteilsquote hat bis zum 1.1.2002 nach Art. 453 tZGB aF ein Viertel und danach ein Achtel ihres gesetzlichen Erbteils betragen.

c) Durchsetzung des Pflichtteils. Der verfügbare Teil des Nachlasses wird von den bestehenden Pflichtteilen beschränkt. Der Pflichtteilsberechtigte wird jedoch nicht ohne weiteres am Nachteil beteiligt. Hierfür bedarf es der **Herabsetzungsklage**. Diese bezweckt die Herabsetzung der letztwilligen Verfügung auf den zulässigen Teil des Nachlasses. Voraussetzung ist, dass ein Pflichtteilsberechtigter vorhanden ist und dessen Pflichtteil durch die Verfügung des Erblassers beeinträchtigt wird. Der Herabsetzung unterliegen neben Verfügungen von Todes wegen auch **Verfügungen unter Lebenden wie Schenkungen**. Hierbei sind sowohl die Zuwendungen durch letztwillige Verfügung als auch die lebzeitigen Zuwendungen des Erblassers an den Pflichtteilsberechtigten zu berücksichtigen. Nur wenn dieser unter deren Berücksichtigung seinen Pflichtteil nicht erhalten hat, kann er die Herabsetzung verlangen. Bei der Herabsetzungsklage ist danach zu unterscheiden, ob der Pflichtteil durch letztwillige Verfügung oder bereits lebzeitige Zuwendungen des Erblassers beeinträchtigt wird.

Wird der Pflichtteil durch letztwillige Verfügung entzogen, unterliegen sämtliche Verfügungen ohne zeitliche Beschränkung der **Herabsetzung** *(tenkis)*. Der gesamte Nachlass unterliegt der Herabsetzung. Dies gilt jedoch nicht, wenn die beeinträchtigende Verfügung durch die Zuwendung an einen anderen

Savaş

Pflichtteilsberechtigten erfolgt. In diesem Fall wird vorab dessen Pflichtteil in Abzug gebracht, so dass nur der restliche Nachlass der Herabsetzung unterliegt (Art 561 tZGB). Liegen mehrere beeinträchtigende Verfügungen vor, kann die Herabsetzung nur anteilig geltend gemacht werden.

113 Demgegenüber ist bei beeinträchtigenden lebzeitigen Zuwendungen des Erblassers die zeitliche **Reihenfolge** maßgeblich. Statt einer anteiligen Herabsetzung wie bei den letztwilligen Verfügungen richtet sich diese beginnend mit der letzten Verfügung nach der zeitlichen Abfolge. Der übergangene Pflichtteilsberechtigte ist daher verpflichtet sich zunächst an den letzten Begünstigten zu wenden (Art. 570 tZGB). Die **der Herabsetzung unterliegenden Zuwendungen unter Lebenden** ergeben sich aus Art. 565 tZGB. Es handelt sich hierbei um Gegenleistungen für das Ausscheiden aus der Erbfolge (Erbverzicht) oder über das übliche Maß hinausgehende Zuwendungen wie Mitgift/Aussteuer bzw. Startkapital, Zuwendungen zum Zwecke der lebzeitigen Auseinandersetzung des Erbes, frei widerrufliche außergewöhnliche Schenkungen oder Schenkungen innerhalb des letzten Jahres vor dem Tod sowie Zuwendungen die offensichtlich zur **Umgehung der Pflichtteilsrechte** gemacht wurden. Unter die zuletzt genannten Zuwendungen fallen auch solche, die unter der Bezeichnung als Verkauf erfolgen. Diese kommen in der Praxis häufig vor. Maßgeblich ist die Absicht des Erblassers. Erfolgt tatsächlich eine Schenkung unter der Bezeichnung als Verkauf zum Zwecke der Umgehung von Pflichtteilsrechten, unterliegt diese der Herabsetzung. Die **Beweislast für eine derartige Umgehungsabsicht** obliegt dem die Herabsetzung begehrenden Pflichtteilsberechtigten. Bei derartigen Scheingeschäften kann auch deren Unwirksamkeit geltend gemacht werden. Dies ist für den übergangenen Pflichtteilsberechtigten günstiger wenn sich hierdurch der Wert des Nachlasses und damit sein gesetzlicher Erbteil erhöht. Die Herabsetzungsklage sichert dagegen nur den Pflichtteil. Nach der Rechtsprechung kann der Pflichtteilsberechtigte gleichzeitig sowohl die Unwirksamkeit als auch die Herabsetzung geltend machen. Die Klage kann bedingt bzw. als Stufenklage erhoben werden (Plenum des Kassationshofs Urt. v. 22.5.1987 – E. 1986/4, K. 1987/5).

114 Der Herabsetzung sind nach Art. 570 tZGB auch **Lebensversicherungen** unterworfen. Maßgeblich ist der Rückkaufswert zum Zeitpunkt des Todes (Antalya/Sağlam S. 283).

115 Bei der Herabsetzungsklage handelt es sich um eine Gestaltungsklage (*yenilik doğurucu dava*). Diese vermindert die beeinträchtigenden Verfügungen auf das Zulässige. Handelt es sich um ein teilbares Vermögen, erhält der Berechtigte einen entsprechenden Anteil hieran.

116 Bei **unteilbaren Vermögensgegenständen** kann der Begünstigte entweder die Herausgabe des Gegenstands verlangen und den herabgesetzten Wertanteil bezahlen oder Ersatz für den verfügbaren Teil in Geld verlangen (Art. 564 I tZGB). Dem Begünstigten/Beklagten steht insoweit ein Wahlrecht zu. Im Zweifel wird vermutet, dass der Begünstigte den Gegenstand behält und den Wertanteil des Pflichtteilsberechtigten bezahlt (Kılıçoğlu S. 243). Für die Berechnung der Zahlung bzw. des Wertanteils ist der Wert zum Zeitpunkt des Urteils maßgebend (Art. 564 II tZGB).

117 Die **Parteien der Herabsetzungsklage** sind der pflichtteilsberechtigte Erbe der seinen Pflichtteil nicht erhalten hat und der Begünstigte. Stirbt der Pflichtteilsberechtigte vor Klageerhebung, können dessen **Erben** als dessen Rechtsnachfolger seinen Pflichtteil mit der Herabsetzungsklage geltend machen (Antalya/Sağlam S. 292, Kılıçoğlu S. 249). Zudem können auch die **Gläubiger des Pflichtteilsberechtigten** die Herabsetzungsklage erheben, wenn dieser insolvent ist oder eine Pfandlosigkeitsbescheinigung vorliegt (Art. 562 I tZGB). Der Pflichtteilsberechtigte muss zuvor erfolglos zur Klagerhebung durch das Insolvenzgericht oder den Gläubiger aufgefordert worden sein. Die Klage ist innerhalb der für den Erben geltenden Frist zu erheben und ist der Höhe nach auf die Forderung des Gläubigers beschränkt. Die Klage kann auch erhoben werden, wenn der Erbe gegen die ihn vom Erbe ausschließende Verfügung kein Rechtsmittel eingelegt hat (Art. 562 II tZGB).

118 Liegt eine, den Pflichtteil verletzende Verfügung von Todes wegen vor, ist die Klage im Falle der Erbeinsetzung gegen den Erben und bei einem Vermächtnis gegen den Vermächtnisnehmer zu richten. Bei mehreren Verfügungen erfolgt die Herabsetzung anteilig (→ Rn. 112). Bei beeinträchtigenden Verfügungen unter Lebenden richtet sich die Klage gegen den Begünstigten.

119 Für die Herabsetzungsklage sieht Art. 571 I tZGB grundsätzlich eine **Ausschlussfrist von einem Jahr** vor. Die Frist beginnt mit der Kenntnis des Pflichtteilsberechtigten von seinem Pflichtteil und dessen Beeinträchtigung. Bei der Frist handelt es sich um eine Ausschlussfrist (*hak düşürücü süre*) und nicht mehr um eine Verjährungsfrist (vgl. Art. 513 tZGB aF). Es handelt sich hierbei daher nicht um eine Einrede. Die Frist ist von Amts wegen zu beachten. In jedem Fall ist die Herabsetzungsklage jedoch spätestens innerhalb von **zehn Jahren** nach Eröffnung des Testaments oder bei anderen Verfügungen nach dem Erbgang zu erheben. Führt die Aufhebung einer Verfügung dazu, dass eine frühere Verfügung auflebt, beginnt die Frist für deren Herabsetzung mit der Rechtskraft des Aufhebungsurteils (Art. 571 II tZGB). Für die einredeweise bzw. inzidente Geltendmachung der Herabsetzung besteht keine Ausschlussfrist. Die Herabsetzung kann jederzeit einredeweise Geltend gemacht werden (Art. 571 III tZGB).

120 Von der Herabsetzung zu unterscheiden ist die **Ausgleichung (*denkleştirme*) von lebzeitigen unentgeltlichen Zuwendungen** des Erblassers. Das Gesetz nennt hierbei beispielhaft Mitgift, Startkapital, Übertragung von Vermögen und die Befreiung von Schulden (Art. 669 II tZGB). Die gesetzlichen Erben sind verpflichtet derartige Zuwendungen des Erblassers, die dieser unter Anrechnung auf deren Erbteil zugewandt hat zum Ausgleich an den Nachlass zurückzuführen, wenn der Erblasser ausdrücklich nichts anderes verfügt hat (Art. 669 I tZGB). Fällt ein Erbe vor oder nach dem Erbfall weg, geht seine Rückführungspflicht auf seine Erben im Verhältnis der Erhöhung ihres Erbteils über (Art. 670 tZGB). Der Ausgleich erfolgt entweder durch die Rückführung des Erlangten in natura oder durch Anrechnung auf den

II. Materielles Recht **Türkei 120**

Erbteil (Art. 671 I tZGB). Im Falle der Rückführung erhält der betroffene Erbe (Empfänger der lebzeitigen Zuwendung) seinen Erbteil an dem entsprechend erhöhten Nachlass. Ansonsten wird die Zuwendung auf sein Erbe angerechnet. Übersteigt die Zuwendung seinen Erbteil, kann er geltend machen, dass der Erblasser ihm das über den Erbteil hinausgehende Erlangte hinterlassen wollte. Wenn er dies beweisen kann, erfolgt auch insoweit keine Ausgleichung. Das Recht der anderen Erben, die Herabsetzung zu verlangen, bleibt unberührt (Art. 672 tZGB). Ansonsten ist er verpflichtet, den übersteigenden Wert des Erlangten an die anderen Erben zu bezahlen. Hat das Erlangte einen geringeren Wert als es seinem Erbteil entspricht, hat er einen entsprechenden Anspruch gegen den Nachlass. Für die Ausgleichung ist der **Wert des Erlangten** zum Zeitpunkt der Ausgleichung maßgeblich. Nutzungen und Schäden sowie Einnahmen und Ausgaben sind zwischen den Erben nach den Regeln der ungerechtfertigten Bereicherung auszugleichen (Art. 673 II tZGB). Keiner Ausgleichung unterliegen die üblichen Kosten für die Erziehung und Ausbildung der Kinder (Art. 674 I tZGB) sowie für Geschenke und Heiratsausgaben (Art. 675 I tZGB). Ein Ausgleich bzw. eine Rückführung erfolgt nur soweit diese Zuwendungen das übliche Maß übersteigen. Eine Rückführungspflicht wegen der unüblichen Ausbildungskosten besteht jedoch nicht, wenn eine andere Bestimmung des Erblassers bewiesen werden kann. Bei üblichen **Zuwendungen von Brautgaben bzw. Aussteuer** anlässlich der Hochzeit von Abkömmlingen wird vermutet, dass diese nicht der Ausgleichung unterfallen sollen. Die lebzeitigen Zuwendungen müssen immer unentgeltlich und an gesetzliche Erben erfolgen. Zudem müssen die Zuwendungen unter **Anrechnung auf den Erbteil** erfolgt sein. Bei Zuwendungen an Abkömmlinge wird vermutet, dass diese auf den Erbteil angerechnet werden. In der Regel erfolgt daher eine Anrechnung. Die **Beweislast** dafür, dass eine Zuwendung nicht angerechnet werden soll, trifft den Empfänger der Zuwendung. Dies kann etwa angenommen werden, wenn der Erblasser eine Immobilie aus Dankbarkeit für die Pflege und Unterstützung während seiner Krankheit geschenkt hat (2. ZS des Kassationshofs Urt. v. 29.6.2004 – E. 2004/5449, K. 2004/8642).

Die **Herabsetzung und Ausgleichung** haben einen unterschiedlichen Zweck. Die Herabsetzung dient 121 der Sicherstellung der Pflichtteilsansprüche. Durch die Herabsetzung erhält der Pflichtteilsberechtigte seinen Pflichtteil. Kläger ist der Pflichtteilsberechtigte, Beklagter der Begünstigte. Zweck der Ausgleichung ist dagegen eine Gleichbehandlung der gesetzlichen Erben unabhängig davon, ob diese pflichtteilsberechtigt sind. Die Klage richtet sich gegen den gesetzlichen Erben, der unter Anrechnung auf sein Erbteil eine Zuwendung erhalten hat. Die Zuwendung wird in vollem Umfang zurückgeführt. Bei den Verfügungen, die der Herabsetzung unterliegen, wird vom Erblasser eine Verletzung des Pflichtteils in Kauf genommen. Bei den, der Ausgleichung unterliegenden Verfügungen besteht dagegen keine solche Absicht des Erblassers.

d) **Entziehung und Beschränkung des Pflichtteils.** Der Pflichtteil kann in den in Art. 510 tZGB ge- 122 regelten Fällen entzogen werden, namentlich wenn der Erbe gegen den Erblasser oder dessen Angehörigen gegenüber eine **schwere Straftat** begangen hat (Art. 510 Nr. 1 tZGB). Auf eine strafrechtliche Verurteilung kommt es nicht an. Unerheblich ist auch, ob die Tat vollendet wurde oder nur ein Versuch vorliegt. Auch ein Ausschluss der Strafverfolgung aufgrund Verjährung oder Amnestie steht einer Enterbung nicht entgegen. Ist die Tat durch Notwehr gerechtfertigt oder in Fällen des Notstands kann dagegen keine Enterbung erfolgen. Ebenso im Falle der fehlenden Urteilsfähigkeit. Eine Enterbung kommt nur bei einem urteils- bzw. schuldfähigen Erben in Betracht (İnal S. 154). Der Verzicht auf eine Strafanzeige durch den Erblasser steht einer Enterbung nicht entgegen (2. ZS des Kassationshofs Urt. v. 14.6.1971 – E. 1971/3910, K. 1971/3875 bei İnal S. 155). Der Erblasser kann dem Erben jedoch verziehen haben (→ Rn. 126).

Ein weiterer Ausschlussgrund liegt vor, wenn der Erbe seine **familienrechtlichen Verpflichtungen** 123 gegenüber dem Erblasser oder dessen Familie in schwerer Weise verletzt hat (Art. 510 Nr. 2 tZGB). Zu diesen Verpflichtungen zählen die gegenseitigen Pflichten der Familienmitglieder wie die Verpflichtung zur Erbringung von Unterhaltsleistungen sowie Beistands- und Treuepflicht. Nicht erfüllte Erwartungen des Erblassers genügen nicht. Daher stellt es keinen Grund für die Enterbung dar, wenn der Pflichtteilsberechtigte gegen den Willen des Erblassers einen älteren Partner geheiratet hat. Der Umstand, dass der Pflichtteilsberechtigte den Erblasser jahrelang auch nicht an Feiertagen und bei dessen Krankheit nicht besucht hat stellt ebenfalls keinen Grund dar (İnal S. 155f. mwN) Anders dagegen wenn der Pflichtteilsberechtigte sich überhaupt nicht um den Erblasser gekümmert, ihm die Tür nicht geöffnet und bei dessen Anrufen aufgelegt hat (2. ZS des Kassationshofs Urt. v. 4.2.2002 – E. 2002/19, K. 2002/1169 bei Gençcan S. 395) oder die enterbten Söhne sich während eines Zeitraum von zehn Jahren nicht um ihre im Altenheim lebende Mutter gekümmert und diese nicht besucht haben (2. ZS des Kassationshofs Urt. v. 16.11.1999 – E. 1999/11336, K. 1999/12364 bei İnal S. 167). Ein Ausschlussgrund wurde auch in einem Fall angenommen in dem der Pflichtteilsberechtigte sich schuldhaft hoch verschuldet hat und der Erblasser in Folge dessen von den Gläubigern des Pflichtteilsberechtigten mit dem Tode bedroht wurde (vgl. Gençcan S. 394f. mwN).

Der Pflichtteil eines Abkömmlings kann vom Erblasser zudem wegen dessen **Überschuldung bzw.** 124 **Zahlungsunfähigkeit beschränkt** werden. Liegt eine Pfandlosigkeitsbescheinigung gegen den Erben vor, kann der Erblasser ihm die Hälfte von dessen Pflichtteil entziehen. Er ist in diesem Fall jedoch verpflichtet, diesen Teil des Erbes den Kindern des ausgeschlossenen Erben zuzuwenden (Art. 513 I tZGB). Der ausgeschlossene Erbe kann den Ausschluss für unwirksam erklären lassen, wenn die Pfandlosigkeitsbescheinigung zum Zeitpunkt der Eröffnung des Nachlasses keine Geltung mehr hat oder die Verbindlichkeiten geringer als die Hälfte des abgesonderten Erbteils sind (Art. 513 II tZGB).

Savaş

125 Die Enterbung erfolgt durch Verfügung von Todes wegen. Es ist eine **entsprechende Verfügung erforderlich**. Der Umstand, dass der Erblasser über das gesamte Erbe anderweitig verfügt hat, bedeutet allein keine Enterbung (2. ZS des Kassationshofs Urt. v. 20.2.1997 – E. 1997/1192, K. 1997/1853 bei İnal S. 165). Die Enterbung erfolgt regelmäßig durch Testament, kann jedoch auch in den anderen Formen der letztwilligen Verfügungen erfolgen. Der **Ausschlussgrund muss in der Verfügung angegeben werden**, ansonsten ist die Enterbung unwirksam (Art. 512 I tZGB). Die **Beweislast** für das Vorliegen der Ausschlussgründe obliegt dem Erben bzw. dem von der Enterbung Begünstigten (Art. 512 II tZGB).

126 Die Enterbung ist gegenstandslos, wenn der **Erblasser dem ausgeschlossenen Erben verziehen hat**. Dies muss nach der hM unter Einhaltung der Formvorschriften erfolgen. Die diesbezüglichen Erklärungen des Erblassers etwa in Briefen, die die Formvorschriften nicht einhalten, reichen nicht aus (2. ZS des Kassationshofs Urt. v. 7.10.1997 – E. 1997/7414, K. 1997/10276 bei İnal S. 165 f.).

127 Der Pflichtteilsberechtigte kann auf seinen Pflichtteil durch einen Erbvertrag (Pflichtteilsverzichtsvertrag) mit oder ohne Gegenleistung verzichten (→ Rn. 100).

128 **Folge der wirksamen Enterbung** ist, dass der betroffene Pflichtteilsberechtigte von der Erbfolge ausgeschlossen ist und keine Herabsetzung begehren kann (Art. 511 I tZGB). Falls der Erblasser nichts anderes verfügt hat, wird der ausgeschlossene Erbe so behandelt, als sei er vorverstorben. Sein Erbteil fällt an dessen Abkömmlinge. Sind keine Abkömmlinge vorhanden, fällt dessen Erbteil an die gesetzlichen Erben des Erblassers (Art. 511 II tZGB).

129 **5. Testamentsvollstreckung.** Der Erblasser kann durch letztwillige Verfügung einen oder mehrere Testamentsvollstrecker *(vasiyeti yerine getirme görevlisi)* bestimmen. Testamentsvollstrecker kann eine geschäftsfähige natürliche Person oder auch eine juristische Person sein. Die **Einsetzung als Testamentsvollstrecker** kann nur durch letztwillige Verfügung erfolgen und nicht durch das Gericht. Der Friedensrichter gibt dem Testamentsvollstrecker seine Ernennung bekannt. Lehnt der Ernannte dies innerhalb von 15 Tagen nicht gegenüber dem Friedensgericht ab, gilt die Ernennung als angenommen (Art. 550 III tZGB). Das Schweigen wird in diesem Fall daher als Zustimmung gewertet. Endet das Amt des Testamentsvollstreckers, ist von den Erben ein Nachlassvertreter *(tereke temsilcisi)* zu bestimmen. Hierzu ist eine einstimmige Entscheidung erforderlich. Ansonsten wird dieser vom Gericht bestimmt.

130 Der Testamentsvollstrecker hat Anspruch auf eine angemessene Vergütung gegen die Erben (Art. 550 IV tZGB). Diese wird vom Erblasser bestimmt. Fehlt eine entsprechende Bestimmung, wird die Vergütung vom Gericht festgesetzt.

131 Die **Aufgaben des Testamentsvollstreckers** sind in Art. 552 tZGB geregelt. Die Hauptaufgabe des Testamentsvollstreckers ist die Verwaltung des Nachlasses und die Vorbereitung der Teilung. Er ist verpflichtet, unverzüglich ein Inventar aufzunehmen sowie den Nachlass in Besitz zu nehmen und zu verwalten. Des Weiteren ist er verpflichtet, die Nachlassforderungen einzutreiben und die Nachlassverbindlichkeiten zu bezahlen. Er vollzieht die Testamente bzw. den letzten Willen des Erblassers und bereitet einen Plan zur Auseinandersetzung des Nachlasses vor. Der Testamentsvollstrecker vertritt die Erbengemeinschaft im Nachlassverfahren. Das Rechtsverhältnis zwischen Erben und Testamentsvollstrecker unterliegt den Regelungen des Auftrags. Er ist zur sorgfältigen Amtsausübung verpflichtet und haftet wie ein Beauftragter (Art. 556 tZGB). Der Testamentsvollstrecker steht unter der Aufsicht des Friedensgerichts und kann von diesem seines Amtes enthoben werden (Art. 555 tZGB). Für Verfügungen zur Begleichung von gewöhnlichen Forderungen bedarf der Testamentsvollstrecker keiner gerichtlichen Genehmigung. Ansonsten kann er nur mit der Ermächtigung des Friedensgerichts über Nachlassgegenstände verfügen oder dingliche Rechte daran begründen (Art. 553 tZGB).

132 Das **Amt des Testamentsvollstreckers** endet mit der Auseinandersetzung des Nachlasses. Zudem nach Art. 554 tZGB bei dessen Tod, dem Vorliegen eines Unwirksamkeitsgrundes für die Ernennung oder der entsprechenden Erklärung des Testamentsvollstreckers gegenüber dem Friedensgericht. Die Niederlegung des Amtes darf hierbei nicht zur Unzeit erfolgen.

133 **6. Der Erbschaftserwerb, Erbengemeinschaft und Erbauseinandersetzung.** Die Erbschaft wird mit dem Tod eröffnet (Art. 575 tZGB). Der Nachweis des Todes erfolgt vorrangig anhand des Eintrags im öffentlichen Personenstandsregister. Der Nachweis kann auch in anderer Weise erfolgen. Mit der Eröffnung des Erbes gehen sämtliche Rechte und Pflichten des Erblassers auf die Erben über. Der Erwerb des Erbes erfolgt nach Art. 599 I tZGB kraft Gesetzes im Wege der **Universalsukzession**. Der Vermächtnisnehmer erwirbt dagegen einen persönlichen Anspruch gegen den Testamentsvollstrecker bzw. die Erben, der mit der Annahme der Erbschaft oder dem Ablauf der Ausschlagungsfrist fällig wird (Art. 600 I 2 tZGB).

134 Sind mehrere Erben vorhanden, entsteht bis zur Auseinandersetzung des Erbes zwischen den Erben eine Erbengemeinschaft (Art. 640 I tZGB). Der Erwerb des Nachlasses erfolgt zur gesamten Hand *(elbirliği)*. Es besteht **Gesamthandseigentum** bzw. Gesamteigentum *(elbirliği mülkiyeti)*. Auf Antrag eines Erben kann das Gesamthandseigentum in Bruchteilseigentum *(paylı mülkiyet)* umgewandelt werden (Art. 644 tZGB).

135 Zudem kann jeder Erbe, wenn er nicht verpflichtet ist, die Erbengemeinschaft fortzuführen, jederzeit die **Erbauseinandersetzung** verlangen (Art. 642 I tZGB). Die Auseinandersetzung des Erbes erfolgt durch eine einvernehmliche Erbteilung durch die Erben oder auf Antrag eines Erben durch das Friedensgericht. Die Erbengemeinschaft besteht bis zur Auseinandersetzung fort (Art. 640 I tZGB). Erst mit der Auseinandersetzung wird das Gesamthandseigentum in Eigentum der Erben umgewandelt und auf diese übertragen. Die gesamthänderische Bindung des Nachlasses kann auch ohne Auseinandersetzung

enden, wenn die Erbengemeinschaft nicht mehr besteht. Dies wenn etwa durch Ausschlagung, Erbunwürdigkeit oder Tod der anderen Erben vor der Teilung der gesamte Nachlass auf einen Erben übergeht.

Die Auseinandersetzung der Erbschaft kann auch auf einen Teil des Nachlasses oder einzelne Erben **136** beschränkt werden. Im letztgenannten Fall scheidet ein Erbe aus und die Erbengemeinschaft wird von den übrigen Erben fortgesetzt. Das Gesetz sieht für die einvernehmliche Erbteilung die tatsächliche Teilung des Nachlasses (Realteilung) oder den Abschluss eines Auseinandersetzungsvertrags (Art. 676 tZGB) vor. Bei der **Realteilung** erfolgt die Auseinandersetzung durch die Zuweisung und Übertragung der Anteile (Lose) an die jeweiligen Erben mit dem Willen sämtlicher Erben. Zuvor werden von den Erben an den Nachlassgegenständen Anteile nach der Zahl der Erben bzw. gemeinsamen Erbstämme gebildet (Art. 650 I tZGB). Kann diesbezüglich von den Erben keine Einigung erzielt werden, kann zur Bildung der Anteile das Friedensgericht angerufen werden. Das Gericht entscheidet hierbei unter Berücksichtigung der örtlichen Gebräuche, der persönlichen Lage der Erben sowie dem Willen der Mehrheit der Erben (Art. 650 II tZGB). Den genannten Kriterien kommt hierbei gleiches Gewicht zu (str. vgl. Kılıçoğlu S. 366). Nicht oder nur mit Wertverlust teilbare Nachlassgegenstände bzw. Güter werden als Ganzes einem der Erben zugewiesen (Art 651 I tZGB). Die auf diese Weise gebildeten Anteile werden aufgrund einer Vereinbarung den Erben zugewiesen. Kann hierüber keine Einigung erzielt werden, werden Lose gezogen (Art. 650 III tZGB). Die unmittelbare Zuweisung der vom Gericht gebildeten Anteile an die Erben durch das Gericht ist nach der Rechtsprechung sowie hM nicht möglich (Kılıçoğlu S. 367 mwN). Eine gerichtliche Zuweisung von Nachlassgütern sieht das Gesetz ausdrücklich nur in den Fällen des Art. 653 II tZGB (Familiendokumente und Erinnerungsstücke) und Art. 659 tZGB (landwirtschaftliche Betriebe) vor. Ist im Nachlass ein Gut vorhanden, über dessen Teilung oder Zuweisung sich die Erben nicht einigen können, wird dieses verkauft und der Erlös geteilt. Zu diesem Zweck kann einer der Erben die Versteigerung des Guts verlangen. Können sich die Erben über die Art und Weise der Versteigerung nicht einigen, ordnet das Friedensgericht die Versteigerung des Guts unter den Erben oder dessen öffentliche Versteigerung an (Art. 651 II 3 tZGB).

Für eine Auseinandersetzung des Erbes durch Vertrag ist der Abschluss eines **Auseinandersetzungs-** **137** **vertrags (Erbteilungsvertrags)** erforderlich. Im Gegensatz zur Realteilung verpfplichten sich die Erben zunächst nur schuldrechtlich und erwerben einen Anspruch auf Erfüllung des Auseinandersetzungsvertrags. Die tatsächliche Auseinandersetzung erfolgt durch deren späteren Vollzug. Der Auseinandersetzungsvertrag bedarf zur Wirksamkeit der **Schriftform** (Art. 676 III tZGB). Erforderlich ist die Einhaltung der einfachen Schriftform. Die übereinstimmende schriftliche Erklärung sämtlicher Erben genügt. Der Auseinandersetzungsvertrag kann sowohl handschriftlich als auch maschinell aufgesetzt werden. Er muss von den Erben bzw. deren Vertretern unterschrieben werden. Hierfür gelten die Vorschriften des Obligationengesetzes (vgl. Art. 14, 15 OG). Eine amtliche Beurkundung ist nicht erforderlich. Dies gilt auch wenn Nachlassgegenstände betroffen sind, für deren Übertragung eine notarielle Beurkundung erforderlich ist. So etwa für **Kraftfahrzeuge** nach Art. 20d) Straßenverkehrsgesetz (*Karayolları Trafik Kanunu*). Art. 676 III tZGB ist vorrangig und wird nicht durch das Straßenverkehrsgesetz verdrängt (Kılıçoğlu S. 411 f.). Dies gilt nach ständiger Rechtsprechung auch für die Übertragung von **Immobilien**. Art. 89 des Notariatsgesetzes Nr. 1512 vom 18.1.1972 hat nicht zu einer Änderung Formvorschrift geführt (Plenum des Kassationshofs v. 26.11.1980 – E. 1980/5, K. 1980/3 zu Art. 611 tZGB aF).

Für Teilungsregeln und Beschränkungen gilt Folgendes: Die Erben sind hinsichtlich sämtlicher **138** Nachlassgegenstände in gleicher Weise berechtigt und haben bei der Auseinandersetzung den gleichen Anspruch auf dessen Zuweisung (Art. 649 I tZGB). Die Erben sind bei der Entscheidung über die Art und Weise der Auseinandersetzung grundsätzlich frei (Art. 646 II tZGB). Dies umfasst auch den **Zeitpunkt der Auseinandersetzung**. Diese kann jederzeit begehrt werden (Art. 642 I tZGB). Voraussetzung ist, dass die Erbenstellung feststeht. Ist diese streitig, die Ausschlagungsfrist noch nicht abgelaufen oder sind den Nachlass betreffende Verfahren anhängig, muss bis zur Klärung der Rechtslage abgewartet werden. Zudem darf die Auseinandersetzung nicht in treuwidriger oder missbräuchlicher Weise erfolgen (vgl. Art. 2 tZGB). Ist die Geburt eines Erben zu erwarten, wird die Auseinandersetzung bis zu dessen Geburt aufgeschoben (Art. 643 I tZGB). Darüber hinaus kann die vorübergehende Aufschiebung der Auseinandersetzung verlangt werden, wenn durch die unverzügliche Auseinandersetzung ein Wertverlust eintreten würde (Art. 642 II tZGB). Eine Aufschiebung der Auseinandersetzung kann ferner nach Art. 664 I tZGB bei der Zuweisung eines Familienbetriebs verlangt werden, wenn die dort genannten Voraussetzungen vorliegen. Nach Art. 649 III tZGB kann jeder Erbe verlangen, dass vor der Auseinandersetzung die Nachlassverbindlichkeiten erfüllt oder hierfür Sicherheit geleistet wird.

Weitere gesetzliche Einschränkungen bei der Auseinandersetzung bzw. Teilung können sich aus an- **139** deren Gesetzen wie ua dem Bebauungsgesetz (*İmar Kanunu*) Nr. 3194, dem Wohnungseigentumsgesetz (*Kat Mülkiyeti Kanunu*) Nr. 634 sowie bei landwirtschaftlichen Grundstücken aus dem Bodenschutz- und Flächennutzungsgesetz (*Toprak Koruma ve Arazi Kullanımı Kanunu*) Nr. 5403 ergeben.

7. Erbenhaftung/Nachlassverbindlichkeiten. Mit der Eröffnung der Erbschaft gehen auch sämtliche **140** Verbindlichkeiten auf den oder die Erben über. Sind mehrere Erben vorhanden, haften diese als Gesamtschuldner (Art. 641 I tZGB). Die Erben haften auch nach der Auseinandersetzung gegenüber Dritten bis zu fünf Jahren mit ihrem gesamten Vermögen für Nachlassverbindlichkeiten, wenn der Gläubiger der Teilung oder Übertragung nicht zugestimmt hat (Art. 681 tZGB). Die fünfjährige Frist beginnt mit der Teilung der Erbschaft, bzw. wenn die Verbindlichkeit später fällig wird, mir deren Fälligkeit.

141 **a) Erblasserschulden.** Erblasserschulden sind sämtliche bestehende Verbindlichkeiten des Erblassers. Dies umfasst auch noch nicht fällige bedingte und befristete Verbindlichkeiten. Bei **streitigen Forderungen** wird teilweise angenommen, dass deren Wert zu schätzen ist. Demgegenüber ist nach anderer Ansicht unabhängig davon ob der Bestand oder die Höhe der Forderung streitig ist, die Berechnung des verfügbaren Teils bis zur Klärung der Streitigkeit auszusetzen (Dural/Öz Rn. 1106). Bei aufschiebend bedingten Schulden wird zum Teil angenommen, dass diese nicht zu berücksichtigen sind. Demgegenüber wird nach anderer Ansicht auch bei diesen Schulden ein Aussetzungsgrund angenommen (vgl. Dural/Öz Rn. 1106).

142 Zu den Erblasserschulden gehören auch Zahlungen für **Ausbildungskosten** nach Art. 674 II tZGB die an Kinder des Erblassers zu leisten sind, die sich noch in Ausbildung befinden oder unter einer Behinderung leiden. Des Weiteren zählen zu den Nachlassverbindlichkeiten gemäß Art. 641 II tZGB Entschädigungen die an volljährige Kinder und Enkel wegen ihrer, der Familie zur Verfügung gestellten Arbeitskraft oder Ihres Einkommens zu leisten sind, sofern dies nicht zur Zahlungsunfähigkeit des Nachlasses führt.

143 Mit dem Tod endet der Güterstand der Errungenschaftsbeteiligung. Der **güterrechtliche Beteiligungsanspruch** des überlebenden Ehegatten nach Art. 236 tZGB (→ Rn. 53) stellt daher ebenfalls eine Nachlassverbindlichkeit dar und ist vom Nachlasswert in Abzug zu bringen (Dural/Öz Rn. 1110 mwN).

144 Ansprüche aus **einem Vermächtnis** entstehen erst mit der Eröffnung der Erbschaft und stellen keine Erblasserschulden dar. Insoweit besteht auch keine gesamtschuldnerische Haftung.

145 **b) Erbfallschulden.** Bei den durch den Erbfall entstehenden Schulden handelt es sich um Erbfallschulden. Hierunter fallen beispielsweise die Kosten der Bestattung, Erfüllung von Vermächtnissen und Auflagen sowie Kosten für die Testamentsvollstreckung. Für diese Verbindlichkeiten haftet vorrangig der Nachlass. Als **Bestattungskosten** gelten sämtliche Kosten im Zusammenhang mit der Beerdigung wie Trauerfeier, Grabstätte, Grabstein und Einfriedung (str.), Anzeigen, religiöse Zeremonien, Überführungskosten usw. Die zu berücksichtigenden Kosten müssen jedoch unter Berücksichtigung der sozialen und religiösen Stellung des Erblassers sowie der Gebräuche angemessen sein. Darüber hinausgehende unangemessen hohe Aufwendungen können demgegenüber nicht in Abzug gebracht werden. Unerheblich ist hierbei ob die Bestattungskosten bereits von einem der Erben oder anderen Personen verauslagt wurden (vgl. Dural/Öz Rn. 1113).

146 Als Erbfallschulden gelten auch die **Versorgungsansprüche** derjenigen, die mit dem Erblasser in Hausgemeinschaft gelebt haben nach Art. 645 tZGB. Diese können für die Dauer von drei Monaten ab dem Zeitpunkt des Todes die Versorgung aus dem Nachlass verlangen. Voraussetzung ist, dass diese Personen mit dem Erblasser in einem Haushalt gelebt und von diesem versorgt wurden. Ob eine gesetzliche Unterhaltspflicht des Erblassers bestanden hat, ist unerheblich. Der Anspruch ist auch nicht auf Erben beschränkt. Sind die Berechtigten zugleich Erben, besteht der Versorgungsanspruch neben Ihrem Erbteil und ist nicht auf diesen anzurechnen (Dural/Öz Rn. 1117).

147 **c) Haftung/Rückgriff** Die Erben haften als **Gesamtschuldner** für die Nachlassverbindlichkeiten (Art. 641 I tZGB). Die Erben haften auch nach der Teilung des Nachlasses weiterhin als Gesamtschuldner mit ihrem gesamten Vermögen, wenn der Teilung der Nachlassverbindlichkeiten seitens der Gläubiger nicht ausdrücklich oder stillschweigend zugestimmt wurde (Art. 681 I tZGB). Die gesamtschuldnerische Haftung für Verbindlichkeiten, die im Zeitpunkt der Teilung oder später zu erfüllen waren, endet nach **fünf Jahren** seit der Fälligkeit (Art. 681 II tZGB). Dem Erben, der eine Nachlassverbindlichkeit über seine Verpflichtung hinaus bezahlt hat, steht ein **Rückgriffsanspruch** gegen die anderen Erben zu. Hierbei richtet sich der Rückgriff zunächst gegen den Erben, der die bezahlte Nachlassverbindlichkeit mit dem Teilungsvertrag übernommen hat. Ansonsten haben die Erben die Nachlassverbindlichkeiten grundsätzlich im Verhältnis Ihres Erbteils zu tragen (Art. 682 tZGB).

148 **d) Ausschlagung.** Eine ausdrückliche Annahme der Erbschaft sieht das Gesetz nicht vor. Erfolgt keine Ausschlagung, gilt das Erbe als angenommen. Die gesetzlichen sowie eingesetzten Erben können das Erbe ausschlagen. Die **Ausschlagungsfrist** beträgt **drei Monate** und beginnt für die gesetzlichen Erben mit der Kenntnis vom Tod des Erblassers und für die eingesetzten Erben mit der Bekanntgabe der Verfügung des Erblassers (Art. 606 tZGB). Erfolgt die **Ausschlagung in Deutschland** gegenüber einem deutschen Nachlassgericht, gilt die kürzere Ausschlagungsfrist nach deutschem Recht (→ Rn. 16). Die Ausschlagung muss mündlich oder schriftlich gegenüber dem Friedensgericht erklärt werden. Die Erklärung kann nur unbedingt und uneingeschränkt abgegeben werden (Art. 609 II tZGB). Der Friedensrichter stellt die Ausschlagung in einem Protokoll fest. Sie wird in einem Sonderregister eingetragen (Art. 609 III u. 4 tZGB). Die Ausschlagung durch den gesetzlichen Erben führt dazu, dass dieser behandelt wird, als sei er vorverstorben. Schlägt der eingesetzte Erbe aus, erbt der nächste gesetzliche Erbe des Erblassers, wenn kein anderer Wille festgestellt werden kann (Art. 611 tZGB). Wird die **Erbschaft von sämtlichen nächsten Erben ausgeschlagen**, wird der Nachlass liquidiert und ein etwaiger Erlös unter den ausschlagenden Erben verteilt (Art. 612 tZGB). Haben sämtliche Abkömmlinge die Erbschaft ausgeschlagen, gehen deren Anteile auf den überlebenden Ehegatten über (Art. 613 tZGB). Darüber hinaus kann der Erbe jedoch auch zu Gunsten eines nachfolgenden Erben ausschlagen (Art. 614 tZGB). Als gesetzlicher Erbe ist auch der **Staat zur Ausschlagung berechtigt**. Es bestehen insoweit keine Einschränkungen.

149 Die **Ausschlagungserklärung** kann nur unbedingt und ohne Einschränkungen erfolgen (Art. 609 tZGB). Eine Ausschlagung kann daher nicht gegenständlich beschränkt werden, so dass etwa das beweg-

liche Erbe ausgeschlagen und der unbewegliche Nachlass angenommen wird. Eine teilweise Ausschlagung wird nur bei einer Begrenzung auf den Erbteil wie etwa der Ausschlagung der Hälfte des Erbes für möglich gehalten (Dural/Öz Rn. 1702 mwN). Eine gegenständlich beschränkte Ausschlagung wäre daher unwirksam. Im **Fällen der Nachlassspaltung** kann daher auch die Ausschlagung nicht auf einen Spaltnachlass beschränkt werden. In **deutsch-türkischen Erbfällen** mit Vermögen/Verbindlichkeiten in beiden Ländern sollte das Erbe in beiden Ländern ausgeschlagen werden. Die Ausschlagungserklärung muss innerhalb der Ausschlagungsfrist beim türkischen Friedensgericht eingehen. Eine Vertretung ist zulässig. Die **in Deutschland ansässigen Erben** können bei den türkischen Konsulaten oder einem Notar eine Vollmacht erteilen. Darüber hinaus können die Konsulate auch die Ausschlagungserklärung der Erben beurkunden. Wirksam wird diese jedoch erst mit deren Zugang beim Friedensgericht. Die Gefahr des rechtzeitigen Zugangs der Ausschlagung trägt auch in diesem Fall der Ausschlagende.

Eine **Ausschlagung ist ausgeschlossen,** wenn der Erbe vor der Ausschlagung über Nachlassgegenstände verfügt, in Besitz nimmt oder ähnliche Maßnahmen ergreift, die über eine ordentliche Verwaltung des Nachlasses hinausgehen (Art. 610 II tZGB). Lebt der Erbe im **Güterstand der Gütergemeinschaft,** kann er eine Erbschaft, die ins Gesamtgut fallen würde nicht ohne Zustimmung seines Ehegatten ausschlagen (Art. 265 I tZGB). Eine fehlende Zustimmung kann gerichtlich ersetzt werden (Art. 265 II tZGB).

150

Die Erbschaft gilt zudem als ausgeschlagen, wenn der Erblasser zum Zeitpunkt seines Todes **offensichtlich zahlungsunfähig** war oder dies amtlich festgestellt wurde (Art. 605 tZGB). Eine offensichtliche Zahlungsunfähigkeit wurde vom Kassationshof etwa angenommen, wenn einem Nachlass in Höhe von 8.735,31 TL Steuerschulden in Höhe von 15.029,57 TL gegenüberstehen (Gençcan 1132). Eine **amtliche Feststellung der Zahlungsunfähigkeit** kann bei einer Pfandlosigkeitsbescheinigung oder der Eröffnung des Insolvenzverfahrens über das Vermögen des Erblassers angenommen werden. Der Nachweis der Überschuldung kann mit jeder Art von Beweismitteln wie der Vernehmung von Zeugen oder Beiziehung der Zwangsvollstreckungsakten geführt werden (Gençcan S. 1134f.). Die Aktiva und Passiva müssen hierbei vollständig ermittelt werden. Die **Beweislast** für eine fehlende Überschuldung des Erblassers trifft den Kläger, der sich hierauf beruft (Gençcan S. 1135).

151

Die Ausschlagung der Erbschaft hat keinen Einfluss auf etwaige Vermächtnisse. Der Vermächtnisnehmer kann seinerseits das **Vermächtnis ausschlagen.** Wird das Vermächtnis ausgeschlagen, kommt die Ausschlagung dem hierdurch Belasteten zugute, wenn der Erblasser nichts anderes bestimmt hat (Art. 616 tZGB). Ist der Vermächtnisnehmer zugleich auch Erbe, kann er das Vermächtnis auch annehmen, wenn er das Erbe ausgeschlagen hat (Art. 519 III tZGB).

152

e) **Amtliche Liquidation.** Die Erben können anstatt das Erbe anzunehmen oder auszuschlagen auch die amtliche Liquidation des Nachlasses verlangen (Art. 632 I tZGB). Bei einer amtlichen Liquidation haften die Erben persönlich nicht für die Nachlassverbindlichkeiten (Art. 632 III tZGB). Eine amtliche Liquidation kann jedoch nicht verlangt werden, wenn einer der Erben das Erbe bereits angenommen hat (Art. 632 II tZGB).

153

Errichtung eines Nachlassverzeichnisses Der Erbe kann statt das Erbe anzunehmen, sofort auszuschlagen oder die amtliche Liquidation zu beantragen zunächst **innerhalb eines Monats** die Errichtung eines amtlichen Nachlassverzeichnisses verlangen (Art. 619 tZGB). Die Frist beginnt für die gesetzlichen Erben mit dem Zeitpunkt in dem sie vom Tod des Erblassers erfahren haben und für die eingesetzten Erben mit der Mitteilung. Die Errichtung des Nachlassverzeichnisses erfolgt auf Antrag nach den Vorschriften über die Ausschlagung durch das Friedensgericht am letzten Wohnsitz des Erblassers (Art. 619 II, 620 I tZGB). Es genügt hierbei der **Antrag eines Erben.** Geht die Erbschaft auf den Staat über, wird das Nachlassverzeichnis dagegen von Amts wegen errichtet (Art. 631 II). Hat einer der anderen Erben das Erbe bereits angenommen oder ausgeschlagen, kann dieser von seinen hieraus ergebenden Wahlrechten keinen Gebrauch mehr machen (Dural/Öz Rn. 1754). Das Verzeichnis wird vom Friedensgericht nach Art. 620ff. tZGB errichtet, wobei auch die Erben zur Mitwirkung verpflichtet sind. Die Kosten für die Errichtung des Nachlassverzeichnisses sind aus dem Nachlass zu bestreiten. Ist dies nicht möglich, sind die Kosten von den antragstellenden Erben zu tragen (Art. 623 II tZGB).

154

Nach Ablauf der in der Bekanntmachung genannten Frist endet die Inventarerrichtung (Art. 623 I tZGB). Nach diesem Abschluss werden die Erben aufgefordert, sich zu erklären (Art. 626 I tZGB). Die **Erklärungsfrist beträgt einen Monat.** Sie kann unter besonderen Umständen verlängert werden (Art. 626 II tZGB). Der Erbe – der nicht zuvor bereits die Annahme oder Ausschlagung erklärt hat – hat hierbei vier Möglichkeiten. Er kann das Erbe annehmen, ausschlagen, die amtliche Liquidation verlangen oder die Erbschaft laut Verzeichnis unbedingt annehmen (Art. 627 I tZGB). Wird innerhalb der Frist keine Erklärung abgegeben, gilt die Erbschaft als laut Verzeichnis angenommen (Art. 627 II tZGB) Die Errichtung eines Nachlassverzeichnisses eröffnet dem Erben daher zusätzlich **die Möglichkeit der Annahme der Erbschaft laut Verzeichnis.** Bei einer Annahme laut Verzeichnis haftet der Erbe nur für die im Verzeichnis enthaltenen Verbindlichkeiten. Er haftet jedoch für die verzeichneten Verbindlichkeiten des Erblassers auch mit seinem Vermögen (Art. 628 III tZGB). Für Forderungen, die von den Gläubigern nicht fristgemäß mitgeteilt wurden, haftet der Erbe weder mit dem Nachlass noch mit seinem eigenen Vermögen (Art. 629 I tZGB). Ist die Mitteilung durch die Gläubiger ohne deren Verschulden unterblieben, haftet der Erbe nur soweit er bereichert ist (Art. 629 II tZGB).

155

f) **Erbrechtlicher Gläubigerschutz.** Die Gläubiger des Erblassers können ihrerseits die amtliche Liquidation verlangen, wenn glaubhafte Zweifel an der Befriedigung Ihrer Forderung bestehen und auf ihr

156

120 Türkei

Verlangen nicht erfüllt oder Sicherheit geleistet wird. Die amtliche Liquidation kann von den Gläubigern innerhalb von drei Monaten ab dem Tod des Erblassers oder der Eröffnung des Testaments verlangt werden (Art. 633 I tZGB).

157 Die **Gläubiger des ausschlagenden Erben** können ebenfalls eine Liquidation des Nachlasses bewirken. Schlägt der überschuldete Erbe die Erbschaft aus, um seinen Erbteil dem Zugriff seiner Gläubiger zu entziehen, können diese die Ausschlagung anfechten. Die Gläubiger können in diesem Fall innerhalb von sechs Monaten nach der Ausschlagung Klage erheben und die Ausschlagung für nichtig erklären lassen (Art. 617 I tZGB). Wird der Klage stattgegeben, wird die Erbschaft insgesamt liquidiert (Art. 617 II tZGB) und das Erbe des ausschlagenden Erben vorrangig zur Befriedigung der anfechtenden Gläubiger sowie danach der übrigen Gläubiger verwendet. Ein etwaiges verbleibendes Erbe ist an die Erben herauszugeben, die bei einer wirksamen Ausschlagung begünstigt wären (Art. 617 III tZGB) Es verbleibt daher trotz der Anfechtung im Übrigen bei den selben Folgen wie bei einer Ausschlagung.

158 Eine **Haftung der ausschlagenden Erben** gegenüber Gläubigern des Erblassers kommt auch in Betracht, wenn das überschuldete Erbe ausgeschlagen wird und die Erben zuvor Zuwendungen vom Erblasser erhalten haben. Die Erben haften in diesem Fall gegenüber den Gläubigern des Erblassers mit den Werten, die sie innerhalb der **letzten fünf Jahre vor dessen Tod** von diesem erhalten haben und bei einer Auseinandersetzung der Erbschaft herauszugeben hätten (Art. 618 I tZGB). Bei der Zuwendung für gewöhnliche Ausbildungskosten oder einer den Sitten und Gebräuchen entsprechenden Aussteuer (çeyiz) haftet der Erbe jedoch nicht (Art. 618 II tZGB). Ist der ausschlagende Erbe gutgläubig gewesen, haftet er nur soweit er im Zeitpunkt der Herausgabe noch bereichert ist (Art. 618 III tZGB).

159 Auch bei einem **Erbverzicht gegen eine Gegenleistung** kann der verzichtende Erbe von den Gläubigern des Erblassers unter Umständen in Anspruch genommen werden. Übersteigen die Verbindlichkeiten des Nachlasses dessen Wert und werden diese von den Erben nicht ausgeglichen, **haftet der Verzichtende** der gegen eine Gegenleistung auf sein Erbe verzichtet hat. In diesem Fall haftet der Verzichtende und ggf. dessen Erben gegenüber den Gläubigern für das was er als Gegenleistung innerhalb der letzten fünf Jahre vor dem Tod des Erblassers als Gegenleistung für den Verzicht erhalten hat, soweit er noch zum Zeitpunkt der Eröffnung des Erbes noch bereichert ist (Art. 530 tZGB).

III. Nachlassverfahren

160 **1. Allgemein.** Nach Art. 576 I tZGB wird die Erbschaft am Wohnort des Erblassers vom Friedensgericht eröffnet. Die **Eröffnung der Erbschaft** (mirasın açılması) erfolgt mit dem Tod des Erblassers oder dem Zeitpunkt der Verschollenheitserklärung. Die Vorschrift regelt nur die örtliche Zuständigkeit für die Abwicklung der Erbschaft. Die Zuständigkeit umfasst das gesamte Vermögen unabhängig davon, wo es sich befindet. Eine förmliche gerichtliche Eröffnung oder ein Antrag ist nicht erforderlich (Gençcan S. 715). Der Zeitpunkt der Eröffnung ist auch für die Bewertung des Nachlasses sowie von Zuwendungen und Aufteilungen des Erblassers maßgebend (Art. 575 tZGB).

161 **2. Erbscheinverfahren.** Der Erbschein (mirasçılık belgesi) wird in der Türkei auf Antrag vom **Friedensgericht** (sulh mahkemesi) oder dem Notariat erteilt (Art. 598 tZGB). Eine ausschließliche Zuständigkeit des Friedensgerichts am letzten Wohnsitz des Erblassers oder des Belegenheitsorts besteht nicht. Der Erbschein kann jederzeit bei jedem Gericht in der Türkei beantragt werden (Gençcan S. 925 f. mwN). Auch die **Notare** sind befugt Erbscheine zu erteilen (Art. 71/A b) Notariatsgesetz (Noterlik Kanunu). Eine Erteilung des Erbscheins durch den Notar ist nicht möglich, wenn zur Erbscheinerteilung die Durchführung eines gerichtlichen Verfahrens erforderlich ist, die Eintragungen im Personenstandsregister für die Erteilung des Erbscheins nicht ausreichen oder der **Erbschein von einem Ausländer beantragt wird** (Art. 71/B Abs. 3 Notariatsgesetz). Können die Erben etwa aufgrund Unklarheiten in den Personenstandsregistern nicht eindeutig ermittelt werden oder ist die Erbfolge streitig muss der Erbschein durch das Friedensgericht erteilt werden. Die Erbscheinerteilung durch den Notar ist hierbei die schnellere und kostengünstigere Möglichkeit. Gegen den vom Notar erteilten Erbschein kann gegenüber dem Friedensgericht Widerspruch erhoben werden. Berechtigt hierzu ist jeder, dessen Interessen durch den Erbschein beeinträchtigt werden (Art. 71/C 1 Notariatsgesetz).

162 Hinsichtlich des in Deutschland belegenen unbeweglichen Nachlasses eines türkischen Erblassers kann ein **sachlich begrenzter Erbschein** für die inländischen Immobilien nach deutschem Recht erteilt werden. Für den übrigen beweglichen Nachlass einschließlich des beweglichen Vermögens in der Türkei ist dagegen ein so genannter **Fremdrechtserbschein** zu erteilen. Beide Erbscheine können hierbei in einer einheitlichen Urkunde zusammengefaßt werden. Die deutschen Gerichte sind auch für die Erteilung eines entsprechenden Fremdrechtserbscheins international zuständig. § 15 des Nachlassabkommens steht einer Erbscheinerteilung nicht entgegen, da diese Vorschrift nur streitige Verfahren und nicht das Erbscheinverfahren umfasst.

163 Nach § 17 des Nachlassabkommens genügt hinsichtlich des beweglichen Nachlasses ein Erbschein des anderen Landes. Zum Nachweis der Echtheit ist die **Beglaubigung durch den Konsul** des Staates, dem der Erblasser angehört hat erforderlich. Da sowohl Deutschland als auch die Türkei das Haager Übereinkommen über die Befreiung öffentlicher Urkunden von der Legalisation vom 5.10.1961 ratifiziert haben, kann die Beglaubigung daneben auch durch eine **Apostille** erfolgen.

164 Für den **unbeweglichen Nachlass in der Türkei**, ist dagegen ein Erbschein in der Türkei zu beantragen. Der deutsche Erbschein kann insoweit nicht anerkannt werden. Für die in der Türkei belegenen

Immobilien sind die türkischen Gerichte ausschließlich zuständig (FFDH IntErbR/*Rumpf/Odendahl* Rn. 131; Damar, IPRax 2012, 281).

Der Erbschein hat die Erben, sowie deren gesetzliche oder durch Verfügung von Todes wegen begründete Beziehung zum Erblasser sowie deren Anteile nach türkischem Recht anzugeben. Ist ein Nasciturus vorhanden, ist anzugeben, ob dieser lebend geboren worden ist. Des Weiteren ist ggf. anzugeben, ob die Erbfähigkeit nach türkischem Recht vorhanden ist (Gençcan S. 856). Sowohl dem eingesetzten sowie den gesetzlichen Erben ist unter Angabe ihres Berufungsgrundes ein Erbschein zu erteilen. Auch Ausländern kann ein Erbschein in der Türkei erteilt werden. Dem Vermächtnisnehmer kann kein Erbschein erteilt werden. 165

Der im **Verfahren der freiwilligen Gerichtsbarkeit** erteilte Erbschein entfaltet **keine materielle Rechtskraft.** Dessen Unwirksamkeit kann jederzeit geltend gemacht werden (Art. 598 II tZGB). Auch die Anfechtung einer letztwilligen Verfügung bleibt vorbehalten (Art. 598 III tZGB). Solange nichts anderes festgestellt wird, stellt der Erbschein einen Nachweis der Erbeneigenschaft dar (Gençcan S. 848). Mit dem Erbschein kann der Erbe im Grundbuch seine Eintragung bewirken. 166

Wird der Erbschein jedoch nach Durchführung eines **streitigen Verfahrens** vom Gericht erteilt ist er **für die Parteien des Verfahrens bindend.** 167

Das Friedensgericht kann auf Antrag oder von Amts wegen **Sicherungsmaßnahmen** *(koruma önlemleri)* anordnen. Hierzu gehören die Aufnahme eines Nachlassverzeichnisses, die Versiegelung des Nachlasses, die Anordnung der amtlichen Nachlassverwaltung und die Eröffnung des Testaments (Art. 589 tZGB). Die amtliche Nachlassverwaltung ist anzuordnen, wenn dies im Interesse eines nicht auffindbaren Erben erfordert, das Erbrecht von den Anspruchstellern nicht nachgewiesen wird oder Zweifel bestehen ob Erben vorhanden sind oder wenn nicht alle Erben bekannt sind sowie in den gesetzlich vorgesehenen Fällen (Art. 592 I tZGB). 168

Der Erbe kann gegen den Besitzer von Nachlassgegenständen gem. Art. 637 tZGB die **Erbschaftsherausgabeklage** erheben und die Herausgabe des Nachlasses oder Nachlassgegenstands verlangen. Im Rahmen der Herausgabeklage entscheidet das Gereicht auch über Streitigkeiten betreffend die Erbeneigenschaft (Art. 637 I tZGB). Wird der Klage stattgegeben, sind die Gegenstände entsprechend den Regelungen des Besitzes herauszugeben (Art. 638 I tZGB). Steht der Anspruch danach fest, kann sich der beklagte Erbschaftsbesitzer nicht darauf berufen, dass er das Eigentum aufgrund Verjährung erworben hat (Art. 638 I tZGB). Die Verjährungsfrist der Erbschaftsherausgabeklage beträgt gegenüber einem gutgläubigen Erbschaftsbesitzer ein Jahr und beginnt mit Kenntnis der Erbeneigenschaft und des Verbleibs des Nachlasses bzw. Nachlassgegenstands. Der Anspruch verjährt in jedem Fall nach Ablauf von zehn Jahren nach dem Tod des Erblassers. Gegenüber einem bösgläubigen Erbschaftsbesitzer beträgt die Verjährungsfrist zwanzig Jahre (Art. 639 tZGB). 169

Für Erbschaftsklagen wie die Erbschaftsherausgabeklage regelt § 15 des Nachlassabkommens die **internationale Zuständigkeit.** Danach sind für derartige Verfahren soweit es den beweglichen Nachlass betrifft, die Gerichte des Landes zuständig, dem der Erblasser zum Zeitpunkt seines Todes angehörte. Soweit unbewegliche Nachlassgegenstände betroffen sind, sind die Gerichte des Staates zuständig, in dem sich der unbewegliche Nachlass befindet. Für Erbschaftsklagen betreffend den Nachlass eines türkischen Erblassers sind daher mit Ausnahme der inländischen Immobilien **ausschließlich die türkischen Gerichte zuständig.** Die Zuständigkeit der türkischen Gerichte umfasst daher auch den in Deutschland befindlichen beweglichen Nachlass wie Bankkonten, Fahrzeuge usw. Eine Zuständigkeit nach § 15 des Nachlassabkommens erfordert jedoch, dass das materielle Erbrecht der Parteien Gegenstand des Verfahrens ist. Es muss über eine zwischen den Parteien streitige Erbenstellung oder erbrechtliche Berechtigung eine verbindliche Entscheidung getroffen werden. Für die ausschließliche Zuständigkeit genügt es also nicht, wenn lediglich die Rechtsnachfolge von der Erbenstellung abhängt und erbrechtliche Probleme eine Vorfrage darstellen. Daher liegt kein Erbschaftsanspruch iSd § 15 des Nachlassabkommens vor, wenn die Streitigkeit die Auskehrung eines aus dem Verkauf eines Erbschaftsgegenstandes (Immobilie in der Türkei) vereinnahmten Erlösanteil unter den Erben betrifft (BGH Urt. v. 21.10.2015 – IV ZR 68/15). 170

IV. Erbschaftsteuer

1. System der Erbschaftsteuer. Bei der türkischen Erbschaftsteuer handelt es sich um eine Erbanfallsteuer. Der Besteuerung unterliegt der Erwerb von Todes wegen oder der unentgeltliche Übergang von Vermögen. Die Erbschaftsteuer knüpft an die Staatsangehörigkeit sowie den Belegenheitsort an. Sind die Erben bzw. Begünstigten türkische Staatsangehörige, unterliegen sie immer der türkischen Schenkungssteuer. Der Erwerb von Vermögensgegenständen in der Türkei unterliegt, ohne Rücksicht auf die Staatsangehörigkeit des Erben/Begünstigten, ebenfalls immer der türkischen Schenkungssteuer. 171

2. Erbschaft- und Schenkungsteuer. a) Rechtsgrundlage und Steuertatbestand. In der Türkei werden Erbschaften und Schenkungen nach dem Erbschafts- und Schenkungssteuergesetz (*Veraset ve İntikal Vergisi Kanunu*) besteuert. Danach unterliegt jede Übertragung von Vermögen durch Erbschaft oder in anderer Weise ohne Gegenleistung der Erbschafts- und Schenkungssteuer. Nach Art. 1 des Gesetzes umfasst dies sämtliches Vermögen eines türkischen Staatsangehörigen sowie Vermögen, das sich in der Türkei befindet. Es umfasst damit auch Vermögenswerte von türkischen Staatsangehörigen im Ausland sowie das **inländische Vermögen von Ausländern in der Türkei.** 172

120 Türkei

173 Werden dagegen Vermögensgegenstände eines türkischen Staatsangehörigen im Ausland an einen **Ausländer ohne Wohnsitz in der Türkei** vererbt oder in sonstiger Weise ohne Gegenleistung übertragen, unterliegt der ausländische Erwerber nicht der türkischen Erbschafts- und Schenkungssteuer (Art. 1 III ErbSchStG). Bei Ausländern unterliegt der Erwerb immer der türkischen Erbschafts- und Schenkungssteuer, wenn es sich hierbei um **inländische Vermögensgegenstände** handelt. Dies gilt auch für bewegliches Vermögen wie Bankguthaben. Hinterlässt etwa der türkische Erblasser mit Wohnsitz in Deutschland Bankguthaben in der Türkei und wird er von seinen Kindern mit deutscher Staatsangehörigkeit und Wohnsitz in Deutschland beerbt, unterliegt dieser Erwerb der türkischen Erbschaftssteuer.

174 Der Erwerb von Vermögen, das sich im Ausland befindet, wird dagegen nur besteuert, wenn der Erblasser türkischer Staatsangehöriger war und der **ausländische Erbe seinen Wohnsitz in der Türkei** hat. Der Erwerb durch einen türkischen Staatsangehörigen unterliegt dagegen immer ohne Rücksicht auf dessen Wohnsitz oder die Belegenheit des Vermögens der türkischen Erbschaftssteuer.

175 b) **Ausnahmen von der Steuerpflicht und Befreiungen** ergeben sich aus Art. 3 f. ErbSchStG. Danach sind ua Einrichtungen der öffentlichen Verwaltung, Renten- und Hilfsfonds, Sozialversicherungsanstalten, gemeinnützige Vereine sowie politische Parteien von der Steuer befreit (Art. 3a ErbSchStG). Daneben sind auch Botschafter, Konsuln und deren ausländisches Personal von der Steuer befreit (Art. 3c ErbSchStG). Art. 4 ErbSchStG enthält zudem sachliche Befreiungen für Hausrat, persönliche Gegenstände des Erblassers sowie Gegenstände, die als Erinnerung aufbewahrt werden. Das Gesetz nennt hierbei beispielhaft Gemälde, Säbel oder Orden (Art. 4a ErbSchStG).

176 Ausgenommen sind ferner nach dem Brauch angemessene Zuwendungen wie **Aussteuer, Brautgeschenk und Mitgiften** mit Ausnahme von Immobilien (Art. 4c ErbSchStG). Ferner sämtliche Spenden (Art. 4 ç ErbSchStG).

177 Steuerbefreiungen für die Übertragung und Vererbung von **Unternehmen oder Betriebsvermögen** sieht das ErbSchStG nicht vor.

178 c) **Erbschafts- und Schenkungssteuergesetz.** Die Besteuerung erfolgt nach Art. 16 ErbSchStG. Für die Erbschaft und Schenkung gelten unterschiedliche Sätze:

Beträge	Bemessungsgrundlage	Steuersatz bei Erwerb durch Erbschaft %	Steuersatz bei Erwerb durch Schenkung %
die ersten	240.000,00 TL	1	10
weitere	570.000,00 TL	3	15
weitere	1.270.000,00 TL	5	20
weitere	2.200.000,00 TL	7	25
Über	4.280.000,00 TL	10	30

179 Für Schenkungen von Eltern, Ehegatten und Kinder (Schenkungen der Adoptivkinder an die Annehmenden ausgenommen) wird die Hälfte des anzuwendenden Schenkungssteuertarifs berechnet (Art. 16 II ErbSchStG).

180 Die **persönlichen Freibeträge** regelt Art. 4 ErbSchStG. Die Freibeträge und Bemessungsgrundlagen werden jährlich angepasst und jeweils im Dezember vom Finanzministerium mit einem Erlass (*Veraset ve Intikal Vergisi Kanunu Genel Tebliği*) festgesetzt.

181 Die Freibeträge betragen nach dem Erlass Nr. 49 vom 29.12.2017 ab dem 1.1.2018:
Für Ehegatten und Abkömmlinge, einschließlich Adoptivkinder 202.154,00 TL
Für Ehegatten falls keine Abkömmlinge vorhanden sind 404.556,00 TL
Bei Erwerb durch Schenkung 4.656,00 TL
Für Lotteriegewinne 4.656,00 TL

182 **Steuerverfahren.** Steuerpflichtig ist derjenige, der durch Erbschaft oder Schenkung Vermögen erworben hat (Art. 5 ErbSchStG). Der Steuerpflichtige ist verpflichtet eine **Steuererklärung** abzugeben. Die Frist hierfür beträgt, falls der Erblasser in der Türkei verstorben ist und die Erben sich in der Türkei befinden vier Monate ab dem Todeszeitpunkt. Ist der Erbe im Ausland gestorben und befinden sich die Erben in der Türkei beträgt die Frist sechs Monate. Befinden sich die Erben ebenfalls in dem Land, in dem der Erblasser verstorben ist, beträgt die Frist wiederum vier Monate. Halten Sie sich in einem anderen Land auf, gilt eine Frist von acht Monaten (Art. 8 I ErbSchStG). Für Schenkungen gilt dagegen einheitlich eine Frist von einem Monat ab der dem Zeitpunkt der Übertragung (Art. 8 II ErbSchStG).

183 **Örtlich zuständig** ist das für den Wohnsitz des Erblassers bzw. Schenkers zuständige Finanzamt. Hatte der Erblasser in der Türkei keinen Wohnsitz, ist der letzte Wohnsitz in der Türkei maßgebend. Hat der Erblasser nie in der Türkei gewohnt oder lässt sich sein letzter Wohnsitz nicht mehr feststellen, bestimmt die Finanzverwaltung das örtlich zuständige Finanzamt (Art. 6 ErbSchStG). Die Steuererklärung ist in letzterem Fall bei der Finanzverwaltung einzureichen. Ansonsten ist diese gegenüber den örtlich zuständigen Finanzämtern abzugeben (Art. 8 I ErbSchStG). Steuerpflichtige die sich im Ausland befinden können ihre Steuererklärung auch bei den **türkischen Konsulaten** einreichen (Art. 8 II ErbSchStG). Die Erklärung kann sowohl einzeln als auch gemeinsam durch die Erben erfolgen (Art. 8 III ErbSchStG).

184 Die **Bewertung der Vermögensgegenstände** ist in Art. 10 ErbSchStG geregelt. Immobilien werden nach den Grundsätzen der Grundsteuer bewertet (Art. 10 II b ErbSchStG). Für bewegliches Vermögen

IV. Erbschaftsteuer **Türkei 120**

und Schiffe ist der Verkehrswert maßgebend (Art. 10 II c ErbSchStG). Der Bewertungsstichtag ist beim Erwerb durch Erbschaft der Zeitpunkt der Eröffnung der Erbschaft und bei Schenkungen deren rechtlicher Erwerb (Art. 11 ErbSchStG).

Verbindlichkeiten und Kosten können nach Art. 12 ErbSchStG berücksichtigt werden, wenn diese in der Erklärung angegeben werden. Zu den abzusetzenden Positionen gehören ua die Verbindlichkeiten des Erblassers einschließlich Steuerschulden, sonstige Verbindlichkeiten die auf den Nachlassgegenständen lasten sowie Beerdigungskosten. Des Weiteren auch die **im Ausland,** aufgrund des dort befindlichen Vermögens türkischer Staatsangehöriger, **erhobene Erbschafts- und Schenkungssteuer** (→ Rn. 188). 185

Die festgesetzte Erbschafts- und Schenkungssteuer kann **innerhalb von 3 Jahren in sechs Raten bezahlt** werden. Diese sind jeweils in gleichen Raten im Mai und Oktober zu zahlen (Art. 19 I ErbSchStG). Solange die Erbschafts- und Schenkungssteuer nicht vollständig bezahlt wird können jedoch Immobilien nicht von den Erben übertragen oder dingliche Rechte hieran begründet werden. Ansonsten haftet der Erwerber mit den Steuerpflichtigen als Gesamtschuldner (Art. 19 II ErbSchStG). Die Erben können jedoch gemäß Art. 19 III ErbSchStG durch Sicherheitsleistung über die Immobilien ganz oder teilweise verfügen. 186

3. Ausländische Steuern/Doppelbesteuerung. Zwischen Deutschland und der Türkei besteht auf dem Gebiet des Erbschaftsteuerrechts **kein Doppelbesteuerungsabkommen.** Das seit dem 1.8.2012 geltende Doppelbesteuerungsabkommen Deutschland-Türkei vom 19.9.2011 (Gesetz zu dem Abkommen vom 19. September 2011 zwischen der Bundesrepublik Deutschland und der Republik Türkei zur Vermeidung der Doppelbesteuerung und der Steuerverkürzung auf dem Gebiet der Steuern vom Einkommen, BGBl. 2012 II 526) gilt für Steuern vom Einkommen. 187

Die **im Ausland bezahlten Steuern** können nur durch Abzug vom Nachlasswert bzw. der Bemessungsgrundlage berücksichtigt werden. Erbschafts- und Schenkungssteuern die von ausländischen Staaten für dort befindliche Vermögensgegenstände türkischer Staatsangehöriger erhoben werden, sind vom Nachlasswert in Abzug zu bringen (Art. 12c ErbSchStG) Eine Anrechnung auf die zu zahlende Steuer erfolgt nicht. Die im Ausland bezahlten Steuern mindern nur den Nachlass entsprechend, wenn sie nachgewiesen werden. 188

In Deutschland erfolgt die Anrechnung nach § 21 ErbStG iVm § 121 Bewertungsgesetz. Nach der Rechtsprechung des BFH handelt es sich hierbei um eine abschließende Regelung, die den **Abzug ausländischer Erbschaftsteuern** als Nachlassverbindlichkeiten ausschließt. Forderungen wie private Bankguthaben von Inländern bei ausländischen Banken rechnen danach nicht zum Auslandsvermögen iS des § 21 I Satz 1 und 2 ErbStG (BFH Urt. v. 19.6.2013 – II R 10/12). 189

Savaş

Länderbericht USA

Übersicht

	Rn.		Rn.
I. Internationales Erbrecht	1–38	7. Erbenhaftung	94
1. Grundsätze	1–4	8. Exkurs: Der *Trust* und weitere Gestaltungsmöglichkeiten des US-amerikanischen Rechts	95–120
2. Interlokales Privatrecht	5/6		
3. Erbstatut	7–14		
a) Nachlassspaltung	7–11	a) Trust	95–109
b) Rückverweisung	12/13	b) Weitere Gestaltungsmöglichkeit	110–120
c) Rechtswahl	14	III. Nachlassverfahrensrecht	121–132
4. Vorrangige Staatsverträge	15	1. Allgemeines	121–124
5. Das Erbstatut im deutschamerikanischen Erbfall nach bisheriger Rechtslage	16–24	2. Arten der Nachlassabwicklung	125/126
		3. Nachlassverfahren	127–132
		a) Zuständigkeit	127
a) Erbstatut nach einem US-amerikanischen Erblasser	16–19	b) Erteilung des Probate	128/129
		c) Ernennung des Nachlassabwicklers und Nachlassabwicklung	130–132
b) Erbstatut nach einem Erblasser deutscher Staatsangehörigkeit	20–24	IV. Die Probleme des deutsch-US-amerikanischen Erbfalls	133–160
6. Formstatut (Wirksamkeit von Verfügungen und von Todes wegen)	25–29	1. Die Abwicklung des deutschen Nachlasses nach einem US-Erblasser	133–144
7. Nachlassabwicklung	30–35	a) Ausgangslage	133
8. Auswirkungen der EUErbVO	36–38	b) Auslegung US-amerikanischer testamentarischer Verfügungen im deutschen Recht	134–144
II. Materielles Recht	39–120		
1. Grundsätze	41–45		
a) Rechtsquellen	41/42	2. Gestaltungsmöglichkeiten für den deutschen Erblasser mit Vermögen in den USA	145–160
b) Titel-/Eigentumsübergang	43–45		
2. Gesetzliche Erbfolge	46–58		
a) Gesetzliches Erbrecht der Verwandten	48–50	a) Kollisionsrechtliche Ausgangslage	145/146
b) Ehegatte	51–57	b) Probleme der Abwicklung des in den USA belegenen Nachlasses	147–149
c) Erbrecht des Staates	58	c) Lösungsmöglichkeiten	150–160
3. Gewillkürte Erbfolge	59–76	V. Erbschaftsteuer	161–177
a) Testierfähigkeit	60	1. Vorbemerkung	161–163
b) Arten letztwilliger Verfügungen	61–63	2. DBA Deutschland/USA	164–166
c) Form letztwilliger Verfügungen	64–70	3. Grundzüge des US-amerikanischen Erbschaftsteuerrechts	167–177
d) Inhalt letztwilliger Verfügungen	71–76		
4. Pflichtteil	77–91	a) Subjektive Steuerpflicht	167/168
a) Abkömmlinge	78/79	b) Steuerbarer Vorgang	169–171
b) Ehegatte	80–85	c) Grundzüge der Bewertung	172/173
c) Sonstige Rechte	86–88	d) Steuerbefreiung	174/175
d) Pflichtteilsrecht	89–91	e) Steuertarif, Steuererhebung, Sonstiges	176/177
5. Testamentsvollstreckung	92		
6. Erbengemeinschaft und Erbauseinandersetzung	93		

Literatur: *Bachler*, Situs-Regel, innerdeutsche und inneramerikanische Nachlassspaltung, 2007; *Böhmer*, Der Erb- und Pflichtteilsverzicht im anglo-amerikanischen Rechtskreis, ZEV 1998, 251; *Dukeminier/Johanson/Lindgren/Sitkoff*, Wills, Trusts, and Estates, Boston, 7. Aufl. 2005; *Firsching*, Deutsch-amerikanische Erbfälle, 1965; *Firsching/Solomon*, in Ferid/Firsching/Dörner/Hausmann, Internationales Erbrecht, Vereinigte Staaten, Stand: Januar 1959/Januar 2002; *Frank/Wainwright IV*, Todesfallbesteuerung von Deutschen mit Vermögen in den USA, ZEV 2015, 568; *Haas* in Bengel/Reimann, Handbuch der Testamentsvollstreckung, 5. Aufl. 2013, Kap. 9 Rn. 385; *Hay*, US-amerikanisches Recht, 3. Aufl. 2005; *Hepp*, Der amerikanische Testiervertrag – contract to make a will – aus Sicht des deutschen Rechts, München 1991; *Huth/Zwicker*, Das gesonderte kanadische Vermächtnis-Testament von Deutschen mit Vermögen in Kanada, ZVglRWiss 86 (1987) 338; *Jülicher*, Die Joint Tenancy, ZEV 2001, 469; *Jülicher*, Der deutsch-US-amerikanische Erbfall (und lebzeitige Vermögensübergänge), ZErb 2003, 34; *Leible/Sommer*, Nachlassspaltung und Testamentsform: Probleme der Testamentsabwicklung bei Nachlassspaltung wegen Grundbesitzes im Ausland, ZEV 2006, 93; *Leithold/Synold*, Das probate-Verfahren im US-Bundesstaat Kalifornien, ZEV 2015, 653; *Looschelders*, Auslegung und Anpassung von Testamenten bei rechtlicher und faktischer Nachlassspaltung, IPRax 2005, 232; *McGovern/Kurtz/Rein*, Wills, Trusts and Estates, St. Paul/Minn. 3. Aufl. 2004; *Odersky*, Gestaltungsempfehlungen für Erbfälle mit anglo-amerikanischem Bezug, ZEV 2000, 492; *Odersky*, Länderbericht USA, in NK-BGB V: Erbrecht, 5. Aufl. 2018; *v. Oertzen/Stein/Reich*, Anglo-Amerikanische Nachlasstrusts und inländische Grundstücke bzw. grundstücksbesitzende Erbberechtigungsgemeinschaften, ZEV 2013, 109; *Rauscher*, Konten deutscher Erblasser bei Banken in New York, FS W. Lorenz, 2001, 525; *Reimann*, Einführung in das US-amerikanische Privatrecht – JuS-Schriftenreihe, 2. Aufl. 2004; *Reinsdorf*, Abwicklung der testamentarischen Erbfolge in den USA, ZErb 2007, 138; *Scalise*, New Developments in United States Succession Law, AmJCompL 54 (2005) 103; *Schindhelm/Stein*, Der trust im deutschen Erbschaft- und Schenkungsteuerrecht, StuW 1999, 31; *Schurig*, Erbstatut, Güterrechtsstatut, gespaltenes Vermögen und ein Pyrrhussieg, IPRax 1990, 389; *Scoles/Hay/Borchers/Symeonides*, Conflict of Laws, 4. Aufl., St. Paul/Minn. 2004; *Siegwart*, Die Abwicklung von Erbfällen in den USA, ZEV 2006, 110; *Sieker*, Der US-trust, 1991; *Sonnenberger*, Erwerb und Fortfall der Erbberechtigung adoptierter Kinder, insbesondere bei Adoptionen in den USA, Gedächtnisschrift Lüderitz, 2000, 713; *Süß*, Komplikationen wegen eines Hauses in Florida, ZErb 2004, 155; *Wienbracke*, A clash of cultures: Trusts und deutsches (internationales) Privatrecht, ZEV 2007, 413; *Wittuhn*, Trusts und Eigentum, ZEV 2007, 419.

I. Internationales Erbrecht

1. Grundsätze. Entsprechend des materiellen Rechts hat in den USA auch jeder der 50 Einzelstaaten 1
seinen eigenes Erbkollisionsrecht – ein einheitliches Kollisionsrecht existiert damit nicht, auch wenn – zusammengefasst – nahezu einheitlich in allen Staaten das Prinzip der **funktionellen und territorialen Nachlassspaltung** gilt.

Die kollisionsrechtlichen Regelungen der einzelnen Staaten gelten sowohl für das Verhältnis der Erb- 2
rechte der einzelnen US-Bundesstaaten untereinander **(interlokales Erbrecht)** als auch für das Verhältnis des Erbrechts der USA zu fremden Drittstaaten **(internationales Erbrecht)**.

Die Staaten Louisiana (Art. 3528 ff. Louisiana Civil Code; deutsche Übersetzung in *Krobholler/* 3
Krüger/Riering/Sandleben, außereuropäische IPR-Gesetze, 1999, 1013 ff. Diese Kollisionsregelungen basieren auf dem französischen IPR, sind jedoch mittlerweile an das Recht der meisten US-Staaten angeglichen worden), Puerto Rico (Art. 10 Puerto Rico Code Civil: B beweglicher Nachlass wird nach dem Heimatrecht des Erblassers angeknüpft; Heimatrecht in diesem Sinne entspricht jedoch dem Domicile des Erblassers) und Mississippi (§ 91. 1.1. Mississippi Code 1972: Für sämtliches in Mississippi gelegene Vermögen, dh nicht nur unbewegliches, sondern auch bewegliches, gilt das Erbrecht von Mississippi) kennen Ausnahmen von dieser Regel.

Das US-amerikanische Erbkollisionsrecht hat sein Ursprung auf den englischen *common law* 4
Grundsätzen (→ Rn. 41), es gelten ähnliche Regeln wie in England. In den meisten Staaten ist das internationale Privatrecht lediglich gewohnheitsrechtlich bzw. als *case law* verankert, nur wenige US-Staaten haben entsprechende Gesetze *(Probate Code)* erlassen.

2. Interlokales Privatrecht. Vor der Ermittlung des anwendbaren Erbstatuts, muss zunächst im Wege 5
der internationalen Anknüpfung festgestellt werden, das Kollisionsrecht welchen Bundesstaats anwendbar ist, dh zunächst ist die berufene **Teilrechtsordnung** iSd Art. 4 III EGBGB zu ermitteln.

Aus deutscher Sicht ist der Bundesstaat, zudem die **engste Verbindung des Erblassers** bestand. Re- 6
gelmäßig ist dies der letzte gewöhnliche Aufenthalt bzw. Wohnsitz des Erblassers in den USA.

3. Erbstatut. a) Nachlassspaltung. Entsprechend der *common law* Grundsätze gilt für das internatio- 7
nale Privatrecht der einzelnen US-Bundesstaaten der Grundsatz der Nachlassspaltung: Das Erbstatut ist aufgespalten in die *succession to movables* (Erbfolge des beweglichen Vermögens) sowie die *succession to immovables* (Erbfolge des unbeweglichen Vermögens).

Die Erbfolge in **unbewegliches Vermögen** wird dem Belegenheitsort des unbeweglichen Vermögens 8
unterstellt *(lex rei sitae)*, bei **beweglichem Vermögen** wird auf das Recht des letzten *domicile* des Erblassers verwiesen. Die Einordnung eines Vermögensgegenstandes als beweglich oder unbeweglich überlässt dabei das amerikanische Recht dem jeweiligen Belegensrecht (sog. **Qualifikationsverweisung**) (vgl. FFDH IntErbR/*Ferid/Firsching* USA Grundzüge C Rn. 36c). Liegt das unbewegliche Vermögen in Deutschland, kann daher zur Bestimmung, ob bewegliches oder unbewegliches Vermögen vorliegt, auf die Kriterien der Art. 25 II EGBGB zurückgegriffen werden.

Für die **Definition des *domiciles*** des Erblassers gelten ähnliche Grundsätze wie in England, und somit 9
die allgemeinen *common law* Grundsätze. Nach diesen Grundsätzen bestimmt das *domicile* die Zugehörigkeit einer Person zu einer bestimmten Rechtsordnung. Der Begriff „*domicile*" ist nicht mit den deutschen Begriffen des „Wohnsitzes" oder des „gewöhnlichen Aufenthalts" zu verwechseln. Das *domicile* befindet sich dort, wo jemand sein „*home*" hat, dh wo jemand zu Hause ist, also der **Ort, mit dem eine Person verbunden ist,** dh sie letztlich ihren Lebensmittelpunkt hat. Ein doppeltes *domicile* gibt es nicht. Wie im englischen Recht wird unterschieden zwischen dem ***domicile of origin,*** das im Normalfall der gemeinsame *domicile* der Eltern bei Geburt einer Person ist, und dem ***domicile of choice.***

Ein *domicile of choice* kann erst durch eine volljährige Person begründet werden. Voraussetzung für 10
die Begründung eines *domicile of choice* ist, dass sich die Person sowohl tatsächlich an einem bestimmten Ort aufhält *(physical presence)* als auch eine bestimmte Absicht vorliegt, dort zumindest eine unbestimmte Zeit den Lebensmittelpunkt zu verbringen (s. iE *Scoles/Hay/Borchers/Symeonides,* Conflict of Laws, 4. Aufl. 2004, § 4.20). Anders als im englischen Recht behält eine Person nach dem amerikanischen Verständnis ihr bisheriges *domicile* solange, bis sie ein neues begründet. Verlässt also jemand seinen bisherigen Wohnort, dh sein bisheriges *domicile of choice*, ohne bereits ein neues zu begründen, so bleibt dieses weiterhin maßgeblich – im Gegensatz dazu kommt es im englischen Recht zum Wiederaufleben des ursprünglichen *domicile of origin*.

Indizien für einen Bleibewillen sind neben dem tatsächlichen Aufenthalt die Anmietung oder der 11
Kauf eines Hauses, der Umzug der gesamten Familie, die Aufgabe der alten Wohnung etc. Daraus wird gefolgert, dass es bei einer beruflichen Versetzung (zB insbes. von US-Soldaten) regelmäßig an dem Willenselement fehlt und erst nach langjähriger Integration auch dort ein *domicile of choice* begründet wird).

b) Rückverweisung. Der Verweis auf das *domicile* bei beweglichen Nachlass ist in der Regel als **Sach-** 12
normverweisung zu verstehen, das US-amerikanische IPR hat bislang einen Renvoi in der Regel abgelehnt.

In der Lit. wird dies mittlerweile nicht mehr eindeutig im obigen Sinne beantwortet, sondern auch eine 13
Rückverweisung in Betracht gezogen, wenn diese dem internationalen Entscheidungseinklang dient, oder das berufene Recht keinerlei Beziehung zu dem betroffenen Lebenssachverhalt hat (vgl. NK-BGB/

Odersky Länderbericht USA Rn. 13). Amerikanische Gerichte beachten bislang, soweit ersichtlich, die Rückverweisung nicht.

14 **c) Rechtswahl.** In einigen Bundesstaaten, zB Kalifornien, Colorado und Michigan, hat der Erblasser die Möglichkeit, das auf die Auslegung und Wirkung eines Testaments anwendbare Recht durch Rechtswahl zu bestimmen. Zwingende Regelungen des Erbstatuts wie zB Pflichtteilsrechte oder ähnliche Institute bleiben von der Rechtswahl unberührt (weitere Nachw. bei *Scoles/Hay/Borchers/Symeonides*, Conflict of Laws, 4. Aufl. 2004, § 20.14, Fn. 7).

15 **4. Vorrangige Staatsverträge.** Die USA haben das Haager Trust-Übereinkommen unterzeichnet (s. Staudinger/*Dörner*, 2000, EGBGB Anh. Art. 25 ff. Rn. 744). Weitere hier relevante staatsvertragliche Regelungen gelten für die USA nicht. Indirekt wird ab 17.8.2015 auch die EU-Erbrechtsverordnung (VO [EU] Nr. 650/2012 – EuErbVO) zu beachten sein. Freilich sind die USA kein Vertragspartner der Verordnung, doch wird aus der Sicht eines europäischen Vertragsstaats, so auch aus der Deutschlands, die Verordnung als Ausgangspunkt zu berücksichtigen sein (vgl. Art. 20 EUErbVO). So stellt künftig auch das deutsche internationale Privatrecht auf den gewöhnlichen Aufenthalt des Erblassers zum Ablebenszeitpunkt ab, sofern der Erblasser keine gültige Rechtswahl im Sinne der Verordnung getroffen hat. Ausgenommen von der Verordnung sind auch künftig die Errichtung, Funktionsweise und Auflösung von Trusts.

5. Das Erbstatut im deutsch-amerikanischen Erbfall nach bisheriger Rechtslage. a) Erbstatut nach einem US-amerikanischen Erblasser.

16 Beispiel: Der US-amerikanische Staatsangehörige George Winestein, geboren in New York, wo er bis zu seinem Umzug nach Deutschland vor 20 Jahren auch gewohnt hat, ist in Frankfurt a. M., seinem letzten Wohnsitz, im Jahr 2014 verstorben. Er hinterlässt Bankanlagen bei einem Finanzinstitut in New York, des Weiteren ein Apartment auf Long Island. Ferner hinterlässt er ein Einfamilienhaus in Wiesbaden.

Welches Erbrecht ist anwendbar?

17 **Lösungshinweise:** Aus deutscher Sicht verweist Art. 25 I EGBGB hinsichtlich des anwendbaren Erbrechts eines US-amerikanischen Erblassers zunächst auf US-amerikanisches Recht, also das Recht seiner Staatsangehörigkeit. Da ein internationales Erbrecht bzw. ein einheitliches Erbrecht in den USA nicht existiert, ist nach Verweisung auf das US-Recht zunächst die einschlägige Teilrechtsordnung zu bestimmen. Da die USA auch kein einheitliches interlokales Kollisionsrecht iSd Art. 4 III 1 EGBGB kennen, ist zunächst gem. Art. 4 III 2 EGBGB die einschlägige Teilrechtsordnung zu ermitteln: Dies ist jene, mit der der Erblasser zum Zeitpunkt seines Todes am engsten verbunden war. Regelmäßig ist dies der Staat, in welchem der Erblasser zuletzt seinen Wohnsitz oder gewöhnlichen Aufenthalt hatte bzw. vor seinem Tod zuletzt gehabt hatte (anstelle aller Palandt/*Heldrich*, 68. Aufl. 2008, EGBGB Art. 4 Rn. 14; sowie Staudinger/*Dörner*, 2000, EGBGB Art. 25 ff. Rn. 657). Wurde auf diese Weise ein anwendbares US-Recht ermittelt, ist dann das dort geltende IPR anzuwenden. Verweist dies auf das deutsche Recht, so wird diese Rückverweisung gem. Art. 4 I 2 EGBGB angenommen und deutsches Erbrecht ist unmittelbar anwendbar (Rückverweisung).

18 IErg bedeutet dies für einen amerikanischen Staatsangehörigen folgendes:
– Verstirbt der amerikanische Staatsangehörige mit letztem *domicile* in den USA, ist auf das gesamte bewegliche Vermögen das Recht des letzten *domicile* und den für den USA belegenen Grundbesitz das jeweilige einzelstaatliche Recht des Belegenheitsortes und sonstigen Grundbesitz das dort geltende Recht anwendbar.
– Lag das *domicile* dagegen in Deutschland, wird hinsichtlich des beweglichen Vermögens auf deutsches Erbrecht zurückverwiesen, welches das die Rückverweisung annimmt. Dies gilt unabhängig davon, ob das bewegliche Vermögen in Deutschland oder in USA belegen ist. Ferner gilt deutsches Recht für die in Deutschland gelegenen Immobilien.

19 Auf den Fall angewandt, bedeutet dies Folgendes:
Gem. Art. 25 I EGBGB wird zunächst auf US-Recht als Recht der Staatsangehörigkeit von Herrn Winestein verwiesen, die einschlägige Teilrechtsordnung iSd Art. 4 III 2 EGBGB dürfte im vorliegenden Fall das Recht des Staates New York sein. Nach dem Erbkollisionsrecht des Bundesstaates New York kommt es zur Nachlassspaltung. Hinsichtlich des beweglichen Vermögens wird auf das Recht des letzten *domicile* verwiesen. Das letzte *domicile* des Erblassers liegt in Deutschland: Herr Winestein wohnte in Deutschland und hatte auch nicht die Absicht, dies aufzugeben. Somit gilt für das gesamte bewegliche Vermögen, unabhängig ob es in Deutschland oder in den USA belegen ist, also auch für die US-Finanzanlagen, deutsches Erbrecht. Hinsichtlich des unbeweglichen Vermögens gilt das das Erbrecht der Belegenheit der jeweiligen Immobilie. Das bedeutet, dass hinsichtlich des Apartments auf Long Island das Erbrecht des Staates New York anwendbar ist, wohin gegen das Haus in Offenbach nach deutschem Erbrecht vererbt wird.

20 **b) Erbstatut nach einem Erblasser deutscher Staatsangehörigkeit.** Aus deutscher Sicht wird ein deutscher Staatsangehöriger gem. Art. 25 I EGBGB aufgrund seiner deutschen Staatsangehörigkeit immer nach deutschem Erbrecht beerbt, unabhängig von seinem Wohnsitz und der Belegenheit des Vermögens. Eine Ausnahme ergibt sich lediglich gem. Art. 3a II EGBGB hinsichtlich einer in den USA belegenen Immobilien aufgrund des wegen der Nachlassspaltung vorrangigen Einzelstatuts (BGH NJW 1993, 1920 (1921), Grundstücke in Florida). Hat der deutsche Staatsangehörige seinen Wohnsitz in den USA, hat dies auf das anwendbare Erbrecht aus deutscher Sicht keine Bewandtnis. Das *domicile* stellt keine

besondere Vorschrift iSd Art. 3a II EGBGB dar, sondern lässt grds. die Geltung des deutschen Erbrechts unberührt. Etwas anderes gilt künftig unter der Anwendung der EUErbVO.

Aus US-amerikanischer Sicht gelangt man teilweise zu anderen Ergebnissen. 21
Für die Bestimmungen des Erbstatuts ist die Staatsangehörigkeit nicht relevant. Es wird lediglich nach dem *domicile* für bewegliches Vermögen *und der lex* rei sitae für unbewegliches Vermögen unterschieden.

Lebt der deutsche Staatsangehörige in Deutschland und hinterlässt lediglich Vermögen in USA, so gelangt das US-amerikanische Internationale Privatrecht zum gleichen Ergebnis wie das deutsche Kollisionsrecht: Hinsichtlich der in den USA gelegenen Immobilien gilt US-amerikanisches Erbrecht, und zwar das Recht des US-Staates der Belegenheit der jeweiligen Immobilie, hinsichtlich des weiteren Vermögens wird auf das (deutsche) Wohnsitzrecht verwiesen, so dass iErg ebenso deutsches Erbrecht anwendbar ist. 22

Lebt der deutsche Staatsangehörige jedoch in USA und verstirbt somit letztem *domicile* in den USA, so wird er aus Sicht des US-Rechts hinsichtlich seines beweglichen Nachlasses nach dem Recht desjenigen US-Bundesstaats beerbt, in welchem er sein letztes *domicile* hatte. 23

Es kommt somit zum **internationalen Entscheidungsdissens**, dh aus Sicht des deutschen Kollisionsrechts gelangt man zu einem anderen Ergebnis als aus Sicht des US-amerikanischen Rechts. 24

6. Formstatut (Wirksamkeit von Verfügungen und von Todes wegen). Die Formwirksamkeit eines Testaments richte sich aus deutscher Sicht nach dem Haager Übereinkommen über das auf die Form letztwilliger Verfügungen anzuwendende Recht v. 5.10.1961 (BGBl. 1965 II S. 1145), dessen Bestimmungen in wesentlichen Teilen in Art. 26 EGBGB integriert wurden. Das Übereinkommen wurde von den USA nicht ratifiziert. 25

In einigen Bundesstaaten gilt der auf dem Washingtoner Übereinkommen über ein einheitliches Recht hinsichtlich der Form eines internationalen Testaments v. 26.10.1973 beruhende **Uniform International Wills Act.** Er wurde im Jahr 1977 in den *Uniform Probate Code* aufgenommen (zB für Alaska, California, Colorado, Connecticut, Delaware, Illinois, Michigan, Minnesota, Montana, New Mexico, North Dakota, Oregon, Virginia). 26

Für die **Formgültigkeit eines Testaments** gilt iÜ in den USA grds. das jeweilige **Erbstatut,** somit unterliegt die Form eines Testaments bei unbeweglichen Vermögen der *lex rei sitae,* bei beweglichen Vermögen dem Recht des *domicile* des Testators zum Zeitpunkt der Testamentserrichtung. Einige US-Bundesstaaten lassen mittlerweile alternativ auch die Form am Ort der Errichtung des Testaments, am Ort des domicile des Erblasser zum Zeitpunkt der Errichtung des Testaments oder des Todes zu (s. bspw. §§ 5–506 UPC). 27

Andere Staaten haben wiederum hiervon abweichende strengere Regelungen. So erkennt Florida zwar grds. die Ortsform an, nicht jedoch dortige handschriftliche Testamente (§ 502 Florida Probate Code). In einer Entscheidung des OLG Celle v. 31.7.2002 (OLG Celle FamRZ 2003, 1876 mAnm *Dörner*). hatte ein deutscher Erblasser mit Immobiliareigentum in Florida sein Testament in Deutschland handschriftlich errichtet. Aus Sicht des Rechts von Florida war dieses bzgl. seiner in Florida belegenen Immobilie formnichtig. Aus Sicht des deutschen Rechts ist das Testament allerdings wirksam, da sich die Formwirksamkeit aus deutscher Sicht nach dem Haager Testamentsform-Übereinkommen beurteilt (BGH NJW 2004, 3558 (3560) = ZEV 2004, 374 = IPRax 2005, 232 mAnm *Looschelders;* Der BGH hatte insofern die Entscheidung des OLG Celle revidiert, das in seiner Entscheidung angenommen hatte, dass das Testament aufgrund der Formnichtigkeit aus Sicht des Staates Florida auch aus deutscher Sicht formnichtig sei). 28

Gestaltungshinweis: 29
Soll in Deutschland ein Testament errichtet werden, welches auch in USA benötigt wird, sollte insofern auf jeden Fall sichergestellt werden, dass auch die in Amerika übliche Form gewahrt wird. Es empfiehlt sich daher praktisch ggf. ein notariell beurkundendes Zwei-Zeugen-Testament zu errichten, insbes. also auch die Unterschriften der Zeugen vor dem notariellen Beurkundungsvermerk erfolgen zu lassen.

7. Nachlassabwicklung. Das Nachlassverfahren nimmt in den USA grds. eine Zwitterstellung zwischen materiellem Recht und Verfahrensrecht ein. 30

Im internationalen Kontext ist jedoch klar, dass die Fragen der Nachlassabwicklung und der Verwaltung des Nachlasses nicht dem allgemeinen Erbstatut unterliegen, sondern **kollisionsrechtlich gesondert angeknüpft** wird. Hierfür gilt ausschließlich die *lex fori,* nämlich das Heimatrecht desjenigen Gerichts, dass ein Testament bestätigt oder das den Nachlasswickler bestellt (sog. **funktionelle Nachlassspaltung**). 31

Nach alten *common law* Prinzipien wird der in einem jeweiligen Bundesstaat belegenen Nachlass grds. durch einen Verwalter *(personal representative)* abgewickelt, der durch das entsprechende heimische Gericht des betreffenden Bundesstaates bestellt wird. Das bedeutet, dass die Bestellung des *personal representative* **territorial** auf den einzelnen Bundesstaat **beschränkt** ist und über diesen betreffenden Staat hinaus keine Wirkung hat. Das Hauptverfahren wird in demjenigen Staat geführt, in welchem der Erblasser sein letztes *domicile* hatte (sog. *domiciliary administration*). Daneben können mehrere Nebenverwaltungen *(ancillary administration)* geführt werden, und zwar gesondert in jedem anderen Staat, in welchem sich Nachlassgegenstände befinden. Alle Verfahren sind unabhängig voneinander und unterstehen jeweils dem Recht des betroffenen Bundesstaates. Allerdings ist es ggf. möglich, dass der gleiche *administrator* für verschiedene Verwaltungen zuständig ist. Eine gewisse Vorrangstellung der Hauptverwaltung zeigt sich allerdings darin, dass die Verwalter der Nebenverfahren regelmäßig dem Verwalter des 32

Hauptverfahrens die erzielten Reinnachlässe überweisen und der Hauptverwalter diese dann letztlich an die Begünstigten verteilt.

33 Eine Ausnahme von der Pflicht der Durchführung von Nachlassverfahren ergibt sich für kleinere Nachlässe (sog. *small estates*): Unterschreitet der Nachlass eine bestimmte **Bagatellgrenze** (zB wenn sich in einem Bundesstaat nur ein Bankkonto mit geringem Guthaben befindet) kann von dem Nebenverfahren abgesehen werden (→ Rn. 122).

34 Für den **deutsch-amerikanischen Erbfall** ergeben sich hierbei folgende **Besonderheiten**:
– Verstirbt ein deutscher Staatsangehöriger unter Hinterlassung von beweglichem Vermögen in den USA, ist aus deutscher Sicht der Staatsangehörigen in jedem Fall deutsches Erbrecht anwendbar (Art. 25 I EGBGB). Aus Sicht der USA wird aufgrund der gesonderten Anknüpfung des Nachlassverfahrens (funktionelle Nachlassspaltung) jedoch selbst dann, wenn der Erblasser seinen Wohnsitz in Deutschland hat und damit auch aus Sicht der US-Bundesstaaten grds. deutsches Erbrecht zur Anwendung käme, für die Nachlassabwicklung in den USA das Recht der *lex fori* anwendbar sein, so dass auch für den deutschen Staatsangehörigen ein *probate* Verfahren einschließlich der Bestellung eines *personal representative* durchzuführen ist. Nach vordringlicher Meinung in der Lit. ist dies als vorrangiges Einzelstatut iSd Art. 3a II EGBGB auch in Deutschland zu berücksichtigen (s. *Süß* ZEV 2000, 489, Staudinger/*Dörner*, 2000, EGBGB Art. 25 Rn. 539; → Rn. 32).

35 – Umgekehrt stellt sich die Frage, wie das Nachlassverfahren in Deutschland zu behandeln ist, wenn ein US-amerikanischer Staatsangehöriger unter Hinterlassung beweglicher Nachlassgegenstände in Deutschland verstirbt: Hatte der US-Amerikaner seinen Wohnsitz in den USA, gelangt sowohl aus Sicht des deutschen Rechtes als auch des betreffenden US-amerikanischen Bundesstaats amerikanisches Erbrecht zur Anwendung. In Bezug auf den in den USA belegenen Nachlass bleibt es bei der Geltung des US-Rechts bei der Nachlassabwicklung. In Bezug auf den in Deutschland belegenen Nachlass kommt es wegen der funktionellen Nachlassspaltung hinsichtlich der Nachlassabwicklung zu einer Rückverweisung auf deutsches Recht. Dies betrifft sowohl die Erwerbsart (Gesamtrechtsnachfolge) des Nachlasses durch die Erben als auch die Stellung des *personal representative*. Die entsprechenden Verfügungen US-amerikanischer letztwilliger Testamente sind daher im Licht des deutschen Rechts auszulegen (→ Rn. 92 und 125).

36 **8. Auswirkungen der EUErbVO.** Das nach der EUErbVO maßgebliche Recht ist – aus Sicht des deutschen Rechts bzw. aus Sicht der Mitgliedstaaten – nach Art. 20 EUErbVO auch dann anzuwenden, wenn es sich um das Recht eines Drittstaates handelt (*loi uniforme*). Bei den Verweisungen in der Verordnung handelt es sich grundsätzlich um Sachnormverweisungen, Rück- und Weiterverweisungen sind somit ausgeschlossen. Der Ausschluss von Rück- und Weiterverweisungen ist hat damit grundsätzlich zur Folge, dass die Rechtsordnung eines Landes zur Anwendung kommt, das – wie die USA – nicht Mitgliedstaat ist und die Verweisung durch das Abkommen nicht annimmt, also selbst auf eine andere Rechtsordnung (zurück- bzw. weiter-)verweist. Der internationale Entscheidungseinklang wäre dadurch nicht gewährleistet. Art. 34 I EUErbVO sieht daher vor, dass Rück- oder Weiterverweisungen durch das Recht eines Drittstaates zu beachten sind, wenn und soweit die Verweisung auf das Recht eines Mitgliedstaates oder auf das Recht eines anderen Drittstaats erfolgt, der sein eigenes Recht anwenden würde. Eine Rückverweisung kann auch auf einer Rechtswahl nach ausländischem Recht beruhen.

37 **Beispiel:** Ein deutscher Staatsangehöriger verstirbt im Jahr 2018 mit gewöhnlichem Aufenthalt (und domicile) in New York. Er hinterlässt auch Bankkonten und Immobilien in Deutschland, Frankreich, England und New York State.

38 Nach Art. 21 I EuErbVO gilt grds. US-amerikanisches Erbrecht. Dieses verweist jedoch für Immobilien auf die lex rei sitae, im Beispielsfall auf deutsches, französisches und englisches Recht zurück. Nach Art. 34 I lit. a) EuErbVO wird dieser renvoi bzgl. der Immobilien in Deutschland und Frankreich jeweils angenommen. Da Großbritannien nicht Mitgliedstaat der EuErbVO ist, ist Art. 34 I lit. a) EuErbVO insoweit nicht einschlägig, allerdings gilt Art. 34 I lit. b) EuErbVO, da auch nach englischem Recht Immobilien nach der lex rei sitae vererbt werden, so dass es auch insoweit zu einer Weiterverweisung kommt. Für das bewegliche Vermögen verbleibt es dagegen sowohl aus Sicht des us-amerikanischen Rechts als auch aus Sicht der EUErbVO bei der Anwendbarkeit des Rechts von New York. Gleiches gilt aus us-amerikanischer Sicht für die in den USA belegene Immobilie. Die gleiche Rechtsfolge für die us-amerikanische Immobilie ergäbe aus Sicht des us-amerikanischen Rechts auch, wenn der gewöhnliche Aufenthalt des Erblassers in Deutschland läge, da die Beerbung von Immobilien sich aus Sicht des us-amerikanischen Rechts zwingend nach dem Belegenheitsrechts richtet. Es käme damit diesbezüglich zu einem internationalen Entscheidungsdissens (s. hierzu auch *Odersky*, in NK-Komm, Länderbericht USA Rn. 14, insbesondere auch zu der Frage, wenn gewöhnlicher Aufenthalt und *domicile* voneinander abweichen).

II. Materielles Recht

39 Das System der Abwicklung von Erbrechtsfällen in den USA unterscheidet sich in vielerlei Hinsicht von den hierzulande bekannten Regelungen. Die Bearbeitung eines Erbrechtsfalles mit anglo-amerikanischem Bezug bereitet aus mehreren Gründen Schwierigkeiten:
– Die USA sind ein Mehrrechtsstaat.

II. Materielles Recht

- Das Zivilrecht, und somit auch das materielle Erbrecht sind nicht bundeseinheitlich kodifiziert, sondern jeder der 50 Staaten hat sein eigenes Recht. Die Auslegung des bundesstaatlichen Rechts findet sich in Gerichtsentscheidungen.
- Zusätzlich greifen die Regeln des *common law* ein, dh diejenige Regeln, die sich maßgeblich auf richterliche Urteile aus der Vergangenheit stützen und die wiederum ihrerseits Niederschlag in den Gerichtsentscheidungen finden.
- Die Kenntnis des Rechts der Einzelstaaten genügt jedoch zur Abhandlung des Falles mit deutsch-US-amerikanischem Bezug nicht. Nötig ist darüber hinaus eine Transformierung unterschiedlichster Rechtsbegriffe aus dem anglo-amerikanischen Rechtskreis, die das europäische Recht nicht kennt. Mit der Übersetzung der Begrifflichkeiten in die deutsche Sprache ist es nicht getan und die dementsprechende Verwendung des angeglichenen deutschen Rechtsbegriffs geht regelmäßig fehl.
- Letztlich kommt noch hinzu, dass die Denk- und Arbeitsweise des amerikanischen Juristen sich von der des europäischen grundlegend unterscheidet.

Die nachfolgende Darstellung gibt keinen umfassenden Einblick in das Erbrecht der US-amerikanischen Einzelstaaten, sondern zielt darauf ab, die wesentlichen grundsätzlichen Gemeinsamkeiten vorzustellen, um einen ersten Überblick zur Bearbeitung des deutsch-US-amerikanischen Erbfalles zu geben.

1. Grundsätze. a) Rechtsquellen. Rechtsquellen des materiellen Erbrechts der US-amerikanischen Bundesstaaten sowie des Nachlassverfahrensrechts sind die Gesetze *(statutes)* der Einzelstaaten einerseits, die Grundsätze des *common law* andererseits, welches die *statutes* ergänzt und ihnen auslegend zur Seite steht (Common law ist im Gegensatz zu den geschriebenen durch den Gesetzgeber erlassenen Gesetzen das in den angelsächsischen Ländern teilweise fortgeltende Recht, das sich nicht auf Gesetze, sondern auf maßgebliche richterliche Urteile aus der Vergangenheit (Präzedenzfälle) stützt und auch entsprechend weitergebildet wird). Jeder Staat wendet das *common law* so an, wie es sich durch die Rspr. seiner Gerichte im Laufe der Zeit herausgebildet und weiterentwickelt hat. Grundlage bildet das englische *common law* (ein Überblick der einschlägigen Gesetzessammlungen sowie Fundstellen für die gerichtlichen Entscheidungen finden sich bei FFDH IntErbR/*Firsching/Häusler* USA Grundzüge Kap. IV–VI).

Mit dem Jahre 1969 verabschiedeten und 1990 grundlegend überarbeiteten *Uniform Probate Code (UPC)* (abgedr. bei FFDH IntErbR/*Firsching/Häusler* USA Texte II Nr. 2) wurde der Versuch unternommen, das Erbrecht teilweise zu vereinheitlichen und zu vereinfachen. Er wurde bislang nur von einigen Staaten (Stand 2003: 18 Bundesstaaten, nämlich – jedoch mit Abweichungen – Alaska, Arizona, Colorado, Florida, Hawaii, Idaho, Maine, Michigan, Minnesota, Montana, Nebraska, New Mexico, North Dakota, South Carolina, South Dakota und Utah) übernommen, Teile werden in den meisten Staaten zumindest modellhaft akzeptiert.

b) Titel-/Eigentumsübergang. Das amerikanische Recht kennt **keine Universalsukzession**, die deutsche Gesamtrechtsnachfolge ist diesem System fremd. Einzelne Teile des Nachlasses können durchaus unterschiedlichen Regelungen unterworfen sein. Auch die Frage des Übergangs der vererbten Nachlassmasse wird in den Einzelstaaten unterschiedlich gehandhabt. Im Wesentlichen wird zwischen den zwei nachfolgenden Systemen unterschieden:
- Nach dem traditionellen englischen System wurde bzw. wird grundlegend zwischen beweglichem und unbeweglichem Vermögen unterschieden: unbeweglicher Nachlass fällt direkt dem Erben zu, unterliegt jedoch der Verfügungsgewalt eines Nachlassverwalters. Bewegliches Vermögen hingegen fällt einem eigenständigen Rechtsgebilde, dem *estate,* zu, der nicht nur die Verfügungsgewalt über den, sondern auch den Titel an dem Nachlass innehat. Die Begünstigten haben dann (nur) einen Anspruch auf die Übertragung der Rechte bzw. auf die Auszahlung des Überschusses nach Bezahlung der Nachlassverbindlichkeiten *(equitable interests).* Dieses System kennt noch eine Vielzahl von Einzelstaaten.
- Andere Staaten hingegen, insbes. diejenigen, die die entsprechenden Bestimmungen des *UPC* übernommen haben, kennen diese Unterscheidung nicht mehr. Nach dem *Uniform-Probate-Code* geht das Eigentum am Nachlass direkt auf die Erben über, und zwar unabhängig davon, ob es sich um bewegliches oder unbewegliches Vermögen handelt. Allerdings steht bis zur endgültigen Verteilung des Vermögens – dh nach der Erteilung der *Probate* die Verfügungsgewalt – unabhängig vom Übergang des Eigentums auf die Erben! – zunächst dem Nachlassverwalter zu.

2. Gesetzliche Erbfolge. Gesetzliche Erben können sein:
- leibliche Verwandte
- der überlebende Ehegatte
- der Staat.

Die gesetzliche Erbfolge *(intestate succession)* tritt ein, wenn keine (gültige) letztwillige Verfügung existiert. In den USA ist die gesetzliche Erbfolge die Ausnahme, regelmäßig wird testiert.

a) Gesetzliches Erbrecht der Verwandten. Gesetzliche Erben sind (neben dem Ehegatten) des Erblassers regelmäßig seine Blutsverwandten, wobei Halbverwandte, Adoptivkinder und nachgeborene Erben wie Vollverwandte erbberechtigt sind. Nichteheliche Kinder sind heute ehelichen Kindern in der Regel gleichgestellt. Auch hängt die Erbstellung nicht von einer bestimmten Staatsangehörigkeit ab, wie dies früher im *common law* teilweise der Fall war. Der Erbe muss den Erblasser überlebt haben. Der *UPC* verlangt den Nachweis, dass der Erbe den Erblasser um 120 Stunden überlebt hat.

49 Innerhalb der Verwandten sind grds. die Kinder des Erblassers und deren Abkömmlinge (**Erben erster Ordnung**) vorrangig vor den Eltern, den Geschwistern und deren Abkömmlingen sowie den weiteren Blutsverwandten (**Erben zweiter und weiterer Ordnungen**).

50 Die Erbquote ist in den Staaten unterschiedlich und hängt vom Grad der Verwandtschaft zum Erblasser ab. Grundsätzlich schließen die Kinder des Erblassers die übrigen gesetzlichen Erben aus. Es tritt **Erbfolge nach Stämmen** ein. Fehlen Abkömmlinge, sind in den meisten Staaten in zweiten Ordnung die Eltern berufen, teilweise auch die Geschwister des Erblassers.

51 **b) Ehegatte. aa) Exkurs: Der eheliche Güterstand.** Das gesetzliche Erbrecht des Ehegatten hängt stark davon ab, in welchem Güterstand die Ehegatten miteinander verheiratet sind. Die überwiegende Zahl der Staaten kennt als gesetzlichen Güterstand das System der *common law property*, in wenigen Staaten – meist in den vormals französischen oder spanischen Kolonien – gilt dagegen das aus dem römischen Rechtskreis entstammende Prinzip der *community property* (Arizona, California, Idaho, Louisiana, Nevada, New Mexico, Texas, Washington, Wisconsin; nähere Aufstellung bei Schotten/Schmellenkamp IPR Anh. Kap. II Rn. 429).

52 – Das Konzept des *common law property* folgt dem Prinzip der **Gütertrennung** *(separate property)*, so dass jeder Ehepartner Alleineigentümer und auch allein verfügungsberechtigt über sein vor oder während der Ehe erworbenes Vermögen bleibt. Freilich können die Ehegatten auch Miteigentum in unterschiedlichen Formen erwerben.

53 – Die *community property* ist eine **Errungenschaftsgemeinschaft**. Alles Vermögen, welches ein Ehepartner nicht bereits vor Eheschließung hatte, während der Ehe durch Tod oder Schenkung erwirbt sowie Früchte daran (= Sondervermögen, *separate property*) ist Gesamtgut *(community property)* und gehört beiden Ehegatten gemeinsam. Über sein Sondervermögen kann jeder Ehegatte uneingeschränkt verfügen; bzgl. des Gesamtguts, an welchem grds. beide hälftig beteiligt sind, gelten in den Staaten unterschiedliche Regelungen.

54 **bb) Gesetzliches Erbrecht des Ehegatten.** Das gesetzliche Erbrecht des Ehegatten variiert in den verschiedenen Staaten sehr stark. Grundsätzlich ist jedoch der Einfluss des Ehegüterrechts zu beachten.

55 – *Common-Law*-Staaten
In den meisten *common law*-Staaten wird dem überlebenden Ehegatten neben den Verwandten des Erblassers ein gesetzlicher Erbteil gewährt. Oftmals wird der Ehegatte Alleinerbe, wenn keine Abkömmlinge (so bspw. in Florida) und keine Eltern (so bspw. im Staat New York: Neben den Eltern des Erblassers erbt der Ehegatte die Hälfte) vorhanden sind. Neben Abkömmlingen erhält der Ehegatte häufig eine Quote von 1/3 oder 1/2, zT wird danach differenziert, ob nur ein Kind vorhanden ist (dann 1/2) oder mehrere Kinder (dann 1/3). Teilweise bestimmen die Gerichte auch, dass der Ehegatte eine bestimmte Summe im Voraus erhält sowie zusätzlich eine bestimmte Quote am Restnachlass (so zB für New York: 50.000 USD, Connectitut: 100.000 USD, Florida: 20.000 USD). Bei kleineren Nachlässen kann das dazu führen, dass der Ehegatte de facto den ganzen Nachlass erhält.

56 – *community-property*-Staaten
In den *community-property*-Staaten erhält der überlebende Ehegatte aufgrund der Errungenschaftsgemeinschaft bereits güterrechtlich die Hälfte aus dem gesamten ehelichen Vermögen, dh des Gesamtguts, ein weiterer erbrechtlicher Ausgleich findet deshalb regelmäßig nicht mehr statt (s. bspw. UPC § 2–102A). Daneben wird teilweise die Verteilung des Eigenguts (Sondervermögen) geregelt. In Kalifornien, Idaho, Nevada, New Mexiko und Washington erhält der überlebende Ehegatte neben einem gesetzlich bestimmten Anteil am Sondervermögen das gesamte Gesamtgut (dh auch den Anteil des Erblassers).

57 – Sonstige Rechte
Nach den Grundsätzen des *common law* wurde dem überlebenden Ehegatten ursprünglich ein Anspruch in Form eines Eigentumsrechts auf Lebenszeit *(life estate)* am Grundstückseigentum des Erblassers eingeräumt (für die überlebende Ehefrau ist dies die sog. *dower*, für den überlebenden Ehemann die sog. *curtesy*). In vielen Staaten wurden diese *life estates* mittlerweile abgeschafft und durch ein Anrecht auf ein Nutzungsrecht am Wohnhaus *(homestead)* und andere gesetzliche Vorteile ersetzt. Da diese Rechte nicht abdingbar sind, werden ihnen pflichtteilsähnliche Wirkungen zugesprochen (→ Rn. 77).

58 **c) Erbrecht des Staates.** Sind keine gesetzlichen Erbberechtigte vorhanden, so erbt der entsprechende, je nach Belegenheit des Vermögens zuständige Staat (Heimfallrecht).

59 **3. Gewillkürte Erbfolge.** Die gesetzliche Erbfolge wird innerhalb der Gültigkeitsgrenzen durch die testamentarische Erbfolge *(testate succession)* verdrängt. In den Vereinigten Staaten ist diese die Regel. Im Vergleich zum deutschen Recht, aber insbes. zu den sehr viel restriktiveren romanischen Rechtsordnungen fällt die weitgehende Testierfreiheit auf.

60 **a) Testierfähigkeit.** In der Mehrzahl der US-Bundesstaaten beginnt die Testierfähigkeit mit Vollendung des 18. Lebensjahrs, soweit die Person im vollen Besitz ihrer geistigen Kräfte *(sound of mind)* ist. Vorher kann sie in verschiedenen Staaten durch Heirat erworben werden (Nachw. bei Flick/Piltz Int. Erbfall Rn. 985).

61 **b) Arten letztwilliger Verfügungen.** Die ursprüngliche Unterscheidung für **Testamente** zwischen dem *testament* für Verfügungen über bewegliche Sachen und *will* oder *last will* für Verfügungen über unbewegliches Vermögen wird heute nicht mehr getroffen, die Begrifflichkeiten werden beliebig verwendet.

II. Materielles Recht

Erbverträge im Sinne des deutschen Rechts existieren nicht. **Gemeinschaftliche Testamente** von Ehegatten *(joint wills)* sind, mit Ausnahme von Louisiana, zulässig, gegenseitige Testamente *(mutual wills/reciprocal wills)* werden in den meisten Staaten anerkannt. Allerdings ist diesen idR keine Bindungswirkung immanent, sondern sie können auch nach dem Ableben der anderen Partei frei widerrufen werden. Etwas anderes gilt, wenn die Verfügungen mit einem *contract to not revoke,* also einem Verzicht auf Widerruf des Testaments, verbunden sind. Auch im US-amerikanischen Recht stellt sich die Frage, ob ein gemeinschaftliches Testament von Ehegatten oder auch nur die Verfügungen eines Ehegatten zugunsten des anderen automatisch unwirksam werden oder explizit widerrufen werden müssen: eine einheitliche Handhabung ist hier nicht vorhanden, die einzelnen Staaten regeln dies unterschiedlich, so dass dies im Einzelfall zu überprüfen ist. 62

Der *contract to make a will* (eing. *Hepp,* Der amerikanische Testiervertrag, 1991) beinhaltet dagegen eine (schuldrechtliche) Verpflichtung zur Errichtung eines Testaments eines bestimmten Inhalts und benötigt daher eine Gegenleistung *(consideration).* Die „Gegenleistung" in diesem Sinne muss keine Geldleistung sein, auch kommt es nicht darauf an, ob diese gleichwertig oder angemessen ist. Dem deutschen Recht kann keine parallele Begrifflichkeit entnommen werden. Definiert wird die *consideration* als Tun oder Unterlassen, das die „Gegenleistung" der einen Partei für das ihr gemachte Versprechen darstellt (zB 17 Anm.Jur.2d, Contracts, § 85). Fehlt die *consideration,* ist der Vertrag rechtlich nicht durchsetzbar. Typischerweise handelt es sich um einen Vertrag, bei dem der Erblasser zugunsten eines Dritten als Gegenleistung für irgendwelche Dienste oder Leistungen des Dritten testiert. Möglicherweise kann daher ein in Deutschland abgeschlossener Erbvertrag in einen *contract to make a will* ausgelegt bzw. umgedeutet werden *(Hepp,* Der amerikanische Testiervertrag, 1991, 76 ff.). 63

c) Form letztwilliger Verfügungen

Beispiel: Ein Erblasser mit Wohnsitz in München-Bogenhausen deutscher Staatsangehörigkeit hinterlässt Vermögen in Deutschland und ein Hausgrundstück in Houston/Texas. Er errichtet ein notarielles Testament in Deutschland. Wird dieses in Texas anerkannt werden? 64

Die ordentliche Testamentsform aller Bundesstaaten ist das **Zeugentestament** *(formal will),* welches der Schriftform bedarf (handschriftlich, gedruckt, mit Maschine), vom Erblasser in Anwesenheit von Zeugen unterzeichnet und von den Zeugen (in den meisten Staaten genügen zwei Zeugen, wenige benötigen die Hinzuziehung von drei Zeugen (so Louisiana und Vermont)) bestätigt sein muss *(attestation).* Ob die Zeugen selbst bedacht werden können, ist in den Bundesstaaten unterschiedlich gehandhabt. Desgleichen sind die Alterserfordernisse (Volljährigkeit oder nicht) je nach Bundesstaat verschieden. 65

Einige Staaten kennen daneben das holographische, also **handschriftliche Testament** ohne Zuziehung von Zeugen *(holographic will).* 66

Spätere Zusätze zu einem bereits bestehenden Testament, die grds. ebenfalls den Formvorschriften genügen müssen, nennt man *codicil.* 67

Einen Sonderfall stellt der sog. *self-proved-will* dar: hierbei handelt es sich um ein Zeugentestament, welches zusätzlich vor einem notary public bestätigt wird, indem der Testator sowie die Zeugen vor dem Notar eine Bestätigung abgeben, dass der Testator das Testament selbst verfasst und die Zeugen hierbei zugesehen und das Testament ebenso unterzeichnet haben. Der Vorteil dieses *self-proved-wills* liegt darin, dass im Rahmen der späteren Nachlassabwicklung die Echtheit des Testaments nicht mehr gesondert bestätigt werden muss, sondern das *probate* zum Testament ohne weitere Nachweise erteilt wird. Der gesetzlich bestimmte Inhalt der Bestätigungsformel ist regelmäßig vorgegeben, so dass damit nicht oder nur unwesentlich davon abgegeben werden darf, will man die Wirkung des *self-proved-wills* nicht gefährden (ein Formulierungsbeispiel könnte wie folgt lauten: 68

I, _____, declare to the officer taking my acknowledgement of this instrument, and to the subscribing witnesses, that I signed this instrument as my will.

Testator

We, _____ and _____, declare that the testator declared the instrument to be the testator's will and signed it in our presence and that we each signed the instrument as a witness in the presence of the testator and of each other.

First Witness

Acknowledged and subscribed before me by the testator, (type or print testator's name), who is personally known to me or who has produced (state type of identification) as identification, and sworn to and subscribed before me by the witnesses, (type or print name of first witness) who is personally known to me or who has produced (state type of identification) as identification and (type or print name of second witness) who is personally known to me or who has produced (state type of identification) as identification, and subscribed by me in the presence of the testator and the subscribing witnesses, all on (date). (Signature of Officer)
(Print, type, or stamp commissioned name and affix official).

Auf den Beispielsfall angewendet bedeutet dies: 69
Die materielle Erbfolge unterliegt, wie unten noch näher ausgeführt, hinsichtlich der in Texas belegenen Immobilie sowohl aus Sicht des deutschen Rechts Art. 25 I, Art. 3a II EGBGB als auch aus Sicht des

anwendbaren Kollisionsrechts von Texas dem dortigen Erbrecht als Recht der Belegenheit. Das auf die Form des Testaments anzuwendende Recht wird jedoch gesondert angeknüpft und richtet sich aus deutscher Sicht nach dem Haager Übereinkommen über das auf die Form letztwilliger Verfügungen anzuwendende Recht v. 5.10.1961. Gem. Art. 1 I dieses Übereinkommens wurde das in Deutschland verfasste notarielle Testament als Ortsform formgültig errichtet. Anders jedoch aus US-amerikanischer Sicht: Die Vereinigten Staaten sind dem vorerwähnten Übereinkommen nicht beigetreten, so dass sich aus Sicht des US-amerikanischen Rechts die Formgültigkeit nach innerstaatlichen Regeln richtet, und damit nach den (kollisionsrechtlichen) Vorschriften des Staates Texas. Abweichend von den meisten US-Bundesstaaten genügt nach dem Recht von Texas für die Errichtung eines Testaments nicht die Ortsform, dh die Form des Staates, in welchem die letztwillige Verfügung errichtet ist, sondern es sind die Vorschriften des Texas Probate Code einzuhalten. Diese sehen jedoch nur die Errichtung eines holographischen oder eines Zweizeugentestaments vor (wobei der Notar wohl selbst nicht als Zeuge gerechnet werden kann). Das in Deutschland notariell beurkundete und formwirksam errichtete Testament wird daher wohl in Texas nicht anerkannt werden.

Gestaltungshinweise für ein in Deutschland zu errichtetes Testament:

70   Wird in Deutschland ein Testament errichtet, welches später noch Wirkungen in den USA entfalten soll, insbes. weil sich dort Nachlass befindet, sollte aus den oben beschriebenen Gründen auch den Formerfordernissen des US-Rechts Rechnung getragen werden. Es empfiehlt sich, vorsichtshalber – auch wenn das Testament nach deutschem internationalen Privatrecht und deutschem Erbrecht formwirksam errichtet werden könnte, im Rahmen dieser Beurkundung zwei oder drei Zeugen hinzuzuziehen, um zugleich formal ein Zeugentestament nach US-amerikanischem Recht zu errichten. Wird zudem ein Schlussvermerk aufgenommen, der inhaltlich an die *self-proved*-Bestätigung angelehnt ist, könnte dies zudem die *probate*-Erteilung im Sinne dieser Testamentsform erleichtern.

71   **d) Inhalt letztwilliger Verfügungen.** Der Erblasser ist frei, den Inhalt seines Testaments selbst zu bestimmen. Grenze ist nur die Sittenwidrigkeit der Verfügung (Beispiele mit weiterführenden Hinweisen bei *Hay*, US-amerikanisches Recht, 3. Aufl. 2005, Rn. 543).

72   Der Unterschied zwischen Erbeinsetzung und Vermächtnis ist schon mangels Universalrechtsnachfolge nicht bekannt. Es erfolgen **Zuwendungen**, wobei hier zwischen *legacies* oder *bequets* bei beweglichen Vermögen und *devices* bei Immobiliarvermögen unterschieden wird. Das Einsetzen von Ersatzpersonen, der Ersatzerbfolge vergleichbar, ist zulässig.

73   Nicht selten sind US-amerikanische letztwillige Verfügungen auch vor deutschen Gerichten auslegungsbedürftig, zB wenn der US-amerikanische Staatsangehörige in Deutschland Vermögen hinterlässt und in Deutschland daher ein gegenständlich beschränkter Fremdrechtserbschein erteilt werden muss. Ein Bsp. → Rn. 134.

74   Das US-amerikanische Recht kennt **keine Vor- und Nacherbfolge,** kann aber über andere Gestaltungskonstruktionen, zB den *trust* (→ Rn. 95 ff.) zu vergleichbaren Ergebnissen gelangen.

75   Bedingte Zuwendungen sind – bis zur Grenze der Sittenwidrigkeit – zulässig. Üblich ist bspw. die Bestimmung, die Zuwendung an die Bedingung zu knüpfen, dass der Zuwendungsempfänger den Erblasser um eine bestimmte Zeit überlebt hat.

76   **Beispiel:** Ein US-amerikanisches Zwei-Zeugen-Testament eines Erblassers aus Pennsylvania enthält die Bestimmung, dass der Erblasser sein gesamtes Vermögen, bewegliches wie sonstiges und egal, wo belegen, seiner Tochter unter der Voraussetzung zuwendet, dass sie ihn für einem Zeitraum von 30 Tagen nach seinem Tode überlebt. Für den Fall, dass dies nicht der Fall sei, wende er das genannte Vermögen ersatzweise seiner Enkeltochter zu.

77   **4. Pflichtteil.** Basis des US-amerikanischen Rechts ist die Testierfreiheit. Der Verfügungsautonomie wird grds. ein höherer Stellenwert eingeräumt als dem Zwang, Blutsverwandten oder dem Ehegatten finanzielle Zuwendungen zukommen zu lassen.

78   **a) Abkömmlinge.** Kinder und andere Abkömmlinge haben mit Ausnahme von Louisiana und Puerto Rico (Louisiana: bei einem Kind: $1/4$ des Nachlasses, bei 2 oder mehr Kindern die Hälfte des Nachlasses; Puerto Rico: $2/3$ des Nachlasses) **kein gesetzliches Erb- oder Pflichtteilsrecht** und können daher durch letztwillige Verfügung enterbt werden.

79   Unabhängig davon gewährt das US-amerikanische Recht ihnen und anderen Pflichtteilsberechtigten eine Mehrzahl anderer Rechte zur Absicherung, welche unter dem Sammelbegriff *forced share* zusammengefasst werden (→ Rn. 95 ff.).

80   **b) Ehegatte.** Anders dagegen sieht der Schutz für Ehegatten aus. Hierbei ist wiederum nach dem zugrundeliegenden Ehegüterrecht zu unterscheiden.

81   **aa) Common law-Staaten.** In den Staaten des *common law* – Ehegüterrechts, dh in den Staaten, welche die Gütertrennung als gesetzlichen Güterstand zugrunde legen, hat der Ehegatte einen Anspruch auf einen **bestimmten Mindestanteil am Nachlass.** Nach dem Recht der meisten dieser Bundesstaaten beträgt dieser $1/3$ des Nachlasses, zT ist er auch, abhängig von der Zahl der Kinder und/oder der Ehejahre, gestaffelt (s. hier auch bspw. UPC §§ 2–202). Ist der Ehegatte nunmehr in dem Testament nicht entsprechend bedacht, kann er wählen, ob er die testamentarische Verfügung zu seinen Gunsten annimmt oder er sich stattdessen gegen sie entscheidet *(to elect against the will)* und stattdessen den Pflichtteil erhält *(elective share)*. Die übrigen testamentarischen Bestimmungen daneben bleiben wirksam. Der UPC bzw.

die Bundesgesetze sehen Fristen vor, nach deren Ablauf eine Zurückweisung des Testaments nicht mehr erfolgen kann.

Der UPC und eine Vielzahl der bundesstaatlichen Bestimmungen sehen daneben ein **Schutzsystem** 82 vor, um zu verhindern, dass der Nachlass, aus dem sich die Höhe der *elective share* berechnet, durch lebzeitige Verfügungen wie bspw. Schenkungen unter Lebenden, Einbringung des Vermögens in einen *inter-vivos-trust*, Vereinbarung einer *joint-tenancy* mit Dritten ausgefüllt wird.

bb) Community-property-Staaten. In den Staaten der *community-property* (Errungenschaftsgemein- 83 schaft) erfolgt der Ausgleich bereits auf güterrechtlicher Ebene durch Erhalt des hälftigen Gesamtguts. Einen **Pflichtteil** erhält der Ehegatte daneben **nicht**.

Freilich ergeben sich wirtschaftliche Probleme, wenn Ehegatten den Güterstand bspw. durch Umzug 84 aus einem Staat des *common law*-Güterrechts (Gütertrennung) in ein Land mit *community-property* ändern. In den meisten Staaten wird dies durch gesetzliche Bestimmungen dahingehend gelöst, dass über eine Fiktion eine *quasi-community* ab Eheschließung rückwirkend gebildet wird mit der Folge, dass der Ehegatte einen angemessenen Anteil am Gesamtgut erhält.

Wenige Staaten sehen neben dem vorstehenden Recht auf die *elective share* das auf dem *common law* 85 basierende Nießbrauchsrecht am gesamten Grundbesitz des verstorbenen Ehegatten vor (für die Ehefrau *dower*, für den Ehemann *curtesy*).

c) Sonstige Rechte. Die in fast allen einzelstaatlichen Gesetzen anzufindende *homestead allowance* 86 gewährt dem überlebenden Ehegatten auf Lebenszeit ein **Anrecht auf die Nutzung des Wohnheims** einem Nießbrauch entsprechend. Nach dem Tod des überlebenden Ehegatten kann dies auch auf die Kinder bis zur Volljährigkeit des jüngsten Kindes übergehen (zB in Florida und Oklahoma, s. UPC §§ 2-402). Der Anspruch auf das *homestead* kann testamentarisch nicht entzogen werden. Aus diesem Grund wird es pflichtteilsrechtlich eingeordnet.

Daneben erhalten der überlebende Ehegatte bzw. die überlebenden Kinder – ebenfalls unentziehbar – 87 in den meisten Bundesstaaten ein **Anrecht auf bestimmte Haushaltsgegenstände** des Nachlasses (zB Auto, Hausrat, Kleidung) *(exempt property)*.

Auch sehen einzelstaatliche Regelungen teilweise einen allerdings bedarfsabhängigen **Unterhaltsan-** 88 **spruch** für die Dauer der Nachlassverwaltung, dh bis zu dem Zeitpunkt, in dem dem Zuwendungsberechtigten tatsächlich das Vermögen zur Verfügung steht, vor *(family allowance)*.

d) Pflichtteilsverzicht. Ein Pflichtteilsverzicht ist nach allgemeinen *common law*-Grundsätzen prinzi- 89 piell **zulässig** und kann sich auf den Gesamtnachlass wie auch auf Einzelgegenstände erstrecken. Notarielle Erklärung ist nicht notwendig.

Unter Ehegatten werden die Verzichte oftmals bereits im Rahmen von Eheverträgen vor der Ehe- 90 schließung oder auch im Rahmen von Trennungs- und Scheidungsvereinbarungen ausgesprochen. Dann werden teils die gleichen Voraussetzungen wie für den Abschluss eines Ehevertrages verlangt (volle und umfassende Offenlegung der Vermögensverhältnisse des Erblassers, unabhängige rechtliche Beratung des Verzichtenden und des Erblassers, fairer Verzicht und ohne unzumutbare Benachteiligung des Verzichtenden).

Gestaltungshinweis: Soll ein derartiger Verzicht in Deutschland vor dem Notar erfolgen, empfiehlt es 91 sich in jedem Fall, die Rechte, auf welche verzichtet wird (zB auch homestead), genau aufzuführen, dem Verzichtsvertrag ein möglichst vollständiges Vermögensverzeichnis des Erblassers beizufügen, den Entwurf des Verzichts mehrere Wochen vor der geplanten Beurkundung an die Beteiligten zur Überprüfung zu senden und – für die Erfordernisse des amerikanischen Rechts – ggf. auf die Hinzuziehung eines weiteren Beraters hinweisen. All dies sollte in der beurkundenden Verzichtsurkunde dokumentiert sein (ausf. mit weiteren Gestaltungshinweisen und Formulierungsvorschlägen *Böhmer* ZEV 1998, 251 (253 ff.).

5. Testamentsvollstreckung. Ein Testamentsvollstrecker im Sinne des deutschen Rechts ist dem US- 92 amerikanischen Rechtsgedanken fremd. Eine auf den ersten Blick vergleichbare Aufgabe übernimmt der Nachlassabwickler, der *executor* oder *administrator*, je nachdem, ob der Abwickler vom Testator testamentarisch bestimmt oder dieser gerichtlich bestellt wurde. Der US-Nachlassabwicklung kommt aber eine weitgehendere Aufgabe als im deutschen Recht zu. Ein direkter Vergleich verbietet sich daher. Eine nähere Darstellung der Stellung und Funktionen des Nachlassabwicklers → Rn. 125.

6. Erbengemeinschaft und Erbauseinandersetzung. Die praktische Relevanz von Erbengemeinschaf- 93 ten im US-amerikanischen Recht ist schon deswegen deutlich niedriger als im deutschen Recht, da dem US-amerikanischen Recht die Universalsukzession fremd ist und der Nachlass in einzelnen Vermögensgegenstände an die Bedachten übertragen werden kann. Ferner geht der bewegliche Besitz zunächst auf den *personal representative* über und wird dann durch diese auf die einzelnen Bedachten übertragen. Auch unbeweglicher Besitz unterliegt zunächst der Verfügungsgewalt des Nachlassverwalters, so dass sich viele Problembereiche der Erbengemeinschaft wie im deutschen Recht nicht stellen.

7. Erbenhaftung. Für Verbindlichkeiten des Erblassers haftet nur der Nachlass. Gläubiger des Erblas- 94 sers werden im Rahmen des Nachlassverfahrens befriedigt, erst danach wird der noch verbleibende Nachlass an die Erben bzw. Bedachten verteilt. Die Gläubiger werden in diesem Zusammenhang aufgefordert, ihre Forderungen in einer bestimmten Zeitspanne geltend zu machen; wird diese Frist versäumt, kann dies zum Verlust der Forderung führen (Flick/Piltz Int. Erbfall/*Cornelius* Rn. 1000).

8. Exkurs: Der *Trust* und weitere Gestaltungsmöglichkeiten des US-amerikanischen Rechts.

a) Trust. aa) Grundlagen des Trusts. Der Trust ist eine dem anglo-amerikanischen Recht immanente Rechtsfigur, welche zu einem rechtlich teilweise verselbständigten Vermögen führt. Im deutschen Recht gibt es kein vergleichbares Rechtsinstitut.

Ein Trust entsteht durch die Übertragung von Vermögenswerten durch den Errichtenden (*settlor* oder *grantor*) an einen anderen (*trustee*), der sie zum Nutzen eines Dritten (*beneficiary*) verwalten soll. Immanent ist dem Konzept die **Aufspaltung von Eigentumsrechten**. Unterschieden wird der *legal title* und der *equitable title*. Inhaber des ersteren ist der *trustee*, der nach den formellen rechtlichen Gesichtspunkten nach außen als Eigentümer erscheint. Der *equitable title* bezeichnet dagegen jenen, dem das Eigentum tatsächlich wirtschaftlich zustehen soll (eing. bspw. *Süß*, 10 Jahre deutsches Notarinstitut (Hrsg.: DNotI), 387 ff.; Flick/Piltz Int. Erbfall/*Göckeler* Rn. 1028 ff.; sa *Wittuhn* ZEV 2007, 419 ff.). Im Zusammenhang mit der Nachlassabwicklung und Abwicklung von Erbfällen in den USA ist der Trust von erheblicher praktischer Bedeutung.

Bei der Vielzahl von Trusts wird zunächst unterschieden zwischen den **kraft Gesetzes entstehenden Trusts** (*constructive trusts*) und dem **durch Rechtsgeschäft begründeten Trust** (*private express trust*). Ersterer entsteht, wenn jemand bspw. zu Unrecht Vermögensgegenstände besitzt, die einem anderen gehören. Er nimmt somit ua die Funktionen wahr, die im deutschen Recht das Bereicherungsrecht oder die Geschäftsführung ohne Auftrag übernehmen.

Der *private express trust* stellt als rechtsgeschäftliche Konstruktion eines der wichtigsten Mittel im Rahmen der Nachlassabwicklung dar. Beim *private express trust* wird wiederum danach unterschieden, ob er ein Vertrag unter Lebenden (*inter-vivos trust* oder *living trust*) oder durch letztwillige Verfügung (*testamentary trust*) errichtet wurde. Für den Trust durch letztwillige Verfügung gelten Formschriften für Testamente, weil er erst mit dem Tod des Errichters (*settlor*) bzw. mit der Übertragung des Vermögens durch den Nachlassverwalter auf den *trustee* wirksam wird. *Trustee* kann jede natürliche oder juristische Person sein. Der *inter-vivos trust* ist konstruktiv ein Rechtsgeschäft unter Lebenden, bei dem der Errichter die Möglichkeit hat, sich zunächst selbst als Begünstigten einzusetzen und die Begünstigtenstellung erst später (zB mit seinem Tod) auf eine oder mehrere Personen übergehen zu lassen. Die eingebrachten Gegenstände sind nicht Teil des Nachlasses und werden somit auch nicht Gegenstand eines *probate*-Verfahrens. Der wesentliche Vorteil gegenüber der gewillkürten Erbfolge liegt also darin, dass die gerichtliche Nachlassabwicklung durch das Rechtsgeschäft unter Lebenden umgangen wird, was die Dauer der Abwicklungen zT erheblich verkürzt.

Die Fülle der Möglichkeiten der Trust-Gestaltungen ist fast unübersehbar. Inwieweit ein Trust zulässig ist oder ein Umgehungsgeschäft darstellt, muss jeweils im Einzelfall überprüft werden.

bb) Anerkennung und Umdeutung eines Trusts in Deutschland. (1) Unvereinbarkeit mit deutschem Recht. Die Rechtsfigur des *Trusts* existiert in Deutschland nicht. Fraglich ist daher, ob in Deutschland belegene Sachen oder Rechte in einen Trust eingebracht werden können. Das deutsche Recht enthält keine Kollisionsnormen für die Bestimmungen des auf einen *Trust* anwendbaren Rechts. Das Haager Übereinkommen über das auf den Trust anwendbare Recht und die Anerkennung des Trusts zum 1.7.1985 wurde von der Bundesrepublik Deutschland weder gezeichnet noch ratifiziert. Die hM unterstellt die Qualifikation daher dem für den jeweiligen Gegenstand maßgeblichen Einzelstatut, somit ist für einen im Inland belegenen Gegenstand nach hM gem. Art. 43 I BGB das Belegenheitsrecht der Sache, also das deutsche Recht anwendbar. Das deutsche Recht kennt den *Trust* nicht. Der *numerus clausus* der Sachenrechte steht seiner Anerkennung entgegen (str.; s. insgesamt *v. Bar*, Internationales Privatrecht, Bd. 2, 1991, Rn. 500). Entsprechendes gilt wegen des Typenzwangs für das deutsche Erbrecht, welches den testamentary trust ebenfalls nicht kennt und folgerichtig nicht anerkennt. Für die Einzelheiten sowie der weitergehenden Frage, ob oder inwieweit im Ausland belegene Gegenstände oder Rechte eines deutschen Staatsangehörigen in einen Trust eingebracht werden können s. sogleich unter bb).

Für den US-amerikanischen Staatsangehörigen, welcher sein Vermögen insgesamt in einen Trust eingebracht hat, kann hinsichtlich seines in Deutschland belegenen Vermögens daher nichts anderes gelten: In Deutschland belegene Gegenstände und Rechte und dem deutschen Einzelstatut unterliegende Rechte können auch für einen ausländischen Staatsbürger und bei Geltung ausländischen Erbrechts nicht in einen Trust eingebracht werden. Ihre Einbringung wird nach hM nicht anerkannt (BGH IPRax 1995, 221 (223); *Wienbracke* ZEV 2007, 413 ff.; *Withuhn* ZEV 2007, 419 ff. jüngst auch KG ZEV 2012, 593 mAnm *Lehmann*; ZEV 2013, 139 mAnm *Eule*; *v. Oertzen/Stein/Reich* ZEV 2013, 109 (112). Allerdings zeichnet sich in der Rechtspraxis langsam ein möglicher Wandel ab.

(2) Umdeutung erbrechtlicher Trust-Gestaltungen

Beispiel: Der amerikanische Staatsangehörige Edward Moore lebt im Bundesstaat New York und errichtet dort auf seinen Namen bei der City Bank in New York ein Sparkonto mit dem Vermerk „trust von Edward Moore für Angela und Konrad Bauer". Es ist davon auszugehen, dass der Trust nach den Regeln des Rechts von New York dann errichtet wurde. Angela und Konrad Bauer sind die Neffen von Edward Moore und leben in Bonn.

Lösungshinweise: Die Tatsache, dass die Trust-Begünstigten deutsche Staatsangehörige sind und/oder in Deutschland leben, verhindert nicht, dass der amerikanische Staatsangehörige dort einen Trust errichtet und dort belegenes Vermögen einbringt. Der Trust ist damit wirksam errichtet.

Beispiel: Am 27.12.2006 verstarb in Kalifornien/USA, seinem letzten Wohnsitz und domicile im Sinne des US-amerikanischen Rechts Herr Jesse Gardiner. Er hinterlässt seine Ehefrau Maude und seine beiden Söhne Norman und

II. Materielles Recht **USA 120**

Roland, allesamt US-amerikanische Staatsangehörige und in USA wohnhaft. Der Erblasser hinterlässt in München eine Eigentumswohnung. Der Erblasser hat ein in den USA formwirksam errichtetes Zweizeugen-Testament mit dem nachfolgenden Inhalt errichtet: „Der Erblasser legt sein gesamtes Vermögen in einen Trust ein, welcher wie folgt gemanagt und verteilt werden soll: Nach der Entrichtung aller notwendigen Kosten und Gebühren des Erblassers sowie der Verwaltung des Trusts selbst soll das gesamte Einkommen, was aus dem in den Trust eingelegten Vermögen besteht, an die Ehefrau Maude auf ihre Lebenszeit in vierteljährlichen Abständen ausbezahlt werden. Nach dem Tod der Ehefrau soll das Trust-Vermögen nach gleichen Teilen unter den dann nach lebenden Kindern verteilt werden. Trustee ist die Banc of America, New York City". Die Erben beantragen in Deutschland einen Erbschein hinsichtlich des in Deutschland belegenen Vermögens.

Hinweise zur Lösung:

- Art. 25 I EGBGB verweist auf das amerikanische Heimatrecht des Erblassers, hierbei auf die gem. Art. 4 III 1 EGB – mangels einheitlichem interlokalen Kollisionsrechts – ermittelte Teilrechtsordnung, welche hier das Recht von Kalifornien sein dürfte. Kalifornien knüpft, wie die anderen US-Staaten, beim Erbstatut für den beweglichen und den unbeweglichen Nachlass getrennt an. Die Erbfolge von unbeweglichem Vermögen unterliegt dem jeweiligen Belegenheitsrecht, wohingegen für den restlichen Nachlass das Recht am domicile des Erblassers gilt. Für die Qualifikation eines Gegenstandes als bewegliches oder unbewegliches Vermögen verweist das US-Recht auf das Belegenheitsrecht zurück (Qualifikationsverweisung). Hinsichtlich des Appartements liegt zweifelsohne unbeweglich zu qualifizierendes Vermögen vor, so dass diesbzgl. auf das deutsches Recht zurückverwiesen ist. Hinsichtlich des übrigen Nachlasses gilt US-amerikanisches Recht, und zwar das Erbrecht des US-Staates Kalifornien. 105

- Hinsichtlich des in Deutschland belegenen Nachlasses, hier des Appartements in München, ist ein gegenständlich beschränkter Eigenrechtserbschein zu beantragen und zu erteilen. Sollten sich in Deutschland weitere (bewegliche) Nachlassgegenstände befinden, zB Bankkonto, Mobiliar etc, ist diesbzgl. ein Fremdrechtserbschein gem. § 2369 BGB, bezogen auf den in Deutschland belegenen (beweglichen) Nachlass in Anwendung kalifornischen Erbrechts zu beantragen und zu erteilen. 106

- Vor der Erteilung des Erbscheins wird folgendes zu diskutieren sein: Nach den testamentarischen Bestimmungen des Erblassers wurde das gesamte Vermögen in einen *testamentary trust* eingebracht, also auch das in Deutschland belegene Immobiliarvermögen. Die Rechtsfigur des Trusts wird nach ganz hM hinsichtlich des in Deutschland belegenen Vermögens nicht anerkannt, so dass fraglich ist, wie die Anordnung dieses *testamentary trust* auszulegen bzw. umzudeuten ist. 107

- Richtig ist in einem solchen Fall die letztwillige Verfügung nicht insgesamt unwirksam. Die – bezogen auf den in Deutschland befindlichen Nachlass – unwirksame Anordnung des *testamentary trust* muss vielmehr gemäß dem wirklichen Erblasserwillen in ein vergleichbares Institut der deutschen Erbrechts umgedeutet werden (hierzu und zu der Lehre des „*Handelns unter falschem Recht*" *Wienbracke* ZEV 2007, 413 (415); sehr instruktiv *Süß*, in DnotI (Hrsg.), Zehn Jahre deutsches Notarinstitut, 387 ff.; ebenso KG ZEV 2012, 593 mAnm *Lehmann;* ZEV 2013, 139 mAnm *Eule*). Hierbei ist unter Berücksichtigung des Willens des Erblassers und der Folgen der Anordnungen nach US-amerikanischem Recht zu überlegen, mit welcher der vom deutschen Erbrecht bereitgestellten Möglichkeiten diese letztwillige Verfügung am meisten korrespondiert. Ähnlichkeiten bestehen zur Dauertestamentsvollstreckung, zur rechtsfähigen wie nichtrechtsfähigen und unselbständigen Stiftung, zur Einräumung eines Nießbrauchs und zur Vor- und Nacherbschaft. 108

- Im Beispielsfall soll der überlebende Ehegatte vor allem die Einkünfte und laufenden Erträge aus dem Trust-Vermögen entnehmen können. Eine Befugnis, den Vermögensstamm als solches anzugreifen, erhält er dagegen nicht. Nach dem Tode des überlebenden Ehegatten soll das Trustvermögen auf die beiden Kinder zu unter sich gleichen Teilen ausgekehrt werden. Eine Alleinerbeinsetzung des überlebenden Ehegatten wird im Beispielsfall daher nicht vorliegen. Letztlich dürfte der Sachverhalt in eine Erbeinsetzung der Kinder mit lebzeitigen Nießbrauch des überlebenden Ehegatten oder aber eine unbefreite Vorerbschaft der Ehefrau und Nacherfolge der beiden Kinder nach ihrem Tode auszulegen sein. 109

b) Weitere Gestaltungsmöglichkeiten. Das US-Recht bietet ferner eine weitere Anzahl von Gestaltungsmöglichkeiten, mittels derer Vermögen quasi „am Nachlass vorbei" auf die nächste Generation übertragen werden kann (zum Ganzen s. FFDH IntErbR/*Häusler* USA Grundzüge F Rn. 117 ff.). 110

aa) Vertragliche Pflicht des Erblassers. Als Mittelweg zwischen testamentarischer Verfügung und Verfügung zu Lebzeiten ist die vertragliche Verpflichten des *contract to make a will* bzw. – bei einem gemeinschaftlichen Testament die Verpflichtung, dieses nicht zu widerrufen – der *contract to not revoke* einzuordnen. Die wesentliche Pflicht des Testators liegt darin, eine letztwillige Verfügung eines bestimmten Inhalts zu hinterlassen. Voraussetzung einer solchen bindenden Verpflichtung ist allerdings die Vereinbarung einer Gegenleistung (→ Rn. 62 f.). 111

bb) Joint Tenancy. Der Erblasser kann hinsichtlich bestimmter Vermögensgegenstände, die er einer bestimmten Person zuwenden will, mit dieser Person, dem Begünstigten, eine sog. *joint tenancy* begründen. Durch diese wird der betreffende Vermögensgegenstand wie bei einer Gesamthandsgemeinschaft durch den Erblasser und den Begünstigten gemeinsam erworben. Voraussetzung ist ein gemeinsamer Erwerbstitel beider Beteiligten *(unity of title),* ein gemeinschaftlicher Besitz des ganzen Vermögensgegenstandes durch beide *(unity of possession),* ihre gemeinsamen und gleichen Rechte hinsichtlich des Gegenstandes *(unity of interest)* sowie die Begründung dieser Rechte zur gleichen Zeit *(unity of time).* 112

Frank

113 Mit dieser *joint tenany* kann das Recht des Überlebenden am Gegenstand beim Ableben des Erstversterbenden verbunden werden *(right of survivorship)*: Beim Ableben des Ersten fällt der Vermögensgegenstand damit nicht in den Nachlass, sondern der Überlebende erhält aufgrund dieser Anwachsungsklausel – ähnlich einer BGB-Gesellschaft mit einfacher Fortsetzungklausel – das Recht auf den gesamten Anteil des Vermögensgegenstandes des anderen.

114 Praktischer Anwendungsfall in den USA ist das Familienwohnheim, welches regelmäßig aufgrund *joint tenancy* auf bestimmte Personen, idR den Ehepartner, übertragen wird, Auf welche Vermögensgegenstände sich eine *joint tenancy* beziehen kann und wer diese eingehen kann, ist von Bundesstaat zu Bundesstaat unterschiedlich geregelt. Der Nachlass des Verstorbenen hat regelmäßig gegen den Begünstigten der *joint tenancy* kein Ausgleichs- oder Ersatzgegenstand zu.

115 Einen weiteren Sonderfall bilden die *joint banc accounts*.

116 **cc) Pay on death account und totten trust.** Das *pay on death account (POC)* ist eine Vereinbarung zwischen dem Kontoinhaber und der betroffenen Bank, bei der ein Sparguthabens besteht, dass dieses Guthaben im Falle des Ablebens des Kontoinhabers an einen bestimmten Begünstigten ausgezahlt wird.

117 Beim *totten trust* wird eine entsprechende Vereinbarung hinsichtlich des Guthabens auf einem Sparbuch in der Weise getroffen, dass das Sparguthaben von dem Einzahler offen als Treuhänder *(trustee)* für eine andere Person, dem Begünstigten, erfolgt.

118 **dd) Lebensversicherung.** Ähnlich der vorstehenden Vereinbarung betreffs eines Sparguthabens kann der Erblasser zugunsten eines bestimmten Bezugsberechtigten eine Lebensversicherung abschließen, so dass die Versicherungssumme nicht in den Nachlass fällt, sondern direkt an den Begünstigten ausgezahlt wird.

119 In einigen Bundesstaaten muss das POC (vorstehend lit. cc) mit einer Lebensversicherung kombiniert werden.

120 **ee) Partnership Agreement.** Die *tenancy in partnership* ist die einer der deutschen Gesellschaft bürgerlichen Rechts vergleichbare Vereinbarung über die Eingehung einer Partnerschaft *(partnership agreement)*, aufgrund derer vereinbart werden kann, dass die *partnership* beim Ablebens eines *partners* nicht aufgelöst wird, sondern durch die verbleibenden *partner* weitergeführt wird. Die Beteiligung des aufgrund Ablebens Ausscheidenden wächst den übrigen *partners* dann zu. Der Nachlass erhält von den verbleibenden *partners* den Wert der Beteiligung ersetzt.

III. Nachlassverfahrensrecht

121 **1. Allgemeines.** Dem Nachlassverfahren kommt eine **besondere Bedeutung** zu, da der in den USA belegene Nachlass nicht ohne einen *personal representative* abgewickelt werden kann. Auch unbewegliches Vermögen, welches direkt auf die Erben übergeht (→ Rn. 20), kann für die Tilgung der Nachlassverbindlichkeiten vom *personal representative* herangezogen werden. Funktional ist das US-amerikanische Nachlassverfahren als Zwitter zwischen dem materiellen Recht und dem Verfahrensrecht angesiedelt (→ Rn. 30). Materielles Recht und Verfahrensrecht greifen beim Nachlassverfahren ineinander, die Grenzen sind fließend.

122 Von der Durchführung des Nachlassverfahrens kann abgesehen werden, wenn der Wert des Nachlasses unter eine bestimmte **Bagatellgrenze** fällt, die vom jeweiligen Staat festgesetzt wird (in den meisten Bundesstaaten gilt dies bei einem Vermögen bis zu 5.000 USD oder wenn der Nachlass nur aus Hausrat und einem kleinen Gehaltskonto besteht; in einigen Staaten beträgt die Bagatellgrenze 100.000 USD). Die Erben haben hierbei eine eidesstattliche Versicherung *(affidavit)* abzugeben. Auch bestimmte Vermögensanlagen ermöglichen einen Rechtsübergang von Todes wegen auf den Rechtsnachfolger außerhalb der *administration* (zB *joint tenancy, totten trust*, bestimmte Lebensversicherungen, ua).

123 **Inhalt des Nachlassverfahrens** ist die Feststellung des Nachlasses, die Übertragung der Rechtstitel vom Erblasser auf die Begünstigten bei gleichzeitiger Befriedigung der Nachlassverbindlichkeiten und anschließender Verteilung des Vermögens.

124 Das Nachlassverfahren **bezweckt** somit insbes. folgendes:
– **title clearing:** Prüfung und neue Zuordnung der Eigentumsrechte des Erblassers an die Begünstigten.
– **Gläubigerschutz:** Befriedigung der Nachlassgläubiger, Tilgung von Steuerverbindlichkeiten des Erblassers und Steuerverbindlichkeiten aufgrund des Erbfalls. Das Vermögen geht auf die Erben bzw. die Begünstigten erst dann über, wenn die Verbindlichkeiten getilgt sind.
– **Nachlassverteilung:** Auf Basis des Testaments bzw. der gesetzlichen Bestimmungen (bei gesetzlicher Erbfolge) wird der Nachlass an die Begünstigten verteilt.

125 **2. Arten der Nachlassabwicklung.** Unterschieden wird zwischen dem *executor*, den der Erblasser testamentarisch selbst beruft, und dem *administrator*, der mangels testamentarischer Verfügung bzw. wirksamer Berufung vom Gericht als Nachlassabwickler ernannt und eingesetzt wird. Die Bundesstaaten regeln jeweils, wer zum *administrator* ernannt werden kann. Meist sind hierbei vorrangig Ehegatten oder Kinder zu beachten, manche Staaten schließen Personen, die nicht in den USA wohnen, von der Bestellung aus. Bei der Gestaltung eines Testaments in Deutschland, welches in den USA Wirkung entfallen soll, ist dies zu beachten und vorab zu prüfen, ob der bestellte *executor* tatsächlich handlungsbefugt ist.

126 IdR sind Rechte und Pflichten von *executor* und *administrator* gleich, wenn das Testament dem *executor* keine besonderen Befugnisse und/oder Aufgaben einräumt. Der *executor* darf jedoch erst tätig werden, wenn er vom *probate court* die Bestellung erhalten hat (→ Rn. 129).

3. Nachlassverfahren. a) Zuständigkeit. Zuständig ist das **Nachlassgericht** *(probate court)*, grds. ist 127
dies das Gericht am letzten Domizil des Erblassers zum Zeitpunkt des Todes *(principal administration)*.
Verfahren in anderen Staaten, in welchen der Erblasser auch Vermögen hinterlässt, sind Nebenverfahren
(ancillary administration). Hierbei wird oftmals der Hauptadministrator gleichzeitig zum *administrator*
der Nebenverfahren berufen.

b) Erteilung des Probate. Unterschieden wird danach, ob ein Testament vorliegt *(probate-*Verfahren) 128
oder nicht *(administration-*Verfahren).

In ersterem, welches in den USA der Regelfall ist, wird zunächst die Gültigkeit des Testaments geprüft 129
und bestätigt (**Erteilung des sog. *probate***). Normalerweise ist die Erteilung des *probate* auch bei unbeweglichem Vermögen, bei dem das Eigentum direkt auf die Begünstigten übergeht, notwendig. Die Überprüfung im *probate*-Verfahren beschränkt sich auf die Echtheit der vorgelegten letztwilligen Verfügung, auf die Einhaltung der Formvorschriften, auf die Prüfung, dass kein Widerruf vorliegt und der Erblasser testierfähig war. Kann das Gericht dies bestätigen, wird das *probate* erteilt, welches Voraussetzung für das Geltendmachen von Ansprüchen der Zuwendungsempfänger ist.

c) Ernennung des Nachlassabwicklers und Nachlassabwicklung. Als zweiter Schritt wird der *perso-* 130
nal representative, also der *executor* oder *administrator,* ernannt. Dessen Aufgabe ist die **Nachlassabwicklung**, insbes. Feststellung und Zusammenfassung des Nachlasses, Erledigung der Nachlassverbindlichkeiten, Steuerverbindlichkeiten und Erbfallschulden etc. Er ist berechtigt, ein Geschäft auf Zeit fortzuführen, kann Investitionen vornehmen, ggf. Immobilien verwalten und vermieten, Ansprüche überprüfen.

Schließlich obliegt dem *personal representative* die **Verteilung** des danach noch verbleibenden Vermö- 131
gens an die Begünstigten entsprechend der testamentarischen Anordnungen des Erblassers oder mangels solcher entsprechend der gesetzlichen Erbfolge. Zur endgültigen Verteilung des Vermögens ist die Zustimmung des Nachlassgerichts notwendig, welches einen Verteilungsbeschluss *(distribution and closing order)* erlässt. Sind sämtliche Ausgaben erledigt, wird der *personal representative* durch gerichtlichen Beschluss entlastet *(discharged)*.

Die jeweiligen Voraussetzungen aller *administration-*Verfahren sind bundesstaatlich geregelt und müs- 132
sen im Einzelfall überprüft werden.

IV. Die Probleme des deutsch-US-amerikanischen Erbfalls

1. Die Abwicklung des deutschen Nachlasses nach einem US-Erblasser. a) Ausgangslage. Aufgrund 133
der großen Unterschiede der beiden Rechtssysteme besteht im Normalfalls Auslegungsbedarf, wenn ein US-Amerikaner, sei es mit Wohnsitz in den USA, sei es mit Wohnsitz in Deutschland, mit Vermögensanlagen in Deutschland verstirbt. Für einen in den USA ansässigen US-Amerikaner mit Hinterlassung von Vermögen in Deutschland gilt sowohl aus Sicht eines Gerichts der US-Bundesstaaten als auch aus Sicht eines deutschen Gerichts wegen Übereinstimmung von Wohnsitz und Staatsangehörigkeit US-amerikanisches Recht hinsichtlich seines Nachlasses, sofern nicht deutscher Grundbesitz berührt wird. Hierfür wendet Deutschland gem. Art. 3a II EGBGB das Lagerecht an, die USA ebenso. Hinsichtlich deutschen beweglichen Vermögens gilt aufgrund der Rückverweisung in das US-amerikanische Recht bzw. aufgrund funktioneller Nachlassspaltung selbiges. Umgekehrt gilt für den in Deutschland ansässigen US-Amerikaner bzgl. des beweglichen Nachlasses deutsches Recht, sofern auch das *domicile* im Sinne des US-amerikanischen Rechts in Deutschland liegt. US-amerikanisches Recht käme dann nur bzgl. des in USA belegenen Grundbesitzes zur Anwendung (→ Rn. 16 ff.).

b) Auslegung US-amerikanischer testamentarischer Verfügungen im deutschen Recht.

Beispiel: Der US-amerikanische Staatsangehörige Harry Meyer, geboren und früher wohnhaft in Kalifornien, ist in 134
Berlin, seinem letzten Wohnsitz, verstorben. Harry Meyer wohnte seit 30 Jahren in Deutschland, er hatte auch nicht die Absicht, seinen Wohnsitz aufzugeben und in die USA zurückzukehren. Er war verwitwet und hinterlässt ein einziges Kind, die in Amerika lebende Tochter Alice Meyer. Anlässlich eines Urlaubs in USA hatte Harry Meyer in Kalifornien – ein nach US-Recht formwirksames – Zeugentestament errichtet, wonach er sein „gesamtes Vermögen seiner Tochter übergibt und vermacht unter der Voraussetzung, dass sie ihn für einen Zeitraum von 30 Tagen überlebt". Neben weiteren Verfügungen wurde ferner die Tochter als executrix über das Vermögen eingesetzt. Neben beweglichem und unbeweglichem Vermögen in den USA hinterlässt der Erblasser diverses bewegliches Vermögen, insbes. Bankkonten in Deutschland. Die Tochter des Erblassers, Alice Meyer, reist nunmehr 14 Tage nach dem Tod ihres Vaters in Deutschland an, um die Erbangelegenheit in Deutschland zu erledigen.

Vorliegender Sachverhalt stellt den deutschen Rechtsberater vor mehrere Fragen: 135
– Welches ist das anwendbare Recht?
– Ist die letztwillige Verfügung formell und materiell wirksam?
– Wie ist diese ggf. im Geiste deutschen Erbrechts auszulegen?
– Welches Verfahren ist in Deutschland zu beachten?

Hinsichtlich des anwendbaren Rechts wird auf die obigen Ausführungen sowie die Darstellung 136
sogleich zum internationalen Privatrecht verwiesen. Es ist davon auszugehen, dass sowohl aus deutscher als auch aus US-amerikanischer Sicht für den beweglichen Nachlasses deutsches Erbrecht zur Anwendung gelangt, hinsichtlich des in USA belegenen Grundbesitzes verbleibt es beim US-amerikanischen Recht, und zwar des Bundesstaates Kalifornien. Von der Formwirksamkeit des amerikanischen Rechts ist nach den Bestimmungen des Haager Übereinkommens v. 5.10.1968 (→ Rn. 25 ff.) auszugehen.

120 USA

– Die Stellung der Begünstigten

137 Wie bereits dargestellt, geht der Nachlass nach US-amerikanischen Recht nicht unmittelbar auf die Begünstigten über, weshalb testamentarische Verfügungen stets nur in der Form von Vermächtnissen erfolgen. Aus deutscher Sicht stellt sich daher die Frage, ob die Alleinbegünstigung der Tochter als Alleinerbin auszulegen und in einem deutschen Erbschein entsprechend auszuweisen ist. Dabei sind zwei Aspekte zu berücksichtigen: Im Beispielsfall ist bereits deutsches Erbrecht anwendbar, so dass zum einen der Grundsatz der Universalerbfolge Anwendung findet und andererseits die Auslegung als Erbin gem. § 2087 I BGB unproblematisch sein dürfte. Aber auch in dem Falle, dass – aufgrund eines domiciles des Erblassers in den USA – US-amerikanisches Erbrecht zur Anwendung gelangt und der Nachlass nur aufgrund in Deutschland belegenen (Mobiliar-)Vermögens deutschen Bezug erhält, wird man zum gleichen Ergebnis gelangen: Soweit in Deutschland aufgrund dort belegenen Vermögens ein (Hilfs-)Nachlassverfahren durchzuführen ist, verweist das US-amerikanische Recht diesbzgl. auf deutsches Recht zurück (funktionelle Nachlassspaltung). Nach hM ist daher auch in diesem Fall nicht der – nur vorläufig zur Abwicklung berufene *executor* als Erbe, sondern der oder letztlich gesetzlich berufenen oder testamentarisch bedachten Begünstigten als Erben auszuweisen (Staudinger/*Dörner* EGBGB Art. 25 Rn. 853).

138 Auf den **Beispielsfall** bezogen bedeutet dies: Die Tochter Alice Meyer ist Alleinerbin nach ihrem verstorbenen Vater – unter der Voraussetzung, dass sie ihren Vater um 30 Tage überlebt. Die Bedingung des Überlebens um 30 Tage kann durch Lebensbescheinigung erbracht werden.

– Funktion des *personal representative*

139 Fraglich ist jedoch die Rechtsstellung des *personal representative*, hier der testamentarisch eingesetzten Tochter als *executor*.

140 Vor dem Hintergrund der Stellung des *personal representative* nach US-amerikanischem Recht besteht weitgehend Einigung in Deutschland darüber, dass ein gerichtlich bestellter **administrator**, dh derjenige, der nicht durch den Erblasser bestimmt wurde, nicht die Rechte eines Testamentsvollstreckers nach deutschem Recht innehat. Da er vom US-amerikanischen Nachlassgericht ernannt wird, erstrecken sich seine Befugnisse nach (umstrittener) Auffassung nicht auf im Ausland belegene Nachlassgegenstände. Es bedarf daher für diesen **keines Testamentsvollstreckerzeugnisses** in Deutschland (vgl. Staudinger/*Dörner* EGBGB Art. 25 Rn. 859).

141 Dagegen ist die Rechtsstellung des testamentarisch eingesetzten *executor* umstritten.
Hier stehen sich grds. zwei Meinungen gegenüber:
Nach der **Anerkennungstheorie** umfassen die Handlungsbefugnisse des *executors* auch das in Deutschland belegene Nachlassvermögen. Seine Rechte und Pflichten richten sich zwar wie alle anderen, die Abwicklung betreffenden Rechtsfragen, nach der lex fori, dh dem Heimatrecht, jedoch erstrecken sich die Rechte und Pflichten auch über das gesamte Vermögen unabhängig, wo sich dieses befindet. Nach dieser Ansicht ist die Handlungsbefugnis des *executors* beachtlich und der Erbe hat die Freigabe durch diesen abzuwarten (bspw. OLG München WM 1967, 812 (815); Kegel/Schurig/*Kegel*, Internationales Privatrecht, 9. Aufl. 2004, 777; NK-BGB/*Odersky* Länderbericht USA Rn. 22 mwN). Normenwidersprüche zum deutschen Sachenrecht sind ggf. im Wege der Anpassung zu lösen.

142 Nach der Gegenmeinung, der **Spaltungstheorie**, wird die Ausdehnung der US-amerikanischen Nachlassabwicklung auf Deutschland abgelehnt. Es kommt, unabhängig davon, dass für das bewegliche Vermögen insgesamt – unabhängig von seiner Belegenheit – ein einheitliches Domizilrecht zur Anwendung gelangt, zu einer Spaltung in territorial unterschiedliche bzw. beschränkte Nachlassabwicklungen. Bezogen auf den in Deutschland belegenen Nachlass bedeutet dies, dass hierauf unmittelbar deutsches Recht Anwendung findet mit der Folge, dass mit dem Tode des Erblassers die Begünstigten unmittelbar Erbe werden. Als Folgefrage wird allerdings diskutiert, ob der im Testament benannte *executor* insgesamt unberücksichtigt bleibt, oder in die Rechtsfigur des Testamentsvollstreckers mit den Befugnissen des deutschen Testamentsvollstreckers umgedeutet werden muss. Nach wohl hM wird hierbei wiederum differenziert: Wollte der Erblasser nur eine Person ernennen, die die Abwicklung des Nachlasses in die Hand nehmen sollte, wie es nach den Vorschriften des US-amerikanischen Rechts regelmäßig vorgesehen ist, ist er einem Testamentsvollstrecker deutschen Rechts nicht vergleichbar. Nur wenn der Wille des Erblassers ausdrücklich dahin ging, dem *executor* über die bloße Schuldentilgung und Nachlassverteilung hinaus besondere Aufgaben zuzuweisen, die denen des Testamentsvollstreckers deutschen Rechts entsprechen, wird darin auch die Einsetzung eines Testamentsvollstreckers im Sinne des deutschen Rechts zu sehen sein (Anstatt aller OLGZ 1980, 42 (48); Staudinger/*Dörner* EGBGB Art. 25 Rn. 257, 859). FFDH IntErbR/*Ferid/Firsching* USA Grundzüge C Rn. 60d; Bengel/Reimann TV-HdB/*Bengel/Reimann* Kap. 9 Rn. 385 ff.; Brandenburgisches OLG DNotI-Report 2001, 151).

143 Im **Beispielsfall** dürfte daher davon auszugehen sein, dass mit der hM der im eingesetzte executor nicht der deutschen Testamentsvollstreckung gleichzusetzen ist und folglich nicht im Erbschein aufzunehmen ist. Da aufgrund des deutschen Wohnsitzes hinsichtlich des beweglichen Vermögens deutsches Recht zur Anwendung kommt, wird ein gegenständlich beschränkter Eigenrechtserbschein hinsichtlich des beweglichen Vermögens des Erblassers nach deutschem Recht beantragt bzw. erteilt werden.

– Verfahrensfragen

144 Fraglich ist weiter, ob im Erbscheinsverfahren das Original des Testaments vorzulegen ist oder ob die Vorlage einer beglaubigten Abschrift beim deutschen Nachlassgericht genügt. Grundsätzlich wird die Vorlage eines Originaltestaments verlangt, doch wird für den Fall, dass sich das Original beim zuständi-

IV. Die Probleme des deutsch-US-amerikanischen Erbfalls

gen *probate court* in Kalifornien befindet, eine notariell beglaubigte Abschrift des Testaments ausreichen müssen (vgl. für eine ähnliche Rechtslage, wenn das Original eines Testaments nicht mehr auffindbar ist: Firsching/Graf NachlassR, 8. Aufl. 2006, Rn. 4.32). Wurde die beglaubigte Abschrift in den USA notariell gefertigt, kann eine Apostille iSd Art. 3 des Haager Legalisierungsabkommens verlangt werden. Gleiches gilt für einen amerikanischen Totenschein (Sterbeurkunde).

2. Gestaltungsmöglichkeiten für den deutschen Erblasser mit Vermögen in den USA. a) Kollisionsrechtliche Ausgangslage. Für einen in Deutschland ansässigen deutschen Erblasser, der in den USA Nachlass, insbes. Immobilien, hinterlässt, gilt kollisionsrechtlich folgendes: 145

Aus Sicht des deutschen Rechts wird der deutsche Erblasser aufgrund seiner Staatsangehörigkeit gem. Art. 25 I EGBGB grds. nach dem deutschen Erbrecht beerbt, unabhängig davon, wo sich sein Vermögen befindet. Eine Ausnahme gilt lediglich hinsichtlich des in den USA befindlichen Immobiliarvermögens (Art. 3a II EGBGB). Das Kollisionsrecht der Vereinigten Staaten gelangt zum gleichen Ergebnis. Aufgrund des deutschen Wohnsitzes/*domicile* wird hinsichtlich des beweglichen Vermögens auf deutsches Recht zurückverwiesen, welches die Verweisung annimmt. Hinsichtlich der in USA befindlichen Immobilien verbleibt es bei der Anwendbarkeit des Erbrechts des betreffenden US-Bundesstaates. 146

b) Probleme der Abwicklung des in den USA belegenen Nachlasses. Hinsichtlich des in den USA belegenen Nachlasses eines deutschen Staatsangehörigen ergeben sich insbes. folgende Probleme: 147

Es ist amerikanisches Erbrecht anwendbar, so dass eine nach deutschem Recht errichtete letztwillige Verfügung nicht unproblematisch bzgl. des in den USA belegenen Nachlasses wirksam ist, bzw. die in dem Testament angeordneten Verfügungen in jedem Fall der Auslegung bedürfen: Eine Erbeinsetzung oder Nacherbeinsetzung kennt das US-amerikanische Recht nicht. Erbverträge oder gemeinschaftliche Testamente werden nicht oder zumindest nicht mit der gewollten Bindungswirkung in den USA anerkannt. Ein ggf. nach deutschem Recht formwirksam errichtetes Testament wird nicht als wirksam anerkannt. 148

Jedoch stellt sich auch für den beweglichen Nachlass, welcher grds. dem deutschen Erbrecht unterliegt, praktische Probleme bei der Nachlassabwicklung: Aufgrund der funktionellen Nachlassspaltung ist in jedem Fall hinsichtlich der Nachlassspaltung das US-amerikanische *probate*-Verfahren durchzuführen. Dieses ist zeitaufwendig und kostenintensiv und erfordert die Einsetzung US-amerikanischer Berater, insbes. Rechtsanwälte. Es ist zweifelhaft, ob eine deutsche Testamentsvollstreckung im Sinne einer US-amerikanischen Execution ausgelegt werden kann, in vielen Bundesstaaten muss der Nachlassverwalter in den USA im betreffenden Staat ansässig sein. Befindet sich der Nachlass in mehreren Staaten, vervielfältigen sich diese Probleme noch. 149

c) Lösungsmöglichkeiten. aa) Gesondertes Testament. Vorgeschlagen wird teilweise, ein gesondertes Testament hinsichtlich des US-amerikanischen Nachlasses zu errichten (s. zB *Huth/Zwicker* ZVglRWiss 86 (1987), 338). Zu empfehlen ist dieses, wenn überhaupt, jedoch nur hinsichtlich desjenigen Nachlasses, über den aufgrund Nachlassspaltung gesondert verfügt werden kann, dh die in den USA beweglichen Immobilien. Hinsichtlich des beweglichen Vermögens, welches sich in USA befindet, wäre weiterhin das deutsche Testament einschlägig. Ferner entbindet auch das US-amerikanische Testament nicht von der Durchführung des probate-Verfahrens. 150

Soll ein derartiges Spalttestament errichtet werden, sollte dieses in jedem Fall den erbrechtlichen Grundlagen des US-amerikanischen Rechts Rechnung tragen. Um zu vermeiden, dass das Testament als formnichtig nicht anerkannt wird, sollte es in jedem Fall den Formvorschriften des US-amerikanischen Rechts (zB notarielle Beurkundung unter Hinzuziehung von drei Zeugen) Rechnung tragen. In materieller Hinsicht darf keine Erbeinsetzung, sondern dürfen lediglich Zuwendungen (*devices* bzw. *legacies*) erfolgen. Es sollte ein *executor* ernannt werden, der das Nachlassverfahren in USA abwickeln kann. Hierbei ist ein *executor* auszuwählen, der tatsächlich nach dem einschlägigen Recht des betroffenen US-Bundesstaates befugt ist, die *administration* zu führen. Das Testament sollte ferner auf Englisch abgefasst werden. 151

Ferner ist zu beachten, dass mit dem Testament nicht sämtliche vorherige Verfügungen widerrufen werden – wie dies oftmals und üblicherweise geschieht –, hiermit würde nämlich das deutsche Testament ebenfalls widerrufen werden. Es ist unbedingt darauf zu achten, dass sich das US-amerikanische Testament und die deutsche Verfügung von Todes wegen nicht widersprechen und möglichst ihrem Inhalt nach nicht ineinandergreifen. Die Abfassung eines US-amerikanischen Sondertestaments ist in jedem Fall mit Vorsicht anzugeben. 152

bb) Joint tenancy. Die Grundzüge der *joint tenancy* wurden bereits unter → Rn. 112) dargestellt. Für einzelne Vermögensteile deutscher Ehegatten in USA ist diese Konstruktion nicht uninteressant, da das Vermögen gerade nicht der Erbfolge unterliegt, sondern der Erbfolge entzogen wird und am Nachlass vorbei „vererbt" wird, so dass es nicht auf ein Testament ankommt und auch kein *probate*-Verfahren durchzuführen ist. 153

Möglich ist die Einbringung einer US-Immobilie deutscher Ehegatten in eine *joint tenancy* mit entsprechender Zuwachsklausel für den Todesfall *(right of survivorship)*. Idealerweise sollte die *joint tenancy* bei Erwerb der Immobilie eingegangen werden. Freilich entbindet die *joint tenancy* nicht den überlebenden Ehegatten, eine Schlusserbeneinsetzung zu treffen. Möglich ist auch die Eingehung einer *joint tenancy* im gesamten Familienkreis. 154

Eine *joint tenancy* kann auch auf andere Vermögensgegenstände, wie zB ein Sparkonto oder ein Bankdepot begründet werden. 155

156 **cc) Transmortale und postmortale Vollmachten.** Die transmortale Vollmacht bleibt über den Tod des Erblassers bestehen, die postmortale Vollmacht wird erst nach dem Tode des Erblassers wirksam.

157 Nach dem Recht der US-amerikanischen Bundesstaaten erlischt eine Vollmacht *(power of attorney)* automatisch mit dem Tode oder der Geschäftsunfähigkeit des Vollmachtgebers, die Befugnis, über den Nachlass zu verfügen, geht dann uneingeschränkt auf den *personal representative* über.

158 Unabhängig davon wird zT dennoch die Verwendung transmortaler Vollmachten empfohlen, soweit sie materiell-rechtlich dem deutschen Recht unterstellt werden und danach nach deutschem Recht über den Tod des Vollmachtgebers hinaus gelten. Bei der Verwendung der Vollmacht solle der Bevollmächtigte verschweigen, dass der Vollmachtgeber verstorben sei (*v. Oertzen* ZEV 1995, 170).

159 Ist der Bevollmächtigte gleichzeitig Alleinerbe, könnte dieses Verfahren in der Praxis die Abwicklung ggf. erleichtern, andererseits stellen sich Haftungsfragen für den Handelnden. Ferner ist zu beachten, dass – anders als im deutschen Recht – die Handlungsbefugnis beim Ableben eines Erblassers nicht auf den Erben übergeht, sondern auf den Nachlassabwickler, so dass für diesen, sofern er nicht mit dem Nachlassabwickler identisch ist, materiell-rechtlich keine Handlungsbefugnis mehr besteht. Letztlich ist von der transmortalen Vollmacht daher abzuraten.

160 **dd) Sonstiges.** Weitere Gestaltungsmöglichkeiten bieten die vorstehend unter → Rn. 116 genannten Konstruktionen des *pay on death account*, dem Abschluss von Lebensversicherungen oder der Ehegattengesellschaft, ferner die Einbringung des US-Vermögens in einen *trust* (→ Rn. 95).

V. Erbschaftsteuer

161 **1. Vorbemerkung.** Rechtsgrundlage der US-amerikanischen Erbschaftsteuer sind sowohl bundesweite Regelungen als auch einzelstaatliche Gesetzgebungen. Erhoben wird vom Bund (und den meisten Bundesstaaten) hierbei sowohl eine **Nachlasssteuer** *(federal estate tax)* (S 001–2210 IRC) auf den noch ungeteilten unverteilten Nachlass eines Verstorbenen als auch eine **Schenkungsteuer** *(federal gift tax)* (S 2501–2524 IRC) auf Zuwendungen einer Person. Beide finden sich zusammengefasst als *Unified Estate and Gift Transfer Tax* im *U. S.-Internal Revenue Code*, dem *IRC* und werden durch die sog. „Generationen-Überspringungssteuer", der *generation scipping tax, GST* (S 2601–2622 IRC) ergänzt.

162 Daneben tritt noch die Besteuerung durch die Einzelstaaten, die teils als Nachlasssteuer, teils als echte Erbanfall- bzw. Schenkungssteuer erfolgt. Wegen des ursprünglich beabsichtigten Auslaufens der bundesweiten Erbschafts- und Schenkungssteuer erheben zwischenzeitlich bereits mehr als die Hälfte aller Bundesstaaten eine eigene Erbschaft- und Schenkungsteuer.

163 Die nachfolgende Darstellung soll lediglich einen skizzenhaften Umriss der steuerlichen Behandlung in den USA darstellen, sie ersetzt in keinem Fall die detaillierte Recherche (einen guten ersten Überblick zum US-amerikanischen Schenkung- und Erbschaftsteuerrecht geben Troll/Gebel/*Jülicher*/*Jülicher*, ErbStG, Stand 2017, Länderbericht USA § 21 Rn. 136; Flick/Piltz Int. Erbfall/*Jülicher* Rn. 1844 ff. zum Länderteil USA, Rn. 1529 ff. zum DBA Deutschland/USA, Rn. 1901 ff. zur Trustbesteuerung mwN; *Frank/Wainwright IV*, Todesfallbesteuerung von Deutschen mit Vermögen in den USA, ZEV 2015, 568 ff. sowie *Wassermeyer*, Das US-amerikanische Erbschaft- und Schenkungsteuerrecht, 1996).

164 **2. DBA Deutschland/USA.** Vorrangig gilt für den deutsch-amerikanischen Erbfall das **DBA v. 3.12. 1980** in der durch das Protokoll v. 14.12.1998 und den Notenwechsel v. 30.8.1999 Fassung für Nachlässe und Schenkungen (Art. 1). In Deutschland ist es auf die **Erbschaft- und Schenkungsteuer** anwendbar, in den USA auf die *federal estate tax* sowie die *federal gift tax*.

165 **Persönlich** ist das Abkommen auf Erbschaften und Schenkungen von Erblassern bzw. Schenkern anwendbar, die zum Zeitpunkt des Todes bzw. der Ausführung der Schenkung ihren Wohnsitz in einem der beiden Vertragsstaaten haben.

166 Die Vermeidung der Doppelbesteuerung erfolgt gem. Art. 11 II u. III des Abkommens dadurch, dass der Staat des Wohnsitzes das umfangreiche Recht der Besteuerung hat und der andere Staat die Besteuerung aufgrund der Belegenheit des steuerbaren Vermögens im Wege der **Steueranrechnung** anzugleichen hat. Steuerbares Vermögen ist dabei im Wesentlichen unbewegliches Vermögen (Art. 5), die Betriebsstätte (Art. 6) sowie im beschränkten Maße Anteile an einer Personengesellschaft (Art. 8).

167 **3. Grundzüge des US-amerikanischen Erbschaftsteuerrechts. a) Subjektive Steuerpflicht.** Aus internationaler Sicht fällt eine Besteuerung mit dem Weltvermögen (**unbeschränkte Steuerpflicht**) an, soweit der Erblasser bzw. Schenker US-Staatsangehöriger *(US-citizen)* oder US-Gebietsansässiger *(US-resident)* ist.
Bei Wegzug oder Aufgabe der Staatsangehörigkeit kann unter Umständen eine erweiterte, ggf. beschränkte Steuerpflicht in Betracht kommen.

168 Nichtansässige Ausländer *(non-resident aliens)* unterliegen der **beschränkten Steuerpflicht** mit dem US-amerikanischen Inlandsvermögen. Zum **Inlandsvermögen** in diesem Sinne zählt: Grundvermögen *(real property)* und Privatvermögen *(tangible personal property)*, welches in den USA belegen ist, ferner Beteiligungen an Kapitalgesellschaften mit Sitz/Registrierung in den USA *(domestic corporation)* sowie Forderungen gegen US-amerikanische Schuldner (Einzelheiten zum Ganzen bei Troll/Gebel/Jülicher/*Jülicher*, ErbStG, Stand 2017, Länderbericht USA § 21 Rn. 136).
Durch den am 18.12.2010 in Kraft getretenen Tax Relief, Unemployment Insurance Reauthorization, and Job Creation Act wurden die US-amerikanische Bundesnachlasssteuer und Bundesschenkungsteuer in wesentlichen Teilen reformiert und die steuerlichen Belastungen durch diese beiden Steuern vermin-

V. Erbschaftsteuer

dert. In diesem Zusammenhang wurden sowohl der allgemeine Freibetrag für die Bundesnachlasssteuer angehoben sowie der Höchststeuersatz gesenkt.

b) Steuerbarer Vorgang. Dem deutschen Erbschafts- und Schenkungsteuerrecht fremd, ist die in den USA zu zahlende Erbschaft- bzw. Schenkungsteuer nicht auf den jeweiligen Erwerber und den diesem jeweils zugewandten Vermögen ausgerichtet, sondern steuerbar ist die gesamte übertragene Vermögensmasse. 169

Nachlasssteuer wird auf die Vermögensgegenstände, welche von Todes wegen übertragen werden erhoben („Nachlass"). Hierzu können auch gemeinschaftliche Gegenstände von Ehegatten gehören, sofern die Inhaberschaft nicht nachgewiesen werden kann sowie Auszahlungsbeträge von Lebensversicherungen an den Nachlass. 170

Der Schenkungsteuer unterliegen Übertragungen unter Lebenden. 171

c) Grundzüge der Bewertung. Maßgeblich für die Bewertung der Erbschaftsteuer ist der **Verkehrswert** des Nachlasses am Todestag des Erblassers, wahlweise kann, allerdings nur für den gesamten Nachlass, der Verkehrswert für den Zeitpunkt von sechs Monaten vor dem Todestag ermittelt werden. Eine niedrige Bewertung mit dem Ertragswert kann für land- und forstwirtschaftlichen Grundbesitz, des gleichen Grundbesitz, der zu gewerblichen oder freiberuflichen Zwecken genutzt wird, erfolgen. Weitere Abschläge sind für Gesellschaftsbeteiligungen von Minderheitsgesellschaftern möglich. 172

Die Nachlasssteuer wird nach Abzug der Verbindlichkeiten und der Kosten bemessen **(Nettowert).** 173

d) Steuerbefreiungen. Steuerfrei (von Nachlass- und Schenkungsteuer) sind Vermögensübertragungen unter **Ehegatten** mit US-amerikanischer Staatsangehörigkeit, soweit diese in den USA ansässig sind, in anderen Fällen, soweit das Vermögen auf einen *qualified Domestic Trust (QDT)* übertragen wird *(matrimonial deductions).* Ferner besteht ein begrenzter Ehegatten-Freibetrag, der im Verhältnis Deutschland-USA aufgrund des DBA die steuerliche Lage im deutsch-amerikanischen Verhältnis deutlich verbessert. 174

Steuerbefreit von der Nachlass- und Schenkungsteuer sind ferner Übertragungen an karitative Einrichtungen. Im Jahr 2017 beträgt der Steuerfreibetrag für Erbschaften und Schenkungen 5,49 Mio. USD für Alleinstehende und 10,98 Mio. USD für Ehegatten (s. *Frank* ZEV 2017, 203. Gesetzlich geregelt ist die federal estate tax seit dem im American Taxpayer Relief Act von 2012 (ATRA). Dieses am 1.1.2013 in Kraft getretene Gesetz bestimmt, dass der Spitzensteuersatz bei Nachlässen 40 % beträgt, wobei ein Freibetrag von 5,49 Mio. USD besteht. Für den Nachlass von beschränkt Steuerpflichtigen („Non-Resident Alien") beträgt der allgemeine Freibetrag 60.000 USD. 175

e) Steuertarif, Steuererhebung, Sonstiges. Der Steuertarif setzt ermittelt sich je nach der Höhe des steuerbaren Nachlasses und setzt sich aus einem festen Betrag sowie einem Prozentsatz der überschießenden Beträge zusammen **(progressiver Teilmengentarif).** Der Spitzensteuersatz liegt seit 1.1.2013 40 % (Einzelheiten zum Ganzen bei Troll/Gebel/Jülicher/*Jülicher,* ErbStG, Stand 2011, Länderbericht USA § 21 Rn. 136). 176

Steuerschuldner ist primär der Nachlassabwickler, sekundär der Begünstige bzw. Beschenkte. 177

Länderbericht Weißrussland

Übersicht

	Rn.		Rn.
I. Internationales Erbrecht (IPR)	1–11	b) Grundsatz der Höchstpersönlichkeit	22
1. Rechtsquellen	1	c) Testament	23–32
2. Bestimmung des anwendbaren Rechts	2–7	4. Pflichtteilsrecht	33
a) Erbstatut	2–4	5. Erbschaftserwerb, Erbengemeinschaft und Erbauseinandersetzung	34–50
b) Verfügungen von Todes wegen	5–7	a) Eröffnung des Erbgangs	34
3. Internationale Zuständigkeit	8–10	b) Erwerb der Erbschaft	35–41
a) Grundsatz: Wohnsitzzuständigkeit	8	c) Erbengemeinschaft	42
b) Heimatzuständigkeit	9	d) Erbauseinandersetzung	43–50
c) Belegenheitszuständigkeit	10	6. Erbenhaftung	51–53
4. Anerkennung und Vollstreckung ausländischer Entscheidungen	11	III. Nachlassverfahrensrecht	54–59
II. Materielles Recht	12–53	1. Zuständigkeit und Verfahren im Allgemeinen	54
1. Rechtsquellen	12	2. Erbbescheinigung	55/56
2. Gesetzliche Erbfolge	13–19	3. Testamentsvollstrecker	57
a) Allgemeines	13/14	4. Nachlasssicherung	58/59
b) Parentalsystem (Ordnungen)	15/16	IV. Erbschaftsteuer	60/61
c) Gesetzliches Erbrecht des Ehegatten	17	1. Besteuerung der Erbschaft	60
d) Erbrecht der Unterhaltsempfänger des Erblassers	18/19	2. Besteuerung der Autorenhonorare	61
3. Gewillkürte Erbfolge	20–33		
a) Allgemeines	20/21		

Literatur: Übergreifendes Schrifttum: *Mosgo Oleg,* in: *Ferid/Firsching/Dörner/Hausmann* (Hrsg.), Internationales Erbrecht, Band VIII, Weißrussland (Stand: 15.12.2000); *Cigir, Vasilij* (Hrsg) Kommentarij k Grazdanskomu kodeksu Respubliki Belarus, (Kommentar zum Zivilgesetzbuch der Republik Belarus), Bd 2, 1999.
IPR: *Mosgo, Oleg:* Das neue internationale Privatrecht Weißrusslands: Textübersetzung mit Einführung, IPRax 2000, 148 f.
Materielles Recht: *Mosgo Oleg,* in: *Schlitt/Müller* (Hrsg.), Handbuch Pflichtteilsrecht, 2. Auflage 2017; *Ließem/Bekgulyan* Weißrussland/Republik Belarus in *Süß,* Erbrecht in Europa, 3. Aufl. 2015.
Internet: http://www.ncpi.gov.by; http://pravo.by; http://etalonline.by.

I. Internationales Erbrecht (IPR)

1 **1. Rechtsquellen.** Das internationale Privatrecht wird im Abschnitt VII des Zivilgesetzbuches (ZGB) der Republik Belarus geregelt, der eine umfassende Kodifikation des weißrussischen Erbrechts und IPR darstellt. Das weißrussische ZGB wurde als einheitliche Kodifikation des Handels- und Zivilrechts konzipiert. Es basiert auf dem Modellzivilgesetzbuch der GUS-Länder, welches seinerseits die Anknüpfung der post-sowjetischen Staaten an die kontinentaleuropäische Rechtstradition wiederherstellen sollte. Die Kollisionsnormen für erbrechtliche Verhältnisse finden sich in Art. 1133–1135 ZGB.

2 **2. Bestimmung des anwendbaren Rechts. a) Erbstatut. aa) Objektive Anknüpfung.** Mit Ausnahme der Testierfähigkeit und der Form des Testaments sowie der Beerbung des unbeweglichen und eintragungspflichtigen Vermögens unterliegen sämtliche anderen Fragen der Erbfolge dem Erbstatut. Das Erbstatut wird durch den Wohnsitz des Erblassers im Zeitpunkt des Todes bestimmt (Art. 1133 ZGB). Unter „Wohnsitz" wird der Ort verstanden, an dem eine Person ständig oder überwiegend ansässig ist (Art. 19 Ziff. 1 ZGB). Das Qualifikationsproblem, das bei der Bestimmung des Wohnortes einer Person entstehen kann, hat man aus der weißrussischen Sicht in der Übereinstimmung mit Art. 1094 ZGB nach der *lex fori* zu lösen. Der Erblasser kann im Testament das Recht des Staates, dessen Staatsangehörigkeit er besitzt, als Erbstatut wählen.

3 Nach dem Erbstatut bestimmen sich: der Kreis der gesetzlichen Erben, die Reihenfolge der Berufung zur Erbfolge, die Größe der Erbteile, Fragen der Testierfreiheit, insbesondere die Erbfähigkeit der testamentarischen Erben, ihre Anteile am Nachlass, der Kreis der Pflichtteilsberechtigten und die Höhe des Pflichtteils sowie die Bestimmung der Ersatzerben, die Frist für die Annahme bzw. Ausschlagung der Erbschaft, die Voraussetzungen der Erbunwürdigkeit ua.

4 **bb) Vererbung eintragungspflichtigen Vermögens.** Für die Vererbung des unbeweglichen Vermögens legt Art. 1134 ZGB den Grundsatz der *lex rei sitae* fest. Außerdem enthält Art. 1134 ZGB eine weitere einseitige Kollisionsnorm für eintragungspflichtiges Vermögen. Danach richtet sich die Vererbung des in der Republik Belarus eingetragenen Vermögens nach weißrussischem Recht. Die Reichweite dieser einseitigen Kollisionsnorm ist jedoch unklar. Registrierungspflichtig sind nach weißrussischem Recht neben Kraftfahrzeugen, Schiffen und Waffen auch einige Nutz- und Haustiere, Aktien, Schuldverschreibungen, Rechte auf Objekte des geistigen Eigentums, Pfandrechte ua. Nach dem Wortlaut des Art. 1134 ZGB können alle diese Objekte ausschließlich nach weißrussischem Recht vererbt werden. Ob eine so weitgehende Reichweite der Vorschrift von dem Gesetzgeber gewollt war und was in diesem Fall unter der Registrierung zu verstehen ist, bleibt bisher nicht eindeutig geklärt.

b) Verfügungen von Todes wegen. aa) Testamentsform, Testierfähigkeit. Die Form des Testaments und des Aktes seiner Aufhebung sowie die Testierfähigkeit bestimmen sich nach dem Recht des Staates, in dem der Erblasser seinen ständigen Wohnsitz im Zeitpunkt der Errichtung oder Aufhebung hatte, soweit von dem Erblasser im Testament nicht das Recht des Staates gewählt wurde, dessen Staatsangehörigkeit er besitzt (Art. 1135 S. 1 ZGB). Das Testament oder der Akt seiner Aufhebung können jedoch nicht wegen Formmangels für unwirksam erklärt werden, wenn die Form den Erfordernissen des Ortes, an dem der Erblasser letztwillig verfügt hat, oder denen der Republik Belarus entspricht (Art. 1135 S. 2 ZGB).

bb) Erbfähigkeit. Das ZGB enthält keine Kollisionsnorm zur Anknüpfung der Erbfähigkeit. Sie wird daher von der Rechtsfähigkeit abgeleitet. Nach Art. 1103 Ziff. 1 ZGB bestimmt sich die Rechtsfähigkeit einer natürlichen Person nach dem Recht des Staates, dessen Staatsangehörigkeit diese Person besitzt. Besitzt eine Person zwei oder mehr Staatsangehörigkeiten, so ist die effektive Staatsangehörigkeit ausschlaggebend. Die Rechtsfähigkeit eines Staatenlosen richtet sich nach dem Recht des Staates, in dem er seinen ständigen Wohnsitz hat (Art. 1103 Ziff. 2 ZGB). Ausländische Staatsbürger und staatenlose Personen genießen in der Republik Belarus die gleiche zivilrechtliche Rechtsfähigkeit wie Staatsbürger der Republik Belarus, wenn nicht etwas anderes durch die Verfassung, Gesetze oder völkerrechtliche Verträge der Republik Belarus bestimmt wird. Das gilt auch für die Erbfähigkeit.

Erbrechtlich relevant sind vor allem Beschränkungen ausländischer Staatsbürger hinsichtlich des Privateigentums an Grund und Boden und des Grundbesitzes auf Lebenszeit. Sie sind von der geltenden weißrussischen Gesetzgebung für ausländische Staatsbürger nicht erlaubt. Der Erwerb und dementsprechend die Beerbung von Häusern, Wohnungen und anderen mit dem Grundstück untrennbar verbundenen Objekten durch Ausländer und Staatenlose ist dagegen möglich, da das weißrussische Recht zwischen dem Eigentum an dem Grundstück selbst und den auf diesem Grundstück errichteten Bauwerken unterscheidet. Erbt eine Person, die kein Grundeigentum oder keinen Grundbesitz auf Lebenszeit erwerben kann, ein in Weißrussland gelegenes Bauwerk, so kann sie das dazugehörende Grundstück an den Staat verkaufen oder/und ein „schwächeres" Nutzungsrecht (langfristige Pacht bzw. sog „ständige Nutzung") darauf beantragen.

3. Internationale Zuständigkeit. a) Grundsatz: Wohnsitzzuständigkeit. Notare, Behörden und Gerichte des Staates, in dem der Erblasser im Zeitpunkt des Todes seinen Wohnsitz hatte, werden international für erbrechtliche Angelegenheiten für zuständig anerkannt. Internationale Zuständigkeit stimmt damit weitgehend mit dem Erbstatut überein. Dieses Prinzip wird direkt in den Rechtshilfeabkommen zwischen der Republik Belarus und Tschechien, der Slowakei, Litauen, Lettland, sowie in dem Minsker Abkommen über die Rechtshilfe und Rechtsbeziehungen der GUS-Staaten verankert. In Bezug auf die Staaten, mit denen Republik Belarus keine Rechtshilfeabkommen hat, wird es aus den Normen des nationalen Rechts über die internationale Zuständigkeit abgeleitet. Es soll daher auch für deutsch-weißrussische Erbfälle gelten.

b) Heimatzuständigkeit. Einige von zwischen der Republik Belarus und anderen Staaten abgeschlossenen Rechtshilfeabkommen verzichten auf die Wohnsitzzuständigkeit zugunsten des Prinzips der Heimatzuständigkeit. Das ist bei den bestehenden völkerrechtlichen Verträgen zwischen Weißrussland und Ungarn, Polen und Vietnam der Fall. Danach sind für erbrechtliche Angelegenheiten Justizorgane des Staates zuständig, dessen Staatsangehörigkeit der Erblasser im Zeitpunkt des Todes besaß.

c) Belegenheitszuständigkeit. Für die Vererbung des unbeweglichen Vermögens gilt aus weißrussischer Sicht immer der Grundsatz des *lex rei sitae*. Das Vermögen, welches in das staatliche Register in der Republik Belarus eingetragen ist, wird aus weißrussischer Sicht immer nach weißrussischem Recht vererbt, ausschließlich zuständig sind in solchen Fällen die Justizorgane der Republik Belarus.

4. Anerkennung und Vollstreckung ausländischer Entscheidungen. Im gegenwärtigen weißrussischen Recht wird die Frage der Anerkennung und (oder) Vollstreckung von Entscheidungen ausländischer Staatsgerichte in Abhängigkeit von der Existenz eines internationalen Vertrages (Art. 561 des Zivilprozessbuches der Republik Belarus) oder von der Existenz einer Norm des nationalen Rechts, die die Anerkennung und (oder) Vollstreckung einer ausländischen gerichtlichen Entscheidung in Ermangelung eines entsprechenden internationalen Vertrags vorsieht, gelöst. Darüber hinaus gilt in Weißrussland die Feststellung des Obersten Gerichts, dass die Anerkennung und Vollstreckung ausländischer Gerichtsurteile unter der Berufung auf die Prinzipien der Gegenseitigkeit/internationalen „Höflichkeit" möglich ist (Plenarentscheidung des Obersten Gerichts der Republik Belarus vom 23.12.2014 Nr. 18). Die Republik Belarus hat multi- und bilaterale internationale Verträge über die Anerkennung und Vollstreckung ausländischer Gerichtsurteile mit allen GUS-Staaten, Bulgarien, Litauen, Polen, China, Vietnam, dem Iran und einer Reihe anderer europäischer und asiatischer Staaten. Im Hinblick auf Deutschland fehlt es allerdings an einem derartigen Vertrag.

II. Materielles Recht

1. Rechtsquellen. Die verfassungsrechtliche Grundlage des weißrussischen Erbrechts bildet Art. 44 der Verfassung Weißrusslands. Die kurze Verfassungsnorm legt fest, dass das Erbrecht garantiert wird. Die grundlegende Quelle für das materielle Erbrecht bildet das Abschnitt VI des weißrussischen ZGB.

120 Weißrussland

13 **2. Gesetzliche Erbfolge. a) Allgemeines.** Die gesetzliche Erbfolge wird in Kap. 71 ZGB geregelt. Das geltende ZGB hat im Vergleich zum alten sozialistischen Recht den Kreis der gesetzlichen Erben erheblich erweitert und ein selbständiges Erbrecht der arbeitsunfähigen Unterhaltsempfänger des Erblassers geschaffen. Erben derselben Ordnung erben nach Art. 1056 Ziff. 1 Abs. 2 ZGB zu gleichen Teilen. Eine Ausnahme bilden Erben, die kraft Erbvertretung nach Stämmen erben. Gesetzliche Erben jeder nachfolgenden Ordnung werden zur Erbschaft berufen, wenn es keine Erben der vorherigen Ordnung gibt, wenn sie erbunwürdig sind oder die Erbschaft ausgeschlagen oder nicht angenommen haben.

14 Nach dem Erbfall können die Erben von der gesetzlichen Erbfolge durch Abschluss einer Vereinbarung abweichen. Die Vereinbarung bedarf für ihre Wirksamkeit der notariellen Beurkundung. Sie darf jedoch keine Rechte von nicht beteiligten und pflichtteilberechtigten Erben berühren.

15 **b) Parentalsystem (Ordnungen).** Gesetzliche Erben der ersten Ordnung sind nach Art. 1057 Ziff. 1 ZGB die Kinder, der Ehegatte und die Eltern des Erblassers. Sie erben zu gleichen Teilen nach Köpfen. Enkelkinder und ihre direkten Abkömmlinge erben kraft Erbpräsentation nach Stämmen. Eheliche und nichteheliche Abkömmlinge werden erbrechtlich gleichgestellt. Zu den Erben der zweiten Ordnung gehören Voll- und Halbgeschwister des Erblassers (Art. 1058 Ziff. 1 ZGB). Neffen und Nichten des Erblassers erben kraft Erbpräsentation nach Stämmen. Zur dritten Ordnung zählen lebende Großeltern des Erblassers (Art. 1059 ZGB). Onkel und Tanten des Erblassers sind gesetzliche Erben der vierten Ordnung. Kusinen und Vettern des Erblassers erben kraft Erbpräsentation nach Stämmen.

16 Hat der Erblasser keine Erben der ersten, zweiten, dritten und vierten Ordnung, so werden zur Erbfolge Verwandte des dritten, vierten, fünften und sechsten Verwandtschaftsgrades berufen, welche nicht zu den Erben einer vorherigen Ordnung gehören (Art. 1061 Ziff. 1 ZGB). Dabei schließen die Verwandten eines näheren Verwandtschaftsgrades die Verwandten eines entfernteren Verwandtschaftsgrades von der Erbschaft aus. Zur Erbfolge berufene Erben eines Verwandtschaftsgrades erben zu gleichen Teilen. Der Verwandtschaftsgrad wird durch die Geburtenzahl bestimmt, welche die Verwandten untereinander trennt. Die Geburt des Erblassers selbst wird nicht mitgezählt. Der Verwandtschaftsgrad wird also nur bei der Bestimmung der Erben der ferneren Ordnungen (Art. 1061 ZGB) zugrunde gelegt. Bei den ersten vier Ordnungen finden sich mehrfach Abweichungen.

17 **c) Gesetzliches Erbrecht des Ehegatten.** Der Ehegatte erbt neben den Kindern und Eltern des Erblassers als gesetzlicher Erbe erster Ordnung. Der Ehegatte kann von dem Erblasser nicht enterbt werden, wenn er wegen Arbeitsunfähigkeit nach Art. 1064 ZGB pflichtteilberechtigt ist. Er kann jedoch durch eine Gerichtsentscheidung nach Art. 1065 Ziff. 2 ZGB von der gesetzlichen Erbfolge ausgeschlossen werden, wenn die Ehe mit dem Erblasser vor dem Erbfall faktisch aufgelöst wurde und die Ehegatten vor dem Erbfall mindestens fünf Jahre getrennt lebten. Das weißrussische Erbrecht kennt dabei keinen festen Anteil des Ehegatten; dieser hängt vielmehr von dem Vorhandensein und der Zahl sonstiger Erben erster Ordnung ab.

18 **d) Erbrecht der Unterhaltsempfänger des Erblassers.** In Art. 1063 ZGB regelt der Gesetzgeber das Erbrecht von arbeitsunfähigen Unterhaltsempfängern des Erblassers. Personen, die zu einer entfernteren als zu der zur Erbfolge berufenen Ordnung gehören und zum Zeitpunkt des Erbfalles arbeitsunfähig sind, erben zusammen mit den Erben der berufenen Ordnung, wenn sie mindestens ein Jahr lang vor dem Tod des Erblassers von ihm Unterhalt bezogen haben. Für das Erbrecht dieser Unterhaltsbezieher ist es unerheblich, ob sie mit dem Erblasser in einem Haushalt gelebt haben oder nicht. Arbeitsunfähige Unterhaltsbezieher, die zusammen mit den Erben einer früheren Ordnung zur Erbfolge berufen werden, erben höchstens ein Viertel des Nachlasses, es sei denn, dass der Erblasser gegenüber ihnen gesetzlich unterhaltspflichtig war. Im letzten Fall erben sie zu gleichen Teilen mit den Erben der berufenen Ordnung.

19 Personen, die zu keiner der in Art. 1057–1061 ZGB genannten Ordnungen gehören, aber zum Zeitpunkt des Erbfalles arbeitsunfähig sind und mindestens ein Jahr lang von dem Erblasser Unterhalt bezogen und in einem gemeinsamen Haushalt mit ihm gewohnt haben, gehören ebenfalls nach Art. 1063 Ziff. 2 ZGB zum Kreis der gesetzlichen Erben. Sind neben ihnen andere gesetzlichen Erben vorhanden, so erben die arbeitsunfähigen Unterhaltsempfänger zusammen mit den Erben der Ordnung, die zur Erbfolge berufen wird, jedoch nicht mehr als ein Viertel des Nachlasses.

20 **3. Gewillkürte Erbfolge. a) Allgemeines.** Die testamentarische Erbfolge wird in Kap. 70 ZGB geregelt. Als Testament gilt gemäß Art. 1040 Ziff. 1 ZGB eine Willenserklärung, mit der die Person über ihr Vermögen für den Todesfall verfügt. Jede Person kann nach weißrussischem Recht über ihr ganzes Vermögen oder einen Teil zugunsten einer oder mehrerer Personen, die sowohl aus dem Kreis gesetzlicher Erben stammen als auch Dritte sein können, sowie zugunsten der Republik Belarus und ihrer administrativ-territorialen Einheiten letztwillig verfügen. Der Erblasser kann außerdem ohne Angabe von Gründen einzelne oder alle gesetzlichen Erben enterben. Er kann den Erhalt der Erbschaft an rechtmäßige Bedingungen bezüglich der Verhaltensweise des Erben knüpfen und das errichtete Testament jederzeit nach seiner Errichtung ohne Angabe von Gründen aufheben oder abändern. Er ist weiterhin berechtigt, im Testament Nacherben einzusetzen.

21 Teile des Vermögens, welche von der letztwilligen Verfügung nicht erfasst wurden, werden nach den Vorschriften über die gesetzliche Erbfolge vererbt. Zur Erbfolge werden dabei auch solche gesetzlichen Erben berufen, die von dem Erblasser bereits testamentarisch bedacht worden sind.

b) **Grundsatz der Höchstpersönlichkeit.** Nach weißrussischem Recht kann ein Testament nur Verfügungen einer einzigen Person enthalten. Die Errichtung eines Gemeinschaftstestaments ist unzulässig (Art. 1040 Ziff. 4 ZGB).

c) **Testament. aa) Persönliche Einrichtung.** Ein Testament kann nur von einer voll geschäftsfähigen Person und nur persönlich errichtet werden (Art. 1040 Ziff. 2 und 3 ZGB). Das Testament bedarf nach weißrussischem Recht der Schriftform und muss von einem Notar oder von einer anderen dazu gesetzlich ermächtigten Person beurkundet werden. Die Missachtung der Formvorschriften hat gemäß Art. 1044 Ziff. 1 S. 3 ZGB die Unwirksamkeit des Testaments zur Folge.

Das Testament muss von dem Erblasser geschrieben oder in Anwesenheit eines Zeugen zur Niederschrift des Notars aufgenommen werden. Das Testament hat den Ort und das Datum der Beurkundung zu enthalten. Der Text des Testaments ist von dem Erblasser eigenhändig zu unterschreiben. Kann der Testator selbst keine Unterschrift leisten, so kann das Testament von einer anderen Person im Auftrag des Testierenden in Anwesenheit des Testierenden und eines Zeugen unterschrieben werden.

Das ZGB führte zum ersten Mal das geschlossene Testament in das weißrussische Recht ein; es wird in Art. 1046 ZGB geregelt. Es handelt sich dabei um ein Testament, welches von dem Notar auf Wunsch des Erblassers ohne Kenntnisnahme seines Inhalts beglaubigt wird. Für die Errichtung eines geschlossenen Testaments gelten besonders strikte Form- und Verfahrensvorschriften, deren Verletzung zur Nichtigkeit des Testaments führt, worüber der Notar den Erblasser aufzuklären hat (Art. 1046 Ziff. 2 S. 2 ZGB). Auch bei der Eröffnung eines geschlossenen Testaments nach dem Tod des Erblassers muss ein besonderes Verfahren eingehalten werden (Art. 1046 Ziff. 4, 5 ZGB).

Neben den staatlichen Notaren sind nach weißrussischem Recht auch weißrussische Konsularbeamte im Ausland sowie Vorsitzende und Sekretäre der örtlichen Exekutivorgane der Rayon-, Stadt-, Siedlungs- bzw. Dorfebene in den Orten, in denen keine Notare vorhanden sind, zur Beglaubigung von Testamenten befugt.

bb) **Sondertestamente.** Außerdem enthält das weißrussische ZGB Regelungen über Sondertestamente als eine selbständige Testamentsform (Art. 1047 ZGB). Unter Sondertestamenten versteht man Testamente, die nicht durch Notare oder andere zur Vornahme von notariellen Handlungen kraft ihres Amtes bevollmächtigte Amtspersonen beurkundet, sondern unter Mitwirkung von anderen im Gesetz genannten Personen errichtet wurden. Zu solchen Sondertestamenten gehören:
a) Von verantwortlichen Ärzten eines Krankenhauses oder einer anderen Heil- oder Pflegeanstalt beglaubigte Testamente, soweit es sich bei den Testierenden um Personen handelt, die sich zur Behandlung in diesen Anstalten aufhalten;
b) Vom Schiffskapitän beglaubigte Testamente, soweit es sich bei den Testierenden um Personen handelt, die sich auf unter weißrussischer Flagge fahrenden See- und Binnenschiffen befinden;
c) Vom Leiter einer Expedition beglaubigte Testamente, soweit es sich bei den Testierenden um Personen handelt, die an Forschungs-, arktischen und ähnlichen Expeditionen beteiligt sind;
d) Testamente von Militärangehörigen, bei den Streitkräften beschäftigten Zivilpersonen und ihrer Familienangehörigen, die von dem Kommandanten des Militärverbandes beglaubigt sind;
e) Testamente der sich in einer Haftanstalt befindlichen Personen, die von dem Leiter der Haftanstalt beglaubigt worden sind.

Sondertestamente sind von dem Erblasser in Anwesenheit eines Zeugen zu unterschreiben; der Zeuge hat das Testament ebenfalls zu unterschreiben. Das Sondertestament ist von der Amtsperson, die es beglaubigt hat, sobald als möglich über die Organe der Justiz an den am Wohnort des Erblassers amtsansässigen Notar zu übersenden. Sondertestamente sind in ihrer Wirkung den notariellen Testamenten gleichgestellt. An die Beglaubigungsform sind jedoch keine so strikten Anforderungen zu stellen wie an ein notarielles Testament. Bei der Beurteilung der Gültigkeit eines Sondertestaments hat man zu berücksichtigen, dass sie in der Regel unter außergewöhnlichen Bedingungen errichtet werden, und dass die beglaubigende Amtsperson, die sonst keine notariellen Handlungen vornimmt, weder eine spezielle Ausbildung noch Erfahrung bei der Vornahme solcher Handlungen hat.

Über Geldmittel, die sich auf einem Bankkonto befinden, kann der Kontoinhaber durch die Errichtung einer testamentarischen Verfügung unmittelbar bei der kontoführenden Bank letztwillig verfügen (Art. 1048 ZGB). Eine Nachlassspaltung erfolgt dadurch jedoch nicht.

cc) **Aufhebung, Änderung, Auslegung.** Der Erblasser ist berechtigt, das von ihm errichtete Testament jederzeit ganz aufzuheben oder durch die Errichtung eines neuen Testaments zu ändern, welches seine einzelnen testamentarischen Verfügungen aufhebt, modifiziert oder neue hinzufügt (Art. 1049 Ziff. 1 Abs. 1 ZGB). Das Testament kann auch durch die Vernichtung aller seiner Exemplare durch den Erblasser oder aufgrund seiner schriftlichen Anweisung durch den Notar aufgehoben werden (Art. 1049 Ziff. 1 Abs. 2 ZGB). Das frühere Testament wird durch ein späteres Testament ganz oder zu dem Teil, in dem es zu dem späteren Testament im Widerspruch steht, aufgehoben (Art. 1049 Ziff. 2 ZGB). Das frühere Testament, welches ganz oder teilweise von einem späteren Testament aufgehoben wurde, wird nicht wiederhergestellt, wenn das spätere Testament von dem Erblasser ebenfalls aufgehoben oder geändert wird (Art. 1049 Ziff. 3 ZGB).

dd) **Testamentsanfechtung.** Ein Testament kann von jeder Person, deren Rechte und Interessen es betrifft, wegen Inhalts- und Formmängel im gerichtlichen Klageverfahren angefochten werden (Art. 1052 Ziff. 1 S. 1 ZGB). Dabei können sowohl das Testament als Ganzes als auch seine einzelnen testamentarischen Verfügungen für unwirksam erklärt werden. Die Anfechtung des Testaments vor dem Erbfall ist jedoch unzulässig. Die Unwirksamkeit einzelner testamentarischer Verfügungen berührt nicht den restlichen Teil des Testaments, wenn anzunehmen ist, dass das Testament auch ohne diese für unwirksam erklärten Verfügungen errichtet worden wäre.

32 Schreibfehler im Testament sowie unwesentliche Verfahrensverletzungen bei seiner Errichtung, Unterzeichnung oder Beglaubigung führen nicht zur Unwirksamerklärung des Testaments, wenn sie das Verständnis der Willenserklärung des Erblassers nicht beeinträchtigen (Art. 1052 Ziff. 2 S. 2 ZGB). Die Unwirksamkeit des Testaments berührt nicht das Recht der testamentarischen Erben oder der Vermächtnisnehmer, aufgrund gesetzlicher Erbfolge oder eines anderen gültigen Testaments zur Erbschaft berufen zu werden (Art. 1052 Ziff. 4 ZGB).

33 **4. Pflichtteilsrecht.** Pflichtteilsberechtigt sind minderjährige oder arbeitsunfähige Kinder des Erblassers sowie seine arbeitsunfähigen Eltern und der Ehegatte. Unabhängig vom Inhalt des Testaments erben sie nach Art. 1064 Ziff. 1 ZGB mindestens die Hälfte ihres gesetzlichen Erbteils. Auf den Pflichtteil wird jedoch alles angerechnet, was der pflichtteilsberechtigte Erbe aus dem Nachlass aus irgendeinem anderen Rechtsgrund erhält, darunter auch der Wert des Hausrates und anderer Gegenstände des täglichen Bedarfs sowie der Wert des ihm vermachten Vermögens (Art. 1064 Ziff. 2 ZGB). Bei dem Pflichtteil nach weißrussischem Recht handelt es sich nicht um einen bloßen Anspruch wie im deutschen Recht, sondern um ein echtes Erbteil. Jegliche Beschränkungen und Auflagen, die einem pflichtteilsberechtigten Erben testamentarisch auferlegt werden, gelten nur für den Teil des Nachlasses, der den Pflichtteil übersteigt (Art. 1064 Ziff. 3 ZGB).

34 **5. Erbschaftserwerb, Erbengemeinschaft und Erbauseinandersetzung. a) Eröffnung des Erbgangs.** Der Erbgang wird mit dem Tod des Bürgers oder mit seiner Todeserklärung durch das Gericht eröffnet. Als Zeitpunkt der Erbganggeröffnung gilt der Todestag des Bürgers; wird er für tot erklärt, so gilt der Tag des Inkrafttretens des Gerichtsurteils über die Todeserklärung als Todestag. Personen, welche am gleichen Tag gestorben sind, gelten für die Zwecke der Erbrechtsnachfolge als gleichzeitig gestorben und erben nicht nacheinander. Der Erbgang wird für jeden von ihnen eröffnet; zur Erbschaft werden ihre Erben berufen.

35 **b) Erwerb der Erbschaft. aa) Annahme der Erbschaft.** Der Erbschaftserwerb erfolgt durch die Annahme der Erbschaft durch den Erben. Ein erbenloser Nachlass geht in das Eigentum einer administrativ-territorialen Körperschaft Weißrusslands aufgrund des Gerichtsurteils über, durch welches der Nachlass für erbenlos erklärt wird. Die Annahme wird in diesem Fall durch das Urteil ersetzt. Die angenommene Erbschaft geht auf den Erben rückwirkend zum Zeitpunkt des Erbfalles über. Das gilt auch dann, wenn zum Nachlass solche registrierungspflichtigen Sachen gehören, für deren Übereignung im rechtsgeschäftlichen Verkehr (zB Immobilien) die Registrierung ausschlaggebend ist. Die Annahme eines Teils der Erbschaft durch den Erben bedeutet die Annahme der ganzen Erbschaft unabhängig davon, woraus sie besteht und wo sie sich befindet. Die Annahme der Erbschaft unter einer Bedingung oder mit Vorbehalten ist dagegen unzulässig.

36 Art. 1070 Ziff. 1 ZGB fordert die ausdrückliche Annahme der Erbschaft. Sie erfolgt durch entsprechende Erklärung des Erben gegenüber dem am Ort der Durchführung des Nachlassverfahrens amtierenden Notar oder durch Stellung des Antrages auf Erteilung der Erbbescheinigung. Die Übernahme des tatsächlichen Besitzes und der Verwaltung der Erbschaft oder eines Teils gilt nicht mehr als Annahme, präjudiziert jedoch zugunsten des Erben. Auf diese Vermutung können sich jedoch auch andere Miterben und Dritte (zB Nachlassgläubiger) berufen.

Die Annahmefrist beträgt sechs Monate seit dem Erbfall. Personen, für die der Erbanspruch nur im Falle der Ausschlagung oder Nichtannahme der Erbschaft durch einen Erben der näheren Ordnung entsteht, können die Erbschaft innerhalb des noch verbliebenen Teils dieser Frist annehmen. Ist der verbliebene Teil kürzer als drei Monate, so verlängert sich die Frist auf drei Monate.

37 Für die Bemessung der Annahmefrist ist es unerheblich, wann der Erbe von seiner Berufung zur Erbfolge Kenntnis erlangt hat. Art. 1072 Ziff. 2 ZGB bestimmt aber, dass die Erbschaft auch nach dem Ablauf der vorgeschriebenen Frist angenommen werden kann, falls alle übrigen Erben, die die Erbschaft angenommen haben, damit einverstanden sind. Die fristgemäße Annahme kann auf Antrag des säumigen Erben auch durch das Gerichtsurteil nach Art. 1072 Ziff. 1 ZGB ersetzt werden, wenn das Gericht die Gründe der Fristversäumung als stichhaltig anerkennt. Zu den stichhaltigen Gründen gehören Umstände, die den Erben hindern, sein Recht geltend zu machen, insbesondere der Umstand, dass der Erbe den Eintritt des Erbfalles weder kannte noch kennen musste. Das Gericht kann innerhalb von sechs Monaten seit dem Wegfall der Ursachen, welche die fristgemäße Annahme der Erbschaft verhinderten, angerufen werden.

38 Der Erbe, der die Erbschaft nach dem Ablauf der Annahmefrist annimmt, kann die Herausgabe seines Erbteils von den anderen Erben fordern. Auf den Herausgabeanspruch werden die Vorschriften über die unberechtigte Bereicherung angewandt, wenn von den Erben diesbezüglich keine abweichende Vereinbarung getroffen wurde.

39 **bb) Ausschlagung der Erbschaft.** Der Erbe kann innerhalb der für die Erbschaftsannahme festgelegten Frist die Erbschaft ausschlagen, sogar wenn er sie bereits vorher angenommen hat. Die Ausschlagung kann nachträglich weder abgeändert noch zurückgenommen werden. Bei der Ausschlagung der Erbschaft handelt es sich also um ein einseitiges Rechtsgeschäft, das durch eine formelle Erklärung gegenüber dem Notar zustande kommt. Die fristgerechte Ausschlagung der angenommenen Erbschaft sowie

der Erbschaft, die wegen der Übernahme des tatsächlichen Besitzes und der Verwaltung als angenommen gilt, kann nach dem Ablauf der Ausschlagungsfrist durch das Gerichtsurteil ersetzt werden, wenn das Gericht die Gründe der Fristversäumung als stichhaltig anerkennt.

Der Erbe kann bei der Ausschlagung der Erbschaft bestimmen, dass er die Erbschaft zu Gunsten anderer Personen aus dem Kreis der gesetzlichen oder testamentarischen Erben beliebiger Ordnung ausschlägt, ua zugunsten derer, die aufgrund der Erbvertretung nach Stämmen erben. Ausnahmen sind in Art. 1075 Ziff. 1 Abs. 2 ZGB geregelt. Die Ausschlagung der Erbschaft unter Vorbehalt sowie die bedingte Ausschlagung sind unzulässig. Ebenfalls nicht möglich ist die Ausschlagung eines Teiles der Erbschaft. Nur wenn der Erbe sowohl nach Testament als auch kraft Gesetzes zur Erbfolge berufen wird, kann er einen der beiden Erbteile oder beide Erbteile ausschlagen. 40

cc) **Anwachsungsrecht.** Nimmt der Erbe die Erbschaft nicht an, schlägt er sie ohne Angabe eines anderen Erben aus, wird er enterbt oder wird das Testament für unwirksam erklärt, so geht sein Erbteil nach Art. 1077 Ziff. 1 Abs. 1 ZGB auf die gesetzlichen Erben über. Vermacht der Erblasser sein ganzes Vermögen den durch ihn eingesetzten testamentarischen Erben, so geht der Erbteil des ausgeschiedenen Erben auf die übrigen testamentarischen Erben über und wird unter ihnen im Verhältnis ihrer Erbteile verteilt, es sei denn, dass im Testament etwas anderes bestimmt ist. Wurde für den ausgeschiedenen Erben ein Ersatzerbe ernannt, so wird dieser Ersatzerbe zur Erbfolge berufen. 41

c) **Erbengemeinschaft.** Geht bei gesetzlicher Erbfolge der Nachlass auf zwei oder mehr Erben über oder wurden von dem Erblasser bei testamentarischer Erbfolge zwei oder mehr Erben eingesetzt, ohne dabei zu bestimmen, welche konkreten Sachen und Rechte jeder von ihnen zu erben hat, so werden die Erben des Nachlasses seine Gesamteigentümer nach Bruchteilen (Art. 1078 Ziff. 1 ZGB). Sie bilden eine Erbengemeinschaft. Auf die Verhältnisse zwischen den Erben findet Kap. 16 ZGB über das Gemeineigentum nach Bruchteilen und auf die Verhältnisse zwischen den Erben einerseits und den Gläubigern und Schuldnern des Erblassers andererseits die Bestimmungen des Schuldrechts Anwendung (Art. 1078 ZGB). Das Gemeineigentum der Erben entsteht mit der Annahme der Erbschaft rückwirkend zum Tag des Erbfalles (Art. 1069 Ziff. 4 ZGB). 42

d) **Erbauseinandersetzung. aa) Grundsätze.** Das weißrussische Recht kennt drei Formen der Erbenauseinandersetzung: freiwillige Auseinandersetzung ohne Mitwirkung des Notars und Gerichts; freiwillige Auseinandersetzung unter Mitwirkung des Notars und gerichtliche Auseinandersetzung. 43

bb) **Auseinandersetzung ohne Mitwirkung des Notars und Gerichts.** Bei Nachlässen mit eindeutigen Rechtsverhältnissen können sich die Miterben ohne Mitwirkung des Notars oder Gerichts gütlich über die Nachlassteilung einigen, soweit zum Nachlass nicht Gegenstände gehören, die eine obligatorische Registrierung erfordern oder hinsichtlich deren Übertragung eine Entscheidung des Gerichts oder Notars unerlässlich ist. Nach der Absprache mit den Gläubigern des Erblassers können die Erben bestimmen, wer von ihnen die Schulden tilgen soll und wem die Forderungen des Erblassers zugutekommen sollen. Soll die Absprache der Erben über die Nachlassteilung sofort durchgeführt werden, so genügt eine mündliche Form der Absprache. Die Erben können aber derartige Vereinbarungen auch in schriftlicher oder sogar notarieller Form treffen. 44

cc) **Auseinandersetzung unter Mitwirkung des Notars.** Befinden sich in der Erbmasse Gegenstände oder Rechte, über welche die Erben ohne Vorlage der Erbbescheinigung nicht verfügen dürfen, oder ist die Erbbescheinigung für die Registrierung der Eigentumsrechts erforderlich (Grundstücke, Häuser, Wohnungen, Kfz, Waffen, auf Namen lautende Wertpapieren, Anteile an Personen- und Kapitalgesellschaften, Guthaben und sonstige Konten bei Kreditinstituten), so findet die Auseinandersetzung unter Mitwirkung des Notars statt, soweit die Miterben bestrebt sind, sich über die Nachlassteilung zu einigen. Auch die Aussonderung des Erbteils eines Erben ist auf diesem Wege möglich. 45

Können sich die Erben über die Auseinandersetzung einigen, so werden die Ergebnisse der Absprache in einem Vertragsentwurf niedergelegt, der vor allen Miterben unterzeichnet und von dem Notar beurkundet werden muss. Dem Entwurf können auch Absprachen mit den Gläubigern des Erblassers betreffend die Tilgung der Schulden beigefügt werden. Jeder Erbe kann aufgrund der geschlossenen Vereinbarung über die Teilung des Nachlasses die Ausstellung einer Erbbescheinigung mit der Angabe konkret geerbter Sachen und Rechte beantragen. 46

dd) **Gerichtliche Auseinandersetzung.** Kommt es zu keiner Einigung zwischen den Erben über die Teilung des Nachlasses oder die Aussonderung eines Erben, geschieht die Verteilung der Erbschaft im gerichtlichen Verfahren auf Klage eines der Erben. Das Verfahren vor dem Notar wird bis zur Entscheidung der Sache durch das Gericht ausgesetzt. Das Gericht kann dabei auch über alle anderen mit der Erbfolge zusammenhängenden Fragen entscheiden. 47

ee) **Schutz der Interessen des Kindes bei Nachlassteilung.** Wird die Geburt eines Miterben erwartet, so kann die Teilung des Nachlasses gemäß Art. 1081 Ziff. 1 ZGB erst nach seiner Geburt erfolgen. Außerdem legt das weißrussische ZGB in Art. 1081 Ziff. 2 ZGB fest, dass zur Sicherung der Interessen des Minderjährigen ein Vertreter des Vormundschafts- und Pflegeorgans zur Nachlassauseinandersetzung zu heranzuziehen ist. Diese Pflicht gilt sowohl bei freiwilliger als auch bei gerichtlicher Nachlassauseinandersetzung. 48

ff) **Vorrechte.** Der Erbe, welcher Miteigentümer einer zum Nachlass gehörenden unteilbaren Sache ist, hat gemäß Art. 1082 Ziff. 1 ZGB bei der Teilung des Nachlasses und im Rahmen seines Erbteils das Vorrecht auf den Erhalt dieser Sache. Auch dem Erben, welcher eine zum Nachlass gehörende Sache 49 dauerhaft selbständig oder zusammen mit dem Erblasser nutzte, steht das Vorrecht auf den Erhalt dieser Sache zu (Art. 1082 Ziff. 2 S. 1 ZGB). War innerhalb eines Jahres vor dem Erbfall das Haus, die Wohnung oder ein anderer Wohnraum des Erblassers der einzige ständige Wohnsitz des Erben, so hat dieser Erbe bei der Teilung des Nachlasses und im Rahmen seines Erbteils das Vorrecht auf den Erhalt dieses Wohnraums, des sich in ihm befindenden Hausrats und anderer Gegenstände des täglichen Bedarfs (Art. 1082 Ziff. 2 S. 2 ZGB).

50   Die Unverhältnismäßigkeit zwischen dem Vermögen, das der Erbe bei der Auseinandersetzung aufgrund seines Vorrechts beansprucht, und seinem Erbteil wird gemäß Art. 1082 Ziff. 3 S. 1 ZGB durch die Übergabe sonstiger zum Nachlassvermögen gehörenden Sachen an die übrigen Erben oder durch die Zahlung einer Geldabfindung behoben. Die Ausübung des Vorrechts durch einen der Erben ist erst nach der Zurverfügungstellung der entsprechenden Kompensation an die anderen Erben zulässig, es sei denn, dass von allen betroffenen Erben etwas anderes vereinbart wurde (Art. 1082 Ziff. 3 S. 2 ZGB).

51   **6. Erbenhaftung.** Ein Erbe, der die Erbschaft angenommen hat, haftet für die Schulden des Erblassers in Höhe des wirklichen, auf ihn entfallen Nachlasswertes (Art. 1086 Ziff. 1 ZGB). Der Wert des Hausrats und anderer Gegenstände des täglichen Gebrauchs wird zum wirklichen Wert des Nachlassvermögens des Erben gezählt, die er erhalten hat. Sind mehrere Erben vorhanden, so haften sie für die Schulden des Erblassers gesamtschuldnerisch (Art. 1086 Ziff. 3 ZGB). Jeder von ihnen haftet jedoch nur in Höhe des wirklichen Wertes seines Erbteils. Der Erbe, welcher sowohl unmittelbar aufgrund der gesetzlichen oder testamentarischen Erbfolge als auch im Wege der Erbtransmission zur Erbschaft berufen wird, haftet nicht für die Schulden der Person, von der er das Recht auf die Annahme der Erbschaft erhält. Für die Schulden des Erblassers haftet er nach allgemeinen Regeln bis zur Höhe des Wertes des nach beiden Rechtsgrundlagen erworbenen Nachlassvermögens.

52   Zu den Schulden des Nachlasses zählen nach Art. 1085 Ziff. 1 ZGB insbesondere Aufwendungen für Krankheitsbehandlung und Beisetzung des Erblassers sowie Aufwendungen im Zusammenhang mit der Vornahme von Maßnahmen zum Schutz und zur Verwaltung des Nachlasses. Diese Aufwendungen sind vorrangig vor allen anderen Nachlassschulden zu begleichen.

53   Gläubiger des Erblassers können ihre Ansprüche innerhalb der Verjährungsfristen gegen die Erben, die die Erbschaft angenommenen haben, geltend machen. Vor der Annahme der Erbschaft durch die Erben können Ansprüche der Gläubiger gegen das Nachlassvermögen beim Nachlassverwalter geltend gemacht werden. Die Verhandlung der Sache wird in diesem Fall bis zur Annahme der Erbschaft durch die Erben oder bis zum Übergang des erblosen Nachlasses an die administrativterritoriale Körperschaft ausgesetzt. Ansprüche der Gläubiger können unabhängig von der Fälligkeit der entsprechenden Forderung geltend gemacht werden. Die Erben bzw. der Nachlassverwalter sind jedoch nicht verpflichtet, diese Schulden vor dem Fälligkeitstermin zu begleichen.

III. Nachlassverfahrensrecht

54   **1. Zuständigkeit und Verfahren im Allgemeinen.** Für die Durchführung des Nachlassverfahrens ist das Notariat am letzten Wohnort des Erblassers, hilfsweise am Ort, an dem sich das Vermögen des Erblassers oder sein Hauptteil befinden, zuständig. Wird außerdem ein Testamentsvollstrecker bestellt, so wirkt er mit dem zuständigen Notar im Rahmen des Nachlassverfahrens zusammen.

55   **2. Erbbescheinigung.** Die Erben, die die Erbschaft angenommen haben, können das zuständige Notariat ersuchen, ihnen eine Erbbescheinigung zu erteilen (Art. 1083 Ziff. 1 und 2 ZGB). Sie ist ein vom Notar über das Erbrecht und die Größe des Erbteils ausgestelltes Zeugnis und dient dem Erben dazu, im rechtsgeschäftlichen Verkehr und vor Registrierungsbehörden den Nachweis des Erbrechts zu führen. Nach Wunsch der Erben kann die Erbbescheinigung allen Erben gemeinsam oder jedem Erben einzeln ausgestellt werden (Art. 1083 Ziff. 2 S. 2 ZGB). Vor der Auseinandersetzung werden in der Erbbescheinigung alle Erben, die die Erbschaft angenommen haben, als Gemeineigentümer aufgeführt.

56   Nach der Auseinandersetzung kann jeder Erbe die Ausstellung einer Erbbescheinigung mit der Angabe der konkret von ihm erhaltenen Gegenstände beantragen. Aufgrund einer solchen Erbbescheinigung kann der Erbe als Alleineigentümer registrierungspflichtiger Sachen von zuständigen Registrierungsorganen eingetragen werden. Wird nach der Ausstellung der Erbbescheinigung Nachlassvermögen festgestellt, welches von der ursprünglichen Erbbescheinigung nicht erfasst wird, so wird auf Antrag eines der Berechtigten eine zusätzliche Erbbescheinigung erteilt.

57   **3. Testamentsvollstrecker.** Der Erblasser kann im Testament einen Testamentsvollstrecker bestimmen (Art. 1053 ZGB). Die Zustimmung des Testamentsvollstreckers mit der Übernahme des Auftrages muss im Testament selbst oder in einem dem Testament beizufügenden Schriftstück erklärt werden. Die Erben können nach dem Erbfall in gegenseitigem Einvernehmen einen Erben oder eine andere Person mit der Vollstreckung des Testaments beauftragen. Wird von den Erben darüber keine Einigung erzielt, so kann ein Testamentsvollstrecker auf Antrag eines oder mehrerer Erben aus dem Kreis der von ihnen vorgeschlagenen Personen gerichtlich bestellt werden. Rechte und Pflichten des Testamentsvollstreckers werden in Art. 1053 Ziff. 2 bis 4 ZGB geregelt. Der Testamentsvollstrecker kann insbesondere zur Erfüllung des Willens des Erblassers in eigenem Namen Geschäfte betreffend die Verwaltung des Nachlasses und die Vollstreckung des Testaments ua vor Gerichten und anderen Staatsorganen eingehen. Bei der Vornahme von Schutz- und Verwaltungsmaßnahmen hat er mit dem zuständigen Notar zusammenzuwirken.

4. Nachlasssicherung. Der Nachlass ist in dem Zeitraum zwischen Erbfall und Annahme der Erbschaft dadurch gefährdet, dass sich niemand um ihn kümmert und dass unberechtigte Personen sich Nachlassgegenstände aneignen können. Für dieses Zwischenstadium können von dem am Ort der Eröffnung des Erbganges amtierenden Notar auf Antrag eines oder mehrerer Erben, des Testamentsvollstreckers, des Organs der örtlichen Verwaltung oder Selbstverwaltung, anderer Personen oder von Amts wegen Maßnahmen zur Nachlasssicherung und Verwaltung gemäß Art. 1066–1068 ZGB vorgenommen bzw. angeordnet werden (Art. 1066 Ziff. 1 und 2 ZGB). Zu den Sicherungsmaßnahmen gehören die Aufnahme eines Nachlassverzeichnisses (Art. 1067 Ziff. 1 ZGB), die Hinterlegung von Bargeldbeträgen und die Übergabe von Wertsachen und Valutawerten zur Verwahrung in einer Bank. Waffen werden zur Verwahrung an die Organe des Innenministeriums übergeben. Das restliche Nachlassvermögen, welches keine ständige Verwaltung erfordert, wird von dem Notar aufgrund eines Verwahrungsvertrages einem der Erben oder einem Dritten übergeben.

Gehören zum Nachlass Objekte, die nicht nur verwahrt, sondern auch verwaltet werden müssen (Unternehmen, Geschäftsanteile, Wertpapiere, ausschließliche Rechte uÄ), so hat der Notar als Treugeber einen Treuhandvertrag über die treuhänderische Verwaltung des Nachlasses abzuschließen. Die Einzelheiten der Nachlassverwaltung werden von der Regierung in einer Verordnungen geregelt. Schutz und Verwaltung des Nachlasses sind entgeltlich. Die Nachlasskosten werden aus dem Nachlass vorrangig vor allen anderen Nachlassschulden entrichtet.

IV. Erbschaftsteuer

1. Besteuerung der Erbschaft. Die Besteuerung der Erbschaft in der Republik Belarus richtet sich zurzeit nach den Bestimmungen des weißrussischen Steuergesetzbuches (weiterhin SteuerGB). Sie wird im Rahmen der Steuer auf Einkünfte von natürlichen Personen (Einkommenssteuer) behandelt, die im 16. Kapitel des SteuerGB (Besonderer Teil) geregelt wird. Das im Wege der Erbfolge an den Erben übergehende Vermögen wird nach dem SteuerGB als Einkünfte im Sinne der Steuer auf Einkünfte von natürlichen Personen betrachtet. Das Nachlassvermögen wird jedoch in Art. 163 Ziff. 1.17 SteuerGB von der Besteuerung mit der obengenannten Steuer befreit. Steuerbefreit bleiben unabhängig von der Höhe die Einkünfte in Geld und natura, die von natürlichen Personen im Wege der Erbfolge erhalten werden.

2. Besteuerung der Autorenhonorare. Ausgenommen von der Steuerbefreiung bleiben nach Art. 163 Ziff. 1.17 SteuerGB die Vergütungen, die den Erben (Nachfolgern) der Urheber der Werke der Wissenschaft, Literatur und Kunst, Entdeckungen, Erfindungen und Industriemuster gezahlt werden. Der Erbe ist für solche Einkünfte, die nach der Eröffnung des Erbganges entstanden sind, nach allgemeinen Regeln des weißrussischen Steuerrechts einkommenssteuerpflichtig. Es gilt der reguläre weißrussische Einkommenssteuersatz von 13 %. Die Steuersätze hängen nicht von der Höhe des Einkommens des Steuerpflichtigen ab.

150. Erbschaftsteuer- und Schenkungsteuergesetz (ErbStG)

Vom 27.2.1997 (BGBl. I 378)

Zuletzt geändert durch Gesetz zur Anpassung des Erbschaftsteuer- und Schenkungsteuergesetzes an die Rechtsprechung des BVerfG (ErbStAnpG 2016) vom 4.11.2016 (BGBl. I 2464), durch Gesetz zur Bekämpfung der Steuerumgehung und zur Änderung weiterer steuerlicher Vorschriften vom 23.6.2017 (BGBl. I 1682) und durch Gesetz zum Ausschluss verfassungsfeindlicher Parteien von der Parteienfinanzierung vom 18.7.2017 (BGBl. I 2730)

Vorbemerkungen

1   **1. Wesen der Erbschaftsteuer/Schenkungsteuer und Art der Vermögenserwerbe.** Die Erbschaftsteuer erfasst unentgeltliche substantielle Vermögensübertragungen, die auf einen **Wechsel der personellen Vermögenszuständigkeit** zurück zu führen sind (Troll/Gebel/Jülicher/Gottschalk/*Gottschalk* Rn. 1). Wichtigster Tatbestand des ErbStG ist der Vermögenserwerb von Todes wegen. Daneben werden Vermögenserwerbe durch Schenkungen unter Lebenden erfasst. Ergänzend dient die Steuer der gleichmäßigen Besteuerung aller Formen der Vermögensübertragung. Sie verhindert Gestaltungsmöglichkeiten zur Minderung des Steueraufkommens und sichert die Einnahmen des Staates. Eine weitere Form der Besteuerung ist die Zweckzuwendungen und die eines fiktiven Vermögensübergangs bei Familienstiftungen und Familienvereinen im periodischen Abstand.

2   **2. Erbanfallsteuer als Grundfall.** Der Gesetzgeber hat die in Deutschland erhobene Erbschaftsteuer als Erbanfallsteuer ausgestaltet, die an den **Erwerb des Erben** oder sonstigen Erwerbers anknüpft (BVerfG BStBl. II 1995, 671 (673)). In Abgrenzung zur Erbanfallsteuer erfasst eine als Nachlasssteuer erhobene Steuer das vom Erblasser oder Schenker hinterlassene bzw. zugewendete Vermögen (in Anlehnung an die Einkommensteuer) nach der Leistungsfähigkeit. Nach der Erzbergerschen Finanz- und Steuerreform (ErbStG v. 10.9.1919, RGBl. 1919, 1543) ist das Prinzip der Erbanfallsteuer mit einzelnen Durchbrechungen beibehalten worden (vgl. die Begünstigung nach § 13a ErbStG 1996, die die Grundsätze einer Nachlassbesteuerung aufgreift).

3   Die Erbschaftsteuer als Erbanfallsteuer ist eine **Personensteuer**, die ihre Rechtfertigung in einer gesteigerten Leistungsfähigkeit des Erwerbers finden soll (Troll/Gebel/Jülicher/Gottschalk/*Gottschalk* Rn. 3). Als Personensteuer lässt sie sich der Besteuerung des Einkommens zuordnen (vgl. *Heinz* ZEV 2004, 221), ist jedoch im System des deutschen Steuerrechts letztlich wegen der Besteuerung des Substanzübergangs den **Verkehrssteuern** zuzurechnen.

4   **3. Bereicherungsprinzip.** Nach dem Prinzip der Erbanfallsteuer stellt das ErbStG konsequent auf das Bereicherungsprinzip ab (→ Rn. 13: Anknüpfung an das Zivilrecht). Nach dem Bereicherungsprinzip werden die persönlichen Verhältnisse zwischen den Begünstigten und dem Erblasser/Schenker berücksichtigt. Darüber hinaus gelten die Vorgaben des BVerfG (BStBl. II 1995, 671 (673)), wonach Besonderheiten der Verwandtschaft bzw. der Familie zu berücksichtigen sind. Bei einer Mehrzahl von Erben oder Beschenkten bemisst sich die Steuer nach dem Wert des jeweiligen Teilerwerbs (Moench/Weinmann/*Weinmann* Rn. 2).

5   **4. Grenzen der Erbschaftsteuer.** Art. 14 GG schützt neben dem Eigentum auch das Erbrecht als Grundrecht. Der verfassungsrechtliche Schutz von Ehe und Familie in **Art. 6 I GG** stellt als Ausfluss der Erbrechtgarantie die Testierfreiheit, sodass in Erb- und Schenkungsfällen zu Gunsten von Familienangehörigen die Aufnahme unterschiedlicher Steuerklassen und besonderer Steuersätze verfassungsrechtlich geboten ist. Die Grenzen der Besteuerung liegen bei einer **konfiskatorischen Ausgestaltung** (BVerfG BStBl. II 1990, 103; BFH BStBl. II 2001, 606), wonach die Erhebung einer Steuer mit einer Gesamtsteuerbelastung von 62 vH (noch) nicht zu beanstanden ist. In dem späteren Beschluss v. 22.6.1995 (BStBl. II 1995, 671 (673)) greift das BVerfG diesen Ansatz auf, stellt auf die besondere Förderung des Familienkreises ab und fordert eine „mäßigende" Ausgestaltung der Erbschaftsteuer. Eine weitere Begrenzung einer Erbschaftsteuer liegt im Schutz der Ehe und Familie (Art. 6 GG); zumindest ist der Nachlasswert in Höhe des persönlichen Gebrauchsvermögens steuerfrei zu stellen. Nicht zuletzt leitet die Rspr. aus **Art. 3 I GG** das Prinzip der Besteuerungsgleichheit ab; eine einmal getroffene Belastungsentscheidung ist folgerichtig mit dem Ziel gleichmäßiger Belastung umzusetzen. Die gesetzlichen Bewertungsmethoden müssen zum Stichtag die jeweiligen Werte in ihrer Relation realitätsgerecht ermitteln.

6   **5. Entwicklung des Erbschaftsteuergesetzes.** Die Ursprünge des ErbStG liegen weit zurück. Die Erbschaftsteuer wurde erstmals mit dem Reichsgesetz v. 3.6.1906 (RGBl. 1906, 654) einheitlich für alle Gebiete Deutschlands eingeführt und löste die bis dahin einschlägigen Landesgesetze ab. Nach § 58 ErbStG 1906 hatten die Länder das Recht, Zuschläge zur Steuer zu erheben. Die Fortschreibung des Gesetzes (Troll/Gebel/Jülicher/Gottschalk/*Gottschalk* Rn. 60–109) zeigt einen ständigen Wechsel insbes. bei der Einteilung von Steuerklassen, beim Steuertarif und bei der Besteuerung von Ehegatten. Eine um-

fassende Änderung ist durch das Gesetz zur Reform des Erbschaftsteuer- und Schenkungsteuerrechts v. 17.4.1974 (BStBl. I 1974, 216) erfolgt. Im Mittelpunkt stand das Bemühen des Gesetzgebers, eine **verfassungsrechtlich gebotene Steuergerechtigkeit** umzusetzen und Steuersparmöglichkeiten einzuschränken. Diesem Ziel diente ua die Ersetzung der unrealistisch gewordenen Einheitswerte aus dem Jahr 1935 durch die Einheitswerte aus dem Jahr 1964 mit einem Zuschlag von 40 vH. Nach Übernahme des ErbStG durch die neuen Bundesländer zum 1.1.1990 (vgl. § 37a) wurde das ErbStG durch das JStG 1997 (Gesetz v. 20.12.1996 BStBl. I 1996, 1523) reformiert. Nach dem Beschluss des BVerfG zur Erbschaftsteuer v. 22.6.1995 (BStBl. II 1995, 671) wurde insb. die Besteuerung des Grundbesitzes nach den überholten „Einheitswerten" aus dem Jahre 1994 als nicht verfassungsgerecht und als **Verstoß gegen Art. 3 I GG** beurteilt. Die Neufassung des ErbStG und des BewG (das für die Bewertung des Vermögens maßgebend ist) sollte im Wesentlichen für den Grundbesitz mit dem sog. Bedarfswert ein realitätsgerechteres Bewertungsniveau schaffen und bereits im Blick auf die Sicherung von Arbeitsplätzen das Betriebsvermögen entlasten sowie das vom BVerfG geforderte Familienprinzip durch Anhebung der persönlichen Freibeträge umsetzen.

6. Inkrafttreten des ErbStRG. Nach dem Beschluss des BVerfG (BStBl. II 2007, 192), wonach das Gericht das bisher bestehende Recht nicht für nichtig, sondern **lediglich als mit Art. 3 I GG unvereinbar** erklärt hatte (vgl. Moench/Weinmann/*Weinmann* Rn. 28), musste spätestens bis zum 31.12.2008 eine Neuregelung erfolgen. Nach Zustimmung des Bundestages v. 27.11.2008 ist das ErbStRG am 5.12.2008 vom Bundestag beschlossen worden. Damit trat das Gesetz am **1.1.2009** in Kraft. Das ErbStRG erlaubte einen Antrag auf rückwirkende Anwendung des neuen Rechts (Art. 3 ErbStRG). Durch das ErbStRG wurden Teile des ErbStG als auch des BewG neu geregelt. Auf das **ErbStG** wirkte sich das neue Gesetz durch die **Neuregelung der Wertermittlungsvorschriften und der Verschonungsnormen**, die **Erhöhung der Freibeträge**, die **Veränderungen des Steuertarifs** und die **Ausweitung der Steuerbefreiungen für Familienheime** aus (Fischer/Pahlke/Wachter/*Pahlke* Rn. 1).

7. Auswirkungen des BVerfG-Urteil vom 17.12.2014. Das BVerfG hat mit Urteil v. 17.12.2014 (BStBl. 2015 II 50) die Verschonungsregelungen der §§ 13a und 13b sowie die Tarifvorschriften des § 19 I für **gleichheits- und verfassungswidrig** erklärt. Die Verfassungswidrigkeit ergab sich aus der Verschonung unentgeltlicher Erwerbe von Betriebsvermögen ohne erfolgte Bedürfnisprüfung, der Befreiung der Lohnsummenpflicht für Betriebe mit nicht nur „einigen wenigen Beschäftigten" sowie die Begünstigung des Verwaltungsvermögens mit einer Quote von 50 % bzw. 10 % (Fischer/Pahlke/Wachter/*Pahlke* Rn. 12a). Die Frist zur Neuregelung hatte das BVerfG auf den 30.6.2016 datiert.

In seinem Urteil hatte das BVerfG (BStBl. II 2015, 50) die **Weitergeltung** des bisherigen ErbStG angeordnet. Gem. § 176 I 1 Nr. 1 AO bleiben vor dem 17.12.2014 ergangene Steuerfestsetzungen unberührt; durch die Anordnung des BVerfG gilt dies jedoch auch für ab dem 17.12.2014 entstandene Erbschaft- oder Schenkungsteuer (*Wachter* FR 2015, 193 (211)).

Im Februar 2016 einigten sich die Vertreter der Regierungskoalition auf ein Konzeptpapier. Nach kontroversen Debatten nahm der Deutsche Bundestag am **24.6.2016 den Gesetzesentwurf der Bundesregierung** an, jedoch stimmte der **Bundesrat** nicht zu und rief den **Vermittlungsausschuss** an. Nachdem dieser am 21.9.2016 einen **Einigungsvorschlag** vorbrachte, wurde das Gesetz am 29.9.2016 vom Bundestag beschlossen. Am 14.10.2016 erfolgte die Zustimmung des Bundesrats. Am **9.11.2016** wurde das Gesetz im Bundesgesetzblatt **veröffentlicht** (BGBl. I 2016, 2464). Die entsprechende Kommentierung der neuen Vorschriften der §§ 10, 13a–13d, 19, 28–28a erfolgt in dem jeweiligen Kapitel. Auf den Vergleich zwischen der bisherigen Rechtslage und der neuen Rechtslage wird bewusst verzichtet.

Da die Neuregelung nicht bis zum 30.6.2016, sondern am 9.11.2016 durch das veröffentlichte Gesetz erfolgte, ist strittig, welches Recht für den **Zeitraum vom 30.6.2016 bis zum 9.11.2016** anzuwenden ist. Sowohl das BVerfG als auch die FinVw halten das bisherige Recht auch für Erwerbe, für die die Steuer nach dem 30.6.2016 entsteht, für anwendbar, wohingegen die Lit. das ErbStG ab 1.7.2016 für unanwendbar erklärt (ausf. hierzu Fischer/Pahlke/Wachter/*Pahlke* Rn. 14b–14c).

Nach § 37 Abs. 12 ErbStG treten die Neuregelungen für steuerbare Sachverhalte nach dem 30.6.2016 in Kraft.

8. Anknüpfung des ErbStG an das Zivilrecht und Auslegung des ErbStG. Das ErbStG knüpft an den Übergang des Vermögens einer Person aus Anlass ihres Todes auf die Erben (§§ 1922–2385 BGB) bzw. die freigebige Zuwendung (§§ 516–534 BGB) an. Daraus folgt die Maßgeblichkeit des Zivilrechts für die ErbSt (Moench/Weinmann/*Weinmann* Rn. 74). Begriffe und Deutungen, aber auch Vermögenszuordnungen entsprechen den Normen des bürgerlichen Rechtes, woraus die **Präferenz des Zivilrechtes** abgeleitet wird. Da es dem Gesetzgeber jedoch unbenommen bleibt, eigenständige Regelungen vorzunehmen, lässt sich das Steuerrecht in Teilbereichen von dem Zivilrecht trennen. Dies entspricht der Entscheidung des BVerfG (BStBl. II 1992, 212), wonach Zivilrecht und Steuerrecht gleichgeordnete und gleichrangige Rechtsgebiete sind. Daraus folgt, dass es keinen Vorrang und keine Maßgeblichkeit des Zivilrechts gibt, allenfalls eine nur vorrangige zivilrechtliche Interpretation.

Sind die steuerlichen Begriffe auszulegen, ist ein **Abweichen vom Zivilrecht** nur bei sachlichen Gründen von einigem Gewicht (vgl. Troll/Gebel/Jülicher/Gottschalk/*Gottschalk* Rn. 31) möglich. Für die Auslegung gelten die für alle Steuergesetze anzuwendenden Regelungen (Tipke/Kruse/*Drüen* AO § 4 Rn. 200 ff.). Jeder gesetzliche Tatbestand ist nach seiner eigenen spezifischen Teleologie auszulegen (zuletzt BFH BStBl. II 2008, 258). Das Abweichen vom Zivilrecht hat jedoch nach dem steuerlichen Bedeutungszusammenhang, dem Zweck des Steuergesetzes und dem Inhalt der Einzelregelung zu erfolgen (so Moench/Weinmann/*Weinmann* Rn. 75mit Hinweis auf den Beschluss des BVerfG BStBl. II 1992, 212). Die sog. **wirtschaftliche Betrachtungsweise** nach § 39 AO stellt sich insoweit nur als Interpretationshilfe der an den zivilrechtlichen Vorschriften auszulegenden steuerlichen Begriffe dar. Dies entspricht der Rspr. (BFH BStBl. II 1983, 179). Die besondere Struktur der ErbSt kennt zwar kein wirtschaftliches Eigentum, schließt jedoch die Annahme eines **Gestaltungsmissbrauchs** iSd § 42 AO grds. nicht aus (BFH BFH/NV 2001, 162). Der Vorrang des Zivilrechtes für das Erbschaftsteuerrecht bei eigenständiger Auslegung steuerlicher Begriffe führt etwa dazu, dass die Berücksichtigung eines Kaufvertrages vor der Grundbucheintragung nicht erfolgt (BFH BStBl. II 1997, 820) oder entgegen § 39 II 1, 2 AO nicht anzuerkennen ist (zB *Jülicher* DStR 2001, 2177).

15 **9. Verhältnis der Erbschaftsteuer zu anderen Steuern und Rechtsgebieten.** Neben der ErbSt können dem Grunde nach auch andere Steuern erhoben werden. Dabei soll eine **Doppelbesteuerung** durch die Regelung in den Einzelgesetzen vermieden werden. Auch wenn die ErbSt zwar den zivilrechtlichen Grundsätzen folgt, diese Grundsätze jedoch an steuerlichen Vorgaben auszurichten sind, sind Einkommensteuer und ErbSt als Personensteuern wesensverwandt. Dies schließt nach der Rspr. nicht aus, dass beide Steuern gleichzeitig anfallen (BFH BStBl. II 1977, 420, zuvor BStBl. II 1987, 175). Überschneidungen treten etwa dann auf, wenn ein Erwerbsgegenstand bei der Erbschaftsteuer unter Einbeziehung stiller Reserven erfasst wird, die stillen Reserven ertragsteuerlich jedoch erst später realisiert werden und dadurch Einkommensteuer auslösen. Während der Geltung des alten Erbschaftsteuergesetzes war das Problem der latenten Ertragsteuerbelastung durch Übernahme der Steuerbilanzwerte in die erbschaftsteuerliche Bemessungsgrundlage weitgehend gemindert; mit Anpassung der Werte sämtlicher Vermögensgegenstände an den Verkehrswert ergibt sich das Problem einer **Doppelbelastung** erneut. Der Gesetzgeber hat die Kritik in der Lit. (vgl. *Crezelius* BB-Spezial 10/2007) durch die Einführung des § 35b EStG gelöst, der an die Stelle des zum 31.12.1998 entfallenden § 35 EStG aF getreten ist und eine teilweise Entlastung durch Ermäßigung der tariflichen Einkommensteuer bei Veräußerung innerhalb von fünf Jahren – ausschließlich bezogen auf den Erwerb von Todes wegen – regelt (mit Bsp. *Lüdicke/Fürwentsches* DB 2009, 17).

16 Die Rspr. hatte die Doppelbelastung als systemgerecht hingenommen. Schon wegen des **Stichtagsprinzips** können noch nicht entstandene Verbindlichkeiten nicht abgezogen werden. Eine mögliche Einkommensteuerbelastung trifft den Steuerpflichtigen nicht in seiner Eigenschaft als Erwerber des Nachlasses, sondern nach Maßgabe seiner persönlichen Verhältnisse und seines Einkommens (BFH BStBl. III 1961, 162, zuletzt BFH/NV 1990, 643; bestätigend zB FG Münster EFG 2003, 1184).

17 Durch die Aufnahme entsprechender Befreiungen in das **Grunderwerbsteuergesetz** wird die Präferenz des Erbschaftsteuergesetzes im Verhältnis zur Grunderwerbsteuer (BVerfG BStBl. II 1984, 608) bestätigt; in einzelnen Fällen etwa der Anteilsvereinigung durch Erbfall oder Schenkung kommt es jedoch zu einer Doppelbelastung (*Halaczinsky* ZEV 2003, 97). Zur Vermeidung der Doppelbelastung sind Befreiungsvorschriften im Sinne einer **Präferenz der Erbschaftsteuer** auszulegen. Wird nach § 3 Nr. 2 1 GrEStG ein Grundstückserwerb von Todes wegen oder eine Grundstücksschenkung unter Lebenden von der Besteuerung ausgenommen, gilt dies auch im Falle einer Anteilsvereinigung nach § 1 IIa GrEStG.

18 **10. Erbschaftsteuer-Richtlinien.** Durch die ErbSt-Richtlinien werden der FinVw **Weisungen zur einheitlichen Anwendung** des Erbschaftsteuer- und Schenkungsteuerrechts und der dazu notwendigen Regelungen des Bewertungsrechts erteilt, die der Verwaltungsvereinfachung und der Vermeidung unbilliger Härten dienen. Die bisherigen Richtlinien aus dem Jahre 2011 werden durch neue Richtlinien ersetzt, die noch im Jahr 2018 erwartet werden. Bis zum Inkrafttreten der neuen Erbschaftsteuerrichtlinien gilt der Koordinierte Ländererlass vom 22.6.2017, insbesondere betreffend Zuwendungen von Betriebsvermögen oder nach §§ 13a, 13b, 13c priviligiertes Vermögen (AEErbSt 2017 BStBl. I 2017, 902).

19 **11. Europarecht.** Inwieweit aktuelle **europarechtliche Überlegungen** bei der Anpassung des Erbschaftsteuergesetzes zu berücksichtigen sind, bleibt der Entwicklung insbes. der Rspr. des EuGH vorbehalten (ausf. Troll/Gebel/Jülicher/Gottschalk/*Gottschalk* Rn. 50ff.: es besteht keine Harmonisierungsrichtlinie der EU für die Erbschaftsteuer, jedoch greifen die allgemeinen Grundfreiheiten wie Kapitalverkehrsfreiheit, Niederlassungsfreiheit, Recht auf Freizügigkeit, Aufenthaltsrecht, Dienstleistungsfreiheit, Warenverkehrsfreiheit; vgl. Moench/Weinmann/*Weinmann* Rn. 42). Es bleibt dem Gesetzgeber offen, für sämtliche Personen, die unter das Erbschaftsteuergesetz fallen, ohne Berücksichtigung des Wohnortes gleiche Regelungen zu erlassen. Eine **unterschiedliche Behandlung** von Steuerinländern und Steuerausländern und von Inlandsvermögen und Auslandsvermögen ist unionsrechtswidrig. Dies betrifft auch verdeckte Diskriminierungen. Es besteht aber keine Verpflichtung, wie in anderen EU-Ländern – so etwa Slowakei und Schweden – auf die Besteuerung von Erb- und Schenkungsfällen zu verzichten. Lediglich für den Fall, dass das **Recht zur Begründung eines Wohnsitzes** innerhalb des EU-Vertragsraumes eingeschränkt würde, könnten sich europarechtliche Bedenken ergeben. Da der Gesetzgeber das Recht zur Wohnsitzänderung für zehn Jahre selbst für den Fall steuerlich einschränkt, dass ein inländischer Wohnsitz begründet wurde, treten mögliche europarechtliche Bedenken zurück.

20 Ergibt sich etwa durch die Einbeziehung von Auslandsvermögen in die Inlandsbesteuerung eine **Diskriminierung,** erfolgt die Kompensation durch unterschiedlich hohe Freibeträge. Dagegen werden nach wie vor Bedenken erhoben (Troll/Gebel/Jülicher/Gottschalk/*Gottschalk* Rn. 52). Auch Steuerbegünstigungen, die auf Inlandsvermögen begrenzt sind, können unionsrechtlich problematisch sein. Dies wird

nach einer Entscheidung des EuGH (*Jäger* DStRE 2008, 174; FinMin Baden-Württemberg DStR 2008, 1537) als mögliche gemeinschaftswidrige Diskriminierung gewertet. Auch erfolgt nach Auffassung der FinVw die Bewertung von Betriebsvermögen, Grundvermögen und Anteilen an nicht-börsennotierten Kapitalgesellschaften mit Sitz in anderen Mitgliedstaaten nach anderen Methoden, als sie sich nach den Bewertungsvorschriften für Inlandsvermögen ergeben, sodass Abweichungen unionswidrig sind. Die Frage war jedoch nach Vorlage des II. Senats (DStR 2008, 448 zum Verstoß gegen die Kapitalverkehrsfreiheit bei einer Doppelbelastung sowohl mit deutscher als auch mit spanischer Erbschaftsteuer) zum EuGH strittig; der EuGH hat in der Entscheidung v. 12.2.2009 (*Block* FR 2009, 294) einen Verstoß gegen die Kapitalverkehrsfreiheit verneint, da den Mitgliedstaaten der EU eine gewisse **Autonomie** verbleibt und keine Verpflichtung besteht, eine Doppelbesteuerung durch Anrechnung ausländischer Erbschaftsteuer zu vermeiden.

Die Frage der Anwendung und des Umfangs der **Kapitalverkehrsfreiheit** ist durch den EuGH (*Scheunemann* DStR 2012, 1508, auf Vorlage des II. Senats v. 15.10.2010 BStBl. II 2011, 221; BFH DB 2012, 1963) abschließend geklärt; nach Auffassung der Gerichte verstößt es nicht gegen die Kapitalverkehrsfreiheit nach dem AEUV, wenn bei einem Erwerb einer Kapitalgesellschaftsbeteiligung im Drittland – im Urteilsfall in Kanada – die inländischen erbschaftsteuerlichen Vergünstigungen nicht gewährt werden; tangiert sei das vorrangige Recht der **Niederlassungsfreiheit** nach dem AEUV, das nur für Personen mit Wohnsitz in EU- und EWR-Länder gelte.

12. Vermeidung der internationalen Doppelbesteuerung. Der deutsche Besteuerungsanspruch erfasst wegen der weitreichenden Anknüpfungspunkte der unbeschränkten Erbschaft- und Schenkungsteuerpflicht grds. auch die Übertragung von Auslandsvermögen. Dabei könnte es zu einer Kollision von Steueransprüchen bspw. kommen, wenn ein Staat sich auf die steuerliche Ansässigkeit der beteiligten Person beruft, während ein anderer Staat seine Besteuerungskompetenz mit der objektiven Belegenheit des Vermögens begründet. Zur Vermeidung einer internationalen Doppelbesteuerung bei einer Kollision von Anknüpfungspunkten verschiedener Steuerrechtsordnungen hat Deutschland Doppelbesteuerungsabkommen auf dem Gebiet der Nachlass- und Erbschaftsteuer mit folgenden Staaten der OECD geschlossen:

Griechenland	v.	18.11./1.12.1910
Schweiz	v.	30.11.1978
Schweden	v.	14.7.1992 (ohne praktische Bedeutung, da ErbSt zum 1.1.2005 abgeschafft)
Dänemark	v.	22.11.1995
USA	v.	21.12.2000
Frankreich	v.	2.4.2006/3.4.2009

Abschnitt 1. Steuerpflicht

§ 1 Steuerpflichtige Vorgänge

(1) Der Erbschaftsteuer (Schenkungsteuer) unterliegen
1. der Erwerb von Todes wegen;
2. die Schenkungen unter Lebenden;
3. die Zweckzuwendungen;
4. das Vermögen einer Stiftung, sofern sie wesentlich im Interesse einer Familie oder bestimmter Familien errichtet ist, und eines Vereins, dessen Zweck wesentlich im Interesse einer Familie oder bestimmter Familien auf die Bindung von Vermögen gerichtet ist, in Zeitabständen von je 30 Jahren seit dem in § 9 Abs. 1 Nr. 4 bestimmten Zeitpunkt.

(2) Soweit nichts anderes bestimmt ist, gelten die Vorschriften dieses Gesetzes über die Erwerbe von Todes wegen auch für Schenkungen und Zweckzuwendungen, die Vorschriften über Schenkungen auch für Zweckzuwendungen unter Lebenden.

Erbschaftsteuer-Richtlinien
R E 1.1: Anwendung der Vorschriften über Erwerbe von Todes wegen auf Schenkungen/H E 1.1
R E 1.2: Familienstiftungen und Familienvereine/H E 1.2

1. Erwerbstatbestände nach dem Erbschaft- und Schenkungsteuergesetz. Abs. 1 enthält eine abschließende Aufzählung der Erwerbsvorgänge, die dem Erbschaft- und Schenkungsteuergesetz unterliegen. Die Vorschrift begründet keine eigene Steuerpflicht, da die steuerpflichtigen Tatbestände iE in den nachfolgenden Vorschriften konkretisiert werden. Die grds. Besteuerung des Vermögensanfalls wird begründet mit der zunehmenden wirtschaftlichen Leistungsfähigkeit auf Seiten des Erwerbers (Tiedtke/*Hils* Rn. 4).

Mit der Verwendung des Begriffes „Erwerb" stellt der Gesetzgeber nicht auf den Erbfall oder den Nachlass als solchen ab, sondern begründet die Steuer mit dem **Vermögenserwerb aus Anlass des Erbfalls**. Die erst später (durch das Reichserbschaftsteuergesetz v. 3.6.1906, RGBl. 1906, 654) erfolgte Einbeziehung der Vermögensübertragung unter Lebenden, die der Erfassung möglicher Ausweichgestaltungen diente, hat sich zu einem gleichwertigen Steuertatbestand entwickelt. Der „Erwerb von Todes wegen" – Nr. 1 – erfasst alle steuerbaren Erwerbe aus Anlass des Todes einer Person. Die einzelnen durch den Tod ausgelösten Erwerbsvorgänge sind in § 3 abschließend geregelt. Welche Erwerbe der Steuertatbestand „Schenkungen unter Lebenden" – Nr. 2 – iE erfasst, ist in § 7 geregelt.

3 **2. Zweckzuwendungen.** Zuwendungen zur Schaffung einer getrennten Vermögensmasse in Form einer Zweckzuwendung nach Nr. 3, die der Erwerber nur zweckgebunden verwenden darf, unterliegen ebenfalls der Erbschaftsteuer (Troll/Gebel/Jülicher/Gottschalk/*Jülicher* Rn. 6). Da sich die Zuwendung bei dem mit der Zweckauflage belasteten Erwerber bereicherungsmindernd auswirkt, hat der Gesetzgeber einen **eigenen Besteuerungstatbestand** begründet, um die getrennte Vermögensmasse der Besteuerung zu unterwerfen.

4 **3. Ersatzerbschaftsteuer.** Die sog. Ersatzerbschaftsteuer (auch Erbersatzsteuer genannt) nach Nr. 4 betrifft sowohl Stiftungen als auch Vereine (vgl. Tiedtke/*Hils* Rn. 22–35; ausf. *Blumers* DStR 2012, 1). Sie ist 1974 eingeführt worden und bezieht seit ihrer erstmaligen Festsetzung zum 1.1.1984 auch die vor 1954 errichteten Körperschaften ein. **Stiftungen** iSd §§ 80 ff. BGB sind mit Rechtsfähigkeit ausgestattete, nicht verbandsmäßig organisierte Einrichtungen, die einen vom Stifter bestimmten Zweck mit Hilfe eines dazu gewidmeten Vermögens dauernd und nachhaltig fördern sollen (BayObLG NJW 1973, 240; Seifart/v. Campenhausen StiftungsR-HdB/*Hof* § 8 Rn. 1 ff.). Erbschaftsteuerlich wird die rechtsfähige Stiftung als Körperschaft behandelt; bei einer nicht rechtsfähigen Stiftung wird das Stiftungsvermögen dem Treuhänder zugerechnet (Palandt/*Heinrichs* BGB Vorb. § 80 Rn. 6).

5 Ein **rechtsfähiger Verein** iSd § 21 BGB ist ein auf Dauer angelegter Zusammenschluss von Personen zur Verwirklichung eines gemeinsamen Zwecks mit körperschaftlicher Verfassung. Für die Organisation wird im Namen der Körperschaft die Vertretung durch einen Vorstand und dessen Unabhängigkeit vom Wechsel der Mitglieder verlangt (Palandt/*Heinrichs* BGB Einf. § 21 Rn. 13).

6 Um den Tatbestand des Abs. 1 Nr. 4 zu erfüllen, muss die Stiftung bzw. der Verein ausschließlich oder überwiegend dem **Nutzen einer Familie** oder ihrer Abkömmlinge dienen; damit grenzen sich Stiftung und Verein von gemeinnützigen Körperschaften iSd §§ 51 ff. AO ab. Die Familie iSd Nr. 4 wird als der Kreis der durch direkte Abstammung, Heirat oder häusliche Gemeinschaft verbundenen Angehörigen iSv § 15 AO (Meincke/Hannes/Holtz Rn. 17) definiert. Das Interesse einer Familie an der Errichtung einer Stiftung ist nach der Rspr. (BFH BStBl. II 1998, 114) weit zu fassen, sämtliche Vermögensvorteile zu Gunsten der begünstigten Familie werden einbezogen. Das Kriterium der wesentlichen Familieninteressen soll – in Anlehnung an § 15 II AStG (R E 1.2 (3) ErbStR) – quantitativ auf die laufenden Bezüge oder auf den Vermögensanfall bei Auflösung der Stiftung bezogen werden, wobei die Grenze des Nutzens einer Körperschaft zugunsten der Familie in jedem Fall bei 50 % liegt. Nach Auffassung der FinVw (R E 1.2 (2) S. 2 ErbStR) erfüllt die Stiftung die Voraussetzungen dann, wenn nach der Satzung oder dem Stiftungsgeschäft das **Wesen der Körperschaft** darin liegt, es den Familien zu ermöglichen, das Stiftungsvermögen, soweit es nicht zu privaten Zwecken zugänglich ist, zu nutzen oder die Stiftungserträge an sich zu ziehen. Die Voraussetzungen sind im Einzelfall erfüllt, wenn sich Nutzungs- und Zugriffsmöglichkeiten iVm dem Einfluss der Familie auf die Geschäftsführung ergeben. Eine Familienstiftung iSd Abs. 1 Nr. 4 ist auch dann gegeben, wenn die Bezugsberechtigung unter 50 %, aber mehr als 25 % beträgt, sofern zusätzliche Merkmale ein wesentliches Familieninteresse begründen (vgl. Troll/Gebel/Jülicher/Gottschalk/*Jülicher* Rn. 47). In jedem Fall ist die nach der Satzung oder dem Stiftungsgeschäft eingeräumte bloße Möglichkeit der Nutzung von oder des Zugriffes auf Stiftungsvermögen oder -erträge/n ausreichend; es kommt nicht auf die tatsächliche Gebrauchmachung an (vgl. R E 1.2 (3) S. 6 ErbStR; koordinierter Ländererlass Baden-Württemberg v. 28.10.1983, DStR 1983, 744).

7 Die Ersatzerbschaftsteuer wird in **Zeitabständen von je 30 Jahren** erhoben; sie ist nach der Rspr. (BFH BStBl. II 1981, 581; BVerfG BStBl. II 1983, 779) verfassungsgemäß. Die (Ersatzerbschaft-)Steuer soll verhindern, dass sich über die Generationenwechsel hinweg „steuerfreies" Vermögen ergibt. Die Steuer entspricht dem System einer Vermögen- oder Nachlasssteuer (vgl. Meincke/Hannes/Holtz Rn. 14). Sie wird für die Stiftung als Rechtsperson festgesetzt. Der Wert der Körperschaft wird nach den Verhältnissen im Zeitpunkt der Entstehung der Ersatzerbschaftsteuer nach den allgemeinen Regeln zur Wertermittlung erfasst (§ 10 I 6). Da es sich um einen **fiktiven Erbübergang** innerhalb der Familie handelt, unterstellt der Gesetzgeber den Übergang von einer Person auf zwei Kinder (Berücksichtigung zweier Freibeträge je 400.000 EUR, Steuersatz nach Steuerklasse I für jeden fiktiven Anfall). Es besteht die Möglichkeit der Verrentung nach § 24 S. 1; der Steuerpflichtige kann verlangen, dass die Steuer in 30 gleichen jährlichen Teilbeträgen (Jahresbeträgen) zu entrichten ist. Die Summe der Jahresbeträge umfasst die Tilgung und die Verzinsung iHv 5,5 %.

8 Die Änderung des Stiftungscharakters einer Familienstiftung gilt als Aufhebung der Familienstiftung und Errichtung einer neuen Stiftung; dies gilt auch bei Aufnahme weiterer Familienmitglieder als Bezugs- oder Anfallsberechtigte in den Kreis der Destinatäre durch Satzungsänderung. Der Erwerb durch die „neue" Stiftung unterliegt § 7 I Nr. 9.

9 **4. Gleichstellung von Erwerbsvorgängen.** Nach Abs. 2 werden **Erwerbe von Todes wegen** und **Schenkungen unter Lebenden steuerlich weitgehend gleichgestellt**; es wird der Wille des Gesetzgebers deutlich, die Erwerbe von Todes wegen und Schenkungen unter Lebenden im Zweifel gleich zu behandeln. Die Vorschriften für Erwerbe von Todes wegen werden auf Schenkungen und Zweckzuwendungen unter Lebenden unter Beachtung notwendiger Differenzierungen weitgehend übertragen (vgl. Troll/Gebel/Jülicher/Gottschalk/*Jülicher* Rn. 66). Vorschriften, die nur Sachverhalte betreffen, die allein bei Erwerben von Todes wegen vorkommen, gelten grds. nicht für Schenkungen unter Lebenden. Durch die enge Bindung der ErbSt an das Zivilrecht ergibt sich schon aus der unterschiedlichen Behandlung der Erwerbsfälle im Todesfall oder unter Lebenden im BGB eine Abweichung zwischen beiden Erwerbsfällen. Bei Erwerben von Todes wegen durch Erbanfall tritt eine Gesamtrechtsnachfolge in das Vermögen des Erblassers ein, während es sich bei einer Schenkung unter Lebenden um eine **Einzelrechtsnachfolge** in einen bestimmten Vermögensgegenstand handelt. Daraus folgt, dass im Falle der mittelbaren Schenkung unter Lebenden (etwa Geldschenkung zum Erwerb eines Grundstückes) die Bereicherung des Beschenkten nicht mit der Entreicherung des Zuwendenden übereinstimmen muss, dagegen im Bereich des Erwerbs von Todes wegen auf Grund der **Gesamtrechtsnachfolge** (§ 1922 BGB) ein gegenständliches Auseinanderfallen ausgeschlossen ist. Die nach dem BGB unterschiedliche Behandlung von Erwerben von Todes wegen und Schenkungen unter Lebenden ist wegen der zivilrechtlichen Ausprägung des ErbStG systemimmanent (BFH BStBl. II 1983, 179), sodass bzgl. der Tatbestandmäßigkeit der Besteuerung keine Bedenken greifen (zu den Einzelfällen des Gleichstellungsgebotes und der fehlenden umgekehrten Gleichstellung, Troll/Gebel/Jülicher/Gottschalk/*Jülicher* Rn. 76–84, 94; vgl. Moench/Weinmann/*Weinmann* Rn. 33).

5. Anwendung allgemeiner steuerlicher Verfahrensvorschriften. Die Anwendung des § 42 AO zur steuerrechtlichen Überprüfung von formal zivilrechtlich gestalteten Sachverhalten ist grds. auch für die ErbSt zu beachten; für die ErbSt ist die Vorschrift allerdings nur in einzelnen Bereichen von Bedeutung (BFH BFH/NV 2001, 162; vgl. mit Bsp. Kapp/Ebeling/*Geck* Rn. 6.1). Auch das Rechtsinstitut des wirtschaftlichen Eigentums nach § 39 AO ist im Einzelfall erfüllt (BFH HFR 2002, 684).

§ 2 Persönliche Steuerpflicht

(1) Die Steuerpflicht tritt ein
1. in den Fällen des § 1 Abs. 1 Nr. 1 bis 3, wenn der Erblasser zur Zeit seines Todes, der Schenker zur Zeit der Ausführung der Schenkung oder der Erwerber zur Zeit der Entstehung der Steuer (§ 9) ein Inländer ist, für den gesamten Vermögensanfall (unbeschränkte Steuerpflicht). ²Als Inländer gelten
   a) natürliche Personen, die im Inland einen Wohnsitz oder ihren gewöhnlichen Aufenthalt haben,
   b) deutsche Staatsangehörige, die sich nicht länger als fünf Jahre dauernd im Ausland aufgehalten haben, ohne im Inland einen Wohnsitz zu haben,
   c) unabhängig von der Fünfjahresfrist nach Buchstabe b deutsche Staatsangehörige, die
      aa) im Inland weder einen Wohnsitz noch ihren gewöhnlichen Aufenthalt haben und
      bb) zu einer inländischen juristischen Person des öffentlichen Rechts in einem Dienstverhältnis stehen und dafür Arbeitslohn aus einer inländischen öffentlichen Kasse beziehen,
   sowie zu ihrem Haushalt gehörende Angehörige, die die deutsche Staatsangehörigkeit besitzen. ³Dies gilt nur für Personen, deren Nachlaß oder Erwerb in dem Staat, in dem sie ihren Wohnsitz oder ihren gewöhnlichen Aufenthalt haben, lediglich in einer der Steuerpflicht nach Nummer 3 ähnlichen Umfang zu einer Nachlaß- oder Erbanfallsteuer herangezogen wird,
   d) Körperschaften, Personenvereinigungen und Vermögensmassen, die ihre Geschäftsleitung oder ihren Sitz im Inland haben;
2. in den Fällen des § 1 Abs. 1 Nr. 4, wenn die Stiftung oder der Verein die Geschäftsleitung oder den Sitz im Inland hat;
3. in allen anderen Fällen für den Vermögensanfall, der in Inlandsvermögen im Sinne des § 121 des Bewertungsgesetzes besteht (beschränkte Steuerpflicht). ²Bei Inlandsvermögen im Sinne des § 121 Nr. 4 des Bewertungsgesetzes ist es ausreichend, wenn der Erblasser zur Zeit seines Todes oder der Schenker zur Zeit der Ausführung der Schenkung entsprechend der Vorschrift am Grund- oder Stammkapital der inländischen Kapitalgesellschaft beteiligt ist. ³Wird nur ein Teil einer solchen Beteiligung durch Schenkung zugewendet, gelten die weiteren Erwerbe aus der Beteiligung, soweit die Voraussetzungen des § 14 erfüllt sind, auch dann als Erwerb von Inlandsvermögen, wenn im Zeitpunkt ihres Erwerbs die Beteiligung des Erblassers oder Schenkers weniger als ein Zehntel des Grund- oder Stammkapitals der Gesellschaft beträgt.

(2) Zum Inland im Sinne dieses Gesetzes gehört auch der der Bundesrepublik Deutschland zustehende Anteil am Festlandsockel, soweit dort Naturschätze des Meeresgrundes und des Meeresuntergrundes erforscht oder ausgebeutet werden.

Erbschaftsteuer-Richtlinien
R E 2.1: *Unbeschränkte und beschränkte Steuerpflicht*/H E 2.1
R E 2.2: *Inlandsvermögen*/H E 2.2

1. Persönliche Voraussetzungen für die Steuerpflicht. Die Vorschrift regelt den Umfang der persönlichen Steuerpflicht, der die in § 1 genannten Vermögenserwerbe unterliegen. Der Normzweck erfasst einen **Vermögensanfall**, wenn Geber oder Empfänger des Vermögens zur Zeit der Entstehung der Steuer **Inländer** sind. In dem Fall der Beteiligung von Inländern unterfällt jeder Erwerb der Steuerpflicht (nach Tiedtke/*Böge* Rn. 5, sog. vollkommen unbeschränkte Steuerpflicht). Liegen die Voraussetzungen einer Beteiligung eines Inländers sowohl auf der Seite des Vermögensgebers als auch auf der Seite des Vermögensempfängers nicht vor, beschränkt sich die Steuerpflicht auf bestimmte Inlandserwerbe (sog. begrenzte unbeschränkte Steuerpflicht). Für den Inlandsbezug kommt es vorrangig auf die Erblasser- bzw.

150 ErbStG § 2   Abschnitt 1. Steuerpflicht

Schenkerseite an, sodass die Wertung der Erwerberseite dahingestellt bleiben kann (Kapp/Ebeling/*Geck* Rn. 4). Darüber hinaus regelt § 2 Fragen des deutschen internationalen Erbschaftsteuerrechts.

2   **2. Umfang der Steuerpflicht.** Die unbeschränkte Erbschaftsteuerpflicht erfasst den **gesamten Vermögensanfall** bei Erwerb von Todes wegen, soweit Inländer beteiligt sind. In einem derartigen Fall kommen sämtliche Bestimmungen des Erbschaftsteuergesetzes zur Anwendung. Bezieht sich die Steuerpflicht nur auf das Inlandsvermögen, werden nicht alle Bestimmungen des Gesetzes angewendet (sog. **beschränkte Erbschaftsteuerpflicht**). Zwischenstaatliche Regelungen (bilaterale Abkommen zur Vermeidung der Doppelbesteuerung in Erbfällen) können die unbeschränkte Erbschaftsteuerpflicht mit der Wirkung einer auf bestimmte Gegenstände begrenzten Steuerpflicht beschränken (sog. **gegenständlich begrenzte unbeschränkte Steuerpflicht**). Sachlich erweitert § 4 I AStG die beschränkte Steuerpflicht über das nach § 121 BewG zu berücksichtigende Inlandsvermögen hinaus (sog. **beschränkt erweiterte Steuerpflicht**). Einen Sonderfall stellt § 2 I Nr. 1b dar (sog. **erweitert unbeschränkte Steuerpflicht**), der sich nur auf deutsche Staatsangehörige bezieht.

3   **3. Anwendung der in- und ausländischen Gesetze.** Das Erbschaftsteuergesetz folgt dem deutschen Zivilrecht und verweist in einzelnen Vorschriften auf das BGB. Erwerbe nach ausländischem Erbrecht unterliegen der deutschen Erbschaftsteuer, wenn nach einem **Typenvergleich** die zivilrechtlichen Grundlagen des im Ausland verwirklichten Vorgangs mit den Regelungen des deutschen Erbrechts vergleichbar sind (stRspr, zuletzt BFH BStBl. II 1986, 615). Bei fehlender Vergleichbarkeit der der ErbSt unterliegenden Vorgänge hat eine Prüfung zu erfolgen, ob die im Ausland verwirklichten unentgeltlichen Erwerbsvorgänge wirtschaftlich den im Inland steuerpflichtigen Erwerben entsprechen (vgl. Moench/Weinmann/*Weinmann* Rn. 3).

4   **4. Voraussetzungen der Inländereigenschaft.** Die unbeschränkte Steuerpflicht nach Abs. 1 Nr. 1 erfasst alle Inländer, die an Erwerbsvorgängen beteiligt sind. Nach Abs. 1 Nr. 1a gelten natürliche Personen als Inländer, die im Inland einen **Wohnsitz** oder ihren **gewöhnlichen Aufenthalt** haben. Das Innehaben eines inländischen Wohnsitzes nach § 8 AO liegt vor, wenn ein Wohnraum zur Verfügung steht, der genutzt wird oder benutzt werden kann, wobei eine dauerhafte Nutzung nicht erforderlich ist. Die Anforderungen an den Wohnsitz sind gering (*Geck* ZEV 1995, 249 (250); von Oertzen Troll/Gebel/Jülicher/Gottschalk/*Jülicher* Rn. 18). Bereits der Besitz einer Jagdhütte, das Vorhalten einer Familienwohnung oder das Aufsuchen einer Zweitwohnung in regelmäßigen Abständen reicht aus, um als Wohnsitz zu gelten. Die Möglichkeit eines mehrfachen Wohnsitzes steht der Begründung eines Hauptwohnsitzes im Ausland und der Annahme eines inländischen Wohnsitzes nicht entgegen (BFH BFH/NV 1987, 301). Entscheidend ist die gewisse Regelmäßigkeit des Aufsuchens einer zur Verfügung stehenden Wohnung im Inland, wobei die Grenze für die Begründung eines inländischen Wohnsitzes zwischen einer regelmäßigen und einer gelegentlichen Nutzung (etwa als Feriendomizil) gezogen wird. Die Begründung des Lebensmittelpunktes ist nicht erforderlich (FG Hamburg EFG 1988, 424). An den gewöhnlichen Aufenthalt im Inland werden noch geringere Anforderungen als an den Wohnsitz gestellt; für die Begründung eines gewöhnlichen Aufenthaltsortes reicht ein jährlich wiederkehrender (mit Unterbrechungen) mindestens fünf bis sechswöchiger Aufenthalt in der eigenen Wohnung auch zu Erholungszwecken aus (BFH BStBl. II 1969, 439, zwar kein Wohnsitz, aber Aufenthalt im Inland).

5   Als Inländer gelten auch **deutsche Staatsangehörige**, die zwar keinen Inlandswohnsitz inne haben, sich jedoch nicht länger als fünf Jahre im Ausland aufgehalten haben (**erweitert unbeschränkte Steuerpflicht** nach Abs. 1 Nr. 1b; nach Moench/Weinmann/*Weinmann* Rn. 12 als verlängerte unbeschränkte Steuerpflicht bezeichnet, weil sich das Merkmal nicht auf den Umfang, sondern auf den Zeitraum bezieht). Diese Regelung verhindert, dass sich deutsche Staatsangehörige der deutschen Steuerpflicht durch bloßen Wegzug entziehen können. Die Erweiterung greift auch für den Fall, dass deutsche Staatsangehörige nur kurzfristig einen Wohnsitz in Deutschland begründet haben, die zuvor jedoch ihr Leben hauptsächlich im Ausland verbracht haben. Auch im Falle einer mehrfachen Staatsangehörigkeit wird die erweiterte unbeschränkte Steuerpflicht nicht eingeschränkt. Europarechtliche Bedenken gegen die Erweiterung der unbeschränkten Steuerpflicht bestehen nicht (EuGH ZErb 2006, 166).

6   **Deutsche Auslandsbedienstete,** die die deutsche Staatsangehörigkeit haben, keinen Wohnsitz oder gewöhnlichen Aufenthalt im Inland innehaben und in einem Dienstverhältnis zu einer inländischen Körperschaft des öffentlichen Rechtes stehen und dafür Arbeitslohn aus öffentlichen Kassen beziehen, sind unbeschränkt steuerpflichtig (Abs. 1 Nr. 1c), soweit sie im ausländischen Staat nur einer der deutschen beschränkten Steuerpflicht ähnlichen ErbSt unterliegen. Die Vorschrift greift nach Ablauf von fünf Jahren nach Aufgabe des inländischen Wohnsitzes, da zuvor die unbeschränkte Steuerpflicht nach Abs. 1 Nr. 1b besteht. Die Tätigkeit aufgrund eines Dienstverhältnisses bedeutet die Übernahme staatlicher Aufgaben oder Dienste im Rahmen einer privatwirtschaftlichen Betätigung der Körperschaft des öffentlichen Rechtes; der Umfang einer im Ausland begründeten Verpflichtung zur Zahlung einer Steuer, die der inländischen ErbSt entspricht, ist in jedem Einzelfall gesondert zu prüfen.

7   **5. Inländische Körperschaften.** Nach Abs. 1 Nr. 1d richtet sich die Inländereigenschaft von Körperschaften, Personenvereinigungen und Vermögensmassen nach der Geschäftsleitung oder dem Sitz. Die **Geschäftsleitung** nach § 10 AO ist Mittelpunkt der geschäftlichen Oberleitung, der **Sitz** richtet sich nach Gesetz, Vertrag, Satzung etc. (§ 11 AO). Unter Personenvereinigungen und Vermögensmassen fallen regelmäßig Vereine, Stiftungen, Anstalten oder Zweckvermögen. Da Personengesellschaften (OHG, KG, GbR) nach der gesicherten Rspr. (BFH BStBl. II 1995, 81) nicht Steuerpflichtige iSd ErbStG sind, sondern die einzelnen an der Gesamthand beteiligten Personen, liegen bei **Gesellschaften mit Gesamthandsvermögen** die Voraussetzungen des Abs. 1 Nr. 1d nicht vor. Insoweit löst sich das ErbStG von den zivilrechtlichen Grundsätzen und berücksichtigt nicht die bereits in anderen Rechtsgebieten bestehende Rechtsfähigkeit einer Gesamthand (krit. Meincke/Hannes/Holtz Rn. 6, 7). Dies gilt auch für den Fall einer Schenkung von einer Gesamthandsgemeinschaft an einen Gesamthänder (BFH BStBl. II 1998, 630).

6. Zeitpunkt der Inländereigenschaft. Liegt ein Erwerb von Todes wegen vor, muss der Erblasser zum Zeitpunkt des Todes oder der Erwerber **zum Zeitpunkt der Entstehung der Steuerschuld** Inländer sein. Bei einer Schenkung unter Lebenden muss der Schenker zum Zeitpunkt der Ausführung der Zuwendung oder der Erwerber zum Zeitpunkt der Entstehung der Steuerschuld Inländer sein; die Staatsangehörigkeit ist unerheblich (vgl. Troll/Gebel/Jülicher/Gottschalk/*Jülicher* Rn. 41–43). Ist für den maßgeblichen Zeitpunkt der Inländereigenschaft auf den Todeszeitpunkt bzw. auf die Ausführung der Schenkung oder die Entstehung der Schenkungsteuer (§ 9) abzustellen, kann die von der Person des Erwerbers abhängige Frage nach der Begründung einer unbeschränkten Steuerpflicht möglicherweise durch eine Gestaltung noch beeinflusst werden (Viskorf/Schuck/Wälzholz/*Hübner* Rn. 6). Die unbeschränkte Steuerpflicht kennt keine Beschränkung der Besteuerung, sie erfasst nicht nur Inlands-, sondern auch Auslandsvermögen. Die Berücksichtigung des gesamten Vermögensanfalles bedeutet im Umkehrschluss, dass mit der unbeschränkten Steuerpflicht auch keine Beschränkungen möglicher Steuerentlastung verbunden sind (etwa Gewährung des Freibetrages, Abzug von Nachlassverbindlichkeiten etc.).

7. Familienstiftungen und -vereine. Familienstiftungen und Familienvereine iSd § 1 I Nr. 4 sind insoweit unbeschränkt steuerpflichtig, als sie Geschäftsleitung oder Sitz im Inland haben. **Ausländische Familienstiftungen** – auch wenn sie ihren Sitz im EU-Ausland haben – sind bzgl. ihres Inlandsvermögens nicht der Ersatzerbschaftsteuer unterworfen (Moench/Weinmann/*Weinmann* Rn. 19). Der Familienstiftung wird damit praktisch die Möglichkeit eröffnet, durch Verlegung ihres Sitzes in das Ausland die periodische Ersatzerbschaftsteuer zu vermeiden. In diesem Fall wird zwar das Einkommen und Vermögen nicht mehr der Stiftung, sondern den Bezugsberechtigten nach § 15 I AStG zugerechnet eventuell mit erbschaftsteuerlichen Folgen; für die ErbSt greift diese Vorschrift nicht, es bleibt jedoch die Notwendigkeit für eine Prüfung der einkommensteuerrechtlichen Konsequenzen.

8. Voraussetzung der beschränkten Steuerpflicht. Liegt die unbeschränkte Steuerpflicht mangels Beteiligung von Inländern weder auf der Erblasser-/Schenkerseite noch auf der Erwerberseite vor, tritt die beschränkte Steuerpflicht nach Abs. 1 Nr. 3 ein, die nur das **Inlandsvermögen iSd § 121 BewG** erfasst. Zum Inlandsvermögen gehören nur solche Wirtschaftsgüter, die auch bei unbeschränkter Steuerpflicht einem Erwerb zuzurechnen sind (R E 2.2 (1) S. 1 ErbStR); Wirtschaftsgüter, die insbes. nach den Vorschriften des Erbschaftsteuer- und Schenkungsteuergesetzes nicht zur ErbSt herangezogen werden, fallen insoweit nicht unter das Inlandsvermögen (R E 2.2 (1) S. 2 ErbStR). Der Schuldenabzug ist nach § 10 VI 2 eingeschränkt und nur insoweit zu berücksichtigen, als Schulden und Lasten mit dem Inlandsvermögen in wirtschaftlichem Zusammenhang stehen und dieses Vermögen belasten (R E 2.2 (7) ErbStR). Der persönliche Freibetrag iHv 20.000 EUR gem. § 16 I wird nach § 16 II um einen Anteil des Wertes gemindert, der nicht unter die beschränkte Steuerpflicht fällt. Inlandsvermögen ist ausschließlich das in § 121 BewG aufgeführte Vermögen, iE:

- inländisches land- und forstwirtschaftliches Vermögen
- inländisches Grundvermögen
- inländisches Betriebsvermögen; dazu zählen alle Wirtschaftsgüter, die einem Gewerbebetrieb oder einer freiberuflichen Tätigkeit dienen und für die im Inland eine Betriebsstätte (§ 12 AO) unterhalten wird oder ein ständiger Vertreter (§ 13 AO) bestellt ist
- Beteiligung an einer inländischen Kapitalgesellschaft, bei einer unmittelbaren oder mittelbaren Beteiligung mindestens 10 % am Grund- oder Stammkapital ohne bestimmte Besitzdauer; die Beteiligung nahestehender Personen wird einbezogen
- Erfindungen, Gebrauchsmuster, Topographien bei Eintragung in einem inländischen Buch oder Register
- Wirtschaftsgüter, die nicht unter die vorherigen Vermögensgegenstände fallen und einem inländischen Gewerbebetrieb überlassen sind, insbes. durch Vermietung und Verpachtung
- Hypotheken, Grundschulden, Rentenschulden und andere Forderungen und Rechte, wenn sie durch inländischen Grundbesitz unmittelbar oder mittelbar gesichert sind
- Forderungen aus einer typisch stillen Beteiligung oder aus einem partiarischen Darlehen bei Inlandsbezug des Schuldners
- Nutzungsrechte, Nießbrauch an zum Inlandsvermögen gehörenden Vermögensgegenständen.

Zu den Voraussetzungen des Inlandsvermögens vgl. Kommentierungen zum BewG (Hinweise in § 12 zusf. Tiedtke/*Böge* Rn. 21–31). Da die **Aufzählung abschließend** ist, werden sonstige Ansprüche wie etwa ein Pflichtteilsanspruch eines Gebietsfremden, der Erbersatzanspruch, ein Anspruch eines Untervermächtnisnehmers, der Sachleistungsanspruch (etwa auf Übertragung von Inlandsvermögen), aber auch der Herausgabeanspruch eines Treugebers (aA FinMin Baden-Württemberg DStR 2007, 627; abl. *Jülicher* ZErb 2007, 157) etc. nicht als Inlandsvermögen gewertet.

9. Erweiterung der beschränkten Steuerpflicht. Die beschränkte Erbschaftsteuerpflicht (→ Rn. 10) ist gegeben, wenn weder der Erblasser (Schenker) noch der Erwerber als Inländer zu qualifizieren ist; steuerpflichtig ist dann das Inlandsvermögen iSd § 121 BewG. Darauf beruht die erweitert beschränkte

Steuerpflicht nach § 4 AStG. Dabei erfasst § 4 AStG nur den Erblasser (Schenker), der im Todeszeitpunkt oder im Zeitpunkt der Schenkung der **erweitert beschränkten Einkommensteuerpflicht** (§ 2 AStG) unterlag. Voraussetzung ist, dass eine natürliche Person in den letzten zehn Jahren vor dem Ende ihrer unbeschränkten Einkommensteuerpflicht mindestens fünf Jahre unbeschränkt einkommensteuerpflichtig gewesen war (§ 2 I 1 AStG) und in einem ausländischen Gebiet ansässig ist, in dem eine gegenüber dem Inland niedrigere Einkommensteuerbelastung besteht (§ 2 I 1 Nr. 1 Hs. 1 AStG). Ist die natürliche Person in keinem ausländischen Gebiet ansässig (§ 2 I 1 Nr. 1 Hs. 2 AStG), reicht bereits das Bestehen wesentlicher wirtschaftlicher Interessen im Ausland (§ 2 I 1 Nr. 2 AStG) zur Begründung der erweitert beschränkten Steuerpflicht aus (vgl. Viskorf/Schuck/Wälzholz/*Hübner* Rn. 37; Tiedtke/*Böge* Rn. 32–35).

13 Sachlich erfasst werden bei der erweitert beschränkten Steuerpflicht über das Inlandsvermögen iSd § 121 BewG hinaus alle Teile des Erwerbs, dessen Erträge bei unbeschränkter Einkommensteuerpflicht **nicht ausländische Einkünfte** iSd § 34c I EStG wären. Auch Bankguthaben bei Geldinstituten im Inland etc. werden hinzugerechnet (vgl. FinVw im Anwendungserlass zum AStG v. 14.5.2004 BStBl. I 2004 Sondernummer 1). Wird nachgewiesen, dass das erweitert beschränkten steuerpflichtige Inlandsvermögen im Ausland einer der inländischen ErbSt entsprechenden Steuer unterliegt, die mindestens 30 % der deutschen Steuer beträgt, entfällt die erweitert beschränkte Steuerpflicht.

14 **10. Doppelerfassungen von Erwerbssachverhalten.** Gilt für den Erblasser, Schenker bzw. Erwerber die unbeschränkte oder erweitert beschränkte Steuerpflicht, die das gesamte Inlandsvermögen erfasst, könnte ein Sachverhalt bei Bezug zu anderen Staaten auch im anderen Staat besteuert werden. Eine derartige **Doppelbesteuerung** tritt etwa beim Zusammentreffen der unbeschränkten Steuerpflicht in einem Staat mit einer beschränkten Steuerpflicht, die sich auf das in einem anderen Staat belegene Vermögen bezieht, ein. Die Besteuerung erfolgt in beiden Staaten, weil die Vermögensgegenstände von beiden Staaten jeweils als im Inland belegen beurteilt werden. Auch eine Versagung des Schuldenabzugs etwa für den Fall, dass bei beschränkter Steuerpflicht kein Schuldenabzug möglich ist, kann zu einer Doppelbelastung führen. Desweiteren kann auch eine in den jeweiligen Staaten unterschiedliche Qualifikation (etwa bei einem im anglo-amerikanischen Recht verbreiteten Trust) die Voraussetzung für eine Doppelbesteuerung erfüllen.

15 Die Vermeidung der Doppelbelastung bei Besteuerungsansprüchen anderer Staaten erfolgt aus deutscher Sicht nach § 21 durch **Anrechnung ausländischer Erbschaft- und Schenkungsteuer,** jedoch begrenzt auf die deutsche ErbSt, mit der das Auslandsvermögen der inländischen Besteuerung unterliegt. Diese innerstaatliche Regelung wird durch die Vermeidung der Doppelbesteuerung – übrigens überlagert – bestehen bilaterale Maßnahmen (**Doppelbesteuerungsabkommen** als völkerrechtliche Verträge – DBA), wird die doppelte Erfassung entweder durch Freistellung des Erwerbsvorganges oder Anrechnung der im Ausland entrichteten Steuer gemildert oder vermieden.

16 Nach der **Freistellungsmethode** sind bestimmte Vermögensgegenstände bei Erfassung in einem Staat von der Besteuerung in einem anderen Staat auszunehmen; die Steuer ist jedoch nach dem höheren Steuersatz zu berechnen, der unter Einbeziehung der freigestellten Vermögensgegenstände ursprünglich gelten würde (Progressionsvorbehalt). Die **Anrechnungsmethode,** die in der Mehrzahl der deutschen Abkommen enthalten ist, geht zunächst von dem gesamten steuerpflichtigen Vermögensanfall in den jeweiligen Vertragsstaaten aus. Bei der Steuerfestsetzung wird aber die in dem jeweils anderen Vertragsstaat auf bestimmtes, in der Regel dort belegenes Vermögen zu zahlende Erbschaftsteuer angerechnet. Die ausländische Steuer ist jedoch der Höhe nach auf die inländische Steuer beschränkt, sodass iE bei einer höheren Besteuerung des Auslandsvermögens die Erfassung im Inland entfällt. Dem Recht der Aufteilung des Nachlasses zwischen den Staaten folgt auch die Zuordnung der Verbindlichkeiten.

17 Es existieren derzeit DBA mit Dänemark, Frankreich, Griechenland, Schweiz und den Vereinigten Staaten (vgl. Meincke/Hannes/Holtz Rn. 31–57; Troll/Gebel/Jülicher/Gottschalk/*Jülicher* Rn. 136–290; zum DBA-Frankreich *Jülicher* IStR 2007, 85; Strunk/Kaminski/Köhler/*Milatz/Herbst*, AStG/DBA). Die Abkommen mit Israel, Schweden und Österreich (vgl. Tiedtke/*Schubert* Rn. 52, 53) haben nur noch rechtshistorische Bedeutung. Die DBA entsprechen den **OECD-Musterabkommen** zur Vermeidung der Doppelbesteuerung auf dem Gebiet der Nachlass-, Erbschaft- und Schenkungsteuer aus den Jahren 1966 und 1982 (BMF-Musterabkommen zur Vermeidung der Doppelbesteuerung der Nachlässe, Erbschaften und Schenkungen mit Bericht des Fiskalausschusses der OECD, Herne/Berlin 1987; vgl. Tiedtke/*Schubert* Rn. 39–45). Sie beziehen sich auf den Erwerb von Todes wegen und erfassen zT nur Schenkungen auf den Todesfall (so DBA-Schweiz; ausf. zu den DBA Troll/Gebel/Jülicher/Gottschalk/*Jülicher* Rn. 152; Hinweis auf die Komm. der erbschaftsteuerlichen DBA zB *Strunk/Kaminski/Köhler; Debatin/Wassermeyer*).

18 **11. EU-rechtliche Auswirkungen.** Vor der Aufhebung des Abs. 3 war noch nicht abschließend geklärt die Einwirkung des EU-Rechts auf das deutsche Erbschaftsteuerrecht, insbes. die einzelstaatlichen Regelungen innerhalb der europäischen Union bzgl. der Vermeidung von Doppelbesteuerungen. Der EuGH (*Barbier* DStRE 2004, 93) hat auf die Vorlage eines niederländischen Gerichts hin entschieden, dass die **europäischen Grundfreiheiten** – insbes. die der Freizügigkeit und der Kapitalverkehrsfreiheit – uneingeschränkt auch für das Erbschaft- und Schenkungsteuerrecht gelten. Der nationale Steuervorbehalt dürfe nicht zu einer verschleierten Beschränkung der Kapitalverkehrsfreiheit führen. Der EuGH hat aufgezeigt, dass die Folgen der unterschiedlichen Steuerpflichten (unbeschränkte Steuerpflicht einerseits und beschränkte Steuerpflicht andererseits) nur durch bilaterale (Doppelbesteuerungs-)Abkommen zu

lösen sind. Der BFH (DStR 2008, 448) hat in einer Revisionsentscheidung die Doppelbelastung ausländischer Kontenguthaben aufgrund des deutschen ErbStG als nicht EU-konform beurteilt und das Verfahren dem EuGH vorgelegt; in der Entscheidung des EuGH (*Block* FR 2009, 294) wird den EU-Ländern eine umfassende Kompetenz zur Erbschaftsteuer-Erfassung der dem jeweiligen nationalen Recht unterliegenden Sachverhalte eingeräumt, ohne dass eine abschließende Klärung der Frage des Zusammenwirkens der unterschiedlichen Steuerregime erfolgt ist.

Nicht zuletzt ist zur Vermeidung einer Doppelbelastung bei evtl. Billigkeitsmaßnahmen der Zusammenhang zwischen den Regelungen im EG-Vertrag, zwischen weiteren Normen des Gemeinschaftsrechtes und dem Ziel der Vermeidung der Doppelbesteuerung im Erbschaftsteuergesetz zu beachten (vgl. Troll/Gebel/Jülicher/Gottschalk/*Jülicher* Rn. 146–149). 19

12. Zuständigkeit. Die örtliche Zuständigkeit bei beschränkter Steuerpflicht ergibt sich aus § 19 II AO; demnach ist das Finanzamt, in dessen Bezirk sich das erworbene inländische Vermögen, ggf. der wertvollste Teil dieses Vermögens befindet, zuständig. Sollte dies für mehrere Finanzämter zutreffen, ist das Finanzamt zuständig, in dessen Bezirk sich der wertvollere Teil befindet. Die Feststellungsfrist für die Steuer endet nicht vor Ablauf des vierten Jahres nach Kenntniserlangung der Finanzbehörde von dem Antrag. 20

Der Antragsteller ist verpflichtet, gegenüber dem Finanzamt **Angaben über frühere Zuwendungen** von denselben Personen und über die Zusammensetzung und den Wert dieser Erwerbe zu machen, sowie ggf. Angaben über das (damals) zuständige deutsche Finanzamt, bei welchem die Besteuerung dieser Erwerbe stattgefunden hat. Bei Vorgängen mit Auslandsberührungen besteht gem. § 90 II AO eine erhöhte Mitwirkungspflicht (Erl. v. 15.3.2012, BStBl. I 2012, 328). 21

13. Zuordnung des Erbschaftsteueraufkommens. Nach dem im ErbStG verankerten Bundesprinzip steht dem **Bundesland** das Steueraufkommen zu, in dem der Erblasser zum Todestag seinen Wohnsitz hatte. Unterhielt der Erblasser in mehreren Ländern Wohnsitze, wird auf den Mittelpunkt der Lebensinteressen abgestellt. Das Bundesprinzip erfährt Einschränkungen aufgrund des sog. Quellenstaatprinzips. So gilt bei der beschränkten Steuerpflicht das Belegenheitsprinzip etwa in den Fällen, in denen Vermögen in dem besteuernden Wohnsitzstaat freigestellt oder die ErbSt angerechnet wird. Unbewegliches Vermögen einschließlich Inventar, Zubehör und Nutzungsrechte sind vorrangig in dem Land zu besteuern, in dem das Vermögen liegt. Dies gilt auch bei Vermögen, das gewerblich genutzt wird. Durch die unterschiedlichen Privatrechtsordnungen und durch abweichende Zuordnungen von Belegenheits- und Betriebsstättenvermögen ergeben sich sowohl bei der Anwendung von DBA als auch bei der Auslegung erhebliche Konflikte. 22

§ 3 Erwerb von Todes wegen

(1) ¹Als Erwerb von Todes wegen gilt

1. der Erwerb durch Erbanfall (§ 1922 des Bürgerlichen Gesetzbuchs), durch Vermächtnis (§§ 2147 ff. des Bürgerlichen Gesetzbuchs) oder auf Grund eines geltend gemachten Pflichtteilsanspruchs (§§ 2303 ff. des Bürgerlichen Gesetzbuchs);
2. der Erwerb durch Schenkung auf den Todesfall (§ 2301 des Bürgerlichen Gesetzbuchs). ²Als Schenkung auf den Todesfall gilt auch der auf dem Ausscheiden eines Gesellschafters beruhende Übergang des Anteils oder des Teils eines Anteils eines Gesellschafters einer Personengesellschaft oder Kapitalgesellschaft bei dessen Tod auf die anderen Gesellschafter oder die Gesellschaft, soweit der Wert, der sich für seinen Anteil zur Zeit seines Todes nach § 12 ergibt, Abfindungsansprüche Dritter übersteigt. ³Wird auf Grund einer Regelung im Gesellschaftsvertrag einer Gesellschaft mit beschränkter Haftung der Geschäftsanteil eines Gesellschafters bei dessen Tod eingezogen und übersteigt der sich nach § 12 ergebende Wert seines Anteils zur Zeit seines Todes Abfindungsansprüche Dritter, gilt die insoweit bewirkte Werterhöhung der Geschäftsanteile der verbleibenden Gesellschafter als Schenkung auf den Todesfall;
3. die sonstigen Erwerbe, auf die die für Vermächtnisse geltenden Vorschriften des bürgerlichen Rechts Anwendung finden;
4. jeder Vermögensvorteil, der auf Grund eines vom Erblasser geschlossenen Vertrags bei dessen Tode von einem Dritten unmittelbar erworben wird.

(2) ¹Als vom Erblasser zugewendet gilt auch

1. der Übergang von Vermögen auf eine vom Erblasser angeordnete Stiftung. ²Dem steht gleich die vom Erblasser angeordnete Bildung oder Ausstattung einer Vermögensmasse ausländischen Rechts, deren Zweck auf die Bindung von Vermögen gerichtet ist;
2. was jemand infolge Vollziehung einer vom Erblasser angeordneten Auflage oder infolge Erfüllung einer vom Erblasser gesetzten Bedingung erwirbt, es sei denn, daß eine einheitliche Zweckzuwendung vorliegt;
3. was jemand dadurch erlangt, daß bei Genehmigung einer Zuwendung des Erblassers Leistungen an andere Personen angeordnet oder zur Erlangung der Genehmigung freiwillig übernommen werden;
4. was als Abfindung für einen Verzicht auf den entstandenen Pflichtteilsanspruch oder für die Ausschlagung einer Erbschaft, eines Erbersatzanspruchs oder eines Vermächtnisses oder für die Zu-

rückweisung eines Rechts aus einem Vertrag des Erblassers zugunsten Dritter auf den Todesfall oder anstelle eines anderen in Absatz 1 genannten Erwerbs oder dafür gewährt wird, dass eine Rechtsstellung, insbesondere eine Erbenstellung, oder ein Recht oder ein Anspruch, die zu einem Erwerb nach Absatz 1 führen würden, nicht mehr oder nur noch teilweise geltend gemacht werden;

5. was als Abfindung für ein aufschiebend bedingtes, betagtes oder befristetes Vermächtnis, für das die Ausschlagungsfrist abgelaufen ist, vor dem Zeitpunkt des Eintritts der Bedingung oder des Ereignisses gewährt wird;
6. was als Entgelt für die Übertragung der Anwartschaft eines Nacherben gewährt wird;
7. was der Vertragserbe oder der Schlusserbe eines gemeinschaftlichen Testaments oder der Vermächtnisnehmer wegen beeinträchtigender Schenkungen des Erblassers (§§ 2287, 2288 Abs. 2 des Bürgerlichen Gesetzbuchs) von dem Beschenkten nach den Vorschriften über die ungerechtfertigte Bereicherung erlangt.

Erbschaftsteuer-Richtlinien
R E 3.1: *Erwerb durch Erbanfall und Teilungsanordnungen oder Ausgleichungen/H E 3.1*
R E 3.2: *Erwerb durch Vermächtnis (unbesetzt)/H E 3.2*
R E 3.3: *Schenkung auf den Todesfall/H E 3.3*
R E 3.4: *Gesellschaftsanteil beim Tod eines Gesellschafters/H E 3.4*
R E 3.5: *Vertragliche Hinterbliebenenbezüge aus einem Arbeitsverhältnis des Erblassers/H E 3.5*
R E 3.6: *Erwerbe aus Versicherungen auf verbundene Leben*
R E 3.7: *Verträge zugunsten Dritter im Zusammenhang mit Bankguthaben und -depots sowie Lebensversicherungen/H E 3.7*

1 **1. Abschließende Regelung der Erwerbsgründe.** Nach der Grundregel der Vorschrift werden die dem Erbschaftsteuergesetz unterliegenden Erwerbsvorgänge abschließend aufgeführt. Eine Erweiterung dieses Katalogs von Steuertatbeständen im Wege einer der wirtschaftlichen Betrachtungsweise folgenden Auslegung ist schon deswegen unzulässig, weil die Grundtatbestände des § 3 an die **Vorgaben des Erbrechts** anknüpfen. Durch den Tod ausgelöste, nicht in der Vorschrift genannte Erwerbsvorgänge unterliegen nicht der ErbSt (Kapp/Ebeling/*Geck* Rn. 1). Das gilt zB für gesetzliche Hinterbliebenenbezüge, Abfindungen – soweit nicht in Abs. 2 Nr. 4 oder 5 genannt –, Schadensersatzansprüche nach §§ 844, 845 BGB oder den Wegfall einer auf Lebenszeit befristeten Last wie Nachrente, Nießbrauch etc. (Moench/Weinmann/*Weinmann* Rn. 2; Troll/Gebel/Jülicher/Gottschalk/*Gottschalk* Rn. 4). In der Entscheidung v. 4.5.2011 (BFH BStBl. II 2011, 725) wird der Grundsatz präzisiert, wonach der Rechtsgrund eines steuerbaren Vorganges im Erbrecht liegen muss; leistet eine im Vergleichswege als Erbe anerkannte Person dem „weichenden" Erben eine Abfindung, ist der Vergleich wie ein Erbschaftsverkauf zu werten, der frei von ErbSt ist; die Voraussetzungen des Abs. 1 Nr. 1 liegen nicht vor. Durch das StUmgBG wurde Abs. 2 Nr. 4 jedoch um Abfindungen ergänzt, die dafür gewährt werden, dass eine Rechtsstellung, insbes. eine Erbenstellung, oder ein Recht oder ein Anspruch, die zu einem Erwerb nach Abs. 1 führen würden, nicht mehr oder nur noch teilweise geltend gemacht werden.

2 Hat der Erbe für den Erwerb eine **Gegenleistung** zu erbringen, steht dies dem Tatbestand eines Erwerbs durch Erbanfall oder Vermächtnis nicht entgegen (BFH BStBl. II 1985, 59 (60)). Die von dem Erben erbrachte Gegenleistung für die Erbeinsetzung wird zum steuerlichen Abzug zugelassen (BFH BStBl. II 1984, 37). Die Abzugsmöglichkeit besteht jedoch nicht bei erbrachten Dienstleistungen (BFH BStBl. II 1985, 137 (139)), es sei denn, der Erwerber erhält letztwillig etwas zugesprochen, worauf er ohnehin rechtlich einen Anspruch gehabt hätte. Dagegen unterliegt der **Erwerb außerhalb erbrechtlicher Zuwendungen** nicht der Erbschaftsteuer. Bestand zu Lebzeiten bereits ein schuldrechtlicher Anspruch auf die Zuwendung und bewirkt der Erwerb von Todes wegen lediglich die Erfüllung dieses Anspruches nach § 362 BGB, liegt kein steuerpflichtiger Erwerb vor. Nach der Rspr. (BFH BStBl. II 1985, 137) unterliegt die Bestätigung eines für die Haushaltsführung vereinbarten Ruhegehaltes durch eine letztwillige Verfügung nicht der Erbschaftsteuer. Weder die Bekräftigung eines solchen Anspruches etwa in einem Testament noch die Bezeichnung eines Vertrages als entgeltliches Geschäft unter Lebenden führt zu einer anderen Beurteilung (vgl. Meincke/Hannes/Holtz Rn. 10 mit Hinweis auf FG Hamburg EFG 87, 625).

3 **2. Erblasser und Erwerber.** Der Erwerb von Todes wegen geht von dem Erblasser aus. Der **Erblasser** ist eine **natürliche Person**. **Erwerber** und damit Träger der Steuerschuld ist die Person, die die Voraussetzungen des § 3 im Zeitpunkt des Todes des Erblassers erfüllt. Neben existenten juristischen Personen können auch natürliche Personen, die erst nach dem Zeitpunkt des Erbfalls geboren werden, aber vorher bereits gezeugt waren (§ 1923 II BGB), oder Stiftungen, die erst nach dem Zeitpunkt des Erbfalls errichtet (§ 29) oder anerkannt wurden (§ 84 BGB), als Erben in Betracht kommen. Auch nicht-rechtsfähige Vereine (FG Münster EFG 2007, 1037) können als Erwerber bereichert sein. Gesamthandsgemeinschaften (BGB-Gesellschaft, KG, OHG, auch Erbengemeinschaft) erfüllen die Erwerbereigenschaft jedoch nicht (vgl. Troll/Gebel/Jülicher/Gottschalk/*Gottschalk* Rn. 12a). Erwerber sind vielmehr die Gesamthänder, im Falle einer Erbengemeinschaft die einzelnen Erbbeteiligten. Die Erbengemeinschaft wird steuerlich – entsprechend der ertragsteuerlichen Behandlung – wie eine Bruchteilsgemeinschaft (§ 39 II Nr. 2 AO) beurteilt.

4 **3. Erbanfall und gleichgestellte Erwerbe, Ausschlagung.** Der Erwerb von Todes wegen ist der Oberbegriff für alle steuerbaren Erwerbe aus Anlass des Todes. Mit dem Tod des Erblassers geht sein

gesamtes Vermögen im Wege der **Gesamtrechtsnachfolge** (kraft Gesetz nach § 1922 BGB) auf den oder die Erben über. Dem Erwerb durch Erbanfall werden erbschaftsteuerlich weitere Erwerbe gleichgestellt. Das gilt für den Erwerb des **Nacherben** nach § 2139 BGB (der Nacherbe beerbt nicht den Vorerben, sondern unmittelbar den Erblasser) oder den Erwerb eines Dritten, der die Nacherbenanwartschaft durch Rechtsgeschäft vom Nacherben erworben hat oder der im Nacherbfall das der Nacherbschaft unterliegende Vermögen nach § 2139 BGB erwirbt (BFH BStBl. II 1993, 158). Dies gilt auch für den **Erwerb aufgrund eines geschlossenen Vergleichs,** den ein unwirksam eingesetzter Erbe mit Rücksicht auf die unwirksame Verfügung von Todes wegen erhält oder für den Erwerb eines Anteils an einer gewerblichen Personengesellschaft im Falle einer qualifizierten Nachfolgeklausel.

Der Erwerb durch Erbanfall kann Folge einer gesetzlichen oder gewillkürten Erbfolge – in erster Linie 5 nach Testament (§§ 1937, 2064 ff. BGB) oder Erbvertrag (§§ 1941, 2274 ff. BGB) – sein. Nach dem Prinzip des „Von-Selbst-Erwerbs" bedarf es keiner Erwerbshandlung des Erben. Mit der Annahme der Erbschaft (§ 1943 BGB) verzichtet der Erbe auf die ihm zustehende Möglichkeit der **Ausschlagung** (§§ 1942, 1945 BGB). Schlägt der Erbe die Erbschaft aus, gilt der Anfall der Erbschaft an den Ausschlagenden als von Anfang an nicht erfolgt (§ 1953 I BGB). Der an die Stelle des Ausschlagenden tretende Erbe – entweder Kraft gesetzlicher oder gewillkürter Erbfolge – wird Steuerpflichtiger. Die Ausschlagung selbst ist gem. § 1947 BGB bedingungsfeindlich, sodass sie nicht zu Gunsten einer bestimmten Person erfolgen kann. Wird die Erbschaft zivilrechtlich unwirksam zu Gunsten einer bestimmten Person ausgeschlagen, tritt die vollständige Besteuerung gem. § 41 AO beim Ausschlagenden ein (zweifelnd Meincke/Hannes/Holtz Rn. 17–18).

Mit der Ausschlagung entfällt auch der dem (gesetzlichen) Erben zustehende Pflichtteilsanspruch (Pa- 6 landt/*Edenhofer* BGB § 2303 Rn. 2); eine Ausschlagung der gewillkürten Erbfolge ist allerdings denkbar, um die Stellung eines gesetzlichen Erben zu erlangen (§ 1948 I BGB). Bei Ehegatten im gesetzlichen Güterstand der Zugewinngemeinschaft führt die Ausschlagung der Erbschaft zur sog. güterrechtlichen Regelung (§ 1371 III BGB), wonach der überlebende Ehegatte den Anspruch auf den **kleinen Pflichtteil** erhält (zur erbschaftsteuerlichen Folge → § 5 Rn. 2 ff.). Im Falle der Versäumung der Ausschlagungsfrist (§ 1956 BGB) kann eine Anfechtung nach den zivilrechtlichen Anfechtungsvoraussetzungen erfolgen, etwa bei Irrtum über die Person des nächstberufenen Erben, bei Unkenntnis von weiteren Vermögensgegenständen innerhalb des Nachlasses etc.

Die Ausschlagung ist ein geeignetes Gestaltungsmittel, die Erbschaftsteuer zu mindern (vgl. *Mayer* 7 DStR 2004, 1541; ausf. Kapp/Ebeling/*Geck* Rn. 138–145; Moench/Weinmann/*Weinmann* Rn. 40–47a); von praktischer Bedeutung ist die Ausschlagung durch den überlebenden Ehegatten zum Vorteil gemeinsamer Kinder. Soll im wirtschaftlichen Ergebnis eine **Teilausschlagung** erfolgen, die zivilrechtlich unwirksam ist, kann die Wirkung durch „**Ausschlagung gegen Teilabfindung**" erzielt werden. Die Abfindung hat der Ausschlagende nach § 3 II Nr. 4 zu versteuern. Beim begünstigten Erben unterliegt der Erwerb der ErbSt; für den Erben sind die Abfindungszahlungen Nachlassverbindlichkeiten iSd § 10 V Nr. 3 (Wilms/Jochum/*Herrmann* § 10 Rn. 111). Bei einer Ausschlagung sind die einkommensteuerlichen Folgen der Abfindung zu beachten, da eine Abfindungszahlung einer entgeltlichen Veräußerung des Erbteils gleichzusetzen ist (BMF BStBl. I 1993, 62 Rn. 40).

4. Selbständige steuerliche Prüfung und Abweichen vom Zivilrecht im Einzelfall. Die Eigenschaft 8 eines erbschaftsteuerpflichtigen Erben, aber auch den Umfang der Miterbschaft prüft die FinVw selbständig. Von einem erteilten Erbschein darf nur dann abgewichen werden, wenn gewichtige Gründe vorliegen (FG Rheinland-Pfalz EFG 1993, 373). Obwohl das Erbschaftsteuerrecht dem Zivilrecht folgt, können **unwirksame Verfügungen von Todes wegen,** die trotz ihrer Unwirksamkeit ausgeführt worden sind, erbschaftsteuerlich von Bedeutung sein (stRspr, zuletzt BFH BStBl. II 2007, 461). Voraussetzung dafür ist, dass eine – zivilrechtlich unwirksame – Anordnung des Erblassers vorliegt, die von den Beteiligten dem ernstlichen, von dem Testierwillen getragenen letzten Willen entsprechend ausgeführt worden ist. Die Rspr. stellt auf die Auslegungsregelung des § 41 I AO ab; die zivilrechtliche Unwirksamkeit ist für die Besteuerung unerheblich (Moench/Weinmann/*Weinmann* Rn. 54–59).

Die Grenze zwischen Anerkennung und Nichtanerkennung letztwilliger Verfügungen liegt dort, wo 9 die Beteiligten den erklärten oder erkennbaren Willen des Erblassers vorsätzlich nicht umsetzen, sondern eine Erbregelung nach eigenen Vorstellungen vornehmen. Bestehen Zweifel bzgl. des ernstlichen Erblasserwillens, können Indizien (Schriftstücke, Zeugenaussagen etc) zur Ermittlung des tatsächlichen Willens herangezogen werden. Bei Unklarheit werden Zweifel ua durch Abschluss eines **Erbvergleichs** oder eines **Auslegungsvertrages** (*Theysohn-Wadle* ZEV 2002, 221; Troll/Gebel/Jülicher/Gottschalk/*Gottschalk* Rn. 80) gelöst. Werden Streitigkeiten über die Ungewissheit der Erbrechtslage durch Erbvergleich (§ 779 I BGB) beendet, ist das Ergebnis des Vergleichs nach der Rspr. (BFH BFH/NV 1999, 313; vgl. *Hübner* ErbStB 2003, 231) für die Besteuerung heranzuziehen. Dies gilt auch für Urteile in Rechtsstreitigkeiten, die – so die Rspr. (BFH BFH/NV 2001, 601) – ihren Rechtsgrund im Erbrecht haben.

Wird ein Testament wirksam **angefochten,** ist es in den Grenzen des § 2085 BGB von Anfang an nich- 10 tig (§ 142 I BGB). An die Stelle des nichtigen Testaments tritt die gesetzliche Erbfolge oder eine vorhergehende gewillkürte Erbfolge. Der bereits erteilte Steuerbescheid wird nach § 175 I Nr. 2 AO aufgehoben.

5. Keine steuerliche Berücksichtigung der Erbauseinandersetzung. Da der Steuertatbestand des Er- 11 werbs „durch Erbanfall" und nicht „auf Grund eines Erbfalls" erfüllt wird, kommt es für die ErbSt allein darauf an, was der Steuerpflichtige zivilrechtlich zu beanspruchen hat. Die in Vollzug des Erblasserwillens vorgenommene **Erbauseinandersetzung** ist folgerichtig für die ErbSt ohne Einfluss (Kapp/Ebeling/ *Geck* Rn. 118.1). Auch die Rspr. (BFH BStBl. II 1992, 669) geht davon aus, dass eine nach § 2042 BGB vorzunehmende Auseinandersetzung unter den Erben für die Besteuerung des Erbanteils der einzelnen Miterben unbeachtlich ist. Wegen des der Erbschaft immanenten Bereicherungsprinzips – die ErbSt ist eine Erbanfallsteuer (*Flume* DB 1983, 2271; → Einf. Rn. 2) – wurde im Einzelfall durch die Rspr. der Finanzgerichte in Abgrenzung zum BFH entschieden, dass verbindlichen Teilungsanordnungen, soweit sie die Erbquote ändern, bei der Bemessungsgrundlage für die Erbschaftsteuer zu berücksichtigen sind (FG Niedersachsen EFG 1989, 464: die Erbquote richtet sich nach dem Verkehrswert für den einzelnen Erben zugeteilten Nachlassgegenstände). Der Meinungsstreit hat sich durch die einheitliche Bewertung der Wirtschaftsgüter mit dem gemeinen Wert durch das ErbStRG für die Praxis erheblich entschärft (Fischer/Pahlke/Wachter/*Fischer* Rn. 130). Auch nach Auffassung der FinVw (R E 3.1 (1) ErbStR) ist die Teilungsanordnung grds. für den Erbanfall ohne Bedeutung, es sei denn, die Teilungsanordnung ist zugleich als Erbeinsetzung zu beurteilen. In dem Fall richten sich die Erbanteile nach dem Verkehrswert der durch die **Teilungsanordnung** zugewiesenen Nachlassgegenstände. In der Lit. (vgl. *Meinke* Rn. 25) wird vertreten, dass eine Teilungsanordnung dann beachtlich ist, wenn gleichzeitig eine Erbquotenbestimmung erfolgt. Die Erbquoten richten sich nach dem Verhältnis des Gesamtwerts der jeweils zugewiesenen Nachlassgegenstände zum Gesamtnachlasswert, jeweils berechnet auf Verkehrswertbasis (BGH, NJW 1997, 392; der zivilrechtlichen Rspr. folgend FG München EFG 1991, 28).

12 **6. Anteile an Personengesellschaften.** Die Vererblichkeit von Personengesellschaftsanteilen ist Ausfluss der Gestaltungsfreiheit der Gesellschafter. Die bis zum 30.6.1998 zwingende Auflösung einer Personengesellschaft im Fall des Versterbens eines Gesellschafters (§ 727 BGB, § 131 Nr. 4 HGB aF) ist entfallen; ist im Gesellschaftsvertrag keine abweichende Regelung enthalten, scheidet der Verstorbene nur aus, ohne dass die Gesellschaft aufgelöst wird. Die **Auflösung** ist nur noch vorgesehen bei Gesellschaften bürgerlichen Rechtes, es sei denn, es ist statuarisch die Fortführung der Gesellschaft bei Vorhandensein von mindestens zwei Gesellschaftern geregelt. Der Steuerwert des Anteils bei mitunternehmerischen Personengesellschaften wird durch Aufteilung des Gesamtsteuerwertes des Betriebsvermögens nach dem Verhältnis der Kapitalkonten ermittelt. Liegt keine mitunternehmerische Personengesellschaft, sondern eine vermögensverwaltende Personengesellschaft vor, greift die sog. Aufteilungsmethode (vgl. Troll/Gebel/Jülicher/Gottschalk/*Gottschalk* Rn. 137). Durch die Erbschaftsteuerreform 2009 und die Anpassung der Unternehmenswerte an den gemeinen Wert ist die bisher nur im nichtunternehmerischen Bereich geltende Aufteilungsmethode auch auf den unternehmerischen Bereich anzuwenden.

13 **7. Regelungen im Gesellschaftsvertrag.** Besteht im Gesellschaftsvertrag bei Personengesellschaften eine **Fortsetzungsklausel** mit der Folge der Anwachsung des Gesellschaftsanteils bei den verbleibenden Gesellschaftern, fällt ein Abfindungsanspruch (§ 738 I 2 BGB) als Forderungsrecht in den Nachlass. Da der Anspruch zum Privatvermögen gehört, ist er steuerlich nicht begünstigt, §§ 13a, 13b liegen nicht vor.

14 Führen Abfindungsansprüche zu einer Minderung des den Erben zustehenden Vermögens und zu einem Vermögenszuwachs bei den Altgesellschaftern (bei einer Kapitalgesellschaft auch bei vollständiger Einziehung der Gesellschaftsanteile), liegen die Voraussetzungen einer Schenkung auf den Todesfall sowohl nach § 3 I Nr. 2 S. 1 als auch S. 2 vor.

15 Bei **einfachen bzw. qualifizierten Nachfolgeklauseln** in den Gesellschaftsverträgen von Personengesellschaften geht der Gesellschaftsanteil im Wege der **Sondererbfolge** auf den Erben (qualifizierte Klausel) bzw. die Erben in ihrer Gesamtheit (einfache Klausel) über. Das Institut der Sondererbfolge bedeutet, dass die Mitgliedschaft einer Personengesellschaft getrennt von sonstigen Nachlass unmittelbar und damit ohne weiteres Hinzutun auf die Erben übergeht. Die Nachfolger werden nach dem Gesellschaftsvertrag Gesellschafter. Der Streit, ob zivilrechtlich trotz bestehender Gesamtrechtsnachfolge das Institut der Sondererbfolge zu einer „Abspaltung" führt und möglicherweise gegen die Abspaltungsgrundsätze verstößt, ist weitgehend geklärt; der Gesellschaftsanteil bleibt dem Werte nach Bestandteil des Nachlasses (BGHZ 108, 192). Diesem zivilrechtlichen Verständnis der Sondererbfolge folgt der BFH (BStBl. II 1983, 329; vgl. *Gebel* BB 1995, 173). Steuerlich ist die Sondererbfolge „als eine mit dem Erbfall wirksam gewordene, gegenständlich begrenzte Erbauseinandersetzung" anzusehen, wobei eine qualifizierte Nachfolgeklausel einen Unterfall einer bloßen Teilungsordnung darstellt. Damit erfasst die Sondererbfolge **sowohl den Erbfall als auch die Erbauseinandersetzung.** Besteht bei einem Gesellschaftsanteil, soweit es sich um eine mitunternehmerische Beteiligung handelt, eine Nachfolgeklausel, wird die Beteiligung sämtlichen Erben entsprechend ihrer jeweiligen Erbquote zugerechnet.

16 Bei **gesellschaftsvertraglichen Eintrittsklauseln** oder **qualifizierten Nachfolgeklauseln** sind nach der Rspr. der Finanzgerichte allein die im Erbschein ausgewiesenen Erbquoten maßgeblich (FG Niedersachsen EFG 2000, 960); der Erbschein ist bindend für die Erbquote (FG Hessen EFG 1990, 368), aber (so FG München EFG 1991, 28) Bindung an eine in der Teilungsordnung erstmals festgelegte Erbquote. Eine von einer Teilungsanordnung abweichende Wertfestsetzung des Erbteils kann sich ergeben durch Auslegung der Willenserklärungen des Erblassers im Sinne eines Vermächtnisses/Vorausvermächtnisses (§ 2150 BGB) oder einer Auflage (§§ 2192ff. BGB), wobei die Rechtsinstitute gegeneinander nur schwer abzugrenzen sind (Moench/Weinmann/*Weinmann* Rn. 69).

17 Im Fall der **Eintrittsklausel** in eine Personengesellschaft besteht ein Gestaltungsrecht, wonach der zum Eintritt berufene Erbe oder auch ein Dritter nur schuldrechtlich berechtigt ist, der Gesellschaft beizutreten. Im Todeszeitpunkt entsteht zunächst ein **„Schwebezustand"** (Fischer/Pahlke/Wachter/

Fischer Rn. 177). Macht keine Person Gebrauch von dem Gestaltungsrecht, wird die Gesellschaft mit den Erben fortgesetzt, wobei der Anteil des verstorbenen Gesellschafters den übrigen Gesellschaftern anwächst. In den Nachlass fällt ein Abfindungsanspruch, der als Privatvermögen Teil des gesamten Nachlasses wird und den Erben entsprechend ihrer Erbquoten zuzurechnen ist. Die FinVw (R E 3.4 (1) ErbStR) wertet dieses Recht erbschaftsteuerlich nicht als Rechtsgeschäft unter Lebenden und geht von einem begünstigten Erwerb von Todes wegen aus (str. wegen der zivilrechtlich nicht zutreffenden Wertung; vgl. *Crezelius* UnternehmensErbR Rn. 291, der fordert, die ertragsteuerlichen Folgen auch erbschaftsteuerlich zu ziehen).

8. Auffassung der FinVw zu gesellschaftsvertraglichen Nachfolgeregelungen. Die FinVw (R E 3.1 (3) ErbStR) beurteilt gesellschaftsvertragliche Nachfolgeregelungen als **Sonderfall einer Teilungsanordnung** grds. als erbschaftsteuerlich unbeachtlich, es sei denn, die Erklärung des Erblassers ist als Vorausvermächtnis gewollt. Die Erben werden mit dem besteuert, was sie beim Erbfall erhalten, nicht nach dem Ergebnis der Abwicklung des Erbfalls im Zuge der Auseinandersetzung (Meincke/Hannes/Holtz Rn. 20). Jedoch kommt der Verschiebung der Nachlassquote durch Miterben uU Bedeutung zu, wenn darin ein außerhalb des Erbfalls liegender schenkungssteuerpflichtiger Vorgang liegen sollte (bereits RFH RStBl. 1931, 560). Die Lit. plädiert für eine unter pragmatischen Gesichtspunkten eingeschränkte Erfassung nur der Fälle, in denen erhebliche Wertverschiebungen vorliegen.

Problematisch ist der Ansatz des **Sonderbetriebsvermögens** eines verstorbenen Gesellschafters, sofern aufgrund einer qualifizierten Nachfolgeklausel nur einzelne Miterben Gesellschafter-Nachfolger werden. Ertragsteuerlich liegt in der Übertragung von Sonderbetriebsvermögen auf einen Erwerber, der nicht Mitunternehmer wird, eine dem Erblasser zuzurechnende Entnahme vor (BFH BStBl. II 1992, 512; BMF BStBl. I 1993, 62 Rn. 83–85). Soweit das Sonderbetriebsvermögen mit dem Erbfall seine Betriebsvermögenseigenschaft verliert, erfolgt keine steuerliche Privilegierung (zT str.; vgl. Troll/Gebel/Jülicher/Gottschalk/*Gottschalk* Rn. 146).

9. Anteile an Kapitalgesellschaften. Der Fortbestand einer Kapitalgesellschaft wird durch den Tod eines Gesellschafters nicht berührt. Aufgrund der Universalsukzession erhalten die Erben ein vererbliches Wirtschaftsgut (Anteil an einer Kapitalgesellschaft, vgl. zB § 15 I GmbHG). Ist in der Satzung einer Kapitalgesellschaft vorgesehen, dass der Erbe den Anteil auf Verlangen der Gesellschaft abzutreten hat (**Abtretungsklausel**) oder dass die Gesellschaft das Recht hat, den Anteil einzuziehen (**Amortisationsklausel**), führen die gesellschaftsvertraglichen Regelungen zur Abfindung in Höhe des in der Satzung der Kapitalgesellschaft festgelegten Entgeltes. Ein unter dem Wert der Gesellschaft liegender Abfindungsanspruch in den Klauseln der Kapitalgesellschaft ist zivilrechtlich zulässig. Liegt der Wert der Anteile an einer Kapitalgesellschaft unter dem durch die Satzung zugesicherten Abfindungsanspruch, ist durch das ErbStRG ein erbschaftsteuerpflichtiger Tatbestand auf Seiten der verbleibenden Gesellschafter nach § 3 I Nr. 2, 3 in Höhe der Differenz zwischen tatsächlichem Wert und Abfindungsanspruch erfüllt.

10. Ertragsteuerliche Behandlung der Erwerbsvorgänge. Da Erbfall und Erbauseinandersetzung bei der Einkommensbesteuerung keine rechtliche Einheit bilden – es sind selbständige Rechtsvorgänge –, können Abfindungszahlungen eines Erben im Rahmen der Erbauseinandersetzung und Aufwendungen für den Erwerb des Erbteils eines Miterben beim Leistenden grds. ertragsteuerlich zu **Anschaffungskosten** führen (hM, Großer Senat des BFH BStBl. II 1990, 837 (847)). Die Einzelheiten der ertragsteuerlichen Behandlung im Falle einer Auseinandersetzung müssen sich aus einer gesonderten Vereinbarung zwischen den Beteiligten ergeben, die nicht mehr zur Abwicklung anlässlich einer erbrechtlichen Auseinandersetzung gehört (BMF BStBl. I 1993, 62 ff.).

11. Erwerb durch Vermächtnis. Ein Vermächtnis (Abs. 1 Nr. 1 Alt. 2) liegt vor, wenn der Erblasser einem anderen durch Verfügung von Todes wegen einen Vermögensteil zuwendet, ohne ihn als Erben einzusetzen (§§ 1939, 1941 BGB). Die Bezeichnung der Verfügung als Vermächtnis ist entbehrlich. Den allgemeinen Auslegungsregeln (§ 2087 BGB) folgend liegt ein Vermächtnis **insbes. bei Zuwendung eines einzelnen Gegenstandes** vor. Der Vermächtnisnehmer erwirbt einen schuldrechtlichen Anspruch auf Übertragung eines Vermögensgegenstandes, der sich gegen den mit dem Vermächtnis beschwerten Erben richtet. Der Beschwerte kann die Vermächtnisanordnung als Nachlassverbindlichkeit abziehen (§ 10 V Nr. 2).

Wie beim Erwerb von Todes wegen kommt es bei dem Vermächtnis auf die Verhältnisse am Todestag an. Bewertungs- und Besteuerungsgegenstand ist das mit dem Erbfall entstandene **Forderungsrecht** (Troll/Gebel/Jülicher/Gottschalk/*Gottschalk* Rn. 170); das Forderungsrecht ist grds. mit dem gemeinen Wert (Verkehrswert) anzusetzen (§ 12 I ErbStG iVm § 9 BewG). Dies entspricht der ständigen Rspr. (zuletzt BFH BFH/NV 2008, 1379; DStR 2008, 1830; zuvor bereits BStBl. II 2002, 598; Troll/Gebel/Jülicher/Gottschalk/*Gottschalk* Rn. 171). Daher wird die durch das ErbStRG geregelte Anpassung der Steuerwerte an den gemeinen Wert keinen Einfluss auf die Bewertung des Vermächtnisanspruches (als Forderungsrecht) haben. Auch eine bisherige Differenzierung zwischen verschiedenen Formen von Vermächtnissen (so Troll/Gebel/Jülicher/Gottschalk/*Gebel* Rn. 172–180) ist wegen des Wegfalls möglicher günstigerer Steuerwerte – Sachvermächtnisse wurden nach der bisherigen Rspr. (BFH DStR 2008, 130) mit dem Steuerwert angesetzt – ohne steuerliche Relevanz (zur Differenzierung Tiedtke/*Hils* Rn. 29, 30). Werden Vergünstigungen beim Erwerb von Wirtschaftsgütern (zB iSd §§ 13a, 13b) gewährt, stehen die **Vergünstigungen auch dem Vermächtnisnehmer** zu.

24 Zivilrechtlich entsteht der Anspruch des Vermächtnisnehmers grds. mit Anfall des Vermächtnisses (§ 2176 BGB). Dieser Zeitpunkt ist für die **Entstehung der Erbschaftsteuer** maßgeblich, jedoch kann die Entstehung des Anspruches auf einen späteren Zeitpunkt verschoben werden (grds. BFH BStBl. II 2003, 928). Die Erfüllung des Anspruches des Vermächtnisnehmers stellt eine Nachlassverbindlichkeit dar und mindert den Gesamterwerb des Erben. Für den Fall, dass die Fälligkeit erst zu einem unbestimmten Zeitpunkt eintritt, entsteht die Steuer mit der Fälligkeit (sog. erbschaftsteuerliche Betagung iSd § 9 I Nr. 1a). Entsteht der Anspruch erst nach dem Erbfall, insbes. bei Eintritt einer aufschiebenden Bedingung, entsteht die Erbschaftsteuer auch erst in diesem Zeitpunkt.

25 Die Einsetzung eines **Vermächtnisses** ist, soweit der Beschwerte die Einsetzung tatsächlich einhält, **steuerlich beachtlich** (BFH BStBl. II 1982, 28; zuletzt DStR 2001, 179); auch ein lediglich mündlich angeordnetes Vermächtnis ist zu berücksichtigen. Ändert sich der Wert des dem Vermächtnisnehmer eingeräumten Gegenstandes zwischen Anfall und Erfüllung, ist die Wertänderung nicht zu berücksichtigen (BFH BFH/NV 1991, 243). Wird ein Vermächtnis, das mit dem Verkehrswert berücksichtigt wird, gegen Zahlung einer Abfindung ausgeschlagen, und wird die Abfindung durch Überlassung eines begünstigten Wirtschaftsgutes erfüllt, gilt der für das überlassene Wirtschaftsgut anzusetzende Wert (§ 3 II Nr. 4).

26 Nach der bisherigen Rspr. (BFH BStBl. II 1977, 556; BStBl. II 2000, 588) waren bei reinen Sachvermächtnissen – darunter fielen nicht Übernahmevermächtnisse – die Steuerwerte des Gegenstandes anzusetzen. Auch wenn durch das ErbStRG die Frage der Bewertungsdifferenzen an Bedeutung verloren hat, bleibt die Frage einer **tatsächlichen Begünstigung** bestehen, wenn ein Vermögensgegenstand, der dem Vermächtnisnehmer überlassen wird. Die FinVw (vgl. R B 9.2 (1) ErbStR) geht für den Sachleistungsanspruch wie für das Sachvermächtnis von der Bewertung nach dem gemeinen Wert aus, erkennt aber gleichzeitig die dem belasteten Erben entstandenen Aufwendungen als Nachlassverbindlichkeiten an, gem. § 10 V Nr. 2. Für die Beratungspraxis läuft deshalb die bisherige Gestaltungsempfehlung, die vornehmlich auf die Vermeidung der ungünstigeren Besteuerung eines Vermächtnisnehmers – im Hinblick auf ein geldwertes Forderungsrecht – zielte, ins Leere (grds. Moench/Weinmann/*Weinmann* Rn. 102; Kapp/Ebeling/*Geck* Rn. 169–182 zur alten Rechtslage).

27 **12. Erwerb aufgrund Pflichtteilsanspruch.** Schließt der Erblasser bestimmte Personen von der gesetzlichen Erbfolge aus, steht diesen Personen per Gesetz ein Pflichtteil zu, der sich nach der Hälfte des Wertes des gesetzlichen Erbteils richtet (§ 2303 I BGB). Ein Pflichtteil entsteht mit dem Erbfall (§ 2317 I BGB); für den Erben stellt der an den Pflichtteilsberechtigten zu zahlende Betrag eine **Nachlassverbindlichkeit** dar. Erbschaftsteuerlich entsteht die Steuer jedoch erst, wenn der Pflichtteilsberechtigte seinen Anspruch geltend macht (§ 9 I Nr. 1b). Folgerichtig kann der Erbe nur eine Verbindlichkeit aus einem geltend gemachten Pflichtteilsanspruch abziehen (§ 10 I Nr. 2). Bemessungsgrundlage ist der Nennwert des geltend gemachten Pflichtteilsanspruches. Erfüllt der Erbe den Anspruch des Pflichtteilsberechtigten **auch nach Eintritt der Verjährung** (§ 2332 I BGB), treten die gleichen Folgen beim Pflichtteilsberechtigten wie im Falle eines nicht verjährten Anspruches ein. Die Steuer entsteht zum Zeitpunkt der Erfüllung der Forderung durch den Nachlass. Zur Optimierung der Freibeträge kann sich im Einzelfall empfehlen, das Pflichtteilsrecht auszuüben (*Muscheler* ZEV 2001, 377; BFH DStR 2013, 523).

28 Wird die Abfindung als steuermindernde Gestaltung nach Abs. 2 Nr. 4 genutzt, sollte das ernstliche Verlangen zur Geltendmachung eines Pflichtteilsanspruches erst nach reiflicher Überlegung erfolgen; der Erwerb eines Pflichtteils wird zwar noch nicht durch Auskunft über den Bestand des Nachlasses bewirkt, jedoch soll **jedes schlüssige Verhalten** ausreichen (Moench/Weinmann/*Weinmann* Rn. 119, 119a). Ist der Pflichtteilsanspruch geltend gemacht und der Steuertatbestand erfüllt, führt der Verzicht auf den Anspruch nicht zum Wegfall der Erbschaftsteuer, vielmehr wird in dem Verzicht eine freigebige Zuwendung an den begünstigten Erben gesehen (BFH BStBl. II 2006, 718). Eine Ausnahme gilt nur, wenn die Beteiligten im Wege des Vergleichs eine Regelung zur Klärung von Streitigkeiten über die Höhe des Anspruches treffen. Im Falle der Abfindungszahlung für den Verzicht auf den Pflichtteil erfolgt die Besteuerung nach Abs. 2 Nr. 4.

29 Liegen die Voraussetzungen eines **Pflichtteilsergänzungsanspruches** iSd § 2325 BGB vor – der Pflichtteilsergänzungsberechtigte muss keinen Pflichtteilsanspruch haben – ist dieser Anspruch nach Auffassung der Lit. nicht erbschaftsteuerbar, da der Erwerb nicht durch Erbanfall iSd § 1922 BGB erfolgt; es liegt eine Gesetzeslücke vor (*Crezelius* UnternehmensErbR Rn. 109; anders aber *Hartmann* ZErb 2004, 179 ff.).

30 **13. Erwerb durch Schenkung auf den Todesfall.** Der Grundfall der Schenkung auf den Todesfall (Abs. 1 Nr. 2) ist bei einem sog. **Schenkungsversprechen unter der Bedingung** erfüllt, dass der Beschenkte den Schenker überlebt. Dabei setzt eine Schenkung nach zivilrechtlichen Regelungen voraus, dass die Zuwendung zu einer Bereicherung seitens des Beschenkten führt, die nach bürgerlich-rechtlichen Maßstäben zu beurteilen ist, und dass die Beteiligten sich über die Unentgeltlichkeit der Zuwendung einig sind (BFH BStBl. II 1991, 181). Da die Schenkung auf den Todesfall nur die zu Lebzeiten des Erblassers noch nicht vollzogenen Versprechen erfasst, ist die Schenkung auf den Todesfall von einer unter Lebenden ausgeführten freigebigen Zuwendung abzugrenzen (§ 7 I Nr. 1, § 9 I Nr. 2).

31 Die Schenkung auf den Todesfall muss den zivilrechtlichen Maßstäben einer Schenkung entsprechen, sodass die Steuerpflicht immer dann eintritt, wenn der Empfänger **objektiv auf Kosten des Zuwendenden bereichert** wurde, diese Zuwendung unentgeltlich erfolgte und die Beteiligten sich der fehlenden Gegenleistung bewusst sind. Hat der Beschenkte jedoch zT Gegenleistungen zu erbringen, liegen die

Voraussetzungen einer gemischten Schenkung vor (Troll/Gebel/Jülicher/Gottschalk/*Gottschalk* Rn. 245; *Rid* DStR 1991, 377). Nach Auffassung der FinVw (R E 3.3 ErbStR) sind die Grundsätze der Bereicherungsermittlung im Falle einer gemischten Schenkung nicht anzuwenden. Die übernommenen Verbindlichkeiten sind vielmehr nach § 10 I 2 vom steuerlichen Wert des Erwerbsgegenstandes abzuziehen.

14. Gesellschaftsvertraglicher Anteilsübergang. Gehen Anteile an Personen- oder Kapitalgesellschaften oder Teile dieser Beteiligungen im Todesfall auf andere Gesellschafter oder die Gesellschaft über (gesellschaftsrechtlicher Anteilsübergang iSd Abs. 1 Nr. 2 S. 2 u. 3), wird der **Übergang als Erwerb von Todes wegen** bezeichnet, soweit der Steuerwert des Anteils zum Zeitpunkt des Todes des Gesellschafters die Abfindungsansprüche Dritter übersteigt. Der Verzicht auf Ansprüche des ausscheidenden Gesellschafters erhöht den Wert der Beteiligungen der verbleibenden Gesellschafter. Nach der Rspr. (BFH BStBl. II 1992, 912; sowie BFH/NV 1993, 101) setzt die Steuerpflicht dieser Bereicherung als Schenkung auf den Todesfall nicht das Bewusstsein einer Unentgeltlichkeit des Anteilsüberganges voraus (zu Vermächtnissen bei Personengesellschaften, Kapitalgesellschaften, Troll/Gebel/Jülicher/Gottschalk/*Gottschalk* Rn. 209–216).

Bei einer einfachen Nachfolgeklausel im Gesellschaftsvertrag erwirbt jeder Miterbe im Erbfall im Wege der Einzelrechtsnachfolge einen **selbständigen Gesellschaftsanteil**. Diese Lösung wird nach § 39 II Nr. 2 AO abweichend von der Rspr. der Zivilgerichte (BGH NJW 1999, 571; KG NZG 2000, 1167) und entgegen § 2032 I BGB getroffen (vgl. Palandt/*Edenhofer* BGB § 1922 Rn. 21). Bei der qualifizierten Nachfolgeklausel, in der nur ein Miterbe Gesellschafter wird, geht der Gesellschaftsanteil direkt an den zur Nachfolge berufenen Erben über. Da nach der Rspr. des BFH (BStBl. II 1983, 329) der Fall der qualifizierten Nachfolge ein Unterfall einer bloßen Teilungsanordnung ist, erhalten die ausgleichsberechtigten Miterben, die nicht Gesellschafter werden, einen Wertausgleich, der dem anteiligen Steuerwert des Gesellschaftsanteils entspricht (BFH BStBl. II 1992, 669; Moench/Weinmann/*Weinmann* Rn. 74–79).

Der Steuertatbestand des Abs. 1 Nr. 2, 2 hatte insoweit an Bedeutung verloren, als seit dem 1.1.1993 durch **Übernahme der Steuerbilanzwerte** bei der Bewertung von Anteilen an Personengesellschaften auch im Falle einer Abfindung zum Buchwert in der Regel keine Differenzen zwischen Abfindung und Anteilswert bestanden. Auch die bis zum 31.12.2008 vorzunehmende Bewertung von Anteilen an Kapitalgesellschaften nach dem sog. Stuttgarter Verfahren – soweit nicht aus Kursen oder zeitnahen Verkäufen innerhalb des letzten Jahres ein anderer Wert abzuleiten war – führte in der Praxis wegen der schon aus zivilrechtlichen Gründen festgelegten Höhe von Abfindungen nach den entsprechenden Werten in seltenen Fällen zur Erfüllung des Steuertatbestandes des Abs. 1 Nr. 2 S. 2, 3. Durch die **Einführung verkehrsnaher Werte** durch das ErbStRG ab dem 1.1.2009 hat die Vorschrift an Bedeutung gewonnen. Bleibt der Abfindungsanspruch wegen einer in dem Gesellschaftsvertrag vorgesehenen Abfindungsklausel hinter dem gemeinen Wert zurück, löst der Übergang des Beteiligungswertes infolge der Anwachsung bei Personengesellschaften (§ 738 I 1 BGB) Erbschaftsteuer aus. Besteht bei der Kapitalgesellschaft die Verpflichtung, den zum Nachlass gehörenden Gesellschaftsanteil an die Gesellschaft oder Dritte abzutreten oder wird der Gesellschaftsanteil auf Verlangen der Gesellschaft eingezogen, ist eine unter dem Verkehrswert liegende Abfindung der Erben nach Abs. 1 Nr. 2 für die „bereicherten Gesellschafter" erbschaftsteuerpflichtig. War der Erblasser zu mehr als 25 % unmittelbar am Nennkapital der inländischen Kapitalgesellschaft beteiligt, ist der Erwerb der Anteile nach §§ 13a, 19a begünstigt; § 19a erfasst jedoch nur den Erwerb durch natürliche Personen. Diese Begünstigung scheidet daher aus, wenn eine Kapitalgesellschaft als Erwerber der Anteile anzusehen ist (R E 3.4 (3) ErbStR). Der Sonderfall der wertmäßigen Erhöhung des Anteils eines Gesellschafters an einer Kapitalgesellschaft ist in § 7 VIII geregelt (→ § 7 Rn. 50–55).

Da die Vielzahl der **Abfindungsregelungen** in den Gesellschaftsverträgen von Personen- und Kapitalgesellschaften einen Abfindungsanspruch unter dem ab 2009 geltenden Wert nach dem Bewertungsgesetz (§§ 199–203 BewG) festschreiben, wird bei fehlender Anpassung der Satzung der Tatbestand des Abs. 1 Nr. 2 S. 2, 3 verstärkt von Bedeutung sein (*Milatz/Kämper* GmbHR 2009, 470). Die Satzungen und Gesellschaftsverträge sind anzupassen unter Ausgleich der Interessen der Gesellschaft (liquiditätsmäßige Auswirkungen im Hinblick auf die Fortführung der Aktivitäten) und der Interessen der ausscheidenden und der übernehmenden Gesellschafter.

15. Besonderheit: Erwerb von land- und forstwirtschaftlichem Vermögens. Hinweis zur Höfeordnung: In der britischen Besatzungszone gilt die **Höfeordnung** (idF v. 26.7.1976 BGBl. 1976 I, 1933). Die Sondererbrechtsregelung für Hoferben ist erbschaftsteuerlich unbeachtlich (BFH BStBl. II 1992, 669), sodass der steuerliche Wert des Hofes den Miterben einschließlich den nicht zur Hoferbfolge berufenen Erben entsprechend der Erbquote zuzurechnen ist.

16. Sonstige Erwerbe nach Vermächtnisrecht. Unter sonstige, vermächtnisähnliche Erwerbe (Abs. 1 Nr. 3) fallen etwa der sog. **Voraus** des überlebenden Ehegatten (§ 1932 BGB) und der sog. **Dreißigste** (§ 1969 BGB) (vgl. Troll/Gebel/Jülicher/Gottschalk/*Gottschalk* Rn. 273).

17. Erwerb von Todes wegen aufgrund Vertrages zugunsten Dritter. Rechtlich liegt bei dem Erwerb von Todes wegen aufgrund eines Vertrages zu Gunsten Dritter (Abs. 1 Nr. 4) ein Schenkungsversprechen unter der Bedingung vor, dass der Beschenkte den Schenker überlebt. Werden Zuwendungen schenkweise versprochen, die nicht aus dem Vermögen des Erblassers, sondern auf vertraglicher Grundlage von einem Vertragspartner des Erblassers stammen, gelten die Schenkungen erst beim Tode des Schenkers als ausgeführt. Die Vorschrift dient der Verhinderung von steuerlichen Umgehungen, sodass

Rechtsgeschäfte, die die Wirkung einer Verfügung von Todes wegen haben, nach erbrechtlichen Vorschriften behandelt werden.

39 Liegt ein Vertrag zu Gunsten Dritter auf den Todesfall (§ 328 BGB) vor, kann geregelt werden, dass ein Dritter unmittelbar das Recht hat, eine Leistung zu fordern. Der Dritte erwirbt nach § 331 BGB das Recht im Zweifel erst mit dem Tode des Versprechenden. In diesem Versprechen liegt eine **Dreiecksbeziehung** zwischen den Beteiligten, und zwar zwischen dem Versprechensempfänger (Gläubiger) als dem Zuwendenden, dem die Leistung Versprechenden als Schuldner und einem Dritten als bedachtem Erwerber (Moench/Weinmann/*Weinmann* Rn. 148). Während sowohl im Deckungsverhältnis als auch im Valutaverhältnis eine vertraglich begründete Rechtsposition erforderlich ist, ist diese im Vollzugsverhältnis zwischen dem Versprechenden und dem Bedachten nicht erforderlich. Bürgerlich-rechtlich gehören die Ansprüche des Dritten **nicht zum Nachlass des Versprechensempfängers,** der diese Ansprüche bereits zu Lebzeiten seinem Nachlass entzogen hatte. Die besondere Vorschrift des Abs. 1 Nr. 4 greift für diesen Sachverhalt ein, wenn im Valutaverhältnis zwischen dem Versprechensempfänger und dem Dritten die objektiven und subjektiven Merkmale einer freigebigen Zuwendung vorliegen (BFH BStBl. II 2002, 153; BFH/NV 2002, 648). Weitere Voraussetzung ist, dass die Begünstigung aus dem Vermögen des Erblassers (Versprechensempfänger) herrührt, sodass der Bereicherung des Begünstigten eine Entreicherung des Versprechensempfängers gegenübersteht (BFH BFH/NV 1998, 1485).

40 **18. Lebens- oder Unfallversicherung.** Häufiger Anwendungsfall des Abs. 1 Nr. 4 ist der Erwerb der Versicherungssumme aus Lebensversicherungen und Unfallversicherungen. Der Bezugsberechtigte erwirbt mit dem Tod des Erblassers (Versicherungsnehmers und Versprechensempfänger) einen unmittelbaren Anspruch gegen den Versprechenden (Versicherung), die versprochene Leistung auszuzahlen. Es handelt sich dabei um einen typischen **Vertrag zu Gunsten Dritter auf den Todestag** (§§ 330, 331 BGB). Der Bezugsberechtigte erwirbt die Leistung der Versicherung außerhalb des Nachlasses. Hat der Versicherungsnehmer (Versprechensempfänger) keinen Bezugsberechtigten benannt oder ist der von ihm benannte Bezugsberechtigte vor ihm verstorben, fällt die Versicherungsleistung in den Nachlass; der Anspruch steht dem Versicherungsnehmer zu und gehört zum Erwerb durch Erbanfall.

41 Für LV-Ansprüche muss der Bezugsberechtigte **keinen eigenen Rechtsanspruch** auf die Leistung haben; er muss jedoch mit Sicherheit davon ausgehen, die zwischen dem Erblasser und dem Versprechenden vereinbarte Leistung zu erhalten (Kapp/Ebeling/*Geck* Rn. 273). Hat sich der Versprechensempfänger das Recht vorbehalten, die Leistung an den Dritten jederzeit zu widerrufen, ist die Steuerpflicht nicht gegeben. Auch das spätere Zurückweisen des Forderungsrechtes gegenüber dem Versprechenden (FG Niedersachsen EFG 2000, 387) gilt als rückwirkend nicht erworbener Anspruch; das Forderungsrecht fällt in den Nachlass.

42 Für die Bewertung des Versicherungsanspruches kommt es im Falle der Fälligkeit nicht auf die bis zum Erbfall eingezahlten Prämien an, sondern auf das **Bezugsrecht,** über das der Erbe (Bezugsberechtigte) verfügen kann. Dies führt bei Schaffung einer gesicherten Rechtsposition vor Fälligkeit zu einem Wertansatz mit dem Rückkaufswert gem. § 12 IV BewG. Hat der Bezugsberechtigte die Prämien ganz oder zT gezahlt, hat im Falle einer Unwiderruflichkeit des Bezugsrechtes der Bezugsberechtigte die Stellung des Versicherungsnehmers inne; die aus dem Versicherungsvertrag resultierenden Vermögenswerte gehören zum Vermögen des Prämienzahlers und sind nicht steuerbar (FG Niedersachsen EFG 2006, 910).

43 **19. Erteilung von Vollmachten.** Werden Vollmachten über Konto- und Depotverträge bei Banken, die durch den Tod des Vollmachtgebers nicht erlöschen, erteilt (§ 672 BGB), wird der Begünstigte außerhalb der Erbfolge mit dem Tod des Erblassers aufgrund dieser Vollmacht **unmittelbar Rechtsinhaber (Forderungsinhaber)** gegenüber der Bank (§§ 328, 331 BGB). Der Erwerb ist nach Abs. 1 Nr. 4 zu versteuern. Wird jedoch Vermögen ohne rechtliche Verpflichtung an Dritte weitergegeben, können die Voraussetzungen einer Schenkung vorliegen (vgl. Erl. Sachsen v. 16.7.1997, DStR 1997, 1248).

44 **20. Versorgungsansprüche.** Versorgungsansprüche Hinterbliebener, die aufgrund eines Vertrages entstehen, unterliegen der Steuerpflicht nach Abs. 1 Nr. 4. Die Verträge im Deckungsverhältnis zwischen Versprechensempfänger (Gläubiger) und Versprechendem (Schuldner) sind vor allem Versicherungsverträge, Arbeits- und Anstellungsverträge, Gesellschaftsverträge etc. Die Versorgungsansprüche müssen aber **aufgrund eines Vertrages, nicht aufgrund gesetzlicher Verpflichtung** bestehen, um die Voraussetzungen des Abs. 1 Nr. 4 zu erfüllen. Ohne Bedeutung ist, ob die Verpflichtung gegenüber dem Erben etwa Ausfluss einer Unterhaltsverpflichtung (§§ 1360, 1360a BGB) ist, da familienrechtliche Verpflichtungen eines Erblassers die Unentgeltlichkeit der Zuwendung nicht ausschließen (BFH BStBl. II 2002, 153). Die Rechtfertigung für diese Auffassung des BFH folgt aus dem Versorgungsfreibetrag des § 17 (vgl. Troll/Gebel/Jülicher/Gottschalk/*Gottschalk* Rn. 300).

45 Gesetzliche Ansprüche des Hinterbliebenen lösen keine ErbSt aus. Darunter fallen ua Versorgungsbezüge von Beamten aufgrund der Beamtengesetze des Bundes und der einzelner Länder, Versorgungsbezüge von Angestellten/Arbeitern aus der gesetzlichen Rentenversicherung, Versorgungsbezüge von Angehörigen freier Berufe aus berufsständigen Versorgungswerken und Versorgungsbezüge von Hinterbliebenen von Abgeordneten. Nur direkte Ansprüche, **nicht Surrogate** (etwa befreiende Lebensversicherung anstelle von Ansprüchen auf gesetzliche Versicherungen) gehören zu den nichtsteuerbaren Ansprüchen. Auch die sog. Riester-Rente (*Halaczinsky* ZEV 2002, 306) ist eine staatliche Unterstützung und unterliegt als Bestandteil der gesetzlichen Rentenversicherung nicht der Erbschaftsteuer (zu möglichen erbschaftsteuer-relevanten Vorgängen *Halaczinsky* ZEV 2002, 306).

46 Auch Hinterbliebenenbezüge, die auf einem **Arbeits- und Dienstverhältnis des Erblassers** beruhen, sind nach der Rspr. (BFH BStBl. II 1981, 715; BStBl. II 1982, 27) von der ErbSt ausgenommen (vgl. Moench/Weinmann/*Weinmann* Rn. 176). Die FinVw nimmt nach der aktuellen Rspr. des BFH den gesamten Bereich arbeitnehmerbezogener Hinterbliebenenbezüge aus der Besteuerung heraus, darunter fallen auch Hinterbliebenenbezüge nach Tarifvertrag, Betriebsordnung, Betriebsvereinbarung, betrieblicher Übung oder im Arbeitsrecht geltenden Gleichbehandlungsgrundsätzen oder einzelvertraglichen Zusagen aus einem Arbeitsverhältnis, soweit diese angemessen sind. Bei der **Angemessenheit** geht die FinVw von einer Höhe von 45 % des Bruttoarbeitslohnes des Verstorbenen aus (R E 3.5 (3) S. 2 ErbStR). Die Befreiung betrifft alle Bezüge aus dem Dienstverhältnis des Erblassers, aber auch die eines Gesellschafter-Geschäftsführers einer GmbH, wenn der Erblasser als Gesellschafter-Geschäftsführer wie ein Nichtgesellschafter als abhängiger Geschäftsführer tätig gewesen ist (zum Begriff herrschender Gesellschafter-Geschäftsführer einer GmbH H E 3.5 ErbStR).

47 Versorgungsansprüche aus Gesellschaftsverträgen unterliegen grds. nach § 3 I Nr. 4 der Erbschaftsteuer. Das trifft sowohl auf gewerbliche als auch freiberuflich tätige Gesellschafter einer Personengesellschaft, Freiberuflersozietät etc. zu. Dieser möglichen Ungleichbehandlung zwischen Geschäftsführern von Kapitalgesellschaften und Personengesellschaften wird dadurch Rechnung getragen, dass auch persönlich haftende Gesellschafter von Personengesellschaften in dem Fall keine steuerpflichtigen Versorgungsbezüge beziehen, wenn der verstorbene Gesellschafter im Innenverhältnis wie ein Angestellter gegenüber den die Gesellschaft beherrschenden anderen Gesellschaftern zu beurteilen ist. Die Rspr. (BFH BStBl. II 1990, 322 sowie 1989 II, 325) führt unter engen Voraussetzungen zur Gleichbehandlung und ist verfassungsrechtlich unbedenklich. Damit fällt der **Anspruch des persönlich haftenden Gesellschafters einer Personengesellschaft** bzgl. der Hinterbliebenenbezüge dann nicht unter die Erbschaftsteuerpflicht, wenn der Berechtigte nur geringfügig an der Gesellschaft beteiligt ist (BFH BFH/NV 1999, 311). Auf das Auftreten im Außenverhältnis kommt es nicht an. Die FinVw (H E 3.5 ErbStR) folgt allein sozialversicherungsrechtlichen Grundsätzen und schließt aus der beherrschenden Stellung des Geschäftsführers auf den für die Erbschaftsteuerpflicht maßgeblichen Einfluss.

48 21. Weitere ergänzende und ersetzende Erwerbstatbestände. Im Verhältnis zu den Grundtatbeständen des Abs. 1 Nr. 1–4 sind die sonstigen Zuwendungen vom Erblasser in Abs. 2 Nr. 1–7 **Ergänzungs- und Ersatztatbestände,** die durch den Tod eines Vermögensinhabers ausgelöst werden, die jedoch nicht die Grundtatbestände erfüllen.

49 22. Zuwendung durch Errichtung einer Stiftung oder ausländischen Vermögensmasse. Der Tatbestand des Vermögensüberganges auf eine Stiftung (Abs. 2 Nr. 1 S. 1) oder ausländische Vermögensmasse (S. 2) hat grds. keine selbständige Bedeutung für die Erbschaftsteuer, soweit dieser Vermögensübergang auf eine vom Erblasser errichtete Stiftung nach allgemeinen Grundsätzen steuerpflichtig ist. Nach der Rspr. des BFH (BStBl. II 1996, 99) ist die Bedeutung der Vorschrift in den Fällen eines Vermögensübergangs abhängig von der Tatsache, ob es sich um eine **vom Erblasser angeordnete oder errichtete Stiftung** handelt. Dazu gehört auch die von einem Erben oder Vermächtnisnehmer aufgrund einer testamentarischen Anordnung errichtete Stiftung (Troll/Gebel/Jülicher/Gottschalk/*Gottschalk* Rn. 320). Zu beachten sind die Regelungen für Familienstiftungen (§ 15 II) und Begünstigungen für gemeinnützige Stiftungen (§ 13 I Nr. 16b). Die Verfügung des Erblassers, dass das Vermögen einer nicht rechtsfähigen Stiftung als Zweckvermögen anfällt, wird nach § 8 besteuert.

50 Mit dem Begriff der Vermögensmasse ausländischen Rechtes, deren Zweck auf die Bindung von Vermögen gerichtet ist, umschreibt der Gesetzgeber etwa den im deutschen Recht nicht bekannten Begriff des **Trusts.** Abs. 2 Nr. 1, 2 erfasst die vom Erblasser angeordnete Bildung oder Ausstattung eines ausländischen Trusts oder **ähnlicher Rechtsgebilde** mit in- oder ausländischem Vermögen. Am Beispiel eines Trusts ist eine Vermögensübertragung dann gegeben, wenn der Verwalter des Vermögens (Trustee) nach dem für den Trust geltenden Recht Eigentümer des Vermögens wird und umfangreiche Verfügungsbefugnisse erhält. Der Trust, der nur im Ausland errichtet werden kann, unterliegt mit den Vermögenszuwendungen der Steuerklasse III und wird nicht iSd § 15 II 1 privilegiert, da diese Vorschrift die Errichtung einer juristischen Person des privaten Rechts im Inland voraussetzt.

51 23. Zuwendungen durch Auflagen oder Bedingungen; Erwerb aus Anlass einer Genehmigung. Der Erwerb bei Vollziehung einer Auflage oder Erfüllung einer Bedingung (Abs. 2 Nr. 2) bezieht sich auf eine **vom Erblasser angeordnete Auflage** (§§ 1940, 2192 ff. BGB). Im Gegensatz zum Vermächtnis hat der durch eine Auflage Begünstigte keinen Anspruch auf die zugedachte Leistung und wird erst durch Vollziehung der Auflage bereichert, sodass auch erst zu diesem Zeitpunkt die Steuer entsteht. Dagegen liegt eine vom Erblasser gesetzte Bedingung vor, wenn der Vermögensvorteil von einem zukünftigen, ungewissen Ereignis abhängt. Für den Dritten entsteht die Steuer mit dem Eintritt der Bedingung (§ 9 I Nr. 1d). Abs. 2 Nr. 3 bezieht sich auf eine in seltenen Fällen erforderliche staatliche Genehmigung.

52 24. Besteuerung der Abfindungen in Verzichtsfällen. Abs. 2 Nr. 4 gilt für den Fall, dass der gesetzliche oder testamentarische Erbe durch notariell beurkundete Erklärung auf sein Erbrecht oder sein Pflichtteilsrecht verzichtet und dafür eine Abfindung erhält. Die Vorschrift gilt sowohl für eine vom Erblasser dem Erben zugewendete Abfindung für den Fall eines Verzichts auf einen entstandenen Pflichtteilsanspruch als auch für die **Ausschlagung** sowohl einer **Erbschaft,** eines **Erbersatzanspruchs** oder eines **Vermächtnisses.** Die Abfindung tritt an die Stelle der erbrechtlichen Ansprüche des Erben (Troll/Gebel/Jülicher/Gottschalk/*Gottschalk* Rn. 329). Da mit der Ausschlagung der Anfall an den Ausschlagenden als nicht erfolgt gilt (§ 1953 BGB), entfällt die Steuerpflicht. Erhält der Ausschlagende eine **Abfindung**, tritt diese an die Stelle des ausgeschlagenen Erwerbs und ist dementsprechend steuerpflichtig. Das Tatbestandsmerkmal des Abs. 2 Nr. 4 ist auch bei Verzicht auf einen entstandenen Pflichtteilsanspruch erfüllt, wobei die Besteuerung vom Zeitpunkt der Verzichtserklärung des Pflichtteilsberechtigten abhängt. Wird die Abfindung vor dem Erbfall geregelt, liegt ein Erwerb nach § 7 I Nr. 5 vor. Voraussetzung dafür ist, dass die Abfindung für einen Verzicht gilt, der zeitlich nach dem Erbfall erfolgt. In der Vereinbarung einer Abfindungszahlung liegt keine Geltendmachung eines Pflichtteilsanspruches (*G.Müller/Grund* ZErb 2007, 205 (208)). Erfolgt hingegen der Verzicht später oder nach Geltendmachung des Pflichtteilsanspruches, ist allenfalls eine freigebige Zuwendung iSd § 7 I gegeben (FinMin Baden-Württemberg DB 1998, 2570). Die Abfindung erfolgt in dem Fall nicht als Gegenleistung für die Ausschlagung, was auch im Falle des Verstreichenlassens der Ausschlagungsfrist gilt.

53 Nach Abs. 2 Nr. 4 ist auch im Fall der Vor- und Nacherbschaft die Abfindungszahlung an die Nacherben für den **Verzicht auf den Pflichtteilsanspruch** steuerpflichtig. Die an den Nacherben zur Ablösung geleisteten Zahlungen sind bei dem Vorerben nicht abzugsfähig, weil sie bei ihm nicht zu einem steuerlich relevanten zusätzlichen Erwerb führen (BFH, BStBl. II 1996, 137; krit. *Meincke* FS Korn, 2005, 573 (581)). Zahlt ein Dritter die Abfindung an den Ausschlagenden, stellt die Zahlung eine Schenkung dar. Der Erbe besteuert den vollen Erwerb durch Erbanfall, Vermächtnis oder Pflichtteil, wohingegen der Ausschlagende die Schenkung durch den Dritten versteuert (vgl. *Meincke* ZEV 2000, 214 (219); aA Moench/Weinmann/*Weinmann* Rn. 212 mit Hinweis auf die in der Lit. str. diskutierte Frage).

54 Auch im Falle eines Erbvertrages können künftige Erben gegenüber anderen gegen Abfindung auf mögliche zukünftige Pflichtteilsansprüche verzichten. Diese Abfindungen werden nach der Rspr. (BFH, BStBl. II 2001, 456) als freigebige Zuwendung an den Verzichtenden beurteilt und sind dementsprechend steuerpflichtig.

55 **25. Abfindungen bei Vermächtnissen, Übertragung von Anwartschaften, Herausgabeansprüche von Vertrags- und Schlusserben.** Abfindungen bei bedingten, betagten oder befristeten Vermächtnissen, für die die Ausschlagungsfrist abgelaufen ist, erfüllen den Tatbestand des Abs. 2 Nr. 5, wenn die Zahlung vor dem Zeitpunkt des Eintritts der Bedingung oder des Ereignisses erfolgt ist. Hat der Nacherbe vor Eintritt der Nacherbfolge ein Anwartschaftsrecht erworben und veräußert er dieses gegen Entgelt, **gilt das Entgelt als vom Erblasser zugewendet** und wird nach dem Verhältnis zum Erblasser besteuert. Die Steuer entsteht zum Zeitpunkt der Übertragung des Anwartschaftsrechts (§ 9 I 1 Nr. 1i). Überträgt der Nacherbe die Anwartschaft gegen Entgelt auf den Vorerben, löst die Zahlung des Vorerben die Steuerpflicht nach Abs. 2 Nr. 6 aus. Als eigenständiger Erwerb vom Erblasser gilt nach Nr. 7 das, was ein Vertragserbe, Schlusserbe oder Vermächtnisnehmer nach den Grundsätzen der ungerechtfertigten Bereicherung (§§ 812 ff. BGB) von dem Beschenkten erlangt. Die Steuerpflicht entsteht mit Geltendmachung des Anspruches (§ 9 I 1 Nr. 1j).

§ 4 Fortgesetzte Gütergemeinschaft

(1) Wird die Gütergemeinschaft beim Tod eines Ehegatten oder beim Tod eines Lebenspartners fortgesetzt (§§ 1483 ff. des Bürgerlichen Gesetzbuchs), wird dessen Anteil am Gesamtgut so behandelt, als wäre er ausschließlich den anteilsberechtigten Abkömmlingen angefallen.

(2) ¹Beim Tode eines anteilsberechtigten Abkömmlings gehört dessen Anteil am Gesamtgut zu seinem Nachlaß. ²Als Erwerber des Anteils gelten diejenigen, denen der Anteil nach § 1490 Satz 2 und 3 des Bürgerlichen Gesetzbuchs zufällt.

1 **1. Ergänzungstatbestand zum Erwerb von Todes wegen.** Das Erbrecht eines überlebenden Ehegatten ist von dem Güterstand abhängig, der zur Zeit des Erbfalls bestand. Die Ehegatten können ihre güterrechtlichen Verhältnisse durch Erbvertrag regeln, insbes. auch nach Eingehung der Ehe den gesetzlichen Güterstand aufheben und ändern. Durch **Ehevertrag** können die Ehegatten vereinbaren, dass die Gütergemeinschaft nach dem Tod eines Ehegatten zwischen dem überlebenden Ehegatten und den gemeinschaftlichen Abkömmlingen, die bei gesetzlicher Erbfolge als Erben berufen sind, fortgesetzt wird. Die Vereinbarung des Güterstandes einer fortgesetzten Gütergemeinschaft hat in der Praxis kaum Bedeutung. Mit der Vereinbarung der Gütergemeinschaft wird gemeinschaftliches Vermögen als Gesamtgut (§ 1416 BGB), ausnahmsweise Sondergut (§ 1417 BGB) oder Vorbehaltsgut (§ 1418 BGB) geschaffen.

2 **2. Besteuerung beim Tod eines Ehegatten.** Der Anteil des verstorbenen Ehegatten (an der Ehegatten-Gütergemeinschaft) gehört nicht zum Nachlass (§ 1483 BGB). Die Erben erhalten den Anteil **kraft Güterrecht** und nicht im Wege der Erbfolge. Dies gilt auch im Falle des Todes eines gemeinschaftlichen Abkömmlings. Die Rechtsstellungen des überlebenden Ehegatten und der Abkömmlinge richten sich nach den für die eheliche Gütergemeinschaft geltenden zivilrechtlichen Vorschriften. Für die erbschaftsteuerrechtliche Vermögenszuordnung wird (in Abweichung von den Regelungen des bürgerlichen Rechtes) der Anteil des verstorbenen Ehegatten am Gesamtgut ausschließlich als dem anteilsberechtigten Abkömmling zugehörig angesehen, vorausgesetzt wird die Anteilsübertragung, als ob von Todes wegen vorgenommen. Die **Wertermittlung** für den Erbanfall erfolgt **in zwei Schritten:** Im ersten Schritt wird der Anteilswert nach dem Wertansatz des Gesamtgutes ermittelt. Anschließend wird die Hälfte des ermittelten Wertes dem anteilsberechtigten Abkömmling zugeteilt und besteuert. Steuerliche Besonderheiten können sich im Falle des Wechsels des Güterstandes, der Schenkung an einen Ehegatten, der nachträgli-

chen Überführung von weiterem Vermögen in das Gesamtgut oder einer Schenkung aus dem Gesamtgut ergeben (Moench/Weinmann/*Weinmann* Rn. 2).

3. Besteuerung beim Tod eines Abkömmlings. Stirbt ein anteilsberechtigter Abkömmling, so geht dessen Anteil am Gesamtgut in seinen Nachlass über. Diejenigen, die den Anteil nach § 1490 S. 2, 3 BGB übernehmen, versteuern den Eintritt als Erwerb durch Erbanfall (§ 3 I Nr. 1).

§ 5 Zugewinngemeinschaft

(1) ¹Wird der Güterstand der Zugewinngemeinschaft (§ 1363 des Bürgerlichen Gesetzbuchs, § 6 des Lebenspartnerschaftsgesetzes) durch den Tod eines Ehegatten oder den Tod eines Lebenspartners beendet und der Zugewinn nicht nach § 1371 Abs. 2 des Bürgerlichen Gesetzbuchs ausgeglichen, gilt beim überlebenden Ehegatten oder beim überlebenden Lebenspartner der Betrag, den er nach Maßgabe des § 1371 Abs. 2 des Bürgerlichen Gesetzbuchs als Ausgleichsforderung geltend machen könnte, nicht als Erwerb im Sinne des § 3. ²Bei der Berechnung dieses Betrags bleiben von den Vorschriften der §§ 1373 bis 1383 und 1390 des Bürgerlichen Gesetzbuchs abweichende güterrechtliche Vereinbarungen unberücksichtigt. ³Die Vermutung des § 1377 Abs. 3 des Bürgerlichen Gesetzbuchs findet keine Anwendung. ⁴Wird der Güterstand der Zugewinngemeinschaft durch Ehevertrag oder Lebenspartnerschaftsvertrag vereinbart, gilt als Zeitpunkt des Eintritts des Güterstandes (§ 1374 Abs. 1 des Bürgerlichen Gesetzbuchs) der Tag des Vertragsabschlusses. ⁵Soweit das Endvermögen des Erblassers bei der Ermittlung des als Ausgleichsforderung steuerfreien Betrags mit einem höheren Wert als dem nach den steuerlichen Bewertungsgrundsätzen maßgebenden Wert angesetzt worden ist, gilt höchstens der dem Steuerwert des Endvermögens entsprechende Betrag nicht als Erwerb im Sinne des § 3.

(2) Wird der Güterstand der Zugewinngemeinschaft in anderer Weise als durch den Tod eines Ehegatten oder eines Lebenspartners beendet oder wird der Zugewinn nach § 1371 Abs. 2 des Bürgerlichen Gesetzbuchs ausgeglichen, gehört die Ausgleichsforderung (§ 1378 des Bürgerlichen Gesetzbuchs) nicht zum Erwerb im Sinne der §§ 3 und 7.

(3) Wird der Güterstand der Wahl-Zugewinngemeinschaft (§ 1519 des Bürgerlichen Gesetzbuchs) beendet und der Zugewinn ausgeglichen, so gehört die Ausgleichsforderung (Artikel 12 Absatz 1 des Abkommens vom 4. Februar 2010 zwischen der Bundesrepublik Deutschland und der Französischen Republik über den Güterstand der Wahlzugewinngemeinschaft) nicht zum Erwerb im Sinne der §§ 3 und 7.

Erbschaftsteuer-Richtlinien
R E 5.1: Erbrechtlicher Zugewinnausgleich/H E 5.1
R E 5.2: Güterrechtlicher Zugewinnausgleich/H E 5.2

1. Zivilrechtliche Regelungen der Zugewinngemeinschaft. Wird die Zugewinngemeinschaft, die seit dem 1.7.1958 gesetzlicher Güterstand ist, durch den Tod eines Ehegatten beendet, sieht die erbrechtliche Regelung (§ 1371 I BGB) einen pauschalen Zugewinnausgleich vor. Unter Verzicht auf eine genaue Berechnung des Zugewinnausgleichsanspruches wird der gesetzliche Erbteil des überlebenden Ehegatten pauschal um ein Viertel der Erbschaft erhöht. Ob die Ehegatten im Einzelfall **tatsächlich** einen Zugewinn erzielt haben, ist unerheblich. Für die Lebenspartnerschaft gelten die Vorschriften der Zugewinngemeinschaft entsprechend (FinMin Baden-Württemberg DB 2005, 2052), wenn nicht ein anderer Güterstand nach § 7 LPartG vereinbart wurde.

2. Erbschaftsteuerlicher Zugewinnausgleich. Das Erbschaftsteuerrecht löst sich bei der erbrechtlichen Regelung zur Zugewinngemeinschaft vom Zivilrecht. Die zivilrechtlich unterschiedlichen Methoden zum Ausgleich des Zugewinns (vgl. § 1371 BGB) werden seit dem 1.1.1974 im Interesse der Steuergerechtigkeit auf die güterrechtliche Abwicklung nach § 1371 II BGB begrenzt. **Nur für steuerliche Zwecke** ist in Abweichung von der bürgerlich-rechtlichen Beurteilung fiktiv eine Ausgleichsforderung zu ermitteln und vom Erwerb des Ehegatten abzuziehen. Diese **fiktive Ausgleichsforderung** ist nicht erbschaftsteuerpflichtig; sie ist nach § 5 I selbständig nicht übertragbar und wird als bloße Rechengröße zu einem „persönlichen" Freibetrag des überlebenden Ehegatten (BFH BFH/NV 2001, 1266).

Beim überlebenden Ehegatten bleibt der Betrag steuerfrei, den er nach § 1371 II BGB als Ausgleichsforderung geltend machen könnte. Zur **Ermittlung des steuerfreien Betrages** hat ein Vergleich des Anfangsvermögens zu Beginn des Güterstandes mit dem Endvermögen bei der Beendigung des Güterstandes zu erfolgen. Anfangs- und Endvermögen sind für jeden Ehegatten getrennt gegenüber zu stellen. Das **Anfangsvermögen** ist das Vermögen, das bei Begründung des Güterstands der Zugewinngemeinschaft nach Abzug aller Verbindlichkeiten anzusetzen war (§ 1374 I BGB). Auch für die Berechnung des Zugewinns für die ErbSt (vgl. R E 5.1 (2) ErbStR) ist von dem Vermögen auszugehen, das **frühestens am 1.7.1958** – entweder bei Begründung der Ehe, nach Abschluss eines Ehevertrages oder nach Änderung des Güterstandes durch ehevertragliche Vereinbarung bei entsprechendem Vertragsabschluss – vorlag. Für Ehen im Beitrittsgebiet zur Bundesrepublik Deutschland gilt der 3.10.1990 als Stichtag.

Neben Schenkungen und Erwerben von Todes wegen sind auch unentgeltliche Zuwendungen unter Ehegatten nicht ausgleichspflichtig, da sie nach § 1374 II BGB den Reinwert des Anfangsvermögens erhöhen. Die fiktive Erhöhung des Anfangsvermögens, die im Hinblick auf den **Kaufkraftschwund** durch Indizierung bewirkt wird, stellt keinen Zugewinn dar (BFH BStBl. II 2007, 783). Eine Indizierung erfolgt in der Weise, dass das Anfangsvermögen des Ehegatten mit dem Verbraucherpreisindex, der sich zu der Zeit der Beendigung der Ehe nach dem statistischen Jahrbuch für die Bundesrepublik Deutschland ergibt, multipliziert und durch die für diesen Zeitpunkt des Beginns des Güterstandes geltende Indexzahl dividiert wird. Damit **vermindert** sich der **steuerfreie Ausgleichsbetrag** insbes. bei langjährigen Ehen erheblich. Bei hohem Anfangsvermögen sind die Auswirkungen auf den steuerfreien Ausgleichsbetrag und damit auf die Steuerlast des überlebenden Ehegatten nachteilig (zu den Berechnungen Moench/Weinmann/*Weinmann* Rn. 19–21). Auch Vermögensgegenstände, die bei späterem Erwerb dem Anfangsvermögen hinzuzurechnen sind, unterliegen dem Kaufkraftschwund und mindern die fiktive Ausgleichsforderung des überlebenden Ehegatten.

5 Das **Endvermögen** ist das Vermögen, das den Ehegatten zum Zeitpunkt der Aufhebung der Zugewinngemeinschaft gehört (§ 1375 I BGB). Unentgeltliche Zuwendungen an Dritte (auch an Kinder) erhöhen das Endvermögen. Dies gilt nicht für Anstandsschenkungen und andere Schenkungen, die mindestens zehn Jahre vor Beendigung des Güterstandes erfolgt sind; das gilt auch für Schenkungen mit Einverständnis des anderen Ehegatten (§ 1375 II, III BGB).

6 **3. Bewertung des Anfangs- und Endvermögens.** Die Bewertung von Anfangs- und Endvermögen nach dem BewG erfolgt nach den jeweiligen Verkehrswerten. Abweichend davon wird der Nachlass für Erbschaftsteuerzwecke mit **Steuerwerten** angesetzt. Abs. 1 S. 5 sieht daher eine Minderung der Ausgleichsforderung auf das Steuerwertniveau vor. Dabei kommt es auf das Wertverhältnis des Endvermögens zum Anfangsvermögen an. Die bis zum Inkrafttreten des ErbStRG bestehenden Probleme in der Bewertungsdifferenz zwischen Steuerwert und Verkehrswert (gemeiner Wert) sind weitgehend gelöst, da der Nachlass des Erblassers bei Ermittlung der Ausgleichsforderung nur in Ausnahmefällen (etwa Ansatz vermieteter Wohnimmobilien nach § 13d) sind unten unter dem gemeinen Wert liegenden Steuerwert anzusetzen ist. Die bisher von der FinVw entwickelte Rechenmethode (R E 5.1 (5), H E 5.1 (5) „Berechnung der fiktiven Ausgleichsforderung" ErbStR) hat nach den Vorgaben des neuen Erbschaftsteuerrechts keine praktische Bedeutung mehr. Nur im Falle **einzelner Gemeinschaftsgüter,** die im Zuge des Zugewinnausgleiches zu bewerten sind und unter dem Verkehrswert angesetzt werden, bleibt es bei dem bisher bestehenden Problem der Bewertungsdifferenz (Kapp/Ebeling/*Geck* Rn. 46–51). In die Umrechnung von Verkehrswert in Steuerwert sind auch die Vorausempfänge des überlebenden Ehegatten einzubeziehen, die mit einem unter dem Verkehrswert liegenden Steuerwert bewertet wurden (FG Hamburg, EFG 1987, 191; die Kombination zwischen § 1380 I BGB und § 5 I 5 ist zT ungeklärt).

7 Das Anfangs- und Endvermögen kann in dem Fall, in dem die Verbindlichkeiten das Aktivvermögen übersteigen, nicht weniger als 0 EUR betragen (BFH BFH/NV 1997, 29). Die zivilrechtliche Möglichkeit, bei fehlender Dokumentation des Vermögens zu Beginn der Ehe von einem nicht vorhandenen Anfangsvermögen auszugehen, gilt nach § 5 I 3 auch, sodass für das Besteuerungsverfahren von den **zutreffenden Anfangswerten** auszugehen ist.

8 **Zuwendungen zwischen Ehegatten** (BFH BStBl. II 1994, 366) sind unabhängig von den steuerlichen Befreiungen (etwa § 13 I Nr. 4a als Bsp. einer ehebedingten unbenannten Zuwendung) wie andere Vorausempfänge zu berücksichtigen. Bezugsrechte zB aus einer Lebensversicherung, die nicht auf einem Arbeits- oder Dienstverhältnis beruhen, sind dem Endvermögen des verstorbenen Ehegatten hinzuzurechnen (R E 5.1 (4) ErbStR; BFH BStBl. II 1982, 27). Dies gilt auch für Bezugsrechte aus einer Kapitallebensversicherung, unabhängig davon, ob es sich bürgerlich-rechtlich um einen Vorausempfang des überlebenden Ehegatten handelt (§ 1380 BGB; Troll/Gebel/Jülicher/Gottschalk/*Gottschalk* Rn. 97). Die Hinzurechnung zum Endvermögen des verstorbenen Ehegatten erfolgt dann nicht, wenn die Versorgungsbezüge nicht nach § 3 I Nr. 4 steuerpflichtig sind.

9 **4. Fiktive Ausgleichsforderung.** Übersteigt der Zugewinn des verstorbenen Ehegatten den Zugewinn des überlebenden Ehegatten, kann der überlebende Ehegatte die fiktive Ausgleichsforderung in Höhe des halben Überschusses (§ 1378 BGB) als **Freibetrag** von seinem Erwerb absetzen.

10 Der fiktive Zugewinnausgleichsanspruch kürzt auch bei beschränkt steuerpflichtigen Ehegatten das erbschaftsteuerpflichtige Inlandsvermögen iSd § 2 I Nr. 3 iVm § 121 BewG (aA zB Kapp/Ebeling/*Geck* Rn. 92.1). Die bei beschränkter Steuerpflicht errechnete Ausgleichsforderung ist nach dem Verhältnis zwischen dem Steuerwert des Inlandsvermögens und dem Verkehrswert des gesamten Nachlasses zu errechnen.

11 **5. Modifikation des Güterstandes.** Zivilrechtlich zulässige Modifikationen des gesetzlichen Güterstandes der Zugewinngemeinschaft durch güterrechtliche Vereinbarungen werden nach Abs. 1 S. 2 im Fall der Auflösung eines Güterstandes durch den **Tod eines Ehegatten** steuerlich nicht berücksichtigt, um **missbräuchliche Gestaltungen** zu vermeiden (vgl. zum Zeitpunkt der Anwendung der Regelung Moench/Weinmann/*Weinmann* Rn. 43). Bei rückwirkender Änderung einer Güterstandsvereinbarung gilt nach Abs. 1 S. 4 der Tag des Vertragsabschlusses als Eintrittszeitpunkt in den Güterstand der Zugewinngemeinschaft (zur Rückwirkung etwa im Falle der ehevertraglichen Regelung vor Gesetzesbeschluss des Bundestages Kapp/Ebeling/*Geck* Rn. 55–57); eine rückwirkende Änderung der Güterstandsvereinbarung ist daher steuerlich nicht anzuerkennen.

12 Der Umfang der Steuerfreiheit des Zugewinnausgleichs kann durch Wechsel des Güterstandes zu Lebzeiten oder im Erbfall durch Enterbung des überlebenden Ehegatten vergrößert werden, da § 5 II (Ausgleichsforderung) durch das ErbStRG nicht geändert wurde. Eine zulässige Gestaltung wird durch das

Ausschlagen der Erbschaft und die Wahl eines güterrechtlichen Ausgleichs neben dem Pflichtteil erreicht (vgl. *Sasse* BB 1994, 1190).

Bei Beendigung des Güterstandes der Zugewinngemeinschaft **auf andere Weise** als durch Tod eines Ehegatten (zB durch Scheidung oder Wechsel des Güterstandes) greift die güterrechtliche Regelung nach Abs. 2 ein. Abs. 2 berücksichtigt Vereinbarungen der Ehegatten, die von den zivilrechtlichen Vorgaben der §§ 1373–1383, 1390 BGB abweichen, sodass unter **Ausnutzung der Grenzen der Gestaltungsfreiheit** Ehegatten sich überhöhte Ausgleichsforderungen zuweisen können. Die Grenze der Gestaltungsfreiheit liegt dabei in einer „überlagerten" (verdeckten) Schenkung zwischen den Ehegatten. Die Ausgleichsforderung, die in diesem Fall nicht nur fiktiv berechnet wird, unterliegt nach Abs. 2 nicht der Besteuerung; die güterrechtliche Abwicklung begründet keinen Erwerb iSd §§ 3, 7. 13

Die Möglichkeiten der Änderung des Güterstandes während des Bestehens einer Ehe mit dem Ziel, einen anderen Güterstand zu begründen (§ 1408 BGB), kann ebenfalls Erbschaftsteuer auslösen. Zwar ist die Aufgabe der Gütertrennung mit Wechsel zur Zugewinngemeinschaft schenkungsteuerfrei, im Gegensatz dazu begründet der **Wechsel von der Gütergemeinschaft zur Gütertrennung** in Höhe der Ausgleichsforderung die Steuerpflicht nach § 7 I Nr. 4 (Moench/Weinmann/*Weinmann* Rn. 70–79). 14

6. Verzicht auf Ausgleichsanspruch. Der Verzicht auf eine nach Familienrechtsgrundsätzen bestehende Ausgleichsforderung kann eine Schenkung unter Lebenden an den verpflichteten Ehegatten sein, sofern der Verzichtende in dem Bewusstsein der Unentgeltlichkeit handelt (BFH BStBl. II 1989, 897). Nach Auffassung der FinVw (R E 5.2 (2) ErbStR) liegt bei **überhöhten güterrechtlichen Ausgleichsforderungen** zu Lebzeiten eine freigebige Zuwendung vor, deren Steuerpflicht mit dem Ausführungszeitpunkt der Zuwendung entsteht. Im Fall des Todes gilt die überhöhte güterrechtliche Ausgleichsforderung als Schenkung auf den Todesfall. Eine Schenkung auf den Todesfall liegt jedoch nach der Rspr. (FG Düsseldorf EFG 2006, 1447 mit Hinweis auf BFH BStBl. II 2005, 843) dann nicht vor, wenn die Ehegatten rückwirkend (zum Beginn der Ehe) die Änderung des Güterstandes vereinbaren. 15

7. Güterstandsschaukel, Ausgleichsforderung bei fortbestehender Zugewinngemeinschaft. Nach der Rspr. des BFH (BStBl. II 2005, 843) können Ehegatten den Güterstand der Zugewinngemeinschaft durch einen formgerechten Ehevertrag beenden, sodass es zu einer erbschaftsteuerfreien güterrechtlichen Abwicklung der bisherigen Zugewinngemeinschaft kommt. Voraussetzung dafür ist der Fortbestand der Ehe. Im Anschluss an die Aufhebung der Zugewinngemeinschaft können die Ehegatten wieder den bisherigen Güterstand begründen (mit Hinweisen auf ein mögliches Scheingeschäft – § 41 AO – oder einen Gestaltungsmissbrauch – § 42 AO – Moench/Weinmann/*Weinmann* Rn. 68). Die als sog. Güterstandsschaukel bezeichnete Gestaltung berücksichtigt die **zivilrechtlich zulässige Änderung des Güterstandes im ehelichen Güterrecht**. Die Grenze des Missbrauchs liegt in der Begründung überhöhter Ausgleichsforderungen außerhalb güterrechtlicher Vereinbarungen. Nach der Rspr. des BFH können die Ehegatten die Verfügung über die Ausgleichsforderung einschränken und die Ausgleichsforderung bis zum Tode (nach Auffassung des FG Köln EFG 2002, 1258: mit einem Zinssatz von 1,5 %) stunden (zu den weitreichenden Gestaltungsmöglichkeiten zB *v. Oertzen/Cornelius* ErbStB 2005, 349). Ein vorzeitiger Zugewinnausgleich bei getrennt lebenden Ehegatten (§ 1385 BGB) oder in sonstigen Fällen (§ 1386 BGB) wird mangels Beendigung kraft Gesetzes nicht begünstigt. 16

Nicht einschlägig ist Abs. 2 in Fällen eines sog. **fliegenden Zugewinnausgleichs** (BFH BFH/NV 2006, 63; auch BStBl. II 2007, 785). Die Ausgleichsforderung ohne tatsächliche Beendigung des gesetzlichen Güterstands (der Zugewinngemeinschaft) ist eine steuerbare unentgeltliche Zuwendung (R E 5.2; H E 5.2 „Vorzeitiger Zugewinnausgleich bei fortbestehender Zugewinngemeinschaft" ErbStR). Nach dem BFH-Urteil v. 28.6.2007 (BStBl. II 2007, 785) gilt dies auch, wenn Wirtschaftsgüter zur Abgeltung des Ausgleichsanspruchs übertragen werden. Da in der Vereinbarung eines Anspruchs eine bloße „Option" liegt, die nicht in Geld zu veranschlagen ist, löst der Vorgang erst zum Zeitpunkt der Erfüllung der Forderung die ErbSt aus. 17

§ 6 Vor- und Nacherbschaft

(1) Der Vorerbe gilt als Erbe.

(2) ¹Bei Eintritt der Nacherbfolge haben diejenigen, auf die das Vermögen übergeht, den Erwerb als vom Vorerben stammend zu versteuern. ²Auf Antrag ist der Versteuerung das Verhältnis des Nacherben zum Erblasser zugrunde zu legen. ³Geht in diesem Fall auch eigenes Vermögen des Vorerben auf den Nacherben über, sind beide Vermögensanfälle hinsichtlich der Steuerklasse getrennt zu behandeln. ⁴Für das eigene Vermögen des Vorerben kann ein Freibetrag jedoch nur gewährt werden, soweit der Freibetrag für das der Nacherbfolge unterliegende Vermögen nicht verbraucht ist. ⁵Die Steuer ist für jeden Erwerb jeweils nach dem Steuersatz zu erheben, der für den gesamten Erwerb gelten würde.

(3) ¹Tritt die Nacherbfolge nicht durch den Tod des Vorerben ein, gilt die Vorerbfolge als auflösend bedingter, die Nacherbfolge als aufschiebend bedingter Anfall. ²In diesem Fall ist dem Nacherben die vom Vorerben entrichtete Steuer abzüglich desjenigen Steuerbetrags anzurechnen, welcher der tatsächlichen Bereicherung des Vorerben entspricht.

(4) Nachvermächtnisse und beim Tod des Beschwerten fällige Vermächtnisse oder Auflagen stehen den Nacherbschaften gleich.

150 ErbStG § 6   Abschnitt 1. Steuerpflicht

Erbschaftsteuer-Richtlinien
R E 6.:   *Vermächtnisse und Auflagen, die beim Tod des Beschwerten fällig werden*

1   **1. Grundsätze der Vor- und Nacherbschaft.** Mit dem Rechtsinstitut der Vor- und Nacherbschaft sollen Rechtspositionen (insbes. Vorteile) einer dritten Person – etwa eines Ehepartners – für eine bestimmte Zeit zugewendet werden, ohne dabei den Dritten Beschränkungen zu unterwerfen, wie sie etwa bei Anordnung eines Nießbrauchs bestehen. Vorerbe wie Nacherbe sind **Gesamtrechtsnachfolger des Erblassers.** Da der Nacherbe nicht Rechtsnachfolger des Vorerben, sondern des Erblassers ist, erwirbt der Nacherbe seine Anwartschaft aufschiebend bedingt oder befristet mit dem Tod des Erblassers. Mit dem Erbfall geht das Vermögen des Erblassers zunächst auf den Vorerben über (§ 1922 I BGB; quasi in Platzhalterfunktion, dazu *Michalski* DB 1987 Beil. 16, Rn. 1–20). Die **Beschränkungen durch die Nacherbschaft** werden bei dem Vorerben als unbeschränktem Vollerben nicht berücksichtigt (§ 12 I iVm § 9 II, III BewG). Der Vorerbe ist Steuerschuldner und ist berechtigt, die auf den Vorerbschaftserwerb entfallende Steuer aus Mitteln der Vorerbschaft zu entrichten (§ 20 IV).

2   Nach der Vorstellung des Gesetzgebers wird der Vorerbe wie ein Vollerbe behandelt, obwohl er nur Erbe auf Zeit ist und seine Bereicherung nach Eintritt einer Bedingung oder Befristung entfällt. Erbschaftsteuerlich gilt sowohl der Erwerb des Vorerben als auch der des Nacherben als **Erbanfall** iSd § 3 I Nr. 1 und entspricht dem Zivilrecht. Damit wird steuerlich auch der Tatsache Rechnung getragen, dass der Erblasser die rechtliche Stellung des Vorerben als zeitlich beschränktem Erben weitgehend einschränken oder erweitern kann und dieser sich insoweit zwischen einer wirtschaftlichen, dem Nießbrauch vergleichbaren Stellung und der dem Volleigentum angenäherten Anordnung bewegt (Moench/Weinmann/*Weinmann* Rn. 4).

3   Mit dem Nacherbfall hört der Vorerbe auf, Erbe zu sein; die Erbschaft fällt dem Nacherben an. Die Anwartschaft ist im Falle des Vorversterbens des Nacherben weiter vererblich. Der Nacherbe kann sein Anwartschaftsrecht aber auch an den Vorerben übertragen.

4   **2. Beschränkung der Verfügungsrechte.** Der Erblasser kann die Verfügungsrechte des Vorerben beschränken (§§ 2112 iVm 2113–2115 BGB). Die Beschränkungen können über den gesetzlichen Umfang hinaus erfolgen, der Erblasser kann aber den Vorerben auch von einzelnen Beschränkungen des Gesetzes befreien (Kapp/Ebeling/*Geck* Rn. 1–5.4). Wird dem Vorerben eine **Verfügungsbeschränkung** auferlegt, kann die Abgrenzung zum Nießbrauch zweifelhaft sein. Für die Abgrenzung kommt es allein darauf an, ob lediglich eine Fruchtziehung (Nießbrauch) oder eine Teilhabe an der Substanz (Vorerbschaft) vorgesehen ist. Dabei liegt in der freien Verfügbarkeit eine Substanzteilhabe, das Verbot der Verfügbarkeit führt zur Nießbrauchbestellung (Kapp/Ebeling/*Geck* Rn. 10). Für die steuerliche Behandlung kommt der Einordnung nach rechtlichen und nicht nach wirtschaftlichen Gesichtspunkten (FG München EFG 2000, 279) erhebliche Bedeutung zu.

5   **3. Wegfall der Anwartschaft.** Das Anwartschaftsrecht des Nacherben löst im Falle des Todes des Erblassers keine Steuerpflicht aus; nur eine vor Wegfall der Bedingung vorgenommene **entgeltliche Übertragung** des Anwartschaftsrechtes ist nach § 3 II Nr. 6 steuerpflichtig. Im Falle einer unentgeltlichen oder teilentgeltlichen Übertragung liegen die Voraussetzungen des § 7 I Nr. 7 vor. Werden Gegenleistungen (etwa Übernahme von Verbindlichkeiten oder die Erbringung sonstiger Leistungen) vereinbart, sind die Voraussetzungen einer gemischten Schenkung gegeben (FG Nürnberg EFG 2003, 553; Moench/Weinmann/*Weinmann* Rn. 12).

6   Der Nachlass fällt zunächst dem Vorerben an, der Erbe auf Zeit ist. Die Erbschaft bildet – soweit sie der Nacherbschaft unterliegt – beim Vorerben ein **Sondervermögen.** Das Erbschaftsteuerrecht weicht in § 6 von der zivilrechtlichen Betrachtung ab. Der Vorerbe gilt fiktiv als Vollerbe des Erblassers (Abs. 1). Aufgrund dieser Fiktion hat der Nacherbe den Erwerb des Erblasservermögens als **vom Vorerben** stammend zu versteuern. Stirbt der Vorerbe, hat der Nacherbe das Nacherbschaftsvermögen – abw. vom zivilrechtlichen Ansatz – dann auch als vom Vorerben stammend zu versteuern (§ 6 II 1). Beide Erwerbsvorgänge unterliegen getrennt der Besteuerung. Dasselbe Nachlassvermögen ist somit zweimal mit Erbschaftsteuer belastet. Bei schneller Zeitfolge der Erwerbe greift die Milderung nach § 27 ein.

7   **4. Besteuerung des Nacherben.** Der Steuersatz des Nacherben für den Erwerb von Todes wegen richtet sich nach dem Wert seines gesamten steuerpflichtigen Erwerbs. Der Nacherbe kann allerdings beantragen, den Erwerb des Nacherbschaftsvermögens **nach dem Verhältnis zum Erblasser** – und nicht wie im ErbStG nach dem Verhältnis zum Vorerben (Abs. 2 S. 1) vorgesehen – zu versteuern. Der Antrag kann sich nur auf die Steuerklasse und die Vorschriften beziehen, in denen die Steuerklasse von Bedeutung ist. Die **übrigen Besteuerungsmerkmale** – etwa unbeschränkte oder beschränkte Steuerpflicht, Abzug des Zugewinnausgleichs nach § 5 I, Inanspruchnahme des Freibetrages für Betriebsvermögen etc. – sind nach dem Verhältnis zum Vorerben zu prüfen (BFH BStBl. II 1999, 235; zum Meinungsstreit aber Kapp/Ebeling/*Geck* Rn. 28 mit Hinweis auf die aA bei Meincke/Hannes/Holtz Rn. 13). Der Antrag wirkt sich nur aus, wenn der Nacherbe zum Erblasser in einem näheren verwandtschaftlichen Verhältnis steht als zum Vorerben und sich deshalb eine günstigere Steuerklasse mit einem höheren Freibetrag und niedrigerem Steuersatz ergibt. Wenn das Verwandtschaftsverhältnis zum Vorerben jedoch die gleiche Steuerklasse begründet wie das zum Erblasser, geht der Antrag ins Leere.

8   In Fällen, in denen nicht nur das beim Vorerben verbliebene Nacherbschaftsvermögen, sondern auch eigenes Vermögen auf die Nacherben übergeht, liegt trotzdem **nur ein Erwerbsvorgang** vor, für den der Nacherbe nur einen persönlichen Freibetrag geltend machen kann. Die Erbschaftsteuer bemisst sich nach

Milatz

dem für den Gesamterwerb, der letztlich von zwei Erblassern stammt, geltenden gestaffelten Tarif. Wird die Besteuerung nach dem persönlichen Verhältnis zum Erblasser beantragt (Abs. 2 S. 2), bleibt es bei nur einem persönlichen Freibetrag. Der Freibetrag wird nach der Rspr. (BFH BStBl. II 1999, 235) jeweils **für die unterschiedlichen Vermögensanfälle** berechnet. Verbleibt bei dem Übergang des im Todesfall verbliebenen Nacherbschaftsvermögens ein nicht verbrauchter Restbetrag des Freibetrages, kann der Freibetrag jedoch nur maximal bis zur Höhe des Freibetrages gewährt werden, der dem Verhältnis des Nacherben zum Vorerben entspricht (Moench/Weinmann/*Weinmann* Rn. 24–27). Der Steuersatz bestimmt sich nach dem gesamten Erwerb (Abs. 2 S. 5). Da der gesamte Erwerb bzgl. der Steuerklassen aufzuteilen ist, entspricht die Regelung einem Progressionsvorbehalt (Moench/Weinmann/*Weinmann* Rn. 28).

5. **Nacherbfolge in sonstigen Fällen.** Eine Nacherbfolge kann nach Abs. 3 auch **in anderen Fällen als durch Tod** eintreten. Diese Fälle schließen ua die Wiederverheiratung des überlebenden Ehegatten, Geburt eines Kindes oder Volljährigkeit eines Kindes ein. Die Nacherbfolge ist aufschiebend bedingt, wo hingegen die Vorerbfolge auflösend bedingt ist. Die gegen den Vorerben festgesetzte Steuer entfällt bei einer Nacherbfolge nicht. Der Nacherbe kann jedoch die Steuer des Vorerben auf seine aus der Nacherbschaft entstehende Steuerschuld anrechnen lassen (Abs. 3 S. 2). Eine nach Abs. 2 geregelte Wahlmöglichkeit kommt in diesem Fall jedoch nicht zum Tragen. Es ist allein das Verhältnis des Nacherben zum Erblasser maßgeblich (BFH BStBl. II 1972, 765; Berechnungsbsp. bei Moench/Weinmann/*Weinmann* Rn. 34). Die Steuer, die auf die verbleibende Bereicherung des Vorerben entfällt, ist die Folge einer gesetzlichen Fiktion und berücksichtigt das zeitlich beschränkte Innehaben der Vorerbschaft. Mögliche Nutzungen sind wie ein Nießbrauch zu kapitalisieren.

9

6. **Nachvermächtnis.** Ist ein Vermächtnisnehmer mit der Verpflichtung belastet, den ihm vermachten Gegenstand einem Dritten zuzuwenden, liegt ein sog. Nachvermächtnis vor, das einer Nacherbschaft gleichsteht. Wie im Fall der Vor- und Nacherbschaft findet sowohl bei dem Vorvermächtnisnehmer als auch bei dem Nachvermächtnisnehmer eine Besteuerung statt. Tritt das Nachvermächtnis mit dem Tod des Erst-Vermächtnisnehmers ein, gilt Abs. 2. Dadurch wird bei der Berechnung der Steuerschuld davon ausgegangen, dass der Nachvermächtnisnehmer das Vermögen **von dem Vorvermächtnisnehmer** erhält. Der Nachvermächtnisnehmer hat das Recht zur Beantragung der Besteuerung nach dem Verhältnis zum Erblasser. Tritt die Nacherbfolge nicht durch den Todesfall ein, ist Abs. 3 anzuwenden, sodass das Verhältnis zum Erblasser maßgebend ist.

10

Entsprechende Vermächtnisse finden sich im Zusammenhang mit dem sog. Berliner Testament (§ 2269 BGB), wenn Ehegatten neben einer gegenseitigen Erbeinsetzung bestimmen, dass ihren ansonsten zu Schlusserben eingesetzten Kindern beim Tod des erstversterbenden Elternteils Vermächtnisse zufallen sollen, die aber erst mit dem Tod des überlebenden Elternteiles fällig werden (sog. **Jastrow'sche Klausel** im Zusammenhang mit der Nichtgeltendmachung des Pflichtteiles). Im Falle eines gemeinsamen Testamentes sind Kinder im Regelfall als sog. Schlusserben für den gesamten Nachlass eingesetzt. Hier kann der Nachteil eines Vermächtnisses, das nach dem vom „überlebenden Elternteil" erworben wird, wegen der (kumulierten) Erwerbe zu einem erhöhten Steuersatz (mit entsprechenden Progressionsnachteil wegen des gebündelten Erwerbs) eventuell durch eine Auflage nach § 1940 BGB vermieden werden. Erwerbe aufgrund vollzogener **Auflagen des Erblassers** sind stets nach dem Verhältnis des Auflagenbegünstigten zum Erblasser zu besteuern. Anstelle eines schlichten Nießbrauchs kann auch ein Nießbrauchs- und Rentenvermächtnis begründet werden. Nicht zuletzt können Kinder als Nacherben eingesetzt werden.

11

§ 7 Schenkungen unter Lebenden

(1) Als Schenkungen unter Lebenden gelten
1. jede freigebige Zuwendung unter Lebenden, soweit der Bedachte durch sie auf Kosten des Zuwendenden bereichert wird;
2. was infolge Vollziehung einer von dem Schenker angeordneten Auflage oder infolge Erfüllung einer einem Rechtsgeschäft unter Lebenden beigefügten Bedingung ohne entsprechende Gegenleistung erlangt wird, es sei denn, dass eine einheitliche Zweckzuwendung vorliegt;
3. was jemand dadurch erlangt, dass bei Genehmigung einer Schenkung Leistungen an andere Personen angeordnet oder zur Erlangung der Genehmigung freiwillig übernommen werden;
4. die Bereicherung, die ein Ehegatte oder ein Lebenspartner bei Vereinbarung der Gütergemeinschaft (§ 1415 des Bürgerlichen Gesetzbuchs) erfährt;
5. was als Abfindung für einen Erbverzicht (§§ 2346 und 2352 des Bürgerlichen Gesetzbuchs) gewährt wird;
6. (aufgehoben)
7. was ein Vorerbe dem Nacherben mit Rücksicht auf die angeordnete Nacherbschaft vor ihrem Eintritt herausgibt;
8. der Übergang von Vermögen auf Grund eines Stiftungsgeschäfts unter Lebenden. ²Dem steht gleich die Bildung oder Ausstattung einer Vermögensmasse ausländischen Rechts, deren Zweck auf die Bindung von Vermögen gerichtet ist;

9. was bei Aufhebung einer Stiftung oder bei Auflösung eines Vereins, dessen Zweck auf die Bindung von Vermögen gerichtet ist, erworben wird. ²Dem steht gleich der Erwerb bei Auflösung einer Vermögensmasse ausländischen Rechts, deren Zweck auf die Bindung von Vermögen gerichtet ist, sowie der Erwerb durch Zwischenberechtigte während des Bestehens der Vermögensmasse. ³Wie eine Auflösung wird auch der Formwechsel eines rechtsfähigen Vereins, dessen Zweck wesentlich im Interesse einer Familie oder bestimmter Familien auf die Bindung von Vermögen gerichtet ist, in eine Kapitalgesellschaft behandelt;
10. was als Abfindung für aufschiebend bedingt, betagt oder befristet erworbene Ansprüche, soweit es sich nicht um einen Fall des § 3 Abs. 2 Nr. 5 handelt, vor dem Zeitpunkt des Eintritts der Bedingung oder des Ereignisses gewährt wird.

(2) ¹Im Fall des Absatzes 1 Nr. 7 ist der Versteuerung auf Antrag das Verhältnis des Nacherben zum Erblasser zugrunde zu legen. ²§ 6 Abs. 2 Satz 3 bis 5 gilt entsprechend.

(3) Gegenleistungen, die nicht in Geld veranschlagt werden können, werden bei der Feststellung, ob eine Bereicherung vorliegt, nicht berücksichtigt.

(4) Die Steuerpflicht einer Schenkung wird nicht dadurch ausgeschlossen, daß sie zur Belohnung oder unter einer Auflage gemacht oder in die Form eines lästigen Vertrags gekleidet wird.

(5) ¹Ist Gegenstand der Schenkung eine Beteiligung an einer Personengesellschaft, in deren Gesellschaftsvertrag bestimmt ist, daß der neue Gesellschafter bei Auflösung der Gesellschaft oder im Fall eines vorherigen Ausscheidens nur den Buchwert seines Kapitalanteils erhält, werden diese Bestimmungen bei der Feststellung der Bereicherung nicht berücksichtigt. ²Soweit die Bereicherung den Buchwert des Kapitalanteils übersteigt, gilt sie als auflösend bedingt erworben.

(6) Wird eine Beteiligung an einer Personengesellschaft mit einer Gewinnbeteiligung ausgestattet, die insbesondere der Kapitaleinlage, der Arbeits- oder der sonstigen Leistung des Gesellschafters für die Gesellschaft nicht entspricht oder die einem fremden Dritten üblicherweise nicht eingeräumt würde, gilt das Übermaß an Gewinnbeteiligung als selbständige Schenkung, die mit dem Kapitalwert anzusetzen ist.

(7) ¹Als Schenkung gilt auch der auf dem Ausscheiden eines Gesellschafters beruhende Übergang des Anteils oder des Teils eines Anteils eines Gesellschafters einer Personengesellschaft oder Kapitalgesellschaft auf die anderen Gesellschafter oder die Gesellschaft, soweit der Wert, der sich für seinen Anteil zur Zeit seines Ausscheidens nach § 12 ergibt, den Abfindungsanspruch übersteigt. ²Wird auf Grund einer Regelung im Gesellschaftsvertrag einer Gesellschaft mit beschränkter Haftung der Geschäftsanteil eines Gesellschafters bei dessen Ausscheiden eingezogen und übersteigt der sich nach § 12 ergebende Wert seines Anteils zur Zeit seines Ausscheidens den Abfindungsanspruch, gilt die insoweit bewirkte Werterhöhung der Anteile der verbleibenden Gesellschafter als Schenkung des ausgeschiedenen Gesellschafters. ³Bei Übertragung im Sinne des § 10 Abs. 10 gelten die Sätze 1 und 2 sinngemäß.

(8) ¹Als Schenkung gilt auch die Werterhöhung von Anteilen an einer Kapitalgesellschaft, die eine an der Gesellschaft unmittelbar oder mittelbar beteiligte natürliche Person oder Stiftung (Bedachte) durch die Leistung einer anderen Person (Zuwendender) an die Gesellschaft erlangt. ²Freigebig sind auch Zuwendungen zwischen Kapitalgesellschaften, soweit sie in der Absicht getätigt werden, Gesellschafter zu bereichern und soweit an diesen Gesellschaften nicht unmittelbar oder mittelbar dieselben Gesellschafter zu gleichen Anteilen beteiligt sind. ³Die Sätze 1 und 2 gelten außer für Kapitalgesellschaften auch für Genossenschaften.

Erbschaftsteuer-Richtlinien
R E 7.1: *Freigebige Zuwendungen/H E 7.1*
R E 7.2: *Behandlung von unbenannten Zuwendungen unter Ehegatten/H E 7.2*
R E 7.3: *Gegenstand der Schenkung bei Geldhingabe zum Erwerb eines Grundstücks oder zur Errichtung eines Gebäudes/H E 7.3*
R E 7.4: *Gemischte Schenkungen sowie Schenkungen unter einer Auflage/H E 7.4*
R E 7.5: *Leistungen von Gesellschaftern und Dritten an Kapitalgesellschaften (unbesetzt)/H E 7.5*
R E 7.6: *Vereinbarung der Gütergemeinschaft*
R E 7.7: *Bedingte Beteiligung an den offenen und stillen Reserven einer Personengesellschaft (unbesetzt)/ H E 7.7*
R E 7.8: *Überhöhte Gewinnbeteiligung*
R E 7.9: *Gesellschaftsanteil beim Ausscheiden eines Gesellschafters zu Lebzeiten (unbesetzt)/H E 7.9*

1   **1. Vermögenserwerbe unter Lebenden.** Während sich die Erbschaftsteuer auf Erwerbe von Todes wegen (§ 1 I Nr. 1) bezieht, erfasst die Schenkungsteuer vergleichbare Vermögenserwerbe unter Lebenden. In **Erweiterung der zivilrechtlichen Voraussetzungen** einer Schenkung (§ 516 BGB) werden die Steuertatbestände abschließend in Abs. 1, 6, 7 u. 8 geregelt. Für die Besteuerung dieser Erwerbsvorgänge gelten im Wesentlichen die gleichen Regelungen wie für die Erbschaftsteuer (§ 1 II). Die Schenkungsteuer hat unter Berücksichtigung der durch das ErbStRG erhöhten Steuerwerte insbes. in der Steuerklasse III (Eingangssteuersatz 30 %, Spitzensteuersatz 50 %) an Bedeutung gewonnen. Im Zuge der Erbschaftsteuerreform ist von einem verstärkten Aufgreifen der der Schenkungsteuer unterliegenden Sachverhalte durch die FinVw auszugehen.

2   Zuwendungsbeteiligte können natürliche oder juristische Personen sein, wobei natürliche Personen *in praxi* weitgehend dem Familienumfeld angehören. Dadurch sind bei freigebigen Zuwendungen an natür-

liche Personen der Erfassung durch die FinVw **faktisch Grenzen** gesetzt; es ist aber zu bedenken, dass die Verjährung der Schenkungsteuer erst nach Erfüllung der gesetzlichen Verpflichtung zur Offenlegung der unter das Schenkungsteuergesetz fallenden Tatbestände beginnt (vgl. § 30; § 170 V Ziff. 2 AO). **Kapitalgesellschaften** können Schenker oder Bedachte einer freigebigen Zuwendung sein, hingegen ist eine Personengesellschaft nach der Rspr. des BFH (BStBl. II 1995, 81) transparent, sodass bei Zuwendungen an eine **Personengesellschaft** nicht die Gesellschaft, sondern der an der Gesellschaft beteiligte (begünstigte) Gesellschafter Erwerber und Steuerschuldner ist (Moench/Weinmann/*Weinmann* Rn. 10).

2. Objektive Merkmale einer freigebigen Zuwendung. Nach dem Grundtatbestand der freigebigen Zuwendung (Abs. 1 Nr. 1) sind zwei Tatbestandsmerkmale Voraussetzung: der objektive und der subjektive Zuwendungstatbestand. Das Merkmal des **objektiven Zuwendungstatbestands** setzt voraus, dass sich das Vermögen des Empfängers durch die Schenkung **vermehrt**. Eine zwingende deckungsgleiche Verminderung des Vermögens des Zuwendenden ist nicht erforderlich (Troll/Gebel/Jülicher/Gottschalk/*Gebel* Rn. 21 f.). Ob eine objektive Bereicherung vorliegt, ist anhand des gemeinen Wertes (Verkehrswert) des Zuwendungsgegenstandes zu beurteilen. Die Mehrung des Vermögens muss unentgeltlich, dh ohne eine Gegenleistung erfolgen (R E 7.1 (2) S. 3 ErbStR). Eine mögliche rechtliche Abhängigkeit von einer den Erwerb ausgleichenden Gegenleistung steht der Unentgeltlichkeit entgegen (BFH BFH/NV 2001, 1407). Eine Vermögensmehrung bei dem Zuwendungsempfänger setzt außerdem voraus, dass dieser über den Gegenstand der Zuwendung **tatsächlich und frei verfügen** kann; bestehen rechtliche oder faktische Einschränkungen, handelt es sich nicht um eine Bereicherung (BFH BFH/NV 2001, 908). Bei späterem Wegfall einer Gegenleistung – etwa Verzicht auf Zahlung – sind regelmäßig die Voraussetzungen der Freigebigkeit erfüllt, denn auch eine Minderung einer Schuld oder Übernahme von Belastungen durch den Zuwendenden kann zu einer Bereicherung seitens des Empfängers führen (R E 7.1 (2) S. 1 ErbStR), so zB auch im Falle eines Verzichts auf Darlehen, eines Verzichts auf Darlehenszinsen, einer Gewährung eines unverzinslichen Darlehens oder Gewährung eines Darlehens unter dem marktüblichen Zinssatz (Rspr., ua BFH BStBl. II 1999, 25; bereits BStBl. II 1979, 631; Moench/Weinmann/*Moench* Rn. 15–18a).

3. Zuwendung von Vermögensgegenständen zum Gebrauch. Abweichend davon wird die unentgeltliche Überlassung sonstiger Vermögensgegenstände zum Gebrauch oder Nutzen nur eingeschränkt in der Rspr. behandelt. Da sich derartige Sachverhalte oft im privaten Leben ereignen, werden sie von der FinVw nur selten erfasst. Bei strenger Betrachtung stellt sich die Frage, ob ein solches „Vollzugsdefizit" im Rahmen von ausreichenden Freibeträgen abgedeckt werden kann. In der unentgeltlichen Überlassung einer Wohnung kann etwa ein freigebiger Schenkungsvorgang liegen. Die für die Freigebigkeit vorausgesetzte Bereicherung ist jedoch nur anzunehmen, wenn der überlassene Gegenstand **ansonsten zur Erzielung von Einkünften** verwandt worden wäre (*Steiner* ErbStB 2007, 110). Nach dem die Steuerpflicht begründenden Tatbestandsmerkmal muss der Bedachte durch die freigebige Zuwendung auf Kosten des Zuwendenden bereichert sein. Entscheidend ist die vom Zuwendenden zum Zeitpunkt der Zuwendung geplante Verwendung; bei leicht vermietbaren Wohnungen etwa spricht die Vermutung für die Absicht der Vermietung und damit für eine Bereicherung durch die unentgeltliche Nutzungsüberlassung. Die Gebrauchsüberlassung selbst genutzter Wohnräume ist keine freigebige Zuwendung (FG München EFG 2006, 1262).

4. Unterhaltsleistungen. Nicht objektiv unentgeltlich sind Unterhaltsleistungen, die **in Erfüllung einer bestehenden Unterhaltspflicht** geleistet werden. Die Verpflichtung kann sich aus §§ 1601 ff. BGB gegenüber Verwandten in gerader Linie und aus weiteren Vorschriften des bürgerlichen Rechts (Troll/Gebel/Jülicher/Gottschalk/*Gebel* Rn. 164) ergeben. Dies gilt nicht für Vorausleistungen auf künftigen Unterhalt, da dieser nicht geschuldet ist und auch nicht schuldbefreiend wirkt (§§ 1614 II iVm 760 II BGB; BFH BStBl. II 2008, 256). Leistet der zum Unterhalt Verpflichtete jedoch mehr als er der Höhe nach zu leisten hat, kommt es zu einer freigebigen Zuwendung.

5. Subjektives Merkmal einer freigebigen Zuwendung. Neben der objektiven Bereicherung muss auch der subjektive Zuwendungstatbestand erfüllt sein; dies folgt aus dem zivilrechtlichen Begriff der Freigebigkeit, dh dem **Willen des Zuwendenden**, einen Dritten ohne rechtliche Verpflichtung (ohne „Gegenleistungsdenken") **„begünstigen"** zu wollen. Abweichend vom Zivilrecht, wo nach § 516 I BGB die Einigung von Schenker und Beschenkten über die Unentgeltlichkeit Voraussetzung für eine Schenkung ist, kommt es nach Abs. 1 Nr. 1 jedoch **allein auf die Freigebigkeit aus Sicht des Zuwendenden** an. Der Zuwendende muss in dem Bewusstsein handeln, dass er seine Leistung weder im rechtlichen Zusammenhang mit einer Gegenleistung noch in Erfüllung einer Rechtspflicht erbringt. Ein auf die **Bereicherung des Bedachten** gerichteter Wille – mithin eine Bereicherungsabsicht – ist nicht erforderlich. Entscheidend ist bloß der Wille des Zuwendenden zur Unentgeltlichkeit, der auf der Grundlage der ihm bekannten Umstände nach den Maßstäben des allgemein Verkehrsüblichen festzustellen ist (R E 7.1 (3) S. 3 ErbStR). Nach Meincke/Hannes/*Holtz* (Rn. 83–101) reicht seitens des Zuwendenden der Wille zur Unentgeltlichkeit und freigebigen Zuwendung aus. Der Zuwendende muss den Bedachten durch die Zuwendung eines wirtschaftlichen Vorteils begünstigen wollen. Zur Erfüllung des subjektiven Tatbestandes verlangt die BFH-Rechtsprechung nicht mehr als **den einseitigen Willen des Zuwendenden**, seine Leistung unentgeltlich bzw. teilentgeltlich zu erbringen (BStBl. II 1994, 366). Der Zusammenhang der Leistung bei arbeitsrechtlichen, familienrechtlichen oder gesellschaftsrechtlichen Beziehungen steht in der Regel der Intension des Zuwendenden im Hinblick auf eine (echte) Unentgeltlichkeit entgegen.

7   Die Unterscheidung ist im Einzelfall problematisch. Der Zuwendende muss es jedoch bewusst und gewollt zum Inhalt des Rechtsgeschäftes machen, dass die Zuwendung – auch nicht teilweise – mit einer Gegenleistung verknüpft und auch sonst nicht – in voller Höhe – zur Tilgung einer Verbindlichkeit bestimmt ist (*Klein-Blenkers*, Die Bedeutung subjektiver Merkmale in ErbSt- und Schenkungsteuerrecht, 1992, 103). Besondere Bedeutung erfährt die Prüfung des subjektiven Tatbestandes im Verhältnis zwischen Eheleuten und im geschäftlichen Bereich; nach der Rspr. des BFH (BStBl. II 1994, 366) genügt der **einseitige Wille des Zuwendenden zur Unentgeltlichkeit,** wobei die Bereicherung des Empfängers und dessen Bewusstsein einer Bereicherung entbehrlich ist. Die Unentgeltlichkeit ist bereits gegeben, wenn der Zuwendende eine Leistung ohne Verpflichtung und ohne rechtlichen Zusammenhang mit einer Gegenleistung oder einem Gemeinschaftszweck erbringt; die Veranlassung auf Seiten des Zuwendenden ist ohne Bedeutung (BFH BFH/NV 2004, 340).

8   **6. Ehebedingte unbenannte Zuwendung.** Die vom Zivilrecht abweichende Steuerrechtsprechung wird an dem Rechtsinstitut der unbenannten Zuwendung deutlich. Nach der Rspr. der Zivilgerichte (BGHZ 87, 145) sind Zuwendungen unter Ehegatten als ehebedingte Rechtsgeschäfte eigener Art beurteilt worden, die trotz der Unentgeltlichkeit **nicht zum Zwecke der Vorteilsgewährung** erfolgen. Wurden danach Zuwendungen zwischen Ehegatten bei ehelicher Lebensgemeinschaft zivilrechtlich als unbenannte Zuwendungen eingeordnet, die nicht freigebig sind, folgte der BFH seit 1994 (BStBl. II 1994, 366) nicht mehr der BGH-Rechtsprechung. Nach Auffassung des BFH reicht es als subjektives Merkmal einer freigebigen Zuwendung aus, dass der Zuwendende das Bewusstsein und den Willen zur unentgeltlichen Zuwendung hatte; eine Bereicherungsabsicht ist nicht erforderlich. Der BFH begründet seine vom BGH abweichende Auffassung ua damit, dass der Rechtsbegriff der unbenannten Zuwendung nach dem Zivilrecht **nahezu alle objektiv unentgeltlichen Zuwendungen unter Ehegatten** erfassen würde. Dadurch würde der Tatbestand des Abs. 1 Nr. 1 ins Leere laufen. Durch die besondere Befreiungsvorschrift zur Übertragung selbstgenutzter Immobilien (§ 13 I Nr. 4a) ist die bisherige Rechtsfigur der unbenannten Zuwendung im Steuerrecht ersatzlos entfallen.

9   **7. Irrtum über Unentgeltlichkeit.** Ein scheinbarer Wille einer Unentgeltlichkeit kann durch den Irrtum seitens des Zuwendenden begründet werden, insbes. wenn sich der Zuwendende über den Wert des zugewendeten Gegenstandes irrt. Als Beweis für eine „beachtliche Irrtumslage" verlangt die Rspr. nur ein **ansatzweises Erkennen der Wertabweichung** zwischen Leistung und Gegenleistung, nicht jedoch des genauen Ausmaßes eines Wertunterschiedes (BFH BStBl. II 1882, 83 (84)). Geht der Zuwendende irrtümlich davon aus, eine adäquate Gegenleistung erhalten zu haben, liegt der subjektive Tatbestand der freigebigen Zuwendung nicht vor (BFH BStBl. II 1994, 366). IE reicht die Kenntnis über die Bedeutung des Begriffs der Unentgeltlichkeit in der Form einer **Parallelwertung in der Laiensphäre** (BFH BStBl. II 1996, 832).

10 Da die Prüfung des subjektiven Tatbestands im Einzelfall schwierig ist, hat sich (zurückzuführen auf Überlegungen von *Schulze-Osterloh* StuW 1977, 122) die Rspr. einer weitgehend **objektivierenden Theorie** angeschlossen. Kann aufgrund der Tatsachen und Gesamtumstände davon ausgegangen werden, dass der Zuwendende den objektiven Tatbestand der Freigebigkeit seiner Zuwendung kennt, gilt der Nachweis seines Willens zur Unentgeltlichkeit und damit der Erfüllung des subjektiven Tatbestandes als geführt. Die FinVw folgt dieser Rspr. (R E 7.1 (3) S. 3, 4 ErbStR).

11 **8. Gemischte Schenkung.** Von Abs. 1 Nr. 1 wird auch die gemischte Schenkung erfasst. Eine gemischte Schenkung liegt dann vor, wenn der Zuwendungsempfänger eine **im offensichtlichen Missverhältnis stehende Gegenleistung** für die Zuwendung erbringt. So handelt es sich auch um eine gemischte Schenkung, wenn bei einem gegenseitigen Vertrag die Leistung der einen Partei **nur zT durch die Gegenleistung der anderen Partei ausgeglichen** wird und sich aus dem Sachverhalt ausreichende Hinweispunkte ergeben, dass einer Vertragspartei der Mehrwert der von ihr zu erbringenden Leistung im Sinne einer unentgeltlichen Zuwendung bewusst ist. Im Rechtsleben treten gemischte Schenkungen vielfältig auf; typische Beispiele sind der verbilligte Verkauf von Vermögensgegenständen, die Zahlung von Abstandsgeldern oder Gleichstellungsgeldern etc. So erfüllen Gleichstellungsgelder, die im Fall des Übergangs von Vermögensgegenständen von den Eltern an die übernehmenden Kinder bei vereinbarter Nichtberücksichtigung von Geschwistern dem Erwerber auferlegt werden, die Voraussetzungen einer gemischten Schenkung; auf das Verhältnis zwischen dem Übernehmer und seinen Geschwistern kommt es nicht an. Gleichstellungsgelder sind als freigebige Zuwendung der Eltern an die nicht berücksichtigten Geschwister anzusehen (BFH BStBl. II 2003, 162; *Noll* DStR 2003, 968).

12 **Beispiele für eine gemischte Schenkung** können sich aus unterschiedlichsten Konstellationen ergeben; so ist die unentgeltliche Übertragung eines bebauten Grundstückes nach Errichtung des Gebäudes durch den Beschenkten auf dem Grund und Boden des Schenkers nur eine gemischte Schenkung („Teilschenkung"); die Verwaltung sieht in der Übertragung des bebauten Grundstückes eine Freigebigkeit nur in dem Umfang, in dem der Verkehrswert des Grundstücks nach dem Bebauung vom Beschenkten aufgewendeten Baukosten übersteigt (H E 7.4 (1) ErbStR). Auch die Einräumung eines Erbbaurechtes gegen einen unangemessen niedrigen Erbbauzins gilt nach Auffassung der FinVw (Erl. Baden-Württemberg v. 6.12.1999, DStR 2000, 247) wegen des Ungleichgewichtes zwischen Leistung und Gegenleistung als eine gemischte Schenkung. Desweiteren ist der Übernahmevorgang von Grundstücksschulden durch den Beschenkten kritisch: übertrifft der Grundstückswert die Darlehenshöhe, liegen nach Auffassung der FinVw (H E 7.4 (1) S. 2 ErbStR) erst dann die Voraussetzungen einer gemischten Schenkung vor, wenn der Be-

schenkte in Anspruch genommen wird. Die bloße Übernahme der Grundpfandrechte, die der Sicherung eines Darlehens dienen, begründet noch keine Gegenleistung im Sinne einer gemischten Schenkung (FG Nürnberg EFG 2007, 1185). Kommt jedoch der Schenker seinen Verpflichtungen aus dem Darlehensvertrag nicht nach, ist eine Gegenleistung seitens des Beschenkten begründet.

9. Trennungstheorie der Rspr. Die Beurteilung einer gemischten Schenkung erfolgt seit der BFH-Entscheidung v. 21.10.1981 (BStBl. II 1982, 83) nach der sog. **Trennungstheorie.** Durch Vergleich der Verkehrswerte der Leistung des Schenkers und der des Beschenkten wird festgestellt, **zu welchem Prozentsatz** das Rechtsgeschäft freigebig oder entgeltlich ist. In Abgrenzung zur gemischten Schenkung ist bei der Schenkung unter Auflage (§§ 525–527 BGB) eine Bestimmung beigefügt. Demnach ist der Empfänger zu einer bestimmten Leistung verpflichtet, die aus dem Zuwendungsgegenstand zu entnehmen oder zu entrichten ist (Moench/Weinmann/*Weinmann* Rn. 61). Die Rspr. des BFH (BStBl. II 1989, 524) und die Auffassung der FinVw (R E 7.4 (1) ErbStR) stellen jedoch die Schenkung unter Auflage der gemischten Schenkung gleich. Eine **Leistungsauflage** liegt erbschaftsteuerlich nur vor, wenn dem Beschenkten Leistungen auferlegt werden, die bei diesem Aufwendungen verursachen. Bei der **Nutzungs- oder Duldungsauflage** wird dem Begünstigten ein Teil der mit dem Eigentum an dem geschenkten Gegenstand im Zeitablauf verbundenen Nutzung vorenthalten und einer dritten Person zugewiesen. 13

10. Mittelbare Grundstücksschenkung. Die umfassende Rspr. und Auffassung der FinVw zur **mittelbaren Grundstücksschenkung** hat durch die Erbschaftsteuerreform und die Anpassung der Grundstückswerte an den gemeinen Wert an Bedeutung verloren. Mit der Reform des BewG durch das ErbStRG ist eine Annäherung der Steuerwerte an den gemeinen Wert erfolgt. Das bedeutet nicht, dass das Niveau der Verkehrswerte auch tatsächlich immer erreicht wird. Im Einzelfall kann auch weiterhin die mittelbare Grundstücksschenkung steuerlich günstiger sein als die Geldschenkung. Bisher wurde die mittelbare Schenkung in den Grundfällen dadurch ausgelöst, dass der Schenker dem Bedachten Geldmittel mit der Bestimmung zugewendet hat, sie für den Erwerb oder für die Bebauung eines bestimmten Grundstücks zu verwenden. Diese Grundsätze der mittelbaren Zuwendung wurden auch im Bereich von sonstigen, steuerlich günstiger bewerteten Vermögensgegenständen (etwa Gesellschaftsanteilen) angewandt. Die von der FinVw anerkannten Gestaltungsvarianten setzen die **zeitliche Nähe zum beabsichtigten Erwerb**, die genaue Bezeichnung des vom Zuwendungsempfänger zu erwerbenden Gegenstandes und die rechtzeitige Zahlung eines Geldbetrages im möglichst engen zeitlichen Zusammenhang voraus. Die FinVw hat die Entwicklung der mittelbaren Grundstücksschenkung positiv begleitet (gleichl. Erl. v. 2.11.1989, BStBl. I 1989, 445; R E 7.3, H E 7.3 – Einzelfälle – ErbStR; Zusammenfassung der Rspr. bei *Peltner* DStR 1986, 72). Neben der Finanzierung des Grundstückserwerbs und der Baumaßnahmen werden auch die Übernahme erwerbsbedingter Nebenkosten, Kosten der Erstellung der Steuererklärung, die Grunderwerbsteuer etc. erfasst. 14

Im Fall einer gemischten Schenkung setzt die Rspr. voraus, dass Leistung und Gegenleistung rechtlich miteinander verknüpft sind oder voneinander abhängen (BFH BFH/NV 2001, 1403). Ein bloß faktisches Gegenüberstehen der Leistungen ist nicht ausreichend. Die mit einer freigebigen Zuwendung zusammenhängende Gegenleistung kann auch bereits zeitlich vor der eigentlichen Zuwendung liegen. Allein ein objektives Missverhältnis zwischen den Werten der Leistung und Gegenleistung reicht für eine gemischte Schenkung nicht aus; es müssen auch die subjektiven Voraussetzungen für eine freigebige Zuwendung vorliegen. Der Rspr. folgend (BFH BStBl. II 1987, 80) reicht nach grober Prüfung für die Begründung der subjektiven Bereicherung ein **auffallendes Missverhältnis zwischen Leistung und Gegenleistung** aus (instruktiv Moench/Weinmann/*Moench* Rn. 68), um die subjektive Bereicherung zu begründen. Eine Vermutung auf der Grundlage der Lebenserfahrung führt zu einer Umkehr der Feststellungslast (FG Düsseldorf EFG 2003, 1635), die grds. der FinVw obliegt. Der Zuwendende kann zur Widerlegung eines Missverhältnisses zwischen Leistung und Gegenleistung sein Verständnis von der Wertrelation nachweisen. 15

11. Abgrenzung zur Nutzungs- und Duldungsauflage. Die Unterscheidung zwischen Leistungsauflage und Nutzungs- oder Duldungsauflage ist wegen der unterschiedlichen Berechnung von schenkungsteuerlicher Bedeutung. Bei der Leistungsauflage wird – ebenso wie bei der gemischten Schenkung – der Wert der Leistungsauflage nicht vom Steuerwert des Zuwendungsgegenstandes abgezogen; die Bemessungsgrundlage für die Schenkungsteuer wird durch eine besondere Berechnungsmethode, der sog. Trennungstheorie (prozentuale Aufteilung) – ermittelt. Der Kapitalwert einer Nutzungs- und Duldungsauflage ist demgegenüber **ungekürzt vom Steuerwert** des Zuwendungsgegenstandes abzuziehen. 16

Wird eine Schenkung sowohl unter Leistungs- als auch unter Nutzungsauflage vollzogen, wird der Vorgang in einen entgeltlichen und unentgeltlichen Teil zerlegt. Der anteilig auf den freigebigen Teil der Zuwendung entfallende Kapitalwert der Nutzungsauflage ist dabei von dem unentgeltlichen Teil abzuziehen. 17

Die Anpassung der Steuerwerte an die Verkehrswerte durch das ErbStRG hat eine Vielzahl von Problemen bei der Auflagenschenkung gelöst; die Bewertung eines freigebig übertragenen Gegenstandes unter dem Verkehrswert führte bis zur Anpassung der Werte zu Schwierigkeiten bei der Berücksichtigung der Bewertung der Auflagen (vgl. Kapp/Ebeling/*Geck* Rn. 76–80.18). 18

12. Vollzug der Schenkungen. Eine zivilrechtliche Schenkungsabrede (§ 516 I BGB) führt noch nicht zur Schenkungsteuer; diese entsteht erst mit der rechtlichen Ausführung der Zuwendung (§ 9 II Nr. 1). Dies ist nach der Rspr. (BFH DStR 2008, 768) der Zeitpunkt, in dem der Beschenkte im Verhältnis zum 19

Schenker **frei über den Zuwendungsgegenstand verfügen** kann. Die Schenkung ist auch bei vorbehaltenem Widerruf vollzogen. Grundstücksübertragungen sind dann vollzogen, wenn die Vertragsparteien die für die Eintragung der Rechtsänderung im Grundbuch erforderlichen Erklärungen in gehöriger Form abgegeben haben. Dies sind die Auflassung (§ 825 BGB) und die Eintragungsbewilligung; der Eintragungsantrag muss nicht gestellt sein.

20 Der Zeitpunkt der Schenkung ist etwa für die Frage einer **gleichzeitigen Schenkung** weiterer Vermögensgegenstände von Bedeutung, was bis zum 31.12.2008 wegen der günstigen, zuweilen auch negativen Steuerwerte insbes. beim Betriebsvermögen genutzt wurde. Der Zeitpunkt der Ausführung einer Grundstücksschenkung kann entweder durch Abschluss eines Optionsvertrages, durch Einschaltung eines vollmachtlosen Vertreters (FG Rheinland-Pfalz EFG 2002, 1622; Moench/Weinmann/*Weinmann* Rn. 127) oder durch Einschränkung des Gebrauchs einer Eintragungsbewilligung (BFH BStBl. II 2005, 312) beeinflusst werden.

21 **13. Schenkungen im Angehörigenbereich.** Schenkungen erfolgen insbes. zwischen Ehegatten und im engeren Verwandtenkreis, aber auch im Zusammenhang mit Beteiligungen an Personen- und Kapitalgesellschaften. Die Verpflichtung zur Anzeige eines der Schenkungsteuer unterliegenden Sachverhaltes (§ 30 iVm § 7 I Nr. 2) wird nicht bei allen schenkungssteuerbaren Tatbeständen erkannt; dies ist auch darauf zurückzuführen, dass die Verpflichtung zur Anzeige nach der Rspr. (BFH BStBl. III 1958, 339) nur im Falle eines eindeutig unter die Schenkungsteuer fallenden Sachverhaltes besteht. Rspr. und Lit. haben sich im Wesentlichen mit Sachverhalten im Familienkreis und im Geschäfts- und Wirtschaftsleben auseinandergesetzt. Im Familienkreis dominieren Zuwendungen zwischen den Ehegatten über den Bereich des Zugewinnausgleichs hinaus. Anders als zT nach ausländischem Erbschaftsteuerrecht sind freigebige Zuwendungen an den Ehegatten grds. schenkungsteuerpflichtig (BFH BStBl. II 1994, 366). Da der BFH zur Begründung der Schenkungsteuerpflicht **nicht** von einem **subjektiven Verständnis** der Bereicherung ausgeht, sondern allein auf das **Bewusstsein des Zuwendenden** abstellt, zu einer Vermögenshingabe innerhalb der Ehe nicht verpflichtet zu sein und für diese Hingabe keine Gegenleistung zu erhalten, sind Vermögensübertragungen, die keine üblichen Gelegenheitsgeschenke darstellen und kein Ausfluss der gesetzlichen Unterhaltsverpflichtung (§§ 1360, 1360a BGB), sondern schenkungsteuerpflichtig. Des Weiteren wird vorausgesetzt, dass der Empfänger über den zugewandten Gegenstand tatsächlich und rechtlich frei verfügen kann (BFH BFH/NV 2001, 908); dem Ehegatten obliegt eine verschärfte Nachweispflicht (BFH BFH/NV 2005, 355 mit Hinweis auf BStBl. II 1980, 402).

22 Die Lit. (zB *Geck* ZEV 2005, 227; *Milatz/Herbst* NWB 2012, 2063) weist auf die Anforderungen bei Nutzung eines gemeinschaftlichen Kontos der Ehepartner hin. **Gemeinschaftsdepots oder -konten** sind in dem Umfang steuerpflichtig, in dem ein Ehepartner nicht zur Bildung gemeinsamen Vermögens beigetragen hat; es kommt somit auf den Anteil des Ehegatten an dem Konto an. Eine Absprache über die Aufteilung des Kontobestandes im Innenverhältnis bedarf nicht der Schriftform; sie kann mündlich oder durch schlüssiges Verhalten getroffen werden (BFH BStBl. II 2008, 28). In jedem Fall liegt bei einem bestehenden Herausgabeanspruch des leistenden Ehegatten kein schenkungsteuerpflichtiger Erwerb vor. Wird zwischen Eheleuten ein Treuhand- und Auftragsverhältnis begründet, liegt die **Beweislast** bei den Eheleuten (BFH DStR 2012, 796).

23 Da die in der Zivilrechtsprechung anerkannte Rechtsfigur der ehebedingten, unbenannten Zuwendung nach der Rspr. (BFH BStBl. II 1994, 366) im Erbschaftsteuerrecht nicht anerkannt wird (vgl. R E 7.2 ErbStR), sind Zuwendungen unter Eheleuten nur bei Übertragung des Familienwohnheims zu Lebzeiten nach § 13 I Nr. 4a von der ErbSt befreit. Erfüllt der Ehegatte die ihm obliegende gesetzliche **Unterhaltsverpflichtung**, liegt grds. keine freigebige Zuwendung vor. Dies gilt jedoch nicht für den Aufbau einer eigenen Altersversorgung (Viskorf/Schuck/Wälzholz/*Hübner* Rn. 171). Auch die Übernahme von Steuerschulden durch einen Ehegatten stellt eine freigebige Zuwendung dar. Die Rspr. bejaht die Freigebigkeit bereits bei der Zustimmung zur Zusammenveranlagung, wenn ein Ehegatte positive, und ein anderer negative Einkünfte erzielt, aus denen sich die gemeinsam zu versteuernden Einkünfte zusammensetzten (FG Niedersachsen EFG 1987, 571; dagegen FG Rheinland-Pfalz EFG 2002, 209). Der steuerpflichtige Erwerb kann jedoch durch die Begründung einer Ehegatteninnengesellschaft vermieden werden, weil Leistungen eines Gesellschafters an die Innengesellschaft nicht freigebig sind (*Milatz/Herbst* DStR 2011, 646; 2011, 706).

24 Zuwendungen an Kinder oder andere Familienangehörige sind schenkungsteuerbar; Ausnahmen stellen nur übliche Gelegenheitsgeschenke oder Leistungen in Erfüllung einer gesetzlichen Unterhaltspflicht dar. Die Einrichtung von Sparkonten auf den Namen minderjähriger Kinder unter Einzahlung von Geldbeträgen sind Schenkungen, es sei denn, die Verfügungsmöglichkeit seitens der Kinder ist eingeschränkt; dies ist etwa bei Zurückbehalten eines Sparbuches gegeben (zur Zivil-Rechtsprechung BGH NJW 1994, 931).

25 **14. Schenkungen unter Weitergabeverpflichtung.** Zur Ausnutzung von Freibeträgen und Nutzung einer günstigeren Steuerklasse können sog. **Kettenschenkungen** erfolgen; dies sind Übertragungen an Andere mit einer Weitergabeverpflichtung. Der BFH bejaht eine Schenkung mit Weitergabeverpflichtung als (erste) Schenkung, wenn dem Beschenkten (Mittelsperson) ein **freier Entscheidungsspielraum** verbleibt (BFH BStBl. II 1994, 128). Besteht jedoch eine gesetzliche oder vertragliche Verpflichtung zur Weitergabe an Dritte, wird die Steuer so festgesetzt, als sei das zugewendete Vermögen ohne Einschaltung der Mittelsperson unmittelbar dem Begünstigten zugewandt worden (Moench/Weinmann/*Weinmann* Rn. 145–149; *Fromm* DStR 2000, 455).

15. Schenkungen im Geschäfts- oder Wirtschaftsleben. Der BFH (BStBl. II 1994, 366) hat für Schenkungen im Geschäfts- und Wirtschaftsleben festgelegt, dass der subjektive Tatbestand einer freigebigen Zuwendung bereits dann erfüllt ist, wenn der Zuwendende im Bewusstsein der objektiven Unentgeltlichkeit seiner Leistung gehandelt hat; es reicht aus, dass der Zuwendende die Tatsachen kennt, die seine Leistung als eine unentgeltliche qualifizieren; der Wille zur Bereicherung seitens des Beschenkten ist entbehrlich. Entgegen der dargelegten These des BFH hat der II. Senat des BFH (BStBl. II 1997, 832) die freigebige Zuwendung **im Bereich geschäftlicher Beziehungen** dann entfallen lassen, wenn die Zuwendung der Förderung des Geschäftes des Zuwendenden gedient habe, wobei dann nachzuweisen, dass die Zuwendung objektiv und ausschließlich auf die Erzielung geschäftlicher Vorteile des Zuwendenden gerichtet war (*Hartmann* FR 2000, 1014 (1024)). Die Rspr. versucht, die nahezu uferlose Freigebigkeit im Geschäfts- und Wirtschaftsleben durch die Begrenzung auf objektive Tatbestände einzudämmen; die Prüfung dieser objektiven Tatbestände bleibt jedoch weiterhin schwierig (*Hartmann* DStZ 1998, 509).

Aus der BFH-Rechtsprechung (BStBl. II 1997, 832) folgt, dass die Steuerpflicht nicht für Zuwendungen von Werbegeschenken oder Kulanzzahlungen der Geschäftspartner gilt (Moench/Weinmann/*Weinmann* Rn. 156), da mit diesen Aufwendungen eindeutig der **geschäftliche Erfolg erreicht** werden soll. Das gilt im Grundsatz auch für Schmiergeldzahlungen, weil von den Empfängern der Zahlungen bestimmte Gegenleistungen erwartet werden. Zuwendungen an Kapitalgesellschaften einschließlich verdeckter Einlagen, Zuwendungen zur Sanierung von Unternehmen etc. lagen bisher in der allgemeinen mitgliedschaftlichen Zweckförderungspflicht des Gesellschafters und wurden schenkungsteuerlich nicht erfasst; eine Änderung der schenkungsteuerlichen Behandlung ist durch Einführung des Abs. 7 (→ Rn. 45–49) erfolgt. Bei der Berücksichtigung von Zuwendungen durch Sponsoren, Mäzene etc. wird die Freigebigkeit allein – trotz der Regelung in § 7 VIII – am objektiven Tatbestand gemessen; nur das Abweichen von Leistung und Gegenleistung führt zu einer Besteuerung. Im öffentlichen Bereich (Zuwendungen an öffentliche Kassen, Übertragungen von Grundstücken etc, aber auch unentgeltliche Vermögensübertragungen durch Träger öffentlicher Verwaltung) ist eine Freigebigkeit nicht gegeben; die Auffassung wird zT damit begründet, dass Träger der öffentlichen Gewalt in Wahrnehmung ihrer ihnen obliegenden Aufgaben nicht freigebig handeln können.

16. Zuwendung im Zusammenhang mit Personengesellschaften. Bei Zuwendungen an Personengesellschaften sind Erwerber und Steuerschuldner die einzelnen Gesellschafter selbst, nicht hingegen die Gesamthandsgemeinschaft (gefestigte BFH-Rechtsprechung seit 14.9.1994, BStBl. II 1995, 81). Trotz der zivilrechtlichen Verselbständigung von Personengesellschaften sind diese erbschaftsteuerlich nach wie vor **transparent** mit der Folge, dass Angehörige der Gesellschafter bei Übertragung von Gesellschaftsanteilen in den Genuss der günstigeren Steuerklasse kommen können. Begründet wird die Auffassung mit der traditionellen Gesamthandslehre; danach ist das **Gesellschaftsvermögen** etwa einer OHG, KG oder GbR gemeinschaftliches Vermögen der Gesellschafter, nicht hingegen Vermögen der Gesellschaft (BFH BStBl. II 1995, 82; BFH BStBl. II 1998, 630; sa Troll/Gebel/Jülicher/Gottschalk/*Gebel* Rn. 263; ausf. *Hartmann* ErbStB 2011, 341 zu den vertretenen Theorien). In der Lit. kritisiert wird, dass die traditionelle Gesamthandslehre im Zivilrecht aufgegeben wurde, auf die Rspr. der Steuergerichte den Durchgriff durch die Personengesellschaft stützt; für die weitere Entwicklung der Behandlung von Personengesellschaften im ErbStR ist jedoch zu beachten, dass die Personengesellschaften zeitlich nach der Grundsatzentscheidung aus dem Jahre 1994 eine Aufwertung erfahren haben (etwa setzt die Anerkennung von Sonderbetriebsvermögen die rechtliche Verselbständigung einer Gesamthand voraus). Es bestehen daher Zweifel, ob der BFH und die Finanzgerichte an ihrer für die Steuerpflichtigen günstigen Rspr. festhalten werden.

17. Zuwendungen durch Gesellschafter, die zu Werterhöhungen von Gesellschaftsbeteiligungen führen. Eine Vermögensübertragung kann sowohl aus gesellschaftsrechtlichen Gründen – zur Stärkung des Gesellschaftsvermögens – oder aus anderen Gründen erfolgen. Entreichert sich der Gesellschafter durch Übertragung von Vermögensgegenständen auf die Personengesellschaft, fehlt es an der subjektiven Seite des Schenkungsteuer-Tatbestandes des Abs. 1 Nr. 1. Dies gilt in jedem Fall, soweit die Vermögensübertragung quotenentsprechend ist (der Gesellschafter führt entsprechend seiner Beteiligungsquote der Personengesellschaft Vermögen zu). Bisher nicht eindeutig geklärt ist der Sachverhalt bei disquotaler Einlage in eine Personengesellschaft. Nur für den Fall einer betrieblichen Veranlassung fehlt es an der Voraussetzung einer freigebigen Zuwendung; besteht diese nicht, ist Abs. 1 Nr. 1 erfüllt. Einlagen in eine Personengesellschaft können Sach- oder Nutzungseinlagen, insbes. Dienstleistungen sein. In der Praxis bestehen Schwierigkeiten, sofern mehrere Gesellschafter einer Personengesellschaft bewertbare Vorteile überlassen, die nach Vorstellung der Gesellschafter quotenentsprechend sind.

18. Zuwendungen im Zusammenhang mit Kapitalgesellschaften (vor Gesetzesänderung in Abs. 8). In dem „traditionell schwierigen Verhältnis" zwischen Anteilseigner und Kapitalgesellschaften (*Riedel* ErbStB 2012, 302) hat der Gesetzgeber in Abs. 8 (→ Rn. 50–55) Regelungen vorgenommen; Ziel der Gesetzesänderung war es, insbes. die von der FinVw kritisch beurteilten Gestaltungen zu unterbinden, mit deren Hilfe Vermögenswerte unter Einschaltung von Kapitalgesellschaften steuerfrei von einer Person, die an einer Kapitalgesellschaft beteiligt ist, auf eine andere Person übertragen werden konnten. Gestaltungsmodelle (BFH DStR 2010, 925) wurden höchstrichterlich ausdrücklich bestätigt, wonach etwa durch offene oder verdeckte Einlagen in Kapitalgesellschaften bisher – jedoch von der FinVw kritisch beurteilt – keine freigebigen Zuwendungen an andere Gesellschafter erfolgen, wenn die Leistungen eines Gesellschafters als Ausfluss seines Gesellschaftsverhältnisses beurteilt werden und sich durch die Einlagen der Beteiligungswert der anderen Gesellschafter erhöht hat; denn nach der Rspr. unterliegen der Schenkungsteuer nur Zuwendungen unter Lebenden, soweit der Bedachte durch sie auf Kosten des Zuwendenden bereichert wird (Abs. 1 Nr. 1). Diese Voraussetzungen waren bei Leistungen eines Gesellschafters an eine Kapitalgesellschaft nicht erfüllt. **Mangels Vermögensverschiebung** auf der Ebene des Gesellschafters waren die Voraussetzungen einer bürgerlichen-rechtlichen **Schenkung nicht gegeben.**

31   **19. Ergänzung des Grundtatbestandes nach Abs. 1 Nr. 1.** Der Grundtatbestand der freigebigen Zuwendung iSd Abs. 1 Nr. 1 wird ergänzt durch die in Abs. 1 Nr. 2–10 geregelten Tatbestände. In den Rahmen dieses Kataloges von Steuertatbeständen, der erweitert wird durch die in Abs. 6, 7 u. 8 geregelten Tatbestände, wird als Schenkung unter Lebenden nach Abs. 1 Nr. 2 erfasst, was infolge einer vom Schenker angeordneten Auflage oder infolge der Erfüllung einer einem Rechtsgeschäft unter Lebenden beigefügten Bedingung ohne entsprechende Gegenleistung erlangt wird. Wenn eine Schenkung mit einer Leistungsauflage verbunden wird, greifen die Grundsätze der gemischten Schenkung, während eine Duldungs- oder Nutzungsauflage zu einem Abzug der Belastung führt. Eine Bedingung kann sich auch aus separaten Rechtsgeschäften ergeben, die neben einer Schenkung bestehen.

32   **20. Schenkung unter Auflage oder Erfüllung einer Bedingung.** In Abgrenzung zwischen der Schenkung unter Auflage oder Schenkung unter unter Bedingung ist die sog. **Schenkung mit Verpflichtung zur Weiterschenkung** zu beurteilen. Bei einer Schenkung mit Verpflichtung zur Weiterschenkung liegen zwei Erwerbe nach Abs. 1 Nr. 1 vor. Nach der Rspr. (BFH BStBl. II 2005, 408) sind die Voraussetzungen des Abs. 1 Nr. 1 dann nicht gegeben, wenn aus der Auflage oder der Bedingung dem Begünstigten kein gesicherter und frei verfügbarer Anspruch zusteht mit der Folge, dass die Nr. 2 anwendbar wird. In der Praxis lässt sich der Zeitpunkt der Schenkung gestalten (*Haas* BB 1981, 169). Im Falle der Erfüllung der Auflage und anschließender Weiterschenkung handelt es sich um einen weiteren Erwerb. Dabei wird von einer freigebigen Zuwendung des ursprünglichen Schenkers an den Begünstigten ausgegangen (BFH BStBl. II 1993, 523).

33   **21. Erwerb bei behördlicher Anordnung.** Der Erwerb nach behördlicher Anordnung (Abs. 1 Nr. 3) ist wie der Erwerb von Todes wegen (§ 3 II Nr. 3) geregelt, jedoch ohne jede praktische Bedeutung.

34   **22. Vereinbarung der Gütergemeinschaft.** Durch die Vereinbarung des Güterstandes der Gütergemeinschaft (§ 1415 BGB) entsteht ein Gesamtgut mit der Folge der Bereicherung seitens des Ehegatten, der bei Abschluss der Vereinbarung über geringeres Vermögen verfügt. Abweichend vom Zivilrecht, wonach diese Vereinbarung nicht als Schenkungsvertrag gilt, stellt der Tatbestand des Abs. 1 Nr. 4 sicher, dass die **objektive Bereicherung** des anderen Ehegatten **schenkungsteuerbar** ist. Auf das Motiv der Güterstandsvereinbarung kommt es nicht an (R E 7.6 S. 2 ErbStR). Werden nachträglich einzelne Vermögensgegenstände aus dem Vorbehaltsgut eines Ehegatten in das Gesamtgut überführt, kann ebenfalls eine freigebige Zuwendung iSd Abs. 1 Nr. 1 vorliegen (Meincke/Hannes/Holtz Rn. 108). Wird die Ehe geschieden, steht jedem Ehepartner der Wert des in die Gütergemeinschaft eingebrachten Vermögens zu; die bei Begründung der Gütergemeinschaft bestehende Bereicherung entfällt nach § 29 I Nr. 3 rückwirkend (Kapp/Ebeling/*Geck* Rn. 111.1; Troll/Gebel/Jülicher/Gottschalk/*Gebel* Rn. 307–314).

35   **23. Abfindung für Erb- und Pflichtteilsverzicht, Herausgabe der Vorerbschaft.** Erhält der gesetzliche oder testamentarische Erbe für den Verzicht auf seinen Erb- oder Pflichtteil eine Abfindung, liegen die Voraussetzungen einer Schenkung unter Lebenden iSd Abs. 1 Nr. 5 vor. Die **Besteuerung der Abfindung** richtet sich nach dem Verhältnis des Beschenkten zum Erblasser (BFH BStBl. II 1977, 733). Selbst wenn die Abfindung von einem Dritten gezahlt wird (Troll/Gebel/Jülicher/Gottschalk/*Gebel* Rn. 319), unterstellt Nr. 5 das Bewusstsein der Unentgeltlichkeit (Moench/Weinmann/*Weinmann* Rn. 216).

36   Eine Schenkung unter Lebenden (Abs. 1 Nr. 7) liegt außerdem dann vor, wenn im Fall einer Anordnung von Vor- und Nacherbschaft Vermögen **vor Eintritt der Nacherbschaft** ohne Entgelt auf den Nacherben übertragen wird; der Erwerb wird in diesem Fall nach dem Verhältnis zum Vorerben besteuert. Nach Abs. 2 kann der Nacherbe für den Erwerb beantragen, dass im Gegensatz zu dem beschriebenen Vorgehen das Verhältnis zum Erblasser berücksichtigt wird. Übernimmt der Nacherbe Verbindlichkeiten, liegen die Voraussetzungen einer gemischten Schenkung vor.

37   **24. Errichtung und Aufhebung einer Stiftung oder einer vergleichbaren Körperschaft.** Wird eine rechtsfähige Stiftung aufgrund eines Stiftungsgeschäftes unter Lebenden errichtet, fällt der Übergang von Vermögen auf die Stiftung unter Abs. 1 Nr. 8. Für die Befreiung gemeinnütziger, mildtätiger oder kirchlicher Stiftungen gilt § 13 I Nr. 16b. Unter diesen Befreiungstatbestand fällt auch die Bildung oder Ausstattung einer **Vermögensmasse ausländischen Rechts,** deren Zweck auf die Bindung von Vermögen für begünstigte Zwecke gerichtet ist. Weder die Einbringung des Vermögens noch der Rückerwerb des Vermögens führt zur Schenkungsteuerpflicht. Familienstiftungen sind nach § 15 II zu behandeln. Durch eine Entscheidung des BFH (BStBl. II 2007, 669) ist aber geklärt, dass eine ausländische Stiftung für den Fall, dass der Stifter tatsächlich, jederzeit und rechtlich frei über das der Stiftung zugewandte Vermögen verfügen kann, lediglich eine **Strohmannfunktion** besitzt und die Zuwendung an die Stiftung nicht der Schenkungsteuer unterliegt.

38   Auch die **Aufhebung einer Stiftung** ist schenkungsteuerbar; da eine juristische Person nicht sterben kann, erfolgt die Zuwendung von der Stiftung nach Abs. 1 Nr. 9 (BFH BFH/NV 1993, 438). Das gilt

auch für Vereine, die wie Stiftungen behandelt werden; der Erwerb von Vereinsvermögen bei Auflösung eines Vereins unterliegt dem Abs. 1 Nr. 9. Weiter sind Vermögensübertragungen auf ausländische Trusts, Ausschüttungen dieser Trusts und Erwerbe bei Auflösung der Trusts schenkungsteuerbar; auch Erwerbe durch Zwischenberechtigte ohne Auflösung eines Trusts (etwa Zuwendung von Vermögen oder Erträgen nach dem Ermessen eines Trustees) werden in den Steuertatbestand einbezogen.

25. Abfindung für aufschiebend bedingte Ansprüche. Da nach § 9 I Nr. 1a der Erwerb eines aufschiebend bedingten, betagten oder befristeten Anspruches noch keine Steuer auslöst, entsteht bei Verzicht auf den Anspruch gegen Abfindung bereits zum Zeitpunkt der Leistung einer Abfindung die Steuerpflicht (Abs. 1 Nr. 10). Der BFH bejaht bei Einräumung eines Bezugsrechtes einer Kapitallebensversicherung die Steuerpflicht erst zum Zeitpunkt einer späteren Auszahlung (BFH BStBl. II 1999, 742). 39

26. Gegenleistung ohne Geldwert, Unbeachtlichkeit des Motivs einer Schenkung. Ist die Gegenleistung nicht in Geld zu veranschlagen, bleibt sie bei der Feststellung einer Bereicherung **unberücksichtigt.** Die Bedeutung der Regelung in Abs. 3 bleibt offen (Troll/Gebel/Jülicher/Gottschalk/*Gebel* Rn. 355), da die Aussage Selbstverständliches beinhaltet. Nach Abs. 4 wird – dies klarstellend – geregelt, dass die Steuerpflicht nicht dadurch ausgeschlossen wird, dass eine Schenkung zur Belohnung oder iVm einer Auflage oder eingekleidet in einen lästigen Vertrag erfolgt. Die Vorschrift stellt ebenfalls nur klar, dass es weder auf Motivation noch Form der Schenkung ankommt, sondern dass allein der **Inhalt des in Frage kommenden Geschäftes** die Steuerpflicht begründet (Troll/Gebel/Jülicher/Gottschalk/*Gebel* Rn. 360–362). 40

27. Schenkung eines Gesellschaftsanteils bei Buchwertklausel. Nach Abs. 5 tritt für den Fall, dass die Beteiligung an einer Personengesellschaft Gegenstand einer Schenkung ist und durch die Zuwendung die Beteiligung an einen neuen Gesellschafter gelangt, die Steuerpflicht ein, ohne dass bei der Feststellung der Bereicherung eine (bei dem späteren Ausscheiden des Gesellschafters bzw. bei Auflösung der Gesellschaft zu beachtende) gesellschaftsrechtliche Buchwertklausel berücksichtigt wird. Die Bedeutung der Regelung im Gesellschaftsvertrag, wonach der Gesellschafter bei Auflösung der Gesellschaft oder im Fall seines vorhergehenden Ausscheidens aus der Gesellschaft nur den Buchwert seines Kapitalkontos erhalten wird, hängt letztlich davon ab, in welchem Maße der steuerliche Wert der Beteiligung den Buchwert übersteigt. In der Lit. ist strittig, ob jeder unter dem vollen Wert des Gesellschaftsanteils liegende Abfindungsanspruch zu berücksichtigen ist (Meincke/Hannes/Holtz Rn. 141). Die FinVw wird wohl mit *Weinmann* (Moench/Weinmann/*Weinmann* Rn. 232) übereinstimmen, wonach **jede Abfindung über oder unter dem Buchwert** in den Regelungsbereich einzubeziehen ist. Als Folge tritt Abs. 5 S. 1 ein, wonach der steuerpflichtige Erwerb ohne Berücksichtigung einer gesellschaftsvertraglichen Abfindungsregelung berechnet wird. Soweit die Bereicherung den Buchwert übersteigt, gilt sie jedoch als auflösend bedingt (Abs. 5 S. 2). Eine Berichtigung der bisherigen Steuerfestsetzung erfolgt auf Antrag dann, wenn sich der bei der Besteuerung zugrunde gelegte tatsächliche Wert nicht einstellt. Nach Meincke/ Hannes/Holtz (Rn. 146) ist für die Wertfeststellung der **Zeitpunkt des Ausscheidens** des Gesellschafters oder der **Auflösung der Gesellschaft** maßgebend. Überträgt der Gesellschafter seinen Anteil (durch persönliche Entscheidung) entgeltlich oder unentgeltlich an einen Dritten, liegt kein Fall einer echten Berichtigung vor, da der über den Buchwert hinausgehende Anteil des Gesellschafters an den stillen Reserven an Dritte übertragen wird. Zu erstatten ist höchstens die Steuer, die auf den Unterschiedsbetrag zwischen der Abfindung und dem höheren Steuerwert vom Zeitpunkt des Ausscheidens entfällt. 41

Die praktische Bedeutung nimmt durch die durch das ErbStG erfolgte Anpassung der Steuerwerte an den gemeinen Wert zu. In der Vergangenheit lagen weder Gerichtsentscheidungen vor, noch hatte die FinVw praktische Erfahrungen bzgl. abweichender Bewertung von Anteilen, sodass zT von einer funktionslosen oder bedeutungslosen Vorschrift gesprochen wurde (Troll/Gebel/Jülicher/Gottschalk/*Gebel* Rn. 372). 42

28. Schenkung eines Gesellschaftsanteils mit überhöhter Gewinnbeteiligung. Wird ein Gesellschaftsanteil mit überhöhter Gewinnbeteiligung übertragen, liegt neben der Schenkung der Beteiligung in der Übertragung einer überhöhten Gewinnbeteiligung eine zusätzliche freigebige Zuwendung nach Abs. 6 vor. Eine überhöhte Gewinnbeteiligung ist dann gegeben, wenn die Beteiligung an einer Personengesellschaft mit einer Gewinnbeteiligung ausgestattet ist, die insbes. der Kapitaleinlage des Gesellschafters oder der Arbeits- oder sonstigen Leistung des Gesellschafters für die Gesellschaft nicht entspricht oder einem fremden Dritten üblicherweise nicht eingeräumt werden würde (Kapp/Ebeling/ *Geck* Rn. 187). Das **Übermaß der Gewinnbeteiligung** wird vorrangig nach ertragsteuerlicher Beurteilung ermittelt; maßgeblich dabei ist, welcher Gewinnanteil aufgrund der Stellung des Gesellschafters im Rahmen der Gesellschaft angemessen wäre, wobei nach Auffassung der FinVw sich die Rendite an der Grenze von 15 vH des tatsächlichen Wertes der Beteiligung orientiert (zur einkommensteuerlichen Einordnung BFH BStBl. II 1987, 54; H 15. 9 (3) EStR). Soweit die überhöhte Gewinnbeteiligung für die Schenkung selbständig zu ermitteln ist, kann er aus dem **durchschnittlichen Gewinn der letzten drei Wirtschaftsjahre** vor der Schenkung abgeleitet werden. Liegen keine anderen Anhaltspunkte für die Laufzeit vor, ist für die Berechnung des Kapitalwertes davon auszugehen, dass der überhöhte Gewinnanteil dem Zuwendungsempfänger auf unbestimmte Zeit in gleichbleibender Höhe zufließen wird. Der Kapitalwert beträgt das 9,3-fache des Jahreswertes (R E 7.8 ErbStR; vgl. Moench/Weinmann/*Weinmann* Rn. 242). Der Kapitalwert der Differenz zwischen dem zu erwartenden Gewinn und dem noch angemessenen Gewinn ist nach Abs. 7 zu erfassen. 43

150 ErbStG § 7   Abschnitt 1. Steuerpflicht

44   Die FinVw vertritt den Standpunkt, dass auch bei einer Änderung des Gewinnverteilungsschlüssels nach Übertragung der Beteiligung an einer Personengesellschaft ein Anwendungsfall des Abs. 6 vorliegt. In der überhöhten Gewinnbeteiligung oder einer weiteren Erhöhung einer schon bestehenden überhöhten Gewinnbeteiligung liegt eine unter Abs. 6 fallende Ausstattung der Beteiligung einer Personengesellschaft.

45   **29. Ausscheiden eines Gesellschafters zu einem unter dem gemeinen Wert liegenden Abfindungsanspruch.** Abs. 7 ergänzt den Tatbestand des Abs. 1 Nr. 1, wonach **geringe Anforderungen** an den Willen des ausscheidenden Gesellschafters zur Freigebigkeit gestellt werden. Die Regelung erfasst die Bereicherung, die beim Ausscheiden eines Gesellschafters an die verbleibenden Gesellschafter erfolgt, wenn die an den ausscheidenden Gesellschafter geleistete Abfindung niedriger ist als der Steuerwert seiner Beteiligung. Das Ausscheiden kann **freiwillig oder zwangsweise** erfolgen (H E 7.9 S. 3 ErbStR; Meincke/Hannes/Holtz Rn. 145). Beruht jedoch die Beendigung der Beteiligung auf Individualregelungen, ist Abs. 7 nicht verwirklicht. Nach einer Entscheidung des BFH (BStBl. II 1992, 925) entfällt das Erfordernis des Willens des Ausscheidenden, einem Mitgesellschafter oder der Gesellschaft unentgeltlich Vorteile zuzuwenden, wenn das **Ausscheiden des Gesellschafters zu Lebzeiten** vollzogen wird; die Auflösung der Gesellschaft und die Folgen einer Liquidation und Beendigung fallen nicht unter Abs. 7. Das Ausscheiden ist auch im Falle der Anwachsung der Gesellschaftsrechte zu bejahen (BFH BStBl. 1992 II 925).

46   Abs. 7 gilt entsprechend, wenn ein Erbe eine auf ihn von Todes wegen übergegangene Beteiligung an einer Personengesellschaft aufgrund einer gesellschaftsvertraglichen Regelung unverzüglich an Mitgesellschafter übertragen muss und sein Abfindungsanspruch unter dem Verkehrswert der Beteiligung liegt. Zum Erwerb von Todes wegen gehört dann nur der Abfindungsanspruch (vgl. § 10 X). Auf Seiten der verbleibenden Gesellschafter tritt eine nach Abs. 7 zu beurteilende Bereicherung ein.

47   Unter Abs. 7 fallen neben Personengesellschaften auch **Kapitalgesellschaften.** Auch zweigliedrige Personengesellschaften, die mit Ausscheiden eines Gesellschafters erlöschen, werden von Abs. 7 erfasst (BFH BStBl. II 1992, 925).

48   Der Schenkungsteuer unterliegt die **Differenz** zwischen dem auf den Buchwerten beruhenden **Abfindungsanspruch** eines Gesellschafters und dem **Steuerwert** der Gesellschaftsbeteiligung, und zwar unter Berücksichtigung der im ErbStG eingeräumten Vergünstigungen der §§ 13a, 13b, 19a. Nach hM (Kapp/Ebeling/*Geck* Rn. 191) gelten die Vergünstigungen bei jeder Art von freigebiger Übertragung iSd Abs. 7. Dieser Auffassung dürfte die FinVw auch zustimmen (vgl. R E 3.4 (3) ErbStR zum Bsp. des Anwachsungserwerbs).

49   Auch im Falle einer Verminderung der Beteiligung nimmt die FinVw (Erl. Saarland v. 27.1.1987 DStR 1987, 205) einen Übergang der Beteiligung an, sodass die Voraussetzungen des „teilweisen" Ausscheidens eines Gesellschafters vorliegen. Dadurch soll eine sukzessive Aufgabe der Beteiligung verhindert werden.

50   **30. Leistungen an eine Kapitalgesellschaft.** Mit Einführung des Abs. 8 durch das Beitreibungsrichtlinien-Umsetzungsgesetz (BGBl. 2011 I, 2592) wird mit Wirkung ab dem 14.12.2011 die **Werterhöhung** der von natürlichen Personen und/oder Stiftungen gehaltenen Geschäftsanteilen an Kapitalgesellschaften als Schenkung erfasst. Die Regelung dient der Schließung von Besteuerungslücken. Durch die Gesetzesänderung sollten im Wesentlichen sog. **disquotale Einlagen** in eine Kapitalgesellschaft und die dadurch verursachte Werterhöhung der Anteile der bereits an der Kapitalgesellschaft beteiligten Gesellschafter als **Direktschenkung der Kapitalgesellschaft** an die betreffenden Gesellschafter erfasst werden (vgl. *Riedel* ErbStB 2012, 302).

51   Diesen nach Auffassung der FinVw „missbräuchlichen" Steuergestaltungen sollte die Gesetzesänderung in Abs. 8 entgegenwirken; sie ist jedoch über das Ziel hinausgeschossen und gefährdet auch wirtschaftlich sinnvolle Gesellschafter-Maßnahmen, die nach dem Wortlaut des Gesetzes erhebliche Steuerfolgen nach sich ziehen können. In dem gleichl. Ländererlass v. 14.3.2012 (BStBl. I 2012, 331) hat die FinVw umfassend Stellung genommen. Es werden insbes. die Fragen **offener und verdeckter Einlagen,** Verzicht auf Bezugsrechte, Einziehung von Gesellschaftsanteilen etc. geklärt; nach Auffassung der FinVw fingiert die Regelung für Erwerbe, für die die Steuern nach dem 13.12.2011 entsteht, eine Schenkung zwischen der Person, die an eine Kapitalgesellschaft leistet – ohne dass die Person Anteilseigner sein muss – und einer Person, die an der Kapitalgesellschaft unmittelbar oder mittelbar beteiligt ist, soweit deren Beteiligungswert an der Kapitalgesellschaft durch die Leistung im gemeinen Wert steigt. Ausgangspunkt ist die Überlegung des Gesetzgebers, dass disquotale Leistungszuwendungen zur **Erhöhung des Beteiligungswertes** aller anderen Gesellschafter führen. Nach Auffassung der Lit. (vgl. *Viskorf* ZEV 2012, 442 (447)), aber auch der Gesetzesbegründung (BR-Drs. 253/11, 34) zielt die Neuregelung gegen die Grundsätze der Rspr. des BFH (zuletzt BStBl. II 2010, 566) zur Behandlung von Schenkungen im Zusammenhang mit Beteiligungen an Kapitalgesellschaften; nach *Korezkij* (DStR 2012, 163) handelt es sich bei der Regelung um ein Nichtanwendungsgesetz, das die durch die Rspr. eingetretene Besteuerungslücke schließen soll und eine gleichheitsgerechte Besteuerung von Schenkungen sicherstellen soll. Die Kritik in der Literatur aufgreifend reduziert die FinVw in ihren Erlassen (BStBl. I 2012, 331) in teleologischer Interpretation die Auswirkung der Gesetzesregelung und nimmt bestimmte Fallgruppen aus der Besteuerung heraus. Rechtsstaatlich ist jedoch die Technik einer überschießenden Gesetzgebung mit norminterpretierender Reduktion in der Verwaltungspraxis kritisch (zu den Vermeidungsstrategien *Milatz/Bockhoff* ErbStB 2013, 15; *Hartmann* ErbStB 2012, 84 (89)).

Steuerschuldner ist grds. der Bedachte; liegt allerdings eine Leistungsunfähigkeit des Bedachten vor, 52
so kann auch der Zuwendende gem. § 20 I Alt. 2 als Gesamtschuldner in Anspruch genommen werden.
Bedachte sind natürliche Personen und Stiftungen, die unmittelbar oder mittelbar an der Gesellschaft
beteiligt sind (Erl. v. 14.3.2012, Ziff. 3.2, BStBl. I 2012, 331 (334); ErbStB 2012, 209 mAnm *Hartmann*).
Zuwendender der Leistungen an eine Kapitalgesellschaft kann jede natürliche oder juristische Person,
aber **auch Nicht-Gesellschafter** sein, sofern sie nicht gleichzeitig als Bedachte gelten. Bei einer Leistung
durch eine Personengesellschaft (Abs. 8 S. 2) erfolgt die Zurechnung an den hinter der Personengesellschaft stehenden Gesellschafter (zuletzt BFH Urt. v. 30.8.2017, ErbStB 2018, 1; vgl. auch *Borggräfe/
Staud* DStR 2018, 833).

Leistungen iSv Abs. 8 können insbes. Sach- oder Nutzungsleistungen sein. Eine steuerbare Werterhö- 53
hung ist ausgeschlossen, soweit diesem eine eigene Leistung der Gesellschafter bzw. der Mitgesellschafter
gegenübersteht (Erl. v. 14.3.2012 Ziff. 3.3.2. BStBl. I 2012, 331 (334)). Maßgeblich ist somit eine Gesamtbetrachtung, wobei die jeweiligen Erkenntnismöglichkeiten der Beteiligten im Zeitpunkt der Leistung/Zuwendung entscheidend sind.

Durch Abs. 8 S. 3 gelten die Regelungen der S. 1 u. 2 sowohl für Kapitalgesellschaften als auch für Ge- 54
nossenschaften.

Vermögensverschiebungen zwischen Kapitalgesellschaften iSd Abs. 8 S. 2 müssen in der Absicht getä- 55
tigt werden, die Gesellschafter der empfangenden Gesellschaft zu bereichern, wobei bei der Werterhöhung von Anteilen eine Erhöhung des Unternehmenswerts der Kapitalgesellschaft erfolgen muss; für die
Berechnung der Werterhöhung ist gem. § 11 II BewG der Ertragswert maßgeblich.

31. Schenkungsteuer bei verdeckter Gewinnausschüttung. Zurückzuführen auf die Entscheidung 56
des BFH (BStBl. II 2008, 346) steht die FinVw auf dem Standpunkt, dass eine überhöhte Vergütung, die
über die gesellschaftsrechtliche Beteiligungsquote hinaus erfolgt, zu einer Bereicherung des Gesellschafters auf Kosten der Gesellschaft führt; in den Erlassen v. 20.10.2010 (BStBl. I 2010, 1207 Rn. 6.2) hat die
FinVw den Standpunkt vertreten, dass eine gemischte freigebige Zuwendung zwischen Kapitalgesellschaft und Gesellschafter erfolge. Die Auszahlung erfolge nicht in Erfüllung des Gesellschaftszweckes.

Der BFH (DB 2013, 1032; zuvor DStR 2010, 925) vertritt jedoch den Standpunkt, dass der Annahme 57
einer freigebigen Zuwendung insbes. entgegenstehe, dass es im Verhältnis einer Kapitalgesellschaft zu
ihren Gesellschaftern oder zu den Gesellschaftern einer an ihr beteiligten Kapitalgesellschaft neben betrieblich veranlassten Rechtsbeziehungen **nur offene und verdeckte Gewinnausschüttungen** sowie
Kapitalrückzahlungen gebe, nicht jedoch freigebige Zuwendungen iSd § 7 Abs. 1 Nr. 1. Wegen der **ausschließlich ertragsteuerrechtlichen Folgen**, die nach § 20 I Nr. 1 S. 1 EStG als Einkünfte aus Kapitalvermögen besteuert werden, sei kein Raum für eine unter das ErbStG fallende Belastung. Dies gilt auch
für den Fall, dass eine Kapitalgesellschaft den Vermögensvorteil unmittelbar einer dem Gesellschafter
nahestehenden Person zuwendet (*Viskorf* ZEV 2012, 442 (446); *Crezelius* ZEV 2008, 270; für Konzernsachverhalte *Benz/Böing* DStR 2010, 925). Durch neue Urteile (BFH BB 2018, 214) ist bestätigt, dass
dieser Vorgang in der Beziehung zwischen Kapges und nahestehender Person zu keiner Bereicherung
mit schenkungsteuerlichen Folgen führt. Jedoch kann eine Schenkung des Gesellschafters selbst an die
ihm nahestehende Person gegeben sein.

§ 8 Zweckzuwendungen

Zweckzuwendungen sind Zuwendungen von Todes wegen oder freigebige Zuwendungen unter
Lebenden, die mit der Auflage verbunden sind, zugunsten eines bestimmten Zwecks verwendet zu
werden, oder die von der Verwendung zugunsten eines bestimmten Zwecks abhängig sind, soweit
hierdurch die Bereicherung des Erwerbers gemindert wird.

1. Definition und Fiktion des Zweckvermögens. Die Vorschrift definiert den Begriff der Zweckzu- 1
wendung iSd § 1 I Nr. 3. Die Zweckzuwendung setzt eine Zuwendung von Todes wegen oder freigebige
Zuwendungen unter Lebenden voraus, die mit der **Auflage** (§ 1940 BGB) verbunden ist, **zugunsten
eines bestimmten Zweckes** verwendet zu werden, soweit dadurch die Bereicherung des Erwerbers gemindert wird.

Der Gesetzgeber fingiert in diesem Fall ein Zweckvermögen (Moench/Weinmann/*Weinmann* Rn. 3– 2
10). Mit dem Vermögen, das der Zuwendungsempfänger erhält, entsteht eine getrennte Vermögensmasse,
an die die Steuerpflicht anknüpft. Eine Zweckzuwendung kann auch von einer Bedingung abhängig gemacht werden. Die Auflage oder Bedingung zur Verfolgung des Zweckes muss den Zuwendungsempfänger rechtlich verpflichten (BFH BStBl. II 1993, 161). Die Erfüllung der Auflage muss sich auf einen
dem Empfänger fremden – also ihn nicht begünstigenden – Zweck beziehen und einem unbestimmten
Personenkreis oder einem unpersönlichen Zweck zugutekommen; Sachen, Tiere, Gemeinwohlzwecke
können begünstigt werden. Mit der Zweckzuwendung darf jedoch kein vom Erwerber selbst verfolgter
Zweck begünstigt werden (RFH RStBl. 1936, 544). Die Verpflichtung darf den Zuwendenden ebenso
wenig begünstigen.

Erfolgt die Zweckzuwendung von Todes wegen, ist sie der Erbeinsetzung oder Vermächtnisbegrün- 3
dung zuzufügen. Bei einer Zweckzuwendung unter Lebenden ist die Vermögensübertragung auf eine
dritte Person mit der Auflage verbunden, einen Teil des Vermögens im Sinne der Zweckbestimmung zu
verwenden (§ 525 BGB).

4 **2. Entstehung der Steuer bei Zweckzuwendungen.** Die Steuer für die Zweckzuwendung entsteht zum Zeitpunkt des **Eintritts der Verpflichtung** des Beschwerten mit dem nach § 10 I 4 anzusetzenden Wert. Da die Zweckzuwendung ein selbständiger Steuertatbestand ist, gilt die Steuerklasse III bei einem Freibetrag von 20.000 EUR. Mangels Identifikation des Begünstigten oder bei Fehlen einer Person ist der mit der Zuwendung Beschwerte **Steuerschuldner** (§ 20 I). Der mit der Zweckauflage belastete Erbe oder Beschenkte kann bei seiner Besteuerung den zur Erfüllung der Zweckzuwendung verwendeten Betrag von seinem Erwerb abziehen. Der Erwerber, dem die Zweckerfüllung auferlegt ist, wird durch die Steuerpflicht nicht belastet, da er die auf die Zweckzuwendung entfallende Steuer dem Zweckvermögen entnehmen kann.

5 Zweckzuwendungen bleiben steuerfrei, wenn sie Körperschaften zugeführt werden, die kirchliche, gemeinnützige oder mildtätige Zwecke verfolgen.

§ 9 Entstehung der Steuer

(1) ¹Die Steuer entsteht
1. bei Erwerben von Todes wegen mit dem Tode des Erblassers, jedoch
   a) für den Erwerb des unter einer aufschiebenden Bedingung, unter einer Betagung oder Befristung Bedachten sowie für zu einem Erwerb gehörende aufschiebend bedingte, betagte oder befristete Ansprüche mit dem Zeitpunkt des Eintritts der Bedingung oder des Ereignisses,
   b) für den Erwerb eines geltend gemachten Pflichtteilsanspruchs mit dem Zeitpunkt der Geltendmachung,
   c) im Fall des § 3 Abs. 2 Nr. 1 Satz 1 mit dem Zeitpunkt der Anerkennung der Stiftung als rechtsfähig und im Fall des § 3 Abs. 2 Nr. 1 Satz 2 mit dem Zeitpunkt der Bildung oder Ausstattung der Vermögensmasse,
   d) in den Fällen des § 3 Abs. 2 Nr. 2 mit dem Zeitpunkt der Vollziehung der Auflage oder der Erfüllung der Bedingung,
   e) in den Fällen des § 3 Abs. 2 Nr. 3 mit dem Zeitpunkt der Genehmigung,
   f) in den Fällen des § 3 Absatz 2 Nummer 4 mit dem Zeitpunkt des Verzichts, der Ausschlagung, der Zurückweisung oder der Erklärung über das Nichtgeltendmachen,
   g) im Fall des § 3 Abs. 2 Nr. 5 mit dem Zeitpunkt der Vereinbarung über die Abfindung,
   h) für den Erwerb des Nacherben mit dem Zeitpunkt des Eintritts der Nacherbfolge,
   i) im Fall des § 3 Abs. 2 Nr. 6 mit dem Zeitpunkt der Übertragung der Anwartschaft,
   j) im Fall des § 3 Abs. 2 Nr. 7 mit dem Zeitpunkt der Geltendmachung des Anspruchs;
2. bei Schenkungen unter Lebenden mit dem Zeitpunkt der Ausführung der Zuwendung;
3. bei Zweckzuwendungen mit dem Zeitpunkt des Eintritts der Verpflichtung des Beschwerten;
4. in den Fällen des § 1 Abs. 1 Nr. 4 in Zeitabständen von je 30 Jahren seit dem Zeitpunkt des ersten Übergangs von Vermögen auf die Stiftung oder auf den Verein. ²Fällt bei Stiftungen oder Vereinen der Zeitpunkt des ersten Übergangs von Vermögen auf den 1. Januar 1954 oder auf einen früheren Zeitpunkt, entsteht die Steuer erstmals am 1. Januar 1984. ³Bei Stiftungen und Vereinen, bei denen die Steuer erstmals am 1. Januar 1984 entsteht, richtet sich der Zeitraum von 30 Jahren nach diesem Zeitpunkt.

(2) In den Fällen der Aussetzung der Versteuerung nach § 25 Abs. 1 Buchstabe a gilt die Steuer für den Erwerb des belasteten Vermögens als mit dem Zeitpunkt des Erlöschens der Belastung entstanden.

Erbschaftsteuer-Richtlinien
R E 9.1: *Zeitpunkt der Ausführung einer Grundstücksschenkung/H E 9.1*
R E 9.2: *Entstehung der Steuer in sonstigen Fällen (unbesetzt)/H E 9.2*
R E 9.3: *Bewertungsstichtag bei Errichtung einer Stiftung (unbesetzt)/H E 9.3*

1 **1. Grundregel.** Nach § 38 AO entstehen Ansprüche aus dem Steuerschuldverhältnis, sobald der Tatbestand verwirklicht ist, an den das jeweilige Steuergesetz die Leistungspflicht knüpft. Die Vorschrift des ErbStG verweist auf die Einzelsteuergesetze („Ansprüche aus dem Steuerschuldverhältnis"). In § 9 ist der Zeitpunkt der Verwirklichung der Steuertatbestände und damit der Entstehung der Steuer geregelt. Die an die Verwirklichung der verschiedenen Tatbestände geknüpfte Erbschaftsteuerpflicht folgt dem allgemeinen Grundgedanken, wonach erst der **rechtswirksame Vermögensübergang**, nicht jedoch etwa eine Hoffnung, eine Anwartschaft etc. besteuert wird (RFH RStBl. 1935, 1368 für Erbeinsetzung bei Zwischenschaltung eines Dritten). Eine Erbschaftsteuerpflicht tritt solange nicht ein, als der Nachlassbegünstigte weder Anspruch auf die Substanz noch sonstige Verfügungsmöglichkeiten inne hat (BFH BStBl. III 1964, 408). Die Schenkungsteuer entsteht erst dann, wenn der Beschenkte im Verhältnis zum Schenker **frei über das Zugewendete verfügen kann** (BFH BStBl. II 1991, 310). Der in der Vorschrift bestimmte Zeitpunkt der Steuerentstehung ist maßgebend für die persönliche Steuerpflicht (§ 2 I), die Wertermittlung (§ 11), die Steuerklasse (§ 15), daneben für Fristenbestimmungen bei Zusammenrechnung mehrerer Erwerbe (§ 14) und für den nachträglichen Wegfall von Steuerbefreiungen innerhalb von zehn Jahren (§ 13 I Nr. 2, 3, 13 u. 16b; vgl. Troll/Gebel/Jülicher/Gottschalk/*Gottschalk* Rn. 3 mwN).

2 **2. Entstehung der Steuer zum Stichtag.** Die Fixierung auf den Stichtag gilt für sämtliche für die Steuerberechnung erforderlichen Merkmale, es sei denn, das Gesetz misst späteren Entscheidungen des

Steuerpflichtigen Bedeutung zu. Die in der Lit. diskutierte Frage zum **Stichtagsprinzip** (zB Meincke/ Hannes/Holtz Rn. 4) schränkt das Grundprinzip der Stichtagsorientierung nicht ein. Führt die starre Stichtagsbewertung zu unbilligen Ergebnissen, die ua durch nachfolgende Ereignisse oder durch unterschiedliche Wertfaktoren entstehen können, sind die unbilligen Ergebnisse nur durch Billigkeitsmaßnahmen zu beseitigen bzw. zu mildern. Ereignisse wie Kursverluste nach Entstehung der Erbschaftsteuer, die Bewertung von sonstigen Vermögensgegenständen nach dem „Zufalls"-Prinzip oder bei Auslandssachverhalten mögliche Währungsverluste sind nur über § 163 AO (**„abweichende Festsetzung von Steuern aus Billigkeitsgründen"**) zu berücksichtigen. Kann etwa infolge eines Kursrückgangs der im Nachlass befindlichen Wertpapiere die am Stichtag entstandene Erbschaftsteuer nicht gezahlt werden, kann nach Auffassung des BFH (BFH/NV 1991, 243) nicht auf eine fehlende Verfügungsmöglichkeit abgestellt werden. Bei Auslandserwerben kann bei zeitlicher Verzögerung des Transfers, bei endgültigem Wertverfall bzw. Kursverfall eine Minderung der der ErbSt unterliegenden Werte nur im Billigkeitswege erreicht werden. Die Rspr. (BFH BFH/NV 1998, 1376) beschränkt die Möglichkeit einer Billigkeitsmaßnahme allerdings auf die Fälle, in denen die Steuerlast den Steuerpflichtigen **erdrosselt oder zumindest übermäßig belastet**.

Auch bei Schenkungen unter Lebenden sieht der BFH in der eingeschränkten Verfügungsmöglichkeit keinen Anlass, von der Stichtagsbeurteilung abzusehen. Diese Rspr. wird durch die Entscheidung des BVerfG (BStBl. II 1995, 671) bestätigt, wonach die Verfassungsmäßigkeit des § 9 I Nr. 1 nicht bezweifelt wird. 3

3. Grundsatz der Selbständigkeit der Erwerbe. Grds. kann es zu mehreren Erwerben seitens derselben Person kommen, die auf unterschiedliche Erwerbsgründe zurückzuführen sind; so ist zB für den Erbanfall und das Vorausvermächtnis derselben Person je jeweils unterschiedlicher Steuerentstehungszeitpunkt maßgeblich. Die selbständigen Erwerbsvorgänge sind dementsprechend auch **getrennt voneinander zu besteuern** (BFH BStBl. II 2007, 472; zuvor bereits BFH/NV 2006, 1480). Unterschiedliche Erwerbsvorgänge können jedoch in einem Steuerbescheid zusammengefasst werden (BFH BStBl. II 2008, 46). Liegen **unterschiedliche Erwerbsgründe** vor, ist von einem einheitlichen Erwerb nur auszugehen, wenn der Zeitpunkt der Steuerentstehung bei den unterschiedlichen Erwerbsgründen übereinstimmt (Troll/Gebel/Jülicher/Gottschalk/*Gottschalk* Rn. 5). Nach § 9 entsteht die Steuer auch ohne den Willen zur Verwirklichung seitens des Steuerpflichtigen (Tipke/Kruse/*Kruse* AO § 38 Rn. 2). Im Erbfall muss der Erwerber nicht einmal den Erwerbsgegenstand und -grund kennen. 4

4. Vorrang der zivilrechtlichen Regelungen. Der Zeitpunkt der Steuerentstehung richtet sich bei Erwerben von Todes wegen nach dem bürgerlichen Recht. Entsprechend den zivilrechtlichen Regelungen (§§ 1922 I, 1942 I BGB) entsteht die Steuer **mit dem Tod des Erblassers** (Abs. 1 Nr. 1). Dies gilt nicht nur für die Erbeinsetzung, sondern auch für das Vermächtnis; abweichend entsteht bei einem Kaufrechtsvermächtnis die Steuer allerdings erst mit Geltendmachung des Anspruches auf Übernahme (BFH BStBl. II 2001, 605). Weitere Ausnahmen (Abs. 1 Nr. 1a–i) sind dann gegeben, wenn die Bereicherung entweder unter rechtlichen oder wirtschaftlichen Gesichtspunkten erst später eintritt. Diese Ausnahmen berühren nicht den Fall der eingeschränkten Rechtsposition durch Testaments-, Nachlassverwaltung oder bei Bestehen einer Erbengemeinschaft, da jederzeit die Auseinandersetzung der Erbengemeinschaft verlangt werden kann (§ 2042 BGB) oder der Verwalter zur Zahlung verpflichtet ist (§ 32 I 2). Auch bei Abschluss eines Erbvergleiches zur Beseitigung von Streitigkeiten ist der Erbfall für den Zeitpunkt der Entstehung der Steuer maßgeblich (BFH BStBl. III 1961, 133). 5

5. Abweichen von Erbanfall und Entstehung der Steuer. Zeitpunkt des Erbanfalls und Entstehung der Erbschaftsteuer sind nicht deckungsgleich. Abweichungen bestehen 6

– bei unwirksamen letztwilligen Verfügungen: Gibt der Ersterwerber die der Erbschaftsteuer unterliegenden Gegenstände weiter, entsteht die Erbschaftsteuer beim Zweiterwerb nicht bereits mit dem Erbanfall, sondern **frühestens mit Erfüllung**;
– bei Streitigkeiten über den Erbanfall: Das im Erbvergleich oder einem rechtskräftigen Urteil erzielte Ergebnis wird mit **Abschluss des Erbvergleichs** bzw. Rechtskraft des Urteils der Besteuerung zugrunde gelegt;
– im Fall der Ausübung eines Gestaltungsrechtes: Die **zivilrechtliche Rückbeziehung** ist für die Entstehung der Erbschaftsteuer **ohne Bedeutung**.

6. Rückbeziehung von Sachverhalten. Die Kosten einer Nachlassregulierung werden konsequenterweise auf den Entstehungszeitpunkt der Steuer zurückbezogen (die Kosten beeinflussen die mit dem Erbfall entstehende Steuerschuld; weitere zusätzliche Nachlasskosten stellen ein **rückwirkendes Ereignis** iSd § 175 I 1 Nr. 2 AO dar), die Steuerbegünstigungen (etwa Privilegien für Betriebsvermögen, für Familienheime) entfallen entsprechend dem Grundprinzip mit Wirkung für die Vergangenheit, wenn die an die Begünstigung geknüpften Voraussetzungen nicht eingehalten werden. 7

7. Steuerentstehung bei bedingten, befristeten oder betagten Erwerben. Nach Abs. 1 Nr. 1a entsteht die Steuer im Falle einer Bedingung, Befristung oder Betagung nicht mit dem Todestag, sondern erst **mit dem Eintritt des Ereignisses** oder **der Befristung** (BFH DStR 2008, 770); dies gilt nicht für auflösend bedingte Sachverhalte, da die Steuer möglicherweise erst mit Eintritt der Bedingung entfällt. Die Voraussetzung des Abs. 1 Nr. 1a gilt nur für den Teil des Nachlasses, für den die Erwerbseinschränkungen bestehen (BFH BStBl. II 1976, 17). In dem Entstehen des Forderungsrechtes zum Zeitpunkt des Bedingungseintritts liegt **kein eigener (neuer) Steuerfall**. Die sog. rechtsgeschäftliche Bedingung, zB die Abhängigkeit des Erwerbs von einer Genehmigung einer Behörde, stellt keine Ausnahme iSd Abs. 1 8

Nr. 1a dar. Die Genehmigung lässt das Geschäft rückwirkend zum Stichtag entstehen. Eine Befristung liegt dann vor, wenn der Eintritt eines künftigen Ereignisses, von dem die Rechtswirksamkeit des Geschäfts abhängt, bereits gewiss, jedoch der Zeitpunkt des Eintritts des Ereignisses offen ist.

9 Die sog. **Betagung** stellt einen Unterfall der Befristung dar. Der Tatbestand der Betagung tritt ein, wenn die Wirkung des Rechtsgeschäftes von einem künftigen Ereignis abhängt, dessen Eintritt bereits bestimmt ist, hingegen die Fälligkeit einzelner Leistungsansprüche und -pflichten zeitlich hinausgeschoben wird (BFH BFH/NV 2006, 1480). Von der Betagung ist der Sachverhalt zu unterscheiden, in dem der Erwerber die Forderung bereits inne hat, lediglich die Fälligkeit bis zu einem bestimmten, feststehenden Zeitpunkt hinausgeschoben wird (BFH BStBl. II 2003, 921). In einem solchen Fall ist wegen des feststehenden Fälligkeitszeitpunktes der Wert allerdings abzuzinsen (§ 12 I iVm III BewG) mit korrespondierender Berücksichtigung als Abzugsposten nach § 10 V Nr. 2.

10 Die Steuerpflicht für bedingte, befristete oder betagte Erwerbe tritt erst mit Eintritt des entscheidenden Ereignisses ein; die Rspr. begründet dies mit der **fehlenden wirtschaftlichen Verfügungsmöglichkeit** des Steuerpflichtigen am Stichtag. Bei einem Vermächtnis gemäß der Jastrow'schen Klausel („ein als Schlusserbe eingesetztes Kind verlangt beim ersten Erbfall eines Elternteils den Pflichtteil, den anderen pflichtteilsberechtigten Kindern wird ein Vermächtnis in Höhe des nicht beanspruchten Pflichtteils eingeräumt, das aber erst beim Tod des länger lebenden Elternteils fällig wird", vgl. Kapp/Ebeling/*Geck* § 3 Rn. 222) kann es nur dann zu einem betagten Erwerb kommen, wenn der Zeitpunkt des Eintritts des zur Fälligkeit führenden Ereignisses noch unbestimmt ist. Die Rspr. grenzt den Erwerb einer betagten Forderung danach ab, ob bei normalem Ablauf des Erwerbs die Forderung zu einem bestimmten Zeitpunkt fällig wird. Nach der Lit. (zB Moench/Weinmann/*Weinmann* Rn. 10a) liegt eine Betagung nur vor, wenn es im Ermessen des Erben steht, wann er das Vermächtnis erfüllen wird (zu einem möglichen Gestaltungsmissbrauch *Mayer* ZEV 1998, 50 (55)).

11 Für bestehende Ansprüche aus **Lebensversicherungen** ist noch nicht abschließend geklärt, ob diese Ansprüche betagt sind; jedoch ist bei Identität des Versicherungsnehmers und der versicherten Person im Normalfall von einer Betagung auszugehen, wenn der Umfang der Leistung des Versicherers von weiteren Erhebungen abhängt (BFH BFH/NV 2006, 1480).

12 **8. Bedingung, Befristung oder Betagung bei Auslandssachverhalten.** Da Abs. 1 Nr. 1a als Ausnahmevorschrift eng auszulegen ist, richtet sich im Fall des Erwerbs nach ausländischem Recht die Überprüfung und Wirkung der ausländischen Erwerbe **nach inländischen Grundsätzen** (Troll/Gebel/Jülicher/Gottschalk/*Gottschalk* Rn. 45); zu prüfen ist, ob ausländische Erwerbe der Bedingung, Befristung oder Betagung ähnlich sind (Tiedtke/*Hauschildt* Rn. 14). In Fällen der Erbeinsetzung unter Zwischenschaltung eines *executors* nach amerikanischem Recht (→ § 3 Rn. 49) ist nach der Rspr. (BFH BStBl. II 1988, 808) die Erbeinsetzung selbst dann nicht aufschiebend bedingt, wenn dem *executor* für die Zeit der Nachlassabwicklung uneingeschränkte Verfügungsmacht eingeräumt wird. Obwohl die Stellung des *executors* über die des Testamentsvollstreckers hinausgeht, hat er nicht die Stellung eines Erben. Die Erbeinsetzung unter Zwischenschaltung eines **Trusts** ist zwar aufschiebend bedingt (BFH BStBl. III 1964, 408), sie fällt aber unter den Sondertatbestand des § 3 II Nr. 1, 2 (Fiktion eines testamentarisch angeordneten Nachlasstrusts wie eine letztwillig angeordnete Stiftung). Die Erbschaftsteuer entsteht für den Erben, sofern der Erwerber mit dem Erbfall volle Verfügungsmacht, insbes. bei Auflösung des Trusts und der damit verbundenen Auskehrung, erlangt hat (Moench/Weinmann/*Weinmann* Rn. 13, 14; Kapp/Ebeling/*Geck* Rn. 29–37.1). Hat der *trustee* nur die Stellung eines Testamentsvollstreckers oder Nachlassverwalters, bleibe es bei der regulären Erbfolge.

13 **9. Steuerentstehung bei Pflichtteilsansprüchen.** Bei Pflichtteilsansprüchen entsteht die Steuer nach Abs. 1 Nr. 1b abweichend vom bürgerlichen Recht (§ 2317 BGB) im Zeitpunkt der **Geltendmachung**. Für die Geltendmachung bedarf es dabei keiner besonderen Form (BFH BFH/NV 2004, 341). Die Aufnahme von Gesprächen, ein Auskunftsverlangen oder eine Auskunftsklage gelten noch nicht als Geltendmachung. Jedoch steht die fehlende Bezifferung, wenn hinreichend klar und eindeutig Erfüllung verlangt wird, der Annahme eines wirksam geltend gemachten Pflichtteilsanspruches nicht entgegen (BFH BStBl. II 2006, 718; Viskorf/Schuck/Wälzholz/*Schuck*, 4. Aufl. 2012, Rn. 30). Auch die Abtretung eines Pflichtteilsanspruches, die zivilrechtlich eine Geltendmachung voraussetzt, führt zur Entstehung der Steuer (Moench/Weinmann/*Weinmann* Rn. 18 mit Hinweis auf abl. Rspr./Lit.).

14 Der Pflichtteil kann – abw. vom Erbanfall – auch nur zT geltend gemacht werden; dabei entsteht die Steuer im Umfang des geltend gemachten Teils (FG Hamburg, EFG 1978, 555). Auch im Falle der Vererblichkeit des Pflichtteilsanspruches wird für die Besteuerung auf das Verhältnis des Pflichtteilsberechtigten zum vorverstorbenen Erblasser abgestellt. Ist ein Pflichtteilsanspruch (§ 2332 BGB) verjährt, entsteht die Steuer erst dann, wenn der Verpflichtete den Anspruch anerkennt oder erfüllt; die Steuerpflicht des zur Erfüllung des Pflichtteilsanspruches Verpflichteten wird nachträglich in Höhe der entstandenen Verbindlichkeit herabgesetzt.

15 **10. Steuerentstehung bei sonstigen Erwerben von Todes wegen.** Die in Abs. 1 Nr. 1c–j aufgeführten Fälle einer späteren Steuerentstehung betreffen ua den Fall des Vermögensübergangs auf eine vom Erblasser angeordnete **Stiftung** (lit. c); abw. von der Erbfähigkeit der Stiftung (§ 84 BGB) entsteht die Erbschaftsteuer erst zum Zeitpunkt der Anerkennung der Stiftung (§ 80 BGB). Der Zeitpunkt ist auch dann entscheidend, wenn der Erblasser den Erben oder Vermächtnisnehmer mit der Auflage beschwert, eine Stiftung durch Rechtsgeschäft unter Lebenden zu errichten. Die zwischen Erbfall und Genehmigung der

Stiftung eintretenden Werterhöhungen oder Wertverluste wirken sich auf die Höhe der anfallenden Steuer aus (BFH BStBl. II 1996, 99; abl. Kapp/Ebeling/*Geck* Rn. 47). Die weiteren Fälle späterer Steuerentstehung betreffen staatliche Genehmigungsvorbehalte (lit. e), Abfindungen bei Verzicht auf Pflichtteilsansprüche (lit. f), Vereinbarungen über Abfindungen vor Eintritt der Bedingung oder sonstiger Ereignisse (lit. g), die Steuer für den Erwerb des Nacherben, die nicht bereits mit dem Tod des Erblassers, sondern erst mit dem Eintritt des Nacherbfalls entsteht (lit. h) bzw. bei Übertragung der Anwartschaft des Nacherben (lit. i) und für den Herausgabeanspruch nach § 2287 BGB bei beeinträchtigender Schenkung (lit. j); allen Fällen ist gemeinsam, dass die **Steuer erst zum Zeitpunkt der Verfügungsmöglichkeit** des Begünstigten begründet wird.

11. Steuerentstehung bei Schenkung unter Lebenden. Abs. 1 Nr. 2 regelt die Steuerentstehung bei Schenkungen: Danach entsteht die Steuer mit dem Zeitpunkt der Ausführung der Zuwendung. Der Begriff der Ausführung ist zwar gesetzlich nicht definiert, er entspricht jedoch grds. dem in § 518 II BGB verwendeten Begriff der **Bewirkung der versprochenen Leistung** (BFH BStBl. II 1970, 562). Wenngleich trotz der Anknüpfung der Erbschaftsteuer an das Zivilrecht die Ausführung der Zuwendung nach steuerlichen Kriterien gewertet werden muss (BFH BFH/NV 1994, 373 mit Hinweis auf BVerfG BStBl. II 1992, 212), gelten nach Auffassung des BVerfG die zivilrechtlichen Begriffsinhalte und -merkmale nur dort, wo auf zivilrechtliche Vorschriften verwiesen wird oder der Gesetzgeber ersichtlich von zivilrechtlichen Begriffen und Vorgaben ausgeht.

Dem zivilrechtlichen Begriff folgend ist die Zuwendung dann ausgeführt, wenn die Vermögensverschiebung endgültig erfolgt ist. Bestehen Unsicherheiten bzgl. der Vermögensübertragung, hat der Erwerber noch keinen „greifbaren Wert" in den Händen (Kapp/Ebeling/*Geck* Rn. 57). Entscheidend für die Steuerentstehung ist die **Verfügbarkeit des Begünstigten** über das übertragene Vermögen. Bei Sachschenkungen ist die Schenkung beim Übergang des zivilrechtlichen Eigentums ausgeführt (§§ 929 f. BGB; Besonderheiten zu den Grundstücken → Rn. 24–28); auf den Übergang des wirtschaftlichen Eigentums kommt es nicht an. Bei einer Geldschenkung ist die Übergabe des Geldbetrages, bei Wertpapieren in der Regel die Abtretung des Herausgabeanspruches (§§ 929 iVm 931 BGB) entscheidend. Im Fall des Erwerbs von Forderungen oder sonstigen Rechten ist die Abtretung oder Neubestellung für die Steuer ausschlaggebend (§§ 398, 413 BGB).

12. Steuerentstehung bei Schenkung von Gesellschaftsanteilen, bei Ansprüchen aus Versicherungsverträgen. Die schenkungsweise Zuwendung von Anteilen an Personengesellschaften erfolgt erst im tatsächlichen Zeitpunkt des **Abschlusses des Vertrages** zwischen dem Schenker und dem Beschenkten (BFH BStBl. III 1963, 442). Es ist allein die Fähigkeit des Begünstigten entscheidend, beim zuständigen Handelsregister die Eintragung der Übertragung der Gesellschafterstellung bewirken zu können. Bei einer gewerblich geprägten Personengesellschaft (§ 15 III Nr. 2 EStG), die zwar nicht gewerblich aktiv ist, aber als Kommanditgesellschaft im Handelsregister eingetragen wird, ist die Schenkung erst mit **Eintragung des begünstigten Kommanditisten** ins Handelsregister ausgeführt.

Schenkungen von Geschäftsanteilen an GmbHs erfolgen mit Abtretung und Annahme der Anteile in notarieller Form (§ 15 III GmbHG) und werden regelmäßig mit der notariellen Beurkundung der Abtretung der Anteile ausgeführt. Erfolgt eine Stammkapitalerhöhung einer GmbH, ist die Bewertung auf einen zivilrecht. abw. Stichtag (§ 54 III GmbHG) festzusetzen. Grds. wird hier ebenfalls auf den Tag der Beurkundung der Abtretung und Annahme verwiesen. Erfolgt jedoch nach dem Parteiwillen eine aufschiebend bedingte Abtretung, ist der Bedingungseintritt für die Bewertung maßgebend (Kapp/Ebeling/*Geck* Rn. 62.2).

Das nicht dem Versicherungsnehmer, sondern einem Dritten eingeräumte **Bezugsrecht** aus einem Lebensversicherungsvertrag wird erst mit Fälligkeit (Erwerb) der Versicherungsleistung (BFH DStR 1999, 1764) erworben. Ein vorgezogener steuerpflichtiger Erwerb kann sich für den Bezugsberechtigten dann ergeben, wenn das Versicherungsverhältnis auf ihn als Versicherungsnehmer (mit Zustimmung der Versicherungsgesellschaft) ohne Gegenleistung übergeht (Begünstigter wird Versicherungsnehmer).

13. Nachweis der freien Verfügbarkeit. Für die Ausführung der Schenkungen insbes. bei fehlenden divergierenden Interessen kommt es auf den Nachweis der freien Verfügbarkeit an. Insbes. bei Schenkungen unter Verwandten ist es zum Nachweis der Ernsthaftigkeit der Bereicherungsabsicht außerdem erforderlich, den Schenkungswillen **äußerlich kenntlich** zu machen oder zu verwirklichen, um gerade im Verhältnis zwischen diesen Personen klare und eindeutige Rechtsbeziehungen zu schaffen; als ausreichend gelten alle beweiskräftigen Dokumentationen (so zB Schriftwechsel, Verträge) oder Mitteilungen an die Parteien bzw. Dritte (Kapp/Ebeling/*Geck* Rn. 63). Bei Übertragung von Anteilen an Personengesellschaften kommt es auf den Zeitpunkt des Vertragsabschlusses zur Abtretung des Gesellschaftsanteils, bei Einräumung einer stillen Einlage auf die Abbuchung der Einlage in dem Kapitalkonto oder bei Vollzug einer Auflagenzuwendung auf die Konkretisierung der Durchführung an.

Aufschiebend bedingte und befristete Schenkungen sind **mit dem Eintritt der Bedingung oder des festgelegten Termins** vollzogen (§§ 4, 8 BewG). Erfolgt eine Übertragung unter der Bedingung des Ablebens einer bestimmten Person, entsteht die Steuer mit dem Tod dieser Person. Bei betagten Forderungen oder entsprechenden Ansprüchen entsteht die Steuer jedoch bereits mit Abtretung oder Einräumung des Anspruchs (Troll/Gebel/Jülicher/Gottschalk/*Gottschalk* Rn. 88). In Fällen hinausgeschobener Fälligkeit der betagten Forderung erfolgt eine Abzinsung (Troll/Gebel/Jülicher/Gottschalk/*Gottschalk* Rn. 43). Hängt die Schenkung von einer Genehmigung ab, ist der Schenkungsvertrag zunächst schwe-

150 ErbStG § 9 Abschnitt 1. Steuerpflicht

bend unwirksam. Die zivilrechtliche Rückwirkung nach § 184 I BGB bleibt für die Schenkungsteuer **unbeachtlich** (BFH BStBl. II 2005, 892). Bei einem unwirksamen oder nichtigen Vorgang ist die Zuwendung ausgeführt, wenn die Beteiligten das wirtschaftliche Ergebnis des gewollten Rechtsgeschäftes eintreten lassen (BFH BStBl. II 1970, 562). Voraussetzung für das Entstehen der Steuer in einem derartigen Fall ist, dass dem Zuwendungsempfänger eine Stellung eingeräumt wird, die dem Vermögensübergang im Rechtssinne als angestrebtem Leistungserfolg gleich kommt. Berufen sich die Beteiligten auf die Unwirksamkeit oder wird ein Geschäft wirksam angefochten (§§ 119, 123 BGB), erlischt die ErbSt nach § 29.

23   Erfolgt eine Schenkung unter **freiem Widerrufsvorbehalt** (ausf. *Escher* FR 2008, 985) oder erteilt der Zuwendungsempfänger dem Zuwendenden eine Verfügungsvollmacht, führt dies nicht zur Verhinderung der Schenkungsteuer (BFH, BStBl. II 1989, 1034). Trotz der Widerrufbarkeit der Übertragung ist die Bereicherung auf Kosten des Übertragenden erfolgt, da jeder Schenkung die **Möglichkeit der Rückforderung immanent** ist. Da die Schenkungsteuer an das Zivilrecht anknüpft, bleibt die ertragsteuerliche Zuordnung bei dem Zuwendenden nach § 39 AO unberührt. Die FinVw folgt der Auffassung des BFH (Erl. Bayern v. 18.9.1995 und v. 11.10.1995, DStR 1995, 1714).

24   **14. Ausführung der Grundstücksschenkung.** Für Grundstücksschenkungen bleibt der allgemeine Grundsatz bestehen, dass die Steuer mit Ausführung der Schenkung entsteht; es kommt aber nicht auf den Übergang des wirtschaftlichen Eigentums – also den Übergang von Besitz, Nutzung und Lasten – an (BFH BStBl. II 1983, 179). Abweichend vom Eigentumswechsel nach bürgerlichem Recht genügt es, wenn die Vertragsparteien alle Voraussetzungen für den Eigentumswechsel geschaffen haben und nur noch die Eintragung in das Grundbuch aussteht. Der dingliche Rechtsübergang muss bereits eingeleitet sein. Nach der Rspr. (BFH BStBl. II 1979, 642) kommt es darauf an, dass die Vertragsparteien die für die Eintragung der Rechtsänderung in das Grundbuch erforderlichen Erklärungen in gehöriger Form abgegeben haben und der Begünstigte aufgrund dieser Erklärung in der Lage ist, seine Eintragung herbeizuführen (Auflassung nach § 925 BGB, Eintragungsbewilligung nach § 19 GBO). Die Auflassungsvormerkung allein begründet keine Schenkungsteuer, da nur der Erwerb des Vollrechtes, mit dem der Erwerber eine Rechtsposition erhält, für die Entstehung der Schenkungsteuer relevant ist (BFH BFH/NV 2001, 1407; Meincke/Hannes/Holtz Rn. 50).

25   Bis zum Zeitpunkt der Eigentumsumschreibung im Grundbuch können die Beteiligten den **Zeitpunkt der Ausführung** einer Grundstücksschenkung bestimmen, indem sie die Übertragung erst zu einem späteren Zeitpunkt erfolgen lassen (BFH BFH/NV 2000, 1095; Moench/Weinmann/*Weinmann* Rn. 29a). Wird der Ausführungszeitpunkt einer Schenkung jedoch vertraglich festgelegt, kommt es für die Entstehung der Steuer auf die Umschreibung im Grundbuch an (BFH BStBl. II 2002, 781). Ist der Zuwendungsgegenstand ein zu sanierendes oder renovierendes Gebäude, ist die Schenkung erst mit Abschluss der Sanierung oder Renovierung erfolgt. Erst zu diesem Zeitpunkt ist die Vermögensmehrung des Beschenkten auf Kosten des Schenkers vollzogen (BFH BFH/NV 2005, 213).

26   Bedarf die Grundstücksschenkung einer **behördlichen Genehmigung**, ist die Schenkung zu dem Zeitpunkt ausgeführt, zu dem die Beteiligten alles getan haben, um die Genehmigung herbeizuführen. Im Falle einer **rechtsgeschäftlichen Genehmigung** entsteht die Schenkungsteuer trotz zivilrechtlicher Rückwirkung (§§ 177, 108, 114 BGB) erst im Zeitpunkt der Erteilung der Genehmigung (BFH BStBl. II 2005, 892). Dies entspricht dem allgemeinen Prinzip, wonach eine Verkehrssteuer nicht rückwirkend entstehen kann (Moench/Weinmann/*Weinmann* Rn. 32).

27   Ist der aufgrund einer Schenkung vorliegende Eigentumswechsel noch nicht im Grundbuch eingetragen, gehört das Grundstück mit seinem Steuerwert noch zum Nachlass des Erblassers (Schenkers); die Sachleistungsverpflichtung ist als Erblasserschuld nach § 10 V Nr. 1 anzusetzen. Durch die Anpassung der Grundstückswerte an den gemeinen Wert mit Inkrafttreten des ErbStRG werden die bisherigen Bewertungsdifferenzen abgemildert. Verstirbt der Beschenkte vor Eintragung des Eigentumswechsels im Grundbuch, ist der Sachleistungsanspruch auf Übereignung des Grundstücks bei seinen Erben zu erfassen.

28   Die Grundsätze zur Steuerentstehung bei Schenkungen gelten auch bei **mittelbaren Grundstücksschenkungen** (vgl. R E 9.1 (2) ErbStR). Erhält der Beschenkte einen Geldbetrag für den Erwerb eines Grundstückes, kommt es auf die Auflassungs- und Eintragungsbewilligung für den Erwerb des Grundstücks an; steht dem Bedachten die Möglichkeit zu, den dingliche Rechtsübergang zu bewirken, ist die Schenkung ausgeführt. Bei noch zu errichtendem Gebäude ist die Ausführung der Schenkung nach der Rspr. erst im Zeitpunkt der **Errichtung des Gebäudes** vollzogen (BFH BStBl. II 2006, 786). Erst zu diesem Zeitpunkt tritt die endgültige Vermögensmehrung des Beschenkten auf Kosten des Schenkers ein, sodass die beabsichtigte Grundstücksschenkung als vollständig ausgeführt angesehen werden kann (BFH BFH/NV 2005, 213).

29   **15. Ausführung der Schenkung bei Verträgen zugunsten Dritter.** Bei Verträgen zugunsten Dritter (Troll/Gebel/Jülicher/Gottschalk/*Gebel* Rn. 103) kommt es im Zweifel darauf an, ob zugunsten des Dritten, der aus dem Valutaverhältnis zum Versprechenden Ansprüche ableitet, ein echter Vertrag vorliegt. Steht dem Dritten ein **eigenes Forderungsrecht** zu, ist diese Forderung innerhalb des Deckungsverhältnisses zwischen dem Versprechenden und dem Versprechensempfänger Gegenstand der Zuwendung des Versprechensempfängers und führt zu einem steuerpflichtigen Leistungsanspruch (BFH BStBl. II 2005, 408, zuvor BStBl. II 2003, 162). Wird kein eigenes Forderungsrecht begründet, ist die Schenkung nur dann ausgeführt, wenn der Leistungserfolg herbeigeführt wurde (Troll/Gebel/Jülicher/

Gottschalk/*Gebel* Rn. 104). Weist der Dritte ein Forderungsrecht, das ohne sein Zutun durch den Vertragsabschluss zwischen Versprechendem und Versprechensempfänger begründet werden kann, zurück, entfällt die Schenkungsteuer (rückwirkendes Ereignis iSv § 175 I 1 Nr. 2 AO; Troll/Gebel/Jülicher/ Gottschalk/*Gebel* Rn. 103–109).

16. Steuerentstehung bei der Zweckzuwendung, bei der Ersatzerbschaftsteuer. Nach Abs. 1 Nr. 3 30 entsteht die Steuer bei Zweckzuwendungen mit dem Zeitpunkt des Eintritts der Verpflichtung des Beschwerten und bei Familienstiftungen (Nr. 4) in Zeitabständen von je 30 Jahren (sog. Ersatzerbschaftsteuer). Für die Familienstiftung entsteht die Steuer seit dem Zeitpunkt des ersten Übergangs von Vermögen auf die Stiftung. Fiel dieser Zeitpunkt auf den 1.1.1954 (oder früher), entstand die Steuer erstmals am 1.1.1984; danach richtet sich die Steuererhebung auf eine Zeitspanne von 30 Jahren. Nach § 24 besteht für Familienstiftungen die Möglichkeit, die Zahlung auf dreißig gleiche Jahresbeträge zu verteilen.

17. Aussetzung der Versteuerung, Grundzüge der Verjährung der Erbschaftsteuer. Das seit dem 31 ErbStG 1974 geltende Abzugsverbot für Nutzungs- und Rentenlasten (insbes. eines vorbehaltenen Nießbrauchs) eröffnete ua die Möglichkeit der vollständigen Aussetzung der Besteuerung nach Abs. 2. Die Aussetzung ist für Erwerbe nach dem 30.8.1980 jedoch abgeschafft, sodass die Steuer für Altvorgänge mit Erlöschen der Belastung entsteht.

Die **Festsetzungsverjährung** (Verjährung der Steuerschuld) regelt sich nach der AO; die Frist für die 32 Verjährung beträgt vier Jahre, bei leichtfertiger Steuerkürzung fünf und bei Steuerhinterziehung zehn Jahre (§ 169 AO). Für den Erwerb von Todes wegen (§ 170 V AO) beginnt die Frist nicht vor Ablauf des Kalenderjahres, in dem der Erwerber **Kenntnis von dem Erwerb** erlangt hat und damit anzeigepflichtig geworden ist. Bei amtlicher Testamentseröffnung, bei der keine Anzeigepflicht des Erben besteht (§ 30 III), wird die FinVw amtlich von dem Erwerb unterrichtet und kann durch Aufforderung zur Abgabe einer Steuererklärung tätig werden. In Schenkungsfällen schiebt § 170 V AO den Fristbeginn bis zum Ablauf des Kalenderjahres hinaus, in dem die zuständige Finanzbehörde von der vollzogenen Schenkung Kenntnis erlangt hat, spätestens aber im Zeitpunkt des Todes des Schenkers.

Die besondere **Anlaufhemmung** für alle Sachverhalte, die unter das ErbStG fallen, führt zu einer Ver- 33 längerung der Frist. Wegen der Maßgeblichkeit des Erbrechtes für das Erbschaftsteuerrecht kommt es bzgl. der Kenntnisnahme auf die Ausschlagungsfristen nach dem BGB an (FG Niedersachsen, EFG 1986, 27), sodass in außergewöhnlichen Fällen völliger Rechtsunsicherheit die Frist erst mit Erteilung des Erbscheins beginnt (BFH BFH/NV 1990, 444). Für die bei der Schenkung bedeutsame Kenntnis der Finanzbehörde kommt es auf die für die Festsetzung der Schenkungsteuer **organisatorisch zuständige Verwaltungsdienststelle** an (BFH BStBl. II 2003, 502). Mit Inkrafttreten des ErbStRG, das zur Verbreiterung der Bemessungsgrundlage geführt hat, ist in der Zukunft von verstärkten Überprüfungen von bestimmten Sachverhalten auszugehen, die unter das ErbStG fallen. Die für die Steuer geltende Ablaufhemmung (§ 171 AO) wird bei Einsatz verstärkter Prüfungen an Bedeutung zunehmen. Nach § 171 XII AO gilt darüber hinaus eine Sechsmonatsfrist, die mit Annahme der Erbschaft beginnt.

Abschnitt 2. Wertermittlung

§ 10 Steuerpflichtiger Erwerb

(1) ¹Als steuerpflichtiger Erwerb gilt die Bereicherung des Erwerbers, soweit sie nicht steuerfrei ist (§§ 5, 13, 13a, 13c, 13d, 16, 17 und 18). ²In den Fällen des § 3 gilt unbeschadet Absatz 10 als Bereicherung der Betrag, der sich ergibt, wenn von dem nach § 12 zu ermittelnden Wert des gesamten Vermögensanfalls, soweit er der Besteuerung nach diesem Gesetz unterliegt, die nach den Absätzen 3 bis 9 abzugsfähigen Nachlassverbindlichkeiten mit ihrem nach § 12 zu ermittelnden Wert abgezogen werden. ³Steuererstattungsansprüche des Erblassers sind zu berücksichtigen, wenn sie rechtlich entstanden sind (§ 37 Abs. 2 der Abgabenordnung). ⁴Der unmittelbare oder mittelbare Erwerb einer Beteiligung an einer Personengesellschaft oder einer anderen Gesamthandsgemeinschaft, die nicht unter § 97 Abs. 1 Satz 1 Nr. 5 des Bewertungsgesetzes fällt, gilt als Erwerb der anteiligen Wirtschaftsgüter; die dabei übergehenden Schulden und Lasten der Gesellschaft sind bei der Ermittlung der Bereicherung des Erwerbers wie eine Gegenleistung zu behandeln. ⁵Bei der Zweckzuwendung tritt an die Stelle des Vermögensanfalls die Verpflichtung des Beschwerten. ⁶Der steuerpflichtige Erwerb wird auf volle 100 Euro nach unten abgerundet. ⁷In den Fällen des § 1 Abs. 1 Nr. 4 tritt an die Stelle des Vermögensanfalls das Vermögen der Stiftung oder des Vereins.

(2) Hat der Erblasser die Entrichtung der von dem Erwerber geschuldeten Steuer einem anderen auferlegt oder hat der Schenker die Entrichtung der vom Beschenkten geschuldeten Steuer selbst übernommen oder einem anderen auferlegt, gilt als Erwerb der Betrag, der sich bei einer Zusammenrechnung des Erwerbs nach Absatz 1 mit der aus ihm errechneten Steuer ergibt.

(3) Die infolge des Anfalls durch Vereinigung von Recht und Verbindlichkeit oder von Recht und Belastung erloschenen Rechtsverhältnisse gelten als nicht erloschen.

(4) Die Anwartschaft eines Nacherben gehört nicht zu seinem Nachlaß.

(5) Von dem Erwerb sind, soweit sich nicht aus den Absätzen 6 bis 9 etwas anderes ergibt, als Nachlaßverbindlichkeiten abzugsfähig

1. die vom Erblasser herrührenden Schulden, soweit sie nicht mit einem zum Erwerb gehörenden Gewerbebetrieb, Anteil an einem Gewerbebetrieb, Betrieb der Land- und Forstwirtschaft oder Anteil an einem Betrieb der Land- und Forstwirtschaft in wirtschaftlichem Zusammenhang stehen und bereits bei der Bewertung der wirtschaftlichen Einheit berücksichtigt worden sind;
2. Verbindlichkeiten aus Vermächtnissen, Auflagen und geltend gemachten Pflichtteilen und Erbersatzansprüchen;
3. die Kosten der Bestattung des Erblassers, die Kosten für ein angemessenes Grabdenkmal, die Kosten für die übliche Grabpflege mit ihrem Kapitalwert für eine unbestimmte Dauer sowie die Kosten, die dem Erwerber unmittelbar im Zusammenhang mit der Abwicklung, Regelung oder Verteilung des Nachlasses oder mit der Erlangung des Erwerbs entstehen. ²Für diese Kosten wird insgesamt ein Betrag von 10 300 Euro ohne Nachweis abgezogen. ³Kosten für die Verwaltung des Nachlasses sind nicht abzugsfähig.

(6) ¹Nicht abzugsfähig sind Schulden und Lasten, soweit sie in wirtschaftlichem Zusammenhang mit Vermögensgegenständen stehen, die nicht der Besteuerung nach diesem Gesetz unterliegen. ²Beschränkt sich die Besteuerung auf einzelne Vermögensgegenstände (§ 2 Abs. 1 Nr. 3, § 19 Abs. 2), sind nur die damit in wirtschaftlichem Zusammenhang stehenden Schulden und Lasten abzugsfähig. ³Schulden und Lasten, die mit teilweise befreiten Vermögensgegenständen in wirtschaftlichem Zusammenhang stehen, sind nur mit dem Betrag abzugsfähig, der dem steuerpflichtigen Teil entspricht. ⁴Schulden und Lasten, die mit nach den §§ 13a und 13c befreitem Vermögen in wirtschaftlichem Zusammenhang stehen, sind nur mit dem Betrag abzugsfähig, der dem Verhältnis des nach Anwendung der §§ 13a und 13c anzusetzenden Werts dieses Vermögens zu dem Wert vor Anwendung der §§ 13a und 13c entspricht. ⁵Schulden und Lasten, die mit nach § 13d befreitem Vermögen in wirtschaftlichem Zusammenhang stehen, sind nur mit dem Betrag abzugsfähig, der dem Verhältnis des nach Anwendung des § 13d anzusetzenden Werts dieses Vermögens zu dem Wert vor Anwendung des § 13d entspricht. ⁶Haben sich Nutzungsrechte als Grundstücksbelastungen bei der Ermittlung des gemeinen Werts einer wirtschaftlichen Einheit des Grundbesitzes ausgewirkt, ist deren Abzug bei der Erbschaftsteuer ausgeschlossen.

(7) In den Fällen des § 1 Abs. 1 Nr. 4 sind Leistungen an die nach der Stiftungsurkunde oder nach der Vereinssatzung Berechtigten nicht abzugsfähig.

(8) Die von dem Erwerber zu entrichtende eigene Erbschaftsteuer ist nicht abzugsfähig.

(9) Auflagen, die dem Beschwerten selbst zugute kommen, sind nicht abzugsfähig.

(10) ¹Überträgt ein Erbe ein auf ihn von Todes wegen übergegangenes Mitgliedschaftsrecht an einer Personengesellschaft unverzüglich nach dessen Erwerb auf Grund einer im Zeitpunkt des Todes des Erblassers bestehenden Regelung im Gesellschaftsvertrag an die Mitgesellschafter und ist der Wert, der sich für seinen Anteil zur Zeit des Todes des Erblassers nach § 12 ergibt, höher als der gesellschaftsvertraglich festgelegte Abfindungsanspruch, so gehört nur der Abfindungsanspruch zum Vermögensanfall im Sinne des Absatzes 1 Satz 2. ²Überträgt ein Erbe einen auf ihn von Todes wegen übergegangenen Geschäftsanteil an einer Gesellschaft mit beschränkter Haftung unverzüglich nach dessen Erwerb auf Grund einer im Zeitpunkt des Todes des Erblassers bestehenden Regelung im Gesellschaftsvertrag an die Mitgesellschafter oder wird der Geschäftsanteil auf Grund einer im Zeitpunkt des Todes des Erblasser bestehenden Regelung im Gesellschaftsvertrag von der Gesellschaft eingezogen und ist der Wert, der sich für seinen Anteil zur Zeit des Todes des Erblassers nach § 12 ergibt, höher als der gesellschaftsvertraglich festgelegte Abfindungsanspruch, so gehört nur der Abfindungsanspruch zum Vermögensanfall im Sinne des Absatzes 1 Satz 2.

Erbschaftsteuer-Richtlinien
R E 10.1: *Ermittlung des steuerpflichtigen Erwerbs und der Erbschaftsteuer/H E 10.1*
R E 10.2: *Behandlung von Ansprüchen nach dem Vermögensgesetz*
R E 10.3: *Private Steuererstattungsansprüche des Erblassers/H E 10.3*
R E 10.4: *Übertragung eines Anteils an einer vermögensverwaltenden Personengesellschaft/H E 10.4*
R E 10.5: *Übernahme der Schenkungsteuer durch den Schenker (unbesetzt)/H E 10.5*
R E 10.6: *Abzug von außergewöhnlichen Unterhaltskosten (sog. Überlast) nach dem Denkmalschutzgesetz/H E 10.6*
R E 10.7: *Nachlassverbindlichkeiten nach § 10 V (unbesetzt)/H E 10.7*
R E 10.8: *Private Steuerschulden des Erblassers*
R E 10.9: *Pauschbetrag für Nachlassverbindlichkeiten/H E 10.9*
R E 10.10: *Beschränkung des Abzugs von Schulden und Lasten/H E 10.10*
R E 10.11: *Eigene Erbschaftsteuer des Erwerbers (unbesetzt)/H E 10.11*
R E 10.12: *Auflagen, die dem Beschwerten selbst zugute kommen (unbesetzt)/H E 10.12*
R E 10.13: *Gesellschaftsanteil beim Tod eines Gesellschafters mit Weiterübertragungsverpflichtung/ H E 10.13*

1. **Steuerpflichtiger Erwerb.** Die Bemessungsgrundlage zur Ermittlung des Wertes eines steuerpflichtigen Erwerbs ergibt sich aus den Wertermittlungsvorschriften. Die Vorschriften beantworten die Fragen nach dem Bewertungsgegenstand (§§ 10, 13, 13a–d), dem Zeitpunkt (§ 11 iVm § 9) und der Art der Bewertung (§ 12 iVm den Vorschriften des Bewertungsgesetzes).

In Abs. 1 definiert die Vorschrift den **Begriff der Bereicherung**, der sich in Todesfällen (Abs. 1 S. 2) aus dem Steuerwert des gesamten Vermögensanfalls ergibt, soweit er der Besteuerung unterliegt, abzüglich der nach den Abs. 3–9 **abzugsfähigen Nachlassverbindlichkeiten** mit ihrem nach § 12 zu ermittelnden Wert. Abs. 5 regelt die Nachlassverbindlichkeiten, die wegen der Schmälerung der Bereicherung zum

Abzug zugelassen werden; Abs. 6–9 betrifft die Verbindlichkeiten, die steuerlich nicht abzugsfähig sind. Das Abzugsverbot ist nicht abschließend und wird durch weitere, aus dem Gesetzeszusammenhang zu erschließende Abzugsverbote ergänzt (Meincke/Hannes/Holtz Rn. 64). Für Schenkungen unter Lebenden erübrigt sich eine gesonderte Begriffsbestimmung, weil die Bereicherung des Erwerbs zu ermitteln ist, weil sich die **Bereicherung auf den unmittelbaren Reinwert** des Erwerbs bezieht. Die Ausgangsfrage, ob überhaupt eine Bereicherung iSd § 7 I Nr. 1 vorliegt, beantwortet sich nach zivilrechtlichen Grundsätzen, ist also auf der Grundlage der Verkehrswerte zu entscheiden. Dabei sind die Gegenleistungen, die dem Beschenkten auferlegt werden, vom Abzug ausgeschlossen, weil sie nur im Rahmen einer gemischten Schenkung im Reinwert des Zuwendungsgegenstandes nach bürgerlich-rechtlichen Maßstäben berücksichtigt werden und dort dem entgeltlichen, nicht steuerbaren Teil der Zuwendung anteilig zugerechnet werden. Infolge der Angleichung von Steuerwert und Verkehrswert (gemeiner Wert) seit dem 1.1.2009 bedarf es unter der Regelung des ErbStRG keiner gesonderten Ermittlung der echten Bereicherung (für die Vergangenheit vgl. Moench/Weinmann/*Weinmann* Rn. 5).

Das in Abs. 1 geregelte Bereicherungsprinzip schließt die steuerliche Erfassung **selbst geschaffener Vermögenswerte** aus (vgl. BFH BStBl. II 2008, 876). Am Beispiel der Durchführung von Baumaßnahmen an einem Grundstück durch den Nacherben urteilt die Rspr., dass mögliche Ansprüche aus vorgenommenen Bauarbeiten wegen der begründeten Erwartung des künftigen Eigentumserwerbs trotz Bestehen eines gesetzlichen Vergütungsanspruches gem. §§ 951 I 1 iVm 812 ff. BGB durch den Erbanfall kompensiert werden (Moench/Weinmann/*Weinmann* Rn. 47; vgl. Bsp. in H E 7.1 ErbStR). Dies gilt auch etwa bei der Zahlung des unwiderruflich Bezugsberechtigten zugunsten einer Kapitallebensversicherung des Erblassers (FG München EFG 2006, 1921; ausdrücklich Erl. FinMin Baden-Württemberg DB 2010, 646). 3

Wird ein Vorgang nach den §§ 1, 3, 7 u. 8 verwirklicht, entsteht die Steuer nach den Regeln des § 9. Die Prüfung des steuerlichen Erwerbs erfolgt in Einzelschritten nach Abs. 1. Nach dem Grundschema wird der steuerliche Erwerb unter Berücksichtigung von Befreiungsvorschriften (insbes. §§ 13, 13a, 13c, 13d) ermittelt. Vom Vermögensanfall werden die Nachlassverbindlichkeiten, soweit sie nicht vom Abzug ausgeschlossen sind, zumindest jedoch der Pauschbetrag für die Erbfallkosten abgezogen. Bei der **Bereicherung des Erwerbers** werden ggf. zu berücksichtigende Vorschenkungen (§ 14) hinzugerechnet, steuerfreie Zugewinnausgleichsbeträge (§ 5 I), persönliche Freibeträge (§ 16) und besondere Versorgungsfreibeträge (§ 17) in Abzug gebracht und der Betrag als steuerpflichtiger Erwerb auf volle Hundert Euro abgerundet (Abs. 1, 6). 4

Von der festzusetzenden Erbschaftsteuer werden für Vorerwerbe entrichtete Steuern (§ 14 I) und der Entlastungsbetrag (§ 19a) in Abzug gebracht. Ermäßigungen nach § 27 und anrechenbare ausländische Steuern nach § 21 sind unter Berücksichtigung der Besonderheiten (etwa Kappungsgrenze, Vornahme der Aufteilung) vorzunehmen. 5

„Schenkungen" mit einem **negativen Vermögenswert** (also ohne Bereicherung) sind zivilrechtlich ausgeschlossen. Nach der Angleichung der Steuerwerte an die Verkehrswerte durch das ErbStRG gilt dieser Grundsatz auch steuerlich („keine Schenkung in umgekehrter Richtung"). Nach *Konrad* (Fischer/Pahlke/Wachter/*Konrad* Rn. 6) liegt ein steuerpflichtiger Erwerb nur vor, wenn sich als Saldo der nach § 10 vorgesehenen Ermittlung ein positiver Steuerwert ergibt; bei einem negativen Steuerwert fehlt es an einer Bereicherung des Erwerbers. Die bisher bestehende Möglichkeit, positive Erwerbe mit negativen Erwerben im Rahmen einer **einheitlichen Schenkung** zu kompensieren, ist nach der Angleichung der Steuerwerte an die Verkehrswerte (zumindest für den Regelfall) ausgeschlossen. 6

Bei Schenkungen ist dem Bedachten der Abzug der Gegenleistung verwehrt. Vielmehr liegt eine sog. gemischte Schenkung vor. Die Bemessungsgrundlage für die Schenkungsteuer wird durch eine besondere Berechnungsmethode ermittelt (→ § 7 Rn. 15). 7

2. Umfang des steuerpflichtigen Erwerbs. Der steuerpflichtige Erwerb nach § 10 erfasst alle durch die Zuwendung erworbenen Vermögensvorteile. Wegen der zivilrechtlichen Ausrichtung des Erbschaftsteuergesetzes kommt es **nur auf das bürgerlich-rechtliche Eigentum**, nicht aber auf das wirtschaftliche Eigentum (§ 39 AO) an. Durch die zivilrechtliche Ausrichtung erwirbt der Erbe durch Erbanfall genau das, was dem Erblasser zivilrechtlich gehörte. Gegenstände, an denen der Erblasser nur wirtschaftliches Eigentum hatte, gehören nicht zum Nachlass; entsprechend gehören Gegenstände, an denen Dritte wirtschaftliches Eigentum erworben haben, zum Nachlass (zum Letzteren BFH BStBl. II 1997, 820). Ansprüche, die kraft gesetzlicher Regelung den Erben zustehen, gehören nicht zum Vermögensanfall nach § 10. 8

Zum Vermögensanfall gehören auch **treuhänderisch gehaltene Vermögensgegenstände** (Erl. FinMin Bayern DStR 2010, 2084; zuvor eher einschränkend Erl. FinMin Bayern DStR 2005, 1231; vgl. ausf. *Geck* KÖSDI 2012, 17774 (17782)). Gegenstand des Erwerbs ist der Herausgabeanspruch des Treugebers gegen den Treuhänder nach § 667 BGB. Der Herausgabeanspruch ist als Sachleistungsanspruch aus dem Treuhandvertrag zu bewerten. Nach *Richter/Fürwentsches* (DStR 2010, 2070) soll sich die Begünstigung der §§ 13a, 13b auch auf die Übertragung des Herausgabeanspruches beziehen. Nach wohl hM (s. *Geck* ZEV 2013, 601) erfüllt der Herausgabeanspruch nicht die Voraussetzung einer unmittelbaren Beteiligung an einer Kapitalgesellschaft. Obwohl das Treugut wie eine „KapGes" gewertet wird, ist zweifelhaft, ob der Treugeber unmittelbar an der KapGes beteiligt ist (ausf. *Milatz/Schulz* ZEV 2018, 366). 9

Klarstellend ist durch das ErbStRG in Abs. 1 S. 3 eingefügt worden, dass Steuererstattungsansprüche des Erblassers zu berücksichtigen sind, soweit sie rechtlich bereits entstanden sind (§ 37 II AO); Steuer- 10 erstattungsansprüche des Erblassers im Todesjahr gehören somit nicht zum Nachlass anders als bei Zahlungsverpflichtungen. Zum Vermögensanfall gehören ua weiterhin noch nicht fällige Stückzinsen bei festverzinslichen Wertpapieren (BFH BStBl. II 1985, 73), Mietforderungen (BFH BStBl. II 1977, 723) und der Zinsanspruch bis zum Fälligkeitstag eines Festgeldkontos bzw. Devisenguthaben. Bei Sparbüchern richtet sich die Zurechnung insbes. im Familienkreis nach den Umständen des Einzelfalles, wobei der Besitz des Sparbuches nicht unbedingt entscheidend ist (FG Niedersachsen EFG 1992, 143).

11 Bei **Gemeinschaftskonten von Ehegatten** ist im Zweifel anzunehmen, dass die Ehegatten als Gläubiger gemeinschaftlich berechtigt sind; eine abweichende Zurechnung ist dann möglich, wenn diese ernsthaft gewollt und klar nachweisbar ist, eine schriftliche **Regelung im Innenverhältnis** ist dafür in jedem Fall ausreichend (FG Hessen DStRE 2002, 1023). Der BFH (BStBl. II 2008, 28) stellt im Wesentlichen auf die Regelungen im Innenverhältnis ab; das Innenverhältnis kann bei der Ausgestaltung des Gemeinschaftskontos (auch eines Oder-Kontos) schon bei der Eröffnung eines Kontos oder bei der Einräumung einer Vollmacht ausgestaltet worden sein. Fehlen schriftliche oder mündliche Vereinbarungen über das Innenverhältnis, ist vornehmlich aus dem Verhalten der Beteiligten auf den Willen zu schließen. Nach der Rspr. der Zivilgerichte (BGH NJW 1990, 705), der sich der BFH anschließt, kommt es auf die beiderseitigen Willenserklärungen durch **schlüssiges Verhalten** an, wobei sich das Verhalten in der von den Beteiligten geübten und geduldeten Handhabung zeigt. Der Besitz etwa des Sparbuches oder die Herkunft der auf das Konto eingezahlten Mittel ist nicht entscheidend. Die FinVw (Vfg. OFD Koblenz DStR 1997, 2025) geht grds. von einer hälftigen Zurechnung aus und verlangt den Nachweis einer abweichenden Vereinbarung. Die Zahlung eines Ehegatten auf ein bestehendes Gemeinschaftskonto soll nach Auffassung der FinVw (Vfg. OFD Koblenz DStR 2002, 591) „unwiderleglich" iH der Hälfte des Einzahlungsbetrages eine schenkungsteuerrelevante Zuwendung unter Lebenden sein (krit. *Götz* ZEV 2007, 601). Der BFH (BStBl. II 2012, 473) hat seine bisherige Rspr. nochmals unter eingehender Berücksichtigung der faktischen Schwierigkeiten bei der Beweisführung durch die Beteiligten zusammengefasst und vertieft (ausf. *Milatz/Herbst* NWB 2012, 2062; *Wefers/Carlé* ErbStB 2013, 48).

12 Der Vermögensanfall im Zusammenhang mit Grundstücken bietet nach Wegfall der günstigen Steuerwerte keine bedeutenden steuerlichen Gestaltungsmöglichkeiten mehr. Grundstücke und Sachleistungsansprüche werden gleich bewertet. Somit hat die gezielte Vermögensübertragung von Grundstückswerten (vgl. zur bisherigen Rspr. Moench/Weinmann/*Weinmann* Rn. 17, 18) an Bedeutung verloren.

13 **3. Erfüllung von Pflichtteilsansprüchen.** Erfüllt der Erbe einen grds. auf eine Geldforderung gerichteten Pflichtteilsanspruch (BGHZ 28, 178) durch Übertragung eines Grundstückes **an Erfüllung statt**, hat der Pflichtteilsberechtigte den Nennwert des Anspruches zu versteuern; die Erben können die Last korrespondierend in Höhe des Nennwertes als Nachlassverbindlichkeit abziehen.

14 **4. Beteiligung an Personengesellschaften.** Abs. 1 S. 4 bezieht sich auf einen unmittelbaren oder mittelbaren Erwerb einer Beteiligung an einer Personengesellschaft oder an einer anderen Gesamthandsgemeinschaft (vermögensverwaltende Gesellschaft), die nicht unter § 97 I 1 Nr. 5 BewG fällt. Diese Regelung schafft bei Erwerben unter Lebenden die **Fiktion**, dass der Nominalbetrag übernommener Verbindlichkeiten nicht von dem Wert des geschenkten Anteils abgezogen werden kann, weil die einzelnen Wirtschaftsgüter als zugewendet gelten. IE werden Schulden und Lasten bei der Ermittlung der Bereicherung des Erwerbers wie eine **Gegenleistung** für die einzelnen Vermögensgegenstände behandelt. Beim Erwerb von Todes wegen werden die anteiligen Gesellschaftsschulden als Nachlassverbindlichkeit iSv § 10 V abgezogen (R E 10.4 (2) S. 4 ErbStR).

15 **5. Zweckzuwendungen.** Der Regelungsgehalt des Abs. 1 S. 5 betrifft Zweckzuwendungen, bei denen an die Stelle des Vermögensanfalls die Verpflichtung des Beschwerten tritt; nach S. 7 tritt an die Stelle des Vermögensanfalls das Vermögen der Stiftung oder des Vereins. Unsystematisch zwischen diesen Regelungen sieht Abs. 1 S. 6 eine Abrundung von steuerpflichtigen Erwerben auf volle 100 EUR vor.

16 **6. Übernahme der Steuer.** Nach Abs. 2 gehört die vom Schenker oder einem Dritten übernommene Steuer zum steuerpflichtigen Erwerb des Erben im Fall der Schenkung auf den Todesfall bzw. des Beschenkten, obwohl nach § 20 I 1 der Beschenkte und der Schenker Gesamtschuldner sind. Der Gesetzgeber geht davon aus, dass der Schenker dem Begünstigten **nur den Zuwendungsgegenstand** beschaffen will, nicht jedoch die Schenkungsteuer. Nach dem Gesetz verbleibt es bei einer einmaligen Zusammenrechnung des Wertes der Zuwendung und der seitens eines Dritten oder des Schenkers übernommenen Steuer (zu den Gründen der gesetzlichen Regelung *Heinrich* ZEV 2002, 98; zu den Steuerersparnismöglichkeiten *Korezkij* DStR 1998, 748). Bei Übernahme der Schenkungsteuer durch einen Dritten gilt die Schenkung als zu dem Zeitpunkt ausgeführt, in dem die Schenkung in der Hauptsache vollzogen ist; auf die Zahlung der Schenkungsteuer kommt es nicht an (FG Münster EFG 1978, 602).

17 Kürzt der Schenker bei Übernahme der Schenkungsteuer die (versprochene) Zuwendung, gilt dies nicht als ungewöhnliche Gestaltung (Moench/Weinmann/*Weinmann* Rn. 38 im Hinblick auf § 42 AO). Eine mögliche Rückerstattung übernommener Steuern von dem Beschenkten an den Schenker ist eine **selbständige Rückschenkung.**

18 Abs. 2 regelt, wie die zusätzliche Übernahme der Steuer zu erfassen ist. Aus Gründen der Vereinfachung sieht der Gesetzgeber vor, dass als steuerlicher Erwerb insgesamt der Betrag zugrunde zu legen ist, der sich bei einer Zusammenrechnung des Erwerbs nach Abs. 1 mit der aus diesem Erwerb zu errechnenden Steuer ergibt. Der Beschenkte ist effektiv allerdings nicht nur um die auf den Erwerb berechnete Steuer, sondern um eine höhere Steuer bereichert, da die Steuer selbst grds. die Bemessungsgrundlage

erhöhen würde (vgl. Bsp. bei Moench/Weinmann/*Weinmann* Rn. 36). Der Gesetzgeber **vermeidet** jedoch **das Entstehen einer Endlos-Steuerberechnung,** die dann gegeben wäre, wenn jeweils die übernommene Steuer ihrerseits als zusätzlicher Erwerb erfasst würde und hieraus fortlaufend eine höhere Steuer berechnet würde (Tiedtke/*Sczcesny* Rn. 34). Besonders günstig kann sich die Übernahme der Steuer in der Zone des Härteausgleichs des § 19 auswirken.

Übernimmt der Schenker die Steuer, wird ihm als Steuerschuldner der Steuerbescheid bekannt gegeben; nach § 20 I 1 kann die FinVw jedoch auch den Beschenkten als Gesamtschuldner in Anspruch nehmen. 19

7. Vereinigung von Recht und Verbindlichkeit. Vereinigen sich verschiedene Rechte in der Person des Erwerbers, führt dies zwangsläufig zum Untergang des Rechts sowie der entsprechenden Schulden bzw. Lasten (Troll/Gebel/Jülicher/Gottschalk/*Gebel* Rn. 91, 92). Nicht nur im Fall des Erwerbs von Todes wegen, sondern auch bei Schenkungen entsteht bei obligatorischen Ansprüchen und Verbindlichkeiten eine sog. **Konfusion,** bei dinglichen Rechten, die das Eigentum an einer Sache belasten, eine **Konsolidation.** Erlischt nach dem bürgerlichen Recht ein Recht durch Vereinigung, fingiert Abs. 3 für die Steuerberechnung allerdings den **Fortbestand der positiven und negativen Vermögensgegenstände,** sodass diese im Rahmen der Wertermittlung weiterhin wie übergegangene Vermögensgegenstände/Verbindlichkeiten zu behandeln sind. 20

Zu den Forderungen und Rechten eines Erben, die im Wege der Konfusion erlöschen, gehören auch rückständige Vergütungen aus entgeltlichen Arbeits- oder Dienstverhältnissen, Ansprüche auf Pensionszusagen etc. Da sie nach Abs. 3 als fortbestehend gelten, können sie als Erblasserschulden iSd § 10 V Nr. 1 berücksichtigt werden. Nach der Rspr. (BFH BStBl. II 1995, 784) gilt dies nur für Ansprüche aus Arbeits- oder Dienstverhältnissen, sofern ein vom künftigen Erbfall unabhängiger Erfüllungsrückstand besteht, nicht hingegen für Dienstleistungen, für die der Erblasser im Wege einer Erbeinsetzung einen finanziellen Ausgleich versprochen hat (eing., zT abw. Troll/Gebel/Jülicher/Gottschalk/*Gebel* Rn. 97). 21

8. Anwartschaft eines Nacherben. Hat der Erblasser Vor- und Nacherbfolge bestimmt (§§ 2100 ff. BGB), steht im Falle des Vorerbfalles dem Nacherben ein Anwartschaftsrecht zu, das **vererblich** ist (§ 2108 II BGB) und **veräußert** werden kann. Das Anwartschaftsrecht löst im Vorerbfall keine Steuern aus, sodass der Erwerb des Rechtes im Falle des Erwerbs durch die Erben des Nacherben zu keiner Steuer führt. Abs. 4 verneint in diesem Fall trotz Vorhandensein eines Vermögenswertes das Vorliegen eines steuerpflichtigen Erwerbs (BFH BStBl. II 1996, 137). Auch eine unentgeltliche Übertragung des Anwartschaftsrechts des Nacherben auf Dritte führt erst im Zeitpunkt des Eintritts des Nacherbfalls zu einem steuerlich relevanten Vorgang. 22

9. Nachlassverbindlichkeiten. Das Prinzip der Bereicherung im Erbschaftsteuerrecht beinhaltet die Abzugsmöglichkeit von mit dem Erwerb verbundenen Lasten. Abs. 5 greift die zivilrechtlichen Regelungen auf, wonach **Erblasserschulden** (die vom Erblasser herrührenden Schulden iSd § 1967 II BGB) und **Erbfallschulden** (die den Erben betreffenden Verbindlichkeiten wie Pflichtteilsrechte, Vermächtnisse oder Auflagen) als Nachlassverbindlichkeiten abzugsfähig sind. 23

Die von dem Erwerb abzuziehende Schuld oder Last muss im Besteuerungszeitpunkt tatsächlich bestehen (BFH II 2003, 267) und wirtschaftlich den Erwerber belasten (BFH/NV 1999, 1339; zuletzt BFH/NV 2009, 1441). Soweit die wirtschaftliche Betrachtungsweise dem Abzug nicht belastender Verbindlichkeiten entgegensteht, kollidiert sie mit der sonst geltenden Bindung an das Zivilrecht hinsichtlich des Umfangs des Vermögensanfalls (BFH BStBl. II 1997, 820). Im Ausnahmefall kann andererseits eine bürgerlich-rechtlich nicht oder nicht mehr bestehende Verbindlichkeit berücksichtigt werden, wenn sie nach dem Begriff der Bereicherung im erbschaftsteuerlichen Sinn **tatsächlich und wirtschaftlich eine Last** bedeutet. Die Feststellung rein formell bestehender Verbindlichkeiten reicht jedoch nicht aus. Wegen der eingeschränkten Berücksichtigung der wirtschaftlichen Betrachtungsweise, die uneingeschränkt für die Ertragsteuern gilt (§ 39 AO), können auch verjährte Schulden zum Abzug zugelassen werden, wenn der Schuldner die Einrede der Verjährung nicht erhebt und die Leistung tatsächlich erbringt (Kapp/Ebeling/*Geck* Rn. 79). Auch können Verpflichtungen des Erben, die zwar nicht rechtlich, sondern aus anderen Gründen bestehen, berücksichtigt werden, soweit eine sittliche Verpflichtung erfüllt wird (BFH DVR 1963, 73). Auch Nachlassverbindlichkeiten, die erst nachträglich bekannt werden, sind abzugsfähig. 24

Ergibt sich durch den Ansatz abzugsfähiger Nachlassverbindlichkeiten ein negativer Wert des steuerpflichtigen Erwerbs, kann dieser Negativbetrag mit einem weiteren – aus anderen Gründen als von Todes wegen (zB durch Schenkung auf den Todesfall) – vom Erblasser stammendem positiven Vermögensanfall verrechnet werden. 25

Erblasserschulden sind **vom Erblasser herrührende Schulden,** die entweder zu seinen Lebzeiten entstanden sind oder zu denen der Erblasser zu Lebzeiten den Grund gelegt hat, die aber erst nach dem Erbfall entstehen. Erblasserschulden können nach Abs. 5 Nr. 1 abgezogen werden, soweit sie im Wege der Gesamtrechtsnachfolge (§ 1922 BGB) auf den Erben übergehen (BFH BFH/NV 2001, 39). Sie sind nach dem Gesetzeswortlaut nur abzugsfähig, soweit sie nicht bereits im wirtschaftlichen Zusammenhang mit einem Gewerbebetrieb, Anteil an einem Gewerbebetrieb oder land- und forstwirtschaftlichen Betrieb etc. berücksichtigt werden. Dies soll einen **doppelten Abzug** verhindern. Diese Aussage des Gesetzgebers rechtfertigt aber nicht den Umkehrschluss, dass die Schulden und Lasten, die dem Grunde oder der Höhe nach bei der Bewertung von Betriebsvermögen nicht berücksichtigt wurden, nach Abs. 5 Nr. 1 ohne weiteres abgezogen werden können. 26

27 Eine güterrechtliche Zugewinnausgleichsforderung des überlebenden Ehegatten entsteht im Falle der Nichtberücksichtigung als Erbe oder Vermächtnisnehmer im Zeitpunkt des Todes des Erblassers. Auch für den Fall der Ausschlagung von Erbschaft oder Vermächtnis ist die **Zugewinnausgleichsforderung als Nachlassschuld** nach Abs. 5 Nr. 1 abzugsfähig. Strittig ist, ob eine Zugewinnausgleichsforderung als Schuld nur berücksichtigt werden kann, wenn sie geltend gemacht wird oder bereits bei Entstehung (Moench/Weinmann/*Weinmann* Rn. 51; in diesem Fall wäre der Verzicht auf den Anspruch eine steuerpflichtige Schenkung iSv § 7 I Nr. 1 an die Erben).

28 **Latente Lasten** – so zB die latente Ertragssteuerbelastung – sind nach der Rspr. (bereits BFH BFH/NV 1990, 643; zuletzt zur erbschaftsteuerlichen Erfassung von privaten Steuererstattungsansprüchen v. 16.1.2008, BStBl. II 2009, 626) unter Hinweis auf das Stichtagsprinzip nicht zu berücksichtigen. Öffentlich-rechtliche Verpflichtungen (etwa zur Übernahme von Kanalisations-Anschlusskosten oder zur Mängelbeseitigung) sind ebenfalls nicht abzugsfähig, soweit sie nicht konkret geltend gemacht sind. Bei Grundstücken kann ein aufgestauter Reparaturbedarf nur bei der Bewertung des Grundstückes berücksichtigt werden. Die durch höhere Kosten bei bestimmten Grundstücken (Denkmalschutz etc) entstehenden Belastungen sind nicht zu berücksichtigen, es sei denn, dass die Verpflichtungen zum Unterhalt gegenüber dem durch das Bauwerk vermittelten Nutzen überwiegen (sog. **Überlast**). Ist dies der Fall, sind die Belastungen mit ihrem Kapitalwert als Nachlassverbindlichkeit abzugsfähig.

29 **Steuerschulden**, die nicht im Zusammenhang mit einem Gewerbebetrieb stehen, sind abzugsfähig, soweit sie nach § 38 AO am Stichtag entstanden und nicht erloschen sind. Auf die Festsetzung der Steuern kommt es nicht an; sie müssen zum Zeitpunkt des Todes lediglich **wirtschaftlich eine Belastung** darstellen (BFH BFH/NV 1999, 1339). Steuerschulden für das Todesjahr sind nach den Urteilen des BFH (ZEV 2010, 326, 2012, 500 mAnm. *Crezelius*; *Kämper/Milatz* ZEV 2011, 70; zuletzt *Milatz/Knepel* DStR 2012, 2527) als Nachlassverbindlichkeiten abzugsfähig, da die Schulden vom Erblasser herrühren; auf das rechtliche Entstehen kommt es nicht an (in Abweichung von der Behandlung von Steuererstattungsansprüchen, die nach § 10 I 2 bereits rechtlich entstanden sein müssen). Nach Auffassung der FinVw (Erl. NRW v. 14.11.2002, BB 2003, 36) können nur die **Steuerschulden in materiell-rechtlich zutreffender Höhe** abgezogen werden. Erreichen die Erben die Minderung einer zu hoch festgesetzten Steuer, besteht die Belastung in Höhe der tatsächlich verbleibenden Steuerschuld. Bei zu niedriger Steuerfestsetzung ist der Abzug in Höhe der kraft Gesetzes entstandenen Steuerlast möglich, wenn eine Korrektur der fehlerhaften Festsetzung tatsächlich erfolgt; andernfalls fehlt es an der wirtschaftlichen Belastung (insbes., wenn bereits Zahlungsverjährung eingetreten ist). Etwaige Zinsbelastungen als Nebenleistung zur Steuerverbindlichkeit sind mit dem Nennbetrag abzuziehen (zB gem. § 233a AO).

30 Für die Anerkennung der Abzugsfähigkeit erbrachter Dienstleistungen verlangt die Rspr. besondere Nachweise. Dabei empfiehlt sich der Nachweis durch einen geschlossenen, rechtlich gültigen Vertrag etc; allein die Erbeinsetzung (des „Dienstleisters") ist kein ausreichender Nachweis (BFH BStBl. II 1995, 62). In der Praxis werden **hohe Anforderung** an die Anerkennung eines Dienstverhältnisses gestellt; selbst ein Schuldanerkenntnis, nach dessen Inhalt die Forderung des Dienstleisters erst mit dem Tod des Schuldners fällig sein soll, wird zwar nach der Rspr. (FG Düsseldorf in Moench/Weinmann/*Weinmann* Rn. 59) anerkannt, aber nur bei Einhaltung der **zivilrechtlichen Formerfordernisse** und Nachweis der tatsächlichen Verhältnisse. Zu beachten ist auch die Tatsache, dass die Abzugsfähigkeit der Schuld für den Erben oder sonstigen Erwerber zu Einkünften führt, die der Einkommensteuer unterliegen.

31 Für die Annahme eines Vertragsverhältnisses bei Pflegeleistungsverpflichtungen trägt der Erwerber die objektive Beweislast (BFH BFH/NV 1990, 234). Aus der Möglichkeit des Erblassers, die Pflegeleistungen zu vergüten, kann kein Rückschluss auf einen allgemeinen Erfahrungssatz gezogen werden (BFH BStBl. II 1995, 784; ausf. zu den Pflegeleistungen Moench/Weinmann/*Weinmann* Rn. 55–61).

32 **10. Erbfallschulden.** Verbindlichkeiten aus Vermächtnissen, Auflagen, Pflichtteils- und Erbersatzansprüche sind sog. Erbfallschulden und sind nach Abs. 5 Nr. 2 abzugsfähig. Pflichtteilsansprüche können dann abgezogen werden, wenn die Ansprüche tatsächlich geltend gemacht werden (→ § 3 Rn. 27, 28). Zur Geltendmachung eines Pflichtteilsanspruches reicht **schlüssiges Verhalten** aus, sofern die Berechtigte erkennbar und ernstlich auf die Erfüllung des Pflichtteilsanspruchs besteht; das schlichte Auskunftsverlangen ist allerdings nicht ausreichend. Auch verjährte Pflichtteilsansprüche sind abzugsfähig, sofern sie erfüllt werden (FG München EFG 1991, 199), jedoch nicht mehr, wenn der Pflichtteilsberechtigte Erbe des zur Zahlung des Pflichtteils Verpflichteten wird. Das FG Hessen (ZEV 2016, 168) hat den Abzug wegen der Verjährung verneint, wohingegen das FG S-H DStR 2016, 1443) diesen anerkannt hat. Abfindungszahlungen für den Verzicht auf das Geltendmachen des Pflichtteilsanspruches sind abzugsfähig (BFH BStBl. II 1981, 473). Nach der Rspr. (BFH BStBl. II 1999, 23) sind auch im Falle einer den Pflichtteil ersetzenden Leistung des Verpflichteten an den Pflichtteilsberechtigten (etwa Übertragung eines Nachlassgrundstückes) die Pflichtteilsverbindlichkeiten mit dem Nennbetrag zum Abzug zuzulassen.

33 Der Erbe kann die **Vermächtnislast**, der Vermächtnisnehmer eine **Untervermächtnislast** abziehen, unabhängig davon, wann der jeweilige Vermächtnisnehmer die Erfüllung des Vermächtnisses verlangt. Auch im Falle der Zahlung einer Abfindung oder der Erfüllung eines unwirksam angeordneten Vermächtnisses besteht die Abzugsfähigkeit. Verschaffungsvermächtnisse (§ 2170 I BGB) sind wie Geldvermächtnisse mit dem gemeinen Wert abzuziehen; überträgt der Beschwerte anstelle eines Geldbetrages ein Grundstück an Erfüllung statt, bleibt der Nennwert maßgeblich (zum alten Recht vgl. BFH BStBl. II 1996, 97).

Strittig bleibt, ob im Falle eines Vorausvermächtnisses der Vermächtnisnehmer als **Miterbe mit der Herausgabeverpflichtung beschwert** wird (OFD München DStR 2002, 1221). Der BFH (BFH/NV 2002, 788) argumentiert, dass das Vorausvermächtnis sich wegen der Erbstellung des Vermächtnisnehmers nur auf den übrigen Teil des vermachten Gegenstandes bezieht, sodass die Herausgabeverpflichtung nur durch die weiteren Erben als Nachlassverbindlichkeit nach § 10 V Nr. 2 abgezogen werden kann. 34

Ist das Vermächtnis aufschiebend bedingt, befristet oder betagt, kann es erst im Zeitpunkt des Eintrittes der Bedingung oder des Ereignisses abgezogen werden; entsteht der Anspruch des Vermächtnisnehmers später, kann der Abzug nur durch nachträgliche Änderung der Steuer erfolgen. 35

Auflagen, die der Erblasser angeordnet hat (etwa Pflege des Grabes, Übernahme von Krankheitskosten, Arztkosten und Pflegeaufwendungen), sind Erbschaftsschulden und in Höhe der nachgewiesenen Kosten abzugsfähig; nach der Rspr. (BFH BStBl. II 1987, 861) liegt bei der Auflage zur Grabpflege keine Zweckzuwendung iSd § 8 vor, sodass eine zusätzliche Besteuerung der Erben nicht erfolgt. Eine nach Abs. 5 S. 2 **als Nachlassverbindlichkeit abziehbare Auflage** liegt nur vor, wenn die Auflage eine rechtliche Verpflichtung des Erben begründet; die mit einem übertragenen Gegenstand einhergehenden Folgelasten (BFH BFH/NV 2009, 1655, Aufwendungen zum Unterhalt eines Hundes) stellen keine Auflage dar. 36

11. Nachlasskosten- und Erbschaftsverwaltungsschulden. Nachlassverbindlichkeiten nach Abs. 5 Nr. 3 sind Kosten für die **Bestattung des Erblassers einschl. der Kosten für ein angemessenes Grabdenkmal** und für die übliche Grabpflege sowie Nachlassabwicklungskosten. Bis zum Nennbetrag von 10.300 EUR ist ein Nachweis nicht erforderlich, dieser Pauschbetrag deckt alle in Nr. 3 genannten Kosten ab. Für die Abzugsfähigkeit höherer Kosten gilt eine Nachweispflicht. Sofern bei mehreren Erben die Erbfallkosten in der Erbschaftsteuererklärung nicht einzelnen Erben zugeordnet werden, wird der Pauschbetrag vom Wert des Nachlasses abgezogen und kommt anteilig allen Erwerbern zugute (str.; FG Baden-Württemberg EFG 2008, 1906). Hat dagegen ein Erbe die Erbfallkosten voll oder teilweise zu tragen, ist der Pauschbetrag entsprechend zuzuordnen. Die Beurteilung der Angemessenheit der Kosten für ein Grabdenkmal orientiert sich am Wert des vom Erblasser hinterlassenen Vermögens, der Lebensstellung des Erblassers etc. Die übliche Grabpflege wird mit einem Kapitalwert für unbestimmte Dauer abgezogen (9,3-fache der jährlichen ortsüblichen Kosten, H E 10.7 ErbStR). Bei Geltendmachung der tatsächlichen Nachlasskosten sind Leistungen Dritter zur Abdeckung der Beerdigungskosten in Abzug zu bringen; auch die Übernahme der Beerdigungskosten durch Dritte mindert den abzugsfähigen Betrag. 37

Kosten, die dem Erben unmittelbar **im Zusammenhang mit der Abwicklung, Regelung oder Verteilung des Nachlasses** oder mit der Erlangung des Erwerbs entstehen, sind nach Abs. 5 Nr. 3 abzugsfähig (Meincke/Hannes/Holtz Rn. 65). Diese Kosten beinhalten ua die Kosten einer Todeserklärung, der Eröffnung des Testaments, der Beantragung der Erteilung des Erbscheins, Umschreibung im Grundbuch etc. Dazu gehören auch Steuerberatungskosten im Zusammenhang mit der Erstellung der Erbschaftsteuererklärung, die ohne Einschränkungen abzugsfähig sind, da sie nicht die Verwaltung und Verwertung des Nachlasses betreffen, sondern im Zusammenhang mit der Erfüllung einer öffentlich-rechtlichen Verpflichtung stehen. Die Abzugsfähigkeit erstreckt sich nicht auf die Kosten für die Durchführung eines Einspruches oder eines finanzgerichtlichen Verfahrens (BFH BStBl. II 2007, 722; ausf. Kapp/Ebeling/*Geck* Rn. 150). 38

Kosten für die Verwaltung des Nachlasses sind gem. Abs. 5 Nr. 3 S. 3 nicht abzugsfähig. Bei Nachlassverwaltungskosten handelt es sich um Aufwendungen, durch die der Nachlass erhalten, genutzt oder vermehrt wird und wodurch die laufenden Verpflichtungen erfüllt werden (§ 2038 BGB). Für die Beurteilung der Abzugsfähigkeit der Testamentsvollstrecker-Vergütung kommt es darauf an, ob es sich um eine Konstituierungs- oder Verwaltungsgebühr handelt, nur die Konstituierungsgebühr ist abzugsfähig. Sämtliche weitere Kosten, die die spätere Verwaltung betreffen, so etwa Nachlassverwalterkosten (§§ 1981ff. BGB), können nicht abgezogen werden. Liegt eine **Dauertestamentsvollstreckung** vor, betrifft diese idR die laufende Vermögensverwaltung im Interesse der Erben, sodass das Abzugsverbot des Abs. 5 Nr. 3 S. 3 eingreift. Nur die angemessene Testamentsvollstrecker-Vergütung im Falle einer Konstituierungsgebühr ist abzugsfähig (zur Angemessenheit Kapp/Ebeling/*Geck* Rn. 122–138). 39

Abs. 5 bezieht sich nur auf Erwerbe von Todes wegen und betrifft nicht Schenkungen; nach der Rspr. des BFH (BStBl. II 2001, 456; zuvor v. 20.12.2000, 454) wird allerdings der Aufwand zur Erlangung des Erwerbs bei freigebigen Zuwendungen iSd § 7 I Nr. 1 gem. § 10 V Nr. 3 iVm § 1 II als abzugsfähig anerkannt (vgl. zum Umfang der abziehbaren Kosten FM Niedersachsen, BB 1994, 1624). 40

12. Nichtabzugsfähige Schulden und Lasten. Entsprechend der Regelung im Einkommensteuerrecht (§ 3c I EStG) werden nach Abs. 6 Schulden und Lasten, die wirtschaftlich im Zusammenhang mit Vermögensgegenständen stehen, die **nicht oder nur zT nach dem ErbStG besteuert werden**, nicht oder nicht vollumfänglich zum Abzug zugelassen, soweit die Entstehung der Schuld oder Last ursächlich und unmittelbar auf Vorgängen beruht, die die Vermögensgegenstände selbst betreffen (Kapp/Ebeling/*Geck* Rn. 159). Die Verpfändung eines Vermögensgegenstandes begründet noch keinen wirtschaftlichen Zusammenhang (BFH BStBl. III 1966, 483). Der wirtschaftliche Zusammenhang muss unmittelbar aus einem Vorgang herrühren, der das belastete Wirtschaftsgut selbst betrifft; er darf nicht erst durch den Erbfall oder die Schenkung herbeigeführt worden sein (BFH HFR 1966, 410). Da beim Schuldenüber- 41 hang (die Schulden sind höher als der Wert des Vermögensgegenstandes) die Regelung für Steuerpflichtige ungünstig ist, besteht nach § 13 III 2 die Möglichkeit, auf die Steuerbefreiung des (belasteten) Wirtschaftsgutes in den Fällen des Abs. 1 Nr. 2 u. 3 zu **verzichten,** um einen unbeschränkten Schuldenabzug zu erhalten.

42 Gehören zum Nachlass Vermögensgegenstände, die nicht steuerbar (etwa aufschiebend bedingt erworbener Gegenstand) oder die gegenständlich steuerbefreit sind (etwa Befreiung wegen Rückfalls nach § 13 I Nr. 10), gilt ebenfalls das Abzugsverbot.

43 Nach Abs. 6 S. 3 sind bei teilweise befreiten Vermögensgegenständen die damit im wirtschaftlichen Zusammenhang stehenden Schulden und Lasten nur **insoweit abzugsfähig,** als sie dem steuerpflichtigen Teil entsprechen. Die Einschränkung der Abzugsfähigkeit von Schulden und Lasten im Zusammenhang mit steuerbefreiten Vermögensgegenständen soll die Überfrachtung von begünstigtem Vermögen mit Schulden und Lasten zum Zwecke der Wertminderung verhindern. Davon bleibt Verwaltungsvermögen ausgenommen, das in jedem Fall nicht begünstigt ist. Ausdrücklich bezieht sich die Regelung auf nach §§ 13a und 13c (S. 4) sowie nach § 13d befreites Vermögen (S. 5). Unterliegt etwa das Betriebsvermögen den Verschonungsvorschriften der §§ 13a und 13c (Regelfall 85 %; → § 13a Rn. 12), sind Schulden und Lasten, die bewertungsrechtlich nicht gem. § 103 BewG in die wirtschaftliche Einheit einbezogen werden, nur zu 15 % abzugsfähig. Es wird zugleich durch S. 4 klargestellt, dass der Abzug der im Rahmen der Bewertung des Betriebsvermögens zu berücksichtigenden Betriebsschulden nicht eingeschränkt wird. Im Optionsmodell (§ 13a VIII) sind die entsprechenden Schulden und Lasten konsequenterweise nicht abzugsfähig. Als Beispiel von Schulden und Lasten im Zusammenhang mit Betriebsvermögen, die **keine Betriebsschulden** darstellen, sind Gleichstellungsgelder oder Nießbrauchslasten anzuführen; diese sind als Nachlassverbindlichkeiten nach Abs. 5 u. 6 zu berücksichtigen. Die Beschränkung des Abzugs von Schulden gilt entsprechend für Grundstücke, die zu Wohnzwecken vermietet sind und für die nach § 13d ein Bewertungsabschlag iHv 10 % gewährt wird. Haben sich Nutzungsrechte bereits bei der Ermittlung des gemeinen Wertes des Grundbesitzes ausgewirkt, so können diese nicht noch zusätzlich steuermindernd im Rahmen der Erbschaftsteuerermittlung zum Ansatz gebracht werden (S. 6). Durch die Anpassung der Steuerwerte an die Verkehrswerte (H E 10.10 ErbStR) wird sich der Anteil der Schulden und Lasten, die lediglich eingeschränkt abzugsfähig sind, deutlich verringern.

44 **13. Nichtabzugsfähigkeit von Schulden und Lasten bei beschränkter Steuerpflicht.** Beschränkt Steuerpflichtige können nur Schulden und Lasten abziehen, die mit den der inländischen Besteuerung tatsächlich unterliegenden Vermögensgegenständen im wirtschaftlichen Zusammenhang stehen. Ein **wirtschaftlicher Zusammenhang** besteht in erster Linie durch schuldbegründende Vorgänge (etwa Anschaffung/Herstellung eines Vermögensgegenstandes des Inlandsvermögens). Der Gesetzgeber will dadurch den **doppelten Steuervorteil vermeiden,** der entsteht, wenn der Erwerb oder ein Teil des Erwerbs nicht der deutschen Erbschaftsteuer unterliegt und gleichzeitig die Nachlassverbindlichkeiten des Erwerbs für die deutsche Erbschaftsteuer angerechnet werden können. Auch im Falle des Bestehens eines DBA können nur Schulden und Lasten abzugsfähig sein, die mit dem im Inland besteuerten Erwerb zusammenhängen.

45 **14. Nichtabzugsfähigkeit der Stiftungslasten und eigener Erbschaftsteuer.** Abs. 7 betrifft in der Stiftungsurkunde oder in der Vereinssatzung geregelte Leistungen an Berechtigte aus Stiftungen und Vereinen. Diese Bezüge sind nicht abzugsfähig, weil die Bezüge ihrerseits keinen steuerpflichtigen Erwerb iSd Erbschaftsteuergesetzes darstellen.

46 Die zu entrichtende Erbschaftsteuer ist nach Abs. 8 als steuerlich nicht beachtliche Verwendung eines Teils des Erwerbs nicht abzugsfähig; die Kritik in der Lit. (vgl. Meincke/Hannes/Holtz Rn. 73) läuft wegen des klaren Gesetzeswortlautes ins Leere. Die Regelung gilt entsprechend für die Erbschaftsteuer (Tiedtke/*Szczesny* Rn. 85–88). Wegen des **Abzugsverbotes der eigenen Erbschaftsteuer** können auch bei Auslandssachverhalten entsprechende ausländische Erb- und Schenkungsteuern nicht abgezogen werden (vgl. jedoch § 21 zur Anrechnung ausländischer Erbschaftsteuer).

47 **15. Nichtabzugsfähigkeit von Auflagen.** Kommen Auflagen dem Beschwerten selbst zugute (etwa die Auflage des Erblassers zur Instandsetzung eines Kulturgutes, das sich im Nachlass befindet), sind diese nach Abs. 9 nicht abzugsfähig (zB FG Rheinland-Pfalz BB 1993, 1725; DStR 2003, 1347). Wann die Auflage dem Beschwerten zugutekommt, ist vom Einzelfall abhängig; stellt die Erfüllung der Auflage für den Beschwerten keinen Wert dar oder ist sie nicht vorteilhaft, kann der Abzug zugelassen werden (Troll/Gebel/Jülicher/Gottschalk/*Gebel* Rn. 271).

48 **16. Abfindungsanspruch in Gesellschaftsverträgen.** Sind im Gesellschaftsvertrag einer Personen- oder Kapitalgesellschaft Regelungen enthalten, wonach der Abfindungsanspruch des ausscheidenden Gesellschafters **unter dem seiner Beteiligung entsprechenden quotalen Wert** nach § 12 liegt, löst dieser Übertragungsvorgang bei dem ausscheidenden Gesellschafter Erbschaft- oder Schenkungsteuer nur bezogen auf den Abfindungsanspruch aus. Daneben führt jedoch auch der Wertzuwachs bei den verbleibenden Gesellschaftern durch die Übertragung von Mitgliedschaftsrechten an der Gesellschaft (Differenz zwischen Abfindung und gemeinem Wert des Gesellschaftsanteils) zu Erwerbsvorgängen, die der Erbschaft- oder Schenkungsteuer unterliegen (§ 3 I Nr. 2 S. 2, 3; § 7 VII). Überträgt ein Erbe den auf ihn übergegangenen Gesellschaftsanteil **unverzüglich** nach dessen Erwerb aufgrund einer im Zeitpunkt des Todes im Gesellschaftsvertrag bestehenden Regelung an die Mitgesellschafter, so gehört nur der Abfindungsanspruch zum Vermögensanfall (§ 10 X). Voraussetzung für die Anwendung dieser Regelung ist,

dass die Übertragung des Erben in zeitlicher Nähe zum Erbfall erfolgt; die Unverzüglichkeit der Übertragung wird nach den Besonderheiten eines jeden Einzelfalles zu beurteilen sein und muss sich als Ausfluss der Erbauseinandersetzung darstellen. Die Regelung gilt nach dem Wortlaut **nicht für Vermächtnisnehmer** (str.; für entsprechende Anwendung Tiedtke/*Szczensny* Rn. 96). Mit der Anhebung der Bemessungsgrundlage auf den gemeinen Wert wird die Vorschrift erheblich an Bedeutung gewinnen.

§ 11 Bewertungsstichtag

Für die Wertermittlung ist, soweit in diesem Gesetz nichts anderes bestimmt ist, der Zeitpunkt der Entstehung der Steuer maßgebend.

Erbschaftsteuer-Richtlinien
R E 11.: *Rückwirkende Umwandlung einer Personengesellschaft in eine Kapitalgesellschaft und umgekehrt/H E 11*

1. Zeitpunkt der Wertermittlung. Als Zentralvorschrift des ErbStG regelt § 11 den Zeitpunkt, der für die Wertermittlung des Erwerbs maßgebend ist. Der Wertermittlungszeitpunkt ist **für alle Prüfungen bis hin zur Bereicherung des Erwerbers bedeutend**, nämlich für die Feststellung des Vermögensanfalls unter Berücksichtigung steuerbefreiter Vermögensposten, für die Ermittlung des Steuerwertes des Vermögensanfalls, für die Feststellung der Nachlassverbindlichkeiten unter Berücksichtigung von Abzugsverboten, für die Ermittlung des Steuerwertes der Verbindlichkeiten und für die Bemessung der Freibeträge. Der Bewertungsstichtag ist der Zeitpunkt der Steuerentstehung iSd § 9; bei Erwerben von Todes wegen entsteht die Steuer grds. am Todestag des Erblassers, bei Erwerben durch Schenkungen unter Lebenden am Tag der Zuwendungsausführung. Bei Einbeziehung der Vorerwerbe nach § 14 I 1 bleibt es bei der Bewertung der Vorerwerbe nach den früheren Werten.

2. Einschränkung der Verfügbarkeit. Auf die tatsächliche Verfügungsmöglichkeit am Stichtag kommt es **nicht** an (stRspr, zuletzt BFH BFH/NV 2000, 320). Währungsverluste nach dem Todesstichtag, außergewöhnlich lange Zeiten bis zur Erteilung des Erbscheins etc. haben den BFH nicht zu einer Rechtsprechungsänderung veranlasst (BStBl. II 1992, 298). Die vom BVerfG (BStBl. II 1995, 671) aufgezeigte Möglichkeit, entsprechenden Nachteilen des Steuerpflichtigen durch Billigkeitsmaßnahmen Rechnung zu tragen, wird zT von der finanzgerichtlichen Rspr. (FG München EFG 2001, 769; FG Hamburg EFG 2002, 418) aufgegriffen; Billigkeitsmaßnahmen können jedoch nur **in krassen Einzelfällen** anzuwenden sein, so etwa bei einer Reduzierung des Vermögens auf weniger als die Hälfte des Vermögenswertes, den der Gesetzgeber dem Erwerber bei korrekter Anwendung des ErbStG nach Abzug der Steuern – bezogen auf den Erbfallzeitpunkt – belassen wollte (FG Köln EFG 1998, 1603).

3. Rückwirkende Rechtsgestaltungen. Wegen der grds. geltenden Maßgeblichkeit des Zivilrechts für das Erbschaftsteuerrecht sind Rückwirkungen (insbes. bei gesellschaftsvertraglichen Vereinbarungen) erbschaftsteuerlich **nicht anzuerkennen** (Kapp/Ebeling/*Geck* Rn. 18–26.1). Die ertragsteuerlich aus technischer Vereinfachung anerkannte Rückwirkung wird erbschaftsteuerlich nicht berücksichtigt. Der erbschaftsteuerliche Stichtag lässt sich auch durch einen **ertragsteuerlich zulässigen rückwirkenden Wechsel der Rechtsform** nicht zurückverlegen. Die FinVw (R E und H E 11 ErbStR) stützt sich auf die Rspr. des BFH (BStBl. II 1984, 722) und erkennt die Umwandlungen einer Personengesellschaft in eine Kapitalgesellschaft und umgekehrt mit steuerlicher Rückwirkung auf einen Übertragungszeitpunkt vor dem Todestag bzw. schenkungsteuerlichen Stichtag (§ 2 I UmwG) nicht an. Jedoch wirken Maßnahmen, die vom Erblasser bereits eingeleitet worden sind, auf den Stichtag zurück (sog. **Wurzelrechtsprechung** nach BGH NJW 1973, 509).

Steht der Erwerbswert zum Stichtag nicht fest, ist er zu schätzen; wertaufhellende Umstände sind immer dann, wenn sie sich auf den Stichtag beziehen, heranzuziehen, soweit sie die Verhältnisse am Stichtag betreffen und realistisch darstellen (BFH BStBl. II 1973, 485; Kapp/Ebeling/*Geck* Rn. 32). Die Berücksichtigung nachträglicher Wertveränderungen oder neuerer Erkenntnisse nach dem Stichtag ist nicht zulässig.

4. Abweichen von Steuerentstehung und Bewertung; Genehmigung einer Stiftung. Zum Teil ergeben sich jedoch bereits nach § 9 I Abweichungen, sodass der **Zeitpunkt der Steuerentstehung und Bewertungszeitpunkt auseinanderfallen.** So entsteht zB die Steuer eines Pflichtteilsberechtigten erst mit der Geltendmachung des Anspruches, die Pflichtteilschuld wird weiterhin nach den Verhältnissen am Todestag bewertet.

Bei einer vom Erblasser angeordneten Stiftung (§ 9 I Nr. 1c iVm § 3 II Nr. 1) stellt die Genehmigung der Stiftung den Bewertungsstichtag dar, sodass ein Vermögenszuwachs im Zeitraum zwischen dem Erbfall und dem Tag der Stiftungsgenehmigung ebenfalls der Erbschaftsteuer unterliegt (BFH BStBl. II 1996, 99).

§ 12 Bewertung

(1) Die Bewertung richtet sich, soweit nicht in den Absätzen 2 bis 7 etwas anderes bestimmt ist, nach den Vorschriften des Ersten Teils des Bewertungsgesetzes (Allgemeine Bewertungsvorschriften) in der Fassung der Bekanntmachung vom 1. Februar 1991 (BGBl. I, 230), zuletzt geändert durch Artikel 2 des Gesetzes vom 24. Dezember 2008 (BGBl. I, 3018), in der jeweils geltenden Fassung.

(2) Anteile an Kapitalgesellschaften, für die ein Wert nach § 151 Abs. 1 Satz 1 Nr. 3 des Bewertungsgesetzes festzustellen ist, sind mit dem auf den Bewertungsstichtag (§ 11) festgestellten Wert anzusetzen.

(3) Grundbesitz (§ 19 Abs. 1 des Bewertungsgesetzes) ist mit dem nach § 151 Abs. 1 Satz 1 Nr. 1 des Bewertungsgesetzes auf den Bewertungsstichtag (§ 11) festgestellten Wert anzusetzen.

(4) Bodenschätze, die nicht zum Betriebsvermögen gehören, werden angesetzt, wenn für sie Absetzungen für Substanzverringerung bei der Einkunftsermittlung vorzunehmen sind; sie werden mit ihren ertragsteuerlichen Werten angesetzt.

(5) Inländisches Betriebsvermögen, für das ein Wert nach § 151 Abs. 1 Satz 1 Nr. 2 des Bewertungsgesetzes festzustellen ist, ist mit dem auf den Bewertungsstichtag (§ 11) festgestellten Wert anzusetzen.

(6) Gehört zum Erwerb ein Anteil an Wirtschaftsgütern und Schulden, für die ein Wert nach § 151 Abs. 1 Satz 1 Nr. 4 des Bewertungsgesetzes festzustellen ist, ist der darauf entfallende Teilbetrag des auf den Bewertungsstichtag (§ 11) festgestellten Werts anzusetzen.

(7) Ausländischer Grundbesitz und ausländisches Betriebsvermögen werden nach § 31 des Bewertungsgesetzes bewertet.

Erbschaftsteuer-Richtlinien
R E 12.1:   *Bewertungsgrundsätze/H E 12.1*
R E 12.2:   *Maßgeblichkeit des Zivilrechts für das Erbschaftsteuerrecht bei im Erbfall noch nicht vollständig erfüllten Grundstückskaufverträgen/H E 12.2*
R E 12.3:   *Berücksichtigung von Gewinnansprüchen aus GmbH-Geschäftsanteilen/H E 12.3*

1   **1. Allgemeines.** Im Zuge der Erbschaftsteuerreform ist das Bewertungsrecht, das weiterhin der Übersichtlichkeit halber vollständig im BewG enthalten ist, umfassend reformiert worden: Mit der Neufassung der für erbschaft- und schenkungsteuerliche Zwecke geltenden Bewertungsregeln hat der Gesetzgeber geradezu einen Paradigmenwechsel vollzogen. Zur Bewertung vgl. spezielle Kommentierungen, zB *Gürsching/Stenger* Komm. zum BewG; *Rössler/Troll* Komm. zum BewG; *Viskorf/Knobel/Schuck* Komm. zum ErbStG/BewG.

2   **2. Bewertungssystematik.** Eine zentrale Umsetzung der Vorgaben des Beschlusses des BVerfG (BStBl. II 2007, 192) zur gleichmäßigen Bewertung aller Vermögensarten sind die Neuerungen des BewG, insbes. zur Bewertung von Betriebsvermögen und Anteilsvermögen. Vor Inkrafttreten des ErbStRG waren die Erwerber von Betriebsvermögen oft doppelt begünstigt:

– zum einen wurden die Wirtschaftsgüter des Betriebsvermögens in der Regel mit weit unter ihrem gemeinen Wert liegenden Steuerbilanzwerten angesetzt; diese günstige Wirkung wurde verstärkt durch den Abzug der Betriebsschulden mit ihrem Nennwert;
– zum anderen waren die ohnehin niedrigen Steuerwerte des Betriebsvermögens durch einen Entlastungsfreibetrag und einen Bewertungsabschlag zu kürzen (§ 13a I, II ErbStG aF); hinzu kam die Tarifbegrenzung nach § 19a ErbStG aF.

3   Die seit Inkrafttreten des ErbStRG geltenden Bewertungsvorschriften orientieren sich an der Vorgabe des Beschlusses des BVerfG. Die Verpflichtung, die Besteuerung nach dem **Prinzip der Leistungsfähigkeit** unter Berücksichtigung des **Gleichheitsgrundsatzes** auszurichten, wird durch die neuen Bewertungsvorschriften umgesetzt. Die dem Gesetzgeber eingeräumten Lenkungs- und Steuerungsmotive dürfen nach den Vorgaben des BVerfG nicht bei der Ermittlung der steuerlichen Bemessungsgrundlage berücksichtigt werden, sondern nur auf einer weiteren Stufe im Anschluss an die Bewertung.

4   Das Ziel einer gleichmäßigen Bewertung soll durch die im ErbStRG geregelte Bewertung zum gemeinen Wert (Verkehrswert, § 12 I iVm den Vorschriften des 1. Teils des BewG) erreicht werden. Durch die gleichen Bewertungsregeln für Personen- und Kapitalgesellschaften wird nach neuem Recht eine **Rechtsformneutralität** bei der Bewertung geschaffen. Die als „Stuttgarter Verfahren" bekannte Bewertungsmethode für Geschäftsanteile an Kapitalgesellschaften ist damit überholt; auch die Bewertung auf der Basis von Bilanzwerten bei Einzelunternehmen oder Personengesellschaften ist entfallen.

5   **3. Gemeiner Wert von Kapitalgesellschaften.** Der gemeine Wert von Anteilen an Kapitalgesellschaften wird vorrangig aus stichtagsnahen Veräußerungen an fremde Dritte abgeleitet, die zum Bewertungszeitpunkt **weniger als ein Jahr** zurückliegen (§ 11 II 1 BewG). Liegen derartige Verkäufe nicht vor, so ist der gemeine Wert unter Berücksichtigung der **Ertragsaussichten der Kapitalgesellschaft** nach der im gewöhnlichen Geschäftsverkehr für nichtsteuerliche Zwecke üblichen Methode zu ermitteln; dabei ist die Methode anzuwenden, die ein Erwerber der Bemessung des Kaufpreises zugrunde legen würde (vgl. Neuregelung des § 11 II BewG). Der Steuerpflichtige kann grds. zwischen der Vorlage eines „methodisch nicht zu beanstandenden Gutachtens" (so R B 199.1 (1) ErbStR; zuvor Ländererlass v. 25.6.2009, BStBl. I 2009, 698 Abschn. 3 II, Abschn. 19) und dem vereinfachten Ertragswertverfahren nach §§ 199–203 BewG wählen. Als **anerkannte Unternehmensbewertungsverfahren** gelten etwa das volle Ertragswertverfahren, die „Discounted-Cash-Flow-Methode" und die sich nach Standard S. 1 des IDW richtende Bewertungsmethode (vgl. Leitfaden der OFD Münster und Rheinland, 4. Fassung, Stand Januar 2007, zitiert bei *Creutzmann* DB 2008, 2784, Fn. 4; dieser ausf. zu der Unternehmensbewertung im Steuerrecht).

6   Bei der Ermittlung des gemeinen Wertes werden **persönliche Verhältnisse** des Vermögensträgers (auch mögliche Verfügungsbeschränkungen) oder ungewöhnliche Verhältnisse **nicht** berücksichtigt (§ 9

II 3 BewG). In Umsetzung dessen werden bspw. persönliche Umstände bei der Unternehmensbewertung gem. Standard S 1 des IDW verobjektiviert (IDW S 1 [2008] Rn. 29; dazu iE *Hübner* Erbschaftsteuerreform 2009, 474).

4. Vereinfachtes Ertragswertverfahren. In § 199 II BewG räumt der Gesetzgeber dem Steuerpflichtigen in bestimmten Fällen, sofern keine Ableitung aus zeitnahen Verkäufen möglich ist, ein **Wahlrecht** ein, das sog. „vereinfachte Ertragswertverfahren" anzuwenden, wenn dieses nicht zu offensichtlich unzutreffenden Ergebnissen führt. Nach dem vereinfachten Ertragswertverfahren werden die vergangenheitsbezogenen Erträge als zukünftig nachhaltig erzielbare Jahreserträge gewertet. Einmaleffekte, wie Sonderabschreibungen, Veräußerungsgewinne und -verluste, ao-Aufwendungen und ao-Erträge sind zu eliminieren. Der nachhaltig erzielbare Jahresertrag ist mit einem Kapitalisierungsfaktor (→ § 13b Rn. 5) zu multiplizieren (§§ 201 f. BewG; *Creutzmann* DB 2008, 2784; vgl. R B 199.1 ErbStR; zu einzelnen Aspekten zB *Creutzmann/Heuer* DB 2010, 1301; *Hecht/von Cölln* DB 2010, 1084). Steht zum Bewertungsstichtag fest, dass sich der künftige Jahresertrag durch bekannte objektive Umstände verändern wird (zB den Tod des Unternehmers), muss dies auch bei der Anwendung des vereinfachten Ertragswertverfahrens berücksichtigt werden (R B 201 (5) ErbStR).

5. Mindestwert, Ausschluss des Ertragswertverfahrens. Nach den Richtlinien (R B 11.4 (2) ErbStR) wird für den höheren Substanzwert aus Vereinfachungsgründen der dem Steuerentstehungszeitpunkt vorangehende Abschluss mit bestimmten **Korrekturen** für zwischenzeitliche Veränderungen des Vermögensbestandes, zB durch Ergebnisse, Entnahmen bzw. Ausschüttungen und Einlagen zugrunde gelegt. Der gemeine Wert der beweglichen Wirtschaftsgüter kann (falls keine offensichtlich unzutreffenden Ergebnisse entstehen) mit 30 % der Anschaffungs- oder Herstellungskosten geschätzt werden.

Der Steuerpflichtige kann die Anwendung des vereinfachten Ertragswertverfahrens jedoch nicht beanspruchen, wenn der **Substanzwert** höher ist oder **branchentypisch ertragswertorientierte Verfahren** ausgeschlossen sind (zB weil Multiplikator- oder Sachwertverfahren zur Anwendung kommt, R B 199.1 (1), 2 ErbStR) oder die Ergebnisse des vereinfachten Verfahrens zu **offensichtlich unzutreffenden Werten** führen (§ 199 I BewG, wofür die FinVw die Beweislast trägt; als Anhaltspunkt nennt R B 199.1 (6) ErbStR beispielhaft für die Bewertung gesetzlich nicht zwingend maßgebliche Verkäufe, Erbauseinandersetzungen oder „komplexe Strukturen von verbundenen Unternehmen").

6. Bewertung sonstiger Wirtschaftsgüter und Anteilen an Personengesellschaften. Die Bewertungsregelungen des § 11 II BewG („Wertpapiere und Anteile") gelten entsprechend auch für die Ermittlung von Betriebsvermögen und von Anteilen an Personengesellschaften (§ 109 BewG). Für land- und forstwirtschaftliche Vermögen gelten Spezialregelungen; die Bewertung von land- und forstwirtschaftlichem Vermögen gem. § 12 I ErbStG iVm § 9 I, §§ 158–175 BewG berücksichtigt verfassungsrechtliche Vorgaben, eine Bewertung nach dem gemeinen Wert wurde aber nur bedingt erreicht (zur Kritik vgl. nur *Hübner* Erbschaftsteuerreform 2009, 537 (560)).

7. Stichtagsprinzip, wirtschaftliche Einheit. Der Bewertungszeitpunkt richtet sich grds. nach der Steuerentstehung (§ 9). Der Gesetzgeber folgt dem statischen Konzept, wonach die am Stichtag noch nicht verwirklichten Umstände **keine Berücksichtigung** finden (§§ 4–8 BewG). Nach der Rspr. sind Umstände, die weit vor dem Stichtag liegen, jedoch keinen Rückschluss auf die Bewertung zum Stichtag erlauben, nicht zu berücksichtigen (BFH BStBl. II 1981, 153). Ereignisse und Umstände nach dem Stichtag bleiben ebenfalls unberücksichtigt (BFH BStBl. II 1976, 280), es sei denn, es handelt sich um wertaufhellende Umstände. Ohne Berücksichtigung bleiben außerdem schwebende Geschäfte, latente Ertragsteuern oder ungewisse Verbindlichkeiten (BFH BFH/NV 1994, 529, zuvor BStBl. II 1981, 562).

Als weiteres Grundprinzip bleibt **die wirtschaftliche Einheit** als Bewertungsgegenstand; erfolgt die Übertragung einzelner Vermögensgegenstände, werden diese mit ggf. bestehenden Schulden und Lasten zur wirtschaftlichen Einheiten zusammengeführt. Die Bestimmung wirtschaftlicher Einheiten ist für die Ermittlung des Gesamtwertes von Bedeutung.

8. Grundstücksbewertung. In Umsetzung der verfassungsrechtlichen Vorgaben ist es das erklärte Ziel der Neuregelung der Grundstücksbewertung, den gemeinen Wert der Grundstücke festzustellen. Die Konzeption der Neubewertung beruht auf der Verordnung über die Grundsätze für Ermittlung von Verkehrswerten von Grundstücken (Wertermittlungsverordnung – WertV – v. 6.12.1988, BGBl. 1988 I, 2209). Danach sind zur Ermittlung des Verkehrswertes unter Beachtung der Lage auf dem Grundstücksmarkt unterschiedliche, typisierte Verfahren heranzuziehen:

– das Vergleichswertverfahren (§§ 13, 14 der WertV)
– das Ertragswertverfahren (§§ 15–20 WertV)
– das Sachwertverfahren (§§ 21–25 WertV).

Für Zwecke der steuerlichen Bewertung werden diese Verfahren den einzelnen, nach dem Bewertungsgesetz geregelten Grundstücksarten zugeordnet. Stärker als bisher werden die bei den Gemeinden oder Landkreisen eingerichteten Gutachterausschüsse in die steuerliche Bewertung des Grundbesitzes eingebunden.

§ 13 Steuerbefreiungen

(1) Steuerfrei bleiben
1. a) Hausrat einschließlich Wäsche und Kleidungsstücke beim Erwerb durch Personen der Steuerklasse I, soweit der Wert insgesamt 41 000 Euro nicht übersteigt,
    b) andere bewegliche körperliche Gegenstände, die nicht nach Nummer 2 befreit sind, beim Erwerb durch Personen der Steuerklasse I, soweit der Wert insgesamt 12 000 Euro nicht übersteigt,
    c) Hausrat einschließlich Wäsche und Kleidungsstücke und andere bewegliche körperliche Gegenstände, die nicht nach Nummer 2 befreit sind, beim Erwerb durch Personen der Steuerklassen II und III, soweit der Wert insgesamt 12 000 Euro nicht übersteigt.
    ²Die Befreiung gilt nicht für Gegenstände, die zum land- und forstwirtschaftlichen Vermögen, zum Grundvermögen oder zum Betriebsvermögen gehören, für Zahlungsmittel, Wertpapiere, Münzen, Edelmetalle, Edelsteine und Perlen;
2. Grundbesitz oder Teile von Grundbesitz, Kunstgegenstände, Kunstsammlungen, wissenschaftliche Sammlungen, Bibliotheken und Archive
    a) mit 60 Prozent ihres Werts, jedoch Grundbesitz und Teile von Grundbesitz mit 85 Prozent ihres Wertes, wenn die Erhaltung dieser Gegenstände wegen ihrer Bedeutung für Kunst, Geschichte oder Wissenschaft im öffentlichen Interesse liegt, die jährlichen Kosten in der Regel die erzielten Einnahmen übersteigen und die Gegenstände in einem den Verhältnissen entsprechenden Umfang den Zwecken der Forschung oder der Volksbildung nutzbar gemacht sind oder werden,
    b) in vollem Umfang, wenn die Voraussetzungen des Buchstabens a erfüllt sind und ferner
        aa) der Steuerpflichtige bereit ist, die Gegenstände den geltenden Bestimmungen der Denkmalspflege zu unterstellen,
        bb) die Gegenstände sich seit mindestens 20 Jahren im Besitz der Familie befinden oder in ein Verzeichnis national wertvollen Kulturgutes nach § 7 Absatz 1 des Kulturgutschutzgesetzes vom 31. Juli 2016 (BGBl. I S. 1914) in der jeweils geltenden Fassung eingetragen sind.
    ²Die Steuerbefreiung fällt mit Wirkung für die Vergangenheit weg, wenn die Gegenstände innerhalb von zehn Jahren nach dem Erwerb veräußert werden oder die Voraussetzungen für die Steuerbefreiung innerhalb dieses Zeitraums entfallen;
3. Grundbesitz oder Teile von Grundbesitz, der für Zwecke der Volkswohlfahrt der Allgemeinheit ohne gesetzliche Verpflichtung zur Benutzung zugänglich gemacht ist und dessen Erhaltung im öffentlichen Interesse liegt, wenn die jährlichen Kosten in der Regel die erzielten Einnahmen übersteigen. ²Die Steuerbefreiung fällt mit Wirkung für die Vergangenheit weg, wenn der Grundbesitz oder Teile des Grundbesitzes innerhalb von zehn Jahren nach dem Erwerb veräußert werden oder die Voraussetzungen für die Steuerbefreiung innerhalb dieses Zeitraums entfallen;
4. ein Erwerb nach § 1969 des Bürgerlichen Gesetzbuchs;
4a. Zuwendungen unter Lebenden, mit denen ein Ehegatte dem anderen Ehegatten Eigentum oder Miteigentum an einem im Inland oder in einem Mitgliedstaat der Europäischen Union oder einem Staat des Europäischen Wirtschaftsraums belegenen bebauten Grundstück im Sinne des § 181 Abs. 1 Nr. 1 bis 5 des Bewertungsgesetzes verschafft, soweit darin eine Wohnung zu eigenen Wohnzwecken genutzt wird (Familienheim), oder den anderen Ehegatten von eingegangenen Verpflichtungen im Zusammenhang mit der Anschaffung oder der Herstellung des Familienheims freistellt. ²Entsprechendes gilt, wenn ein Ehegatte nachträglichen Herstellungs- oder Erhaltungsaufwand für ein Familienheim trägt, das im gemeinsamen Eigentum der Ehegatten oder im Eigentum des anderen Ehegatten steht. ³Die Sätze 1 und 2 gelten für Zuwendungen zwischen Lebenspartnern entsprechend;
4b. der Erwerb von Todes wegen des Eigentums oder Miteigentums an einem im Inland oder in einem Mitgliedstaat der Europäischen Union oder einem Staat des Europäischen Wirtschaftsraums belegenen bebauten Grundstück im Sinne des § 181 Abs. 1 Nr. 1 bis 5 des Bewertungsgesetzes durch den überlebenden Ehegatten oder den überlebenden Lebenspartner, soweit der Erblasser darin bis zum Erbfall eine Wohnung zu eigenen Wohnzwecken genutzt hat oder bei der er aus zwingenden Gründen an einer Selbstnutzung zu eigenen Wohnzwecken gehindert war und die beim Erwerber unverzüglich zur Selbstnutzung zu eigenen Wohnzwecken bestimmt ist (Familienheim). ²Ein Erwerber kann die Steuerbefreiung nicht in Anspruch nehmen, soweit er das begünstigte Vermögen auf Grund einer letztwilligen Verfügung des Erblassers oder einer rechtsgeschäftlichen Verfügung des Erblassers auf einen Dritten übertragen muss. ³Gleiches gilt, wenn ein Erbe im Rahmen der Teilung des Nachlasses begünstigtes Vermögen auf einen Miterben überträgt. ⁴Überträgt ein Erbe erworbenes begünstigtes Vermögen im Rahmen der Teilung des Nachlasses auf einen Dritten und gibt der Dritte dabei diesem Erwerber nicht begünstigtes Vermögen hin, das er vom Erblasser erworben hat, erhöht sich insoweit der Wert des begünstigten Vermögens des Dritten um den Wert des hingegebenen Vermögens, höchstens jedoch um den Wert des übertragenen Vermögens. ⁵Die Steuerbefreiung fällt mit Wirkung für die Vergan-

genheit weg, wenn der Erwerber das Familienheim innerhalb von zehn Jahren nach dem Erwerb nicht mehr zu Wohnzwecken selbst nutzt, es sei denn, er ist aus zwingenden Gründen an einer Selbstnutzung zu eigenen Wohnzwecken gehindert;

4c. der Erwerb von Todes wegen des Eigentums oder Miteigentums an einem im Inland oder in einem Mitgliedstaat der Europäischen Union oder einem Staat des Europäischen Wirtschaftsraums belegenen bebauten Grundstück im Sinne des § 181 Abs. 1 Nr. 1 bis 5 des Bewertungsgesetzes durch Kinder im Sinne der Steuerklasse I Nr. 2 und der Kinder verstorbener Kinder im Sinne der Steuerklasse I Nr. 2, soweit der Erblasser darin bis zum Erbfall eine Wohnung zu eigenen Wohnzwecken genutzt hat oder bei der er aus zwingenden Gründen an einer Selbstnutzung zu eigenen Wohnzwecken gehindert war, die beim Erwerber unverzüglich zur Selbstnutzung zu eigenen Wohnzwecken bestimmt ist (Familienheim) und soweit die Wohnfläche der Wohnung 200 Quadratmeter nicht übersteigt. ²Ein Erwerber kann die Steuerbefreiung nicht in Anspruch nehmen, soweit er das begünstigte Vermögen auf Grund einer letztwilligen Verfügung des Erblassers oder einer rechtsgeschäftlichen Verfügung des Erblassers auf einen Dritten übertragen muss. ³Gleiches gilt, wenn ein Erbe im Rahmen der Teilung des Nachlasses begünstigtes Vermögen auf einen Miterben überträgt. ⁴Überträgt ein Erbe erworbenes begünstigtes Vermögen im Rahmen der Teilung des Nachlasses auf einen Dritten und gibt der Dritte dabei diesem Erwerber nicht begünstigtes Vermögen hin, das er vom Erblasser erworben hat, erhöht sich insoweit der Wert des begünstigten Vermögens des Dritten um den Wert des hingegebenen Vermögens, höchstens jedoch um den Wert des übertragenen Vermögens. ⁵Die Steuerbefreiung fällt mit Wirkung für die Vergangenheit weg, wenn der Erwerber das Familienheim innerhalb von zehn Jahren nach dem Erwerb nicht mehr zu Wohnzwecken selbst nutzt, es sei denn, er ist aus zwingenden Gründen an einer Selbstnutzung zu eigenen Wohnzwecken gehindert;

5. die Befreiung von einer Schuld gegenüber dem Erblasser, sofern die Schuld durch Gewährung von Mitteln zum Zweck des angemessenen Unterhalts oder zur Ausbildung des Bedachten begründet worden ist oder der Erblasser die Befreiung mit Rücksicht auf die Notlage des Schuldners angeordnet hat und diese auch durch die Zuwendung nicht beseitigt wird. ²Die Steuerbefreiung entfällt, soweit die Steuer aus der Hälfte einer neben der erlassenen Schuld dem Bedachten anfallenden Zuwendung gedeckt werden kann;

6. ein Erwerb, der Eltern, Adoptiveltern, Stiefeltern oder Großeltern des Erblassers anfällt, sofern der Erwerb zusammen mit dem übrigen Vermögen des Erwerbers 41 000 Euro nicht übersteigt und der Erwerber infolge körperlicher oder geistiger Gebrechen und unter Berücksichtigung seiner bisherigen Lebensstellung als erwerbsunfähig anzusehen ist oder durch die Führung eines gemeinsamen Hausstands mit erwerbsunfähigen oder in der Ausbildung befindlichen Abkömmlingen an der Ausübung einer Erwerbstätigkeit gehindert ist. ²Übersteigt der Wert des Erwerbs zusammen mit dem übrigen Vermögen des Erwerbers den Betrag von 41 000 Euro, wird die Steuer nur insoweit erhoben, als sie aus der Hälfte des die Wertgrenze übersteigenden Betrags gedeckt werden kann;

7. Ansprüche nach den folgenden Gesetzen in der jeweils geltenden Fassung:
a) Lastenausgleichsgesetz,
b) Flüchtlingshilfegesetz in der Fassung der Bekanntmachung vom 15. Mai 1971 (BGBl. I S. 681), zuletzt geändert durch Artikel 6a des Gesetzes vom 21. Juli 2004 (BGBl. I S. 1742),
c) Allgemeines Kriegsfolgengesetz in der im Bundesgesetzblatt Teil III, Gliederungsnummer 653-1, veröffentlichten bereinigten Fassung, zuletzt geändert durch Artikel 127 der Verordnung vom 31. Oktober 2006 (BGBl. I S. 2407),
d) Gesetz zur Regelung der Verbindlichkeiten nationalsozialistischer Einrichtungen und der Rechtsverhältnisse an deren Vermögen vom 17. März 1965 (BGBl. I S. 79), zuletzt geändert durch Artikel 2 Abs. 17 des Gesetzes vom 12. August 2005 (BGBl. I S. 2354),
e) Häftlingshilfegesetz, Strafrechtliches Rehabilitierungsgesetz sowie Bundesvertriebenengesetz,
f) Vertriebenenzuwendungsgesetz vom 27. September 1994 (BGBl. I S. 2624, 2635), zuletzt geändert durch Artikel 4 Abs. 43 des Gesetzes vom 22. September 2005 (BGBl. I S. 2809),
g) Verwaltungsrechtliches Rehabilitierungsgesetz in der Fassung der Bekanntmachung vom 1. Juli 1997 (BGBl. I S. 1620), zuletzt geändert durch Artikel 2 des Gesetzes vom 21. August 2007 (BGBl. I S. 2118), und
h) Berufliches Rehabilitierungsgesetz in der Fassung der Bekanntmachung vom 1. Juli 1997 (BGBl. I S. 1625), zuletzt geändert durch Artikel 3 des Gesetzes vom 21. August 2007 (BGBl. I S. 2118);

8. Ansprüche auf Entschädigungsleistungen nach den folgenden Gesetzen in der jeweils geltenden Fassung:
a) Bundesentschädigungsgesetz in der im Bundesgesetzblatt Teil III, Gliederungsnummer 251-1, veröffentlichten bereinigten Fassung, zuletzt geändert durch Artikel 7 Abs. 4 des Gesetzes vom 26. März 2007 (BGBl. I S. 358), sowie
b) Gesetz über Entschädigungen für Opfer des Nationalsozialismus im Beitrittsgebiet vom 22. April 1992 (BGBl. I S. 906);

9. ein steuerpflichtiger Erwerb bis zu 20 000 Euro, der Personen anfällt, die dem Erblasser unentgeltlich oder gegen unzureichendes Entgelt Pflege oder Unterhalt gewährt haben, soweit das Zugewendete als angemessenes Entgelt anzusehen ist;

9a. Geldzuwendungen unter Lebenden, die eine Pflegeperson für Leistungen zur Grundpflege oder hauswirtschaftlichen Versorgung vom Pflegebedürftigen erhält, bis zur Höhe des nach § 37 des Elften Buches Sozialgesetzbuch gewährten Pflegegeldes oder eines entsprechenden Pflegegeldes aus privaten Versicherungsverträgen nach den Vorgaben des Elften Buches Sozialgesetzbuch (private Pflegepflichtversicherung) oder einer Pauschalbeihilfe nach den Beihilfevorschriften für häusliche Pflege;
10. Vermögensgegenstände, die Eltern oder Voreltern ihren Abkömmlingen durch Schenkung oder Übergabevertrag zugewandt hatten und die an diese Personen von Todes wegen zurückfallen;
11. der Verzicht auf die Geltendmachung des Pflichtteilsanspruchs oder des Erbersatzanspruchs;
12. Zuwendungen unter Lebenden zum Zwecke des angemessenen Unterhalts oder zur Ausbildung des Bedachten;
13. Zuwendungen an Pensions- und Unterstützungskassen im Sinne des § 5 Abs. 1 Nr. 3 des Körperschaftsteuergesetzes, wenn sie die für eine Befreiung von der Körperschaftsteuer erforderlichen Voraussetzungen erfüllen. ²Ist eine Kasse nach § 6 des Körperschaftsteuergesetzes teilweise steuerpflichtig, ist auch die Zuwendung im gleichen Verhältnis steuerpflichtig. ³Die Befreiung fällt mit Wirkung für die Vergangenheit weg, wenn die Voraussetzungen des § 5 Abs. 1 Nr. 3 des Körperschaftsteuergesetzes innerhalb von zehn Jahren nach der Zuwendung entfallen;
14. die üblichen Gelegenheitsgeschenke;
15. Anfälle an den Bund, ein Land oder eine inländische Gemeinde (Gemeindeverband) sowie solche Anfälle, die ausschließlich Zwecken des Bundes, eines Landes oder einer inländischen Gemeinde (Gemeindeverband) dienen;
16. Zuwendungen
   a) an inländische Religionsgesellschaften des öffentlichen Rechts oder an inländische jüdische Kultusgemeinden,
   b) an inländische Körperschaften, Personenvereinigungen und Vermögensmassen, die nach der Satzung, dem Stiftungsgeschäft oder der sonstigen Verfassung und nach ihrer tatsächlichen Geschäftsführung ausschließlich und unmittelbar kirchlichen, gemeinnützigen oder mildtätigen Zwecken im Sinne der §§ 52 bis 54 der Abgabenordnung dienen. ²Die Befreiung fällt mit Wirkung für die Vergangenheit weg, wenn die Voraussetzungen für die Anerkennung der Körperschaft, Personenvereinigung oder Vermögensmasse als kirchliche, gemeinnützige oder mildtätige Institution innerhalb von zehn Jahren nach der Zuwendung entfallen und das Vermögen nicht begünstigten Zwecken zugeführt wird,
   c) an ausländische Religionsgesellschaften, Körperschaften, Personenvereinigungen und Vermögensmassen der in den Buchstaben a und b bezeichneten Art, die nach § 5 Absatz 1 Nummer 9 des Körperschaftsteuergesetzes in Verbindung mit § 5 Absatz 2 Nummer 2 zweiter Halbsatz des Körperschaftsteuergesetzes steuerbefreit wären, wenn sie inländische Einkünfte erzielen würden, und wenn durch die Staaten, in denen die Zuwendungsempfänger belegen sind, Amtshilfe und Unterstützung bei der Beitreibung geleistet werden. ²Amtshilfe ist der Auskunftsaustausch im Sinne oder entsprechend der Amtshilferichtlinie gemäß § 2 Absatz 11 des EU-Amtshilfegesetzes in der für den jeweiligen Stichtag der Steuerentstehung geltenden Fassung oder eines entsprechenden Nachfolgerechtsaktes. ³Beitreibung ist die gegenseitige Unterstützung bei der Beitreibung von Forderungen im Sinne oder entsprechend der Beitreibungsrichtlinie einschließlich der in diesem Zusammenhang anzuwendenden Durchführungsbestimmungen in den für den jeweiligen Stichtag der Steuerentstehung geltenden Fassungen oder eines entsprechenden Nachfolgerechtsaktes. ⁴Werden die steuerbegünstigten Zwecke des Zuwendungsempfängers im Sinne des Satzes 1 nur im Ausland verwirklicht, ist für die Steuerbefreiung Voraussetzung, dass natürliche Personen, die ihren Wohnsitz oder ihren gewöhnlichen Aufenthalt im Geltungsbereich dieses Gesetzes haben, gefördert werden oder dass die Tätigkeit dieses Zuwendungsempfängers neben der Verwirklichung der steuerbegünstigten Zwecke auch zum Ansehen der Bundesrepublik Deutschland beitragen kann. ⁵Buchstabe b Satz 2 gilt entsprechend;
17. Zuwendungen, die ausschließlich kirchlichen, gemeinnützigen oder mildtätigen Zwecken gewidmet sind, sofern die Verwendung zu dem bestimmten Zweck gesichert ist;
18. Zuwendungen an
   a) politische Parteien im Sinne des § 2 des Parteiengesetzes, sofern die jeweilige Partei nicht gemäß § 18 Absatz 7 des Parteiengesetzes von der staatlichen Teilfinanzierung ausgeschlossen ist,
   b) Vereine ohne Parteicharakter, wenn
      aa) der Zweck des Vereins ausschließlich darauf gerichtet ist, durch Teilnahme mit eigenen Wahlvorschlägen an Wahlen auf Bundes-, Landes- oder Kommunalebene bei der politischen Willensbildung mitzuwirken, und
      bb) der Verein auf Bundes-, Landes- oder Kommunalebene bei der jeweils letzten Wahl wenigstens ein Mandat errungen oder der zuständigen Wahlbehörde oder dem zuständigen Wahlorgan angezeigt hat, dass er mit eigenen Wahlvorschlägen auf Bundes-, Landes- oder Kommunalebene an der jeweils nächsten Wahl teilnehmen will.
   Die Steuerbefreiung fällt mit Wirkung für die Vergangenheit weg, wenn der Verein an der jeweils nächsten Wahl nach der Zuwendung nicht teilnimmt, es sei denn, dass der Verein sich ernsthaft um eine Teilnahme bemüht hat.

Steuerbefreiungen § 13 ErbStG 150

(2) ¹Angemessen im Sinne des Absatzes 1 Nr. 5 und 12 ist eine Zuwendung, die den Vermögensverhältnissen und der Lebensstellung des Bedachten entspricht. ²Eine dieses Maß übersteigende Zuwendung ist in vollem Umfang steuerpflichtig.

(3) ¹Jede Befreiungsvorschrift ist für sich anzuwenden. ²In den Fällen des Absatzes 1 Nr. 2 und 3 kann der Erwerber der Finanzbehörde bis zur Unanfechtbarkeit der Steuerfestsetzung erklären, dass er auf die Steuerbefreiung verzichtet.

Erbschaftsteuer-Richtlinien
R E 13.1: Steuerbefreiungen; Allgemeines
R E 13.2: Gegenstände, deren Erhaltung im öffentlichen Interesse liegt/H E 13.2
R E 13.3: Lebzeitige Zuwendungen im Zusammenhang mit einem Familienheim/H E 13.3
R E 13.4: Erwerb eines Familienheims von Todes wegen/H E 13.4
R E 13.5: Pflege- und Unterhaltsleistungen/H E 13.5
R E 13.6: Rückfall des geschenkten Vermögens/H E 13.6
R E 13.7: Zuwendungen an Pensions- und Unterstützungskassen/H E 13.7
R E 13.8: Gemeinnützige, mildtätige und kirchliche Körperschaften
R E 13.9: Gegenseitigkeitserklärungen/H E 13.9
R E 13.10: Zuwendungen zu gemeinnützigen, mildtätigen und kirchlichen Zwecken/H E 13.10
R E 13.11: Verzicht auf Steuerbefreiung

1. Allgemeines. Die Befreiungstatbestände sind **von Amts wegen** zu prüfen. Die sachlichen Steuerbefreiungen gelten unabhängig von sonstigen Freibeträgen für beschränkt und unbeschränkt Steuerpflichtige und sind gesondert nebeneinander anwendbar (Abs. 3). Sie gelten grds. auch für Schenkungen, es sei denn, es wird in den Vorschriften explizit nur auf den Erwerb von Todes wegen verwiesen. Die im Zusammenhang mit steuerbefreiten Vermögensgegenständen entstandenen **Schulden und Lasten** sind beim Erwerb von Todes wegen und bei Erwerben unter Lebenden nach § 10 VI vom Abzug ausgeschlossen. Besteht ein **Schuldenüberhang**, kann auf die Steuerbefreiung verzichtet werden (Abs. 3 S. 2 zu den Befreiungen nach Nr. 2 u. 3). Mit Wirkung zum 1.1.2009 sind durch das ErbStRG die erbschaftsteuerlichen Regelungen durch Einbeziehung der in der EU und im EWR-Raum verwirklichten Sachverhalte weitgehend EG-vertragskonform ausgestaltet worden; europarechtliche Bedenken bestehen jedoch weiterhin im Hinblick auf die Umsetzung der Vorgaben der Kapitalverkehrsfreiheit gem. Art. 56 EG, ab 2010 Art. 63 AEUV im Hinblick auf Drittstaaten (ausf. *Cordewener* IWB 2009, 995) und die Zuwendungen an ausländische Körperschaften; nicht zuletzt gelten die Bedenken der Einschränkung der Befreiung für Grundbesitz, Kunstgegenstände, -sammlungen, soweit die Gegenstände von nationalem öffentlichem Interesse sind (vgl. Wilms/Jochum/*Jochum* Rn. 29–35). — 1

2. Hausrat und andere bewegliche körperliche Gegenstände. Jeder Erwerber der Steuerklasse I hat nach Abs. 1 Nr. 1a für den Erwerb von Hausrat einen **Freibetrag von 41.000 EUR** und zusätzlich für den Erwerb anderer beweglicher körperlicher Gegenstände, die nicht zum Hausrat gehören, einen weiteren **Freibetrag von 12.000 EUR** (Nr. 1b). Erwerber der Steuerklassen II u. III haben für den Erwerb von Hausrat und anderen beweglichen körperlichen Gegenständen einen zusammengefassten Freibetrag von 12.000 EUR. Lebenspartner werden bzgl. der Befreiung von Vermögensgegenständen den Ehegatten gleichgestellt (Abs. 1 Nr. 1, 2). Der Begriff Hausrat ist in Anlehnung an die Rspr. des BGH (NJW 1984, 1758) zu verstehen. Zum Hausrat gehören Gegenstände, die nach ihrer Art als Hausratgegenstände gelten. Dazu gehört die gesamte Wohnungseinrichtung, Wäsche, Kleider etc; auch kostbare Kunstgegenstände, die dem Lebenszuschnitt der Haushaltsgemeinschaft als solche dienen (BFH BStBl. II 1990, 710), sind inbegriffen. Besonders bei **Luxusgegenständen** (Kunstgegenstände, Sammlungen etc) wird die FinVw prüfen, ob die Vermögensgegenstände der Ausstattung der Wohnung dienen oder auch außerhalb des Haushaltes verwendet werden können. In diesem Fall würden die Gegenstände als andere bewegliche körperliche Gegenstände gelten. Die Befreiung gilt nicht für Gegenstände, die zum land- und forstwirtschaftlichen Vermögen, zum Grundvermögen oder zum Betriebsvermögen gehören oder für Zahlungsmittel, Wertpapiere etc. (Abs. 1 Nr. 1 S. 3). — 2

Der Freibetrag ist **jedem Erwerber in voller Höhe** gesondert zuzurechnen, ohne dass ein nicht ausgeschöpfter Betrag übertragen werden kann; für Hausrat und andere bewegliche körperliche Gegenstände, die grds. unter das ErbStG fallen, gilt nicht das Schuldenabzugsverbot des § 10 VI, da durch den Ansatz des pauschalen Freibetrages die Hausratsgegenstände dem Grunde nach selbst uneingeschränkt der Besteuerung unterliegen (R E 10.10 (3) S. 2 ErbStR). Die Möglichkeit, durch Geldübergabe mit der Bestimmung zum Erwerb von befreiten Gegenständen mittelbar Hausrat zu Lebzeiten zu übertragen, wird anerkannt (Kapp/Ebeling/*Geck* Rn. 6; *Meincke* ZEV 2007, 295). — 3

3. Kulturgüter. Die Befreiungen nach Abs. 1 Nr. 2a und b setzen voraus, dass die Erhaltung der befreiten Gegenstände wegen ihrer Bedeutung für Kunst, Geschichte oder Wissenschaft **im öffentlichen Interesse** liegt. Zum begünstigten Vermögen zählen Grundbesitz, Teile vom Grundbesitz, Kunstgegenstände, Kunstsammlungen, wissenschaftliche Sammlungen, Bibliotheken und Archive. Die Befreiung wird nach den Gegenständen gestaffelt: Der Grundbesitz wird zu 85 bzw. 100 %, sonstige Gegenstände zu 60 % befreit. Voraussetzung für die Befreiung ist, dass die Erhaltung der Kulturgüter im öffentlichen Interesse liegt (BVerfG BStBl. II 1984, 870). Liegen etwa die durch zuständige Behörden dem Grundeigentümer auferlegten Nutzungsbeschränkungen weit über den durchschnittlichen Auflagen eines anderen Grundstückseigentümers, ist die Erhaltung im öffentlichen Interesse zu bejahen. Für die Befreiung müssen **im Regelfall die jährlichen Kosten die jährlichen Einnahmen übersteigen.** Nach der Rspr. — 4

Milatz 1875

(BVerwG, BStBl. II 1998, 590) kommt es auf eine prognostizierte dauerhafte Unrentierlichkeit an. Die Nutzbarmachung für Forschung oder Volksbildung, die auch erst mit Erwerb der Gegenstände erfüllt sein kann, setzt voraus, dass die Gegenstände einem interessierten Kreis zugänglich gemacht werden; dies muss allgemein erkennbar sein. Wegen der in den einzelnen Bundesländern bestehenden Unterschiede der Denkmalspflege (zu den Bestimmungen Troll/Gebel/Jülicher/Gottschalk/*Jülicher* Rn. 36) reicht die Bereitschaft aus, den nach den Landesgesetzen bestehenden Vorgaben der Denkmalschutzgesetze Genüge zu leisten (dazu weitergehend Moench/Weinmann/*Kien-Hümbert* Rn. 17, wonach eine Erklärung des Erwerbers gegenüber der Denkmalschutzbehörde verlangt wird). Weitere zusätzliche Voraussetzung für die vollständige (Abs. 1 Nr. 2b) Befreiung ist, dass die Gegenstände sich **seit 20 Jahren im Besitz der Familie** befinden oder in dem **Verzeichnis schützenswerter national wertvoller Kulturgüter** aufgenommen sind. In seinem Urteil (DStR 2016, 1084) hat der BFH die Grundsätze der Begünstigung von Kunst herausgearbeitet und die Frage verneint, ob sämtliche in die Kunstsammlung gehörenden Gegenstände privilegiert sind. Somit sind nur einzelne Kunstgegenstände privilegiert, die zudem der Allgemeinheit zur Verfügung gestellt werden müssen (zum Sammlungsbegriff s. *Heuer/von Cube* ZEV 2013, 641).

5   Die Befreiungen entfallen rückwirkend, soweit die Gegenstände veräußert werden oder die oben aufgelisteten Voraussetzungen innerhalb von zehn Jahren nach dem Erwerb entfallen (Abs. 1 Nr. 2 S. 2, dies gilt auch für Nr. 3 S. 2). Wird von der Möglichkeit Gebrauch gemacht, Erbschaftsteuerschulden nach § 224a AO durch Übertragung von Kunstgegenständen und sonstigen Kulturgütern zu erfüllen, erfüllt die Übertragung als solche keinen erbschaft- oder ertragsteuerlichen Tatbestand. Fällt die Befreiung für die Vergangenheit rückwirkend weg, ist auf die Wertverhältnisse im Zeitpunkt des ursprünglichen Erwerbs abzustellen.

6   **4. Grundbesitz zum Zwecke der Wohlfahrt.** Nr. 3 betrifft die Befreiung von Grünanlagen, Parks etc, die der Allgemeinheit zugänglich gemacht werden und deren Erhaltung im öffentlichen Interesse liegt; eine Veräußerung innerhalb von zehn Jahren nach dem Erwerb lässt die Befreiung entfallen.

7   **5. Dreißigster gem. § 1969 BGB.** Das nach § 1969 BGB bestehende Recht des überlebenden Familienangehörigen des Erblassers, 30 Tage Unterhalt zu beanspruchen, unterliegt der Befreiung nach Nr. 4.

8   **6. Lebzeitige Zuwendung des Familienheims.** Die Vorschrift der Nr. 4a greift die Rspr. der Zivilgerichte zur **sog. ehebedingten Zuwendung** auf. Mit der Entscheidung des BFH (BStBl. II 1994, 366) weicht die Finanzrechtsprechung von der im Zivilrecht (BGH NJW-RR 1990, 386) definierten unbenannten ehebedingten Zuwendung ab und bejaht grds. Schenkungen zwischen Ehegatten nach § 7 I. Die FinVw folgt der Rspr. (gleichl. Erl. v. 26.4.1994, BStBl. I 1994, 297; zur Kritik in der Lit. zB *Wasse* BB 1995, 613 mit der Forderung, die Einräumung des hälftigen Miteigentums an sämtlichen Vermögensgegenständen unter Ehegatten von der Schenkungsteuer freizustellen). Nach der Vorschrift wird die Übertragung des sog. Familienheims unter Ehegatten – gemäß BFH BStBl. II 2011, 134 muss die Ehe bei der Anschaffung oder Herstellung des Objektes nicht bestanden haben – trotz des Tatbestands einer freigebigen Zuwendung befreit, sofern darin eine **Wohnung zu eigenen Wohnzwecken** genutzt wird, die im Inland oder EU/EWR-Ausland belegen ist. Begünstigt ist insbes. die Übertragung, die Herstellung mit zur Verfügung gestellten Mitteln (mittelbare Grundstückszuwendung), die Ablösung von Verbindlichkeiten, die Tilgung eines Kaufpreises oder nachträglicher Herstellungskosten eines Familienwohnheims (R E 13.3 (4) ErbStR). Wird ein Teil der zu Wohnzwecken genutzten Räume von Dritten unentgeltlich genutzt, muss die eigene Wohnnutzung überwiegen; bei entgeltlicher Nutzung wird die Befreiung auf den eigenen Wohnzwecken zu dienenden Teil der Wohnung begrenzt.

9   Der **Begriff des Familienheimes** (vgl. ausf. mit Hinweis auf die Lit. *Steiner* ErbStB 2011, 350) knüpft ausdrücklich an die Grundstücksarten nach § 181 I Nr. 1–5 BewG an. Erfasst werden danach das Ein- und Zweifamilienhaus, Mietwohngrundstücke, Wohnungs- und Teileigentum, Geschäftsgrundstücke und gemischt genutzte Grundstücke (zum Familienheim vgl. *Schumann* DStR 2009, 197), auch wenn die Immobilie nur teilweise für eigene Wohnzwecke genutzt wird. Die Einbeziehung von Geschäftsgrundstücken bedeutet, dass sogar eine Nutzung von mehr als 80 % der Wohn- und Nutzfläche eines bebauten Grundstückes zu anderen als eigenen Wohnzwecken nicht generell begünstigungsschädlich ist. Allerdings ist die Begünstigung auf den zu eigenen Wohnzwecken genutzten Teil beschränkt (*Schumann* DStR 2009, 197).

10   Entscheidend ist, dass sich der **Lebensmittelpunkt der Eheleute** in dem Familienheim befindet. Diese Voraussetzung liegt bereits vor, sobald die Teilfamilie (Kinder, Enkelkinder etc) das Familienheim nutzt. Die Vermietung von Wohnungen an Familienangehörige oder die Nutzung eines Arbeitszimmers ist unschädlich. Die FinVw (R E 13.3 (2) S. 4, 5 ErbStR) verneint jedoch die Voraussetzungen für eine Befreiung bei einer Zweitwohnung, einem Ferien-/Wochenendhaus oder einer für berufliche Zwecke genutzten Wohnung (BFH BStBl. II 2013, 1051).

11   Von der Befreiungsvorschrift kann während des Bestehens der Ehe **mehrfach** Gebrauch gemacht werden (bisher FinVw in R 32 II ErbStR aF). Es besteht keine Behaltensfrist; die FinVw bejaht jedoch einen Gestaltungsmissbrauchs (§ 42 AO) etwa für den Fall der Familienheimbegründung allein aus steuerlichen Zwecken zur mehrfachen Ausnutzung der Befreiungsvorschrift. In **Trennungsfällen** kann es **strittig** sein, ob bei Auszug eines Lebenspartners noch die Voraussetzungen des gemeinsamen familiären Lebensraums bestehen. Eine wertmäßige Begrenzung des Familienheims für die Befreiung erfolgt nicht (zur Gestaltung *Jülicher* ZErb 2001, 189).

Wegen der sachlichen Befreiung des Familienheimes findet keine Anrechnung auf den persönlichen Ehegattenfreibetrag statt; es erfolgt auch keine Zusammenrechnung mit früheren oder späteren Zuwendungen (§ 14). Im Zuge der Befreiung können mit dem Familienheim zusammenhängende Schulden und Lasten nicht abgezogen werden (§ 10 VI 1). Die Befreiung gilt auch zwischen den Partnern einer eingetragenen Lebensgemeinschaft.

7. Zuwendung des Familienheims von Todes wegen an Ehegatten. Abs. 1 Nr. 4b befreit ab dem 1.1.2009 erstmals den Erwerb einer Wohnimmobilie von Todes wegen. Die Vorschrift betrifft den Erwerb des Eigentums oder Miteigentums eines Familienheimes durch den überlebenden Ehegatten oder Partner einer eingetragenen Lebensgemeinschaft. Die Befreiungsvorschrift setzt voraus, dass der **Erblasser in einem bebauten Grundstück iSd § 181 I Nr. 1–5 BewG bis zum Erbfall** eine Wohnung zu eigenen Wohnzwecken genutzt hat. Dabei kann es sich um jedes bebaute Grundstück handeln, in dem sich der Mittelpunkt des familiären Lebens befindet, wobei auf eine betragsmäßige Begrenzung der Befreiung verzichtet wurde, erfasst werden Ein- und Zweifamilienhäuser, Mietwohngrundstücke, Wohnungs- oder Teileigentum, Geschäftsgrundstücke und gemischt genutzte Grundstücke. Wird ein Teil der zu Wohnzwecken genutzten Räume von Dritten unentgeltlich genutzt, muss die familiäre Wohnnutzung überwiegen; bei entgeltlicher Nutzung wird die Befreiung auf den zu eigenen Wohnzwecken dienenden Teil der Wohnung begrenzt. Gleichgestellt ist der Fall, dass der **Erblasser aus zwingenden Gründen** an einer Selbstnutzung zu eigenen Wohnzwecken gehindert war (etwa Aufrechterhaltung des Wohnstandes bei Unterbringung im Pflegeheim) und die Wohnung vom Erwerber unverzüglich zu eigenen Wohnzwecken genutzt wird; der überlebende Ehegatte hat bereits am Todestag die Wohnnutzung fortzuführen, zumindest muss die Absicht bestehen, in die freigewordene Wohnung einzuziehen. Der Erwerber muss die Wohnung zehn Jahre nach dem Erwerb selbst nutzen. Eine Aufgabe der Selbstnutzung (etwa durch Vermietung, Veräußerung, Leerstand) ist schädlich und lässt die Befreiung rückwirkend entfallen. Eine **Ausnahme** gilt nur, wenn der **Erwerber aus zwingenden Gründen** an einer Selbstnutzung gehindert ist. Stirbt der überlebende Ehegatte vor Ablauf der zehn Jahre oder muss er die Wohnung wegen Pflegebedürftigkeit aufgeben, treten keine nachteiligen steuerlichen Folgen ein. Besteht für den Erwerber eine Weitergabeverpflichtung (etwa als Sachvermächtnis, Vorausvermächtnis etc) oder eine Übertragungsverpflichtung nach einer vom Erblasser verfügten Teilungsanordnung, kann die Befreiung nicht in Anspruch genommen werden.

8. Zuwendung des Familienheims von Todes wegen an Kinder und Enkelkinder. Die Befreiungsvorschrift der Nr. 4c greift die in Nr. 4b bestehende Befreiungsvorschrift für eine selbstgenutzte Wohnung auf und regelt den Erwerb von Todes wegen durch Kinder einschließlich der Stief- und Adoptivkinder iSd Steuerklasse I (§ 15 I Nr. 2) und der Kinder verstorbener Kinder iSd der Steuerklasse I Nr. 3. Diese Begünstigten müssen das Familienheim unverzüglich nach dem Erbfall zu eigenen Wohnzwecken nutzen. Durch die Begrenzung der Begünstigung auf den **Mittelpunkt des familiären Lebens** verneint die FinVw die Möglichkeit, mehrere Wohnungen eines Erblassers von der Steuer zu befreien (krit. bereits *Geck* ZEV 1996, 107 (108) zum alten Recht; Troll/Gebel/Jülicher/Gottschalk/*Jülicher* Rn. 69 mwN). In Abweichung von der Befreiungsvorschrift der Nr. 4b gilt die Einschränkung, dass die Wohnfläche der selbstgenutzten Wohnung des Erblassers auf **maximal 200 qm** begrenzt ist. Nutzen mehrere Erwerber die Wohnung zu eigenen Wohnzwecken, bleibt es bei der 200 qm-Begrenzung (wohl R E 13.4 (7) S. 2 ErbStR; zuvor Ländererlass v. 25.6.2009, BStBl. I 2009, 717 Abschn. 4 VII, 3). Die Steuerbefreiung gilt für den Erwerber, der im Rahmen der Befolgung von letztwilligen oder rechtsgeschäftlichen Verfügung oder Teilungsanordnungen des Erblassers letztlich erhält. Auch diese Befreiung ist an die Erfüllung einer Selbstnutzung über zehn Jahre geknüpft.

9. Schuldbefreiung und Zuwendung an erwerbsunfähige Eltern und Großeltern. Wird der Erwerber durch den Erbfall von einer Schuld gegenüber dem Erblasser befreit, entfällt die Steuerpflicht des Erwerbs im Hinblick auf die Fiktion des § 10 III nicht durch Konfusion; Abs. 1 Nr. 5 regelt jedoch eine Ausnahme, wonach der Erwerb von Todes wegen von der Steuer befreit ist, wenn die Mittel **zum angemessenen Unterhalt** oder zur Ausbildung des Bedachten gewährt wurden oder der Erblasser den Verzicht auf Rückzahlung mit Rücksicht auf die Notlage des Schuldners angeordnet hat und diese durch die Zuwendung nicht beseitigt wird. Die Angemessenheit der erworbenen Mittel richtet sich nach **den Vermögensverhältnissen und der Lebensstellung des Bedachten** (Abs. 2); bei der Verwendung der Mittel für eine Ausbildung ist eine Angemessenheitsprüfung nicht vorzunehmen. Für die Anerkennung einer Notlage ist eine wirtschaftliche Zwangslage des Schuldners, soweit er sie ohne fremde Hilfe nicht beseitigen kann, entscheidend. Der Umfang der Steuerbefreiung wird eingeschränkt, soweit der Bedachte die Steuer aus der Hälfte der neben der erlassenen Schuld anfallenden Zuwendung decken kann. Nach Abs. 1 Nr. 6 sind die Erwerbe von Eltern, Großeltern, Adoptiveltern und Stiefeltern befreit, sofern die Personen erwerbsunfähig oder durch die Führung eines gemeinsamen Hausstandes mit erwerbsunfähigen oder in der Ausbildung befindlichen Abkömmlingen an der Ausübung einer Erwerbstätigkeit gehindert sind; der Erwerb darf zusammen mit dem übrigen Vermögen des Erwerbers den Betrag iHv 41.000 EUR nicht übersteigen. Die Befreiung ist grds. auch für einen Schuldenerlass (Forderungsverzicht) zum Zwecke der Sanierung eines überschuldeten und zahlungsunfähigen Unternehmens (auch einer juristischen Person) anwendbar (FG Rheinland-Pfalz EFG 2005, 1890).

Nach der Regelung in Nr. 6 werden bei Annahme weiterer Voraussetzungen – insbes. bei körperlichen und geistigen Gebrechen, eingeschränkter Erwerbsfähigkeit – Erwerbe von Eltern, Adoptiveltern, Stiefeltern und Großeltern befreit, sofern der Erwerb zusammen mit dem übrigen Vermögen des Erwerbers 41.000 EUR nicht übersteigt. Bei einem Erwerb von mehr als 41.000 EUR und weiterem Vermögen des Erwerbers wird nach S. 2 die Steuer nur insoweit erhoben, als sie aus der **Hälfte der die gesetzliche Wertgrenze übersteigenden Vermögenswerte** gedeckt werden kann.

17   **10. Sonstige Befreiungstatbestände.** Die Befreiungsvorschriften nach Abs. 1 Nr. 7 u. 8 betreffen Ansprüche aus dem Lastenausgleichsgesetz und ähnlichen Gesetzen, die weitgehend ihre Bedeutung durch Zeitablauf verloren haben.

18   **11. Angemessenes Entgelt für Pflege- und Unterhaltsleistungen.** Die weiteren Befreiungsvorschriften der Nr. 9 u. 9a betreffen Zuwendungen, die als angemessenes Entgelt die dem Erblasser gegenüber erbrachten Pflege- und Unterhaltsleistungen abgelten, soweit diese Leistungen **unentgeltlich oder gegen zu geringes Entgelt** erbracht wurden. Der Erwerber darf gesetzlich nicht zur Leistung von Pflege und Unterhalt verpflichtet sein (etwa §§ 1353, 1360, 1601 BGB), da bei Bestehen einer gesetzlichen Verpflichtung kein Entgeltanspruch begründet wird (BFH BStBl. III 1957, 427; R E 13.5 (3) S. 2 ErbStR). Die Begriffe Pflege und Unterhalt verlangen eine gewisse Nachhaltigkeit; einmalige Leistungen reichen für die Steuerbefreiung nach Abs. 1 Nr. 9 u. 9a nicht aus (Moench/Weinmann/*Kien-Hümbert* Rn. 62). Die FinVw stellt für die Bewertung von Pflegeleistungen auf das Vergütungssystem nach dem Sozialgesetzbuch ab (OFD Erfurt DStR 2002, 1305). Der Freibetrag beträgt 20.000 EUR, die Befreiungsvorschrift gilt auch für freigebige Zuwendungen zu Lebzeiten (Troll/Gebel/Jülicher/Gottschalk/*Jülicher* Rn. 99), wobei wegen der Verknüpfung der gewährten Pflege- und Unterhaltsleistung mit der eigentlichen Zuwendung in der Regel keine Freigebigkeit vorliegt (FG Nürnberg ErbStB 2007, 231). Ist die Pflege- und Unterhaltsleistung **zu Lebzeiten bereits angemessen ausgeglichen** worden und gehen die Beteiligten von einer angemessenen Gegenleistung aus, entfällt die Erbschaftsteuerpflicht mangels Bereicherung (Troll/Gebel/Jülicher/Gottschalk/*Jülicher* Rn. 97). Der Vorgang ist aber einkommensteuerlich zu würdigen. Werden Leistungen von Pflege und Unterhalt in Erbverträgen oder Schuldanerkenntnissen geregelt oder als Dienst- und Geschäftsbesorgungsvertrag festgeschrieben, sind die Entgelte als Nachlassverbindlichkeiten iSd § 10 V Nr. 1 abzugsfähig, die der Befreiung nach Abs. 1 Nr. 9 vorausgehen (BFH BStBl. II 1995, 62).

19   Ist eine Person pflegebedürftig, dh ist sie aufgrund körperlicher, geistiger oder seelischer Einschränkungen nicht zur Erledigung gewöhnlicher Dinge in der Lage, hat sie als Pflegebedürftige Anspruch auf ein **Pflegegeld**. Wird das Pflegegeld an Pflegepersonen weitergegeben, gilt für diese Personen die Befreiungsvorschrift der Nr. 9a (Troll/Gebel/Jülicher/Gottschalk/*Jülicher* Rn. 110–115).

20   **12. Vermögensrückfall an Eltern und Voreltern.** Fallen im Todesfall von Abkömmlingen geschenkte Vermögensgegenstände an die Eltern oder die Voreltern zurück, ist der **Rückerwerb** befreit (Nr. 10). Da die Vorschrift auf „Vermögensgegenstände" und nicht auf „Vermögen" abstellt, wird bei der Befreiung grds. eine **Identität** der zugewendeten und der zurückerworbenen Gegenstände verlangt. Allerdings gilt eine Ausnahme, wenn zwischen dem zurückfallenden und dem zuvor zugewendeten Vermögensgegenstand bei objektiver Betrachtung Art- und Funktionsgleichheit besteht (R E 13.6 (2) S. 2 ErbStR; BFH, BStBl. II 1994, 656). Die FinVw greift insoweit auf die einkommensteuerliche Beurteilung eines **Tauschvorganges** bzgl. der Art- und Funktionsgleichheit der Vermögensgegenstände zurück (Troll/Gebel/Jülicher/Gottschalk/*Jülicher* Rn. 125 mit Hinweis auf das sog. Tauschgutachten). Bei aus den Früchten des hingegebenen Vermögensgegenstandes erworbenen Gegenständen ist der ursprünglich geschenkte Vermögensgegenstand nicht identisch mit dem zurückfallenden Gegenstand (Moench/Weinmann/*Kien-Hümbert* Rn. 70). Erfährt der Gegenstand eine **Wertsteigerung**, die ausschließlich auf der wirtschaftlichen Entwicklung beruht, steht dies der Steuerfreiheit nicht entgegen; eine Werterhöhung durch Einsatz von Arbeit und Kapital führt jedoch zur Steuerpflicht des Mehrwertes (Meincke/Hannes/Holtz Rn. 55). Im Einzelfall kann sich empfehlen, eine Rückfallklausel für den Fall des Vorversterbens des Begünstigten aufzunehmen mit der Folge, dass beim Vorversterben des Zuwendungsempfängers die Schenkung rückwirkend entfällt (§ 29 „Überlebensklausel" → Rn. 4, 5 zum Widerrufsrecht).

21   **13. Verzicht auf Pflichtteils- und Erbersatzanspruch.** Bei Verzicht auf die Geltendmachung eines Pflichtteilsanspruches oder Erbersatzanspruches greift die Befreiungsvorschrift der Nr. 11. Die Befreiung ist jedoch nicht anzuwenden, wenn der Anspruch zunächst geltend gemacht wird und später ein Verzicht erklärt wird; in dem Fall führt der Verzicht auf den Anspruch unter der Voraussetzung des § 7 I Nr. 1 zur Schenkungsteuerpflicht seitens des Verzichtenden.

22   **14. Zuwendungen für angemessenen Unterhalt und Ausbildung.** Zuwendungen für Zwecke des angemessenen Unterhalts und der Ausbildung sind nach Nr. 12 befreit; die Befreiung betrifft nur **laufende Zuwendungen** unter Lebenden, soweit der Zuwendungsempfänger bedürftig ist. **Einmalzahlungen**, zu denen auch die Finanzierung von Einrichtungsgegenständen und der Kauf einer Wohnung gehören, fallen wegen der nicht zweckgerechten Verwendungsmöglichkeit nicht unter die Befreiungsvorschrift. Besteht eine gesetzliche Unterhaltspflicht (zB nach §§ 1353, 1601ff. BGB; § 5 LPartG), liegt von vornherein keine Bereicherung durch eine freigebige Zuwendung vor. Auch bei nicht eheliche Lebensgemeinschaften kommt eine Anwendung der Nr. 12 in Betracht (BFH HFR 1965, 164). Für die Inanspruchnahme der Steuerbefreiung des Unterhalts muss der Zuwendungsempfänger bedürftig sein; er hat zunächst nach allgemeinen Grundsätzen eigenes Einkommen und Vermögen einzusetzen (Tiedtke/*Böge* Rn. 267). Unterhaltsleistungen können dann von der ErbSt befreit sein, wenn der Berechtigte aufgrund

hohen Alters oder Krankheit nicht in der Lage ist, Mittel zur Bestreitung des Lebensunterhaltes zu erlangen und Aussicht auf Verbesserung der wirtschaftlichen Lage nicht besteht. Für die Frage der Angemessenheit ist auf die **Beihilfegrundsätze** abzustellen, auf die auch die Rspr. der Zivilgerichte (vgl. § 1610 BGB) zurückgreift. Bei der Angemessenheitsprüfung sind Lebensstellung und Vermögensverhältnisse des Bedachten zu berücksichtigen; die die Angemessenheit übersteigenden Zuwendungen sind im vollen Umfang steuerpflichtig (Abs. 2). Die Einschränkungen gelten nicht für die Zuwendungen zu Ausbildungszwecken, die keiner Angemessenheitsgrenze unterliegen (zT str.; Troll/Gebel/Jülicher/Gottschalk/*Jülicher* Rn. 145).

15. Zuwendungen an Pensions- und Unterstützungskassen. Für Zuwendungen an Pensions- und Unterstützungskassen, die von der Körperschaftsteuer befreit sind (§ 5 I Nr. 3 KStG: etwa durch den Inhaber eines Unternehmens von Todes wegen oder durch einen Dritten bei Zuwendungen unter Lebenden bzw. von Todes wegen), liegen die Voraussetzungen einer Steuerbefreiung vor (Nr. 13; R E 13.7 (1) ErbStR); soweit überhaupt der Tatbestand iSd § 7 I Nr. 1 in Betracht gezogen werden muss, sind die den steuerpflichtigen Gewinn eines Trägerunternehmens mindernden Zuwendungen an eine Pensions- oder Unterstützungskasse nach § 13 I Nr. 13 steuerbefreit, da eine **gesetzliche Verpflichtung von Unternehmen zur Dotation** der Pensions- oder Unterstützungskasse besteht. Nach den Vorgaben des Körperschaftsteuergesetzes (§ 5 I Nr. 3 iVm § 6 KStG) darf die Zuwendung an das Kassenvermögen nicht zur Überdotierung führen. Eine Überdotierung würde (insoweit) zum Verlust der Körperschaftsteuerbefreiung führen; in diesem Fall wird auch die unter Nr. 13 fallende Zuwendung partiell körperschaftsteuerpflichtig, und zwar unabhängig davon, ob die Überdotierung durch diese Zuwendung bewirkt wurde. Entfallen die Voraussetzungen der Körperschaftsteuerfreiheit innerhalb von zehn Jahren, entfällt die Befreiung nach Nr. 13 S. 2 rückwirkend. Die Änderung des Bescheides erfolgt nach § 175 I 1 Nr. 2 AO.

16. Steuerbefreiung für übliche Gelegenheitsgeschenke. Übliche Gelegenheitsgeschenke sind nach Nr. 14 befreit; die Üblichkeit und der Wert sind an Hand der **Vermögensverhältnisse des Schenkers und des Beschenkten** zu prüfen; daneben sind das Verhältnis zwischen Schenker und Beschenktem und der soziale Lebensstandard der Beteiligten zu berücksichtigen (s. *Stoklassa/Feldner* ErbStB 2014, 69). Allgemeine Grenzen des relativen Umfangs des Wertes von Geschenken bestehen nicht; nach der Rspr. (zB FG Hessen, EFG 2005, 1146) dürfte die Grenze bei der Schenkung von 40.000 EUR für Haus- und Gartenrenovierung oder von 35.000 EUR bei der Schenkung eines Personenkraftwagens überschritten sein. Letztlich entscheidet das **Gesamtbild des Einzelfalles**. Nur wenn eindeutig feststeht, dass keine Steuerpflicht entsteht, entfällt auch die Anzeigepflicht nach § 30.

17. Steuerbefreiung bei Zuwendungen an öffentliche Einrichtungen und gemeinnützige Körperschaften. Zuwendungen an inländische Körperschaften (Bund, Land, Gemeinden, Gemeindeverband, nicht hingegen sonstige Körperschaften öffentlichen Rechtes wie Handwerkskammern) sind nach Nr. 15 steuerbefreit; begünstigt sind auch Zuwendungen, die ausschließlich den Zwecken einer Gebietskörperschaft dienen. Dazu gehört auch die Fiskalerbschaft (§ 1936 BGB; Moench/Weinmann/*Kien-Hümbert* Rn. 89).

Nach Nr. 16 sind Zuwendungen an inländische Religionsgesellschaften des öffentlichen Rechts oder inländische jüdische Kultusgemeinden (lit. a), an kirchliche, gemeinnützige oder mildtätige Institutionen im Inland (lit. b) oder Ausland (lit. c) erbschaftsteuerlich befreit. Für die Steuerbefreiung setzt lit. b voraus, dass die jeweilige Institution steuerbegünstigte Zwecke iSd §§ 53 ff. AO verfolgt. Die genannten Institutionen müssen nach ihrer Satzung oder Verfassung, ihrem Stiftungsgeschäft und ihrer tatsächlichen Geschäftsführung den begünstigten Zwecken ausschließlich und unmittelbar dienen. Der **Erblasser oder Schenker** muss die **Verwendung zu dem begünstigten Zweck verfügt** haben und davon ausgehen können, dass die Zuwendung entsprechend seiner Verfügung verwandt wird. Der Unterhalt eines Zweckbetriebes ist unschädlich. Unterhält die Institution einen wirtschaftlichen Geschäftsbetrieb, ist die Befreiung nicht ausgeschlossen, soweit die Einrichtung in erster Linie eigenwirtschaftliche Zwecke verfolgt; eine direkt dem wirtschaftlichen Geschäftsbetrieb zugedachte Zuwendung ist jedoch von der Befreiung ausgeschlossen (Erl. NRW v. 17.1.1995, UVR 1995, 125).

Auch Zuwendungen im Rahmen eines Stiftungsgeschäfts unter Lebenden sind bei Erfüllung der obigen Voraussetzungen (§§ 53 ff. AO) befreit; eine Zuwendung an eine unselbständige Stiftung ist ebenfalls begünstigt. Ordnet der Erblasser die Errichtung einer Stiftung an, ersetzt die Anordnung des Erblassers nicht die zivilrechtliche Anerkennung der Stiftung als gemeinnützige, mildtätige oder kirchliche Körperschaft (Kapp/Ebeling/*Geck* Rn. 152–164.1). Die erbschaft-/schenkungsteuerliche Befreiung entfällt rückwirkend, wenn die Voraussetzungen für die körperschaftsteuerliche Befreiung der Institution innerhalb von zehn Jahren nach der Zuwendung entfällt und das Vermögen damit nicht mehr begünstigten Zwecken zugeführt wird (Troll/Gebel/Jülicher/Gottschalk/*Jülicher* Rn. 187–208).

Die Befreiungsvorschrift des Abs. 1 Nr. 16c ist nicht auf das EU- oder EWR-Ausland beschränkt; da ausländische Institutionen möglicherweise keinen Zweckbestimmungen oder Zweckwidmungen unterliegen, muss jedoch für die Befreiung sichergestellt werden, dass der ausländische Staat (den inländischen gemeinnützigen Institutionen entsprechend) ebenfalls Steuerbefreiungen für Zuwendungen an inländische Rechtsträger gewährt und wenn durch die Staaten, in denen die Zuwendungsempfänger ansässig sind, **Amtshilfe** und **Unterstützung bei der Beitreibung** geleistet werden. Verliert die ausländische Institution innerhalb von zehn Jahren die Voraussetzung für die Anerkennung einer begünstigten Körperschaft und wird das Vermögen nicht begünstigten Zwecken zugeführt, erfolgt eine Nachversteuerung (so Viskorf/Schuck/Wälzholz/*Viskorf* Rn. 173; jedoch str., Moench/Weinmann/*Kien-Hümbert* Rn. 104).

29 **18. Begründung, Umfang und Sicherung der Zweckbestimmung.** Die Befreiungsvorschrift der Nr. 17 verlangt im Regelfall die **Bildung eines selbständigen Zweckvermögens**, das dem Empfänger im Wege einer Zweckzuwendung iSd § 8 zugewendet wird, die ausschließlich kirchlichen, gemeinnützigen oder mildtätigen Zwecken gewidmet ist. Sie erfasst als Auffangvorschrift in- und ausländische Zuwendungen, die keinen bestimmten Empfängerkreis (abw. zu Nr. 16a–c) begünstigt. Neben den Zweckzuwendungen iSd § 8, bei denen ein unbestimmter Personenkreis gefördert wird, können Zuwendungen auch an ausländische Institutionen erfolgen, wenn die jeweils begünstigten Zwecke im Ausland verfolgt werden. Die Befreiung wird aber nur dann gewährt, wenn der Zuwendende eine bestimmte Zweckwidmung getroffen hat und eine Zwecksicherung vorliegt. Die Befreiung greift nicht, wenn die Verwendung für begünstigte Zwecke erfolgt, die jedoch dem Beschwerten selbst zugutekommt.

30 Nach der Rspr. (BFH BStBl. II 1984, 9) muss die Zweckbestimmung der Zuwendung nicht nur aus einem Testament, sie kann auch aus **Umständen außerhalb des Testaments** klar ersichtlich sein. Wenn der Erblasser einer Institution eine Zuwendung macht, die nach der Abgabenordnung begünstigte Zwecke verfolgt, ist für die Befreiungsvorschrift der Nr. 17 entscheidend, dass eine ausreichende Zweckwidmung vorliegt. Keine ausreichende Zweckbestimmung liegt etwa dann vor, wenn die Verwendung der Zuwendung einem Erben, Testamentsvollstrecker oder anderen Personen **aufgetragen** wird (Kapp/Ebeling/*Geck* Rn. 168). Bei Zuwendungen an ausländische Institutionen reicht die Beaufsichtigung durch öffentliche Behörden des betreffenden Landes aus. Die Zuwendung an einen ausländischen Staat ohne nähere Bestimmung des Verwendungszweckes genügt den Anforderungen nicht (FG München EFG 2002, 852).

31 Nach dem Urteil des BFH (BStBl. II 2002, 303) ist es unschädlich, wenn zwar nicht der einer ausländischen gemeinnützigen Stiftung von Todes wegen zugewendete Vermögensstamm, sondern **nur dessen Erträge zu steuerbegünstigten Zwecken** verwendet werden sollen. Auch die im Entscheidungsfall angeordnete **Thesaurierung** eines Teils der Erträge steht der Steuerbefreiung nach Nr. 17 nicht entgegen. Das Gericht argumentiert mit dem Rechtsgedanken des § 58 Nr. 7a AO, der die steuerliche Förderungswürdigkeit nicht durch die Bildung freier Rücklagen ausschließt, wenn dadurch auf Dauer die Förderung begünstigter Zwecke aus dem Vermögensstamm gewährleistet ist. Kien-Hümbert (Moench/Weinmann/*Kien-Hümbert* Rn. 104 mit Hinweis auf *Raudszus* ZEV 2003, 481) verlangt dagegen wegen des Wortlauts der Vorschrift eine ausschließliche unmittelbare Verwendung zu begünstigten Zwecken, sodass die Gefahr der zehnjährigen Nachversteuerungspflicht besteht.

32 Neben der Zweckbestimmung durch eine ausreichende Zweckwidmung muss sichergestellt werden, dass die Zuwendung **tatsächlich zu den begünstigten Zwecken** im Sinne der Widmung verwendet wird. An die Zwecksicherung werden keine allzu hohen Anforderungen gestellt (BFH BFH/NV 1997, 231). Bietet die empfangende Institution ausreichende Sicherheit für die Verwendung der Zuwendungen zu begünstigten Zwecken, reicht dies aus (FG München EFG 2002, 852 bzgl. der Sicherstellung bei Zuwendungen an den Staat Israel; zuvor EFG 1998, 492).

33 **19. Zuwendung an politische Organisationen.** Zuwendungen an politische Parteien iSd § 2 des Parteiengesetzes, Gebietsverbände der Parteien (entsprechend der Änderung des Parteiengesetzes; nur soweit nicht gem. § 18 VII Parteiengesez von der staatlichen Finanzierung ausgeschlossen) und unabhängige Wählervereinigungen (FG Hessen EFG 2005, 797; BVerfG DB 2008, 1304 (Ls.)) sind im Gegensatz zu Zuwendungen an einzelne Mitglieder einer politischen Partei, Abgeordnete etc. (zT str.; Moench/Weinmann/*Kien-Hümbert* Rn. 114) steuerbefreit.

34 **20. Sonstige Befreiungen außerhalb des ErbStG.** Außerhalb des ErbStG bestehende Befreiungen sind in den entsprechenden Gesetzen ausdrücklich geregelt (Bsp.: „Gesetz zur Errichtung einer Stiftung Erinnerung, Verantwortung und Zukunft" v. 2.8.2000; Kapp/Ebeling/*Geck* Rn. 172–176; Moench/Weinmann/*Kien-Hümbert* Rn. 118).

35 **21. Angemessenheit von Zuwendungen zum Unterhalt, Verzicht auf Steuerbefreiung.** Bzgl. der Angemessenheit des Unterhaltes (Abs. 2) ist auf die Vermögensverhältnisse und die **Lebensstellung des Bedachten** abzustellen, wobei die Obergrenze dort liegt, wo nach dem allgemeinen Empfinden Zuwendungen als schlechthin übermäßig empfunden werden (RFH RStBl. 1932, 1147). Die Angemessenheitsprüfung gilt für Zuwendungen iSd Abs. 1 Nr. 5 u. 12. Übersteigen die Zuwendungen den Rahmen der Angemessenheit, sind die Zuwendungen in voller Höhe steuerpflichtig.

36 Bei Überhang von Schulden und Lasten in den Fällen des Abs. 1 Nr. 2 u. 3 kann nach Abs. 3 auf die Anwendung der Befreiungsvorschriften verzichtet werden; dieser Verzicht ist gegenstandsbezogen, sodass etwa bei einer Befreiung verschiedener Vermögensgegenstände der Verzicht nur für einen Vermögensgegenstand ausgesprochen werden kann.

§ 13a Steuerbefreiung für Betriebsvermögen, Betriebe der Land- und Forstwirtschaft und Anteile an Kapitalgesellschaften

(1) ¹**Begünstigtes Vermögen im Sinne des § 13b Absatz 2 bleibt vorbehaltlich der folgenden Absätze zu 85 Prozent steuerfrei (Verschonungsabschlag), wenn der Erwerb begünstigten Vermögens im Sinne des § 13b Absatz 2 zuzüglich der Erwerbe im Sinne des Satzes 2 insgesamt 26 Millionen Euro**

nicht übersteigt. ²Bei mehreren Erwerben begünstigten Vermögens im Sinne des § 13b Absatz 2 von derselben Person innerhalb von zehn Jahren werden bei der Anwendung des Satzes 1 die früheren Erwerbe nach ihrem früheren Wert vor dem letzten Erwerb hinzugerechnet. ³Wird die Grenze von 26 Millionen Euro durch mehrere innerhalb von zehn Jahren von derselben Person anfallende Erwerbe überschritten, entfällt die Steuerbefreiung für die bis dahin nach Satz 1 oder Absatz 10 als steuerfrei behandelten früheren Erwerbe mit Wirkung für die Vergangenheit. ⁴Die Festsetzungsfrist für die Steuer der früheren Erwerbe endet nicht vor dem Ablauf des vierten Jahres, nachdem das für die Erbschaftsteuer zuständige Finanzamt von dem letzten Erwerb Kenntnis erlangt.

(2) ¹Der nach Anwendung des Absatzes 1 verbleibende Teil des begünstigten Vermögens bleibt außer Ansatz, soweit der Wert dieses Vermögens insgesamt 150 000 Euro nicht übersteigt (Abzugsbetrag). ²Der Abzugsbetrag von 150 000 Euro verringert sich, soweit der Wert dieses Vermögens insgesamt die Wertgrenze von 150 000 Euro übersteigt, um 50 Prozent des diese Wertgrenze übersteigenden Betrags. ³Der Abzugsbetrag kann innerhalb von zehn Jahren für von derselben Person anfallende Erwerbe begünstigten Vermögens nur einmal berücksichtigt werden.

(3) ¹Voraussetzung für die Gewährung des Verschonungsabschlags nach Absatz 1 ist, dass die Summe der maßgebenden jährlichen Lohnsummen (Sätze 6 bis 13) des Betriebs, bei Beteiligungen an einer Personengesellschaft oder Anteilen an einer Kapitalgesellschaft des Betriebs der jeweiligen Gesellschaft innerhalb von fünf Jahren nach dem Erwerb (Lohnsummenfrist) insgesamt 400 Prozent der Ausgangslohnsumme nicht unterschreitet (Mindestlohnsumme). ²Ausgangslohnsumme ist die durchschnittliche Lohnsumme der letzten fünf vor dem Zeitpunkt der Entstehung der Steuer (§ 9) endenden Wirtschaftsjahre. ³Satz 1 ist nicht anzuwenden, wenn
1. die Ausgangslohnsumme 0 Euro beträgt oder
2. der Betrieb unter Einbeziehung der in den Sätzen 11 bis 13 genannten Beteiligungen und Gesellschaften sowie der nach Maßgabe dieser Bestimmung anteilig einzubeziehenden Beschäftigten nicht mehr als fünf Beschäftigte hat.

⁴An die Stelle der Mindestlohnsumme von 400 Prozent tritt bei
1. mehr als fünf, aber nicht mehr als zehn Beschäftigten eine Mindestlohnsumme von 250 Prozent,
2. mehr als zehn, aber nicht mehr als 15 Beschäftigten eine Mindestlohnsumme von 300 Prozent.

⁵Unterschreitet die Summe der maßgebenden jährlichen Lohnsummen die Mindestlohnsumme, vermindert sich der nach Absatz 1 zu gewährende Verschonungsabschlag mit Wirkung für die Vergangenheit in demselben prozentualen Umfang, wie die Mindestlohnsumme unterschritten wird. ⁶Die Lohnsumme umfasst alle Vergütungen (Löhne und Gehälter und andere Bezüge und Vorteile), die im maßgebenden Wirtschaftsjahr an die auf den Lohn- und Gehaltslisten erfassten Beschäftigten gezahlt werden. ⁷Außer Ansatz bleiben Vergütungen an solche Beschäftigte,
1. die sich im Mutterschutz im Sinne des Mutterschutzgesetzes in der Fassung der Bekanntmachung vom 20. Juni 2002 (BGBl. I S. 2318), das zuletzt durch Artikel 6 des Gesetzes vom 23. Oktober 2012 (BGBl. I S. 2246) geändert worden ist, befinden oder
2. die sich in einem Ausbildungsverhältnis befinden oder
3. die Krankengeld im Sinne des § 44 des Fünften Buches Sozialgesetzbuch – Gesetzliche Krankenversicherung – (Artikel 1 des Gesetzes vom 20. Dezember 1988, BGBl. I S. 2477, 2482), das zuletzt durch Artikel 3 des Gesetzes vom 30. Mai 2016 (BGBl. I S. 1254) geändert worden ist, beziehen oder
4. die Elterngeld im Sinne des Bundeselterngeld- und Elternzeitgesetzes in der Fassung der Bekanntmachung vom 27. Januar 2015 (BGBl. I S. 33) beziehen oder
5. die nicht ausschließlich oder überwiegend in dem Betrieb tätig sind (Saisonarbeiter);

diese im Zeitpunkt der Entstehung der Steuer (§ 9) einem Betrieb zuzurechnenden Beschäftigten bleiben bei der Anzahl der Beschäftigten des Betriebs im Sinne der Sätze 3 und 4 unberücksichtigt. ⁸Zu den Vergütungen zählen alle Geld- oder Sachleistungen für die von den Beschäftigten erbrachte Arbeit, unabhängig davon, wie diese Leistungen bezeichnet werden und ob es sich um regelmäßige oder unregelmäßige Zahlungen handelt. ⁹Zu den Löhnen und Gehältern gehören alle von den Beschäftigten zu entrichtenden Sozialbeiträge, Einkommensteuern und Zuschlagsteuern auch dann, wenn sie vom Arbeitgeber einbehalten und von ihm im Namen des Beschäftigten direkt an den Sozialversicherungsträger und die Steuerbehörde abgeführt werden. ¹⁰Zu den Löhnen und Gehältern zählen alle von den Beschäftigten empfangenen Sondervergütungen, Prämien, Gratifikationen, Abfindungen, Zuschüsse zu Lebenshaltungskosten, Familienzulagen, Provisionen, Teilnehmergebühren und vergleichbare Vergütungen. ¹¹Gehören zum Betriebsvermögen des Betriebs, bei Beteiligungen an einer Personengesellschaft und Anteilen an einer Kapitalgesellschaft des Betriebs der jeweiligen Gesellschaft, unmittelbar oder mittelbar Beteiligungen an Personengesellschaften, die ihren Sitz oder ihre Geschäftsleitung im Inland, in einem Mitgliedstaat der Europäischen Union oder in einem Staat des Europäischen Wirtschaftsraums haben, sind die Lohnsummen und die Anzahl der Beschäftigten dieser Gesellschaften einzubeziehen zu dem Anteil, zu dem die unmittelbare oder mittelbare Beteiligung besteht. ¹²Satz 11 gilt für Anteile an Kapitalgesellschaften entsprechend, wenn die unmittelbare oder mittelbare Beteiligung mehr als 25 Prozent beträgt. ¹³Im Fall einer Betriebsaufspaltung sind die Lohnsummen und die Anzahl der Beschäftigten der Besitzgesellschaft und der Betriebsgesellschaft zusammenzuzählen.

(4) ¹Das für die Bewertung der wirtschaftlichen Einheit örtlich zuständige Finanzamt im Sinne des § 152 Nummer 1 bis 3 des Bewertungsgesetzes stellt die Ausgangslohnsumme, die Anzahl der Beschäftigten und die Summe der maßgebenden jährlichen Lohnsummen gesondert fest, wenn diese Angaben für die Erbschaftsteuer oder eine andere Feststellung im Sinne dieser Vorschrift von Bedeutung sind. ²Bei Anteilen an Kapitalgesellschaften, die nach § 11 Absatz 1 des Bewertungsgesetzes zu bewerten sind, trifft die Feststellungen des Satzes 1 das örtlich zuständige Finanzamt entsprechend § 152 Nummer 3 des Bewertungsgesetzes. ³Die Entscheidung über die Bedeutung trifft das Finanzamt, das für die Festsetzung der Erbschaftsteuer oder die Feststellung nach § 151 Absatz 1 Satz 1 Nummer 1 bis 3 des Bewertungsgesetzes zuständig ist. ⁴§ 151 Absatz 3 und die §§ 152 bis 156 des Bewertungsgesetzes sind auf die Sätze 1 bis 3 entsprechend anzuwenden.

(5) ¹Ein Erwerber kann den Verschonungsabschlag (Absatz 1) und den Abzugsbetrag (Absatz 2) nicht in Anspruch nehmen, soweit er begünstigtes Vermögen im Sinne des § 13b Absatz 2 auf Grund einer letztwilligen Verfügung des Erblassers oder einer rechtsgeschäftlichen Verfügung des Erblassers oder Schenkers auf einen Dritten übertragen muss. ²Gleiches gilt, wenn ein Erbe im Rahmen der Teilung des Nachlasses begünstigtes Vermögen im Sinne des § 13b Absatz 2 auf einen Miterben überträgt. ³Überträgt ein Erbe erworbenes begünstigtes Vermögen im Sinne des § 13b Absatz 2 im Rahmen der Teilung des Nachlasses auf einen Dritten und gibt der Dritte dabei diesem Erwerber nicht begünstigtes Vermögen hin, das er vom Erblasser erworben hat, erhöht sich insoweit der Wert des begünstigten Vermögens des Dritten um den Wert des hingegebenen Vermögens, höchstens jedoch um den Wert des übertragenen Vermögens.

(6) ¹Der Verschonungsabschlag (Absatz 1) und der Abzugsbetrag (Absatz 2) fallen nach Maßgabe des Satzes 2 mit Wirkung für die Vergangenheit weg, soweit der Erwerber innerhalb von fünf Jahren (Behaltensfrist)

1. einen Gewerbebetrieb oder einen Teilbetrieb, eine Beteiligung an einer Gesellschaft im Sinne des § 15 Absatz 1 Satz 1 Nummer 2 und Absatz 3 oder § 18 Absatz 4 Satz 2 des Einkommensteuergesetzes, einen Anteil eines persönlich haftenden Gesellschafters einer Kommanditgesellschaft auf Aktien oder einen Anteil daran veräußert; als Veräußerung gilt auch die Aufgabe des Gewerbebetriebs. ²Gleiches gilt, wenn wesentliche Betriebsgrundlagen eines Gewerbebetriebs veräußert oder in das Privatvermögen überführt oder anderen betriebsfremden Zwecken zugeführt werden oder wenn Anteile an einer Kapitalgesellschaft veräußert werden oder die Veräußerung durch eine Sacheinlage (§ 20 Absatz 1 des Umwandlungssteuergesetzes vom 7. Dezember 2006 (BGBl. I S. 2782, 2791), zuletzt geändert durch Artikel 6 des Gesetzes vom 2. November 2015 (BGBl. I S. 1834), in der jeweils geltenden Fassung) aus dem Betriebsvermögen im Sinne des § 13b erworben hat oder wenn eine Beteiligung an einer Gesellschaft im Sinne des § 15 Absatz 1 Satz 1 Nummer 2 und Absatz 3 oder § 18 Absatz 4 Satz 2 des Einkommensteuergesetzes oder ein Anteil daran veräußert wird, den der Veräußerer durch eine Einbringung des Betriebsvermögens im Sinne des § 13b in eine Personengesellschaft (§ 24 Absatz 1 des Umwandlungssteuergesetzes) erworben hat;
2. das land- und forstwirtschaftliche Vermögen im Sinne des § 168 Absatz 1 Nummer 1 des Bewertungsgesetzes und selbst bewirtschaftete Grundstücke im Sinne des § 159 des Bewertungsgesetzes veräußert. ²Gleiches gilt, wenn das land- und forstwirtschaftliche Vermögen einem Betrieb der Land- und Forstwirtschaft nicht mehr dauernd zu dienen bestimmt ist oder wenn der bisherige Betrieb innerhalb der Behaltensfrist als Stückländerei zu qualifizieren wäre oder Grundstücke im Sinne des § 159 des Bewertungsgesetzes nicht mehr selbst bewirtschaftet werden;
3. als Inhaber eines Gewerbebetriebs, als Gesellschafter einer Gesellschaft im Sinne des § 15 Absatz 1 Satz 1 Nummer 2 und Absatz 3 oder § 18 Absatz 4 Satz 2 des Einkommensteuergesetzes oder als persönlich haftender Gesellschafter einer Kommanditgesellschaft auf Aktien bis zum Ende des letzten in die Fünfjahresfrist fallenden Wirtschaftsjahres Entnahmen tätigt, die die Summe seiner Einlagen und der ihm zuzurechnenden Gewinne oder Gewinnanteile seit dem Erwerb um mehr als 150 000 Euro übersteigen; Verluste bleiben unberücksichtigt. ²Gleiches gilt für Inhaber eines begünstigten Betriebs der Land- und Forstwirtschaft oder eines Teilbetriebs oder eines Anteils an einem Betrieb der Land- und Forstwirtschaft. ³Bei Ausschüttungen an Gesellschafter einer Kapitalgesellschaft ist sinngemäß zu verfahren;
4. Anteile an Kapitalgesellschaften im Sinne des § 13b Absatz 1 Nummer 3 ganz oder teilweise veräußert; eine verdeckte Einlage der Anteile in eine Kapitalgesellschaft steht der Veräußerung der Anteile gleich. ²Gleiches gilt, wenn die Kapitalgesellschaft innerhalb der Frist aufgelöst oder ihr Nennkapital herabgesetzt wird, wenn diese wesentliche Betriebsgrundlagen veräußert und das Vermögen an die Gesellschafter verteilt wird; Satz 1 Nummer 1 Satz 2 gilt entsprechend;
5. im Fall des § 13b Absatz 1 Nummer 3 Satz 2 die Verfügungsbeschränkung oder die Stimmrechtsbündelung aufgehoben wird.

²Der rückwirkende Wegfall des Verschonungsabschlags beschränkt sich in den Fällen des Satzes 1 Nummer 1, 2, 4 und 5 auf den Teil, der dem Verhältnis der im Zeitpunkt der schädlichen Verfügung verbleibenden Behaltensfrist einschließlich des Jahres, in dem die Verfügung erfolgt, zur gesamten Behaltensfrist entspricht. ³In den Fällen des Satzes 1 Nummer 1, 2 und 4 ist von einer rückwirkenden Besteuerung abzusehen, wenn der Veräußerungserlös innerhalb der jeweils nach § 13b Absatz 1 begünstigungsfähigen Vermögensart verbleibt. ⁴Hiervon ist auszugehen, wenn der Veräußerungs-

erlös innerhalb von sechs Monaten in entsprechendes Vermögen investiert wird, das zum begünstigten Vermögen im Sinne des § 13b Absatz 2 gehört.

(7) ¹Der Erwerber ist verpflichtet, dem für die Erbschaftsteuer zuständigen Finanzamt innerhalb einer Frist von sechs Monaten nach Ablauf der Lohnsummenfrist das Unterschreiten der Mindestlohnsumme (Absatz 3 Satz 1) anzuzeigen. ²In den Fällen des Absatzes 6 ist der Erwerber verpflichtet, dem für die Erbschaftsteuer zuständigen Finanzamt den entsprechenden Sachverhalt innerhalb einer Frist von einem Monat, nachdem der jeweilige Tatbestand verwirklicht wurde, anzuzeigen. ³Die Festsetzungsfrist für die Steuer endet nicht vor dem Ablauf des vierten Jahres, nachdem das für die Erbschaftsteuer zuständige Finanzamt von dem Unterschreiten der Mindestlohnsumme (Absatz 3 Satz 1) oder dem Verstoß gegen die Behaltensregelungen (Absatz 6) Kenntnis erlangt. ⁴Die Anzeige ist eine Steuererklärung im Sinne der Abgabenordnung. ⁵Sie ist schriftlich abzugeben. ⁶Die Anzeige hat auch dann zu erfolgen, wenn der Vorgang zu keiner Besteuerung führt.

(8) Soweit nicht inländisches Vermögen zum begünstigten Vermögen im Sinne des § 13b Absatz 2 gehört, hat der Steuerpflichtige nachzuweisen, dass die Voraussetzungen für eine Steuerbefreiung im Zeitpunkt der Entstehung der Steuer (§ 9) und während der gesamten in den Absätzen 3 und 6 genannten Zeiträume bestehen.

(9) ¹Für begünstigtes Vermögen im Sinne des § 13b Absatz 2 wird vor Anwendung des Absatzes 1 ein Abschlag gewährt, wenn der Gesellschaftsvertrag oder die Satzung Bestimmungen enthält, die
1. die Entnahme oder Ausschüttung auf höchstens 37,5 Prozent des um die auf den Gewinnanteil oder die Ausschüttungen aus der Gesellschaft entfallenden Steuern vom Einkommen gekürzten Betrages des steuerrechtlichen Gewinns beschränken; Entnahmen zur Begleichung der auf den Gewinnanteil oder die Ausschüttungen aus der Gesellschaft entfallenden Steuern vom Einkommen bleiben von der Beschränkung der Entnahme oder Ausschüttung unberücksichtigt und
2. die Verfügung über die Beteiligung an der Personengesellschaft oder den Anteil an der Kapitalgesellschaft auf Mitgesellschafter, auf Angehörige im Sinne des § 15 der Abgabenordnung oder auf eine Familienstiftung (§ 1 Absatz 1 Nummer 4) beschränken und
3. für den Fall des Ausscheidens aus der Gesellschaft eine Abfindung vorsehen, die unter dem gemeinen Wert der Beteiligung an der Personengesellschaft oder des Anteils an der Kapitalgesellschaft liegt,

und die Bestimmungen den tatsächlichen Verhältnissen entsprechen. ²Gelten die in Satz 1 genannten Bestimmungen nur für einen Teil des begünstigten Vermögens im Sinne des § 13b Absatz 2, ist der Abschlag nur für diesen Teil des begünstigten Vermögens zu gewähren. ³Die Höhe des Abschlags entspricht der im Gesellschaftsvertrag oder in der Satzung vorgesehenen prozentualen Minderung der Abfindung gegenüber dem gemeinen Wert (Satz 1 Nummer 3) und darf 30 Prozent nicht übersteigen. ⁴Die Voraussetzungen des Satzes 1 müssen zwei Jahre vor dem Zeitpunkt der Entstehung der Steuer (§ 9) vorliegen. ⁵Die Steuerbefreiung entfällt mit Wirkung für die Vergangenheit, wenn die Voraussetzungen des Satzes 1 nicht über einen Zeitraum von 20 Jahren nach dem Zeitpunkt der Entstehung der Steuer (§ 9) eingehalten werden; die §§ 13c und 28a bleiben unberührt. ⁶In den Fällen des Satzes 1
1. ist der Erwerber verpflichtet, dem für die Erbschaftsteuer zuständigen Finanzamt die Änderungen der genannten Bestimmungen oder der tatsächlichen Verhältnisse innerhalb einer Frist von einem Monat anzuzeigen,
2. endet die Festsetzungsfrist für die Steuer nicht vor dem Ablauf des vierten Jahres, nachdem das für die Erbschaftsteuer zuständige Finanzamt von der Änderung einer der in Satz 1 genannten Bestimmungen oder der tatsächlichen Verhältnisse Kenntnis erlangt.

(10) ¹Der Erwerber kann unwiderruflich erklären, dass die Steuerbefreiung nach den Absätzen 1 bis 9 in Verbindung mit § 13b nach folgender Maßgabe gewährt wird:
1. In Absatz 1 Satz 1 tritt an die Stelle des Verschonungsabschlags von 85 Prozent ein Verschonungsabschlag von 100 Prozent;
2. in Absatz 3 Satz 1 tritt an die Stelle der Lohnsummenfrist von fünf Jahren eine Lohnsummenfrist von sieben Jahren;
3. in Absatz 3 Satz 1 und 4 tritt an die Stelle der Mindestlohnsumme von 400 Prozent eine Mindestlohnsumme von 700 Prozent;
4. in Absatz 3 Satz 4 Nummer 1 tritt an die Stelle der Mindestlohnsumme von 250 Prozent eine Mindestlohnsumme von 500 Prozent;
5. in Absatz 3 Satz 4 Nummer 2 tritt an die Stelle der Mindestlohnsumme von 300 Prozent eine Mindestlohnsumme von 565 Prozent;
6. in Absatz 6 tritt an die Stelle der Behaltensfrist von fünf Jahren eine Behaltensfrist von sieben Jahren.

²Voraussetzung für die Gewährung der Steuerbefreiung nach Satz 1 ist, dass das begünstigungsfähige Vermögen nach § 13b Absatz 1 zu nicht mehr als 20 Prozent aus Verwaltungsvermögen nach § 13b Absatz 3 und 4 besteht. ³Der Anteil des Verwaltungsvermögens am gemeinen Wert des Betriebs bestimmt sich nach dem Verhältnis der Summe der gemeinen Werte der Einzelwirtschaftsgüter des Verwaltungsvermögens nach § 13b Absatz 3 und 4 zum gemeinen Wert des Betriebs.

(11) Die Absätze 1 bis 10 gelten in den Fällen des § 1 Absatz 1 Nummer 4 entsprechend.

150 ErbStG § 13a

Erbschaftsteuer-Richtlinien
R E 13a.1: Steuerbefreiung für Betriebsvermögen, Betriebe der Land- und Forstwirtschaft und Anteile an Kapitalgesellschaften – Allgemeines/H E 13a.1
R E 13a.2: Gleitender Abzugsbetrag/H E 13a.2
R E 13a.3: Folgen einer Weitergabeverpflichtung oder einer Nachlassteilung/H E 13a. 3
R E 13a.4: Lohnsummenregelung/H E 13a.4
R E 13a.5: Behaltensregelungen – Allgemeines/H E 13a. 5
R E 13a.6: Behaltensregelungen für Betriebsvermögen/H E 13a. 6
R E 13a.7: Behaltensregelungen für land- und forstwirtschaftliches Vermögen
R E 13a.8: Entnahmebegrenzung/H E 13a.8
R E 13a.9: Behaltensregelungen für Anteile an Kapitalgesellschaften/H E 13a.9
R E 13a.10: Wegfall der Verfügungsbeschränkung oder Stimmrechtsbindung
R E 13a.11: Reinvestitionsklausel
R E 13a.12: Durchführung der Nachversteuerung/H E 13a.12
R E 13a.13: Optionsverschonung/H E 13a.13
R E 13a.14: Begünstigte Erwerbe bei Familienstiftungen

1 **1. Entstehungsgeschichte und Zielrichtung.** Nach der vom BVerfG (BStBl. II 2007, 192) geforderten gleichmäßigen Ermittlung der erbschaftsteuerlichen Bemessungsgrundlage sind sämtliche der Erbschaftsteuer unterliegende Vermögensgegenstände einschließlich der Schulden mit dem gemeinen Wert iSd § 9 II BewG zu bemessen. Nur bei einer Bewertung zum gemeinen Wert wird der Erwerb eines nicht in Geld bestehenden Wirtschaftsgutes nach der Leistungsfähigkeit erfasst. Allein der Zuwachs durch Substanzmehrung führt zu einer Erhöhung der **Leistungsfähigkeit** des Erwerbers, an die das ErbStG anknüpft. Ein weiteres Ziel des Gesetzgebers liegt in der Erleichterung der Unternehmensnachfolge: dabei soll einerseits der Erwerb von „produktivem" Unternehmensvermögen stärker als in der Vergangenheit entlastet werden, andererseits soll der Erwerb von „unproduktivem" Vermögen nicht mehr steuerlich begünstigt werden (BR-Drs. 77778/06, 1 ff.; zur Umsetzung der umstrittenen Ziele *Hübner* Erbschaftsteuerreform 2009, 380 ff.).

2 **2. Verfassungsrechtliche Vorgaben.** Nach altem Recht wurde die Verschonung insbes. durch einen deutlich unter dem **gemeinen Wert** liegenden Steuerwert erzielt. Es wurde keine zielgerichtete und gleichmäßig wirkende Entlastung bezweckt. Die Steuerverschonung auf dieser Grundlage führte somit zu einer verfassungswidrigen Besteuerung (BVerfG BStBl. II 2007, 192). Die Begründung der Verfassungswidrigkeit durch das BVerfG erforderte zwingend die **Überarbeitung der Bewertungsvorschriften.** Nur ein von Verfassungswegen vorgegebener einheitlicher Bewertungsmaßstab erreicht das Ziel der Annäherung der Bewertungsgrundlagen an den gemeinen Wert. Die vom Gesetzgeber im Zuge der Anpassung des ErbStG geplanten Rechtsverordnungen zur Bewertung der Vermögensgegenstände und Schulden (bisher iE in der ErbStR geregelt) sind nunmehr ausschließlich in das Bewertungsgesetz aufgenommen worden.

3 Im Jahr 2014 hat das BVerfG (BStBl. II 2015, 50) die Verschonung als zulässig, jedoch die Ausgestaltung für **verfassungswidrig** erklärt. Mithilfe des ErbStAnpG 2016 hat sich der Gesetzgeber um ein verfassungskonformes ErbStG bemüht (Fischer/Pahlke/Wachter/*Wachter* Rn. 46). Das frühere Verschonungsmodell ist in den Grundzügen beibehalten worden; jedoch wurden die Vorschriften der §§ 10, 13a bis 13d, 19a und 28 **modifiziert** sowie § 28a neu in das Gesetz aufgenommen.

4 **3. Neuregelung der Verschonung.** Nach § 13a I gilt der Verschonungsabschlag von 85 % nur noch für Erwerbe begünstigten Vermögens bis 26 Mio. EUR. In § 13a IX wird ein Bewertungsabschlag für Familienunternehmen bei gesellschaftsrechtlichen Beschränkungen von bis zu 30 % eingeführt. Laut § 13a X 2 gilt die Vollbefreiung von 100 % nur noch bei einer Verwaltungsvermögensquote von nicht mehr als 20 %.

5 Mithilfe des § 13b II bis X wird das begünstigte Vermögen durch einen Verwaltungsvermögentest bestimmt, jedoch ist bei einer Verwaltungsvermögensquote von 90 % oder mehr die Verschonung ausgeschlossen (sog. 90 %-Grenze).

6 Bei Erwerben zwischen 26 und 90 Mio. EUR steht dem Erwerber ein Wahlrecht zwischen einem abschmelzenden Verschonungsabschlag nach § 13c und einer Verschonungsbedarfsprüfung nach § 28a zu.

7 Der Erwerber kann ferner nach § 28 I im Falle des Erwerbs von Todes wegen eine Stundung der Steuer für bis zu sieben Jahre beantragen.

8 **4. Kritik an der Neukonzeption.** Mithilfe der neuen Regelungen hat der Gesetzgeber die Vorgaben des BVerfG aufgefangen. Jedoch erscheinen die extrem kompliziert gefassten Regelungen **verfassungsrechtlich bedenklich** (*Crezelius* ZEV 2016, 541 (546); für Bsp. s. Fischer/Pahlke/Wachter/*Wachter* Rn. 47–69). Denn je komplexer die einzelnen Neuerungen sind, desto mehr eröffnen sich Freiräume für Gestaltungen. Die neuen Regelungen wirken kompliziert, einzelfallbezogen und sind daher in der Praxis schwierig umzusetzen. Die Finanzverwaltung steht vor der Herausforderung, praktische Fälle an die gesetzlichen Vorgaben anzupassen; die im Regelfall für die Finanzverwaltung wichtigen Richtlinien liegen bisher nicht vor. Rechtliche Bedenken bezüglich der neueren Regelungen sind etwa am Beispiel des BFH-Urteils v. 24.10.2017 (BB 2018, 468) zu Wohnungsunternehmen festzumachen; die Intention des Gesetzgebers wird durch die Rechtsprechung konterkariert. Die Finanzverwaltung reagiert durch einen Nichtanwendungserlass, wonach das Urteil über den Einzelfall hinaus nicht anwendbar ist. Damit wird versucht, die Intention des Gesetzgebers aufzufangen; rechtsstaatlich ergeben sich aber erhebliche Be-

denken. Ein weiterer problematischer Ansatz liegt darin, dass nicht sämtliche Bundesländer dem Anwendungserlass zugestimmt haben und Bayern in Teilfragen abweichende Auffassungen vertritt.

5. Bewertung nach dem gemeinen Wert. Die Erbschaftsteuer-Reform 2016 hält im Grunsatz an der Bewertung zum gemeinen Wert fest. Die Bewertung differenziert nicht nach den Rechtsformen der zu bewertenden Einheiten. Bei allem unternehmerischen Vermögen wird der gemeine Wert herangezogen. Der gemeine Wert ist der Wert, der **im gewöhnlichen Geschäftsverkehr** nach der Beschaffenheit des Wirtschaftsgutes bei einer Veräußerung zu erzielen wäre (§ 9 II BewG). Für Betriebsvermögen einschließlich Gesamthandsvermögen von Personengesellschaften und die Bewertung von Anteilen an Kapitalgesellschaften ist von einer „Methodenhierarchie" (*Piltz* Ubg 2009, 13; vgl. FinMin Bayern v. 30.12.2009 zu R B 199.1 (1), 3 ErbStR und den **gebräuchlichen Bewertungsverfahren** in einzelnen Branchen) auszugehen: 9

– Der gemeine Wert ist vorrangig aus **zeitnahen Verkäufen** (ua aus Börsenverkäufen von Anteilen an Kapitalgesellschaften) unter fremden Dritten, die weniger als ein Jahr vor dem Bewertungsstichtag zurückliegen, abzuleiten.
– Liegen derartige (stichtagsnahe) Verkäufe nicht vor, ist der gemeine Wert der Anteile an Kapitalgesellschaften und aller gewerblicher Unternehmen unabhängig von der Rechtsform unter Berücksichtigung der Ertragsaussichten (nicht des Vermögens) oder einer anderen anerkannten, auch im gewöhnlichen Geschäftsverkehr für nichtsteuerliche Zwecke üblichen Methode (**Ertrags-, Multiplikatoren-, Substanzwertverfahren**) zu ermitteln (vgl. § 11 II 2, § 109 I, II BewG). Sind ausschließlich ertragsorientierte Verfahren branchenüblich, kann der Unternehmenswert nur nach der ertragsorientierten Methode (individuell zB durch Gutachten nach IDW S. 1 oder nach vereinfachter Ertragswertmethode gem. §§ 199 ff. BewG; vgl. R B 199.1 ErbStR) ermittelt werden.
– Sind branchentypische ertragswertorientierte Verfahren ausgeschlossen (weil zB Multiplikations- oder Substanzwertverfahren zur Anwendung kommen), ist auch die Anwendung des **vereinfachten Ertragswertverfahrens** nach §§ 199 ff. BewG ausgeschlossen.
– Kommen branchentypische methodisch unterschiedliche Verfahren zur Unternehmensbewertung zur Anwendung (zB sowohl ertragswert- als auch substanzorientierte Verfahren), haben der Steuerpflichtige und die FinVw grds. die Wahl zwischen den unterschiedlichen Verfahren, wobei gem. § 11 II 1 Hs. 2 BewG die Methode anzuwenden ist, die ein **Erwerber der Bemessung des Kaufpreises** zugrunde legen würde. Das ist die Methode, die zum niedrigsten Wert führt (BR-Drs. 4/08, 62). Dieses zwingende **„Niederstwertprinzip"** kann für den Steuerpflichtigen im Einzelfall nachteilig sein, weil der Verwaltungsvermögenstest zu einer Überschreitung der Verwaltungsvermögensobergrenze führen kann.
– Der gem. § 11 II 3 BewG zu beachtende **Substanzwert** ist als Mindestwert nur dann anzusetzen, wenn der gemeine Wert nach dem vereinfachten Ertragswertverfahren oder mit einem Gutachterwert (Ertragswertverfahren oder andere im gewöhnlichen Geschäftsverkehr für nichtsteuerliche Zwecke übliche Methode) ermittelt wird. Wird der gemeine Wert aus dem Börsenkurs oder tatsächlichen Verkäufen unter fremden Dritten im gewöhnlichen Geschäftsverkehr abgeleitet, ist der Ansatz des Substanzwertes als Mindestwert ausgeschlossen.
– Nur dann, wenn die Bewertung (auch) nach Ertragsaussichten erfolgt, sieht das BewG als Typisierung das vereinfachte Ertragswertverfahren vor (§§ 200 ff. BewG). Der Unternehmenswert nach dem **vereinfachten Ertragswertverfahren** setzt sich wie folgt zusammen:
– Ertragswert des betriebsnotwendigen Vermögens (§ 200 I BewG: Jahresertrag nach §§ 201, 202 BewG × Kapitalisierungsfaktor nach § 203 BewG)
zuzüglich Nettowert des nicht betriebsnotwendigen Vermögens (§ 200 II BewG)
zuzüglich Wert der Beteiligung an anderen Gesellschaften (§ 200 III BewG)
zuzüglich Nettowert des jungen Betriebsvermögens (§ 200 IV BewG)

= Unternehmenswert nach dem vereinfachten Ertragswertverfahren

– Grundlage für die Unternehmensbewertung im Rahmen des vereinfachten Ertragswertverfahrens ist der zukünftig nachhaltig zu erzielende Jahresertrag (R B 200. (1) ErbStR). Die in der Vergangenheit tatsächlich erzielten Durchschnittserträge stellen lediglich eine Beurteilungsgrundlage für die Prognose des voraussichtlich künftig zu erzielenden Gewinns dar. Liegen für zukünftige Erträge keine Planzahlen vor, werden die durchschnittlichen Erträge der letzten drei Jahre kapitalisiert. Anders als bei der Bewertung von Anteilen an nicht börsennotierten Kapitalgesellschaften bis 2008 (Bewertung nach dem sog. Stuttgarter Verfahren) erfolgt bei der Durchschnittsbewertung keine Gewichtung der zurückliegenden Jahre. Um Überbewertungen im Rahmen der Unternehemenswertermittlung im vereinfachten Ertragswertverfahren entgegenzuwirken, normierte der Gesetzgeber in § 203 BewG einen festen Kapitalisierungsfaktor von 13,75 %. Das BMF ist ermächtigt, durch Rechtsverordnung mit Zustimmung des Bundesrates diesen neuen Kapitalisierungsfaktor an die Entwicklung der Zinsstrukturdaten anzupassen.
– Das typisierte Verfahren ist weder für die Unternehmen, für die die Bewertung branchentypisch nicht ertragswertorientiert ist, noch anzuwenden, wenn das pauschale Verfahren zu **offensichtlich unzutreffenden Ergebnissen** führt (§ 199 II BewG). Unklar ist, wann die Voraussetzungen vorliegen. Entsprechend dem Wesen einer Typisierung wird von einer zulässigen Bandbreite auszugehen sein; da die FinVw keine Hinweise gibt, besteht eine erhebliche Rechtsunsicherheit.

6. Voraussetzung und Umfang der Verschonung. Auf einer weiteren „zweiten" Stufe wird das mit dem gemeinen Wert bewertete Vermögen entlastet. Diesem Ziel dient der Regelungsinhalt des § 13a. Die Verschonung betrifft begünstigungsfähiges Vermögen nach § 13b II – sprich Betriebsvermögen, land- und forstwirtschaftliches Vermögen und Anteile an Kapitalgesellschaften von mehr als 25 %, soweit sie unmittelbar gehalten werden. Verschont wird das Vermögen zu 85 % (Regelmodell = gesetzliche Grundvariante) oder zu 100 % (Optionsmodell), sofern 10

– die Grenze des (schädlichen) Verwaltungsvermögens nicht überschritten wird (§ 13b II),
– die Lohnsummenklausel eingehalten wird (§ 13a III, IV),
– nicht gegen die Behaltensregeln verstoßen wird (§ 13a VI).

Durch den **Verschonungsabschlag** wird einer weiteren verfassungsrechtlichen Vorgabe entsprochen, nur betrieblich genutzte Vermögensgegenstände zu begünstigen. Durch ErbStAnpG 2016 ist der Erwerb 11 für eine Verschonung jedoch auf 26 Mio. EUR nach § 13a I 1 begrenzt, wozu eine Zusammenrechnung der Erwerbe der letzten zehn Jahre derselben Person gem. § 13a I 1, 2 stattfindet. Sollte der Erwerb die Grenze überschreiten, besteht für den Erwerber ein Wahlrecht zwischen dem abschmelzenden Verschonungsmodell des § 13c und der Verschonungsbedarfsprüfung des § 28a.

12 Die Prüfung der Voraussetzungen für die Gewährung der Vergünstigung ist zunächst **für jede wirtschaftliche Einheit** des begünstigten Vermögens vorzunehmen, sodass sowohl der Umfang des Verwaltungsvermögens als auch die Lohnsumme gesondert zu ermitteln sind. Liegen mehrere wirtschaftliche Einheiten einer Vermögensart oder mehrere Arten begünstigten Vermögens vor, erfolgt für § 13a eine **Zusammenrechnung.** Bei dem zusammengerechneten begünstigten Vermögenswert sind der Verschonungsabschlag und der Abzugsbetrag nach Abs. 2 nur einmal zu berücksichtigen. Die Prüfung der Mindestlohnsumme erfolgt jedoch insgesamt für alle begünstigten wirtschaftlichen Einheiten (R E 13a. 4 (3) S. 3 ErbStR). Bei Beteiligungen an einer Personengesellschaft oder bei Anteilen an einer Kapitalgesellschaft kommt es auf die Lohnsumme der Gesellschaft selbst an.

13 **7. Verschonungsabschlag und Abzugsbetrag.** Der Verschonungsabschlag beträgt im **Regelmodell 85 %** und im **Optionsmodell 100 %** des begünstigten Vermögens nach Abs. 1 S. 1, sofern der Erwerb die **Förderhöchstgrenze von 26 Mio. EUR** nicht übersteigt. Dieser Verschonungsabschlag kann mehrfach genutzt werden, auch innerhalb von zehn Jahren durch dieselbe Person (Fischer/Pahlke/Wachter/ *Wachter* Rn. 157).

14 Sollte die Grenze von 26 Mio. EUR durch mehrere Erwerbe von derselben Person innerhalb eines Zeitraums von 10 Jahren jedoch überschritten werden, entfällt die Steuerbefreiung für die bis dahin als steuerfrei behandelten früheren Erwerbe mit Wirkung für die Vergangenheit nach S. 3.

15 Das verbleibende begünstigte Vermögen (die nach § 13a I verbleibenden 15 % des begünstigten Vermögens) erhält einen Abzugsbetrag (Abs. 2) von 150.000 EUR. Dieser Betrag verringert sich um die Hälfte des diesen Abzugsbetrag übersteigenden Betrages. Damit entfällt der Abzugsbetrag ab einem begünstigten Vermögensanteil von 450.000 EUR (*Scholten/Korezkij* DStR 2009, 73). Unter Berücksichtigung der 15 %-Grenze nach § 13a I entfällt der Abzugsbetrag mithin bei einem **Unternehmenswert von 3 Mio. EUR.** Dieser Grenzbetrag soll Verwaltungsaufwand der FinVw vermeiden und Kleinfälle aus der Überprüfung herausnehmen. Der Abzugsbetrag wird auch bei mehreren begünstigten Übertragungen innerhalb der Frist von **zehn Jahren nur einmal** und (wie der Verschonungsabschlag) antragsunabhängig gewährt, sodass er nicht für andere spätere Erwerbe aufgespart werden kann (instruktiv *Scholten/Korezkij* DStR 2009, 73). Er kann innerhalb von zehn Jahren für von derselben Person anfallende Erwerbe nur einmal berücksichtigt werden (Abs. 2 S. 3). Nach *Reich/Voß/Striegel* (Tiedtke/ *Reich/Voß/Striegel* Rn. 51, 52) kann der Betrag bei mehreren zeitlich gestreckten Übertragungen deshalb auch nicht mehrmals teilweise ausgenutzt werden.

16 **8. Einhaltung und Definition der Lohnsumme.** Die Lohnsummenregelung als eine Voraussetzung für die Gewährung des Verschonungsabschlags von entweder 85 % oder 100 % ist in ihrer grds. Ausgestaltung beibehalten worden. Der Verschonungsabschlag wird nach Abs. 3 S. 1 im Regelmodell nur gewährt, wenn am Ende des fünfjährigen Betrachtungszeitraumes die Summe der jährlichen Lohnsummen nach der Entstehung der Steuer insgesamt 400 % der Ausgangslohnsumme nicht unterschreitet. Die Ausgangslohnsumme ist nach S. 1 die durchschnittliche Lohnsumme der letzten fünf Wirtschaftsjahre, die vor dem Zeitpunkt der Entstehung der Steuer enden. Sollte diese Ausgangslohnsumme 0 betragen oder hat der Betrieb nicht mehr als 5 Beschäftigte, kann gem. S. 3 auf die Mindestlohnsumme verzichtet werden. Nach S. 4 beträgt die Mindestlohnsumme bei Betrieben mit mehr als 5 und nicht mehr als 10 Beschäftigten 250 % und bei Betrieben mit mehr als 10 und nicht mehr als 15 Beschäftigten 300 %.

17 Nach Abs. 10 S. 1 Nr. 2, 3 erfolgt die Überprüfung im Optionsmodell nach sieben Jahren, wobei die Ausgangslohnsumme von 700 % nicht unterschritten werden darf. Für Betriebe mit bis zu 10 Beschäftigten beträgt die Mindestlohnsumme 500 % und für Betriebe mit bis zu 15 Beschäftigten 565 % gem. Abs. 10 S. 1 Nr. 4, 5.

18 Die Lohnsumme umfasst **sämtliche Vergütungen** der auf den Lohn- und Gehaltslisten erfassten Beschäftigten, die ausschließlich oder überwiegend in dem Betrieb tätig sind. Durch das ErbStAnpG 2016 hat der Gesetzgeber erstmals den Begriff der Beschäftigten geregelt, indem bestimmte Beschäftigte nicht zu berücksichtigen sind. Hierunter fallen gem. S. 7 Hs. 1 Nr. 1–5 Beschäftigte in Mutterschutz, Auszubildende, Langzeitkranke, Beschäftigte in Elternzeit und Saisonarbeiter.

19 Alle Leistungen des Arbeitgebers, die an den Beschäftigten gezahlt oder erbracht werden, einschließlich der Zuschläge, Steuern, Sozialversicherungsbeiträge etc. (Abs. 3 S. 6 ff.) werden in die Berechnung der Lohnsumme einbezogen. Der Gesetzgeber hat den Begriff der Zahlungen an die Arbeitnehmer weit gefasst und durch die Einbeziehung vergleichbarer Vergütungen eine nahezu **abschließende Regelung** getroffen (zusf. Tiedtke/*Reich/Voß/Striegel* Rn. 62–74; Gestaltungen durch Nutzungen von *stock options,* Lebensarbeitszeitkonten, Altersteilzeitvergütungen etc. bei *Kroschewski/Bockhoff* DB 2011, 1291). Unter die Lohnsumme fallen auch

- Sachleistungen, auch bei unregelmäßiger Erbringung,
- sonstige Vorteile wie Sondervergütungen, Prämien, Gratifikationen, Abfindungen etc.,
- Tätigkeitsvergütungen an den Veräußerer, Erwerber, Familienangehörige, nahestehende Personen,
- Nebenleistungen, wenn vom Arbeitgeber für den Mitarbeiter abgeführt (mit Hinweis auf die zT abw. Auffassung, insbes. zu Gesellschafter-Geschäftsführern und Vorständen Fischer/Pahlke/Wachter/*Wachter* Rn. 305 ff.).

Ausgenommen sind etwa
- Vergütung an Gesellschafter-Geschäftsführer bei Personengesellschaften,
- Einkommensteuer, Sozialbeiträge, Abgaben, die vom Arbeitgeber als eigene Steuern/Abgaben entrichtet werden.

Auf die Angemessenheit der tatsächlich erbrachten Vergütung kommt es nicht an; sie muss einem Fremdvergleich nicht entsprechen (BFH BStBl. II 1996, 11 zum alten Recht). 20

Bei der Ermittlung der Lohnsumme werden die Lohnsummen aus **mittelbaren und unmittelbaren Beteiligungen an Personengesellschaften und** – soweit eine Beteiligung von mehr als 25 % besteht – **an Kapitalgesellschaften** im Inland, EU- oder EWR-Raum – nicht jedoch in Drittstaaten – einbezogen. Einbezogen werden jedoch Betriebstätten in Drittländern, da Betriebstätten rechtlich nicht selbständig sind. Der Tätigkeitsort der Beschäftigten oder die Belegenheit der Betriebsstätte ist ohne Belang (Hinweis auf eine mögliche Abweichung bei Personengesellschaften bei Fischer/Pahlke/Wachter/*Wachter* Rn. 77). Die Lohnsummen dieser Gesellschaften sind mit dem Anteil einzubeziehen, zu dem die mittelbare oder unmittelbare Beteiligung besteht (*Hannes/Stolleiken* DB 2013, 364). Die FinVw hat bei Einbeziehung der Lohnsumme von Beteiligungsunternehmen mit Sitz oder Geschäftsleitung im Ausland keine Bedenken, wenn für die Lohnsumme auf den in der Gewinn- und Verlustrechnung ausgewiesenen Aufwand, soweit er dem inländischen steuerlichen Verständnis entspricht, abgestellt wird; trotz der Vereinfachung führt die nach Abs. 7 begründete Nachweispflicht im Einzelfall zu erheblichen Schwierigkeiten. 21

Im Gegensatz zu Personengesellschaften werden bei Kapitalgesellschaften Lohnsummen nur berücksichtigt, sofern die zum Betriebsvermögen gehörende unmittelbare oder mittelbare Beteiligung mehr als 25 % beträgt (25 %-Grenze der Lohnsummenermittlung). Strittig war, ob mehrere „horizontal" nebeneinander bestehende Beteiligungen des Übertragenden bei der Berechnung der 25 %-Grenze für Kapitalgesellschaften zusammenzurechnen sind. Eine solche „horizontale" Zusammenrechnung mehrerer Beteiligungsstränge ist nur unterhalb einer gemeinsamen Holding zur Einbeziehung der Lohnsummen nachgeordneter Gesellschaften in die Gesamtlohnsumme der Holding möglich oder durch die Zugehörigkeit zum Betriebsvermögen eines Gewerbebetriebs als übergeordnete wirtschaftliche Einheit, die begünstigungsfähig ist. 22

In der Praxis geht es vor allem darum, die Ausgangslohnsumme der letzten fünf Jahre vor einem (planbaren) Erwerb zu betrachten; ob hierfür die folgenden Überlegungen in Betracht kommen, ist im konkreten Einzelfall zu ermitteln: 23

- Reduzierung der Zahl oder des Gehalts der Mitarbeiter,
- Verzicht auf Sonderzahlungen,
- Beschäftigung von Leiharbeitnehmern,
- Ausgliederung auf Beschäftigungsgesellschaften, die nicht einzubeziehen sind,
- Reduzierung der Beteiligungsquote bei Kapitalgesellschaften,
- Verlagerung der Arbeitsplätze in Drittstaaten,
  (ausf. mit Gestaltungen *Landsittel* ZErb 2009, 11 (19)).

Die FinVw wird jede kurzfristige Disposition in Hinblick auf die Minderung der Anzahl der Beschäftigten der Überprüfung nach § 42 AO unterziehen (R E 13a.4 (2) S. 3 ErbStR). 24

Das Unterschreiten der Mindestlohnsumme, die sich aus der durchschnittlichen Lohnsumme der letzten fünf vorhergehenden Wirtschaftsjahre ergibt, führt zu einem **Wegfall des Verschonungsabschlags** in demselben prozentualen Umfang, wie die tatsächliche Mindestlohnsumme unterschritten wurde; die Vorschrift erfasst sowohl den Regelfall als auch den Optionsfall (Abs. 3 S. 3). Die Lohnsumme ist als Durchschnittswert konzipiert und ist am Ende der Behaltensfrist zu ermitteln, sodass eine zwischenzeitliche Absenkung der Jahreslohnsumme durch die Anhebung der Lohnsumme in einem anderen Jahr kompensiert werden kann. Die Gründe für das Unterschreiten der Lohnsumme sind bedeutungslos; auch die Sicherung der Zahl der Arbeitsplätze oder die Zuordnung der Arbeitsplätze im In- oder EU-/EWR-Ausland spielt keine Rolle. Die für die Praxis ausgesprochenen Empfehlungen, in dem Zeitraum nach unentgeltlichem Erwerb des Unternehmens die Mindestlohnsumme einzuhalten, stehen den Überlegungen zur Ausgangslohnsumme diametral entgegen: 25

- Erhöhung Zahl und Vergütung der Mitarbeiter,
- Beschäftigung festangestellter Mitarbeiter,
- Eingliederung von Beschäftigungsgesellschaften,
- Erhöhung Beteiligungsansatz an Kapitalgesellschaften.

Die Lohnsumme ist nur in dem Fall bedeutungslos, in dem die Ausgangslohnsumme 0 EUR entspricht oder der Betrieb unter Einbeziehung der in S. 11 bis 13 genannten Beteiligungen und Gesellschaften sowie der nach Maßgabe dieser Bestimmung anteilig einzubeziehenden Beschäftigten nicht mehr als fünf Beschäftigte hat. 26

9. Gesonderte Feststellung der Lohnsummen. Nach § 13a IV ist eine gesonderte Feststellung der Ausgangslohnsumme, der Anzahl der Beschäftigten und der Summe der maßgebenden jährlichen Lohnsummen für Erwerbe, für die die Steuer nach dem 30.6.2011 entsteht (vgl. § 37 VI), durchzuführen, zu der das für die Bewertung der wirtschaftlichen Einheit örtlich zuständige Finanzamt (§ 152 Nr. 1–3 BewG) verpflichtet ist (näher *Halaczinsky* UVR 2011, 342). Durch die gesonderte Feststellung entfällt die bisherige nachrichtliche Übermittlung. Die in dem Bescheid erfolgten Feststellungen sind für die Erbschaft- bzw. Schenkungsteuerfestsetzung bindend, sodass bei fehlerhaften Feststellungen ein gesondertes Rechtsbehelfsverfahren gegen den Feststellungsbescheid zu erfolgen hat. 27

28 Durch ErbStAnpG 2016 müssen nach Abs. 4 S. 2 iVm § 152 Nr. 3 BewG die entsprechenden Feststellungen bei Anteilen an Kapitalgesellschaften von dem Finanzamt getroffen werden, in dessen Bezirk sich die Geschäftsleitung befindet.

29 **10. Weiterübertragung auf Dritte.** Nach Abs. 5 erhält nur der Unternehmensnachfolger die Begünstigung. Sind die Erben verpflichtet, das Unternehmen auf Dritte zu übertragen, und setzen sich die Erben auf Grund einer vom Erblasser verfügten Teilungsanordnung auseinander, können die **Erben die Vergünstigung nicht** nutzen. Ihnen entsteht kein Nachteil, weil die Weitergabeverpflichtung als Last bereicherungsmindernd wirkt (bereits zum alten Recht Moench/Weinmann/*Weinmann* Rn. 88; *Koblenzer* ErbStB 2011, 227). Auch eine Übertragung von begünstigtem Vermögen auf Miterben im Rahmen der Teilung des Nachlasses ist für den Erben schädlich (Abs. 5 S. 2). Sowohl die vom Erblasser angeordnete als auch die freie Erbauseinandersetzung – dies ist die **Auseinandersetzung von Erbengemeinschaften** – werden im Anschluss an dem (abw. zu den Regelungen bis 2008) nach der Intention des Gesetzgebers bereits im Rahmen der Besteuerung des Erbfalls gewürdigt. Dies setzt nach Auffassung der FinVw (H E 13a.3 ErbStR mit Hinweis auf BMF BStBl. I 2006, 253 Rn. 8) voraus, dass die Auseinandersetzungsvereinbarung innerhalb von **max. sechs Monaten** nach dem Erbfall erfolgt. Die steuerliche Verschonung steht nur dem Erwerber zu, der den Betrieb auch tatsächlich fortführt; er hat die an die Verschonung geknüpften Voraussetzungen einzuhalten (Fischer/Pahlke/Wachter/*Wachter* Rn. 397).

30 **11. Behaltensfrist.** Die Vergünstigungen entfallen rückwirkend, wenn die in Abs. 6 geregelten Behaltensfristen nicht gewahrt werden (ausf. mit Bsp. zur Vermeidung steuerschädlicher Handlungen *Söffing* ErbStB 2010, 268). In Umsetzung der Vorgaben des BVerfG wird die Vergünstigung für Betriebsvermögen, land- und forstwirtschaftliches Vermögen und Anteile an Kapitalgesellschaften nur gewährt, wenn (entsprechend der bisherigen Regelung des § 13a ErbStG aF) der **Erwerber den begünstigten Betrieb** für fünf (Regelmodell) bzw. im Optionsmodell sieben Jahre weitgehend unverändert **fortführt**. Die Veräußerung oder Aufgabe des Betriebes, Teilbetriebes oder Anteils an einer Gesellschaft, Gemeinschaft, Anteil des persönlich haftenden Gesellschafters einer KGaA gelten etwa Begünstigung ausschließlich Verfügungen; dies gilt auch bei Übertragung wesentlicher Betriebsgrundlagen oder Überführung dieser Grundlagen in das Privatvermögen. Die Insolvenz ist nach Auffassung der Rspr. (BFH BStBl. II 2005, 571; FG Münster EFG 2008, 1049; zu insolvenzbedingten Veräußerung BFH DB 2010, 880; zur Veräußerung aufgrund gesetzlicher Anordnung BFH BStBl. II 2010, 749) ein veräußerungsgleicher Tatbestand (krit. mit weiteren Hinweisen Troll/Gebel/Jülicher/Gottschalk/*Jülicher* Rn. 271). **Schädlich** ist auch die Nutzung der Betriebsgrundlagen **zu betriebsfremden Zwecken** oder die Veräußerung von Anteilen an einer Kapitalgesellschaft, die durch Einbringung von Betriebsvermögen im Wege der Sacheinlage oder im Wege der Regelung nach § 20 I UmwStG erworben wurden. Die Einbringung eines Mitunternehmeranteils in eine GmbH ist aber nachsteuerunschädlich, soweit sie gegen Gewährung von Gesellschaftsrechten erfolgt (FinMin Baden-Württemberg, DB 2012, 1780). Veräußerungen von begünstigt erworbenen Anteilen und verdeckte Einlagen von Anteilen an Kapitalgesellschaften, Auflösung von Kapitalgesellschaften, Nennkapitalherabsetzungen, Veräußerung wesentlicher Betriebsgrundlagen usw sind ebenfalls schädlich (Nr. 4). Auch der Wegfall einer Stimmrechtsbindungsvereinbarung ist nach Abs. 6 Nr. 5 schädlich. Eine schädliche Verfügung ist **nicht** gegeben, wenn der Veräußerungserlös **innerhalb der begünstigungsfähigen Vermögensart verbleibt** (Abs. 6 S. 3), wovon auszugehen ist, wenn der Veräußerungserlös innerhalb von sechs Monaten in Vermögen investiert wird, das nicht zum Verwaltungsvermögen gehört (S. 4). Als nicht schädlich wird auch die Veräußerung von Verwaltungsvermögen beurteilt (*Scholten/Korezkij* DStR 2009, 304 (305)). Verstößt der Erwerber gegen die Behaltensfristen oder die Lohnsummenregelung für begünstigtes Vermögen, ist die Inanspruchnahme des Schenkers für die Schenkungsteuer nach § 20 I 1 in der Regel ermessensfehlerhaft, es sei denn, die Voraussetzungen des § 10 II (**Übernahme der Schenkungsteuer** durch Einbeziehung in den Erwerb) liegen vor. Nach Auffassung der FinVw (R E 13a.8 (1) S. 2) liegt eine Überentnahme auch vor, wenn die Entnahme zur Zahlung der ErbSt getätigt wird.

31 Für die Begünstigung des land- und forstwirtschaftlichen Vermögens werden in Abs. 6 Nr. 2 vergleichbare Bedingungen verlangt, die dem bisherigen Nachsteuertatbestand entsprechen und neben den Veräußerungs- und Aufgabetatbeständen auch etwa die Umqualifizierung der Einkunftsart erfassen.

32 **12. Überentnahme.** Nach Abs. 6 S. 1 Nr. 3 ist für Inhaber eines Gewerbebetriebes und Personen- und Freiberufler-Gesellschaften eine Überentnahme schädlich, wenn bis zum Ende des Fünf- bzw. Siebenjahreszeitraumes die Summe der Entnahmen des Gewerbetreibenden bzw. des Gesellschafters unter Anrechnung seiner Einlagen zzgl. des ihm zuzurechnenden Gewinnes oder Gewinnanteils den Betrag von 150.000 EUR übersteigt. Verluste bleiben unberücksichtigt. Die Überentnahmeklausel gilt entsprechend für Ausschüttungen von Kapitalgesellschaften (nach Kapp/Ebeling/*Geck* Rn. 95 wohl nur bei Auflösung von Rücklagen; anders aber *Milatz/Kämper* GmbHR 2009, 762; die FinVw bezieht offene wie verdeckte Gewinnausschüttungen ein, vgl. in R E 13a.8 (6) ErbStR). Die Prüfung, ob Überentnahmen vorliegen, erfolgt **am Ende des Fünf- bzw. Siebenjahreszeitraumes.** Die Nachversteuerung beschränkt sich auf den Betrag der Überentnahme. Die Auffassung, dass eine vollständige Neuberechnung der Steuer erfolgen müsse, weil nach der gesetzlichen Formulierung nicht nur der Abzugsbetrag (Abs. 2), sondern auch der Verschonungsabschlag (Abs. 1) von dem Verstoß gegen die Entnahmeregelung betroffen ist (Tiedtke/Reich/Voß/*Striegel* Rn. 80), sollte in der Beratungspraxis vor einer gesicherten

Rspr. kritisch berücksichtigt werden. Die FinVw sieht in einer Einlage vor Ablauf der Behaltensfrist keine rechtsmissbräuchliche Gestaltung (R E 13a.8 (4), (6) ErbStR).

13. Anteiliger Wegfall der Vergünstigung. Die Vergünstigung entfällt (mit Ausnahme erfolgter Überentnahmen) nur *pro rata temporis*, es gilt nicht das sog. Fallbeil-Prinzip. Schädliche Verfügungen führen im Begünstigungszeitraum von fünf bzw. sieben Jahren nach Ablauf eines jeden Jahres zur Sicherung der Begünstigung von einem Fünftel bzw. im Optionsmodell von einem Siebtel. Der Gesetzgeber sieht von der Nachversteuerung in Fällen des Abs. 6 Nr. 1, 2 u. 4 ab, wenn innerhalb von sechs Monaten eine Investition in begünstigtes Vermögen erfolgt (Abs. 6 S. 3), sodass der Veräußerungserlös innerhalb derselben Vermögensart verbleibt.

14. Anzeigepflichten, Verfahren. An die Gewährung der Vergünstigungen wird die Verpflichtung seitens des Erwerbes geknüpft, der zuständigen FinVw **sechs Monate nach Ablauf der Lohnsummenfrist** von fünf oder sieben Jahren das Unterschreiten der Lohnsummengrenze anzuzeigen bzw. ein Monat nach Verwirklichung einer schädlichen Verfügung Mitteilung über den Wegfall der Vergünstigungen zu machen. Aus Vereinfachungsgründen wird in Abs. 7 S. 3 eine einheitliche Regelung zum Ende der vierjährigen Festsetzungsfrist für die anzeigepflichtigen Fälle getroffen. Die Anzeige gilt als notwendige Steuererklärung und bedarf der Schriftform. Sie hat auch dann zu erfolgen, wenn es zu keiner Besteuerung kommt.

Neben der **gesonderten Feststellung** nach § 151 BewG, wonach die Werte des Betriebsvermögens und der Anteile von Kapitalgesellschaften für die ErbSt festzustellen sind, führen die weiteren vom Gesetzgeber vorgeschriebenen Feststellungsverfahren – neben der Ausgangslohnsumme die Anzahl der Beschäftigten, die Summe der maßgeblichen jährlichen Lohnsummen, die Summe der gemeinen Werte der Wirtschaftsgüter des Verwaltungsvermögens und des jungen Verwaltungsvermögens – dazu, dass die bisher im Wege der Amtshilfe erfolgte nachrichtliche Informationsweitergabe (vgl. zum alten Recht Ländererlass v. 25.6.2009, BStBl. I 2009, 719 Abschn. 5 V) entfällt. Der Umfang der Feststellungsverfahren ist abschließend.

Durch die Einbeziehung von EU- und EWR-Sachverhalten in das nationale Recht ist nach Abs. 8 eine Nachweisverpflichtung geregelt, auch im Ausland zu erfüllende Voraussetzungen (insbes. die Verbleibensvoraussetzung und die Lohnsumme) zu belegen. Obwohl gesetzlich eine Verpflichtung zur Dokumentation der Voraussetzungen für die Verschonung des Betriebsvermögens nicht besteht, wird für die Praxis dringend geraten, entsprechende Nachweise nach Ablauf eines jeden Wirtschaftsjahres zu führen.

15. Vorabschlag für Familienunternehmen. Mit Abs. 9 wurde durch das ErbStAnpG erstmals ein Vorabschlag für Familienunternehmen von höchstens 30 % des gemeinen Werts der Beteiligung für den Erwerb von begünstigtem Vermögen gewährt, sofern der Gesellschaftsvertrag bestimmte Beschränkungen enthält. Von dieser Regelung können jedoch nicht nur Familienunternehmen Gebrauch machen, sondern jedwede Personen- oder Kapitalgesellschaften (Kapp/Ebeling/*Geck* Rn. 190.1).

Die drei Beschränkungen der Gesellschafterrechte – Entnahme-, Verfügungs- und Abfindungsbeschränkungen müssen kumulativ vorliegen. Nach S. 1 Nr. 1 muss die Entnahme oder Ausschüttung auf höchstens 37,5 % des um die auf den Gewinnanteil oder die Ausschüttungen aus der Gesellschaft entfallenden Steuern vom Einkommen gekürzten Betrages des steuerrechtlichen Gewinns beschränkt sein. Nach S. 1 Nr. 2 sind Verfügungen über Gesellschaftsanteile auf Angehörige iSd § 15 I AO, Mitgesellschafter oder Familienstiftungen beschränkt. Gem. S. 1 Nr. 3 muss der Gesellschaftsvertrag für den Fall des Ausscheidens eines Gesellschafters eine Abfindung vorsehen, die erheblich unter dem gemeinen Wert der Beteiligung an der PersG oder des Anteils an der KapG liegt.

Die Rechtsfolge des Abs. 9 besteht darin, dass für das begünstigte Vermögen vor Anwendung des Vorabschlages von 85 % (bei Optionsverschonung von 100 %) ein zusätzlicher Abschlag gewährt wird. Die Höhe des Wertabschlags entspricht dabei der im Gesellschaftsvertrag oder der Satzung vorgesehenen prozentualen Minderung der Abfindung gegenüber dem gemeinen Wert, beträgt jedoch maximal 30 % (Kapp/Ebeling/*Geck* Rn. 209). Die in S. 1 Nr. 1 bis 3 genannten Bedingungen müssen zwei Jahre vor dem Zeitpunkt des Entstehens der Steuer vorliegen und es darf 20 Jahre nach dem Stichtag keine gesellschaftsrechtliche, die Bedingungen verändernde Satzungs- oder Gesellschaftsvertragsänderung erfolgen.

16. Optionsmodell, Voraussetzungen. Nach Abs. 10 kann der Erwerber eine Steuerbefreiung von unwiderruflich 100 % beantragen – Optionsmodell. Die erst im späteren Gesetzgebungsverfahren zum ErbStRG aufgenommene und durch die Gesetzesänderung bestätigte Optionsmöglichkeit setzt voraus, dass der Anteil des Verwaltungsvermögens nicht mehr als 20 % betragen darf. Die Behaltensfrist wird auf sieben Jahre erweitert. Dadurch verlängert sich auch die Lohnsummenfrist von fünf auf sieben Jahre, die maßgebliche Lohnsumme der letzten fünf Jahre vor dem Zeitpunkt der Entstehung der Steuer wurde zur Sicherung der Verschonung nach Ablauf der Siebenjahresfrist von 400 % auf 700 % angehoben. Für Betriebe mit mehr als 5 und nicht mehr als 10 Beschäftigten beträgt die Mindestlohnsumme 500 % bzw. bis zu 15 Beschäftigten 565 %. Liegen die Voraussetzungen des Optionsmodells vor, wird das **gesamte Vermögen erbschaftsteuerfrei** gestellt. Diese Begünstigung von Betriebsvermögen, land- und forstwirtschaftlichem Vermögen und Anteilen an Kapitalgesellschaften (über 25 %) setzt jedoch einen unwiderruflichen Antrag voraus. Werden die Voraussetzungen für das Optionsmodell nicht erfüllt, jedoch die des Regelfalls, kann der Steuerpflichtige nach einem wirksamen Antrag, der nicht widerruflich ist, grundsätzlich nicht nachträglich die Vergünstigungen nach dem Regelmodell in Anspruch nehmen; der Antrag bezieht sich auf die gesamte Übertragung von Betriebsvermögen und kann nicht „differenziert" werden. Zutreffend beurteilt die Finanzverwaltung (R E 13.a.13 (8) S. 4 ErbStR) den Fall anders, wenn sich nachträglich (etwa im Zuge einer Betriebsprüfung) herausstellt, dass die Voraussetzungen der Optionsverschonung in allen wirtschaftlichen Einheiten nicht erfüllt sind. Zwar wird in der Literatur die Auffassung der Finanzverwaltung ablehnend beurteilt (*Scholten/Korezkiy* DStR 2009, 73; *Hannes/ Onderka* ZEV 2009, 421); ein Antrag kann nach Auffassung der Finanzverwaltung **nur einheitlich für sämtliche wirtschaftliche Einheiten** gestellt werden. Das nach dem alten Recht bestehende Risiko ist durch Wegfall der Verwaltungsvermögensquoten entschärft; nach Auffassung der Finanzverwaltung (AEErbSt 2017 Abschn. 13a.20 IV.2) wird bei wirtschaftlichen Einheiten, welche über mehr als 20 % Verwaltungsvermögen verfügen, eine Verschonung nicht gewährt und stattdessen unterliegt diese Einheit einer vollen Besteuerung. Eine Ausnahme soll nur gelten, wenn alle wirtschaftlichen Einheiten die 20 %-Quote überschreiten und damit die Option ins Leere geht.

41 **17. Erbersatzsteuer.** Die Abs. 1–10 sind gem. Abs. 11 auch für die Erbersatzsteuer anzuwenden.

§ 13b Begünstigtes Vermögen

(1) Zum begünstigungsfähigen Vermögen gehören
1. der inländische Wirtschaftsteil des land- und forstwirtschaftlichen Vermögens (§ 168 Absatz 1 Nummer 1 des Bewertungsgesetzes) mit Ausnahme der Stückländereien (§ 160 Absatz 7 des Bewertungsgesetzes) und selbst bewirtschaftete Grundstücke im Sinne des § 159 des Bewertungsgesetzes sowie entsprechendes land- und forstwirtschaftliches Vermögen, das einer Betriebsstätte in einem Mitgliedstaat der Europäischen Union oder in einem Staat des Europäischen Wirtschaftsraums dient;
2. inländisches Betriebsvermögen (§§ 95 bis 97 Absatz 1 Satz 1 des Bewertungsgesetzes) beim Erwerb eines ganzen Gewerbebetriebs oder Teilbetriebs, einer Beteiligung an einer Gesellschaft im Sinne des § 15 Absatz 1 Satz 1 Nummer 2 und Absatz 3 oder § 18 Absatz 4 Satz 2 des Einkommensteuergesetzes, eines Anteils eines persönlich haftenden Gesellschafters einer Kommanditgesellschaft auf Aktien oder Anteils daran und entsprechendes Betriebsvermögen, das einer Betriebsstätte in einem Mitgliedstaat der Europäischen Union oder in einem Staat des Europäischen Wirtschaftsraums dient;
3. Anteile an einer Kapitalgesellschaft, wenn die Kapitalgesellschaft im Zeitpunkt der Entstehung der Steuer (§ 9) Sitz oder Geschäftsleitung im Inland oder in einem Mitgliedstaat der Europäischen Union oder in einem Staat des Europäischen Wirtschaftsraums hat und der Erblasser oder Schenker am Nennkapital dieser Gesellschaft unmittelbar zu mehr als 25 Prozent beteiligt war (Mindestbeteiligung). ²Ob der Erblasser oder Schenker die Mindestbeteiligung erfüllt, ist nach der Summe der dem Erblasser oder Schenker unmittelbar zuzurechnenden Anteile und der Anteile weiterer Gesellschafter zu bestimmen, wenn der Erblasser oder Schenker und die weiteren Gesellschafter untereinander verpflichtet sind, über die Anteile nur einheitlich zu verfügen oder ausschließlich auf andere derselben Verpflichtung unterliegende Anteilseigner zu übertragen und das Stimmrecht gegenüber nichtgebundenen Gesellschaftern einheitlich auszuüben.

(2) ¹Das begünstigungsfähige Vermögen ist begünstigt, soweit sein gemeiner Wert den um das unschädliche Verwaltungsvermögen im Sinne des Absatzes 7 gekürzten Nettowert des Verwaltungsvermögens im Sinne des Absatzes 6 übersteigt (begünstigtes Vermögen). ²Abweichend von Satz 1 ist der Wert des begünstigungsfähigen Vermögens vollständig nicht begünstigt, wenn das Verwaltungsvermögen nach Absatz 4 vor der Anwendung des Absatzes 3 Satz 1, soweit das Verwaltungsvermögen nicht ausschließlich und dauerhaft der Erfüllung von Schulden aus durch Treuhandverhältnisse abgesicherten Altersversorgungsverpflichtungen dient und dem Zugriff aller übrigen nicht aus diesen Altersversorgungsverpflichtungen unmittelbar berechtigten Gläubiger entzogen ist, sowie der Schuldenverrechnung und des Freibetrags nach Absatz 4 Nummer 5 sowie der Absätze 6 und 7 mindestens 90 Prozent des gemeinen Werts des begünstigungsfähigen Vermögens beträgt.

(3) ¹Teile des begünstigungsfähigen Vermögens, die ausschließlich und dauerhaft der Erfüllung von Schulden aus Altersversorgungsverpflichtungen dienen und dem Zugriff aller übrigen nicht aus den Altersversorgungsverpflichtungen unmittelbar berechtigten Gläubiger entzogen sind, gehören bis zur Höhe des gemeinen Werts der Schulden aus Altersversorgungsverpflichtungen nicht zum Verwaltungsvermögen im Sinne des Absatzes 4 Nummer 1 bis 5. ²Soweit Finanzmittel und Schulden bei Anwendung von Satz 1 berücksichtigt wurden, bleiben sie bei der Anwendung des Absatzes 4 Nummer 5 und des Absatzes 6 außer Betracht.

(4) Zum Verwaltungsvermögen gehören
1. Dritten zur Nutzung überlassene Grundstücke, Grundstücksteile, grundstücksgleiche Rechte und Bauten. ²Eine Nutzungsüberlassung an Dritte ist nicht anzunehmen, wenn
   a) der Erblasser oder Schenker sowohl im überlassenden Betrieb als auch im nutzenden Betrieb allein oder zusammen mit anderen Gesellschaftern einen einheitlichen geschäftlichen Betätigungswillen durchsetzen konnte oder als Gesellschafter einer Gesellschaft im Sinne des § 15 Absatz 1 Satz 1 Nummer 2 und Absatz 3 oder § 18 Absatz 4 des Einkommensteuergesetzes den Vermögensgegenstand der Gesellschaft zur Nutzung überlassen hatte, und diese Rechtsstel-

lung auf den Erwerber übergegangen ist, soweit keine Nutzungsüberlassung an einen weiteren Dritten erfolgt;
b) die Nutzungsüberlassung im Rahmen der Verpachtung eines ganzen Betriebs erfolgt, welche beim Verpächter zu Einkünften nach § 2 Absatz 1 Satz 1 Nummer 2 und 3 des Einkommensteuergesetzes führt und
 aa) der Verpächter des Betriebs im Zusammenhang mit einer unbefristeten Verpachtung den Pächter durch eine letztwillige Verfügung oder eine rechtsgeschäftliche Verfügung als Erben eingesetzt hat oder
 bb) die Verpachtung an einen Dritten erfolgt, weil der Beschenkte im Zeitpunkt der Entstehung der Steuer (§ 9) den Betrieb noch nicht führen kann, und die Verpachtung auf höchstens zehn Jahre befristet ist; hat der Beschenkte das 18. Lebensjahr noch nicht vollendet, beginnt die Frist mit der Vollendung des 18. Lebensjahres.
²Dies gilt nicht für verpachtete Betriebe, soweit sie vor ihrer Verpachtung die Voraussetzungen als begünstigtes Vermögen nach Absatz 2 nicht erfüllt haben und für verpachtete Betriebe, deren Hauptzweck in der Überlassung von Grundstücken, Grundstücksteilen, grundstücksgleichen Rechten und Bauten an Dritte zur Nutzung besteht, die nicht unter Buchstabe d fallen;
c) sowohl der überlassende Betrieb als auch der nutzende Betrieb zu einem Konzern im Sinne des § 4h des Einkommensteuergesetzes gehören, soweit keine Nutzungsüberlassung an einen weiteren Dritten erfolgt;
d) die überlassenen Grundstücke, Grundstücksteile, grundstücksgleichen Rechte und Bauten zum Betriebsvermögen, zum gesamthänderisch gebundenen Betriebsvermögen einer Personengesellschaft oder zum Vermögen einer Kapitalgesellschaft gehören und der Hauptzweck des Betriebs in der Vermietung von Wohnungen im Sinne des § 181 Absatz 9 des Bewertungsgesetzes besteht, dessen Erfüllung einen wirtschaftlichen Geschäftsbetrieb (§ 14 der Abgabenordnung) erfordert;
e) die Grundstücke, Grundstücksteile, grundstücksgleichen Rechte und Bauten vorrangig überlassen werden, um im Rahmen von Lieferungsverträgen dem Absatz von eigenen Erzeugnissen und Produkten zu dienen;
f) die Grundstücke, Grundstücksteile, grundstücksgleichen Rechte und Bauten an Dritte zur land- und forstwirtschaftlichen Nutzung überlassen werden;
2. Anteile an Kapitalgesellschaften, wenn die unmittelbare Beteiligung am Nennkapital dieser Gesellschaften 25 Prozent oder weniger beträgt und sie nicht dem Hauptzweck des Gewerbebetriebs eines Kreditinstitutes oder eines Finanzdienstleistungsinstitutes im Sinne des § 1 Absatz 1 und 1a des Kreditwesengesetzes in der Fassung der Bekanntmachung vom 9. September 1998 (BGBl. I S. 2776), das zuletzt durch Artikel 14 des Gesetzes vom 10. Mai 2016 (BGBl. I S. 1142) geändert worden ist, oder eines Versicherungsunternehmens, das der Aufsicht nach § 1 Absatz 1 Nummer 1 des Versicherungsaufsichtsgesetzes in der Fassung der Bekanntmachung vom 1. April 2015 (BGBl. I S. 434), das zuletzt durch Artikel 13 des Gesetzes vom 10. Mai 2016 (BGBl. I S. 1142) geändert worden ist, unterliegt, zuzurechnen sind. ²Ob diese Grenze unterschritten wird, ist nach der Summe der dem Betrieb unmittelbar zuzurechnenden Anteile und der Anteile weiterer Gesellschafter zu bestimmen, wenn die Gesellschafter untereinander verpflichtet sind, über die Anteile nur einheitlich zu verfügen oder sie ausschließlich auf andere derselben Verpflichtung unterliegende Anteilseigner zu übertragen und das Stimmrecht gegenüber nichtgebundenen Gesellschaftern nur einheitlich auszuüben;
3. Kunstgegenstände, Kunstsammlungen, wissenschaftliche Sammlungen, Bibliotheken und Archive, Münzen, Edelmetalle und Edelsteine, Briefmarkensammlungen, Oldtimer, Yachten, Segelflugzeuge sowie sonstige typischerweise der privaten Lebensführung dienende Gegenstände, wenn der Handel mit diesen Gegenständen, deren Herstellung oder Verarbeitung oder die entgeltliche Nutzungsüberlassung an Dritte nicht der Hauptzweck des Betriebs ist;
4. Wertpapiere sowie vergleichbare Forderungen, wenn sie nicht dem Hauptzweck des Gewerbebetriebs eines Kreditinstitutes oder eines Finanzdienstleistungsinstitutes im Sinne des § 1 Absatz 1 und 1a des Kreditwesengesetzes in der Fassung der Bekanntmachung vom 9. September 1998 (BGBl. I S. 2776), das zuletzt durch Artikel 14 des Gesetzes vom 10. Mai 2016 (BGBl. I S. 1142) geändert worden ist, oder eines Versicherungsunternehmens, das der Aufsicht nach § 1 Absatz 1 Nummer 1 des Versicherungsaufsichtsgesetzes in der Fassung der Bekanntmachung vom 1. April 2015 (BGBl. I S. 434), das zuletzt durch Artikel 13 des Gesetzes vom 10. Mai 2016 (BGBl. I S. 1142) geändert worden ist, unterliegt, zuzurechnen sind;
5. der gemeine Wert des nach Abzug des gemeinen Werts der Schulden verbleibenden Bestands an Zahlungsmitteln, Geschäftsguthaben, Geldforderungen und anderen Forderungen (Finanzmittel), soweit er 15 Prozent des anzusetzenden Werts des Betriebsvermögens des Betriebs oder der Gesellschaft übersteigt. ²Der gemeine Wert der Finanzmittel ist um den positiven Saldo der eingelegten und der entnommenen Finanzmittel zu verringern, welche dem Betrieb im Zeitpunkt der Entstehung der Steuer (§ 9) weniger als zwei Jahre zuzurechnen waren (junge Finanzmittel); junge Finanzmittel sind Verwaltungsvermögen. ³Satz 1 gilt nicht, wenn die genannten Wirtschaftsgüter dem Hauptzweck des Gewerbebetriebs eines Kreditinstitutes oder eines Finanzdienstleistungsinstitutes im Sinne des § 1 Absatz 1 und 1a des Kreditwesengesetzes in der Fassung der

Bekanntmachung vom 9. September 1998 (BGBl. I S. 2776), das zuletzt durch Artikel 14 des Gesetzes vom 10. Mai 2016 (BGBl. I S. 1142) geändert worden ist, oder eines Versicherungsunternehmens, das der Aufsicht nach § 1 Absatz 1 Nummer 1 des Versicherungsaufsichtsgesetzes in der Fassung der Bekanntmachung vom 1. April 2015 (BGBl. I S. 434), das zuletzt durch Artikel 13 des Gesetzes vom 10. Mai 2016 (BGBl. I S. 1142) geändert worden ist, unterliegt, zuzurechnen sind. ⁴Voraussetzung für die Anwendung des Prozentsatzes von 15 Prozent des Satzes 1 ist, dass das nach Absatz 1 begünstigungsfähige Vermögen des Betriebs oder der nachgeordneten Gesellschaften nach seinem Hauptzweck einer Tätigkeit im Sinne des § 13 Absatz 1, des § 15 Absatz 1 Satz 1 Nummer 1, des § 18 Absatz 1 Nummer 1 und 2 des Einkommensteuergesetzes dient. ⁵Die Voraussetzungen des Satzes 4 sind auch erfüllt, wenn die Tätigkeit durch Gesellschaften im Sinne des § 13 Absatz 7, des § 15 Absatz 1 Satz 1 Nummer 2 oder des § 18 Absatz 4 Satz 2 des Einkommensteuergesetzes ausgeübt wird.

(5) ¹Beim Erwerb von Todes wegen entfällt die Zurechnung von Vermögensgegenständen zum Verwaltungsvermögen im Sinne des Absatzes 4 Nummer 1 bis 5 rückwirkend zum Zeitpunkt der Entstehung der Steuer (§ 9), wenn der Erwerber innerhalb von zwei Jahren ab dem Zeitpunkt der Entstehung der Steuer (§ 9) diese Vermögensgegenstände in Vermögensgegenstände innerhalb des vom Erblasser erworbenen, begünstigungsfähigen Vermögens im Sinne des Absatzes 1 investiert hat, die unmittelbar einer Tätigkeit im Sinne von § 13 Absatz 1, § 15 Absatz 1 Satz 1 Nummer 1 oder § 18 Absatz 1 Nummer 1 und 2 des Einkommensteuergesetzes dienen und kein Verwaltungsvermögen sind. ²Voraussetzung hierfür ist, dass die Investition auf Grund eines im Zeitpunkt der Entstehung der Steuer (§ 9) vorgefassten Plans des Erblassers erfolgt und keine anderweitige Ersatzbeschaffung von Verwaltungsvermögen vorgenommen wird oder wurde. ³Beim Erwerb von Todes wegen entfällt die Zurechnung von Finanzmitteln zum Verwaltungsvermögen im Sinne des Absatzes 4 Nummer 5 Satz 1 rückwirkend zum Zeitpunkt der Entstehung der Steuer (§ 9), soweit der Erwerber diese Finanzmittel innerhalb von zwei Jahren ab dem Zeitpunkt der Entstehung der Steuer (§ 9) verwendet, um bei auf Grund wiederkehrender saisonaler Schwankungen fehlenden Einnahmen im Sinne des § 13a Absatz 3 Satz 6 bis 10 zu zahlen. ⁴Satz 2 gilt entsprechend. ⁵Der Erwerber hat das Vorliegen der Voraussetzungen der Sätze 1 bis 4 nachzuweisen.

(6) ¹Der Nettowert des Verwaltungsvermögens ergibt sich durch Kürzung des gemeinen Werts des Verwaltungsvermögens um den nach Anwendung der Absätze 3 und 4 verbleibenden anteiligen gemeinen Wert der Schulden. ²Die anteiligen Schulden nach Satz 1 bestimmen sich nach dem Verhältnis des gemeinen Werts des Verwaltungsvermögens zum gemeinen Wert des Betriebsvermögens des Betriebs oder der Gesellschaft zuzüglich der nach Anwendung der Absätze 3 und 4 verbleibenden Schulden.

(7) ¹Der Nettowert des Verwaltungsvermögens wird vorbehaltlich des Satzes 2 wie begünstigtes Vermögen behandelt, soweit er 10 Prozent des um den Nettowert des Verwaltungsvermögens gekürzten gemeinen Werts des Betriebsvermögens nicht übersteigt (unschädliches Verwaltungsvermögen). ²Verwaltungsvermögen, das dem Betrieb im Zeitpunkt der Entstehung der Steuer (§ 9) weniger als zwei Jahre zuzurechnen war (junges Verwaltungsvermögen), und junge Finanzmittel im Sinne des Absatzes 4 Nummer 5 Satz 2 sind kein unschädliches Verwaltungsvermögen.

(8) ¹Eine Saldierung mit Schulden nach Absatz 6 findet für junge Finanzmittel im Sinne des Absatzes 4 Nummer 5 Satz 2 und junges Verwaltungsvermögen im Sinne des Absatzes 7 Satz 2 nicht statt. ²Eine Verrechnung von Schulden mit Verwaltungsvermögen ist bei wirtschaftlich nicht belastenden Schulden und darüber hinaus ausgeschlossen, soweit die Summe der Schulden den durchschnittlichen Schuldenstand der letzten drei Jahre vor dem Zeitpunkt der Entstehung der Steuer (§ 9) übersteigt; dies gilt nicht, soweit die Erhöhung des Schuldenstands durch die Betriebstätigkeit veranlasst ist. ³Als Nettowert des Verwaltungsvermögens ist mindestens der gemeine Wert des jungen Verwaltungsvermögens und der jungen Finanzmittel anzusetzen.

(9) ¹Gehören zum begünstigungsfähigen Vermögen im Sinne des Absatzes 1 Nummer 2 und 3 unmittelbar oder mittelbar Beteiligungen an Personengesellschaften oder Beteiligungen an entsprechenden Gesellschaften mit Sitz oder Geschäftsleitung im Ausland oder unmittelbar oder mittelbar Anteile an Kapitalgesellschaften oder Anteile an entsprechenden Kapitalgesellschaften mit Sitz oder Geschäftsleitung im Ausland, sind bei der Anwendung der Absätze 2 bis 8 anstelle der Beteiligungen oder Anteile die gemeinen Werte der diesen Gesellschaften zuzurechnenden Vermögensgegenstände nach Maßgabe der Sätze 2 bis 5 mit dem Anteil einzubeziehen, zu dem die unmittelbare oder mittelbare Beteiligung besteht. ²Die unmittelbar oder mittelbar gehaltenen Finanzmittel, die Vermögensgegenstände des Verwaltungsvermögens im Sinne des Absatzes 4 Nummer 1 bis 4 sowie die Schulden sind jeweils zusammenzufassen (Verbundvermögensaufstellung); junge Finanzmittel und junges Verwaltungsvermögen sind gesondert aufzuführen. ³Soweit in der Verbundvermögensaufstellung Forderungen und Verbindlichkeiten zwischen den Gesellschaften untereinander oder im Verhältnis zu dem übertragenen Betrieb oder der übertragenen Gesellschaft gegenüberstehen, sind diese nicht anzusetzen. ⁴Absatz 4 Nummer 5 und die Absätze 6 bis 8 sind auf die Werte in der Verbundvermögensaufstellung anzuwenden. ⁵Die Sätze 1 bis 4 sind auf Anteile im Sinne von Absatz 4 Nummer 2 sowie auf wirtschaftlich nicht belastende Schulden nicht anzuwenden; diese Anteile sind als Verwaltungsvermögen anzusetzen.

Begünstigtes Vermögen § 13b ErbStG 150

(10) ¹Das für die Bewertung der wirtschaftlichen Einheit örtlich zuständige Finanzamt im Sinne des § 152 Nummer 1 bis 3 des Bewertungsgesetzes stellt die Summen der gemeinen Werte der Finanzmittel im Sinne des Absatzes 4 Nummer 5 Satz 1, der jungen Finanzmittel im Sinne des Absatzes 4 Nummer 5 Satz 2, der Vermögensgegenstände des Verwaltungsvermögens im Sinne des Absatzes 4 Nummer 1 bis 4, der Schulden und des jungen Verwaltungsvermögens im Sinne des Absatzes 7 Satz 2 gesondert fest, wenn und soweit diese Werte für die Erbschaftsteuer oder eine andere Feststellung im Sinne dieser Vorschrift von Bedeutung sind. ²Dies gilt entsprechend, wenn nur ein Anteil am Betriebsvermögen im Sinne des Absatzes 1 Nummer 2 übertragen wird. ³Die Entscheidung, ob die Werte von Bedeutung sind, trifft das für die Festsetzung der Erbschaftsteuer oder für die Feststellung nach § 151 Absatz 1 Satz 1 Nummer 1 bis 3 des Bewertungsgesetzes zuständige Finanzamt. ⁴Bei Anteilen an Kapitalgesellschaften, die nach § 11 Absatz 1 des Bewertungsgesetzes zu bewerten sind, trifft die Feststellungen des Satzes 1 das örtlich zuständige Finanzamt entsprechend § 152 Nummer 3 des Bewertungsgesetzes. ⁵ § 151 Absatz 3 und die §§ 152 bis 156 des Bewertungsgesetzes sind auf die Sätze 1 bis 4 entsprechend anzuwenden.

Erbschaftsteuer-Richtlinien
R E 13b.1: Begünstigte Erwerbe von Todes wegen/H E 13b.1
R E 13b.2: Begünstigter Erwerb durch Schenkung unter Lebenden
R E 13b.3: Begünstigungsfähiges Vermögen – Allgemeines
R E 13b.4: Begünstigungsfähiges land- und forstwirtschaftliches Vermögen/H E 13b.4
R E 13b.5: Begünstigungsfähiges Betriebsvermögen/H E 13b.5
R E 13b.6: Begünstigungsfähige Anteile an Kapitalgesellschaften/H E 13b.6
R E 13b.7: Erwerb unterschiedlicher Arten begünstigungsfähigen Vermögens/H E 13b.7
R E 13b.8: Verwaltungsvermögen – Allgemeines/H E 13b.8
R E 13b.9: Überlassung von Grundstücken – Allgemeines/H E 13b.9
R E 13b.10: Grundstücksüberlassung im Rahmen einer Betriebsaufspaltung oder des Sonderbetriebsvermögens/H E 13b.10
R E 13b.11: Grundstücksüberlassung im Rahmen einer Betriebsverpachtung im Ganzen
R E 13b.12: Grundstücksüberlassung im Konzern/H E 13b.12
R E 13b.13: Grundstücksüberlassung im Rahmen eines Wohnungsunternehmens
R E 13b.14: Verpachtete land- und forstwirtschaftliche Grundstücke
R E 13b.15: Anteile an Kapitalgesellschaften von 25 % oder weniger/H E 13b.15
R E 13b.16: Beteiligungen an Personengesellschaften und Anteile an Kapitalgesellschaften von mehr als 25 %
R E 13b.17: Wertpapiere und vergleichbare Forderungen/H E 13b.17
R E 13b.18: Kunstgegenstände
R E 13b.19: Junges Verwaltungsvermögen
R E 13b.20: Anteil des Verwaltungsvermögens/H E 13b.20

1. Definition des begünstigungsfähigen Vermögens, Querverweis zu § 13a. Die Verschonung für unternehmerisches Vermögen erfolgt nach §§ 13a, 13b, wobei der Verschonungsabschlag und die Voraussetzungen für die Gewährung in § 13a geregelt sind. Das Zusammenspiel beider Paragraphen ist sehr verwirrend (Fischer/Pahlke/Wachter/*Wachter* Rn. 2). § 13b definiert nun durch das Erbschaftsteueranpassungsgesetz 2016 die Abgrenzung des begünstigten Vermögens vom begünstigungsfähigen Vermögen. Das begünstigte Vermögen, dh der Teil des Vermögens, der den Verschonungsabschlägen gem. §§ 13a, 13c oder dem Steuererlass gem. § 28a unterliegt, ergibt sich rechnerisch nach Abzug des Wertes des schädlichen Verwaltungsvermögens vom Wert des begünstigungsfähigen Vermögens. Das tatsächlich begünstigte Vermögen stellt somit begünstigungsfähiges Vermögen abzüglich des schädlichen Netto-Verwaltungsvermögens dar. Dem Grunde nach wird eine Begünstigung für inländisches landwirtschaftliches Vermögen (Abs. 1 Nr. 1), inländisches Betriebsvermögen bei Erwerb eines Betriebes, Teilbetriebes oder einen Gesellschaftsanteil an einer Personengesellschaft im Sinne von § 15 I 1 Nr. 2 und Abs. 2 EStG oder § 18 IV EStG (Abs. 1 Nr. 2) oder bei Erwerb eines Anteils an einer Kapitalgesellschaft von mehr als 25 %, soweit der Anteil unmittelbar gehalten wird (Abs. 1 Nr. 3), gewährt. Die Mindestbeteiligung von mehr als 25 % kann auch über eine Poolvereinbarung erreicht werden, in der sich mehrere Gesellschafter zu einer einheitlichen Verfügung und Verwaltung der Beteiligung verpflichten (→ Rn. 18–24). Die Begünstigung gilt auch für Betriebsstätten in einem Mitgliedstaat der EU oder einem Staat des Europäischen Wirtschaftsraumes und für Kapitalgesellschaften, die dort Sitz oder Geschäftsleitung haben. 1

2. Begünstigungsabfolge. Die Begünstigung wird 2

– insgesamt versagt, wenn der landwirtschaftliche Betrieb oder Gewerbebetrieb oder die Kapitalgesellschaft über mehr Verwaltungsvermögen (definiert in Abs. 4) als Produktivvermögen verfügt (Regelmodell); nach dem Optionsmodell kann die vollständige Steuerverschonung nicht beansprucht werden, wenn der Anteil des Verwaltungsvermögens am Gesamtunternehmensvermögen mehr als 20 % beträgt;
– eingeschränkt, wenn das Verwaltungsvermögen zwar nicht überwiegt (mithin grds. begünstigt wäre), aber dem Betrieb im Besteuerungszeitpunkt weniger als zwei Jahre zuzurechnen war;
– am Ende begrenzt auf 85 % des begünstigungsfähigen Vermögens, weil im Regelmodell ein pauschaler Anteil von 15 % des Betriebsvermögens als typisches Verwaltungsvermögen unterstellt wird; im Optionsmodell erhöht sich der Verschonungsabschlag auf 100 %.

Die **Anwendung der Verschonungsregelung für Betriebsvermögen** vollzieht sich in mehreren Schritten (*Handzik*, Die neue Erbschaft- und Schenkungsteuer nach der Erbschaftsteuerreform 2008, 6. Aufl. 2009, Rn. 288): 3

Milatz 1893

- Ermittlung des gemeinen Wertes des Unternehmens nach § 12 ErbStG iVm §§ 11, 199 BewG,
- Prüfung, ob eine begünstigungsfähige Vermögenseinheit iSd § 13b I vorliegt,
- Prüfung, ob die Begünstigung nach § 13b IV ausgeschlossen ist (Verwaltungsvermögen),
- 15 % von begünstigten Vermögenseinheiten sind als pauschaler Anteil nicht begünstigten Vermögens steuerpflichtig; im Optionsmodell nach § 13a X beträgt die Verschonung 100 %.

4   **3. Das begünstigte Vermögen.** Gem. Abs. 2 S. 1 ist das begünstigungsfähige Vermögen begünstigt, soweit sein gemeiner Wert den um das unschädliche Verwaltungsvermögen iSd Abs. 7 gekürzten Nettowert des Verwaltungsvermögens iSd Abs. 6 übersteigt – begünstigtes Vermögen. Durch die Neuregelung des ErbStAnpG 2016 ist die maßgebliche 50 %-Grenze für die Gewährung der Regelverschonung weggefallen, somit wurde das „Alles-oder-Nichts-Prinzip" aufgegeben.

5   Um die Steuerbefreiungen nach §§ 13a, 13c oder 28a zu erhalten, ist das begünstigte Vermögen zu berechnen. Hierzu ist in einem ersten Schritt anhand des Verwaltungsvermögenskatalogs zu prüfen, ob schädliches Verwaltungsvermögen vorliegt. Bei den Wertpapieren, die **Pensionsverpflichtungen** sichern, ist gem. Abs. 3 zu prüfen, ob diese ausschließlich und dauerhaft der Erfüllung von Schulden aus Altersversorgungsverpflichtungen dienen und dem Zugriff aller übrigen Gläubiger entzogen sind. Für das sonstige, noch schädliche Verwaltungsvermögen ist sodann in einem zweiten Schritt nach Abs. 4, 5 der **Finanzmitteltest** durchzuführen. Hierzu ist vom Wert der Finanzmittel der gemeine Wert der Schulden nach Abzug der Schulden, die bereits im Rahmen der Verrechnung verbraucht worden sind, abzuziehen. Nach Abs. 6 sind auf dritter Stufe die den Finanzmitteltest übersteigenden Schulden **quotal** auf das begünstigte und nicht begünstigte Vermögen zu verteilen. Anschließend ist in einem vierten Schritt Abs. 7 anzuwenden, sodass originär nicht begünstigtes Vermögen wie begünstigtes Vermögen behandelt wird, soweit es 10 % des um den Nettowert des Verwaltungsvermögens gekürzten gemeinen Werts des Betriebsvermögens nicht übersteigt (**unschädliches Verwaltungsvermögen**). Im letzten Schritt wird der Wert des verminderten Netto-Verwaltungsvermögens vom gemeinen Wert der übertragenden betrieblichen Einheit subtrahiert; das Ergebnis stellt das begünstigte Vermögen dar (ähnl. v. Oertzen/Loose/Stalleiken Rn. 80–85).

6   Gem. Abs. 2 S. 2 ist der Wert des begünstigungsfähigen Vermögens vollständig nicht begünstigt, wenn das Verwaltungsvermögen ohne Saldierung von Verbindlichkeiten mindestens 90 % des gemeinen Werts des begünstigungsfähigen Vermögens beträgt.

7   **4. Verwaltungsvermögen.** In Abs. 4 definiert der Gesetzgeber das Verwaltungsvermögen. Bei den dort genannten Wirtschaftsgütern handelt es sich um eine abschließende Aufzählung (Troll/Gebel/Jülicher/Gottschalk/*Jülicher* Rn. 258).

8   Die Nichtberücksichtigung des sog. **jungen Verwaltungsvermögens**, welches dem Betrieb in einem Zeitraum von weniger als zwei Jahren vor dem Besteuerungszeitpunkt zugeführt wurde, dient der Vermeidung von nicht gewünschten Gestaltungen. Diese Regelung wird als **spezielle Gestaltungsmissbrauchsregelung** beurteilt (vgl. *Müller-Gatermann* FR 2008, 353 (354)).

9   Vollständig ausgenommen aus dem Verwaltungsvermögenskatalog werden nach Abs. 3 die ausschließlich und dauerhaft der Erfüllung von Altersversorgungsverpflichtungen dienenden Teile des begünstigungsfähigen Vermögens.

10 Für mehrere Gruppen von Wirtschaftsgütern gibt es in Abs. 4 Nr. 1 S. 2 **gesetzliche Ausnahmeregelungen**. So gelten als Teil des (schädlichen) Verwaltungsvermögens die an Dritte zur Nutzung überlassenen Grundstücke, Grundstücksteile, grundstücksgleichen Rechte und Bauten, wobei auch Angehörige des Erblassers oder des Schenkers, Arbeitnehmer der Firma, vom Erblasser beherrschte Kapitalgesellschaften etc. oder Gesellschaften als Dritte gelten. Ausnahmen gelten nur für die Überlassung der Grundstücke im Rahmen des Sonderbetriebsvermögens und der Betriebsaufspaltung, wobei die Begriffe ertragsteuerlichen Kriterien folgen. Dabei werden nur die Grundstücke, die unmittelbar zum Sonderbetriebsvermögen eines Gesellschafters einer Personengesellschaft zählen, vom schädlichen Verwaltungsvermögen ausgenommen; damit sind doppelstöckige Personengesellschaften nicht in die Regelung einbezogen (str.; zweifelnd Fischer/Pahlke/Wachter/*Wachter* Rn. 227). Andere Vermögensgegenstände des Sonderbetriebsvermögens (etwa Patente, Lizenzen etc) fallen nicht unter die Ausnahme (Fischer/Pahlke/Wachter/*Wachter* Rn. 225).

11 Die im Rahmen einer **Betriebsaufspaltung** genutzten Grundstücke (*Kramer* DStR 2011, 1113 (1115)) gehören nicht zum Verwaltungsvermögen, wobei die ertragsteuerlichen Anforderungen in personeller und (zT zweifelnd Fischer/Pahlke/Wachter/*Wachter* Rn. 219) sachlicher Hinsicht erfüllt sein müssen; ausreichend ist, wenn der Erblasser bzw. Schenker (bei Einbeziehung Dritter) entsprechend der im Einkommensteuerrecht anerkannten Gruppentheorie bei der mitunternehmerischen Betriebsaufspaltung in beiden „Betrieben" einen einheitlichen geschäftlichen Willen bilden und durchsetzen kann und diese Rechtsstellung auf den Erwerber übergegangen ist (s. Abs. 2 S. 2 Nr. 1a; vgl. zur Einkommensteuer Schmidt/*Wacker* EStG § 15 Rn. 506 mwN). Nach dem Gesetzeswortlaut muss das Grundstück nicht unbedingt eine wesentliche Betriebsgrundlage darstellen (so *Balmes/Felten* FR 2009, 258 (264); Redaktionsversehen nach *Geck* ZEV 2008, 557 (561)). Es ist jedoch zu empfehlen, die ertragsteuerlichen Voraussetzungen der Betriebsaufspaltung zu erfüllen.

12 Eine **Betriebsverpachtung im Ganzen** (*Hannes/Onderka* ZEV 2009, 10) ist keine schädliche Nutzungsüberlassung des Grundstückes, sofern der bisherige Pächter als Erbe eingesetzt wird oder die Verpachtung an Dritte wegen der noch nicht möglichen Übertragung des Betriebs an die Erben (etwa wegen der Minderjährigkeit, wegen fehlender Qualifikation etc) erfolgt. Der verpachtete Betrieb muss vor der

Verpachtung zum begünstigungsfähigen Vermögen gehört haben (Abs. 2 Nr. 1b S. 2), wodurch verhindert wird, dass allein durch die Verpachtung begünstigtes Vermögen entsteht. Hauptzweck des Unternehmens darf jedoch nicht in der Verpachtung liegen (wegen des Verweises auf lit. d). Die steuerunschädliche Nutzungsüberlassung muss im Rahmen der unbefristeten Verpachtung des Betriebes oder Teilbetriebes an einen Erben erfolgen, wobei der Gesetzgeber an das **Verpächterwahlrecht im EStG** anknüpft (Schmidt/*Wacker* EStG § 16 Rn. 803 ff.). Die Rückausnahme gilt unter der Voraussetzung, dass bei der Betriebsverpachtung ertragsteuerlich Gewinneinkünfte nach § 2 I Nr. 2, 3 iVm II Nr. 1 EStG vorliegen. Ob nur der Erbe oder auch der Vermächtnisnehmer begünstigt ist, ist unklar (gegen die Einbeziehung zB *Geck* ZEV 2008, 557 (561)). Ebenfalls nicht klar ist, ob die Begünstigung auch bei einer gesetzlichen Erbfolge greift oder ob die Übertragung des Betriebes an den Pächter bereits zu Lebzeiten schädlich ist (zum Streit Fischer/Pahlke/Wachter/*Wachter* Rn. 23, 240). Bei Verpachtung an Dritte, etwa weil der Beschenkte den Betrieb noch nicht führen kann, darf die Verpachtung auf max. zehn Jahre befristet sein. Bei Personen, die das 18. Lebensjahr noch nicht vollendet haben, beginnt die Zehnjahresfrist erst mit Erreichen des 18. Lebensjahres, ehe der Betrieb von dem Dritten übernommen werden muss.

5. Besonderheiten für Konzernstrukturen. Auch für Konzernfälle (der Konzernbegriff wird nach der **Regelung des § 4h EStG** abgegrenzt, s. Abs. 2 Nr. 1c) gelten **Ausnahmen**. Überlassender und nutzender Betrieb müssen zu einem Konzern gehören (*Weber-Grellet* DStR 2009, 557; *Kramer* DStR 2011, 1113), wobei die Voraussetzungen im Zeitpunkt der Entstehung der Erbschaft- und Schenkungsteuer erfüllt sein müssen (Überblick zur konzerninternen Überlassung Fischer/Pahlke/Wachter/*Wachter* Rn. 410–416). Die Nutzungsüberlassung im Rahmen eines Konzerns ist nur begünstigt, wenn der nutzende Betrieb das Grundstück selbst nutzt und nicht Dritten überlässt (str. bei Weiterüberlassung im Konzern Fischer/Pahlke/Wachter/*Wachter* Rn. 416). 13

6. Besonderheiten für Wohnungsunternehmen. Die Vergünstigung für Wohnungsunternehmen ist eine Rückausnahme vom Begriff des Verwaltungsvermögens; die überlassenen Grundstücke müssen zum Vermögen eines Betriebes gehören, dessen **Hauptzweck in der Vermietung von Wohnungen** iSd § 181 IX BewG liegt, wobei das Unternehmen für die betrieblichen Aktivitäten einen wirtschaftlichen Geschäftsbetrieb iSd § 14 AO unterhalten muss (BFH DB 2018, 487). Demnach wird nach § 14 AO eine selbständige, nachhaltige Tätigkeit gefordert, die über die Vermögensverwaltung hinausgeht (zu den Anforderungen Kapp/Ebeling/*Geck* Rn. 112; *Sauerland* DStR 2011, 845). Im Regelfall liegt in der Vermietung von Grundstücken kein wirtschaftlicher Geschäftsbetrieb (Tipke/Kruse/*Tipke* AO § 14 Rn. 11 ff.), wobei es auf das Gesamtbild der Verhältnisse und die Verkehrsanschauung ankommt (Pahlke/Koenig/*Koenig* AO § 14 Rn. 22). Das Vorliegen eines wirtschaftlichen Geschäftsbetriebes ist regelmäßig anzunehmen, wenn das Unternehmen mehr als **300 eigene Wohnungen** hält (R E 13b.13 (3) S. 2 ErbStR; zuvor FinMin Bayern DB 2010, 1969). Eine Personengesellschaft fällt unter die Vergünstigung, soweit sie ihre Gewerblichkeit nicht allein aus der Prägung nach § 15 III EStG ableitet (*Geck* ZEV 2008, 557 (562)). Die Vermietung von Wohnungen muss Hauptzweck des Unternehmens sein, der immer dann gegeben ist, wenn der Wert der vermieteten Wohnimmobilien 50 % des Gesamtwertes aller vermieteten (sonstigen) Grundstücke ausmacht. Nach *Wachter* (Fischer/Pahlke/Wachter Rn. 434) dürfte die FinVw von höheren Grenzwerten für die Annahme eines Wohnungsunternehmens iSd Vergünstigung ausgehen, wobei eine **Bindung an die ertragsteuerliche Wertung nicht** besteht. Entscheidend ist jedoch, welche Tätigkeit aus Sicht der Marktteilnehmer das Unternehmen prägt. Dient der Betrieb danach im Hauptzweck der Vermietung von Wohnungen, sind auch solche Grundstücke oder Grundstücksteile kein Verwaltungsvermögen, die nicht zu Wohnzwecken, sondern zB zu gewerblichen, freiberuflichen oder öffentlichen Zwecken genutzt werden. Nach dem Normzweck des § 13b wird in der Lit. vertreten, dass auch ein gewerblicher Grundstückshandel im Sinn des EStG begünstigt wird (str.; so aber *Pauli* DB 2009, 641 (643)). Für die Praxis werden sich erhebliche Abgrenzungsschwierigkeiten ergeben, sodass keine Planungssicherheit besteht (ausf. *Möhrle/Gerber* DB 2011, 903). 14

Der BFH (DB 2018, 487) verlangt für die erbschaftsteuerliche Verschonung von Wohnungsunternehmen einen „wirtschaftlichen Geschäftsbetrieb" im Sinne einer originär gewerblichen Tätigkeit (Zusatzleistungen), sodass auch die Vermietung eines großen Wohnungsbestands als bloße Vermögensverwaltung zu betrachten ist. Die FinVw hat daraufhin einen Nichtanwendungserlass (Erl. v. 23.4.2018, DB 2018, 1186) veröffentlicht, nach dem an den bisherigen Grundsätzen der Erbschaftsteuerrichtlinien von 2011 festgehalten werden soll. Für die Praxis ist jedoch die vorherige Einholung einer verbindlichen Auskunft zu empfehlen. 15

7. Lieferungsverträge zum Absatz eigener Erzeugnisse und Produkte. Sofern Grundstücke, Grundstücksteile und grundstücksgleiche Rechte und Bauten vorrangig an Dritte überlassen werden, um im Rahmen von Lieferungsverträgen dem Absatz eigener Erzeugnisse und Produkte zu dienen, sind diese vom Verwaltungsvermögen ausgeschlossen (s. Abs. 4 Nr. 1e). Der Ursprung dieser Regelung stammt von Brauereigrundstücken (Troll/Gebel/Jülicher/Gottschalk/*Jülicher*, Rn. 298). 16

8. Besonderheiten im land- und forstwirtschaftlichen Bereich. Bei land- und forstwirtschaftlicher Nutzungsüberlassung (s. Abs. 4 Nr. 1f) führt die Verpachtung von Grundstücken, Grundstücksteilen, Bauten und grundstücksgleichen Rechten und Bauten an Dritte zur landwirtschaftlichen Nutzung und nicht etwa zum Verwaltungsvermögen. Insofern ist bei Sachverhalten im Bereich von Mitunternehmerschaften und notwendigem Betriebsvermögen von einer gleichen Einordnung auszugehen. Bei Verpachtung einer zum notwendigen Betriebsvermögen gehörenden Immobilie zur Sicherung des eigenen land- 17 wirtschaftlichen Betriebes besteht jedenfalls dann kein Verwaltungsvermögen, wenn die verpachtende Einheit an dem Betrieb des pachtenden Unternehmens beteiligt ist. Insoweit kann es nicht darauf ankommen, ob ein Fall der (echten) Betriebsaufspaltung vorliegt (→ Rn. 11).

18 **9. Anteile an Kapitalgesellschaften, Poolregelung.** In Nr. 2 werden unverändert gegenüber der Vorgängerregelung des § 13b II 2 Nr. 2 aF Anteile an Kapitalgesellschaften im Inland und EU- bzw. EWR-Ausland in das Verwaltungsvermögen einbezogen, soweit die Beteiligung des Erblassers oder Schenkers 25 % nicht übersteigt und keine Stimmrechtsbindung im Rahmen einer Poolvereinbarung erfolgt oder wenn bei einer Beteiligung über 25 % an der Kapitalgesellschaft diese Gesellschaft aus mehr als 50 % Verwaltungsvermögen besteht. Gem. Abs. 2 Nr. 2 Hs. 2 bleiben Kreditinstitute, Finanzdienstleistungsinstitute iSd KWG und Versicherungsunternehmen, die der Aufsicht nach § 1 I Nr. 1 VAG unterliegen, von dieser Regelung ausgenommen (*Mewes/Bockhoff* ZEV 2014, 532). Nicht begünstigt sind auch solche Beteiligungen, die **über eine vermögensverwaltende Personengesellschaft** mittelbar gehalten werden (so eventuell auch die Beteiligung über eine Treuhandstruktur), wenn hieran ebenfalls mehr als 25 % gehalten werden (BFH, BStBl. II 2013, 742; aA *Milatz/Wegmann* DB 2012, 1640). Als Ausweichgestaltung bietet sich die Einschaltung einer gewerblichen oder gewerblich geprägten Mitunternehmerschaft an, die unter eine begünstigungsfähige PersGes iS.d § 13b I Nr. 2 fällt. Eine Beteiligung von weniger als 25 % an einer Kapitalgesellschaft reicht nicht aus. Nach Auffassung der FinVw (FinMin Bayern DStR 2013, 1035) kommt es bei der Beurteilung der Mindestbeteiligung nicht auf die mit den Anteilen verbundenen Stimmrechte an; auch stimmrechtslose Beteiligungen werden zur Beteiligungsquote hinzugerechnet. Eine ausreichende Beteiligung kann jedoch geschaffen werden, wenn die **Voraussetzungen einer Anteilszusammenrechnung** („Pooling") vorliegen (Bsp. zu Poolvereinbarungen *Weber/Schwind* DStR 2011, 13). Haben sich weitere Gesellschafter, die auch Kapital- und gewerbliche Personengesellschaften sein können, mit dem Erblasser oder Schenker untereinander verpflichtet, nur einheitlich über die Anteile zu verfügen und die Stimmrechte nur einheitlich auszuüben, erfolgt eine Zusammenrechnung der Anteile. Damit wird vor allem Familienkapitalgesellschaften Rechnung getragen, die seit Generationen bestehen und über eine große Zahl von Gesellschaftern in den einzelnen Familienstämmen verfügen, die einzeln die Beteiligungshöhe von 25 % nicht erreichen (*Scholten/Korezkij* DStR 2009, 73 (76); ausf. Fischer/Pahlke/Wachter/*Wachter* Rn. 51–119). Die **Übertragung unter Poolmitgliedern** unterliegt keine Beschränkungen, wohingegen Verfügungen an Dritte einheitlich erfolgen müssen. Ein Anteilseigner/Gesellschafter kann auch nur bzgl. eines Teils seiner Beteiligung einen Bindungsvertrag schließen. Nicht im Pool gebundene und keiner Beschränkung unterliegende Anteile sind für die Bestimmung einer Mindestbeteiligungsquote nicht zusammenzurechnen (*Wehrheim/Rupp* DB 2008, 1455 (1457)).

19 Noch unklar ist, was der Gesetzgeber unter **Einheitlichkeit der Verfügung** versteht (vgl. *v. Oertzen* Ubg 2008, 59 (61); ausf. Tiedtke/*Tiedtke/Wälzholz* Rn. 51). Zwar stellt eine Vererbung keine rechtsgeschäftliche Verfügung dar; entgegen der Intention des Gesetzgebers, insbes. Familiengesellschaften bei Beteiligungen unter 25 % in die Begünstigung einzubeziehen, wird selbst bei Aufnahme eines Neugesellschafters (unabhängig davon, ob dieser Familienangehöriger ist) durch Übertragung von „pool"-gebundenen Anteilen nach dem Wortlaut gefordert, dass **alle Poolmitglieder einheitlich verfügen** müssen (aA Fischer/Pahlke/Wachter/*Wachter* Rn. 172, die der Zustimmung der Poolmitglieder ausreichen lässt). Die Übertragung an ein anderes Poolmitglied unterliegt keiner Beschränkung. Nach Auffassung der FinVw ist die Übertragung auf andere derselben Verpflichtung unterliegende Anteilseigner auch dann gegeben, wenn der Erwerber zeitgleich mit der Übertragung dem Pool beitritt (R E 13b.6 (4) S. 5 ErbStR). Die FinVw kann die Übertragung nicht als missbräuchlich (§ 42 AO) werten, da die bezweckte Begünstigung der Intention des Gesetzgebers entspricht.

20 Da mit der Verfügungsbeschränkung die freie Übertragbarkeit des (einzelnen) Gesellschaftsanteils eingeschränkt werden soll, fallen **Verpfändungen** und **Nießbrauch,** soweit er als Zuwendungsnießbrauch ausgestaltet ist, nicht unter die Verfügung iSd Abs. 4 Nr. 2. Dagegen stellt die mit dem Vorbehaltsnießbrauch verbundene Übertragung des Gesellschaftsanteils eine Verfügung dar. Auch der Vermächtnisnießbrauch ist problematisch (zum Nießbrauch *Feick/Nordmeier* DStR 2009, 893; zur steuerlichen Problemstellung Fischer/Pahlke/Wachter/*Wachter* Rn. 183).

21 Die einheitliche Stimmrechtsausübung, die sicherstellen soll, dass die Mitglieder des Pools ihr Stimmrecht gegenüber den nicht „pool"-gebundenen Gesellschaftern nur einheitlich ausüben, setzt die **vertragliche Einschränkung einer eigenen Stimmrechtsausübung** und das **Zurücktreten der Einflussnahme** einzelner Anteilseigner zum Zwecke einer einheitlichen Willensbildung voraus; den Mitgliedern bleibt es unbenommen, einen Sprecher zu bestellen oder nur schuldrechtlich wirkende Stimmrechtsabreden zu treffen (*M. Söffing* DStZ 2008, 867). Zur Sicherung der Einheitlichkeit wird vorgeschlagen, stimmrechtslose Geschäftsanteile zu schaffen oder eine Dauertestamentsvollstreckung zu bestimmen (vgl. Tiedtke/*Tiedtke/Wälzholz* Rn. 54, 55; abl. zB *Weber/Schwind* ZEV 2009, 16 (17); nach Auffassung von *Gelhaar/Saecker* ZEV 2012, 358 können stimmrechtslose Anteile nicht in die Stimmrechtsregelung einbezogen werden; auch FinVw R E 13b.6 (5) S. 1 Hs. 2). Nach *v. Oertzen* (Ubg 2008, 59 (62)) sind stimmrechtslose Anteile jeder Art nur dann kein Verwaltungsvermögen, sofern sie in einem Pool zu mehr als 25 % gebunden sind. Entsprechende Vinkulierungsklauseln im Gesellschaftsvertrag regeln jedoch nicht, unter welchen Voraussetzungen eine Einheitlichkeit der Übertragung erfolgt; auch Vorkaufs-, Vorerwerbs- bzw. Übernahmerechte sind nicht ausreichend (Kapp/Ebeling/*Geck* Rn. 67), da nicht gewährleistet ist, dass alle Übertragungen nach einheitlichen Grundsätzen erfolgen.

Eine **Mindestvorlaufzeit** für die Stimmrechtsbindung- und Verfügungsvereinbarung ist nicht erforderlich, jedoch besteht nach § 13a VI 1 Nr. 5 eine Nachlaufzeit von fünf bzw. im Optionsmodell sieben Jahren zur Vermeidung eines Nachsteuertatbestandes. Durch die Übertragungsbeschränkung ist zu empfehlen, die Verpflichtung zum Abschluss eines Bindungsvertrages wegen § 15 GmbHG in notarieller Form zu schließen (zumindest aus Vorsichtsgründen vgl. *Stahl/Fuhrmann* KÖSDI 2008, 16056 (16066); dies wird von der FinVw nicht verlangt, es fehlen aber Ausführungen in den ErbStR). 22

Trotz Vereinbarung sind die Verfügungen über einen Gesellschaftsanteil wirksam, auch wenn gegen die Verpflichtungen aus der Poolvereinbarung verstoßen wird. Nach Auffassung der FinVw (R E 13a.10 (2) Nr. 1 ErbStR) verlieren **die im Pool verbleibenden Gesellschafter ihre Begünstigung**, wenn mit der Verfügung eines Poolmitgliedes die Mindestbeteiligungsquote der verbliebenen Poolmitglieder von mehr als 25% nicht mehr erreicht wird (krit. Kapp/Ebeling/*Geck* § 13a Rn. 105). Dies gilt auch im Fall der einseitigen Kündigung, nicht bei einvernehmlicher Aufhebung der Poolvereinbarung. 23

Zur Vermeidung möglicher Rechtsunsicherheiten bei der Ausgestaltung von Poolvereinbarungen kann es sich empfehlen, im Privatvermögen gehaltene GmbH-Geschäftsanteile in eine gewerblich geprägte GmbH & Co. KG (§ 15 III Nr. 1 EStG) einzulegen oder betrieblich verstrickte Geschäftsanteile gem. § 6 V 3 EStG in ein Gesamthandsvermögen einzubringen, sodass sich der Abschluss einer Poolabrede erübrigt. Die fortan im Gesamthandsvermögen gehaltenen Geschäftsanteile vermitteln eine vom Gesetzgeber geforderte Beteiligung am Nennkapital der Kapitalgesellschaft von mehr als 25%. 24

10. Kunstgegenstände. Zum Verwaltungsvermögen gehören nach Nr. 3 ua Kunstgegenstände, wissenschaftliche Sammlungen, Münzen, Edelmetalle, Oldtimer, Yachten, Segelflugzeuge sowie sonstige typischerweise der privaten Lebensführung dienende Gegenstände. Dies gilt nicht, sofern der Hauptzweck des Betriebs im Handel mit diesen Gegenständen, in der Herstellung, Verarbeitung oder entgeltlichen Nutzungsüberlassung liegt. Ebenfalls werden die Gegenstände nicht zum Verwaltungsvermögen gezählt, wenn sie als Bestandteile eines Museums zur Unternehmensgeschichte für die Öffentlichkeit zugänglich sind und entweder vom Unternehmen selbst hergestellt, verarbeitet oder gehandelt wurden (S. 2 Nr. 1) oder zumindest einen Bezug zur Unternehmensgeschichte aufweisen oder Teil der Entstehungsgeschichte der vom Unternehmen hergestellten, verarbeiteten oder gehandelten Gegenstände sind (S. 2 Nr. 2). 25

Neben der Überprüfung, ob vom Gesetzgeber abschließend aufgeführte Vermögensgegenstände vorliegen, wird insbes. auch die Frage des Hauptzwecks eines Gewerbebetriebes zu stellen sein. Da die Frage nur im Einzelfall zu beantworten ist, besteht keine Rechts- und Planungssicherheit. 26

11. Wertpapiere, vergleichbare Forderungen. Wertpapiere und vergleichbare Forderungen (Nr. 4) sind ebenfalls Verwaltungsvermögen. 27

Der **Wertpapierbegriff** entspricht dem **im Bilanzrecht gebräuchlichen Begriff**, wonach auf die **Übertragbarkeit, Handelbarkeit und standardisierte Ausgestaltung** des Wertpapiers abzustellen ist (v. Oertzen/Loose/*Stalleiken* Rn. 237). Keine Rolle spielt dem Gesetzeswortlaut nach, ob Wertpapiere für unternehmerische Zwecke bestimmt sind. Kundenforderungen aus Lieferungen und Leistungen (*Hannes/Onderka* ZEV 2008, 16 (21); *v. Oertzen* Ubg 2008, 59 (65)), Forderungen aus konzerninternen Darlehen (*Scholten/Korezkij* DStR 2009, 147 (150)) und laufende Geldbestände (allgA, so *Herbach/Kühnold* DStZ 2008, 20 (25)) stellen kein Verwaltungsvermögen dar. Werden jedoch Forderungen gegen Dritte, die etwa aus dem Abgang von Anlagevermögen resultieren, gestundet, ist die Darlehensforderung dem Verwaltungsvermögen zuzurechnen (*Piltz* ZEV 2008, 229 (231)). 28

Ungeklärt ist der **Begriff der vergleichbaren Forderungen** (*Lüdicke* DB 2007, 2792 (2795)). Nach Meincke/Hannes/Holtz (Rn. 67) müssen die vergleichbaren Forderungen als Wertpapier nach § 2 I WpHG gelten, über die aber keine Urkunden ausgegeben werden. Die Abgrenzung ist im Einzelfall jedoch schwierig (vgl. R E 13b.17 ErbStR). 29

12. Verschärfung des Verwaltungsvermögensbegriffs, Finanzmittel. Durch das AmtshilfeRLUmsG ist die Frage, was unter das schädliche Verwaltungsvermögen iSd § 13b IV 1 Nr. 4 fällt, beantwortet; bekanntlich war auch nach Auffassung des BFH (BStBl. II 2010, 558) die Nutzung von sog. **Zahlungsmittel-Gesellschaften** (auch „Cash-GmbH" genannt; die Gesellschaften verfügen nur über Geldmittel) möglich, um Zahlungsmittel, die kein schädliches Verwaltungsvermögen darstellen, „mittelbar" durch Übertragungen von Anteilen an Personen- oder Kapitalgesellschaften steuerneutral Dritten zuzuwenden (vgl. zur Neuregelung *Ortmann-Babel/Bolik/Griesfeld* DB 2013, 1319ff.). Durch die gesetzliche Änderung wurde die Regelung der Nr. 2 um Finanzmittel ergänzt; zu den Zahlungsmitteln, Geschäftsguthaben, Geldforderungen und anderen Forderungen zählen ua Geld, Sichteinlagen, Sparanlagen, Festgeldkonten, Forderungen aus Lieferungen und Leistungen, aber auch Forderungen an verbundene Unternehmen. Nach Auffassung der Finanzverwaltung (AEErbSt 2017, Abschn. 13b.23 Finanzmittel) sind auch Forderungen im Sonderbetriebsvermögen eines Gesellschafters einer Personengesellschaft, Forderungen von Personen- und Kapitalgesellschaften gegen die Gesellschafter der Gesellschaft etc. in die Finanzmittel einzubeziehen. 30

13. Verwaltungsvermögensüberprüfung Zeitpunkt. Bei der Berechnung des Verwaltungsvermögens werden zwei Größen zueinander ins Verhältnis gestellt: 31

$$\text{Anteil des Verwaltungsvermögens am Gesamtunternehmensvermögen} = \frac{\text{Summe der gemeinen Werte der Einzelwirtschaftsgüter des Verwaltungsvermögens}}{\text{Unternehmenswert (= gemeiner Wert des Betriebes)}}$$

32 Die Berechnung, ob und in welchem Umfang Verwaltungsvermögen vorliegt, ist jeweils **auf der Ebene des Einzelunternehmens oder der Personengesellschaft** vorzunehmen, wobei die Überprüfung sich auf den Anteil des Erwerbers am Einzelunternehmen oder an der Personengesellschaft einschließlich des mitübertragenen Sonderbetriebsvermögens (*Stahl/Fuhrmann* KÖSDI 2008, 16056 (16058)) bezieht. Bei einer Übertragung eines Teilbetriebs wird jedoch nur der auf den Erwerber übertragene Anteil am Teilbetrieb überprüft. Wird ein Anteil an einer Kapitalgesellschaft übertragen, muss das gesamte Vermögen der Kapitalgesellschaft überprüft werden (vgl. *Rödder* DStR 2008, 997 (999)).

33 Für die Überprüfung des Verwaltungsvermögens kommt es allein **auf den Besteuerungszeitpunkt** an. Gestaltungen in zeitlicher Nähe zum Erwerbszeitpunkt können möglicherweise als gestaltungsmissbräuchlich iSd § 42 AO (*Piltz* ZEV 2008, 229 (232)) beurteilt werden. Die Überprüfung des Verwaltungsvermögens als Anteil am Unternehmensvermögen führt wegen der Nichtberücksichtigung der mit dem Verwaltungsvermögen zusammenhängenden Verbindlichkeiten zu **Zufallsergebnissen** (das Problem erläutert *Scholten/Korezkij* DStR 2009, 147 (148)). Obwohl der gemeine Wert eines Betriebes eine Nettogröße darstellt (nach Abzug der Verbindlichkeiten), wird der Wert des Verwaltungsvermögens ohne Abzug der damit im wirtschaftlichen Zusammenhang stehenden Verbindlichkeiten (Bruttowert) berechnet. Dies führt nach den Vorstellungen des Gesetzgebers nicht zu **Verwerfungen**. IErg hängt die Überprüfung des Verwaltungsvermögens jedoch im Wesentlichen von der Höhe der Verbindlichkeiten ab, sodass bei einem hoch fremdfinanzierten Betrieb schon bei einem geringen Verwaltungsvermögensanteil die Schädlichkeitsgrenze überschritten werden kann. Das Missverhältnis zwischen der Auffassung des Gesetzgebers und den tatsächlichen Auswirkungen kann in der praktischen Anwendung zu erheblichen Problemen führen. Bei Schenkungen sind Gestaltungen denkbar, die den Anteil des Verwaltungsvermögens unter die vom Gesetzgeber vorgegebene Grenze mindern. Bei Erbfällen ist die Frage einer verfassungswidrigen Zufallsbesteuerung zu prüfen.

34 **14. Investitionsklausel.** Nach Abs. 5 entfällt bei Erwerben von Todes wegen die Zurechnung von Vermögensgegenständen zum Verwaltungsvermögen rückwirkend, wenn der Erwerber innerhalb von **zwei Jahren** ab dem Zeitpunkt der Entstehung der Steuer das Verwaltungsvermögen in begünstigungsfähiges Vermögen investiert. Weitere Voraussetzung hierfür ist, dass die Investition aufgrund eines im Zeitpunkt der Entstehung der Steuer vorgefassten **Plans des Erblassers** erfolgt und keine anderweitige Ersatzbeschaffung von Verwaltungsvermögen vorgenommen wird (zu mögl. „Kettenreaktionen" *Höne* NWB-EV 2016, 411 (414)). Der Plan des Erblassers muss so konkret sein, dass sich die zu erwerbenden oder herzustellenden Gegenstände ermitteln lassen. Eine weitere zusätzliche Fremdfinanzierung ist unschädlich. Hatte der Erblasser etwa als Minderheitsgesellschafter keinen Einfluss auf die Geschäftsleitung, reicht es aus, wenn die Geschäftsleitung zum Zeitpunkt des Todes einen konkreten Investitionsplan gefasst hat. Dieser Plan und die Umsetzung innerhalb von zwei Jahren sind dem Erblasser zuzurechnen.

35 **15. Schuldenabzug.** Wird der gemeine Wert des Verwaltungsvermögens um den verbleibenden anteiligen gemeinen Wert der Schulden gekürzt, ergibt sich gem. Abs. 6 hieraus der Nettowert des Verwaltungsvermögens. Somit ist ein Schuldenabzug im Unterschied zur alten Rechtslage bei der Ermittlung des schädlichen, nicht begünstigten Verwaltungsvermögens geregelt. Diese Neuregelung war aufgrund der nicht mehr verfassungsrechtlich unbedenklichen Mitbegünstigung von Verwaltungsvermögen zwingend erforderlich. Anderseits wäre das schädliche Verwaltungsvermögen vollumfassend zu versteuern gewesen, ohne dass die Wertminderung des Unternehmens aufgrund der Fremdfinanzierung zu berücksichtigen gewesen wäre.

36 **16. Umqualifizierung originär nicht begünstigten Vermögens.** Der Nettowert des nicht begünstigten Vermögens wird wie begünstigtes Vermögen behandelt, soweit er 10 % des um den Nettowert des Verwaltungsvermögens gekürzten gemeinen Werts des Betriebsvermögens nicht übersteigt (unschädliches Verwaltungsvermögen), Abs. 7.

37 Strittig ist noch die genaue Berechnung des unschädlichen Verwaltungsvermögens (Bsp. bei *Herbst* ErbStB 2016, 347 (351)).

38 **17. Missbrauchsregelungen.** In Abs. 8 wurden Missbrauchsregelungen aufgenommen. Aus S. 1 ergibt sich ein Ausschluss vom Schuldenabzug für junges Verwaltungsvermögen. S. 2 Var. 1 schließt die Verrechnung von Verwaltungsvermögen mit den Verbindlichkeiten aus, soweit die Schulden wirtschaftlich nicht belastend sind. Nach S. 2 Var. 2 wird der Schuldenabzug ausgeschlossen, wenn die Summe der Schulden den durchschnittlichen Schuldenstand der letzten drei Bilanzstichtage vor dem Zeitpunkt der Steuerentstehung übersteigt, soweit die Erhöhung des Schuldenstandes nicht durch die betriebliche Tätigkeit veranlasst ist.

39 **18. Verbundvermögensaufstellung.** Gehören zum begünstigungsfähigen Vermögen Beteiligungen an Tochtergesellschaften, sieht der Gesetzgeber in Abs. 9 eine Verbundvermögensaufstellung vor; in diese Verbundvermögensaufstellung sind bei Anwendung des § 13b Abs. 2 bis 8 zur Ermittlung des begünstigten Vermögens nicht die gemeinen Werte der Beteiligung oder der Anteile anzusetzen, sondern die gemeinen Werte der diesen Tochter- und Enkelgesellschaften zuzurechnenden Vermögensgegenstände des Verwaltungsvermögens (zu den Rechenschritten s. AEErbSt 2017, Abschn. 13b.29 Verbundvermögensaufstellung).

Diese bereits in der praktischen Anwendung komplizierte Regelung ist rechentechnisch auf jeder Beteiligungsstufe durchzuführen. Ob der Gesetzgeber bezüglich des Verwaltungsvermögens bei nachgegliederten Gesellschaften an Steuerpflichtige Anforderungen stellt, die diese nicht einhalten können, bleibt offen. Jedoch sind Forderungen und Verbindlichkeiten zwischen den in die Verbundvermögensaufstellung einzubeziehenden Unternehmen nicht anzusetzen. Folge ist, dass der Ansatz einer Forderung als Finanzmittel (Abs. 4 Nr. 5) ausscheidet, soweit der Forderung eine Verbindlichkeit innerhalb der zum übertragenen Vermögen gehörenden Beteiligungsstruktur gegenübersteht.

Nicht Teil der Berechnungen im Rahmen der Verbundvermögensaufstellung und des folgenden Feststellungsverfahrens sind die Schuldenverrechnung von Finanzmitteln, Abzug des 15%igen Sockelbetrages, Abzug anteiliger Schulden etc (s. AEErbSt 2017, Abschn. 13b.29 (5)).

19. Gesonderte Feststellung. Nach Abs. 10 sind die Vorschriften über die gesonderte Feststellung anzuwenden, sodass das zuständige Finanzamt nach § 152 Nr. 1 bis 3 BewG die Summen der gemeinen Werte der Finanzmittel, der jungen Finanzmittel, der Vermögensgegenstände des Verwaltungsvermögens, der Schulden sowie des jungen Verwaltungsvermögens gesondert feststellen kann (Fischer/Pahlke/Wachter/*Wachter* Rn. 731 ff.).

§ 13c Verschonungsabschlag bei Großerwerben von begünstigtem Vermögen

(1) ¹Überschreitet der Erwerb von begünstigtem Vermögen im Sinne des § 13b Absatz 2 die Grenze des § 13a Absatz 1 Satz 1 von 26 Millionen Euro, verringert sich auf Antrag des Erwerbers der Verschonungsabschlag nach § 13a Absatz 1 oder Absatz 10 um jeweils einen Prozentpunkt für jede vollen 750 000 Euro, die der Wert des begünstigten Vermögens im Sinne des § 13b Absatz 2 den Betrag von 26 Millionen Euro übersteigt. ²Im Fall des § 13a Absatz 10 wird ab einem Erwerb von begünstigtem Vermögen im Sinne des § 13b Absatz 2 in Höhe von 90 Millionen Euro ein Verschonungsabschlag nicht mehr gewährt.

(2) ¹§ 13a Absatz 3 bis 9 findet auf Absatz 1 entsprechende Anwendung. ²Bei mehreren Erwerben begünstigten Vermögens im Sinne des § 13b Absatz 2 von derselben Person innerhalb von zehn Jahren werden für die Bestimmung des Verschonungsabschlags für den letzten Erwerb nach Absatz 1 die früheren Erwerbe nach ihrem früheren Wert dem letzten Erwerb hinzugerechnet. ³Der nach Satz 2 ermittelte Verschonungsabschlag für den letzten Erwerb findet auf die früheren Erwerbe Anwendung, wenn die Steuerbefreiung für den früheren Erwerb nach § 13a Absatz 1 Satz 3 wegfällt oder dies bei dem jeweiligen Erwerb zu einem geringeren Verschonungsabschlag führt, es sei denn, für den früheren Erwerb wurde ein Antrag nach § 28a Absatz 1 gestellt. ⁴Die bis dahin für frühere Erwerbe gewährte Steuerbefreiung entfällt insoweit mit Wirkung für die Vergangenheit. ⁵ § 13a Absatz 1 Satz 4 findet Anwendung. ⁶Der Antrag nach Absatz 1 ist unwiderruflich und schließt einen Antrag nach § 28a Absatz 1 für denselben Erwerb aus.

(3) Die Absätze 1 und 2 gelten in den Fällen des § 1 Absatz 1 Nummer 4 entsprechend.

1. Allgemeines und Aufbau. Die Norm des § 13c ist durch das ErbStAnpG 2016 neu eingefügt worden. Rechtstechnisch stellt § 13c keine Ergänzungsnorm zu § 13a dar, sondern enthält eine eigene Rechtsgrundlage für einen Verschonungsabschlag bei Großerwerben, die erst bei Überschreitung der Höchstgrenze von 26 Mio. EUR nach § 13a I eingreift. Dem Erwerber bleibt das **Wahlrecht** zwischen dem Erlass nach § 28a und einem **abschmelzenden Verschonungsabschlag** nach § 13c überlassen (Kapp/Ebeling/*Geck* Rn. 1). Der Antrag des § 13c kann jedoch nicht neben dem Antrag des § 28a auf Verschonungsbedarfsprüfung bestehen.

Mithilfe des § 13c I kommt es zu einer **gleitenden Abschmelzung** der Steuerbefreiungssätze der Regelbefreiung bei 85 % und der Vollbefreiung bei 100 %. Abs. 2 lässt eine Zusammenrechnung der Erwerbe begünstigten Vermögens zu. Durch Abs. 3 ist die Regelung auf Familienstiftungen und Vereine übertragbar.

2. Abschmelzung. Bei Überschreiten der Höchstgrenze von 26 Mio. EUR nach § 13a I kann durch Antrag des Erwerbers die Regelung des § 13c greifen. Hiernach verringern sich die Verschonungsabschläge der Regel-und Vollbefreiung um jeweils **einen Prozentpunkt** für **jede volle 750 000 EUR,** die der Wert des begünstigten Vermögens den Betrag von 26 Mio. EUR übersteigt (Troll/Gebel/Jülicher/Gottschalk/*Jülicher* Rn. 3).

Die Abschmelzung erfolgt anhand eines **Stufenmodells;** allerdings bestehen keine Regelungen zum **Härteausgleich** an den Grenzen (Grafik bei *Landsittel* ZErb 2016, 383 (390).

Für die Regelbefreiung ergibt sich eine **Höchstgrenze bei 89,75 Mio. EUR,** da der anwendbare Prozentsatz dann auf Null abgesunken ist. Bei einer Vollbefreiung ergäbe sich dies erst bei einem Anteilswert von 100 Mio. EUR, jedoch gilt hier die gesetzliche Grenze von 90 Mio. EUR (krit. hierzu *Wachter* FR 2016, 690 (705)).

3. Zusammenrechnung der Erwerbe. Nach Abs. 2 S. 1 gilt **§ 13a III–IX entsprechend.** S. 2 besagt, dass für die Überschreitung der Grenze von 26 Mio. EUR mehrere Erwerbe begünstigten Vermögens zusammengerechnet werden dürfen. Laut FinVw sind Erwerbe einzubeziehen, für die die Steuer bereits **vor dem 30.6.2016** entstanden ist (zust. ua v. Oertzen/Loose/*Stalleiken* Rn. 14; abl. ua Fischer/Pahlke/Wachter/*Wachter* Rn. 72).

7 Nach Abs. 2 S. 5 endet die Festsetzungsfrist für die Steuer der früheren Erwerbe nicht vor dem Ablauf des vierten Jahres, nachdem das für die Erbschaftsteuer zuständige Finanzamt von dem letzten Erwerb Kenntnis erlangt.

8 Ferner ist der Antrag des Erwerbers **unwiderruflich**.

9 **4. Familienstiftungen und -vereine.** Die Norm des § 13c ist nach Abs. 3 auch bei der **Erbersatzsteuer** anwendbar und kann daher von Familienstiftungen und -vereinen beantragt werden (Kapp/Ebeling/*Geck* Rn. 16).

§ 13d Steuerbefreiung für zu Wohnzwecken vermietete Grundstücke

(1) Grundstücke im Sinne des Absatzes 3 sind mit 90 Prozent ihres Werts anzusetzen.

(2) ¹Ein Erwerber kann den verminderten Wertansatz nicht in Anspruch nehmen, soweit er erworbene Grundstücke auf Grund einer letztwilligen Verfügung des Erblassers oder einer rechtsgeschäftlichen Verfügung des Erblassers oder Schenkers auf einen Dritten übertragen muss. ²Gleiches gilt, wenn ein Erbe im Rahmen der Teilung des Nachlasses Vermögen im Sinne des Absatzes 3 auf einen Miterben überträgt. ³Überträgt ein Erbe erworbenes begünstigtes Vermögen im Rahmen der Teilung des Nachlasses auf einen Dritten und gibt der Dritte dabei diesem Erwerber nicht begünstigtes Vermögen hin, das er vom Erblasser erworben hat, erhöht sich insoweit der Wert des begünstigten Vermögens des Dritten um den Wert des hingegebenen Vermögens, höchstens jedoch um den Wert des übertragenen Vermögens.

(3) Der verminderte Wertansatz gilt für bebaute Grundstücke oder Grundstücksteile, die
1. zu Wohnzwecken vermietet werden,
2. im Inland, in einem Mitgliedstaat der Europäischen Union oder in einem Staat des Europäischen Wirtschaftsraums belegen sind,
3. nicht zum begünstigten Betriebsvermögen oder begünstigten Vermögen eines Betriebs der Land- und Forstwirtschaft im Sinne des § 13a gehören.

(4) Die Absätze 1 bis 3 gelten in den Fällen des § 1 Abs. 1 Nr. 4 entsprechend.

Erbschaftsteuer-Richtlinie
R E 13c: Steuerbefreiung für Wohngrundstücke/H E 13c

1 **1. Allgemeines.** Die Norm entspricht der **Fassung des § 13c vor dem ErbStAnpG 2016**. Um den Erwerb von Grundvermögen gezielt zu entlasten, ist die Norm durch die Entscheidung des BVerfG (BStBl. II 2007, 192) entstanden. Somit ist nur der Erwerb von Grundstücken begünstigt, die mit Gebäuden bebaut sind, die der Vermietung dienen und die als unselbständiger Bestandteil des Grundstücks im Eigentum des Erblassers/Schenkers stehen (Kapp/Ebeling/*Geck*, Rn. 1). Von der Begünstigung ausgeschlossen ist der mit einem Erbbaurecht belastete Grundbesitz (BFH BStBl. II 2015, 343).

2 **2. Umfang der Verschonung, zu fremden Wohnzwecken vermietete Grundstücke.** Der Erwerb von bebauten und zu Wohnzwecken vermieteten Grundstücken im Inland oder EU-/EWR-Ausland unterliegt nur zu 90 % des tatsächlichen Wertes der Steuer; auch Teile von Grundstücken, die Wohnzwecken dienen, fallen unter die Vorschrift. Die Grundstücke müssen zu Wohnzwecken vermietet werden, sodass selbstgenutzte Wohnimmobilien nicht begünstigt sind. Eine Vermietung an Angehörige ist ausreichend. Erfolgt die Vermietung nicht ausschließlich zu Wohnzwecken, wird die Verschonung nur insoweit gewährt, als tatsächlich eine Vermietung zu Wohnzwecken erfolgt. Eine **Aufteilung für die Verschonung** wird entsprechend dem Verhältnis der Wohn- und Nutzfläche, nicht nach dem Verhältnis der Mieteinnahmen vorgenommen (Rechtsgedanke des § 181 II–VI BewG; vgl. Fischer/Pahlke/Wachter/*Wachter* Rn. 62). Unschädlich ist etwa die Einschränkung einer Nutzung durch Umbaumaßnahmen, da es nicht auf die tatsächliche Wohnnutzung ankommt. Die Nutzung einer vermieteten Wohnung zu anderen als Wohnzwecken ist unbeachtlich, wenn sie von untergeordneter Bedeutung ist, zB durch Nutzung eines Arbeitszimmers. Eine gewerbliche oder freiberufliche Mitbenutzung einer Wohnung ist unschädlich, wenn die Wohnnutzung überwiegt.

3 Die Höhe der Miete muss nicht fremdüblich sein (zum alten Recht BFH DStR 2009, 575). Der Mietvertrag muss **zum Zeitpunkt der Entstehung der ErbSt** bestehen, sodass das Mietverhältnis nicht bereits eine bestimmte Zeit vor dem Erwerb bestanden haben muss oder danach noch fortbesteht. Es wird auch nach Auffassung der FinVw nur selten zu einem Gestaltungsmissbrauch (§ 42 AO) kommen, da Mietverhältnisse über Wohnraum zivilrechtlich streng reglementiert sind (BMF BStBl. I 2008, 694). Eine Nachsteuerregelung sieht § 13d nicht vor, sodass der Erwerber beliebig über das Grundstück verfügen kann. Die mit den begünstigten Grundstücken zusammenhängenden Verbindlichkeiten werden ebenfalls nur zu **90 %** berücksichtigt (§ 10 VI 5).

4 **3. Keine Mehrfachbegünstigung, Weiterübertragung auf Dritte, Stundung der ErbSt.** Die Grundstücke dürfen nicht zum begünstigten Betriebsvermögen oder Land- und Forstwirtschaftsvermögen gehören; dadurch soll eine **doppelte Begünstigung vermieden** werden (§ 13a). Die Steuerbefreiung kann nicht in Anspruch genommen werden (Abs. 2), wenn das erworbene Grundstück aufgrund letztwilliger Verfügung oder rechtsgeschäftlicher Verfügung auf Dritte übertragen werden muss; dies gilt auch im Falle der Teilung eines Nachlasses. In dem Fall kann der Dritte oder im Fall einer Teilungsanordnung der

Miterbe von der Steuerbefreiung Gebrauch machen. Die ErbSt kann nach § 28 III 1 gestundet werden, wenn der Erwerber die Steuer nur durch Veräußerung des Grundstückes aufbringen kann; der Erwerber ist jedoch verpflichtet, eigenes oder sonstiges erworbenes Vermögen einzusetzen; nach Auffassung der FinVw (R E 28. (2) ErbStR) besteht ein Rechtsanspruch auf Stundung der ErbSt bis zu zehn Jahre, wenn der Erwerber die Steuer nur durch Veräußerung dieses Vermögens aufbringen kann.

Die Verschonung gilt auch für die Ersatzerbschaftsteuer nach § 1 I Nr. 4. 5

Abschnitt 3. Berechnung der Steuer

§ 14 Berücksichtigung früherer Erwerbe

(1) ¹Mehrere innerhalb von zehn Jahren von derselben Person anfallende Vermögensvorteile werden in der Weise zusammengerechnet, daß dem letzten Erwerb die früheren Erwerbe nach ihrem früheren Wert zugerechnet werden. ²Von der Steuer für den Gesamtbetrag wird die Steuer abgezogen, die für die früheren Erwerbe nach den persönlichen Verhältnissen des Erwerbers und auf der Grundlage der geltenden Vorschriften zur Zeit des letzten Erwerbs zu erheben gewesen wäre. ³Anstelle der Steuer nach Satz 2 ist die tatsächlich für die in die Zusammenrechnung einbezogenen früheren Erwerbe zu entrichtende Steuer abzuziehen, wenn diese höher ist. ⁴Die Steuer, die sich für den letzten Erwerb ohne Zusammenrechnung mit früheren Erwerben ergibt, darf durch den Abzug der Steuer nach Satz 2 oder Satz 3 nicht unterschritten werden. ⁵Erwerbe, für die sich nach den steuerlichen Bewertungsgrundsätzen kein positiver Wert ergeben hat, bleiben unberücksichtigt.

(2) ¹Führt der Eintritt eines Ereignisses mit Wirkung für die Vergangenheit zu einer Veränderung des Werts eines früheren, in die Zusammenrechnung einzubeziehenden Erwerbs, endet die Festsetzungsfrist für die Änderung des Bescheids über die Steuerfestsetzung für den späteren Erwerb nach § 175 Abs. 1 Satz 1 Nr. 2 der Abgabenordnung nicht vor dem Ende der für eine Änderung des Bescheids für den früheren Erwerb maßgebenden Festsetzungsfrist. ²Dasselbe gilt für den Eintritt eines Ereignisses mit Wirkung für die Vergangenheit, soweit es lediglich zu einer Änderung der anrechenbaren Steuer führt.

(3) Die durch jeden weiteren Erwerb veranlaßte Steuer darf nicht mehr betragen als 50 Prozent dieses Erwerbs.

Erbschaftsteuer-Richtlinien
R E 14.1:   Berücksichtigung früherer Erwerbe; Grundsätze/H E 14.1
R E 14.2:   Berücksichtigung früherer Erwerbe; Zusammentreffen mit Begünstigungen nach §§ 13a, 19a/H E 14.2
R E 14.3:   Berücksichtigung früherer Erwerbe; Mindeststeuer und Festsetzungsfrist/H E 14.3

1. Grundprinzip der Einzelbesteuerung, Vermeidung einer Begünstigung durch stufenweise Zuwendungen. Die Vorschrift ordnet die chronologische Folge von Einzelerwerben mit der Folge an, als habe nur ein einheitlicher Erwerb stattgefunden; die Vorgabe wird durch die **Zusammenrechnung der Erwerbe** umgesetzt. Eine Doppelbesteuerung wird durch den Abzug der auf den Vorerwerb entfallenden Steuer vermieden. Bei der Berechnung der Steuer für den Gesamterwerb fließen die **Vorerwerbe mit ihrem früheren Wert** ein. Die Vorschrift verhindert die Möglichkeit, durch mehrere Teilerwerbe gegenüber einem einheitlichen Erwerb steuerliche Vorteile zu erzielen. Ohne die Zusammenrechnung der Erwerbe von derselben Person könnte die Steuerlast etwa durch Nutzung der Freibeträge (§ 16) oder niedrigerer Steuersätze gemindert werden. Durch die Zusammenrechnung von einzelnen Erwerbsvorgängen innerhalb eines Zehnjahreszeitraumes können Freibeträge nur einmal berücksichtigt werden; es entsteht **kein Progressionsvorteil**. Die Vorschrift gilt auch für Erwerbe von Todes wegen. Nach der Vorstellung des Gesetzgebers bezweckt die Vorschrift idealtypisch, dass die Ausführung mehrerer Einzelzuwendungen innerhalb von zehn Jahren in der gleichen Höhe besteuert wird wie eine einheitliche Zuwendung in einem einzigen Betrag. Zu einer Erstattung bereits bezahlter Erbschaftsteuer kann es jedoch durch § 14 nicht kommen (zum alten Recht vgl. Viskorf/Schuck/Wälzholz/*Knobel*, 4. Aufl. 2012, Rn. 1, 4).

2. Erfassung der Vorerwerbe mit früherem Wert. Die früheren Erwerbe werden iRd § 14 mit ihrem früheren Wert zugerechnet. Insoweit sind zB etwa Gesetzesänderungen zur Bewertung für die Zusammenrechnung ohne Relevanz, da die bei früheren Erwerben geltende Rechtslage gilt. Die Besteuerung erfolgt so, als habe nur ein Erwerb stattgefunden (BFH BStBl. II 1998, 733). Die Freibeträge (insbes. die persönlichen Freibeträge nach § 16) können innerhalb des Zehnjahreszeitraumes nur einmal für Erwerbe von einer bestimmten Person abgezogen werden. Die Zusammenrechnung bewirkt, dass bei der **Versteuerung des Letzterwerbes** der Steuersatz für die Einzelzuwendungen **auf das Steuersatzniveau der Gesamtbereicherung** angehoben wird. Die Zusammenrechnung erweist sich jedoch nicht in jedem Fall als nachteilig für den Steuerpflichtigen; insbes. dann, wenn infolge einer Gesetzesänderung höhere persönliche Freibeträge (so 1996 und 2009) gewährt werden, können sich nach dem Inkrafttreten einer Neuregelung Steuerüberhänge ergeben, die Spielraum für eine steuerfreie Nachschenkung einräumen (Götz ZEV 2001, 9). Die Vorschrift gilt als kompliziert und wird von *Jülicher* (Troll/Gebel/Jülicher/Gottschalk/*Jülicher* Rn. 3 ff.) als **doppelter Progressionsvorbehalt** für den Vor- und Nacherwerb bezeichnet. Nach *Fiedler* (DStR 2001, 1648 (1651), sog. „postmortaler Dekadensprung") erlaubt die Regelung durch entsprechende testamentarische Anordnungen legale Steuervermeidungen.

150 ErbStG § 14 Abschnitt 3. Berechnung der Steuer

3 **3. Keine Durchbrechung der Bestandskraft, Selbständigkeit der Erwerbe.** Die Vorschrift **berührt nicht die Bestandskraft früherer Veranlagungen.** Unabhängig davon, ob zum Zeitpunkt des letzten Erwerbes eine Besteuerung des Vorerwerbes bereits erfolgt ist, wird eine Zusammenrechnung nach § 14 vorgenommen. Trotz Zusammenrechnung liegen verschiedene, selbständige Rechtsvorgänge vor (BFH BStBl. II 1999, 25; R E 14.1 (1) S. 1 ErbStR; Troll/Gebel/Jülicher/Gottschalk/*Jülicher* Rn. 2 mwN), die nicht in einem einheitlichen Steuerbescheid zu erfassen sind (BFH DStR 2007, 2060). Wurde die freigebige Zuwendung (Vorerwerb) noch nicht erfasst, ist die Steuer **in einem gesonderten Schenkungsteuererbescheid** nachzuholen. Eine zusammenfassende Steuerfestsetzung für die Vorschenkungen erfolgt nicht (BFH BStBl. II 2006, 36). Die Vorschrift bereitet keine rechnerischen Probleme, wenn sich zwischen den Vorerwerben und dem Nacherwerb die Besteuerungsregeln oder die persönlichen Verhältnisse der Beteiligten nicht geändert haben (Moench/Weinmann/*Weinmann* Rn. 3).

4 **4. Erwerbe von derselben Person.** Die Zusammenrechnung erfolgt nur, wenn mindestens zwei Erwerbe **von derselben Person** stammen, wobei es keine Rolle spielt, ob es Zuwendungen unter Lebenden oder von Todes wegen sind (Viskorf/Schuck/Wälzholz/*Knobel* Rn. 5). Zuwendungen von **Eltern** an ihre Kinder sind unabhängig von dem Güterstand der Eltern Zuwendungen von zwei Personen; dies gilt auch, wenn es sich um ein einheitliches, nicht teilbares Wirtschaftsgut handelt. Bei Erwerben durch Kindern können Probleme bestehen, wenn nicht klar ist, welcher Elternteil die Zuwendung vorgenommen hat. Die Zwischenschaltung von Personen auf der Schenkerseite kann durch **Kettenschenkungen** gestaltet werden, die vom BFH in einem Grundsatzurteil (BFHE 242, 158) als zulässig anerkannt wurden; Voraussetzung ist lediglich, dass der Beschenkte keine Verpflichtung hat, den geschenkten Gegenstand weiter zu übertragen.

5 **5. Zweck der Vorschrift, Berücksichtigung der Steuerbefreiung des Vorerwerbs.** § 14 dient der Heraufschleusung der Steuer für den Nacherwerb, die ohne Einbeziehung des Vorerwerbes geringer wäre. Die **fiktive Einbeziehung des Vorerwerbes** bedeutet, dass trotz Festsetzungsverjährung der Vorerwerbe nach §§ 169ff. AO eine Zusammenrechnung der einzelnen Erwerbe erfolgt (BFH BFH/NV 2001, 1407). Werden bei der Zusammenrechnung Erwerbe, die unter das Strafbefreiungserklärungsgesetz (StraBEG; sog. Steueramnestiegesetz) fallen, berücksichtigt, wird auch ein solcher Erwerb einbezogen (BFH BFH/NV 2007, 917). Steuervergünstigungen gem. § 1 I, V StraBEG gehen für die Vorerwerbe nicht verloren, da die Steuer für den Vorerwerb berücksichtigt wird, die der Steuerpflichtige hätte entrichten müssen, jedoch nicht entrichtet hat (Kapp/Ebeling/*Geck* Rn. 1; BFH ZEV 2007, 188 mAnm *Götz*).

6 IÜ ist ein Vorerwerb nur dann zu berücksichtigen, wenn er auch steuerpflichtig war. Dabei wird zwischen der sog. **qualitativen Steuerbefreiung** (BFH BStBl. III 1953, 145) – dies sind solche Befreiungsvorschriften, die den Erwerb wegen seiner besonderen Art oder wegen seines besonderen Objekts unabhängig vom Wert dieses Objektes steuerfrei lassen – und einer sog. **quantitativen Steuerbefreiung** – quantitativ sind auf bestimmte Geldbeträge begrenzte Steuerbefreiungen, persönliche Freibeträge und Freigrenzen nach § 13 I Nr. 1 – unterschieden (Hinweise bei Meincke/Hannes/Holtz Rn. 5). Anders als die quantitative Befreiung ist die qualitative Befreiung bei der Zusammenrechnung nicht zu berücksichtigen; ein Vorerwerb, der qualitativ steuerbefreit war, wird von § 14 nicht erfasst (Meincke/Hannes/Holtz Rn. 16). Qualitative Befreiungen sind etwa § 13 I Nr. 2, 3, 4, 4a, 12, 14 u. 15; ob § 13a eine quantitative oder qualitative Befreiung beinhaltet, ist nach Auffassung der FinVw geklärt, wonach nur Vermögen in Höhe des die Befreiung übersteigenden Betrages in die Zusammenrechnung einzubeziehen ist (R E 14.2 (2), (3) ErbStR).

7 **6. Zusammenrechnungszeitraum, Entstehung der Steuer auf Vorerwerbe.** Der Zeitraum der Zusammenrechnung beträgt **zehn Jahre**; es kommt auf den Entstehungszeitpunkt der Steuer (§ 9) an, sodass bei Zuwendungen unter Lebenden auf den Zeitpunkt der Ausführung und bei Erwerben von Todes wegen im Regelfall auf den Todestag des Erblassers für den Beginn des Zehnjahreszeitraumes abzustellen ist (vgl. zur Frist Fischer/Pahlke/Wachter/*Götz* Rn. 13–15). **Grundstücksschenkungen** sind bereits dann vollzogen, wenn die Vertragsparteien die für die Eintragung erforderlichen Erklärungen, Auflassungen und Eintragungsbewilligungen in gehöriger Form abgegeben haben und der Beschenkte ohne Einsatz des Schenkers durch Inanspruchnahme die Grundbuchänderung herbeiführen kann (R E 9.1 (1) ErbStR). Jedoch können im Einzelfall auch Erwerbe (etwa Schenkungsketten) **außerhalb der Zehnjahresfrist** für die Besteuerung des Letzterwerbs maßgeblich sein, was etwa darauf beruhen kann, dass die Steuerbelastung für die Erwerbe innerhalb des Zehnjahreszeitraums durch zeitlich davor erfolgte Zuwendungen, die außerhalb des Zehnjahreszeitraums liegen, beeinflusst wurden (H E 14.1 (4) ErbStR; BFH BStBl. II 2005, 728; BFH/NV 2006, 2260; instruktiv Tiedtke/*Tiedtke*/*Wälzholz* Rn. 28 mit Hinweis auf *Moench/Stempel* DStR 2008, 170 (173)).

8 **7. Maßgebliche Verhältnisse des Vorerwerbs.** Die steuerlichen Werte des Vorerwerbs (so etwa Einheitswert bis zum 1.1.1996) sind nach dem geltenden Recht **zum Zeitpunkt des Vorerwerbs** zu berücksichtigen (R E 14. 1 (2) S. 1 ErbStR); Vorerwerbe mit negativem Steuerwert sind von der Zusammenrechnung jedoch ausgenommen. Auch Vorerwerbe, die vor dem 1.7.2016 erfolgt sind, sind nach Auffassung der FinVw trotz grundsätzlicher Änderung des Erbschaftsteuergesetzes einzubeziehen (zT kritisch in der Literatur). Maßgeblich für die Steuerberechnung des Gesamterwerbs sind stets die Steuerklassen, die Freibeträge und die Tarifvorschriften (§ 19) des beim Letzterwerb geltenden Rechts (R E 14.1 (3) ErbStR), wobei die persönlichen Freibeträge jedoch nur bis zur Höhe des für Vorerwerbe

noch nicht verbrauchten Teils gelten. Mit der Berücksichtigung des Wertes zum Zeitpunkt der jeweiligen Zuwendung vermeidet der Gesetzgeber **eine faktische Rückwirkung durch Eliminierung von Bewertungsprivilegien der Vorerwerbe** (Tiedtke/*Tiedtke*/*Wälzholz* Rn. 13). Danach gilt, dass der Vorteil der günstigen Bewertung vor Inkrafttreten des ErbStRG durch die Zusammenrechnung nicht verloren geht und dass die Erhöhung der persönlichen Freibeträge durch eine Nachschenkung genutzt werden kann.

Trotz Zusammenrechnung von Erwerben erfolgt die Begünstigung des Betriebsvermögens nach Auffassung des BFH jeweils im Rahmen der Berechnung der einzelnen Erwerbe, sodass Tarifvergünstigungen nach §§ 13a, 13b, 13c, 19a nur jeweils isoliert bei den Vor- oder Nacherwerben zu berücksichtigen sind; eine **nachträgliche Inanspruchnahme von Begünstigungen wird ausgeschlossen** (vgl. jedoch zu der entgegenstehenden Auffassung zur alten Gesetzesfassung Kapp/Ebeling/*Geck* Rn. 16.7). Bei der Zusammenrechnung wird nur der Teil des begünstigten Betriebsvermögens in der Höhe einbezogen, der über die Befreiungstatbestände hinausgeht (umf. Bsp. bei Kapp/Ebeling/*Geck* Rn. 16.8–16.10 auch unter Berücksichtigung von § 19a). Auch die FinVw (R E 14.2 (3), vgl. Bsp. unter H E 14.2 (3) ErbStR) bezieht nur den die Befreiung übersteigenden Betrag in die Zusammenrechnung ein; § 19a wirkt sich nur aus, soweit zum Letzterwerb tarifbegünstigtes Vermögen gehört. 9

8. Verknüpfung von Vor- und Nacherwerb. Nach Abs. 1 S. 1 werden Vor- und Nacherwerbe dergestalt verknüpft, dass sämtliche zusammengerechneten Erwerbe unter Berücksichtigung der gesetzlichen und persönlichen Verhältnisse im Zeitpunkt des Letzterwerbs zusammengefasst werden. Die Steuer auf den Gesamtbetrag wird dann unter Heranziehung der zu diesem Zeitpunkt gültigen Steuersätze und Freibeträge ermittelt. Die für den Nacherwerb erhobene Steuer setzt sich aus drei Komponenten zusammen: Auf der ersten Stufe wird der Nacherwerb als Einzelerwerb erfasst; auf der zweiten Stufe erfolgt ein rechnerisches **Heraufschleusen des Nacherwerbs auf das Steuerniveau des Gesamtbetrages** (Addition von Vor- und Nacherwerb); zuletzt wird die Steuer für den Vorerwerb **fiktiv** erhöht, um ihn auf die Steuer des Gesamtbetrages anzuheben (Moench/Weinmann/*Weinmann* Rn. 2–3 mit Hinweis auf die außerordentlich schwierigen Probleme der Berechnung). 10

9. Ermittlung der Steuer für den Vorerwerb. Von der Steuer für den Gesamterwerb ist die Steuer für den Vorerwerb abzuziehen, damit es nicht zu einer Übersteuerung kommt. Das Gesetz gibt zwei Alternativen zur Anrechnung der Steuer für frühere Erwerbe vor: 11

– **Fiktiv errechnete Steuer** (Abs. 1 S. 2): Von der Steuer für den Gesamtbetrag ist die Steuer abzuziehen, die für die früheren Erwerbe nach den persönlichen Verhältnissen des Erwerbers und auf der Grundlage der geltenden Vorschriften zur Zeit des letzten Erwerbs zu erheben gewesen wäre.
– **Tatsächliche Steuer** (Abs. 1 S. 3): Alternativ ist die Steuer abzuziehen, die „tatsächlich" für die in die Zusammenrechnung einbezogenen früheren Erwerbe zu entrichten war bzw. rein rechnerisch richtig festzusetzen gewesen wäre (BFH, BStBl. II 2009, 969), sofern diese Steuer höher ist als die fiktiv errechnete Steuer.

Maßgebend ist die für den Steuerpflichtigen **günstigere Alternative**, die von Amts wegen festzustellen und zu berücksichtigen ist. Diese als Steuergeschenk (*Korezkij* ZEV 1998, 291) bezeichnete Begünstigung kann insbes. der grds. Erhöhung der Bemessungsgrundlage für die Erbschaftsteuer ab dem 1.1.2009 entgegengehalten werden und mit den höheren Freibeträgen für Nachschenkungen genutzt werden. 12

Die **Kompliziertheit** des § 14 liegt in der **Ermittlung der fiktiven Steuer** nach Abs. 1 S. 2; um den für den Steuerpflichtigen bestehenden Nachteil zu kompensieren, der sich bei Veränderungen der persönlichen Verhältnisse zwischen Vor- und Nacherwerb oder bei Änderungen der Gesetzesregelungen ergibt, wird anstelle der tatsächlich festgesetzten Steuer für den Vorerwerb eine fiktiv zu entrichtende Steuer berücksichtigt; nach Abs. 1 S. 2 (vgl. R E und H E 14.1 (3) ErbStR) schlagen die neuen Verhältnisse und Gesetzesänderungen in die Berechnung der fiktiven Steuern durch (Moench/Weinmann/*Weinmann* Rn. 15–19). Die Möglichkeit, bei Veränderung persönlicher Verhältnisse weitere steuerneutrale Zuwendungen vorzunehmen, hat der Gesetzgeber durch Abs. 1 S. 4 verhindert (*Moench*/*Stempel* DStR 2008, 170), wonach für den Letzterwerb **mindestens die Steuer** erhoben wird, die zu erheben wäre, wenn es sich um einen isolierten Erwerb gehandelt hätte (Bsp. bei Tiedtke/*Tiedtke*/*Wälzholz* Rn. 23–26). 13

Durch die Anrechnung der fiktiven Steuer für den Vorerwerb auf die Besteuerung des Gesamterwerbes ergibt sich ggf. eine Korrektur, soweit sich zwischen Vor- und Nacherwerb die Freibeträge ändern oder sich eine ungünstigere Steuerklasse ergibt. Die fiktiv zu berücksichtigende Steuer für den Vorerwerb wäre bei höheren Freibeträgen und einer günstigeren Steuerklasse nachteilig; nach der Rspr. wird bei der Berechnung der fiktiven Steuer für den Vorerwerb der **sowohl niedrigere Freibetrag** (BFH BStBl. II 1977, 664) **als auch die ungünstigere Steuerklasse** (BFHE 149, 169) berücksichtigt; lediglich die Steuersätze für den Vorerwerb richten sich bei Ermittlung der fiktiven Steuerlast nach den ungünstigeren Steuersätzen des Nacherwerbes (BFH BStBl. II 1989, 733). 14

10. Verbrauch des Freibetrages. Die Frage des Verbrauchs des Freibetrages ist durch die Rspr. geklärt; der BFH (ZEV 2005, 405 mAnm *Dobroschke*) hat entschieden, dass bei der Berechnung der fiktiven Steuer für den Vorerwerb der **Freibetrag nur soweit abgezogen** werden kann, als dieser von dem Steuerpflichtigen innerhalb von zehn Jahren **tatsächlich verbraucht** wurde (Moench/Weinmann/*Weinmann* Rn. 11). Bei Schenkungen über den Zeitraum von zehn Jahren hinaus (sog. Schenkungsketten) könnte dies bei Freibeträgen, die bis zum 1.1.2009 gelten, zu einer für den Steuerpflichtigen günstigeren Berechnung führen (Kapp/Ebeling/*Geck* Rn. 12, 13 mit Hinweis auf R E 14.1 (4) ErbStR). IErg führt der reduzierte Freibetrag zu einer Erhöhung des fiktiven Anrechnungsvolumens, da aus der Erhöhung der Be- 15 messungsgrundlage infolge der Minderung des Freibetrages eine Erhöhung der anrechenbaren Steuer nach § 14 erfolgt.

16   **11. Fiktive Anrechnungsteuer, Einbeziehung nichtbesteuerter Vorerwerbe.** Durch das ErbStRG ergeben sich Änderungen der Steuerbelastung zwischen Vor- und Nacherwerb; die bei der Besteuerung des Nacherwerbs möglicherweise ungünstigeren Besteuerungsregelungen sind auch bei der Berechnung der fiktiven Anrechnungsteuer für den Vorerwerb anzuwenden. Dies führt nach *Rose* (zur Gesetzeslage 1996 DB 1997, 1485 (1487)) zu der **Grundaussage**, dass bis zu einem Betrag iHv 500.000 EUR des Vorerwerbes die tatsächlich entrichtete Steuer höher und für einen Betrag von mehr als 500.000 EUR die fiktiv zu errechnende Steuer günstiger ist (umf. Bsp. Moench/Weinmann/*Weinmann* Rn. 22–25).

17   Wurde ein Vorerwerb zu Unrecht **nicht besteuert** und ist die Festsetzungsverjährungsfrist bereits abgelaufen, erfolgt **dennoch eine Einbeziehung mit dem früheren Wert** (BFH BFH/NV 2001, 1407; Troll/Gebel/Jülicher/Gottschalk/*Jülicher* Rn. 28), wodurch der Verbrauch des Freibetrages und die zutreffende Progression bei der Steuerfestsetzung beim Letzterwerb erreicht wird. Entsprechend wird nach Abs. 1 S. 2 auch eine fiktive, wenn auch tatsächlich nicht gezahlte Steuer abgesetzt (BFH BFH/NV 2004, 1511). Strittig ist, ob eine höhere fiktive Steuer, die bei ordnungsgemäßer Steuerfestsetzung zu zahlen gewesen wäre, für die Steuer von dem Gesamterwerb abzuziehen ist (Moench/Weinmann/*Weinmann* Rn. 34).

18   **12. Änderung zwischen beschränkter und unbeschränkter Steuerpflicht, negativer Steuerwert, Einheitlichkeit der Zuwendung.** Ändern sich die persönlichen Verhältnisse des Steuerpflichtigen von der **beschränkten zur unbeschränkten Steuerpflicht** oder umgekehrt, wird das Vermögen sowohl bei beschränkter als auch unbeschränkter Steuerpflicht insoweit einbezogen, als es der deutschen Erbschaftsteuer unterliegt (Troll/Gebel/Jülicher/Gottschalk/*Jülicher* Rn. 11 ff., 48, 58 ff.).

19   Soweit Erwerbe keinen positiven Wert haben, bleiben sie bei der Zusammenrechnung unberücksichtigt (Abs. 1 S. 5). Erwerbe mit **negativem steuerlichem Wert** gab es in der Vergangenheit nur bei der Übertragung von Betriebsvermögen (Anteilen an Personengesellschaften) für die Zeit bis zum 31.12. 2008. Mit dem ErbStRG hat der Gesetzgeber nach Abs. 1 S. 4 eine Absicherung der ErbSt vorgenommen: Die Erbschaftsteuer, die nach isolierter Berechnung des Nacherwerbs entsteht, darf nach Abzug der zusammengerechneten fiktiven oder tatsächlichen ErbSt aus den Vorerwerben nicht unterschritten werden.

20   Obwohl seit dem Inkrafttreten des ErbStRG selten geworden, ist es nach der Rspr. möglich, zur Ausnutzung nicht berücksichtigter negativer Werte verschiedene Gegenstände in einer **einheitlichen Zuwendung** zu übertragen (BFH BStBl. II 1981, 532); nach der Rspr. ist es dabei ausreichend, wenn ein einheitliches Schenkungsversprechen vorliegt (abl. und auf die Risiken hinweisend *Gebel* ZEV 2001, 213 (215)). Zur Ausnutzung von nicht berücksichtigten negativen Werten ist außerdem sicherzustellen, dass die „Einheitlichkeit" der Zuwendung dokumentiert wird und – auch mittels aufschiebender Bedingungen – ein einheitlicher Ausführungszeitpunkt gesichert wird.

21   **13. Verlängerung der Festsetzungsfrist bei Änderung der Verhältnisse des Vorerwerbs.** Ändern sich die Verhältnisse eines früheren, in die Zusammenrechnung einzubeziehenden Erwerbs durch **nachträgliche Ereignisse**, wird nach Abs. 2 die Festsetzungsfrist verlängert; die Frist für die Änderung des Bescheids bei Festsetzung der ErbSt des Nacherwerbes wird bis zum Ende der Frist, die für die Änderung der Steuerfestsetzung für den Vorerwerb gilt, verlängert. Die Verlängerung der Festsetzungsfrist gilt auch für Bescheide, in denen lediglich anrechenbare Steuern festgesetzt werden.

22   **14. Höchstbetrag.** Nach Abs. 3 wird die Steuer für den Nacherwerb auf 50 vH dieses Erwerbs begrenzt; die Vorschrift hat kaum praktische Bedeutung, da § 19 III Härten bei dem Tarifsprung ausgleicht und für die Anrechnung von auf den Vorerwerb entfallenden Steuern eine **Meistbegünstigungsregelung** gilt. Die Begrenzung greift vor allem dann, wenn auf einen Vorerwerb, der nach einem Steuersatz von mehr als 30 vH besteuert ist, ein vergleichsweise geringer Nacherwerb folgt (Moench/Weinmann/ *Weinmann* Rn. 35; Fischer/Pahlke/Wachter/*Götz* Rn. 86–88).

23   **15. Praxisfragen zur Zusammenrechnung, alte Rechtslage.** Die in der Praxis im Zusammenhang mit § 14 diskutierten Einzelfragen betreffen ua das Verhältnis zwischen § 14 und § 6 (Vor- und Nacherbschaft; vgl. Troll/Gebel/Jülicher/Gottschalk/*Jülicher* Rn. 35 f.): Da der Erwerb des Nacherben in der Regel als vom Vorerben stammend zu versteuern ist (§ 6 II), ist der Erwerb des Nacherben mit früheren Zuwendungen seitens des Vorerben zusammenzurechnen. Dies gilt selbst für den Fall, in dem nach § 6 II 2 der Antrag auf Versteuerung nach dem Verhältnis zum Erblasser gestellt wird (Meincke/Hannes/Holtz Rn. 6; krit. Kapp/Ebeling/*Geck* Rn. 43 f. zur abw. Auffassung mit Bsp.).

24   Die Zusammenrechnung der Erwerbe bei Vermögen, dessen Nutzung dem Schenker oder Ehegatten des Schenkers oder Erblassers zustand, erfolgte bis 31.12.2008 nach § 25 I 1 (ErbStG aF) ohne Berücksichtigung der Belastungen. Da Abs. 1 die Selbständigkeit der einzelnen Erwerbe unberührt lässt (BFH BStBl. II 2005, 728), bedeutet dies, dass im Falle des unter § 25 I (ErbStG aF) fallenden Vorerwerbes der **Bruttowert des Vorerwerbs** (also ohne Berücksichtigung von Nutzungs- und Rentenlasten) sowohl in die Zusammenrechnung einbezogen wird als auch bei der fiktiven Steuer wie auch bei der tatsächlich entrichteten Steuer angesetzt wird (BFH BB 2006, 1434).

25   Weitere Konstellationen sind die Übernahme der Schenkungsteuer, Zusammenrechnung bei Einräumung eines Nutzungsrechtes bei späterer Substanzschenkung oder Ermittlung der Jahressteuer nach § 23.

§ 15 Steuerklassen

(1) Nach dem persönlichen Verhältnis des Erwerbers zum Erblasser oder Schenker werden die folgenden drei Steuerklassen unterschieden:

Steuerklasse I:
1. der Ehegatte und der Lebenspartner,
2. die Kinder und Stiefkinder,
3. die Abkömmlinge der in Nummer 2 genannten Kinder und Stiefkinder,
4. die Eltern und Voreltern bei Erwerben von Todes wegen;

Steuerklasse II:
1. die Eltern und Voreltern, soweit sie nicht zur Steuerklasse I gehören,
2. die Geschwister,
3. die Abkömmlinge ersten Grades von Geschwistern,
4. die Stiefeltern,
5. die Schwiegerkinder,
6. die Schwiegereltern,
7. der geschiedene Ehegatte und der Lebenspartner einer aufgehobenen Lebenspartnerschaft;

Steuerklasse III:
alle übrigen Erwerber und die Zweckzuwendungen.

(1a) Die Steuerklassen I und II Nr. 1 bis 3 gelten auch dann, wenn die Verwandtschaft durch Annahme als Kind bürgerlich-rechtlich erloschen ist.

(2) [1] In den Fällen des § 3 Abs. 2 Nr. 1 und des § 7 Abs. 1 Nr. 8 ist der Besteuerung das Verwandtschaftsverhältnis des nach der Stiftungsurkunde entferntest Berechtigten zu dem Erblasser oder Schenker zugrunde zu legen, sofern die Stiftung wesentlich im Interesse einer Familie oder bestimmter Familien im Inland errichtet ist. [2] In den Fällen des § 7 Abs. 1 Nr. 9 Satz 1 gilt als Schenker der Stifter oder derjenige, der das Vermögen auf den Verein übertragen hat, und in den Fällen des § 7 Abs. 1 Nr. 9 Satz 2 derjenige, der die Vermögensmasse im Sinne des § 3 Abs. 2 Nr. 1 Satz 2 oder § 7 Abs. 1 Nr. 8 Satz 2 gebildet oder ausgestattet hat. [3] In den Fällen des § 1 Abs. 1 Nr. 4 wird der doppelte Freibetrag nach § 16 Abs. 1 Nr. 2 gewährt; die Steuer ist nach dem Prozentsatz der Steuerklasse I zu berechnen, der für die Hälfte des steuerpflichtigen Vermögens gelten würde.

(3) [1] Im Falle des § 2269 des Bürgerlichen Gesetzbuchs und soweit der überlebende Ehegatte oder der überlebende Lebenspartner an die Verfügung gebunden ist, ist auf Antrag der Versteuerung das Verhältnis des Schlusserben oder Vermächtnisnehmers zum zuerst verstorbenen Ehegatten oder dem zuerst verstorbenen Lebenspartner zugrunde zu legen, soweit sein Vermögen beim Tod des überlebenden Ehegatten oder des überlebenden Lebenspartners noch vorhanden ist. [2] § 6 Abs. 2 Satz 3 bis 5 gilt entsprechend.

(4) [1] Bei einer Schenkung durch eine Kapitalgesellschaft oder Genossenschaft ist der Besteuerung das persönliche Verhältnis des Erwerbers zu derjenigen unmittelbar oder mittelbar beteiligten natürlichen Person oder Stiftung zugrunde zu legen, durch die sie veranlasst ist. [2] In diesem Fall gilt die Schenkung bei der Zusammenrechnung früherer Erwerbe (§ 14) als Vermögensvorteil, der dem Bedachten von dieser Person anfällt.

Erbschaftsteuer-Richtlinien
R E 15.1:   Steuerklassen (unbesetzt)/H E 15.1
R E 15.2:   Maßgebliche Steuerklasse bei Familienstiftungen/H E 15.2
R E 15.3:   Umfang des begünstigten Vermögens in den Fällen des § 15 III/H E 15.3

1. Allgemeines. Die nach dem ErbStG 1996 bestehenden drei Steuerklassen werden auch im Zuge des ErbStRG fortgeführt, wobei die Steuersätze der Steuerklassen II u. III angeglichen wurden. § 15 greift – der Rspr. des BVerfG folgend (BStBl. II 1995, 671 (673)) – das **Familienprinzip** auf; die Besteuerung berücksichtigt das verwandtschaftliche Verhältnis zwischen dem Erblasser bzw. Schenker und dem Erwerber (zum Verwandtschaftsverhältnis §§ 1589 ff. BGB).

Vor Anwendung des § 15 ist die Frage zu klären, welche Erwerbsverhältnisse tatsächlich zu besteuern sind, so erwirbt (vgl. Tiedtke/*Tiedtke*/*Wälzholz* Rn. 7)
– der Erbe vom Erblasser,
– der Vermächtnisnehmer ebenfalls vom Erblasser (obwohl der Vermächtnisgegenstand vom Erben im Wege der Vermächtniserfüllung übereignet wird),
– der Pflichtteilsberechtigte vom Erblasser, nicht vom Erben, obwohl dieser den Pflichtteil zu erfüllen hat,
– der Erwerber bei Ausschlagung des Erbes gegen Abfindung gem. § 3 II Nr. 4 fiktiv vom Erblasser (auch bei Verzicht auf Pflichtteil gegen Abfindung),
– der Erwerber bei Erbverzicht gegen Abfindung vom Erblasser (selbst bei Abfindungszahlung durch einen Dritten).

2. Systematik der Steuerklassen, Angehörigenprinzip in Steuerklasse I. Die Steuerklassen sind Ausdruck einer **doppelten Progression** (Moench/Weinmann/*Weinmann* Rn. 1), wonach im Umfang des

Abnehmens der verwandtschaftlichen Nähe die Freibeträge (§§ 16, 17) sinken und die Steuersätze (§ 19) steigen. Nach *Jülicher* (Troll/Gebel/Jülicher/Gottschalk Rn. 1–18) ist die Regelung des Verwandtschaftsgrades einfach und entspricht dem folgenden Grundprinzip: Die in gerader Linie mit dem Erblasser/Schenker verwandten Personen fallen in die Steuerklasse I, die nicht in gerader Linie verwandten Personen – mit Ausnahme freigebiger Zuwendungen der Kinder an Eltern und Voreltern – werden in der Steuerklasse II erfasst.

4 Um als **Ehegatte** der Steuerklasse I anzugehören, wird das Bestehen der Ehe im Zeitpunkt der Steuerentstehung vorausgesetzt; ein Getrenntleben ist unbeachtlich. Nach einer Scheidung wechselt der geschiedene Ehegatte in die Steuerklasse II. **Nichteheliche Lebensgemeinschaften** werden steuerlich nicht begünstigt und gehören der Steuerklasse III an (BFH BStBl. II 1983, 114). Partner einer **eingetragenen Lebensgemeinschaft** gehören mWv 1.8.2001 der Steuerklasse I an (Gesetzesänderung durch JStG 2010, das den Vorgaben des BVerfG im Beschl. v. 21.7.2010, DStR 2010, 1721 entspricht); sie werden auch bzgl. des Freibetrages (§ 16) den Ehegatten gleichgestellt. Durch das Gesetz zur Einführung des Rechts auf Eheschließung für Personen gleichen Geschlechts vom 20.7.2017 (BGBl. 2017 I 2787) gilt dies ebenfalls für gleichgeschlechtliche eingetragene Lebensgemeinschaften und Ehen. Verlöbnisse werden bei der Einteilung der Steuerklassen nicht berücksichtigt (zur Empfehlung einer Schenkung unter der aufschiebenden Bedingung der Eheschließung Kapp/Ebeling/*Geck* Rn. 5).

5 Abweichend vom einkommensteuer- und zivilrechtlichen Kindesbegriff gelten als Kinder nach Abs. 1 Nr. 2 sowohl **eheliche, nichteheliche als auch adoptierte Kinder.** Zur definierten Gruppe der ehelichen Kinder gehören auch diejenigen, die als ehelich erklärt wurden oder die durch Heirat von Vater und Mutter ehelich geworden sind. Für nichteheliche Kinder, die nach dem 30.6.1949 geboren wurden, gilt nach dem Erbrechtsgleichstellungsgesetz (Gesetz v. 16.12.1997 BGBl. 1997 I, 2968 in Umsetzung des Nichtehelichengesetzes v. 19.8.1969 BGBl. 1969 I, 1243) gemäß der Gesetzesbezeichnung die erbrechtliche Gleichstellung; für die vor dem 1.7.1949 geborenen nichtehelichen Kinder kann durch Vertrag mit dem Vater eine Gleichstellung mit ehelichen Kindern erfolgen. Nichteheliche Kinder werden im Verhältnis zur Mutter, bei Anerkennung der Vaterschaft auch im Verhältnis zum Vater (§§ 1594 ff. BGB) zur Steuerklasse I gezählt werden.

6 Die **Adoption** eines in die Steuerklasse I fallenden Kindes erfolgt nach dem Adoptionsgesetz (zu den Voraussetzungen nach dem Adoptionsgesetz Kapp/Ebeling/*Geck* Rn. 15–35.1). Die bürgerlich-rechtlich erloschenen Beziehungen zu früheren Verwandten gelten für Zwecke der Erbschaftsteuer als fortbestehend, sodass adoptierte Kinder in steuerlicher Hinsicht zwei Elternpaare nebst Verwandtschaft haben können. Das Verwandtschaftsverhältnis zu den leiblichen Eltern und deren näheren Verwandten richtet sich nach der Adoption weiterhin nach der Steuerklasse I u. II (Abs. 1a). Überlegungen zur Adoption haben aus steuerlichen Gesichtspunkten durch die Anhebung der Freibeträge im Rahmen des ErbStRG eine größere Bedeutung erlangt. Soweit eine Adoption allerdings aus wirtschaftlichen Gründen vollzogen wird und diese Motive nicht untergeordnet sind, können die steuerlichen Vorteile insbes. unter Bezugnahme auf § 42 AO (Missbrauch von rechtlichen Gestaltungsmöglichkeiten) versagt werden. Ein **Missbrauch von Gestaltungsmöglichkeiten** liegt dann vor, wenn die Adoption nach den Umständen des Einzelfalls offensichtlich unangemessen ist (BGH NJW 1961, 1461). Eine Adoption kann zudem wegen fehlender sittlicher Rechtfertigung abgelehnt werden (zur Erwachsenenadoption vgl. § 1767 BGB).

7 **Stiefkinder** werden in Abs. 1 Nr. 2 (Steuerklasse I) gesondert aufgeführt. Als Stiefkinder gelten die Kinder, die nur zu einem der Ehegatten in einem biologischen oder rechtlichen Kindschaftsverhältnis stehen. Das Stiefkindverhältnis wird nicht durch die Aufhebung der Ehe bzw. Lebenspartnerschaft beendet (§ 1590 II BGB). Dagegen fallen Pflegekinder, die in keinem Verwandtschaftsverhältnis zu den Eltern stehen – abweichend von der einkommensteuerlichen Behandlung als Kind –, nicht unter die Steuerklasse I (BFH ZEV 2006, 178). Enkel und Urenkel fallen als Abkömmlinge von Kindern und Stiefkindern gem. Abs. 1 Nr. 3 in die Steuerklasse I. Als Abkömmlinge gelten sämtliche Verwandte in absteigender Linie (Palandt/*Diederichsen* BGB Einf. § 1589).

8 **3. Steuerklasse II.** In der Steuerklasse II werden **freigebige Zuwendungen an Eltern und Voreltern** erfasst. Die ungünstige Einstufung der Schenkungen der Kinder an die Eltern in Steuerklasse II dient der Vermeidung nicht erwünschter Gestaltungen. Geschwister, die nur einen gemeinsamen Elternteil haben, gehören – wie Abkömmlinge ersten Grades von Geschwistern und Adoptivkinder der Geschwister – zur Steuerklasse II. Weiter gehören Stiefeltern sowie Schwiegerkinder/-Eltern zur Steuerklasse II. Schließlich werden **geschiedene Ehegatten** (Abs. 2 Nr. 7) wegen der bestehenden Bindung, die in einer freigebigen Zuwendung an den geschiedene Ehegatten zum Ausdruck kommt (Troll/Gebel/Jülicher/Gottschalk/ *Jülicher* Rn. 74), der Steuerklasse II zugeordnet. Die nicht in den Steuerklassen I u. II erfassten Erwerber – so zB aus dem Kreis der Verwandten die Geschwister der Eltern, alle Nichtverwandte und juristische Personen – gehören zur Steuerklasse III. Bei Personengesellschaften kommt dagegen nicht die Steuerklasse III zur Anwendung, sondern es wird auf die an der Personengesellschaft beteiligten einzelnen Gesellschafter abgestellt.

9 **4. Familienstiftung.** Abs. 2 beschreibt die Fortsetzung des Familiengedankens für sog. Familienstiftungen (vgl. R E 1.2 ErbStR). Sind bei einer Stiftung Familienmitglieder zu mehr als 25 vH bezugs- oder anfallberechtigt und werden die weiteren Merkmale der **„wesentlichen" Familieninteressen** (zB bei Einfluss eines Familienmitgliedes auf die Geschäftsbeziehung der Stiftung) erfüllt, erfolgt die Besteuerung bei Errichtung der Familienstiftung nicht nach der für juristische Personen geltenden Steuerklas-

se III, sondern nach dem Verwandtschaftsverhältnis des nach der Stiftungsurkunde entferntest Berechtigten zum Erblasser (zum Verwandtschaftsverhältnis §§ 1589 ff. BGB). Dies gilt entsprechend auch im Falle der Errichtung einer Stiftung unter Lebenden. Die Rechtsfolge des Abs. 2 S. 1 besteht darin, dass sowohl für die Steuerklasse als auch für den Freibetrag nach § 16 der Steuerklasse des **entferntest Bezugsberechtigten** zugrunde zu legen ist (R E 15.2 (1) ErbStR). Bei der Frage des Bezugsberechtigten steht die FinVw (Erl. NRW, DStR 1992, 582) auf dem Standpunkt, dass bei Festlegung der Steuerklasse nicht allein auf die lebenden Bezugsberechtigten, sondern auch auf **künftige** nach der Stiftungsurkunde **Bezugsberechtigte** abzustellen ist. Wird die Bezugsberechtigung nach der Satzung zunächst auf Personen der Steuerklasse I beschränkt und später auf einen erweiterten Personenkreis abgeändert, sieht die FinVw darin die Errichtung einer neuen Stiftung (R E 1.2 (4) ErbStR).

Die „Aufstockung einer Stiftung" durch nachträgliche Zuwendungen (Zustiftungen) wird nach der Rspr. des RFH (RStBl. 1931, 539) als gewöhnliche Schenkung (nach § 7 I Nr. 1) bzw. bei Zuwendungen von Todes wegen nach § 3 II Nr. 1 behandelt, die der Steuerklasse III zugeordnet wird. Dies wird auch für den Fall angenommen, dass die späteren Zustiftungen noch vom Stifter selbst stammen; nach *Binz/Sorg* (DB 1988, 1822 (1825)) soll dies aber nicht gelten, wenn die Zustiftung bereits bei Errichtung der Stiftung verbindlich festgelegt worden ist. 10

Nach § 1 I Nr. 4 unterliegt das Vermögen einer Familienstiftung in Zeitabständen von je 30 Jahren der Erbschaftsteuer (sog. Ersatzerbschaft- oder Erbersatzsteuer). Die Ersatzerbschaftsteuer für Familienstiftungen wird (als Vorgang des § 1 I Nr. 4) nach Abs. 2 S. 3 wie ein **fiktiver Vermögensanfall** mit einer Verdoppelung des Freibetrages für Kinder (§ 16 I Nr. 2) gelesen, wobei der Steuersatz nach der Steuerklasse I zu berechnen ist. Zur Vermeidung einer Steuerprogression gilt der Steuersatz jeweils für die Hälfte des der Steuerpflicht unterfallenden Vermögens. Der Gesetzgeber geht davon aus, dass das Stiftungsvermögen fiktiv **alle 30 Jahre** zwei Kindern (Abkömmlingen) zuordenbar ist. Auf die tatsächlichen Verhältnisse kommt es somit nicht an. Wird die Familienstiftung aufgehoben, liegt eine Schenkung nach § 7 I Nr. 9 S. 1 vor. 11

5. Rückübertragung einer Vermögensmasse, insbes. ausländischer Trust. Den Tatbestand des Vermögensüberganges auf Vermögensmassen ausländischen Rechtes hat das Steuerentlastungsgesetz (v. 24.3.1999 BStBl. I 1999, 304) durch Änderung der § 3 II Nr. 1 S. 2 und § 7 I Nr. 8 S. 2 eingefügt; bei Auflösung der Vermögensmassen ausländischen Rechts erfolgt die Besteuerung nach § 7 I Nr. 9 S. 2. Im Falle der Auflösung gilt die Steuerklasse nach dem persönlichen Verhältnis der begünstigten Person zu der Person, die die Vermögensmasse errichtet oder ausgestattet hat (Abs. 2 S. 2; vgl. Moench/Weinmann/ *Weinmann* Rn. 47). 12

6. Besteuerung der Voll- und Schlusserbfolge. Abs. 3 betrifft Regelungen in Bezug auf Erbfälle, bei denen (gleichgeschlechtliche) Ehegatten (bzw. entsprechend eingetragene (gleichgeschlechtliche) Lebenspartner) ein **gemeinschaftliches Testament** (sog. Berliner Testament nach § 2269 BGB) errichtet oder einen **Erbvertrag** (ganz hA Viskorf/Schuck/Wälzholz/*Knobel* Rn. 78) geschlossen haben. Nach § 2269 I BGB ist davon auszugehen, dass – soweit Ehegatten sich in einem gemeinschaftlichen Testament gegenseitig als Erben einsetzen und der Nachlass nach dem Tode des Überlebenden einem Dritten zufallen soll – im Zweifel, der Erbe für das gesamte Nachlass dem zuletzt verstorbenen Ehegatten eingesetzt ist. Im Falle eines gemeinschaftlichen Testaments verschmilzt das Vermögen der Ehegatten mit dem Tod des Erstversterbenden zu einer Einheit (sog. **Einheitsprinzip** im Gegensatz zur Vor- und Nacherbschaft). Das gemeinschaftliche Testament räumt dem überlebenden Ehegatten eine starke Rechtsstellung ein, da er über den Nachlass frei verfügen kann. Verstirbt der überlebende Ehegatte, kann der Schlusserbe für das gesamte Vermögen nur einen Freibetrag beanspruchen. Es wird dabei als unbillig angesehen, wenn nach der allgemeinen Gesetzessystematik nur auf das Verhältnis zum Letztversterbenden abgestellt würde; so räumt Abs. 3 dem Schlusserben das **Recht** ein, zu beantragen, die **Besteuerung im Verhältnis zum Erstversterbenden** vorzunehmen (ggf. günstigerer Freibetrag, Steuersatz). Auch Vermächtnisnehmer können auf Antrag als Erwerber im Verhältnis zum Erstverstorbenen besteuert werden. 13

Die Bindung des überlebenden Ehegatten an die gemeinschaftliche Verfügung ist nach der Rspr. (BFH, BStBl. II 1999, 789) dann gegeben, wenn die gemeinschaftlich festgelegte Schlusserbfolge und Verteilung des Nachlasses durch eine eigene Verfügung von Todes wegen **nicht zum Nachteil der Erbquote des Schlusserben** erfolgen kann. Ansonsten kann der überlebende Ehegatte bzw. Lebenspartner zu Lebzeiten bei einem gemeinschaftlichen Testament über das Vermögen nach Belieben „Schalten und Walten" (Kapp/Ebeling/*Geck* Rn. 79). Es reicht aus, wenn in dem Gesamtvermögensanfall noch Vermögen des Erstverstorbenen (wertmäßig) vorhanden ist (BFH BStBl. II 1994, 656); nur darauf bezieht sich die Möglichkeit der Inanspruchnahme der Besteuerung im Verhältnis zum Erstverstorbenen. Wird dem Überlebenden in dem gemeinschaftlichen Testament das Recht zur eigenständigen letztwilligen Verfügung eingeräumt und errichtet er ein Einzeltestament, erfolgt die Einsetzung nicht in Umsetzung der Bindung des überlebenden Ehegatten an die letztwillige gemeinsame Verfügung, sodass die Anwendung des Antragsrechts nach Abs. 3 ausscheidet. 14

7. Zuwendungen durch Kapitalgesellschaften oder Genossenschaften. Abs. 4 behandelt die Rechtsfolgen von Schenkungen durch Kapitalgesellschaften oder Genossenschaften; in Ergänzung zu § 7 VIII erfasst die Vorschrift Zuwendungen durch Kapitalgesellschaften auf Veranlassung eines Gesellschafters, die an den unmittelbar oder mittelbar an dieser Kapitalgesellschaft beteiligten Anteilseigner erfolgen. Der 15

Gesetzgeber stellt bei der Besteuerung auf die jeweils persönlichen Verhältnisse der an dem Zuwendungsvorgang unmittelbar oder mittelbar beteiligten natürlichen Personen ab.

16 Die anwendbare Steuerklasse bei Schenkungen seitens einer Kapitalgesellschaft oder Genossenschaft wäre ohne eine Fiktion die Steuerklasse III für Zuwendungen von einer juristischen Person an eine nicht verwandte natürliche Person. Die Härten, die sich bei Schenkungen einer Kapitalgesellschaft oder Genossenschaft ansonsten durch Anwendung der Steuerklasse III ergeben würden, sollen durch eine „**Durchbrechung des Zivilrechtsverhältnisses**" gemildert bzw. vermieden werden (BT-Drs. 17/6263, 36). Für eine Milderung ist entscheidend, ob die steuerbare Schenkung der Kapitalgesellschaft oder Genossenschaft von Gesellschaftern veranlasst wurde und es sich hierbei um natürliche Personen oder Stiftungen handelt und in welchem persönlichen Verhältnis der Erwerber zu dieser Person steht. Nur wenn zwischen den veranlassenden Personen und dem Erwerber zu berücksichtigende Angehörigenbeziehungen bestehen, kann eine Besteuerung nach den günstigeren Besteuerungsklassen I oder II erfolgen (s. Abs. 1; Anwendungsfälle: FG Düsseldorf EFG 2011, 1994 mAnm *Fumi*). Die Fiktion kann demzufolge in mehreren Fällen zur Steuerklasse I führen, zB bei der Veranlassung durch einen Elternteil als Mitgesellschafter. Bei mehreren Gesellschaftern als Veranlassende erfolgt eine Unterstellung quotaler Mitveranlassung der Beteiligten nach ihren Beteiligungsquoten an der Gesellschaft, es sei denn, die konkrete Veranlassung der Zuwendung wird anders belegt (Erl. v. 14.3.2012, BStBl. I 2012, 331). Von vornherein ausgeschlossen ist – mit Ausnahme der Regelung in Abs. 2 – eine solche Fiktion bei Stiftungen.

17 Durch das Abstellen auf die an der Kapitalgesellschaft beteiligten natürlichen Personen sind die Zuwendungen iRd § 14 einzubeziehen (Abs. 4 S. 2).

18 Aus § 35 ergibt sich die **Zuständigkeit des Erbschaftsteuerfinanzamts** für die Besteuerung der Zuwendung einer Kapitalgesellschaft oder Genossenschaft, wobei das Finanzamt, das für eine direkte Zuwendung des veranlassenden Gesellschafters nach § 35 zuständig wäre, in das Festsetzungsverfahren einzubinden ist; dies gilt auch bzgl. eines etwaigen Rechtsbehelfsverfahrens.

§ 16 Freibeträge

(1) Steuerfrei bleibt in den Fällen der unbeschränkten Steuerpflicht (§ 2 Absatz 1 Nummer 1) der Erwerb
1. des Ehegatten und des Lebenspartners in Höhe von 500 000 Euro;
2. der Kinder im Sinne der Steuerklasse I Nr. 2 und der Kinder verstorbener Kinder im Sinne der Steuerklasse I Nr. 2 in Höhe von 400 000 Euro;
3. der Kinder der Kinder im Sinne der Steuerklasse I Nr. 2 in Höhe von 200 000 Euro;
4. der übrigen Personen der Steuerklasse I in Höhe von 100 000 Euro;
5. der Personen der Steuerklasse II in Höhe von 20 000 Euro;
6. *(aufgehoben)*
7. der übrigen Personen der Steuerklasse III in Höhe von 20 000 Euro.

(2) ¹In den Fällen der beschränkten Steuerpflicht (§ 2 Absatz 1 Nummer 3) wird der Freibetrag nach Absatz 1 um einen Teilbetrag gemindert. ²Dieser Teilbetrag entspricht dem Verhältnis der Summe der Werte des in demselben Zeitpunkt erworbenen, nicht der beschränkten Steuerpflicht unterliegenden Vermögens und derjenigen, nicht der beschränkten Steuerpflicht unterliegenden Vermögensvorteile, die innerhalb von zehn Jahren von derselben Person angefallen sind, zum Wert des Vermögens, das insgesamt innerhalb von zehn Jahren von derselben Person *angefallenen* ist. ³Die früheren Erwerbe sind mit ihrem früheren Wert anzusetzen.

1 **1. Regelungsinhalt, Anhebung der Freibeträge.** Die Anpassung der Wertansätze für steuerliche Zwecke durch das ErbStRG zum 1.1.2009 an das Niveau der Verkehrswerte wurde zum Anlass für eine Anhebung der persönlichen Freibeträge gem. § 16 genommen. Die persönlichen Freibeträge, die neben anderen Steuerbefreiungen (etwa §§ 13, 17) bestehen, gelten ohne Differenzierung für Erwerbe von Todes wegen und Schenkungen unter Lebenden und beziehen sich auf jeden **einzelnen Erwerb** einer Person im Verhältnis zum Erblasser oder Schenker. Wird der Freibetrag im Rahmen eines Erwerbs wegen der Höhe des zu übertragenden Vermögens nicht voll in Anspruch genommen, verfällt das **restliche Freibetragsvolumen** nicht, sondern kann bei einem späteren Erwerb in Anspruch genommen werden. Die auf einen Zeitraum von zehn Jahren nach § 14 angeordnete Zusammenrechnung mehrerer Erwerbe im gleichen Personenverhältnis eröffnet Steuerpflichtigen die Möglichkeit, nach Ablauf von zehn Jahren den Freibetrag in voller Höhe nochmals auszuschöpfen. Verfassungsrechtliche Bedenken bzgl. der Höhe der Freibeträge bestehen nicht (BFH BStBl. 2006 II 875; Troll/Gebel/Jülicher/Gottschalk/*Jülicher* Rn. 19).

2 Für (gleichgeschlechtliche) Ehegatten und eingetragene (gleichgeschlechtliche) Lebenspartner (nach dem LPartG) beträgt der Freibetrag 500.000 EUR (bis zum Jahre 2008 nur für Ehegatten 307.000 EUR). Obwohl Erwerbe zwischen Ehegatten oft nur ein zwischenzeitliches Erwerbsstadium abbilden und zur Weitergabe an die nachfolgende Generation bestimmt sind, besteht in Deutschland (anders als in anderen Ländern) **keine Steuerfreiheit bei Zuwendungen zwischen Ehegatten**. Der Kinderfreibetrag beträgt 400.000 EUR (bis 2008: 207.000 EUR). Dieser Freibetrag steht auch Enkelkindern zu, wenn der Elternteil, der die Verwandtschaft vermittelt, verstorben ist. Der Freibetrag für Enkelkinder bei noch lebenden Eltern beträgt 200.000 EUR (bis 2008: 51.200 EUR). Dieser recht hohe Freibetrag gibt im Einzelfall Anlass zu der Überlegung, ob Vermögen statt den Eltern unmittelbar den Enkelkindern übertragen

Besonderer Versorgungsfreibetrag § 17 ErbStG 150

werden sollte. Für Urenkel wird ein Freibetrag von 100.000 EUR gewährt (bis 2008: 51.200 EUR). Den Eltern und Voreltern (Verwandte in gerader aufsteigender Linie) stehen bei Erwerben von Todes wegen in der Steuerklasse I 100.000 EUR, den Personen der Steuerklassen II u. III 20.000 EUR zu (bis 2008: 10.300 EUR bei Steuerklasse II und 5.200 EUR bei Steuerklasse III).

2. Beschränkte Steuerpflicht. Durch StUmgBG wurde der Freibetrag für **beschränkt Steuerpflichtige** neu gefasst, sodass in Fällen der beschränkten Steuerpflicht eine **Minderung des Freibetrags** vorzunehmen ist. Der Freibetrag wird demach nur anteilig gewährt, sofern er auf das der Besteuerung unterliegende Inlandsvermögen entfällt. Hierzu sind nach Abs. 2 S. 2 alle Erwerbe der vergangenen zehn Jahre von derselben Person zu betrachten und nach S. 3 sind diese Erwerbe mit ihren früheren Werten anzusetzen. 3

3. Ausnutzung der unterschiedlichen Freibeträge. Durch die Möglichkeit der Inanspruchnahme der unterschiedlichen Freibeträge ergeben sich verschiedene Gestaltungsmöglichkeiten, die auch von der FinVw akzeptiert werden. Kein Gestaltungsmissbrauch iSd § 42 AO liegt etwa vor, wenn ein Ehegatte im Rahmen der Freibeträge Teile des Vermögens auf den anderen Ehepartner überträgt, um bei einer Weiterübertragung auf Nachkommen die Nutzung von Freibeträgen durch beide Elternteile zu ermöglichen; allerdings muss der Zwischenerwerber **Verfügungsbefugnis über den Verfügungsgegenstand** erlangen und es darf kein Gesamtplan bestehen (zur sog. Gesamtplanrechtsprechung des BFH BStBl. II 2006, 359 mwN; zur sog. Kettenschenkung BFH BStBl. II 2005, 412). Eine weitere Möglichkeit der Ausnutzung von Freibeträgen besteht bei **Vor- und Nacherbschaft**, die voraussichtlich zeitnah beieinander liegen, in der Ausschlagung der Erbschaft durch den Vorerben gegen Zahlung einer Abfindung bis zur Höhe des Freibetrages. Auch die Möglichkeit, den Anspruch erst Jahre später entstehen zu lassen, kann zur Sicherung der Inanspruchnahme mehrerer Freibeträge genutzt werden (sog. postmortale Freibeträge bei Abschluss von Lebensversicherungen; vgl. *Fiedler* DStR 2001, 1648, 1651). 4

§ 17 Besonderer Versorgungsfreibetrag

(1) ¹Neben dem Freibetrag nach § 16 wird dem überlebenden Ehegatten und dem überlebenden Lebenspartner ein besonderer Versorgungsfreibetrag von 256 000 Euro gewährt. ²Der Freibetrag wird bei Ehegatten oder bei Lebenspartnern, denen aus Anlass des Todes des Erblassers nicht der Erbschaftsteuer unterliegende Versorgungsbezüge zustehen, um den nach § 14 des Bewertungsgesetzes zu ermittelnden Kapitalwert dieser Versorgungsbezüge gekürzt.

(2) ¹Neben dem Freibetrag nach § 16 wird Kindern im Sinne der Steuerklasse I Nr. 2 (§ 15 Abs. 1) für Erwerbe von Todes wegen ein besonderer Versorgungsfreibetrag in folgender Höhe gewährt:

1. bei einem Alter bis zu 5 Jahren in Höhe von 52 000 Euro;
2. bei einem Alter von mehr als 5 bis zu 10 Jahren in Höhe von 41 000 Euro;
3. bei einem Alter von mehr als 10 bis zu 15 Jahren in Höhe von 30 700 Euro;
4. bei einem Alter von mehr als 15 bis zu 20 Jahren in Höhe von 20 500 Euro;
5. bei einem Alter von mehr als 20 Jahren bis zur Vollendung des 27. Lebensjahres in Höhe von 10 300 Euro.

²Stehen dem Kind aus Anlaß des Todes des Erblassers nicht der Erbschaftsteuer unterliegende Versorgungsbezüge zu, wird der Freibetrag um den nach § 13 Abs. 1 des Bewertungsgesetzes zu ermittelnden Kapitalwert dieser Versorgungsbezüge gekürzt. ³Bei der Berechnung des Kapitalwerts ist von der nach den Verhältnissen am Stichtag (§ 11) voraussichtlichen Dauer der Bezüge auszugehen.

(3) ¹In den Fällen der beschränkten Steuerpflicht (§ 2 Absatz 1 Nummer 3) wird der besondere Versorgungsfreibetrag nach Absatz 1 oder 2 gewährt, wenn durch die Staaten, in denen der Erblasser ansässig war oder der Erwerber ansässig ist, Amtshilfe geleistet wird. ²Amtshilfe ist der Auskunftsaustausch im Sinne oder entsprechend der Amtshilferichtlinie gemäß § 2 Absatz 11 des EU-Amtshilfegesetzes in der für den jeweiligen Stichtag der Steuerentstehung geltenden Fassung oder eines entsprechenden Nachfolgerechtsaktes.

Erbschaftsteuer-Richtlinien
R E 17: Besonderer Versorgungsfreibetrag/H E 17

1. Berücksichtigung des Versorgungsfreibetrages. Der Versorgungsfreibetrag, der um die erworbenen Versorgungsbezüge, die nicht der ErbSt unterliegen, gekürzt wird (Abs. 1, 2, Abs. 2, 2), wird neben dem persönlichen Freibetrag **auch** dann gewährt, wenn einem überlebenden Ehepartner oder Kind **kein Versorgungsanspruch** zusteht. Dieser Freibetrag gilt allerdings nur für den Erwerb von Todes wegen; ausnahmsweise können aber Tatbestände, die als Schenkungen unter Lebenden einen Ersatztatbestand für einen Erwerb von Todes wegen darstellen, den Anspruch auf den (besonderen) Freibetrag begründen (FG Nürnberg EFG 1990, 65 zur Abfindungszahlung für den Erbverzicht durch ein bis zum Tod des anderen Ehegatten aufschiebend bedingtes Leibrentenstammrecht). 1

Die Versorgungsfreibeträge sind durch das ErbStRG nicht erhöht worden. Für Eheleute beträgt der Freibetrag 256.000 EUR; der Betrag wird ebenso dem Partner einer eingetragenen Lebensgemeinschaft gewährt, da Lebenspartner wie Eheleute zu gegenseitigem Unterhalt verpflichtet sind. Für Kinder ist der Freibetrag gestaffelt (Abs. 2). 2

3 **2. Anrechnungspflichtige Versorgungsbezüge.** Der Versorgungsfreibetrag ist bei Erwerb nicht steuerbarer Versorgungsbezüge zu kürzen; zu den nicht steuerbaren Versorgungsbezügen gehören neben den auf Gesetz beruhenden Bezügen (zB Versorgungsbezüge der gesetzlichen Rentenversicherung) auch angemessene Bezüge aus arbeitsrechtlichen Vereinbarungen (R E 74 I Nr. 1–6 iVm R E 8 ErbStR). Der **Kapitalwert der Versorgungsbezüge** zugunsten des überlebenden Ehepartners berechnet sich nach § 14 BewG; der der Kinder richtet sich nach § 13 I BewG, wobei der Wert gem. Abs. 2, 3 auf Basis der voraussichtlichen Dauer der Bezüge nach den Verhältnissen am Stichtag (§ 11) berechnet wird. Der Versorgungsfreibetrag wird um den jeweiligen Kapitalwert der Bezüge gekürzt.

4 Nach Auffassung der FinVw (R E 17 (3) S. 1 und 9 ErbStR) ist bei der Ermittlung des Kapitalwertes der Versorgungsbezüge von der Höhe der **jährlichen Bruttobezüge** auszugehen (einzubeziehen sind auch etwa Sonderzahlungen, Kapitalabfindungen und Einmalbeträge). Spätere Änderungen der Bezüge sind nur dann zu berücksichtigen, wenn sie zur Zeit des Todes des Erblassers mit Sicherheit voraussehbar waren. Von der Kürzung ausgenommen sind die Ansprüche aus gesellschaftsvertraglichen Regelungen, die ihrerseits der Erbschaftsteuer unterliegen.

5 **3. Beschränkte Steuerpflicht.** Durch StUmgBG (BGBl. 2017 I 1682) erhalten nun auch Ehegatten, Lebenspartner und Kinder in den Fällen der beschränkten Steuerpflicht den Versorgungsfreibetrag gem. Abs. 3, der neu eingeführt wurde.

6 **4. Berichtigung bei späterer Änderung von Versorgungsbezügen, Kinderversorgungsfreibetrag.** Werden Nutzungen und Leistungen nur kurz bezogen oder genutzt, weil der Berechtigte früh verstorben ist, ist die Festsetzung von nicht laufend veranlagten Steuern auf Antrag (§ 14 II BewG) nach der wirklich bezogenen Nutzung oder Leistung vorzunehmen bzw. zu korrigieren (mit Hinweisen Fischer/Pahlke/Wachter/*Längle* Rn. 13). Für Kinder (nach § 15; nicht etwa Enkel) kommt der Versorgungsfreibetrag (Abs. 2), der sich mit zunehmendem Alter der Kinder verringert, nur bis zur Vollendung des 27. Lebensjahres in Betracht. Auch der Freibetrag der Kinder wird um den nach § 13 I BewG zum Stichtag (§ 11) zu ermittelnden Kapitalwert der nicht erbschaftsteuerbaren Versorgungsbezüge gekürzt.

§ 18 Mitgliederbeiträge

¹Beiträge an Personenvereinigungen, die nicht lediglich die Förderung ihrer Mitglieder zum Zweck haben, sind steuerfrei, soweit die von einem Mitglied im Kalenderjahr der Vereinigung geleisteten Beiträge 300 Euro nicht übersteigen. ²§ 13 Abs. 1 Nr. 16 und 18 bleibt unberührt.

1 Beiträge bis zur Höhe von 300 EUR je Mitglied und Kalenderjahr an Personenvereinigungen, die nicht lediglich die Förderung ihrer Mitglieder zum Zweck haben (so zB rechtsfähige und nicht rechtsfähige politische Vereine), sind steuerfrei. Die Befreiungsvorschriften des § 13 I Nr. 16 u. 18 gehen der Regelung vor.

§ 19 Steuersätze

(1) Die Erbschaftsteuer wird nach folgenden Prozentsätzen erhoben:

Wert des steuerpflichtigen Erwerbs (§ 10) bis einschließlich … Euro	Prozentsatz in der Steuerklasse		
	I	II	III
75 000	7	15	30
300 000	11	20	30
600 000	15	25	30
6 000 000	19	30	30
13 000 000	23	35	50
26 000 000	27	40	50
über 26 000 000	30	43	50

(2) Ist im Fall des § 2 Absatz 1 Nummer 1 ein Teil des Vermögens der inländischen Besteuerung auf Grund eines Abkommens zur Vermeidung der Doppelbesteuerung entzogen, ist die Steuer nach dem Steuersatz zu erheben, der für den ganzen Erwerb gelten würde.

(3) Der Unterschied zwischen der Steuer, die sich bei Anwendung des Absatzes 1 ergibt, und der Steuer, die sich berechnen würde, wenn der Erwerb die letztvorhergehende Wertgrenze nicht überstiegen hätte, wird nur insoweit erhoben, als er
a) bei einem Steuersatz bis zu 30 Prozent aus der Hälfte,
b) bei einem Steuersatz über 30 Prozent aus drei Vierteln,
des die Wertgrenze übersteigenden Betrags gedeckt werden kann.

Erbschaftsteuer-Richtlinien
R E 19: Steuersätze (unbesetzt)/*H E 19*

1. Auswirkung des ErbStAnpG 2016. Trotz Verfassungswidrigkeit der Vorschrift des § 19 (BVerfG, BStBl. II 2015, 50) musste die Norm selbst nicht überarbeitet werden, sodass sich die Vorschrift durch das ErbStAnpG 2016 nicht verändert hat.

2. Tarifvorschrift im ErbStG. Die Steuer wird durch Multiplikation des steuerpflichtigen Erwerbs mit den gesetzlichen Vomhundertsätzen berechnet.

Die Steuersätze der Steuerklasse I sind durch das ErbStRG nicht verändert worden. Verschärft wurden die Steuersätze für die Steuerklasse II u. III. Durch das Wachstumsbeschleunigungsgesetz (v. 22.12.2009, BGBl. I 2009 3950) ist für Erwerbe nach dem 31.12.2009 die Steuerkasse II mit einem Eingangssteuersatz von 15 % und einem Schlusssteuersatz **von 43 % von der Steuerklasse III „abgehoben"** worden, um den verfassungsrechtlichen Bedenken und der Kritik in der Lit. Rechnung zu tragen (problematisch bleibt der Steuersatz von 30 % in beiden Steuerklassen in der Wertspanne von 600.000 EUR bis 6 Mio. EUR). Bei Erwerben **nur in 2009** beträgt in der Steuerklasse II der Steuersatz 30 % (bei einem Wert bis zu 6 Mio. EUR), bei darüber hinausgehenden Werten 50 %. Der Schlusssteuersatz in der Steuerklasse III und **nur für das Jahr 2009** auch in der Steuerklasse II beträgt 50 % und ist in Anlehnung an die zur Vermögensteuer ergangenen Beschlüsse des BVerfG (BStBl. II 1995, 671) konzipiert. Der Tarif ist als **Stufentarif** ausgestaltet, wobei die einzelnen Wertstufen für den gesamten steuerpflichtigen Erwerb gelten. Innerhalb einer Wertstufe wächst die Steuer nur proportional bezogen auf ein steigendes Vermögen an; die Progression vollzieht sich durch die Tarifsprünge bei Überschreitung der Wertgrenzen, die auch den Erwerb unterhalb der Wertgrenze auf ein höheres Steuerniveau heben, dh der zu der jeweiligen Steuerklasse angegebene Steuersatz ist auf den gesamten steuerpflichtigen Erwerb anzusetzen (Moench/Weinmann/*Moench* Rn. 3 mit Hinweis auf *Nickolay* DStR 1977, 277). Die sich durch Tarifsprünge an den Wertgrenzen ergebende Progression wird durch einen **Härteausgleich** nach Abs. 3 gemildert. Trotz der bereits zum ErbStG 1974 geäußerten Kritik an dem Stufentarif ist die Schwäche des Systems bei einer zu geringen Zahl an Wertstufen erhalten geblieben (zum alten Recht bereits *Felix* DStR 1996, 889; ZEV 1996, 410 (413)).

3. Freistellungsfälle bei Auslandssachverhalten. Soweit einzelne Vermögenspositionen der deutschen Besteuerung unterliegen, aber nach **DBA** das Besteuerungsrecht anderen Staaten zugewiesen ist, werden die steuerfreien Vermögenspositionen bei der Bemessung des Steuersatzes einbezogen (sog. **Progressionsvorbehalt**). Abs. 2 soll verhindern, dass der in DBA vereinbarte Verzicht auf das Besteuerungsrecht zu einem Progressionsvorteil führt. Demnach wird im Rahmen der unbeschränkten Steuerpflicht ein Steuersatz zugrunde gelegt, der für den gesamten Erwerb einschließlich der nach dem Abkommen nicht erfassten Vermögensgegenstände gelten würde (Kapp/Ebeling/*Geck* Rn. 12–19).

4. Härteausgleich. Bedingt durch das Stufensystem entstehen bei knappen Überschreitungen der Stufengrenzen erhebliche Erhöhungen der Erbschaftsteuerlasten, die den Mehrerwerb im Einzelfall deutlich übersteigen können. Diese **überproportionalen Erhöhungen** werden nach Abs. 3 abgemildert. Abs. 3 ist Bestandteil der Tarifvorschriften des ErbStG und führt zu einem Vergleich der nach Abs. 1 anfallenden Steuer mit dem Steuerbetrag, der sich bei einem steuerpflichtigen Erwerb in Höhe der vorhergehenden Wertstufe ergeben würde. Liegt der persönliche Steuersatz bei bis zu 30 %, muss die Steuer der höheren Stufe aus der Hälfte des die Wertgrenze übersteigenden Betrages gedeckt werden; bei einem Steuersatz von mehr als 30 % darf 3/4 des Mehrerwerbs belastet werden. Zur Ermittlung der sog. Härteausgleichzone vgl. Erl. FinMin Baden-Württemberg (v. 20.12.2001 betr. ErbStG aF DStR 2000, 177; Kapp/Ebeling/*Geck* Rn. 21–23). Die Notwendigkeit für eine Härteausgleichsberechnung kann sich wegen der höheren Anzahl von Tarifstufen insbes. in der Steuerklasse I, ab 2010 auch in der Steuerklasse II ergeben.

Der Härteausgleich ist in den **Fällen der tatsächlichen oder fiktiven Steuerberechnung** (§ 6 II, § 10 II, §§ 14, 15 III, §§ 19a, 23) vorzunehmen. Erfolgt im Falle eines gemeinschaftlichen Testaments (§ 2269 BGB) oder Erbvertrags auf Antrag (gem. § 15 III) die getrennte Ermittlung der Schlusserbschaft, ist der Härteausgleich nach Abs. 3 in Bezug auf den gesamten Erwerb vorzunehmen (FG Niedersachsen DStRE 2007, 1327; bestätigt durch BFH BFH/NV 2009, 1994).

§ 19a Tarifbegrenzung beim Erwerb von Betriebsvermögen, von Betrieben der Land- und Forstwirtschaft und von Anteilen an Kapitalgesellschaften

(1) Sind in dem steuerpflichtigen Erwerb einer natürlichen Person der Steuerklasse II oder III Betriebsvermögen, land- und forstwirtschaftliches Vermögen oder Anteile an Kapitalgesellschaften im Sinne des Absatzes 2 enthalten, ist von der tariflichen Erbschaftsteuer ein Entlastungsbetrag nach Absatz 4 abzuziehen.

(2) ¹Der Entlastungsbetrag gilt für den nicht unter § 13a Absatz 1 oder § 13c fallenden Teil des Vermögens im Sinne des § 13b Absatz 2. ²Ein Erwerber kann den Entlastungsbetrag nicht in Anspruch nehmen, soweit er Vermögen im Sinne des Satzes 1 auf Grund einer letztwilligen Verfügung des Erblassers oder einer rechtsgeschäftlichen Verfügung des Erblassers oder Schenkers auf einen Dritten übertragen muss. ³Gleiches gilt, wenn ein Erbe im Rahmen der Teilung des Nachlasses Vermögen im Sinne des Satzes 1 auf einen Miterben überträgt.

(3) Der auf das Vermögen im Sinne des Absatzes 2 entfallende Anteil an der tariflichen Erbschaftsteuer bemisst sich nach dem Verhältnis des Werts dieses Vermögens nach Anwendung des § 13a oder § 13c und nach Abzug der mit diesem Vermögen in wirtschaftlichem Zusammenhang stehenden abzugsfähigen Schulden und Lasten (§ 10 Absatz 5 und 6) zum Wert des gesamten Vermögensanfalls im Sinne des § 10 Absatz 1 Satz 1 und 2 nach Abzug der mit diesem Vermögen in wirtschaftlichem Zusammenhang stehenden abzugsfähigen Schulden und Lasten (§ 10 Absatz 5 und 6).

(4) ¹Zur Ermittlung des Entlastungsbetrags ist für den steuerpflichtigen Erwerb zunächst die Steuer nach der tatsächlichen Steuerklasse des Erwerbers zu berechnen und nach Maßgabe des Absatzes 3 aufzuteilen. ²Für den steuerpflichtigen Erwerb ist dann die Steuer nach Steuerklasse I zu berechnen und nach Maßgabe des Absatzes 3 aufzuteilen. ³Der Entlastungsbetrag ergibt sich als Unterschiedsbetrag zwischen der auf Vermögen im Sinne des Absatzes 2 entfallenden Steuer nach den Sätzen 1 und 2.

(5) ¹Der Entlastungsbetrag fällt mit Wirkung für die Vergangenheit weg, soweit der Erwerber innerhalb von fünf Jahren gegen die Behaltensregelungen des § 13a verstößt. ²In den Fällen des § 13a Absatz 10 tritt an die Stelle der Frist nach Satz 1 eine Frist von sieben Jahren. ³Die Festsetzungsfrist für die Steuer endet nicht vor dem Ablauf des vierten Jahres, nachdem die Finanzbehörde von dem Verstoß gegen die Behaltensregelungen Kenntnis erlangt. ⁴§ 13a Absatz 7 Satz 4 bis 6 gilt entsprechend.

Erbschaftsteuer-Richtlinien
R E 19a.1: Tarifbegünstigte Erwerber und tarifbegünstigtes Vermögen/H E 19a.1
R E 19a.2: Berechnung des Entlastungsbetrags/H E 19a.2
R E 19a.3: Behaltensregelungen/H E 19a.3

1 **1. Voraussetzung der Tarifermäßigung.** Nach Ablauf des 31.12.2008 ist für Erwerbe von begünstigtem Vermögen nur die Gewährung des Entlastungsbetrags iHv 100% des Unterschiedsbetrags möglich. Durch die Umstellung der Begünstigungskonzepte von Betriebsvermögen, Betrieben der Land- und Forstwirtschaft und Anteilen an Kapitalgesellschaften nach dem ErbStRG wird die Tarifbegrenzungsvorschrift des § 19a II **auf den Teil des Vermögens begrenzt, der nicht dem Verschonungsabschlag unterliegt.** Abs. 2 verweist seit dem 1.7.2016 nicht nur auf Vermögen iSd § 13b I, sondern auch auf § 13b II; entlastungsfähig ist somit nur begünstigtes Vermögen iSd § 13b II.

2 **2. Berücksichtigung verfassungsrechtlicher Vorgaben.** Die Tarifbegrenzung greift einen wesentlichen Punkt aus dem ErbSt-Beschluss des BVerfG v. 22.6.1995 (BStBl. II 1995, 671) auf, wonach die **Fortführung eines Betriebes** – unabhängig von der verwandschaftlichen Nähe des Übernehmers zum Übertragenden – nicht durch eine hohe Erbschaftsteuer gefährdet sein darf. Die Vorschrift löst sich von dem Grundsatz der Erbanfallsteuer (→ Einl. Rn. 2) und trägt Elemente des **Prinzips einer Nachlasssteuer;** sie bezieht die Leistungsfähigkeit des Übernehmers von „begünstigtem Vermögen" für die Steuerlastberechnung mit ein ohne Berücksichtigung des Verwandtschaftsverhältnisses (Moench/Weinmann/*Weinmann* Rn. 2). Die Vorschrift entspricht (nach Moench/Weinmann/*Weinmann* Rn. 4) einer fiktiven Adoption: Die Tarifbegrenzung behandelt einen Betriebsnachfolger, der der Steuerklasse II oder III unterliegen würde, wie einen **„adoptierten" Erwerber**, sodass der Erwerb nach der günstigen Steuerklasse I besteuert wird. Die Tarifbegrenzung löst keine Sperrfrist aus und kann für jeden nach § 13b begünstigten Erwerb in Anspruch genommen werden.

3 Die Tarifbegrenzung nach § 19a erweitert die Vergünstigungsregelungen der §§ 13a, 13b und § 13c durch Bezug auf diese Vorschriften; lediglich die in Abs. 3 und Abs. 4 vorzunehmenden Rechenschritte weisen einen darüber hinausgehenden Regelungsgehalt auf. Die bisherige Begrenzung der Steuerverschonung als auch der Tarifentlastung ist zum 1.7.2016 mit Änderung der Begünstigung des Verwaltungsvermögens entfallen.

4 **3. Begünstigte Personen.** Begünstigt sind nur **natürliche Personen;** der Erwerb durch andere Personen (Familienvereine, Familienstiftungen etc) ist von der Tarifbegrenzung ausgenommen. Für den Erwerb von Betriebsvermögen durch Kapitalgesellschaften kann von der Vergünstigung kein Gebrauch gemacht werden, sodass eine Kapitalgesellschaft nicht zum Erben oder Vermächtnisnehmer eingesetzt werden sollte (Moench/Weinmann/*Weinmann* Rn. 5). Das Vermögen sollte insoweit über eine natürliche Person geleitet werden, um es im Anschluss aufgrund eines freien Entschlusses in eine Kapitalgesellschaft einzubringen.

5 **4. Geregelte Erwerbsfälle.** Unter § 19a fällt sowohl der Erwerb von Todes wegen als auch die Schenkung unter Lebenden, soweit es sich um den Erwerb von begünstigtem Vermögen (land- und forstwirtschaftliches Vermögen, Betriebsvermögen oder Anteile an Kapitalgesellschaften) handelt; es müssen **nicht** die Voraussetzungen einer **vorweggenommenen Erbfolge** vorliegen (nach der Rspr. des BGH DNotZ 1996, 940: Übertragung des Vermögens oder eines wesentlichen Teils des Vermögens durch den künftigen Erblasser auf einen oder mehrere als Erben in Aussicht genommene Empfänger; Ländererlass v. 17.6.1997, BStBl. I 1997, 673 Rn. 76). Auch **mittelbare Schenkungen** werden begünstigt, wenn der Bedachte einen Geldbetrag zum Erwerb begünstigten Vermögens vom Erwerber erhält.

6 **5. Weiterübertragung auf Dritte.** Besteht eine Weitergabeverpflichtung, entfällt nach Abs. 2 S. 2 die Tarifbegrenzung; dies gilt auch, wenn ein Erbe Vermögen an einen Miterben im Rahmen der Teilung des Nachlasses überträgt (S. 3). Der Erwerber, der im Rahmen der Erbauseinandersetzung das Betriebsver-

mögen erhält, kann die Tarifbegünstigung des § 19a in Anspruch nehmen; der Grundgedanke des § 13b III ist entsprechend anzuwenden (Tiedtke/*Tiedtke*/*Wälzholz* Rn. 11; offen FinVw R E 19a.1 (3) ErbStR).

6. Umfang der Tarifermäßigung, Berechnung des begünstigten Vermögens. Zum Anwendungsbereich der Tarifbegrenzungsvorschrift gehört der Teil des begünstigungsfähigen Vermögens, der bei der Regelverschonung **als typisiertes Verwaltungsvermögen** (15 vH des begünstigungsfähigen Vermögens) der Besteuerung unterliegt. Daneben erfasst die Tarifbegrenzung die Wirtschaftsgüter des Verwaltungsvermögens, die gesondert erfasst werden, weil sie dem Betrieb in den letzten zwei Jahren vor dem Erwerb zugeführt wurden. Bei der Verschonungsoption ist die Tarifermäßigung zunächst ohne Bedeutung, jedoch erfolgt die Berücksichtigung der Ermäßigung nach § 19a für die **Nachbesteuerung** beim späteren Verstoß gegen die Behaltensfrist.

Das durch die Tarifbegrenzung nach § 19a erfasste Vermögen ist nach dem Verhältnis seines Wertes zum Wert des gesamten Vermögens aufzuteilen, soweit der Erwerber nicht allein aus nach §§ 13a, 13b und 13c steuerlich begünstigtem Vermögen besteht (Abs. 3). Das Verhältnis bestimmt sich nach dem **Anteil des steuerlich begünstigten Vermögens** im Verhältnis zum Gesamtvermögen, wobei das sonstige Vermögen nach Abzug der Steuerbefreiungen nach § 13 (etwa Hausrat, bewegliche Gegenstände etc) einfließt. Nachlassverbindlichkeiten, Schulden und Lasten bei Schenkungen sowie persönliche Freibeträge werden bei der Quote für die Berechnung des Entlastungsbetrages nicht einbezogen (vgl. Hinweise § 10 I 2 FinVw in R E 19.a.2 (1) S. 4 mit Berechnungsbsp. in H E 19a.2 ErbStR; Kapp/Ebeling/*Geck* Rn. 9). Dass die Nachlassverbindlichkeiten bzw. bei Schenkungen Schulden und Lasten nicht berücksichtigt werden, kann je nach den Umständen des Einzelfalls nachteilig sein. Auch nach DBA freigestelltes Vermögen bleibt ohne Ansatz.

7. Rechtsfolgen der Tarifermäßigung. Nach Abs. 4 muss die Steuer des gesamten Vermögens für das begünstigte und für das nicht begünstigte Vermögen jeweils **gesondert berechnet** werden; bei jeder Berechnung ist gleichzeitig auch die Regelung des § 19 III (Härteausgleich) als Bestandteil der Tarifvorschrift zu beachten (R E 19a.2 (2) ErbStR; ausf. Berechnungsbsp. mit Schemata für die Gewährung des Entlastungsbetrags bei Moench/Weinmann/*Weinmann* Rn. 12, 13). Werden mehrere wirtschaftliche Einheiten, die die Voraussetzung einer Begünstigung erfüllen, einheitlich übertragen, greift die Tarifbegrenzungsvorschrift für den aus allen Teilen **zusammengerechneten Steuerwert.** Erfolgt eine Zusammenrechnung von Erwerben nach § 14, bei denen partiell die Tarifvergünstigung des § 19a anzuwenden ist, wird die Tarifbegrenzung bei dem Nacherwerb nur in dem Umfang gewährt, in dem begünstigtes Vermögen selbst zum Nacherwerb gehört (*Korezkij* ZEV 2004, 58; Berechnungsbsp. bei Moench/Weinmann/ *Weinmann* Rn. 17). Auch bei der Zusammenrechnung von Vermögen iSd § 10 – sog. Einheitlicher Erwerb – darf die Tarifentlastung nach Sinn und Zweck nur die Steuerlast auf das begünstigte Vermögen verringern (Moench/Weinmann/*Weinmann* Rn. 17).

8. Nachsteuerregelung. Gem. Abs. 5 entfällt die Tarifvergünstigung **für die Vergangenheit,** wenn der Erwerber gegen die Behaltenspflichten der Regelverschonung des § 13a VI (fünf Jahre) verstößt; dies muss auch für einen Verstoß gegen das Lohnsummenkriterium gelten (*Scholten/Korezkij* DStR 2009, 73 (78)). Wird von dem ursprünglich begünstigten Vermögen nur ein Teil weiter übertragen und insoweit gegen die Behaltensfrist verstoßen, entfällt der Entlastungsbetrag nur zT und insoweit iU wird iU weiter gewährt. Der Erwerber ist durch Änderung des Steuerbescheides so zu besteuern, als sei das Vermögen, über das er entlastungsschädlich verfügt hat, von Anfang an nicht begünstigtes Vermögen (R E 19a.3 (2) S. 2 ErbStR). Den (teilweisen) Wegfall der Steuervergünstigung hat der Erwerber dem Finanzamt selbst anzuzeigen (§§ 13a VII); die Festsetzungsfrist endet nach Ablauf des vierten Jahres, nachdem der Erwerber seiner Anzeigepflicht nachgekommen ist bzw. das Finanzamt von dem Verstoß Kenntnis erlangt (Abs. 5 S. 3).

Abschnitt 4. Steuerfestsetzung und Erhebung

§ 20 Steuerschuldner

(1) ¹Steuerschuldner ist der Erwerber, bei einer Schenkung auch der Schenker, bei einer Zweckzuwendung der mit der Ausführung der Zuwendung Beschwerte und in den Fällen des § 1 Abs. 1 Nr. 4 die Stiftung oder der Verein. ²In den Fällen des § 3 Abs. 2 Nr. 1 Satz 2 und § 7 Abs. 1 Nr. 8 Satz 2 ist die Vermögensmasse Erwerber und Steuerschuldner, in den Fällen des § 7 Abs. 1 Nr. 8 Satz 2 ist Steuerschuldner auch derjenige, der die Vermögensmasse gebildet oder ausgestattet hat.

(2) Im Falle des § 4 sind die Abkömmlinge im Verhältnis der auf sie entfallenden Anteile, der überlebende Ehegatte oder der überlebende Lebenspartner für den gesamten Steuerbetrag Steuerschuldner.

(3) Der Nachlaß haftet bis zur Auseinandersetzung (§ 2042 des Bürgerlichen Gesetzbuchs) für die Steuer der am Erbfall Beteiligten.

(4) Der Vorerbe hat die durch die Vorerbschaft veranlaßte Steuer aus den Mitteln der Vorerbschaft zu entrichten.

(5) Hat der Steuerschuldner den Erwerb oder Teile desselben vor Entrichtung der Erbschaftsteuer einem anderen unentgeltlich zugewendet, haftet der andere in Höhe des Werts der Zuwendung persönlich für die Steuer.

(6) ¹Versicherungsunternehmen, die vor Entrichtung oder Sicherstellung der Steuer die von ihnen zu zahlende Versicherungssumme oder Leibrente in ein Gebiet außerhalb des Geltungsbereichs dieses Gesetzes zahlen oder außerhalb des Geltungsbereichs dieses Gesetzes wohnhaften Berechtigten zur Verfügung stellen, haften in Höhe des ausgezahlten Betrags für die Steuer. ²Das gleiche gilt für Personen, in deren Gewahrsam sich Vermögen des Erblassers befindet, soweit sie das Vermögen vorsätzlich oder fahrlässig vor Entrichtung oder Sicherstellung der Steuer in ein Gebiet außerhalb des Geltungsbereichs dieses Gesetzes bringen oder außerhalb des Geltungsbereichs dieses Gesetzes wohnhaften Berechtigten zur Verfügung stellen.

(7) Die Haftung nach Absatz 6 ist nicht geltend zu machen, wenn der in einem Steuerfall in ein Gebiet außerhalb des Geltungsbereichs dieses Gesetzes gezahlte oder außerhalb des Geltungsbereichs dieses Gesetzes wohnhaften Berechtigten zur Verfügung gestellte Betrag 600 Euro nicht übersteigt.

1 **1. Steuerschuldnerschaft.** Die Vorschrift erfasst neben der Steuerschuldnerschaft auch die **persönliche und sachliche Haftungsschuld.** Die Regelung bezweckt die Sicherung des Steueranspruches. Grds. bleibt die Steuerschuldnerschaft auch dann bestehen, wenn die Steuer nicht vom Erwerber, sondern vom Schenker, von einer dritten Person oder von Miterben übernommen wird.

2 Jeder **einzelne Erwerber** ist Steuerschuldner für die Steuer aus seinem eigenen Erwerb. Weder Personengesellschaften noch Gemeinschaften wie zB Erbengemeinschaften und Gütergemeinschaften, die über kein eigenes Vermögen verfügen, sondern das Vermögen der beteiligten Gesellschafter oder Erben verwalten, sind selbst Steuerschuldner iSd § 20 (BFH BStBl. II 1995, 81). Da bei einer Gesamthand das Gesellschaftsvermögen gemeinschaftliches Vermögen der Gesellschafter und nicht der Gesellschaft ist (vgl. §§ 718, 719 BGB), sind bei Zuwendungen an eine Gesamthand allein die Gesamthänder Erwerber und damit Steuerschuldner.

3 **2. Steuerschuldnerschaft bei Schenkungen.** Neben dem Beschenkten ist bei einem Erwerb unter Lebenden auch der Schenker selbst Steuerpflichtiger; beide Parteien sind **Gesamtschuldner** iSd § 44 AO. Die Auswahl des in Anspruch zu nehmenden Steuerschuldners steht im **Ermessen** der FinVw, wobei es ermessensgerecht ist, dass die Steuerfestsetzung zunächst gegen den Beschenkten erfolgt. Die Ermessensbegründung muss in dem Steuerbescheid dargestellt werden. Ein Ermessensfehlgebrauch führt zur Rechtswidrigkeit des Bescheides (FG Münster EFG 2007, 1186; bestätigt durch BFH BStBl. II 2008, 897). Der Schenker kann immer dann als Steuerschuldner in Anspruch genommen werden, wenn die Durchsetzung des Schenkungsteueranspruches beim Beschenkten auf Probleme stößt (etwa bei ausländischem Aufenthalt, Vermögenslosigkeit, drohender Verjährung). Bei der lebzeitigen unentgeltlichen Übertragung von begünstigtem betrieblichen Vermögen droht die **spätere Inanspruchnahme des Schenkers**, wenn der Beschenkte die Voraussetzungen der Steuerverschonung nicht einhält und nicht in der Lage ist, die Nachsteuer zu bezahlen. Ein Verschulden des Beschenkten an dem Verstoß etwa gegen die Behaltenspflichten oder die Einhaltung der Lohnsummenvorgaben wird die FinVw im Rahmen des **Auswahlermessens** zu berücksichtigen haben (vgl. zur alten Rechtslage Ländererlass v. 25.6.2009, BStBl. I 2009, 719, wonach keine Inanspruchnahme des Schenkers nicht erfolgen soll; nach Kapp/Ebeling/*Geck* Rn. 6 ist § 20 I teleologisch einzuschränken, wenn der Schenker an der Erfüllung der Nachsteuertatbestandes nicht mitgewirkt hat). Der Schenker ist gleichwohl gut beraten, wenn er dem latenten Steuerrisiko bei seiner Vermögensplanung vor der Übertragung Rechnung trägt.

4 Die Festsetzungsfrist, innerhalb derer eine Steuer festgesetzt bzw. eine erfolgte Steuerfestsetzung aufgehoben oder geändert werden kann (§ 169 AO), läuft für den Schenker und den Beschenkten idR unterschiedlich, da der **Beginn** der jeweiligen Festsetzungsfrist **personenbezogen** ist (vgl. zum Beginn der Festsetzungsfrist § 170 AO). Trotz der Gesamtschuldnerschaft von Schenker und Beschenkten besteht keine Anlaufhemmung entsprechend der für Haftungs- und Duldungsbescheide geltenden Vorschrift des § 191 III 3 AO (BFH, DStRE 2006, 788). Da die Festsetzungsfrist für Schenker und Beschenkte grds. unterschiedlich verläuft und der Eintritt einer Bestandskraft nur *inter partes* gilt, kann trotz bestandskräftiger Festsetzung einer zu niedrigen oder fehlerhaft Steuer gegen den Schenker eine zutreffende Festsetzung gegen den Beschenkten erfolgen (BFH BStBl. II 1988, 188). Insoweit ist die FinVw an die Festsetzung gegen den Adressaten des ersten Bescheides bei einer weiteren Steuerfestsetzung in Bezug auf denselben Erwerbsvorgang nicht gebunden (krit. Moench/Weinmann/*Kien-Hümbert* Rn. 8).

5 Die Inanspruchnahme des Schenkers als Steuerschuldner passt insoweit nicht in das System des Gesetzes, da der Gesetzgeber von einer Gesamtschuldnerschaft des Schenkers und des Beschenkten ausgeht; insoweit ist es unsystematisch, wenn nach § 10 II die Übernahme der Steuer durch den Schenker (als Schuldner) als zusätzliche freigebige Zuwendung besteuert wird. Eine **vertragliche Verpflichtung zur (einseitigen) Übernahme der Schenkungsteuer** durch den Schenker dürfte die Bemessungsgrundlage nicht um die übernommene Schenkungsteuer erhöhen (krit. Moench/Weinmann/*Kien-Hümbert* Rn. 9); dies gilt auch, wenn der Schenker ausdrücklich auf einen ihm zustehenden Ausgleichsanspruch verzichtet.

6 **3. Steuerschuldnerschaft bei Zweckzuwendungen, Familienstiftungen, ausländischen Vermögensmassen.** Da bei Zweckzuwendungen nach § 8 kein Erwerber, sondern nur eine Zweckbestimmung gegeben ist, ist der **mit der Zuwendung Beschwerte der Steuerschuldner.** Dieser hat allerdings die Steuer regelmäßig aus dem zugewendeten Vermögen zu entrichten. Familienstiftungen und -vereine sind ebenfalls Steuerschuldner. Bei Besteuerung ausländischer Vermögensmassen (insbes. Trusts) ist der Kreis der Erwerber und Steuerschuldner ab dem 5.3.1999 (Steuerentlastungsgesetz v. 24.3.1999, BGBl. 1999 I, 402) auf die Vermögensmasse ausgedehnt worden. Bei der Bildung oder Ausstattung der Vermögensmasse durch Schenkung unter Lebenden kann auch derjenige, der die Vermögensmasse gebildet bzw. ausgestattet hat, als Steuerschuldner herangezogen werden; wie bei allen Schenkungen unter Lebenden muss die FinVw **zunächst die Vermögensmasse** als Erwerber in Anspruch nehmen und darf erst nachrangig Personen, die die Masse ausgestattet oder gebildet haben, in Anspruch nehmen (dazu *Schindhelm/Stein* FR 1999, 880 (887)).

4. Steuerschuldnerschaft bei fortgesetzter Gütergemeinschaft. Bei fortgesetzter Gütergemeinschaft (§§ 1483 ff. BGB) treten gemeinschaftliche Abkömmlinge anstelle eines vorverstorbenen Elternteils im Verhältnis der auf sie entfallenden Anteile als Steuerschuldner ein. In dem Fall des Erwerbes von Todes wegen nach § 4 besteht eine **Gesamtschuldnerschaft,** wonach der überlebende Ehegatte Steuerschuldner für den gesamten Steuerbetrag und die gemeinschaftlichen Abkömmlinge Steuerschuldner bzgl. ihres Anteils am Gesamtgut sind (Abs. 2). 7

5. Haftung des Nachlasses. Die Nachlasshaftung (Abs. 3) stellt eine Sachhaftung bis zur Auseinandersetzung des Nachlasses (§ 2042 BGB) dar. Sie gilt für die Steuer der am Erbfall Beteiligten. Da weder Vermächtnisnehmer noch Pflichtteilsberechtigte Erben iSd § 20 sind und somit nicht als am Erbfall Beteiligte iSd Abs. 3 anzusehen sind, besteht in diesen Fällen keine Nachlasshaftung (Meincke/Hannes/Holtz Rn. 20; aA Troll/Gebel/Jülicher/Gottschalk/*Gebel* Rn. 52). Die Festsetzung erfolgt durch **Duldungsbescheid** gem. § 191 AO wegen der gesetzlichen Verpflichtung, die Vollstreckung in das Vermögen zu dulden (Moench/Weinmann/*Kien-Hümbert* Rn. 14). Durch eine Teilauseinandersetzung wird die Nachlasshaftung nur bzgl. des auseinandergesetzten Nachlasses ausgelöst. 8

6. Steuerschuldnerschaft bei Vorerbschaft, Haftung bei Weiterübertragung. Die Regelungen des Abs. 4 (Vorerbschaft) und Abs. 5 (Haftung bei Weiterschenkung) sind in der Praxis ohne größere Bedeutung. Der Sinn des Abs. 4 besteht in der Klarstellung der Rechtsverhältnisse zwischen Vor- und Nacherben, indem geregelt wird, dass der Vorerbe berechtigt ist, unabhängig von zivilrechtlichen Beschränkungen die Steuer aus den Mitteln der Vorerbschaft zu entnehmen; entrichtet der Vorerbe die Steuer aus Eigenmitteln und nicht aus dem Nachlassvermögen, entsteht ein **Aufwendungsersatzanspruch gegen den Nacherben,** § 2124 II 2 BGB (Meincke/Hannes/Holtz Rn. 26; Tiedtke/*Szczesny* Rn. 18). Bei Weiterschenkung des Erworbenen ist die Haftung des Zweiterwerbers gem. Abs. 5 nicht auf den Teil der Steuer beschränkt, der auf die weitergegebenen Gegenstände entfällt, sondern kann bis zur Höhe des Wertes dieser Zuwendung geltend gemacht werden. 9

7. Haftung des Versicherungsunternehmens, des Vermögensverwahrers. Versicherungsunternehmen und Vermögensverwahrer haften nach Abs. 6 und 7. Die Versicherungsunternehmen betreffende Vorschrift gilt sowohl bei Erwerben von Todes wegen als auch bei Schenkungen unter Lebenden und umfasst die gesamte Steuer des jeweiligen Erb- und Schenkungsfalls. Voraussetzung für die Anwendung des Abs. 6 1 ist, dass die **Versicherungssumme oder Leibrente in ein Gebiet außerhalb des Geltungsbereichs des Gesetzes** gezahlt wird bzw. dort zur Verfügung gestellt wird; dafür trägt die FinVw die Nachweispflicht (FG München EFG 1989, 465). Die Haftung des Versicherungsunternehmens ist verschuldensunabhängig und greift selbst dann, wenn dem Versicherer die Umstände des Erwerbs nicht bekannt gewesen sind (BFH BStBl. II 1981, 471). Für das Auslösen des Haftungstatbestandes dürfte ausreichen, dass das Versicherungsunternehmen Kenntnis hatte, dass die Versicherungssumme oder Leibrente im Ausland zur Verfügung gestellt wird. 10

Für Vermögensverwahrer, insbes. Kreditinstitute, aber auch inländische Testamentsvollstrecker, Nachlassverwalter und -pfleger etc. ist die **Haftung auf Erbfälle beschränkt** (Abs. 6 S. 2). Sie bezieht sich auf die gesamte Steuer des Nachlasses und geht über die in Gewahrsam des Vermögensverwahrers befindliche Vermögen des Erblassers hinaus (FG Köln ZEV 2008, 98; bestätigt durch BFH BStBl. II 2009, 783). Sachlich beschränkt ist die Haftung jedoch auf das im Gewahrsam liegende Erblasservermögen, wobei der Vermögensverwalter lediglich eine tatsächliche Einwirkungsmöglichkeit ohne Verwertungsbefugnis haben muss (BFH BStBl. III 1964, 647). Mit Überführung des Vermögens in die Verfügungsmacht des Erben **endet die Haftung.** Die Haftungsvoraussetzungen sind allerdings dann nicht erfüllt, wenn das Vermögen nicht vom Erblasser, sondern von Dritten hinterlassen wird. Denn die Garantiehaftung (Moench/Weinmann/*Kien-Hümbert* Rn. 18) stellt auf das Verhältnis des Vermögensverwahrers zum Erblasser ab. Wie bei Versicherungsunternehmen muss das Vermögen ins Ausland verbracht werden, was kein körperliches Verbringen voraussetzt. 11

Die Haftung des Vermögensverwahrers setzt **Vorsatz oder Fahrlässigkeit** voraus. Ein solches Verschulden ist dann zu bejahen, wenn der Vermögensverwahrer bei Zahlung ins Ausland keine ausreichenden organisatorischen Vorkehrungen trifft, damit etwaige Steuern im Inland entrichtet werden. Im Falle einer Begünstigung von Betriebsvermögen, Anteilen an Kapitalgesellschaften und land- und forstwirtschaftlichem Vermögen (§§ 13a, 13b, 13c) unter Beteiligung von Ausländern tragen die Vermögensverwahrer das **Risiko,** als Haftungsschuldner in Anspruch genommen zu werden. Zur Einschätzung des Haftungsrisikos haben Vermögensverwahrer den Wert des Vermögens und die entsprechenden Vorgaben für die Inanspruchnahme der Vergünstigungen zu berücksichtigen. So sind Vermögensverwahrer aus 12

Haftungsgründen angehalten, die Freigabe des Nachlasses abhängig von der ratierlichen Einhaltung der Vorgaben für die Inanspruchnahme der Vergünstigungsregelungen durchzuführen und müssen im Einzelfall sogar die abschließende Prüfung der zuständigen FinVw abwarten, um sich keinem Haftungsrisiko auszusetzen.

13   8. **Haftungsmindestgrenze.** Die Haftungsfreigrenze des Abs. 7 iHv 600 EUR ist gering. Bei Überschreiten des Betrages greift die Haftung in voller Höhe. Im Falle des Bestehens weitergehender rechtlicher oder tatsächlicher Pflichten eines gesetzlichen Vertreters, Vermögensverwalters oder Verfügungsberechtigten sind zudem die Haftungsvorschriften gem. §§ 69 iVm 34, 35 AO beachtlich.

§ 21 Anrechnung ausländischer Erbschaftsteuer

(1) ¹Bei Erwerbern, die in einem ausländischen Staat mit ihrem Auslandsvermögen zu einer der deutschen Erbschaftsteuer entsprechenden Steuer – ausländische Steuer – herangezogen werden, ist in den Fällen des § 2 Absatz 1 Nummer 1, sofern nicht die Vorschriften eines Abkommens zur Vermeidung der Doppelbesteuerung anzuwenden sind, auf Antrag die festgesetzte, auf den Erwerber entfallende, gezahlte und keinem Ermäßigungsanspruch unterliegende ausländische Steuer insoweit auf die deutsche Erbschaftsteuer anzurechnen, als das Auslandsvermögen auch der deutschen Erbschaftsteuer unterliegt. ²Besteht der Erwerb nur zum Teil aus Auslandsvermögen, ist der darauf entfallende Teilbetrag der deutschen Erbschaftsteuer in der Weise zu ermitteln, daß die für das steuerpflichtige Gesamtvermögen einschließlich des steuerpflichtigen Auslandsvermögens sich ergebende Erbschaftsteuer im Verhältnis des steuerpflichtigen Auslandsvermögens zum steuerpflichtigen Gesamtvermögen aufgeteilt wird. ³Ist das Auslandsvermögen in verschiedenen ausländischen Staaten belegen, ist dieser Teil für jeden einzelnen ausländischen Staat gesondert zu berechnen. ⁴Die ausländische Steuer ist nur anrechenbar, wenn die deutsche Erbschaftsteuer für das Auslandsvermögen innerhalb von fünf Jahren seit dem Zeitpunkt der Entstehung der ausländischen Erbschaftsteuer entstanden ist.

(2) Als Auslandsvermögen im Sinne des Absatzes 1 gelten,

1. wenn der Erblasser zur Zeit seines Todes Inländer war: alle Vermögensgegenstände der in § 121 des Bewertungsgesetzes genannten Art, die auf einen ausländischen Staat entfallen, sowie alle Nutzungsrechte an diesen Vermögensgegenständen;
2. wenn der Erblasser zur Zeit seines Todes kein Inländer war: alle Vermögensgegenstände mit Ausnahme des Inlandsvermögens im Sinne des § 121 des Bewertungsgesetzes sowie alle Nutzungsrechte an diesen Vermögensgegenständen.

(3) ¹Der Erwerber hat den Nachweis über die Höhe des Auslandsvermögens und über die Festsetzung und Zahlung der ausländischen Steuer durch Vorlage entsprechender Urkunden zu führen. ²Sind diese Urkunden in einer fremden Sprache abgefaßt, kann eine beglaubigte Übersetzung in die deutsche Sprache verlangt werden.

(4) Ist nach einem Abkommen zur Vermeidung der Doppelbesteuerung die in einem ausländischen Staat erhobene Steuer auf die Erbschaftsteuer anzurechnen, sind die Absätze 1 bis 3 entsprechend anzuwenden.

Erbschaftsteuer-Richtlinien
R E 21:   Anrechnung ausländischer Nachlasssteuer/H E 21

1   1. **Vermeidung der Doppelbesteuerung, Voraussetzung.** Zweck der Vorschrift ist die Vermeidung von Doppelbesteuerungen desselben Vermögens **im In- und Ausland.** Die Vorschrift betrifft nur Sachverhalte, die im In- und Ausland einer Besteuerung nach dem jeweiligen Erbschaftsteuerrecht unterliegen (BFH BStBl. II 1972, 462); es muss sich allerdings um eine der deutschen ErbSt entsprechende Steuer handeln. Ohne Bedeutung ist, ob im Ausland eine Nachlass- oder Erbanfallsteuer erhoben wird.

2   Voraussetzung für die Anrechnung nach Abs. 1–3 ist das Vorliegen einer unbeschränkten Steuerpflicht von Erblasser oder Erben mit einer der deutschen **ErbSt entsprechenden Steuer im Ausland** und das Fehlen einer zwischenstaatlichen Regelung in der Form eines DBA (Kapp/Ebeling/*Eisele* Rn. 33–55.1). In diesen Fällen kann es zur Kollision mit der Besteuerung durch andere Staaten kommen, wenn entweder nicht nur inländisches Vermögen erworben wird oder an dem Erwerbsvorgang Steuerausländer beteiligt sind. Bei einer beschränkten bzw. erweitert beschränkten Erbschaftsteuerpflicht (§ 4 AStG) soll sich keine Anrechnungsmöglichkeit der ausländischen Erbschaftsteuer ergeben (str.; Troll/Gebel/Jülicher/Gottschalk/*Jülicher* Rn. 75–76 mit Hinweis auf die Möglichkeit einer Mehrfachbelastung ohne Anrechnungsmöglichkeit bei erweitert beschränkter Steuerpflicht). Dagegen soll nach *Eisele* (Kapp/Ebeling Rn. 28) im Rahmen einer erweitert beschränkten Erbschaftsteuerpflicht die Steuer anzurechnen sein, die im Ausland für dasselbe Vermögen erhoben wird, soweit es sich bei diesem Vermögen nicht um Inlandsvermögen iSd § 121 BewG handelt.

3   2. **Identität des zu besteuernden Vermögensanfalls und der Steuer, Ermittlung.** Die in- und ausländische ErbSt muss **dasselbe Auslandsvermögen** betreffen; zusätzlich muss die im Ausland gezahlte Steuer der deutschen Erbschaftsteuer entsprechen (*Jülicher* ZEV 1996, 295). Eine ausländische ErbSt, die als Nachlasssteuer konzipiert ist, ist anrechenbar (BFH BStBl. II 1990, 786); ausländische Steuern aus Anlass eines Erbfalles, die in die Einkommensbesteuerung integriert sind, oder im Ausland erhobene sonstige

Abgaben und Gebühren, die an die Stelle einer ErbSt treten, aber nicht mit ihr vergleichbar sind, sind **nicht anrechenbar** (*Noll* DStR 2005, 54 (57)). Auch die kanadische Wertzuwachssteuer oder vergleichbare Steuern anderer Staaten, so etwa die österreichische Kapitalertragsteuer oder die italienische Hypothekar- und Katastersteuer, die aus Anlass des Todes einer Person erhoben werden, fallen mangels Vergleichbarkeit nicht unter § 21 (Erl. FinMin NRW ErbStG 1974, § 10 Nr. 1).

Die Steuer muss gezahlt sein und darf keinem Ermäßigungsanspruch im Ausland unterliegen. Sie muss **auf den Erwerber** entfallen (nur insoweit besteht Anrechenbarkeit); es reicht aus, dass bei der Konzeption der Auslandssteuer als Nachlasssteuer ein Teil der Steuer auf den Erwerber entfällt (Kapp/Ebeling/*Eisele* Rn. 9). 4

Durch die unterschiedliche Berücksichtigung von Schulden im In- und Ausland kann sich für eine Gestaltung die Empfehlung ergeben, Vermögen in einem höher besteuernden Staat stärker fremd zu finanzieren, sofern wegen des wirtschaftlichen Zusammenhangs der Abzug der Schulden im Ausland zugelassen wird (*Piltz* ZEV 1998, 461). 5

3. Antrag, Verfahrensrecht. Die Anrechnung der ausländischen ErbSt setzt einen Antrag voraus; er kann gestellt werden, solange der inländische Steuerbescheid noch nicht bestandskräftig ist. Die im Ausland entstandene ErbSt kann nur **innerhalb eines Fünfjahreszeitraums** (Abs. 1 S. 4) seit Entstehen der ausländischen ErbSt auf die deutsche Steuer angerechnet werden (vgl. Kapp/Ebeling/*Eisele* Rn. 13). Erstreckt sich das ausländische Vermögen auf mehrere Staaten, ist der anrechenbare Höchstbetrag für jeden Staat gesondert zu berechnen (Abs. 1 S. 3, sog. *per-country-limitation*). 6

Wird die Belastung mit ausländischer ErbSt erst nach Bestandskraft der inländischen Besteuerung bekannt, liegen möglicherweise **nachträglich bekanntgewordene Tatsachen** iSd § 173 I 1 Nr. 2 AO vor (Meincke/Hannes/Holtz Rn. 7), sodass nach dieser abgabenrechtlichen Änderungsnorm trotz Bestandskraft des Steuerbescheides eine Anrechnung ausländischer Steuer dennoch erfolgen kann. Voraussetzung ist allerdings, dass den Steuerpflichtigen kein grobes Verschulden an der nachträglichen Geltendmachung der Tatsache (Belastung mit ausländischer Steuer) trifft. Die Festsetzung und Zahlung ausländischer Steuern ist nach dem Wortlaut der Vorschrift **kein rückwirkendes Ereignis** iSd § 175 I 1 Nr. 2 AO (FG Düsseldorf EFG 1998, 1605), sodass eine Steueranrechnung nach der Änderungsnorm des § 175 AO ausscheidet. Dies kann im Einzelfall nachteilig sein, wenn auch ausländischen Staaten ein Besteuerungsrecht zusteht, bei der Festsetzung deutscher Erbschaftsteuer allerdings noch kein Erwerbstatbestand im Ausland erfüllt ist (etwa durch Annahme der Erbschaft als Voraussetzung für den Erwerb). Nach dem Wortlaut ist eine **Anrechnung** dieser ausländischen Steuer **ausgeschlossen,** sodass in der Lit. deshalb eine analoge Anwendung (*Schaumburg* RIW 2001, 161 (168)) oder teleologische Reduktion der Vorschrift gefordert wird (Troll/Gebel/Jülicher/Gottschalk/*Jülicher* Rn. 51; *Jülicher* ZEV 1996, 298). 7

4. Umfang und Ermittlung des Gesamtvermögens. Das steuerpflichtige Gesamtvermögen (Abs. 1 S. 2) entspricht dem **steuerpflichtigen Gesamterwerb** (Nettowert nach Abzug der Verbindlichkeiten); persönliche Freibeträge nach §§ 16, 17 bleiben sowohl bei der Ermittlung des Gesamterwerbs als auch bei der Ermittlung der Höhe des Auslandsvermögens unberücksichtigt (Meincke/Hannes/Holtz Rn. 22; aA etwa Kapp/Ebeling/*Eisele* Rn. 10). Das Auslandsvermögen ist mit dem Wert anzusetzen, der sich nach den deutschen Bewertungsvorschriften ergibt (Moench/Weinmann/*Weinmann* Rn. 15). Besteht der Erwerb aus In- und Auslandsvermögen, ist nach Abs. 1 S. 2 der auf das Auslandsvermögen entfallende Teilbetrag der deutschen ErbSt in der Weise zu ermitteln, dass die sich für das steuerpflichtige Gesamtvermögen einschl. des steuerpflichtigen Auslandsvermögens ergebende ErbSt **im Verhältnis** des steuerpflichtigen Auslandsvermögens **zum steuerpflichtigen Gesamtvermögen** aufgeteilt wird. IE wird die Höhe der anzurechnenden ausländischen ErbSt durch die Höhe des auf das Auslandsvermögen entfallenden Teils der deutschen Steuer begrenzt. 8

5. Umfang und Ermittlung des Auslandsvermögens. Für das Auslandsvermögen wird nach dem Status des Erblassers unterschieden: Ist der **Erblasser ein Inländer** iSd § 2 I Nr. 1, 2a–d, gelten als Auslandsvermögen alle Vermögensgegenstände der in § 121 BewG genannten Art und hieran bestehende Nutzungsrechte, die auf einen ausländischen Staat entfallen; ist der Erblasser **kein Inländer**, gelten alle Vermögensgegenstände mit Ausnahme des Inlandsvermögens iSd § 121 BewG und auf solche Vermögensgegenstände bezogene Nutzungsrechte als Auslandsvermögen. Der Umfang des Auslandsvermögens ist in beiden Fallvarianten unterschiedlich; in dem Fall des Erblassers, der zum Zeitpunkt des Todes nicht Inländer war (§ 2 I Nr. 1 S. 2a–d), ist der maßgebliche Umfang des Auslandsvermögens, der für die Steueranrechnung ausschlaggebend ist, **erheblich erweitert**. Durch die Einbeziehung aller Vermögensposten, die nicht Inlandsvermögen iSd § 121 BewG sind, wird etwa auch Kapitalvermögen (mit Ausnahme der Anteile an Kapitalgesellschaften, s. § 121 Nr. 4 BewG) als Auslandsvermögen iSd Abs. 2 Nr. 2 erfasst. Diese Differenzierung von Auslandsvermögen in Abhängigkeit von dem Status des Erblassers ist darauf zurückzuführen, dass der Gesetzgeber davon ausgeht, dass die ausländischen Staaten eine vergleichbare Abgrenzung ihres Besteuerungsrechts vornehmen und damit eine doppelte Besteuerung vermieden wird. Dies entspricht nicht der Wirklichkeit (Moench/Weinmann/*Weinmann* Rn. 21), sodass es zu einer **Doppelbelastung** kommt, die zu **unbilligen Ergebnissen** führen kann. Da eine erweiterte Steueranrechnung gegen den Gesetzeswortlaut des § 21 nicht möglich ist, kommen keine Billigkeitsmaßnahmen in Betracht (Moench/Weinmann/*Weinmann* Rn. 3; anders jedoch Viskorf/Schuck/Wälzholz/*Viskorf* Rn. 34). Das Ergebnis wird als unbefriedigend kritisiert (*H. Schaumburg*, Internationales Steuerrecht: AStG – DBA, 2010, Rn. 15.283). Im Schrifttum wird gefordert, die nicht anrechenbare ausländische Steuer als Nach- 9 lassverbindlichkeit zum Abzug zuzulassen (entgegenstehend jedoch der Wortlaut des § 10 VIII; Moench/Weinmann/*Weinmann* Rn. 21).

10   **6. Nachweis von Anrechnungsvoraussetzungen, Anrechnung aufgrund DBA.** Erwerber, die die Anrechnung ausländischer Steuer beantragen, müssen den Nachweis über die Höhe des Auslandsvermögens und über die Zahlung der ausländischen Steuern durch **geeignete Urkunden** führen (im Falle des Anforderns auch durch eine beglaubigte Übersetzung in deutscher Sprache). Bei unterschiedlicher Währung ist der **amtliche Devisenkurs** zum Zeitpunkt der Entstehung der Steuer maßgeblich.

11   Bestehen DBA für den Bereich der ErbSt (→ § 2 Rn. 14–17), sind die Grundsätze des § 21 I–III entsprechend anzuwenden (Abs. 4).

§ 22 Kleinbetragsgrenze

Von der Festsetzung der Erbschaftsteuer ist abzusehen, wenn die Steuer, die für den einzelnen Steuerfall festzusetzen ist, den Betrag von 50 Euro nicht übersteigt.

Erbschaftsteuer-Richtlinien
R E 22:   Kleinbetragsgrenze (unbesetzt)/H E 22

1   **Kleinbetragsgrenze, Kleinbetragsverordnung.** Die Regelung bezieht sich auf den einzelnen Erwerb. Bei dem Betrag von 50 EUR handelt es sich um eine Freigrenze; übersteigt die festzusetzende Steuer diesen Betrag, ist sie in vollem Umfang festzusetzen. Auch bei Änderungen oder Berichtigungen ist die Regelung anzuwenden; insoweit ist als weitere Besonderheit bei Kleinbeträgen die Kleinbetragsverordnung beachtlich (VO v. 19.12.2000, BGBl. 2000 I, 1790 (1805)), wonach Änderungen und Berichtigungen nur bei einer Abweichung der Steuer von mindestens 10 EUR erfolgen. Dieser Betrag berechnet sich ohne Berücksichtigung des § 22.

§ 23 Besteuerung von Renten, Nutzungen und Leistungen

(1) ¹Steuern, die von dem Kapitalwert von Renten oder anderen wiederkehrenden Nutzungen oder Leistungen zu entrichten sind, können nach Wahl des Erwerbers statt vom Kapitalwert jährlich im voraus von dem Jahreswert entrichtet werden. ²Die Steuer wird in diesem Fall nach dem Steuersatz erhoben, der sich nach § 19 für den gesamten Erwerb einschließlich des Kapitalwerts der Renten oder wiederkehrenden Nutzungen oder Leistungen ergibt.

(2) ¹Der Erwerber hat das Recht, die Jahressteuer zum jeweils nächsten Fälligkeitstermin mit ihrem Kapitalwert abzulösen. ²Für die Ermittlung des Kapitalwerts im Ablösungszeitpunkt sind die Vorschriften der §§ 13 und 14 des Bewertungsgesetzes anzuwenden. ³Der Antrag auf Ablösung der Jahressteuer ist spätestens bis zum Beginn des Monats zu stellen, der dem Monat vorausgeht, in dem die nächste Jahressteuer fällig wird.

Erbschaftsteuer-Richtlinien
R E 23:   Besteuerung von Renten, Nutzungen und Leistungen (unbesetzt)/H E 23

1   **1. Regelungsbereich, Wahlrecht der Steuerentrichtung.** Hauptanwendungsfall der Vorschrift ist der Erwerb von Renten oder anderen wiederkehrenden Nutzungen oder Leistungen, zB aus Nießbrauch- oder Wohnrechten. Sowohl bei Erwerben von Todes wegen als auch bei Erwerben unter Lebenden kann **der Steuerpflichtige entscheiden,** ob er die Steuer einmalig nach dem Erwerb bezogen auf den Kapitalwert der genannten Rechte entrichten will oder ob er die Steuer laufend nach dem Jahreswert dieser Rechte *per annum* zahlt. Die Vorschrift trägt damit dem Umstand Rechnung, dass derjenige, dem eine Rente oder andere wiederkehrende Nutzung oder Leistung zugesprochen wird, in der Regel nicht berechtigt ist, auf die **Vermögenssubstanz**, aus der die wiederkehrenden Leistungen fließen, zurückzugreifen, um die Erbschaftsteuer bezogen auf den Kapitalwert der wiederkehrenden Leistungen in einem Einmalbetrag sofort nach dem Erwerb aufzubringen (Kapp/Ebeling/*Eisele* Rn. 1).

2   Auch wenn der Erbbauzins eines mit einem Erbbaurecht belasteten Grundstückes eine wiederkehrende Leistung darstellt, ist durch Änderung des § 148 BewG (JStG v. 13.12.2006, BGBl. 2006 I, 2878) der Erbbauzins Bestandteil des Grundstückes und fällt nicht unter § 23 (BFH BFH/NV 2013, 1029).

3   Die Vorschrift regelt nicht die Entstehung, sondern **nur die Zahlungsweise** der für Renten, Nutzungen und Leistungen entstandenen ErbSt (FG Münster EFG 2003, 1029). Macht der Steuerpflichtige von der Möglichkeit einer Besteuerung des Jahreswertes keinen Gebrauch, greift die Regelbesteuerung nach dem Kapitalwert (Sofortversteuerung). Der Erwerber kann die Wahl nur für sich selbst einheitlich ausüben, bei Gesamtgläubigern hat jeder Erwerber individuell den Anspruch auf Versteuerung nach § 23. Bis zur Bestandskraft des Steuerbescheides kann jedoch ein Antrag auf Versteuerung nach dem Jahreswert gestellt werden.

4   **2. Vorteilhaftigkeit der Jahresbesteuerung, Nachteil.** Die Vor- und Nachteile einer Jahresversteuerung ergeben sich unter Berücksichtigung der Umstände jedes Einzelfalles; **für eine Jahresversteuerung** können folgende Erwägungen sprechen:

– die Sofortversteuerung nach dem Kapitalwert lässt nach Bestandskraft der Steuerfestsetzung keinen Wechsel zur Jahresversteuerung mehr zu, während die Jahresversteuerung durch eine Ablösung beendet werden kann;
– die Jahressteuer ist erst zu entrichten, wenn die Freibeträge verbraucht sind;

– bei inflationärer Entwicklung und steigenden Zuflüssen wirken die gleichbleibenden, einmalig auf den Besteuerungszeitpunkt berechneten Erbschaftsteuerzahlungen weniger belastend (mit Ausnahme des § 14 II BewG).

Der **Nachteil** liegt in der Tatsache, dass der Steuerfall nicht abgeschlossen ist und eine jährliche steuerliche Verpflichtung besteht, wobei sich die Verlängerung der durchschnittlichen tatsächlichen Lebenserwartung nicht niederschlägt (*Korezkij* ZEV 2001, 305). 5

In der Lit. wird empfohlen, aus Gründen der Vorsicht zunächst die Jahressteueroption zu wählen, da ein Wechsel zur Einmalversteuerung durch Ablösung gem. Abs. 2 S. 1 unter Berücksichtigung der Frist des Abs. 2 S. 3 für die Zukunft immer offensteht (Moench/Weinmann/*Weinmann* Rn. 4). Der Antrag ist zum Beginn des Monats zu stellen, der der Fälligkeit der Jahressteuer vorangeht. 6

Dabei wird die **Ablösung** für den Steuerpflichtigen immer ungünstiger, je später diese erfolgt. Der Ablösebetrag richtet sich nach der verbleibenden Laufzeit der Nutzungen oder Leistungen (vgl. Anl. 9a zu § 13 I BewG unter Berücksichtigung des Vervielfältigers nach den jeweils aktuellen Sterbetafeln der Statistischen Bundesamtes). Diese für den Steuerpflichtigen ungünstige Regelung wird wegen der Berechnung nach dem Vervielfältiger für die verbleibende Laufzeit in der Lit. kritisiert (*Korezkij* ZEV 2001, 303 ff.; *Moench* DStR 1985, 259). Nach der Rspr. (FG Nürnberg EFG 2003, 873) kann allerdings bei einer Steuerfestsetzung unter dem **Vorbehalt der Nachprüfung** (§ 164 AO) die Wahl einer Jahresbesteuerung von Beginn an widerrufen werden und die Sofortbesteuerung gewählt werden. 7

3. Abzugsfähigkeit der Jahressteuer bei der Einkommensteuer. Ein wichtiges Kriterium für die Zahlung der Steuer nach dem Jahreswert stellt die Abzugsfähigkeit der Jahreszahlung nach § 10 I Nr. 1a EStG bei der Einkommensteuer dar; trotz des Wegfalls des § 35 3 EStG (aF) zum 31.12.1998, wonach bisher der Abzug der Jahreszahlung als Sonderausgabe möglich war (*Jochum* UVR 2000, 203), dürfte entgegen dem im Schrifttum vertretenen Ansatz, dass von der weiterbestehenden Möglichkeit der Inanspruchnahme des Sonderausgabenabzugs auszugehen ist (Schmidt/*Drenseck* EStG § 12 Rn. 47; Troll/Gebel/Jülicher/Gottschalk/*Jülicher* Rn. 41 ff.), nach Auffassung des BFH (zur alten Rechtslage BStBl. II 2011, 680) die Jahreserbschaftsteuer nicht als dauernde Last gem. § 10 I Nr. 1a EStG abziehbar sein. 8

4. Berechnung der Jahressteuer, Ermittlung der Nutzung. Für die Berechnung der Steuer nach dem Kapital- oder Jahreswert gelten jeweils die gleichen Besteuerungsgrundlagen; die Steuer nach dem Jahreswert ist jährlich im Voraus zu entrichten. Der zum Zeitpunkt der Entstehung der Steuer festgesetzte Jahreswert bleibt für alle Zukunft ohne Rücksicht darauf bestehen, ob der tatsächliche Ertrag (Nießbrauch, Rente) sich im Laufe der Jahre ändert; es kommt nur auf die Verhältnisse am Bewertungsstichtag (§ 11) an. In der Lit. wird die Möglichkeit eines **Billigkeitserlasses** unter Anwendung der **Entreicherungsgrundsätze** diskutiert, wenn sich der tatsächliche Ertrag deutlich reduziert (Meincke/Hannes/Holtz Rn. 8, 9; FG München EFG 2005, 1363 zur Nichtanwendung einer Änderung aus sachlicher Unbilligkeit). 9

Die Nutzungen des Wirtschaftsgutes werden mit ihrem Jahreswert nach §§ 15, 16 BewG ermittelt; die Nutzungen des Wirtschaftsgutes werden auf den Betrag begrenzt, der sich ergibt, wenn der Steuerwert des genutzten Wirtschaftsgutes durch 18,6 geteilt wird (Bsp. bei Moench/Weinmann/*Weinmann* Rn. 9). 10

Bei der Wahl der jährlichen Besteuerung wird die Steuer unter Berücksichtigung der Freibeträge nach §§ 16, 17 solange nicht erhoben, bis die Freibeträge verbraucht sind (sog. **Aufzehrmethode**; vgl. FinVw H E 23 ErbStR). Aus **Vereinfachungsgründen** akzeptiert die FinVw, dass die Freibeträge bei dem Vermögen, das der Sofortversteuerung unterliegt, abgezogen werden, wenn im Rahmen des Erwerbs weiteres Vermögen angefallen ist; eine Aufteilung des Abzugsbetrages auf das der Jahresversteuerung unterliegende und auf sonstiges Vermögen entfällt. Die anstelle der Aufzehrmethode auf Antrag des Steuerpflichtigen (BFH BFH/NV 1998, 587) vorzunehmende **Kürzungsmethode** mindert den steuerpflichtigen Jahreswert der Rente, Nutzung oder Leistung in dem Maß, in dem der Kapitalwert durch den Freibetrag gemindert wird (zu der Vorteilhaftigkeit Moench/Weinmann/*Weinmann* Rn. 15–17). 11

Die **Verpflichtung entfällt beim Versterben** des Verpflichteten. Wird die Verpflichtung zur Weiterzahlung der Jahressteuer **aus sonstigen Gründen** aufgehoben (etwa durch Wegfall der vertraglichen Zusage), wird fiktiv von einer Ablösung der Rente oder dem Verzicht auf die Rente ausgegangen (FG Nürnberg EFG 1971, 94; zu der strittigen Rechtsfolge vgl. Kapp/Ebeling/*Eisele* Rn. 32). 12

5. Berichtigung bei kurzer Nutzung oder Leistung, Berücksichtigung von Vorerwerben. Stirbt der Berechtigte der lebenslänglichen Nutzungen oder Leistungen innerhalb kurzer Zeit nach Erwerb, ist die Festsetzung der ErbSt beim Berechtigten auf Antrag nach der wirklichen Dauer der Nutzung oder Leistung zu berichtigen (zu den Voraussetzungen bezogen auf das Lebensalter des Berechtigten und die tatsächliche Bezugsdauer § 14 II 1 BewG); für den Verpflichteten erfolgt die Berichtigung von Amts wegen (§ 14 II 3 BewG). Die Jahressteuer wird nach einem geringeren Steuersatz neu berechnet (Christoffel/Geckle/Pahlke/*Pahlke*, ErbStG, 2002, § 25 Rn. 12; aA mit Hinweis auf die Rspr. des RFH Kapp/Ebeling/*Eisele* Rn. 31). 13

Im Falle der Zusammenrechnung der Besteuerung mit Vorerwerben (§ 14) ist die Berechnung der Jahressteuer zu modifizieren (Bsp. bei Moench/Weinmann/*Weinmann* Rn. 31). Nach Auffassung der FinVw (H E 23 ErbStR) wirkt sich der Vorerwerb innerhalb des Zehnjahreszeitraums auf die Höhe des Steuersatzes für die Berechnung der Jahressteuer aus. Der anzuwendende Steuersatz kann nicht unmittelbar für den Gesamterwerb aus der Tabelle in § 19 entnommen werden; er ergibt sich vielmehr aus dem Verhältnis der auf den Rentenerwerb (Nacherwerb) entfallenden Steuer zum Kapitalwert des Rentenerwerbs (vgl. H E 23 Bsp. 2 ErbStR). Durch die Einbeziehung der Vorerwerbe in den Steuersatz ergibt sich eine 14

Erhöhung der Jahressteuer, die über den Zehnjahreszeitraum des § 14 hinauswirkt (krit. *Stempel* UVR 2003, 229; auf Zweifel hinweisend OFD München DB 2000, 953).

15   Auch kann eine Konstellation bestehen, in der bei Erwerben von Nutzungen oder Leistungen gem. § 23 bei einer Versteuerung nach § 14 auch begünstigtes Vermögen zu berücksichtigen ist, das nach § 19a zur Anwendung eines günstigeren Steuersatzes führt (Bsp. bei Moench/Weinmann/*Weinmann* Rn. 23; *Stempel* UVR 2000, 390 (391)).

§ 24 Verrentung der Steuerschuld in den Fällen des § 1 Abs. 1 Nr. 4

¹In den Fällen des § 1 Abs. 1 Nr. 4 kann der Steuerpflichtige verlangen, daß die Steuer in 30 gleichen jährlichen Teilbeträgen (Jahresbeträgen) zu entrichten ist. ²Die Summe der Jahresbeträge umfaßt die Tilgung und die Verzinsung der Steuer; dabei ist von einem Zinssatz von 5,5 Prozent auszugehen.

1   **Besonderheit für Ersatzerbschaftsteuer.** Für Familienstiftungen und -vereine kann die geschuldete Ersatzerbschaftsteuer in 30 gleichen Teilbeträgen entrichtet werden (sog. Verrentung).

2   Zur Verminderung der Zinslast iHv 5,5 % (S. 2 Hs. 2) können auch **Teilbeträge** verrentet oder die Verrentung über kürzere Zeit beantragt werden (FM Niedersachen DB 1984, 751). Auch für den Fall, dass Familienstiftungen oder -vereine vor Ablauf von 30 Jahren aufgehoben oder aufgelöst werden, bleibt die Pflicht zur Zahlung der Jahresbeträge grds. bestehen; ist die Aufhebung/Auflösung absehbar, wird der höhere Jahresbetrag für voraussichtliche Restdauer der Verrentung zugrunde gelegt. Im Falle der unvorhersehbaren Aufhebung/Auflösung wird die verrentete Steuerzahlung in einem **Einmalbetrag abgelöst** (entspr. § 23 II). Die verrentete Steuerschuld nach § 24 kann gem. § 28 gestundet werden.

§ 25 Besteuerung bei Nutzungs- und Rentenlast *(aufgehoben)*

(1) ¹Der Erwerb von Vermögen, dessen Nutzungen dem Schenker oder dem Ehegatten des Erblassers (Schenkers) zustehen oder das mit einer Rentenverpflichtung oder mit der Verpflichtung zu sonstigen wiederkehrenden Leistungen zugunsten dieser Personen belastet ist, wird ohne Berücksichtigung dieser Belastungen besteuert. ²Die Steuer, die auf den Kapitalwert dieser Belastungen entfällt, ist jedoch bis zu deren Erlöschen zinslos zu stunden. ³Die gestundete Steuer kann auf Antrag des Erwerbers jederzeit mit ihrem Barwert nach § 12 Abs. 3 des Bewertungsgesetzes abgelöst werden.

(2) Veräußert der Erwerber das belastete Vermögen vor dem Erlöschen der Belastung ganz oder teilweise, endet insoweit die Stundung mit dem Zeitpunkt der Veräußerung.

Erbschaftsteuer-Richtlinien
R E 25:   Besteuerung bei Nutzungs- und Rentenlast/H E 25

1   **1. Wegfall der Regelung.** Mit dem Ansatz des gemeinen Werts für alle Vermögensgegestände im neuen ErbStG ist die Ursache für die Regelung entfallen. Die praktische Anwendung des § 25 ErbStG aF hatte das Besteuerungsverfahren erheblich kompliziert, sodass deren Wegfall zu einer deutlichen Vereinfachung führt.

2   **2. Fortgeltung der Rechtswirkung für Altfälle.** Die bis zum 31.12.2008 geltende Vorschrift des § 25 ErbStG aF befasste sich mit der für eine Vielzahl der Fälle der vorweggenommenen Erbfolge anzutreffenden Gestaltung, wonach der Schenker sich oder seinem Ehegatten bei der Vermögensübergabe zu Lebzeiten zur Absicherung die Früchte des Vermögens vorbehält. Dies gilt beim Erwerben von Todes wegen auch, wenn Nutzungen zugunsten des Ehegatten vorbehalten sind. Während die noch geltende Vorschrift des § 23 die Besteuerung des Nießbrauchs- und Rentenberechtigten betrifft, traf § 25 ErbStG aF die Besteuerung des Erwerbers von nießbrauchs- und rentenbelastetem Vermögen.

3   Die Vorschrift diente der **Vermeidung von Gestaltungen** zwischen Eheleuten bei Übertragung unter Vorbehalt von Nutzungen oder Renten, indem der Erwerb nicht um den Kapitalwert der Belastungen vermindert wurde (etwa basierend auf steuerlich niedrigen Grundstückswerten). Der Gesetzgeber hat zudem auf die Kritik in der Lit. (Meincke/Hannes/Holtz Rn. 14) und die gegen das Abzugsverbot vorgetragenen verfassungsrechtlichen Bedenken (BFH BStBl. II 1983, 45) reagiert und § 25 ErbStG aF abgeschafft.

4   Für die Altfälle (Erwerb von Vermögen vor dem 1.1.2009) bleibt insbes. die Regelung der **zinslosen Stundung** bestehen. Die gestundete Steuer kann auf Antrag des Erwerbers jederzeit mit ihrem Barwert nach § 12 III BewG abgelöst werden. Gemäß gleichl. Erl. der obersten Finanzbehörden der Länder (v. 5.6.2007, BStBl. I 2007, 514) erfolgt die Ablösung der gestundeten Steuer auf Basis der Sterbetafel des Statistischen Bundesamtes entsprechend dem Erhebungszeitraum, der dem Bewertungsstichtag vorangeht. Die abgezinste Steuer wird dadurch im Vergleich zu vorhergehenden Sterbetafeln (zB 1986/88) niedriger.

§ 26 Ermäßigung der Steuer bei Aufhebung einer Familienstiftung oder Auflösung eines Vereins

In den Fällen des § 7 Abs. 1 Nr. 9 ist auf die nach § 15 Abs. 2 Satz 2 zu ermittelnde Steuer die nach § 15 Abs. 2 Satz 3 festgesetzte Steuer anteilsmäßig anzurechnen

a) mit 50 Prozent, wenn seit der Entstehung der anrechenbaren Steuer nicht mehr als zwei Jahre,
b) mit 25 Prozent, wenn seit der Entstehung der anrechenbaren Steuer mehr als zwei Jahre, aber nicht mehr als vier Jahre vergangen sind.

Steuerermäßigung bei vorzeitiger Aufhebung von Familienstiftung oder Familienverein. Die Vorschrift betrifft den Fall, dass es innerhalb eines kurzen Zeitraums nach der Entstehung der Ersatzerbschaftsteuer zur Aufhebung der Stiftung oder des Vereins kommt. Die Steuer ermäßigt sich, indem die Ersatzerbschaftsteuer (§ 1 I Nr. 4, § 9 I Nr. 4) auf die nach § 7 I Nr. 9 entstehende **Schenkungsteuer angerechnet** wird: Die Anrechnung erfolgt innerhalb eines Zeitraums von zwei Jahren zur Hälfte, innerhalb eines Zeitraums von vier Jahren zu einem Viertel (jeweils nach Entstehung der Steuer). Mangels eigener Aufteilungsvorschrift ist die anrechenbare Steuer auf die einzelnen Personen, die das Stiftungs- oder Vereinsvermögen übernehmen, nach dem Wert des einzelnen Erwerbs vor Abzug des persönlichen Freibetrages zu verteilen (Meincke/Hannes/Holtz Rn. 4).

§ 27 Mehrfacher Erwerb desselben Vermögens

(1) Fällt Personen der Steuerklasse I von Todes wegen Vermögen an, das in den letzten zehn Jahren vor dem Erwerb bereits von Personen dieser Steuerklasse erworben worden ist und für das nach diesem Gesetz eine Steuer zu erheben war, ermäßigt sich der auf dieses Vermögen entfallende Steuerbetrag vorbehaltlich des Absatzes 3 wie folgt:

um ... Prozent	wenn zwischen den beiden Zeitpunkten der Entstehung der Steuer liegen
50	nicht mehr als 1 Jahr
45	mehr als 1 Jahr, aber nicht mehr als 2 Jahre
40	mehr als 2 Jahre, aber nicht mehr als 3 Jahre
35	mehr als 3 Jahre, aber nicht mehr als 4 Jahre
30	mehr als 4 Jahre, aber nicht mehr als 5 Jahre
25	mehr als 5 Jahre, aber nicht mehr als 6 Jahre
20	mehr als 6 Jahre, aber nicht mehr als 8 Jahre
10	mehr als 8 Jahre, aber nicht mehr als 10 Jahre

(2) Zur Ermittlung des Steuerbetrags, der auf das begünstigte Vermögen entfällt, ist die Steuer für den Gesamterwerb in dem Verhältnis aufzuteilen, in dem der Wert des begünstigten Vermögens zu dem Wert des steuerpflichtigen Gesamterwerbs ohne Abzug des dem Erwerber zustehenden Freibetrags steht.

(3) Die Ermäßigung nach Absatz 1 darf den Betrag nicht überschreiten, der sich bei Anwendung der in Absatz 1 genannten Prozentsätze auf die Steuer ergibt, die der Vorerwerber für den Erwerb desselben Vermögens entrichtet hat.

Erbschaftsteuer-Richtlinien
R E 27: *Mehrfacher Erwerb desselben Vermögens/H E 27*

1. Voraussetzung der Steuerermäßigung. Die Vorschrift betrifft nach ihrem klaren Wortlaut nur den Letzterwerb von Todes wegen. Die Steuerermäßigung nach Abs. 1 gilt **bei mehrfachem Wechsel von Vermögen** innerhalb der Steuerklasse I (zB Übergang eines Grundstückes vom Großvater auf den Sohn und vom Sohn auf den Enkel). Wenn zumindest der zweite Wechsel auf einem Erwerb von Todes wegen beruht und zwischen den Erwerben desselben Vermögens ein Zeitraum von nicht mehr als zehn Jahren liegt, greift nach Abs. 1 eine **gestaffelte Steuerermäßigung** ein, soweit das Vermögen beim Vorerwerber der Besteuerung unterlag. Intention der Regelung ist die Abmilderung einer Mehrfachbesteuerung, soweit vorbelastetes Vermögen innerhalb der Steuerklasse I weiter übertragen wird (Meincke/Hannes/Holtz Rn. 1). Die Wirkung der Vorschrift beschränkt sich auf einen Zeitraum von zehn Jahren, wobei es auf den jeweiligen Zeitpunkt der Entstehung der Steuerschuld für den ersten Erwerb ankommt.

2. Begünstigter Personenkreis, begünstigter Vermögensübergang. Der frühere und der nachfolgende Erwerb muss bei Personen der **Steuerklasse I** anfallen; soweit überhaupt Änderungen der Steuerklasse in Betracht kommen, ist nach der Rspr. (FG Berlin EFG 1992, 470) von der beim späteren Erwerb geltenden Steuerklasse auszugehen (Moench/Weinmann/*Weinmann* Rn. 3).

Die Steuer muss „nach diesem Gesetz" zu erheben gewesen sein; nach Auffassung der FinVw (BMF DStR 2004, 1387, Frage 20) ist diese Voraussetzung nicht gegeben, soweit für einen Vorerwerb etwa eine Erklärung nach dem **Strafbefreiungserklärungsgesetz** mit der Folge einer Steuerfestsetzung abgegeben wurde, die Besteuerung also nicht „nach diesem Gesetz" erfolgt ist (aA zB *Korezkij* ZErb 2006, 24 (26)).

Für die Anwendung dieser Vorschrift wird die Nämlichkeit des Vermögens vorausgesetzt; für den Beweis der Nämlichkeit ist es ausreichend, wenn es sich bei dem Vermögen **nach wirtschaftlichen Gesichtspunkten** noch um dasselbe Vermögen handelt (FG Berlin EFG 1992, 470). Es genügt auch, dass die Surrogate des Vermögens bei dem nachfolgenden Erwerb vorhanden sind (BFH BStBl. II 1980, 46). Eine mögliche Wertsteigerung des Vermögens kann nur insoweit in die Ermäßigung einbezogen werden, als der Wertzuwachs auf die allgemeine wirtschaftliche Entwicklung zurückzuführen ist und nicht auf den (zusätzlichen) Einsatz von Arbeit und Kapital (OFD München/OFD Nürnberg DStZ 2003, 817).

5   Ist auf den Erwerber sowohl eigenes Vermögen des Erblassers als auch ererbtes oder freigebig zugewendetes (bereits besteuertes) Vermögen übergegangen, soll nach Auffassung der FinVw (OFD München/OFD Nürnberg DB 2004, 1912) auf die **Wertrelation** des vorangegangenen Erwerbs zu dem Wert des steuerpflichtigen Gesamterwerbs abgestellt werden. Stehen Schulden und Lasten in wirtschaftlichem Zusammenhang mit dem mehrfach erworbenen Vermögen, ist nach Abs. 2 die Steuer für den Gesamterwerb in dem Verhältnis **aufzuteilen,** in dem der Nettowert des begünstigten Vermögens (nach Abzug der mit diesem Vermögen zusammenhängenden Schulden und Lasten) zu dem Wert des steuerpflichtigen Gesamterwerbs (nach Abzug aller Schulden und Lasten und vor Abzug des dem Erwerbers zustehenden Freibetrages) steht (H E 27 (2), 1 ErbStR; Moench/Weinmann/*Weinmann* Rn. 15a mit Hinweis auf die ErbStR; ausf. Kapp/Ebeling/*Eisele* Rn. 8.1). **Nicht in unmittelbarem Zusammenhang stehende Schulden und Lasten** (etwa Erbfallkosten, sonstige Erblasserschulden, Vermächtnisse und Auflagen, auch Pflichtteils- und Zugewinnausgleichsansprüche) sind dem begünstigten Vermögen nur anteilig zuzuordnen (vgl. Berechnungsbsp. FinMin Sachsen FR 2005, 171 ff.).

6   **3. Ermäßigungshöchstbetrag.** Die Ermäßigung der Steuer wird nach Abs. 3 auf den Betrag begrenzt, der sich bei Anwendung der Vomhundertsätze des Abs. 1 auf die Steuer ergibt, die der Vorerwerber auf das begünstigte Vermögen tatsächlich entrichtet hat (Bsp. in H E 27 ErbStR; weiterführend Moench/Weinmann/*Weinmann* Rn. 16 mit Bsp.). Der Gesetzgeber begrenzt die Begünstigung auf den Betrag, der vom Vorerwerber auf das begünstigte Vermögen bezahlt wurde, sodass in Fällen, in denen das begünstigte Vermögen nach dem Vorerwerb erhebliche Wertsteigerungen erfahren hat, die Begrenzung greift (Fischer/Pahlke/Wachter/*Pahlke* Rn. 50).

§ 28 Stundung

(1) ¹Gehört zum Erwerb von Todes wegen begünstigtes Vermögen im Sinne des § 13b Absatz 2, ist dem Erwerber die darauf entfallende Erbschaftsteuer auf Antrag bis zu sieben Jahre zu stunden. ²Der erste Jahresbetrag ist ein Jahr nach der Festsetzung der Steuer fällig und bis dahin zinslos zu stunden. ³Für die weiteren zu entrichtenden Jahresbeträge sind die §§ 234 und 238 der Abgabenordnung ab dem zweiten Jahr nach der Festsetzung der Steuer anzuwenden. ⁴§ 222 der Abgabenordnung bleibt unberührt. ⁵Die Stundung endet, sobald der Erwerber, ausgehend vom Zeitpunkt der Entstehung der Steuer (§ 9), den Tatbestand nach § 13a Absatz 3 nicht einhält oder einen der Tatbestände nach § 13a Absatz 6 erfüllt. ⁶Wurde ein Antrag nach § 13a Absatz 10 oder nach § 28a Absatz 1 gestellt, ist bei der Anwendung des Satzes 3 § 13a Absatz 10 entsprechend anzuwenden. ⁷Satz 1 ist nicht auf die Erbschaftsteuer anzuwenden, die der Erwerber zu entrichten hat, weil er den Tatbestand nach § 13a Absatz 3 nicht eingehalten oder einen der Tatbestände nach § 13a Absatz 6 erfüllt hat. ⁸Die Stundung endet, sobald der Erwerber den Betrieb oder den Anteil daran überträgt oder aufgibt.

(2) Absatz 1 findet in den Fällen des § 1 Abs. 1 Nr. 4 entsprechende Anwendung.

(3) ¹Gehört zum Erwerb begünstigtes Vermögen im Sinne des § 13d Absatz 3, ist dem Erwerber die darauf entfallende Erbschaftsteuer auf Antrag bis zu zehn Jahren zu stunden, soweit er die Steuer nur durch Veräußerung dieses Vermögens aufbringen kann. ²Satz 1 gilt entsprechend, wenn zum Erwerb ein Ein- oder Zweifamilienhaus oder Wohneigentum gehört, das der Erwerber nach dem Erwerb zu eigenen Wohnzwecken nutzt, längstens für die Dauer der Selbstnutzung. ³Nach Aufgabe der Selbstnutzung ist die Stundung unter den Voraussetzungen des Satzes 1 weiter zu gewähren. ⁴Die Stundung endet in den Fällen der Sätze 1 bis 3, soweit das erworbene Vermögen Gegenstand einer Schenkung im Sinne des § 7 ist. ⁵Absatz 1 Satz 2 und 3 gilt entsprechend.

Erbschaftsteuer-Richtlinien
R E 28:   Stundung/H E 28

1   **1. Erwerb von begünstigtem Vermögen.** Voraussetzung für die Stundung der ErbSt bis zur Dauer von **sieben** Jahren nach Abs. 1 durch ErbStAnpG 2016 ist, dass es sich im Erbfall um Betriebsvermögen, land- und forstwirtschaftliches Vermögen oder Anteile an Kapitalgesellschaften als nach § 13b I begünstigungsfähiges und nach § 13b II begünstigtes Vermögen handelt. Zusätzlich muss der Erwerber neben der **Lohnsummenregelung** nach § 13a III auch die **Behaltensregelung** nach § 13a VI einhalten. Sollte dieser hiergegen verstoßen, endet die Stundung und die Steuer wird fällig nach Abs. 1 S. 5. Im ersten Jahr ist die Stundung zinslos; ab dem zweiten Jahr beträgt die Verzinsung 0,5 % pro Monat.

2   **2. Stundung, Voraussetzungen.** Die Stundung nach Abs. 1 setzt nur voraus, dass ein Erwerb von begünstigtem Vermögen iSd § 13b II vorliegt. Hierunter fallen nun nicht mehr nur Betriebsvermögen sowie land- und forstwirtschaftliches Vermögen, sondern auch Anteile an Kapitalgesellschaft. Daher ist es für die Gewährung der Stundung nicht mehr notwendig, dass diese der Erhaltung des Betriebs dient.

3   Die Stundung gilt jedoch nur noch für **Erwerbe von Todes wegen** und ist somit nicht für Schenkungen unter Lebenden anwendbar (*Thonemann-Micker* DB 2016, 2312 (2320)).

4   Der Steuerpflichtige hat nach wie vor im Gegensatz zur möglichen Steuerstundung nach § 222 AO, die als Ermessensvorschrift (BFH BStBl. II 1977, 587) ausgestaltet ist, einen **Rechtsanspruch** auf die

Stundung nach § 28. Da die tatbestandlichen Voraussetzungen des § 28 eine erhebliche Hürde darstellen (Troll/Gebel/Jülicher/Gottschalk/*Jülicher* Rn. 1), findet die Vorschrift in der Praxis nur wenig Anwendung. Der Antrag muss ferner vom Erwerber gestellt werden.

3. Ersatzerbschaftsteuer, Erwerb von Wohnimmobilien. Für **Familienstiftungen und -vereine** gilt die Stundungsregelung nach Abs. 2 entsprechend, Voraussetzung ist ebenfalls, dass es sich um begünstigtes Vermögen handelt. Zu beachten ist, dass nach § 24 eine **Verrentung der Steuerschuld** möglich ist. 6

Die Vorschrift ist durch das ErbStRG auf Erwerbe von zu **Wohnzwecken** vermietete Grundstücke ausgedehnt worden (Abs. 3). Die Stundung wird durch die Neuregelung nicht nur bei Erwerb von Todes wegen sondern auch bei Schenkungen zu Lebzeiten gewährt; im ersten Jahr zinslos, ab dem zweiten Jahr mit monatlichen 0,5 % verzinst. Eine Stundung bis zu zehn Jahren kann bei **Erwerb von fremdvermieteten Wohngrundstücken** gewährt werden, wenn die Steuer nur durch Veräußerung der erworbenen Immobilie entrichtet werden könnte und der Erwerber keine Möglichkeit hat, aus dem übrigen Erwerb oder dem Eigenvermögen Steuerzahlungen zu leisten. Die Stundungsmöglichkeit für Wohnimmobilien wird in der Praxis aber ohne große Bedeutung bleiben, weil die Stundungsmöglichkeit nur einem nahezu vermögenslosen Erwerber zusteht (vgl. *Hübner/Tremel* Erbschaftsteuerreform 2009, 463 (464)). 7

Bei **Selbstnutzung einer erworbenen Immobilie** kann eine Steuerstundung nach § 28 dann beantragt werden, wenn es sich um ein eigengenutztes **Ein- oder Zweifamilienhaus** oder **Wohnungseigentum** handelt und der Erwerber gezwungen wäre, das Grundstück zu veräußern, um die ErbSt zu entrichten. Die Aufgabe der Selbstnutzung führt nicht *per se* zu einer Verkürzung des zehnjährigen Stundungszeitraums, sofern der Erwerber etwa aus Gesundheits- oder Altersgründen an der Nutzung gehindert ist. In allen Fällen endet die Stundung, wenn die Immobilie freigebig unter Lebenden weiter übertragen wird (Abs. 3 S. 4). 8

4. Stundung und Erlass nach allgemeinen Verfahrensvorschriften. Nach den Vorschriften der AO (§§ 163, 227) können neben der Stundung iSd § 222 AO Steuern aus **persönlichen oder sachlichen Billigkeitsgründen** erlassen werden, wobei sachliche Billigkeitsgründe in aller Regel abgelehnt werden. An einer sachlichen Unbilligkeit fehlt es etwa in dem Fall, in dem durch eine günstigere Gestaltung die Erbschaftsteuerbelastung hätte vermieden werden können, da die Entstehung der ErbSt an die tatsächlich gewählte zivilrechtliche Gestaltung anknüpft (FG München EFG 2000, 280). Auch der Fall der nachträglich bekanntgewordenen oder nachträglich festgesetzten Einkommensteuerschuld stellt keinen sachlichen Billigkeitsgrund dar (FG Düsseldorf EFG 2006, 319). Persönliche Billigkeitsgründe können sich nach den Umständen des Einzelfalles ergeben; als mögliche Umstände kann ein nach dem Stichtag eintretender Kursverfall, ein Währungsverlust im Falle von Auslandserwerben oder die Einschränkung der Fortführung des Betriebes wegen technischer Änderungen darstellen; auch die Absicht der Verehelichung des Erblassers, die durch den Tod vereitelt wurde oder die geplante Adoption können im Einzelfall im Billigkeitswege zum Erlass der Steuer führen (Kapp/Ebeling/*Eisele* Rn. 29). Wegen der strengen **Stichtagsausrichtung** des ErbStG sind spätere Änderungen im Billigkeitswege nicht zu berücksichtigen; so ist etwa der Umstand, dass der Steuerpflichtige nur einen Tag vor dem Stichtag, in dem eine Ermäßigung der ErbSt in Kraft tritt, verstirbt, unbeachtlich und rechtfertigt keine Billigkeitsmaßnahme. 9

§ 28a Verschonungsbedarfsprüfung

(1) ¹Überschreitet der Erwerb von begünstigtem Vermögen im Sinne des § 13b Absatz 2 die Grenze des § 13a Absatz 1 Satz 1 von 26 Millionen Euro, ist die auf das begünstigte Vermögen entfallende Steuer auf Antrag des Erwerbers zu erlassen, soweit er nachweist, dass er persönlich nicht in der Lage ist, die Steuer aus seinem verfügbaren Vermögen im Sinne des Absatzes 2 zu begleichen. ²Ein Erwerber kann den Erlass nicht in Anspruch nehmen, soweit er begünstigtes Vermögen im Sinne des § 13b Absatz 2 auf Grund einer letztwilligen Verfügung des Erblassers oder einer rechtsgeschäftlichen Verfügung des Erblassers oder Schenkers auf einen Dritten übertragen muss. ³Satz 2 gilt entsprechend, wenn ein Erbe im Rahmen der Teilung des Nachlasses begünstigtes Vermögen auf einen Miterben überträgt. ⁴Überträgt ein Erbe erworbenes begünstigtes Vermögen im Sinne des § 13b Absatz 2 im Rahmen der Teilung des Nachlasses auf einen Dritten und gibt der Dritte dabei diesem Erwerber nicht begünstigtes Vermögen hin, das er vom Erblasser erworben hat, erhöht sich insoweit der Wert des begünstigten Vermögens des Dritten um den Wert des hingegebenen Vermögens, höchstens jedoch um den Wert des übertragenen Vermögens.

(2) Zu dem verfügbaren Vermögen gehören 50 Prozent der Summe der gemeinen Werte des
1. mit der Erbschaft oder Schenkung zugleich übergegangenen Vermögens, das nicht zum begünstigten Vermögen im Sinne des § 13b Absatz 2 gehört, und
2. dem Erwerber im Zeitpunkt der Entstehung der Steuer (§ 9) gehörenden Vermögens, das nicht zum begünstigten Vermögen im Sinne des § 13b Absatz 2 gehören würde.

(3) ¹Die nach Anwendung des Absatzes 1 Satz 1 verbleibende Steuer kann ganz oder teilweise bis zu sechs Monate gestundet werden, wenn die Einziehung bei Fälligkeit eine erhebliche Härte für den Erwerber bedeuten würde und der Anspruch nicht gefährdet erscheint. ²Eine erhebliche Härte liegt insbesondere vor, wenn der Erwerber einen Kredit aufnehmen oder verfügbares Vermögen im Sinne

des Absatzes 2 veräußern muss, um die Steuer entrichten zu können. ³Die §§ 234 und 238 der Abgabenordnung sind anzuwenden. ⁴§ 222 der Abgabenordnung und § 28 bleiben unberührt.

(4) ¹Der Erlass der Steuer nach Absatz 1 Satz 1 steht unter der auflösenden Bedingung, dass

1. die Summe der maßgebenden jährlichen Lohnsummen des Betriebs, bei Beteiligungen an einer Personengesellschaft oder Anteilen an einer Kapitalgesellschaft des Betriebs der jeweiligen Gesellschaft, innerhalb von sieben Jahren nach dem Erwerb (Lohnsummenfrist) insgesamt die Mindestlohnsumme nach § 13a Absatz 10 Nummer 3 bis 5 unterschreitet. ²§ 13a Absatz 3 Satz 2 und 6 bis 13 gilt entsprechend. ³Unterschreitet die Summe der maßgebenden jährlichen Lohnsummen die Mindestlohnsumme, vermindert sich der nach Absatz 1 Satz 1 zu gewährende Erlass der Steuer mit Wirkung für die Vergangenheit in demselben prozentualen Umfang, wie die Mindestlohnsumme unterschritten wird;
2. der Erwerber innerhalb von sieben Jahren (Behaltensfrist) gegen die Behaltensbedingungen entsprechend § 13a Absatz 6 Satz 1 verstößt. ²§ 13a Absatz 6 Satz 2 bis 4 gilt entsprechend;
3. der Erwerber innerhalb von zehn Jahren nach dem Zeitpunkt der Entstehung der Steuer (§ 9) weiteres Vermögen durch Schenkung oder von Todes wegen erhält, das verfügbares Vermögen im Sinne des Absatzes 2 darstellt. ²Der Erwerber kann erneut einen Antrag nach Absatz 1 stellen. ³Das verfügbare Vermögen nach Absatz 2 ist um 50 Prozent des gemeinen Werts des weiteren erworbenen Vermögens zu erhöhen.

²Der Verwaltungsakt nach Absatz 1 Satz 1 steht unter dem Vorbehalt des Widerrufs (§ 120 Absatz 2 Nummer 3 der Abgabenordnung). ³Der Verwaltungsakt über den Erlass nach Absatz 1 Satz 1 ist bei Eintritt der auflösenden Bedingung nach Satz 1 mit Wirkung für die Vergangenheit ganz oder teilweise zu widerrufen; § 131 Absatz 4 der Abgabenordnung gilt entsprechend.

(5) ¹Der Erwerber ist verpflichtet, dem für die Erbschaftsteuer zuständigen Finanzamt innerhalb einer Frist von sechs Monaten nach Ablauf der Lohnsummenfrist das Unterschreiten der Mindestlohnsumme (Absatz 4 Satz 1 Nummer 1) anzuzeigen. ²In den Fällen des Absatzes 4 Satz 1 Nummer 2 und 3 ist der Erwerber verpflichtet, dem für die Erbschaftsteuer zuständigen Finanzamt den entsprechenden Sachverhalt innerhalb einer Frist von einem Monat, nachdem der jeweilige Tatbestand verwirklicht wurde, anzuzeigen. ³Die Anzeige ist eine Steuererklärung im Sinne der Abgabenordnung. ⁴Sie ist schriftlich abzugeben. ⁵Die Anzeige hat auch dann zu erfolgen, wenn der Vorgang nur teilweise zum Widerruf des Verwaltungsaktes nach Absatz 4 führt.

(6) Die Zahlungsverjährungsfrist für die nach Anwendung des Absatzes 1 Satz 1 verbleibende Steuer endet nicht vor dem Ablauf des fünften Jahres, nachdem das für die Erbschaftsteuer zuständige Finanzamt von dem Unterschreiten der Mindestlohnsumme (Absatz 4 Satz 1 Nummer 1) oder dem Verwirklichen eines Tatbestands nach Absatz 4 Satz 1 Nummer 2 und 3 Kenntnis erlangt.

(7) Die Absätze 1 bis 6 gelten in den Fällen des § 1 Absatz 1 Nummer 4 entsprechend.

(8) Die Absätze 1 bis 7 gelten nicht, wenn ein Antrag nach § 13c gestellt wurde.

1 **1. Allgemeines, Aufbau.** Die Vorschrift wurde durch das ErbStAnpG 2016 eingeführt. Das BVerfG (BStBl. II 2015, 50) hatte für die Steuerbefreiung bei sog. „**Großerwerbe**" eine „**Verschonungsbedarfsprüfung**" gefordert. Notwendig waren neben den Voraussetzungen der §§ 13a, 13b weitere Voraussetzungen, um die absolute Höhe der Steuerbefreiung zu rechtfertigen (*Krumm* FR 2015, 481). Somit muss der Erwerber die Hälfte seines Vermögens zur Steuerzahlung aufwenden. Sollte das verfügbare Vermögen nicht ausreichen, kann der Erlass der restlichen Steuer unter Einbehaltung der Behaltensfrist und der Lohnsummenkontrolle beantragt werden.

2 Die Norm besteht aus acht Absätzen. Abs. 1 regelt die erstmalige Verschonungsbedarfsprüfung und Abs. 2 bestimmt das verfügbare Vermögen. Die Abs. 3–6 regeln alternative Stundungsmöglichkeiten. Abs. 7 regelt die Anwendung für die Fälle der Erbersatzsteuer. Abs. 8 regelt den Vorrang des § 13c, sodass sich der Antrag auf Anwendung des Abschmelzungsmodells nach § 13c und der Antrag auf Verschonungsbedarfsprüfung gegenseitig ausschließen (krit. *Herbst* ErbStB 2016, 250 (258)).

3 **2. Verschonungsbedarfsprüfung.** Wird die Grenze von 26 Mio. EUR des § 13a überschritten, ist die Steuer auf das begünstigte Vermögen durch Antrag des Erwerbers zu erlassen, sofern dieser einen Nachweis erbringt, dass er persönlich nicht in der Lage ist, die Steuer aus seinem **verfügbaren Vermögen** zu zahlen. Da das Gesetz den Erwerber als Steuerschuldner ansieht, ist die Verschonungsbedarfsprüfung stets erwerberbezogen und nicht unternehmensbezogen durchzuführen (*Korezkij* DStR 2015, 1337, 1342).

4 Unerlässlich für den Erlass ist ferner die Antragstellung des Erwerbers. Die Antragsbefugnis gilt auch, wenn sich der Übertragende oder ein Dritter zur Steuerzahlung verpflichtet hat (*Kapp/Ebeling/Eisele* Rn. 4).

5 Der Erlass kann von dem Erwerber nicht in Anspruch genommen werden, sofern er begünstigtes Vermögen aufgrund letztwilliger oder rechtsgeschäftlicher Verfügungen des Erblassers oder Schenkers auf einen Dritten übertragen muss (**Weitergabeverpflichtung**). Erlangt der Erbe von einem Dritten im Tausch nicht begünstigtes Vermögen, das er zuvor vom Erblasser erworben hat, erhöht sich der Wert des begünstigten Vermögens beider um den Wert des hingegebenen Vermögens. Dies ist allerdings auf den Wert des übertragenden Vermögens begrenzt (*Troll/Gebel/Jülicher/Gottschalk/Jülicher* Rn. 5).

Erlöschen der Steuer in besonderen Fällen § 29 ErbStG 150

3. Verfügbares Vermögen. Das **verfügbare Vermögen** des Erwerbers ist 50 % der Summe der gemeinen Werte des nichtbegünstigten Vermögens iSd § 13b II, sofern es auf den Erwerber mit der Erbschaft oder Schenkung zugleich übergeht (Bsp. der Steuerberechnung für die Verschonungsbedarfsprüfung s. *Viskorf/Löcherbach/Jehle* DStR 2016, 2425 (2432)). Hierunter fallen nicht zum Betriebsvermögen gehörendes Grundvermögen, Kapitalvermögen und nicht begünstigtes Verwaltungsvermögen (krit. *Herbst* ErbStB 2016, 250, (270)). 6

Verwaltungsvermögen kann durch Besteuerung und Veräußerungszwang ggf. doppelt belastet werden (*Stalleiken* Ubg 2016, 569 (574)). Diese mögliche Doppelbelastung durch die Gleichstellung des erworbenen Vermögens mit dem verfügbaren Vermögen stößt jedoch in der Lit. auf Kritik (s. Kapp/Ebeling/ *Eisele* Rn. 8). Weiterhin ist davon auszugehen, dass sich hieraus **Bewertungsprobleme** bei der Bestimmung des verfügbaren Vermögens ergeben und es einen sehr hohen Aufwand nach sich zieht. 7

Aus **Gestaltungssicht** ergeben sich Möglichkeiten durch die Vermeidung des Hinzuerwerbs verfügbaren Vermögens, die Aufspaltung auf verschiedene Erwerber oder die Trennung des Betriebsvermögens vom Privatvermögen. Bezüglich der verschiedenen Erwerber kommen **minderjährige Kinder, Familienstiftungen, Vor- und Nacherbschaft** sowie **Ausschlagung** (ausf. hierzu Kapp/Ebeling/*Eisele* Rn. 12–15) in Betracht. 8

4. Stundung. Abs. 3 gewährt dem Erwerber aufgrund des Verfehlens der Bedürfnisprüfung die Möglichkeit einer Stundung. Sofern die Voraussetzungen erfüllt sind, kann das Finanzamt nach **Ermessen** die Steuer ganz oder teilweise bis zu sechs Monate stunden. Hierzu muss die Einziehung bei Fälligkeit eine **erhebliche Härte** für den Erwerber darstellen und der Anspruch darf nicht gefährdet erscheinen (vgl. Klein/Rüsken § 222 AO Rn. 16 ff.). 9

Daneben bleiben die Stundungsregelungen des § 222 AO und § 28 bestehen.

5. Erlass unter auflösenden Bedingungen und Vorbehalt des Widerrufs. Der Erlass der Steuer unterliegt verschiedenen **auflösenden Bedingungen** nach Abs. 4 S. 1 und dem Vorbehalt des Widerrufs nach Abs. 4 S. 2, 3. Hierzu muss die Lohnsumme durch die Summe der maßgeblichen jährlichen Lohnsummen innerhalb der Lohnsummenfrist (sieben Jahre nach Erwerb) unterschritten werden; im Übrigen darf der Erwerber innerhalb von 7 Jahren nicht gegen die Behaltensbedingungen des § 13a VI 1 verstoßen. Bei Eintritt der auflösenden Bedingung ist der Erlass unter Anwendung des **§ 131 IV AO** zu widerrufen. Der Widerrufsvorbehalt erfolgt kraft Gesetzes, da es sich um eine **unselbständige Nebenbestimmung** handelt. 10

6. Anzeigepflicht. Nach Abs. 5 ist der Erwerber verpflichtet, den Eintritt einer der auflösenden Bedingungen dem Finanzamt anzuzeigen. Dies hat bei Nachsteuertatbeständen der **Lohnsummenverfehlung** innerhalb von **sechs Monaten** zu erfolgen, bei der Veräußerung und dem Erwerb **weiteren verfügbaren Vermögens** innerhalb **eines Monats** nach Tatbestandsverwirklichung. Nach S. 2, 3 gilt die Anzeige als Steuererklärung iSd AO und muss schriftlich abgegeben werden (Troll/Gebel/Jülicher/ Gottschalk/*Jülicher* Rn. 31). 11

7. Zahlungsverjährungsfrist. Die Zahlungsverjährungsfrist für die Verschonungsbedarfsprüfung ergibt sich aus Abs. 6 und endet **nicht vor Ablauf des fünften Jahres,** nachdem das für die Erbschaftsteuer zuständige Finanzamt **Kenntnis** von der Verwirklichung eines Verstoßes erlangt hat (Kapp/Ebeling/ *Eisele* Rn. 22). 12

8. Familienstiftungen und -vereine. Da bei Familienstiftungen und -vereinen die **Ersatzerbschaftsteuer** erhoben wird, kann von der Stiftung nach Abs. 7 der **Antrag** auf Verschonungsbedarfsprüfung gestellt werden (Wilms/Jochum/*Jochum* Rn. 81). 13

9. Ausschluss. Grds. besteht ein Wahlrecht für den Erwerb von begünstigtem Vermögen von 26 bis 90 Mio. EUR zwischen dem Erlass mit Verschonungsbedarfsprüfung nach § 28a und dem Abschmelzmodell nach § 13c. Sollte ein Antrag nach § 13c gestellt sein, ist der Antrag nach § 28a ausgeschlossen, sodass eine vorherige Prüfung ratsam ist (*Riegel/Heynen* BB 2017, 23 (30)). 14

Umgekehrt ist jedoch ein Wechsel von dem Antrag des § 28a auf den § 13c möglich, ggf. ist eine Günstigerprüfung durchzuführen. 15

§ 29 Erlöschen der Steuer in besonderen Fällen

(1) Die Steuer erlischt mit Wirkung für die Vergangenheit,
1. soweit ein Geschenk wegen eines Rückforderungsrechts herausgegeben werden mußte;
2. soweit die Herausgabe gemäß § 528 Abs. 1 Satz 2 des Bürgerlichen Gesetzbuchs abgewendet worden ist;
3. soweit in den Fällen des § 5 Abs. 2 unentgeltliche Zuwendungen auf die Ausgleichsforderung angerechnet worden sind (§ 1380 Abs. 1 des Bürgerlichen Gesetzbuchs). Entsprechendes gilt, wenn unentgeltliche Zuwendungen bei der Berechnung des nach § 5 Abs. 1 steuerfreien Betrags berücksichtigt werden;
4. soweit Vermögensgegenstände, die von Todes wegen (§ 3) oder durch Schenkung unter Lebenden (§ 7) erworben worden sind, innerhalb von 24 Monaten nach dem Zeitpunkt der Entstehung der Steuer (§ 9) dem Bund, einem Land, einer inländischen Gemeinde (Gemeindeverband) oder einer

inländischen Stiftung zugewendet werden, die nach der Satzung, dem Stiftungsgeschäft oder der sonstigen Verfassung und nach ihrer tatsächlichen Geschäftsführung ausschließlich und unmittelbar als gemeinnützig anzuerkennenden steuerbegünstigten Zwecken im Sinne der §§ 52 bis 54 der Abgabenordnung mit Ausnahme der Zwecke, die nach § 52 Abs. 2 Nr. 23 der Abgabenordnung gemeinnützig sind, dient. ²Dies gilt nicht, wenn die Stiftung Leistungen im Sinne des § 58 Nr. 5 der Abgabenordnung an den Erwerber oder seine nächsten Angehörigen zu erbringen hat oder soweit für die Zuwendung die Vergünstigung nach § 10b des Einkommensteuergesetzes, § 9 Abs. 1 Nr. 2 des Körperschaftsteuergesetzes oder § 9 Nr. 5 des Gewerbesteuergesetzes in Anspruch genommen wird. ³Für das Jahr der Zuwendung ist bei der Einkommensteuer oder Körperschaftsteuer und bei der Gewerbesteuer unwiderruflich zu erklären, in welcher Höhe die Zuwendung als Spende zu berücksichtigen ist. ⁴Die Erklärung ist für die Festsetzung der Erbschaftsteuer oder Schenkungsteuer bindend.

(2) Der Erwerber ist für den Zeitraum, für den ihm die Nutzungen des zugewendeten Vermögens zugestanden haben, wie ein Nießbraucher zu behandeln.

1   1. **Erlöschen der Steuer.** Die Vorschrift enthält inzident das Grundprinzip, dass Rückschenkungen steuerpflichtig sind; der Rückfall des Vermögens ist nur bei einem **Erwerb von Todes** wegen im Fall des § 13 I Nr. 10 steuerfrei gestellt. Nach der Regelung erlischt die festgesetzte Steuer nur dann mit Wirkung für die Vergangenheit, soweit die Rückgabe des erworbenen Gegenstandes im Vorliegen einer der Varianten des Abs. 1 erfolgt. Ist ein Steuerbescheid ergangen, erfolgt die Änderung nach § 175 I 1 Nr. 2 AO; nur die zwischenzeitlich gezogene Nutzung wird nach Abs. 2 besteuert. Mit der tatsächlichen Herausgabe des Geschenks erlischt die Steuer, wobei die Herausgabe nicht unbedingt an den Schenker erfolgen muss. Entscheidend ist, dass das Geschenk nicht beim Empfänger verbleibt (Meincke/Hannes/Holtz Rn. 6); dies hat der BFH im Falle der Rückforderung eines Nacherben wegen beeinträchtigender Verfügungen des Vorerben (§ 2113 BGB) bestätigt (BFH/NV 2001, 39).

2   2. **Herausgabe eines Geschenks wegen Rückforderungsrecht.** Rückforderungsrechte iSd Abs. 1 Nr. 1 können sich aus den Vorschriften des BGB, insbes. des Schenkungsrechts, und aus den allgemeinen zivilrechtlichen Bestimmungen oder aus vertraglichen Vereinbarungen ergeben. Der Beschenkte darf den Gegenstand jedoch nicht aus freien Stücken herausgeben, sondern muss aufgrund einer **rechtlichen Regelung dazu verpflichtet** sein. Bei einer vertraglichen Regelung muss die Möglichkeit der Rückforderung jedoch bereits bei Vertragsabschluss vereinbart worden sein; eine nachträgliche Vereinbarung eines Widerrufs oder Rücktritts reicht nicht aus (FG Nürnberg DStRE 2004, 1466). **Die Gründe des Zuwendenden**, ein Widerrufs- oder Rückforderungsrecht für bestimmte Fälle zu vereinbaren, sind für die Anwendung des § 29 **ohne Bedeutung** (*Carlé* ErbStB 2006, 72). Auch bei einer Schenkung auf den Todesfall iSd § 3 I Nr. 2 kann ein Widerruf vorbehalten sein (Meincke/Hannes/Holtz Rn. 5).

3   **Rückforderungsrechte** bestehen etwa bei Anfechtungen wegen Irrtums oder arglistiger Täuschung (§§ 119, 123 BGB), der Nichterfüllung einer Auflage (§ 527 BGB), bei Verarmung des Schenkers (§ 528 BGB) und bei grobem Undank des Beschenkten (§ 530 BGB); vgl. (Kapp/Ebeling/*Geck* Rn. 7–20). Die die Rechte des Nacherben beeinträchtigenden Schenkungen iSd §§ 2113f. BGB begründen ein gesetzliches Rückforderungsrecht (vgl. dazu BFH BFH/NV 2001, 39). Werden Pflichtteilsergänzungsansprüche (§ 2325 BGB) von dem Beschenkten durch Zahlung an den Pflichtteilsberechtigten gem. § 2329 II BGB abgewendet, ist § 29 nicht anwendbar; die Kosten können nur als Nachlassverbindlichkeiten (§ 10 V Nr. 2) geltend gemacht werden (BFH BStBl. II 2004, 234).

4   3. **Rückforderungsrecht bei vertraglicher Vereinbarung, Widerrufsvorbehalt.** Die Vorschrift wird auch auf die Schenkung unter **freiem Widerrufsvorbehalt** angewendet; obwohl nach hM im Zivilrecht im Falle des Widerrufsvorbehalts noch keine endgültige Bereicherung des Beschenkten eingetreten ist (MüKoBGB/*Koch* § 516 Rn. 13), gilt steuerlich die Schenkung **trotz des Vorbehalts** bereits als vollzogen (BFH BStBl. II 1989, 1034); nach Auffassung der FinVw soll jedoch eine Begünstigung für den Erwerb von mitunternehmerischen Betriebsvermögen bei einem freien Widerrufsvorbehalt nicht gewährt werden (H 51 I ErbStR zur alten Gesetzesfassung, wohl auch entsprechend für §§ 13a, 13b, 13c, 19a, da wegen des Widerrufsvorbehaltes die Mitunternehmerstellung nicht übergegangen ist; aA zB Kapp/Ebeling/*Geck* Rn. 31). Selbst für den Fall, dass bei einer Grundstücksübertragung eine Rückauflassungsvormerkung im Grundbuch eingetragen wurde oder eine unwiderrufliche Vollmacht zur Rückauflassung des Schenkungsgegenstandes erteilt ist, ist die Schenkung vollzogen mit der Folge der Anwendung des § 29 (OFD München MittBayNot 1994, 87ff.).

5   An Stelle eines Widerrufs- oder eines Rücktrittsrechts kann der Schenkungsvertrag auch unter einer **auflösenden Bedingung** geschlossen werden; mit Bedingungseintritt entfällt die Schenkung, ohne dass es einer zusätzlichen Erklärung bedarf. Auch dingliche Rechtsgeschäfte können unter einer auflösenden Bedingung erfolgen (mit Ausnahme der Auflassung von Grundstücken, die nach § 925 II BGB bedingungsfeindlich ist). Die Steuerfestsetzung ist auf Antrag aufzuheben oder zu ändern; der Antrag ist innerhalb der Festsetzungsfrist (§ 169 II 1 Nr. 2 AO) zu stellen; diese beginnt mit Ablauf des Kalenderjahrs, in dem das Ereignis eingetreten ist (§ 175 I 2 AO).

6   4. **Rückforderungsrecht aufgrund Störung der Geschäftsgrundlage.** Das Erlöschen der Steuer mit Wirkung für das Erbschaft- und Schenkungsteuerrecht kann sich unmittelbar aus der gesetzlichen Regelung des § 313 BGB ergeben (*Ebeling* DB 2002, 553). § 313 BGB regelt die **Störung der Geschäfts-**

grundlage von **Schuldverhältnissen** und deren zivilrechtliche Folgen und stellt die Kodifizierung der von der Zivilrechtsprechung entwickelten Grundsätze zum Wegfall der Geschäftsgrundlage dar. Haben sich die Umstände des Vertrages schwerwiegend verändert und ist es den Parteien nicht zuzumuten, an dem Vertrag festzuhalten, erfolgt eine auch für die Schenkungsteuer maßgebliche Anpassung. Dies gilt auch, wenn sich die Geschäftsgrundlage später als falsch herausgestellt hat. Die Störung der Geschäftsgrundlage führt zur Rückabwicklung der Schenkung unter Anwendung des Abs. 1 Nr. 1 (BFH BStBl. II 1978, 217; Viskorf/Schuck/Wälzholz/*Knobel* Rn. 35).

Die Rückabwicklung von Schenkungen nach § 313 BGB kommt insbes. dann in Betracht, wenn die Schenkung **andere steuerliche Folgen** auslöst, als die Parteien bei Abschluss des Schenkungsvertrages erwartet hatten. Der Irrtum über die Höhe der Schenkungsteuer stellt eine Vertragsgrundlage iSd § 313 BGB dar (FG Rheinland-Pfalz DStRE 2001, 765; *Kamps* FR 2001, 717). Eine beachtliche Vertragsgrundlage liegt aber nur dann vor, wenn im Vertrag oder aus anderen im Zusammenhang mit dem Vertragsabschluss stehenden Umständen erkennbar bestimmte Vorstellungen in Bezug auf die Steuerbarkeit oder die konkrete Steuerhöhe zutage getreten sind, die von der späteren tatsächlichen Besteuerung erheblich abweichen (*Wachter* ZEV 2002, 176 (178)). Es obliegt den Steuerpflichtigen, die Tatsachen nachzuweisen, die die Parteien zur Geschäftsgrundlage gemacht haben. Aus diesen Gründen sollten die entsprechenden Vorstellungen der Parteien vertraglich fixiert werden. 7

Besonders im Falle des **Scheiterns einer Ehe** wird nur ausnahmsweise der Wegfall der Geschäftsgrundlage in Betracht kommen. Die Fortführung bzw. der Bestand einer Ehe wird nicht ohne weiteres zur „Geschäftsgrundlage" gemacht werden können; nur bei ehebedingten (unbenannten) Zuwendungen kann im Einzelfall § 29 anwendbar sein (Kapp/Ebeling/*Geck* Rn. 44–49). Auch bei eheähnlichen Lebensgemeinschaften stellt die Fortführung der Gemeinschaft keine Geschäftsgrundlage dar. 8

5. Abwendung der Herausgabe eines Geschenks. Die Steuer erlischt gem. Abs. 1 Nr. 2 mit Wirkung für die Vergangenheit, soweit die Herausgabe gem. § 528 I 2 BGB abgewendet worden ist. Bei der Rückforderung der Schenkung wegen Notbedarfs (§ 528 BGB) kann der Beschenkte die Herausgabe des Geschenks durch eine Zahlung abwenden, die dem Unterhaltsbedarf des Schenkers bzw. der ihm gegenüber Unterhaltsberechtigten entspricht. Die steuerliche Bemessungsgrundlage für die Schenkung vermindert sich in Höhe der Abwendungszahlung nach § 528 I 2 BGB und führt insoweit zum Erlöschen der Steuer nach § 29. Unterhaltsleistungen außerhalb des Notbedarfsfalls sind nicht berücksichtigungsfähig. Zahlungen zur Abwendung anderer Herausgabeansprüche fallen ebenfalls nicht unter die Regelung (str., jedoch Auffassung der Rspr.; so FG München EFG 2001, 843; krit. *Jülicher* ZEV 2001, 428). 9

6. Anrechnung unentgeltlicher Zuwendung zwischen Ehegatten. Abs. 1 Nr. 3 ordnet das Erlöschen festgesetzter Schenkungsteuer für frühere Zuwendungen außerhalb üblicher Gelegenheitsgeschenke unter Ehegatten für den Fall an, dass diese Zuwendungen später auf einen **Zugewinnausgleichsanspruch angerechnet** werden (§ 1380 I BGB). Seinem Wortlaut nach bezieht sich der Anwendungsbereich dieser Vorschrift sowohl auf die Ausgleichsforderung bei Auflösung der Zugewinngemeinschaft oder Beendigung der Gütergemeinschaft bei Ehescheidung als auch auf die Fälle des fiktiven Zugewinnausgleichs nach § 5 I. 10

7. Zuwendungen an Gebietskörperschaften und Stiftungen. Die nach Abs. 1 Nr. 4 bestehende Möglichkeit, innerhalb von 24 Monaten nach Entstehung der Steuer Vermögensgegenstände an inländische Gebietskörperschaften oder inländische gemeinnützige Stiftungen weiterzugeben, dürfte in der Praxis nur eingeschränkte Bedeutung haben; die Befreiung würde einem möglichen Spendenabzug (§ 10b EStG, § 9 I Nr. 2 KStG, § 9 Nr. 5 GewStG) entgegenstehen, der in der Regel **zu einer höheren Steuerersparnis** führt als die Entlastung von der ErbSt (Moench/Weinmann/*Weinmann* Rn. 15). Bei Kunstgegenständen kann die Möglichkeit der Hingabe von Gegenständen **an Zahlungs** statt gem. § 224a AO zu einem günstigeren steuerlichen Ergebnis führen (Kapp/Ebeling/*Geck* Rn. 59.6; die Eigentumsübertragung ist keine Veräußerung iSd § 13 I Nr. 2 S. 2). In dem Gesetz vorgesehene Möglichkeit zur Weitergabe der erworbenen Vermögensgegenstände an inländische Gebietskörperschaften oder inländische gemeinnützige Stiftungen erfasst nicht deren Surrogate (str.; aA zB Troll/Gebel/Jülicher/Gottschalk/*Jülicher* Rn. 106). Nach Abs. 1 Nr. 4 S. 3 u. 4 besteht die Verpflichtung, für das Jahr der Zuwendung bei der Ertragsteuer eine **unwiderrufliche Erklärung** zur Höhe der geltend gemachten Spende abzugeben, die bei der Veranlagung zur Erbschaft- oder Schenkungsteuer bindend ist und der Kontrolle des Erlöschenstatbestandes dient. 11

Die der gemeinnützigen Stiftung oder inländischen Gebietskörperschaft zu übertragenden Gegenstände müssen vom Empfänger **nicht unmittelbar** begünstigten Zwecken zugeführt werden; die Stiftung kann die Gegenstände auch dem wirtschaftlichen Geschäftsbetrieb zuführen (*Thiel/Eversberg* DB 1991, 125). 12

Bei der Übertragung von Vermögensgegenständen an inländische gemeinnützige Stiftungen besteht jedoch eine Ausnahme, wenn die Stiftung Leistungen iSd § 58 Nr. 5 AO erbringt. Die nach der AO bestehende Möglichkeit, ein Drittel des Stiftungseinkommens zum angemessenen Unterhalt des Stifter und seiner nächsten Angehörigen zu verwenden, **steht der Befreiung** nach Abs. 1 Nr. 4 **entgegen** (dazu *Kirchhain* ZErb 2006, 413). Zur Vermeidung der Nachteile wird empfohlen, zwei Stiftungen zu errichten, von denen lediglich eine Stiftung Leistungen iSd § 58 Nr. 5 AO erbringt. 13

8. Steuerpflicht zwischenzeitlicher Nutzungen. Eine zwischenzeitliche Nutzung der Vermögensgegenstände wird nach Abs. 2 als selbständiger steuerlicher Erwerb besteuert, der an die Stelle der ur- 14 sprünglichen Schenkung tritt; die dem Beschenkten verbleibende Bereicherung wird **wie ein Nießbrauch** erfasst.

15 Der „faktische" Nießbrauch führt ertragsteuerlich dazu, dass der Erwerber die Nutzungsvorteile zu versteuern hat. Erfasst der Umfang der Herausgabepflicht nach § 818 I BGB auch die gezogenen Nutzungen, scheidet die Anwendung des Abs. 2 aus.

§ 30 Anzeige des Erwerbs

(1) Jeder der Erbschaftsteuer unterliegende Erwerb (§ 1) ist vom Erwerber, bei einer Zweckzuwendung vom Beschwerten binnen einer Frist von drei Monaten nach erlangter Kenntnis von dem Anfall oder von dem Eintritt der Verpflichtung dem für die Verwaltung der Erbschaftsteuer zuständigen Finanzamt schriftlich anzuzeigen.

(2) Erfolgt der steuerpflichtige Erwerb durch ein Rechtsgeschäft unter Lebenden, ist zur Anzeige auch derjenige verpflichtet, aus dessen Vermögen der Erwerb stammt.

(3) ¹Einer Anzeige bedarf es nicht, wenn der Erwerb auf einer von einem deutschen Gericht, einem deutschen Notar oder einem deutschen Konsul eröffneten Verfügung von Todes wegen beruht und sich aus der Verfügung das Verhältnis des Erwerbers zum Erblasser unzweifelhaft ergibt; das gilt nicht, wenn zum Erwerb Grundbesitz, Betriebsvermögen, Anteile an Kapitalgesellschaften, die nicht der Anzeigepflicht nach § 33 unterliegen, oder Auslandsvermögen gehört. ²Einer Anzeige bedarf es auch nicht, wenn eine Schenkung unter Lebenden oder eine Zweckzuwendung gerichtlich oder notariell beurkundet ist.

(4) Die Anzeige soll folgende Angaben enthalten:
1. Vorname und Familienname, Identifikationsnummer (§ 139b der Abgabenordnung), Beruf, Wohnung des Erblassers oder Schenkers und des Erwerbers;
2. Todestag und Sterbeort des Erblassers oder Zeitpunkt der Ausführung der Schenkung;
3. Gegenstand und Wert des Erwerbs;
4. Rechtsgrund des Erwerbs wie gesetzliche Erbfolge, Vermächtnis, Ausstattung;
5. persönliches Verhältnis des Erwerbers zum Erblasser oder zum Schenker wie Verwandtschaft, Schwägerschaft, Dienstverhältnis;
6. frühere Zuwendungen des Erblassers oder Schenkers an den Erwerber nach Art, Wert und Zeitpunkt der einzelnen Zuwendung.

R E 30: Anzeigepflicht des Erwerbers

1 **1. Anzeigepflicht des Erwerbers und Beschwerten.** Die Anzeigepflichten von Erwerber, Beschenktem und Schenker sind darauf zurückzuführen, dass für die Erbschaftsteuer **keine allgemeine Steuererklärungspflicht** gilt; nur durch eine weitgefasste Anzeigepflicht (§§ 33, 34 ErbStG; §§ 1–10 ErbStDV) können die Finanzverwaltungen ihren Aufgaben im Bereich der Besteuerung von Erbschaften und Schenkungen nachkommen. Die weitreichende Verpflichtung zur Anzeige wird durch das **Opportunitätsprinzip** begrenzt; nicht jedwedes Gelegenheitsgeschenk ist anzeigepflichtig (Meincke/Hannes/Holtz Rn. 7; aA zB Christoffel/Geckle/Pahlke/*Pahlke* ErbStG 2002, Rn. 7).

2 Der Erwerber ist innerhalb von drei Monaten nach Kenntnis des Anfalls des Erwerbs verpflichtet, der zuständigen FinVw den Erwerb schriftlich anzuzeigen. Die Berufung auf einen Irrtum über die Anzeigepflicht kommt nicht in Betracht (Fischer/Pahlke/Wachter/*Pahlke* Rn. 23); auch kommt es nicht auf das Wissen des Anzeigeverpflichteten über seine bestehende Pflicht an (Christoffel/Geckle/Pahlke/*Pahlke*, ErbStG 2002, Rn. 2 mit Hinweis auf BFH BStBl. II 1992, 680). Gesetzliche Vertreter, Vermögensverwalter, Verfügungsberechtigte (vgl. §§ 34, 35 AO) sind ebenfalls anzeigepflichtig.

3 Die Anzeigepflicht entsteht bei **positiver Kenntnis** des Erwerbers, wonach dieser zuverlässig über die Umstände seines Erwerbes Kenntnis erlangt. In Erbfällen liegt die Kenntnis mit Testamentseröffnung vor (BFH BStBl. II 1982, 276), bei gesetzlicher Erbfolge und unklaren Verhältnissen kommt es auf die Erteilung des Erbscheins an (BFH BFH/NV 1990, 444). Im Schenkungsfall liegt insbes. dann keine positive Kenntnis vor, wenn der Erwerber den Erwerb für entgeltlich hält, während die FinVw aufgrund einer Wertdifferenz zwischen dem Vermögensgegenstand und der Gegenleistung von einer teilweise unentgeltlichen Zuwendung ausgeht.

4 **2. Anzeigepflicht des Schenkers, Wegfall der Anzeigepflicht.** Der Schenker, der in den meisten Fällen nicht von einer Anzeigepflicht ausgeht, ist nach Abs. 2 wegen der Gesamtschuldnerschaft trotzdem anzeigepflichtig. Kommt der Beschenkte der Anzeigepflicht nach, entfällt die Verpflichtung seitens des Schenkers; dies gilt jedoch nur, wenn er tatsächlich Kenntnis von der vorgenommenen Anzeige des Beschenkten hat.

5 Nur der Erwerb, bei dem zweifelsfrei feststeht, dass eine Steuerpflicht bzw. Steuerzahlungspflicht nicht besteht, ist **nicht anzeigepflichtig** (Troll/Gebel/Jülicher/Gottschalk/*Jülicher* Rn. 6). Steht einwandfrei und klar fest, dass der Erwerb weder gegenwärtig eine Steuerpflicht auslösen kann noch als Vorerwerb iSd § 14 bedeutsam werden kann, besteht keine Pflicht zur Anzeige. Ist jedoch die Möglichkeit einer Steuerpflicht nicht ausgeschlossen, reicht dies für die Anzeigepflicht aus (BFH BStBl. III 1951, 209). Eine Anzeigepflicht **entfällt** auch in den Fällen, in denen der FinVw der Inhalt der Anzeige bereits bekannt ist oder anderweitig sichergestellt wurde, dass das Finanzamt aus anderen Quellen unter-

Anzeige des Erwerbs **§ 30 ErbStG 150**

richtet wird (BFH BFH/NV 2005, 406; Troll/Gebel/Jülicher/Gottschalk/*Jülicher* Rn. 19). Die Verpflichtung zur Anzeige gilt außerdem auch für deutsche Gerichte, Notare oder durch Konsule eröffnete letztwillige Verfügungen; bei Erwerb von Grundbesitz, Betriebsvermögen, Anteilen an Kapitalgesellschaften, die nicht unter die Anzeigepflicht nach § 33 fallen, oder Auslandsvermögen bleibt die Anzeigepflicht für Erwerbsfälle auch dann bestehen, wenn sie auf einer amtlich eröffneten Verfügung von Todes wegen beruhen (Abs. 3).

3. Unzutreffende Anzeige, keine weitere Anzeigepflicht. Ist die Anzeige eines Dritten (etwa eines 6 Nachlassgerichtes) wegen eines objektiv zu geringen Erwerbs unzutreffend, besteht **keine Anzeigeverpflichtung des Erwerbers**, auch wenn nachträglich Nachlassvermögen von erheblichem Wert auftaucht (BFH ZEV 2002, 249). Dies gilt jedoch nicht in Fällen, wenn zum Erwerb Grundbesitz, Betriebsvermögen, Anteile an Kapitalgesellschaften oder Auslandsvermögen gehört (Abs. 3 S. 1 Hs. 2). Erhält die zuständige FinVw auf andere Weise (etwa durch die Steuererklärung eines weiteren Beteiligten) Informationen über den Erwerb, ist eine Anzeige des Erwerbers nicht erforderlich (BFH BStBl. II 1997, 11); nach den Urteilen der FG reicht zT die Offenlegung des Verhältnisses zwischen Erwerber und Erblasser (FG Baden-Württemberg EFG 2000, 1021) oder die Anzeige des Gerichts über die Testamentseröffnung und die Erteilung eines Erbscheins (FG Münster EFG 2003, 593) aus. Richtigerweise wird darauf abzustellen sein, ob die zuständige FinVw in der Lage ist, **die Entstehung einer Erbschaftsteuer** zu prüfen. Dies führt in der Regel zur Aufforderung, eine Erbschaftsteuererklärung abzugeben.

4. Adressat und Form der Anzeige, Rechtsfolge der Verletzung der Anzeigepflicht. Die Anzeige hat 7 an das **für die Erbschaft zuständige Finanzamt** zu erfolgen; nicht ausreichend ist die Kenntnis einer organisatorisch nicht zuständigen Dienststelle. Ausnahmsweise wird die Kenntnis anderer Dienststellen der zuständigen FinVw zugerechnet, wenn einer nicht zuständigen Dienststelle ausdrücklich mitgeteilt wurde, den Vorgang unter schenkungsteuerlicher Sicht zu prüfen und die Informationen an die organisatorisch zuständige Dienststelle weiterzuleiten (BFH BStBl. II 2003, 739).

Die Anzeige kann **formlos** erfolgen (nach Moench/Weinmann/*Kien-Hümbert* Rn. 9 in einfacher 8 Schriftform). In Abs. 4 ist der Sollinhalt der Anzeige beschrieben, wobei insbes. die Anforderung bzgl. der Angaben zum Wert des Erwerbs nur begrenzt ist, da die FinVw eine eigene Wertermittlung vornimmt. Es besteht die Möglichkeit, auf die der FinVw bereits vorliegenden Angaben hinzuweisen. Der Umfang der Anzeige soll nur dem zuständigen Finanzamt den Steuerfall zur Kenntnis bringen und die Prüfung einleiten, ob ein steuerpflichtiger Vorgang vorliegt (BFH BStBl. II 1997, 73); eine unmittelbare Festsetzung kann auf den Umfang der Anzeige nicht gestützt werden (FG Niedersachsen EFG 1992, 112).

Wird gegen die Anzeigeverpflichtung verstoßen, kann im Einzelfall der Tatbestand einer Steuerhinter- 9 ziehung oder leichtfertigen Steuerverkürzung gegeben sein, wenn wegen einer unterlassenen Anzeige die Steuer nicht oder nicht rechtzeitig festgesetzt wird.

5. Festsetzungsverjährung, An- und Ablaufhemmung. Die **Festsetzungsfrist** für die Erbschaft- und 10 Schenkungsteuer beträgt vier Jahre (im Falle der Steuerhinterziehung zehn Jahre, bei leichtfertiger Steuerverkürzung fünf Jahre, § 169 AO). Die **Frist beginnt mit Abgabe** der Steuererklärung (§ 31 I) oder Anzeige (§ 30), bei Erwerben von Todes wegen spätestens jedoch mit Ablauf des dritten Kalenderjahres (**Anlaufhemmung** nach § 170 II 1 Nr. 1 AO; ausf. *Demme* ZEV 2008, 222). Liegt eine ordnungsgemäße Anzeige des Erwerbs vor oder fordert das Finanzamt zur Einreichung der Erbschaftsteuererklärung auf, beginnt die Frist mit Ablauf des Kalenderjahres, in dem die Anzeige eingeht oder die Aufforderung erfolgt (BFH, BStBl. II 1993, 580). Die Festsetzungsfrist beginnt bei Erwerben von Todes wegen nicht vor Ablauf des Kalenderjahres, in dem der Erwerber Kenntnis von dem Erwerb erlangt hat (§ 170 V Nr. 1 AO).

Der Anlauf der Festsetzungsfrist ist auch ohne Vorliegen einer ordnungsgemäßen Anzeige des Er- 11 werbs nach Abs. 1 dann nicht gehemmt, wenn der FinVw aus anderen Gründen die Umstände bekannt geworden sind, die für die Prüfung eines steuerbaren Vorganges und einzelner einzuleitender Besteuerungsverfahren benötigt werden (Kapp/Ebeling/*Eisele* Rn. 14; BFH BStBl. II 1997, 11).

Bei einer Schenkung beginnt die Festsetzungsfrist nicht vor Ablauf des Kalenderjahres, in dem die Fi- 12 nanzbehörde, die für die Verwaltung der Schenkungsteuer zuständig ist, **von der vollzogenen Schenkung Kenntnis** erlangt hat oder der Schenker verstorben ist (§ 170 V Nr. 2 AO). Dies ist in der Regel gegeben, sobald die Urkunden über die betreffenden Vorgänge oder eine Schenkungsteuererklärung eingereicht wurden oder eine Kontrollmitteilung etwa über eine Außenprüfung zugegangen ist (FG Hessen ErbStB 2007, 131). Nur die positive Kenntnis, nicht jedoch die einfache Kenntnis über Umstände, die erst aufgrund weiterer Ermittlungen die Prüfung eines steuerpflichtigen Vorganges ermöglichen, setzen die Festsetzungsfrist in Gang. Bedarf die Schenkung einer Genehmigung, muss die FinVw Kenntnis über die Genehmigung haben (BFH BStBl. II 1998, 647).

§ 170 II 1 Nr. 1 AO ergänzt die Anlaufhemmung des § 170 V Nr. 2 AO; die Anforderung der Steuer- 13 erklärung verschiebt den Beginn der Festsetzungsfrist weiter (stRspr; zuletzt BFH BFH/NV 2007, 852). Jedoch erfolgt für den Fall, dass die FinVw von einem vollzogenen Erwerb Kenntnis erlangt und zur Abgabe einer Schenkungsteuererklärung auffordert, keine weitere Hemmung der Festsetzungsfrist nach § 170 II 1 Nr. 1 (BFH ZEV 2007, 547; das Urteil steht im Widerspruch zu der bisherigen Rspr.).

In Fällen, in denen Steuervergünstigungen gewährt werden, die die Einhaltung bestimmter Kriterien 14 (zB Lohnsumme, keine schädliche Verfügung nach § 13b V etc) voraussetzen, müssen die Anzeigepflich-

150 ErbStG § 31   Abschnitt 4. Steuerfestsetzung und Erhebung

ten mittels **Steuererklärung** erfolgen; die Voraussetzungen sind iE in den Vergünstigungsvorschriften geregelt. Erfolgt die Anzeige (die Anzeige steht einer Steuererklärung gleich) nicht, bestimmen sich die Fristen (dreijährige Anlaufhemmung für den Beginn der Festsetzungsfrist, Festsetzungsfrist von vier, fünf oder zehn Jahren unter Beachtung von Ablaufhemmungen) für die Vorwerfbarkeit und erhöhte Steuerfestsetzung nach den allgemeinen Vorschriften der AO.

15   Nach § 171 XII AO besteht eine Ablaufhemmung für die ErbSt, wenn eine Prüfung eines erbschaftsteuerrelevanten Vorganges erfolgt. Wegen der nach Erlass des ErbStRG verstärkten Überprüfung durch die zuständige FinVw für den Fall der Gewährung von Vergünstigung wird die Ablaufhemmung nach § 171 XII deutlich stärkere Relevanz erfahren.

§ 31 Steuererklärung

(1) ¹Das Finanzamt kann von jedem an einem Erbfall, an einer Schenkung oder an einer Zweckzuwendung Beteiligten ohne Rücksicht darauf, ob er selbst steuerpflichtig ist, die Abgabe einer Erklärung innerhalb einer von ihm zu bestimmenden Frist verlangen. ²Die Frist muß mindestens einen Monat betragen.

(2) Die Erklärung hat ein Verzeichnis der zum Nachlaß gehörenden Gegenstände und die sonstigen für die Feststellung des Gegenstands und des Werts des Erwerbs erforderlichen Angaben zu enthalten.

(3) In den Fällen der fortgesetzten Gütergemeinschaft kann das Finanzamt die Steuererklärung allein von dem überlebenden Ehegatten oder dem überlebenden Lebenspartner verlangen.

(4) ¹Sind mehrere Erben vorhanden, sind sie berechtigt, die Steuererklärung gemeinsam abzugeben. ²In diesem Fall ist die Steuererklärung von allen Beteiligten zu unterschreiben. ³Sind an dem Erbfall außer den Erben noch weitere Personen beteiligt, können diese im Einverständnis mit den Erben in die gemeinsame Steuererklärung einbezogen werden.

(5) ¹Ist ein Testamentsvollstrecker oder Nachlaßverwalter vorhanden, ist die Steuererklärung von diesem abzugeben. ²Das Finanzamt kann verlangen, daß die Steuererklärung auch von einem oder mehreren Erben mitunterschrieben wird.

(6) Ist ein Nachlaßpfleger bestellt, ist dieser zur Abgabe der Steuererklärung verpflichtet.

(7) ¹Das Finanzamt kann verlangen, daß eine Steuererklärung auf einem Vordruck nach amtlich bestimmtem Muster abzugeben ist, in der der Steuerschuldner die Steuer selbst zu berechnen hat. ²Der Steuerschuldner hat die selbst berechnete Steuer innerhalb eines Monats nach Abgabe der Steuererklärung zu entrichten.

Erbschaftsteuer-Richtlinien
R E 31:   Steuererklärung (unbesetzt)/H E 31

1   **1. Steuererklärungspflicht.** Für Personen, die an einem dem ErbStG unterliegenden Sachverhalt beteiligt sind, besteht die Pflicht zur Abgabe einer Steuererklärung (§ 31); der Inhalt einer Steuererklärung muss dem Finanzamt die **Möglichkeit** eröffnen, die Erbschaftsteuer zutreffend festzusetzen. Die Erklärung muss auf einem **amtlichen Vordruck** erfolgen. Mit der Abgabe einer Steuererklärung wird die Anzeigeverpflichtung (§ 30) ersetzt, auch wenn Anzeige und Erklärung selbständig nebeneinander stehen.

2   Das Finanzamt kann von jedem der Beteiligten die Abgabe einer Steuererklärung verlangen. Neben dem Erben kann die FinVw auch von dem Vermächtnisnehmer, einem Pflichtteilsberechtigten, einem Schenker oder bei Zweckzuwendungen vom Beschwerten oder Begünstigten die Abgabe der Erklärung verlangen. Sind mehrere Erwerber vorhanden, ist wegen der Konzeption der ErbSt als Erbanfallsteuer jeder nur hinsichtlich seines Erwerbs erklärungspflichtig (BFH BFH/NV 1999, 1341).

3   **2. Erklärungsfrist, Folge der Fristversäumung.** Die Frist zur Abgabe der Steuererklärung nach Aufforderung durch das zuständige Finanzamt beträgt ein **Monat** und kann nach § 109 I AO verlängert werden. Im Falle der Nichtabgabe kann die FinVw die allgemeinen Zwangsmittel einsetzen (etwa Androhung und Festsetzung eines Zwangsgeldes etc); nach § 162 AO kann das Finanzamt die Besteuerungsgrundlagen schätzen oder einen Verspätungszuschlag (§ 152 AO) festsetzen. Obwohl der zeitliche Abstand zwischen Entstehung und Fälligkeit der ErbSt regelmäßig groß ist, gilt für die Steuer die **Vollverzinsung nach § 233a AO** nicht. Weder die späte Entrichtung noch die Erstattung zu viel gezahlter ErbSt führt deshalb zu Erstattungszinsen. Die weiteren abgabenrechtlichen Zinsen (etwa Stundungszinsen nach § 234 AO, Hinterziehungszinsen nach § 235 AO) sind aber für die ErbSt anwendbar.

4   **3. Inhalt der Steuererklärung.** Der Erklärung ist ein Verzeichnis der Nachlassgegenstände neben den für die Wertfeststellung der Gegenstände erforderlichen Angaben beizufügen (Abs. 2); die Vorschrift berücksichtigt das Interesse der FinVw, dass neben den Nachlassgegenständen auch **außerhalb des Nachlasses angefallene Vermögensgegenstände** getrennt nach Vermögensarten mit dem Wert zum Todestag oder Übertragungstag abgefragt werden. Zusätzlich zu den Angaben zum Vermögen werden Mitteilungen zur Person des Erblassers, des Erwerbers, zu den Nachlassverbindlichkeiten und möglichen Vorschenkungen verlangt. Anträge können bereits in der Steuererklärung gestellt werden. Die Erklärung hat nach bestem Wissen und Gewissen zu erfolgen.

4. Erklärungspflicht bei fortgesetzter Gütergemeinschaft, für mehrere Erben. Im Falle einer fortgesetzten Gütergemeinschaft kann das Finanzamt allein den überlebenden Ehegatten zur Abgabe einer Steuererklärung auffordern. Nach Abs. 4 können mehrere Erben eine gemeinsame Steuererklärung abgeben (H E 31 ErbStR). Pflichtteilsberechtigte und weitere Nichterben können im Falle des Einverständnisses der Erben in eine gemeinsame Steuererklärung einbezogen werden. Das Einverständnis der Erben besteht in dem Fall nicht, wenn damit zugleich den Nichterben der genaue Umfang und die Zusammensetzung des Nachlasses offen gelegt werden würde.

5. Erklärungspflicht von Testamentsvollstreckern, Nachlassverwaltern und -pflegern. Nach Abs. 5 u. 6 sind im Falle der Testamentsvollstreckung, Nachlassverwaltung oder Nachlasspflegschaft Sonderregelungen für die Abgabe der Steuererklärung vorgesehen. Der **Testamentsvollstrecker** ist abweichend vom bürgerlichen Recht zur Abgabe der Erbschaftsteuererklärung verpflichtet; er handelt zwar nicht als unabhängiger Dritter, sondern „für den selbständig gedachten Nachlass mit Wirkung für und gegen die Erben und ist insoweit **einem gesetzlichen Vertreter der Erben gleichzustellen**" (BFH BStBl. II 2000, 233). Das Finanzamt kann verlangen, dass die Erben die Erklärung mit unterschreiben. Die Verpflichtung der Erben im Falle der Abgabe der Erbschaftsteuererklärung durch den Testamentsvollstrecker, bei Kenntnis einer Unrichtigkeit die Erklärung zu berichtigen, bleibt bestehen (zur strafrechtlichen Beurteilung BGH ZEV 2008, 104). Die Verpflichtung des Testamentsvollstreckers zur Abgabe der Steuererklärung verdrängt nicht die eigene Verpflichtung der Erben (BFH BStBl. II 2000, 233). **Höchstpersönliche Wahlrechte** wie Versteuerung der Rente nach § 23, Antrag auf Stundung, Antrag auf Besteuerung nach dem Verhältnis eines Nacherben zum Erblasser gem. § 6 II 2 können nicht von dem Testamentsvollstrecker geltend gemacht werden.

Gibt der Testamentsvollstrecker die Erbschaftsteuererklärung ab, kann der Bescheid an ihn bekannt gegeben werden (BFH BStBl. II 1991, 52). Das Recht, Rechtsbehelfe einzulegen, steht jedoch als höchstpersönliches Recht nur den Erben zu (BFH BStBl. II 1982, 262), wobei sich die Erben als Einspruchsberechtigte von einem zur Steuerberatung befugten Berufsangehörigen vertreten lassen können. Da sich die Aufforderung zur Abgabe der Steuererklärung an den Testamentsvollstrecker nur auf die Erben bezieht und die Anlaufhemmung gem. § 170 II 1 Nr. 1 AO mit Ablauf des Kalenderjahres der Erklärungsabgabe einsetzt, müssen **die übrigen Begünstigten**, soweit deren Erwerb (voraussichtlich) ebenfalls steuerpflichtig ist, zur Vermeidung des Eintritts der Verjährung innerhalb der vierjährigen Festsetzungsfrist unter Berücksichtigung der Anlaufhemmung (→ § 30 Rn. 5) eine eigene gesonderte Erklärung abgegeben.

Nachlassverwalter (§§ 1975–1992 BGB) und **Nachlasspfleger** (§ 1960 BGB) sind ebenfalls erklärungspflichtig; durch die Anordnung der Nachlassverwaltung verliert der Erbe die Verwaltungs- und Verwertungsbefugnis an dem Nachlassvermögen. Da der Nachlasspfleger gesetzlicher Vertreter eines unbekannten Erben ist, hat er die Verpflichtung zur Abgabe der Erbschaftsteuererklärung.

6. Vergütung der Vertreter, Selbstberechnung. Die Vergütung von Testamentsvollstrecker, Nachlasspfleger und Nachlassverwalter stellen **Nachlassverbindlichkeiten** iSd § 10 V Nr. 3 dar und sind vom Wert des Nachlasses abzuziehen, soweit sie nicht auf die reine Verwaltung des Nachlasses entfallen. Die Angemessenheit der Vergütung bestimmt sich nach den Besonderheiten des Einzelfalles (zur Höhe der Testamentsvollstreckervergütung Kapp/Ebeling/*Geck* § 10 Rn. 122 ff.; *Haas/Lieb* ZErb 2002, 202). Soweit die Vergütung einen angemessenen Betrag übersteigt, ist sie nur im Falle einer Testamentsvollstreckung, die von dem Verwalter im Rahmen eines freien Berufes ausgeübt wird, in voller Höhe den Nachlassverbindlichkeiten zuzuordnen.

Nach Abs. 7 kann die FinVw verlangen, dass die ErbSt in der Erklärung selbst berechnet wird und innerhalb eines Monats nach Abgabe der Erklärung entrichtet wird; die Vorschrift des Abs. 7 hat in der Praxis wegen der Kompliziertheit der Berechnung (noch) keine Bedeutung.

§ 32 Bekanntgabe des Steuerbescheids an Vertreter

(1) ¹In den Fällen des § 31 Abs. 5 ist der Steuerbescheid abweichend von § 122 Abs. 1 Satz 1 der Abgabenordnung dem Testamentsvollstrecker oder Nachlaßverwalter bekanntzugeben. ²Diese Personen haben für die Bezahlung der Erbschaftsteuer zu sorgen. ³Auf Verlangen des Finanzamts ist aus dem Nachlaß Sicherheit zu leisten.

(2) ¹In den Fällen des § 31 Abs. 6 ist der Steuerbescheid dem Nachlaßpfleger bekanntzugeben. ²Absatz 1 Satz 2 und 3 ist entsprechend anzuwenden.

Erbschaftsteuer-Richtlinien
R E 32: Bekanntgabe des Steuerbescheids an Vertreter (unbesetzt)/H E 32

1. Bekanntgabe des ErbSt-Bescheides, Bekanntgabe an Zugangsvertreter. Die Steuer wird durch den Steuerbescheid festgesetzt (§ 155 AO). Seine Bekanntgabe erfolgt an den Steuerschuldner; § 32 ergänzt die Regelung der Bekanntgabe in den Fällen, in denen eine Testamentsvollstreckung, Nachlassverwaltung oder Nachlasspflegschaft besteht.

Nach stRspr (so BFH BFH/NV 2005, 214) kommt der Bekanntgabe eines Steuerbescheides besondere Bedeutung zu; ist der Steuerschuldner nicht zutreffend bezeichnet, ist der Steuerbescheid **mangels Bestimmtheit nach § 125 I AO nichtig**. Insbes. in den Fällen, in denen Steuerschuldner, Adressat (Person, an die sich der Bescheid richtet) oder Empfänger (Person, an die der Bescheid bekanntgegeben wird) auseinanderfallen, ist auf die genaue Bezeichnung des Steuerschuldners zu achten. Die **Zusammenfassung mehrerer Steuerfälle eines Erwerbers** führt dann zur Nichtigkeit, wenn mögliche Befreiungstatbestände oder der Eintritt der Verjährung wegen des unterschiedlichen Verlaufs nicht konkret bestimmt werden können (BFH BFH/NV 2005, 214).

3 Die Steuer kann entweder endgültig oder (bei Ungewissheit etwa über den Umfang des Betriebsvermögens zur Begründung von Vergünstigungen nach dem ErbStRG) unter dem Vorbehalt der Nachprüfung (§ 164 AO) festgesetzt werden. Bei Ungewissheit über Tatsachen (etwa über die Person des Erben) kann die Festsetzung nach § 165 AO vorläufig erfolgen. Eine Änderung eines vorläufigen Steuerbescheides oder eines Bescheides unter dem Vorbehalt der Nachprüfung kann **zu Gunsten wie zu Ungunsten** des Steuerpflichtigen vorgenommen werden. Erfolgt die Festsetzung unter dem Vorbehalt der Nachprüfung (§ 164 AO), entfällt der Vorbehalt nach Ablauf der Festsetzungsfrist (vgl. §§ 169 II Nr. 2, 170 V, 171 AO). Der Festsetzung unter Vorbehalt der Nachprüfung braucht nicht notwendig eine Endgültigkeitserklärung folgen.

4 Die Bekanntgabe nach § 122 I AO erfolgt entweder an den Erwerber (bei Erwerben von Todes wegen), an den Beschenkten oder Schenker (bei Schenkungen), an den mit der Ausführung der Zuwendung Beschwerten (bei Zweckzuwendungen) oder an die Stiftung oder den Verein (§ 1 I Nr. 4). Wegen des Prinzips der Erbanfallsteuer erfolgt die **Bekanntgabe an jeden einzelnen Erwerber**, sodass ein zusammengefasster Steuerbescheid (auch in Fällen gemeinsamer Erklärungen) nicht zulässig ist (§ 155 III AO). Wird in einem Bescheid, der mehrere Erbbeteiligte betrifft, der jedoch an einen Erben bekannt gegeben wird, die auf die Erben entfallende Steuerschuld getrennt ausgewiesen, gilt dieser Erbschaftsteuerbescheid als Einzelsteuerbescheid. Bezieht sich ein **Sachverhalt auf mehrere Erben,** wird das Reinvermögen gleichermaßen für alle Erben ermittelt, der Steueranteil eines jeden Erwerbers wird einzeln festgesetzt und jedem Beteiligten gesondert bekannt gegeben. Auch für den Fall der **Abgabe einer gemeinsamen Erklärung** ist der Erbschaftsteuerbescheid jedem Steuerschuldner hinsichtlich seiner Steuerschuld bekannt zu geben. Mehrere Schenkungsfälle an ein und denselben Steuerpflichtigen können in einem Steuerbescheid festgesetzt werden, sofern die Erwerbsfälle gesondert ausgewiesen werden (BFH BStBl. II 1980, 414).

5 Da bei Schenkungen unter Lebenden Schenker sowie Beschenkter Steuerschuldner sind, muss die FinVw jedoch den Schenkungsteuerbescheid regelmäßig zunächst dem Beschenkten bekannt geben (BFH BStBl. III 1962, 323), es sei denn, der FinVw ist bekannt, dass der Schenker die Steuer übernimmt.

6 Besteht eine Testamentsvollstreckung, Nachlassverwaltung- oder -pflegschaft, sind die Bescheide nach § 32 **ausschließlich diesen Personen bekanntzugeben,** obwohl sie weder Vertreter des Erblassers noch Vertreter der Erben sind; sie haben die Stellung eines Treuhänders und sind Träger eines durch letztwillige Verfügung des Erblassers begründeten Amtes. Die Verpflichtung zur Bekanntgabe bezieht sich nur auf die ErbSt-Bescheide des von dem **jeweiligen Verwalter betreuten Nachlasses** (zu den Zweifelsfragen Moench/Weinmann/*Kien-Hümbert* Rn. 14). Da die Personen Bekanntgabeadressaten (Zugangsvertreter) sind, kommt der Bekanntgabe der Steuerbescheide auch Wirkung gegenüber dem Steuerschuldner zu (BFH BStBl. II 1991, 49 und 1991,52). Bescheide der FinVw, die nicht in den Bereich der Steuerfestsetzung fallen, können nur den Steuerpflichtigen selbst bekannt gegeben werden; beschränkt sich die Verwaltungsfunktion auf den Nachlass des Erben, dürfen Steuerbescheide für Vermächtnisnehmer, Pflichtteilsberechtigte oder Personen, die aufgrund eines vom Erblasser geschlossenes Vertrages auf den Todesfall erwerben, nicht dem Testamentsvollstrecker oder dem Verwalter bekanntgegeben werden. Dem Testamentsvollstrecker kann für den Erben allerdings dessen zusätzlicher Erwerb aufgrund eines vom Erblasser geschlossenen Vertrages auf den Todesfall oder aufgrund eines Vorausvermächtnisses bekanntgegeben werden (zu Zweifelsfragen vgl. Moench/Weinmann/*Kien-Hümbert* Rn. 14).

7 Durch die Bekanntgaberegelung werden weder Testamentsvollstrecker noch Nachlassverwalter **Steuerschuldner,** auch wenn sie für die Bezahlung der ErbSt Sorge zu tragen haben. Auch der Nachlasspfleger, der gesetzlicher Vertreter der unbekannten Erben ist, ist nicht Steuerschuldner. Rechtsbehelfsbefugt sind weder Testamentsvollstrecker noch Nachlassverwalter, da es ihnen an einer Beschwer fehlt (BFH BStBl. II 1982, 262). Der Nachlasspfleger ist jedoch als gesetzlicher Vertreter der unbekannten Erben rechtsbehelfsbefugt (BFH BStBl. II 1982, 687).

8 **2. Haftung der Zugangsvertreter.** Da sowohl Testamentsvollstrecker wie Nachlassverwalter und -pfleger für die Bezahlung der ErbSt Sorge zu tragen haben, können sie persönlich bei Verletzung der ihnen obliegenden Pflichten als **Haftende** nach § 69 AO in Anspruch genommen werden. Eine Pflichtverletzung liegt insbes. dann vor, wenn der Testamentsvollstrecker oder Nachlassverwalter vor Erlass des Erbschaftsteuerbescheides den gesamten Nachlass an die Erben verteilt und die Erben später die ErbSt nicht zahlen können (FG Hessen EFG 1996, 666). Wird für einen Erbfall von der Vergünstigung nach dem ErbStRG Gebrauch gemacht, haben Testamentsvollstrecker oder Nachlassverwalter („Treuhänder") bis zum Ablauf der nach § 13a geregelten Fristen (fünf oder sieben Jahre) Sorge für die Zahlung der ErbSt zu tragen, sofern gegen die Behaltensfristen oder die Lohnsummenvorgabe verstoßen wird. Wird gegen die Voraussetzungen der Vergünstigung verstoßen und ist der Nachlass bereits voll ausgekehrt, kommt eine persönliche Haftung des Verwalters nach § 69 iVm §§ 34, 35 AO in Betracht.

9 **3. Bekanntgabe geänderter oder berichtigter Steuerbescheide, nichtige Verwaltungsakte.** Werden Steuerbescheide geändert oder berichtigt, sind diese Bescheide den Vertretern bekanntzugeben. Nach § 173 I Nr. 2 AO können Erbschaft- und Schenkungsteuerbescheide nach den allgemeinen Vorschriften

der Abgabenordnung geändert werden; es gelten sämtliche Korrekturvorschriften für die Änderung von Steuerbescheiden (§§ 129, 172, 174 ff. AO). Eine Berichtigung kann neben den allgemeinen Korrekturvorschriften nach der Abgabenordnung auch etwa gem. § 5 II BewG (Bedingungseintritt), im Falle der Anwachsung des Kapitals bei Auflösung der Gesellschaft (Buchwertklausel) oder bei Wegfall einer Rente gem. § 14 II BewG erfolgen; auch kann eine Einheitswertfortschreibung gem. § 22 III BewG berichtigt werden und eine Folgeänderung auslösen. Steuerbescheide können auch nichtig sein (§ 125 AO); die Nichtigkeit hat in der Praxis nur Bedeutung bei formalen Mängeln wie fehlerhaften Adressaten, Empfänger, Bekanntgabemängel, nicht jedoch bei inhaltlich fehlerhaften Bescheiden. Eine mögliche Verwirkung, die wie die Nichtigkeit zum Wegfall der Regelung eines Bescheides führt, setzt nicht nur ein bloßes Untätigwerden der FinVw über einen längeren Zeitraum voraus, sondern auch das gesicherte Vertrauen des Steuerpflichtigen in das Nichtergehen eines Bescheides. Die Rspr. der Zivilgerichte zur Verwirkung, die „gefestigt" und „großzügig" ist, wird von der FinVw nicht übernommen (*Carl* DStZ 1988, 529).

§ 33 Anzeigepflicht der Vermögensverwahrer, Vermögensverwalter und Versicherungsunternehmen

(1) ¹Wer sich geschäftsmäßig mit der Verwahrung oder Verwaltung fremden Vermögens befaßt, hat diejenigen in seinem Gewahrsam befindlichen Vermögensgegenstände und diejenigen gegen ihn gerichteten Forderungen, die beim Tod eines Erblassers zu dessen Vermögen gehörten oder über die dem Erblasser zur Zeit seines Todes die Verfügungsmacht zustand, dem für die Verwaltung der Erbschaftsteuer zuständigen Finanzamt schriftlich anzuzeigen. ²Die Anzeige ist zu erstatten:
1. in der Regel: innerhalb eines Monats, seitdem der Todesfall dem Verwahrer oder Verwalter bekannt geworden ist;
2. wenn der Erblasser zur Zeit seines Todes Angehöriger eines ausländischen Staats war und nach einer Vereinbarung mit diesem Staat der Nachlaß einem konsularischen Vertreter auszuhändigen ist: spätestens bei der Aushändigung des Nachlasses.

(2) Wer auf den Namen lautende Aktien oder Schuldverschreibungen ausgegeben hat, hat dem Finanzamt schriftlich von dem Antrag, solche Wertpapiere eines Verstorbenen auf den Namen anderer umzuschreiben, vor der Umschreibung Anzeige zu erstatten.

(3) Versicherungsunternehmen haben, bevor sie Versicherungssummen oder Leibrenten einem anderen als dem Versicherungsnehmer auszahlen oder zur Verfügung stellen, hiervon dem Finanzamt schriftlich Anzeige zu erstatten.

(4) Zuwiderhandlungen gegen diese Pflichten werden als Steuerordnungswidrigkeit mit Geldbuße geahndet.

Erbschaftsteuer-Richtlinien
R E 33:   *Anzeigepflichten (unbesetzt)/H E 33*

Erbschaftsteuer-Durchführungsverordnung
§ 1 ErbStDV: *Anzeigepflicht der Vermögensverwahrer und der Vermögensverwalter*
§ 2 ErbStDV: *Anzeigepflicht derjenigen, die auf den Namen lautende Aktien oder Schuldverschreibungen*
                ausgegeben haben
§ 3 ErbStDV: *Anzeigepflicht der Versicherungsunternehmen*

1. Anzeigepflicht der Vermögensverwahrer und -verwalter. Die Vorschrift dient der möglichst vollständigen Erfassung aller erbschaft- und schenkungsteuerpflichtigen Sachverhalte; der **Umfang der Verpflichtungen** wird in der Erbschaftsteuer-Durchführungsverordnung (BGBl. 1998 I 2658) erläutert. Das Bemühen um eine **vollständige Erfassung aller Steuerfälle** überlagert ein mögliches Bankgeheimnis und dient der Verwirklichung der Steuergerechtigkeit. Trotz der Anzeigepflicht nach § 33 bleiben die persönlichen Verpflichtungen zur Anzeige der Erwerbe (§ 30 I) bestehen.

Nach § 33 sind neben Kreditinstituten auch Einrichtungen, die sich geschäftsmäßig mit der **Verwahrung oder Verwaltung fremden Vermögens** im Inland befassen, anzeigeverpflichtet. Zweigstellen inländischer Kreditinstitute im Ausland sind ebenfalls zur Anzeige verpflichtet, da sie im Geschäftsverkehr gegenüber der Hauptniederlassung als unselbständiges Rechtssubjekt gewertet werden. Völkerrechtliche Probleme bzgl. des Territorialprinzips oder Bankgeheimnisses bestehen nicht, da die Verpflichtung im Inland zu erfüllen ist (krit., aA Troll/Gebel/Jülicher/Gottschalk/*Jülicher* Rn. 3). Auch unselbständige Zweigniederlassungen ausländischer Banken im Inland unterliegen der Anzeigepflicht, soweit der FinVw der Zugriff auf das verwahrte Vermögen möglich ist (Erl. NRW, DStR 2000, 878).

Besteht für Steuerberater, Rechtsanwälte, Notare, Treuhandkommanditisten, Beteiligungstreuhänder etc. die Verpflichtung zur Verwaltung fremden Vermögens, sind sie ebenfalls zur Anzeige verpflichtet. Unter die Verpflichtung können etwa auch Bestattungsunternehmen im Falle der geschäftsmäßigen Bestattungszusage oder Wohn- und Altenstifte, sofern die Vermietung von einer Darlehensgewährung abhängig gemacht wird (str.; vgl. Moench/Weinmann/*Kien-Hümbert* Rn. 5; FG Rheinland-Pfalz DVR 1986, 87).

Die Anzeigeverpflichtung besteht **unabhängig** davon, ob der Erblasser In- oder Ausländer war; sie entfällt nur, wenn bekannt ist, dass weder Erblasser noch Erwerber des verwahrten Vermögens Inländer sind (BMF DStR 2000, 1475). Einer Anzeige bedarf es auch dann nicht, wenn dem Anzeigeverpflichteten

5 **2. Anzeigepflicht von Versicherungsunternehmen.** Inländische Versicherungsunternehmen haben Anzeige zu erstatten, bevor sie Leistungen an einen **anderen als den Versicherungsnehmer** auszahlen oder zur Verfügung stellen. Zu den anzeigepflichtigen Unternehmen gehören alle Unternehmen, die Versicherungsgeschäfte auf versicherungsrechtlicher Basis ausüben und dem Bundesaufsichtsamt für das Versicherungswesen unterliegen. Benennt der Versicherungsnehmer einen anderen Bezugsberechtigten oder überträgt er zu Lebzeiten das Bezugsrecht auf einen anderen, besteht die Anzeigeverpflichtung erst **zum Zeitpunkt der Auszahlung** der Versicherungssumme (BFH BStBl. II 1999, 742). Zu anzeigepflichtigen Vorgängen gehören die Versicherungssumme und die Rentenzahlung (insbes. Sterbegeld, Aussteuer- oder ähnliche Versicherungen). Auch ein Beitragsdepot zur Entrichtung laufender Beiträge ist anzuzeigen. Nach Abs. 2 ist Anzeige zu erstatten, sofern beantragt wird, auf den Namen eines Verstorbenen lautende Aktien oder Schuldverschreibungen auf einen anderen Namen umzuschreiben.

6 Nur die im **Gewahrsam** der anzeigepflichtigen Personen befindlichen Vermögensgegenstände sind anzuzeigen, wobei der Begriff des Gewahrsams nicht zivilrechtlich zu beurteilen ist. Den Gewahrsam (über das Vermögen) hat eine Person im Falle einer tatsächlichen Einwirkungsmöglichkeit auf das Vermögen; die Verwertungsbefugnis durch die anzeigepflichtige Person ist entbehrlich, sodass es unbeachtlich ist, ob sich das Vermögen im In- oder Ausland befindet.

7 Die Anzeigepflicht der Kreditinstitute ist eine wichtige Erkenntnisquelle für den Erwerb von Kapitalvermögen. Die Verpflichtung besteht auch für **Wirtschaftsgüter**, an denen außer dem Erblasser noch andere Personen beteiligt sind (Kapp/Ebeling/*Geck* Rn. 7); dies gilt auch für „Oder"-Konten von Ehegatten oder Konten einer Personengesellschaft, an denen der Gesellschafter beteiligt ist (Erl. Niedersachsen DVR 1968, 192). Die Tatsache des Bestehens eines Bankschließfaches ist für das Kreditinstitut anzeigepflichtig, nicht hingegen der Inhalt des Schließfaches. Bei Sparbüchern kommt es darauf an, ob der Erblasser noch Gläubiger war oder das Sparbuch bereits auf Dritte übertragen hat. Auch im Falle der Einrichtung eines Depots bei einem Kreditinstitut zugunsten Dritter bei der Abrede, dass das Depot zum Zeitpunkt des Todes des Erblassers übergehen soll, besteht eine Anzeigeverpflichtung.

8 Die Anzeige hat an das für die Verwaltung der ErbSt zuständige Finanzamt innerhalb der Frist des Abs. 1 schriftlich zu erfolgen. Für eine elektronische Übermittlung bedarf es einer qualifizierten Signatur, sodass die Anzeigenerstattung durch einfache E-Mail nicht ausreicht. Die **Anzeigepflicht** besteht auch dann, wenn die Leistungen bei dem Empfänger **nicht steuerpflichtig** sind. Die generelle Pflicht, innerhalb eines Monates nach dem Todesfall (neben den eigenen Pflichten der Steuerpflichtigen) eine Anzeige zu erstatten, entfällt erst, wenn der Todesfall bereits viele Jahre zurückliegt (Erl. Thüringen StEd 1993, 606 bei einem Zeitablauf von 15 Jahren). Die **Anzeige** hat nach den genauen Verhältnissen am Todestag zu erfolgen; wegen der möglicher Bestandsänderungen am Todestag verlangt die FinVw von den Geldinstituten die Anzeige nach dem Guthabenstand am Beginn des Todestages oder zum Ende des Vortages und zum Ablauf des Todestages (BMF DB 1989, 605). Bei Wertpapieren oder Guthaben sind auch die bis zum Todestag angefallenen Zinsen (Stückzinsen) anzuzeigen, deren Höhe einen Rückschluss zulässt, ob noch kurz vor dem Tod des Erblassers über dieses Vermögen verfügt wurde.

9 Nach Abs. 4 wird der Verstoß gegen die Anzeigepflicht als **Steuerordnungswidrigkeit** geahndet; es gilt der im Ordnungswidrigkeitsrecht allgemein gültige Opportunitätsgrundsatz. Kenntnisse, die das für die Erbschaftsteuer zuständige Finanzamt aus den Anzeigen der Vermögensverwahrer, Vermögensverwalter und Versicherungsunternehmen erhält, sind mittels Kontrollmitteilungen, die den Umfang des Reinwertes des Nachlasses und die entsprechenden Verpflichtungen zur Erteilung weiterer Kontrollmitteilungen beinhalten, an die Wohnsitzfinanzämter von Erblasser und Erben weiterzugeben (gleichl. Ländererlasse v. 25.3.1998, BStBl. I 1998, 529). Die Nachlassgrenze für die Unterrichtung der Wohnsitzfinanzämter liegt bei mehr als 250.000 EUR oder bei Kapitalvermögen bei mehr als 50.000 EUR. Die Praxis der Kontrollmitteilungen ist durch den Besteuerungs- und Untersuchungsgrundsatz der §§ 85, 88 AO gedeckt (BFH BStBl. II 1992, 616).

§ 34 Anzeigepflicht der Gerichte, Behörden, Beamten und Notare

(1) **Die Gerichte, Behörden, Beamten und Notare haben dem für die Verwaltung der Erbschaftsteuer zuständigen Finanzamt schriftlich Anzeige zu erstatten über diejenigen Beurkundungen, Zeugnisse und Anordnungen, die für die Festsetzung einer Erbschaftsteuer von Bedeutung sein können.**

(2) Insbesondere haben anzuzeigen:
1. die Standesämter:
die Sterbefälle;
2. die Gerichte und die Notare:
die Erteilung von Erbscheinen, Europäischen Nachlasszeugnissen, Testamentsvollstreckerzeugnissen und Zeugnissen über die Fortsetzung der Gütergemeinschaft, die Beschlüsse über Todeserklärungen sowie die Anordnung von Nachlaßpflegschaften und Nachlaßverwaltungen;
3. die Gerichte, die Notare und die deutschen Konsuln:

die eröffneten Verfügungen von Todes wegen, die abgewickelten Erbauseinandersetzungen, die beurkundeten Vereinbarungen der Gütergemeinschaft und die beurkundeten Schenkungen und Zweckzuwendungen.

Erbschaftsteuer-Durchführungsverordnung
§ 4 ErbStDV: Anzeigepflicht der Standesämter
§ 5 ErbStDV: Verzeichnis der Standesämter
§ 6 ErbStDV: Anzeigepflicht der Gerichte bei Todeserklärungen
§ 7 ErbStDV: Anzeigepflicht der Gerichte, Notare und sonstiger Urkundsbeamten in Erbfällen
§ 8 ErbStDV: Anzeigepflicht der Gerichte, Notare und sonstiger Urkundsbeamten bei Schenkungen und Zweckzuwendungen unter Lebenden
§ 9 ErbStDV: Anzeigepflicht der Auslandsstellen
§ 10 ErbStDV: Anzeigepflicht der Genehmigungsbehörden
§ 11 ErbStDV: Anzeigepflicht im automatisierten Verfahren

1. Umfang der Anzeigepflicht. Die Anzeigepflichten werden ergänzt durch Regelungen in der ErbStDV (§§ 4–11) und durch das **Merkblatt** über die steuerlichen Beistandspflichten der Notare auf den Gebieten der Grunderwerbsteuer, Erbschaftsteuer (Schenkungsteuer) und Ertragsteuern (Bayrisches Landesamt für Steuern Stand Juni 2011; Anl. zu § 34).

Besonders die in Abs. 2 aufgeführten öffentlichen Stellen haben die Verpflichtung zur schriftlichen Anzeige gegenüber dem zuständigen Finanzamt. Eine Möglichkeit, die Anzeige zur Vereinfachung in **elektronischer Form** zu tätigen, besteht nicht. Nur durch vollständige Abschrift der entsprechenden Urkunde wird die Anzeigepflicht erfüllt; dies gilt auch für den Fall, dass eine Steuerbefreiung oder wegen der Höhe der Freibeträge eine Steuer nicht festgesetzt wird. Standesämter sind verpflichtet, innerhalb einer Frist von zehn Tagen nach Ablauf eines Kalendermonats dem zuständigen Finanzamt den Sterbefall mitzuteilen und um die Angaben über Erben, Art und Wert des Nachlasses zu ergänzen. Gerichte, Notare oder sonstige Urkundenpersonen haben schriftlich im Zusammenhang mit einem Sterbefall mitzuteilen, etwa durch Vorlage der eröffneten Verfügungen von Todes wegen, Erbscheine, Testamentsvollstreckerzeugnisse, Vereinbarung der Gütergemeinschaft, Beschlüsse über die Einleitung oder Aufhebung einer Nachlassverwaltung oder -pflegschaft, Vereinbarungen über die Abwicklung von Erbauseinandersetzungen etc. Sie sollen darüber hinaus weitere Informationen an die zuständige FinVw geben, um die Ermittlungsarbeit zu erleichtern (etwa Angabe des Berufs des Erblassers, Verwandtschaftsverhältnis der Beteiligten etc).

2. Anzeigepflicht bei Erwerben unter Lebenden. Schenkungen und Zweckzuwendungen unter Lebenden haben die beteiligten Notare und sonstigen Beurkundungsbeamten mitzuteilen; dies gilt auch, wenn nur eine **Vermutung für eine freigebige Zuwendung** besteht (etwa Übertragung eines GmbH-Anteils zum Nennwert; vorzeitge Löschung eines Nießbrauchs etc). Eine Ausnahme besteht nur für den Fall, dass Hausrat oder andere Vermögensgegenstände innerhalb des Freibetrages gem. § 13 I Nr. 1 übertragen werden. Auch Behörden sind verpflichtet, der FinVw Anzeige zu erstatten. In der Anzeige müssen die Angaben enthalten sein, die es dem Finanzamt erlauben, eine mögliche Steuerpflicht zu prüfen.

3. Anzeigepflicht bei Auslandssachverhalten. Bei Erb- oder Schenkungsfällen im Ausland besteht eine Verpflichtung der Meldung an das **Bundesministerium der Finanzen;** bei Kenntnis einer deutschen Auslandsstelle über Sterbefälle Deutscher oder Zuwendungen ausländischer Erblasser oder Schenkungen an Inländer besteht eine Anzeigeverpflichtung. Im Zuge der Internationalisierung des Familienrechtes und der verstärkten Verwirklichung internationaler Erb- und Schenkungsfälle, aber auch nach den Änderungen durch das ErbStRG wegen der Einbeziehung von EU- und EWR-Sachverhalten, wird in Zukunft von einem stärkeren Aufgreifen internationaler Sachverhalte und der daraus folgenden Erweiterung des Informationsaustausches auszugehen sein, die eine Überwachung der Anzeigepflichten ermöglichen.

§ 35 Örtliche Zuständigkeit

(1) ¹Örtlich zuständig für die Steuerfestsetzung ist in den Fällen, in denen der Erblasser zur Zeit seines Todes oder der Schenker zur Zeit der Ausführung der Zuwendung ein Inländer war, das Finanzamt, das sich bei sinngemäßer Anwendung des § 19 Abs. 1 und des § 20 der Abgabenordnung ergibt. ²Im Fall der Steuerpflicht nach § 2 Abs. 1 Nr. 1 Buchstabe b richtet sich die Zuständigkeit nach dem letzten inländischen Wohnsitz oder gewöhnlichen Aufenthalt des Erblassers oder Schenkers.

(2) Die örtliche Zuständigkeit bestimmt sich nach den Verhältnissen des Erwerbers, bei Zweckzuwendungen nach den Verhältnissen des Beschwerten, zur Zeit des Erwerbs, wenn

1. bei einer Schenkung unter Lebenden der Erwerber, bei einer Zweckzuwendung unter Lebenden der Beschwerte, eine Körperschaft, Personenvereinigung oder Vermögensmasse ist oder
2. der Erblasser zur Zeit seines Todes oder der Schenker zur Zeit der Ausführung der Zuwendung kein Inländer war. ²Sind an einem Erbfall mehrere inländische Erwerber mit Wohnsitz oder gewöhnlichem Aufenthalt in verschiedenen Finanzamtsbezirken beteiligt, ist das Finanzamt örtlich zuständig, das zuerst mit der Sache befaßt wird.

(3) ¹Bei Schenkungen und Zweckzuwendungen unter Lebenden von einer Erbengemeinschaft ist das Finanzamt zuständig, das für die Bearbeitung des Erbfalls zuständig ist. ²Satz 1 gilt auch, wenn

eine Erbengemeinschaft aus zwei Erben besteht und der eine Miterbe bei der Auseinandersetzung eine Schenkung an den anderen Miterben ausführt.

(4) In den Fällen des § 2 Absatz 1 Nummer 3 ist das Finanzamt örtlich zuständig, das sich bei sinngemäßer Anwendung des § 19 Absatz 2 der Abgabenordnung ergibt.

1 1. **Zuständigkeit bei inländischem Erblasser oder Schenker.** Die örtliche Zuständigkeitsregelung bestimmt, bei welchem Finanzamt der Steuerpflichtige die gesetzlichen Anzeigeverpflichtungen zu erfüllen und bei welchem Finanzamt er seine Steuererklärung einzureichen hat. Ist der Erblasser/Schenker ein **Steuerinländer**, richtet sich die Zuständigkeit nach seinem letzten Wohnsitz. Unterhielt der Erblasser/Schenker mehrere Wohnsitze, ist entscheidend, wo er sich überwiegend aufgehalten hat bzw. weiterhin aufhält. Abs. 1 S. 2 betrifft die Fälle, in denen ein **deutscher Staatsangehöriger** als Erblasser/Schenker trotz Wegzugs ins Ausland gem. § 2 I Nr. 1b zu den Steuerinländern gehört; in dem Fall der Wegzugs richtet sich die Zuständigkeit nach dem letzten inländischen Wohnsitz. Bei fehlendem Wohnsitz oder gewöhnlichem Aufenthalt im Inland wird für die örtliche Zuständigkeit auf den letzten inländischen Wohnsitz oder gewöhnlichen Aufenthaltsort des Erblassers/Schenkers verwiesen. Für die Praxis ohne Bedeutung ist, dass sich nach der örtlichen Zuständigkeit die Verteilung des Steueraufkommens unter den Bundesländern richtet (Art. 107 I GG).

2 2. **Zuständigkeit bei fehlendem Inlandsbezug.** Für den Fall, dass weder Erblasser noch Schenker zum Zeitpunkt der Ausführung der Zuwendung über einen inländischen Wohnsitz verfügen, richtet sich die örtliche Zuständigkeit nach den Verhältnissen des Erwerbers. Sind mehrere Inländer Erwerber, die ihren Wohnsitz/gewöhnlichen Aufenthalt im Bezirk unterschiedlicher ErbSt-Finanzämter haben, ist das Finanzamt zuständig, das **zuerst mit der Sache befasst** wird (§ 25 AO).

3 3. **Zuständigkeit bei Erwerb von Erbengemeinschaft, Sonderregelungen.** Bei Schenkungen an Miterben im Rahmen der Erbauseinandersetzung bleibt das für die ungeteilte Erbengemeinschaft zuständige Finanzamt verantwortlich, das die **Kenntnis über den Wert des Nachlass** erlangt hat. Bei beschränkt Steuerpflichtigen kommt es auf die Belegenheit des Inlandsvermögens bzw. des wertvollsten Teils des Inlandsvermögens an.

4 Nach Abs. 2 Nr. 1 bestehen Sonderregelungen für bestimmte Fälle und Zweckzuwendungen unter Lebenden; ist der Beschenkte zB eine Personenvereinigung, Körperschaft oder Vermögensmasse, richtet sich die Zuständigkeit nach dem Wohnsitz des Beschenkten.

Abschnitt 5. Ermächtigungs- und Schlussvorschriften

§ 36 Ermächtigungen

(1) **Die Bundesregierung wird ermächtigt, mit Zustimmung des Bundesrates**
1. zur Durchführung dieses Gesetzes Rechtsverordnungen zu erlassen, soweit dies zur Wahrung der Gleichmäßigkeit bei der Besteuerung, zur Beseitigung von Unbilligkeiten in Härtefällen oder zur Vereinfachung des Besteuerungsverfahrens erforderlich ist, und zwar über
   a) die Abgrenzung der Steuerpflicht,
   b) die Feststellung und die Bewertung des Erwerbs von Todes wegen, der Schenkungen unter Lebenden und der Zweckzuwendungen, auch soweit es sich um den Inhalt von Schließfächern handelt,
   c) die Steuerfestsetzung, die Anwendung der Tarifvorschriften und die Steuerentrichtung,
   d) die Anzeige- und Erklärungspflicht der Steuerpflichtigen,
   e) die Anzeige-, Mitteilungs- und Übersendungspflichten der Gerichte, Behörden, Beamten und Notare, der Versicherungsunternehmen, der Vereine und Berufsverbände, die mit einem Versicherungsunternehmen die Zahlung einer Versicherungssumme für den Fall des Todes ihrer Mitglieder vereinbart haben, der geschäftsmäßigen Verwahrer und Verwalter fremden Vermögens, auch soweit es sich um in ihrem Gewahrsam befindliche Vermögensgegenstände des Erblassers handelt, sowie derjenigen, die auf den Namen lautende Aktien oder Schuldverschreibungen ausgegeben haben;
2. Vorschriften durch Rechtsverordnung zu erlassen über die sich aus der Aufhebung oder Änderung von Vorschriften dieses Gesetzes ergebenden Rechtsfolgen, soweit dies zur Wahrung der Gleichmäßigkeit der Besteuerung oder zur Beseitigung von Unbilligkeiten in Härtefällen erforderlich ist.

(2) Das Bundesministerium der Finanzen wird ermächtigt, den Wortlaut dieses Gesetzes und der zu diesem Gesetz erlassenen Durchführungsverordnung in der jeweils geltenden Fassung satzweise nummeriert mit neuem Datum und Paragraphenfolge bekanntzumachen und dabei Unstimmigkeiten des Wortlauts zu beseitigen.

1 § 36 ist als Ermächtigungsvorschrift für die Erbschaftsteuer-Durchführungsverordnung unverändert geblieben; die derzeit noch gültige **ErbStDV** war bereits rückwirkend zum 1.8.1998 in Kraft getreten (BStBl. I 1998, 1183).

§ 37 Anwendung des Gesetzes

(1) Dieses Gesetz in der Fassung des Artikels 6 des Gesetzes vom 22. Dezember 2009 (BGBl. I S. 3950) findet auf Erwerbe Anwendung, für die die Steuer nach dem 31. Dezember 2009 entsteht.

(2) ¹In Erbfällen, die vor dem 31. August 1980 eingetreten sind, und für Schenkungen, die vor diesem Zeitpunkt ausgeführt worden sind, ist weiterhin § 25 in der Fassung des Gesetzes vom 17. April 1974 (BGBl. I S. 933) anzuwenden, auch wenn die Steuer infolge Aussetzung der Versteuerung nach § 25 Abs. 1 Buchstabe a erst nach dem 30. August 1980 entstanden ist oder entsteht. ²In Erbfällen, die vor dem 1. Januar 2009 eingetreten sind, und für Schenkungen, die vor diesem Zeitpunkt ausgeführt worden sind, ist weiterhin § 25 Abs. 1 Satz 3 und Abs. 2 in der Fassung der Bekanntmachung vom 27. Februar 1997 (BGBl. I S. 378) anzuwenden.

(3) ¹Die §§ 13a und 19a Absatz 5 in der Fassung des Artikels 6 des Gesetzes vom 22. Dezember 2009 (BGBl. I S. 3950) finden auf Erwerbe Anwendung, für die die Steuer nach dem 31. Dezember 2008 entsteht. ² 13a in der Fassung des Artikels 6 des Gesetzes vom 22. Dezember 2009 (BGBl. I S. 3950) ist nicht anzuwenden, wenn das begünstigte Vermögen vor dem 1. Januar 2011 von Todes wegen oder durch Schenkung unter Lebenden erworben wird, bereits Gegenstand einer vor dem 1. Januar 2007 ausgeführten Schenkung desselben Schenkers an dieselbe Person war und wegen eines vertraglichen Rückforderungsrechts nach dem 11. November 2005 herausgegeben werden musste.

(4) § 13 Absatz 1 Nummer 1, § 13b Absatz 2 Satz 6 und 7 und Absatz 3, § 15 Absatz 1, § 16 Absatz 1 und § 17 Absatz 1 Satz 1 in der Fassung des Artikels 14 des Gesetzes vom 8. Dezember 2010 (BGBl. I S. 1768) sind auf Erwerbe anzuwenden, für die die Steuer nach dem 13. Dezember 2010 entsteht.

(5) Soweit Steuerbescheide für Erwerbe von Lebenspartnern noch nicht bestandskräftig sind, ist
1. § 15 Absatz 1 in der Fassung des Artikels 13 des Gesetzes vom 8. Dezember 2010 (BGBl. I S. 1768) auf Erwerbe, für die die Steuer nach dem 31. Juli 2001 entstanden ist, anzuwenden;
2. § 16 Absatz 1 Nummer 1 in der Fassung des Artikels 13 des Gesetzes vom 8. Dezember 2010 (BGBl. I S. 1768) auf Erwerbe, für die die Steuer nach dem 31. Dezember 2001 und vor dem 1. Januar 2009 entstanden ist, mit der Maßgabe anzuwenden, dass an die Stelle des Betrages von 500 000 Euro ein Betrag von 307 000 Euro tritt;
3. § 16 Absatz 1 Nummer 1 in der Fassung des Artikels 14 des Gesetzes vom 8. Dezember 2010 (BGBl. I S. 1768) auf Erwerbe, für die die Steuer nach dem 31. Juli 2001 und vor dem 1. Januar 2002 entstanden ist, mit der Maßgabe anzuwenden, dass an die Stelle des Betrages von 500 000 Euro ein Betrag von 600 000 Deutsche Mark tritt;
4. § 17 Absatz 1 in der Fassung des Artikels 14 des Gesetzes vom 8. Dezember 2010 (BGBl. I S. 1768) auf Erwerbe, für die die Steuer nach dem 31. Dezember 2001 und vor dem 1. Januar 2009 entstanden ist, anzuwenden;
5. § 17 Absatz 1 in der Fassung des Artikels 14 des Gesetzes vom 8. Dezember 2010 (BGBl. I S. 1768) auf Erwerbe, für die die Steuer nach dem 31. Juli 2001 und vor dem 1. Januar 2002 entstanden ist, mit der Maßgabe anzuwenden, dass an die Stelle des Betrages von 256 000 Euro ein Betrag von 500 000 Deutsche Mark tritt.

(6) § 13a Absatz 1a und § 13b Absatz 2 und 2a in der Fassung des Artikels 8 des Gesetzes vom 1. November 2011 (BGBl. I S. 2131) sind auf Erwerbe anzuwenden, für die die Steuer nach dem 30. Juni 2011 entsteht.

(7) ¹§ 2 Absatz 1 Nummer 1 und 3 und Absatz 3, § 7 Absatz 8, § 15 Absatz 4, § 16 Absatz 1 und 2, § 19 Absatz 2, § 21 Absatz 1 und § 35 Absatz 4 in der Fassung des Artikels 11 des Gesetzes vom 7. Dezember 2011 (BGBl. I S. 2592) finden auf Erwerbe Anwendung, für die die Steuer nach dem 13. Dezember 2011 entsteht. ²§ 2 Absatz 1 Nummer 1 und 3 und Absatz 3, § 16 Absatz 1 und 2, § 19 Absatz 2, § 21 Absatz 1 und § 35 Absatz 4 in der Fassung des Artikels 11 des Gesetzes vom 7. Dezember 2011 (BGBl. I S. 2592) finden auf Antrag auch auf Erwerbe Anwendung, für die die Steuer vor dem 14. Dezember 2011 entsteht, soweit Steuerbescheide noch nicht bestandskräftig sind.

(8) § 13a Absatz 1 Satz 4, Absatz 4 Satz 5 und § 13b Absatz 2 in der Fassung des Artikels 30 des Gesetzes vom 26. Juni 2013 (BGBl. I S. 1809) sind auf Erwerbe anzuwenden, für die die Steuer nach dem 6. Juni 2013 entsteht.

(9) § 34 Absatz 2 Nummer 2 in der Fassung des Artikels 17 des Gesetzes vom 29. Juni 2015 (BGBl. I S. 1042) ist auf Erwerbe anzuwenden, für die die Steuer nach dem 16. August 2015 entsteht.

(10) ¹§ 13 Absatz 1 Nummer 16 Buchstabe b und c und § 30 Absatz 4 Nummer 1 in der am 6. November 2015 geltenden Fassung sind auf Erwerbe anzuwenden, für die die Steuer nach dem 5. November 2015 entstanden ist. ²§ 13 Absatz 1 Nummer 16 Buchstabe b und c in der am 6. November 2015 geltenden Fassung ist auch auf Erwerbe anzuwenden, für die die Steuer vor dem 6. November 2015 entsteht, soweit Steuerbescheide noch nicht bestandskräftig sind.

(11) § 13 Absatz 1 Nummer 2 Buchstabe b Doppelbuchstabe bb in der am 6. August 2016 geltenden Fassung ist auf Erwerbe anzuwenden, für die die Steuer nach dem 5. August 2016 entstanden ist.

(12) ¹Die §§ 10, 13a bis 13d, 19a, 28 und 28a in der Fassung des Artikels 1 des Gesetzes vom 4. November 2016 (BGBl. I S. 2464) finden auf Erwerbe Anwendung, für die die Steuer nach dem 30. Juni 2016 entsteht. ²§ 13a Absatz 1 Satz 3 und 4 in der Fassung des Artikels 1 des Gesetzes vom 4. November 2016 (BGBl. I S. 2464) findet auf frühere Erwerbe Anwendung, für die die Steuer nach dem 30. Juni 2016 entsteht. ³§ 13c Absatz 2 Satz 3 bis 5 in der Fassung des Artikels 1 des Gesetzes vom 4. November 2016 (BGBl. I S. 2464) findet auf frühere Erwerbe Anwendung, für die die Steuer nach dem 30. Juni 2016 entsteht.

(13) ¹§ 17 in der am 25. Juni 2017 geltenden Fassung ist auf Erwerbe anzuwenden, für die die Steuer nach dem 24. Juni 2017 entsteht. ²§ 17 in der am 25. Juni 2017 geltenden Fassung ist auch auf Erwerbe anzuwenden, für die die Steuer vor dem 25. Juni 2017 entstanden ist, soweit Steuerbescheide noch nicht bestandskräftig sind.

(14) § 2 Absatz 1 Nummer 3, § 3 Absatz 2 Nummer 4, § 9 Absatz 1 Nummer 1 Buchstabe f, § 13 Absatz 1 Nummer 16 Buchstabe c Satz 2 und § 16 Absatz 1 und 2 in der am 25. Juni 2017 geltenden Fassung sind auf Erwerbe anzuwenden, für die die Steuer nach dem 24. Juni 2017 entsteht.

(15) § 13 Absatz 1 Nummer 18 Buchstabe a in der Fassung des Artikels 6 des Gesetzes vom 18. Juli 2017 (BGBl. I S. 2730) ist auf Erwerbe anzuwenden, für die die Steuer nach dem 29. Juli 2017 entsteht.

Erbschaftsteuer-Richtlinien
R E 37:   Anwendung des Gesetzes (unbesetzt)/H E 37

1   **1. Inkrafttreten, Weitergeltung des § 25 ErbStG aF.** Die Regelung steht im Einklang mit der Entscheidung des BVerfG (BStBl. II 2007, 192) und setzt die bis zum 1.1.2009 geforderte Neuregelung eines ErbStG um. Eine Rückwirkung der neuen Rechte gilt nur für die nunmehr in den Jahren bereits angefallenen Erwerbe von Todes wegen in den Jahren 2007 und 2008 (Art. 3 I ErbStRG BStBl. I 2009, 140). Die durch das Wachstumsbeschleunigungsgesetz erfolgte Anpassung des ErbStG in Umsetzung der Koalitionsvereinbarung gilt für Erwerbe nach dem 31.12.2009; sämtliche andere Regelungen des ErbStRG v. 24.12.2008 bleiben für Erwerbe ab 2009 bestehen. Auch im Falle eines Antrages zur rückwirkenden Geltung des ErbStRG gelten §§ 13a u. 19a idF des Wachstumsbeschleunigungsgesetzes (BR-Drs. 865/09 Art. 13a).

2   Die Vorschrift des § 25 ErbStG aF (→ § 25 ErbStG aF Rn. 1 ff.) gilt noch für alle Altfälle (Abs. 2 S. 1 für Erbfälle und Schenkungen vor dem 31.8.1980, Abs. 2 S. 2 vor dem 1.1.2009). Grund für die Regelung ist der Wegfall des § 25 ErbStG aF, sodass sich Nutzungsrechte des Schenkers bzw. Ehegatten des Erblassers künftig unmittelbar bereicherungsmindernd auswirken; Altfälle werden nach der bis zum 31.12. 2008 geltenden Vorschrift geregelt.

3   **2. Sonderregelung bei Ausübung eines Rückforderungsrechts.** Die in Abs. 3 S. 2 vorgesehene Regelung schränkt die Anwendung des § 13a idF nach dem ErbStRG insoweit ein, als begünstigtes Vermögen Gegenstand einer **vor dem** 1.1.2007 ausgeführten Schenkung war und der Schenkungsgegenstand wegen eines vertraglichen Rückforderungsrechtes **nach dem 11.11.2005** herausgegeben werden musste. Die Vorschrift verhindert, dass steuerpflichtige Erwerbe, die nach dem alten Recht erfolgt sind, rückabgewickelt werden, um die günstigeren neuen Bestimmungen ab dem 1.1.2009 zu erreichen. IErg verhindert die Vorschrift einen Gestaltungsmissbrauch (§ 42 AO). Gesetzliche Rückforderungsrechte (zB § 528 BGB) unterfallen der Vorschrift nicht (zum überschießenden Regelungsinhalt vgl. *Crezelius* DStR 2007, 2277 (2282); Fischer/Pahlke/Wachter/*Pahlke* Rn. 1–21).

4   **3. Anwendung des ErbStAnpG 2016.** Nach § 37 XII 1 finden die §§ 10, 13a bis 13d, 19a, 28 sowie 28a auf alle Erwerbe Anwendung, für die die Steuer nach dem 30.6.2016 entsteht. Ferner findet § 13a I 3, 4 nach § 37 XII Nr. 2 ebenfalls auf frühere Erwerbe Anwendung, für die die Steuer nach dem 30.6.2016 entsteht. Dies gilt gem. § 37 XII 3 auch für § 13c II 3–5.

§ 37a Sondervorschriften aus Anlaß der Herstellung der Einheit Deutschlands

(1) (weggefallen)

(2) ¹Für den Zeitpunkt der Entstehung der Steuerschuld ist § 9 Abs. 1 Nr. 1 auch dann maßgebend, wenn der Erblasser in dem in Artikel 3 des Einigungsvertrages genannten Gebiet vor dem 1. Januar 1991 verstorben ist, es sei denn, daß die Steuer nach dem Erbschaftsteuergesetz der Deutschen Demokratischen Republik vor dem 1. Januar 1991 entstanden ist. ²§ 9 Abs. 2 gilt entsprechend, wenn die Versteuerung nach § 34 des Erbschaftsteuergesetzes (ErbStG) der Deutschen Demokratischen Republik in der Fassung vom 18. September 1970 (Sonderdruck Nr. 678 des Gesetzblattes) ausgesetzt wurde.

(3) (weggefallen)

(4) Als frühere Erwerbe im Sinne des § 14 gelten auch solche, die vor dem 1. Januar 1991 dem Erbschaftsteuerrecht der Deutschen Demokratischen Republik unterlegen haben.

(5) Als frühere Erwerbe desselben Vermögens im Sinne des § 27 gelten auch solche, für die eine Steuer nach dem Erbschaftsteuerrecht der Deutschen Demokratischen Republik erhoben wurde, wenn der Erwerb durch Personen im Sinne des § 15 Abs. 1 Steuerklasse I erfolgte.

(6) § 28 ist auch anzuwenden, wenn eine Steuer nach dem Erbschaftsteuerrecht der Deutschen Demokratischen Republik erhoben wird.

(7) ¹Ist in dem in Artikel 3 des Einigungsvertrages genannten Gebiet eine Steuerfestsetzung nach § 33 des Erbschaftsteuergesetzes der Deutschen Demokratischen Republik in der Weise erfolgt, daß die Steuer jährlich im voraus von dem Jahreswert von Renten, Nutzungen oder Leistungen zu entrichten ist, kann nach Wahl des Erwerbers die Jahressteuer zum jeweils nächsten Fälligkeitstermin mit ihrem Kapitalwert abgelöst werden. ²§ 23 Abs. 2 ist entsprechend anzuwenden.

(8) Wurde in Erbfällen, die vor dem 1. Januar 1991 eingetreten sind, oder für Schenkungen, die vor diesem Zeitpunkt ausgeführt worden sind, die Versteuerung nach § 34 des Erbschaftsteuergesetzes der Deutschen Demokratischen Republik ausgesetzt, ist diese Vorschrift weiterhin anzuwenden, auch wenn die Steuer infolge der Aussetzung der Versteuerung erst nach dem 31. Dezember 1990 entsteht.

Regelungen im Verhältnis zur ehemaligen DDR. Die Vorschrift regelt Fragen zur Anwendung des ErbStG anlässlich der deutschen Vereinigung 1990. Nach Abs. 2 ist zu unterscheiden 1

– Steuerentstehung vor dem 1.7.1990: nach Abs. 4 gilt das DDR-Erbschaftsteuerrecht;
– Steuerentstehung zwischen dem 1.7.1990 bis zum 31.12.1990: Anwendung des DDR-Erbschaftsteuergesetzes aufgrund des Staatsvertrages; die Regelung gilt entsprechend auch für Schenkungen;
– Steuerentstehung ab dem 1.1.1991: es gilt das deutsche ErbStG (vgl. Tiedtke/*Schubert* Rn. 3).

Die Zusammenrechnung mit früheren Erwerben nach § 14, für die das DDR-Recht anwendbar war, 2 und solchen Erwerben, für die das Recht der Bundesrepublik Deutschland galt, erfolgt nach Abs. 4; aufgrund der relativ hohen Erbschaftsteuer im Beitrittsgebiet kann bzw. konnte in den wohl inzwischen weitgehend abgeschlossenen Fällen die Zusammenrechnung für den Steuerpflichtigen zu einer günstigeren Besteuerung führen. Auch bei mehrfachen Erwerben (Abs. 5) ist § 27 anzuwenden; weitere Einzelheiten s. zB *Pahlke* (Fischer/Pahlke/Wachter/*Pahlke* Rn. 1–46).

§§ 38, 39 (weggefallen)

170. Einkommensteuergesetz (EStG)

In der Fassung der Bekanntmachung vom 8.10.2009

(BGBl. I 3366, ber. S. 3862)

Zuletzt geändert durch Art. 9 Gesetz zur Stärkung der betrieblichen Altersversorgung und zur Änderung anderer Gesetze (Betriebsrentenstärkungsgesetz) vom 7.8.2017 (BGBl. I S. 3214)

Systematische Darstellung

Übersicht

	Rn.
I. Einkommensteuerliche Folgen des Erbfalls	1–91
1. Allgemeine Grundsätze	1–17
a) Einleitung	1–4
b) Einzelunternehmen oder ein Anteil an einer Personengesellschaft als Teil des Nachlasses	5–10
c) Praxis eines Freiberuflers als Teil des Nachlasses	11
d) Privatvermögen als Teil des Nachlasses	12–14
e) Steuererklärungspflicht	15–17
2. Sonderfälle des Eintritts in ertragsteuerliche Rechtspositionen	18–56
a) Besonderheiten bei Betriebsaufspaltung	20–25
b) Steuerliche Umqualifizierung von Privat- in Betriebsvermögen und umgekehrt	26/27
c) Besonderheiten bei Sonderbetriebsvermögen	28–33
d) Besonderheiten bei Vorausvermächtnissen	34–39
e) Nachdeklarationspflicht der Erben	40–53
f) Stundung nach § 6 AStG	54–56
3. Gewerbesteuerliche Folgen des Erbfalls	57–60
a) Tod des Einzelunternehmers	58
b) Tod des Gesellschafters einer Personengesellschaft	59
c) Tod des Gesellschafters einer Kapitalgesellschaft	60
4. Umsatzsteuerliche Folgen des Erbfalls	61–65
a) Tod des Einzelunternehmers	62
b) Tod des Gesellschafters einer Personengesellschaft	63/64
c) Tod des Gesellschafters einer Kapitalgesellschaft	65
5. Grunderwerbsteuerliche Folgen des Erbfalls	66–69
6. Übergang von Verlusten auf die Erben	70–91
a) Grundsätze des Großen Senats	70/71
b) Folgerungen aus dem allgemeinen Verlustvortrag, § 10d	72–76
c) Spendenvortrag nach § 10b I 3	77/78
d) Verlustvortrag nach § 10a GewStG	79–81

	Rn.
e) Verrechenbare Verluste nach § 15a	82–84
f) Zinsschranke und Thesaurierungsbegünstigung	85–89
g) Exkurs: Verluste einer Kapitalgesellschaft, deren Anteile vererbt werden	90
h) Verteilung größerer Erhaltungsaufwendungen nach § 82b EStDV	91
II. Einkommensteuerliche Folgen der Erbauseinandersetzung	92–141
1. Allgemeine Grundsätze	92–96
2. Auseinandersetzung über Betriebsvermögen	97–108
3. Auseinandersetzung über Privatvermögen	109–112
4. Auseinandersetzung über einen sog. Mischnachlass	113–117
5. Schulden zur Finanzierung von Abfindungszahlungen	118–122
6. Erfüllung von Pflichtteils-/Vermächtnisansprüchen	123–131
7. Ausschlagung gegen Abfindung	132–134
8. Schulden zur Finanzierung von Pflichtteilsansprüchen	135/136
9. Steuerliche Wirkung einer Teilungsanordnung	137–141
III. Sonderfragen bei der Vererbung von Personengesellschaftsanteilen	142–171
1. Auflösungsklausel	142–144
2. Fortsetzungsklausel	145–150
3. Einfache Nachfolgeklausel	151/152
4. Qualifizierte Nachfolgeklausel	153–161
5. Rechtsgeschäftliche Nachfolgeklausel	162–165
6. Eintrittsklausel	166–171
7. Nachfolge bei Vermächtnisanordnung	172/173
IV. Einkommensteuerliche Behandlung der Erbengemeinschaft	174–181
1. Einkünfteermittlung und Verteilung	174
2. Erbengemeinschaft und Betriebsaufspaltung	175–177
a) Voraussetzungen für das Vorliegen einer Betriebsaufspaltung	175
b) Fortsetzung einer Betriebsaufspaltung bei Erbfall	176/177
3. Betriebsaufspaltung und Testamentsvollstreckung	178–180
4. Zurechnung von Zinsen im Erbfall	181
V. Planung der Vermögens- und Unternehmensnachfolge	182

I. Einkommensteuerliche Folgen des Erbfalls

1 1. Allgemeine Grundsätze. a) Einleitung. Mit dem Erbfall geht das Vermögen des Erblassers im Wege der **Gesamtrechtsnachfolge** grds. als Ganzes auf den oder die Erben über. Der Nachlass wird Gesamthandsvermögen der Erben (§ 1922 BGB). Lediglich bei Anteilen an Personengesellschaften kann der Eigentumsübergang im Wege der Sonderrechtsnachfolge auf den oder die Erben entsprechend der Erbquote unmittelbar (am Nachlass vorbei) erfolgen.

I. Einkommensteuerliche Folgen des Erbfalls **EStG 170**

Durch den Erbfall werden zahlreiche – unmittelbare und mittelbare – steuerliche Folgen ausgelöst, sei 2
es, dass die Erben mit noch nicht beglichenen Steuern des Erblassers konfrontiert werden (**Erblasserschulden**), sei es, dass die Erben diejenigen Steuern schulden, die durch den Erbfall selbst ausgelöst werden (**Erbfallsteuer**), sei es schließlich, dass durch die Fortführung der vom Erblasser ausgeübten Tätigkeiten oder die Übernahme des Erblasservermögens fortlaufend Steuern entstehen.

Der Erbfall als solcher löst unmittelbar keine Einkommensteuer aus. Dieser **Grundsatz** gilt aber nicht 3
ausnahmslos. So kann bereits eine logische Sekunde nach dem Erbfall eine Steuerbelastung ausgelöst werden, wenn sich die steuerliche Zuordnung eines zum Nachlass gehörenden Wirtschaftsgutes ändert. Insoweit sind – vielfältig wie das tatsächliche Leben ist – auch ebenso viele Fallkonstellationen denkbar, die es steuerlich zu würdigen gibt.

Die nachfolgende Zusammenstellung der steuerlichen Folgen des Erbfalls erhebt keinen Anspruch auf 4
Vollständigkeit. Sie will jedoch die am häufigsten auftretenden Varianten abbilden und hinsichtlich ihrer steuerlichen Folgen vorstellen. Soweit es sich thematisch anbietet, beschränken sich die nachfolgenden Ausführungen nicht (nur) auf die einkommensteuerlichen Konsequenzen, sondern es werden auch Hinweise auf steuerliche Besonderheiten gegeben, die sich aus anderen Steuergesetzen ergeben können.

b) Einzelunternehmen oder ein Anteil an einer Personengesellschaft als Teil des Nachlasses. Fällt 5
ein Einzelunternehmen (Gewerbebetrieb iSd § 15) oder ein Anteil an einer Personengesellschaft (zB GbR, OHG, KG) iSd § 15 I 1 Nr. 2 oder § 15 III Nr. 1 oder Nr. 2 in den Nachlass, handelt es sich einkommensteuerlich um einen unentgeltlichen Übergang des Betriebs bzw. Gesellschaftsanteils vom Erblasser auf den oder die Erben iSd § 6 IV.

Die Anwendung dieser einkommensteuerlichen Spezialvorschrift hat zur Folge, dass die Erben an die 6
steuerlichen Buchwerte des Erblassers gebunden sind. Es besteht also kein steuerliches Wahlrecht dergestalt, einen anderen Bewertungsansatz (zB Teilwert) vorzunehmen.

Die zwingende Anwendbarkeit der Grundsätze über die Buchwertverknüpfung bewirkt in diesen Fäl- 7
len, dass der Erbfall als solcher **keine Betriebsveräußerung oder Betriebsaufgabe iSd § 16** durch den Erblasser darstellt. Eine Besteuerung der beim Erblasser gebildeten stillen Reserven unterbleibt. Eine „Letztbesteuerung", wie dies zB das amerikanische Steuerrecht kennt, erfolgt nicht. Es ist Sache des bzw. der Erben zu entscheiden, ob der Betrieb fortgeführt oder aufgegeben bzw. veräußert wird.

Verpachtet der Erbe den Betrieb, so kann der Erbe zwischen der Betriebsaufgabe und der Fortfüh- 8
rung wählen (§ 16 Abs. 3b EStG).

Zu einer **Betriebsaufgabe** kommt es demnach erst durch eine ausdrückliche Erklärung des **Erben**, § 16 Abs. 3b S. 1 Nr. 1 EStG. Ein Veräußerungs- oder Aufgabegewinn **entsteht** erst **in der Person des Erben** und ist von ihm zu versteuern (Schmidt/*Wacker* § 16 Rn. 590). Dies ist etwa dann der Fall, wenn der Erbe den erworbenen Betrieb abwickeln, also nicht fortführen will. Damit der Erbe hier die Begünstigungen nach §§ 16, 34 erhält, muss er innerhalb kurzer Zeit diese Abwicklung vornehmen und die Abwicklung muss alle wesentlichen Betriebsgrundlagen betreffen (BFH BStBl. II 1993 S. 710).

Ein Veräußerungs- oder Aufgabegewinn entsteht ferner auch dann, wenn ein Erbe seinen Anteil am 9
steuerlichen Betriebsvermögen gegen Ausgleichszahlung (Spitzenausgleich) an den oder die anderen Erben überträgt (BMF BStBl. I 2006 S. 253 Rn. 14ff.; zur Erbauseinandersetzung → Rn. 96).

Besonderheiten gelten, wenn zB der Praxisinhaber seine freiberufliche Praxis wegen dauernder Berufs- 10
unfähigkeit verkauft hat, die Praxis aber erst **nach** seinem Tode übertragen wird. Hier können die Erben den erhöhten Freibetrag nach § 18 III 2 iVm § 16 IV 3 beanspruchen (BFH BStBl. II 1995 S. 893). Es wird hierbei allein auf die Person des Erblassers abgestellt und der zivilrechtlich erst später vollzogene Übertragungsvorgang wird steuerlich „zurückbezogen" und noch als Übertragungsakt des Erblassers bewertet.

c) Praxis eines Freiberuflers als Teil des Nachlasses. Gehört zum Nachlass eine Praxis eines Freibe- 11
ruflers, also zB eine Arzt-, Rechtsanwalts- oder Steuerberaterpraxis, erzielte der Erblasser also bisher Einkünfte nach § 18 I Nr. 1, gelten Besonderheiten (*Urban* ZEV 2016, 297). Hat der Alleinerbe oder einer der Erben nicht dieselbe freiberufliche Qualifikation, gilt er als „berufsfremd". Dies bewirkt, dass er bzw. die Erbengemeinschaft keine Einkünfte aus selbständiger Arbeit erzielen kann (BMF BStBl. I 2006 S. 253 Rn. 5). Die Beteiligung des berufsfremden Erben/Miterben führt dazu, dass die Einkünfte ab dem Erbfall als gewerbliche Einkünfte umqualifiziert werden. Eine Betriebsaufgabe ist mit der Umqualifizierung aber nicht automatisch verbunden (BFH BStBl. II 1993 S. 36); die Einkünfte unterliegen aber fortan zusätzlich der Gewerbesteuer.

d) Privatvermögen als Teil des Nachlasses. Im Bereich des Privatvermögens spiegelt sich die Gesamt- 12
rechtsnachfolge insbes. in der Bindung der Erben an die Gebäude-AfA-Bemessungsgrundlagen (§ 11d EStDV) wieder. Die Erben können also von den Vermietungseinkünften als Werbungskosten „nur" den Abschreibungsbetrag geltend machen, den auch der Erblasser beanspruchen konnte. Hat also der Erblasser ein Gebäude mit 2 % abgeschrieben und betrug der Jahresabschreibungsbetrag 2.500 EUR, dann kann der Erbe – eine ortsübliche entgeltliche Vermietung an einen Dritten unterstellt – ebenfalls nur 2.500 EUR pro Jahr als Werbungskosten geltend machen. Etwas anderes gilt nach Ansicht des BFH (DStR 2013, 1984), wenn der Erwerber Nebenkosten (zB Notar-, Grundbuchkosten) getragen hat. Diese erhöhen die nach § 11d I EStDV fortzuführenden Anschaffungs- oder Herstellungskosten.

Anders ist dies auch, wenn ein Erbe im Rahmen der Erbauseinandersetzung wertmäßig mehr erhält, 13
als ihm nach der Erbquote zusteht und er hierfür einen Spitzenausgleich (Abfindung) an seine Miterben bezahlt (→ Rn. 111). In Höhe der Abfindung liegen dann beim Leistenden Anschaffungskosten vor. Es

Götz 1941

170 EStG   Einkommensteuergesetz

ist für Zwecke der Abschreibung dann zwischen dem unentgeltlich erworbenen Teil des Wirtschaftsguts (zB Gebäude) und dem entgeltlichen Teil zu unterscheiden (BMF BStBl. I 2006 S. 253 Rn. 31). Auf den unentgeltlich erworbenen Teil des Wirtschaftsguts ist § 11d EStDV anzuwenden. Der Miterbe führt anteilig die von der Erbengemeinschaft vorgenommene Abschreibung anteilig fort. Soweit der Miterbe aber das Wirtschaftsgut entgeltlich erworben hat, sind die weiteren Abschreibungsbeträge nach seinen Anschaffungskosten zu bemessen.

14   Gehören zum Nachlass sog. steuerverhaftete Wirtschaftsgüter, wie zB Anteilen an einer Kapitalgesellschaft von mindestens 1 % oder Grundstücke, die der Erblasser vor weniger als 10 Jahren erworben hat (§§ 17, 23), so übernehmen die Erben die Anschaffungskosten des Erblassers als eigene. Soweit zum Nachlass eine Beteiligung an einer Personengesellschaft mit sog. steuerlichen Privatvermögen gehört, mit der also keine Einkünfte iSd § 15 I 1 Nr. 2 oder § 15 III erzielt wurden (s. oben b), wird einkommensteuerlich nicht der Gesellschaftsanteil als solcher als Erwerbsgegenstand angesehen. Steuerlich gelten vielmehr die einzelnen Wirtschaftsgüter des Gesamthandvermögens als anteilig (dh ein ideeller Anteil in Höhe der Erbquote) übergegangen (§ 39 AO). Bleiben die einzelnen Erben an dieser Personengesellschaft zivilrechtlich beteiligt, müssen für diese die Einkünfte einheitlich und gesondert ermittelt werden, um sie steuerlich den Gesellschaftern zurechnen zu können, § 180 AO.

15   **e) Steuererklärungspflicht.** Mit dem Tod des Erblassers endet seine subjektive Steuerpflicht. Dies bedeutet indes nicht, dass im Todesjahr für die von ihm bis dahin erzielten Einkünfte keine Steuererklärung mehr abzugeben wäre. Vielmehr ist für die vom Erblasser bis zu seinem Tode erzielten Einkünfte eine „reguläre" Einkommensteuerveranlagung durchzuführen. Dies gilt unabhängig davon, ob der Erbfall im Laufe des 1.1. oder 31.12. eingetreten ist. Die Einkünfte sind Tag genau zu ermitteln und werden – gleichgültig wann der Erbfall eintrat – dem Jahressteuertarif (Grundtabelle, § 32a I) unterworfen.

16   Bei Ehegatten werden im Falle der Zusammenveranlagung (§§ 26, 26b) die Einkünfte des Erblassers mit denen des überlebenden Ehegatten im sog. Splitting-Verfahren (§ 32a V) besteuert, was vorteilhaft sein kann. Das Wahlrecht zur Zusammenveranlagung üben anstelle des Erblassers seine Erben aus (H 26 EStR).

17   Für den überlebenden Ehegatten sieht § 32a VI 1 Nr. 1 ferner vor, dass auch die (nur noch von ihm) erzielten Einkünfte für den ersten Veranlagungszeitraum, der dem Todesjahr folgt, im Splitting-Verfahren besteuert werden (sog. Gnadensplitting).
Zur Problematik der Nachdeklarationspflicht der Erben → Rn. 40).

18   **2. Sonderfälle des Eintritts in ertragsteuerliche Rechtspositionen.** Wie dargestellt, tritt der Erbe steuerlich betrachtet gleichsam in alle steuerrechtlichen Positionen des Erblassers ein. So erfolgt neben dem Eintritt in die Anschaffungs-/Herstellungskosten des Rechtsvorgängers einschließlich der AfA-Präferenzen nach **§ 11d EStDV** aufgrund der Sonderregelungen des § 23 I 3, § 17 I 4 und Abs. 2 S. 5 eine **Merkmalszurechnung** bei den Erben.

19   Allein durch den Erbfall verändern die vom **Erblasser stammenden Schulden** nicht ihren betrieblichen oder privaten Charakter. Die bisherige steuerliche Behandlung gilt daher auch mit Wirkung für und gegen die Miterben fort. Im Rahmen der Erbauseinandersetzung kann sich der Charakter derartiger Schulden allerdings verändern. Die zukünftige Behandlung bei einem Miterben hängt davon ab, mit welchem Vermögen diese Verbindlichkeiten später in Zusammenhang stehen und wie dieses Vermögen beim Erben verwendet wird. So kann Privatvermögen der Erbengemeinschaft beim übernehmenden Miterben Betriebsvermögen und die damit zusammenhängende Verbindlichkeit Betriebsschuld werden (→ Rn. 114ff.; Bsp. → Rn. 117).

20   **a) Besonderheiten bei Betriebsaufspaltung.** Der Erbfall kann zur Folge haben, dass es zu einer **unfreiwilligen Beendigung** einer Betriebsaufspaltung kommt, wenn durch den Erbfall die sachliche oder personelle Verflechtung beseitigt wird. Eine enge personelle Verflechtung setzt nach der Rspr. (BFH BStBl. II 2002 S. 363; Schmidt/*Wacker* § 15 Rn. 820) voraus, dass die hinter beiden Gesellschaften stehenden Personen einen einheitlichen geschäftlichen Betätigungswillen haben. Entfällt durch den Erbfall diese sog. personelle Verflechtung (→ Rn. 175), verlieren die Wirtschaftsgüter des einzelunternehmerischen Besitzunternehmens ihre Eigenschaft als Betriebsvermögen und werden steuerliches Privatvermögen. Dieser Vorgang führt zur vollständigen Aufdeckung aller stiller Reserven, insbes. auch derer in den Anteilen an der Betrieb-GmbH.

21   Betroffen sind die Fälle, bei denen im Erbfall zB die Beteiligungen des Mehrheitsgesellschafters am Besitz- und Betriebsunternehmen erbrechtlich an unterschiedliche Personen fallen (Hörger/Stephan/Pohl Unternehmensnachfolge/*Hörger/Pauli* Rn. 1193).

22   Geht zB der Mehrheitsanteil an der (Besitz-)Personengesellschaft auf nur einen von mehreren Miterben kraft einer **qualifizierten Nachfolgeklausel** (→ Rn. 153ff.) über, während die Mehrheit an der Betriebsgesellschaft sich im Erbwege auf die mehreren Miterben verteilt, so entfällt die für eine Betriebsaufspaltung erforderliche (Mehrheits-)Beteiligungsidentität. Nach der Rspr. (BFH BFH/NV 1991, 439) ist in diesem Fall eine zwangsweise Betriebsaufgabe auf Seiten des Besitzunternehmens anzunehmen, die zur Aufdeckung aller stillen Reserven, einschließlich derjenigen in den GmbH-Anteilen, die notwendiges Sonderbetriebsvermögen sind (BFH BStBl. II 2002 S. 537), führt. Je nach Umfang der aufgedeckten stillen Reserven kann dies eine erhebliche Steuerbelastung auslösen.

23   Die **Wiederherstellung** der personellen Verflechtung durch Maßnahmen nach dem Erbfall beseitigt nach der Rspr. des BFH zur Erbauseinandersetzung die Rechtsfolgen der Betriebsaufgabe nicht. Dies gilt

I. Einkommensteuerliche Folgen des Erbfalls

selbst dann, wenn die personelle Verflechtung entsprechend Rn. 8 des BMF v. 14.3.2006 (BStBl. I 2006 S. 253 ff.) rückwirkend auf den Zeitpunkt des Erbfalls im Wege der Erbauseinandersetzung wiederhergestellt wird. Es genügt zur Zwangsrealisation also, dass es zu einem Auseinanderfallen der personellen Verflechtung in der „logischen Sekunde" des Erbfalls kommt (Hörger/Stephan/Pohl Unternehmensnachfolge/*Hörger/Pauli* Rn. 1193).

Zu eine Betriebsaufgabe bei der Besitzgesellschaft kommt es jedoch nicht, wenn es sich bei der Besitzgesellschaft um eine sog. **gewerblich geprägte Personengesellschaft** iSv § 15 III Nr. 2 handelt oder wenn sich die weitere Überlassung der Wirtschaftsgüter an die Betriebsgesellschaft als sog. **Betriebsverpachtung** qualifizieren lässt. In letzterem Fall ist erforderlich, dass es sich um die Verpachtung aller wesentlichen Grundlagen des Betriebes handelt (Schmidt/*Wacker* § 16 Rn. 708). Für die Annahme einer Verpachtung aller wesentlichen Grundlagen ist auch die Überlassung des Firmenwerts notwendig. Dies kann im Einzelfall problematisch sein. Die vorgenannten Ausnahmen vermeiden die Realisierung der stillen Reserven in den Anteilen der Betriebsgesellschaft jedoch nur, sofern diese Betriebsvermögen bzw. Sonderbetriebsvermögen bei Miterben bilden, die Mitunternehmer der gewerblich geprägten Gesellschaft bzw. des Pachtunternehmens sind. Zu Gestaltungen zur Vermeidung einer ungewollten Beendigung vgl. Praxis der Unternehmensnachfolge, 4. Aufl. 2009, Rn. 1365.

Umgekehrt kann es auch zu einer **ungewollten Begründung** einer Betriebsaufspaltung in der Person des Erben kommen. So kann etwa eine maßgebliche Beteiligung iSd § 17 dadurch Betriebsvermögen werden, dass bei Vorliegen einer Betriebsaufspaltung nach Maßgabe des sog. **Wiesbadener Modells** (Fichtelmann Betriebsaufspaltung Rn. 9), die Ehefrau, die die Betriebsgrundstücke besitzt und bisher an eine GmbH (sog. Betriebs-GmbH) vermietet hat, an der ihr Gatte zu 100% beteiligt war, die GmbH-Anteile ihres Mannes erbt. Die Einlage der GmbH-Anteile beim neu entstehenden Besitzunternehmen der Ehefrau erfolgt mit den Anschaffungskosten, auch wenn der Teilwert zwischenzeitlich ein Vielfaches der Anschaffungskosten beträgt (§ 6 I Nr. 5b). Die Folgen wären steuerlich besonders schmerzlich, wenn die Beteiligung später an einen Vermächtnisnehmer, zB eines der Kinder, herauszugeben wäre. Der Einlage mit den niedrigen Anschaffungskosten würde die gewinnrealisierende Entnahme (zum Teilwert) auf dem Fuß folgen.

b) Steuerliche Umqualifizierung von Privat- in Betriebsvermögen und umgekehrt. Wurde zB das Einzelunternehmen des Erblassers auf einem Grundstück geführt, das er von seiner Ehefrau angemietet hatte und wird die Ehefrau nach dem Tode des Einzelunternehmers Erbin oder Miterbin, erlangt das bisher als steuerliches Privatvermögen beurteilte Grundstück nunmehr Betriebs-/Sonderbetriebsvermögenseigenschaft. Das Grundstück wird – obwohl sich zivilrechtlich nichts ändert – steuerlich zum Teilwert aus dem Privatvermögen in das Betriebs-/Sonderbetriebsvermögen „eingelegt".

Umgekehrt kann mit dem Erbfall die Betriebsvermögens-Eigenschaft eines betrieblich genutzten Grundstücks entfallen, wenn das bisher zum Betriebsvermögen gehörende Betriebsgrundstück auf einen Miterben oder Vermächtnisnehmer übergeht, der nicht zugleich auch an dem im Nachlass liegenden Einzelunternehmen (zumindest teilweise) beteiligt ist.

c) Besonderheiten bei Sonderbetriebsvermögen. Häufig hat ein Gesellschafter einer Personengesellschaft einen ihm gehörenden Gegenstand der Gesellschaft nur zur Nutzung überlassen. Ertragsteuerlich werden diese – obwohl zivilrechtlich unverändert Eigentum des Gesellschafters – zum Betriebsvermögen der Gesellschaft gezählt und in einer sog. Sonderbilanz als sog. **Sonderbetriebsvermögen** des betreffenden Gesellschafters erfasst. Verstirbt nun dieser Gesellschafter, besteht die Gefahr, dass diese Wirtschaftsgüter des Sonderbetriebsvermögens aus diesem ausscheiden und Bestandteil des Privatvermögens werden. Der Statuswechsel von Betriebsvermögen zu Privatvermögen ist mit einer Besteuerung der stillen Reserven (= Differenz zwischen Verkehrswert und steuerlichen Buchwert) verbunden.

Unabhängig von der im Einzelfall im Testament gewählten Nachfolgeklausel (→ Rn. 145 ff.) kann diese steuerliche Folge stets eintreten, wenn das wirtschaftliche Eigentum an Wirtschaftsgütern des Sonderbetriebsvermögens und die Mitunternehmerstellung – und sei es auch nur für eine „logische Sekunde" (*Bohlmann* BB 1994, 189) – auseinanderfallen. Diese Gefahr besteht insbes. bei Vorliegen einer **Fortsetzungsklausel**. In diesem Fall verliert das Sonderbetriebsvermögen diese Eigenschaft bereits beim Erblasser, soweit es auf Erben übergeht, die nicht Gesellschafter der Personengesellschaft sind, und wird steuerliches Privatvermögen. Der **Entnahmegewinn** erhöht den begünstigten Veräußerungsgewinn des Erblassers (§ 16 III 7 EStG analog; BMF BStBl. I 2006 S. 253 Rn. 69). Keine Entnahme des Sonderbetriebsvermögens erfolgt, wenn dieses subsidiär Betriebsvermögens eines gewerblichen Unternehmens des Erblassers war oder bei Buchwertentnahme iSd § 6 I Nr. 4 S. 5 EStG vorliegt (Schmidt/*Wacker* § 16 Rn. 662; IDW FN 2002, 534 ff., Zweifelsfragen zu §§ 6, 16; BFH BStBl. II 2003 S. 237).

Auch im Falle des Übergangs des Gesellschaftsanteils aufgrund von **gesellschaftsrechtlichen Nachfolgeklauseln** kann es zu einer gewinnverwirklichenden Entnahme von Sonderbetriebsvermögen kommen. Dazu zur einfachen Nachfolgeklausel → Rn. 151, zur qualifizierten Nachfolgeklausel → Rn. 153. Zur Eintrittsklausel → Rn. 166.

Um die möglichen steuerlichen Nachteile bei der Vererbung von Sonderbetriebsvermögen an Nichtgesellschafter zu vermeiden, muss streng darauf geachtet werden, dass jeder Gesellschafter mit Sonderbetriebsvermögen in einer Verfügung von Todes wegen dafür Sorge trägt, dass diese Gegenstände des Sonderbetriebsvermögens im Todesfall die **Betriebsvermögenseigenschaft nicht verlieren,** indem sie etwa auf den vorgesehenen Nachfolger, zumindest aber auf andere Mitunternehmer der Gesellschaft unmittelbar übergehen.

32 Will der Erblasser einem seiner Erben ein **bestimmtes Wirtschaftsgut des Sonderbetriebsvermögens** zukommen lassen, muss er dafür sorgen, dass dieser Erbe – zumindest mit einem kleinen Anteil (BMF BStBl. I 2006 S. 253 Rn. 73) – Gesellschafter wird.

33 Vorsicht ist geboten, wenn Sonderbetriebsvermögen zur Befriedigung von weichenden Miterben oder der Auszahlung von Pflichtteilsansprüchen etc. verwendet wird. Ertragsteuerlich liegt hier eine Entnahme vor, die laufenden Gewinn darstellt und der Einkommen- und Gewerbesteuer unterliegt.

34 **d) Besonderheiten bei Vorausvermächtnissen.** Zivilrechtlich stellt das **Vorausvermächtnis** einen Sonderfall des Vermächtnisses dar. Der Unterschied zum Vermächtnis besteht lediglich darin, dass der **Vermächtnisnehmer zugleich Miterbe** ist. Der Vorausvermächtnisnehmer erwirbt die ihm zugewandte Nachlassgegenstände nicht unmittelbar vom Erblasser, sondern durch Rechtsgeschäft mit der Erbengemeinschaft, der er selbst angehört.

35 Mit Rücksicht auf die Gleichartigkeit der zivilrechtlichen Ausgangssituation folgt die ertragsteuerliche Behandlung der Erfüllung eines im Wege des Vorausvermächtnisses zugewandten Anspruchs im Wesentlichen den gleichen Grundsätzen, wie sie auch für die Erfüllung von gewöhnlichen Vermächtnissen gelten.

36 Betrifft das Vorausvermächtnis einen Betrieb, so erzielt die Erbengemeinschaft keinen Veräußerungs- oder Aufgabegewinn. Der Vermächtnisnehmer führt nach § 6 III EStG die Buchwerte der Erbengemeinschaft fort.

Überträgt die Erbengemeinschaft ein **Einzelwirtschaftsgut des Betriebsvermögens** an den Vorausvermächtnisnehmer, der das Wirtschaftsgut in sein Privatvermögen überführt, entsteht bei der Erbengemeinschaft (nicht beim Erblasser) ein Entnahmegewinn.

37 Eine Abweichung gegenüber den beim Vermächtnis geltenden Grundsätzen wurde nach der früheren Rechtslage für den Fall angenommen, dass ein zum Betriebsvermögen gehörendes Einzelwirtschaftsgut von der Erbengemeinschaft in ein **anderes Betriebsvermögen des Vorausvermächtnisnehmers** überführt wird. Dem Vorausvermächtnisnehmer wurde das Wahlrecht eingeräumt, das erhaltene Wirtschaftsgut mit dem Teilwert anzusetzen (mit der Folge eines Entnahmegewinns bei allen Miterben) oder den Buchwert der Erbengemeinschaft wie bisher fortzuführen (BMF BStBl. I 1993 S. 62 Rn. 74; Schmidt/*Wacker* § 16 Rn. 597). Auf Grund der Gesetzesänderung sind ab 2001 zwingend die Buchwerte fortzuführen (Schmidt/*Wacker* § 16 Rn. 597). Diese geänderte Gesetzessituation wird nun auch im BMF-Schreiben v. 14.3.2006 (BMF BStBl. I 2006 S. 253) nachvollzogen.

38 In den Fällen, in denen – bei Übertragung eines Wirtschaftsguts des Betriebsvermögens in das Privatvermögen des Vermächtnisnehmers – das Entstehen von Entnahme-/Veräußerungsgewinnen vermieden werden soll und zugleich eine Einsetzung des Vermächtnisnehmers als Miterbe – wenn auch uU nur mit einer geringen Quote – möglich ist, kann daher die Anordnung eines Vorausvermächtnisses durchaus ein **wichtiges Gestaltungsmittel** sein.

39 Bezieht sich das Vorausvermächtnis auf ein Wirtschaftsgut des Privatvermögens des Nachlasses, muss der Vorausvermächtnisnehmer – wie bei einem Vermächtnis – nach § 11d I EStDV die bisher für die Erbengemeinschaft maßgebenden Steuerwerte fortführen, weil im Verhältnis zwischen der Erbengemeinschaft und dem Vorausvermächtnisnehmer ein unentgeltlicher Erwerb vorliegt (BMF BStBl. I 2006 S. 253 Rn. 66).

40 **e) Nachdeklarationspflicht der Erben.** Stellen Erben fest, dass der Erblasser Steuererklärungen nicht wahrheitsgemäß abgegeben hat oder sind nicht versteuerte Gelder im Nachlass vorhanden, besteht Handlungsbedarf. Nach dem Gesetz gehen die Forderungen und Schulden, die der Erblasser gegenüber dem Finanzamt hatte (als Teil des sog. Steuerschuldverhältnisses), auf den Erben oder die Erbengemeinschaft als sog. Gesamtrechtsnachfolger über. Der Erbe oder die Erbengemeinschaft treten losgelöst von einer ggf. schon bisher im Inland bestehenden eigenen Einkommensteuerpflicht zusätzlich aufgrund des Erbfalls in die gesamten steuerrechtlich relevanten Rechtspositionen des Erblassers ein. Der Erbe oder die Erbengemeinschaft sind insoweit so zu behandeln, als ob sie mit dem Erblasser identisch wären.

41 Der Erbe oder die Erbengemeinschaft tritt auch in die **verfahrensrechtliche** Stellung des Erblassers ein (jedenfalls ein Teil des Steuerschuldverhältnisses). War bspw. der noch an den Erblasser gerichtete Einkommensteuerbescheid unanfechtbar geworden, weil der Erblasser keinen Einspruch eingelegt hat, ist der Erbe bzw. die Erbengemeinschaft daran gebunden. Die **Einkommensteuerschuld** muss von den Erben bezahlt werden, selbst wenn der Steuerbescheid falsch sein sollte. Obwohl also dem Erben bzw. der Erbengemeinschaft gegenüber nie eine Bekanntgabe des Steuerbescheides erfolgt ist, kann kein **Einspruch** mehr eingelegt werden. Anders ist dies nur dann, wenn der Erbfall eintritt und die Rechtsbehelfsfrist noch nicht abgelaufen war. Dann kann der Erbe bzw. die Erbengemeinschaft noch Einspruch gegen den an den Erblasser gerichteten Steuerbescheid einlegen.

42 Vom Erblasser (Rechtsvorgänger) bereits ausgeübte **Wahlrechte** (zB auf getrennte oder gemeinsame Veranlagung) oder gestellte Anträge (zB auf Stundung oder Erlass der Steuerschulden) oder andere Rechtshandlungen wirken nach Eintritt der Rechtsnachfolge „zu Lasten" des Erben fort. Der Erbe kann sie nur ändern oder erstmalig vornehmen, soweit dies auch dem Erblasser in diesem Verfahrensstadium noch möglich gewesen wäre.

43 Da der Gesamtrechtsnachfolger mit dem Übergang der Rechte aus dem Steuerschuldverhältnis selbst Steuerpflichtiger wird, hat er als solcher auch die sich auf den Zeitraum vor Eintritt des Erbfalls beziehenden sog. steuerlichen Hilfspflichten zu erfüllen. Hierzu gehört insbes. die Pflicht zur – vom Rechtsvorgänger ggf. versäumten – Abgabe von Steuererklärungen. Darüber hinaus ist der Erbe (Rechtsnach-

I. Einkommensteuerliche Folgen des Erbfalls

folger) verpflichtet, bei der **Sachverhaltsaufklärung** mitzuwirken, dem Finanzamt Auskünfte zu erteilen, Bücher, Aufzeichnungen, Geschäftspapiere und andere Urkunden vorzulegen sowie Bücher und Aufzeichnungen zu führen. Der Erbe ist schließlich auch verpflichtet, eine **Außenprüfung** für die Zeit vor Eintritt des Erbfalls zu dulden.

Ein vom Erblasser bereits begonnenes, also **laufendes Einspruchsverfahren**, wird durch den Erbfall nicht unterbrochen. Es muss vielmehr von dem Erben bzw. der Erbengemeinschaft fortgeführt werden. 44

Ist ein **Steuerbescheid** an den Erblasser gerichtet worden, obwohl dieser bereits verstorben war, so ist der Steuerbescheid mangels Bekanntgabe an den (richtigen) Adressaten (nämlich den Erben bzw. die Erbengemeinschaft) nicht wirksam geworden und nichtig. In diesem Fall muss das Finanzamt den Steuerbescheid an den Erben bzw. die Erbengemeinschaft richten und ihnen (noch einmal) zusenden. 45

Schließlich ist der Erbe auch nicht vor Überraschungen in Form unerwartet hoher **Einkommensteuernachzahlungen** für Zeiträume vor dem Erbfall gefeit. Der Übergang der Steuerschuld auf den Erben bewirkt, dass dieser nunmehr originärer Schuldner der Erblasser-Einkommensteuer ist und daher bei Zahlungsrückständen des Erblassers wegen nunmehr einer „eigenen" Steuerschuld in Anspruch genommen wird. Konkret kann der Fall eintreten, dass der Erbe parallel aus zwei Einkommensteuerbescheiden für ein Kalenderjahr die Steuer schuldet, nämlich aus seinem eigenen Steuerbescheid und demjenigen des Erblassers. 46

Liegen dem Erben bzw. der Erbengemeinschaft keine Anhaltspunkte dafür vor, dass der Erblasser seinen steuerlichen Erklärungspflichten nicht wahrheitsgemäß nachgekommen ist, sind sie mangels positiver Kenntnis auch nicht in der Lage, dem Finanzamt gegenüber korrigierte Steuererklärungen (§ 153 AO) abzugeben. Die vom Erblasser abgegebenen (unrichtigen) Steuererklärungen „bleiben" falsch; die Fehlerhaftigkeit der Steuererklärung kann dem Erben bzw. der Erbengemeinschaft strafrechtlich nicht angelastet werden. 47

Diese quasi Unschuldsvermutung zugunsten des Erben bzw. der Miterben gilt aber nur solange, wie ihnen kein Vorwurf gemacht werden kann, sie hätten ihre Unkenntnis über die steuerlich relevanten Sachverhalte des Erblassers bewusst herbeigeführt, etwa durch Vernichtung von Bankunterlagen oder ein bewusstes Verschließen der Augen trotz Verdachtsindizien und Kenntnisnahmemöglichkeit von steuerrelevanten Sachverhalten. Von dieser strafrechtlichen Beurteilung losgelöst bleibt für die Erben das Risiko, dass sie Steuernachzahlungen leisten müssen, wenn der Erblasser zu Lebzeiten objektiv zu niedrige Einkünfte erklärt hat und das Finanzamt für die zurückliegenden Jahre geänderte Steuerbescheide mit entsprechenden Nachzahlungen (nebst 6 % Zinsen p. a., § 233a AO) erlässt. Diese **latente Steuerschuld** lastet auf dem Nachlass auch dann, wenn der Erbe bzw. die Erbengemeinschaft von etwa rückständigen Steuern nichts wissen, also gutgläubig sind. Denn mit der Annahme der Erbschaft übernehmen sie alle auf dem Nachlass ruhenden Verbindlichkeiten und damit auch etwaige Steuerschulden. 48

Unklar ist, ob dem Erben bzw. der Erbengemeinschaft während der Sichtung des Nachlasses bereits ein steuerstrafrechtlich relevanter Vorwurf gemacht werden kann, sie hätten sich mit der Sichtung steuerlich bedeutsamer Unterlagen besonders (zu) viel Zeit gelassen. Ein diesbezüglicher Vorwurf ist nur dann berechtigt, wenn den Erben bzw. die Erbengemeinschaft eine diesbezügliche Handlungspflicht träfe. Da eine solche Pflicht gesetzlich indes nicht besteht, bleibt es bei dem Grundsatz, dass dem Erben bzw. der Erbengemeinschaft **steuerstrafrechtlich** kein Vorwurf gemacht werden kann, solange sie keine positive Kenntnis von einer Steuerverkürzung/-hinterziehung des Erblassers haben. Mithin stellt sich diese Phase der bloßen Sachverhaltsermittlung für den gutgläubigen Erben bzw. die gutgläubige Erbengemeinschaft als steuerstrafrechtlich unproblematisch dar. 49

Erlangt der Erbe bzw. die Erbengemeinschaft im Zuge der Sichtung der vom Erblasser hinterlassenen Unterlagen erstmals **positive Kenntnis** von einzelnen Hinterziehungs-/Steuerverkürzungshandlungen des Erblassers, löst dies aus dem übergegangenen Steuerschuldverhältnis heraus – nunmehr **eigene** – Pflicht des Erben bzw. der Erbengemeinschaft aus, gegenüber dem Finanzamt gem. § 153 AO tätig zu werden. Denn ebenso wie jeden anderen Steuerpflichtigen auch, trifft auch den Erben oder die Miterben eine Pflicht, unzutreffende Steuererklärungen nachträglich zu berichtigen. Der BFH hat entschieden, dass auch eine wegen Demenz des Erblassers unwirksame Einkommensteuererklärung – ist sie unrichtig oder unvollständig – zu einer Berichtigungspflicht des Erben nach § 153 Abs. 1 S. 1 Nr. 1 und S. 2 AO führt, bei deren Verletzung eine Steuerhinterziehung nach § 370 Abs. 1 Nr. 2 AO durch Unterlassen vorliegen kann. Die Berichtigungspflicht des Erben nach § 153 Abs. 1 S. 1 Nr. 1 und S. 2 AO wird nicht dadurch ausgeschlossen, dass er bereits vor dem Tod des Erblassers Kenntnis davon hatte, dass dessen Steuererklärung unrichtig ist. Die Verlängerung der Festsetzungsfrist auf zehn Jahre gemäß § 169 Abs. 2 S. 2 und 3 Hs. 1 AO tritt auch dann ein, wenn der als Gesamtschuldner in Anspruch genommene Erbe keine Kenntnis von der Steuerhinterziehung eines Miterben hat (BFH v. 29.8.2017 – VIII R 32/15 – DStR 2018, 297). 50

Da der Erbe bzw. die Erbengemeinschaft in die verfahrensrechtliche Stellung des Erblassers vollumfänglich eintritt, müssen sie **ab Kenntniserlangung** alle vom Erblasser bereits abgegebenen unrichtigen oder unvollständig erklärten Steuererklärungen unverzüglich berichtigen. Konkret bedeutet dies, dass bspw. zu niedrig erklärte Mieteinnahmen oder verschwiegene Zinsen dem Finanzamt sofort mitzuteilen sind (AEAO zu § 153 AO, Nr. 4 S. 4). 51

Der Erbe bzw. die Erbengemeinschaft muss darüber hinaus aber auch bisher nicht erstellte bzw. noch nicht eingereichte Steuererklärungen erstmals dem Finanzamt zuleiten. Die örtliche Zuständigkeit des für die Besteuerung des Erblassers zuständigen Finanzamtes richtet sich nach § 19 AO. Beim Tod eines Ehegatten und anschließender Wohnsitzverlegung des anderen Ehegatten tritt nur für den überlebenden 52

Ehegatten ein Zuständigkeitswechsel ein (§ 26 AO). Ist dem Erben verborgen geblieben, dass der Erblasser Einkünfte nicht oder nicht vollständig erklärt hat, kann eine vom Erben danach wahrheitsgemäß abgegebene Steuererklärung Nachfragen und Nachforschungen auslösen.

53 In der Praxis können der Alleinerbe oder auch die Mitglieder einer Erbengemeinschaft in den Sog strafrechtlicher Ermittlungen geraten. Hat der Erblasser – wie etwa im Fall Zumwinkel – im Ausland Gelder angelegt und erfährt das Finanzamt erst nach den Tod des Erblassers davon, sind Durchsuchungen und Beschlagnahmen bei ihnen denkbar. Führen diese Ermittlungen zu geänderten Steuerbescheiden, können so erhebliche Nachzahlungen incl. Zinsen (6 % p. a.) auf die Erben zukommen.

54 **f) Wegzugsbesteuerung nach § 6 AStG.** Nach 6 Abs. 1 AStG wird auch die grenzüberschreitende Vererbung (bzw. Schenkung) eines Anteile iSv § 17 I 1 EStG (mindestens 1 %) an im Ausland lebende Erwerber (§ 6 Abs. 1 S. 2 Nr. 1 AStG) besteuert. Hierdurch kann der Erbfall zusätzlich durch eine (häufig deutlich schmerzhaftere) Ertragsbesteuerung belastet werden.

55 Jedoch wird die Steuer uU erst erhoben, wenn der Steuerpflichtige tatsächlich einen Veräußerungsgewinn erzielt. Dies gilt aber nur bei einem Wohnsitz des Erben in einem Mitgliedstaat der Europäischen Union und – unter gewissen zusätzlichen Voraussetzungen – des Europäischen Wirtschaftsraums. Ist der Erbe als Erwerber (sei es aufgrund eines Vermächtnisses oder im Wege der Erbauseinandersetzung) des Gesellschaftsanteils dort wohnhaft, wird die Steuer zwar im Veranlagungszeitraum des Erbfalls ermittelt und zunächst auch festgesetzt. Die auf den **fiktiv** ermittelten **Veräußerungsgewinn** entfallende Vermögenszuwachssteuer iSv § 6 Abs. 1 S. 1 AStG wird dann aber – ohne Sicherheitsleistung – bis zur Realisierung eines Veräußerungsgewinns (zB tatsächlicher Verkauf durch den Erben) oder eines gleichgestellten Sachverhalts gestundet (*Häck* IStR 2015, 267).

56 **Bewertungsmaßstab** für die Berechnung des fiktiven Veräußerungsgewinns ist der gemeine Wert, § 6 Abs. 1 S. 4 AStG. Er entspricht gemäß § 9 II BewG dem Preis, der im gewöhnl. Geschäftsverkehr im Veräußerungsfalle zu erzielen wäre. Gemeiner Wert und Verkehrswert sind dadurch regelmäßig gleich. Dem gemeinen Wert sind die Anschaffungskosten (des Erblassers) gegenüberzustellen. Dies erfolgt nach den allgemeinen Regeln des § 17 EStG. Grundsätzlich dürfen weiter die Kosten abgezogen werden, die auch bei einer tatsächlichen Veräußerung angefallen wären, insbes. die Bewertungskosten, die im Rahmen der Anwendung des § 6 Abs. 1 S. 4 AStG entstehen.

57 **3. Gewerbesteuerliche Folgen des Erbfalls.** Anknüpfungspunkt für die Gewerbesteuer ist der sachliche Gewerbebetrieb als solcher, nicht der dahinterstehende (Mit-)Unternehmer. Wegen dieser Objektbezogenheit der Gewerbesteuer sind folgende Fallkonstellationen zu unterscheiden:

58 **a) Tod des Einzelunternehmers.** Stirbt der **Inhaber eines Einzelunternehmens,** liegt ein Fall des § 2 V GewStG vor. Der Gewerbebetrieb gilt danach mit dem Tode des bisherigen Inhabers als eingestellt. § 2 V 2 GewStG fingiert, dass der oder die Rechtsnachfolger das Unternehmen neu gründen. Der Grundsatz der Gesamtrechtsnachfolge nach bürgerlichem Recht (§ 1922 BGB) bzw. nach steuerrechtlichen Vorschriften (§ 45 AO) wird von der Sondervorschrift des § 2 V GewStG insoweit verdrängt. Das ererbte Unternehmen bildet bei dem oder den Erben einen neuen, selbständigen Gewerbebetrieb und wird nicht in ggf. bereits bestehende Gewerbebetriebe des bzw. der Erben einbezogen.

59 **b) Tod des Gesellschafters einer Personengesellschaft.** Die Vererbung eines Mitunternehmeranteils fällt nicht unter § 2 V GewStG; die sachliche Steuerpflicht der Mitunternehmerschaft besteht fort (vgl. R 2.7 Abs. 2 GewStR 2009). Auch bei dieser Fallkonstellation ist eine Nutzung der in der Person des Erblassers entstandenen gewerbesteuerlichen Verlustvorträge durch den oder die Erben ausgeschlossen (→ Rn. 58; H 10 a.3 Abs. 1 „Unternehmerwechsel" GewStR 2009).

60 **c) Tod des Gesellschafters einer Kapitalgesellschaft.** Die Vererbung von im Privatvermögen des Erblassers gehaltenen **Anteilen an Kapitalgesellschaften** hat keine gewerbesteuerlichen Konsequenzen. Die Gewerbesteuerpflicht der Kapitalgesellschaft wird durch einen Gesellschafterwechsel nicht berührt. Eventuelle gewerbesteuerliche Verlustvorträge auf Ebene der GmbH bleiben vom erbfallbedingten Gesellschafterwechsel unberührt

61 **4. Umsatzsteuerliche Folgen des Erbfalls.** Der Umfang des unternehmerischen Vermögens im Sinne des Umsatzsteuerrechts weicht vom ertragsteuerlich definierten Betriebsvermögen ab (vgl. Abschn. 2.3 Abs. 1 UStAE). So gehören zB vermietete Grundstücke, die ertragsteuerlich im Falle eines Mischnachlasses dem Privatvermögen zugeordnet werden, zum umsatzsteuerlichen Unternehmensvermögen. Dementsprechend gelten die nachfolgenden Ausführungen zwar in erster Linie für das Betriebsvermögen im ertragsteuerlichen Sinne, aber daneben auch für anderes Unternehmensvermögen. Hierbei lassen sich folgende Fallkonstellationen unterscheiden.

62 **a) Tod des Einzelunternehmers.** Mit dem Tod eines **Einzelunternehmers** endet dessen Unternehmereigenschaft iSd § 2 UStG. Der Übergang des Unternehmensvermögens auf den Erben ist mangels Leistungsaustausch nicht umsatzsteuerbar; der Eigentumsübergang findet kraft Gesetzes statt (§ 1922 BGB), beruht also nicht auf einem willentlich gestalteten Vorgang. Die Unternehmereigenschaft des Erblassers geht nach ganz herrschender Meinung nicht auf den oder die Erben über (BFH BStBl. II 1971 S. 121); der Erbe oder die Erbengemeinschaft werden nur dann Unternehmer im Sinne des Umsatzsteuerrechts, wenn sie selbst die Voraussetzungen verwirklichen, an die das Umsatzsteuerrecht die Unternehmereigenschaft knüpft (vgl. Tz. 2.6. Abs. 5 S. 3 UStAE). Der Fall der Unternehmensfortführung ist somit grds. wie eine Unternehmenseröffnung zu behandeln. Die Eigenschaft des Unternehmensvermögens bleibt

I. Einkommensteuerliche Folgen des Erbfalls **EStG 170**

jedoch durch den Erbfall unberührt; es geht also nicht zwangsläufig in das Privatvermögen des Gesamtrechtsnachfolgers über. Demnach tritt der Erbe in die umsatzsteuerlich noch nicht abgewickelten unternehmerischen Rechtsverhältnisse des Erblassers ein. Die Unternehmereigenschaft des Erben endet, wenn alle Rechtsbeziehungen, die mit dem aufgegebenen Unternehmen zusammenhängen, abgewickelt wurden (Tz. 2.6 Abs. 6 S. 3 UStAE).

b) Tod des Gesellschafters einer Personengesellschaft. Der **Mitunternehmer** ist nicht allein aufgrund 63
seiner Mitgliedschaft in einer Personengesellschaft Unternehmer iSd Umsatzsteuergesetzes. Steuersubjekt ist vielmehr die Gesellschaft selbst, wenn sie die Voraussetzungen des § 2 UStG erfüllt. Die Rechtsnachfolge in den Gesellschaftsanteil hat demnach keine umsatzsteuerlichen Auswirkungen.

Ein steuerbarer Vorgang ist beim Tod eines Gesellschafters weder im Fall des Eintritts der Erben in die 64
Gesellschaft, noch im Fall des Anwachsens der Anteile des verstorbenen Gesellschafters auf die übrigen Gesellschafter noch im Fall der Barabfindung an die nicht in die Gesellschaft eintretenden Erben gegeben.

c) Tod des Gesellschafters einer Kapitalgesellschaft. Ebenso ohne umsatzsteuerliche Auswirkungen 65
bleibt die Übertragung von **Anteilen an Kapitalgesellschaften** im Erbfall.

5. Grunderwerbsteuerliche Folgen des Erbfalls. Besteuerungsgegenstand der Grunderwerbsteuer ist 66
der Erwerb eines Grundstücks, sofern er auf einem der in § 1 GrEStG beschriebenen Erwerbsvorgänge beruht. Demgemäß stellt der Übergang des Eigentums am Grundvermögen von Erblasser auf den/die Erben grds. einen grunderwerbsteuerbaren Tatbestand (§ 1 I Nr. 3 GrEStG) dar. Gem. § 3 Nr. 2 GrEStG ist dieser Grundstückserwerb **von Todes wegen** durch den Erben bzw. die Erbengemeinschaft jedoch **steuerbefreit.**

Ist Gegenstand des Nachlasses der Anteil am Vermögen einer grundstücksbesitzenden **Personengesell-** 67
schaft, wird der durch Erbfall ausgelöste Gesellschafterwechsel bei der Ermittlung des Vomhundertsatzes iSd § 1 IIa GrEStG nicht berücksichtigt (§ 1 IIa 2 GrEStG; Boruttau GrEStG § 1 Rn. 842). Dies betrifft bspw. den Fall, dass 90 % der Anteile am Vermögen der Personengesellschaft rechtsgeschäftlich und 10 % durch Erbfall übertragen werden. Hier gehen zwar 100 % der Anteile auf neue Gesellschafter über, für grunderwerbsteuerliche Zwecke werden die durch Erbfall übertragenen Anteile jedoch nicht berücksichtigt. Folglich fällt keine Grunderwerbsteuer nach § 1 IIa GrEStG an.

Nicht unter § 1 II a 2 GrEStG fällt die Anwachsung des gesamten Gesellschaftervermögens beim 68
überlebenden Gesellschafter beim Tod eines Gesellschafters einer Zwei-Mann-Gesellschaft. In diesem Falle liegt keine Anteilsvereinigung in einer Hand iSd § 1 III GrEStG vor (BFH BStBl. II 1969 S. 400), sondern – sofern zum Gesellschaftsvermögen Grundstücke gehören – ein Grunderwerbsteuertatbestand nach § 1 I Nr. 3 GrEStG (BFH BStBl. II 1969 S. 400; Boruttau GrEStG § 1 Rn. 603). Wird die grundstücksbesitzende Personengesellschaft infolge des Todes eines Gesellschafters aufgelöst und das Grundvermögen von dem Erben ggf. gemeinsam mit den übrigen Gesellschaftern im Rahmen der Auseinandersetzung aufgeteilt, so ist der Erwerb bei dem oder den Übernehmer(n) in Höhe der jeweiligen Auseinandersetzungsquote von der Grunderwerbsteuer nach § 6 I u. II GrEStG befreit.

Anders als im Falle der Personengesellschaft führt der Übergang des Anteils an einer grundstücksbe- 69
sitzenden **Kapitalgesellschaft** im Erbfall grds. nicht zur Grunderwerbsteuerpflicht. Steuersubjekt der Grunderwerbsteuer ist nämlich die Kapitalgesellschaft selbst und nicht die an ihr beteiligten Gesellschafter. Etwas anderes gilt ausnahmsweise dann, wenn sich im Rahmen der Vererbung oder der nachfolgenden Erbauseinandersetzung mindestens 95 vH der Anteile an der Kapitalgesellschaft in der Hand eines Erben unmittelbar oder mittelbar (Boruttau GrEStG § 1 Rn. 876 ff.; *Wälzholz* ZEV 2016, 369) vereinigen (§ 1 III GrEStG). Ansatzpunkt der Besteuerung ist jedoch nicht der gesellschaftsrechtliche Übergang der Anteile, sondern ein vom Gesetzgeber aus der „Verwertungszuständigkeit" abgeleiteter fiktiver Grundstückserwerb (Boruttau GrEStG § 1 Rn. 851, 855). Personenbezogene Befreiungsvorschriften wie insbes. § 3 Nr. 2 u. 3 GrEStG kommen auch in den Fällen der Steuerpflicht nach § 1 III Nr. 1 u. 2 GrEStG zur Anwendung (gleichl. Erl. v. 6.3.2013, BStBl. I 2013 S. 7713; BFH BStBl. II 2007 S. 409). Die Befreiungsvorschrift des § 6 GrEStG findet auf grundstücksbesitzende Kapitalgesellschaften keine Anwendung.

6. Übergang von Verlusten auf die Erben. a) Grundsätze des Großen Senats. Mit dem grundlegen- 70
den Beschluss des Großen Senats des BFH v. 17.12.2007 (BStBl. II 2008 S. 608) wurde die bisherige Rspr. des Gerichts aufgegeben. Für alle Erbfälle nach dem 12.3.2008 (Übergangsregelung des Gerichts im Ls. 1) gilt damit, dass ein Verlustvortrag des Erblassers (§ 10d) nicht mehr von dem oder den Erben fortgeführt bzw. verwertet werden kann.

Der Große Senat begründet dies mit dem Charakter der Einkommensteuer als Personensteuer, die die 71
im Einkommen abgebildete individuelle Leistungsfähigkeit erfasse. Nach dem hieraus abzuleitenden Gebot der Besteuerung nach der individuellen Leistungsfähigkeit sei die einzelne Person Zurechnungssubjekt der von ihm erzielten Einkünfte. Demgemäß seien Erblasser und Erbe verschiedene Rechtssubjekte.

Für den GrS spricht der Gleichklang mit der bereits seit Jahren geltenden gesetzlichen Regelung in 72
§ 10a GewStG (→ Rn. 58) und die Gleichbehandlung von Erbfall und unentgeltlicher Übertragung zu Lebzeiten.

b) Folgerungen für den allgemeinen Verlustvortrag, § 10d EStG. Für die steuerliche Verwertung 73
von Verlustvorträgen bedeutet dies, dass der Erblasser diese zu Lebzeiten möglichst rasch abbauen sollte, um ihrem endgültigen Verlust im Erbfall zuvor zu kommen (*Birnbaum* DB 2008, 778 (781)). Hierzu

gehört zB das Unterlassen von Erhaltungsaufwendungen, die vom Erben nachgeholt werden. Ferner zählen hierzu **gezielte Gewinnrealisierungen** des Erblassers, wie zB
- Ausübung bilanzieller Wahlrechte;
- Wechsel der Gewinnermittlungsart nach § 4 III EStG zu derjenigen nach § 4 I;
- durch Verkauf oder Einbringung steuerverhafteter Wirtschaftsgüter des Betriebsvermögens oder Privatvermögens;
- Ausnutzung von Wahlrechten nach dem UmwStG;
- Antrag auf Versteuerung der stillen Reserven bei Betriebsverpachtung;
- durch Beendigung einer Betriebsaufspaltung;
- durch Beendigung der gewerblichen Prägung einer Personengesellschaft;
- durch Ausschüttung einer Superdividende;
- durch Verstoß gegen die Buchwertbedingungen des § 6 III oder V EStG.

74 Ferner ist neben der Veräußerung eines Mitunternehmeranteils auf den Todesfall an das Ausscheiden des Erblassers aus einer Personengesellschaft gegen Abfindung an die späteren Erben zu denken. Denn hier versteuert noch der **Erblasser** den **Veräußerungsgewinn** (vgl. Schmidt/*Wacker* § 16 Rn. 661). Nach hL soll dies selbst dann gelten, wenn die verbleibenden Gesellschafter zugleich Miterben sind (vgl. Schmidt/*Wacker* § 16 Rn. 661).

Bei diesen Maßnahmen sind jedoch stets die erbschaftsteuerlichen Implikationen zu bedenken.

75 Die **Erben** können ebenfalls durch gezielte Maßnahmen eine Verlustminderung oder -abbau herbeiführen durch:
- Ausübung von Wahlrechten bei der letzten Veranlagung des Erblassers, zB Wechsel der Gewinnermittlungsart nach § 4 III zu derjenigen nach § 4 I;
- Auflösung von Rücklagen nach § 6b oder § 7g;
- Verlustrücktrag;
- Verstoß der Erben gegen die Sperrfristen nach § 6 III oder V EStG (in Verbindung mit der rückwirkenden Aufdeckung stiller Reserven);
- Verstoß gegen die Siebenjahresfrist gem. § 22 I UmwStG (str. vgl. *Piltz* ZEV 2008, 376 (378));
- rückwirkende Einbringung unter Aufdeckung stiller Reserven auf einen Stichtag, an dem der Erblasser noch lebte (str. vgl. *Piltz* ZEV 2008, 376 (378)).

76 Da für den Erblasser mit dem von ihm bis zu seinem Tode erzielten Einkünfte eine Einkommensteuerveranlagung durchzuführen ist, sind die **Verluste des Todesjahrs** mit positiven Einkünften des Erblassers auszugleichen (§ 2 III). Im Falle der Zusammenveranlagung können die positiven Einkünfte auch vom überlebenden Ehegatten stammen. Das **Wahlrecht zur Zusammenveranlagung** üben für den Erblasser die Erben aus (H 26 EStR). IErg kann letztmals im Todesjahr ein Verlustvortrag des Erblassers verwertet werden (vgl. R 10d Abs. 9 EStR 2012).

77 **c) Spendenvortrag nach § 10b I 3 EStG.** Der BFH hat mit Urteil vom 28.10.2008 (BFH/NV 2009, 375) entschieden, dass der **Erbe** den nicht verbrauchten Betrag einer Großspende des Erblassers **nicht** als eigene Spende abziehen kann. Eine solche Übertragung der Abzugsmöglichkeit entspricht nicht dem Wesen des höchstpersönlichen Spendenabzugs und kann auch nicht über den Aspekt der Gesamtrechtsnachfolge gem. § 45 AO gerechtfertigt werden, da nach § 45 I AO höchstpersönliche Umstände, die unlösbar mit der Person des Rechtsvorgängers verbunden sind, nicht auf den Gesamtrechtsnachfolger übergehen (Hübschmann/Hepp/Spitaler/*Boeker* AO § 45 Rn. 25; Tipke/Kruse/*Kruse* AO § 45 Rn. 12).

78 Überraschend verneint der BFH die Notwendigkeit einer Übergangsregelung, wie sie beim allgemeinen Verlustabzug (→ Rn. 70) noch bejaht wurde. Soweit also ein Spendenvortrag allein dem Erblasser zusteht und keine Verrechnung im Todesjahr mehr möglich ist, geht der Vortrag endgültig unter.

79 **d) Verlustvortrag nach § 10a GewStG.** Nach § 10a GewStG wird der maßgebende Gewerbeertrag um die Fehlbeträge gekürzt, die sich bei der Ermittlung des maßgebenden Gewerbeertrags für die fünf vorangegangenen Erhebungszeiträume ergeben. Allerdings kann diesen Verlustvortrag nur der Unternehmer und Mitunternehmer in Anspruch nehmen, der den Verlust (Fehlbetrag) selbst getragen hat (sog. **Unternehmeridentität**). Für den Fall des Todes einer **Kommanditgesellschaft** hat der BFH bereits 1993 (BStBl. II 1994 S. 331) ausdrücklich klargestellt, dass das Recht zum Verlustabzug dem Unternehmer des Betriebs zusteht, dh nicht dem Gewerbebetrieb als solchem. Nur der Gesellschafter (Mitunternehmer), der den Verlust erlitten hat, ist zum Abzug des Verlusts berechtigt. Stirbt der Gesellschafter (Mitunternehmer), dann endet damit seine Mitunternehmerschaft.

80 Sein Erbe oder sonstiger Rechtsnachfolger in der Gesellschaft ist mit ihm nicht identisch. Die (Gesamt-)Rechtsnachfolge allein hat der BFH nicht als Grund für den Übergang des Rechts zum Verlustabzug angesehen. Im Falle des Todes eines Gesellschafters einer Personengesellschaft bedeutet dies, dass der auf ihn entfallende Anteil an einem Gewerbeverlust nicht von den übrigen Gesellschaftern, auch wenn sie seine Erben sind, abgezogen werden kann.

81 Fällt ein **Einzelunternehmen** in den Nachlass, können in der Person des Erblassers entstandene gewerbesteuerliche Verlustvorträge iSd § 10a GewStG durch den oder die Erben nicht übernommen werden (→ Rn. 58).

82 **e) Verrechenbare Verluste nach § 15a EStG.** Die Vorschrift des § 15a befasst sich **nicht** mit der Frage der Zurechnung von Anteilen am Verlust einer KG. Vielmehr wird nur geregelt, ob und in welchem Umfang ein **Anteil** des Kommanditisten **am Verlust** einer KG mit positiven anderen Einkünften des Kommanditisten **ausgeglichen** werden kann. Dies ergibt sich eindeutig aus dem Wortlaut des § 15a I 1.

II. Einkommensteuerliche Folgen der Erbauseinandersetzung

Danach unterliegt der **Beschränkung des Verlustausgleichs** „der einem Kommanditisten zuzurechnende Anteil am Verlust der Kommanditgesellschaft". Die „Zurechnung" der Anteile am Verlust der KG bestimmt sich somit nach den auch sonst geltenden Rechtsvorschriften. **Anteil des Kommanditisten am Verlust** der KG ist hiernach nach dem im zeitlichen Anwendungsbereich des § 15a der aus der **Steuerbilanz** der KG und entsprechend der im **Gesellschaftsvertrag** vereinbarten Ergebnisverteilung ermittelte Verlustanteil des Kommanditisten, auch wenn und soweit dieser Anteil zu einem negativen Kapitalkonto des Kommanditisten führt oder es erhöht.

Im Falle des Todes eines Kommanditisten **geht** zusammen mit dem Mitunternehmeranteil auch der 83 nach § 15a **verrechenbare Verlust** auf den Übernehmer des Anteils **über** (vgl. Schmidt/*Wacker* § 15a Rn. 234). Dies ergibt sich daraus, dass ein verrechenbarer Verlust nach § 15a II nur von späteren Anteilen am Gewinn aus dem Unternehmen abgezogen werden kann. Wird der Anteil am Unternehmen unentgeltlich (zu Lebzeiten oder von Todes wegen) übertragen, muss folglich der verrechenbare Verlust dem zugeordnet werden, der später als Unternehmer oder Mitunternehmer aus dem Betrieb Gewinne erzielen kann.

Damit unterscheidet sich die Behandlung des verrechenbaren Verlustes im Erbfall grundlegend von 84 der Behandlung des allgemeinen Verlustabzugs (→ Rn. 72). Der verrechenbare Verlust steht also dem Erben oder – in Höhe der Erbquote – den einzelnen Miterben zu und geht nicht verloren (vgl. R 10d Abs. 9 S. 12 EStR 2012).

f) Zinsschranke und Thesaurierungsbegünstigung. Im Rahmen der Vererbung von Anteilen an Per- 85 sonengesellschaften sind die seit 2008 geltenden einkommensteuerlichen Vorschriften zur Zinsschranke nach § 4h EStG und zur Thesaurierungsbegünstigung nach § 34a EStG zu beachten.

Der **Zinsvortrag** in Höhe der nicht zum Abzug als Betriebsausgaben zugelassen Zinsen an Fremdka- 86 pitalgeber geht mit der Übertragung auf die Erben oder Altgesellschafter **anteilig unter** (Schmidt/ *Loschelder* § 4h Rn. 32). Auch wenn der verstorbene Gesellschafter mit seinem Tod aus der Personengesellschaft ausscheidet, geht insoweit der Zinsvortrag unter (BMF BStBl. I 2008 S. 718).

Aus den Bestimmungen in § 34a zur **Thesaurierungsbegünstigung** bei Personengesellschaften folgt 87 für die Vererbung Folgendes:

Kommt es aufgrund des Erbfalles zu einer **Veräußerung oder Aufgabe** des Mitunternehmeranteils noch durch den Erblasser oder anschließend durch die Erben (s. u.), tritt die **Nachversteuerung** nach § 34a ein.

Wird der Anteil an der Personengesellschaft **vererbt**, geht auch der nachversteuerungspflichtige Betrag 88 nach § 34a III auf den oder die Erben mit **über**. Spätere Entnahmen durch den Nachfolger uU zur Leistung von Ausgleichs- oder Abfindungszahlungen lösen dann uU eine Nachversteuerung nach § 34a IV EStG und/oder nach § 13a V ErbStG aus, sofern die jeweiligen Voraussetzungen erfüllt sind. Ebenso können spätere Überführungen von Wirtschaftsgütern nach § 6 V 1–3 die einkommensteuerliche Nachversteuerung auslösen (vgl. § 34a V).

Der Nachversteuerungsbetrag eines Jahres ist um die Beträge, die für die Erbschaft- oder Schenkungs- 89 teuer anlässlich der Übertragung des Mitunternehmeranteils entnommen werden, zu vermindern, § 34a IV 3. Die Erbschaftsteuer kann also mit geringer besteuerten Gewinnen bezahlt werden.

g) Exkurs. Verluste einer Kapitalgesellschaft, deren Anteile vererbt werden. Nach Ansicht der hL 90 und Fin.-Verw. bleibt der Verlustvortrag einer Kapitalgesellschaft (GmbH, AG) auch dann erhalten, wenn die Kapitalgesellschaftsanteile vererbt werden (BMF BStBl. I 2008 S. 736 Rn. 4). Damit ist der Erbfall und der dadurch eintretende Gesellschafterwechsel für die Anwendung des § 8c KStG ohne Bedeutung.

h) Verteilung größerer Erhaltungsaufwendungen nach § 82b EStDV. Wurden vom Erblasser grö- 91 ßere Erhaltungsaufwendungen getätigt, deren Abzug er auf mehrere Jahre verteilt hatte und verstirbt er vor Ablauf des Verteilungszeitraums, so können die Erben die vom Erblasser nicht (mehr) beanspruchten Teilbeträge **nicht** geltend machen (FG Urt. v. 12.7.2017 Brandenburg DStZ 2017, 669, nrk., BFH Urt. v. 13.3.2018 – IX R 22/17 BeckRS 2018, 13850; FG Münster EFG 2016, 896 zu Einzelrechtsnachfolge). Hat der Erblasser „nur" als Nießbraucher Vermietungseinkünfte erzielt und für die von ihm getätigten Aufwendungen das Wahlrecht zur Verteilung nach § 82b EStDV ausgeübt, scheidet ebenfalls ein Abzug der vom Erblasser nicht (mehr) beanspruchten Teilbeträge aus (BFH Urt. v. 25.9.2017 – IX S 17/ 17 – BFH/NV 2017, 1603).

II. Einkommensteuerliche Folgen der Erbauseinandersetzung

1. Allgemeine Grundsätze. Erbfall und Erbauseinandersetzung bilden für die Einkommensbesteue- 92 rung **keine** rechtliche **Einheit** (BFH BStBl. II 1990 S. 837). Die Einkommensbesteuerung orientiert sich allein an den im Gesetz enthaltenen Einkünftetatbeständen. Ausschlaggebend ist demnach, ob die Miterben nach dem Erbfall **in eigener Person** den **Tatbestand** der Einkunftserzielung erfüllen und ob hieran auch die Erbauseinandersetzung anknüpft. Ob Steuerpflichtige aus der Nutzung eines Vermögens gemeinsam Einkünfte erzielen, hängt vor allem von ihren **zivilrechtlichen Beziehungen** ab. Sie entscheiden darüber, wem eine Vermögensmehrung zusteht und wer eine Vermögensminderung zu tragen hat. Damit ist ausgehend vom Zivilrecht festzustellen, wem die Vermögensminderung oder -mehrung als Teil seiner Einkünfte zuzurechnen ist.

Hinterlässt ein Erblasser **mehrere Erben,** so geht sein Vermögen mit seinem Tode im Ganzen auf die 93 Erben über und wird bei ihnen zu gemeinschaftlichem Vermögen. Sie verwalten den Nachlass gemein-

170 EStG Einkommensteuergesetz

sam und können über Nachlassgegenstände auch nur gemeinschaftlich verfügen; die Miterben stehen danach in einer Gesamthandsgemeinschaft. Zwar kann jeder Miterbe die Auseinandersetzung verlangen; unterbleibt ein derartiges Verlangen oder schließen die Miterben die Auseinandersetzung vertraglich aus, kann die Erbengemeinschaft jedoch ohne zeitliche Begrenzung fortgesetzt werden. Das Ergebnis ihrer Betätigung wird Bestandteil des gemeinschaftlichen Vermögens (§ 2041 BGB); ist die Auseinandersetzung allerdings auf längere Zeit als ein Jahr ausgeschlossen, kann jeder Miterbe die Teilung des Reinertrags im Verhältnis der Erbteile verlangen (§ 2038 I BGB). Verfügte der Erblasser zB über Kapitalvermögen oder über vermietetes oder verpachtetes Vermögen, so wird dieses Vermögen nach dem Erbfall seitens der Erbengemeinschaft zur Nutzung oder zum Gebrauch überlassen. Die Miterben bestimmen über die Verwendung des Vermögens, ihnen fließt der Vermögensertrag zu; sie verwirklichen damit gemeinsam den Tatbestand der §§ 20, 21. Die erzielten Einkünfte werden ihnen deshalb **nach ihren Erbteilen** zugerechnet.

94 Diese Grundsätze gelten auch für ein zum Nachlass gehörendes **gewerbliches Unternehmen**. Dieses wird Gesamthandsvermögen der Erben; die **Erbengemeinschaft** ist nach dem Erbfall **Träger des Unternehmens**. Die Erben befinden nach § 2038 I BGB darüber, ob und in welcher Weise das Unternehmen fortgeführt wird; für Verbindlichkeiten, die aus der Fortführung entstehen, haften sie gem. § 1967 BGB mit dem Nachlass, aber auch mit ihrem sonstigen Vermögen. Sie können das erebte Unternehmen in der Rechtsform der Erbengemeinschaft ohne zeitliche Begrenzung fortführen. Auch in steuerrechtlicher Sicht wird das Unternehmen nach dem Erbfall **von den Miterben betrieben**; sie sind seitdem Mitunternehmer iSv § 15 I 1 Nr. 2 EStG. Da das Unternehmen nunmehr für ihre Rechnung und Gefahr geführt wird, sie Gewinn und Verlust tragen, sowie für die Unternehmensschulden haften, tragen sie ein **Unternehmerrisiko**; aufgrund ihres erbrechtlichen Mitwirkungsrechts können sie seit dem Erbfall auch **Mitunternehmerinitiative** ausüben.

95 Obwohl die Erbengemeinschaft keine Gesellschaft iSv § 705 BGB darstellt, wird sie trotzdem bei Anwendung des § 15 I 1 Nr. 2 als ein wirtschaftlich vergleichbares Gemeinschaftsverhältnis einer solchen Gesellschaft gleichgestellt. Diese Beurteilung hängt **nicht** von der Länge des Zeitraums ab, in dem die Erbengemeinschaft das Unternehmen weiterführt. Auch wenn die Erben das Unternehmen **alsbald** nach dem Erbfall abwickeln und einstellen oder es auf einen anderen übertragen, haben sie **zunächst** doch die Eigenschaft von Mitunternehmern erlangt und diese Eigenschaft wie bei der Abwicklung einer Personengesellschaft auch während des Zeitraums der Erbauseinandersetzung behalten. Sie beziehen ihre Einkünfte **nicht** aus einer ehemaligen Tätigkeit des Erblassers iSv § 24 Nr. 2 EStG, sondern kraft vollständiger (eigener) Verwirklichung des Einkünftetatbestands.

96 Die **Erbengemeinschaft** findet ihr **Ende,** wenn sich die Miterben hinsichtlich ihres gemeinsamen Vermögens auseinandersetzen; dieser Vorgang kann auch in einkommensteuerrechtlicher Sicht **nicht** als Bestandteil des Erbfalls angesehen werden. Eine derartige Betrachtung hätte zur Folge, dass die steuerrechtlichen Wirkungen der Auseinandersetzung rückwirkend bereits mit dem Zeitpunkt des Erbfalls eintreten müssten. Damit ließe sich jedoch nicht vereinbaren, dass die Erben in der Zeit zwischen Erbfall und Erbauseinandersetzung Einkünfte aus ihrer Beteiligung an der Erbengemeinschaft haben; wäre die Auseinandersetzung auf den Erbfall zurückzubeziehen, könnte es nicht zu derartigen Einkünften kommen. Damit ist für die Vorstellung **kein Raum,** der Miterbe habe das von ihm in der Auseinandersetzung übernommene Vermögen **unmittelbar** vom Erblasser erhalten. Er **erlangt** es vielmehr **aus dem Gesamthandsvermögen** der Erbengemeinschaft, deren Vorhandensein auch im Einkommensteuerrecht nicht übergangen werden kann. Die Dauer der Erbengemeinschaft ist auch in diesem Zusammenhang bedeutungslos.

97 **2. Auseinandersetzung über Betriebsvermögen.** Eine Erbengemeinschaft, die über **Betriebsvermögen** verfügt, wird in der Regel **gewerblich** tätig sein, da die Erben eine freiberufliche Tätigkeit des Erblassers im Allgemeinen nicht fortsetzen können. Der laufende Gewinn der Erbengemeinschaft wird nicht anders als der Gewinn einer gewerblich tätigen Personengesellschaft entsprechend den §§ 4, 5 EStG für die Gemeinschaft ermittelt, **nach den Erbanteilen** auf die Miterben **aufgeteilt** und von ihnen als Mitunternehmern entsprechend § 15 I 1 Nr. 2 EStG versteuert (→ Rn. 94). Dies legt es nach Ansicht des BFH nahe, auch die Rechtsfolgen einer Übertragung eines Erbanteils oder des Ausscheidens eines Miterben aus der Erbengemeinschaft nach dem Vorbild entsprechender Vorgänge in einer Personengesellschaft zu beurteilen.

98 Die durch § 2033 I BGB ermöglichte **Übertragung des Erbanteils** an einer gewerblich tätigen Erbengemeinschaft bedeutet die Veräußerung eines Mitunternehmeranteils iSv § 16 I Nr. 2 EStG, und zwar auch dann, wenn der Erwerber ein Miterbe ist. Anschaffungskosten und Veräußerungsgewinn errechnen sich wie bei der Übertragung eines Gesellschaftsanteils.

99 Ebenso ist es möglich, dass ein Miterbe gegen eine Barabfindung **aus der Erbengemeinschaft ausscheidet;** sein Anteil am Gemeinschaftsvermögen wächst dann den verbliebenen Miterben zu. Wie beim Ausscheiden eines Gesellschafters können hieraus für den Ausscheidenden ein Veräußerungsgewinn und für die verbliebenen Miterben Anschaffungskosten entstehen. Wird die Abfindung nicht in Geld, sondern in Sachwerten geleistet, kann sich auch für die verbliebenen Miterben im Hinblick auf ihren Anteil an den stillen Reserven der hingegebenen Wirtschaftsgüter ein Gewinn ergeben.

100 Sofern nicht ein Miterbe alle übrigen Erbanteile erwirbt oder alle übrigen Miterben aus der Erbengemeinschaft ausscheiden, so dass die Erbengemeinschaft beendet und der verbliebene Gesellschafter durch Anwachsung Gesamtrechtsnachfolger der Erbengemeinschaft wird, kommt es früher oder später

II. Einkommensteuerliche Folgen der Erbauseinandersetzung

zur **Auseinandersetzung** der Erbengemeinschaft. Sie vollzieht sich nach den §§ 2046 ff. BGB und ergänzend nach den Regeln über die Auflösung der Gemeinschaft (§ 2042 II, §§ 752 ff. BGB). Danach werden zunächst die Nachlassverbindlichkeiten berichtigt (§ 2046 I BGB), zu denen als Erbfallschulden insbes. Verbindlichkeiten aus Pflichtteilen, Vermächtnissen und Auflagen gehören. Wird ein Sachvermächtnis aus dem Betriebsvermögen der Erbengemeinschaft erfüllt, tätigen die Miterben gesamthänderisch eine Entnahme. Zur Berichtigung von Geldschulden muss die Erbengemeinschaft ggf. Vermögen versilbern (§ 2046 III BGB); ein hierbei entstehender Gewinn ist von allen Miterben zu versteuern. Das danach verbleibende Vermögen wird nach dem Verhältnis der Erbteile aufgeteilt (§ 2047 I BGB). Eine Naturalteilung ist hinsichtlich eines Gewerbebetriebes durchweg nicht möglich. Nach der gesetzlichen Regelung muss deswegen das gemeinschaftliche Vermögen veräußert und der Erlös geteilt werden (§ 753 BGB). Bei dem hieraus entstehenden Gewinn der Erbengemeinschaft kann es sich um einen **Aufgabegewinn** iSv § 16 III EStG, aber auch um einen **Veräußerungsgewinn** iSv 16 II handeln, wenn der Betrieb im Ganzen übertragen wird.

In der **Praxis** weichen die Miterben aber regelmäßig einverständlich von dieser gesetzlich vorgegebenen Art der Auseinandersetzung ab. So können sie vereinbaren, dass der Betrieb aufgelöst und das vorhandene Betriebsvermögen in bestimmter Weise unter ihnen verteilt werden soll. Mit der Übertragung des Vermögens genügt die Erbengemeinschaft dem erbrechtlichen Auseinandersetzungsanspruch der Miterben; er wird durch die Auseinandersetzungsvereinbarung konkretisiert. Die einkommensteuerrechtlichen Folgen entsprechen denjenigen der Liquidation einer Personengesellschaft. In der Erfüllung des konkretisierten Auseinandersetzungsanspruchs liegt nach den Grundsätzen des BFH weder der Tausch von Miteigentumsrechten zwischen den Gesellschaftern noch der Tausch eines untergehenden Gesellschaftsanteils gegen einzelne Vermögensgüter zwischen dem Gesellschafter und der Gesellschaft; ein derartiger Tausch kann deshalb auch nicht zwischen der Erbengemeinschaft und den Miterben angenommen werden. Aus der Verteilung des Vermögens entsteht ein Aufgabegewinn, sofern es nicht zur Buchwertfortführung durch die Miterben kommt; hierbei kommt der von der Erbengemeinschaft für ihren Betrieb aufzustellenden Schlussbilanz dieselbe Bedeutung zu wie der Schlussbilanz einer Personengesellschaft anlässlich der Realteilung ihres Vermögens.

Erlangt ein Miterbe in der Auseinandersetzung **mehr** an Vermögen, als ihm nach seinem Erbanteil zusteht, muss er eine **Ausgleichsleistung** für den Mehrempfang erbringen, die der benachteiligte Miterbe als Abfindung für den Vermögensverzicht erhält. Hierzu bedarf es einer gesonderten Vereinbarung zwischen den Beteiligten, da sich eine derartige Abwicklung nicht aus dem erbrechtlichen Auseinandersetzungsanspruch ergibt. Für den **übernehmenden** Miterben stellen die Leistungen **Anschaffungskosten** für den Mehrempfang, für den weichenden Erben ein einem Veräußerungserlös gleichkommendes Entgelt für aufgegebenes Vermögen dar. Die Vereinbarung ist bei der Berechnung des Anteils der Miterben am Aufgabegewinn zu berücksichtigen.

Die Auseinandersetzung kann sich auch in der Weise vollziehen, dass die Erbengemeinschaft den Betrieb auf **einen** Erben überträgt und dieser die übrigen Miterben **abfindet.** Eine solche Vereinbarung führt steuerrechtlich zu demselben Ergebnis wie der Erwerb der Erbanteile der Miterben oder ihr Ausscheiden aus der Erbengemeinschaft gegen Gewährung einer Abfindung; für den verbleibenden Erben stellt die Abfindung **Anschaffungskosten** dar, während sich für die abgefundenen Miterben ein Veräußerungsentgelt ergibt.

Schließlich kann sich die Auflösung einer Erbengemeinschaft auch in Abschnitten durch **Teilauseinandersetzung** hinsichtlich einzelner Vermögensbestandteile vollziehen. Soweit hierbei ein Wirtschaftsgut einem Miterben zu Lasten seiner Beteiligung am Restnachlass zugewiesen wird, das er in sein Privatvermögen übernimmt, entsteht ein Entnahmegewinn. Dieser Entnahmegewinn wird allen Miterben und nicht nur dem entnehmenden Miterben zugerechnet (BFH BStBl. II 1994 S. 319, 385)).

Soweit der entnehmende Miterbe Ausgleichszahlungen an die Erbengemeinschaft oder die übrigen Miterben leistet, handelt es sich um einen Veräußerungs- und Anschaffungsvorgang.

Beispiele:

Fall 1:
X, Y, Z bilden eine Erbengemeinschaft, deren Vermögen im Wesentlichen aus dem vom Erblasser geführten Betrieb besteht. X und Y führen den Betrieb fort, Z erhält aus dem Betriebsvermögen ein Grundstück.
Z veräußert tarifbegünstigt seinen Mitunternehmeranteil an X und Y, die ihre Buchwerte entsprechend aufstocken. Die Übertragung des Grundstücks zur Erfüllung der Ausgleichsschuld gegenüber Z führt zu einem laufenden Veräußerungsgewinn in Höhe der Differenz des Ausgleichsanspruchs des Z und dem aufgestockten Buchwert des Grundstücks, dh in Höhe der auf die Miterben X und Y entfallenden stillen Reserven am Grundstück.
Verwendet Z das Grundstück in einem eigenen Betrieb, so ist insgesamt nach den Realteilungsgrundsätzen eine Buchwertfortführung möglich (BMF BStBl. I 2006 S. 253 Rn. 52).

Fall 2: (BMF BStBl. I 2006 S. 253 Rn. 17, Bsp. 4):
A und B sind zu je $1/2$ Erben eines Nachlasses, der im Wesentlichen aus einem Betrieb besteht. Der Betrieb besteht aus zwei Teilbetrieben, die allerdings mit 2 Mio. EUR (Teilbetrieb 1) und 1,6 Mio. EUR (Teilbetrieb 2) einen unterschiedlichen Wert haben. A übernimmt den Teilbetrieb 1 (Buchwert 200.000 EUR) und B den Teilbetrieb 2 (Buchwert 160.000 EUR). Außerdem zahlt A an B als Ausgleich 200.000 EUR.
A steht wertmäßig am Nachlass 1,8 Mio. EUR zu. Da er aber 2,0 Mio. EUR erhält, also 200.000 EUR mehr, zahlt er diesen Betrag für $1/10$ des Teilbetriebsvermögens 1, das er mehr erhält. A erwirbt damit zu $9/10$ unentgeltlich und zu $1/10$ entgeltlich den Teilbetrieb 1. Auf das $1/10$ entfällt ein Buchwert von 20.000 EUR ($1/10$ von 200.000 EUR), so dass er die Aktiva um (200.000 EUR Entgelt − 20.000 EUR Buchwert =) 180.000 EUR aufstocken muss. B hat korrespondierend einen Veräußerungsgewinn von (200.000 EUR Erlös − 20.000 EUR Buchwert =) 180.000 EUR erzielt und muss ihn versteuern. Im Übrigen erwirbt B den Teilbetrieb 2 unentgeltlich und A $9/10$ des Teilbetrieb 1.

170 EStG Einkommensteuergesetz

108 **Fall 3:**
A vermeidet im Fall 2 eine Abfindungszahlung an B dadurch, dass er Schulden, die auf dem Teilbetrieb 2 lasten, iHv 200.000 EUR übernimmt.
A erhält nun wertmäßig genau den Betrag, der ihm nach der Erbquote zusteht (2,0 Mio./.200.000 EUR Schulden). Es liegt für A und B eine unentgeltliche Teilung des Nachlasses vor, die weder zu Anschaffungskosten noch zu einem Veräußerungsvorgang führt (BMF BStBl. I 2006 S. 253 Rn. 18).

109 **3. Auseinandersetzung über Privatvermögen.** Eine Erbengemeinschaft, die **nur** über **Privatvermögen** verfügt, kann in derselben Weise beendet werden wie eine gewerblich tätige Erbengemeinschaft. Erwirbt ein Miterbe die Erbanteile aller übrigen Miterben, entstehen ihm **Anschaffungskosten** für die hinzuerworbenen Anteile am Gemeinschaftsvermögen; die **weichenden** Miterben erzielen ggf. einen **Veräußerungsgewinn**, der jedoch nur steuerbar ist, soweit er auf eine im Nachlass vorhandene wesentliche Beteiligung (§ 17) oder auf einbringungsgeborene/sperrfristbehaftete Anteile iSv § 21 UmwStG entfällt oder ein privates Veräußerungsgeschäft iSv § 23 EStG darstellt. Wird das Gemeinschaftsvermögen im Wege der **Auseinandersetzung** unter den Miterben **verteilt**, so liegt in der Erfüllung des erbrechtlichen Auseinandersetzungsanspruchs wiederum **kein** Anschaffungs- und Veräußerungsgeschäft vor. Der übernehmende Miterbe ist vielmehr bei einer derartigen Realteilung entsprechend § 11d I 1 EStDV auf die Fortführung der von der Erbengemeinschaft anzusetzenden Anschaffungskosten oder Herstellungskosten verwiesen. Für ihn besteht dieselbe Situation wie für einen Steuerpflichtigen, der ein Wirtschaftsgut des Privatvermögens schenkweise erwirbt; mangels eigener Anschaffungskosten tritt er in die Anschaffungs- und Herstellungskosten seiner Rechtsvorgänger ein.

110 Sofern die im Zeitpunkt der Auseinandersetzung von der Erbengemeinschaft angesetzten Werte mit denjenigen des Erblassers übereinstimmen, übernimmt der Miterbe iErg die Anschaffungs- und Herstellungskosten des Erblassers. Wie sich das dem Miterben **entsprechend seiner Erbquote** zugeteilte Nachlassvermögen zusammensetzt, hat dagegen keine Bedeutung. Die wertmäßige Angleichung kann auch dadurch bewirkt werden, dass der Miterbe Verbindlichkeiten der Erbengemeinschaft übernimmt. Dabei ist ohne Belang, ob dabei sein rechnerischer Anteil an den Verbindlichkeiten überschritten wird.

111 Soweit der Wert des Erlangten aber den Wert seines Erbanteils übersteigt, muss der begünstigte Erbe idR **Ausgleichszahlungen** leisten; sie bilden für ihn Anschaffungskosten.

112 **Abfindungsleistungen** bilden auch dann Anschaffungskosten, wenn sie im Rahmen einer gegenständlichen Auseinandersetzung über einen **Teil** des Vermögens der Erbengemeinschaft erbracht werden. Haben die Miterben allerdings eine weitere Auseinandersetzung im Auge, in der es zu umgekehrten Ausgleichszahlungen kommt, kann darin eine Rückzahlung und eine Minderung der früheren Anschaffungskosten gesehen werden.

113 **4. Auseinandersetzung über einen sog. Mischnachlass.** Nicht selten gehören zu einem Nachlass **sowohl** Betriebs- **als auch** Privatvermögen; diese Vermögensarten können in einer Erbengemeinschaft ungeachtet der Vorschrift des § 15 III Nr. 1 EStG **nebeneinander** bestehen. Eine Erbengemeinschaft kann demgemäß nebeneinander Gewinn- **und** Überschusseinkünfte erzielen. Insoweit unterscheidet sich eine Erbengemeinschaft von einer „reinen" Personengesellschaft (→ Rn. 93).

114 Erwirbt ein Erbe den Erbanteil eines Miterben an einer derartigen Erbengemeinschaft, ist der Veräußerungsvorgang beim Veräußerer und beim Erwerber deshalb **beiden** Bereichen zuzuteilen. Bei einer Vermögensverteilung zur Auseinandersetzung der Erbengemeinschaft kommt es nach den erörterten Grundsätzen in beiden Bereichen nicht zu Anschaffungs- und Veräußerungsgeschäften. Die **Erbquote** des Miterben kann sowohl mit Betriebsvermögen als auch mit Privatvermögen ausgefüllt werden. Der Miterbe führt **grds.** die Buchwerte im erhaltenen Gewerbebetrieb und die Steuerwerte im erhaltenen Privatvermögen entsprechend § 7 I, § 11d I EStDV fort. Bei der **Überführung** von Betriebs- **in** Privatvermögen kann es zu einer Entnahme kommen.

115 Die Abstimmung mit dem Auseinandersetzungsguthaben des Miterben kann auch in diesem Falle dadurch erreicht werden, dass der Miterbe Verbindlichkeiten der Erbengemeinschaft übernimmt. Wie sich derartige Schulden in der Folge bei den Miterben auswirken, hängt davon ab, mit welchem Vermögen sie in Zusammenhang stehen und wie dieses Vermögen beim Erben verwendet wird. So kann Privatvermögen der Erbengemeinschaft beim Miterben Betriebsvermögen und die damit zusammenhängende Verbindlichkeit Betriebsschuld werden.

116 **Beispiele:**
Fall 1:
A und B sind Miterben zu $^1/_2$. Der Nachlass besteht aus einem Betrieb (Wert 800.000 EUR) und einem Privatgrundstück im Wert von 300.000 EUR. Das Grundstück ist hypothekarisch mit 100.000 EUR belastet. A und B planen folgende Auseinandersetzung:
A erhält den Betrieb, B das Grundstück und Barmittel aus dem Betrieb iHv 300.000 EUR.
Es liegt ein voll unentgeltlicher Vorgang vor, denn A erhält iErg $^1/_2$ von 1,0 Mio. EUR = 500.000 EUR (800.000 EUR./.300.000 EUR). Die Entnahme der 300.000 EUR ist eine Maßnahme zur Durchführung der Teilung und damit der Art nach ein erfolgsneutraler Vorgang (BMF BStBl. I 2006 S. 253 Rn. 34).

117 **Fall 2** (nach BMF BStBl. I 2006 S. 253 Rn. 34, Bsp. 17):
A und B sind Miterben zu $^1/_2$. Der Nachlass besteht aus einem Betrieb (Wert 3,0 Mio. EUR) und einem Privatgrundstück im Wert von 2,0 Mio. EUR. Das Grundstück ist mit einer valutierenden Verbindlichkeit von 1,0 Mio. EUR belastet. A und B planen folgende Auseinandersetzung:
A übernimmt den Betrieb und die Verbindlichkeit von 1,0 Mio. EUR, B erhält das unbelastete Grundstück.

II. Einkommensteuerliche Folgen der Erbauseinandersetzung **EStG 170**

Es liegt wie im Fall 1 eine gewinnneutrale Teilung eines Mischnachlasses vor. Die von A zusätzlich zum Betrieb übernommene private Schuld wandelt sich bei ihm in eine Betriebsschuld um, so dass die Schuldzinsen als Betriebsausgaben abzugsfähig sind.

5. Schulden zur Finanzierung von Abfindungszahlungen. Kommt es zwischen den Miterben zu einem Anschaffungs- und Veräußerungsgeschäft hinsichtlich des Nachlasses, so ist **nicht** von Bedeutung, **aus welchen Mitteln** der erwerbende Miterbe das vereinbarte Entgelt entrichtet. Die hierzu eingesetzten Mittel können auch aus dem Nachlass gewonnen werden. 118

So kann ein Erbe, der die Erbanteile seiner Miterben erwirbt, das für die Ausgleichszahlung benötigte Entgelt durch Verwertung oder Belastung des Nachlasses erlangen. Die Abfindung, die einem aus der Erbengemeinschaft ausgeschiedenen Miterben gewährt wird, stammt in der Regel aus dem Nachlass. Darum können auch Abfindungen, die der Erwerber anlässlich der Auseinandersetzung über das Vermögen der Erbengemeinschaft verspricht, aus dem erlangten Vermögen herrühren; darin besteht kein Unterschied gegenüber der Auseinandersetzung über Gesamthandsvermögen einer Personengesellschaft, in der es ebenfalls **nicht** auf die Herkunft der Mittel beim erwerbenden Gesellschafter ankommt. 119

Aus **steuerlicher** Sicht ist allein **ausschlaggebend,** dass der Miterbe **mehr** erlangt hat als seinem Erbanteil entspricht und den Mehrempfang aus seinem Vermögen ausgleicht. Ohne Belang ist, ob es sich dabei auch um vormaliges Nachlassvermögen handelt. Bei einer eintretenden Vermögensvermischung ließe sich eine abweichende Auffassung ohnehin nicht (mehr) vollziehen. Soweit die Ausgleichsleistungen allerdings in zugeteilten Wirtschaftsgütern bestehen sollen, lässt sich ggf. annehmen, dass bereits eine Auseinandersetzung entsprechend dieser Abrede vereinbart worden ist. 120

Die von einem Miterben im Rahmen einer Erbauseinandersetzung **übernommenen Schulden** der Erbengemeinschaft bilden **insoweit** Anschaffungskosten der von ihm übernommenen Nachlassgegenstände, als sie seinen Anteil am Nachlass übersteigen (BFH BFH/NV 2005, 877). Im Hinblick darauf, dass Abfindungszahlungen im Rahmen einer Erbauseinandersetzung zu Anschaffungskosten führen, sind grds. Schulden, die im Zusammenhang mit Abfindungszahlungen für Nachlassgegenstände aufgenommen werden, die der Einkunftserzielung dienen, steuerlich nach den allgemeinen Regeln zu behandeln. 121

Schuldzinsen, die im Zusammenhang mit der Finanzierung von **Abfindungsschulden** für Betriebsvermögen entstehen, sind daher Betriebsausgaben. Schuldzinsen, die im Zusammenhang mit der Finanzierung des Erwerbs von Nachlassgegenständen aufgenommen werden, die der Erzielung von Überschusseinkünften (zB §§ 20, 21) dienen, sind Werbungskosten. Lange ungeklärt war die Behandlung von **Schulden** im Zusammenhang mit der Finanzierung von Abfindungszahlungen, die bei Eintritt der Sonderrechtsnachfolge bei Personengesellschaften im Falle des Vorliegens einer **qualifizierten Nachfolgeklausel** aufgenommen werden. Den nicht nachfolgeberechtigten Miterben steht gegenüber dem Sonderrechtsnachfolger auf erbrechtlicher Grundlage ein Ausgleichsanspruch zu. Dieser ist - ähnlich der Behandlung des Abfindungsanspruchs des weichenden Erben gegen den Hoferben nach der Höfeordnung - wie ein Vermächtnisanspruch zu werten. Die Erfüllung des erbrechtlichen Abfindungsanspruchs führt daher **nicht** zu Anschaffungskosten des Sonderrechtsnachfolgers. Dennoch hatte sich hier die Frage nach der Abzugsfähigkeit von Schuldzinsen für Kredite, die der Finanzierung der Abfindungszahlungen für den Erwerb eines Gesellschaftsanteils dienen, eher gestellt als in den Fällen der Finanzierung von sonstigen Erbfallschulden. Denn anders als bei der Finanzierung von Vermächtnissen, Pflichtteils- und Erbersatzansprüchen liegt in den Fällen der Sonderrechtsnachfolge ein **enger wirtschaftlicher Zusammenhang mit dem Erwerb von Betriebsvermögen** vor, aus dem unmittelbar eine – gegenständlich und wertmäßig durch den Gesellschaftsanteil bestimmte – Verpflichtung zur Leistung von Abfindungszahlungen resultiert. Trotz dieser Besonderheiten hat der VIII. Senat des BFH die Schuldzinsen, die bei Vorliegen einer qualifizierten Nachfolgeklausel dem qualifizierten Miterben im Zusammenhang mit der Finanzierung seiner Ausgleichsverpflichtung entstanden sind, nicht zum Abzug zugelassen (BFH BStBl. II 1994 S. 625). Der IV. Senat des BFH hat durch Urteil v. 25.11.1993 (BStBl. II 1994 S. 623) unter Bezugnahme auf die Entscheidung des VIII. Senats v. 2.3.1993 (BStBl. II 1994 S. 619) auch die Abzugsfähigkeit von Schuldzinsen verneint, die ein Hoferbe für ein Darlehen aufwenden musste, das der Finanzierung des Abfindungsanspruchs eines weichenden Erben diente. Durch die eindeutige **Abkehr** des BFH von der sog. **Sekundärfolgenrechtsprechung** sowie die nunmehr vorliegenden Urteile zu den Abfindungsfällen bei Bestehen einer qualifizierten Nachfolgeklausel bzw. im Bereich des Höferechts dürfte der Fragenkreis für die Praxis endgültig geklärt sein. 122

6. Erfüllung von Pflichtteils-/Vermächtnisansprüchen. Die Schulden, die **in der Person des Erben** entstehen, die ihn „als solchen" treffen" (vgl. § 1967 II BGB), sind insbes. Pflichtteilsverbindlichkeiten (auch Pflichtteilsergänzungsverbindlichkeiten) sowie Verpflichtungen aus Vermächtnissen und vermächtnisähnlichen Verpflichtungen. 123

Der BFH hat zwar die Übertragung von Vermögensgegenständen im Wege der vorweggenommenen Erbfolge als entgeltliches Geschäft beurteilt, wenn im Rahmen dieses Vorgangs vom Übernehmer des Vermögens Gleichstellungsgelder gezahlt werden. Die **Erfüllung** von Pflichtteilsansprüchen kann jedoch der Zahlung von Abfindungen im Rahmen der vorweggenommenen Erbfolge **nicht** gleichgestellt werden, weil im Rahmen der vorweggenommenen Erbfolge der Erwerb des Vermögensgegenstandes und die Zahlung der Abfindung auf einem entgeltlichen Rechtsgeschäft der Beteiligten beruhen. 124

Belastungen eines Nachlasses mit Vermächtnis- und Pflichtteilsverbindlichkeiten führen **nicht** zu Anschaffungskosten des oder der Erben für die Wirtschaftsgüter des Nachlasses. Entstehung und Erfüllung dieser Verbindlichkeiten beruhen **nicht** auf einem entgeltlichen Rechtsgeschäft zwischen dem Erben und 125 dem Berechtigten, sondern auf dem Erbfall selbst (vgl. zum Pflichtteilsanspruch § 2317 BGB). Bei der **Erfüllung** des Pflichtteilsanspruchs kommt es nicht zur Übertragung eines Vermögenswerts durch den Berechtigten auf den Erben. Infolgedessen entsteht aus diesem Vorgang **weder** ein Veräußerungsgewinn beim Pflichtteilsberechtigten, **noch** hat der Erbe hieraus Anschaffungskosten für das ererbte Vermögen (BFH BStBl. II 1993 S. 275).

Beispiel:

126 Die Erben des V sind seine Kinder T und S zu je $1/2$. T wurde als Vorausvermächtnis ein Grundstück aus dem Betriebsvermögen zugewiesen. Der Verkehrswert des Grundstücks beträgt 500.000 EUR, der Buchwert 200.000 EUR. Noch vor der Auseinandersetzung über den Betrieb übertragen Sie das Grundstück auf T.

Lösung:

127 Durch den Erbfall geht der Betrieb unmittelbar und unentgeltlich unter Fortführung der Buchwerte auf die Erbengemeinschaft bestehend aus S und T über. Die Erfüllung des Vermächtnisses ist kein Anschaffungs- bzw. Veräußerungsvorgang, sondern ein unentgeltlicher Erwerb der T von der Erbengemeinschaft. Die Erbengemeinschaft als solche ist durch das Vorausvermächtnis obligatorisch belastet. Dem folgt auch das Steuerrecht, indem die Gewinnrealisierung der Grundstücksentnahme (300.000 EUR) die Erbengemeinschaft trifft. Im Rahmen der gesonderten und einheitlichen Gewinnfeststellung ist verfahrensrechtlich T und S der Gewinn je hälftig zuzurechnen. Die nur schuldrechtliche Stellung der T hat jedoch zur Folge, dass bis zur Erfüllung des Vermächtnisses die laufenden Einkünfte auch aus dem Grundstück von der Erbengemeinschaft erzielt werden, obwohl T alle Früchte aus dem Vermächtnis ab dem Erbfall gebühren. Eine rückwirkende (abweichende) Einkünftezurechnung wird von der Fin.-Verw. nicht zugelassen (Beschränkung der Rückwirkung nur auf Auseinandersetzung der Erbengemeinschaft, vgl. BMF BStBl. I 2006 S. 253 Rn. 8). In → Rn. 61 des Erlasses wird lediglich dann eine Rückwirkung der Zurechnung beim Vermächtnisnehmer eines Sachvermächtnis bejaht, wenn eine Betriebsführung durch den Vermächtnisnehmer auf eigene Rechnung und Gefahr schon vor Vermächtniserfüllung erfolgte, weil er dann als wirtschaftlicher Eigentümer angesehen wird. Soweit die Entscheidung des BFH (Urt. v. 23.9.2003 – IX R 26/99, DStRE 2004, 381) ebenfalls eine Rückwirkung zugelassen hat, betraf dies einen Einzelfall und bedeutet keine Änderung der Rspr. (*Geck* ZEV 2004, 279).

128 Die vorstehend (enge) Auffassung der Fin.-Verw. ist nicht zweifelsfrei. Es ergeben sich zumindest Widersprüche zu der in § 2184 BGB enthaltenen zivilrechtlichen Regelung. Nach dieser Bestimmung stehen einem Vermächtnisnehmer, dem ein bestimmter zur Erbschaft gehörender Gegenstand vermacht ist (sog. Stückvermächtnis), auch die seit dem Anfall des Vermächtnisses gezogenen Früchte zu. Als Stückvermächtnis gilt im Zweifel auch ein Vermächtnis, das auf ein im Nachlass befindliches Einzelunternehmen oder einen Mitunternehmeranteil gerichtet ist. Zivilrechtlich kann also der Vermächtnisnehmer von dem/den Erben die Nutzungen und Früchte bereits ab dem Zeitpunkt des Erbfalls verlangen. Hinzu kommt, dass die Erben ab dem Erbfall das Unternehmen regelmäßig in dem Bewusstsein führen, zur alsbaldigen Herausgabe des Unternehmens an den Vermächtnisnehmer verpflichtet zu sein. Dieser zivilrechtlichen Situation ließe sich steuerlich dadurch Rechnung tragen, dass dem Vermächtnisnehmer ertragsteuerlich die Unternehmer- bzw. **Mitunternehmerstellung** bereits **ab dem Erbfall** zugesprochen würde (BFH BFH/NV 2000, 1039; *v. Oertzen* ZEV 1999, 460). Berücksichtigt man, dass der Vermächtnisnehmer bis zur Erfüllung des Vermächtnisses regelmäßig faktisch zumindest keine Mitunternehmerinitiative ausüben kann, bestehen jedoch Zweifel, ob dieser Weg gangbar ist. Zu bedenken ist insbes. auch, dass es durchaus über einen gewissen Zeitraum hinweg ungewiss bleiben kann, ob der Vermächtnisnehmer das Vermächtnis nicht ausschlägt, zB weil er sich nicht sogleich entschließen kann, die mit dem Erwerb eines Unternehmens verbundenen Risiken zu übernehmen. Zumindest in solchen Fällen dürfte es schwer fallen, dem Vermächtnisnehmer bis zu seiner Entscheidung, ob er das Vermächtnis ausschlägt, die Mitunternehmerstellung zuzubilligen. Die Situation ist insoweit zwar ähnlich wie bei einem Erben, der das Ausschlagungsrecht noch nicht verloren hat. Bei der sehr stark an die zivilrechtliche Rechtslage angelehnten Betrachtung des Großen Senats bleibt dennoch der Unterschied beachtlich, dass der Erbe nach dem Verlust des Ausschlagungsrechts dinglich am Nachlass und damit am unternehmerischen Vermögen beteiligt ist, während dem Vermächtnisnehmer nur ein schuldrechtlicher Anspruch zusteht, bei dem zudem auch noch offen ist, ob er überhaupt in dieser Form – dh durch Übereignung des Vermächtnisgegenstandes – oder einverständlich in modifizierter Form oder ganz abweichend durch Übertragung anderer Werte an Erfüllungs statt beglichen wird. Es liegt jedoch nahe, den in Rn. 8 des BMF-Schreibens (BStBl. I 2006 S. 253) enthaltenen Gedanken einer – bis höchstens sechs Monate reichenden – rückwirkenden Zurechnung der laufenden Einkünfte auf den Zeitpunkt des Erbfalls anzuwenden. Die Verwaltungsregelung bezieht sich dem Wortlaut nach jedoch ausschließlich auf Miterben, nicht auf Vermächtnisnehmer. Unabhängig von den erbrechtlichen Unterschieden zwischen der Erbauseinandersetzung unter den Miterben einerseits sowie der Erfüllung eines Vermächtnisses andererseits spricht vieles dafür, die rückwirkende Zurechnung der Einkünfte auch bei Vermächtnisnehmern zuzulassen, sofern alle Beteiligten dem zustimmen und die Sechsmonatsfrist eingehalten wird.

129 Der Erwerb von Vermögen aufgrund eines Vermächtnisses ist regelmäßig ein unentgeltlicher Vorgang. Etwas anderes gilt indes dann, wenn der Vermächtnisnehmer für den Erwerb des vermachten Gegenstandes eine Gegenleistung erbringen muss (**Kaufrechtsvermächtnisses** → Rn. 173). So liegt ein in vollem Umfang entgeltliches Geschäft vor, wenn der Vermächtnisnehmer für den Erwerb des vermachten Gegenstandes eine Gegenleistung erbringen muss, deren Wert die vermächtnisweise Zuwendung annähernd ausgleicht (BFH BStBl. II 2011 S. 873). Wird in Erfüllung eines Vorausvermächtnisses ein Einzel-

wirtschaftsgut aus dem Betriebsvermögen der Erbengemeinschaft in ein anderes eines der Miterben überführt, besteht nach § 6 V die Pflicht zur gewinnneutralen Buchwertfortführung.

Anders stellt sich die einkommensteuerliche Situation indes dar, wenn der Erbe zur Erfüllung seiner Verpflichtung gegenüber dem Pflichtteilsberechtigten aufgrund gesonderter schuldrechtlicher Vereinbarung im abgekürzten Zahlungsweg ein Wirtschaftsgut (hier: einen Grundstücksanteil) aus der Erbmasse auf den Pflichtteilsberechtigten **an Erfüllungs statt** (§ 364 I BGB) überträgt. Aus der Sicht des Pflichtteilsberechtigten handelt es sich um einen **entgeltlichen** Anschaffungsvorgang (FG Berlin-Brandenburg EFG 2008, 1563; BMF BStBl. I 2006 S. 253 Rn. 35; BFH BStBl. II 2005 S. 554). Für den Fall der Leistung an Erfüllung statt gegenüber einem Geldvermächtnisnehmer dürfte sich nichts Abweichendes ergeben. **130**

Zwar hat der Bundesfinanzhof im Urteil v. 13.2.1997 (BStBl. II 1997 S. 535) den Erwerb durch einen das Testament anfechtenden Erbprätendenten, der zugleich als Pflichtteilsberechtigter in Betracht kam, und dem der Testamentserbe zur Vermeidung weiterer Streitigkeiten Wirtschaftsgüter aus dem Nachlass überlassen hatte, die den Wert des Pflichtteilsanspruchs deutlich überstiegen, steuerlich so behandelt, als habe er die Wirtschaftsgüter wie ein Erbe – dh **unentgeltlich** – erworben. Damit sollte im konkreten Einzelfall jedoch nur eine ungerechtfertigte Benachteiligung des Testamentserben, der anderenfalls einen Veräußerungsgewinn zu versteuern gehabt hätte, vermieden werden. Einen allgemeinen Grundsatz oder gar Widerspruch zu der vorstehend zitierten Entscheidung des FG Berlin-Brandenburg v. 25.6.2008 wird man daraus nicht ableiten können, zumal der III. Senat des BFH die Entgeltlichkeit der Leistung an Erfüllung statt später erneut bejaht hat (BFH BStBl. II 2005 S. 554). **131**

7. Ausschlagung gegen Abfindung. Nach Auffassung der Finanzverwaltung soll die Ausschlagung einer Erbschaft gegen eine Abfindung der **entgeltlichen** Veräußerung des Erbteils gleichstehen (BMF BStBl. I 2006 S. 253 Rn. 50; BFH BStBl. II 1998 S. 431; aA *Wachter* ZNotP 2004, 176; *Zimmermann* ZEV 2001, 5; *Hannes* ZEV 1996, 10). Die Abfindung wäre danach Entgelt und die Ausschlagung gegen Abfindung wie die entgeltliche Veräußerung des Erbanteils, also als Veräußerung eines Mitunternehmeranteils oder als anteilige Veräußerung der im Gesamthandsvermögen befindlichen Gegenstände, zu behandeln. Begründet wird dies damit, dass der ausschlagende Erbe wirtschaftlicher Eigentümer gewesen sein soll. Der ausschlagende Erbe wird dabei als Durchgangseigentümer/-unternehmer, also als Veräußerer behandelt und die Abfindung als Veräußerungserlös gewertet. Korrespondierend hierzu liegen beim endgültigen Erben Anschaffungskosten in Höhe der Abfindungszahlung vor. Dies führt zu der Situation, dass ein und derselbe Vorgang sowohl der Erbschaftsteuer als auch der Einkommensteuer unterliegt. Richtigerweise handelt es sich jedoch bei der Ausschlagung, unabhängig davon, ob sie gegen Abfindung erfolgt oder nicht, immer um einen unentgeltlichen Vorgang, da der Ausschlagende zivilrechtlich nie endgültiger Erbe geworden ist. Er tritt zwar in der Zeit zwischen dem Erbfall und der Ausschlagung in die einkommensteuerliche Stellung des Erblassers ein, wird aber nicht Eigenbesitzer nach § 39 Abs. 2 Nr. 2 AO, sondern von Rechts wegen. Schlägt er aus, ändert sich dieser Rechtszustand rückwirkend, § 1953 Abs. 1 BGB, was auch ertragsteuerlich zu beachten ist (MAH ErbR/*von Sothen* § 36 Rn. 274). **132**

Der die Abfindung zahlende nächstberufene Erbe hat Anschaffungskosten, obwohl es sich bei der Ausschlagung um einen unentgeltlichen Vorgang handelt, da er die Abfindung aufwendet, um die Erbschaft zu erlangen, § 6 Abs. 1 EStG, § 255 Abs. 1 HGB. Die hier vertretene Ansicht führt ertragsteuerlich dazu, dass die Abfindung für den Ausschlagenden ertragsteuerfrei bleibt, der nächstberufene Erbe aber gleichwohl Anschaffungskosten und gegebenenfalls Abschreibungspotential hat (ebenso MAH ErbR/*von Sothen* § 36 Rn. 275). Zu beachten ist auch, dass nach Ansicht der Finanzverwaltung die Ausschlagung der Erbschaft zu einem privaten Veräußerungsgeschäft im Sinne des § 23 EStG führen kann. Dies ist, soweit es sich um einen Alleinerben handelt, konsequent. Anders verhält es sich allerdings, wenn ein Miterbe gegen Abfindung ausschlägt. Denn hier wird keines der in § 23 Abs. 1 EStG genannten Wirtschaftsgüter veräußert, sondern eine gesamthänderisch gebundener Erbanteil. Die Regelung in § 23 Abs. 1 S. 4 EStG ist nicht anwendbar, da ein Erbanteil kein Personengesellschaftsanteil ist. Dementsprechend müsste auch nach der Ansicht, die die Ausschlagung gegen Abfindung als Veräußerungsgeschäft ansieht, die Ausschlagung eines Miterben kein privates Veräußerungsgeschäft nach sich ziehen können. Nach der hier vertretenen Ansicht kommt § 23 EStG schon deswegen nicht zur Anwendung, da insoweit ein unentgeltliches Geschäft vorliegt (vgl. § 36 Rn. 275). Besteht die Abfindung in der Leistung eines Grundstücks, ist die Übertragung desselben gemäß § 3 Nr. 2 GrEStG grunderwerbsteuerfrei (MAH ErbR/*von Sothen* § 36 Rn. 275). **133**

Ein **entgeltliches** Rechtsgeschäft ist zu **verneinen,** wenn der Ausschlagende keine Abfindung, sondern ausnahmsweise nur den Zugewinnausgleich und/oder den Pflichtteil in Geld gemäß § 1371 Abs. 3, § 2306 Abs. 1 BGB „abgefunden" erhält (*Reich* DStR 2011, 2030; *Heiliger* ZEV 2001, 432; *Tiedtke/Wälzholz* BB 2001, 234). Über die Erfüllung dieser Ansprüche kann nach hM folglich ein Veräußerungstatbestand vermieden werden (Schmidt/*Wacker* EStG, § 16 Rn. 591; *Flick* DStR 2000, 1816; *Kaya* NWB-EV 2015, 281 (285); BMF v. 14.3.2006, Tz. 63). **134**

8. Schulden zur Finanzierung von Pflichtteilsansprüchen. Muss der **Erbe** einen **Kredit** aufnehmen, um die Ansprüche erfüllen zu können, sind die hierdurch entstandenen Zinsen keine Werbungskosten oder Betriebsausgaben; die Zinsaufwendungen können also steuerlich nicht abgezogen werden. Denn die **Zinsen** stehen in einem unmittelbaren wirtschaftlichen Zusammenhang mit dieser (als privat anzusehenden) Nachlassschuld. Dem liegt die Überlegung zu Grunde, dass Schuldzinsen nicht allein kraft einer Willensentscheidung des Steuerpflichtigen, es liege eine Betriebsschuld vor, sondern nur dann als Betriebsausgaben abgezogen werden können, wenn mit den Darlehensmitteln betrieblich veranlasste Auf- **135**

wendungen getätigt werden. Auch ein Darlehen, das zur Ablösung eines Kredits aufgenommen wurde, ist daher nur insoweit als Betriebsschuld passivierbar, als die getilgte Kreditschuld dem Betriebsvermögen zuzurechnen war. Schuldzinsen sind jedenfalls dann betrieblich veranlasst, wenn der sie auslösende Kredit zur Finanzierung von Anschaffungskosten für Wirtschaftsgüter verwendet wird, die zur Erzielung steuerpflichtiger Einkünfte aus Gewerbebetrieb genutzt werden sollen. Dies ist bei einer Pflichtteilsschuld nicht der Fall, weil der Erbfall grds. dem privaten Bereich des Erben zuzuordnen ist. Daher gehören auch die Erbfallschulden nicht der einkommensteuerrechtlich relevanten Erwerbssphäre, sondern dem Bereich der privaten Lebensführung an.

136 Wird ein Pflichtteilsanspruch aufgrund Vereinbarung mit dem Erben eines Betriebs verzinslich **gestundet**, sind die vom Erben bezahlten Schuldzinsen mangels Vorliegens einer Betriebsschuld ebenfalls nicht als Betriebsausgaben abziehbar. Entsprechendes gilt für den in eine KG eingetretenen Erben eines Kommanditanteils hinsichtlich des Abzugs von Zinsen als Sonderbetriebsausgaben (BFH BStBl. II 1994 S. 619).

137 9. **Steuerliche Wirkung einer Teilungsanordnung.** Mit Rücksicht darauf, dass durch Verwendung einer Teilungsanordnung keine dinglich wirkende Zuordnung von Nachlassgegenständen möglich ist, gelten nach hA daher die **allgemeinen ertragsteuerlichen Grundsätze** über die Erbauseinandersetzung auch bei Vorliegen einer Teilungsanordnung (Schmidt/*Wacker* § 16 Rn. 611; BMF BStBl. I 2006 S. 253 Rn. 67). Dies gilt auch für den Fall, dass die Einhaltung einer Teilungsanordnung durch Anordnung einer Testamentsvollstreckung rechtlich abgesichert wird.

138 Ist eine testamentarische Teilungsanordnung dahingehend zu verstehen, dass der Gewinn des einem der Erben zugeteilten Unternehmens von einem **vor der Verteilung** liegenden Zeitpunkt an dem Übernehmer zustehen soll, und verhalten sich die Erben dementsprechend, so ist diese Zurechnung auch steuerlich **rückwirkend** anzuerkennen.

139 Der BFH (BStBl. II 2002 S. 850) und ihm folgend die Fin.-Verw. (BMF BStBl. I 2006 S. 253 Rn. 67) sehen hierbei für eine abweichende Zurechnung **keine zeitliche Begrenzung** (zB sechs Monate) vor. Die Ergebnisse eines im Nachlass befindlichen Unternehmens sind zwar nicht eo ipso vom Zeitpunkt des Erbfalls an dem durch eine Teilungsanordnung vorgesehenen Übernehmer-Erben zuzurechnen. Dennoch muss sich, so der BFH, die steuerliche Behandlung an den zivilrechtlichen Vorgaben des jeweiligen Einzelfalls orientieren.

140 Der BFH-Rechtsprechung liegt die Überlegung zugrunde, dass die Gewinne des zum Nachlass gehörenden Unternehmens ganz oder teilweise der Erbengemeinschaft zufließen und daran alle Miterben tatsächlich teilhaben, sei es auch erst im Rahmen einer vergleichsweisen Auseinandersetzung. In diesem Fall erweist sich, dass das gewerbliche Unternehmen objektiv tatsächlich für Rechnung aller Miterben geführt wird. Allerdings wird der Umfang der steuerrechtlichen Zuordnung von Gewinnanteilen vom Ausmaß der tatsächlichen Teilhabe der einzelnen Miterben an den Gewinnen bestimmt. Kein Steuerpflichtiger braucht ein Einkommen zu versteuern, das tatsächlich nicht ihm, sondern einem anderen zugeflossen ist. Wenn es die Rspr. abgelehnt hat, den durch eine Teilungsanordnung begünstigten Erben als wirtschaftlichen Inhaber der Beteiligung des Erblassers anzusehen, so lässt sich das damit rechtfertigen, dass zunächst nicht feststeht, ob es zu der vom Erblasser vorgesehenen Verteilung kommen wird; die Teilungsanordnung hat nämlich keine dingliche Zuordnung zur Folge, vielmehr kommt ihr lediglich schuldrechtliche Bedeutung zu. Aber auch in den Fällen, in denen die Teilungsanordnung so zu verstehen ist, dass der Erblasser einen Nachlassgegenstand selbst einem der Erben zuweisen wollte, können sich die Erben über die vom Erblasser getroffene Teilungsanordnung einverständlich hinwegsetzen (→ BGB § 2048 Rn. 2). Die Erben können sich ferner an die Teilungsanordnung halten, jedoch vereinbaren, dass die Nichtbegünstigten an den bis zur Auseinandersetzung angefallenen Gewinnen des von der Teilungsanordnung betroffenen Unternehmens im Wege höherer Ausgleichszahlungen teilhaben. Gegen den Willen des begünstigten Miterben wird eine solche Form der Auseinandersetzung indessen regelmäßig nicht möglich sein.

141 **Steuerlich** folgt hieraus, dass zwar der durch eine Teilungsanordnung begünstigte Erbe das ihm zugedachte Unternehmen oder den Mitunternehmeranteil **nicht unmittelbar** vom Erblasser, sondern durch Auseinandersetzung mit den übrigen Erben erhält. Wenn jedoch die Gewinne des Unternehmens dem Begünstigten nach den vorstehend dargestellten Grundsätzen von einem früheren Zeitpunkt an gebühren und sich die Erben **tatsächlich** demgemäß verhalten, muss das Steuerrecht dem Umstand Rechnung tragen, dass die nichtbegünstigten Erben insoweit nicht an den Gewinnen teilhaben. Im entschiedenen Fall hat der BFH eine **Rückwirkung** von **zwei Jahren und drei Monaten** nicht als ungewöhnlich lang beurteilt und die abweichende Zurechnung der Einkünfte anerkannt.

III. Sonderfragen bei der Vererbung von Personengesellschaftsanteilen

142 1. **Auflösungsklausel.** Bei der nur noch in besonderen Fällen vorkommenden Auflösung der Personengesellschaft im Falle des Ablebens eines Gesellschafters treten der Alleinerbe bzw. die Erbengemeinschaft einkommensteuerlich in die Stellung des Erblassers als Gesellschafter der **Auseinandersetzungsgesellschaft** ein (BFH BStBl. II 1995 S. 241). Der Erwerb der Gesellschafterstellung stellt einen einkommensteuerlich nicht relevanten Vermögenszufluss dar.

143 Die **Liquidation** erfolgt durch die Erben (und die übrigen Gesellschafter), so dass den Erben die Abwicklungsergebnisse anteilig zuzurechnen sind (Schmidt/*Wacker* § 16 Rn. 680; BMF BStBl. I S. 253

III. Sonderfragen bei der Vererbung von Personengesellschaftsanteilen **EStG 170**

Rn. 69). Der **Gewinn** ist **nach §§ 16, 34 tarifbegünstigt,** wenn die Abwicklung in einem einheitlichen wirtschaftlichen Vorgang erfolgt. Welcher Zeitraum noch kurz ist, lässt sich nicht schematisch bestimmen. Ein **einheitlicher wirtschaftlicher Vorgang** wurde in der bisherigen Rspr. bejaht bei Zeiträumen von 9 bis 19 Monaten (Schmidt/*Wacker* § 16 Rn. 193).

Im Gegensatz zur Regelung für Körperschaften in § 11 KStG sind bei der Liquidation entstehende 144 Veräußerungsgewinne in dem Veranlagungszeitraum zu erfassen, in dem sie anfallen.

2. Fortsetzungsklausel. Das **Ausscheiden** des Gesellschafters **durch Tod** stellt einkommensteuerrecht- 145 lich die Veräußerung des Mitunternehmeranteils des verstorbenen Gesellschafters an die verbleibenden Gesellschafter dar, denn sie erwerben gegen Entgelt (Abfindung) einen Anteil am Gesamthandsvermögen. Das Ausscheiden führt zu einem Veräußerungsgewinn iSd § 16 I Nr. 2, wenn die Abfindung das Kapitalkonto des Erblassers übersteigt (BFH BStBl. II 1998 S. 290; BMF BStBl. I S. 253 Rn. 69). Dieser Veräußerungsgewinn ist noch dem **Erblasser** zuzurechnen (BFH DB 1993, 2006; BStBl. II 2000 S. 179; BMF BStBl. I 2006 S. 253 ff. Rn. 69) und im Rahmen seiner Einkommensteuerveranlagung für das Todesjahr zu berücksichtigen. Maßgebend sind die Verhältnisse beim Erblasser. Daher ist sowohl beim Freibetrag nach § 16 IV als auch für die Anwendung des § 34 auf den Erblasser abzustellen. Für die Erben begründet die daraus resultierende Einkommensteuerschuld des Erblassers eine Nachlassverbindlichkeit.

Für die **verbleibenden Gesellschafter** stellt das Ausscheiden gegen Abfindung ein Anschaffungsge- 146 schäft dar. Soweit die Abfindung den Buchwert des Anteils des Verstorbenen übersteigt, entstehen den verbleibenden Gesellschaftern zusätzliche Anschaffungskosten, die auf die entsprechenden Anteile an den einzelnen (materiellen und immateriellen, bilanzierten und nicht bilanzierten, einschl. eines Geschäftswerts) Wirtschaftsgütern, die stille Reserven aufweisen, nach der Stufentheorie bzw. der modifizierten Stufentheorie oder der Gleichverteilungsmethode zu verteilen sind (BFH BStBl. II 1993 S. 706; Schmidt/*Wacker* § 16 Rn. 487). Kann nachgewiesen werden, dass ein Geschäftswert nicht oder nicht in ausreichender Höhe existiert, ist der verbleibende Restbetrag Betriebsausgabe (BFH BStBl. II 1992 S. 647; Schmidt/*Wacker* § 16 Rn. 491). Die Vereinnahmung der Abfindung durch die Erben ist bei diesen nicht einkommensteuerpflichtig.

Ist die **Abfindung auf den Buchwert des Kapitalkontos beschränkt,** tritt keine Einkommensteuerbe- 147 lastung des Verstorbenen und damit der Erben ein.

Sollen die Erben eine **über dem Buchwert** liegende Abfindung erhalten, findet sich in alten Gesell- 148 schaftsverträgen gelegentlich noch folgende Regelung, die früher wegen erheblicher Steuervorteile gewählt wurde: Im Gesellschaftsvertrag wird die Fortsetzung der Gesellschaft mit den Erben bis zum Schluss des Wirtschaftsjahres, in das der Tod des Gesellschafters/Erblassers fällt, angeordnet. Erbschaftsteuerlich erwerben die Erben in diesem Falle den Gesellschaftsanteil selbst (früher zum erbschaftsteuerlich niedrigen Steuerwert) von Todes wegen. Einkommensteuerlich ist der Erwerb des Gesellschaftsanteils von Todes wegen – wie bei der einfachen Nachfolgeklausel (→ Rn. 134) – als private Vermögensverschiebung zu werten, die weder auf Seiten des Erblassers, noch auf Seiten der Erben Einkommensteuer auslöst. In dem gesellschaftsvertraglich bestimmten Ausscheiden der Erben zum Schluss des Todesjahres des Erblassers gegen Abfindung liegt ein Veräußerungsvorgang in der Person der Erben. In Höhe der Differenz zwischen Buchwert und Abfindung erzielen die Erben einen Veräußerungsgewinn. Wegen der Aufteilung des Gesellschaftsanteils – und damit des Veräußerungsgewinns – auf mehrere Erben kann sich ein (bis 31.12.2008: zusätzlicher) ertragsteuerlicher Vorteil durch Progressionsminderung ergeben. Durch die Neufassung des ErbStG mit Wirkung ab dem 1.1.2009 und die Bewertung eines Gesellschaftsanteils mit dem Verkehrswert sind die früheren erbschaftsteuerlichen Vorteile derartiger Regelungen überholt und sollten dringend – insbes. wegen § 7 VII ErbStG – neu gefasst werden.

Liegt die an die Erben im Rahmen der Fortsetzungsklausel zu zahlende Abfindung **unter dem Buch-** 149 **wert,** weil der Teilwert des Mitunternehmeranteils geringer ist (Leistung und Gegenleistung sind also kaufmännisch abgewogen), entsteht in der Person des verstorbenen Gesellschafters ein Veräußerungsverlust (BFH BStBl. II 2003 S. 112; Schmidt/*Wacker* § 16 Rn. 510). Die verbleibenden Gesellschafter müssen in Höhe des Unterschiedsbetrages zwischen der Abfindung und dem Kapitalkonto des Verstorbenen grds. die Buchwerte der einzelnen Wirtschaftsgüter anteilig herabsetzen, da die Anschaffungskosten nicht überschritten werden dürfen (Schmidt/*Wacker* § 16 Rn. 511). Diese Abstockung erfolgt im Wege **negativer Ergänzungsbilanzen.** Eine dennoch verbleibende Differenz zwischen Kapitalkonto und Anschaffungspreis stellt keinen Erwerbsgewinn dar, sondern ist als Ausgleichsposten in der negativen Ergänzungsbilanz der verbleibenden Gesellschafter zu passivieren (BFH BStBl. II 1995 S. 770; BStBl. II 2003 S. 112). Diese Abstockungen sind entsprechend dem Verbrauch der Wirtschaftsgüter erfolgserhöhend aufzulösen. Einen Gewinn erzielen die verbleibenden Gesellschafter im Erwerbszeitpunkt nicht.

Sieht der Gesellschaftsvertrag vor, dass die an die Erben zu zahlende Abfindung niedriger ist als der 150 Buchwert und ist dies im Sinne des Einkommensteuerrechtes privat veranlasst, entsteht für den verstorbenen Gesellschafter kein Veräußerungsverlust (Blümich/*Schallmosser* § 16 Rn. 84). Für die verbleibenden Gesellschafter entsteht dementsprechend auch kein Gewinn (BFH BStBl. II 1974 S. 50c), da ein teilentgeltlicher Erwerb einheitlich zu beurteilen ist. In diesem Fall haben die verbleibenden Gesellschafter die Buchwerte gem. § 6 III fortzuführen, der Unterschiedsbetrag ist als Einlage zu behandeln (Schmidt/*Wacker* § 16 Rn. 512).

3. Einfache Nachfolgeklausel. Der Übergang des nach Erbquoten geteilten Gesellschaftsanteils im 151 Wege der **Sondererbfolge** stellt auf Seiten der Erben einen nicht einkommensteuerpflichtigen **unentgelt-**

170 EStG Einkommensteuergesetz

lichen Erwerb dar, der weder in der Person des Erblassers noch bei den Erben einen Veräußerungsgewinn zur Folge hat. Der einzelne Erbe ist zur Fortführung der anteiligen Buchwerte des Erblassers berechtigt und verpflichtet (§ 6 III). Bei vorhandenem **Sonderbetriebsvermögen** des Erblassers kommt es zu einer ergebniswirksamen steuerpflichtigen (anteiligen) Entnahme, soweit das Sonderbetriebsvermögen nicht auf die Nachfolger in den Gesellschaftsanteil übergeht.

152 Das **Jahresergebnis** der Gesellschaft ist den Erben entsprechend ihrer Beteiligung ab dem Erbfall zuzurechnen. Die auf die Miterben übergegangenen Gesellschaftsanteile können in die Erbauseinandersetzung einbezogen und abweichend aufgeteilt werden. Dies setzt aber voraus, dass die entsprechenden Abtretungen der Gesellschaftsanteile gesellschaftsrechtlich zulässig sind.

153 **4. Qualifizierte Nachfolgeklausel.** Der Übergang des Gesellschaftsanteils auf den Nachfolger-Erben stellt einen **einkommensteuerlich unbeachtlichen Vorgang** dar. Der Nachfolger-Erbe hat die Buchwerte des Erblassers gem. § 6 III fortzuführen.

154 Nur der qualifizierte Nachfolger wird Mitunternehmer (BFH BStBl. II 2000 S. 316; BMF BStBl. I 2006 S. 253 Rn. 72), nicht dagegen die nicht qualifizierten Miterben. Bei ihnen liegt also auch kein Durchgangserwerb (→ Rn. 132) vor.

155 **Abfindungszahlungen**, die der nachfolgeberechtigte Miterbe an die übrigen Miterben zahlt, führen nicht zu Anschaffungskosten auf den Gesellschaftsanteil, weil die Ausgleichsschuld dem wirtschaftlichen Gehalt nach einer Erbfallschuld entspricht (BFH BStBl. II 1992 S. 512; BStBl. II 1994 S. 625; BMF BStBl. I 2006 S. 253 Rn. 72). Dies hat zur Folge, dass **Schuldzinsen** beim nachfolgeberechtigten Miterben nicht abziehbar sind. Andererseits erzielen die nicht nachfolgeberechtigten Erben keinen Veräußerungsgewinn.

156 Dies gilt jedoch nur, sofern der qualifizierte Nachfolger nicht mehr erhält als ihm nach seiner Erbquote zusteht. Zahlt er im Rahmen der Teilung des Nachlasses einen sog. Spitzen- oder Wertausgleich, weil er ein „Mehr" (über seine Erbquote hinaus) erhält, so liegen insoweit Anschaffungs- und Veräußerungsgeschäfte vor und die Schuldzinsen werden bei ihm steuerlich abzugsfähig (BMF BStBl. I 2006 S. 253 zB Rn. 14).

157 **Sonderbetriebsvermögen** des Erblassers wird zivilrechtlich Gesamthandsvermögen der Erbengemeinschaft. Steuerrechtlich wird es den Miterben gem. § 39 II Nr. 2 AO zugerechnet, während den Gesellschaftsanteil nur der/die qualifizierten Nachfolger kraft Sondererbfolge erwerben. Soweit das Sonderbetriebsvermögen auf nicht qualifizierte Miterben übergeht, kommt es zu einer anteiligen Entnahme. Es entsteht daher noch in der Person des Erblassers ein nicht tarifbegünstigter **Entnahmegewinn**, da der/die nicht qualifizierten Miterben nicht Mitunternehmer geworden sind (BFH BStBl. II 1992 S. 512; BMF BStBl. I 2006 S. 253 Rn. 73/74; Schmidt/*Wacker* § 16 Rn. 674). Der Entnahmegewinn unterliegt nicht der Gewerbesteuer (BFH BStBl. II 2000 S. 316; Schmidt/*Wacker* § 16 Rn. 674).

158 Der **Mitunternehmeranteil** selbst geht jedoch zum **Buchwert** über, obwohl in dem Fall, in dem das Sonderbetriebsvermögen zu den wesentlichen Betriebsgrundlagen zählt, nicht alle wesentlichen Betriebsgrundlagen vollständig übergehen. Denn der BFH lässt wegen der gravierenden Folgen, die eine Gesamtaufdeckung der stillen Reserven des Unternehmens im Erbfall haben würde, die unentgeltliche Übertragung des Mitunternehmeranteils verbunden mit der Entnahme des Sonderbetriebsvermögens zu (BFH BStBl. II 2000 S. 316; Schmidt/*Wacker* § 16 Rn. 674). Dem hat sich die Fin.-Verw. wohl angeschlossen (BMF BStBl. I 2006 S. 253 Rn. 73/74).

159 Durch eine Übertragung des Sonderbetriebsvermögens nach dem Erbfall auf den qualifizierten Nachfolger im Wege der zeitnahen **Erbauseinandersetzung** oder aufgrund einer **Teilungsanordnung** kann die Entnahme grds. nicht vermieden werden (BMF BStBl. I 2006 S. 253 Rn. 73; Schmidt/*Wacker* § 16 Rn. 675). Die Einsetzung der Nichtqualifizierten zu Erben und die vermächtnisweise Zuwendung des Gesellschaftsanteils sowie des Sonderbetriebsvermögens an den Qualifizierten vermeidet den Entnahmegewinn ebenfalls nicht, da die Entnahme des Sonderbetriebsvermögens zum Zeitpunkt des Erbfalls erfolgt und steuerlich nicht ungeschehen gemacht werden kann. Auch durch eine rückwirkende Übertragung nach dem Erbfall kann die Entnahme des Sonderbetriebsvermögens nicht beseitigt werden (**Durchgangserwerb**).

160 Nach der Rspr. des BFH (BFH BFH/NV 1998, 959) gilt Sonderbetriebsvermögen jedoch als nicht entnommen, sofern der qualifizierte Nachfolger von Anfang an als **wirtschaftlicher Eigentümer** (auch für den Anteil am Sonderbetriebsvermögen, der auf die nicht nachfolgeberechtigten Miterben entfällt) zu behandeln sein sollte. Voraussetzung hierfür ist, dass der Nachfolger das Sonderbetriebsvermögen seit dem Erbfall auf eigene Rechnung und Gefahr hält und dass die Folgen seiner Tätigkeit ihn persönlich und nicht die Erbengemeinschaft treffen. IErg müssen diese Voraussetzungen wohl bereits in der logischen Sekunde nach dem Erbfall erfüllt sein. Vereinbarungen, die erst nach dem Erbfall getroffen werden, dürften insoweit irrelevant sein, weil sie die Besteuerung nicht verhindern können (ebenso Hörger/Stephan/Pohl Unternehmensnachfolge/*Hörger* Rn. 1038).

161 Erfüllen die qualifizierten Nachfolger ihre **Wertausgleichsverpflichtung** gegenüber den weichenden Erben durch Übertragung von Wirtschaftsgütern des Betriebs- oder Sonderbetriebsvermögens, tätigen sie hiermit eine Entnahme, die zur Aufdeckung der in den übertragenen Wirtschaftsgütern ruhenden stillen Reserven führt und als laufender Gewinn der Einkommen- und Gewerbesteuer unterliegt (BMF BStBl. I 2006 S. 253 Rn. 35, 51; Schmidt/*Wacker* § 16 Rn. 673 mwN; Blümich/*Drüen* GewStG § 7 Rn. 148 „Erbfall"). Zu beachten sind hierbei die eventuellen Folgen einer Nachversteuerung nach § 34a EStG (→ Rn. 88) oder § 13a VI ErbStG.

5. Rechtsgeschäftliche Nachfolgeklausel. Eine rechtsgeschäftliche Nachfolgeklausel beinhaltet eine entgeltliche, unentgeltliche oder teilentgeltliche Vereinbarung mit dem vorgesehenen Nachfolger, wonach dieser außerhalb des Erbrechts mit unmittelbar dinglicher Wirkung aufschiebend bedingt auf den Todesfall Gesellschafter wird. Diese Vereinbarung ist Gegenstand des Gesellschaftsvertrages und kann deshalb nur entsprechend den für diesen geltenden Regelungen getroffen werden, dh im Regelfall nur mit Zustimmung aller Mitgesellschafter. 162

Da der Nachfolger bei unentgeltlichem Übergang die Buchwerte des Erblassers gem. § 6 III fortführen muss, ist der Vorgang erfolgsneutral, so dass in der Person des Erblassers keine Einkommensteuerschuld als Nachlassverbindlichkeit entsteht. 163

Ist ein **Entgelt vereinbart** und entspricht es dem Verkehrswert des Gesellschaftsanteils, so liegt die Veräußerung eines Mitunternehmeranteils iSd §§ 16, 34 vor. Der Veräußerungsgewinn ist wohl noch dem Erblasser zuzurechnen, denn die Rechtslage dürfte hier nicht anders zu beurteilen sein als bei der Fortsetzungsklausel (→ Rn. 145). 164

Liegt das **Entgelt unter dem Verkehrswert** des Gesellschaftsanteils, erfolgt keine Aufteilung des Gesamtgeschäfts in einen voll entgeltlichen und einen voll unentgeltlichen Teil (Einheitstheorie). Ein Veräußerungsgewinn entsteht insoweit, als die Gegenleistung den Buchwert des Kapitalkontos des Erblassers übersteigt (Schmidt/*Wacker* § 16 Rn. 58). Ansonsten sind gem. § 6 III die Buchwerte fortzuführen (BFH BStBl. II 1993 S. 436; BMF v. 13.1.1993 (idF 26.2.2007), BStBl. I 1993 S. 80 Rn. 38). Der Veräußerungsgewinn entsteht mit dem Tod des Erblassers, da es grds. auf den Übergang des Gesellschaftsanteils auf den Erwerber ankommt (Schmidt/*Wacker* § 16 Rn. 661). 165

6. Eintrittsklausel. Nach Ansicht der Fin.-Verw. gelten einkommensteuerlich bei Ausübung des Eintrittsrechts innerhalb von sechs Monaten nach dem Erbfall die Grundsätze der einfachen Nachfolgeklausel (→ Rn. 151), wenn **alle** Erben von ihrem Eintrittsrecht Gebrauch machen. 166

Die Grundsätze der qualifizierten Nachfolgeklausel sind anzuwenden, wenn **nur einer** oder einige Erben von ihrem Eintrittsrecht Gebrauch machen. Die Fin.-Verw. unterscheidet hier also nicht entsprechend der zivilrechtlichen Ausgestaltung der Eintrittsklausel zwischen der Treuhandlösung oder der erbrechtlichen bzw. Abfindungslösung, sofern die Sechsmonatsfrist eingehalten wird (BMF BStBl. I 2006 S. 253 Rn. 70; BFH BStBl. II 1994 S. 625). Nach aA (Schmidt/*Wacker* § 16 Rn. 677 mwN) ist hingegen die am Zivilrecht orientierte Unterscheidung auch steuerlich konsequent anzuwenden. Die ertragsteuerlich neutrale einfache oder qualifizierte Nachfolgeklausel kommt danach nur bei der Treuhandlösung in Betracht, dann aber wohl über den Sechs-Monatszeitraum hinaus. 167

Im Falle der Abfindungslösung soll entsprechend der Fortsetzungsklausel ein steuerpflichtiger Veräußerungsgewinn noch beim Erblasser, verbunden mit einem späteren entgeltlichen Erwerb der Eintretenden, entstehen (Schmidt/*Wacker* § 16 Rn. 677). 168

Für *Hörger* (Hörger/Stephan/Pohl Unternehmensnachfolge/*Hörger* Rn. 1060) wäre im Falle der Abfindungslösung die Anwendung der Fortsetzungsklausel naheliegend, dennoch erscheint es ihm wegen der wirtschaftlichen Gleichwertigkeit sachgerecht, die einfache oder qualifizierte Nachfolgeklausel anzuwenden. Im Falle der Treuhandlösung sieht er keine strikte Sechsmonatsgrenze für den steuerneutralen Übergang des Betriebsvermögens vom Erblasser auf den Treuhänder und dann auf den eintretenden Erben. Allerdings fordert er, dass der Eintritt auf den Erbfall zurückbezogen wird und den Erben die Gewinne ab Erbfall zuzurechnen sind. Dies erscheint logisch und konsequent. 169

Tritt der Nachfolgeberechtigte **nicht** in die Gesellschaft **ein**, so entsprechen die einkommensteuerlichen Folgen denen einer **Fortsetzungsklausel** (BMF 14.3.2006, BStBl. I 2006 S. 253 Rn. 70; Schmidt/*Wacker* § 16 Rn. 677). In der Person des Erblassers entsteht also ein tarifbegünstigter Veräußerungsgewinn. 170

Fraglich ist, ob die Gleichsetzung von Eintritts- und qualifizierter Nachfolgeklausel im Einkommensteuerrecht auch dann gilt, wenn der Gesellschaftsvertrag für die Ausübung des Eintrittsrechts keine Befristung vorsieht und der Berechtigte den **Schwebezustand** über einen längeren Zeitraum bestehen lässt. Nach Ansicht der Fin.-Verw. (BMF, BStBl. I 2006 S. 253ff. Rn. 70) gelten die dargestellten Grundsätze (→ Rn. 167) nur, wenn das Eintrittsrecht innerhalb von sechs Monaten nach dem Erbfall ausgeübt wird. Geschieht dies erst nach Ablauf dieser Frist, so treten beim Erbfall die einkommensteuerlichen Folgen einer Fortsetzungsklausel ein, dh es entsteht in der Person des Erblassers ein tarifbegünstigter Veräußerungsgewinn. Beim späteren Eintritt kann erneut ein Veräußerungsgewinn entstehen und zwar bei den verbleibenden Gesellschaftern. Zur Vermeidung derartiger Veräußerungsvorgänge empfiehlt sich eine Ausübung des Eintrittsrechts innerhalb der Sechsmonatsfrist. 171

7. Nachfolge bei Vermächtnisanordnung. Werden die Gesellschaftsanteile nicht dem oder den Erben übertragen, sondern ist der Nachfolger als Vermächtnisnehmer eingesetzt, fallen die Gesellschaftsanteile zunächst in den Nachlass. Damit kann zivilrechtlich eine Sondererbfolge, dh ein unmittelbarer Übergang der Personengesellschaftsanteile auf den Nachfolger – am Nachlass vorbei – nicht stattfinden. Diese Rechtsfolge träte nur ein, wenn im Gesellschaftsvertrag eine qualifizierte Nachfolgeklausel enthalten wäre und wenn der Nachfolger zumindest Miterbe würde. 172

Der oder die Erben werden ertragsteuerlich unentgeltlich Mitunternehmer, mit der Folge der Buchwertfortführung nach § 6 III. Sie erzielen also Einkünfte nach § 15. Mitunternehmer bleiben sie solange, bis der Gesellschaftsanteil auf den Vermächtnisnehmer zivilrechtlich wirksam übertragen wird. Ertragsteuerlich stellt diese Übertragung ebenfalls einen unentgeltlichen Erwerb dar (§ 6 III). Fraglich ist, wie die Zurechnung der Einkünfte aus dem Gesellschaftsanteil in der Zeit zwischen dem Erbfall und der 173

Erfüllung des Vermächtnisses erfolgt. Eine Zurechnung beim Vermächtnisnehmer ist nach Auffassung der Fin.-Verw. nur möglich, falls dieser bereits vor der Erfüllung des Vermächtnisses als Mitunternehmer anzusehen ist (BMF BStBl. I 2006 S. 253 Rn. 61). Wird ein Mitunternehmeranteil zur Erfüllung eines **Kaufrechtsvermächtnisses** (→ Rn. 129) teilentgeltlich übertragen, ist die sog. Einheitstheorie (→ Rn. 165) anzuwenden. Danach kann ein teilentgeltlicher Vorgang (nur) bejaht werden, wenn das Teilentgelt den Buchwert des übertragenen Mitunternehmeranteils überschreitet (Schmidt/*Wacker* § 16 Rn. 58). Ist das Teilentgelt demnach niedriger als der Buchwert (steuerliches Kapitalkonto), liegt ein voll unentgeltlicher Erwerb vor.

IV. Einkommensteuerliche Behandlung der Erbengemeinschaft

174 1. **Einkünfteermittlung und Verteilung.** Gehört zum Nachlass ein **Grundstück** und wird dieses von der Erbengemeinschaft fremdüblich an Dritte vermietet, verwirklichen steuerrechtlich die Miterben den Einkünfteerzielungstatbestand des § 21 I 1 Nr. 1 **gemeinschaftlich.** Denn den objektiven Tatbestand der Einkunftsart Vermietung und Verpachtung verwirklicht, wer die rechtliche oder tatsächliche Macht hat, eines der in § 21 I genannten Wirtschaftsgüter anderen entgeltlich auf Zeit zur Nutzung zu überlassen und Träger der Rechte und Pflichten aus einem Miet- oder Pachtvertrag ist. Folglich müssen diese Einkünfte zunächst **auf der Ebene der Gemeinschaft** ermittelt und **sodann** auf die Miteigentümer **verteilt** werden (stRspr, zB BFH BFH/NV 2009, 748). Daraus ergibt sich zugleich: **Aufwendungen** im Zusammenhang mit dem Vermietungsobjekt sind **nur dann** steuermindernd zu berücksichtigen, wenn sie mit den gemeinschaftlich erzielten Einkünften in wirtschaftlichem Zusammenhang stehen. Sie müssen also, damit sie als Werbungskosten im Rahmen der gemeinschaftlichen Ermittlung der Einkünfte abziehbar sind, durch das gemeinschaftliche Vermieten veranlasst sein. Dies gilt auch dann, wenn ein Miterbe allein den Aufwand getragen hat. In diesem Fall kann aber auch nur der den Aufwand tatsächlich tragende Miterbe die von ihm geleisteten Aufwendungen als sog. Sonderwerbungskosten abziehen. Wendet ein Miterbe aber etwas auf, was nicht im Zusammenhang mit der gemeinschaftlichen Einkünfteerzielung, wohl aber mit der von ihm zB nach Auflösung der Erbengemeinschaft allein fortgesetzten Vermietung steht, so kann dieser Aufwand nicht im Rahmen der Erbengemeinschaft, sondern nur in seiner eigenen Einkommensteuererklärung selbst steuermindernd berücksichtigt werden.

175 2. **Erbengemeinschaft und Betriebsaufspaltung. a) Voraussetzungen für das Vorliegen einer Betriebsaufspaltung.** Die Annahme einer Betriebsaufspaltung setzt neben einer **sachlichen Verflechtung** der beiden Unternehmen auch eine **personelle Verflechtung** voraus (→ Rn. 20). Eine personelle Verflechtung ist zu bejahen, wenn die hinter Besitz- und Betriebsunternehmen stehenden Personen einen einheitlichen geschäftlichen Betätigungswillen haben (BFH BStBl. II 1972 S. 63, unter V.4.). Dazu reicht es aus, dass die Person oder die Personen, die das Besitzunternehmen beherrschen, in der Lage sind, auch in der Betriebsgesellschaft ihren Willen durchzusetzen – sog. Beherrschungsidentität. Eine Beherrschungsidentität ist auch bei nur mittelbarer Beteiligung der Inhaber des Besitzunternehmens am Betriebsunternehmen (zB über eine am Betriebsunternehmen beteiligte Kapitalgesellschaft) möglich (BFH BStBl. II 1993 S. 134, unter II.1b).

176 b) **Fortsetzung einer Betriebsaufspaltung bei Erbfall.** Eine Betriebsaufspaltung, die zu Lebzeiten des Erblassers zwischen seinem Besitzeinzelunternehmen und der von ihm beherrschten Betriebs-GmbH bestand, **setzt sich** nach dem Tod des Besitzeinzelunternehmers und dem Übergang des Nachlasses auf mehrere Miterben unter den Miterben in Mitunternehmerschaft als Besitzgesellschaft und der Betriebs-GmbH **fort, sofern** die Beteiligungsverhältnisse nicht extrem unterschiedlich sind oder Interessengegensätze bestehen (BFH BFH/NV 2005, 1974). Geht demnach zB das an die Betriebs-GmbH verpachtete Betriebsgrundstück (wesentliche Betriebsgrundlage) und der Geschäftsanteil im Erbwege auf mehrere Erben (in Erbengemeinschaft) über, dann ist weiterhin eine sachliche und personelle Verflechtung gegeben. Denn sowohl am Besitzunternehmen (Verpachtung des Betriebsgrundstücks) als auch an der Betriebsgesellschaft (GmbH) ist dieselbe Personengruppe beteiligt. Anders ist dies, wenn zB die Anteile an der Betriebs-GmbH vermächtnisweise an einen Dritten herauszugeben sind, denn dann können die Erben ihren Willen im Betriebsunternehmen mit Abtretung der Geschäftsanteile an den Vermächtnisnehmer nicht mehr durchsetzen. Steuerlich führt die Beendigung der Betriebsaufspaltung zu einer Zwangsrealisierung der stillen Reserven im Besitzunternehmen, es sei denn, dieses wäre originär gewerblich tätig bzw. gewerblich geprägt (→ Rn. 21).

177 Für eine Erbauseinandersetzung bedeutet dies, dass eine nach dem Erbfall zunächst fortbestehende Betriebsaufspaltung nur dann auch bei dem die Gesellschaftsanteile bzw. das Besitzunternehmen fortführenden/übernehmenden Erbe besteht, wenn er **sowohl** das Besitz- **als auch** Betriebsunternehmen beherrscht.

178 3. **Betriebsaufspaltung und Testamentsvollstreckung.** Bis zur Entscheidung des BFH (BStBl. II 2008 S. 858) war streitig, ob von einer **personellen Verflechtung** auch dann auszugehen ist, wenn hinsichtlich der Mehrheitsbeteiligung an der die Betriebsgesellschaft beherrschenden GmbH eine **Testamentsvollstreckung** besteht. Der BFH bejahte dies in 2008 und stellte fest, dass das Handeln eines Testamentsvollstreckers den Erben auch im Rahmen der Beurteilung der personellen Verflechtung von Besitzunternehmen und Betriebsunternehmen zuzurechnen ist. Für die Ansicht des BFH spricht die Grundaussage des Urteils, dass der Testamentsvollstrecker bei der (treuhänderischen) Verwaltung des Vermögens keine

eigenen Interessen, sondern die der Erben verfolgt und diesen deshalb das Handeln des Testamentsvollstreckers zuzurechnen ist.

Im Urteilsfall wirkte sich die Annahme einer Betriebsaufspaltung zwar zu Ungunsten der Kläger aus. **179** In Fällen, in denen bei einer unstreitig vorliegenden Betriebsaufspaltung nach einem Erbfall eine Testamentsvollstreckung angeordnet wird, kann sich die Rspr. des BFH jedoch positiv auswirken. Denn es steht nun fest, dass jedenfalls die Testamentsvollstreckung keinen (nachteiligen) Einfluss auf das Vorhandensein eines einheitlichen Betätigungswillens hat und somit auch **nicht** wegen Wegfalls der personellen Verflechtung **zur Beendigung** einer Betriebsaufspaltung, mit der Folge der Aufdeckung stiller Reserven, führt.

Hinweis: Die Eröffnung des **Insolvenzverfahrens** über das Vermögen der Betriebsgesellschaft (oder **180** bei mittelbarer Beteiligung über das Vermögen der zwischengeschalteten Gesellschaft) bewirkt **hingegen** eine Beendigung der personellen Verflechtung zwischen Besitz- und Betriebsunternehmen, da die Gesellschafter ihren Willen in der Betriebsgesellschaft nicht mehr durchsetzen können (BFH BStBl. II 1997 S. 460, unter II.1. zum Konkursverfahren). Das Insolvenzverfahren ist – anders als die Testamentsvollstreckung – primär darauf gerichtet, die Gläubiger gemeinschaftlich zu befriedigen, sodass das Betriebsunternehmen nicht mehr von den mehrheitlich beteiligten Gesellschaftern beherrscht wird. Zudem nehmen die Gesellschafter im Insolvenzfall, anders als die Erben bei der Testamentsvollstreckung – worauf der BFH hingewiesen hat – die Rechtsbeschränkung durch die Bestellung eines Insolvenzverwalters nicht freiwillig an.

4. Zurechnung von Zinsen im Erbfall. Gehen festverzinsliche Wertpapiere, Sparbücher und ähnliche **181** Kapitalforderungen, die nach dem Tod des Inhabers fällig werden, während der laufenden Zinsperiode auf den oder die Erben über, so sind die Zinsen in vollem Umfang dem oder den Erben zuzurechnen. Eine rechnerische Aufteilung der Zinsen auf die Zeit bis zum Erbfall (Zurechnung beim Erblasser) und ab dem Erbfall (Zurechnung dem oder den Erben) erfolgt nicht (Landesamt für Steuern und Finanzen Sachsen DStR 2013, 1335).

V. Planung der Vermögens- und Unternehmensnachfolge

Wie die vorstehende Darstellung verdeutlicht hat, sind die ertragsteuerlichen Folgen eines Erbfalls für **182** die Erben nicht nur vielfältig, sondern im Vorhinein regelmäßig kaum kalkulierbar. Bei der erbrechtlichen Beratung einer Vermögens-/Unternehmensnachfolge dürfen die erbschaft-, einkommen- und gewerbesteuerlichen Konsequenzen eines Erbfalls nicht vergessen bzw. vernachlässigt werden. Es können bei unzureichender Steuerplanung auf die Erben erhebliche Steuernachzahlungen zukommen, die oft nur durch Veräußerung von Nachlassvermögen bezahlt werden können. Dass diese Not-/Zwangsverkäufe meist nicht im Interesse des Erblassers sind, versteht sich von selbst. Insoweit gilt auch steuerlich: Eine vorausschauende Planung der Vermögens-/Unternehmensnachfolge kann in erheblichem Umfang Steuern sparen.

Sachverzeichnis

Die fett gedruckten Zahlen bezeichnen die Kennziffern, die mageren Zahlen bezeichnen die Paragraphen, die kursiven Zahlen bezeichnen die Randnummern.
Die Buchstaben ä, ö und ü sind wie a, o und u in das Alphabet eingeordnet.

Abänderung Entscheidung, Endentscheidung 30 48 2, Freiwillige Gerichtsbarkeit 30 48, rechtskräftige 30 48, Rechtsmittel 30 48 5, Verfahrensordnung für Höfesachen 80 Anhang 12, Zuständigkeit 30 48 4
Abänderungsvorbehalt, Wechselbezüglichkeit 10 2270 16
Abdingbarkeit, Kürzungsrecht 10 2322 15
Abfindung, Anschaffungskosten 170 144, Ausschlagung 10 2303 82; 170 131 f., bedingte Ansprüche 150 7 39, beschränkt dingliche Rechte 12 16 29, Besteuerung 150 7 36, Buchwert 170 145, Erbschaftsteuer 150 3 52 ff., Erbverzicht 10 2325 59 ff., 2346 24 ff.; 150 7 36, Erwerb, steuerpflichtiger 150 10 48, Festsetzungsverfahren 12 16 30 ff., Gesellschaftsvertrag 150 10 48, Grundstück 12 16 24 ff., Hoferbe 80 12, 13, Hoferbfolge 80 19 18 ff., Höferecht 80 19 18 ff., Miterbe 12 16; 80 12, 19 18 ff., Nachfolgeklausel 170 153, Nachlassteilung 10 2059 21, Pflichtteilsverzicht 150 7 36, Schuldzinsen 170 117 ff., Stundung 12 16 21 f., Surrogation 10 2111 30, Verzicht 80 19 25, Zuweisung 12 16
Abfindungsanspruch, Anwachsen 10 1922 56, 61, Fortsetzungsklausel 170 144, OHG 10 1967 41, Vererblichkeit 10 1922 29
Abfindungsausschluss, allseitiger 10 2325 70, Personengesellschaft 10 2325 29
Abfindungshöhe, Eintrittsklausel 10 2032 43, Ertragswert 12 16 5 ff., GmbH-Anteil 10 2032 45, Nachlassverbindlichkeiten 12 16 10 ff., Vorempfänge 12 16 20
Abfindungsvertrag, Anfechtung 10 2346 28, Gegenseitigkeit 10 2346 25, Kausalgeschäft 10 2346 27, Pflichtteilsergänzung 10 2346 28, Störung der Geschäftsgrundlage 10 2346 28, Vertragsstörungen 10 2346 26 ff., Wegfall der Geschäftsgrundlage 10 2346 27
Abfindungsverzicht, Höferecht 80 19 25
Abgabenordnung, Steuererlass 150 28 9, Steuerstundung 150 28 9
Abgesonderte Befriedigung, Nachlassinsolvenz 50 Vorbemerkungen 10, Zwangsvollstreckung 50 321
Abhilfe, Beschwerdeverfahren 30 68 2 ff.
Abkömmling 10 1924 2, 2303 35 ff., adoptierter 10 2303 46 ff., Ausgleichsberechtigte 10 2057a 7 ff., Ausgleichungspflicht 10 2050, Ausstattung 10 2050 22, bereits gezeugter 10 2107 13, der Mutter 10 1924 3, des Vaters 10 1924 3, Ehegattenerbrecht 120 England/Wales 33 ff., Erbe, gewillkürter 10 2052, Erbfolge, gesetzliche 10 2066; 120 England/Wales 41 ff., Erblasser 10 2069, Erbverzicht 10 2349, Erbverzicht, relativer 10 2350 5, Leistungen, besondere 10 2057a; 10 2057a 27, Mitarbeit 10 2057a, nachrückende Erben 10 2051 4 f., nichtehelicher 10 2303 41 ff., Pflichtteilsberechtigter 10 2303 33 ff., Pflichtteilsbeschränkung 10 2338 6, Pflichtteilszuwendung 10 2304 21 ff., residuary estate 120 England/Wales 36, statutory trust 120 England/Wales 42, Überschuldung 10 2271 60, Verschwendung 10 2271 60, Versorgungsfreibetrag 150 17 1 f., Vorerbe, kinderloser 10 2107 9, Wegfall 10 2051 3, Zuwendungsverzicht 10 2352 9
Abkömmling, angenommener, Abkömmling, gleichgestellte 10 2053 6
Abkömmling Dritter, Abkömmling, Wegfall 10 2069 15, Auslegungsregel 10 2070, Verfügung von Todes wegen 10 2070
Abkömmling, einseitiger, Gesamtgutszuwendungen 10 2054 5
Abkömmling, entfernter, Ausgleichungsanordnung 10 2053 7 f., Ausgleichungspflicht 10 2053, Pflichtteilsrecht 10 2309, Zuwendungen, lebzeitige 10 2053 3 f.
Abkömmling, gemeinsamer, Gesamtgutszuwendungen 10 2054 2, Wechselbezüglichkeit 10 2270 37
Abkömmling, gleichgestellter, Abkömmling, angenommener 10 2053 6, Zuwendungen, lebzeitige 10 2053 6
Abkömmling Urgroßeltern, Erben 4. Ordnung 10 1928 2
Abkömmling, Wegfall, Abkömmlinge Dritter 10 2069 15, Auslegungsregel 10 2069, Ausschlagung 10 2069 11, Erbunwürdigkeit 10 2069 13, Ersatzberufene 10 2069 14, nach Testamentserrichtung 10 2069 8 ff., Nacherbschaft 10 2069 5, neue Bundesländer 10 2069 16, Pflichtteilsverlangen 10 2069 12, Schlusserbe 10 2069 6, Versterben 10 2069 10, Wechselbezüglichkeit 10 2069 6, Zuwendungsverzicht 10 2069 11
Ablaufhemmung, Festsetzungsverjährung 150 30 6 f.
Ablehnung, Berichtigung Beschluss 30 42 4, Einziehungsverfahren 30 353 8, Gesamtgutsverwaltung 96 48, Nachlasspflegschaft 96 44, Nachlassverwaltung 10 1981 11; 96 48, Testamentsvollstrecker 10 2202
Ablehnung mangels Masse, Nachlassverwaltung 10 1982
Ablieferungspflicht, Betreuungsverfügung 10 1901c 1, 14, Erbvertrag 10 2300 2; 60 34a 9, gerichtlicher Vergleich 30 347 12, Notar 60 34a, Schadensersatz 10 1901c 14, Testament 10 2259; 30 348 3, 358, Vorsorgevollmacht 10 1901c 1, Zentrales Testamentsregister 60 34a
Ablieferungsverbot, Erblasseranordnungen 10 2263 3
Abnutzung, gewöhnliche, Haftung 10 2132
Abschichtung, Auseinandersetzung 10 2042 34 f., zweigliedrige Erbengemeinschaft 10 2042 34
Abschichtungsvereinbarung, Form 10 2042 36
Abschmelzungsregelung, Pflichtteilsergänzungsanspruch 10 2325 123 ff., Schenkung 10 2325 123 ff.
Abschreibung, Einkommensteuer 170 18
Abschrift, beglaubigte, Europäisches Nachlasszeugnis 110 70
Absehen von Erhebung, Gerichtskosten 30 81 1, Kostenentscheidung 30 82 2
Absolute interest, Zuwendung 120 England/Wales 82
Absperrungstestament 10 2250 3 f.
Abstammungssachen, Tod einer Partei 10 1922 89
Abstimmung, Mehrheitsverwaltung 10 2038 21 ff.
Abtretung, Rückforderung Schenkung 10 528 22
Abtretungsklausel, GmbH-Geschäftsanteil 10 1922 42
Abwendungsbefugnis, Herausgabeanspruch 10 1973 9, 1992 10 f.; 150 29 9, Rückforderung Schenkung 10 528 29 9, Rückgabe des Geschenks 150 29 9
Abwesenheitspfleger, Annahme der Erbschaft 10 1943 4, Nachlasspfleger 10 1960 12, Nachlasspflegschaft 10 1960 23

1963

Sachverzeichnis

fette Zahlen = Kennziffer

Abwickler, Anwaltsnotar 26 55 *29 ff.*, Aufgaben 26 55 *6 ff.*; 27 70 *10 ff.*, Bestellung 26 55 *2*; 27 70 *6*, Handakten 27 70 *30 ff.*, Nachlassinsolvenz 26 55 *23*; 27 70 *19*, Rechtsanwalt 26 55, Steuerberater 27 70, Vergütung 26 55 *24 ff.*; 27 70 *20*, Verschwiegenheitspflicht 27 70 *26 ff.*, Wettbewerbsverbot 27 70 *25*
Abwicklungsgesellschaft, Personengesellschaft 10 2032 *33*
Abwicklungsvollstreckung, Freigabeanspruch 10 2217 *4*, Handelsgeschäft 10 2205 *15*, Handelsregistereintragung 10 vor §§ 2197–2228 *14*, Personengesellschaft 10 2205 *23*, Spanien 120 Spanien *116*, Testamentsvollstreckung 10 vor §§ 2197–2228 *5*, Vergütung 10 2221 *11*
Ackernahrung, Zuweisung 12 14 *9 ff.*
Ademption, Vermögenszuwendung 120 England/Wales *78 f.*
Administrator, Amtsbeginn 120 England/Wales *144*, Anerkennung in Deutschland 120 England/Wales *178*, England/Wales 120 England/Wales *140*, Ernennung 120 England/Wales *144*, letter of administration 120 England/Wales *175*
Adoption, Abkömmling 10 2303 *46 ff.*, Ausgleichungspflicht 10 2053, Erben 3. Ordnung 10 1926 *3*, Minderjährige 10 1924 *10*, 1926 *3*, 2303 *47*, Österreich 120 Österreich *15 f.*, Rechtsfolgen 10 1924 *12 f.*, Steuerklasse 150 15 *6*, Vererblichkeit 10 1922 *32*, Verwandtschaft 10 1927, volljährige 10 1926 *4*, Volljährige 10 2303 *48*, volljähriges Kind 10 1924 *11*
Adoptiveltern, Erben 2. Ordnung 10 1925 *6 ff.*, Erbrecht 10 1925 *6 ff.*, minderjähriges Kind 10 1925 *6*, Montenegro 120 Montenegro *30 ff.*, Serbien 120 Serbien *37 ff.*, volljähriges Kind 10 1925 *7*
Adoptivkind, Gleichstellung 120 England/Wales *44*, Montenegro 120 Montenegro *30 ff.*, Serbien 120 Serbien *37 ff.*, Vorerbe, kinderloser 10 2107 *10*
Akteneinsichtsrecht, Erbscheinsverfahren 30 352e *148 ff.*, Nachlassgericht 10 2228, Testamentsvollstreckung 10 2228, Verschwiegenheitspflicht 10 1922 *70*
Aktien, Formmangel Schenkung 10 518 *13*, Schenkung 10 518 *13*, Testamentsvollstreckung 10 2205 *44*
Aktienbuch, Vererblichkeit 10 1922 *39*
Aktiengesellschaft, Ausübung Mitgliedschaftsrechte 10 1922 *39*, Vererblichkeit 10 1922 *39 f.*, 2032 *46*
Aktivbestand, Nachlass 10 2311 *9 ff.*
Aktivlegitimation, Miterbe 10 2032 *19*, Nachlassverwalter 10 1985 *3*, Nachlassverwaltung 10 1984 *9*, Testamentsvollstrecker 10 2212 *1*, Vermächtnisanspruch 10 2174 *20*, Vorerbe 10 2100 *53*
Aktivprozess, Erbe, vorläufiger 10 1959 *6*
Akutfall, Indikation 10 1901b *62*
Akutsituation, mutmaßliche Einwiligung 10 1901b *71*
Aleatorische Geschäfte, Zuwendung 10 2325 *29*
Alleinerbe, Aufgebotsverfahren 10 1972 *7*, Bevollmächtigter 10 164 *37 ff.*, vor §§ 2197–2228 *18*, Erbenhaftung 10 1967, Erbschaftskauf 10 2371 *8*, 2374 *4*, Erbteile, mehrere 10 2007 *3*, Gläubigeraufgebot 10 2013 *2*, Haftungsbeschränkung 10 vor §§ 1967–2017 *5*, Nachlassverwaltungsantrag 10 1981 *3*, Testamentsvollstrecker 10 2197 *5*, Verfügungsberechtigung 10 2033 *3*, Vorausvermächtnis 10 2150 *2*
Alleinerbe Vollmacht, Grundbuchamt 10 vor §§ 2197–2228 *19*, Testamentsvollstrecker 10 vor §§ 2197–2228 *18*, Vollmachtgeber, Tod des 10 164 *37 ff.*
Alleinerbschein, Erbschein 10 2353 *16*
Altersvorsorge, Ehegatten 10 2325 *48 ff.*

Altverbindlichkeiten, Handelsrechtliche Haftung 10 1967 *35*, KG 10 1967 *45*, OHG 10 1967 *42*
Amtliche Aufnahme, Inventar 10 2003
Amtliche Mitwirkung, Inventar 10 2002 *2*
Amtliche Verwahrung, Benachrichtigung Standesamt 30 346 *5*, Bürgermeistertestament 30 344 *4*, Erbvertrag 30 344, erneute besondere 30 344 *9*, Eröffnung Verfügung von Todes wegen 30 348 *4*, Freiwillige Gerichtsbarkeit 30 344, Gebühr 30 346 *8*, Geschäftswert 30 346 *8*, Hinterlegungsschein 30 346 *6*, Inventarfrist 10 2000 *6 ff.*, Konsularisches Notariat 60 34 *17*, Mitteilung 30 347, Nachlasssicherung 10 1960 *14*, Nottestament 60 34 *18*, Rücknahme aus Verwahrung 10 2256 *3*, Testament 30 344, Testament, eigenhändiges 30 344 *5*, Testament, notarielles 30 344 *3*, Testament, öffentliches 60 34, Verfahren 30 346, Widerruf 10 2256, Zuständigkeit 30 346 *2 f.*, Zuständigkeit, funktionelle 30 342 *11*
Amtliches Verzeichnis, Anspruch 10 2314 *48 ff.*, Eidesstattliche Versicherung 10 2314 *60*, Einwendungen 10 2314 *57*, Gebühr 10 2314 *59*, Inhalt 10 2314 *52 ff.*, Zuziehungsrecht 10 2314 *62 ff.*
Amtsannahme, Ermessen 10 2202 *1*, Form 10 2202 *1*, Fristsetzung 10 2202 *3*, Geschäftsfähigkeit 10 2202 *2*, Testamentsvollstrecker 30 355 *3*, Zeitpunkt 10 2202 *1*
Amtsaufklärungspflicht, Erblasserwille 30 352e *84*, Erbscheinsverfahren 30 352e *76 ff.*, Erbstatut 30 352e *79 f.*, Formwirksamkeit Testament 30 352e *88*, gesetzliche Erbfolge 30 352e *81*, gewillkürte Erbfolge 30 352e *82 f.*, Testierfähigkeit 30 352e *85 ff.*, Verfahrensvoraussetzungen 30 352e *78*, Verfügung von Todes wegen 30 352e *83*, *89*
Amtsbeendigung, Testamentsvollstrecker 10 2225 *6 ff.*
Amtsbeginn, administrator 120 England/Wales *144*, executor 120 England/Wales *142 f.*
Amtsermittlung, s. a. *Amtsaufklärungspflicht,* Beschwerdeverfahren 30 68 *8*, Erbscheinsverfahren 30 352e *60 ff.*, Nachlasspflegschaft auf Antrag 10 1961 *4*
Amtsführung, Testamentsvollstrecker, mehrere 10 2224 *3 ff.*
Amtspflichtsverletzung, Genehmigungsvorbehalt 10 1960 *42*
Amtsstellung, Vererblichkeit 10 1922 *26*
Amtstheorie, Nachlassinsolvenzverwalter 10 1975 *1*, Nachlassverwalter 10 1975 *1*, Testamentsvollstrecker 10 vor §§ 2197–2228 *2*
Amtsunfähigkeit, Testamentsvollstrecker 10 2225 *5*
Amtsverfahren, Anhörung Gegner 30 77 *1*, Erbscheinsverfahren 30 352e *75*, GNotKG 96 *4*, KostO 96 *4*, Verfahrenskostenhilfe 30 77 *1*
Amtsverschwiegenheit, Landwirtschaftssachen 85 5
Analogie, Gehörsrüge 30 44 *4*
Analphabet, Gemeinschaftliches Testament 10 2265 *26*, Niederschrift, eigenhändige 10 2247 *17*, Testament, eigenhändiges 10 2247 *17*
Analphabetentestament 10 2233
Anderkonto, Vererblichkeit 10 1922 *78*
Änderung, Erbfolgerelevante Urkunde 60 34a *4*, Erbscheinsantrag 30 352e *39*, Europäisches Nachlasszeugnis 110 71, Testament 120 England/Wales *102*
Änderung der Verhältnisse, Endentscheidung 30 48 *3*, wesentliche 30 48 *3*
Änderung des Begünstigten, Ausgleichszahlung 10 331 *16*, Vertrag zugunsten Dritter 10 331 *15*
Änderung des Bezugsberechtigten, Lebensversicherung 10 332 *1*, Sparvertrag 10 332 *1*
Änderung Verfügung, Notargebühren 96 *102*
Änderungstestament, Gemeinschaftliches Testament 10 2267 *30*

magere Zahlen = §§; kursive Zahlen = Randnummern

Sachverzeichnis

Änderungsvorbehalt 10 2271 *43*, Ausübung 10 2271 *32*, Bindungswirkung 10 2271 *33*, Erbvertrag 10 2278 *19 ff.*, 2289 *17*, Form 10 2278 *22*, Gemeinschaftliches Testament 10 2271 *27*, Pflichtteilklausel 10 2278 *21*, Pflichtteilsklausel 10 2269 *82*, Reichweite 10 2278 *21*, Umfang 10 2271 *30*, wechselbezügliche Verfügung 10 2271 *28 ff.*, *33*, Zulässigkeit 10 2278 *20*
Anerben, Badisches Gesetz **86**, Bremisches Höfegesetz **87**, Rheinland-Pfalz **89**, Württemberg **90**
Anerbengesetze, Internationales Erbrecht 100 *64*, Landesrecht 100 **64**
Anerbengut, Württemberg **90**
Anerbenordnungen, Hessische Landgüterverordnung **88**
Anerbenrecht, Hoferbe 10 1922 *63*
Anerkenntnis, Kosten 10 vor §§ 1967–2017 *22*, Leistungsklage 10 vor §§ 1967–2017 *22*, Rechtswahl 110 7 *4*, Testamentsvollstrecker 10 2213 *11*
Anerkennung, Ausländische Entscheidung 110 *39*; 120 England/Wales *24*, Serbien *17*, Entscheidungen, ausländische 120 Österreich *8 ff.*, Vaterschaft 1924 *7*, Verwalterzeugnis, ausländisches 120 England/Wales *25*
Anerkennung als Hauptsache, Montenegro 120 Montenegro *15*, Serbien 120 Serbien *20*
Anerkennung in Deutschland, administrator 120 England/Wales *178*, executor 120 England/Wales *178*, grant 120 England/Wales *177*
Anerkennungsverfahren, Serbien 120 Serbien *19 ff.*
Anerkennungsvoraussetzungen, Serbien 120 Serbien *18*
Anerkennungszuständigkeit, Schweiz 120 Schweiz *26 ff.*
Anfall, Erbschaft 10 1942; 10 1942 *3 ff.*, Nachvermächtnis 10 2191 *4*, Untervermächtnis 10 2186 *2*, Vermächtnisanfall 10 2176
Anfall der Berufung, Kenntnis 10 1944 *3*
Anfangsvermögen, Zugewinnausgleich 150 5 *6 ff.*
Anfechtbarkeit, Auseinandersetzungsvertrag 10 2042 *42*, Ausschlagung 10 1942 *11*, Beschwerdeentscheidung 30 58 *15*, Einrede 10 2083, Erbvertrag 10 2284, Nebenentscheidung 30 58 *13*, Testament 120 Serbien *96 ff.*, Zwischenentscheidung 30 58 *13 f.*
Anfechtung, Abfindungsvertrag 10 2346 *28*, Annahme belastende Zuwendung 10 2308 *19 ff.*, Annahme der Erbschaft 10 1942 *9*, 1943 *10*, 1944 *3*, 1945 *2*, *4*, 1954, 1957, arglistige Täuschung 10 1956 *7*, 2281 *15*, Auslegung 10 2084 *6*, Ausschlagung 10 1955, 1957, Ausschlagung Ehegatte 10 1371 *14*, Ausschluss 10 2281 *19*, Ausschlussklausel 10 2269 *88*, Begründung 10 1954 *3*, Beitrittsgebiet 100 235 § 2 *12*, Berechtigte 10 2281 *5 ff.*, 2285 *2*, Berechtigter 10 2346 *21*, Beweislast 10 1954 *20*, *22*, Bindungswirkung 10 2079 *19*, der Anfechtung 10 1955 *2 f.*, 1957 *2*, Dritte 10 2271 *70 ff.*, Drohung 10 1956 *7*, Einseitige Verfügung 10 2271 *68*, Empfänger 10 1955, Erbenhandlungen 50 *322*, Erbscheinsverfahren 10 2079 *25*, Erbvertrag 10 2078 *2*, vor §§ 2274–2302 *2*, *9*, Erbverzicht 10 2346 *21*, Erklärung 10 2281 *8 ff.*, Familiengerichtliche Genehmigung 10 1955 *5*, Feststellungsklage 10 2079 *25*, 2281 *24*, Form 10 1955, Frist 10 2079 *17*, 2283, Gegner 10 2285 *3*, Gemeinschaftliches Testament 10 2265 *34*, 2271 *64 ff.*, Gerichtliche Geltendmachung 10 1958 *6*, Geschäftsfähigkeit 10 2282, Gründe 10 1954 *3 f.*, 2281 *13 ff.*, Höchstpersönlichkeit 10 2282 *2*, Insolvenz 50 Vorbemerkungen *19 ff.*, Irrtum 10 1954 *5 ff.*, 2281 *14*, *16*, Irrtum über Auslegung 10 1956 *5*, Minderjährige 10 1955 *5*, Mitteilung Nachlassgericht 10 1957 *5*, Mitteilungspflicht Nachlassgericht 10 1957 *5*, nach Tod Erstversterbendem 10 2271 *66 ff.*, Nacherbe 10 1957 *3*, Nachlassinsolvenzverfahren

50 *322*, *328*, neue Bundesländer 10 2079 *26*, Nichterfüllung der Verpflichtung 10 2295 *6 f.*, Nichtigkeit 10 1957 *3*, 2079 *17 ff.*, *23*, 2271 *75 f.*, 2281 *20 ff.*, Notargebühren **96** *109*, Österreich 120 Österreich *72 ff.*, Pflichtteilsberechtigter 10 2079, Pflichtteilsberechtigter, Übergehung 10 2079, Rückforderungsrecht 150 29 *3*, Rückgewähr Gegenstände 50 *328*, Rücknahme aus Verwahrung 10 2272 *11*, Schadensersatzpflicht 10 1957 *4*, teilweise 10 2271 *77*, Testamentsanfechtung 10 2078 *5*, Übergehung Pflichtteilsberechtigter 10 2079, 2281 *17*, *22 ff.*, Überschuldung des Nachlasses 10 1954 *19*, Unkenntnis von Verfügung 10 2079 *18*, Verfügung von Todes wegen 10 2078, Verfügungen 10 1979 *9*, Versäumung Ausschlagungsfrist 10 1956, Vertreter 10 1954 *3*, Vertretung 10 2282, Verzicht auf Anfechtungsrecht 10 2281 *19*, vor Tod Vertragspartner 10 2281 *7*, Wechselbezügliche Verfügung 10 2271 *69*, Wechselbezügliche Verfügungen 10 2078 *2*, Widerruf 10 1955 *2*, Wirkung 10 1957, 2079 *23*, Zeitpunkt 10 2346 *21*, zu Lebzeiten 10 2271 *65*
Anfechtung der Ausschlagung 10 2308, Anfechtungsfrist 10 2308 *16*, Anfechtungsgrund 10 2308 *7*, Belastungen 10 2308 *7 ff.*, Beschwerungen 10 2308 *8*, Form 10 2308 *16*, Irrtum 10 2308 *2*, Vermächtnisausschlagung 10 2308 *14 ff.*
Anfechtung des Erbschaftserwerbs, Erbunwürdigkeit 10 2339 *6*, 2340
Anfechtung durch Dritte, Erbvertrag 10 2285
Anfechtung durch Erblasser, Erbvertrag 10 2281, Gemeinschaftliches Testament 10 2281
Anfechtungsausschluss, Verzeihung 10 2343
Anfechtungsberechtigter 10 1954 *3*, 2080, Erbunwürdigkeit 10 2341, Erbvertrag 10 2281 *5 ff.*
Anfechtungserklärung 10 1955, 2081, Ausschlagungserklärung 10 1945 *3*, Bedingung 10 1955 *2*, Befristung 10 1955 *2*, Erbvertrag 10 2281 *8 ff.*, Erklärungsempfänger 10 2081 *7*, Form 10 1955, 2081 *4*, 2282, Frist 10 2081 *8*, gegenüber Verfügungsberechtigtem 10 2081 *10*, Geschäftsfähigkeit 10 1955 *2*, Inhalt 10 1955 *2*, 2081 *5*, Mehrfachanfechtungen 10 2081 *11*, Nachlassgericht 10 2081 *7*, *9*, neue Bundesländer 10 2081 *12*, notarielle Beurkundung 10 2282 *5*, Vermächtnis 10 2081 *3*, *10*, Willenserklärung 10 1955 *2 ff.*
Anfechtungsfrist 10 2082, Ablauf 10 1944 *16*, Anfechtung der Ausschlagung 10 2308 *16*, Annahme der Erbschaft 10 1954, Ausschlagungsfrist 10 1956 *8*, Ausschlussfrist 10 1954 *21*, Beginn 10 1954 *3*, 1956 *7*, 2079 *18*, 2082 *2*, 2283 *2 f.*, Berechnung 10 1944 *16*, 2283 *6*, Beweislast 10 1944 *16*, 2082 *8*, Erblasser 10 2283, Erbschaftsausschlagung 10 1954, Erbunwürdigkeit 10 2340 *8 ff.*, Gemeinschaftliches Testamen 10 1944 *15*, Hemmung 10 1954 *21*, 2082 *7*, Irrtum 10 1954 *19*, 2283 *3 ff.*, Kenntnis 10 2079 *18*, neue Bundesländer 10 2082 *9*, Pflichtteilsberechtigter, Übergehung 10 2079 *17*, Rechtsirrtum 10 2082 *4*
Anfechtungsgrund, Anfechtung der Ausschlagung 10 2308 *7*, arglistige Täuschung 10 1954 *12*, Ausschlagungsfrist 10 1956 *2*, Beweislast 10 2078 *14*, 2079 *21*, Drohung 10 1954 *13*, 2078 *11*, Eigenschaftsirrtum 10 1954 *9 ff.*, Erbvertrag 10 2281 *13 ff.*, Erklärungsirrtum 10 1954 *8*, 2078 *9*, Inhaltsirrtum 10 2054 *6 f.*, 2078 *8*, Kausalität 10 2078 *12*, Motivirrtum 10 2078 *10*, Nachschieben 10 1954 *3*, neue Bundesländer 10 2078 *17*, Nichtigkeit 10 2078 *15*, Versäumung Ausschlagungsfrist 10 1956 *4*
Anfechtungsklage, Erbscheinsverfahren 10 2342 *2*, Erbunwürdigkeit 10 2342, Gestaltungsurteil 10 2342 *7*, *14 f.*, Zuständigkeit 10 2342 *9*
Anfechtungsrecht, Ausschluss 10 2079 *17 ff.*, *21*, des Erblassers 10 2285 *5*, Erblasser 10 2080 *6*, Erlö-

Sachverzeichnis

fette Zahlen = Kennziffer

schen **10** 2285 *4*, Gemeinschaftliches Testament **10** 2285 *7*, Höchstpersönlichkeit **10** 2080 *3*, Kenntnis **10** 2082 *2*, Motivirrtum **10** 2080 *4*, Nachlassinsolvenzverwalter **10** 1979 *9*, Nachlassverwalter **10** 1979 *9*, neue Bundesländer **10** 2080 *8*, Pflichtteilsberechtigte **10** 2080 *4*, Pflichtteilsberechtigter, Übergehung **10** 2079 *17*, Vererblichkeit **10** 2080 *3*, Verzicht durch Bestätigung **10** 2284, Verzicht durch Dritte **10** 2285 *6 ff.*, Wechselbezügliche Verfügungen **10** 2079 *17*, Zustattenkommen **10** 2080 *2*
Anfechtungswirkung 10 1957, Nichtigkeit **10** 1957 *3*, Schadensersatzpflicht **10** 1957 *4*
Angehörige, Patientenwille **10** 1901b *84*, Schenkung **150** 7 *21 ff.*
Angehörigenprinzip, Steuerklasse **150** 15 *3 ff.*
Angehöriger bewaffneter Macht, Todeserklärung **75** *4*
Angemessenheit, Ausgleichungsanspruch **10** 2057a *34*, Beerdigungskosten **10** 1968 *6*, Nachlasspflegervergütung **10** 1960 *40*, Steuerbefreiung **150** 13 *34*, Testamentsvollstreckervergütung **10** 2221 *4 ff.*, Zuwendung **10** 1624 *8*
Anhängige Prozesse, Nachlasspfleger **10** 1960 *26*, Tod einer Partei **10** 1958 *4*, 1960 *26*
Anhörung, Landwirtschaftssachen **85** 14, Testamentsvollstreckerernennung **10** 2200 *6*
Anhörung Gegner, Amtsverfahren **30** 77 *1*, Antragsverfahren **30** 77 *1*, Verfahrenskostenhilfe **30** 77 *1*
Anhörungspflicht, Testamentsvollstreckung **10** 2204 *6*
Anmeldeaufforderung, öffentliche 10 1965, Aufgebotsverfahren **10** 1965 *2*, Bekanntmachung **10** 1965 *3*, Erbrecht **10** 1965, Nachweis des Erbrechts **10** 1965 *4*, Verfahren **10** 1965 *2*, Wartefrist **10** 1965 *4*
Anmeldefrist, Anmeldung Erbrechte **10** 1965 *2*
Anmeldung Erbrechte, Anmeldefrist **10** 1965 *2*, Klage vor **10** 1965 *4*, Nachweispflichten **10** 1965 *4*, öffentliche Aufforderung **10** 1965, Wartefrist **10** 1965 *3*
Annahme, Auflage **10** 2192 *11*, Bevollmächtigung **10** 662 *17*, Beweislast **10** 1958 *9*, Klage vor **10** 1958, konkludent **10** 1952 *3*, Schenkungsangebot **10** 331 *7*, Testamentsvollstrecker **10** vor §§ 164–181 *2*, 2202, unter Vorbehalt **120** Italien *62*, Verwaltung durch Erbe **10** 1978 *4*
Annahme belastende Zuwendung, Anfechtung **10** 2308 *19 ff.*
Annahme der Erbschaft, Erbschein, gemeinschaftlicher **30** 352a *14*, Notar **10** 1942 *13*
Annahme des Hinterlassenen, näherer Berechtigter **10** 2309 *16 f.*, Zuwendung **10** 2309 *17*
Annahme Erbschaft 10 1943, Ablauf Ausschlagungsfrist **10** 1943 *10*, Abwesenheitspfleger **10** 1943 *4*, Anfechtung **10** 1942 *9*, 1943 *10*, 1944 *3*, 1945 *2*, *4*, 1954, 1957, Anfechtungsfrist **10** 1954, ausdrückliche **10** 1943 *2 f.*, ausländische Erben **10** 1946 *7*, Ausschlagungsrecht **10** 1942 *9*, Beantragung Erbschein **10** 1943 *5*, Bedingung **10** 1943 *3*, 1947, Betreuer **10** 1943 *4*, Beweislast **10** 1943 *11 ff.*, *15*, Erbschaft **10** 1943, 2142 *12*, Erbschaft, beschwerte **10** 2306 *42 f.*, Erklärung **10** 1943 *6*, Ersatzerbe **10** 1946 *4*, *5*, EuErbVO **110** 13, fingierte **10** 1943 *7*, *10*, Form **10** 1943 *2*, Frankreich **120** Frankreich *20 ff.*, Geltendmachung von Ansprüchen **10** 1958, Geschäftsfähigkeit **10** 1943 *2*, Gütergemeinschaft, fortgesetzte **10** 1943 *13*, Haftung vor **10** vor §§ 1967–2017 *3*, Insolvenz des Erben **10** 1943 *13*, Irrtum **10** 1949, 1954 *11 ff.*, Irrtum über Berufungsgrund **10** 1949, Italien **120** Italien *58 ff.*, juristische Personen **10** 1946 *8*, konkludent **10** 1943 *7 ff.*, konkludente **10** 1943 *4 ff.*, Lebensversicherung **10** 1943 *5*, Luxemburg **120** Luxemburg *52 ff.*, Minderjährige **10** 1943 *3*, *11*, nach Erbfall **10** 1946 *3*, Nacherbe **10** 1943 *8*, 1946 *4*, 2142 *12 ff.*, Nachlassgläubiger **10** 1943 *13 f.*, Nachlasspfleger **10** 1943 *5*, Nasciturus **10** 1943 *12*, 1946 *6*, *9*, pro herde gestio **10** 1943 *4 ff.*, Rechtsfähigkeit **10** 1943 *2*, Rechtsfolgen **10** 1943 *14 ff.*, schlüssiges Verhalten **10** 1943 *7 ff.*, Schweiz **120** Schweiz *139*, Spanien **120** Spanien *134 ff.*, Teilannahme **10** 1950, Testamentsvollstrecker **10** 1943 *5*, Unwirksamkeit **10** 1949 *5*, verfrühte **10** 1946 *2*, Verjährungshemmung **10** 1943 *16*, Vertreter **10** 1943 *2*, Vertretung **10** 1943 *2*, *9 ff.*, vor Erbfall **10** 1946 *2*, Willenserklärung **10** 1943 *2 f.*, Wirkung **10** 1943 *14*, Zeitbestimmung **10** 1947, Zeitpunkt **10** 1946, Zivilprozesse **10** 1943 *16*
Annahme, konkludente 10 1952 *3*, Erbschaft **10** 1943 *7 ff.*, Inhaltsirrtum **10** 1954 *13*, Irrtum **10** 1949 *2*, 1954 *12*, Verzeihung **10** 2337 *9*, ZweitNachlass **10** 1952 *3*
Annahme, ungewisse, Nachlasspflegschaft **10** 1960 *15*
Annahme Vermächtnis 10 2180, 2307 *24 ff.*, Pflichtteilsberechtigter **10** 2307 *24 ff.*
Annahmeberechtigte, Erbschaft **10** 1943 *2*
Annahmeerklärung, Bedingung **10** 2180 *6*, Befristung **10** 2180 *6*, Beschränkung **10** 2180 *7*, Empfangsbedürftigkeit **10** 2180 *2*, EuErbVO **110** 28, Form **10** 2180 *4*, Formgültigkeit **10** 2180 *4*, Inhalt **10** 2180 *4*, Irrtum **10** 2180 *10*, Vertretung **10** 2180 *5*, Zeitpunkt **10** 2180 *3*
Annahmefrist, Vermächtnis **10** 2307 *34 ff.*
Anordnung, Nachlasspflegschaft **10** 1960 *56*, Zuwendung **10** 1639
Anordnungsermessen, Nachlasspflegschaft **10** 1960 *16*
Anordnungsinhalt, family provision **120** England/Wales *128 f.*
Anpassung dingliche Rechte, EuErbVO **110** 31
Anpassungsverfahren, Verfahrensordnung für Höfesachen **80** Anhang *25*
Anrechnung, Aufgebot **96** 76, Ausgleichung **10** 2315 *32 ff.*, Ehegattenzuwendung **150** 29 *10*, Erbschaftsteuer, ausländische **150** 21, Pflichtteil **10** 2269 *75 f.*, Schweiz **120** Schweiz *157 ff.*, Zugewinnausgleichsanspruch **10** 2315 *31*
Anrechnung auf Erbteil, Montenegro **120** Montenegro *82*, Österreich **120** Österreich *146 ff.*, Serbien **120** Serbien *124 ff.*
Anrechnung auf nachfolgende Gebühren, Gebührenvereinbarung **95** *59*, Geschäftsgebühr **95** *199 ff.*, Rechtsanwaltsgebühren **95** *125*
Anrechnung auf Pflichtteil, Österreich **120** Österreich *106 ff.*
Anrechnung auf Pflichtteilsergänzungsanspruch, Eigengeschenk **10** 2327 *15*
Anrechnung, ausländische Erbschaftsteuer 150 21, Antrag **150** 21 *6 f.*, Auslandsvermögen **150** 21 *3 f.*, *10*, Gesamtvermögensermittlung **150** 21 *8*, Identität **150** 21 *3*
Anrechnung hinterlassener Mehrwert, Pflichtteilsergänzungsanspruch **10** 2326 *8*
Anrechnungsbestimmung, bei Zuwendung **10** 2315 *16 ff.*, Zuwendung auf den Pflichtteil **10** 2315; **10** 2315 *12 ff.*
Anrechnungsfähige Zuwendung 10 2315 *5 ff.*
Anrechnungspflicht, Ausgleichungspflicht **10** 2316 *30 ff.*, Versorgungsfreibetrag **150** 17 *4*, Wegfall Abkömmling **10** 2315 *27 f.*
Anrechnungssteuer, Vorerwerb **150** 14 *16 f.*
Anrechnungsverfahren 10 2315 *22 ff.*, Bewertung **10** 2315 *25*
Anregung, Feststellungsbeschluss **10** 1964 *6*
Anschaffungskosten, Abfindung **170** *144*, Erbauseinandersetzung **170** *101 f.*, *108*, Pflichtteilserfüllung **170** *122 ff.*, Vermächtniserfüllung **170** *122 ff.*

magere Zahlen = §§; kursive Zahlen = Randnummern

Sachverzeichnis

Anscheinsvollmacht, Haftung 10 2038 *13*
Anschlussbeschwerde, Freiwillige Gerichtsbarkeit 30 66
Anschlussrechtsbeschwerde, Freiwillige Gerichtsbarkeit 30 73
Anschlussrechtsmittel, Nachlassgericht 30 352e *231*
Anspruchsübergang, Ehegattenunterhalt 10 1568b *40ff.*
Anstandsschenkung 10 2330 *4,* Beeinträchtigungsabsicht 10 2287 *12,* Begriff 10 2113 *45,* Pflicht des Erblassers 10 2113 *46,* Pflichtteilsanspruch 10 2113 *48,* Pflichtteilsergänzungsanspruch 10 2330, Übermaßschenkung 10 2330 *19,* Unentgeltlichkeit 10 2113 *44ff.*
Anteilsbestimmung, Bestimmungsrecht 10 2153
Antibiotika, Patientenverfügung 10 1901b *27*
Antrag, Anrechnung, ausländische Erbschaftsteuer 150 21 *6f.,* Aufgebotsverfahren 10 1970 *4,* Auseinandersetzungsverfahren 30 363, Beschwerdeberechtigung 30 59 *3,* eidesstattliche Versicherung 10 2006 *3, 8*; 30 361, Einstweilige Anordnung 30 51, Entlassung Testamentsvollstrecker 10 2227 *2ff.,* Erbschein 30 352, Erbschein, gemeinschaftlicher 30 352a *4ff.,* Erbteilungsklage 10 2042 *53ff.,* Europäisches Nachlasszeugnis 110 65, 66, Inventaraufnahme, amtliche 10 2003 *5,* Inventarfrist 10 1994 *2ff., 1996 4f.,* Landwirtschaftssachen 85 14, Nachlassinsolvenz 10 1980 *10,* Nachlassinsolvenzverfahren 50 Vorbemerkungen 22, Nachlasspflegschaft 10 1961, Nachlassverwaltung 10 2062; 30 359 *5ff.,* Nachlassverwaltungsantrag 10 2062 *3ff.,* Rechtskraftzeugnis 30 46, Testamentsvollstreckerzeugnis 10 2368; 30 354 *4ff.*
Antrag an Nachlassgericht, Notargebühren 96 *109ff.*
Antrag auf Nachlassverwaltung, Auflagegläubiger 10 1981 *6,* Dürftigkeitseinrede 10 1990 *3,* Erbengemeinschaft 10 1981 *8,* Nachlassgläubiger 10 1981 *6,* Pflichtteilsberechtigter 10 1981 *6,* Testamentsvollstreckung 10 1981 *9,* Vermächtnisnehmer 10 1981 *6*
Antrag Nachlassgläubiger, Klagepflegschaft 10 1962 *5*
Antragsberechtigte, Aufgebotsverfahren 10 1970 *5,* Erbscheinsantrag 10 352e *18ff.,* Inventarerrichtung 10 2063 *6,* Inventarfrist 10 1994 *3,* Nachlassinsolvenzverfahren 50 317, Nachlassverwaltungsantrag 10 1981 *2*
Antragsfrist, Nachlassinsolvenzverfahren 50 319
Antragspflicht, Insolvenzantrag 10 1980 *1, 2,* Nachlassinsolvenzverfahren 50 317 *4,* 318
Antragsrecht, Erbschein, gemeinschaftlicher 30 352a *3*
Antragsrücknahme, Erbscheinsverfahren 30 352e *72,* Erbscheinsverfahren, Gebühren 96 *15,* Gesamtgutsverwaltung 96 *48,* Nachlasspflegschaft 96 *44,* Nachlassverwaltung 10 1988 *5;* 96 *48*
Antragsverfahren, Anhörung Gegner 30 77 *1,* Erbscheinsverfahren 30 352e *71ff.,* GNotKG 96 *3,* KostO 96 *3,* Testamentsvollstreckung 10 vor §§ 2197–2228 *24,* Verfahrenskostenhilfe 30 77 *1*
Antragszurückweisung, Testamentsvollstreckerzeugnis 30 354 *21*
Anwachsung 10 2094, Abfindungsanspruch 10 1922 *56, 61,* Ausschluss 10 2094 *6, 2158 7f.,* Ausschluss gesetzliche Erbfolge 10 2094 *2,* Erbeserben 10 1952 *9,* Erbteil 10 2095, Ersatzerbe 10 2099, Ersatzvermächtnisnehmer 10 2158 *7,* Folgen 10 2094 *7,* Haftung 10 2007 *4,* Komplementär 10 1922 *56,* neue Bundesländer 10 2094 *9, 2095 3,* Österreich 120 Österreich *45f.,* Partnerschaftsgesellschaft 10 1922 *61,* Schlusserbeneinsetzung 10 2094 *8,* Selbständigkeit 10 2159, Serbien 120 Serbien *65,* Teilanwach-

sung 10 2094 *3,* unwirksame Erbeinsetzung 10 2094 *5,* Vermächtnis 10 2158 *6,* Vermächtnis, gemeinschaftliches 10 2158, Vorkaufsrecht 10 2034 *30,* Wechselbezüglichkeit 10 2094 *8, 2270 33,* Wegfall Miterbe 10 2094 *4*
Anwachsungsberechtigte, Erbunwürdigerklärung 10 2344 *3*
Anwaltsnotar, Abwickler 26 55 *29ff.*
Anwaltspflicht, Einrede der beschränkten Erbehaftung 10 vor §§ 1967–2017 *21*
Anwartschaftsrecht, Auflage 10 2192 *10,* auflösend bedingt 10 2107 *5,* Auskunftsanspruch 10 2179 *7,* Berliner Testament 10 311b *6,* 1946 *2,* Erbschaftsvertrag 10 311b *6,* Erbschein 10 2100 *72, 2108 23,* Erbvertrag 10 vor §§ 2274–2302 *3,* 2286 *5,* Ersatzerbe 10 2096 *10,* Erwerb, steuerpflichtiger 150 10 *22,* Feststellungsklage 10 2100 *52,* Gemeinschaftliches Testament 10 2108 *7,* Inhalt 10 2179 *5,* Nacherbe 10 2100 *14f.,* 2108 *5ff., 2142 7;* 150 6 *5f.,* Nachvermächtnis 10 2191 *5,* Pfändung 10 2100 *60, 2115 17,* Schwebezeit 10 2179 *5ff.,* Sicherung 10 2179 *6,* Übertragung an Dritte 10 2139 *9ff.,* Übertragung an Nacherben 10 2139 *9ff.,* Vererblichkeit 10 1922 *27,* 2108 *5ff., 16,* Vermächtnisanfall 10 2176 *4,* Vermächtnisanspruch 10 2174 *7,* Vermächtnisnehmer 10 22269 *47,* Vorerbe 10 2139 *9f.,* Vorerbe, kinderloser 10 2107 *5,* Vorerbenberufung, konstitutive 10 2108 *15*
Anwendbares Recht, England/Wales 120 England/Wales *3ff.,* Montenegro 120 Montenegro *1,* Nachlassabwicklung 120 England/Wales *17f.,* Serbien 120 Serbien *1ff.*
Anwendungsbereich, Erbschaftsvertrag 10 311b *5ff.,* EuErbVO 110 1, GNotKG 96 *2ff.,* KostO 96 *2ff.*
Anwendungsbereich, negativer, EuErbVO 110 1 *3*
Anwendungsbereich, positiver, EuErbVO 110 1 *2*
Anwendungsbereich, sachlicher, EuErbVO 110 1 *1*
Anwendungsgebiet, EuErbVO 110 vor Art. 1
Anzeigepflicht, Auslandssachverhalte 150 34 *3,* Beamter 150 34, Behörde 150 34, Betriebsvermögen 150 13a *34ff.,* Dritter 150 30 *3,* Erbschaftskäufer 10 2384, Erwerb, steuerpflichtiger 150 30, Erwerber 150 30 *1ff.,* Gericht 150 34, Kreditinstitut 150 33 *2,* Lohnsummenverfehlung 150 28a *11,* Nacherbfall 10 2146, Notar 150 34, Schenker 150 30 *2,* Schenkung unter Lebenden 150 34 *2,* Steuervergünstigungen 150 30 *7,* Umfang 150 34 *1f.,* Verletzung 150 33 *9,* Vermögensverwahrer 150 33, Versicherungsunternehmen 150 33 *5ff.,* Zweckzuwendungen 150 34 *2*
Anzuwendendes Recht, Erbstatut 110 25 *3,* EuErbVO 110 20
Apotheke, Tod des Erlaubnisinhabers 21 13
Aragonien, Spanien 120 Spanien *38, 82, 103, 118, 153*
Arbeitnehmer, Bedachte 10 2071 *4*
Arbeitskollegen, Bedachte 10 2071 *4*
Arbeitsrecht, Vererblichkeit 10 1922 *28*
Arglist, Sachmängelhaftung 10 2183 *5*
Arglisteinrede, Erbschaftskauf 10 2371 *21*
Arglistige Täuschung, Anfechtungsgrund 10 1954 *12*
Armen, die, Analogie 10 2072 *5,* Bedachte 10 2072, Verfügung von Todes wegen 10 2072
Arrest, Pflichtteilsanspruch 10 2317 *11*
Arrestvollziehung, Zwangsverfügung 10 2115 *8*
Arzt, Sterbehilfe 10 1901b *101*
Ärztliche Maßnahme, Einwilligung 10 1901b *65ff.,* Patientenverfügung 10 1901b *23ff.,* Widersetzen 10 1901b *73*
Ärztliche Schweigepflicht, Akteneinsicht 10 1922 *70*
Ärztliche Sicht, Patientenverfügung 10 vor §§ 1901a–1901c *3*
Aufenthalt, gewöhnlicher, Begriff 110 21 *3ff.,* EuErbVO 110 21 *3ff.,* Innerdeutsches Kollisionsrecht

1967

Sachverzeichnis

fette Zahlen = Kennziffer

100 235 § 1 *3*, Kollisionsrecht 110 21 *1*, letzter gewöhnlicher 10 vor §§ 2274–2302 *11*, Rechtswahl 110 21 *6*

Aufenthaltsprinzip, EuErbVO 110 vor Art. 1, Montenegro 120 Montenegro *2*

Aufgabe Geschäftsbetrieb, Handelsgeschäft 10 1967 *37*

Aufgabe zur Post, Bekanntgabe Beschluss 30 41 *1f.*

Aufgabegewinn, Erbauseinandersetzung 170 *99*

Aufgebot, Anrechnung 96 *76*, Antrag durch Nachlassverwalter 10 1985 *15*, Gerichtsgebühr 96 *76ff.*, Geschäftswert 96 *77*, Kostenschuldner 96 *78*, Nachlassgläubiger 10 1970, 2061, Nachlassverwalter 10 1985 *8*, Rechtsmittelverfahren 96 *79*, Teilschuldnerische Haftung 10 2061

Aufgebotseinrede 10 2015, Aufgebotsverfahren 10 1970 *12*, Haftungsbeschränkungsverlust 10 2015 *3*, Wirkung 10 2015 *4*

Aufgebotsverfahren, Adressat 10 1970 *10*, Alleinerbe 10 1972 *7*, Anmeldeaufforderung, öffentliche 10 1965 *2*, Antrag 10 1970 *4*, Antragsberechtigte 10 1970 *5*, Aufgebotseinrede 10 1970 *12*, Auflage 10 1972 *5*, Ausschließungsbeschluss 10 1970 *2, 8*, Beendigung 10 1970 *8*, Bereicherungsrecht 10 1970 *11*, bevorrechtigte Nachlassgläubiger 10 1972, Einrede 10 2015, Einstellung 10 1970 *8*, Forderungsanmeldung 10 1970, 2061 *4*, Frist 10 1970 *6*, funktionelle Zuständigkeit 10 1970 *3*, Gläubigerausschluss 10 2060 *18ff.*, Haftung nach Teilung 10 2060 *18ff.*, Haftungsbeschränkung 10 1970 *1*, Kosten 10 1970 *9*, materiell-rechtliche Folgen 10 1970 *11*, Miterbe 10 1972 *8*, Nacherbenhaftung 10 2144 *16*, Nachlassteilung 10 2061 *8*, nicht betroffene Gläubiger 10 1971, nicht betroffene Rechte 10 1972, Pflichtteilsberechtigte 10 1972 *5*, Realgläubiger 10 1972 *2*, Todeserklärung 75 *2*, Vermächtnis 10 1972 *5*, Verschweigungseinrede 10 1974 *5*, Vormerkung 10 1972 *2*, Zuständigkeit 10 1970 *3*, Zwangsversteigerung 10 1972 *4*

Aufhebung, Auflage 10 2291, Auflösung der Ehe 10 2077 *1*, Beschluss, rechtsgestaltender 30 47 *1*, Einseitige Verfügung 10 2271 *3*, Einstweilige Anordnung 30 54, Familienstiftung 150 26, Lebenspartnerschaft 15 10 *17ff.*, Nachlasspflegschaft 10 1960 *63ff.*, Nachlasspflegschaft, Aufhebung 10 1960 *52ff.*, Nachlassverwalter 10 1986 *3*, Nachlassverwaltung 10 1988, Todeserklärung 75 *9 4*, Verfügungen, einseitige 10 2299 *6*, Vermächtnis 10 2291, Vollstreckbarkeitserklärung 110 52, Wechselbezügliche Verfügung 10 2271 *5ff.*, Widerruf 10 2291 *11*

Aufhebung der Partnerschaft, Lebenspartnererbrecht 15 10 *17ff.*

Aufhebung der Verpflichtung, Erbvertrag 10 2295, Nichterfüllung der Verpflichtung 10 2295 *6f.*, nichtiges Rechtsgeschäft 10 2295 *5*, Rücktritt 10 2295, Zeitpunkt 10 2295 *4*

Aufhebung durch Erbvertrag, Gemeinschaftliches Testament 10 2289 *7*, Testament 10 2289 *6*

Aufhebung durch gemeinschaftliches Testament, Ehegattenerbvertrag 10 2292, Erbvertrag 10 2292

Aufhebung durch Testament, Erbvertrag 10 2291, Erbvertrag, gegenseitiger 10 2298 *18*, Zustimmung 10 2291 *5ff.*

Aufhebung, einvernehmliche, Wechselbezügliche Verfügung 10 2271 *6*

Aufhebung Erbvertrag, Gemeinschaftliches Testament 10 2292

Aufhebung gemeinschaftliches Testament, Widerruf wechselbezüglicher Verfügungen 10 2271 *2*

Aufhebung Nachlassinsolvenzverfahren, Insolvenzplan 10 1989 *7*

Aufhebung Nachlasspflegschaft 10 1960 *63ff.*, 1988, Beschluss 10 1988 *6*, Beschwerde 10 1988 *6*, Herausgabepflicht 10 1988 *8*, von Amts wegen 10 1988 *7*, Voraussetzungen 10 1960 *63*

Aufhebung Nachlassverwaltung 10 1987 *4*, Erbenhaftung 10 1986 *5*

Aufhebung Verfügung von Todes wegen, Beeinträchtigung des Bedachten 10 2289 *14f.*, Beitrittsgebiet 100 235 § 2 *5ff.*, Erbvertrag 10 2289, Notargebühren 96 *101*

Aufhebung wechselbezügliche Verfügung, einseitiges Testament 10 2271 *24ff.*, nach Tod Erstversterbendem 10 2271 *36ff.*, Teilungsanordnung 10 2271 *39*, Testamentsvollstreckung 10 2271 *40*, Wiederverheiratung 10 2271 *41*, zu Lebzeiten 10 2271 *35*

Aufhebungsantrag, Gemeinschaftliches Testament 10 2268 *7*, Lebenspartner, eingetragener 10 1933 *15*

Aufhebungsbeschluss, Nachlassinsolvenzverfahren 10 1989 *4f.*, Nachlasspflegschaft 10 1960 *64*, Nachlassverwaltung 10 1988 *3ff.*

Aufhebungsfiktion, Rückgabe aus Verwahrung 60 34a *7*

Aufhebungstestament, Beseitigung 10 2292 *9*, Gemeinschaftliches Testament 10 2292, Rücktritt durch Testament 10 2297 *5*

Aufhebungsverfahren, Eheaufhebung 10 2077 *18*

Aufhebungsvertrag, Beseitigung 10 2290 *13*, Erbvertrag 10 2290, Erbverzicht 10 2351 *1*, Form 10 2290 *9*, 2351 *6*, Geschäftsfähigkeit 10 2351 *5*, Höchstpersönlichkeit 10 2290 *6*, Inhalt 10 2351 *2ff.*, nach Tod eines Vertragspartners 10 2290 *12*, notarielle Beurkundung 10 2290 *9*, Parteien 10 2351 *5*, Pflichtteilsverzicht 10 2351, Sittenwidrigkeit 10 2290 *10*, Vertretung 10 2290 *7*, 2351 *5*, Verwahrung, amtliche 60 34 *12ff.*, Wirkung 10 2351 *7*, Zeitpunkt 10 2351 *4*, Zuwendungsverzicht 10 2352 *10*

Aufklärung, Einwilligungsfähigkeit 10 1901b *65*

Auflage 10 1940, vor §§ 2192–2196, Annahme 10 2192 *11*, Anwartschaftsrecht 10 2192 *10*, Aufgebotsverfahren 10 1972 *5*, Aufhebung 10 2291, Ausgleichungspflicht 10 2052 *6*, Ausschlagung 10 1953 *6, 7*, 2192 *11*, Begünstigter 10 2192 *10*, Beschwerter 10 2192 *3, 9*, Bestimmung des Begünstigten 10 2193, Bestimmung durch Dritte 10 2065 *2*, Bestimmungsberechtigte 10 2193 *4*, England/Wales 120 England/Wales *75*, Erbfallschulden 10 1967 *29*, Erbschaftskauf 10 2376 *9*, Erbschaftsteuer 10 2192 *4, 12*; 150 *3 51*, Erbvertrag 10 2278 *11*, Erfüllungsanspruch 10 1940 *1, 4*, Erwerb, steuerpflichtiger 150 10 *47*, Fälligkeit 10 2192 *4*, Form 10 2192 *2*, Frankreich 120 Frankreich *74*, Fristbestimmung 96 *57*, Gattungsauflage 10 2192 *5*, gerichtliche Nachprüfbarkeit 10 2193 *3*, gesetzliches Verbot 10 2192 *6*, Gläubigerbefriedigung 10 1991 *9*, Herausgabe der Zuwendung 10 2196, Höchstpersönlichkeit 10 2192 *1*, Inhalt 10 1940 *3*, Italien 120 Italien *103*, Kürzungsrecht 10 2322 *3, 8ff.*, Leistungsanspruch 10 2048 *19*, Leistungspflicht 10 1940 *1*, Luxemburg 120 Luxemburg *101*, Österreich 120 Österreich *68*, Personenkreis 10 2193 *2*, Pflichtteilsberechtigter Erbe 10 2306 *24*, Pflichtteilslast 10 2318, Schenkung 150 7 *16ff., 32*, Serbien 120 Serbien *81*, Teilungsanordnung 10 2048 *19f.*, Teilungsverbot 10 2044 *2, 4*, Treuhandlösung 10 2205 *18*, Überschuldung des Nachlasses 10 1992, Unmöglichkeit 10 2192 *6*, 2196, Unwirksamkeit 10 2195, Unwirksamkeit der Zuwendung 10 2195, 2196, Verfügung von Todes wegen 10 2192 *2*, Vermächtnis 10 2186, Verschweigungseinrede 10 1974 *8*, Vollziehung 10 2194, 2196, Vollziehungsfrist 10 2193, Wahlauflage 10 2192 *5*, Zuwendungsverbot 92 14 *11*, Zweckauflage 10 2192 *5*, Zweckbestimmung 10 2193 *2*

Auflagegläubiger, Antrag auf Nachlassverwaltung 10 1981 *6*

1968

magere Zahlen = §§; kursive Zahlen = Randnummern

Sachverzeichnis

Auflagenaufhebung, Erbvertrag 10 2291
Auflassungsvollmacht, Widerruf 10 1922 *85*
Auflassungsvormerkung, Wiederaufleben 10 1976 *2*
Auflösung, Lebenspartnerschaft 15 10 *20*, Lebenspartnerschaft, eingetragene 100 17b *9*, *11*, Nichteheliche Lebensgemeinschaft 10 2077 *2*, Personengesellschaft 10 2058 *10*, Verlobung 10 2077
Auflösung der Ehe, Aufhebung 10 2077 *3*, Auslegung 10 2077 *1*, Erbvertrag 10 2077 *2*, für tot Erklärte 10 2077 *3*, Lebensversicherung 10 2077 *2*, Letzwillige Verfügung 10 2077, Scheidung 10 2077 *3*, Schwiegerkind 10 2077 *2*, Vermächtnis 10 2077 *2*
Auflösung durch Tod, BGB-Gesellschaft 10 1922 *45*
Auflösungsklausel, Auseinandersetzungsgesellschaft 170 *141*, Personengesellschaft 170 *141 ff.*
Aufrechnung, Dürftigkeitseinrede 10 1990 *23 f.*, Eigengläubiger 10 1977 *6 ff.*, 1990 *25*, 1991 *5*, Erbengemeinschaft 10 2040 *20 ff.*, gegen Nachlassforderung 10 1977 *4*, Gesamtschuldklage 10 2039 *23*, Haftungsbeschränkung 10 1977 *9 f.*, mit Zustimmung des Erben 10 1977 *8*, Miterbe 10 2040 *20 ff.*, nach Anordnung amtliches Verfahren 10 1977 *2*, nach dem Erbfall 10 1977 *2*, Nachlass 10 2040 *20 ff.*, Nachlassbestand 10 1991 *5*, Nachlassforderung 10 2032 *7*, Nachlassgläubiger 10 1977; 10 1977 *4*, *5*, 1991 *5*, Nachlassinsolvenz 10 1977, Nachlassverwaltung 10 1977, ohne Zustimmung des Erben 10 1977 *7*, Passivlegitimation 10 2213 *6*, Überschuldung 10 1992 *12*, Verjährung 10 1977 *4*, vor Nachlassinsolvenzverwaltung 10 1977 *2*, vor Nachlassverwaltung 10 1977 *2*, Wirkung 10 1977
Aufrechnungserklärung, Vor-/Nacherbschaft 10 2115 *7*
Aufsicht, Nachlasspfleger 10 1960 *51*
Auftrag 10 662, Ehegatte 10 662 *2*, Ehegattenvollmacht 10 662 *2*, Gefälligkeit 10 662 *3 ff.*, Gegenleistung 10 662 *1*, Geschäftsbesorgung 10 675 *1*, Tod des Auftraggebers 10 vor §§ 662–675 *3*, Ungleichgewicht 10 662 *6*, Vererblichkeit 10 1922 *76*, Vertrag 10 662 *1*, Vollmachtsfalle 10 662 *6*, Vorsorgevollmacht 10 662 *2 ff.*
Auftrag auf den Todesfall, Österreich 120 Österreich *99*
Auftraggeber, Weisungen 10 662 *23*
Auftragsrecht, Testamentsvollstrecker 10 2218, Verwaltung durch Erbe 10 1978 *10*
Auftragsverhältnis, Auskunftspflicht 10 666, Ehegattenvollmacht 10 662 *7 ff.*, Gestaltung 10 662 *29 f.*, Herausgabepflicht 10 667, Lebensgefährte 10 662 *14*, Lebenspartner 10 662 *14*, Pflichtverletzung 10 662 *19 ff.*, Rechenschaftspflicht 10 666, Tod des Auftraggebers 10 662 *26 ff.*, Tod des Beauftragten 10 668, Unentgeltlichkeit 10 662 *18*, ungerechtfertigte Bereicherung 10 667 *1*, Vermögensverwaltung Ehegatten 10 662 *9 ff.*, Vorsorgevollmacht 10 vor §§ 662–675 *2*
Auftragsvertrag, Bevollmächtigung 10 164 *10*
Aufwendungen, Begriff 10 2022 *4*, Erbschaftskauf 10 2381, Erhaltungskosten, außergewöhnliche 10 2124 *15*, Herausgabeanspruch 10 2130 *11*, Nachlassinsolvenzverfahren 50 323
Aufwendungsersatz, Bemessung 10 1960 *60*, berufsbezogene Dienste 10 1960 *61*, Erbschaftsbesitzer 10 2022, Geltendmachung 10 1960 *62*, Nachlasspfleger 10 1960 *48*, *59 ff.*, Nachlassverwalter 10 1987 *6*, Selbstkontrahierungsverbot 10 181 *2*, Stückvermächtnis 10 2185 *2*, Testamentsvollstrecker 10 2218 *29 f.*, Vermächtnis 10 2185, Verwaltung durch Erbe 10 1978 *13 ff.*, *18*, Vorkaufsrecht 10 2035 *5*
Aufwendungsersatzanspruch, Pfändbarkeit 10 1978 *18*
Ausantwortung, Nachlassverwalter 10 1986

Ausbildungskosten, Stiefabkömmlinge 10 1371 *17*, Unterhaltsanspruch des Erben 10 2216 *11*
Ausbildungskosten Stiefabkömmlinge, Erbrechtliche Lösung 10 1371 *17*, Güterrechtliche Lösung 10 1371 *17*
Ausbildungsunterhaltsanspruch, Erbverzicht 10 2346 *8*, Zugewinngemeinschaft 10 1967 *10*
Ausbildungszuwendung, Ausgleichungspflicht 10 2050 *31*, Steuerbefreiung 150 13 *22*
Auseinandersetzung, Abschichtung 10 2042 *34 f.*, Ausstattung 10 2050, durch Dritten 10 2048 *5*, *28 f.*, Erbengemeinschaft 10 2033 *5*, 2042, Erbteilungsklage 10 2042 *49 ff.*, gerichtliches Zuweisungsverfahren 10 2042 *64 f.*, Gütergemeinschaft 30 373, Haftung 10 2042 *23*, Härte 10 2042 *22*, Nachlassverwalter 10 1985 *16*, Notar 65 *20*, Schiedsverfahren 10 2042 *47*, 2048 *4*, Schriftstücke 10 2047 *4 ff.*, Teilauseinandersetzung 10 2042 *31 ff.*, Teilung durch Verkauf 10 2042 *21*, Teilung in Natur 10 2042 *18 ff.*, Teilungsanordnung 10 2042 *16*, Testamentsvollstrecker 10 2042 *45 f.*, Unternehmen 10 2042 *29*, Vereinbarung 10 2042 *15*, Verfügungsbefugnis Vorerbe 10 2112 *7*, Vermittlungsverfahren 10 2042 *48*, Vorerbe 10 2112 *7*
Auseinandersetzungsanordnung, Teilungsanordnung 10 2048, Testamentsvollstrecker 10 2042 *46*, Testamentsvollstreckung 10 2204 *3*
Auseinandersetzungsanspruch, Ausschluss 10 2042 *9 ff.*, Berechtigter 10 2042 *3 f.*, Fälligkeit 10 2042 *7*, Gegner 10 2042 *5*, gesamter Nachlass 10 2042 *6*, Inhalt 10 2042 *6*, Vereinbarung über Ausschluss 10 2042 *11*, Verjährung 10 2042 *8*
Auseinandersetzungsaufschub 10 2045, Dauer 10 2045 *2 f.*, Einrede 10 2045 *4*, Geburt Miterbe 10 2043, Missachtung 10 2043 *9*
Auseinandersetzungsausschluss, Erblasser 10 2044, Sonderrechtsnachfolger 10 2044 *18*, Testamentsvollstreckung 10 2044 *9*, Umfang 10 2044 *6 f.*, wichtiger Grund 10 2044 *14 ff.*, Wirksamkeit 10 2044 *13 ff.*, Wirkung 10 2044 *8 ff.*, zeitlich befristet 10 2044 *17*, *20*
Auseinandersetzungsgebühr, Testamentsvollstreckervergütung 10 2221 *6*
Auseinandersetzungsgesellschaft, Auflösungsklausel 170 *141*
Auseinandersetzungsguthaben, Verfügung 10 2033 *11*
Auseinandersetzungsplan 30 368, Freiwillige Gerichtsbarkeit 30 368, Nachlassgericht 30 368, Testamentsvollstreckung 10 2204 *4 f.*
Auseinandersetzungsverbot, Teilungsversteigerung 10 2044 *9*
Auseinandersetzungsverfahren, Antrag 30 363, außergerichtliche Vereinbarung 30 366, Aussetzung 30 370, bestätigte Vereinbarung 30 371, Ladung 30 365, Pflegschaft für Abwesende 30 364, Rechtsmittel 30 372, Vollstreckung 30 371, Wiedereinsetzung 30 367
Auseinandersetzungsverlangen, Miterbe 10 2042
Auseinandersetzungsvertrag, Anfechtbarkeit 10 2042 *42*, Bereicherungsrecht 10 2042 *42*, Beurkundungspflicht 10 2204 *9*, Form 10 2042 *36*, 2204 *9*, Genehmigung 10 2042 *37 ff.*, Geschäftsanteil 10 2204 *9*, Grundstück 10 2204 *9*, Inhalt 10 2042 *25*, minderjähriger Erbe 10 2042 *37 ff.*, Parteien 10 2042 *24*, Testamentsvollstreckung 10 2204 *9*, Vollauseinandersetzung 10 2042 *26 ff.*, Vollzug 10 2042 *43*
Auseinandersetzungsvollstreckung, Testamentsvollstreckung 10 vor §§ 2197–2228 *5*
Ausgestaltung, Trust 120 England/Wales *112*
Ausgleichsansprüche der Erben, Erbscheinserbe 10 2367 *8*

1969

Sachverzeichnis

fette Zahlen = Kennziffer

Ausgleichsberechtigte, Abkömmlinge 10 2057a *7ff.,* Gleichgestellte 10 2057a *7ff.,* Hoferbe 10 2057a *10*
Ausgleichsbetrag, Bemessung 10 2057a *35f.,* Geltendmachung 10 2057a *37*
Ausgleichsforderung bei Fortbestehen, Zugewinnausgleich 150 5 *16*
Ausgleichsforderung, fiktive, Zugewinnausgleich 150 5 *9f.*
Ausgleichspflicht, Berliner Testament 10 2316 *11,* Schenkung 10 2325 *44*
Ausgleichspflichtiger, Außenverhältnis 10 2055 *8,* Innenverhältnis 10 2055 *5f.,* Rechtsnachfolger 10 2055 *9,* Stellung 10 2055 *4ff.*
Ausgleichsrecht, Ausschluss 10 2057a *29ff.,* Durchsetzbarkeit 10 2057a *33,* entgeltliche Leistungen 10 2057a *30,* Gegenleistung 10 2057a *31,* Subsidiarität 10 2057a *29*
Ausgleichsverfahren, Mehrempfang 10 2056 *9ff.,* Vorerbe 10 2056 *9ff.*
Ausgleichszahlung, Änderung des Begünstigten 10 331 *16,* Schenkungsvertrag 10 331 *16*
Ausgleichung, Anrechnung 10 2315 *32ff.,* Berechnung 10 2057a *39ff.,* 2316 *20ff.,* Beweislast 10 2055 *19,* Durchführung 10 2055, 2057a *39ff.,* Erbquote 10 2057a *39,* Idealkollation 10 2055, Schweiz 120 Schweiz *157ff.,* Wertberechnung 10 2055 *15ff.*
Ausgleichungsanordnung 10 2316 *15ff.,* Abkömmling, entfernter 10 2053 *7f.,* nachträgliche 10 2050 *38*
Ausgleichungsanspruch, Angemessenheit 10 2057a *34,* Beweislast 10 2057a *28, 34,* Ehegatte 10 2057a *12*
Ausgleichungspflicht, Abkömmling, angenommener 10 2053, Abkömmling, entfernter 10 2053, Abkömmlinge 10 2050, Anrechnungspflicht 10 2316 *30ff.,* Auflage 10 2052 *6,* Ausbildungszuwendungen 10 2050 *31,* Auslegungsregel 10 2052 *7,* Ausstattung 10 2050, Berechtigter 10 2050, Beweislast 10 2050 *41f.,* Einkommenszuschuss 10 2050 *29f.,* Erbe, gewillkürter 10 2052, Erbeserben 10 2051 *7,* Ersatzerbe 10 2051 *8ff.,* Feststellungsklage 10 2050 *43ff.,* geborene 10 2316 *14,* Gesellschaftsanteil 10 2055 *10,* Idealkollation 10 2050 *3,* Leistungen, besondere 10 2057a, Mitarbeit 10 2057a, Nachlassteilung 10 2059 *21,* nachrückende Erben 10 2051 *4f.,* Personengesellschaft 10 2055 *10,* Pflegeleistung 10 2057a, Pflichtteil 10 2316, Teilungsquote 10 2050 *3,* Übertragbarkeit 10 2050 *13,* unentgeltliche Zuwendungen 10 2316, Unterstützungsleistungen 10 2316 *17f., 25,* Verhältnis gleicher Erbteile 10 2052 *5,* Verpflichtete 10 2050 *6ff.,* Vorausvermächtnis 10 2052 *6,* Wegfall Abkömmling 10 2051, Zuwendungen, lebzeitige 10 2050; 10 2050 *36ff.*
Ausgleichungsverfahren 10 2055 *12ff.*
Aushändigungsbedingung, Vollmacht 10 167 *7*
Auskunft, Vertretung 10 164 *19,* Vollmacht 10 666 *1ff., 5ff.,* Vorsorgevollmacht 10 666 *1ff., 5ff.*
Auskunftsanspruch, Aktiva 10 2314 *23,* Anspruchsberechtigte 10 2127 *3,* Anspruchsinhalt 10 2127 *8f.,* Anwartschaftsrecht 10 2179 *7,* Auskunftsklage 40 254 *5ff.,* Belege 10 2314 *38ff.,* Berechtigte 10 2314 *6,* Berechtigter 10 2027 *7,* Besorgnis der Rechtsverletzung 10 2127 *4f.,* Bestandsverzeichnis 10 2127 *9,* 2314 *17ff.,* eidesstattliche Versicherung 10 2314 *46,* Einwendungen 10 2314 *57,* Erbe 10 2314 *80ff., 85,* Erbe, wirklicher 10 2362, Ergänzungsanspruch 10 2314 *36f.,* Fälligkeit 10 2314 *44,* fiktiver Nachlass 10 2314 *26ff.,* gegen Beschenkten 10 2130 *17,* gerichtliche Geltendmachung 10 2057 *10f.,* Inhalt 10 2314 *17ff.,* nach Nacherbfall 10 2127 *10,* Nacherbe 10 2113 *61,* 2127, 2130 *17,* Nachlass 10 2314, Nachlassbestand 10 2314 *4,* Nachlassverbindlichkeiten 10 1967 *13,* Nachlassverzeichnis, amtliches 10 2314 *48ff.,* notarielles Verzeichnis 10 2314 *48ff.,* pflichtteilsberechtigter Miterbe 10 2314 *82,* Pflichtteilsberechtigter 10 2213 *13,* 2314; 10 2314 *80ff.,* Pflichtteilsergänzungsanspruch 10 2329 *6,* Sachverständigengutachten 10 2057 *8,* Schenkungen 10 2314 *87,* Stufenklage 10 2314 *93,* Umfang 10 2314 *17ff.,* Unternehmenswert 10 2057a *9,* Urkundseinsicht 10 2314 *39,* Verjährung 10 2314 *45,* Vermächtnisanspruch 10 2174 *8,* Verschulden 10 2127 *7,* Vorausempfänge 10 2314 *86,* Wertangaben 10 2314 *24,* Zurückbehaltungsrecht 10 2314 *43,* Zuwendung 10 2314 *87,* Zuziehungsrecht 10 2314 *62ff.,* Zwangsvollstreckung 10 2314 *94*
Auskunftsberechtigte, Miterbe 10 2057 *2,* 2314 *8,* Nacherbe 10 2314 *8,* Nachlassinsolvenzverwalter 10 2057 *2,* Nachlassverwalter 10 2057 *2,* Pflichtteilsberechtigte 10 2314 *6,* Testamentsvollstrecker 10 2057 *2,* Vermächtnis 10 2314 *6*
Auskunftserteilung, ausgleichungspflichtige Zuwendungen 10 2314 *26,* Belege 10 2314 *38ff.,* ehebedingte Zuwendungen 10 2314 *26,* eidesstattliche Versicherung 10 2027 *6,* 2028 *8,* 2057 *13ff.,* Ergänzungsanspruch 10 2314 *37,* Form 10 2057 *9,* Inhalt 10 2314 *17ff.,* Schenkung 10 2314 *26,* schriftlich 10 2027 *5,* 2028 *7,* Umfang 10 2314 *17ff.*
Auskunftsklage 10 2027 *13,* Auskunftsanspruch 40 254 *5ff.,* Auskunftspflicht 40 254 *11,* eidesstattliche Versicherung 40 254 *12,* Streitwert 40 254 *11*
Auskunftspflicht, Auftragsverhältnis 10 666, Auskunftsklage 40 254 *11,* Belege 10 666 *3,* Benachrichtigungspflicht 10 2218 *18,* Beschenkter 10 2329 *6,* Bevollmächtigte 10 666 *3,* Dürftigkeitseinrede 10 1990 *18,* Ehegattenvollmacht 10 666 *3,* Einwendungen 10 666 *9ff.,* Erbe 10 2314, Erbschaftsbesitzer 10 2027; 10 2027 *8,* Erbschaftsbestand 10 2027 *3,* erlangtes Etwas 10 667 *2,* Fiskus 10 2011 *6,* Form 10 666 *3,* Gegenstand 10 2057 *6,* gegenüber Betreuer 10 666 *9,* Geschäftsführung, vorläufige 10 1959 *5,* Hausgenosse 10 2028, Inhalt 10 2027 *3ff.,* 2028 *4ff.,* 2057 *7,* Inventar, vorhandenes 10 2004 *3,* Inventaraufnahme, amtliche 10 2003 *6,* Mehrheitsverwaltung 10 2038 *31f.,* Miterbe 10 2027 *10,* 2057, Nachlasspfleger 10 2012 *4,* Nachlassverwalter 10 2012 *4,* Stufenklage 10 666 *2,* Testamentsvollstrecker 10 2218 *17ff.,* 2314 *14,* Verjährung 10 666 *20,* Verpflichtete 10 2027 *8ff.,* Verpflichteter 10 2314 *11ff.,* Verwaltung durch Erbe 10 1978 *5,* Verwaltungsstand 10 2218 *19*
Auskunftsschreiben, Rechtsanwaltsgebühren 95 *134*
Auskunftsverpflichteter 10 2057 *3,* Anwesenheitspflicht 10 2314 *66,* Erbe 10 2314 *11,* Pflichtteilsanspruch 10 2314 *11ff.,* Vorerbe 10 2314 *11*
Auskunftsverweigerung, Inventarunrichtigkeit 10 2005 *5f.*
Ausland, Domicile 120 England/Wales *23,* Güterrecht 10 1931 *15,* Patientenverfügung 10 1901b *31*
Ausländische Entscheidung, Anerkennung 120 England/Wales *24,* Montenegro 120 Montenegro *11f.,* Österreich 120 Österreich *7ff.,* Schweiz 120 Schweiz *24ff.,* Serbien 120 Serbien *16ff.*
Ausländische Erben, Annahme der Erbschaft 10 1946 *7,* Ausschlagung 10 1946 *7,* Erbschaftsanfall 10 1942 *7*
Ausländische öffentliche Urkunde, Erbfolgenachweis 70 35 *10*
Ausländischer Erblasser, Fiskus 10 1936 *6,* Inventaraufnahme, amtliche 10 2003 *4,* Nachlasspflegschaft 10 1960 *8*
Ausländischer Staatsangehöriger, Erbfolgerelevante Urkunde 60 34a *1,* Erblasser 10 1960 *8,* Nachlasspflegschaft 10 1960 *8*
Ausländisches Gericht, personal representative 120 England/Wales *25*

magere Zahlen = §§; kursive Zahlen = Randnummern **Sachverzeichnis**

Auslandsberührung, Freiwillige Gerichtsbarkeit 30 105, Nachlasssachen 30 105
Auslandsbeurkundung 10 2232 *21*
Auslandsbezug, Doppeltestamentsvollstreckerzeugnis 10 vor §§ 2197–2228 *16*, Erbschein, gegenständlich beschränkter 30 352c, Erbscheinsverfahren 30 352e *167*, Fremdrechtserbschein 10 2353 *26ff.*, Testamentsvollstreckerzeugnis 10 vor §§ 2197–2228 *16*, 2368 *7*
Auslandssachverhalte, Anzeigepflicht 150 34 *3*, Steuerfreistellung 150 19 *4*
Auslandsvermögen, Anrechnung, ausländische Erbschaftsteuer 150 21 *3f.*, *10*, Steuerschuldner 150 20 *6*
Auslegung, Anfechtung 10 2084 *6*, Anknüpfung an Testament 10 2084 *17*, Auflösung der Ehe 10 2077 *1*, Auslegungsregel 10 2084 *23*, Auslegungsvertrag 10 2084 *24*, Ausschlagungserklärung 10 1950 *2*, Beitrittsgebiet 100 235 § 2 *11*, Bestimmung durch Dritte 10 2065 *3*, Beweismittel 120 England/Wales *87*, Bruchteile, teilweise Einsetzung 10 2092, Bruchteile, unbestimmte 10 2091 *1*, Bruchteilserhöhung 10 2089, Bruchteilsminderung 10 2090, class gift 120 England/Wales *86*, einfache 10 2084 *8ff.*, Eintrittsklausel 10 1922 *53*, Erbeinsetzung 10 2087, 2088, Erbenbestimmung 10 2087, Erblasserwille 10 2077 *21*, Erbeinsetzung 10 2084 *19*, vor §§ 2274–2302 *7*, 2278 *8ff.*, *18*, Erbverzicht 10 2346 *20*, ergänzende 10 2084 *14ff.*, 2269 *10*, erläuternde 10 2269 *6ff.*, Ersatzerbe 10 2096 *6ff.*, extrinsic evidence 120 England/Wales *87*, Gemeinschaftliches Testament 10 2084 *20*, 2265 *36*, 2269 *4ff.*, *43ff.*, gerichtliche 10 2084 *25*, hypothetischer Wille 10 2084 *16*, Internationales Erbrecht 10 2084 *7*, Nacherbe 10 2101 *2*, Nacherbschaft 10 2100 *32ff.*, Nachfolgeklausel 10 1922 *53*, neue Bundesländer 10 2084 *26*, Österreich 120 Österreich *69ff.*, Regelungslücke 10 2084 *15*, Scheidung 10 2077 *4*, Schweiz 120 Schweiz *79ff.*, Teilungsanordnung 10 2048 *22*, Testament 120 England/Wales *16*, Testamentsanfechtung 10 2078 *3*, 2079 *5*, Umdeutung 10 2084 *22*, Umstände 10 2084 *12ff.*, Verfügung von Todes wegen 10 2065 *3*, 2066, 2067, 2075 *9*, 2084, 2087 *2*, 2092, Vermächtnis, gemeinschaftliches 10 2157 *2*, Vorerbe, Befreiung 10 2136 *9ff.*, wechselbezügliche Erklärungen 10 2269 *6*, Wechselbezüglichkeit 10 2270 *22ff.*, Willenserklärung 10 2084 *4*, wirklicher Wille 10 2084 *3*, wohlwollende 10 2084 *21*, 2269 *11*, Wortlaut 10 2084 *8*, Wortsinn 10 2084 *9*, Zeitpunkt 10 2084 *5*, Zeitpunkt der Wirksamkeit 10 2084
Auslegungsregel, Abkömmling Dritter 10 2070, Abkömmling, Wegfall 10 2069, Anwendung 10 2066 *6*, Ausgleichungspflicht 10 2052 *7*, Auslegung 10 2084 *23*, Ausstattung 10 1624 *15*, Bedingung 10 2075 *2f.*, Berliner Testament 10 2280, Enkelkinder 10 2070 *4*, Erbe, gesetzlicher 10 2066 *1*, Erbvertrag, gegenseitiger 10 2298 *5ff.*, Ergänzungsvorbehalt 10 2086, Ersatzerbe 10 2097, 2098 *1*, 2102, Forderungsvermächtnis 10 2173 *1*, Kinder 10 2068, Landgutübernahme 10 2049 *1*, Nacherbe 10 2102, 2104, Personengruppe 10 2071, Pflichtteilszuwendung 10 2304, Unwirksamkeit, teilweise 10 2085 *1*, Verfügung von Todes wegen 10 2068, 2069, 2070, 2071, 2072, 2073, Vertrag zugunsten Dritter 10 331, Verwandte 10 2067, Vorerbe 10 2105, Vorerbe, Befreiung 10 2137, Vorerbe, kinderloser 10 2107
Auslegungsvertrag, Auslegung 10 2084 *24*
Auslobung, Schenkung 10 516 *9*
Ausnahmegenehmigung, Zuwendungsverbot 92 14 *17ff.*
Ausscheiden bei Tod, Komplementär 10 1922 *56*, OHG 10 1967 *41*
Ausscheiden unter Wert, Gesellschafter 150 7 *45ff.*, Gesellschaftsanteil 150 7 *45ff.*

Ausschlagung, Abfindung 10 2303 *82*; 170 *131f.*, Abkömmling, Wegfall 10 2069 *11*, Anfechtbarkeit 10 1942 *11*, Anfechtung 10 1954, 1957, Auflage 10 1953 *6*, 2192 *11*, Auflagen 10 1953 *7*, ausländische Erben 10 1946 *7*, Bedingung 10 1947, 2180 *6*, Befristung 10 2180 *6*, belasteter Erbteil 10 2307 *43ff.*, Berliner Testament 10 1948 *6*, Berufungsgrund 10 1947 *5*, beschränkt Geschäftsfähige 10 1945 *12*, Beschränkung 10 2180 *7*, Besitz 10 1953 *4*, *5*, Betreuer 10 1945 *5*, Betreute 10 1945 *12*, 2306 *37f.*, Beweislast 10 1945 *19*, Ehegatte 10 2307 *47ff.*, Ehegatten 10 1953 *9*, eidesstattliche Versicherung 10 2006 *8*, Einkommensteuer 170 *131f.*, Einsichtsrecht 10 1953 *16*, Empfangsbedürftigkeit 10 2180 *2*, endgültiger Erbe 10 1953 *6*, England/Wales 120 England/Wales *119f.*, Erbenhaftung 10 1967 *2*, Erbeserbe 10 1952 *2*, Erbfolge, gesetzliche 10 1953 *9*, Erbfolge, gewillkürte 10 1953 *10*, Erbschaft 10 1942; 10 1942 *8ff.*, *1943*, Erbschaftsanfall 10 1942 *8*, Erbschaftsbesitzer 10 2018 *24*, Erbteilserhöhung 10 1953 *9*, Erbvertrag, gegenseitiger 10 2298 *16ff.*, Erbverzicht 10 1946 *2*, Ergänzungspfleger 10 1945 *14*, Ersatzerbe 10 1946 *4*, *5*, 2096 *3*, 2097 *3*, Erst-Nachlass 10 1952 *2*, Erwerb von Todes wegen 150 3 *6f.*, EuErbVO 110 *13*, Familiengerichtliche Genehmigung 10 1945 *13f.*, Familiengerichtliche Genehmigung 10 1341 *4*, Fiskus 10 1942 *2*, *11ff.*, 1966 *2*, Form 10 1945, 2180 *4*, 2306 *36*, Frist 10 2306 *33*, Gebühren 10 1945 *16ff.*, gegen Abfindung 170 *132ff.*, gegenüber Nachlassgericht 10 1945 *5ff.*, gerichtliche Genehmigung 10 1945 *4f.*, Gerichtsgebühr 96 *54*, Geschäftsbesorgung vor 10 1959, Geschäftsfähigkeit 10 1945 *3ff.*, *12*, Geschäftsführung vor 10 1959, Güterrechtliche Lösung 10 1371 *11*, Handelsgeschäft, Fortführung 10 1967 *36*, Hoferbe 80 *11*, Inhalt 10 2180 *4*, 2306 *32*, Inhaltsirrtum 10 1954 *7*, Insolvenzanfechtung 10 1942 *11*, ipso-iure-Erwerb 10 1953 *1*, Irrtum 10 1954 *16ff.*, 2180 *10*, Irrtum über Berufungsgrund 10 1949, Italien 120 Italien *61f.*, juristische Personen 10 1946 *8*, Kürzungsrecht 10 2322 *5ff.*, Lebenspartnererbrecht 15 *15*, *20*, Luxemburg 120 Luxemburg *55*, mehrere Berufungsgründe 10 1948, Minderjährige 10 1945 *13*, 2306 *37f.*, Montenegro 120 Montenegro *86*, nach Erbfall 10 1946 *3*, Nacherbe 10 1946 *4*, 2306 *31*, Nacherbschaft 10 1952 *4*, 2142, Nächstberufener 10 1953 *8*, nächstberufener Erbe 10 1953 *7*, Nasciturus 10 1945 *6*, 1946 *6*, *9*, Österreich 120 Österreich *174*, Pfleger 10 1945 *5*, Pflichtteil entfernter Abkömmling 10 2309 *7ff.*, Pflichtteilsanspruch 10 1953 *3*, 2303 *28*, Pflichtteilsberechtigter 10 1946 *7*, Pflichtteilsberechtigter Erbe 10 2306 *28*, Pflichtteilsquote 10 2310 *7*, Pflichtteilsrestanspruch 10 2305 *17f.*, Rechtsgeschäfte 10 1953 *4*, *5*, Rückwirkung 10 1953 *1*, *3ff.*, Schlusserbe 10 1946 *2*, Schweiz 120 Schweiz *140ff.*, selektive Ausschlagung 10 1945 *14*, Serbien 120 Serbien *129f.*, Sittenwidrigkeit 10 1942 *12*, Spanien 120 Spanien *141ff.*, Teilausschlagung 10 1950 *2*, Tod Erstversterbender 10 2271 *44ff.*, Übertragbarkeit 10 2306 *39*, unbelasteter Erbteil 10 2307 *39ff.*, Unwirksamkeit 10 1949 *5*, unzuständiges Gericht 10 1945 *10*, verfrühte 10 1946 *2*, Vermächtnis 10 1939 *8*, 1944 *11*, 1953 *6*, *7*, 2180, Vermächtnisanfall 10 2176, Vertreter 10 1945 *3*, Vertretung 10 164 *14*, 1942 *9*, 1945 *7*, 2180 *5*, Verzichtsvertrag 10 2180 *9*, Vollmachtsform 10 1945 *7*, vor Erbfall 10 1946 *2*, Vorbehalt des Pflichtteils 10 1950 *2*, Vorerbe 10 2102 *3*, Vorerbschaft 10 1952 *4*, Vormund 10 1945 *9*, Wegfall des Nacherben 10 2142 *14*, Widerruf wechselseitige Verfügungen 10 2271 *53ff.*, Willenserklärung 10 1942 *9*, 1945 *2*, Wirkung 10 1953, Zeitbestimmung 10 1947, Zeitpunkt 10 1946, 2180 *3*, Zugewinngemeinschaft 10

1971

Sachverzeichnis

fette Zahlen = Kennziffer

2305 *18*, 2307 *47 ff.*, zugunsten Dritter **10** 1947 *6*, zugunsten eines Dritten **10** 1947 *7*, Zustimmung Ehegatte **10** 1945 *2*, Zweitnachlass **10** 1952 *2f.*
Ausschlagung Ehegatte, Anfechtung **10** 1371 *14*, Erbschaft **10** 1371 *11 ff.*, Gütergemeinschaft **10** 1942 *9*, Vermächtnis **10** 1371 *11*, Zugewinnausgleichsanspruch **10** 1931 *15*
Ausschlagung nach Tod Erstversterbendem, Gemeinschaftliches Testament **10** 2271 *44 ff.*
Ausschlagung, selektive, Ausschlagung **10** 1945 *14*, Familiengerichtliche Genehmigung **10** 1945 *14*
Ausschlagung Vermächtnis 10 2307 *45*, Ausschlagungsfrist **10** 2307 *33 ff.*, Form **10** 2307 *16 ff.*, Pflichtteilsanspruch **10** 2307 *14 ff.*, Pflichtteilsberechtigter **10** 2307 *14 ff.*, Pflichtteilslast **10** 2321, Übertragbarkeit **10** 2307 *21 f.*, zustatten kommen der Ausschlagung **10** 2321 *5 f.*
Ausschlagungserklärung, Irrtum **10** 1945 *4*
Ausschlagungsberechtigter, Erbe **10** 1945 *11 ff.*
Ausschlagungserfordernis, Verjährung **10** 2332 *21*
Ausschlagungserklärung, Adressat **10** 1945 *9*, Anfechtungserklärung **10** 1945 *3*, Auslegung **10** 1950 *2*, Beweislast **10** 1945 *13*, Einsichtsrecht **10** 1953 *12*, Empfänger **10** 1945 *5 ff.*, Erblasseranordnung **10** 1638 *5*, EuErbVO **110** 28, Fiskus **10** 1945 *3*, Formgültigkeit **110** 28, Inhalt **10** 1945 *8 ff.*, Kosten **10** 1945 *12*, Niederschrift Nachlassgericht **10** 1945 *3, 11*, notariell **10** 1945 *6*, öffentlich beglaubigt **10** 1945 *11*, öffentlich-beglaubigt **10** 1945 *3 f.*, qualitative Teilbarkeit **10** 1948 *1*, Rechtspfleger **10** 1945 *6*, unzuständiges Gericht **10** 1945 *10*, Vertretung **10** 1945 *4*
Ausschlagungsform 10 1945
Ausschlagungsfrist 10 1944, Anfechtung der Versäumung **10** 1956, Anfechtungsfrist **10** 1956 *8*, Anfechtungsgrund **10** 1956 *2*, arglistige Täuschung **10** 1956 *7*, Auslandswohnsitz **10** 1944 *12*, Ausschlagung Vermächtnis **10** 2307 *33 ff.*, Ausschlagungsrecht **10** 1952 *2*, Ausschlussfrist **10** 1944 *2*, Beginn **10** 1944 *4*, 2142 *9 ff.*, Betreuer **10** 1944 *10*, Bevollmächtigter **10** 1944 *10*, Beweislast **10** 1944 *13*, Eigenschaftsirrtum **10** 1956 *3*, Erklärungsirrtum **10** 1956 *4*, ErstNachlass **10** 1952 *6*, Familiengerichtliche Genehmigung **10** 1944 *8*, Fristbeginn **10** 1944 *2 ff.*, Geschäftsunfähigkeit **10** 1944 *9*, Inhaltsirrtum **10** 1956 *3*, Kenntnis **10** 1944 *2 ff., 4*, Minderjährige **10** 1944 *7 f.*, Nacherbe **10** 2306 *34*, Nacherbfall **10** 2139 *5*, Nasciturus **10** 1944 *13*, Pflichtteilsberechtigter Erbe **10** 2306 *33 ff.*, Verjährung **10** 1949 *9*, Vermächtnis **10** 2307 *33 ff.*, Versäumung **10** 1956
Ausschlagungspflicht, gesetzliche **10** 1942 *13*
Ausschlagungsrecht, Annahme der Erbschaft **10** 1942 *9*, Ausschlagungsfrist **10** 1952 *2*, Erbe **10** 1942 *10 ff.*, Erlöschen **10** 1943, Fiskus **10** 1942 *16*, Höchstpersönlichkeit **10** 2306 *40*, mehrere Erbeserben **10** 1952 *4 f.*, minderjähriger Nacherbe **10** 2142 *6*, Pfändbarkeit **10** 1942 *11*, Sozialhilfe **10** 1942 *11 f.*, Tod de Nacherben **10** 2142 *5*, Tod des Vorerben **10** 2142 *3*, Überleitung auf Sozialhilfeträger **10** 2306 *40*, Übertragbarkeit **10** 1942 *14*, Übertragung Miterbenanteils **10** 1942 *10*, Vererblichkeit **10** 1922 *30*, 1942 *10*, 1952, Vertrag über **10** 1942 *15*, Vor- und Nacherbschaft **10** 1952 *3*
Ausschließung, Erschöpfungseinrede **10** 1973 *1*, Verschweigungseinrede **10** 1974 *7*
Ausschließungsbeschluss, Aufgebotsverfahren **10** 1970 *2, 8*, Ausschluss der Haftungsbeschränkung **10** 1973 *4*, Beschwerde **10** 1970 *2*, Haftung nach Teilung **10** 2060 *23*, Käuferhaftung **10** 2383 *6*, Nachlassverbindlichkeiten **10** 1973 *3*, Rechtspfleger **10** 1970 *2*, unbeschränkte Haftung **10** 1973 *4*, Verjährung **10** 1973 *3*, vor Teilung **10** 2060 *23*, Wirkung **10** 1973 *1 ff.*

Ausschließungseinrede 10 1973 *1*, Geltendmachung **10** 1973 *10*
Ausschließungsgründe, Bürgermeistertestament **10** 2249 *8*, Dreizeugentestament **10** 2250 *9*
Ausschluss, Anfechtung **10** 2281 *19*, Anwachsung **10** 2094 *6*, 2158 *7 f.*, Auseinandersetzungsanspruch **10** 2042 *9 ff.*, Ehegattenerbrecht **10** 1931 *7 f.*, 1933, Ersitzung **10** 2026 *7 ff.*, Nachlassgläubiger **10** 1973, Nachlassinsolvenzverfahren **50** 316 *5*, Rückforderung Schenkung **10** 529, Vollmachtswiderruf **10** 168 *2 ff.*, Vorkaufsrecht **10** 2034 *8*, Zuweisung **12** 14 *24*
Ausschluss Anfechtungsrecht 10 2079 *17 ff.*
Ausschluss Ehegattenerbrecht, Scheidungsverfahren **10** 1933 *3 ff.*
Ausschluss Erbrecht, Erben 4. Ordnung **10** 1928 *3*, Fernere Ordnungen **10** 1929 *2*
Ausschluss gesetzliche Erbfolge, Anwachsung **10** 2094 *4*
Ausschluss Vererblichkeit, Kommanditanteil **10** 1922 *55*
Ausschluss vom Erbe, Ehegattenvoraus **10** 1932 *3*, Pflichtteilsanspruch **10** 2303 *21 ff.*
Ausschluss von Verwaltung, Miterbe **10** 2038 *42 ff.*
Ausschlussermächtigung, GmbH-Geschäftsanteil **10** 1922 *41*
Ausschlussfrist, Anfechtungsfrist **10** 1954 *21*, Ausschlagungsfrist **10** 1944 *2*
Ausschlussklausel, Anfechtung **10** 2269 *88*, automatische **10** 2269 *83 ff.*, Pflichtteilsklausel **10** 2269 *83 ff.*, Wechselbezüglichkeit **10** 2269 *84*
Ausschussverfahren, EuErbVO **110** 81
Außenverhältnis, Ausgleichspflichtiger **10** 2055 *8*
Außergerichtliche Geltendmachung, vor Annahme **10** 1958 *6*
Außergerichtliche Vereinbarung, Auseinandersetzungsverfahren **30** 366, Versäumnisverfahren **30** 366 *3*
Außerkrafttreten, einstweilige Anordnung **30** 56
Außerordentliche Beschwerde, Freiwillige Gerichtsbarkeit **30** 58 *16*
Außerordentliche Lasten, Begriff **10** 2126 *3 ff.*, Vorerbe **10** 2126
Aussetzung, Auseinandersetzungsverfahren **30** 370, Erbscheinsverfahren **30** 352e *144 f.*, Europäisches Nachlasszeugnis **110** 73, Vollstreckung **30** 55
Aussetzung Anerkennungsverfahren, Entscheidung, ausländische **110** 42, EuErbVO **110** 42
Aussetzung der Besteuerung, Erbschaftsteuer **150** 9 *31 f.*
Aussetzung des Verfahrens, Vollstreckbarkeitserklärung **110** 53
Aussonderungsrecht, Nachlassinsolvenz **50** Vorbemerkungen *11*
Ausstattung 10 1624, Abkömmlinge **10** 2050 *22*, Auseinandersetzung **10** 2050, Ausgleichungspflicht **10** 2050, Auslegungsregel **10** 2050 *15*, elterliche Interessen **10** 1624 *7*, Eltern **10** 1624 *2*, Erblasseranordnung **10** 2050 *26 f.*, Erbschaftsteuer **10** 2050 *20*, Existenzgründung **10** 1624 *4*, Miterbenvereinbarung **10** 2050 *28*, Schenkung **10** 516 *15*, 1624 *4*, 2325 *32*, Schenkungsrecht **10** 1624 *11 f.*, Sozialhilfeträger **10** 1624 *14*, übermäßige **10** 1624 *12 f.*, Verheiratung **10** 1624 *4*, wirtschaftliche Interessen **10** 1624 *7*, Zuwendung **10** 1624 *6*, Zweck **10** 1624 *4 f.*
Ausstattungsversprechen, Form **10** 1624 *9 f.*, Zweckverfehlung **10** 1624 *10*
Austrittsrecht, Partnerschaftsgesellschaft **10** 1922 *62*, Personengesellschaft **10** 2032 *36*

BadHofGG 86
Badisches Gesetz, Hofgüter, geschlossene **86**
Balearen, Spanien **120** Spanien *39 ff., 83, 104, 154*

magere Zahlen = §§; kursive Zahlen = Randnummern **Sachverzeichnis**

Bankkonto, Erbschein 10 2353 5, Formmangel Schenkung 10 518 *12*, Nachlasspfleger 10 1960 *24*, Schenkung 10 518 *12*, Surrogation 10 2111 *27*, Vererblichkeit 10 1922 *77*, Verfügungsberechtigung 10 2353 *5*
Bankvermögen, Bewertung 10 2311 *84*
Bankvertrag, Vertrag zugunsten Dritter 10 328 *3*
Bankvollmacht 10 164 *9*, 168 *26ff.*, Patientenverfügung 10 167 *30*, privatschriftliche Vollmacht 10 167 *27*, Vollmacht 10 164 *9*, 167 *22ff.*, Zurückweisung 10 167 *27 f.*
Baskenland, Spanien 120 Spanien *50ff.*, *90*, *113*, *122*, *159*
Bäuerliches Anerben-/Höferecht, Österreich 120 Österreich *26*
Bäuerliches Erbrecht, Schweiz 120 Schweiz *161*
Bausparvertrag, Vertrag zugunsten Dritter 10 331 *9*
Beamtenverhältnis, Vererblichkeit 10 1922 *69*
Beamter, Anzeigepflicht 150 *34*
Beauftragter, Haftung 10 662 *19ff.*, Pflichtverletzung 10 662 *19ff.*, Tod des 10 668, Tod des Auftraggebers 10 662 *26ff.*
Bedachter, Arbeitnehmer 10 2071 *4*, Arbeitskollegen 10 2071 *4*, Armen, die 10 2072, Kunden 10 2071 *4*, Notar 60 27 *2*, Öffentliche Armenkasse 10 2072 *3*
Bedachter Miterbe, Zuweisung 12 *15*
Bedenkung Personengruppen, Erblasser 10 2071
Bedingung, Abfindung 150 7 *39*, Anfechtungserklärung 10 1955 *2*, Annahme der Erbschaft 10 1943 *3*, 1947, Annahmeerklärung 10 2180 *6*, Anwartschaftsrecht 10 2107 *5*, auflösende 10 2075 *5f.*, *21*, aufschiebende 10 2075 *5f.*, *21*, 2076 *6*, Aufschub Vermächtnisanfall 10 2177, Auslegungsregel 10 2075 *2f.*, Ausschlagung 10 1947, 2180 *6*, Begriff 10 1947 *3ff.*, Bereitschaft des Bedachten 10 2076 *5*, Beweggrund 10 2075 *7*, England/Wales 120 England/Wales *76*, Erbe 10 1942 *9*, Erbeinsetzung 10 1942 *7*, 1946 *6*, 2286 *10*, Erblasseranordnung 10 1638 *7*, Erbschaftsanfall 10 1942 *9*, Erbschaftsteuer 150 3 *51*, Erbscheinsantrag 30 352e *46*, Erbvertrag 10 2286 *10*, 2293 *5*, Erbverzicht 10 2346 *31*, Frankreich 120 Frankreich *74*, Gegenwartsbedingung 10 1947 *4*, *5*, Geliebtentestament 10 2075 *15*, Komplementär 10 1922 *58*, Mitwirkungspflicht 10 2076, Montenegro 120 Montenegro *61*, Nacherbeneinsetzung 10 2065 *18*, 2108 *20ff.*, Nacherbfolge 70 51 *2*, Nacherbschaft 10 2100 *29*, *36f.*, Nachlassbewertung 10 2313 *4*, Nachvermächtnis 10 2191 *4*, neue Bundesländer 10 2075 *23*, 2076 *8*, Österreich 120 Österreich *65ff.*, Potestativbedingung 10 2075 *11*, Rechtsbedingung 10 1947 *4*, *6*, rechtsgeschäftliche 10 1947 *3*, Schenkung 150 7 *32*, Schenkungsversprechen 10 2301 *10ff.*, Serbien 120 Serbien *78*, Sittenwidrigkeit 10 2075 *13f.*, Spanien 120 Spanien *76*, Steuerentstehung 150 9 *8ff.*, Testamentsvollstreckung 30 352b *37*, Treuhandlösung 10 2205 *18*, Unmöglichkeit 10 2075 *10*, unzulässige 10 1947 *6*, Verfügung von Todes wegen 10 2065 *4*, *25*, 2073, 2075, 2076, Vergangenheitsbedingung 10 1947 *4*, Vermächtnis 10 2075 *22*, 2162, 2307 *28*, Vermächtnis, gemeinschaftliches 10 2158 *3*, *5*, Vermächtnisanfall 10 2177, Verwirkungsklausel 10 2075 *16f.*, Vollmacht 10 167 *5ff.*, Vollmachtserteilung 10 167 *5ff.*, Vor-/Nacherbschaft 10 167 *5*, *5ff.*, Vorsorgevollmacht 10 167 *5*, *5ff.*, Vorteil eines Dritten 10 2076, Wiederverheiratungsklausel 10 2075 *18*, Zulässigkeit 10 2075 *1*, Zuwendung 10 2075 *10ff.*
Bedürftigkeit, family provision 120 England/Wales *125ff.*, Rückforderung Schenkung 10 529 *3*, Stiefabkömmling 10 1371 *9*
Beeinträchtigende Rechtsgeschäfte, family provision 120 England/Wales *131*

Beeinträchtigende Schenkung, Bereicherungsrecht 10 2287 *24*, Erbvertrag 10 2287, Gemeinschaftliches Testament 10 2287 *2*, Herausgabe 10 2287 *24*, mehrere Vertragserben 10 2287 *19*, Nacherbe 10 2287 *18*, Verjährung 10 2287 *22*, Vertragserbe 10 2287 *18*
Beeinträchtigende Verfügungen, Beitrittsgebiet 100 235 § 2 *16*
Beeinträchtigung, Nacherbenrecht 10 2113 *14ff.*, Stückvermächtnis 10 2288 *2*, Vermächtnis 10 2288 *6ff.*, Vermächtnisnehmer 10 2288, Verschaffungsvermächtnis 10 2288 *3*, *5*
Beeinträchtigung des Bedachten, Aufhebung Verfügung von Todes wegen 10 2289 *14f.*
Beeinträchtigung Nacherbenrecht, Verfügungsbefugnis Vorerbe 10 2113 *14ff.*, Zwangsverfügung 10 2115 *10*
Beeinträchtigungsabsicht, Anstandsschenkungen 10 2287 *12*, Begriff 10 2287 *9ff.*, Schenkung 10 2287 *3ff.*, Vermächtnis 10 2288 *11ff.*
Beendigungsvereinbarung, Testamentsvollstrecker 10 2225 *2*, 2226 *5*
Beerdigung, Nachlassbewertung 10 2311 *35*, ohne Auftrag 10 1968 *2*, standesgemäß 10 1968 *7*
Beerdigungskosten 10 1968, Angemessenheit 10 1968 *6*, Erbfallschulden 10 1968 *3ff.*, Erwerb, steuerpflichtiger 150 10 *37*, Grabpflege 10 1968 *7*, Haftung gegenüber Beerdigungsinstitut 10 1968 *4*, Nachlasskostenschulden 10 1967 *30*, Nachlasspfleger 10 1960 *37*, Umfang 10 1968 *7*, Unterhaltspflichtige 10 1968 *5*
Befreiung durch Erblasser, Testamentsvollstrecker 10 2220, Vorerbe 10 2136
Befreiung durch Vorerben, Nacherbenhaftung 10 2144 *8*
Befreiungstatbestände, Vorerbe, Befreiung 10 2136 *26ff.*
Befreiungsverbot, Schiedsverfahren 10 2220 *4*, Testamentsvollstrecker 10 2220, Testamentsvollstreckerhaftung 10 2219 *2*, Umgehung 10 2220 *3*
Befreiungsvermächtnis, Vermächtnis 10 2173 *7*
Befriedigung aus Nachlass, Eigengläubiger 10 2214
Befriedigung ungeteilter Nachlass, Gesamthandsklage 10 2058 *20ff.*, Haftung vor Teilung 10 2059 *29ff.*, Nachlassverbindlichkeiten 10 2058 *18*
Befriedigung von Eigengläubigern, Verwaltung durch Erbe 10 1978 *10*
Befriedigungsrecht, Verwendungsersatzanspruch 10 2022 *12*
Befriedigungsrecht aus Grundstück, Zwangsversteigerung 10 1972 *4*
Befristung, Anfechtungserklärung 10 1955 *2*, Annahmeerklärung 10 2180 *6*, Auseinandersetzungsausschluss 10 2044 *17*, *20*, Ausschlagung 10 2180 *6*, Dauervollstreckung 10 2210 *4*, Ehegattenunterhalt 10 1568b *65*, Frankreich 120 Frankreich *74*, Montenegro 120 Montenegro *61*, Nacherbschaft 10 2100 *36*, 2109, Nachlassbewertung 10 2313 *10*, Nachvermächtnis 10 2191 *4*, Serbien 120 Serbien *79*, Spanien 120 Spanien *76*, Steuerentstehung 150 9 *8ff.*, Testamentsvollstreckung 30 352b *38*, Vermächtnisanfall 10 2177
Befugnisse, Betreuer 10 168 *11f.*, Dauervollstreckung 10 2209 *4*, Testamentsvollstrecker 10 vor §§ 2197–2228 *11ff.*, Untervollmacht 10 164 *30*
Beginn, Anfechtungsfrist 10 1954 *3*, 1956 *3*, Ehegattenunterhalt 10 1568b *43ff.*
Beglaubigung, Notar 65 *20*, Notargebühren 96 *110f.*, Vollmacht 10 167 *10*, *16f.*, *21*, Vorsorgevollmacht 10 167 *10ff.*
Beglaubigung, Betreuungsbehörde, Vollmacht 10 167 *12ff.*
Beglaubigung, notarielle, Vollmacht 10 167 *11*

1973

Sachverzeichnis

fette Zahlen = Kennziffer

Beglaubigung, öffentliche, Ausschlagungserklärung 10 1945 *3f.*
Begrenzung, erbrechtliche, Ehegattenunterhalt 10 1568b *47ff.*
Begründung, Anfechtung 10 1954 *3,* Beschluss 30 38 *5ff.,* Beschwerdeentscheidung 30 69 *4f.,* Beschwerdeschrift 30 65, Erbscheinsantrag 30 352e *48,* Gehörsrüge 30 44 *6,* Pflichtteilsbeschränkung 10 2338 *28,* Zweckvermögen 150 13 *29*
Begünstigter, Auflage 10 2192 *10,* Konsularisches Notariat 60 27 *7,* Notar 60 27, Nottestament 60 27 *7,* Tarifbegrenzung 150 19a *4,* Vertrag zugunsten Dritter 10 328 *2,* Vollziehungsberechtigte 10 2194 *3,* Zeuge 120 England/Wales *66*
Begünstigtes Vermögen, Steuerbegünstigung 150 13b *1, 4,* Tarifbegrenzung 150 19a *7f.*
Begünstigungsabfolge, Steuerbegünstigung 150 13b *2*
Begünstigungsabsicht, Zuwendung 150 7 *6f.*
Begünstigungsverbot, Zuwendungsverbot 92 14 *33*
Behaltensfrist, Betriebsvermögen 150 13a *30ff.,* Erbschaftsteuer 150 13a *30,* Tarifbegrenzung 150 19a *10*
Behandlungsabbruch, Patientenverfügung 10 1901b *97,* Sterbehilfe 10 1901b *97ff.*
Behindertentestament, Ausschlagungsrecht 10 2306 *40,* Sozialhilfeträger 10 2306 *40,* Vor-/Nacherbschaft 10 2096 *12*
Behinderter Erblasser, Beurkundungsverfahren 10 2232 *32,* Gemeinschaftliches Testament 10 2265 *27,* Testamentserrichtung 10 2233, Testiermöglichkeiten 10 2233 *7*
Behörde, Anzeigepflicht 150 34, Vollziehungsberechtigte 10 2194 *6*
Beifügungspflicht, Schriftübergabe 60 30 *15*
Beihilfe zum Suizid, Sterbehilfe 10 1901b *101*
Beiordnung Rechtsanwalt, Erforderlichkeit 30 78 *1,* Nachlasssachen 30 78 *1,* Verfahrenskostenhilfe 30 78
Beitreibungsrichtinie-Umsetzungsgesetz, Werterhöhung durch Zuwendung 150 7 *50ff.*
Beitrittserklärung, Gemeinschaftliches Testament 10 2267 *21*
Beitrittsgebiet, Abkömmling, Wegfall 10 2069 *16,* Änderung Verfügung von Todes wegen 100 235 § 2 *7,* Anfechtung 10 2079 *26;* 100 235 § 2 *12,* Anfechtungserklärung 10 2081 *12,* Anfechtungsfrist 10 2082 *9,* Anfechtungsgründe 10 2078 *17,* Anfechtungsrecht 10 2080 *8,* Anwachsung 10 2094 *9,* 2095 *3,* Aufhebung Verfügung von Todes wegen 100 235 § 2 *5ff.,* Auslegung 10 2084 *26;* 100 235 § 2 *11,* Bedingung 10 2075 *23,* 2076 *8,* beeinträchtigende Verfügungen 100 235 § 2 *16,* Bestimmung durch Dritte 10 2065 *26,* Bindungswirkung 10 2271 *79;* 100 235 § 2 *19,* Bruchteile, unbestimmte 10 2091 *3,* Dreizeugentestament 10 2250 *20f.,* Eheauflösung 10 2077 *25,* Erbe 100 235 § 1 *10,* Erbe, gesetzlicher 10 2066 *12,* Erbeinsetzung 10 2087 *12,* Erbengemeinschaft 100 235 § 1 *11,* Erbfolge 100 235 § 1 *8,* Erbschaftsteuergesetz 150 *32a,* Erbschein 100 235 § 1 *32ff.,* Erbvertrag 100 235 § 2 *13,* Ergänzungsvorbehalt 10 2086 *4,* Eröffnungsverbot 10 2263 *9,* Errichtung Verfügung von Todes wegen 100 235 § 2 *5ff.,* Ersatzerbe 10 2096 *13,* 2097 *5,* 2098 *3,* Form 100 235 § 2 *5,* gemeinschaftliches Testament 100 235 § 2 *13ff.,* innerdeutsches Kollisionsrecht 100 235 § 1, Nachlassspaltung 100 235 § 1 *20ff.,* Nottestament 10 2252 *9,* Pflichtteil 100 235 § 1 *12,* Rücknahme aus Verwahrung 10 2272 *13,* Scheidung 100 235 § 2 *6,* Testament, eigenhändiges 10 2247 *46,* Testament, öffentliches 10 2232 *37,* Testament, späteres 10 2258 *6,* Testamentserrichtung 10 2064 *16,* Testierfähigkeit 10 2229 *27,* Todeserklärung 75 12 *4,* Übergangsvorschriften 100 235 § 1 *13ff.,* Unwirksamkeit, teilweise 10 2085 *6,* Verfügung von Todes wegen 100 235 § 1 *9,* 235 § 2, Vermächtnis 10 2147 *14,* Verwahrung, amtliche 10 2248 *7,* Verwandte 10 2067 *8,* wechselbezügliche Verfügungen 100 235 § 2 *17,* Zeitpunkt 100 235 § 2 *8*

Bekanntgabe, Beschluss 30 40 *1,* 41, Beschwerdefrist 30 63 *4f.,* Freiwillige Gerichtsbarkeit 30 40, Inventarfrist 10 1994 *10,* Steuerbescheid 150 32; 170 *45*
Bekanntgabe Beschluss 30 41, Aufgabe zur Post 30 41 *1f.,* Rechtsfolge 30 41 *2,* Rechtswirksamkeit 30 40 *1,* Zustellung 30 41 *1f., 3*
Bekanntmachung, Anmeldeaufforderung, öffentliche 10 1965 *3,* Nachlassverwaltung 10 1983
Beklagte, Erbteilungsklage 10 2042 *51,* Vornahmeklage 10 2059 *30,* Zahlungsklage 10 2059 *31*
Belastungen, dingliche, Vermächtnis 10 2165 *4*
Belege, Auskunftspflicht 10 666 *3*
Belegenheit, England/Wales 120 England/Wales *11*
Belegenheitszuständigkeit, Schweiz 120 Schweiz *20*
Belehrungspflicht, Beurkundungsverfahren 10 2232 *23,* Bürgermeistertestament 10 2249 *9f.,* Rechtsbehelfsbelehrung 30 39 *1,* Schriftübergabe 60 30 *13*
Beleidigung, Pflichtteilsentziehung 10 2333 *17f.*
Beliebigkeit, Vermächtnis 10 2181
Beliebigkeitsvermächtnis, Fälligkeit 10 2181
Bemessung, Aufwendungsersatz 10 1960 *60,* Ausgleichsbetrag 10 2057a *35f.*
Benachrichtigung, Amtliche Verwahrung 30 346 *5,* Verfahrensordnung für Höfesachen 80 Anhang *9,* Verwahrungsgericht 30 347 *2ff.,* Zentrales Testamentsregister 30 347 *2ff.*
Benachrichtigungspflicht, Auskunftspflicht 10 2218 *18,* Erbvertrag 30 347 *10,* Notar 30 347 *10,* Vorkaufsrecht 10 2035 *9*
Benachrichtigungsverbot, Erblasseranordnungen 10 2263 *4*
Benachteiligungsabsicht, Schadensersatzanspruch 10 2138 *11*
Benennungsrecht, Versprechensempfänger 10 331 *5*
Benutzung Nachlassgegenstände 10 2038 *47,* Klage auf Einwilligung 10 2038 *50*
Benutzungsgestattung, Dreißigster 10 1969 *3*
Beratungsgebühr, Beurkundungsverfahren 96 *171,* Geschäftswert 96 *172,* Notargebühren 96 *171*
Beratungshilfe, Aufhebung 95 *88,* Erfolgshonorarvereinbarung 95 *497,* Rechtsanwaltsgebühren 95 *80ff.,* Vergütungsvereinbarung 95 *88*
Berechtigte, Erbstatut 110 23 *4,* family provision 120 England/Wales *123,* Rechnungslegung 10 666 *12*
Berechtigtes Interesse, Nachlasspflegschaft auf Antrag 10 1961 *4*
Berechtigungsschein, Rechtsanwaltsgebühren 95 *109ff.*
Bereicherung, Beschenkter 10 516 *12*
Bereicherung des Beschenkten, Schenkung 10 516 *12*
Bereicherung, ungerechtfertigte, Auftragsverhältnis 10 667 *1*
Bereicherungsanspruch, Vererblichkeit 10 1922 *84*
Bereicherungsprinzip, Erbschaftsteuer 150 Vorbemerkungen *4*
Bereicherungsrecht, Aufgebotsverfahren 10 1970 *11,* Auseinandersetzungsvertrag 10 2042 *42,* Beeinträchtigende Schenkung 10 2287 *24,* Erbvertrag 10 2286 *7,* Gläubigerbefriedigung 10 1991 *10,* Herausgabepflicht 10 2021, 2023 *8,* Verschweigungseinrede 10 1974 *7,* Vertrag zugunsten Dritter 10 328 *9*
Bereicherungswegfall, Rückforderung Schenkung 10 528 *12*
Berichtigung, Beschluss 30 42, Beweislast 10 1979 *5,* Erstattung 10 1979 *6,* Europäisches Nachlasszeugnis 110 71, Nachlassverbindlichkeiten 10 1979, 1985 *15,* 1986 *2,* 2046, Prüfungspflicht des Erben 10

1974

magere Zahlen = §§; kursive Zahlen = Randnummern

Sachverzeichnis

1979 *3*, Schadensersatzpflicht 10 1979 *7*, Überschwerung 10 1992, unbeschränkte Haftung 10 1979 *4*
Berichtigung aus Eigenvermögen, Miterbe 10 2058 *33 ff.*, Nachlassverbindlichkeiten 10 2058 *33 ff.*
Berichtigung Beschluss 30 42, Ablehnung 30 42 *4*, offenbare Unrichtigkeit 30 42, Verfahren 30 42 *3*
Berliner Testament, Anwartschaftsrecht 10 311b *6*, 1946 *2*, ausgleichspflichtige Zuwendungen 10 2316 *11*, Auslegungsregel 10 2280, Ausschlagung 10 1948 *6*, Einheitslösung 10 2269 *3*, Erblasser 10 2057a *14*, Ersatzerbe 10 2097 *2*, Schlusserbe 10 1946 *2*, Verwirkungsklausel 10 2075 *17*
Berlin-Schöneberg, örtliche Zuständigkeit 30 343 *6*, Zuständigkeit 30 343 *20*
Berufsbezogene Dienste, Aufwendungsersatz 10 1960 *61*, Testamentsvollstreckervergütung 10 2221 *14*
Berufung, Erbe 10 1942 *2, 3*, Erbteile, mehrere 10 2007 *2*, Haftungsbeschränkung im Prozess 10 vor §§ 1967–2017 *19*
Berufungsgrund, Ausschlagung 10 1947 *5*, doppelt gewillkürter Erbe 10 1948 *3*, Erbteile, mehrere 10 1951 *7 f.*, gesetzlicher und gewillkürter Erbe 10 1948 *2*, Irrtum 10 1949, Kenntnis 10 1944 *4*, mehrere 10 1948
Berufungsgründe, mehrere 10 1948, doppelt gewillkürter Erbe 10 1948 *8*, Erbteile, mehrere 10 1951, gesetzlicher und gewillkürter Erbe 10 1948 *3*
Berufungsverfahren, Terminsgebühr 95 361 *ff.*
Beruhen, Rechtsbeschwerde 30 72 *3*
Bescheinigungen, EuErbVO 110 80
Beschenkter, Auskunftspflicht 10 2329 *6*, Bereicherung 10 516 *12*, Steuerschuldner 150 20 *3*
Beschlagnahme, Insolvenzmasse 50 Vorbemerkungen *18*
Beschluss, Aufhebung Nachlasspflegschaft 10 1988 *6*, Begründung 30 38 *5 ff.*, Bekanntgabe 30 40 *1*, 41, Berichtigung 30 42, Beschwerdeentscheidung 30 38 *1*, Entlassung Testamentsvollstrecker 10 2227 *12 f.*, Erbscheinseinziehung 10 2361 *13 ff.*, Erbscheinsverfahren 30 352e *175*, Ergänzung 30 43, Erlass 30 38 *7*, formelle Rechtskraft 30 45, Freiwillige Gerichtsbarkeit 30 38, 40, Kraftloserklärung Erbschein 30 353 *19*, Nachlasspflegschaft, Aufhebung 10 1960 *52*, Nachlassverwaltung 10 1981 *11*, Nebenentscheidung 30 38 *2*, Rechtsbeschwerde 30 74 *5*, Rechtskraft 30 40 *1, 3*, Rechtskraftzeugnis 30 46, Rechtswirksamkeit 30 40, Rubrum 30 38 *4*, ungerechtfertigter 30 47, Vollstreckung 30 86, Vollstreckungstitel 30 87 *3*, wirksam bleibende Rechtsgeschäfte 30 47, Wirksamwerden 30 40, Zwischenentscheidung 30 38 *2*
Beschluss, berichtigender, Beschwerde 30 42, Rechtsmittel 30 42 *4*
Beschluss, ergänzender, Beschwerde 30 43 *3*, Rechtsmittel 30 43 *3*
Beschluss, rechtsgestaltender, Aufhebung 30 47 *1*, Nichtigkeit 30 47 *2*, Rechtsgeschäfte aufgrund 30 47 *1*, Unwirksamkeit ex nunc/tunc 30 47
Beschlussbegründung, Begründungspflicht 30 38 *5*, Nachholung 30 38 *5*, Umfang 30 38 *6*
Beschlussbekanntgabe, Hauptbetroffener 30 40 *2*
Beschlussergänzung, Entscheidungslücke 30 43, Kostenentscheidung 30 43 *2*, Rechtsmittel 30 43 *3*
Beschlussfassung, Mehrheitsverwaltung 10 2038 *21*
Beschlussformel 30 38 *4*
Beschränkung, Annahmeerklärung 10 2180 *7*, Ausschlagung 10 2180 *7*, Erbverzicht 10 2346; 10 2346 *8*, Pflichtteilsberechtigter Erbe 10 2306, Pflichtteilsrestanspruch 10 2305 *12*, Testamentsvollstrecker 10 2208, Testamentsvollstreckung 10 352b *34, 35*, Verfügung 10 2033 *22*

Beschränkung auf Erbteil, Testamentsvollstrecker 10 2208 *4*
Beschränkung auf Pflichtteil, Erbvertrag 10 2278 *8*
Beschränkung des Verfahrens, EuErbVO 110 12
Beschränkung des Vorerben, Verfügung von Todes wegen 10 2112 *15*, Vorerbe 10 2136 *28 ff.*
Beschränkung durch Erbenhaftung, Vermächtnis 10 2188
Beschränkung durch Erblasser, Vorerbe 150 6 *4*
Beschwerde, Ablehnung Erbscheinsantrag 30 352e *213 f.*, Aufhebung Nachlasspflegschaft 10 1988 *6*, Ausschließungsbeschluss 10 1970 *2*, Beschwerdefrist 30 63, Eidesstattliche Versicherung 30 352 *37*, einfache 30 48 *1*, Einziehung Erbschein 30 353 *28 ff.*, Erbschein 30 352b *24 ff.*, Erbscheinseinziehung 10 2361, Ergänzender Beschluss 30 43 *3*, Erledigung der Hauptsache 30 62, Ernennung 10 2200 *2 f.*, Feststellungsbeschluss 30 352e *209 ff.*, Freiwillige Gerichtsbarkeit 30 58, 64, 95 *2*, Fristsetzung 10 2202 *3*, Geschäftswert 30 58 *19 f.*, IntErbRVG 31 *43*, Inventarfrist 10 1994 *11 f.*, Kosten 30 58 *17 ff.*, Kostenentscheidung 30 58 *4*, Landwirtschaftssachen 85 *40*, Montenegro 120 Montenegro *110*, Nachlasspflegschaft 10 1960 *56 f.*, Nachlassverwaltung 10 1981 *13*, Rücknahme 30 67, Serbien 120 Serbien *168*, Testamentsvollstreckerernennung 10 2200 *4*, unbefristete 30 48 *1*, Verfahrenskostenhilfe 30 64 *5*, Verzicht 30 67 *2*, Vollstreckung 30 95 *2*
Beschwerde, sofortige, Nebenentscheidung 30 58 *14*, Verfahrenskostenhilfe 30 76 *2*, Zwischenentscheidung 30 58 *14*
Beschwerdebefugnis, Eigenerbe des Vorerben 10 2100 *55*, Vollmachtswiderruf durch Betreuer 10 168 *15*
Beschwerdebegründung 30 65, Frist 30 65 *3 ff.*, neue Tatsachen 30 65 *6*, Zuständigkeitsprüfung 30 65 *7 f.*
Beschwerdeberechtigung, Antragsverfahren 30 59 *3*, Freiwillige Gerichtsbarkeit 30 59, Minderjährige 30 60, Nachlasssachen 30 59 *5*, Rechtsbeeinträchtigung 30 59 *4*, Testamentsvollstreckung 30 59 *5*, Verfahrensordnung für Höfesachen 80 Anhang *14*
Beschwerdeeinlegung 30 64, Adressat 30 64 *2*, Form 30 64 *6 ff.*, Niederschrift der Geschäftsstelle 30 64 *9*
Beschwerdeentscheidung 30 69, Anfechtbarkeit 30 58 *15*, Begründung 30 69 *4 f.*, Beschluss 30 38 *1*, Freiwillige Gerichtsbarkeit 30 69, Geschäftswert 30 69 *9*, Kostenentscheidung 30 69 *7*, Rechtsbeschwerde 30 70 *2*, Rechtsmittel 30 69 *8*, Zurückverweisung 30 69 *3*
Beschwerdefrist 30 63, abgekürzte 30 63 *3*, Beginn 30 63 *4 ff.*, Bekanntgabe 30 63 *4 f.*, Beschwerde 30 63, Erbscheinsverfahren 30 63 *8*, Genehmigungsbeschluss 30 40 *3*
Beschwerdegericht, einstweilige Anordnung 30 50 *1*, 64 *10 ff.*, Zuständigkeit 30 65 *7*
Beschwerdekosten, Nachlassgericht 30 58 *17*, Rücknahme 30 67 *2*
Beschwerdeschrift, Begründung 30 65
Beschwerdeverfahren 30 68, Abhilfe 30 68 *2 ff.*, Amtsermittlung 30 68 *8*, Einzelrichter 30 68 *11 f.*, Endentscheidung 30 58 *9 ff.*, Gebühren 95 316 *ff.*, Gerichtsgebühr 96 *33, 50, 61, 70, 75, 79*, Gerichtskosten 30 58 *17*, Geschäftswert 30 58 *19*, Hauptsacheentscheidung 30 58 *9*, Kostenentscheidung 30 58 *10*, Kostenschuldner 96 *50*, mündliche Verhandlung 30 68 *9*, Nachlassgericht 30 352e *221 ff.*, Rechtsanwaltsgebühren 30 58 *18*, unverzügliche Vorlage 30 68 *5*, Verfahrenskostenhilfe 95 316 *ff.*, Verfahrensordnung für Höfesachen 80 Anhang *24*, vorausgegangene Entscheidungen 30 58 *11*, Wiederholung von Verfahrenshandlungen 30 68 *10*, Zulässigkeitsprüfung 30 68 *6*, Zuständigkeit 30 58 *4*
Beschwerdewert, Freiwillige Gerichtsbarkeit 30 61

1975

Sachverzeichnis

fette Zahlen = Kennziffer

Beschwerter, Auflage 10 2192 *3, 9,* Erbe 10 2147 *2ff.,* Erbeserben 10 2147 *10,* Ersatzerbe 10 2147 *4,* gesetzlich bestimmte Person 10 2147 *11,* Hoferbe 10 2147 *6,* mehrere Beschwerte 10 2148, Miterbe 10 2147 *3,* 2148, Montenegro 120 Montenegro *55,* Nacherbe 10 2147 *5,* Pflichtteilsberechtigter 10 2147 *9,* Schenkungsbegünstigter 10 2147 *7,* Serbien 120 Serbien *69,* Vermächtnis 10 2147, Vermutungsregel 10 2147 *13,* Vertrag zugunsten Dritter 10 2147 *8,* Vorausvermächtnis 10 2150 *5*

Beschwerungen, Anfechtung der Ausschlagung 10 2308 *8,* Erbverzicht 10 2346 *8,* Pflichtteilsberechtigter Erbe 10 2306, Pflichtteilsrestanspruch 10 2305 *12*

Beseitigung, Aufhebungstestament 10 2292 *9,* Aufhebungsvertrag 10 2290 *13,* Rücktritt durch Testament 10 2297 *6*

Beseitigungsanpruch, Vermächtnis, belastetes 10 2165 *6*

Besitz, Ausschlagung 10 1953 *4, 5,* Nachlass 10 1960 *1,* Vererblichkeit 10 1922 *73*

Besitznahme, Nachlassverwalter 10 1985 *8,* Testamentsvollstrecker 10 2205 *1*

Besitzschutzansprüche, Erbschaftsbesitzer 10 2029 *5*

Besitzvermächtnis, Vermächtnis fremder Gegenstände 10 2169 *12*

Besorgnis der Rechtsverletzung, Auskunftsanspruch 10 2127 *4f.,* Sicherleistung 10 2128

Bestand, Nachlassbewertung 10 2311 *5ff.*

Bestandskraft, frühere Veranlagung 150 *14 3*

Bestandsverzeichnis, Auskunftsanspruch 10 2127 *9,* 2314 *17ff.*

Bestandteile, Hof 80 *2,* Vermächtnis 10 2164 *8*

Bestätigung, Erblasser 10 2284, Erbvertrag 10 2284, Erklärung 10 2284 *5,* Höchstpersönlichkeit 10 2284 *5,* Kenntnis des Anfechtungsgrundes 10 2284 *4,* Patientenverfügung 10 1901b *34*

Bestätigungsbeschluss, Teilungssache 30 40 *3,* Wirksamkeit Beschluss 30 40 *3*

Bestattungspflicht, öffentlich-rechtliche 10 1968 *1*

Bestattungsunternehmer, Aufwandsersatzanspruch 10 1968 *2*

Bestattungsverfügung 10 164 *18*

Bestellung, Abwickler 26 55 *2;* 27 70 *6,* Ergänzungspfleger 10 1638 *8,* Praxistreuhänder 27 *71*

Besteuerung, Abfindung 150 *7 36,* Erbengemeinschaft 170 *92ff.,* Gemeinschaftliches Testament 150 15 *14,* Güterstandswechsel 150 *7 34,* Nutzungen, gezogene 170 *29 14*

Bestimmtheit, Stufenklage 40 254 *14*

Bestimmtheitsgrundsatz, Herausgabeklage 10 2018 *27*

Bestimmung, Auflage 10 2193, Gattungsvermächtnis 10 2155 *6ff., 8,* Hoferbe 80 *7,* Inventarfrist 30 360, Nacherbe 10 2104 *3,* Testamentsvollstrecker 30 355 *2,* Vermächtnis 10 2151

Bestimmung durch Dritte, Auflage 10 2065 *2,* Auslegung 10 2065 *3,* Erbauseinandersetzung 10 2065 *2,* Gattungsvermächtnis 10 2155 *9,* Geltung letztwillig Verfügung 10 2065 *6,* Höferecht 10 2065 *2, 12ff.,* Nacherbe 10 2104 *6,* neue Bundesländer 10 2065 *26,* Nichtigkeit 10 2065 *24,* Testamentsvollstrecker 10 2198, Testamentsvollstreckung 10 2065 *2,* Verfügung von Todes wegen 10 2065, Vermächtnis 10 2065 *2,* 2151, 2153, Vorerbe 10 2065 *17f.,* Zuwendungsempfänger 10 2065 *11ff.,* Zuwendungsgegenstand 10 2065 *16*

Bestimmung durch Erblasser, Nachlasswert 10 2311 *50f.,* Testamentsvollstreckervergütung 10 2221 *2*

Bestimmungsberechtigte, Auflage 10 2193 *4*

Bestimmungsrecht, Ausübung 10 2151 *4f.,* 2153 *4,* 2156 *4,* Bestimmung der Anteile 10 2153, Erlöschen 10 2151 *6,* Fristversäumung 10 2153 *5,* Gattungs-

vermächtnis 10 2155 *7,* offenbare Unbilligkeit 10 2151 *5,* Unmöglichkeit 10 2153 *5,* Vermächtnis 10 2151, Zweckvermächtnis 10 2156 *4*

Bestimmungsvermächtnis 10 2307 *11*

Beteiligte, eidesstattliche Versicherung 10 2006 *7;* 30 345 *13,* Erbscheinsverfahren 30 345, 352e *50ff.,* Eröffnung Verfügung von Todes wegen 30 348 *8,* Feststellungsbeschluss 30 352e *190,* Inventarfrist 30 345 *12,* Nachlassinsolvenzverfahren 50 Vorbemerkungen *8ff.,* Nachlasspflegschaft 30 345 *8,* Nachlassverwaltung 10 1981 *11,* Schriftübergabe 60 32 *3,* Testamentsvollstreckerentlassung 30 345 *10,* Testamentsvollstreckerzeugnis 10 2368; 30 354 *13ff.,* Testamentsvollstreckung, FamFG 10 vor §§ 2197–2228 *20*

Beteiligtenermittlungspflicht, Erbscheinsverfahren 30 352e *56*

Beteiligtenöffentlichkeit, Erbscheinsverfahren 30 352e *116*

Beteiligtenvernehmung, Erbscheinsverfahren 30 352e *143*

Beteiligung, Werterhöhung durch Zuwendung 150 *7 29*

Beteiligung durch Innengesellschaft, Schenkung 10 516 *7*

Beteiligungen, Zusammenrechnung 150 13a *22*

Betreuer, Annahme der Erbschaft 10 1943 *4,* Ausschlagung 10 1945 *5,* Ausschlagungsfrist 10 1944 *10,* Befugnis 10 168 *11f.,* Kenntnis 10 1944 *11,* Unterstützungspflicht 10 1901b *42ff.,* unzulässige Schenkung 10 516 *14,* Verfügung von Todes wegen 10 1937 *24,* Vollmachtswiderruf zu Lebzeiten 10 168 *10ff.,* Zuwendungsverbot 92 14 *30*

Betreuerauswahl, Betreuungsverfügung 10 1901c *7ff.*

Betreuerbestellung, Patientenverfügung 10 167 *31,* Vollmachtsmissbrauch 10 168 *13*

Betreuter, Ausschlagung 10 1945 *12,* 2306 *37f.,* Geschäftsfähigkeit 60 28 *3,* Haftung des Erben 10 vor §§ 1967–2017 *11,* Testierfähigkeit 10 2229 *19*

Betreuungsgebühr, Zustellhandlung 96 *125*

Betreuungsgericht, Betreuungsverfügung 10 1901c *1,* Genehmigungsverfahren 10 1901b *94,* Geschäftsfähigkeit 10 2282 *3,* Nacherbe, Minderjähriger 10 2113 *21,* Vollmachtswiderruf zu Lebzeiten 10 168 *9*

Betreuungsverfügung 10 1901b *1ff.,* 1901c, Ablieferungspflicht 10 1901c *1, 14,* Betreuerauswahl 10 1901c *7ff.,* Betreuungsgericht 10 1901c *1,* Form 10 1901c *3,* Gestaltung 10 1901c *15,* Hinterlegung 10 1901c *5,* natürlicher Wille 10 1901c *6,* Patientenverfügung 10 1901c *4,* Vorsorgevollmacht 10 1901c *2,* Wünsche 10 1901c *11ff.*

Betreuungsvollmacht, Notarkosten 10 167 *14*

Betrieb, Vorausvermächtnis 170 *36ff.*

Betriebsaufgabe, Betriebsaufspaltung 170 *24,* Erbfall 170 *7*

Betriebsaufspaltung, Beendigung durch Erbfall 170 *20,* Begründung durch Erbschaft 170 *25,* Betriebsaufgabe 170 *24,* Einkommensteuer 170 *20ff.,* Erbengemeinschaft 170 *175ff.,* Fortsetzung 170 *175,* Insolvenzverfahren 170 *179,* Nachfolgeklausel 170 *22,* Personengesellschaft 170 *24,* Steuerbegünstigung 150 13b *11,* Testamentsvollstreckung 170 *177ff.,* Vermögen, begünstigtes 150 13b *11,* Wiederherstellung 170 *23,* Wiesbadener Modell 170 *25*

Betriebserhaltung, Steuerstundung 150 *28,* Vorteilsausgleich 12 *17 21*

Betriebsfortführung, Landgut 10 2312 *16ff.*

Betriebsveräußerung, Erbfall 170 *7,* Landwirtschaftlicher Betrieb 12 *17,* Zuweisung 12 *17*

Betriebsvermögen, Anzeigepflichten 150 13a *34ff.,* Behaltensfrist 150 13a *30ff.,* Erbauseinandersetzung 170 *96ff.,* Steuerbefreiung 150 13a, Tarifbe-

magere Zahlen = §§; kursive Zahlen = Randnummern

Sachverzeichnis

grenzung 150 19a, Überentnahme 150 13a 32, Verschonung 150 13a *10ff.*, Vorausvermächtnis 170 *36ff.*, Weiterübertragung 150 13a 29
Betriebsvermögenserwerb, Steuerstundung 150 28 *1*
Betriebsverpachtung, Einkommensteuer 170 *8*, Steuerbegünstigung 150 13b *12*, Vermögen, begünstigtes 150 13b *12*
Betriebszuweisung, s. *Zuweisung* 12 *14*, Landwirtschaftssachen 85 32a, 36a
Betrittsgebiet, Haftungsbeschränkung 10 vor §§ 1967–2017 *9*, interlokales Erbrecht 100 235 § 1 *2*, Internationales Erbrecht 100 26
Beurkundung, Erbauseinandersetzung 96 *142ff.*, Erbteilsverzicht 96 *134ff.*, Erbvertrag 10 2276 *7*; 60 33, Konsularbeamte 60 vor §§ 27–35 *2ff.*, Nachlassgericht 96 *115*, Nachlassvollmacht 96 *129ff.*, Notar 65 20, Notargebühren 96 *84ff.*, Pflichtteilsverzicht 96 *134ff.*, Schenkungsversprechen 10 518, Schriftübergabe 60 30, Testament, öffentliches 10 2232 *20ff.*, Unterschrift der Niederschrift 60 35, Verfügung von Todes wegen 60 vor §§ 27–35, Vermächtniserfüllung 96 *150ff.*, Vollmacht 10 167 *14*, *18ff.*, Vorsorgevollmacht 10 167 *14ff.*, Zuwendungsverzicht 96 *134ff.*
Beurkundungsgebühr 96 *134, 139,* Beratungsgebühr 96 *171,* Eidesstattliche Versicherung 96 *118,* Erklärung 96 *124ff.,* Geschäftswert 96 *126,* Kostenschuldner 96 *127,* Nachlassgericht 96 *115, 123,* Notar 96 *109ff.,* Vermittlungsverfahren 96 *165,* Vermögensverzeichnis 96 *155,* Vollzugsgebühr 96 *125*
Beurkundungsgesetz 60
Beurkundungstätigkeit, Bürgermeistertestament 10 2249 *9f.*
Beurkundungsverbot, Beurkundungsverfahren 10 2232 22
Beurkundungsverfahren, Behinderter Erblasser 10 2232 32, Beurkundungsverbot 10 2232 22, Genehmigung 10 2232 30, Niederschrift 10 2232 24, Notar 10 2232 21, Prüfungs-/Belehrungspflichten 10 2232 23, Unterschrift 10 2232 31, Vorlesen 10 2232 29, Zeugen 10 2232 24
Bevollmächtigter, Alleinerbe 10 164 *37ff.,* Auskunftspflicht 10 666 *3,* Ausschlagungsfrist 10 1944 *10,* Kontrollbetreuung 10 vor §§ 164–181 *9,* Nachlassverbindlichkeiten 10 164 *36,* Rechnungslegung 10 666 *4ff.,* Tod des Vollmachtgebers 10 662 *26ff.*
Bevollmächtigter Erbe, Pflichtteilsberechtigter 10 vor §§ 164–181 *7ff.*
Bevollmächtigung, Angebot 10 662 *16,* Annahme 10 662 *17,* Auftragsvertrag 10 164 *10,* Testamentsvollstrecker 10 vor §§ 164–181 *3,* Vertragsschluss 10 662 *15ff.*
Bevollmächtigung Dritter, Testamentsvollstrecker 10 vor §§ 164–181 *4*
Bevollmächtigung durch, Testamentsvollstrecker 10 vor §§ 164–181 *5*
Bewaffnete Macht, Begriff 75 *4 3*
Beweggrund, Bedingung 10 2075 *7*
Bewegliche Sachen, Formmangel Schenkung 10 518 *5,* Gutgläubiger Erwerb 10 1984 *6,* 2113 *50,* Schenkung 10 518 *5*
Beweisaufnahme, Erbscheinsverfahren 30 352e *103ff., 113ff.,* Zusatzgebühr 95 *380*
Beweiserleichterung, Testierfähigkeit 10 2229 *25*
Beweislast, Anfechtung 10 1954 *20, 22,* Anfechtungsfrist 10 1944 *16,* 2082 *8,* Anfechtungsgründe 10 2078 *14,* 2079 *21,* Annahme 10 1958 *9,* Annahme der Erbschaft 10 1943 *11ff., 15,* Ausgleichung 10 2055 *19,* Ausgleichungsanspruch 10 2057a *28, 34,* Ausgleichungspflicht 10 2050 *41f.,* Ausschlagung 10 1945 *19,* Ausschlagungserklärung 10 1945 *13,* Ausschlagungsfrist 10 1944 *13,* Berichtigung 10 1979 *5,* Entziehungsverfügung 10 2336 *23ff.,* Erb-

scheinsverfahren 30 352e *62ff., 90,* Herausgabeanspruch 10 2018 *34ff.,* Herausgabepflicht 10 667 *3f.,* 2021 *9,* Irrtum 10 1949 *6,* Pflichtteilsberechtigter, Übergehung 10 2079 *21,* Rechnungslegung 10 666 *21,* Rückforderung Schenkung 10 528 *44ff.,* Stufenklage 40 254 *19,* Surrogation 10 2019 *14,* Teilschuldnerische Haftung 10 2060 *16,* 2061 *12,* Testierfähigkeit 10 2064 *9;* 120 England/Wales *54,* Unwirksamkeit, teilweise 10 2085 *5,* Verjährung 10 2332 *25,* Verschweigungseinrede 10 1974 *9,* Verwendungsersatzanspruch 10 2022 *14,* Vollständigkeitsvermutung 10 2009 *6,* Wechselbezüglichkeit 10 2270 *43*
Beweismittel, Auslegung Testament 120 England/Wales *87,* Erbscheinsantrag 30 352 *21ff., 32,* Erbscheinsverfahren 30 352e *63*
Beweisvereitelung, Feststellungslast 30 352e *164*
Beweisverfahren, Testamentsvollstreckerzeugnis 10 2368; 30 354 *14*
Beweiswirkung, Europäisches Nachlasszeugnis 110 69 *1,* Öffentliche Urkunde 110 59 *2f.*
Beweiswürdigung, Erbscheinsverfahren 30 352e *154*
Bewertung, Anrechnungsverfahren 10 2315 *25,* Bankvermögen 10 2311 *84,* Darlehensrückzahlungsforderung 10 2311 *88,* Erbschaftsteuer 150 12, Forderungen 10 2311 *85,* gemeiner Wert 150 13a *9,* Geschäftswert 96 *85,* Gesellschaftsbeteiligungen 10 2311 *71ff.,* Grundstück 150 12 *13,* Hausrat 10 2311 *86,* Kapitalgesellschaft 10 2311 *80f.;* 150 12 *3ff.,* Kunstgegenstände 10 2311 *82f.,* Landgut 10 2312, Personengesellschaft 10 2311 *71ff.;* 150 12 *10,* Schenkung 10 2325 *81ff.,* Schmuck 10 2311 *87,* Wertpapiere 10 2311 *63,* Zugewinnausgleich 150 5 *6ff.*
Bewertungsmethoden, Unternehmensbewertung 10 2311 *66ff.*
Bewertungsstichtag, Erbschaftsteuer 150 11, Rückwirkung 150 11 *3f.,* Stiftung 150 11 *5,* Verfügbarkeit 150 11 *2*
Bewertungszeitpunkt, Wertberechnung 10 2055 *17*
Bewirkung der Leistung, Formmangel Schenkung 10 518 *4ff.,* Schenkung 10 518 *4ff.*
Bewusstseinsstörung, Testierfähigkeit 10 2229 *16*
Bezeugung, Testament 120 England/Wales *68ff.*
Beziehungssurrogation, Surrogation 10 2041 *5, 10ff.*
Bezugnahme andere Dokumente, Testament 120 England/Wales *72*
Bezugnahme im Testament, England/Wales 120 England/Wales *72*
Bezugnahmeerklärung, Inventar, vorhandenes 10 2004 *2*
Bezugsberechtigter, Ehegatte 10 331 *10,* eigener Anspruch des Dritten 10 331 *13,* Gütergemeinschaft 10 331 *5,* Kinder 10 331 *11,* Versprechensempfänger 10 331 *5*
Bezugsberechtigung, Lebensversicherung 10 332 *3,* 2325 *71ff.,* Sparvertrag 10 331 *7,* unwiderrufliche 10 331 *7,* 332 *3,* widerrufliche 10 332 *3*
BGB-Gesellschaft, Auflösung durch Tod 10 1922 *45,* Eintrittsklausel 10 1922 *52,* Erbfähigkeit 10 1923 *2,* erbrechtliche Nachfolgeklausel 10 1922 *48,* Fortsetzungsklausel 10 1922 *47,* 2032 *38,* Nachfolgeklausel 10 1922 *48,* 1967 *47,* 2032 *38,* Nachlassverbindlichkeiten 10 1967 *46ff.,* Pflichtteilsergänzungsanspruch 10 2325 *67,* Sondererbfolge 10 1922 *48,* Testamentsvollstreckung 10 1922 *48,* Tod eines Gesellschafters 10 1967 *46,* Vererblichkeit 10 1922 *45ff.,* Wahlrecht 10 1922 *54*
Billigkeitsprüfung, Stundung 10 2331a *10*
Bindungswirkung, Änderungsvorbehalt 10 2271 *33,* Anfechtung 10 2079 *19,* Beitrittsgebiet 100 235 § 2 *19,* England/Wales 120 England/Wales *105,* Erbvertrag 10 1941 *1,* vor §§ 2274–2302 *3,* 2274 *4f.,* 2289

1977

Sachverzeichnis

fette Zahlen = Kennziffer

17 ff., Gemeinschaftliches Testament 10 2269 *25, 45*, Lebzeitige 120 England/Wales *105*, neue Bundesländer 10 2271 *79*, Rechtsirrtum 10 2082 *5*, Teilungsanordnung 10 2048 *12 ff.*, 2150 *8*, Tod Erstversterbender 120 England/Wales *106*, Wechselbezügliche Verfügung 10 2271 *37 ff.*

Blankoindossament, Hinterlegungspflicht 10 2116 *6*, Orderpapiere 10 2116 *6*

Blut, Patientenverfügung 10 1901b *28*

Bluttransfusion, Patientenverfügung 10 1901b *41*

Bona vacantia, Fiskus 120 England/Wales *47*

BORA, Verschwiegenheitspflicht 26 *2*

Bösgläubigkeit, Erbschaftsbesitzer 10 2022 *6*, 2024 *3 ff.*, Haftung 10 2024 *7*, nachträgliche 10 2024 *6*, Umfang 10 2024 *5*, Verzug 10 2024 *8*, Zeitpunkt 10 2024 *3 ff.*

Bote, Vollmacht 10 164 *11*

BRAO 26

Bremisches Höfegesetz 87

Bruchteil, ideeller, Vermächtnis 10 2169 *7*

Bruchteile, Erbeinsetzung 10 2088

Bruchteile, teilweise Einsetzung, Auslegung 10 2092, Verfügung von Todes wegen 10 2092

Bruchteile, unbestimmte 10 2091, Auslegung 10 2091 *1*, neue Bundesländer 10 2091 *3*, subsidiäre Ergänzungsregel 10 2091 *1*

Bruchteilseigentum 10 2032 *13*, Verfügung 10 2033 *6*

Bruchteilserbe, Fiskus 10 1936 *4*

Bruchteilserbeinsetzung, Verfügung von Todes wegen 10 2088

Bruchteilserhöhung, Auslegung 10 2089, Verfügung von Todes wegen 10 2089, Vermächtnis, gemeinschaftliches 10 2157 *4*

Bruchteilsgemeinschaft, Erbengemeinschaft 10 2038 *2*, Erbteilserwerber 10 2033 *28*

Bruchteilsminderung, Auslegung 10 2090, Verfügung von Todes wegen 10 2090

Buchwert, Abfindung 170 *145*

Buchwertklausel, Gesellschaftsanteil 150 7 *41 f.*, Schenkung 150 7 *41 f.*

Bundesland, Zwangserbe 10 1936 *6*

Bundesnotarkammer, Zentrales Testamentsregister 30 347

Bundesnotarordnung, Sterbefallmitteilung 30 347 *6 ff.*

Bürgermeister, Nottestament 10 2249

Bürgermeistertestament 10 2231 *15*, amtliche Verwahrung 10 344 *4*, Ausschließungsgründe 10 2249 *8*, Belehrungspflicht 10 2249 *9 f.*, Besorgnis des Bürgermeisters 10 2249 *3, 5*, Beurkundungstätigkeit 10 2249 *9 f.*, Erklärung 10 2249 *11*, Formfehler 10 2249 *22 ff.*, Genehmigung 10 2249 *19*, Nichtigkeit 10 2249 *24*, Niederschrift 10 2249 *14 ff.*, Nottestament 10 2249; 10 2249 *3 ff.*, Schreibunfähige 10 2249 *20*, Schriftübergabe 10 2249 *12*, Testamentserrichtung 10 2249 *11 ff.*, Verschluss 10 2249 *21*, Verwahrung 10 2249 *21*, Zeugen 10 2249 *13*, Zuständigkeit 10 2249 *6 ff.*

Bürgschaftsvertrag, Erbschaftsvertrag 10 311b *8*

Bußgeldverfahren, Vererblichkeit 10 1922 *69*

Class gift, Auslegung Testament 120 England/Wales *86*

Common Law, England/Wales 120 England/Wales *2*

Contract to make a will, England/Wales 120 England/Wales *107*, USA 120 USA *111*

Darlehen, Surrogation 10 2019 *15*

Darlehenskündigung, Verwaltungsmaßnahmen 10 2038 *10*

Darlehensrückzahlungsforderung, Bewertung 10 2311 *88*

Darlehenstilgung, Surrogation 10 2111 *25*

Darlehensvertrag, Formmangel Schenkung 10 518 *10*, Schenkung 10 518 *10*

Datierung, Testament, späteres 10 2258 *4*

Dauernachlasspflegschaft, Gerichtsgebühr 96 *40 ff.*

Dauernde Last, Nutzungsrechte, vorbehaltene 10 2325 *111 ff.*

Dauerschuldverhältnisse, Verwaltung des Nachlasses 10 2216 *12*

Dauervollstreckung, Befugnisse 10 2209 *4*, Erbengemeinschaft 10 2209 *3*, familiengerichtliche Anordnung 10 2209 *7*, Frankreich 120 Frankreich *107*, Freigabeanspruch 10 2217 *6*, Frist 10 2210, Handelsgeschäft 10 2205 *15*, Handelsregistereintragung 10 vor §§ 2197–2228 *14*, Kommanditanteil 10 2368 *25*, Personengesellschaft 10 2205 *24*, Spanien 120 Spanien *116*, Testamentsvollstreckerzeugnis 10 2209 *8*, Testamentsvollstreckung 10 vor §§ 2197–2228 *6*, 2209, Vergütung 10 2221 *12*, Vor-/Nacherbschaft 10 2209 *5*, zeitliche Begrenzung 10 2210 *4*

DDR, *s. a. Beitrittsgebiet* 100 235 § 1

Deckungsverhältnis, Vertrag zugunsten Dritter 10 328 *4 ff.*

Demenz 10 1901b *21*, Patientenverfügung 10 1901b *21*

Demonstrative gift, Vermögenszuwendung 120 England/Wales *77 ff.*

Deutsch-amerikanischer Erbfall, USA 120 USA *133 ff.*

Deutscher Notarverein, Testamentsvollstreckervergütung 10 2221 *8 ff.*, Vergütung, angemessene 10 2221 *8 ff.*

Deutsch-persisches Nachlassabkommen 110 75 *1*

Deutsch-sowjetischer Konsularvertrag, Nachlassabkommen 110 75 *1*

Deutsch-türkisches Nachlassabkommen 110 75 *1*

Diagnoseablehnung, Indikation 10 1901b *63*

Dienstbarkeit, beschränkt persönliche, Vererblichkeit 10 1922 *72*

Dienstleistungsinformationsverpflichtungsverordnung, Rechtsanwaltsvergütung 95 *31 ff.*

Dienstleistungspflicht, Vererblichkeit 10 1967 *5*

Dieterle-Klausel, Nacherbeneinsetzung 10 2065 *18*

Digitaler Nachlass 10 nach § 1922, Begriff 10 nach § 1922 *3*, Vereinbarung über Unvererblichkeit 10 nach § 1922 *13 ff.*

Dingliche Rechte, Abfindung 12 16 *29*, Vererblichkeit 10 1922 *71*

Dispositionsbefugnis, Erbschein 30 83 *5*

Dispositionsfreiheit, Erbverzicht 10 2349 *4*

Domain, Nachlasspfleger 10 1960 *20*

Domicile, Ausland 120 England/Wales *23*, domicile of choice 120 England/Wales *4, 6 ff.*, domicile of dependency 120 England/Wales *8*, domicile of origin 120 England/Wales *4 f.*, Erbstatut 120 England/Wales *4 ff.*

Domicile of choice, Domicile 120 England/Wales *4, 6 ff.*

Domicile of dependency, Domicile 120 England/Wales *8*

Domicile of origin, Domicile 120 England/Wales *4 f.*

Doppelberechtigung, Pflichtteilsergänzungsanspruch 10 2325 *12 a ff.*, Ungleichbehandlung 10 2325 *15*

Doppelbesteuerung 150 14 *1*, Erbschaftsteuer 150 Vorbemerkungen *15, 19 4*, Erbschaftsteuer, ausländische 150 21, internationale 150 Vorbemerkungen *22*, Steuerpflicht 150 2 *14 ff.*

Doppelbesteuerungsabkommen, England/Wales 120 England/Wales *207*, Frankreich 120 Frankreich *150 ff.*, Österreich 120 Österreich *197*, Schweiz 120 Schweiz 200

Doppelehe, Ehegattenerbrecht 10 1931 *5*

Doppelte Staatsbürgerschaft, Rechtswahl 110 22 *8*

magere Zahlen = §§; kursive Zahlen = Randnummern

Sachverzeichnis

Doppeltestamentsvollstreckerzeugnis, Auslandsbezug 10 vor §§ 2197–2228 *16*
Dreimonatseinrede, Ablauf 10 2014 *13*, Ausschluss von Einreden 10 2016, Einrede, aufschiebende 10 2014, Frist 10 2014 *7*, Inventarerrichtung 10 2063 *14*, Nacherbenhaftung 10 2144 *16*, Nachlasspflegschaft 10 2017, Schuldnerverzug 10 2014 *10*, Verjährung 10 2014 *10*, Verlust 10 2014 *8*, Vollstreckungsgegenklage 10 2014 *12*, vor Ausschlagung 10 2014 *1*, Voraussetzungen 10 2014 *6*, Vorbehalt im Urteil 10 2014 *11*, vorläufiger Erbe 10 2014 *3*, Wirkung 10 2014 *9*
Dreißigster 10 1969, Benutzungsgestattung 10 1969 *3*, Berechtigter 10 1969 *2*, Entziehung durch Verfügung von Todes wegen 10 1969 *5*, Frist 10 1969 *3*, Hausstand 10 1969 *2*, Lebenspartnererbrecht 15 10 *13*, nichtehelicher Lebenspartner 10 1969 *2*, Schonungseinrede 10 2016 *3*, Steuerbefreiung 150 13 *7*, Unterhaltsanspruch 10 1969 *3*
Dreizeugentestament 10 2250, Ausschließungsgründe 10 2250 *9*, Form 10 2250 *6ff.*, Formfehler 10 2250 *16*, Gültigkeitsdauer 10 2250 *18*, mündliche Erklärung 10 2250 *10*, neue Bundesländer 10 2250 *20f.*, Niederschrift 10 2250 *11ff.*, Nottestament 10 2250, Rücknahme aus Verwahrung 10 2256 *7*, Unterschrift 10 2250 *15*, Verlesung 10 2250 *14f.*, Verwahrung 10 2250 *17*, Zeugen 10 2250 *8*
Dringlichkeit, Notverwaltungsrecht 10 2038 *24*
Dritter, Vorteil eines, Begriff 10 2076 *3*
Drittstaatenabkommen, EuErbVO 110 vor Art. 1
Drittwiderspruchsklage, Freiwillige Gerichtsbarkeit 30 95 *2*, Teilungsversteigerung 10 2042 *6*, Vollstreckung 30 95 *2*, Vorerbe 10 2100 *59*
Drohung, Anfechtung 10 1956 *7*, Anfechtungsgrund 10 1954 *13*, Anfechtungsgründe 10 2078 *11*, Erbunwürdigkeit 10 2339 *27*, Testierwille 120 England/Wales *58*
Duldungstitel gegen Nacherbe, Zwangsversteigerung 10 2115 *20*
Dürftigkeit, Begriff 10 1990 *3*, Nachlassinsolvenz 10 1980 *14*, Zeitpunkt 10 1990 *7*
Dürftigkeitseinrede, Antrag auf Nachlassverwaltung 10 1990 *3*, Aufrechnung 10 1990 *23f.*, Auskunftspflicht 10 1990 *18*, Berechtigter 10 1990 *5*, dingliche Sicherung 10 1990 *19*, eidesstattliche Versicherung 10 1990 *10*, Eigengläubiger 10 1990 *12*, Erbe 10 1990, Erschöpfungseinrede 10 1990 *2*, Gesamtgutsverwalter 10 1990 *26*, Gläubigerbefriedigung 10 1991 *1, 6ff.*, Haftungsbeschränkung 10 vor §§ 1967–2017 *5*, 1990, Herausgabe des Nachlasses 10 1990 *15ff.*, Hypothek 10 1990 *10*, Inventarpflicht 10 1990 *20*, Käuferhaftung 10 2383 *8*, Massearmut 10 1990 *2*, Miterbe 10 1990 *26*, Nacherbenhaftung 10 2144 *15*, Nachlassinsolvenzverfahren 10 1990 *3*, Pfandrecht 10 1990 *10*, Pflichtteilsberechtigter Erbe 10 2328 *12*, Rechenschaftspflicht 10 1990 *18*, Rechtsfolgen 10 1990 *14ff.*, 1991, Sozialversicherungsträger 10 1990 *6*, Unzulänglichkeitseinrede 10 1990 *2*, Verjährung 10 1990 *21*, Verlust 10 1990 *8*, Vermögensverzeichnis 10 1990 *19*, Vollstreckungsabwehrklage 10 1990 *9*, Vorbehalt im Urteil 10 1990 *9*, Vorerbenhaftung 10 2145 *8*, Vormerkung 10 1990 *11*, Zwangsvollstreckung 10 1990 *9ff.*

Echtheit, Öffentliche Urkunde 110 59 *5*, Testament 10 2064 *10*
EGBGB 100
Ehe, Ehegattenerbrecht 10 1931 *3*, Erbscheinsantrag 30 352 *26*, Scheidungsverfahren 10 2077 *10ff.*
Eheaufhebung, Aufhebungsverfahren 10 2077 *18*, Ehegattenerbrecht 10 1933 *1*
Eheaufhebungsgrund, Ehegattenerbrecht 10 1931 *7*

Eheaufhebungsverfahren, Ehegattenerbrecht 10 1933 *9*
Eheauflösung, Erblasserwille 10 2077 *21*, Erbvertrag 10 2077 *2*, Gemeinschaftliches Testament 10 2077 *2, 2268*, neue Bundesländer 10 2077 *25*, Scheidung 10 2077 *3*, Unwirksamkeit Verfügung von Todes wegen 10 2077, Verfügung von Todes wegen 10 2077
Ehebedingte Zuwendung 150 7 *8*, Entgeltlichkeit 10 516 *21*, Familienwohnheim 10 2325 *53ff.*, Lebensversicherung 10 331 *7*, nichteheliche Lebensgemeinschaft 10 516 *23*, Pflichtteilsergänzungsanspruch 10 2325 *46ff.*, Schenkung 10 516 *20ff.*, 2325 *45*, Schwiegereltern 10 516 *23*, Vertrag zugunsten Dritter 10 516 *22*
Ehegatte, Auftrag 10 662 *2*, Ausgleichungsanspruch 10 2057a *12*, Ausschlagung 10 1953 *9*, 2307 *47ff.*, Befreiung des Vorerben 10 2136 *14ff.*, Bezugsberechtigter 10 331 *10*, Erben, gesetzliche 10 1931, Erbrecht 120 England/Wales *30ff.*, Erbschaftsteuer 150 *4*, Erbvertrag 10 2280 *5*, Erbverzicht 10 2346 *4, 15f.*, Familienheim 120 England/Wales *38*, family provision 120 England/Wales *23*, Frankreich 10 Frankreich *9ff., 28f., 93*, gegenseitige Erbeinsetzung 10 2269, gemeinschaftlich erbende 10 2008 *2*, Gemeinschaftliches Testament 10 2265; 10 2265 *40ff.*, gleichzeitiges Versterben 10 2269 *26ff.*, Güterrecht 10 1931 *1*, Hoferbe 80 14, 19 *8*, Hoferbenordnung 80 *6*, Inventarfrist 10 2008 *3*, Italien 120 Italien *71ff.*, joint tenancy 120 England/Wales *114*, Letzwillige Verfügung 10 2077, life interest 120 England/Wales *35*, Luxemburg 120 Luxemburg *64f.*, Nacherbenrecht 2110 *6*, nicht erbender 10 2008 *2*, Österreich 120 Österreich *18ff., 56f.*, persönliche Habe 120 England/Wales *33*, Pflegeleistung 10 2057a *12*, Pflichtteilsanspruch 10 1371 *12ff.*, 1931 *15*, Pflichtteilsberechtigter 10 2303 *57ff.*, Pflichtteilsquote 10 2303 *76ff.*, Pflichtteilszuwendung 10 2304 *16ff.*, residuary estate 120 England/Wales *35*, Schenkung 10 2325 *116ff.*, Schweiz 120 Schweiz *38ff., 114ff.*, Spanien 120 Spanien *23ff.*, statutory legacy 120 England/Wales *34*, Steuerfreibetrag 150 *16*, Steuerklasse 150 15 *5*, unbenannte Zuwendung 10 2113 *38*, Unterhaltsanspruch 10 1967 *7*, USA 120 USA *51ff., 80ff.*, Versöhnung 10 1933, Versorgungsansprüche 10 1933 *14*, Versorgungsfreibetrag 150 *17*, verwandter 10 1934, Vollerbrecht 10 1931 *1*, Vollmacht 10 662 *7ff.*, Voll-/Schlusserbe 150 15 *13f.*, Voraus 10 1932, Vorausvermächtnis 120 England/Wales *39*, Vorsorgeunterhalt 10 2325 *48ff.*, Vorsorgevollmacht 10 662 *2, 12*, Wiederheirat des Überlebenden 10 2269 *48ff.*, Zeitpunkt der Verfügung 10 2077 *2*, Zuweisung 12 15 *1a*, Zuweisungsverfahren, gerichtliches 10 2042 *65*, Zuwendung, unentgeltliche 150 29 *10*, Zuwendungen aus Gesamtgut 10 2331
Ehegatte, erbender, Inventarerrichtung 10 2008 *4ff.*
Ehegatte, nicht erbender, Haftungsbeschränkung 10 2008 *8*, Inventarerrichtung 10 2008 *4ff.*
Ehegatte, verwandter, Erbrecht 10 1934
Ehegattenerbquote, Schweiz 120 Schweiz *47*
Ehegattenerbrecht, Abkömmlinge 120 England/Wales *33ff.*, Ausschluss 10 1931 *7f.*, 1933, Doppelehe 10 1931 *5*, Ehe 10 1931 *3*, Eheaufhebung 10 1933 *1*, Eheaufhebungsgrund 10 1931 *7*, Eheaufhebungsverfahren 10 1933 *9*, England/Wales *30ff.*, Erbfolge, gesetzliche 120 England/Wales *29ff.*, Erbfolge, gewillkürte 10 1933 *2*, Erbquote 120 Serbien *33ff.*, Fernere Ordnungen 10 1931 *14*, Getrenntleben 10 1931 *7*, Montenegro 120 Montenegro *25ff.*, neben Kindern 10 1931 *10*, neben Verwandten 1. Ordnung 10 1931 *10*, neben Verwandten 2. Ordnung 10 1931 *11*, neben Verwandten 3. Ordnung 10 1931 *12f.*, Nichtehe 10

Sachverzeichnis

fette Zahlen = Kennziffer

1931 *4,* Ordnungen 120 Serbien *33f.,* Scheidung 10 1931 *7,* 1933 *1, 10ff.,* 2077 *1,* Scheidungsfolgesachen 10 1933 *8,* Scheidungsverfahren 10 1933 *3ff.,* Scheidungsvoraussetzungen 10 1933 *4,* Serbien 120 Serbien *31ff.,* Unterhaltsanspruch 10 1933 *11ff.,* Verlust 120 Serbien *36,* Zugewinngemeinschaft 10 1931 *15*

Ehegattenerbvertrag, Aufhebung durch gemeinschaftliches Testament 10 2292

Ehegattengesellschaft, Schweiz 120 Schweiz *46*

Ehegattenhof, Hoferbe 80 *8*

Ehegattenschenkung, Schenkung 10 2325 *45*

Ehegattenunterhalt 10 1568b *6ff.,* Anspruchsübergang 10 1568b *40ff.,* Befristung auf Tod 10 1568b *65,* Beginn 10 1568b *43ff.,* Begrenzung, erbrechtliche 10 1568b *47ff.,* Entfall 10 1568b *23ff.,* Erb-/Pflichtteilsverzicht 10 1568b *66,* für Miteren 10 1568b *60,* Leistungsfähigkeit nach Tod 10 1568b *46,* Vereinbarungen über 10 1568b *63ff.,* Verringerung 10 1568b *23ff.,* Zugewinnausgleichsanspruch 10 1568b *55,* Zuständigkeit 10 1568b *62*

Ehegattenverfügungen, Pflichtteilsanspruch 10 2317 *7*

Ehegattenvollmacht, Auftrag 10 662 *2,* Auftragsverhältnis 10 662 *7ff.,* Auskunftspflicht 10 662 *13,* Obliegenheit 10 662 *13,* unerlaubte Handlung 10 662 *13,* Vermögensverwaltung 10 662 *9ff.*

Ehegattenvoraus 10 1932 *5ff.,* Ausschluss vom Erbe 10 1932 *3,* Eigentumsübertragungsanspruch 10 1932 *11,* Erbverzicht 10 1932 *3,* gemeinsamer Haushalt 10 1932 *6,* gesetzlicher Erbe 10 1932 *2,* Hochzeitsgeschenk 10 1932 *8,* Nachlass 10 1932 *9,* Umfang 10 1932 *10,* Zugehörigkeit zum Haushalt 10 1932 *7*

Ehegattenzuwendung, Anrechnung 150 29 *10*

Ehenichtigkeit, Gemeinschaftliches Testament 10 2268

Ehescheidung, Rückforderungsrecht 150 29 *7*

Eheschließung, Rechtsirrtum 10 2082 *5*

Ehevertrag, Erbverzicht 10 1371 *14,* güterrechtliche Lösung 10 1371 *14,* Pflichtteilsverzicht 10 1371 *14*

Eidesleistung, Zeugenbeweis 30 352e *130*

Eidesstattliche Versicherung, Abgabe 30 352 *34,* Antrag 10 2006 *3, 8,* Antrag auf 30 361, Auskunftsanspruch 10 2314 *46,* Auskunftserteilung 10 2027 *6,* 2028 *8,* 2057 *13ff.,* Auskunftsklage 40 254 *12,* Ausschlagung 10 2006 *8,* Beschwerde 30 352 *37,* Beteiligte 10 2006 *7;* 30 345 *13,* Beurkundungsgebühr 96 *118,* Dürftigkeitseinrede 10 1990 *19,* Erbschaftsverzeichnis 10 2121 *11,* Erbschein, gemeinschaftlicher 30 352a *15,* Erbscheinsantrag 30 352 *33ff.,* Erbscheinsverfahren, Gebühren 96 *19,* Erlass 30 352 *36,* freiwillige Abgabe 10 2057 *15,* Freiwillige Gerichtsbarkeit 30 345 *13,* 361, Gerichtsgebühr 96 *19,* Geschäftswert 96 *120f.,* Haftung vor Teilung 10 2059 *13ff.,* Haftungsbeschränkung 10 2006 *11ff.,* Inhalt 10 2057 *14,* Inventar 10 2006, Inventarerrichtung 10 2000 *9,* 2006 *3,* 2008 *6,* 2063 *10,* Inventarfrist 10 2000 *7,* Kosten 10 2006 *10,* 2057 *17,* 2314 *92;* 30 352 *35,* Kostenschuldner 96 *122,* Nachlassgericht 96 *123,* Nachlassgläubiger 10 2006 *4,* Nachlassinsolvenzverfahren 10 2006 *8,* Nachlassverbindlichkeiten 10 1967 *13,* Nachlassverwaltung 10 2006 *8,* Notargebühren 96 *116ff.,* Protokoll Nachlassgericht 10 2006 *9,* Rechnungslegung 10 666 *19,* Rechtsfolgen 10 2006 *11ff.,* Testamentsvollstrecker 10 2215 *10,* 2218 *24,* Verfahren 10 2006 *6ff.,* Verfahrensgebühr 96 *116ff.,* Vertretung 10 164 *19,* Verurteilung 10 2057 *16,* Verwaltung durch Erbe 10 1978 *5,* Verweigerung 10 2006 *11ff., 14,* 2008 *6;* 30 352 *35,* Vollständigkeitsvermutung 10 2009 *4,* Voraussetzungen 10 2006 *3ff.,* 2057 *13,* Zuständigkeit 10 2006 *6,* Zuständigkeit Notar 10 2319 *5*

Eigenantrag, Nachlassinsolvenzverfahren 50 320 *7*

Eigenaufnahme, Inventar 10 2002; 10 2002 *1*

Eigener Anspruch des Dritten, Bezugsberechtigter 10 331 *13,* Lebensversicherung 10 331 *13,* Vertrag zugunsten Dritter 10 328 *5,* 331 *2,* Vollzugsverhältnis 10 331 *13*

Eigengeschenk, Anrechnung auf Pflichtteilsergänzungsanspruch 10 2327 *15,* Hinzurechnung zum Nachlass 10 2327 *14,* Pflichtteilsergänzungsanspruch 10 2327

Eigengläubiger, Aufrechnung 10 1977 *6ff.,* 1990 *25,* 1991 *5,* Befriedigung aus Nachlass 10 2214, Dürftigkeitseinrede 10 1990 *12,* Nachlassinsolvenzverfahren 10 1975 *6,* Nachlassverwaltung 10 1984 *12,* Testamentsvollstreckung 10 2214, Vollstreckung 10 2214, Zwangsvollstreckung 10 1984 *12*

Eigenhändiges Testament, Montenegro 120 Montenegro *41*

Eigenhändigkeit, Gemeinschaftliches Testament 10 2267, Mitwirkung Dritter 10 2247 *10,* Schrift 10 2232 *13,* Testament 10 2247 *6ff.,* Testamentserrichtung 10 2247 *7ff.,* Testamentsniederschrift 10 2247 *6ff.,* Unterschrift 60 35 *3*

Eigennützige Verwendung, befreiter Vorerbe 10 2134 *10,* Gestaltung Verfügung von Todes wegen 10 2134 *9f.,* Surrogation 10 2134 *2,* Vorerbe 10 2134, Wertersatzanspruch 10 2134 *2, 4f.*

Eigenschaftsirrtum, Anfechtungsgrund 10 1954 *9ff.,* Ausschlagungsfrist 10 1956 *3,* Irrtum 10 1954 *10, 14,* verkehrswesentliche Eigenschaft 10 1954 *9ff.*

Eigentumsdelikte, Pflichtteilsentziehung 10 2333 *19*

Eigentumsübergang, Zuweisungsverfahren 12 13 *51.*

Eigentumsübertragungsanspruch, Ehegattenvoraus 10 1932 *11*

Eigentumsvermutung, Lebenspartnerschaft, eingetragene 100 17b *19*

Eigenverbindlichkeiten, Nachlassverbindlichkeiten 10 2058 *16,* Vorerbenhaftung 10 2145 *7*

Eigenvermögen, Leistungsverweigerungsrecht 10 2319 *4,* Nacherbfall 10 2139 *4*

Eigenverwaltung, Nachlassinsolvenzverfahren 50 Vorbemerkungen *30*

Eignung, Nachlassverwalter 10 1981 *12*

Einantwortung, Österreich 120 Österreich *153ff., 180f.*

Einheitlichkeit der Verfügung, Steuerbegünstigung 150 13b *19,* Vermögen, begünstigtes 150 13b *19*

Einheitslösung, Berliner Testament 10 2269 *3,* Erbschaftslösung 10 2269 *55ff.,* Erbvertrag 10 2280 *1,* Gemeinschaftliches Testament 10 2100 *46,* 2269 *1, 31ff.,* Klage vor Schlusserbfall 10 2269 *35,* Pflichtteil 10 2269 *71,* Schlusserbe 10 2269 *34,* Tod des Letztversterbenden 10 2269 *37,* Wiederverheiratungsklausel 10 2269 *55ff.*

Einigungsgebühr, außergerichtliche 95 *303,* gerichtliche 95 *381ff.,* Ratenzahlungsvereinbarung 95 *285ff.,* Rechtsanwaltsgebühren 95 *274ff.,* überschießender Vergleichswert 95 *310, 388ff.*

Einkommensteuer, Abschreibung 170 *18,* Abzugsfähigkeit der Jahressteuer 150 23 *8,* Ausschlagung 170 *131f.,* Betriebsaufspaltung 170 *20ff.,* Betriebsverpachtung 170 *8,* Eintrittsklausel 170 *165ff.,* Einzelunternehmen 170 *5,* Erbauseinandersetzung 170 *91ff.,* Erbengemeinschaft 170 *173ff.,* Freiberuflerpraxis 170 *11,* Gesellschaftsanteil Personengesellschaft 170 *5,* Merkmalszurechnung 170 *18f.,* Nachlassverbindlichkeiten 170 1967 *18,* Personengesellschaft 170 *141ff.,* Pflichtteilserfüllung 170 *122ff.,* Privatvermögen 170 *12ff.,* Schuldzinsen 170; 170 *117f.,* Sonderbetriebsvermögen 170 *28ff.,* Steuererklärungspflicht 170 *15ff.,* Stundung 170 *54ff.,* Teilungsanordnung 170 *136ff.,* verkehrswesentliche Eigenschaft 10 1954 *16,* Verlustausgleichsbeschrän-

magere Zahlen = §§; kursive Zahlen = Randnummern

Sachverzeichnis

kung 170 *82*, Verluste, verrechenbare 170 *82f.*, Vermächtnis 170 *171f.*, Vermächtniserfüllung 170 *122ff.*, Vermögensumqualifizierung 170 *26f.*, Vorausvermächtnis 170 *34ff.*

Einkommensteuernachzahlung, Erbe 170 *46*

Einkommensteuerpflicht, Geschäftsbesorgung 10 675 *7*

Einkommensteuerschulden, Nachlassverbindlichkeiten 10 2311 *30*

Einkommenszuschuss, Ausgleichungspflicht 10 2050 *29f.*

Einlage, Personengesellschaft 150 7 *29*

Einlage, disquotale, Kapitalgesellschaft 150 7 *50*, Personengesellschaft 150 7 *29*

Einlieferungspflicht, Schweiz 120 Schweiz *180*

Einrede, Anfechtbarkeit 10 2083, Aufgebotsverfahren 10 2015, Auseinandersetzungsaufschub 10 2045 *4*, beschränkte Erbenhaftung 10 vor §§ 1967–2017 *21*, Dreimonatseinrede 10 2016, Erbenhaftung 10 2016, Erhebung 10 2059 *6ff.*, Haftung, unbeschränkte 10 2016, Haftung vor Teilung 10 2059 *2ff.*, Herausgabeanspruch 10 2018 *26*, Leistungsverweigerungsrecht 10 2059 *2ff.*, Nachlassverwalter 10 1985 *11*, Prozesskostenhilfe 10 2059 *7*, Rückforderung Schenkung 10 529 *10*, Überschwerung 10 1992 *4*, Vollstreckungsgegenklage 10 2059 *11f.*, Vorbehalt beschränkter Erbenhaftung 10 vor §§ 1967–2017 *20*, Zwangsvollstreckung 10 2059 *12*

Einrede, aufschiebende, Dreimonatseinrede 10 2014, Haftungsbeschränkung 10 2013 *6*, Nachlasspflegschaft 10 2017, Nachlassverwalter 10 2017 *2*, Testamentsvollstrecker 10 2017 *2f.*

Einrede der beschränkten Erbenhaftung, Anwaltspflicht 10 vor §§ 1967–2017 *21*, Haftungsbeschränkung 10 1975 *8*, Vorbehalt beschränkter Erbenhaftung 10 vor §§ 1967–2017 *21*, Zwangsvollstreckung 10 1973 *10*

Einrede Haftungsbeschränkung, Minderjähriger 10 2032 *29*

Einreden, Nachlassverbindlichkeiten 10 vor §§ 1967–2017 *4*

Einreichungspflicht, Inventar 10 2003 *8*

Einseitige Verfügung, Anfechtung 10 2271 *68*, Aufhebung 10 2271 *3*, Erbvertrag 10 2278 *15ff.*, 2280 *2*, Scheidung 10 2268 *15*

Einsichtnahme, Gerichtskosten 96 *15*, *23*, Inventar 10 2010, Rücknahme aus Verwahrung 10 2272 *12*

Einsichtnahmerecht, Ausschlagung 10 1953 *16*, Erinnerung 10 2010 *6*, eröffnete Verfügung von Todes wegen 30 357, rechtliches Interesse 10 1953 *16*, 2010, Verfahren 10 2010 *4ff.*

Einsichtsfähigkeit, Testierfähigkeit 10 2229 *12*

Einsichtsnahmerecht, Ausschlagungserklärung 10 1953 *12*

Einstellung, Aufgebotsverfahren 10 1970 *8*, Handelsgeschäft, Fortführung 10 1967 *35*

Einstellung mangels Masse, Nachlassinsolvenzverfahren 10 1989 *3*

Einstweilige Anordnung, Amtsführung Testamentsvollstrecker 30 49 *3*, Änderung 30 54, Anordnungsanspruch 30 49 *2*, Anordnungsgrund 30 49 *4*, Antrag 30 51, Aufhebung 30 54, Außerkrafttreten 30 56, Beschwerdegericht 30 50 *1*, 64 *10ff.*, durch Beschwerdegericht 30 64 *10ff.*, Einleitung Hauptsacheverfahren 30 52, Erbschein 30 353 *22*, Erbscheinseinziehung 10 2361 *20*, Erbscheinsverfahren 30 64 *13f.*, 352e *200*, Freiwillige Gerichtsbarkeit 30 49, Herausgabe Erbschein 10 2362 *10*, Landwirtschaftssachen 85 *18*, Nachlassgericht 10 vor §§ 2197–2228 *21f.*; 30 49 *3*, Rechtsmittel 30 57, Sicherstellung Erbschein 30 49 *3*, Testamentsvollstrecker 10 vor §§ 2197–2228 *25f.*, Verfahren 30 51, Vollstreckung 30 53, Vorwegnahme der Hauptsach 30 49 *2*, Zuständigkeit 30 50

Einstweilige Einstellung, Zwangsvollstreckung 10 vor §§ 1967–2017 *24*

Einstweilige Maßnahmen, EuErbVO 110 *19*, Vollstreckbarkeitserklärung 110 *54*

Einstweilige Verfügung, Entlassung Testamentsvollstrecker 10 2227 *12*, Erbschein 30 353 *23*, Herausgabe Erbschein 10 2362 *9*, Herausgabe Vollmacht 10 175 *1*, Pflichtteilsanspruch 10 2317 *11*

Eintretender Erbe, Erbenhaftung 10 2320

Eintritt, Rechtskraft, formelle 30 45 *2ff.*

Eintrittserklärung, Vorkaufsrecht 10 2034 *24ff.*

Eintrittsklausel 10 2032 *42*, Abfindungshöhe 10 2032 *43*, Auslegung 10 1922 *53*, BGB-Gesellschaft 10 1922 *52*, Einkommensteuer 170 *165ff.*, GmbH-Geschäftsanteil 10 1922 *41*, Nichteintritt des Erben 170 *169*, Personengesellschaft 10 2032 *42*, Umdeutung 10 1922 *53*

Eintrittsrecht 10 1924 *1*, Erbfolge 10 1924 *17*, Komplementär 10 1922 *58*, Personengesellschaft 10 2205 *31*

Einwendungen, Auskunftspflicht 10 666 *9ff.*, Gesamtschuldklage 10 2058 *25*, Rechnungslegungspflicht 10 666 *9ff.*

Einwilligung, Ärztliche Maßnahme 10 1901b *65ff.*, Betreuungsgericht 10 1901b *78*, durch Betroffenen 10 1901b *65*, Entscheidung 10 1901b *89ff.*, Erörterung mit Arzt 10 1901b *88*, Form 10 2120 *13*, Gefahr 10 1901b *91ff.*, Genehmigungsantrag Betreuungsgericht 10 1901b *93*, mehrere Nacherben 10 2120 *12*, mutmaßliche 10 1901b *71*, Nacherbe 10 2120 *11f.*, Patientenverfügung 10 1901b *66*, *74*, Patientenwille 10 1901b *79ff.*, Sterbeprozess 10 1901b *72*, Uneinigkeit 10 1901b *91ff.*, Vertreterbestellung 10 1901b *78*, Vertretung 10 1901b *70*, *74ff.*, vorherige 10 1901b *68*

Einwilligung der Erben, Testamentsvollstrecker 10 2206 *3*

Einwilligungsfähigkeit 10 1901b *13ff.*, Aufklärung 10 1901b *65*, höchstpersönliche Rechtsgüter 10 1901b *13*, *15*, Minderjährige 10 1901b *10*, Patientenverfügung 10 1901b *13ff.*, Widerruf 10 1901b *39*

Einwilligungspflicht, Nacherbe 10 2120; 10 2120 *6ff.*

Einwilligungspflicht Nacherbe, Verwaltung des Nachlasses 10 2120, Verwaltung, ordnungsgemäße 10 2120 *6ff.*

Einwilligungsunfähigkeit, Herbeiführung Einwilligungsfähigkeit 10 1901b *69*, höchstpersönliche Rechtsgüter 10 1901b *13*

Einwilligungsvorbehalt, Betreuter 60 28 *3*

Einzelbesteuerung 150 14 *1*

Einzelhandelsgeschäft, Erbengemeinschaft 10 2032 *26*, Fortführung 10 2032 *25ff.*, minderjähriger Erbe 10 2032 *29*

Einzelkaufmann, Erbengemeinschaft 10 1967 *40*, Nachlassverbindlichkeiten 10 1967 *34*

Einzelnachlasspflegschaft, Gerichtsgebühr 96 *42f.*

Einzelrichter, Beschwerdeverfahren 30 68 *11ff.*

Einzelunternehmen, Einkommensteuer 170 *58*, Erbe 170 *58*, Erbenhaftung 10 2205 *21*, Gewerbesteuer 170 *58*, Testamentsvollstreckung 10 2205 *15*, *21*, Umsatzsteuer 170 *62*, Verlustvortrag 170 *81*

Einziehung, Anpassung Stammkapital 10 1922 *41*, Geschäftswert 96 *26*, Testamentsvollstreckerzeugnis 10 2368 *19f.*

Einziehung Erbschein 10 2361; 30 63 *8*, 64 *14*, 352b *17*, *24ff.*, 353, Beschluss 10 2361 *13ff.*, Beschwerde 10 2361; 10 353 *28ff.*, einstweilige Anordnung 10 2361 *20*, Einziehungsanordnung 30 353 *11*, Gebühren 96 *24ff.*, Kosten 10 2361 *27*; 30 353 *25f.*, Rückgabe 10 2361 *18f.*, tatsächliche 30 353 *13f.*, Verfahren 10 2361 *10ff.*, Zuständigkeit 30 353 *3*

1981

Sachverzeichnis

fette Zahlen = Kennziffer

Einziehungsbeschluss 30 353 *11*, Wirksamkeit 10 1922 *41*
Einziehungsklausel, GmbH-Anteil 10 2032 *45*, GmbH-Geschäftsanteil 10 1922 *41*
Einziehungsrecht Forderungen, Verfügungsbefugnis Vorerbe 10 2114 *6ff.*
Einziehungsverfahren, Ablehnung 30 353 *8*, Erbe, wirklicher 10 2362 *9*
Elterliche Interessen, Ausstattung 10 1624 *7*
Elterliche Sorge, Erblasseranordnung 10 1638 *3*, Inventarisierungspflicht 10 1340, unverheiratete 10 1638 *2*, Vererblichkeit 10 1922 *32*, Vermögenssorge 10 1638
Elterliches Verwaltungsrecht, Pflichtteilsanspruch 10 vor §§ 2197–2228 *8*
Eltern, Ausstattung 10 1624 *2*, Erben 2. Ordnung 10 1925 *1*, Erbfolge, gesetzliche 10 England/Wales *45*, Erbrecht 10 1925 *1*, Familiengerichtliche Genehmigung 10 1341, Pflichtteilsberechtigter 10 2303 *52ff.*, Pflichtteilsrecht 10 2309, Pflichtteilszuwendung 10 2304 *21ff.*, Steuerklasse 150 15 *8*, Vermögensverzeichnis 10 1340
E-Mail-Account, Vererblichkeit 10 nach § 1922 *5*
E-Mails, bei Provider 10 nach § 1922 *8*, Fernmeldegeheimnis 10 nach § 1922 *19ff.*, Festplatte 10 nach § 1922 *7*, höchstpersönliche 10 nach § 1922 *10f.*, Kommunikationsteilnehmer 10 nach § 1922 *24*, Speichermedium 10 nach § 1922 *7f.*, Telekommunikationsgesetz 10 nach § 1922 *19*, Vererblichkeit 10 nach § 1922 *4*, *6ff.*, vermögensrechtliche 10 nach § 1922 *10f.*
Empfänger, Anfechtung 10 1955, Ausschlagungserklärung 10 1945 *5ff.*
Empfangsbedürftigkeit, Annahmeerklärung 10 2180 *2*, Ausschlagung 10 2180 *2*
Empfangsbote, Zugang 10 164 *11*
Empfangszuständigkeit, beschränkte 10 2114 *7*, Hinterlegung 10 2114 *7*, *10*, Vorerbe 10 2114 *7*, Zustimmungserklärung 10 2114 *8*
Endentscheidung, Abänderung 30 48 *2*, Änderung der Verhältnisse 30 48 *3*, Begriff 30 38 *2f.*, erste Instanz 30 38 *2*, Kostenentscheidung 30 38 *2*, mit Dauerwirkung 30 48 *2*
Endvermögen, Zugewinnausgleich 150 5 *6ff.*
England/Wales, administrator 120 England/Wales *140*, anwendbares Recht 120 England/Wales *3ff.*, Auflage 120 England/Wales *75*, Ausschlagung 120 England/Wales *119f.*, Bedingung 120 England/Wales *76*, Belegenheit 120 England/Wales *11*, Bezugnahme im Testament 120 England/Wales *72*, Bindungswirkung 120 England/Wales *105*, Common Law 120 England/Wales *2*, Contracts to make a will 120 England/Wales *107*, deutscher Erbschein 120 England/Wales *167ff.*, deutsches Erbrecht 120 England/Wales *167ff.*, Doppelbesteuerungsabkommen 120 England/Wales *207*, Ehegattenerbrecht 120 England/Wales *30ff.*, Erbengemeinschaft 120 England/Wales *171*, Erbenhaftung 120 England/Wales *171*, Erbfähigkeit 120 England/Wales *115*, Erbfolge, gesetzliche 120 England/Wales *30ff.*, Erbfolge, gewillkürte 120 England/Wales *50ff.*, Erbschaftserwerb 120 England/Wales *167*, Erbschaftsteuer 120 England/Wales *173*, *179ff.*, Erbunwürdigkeit 120 England/Wales *116ff.*, EuErbVO 120 England/Wales *2*, foreign-court-Theorie 120 England/Wales *10*, gegenseitiges Testament 120 England/Wales *104*, Geistige Anforderungen 120 England/Wales *52*, Gemeinschaftliches Testament 120 England/Wales *103*, grant 120 England/Wales *176*, Haager Testamentsformübereinkommen 120 England/Wales *2*, Haager Trustübereinkommen 120 England/Wales *2*, Joint tenancy 120 England/Wales *114*, Kollisionsrecht 120 England/Wales *1*, *9*, Nachlassbewertung 120 England/Wales *206*, Nachlassspaltung 120 England/Wales *11*, Nachlassverfahrensrecht 120 England/Wales *172ff.*, Nachlassverwaltung 120 England/Wales *132ff.*, personal representative 120 England/Wales *132ff.*, Pflichtteil 120 England/Wales *121ff.*, power of appointment 120 England/Wales *81*, privilegierte Testamente 120 England/Wales *73*, probate 120 England/Wales *174*, Rechtsquellen 120 England/Wales *2*, Rechtswahl 120 England/Wales *3*, Renvoi 120 England/Wales *10*, Schenkung von Todes wegen 120 England/Wales *109f.*, Steuerbefreiung 120 England/Wales *194ff.*, Steuerermäßigung 120 England/Wales *198*, Steuerhaftung 120 England/Wales *190*, Steuerobjekt 120 England/Wales *182ff.*, Steuerpflicht 120 England/Wales *187*, Steuersatz 120 England/Wales *200*, Steuerschuldner 120 England/Wales *189*, Testamentsauslegung 120 England/Wales *84ff.*, Testamentsform 120 England/Wales *59ff.*, Testamentsinhalt 120 England/Wales *74ff.*, Testamentsvollstreckung 120 England/Wales *139*, Testamentswiderruf 120 England/Wales *96ff.*, Testierfähigkeit 120 England/Wales *51ff.*, Testierwille 120 England/Wales *56ff.*, Trust 120 England/Wales *111ff.*, überschuldeter Nachlass 120 England/Wales *154*, unbewegliches Vermögen 120 England/Wales *9*, Vermögenszuwendung 120 England/Wales *77ff.*, Vermutung Formgültigkeit 120 England/Wales *71*, Wirksamkeitsabsicht 120 England/Wales *63*, Zuständigkeit, internationale 120 England/Wales *22*
Enkelkinder, Auslegungsregel 10 2070 *4*
Enteignung, Landwirtschaftlicher Betrieb 12 17 *13*
Enterbung 10 1938, Erbstatut 110 23 *6*, Lebenspartner 15 10 *15*, Montenegro 120 Montenegro *79*, näherer Berechtigter 10 2309 *6*, ohne Erbeinsetzung 10 1938, Österreich 120 Österreich *117*, Pflichtteilsberechtigter 10 2303 *21ff.*, Pflichtteilsquote 10 2310 *6*, Pflichtteilszuwendung 10 2304 *1*, Rechtsfolgen 10 1938 *6*, stillschweigende 10 1938 *3*, unwirksame Erbeinsetzung 10 1938 *4*
Enterbung des Ehegatten, Güterrechtliche Lösung 10 1371 *11*
Enterbung, konkludente, Entziehungsverfügung 10 2336 *30*
Entgegennahme Inventar, Gerichtsgebühr 96 *159*
Entgegennahme von Erklärungen, Gerichtsgebühr 96 *51ff.*
Entgeltlichkeit, Ehebedingte Zuwendung 10 516 *21*, Grundstücksverfügung 10 vor §§ 2197–2228 *12*, Grundstücksverfügung 10 vor §§ 2197–2228 *12*, Nachweis 10 2205 *11*, Verfügung 10 2205 *9ff.*
Entlassung Testamentsvollstrecker 30 345 *10*, Antrag 10 2227 *2ff.*, Berechtigte 10 2227 *3f.*, Beschluss 10 2227 *12f.*, einstweilige Verfügung 10 2227 *12*, Ermessen 10 2227 *12*, Handelsgeschäft 10 2227 *9*, Interessensgegensatz 10 2227 *10*, Nachlassgericht 10 2227 *12ff.*, ordnungsgemäße Verwaltung 10 2227 *7*, Testamentsvollstrecker 10 2227, unternehmensbezogene Testamentsvollstreckung 10 2227 *11*, wichtiger Grund 10 2227 *5ff.*
Entlastung, Nachlasspfleger 10 1960 *67*, Testamentsvollstreckerhaftung 10 2219 *3*
Entmündigter, Testierfähigkeit 10 2229 *18*
Entnahmegewinn, Sonderbetriebsvermögen 170 *29*
Entnahmerecht, Frankreich 120 Frankreich *15*, Nachlassverwalter 10 1987 *7*, Testamentsvollstreckervergütung 10 2221 *17*
Entreicherung, Vermächtnisanspruch 10 2174 *21*
Entscheidung, Abänderung 30 48, Einwilligung 10 1901b *89ff.*, Erbscheinsantrag 30 352e, EuErbVO 110 3 *8*, *41*, Nachlassgericht 30 38 *1*

magere Zahlen = §§; kursive Zahlen = Randnummern

Sachverzeichnis

Entscheidung, ausländische, Anerkennung 120 Österreich *8ff.*, Aussetzung Anerkennungsverfahren 110 *42*
Entscheidungslücke, Begriff 30 *43 1*, Ergänzung Beschluss 30 *43*
Entsiegelung, Notargebühren 96 *161*
Entstehungsgeschichte, Zugewinngemeinschaft 10 *1371 2*
Entwicklung, Patientenverfügung 10 vor §§ 1901a–1901c *1ff.*
Entwicklungsgeschichte, EuErbVO 110 vor Art. 1
Entwurf, Nachlassvollmacht 96 *130f.*, Notargebühren 96 *110*
Entziehung der Verwaltung, Grundbuch 10 2129 *7*, gutgläubiger Erwerb 10 2129 *5*, Nachlassgläubiger 10 2129 *6*, Nutzungen 10 2129 *3*, Vorerbe 10 2129
Entziehung durch Verfügung von Todes wegen, Dreißigster 10 1969 *5*
Entziehung, gerichtliche, Verwaltung des Nachlasses 10 2129
Entziehungsgrund, Entziehungsverfügung 10 2336 *5ff.*
Entziehungsverfügung 10 2336, Beweislast 10 2336 *23ff.*, Entziehungsgrund 10 2336 *5ff.*, Feststellungsklage 10 2336 *29*, Form 10 2336 *2ff.*, konkludente Enterbung 10 2336 *30*, Personenangabe 10 2336 *19f.*, Unzumutbarkeit 10 2336 *15ff.*, Verfügung von Todes wegen 10 2336
Equity, Trust 120 England/Wales 113
Erbanfall, Erwerb von Todes wegen 150 *3 4ff.*, Fiskus 10 1936 *3*, Kenntnis 10 1944 *5ff.*
Erbanfallsteuer 150 Vorbemerkungen 2
Erbanmaßung, Führung Geschäfte 10 2028 *5*
Erbantrittserklärung, Montenegro 120 Montenegro *87*, Österreich 120 Österreich *171ff.*, Serbien 120 Serbien *131*
Erbanwärter 10 1922 *13*, Erbschaftsvertrag 10 311b *11*, Erbvertrag 10 1922 *14*, gemeinschaftliches Testament 10 1922 *14*, Pflichtteil 10 1922 *15*, Vermächtnisnehmer 10 1922 *15*
Erbauseinandersetzung, Anschaffungskosten 170 *101f., 108*, Aufgabegewinn 170 *99*, Bestimmung durch Dritte 10 2065 *2*, Betriebsvermögen 170 *96ff.*, Beurkundung 96 *142ff.*, Einkommensteuer 170 *91ff.*, Erbschaftsteuer 150 *3 11*, Frankreich 120 Frankreich *114ff.*, Geschäftswert 96 *143*, Luxemburg 120 Luxemburg *112*, MischNachlass 170 *111ff.*, Nachlasspfleger 10 1960 *31*, Notargebühren 96 *142ff.*, Österreich 120 Österreich *144*, Privatvermögen 170 *108ff.*, Schweiz 120 Schweiz *149ff.*, Sonderbetriebsvermögen 170 *158*, Spanien 120 Spanien *125, 152ff.*, Teilauseinandersetzung 120 *103*, USA 120 USA *93*, Veräußerungsgewinn 170 *99, 108*, Vertragsgebühr 96 *142*
Erbausgleich, vorzeitiger, Kind, nichteheliches 10 1924 *9*
Erbberechtigung, Pflichtteil entfernter Abkömmling 10 2309 *5ff.*
Erbbescheinigung, Schweiz 120 Schweiz *184ff.*
Erbbesitz, Herausgabeanspruch 10 2018 *36*
Erbe 10 1922 *8*, Auskunftsanspruch 10 2314 *80ff.*, Auskunftspflicht 10 2314, Ausschlagungsberechtigter 10 1945 *11ff.*, Ausschlagungsrecht 10 1942 *10ff.*, Bedingung 10 1942 *9*, Beitrittsgebiet 100 235 § 1 *10*, Berufung 10 1942 *2, 3*, Berufungsgrund 10 1948 *2*, Berufungsgründe, mehrere 10 1948 *3*, Beschwerter 10 2147 *2ff.*, des Erbschaftsbesitzers 10 2018 *19*, doppelt gewillkürter 10 1948 *3*, Dürftigkeitseinrede 10 1990, Einkommensteuernachzahlung 170 *46*, Eintritt in Verfahrensstand 170 *44*, Einzelansprüche gegen Besitzer 10 2029, Einzelunternehmen 170 *58*, Ermittlung durch Nachlassgericht 10 1964 *2*, Erschöpfungseinrede 10 1989, Fiskus 10 1942 *11ff.*, 1966, Gesamtrechtsnachfolge 10 vor §§ 1967–2017 *1*, gesetzlicher und gewillkürter 10 1948 *2*, gewillkürte Prozessstandschaft 10 1975 *8*, Haftung, unbeschränkte 10 vor §§ 1967–2017 *7, 2013*, Haftung vor Annahme 10 vor §§ 1967–2017 *3*, Herausgabepflicht 10 2018 *10*, Insolvenz 50 331, Inventaraufnahme 10 2002, Kapitalgesellschaftsanteile 170 *60*, Kostenersatzpflicht 20 *102*, Kürzungsrecht 10 2318 *4ff.*, Nachdeklarationspflicht 170 *40ff.*, Nacherbfolge 10 1942 *5*, Nachlassinsolvenzverfahren 50 Vorbemerkungen *8, 326*, Nachweis 10 1922 *24*, Nasciturus 10 1942 *4*, Nebenintervenient 10 2213 *7*, nicht pflichtteilsbelasteter 10 2323, Notgeschäftsführung 10 2032 *33*, ohne eigene Abkömmlinge 10 2107 *12*, Passivlegitimation 10 2213 *2*, Personengesellschaft 170 *59*, Pflichtteilsberechtigter 10 2307 *38ff., 2328*, Prozessführungsbefugnis 10 1958 *4ff.*, Prozessstandschaft, gewillkürte 10 1985 *3*, Rechtsstellung 10 1922 *12ff.*, Schadensersatzpflicht 10 1979 *7*, Spendenvortrag 170 *77f.*, Steuererklärung 170 *40ff.*, Stiftung 10 1942 *6*, Testamentsvollstrecker 10 2218, Testamentsvollstreckerhaftung 10 2219 *4*, Unterhalt werdende Mutter 10 1963, Unterhaltsanspruch gegen Nachlass 10 2216 *11*, Unterhaltspflicht 10 1568b, Verfahrensrecht 10 1922 *24*, Verfügung von Todes wegen 10 1942 *3*, Verfügungsbeschränkung 10 2211, Verlustvortrag 170 *70ff.*, Verwaltung vor Nachlassverwaltung 10 1978, Vollziehungsberechtigte 10 2194 *2*, vor Annahme 10 1958, vor Erbfall 10 1922 *12ff.*, Wahlfreiheit 10 1942 *11ff.*, Wahlrecht Kommanditist 10 1967 *43*, zustatten kommen der Ausschlagung 10 2321 *6ff.*, Zuwendungsverzicht 10 2352, Zwangsvollstreckung 10 1958 *8*, 1967 *4*

Erbe, beschränkter, Pflichtteilsberechtigter 10 1946 *7*
Erbe, bevollmächtigter, Untreue 10 vor §§ 164–181 *8*
Erbe, gesetzlicher 10 1942 *3*, 2066, Auslegungsregel 10 2066 *1*, Ausschlagung 10 1953 *9*, Begriff 10 2104 *11*, dritter Ordnung 10 1926, Ehegatte 10 1931, Ehegattenvoraus 10 1932 *2*, Erbrechtliche Lösung 10 1371 *5*, Erbteil 10 2066 *8*, Erbteile, mehrere 10 1951 *2*, Erbunwürdigerklärung 10 2344 *3*, erste Ordnung 10 1924, fehlende 10 1964 *2*, Feststellungsverfahren 10 1964 *2*, Frankreich 120 Frankreich *16ff.*, Haftung des Eintretender 10 2320, Irrtum des Erblassers 10 2066 *11*, Italien 120 Italien *64ff.*, Kenntnis 10 1944 *6*, Luxemburg 120 Luxemburg *57ff.*, Nacherbe 10 2104, Nächstberufener 10 1953 *9*, neue Bundesländer 10 2066 *12*, Österreich 120 Österreich *12ff.*, Personenkreis 10 2066 *8*, Pflichtteilsberechtigter 10 2303 *19*, Pflichtteilsverzicht 10 2346 *18*, Schweiz 120 Schweiz *33ff.*, Spanien 120 Spanien *19ff.*, USA 120 USA *46ff.*, Verfügung von Todes wegen 10 2066, Vermächtnis an 10 2149, Vorerbe 10 2101 *5*, 2105, Wegfall 10 1935 *2*, zweiter Ordnung 10 1925

Erbe, gewillkürter, Abkömmling 10 2052, Ausgleichungspflicht 10 2052, Ausschlagung 10 1953 *10*, Ehegattenerbrecht 10 1933 *2*, Erbteile, mehrere 10 1951 *3*, Frankreich 120 Frankreich *53ff.*, Italien 120 Italien *79ff.*, Kenntnis 10 1944 *7, 15*, Lastenverteilung 10 2320 *11*, Luxemburg 120 Luxemburg *72ff.*, Nächstberufener 10 1953 *10*, noch nicht gezeugter 10 2102 *14*, Österreich 120 Österreich *28ff.*, Schweiz 120 Schweiz *49ff.*, Spanien 120 Spanien *51ff.*, USA 120 USA *59ff.*, Verfügung von Todes wegen 10 2052 *3*

Erbe, nachrückender, Abkömmling 10 2051 *4f.*, Ausgleichungspflicht 10 2051 *4f.*
Erbe, testamentarischer, Erbrechtliche Lösung 10 1371 *5*

1983

Sachverzeichnis

fette Zahlen = Kennziffer

Erbe, unbekannter, Nachlasspflegschaft 10 1960 11 ff., Nachlasspflegschaft auf Antrag 10 1961 3
Erbe, vorläufiger, AktivProzess 10 1959 6, Dreimonatseinrede 10 2014 3, Erbenhaftung 10 1967 2, erbschaftliche Geschäfte 10 1959, Geschäftsbesorgung 10 1959, Geschäftsführung ohne Auftrag 10 1953 1, Rechtsgeschäft 10 2014 2, Rechtsgeschäfte 10 1959 7, Rechtsgeschäfte gegenüber 10 1959 9, Verfügung über Nachlassgegenstand 10 1959 6 ff., Verfügung über Nachlassgegenstände 10 1959 4, Verfügungen 10 1959, Verschweigungseinrede 10 1974 3
Erbe, wirklicher, Auskunftsanspruch 10 2362, einstweilige Anordnung 10 2362 10, einstweilige Verfügung 10 2362 9, Einziehungsverfahren 10 2362 9, Erbscheinsherausgabeanspruch 10 2362
Erbeinsetzung 10 1937 8, 1942 2, auf Bruchteile 10 2088, aufschiebend bedingte 10 1946 6, Auslegung 10 2087, 2088, Bedingung 10 1942 7, 2286 10, Ehegatten 10 2269, Erbvertrag 10 2278 7 ff., Gemeinschaftliches Testament 10 2269, Italien 120 Italien 95 ff., Kontovollmacht 10 2087 11, Luxemburg 120 Luxemburg 89 ff., Montenegro 120 Montenegro 50, neue Bundesländer 10 2087 12, Österreich 120 Österreich 43 ff., Pflichtteilszuwendung 10 2304 1, 3 ff., Schweiz 120 Schweiz 70, Serbien 120 Serbien 63, Teilungsanordnung 10 2048 17 f., Vermächtnis 10 2087 11, Vermögenszuwendung 10 2087 4, Vorsorgevollmacht 10 2087 11, Zuwendungsverbot 92 14 11
Erbeinsetzung unter Bedingung, Vorerbe, Befreiung 10 2136 18 f.
Erbeinsetzung, unwirksame, Anwachsung 10 2094 5, Enterbung 10 1938 4, Testamentsvollstrecker 10 2201
Erben 1. Ordnung 10 1924
Erben 2. Ordnung 10 1925, Adoptiveltern 10 1925 6 ff., Eltern 10 1925 1, Vater nichteheliches Kind 10 1925 1, Wegfall der Eltern 10 1925 2 ff.
Erben 3. Ordnung 10 1926, Adoption 10 1926 3, Großeltern 10 1926
Erben 4. Ordnung, Abkömmlinge Urgroßeltern 10 1928 2, Ausschluss des Erbrechts 10 1928 3, Urgroßeltern 10 1928
Erbenaufwendungen, Nachlassinsolvenzverfahren 50 323
Erbenbestimmung, Auslegung 10 2087
Erbeneintragung, Testamentsvollstreckervermerk 70 52 7
Erbenermittlung, amtliche 30 342 14, fehlschlagen 10 1964, Gerichtsgebühr 96 71, Kosten 10 1964 7, Nachlassgericht 10 1964 3, Nachlasspfleger 10 1960 48 ff., 50, Nachlasspflegschaft 10 1960 11 ff., öffentliche Aufforderung 10 1965 2, personal representative 120 England/Wales 156
Erbenfeststellung, Fiskus 10 1966, Nachlassgericht 10 1964, 1966, öffentliche Aufforderung 10 1965
Erbengemeinschaft 10 2032, Antrag auf Nachlassverwaltung 10 1981 8, Aufrechnung 10 2040 20 ff., Auseinandersetzung 10 2033 5, 2042, Auseinandersetzungsfrist steuerlich 150 13a 29, ausländischer Erblasser 10 2032 16, Beitrittsgebiet 100 235 § 1 11, Besteuerung 170 92 ff., Betriebsaufspaltung 170 175 ff., Bruchteilsgemeinschaft 10 2038 2, Dauervollstreckung 10 2209 3, Einkommensteuer 170 173 ff., Einzelhandelsgeschäft 10 2032 26, Einzelkaufmann 10 1967 40, Ende 10 2032 11 f., England/Wales 120 England/Wales 171, Entstehung 10 2032 9 f., Erbschein 30 352a 3 f., Erbscheinsantrag 10 2032 15, Frankreich 120 Frankreich 15, 109 ff., gemeinschaftliche Verfügung 10 2040, Grundbucheintrag 10 2032 17, Innenverhältnis 10 2038 6 ff., Italien 120 Italien 115, Klage auf Verfügung 10 2040 18, Konfusion 10 1976 1, konkludente OHG-Gründung 10 2032 27, Konsolidation 10 1976 1, Landwirtschaftlicher Betrieb 12 13; 12 13 21 ff., Liquidationsgesellschaft 10 1922 55, Luxemburg 120 Luxemburg 112, Mehrheitsverwaltung 10 2038 20 ff., Montenegro 120 Montenegro 88, Nacherbe 10 2032 9, Nachlassforderungen 10 2039, Nachlassgegenstände 10 2040, nichteheliche Kinder 10 2032 9, Notverwaltungsmaßnahme 10 168 21, Österreich 120 Österreich 141 ff., Parteifähigkeit 10 2032 14, Personengesellschaft 10 2032 33 ff., Rechtsfähigkeit 10 2032 14, Schweiz 120 Schweiz 147 ff., Serbien 120 Serbien 134 f., Spanien 120 Spanien 123, Steuerfestsetzung 150 35 3, Stimmenmehrheit 10 2038 27, Streitgenossen 10 2032 19, Überschussverteilung 10 2047, Unternehmer 170 93, USA 120 USA 93, Vererblichkeit 10 1922 39, Verfügungsbefugnis Vorerbe 10 2113 10, Verfügungsgeschäft 10 2038 27, Vertretung 10 2038 6, Verwaltung, gemeinschaftliche 10 2038 11 ff., Verwaltungsmaßnahme 10 168 20 f., Vollmacht 10 164 40 f., 168 18 ff., Vollmachtgeber, Tod des 10 164 40 f., Vorsorgevollmacht 10 164 40 f., 168 18 ff., Wiederbelebung 10 2032 12, Zuweisungsverfahren 12 13, Zwangsvollstreckung 10 2032 23, 2040 19, zweigliedrige 10 2042 34
Erbengläubiger, Europäisches Nachlasszeugnis 110 65
Erbenhaftung 10 1967, Alleinerbe 10 1967, Aufhebung Nachlassverwaltung 10 1986 5, aus Nachlassverwaltung 10 vor §§ 1967–2017 26, ausschlagender Erbe 10 1967 2, Ausschluss von Einreden 10 2016, beschränkte 10 vor §§ 1967–2017 2, eingeschränkte 10 1977 9, Eintretender Erbe 10 2320, Einzelunternehmen 10 2205 21, England/Wales 120 England/Wales 171, Erbfall 10 1922 22, Erblasserschulden 10 1967 4, Erbschaftskauf 10 2376 11, Frankreich 120 Frankreich 126, gemeinschaftliches Testament 10 1967 2, Inventarunrichtigkeit 10 2005, Italien 120 Italien 119, Luxemburg 120 Luxemburg 113 ff., Miterbe 10 1967 2, Montenegro 120 Montenegro 92 f., Nacherbe 10 1967 2, Nachlassinsolvenzverfahren 50 316 3, Nachlasspflegervergütung 10 1960 43, Nachlassverbindlichkeiten 10 vor §§ 1967–2017 2, Österreich 120 Österreich 152 ff., Putativerbe 10 1967 2, Scheinerbe 10 1967 2, Schlusserbe 10 1967 2, Schweiz 120 Schweiz 162 ff., Serbien 120 Serbien 139 f., Sozialhilfe 20 102, Spanien 120 Spanien 127 ff., 152 ff., Überschuldung des Nachlasses 10 1980 2, unbeschränkte 10 vor §§ 1967–2017 2, unbeschränkte Haftung 10 2016, uneingeschränkte 10 1977 9, Unterhaltsanspruch 10 1933 14, USA 120 USA 94, Vermächtniskürzung 10 2188, verschärfte 10 1973 8, Vorerbe 10 1967 2, vorläufiger Erbe 10 1967 2, Zahlungsunfähigkeit des Nachlasses 10 1980 2
Erbenhaftung, beschränkte 10 vor §§ 1967–2017 2, Einrede 10 vor §§ 1967–2017 21, 1975 8, Ermessen des Gerichts 10 vor §§ 1967–2017, handelsrechtliche Haftung 10 vor §§ 1967–2017, Inhaberaktien 10 1922 39, Leistung aus Nachlass 10 vor §§ 1967–2017, Namensaktien 10 1922 40, Vorbehalt im Urteil 10 vor §§ 1967–2017
Erbenhandlungen, Anfechtung 50 322
Erbeninsolvenz, Nachlassinsolvenzverfahren 50 331
Erbeninteresse, Nachlasspflegschaft 10 1960 7
Erbenloser Nachlass, EuErbVO 110 33, Österreich 120 Österreich 25, Serbien 120 Serbien 9
Erbenmehrheit, Leistungsverweigerungsrecht 10 2319 3, Teilausschlagung 10 1952 9
Erbenrechte, Erbstatut 110 23 8
Erbenschulden, Schweiz 120 Schweiz 164
Erbenvertreter, gesetzlicher, Nachlasspfleger 10 1960 29 f., 1975 1

magere Zahlen = §§; kursive Zahlen = Randnummern

Sachverzeichnis

Erbermittlung, Nachlassgericht 10 1964 *2*
Erbersatzanspruch, Kind, nichteheliches 10 1924 *9*
Erbeserbe, Anwachsung 10 1952 *9*, Ausgleichungspflicht 10 2051 *7*, Ausschlagung 10 1952 *2*, Beschwerter 10 2147 *10*, Erbscheinsantrag 30 352e *21*, Inventarfrist 10 1998 *3*, Mehrheit 10 1952 *7*
Erbeserbengemeinschaft 10 2032 *10*
Erbfähigkeit 10 1923, 2108, BGB-Gesellschaft 10 1923 *2*, England/Wales 120 England/Wales *115*, Erbstatut 110 23 *5*, Frankreich 120 Frankreich *17*, Gezeugte 10 1923 *4*, In-vitro-Fertilisation 10 1923 *6*, juristische Person 10 1923 *2*, KG 10 1923 *2*, Luxemburg 120 Luxemburg *43*, Nacherbe 10 1923 *6*, natürliche Person 10 1923 *1*, OHG 10 1923 *2*, Österreich 120 Österreich *134*, Rechtsfähigkeit 10 1923 *1*, Ungeborene 10 1923 *4*, Verschollener 10 1923 *1*, Vorverstorbene 120 England/Wales *115*
Erbfall 10 1922 *3 ff.*, Betriebsaufgabe 170 *7*, Betriebsveräußerung 170 *7*, Eintritt 10 1922 *20 ff.*, Erbenhaftung 10 1922 *22*, Erbschaftskauf 10 1922 *2*, Erbstatut 110 23 *3*, Gesamtrechtsnachfolge 10 1922 *21 ff.*, 1942 *1*, Grunderwerbsteuer 170 *66 ff.*, ipso-iure-Erwerb 10 1942 *1*, Konfusion 10 1922 *22*, Konsolidation 10 1922 *22*, personal representative 120 England/Wales *27 ff.*, Pflichtteilsanspruch 10 2317 *3*, Schlusserbe 10 1922 *22*, Sonderrechtsnachfolge 10 1922 *23*, Steuerentstehung 150 9 *6*, Universalsukzession 10 1942 *1*, 1960 *1*, Vonselbsterwerb 10 1922 *20*, Vorerbe 10 1922 *22*
Erbfallschulden 10 1967 *29*, Auflage 10 1967 *29*, Beerdigungskosten 10 1968 *3 ff.*, Erwerb, steuerpflichtiger 150 10 *32 ff.*, Gerichtsstand der Erbschaft 40 28 *4*, Gesamtschuldnerische Haftung 10 2058 *7*, Nachlassbewertung 10 2311 *34 ff.*, Nachlassverbindlichkeiten 10 1967 *3*, 4, Pflichtteilsrecht 10 1967 *29*, Vermächtnis 10 1967 *29*
Erbfeststellung, Feststellungsklage 10 1966 *2*
Erbfolge, Beitrittsgebiet 100 235 § 1 *8*, einbenannte Kinder 10 1924 *14*, Eintrittsrecht 10 1924 *17*, gesetzliche 10 1924 *1*, Hof 80 *4*, nach Stämmen 10 1924 *16*, Nachweis durch Erbschein 70 35, Repräsentation 10 1924 *16*
Erbfolge, gesetzliche, Abkömmlinge 120 England/Wales *41 ff.*, Amtsaufklärungspflicht 30 352e *81*, Ehegattenerbrecht 120 England/Wales *30 ff.*, Eltern 120 England/Wales *45*, England/Wales 120 England/Wales *30 ff.*, Erbscheinsantrag 30 352 *5 ff.*, Erbteile, mehrere 10 1951 *3*, Fiskus 120 England/Wales *47 ff.*, intestate succession 120 England/Wales *29 ff.*, Montenegro 120 Montenegro *20 ff.*, Nächstberufener Erbe 10 1953 *8 f.*, Serbien 120 Serbien *25 ff.*
Erbfolge, gewillkürte, Amtsaufklärungspflicht 30 352e *82 ff.*, England/Wales 120 England/Wales *50 ff.*, Erbscheinsantrag 30 352 *14 ff.*, Erbteile, mehrere 10 1951 *4*, Fiskus 10 1966 *2*, Montenegro 120 Montenegro *35 ff.*, Nächstberufener Erbe 10 1953 *10 ff.*, Serbien 120 Serbien *45 ff.*
Erbfolge, vorweggenommene, EuErbVO 110 1 *10*, Hoferbe 80 *17*, Schenkung 10 516 *2*, Vorkaufsrecht 10 2034 *16*
Erbfolgenachweis, ausländische öffentliche Urkunde 70 35 *10*, Erbschein 70 35 *12 ff.*, eröffnete Verfügung von Todes wegen 70 35 *12 ff.*, Eröffnungsniederschrift 70 35 *11*, Grundbuchordnung 70 35, Verfügung von Todes wegen 70 35 *9*
Erbfolgerelevante Urkunde, Änderung der Urkunde 60 34a *4*, ausländische Staatsangehörige 60 34a *1*, Begriff 60 34a *2*, des Erblassers 60 34a *2*, Erbvertrag 60 34a *2*, Mitteilungspflicht Zentrales Testamentsregister 60 34a *1*, notarielle Urkunde 60 34a *2*, Nottestament 60 34a *13*, Pflichtteilsverzicht 60 34a *3*,

Registrierungspflicht 60 34a *3*, Testament 60 34a *2*, unterschriftsbeglaubigte Urkunde 60 34a *2*
Erbgangsschulden, Schweiz 120 Schweiz *163*
Erblasser 10 1922 *2*, Abkömmlinge 10 2069, Anfechtungsfrist 10 2283, Anfechtungsrecht 10 2080 *6*, Auseinandersetzungsausschluss 10 2044, ausländischer Staatsangehöriger 10 1960 *8*, Bedenkung Personengruppen 10 2071, Befreiung des Vorerben 10 2136, Begriff 150 3 *3*, Berliner Testament 10 2057a *14*, Bestätigung Erbvertrag 10 2284, Erbverzicht 10 2347 *2*, in Insolvenz 50 Vorbemerkungen *29*, Kinder 10 2068, Leistungen, besondere 10 2057a *14*, Rechtswahl 110 7 *1*, Scheidungsverfahren 10 2077 *5*, *8 f.*, Staatsangehörigkeit 120 England/Wales *11*, Teilungsanordnung 10 2048, Vermögenszuwendung 10 2087, Verwaltungsanordnung 10 2048, Verwandte des 10 2067
Erblasser, ausländischer, Erbengemeinschaft 10 2032 *16*, Serbien 120 Serbien *13*
Erblasser Staatenloser, Serbien 120 Serbien *14*
Erblasseranordnung, Ablieferungsverbot 10 2263 *3*, Ausschlagungserklärung 10 1638 *5*, Außerkraftsetzung 10 2216 *24 ff.*, Ausstattung 10 2050 *26 f.*, Bedingung 10 1638 *7*, Benachrichtigungsverbot 10 2263 *4*, bindende 10 2216 *21*, Elterliche Sorge 10 1638 *3*, Ergänzungspfleger 10 1638 *8*, Eröffnungsverbot 10 2263, Erwerb von Todes wegen 10 1638, 1639, Gegenstand 10 1638 *4*, Kürzungsrecht 10 2324 *3*, Minderjährige 10 1639, Nachlassgefährdung 10 2216 *24 ff.*, Pflichtteilslast 10 2324, Sorgerechtsvollmacht 10 1638 *3*, Vermächtnis 10 vor §§ 2147–2191 *3*, Verwaltung des Nachlasses 10 2216 *24 ff.*, Vorerbe, Befreiung 10 2136 *4 ff.*, Vormundbenennung 10 1638 *3*, Zuweisung 12 14 *26 f.*, Zuwendungen, lebzeitige 10 2050 *37 ff.*
Erblasserbestimmung, Zuwendungsempfänger 10 2065 *8 ff.*
Erblasserschulden, Erbenhaftung 10 1967 *4*, Gerichtsstand der Erbschaft 40 28 *3*, Gesamtschuldnerische Haftung 10 2058 *6*, Nachlassbewertung 10 2311 *29 ff.*, Nachlassverbindlichkeiten 10 1967 *3*, *4*, 2058 *6*, Schweiz 120 Schweiz *162*, Unterhaltsverpflichtung 10 1967 *5 ff.*, Zugewinnausgleichsanspruch 10 1967 *11*
Erblassertod, Serbien 120 Serbien *149*
Erblasserwille, Amtsaufklärungspflicht 30 352e *84*, Auslegung 10 2077 *21*, Eheauflösung 10 2077 *21*, Vorerbe, kinderloser 10 2107 *2*, Zuweisungsverfahren 12 15 *8 ff.*
Erbnachweis, nationaler, EuErbVO 110 3 *8*
Erbordnungen, Frankreich 120 Frankreich *23 ff.*
Erbprätendent, *s. a. Erbschaftsbesitzer,* Herausgabepflicht 10 2018, Klage vor Schlusserbfall 10 2269 *35*
Erbquote, Ausgleichung 10 2057a *39*, Ehegattenerbrecht 120 Serbien *33 ff.*, Feststellungsklage 10 1922 *24*, Gütergemeinschaft 10 1931 *18 f.*, Gütertrennung 10 1931 *16 f.*, Irrtum 10 1954 *15*, Lebenspartner, eingetragener 10 1931 *22*, Montenegro 120 Montenegro *51*, Österreich 120 Österreich *44*, Serbien 120 Serbien *64*
Erbrecht, Adoptiveltern 10 1925 *6 ff.*, Anmeldeaufforderung 10 1965, dritter Ordnung 10 1926, Ehegatte 120 England/Wales *30 ff.*, Eltern 10 1925 *1*, Erbverzicht 10 2346 *1*, Fernere Ordnungen 10 1929, Feststellungsklage 10 1922 *17 f.*, 1966 *3*, 2018 *30*, Fiskus 10 1936, Großeltern 10 1926 *1*, Herausgabeanspruch 10 2018 *35*, Kinder 10 1924 *18*, Lebensgefährte 10 1931 *1*, Lebenspartner, eingetragener 10 1931 *1*, *20 ff.*, Lebenspartnerschaft 15 10, Nachweis 10 1965 *4*, öffentliche Anmeldeaufforderung 10 1965, Stiefkindadoption 10 1925 *10*, Urgroßeltern 10 1928, Vater nichteheliches Kind 10 1925 *1*, Verkauf 10 2371 *3*, Verwandtadoption 10 1925 *9*,

1985

Sachverzeichnis

fette Zahlen = Kennziffer

verwandter Ehegatte 10 1934, Wegfall der Eltern 10 1925 2 ff., Wegfall der Großeltern 10 1926 2
Erbrecht des Gemeinwesens, Schweiz 120 Schweiz 48
Erbrecht, gesetzliches, Erbverzicht 10 2346 8, Lebenspartner 15 10 2
Erbrechtliche Lösung, Ausbildungskosten Stiefabkömmlinge 10 1371 17, bedürftige Stiefabkömmlinge 10 1371 9, einheitlicher Erbteil 10 1371 8, Erhöhung des Erbteils 10 1371 7 ff., gesetzlicher Erbe 10 1371 5, großer Pflichtteil 10 1371 9, testamentarischer Erbe 10 1371 5, Vermächtnis 10 1371 6, 8, Voraussetzungen 10 1371 4 ff., Zugewinnausgleichsanspruch 10 1931 15, Zugewinngemeinschaft 10 1371 3 ff.
Erbrechtsfeststellung, Gerichtsstand der Erbschaft 40 27 8
Erbrechtsgarantie 10 2229 1, Grundstücksverkehrsgesetz 12 13 10
Erbrechtsstreit, Richtigkeitsvermutung 10 2365 13 ff.
Erbsachen, Zuständigkeit, internationale 110 2
Erbschaft 10 1922 9 ff., Anfall 10 1942; 10 1942 3 ff., Annahme 10 1943, 2142 12, Annahme der Erbschaft 10 1943, Annahmeberechtigte 10 1943 2, Ausschlagung 10 1942; 10 1942 8 ff., 1943, Ausschlagung Ehegatte 10 1371 11 ff., Europäische Erbrechtsverordnung 40 27 18, Gerichtsstand, besonderer 40 27, Gerichtsstand, erweiterter 40 28, Gesamtgut 10 2008, Herausgabeanordnung 10 2103, Kenntnis 10 1944 2 ff., Regress Sozialleistungsträger 10 vor §§ 1967–2017 10, Vermögensverwaltung 10 1803
Erbschaft, belastete 10 2306
Erbschaft, beschwerte, Annahme 10 2306 42 f., Pflichtteilsrestanspruch 10 2306 42
Erbschaft, vorläufige, Nachlassinsolvenzverfahren 50 316 2
Erbschaftliche Geschäfte, Begriff 10 1959 2, Besorgung vor Ausschlagung 10 1959, Erbe, vorläufiger 10 1959, Geschäftsführung, vorläufige 10 1959
Erbschaftsanfall, ausländische Erben 10 1942 7, Ausschlagung 10 1942 8, Bedingung 10 1942 9, Ersatzerbe 10 1942 8, Nasciturus 10 1942 5, Stiftung 10 1942 6, Zeitpunkt 10 1942 4 ff.
Erbschaftsannahme, s. Annahme der Erbschaft
Erbschaftsanspruch 10 2018, Montenegro 120 Montenegro 112 f., Serbien 120 Serbien 170, Verjährung 10 2026 4 ff.
Erbschaftsausschlagung, Anfechtungsfrist 10 1954, Notargebühren 96 109, Voraus 10 1948 7
Erbschaftsbesitz, Beginn 10 2024 3 f., durch Straftat 10 2025 3, Gerichtsstand der Erbschaft 40 27 11, verbotene Eigenmacht 10 2025 4
Erbschaftsbesitzer, Aufwendungsersatz 10 2022, aus der Erbschaft 10 2018 15, Auskunftspflicht 10 2027; 10 2027 8, Ausschlagung 10 2018 24, Besitzschutzansprüche 10 2029 5, Bösgläubigkeit 10 2022 6, 2024 3 ff., Einzelansprüche 10 2029, Erbunwürdigkeit 10 2018 18, erlangtes Etwas 10 2018 15, Ersitzung 10 2026, Früchte 10 2020, Gesamtschuldner 10 2018 17, gutgläubig 10 2018 2, 2022, Haftung 10 2025 7, 2029, Haftung bei Kenntnis 10 2024, Haftung bei Rechtshängigkeit 10 2023, Haftungsverschärfung 10 2023 5 ff., Herausgabe Verkaufserlös 10 2030 11, Herausgabepflicht 10 2018, Miterbe 10 2018 20, Nachlassinsolvenzverwalter 10 2018 23, Nachlasspfleger 10 2018 23, Nachlassverbindlichkeiten 10 2018 21, Nachlassverwalter 10 2018 23, Nutzungen 10 2020, subjektiv 10 2018 16, Surrogation 10 2019, 2041 3, Testamentsvollstrecker 10 2018 23, unerlaubte Handlung 10 2025, Verschulden 10 2025 5 f., Verwendungsersatz 10 2022, Vorerbe 10 2018 22

Erbschaftsbestand, Auskunftspflicht 10 2027 3
Erbschaftserklärung, Montenegro 120 Montenegro 106, Serbien 120 Serbien 161
Erbschaftserwerb, England/Wales 120 England/Wales 167, Gegenstand 10 2030 5, gutgläubiger Erwerb 10 2030 4, Montenegro 120 Montenegro 84, Österreich 120 Österreich 126 ff., Schadensersatz 10 2030 11, Schweiz 120 Schweiz 134 ff., Serbien 120 Serbien 127, Surrogation 10 2030 7, Vertrag 10 2030 2
Erbschaftserwerber, Herausgabepflicht 10 2030, Rechtsstellung 10 2030
Erbschaftsgegenstand, Herausgabeanspruch 10 2130 5 f., Öffentlicher Glaube 10 2366 7, Unerlaubte Handlung 10 2025 2
Erbschaftskauf 10 2371, Alleinerbe 10 2371 8, 2374 4, Anzeigepflicht 10 2384, Arglisteinrede 10 2371 21, Auflagen 10 2376 9, Aufwendungen 10 2381, Erbenhaftung, unbeschränkte 10 2376 11, Erbfall 10 1922 22, Erfüllung 10 2371 19, erloschene Rechtsverhältnisse 10 2377, Ersatzpflicht 10 2375, Forderungen, wechselseitige 10 2377, Form 10 2371; 10 2371 13 ff., Gefahrübergang 10 2380, Gegenstand 10 2371 1 ff., Haftungsfreistellung 10 2375 8, Heilung 10 2371 19, Herausgabegegenstände 10 2374 7 ff., Herausgabepflicht 10 2374, Käuferhaftung 10 2382, 2383, Konfusion 10 2377, Konsolidation 10 2377, Lasten nach Verkauf 10 2380, Lasten vor Verkauf 10 2379, Miterbe 10 2371 10 f., 2374 5, nach Vertragsschluss zufallender Erbteil 10 2373, Nacherbe 10 2371 9, 2374 6, 2376 7, Nacherbfall 10 2139 6, Nachlassgläubiger 10 2376 11, Nachlassinsolvenzverfahren 50 330, Nachlassverbindlichkeiten 10 2378, Nutzungen nach Verkauf 10 2380, Nutzungen vor Verkauf 10 2379, Pflichtteilslast 10 2376 9, Rechtsmängelhaftung 10 2376 4 ff., Sachmängelhaftung 10 2376 13, Surrogat 10 2374 8, Teilung 10 2371 11, Teilungsanordnung 10 2376 10, Testamentsvollstrecker 10 2376 8, Umdeutung 10 2371 20, unentgeltliche Verfügung 10 2375 3, Verbrauch 10 2375 2, Verkäuferhaftung 10 2376, Vermächtnis 10 2376 9, Vertretung 10 2371 17, Verwendungen 10 2381, Vorausvermächtnis 10 2373, Wegfall Auflage 10 2372, Wegfall Vermächtnis 10 2372, Wiederverkauf 10 2385
Erbschaftskäufer, Anzeigepflicht 10 2384, Erbscheinsantrag 30 352e 23, Nachlassverwaltungsantrag 10 1981 5
Erbschaftsklage, Frankreich 120 Frankreich 135, Österreich 120 Österreich 185 ff., Schweiz 120 Schweiz 188
Erbschaftslösung, Einheitslösung 10 2269 55 ff., Trennungslösung 10 2269 54, Vermächtnislösung 10 2269 61 f., Wiederverheiratungsklausel 10 2269 50, 53 ff.
Erbschaftsmittel, Surrogation 10 2019 6 ff.
Erbschaftsschenkung 10 2385 6 f.
Erbschaftsteuer 150, Abfindung 150 3 52 ff., Anknüpfung an Zivilrecht 150 Vorbemerkungen 13, Auflage 10 2192 4, 12, Auflagen 150 3 51, Auseinandersetzung Erbengemeinschaft 150 13a 29, Auslegung 150 Vorbemerkungen 14, Aussetzung der Besteuerung 150 9 31 f., Ausstattung 10 2050 20, Bedingung 150 3 51, Befreiung 150 13, Behaltensfrist 150 13a 30, Bereicherungsprinzip 150 Vorbemerkungen 4, Bewertung 150 12, Bewertungsstichtag 150 11, Doppelbesteuerung 150 Vorbemerkungen 15, 19 4, Ehegatten 150 4, England/Wales 120 England/Wales 173, 179 ff., Entstehung 10 2317 27; 150 9, Erbauseinandersetzung 150 3 11, ErbSt-Richtlinien 150 Vorbemerkungen 18, Erbverzicht 150 3 52 ff., Ermächtigungsvorschrift 150 VF 36, Ersatzerbschaftsteuer 150 1 4 ff., Erwerb 150 1 2, Er-

magere Zahlen = §§; kursive Zahlen = Randnummern   **Sachverzeichnis**

werb, steuerpflichtiger 150 10 *46*, Erwerbsanzeige 150 *30*, Familienunternehmen 150 13a *37ff.*, Festsetzungsfrist 150 30 *6*, Frankreich 120 Frankreich *137ff.*, frühere Erwerbe 150 *14*, gesonderte Feststellung 150 13b *42*, Grunderwerbsteuer 150 Vorbemerkungen *17*, Gütergemeinschaft, fortgesetzte 150 *4*, Güterstandsschaukel 150 *5 16f.*, Haftungsbeschränkung 10 1967 *20*, Härteausgleich 150 *19 5f.*, Investitionsklausel 150 13b *34*, Italien 120 Italien *125ff.*, Kapitalgesellschaft 150 3 *20*, Kapitalverkehrsfreiheit 150 Vorbemerkungen *21*, Kleinbetragsgrenze 150 *22*, landwirtschaftliches Vermögen 150 3 *36*, Lebensversicherung 150 3 *40ff.*, Leistungen, wiederkehrende 150 *23*, Luxemburg 120 Luxemburg *126ff.*, Missbrauchsregelungen 150 13b *38*, Montenegro 120 Montenegro *114ff.*, Nacherbe 150 3 *53, 6 7*, Nacherbschaft 10 2100 *41*, Nachlassbewertung 10 2311 *41*, Nachvermächtnis 150 *6 10f.*, Nutzungen, wiederkehrende 150 *23*, Nutzungslast 150 *25*, Optionsmodell 150 13a *40*, Österreich 120 Österreich *188ff.*, Personengesellschaft 150 3 *12ff.*, Pflichtteilsanspruch 150 3 *2117 13ff.*; 150 3 *27f.*, Pflichtteilsergänzungsanspruch 150 3 *29*, Pflichtteilsverzicht 150 3 *52ff.*, Renten 150 *23*, Rentenlast 150 *25*, Rückforderungsrecht 150 37 *5*, Schenkung auf den Todesfall 150 *30f.*, Schenkung unter Lebenden 150 *1 9*, Schuldenabzug 150 13b *35*, Schweiz 120 Schweiz *189ff.*, Selbstberechnung 150 31 *9f.*, Serbien 120 Serbien *173ff.*, Spanien 120 Spanien *173*, Steuerbegünstigung 150 13b, Steuererklärung 150 *31*, steuerpflichtige Vorgänge 150 *1*, Steuersatz 150 *19*, Steuerschuldner 150 *20*, Steuerstundung 150 *28*, Stichtagsprinzip 150 Vorbemerkungen *16*, Stiftung 150 3 *49f.*, Unfallversicherung 150 3 *40ff.*, USA 120 USA *161ff.*, Verfassungsmäßigkeit 150 Vorbemerkungen *7ff.*, Verfassungswidrigkeit 150 Vorbemerkungen *8*, 13a *3*, Verjährung 150 *9 31ff.*, Vermächtnis 10 vor §§ 2147–2191 *6*, 2174 *29*; 150 3 *22ff., 37, 55*, Verschonung 150 13a *4ff.*, Verschonungsabschlag 150 13a *13ff.*, 13b, Verschonungsbedarfsprüfung 150 28a, Verzicht auf Ausgleichsanspruch 150 *5 15*, Voll-/Schlusserbe 150 15 *13f.*, Vorabschlag 150 13a *37ff.*, Vorerwerb 150 14 *2*, Vor-/Nacherbe 150 *6*, Weiterübertragung 150 13a *29*, Zugewinngemeinschaft 150 *5*, Zweckzuwendungen 150 *1 3, 8*

Erbschaftsteuer, ausländische, Anrechnung 150 *21*, Doppelbesteuerung 150 *21*

Erbschaftsteueraufkommen, Zuordnung 150 2 *22*

Erbschaftsteuererklärung, Testamentsvollstreckerhaftung 10 2219 *14*

Erbschaftsteuerfinanzamt, Schenkung durch Kapitalgesellschaft 150 15 *18*

Erbschaftsteuergesetz, Geltung 150 *37*, neue Bundesländer 150 37a, Zugewinnausgleich 150 5 *2ff.*

Erbschaftsverkauf, Gerichtsgebühr 96 *51*

Erbschaftsvertrag 10 311b *1ff.*, Anwartschaftsrecht 10 311b *6*, Anwendungsbereich 10 311b *5ff.*, Bürgschaftsvertrag 10 311b *8*, Erbanwärter 10 311b *11*, Form 10 311b *13*, gesetzlicher Erbteil 10 311b *12*, künftige gesetzliche Erben 10 311b *11*, Nachlassgegenstände 10 311b *7*, Nichtigkeit 10 311b *2f.*, Pflichtteil 10 311b *12*, Übertragung Erbteil 10 311b *6*, Vermächtnis 10 311b *12*, Verpflichtungsgeschäft 10 311b *9*, Vollmacht 10 311b *9*

Erbschaftsverwaltung, Schweiz 120 Schweiz *131ff.*

Erbschaftsverwaltungsschulden 10 1967 *30*, Nachlassverbindlichkeiten 10 1967 *3*

Erbschaftsverzeichnis, Anspruchsberechtigte 10 2121 *2*, Aufnahme durch Dritte 10 2121 *10*, eidesstattliche Versicherung 10 2121 *11*, Form 10 2121 *9*, Kosten 10 2121 *15*, Rechtswirkung 10 2121 *12*, Umfang 10 2121 *6ff.*, Verjährung 10 2121 *4*

Erbschein, Alleinerbschein 10 2353 *16*, Antrag 30 352, Anwartschaftsrecht 10 2100 *72*, 2108 *23*, ausländischer 10 2353 *30*, ausländisches Erbscheinsverfahren 10 2353 *27*, Bankkonto 10 2353 *5*, Beitrittsgebiet 100 235 § 1 *32ff.*, Beschwerde 30 352b *24ff.*, Dispositionsbefugnis 30 83 *5*, ehemalige DDR 70 35 *4*, einstweilige Anordnung 30 353 *22*, einstweilige Verfügung 30 353 *23*, Einziehung 30 63 *8*, 64 *14*, 87 *2*, 352b *17*, *24ff.*, 353, Einziehung Zuständigkeit 30 342 *4*, Erbengemeinschaft 30 352a *3f.*, Erbfolgenachweis 70 35 *12ff.*, Ersatzerbe 10 2102 *19*, Erwerb vom Nichtberechtigten 10 2366 *10ff.*, EuErbVO 10 2353 *29*; 110 4 *5*, Europäisches Nachlasszeugnis 10 2353 *22*, Fremdrechtserbschein 10 2353 *2*, Funktion 10 2353 *2*, gegenständlich beschränkter 10 2353 *20*, gemeinschaftlicher 10 2353 *19*, Grundbuch 10 2353 *7ff.*, Grundbuchamt 10 2269 *60*, Gruppenerbschein 10 2353 *18*, IntErbVG 10 2353 *1*, Kosten 30 352b *24ff.*, Kraftloserklärung 30 353, Länderöffnungsklausel 10 2319, Nacherbe 30 352b *19ff.*, Nacherbenfolge 30 352b *9ff.*, Nacherbfall 10 2100 *75*, 2139 *13*, Nachlassgericht 10 2353, Nachlassspaltung, innerdeutsche 100 235 § 1 *32f.*, öffentlicher Glaube 10 2353 *13*, 2366, Öffentlicher Glaube 10 2366 *3ff.*, Publizitätswirkung 10 2353 *11*, Rechtsmittel 30 352e *210ff.*, Rechtsnatur 10 2353 *10*, Richtigkeitsvermutung 10 2365, Sammelerbschein 10 2353 *21*, Sicherstellung 30 49 *3*, staatlicher Notare 100 235 § 1 *34*, Teilerbschein 10 2353 *1*, Testamentsvollstreckung 30 352b *28ff.*, Testamentsvollstrecker 10 vor §§ 2197–2228 *9*; 30 352b *4ff., 14*, Testamentsvollstreckervermerk 30 352b *32ff.*, Übertragung Nacherbenanwartschaftsrecht 30 352b *7*, Unrichtigkeit 30 352b *38*, Unrichtigkeit, nachträgliche 30 352b *17*, Verfügungsbeschränkungen 30 352b *15f.*, Vermutungswirkung 10 2353 *12*, Vollzug 30 352e *201*, Vorerbe 10 2100 *72*, 2108 *23*, 2365 *6*; 30 352b *2f., 7ff.*

Erbschein, ausländischer, Rechtswirkungen 10 2353 *30*

Erbschein, beschränkter, Geschäftswert 96 *20*

Erbschein, deutscher, England/Wales 120 England/Wales *167ff.*, personal representative 120 England/Wales *167ff.*

Erbschein, gegenständlich beschränkter 30 352c, Auslandsbezug 30 352c, EuErbVO 30 352c, Fremdrechtserbschein 30 352c *14*, Inhalt 30 352c *13ff.*, inländische Nachlassgegenstände 30 352c *7ff.*, IntErbVG 30 352c, internationale Zuständigkeit 30 352c, Verfahren 30 352c *10ff.*, Wirkungen 30 352c *17*

Erbschein, gemeinschaftlicher 30 352a, Antrag 30 352a *4ff.*, Antragsrecht 30 352a *3*, Eidesstattliche Versicherung 30 352a *15*, Erbschaftsannahme 30 352a *14*, Hilfsantrag 30 352a *13*, Quoten 30 352a *9, 11*, Verfahren 30 352a *10*, Voraussetzungen 30 352a *5ff.*

Erbschein, Kraftloserklärung 30 353; 30 353 *18ff.*, Beschluss 30 353 *19*, Kosten 30 353 *25f.*, Unrichtiger 10 2361, Vollzug 30 353 *21*, Zustellung 30 353 *20*

Erbschein, unrichtiger, Einziehung 10 2361, Kraftloserklärung 10 2361

Erbscheinsantrag 10 2353, Adressat 30 352e *16*, Änderung 30 352e *39*, Angaben 30 352, Annahme der Erbschaft 10 1943 *5*, Antragsberechtigte 30 352e *18ff.*, bedingter Antrag 30 352e *46*, Begründung 30 352e *48*, Beschwerde gegen Ablehnung 30 352e *213f.*, Beweismittel 30 352 *21ff., 32*, Ehe 30 352 *26*, Eidesstattliche Versicherung 30 352 *33ff.*, Entscheidung 30 352e, Erbengemeinschaft 10 2032 *15*, Erbeserbe 30 352e *21*, Erbschaftskäufer 30 352e

1987

Sachverzeichnis

fette Zahlen = Kennziffer

23, Erbteilserwerber **30** 352e *22*, Fiskus **30** 352e *30*, Form **30** 352e *14*, Frist **30** 352e *15*, gesetzliche Erbfolge **30** 352 *5ff.*, gewillkürte Erbfolge **30** 352 *14ff.*, Güterstand **30** 352 *28*, Hilfsantrag **30** 352e *45*, Inhalt **30** 352e *40ff.*, Insolvenzverwalter **30** 352e *27*, mehrere widersprechende **30** 352e *1*, Nacherbe **30** 352e *31*, Nacherbenfolge **30** 352e *42*, Nachlassgläubiger **30** 352e *29, 33*, Nachlasspfleger **30** 352e *33*, Nachlassverwalter **30** 352e *26*, Nachweispflicht **30** 352 *17ff.*, Notargebühren **96** *109*, ordnungsgemäßer **30** 352e *13ff.*, Rechtsnachfolger **30** 352e *20ff.*, Rechtsschutzbedürfnis **30** 352e *17*, Rücknahme **30** 352e *37, 72*, Schiedsgericht **30** 352e *34ff.*, schuldrechtlich Berechtigte **30** 352e *32*, Testamentsstrecker **30** 352e *25*, Testamentsvollstreckung **30** 352e *43*, Todeszeitpunkt **30** 352 *25*, Verfahren **30** 352e *50ff.*, Verfügungen von Todes wegen **30** 352 *29f.*, Vertretung **30** 352e *47*, Verwandtschaft **30** 352e *27*, Verwirkung **30** 352e *34ff., 73*, Verzicht **30** 352e *34ff., 73*, Vorerbe **30** 352b *7*, Wegfallnachweis **30** 352 *29*, Wiederholung **30** 352e *38*, Zurückweisung **30** 352e *204*, Zuständigkeit Notar **10** 2319 *5*

Erbscheinserbe, Ansprüche gegen **10** 2366 *17*, Ansprüche gegen Erwerber **10** 2366 *18*, Ansprüche gegen Nachlassgericht **10** 2366 *19*, Ausgleichsansprüche der Erben **10** 2367 *8*, Gesellschaftsanteile **10** 2367 *6*, Grundstücksverfügungen **10** 2366 *11ff.*, Leistungen an **10** 2367, Öffentlicher Glaube **10** 2366, Verfügung über Rechte **10** 2367 *5ff.*, Verfügung über Sachen **10** 2366 *16*

Erbscheinsherausgabe, einstweilige Anordnung **10** 2362 *10*, einstweilige Verfügung **10** 2362 *9*

Erbscheinsherausgabeanspruch, Erbe, wirklicher **10** 2362

Erbscheinsinhalt, Vorerbe **30** 352b *8ff.*

Erbscheinsverfahren 30 352, Akteneinsicht **30** 352e *148ff.*, Amtsaufklärungspflicht **30** 352e *76ff.*, Amtsermittlung **30** 352e *60ff.*, Amtsverfahren **30** 352e *75*, Anfechtung **10** 2079 *25*, Anfechtungsklage **10** 2342 *2*, Antragsrücknahme **30** 352e *72*, Antragsverfahren **30** 352e *71ff.*, ausländisches Erbscheinsverfahren **30** 352e *167*, Aussetzung **30** 352e *144f.*, Beschluss **30** 352e *175*, Beschwerdefrist **30** 63 *8*, Beteiligte **30** 345, 352e *50ff.*, Beteiligtenermittlungspflicht **30** 352e *56*, Beteiligtenöffentlichkeit **30** 352e *116*, Beteiligtenvernehmung **30** 352e *143*, Beweisaufnahme **30** 352e *103ff., 113ff.*, Beweismittel **30** 352e *63*, Beweiswürdigung **30** 352e *154*, Darlegungs- und Beweislast **30** 352e *62ff., 90*, einstweilige Anordnung **30** 64 *13f.*, 352e *200*, Erbverzicht **10** 2346 *35*, Erörterungstermin **30** 352e *65*, Erteilung **96** *15ff.*, Erteilungsvoraussetzungen **30** 352e *2ff., 173f.*, EuErbV **30** 105 *5*, Feststellungsbeschluss **30** 40 *2*, 352e *182ff.*, Feststellungsklage **10** 2077 *23*; **30** 352e *170ff.*; 40 *256*, Feststellungslast **30** 352e *155ff.*, Frankreich **120** Frankreich *131f.*, Freibeweis **30** 352e *108ff.*, funktionelle Zuständigkeit **30** 352e *6*, Gebühren für Beschwerde **95** *316ff.*, Gerichtsgebühren **30** 352e *234*, Geschäftswert **96** *20*, Gutachterkosten **30** 352e *243*, Internationale Zuständigkeit **30** 105 *5*, internationale Zuständigkeit **30** 352e *7f.*, Kosten **30** 352e *234ff.*, Kostenentscheidung **30** 352e *239ff.*, Landwirtschaftsgericht **85** 1 *4*, Mitwirkungsbewertung **30** 352e *90f.*, Nachlassbewertung **10** 2311 *36*, Nachlassgericht **30** 352e *50ff.*, Offizialmaxime **30** 352e *68*, örtliche Zuständigkeit **30** 352e *5*, rechtliches Gehör **30** 352e *92ff.*, Rechtsanwaltsgebühren **30** 352e *237ff.*, Rechtsmittel **10** 2064 *15*; **30** 352e *58*, Ruhen **30** 352e *147*, sachliche Zuständigkeit **30** 352e *3f.*, Sachverständigenbeweis **30** 352e *131ff.*, Schiedsgericht **30** 352e *168*, Spanien **120** Spanien *166ff.*, Strengbeweis **30** 352e *111f.*, Testament **10** 2064 *12*, Testierfähigkeit **10** 2064 *14*, Un-

terbrechung **30** 352e *146*, Unterrichtung Beteiligte **30** 345 *15*, Untersuchungsgrundsatz **30** 352e *69*, Unwirksamkeit Verfügung von Todes wegen **10** 2077 *23*, Urkundsbeweis **30** 352e *140ff.*, Verfahrensgrundsätze **30** 352e *67ff.*, Vergleich, gerichtlicher **30** 83 *5*, Verwirkung **30** 352e *73*, Verzicht **30** 352e *73*, Wahrheitpflicht **30** 352e *91*, Wert **30** 352e *235*, Zeitpunkt **30** 352e *177*, Zeugenbeweis **30** 352e *121f.*, Zivilprozess **30** 352e *169ff.*, Zuständigkeit, funktionelle **30** 342 *16*, Zuständigkeitsverstoß **30** 352e *11f.*, Zwischenverfügung **30** 352e *205f.*

Erbscheinsverfahren, Gebühren, Antragsrücknahme **96** *16*, eidesstattliche Versicherung **96** *19*, Einziehung **96** *24ff.*, Ermäßigung **96** *16*, Erteilung **96** *15f.*, Geschäftswert **96** *20*, Kostenschuldner **96** *22*, Kraftloserklärung **96** *24ff.*

Erbscheinverfahren, Vertretung **10** 164 *19*

ErbStAnpG 150 37 *4*

Erbstatut, Amtsaufklärungspflicht **30** 352e *79f.*, Anzuwendendes Recht **110** 25 *3*, Berechtigter **110** 23 *4*, Domicile **120** England/Wales *4ff.*, Enterbung **110** 23 *6*, Erbenrechte **110** 23 *8*, Erbfähigkeit **110** 23 *5*, Erbfall **110** 23 *3*, Erbunwürdigkeit **110** 23 *6*, Italien **120** Italien *6ff.*, Luxemburg **120** Luxemburg *4ff.*, Nachlasseinheit **110** 23 *1ff.*, Nachlassspaltung **120** England/Wales *3*, Nachlassverwalter **110** 23 *8*, Schweiz **120** Schweiz *2ff., 10*, Spanien **120** Spanien *1ff.*, Testamentsvollstreckung **10** vor §§ 2197–2228 *16*; **110** 23 *8*, USA **120** USA *7ff.*

ErbStRG, Erbschaftsteuer **150** Vorbemerkungen *7*

Erbstückvermächtnis, Frankreich **120** Frankreich *67f.*

Erbteil 10 1922 *90*, Anwachsung **10** 2095 *1*, Erbe, gesetzlicher **10** 2066 *8*, gemeinschaftlicher **10** 2093, Mehrempfang **10** 2056 *3f.*, mehrfache Verwandtschaft **10** 1927, Pfändung **10** 2033 *38ff.*, Testamentsvollstreckung **10** 2208 *4*, Verfügung **10** 2033, Verpfändung **10** 2033 *29ff.*

Erbteil, belasteter, Ausschlagung **10** 2307 *43ff.*, Pflichtteilsberechtigter **10** 2307 *43ff.*

Erbteil, gesetzlicher, Erbschaftsvertrag **10** 311b *12*, Lebenspartnererbrecht **15** 10 *5*, Zuwendung **10** 2052 *4*

Erbteil, unbelasteter, Ausschlagung **10** 2307 *39ff.*, Pflichtteilsberechtigter **10** 2307 *39ff.*

Erbteil, zugewandter, Pflichtteilsrestanspruch **10** 2305 *4ff.*

Erbteile, mehrere 10 1951, Alleinerbe **10** 2007 *3*, Berufung zu 2007 *2*, Berufung zu mehreren **10** 1951, Berufungsgrund **10** 1951 *7f.*, Erbfolge, gesetzliche **10** 1951 *2*, Erbfolge, gewillkürte **10** 1951 *3*, gesetzliche Erbfolge **10** 1951 *3*, Gestaltungsmöglichkeiten des Erblassers **10** 1951 *10*, Gestaltung **10** 1951 *9*, gewillkürte Erbfolge **10** 1951 *4*, Haftung **10** 2007, mehrere Berufungsgründe **10** 1951 *6f.*, Miterbe **10** 2007 *3*, Teilannahme **10** 1951, Teilausschlagung **10** 1951, unechte **10** 2007 *4*, Wahlrecht **10** 1951 *9*

Erbteilfeststellung, Pflichtteilsberechnung **10** 2310

Erbteilserhöhung 10 1935, Ausschlagung **10** 1953 *9*, Haftung **10** 2007 *4*, Wegfall gesetzlicher Erbe **10** 1935 *2*, Zeitpunkt **10** 1935 *3*

Erbteilserwerber, Bruchteilsgemeinschaft **10** 2033 *28*, Erbscheinsantrag **30** 352e *22*, Haftung **10** 2036, Rechte **10** 2033 *25*, Teilschuldnerische Haftung **10** 2060 *11*, Testamentsvollstrecker, Ansprüche gegen **10** 2218 *6*, Vorkaufsrecht **10** 2033 *29*

Erbteilskauf, Grundbuchberichtigung **10** 2033 *19*, Grundstücksveräußerung **12** *2*, Haftung nach Teilung **10** 2383 *20*, Haftung vor Teilung **10** 2383 *16f.*, Haftungsbeschränkung **10** 2383 *5ff.*, Käuferhaftung **10** 2382 *8*, 2383 *15ff.*, Verpflichtungsgeschäft **10** 2033 *15*

magere Zahlen = §§; kursive Zahlen = Randnummern

Sachverzeichnis

Erbteilsveräußerung, Notargebühren 96 *146 ff.*, Vertragsgebühr 96 *146*
Erbteilsverpfändung, Notargebühren 96 *146 ff.*
Erbteilsverzicht, Beurkundung 96 *134 ff.*, Geschäftswert 96 *136*, Notargebühren 96 *134 ff.*
Erbteilsvollstreckung, Grundbuch 70 52 3
Erbteilung, Montenegro 120 Montenegro *91*, nach Köpfen 10 1924 *1*, Serbien 120 Serbien *136 ff.*
Erbteilungsklage, Anträge 10 2042 *53 ff.*, Auseinandersetzung 10 2042 *49 ff.*, Begründetheit 10 2042 *62*, Beklagte 10 2042 *51*, Feststellungsklage 10 2042 *59*, gerichtliche Hinweispflicht 10 2042 *61*, Kläger 10 2042 *50*, Leistungsklage 10 2042 *60*, Österreich 120 Österreich *145*, Streitwert 10 2042 *63*, Zulässigkeit 10 2042 *52*, Zuweisungsverfahren 12 13 *33 ff.*
Erbteilungsverfahren, Spanien 120 Spanien *170 f.*
Erbteilvermächtnis, Frankreich 120 Frankreich *65*
Erbunfähigkeit, relative 10 1923 *7*
Erbunwürdiger, Haftung 10 2344 *17*, Verfügungen 10 2344 *12*, Verhältnis zu Dritten 10 2344 *12 ff.*, Verhältnis zu Erben 10 2344 *10 f.*
Erbunwürdigerklärung 10 2344, Anwachsungsberechtigte 10 2344 *3*, Erbe, gesetzlicher 10 2344 *3*, Ersatzerbe 10 2344 *3*, Nacherbe 10 2344 *8*, Pflichtteilsanspruch 10 2303 *31*
Erbunwürdigkeit 10 2339, Abkömmling, Wegfall 10 2069 *13*, Anfechtung des Erbschaftserwerbs 10 2339 *6*, 2340, Anfechtungsberechtigter 10 2341, Anfechtungsfrist 10 2340 *8 ff.*, Anfechtungsklage 10 2342, arglistige Täuschung 10 2339 *27*, Ausnahmen 10 2339 *40 ff.*, Drohung 10 2339 *27*, England/Wales 120 England/Wales *116 ff.*, Erbschaftsbesitzer 10 2018 *18*, Erbstatut 110 23 *6*, Frankreich 120 Frankreich *18*, Geltendmachung 10 2340, Gründe 10 2339 *11 ff.*, Herbeiführung Testierunfähigkeit 10 2339 *18 ff.*, Italien 120 Italien *53*, Lebenspartner 15 10 *15*, Lebenspartnererbrecht 15 10 *20*, Luxemburg 120 Luxemburg *47*, Österreich 120 Österreich *135 ff.*, Pflichtteil entfernter Abkömmling 10 2309 *12*, Pflichtteilsanspruch 10 2317 *9*, Pflichtteilsquote 10 2310 *8*, Relativität 10 2339 *7*, Schuldfähigkeit 120 England/Wales *117*, Schweiz 120 Schweiz *137*, Tötung des Erblassers 10 2339 *13 ff.*, Unwirksame Verfügung von Todes wegen 10 2339 *41*, Urkundsdelikte 10 2339 *33 ff.*, Verhinderung Verfügung von Todes wegen 10 2339 *21 ff.*, Verzichtsvertrag 10 2339 *6*, Vorerbe 10 2107 *16*, Zugewinnausgleichsanspruch 10 1371 *15*
Erbvermutung, Fiskus 10 1964
Erbvertrag 10 1937 *6*, 1941, vor §§ 2274–2302, Ablieferungspflicht 10 2300 *2*; 60 34a *9*, amtliche Verwahrung 30 344, Änderungsvorbehalt 10 2278 *19 ff.*, 2289 *17*, anfechtbarer 10 2284, Anfechtung 10 2078 *2*, vor §§ 2274–2302 *2*, *9*, Anfechtung durch Dritte 10 2285, Anfechtung durch Erblasser 10 2281, Anfechtungsberechtigter 10 2281 *9*, Anfechtungserklärung 10 2281 *8 ff.*, Anfechtungsgründe 10 2281 *13 ff.*, Anwartschaftsrecht 10 vor §§ 2274–2302 *3*, 2286 *5*, arglistige Täuschung 10 2281 *15*, Aufhebung der Verpflichtung 10 2295, Aufhebung durch gemeinschaftliches Testament 10 2292, Aufhebung durch Testament 10 2291, Aufhebung früherer letztwilliger Verfügungen 10 2289, Aufhebungswirkung 10 2289 *9 ff.*, Auflage 10 2278 *11*, Auflagenaufhebung 10 2291 *auflösung der Ehe 10 2077 *2*, Aushöhlung 10 2286 *12 f.*, Auslegung 10 2084 *19*, vor §§ 2274–2302 *7*, 2289 *8 ff.*, *18*, Bedingung 10 2286 *10*, 2293 *5*, beeinträchtigende Schenkungen 10 2287, Begriff 110 3 *3*, 25 *1 f.*, Beitrittsgebiet 100 235 § 2 *13*, Benachrichtigungspflicht 30 347 *10*, Bereicherungsrecht 10 2286 *7*, Beschränkung auf Pflicht-

teil 10 2278 *8*, Bestätigung durch Erblasser 10 2284, Beurkundung 10 2276 *7*; 60 33, Bindungswirkung 10 1941 *1*, vor §§ 2274–2302 *3*, 2274 *4 f.*, 2289 *17 ff.*, Eheauflösung 10 2077 *2*, Ehegatten 10 2280 *5*, Einheitslösung 10 2280 *1*, Einseitige Verfügung 10 2280 *2*, einseitige Verfügungen 10 2278 *15 ff.*, Erbanwärter 10 1922 *14*, Erbeinsetzung 10 2278 *7 ff.*, Erbfolgerelevante Urkunde 60 34a *2*, Eröffnung 10 2300 *3*; 30 349, EuErbVO 110 3 *3*, 25, familienrechtliche Rechtsgeschäfte 10 2286 *3*, Form 10 2276, Frankreich 120 Frankreich *13*, Gemeinschaftliches Testament 10 1941 *1*, 2265 *37 ff.*; 110 25 *2*, Genehmigung 10 2275 *9*, gerichtlicher Vergleich 10 2276 *6*, Geschäftsfähigkeit 10 2275 *1 ff.*, *11*, Geschäftswert 96 *93 ff.*, gleichzeitige Anwesenheit 10 2276 *4*, Grundbuch 10 2353 *8*, Haager Testamentsformübereinkommen 100 26, Höchstpersönlichkeit 10 2274, Höferecht 10 2276 *13*, Inhalt 10 1941 *2*, Irrtum 10 2281 *14*, *16*, Kostenschuldner 96 *96*, Lebenspartner 15 10 *22*, mehrseitige 10 2274 *7*, Montenegro 120 Montenegro *66*, mündliche Erklärung 10 2276 *3*, Nachlass mehrerer 110 25 *4*, nachträgliche Verfügungen 10 1941 *1*, Nichtehegatten 10 2280 *3*, Nichtigkeit 10 vor §§ 2274–2302 *8*, Notargebühren 96 *92 ff.*, notarielle Verwahrung 30 347 *10*, Österreich 120 Österreich *28 ff.*, *90*, persönliche Errichtung 10 2274 *10*, Pflichtteilsberechtigter 10 2280 *4*, Rechtsfolgen 10 1941 *3*, Rechtswahl 10 2278 *12*, Rechtswahl 110 25 *5*, Registrierungspflicht 60 34a *2*, Rücknahme aus Verwahrung 10 2300, Rücktritt 10 2293, 2294, Rücktrittsvorbehalt 2293, Schenkungen unter Lebenden 10 2289 *21 ff.*, Schriftübergabe 10 2276 *3*; 60 32 *3*, schwebende Unwirksamkeit 10 2275 *10*, Schweiz 120 Schweiz *13*, *49*, *97 ff.*, *183*, Serbien 120 Serbien *100*, Sittenwidrigkeit 10 vor §§ 2274–2302 *8*, Spanien 120 Spanien *69*, Stiftung 10 2278 *13*, Teilungsanordnung 10 2278 *14*, Tod des Erblassers 10 2289 *7*, Tod des Vertragspartners 10 2291 *6*, Übergehung Pflichtteilsberechtigter 10 2281 *17*, Umdeutung 10 vor §§ 2274–2302 *4*, 2274 *8*, Unwirksamkeit späterer letztwilliger Verfügungen 10 2289 *13 ff.*, Verbindung mit Ehevertrag 10 2276 *8 ff.*, Verfehlung des Bedachten 10 2294, Verfügung unter Lebenden 10 2286, Verfügung von Todes wegen 10 2274 *3*, 2289, Verfügungen, einseitige 10 2299, Verfügungsfreiheit 10 2286, Verfügungsunterlassungsvertrag 10 2286 *8 ff.*, Vermächtnis 10 2278 *10*, Vermächtnisaufhebung 10 2291, vertragsmäßige Verfügungen 10 2278, vertragswidriges Verhalten 10 2286 *4*, Verwahrung, amtliche 60 34 *12 ff.*, Verwahrung, notarielle 60 34a *7*, Verzicht auf Anfechtungsrecht 10 2281 *19*, Voraussetzungen 10 2275, Vorbehalte 10 2293 *3 ff.*, Vormerkung 10 2286 *6*, Wechselbezügliche Verfügungen 10 vor §§ 2274–2302 *2*, Widerruflichkeit 10 vor §§ 2274–2302 *2*, zulässige Verfügung 10 2278, Zuständigkeit, örtliche 30 344 *6*, Zuwendungsverzicht 10 2352 *4*, zweiseitige 10 2274 *7*, zweiseitiger 10 2278 *3 ff.*
Erbvertrag, gegenseitiger 10 2298, Aufhebung durch Testament 10 2298 *18*, Auslegungsregel 10 2298 *5 ff.*, Ausschlagung 10 2298 *16 ff.*, Gemeinschaftliches Testament 10 2298 *2*, Nichtigkeit 10 2298 *8 ff.*, Rücktritt 10 2298 *14 ff.*, Wechselbezüglichkeit 10 2298 *4*, zweiseitiger 10 2298 *3*
Erbvertrag, Rückgabe, Geschäftswert 96 *107*, Kostenschuldner 96 *108*
Erbverzicht, Abfindung 10 2346 *24 ff.*; 150 7 *36*, Abkömmlinge 10 2349, Anfechtung 10 2346 *21*, Aufhebungsvertrag 10 2351 *1*, Ausbildungsunterhaltsanspruch 10 2346 *8*, Auslegung 10 2346 *20*, Ausschlagung 10 1946 *2*, Bedingung 10 2346 *31*, Beschränkung 10 2346; 10 2346 *8*, Beschwerung 10

Sachverzeichnis

fette Zahlen = Kennziffer

2346 *8,* Dispositionsfreiheit 10 2349 *4,* Ehegatte 10 2346 *4, 15 f.,* Ehegattenvoraus 10 1932 *3,* Ehevertrag 10 1371 *14,* Erblasser 10 2347 *2,* Erbrecht 10 2346 *1,* Erbschaftsteuer 150 3 *52 ff.,* Erbscheinsverfahren 10 2346 *35,* Form 10 2348, Gegenstand 10 2346 *7,* gemeinschaftliches Testament 10 2346 *1,* gesetzliche Vermächtnisse 10 2346 *10,* gesetzliches Erbrecht 10 2346 *8,* Haager Testamentsformübereinkommen 100 26, Hoferbe 10 2346 *8,* Inhalt 10 2346 *5 ff.,* Inhaltskontrolle 10 2346 *34,* Italien 120 Italien *56,* Lebenspartnererbrecht 15 10 *16,* 20, Luxemburg 120 Luxemburg *48,* Nichtigkeit 10 2348 *4,* Österreich 120 Österreich *138 ff.,* Pflichtteilsergänzung 10 2346 *33,* Pflichtteilsquote 10 2310 *10 ff.,* Pflichtteilsrecht 10 2346 *1,* Schenkung 10 2346 *32,* stillschweigender 10 2348 *2,* teilweiser 10 2346 *8,* Testierfreiheit 10 2346 *19,* Unterhaltsanspruch 10 1967 *8,* 2346 *15,* Verfügungsgeschäft 10 2346 *3,* Vertrag 10 2346 *3,* Vertragsparteien 10 2346 *4,* Vertragsstörungen 10 2346 *26 ff.,* Vertragszeitpunkt 10 2346 *11,* Vertretung 10 2347 *1 ff.,* Verwandte 10 2346 *4,* Verzichtsrecht 10 2347 *1,* Verzichtserklärung 10 2346 *6,* Wegfall der Geschäftsgrundlage 10 2346 *23,* Wirkung 10 2346 *12 ff.,* 2385, zugunsten eines anderen 10 2350, Zuwendung 10 2346 *32*

Erbverzicht, relativer 10 2350, Abkömmlinge 10 2350 *5,* Wirkung 10 2350 *7,* zugunsten eines anderen 10 2350

Erbverzichtsvertrag 10 2290 *5,* Montenegro 120 Montenegro *67,* Pflichtteilsanspruch 10 2303 *31,* Schweiz 120 Schweiz *103*

Erfolgshonorarvereinbarung, Beratungshilfe 95 *497,* Prozesskostenhilfe 95 *497,* Rechtsanwalt 95 *513,* Vergütungsvereinbarung 95 *489*

Erforderlichkeit, Beiordnung Rechtsanwalt 30 78 *1*

Erfüllung, Erbschaftskauf 10 2371 *19,* Forderungsvermächtnis 10 2173 *3,* Rechnungslegung 10 666 *10,* Vermächtnisanspruch 10 2174 *14 ff.*

Erfüllungsanspruch, Auflage 10 1940 *1, 4,* Vermächtnis 10 1939 *7*

Erfüllungsgehilfe, Testamentsvollstrecker 10 2218 *13*

Erfüllungsklage, Vorausvermächtnis 10 2059 *32*

Erfüllungsort, Vermächtnis 10 2174 *10*

Erfüllungsverweigerung, Hauptvermächtnisnehmer 10 2187 *4*

Ergänzungsabfindungsansprüche, Höferecht 80 19 *20 ff.,* Verjährung 80 19 *24*

Ergänzungsanspruch, Auskunftsanspruch 10 2314 *37*

Ergänzungsfrist, Inventarunrichtigkeit 10 2005 *9*

Ergänzungspfleger, Aufgaben 10 1638 *9,* 1909 *7 ff.,* Ausschlagung 10 1945 *14,* Befreiung von Beschränkungen 10 1917, Bestellung 10 1638 *8,* Ende 10 1638 *12,* Erblasseranordnung 10 1638 *8,* Erbscheinsantrag 10 1909 *13,* Ernennung durch Dritte 10 1917, Ernennung durch Erblasser 10 1917, Interessenskonflikt 10 1909 *11 ff.,* Person 10 1638 *10,* Testamentsvollstreckung 10 1638 *13*

Ergänzungspflegschaft 10 1909, Dauer 10 1909 *5 f.*

Ergänzungsvorbehalt 10 2086, Auslegungsregel 10 2086, neue Bundesländer 10 2086 *4,* Testament 10 2086

Erhaltungskosten, außergewöhnliche, au 10 2124 *9 ff.,* Aufwendungen 10 2124 *15,* Erhaltung 10 2124 *10,* Ersatzanspruch des Vorerben 10 2124 *16,* Grundpfandrecht 10 2124 *12,* Kreditaufnahme 10 2124 *14,* Wertsteigerung 10 2124 *9*

Erhaltungskosten, gewöhnliche 10 2124 *7 f.,* Begriff 10 2124 *3,* Kostendeckung durch Nachlass 10 2124 *4,* Vorerbe 10 2124, Zeitpunkt 10 21 24 *5*

Erhöhung des Erbteils, Erbrechtliche Lösung 10 1371 *7 ff.*

Erhöhungsgebühr 95 *234 ff.,* Deckelung 95 *259 ff.*

Erinnerung, Einsichtnahmerecht 10 2010 *6,* Freiwillige Gerichtsbarkeit 30 95 *2,* Kostenentscheidung 30 85 *5,* Vollstreckung 30 95 *2*

Erkenntnisverfahren, Haftungsbeschränkung 10 vor §§ 1967–2017 *16 ff.*

Erklärung, Anfechtung 10 2281 *8 ff.,* Annahme der Erbschaft 10 1943 *6,* Bestätigung 10 2284 *5,* Beurkundungsgebühr 96 *124 ff.,* Bürgermeistertestament 10 2249 *11,* Freigabe 10 2217 *10,* nonverbal 10 2232 *6 ff.,* Schrift 10 2232 *15,* Schriftübergabe 60 30 *7,* verbal 10 2232 *4 f.,* Verfahrensordnung für Höfesachen 80 Anhang *4,* Zuständigkeit Entgegennahme 30 342 *15*

Erklärung, mündliche, Dreizeugentestament 10 2250 *10,* Erbvertrag 10 2276 *3*

Erklärung, nonverbale, Testamentserrichtung 10 2232 *6 ff.*

Erklärungen gegenüber Nachlassgericht, Gerichtsgebühr 96 *51 ff.*

Erklärungsbeurkundung, Notargebühren 96 *124 ff.*

Erklärungsfrist, Steuererklärung 150 31 *3*

Erklärungsirrtum, Anfechtungsgrund 10 1954 *8,* Anfechtungsgründe 10 2078 *9,* Ausschlagungsfrist 10 1956 *4,* Irrtum 10 1954 *11*

Erlangter Vorteil, Pflichtteilslast 10 2320 *10,* 2321 *13 ff.*

Erlangtes Etwas, Auskunftspflicht 10 667 *2,* Erbschaftsbesitzer 10 2018 *15,* Herausgabepflicht 10 667 *2*

Erlass, Beschluss 30 38 *7,* Eidesstattliche Versicherung 30 352 *36,* Pflichtteilsanspruch 10 2317 *28 ff.*

Erlassvertrag, Schenkung 10 518 *10*

Erlaubnisinhaber, Apotheke 21 13, Gaststättengesetz 22 19, Personenbeförderungsgesetz 23 10

Erlaubnispflichtige Tätigkeit, Geschäftsbesorgung 10 675 *8 f.*

Erledigterklärung, Stufenklage 40 254 *17*

Erledigung, Testamentsvollstreckung 30 352b 40

Erledigung der Hauptsache, Beschwerde 30 62, Freiwillige Gerichtsbarkeit 30 62, Hauptsache 30 83 *6,* Kostenpflicht 30 83; 30 83 *6*

Erlöschen, Anfechtungsrecht 10 2285 *4,* Ausschlagungsrecht 10 1943, Bestimmungsrecht 10 2151 *6,* Lebenspartnererbrecht 15 10 *14,* Vereinigung 10 1976, Vollmacht 10 168, Vorkaufsrecht 10 2034 *32,* Vorsorgevollmacht 10 1922 *85*

Erlöschen der Steuer 150 29, Rückforderungsrecht 150 29 *2,* Rückgabe des Geschenks 150 29 *2*

Erlöschen des Amtes, Testamentsvollstrecker 10 2225

Erlöschen durch Konfusion, Vollmacht 10 164 *37*

Erloschene Rechtsverhältnisse, Erbschaftskauf 10 2377, Nachlassinsolvenz 10 1976; 10 1976 *2,* Nachlassverwaltung 10 1976; 10 1976 *2,* Personenidentität 10 2143 *2,* Wiederaufleben 10 1976, 2143

Ermäßigung, Erbscheinsverfahren, Gebühren 96 16

Ermessen, Genehmigungsvorbehalt 10 1960 *42,* Nachlassgericht 10 1960 *16,* Nachlasspflegervergütung 10 1960 *41,* Nachlasspflegschaft 10 1960 *25,* Nachlasssicherung 10 1960 *10,* Verwaltung des Nachlasses 10 2216 *5,* Zuweisungsverfahren 12 13 *43 ff.*

Ermessen, billiges, Kostenauferlegung 30 81, Kostenentscheidung 30 81 *6,* Kostenpflicht 30 81, Regelbeispiele 30 81 *6*

Ermessensentscheidung, Beschwerdeinstanz 30 81 *5,* Kostenentscheidung 30 81 *3 f.,* Regelbeispiele 30 81 *3 f.*

Ermittlung, Nachlassüberschuss 10 1973 *6 f.,* Überschussverteilung 10 2047 *2*

Ermittlung nächstberufener Erbe, Nachlassgericht 10 1953 *14*

magere Zahlen = §§; kursive Zahlen = Randnummern

Sachverzeichnis

Ermittlungen des Nachlassgerichts 10 1953 *11*
Ermittlungsverfahren, Gebühren 96 *105*
Ernennung, administrator 120 England/Wales *144,* Testamentsvollstrecker, mehrere 10 2224 *2*
Eröffnung, Nachlassinsolvenzverfahren 50 Vorbemerkungen *24*, 316
Eröffnung Verfügung von Todes wegen, anderes Gericht 30 350, Beteiligte 30 348 *8*, Erbvertrag 10 2300 *3;* 30 349, Gebühr 30 348 *11,* 349 *4,* Gemeinschaftliches Testament 30 349, Gerichtsgebühr 96 *11 ff.,* Kostenschuldner 96 *14,* Rechtsmittel 30 348 *10,* Verfahren 30 348 *5 ff.,* Zuständigkeit, funktionelle 30 342 *13*
Eröffnung Verfügung von Todes wegenn, Amtliche Verwahrung 30 348 *4,* Freiwillige Gerichtsbarkeit 30 348, Nachlassgericht 30 348
Eröffnungsantrag, Nachlassinsolvenzverfahren 10 1980
Eröffnungsfrist, Verfügung von Todes wegen 30 351
Eröffnungsgründe, Nachlassinsolvenzverfahren 50 320
Eröffnungsniederschrift, Erbfolgenachweis 70 35 *11*
Eröffnungsverbot, Erblasseranordnungen 10 2263, neue Bundesländer 10 2263 *9,* Nichtigkeit 10 2263, Testament 10 2263, Testamentswiderruf 10 2263 *7*
Erörterung mit Arzt, Einwilligung 10 1901b *4b*
Erörterungstermin, Erbscheinsverfahren 30 352e *65*
Errichtungspflicht, Patientenverfügung 10 1901b *45*
Errichtungsstatut, Haager Testamentsformübereinkommen 100 26 *10*
Errichtungszeitraum, Testament, eigenhändiges 10 2247 *19*
Errichtungszusammenhang, Gemeinschaftliches Testament 10 2265 *6 ff.*
Errungenschaftsbeteiligung, Schweiz 120 Schweiz *43*
Ersatzansprüche, Erhaltungskosten, außergewöhnliche 10 2124 *16,* Inhalt 10 2164 *9,* Nachlassinsolvenz 10 1980 *11,* Vermächtnis 10 2164; 10 2164 *9 ff.,* Verwaltung durch Erbe 10 1978 *11,* Verwendungen 10 2125 *3,* Vorerbe 10 2124 *16*
Ersatzberufene, Abkömmling, Wegfall 10 2069 *14*
Ersatzbeschaffungen, Vermögenssorge 10 1638 *11*
Ersatzbevollmächtigter, Tod des Bevollmächtigten 10 668 *2*
Ersatzerbe, Annahme der Erbschaft 10 1946 *4, 5,* Anwachsung 10 2099, Anwartschaftsrecht 10 2096 *10,* Ausgleichungspflicht 10 2051 *8 ff.,* Auslegung 10 2096 *6 ff.,* Auslegung bei fehlender Verwandschaft 10 2096 *5,* Auslegungsregel 10 2097, 2098 *1,* 2102, Ausschlagung 10 1946 *4, 5,* 2096 *3,* 2097 *3,* Berliner Testament 10 2097 *2,* Beschwerter 10 2147 *4,* Einsetzung 10 2096 *5,* Erbschaftsanfall 10 1942 *8,* Erbschein 10 2102 *19,* Erbunwürdigerklärung 10 2344 *3,* Italien 120 Italien *97 ff.,* Luxemburg 120 Luxemburg *58,* Miterbe 10 2098 *1,* Nacherbe 10 2096 *1,* 2100 *19,* 2102; 10 2102 *4, 9 f.,* nächstberufener Erbe 10 1953 *10 f.,* neue Bundesländer 10 2096 *13,* 2097 *5,* 2098 *3,* noch nicht gezeugter 10 2102 *5,* ohne Bruchteilsbestimmung 10 2098 *1,* Pflichtteilsberechtigter 10 2303 *24,* Pflichtteilslast 10 2320, Pflichtteilsverlangen 10 2096 *3,* 2097 *3,* Rechtstellung 10 2096 *9 ff.,* Testament 10 2097 *1,* Verfügung von Todes wegen 10 2096, Vermächtnislast 10 2320 *17 f.,* Vorerbe 10 2100 *19,* Wechselbezüglichkeit 10 2270 *33,* wechselseitige Einsetzung 10 2098, Wegfall Erbe 10 2096 *2,* Zuwendungen, lebzeitige 10 2053 *5*
Ersatzerbschaft, Montenegro 120 Montenegro *60,* Österreich 120 Österreich *60,* Schweiz 120 Schweiz *74,* Serbien 120 Serbien *76*
Ersatzerbschaftsteuer 150 24, Erbschaftsteuer 150 1 *4 ff.,* Familienstiftung 150 24, 28a *13,* rechtsfähiger Verein 150 1 *5,* Steuerentstehung 150 9 *30,* Steuerstundung 150 28 *6,* Stiftung 150 1 *4,* Wohnimmobilienerwerb 150 28 *6,* Zweckzuwendung 150 9 *30*
Ersatznacherbe 10 2102 *16 ff.,* 2142 *17 f.,* Grundbuch 10 2102 *20,* Vor-/Nacherbschaft 10 2096 *12*
Ersatznacherbeneinsetzung, Vererblichkeit 10 2108 *12*
Ersatzsurrogation, Surrogation 10 2041 *5, 8 f.*
Ersatztestamentsvollstrecker 10 2197 *8*
Ersatzvermächtnis, Schweiz 120 Schweiz *74,* Vermächtnis 10 2147 *12*
Ersatzvermächtnisnehmer 10 2102 *18,* 2190, Anwachsung 10 2158 *7,* Frankreich 120 Frankreich *68,* Vermächtnis 10 2158 *7,* 2160 *2*
Erscheinungspflicht, Zeugenbeweis 30 352e *123*
Erschöpfungseinrede, Ausschließung 10 1973 *1,* Dürftigkeitseinrede 10 1990 *2,* Erbe 10 1989, Fehlende Nachlassmasse 10 1990 *4,* Geltendmachung 10 1973 *10,* Nachlassinsolvenzverfahren 10 1989
Ersetzung, unmittelbare 10 2019, 2041, Vorerbschaft 10 2111
Ersetzungsbefugnis, Pflichtteilsergänzungsanspruch 10 2329 *17,* Rückforderung Schenkung 10 528 *26 ff.,* Unterhalt des Schenkers 10 528 *26 ff.,* Verschaffungsvermächtnis 10 2170 *13,* Vorauszahlungspflicht 10 528 *29*
Ersetzungsprinzip, dingliches, Surrogation 10 2111 *3,* Vorerbe 10 2100 *9*
Ersitzung, Ausschluss 10 2026 *7 ff.,* Erbschaftsbesitzer 10 2026
Erstattung, Berichtigung 10 1979 *6*
Erstnachlass, Ausschlagung 10 1952 *2,* Ausschlagungsfrist 10 1952 *6*
Ersuchensgrundsatz, Verfahrensordnung für Höfesachen 80 Anhang *3*
Erteilung, Erbscheinsverfahren 30 352e *2 ff., 173 ff.;* 96 *15 ff.,* Erbscheinsverfahren, Gebühren 96 *15 f.,* Europäisches Nachlasszeugnis 110 64
Ertragswert, Abfindungshöhe 12 16 *5 ff.,* Bestimmung 10 2049 *11 ff.,* Fortführungsprognose 10 2049 *2,* Landgut 10 2049 *2, 11 ff.,* 2312 *25*
Ertragswertverfahren, Grundstücksbewertung 10 2311 *58,* Kapitalgesellschaft 150 12 *7,* vereinfachtes 150 12 *7*
Erwerb, Erbschafterwerb 10 2030 *5,* Erbschaftsteuer 150 1 *2,* Selbständigkeit 150 9 *4,* Surrogation 10 2019 *4 f.,* 2041 *3,* 2111 *7 f., 11 ff.*
Erwerb Land-/forstwirtschaftliche Betriebe, Steuerstundung 150 28
Erwerb, lebzeitiger, Landgut 10 2312 *15,* Zuwendung auf den Pflichtteil 10 2315 *10 f.*
Erwerb, steuerpflichtiger 150 10, Abfindung 150 10 *48,* Abzugsfähigkeit 150 10 *23 ff., 41 ff.,* Anwartschaftsrecht 150 10 *22,* Anzeigepflichten 150 10 *30,* Auflagen 150 10 *47,* Bestattungskosten 150 10 *37,* Erbfallschulden 150 10 *32 ff.,* Erbschaftsteuer 150 10 *46,* Gemeinschaftskonten 150 10 *11,* Gesellschaftsanteil 150 10 *10,* Konfusion 150 10 *21,* Nachlasskostens 150 10 *37 ff.,* Nachlassverbindlichkeiten 150 10 *23 ff.,* Nachlassverwaltungskosten 150 10 *39,* Personengesellschaft 150 10 *14,* Pflichtteilsanspruch 150 10 *20,* Schulden 150 10 *41 ff.,* Steuerpflicht, beschränkte 150 10 *44,* Stiftung 150 10 *45,* Übernommene Steuer 150 10 *16 ff.,* Umfang 150 10 *8 ff.,* Vereinigung 150 10 *10,* Zweckzuwendungen 150 10 *15*
Erwerb vom Nichtberechtigten, Erbschein 10 2366 *10 ff.,* Öffentlicher Glaube 10 2366 *10 ff.*
Erwerb von Todes wegen 150 3, Ausschlagung 150 3 *6 f.,* Erbanfall 150 3 *4 ff.,* Erblasseranordnung 10 1638, 1639, Nachfolgeregelungen 150 3 *18,* Steuerentstehung 150 9 *15,* Vertrag zugunsten Dritter 150 3 *38 ff.*
Erwerbe, frühere, Erbschaftsteuer 150 14, Zusammenrechnung 150 14

1991

Sachverzeichnis

fette Zahlen = Kennziffer

Erwerbsanzeige, Erbschaftsteuer 150 30, unzutreffende 150 30 *3,* Zuständigkeit 150 30 *4*
Erwerbsfälle, Tarifbegrenzung 150 19a *5*
Erwerbsmöglichkeiten, Rückforderung Schenkung 10 528 *6*
Erwerbsunfähigkeit, Steuerbefreiung 150 13 *15f.*
EuErbVO 110 vor Art. 1, 23, Abstammung 110 1 *4,* Anerkennung Entscheidungen 110 39, Annahme Erbschaft 110 13, Annahmeerklärung 110 28, Anpassung dingliche Rechte 110 31, Anrufung Gericht 110 14, Anwendbarkeit 110 vor Art. 1, Anwendungsbereich 110 1, Anwendungsbereich, negativer 110 1 *3,* Anwendungsbereich, positiver 110 1 *2,* Anwendungsbereich, sachlicher 110 1 *1,* Anwendungsgebiet 110 vor Art. 1, anzuwendendes Recht 110 20, Aufenthalt, gewöhnlicher 110 21 *3 ff.,* Aufenthaltsprinzip 110 vor Art. 1, Ausschlagung 110 13, Ausschlagungserklärung 110 28, Ausschussverfahren 110 81, Aussetzung Anerkennungsverfahren 110 42, Bedeutung 110 vor Art. 1, Begriffsbestimmungen 110 3, Bescheinigungen 110 80, Beschränkung des Verfahrens 110 12, Drittstaatenabkommen 110 vor Art. 1, einstweilige Maßnahmen 110 19, England/Wales 120 England/Wales *2,* Entscheidung 110 3 *8,* Entwicklungsgeschichte 110 vor Art. 1, Erbenloser Nachlass 110 33, Erbnachweis, nationaler 110 3 *8,* Erbschaft 40 27 *18,* Erbschein 10 2353 *29,* Erbschein, gegenständlich beschränkter 30 352c, Erbscheinsverfahren 30 105 *5,* Erbvertrag 110 3 *3,* 25, Europäisches Nachlasszeugnis 110 vor Art. 1, 31 *6,* Formblätter 110 80, Freiwillige Gerichtsbarkeit 110 39, Gemeinschaftliches Testament 110 3 *4,* 24 *2,* Gericht 110 3 *11,* gerichtlicher Vergleich 110 3 *9,* Gerichtsstandsvereinbarung 110 5, Gesellschaftsanteil 110 1 *11,* Gleichlaufprinzip 110 vor Art. 1, 4 *1,* gleichzeitiges Versterben 110 32, Güterrecht 110 1 *7,* Haager Testamentsformübereinkommen 110 27 *2,* Informationen 110 79, Inhalt 110 vor Art. 1, Inkrafttreten 110 vor Art. 1, 84, innerstaatliche Kollision 110 38, interlokale Kollision 110 36, internationale Abkommen 110 vor Art. 1, 75, Internationale Zuständigkeit 30 105 *4,* Internationales Erbrecht 100 25, interpersonale Kollision 110 36, 37, Italien 120 Italien *32 ff.,* Kollisionsnorm 110 21, Kommorienten 110 32, Kontaktdaten 110 78, Legalisation 110 74, Luxemburg 120 Luxemburg *22 ff.,* mündliche Verfügungen 110 1 *9,* Nachlass mehrerer 110 25 *4,* Nachlasseinheit 110 vor Art. 1, Nachlassverwalter 110 29, Nachprüfung Entscheidung 110 41, nationaler Erbschein 110 4 *5,* Nichtanerkennung Entscheidungen 110 40, Nichtvorlage Bescheinigung 110 47, Notzuständigkeit 110 11, Öffentliche Ordnung 110 35, öffentliche Urkunde 110 3 *10,* 59, Öffentlichkeit 110 77, Österreich 120 Österreich *184,* Personenstand 110 1 *4,* Prozesskostenhilfe 110 56, Rechtshängigkeit 110 17, Rechtsnachfolge von Todes wegen 110 1 *2,* Rechtswahl 110 vor Art. 1, 6, 7, 8, 22, Reichweite Rechtsanwendung 110 23, Rückverweisung 110 34, rügelose Einlassung 110 9, Sachenrecht 110 1 *14,* 31, Schenkung auf den Todesfall 110 1 *10,* Sicherungsmaßnahmen 110 19, Teilvollstreckbarkeit 110 55, Testierfähigkeit 110 1 *5,* Trust 110 1 *13,* Übergangsbestimmungen 110 83, Überprüfung 110 82, Unterhaltsrecht 110 1 *8,* Unzuständigkeitserklärung 110 6, Ursprungsmitgliedsstaat 110 3 *6,* USA 120 USA *36 ff.,* Verfahrensbeendigung 110 8, Verfügung, letztwillige 110 24, Verfügung von Todes wegen 110 3 *5,* 26, 27 *1,* Verfügungen von Todes wegen 110 24, Vergleich, gerichtlicher 110 61, Vermächtnis 110 13, Verschollenheit 110 1 *6,* Vollstreckbarkeit 110 43, Vollstreckbarkeitserklärung 110 48, Vollstreckungsmit-

gliedsstaat 110 3 *7,* Vollstreckungsverfahren 110 46, Weiterverweisung 110 34, Wohnsitz 110 44, Zulässigkeitsprüfung 110 16, zusammenhängende Verfahren 110 18, Zuständigkeit, internationale 110 2, 4, Zuständigkeit, örtliche 110 45, Zuständigkeit, subsidiäre 110 10, Zuständigkeitsprüfung 110 15, Zuwendungen unter Lebenden 110 1 *10*
Europäische Gesellschaft, Testamentsvollstreckung 10 2205 *44*
Europäisches Nachlasszeugnis 10 2353 *22, 31,* 2368 *26;* 70 35 *4;* 110 62, Amtsermittlung 31 35 *4,* Änderung 31 38; 96 *28;* 110 71, Antrag 31 36 *2 f.;* 110 65, 66, Anwendungsbereich 31 33, Aussetzung 96 *29;* 110 73, Ausstellung 110 67, beglaubigte Abschrift 31 42; 110 70, Bekanntgabe 31 40, Bekanntmachung 31 35 *14,* Berichtigung 110 71, Beschwerde 31 43, Beteiligte 31 37, Beweisaufnahme 31 35 *3, 5 ff.,* Beweiswirkung 110 69 *1,* Eidesstattliche Versicherung 31 36 *4,* Entscheidungsform 31 39 *2,* Erbengläubiger 110 65, Erteilung 110 64, EuErbVO 110 vor Art. 1, 31 *6,* Formblatt 31 39 *5,* Fristen 31 42, Gerichtskosten 110 27 *ff.,* Gerichtssprache 31 35 *12 f.,* Gerichtszuständigkeit 31 34, Gültigkeitsfrist 31 42, Gültigkeitszeitraum 110 70 *2,* Gutglaubensschutz 110 69 *1,* Inhalt 110 68, Inland 110 62 *4,* inländischer Erbschein 10 2353 *22,* IntErbRVG 31 33, 34, 35; 31 35 *12 f.,* Italien 120 Italien *124,* Kosten 31 39 *3,* Legitimationswirkung 110 69 *3,* mündliche Verhandlung 31 35 *10,* örtliche Zuständigkeit 31 34, Pflichtangaben 110 66 *2,* Rechtsbeschwerde 31 44, Rechtslage 110 31 *6,* Rechtsmittel 110 72, sachliche Zuständigkeit 31 34, Testamentsvollstrecker 10 2368 *26,* Verfahren 31 35, 37 *2 ff.,* Vorfragenanknüpfung 110 62 *5,* Wahl 110 62 *2,* Widerruf 31 38; 110 71, Wirksamwerden 31 41, Wirkung 10 2353 *22;* 110 69, Zuständigkeit 110 64, Zweck 10 2353 *22;* 110 63
Executor, Amtsbeginn 120 England/Wales *142 f.,* Anerkennung in Deutschland 120 England/Wales *178,* personal representative 120 England/Wales *136 ff.*
Existenzgründung, Ausstattung 10 1624 *4*
Extrinsic evidence, Auslegung Testament 120 England/Wales *87*

Facebook Account, Gedenkzustands-Richtlinie 10 nach § 1922 *14,* Zugriffsrecht 10 2047 *8*
Fachanwaltstitel, Rahmengebühr 95 *171 ff.*
Fahrlässigkeit, grobe, Verjährung 10 2332 *9 f.*
Fahrlässigkeitsmaßstab, Verwaltung durch Erbe 10 1978 *10*
Fälligkeit, Auflage 10 2192 *4,* Auseinandersetzungsanspruch 10 2042 *7,* Beliebigkeitsvermächtnis 10 2181, Testamentsvollstreckervergütung 10 2221 *16,* Untervermächtnis 10 2186; 10 2186 *3,* Vermächtnisanfall 10 2176 *3,* Vermächtnisanspruch 10 2174 *11*
FamFG, *s. freiwillige Gerichtsbarkeit*
Familienbilder, Teilung 10 2047 *4 ff.*
Familiengericht, Minderjährige 10 1901b *11 f.*
Familiengerichtliche Anordnung, Dauervollstreckung 10 2209 *7,* Pflichtteilsberechtigter Erbe 10 2306 *25,* Verfügung von Todes wegen 10 1937 *20*
Familiengerichtliche Genehmigung, Anfechung 10 1955 *5,* Ausschlagung 10 1341 *4,* 1945 *13 f.,* Ausschlagungsfrist 10 1944 *8,* Eltern 10 1341, Genehmigungsbeschluss 10 1341 *15,* Genehmigungsfreiheit 10 1341 *6 ff.,* Genehmigungspflicht 10 1341, Minderjährige 10 1822, selektive Ausschlagung 1945 *14,* sonstige Geschäfte 10 1822, Verfügung 10 2033 *18,* Volljährigkeit 10 1341 *9,* Vormundschaftsrecht 10 1341 *10 ff.*

magere Zahlen = §§; kursive Zahlen = Randnummern

Sachverzeichnis

Familienheim, Ehegatte 120 England/Wales 38, Steuerbefreiung 150 13 8 ff.
Familienrechtliche Rechtsbeziehungen, Vererblichkeit 10 1922 31 ff.
Familienrechtliche Rechtsgeschäfte, Erbvertrag 10 2286 3
Familienstiftung, Aufhebung 150 26, Ersatzerbschaftsteuer 150 24, 28a 13, Großerwerbe 150 13b 9, Steuerermäßigung 150 26, Steuerklasse 150 15 9 ff., Steuerpflichtiger 150 2 9, Steuerschuldner 150 20 6, Steuerstundung 150 28 6, Stiftung 10 2327 4, Verrentung 150 24
Familienunternehmen, Vorabschlag 150 13a 37 ff.
Family provision, Anordnungsinhalt 120 England/Wales 128 f., Bedürftigkeit 120 England/Wales 125 ff., beeinträchtigende Rechtsgeschäfte 120 England/Wales 131, Berechtigte 120 England/Wales 123, Ehegatte 120 England/Wales 123, eingetragener Lebenspartner 120 England/Wales 123, Frist 120 England/Wales 124, Pflichtteil 120 England/Wales 121 ff.
Fernere Ordnungen 10 1929, Ausschluss des Erbrechts 10 1929 2, Ehegattenerbrecht 10 1931 14, Erbrecht 10 1929
Fernmeldegeheimnis, E-Mails 10 nach § 1922 19 ff., Grundrecht 10 nach § 1922 20 ff., Kommunikationsteilnehmer 10 nach § 1922 24, Telekommunikationsgesetz 10 nach § 1922 19
Feststellungsklage, Testierfähigkeit 10 2064 13
Festplatte, E-Mails 10 nach § 1922 7
Festsetzung, Nachlasspflegervergütung 10 1960 46, Vergütung 10 1987 3 f.
Festsetzungsbeschluss, Vergütung Nachlassverwalter 10 1987 3
Festsetzungsfrist, Erbschaftsteuer 150 30 6, Schenkung 150 30 6, Steuerschuldner 150 20 4, Verlängerung 150 14 21
Festsetzungsverfahren, Abfindung 12 16 30 ff.
Festsetzungsverjährung, Ablaufhemmung 150 30 6 f.
Feststellung, gerichtliche, Testierfähigkeit 10 2229 23, Vaterschaft 10 1924 8
Feststellung, gesonderte, Lohnsumme 150 13a 27
Feststellung Zustand der Erbschaft, Vorerbe 10 2122
Feststellungsbeschluss, Anregung 10 1964 6, Beschwerde 30 352e 209 ff., Beteiligte 30 352e 190, Erbscheinsverfahren 30 40 2, 352e 182 ff., Fiskus 10 1964 4, Fiskus als Erbe 10 1964 4, Nacherbfolge 10 2100 55, Nachlassgericht 10 1964; 30 354 17 ff., Passivlegitimation 10 1966, Rechtskraft 30 352e 194 ff., Rechtsmittel 10 1964 5, Rechtswirksamkeit 30 40 2, streitige Sache 10 2368, streitiger 30 352e 188 ff., Testamentsvollstreckerzeugnis 10 2368, unstreitige Sache 10 2368, unstreitiger 30 352e 184 ff., Unterlassen 10 1964 6, Vermutungswirkung 10 1964 4, Wiedereinsetzen 30 352e 199, Wirkung 10 1964 4
Feststellungsklage 40 256, Anfechtung 10 2079 25, 2281 24, Anwartschaftsrecht 10 2100 52, Ausgleichungspflicht 10 2050 43 ff., Entziehungsverfügung 10 2336 29, Erbfeststellung 10 1966 2, Erbquote 10 1922 24, Erbrecht 10 1922 17 f., 1966 3, 2018 30, Erbscheinsverfahren 10 2077 23; 30 352e 170 f.; 40 256, Erbteilungsklage 10 2042 59, Fiskus 10 1966 3, Gemeinschaftliches Testament 10 2269 36, Gerichtsstand der Erbschaft 40 27 8, Nachlassverbindlichkeiten 10 2058 19, Pflichtteilsrecht 10 1922 19, Rücktritt 10 2293 15 f., Unwirksamkeit Verfügung von Todes wegen 10 2077 23
Feststellungslast, Beweisvereitelung 30 352e 164, Erbscheinsverfahren 30 352e 155 ff., Vereinbarungen über 30 352e 165

Feststellungsverfahren, fehlende gesetzliche Erben 10 1964 2, Nachlassgericht 10 1964 2, Verfahrensordnung für Höfesachen 80 Anhang 11
Feststellungszeitpunkt, Nachlassüberschuss 10 1973 7
Fiskus, Auskunftspflicht 10 2011 6, ausländischer Erblasser 10 1936 6, Ausschlagung 10 1942 2, 11 ff., Ausschlagung der Erbschaft 10 1966 2, Ausschlagungserklärung 10 1945 3, Ausschlagungsrecht 10 1942 16, bona vacantia 120 England/Wales 47, Bruchteilserbe 10 1936 4, Erbanfall 10 1936 3, Erbe 10 1942 11 ff., 1966, Erbenfeststellung 10 1966, Erbfolge, gesetzliche 120 England/Wales 47 ff., Erbrecht 10 1936, Erbscheinsantrag 10 352e 30, Erbvermutung 10 1964, Feststellung als Erbe 10 1964, Feststellungsbeschluss 10 1964 4, Feststellungsklage 10 1966 3, Fortsetzungsklausel 10 1936 8, Gesamtrechtsnachfolge 10 1936 8, Gesellschaftsrechte 10 1936 8, gewillkürte Erbfolge 10 1966 2, Haftungsbeschränkung 10 2011 3, hotchpot 120 England/Wales 49, Inventarfrist 10 2011, Montenegro 120 Montenegro 34, Nacherbe 10 1936 5, Nachlassverbindlichkeiten 10 1936 9, partial intestacy 120 England/Wales 48, Rechtsstellung 10 1966, Rechtsstellung vor Feststellung 10 1966, Serbien 120 Serbien 44, Stiftungsvermögen 10 1936 11, Vereinsvermögen 10 1936 11, Vermächtnisnehmer 10 1936 5, Vorerbe 10 1936 5, Zwangserbe 10 1936 1, 1942 16
Foralrechte der Autonomien, Spanien 120 Spanien 146 ff.
Forderung, Bewertung 10 2311 85, Formmangel Schenkung 10 518 6, Gutgläubiger Erwerb 10 2113 51, Schenkung 10 518 6, Surrogation 10 2019 16, wechselseitige 10 2377, Wiederaufleben 10 1976 3
Forderung, titulierte, Gläubigerbefriedigung 10 1991 8
Forderung, unteilbare, Miterbe 10 2059 16
Forderungsanmeldung, Aufgebotsverfahren 10 1970, 2061 4, Gerichtsgebühr 96 51, Nachlassgläubiger 10 1970; 10 1970 7, Nachlassinsolvenzverfahren 50 Vorbemerkungen 26, Teilschuldnerische Haftung 10 2061 5
Forderungseinziehung, Verwaltungsmaßnahmen 10 2038 10
Forderungserwerb, gutgläubiger 10 2111 38, Nacherbschaft 10 2111 38
Forderungsverfügung, Nachlasspfleger 10 1960 46
Forderungsvermächtnis, Auslegungsregel 10 2173 1, Erfüllung 10 2173 3, Forderung des Erblassers 10 2173 2, Gegenstand 10 2173 4, Geldsumme 10 2173 5, Surrogation 10 2173 3, Vermächtnis 10 2147 12, 2173
Foreign-court-Theorie, England/Wales 120 England/Wales 10
Form, Änderungsvorbehalt 10 2278 22, Anfechtung 10 1955, Anfechtung der Ausschlagung 10 2308 16, Anfechtungserklärung 10 1955, 2081 4, 2282, Annahme der Erbschaft 10 1943 2, Annahmeerklärung 10 2180 4, Aufhebungsvertrag 10 2290 9, 2351 6, Auflage 10 2192 2, Auseinandersetzungsvertrag 10 2042 36, Auskunftserteilung 10 2057 9, Auskunftspflicht 10 666 3, Ausschlagung 10 1945, 2180 4, Ausschlagung Vermächtnis 10 2307 10 ff., Ausstattungsversprechen 10 1624 9 f., Beitrittsgebiet 100 235 § 2 5, Beschwerdeeinlegung 30 64 6 f., Betreuungsverfügung 10 1901c 2, Dreizeugentestament 10 2250 6 f., Einwilligung 10 2120 13, Entziehungsverfügung 10 2336 2 ff., Erbschaftskauf 10 2371; 10 2371 13 ff., Erbschaftsvertrag 10 311b 13, Erbschaftsverzeichnis 10 2121 9, Erbscheinsantrag 30 352e 14, Erbvertrag 10 2276, Erbverzicht 10 2348, Gehörsrüge 30 44 5, Gerichtsstandsvereinbarung

1993

Sachverzeichnis

fette Zahlen = Kennziffer

110 5 *3*, Inventar 10 1340 *6*, Italien **120** Italien *89ff.*, Luxemburg **120** Luxemburg *17ff.*, *81ff.*, Mitteilungspflicht Zentrales Testamentsregister 60 34a *6*, Niederschrift, eigenhändige 10 2247 *12*, Patientenverfügung 10 168 *26*, 1901b *16f.*, *31*, Pflichtteilsbeschränkung 10 2338 *27ff.*, Rechnungslegung 10 666, Rechtsbeschwerde 30 71, Rechtswahl 110 22 *6*, *10*, Rücktritt 10 2296, Rücktrittserklärung 10 2296 *12*, Schenkung 10 516 *3*, 2301 *18*, Schenkungsversprechen 10 516, 518, Teilungsanordnung 10 2048 *6*, Testament **120** Serbien *8*, Testament, ordentliches 10 2231 *3*, USA **120** USA *69f.*, Verfügung 10 2033 *13*, Verfügung von Todes wegen 10 1937 *22*; 120 England/Wales *14*, Verfügungsunterlassungsvertrag 10 2286 *8*, Verpflichtungsgeschäft 10 2033 *15*, Vertretung bei Ausschlagung 10 1945 *15*, Verzeihung 10 2337 *8ff.*, Vollmacht 10 167 *8ff.*, Vorsorgevollmacht 10 167 *8ff.*, Widerruf 10 2253 *2*, Zustimmung 10 2291 *8*
Formanknüpfungsregelungen, Internationales Erbrecht 100 26
Formblätter, EuErbVO 110 80
Formfehler, Bürgermeistertestament 10 2249 *22ff.*, Dreizeugentestament 10 2250 *16*, Gemeinschaftliches Testament 10 2267 *33ff.*, Österreich **120** Österreich *41*, Testament, eigenhändiges 10 2247 *42f.*
Formgültigkeit, Annahmeerklärung 110 28, Ausschlagungserklärung 110 28, Internationales Erbrecht 100 26, Verfügung von Todes wegen 110 27
Formmangel Schenkung, Aktien 10 518 *13*, Bankkonto 10 518 *12*, bewegliche Sachen 10 518 *5*, Bewirkung der Leistung 10 518 *4ff.*, Darlehensvertrag 10 518 *10*, Forderung 10 518 *6*, Fruchtziehungsrecht 10 518 *9*, Geld 10 518 *5*, Grundbesitz 10 518 *7*, Lebensversicherung 10 518 *16*, Oder-Konto 10 518 *15*, Scheck 10 518 *11*, Sparbuch 10 518 *14*, Unterbeteiligung Geschäftsanteil 10 518 *8*, Wertpapierdepot 10 518 *12*
Formstatut, Frankreich **120** Frankreich *13*, Italien **120** Italien *25ff.*, USA **120** USA *25ff.*
Formverbindungen, Testament 10 2232 *18*
Formwirksamkeit Testament, Amtsaufklärungspflicht 30 352e *88*
Fortsetzung, Betriebsaufspaltung 170 *175*, Personengesellschaft 10 2058 *11*
Fortsetzung Gütergemeinschaft, Notargebühren 96 *109*, Zeugnis 96 *30*
Fortsetzungsklausel, Abfindungsanspruch 170 *144*, BGB-Gesellschaft 10 1922 *47*, Fiskus 10 1936 *8*, GbR 10 2032 *38*, Kommanditanteil 10 1922 *55*, Personengesellschaft 150 3 *13ff.*; 170 *144ff.*, Sonderbetriebsvermögen 170 *29*
Forum necessitatis, Notzuständigkeit 110 11
Frankreich 120 Frankreich, Annahme der Erbschaft **120** Frankreich *20ff.*, Auflagen **120** Frankreich *74*, Bedingung **120** Frankreich *74*, Befristung **120** Frankreich *74*, Dauertestamentsvollstreckung **120** Frankreich *107*, Doppelbesteuerungsabkommen **120** Frankreich *150ff.*, Ehegatten **120** Frankreich *9ff.*, *28ff.*, *93*, Entnahmerecht **120** Frankreich *15*, Erbauseinandersetzung **120** Frankreich *114f.*, Erbe, gesetzlicher **120** Frankreich *16ff.*, Erbe, gewillkürter **120** Frankreich *53ff.*, Erbengemeinschaft **120** Frankreich *15*, *109ff.*, Erbhaftung **120** Frankreich *126*, Erbfähigkeit **120** Frankreich *17*, Erbordnungen **120** Frankreich *23ff.*, Erbschaftsklage **120** Frankreich *135*, Erbschaftsteuer **120** Frankreich *137ff.*, Erbscheinsverfahren **120** Frankreich *131f.*, Erbstückvermächtnis **120** Frankreich *67f.*, Erbteilvermächtnis **120** Frankreich *65*, Erbunwürdigkeit **120** Frankreich *18*, Erbvertrag **120** Frankreich *79ff.*, Ersatzvermächtnisnehmer **120** Frankreich *68*, Formstatut **120** Frankreich *13*, Gütergemeinschaft **120** Frankreich *40ff.*, Güterrecht **120** Frankreich *9ff.*, *36ff.*, Gütertrennung **120** Frankreich *43*, Haager Übereinkommen **120** Frankreich *9ff.*, Herabsetzungsklage **120** Frankreich *100f.*, internationales Erbrecht **120** Frankreich *1ff.*, materielles Erbrecht **120** Frankreich *16ff.*, Nachlassspaltung **120** Frankreich *6*, Nachlassverfahren **120** Frankreich *129ff.*, Noterbrecht **120** Frankreich *90ff.*, Offenkundigkeitsurkunde **120** Frankreich *133*, Pflichtteil **120** Frankreich *90ff.*, Rechtswahl **120** Frankreich *8*, Rückverweisung **120** Frankreich *8*, Schenkung auf den Todesfall **120** Frankreich *87*, Sondererbe **120** Frankreich *51*, Teilungsanordnung **120** Frankreich *124*, Testament **120** Frankreich *55ff.*, Testamentseröffnung **120** Frankreich *130*, Testamentsvollstreckung **120** Frankreich *105ff.*, Testierfreiheit **120** Frankreich *53*, Universalsukzession **120** Frankreich *16*, Universalvermächtnis **120** Frankreich *64*, Vollmacht **120** Frankreich *136*, Vorausteilung **120** Frankreich *124*, Vor-/Nacherbe **120** Frankreich *69ff.*, Widerruf **120** Frankreich *76*, Zugewinngemeinschaft **120** Frankreich *44*
Freiberuflerpraxis, Einkommensteuer 170 *11*
Freibeweis, Erbscheinsverfahren 30 352e *108ff.*
Freigabe, Erklärung 10 2217 *10*, Nachlassinsolvenzverwalter 10 2217 *11*, Nutzungen 10 2217 *7*, rechtsgrundlose 10 2217 *14f.*, teilweise 10 2217 *8*, Testamentsvollstrecker 10 2217
Freigabeanspruch, Abwicklungsvollstreckung 10 2217 *4*, Dauervollstreckung 10 2217 *6*, Pfändbarkeit 10 2217 *9*, Stiftung 10 2217 *6*, Testamentsvollstreckung 10 2217, Verwaltungsvollstreckung 10 2217 *6*
Freigabenachweis, Grundbuchamt 10 2217 *12*
Freiheit, Vollmacht 10 164 *15*
Freistellung, Mehrempfang 10 2056 *2*
Freiwillige Gerichtsbarkeit, Abänderung der Entscheidung 30 48, amtliche Verwahrung 30 344, Anschlussbeschwerde 30 66, Anschlussrechtsbeschwerde 30 73, Auseinandersetzungsplan 30 368, Auslandsberührung 30 105, außergerichtliche Kosten 30 80 *3*, außerordentliche Beschwerde 30 58 *16*, Bekanntgabe 30 40, Beschluss 30 38, 40, Beschwerde 30 58, 64, 95 *2*, Beschwerdeberechtigung 30 59, Beschwerdeentscheidung 30 69, Beschwerdewert 30 61, Drittwiderspruchsklage 30 95 *2*, eidesstattliche Versicherung 30 345 *13*, 361, einstweilige Anordnung 30 49, Erinnerung 30 95 *2*, Erklärungsentgegennahme 30 344 *14*, Erledigung der Hauptsache 30 62, Eröffnung Verfügung von Todes wegen 30 348, EuErbVO 110 39, Gerichtskosten 30 80 *2*, Instanzenzug 30 58 *13*, internationale Zuständigkeit 30 105, Inventarfrist 30 345 *12*, 360, Kostenerstattung 30 80 *3*, Kostenfestsetzung 30 85, Kostenpflicht 30 80, 81, Landwirtschaftssachen 85 9, Nachlasssachen 30 342, Nachlassverwaltung 30 359, Notar 65 *20 24*, örtliche Zuständigkeit 30 343, 344, Rechtsbehelfsbelehrung 30 39, Rechtsbeschwerde 30 70, Rechtsmittel 10 vor §§ 2197–2228 *27*, Rechtsmittelkosten 30 345, Stundung Pflichtteilsanspruch 30 362, Teilungssachen 30 363, Testamentsvollstreckung 10 vor §§ 2197–2228 *17ff.*, *22*; 30 355, Übergangsvorschriften 30 58 *5ff.*, Verfahrenskostenhilfe 30 76, 77, 78, Vergleich, gerichtlicher 30 83, Verletzung rechtliches Gehör 30 44, Vertretungszwang 30 78 *1*, Vollstreckung 30 86, 87, Vollstreckungsabwehrklage 30 95 *2*, Waffengleichheit 30 78 *1*, Wiederaufnahme 30 48, Zeugniserteilung 30 354, Zulassungsbeschwerde 30 61, Zuständigkeit, internationale 30 105
Fremdrechtserbschein, Erbschein, gegenständlich beschränkter 30 352c *14*
Friedensvertrag, Todeserklärung 75 4 *10*

magere Zahlen = §§; kursive Zahlen = Randnummern   **Sachverzeichnis**

Frist, Anfechtung 10 2283, Anfechtungserklärung 10 2081 *8,* Aufgebotsverfahren 10 1970 *6,* Beschwerdebegründung 30 65 *3 ff.,* Dauervollstreckung 10 2210, Dreimonatseinrede 10 2014 *7,* Dreißigster 10 1969 *3,* Erbscheinsantrag 30 352e *15,* family provision 120 England/Wales *124,* Gehörsrüge 30 44 *5,* Mitteilungspflicht Zentrales Testamentsregister 60 34a *6,* Nachlassverwaltungsantrag 10 1981 *7,* Rechtsbeschwerde 30 71, Vorkaufsrecht 10 2034 *22 f.,* 2035 *8*
Fristbeginn, Ausschlagungsfrist 10 1944 *2 ff.*
Fristbestimmung, Auflage 96 *57,* Gerichtsgebühr 96 *57 ff.,* Hoferbfolge 96 *59,* Inventarfrist 10 1994 *10 ff.,* Kostenschuldner 96 *60,* Nachlassgericht 96 *57 ff.,* Rechtsmittel 30 *372,* unwirksame 10 2000, Vermächtnis 96 *57*
Fristbestimmung, unwirksame, Inventarfrist 10 2000
Fristhemmung, Nichtigkeitsfiktion 10 2252 *5*
Fristsetzung, Beschwerde 10 2202 *3*
Fristunterbrechung, Seetestament 10 2252 *6*
Fristversäumnis, Bestimmungsrecht 10 2153 *5,* Inventarfrist 10 1994 *14 f.,* Inventarunrichtigkeit 10 2005 *5*
Fristwahrung, Inventarfrist 10 2002 *4*
Früchte, Erbschaftsbesitzer 10 2020, gezogene 10 2184 *2,* Herausgabeanpruch 10 2184 *2,* Herausgabepflicht 10 2020; 10 2020 *6,* nicht gezogene 10 2184 *3,* sonstiges Erlangtes 10 2184 *5,* Surrogation 10 2184 *6,* Verjährung 10 2184 *7,* Vermächtnis 10 2184, Verwaltung 10 2038 *45 f.,* Zeitpunkt der Früchteziehung 10 2184 *4*
Fruchtziehung, ordnungswidrige 10 2133, übermäßige 10 2133, Vorerbe 10 2133
Fruchtziehungsrecht, Formmangel Schenkung 10 518 *9,* Schenkung 10 518 *9*
Fürsorgebedürfnis, Nachlasssicherung 10 1960 *10*
Fürsorgepflicht, Nachlass 10 1960 *1*

Galizien, Spanien 120 Spanien *45, 88, 111, 156*
Gaststättengesetz, Tod des Erlaubnisinhabers 23 *10*
Gattungsauflage, Auflage 10 2192 *5*
Gattungsvermächtnis 10 1939 *5,* 2155, 2288 *4,* beschränktes 10 2155 *3 f.,* Bestimmung der Sache 10 2155 *6 ff.,* Bestimmung durch Bedachten 10 2155 *8,* Bestimmung durch Beschwerten 10 2155 *8,* Bestimmung durch Dritte 10 2155 *9,* Bestimmungsrecht 10 2155 *7,* Gegenstand 10 2155 *9,* Haftung für Vermächtnis 10 2174 *24,* Österreich 120 Österreich *52,* Rechtsmängelhaftung 10 2182, Sachmängelhaftung 10 2183, Vermächtnis 10 2147 *12,* Zuwendung zu Lebzeiten 10 2155 *5*
GbR, *s. BGB-Gesellschaft*
Gebietskörperschaften, Zuwendung an 150 29 *11 ff.*
Gebrauchsrecht, Nachlassgegenstände 10 2038 *47*
Gebrauchsüberlassung, Vererblichkeit 10 1922 *83*
Gebrauchsvorteile, Herausgabepflicht 10 2020
Gebühren, Ausschlagung 10 1945 *16 ff.,* Ermittlungsverfahren 96 *105,* Sicherungsmaßnahme 96 *162,* Stundung Pflichtteilsanspruch 96 *72 ff.,* Verfahrensordnung für Höfesachen 80 Anhang *21 ff.,* Vollstreckbarkeitserklärung 110 *58*
Gebührenanrechnung, Nachlasspflegschaft 96 *35*
Gebührenanspruch, Durchsetzung gegen Gegner 95 *427 ff.,* Durchsetzung gegen Mandanten 95 *454 ff.,* Gerichtsstandsvereinbarung 95 *480 ff.*
Gebührenerhebung, Nachlassgericht 96 *12*
Gebührenvereinbarung, Anrechnung auf nachfolgende Gebühren 95 *59,* Kappungsgrenze 95 *61 f.,* Kostenerstattung 95 *20 ff.,* Preisgespräch 95 *37 ff.*
Geburt, Seeschiff 24 *37*
Geburt Miterbe, Auseinandersetzungsaufschub 10 2043

Geburt von Geschwistern, Nacherbschaft 10 2109 *8*
Gefahr, Einwilligung 10 1901b *91 ff.*
Gefährdung Nachlassbestand, Nachlasssicherung 10 1960 *10*
Gefährdung späterer Erwerb, Pflichtteilsbeschränkung 10 2338 *10*
Gefährdungshaftung, Nachlassverbindlichkeiten 10 1967 *23*
Gefahrengebiet, Todeserklärung 75 *4 6*
Gefahrübergang, Erbschaftskauf 10 2380
Gefahrverschollenheit, Lebensgefahr 75 *7 2,* seitdem verschollen 75 *7 3,* Todeserklärung 75 *7*
Gefälligkeit, Auftrag 10 662 *3 ff.*
Gegenleistung, Auftrag 10 662 *1,* Ausgleichsrecht, Ausschluss 10 2057a *31*
Gegenleistung an Vorerbe, Unentgeltlichkeit 10 2113 *31*
Gegenseitige Verfügungen, Schweiz 120 Schweiz *13,* Umdeutung 10 2265 *49*
Gegenseitiges Testament, England/Wales 120 England/Wales *104*
Gegenseitigkeit, Abfindungsvertrag 10 2346 *25*
Gegenstand, Erblasseranordnung 10 1638 *4,* Gehörsrüge 30 44 *3,* Indikation 10 1901b *60 f.,* Zuwendung 10 516 *4 f.*
Gegenstandsüberlassung, Testamentsvollstrecker 10 2217
Gegenstandswert, Rechtsanwaltsvergütung 95 *19*
Gegenteilsbeweis, Todeserklärung 75 *9 4*
Gegenvorstellung, Zwangsvollstreckung 10 1967 *17*
Gegenwartsbedingung, Bedingung 10 1947 *4, 5*
Gehörsrüge 30 44, Analogie 30 44 *3,* begründete 30 44 *7,* Begründung 30 44 *5,* Form 30 44 *5,* Frist 30 44 *5,* Gegenstand 30 44 *3,* Gerichtsgebühr 30 44 *8,* Kosten 30 44 *8,* Präklusion 30 44 *6,* Rechtsanwaltsgebühr 30 44 *8,* Selbstkorrektur 30 44 *1,* Subsidiarität 30 44 *2,* unanfechtbare Entscheidung 30 44 *2,* unbegründete 30 44 *7,* unzulässige 30 44 *7,* Verletzung rechtliches Gehör 30 44 *4,* Voraussetzungen 30 44 *2 ff.,* Wiedereinsetzung 30 44 *5,* Zulässigkeit 30 44 *2 ff.,* Zwischenentscheidung 30 44 *3*
Geisteskrankheit, Testierfähigkeit 10 2229 *14 f.*
Geistige Anforderungen, England/Wales 120 England/Wales *52*
Geistige Insuffizienz, Testierfähigkeit 10 2229 *11*
Geld, Formmangel Schenkung 10 518 *5,* Nachlasspfleger 10 1960 *23,* Schenkung 10 518 *5*
Geldanlage, mündelsichere 10 2119, Testamentsvollstreckerhaftung 10 2219 *13,* Verfügungsbefugnis Vorerbe 10 2119, Verwaltung des Nachlasses 10 2216 *14,* Vorerbe 10 2119
Geldleistungen, Leistungen, besondere 10 2057a *22*
Geldsumme, Forderungsvermächtnis 10 2173 *5*
Gelegenheitsgeschenke, Steuerbefreiung 150 13 *24*
Geliebtentestament, Bedingung 10 2075 *15*
Geltendmachung, Annahme der Erbschaft 10 1958, Aufwendungsersatz 10 1960 *62,* Ausgleichsbetrag 10 2057a *37,* Ausschließungseinrede 10 1973 *10,* Erbunwürdigkeit 10 2340, Erschöpfungseinrede 10 1973 *10,* Gesamtschuldnerische Haftung 10 2058 *17 ff.,* Haftungsbeschränkungsrecht 10 vor §§ 1967–2017 *14 ff.,* Miterbe 10 2039 *1, 11 ff., 15 ff.,* Nachlassansprüche 10 2039 *11 ff.,* Nachlassrechte 10 2216 *9,* Teilschuldnerische Haftung 10 2060 *14 f.,* Unterhaltsanspruch 10 1963 *6,* Verwaltung des Nachlasses 10 2216 *9,* Zugewinnausgleichsanspruch 10 1371 *15*
Gemeiner Wert, Bewertung 150 13a *9,* Kapitalgesellschaft 150 12 *5*
Gemeinnützige Körperschaft, Steuerbefreiung 150 13 *25 ff.*
Gemeinschaftliches Testament 10 2265, Analphabet 10 2265 *26,* Änderungsvorbehalt 10 2271 *27,* An-

Sachverzeichnis

fette Zahlen = Kennziffer

fechtung 10 2265 *34*, 2271 *64 ff.*, Anfechtung durch Erblasser 10 2281, Anfechtungsfrist 10 1944 *15*, Anfechtungsrecht 10 2285 *7*, Anwartschaftsrecht 10 2108 *7*, Aufhebung durch Erbvertrag 10 2289 *7*, Aufhebung Erbvertrag 10 2292, Aufhebungsantrag 10 2268 *7*, Aufhebungstestament 10 2292, Auslegung 10 2084 *20*, 2265 *36*, 2269 *4 ff.*, *43 ff.*, Ausschlagung nach Tod Erstversterbendem 10 2271 *44 ff.*, äußerlich gemeinschaftliches 10 2265 *18*, beeinträchtigende Schenkungen 10 2287 *2*, Befreiung des Vorerben 10 2136 *14 ff.*, Begriff 110 3 *4*, Behinderter Erblasser 10 2265 *27*, Beitrittserklärung 10 2267 *21*, Beitrittsgebiet 100 235 § 2 *13 ff.*, Besteuerung 150 15 *14*, Bindungswirkung 10 2269 *25*, *45*, Eheauflösung 10 2077 *2*, 2268, Ehegatten 10 2265; 10 2265 *40 ff.*, eigenhändiges 10 2267, Einheitslösung 10 2100 *46*, 2269 *1*, *31 ff.*, einseitiges Änderungstestament 10 2267 *30*, England/Wales 120 England/Wales *103*, Erbanwärter 10 1922 *14*, Erbenhaftung 10 1967 *2*, Erbvertrag 10 1941 *1*, 2265 *37 ff.*; 110 25 *2*, Erbvertrag, gegenseitiger 10 2298 *2*, Erbverzicht 10 2346 *1*, Ergänzungen 10 2267 *25 ff.*, Ernennung 10 2197 *3*, Eröffnung 30 349, Errichtung 10 2265 *21 ff.*, 2267 *2*, Errichtungszusammenhang 10 2265 *6 ff.*, EuErbVO 110 3 *4*, 24 *2*, Feststellungsklage 10 2269 *36*, Formfehler 10 2267 *33 ff.*, gegenseitig gemeinschaftliches 10 2265 *19*, gegenseitige Erbeinsetzung 10 2269; 10 2269 *22*, gleichzeitiges Versterben 10 2269 *26 ff.*, Haager Testamentsformübereinkommen 100 26 *13 ff.*, Inhalt 10 2265 *16*, Italien 120 Italien *84*, Kostenschuldner 96 *91*, Lebenspartner 15 10 *21*, Lebenspartnerschaft 10 2265 *3*, 2267 *39*, Leseunfähigkeit 10 2265 *26*, Minderjährige 10 2265 *25*, Nacherbe 10 2102 *8*, Nacherbschaft 10 2100 *46 ff.*, Nachvermächtnis 10 2100 *49 f.*, Nichtehe 10 2268 *8*, Nichtigkeit 10 2265 *33*, 2267 *33 ff.*, Nichtigkeit der Ehe 10 2268, Niederschrift, eigenhändige 10 2247 *9*, Nießbrauchsvermächtnislösung 10 2269 *2*, Notargebühren 96 *87 ff.*, Nottestament 10 2266, öffentliches Testament 10 2265 *22 ff.*, Ortsangabe 10 2267 *22*, Österreich 120 Österreich *28 ff.*, *87 ff.*, Pflichtteilsklausel 10 2269 *24*, *77 ff.*, Pflichtteilsverzicht 10 2269 *73 ff.*, Rechtsgeschäfte unter Lebenden 10 2265 *17*, 2271 *61 ff.*, Rechtsmittel gegen Eröffnung 30 349 *3*, Rücknahme aus Verwahrung 10 2256 *4*, 2272, Scheidung 10 2268, Scheidungsantrag 10 2268 *5 f.*, Schlusserbeneinsetzung 10 2269 *23 ff.*, Schriftlichkeit 10 2267 *19*, Schweiz 120 Schweiz *49*, Seetestament 10 2266 *3*, selbständige Verfügungen 10 2270 *21*, Serbien 120 Serbien *100*, Sterbefallmitteilung 30 347 *9*, testamentarisches Verbot 10 2100 *48*, Trennung zur Eröffnung 30 349, Trennungslösung 10 2100 *46*, 2269 *1*, Umdeutung 10 2265 *44 ff.*, unechte Wechselbezüglichkeit 10 2270 *2 ff.*, Unterschrift 10 2267 *20*, *23 f.*, USA 120 USA *62 ff.*, Verfügung beider Ehegatten 10 2267 *18*, Verfügungen nach Tod Erstversterbender 10 2271 *63*, Verfügungen über Vermächtnisgegenstand 10 2269 *45*, Verlobte 10 2265 *41*, Vermächtnis 10 2269 *43 ff.*, Verzicht auf Anfechtungsrecht 10 2285 *7*, wechselbezügliche Verfügungen 10 2270, wechselbezügliches 10 2265 *20*, Widerruf 10 1937 *5*, Widerrufstestament 10 2254 *5*, Wiederverheiratung 10 2268 *9*, Wiederverheiratungsklausel 10 2269 *24*, *49*, Wirksamkeit 10 2269 *21*, Zeitangabe 10 2267 *22*, Zentrales Testamentsregister 30 347 *9*, Zuwendungen an Überlebenden 10 2271 *46 ff.*

Gemeinschaftliches Testamentsvollstreckerzeugnis 10 2368 *6*

Gemeinschaftlichkeit, Begriff 10 2040 *12 ff.*

Gemeinschaftskonten, Erwerb, steuerpflichtiger 150 10 *11*

Genehmigung, Auseinandersetzungsvertrag 10 2042 *37 ff.*, Beurkundungsverfahren 10 2232 *30*, Bürgermeistertestament 10 2249 *19*, Erbvertrag 10 2275 *9*, Patientenverfügung 10 1901b *93 f.*

Genehmigung, gerichtliche, Ausschlagung 10 1945 *4 f.*, Klagepflegschaft 10 1962 *4*

Genehmigung Nachlassgericht, Nachlasspfleger 10 1960 *24 f.*

Genehmigungsantrag Betreuungsgericht, Einwilligung 10 1901b *93*

Genehmigungsbedürftigkeit, Genehmigungsvorbehalt 10 1960 *44 ff.*, Vermächtnis 10 2171 *5*

Genehmigungsbeschluss, Bekanntgabe 30 41 *4*, Beschwerdefrist 30 40 *3*, Familiengerichtliche Genehmigung 10 1341 *15*, Rechtswirksamkeit 30 40 *3*

Genehmigungsfreiheit, Familiengerichtliche Genehmigung 10 1341 *6 ff.*

Genehmigungspflicht, Familiengericht 10 1341, Grundstücksveräußerung 12 2, Umgehung 12 2 *2*

Genehmigungsverfahren, Betreuungsgericht 10 1901b *94*

Genehmigungsvorbehalt, Amtspflichtverletzung 10 1960 *42*, Ermessen 10 1960 *42*, genehmigungsbedürftige Geschäfte 10 1960 *44 ff.*, Nachlassgericht 10 1960 *41 ff.*, Nachlasspfleger 10 1960 *41 ff.*, Verfahrenspfleger 10 1960 *43*

Generalvollmacht, abstrakte, Vorsorgevollmacht 10 168 *21*

Genossenschaft, Schenkung durch 150 15 *15 ff.*, Testamentsvollstreckung 10 2205 *40*

Genossenschaftsanteil, Vererblichkeit 10 1922 *66*, 2032 *46*

Gericht, Anzeigepflicht 150 34, EuErbVO 110 3 *11*

Gerichtliche Geltendmachung, Anfechtung 10 1958 *6*, anhängige Prozesse 10 1958 *3*, Anspruch gegen Nachlass 10 1958 *5*, Auskunftsanspruch 10 2057 *10 f.*, gegen Erben 10 1958, vor §§ 1967–2017, gegen Nachlass 10 2213, Nachlassansprüche 10 2039 *15 ff.*, Nachlasserbenschulden 10 1958 *5*, Nachlassforderungen 10 1958 *5*, Nachlassverbindlichkeiten 10 1958 *5*, vor §§ 1967–2017 *16 ff.*, Offenbare Unbilligkeit 10 2048 *33*, Prozessführungsbefugnis 10 1958 *4 ff.*, Testamentsvollstrecker 10 1958 *7*, 2212, vor Annahme 10 1958, Zwangsvollstreckung 10 1958 *3*

Gerichtsanrufung, EuErbVO 110 14

Gerichtsgebühr, Absehen von Erhebung 30 81 *1*, Aufgebot 96 *76 ff.*, Ausschlagung Erbschaft 96 54, Beschwerdeverfahren 96 *33*, *50*, *61*, *70*, *75*, *79*, Dauernachlasspflegschaft 96 *40 ff.*, Eidesstattliche Versicherung 96 *19*, Einzelnachlasspflegschaft 96 *42 f.*, Entgegennahme Inventar 96 *159*, Entgegennahme von Erklärungen 96 *51 ff.*, Erbenermittlung 96 *71*, Erbschaftsverkauf 96 *51*, Erbscheinsverfahren 30 352e *234*, Erklärungen gegenüber Nachlassgericht 96 *51 ff.*, Eröffnung Verfügung von Todes wegen 30 349 *4*; 96 *11 ff.*, Europäisches Nachlasszeugnis 96 *27 ff.*, Forderungsanmeldung 96 *51*, Freiwillige Gerichtsbarkeit 30 80 *2*, Fristbestimmung 96 *57 ff.*, Gehörsrüge 30 44 *8*, Gesamtgutsverwaltung 96 *46 ff.*, Gütergemeinschaft, fortgesetzte 96 *54*, Hoferbfolge 96 *51*, *54*, Inventarfrist 96 *58*, Kostenschuldner 30 80 *2*, Landwirtschaftssachen 85 *43*, Nacherbfolge 96 *51*, Nachlassinventar 96 *51*, *61 f.*, Nachlasspflegschaft 10 1960 *58 f.*; 96 *34 f.*, *40 ff.*, Nachlasssachen 30 80 *2*, Nachlasssicherung 96 *34 ff.*, Nachlassverwaltung 96 *46 ff.*, Nachlassverzeichnis 96 *36*, Rechtsbeschwerdeverfahren 96 *33*, *50*, *61*, *70*, *75*, *79*, Rechtsmittelverfahren 96 *33*, *50*, *61*, *70*, *75*, *79*, Sicherungsmaßnahme 96 *34 ff.*, Siegelung 96 *36*, *39*, Sprungrechtsbeschwerde 96 *50*, *61*, *70*, *75*, *79*, Stundung Pflichtteilsanspruch 96 *72*, Testamentsanfechtung 96 *51*, Testamentsvollstre-

magere Zahlen = §§; kursive Zahlen = Randnummern

Sachverzeichnis

cker 96 *51*, Testamentsvollstreckerzeugnis 96 *32*, Testamentsvollstreckung 96 *64ff.*, Überweisungszeugnis 96 *31*, Verwahrung, gerichtliche 96 *8ff.*, Verwahrung letztwilige Verfügung 96 *8ff.*
Gerichtsstand, Gesamtschuldklage 10 2058 *31*, Herausgabeklage 10 2018 *31*, Vermächtnisanspruch 10 2174 *19*, Wahl des Erblassers 110 5 *5*
Gerichtsstand, besonderer, Erbschaft 40 *27*
Gerichtsstand der Erbschaft, Erbfallschulden 40 28 *4*, Erblasserschulden 40 28 *3*, Erbrechtsfeststellung 40 27 *8*, Erbschaftsbesitz 40 27 *11*, Feststellungsklage 40 27 *8*, Hilfsgerichtsstand 40 27 *17*, internationale Zuständigkeit 40 27 *18*, 28 *11*, Klageerhebungszeitpunkt 40 28 *6f.*, Nachlasserbenschulden 40 28 *5*, Nachlassverbindlichkeiten 40 28 *3*, Pflichtteilsansprüche 40 27 *14*, Streitgegenstand 40 27 *2*, Teilung 40 27 *15*, Vermächtnisansprüche 40 27 *12*, Wahlrecht 40 27 *19*
Gerichtsstand, erweiterter, Erbschaft 40 *28*
Gerichtsstandsvereinbarung, EuErbVO 110 *5*, Form 110 5 *3*, Gebührenanspruch 95 *480ff.*, Gleichlaufprinzip 110 5 *2*
Gerichtsverfahren, Tod einer Partei 10 1958 *4*, 1960 *26*
Gerichtszuständigkeit, Höferecht 80 *18*, Montenegro 120 Montenegro *96f.*
Gesamtes Vermögen, Schenkung 10 516 *5*
Gesamtgrundschuld, Vermächtnis, belastetes 10 *2168*
Gesamtgut, Erbschaft im 10 *2008*, Insolvenzantragspflicht 50 *318*, Inventarfrist 10 *2008*, Nachlassinsolvenzverfahren 50 *318*, Zuwendungen aus 10 *2054*
Gesamtgutsverwalter, Dürftigkeitseinrede 10 1990 *6*
Gesamtgutsverwaltung, Ablehnung 96 *48*, Antragsrücknahme 96 *48*, Gerichtsgebühr 96 *46ff.*, Kostenschuldner 96 *49*
Gesamtgutzuwendungen, einseitige Abkömmlinge 10 2054 *5*, Ersatzpflicht gegenüber Gesamtgut 10 2054 *6*, gemeinsame Abkömmlinge 10 2054 *2*, Gütergemeinschaft 10 *2054*, Gütergemeinschaft, fortgesetzte 10 2054 *7f.*, Vermutung 10 *2054*
Gesamthandsanteil, Nacherbfall 10 2139 *8*, Vorerbschaft 70 51 *6*
Gesamthandseigentum, Übertragung 10 2032 *13*, Umwandlung in Bruchteilseigentum 10 2032 *13*, 2042 *26*
Gesamthandserwerb, GmbH-Geschäftsanteil 10 1922 *41*
Gesamthandsgemeinschaft 10 2032 *3f.*, Mehrheit Vor-/Nacherben 10 2111 *17ff.*
Gesamthandsgrundstück, Verfügungsbefugnis Vorerbe 10 2113 *7*
Gesamthandsklage, Befriedigung ungeteilter Nachlass 10 2058 *20ff.*, Miterbengläubiger 10 2046 *12*, 2059 *32ff.*, Nachlassverbindlichkeiten 10 2058 *20ff.*, 2059 *32ff.*, Vorausvermächtnis 10 2150 *10*
Gesamthandsvermögen, Grundstück 10 2113 *7*
Gesamthypothek, Vermächtnis, belastetes 10 *2167*
Gesamtrechtsnachfolge 10 *1922*, Erbe 10 vor §§ 1967–2017 *1*, Erbfall 10 1922 *21ff.*, 1942 *1*, Fiskus 10 1936 *8*
Gesamtrechtsnachfolger 10 1937 *8*
Gesamtschuldklage 10 2058 *17ff.*, *21ff.*, Aufrechnung 10 2039 *23*, Einwände aus Gesamtschuld 10 2058 *25*, erbrechtliche Einwände 10 2058 *24*, Gerichtsstand 10 2058 *31*, Miterbe 10 2058 *28ff.*, Miterbengläubiger 10 2046 *12*, Nachlassansprüche 10 *2039*, Pflichtverletzung eines Miterben 10 2058 *26*, Zurückbehaltungsrecht 10 2039 *23*
Gesamtschuldnerische Haftung, Erbfallschulden 10 2058 *7*, Erblasserschulden 10 2058 *6*, Erbschaftsbesitzer 10 2018 *17*, Geltendmachung 10 2058 *17ff.*,

Haftung nach Teilung 10 2060 *3ff.*, Käuferhaftung 10 2382 *7*, Miterbe 10 *2058*, Nachlasserbenschulden 10 2058 *6*, Nachlassverbindlichkeiten 10 2058 *6ff.*, Personengesellschaft 10 2058 *9ff.*, Rückforderung Schenkung 10 528 *33*
Gesamtvermögensermittlung, Anrechnung, ausländische Erbschaftsteuer 150 21 *8*
Geschäft des Erblassers, Leistungen, besondere 10 2057a *21*
Geschäfte, erbschaftliche, Begriff 10 1959 *3*
Geschäftsanteil, Abfindungshöhe 10 2032 *45*, Abtretungsklausel 10 1922 *42*, Ausschlussermächtigung 10 1922 *41*, Eintrittsklausel 10 1922 *41*, Einziehungsklausel 10 1922 *41*, 2032 *45*, Gesamthandserwerb 10 1922 *41*, Gesellschafterliste 10 1922 *41*, gutgläubiger Erwerb 10 2211 *6*, Kündigungsmöglichkeit 10 1922 *41*, Nachfolgeklausel 10 1922 *41*, Schenkung 150 9 *18ff.*, Sondererbfolge 10 1922 *41*, Steuerentstehung 150 9 *18ff.*, Testamentsvollstreckung 10 2205 *41ff.*, Unternehmergesellschaft 10 1922 *41*, Vererblichkeit 10 1922 *41*, 2032 *45*, Zwangseinziehung 10 1922 *41*
Geschäftsbesorgung, Auftrag 10 675 *1*, Ausschlagung 10 *1959*, Einkommensteuerpflicht 10 675 *7*, entgeltliche 10 *675*, Erbe, vorläufiger 10 *1959*, erlaubnispflichtige Tätigkeit 10 675 *8f.*, Nichtigkeit 10 675 *9*, Rechtsanwalt 10 675 *10*, Rechtsdienstleistung 10 675 *8f.*, Rechtsfolgen 10 1959 *3*, Sozialversicherungsrecht 10 675 *7*, Vergütung 10 675 *2ff.*, Vergütungshöhe 10 675 *5*, Vergütungsvereinbarung 10 675 *5*, vor Ausschlagung 10 *1959*
Geschäftsbesorgungsvertrag, Vererblichkeit 10 1922 *76*
Geschäftsfähigkeit, Anfechtung 10 *2282*, Anfechtungserklärung 10 1955 *2*, Annahme der Erbschaft 10 1943 *2*, Aufhebungsvertrag 10 2351 *5*, Ausschlagung 10 1945 *3ff.*, *12*, Betreuer 60 28 *3*, Betreuungsgericht 10 2282 *3*, Erbvertrag 10 2275 *1ff.*, *11*, Kenntnis 10 1944 *11*, Rücktritt 10 2296 *3f.*, Testamentsvollstrecker 10 2202 *2*, Testierfähigkeit 10 2229 *2ff.*, Vermerk 60 28 *4f.*, Vermerkpflicht 60 28, Verzichtender 10 2347 *1*, Vollmachtserteilung 10 167 *4*, Vollmachtsgeber 10 168 *7*, Vollmachtswiderruf 10 168 *7*
Geschäftsführung ohne Auftrag, Erbe, vorläufiger 10 1953 *1*, Geschäftsführung, vorläufige 10 1959 *3f.*
Geschäftsführung vor, Ausschlagung 10 *1959*
Geschäftsführung, vorläufige 10 *1959*, Auskunftspflicht 10 1959 *5*, erbschaftliche Geschäfte 10 *1959*, Geschäftsführung ohne Auftrag 10 1959 *3f.*, Herausgabepflicht 10 1959 *5*, Schadensersatzpflicht 10 1959 *5*
Geschäftsgebühr, Anrechnung auf nachfolgende Gebühren 95 *199ff.*, außergerichtliche Beratung 95 *7ff.*, außergerichtliche Vertretung 95 *7*, Rahmengebühr 95 *149*, Rechtsanwaltsgebühren 95 *140ff.*, Titulierung in Vergleich 95 *438*, Vertragsgestaltung 95 *69f.*
Geschäftsleben, Schenkung 150 7 *26f.*
Geschäftsschulden, Nachlassverbindlichkeiten 10 1967 *32*
Geschäftsunfähigkeit, Ausschlagungsfrist 10 1944 *9*
Geschäftswert, Amtliche Verwahrung 30 346 *8*, Änderung 30 58 *9*, Aufgebot 96 *77*, Beratungsgebühr 96 *172*, Beschwerde 30 58 *19f.*, Beschwerdeentscheidung 30 69 *9*, Beurkundungsgebühr 96 *126*, Bewertung Vermögensgegenstände 96 *85*, Eidesstattliche Versicherung 96 *120f.*, Einziehung 96 *38*, Erbauseinandersetzung 96 *143*, Erbschein, beschränkter 96 *20*, Erbscheinsverfahren 96 *20*, Erbscheinsverfahren, Gebühren 96 *20*, Erbteilsverzicht 96 *136*, Erbvertrag 96 *93ff.*, Erbvertrag, Rückgabe 96 *107*, Hoferbfolge 96 *20*, Kraftloserklärung 96 *26*,

1997

Sachverzeichnis

fette Zahlen = Kennziffer

Nachlasssicherung 96 *37*, Nachlassvollmacht 96 *132*, Notargebühren 96 *113*, Pflichtteilsverzicht 96 *136*, Stundung Pflichtteilsanspruch 96 *73*, Teilerbschein 96 *20*, Testament 96 *84 ff.*, Testamentsvollstreckung 96 *65*, Verfahrensordnung für Höfesachen 80 Anhang *19, 20*, Vermächtniserfüllung 96 *151*, Vermittlungsverfahren 96 *166*, Zuwendungsverzicht 96 *136*
Geschäftswertfestsetzung, Nacherbfall 10 2100 *56*
Gesellschafter, Ausscheiden unter Wert 150 7 *45 ff.*
Gesellschafteraufnahme, Schenkung 10 516 *9*
Gesellschafterbeschluss, Testamentsvollstrecker 10 2205 *42 f.*
Gesellschafterliste, GmbH-Geschäftsanteil 10 1922 *41*, Handelsregister 10 1922 *41*, Testamentsvollstreckervermerk 10 vor §§ 2197–2228 *15*, Testamentsvollstreckung 10 vor §§ 2197–2228 *15*
Gesellschaftsanteil, Ausgleichungspflicht 10 2055 *10*, Ausscheiden unter Wert 150 7 *45 ff.*, Bewertung 10 2311 *71 ff.*, Buchwertklausel 150 7 *41 f.*, Einkommensteuer 170 *5*, Erbscheinserbe 10 2367 *6*, Erwerb, steuerpflichtiger 150 10 *48*, EuErbVO 110 1 *11*, Nachlassverwalter 10 1985 *13*, Pflichtteilsberechnung bei Unvererblichkeit 10 2325 *69*, Schenkung 10 2325 *67 ff.*; 150 7 *41 ff.*, Verfügungsbefugnis Vorerbe 10 2112 *11*, Vorerbe 10 2100 *68, 70*, 2112 *11*
Gesellschaftsvertrag, Abfindung 150 10 *48*, Anteilsübergang 150 3 *32 ff.*, Nachfolgeklausel 150 3 *32 ff.*, Nachfolgeregelungen 150 3 *18 f.*, Schenkungsversprechen 10 2301 *32*
Gesonderte Feststellung, Steuerbefreiung 150 13a *35*
Gestaltung, Auftragsverhältnis 10 662 *29 f.*, Betreuungsverfügung 10 1901c *15*, Patientenverfügung 10 1901b *30 ff.*, Untervollmacht 10 164 *31*
Gestaltungsmöglichkeiten des Erblassers, Erbteile, mehrere 10 1951 *10*, Teilannahme 10 1950 *4*, Teilausschlagung 10 1950 *4*
Gestaltungsrechte, Nachlassansprüche 10 2039 *9*, Vererblichkeit 10 1922 *74*, Vorkaufsrecht 10 2034 *3*
Gestaltungsrechte, erbrechtliche, Verfügungsbefugnis Vorerbe 10 2112 *5*, Vorerbe 10 2112 *5*
Gestaltungsurteil, Anfechtungsklage 10 2342 *7, 14 f.*
Gestattung, Erbteile, mehrere 10 1951 *9*, Teilannahme 10 1951 *9*, Teilausschlagung 10 1951 *9*
Gestattung durch Erblasser, Teilannahme 10 1951 *8*, Teilausschlagung 10 1951 *8*
Gesundheit, Vollmacht 10 164 *15*
Getrenntleben, Ehegattenerbrecht 10 1931 *7*
Gewährleistung, Vermächtnis 10 2182, 2183
Gewerberecht, Vererblichkeit 10 1922 *69*
Gewerbesteuer 170 *57 ff.*, Einzelunternehmen 170 *58*, Kapitalgesellschaftsanteile 170 *60*, Personengesellschaft 170 *59*, Verlustvortrag 170 *79 f.*
Gewinn, Vorteilsausgleich 12 17 *14*
Gewinnbeteiligung, überhöhte, Schenkung 150 7 *43 f.*
Gewinnerzielung, Landwirtschaftlicher Betrieb 12 17 *6 ff.*
Gewöhnlicher Aufenthalt, ausländischer Erblasser 30 343 *19*, Definition 30 343 *9*, deutscher Erblasser 30 343 *18*, Einzelfälle 30 343 *10 ff.*, EuErbV 30 105 *4*, inländisches Vermögen 30 343 *19*, Internationale Zuständigkeit 30 105 *2 ff.*, nicht Inland 30 343 *16 ff.*, Todeszeitpunkt 30 343 *16*, Zuständigkeit, örtliche 30 105 *1*, 343 *1*
Girokonto, Surrogation 10 2019 *17*
Glaubhaftmachung, Nachlasspflegschaft auf Antrag 10 1961 *7*, Nachlassverwaltungsantrag 10 1981 *10*
Gläubiger, Nachlassinsolvenzverfahren 50 Vorbemerkungen *10 ff.*, Nachlassverwaltungsantrag 10 1981 *6*, Vermächtnis, gemeinschaftliches 10 2157 *5*

Gläubiger, ausgeschlossene 10 1972, verschärfte Haftung 10 1973 *8*
Gläubigerantrag, Inventarfrist 10 1994 *3*
Gläubigeraufgebot, Alleinerbe 10 2013 *2*, Nachlasspfleger 10 1960 *39*
Gläubigerausschluss, Aufgebotsverfahren 10 2060 *18 ff.*
Gläubigerbefriedigung, Auflage 10 1991 *9*, Bereicherungsrecht 10 1991 *10*, Dürftigkeitseinrede 10 1991 *1, 6 ff.*, Nachlassinsolvenz 10 1991 *6*, Pflichtteil 10 1991 *9*, Reihenfolge 10 1991 *1, 6 ff.*, titulierte Forderung 10 1991 *8*, Vermächtnis 10 1991 *9*, Vermächtnis, belastetes 10 2166 *2 ff.*
Gläubigereinberufung, Österreich 120 Österreich *160*
Gläubigerinteresse, Nachlasspflegschaft 10 1960 *7*
Gläubigerschutz, Schweiz 120 Schweiz *166 ff.*
Gläubigerverzug, Teilzahlungen 10 2317 *31*
Gleichgestellte, Ausgleichsberechtigte 10 2057a *7 ff.*
Gleichlaufprinzip, EuErbVO 110 vor Art. 1, 4 *1*, Gerichtsstandsvereinbarung 110 5 *2*, Rechtswahl 110 5 *4*
Gleichmäßige Befriedigung, Vermächtnisnehmer 10 1992 *9*
Gleichstellung, Adoptierte Kinder 120 England/Wales *44*, nichteheliche Abkömmlinge 10 2303 *44 f.*, Nichteheliche Kinder 120 England/Wales *43*
Gleichstellung mit Ehegatten, Lebenspartner 15 10 *1*
Gleichstellungsprinzip, Serbien 120 Serbien *17*
Gleichstellungsvertrag, Kind, nichteheliches 10 1924 *9*
Gleichzeitiges Versterben, EuErbVO 110 32
GmbH, Testamentsvollstrecker 10 2205 *43*, Testamentsvollstreckung 10 2205 *41 ff.*
GNotKG 96, Amtsverhalten 96 *4*, Antragsverfahren 96 *3*, Anwendungsbereich 96 *2 ff.*, Nachlasspflegschaft 96 *5*, Notarielle Verfahren 96 *7*, Rechtsmittelverfahren 96 *6*
Grabpflege, Beerdigungskosten 10 1968 *8*, Nachlassverbindlichkeiten 10 1968 *8*
Grant, Anerkennung in Deutschland 120 England/Wales *177*, England/Wales 120 England/Wales *176*
Griechenland 120 Griechenland, Annahme 120 Griechenland *63 ff.*, Anwachsung 120 Griechenland *105*, Ausgleichung 120 Griechenland *106 ff.*, Auslandsbezug 120 Griechenland *11 ff.*, Ausschlagung 120 Griechenland *63 ff.*, Ehegattenerbrecht 120 Griechenland *91 ff.*, Erbengemeinschaft 120 Griechenland *176 f.*, Erbenhaftung 120 Griechenland *176 f.*, Erbfähigkeit 120 Griechenland *48 ff.*, Erbfolge 120 Griechenland *62 ff.*, Erbschaftsteuer 120 Griechenland *189 ff.*, Erbscheinverfahren 120 Griechenland *182 ff.*, Erbstatut 120 Griechenland *9 ff.*, Erbunwürdigkeit 120 Griechenland *51 ff.*, Erbvertrag 120 Griechenland *25 ff.*, Erbverzicht 120 Griechenland *54 ff.*, Gemeinschaftliches Testament 120 Griechenland *25 ff.*, gesetzliche Erbfolge 120 Griechenland *74 ff.*, gewillkürte Erbfolge 120 Griechenland *111 ff.*, Grundstücke 120 Griechenland *186 ff.*, Güterrechtsstatut 120 Griechenland *18 ff.*, Internationaler ordre public 120 Griechenland *33 ff.*, internationales Recht 120 Griechenland *1 ff.*, Lebenspartner 120 Griechenland *102 ff.*, Nachlasseinheit 120 Griechenland *14 ff.*, Nachlassverfahren 120 Griechenland *178 ff.*, Pflichtteilsrecht 120 Griechenland *151 ff.*, Scheidung beim Notar 120 Griechenland *95 ff.*, Schenkung von Todes wegen 120 Griechenland *148*, Territorialitätsprinzip 120 Griechenland *14 ff.*, Testament 120 Griechenland *121 ff.*, Testamentseröffnung 120 Griechenland *179 ff.*, Tes-

magere Zahlen = §§; kursive Zahlen = Randnummern   **Sachverzeichnis**

tamentsvollstreckung 120 Griechenland *145*, Testierfähigkeit 120 Griechenland *38*
Großeltern, Erben 3. Ordnung 10 1926, Erbrecht 10 1926 *1*
Großerwerb, Familienstiftung 150 13b *9*, Vermögen, begünstigtes 150 13b, Zusammenrechnung 150 13b *6*
Grundbesitz, Formmangel Schenkung 10 518 *7*, Nachlasspfleger 10 1960 *25, 32*, Nachlasswert 10 2311 *56ff.*, Schenkung 10 518 *7*
Grundbesitz für Wohlfahrt, Steuerbefreiung 150 13 *6*
Grundbuch, Eintragung Vorerbe 70 51, Entziehung der Verwaltung 10 2129 *7*, Erbschein 10 2353 *7ff.*, Erbteilsvollstreckung 70 52 *3*, Erbvertrag 10 2353 *8*, Ersatznacherbe 10 2102 *20*, Nacherbe 10 2101 *6*, Nacherbenvermerk 10 2100 *77*, 2111 *43*; 70 51, Nachlassverwalter 10 1985 *8f.*, notarielles Testament 10 2353 *8*, öffentlicher Glaube 10 2365 *15*, Richtigkeitsvermutung 10 2365 *15f.*, Testamentsvollstreckervermerk 10 vor §§ 2197–2228 *9, 10*; 70 52, Testamentsvollstreckungsanordnung 70 52 *2*
Grundbuchamt, Auslegung Wiederverheiratungsklausel 10 2269 *60*, Erbschein 10 2269 *60*, Ermittlungen 10 2353 *9*, Freigabenachweis 10 2217 *12*, Legitimation Testamentsvollstrecker 10 2368 *22*, Prüfungsrecht 10 2365 *16*, Testamentsvollstreckerzeugnis 10 2368 *22f.*, Verfügung Testamentsvollstrecker 10 2205 *11*, Vollmacht 10 vor §§ 2197–2228 *19*
Grundbuchantrag, Nachlassverwaltung 10 1984 *4*
Grundbuchberichtigung, Abschichtungsvereinbarung 10 2042 *36*, Erbteilskauf 10 2033 *19*, Nacherbe 10 2100 *84*, Nachlassansprüche 10 2039 *7*, Notargebühren 96 *118*
Grundbucheintragung, Erbengemeinschaft 10 2032 *17*, Nachertestamentsvollstreckung 70 51 *10*, Nachlassverwaltung 10 1983 *2*, Testamentsvollstreckung 10 vor §§ 2197–2228 *10*, Vorerbe 70 51 *7*, Vorerbe, befreiter 10 2113 *58*; 70 51 *13*
Grundbuchlöschung, Nacherbenvermerk 10 2065 *22*, 2113 *62*
Grundbuchordnung, Erbfolgenachweis 70 *35*, Nachweis fortgesetzte Gütergemeinschaft 70 35 *23*, Nachweis Rechtsnachfolge 70 35 *24*, Testamentsvollstrecker 70 35 *18ff.*, Vollmacht 70 35 *2*
Grundbuchsperre, Nacherbenvermerk 70 51 *14f.*, Testamentsvollstreckervermerk 70 52 *11f*
Grunddienstbarkeit, Vererblichkeit 10 1922 *71*
Grunderwerbsteuer, Erbfall 170 *66ff.*, Kapitalgesellschaftsanteile 170 *69*, Österreich 120 Österreich *191ff.*, Personengesellschaft 170 *67*, Pflichtteilsanspruch 10 2317 *26*
Grundgeschäft, Vollmacht 10 164 *10*, vor §§ 662–675 *2*, Vorsorgevollmacht 10 164 *10*, vor §§ 662–675 *2*, 662 *1ff., 5ff.*
Grundpfandrecht, Erhaltungskosten, außergewöhnliche 10 2124 *12*, Surrogation 10 2111 *26*, Vermächtnis, belastetes 10 2165 *7*
Grundrecht, Fernmeldegeheimnis 10 nach § 1922 *20ff.*, Rechtliches Gehör 30 44 *1*
Grundschuld, Gütergemeinschaft 70 *37*, Surrogation 10 2111 *24*, Verfügungsbefugnis Vorerbe 10 2114, Vermächtnis, belastetes 10 2166 *6*
Grundsteuer, Nachlassverbindlichkeiten 10 1967 *19*
Grundstück, Abfindung 12 16 *24ff.*, Bewertung 150 12 *13*, England/Wales 120 England/Wales *9*, Gesamtvermögen 10 2113 *7*, Gütergemeinschaft 70 *36*, Gutgläubiger Erwerb 10 1984 *5*, Schenkung 150 9 *24ff.*, Schweiz 120 Schweiz *3*, Verfügung 10 2113 *5f.*, Verfügung Testamentsvollstrecker 10 2205 *11*, Verfügungsbefugnis Vorerbe 10 2113, Verfügungsbeschränkungen 70 51 *3*, Verwaltung durch Erbe 10 1978 *6*, Vorerbe 70 51, Weiterübertragung 150 13d, zu Wohnzwecken vermietet 150 13d, Zwangsversteigerung 10 2115 *20*
Grundstücksbewertung, Ertragswertverfahren 10 2311 *58*, Sachwertverfahren 10 2311 *58*, Vergleichswertverfahren 10 2311 *58*
Grundstückserwerb, gutgläubiger 10 2040 *14*, Surrogation 10 2019 *18*
Grundstücksinventar, Vorerbe 10 2111 *39*
Grundstücksmiteigentumsanteile, Konsolidation 10 1976 *2*
Grundstücksrechte, Verfügungsbefugnis Vorerbe 10 2113 *13*
Grundstücksschenkung, Ausführung 150 9 *24ff.*, Steuerentstehung 150 9 *24ff.*
Grundstückstausch, Vorteilsausgleich 12 17 *15*
Grundstücksübertragung, Testamentsvollstrecker 10 2205 *10*
Grundstücksveräußerung, Erbteilskauf 12 *2*, Genehmigungspflicht 12 *2*, Landwirtschaftsbetrieb 12 2 *2*, Umgehung Genehmigungspflicht 12 2 *2*, Verwaltungsmaßnahmen 10 2038 *10*
Grundstücksverfügung, Entgeltlichkeit 10 vor §§ 2197–2228 *12*, Erbscheinserbe 10 2366 *11ff.*, Nachlasspfleger 10 1960 *47*, Prüfungspflicht Grundbuchamt 10 vor §§ 2197–2228 *12*, Testamentsauslegung 10 vor §§ 2197–2228 *13*, Testamentsvollstrecker 10 vor §§ 2197–2228 *11ff.*, 2205 *14*, Testamentsvollstreckung 10 vor §§ 2197–2228 *11*
Grundstücksverkehrsgesetz 12, Anwendbarkeit 12 13 *9*, Erbrechtsgarantie 12 13 *10*
Grundstücksvermächtnis, Sicherung 10 2059 *34*
Gruppenerbschein, Erbschein 10 2353 *18*
Gültigkeitsdauer, Dreizeugentestament 10 2250 *18*, Europäisches Nachlasszeugnis 110 70 *2*, Nottestament 10 2252, 2266 *4ff*.
Gültigkeitsmängel, Österreich 120 Österreich *76*
Gutachtenerstellung, Rechtsanwaltsgebühren 95 *117ff*.
Gutachterkosten, Erbscheinsverfahren 30 352e *243*
Guter Glaube, Öffentlicher Glaube 10 2366 *8*
Gütergemeinschaft, Auseinandersetzung 30 373, Auseinandersetzung Nachlass 30 342 *3*, Ausschlagung Ehegatte 10 1942 *9*, Bezugsberechtigter 10 331 *5*, Eintragung als Eigentümer 70 36, Erbquote 10 1931 *18f.*, Frankreich 120 Frankreich *40ff.*, Gesamtgutszuwendungen 10 2054, Grundschuld 70 *37*, Grundstück 70 *36*, Hypothek 70 *37*, Inventar 10 2008, Inventarfrist 10 10 27, Landgut 10 2312 *11*, Landwirtschaftlicher Betrieb 12 13 *31f.*, Lebenspartner 15 10 *24*, Lebenspartner, eingetragener 10 1931 *23*, Lebenspartnererbrecht 15 10 *10*, Lebensversicherung 10 331 *5*, Nachweis 70 35 *23*, Österreich 120 Österreich *22*, Pflichtteilsquote 10 2303 *83*, Rentenschuld 70 *37*, Schenkung 10 2287 *5*, Schenkungsteuer 150 7 *34*, Schweiz 120 Schweiz *44*, Vererblichkeit 10 1922 *38*, Zeugnis über Fortsetzung 96 *30*, Zuwendungen aus Gesamtgut 10 2331
Gütergemeinschaft, fortgesetzte, Annahme der Erbschaft 10 1943 *13*, Erbschaftsteuer 150 *4*, Gerichtsgebühr 96 *54*, Gesamtgutszuwendungen 10 2054 *7f.*, Steuererklärungspflicht 150 31 *5*, Steuerschuldner 150 20 *7*
Güterrecht, Auslandsberührung 10 1931 *15*, Ehegatte 10 1931 *1*, EuErbVO 110 1 *7*, Frankreich 120 Frankreich *9ff., 36ff.*, Lebenspartnerschaft, eingetragene 100 17b *11*
Güterrechtliche Auseinandersetzung, Schweiz 120 Schweiz *42ff*.
Güterrechtliche Lösung 10 1371 *10ff.*, Ausbildungskosten Stiefabkömmlinge 10 1371 *17*, Ausschlagung 10 1371 *11*, Auswirkungen 10 1371 *15*,

Sachverzeichnis

fette Zahlen = Kennziffer

Ehevertrag **10** 1371 *14*, Enterbung des Ehegatten **10** 1371 *11*, Lebenspartnererbrecht **15** 10 *8*, Pflichtteilsanspruch **10** 1371 *13*, Voraussetzungen **10** 1371 *10 ff.*, Zugewinnausgleichsanspruch **10** 1371 *15*, Zugewinngemeinschaft **10** 1371 *3*, 1931 *15*
Güterstand, Erbscheinsantrag **30** 352 *28*, Lebenspartner, eingetragener **10** 1931 *23*, Lebenspartnererbrecht **15** 10 *6 ff.*
Güterstandsschaukel, Erbschaftsteuer **150** 5 *16 f.*
Güterstandswechsel, Besteuerung **150** 7 *34*, Pflichtteilsergänzungsanspruch **10** 2325 *55*
Gütertrennung, Erbquote **10** 1931 *16 f.*, Frankreich **120** Frankreich *43*, Lebenspartner **15** 10 *24*, Lebenspartner, eingetragener **10** 1931 *23*, Lebenspartnererbrecht **15** 10 *9*, Österreich **120** Österreich *22*, Pflichtteilsquote **10** 2303 *84*, Schenkung **10** 2325 *56*, Schweiz **120** Schweiz *45*
Gutglaubensschutz, Erbschaftsbesitzer **10** 2018 *2, 2022*, Europäisches Nachlasszeugnis **110** 69 *1*, Forderungserwerb **10** 2111 *38*, Herausgabepflicht **10** 2021 *4*, Surrogation **10** 2019 *21 ff.*, Verfügung **10** 2033 *23*
Gutgläubiger Erwerb, bewegliche Sachen **10** 1984 *6, 2113 50*, Eintritt Nacherbfall **10** 2113 *54*, Entziehung der Verwaltung **10** 2129 *5*, Erbschaftserwerb **10** 2030 *8*, Forderungen **10** 2113 *51*, Grundstück **10** 1984 *5, 2040 14*, Hinterlegungspflicht **10** 2116 *9*, Miterbe, unbekannter **10** 2040 *14*, Nacherbenvermerk **10** 2100 *77, 83*, Nachlassverwaltung **10** 1984 *5*, Surrogation **10** 2019 *21 ff.*, Testamentsvollstreckung **10** vor §§ 2197–2228 *10*, 2211 *5*, unbewegliche Sachen **10** 2113 *52 f.*, Unwirksamkeit **10** 2113 *54*, Verfügungen Vorerbe **10** 2140 *1*, Verfügungsbefugnis Vorerbe **10** 2113 *49 ff.*, Verfügungsbeschränkung **10** 2211 *5*, vom Vorerben **10** 2100 *74*, Zwangsvollstreckungsgläubiger **10** 2115 *15 ff.*

Haager Testamentsformübereinkommen, Anknüpfungsmöglichkeiten **100** 26 *5 ff.*, England/Wales **120** England/Wales *2*, Erbvertrag **100** 26, Erbverzicht **100**, Errichtungsstatut **100** 26 *10*, EuErbVO **110** 27 *2*, Frankreich **120** Frankreich *9 ff.*, gemeinschaftliches Testament **100** 26 *13 ff.*, Heimatrechtsanknüpfung **100** 26 *6*, Lageort **100** 26 *9*, Nachlassabkommen **110** 75 *2*, sachlicher Anwendungsbereich **100** 26 *12 ff.*, Schweiz **120** Schweiz *11*, Vornahmeort **100** 26 *7*, Wohnsitz **100** 26 *8*, zeitlicher Anwendungsbereich **100** 26 *4*
Haager Trustübereinkommen, England/Wales **120** England/Wales *2*
Haftung, Abnutzung, gewöhnliche **10** 2132, Annahme der Erbschaft **10** vor §§ 1967–2017 *3*, Anscheinsvollmacht **10** 2038 *13*, Anwachsung **10** 2007 *4*, Auseinandersetzung **10** 2042 *23*, Beauftragter **10** 662 *19 ff.*, Beerdigungskosten **10** 1968 *4*, Befreiung **10** 2036, Betreuter **10** vor §§ 1967–2017 *11*, Bösgläubigkeit **10** 2024 *7*, Erbe **10** vor §§ 1967–2017 *3*, Erbe, gesetzlicher **10** 2320, Erbschaftsbesitzer **10** 2023, 2024, 2025 *7, 2029*, Erbteile, mehrere **10** 2007, Erbteilerhöhung **10** vor 2007 *4*, Erbteilkäufer **10** 2036, Erbunwürdiger **10** 2344 *17*, Hauptvermächtnisnehmer **10** 2187, Inventarunrichtigkeit **10** 2005, Minderjähriger Erbe **10** vor §§ 1967–2017 *12*, Miterbe **10** 2319 *11 f.*, Mündel **10** vor §§ 1967–2017 *11*, Nachabfindung **12** 17 *23*, Nachlasserbenschulden **10** 1967 *31*, Nachlassgläubiger **10** 2382, Nachlassverbindlichkeiten **10** 2145, Nachlassverwalter **10** 1985; **10** 1985 *17 ff.*, personal representative **120** England/Wales *163 ff.*, Pflichtteilsberechtigter **10** 2319 *11 f.*, Pflichtteilsergänzungsanspruch **10** 2329 *21 ff.*, Steuerschuldner **150** 20 *8*, Vermächtnis **10** 2174 *24 ff.*, Verwaltung durch Erbe **10** 1978, Verwaltung, gemeinschaftliche **10** 2038 *13*, Verwaltung,

ordnungsgemäße **10** 2036, Vorerbe **10** 2100 *13*, 2132, Zwangsverfügung **10** 2115 *16*
Haftung für Steuerschuld, Haftungsfreigrenze **150** 20 *13*, Kreditinstitut **150** 20 *11*, Nachlassverwalter **150** 20 *11 f.*, Testamentsvollstrecker **150** 20 *11 f.*, Versicherungsunternehmen **150** 20 *10*, Zugangsvertreter **150** 32 *8*
Haftung für Vermächtnis, Gattungsvermächtnis **10** 2174 *24*, Schadensersatzanspruch **10** 2174 *24*, Surrogation **10** 2174 *25*, Unmöglichkeit **10** 2174 *24*, Verjährung **10** 2174 *27*, Verschaffungsvermächtnis **10** 2174 *24*, vor Anfall **10** 2174 *26*
Haftung nach Teilung **10** 2060, Aufgebotsverfahren **10** 2060 *18 ff.*, Ausschließungsbeschluss **10** 2060 *23*, Erbteilskauf **10** 2383 *20*, Gesamtschuldnerische **10** 2060 *3 ff.*, Haftungsbeschränkung **10** 2060 *5 ff.*, Haftungsverschärfung **10** 2060, Miterbe **10** 2058 *5*, 2060, Nachlassinsolvenzverfahren **10** 2060 *30 ff.*, 2062 *17*, Nachlassverwaltung **10** 2062 *8 f., 17*, Schweiz **120** Schweiz *165*, teilschuldnerische Haftung **10** 2060 *9 ff.*, Verschweigungseinrede **10** 2060 *25 ff.*
Haftung, unbeschränkte, Ausschließungsbeschluss **10** 1973 *4*, Ausschluss von Einreden **10** 2016, Berichtigung **10** 1979 *4*, Erbe **10** vor §§ 1967–2017 *7*, 2013, Erbenhaftung **10** 2016, Nachlassinsolvenz **10** 2013 *3*, Nachlassverwaltung **10** 2013 *3*, Überschwerung **10** 1992 *3*, Verkäuferhaftung **10** 2383 *3*, Verschweigungseinrede **10** 1974 *6*
Haftung, verschärfte, Erbenhaftung **10** 1973 *8*, Gläubiger, ausgeschlossene **10** 1973 *8*
Haftung vor Teilung, Befriedigung ungeteilter Nachlass **10** 2059 *29 ff.*, eidesstattliche Versicherung **10** 2059 *13 ff.*, Einrede **10** 2059 *2 f.*, Erbteilskauf **10** 2383 *16 f.*, Haftungsbeschränkung **10** 2059 *2 f.*, *13 f.*, 2062 *15 f.*, Inventarfrist **10** 2059 *13 f.*, Inventaruntreue **10** 2059 *13 f.*, Miterbe **10** 2058 *5*, 2059, Nachlassverwaltung **10** 2062 *15 f.*, Vorbehalt im Urteil **10** 2059 *7 f., 15 f.*
Haftungsbeschränkung **10** 1975, alle Nachlassgläubiger **10** 2013 *2*, Alleinerbe **10** vor §§ 1967–2017 *5*, Aufgebotsverfahren **10** 1970 *1*, Aufrechnung **10** 1977 *9 f.*, Ausschließungsbeschluss **10** 1973 *4*, Beendigung Gütergemeinschaft **10** 2008 *9*, DDR **10** vor §§ 1967–2017 *9*, durch Prozessgericht **10** vor §§ 1967–2017 *16 ff.*, Dürftigkeitseinrede **10** vor §§ 1967–2017 *5*, 1990, Ehegatte, nicht erbender **10** 2008 *8*, eidesstattliche Versicherung **10** 2006 *11 ff.*, Einrede, aufschiebende **10** 2013 *6*, einzelne Nachlassgläubiger **10** vor §§ 1967–2017 *6*, 2013 *5 f.*, Erbschaftsteuer **10** 1967 *20*, Erbteilskauf **10** 2383 *5 ff.*, Erkenntnisverfahren **10** vor §§ 1967–2017 *16 ff.*, Fiskus **10** 2011 *3*, Haftung nach Teilung **10** 2060 *5 ff.*, Haftung vor Teilung **10** 2059 *2 f., 13 ff.*, 2062 *15 f.*, Hauptvermächtnisnehmer **10** 2187 *2 ff.*, Inventarerrichtung **10** 1989 *8*, 2063; **10** 2063 *13*, Käuferhaftung **10** 2383 *5 ff.*, Minderjähriger **10** 2032 *29*, *15 f.*, Miterbenglaübiger **10** 2063 *15 f.*, Nacherbenhaftung **10** 2144 *10 ff.*, Nachlassinsolvenz **10** vor §§ 1967–2017 *5*, 1975 *9*, Nachlassverwaltung **10** vor §§ 1967–2017 *5*, 1975 *9*, Prozessgericht **10** vor §§ 1967–2017 *16 ff.*, Schweiz **120** Schweiz *170 ff.*, Steuerschulden **10** 1967 *17*, Testamentsvollstreckung **10** 1975 *11*, Überschwerung **10** 1992 *8 ff.*, Überschwerungseinrede **10** vor §§ 1967–2017 *5*, Urteilsergänzung **10** vor §§ 1967–2017, Verlust **10** 1977 *10*, 2006 *11*, 2013 *1 f.*, Verwaltung des Nachlasses **10** 2216 *16*, Verzicht des erbenden Ehegatten **10** 2008 *7*, Vollstreckung **10** vor §§ 1967–2017 *24 ff.*, Vollstreckungsgegenklage **10** vor §§ 1967–2017 *14*, Vorbehalt im Urteil **10** 2059 *7 f., 15 f.*, Vorerbe **10** 2100 *57*
Haftungsbeschränkung im Prozess, Berufung **10** vor §§ 1967–2017 *19*, Leistungsklage **10** vor

magere Zahlen = §§; kursive Zahlen = Randnummern **Sachverzeichnis**

§§ 1967–2017 *16 ff.*, Nachlassgläubiger 10 vor
§§ 1967–2017 *16 ff.*, Vorbehalt beschränkter Erbenhaftung 10 vor §§ 1967–2017 *16 ff.*
Haftungsbeschränkungsrecht, einzelne Nachlassgläubiger 10 vor §§ 1967–2017 *8*, Inventarfrist 10 1994 *14 f.*, prozessuale Geltendmachung 10 vor §§ 1967–2017 *14 ff.*, Verlust 10 vor §§ 1967–2017 *8*
Haftungsbeschränkungsverlust, Aufgebotseinrede 10 2015 *3*, Nachlassgläubiger 10 1977 *10*
Haftungserleichterungen, Pflichtverletzung Beauftragter 10 662 *25*
Haftungsfreigrenze, Haftung für Steuerschuld 150 20 *13*
Haftungsfreistellung, Erbschaftskauf 10 2375 *8*
Haftungsmasse, Miterbe 10 2058 *3*
Haftungsrisiko, Rahmengebühr 95 *193 ff.*
Haftungsumfang, Miterbe 10 2058 *2*
Haftungsverschärfung, Erbschaftsbesitzer 10 2023 *5 ff.*, Haftung nach Teilung 10 2060, Herausgabepflicht 10 2023 *5 ff.*, Rechtshängigkeit 10 2023 *5 ff.*, Verwendungen 10 2023 *6*
Handakten, Abwickler 27 70 *30 ff.*, Rechtsanwalt 26 50, Steuerberater 27 70 *30 ff.*, Todesfall 26 50 *3*
Handelsgeschäft, Abwicklungsvollstreckung 10 2205 *15*, Aufgabe Geschäftsbetrieb 10 1967 *37*, Dauervollstreckung 10 2205 *15*, Entlassung Testamentsvollstrecker 10 2227 *9*, Nacherbenhaftung 10 2144 *9*, Nachlassverbindlichkeiten 10 1967 *33 ff.*, Testamentsvollstreckung 10 2205 *14 ff.*, Verwaltungsmaßnahmen 10 2038 *10*
Handelsgeschäft, Fortführung, Ausschlagung 10 1967 *36*, Einstellung 10 1967 *35*, Neuschulden 10 1967 *38*
Handelsrechtliche Haftung, Altverbindlichkeiten 10 1967 *35*, besonderer Verpflichtungsgrund 10 1967 *39*, Erbenhaftung, beschränkte 10 vor §§ 1967–2017, Minderjähriger Erbe 10 vor §§ 1967–2017 *13*, Vorbehalt beschränkter Erbenhaftung 10 vor §§ 1967–2017 *20*
Handelsregister, Gesellschafterliste 10 1922 *41*, Personengesellschaft 10 2205 *35*, Testamentsvollstreckervermerk 10 2368 *24 ff.*, Testamentsvollstreckerzeugnis 10 2368 *24 ff.*, Testamentsvollstreckung 10 vor §§ 2197–2228 *14*, Vorerbe 10 2100 *68*
Handelsregistereintragung, Abwicklungsvollstreckung 10 vor §§ 2197–2228 *14*, Dauervollstreckung 10 vor §§ 2197–2228 *14*, Testamentsvollstreckervermerk 10 vor §§ 2197–2228 *14*, Verwaltungsvollstreckung 10 vor §§ 2197–2228 *14*
Handelsunternehmen, Testamentsvollstreckervergütung 10 2221 *13*
Handschenkung 10 516 *1*
Härteausgleich, Erbschaftsteuer 150 19 *5 f.*, Steuersatz 150 19 *5 f.*
Härtefallscheidung, Scheidungsverfahren 10 2077 *16*
Hauptbetroffener, Begriff 30 40 *2*, Beschlussbekanntgabe 30 40 *2*
Hauptsache, Erledigung 30 83 *6*
Hauptsacheverfahren, Amtsverfahren 30 52 *1*, Antragsverfahren 30 52 *2*, Einleitung nach einstweiliger Anordnung 30 52 *4*, Rechtsmittel 30 52 *4*
Hauptvermächtnisnehmer, Erfüllungsverweigerung 10 2187 *4*, Haftung 10 2187, Haftungsbeschränkung 10 2187 *2 ff.*, mehrere Vermächtnisse 10 2187 *7*, Nachlassinsolvenzverfahren 10 2187 *9*, Schadensersatzanspruch 10 2187 *6*, Zwangsvollstreckung 10 2187 *5*
Hausgeld, Testamentsvollstreckung 10 1967 *26*
Hausgenosse, Auskunftspflicht 10 2028
Haushalt, Leistungen, besondere 10 2057a *20*
Haushalt, gemeinsamer, Ehegattenvoraus 10 1932 *6*
Haushaltsauflösung, Verwaltungsmaßnahmen 10 2038 *10*

Haushaltszughörigkeit, Ehegattenvoraus 10 1932 *7*
Hausrat, Bewertung 10 2311 *86*, Lebenspartnerschaft, eingetragene 100 17b *16*, Steuerbefreiung 150 13 *2 f.*
Hausratsversicherung, Vererblichkeit 10 1922 *81*
Hausstand, Dreißigster 10 1969 *2*
Heilung, Erbschaftskauf 10 2371 *19*, Schenkung 10 518 *4 ff.*, Schenkungsvertrag 10 331 *6*, Unterschrift 60 35 *8*
Heim, Begriff 92 14 *7*, Zuwendungsverbot 10 1937 *25*
Heimähnliche Verhältnisse, Zuwendungsverbot 92 14 *30*
Heimatrecht, Rechtswahl 110 22 *3*
Heimatrechtsanknüpfung, Haager Testamentsformübereinkommen 100 26 *6*
Heimatzuständigkeit, Schweiz 120 Schweiz *17*
Heimbewerber 92 14 *14*
Heimbewohner 92 14 *14*
Heimgesetz 92 14, Anwendung 92 14 *1 ff.*, Baden-Württemberg 92 *35 ff.*; 92 14 *35*, Bayern 92 *39 ff.*; 92 14 *39*, Berlin 92 *42 f.*; 92 14 *42*, Brandenburg 92 *44 f.*; 92 14 *44*, Bremen 92 *46 f.*; 92 14 *46*, Einnehmen 92 14 *12*, Hamburg 92 *48 f.*; 92 14 *48*, Hessen 92 *50 f.*; 92 14 *50*, Kenntnis der Zuwendung 92 14 *12*, Leistungen an Beschäftigte 92 14, Leistungen an Träger 92 14, Mecklenburg-Vorpommern 92 *52 f.*, Niedersachsen 92 *54 f.*, Nordrhein-Westfalen 92 *56 ff.*, Rheinland-Pfalz 92 *63 f.*, Saarland 92 *65 f.*, Sachsen 92 *67 f.*, Sachsen-Anhalt 92 *69 f.*, Schleswig-Holsten 92 *71 ff.*, Schutzzweck 92 14 *8 f.*, Testamentsvollstrecker 92 14 *11*, Thüringen 92 *74 f.*, unzulässige Schenkung 10 516 *14*, Vorteilsgewährung durch Dritte 92 14 *16*, Zuwendungsverbot 92 14
Heirat, Testamentswiderruf 120 England/Wales 100
Hemmung, Anfechtungsfrist 10 1954 *21*, 2082 *7*, Inventarfrist 10 1997, Rechtskraft, formelle 30 45 *4*, Verjährung 10 1958 *2*, 2018 *8*, 2026 *5*, 2212 *4*, 2332 *15 f.*, *21*
Herabsetzungsklage, Frankreich 120 Frankreich *100 f.*, Schweiz 120 Schweiz *111 ff.*
Herausgabe, Account-Daten 10 nach § 1922 *8 f.*, Auflage 10 2196, Beeinträchtigende Schenkung 10 2287 *24*, Dürftigkeitseinrede 10 1990 *15 ff.*, einstweilige Verfügung 10 175 *1*, Erbschaftsbesitzer 10 2030 *11*, Nachlass 10 1986, Nachlassansprüche 10 2039 *7*, Nachlassgegenstand 10 1973 *9*, Nachlasspflegschaft 10 1960 *65*, Nachlassverwalter 10 1986, Testamentsvollstreckerzeugnis 10 2368 *19 f.*, Vollmacht 10 175 *1 f.*, 667 *1 ff.*, Vollmachtsurkunde 10 168 *27*, Vollziehungsberechtigte 10 2196, Vorerbe 150 7 *36*, Vorsorgevollmacht 10 175 *1 f.*, 667 *1 ff.*, *5 ff.*
Herausgabeanordnung 10 2103, Erbschaft 10 2103, Nacherbschaft 10 2103, sofortige 10 2103 *4*, Wiederverheiratungsklausel 10 2103 *6*
Herausgabeanspruch 10 2018, Abwendung 10 1973 *9*, Abwendungsbefugnis 10 1992 *10 f.*, Abwendungsrecht 150 29 *9*, Anspruchsgegner 10 2018 *14 ff.*, Aufwendungen 10 2130 *11*, Berechtigter 10 2018 *10 ff.*, Beweislast 10 2018 *34 ff.*, Einreden 10 2018 *26*, Einwendungen 10 2018 *26*, Erbbesitz 10 2018 *36*, Erbe 10 2018 *10*, Erbrecht 10 2018 *35*, Erbschaftsgegenstände 10 2130 *5 f.*, Erbschein 10 2364, Früchte 10 2184 *2*, für tot Erklärter 10 2018 *13*, 2031, Inhalt 10 2018 *25*, 2130 *8*, IntErbVG 10 2364, Kaufpreis 10 2030 *11*, Klage 10 2018 *27 ff.*, landwirtschaftliches Grundstück 10 2018 *12*, Nacherbe 10 2130, 2364, Nachlassgläubiger 10 1990 *15 ff.*, Nachlassinsolvenzverwalter 10 2018 *11*, Nachlasspfleger 10 1960 *20*, 2018 *12*, Nachlassverwalter 10 1986 *4*, 2018 *11*, Nutzungen 10 2130 *10*, Schadensersatzanspruch 10 2138 *9 ff.*, Surrogation

Sachverzeichnis

fette Zahlen = Kennziffer

10 2130 *9*, Testamentsvollstrecker 10 2018 *11*, 2364, Umfang 10 2138 *3ff.*, unpfändbare Gegenstände 10 1990 *17*, Verjährung 10 2018 *6*, Verschollener 10 2031, Verwaltung durch Erbe 10 1978 *11*, Verwendungsersatzanspruch 10 2138 *7*
Herausgabegegenstände, Erbschaftskauf 10 2374 *7ff.*
Herausgabeklage 40 256 *6*, Bestimmtheitsgrundsatz 10 2018 *27*, Gerichtsstand 10 2018 *31*, internationale Zuständigkeit 10 2018 *33*, objektive Klagehäufung 10 2018 *32*, Rechtskraft 10 2018 *29*, Streitgegenstand 10 2018 *28*
Herausgabepflicht, Aufhebung Nachlasspflegschaft 10 1988 *8*, Auftragsverhältnis 10 667, Bereicherungsrecht 10 2021, 2023 *8*, Beweislast 10 667 *3 f.*, 2021 *9*, Erbprätendent 10 2018, Erbschaftsbesitzer 10 2018, Erbschaftserwerber 10 2030, Erbschaftskauf 10 2374, erlangtes Etwas 10 667 *2*, Früchte 10 2020, Gebrauchsvorteile 10 2020, Geschäftsführung, vorläufige 10 1959 *5*, gutgläubiger Dritter 10 2021 *4*, Haftungsverschärfung 10 2023 *5ff.*, Mehrempfang 10 2056 *2*, mittelbare Früchte 10 2020 *6*, Nacherbfolge 10 2130, Nachlasspflegschaft, Aufhebung 10 1960 *55*, Nutzungen 10 2020, Rechtshängigkeit 10 2023, Stufenklage 10 667 *2*, Testamentsvollstrecker 10 2218 *25ff.*, Unmöglichkeit 10 2021 *2f.*, Verwaltung durch Erbe 10 1978 *6*, Vorerbe 10 2130
Herausgabepflicht, beschränkte, Vorerbe 10 2138
Hessische Landgüterverordnung 88
Hilfsantrag, Erbschein, gemeinschaftlicher 30 352a *13*, Erbscheinsantrag 30 352e *45*
Hinterlegung, Betreuungsverfügung 10 1901c *5*, Empfangszuständigkeit 10 2114 *7, 10*, Nachlassansprüche 10 2039 *6*, Nachlasspflegschaft 10 1960 *66*, Testament, eigenhändiges 10 2248 *5*, Vertretung 10 164 *14*, Vollstreckbarkeitserklärung 110 57, Vorerbe 10 2116, Wertpapiere 10 2116
Hinterlegungspflicht, Blankoindossament 10 2116 *6*, Gutgläubiger Erwerb 10 2116 *9*, Hinterlegungsstellen 10 2116 *14*, Inhaberpapier 10 2116 *2ff.*, Klage auf Hinterlegung 10 2116 *12*, Verfügung 10 2116 *8ff.*
Hinterlegungsschein, Amtliche Verwahrung 30 346 *6*
Hinterlegungsstellen, Hinterlegungspflicht 10 2116 *14*
Hinweispflicht, Mandatsübernahme 95 *19ff.*
Hinweispflicht, gerichtliche, Erbteilungsklage 10 2042 *61*
Hinzuziehung, Testamentsvollstreckerernennung 10 2200 *5*
Hirntod 10 1922 *5*, Organspende 10 1901b *47*
Höchstbetragsbürgschaft, Vermächtnis, belastetes 10 2166 *4*
Höchstfrist, Verjährung 10 2332 *13*
Höchstpersönliche Rechtsgüter, Einwilligungsfähigkeit 10 1901b *13, 15*, Einwilligungsunfähigkeit 10 1901b *13*
Höchstpersönlichkeit, Anfechtung 10 2282 *2*, Anfechtungsrecht 10 2080 *3*, Aufhebungsvertrag 10 2290 *4*, Auflage 10 2192 *1*, Bestätigung 10 2284 *5*, E-Mails 10 nach § 1922 *10f.*, Erbvertrag 10 2274, Nachlassverwalter 10 1985 *13*, Österreich 120 Österreich *29*, Rücknahme aus Verwahrung 10 2256 *5*, Rücktritt 10 2296, Schweiz 120 Schweiz *51*, Surrogation 10 2019 *5*, Testamentserrichtung 10 2064 *4*, Testamentsvollstrecker 10 2205 *4*, 2218 *11ff.*, Verfügung von Todes wegen 10 2065 *1*, Vertretung 10 164 *14*, Widerruf 10 2255 *5*, Widerruf wechselbezüglicher Verfügungen 10 2271 *8ff.*
Hochzeitsgeschenk, Ehegattenvoraus 10 1932 *8*
Hof, Begriff 80 *1*, Bestandteile 80 *2*, Bremisches Höfegesetz 87, Erfolge 80 *4*, gesetzliche Hoferbenordnung 80 *5*, Landesgesetz über Höfeordnung **89**, Übergabevertrag 80 *17, 19 15ff.*, Vererblichkeit 10 1922 *63*, Zubehör 80 *3*
Hofaufgabe, Zustimmung Nacherbe 10 2100 *31*
Höfeakten, Verfahrensordnung für Höfesachen 80 Anhang *10*
Hofeigenschaft, Aufgabe 10 2100 *31*
Höfeordnung, sachliche Zuständigkeit 10 1945 *7*, Teilausschlagung 10 1950 *4*, Vor-/Nacherbschaft 10 2100 *31*
Hoferbe, Abfindung 80 *12, 13*, Anerbenrecht 10 1922 *63*, Ausgleichsberechtigte 10 2057a *10*, Ausschlagung 80 *11*, Beschwerter 10 2147 *6*, Bestimmung durch Eigentümer 80 *7*, Ehegatte 80 *14, 19 8*, Ehegattenhof 80 *8*, Erbverzicht 10 2346 *8*, gesetzliche Hoferbenordnung 80 *19 7*, mehrere Höfe 80 *9*, Miterbe 80 *12*, Nachlassverbindlichkeiten 80 *15*, Sonderrechtsnachfolge 10 1922 *63*, Teilannahme 10 1950 *3*, Vererbung nach allgemeinem Recht 80 *10*, vorweggenommen Erbfolge 80 *17*, Wegfall höferechtlicher Zweck 80 *13*
Hoferbenordnung, dritte Ordnung 80 *6*, Ehegatte 80 *6*, erste Ordnung 80 *6*, vierte Ordnung 80 *6*, Wirtschaftsfähigkeit 80 *6*, zweite Ordnung 80 *6*
Hoferbenordnung, gesetzliche, Hof 80 *5*, Hoferbe 80 *19 7*
Hoferbfolge, Abfindung 80 *19 18ff.*, Anerbengesetze 100 *64*, Fristbestimmung 96 *59*, Gerichtsgebühr 96 *51, 54*, Geschäftswert 96 *20*, hoffreies Vermögen 80 *19 14*, Übergabevertrag 80 *19 11*, Verfügung von Todes wegen 80 *19 10ff.*, Vor-/Nacherbschaft 80 *19 12*
Höferecht 80, Abfindung 80 *19 18ff.*, Abfindungsverzicht 80 *19 25*, Bestimmung durch Dritte 10 2065 *2, 12ff.*, Erbvertrag 10 2276 *13*, Ergänzungsabfindungsansprüche 80 *19 20ff.*, Gerichtszuständigkeit 80 *18*, Lebenspartner 80 *19*, Nachlassteilung 10 2059 *28*, Sondererbfolge 10 1922 *23*, Verfahrensordnung 80 Anhang, Verfügung von Todes wegen 80 *16*
Hofgüter, geschlossene, Badisches Gesetz 86
Hofstelle, Zuweisung 12 *14 2ff.*
Hofvermerk, Verfahrensordnung für Höfesachen 80 Anhang *6*
Hotchpot, Fiskus 120 England/Wales *49*
Hypothek, Dürftigkeitseinrede 10 1990 *10*, Gütergemeinschaft 70 *37*, Verkehrsschutz 10 1976 *3*, Vermächtnis, belastetes 10 2166, Wiederaufleben 10 1976 *2, 3*
Hypothekenforderung, Verfügungsbefugnis Vorerbe 10 2114

Idealkollation, Ausgleichung 10 2055, Ausgleichungspflicht 10 2050 *3*
Immaterialgüterrecht, Vererblichkeit 10 1922 *64*
Immobilien, Surrogation 10 2111 *22ff.*
Inbesitznahme, Nachlasspfleger 10 1960 *20*
Indikation, Akutfall 10 1901b *62*, Definition 10 1901b *54*, Diagnoseablehnung 10 1901b *63*, fehlende Behandlung 10 1901b *57*, Gegenstand 10 1901b *60f.*, laufende Behandlung 10 1901b *61*, Minderjährige 10 1901b *7*, nachvollziehbare Darstellung 10 1901b *59*, Patientenverfügung 10 1901b *53ff.*, Psychiatrie 10 1901b *63*, Therapieziel 10 1901b *55f.*, übersichtsartige Diagnose 10 1901b *63f.*
Informationen, EuErbVO 110 *79*
Informationspflichten, Nachlasspfleger 10 1960 *50ff.*
Inhaberaktien, beschränkte Erbenhaftung 10 1922 *39*, Vererblichkeit 10 1922 *39*
Inhaberpapier 10 2116 *3*, Hinterlegungspflicht 10 2116 *2ff.*, Umschreibung 10 2117, Umwandlung 10 2117, Vorerbe 10 2117

magere Zahlen = §§; kursive Zahlen = Randnummern **Sachverzeichnis**

Inhaltsirrtum, Anfechtungsgrund 10 1954 *6f.,* Anfechtungsgründe 10 2078 *8,* Ausschlagung 10 1954 *7,* Ausschlagungsfrist 10 1956 *4,* Irrtum 10 1954 *7, 13,* konkludente Annahme 10 1954 *13,* Motivirrtum 10 1954 *7*
Inhaltskontrolle, Erbverzicht 10 2346 *34,* Pflichtteilsverzicht 10 2346 *34*
Inland, Europäisches Nachlasszeugnis 110 62 *4*
Inländer, Steuerpflichtiger 150 2 *4ff.*
Innenverhältnis, Ausgleichspflichtiger 10 2055 *5f.,* Erbengemeinschaft 10 2038 *6ff.,* Miterbe 10 2058 *32ff.,* Verwaltung, gemeinschaftliche 10 2038 *11*
Insichgeschäft, Heilung 10 2205 *6f.,* Selbstkontraktionsverbot 10 2205 *6f.,* Testamentsvollstrecker 10 2205 *6f.,* Vollmacht 10 181, Zustimmung der Erben 10 2205 *7*
Insolvenz, Anfechtung 50 Vorbemerkungen *19ff.,* Erbe 50 331, Erblasser 50 Vorbemerkungen *29,* Pflichtteilsberechtigter 10 2317 *51ff.,* Restschuldbefreiungsverfahren 10 2317 *53*
Insolvenz des Erben, Annahme der Erbschaft 10 1943 *13*
Insolvenz des Erwerbers, Rückforderungsrecht, vertraglich 10 516 *18,* Vorkaufsrecht 10 2035 *7*
Insolvenzanfechtung, Ausschlagung 10 1942 *11,* Insolvenzmasse 50 Vorbemerkungen *19ff.*
Insolvenzantrag, Antragspflicht 10 1980 *1, 2,* Quotenschaden 10 1980 *11,* Schadensersatzpflicht 10 1980 *11,* Überschuldung 10 1980 *2,* Überschwerung 10 1992 *2,* verzögerter 10 1980 *11,* Zahlungsunfähigkeit 10 1980 *2*
Insolvenzantragspflicht 10 1980 *10,* Gesamtgut 50 318
Insolvenzforderungen, Nachlassinsolvenzverfahren 50 Vorbemerkungen *26*
Insolvenzgläubiger, Nachlassinsolvenz 50 Vorbemerkungen *14*
Insolvenzgrund, Kenntnis 10 1980 *3, 7ff.*
Insolvenzmasse, Begriff 50 Vorbemerkungen *17,* Beschlagnahme 50 Vorbemerkungen *18,* Insolvenzanfechtung 50 Vorbemerkungen *19ff.,* Verteilung 10 1989 *6;* 50 Vorbemerkungen *27,* Verwertung 50 Vorbemerkungen *25*
Insolvenzplan, Aufhebung Nachlassinsolvenzverfahren 10 1989 *7,* Beendigung Nachlassinsolvenzverfahren 10 1989 *5,* Nachlassinsolvenzverfahren 50 Vorbemerkungen *31*
Insolvenzverfahren, Betriebsaufspaltung 170 *179*
Insolvenzverwalter, Erbscheinsantrag 30 352e *27,* Nachlassinsolvenzverfahren 50 Vorbemerkungen *9,* Testamentsvollstrecker 10 vor §§ 2197–2228 *3,* Zwangsverfügung 10 2115 *9*
IntErbRVG 31, Erbschein 10 2353 *1,* Erbschein, gegenständlich beschränkter 30 352c, Europäisches Nachlasszeugnis 31 36, Herausgabeanspruch 10 2364
Interlokales Erbrecht, Beitrittsgebiet 100 235 § 1 *2,* Verfügung von Todes wegen 100 235 § 2 *1ff.*
Internationale Abkommen, EuErbVO 110 vor Art. 1, 75
Internationales Erbrecht, Anerbengesetze 100 64, Auslegung 10 2084 *7,* DDR 100 26, EuErbVO 100 25, Europäische Erbrechtsverordnung 10 vor §§ 2274–2302 *11,* Formanknüpfungsregelungen 100 26, Formgültigkeit 100 26, Frankreich 120 Frankreich *1ff.,* Hoferbfolge 100 64, Italien 120 Italien *1ff.,* Lebenspartnerschaft, eingetragene 100 17b *15,* Luxemburg 120 Luxemburg *1ff.,* ordre public 100 26, Rechtsnachfolge von Todes wegen 100 25, Schweiz 120 Schweiz *1ff.,* Spanien 120 Spanien *1ff.,* Steuerentstehung 150 9 *12,* Steuerpflicht 150 2 *3, 14ff.,* USA 120 USA *1ff.,* Verfügung von Todes wegen 100 26, Vermächtnis 10 vor §§ 2147–2191 *7, 2147 15*

Internationales Privatrecht, Montenegro 120 Montenegro *3ff.*
Internationales Recht, Lebenspartnerschaft, eingetragene 100 17b *7ff.,* Nachlassinsolvenzverfahren 50 Vorbemerkungen *32*
Internationales Testament, Montenegro 120 Montenegro *47,* Serbien 120 Serbien *57*
Intestate succession, Erbfolge, gesetzliche 120 England/Wales *29ff.*
Inventar, amtliche Aufnahme 10 2003, amtliche Mitwirkung 10 2002 *2,* Bekräftigung 10 2006 *1,* eidesstattliche Versicherung 10 2006, Eigenaufnahme 10 2002; 10 2002 *1,* Einsichtnahme 10 2010, Form 10 1340 *6,* Gütergemeinschaft 10 2008, Inhalt 10 2001, Konfusion 10 2001 *2,* Konsolidation 10 2001 *2,* Miterbe 10 2001 *4,* Nachlassverzeichnis 10 1993 *2,* Notargebühren 96 *154ff.,* Personengesellschaft 10 2001 *3,* Siegelung 96 *155,* Umfang 10 1340 *5,* Unrichtigkeit 10 2005, Wertangabe 10 2001 *5,* Zuständigkeit 10 1340 *8*
Inventar, öffentliches, Schweiz 120 Schweiz *170ff.*
Inventar, vorhandenes, Auskunftspflicht 10 2004 *3,* Bezugnahme 10 2004, Bezugnahmeerklärung 10 2004 *2,* Inventaruntreue 10 2004 *4,* Privatinventar 10 2004 *3,* wirksame Errichtung 10 2004 *3*
Inventaraufnahme, Erbe 10 2002, Testamentsvollstrecker 10 2215 *6*
Inventaraufnahme, amtliche, Antrag 10 2003 *5,* Auskunftspflicht 10 2003 *6,* ausländischer Erblasser 10 2003 *4,* Einreichungspflicht 10 2003 *8,* Kosten 10 2003 *9,* Nachlassgericht 10 2003; 10 2003 *1,* Notar 10 2003 *1,* Testamentsvollstrecker 10 2003 *7,* Zuständigkeit 10 2003 *2f.*
Inventarerrichtung 10 1993, Antragsberechtigte 10 2063 *6,* Dreimonatseinrede 10 2063 *14,* Ehegatte, erbender 10 2008 *4ff.,* Ehegatte, nicht erbender 10 2008 *4ff.,* eidesstattliche Versicherung 10 2000 *9, 2006 3, 2008 6, 2063 10,* Einreichung Nachlassgericht 10 1993 *4ff.,* freiwillige 10 2000 *8,* Haftungsbeschränkung 10 1989 *8, 2063;* 10 2063 *13,* Hinzuziehung Behörden 10 1993 *8,* Inhalt 10 2063 *9,* Käuferhaftung 10 2383 *6,* Kosten 10 1993 *9, 2002 5,* Miterbe 10 2063, Nacherbe 10 2144 *18ff.,* Nachlassverwalter 10 1985 *15,* ordnungsgemäße 10 2063 *8ff.,* Österreich 120 Österreich *176,* Vollständigkeitsvermutung 10 2009 *2,* Wirkung 10 2009, 2144 *18,* Zuständigkeit 10 1993 *8,* 2003 *3*
Inventarerrichtungsvorbehalt, Italien 120 Italien *62,* Luxemburg 120 Luxemburg *56*
Inventarfrist 10 1994, amtliches Verfahren 10 2000 *6ff.,* Antrag auf Bestimmung 10 1994 *2ff.,* Antrag auf neue 10 1996 *4f.,* Antragsberechtigte 10 1994 *3,* Beginn 10 1995 *2,* beide Ehegatten 10 2008 *3,* Bekanntgabe 10 1994 *10,* Beschwerde 10 1994 *11f.,* Bestimmung durch Beschluss 30 360, Beteiligte 30 345 *12,* Dauer 10 1995, eidesstattliche Versicherung 10 2000 *7,* Erbeserbe 10 1998 *3,* Fiskus 10 2011, Freiwillige Gerichtsbarkeit 30 345 *12,* 366, Fristbestimmung 10 1994 *10ff.,* Fristversäumnis 10 1994 *14f.,* Fristwahrung 10 2002 *4,* Gerichtsgebühr 96 *58,* Gesamtgut 10 2008, Gläubigerantrag 10 1994 *3,* Gütergemeinschaft 10 2008; 15 17 *20,* Haftung vor Teilung 10 2059 *13ff.,* Haftungsbegrenzungsrecht 10 1994 *14f.,* Hemmung 10 1997, Inventaruntreue 10 2000 *7f.,* minderjähriger Erbe 10 1999, Mitteilung an Familiengericht 10 1999, nach Nachlassinsolvenzverfahren 10 2000 *6,* Nachlassansprüche 10 2039 *6,* Nachlassgericht 10 1994 *10ff.,* Nachlassinsolvenzverwalter 10 2000 *4,* Nachlasspfleger 10 2012, Nachlassverwalter 10 2000 *4, 2012,* Nachlassverwaltung 10 1984 *4,* neue Frist 10 1996, rechtliches Gehör 10 1996 *6,* Rechtsmittel 10 1994 *11f.,*

Sachverzeichnis

fette Zahlen = Kennziffer

Tod des Erben 10 1998, unverschuldete Versäumung 10 1996 *2f.*, Unwirksame Fristbestimmung 10 2000, Verkürzung 10 1995 *6*, Verlängerung 10 1995 *4*, Versäumung 10 1996 *2f.*, Wahrung 10 1994 *13*, Zulässigkeit des Antrags 10 1994 *5ff.*, Zustellung 30 41 *3*
Inventarisierungspflicht, Elterliche Sorge 10 1340
Inventarpflicht, Dürftigkeitseinrede 10 1990 *20*
Inventarunrichtigkeit, Auskunftsverweigerung 10 2005 *5f.*, Erbenhaftung 10 2005, Ergänzungsfrist 10 2005 *9*, Fristversäumnis 10 2005 *5*, Haftung 10 2005, Inventaruntreue 10 2005 *2ff.*, Nachlassverbindlichkeiten 10 2005 *4*, Unvollständigkeit 10 2005 *2*, Vertreter 10 2005 *8*
Inventaruntreue, Haftung vor Teilung 10 2059 *13ff.*, Inventar, vorhandenes 10 2004 *4*, Inventarfrist 10 2000 *7f.*, Inventarunrichtigkeit 10 2005 *2ff.*, Rechtsfolgen 10 2005 *7ff.*
Inventarveräußerung, Vorteilsausgleich 12 17 *18*
Investitionsklausel, Erbschaftsteuer 150 13b *34*
In-vitro-Fertilisation, Erbfähigkeit 10 1923 *6*
Inzidentanerkennung, Montenegro 120 Montenegro *16*, Serbien 120 Serbien *21*
Ipso-iure-Erwerb, Ausschlagung 10 1953 *1*, Erbfall 10 1942 *1*, Schwebezustand 10 1943 *1*
Irrtum, Anfechtung 10 1954 *5ff.*, 1956 *5*, 2281 *14*, *16*, Anfechtung der Ausschlagung 10 2308 *2*, Anfechtungsfrist 10 1954 *19*, 2283 *3ff.*, Annahme der Erbschaft 10 1949, 1954 *11ff.*, Annahmeerklärung 10 2180 *10*, ausdrückliche Annahme/Ausschlagung 10 1949 *2*, Ausschlagung 10 1949, 1954 *6ff.*, 2180 *10*, Ausschlagungserklärung 10 1945 *4*, Belastungen 10 1954 *18*, Berufungsgrund 10 1949, Beweislast 10 1949 *6*, Eigenschaftsirrtum 10 1954 *10*, *14*, Erbquote 10 1954 *15*, Erbvertrag 10 2281 *14*, *16*, Erklärungsirrtum 10 1954 *11*, Inhaltsirrtum 10 1954 *7*, *13*, Kausalität 10 1949 *3*, Kenntnis 10 1944 *9*, konkludente Annahme 10 1949 *2*, 1954 *12*, Motivirrtum 10 1954 *8*, Nachlassgröße 10 1954 *16*, Nachlasswert 10 1954 *17*, Österreich 120 Österreich *73*, Rechtsfolgen 10 1954 *7*, über Berufungsgrund 10 1949, Überschuldung 10 1954 *16*, Unentgeltlichkeit 10 2113 *35*; 150 7 *9f.*, Unwirksamkeit 10 1949, Zuwendungen, lebzeitige 10 2053 *4*
Irrtum des Erblassers, Erbe, gesetzlicher 10 2066 *11*, Pflichtteilsberechtigte Person 10 2079 *8*, Pflichtteilsberechtigung, Übergehung 10 2079 *6*, Pflichtteilsberechtigung 10 2079 *10*, Verwandte 10 2067 *7*, Verwandtschaft 10 2079 *9*
Italien 120 Italien, Annahme der Erbschaft 120 Italien *58ff.*, Annahme unter Vorbehalt 120 Italien *62*, Auflagen 120 Italien *103*, Ausschlagung 120 Italien *61f.*, Ehegatten 120 Italien *71ff.*, Erbe, gesetzlicher 120 Italien *64ff.*, Erbe, gewillkürter 120 Italien *79ff.*, Erbeinsetzung 120 Italien *95ff.*, Erbengemeinschaft 120 Italien *115*, Erbenhaftung 120 Italien *119*, Erbschaftsteuer 120 Italien *125ff.*, Erbstatut 120 Italien *6ff.*, Erbunwürdigkeit 120 Italien *53*, Erbverzicht 120 Italien *56*, Ersatzerbe 120 Italien *97ff.*, EuErbVO 120 Italien *32ff.*, Europäisches Nachlasszeugnis 120 Italien *124*, Form 120 Italien *89ff.*, Formstatut 120 Italien *25ff.*, gemeinschaftliches Testament 120 Italien *84*, internationale Zuständigkeit 120 Italien *28ff.*, internationales Erbrecht 120 Italien *1ff.*, Inventarerrichtungsvorbehalt 120 Italien *62*, materielles Erbrecht 120 Italien *32ff.*, Nachlassverfahren 120 Italien *120ff.*, Noterbrecht 120 Italien *108ff.*, Rechtswahl 120 Italien *11ff.*, Teilungsanordnung 120 Italien *106*, Testamentsvollstrecker 120 Italien *104f.*, Verfügung von Todes wegen 120 Italien *79ff.*, Vermächtnis 120 Italien *102*, Vermögensübergang 120 Italien *57*, Vor-/Nacherbe 120 Italien *100*

Jahressteuer, Berechnung 150 23 *9ff.*, Nutzungsermittlung 150 23 *9ff.*, Rentenbesteuerung 150 23 *4*
Jastrow'sche Klausel, Pflichtteilsklausel 10 2269 *87*
Joint tenancy, Ehegatte 120 England/Wales *114*, England/Wales 120 England/Wales *114*, USA 120 USA *112ff.*
Jugendamt, Minderjährige 10 1901b *10*
Juristische Person, Erbfähigkeit 10 1923 *2*, Nacherbe 10 2101 *7f.*, 2108 *19*, Nacherbschaft 10 2109 *9*
Juristische Personen, Annahme der Erbschaft 10 1946 *8*, Ausschlagung 10 1946 *8*

Kapitalerhöhung, Testamentsvollstrecker 10 2205 *42*
Kapitalgesellschaft, Beteiligungsquote für Verschonung 150 13a *21*, Bewertung 10 2311 *80f.*; 150 12 *3ff.*, disquotale Einlage 150 7 *50*, Erbschaftsteuer 150 3 *20*, Ertragswertverfahren 150 12 *7*, gemeiner Wert 150 12 *5*, Mindestwert 150 12 *8f.*, Schenkung durch 150 15 *15ff.*, Steuerklasse bei Schenkung 150 15 *16*, Surrogation 10 2111 *31*, Testamentsvollstreckung 10 2205 *41ff.*, Verfügungsbefugnis Vorerbe 10 2112 *11*, Verlust 170 *90*, Vorerbe 10 2112 *11*, Zusammenrechnung von Beteiligungen 150 13a *22*, Zuwendung 150 7 *30*
Kapitalgesellschaftsanteile, Erbe 170 *60*, Gewerbesteuer 170 *60*, Grunderwerbsteuer 170 *69*, Steuerbefreiung 150 13a, Steuerbegünstigung 150 13b *18ff.*, Tarifbegrenzung 150 19a, Umsatzsteuer 170 *65*, Vermögen, begünstigtes 150 13b *18ff.*
Kapitallebensversicherung, Vererblichkeit 10 1922 *79*
Kapitalverkehrsfreiheit, Erbschaftsteuer 150 Vorbemerkungen *21*
Kapitalwert, Rentenbesteuerung 150 23
Kappungsgrenze, Gebührenvereinbarung 95 *61f.*, Rechtsschutzversicherung 95 *63*
Kappungsregelung, Lebenspartnerschaft, eingetragene 100 17b *19*
Katalonien, Spanien 120 Spanien *42ff.*, *84ff.*, *107*, *119*, *155*
Kauf, Nachlassgegenstände 10 2371 *2*, Surrogation 10 2019 *19*
Käuferhaftung, Ausschließungsbeschluss 10 2383 *6*, beschränkte Verkäuferhaftung 10 2383 *4ff.*, Dürftigkeitseinrede 10 2383 *8*, Erbschaftskauf 10 2382, 2383, Erbteilskauf 10 2382 *8*, 2383 *15ff.*, gesamtschuldnerische 10 2382 *7*, Haftungsbeschränkung 10 2383 *5ff.*, Inventarerrichtung 10 2383 *6*, Kenntnis 10 2382 *5*, Nachlassverwaltung 10 2383 *6*, Umfang 10 2382 *6f.*, 2383, unbeschränkte Verkäuferhaftung 10 2383 *3*
Kaufpreis, Herausgabeanspruch 10 2030 *11*
Kausalgeschäft, Abfindungsvertrag 10 2346 *27*
Kenntnis, Anfall der Berufung 10 1944 *3*, Anfechtung 10 2079 *18*, Anfechtungsrecht 10 2082 *2*, Ausschlagungsfrist 10 1944 *2ff.*, *4*, Bestätigung 10 2284 *4*, Betreuer 10 1944 *11*, Erbanfall 10 1944 *5ff.*, Erbe, gesetzlicher 10 1944 *6*, Erbfolge, gewillkürte 10 1944 *7*, *15*, Erbschaft 10 1944 *2ff.*, Geschäftsfähigkeit 10 1944 *11*, Grund der Berufung 10 1944 *4*, Heimgesetz 92 14 *12*, Insolvenzgrund 10 1980 *3*, *7ff.*, Irrtum 10 1944 *9*, Käuferhaftung 10 2382 *5*, Minderjähriger 10 1944 *7f.*, minderjähriger Pflichtteilsberechtigter 10 2332 *12*, Mitteilung Nachlassgericht 10 1944 *10*, Nacherbe 10 1944 *14*, Pflichtteilsberechtigter, Übergehung 10 2079 *7*, positive 10 1944 *8f.*, Verfügung von Todes wegen 10 1944 *5ff.*, Verjährung 10 2332 *17*, Vertreter 10 1944 *12*, Zugewinngemeinschaft 10 2332 *11*
Kennzeichnung, Schriftübergabe 60 30 *9*
Kernbereichstheorie, Personengesellschaft 10 2205 *26*
Kettenschenkung 10 516 *13*

magere Zahlen = §§; kursive Zahlen = Randnummern   **Sachverzeichnis**

Kind, eheliches, Vaterschaft 10 1924 *5*
Kind, nichteheliches 10 1924 *9,* Erbersatzanspruch 10 1924 *9,* Gleichstellungsvertrag 10 1924 *9,* Vaterschaft 10 1924 *5,* vorzeitiger Erbausgleich 10 1924 *9*
Kinder, Auslegungsregel 10 2068, Bezugsberechtigter 10 331 *11,* Erblasser 10 2068, Erbrecht 10 1924 *18,* Verfügung von Todes wegen 10 2068, Versorgungsfreibetrag 150 17 *1 f.*
Kinder, einbenannte, Erbfolge 10 1924 *14*
Kindesunterhalt, Vererblichkeit 10 1922 *34*
Klage gegen Erbe, Prozessführungsbefugnis 10 1958 *3,* Verjährung 10 1958 *2,* vor Annahme 10 1958
Klagehäufung, Herausgabeklage 10 2018 *32,* objektive 10 2018 *32*
Klagepflegschaft, Antrag Nachlassgläubiger 10 1962 *5,* gerichtliche Genehmigung 10 1962 *4,* Nachlassgericht 10 1962 *3 ff.,* Nachlassgläubiger 10 1962 *3 ff.,* Zwangsvollstreckung 10 1962 *6*
Klauselumschreibung, Urteil 10 2213 *16*
Kleinbetragsgrenze, Erbschaftsteuer 150 22
Kodizill, Österreich 120 Österreich *28*
Kollision, interlokale, EuErbVO 110 36
Kollision, interpersonale, EuErbVO 110 36, 37
Kollisionsnorm, EuErbVO 110 21
Kollisionsrecht, Aufenthalt, gewöhnlicher 110 21 *1,* England/Wales 120 England/Wales *1, 9,* Serbien 120 Serbien *2,* Staatsangehörigkeitsprinzip 110 21 *2,* Trennung bewegliches/unbewegliches Vermögen 120 England/Wales *28*
Kollisionsrecht, inländisches, EuErbVO 110 38
Kollisionsrecht, innerdeutsches 100 235 § 1 *2,* Anwendungsbereich 100 235 § 1 *26 ff.,* Beitrittsgebiet 100 235 § 1, gewöhnlicher Aufenthalt 100 235 § 1 *3*
Kollusives Zusammenwirken, Vollmachtsmissbrauch 10 164 *25*
Kommanditanteil, Ausschluss der Vererblichkeit 10 1922 *55,* Dauervollstreckung 10 2368 *25,* Fortsetzungsklausel 10 1922 *55,* gemeinsamer Vertreter 10 1922 *55,* Nachfolgeklausel 10 1922 *55,* Pflichtteilsergänzungsanspruch 10 2325 *68,* Sondererbfolge 10 1922 *55,* Surrogation 10 2019 *19,* Testamentsvollstreckung 10 vor §§ 2197–2228 *14,* 2205 *32 f.,* Vererblichkeit 10 1922 *55,* 2032 *35*
Kommanditgesellschaft, Altverbindlichkeiten 10 1967 *45,* Erbfähigkeit 10 1923 *2,* Neuschulden 10 1967 *45,* Tod des Komplementärs 10 1967 *44,* 2032 *34 f.,* Tod eines Kommanditisten 10 1967 *45,* Vererblichkeit 10 1922 *55 ff.,* Verlustausgleichungsbeschränkung 170 82, Verlustvortrag 170 79
Kommanditist, Verfügungsbefugnis Vorerbe 10 2112 *13,* Vorerbe 10 2100 *71,* 2112 *13,* Wahlrecht des Erben 10 1977 *43*
Kommanditistenwechsel, Vermächtnis 10 2205 *36*
Kommorienten, EuErbVO 110 32
Kommunikationsteilnehmer, E-Mails 10 nach § 1922 *24,* Fernmeldegeheimnis 10 nach § 1922 *24*
Komplementär, Anwachsen 10 1922 *56,* Ausscheiden bei Tod 10 1922 *56,* bedingte Austrittserklärung 10 1922 *58,* Eintrittsrecht 10 1922 *58,* Nachfolgeklausel 10 1922 *58,* Vererblichkeit 10 1922 *56 ff.,* Wahlrecht 10 1922 *54, 58*
Konfusion 10 2032 *7,* Erbengemeinschaft 10 1976 *1,* Erbfall 10 1922 *22,* Erbschaftskauf 10 2377, Erwerb, steuerpflichtiger 150 10 *21,* Inventar 10 2001 *2,* Miterbe 10 2058 *27,* Miterbengläubiger 10 2046 *9,* Nacherbschaft 10 2143 *1,* Nachlassbestand 10 1991 *4,* Nachlassbewertung 10 2311 *15,* Nachlassinsolvenz 10 1976; 10 1976 *2,* Nachlassverwaltung 10 1976; 10 1976 *2,* Vermächtnis 10 2175, Wiederaufleben erloschener Rechte 10 2175
Konsolidation, Erbengemeinschaft 10 1976 *1,* Erbfall 10 1922 *22,* Erbschaftskauf 10 2377, Grundstücksmiteigentumsanteile 10 1976 *2,* Inventar 10 2001 *2,*

Nacherbschaft 10 2143 *1,* Nachlassbestand 10 1991 *4,* Nachlassbewertung 10 2311 *15,* Nachlassinsolvenz 10 1976; 10 1976 *2,* Nachlassverwaltung 10 1976; 10 1976 *2,* Vermächtnis 10 2175, Wiederaufleben erloschener Rechte 10 2175
Konstituierungsgebühr, Testamentsvollstreckervergütung 10 2221 *6*
Konsularbeamte, Beurkundung 30 344 *7;* 60 vor §§ 27–35 *2 ff.*
Konsularisches Notariat, amtliche Verwahrung 60 34 *17,* begünstigte Person 60 27 *7,* Mitteilungspflicht Zentrales Testamentsregister 60 34a *11 f.*
Kontaktdaten, EuErbVO 110 *78*
Kontenermittlung, Nachlasspfleger 10 1960 *34*
Kontensperrung, Nachlasssicherung 10 1960 *15*
Kontokündigung, Verwaltungsmaßnahmen 10 2038 *10*
Kontovollmacht, Erbeinsetzung 10 2087 *11*
Kontrollbetreuung 10 168 *5, 10 ff.,* Bevollmächtigter 10 vor §§ 164–181 *9*
Kontrollrechte, Nacherbe 10 2127
Konvaleszenz, Miterbe 10 2063 *17 f.,* Nachlassinsolvenz 10 1976 *6,* Nachlassverwaltung 10 1976 *6,* Verfügungen 10 1976 *6,* 2063 *17 f.*
Konversion, Österreich 120 Österreich *71,* Schweiz 120 Schweiz *82*
Konzern, Steuerbegünstigung 150 13b *13,* Vermögen, begünstigtes 150 13b *13*
Körperschaft, inländische, Steuerpflichtiger 150 2 *7*
Kosten, Anerkenntnis 10 vor §§ 1967–2017 *22,* Aufgebotsverfahren 10 1970 *9,* Ausschlagungserklärung 10 1945 *12,* Beschwerde 30 58 *17 ff.,* eidesstattliche Versicherung 10 2006 *10,* 2057 *17,* Eidesstattliche Versicherung 30 352 *38,* Einziehung Erbschein 30 353 *25 f.,* Erbenermittlung 10 1964 *7,* Erbschaftsverzeichnis 10 2121 *15,* Erbschein 30 352b *24 ff.,* Erbscheinseinziehung 10 2361 *27,* Erbscheinsverfahren 30 352e *234 ff.,* Erhaltungskosten, gewöhnliche 10 2124 *4,* Gehörsrüge 30 44 *8,* Inventarerrichtung 10 1993 *9,* 2002 *5,* Kraftloserklärung Erbschein 10 353 *25 f.,* Landwirtschaftssachen 85 33, Nachlasspflegschaft 10 1960 *26,* Öffentliche Aufforderung 30 352d *6,* Testament, öffentliches 10 2232 *33,* Testamentsvollstreckerzeugnis 10 2368, Verwahrung, amtliche 10 2248 *5,* Verwaltung des Nachlasses 10 2038 *53 f.*
Kosten, außergerichtliche, Freiwillige Gerichtsbarkeit 30 80 *3,* Kostenerstattung 30 80 *3,* Nachlasssachen 30 80 *3*
Kostenauferlegung, billiges Ermessen 30 81, Rechtsmittel 30 81 *8,* Regelbeispiele 30 81 *1,* teilweise 30 81 *7*
Kostenentscheidung, Absehen von Erhebung 30 82 *2,* Beschwerde 30 85 *4,* Beschwerdeentscheidung 30 69 *7,* Beschwerdeverfahren 30 58 *10,* billiges Ermessen 30 81 *6,* Endentscheidung 30 38 *2,* Erbscheinsverfahren 30 352e *239 ff.,* Ergänzungsbeschluss 30 43 *2,* Erinnerung 30 85 *5,* Ermessensentscheidung 30 81 *3 f.,* Fehlen 30 43 *2,* Landwirtschaftssachen 85 34, Nachholung 30 82 *1,* Nachlassgericht 30 81 *2,* Nachlasssachen 30 84 *7,* Pflicht 30 81 *2,* Rechtsmittel 30 81 *8,* 85 *4 f.,* stillschweigende 30 82 *2,* teilweise Kostenauferlegung 30 81 *7,* Zeitpunkt 30 82
Kostenerstattung, außergerichtliche Kosten 30 80 *3,* Freiwillige Gerichtsbarkeit 30 80 *3,* Gebührenvereinbarung 95 *20 ff.,* Nachlasssachen 30 80 *3,* notwendige Kosten 30 80 *3,* Rechtsanwaltskosten 30 85 *2 f.,* Vergütungsvereinbarung 95 *493*
Kostenerstattungspflicht, Landwirtschaftssachen 85 45
Kostenfestsetzung, Freiwillige Gerichtsbarkeit 30 85, Inhalt 30 85 *2 f.,* Nachlasssachen 30 85

2005

Sachverzeichnis

fette Zahlen = Kennziffer

Kostenfestsetzungsbeschluss, Vollstreckung 30 95 *1*
Kostenfestsetzungsverfahren 30 85 *1*
Kostengrundentscheidung 30 80 *1*, 85
Kostenpflicht, billiges Ermessen 30 81, Erledigung 30 83, Erledigung der Hauptsache 30 83 *6*, Freiwillige Gerichtsbarkeit 30 80, 81, Nachlasssachen 30 80, Rücknahme 30 83, Rücknahme Antrag 30 83 *7*, Umfang 30 80, Vergleich, gerichtlicher 30 83 *2*
Kostenregelung, Vergleich, gerichtlicher 30 83 *2*
Kostenschuldner, Aufgebot 96 *78*, Beschwerdeverfahren 96 *50*, Beurkundungsgebühr 96 *127*, Eidesstattliche Versicherung 96 *122*, Erbscheinsverfahren, Gebühren 96 *22*, Erbvertrag 96, Erbvertrag, Rückgabe 96 *108*, Eröffnung Verfügung von Todes wegen 96 *14*, Fristbestimmung 96 *60*, Gemeinschaftliches Testament 96 *91*, Gerichtskosten 30 80 *2*, Gesamtgutsverwaltung 96 *49*, Nachlasspflegschaft 96 *45*, Nachlasssicherung 96 *38*, Nachlassverwaltung 96 *49*, Nachlassvollmacht 96 *133*, Notargebühren 96 *86, 91, 96, 108, 114, 133*, Rechtsbeschwerdeverfahren 96 *50*, Rechtsmittelverfahren 96 *33, 50*, Sprungrechtsbeschwerde 96 *50*, Stundung Pflichtteilsanspruch 96 *74*, Testament 96 *86*, Testamentsvollstreckung 96 *66*, Vermittlungsverfahren 96 *168 f.*, Verwahrung, gerichtliche 96 *10*
Kostentragungspflicht, Landwirtschaftssachen 85 44, Rechtsmittelkosten 30 84, Rücknahme Rechtsmittel 30 84 *4*
KostO, Amtsverfahren 96 *4*, Antragsverfahren 96 *3*, Anwendungsbereich 96 *2 ff.*, gerichtliche Verfahren 96 *2 ff.*
Kraftloserklärung, Erbscheinsverfahren, Gebühren 96 *24 ff.*, Geschäftswert 96 *26*
Kraftloswerden, Testamentsvollstreckerzeugnis 10 2368 *17 f.*
Krankheit, Patientenverfügung 10 1901b *20*
Kreditaufnahme, Erhaltungskosten, außergewöhnliche 10 2124 *14*, Surrogation 10 2019 *20*, 2111 *20 f.*
Kreditinstitut, Anzeigepflicht 150 33 *2*, Haftung für Steuerschuld 150 20 *11*
Krieg, Begriff 75 *4 2*
Kriegsteilnehmer, Todeserklärung 75 *4*
Kulturgüter, Steuerbefreiung 150 13 *4*
Kunden, Bedachte 10 2071 *4*
Kündigung, GmbH-Geschäftsanteil 10 1922 *41*, Testamentsvollstrecker 10 2215 *3*, 2226, Verfügungsbefugnis Vorerbe 10 2114 *6 ff.*
Kunstgegenstände, Bewertung 10 2311 *82 f.*
Künstliche Ernährung, Patientenverfügung 10 1901b *25 f.*
Kürzungsrecht, Abdingbarkeit 10 2322 *15*, Anordnung des Erblassers 10 2324 *3*, Auflagen 10 2322 *3, 8 ff.*, Ausschlagung 10 2322 *5 ff.*, Einschränkung 10 2318 *15 ff.*, Erbe 10 2318 *4 ff.*, Erweiterung 10 2318 *20 ff.*, Nießbrauch 10 2322 *14*, Pflichtteilslast 10 2324 *3*, unteilbare Leistung 10 2322 *13*, Vermächtnis 10 2318 *10 ff.*, 2322 *3*, *8 ff.*, Voraus 10 2322 *12*

Ladung, Auseinandersetzungsverfahren 30 365
Lageort, Haager Testamentsformübereinkommen 100 26 *9*
Länderöffnungsklausel, Erbschein 10 2319
Landesgesetz über Höfeordnung, Rheinland-Pfalz 89
Landesrecht, Nachlasspflegschaft 10 1960 *24*, Siegelung 65 20 *7 ff.*
Land-/forstwirtschaftliche Betriebe, Steuerbefreiung 150 13a, Steuerbegünstigung 150 13b *17*, Tarifbegrenzung 150 19a, Vermögen, begünstigtes 150 13b *17*
Landgut, Begriff 10 2049 *3 ff.*, 2312 *3*, Betriebsfortführung 10 2312 *16 ff.*, Bewertung 10 2312, Ertragswert 10 2049 *2, 11 ff.*, 2312 *25*, Erwerber 10 2312 *12 f.*, Gütergemeinschaft 10 2312 *11*, lebzeitiger Erwerb 10 2312 *15*, Nachabfindungsansprüche 10 2049 *7*, Übernahme 10 2049, Vererblichkeit 10 1922 *63*, Verfügung von Todes wegen 10 2312 *14*
Landgutübernahme, Auslegungsregel 10 2049 *1*, Zuwendung des Rechts 10 2049 *8 ff.*
Landwirtschaftlicher Betrieb, Begriff 12 2 *2*, 13 *11 ff.*, Enteignung 12 17 *13*, Erbengemeinschaft 12 13; 12 13 *21 ff.*, Gewinnerzielung auf andere Weise 12 17 *6 ff.*, Grundstücksveräußerung 12 2 *2*, Gütergemeinschaft 12 13 *31 f.*, Nachlassverbindlichkeiten 10 2058 *38*, Übergangsvorschriften 12 33, Veräußerung des Betriebes 12 17, Zuweisung 12 13, Zuweisungsantrag 12 13 *18 ff.*, Zuweisungsgegenstand 12 13 *36 ff.*, Zuweisungsverfahren 12 13 *7 f.*, Zuweisungsverfahren, gerichtliches 10 2042 *64*, Zwangsversteigerung 12 17 *13*
Landwirtschaftliches Grundstück, Herausgabeanspruch 10 2130 *12*
Landwirtschaftliches Vermögen, Erbschaftsteuer 150 3 *36*
Landwirtschaftsgericht, Erbscheinsverfahren 85 1 *4*
Landwirtschaftssachen, Amtsverschwiegenheit 85 *5*, Anhörung 85 *14*, Antragsverfahren 85 *14*, Begriff 85 1 *3*, Beschwerde 85 *40*, Besetzung der Gerichte 85 *2*, Betriebszuweisung 85 *32a, 36a*, einstweilige Anordnung 85 *18*, freiwillige Gerichtsbarkeit 85 *9*, gerichtliches Verfahren 85, Gerichtsgebühren 85 *43*, Kosten 85 *33*, Kostenentscheidung 85 *33*, Kostenerstattungspflicht 85 *45*, Kostentragungspflicht 85 *44*, mündliche Verhandlung 85 *15*, örtliche Zuständigkeit 85 *10*, Rechtkraft 85 *30*, Rechtsmittel 85 *21–29*, Rechtsweg 85 *2*, Richter 85 *5*, vorläufige Vollstreckbarkeit 85 *30*, Zuständigkeit 85 *1*, Zuweisung 85 *32a, 36a*
Lapse, Testament 120 England/Wales *92*
Lebensalter, Schweiz 120 Schweiz *54*
Lebensgefahr, Gefahrverschollenheit 75 *7 2*
Lebensgefährte, Auftragsverhältnis 10 662 *14*, Erbrecht 10 1931 *1*, Österreich 120 Österreich *24*, Vollmacht 10 662 *14*
Lebensnachstellung, Pflichtteilsentziehung 10 2333 *8*
Lebenspartner, Aufhebungsantrag 10 1933 *15*, Auftragsverhältnis 10 662 *14*, Enterbung 15 10, Erbquote 10 1931 *22*, Erbrecht 10 1931 *1, 20 ff.*, Erbunwürdigkeit 15 10 *15*, Erbvertrag 15 10 *22*, family provision 120 England/Wales *123*, gemeinschaftliches Testament 15 10 *21*, gesetzliches Erbrecht 15 10 *2*, Gleichstellung mit Ehegatten 15 10 *1*, großer Pflichtteil 15 10 *25*, Gütergemeinschaft 10 1931 *23; 15 10 *24*, Güterstand 10 1931 *23*, Gütertrennung 10 1931 *23; 15 10 *24*, Höferecht 80 *19*, kleiner Pflichtteil 15 10 *25*, Luxemburg 120 Luxemburg *67*, ordre public 110 35 *3*, Pflichtteil 15 10 *23 ff.*, Pflichtteilsverzichtsvertrag 15 10 *26*, Spanien 120 Spanien *33 f.*, Steuerfreibetrag 150 *16*, Verfahrensverordnung für Höfesachen 80 Anhang *26*, Vollmacht 10 662 *14*, Voraus 10 1932 *12*, Zugewinngemeinschaft 10 1931 *23; 15 10 *25*
Lebenspartnererbrecht, Aufhebung der Partnerschaft 15 10 *17 ff.*, Ausschlagung 15 10 *15, 20*, Dreißigster 15 10 *13*, erbrechtliche Lösung 15 10 *7*, Erbunwürdigkeit 15 10 *20*, Erbverzicht 15 10 *16, 20*, Erlöschen 15 10 *14*, gesetzlicher Erbteil 15 10 *5*, Gütergemeinschaft 15 10 *10*, güterrechtliche Lösung 15 10 *8*, Güterstand 15 10 *6 ff.*, Gütertrennung 15 10 *9*, Höhe 15 10 *4*, Scheinlebenspartnerschaft 15 10 *19*, Voraus 15 10 *12*, Voraussetzungen 15 10 *3*, Wegfall 15 10 *14*
Lebenspartnerschaft 100 17b, Aufhebung 15 10 *17 ff.*, Auflösung 15 10 *20*; 100 17b *9, 11*, Eigentumsvermutung 100 17b *17*, eingetragene **15**, Erbrecht 15 10, Gemeinschaftliches Testament 10

magere Zahlen = §§; kursive Zahlen = Randnummern   **Sachverzeichnis**

2265 *53*, 2267 *39*, Güterrecht 100 17b *11*, Hausrat 100 17b *16*, internationale Zuständigkeit 100 17b *20*, internationales Erbrecht 100 17b *15*, internationales Recht 100 17b *7ff.*, Kappungsregelung 100 17b *19*, Mehrfachregistrierung 100 17b *18*, Namensrecht 100 17b *16*, Pflichtteilsberechtigter 10 2303 *62ff.*, Pflichtteilsquote 10 2303 *85f.*, Unterhaltsrecht 100 17b *14*, Verfügung von Todes wegen 10 2077 *19*, Versorgungsausgleich 100 17b *13*
Lebensvermutung, Verschollener 75 *10*
Lebensversicherung, Änderung des Bezugsberechtigten 10 332 *1*, Annahme der Erbschaft 10 1943 *5*, Auflösung der Ehe 10 2077 *2*, Bezugsberechtigung 10 332 *3*, Bezugsrecht 10 2325 *71ff.*, ehebedingte Zuwendung 10 331 *7*, eigener Anspruch des Dritten 10 331 *13*, Erbschaftsteuer 150 3 *40ff.*, Formmangel Schenkung 10 518 *16*, Gütergemeinschaft 10 331 *5*, Nachlasspfleger 10 1960 *36*, Schenkung 10 331 *6*, 518 *16*, 2325 *71ff.*, Schenkungsvertrag 10 331 *6*, Schenkungswiderruf 10 331 *7*, USA 120 USA *118*, Valutaverhältnis 10 331 *6*, Versicherungsrecht 10 332 *3*, Vertrag zugunsten Dritter 10 328 *3*, 331 *2*
Legalisation, EuErbVO 110 *74*
Legitimation, Testamentsvollstrecker 10 vor §§ 2197–2228 *9ff.*, Unterbevollmächtigter 10 164 *32*, Vollmachtswiderruf 10 168 *26*
Legitimationswirkung, Europäisches Nachlasszeugnis 110 *69 3*
Leibesfruchtpfleger, Nachlasspflegschaft 10 1960 *23*
Leibrente, Nutzungsrechte, vorbehaltene 10 2325 *111ff.*, Vererblichkeit 10 1922 *71*
Leibrentenvertrag, Montenegro 120 Montenegro *70*, Serbien 120 Serbien *104ff.*, Vertrag zugunsten Dritter 10 331 *1*
Leichnam, Vererblichkeit 10 1922 *65*
Leistung nach Todesfall, Vertrag zugunsten Dritter 10 331
Leistung, unteilbare, Kürzungsrecht 10 2322 *13*, Nachlassverbindlichkeiten 10 2060 *13*, Teilschuldnerische Haftung 10 2060 *13*
Leistungen, besondere, Abkömmling 10 2057a, Art 10 2057a *19ff.*, Ausgleichungspflicht 10 2057a, Beruf des Erblassers 10 2057a *21*, Dauer 10 2057a *16*, entgeltlich 10 2057a *30*, Erblasser 10 2057a *14*, Geldleistungen 10 2057a *22*, Geschäft des Erblassers 10 2057a *21*, Haushalt 10 2057a *20*, mehrere Abkömmlinge 10 2057a *27*, persönliche Erbringung 10 2057a *15*, Pflegeleistung 10 2057a *24*, *26*, Übergangsvorschriften 10 2057a *25*, unentgeltliche 10 2057a *18*, Vermögenserhalt 10 2057a *17*
Leistungen, entgeltliche, Ausgleichsrecht, Ausschluss 10 2057a *30*, Leistungen, besondere 10 2057a *30*, Testamentsvollstreckerzeugnis 10 2368
Leistungen, nichtvermögenswerte, Nachlassverbindlichkeiten 10 1967 *13*
Leistungen, wiederkehrende, Erbschaftsteuer 150 *23*
Leistungsanspruch, Auflage 10 2048 *19*, Vermächtnis fremder Gegenstände 10 2169 *14*
Leistungsbestimmung, Zweckvermächtnis 10 2156 *3*
Leistungsfähigkeit nach Tod, Ehegattenunterhalt 10 1568b *46*
Leistungsgeschäfte, Surrogation 10 2019 *10*
Leistungsklage, Anerkenntnis 10 vor §§ 1967–2017 *22*, Erbteilungsklage 10 2042 *60*, Haftungsbeschränkung im Prozess 10 vor §§ 1967–2017 *16ff.*, Österreich 120 Österreich *186*
Leistungspflicht, Auflage 10 1940 *1*
Leistungsunfähigkeit, mutwillige, Rückforderung Schenkung 10 529 *3*, *11*
Leistungsverweigerungsrecht, ausgeschlossene Forderung 10 1973 *5*, Eigenvermögen 10 2319 *4*, Einrede 10 2059 *2ff.*, Erbenmehrheit 10 2319 *3*, Höhe 10 2319 *8f.*, Nachlassteilung 10 2319 *4*,

Pflichtteilsberechtigter 10 2319, Pflichtteilsberechtigter Miterbe 10 2319, vor Teilung 10 2059 *2ff.*, Vorkaufsrecht 10 2035 *6*, Zugewinnausgleichsanspruch 10 1371 *15*, Zugewinngemeinschaft 10 2319 *10*
Lesbarkeit, Testament, eigenhändiges 10 2247 *18*
Leseunfähigkeit, Gemeinschaftliches Testament 10 2265 *26*, Schrift 10 2232 *11*, Testament 10 2233, Testament, eigenhändiges 10 2247 *41*, Testiermöglichkeiten 10 2233 *4ff.*
Letter of administration, administrator 120 England/Wales *175*
Letztwillige Verfügung, *s. Verfügung von Todes wegen*, Auflösung der Ehe 10 2077, Ehegatten 10 2077, Scheidung 10 2077, Scheidungsverfahren rechtshängig 10 2077 *4ff.*
Lichte Momente, Testierfähigkeit 10 2229 *17*
Life interest, Ehegatte 120 England/Wales *35*, Zuwendung 120 England/Wales *82*
Limited, Vererblichkeit 10 1922 *44*
Liquidation, Personengesellschaft 170 *142*
Liquidation, amtliche, Schweiz 120 Schweiz *175ff.*
Liquidationsgesellschaft, Erbengemeinschaft 10 1922 *55*
Lohnsumme, Ermittlung 150 13a *21*, gesonderte Feststellung 150 13a *27*, Personengesellschaft 150 13a *21*
Löschung, Nacherbenvermerk 70 51 *18ff.*, Testamentsvollstreckervermerk 70 52 *15*
Löschungsanspruch, Wohnrecht 10 2039 *7*
Löschungsrecht, Verfahrensordnung für Höfesachen 80 Anhang *8*
Luftfahrzeug 75 6 *2*
Luftverschollenheit, bei einem Fluge 75 6 *2*, Todeserklärung 75 *6*, Verschollenheit 75 6 *4*
Luxemburg 120 Luxemburg, Annahme der Erbschaft 120 Luxemburg *52ff.*, Auflagen 120 Luxemburg *101*, Ausschlagung 120 Luxemburg *55*, Ehegatten 120 Luxemburg *64f.*, Erbauseinandersetzung 120 Luxemburg *112*, Erbe, gesetzlicher 120 Luxemburg *57ff.*, Erbe, gewillkürter 120 Luxemburg *72ff.*, Erbeinsetzung 120 Luxemburg *89ff.*, Erbengemeinschaft 120 Luxemburg *112*, Erbenhaftung 120 Luxemburg *113ff.*, Erbfähigkeit 120 Luxemburg *44*, Erbschaftsteuer 120 Luxemburg *126ff.*, Erbstatut 120 Luxemburg *4ff.*, Erbunwürdigkeit 120 Luxemburg *47*, Erbverzicht 120 Luxemburg *48*, Ersatzerbe 120 Luxemburg *58*, EuErbVO 120 Luxemburg *22ff.*, Form 120 Luxemburg *17ff.*, *81ff.*, internationales Erbrecht 120 Luxemburg *1ff.*, Inventarerrichtungsvorbehalt 120 Luxemburg *106*, Lebenspartner 120 Luxemburg *67*, materielles Erbrecht 120 Luxemburg *43ff.*, Nachlassverfahren 120 Luxemburg *116ff.*, Noterbrecht 120 Luxemburg *104ff.*, Teilungsanordnung 120 Luxemburg *102f.*, Testament 120 Luxemburg *73*, Testamentsvollstreckung 120 Luxemburg *111*, Universalsukzession 120 Luxemburg *49*, Verfahren 120 Luxemburg *20f.*, Verfügung von Todes wegen 120 Luxemburg *17ff.*, *76ff.*, Vermächtnis 120 Luxemburg *93ff.*, Vor-/Nacherbe 120 Luxemburg *98f.*, Vorwegnahmerecht 120 Luxemburg *16*

Magensonde, Patientenverfügung 10 1901b *25*
Maklerklausel, Vertrag zugunsten Dritter 10 328 *10*
Mandatsübernahme, Hinweispflicht 95 *19ff.*
Massearmut, Dürftigkeitseinrede 10 1990 *2*, Nachlassinsolvenzverfahren 50 Vorbemerkungen *28*, Nachlassverwaltung 10 1988 *3*
Massegläubiger, Nachlassinsolvenz 50 Vorbemerkungen *13*
Masseunzulänglichkeit, Nachlassinsolvenzverfahren 50 324 *8*

Sachverzeichnis

fette Zahlen = Kennziffer

Masseverbindlichkeit, Nachlassinsolvenzkosten **10** 1987 *2,* Nachlassinsolvenzverfahren **50** 324, Nachlasspflegervergütung **10** 1960 *33*
Masseverteilung, Nachlassinsolvenzverfahren **10** 1989 *4*
Maßnahme gegen den Willen, Minderjährige **10** 1901b *8ff.*
Maßnahmesituation, Patientenverfügung **10** 1901b *52*
Medikamente, Patientenverfügung **10** 1901b *27*
Mehrempfang, Ausgleichsverfahren **10** 2056 *9ff.,* Erbteil **10** 2056 *3f.,* Freistellung **10** 2056 *2,* Herausgabepflicht **10** 2056 *2,* Miterbe **10** 2056, Pflichtteilsberechnung **10** 2056 *5,* Vorempfang **10** 2056 *3f.*
Mehrfachanfechtungen, Anfechtungserklärung **10** 2081 *11*
Mehrfachregistrierung, Lebenspartnerschaft, eingetragene **100** 17b *18*
Mehrheitsverwaltung, Abstimmung **10** 2038 *21ff.,* Auskunftspflicht **10** 2038 *31f.,* Beschlussfassung **10** 2038 *21,* Erbengemeinschaft **10** 2038 *20ff.,* laufende Verwaltung **10** 2038 *20,* Stimmrechte **10** 2038 *21ff.,* Verfügungsgeschäft **10** 2038 *26f.,* Verpflichtungsgeschäft **10** 2038 *25*
Mehrrechtsstaat, EuErbVO **110** 22 *8,* Vereinigtes Königreich **120** England/Wales *1*
Meldepflicht, Vertretung **10** 164 *20*
Mental capacity, Testierfähigkeit **120** England/Wales *52ff.*
Merkmalszurechnung, Einkommensteuer **170** *18f.*
Mieter, Erbe des **10** 1967 *25*
Mietverhältnis, Nachlasspfleger **10** 1960 *33,* Nachlassverbindlichkeiten **10** 1967 *25,* Sonderkündigungsrecht **10** 1967 *25,* Verwaltung durch Erbe **10** 1978 *6*
Mietvertrag, Kündigung **10** 2038 *27,* Vertrag zu Lasten des Nacherben **10** 2135 *3,* Verwaltungsmaßnahmen **10** 2038 *10*
Minderjährigenhaftungsbeschränkungsgesetz 10 vor §§ 1967–2017 *12,* 2032 *29*
Minderjährigentestament 10 2233, Testiermöglichkeiten **10** 2233 *2f.*
Minderjähriger, Adoption **10** 1926 *3,* 2303 *47,* Adoptiveltern **10** 1925 *6,* Adoptivkind **10** 1924 *10,* Anfechtung **10** 1955 *5,* Annahme der Erbschaft **10** 1943 *3, 11,* Ausschlagung **10** 1945 *13,* 2306 *37f.,* Ausschlagungsfrist **10** 1944 *7f.,* Beschwerdeberechtigung **30** 60, Einrede Haftungsbeschränkung **10** 2032 *29,* Eintritt der Volljährigkeit **10** 2032 *29,* Einwilligungsfähigkeit **10** 1901b *10,* Erblasseranordnung **10** 1639, Familiengericht **10** 1901b *11f.,* Familiengerichtliche Genehmigung **10** 1822, Gemeinschaftliches Testament **10** 2265 *25,* genehmigungspflichtige Rechtsgeschäfte **10** 1341, Haftungsbeschränkung **10** 2032 *29,* Indikation **10** 1901b *7,* Jugendamt **10** 1901b *10,* Kenntnis **10** 1944 *7f.,* Maßnahme gegen den Willen **10** 1901b *8ff.,* Nachlassverzeichnis **10** 2100 *64,* Neuverbindlichkeiten **10** 2032 *31,* Patientenverfügung **10** 1901b *4ff.,* Pflichtteilsanspruch **10** 2317 *32f.,* Pflichtteilsberechtigter **10** 2332 *12,* Schenkung **10** 1340 *3,* Sorgeberechtigte **10** 1901b *5,* Testament, eigenhändiges **10** 2247 *40,* Testierfähigkeit **10** 2229; **10** 2229 *9,* Verjährung **10** 2332 *12, 15,* Vermögensverzeichnis **10** 1340, Volljährigkeit **10** 1341 *9,* Vorerbe **10** 2100, Zuwendung **10** 1639
Minderjähriger Erbe, Auseinandersetzungsvertrag **10** 2042 *37f.,* Eintritt der Volljährigkeit **10** vor §§ 1967–2017 *12,* Einzelhandelsgeschäft **10** 2032 *29,* Haftung **10** vor §§ 1967–2017 *12,* handelsrechtliche Haftung **10** vor §§ 1967–2017 *13,* Inventarfrist **10** 1999, Schusswaffe **25** 20 *10,* Verfügung **10** 2033 *18*

Minderjähriger Nacherbe, Ausschlagungsrecht **10** 2142 *6*
Mindestvergütung, Nachlasspflegervergütung **10** 1960 *39*
Mischnachlass, Begriff **170** *111,* Erbauseinandersetzung **170** *111ff.*
Missbrauch, Vollmacht **10** 164 *23ff.,* Vorsorgevollmacht **10** 164 *26*
Misshandlung, seelische, Pflichtteilsentziehung **10** 2333 *16*
Mitarbeit, Abkömmling **10** 2057a, Ausgleichungspflicht **10** 2057a
Miterbe, Abfindung **12** 16; **80** 12, 19 *18ff.,* Aktivlegitimation **10** 2032 *19,* Aufgebotsverfahren **10** 1972 *8,* Aufrechnung **10** 2040 *20ff.,* Auseinandersetzungsverlangen **10** 2042, Auskunftsanspruch **10** 2314 *8,* Auskunftsberechtigte **10** 2057 *2,* Auskunftspflicht **10** 2027 *10,* 2057, Ausschluss von Verwaltung **10** 2038 *42ff.,* Berichtigung aus Eigenvermögen **10** 2058 *33ff.,* Beschwerter **10** 2147 *3,* 2148, Bevollmächtigter **10** 164 *40f.,* Dürftigkeitseinrede **10** 1990 *26,* Erbenhaftung **10** 1967 *2,* Erbschaftsbesitzer **10** 2018 *20,* Erbschaftskauf **10** 2371 *10,* 2374 *5,* Erbteile, mehrere **10** 2007 *3,* Ersatzerbe **10** 2098 *1,* Forderung, unteilbar **10** 2059 *16,* Geltendmachung von Ansprüchen **10** 2039 *11ff., 15ff.,* Geltendmachung von Forderungen **10** 2039 *1,* gemeinschaftliche Nachlassverwaltung **10** 2038, Gesamtschuldklage **10** 2058 *28ff.,* Gesamtschuldnerische Haftung **10** 2058, gesetzliche Prozessstandschaft **10** 2039 *16,* Haftung für Ausfall **10** 2319 *11f.,* Haftung nach Teilung **10** 2058 *5,* 2060, Haftung vor Teilung **10** 2058 *5,* 2059, Haftungsmasse **10** 2058 *3,* Haftungsumfang **10** 2058 *2,* Hoferbe **80** 12, Innenverhältnis **10** 2058 *32ff.,* Inventar **10** 2001 *4,* Inventarerrichtung **10** 2063, Klage auf Einwilligung **10** 2038 *50,* Klage gegen Miterben **10** 2039 *23,* Klagewert **10** 2039 *22,* Konfusion **10** 2058 *27,* Konvaleszenz **10** 2063 *17f.,* Mehrempfang **10** 2056, Mitgebrauch **10** 2038 *48,* Mitwirkungspflicht **10** 2058 *32,* Nachlassgläubiger **10** 2058 *27ff.,* Nachlassverbindlichkeiten **10** 2058 *6ff.,* Nachlassverfügungen **10** 2033, Nachlassverwaltung **10** 2058 *4,* Nachlassverwaltungsantrag **10** 1981 *5,* 2062, ohne Bruchteilsbestimmung **10** 2098 *1,* Passivlegitimation **10** 2032 *21,* Pflichtteilsberechtigter **10** 2314 *82,* 2319, Pflichtteilsrestanspruch **10** 2305 *3f.,* Privatinsolvenz **10** 2042 *3,* Prozesskostenhilfe **10** 2039 *20,* Streitgenossen **10** 2039 *17,* 2058 *18,* Teilschuldnerische Haftung **10** 2060 *9ff.,* unbestimmte Bruchteile **10** 2091, unterbrochener Rechtsstreit **10** 2039 *19,* Verfügungen **10** 2032 *6,* Verfügungsberechtigte **10** 2033 *3,* Verfügungsberechtigung **10** 2033, Verfügungserklärung **10** 2040 *15,* Verfügungsverbot Nachlassgegenstand **10** 2033 *43,* Vollmachtswiderruf **10** vor §§ 2197–2228 *17,* Vorausvermächtnis **10** 2150 *5ff.,* Vorerbe **10** 2104 *10,* Vorkaufsrecht **10** 2033 *24,* 2034, 2100 *67,* Vorteilsausgleich **12** 17, Zuweisung **12** 15, Zuweisungserwerber **12** 15 *2,* Zwangsvollstreckung **10** 2039 *21*
Miterbe, unbekannter, gutgläubiger Erwerb **10** 2040 *14*
Miterbenanteil, Nießbrauch **10** 2033 *42,* Pfändung **10** 2033 *38ff.,* Übertragung **10** 2033 *24ff.,* unentgeltliche Übertragung **10** 2033 *1,* Verfügung **10** 2033 *9f.,* Zwangsvollstreckung **10** 2034 *1*
Miterbenauseinandersetzung, Testamentsvollstrecker **10** 2204
Miterbengemeinschaft, Teilungsversteigerung **10** 2034 *7,* Versteigerung **10** 2033 *35*
Miterbengläubiger, Forderung gegen Miterben **10** 2046 *13,* Gesamthandsklage **10** 2046 *12,* 2059 *32ff.,* Gesamtschuldklage **10** 2046 *12,* Haftungsbeschränkung **10** 2063 *15f.,* Konfusion **10** 2046 *9,* Nachlass-

magere Zahlen = §§; kursive Zahlen = Randnummern

Sachverzeichnis

verbindlichkeiten 10 2046 *9ff.*, Verwertung 10 2046 *14ff.*, Zurückbehaltungsrecht 10 2046 *11*
Miterbenhaftung, Pflichtteilsanspruch 10 2303 *71f.*, Schweiz 120 Schweiz *160*
Miterbenvereinbarung, Ausstattung 10 2050 *28*, Teilungsanordnung 10 2048 *12*
Miterbeserbe, Wahlrecht Zugewinngemeinschaft 10 1952 *5*
Mitgebrauch, Miterbe 10 2038 *48*
Mitgliederbeiträge, Steuerbefreiung 150 *18*
Mitgliedschaftsrechte, Vererblichkeit 10 1922 *66ff.*
Mitnacherben, Nacherbe 10 2100 *17*
Mitteilung, Amtliche Verwahrung 30 347, Anfechtung 10 1957 *5*, Inventarfrist 10 1999, Kenntnis 10 1944 *10*, Nachlassgericht 30 356, Nächstberufener 10 1953 *11*, Verfahrensordnung für Höfesachen 80 Anhang *3a*
Mitteilungspflicht, Ausschlagender 10 1953 *15*, Nächstberufener Erbe 10 1953 *15*, Sterbefallmitteilung 30 347, Vorkaufsrecht 10 2034 *21*, Zentrales Testamentsregister 60 34a *5*
Mitteilungspflicht Nachlassgericht, Anfechtung 10 1957 *5*, Nächstberufener Erbe 10 1953 *13ff.*
Mitteilungspflicht Zentrales Testamentsregister, Adressat 60 34a *5*, elektronische 60 34a *6*, Erbfolgerelevante Urkunde 60 34a *1*, Form 60 34a *6*, Frist 60 34a *6*, Inhalt 60 34a *5*, Konsularisches Notariat 60 34a *11f.*, Notar 60 34a, Registrierungsbestätigung 60 34a *6*
Mittel der Erbschaft, Begriff 10 2111 *12f.*
Mittelloser Nachlass, Nachlasspflegervergütung 10 1960 *38f.*
Mitvollstrecker, Testamentsvollstrecker 10 2199
Mitvorerbe, Nacherbenrecht 10 2110 *7*
Mitwirkungspflicht, Bedingung 10 2076, Erbscheinsverfahren 30 352e *90f.*, Miterbe 10 2058 *32*, Verwaltung, gemeinschaftliche 10 2038 *12*
Montenegro, Adoptiveltern 120 Montenegro *30ff.*, Adoptivkind 120 Montenegro *30ff.*, allographes Testament 120 Montenegro *42*, Anerkennung als Hauptsache 120 Montenegro *15*, Anrechnung auf Erbteil 120 Montenegro *82*, anwendbares Recht 120 Montenegro *1*, Aufenthaltsprinzip 120 Montenegro *2*, Ausländische Entscheidung 120 Montenegro *11ff.*, ausländische Entscheidungen 120 Montenegro *11ff.*, Ausschlagung 120 Montenegro *86*, Bedingung 120 Montenegro *61*, Befristung 120 Montenegro *61*, Beschwerde 120 Montenegro *110*, Beschwerter 120 Montenegro *55*, Ehegattenerbrecht 120 Montenegro *25ff.*, eigenhändiges Testament 120 Montenegro *41*, Einspruch Nachlassbeschluss 120 Montenegro *109*, Enterbung 120 Montenegro *79*, Erbantrittserklärung 120 Montenegro *87*, Erbeinsetzung 120 Montenegro *50*, Erbengemeinschaft 120 Montenegro *88*, Erbenhaftung 120 Montenegro *96f.*, erbenloser Nachlass 120 Montenegro *8*, Erbfolge, gesetzliche 120 Montenegro *20ff.*, Erbfolge, gewillkürte 120 Montenegro *35ff.*, Erbquote 120 Montenegro *51*, Erbschaftsanspruch 120 Montenegro *112f.*, Erbschaftserklärung 120 Montenegro *106*, Erbschaftserwerb 120 Montenegro *84*, Erbschaftsteuer 120 Montenegro *114ff.*, Erbteilung 120 Montenegro *91*, Erbvertrag 120 Montenegro *66*, Erbverzichtsvertrag 120 Montenegro *67*, Ersatzerbschaft 120 Montenegro *60*, Fiskus 120 Montenegro *34*, gerichtliches Testament 120 Montenegro *43*, Gerichtszuständigkeit 120 Montenegro *96f.*, Gleichstellung 120 Montenegro *12*, internationale Zuständigkeit 120 Montenegro *9f.*, Internationales Privatrecht 120 Montenegro *3ff.*, internationales Testament 120 Montenegro *47*, Inzidentanerkennung 120 Montenegro *16*, konsularisches Testament 120 Montenegro *44*, Leibrentenvertrag 120 Montenegro *70*, militärisches Testament 120 Montenegro *46*, mündliches Testament 120 Montenegro *48*, Nachlassbeschluss 120 Montenegro *108*, Nachlassverfahrensrecht 120 Montenegro *94ff.*, Ordnungen 120 Montenegro *20ff.*, Parentalsystem 120 Montenegro *20ff.*, Pflichtteilsentziehung 120 Montenegro *78ff.*, Pflichtteilsberechnung 120 Montenegro *75*, Pflichtteilsberechtigter 120 Montenegro *73*, Pflichtteilsquote 120 Montenegro *74*, Pflichtteilsrecht 120 Montenegro *71ff.*, Rechtsbehelfe 120 Montenegro *109ff.*, Rechtsgeschäft auf den Todesfall 120 Montenegro *68ff.*, Rechtsquellen 120 Montenegro *17ff.*, Revision 120 Montenegro *111*, Seetestament 120 Montenegro *45*, Smrtovnica 120 Montenegro *95*, *99ff.*, Testament 120 Montenegro *36*, Testamentsauslegung 120 Montenegro *62*, Testamentsformen 120 Montenegro *40ff.*, Testamentsinhalt 120 Montenegro *49ff.*, Testamentsregister 120 Montenegro *65*, Testamentsvollstreckung 120 Montenegro *80*, Testamentswiderruf 120 Montenegro *63ff.*, Testierfähigkeit 120 Montenegro *37*, Testierwille 120 Montenegro *38*, Übergabevertrag 120 Montenegro *69*, Verfügung von Todes wegen 120 Montenegro *6*, Verjährung 120 Montenegro *58*, Verlassenschaftsabhandlung 120 Montenegro *103ff.*, Vermächtnis 120 Montenegro *52*, Vermächtnisnehmer 120 Montenegro *53*, Vorverfahren 120 Montenegro *99*, Zuständigkeit, internationale 120 Montenegro *9ff.*
Motivirrtum, Anfechtungsgründe 10 2078 *10*, Anfechtungsrecht 10 2080 *4*, Inhaltsirrtum 10 1954 *7*, Irrtum 10 1954 *8*
Mündel, Geldanlage 10 2119, Haftung des Erben 10 vor §§ 1967–2017 *11*
Mündliche Verfügungen, EuErbVO 110 1 *9*
Mündlichkeitserfordernis, Testamentserrichtung 10 2232 *3ff.*
Mutter des Erben, Unterhalt 10 1963, Unterhaltsanspruch 10 1967 *9*
Mutter des Nacherben, Unterhalt 10 2141
Mutter, nichteheliche, Unterhaltsanspruch 10 1568b *67f.*
Mutter, werdende, des Erben 10 1963, Unterhalt 10 1963, Unterhaltsanspruch 10 1963

Nachabfindung, *s. a. Vorteilsausgleich* 12 17, Anspruchsabtretung 12 17 *28*, Durchführung 12 17 *24*, Haftung 12 17 *23*, Höhe 12 17 *26f.*, Verkehrswert 12 17 *26*
Nachabfindungsanspruch, Landgut 10 2049 *7*, Verjährung 12 17 *29*, Zuständigkeit 12 17
Nachbegünstigte, Pflichtteilsbeschränkung 10 2338 *24*
Nachbesteuerung, Tarifbegrenzung 150 19a *10*
Nachdeklarationspflicht, Erbe 170 *40ff.*, Steuererklärung 170 *40ff.*
Nacherbe 10 2100, Ableben vor Erbfall 10 2108 *3*, Anfechtung 10 1957 *3*, Annahme der Erbschaft 10 1943 *8*, 1946 *4*, 2142 *12ff.*, Anspruch auf Verzeichnis 10 2121, Anwartschaftsrecht 10 2100 *14f.*, 2108 *5ff.*, 2142 *7*; 150 6 *5f.*, Auskunftsanspruch 10 2113 *61*, 2127, 2130 *17*, 2314 *8*, Auslegung 10 2101 *2*, Auslegungsregel 10 2102, 2104, Ausschlagung 10 1946 *4*, 2306 *31*, Ausschlagungsfrist 10 2306 *34*, Auswahl durch Vorerbe 10 2065 *23*, Beeinträchtigende Schenkung 10 2287 *18*, Begriff 10 2100 *3*, Beschwerter 10 2147 *5*, Bestimmung 10 2101 *3*, Bestimmung durch Dritte 10 2104 *6*, Einsetzung auf Überrest 10 2137, Einwilligung 10 2120 *11f.*, Einwilligungspflicht 10 2120; 10 2120 *6ff.*, Erbengemeinschaft 10 2032 *9*, Erbenhaftung 10 1967 *2*, Erbfähigkeit 10 1923 *6*, Erbschaftskauf 10 2371 *9*, 2374

Sachverzeichnis

fette Zahlen = Kennziffer

6, 2376 7, Erbschaftsteuer 150 3 53, 6 7, Erbschein 30 352b 19 ff., Erbscheinsantrag 30 352e 31, Erbunwürdigerklärung 10 2344 8, Ersatzerbe 10 2096 1, 2100 19, 2102; 10 2102 4, 9 f., fehlende Bestimmung 10 2104 3, Fiskus 10 1936 5, Gemeinschaftliches Testament 10 2102 8, gesetzliche Erben 10 2104, Grundbuch 10 2101 6, Grundbuchberichtigungsanspruch 10 2100 84, Herausgabeanspruch 10 2130, Inventarerrichtung 10 2144 18 ff., juristische Person 10 2101 7 f., 2108 19, Kenntnis 10 1944 14, Kontrollrechte 10 2127, Mitnacherben 10 2100 17, Nacherbentestamentsvollstrecker 10 2113 23, Nachlassinsolvenzverfahren 10 2100 66, Nachlassverwaltungsantrag 10 1981 5, noch nicht gezeugter 10 2101, 2105 11, 2108 2, 2113 23, Personenmehrheit 10 2108 18, Pfändung 10 2115 17, Pfleger 10 2101 10, 2104, 2116 13, Pflichtteilsberechtigter 10 2303 25, Rechtskraftserstreckung 10 2100 54, Schadensersatzanspruch 10 2130 13 ff., Sicherheitsrechte 10 2128, Sicherungsrechte 10 2127, Steuerlast des Vorerben 10 2111 34, Stiftung 10 2101 8, Testamentsvollstrecker 30 352b 14, Testamentsvollstrecker, Ansprüche gegen 10 2218 4, unbekannter 10 2104, Unterhalt für werdende Mutter 10 2141, Unterlassungsanspruch 10 2112 16, Verfügungsberechtigung 10 2033 8, Versterben 30 352b 18, Versterben vor Erbfall 10 2108 17, Vertrag zu seinen Lasten 10 2135 3, Vorerbe, kinderloser 10 2107 5, Wegfall 10 2100 20, 22, Zustimmungserklärung 10 2113 20

Nacherbe, Minderjähriger, Betreuungsgericht 10 2113 21, Zustimmungserklärung 10 2113 21 f.

Nacherbenanwartschaftsrecht, Übertragung 30 352b 22

Nacherbeneinsetzung, aufösende Bedingung 10 2065 18, Bedingung 10 2065 18, 2108 20 ff., Dieterle-Klausel 10 2065 18

Nacherbenhaftung, Aufgebotsverfahren 10 2144 16, Befreiung durch Vorerben 10 2144 8, Dreimonatseinrede 10 2144 16, Dürftigkeitseinrede 10 2144 15, Haftungsbeschränkung 10 2144 10 ff., Handelsgeschäft 10 2144 9, nach Nacherbfall 10 2144 3 ff., Nachlassinsolvenzverfahren 10 2144 14, Nachlassinventar 10 2144 18 ff., Nachlassverbindlichkeiten 10 2144; 10 2144 4, Nachlassverwaltung 10 2144 11 ff., Rechtsgeschäfte des Vorerben 10 2144 5 ff., vor Nacherbfall 10 2144 2

Nacherbenrecht, Beeinträchtigung 10 2113 14 ff., Ehegatte 10 2110 4, Mitvorerbe 10 2110 7, Unfang 10 2110, Vorausvermächtnis 10 2110 3

Nacherbentestamentsvollstreckung 10 2113 23, 2222, Grundbucheintragung 70 51 10, Testamentsvollstreckung 10 vor §§ 2197–2228 6, Vergütung 10 2221 10

Nacherbenvermerk, Eintragungsort 70 51 13, Grundbuch 10 2100 77, 2111 43; 70 51, Grundbuchlöschung 10 2065 22, 2113 64, Grundbuchsperre 70 51 14 f., gutgläubiger Erwerb 10 2100 83, Inhalt 10 2100 86; 70 51 10 f., isolierter 70 51 7, Löschung 10 2100 87; 70 51 18 ff., Pfleger 10 2100 87, Verfügungen des Vorerben 70 51 16 f., Zwangsversteigerung 10 2100 63

Nacherbfall 10 2100 10, Anzeigepflicht des Vorerben 10 2146, Ausschlagungsfrist 10 2139 5, Begriff 10 2100 4, Eigenvermögen 10 2139 4, Eintritt 10 2139, Erbschaftskauf 10 2139 6, Erbschein 10 2100 75, 2139 13, Gesamthandsanteil 10 2139 8, Geschäftswertfestsetzung 10 2100 56, Gutgläubiger Erwerb 10 2113 54, mehrerer Vorerben 10 2106 56, Rechtskraftserstreckung 10 2139 12, Sondervermögen 10 2139 4, Teil-Unentgeltlichkeit 10 2113 54, Verfügung des Vorerben nach 10 2140, Verzichtsvertrag 10 2139 7, Wertersatzanspruch 10 2134 6, Wiederaufleben erloschener Rechtsverhältnisse 10 2143, Wirkung des Eintritts 10 2139, Zeitpunkt 10 2100 16, 2139 3

Nacherbfolge 70 35 5, Anordnung 70 51 2, Bedingung 70 51 2, Eintritt 10 2106, Erbe 10 1942 5, Erbschein 30 352b 9 ff., Erbscheinsantrag 30 352e 42, Gerichtsgebühr 96 51, Herausgabepflicht 10 2130, Nachlassinsolvenzverfahren 50 329, Pflichtteilsanspruch 10 2317 6, Pflichtteilsbeschränkung 10 2338 15, Rechenschaftspflicht 10 2130, Unrichtigkeit, nachträgliche 30 352b 17

Nacherbrecht, Vererblichkeit 10 2108

Nacherbschaft, Abkömmling, Wegfall 10 2069 5, Anordnung 10 2100 27 ff., Anordnung durch Dritten 10 2100 29, Auslegung 10 2100 32 ff., Ausschlagung 10 1952 4, 2142, Bedingung 10 2100 29, 36 f., befristete 10 2100 36, Begriff 10 2100 5, Erbschaftsteuer 10 2100 41, Forderungserwerb 10 2111 38, Fortbestehen 10 2104 5, Geburt von Geschwistern 10 2109 8, Gemeinschaftliches Testament 10 2100 46 ff., Herausgabeanordnung 10 2103, juristische Person 10 2109 9, Konfusion 10 2143 1, Konsolidation 10 2143 1, konstruktive 10 2104, Nießbrauch 10 2100 41, Österreich 120 Österreich 61 ff., personenbezogenes Ereignis 10 2109 3 ff., Schweiz 120 Schweiz 75 ff., testamentarisches Verbot 10 2100 42, Testamentsvollstreckung 10 2100 44, Unwirksamwerden 10 2109, Verfahrensrecht 10 2100 51 ff., Verfügung von Todes wegen 10 2100 27 ff., Vorausvermächtnis 10 2100 40, zeitlich befristet 10 2109, Zeitpunkt 10 2106

Nacherfüllung, Sachmängelhaftung 10 2183 4, 7

Nachfolge, Personengesellschaft 10 2058 12

Nachfolgeklausel, Abfindung 170 153, Auslegung 10 1922 53, Betriebsaufspaltung 170 22, BGB-Gesellschaft 10 1922 48, einfache 10 1922 48, 55, 2032 38 ff.; 170 147 f., GbR 10 1967 47, 2032 38, Gesellschaftsvertrag 150 3 32 ff., GmbH-Geschäftsanteil 10 1922 41, Kommanditanteil 10 1922 55, Komplementär 10 1922 58, OHG 10 1967 42, Partnerschaftsgesellschaft 10 1922 61, 2032 40, Personengesellschaft 10 2205 30, Pflichtteilsberechtigter Erbe 10 2306 17, qualifizierte 10 1922 48 ff., 55, 2032 41; 170 152 ff., rechtsgeschäftliche 10 1922 51; 170 161 ff., Sondererbvermögen 170 30, 156, Sondererbfolge 10 2032 36, 41; 170 147 f., Umdeutung 10 1922 53, Verfügungsvertrag 10 1922 51, Vermächtnis 170 171 f.

Nachfolgeklausel, erbrechtliche, BGB-Gesellschaft 10 1922 48, Personengesellschaft 10 2032 36

Nachfolgeregelungen, Erwerb von Todes wegen 150 3 18, Gesellschaftsvertrag 150 3 18 f.

Nachholung, Beschlussbegründung 30 38 5, Kostenentscheidung 30 82 1

Nachlass 10 1922 10, Aktivbestand 10 2311 9 ff., Ansprüche des 10 2039 3 ff., Aufrechnung 10 2040 20 ff., Aufspaltung durch Erblasser 10 1950 4, Auskunftsanspruch 10 2314; 10 2314 4, 17 ff., Besitz 10 1960 1, Ehegattenvoraus 10 1932 9, fiktiver 10 2314 26, Fürsorgepflicht des Erben 10 1960 1, Herausgabe 10 1986, Österreich 120 Österreich 126 ff., Passivbestand 10 2311 25 ff., Prozess gegen 10 2213, Teilungsplan 10 2042 56, Teilungsreife 10 2042 54, Unterhaltsanspruch des Erben 10 2216 11, Verfügungsberechtigte 10 2033 3, Vermögenswerte 10 2311 9 ff., Verwaltung durch Erben 10 1978

Nachlass, fiktiver, Auskunftsanspruch 10 2314 26 ff.

Nachlass Lebender, Vertrag 10 2033 7

Nachlass mehrerer, Erbvertrag 110 25 4, EuErbVO 110 25 4

Nachlassabkommen, deutsch-persisches 110 75 1, deutsch-sowjetischer Konsularvertrag 110 75 1, deutsch-türkisches 110 75 1, Haager Testamentsformübereinkommen 110 75 2

magere Zahlen = §§; kursive Zahlen = Randnummern   **Sachverzeichnis**

Nachlassabsonderung 10 1975 *2 ff.*, Nachlassinsolvenzverfahren 10 1975 *5 f.*, Österreich **120** Österreich *161*, Rechtsfolgen 10 1975 *7 ff.*

Nachlassabwicklung, anwendbares Recht **120** England/Wales *17 f.*, USA **120** USA *30 ff.*

Nachlassansprüche, Geltendmachung 10 2039 *11 ff.*, gerichtliche Geltendmachung 10 2039 *15 ff.*, Gesamtschuldklage 10 2039, Gestaltungsrecht 10 2039 *9*, Grundbuchberichtigung 10 2039 *7*, Herausgabe 10 2039 *7*, Hinerlegung 10 2039 *6*, Inventarfrist 10 2039 *6*, Leistung an Erbengemeinschaft 10 2039 *12*, Nichtigkeitsklage 10 2039 *5*, öffentlich-rechtliche 10 2039 *8*, Rechnungslegung 10 2039 *5*, Rechte des Miterben 10 2039 *10*, Verjährung 10 2039 *6*, Vollstreckungsgegenklage 10 2039 *5*, Zwangsvollstreckung 10 2039 *5*, *21*

Nachlassauseinandersetzung, Gütergemeinschaft **30** 342 *3*, Notargebühren **96** *163 ff.*, Vermittlungsverfahren **96** *163*

Nachlassbeschluss, Montenegro **120** Montenegro *108*, *109*, Serbien **120** Serbien *165 ff.*

Nachlassbestand, Aufrechnung 10 1991 *5*, Berechnung 10 1991 *1 ff.*, Konfusion 10 1991 *4*, Konsolidation 10 1991 *4*, Rechtsverhältnisse 10 1991 *4*, Schadensersatzpflicht 10 1991 *3*, Verwalterhaftung 10 1991 *2*

Nachlassbewertung, Bedingung 10 2313 *4*, Beerdigung 10 2311 *35*, Befristung 10 2313 *10*, Bestand 10 2311 *5 ff.*, England/Wales **120** England/Wales *206*, Erbfallschulden 10 2311 *34 ff.*, Erblasserschulden 10 2311 *29 ff.*, Erbschaftsteuer 10 2311 *41*, Erbscheinsverfahren 10 2311 *36*, gemeinschaftliche Berechtigungen 10 2311 *16*, Konfusion 10 2311 *15*, Konsolidation 10 2311 *15*, Nachlassverbindlichkeiten 10 2311 *25*, Nachlassverwaltungskosten 10 2311 *35*, nachträgliche Ausgleichung 10 2313 *11 ff.*, Persönlichkeitsrecht 10 2311 *21*, Steuerrückerstattungen 10 2311 *17*, *23*, Surrogate 10 2311 *14*, Testamentsvollstreckerkosten 10 2311 *38 f.*, ungewiss 10 2313 *5*, unsichere Rechte 10 2313, unsichere Verbindlichkeiten 10 2313, Urheberrecht 10 2311 *21*, Vermächtnis 10 2311 *39*, Voraus 10 2311 *43 ff.*, Zugewinnausgleichsanspruch 10 2311 *37*, zweifelhaft 10 2313 *5*

Nachlasseinheit, Erbstatut **110** 23 *1 ff.*, EuErbVO **110** vor Art. 1, Schweiz **120** Schweiz *3*

Nachlasserbenschulden 10 1967 *31*, Gerichtliche Geltendmachung 10 1958 *5*, Gerichtsstand der Erbschaft 40 28 *5*, Gesamtschuldnerische Haftung 10 2058 *6*, Haftung 10 1967 *31*, Nachlassverbindlichkeiten 10 2058 *6*

Nachlassermittlung, Nachlasspfleger 10 1960 *31*

Nachlasserträge, Pfändung 10 2209 *6*, Verwaltung des Nachlasses 10 2216 *13*

Nachlassforderungen, Aufrechnung 10 2032 *7*, Erbengemeinschaft 10 2039, Gerichtliche Geltendmachung 10 1958 *5*

Nachlassgefährdung, Erblasseranordnungen 10 2216 *24 ff.*, Nachlassgericht 10 2216 *28*, Testamentsvollstrecker 10 2216 *29*

Nachlassgegenstände, Benutzung 10 2038 *47*, Erbengemeinschaft 10 2040, Erbschaftsvertrag 10 311b *7*, Gebrauchsrecht 10 2038 *47*, gemeinschaftliche Verfügung 10 2040, Herausgabe 10 1973 *9*, Kauf 10 2371 *2*, Überlassung an Erben 10 2217, Übertragung 10 2032 *13*, Verbleib 10 2028 *6*, Verfügung 10 2040, Verfügung über Anteil 10 2033 *43*, Versteigerung 10 2033 *34*, Verteilung 10 2042 *26*, Verwertung 10 2046 *14 ff.*

Nachlassgericht, Akteneinsichtsrecht 10 2228, Anfechtungserklärung 10 2081 *7*, *9*, Anhörung 10 2206 *6*, Annahmefrist Testamentsvollstrecker 10 2202 *3*, Anschlussrechtsmittel 30 352e *231*, Auseinandersetzungsplan 30 368, Beschwerdekosten 30 58 *17*, Beschwerdeverfahren 30 352e *221 ff.*, Bestimmung örtliche Zuständigkeit 30 343 *21*, Beurkundung **96** 115, Beurkundungsgebühr **96** *115*, *123*, Eidesstattliche Versicherung **96** *123*, einstweilige Anordnung 10 vor §§ 2197–2228 *25 f.*; 30 49 *3*, Entlassung Testamentsvollstrecker 10 2227 *12 ff.*, Entscheidung durch Beschluss 30 38 *1*, Erbenermittlung 10 1964 *3*, Erbenfeststellung 10 1964, 1966, Erbschein 10 2353, Erbscheinsverfahren 30 352e *50 ff.*, Ermessen 10 1960 *16*, Ermittlung nächstberufener Erbe 10 1953 *14*, Ermittlungspflicht 10 1953 *11*, Ernennung Testamentsvollstrecker 10 2200, Eröffnung Verfügung von Todes wegen 30 348, Feststellungsbeschluss 10 1964; 30 354 *17 ff.*, Feststellungsverfahren 10 1964 *2*, Fristbestimmung **96** *57 ff.*, Gebührenerhebung **96** *12*, Genehmigungsvorbehalt 10 1960 *41 ff.*, Hinzuziehung 10 2200 *5*, Inventaraufnahme, amtliche 10 2003; 10 2003 *1*, Inventarfrist 10 1994 *10 ff.*, Klagepflegschaft 10 1962 *3 ff.*, Kostenentscheidung 30 81 *2*, Mitteilung an Betreuungsgericht 30 356, Mitteilung an Familiengericht 30 356, Nachlassgefährdung 10 2216 *28*, Nachlasspfleger 10 1960 *4, 51*, Nachlasspflegervergütung 10 1960 *46*, Nachlasspflegschaft 10 1962, Nachlasssicherung 10 1960; 10 1960 *2*, Niederschrift **96** *128*, Öffentliche Aufforderung 30 352d, örtliche Zuständigkeit 10 1945 *8 f.*, Pflichten 10 1953 *2*, 1957 *5*, Rechtsbeschwerde 30 352e *232*, Rechtsmittel 10 vor §§ 2197–2228 *27*; 30 352e *207 ff.*, sachliche Zuständigkeit 10 1945 *6 f.*, Sicherungsmaßnahmen 10 1960 *3 f.*, Sprungrechtsbeschwerde 30 352e *230*, Stundung 10 2331a *19 ff.*, Stundungsverfahren 10 2331a *22*, Testamentsvollstrecker 30 355, Testamentsvollstrecker, mehrere 10 2224 *8 ff.*, Testamentsvollstreckerzeugnis 10 2368; 30 354, Überprüfung der Rechnungslegung 10 1960 *53*, Verfassungsbeschwerde 30 352e *233*, Verteilung durch Los 30 369, Zuständigkeit 10 1945

Nachlassgläubiger, Annahme der Erbschaft 10 1943 *13 f.*, Antrag auf Nachlassverwaltung 10 1981 *6*, Antrag Nachlassverwaltung 10 2227 *4*, Anzeigepflicht des Nacherbfalls 10 2146, Aufgebot 10 1970, 2061, Aufrechnung 10 1977; 10 1977 *5*, 1991 *5*, Aufrechnung gegen Nachlassforderung 10 1977 *4*, ausgeschlossene 10 1973, Ausschluss 10 1973, Berichtigung von Nachlassverbindlichkeiten 10 1979, bevorrechtigte 10 1972, eidesstattliche Versicherung 10 2006 *4*, Entziehung der Verwaltung 10 2129 *6*, Erbschaftskauf 10 2376 *11*, Erbscheinsantrag 30 352c *29*, *33*, Forderungsanmeldung 10 1970; 10 1970 *7*, Haftung Erbschaftskäufer 10 2382, Haftungsbeschränkung 10 vor §§ 1967–2017 *6*, 2013 *2*, *5 f.*, Haftungsbeschränkung im Prozess 10 vor §§ 1967–2017 *16 ff.*, Haftungsbeschränkungsrecht 10 vor §§ 1967–2017 *8*, Haftungsbeschränkungsverlust 10 1977 *10*, Herausgabeanspruch 10 1990 *15 ff.*, Klagepflegschaft 10 1962 *3 ff.*, Miterbe 10 2058 *27 ff.*, Nachlasspflegschaft auf Antrag 10 1961, Nachlassverwaltungsantrag 10 1981 *2*, 2062 *2*, Zwangsvollstreckung 10 vor §§ 1967–2017 *15*, 1984 *12*

Nachlassgröße, Irrtum 10 1954 *16*

Nachlassinsolvenz 10 1975, Abgesonderte Befriedigung **50** Vorbemerkungen *12*, Abwickler **26** 55 *23*; **27** 70 *19*, Antragspflicht 10 1980 *10*, Aufrechnung 10 1977, Aussonderungsrecht **50** Vorbemerkungen *11*, erloschene Rechtsverhältnisse 10 1976, Ersatzansprüche 10 1980 *11*, Gläubigerbefriedigung 10 1991 *6*, Haftung, unbeschränkte 10 2013 *3*, Haftungsbeschränkung 10 vor §§ 1967–2017 *5*, 1975 *9*, Insolvenzgläubiger **50** Vorbemerkungen *14*, Klage gegen Erben 10 vor §§ 1967–2017, Konfusion 10

Sachverzeichnis

fette Zahlen = Kennziffer

1976; 10 1976 2, Konsolidation 10 1976; 10 1976 2, Konvaleszenz 10 1976 6, Massegläubiger 50 Vorbemerkungen 13, Maßnahmen vor 10 1978, Nachlasspfleger 10 1980 14, Nachlassverwalter 10 1980 14, Neugläubiger 50 Vorbemerkungen 15, Prozessführungsbefugnis 10 1975 8, Rückschlag 10 vor §§ 1967–2017 15, Sondervermögen 10 1975 7, Surrogation 10 1976 6, Testamentsvollstrecker 10 1980 14, Vereinigung 10 1976, Verwaltungsbefugnis 10 1985 12, verzögerte Antragstellung 10 1980 9, 11, Vollstreckung 10 vor §§ 1967–2017 15

Nachlassinsolvenzkosten, Masseverbindlichkeiten 10 1987 2

Nachlassinsolvenzverfahren 50 Vorbemerkungen, Ablauf 50 Vorbemerkungen 22 ff., Anfechtung 50 322, 328, Antrag 50 Vorbemerkungen 22, Antragsberechtigte 50 317, Antragsfrist 50 319, Antragspflicht 50 317 4, 318, Aufhebungsbeschluss 10 1989 4f., Aufwendungen 50 323, Ausschluss 50 316 5, Beendigung 10 1989 4, Beteiligte 50 Vorbemerkungen 8 ff., Drohende Zahlungsunfähigkeit 50 320 7, Dürftigkeitseinrede 10 1990 3, eidesstattliche Versicherung 10 2006 8, Eigenantrag 50 320 7, Eigengläubiger 10 1975 6, Eigenverwaltung 50 Vorbemerkungen 30, Einstellung mangels Masse 10 1989 3, Erbe 50 Vorbemerkungen 8, Erbe als Nachlassgläubiger 50 326, Erbenaufwendungen 50 323, Erbenhaftung 50 316 3, Erbeninsolvenz 50 331, Erbschaftskauf 50 330, Eröffnung 50 Vorbemerkungen 24, 316, Eröffnungsantrag 10 1980, Eröffnungsgründe 50 320, Erschöpfungseinrede 10 1989, Forderungsanmeldung 50 Vorbemerkungen 26, Gesamtgut 50 318, Gläubiger 50 Vorbemerkungen 10 ff., Haftung nach Teilung 10 2060 30 ff., 2062 17, Hauptvermächtnisnehmer 10 2187 9, Insolvenzforderungen 50 Vorbemerkungen 26, Insolvenzplan 50 Vorbemerkungen 31, Insolvenzverwalter 50 Vorbemerkungen 9, internationales Recht 50 Vorbemerkungen 32, Massearmut 50 Vorbemerkungen 28, Masseunzulänglichkeit 50 324 8, Masseverbindlichkeiten 50 324, Masseverteilung 10 1989 4, Nacherbe 10 2100 66, Nacherbenhaftung 10 2144 14, Nacherbfolge 50 329, Nachlassabsonderung 10 1975 5f., Nachlassteilung 50 316 4, Nachlassverbindlichkeiten 50 325, Nachlassverwalter 10 1985 19, Nachlassverwaltung 10 1988 1, Nachrangforderungen 50 327, Nachtragsverteilung 10 1989 2, Rückgewähr Gegenstände 50 328, Sicherungsmaßnahmen 50 Vorbemerkungen 23, Teilschuldnerische Haftung 10 2060 30 ff., Testamentsvollstreckung 10 2213 12, übergeleitete Verfahren 50 Vorbemerkungen 29, Überschuldung 50 320 6, Verfahren 50 317 3, Verfügungsbefugnis 10 2100 65 ff., Vorerbe 10 2100 65, vorläufige Erbschaft 50 316 2, vorläufige Verwaltung 50 Vorbemerkungen 23, Zahlungsunfähigkeit 50 320 4f., Zulässigkeit 50 316, Zweck 50 Vorbemerkungen 4 ff.

Nachlassinsolvenzverwalter, Amtstheorie 10 1975 1, Anfechtungsrecht 10 1979 9, Auskunftsberechtigte 10 2057 2, Erbschaftsbesitzer 10 2018 23, Freigabe 10 2217 11, Herausgabeanspruch 10 2018 11, Inventarfrist 10 2000 4, Nachlasspflegschaft 10 1960 23, Verwaltung, Ausschluss von 10 2038 42, Vorkaufsrecht 10 2034 6

Nachlassinsolvenzverwaltung, Nachlassseparation 10 1978

Nachlassinventar, Gerichtsgebühr 96 51, 61f., Inventaraufnahme, amtliche 10 2003 8, Nacherbenhaftung 10 2144 18 ff., Notar 65 20

Nachlassinventar, amtliches, Nachlassverzeichnis 65 20 1, Notar 65 20 1

Nachlasskostens, Erwerb, steuerpflichtiger 150 10 37 ff.

Nachlasskostenschulden 10 1967 30, Beerdigungskosten 10 1967 30, Nachlassverbindlichkeiten 10 1967 3

Nachlasspfleger 10 1960, Abwesenheitspfleger 10 1960 12, anhängige Prozesse 10 1960 26, Annahme der Erbschaft 10 1943 5, Ansprüche gegen 10 1960 69, Aufgaben 10 1960 19 ff., 31 f., Aufsicht durch Nachlassgericht 10 1960 51, Aufwendungsersatz 10 1960 48, 59 ff., Auskunftspflicht 10 2012 4, Auswahl 10 1960 17 f., 27, Bankkonto 10 1960 24, berufsmäßiger 10 1960 36, Bestattungskosten 10 1960 37, Bestellung 10 1960 28, Domain 10 1960 20, ehrenamtlicher 10 1960 35, 57, Entlastung 10 1960 67, Erbauseinandersetzung 10 1960 31, Erbenermittlung 10 1960 48 ff., 50, Erbschaftsbesitzer 10 2018 23, Erbscheinsantrag 30 352e 33, Ermittlung des Nachlasses 10 1960 31, Forderungsverfügung 10 1960 46, Geld 10 1960 23, Genehmigung Nachlassgericht 10 1960 24 f., Genehmigungsvorbehalte 10 1960 41 ff., gesetzlicher Erbenvertreter 10 1960 29 f., 1975 1, gesetzlicher Vertreter 10 1960 21 f., Gläubigeraufgebot 10 1960 39, Grundbesitz 10 1960 25, 32, Grundstücksverfügung 10 1960 47, Herausgabeanspruch 10 1960 20, 2018 12, Inbesitznahme 10 1960 20, Informationspflichten 10 1960 50 ff., Inventarfrist 10 2012, Kontenermittlung 10 1960 34, Lebensversicherungen 10 1960 36, Mietverhältnis 10 1960 33, Nachlassgericht 10 1960 4, 51, Nachlassinsolvenz 10 1980 14, Nachlassicherung 10 1960; 10 1960 19 ff., Nachlassverbindlichkeiten 10 1960 39, Nachlassverwaltung 10 1960 38 ff., Nachlassverwaltungsantrag 10 1981 5, Nachlassverzeichnis 10 1960 51, Passivlegitimation 10 1960 27, Pflichtverletzung 10 1960 49, Pflichtverstöße 10 1960 49f., 54, Postnachsendeauftrag 10 1960 35, Prozessführungsbefugnis 10 1960 26 f., 40, Prozesskostenhilfe 10 1960 28, Rechnungslegung 10 1960 52, Rechtsmittel 10 1960 58, Rechtsstellung 10 1960 29 f., Schadensersatzansprüche 10 1960 49 f., Sorgfaltspflichten 10 1960 32, Steuererklärungspflicht 150 31 6ff., Tiere 10 1960 20, Verbindlichkeiten 10 1960 29, Verfügungen 10 1960 23 ff., Vergütung 10 1960 33 ff., 54 ff., Vergütung aus Nachlass 10 1960 55, Vergütung aus Staatskasse 10 1960 56, Vergütungsantrag 10 1960 58, Vermögensfürsorgepflicht 10 1960 38, Vermögensschadenshaftpflichtversicherung 10 1960 27, Vertretungsmacht 10 1960 29 f., Wertpapiergeschäfte 10 1960 46, Wohnungsräumung 10 1960 30, Zurückbehaltungsrecht 10 1960 68

Nachlasspfleger, berufsmäßiger, Nachlasspflegervergütung 10 1960 36

Nachlasspfleger, ehrenamtlicher, Nachlasspflegervergütung 10 1960 35

Nachlasspflegervergütung, angemessene 10 1960 40, aus Staatskasse 10 1960 38, berufsmäßige Nachlasspfleger 10 1960 36, ehrenamtliche Nachlasspfleger 10 1960 35, Erbenhaftung 10 1960 43, Ermessen 10 1960 41, Festsetzung 10 1960 46, Höhe 10 1960 37 ff., 40 ff., Masseverbindlichkeit 10 1960 33, Mindestvergütung 10 1960 39, mittelloser Nachlass 10 1960 38 f., Nachlassgericht 10 1960 46, Rechtsanwalt 10 1960 42, Rechtsmittel 10 1960 47, Verwirkung 10 1960 45

Nachlasspflegschaft 10 1960 3, Ablehnung 96 44, Abwesenheitspfleger 10 1960 23, Anordnung 10 1960 56, Anordnungsermessen 10 1960 16, Antragsrücknahme 96 44, Arten 10 1960 19 ff., Antrag 10 1961, Aufhebung 10 1960 63 ff., Aufhebungsbeschluss 10 1960 64, ausländischer Erblasser 10 1960 8, ausländischer Staatsangehöriger 10 1960 8, Beschwerde 10 1960 56 f., Beteiligte 30 345 8, Dreimonatseinrede 10 2017, Einrede, aufschieben-

magere Zahlen = §§; kursive Zahlen = Randnummern

Sachverzeichnis

de 10 2017, Erbenermittlung 10 1960 *11 ff.*, Erbeninteresse 10 1960 *7*, Ermessen 10 1960 *25*, Fristbeginn 10 2017, funktionelle Zuständigkeit 10 1962 *4*, Gebührenanrechnung 96 *35*, Gerichtsgebühr 96 *34 f.*, *40 ff.*, Gerichtskosten 10 1960 *58 f.*, Gläubigerinteresse 10 1960 *7*, GNotKG 96 *5*, Herausgabe Nachlassvermögen 10 1960 *65*, Hinterlegung 10 1960 *66*, Kosten 10 1960 *26*, Kostenschuldner 96 *45*, Landesrecht 10 1960 *24*, Leibesfruchtpfleger 10 1960 *23*, Nachlassgericht 10 1962, Nachlassinsolvenzverwalter 10 1960 *23*, Nachlasssicherung 10 1960 *19 ff.*, Nachlassverwaltung 10 1975 *3*, Nasciturus 10 1960 *14*, örtliche Zuständigkeit 10 1962 *3*, postmortale Vorsorgevollmacht 10 1960 *9*, Prozesspflegschaft 10 1960 *21*, Rechenschaftslegung 10 1960 *65*, Rechtsmittel 10 1960 *52*, *56 f.*, Schlussrechnung 10 1960 *65*, Schonungseinrede 10 2017, Sicherungsbedürfnis 10 1960 *6 f.*, Sicherungspflegschaft 10 1960 *20*, Subsidiarität 10 1960 *7*, Teil-Nachlasspflegschaft 10 1960 *22*, Testamentsvollstrecker 10 1960 *23*, Testamentsvollstreckung 10 1960 *10*, unbekannter Erbe 10 1960 *11 ff.*, ungewisse Annahme 10 1960 *15*, Verfahrenseinleitung 10 1960 *24*, Verfahrenspfleger 10 1960 *25*, Vollmacht 10 vor §§ 164–181 *6*, vor Annahme 10 1958 *1*, Voraussetzungen 10 1960 *5 ff.*, Vormundschaftsgericht 10 1962, Vorsorgebevollmächtigter 10 1960 *57*, Zuständiges Gericht 10 1962, Zuständigkeit 10 1960 *24*

Nachlasspflegschaft auf Antrag 10 1961, Amtsermittlungsgrundsatz 10 1961 *4*, Anspruch gegen Nachlass 10 1961 *2*, berechtigtes Interesse 10 1961 *4*, Glaubhaftmachung 10 1961 *7*, Nachlassgläubiger 10 1961, Rechtsmittel 10 1961 *8*, unbekannter Erbe 10 1961 *3*, Voraussetzungen 10 1961 *2*, Zwangsvollstreckung 10 1961 *6*

Nachlasspflegschaft, Aufhebung, Aufhebung 10 1960 *52 ff.*, Beschluss 10 1960 *52*, Herausgabepflicht 10 1960 *55*, Notwendigkeit 10 1960 *53*, Pflichtverstöße Nachlasspfleger 10 1960 *54*, Rechtsmittel 10 1960 *52*

Nachlassplanung, Rechtswahl 110 22 *1*

Nachlassrechte, Geltendmachung 10 2216 *9*

Nachlasssachen, Auslandsberührung 30 105, außergerichtliche Kosten 30 80 *3*, Begriff 30 342, Beiordnung Rechtsanwalt 30 78 *1*, Beschwerdeberechtigung 30 59 *5*, Freiwillige Gerichtsbarkeit 30 342, Gerichtskosten 30 80 *2*, Kostenentscheidung 30 84 *7*, Kostenerstattung 30 80 *3*, Kostenfestsetzung 30 85, Kostenpflicht 30 80, Rechtsbeschwerde 30 70 *7*, 74 *4*, Rechtsmittelkosten 30 84, Rechtswirksamkeit 30 40 *2*, Testamentsvollstreckung 10 vor §§ 2197–2228 *22*, Testamentsvollstreckung, FamFG 10 vor §§ 2197–2228 *18*, Vergleich, gerichtlicher 30 83, Vertretungszwang 30 78 *1*, Vollstreckung 30 87, Waffengleichheit 30 78 *1*, ZPO 30 95, Zuständigkeit, funktionelle 30 342 *4 ff.*, Zuständigkeit, internationale 30 105, Zuständigkeit Notar 10 2319 *2*

Nachlassschulden, Österreich 120 Österreich

Nachlassseparation, Nachlassinsolvenzverwaltung 10 1978, Nachlassverwaltung 10 1978

Nachlasssicherung, amtliche Inverwahrnahme 10 1960 *14*, Anlegung von Siegeln 10 1960 *13*, bekannter Erbe 10 1960 *8*, bis Annahme 10 1960, Ermessen 10 1960 *10*, Fürsorgebedürfnis 10 1960 *10*, Gefährdung Nachlassbestand 10 1960 *10*, Gerichtsgebühr 96 *34 ff.*, Geschäftswert 96 *37*, Kontensperrung 10 1960 *15*, Kostenschuldner 96 *38*, Nachlassgericht 10 1960; 10 1960 *2*, Nachlasspfleger 10 1960; 10 1960 *19 ff.*, Nachlasspflegschaft 10 1960 *19 ff.*, Nachlassverzeichnis 10 1960 *16*, Notar 65 *20*, Rechte Dritter 10 1960 *18*, Sicherungsfälle 10 1960 *4 ff.*, Sicherungsmaßnahmen 10 1960 *3 f.*, *12 ff.*, Teil-

Nachlass 10 1960 *7*, Unklarheit über Erbe 10 1960 *5*, von Amts wegen 10 1960 *5*, vor Annahme 10 1960, Zuständigkeit, funktionelle 30 342 *12*, Zuständigkeit, örtliche 30 344 *10 f.*

Nachlassspaltung, Beitrittsgebiet 100 235 § 1 *20 ff.*, England/Wales 120 England/Wales *11*, Erbstatut 120 England/Wales *3*, Frankreich 120 Frankreich *6*, innerdeutsche 100 235 § 1 *20 ff.*, Serbien 120 Serbien *15*, Teilannahme 10 1950 *3*

Nachlassspaltung, innerdeutsche, Erbschein 100 235 § 1 *32 f.*

Nachlassteilung, Abfindung 10 2059 *21*, Aufgebotsverfahren 10 2061 *8*, Ausgleichungspflicht 10 2059 *21*, Begriff 10 2059 *19 ff.*, 2060 *3*, Höferecht 10 2059 *28*, Leistungsverweigerungsrecht 10 2319 *4*, Nachlassinsolvenzverfahren 50 316 *4*, Pflichtteilsanspruch 10 2303 *70 ff.*, Schenkungsrecht 10 2059 *21*, Singularsukzession 10 2059 *24 ff.*, Zwangsversteigerung 10 2059 *23*

Nachlassüberschuss, Berechnung 10 1989 *7*, Ermittlung 10 1973 *6 f.*, Feststellungszeitpunkt 10 1973 *7*

Nachlassumschichtung, Teilungsversteigerung 10 2042 *6*

Nachlassverbindlichkeiten 10 1967, Abfindungshöhe 12 16 *10 ff.*, Abgabe Willenserklärung 10 1967 *13*, Arten 10 1967 *3 ff.*, aufschiebende Einreden 10 vor §§ 1967–2017 *4*, Auskunftsanspruch 10 1967 *13*, Ausschließungsbeschluss 10 1973 *3*, Befriedigung ungeteilter Nachlass 10 2058 *18*, Berichtigung 10 1979, 1985 *15*, 1986 *2*, 2046, Berichtigung aus Eigenvermögen 10 2058 *33 ff.*, betreffend einzelne Miterben 10 2046 *7 f.*, Bevollmächtigter 10 164 *36*, durch Bevollmächtigten 10 164 *36*, eidesstattliche Versicherung 10 1967 *13*, Eigenverbindlichkeiten 10 2058 *16*, Einkommensteuer aus Nachlass 10 1967 *3*, Einkommensteuerschulden 10 2311 *30*, Einzelkaufmann 10 1967 *34*, Entstehungszeitpunkt 10 1967 *3*, Erbenhaftung 10 vor §§ 1967–2017, Erbfallschulden 10 1967 *3*, 2058 *7*, Erblasserschulden 10 1967 *3*, *4*, 2058 *6*, Erbschaftsbesitzer 10 2018 *21*, Erbschaftskauf 10 2378, Erbschaftsteuer 10 1967 *20*, Erbschaftsverwaltungsschulden 10 1967 *3*, Erwerb, steuerpflichtiger 150 10 *23 ff.*, Feststellungsklage 10 2058 *19*, Fiskus 10 1936 *9*, Fortbestand bei Ausschluss 10 1973 *3*, GbR 10 1967 *46 ff.*, Gefährdungshaftung 10 1967 *23*, gemeinschaftliche 10 2058 *15*, Gerichtliche Geltendmachung 10 1958 *5*, vor §§ 1967–2017 *16 ff.*, Gerichtsstand der Erbschaft 40 28 *3*, Gesamthandsklage 10 2058 *20 ff.*, 2059 *32 ff.*, Gesamtschuldnerische Haftung 10 2058 *6 ff.*, Geschäftsschulden 10 1967 *32*, Grabpflege 10 1968 *8*, Grundsteuer 10 1967 *9*, Haftung des Vorerben 10 2145, Handelsgeschäft 10 1967 *33 ff.*, Hoferbe 80 *15*, Inventarunrichtigkeit 10 2005 *4*, Landwirtschaftlicher Betrieb 10 2058 *38*, Mietverhältnis 10 1967 *25*, Miterbe 10 2058 *6 ff.*, Miterbengläubiger 10 2046 *9 ff.*, Nacherbenhaftung 10 2144; 10 2144 *4*, Nachlassbewertung 10 2311 *25*, Nachlasserbenschulden 10 2058 *6*, Nachlassinsolvenzverfahren 50 325, Nachlasskostenschulden 10 1967 *3*, Nachlasspfleger 10 1960 *39*, Nachlassverwalter 10 1985 *6*, nicht fällige 10 2046 *6*, nichtvermögenswerte Leistungen 10 1967 *13*, öffentlich-rechtliche Verbindlichkeiten 10 1967 *14*, OHG 10 1967 *41 ff.*, Österreich 120 Österreich *152 ff.*, personal representative 120 England/Wales *149 ff.*, Personengesellschaft 10 2058 *9 ff.*, Pflichtteilsrestanspruch 10 2305 *20*, postmortale Vollmacht 10 1967 *27*, Prozesskosten 10 1967 *22*, Säumniszuschlag 10 1967 *16*, Steuerschulden 10 1967 *15*, streitige 10 2046 *6*, Teilung 10 2046 *2 ff.*; 150 31 *9 f.*, Tilgung vor Teilung 10 2046 *2 ff.*, Umfang 10 2046 *4*, unerlaubte Handlung

2013

Sachverzeichnis

fette Zahlen = Kennziffer

10 1967 *19*, unteilbare Leistung 10 2060 *13*, Unterhalt werdende Mutter 10 1963 *3*, Unterhaltpflicht 10 1568b, Unterlassungspflicht 10 1967 *13*, vermutetes Verschulden 10 1967 *24*, Verschaffungspflicht 10 2170 *2*, Verspätungszuschlag 10 1967 *16*, Verwaltungsmaßnahmen 10 2038 *10*, Vornahmeklage 10 2059 *30*, Wohngeld 10 1967 *26*, Zahlungsklage 10 2059 *31*, Zugewinnausgleichsanspruch 10 1568b *56*, Zuweisung 12 16 *10 ff.*, Zwangsgeld 10 1967 *16*, Zwangsverfügung 10 2115 *12*
Nachlassverfahren, Frankreich 120 Frankreich *129 ff.*, Gebühren für Beschwerde 95 *316 ff.*, Italien 120 Italien *120 ff.*, Luxemburg 120 Luxemburg *116 ff.*, Österreich 120 Österreich *162 ff.*, Rechtsanwaltsgebühren 30 58 *18*, Schweiz 120 Schweiz *179 ff.*, Spanien 120 Spanien *160 ff.*, USA 120 USA *121 ff.*
Nachlassverfahrensrecht, England/Wales 120 England/Wales *172 ff.*, Montenegro 120 Montenegro *94 ff.*, Serbien 120 Serbien *141 ff.*
Nachlassverfügungen, Miterbe 10 2033
Nachlassverteilung, personal representative 120 England/Wales *155 ff.*
Nachlassverwalter, Aktivlegitimation 10 1985 *3*, Amtstheorie 10 1975 *1*, Anfechtungsrecht 10 1979 *9*, Anspruch auf Vorabbefriedigung 10 1987 *7*, Antrag Aufgebot 10 1985 *15*, Aufgaben 10 1985 *7 ff.*, Aufgebot 10 1985 *8*, Aufhebung 10 1986 *3*, Aufwendungsersatz 10 1987 *6*, Ausantwortung 10 1986, Auseinandersetzung 10 1985 *16*, Auskunftsberechtigte 10 2057 *2*, Auskunftpflicht 10 2012 *4*, Bekanntgabe Steuerbescheid 150 *32*, Berichtigung von Nachlassverbindlichkeiten 10 1979 *8*, 1986 *2*, Eignung 10 1981 *12*, Einrede, aufschiebende 10 2017 *2*, Einreden 10 1985 *11*, Entnahmerecht 10 1987 *7*, Erbschaftsbesitzer 10 2018 *23*, Erbscheinsantrag 30 352e *26*, Erbstatut 110 23 *8*, Ermittlung Schuldenstand 10 1985 *15*, EuErbVO 110 *29*, Generalvollmacht des Erblassers 10 1985 *14*, Gesellschaftsanteil 10 1985 *13*, Grundbuch 10 1985 *8 f.*, Haftung 10 1985; 10 1985 *17 ff.*, Haftung für Steuerschuld 150 20 *11 f.*, Herausgabe des Nachlasses 10 1986, Herausgabeanspruch 10 2018 *11*, Herausgabeansprüche 10 1985 *13*, höchstpersönliche Rechte 10 1985 *13*, in Besitznahme 10 1985 *8*, Inventarerrichtung 10 1985 *15*, Inventarfrist 10 2000 *4*, 2012, Nachlassinsolvenz 10 1980 *14*, Nachlassinsolvenzverfahren 10 1985 *19*, Nachlassverbindlichkeiten 10 1985 *6*, Passivlegitimation 10 1985 *3*, personal representative 120 England/Wales *83*, Pflichten 10 1985, Prozessführungsbefugnis 10 1985 *3*, Prozesskostenhilfe 10 1985 *3*, Prozessstandschaft, gewillkürte 10 1985 *3*, Rechnungslegungspflicht 10 1985 *5*, Recht zur Ausantwortung 10 1986 *2*, Rechtsaufsicht 10 1985 *5*, Rechtsgeschäfte für den Erben 10 1985 *6*, Rechtsstellung 10 1985 *2*, Schadensersatzpflicht 10 1985 *20*, 1986 *3*, Steuererklärungspflicht 150 31 *6 ff.*, Testamentsvollstrecker 10 1981 *12*, Unternehmensfortführung 10 1986 *3*, Vergütung 10 1987, Versagung der Vergütung 10 1987 *2*, Verwaltungsbefugnis 10 1985 *12 ff.*, Vollstreckungsklausel 10 1984 *12*, Vormundschaftsrecht 10 1985 *4*, Zeuge 10 1985 *3*, Zurückbehaltungsrecht 10 1986 *4*, 1987 *7*, 1988 *1*
Nachlassverwaltung 10 1975; 30 345 *9*, Ablehnung 10 1981 *11*; 96 *48*, Ablehnung mangels Masse 10 1982, Aktivlegitimation 10 1984 *9*, Anordnung 10 1981; 10 1981 *11*, 2062 *9*, Anordnung durch Beschluss 30 359, Antrag 30 359 *5 ff.*, Antrag auf 10 2062, Antragsrücknahme 96 *48*, Aufhebung 10 1987 *4*, 1988, Aufhebungsbeschluss 10 1988 *3 ff.*, Aufrechnung 10 1977, Auswahl des Verwalters 10 1981 *12*, Beendigung 10 1986 *4*, Bekanntmachung

10 1983, Beschluss 10 1981 *11*, Beschwerde 10 1981 *13*, Beteiligte 10 1981 *11*, eidesstattliche Versicherung 10 2006 *8*, Eigengläubiger 10 1984 *12*, Ende 10 1988, England/Wales 120 England/Wales *132 ff.*, erloschene Rechtsverhältnisse 10 1976, Freiwillige Gerichtsbarkeit 30 359, gemeinschaftliche Ausübung 10 2038, Gerichtsgebühr 96 *46 ff.*, Gerichtskosten 10 1981 *14*, Grundbuchanträge des Erben 10 1984 *4*, Grundbucheintrag 10 1983 *2*, gutgläubiger Erwerb 10 1984 *5*, Haftung nach Teilung 10 2062 *8 f.*, *17*, Haftung, unbeschränkte 10 2013 *3*, Haftung vor Teilung 10 2062 *15 f.*, Haftungsbeschränkung 10 vor §§ 1967–2017 *5*, 1975 *9*, Inventarfrist 10 1984 *4*, Käuferhaftung 10 2383 *9*, Klage gegen Erben 10 vor §§ 1967–2017, Konfusion 10 1976; 10 1976 *2*, Konsolidation 10 1976; 10 1976 *2*, Konvaleszenz 10 1976 *6*, Kostenschuldner 96 *49*, Massearmut 10 1988 *3*, Maßnahmen vor 10 1978, Miterbe 10 2058 *4*, nach Teilung 10 2062 *11 ff.*, Nacherbenhaftung 10 2144 *11 ff.*, Nachlassinsolvenzverfahren 10 1988 *1*, Nachlasspfleger 10 1960 *38 ff.*, Nachlasspflegschaft 10 1975 *3*, Nachlassseparation 10 1978, Passivlegitimation 10 1984 *9*, Personengesellschaft 10 2062 *14*, Prozessführungsbefugnis 10 1975 *8*, 1984 *8 ff.*, Rechtsmittel 10 2062 *9*, Rückgewährpflicht 10 1984 *7*, Rücknahme des Antrags 10 1988 *5*, Sondervermögen 10 1975 *7*, Surrogation 10 1976 *6*, 2041 *4*, Teilschuldnerische Haftung 10 2060 *34*, Testamentsvollstreckung 10 2227 *4*, Tod des Erben 10 1988 *5*, Umfang 10 1975 *4*, Vereinigung 10 1976, Verfügungen 10 1984 *2 f.*, Verwaltung, Ausschluss von 10 2038 *42*, Verwaltungsbefugnis 10 1984 *2*, Verwaltungsbefugnis des Erben 10 1984 *2*, Vollstreckung 10 vor §§ 1967–2017 *15*, Wirkung 10 1984, Zuständigkeit 10 1981 *11*, Zuständigkeit, funktionelle 30 342 *18*, Zwangsvollstreckung 10 1984 *11 ff.*
Nachlassverwaltungsantrag, Alleinerbe 10 1981 *3*, Antragsberechtigte 10 1981 *2*, Antragsrecht 10 2062 *3 ff.*, Erbschaftskäufer 10 1981 *5*, Frist 10 1981 *7*, gemeinschaftlicher 10 2062 *3 ff.*, Glaubhaftmachung 10 1981 *10*, Gläubiger 10 1981 *6*, Miterbe 10 1981 *5*, 2062, Nacherbe 10 1981 *5*, Nachlassgläubiger 10 1981 *2*, 2062 *7*, Nachlasspfleger 10 1981 *5*, Testamentsvollstrecker 10 1981 *5*, Verfahren 10 1981 *11 ff.*, vor Annahme 10 1981 *3*
Nachlassverwaltungskosten, Erwerb, steuerpflichtiger 150 10 *39*, Nachlassbewertung 10 2311 *35*
Nachlassverzeichnis, Belege 10 2314 *38 ff.*, Ergänzungsanspruch 10 2314 *36 f.*, Erstellung 10 2215 *2*, fiktiver Nachlass 10 2314 *26 ff.*, Form 10 2314 *19*, Gerichtsgebühr 96 *36*, Hausrat 10 2314 *11*, Inhalt 10 1993 *2*, 2215 *5*, Inventar 10 1993 *2*, Minderjähriger 10 2100 *64*, Nachlassinventar, amtliches 65 20 *1*, Nachlasspfleger 10 1960 *51*, Nachlasssicherung 10 1960 *16*, Notar 65 20 *5*, Schenkungen 10 2314 *29 ff.*, Serbien 120 Serbien *150*, Teilverzeichnis 10 2314 *20*, Testamentsvollstrecker 10 2215, Übermittlung an Erben 10 2215 *2*, Verwaltung durch Erbe 10 1978 *5*, Wertangaben 10 2314 *24*, Wertermittlungsanspruch 10 2314 *67 ff.*, Zurückbehaltungsrecht 10 2314 *43*, Zuziehungsrecht 10 2314 *62 ff.*
Nachlassverzeichnis, amtliches, Anspruch auf 10 2314 *48 ff.*, Eidesstattliche Versicherung 10 2314 *60*, Erstellungszeit 10 2314 *48*, fiktiver Nachlass 10 2314 *55*, Gebühr 10 2314 *59*, Inhalt 10 2314 *52 ff.*, notarielle Verpflichtung 10 2314 *51*, notarielles Verzeichnis 10 2314 *48 ff.*, Wertangaben 10 2314 *58*
Nachlassvollmacht, Beurkundung 96 *129 f.*, Entwurf 96 *130 f.*, Geschäftswert 96 *132*, Kostenschuldner 96 *133*, Notargebühren 96 *129 ff.*
Nachlasswert, Bestimmung durch Erblasser 10 2311 *50 f.*, Grundbesitz 10 2311 *56 ff.*, Irrtum 10 1954 *17*,

magere Zahlen = §§; kursive Zahlen = Randnummern **Sachverzeichnis**

Pflichtteilsberechnung 10 2311, Stichtagsprinzip 10 2311 *48f.*, Wertermittlung 10 2311 *52ff.*
Nachlasszugehörigkeit, Fiktion 10 1978 *11*, Verfügungsbefugnis Vorerbe 10 2113 *12*, Vermächtnisgegenstand 10 1939 *4*
Nachprüfbarkeit, gerichtliche, Auflage 10 2193 *3*
Nachrangforderungen, Nachlassinsolvenzverfahren 50 327
Nachrichtenlosigkeit, Verschollenheit 75 1 *6f.*
Nächstberufener Erbe, Ausschlagung 10 1953 *7, 8,* Erbfolge, gesetzliche 10 1953 *9*, Erbfolge, gewillkürte 10 1953 *10*, Ersatzerbe 10 1953 *10f.*, gesetzliche Erbfolge 10 1953 *8f.*, gewillkürte Erbfolge 10 1953 *10ff.*, Mitteilung Nachlassgericht 10 1953 *11*, Mitteilungspflicht Ausschlagender 10 1953 *15*, Mitteilungspflicht Nachlassgericht 10 1953 *13ff.*, Nasciturus 10 1953 *7*, Vor- und Nacherbschaft 10 1953 *12*
Nachtragsverteilung, Nachlassinsolvenzverfahren 10 1989 *2*
Nachvermächtnis 10 2191, Anfall 10 2191 *4*, Anordnung 10 2191 *3*, Anwartschaftsrecht 10 2191 *5*, Bedingung 10 2191 *4*, Befristung 10 2191 *4*, Erbschaftsteuer 150 6 *10f.*, Gemeinschaftliches Testament 10 2100 *49f.*, Pflichtteilsbeschränkung 10 2338 *16*, Schadensersatzanspruch 10 2191 *5*, Schwebezeit 10 2191 *5*, Schweiz 120 Schweiz *75ff.*, Vermächtnis 10 2147 *12*, 2186; 150 6 *10f.*, Vormerkung 10 2191 *6*
Nachversteuerungsbetrag, Personengesellschaft 170 *88ff.*
Nachweis, Vollmacht 10 167 *23ff.*
Nachweispflicht, Anmeldung Erbrechte 10 1965 *4*, Erbscheinsantrag 30 352 *17ff.*
Namensaktien, beschränkte Erbenhaftung 10 1922 *40*
Namensrecht, Lebenspartnerschaft, eingetragene 100 17b *16*
Nasciturus, Annahme der Erbschaft 10 1943 *12*, 1946 *6, 9*, Ausschlagung 10 1945 *6*, 1946 *6, 9*, Ausschlagungsfrist 10 1944 *13*, Erbe 10 1942 *4*, Erbfähigkeit 10 1923 *4*, Erbschaftsanfall 10 1942 *5*, Nachlasspflegschaft 10 1960 *14*, Nächstberufener Erbe 10 1953 *7*, Unterhalt werdende Mutter 10 1963
Natürliche Person, Erbfähigkeit 10 1923 *1*
Natürlicher Wille, Betreuungsverfügung 10 1901c *6*
Navarra, Spanien 120 Spanien *46ff., 89, 112, 121, 158*
Nebenentscheidung, Beschluss 30 58 *2*, Beschwerde, sofortige 30 58 *14*, Rechtsbeschwerde 30 70 *2*
Nebenintervenient, Erbe 10 2213 *7*, Testamentsvollstrecker 10 2213 *7*
Nebenintervention, Passivlegitimation 10 2213 *7*
Negativauskunft, Rechnungslegung 10 666 *7f.*
Neugläubiger, Nachlassinsolvenz 50 Vorbemerkungen *15*
Neuschulden, Handelsgeschäft, Fortführung 10 1967 *38*, KG 10 1967 *45*, Minderjähriger 10 2032 *31*
Nicht Gezeugter, Erbe, gewillkürter 10 2102 *14*, Ersatzerbe 10 2102 *5*, Nacherbe 10 2101, 2105 *11*, 2108 *2*, 2113 *23*, Vermächtnisanfall 10 2178
Nichtanerkennung Entscheidungen, EuErbVO 110 *40*
Nichtehegatten, Ehegattenerbrecht 10 1931 *4*, Erbvertrag 10 2280 *3*, Gemeinschaftliches Testament 10 2268 *8*
Nichteheliche Kinder, DDR 10 2303 *44f.*, Erbengemeinschaft 10 2032 *9*, Gleichstellung 10 2303 *44f.*; 120 England/Wales *43*
Nichteheliche Lebensgemeinschaft, Auflösung 10 2077 *2*, Dreißigster 10 1969 *2*, Ehebedingte Zuwendung 10 516 *23*
Nichtigkeit, Anfechtung 10 1957 *3*, 2079 *17ff.*, 2271 *75f.*, 2281 *20ff.*, Anfechtungsgründe 10 2078 *15*,

Anfechtungswirkung 10 1957 *3*, Beschluss, rechtsgestaltender 30 47 *2*, Bestimmung durch Dritte 10 2065 *24*, Bürgermeistertestament 10 2249 *24*, Erbschaftsvertrag 10 311b *2f.*, Erbverzicht 10 vor §§ 2274–2302 *8*, Erbvertrag, gegenseitiger 10 2298 *8ff.*, Erbverzicht 10 2348 *4*, Eröffnungsverbot 10 2263, Gemeinschaftliches Testament 10 2265 *33*, 2267 *33ff.*, Geschäftsbesorgung 10 675 *9*, Testament 120 Serbien *90ff.*, Testament, eigenhändiges 10 2247 *42f.*, Testamentserrichtung 10 2064 *6*, Wechselbezügliche Verfügung 10 2270 *39*
Nichtigkeit, relative, Testament 120 Serbien *96ff.*
Nichtigkeitsfiktion, Fristhemmung 10 2252 *5*, Nottestament 10 2252 *2ff.*
Nichtigkeitsklage, Nachlassansprüche 10 2039 *5*
Nichtvorlagebescheinigung, EuErbVO 110 *47*
Niederschrift, Beurkundungsverfahren 10 2232 *24*, Bürgermeistertestament 10 2249 *14ff.*, Dreizeugentestament 10 2250 *11ff.*, Inhalt 10 2232 *25ff.*, Nachlassgericht 96 *128*, ohne Unterschrift 60 *35*, Schriftübergabe 60 30 *4*, Testament 10 2232 *25ff.*, Verlesen 60 30 *6*
Niederschrift der Geschäftsstelle, Ausschlagungserklärung 10 1945 *11*, Beschwerdeeinlegung 30 64 *9*
Niederschrift, eigenhändige, Analphabet 10 2247 *17*, Form 10 2247 *12*, Gemeinschaftliches Testament 10 2247 *9*, Pfeildiagramm 10 2247 *17*, Sprache 10 2247 *15f.*, Testamentserrichtung 10 2247 *6ff.*
Niederschrift Nachlassgericht, Ausschlagungserklärung 10 1945 *3*
Nießbrauch, Kürzungsrecht 10 2322 *14*, Miterbenanteil 10 2033 *42*, Nacherbschaft 10 2100 *41*, Schweiz 120 Schweiz *114ff.*, Testamentsvollstreckung 10 2136 *21*, Vererblichkeit 10 1922 *72*, Vorerbe 10 2100 *25*, 2136 *21*
Nießbrauchsvermächtnislösung 10 2269 *42*, Gemeinschaftliches Testament 10 2269 *2*
Nordwestdeutsche Höfeordnung 80 19 *3ff.*
Norwegen 120 Norwegen, ausländische Entscheidungen 120 Norwegen *7*, Ausschlagung 120 Norwegen *72*, Ehegattenerbrecht 120 Norwegen *14*, Entziehung Erbrecht 120 Norwegen *73*, Erbschaftserwerb 120 Norwegen *67ff.*, Erbschaftsteuer 120 Norwegen, Erbvertrag 120 Norwegen *23*, gesetzliche Erbfolge 120 Norwegen *9ff.*, gewillkürte Erbfolge 120 Norwegen *19ff.*, Gütergemeinschaft 120 Norwegen *16*, internationale Zuständigkeit 120 Norwegen *6*, Nachlassverfahren 120 Norwegen *75ff.*, nicht-ehelicher Lebenspartner 120 Norwegen *15*, öffentliche Teilung 120 Norwegen *81ff.*, Pflichtteilsrecht 120 Norwegen *45ff.*, private Teilung 120 Norwegen *78ff.*, streitige Verfahren 120 Norwegen *85*, Testament 120 Norwegen *21f., 26ff.*, Testamentsvollstreckung 120 Norwegen *66*, Verfügungen von Todes wegen 120 Norwegen *23*, Verjährung 120 Norwegen *69*
Notar, Ablieferungspflicht Zentrales Testamentsregister 60 34a, Anzeigepflicht 150 34, Aufgaben 65 20, Aufnahme Nachlassverzeichnis 65 20, Auseinandersetzungen 65 20, Bedachter 65 20 27 *2*, Beglaubigung 65 20, begünstigte Person 60 27, Benachrichtigungspflicht 30 347 *10*, Beurkundung 65 20, Beurkundungsgebühr 96 *109ff.*, Beurkundungsverfahren 10 2232 *21*, Erbschein 100 235 § 1 *34*, Feststellung der Geschäftsfähigkeit 60 *28*, Freiwillige Gerichtsbarkeit 65 20 *24*, Hinzuziehung Zeugen 60 *29*, Hinzuziehung zweiter Notar 60 *29*, Inventaraufnahme, amtliche 10 2003 *1*, landesrechtliche Zuständigkeit 65 20 *6ff.*, Mitteilungspflicht Zentrales Testamentsregister 60 34a, Nachlassinventar 65 20, Nachlassinventar, amtliches 65 20 *1*, Nachlassverzeichnis 65 20 *5*, Schriftübergabe 60 30, Siegelung 65 20 *7*, Testament, öffentliches 10 2231

2015

Sachverzeichnis

fette Zahlen = Kennziffer

4 ff., Testamentsvollstrecker 10 2197 *7;* 60 27 *5,* Unterschrift 60 *35,* Urkundspersonen 60 vor §§ 27–35 *2,* Vollzugsgebühr 96 *119,* Zentrales Testamentsregister 60 34a, Zuständigkeit 65 20, Zuständigkeit, ausschließlich 65 20 *5,* Zuständigkeit, örtliche 65 20 *6,* Zuständigkeit, sachliche 65 20
Notargebühren, Änderung Verfügung 96 *102,* Anfechtung 96 *109,* Antrag an Nachlassgericht 96 *109 ff.*, Aufhebung Verfügung von Todes wegen 96 *101,* Beglaubigung 96 *110 f.*, Beratungsgebühr 96 *171,* Beurkundung 96 *84 ff.*, Eidesstattliche Versicherung 96 *116 ff.*, Entsiegelung 96 *161,* Entwurf 96 *110,* Erbauseinandersetzung 96 *142 ff.*, Erbschaftsausschlagung 96 *109,* Erbscheinsantrag 96 *109,* Erbteilsveräußerung 96 *146 ff.*, Erbteilsverpfändung 96 *146 ff.*, Erbteilsverzicht 96 *134 ff.*, Erbvertrag 96 *92 ff.*, Erklärungsbeurkundung 96 *124 ff.*, Fortsetzung Gütergemeinschaft 96 *109,* Gemeinschaftliches Testament 96 *87 ff.*, Geschäftswert 96 *113,* Grundbuchberichtigung 96 *118,* Inventar 96 *154 ff.*, Kostenschuldner 96 *86, 91, 96, 108, 114, 133,* Nachlassauseinandersetzung 96 *163 f.*, Nachlassvollmacht 96 *129 ff.*, Patientenverfügung 10 167 *14,* Pflichtteilsverzicht 96 *134 ff.*, Rechtswahlvereinbarung 96 *99 f.*, Rückgabe Erbvertrag 96 *106 f.*, Siegelung 96 *161,* Teilungssache 96 *163 f.*, Testament 96 *84 ff.*, Testamentsvollstreckung 96 *97,* Vermächtniserfüllung 96 *150 ff.*, Vermittlungsverfahren 96 *163 f.*, Vermögensverzeichnis 96 *154 ff.*, Verwahrung Erbvertrag 96 *105 f.*, Vollmachtsbeurkundung 10 167 *14,* Vollzugsgebühr 96 *112,* Vormundbenennung 96 *98,* Zeugniserteilung 96 *109,* Zuwendungsverzicht 96 *134 ff.*
Notarhaftung, Testament, öffentliches 10 2231 *8,* 2232 *36*
Notarielle Beurkundung, Anfechtungserklärung 10 2282 *5,* Aufhebungsvertrag 10 2290 *9,* Ausschlagungserklärung 10 1945 *6,* Testament 10 2064 *7,* Verfügung von Todes wegen 10 2064 *7,* Widerruf wechselbezüglicher Verfügungen 10 2271 *11*
Notarielle Urkunde, Erbfolgerelevante Urkunde 60 34a *2*
Notarielle Verfahren, GNotKG 96 *7*
Notbedarf des Beschenkten, Rückforderung Schenkung 10 529 *5 ff.*
Noterbrecht, Frankreich 120 Frankreich *90 ff.*, Italien 120 Italien *108 ff.*, Luxemburg 120 Luxemburg *104 ff.*, Spanien 120 Spanien *91 ff.*
Notfallkarte, Patientenverfügung 10 1901b *36*
Notgeschäftsführung, Erbe 10 2032 *33,* Personengesellschaft 10 2032 *33*
Nottestament 10 2250 *5,* amtliche Verwahrung 60 34 *18,* begünstigte Person 60 27 *7,* Bürgermeister 10 2249, Bürgermeistertestament 10 2249; 10 2249 *3 ff.*, Dreizeugentestament 10 2250, Erbfolgerelevante Urkunde 60 34a *13,* Gemeinschaftliches Testament 10 2266, Gültigkeitsdauer 10 2252, 2266 *4 ff.*, neue Bundesländer 10 2252 *9,* Nichtigkeitsfiktion 10 2252 *2 ff.*, Österreich 120 Österreich *40,* Schadensersatz 10 2249 *9,* Schweiz 120 Schweiz *66 ff.*, Seetestament 10 2251, Tod eines Ehegatten 10 2266 *7,* Todeserklärung 10 2252 *7*
Notverwaltungsmaßnahme, Erbengemeinschaft 10 168 *21*
Notverwaltungsrecht 10 2038 *33 ff.*, Dringlichkeit 10 2038 *24,* Maßnahmen 10 2038 *40 f.*, Voraussetzungen 10 2038 *33*
Notwendige Kosten, Kostenerstattung 30 80 *3,* Rechtsanwaltskosten 30 80 *3,* 85 *2 f.*
Notwendigkeit, Nachlasspflegschaft, Aufhebung 10 1960 *53*
Notzuständigkeit, EuErbVO 110 11, forum necessitatis 110 *11*

Numerus clausus, Sachenrecht 110 1 *14,* 31 *1*
Nutznießungsrecht, Schweiz 120 Schweiz *114 ff.*
Nutzungen, Berechtigter 10 2111 *36,* Besteuerung 150 29 *14,* Entziehung der Verwaltung 10 2129 *3,* Erbschaftsbesitzer 10 2020, Erbschaftskauf 10 2379, 2380, Erbschaftsteuer 150 23, Freigabe 10 2217 *7,* Herausgabeanspruch 10 2130 *10,* Herausgabepflicht 10 2020, Jahressteuer 150 23 *9 ff.*, nicht gezogene 10 2023 *5,* Rückforderungsrecht 150 29 *14,* Surrogation 10 2111 *34,* Unternehmen 10 2111 *37,* Vermächtnis 10 2184, Vorerbe 10 2100 *8,* 2111 *34 ff.*
Nutzungslast, Erbschaftsteuer 150 25
Nutzungsrechte, vorbehaltene, Dauernde Last 10 2325 *111 ff.*, Leibrente 10 2325 *111 ff.*, Schenkung 10 2325 *86 ff.*, Totalnießbrauch 10 2325 *100 f.*, Wohnrecht 10 2325 *102 f.*, Zehn-Jahres-Frist 10 2325 *100*

Obliegenheit, Ehegattenvollmacht 10 662 *13*
Oder-Konto, Formmangel Schenkung 10 518 *15,* Schenkung 10 518 *15*
Offenbare Unbilligkeit, Bestimmungsrecht 10 2151 *5,* gerichtliche Geltendmachung 10 2048 *33,* Teilungsplan 10 2048 *30 ff.*, Voraussetzungen 10 2048 *30 f.*
Offenbare Unrichtigkeit, Begriff 30 42 *2,* Berichtigung Beschluss 30 42
Offenkundigkeitsurkunde, Frankreich 120 Frankreich *133*
Öffentliche Armenkasse, Bedachte 10 2072 *3,* Wohnsitz 10 2072 *4*
Öffentliche Aufforderung, Anmeldung Erbrechte 10 1965, Erbenermittlung 10 1965 *2,* Erbenfeststellung 10 1965, Kosten 30 352d *6,* Nachlassgericht 30 352d, Teilschuldnerische Haftung 10 2061 *2,* Verfahren 30 352d *4,* Voraussetzungen 30 352d *3,* Wirkung 30 352d *5*
Öffentliche Ordnung, EuErbVO 110 35, ordre public 110 35
Öffentliche Urkunde, Beweiswirkung 110 59 *2 f.*, Echtheit 110 59 *5,* EuErbVO 110 3 *10,* 59, grenzüberschreitende Verwendung 110 59 *1,* ordre public 110 59 *4,* Vollstreckbarkeit 110 60
Öffentlicher Glaube, Erbschaftsgegenstand 10 2366 *7,* Erbschein 10 2353 *13,* 2366; 10 2366 *3 ff.*, Erbscheinserbe 10 2366, Erwerb vom Nichtberechtigten 10 2366 *10 ff.*, Grundbuch 10 2365 *15,* guter Glaube 10 2366 *8,* rechtsgeschäftlicher Erwerb 10 2366 *5 f.*, Testamentsvollstreckerzeugnis 10 2368 *13 ff.*, Todeserklärung 10 2370, Umfang 10 2366 *2,* Voraussetzungen 10 2366 *4 ff.*, Zeitpunkt 10 2366 *9*
Öffentlichkeit, EuErbVO 110 77
Offizialmaxime, Erbscheinsverfahren 30 352e 68
OHG, Abfindungsanspruch 10 1967 *41,* Altverbindlichkeiten 10 1967 *42,* Ausscheiden bei Tod 10 1967 *41,* Erbfähigkeit 10 1923 *2,* Nachfolgeklausel 10 1967 *42,* Nachlassverbindlichkeiten 10 1967 *41 ff.*, Pflichtteilsergänzungsanspruch 10 2325 *67,* Tod eines Gesellschafters 10 2032 *34,* Vererblichkeit 10 1922 *56,* Wahlrecht 10 1922 *54,* 1967 *43*
Optionsmodell, Erbschaftsteuer 150 13a *40*
Orderpapiere, Blankoindossament 10 2116 *6*
Ordnungen 10 1924 *1,* Ehegattenerbrecht 120 Serbien *33 f.*, Montenegro 120 Montenegro *20 ff.*, Österreich 120 Österreich *17,* Rangfolge 10 1930, Serbien 120 Serbien *25 ff.*
Ordnungsmäßigkeit, Verwaltung des Nachlasses 10 2216 *4 f.*, Verwaltung, gemeinschaftliche 10 2038 *16,* Verwaltungsmaßnahmen 10 2038 *9*
Ordre public, Internationales Erbrecht 100 26, Lebenspartner 110 35 *3,* Öffentliche Ordnung 110 35,

magere Zahlen = §§; kursive Zahlen = Randnummern **Sachverzeichnis**

Öffentliche Urkunde 110 59 *4*, Pfichtteilsrecht 110 35 *2*, Schweiz 120 Schweiz *14*
Organspende 10 164 *14, 17*, 1901b *43 ff.*, Hirntod 10 1901b *47*, Patientenverfügung 10 1901b *43 ff.*, Vollmacht 10 164 *17*
Ortsangabe, Gemeinschaftliches Testament 10 2267 *22*, Testament, eigenhändiges 10 2247 *30*
Österreich 120 Österreich, Adoption 120 Österreich *15 f.*, allographes Testament 120 Österreich *36 f.*, Anfechtung 120 Österreich *72 ff.*, Anrechnung auf Erbteil 120 Österreich *146 ff.*, Anrechnung auf Pflichtteil 120 Österreich *106 ff.*, Anwachsung 120 Österreich *45 f.*, Auflagen 120 Österreich *68*, Auftrag auf den Todesfall 120 Österreich *99*, ausländische Entscheidungen 120 Österreich *7 ff.*, Auslegung 120 Österreich *69 ff.*, Ausschlagung 120 Österreich *174*, bäuerliches Anerben-/Höferecht 120 Österreich *26*, Bedingung 120 Österreich *65 ff.*, Doppelbesteuerungsabkommen 120 Österreich *197*, Ehegatten 120 Österreich *18 ff., 56 f.*, Einantwortung 120 Österreich *153 ff., 180 ff.*, Enterbung 120 Österreich *117*, Erbantrittserklärung 120 Österreich *171 ff.*, Erbauseinandersetzung 120 Österreich *144*, Erbe, gesetzlicher 120 Österreich *12 ff.*, Erbe, gewillkürter 120 Österreich *28 ff.*, Erbeinsetzung 120 Österreich *43 ff.*, Erbengemeinschaft 120 Österreich *141 ff.*, Erbenhaftung 120 Österreich *152 ff.*, erbenloser Nachlass 120 Österreich *25*, Erbfähigkeit 120 Österreich *134*, Erbquote 120 Österreich *44*, Erbschaftserwerb 120 Österreich *126 ff.*, Erbschaftsklage 120 Österreich *185 ff.*, Erbschaftsteuer 120 Österreich *188 ff.*, Erbteilungsklage 120 Österreich *145*, Erbunwürdigkeit 120 Österreich *135 ff.*, Erbvertrag 120 Österreich *28 ff., 90*, Erbverzicht 120 Österreich *138 ff.*, Ersatzerbschaft 120 Österreich *60*, EuErbVO 120 Österreich *184*, Formmangel 120 Österreich *41*, Gattungsvermächtnis 120 Österreich *52*, gemeinschaftliches Testament 120 Österreich *28 ff., 87 ff.*, Gläubigereinberufung 120 Österreich *160*, Grunderwerbsteuer 120 Österreich *191 ff.*, Gültigkeitsmängel 120 Österreich *76*, Gütergemeinschaft 120 Österreich *22*, Gütertrennung 120 Österreich *22*, Höchstpersönlichkeit 120 Österreich *29*, holographes Testament 120 Österreich *35*, Inventarerrichtung 120 Österreich *176*, Irrtum 120 Österreich *73*, Kodizill 120 Österreich *28*, Konversion 120 Österreich *71*, Lebensgefährte 120 Österreich *24*, Leistungsklage 120 Österreich *186*, Linien 120 Österreich *14 ff.*, materielles Recht 120 Österreich *11 ff.*, Nacherbschaft 120 Österreich *61 ff.*, Nachlass 120 Österreich *126 ff.*, Nachlassabsonderung 120 Österreich *161*, Nachlassschulden 120 Österreich, Nachlassverbindlichkeiten 120 Österreich *152 ff.*, Nachlassverfahren 120 Österreich *162 ff.*, Nottestament 120 Österreich *40*, Ordnung 120 Österreich *17*, Pflegevermächtnis 120 Österreich *59*, Pflichtteilsberechtigte 120 Österreich *102*, Pflichtteilsentziehung 120 Österreich *116 ff.*, Pflichtteilsquote 120 Österreich *105*, Pflichtteilsrecht 120 Österreich *101 ff.*, Rechtsgeschäfte auf den Todesfall 120 Österreich *96 ff.*, Schenkung auf den Todesfall 120 Österreich *97*, Schenkungspflichtteil 120 Österreich *113 ff.*, Sondererbfolge 120 Österreich *26 f.*, Stiftung 120 Österreich *190*, Stückvermächtnis 120 Österreich *53*, Testament 120 Österreich *28 ff.*, Testament, eigenhändiges 120 Österreich *35*, Testament, fremdhändiges 120 Österreich *36 f.*, Testament, öffentliches 120 Österreich *39*, Testamentsformen 120 Österreich *34 ff.*, Testamentsvollstreckung 120 Österreich *121 ff.*, Testamentszeuge 120 Österreich *38*, Testierfähigkeit 120 Österreich *30 ff.*, Testierwille 120 Österreich *33*, Übergabe auf den Todesfall 120 Österreich *98*, Verfügung von Todes wegen 120 Österreich *30 ff.*, Verlassenschaftsabhandlung 120 Österreich *167 ff.*, Verlassenschaftskonkurs 120 Österreich *168*, Verlassenschaftskurator 120 Österreich *177*, Vermächtnis 120 Österreich *43, 46 ff.*, Verwaltung des Nachlasses 120 Österreich *178*, Verwandte 120 Österreich *13 ff.*, Vollstreckbarkeit ausländischer Titel 120 Österreich *7 ff.*, Vorausvermächtnis 120 Österreich *48*, Vorausvermächtnis des Ehegatten 120 Österreich *56 ff.*, Vorausvermächtnis, gesetzliches 120 Österreich *21*, Widerruf 120 Österreich *77 ff.*, Willensmängel 120 Österreich *72 ff.*, Wohnungseigentümergemeinschaft 120 Österreich *130 ff.*, Zugewinngemeinschaft 120 Österreich *23 f.*, Zuständigkeit 120 Österreich *164*

Palliativversorgung, Patientenverfügung 10 1901b *29*
Parantele 10 1924 *1*, Schweiz 120 Schweiz *35 ff.*
Parentalsystem, Montenegro 120 Montenegro *20 ff.*, Serbien 120 Serbien *25 ff.*
Parteifähigkeit, Erbengemeinschaft 10 2032 *14*
Partial intestacy, Fiskus 120 England/Wales *48*
Partnerschaft, eingetragene, Schweiz 120 Schweiz *40*
Partnerschaftsgesellschaft, Anwachsen 10 1922 *61*, Austrittsrecht 10 1922 *62*, Nachfolgeklausel 10 1922 *61, 2032 40*, tauglicher Partner 10 1922 *61*, Testamentsvollstreckung 10 2205 *37*, Vererblichkeit 10 1922 *61*
Partnership Agreement, USA 120 USA *120*
Passivbestand, Nachlass 10 2311 *25 ff.*
Passivlegitimation, Aufrechnung 10 2213 *6*, Erbe 10 2213 *2*, Feststellungsbeschluss 10 1966, mehrere Testamentsvollstrecker 10 2213 *9*, Miterbe 10 2032 *21*, Nachlasspfleger 10 1960 *27*, Nachlassverwalter 10 1985 *3*, Nachlassverwaltung 10 1984 *9*, Nebenintervention 10 2213 *7*, persönliche Ansprüche 10 2213 *14*, Pflichtteilsanspruch 10 2213 *10 ff.*, Pflichtteilsergänzungsanspruch 10 2213 *12*, Testamentsvollstrecker 10 2213 *3 ff.*, Tod des Erblassers 10 2213 *8*, Vermächtnisanspruch 10 2174 *20*, Widerklage 10 2213 *6*
Patientenakte, Akteneinsicht 10 1922 *70*
Patientenverfügung 10 vor §§ 1901a–1901c, 1901a, 1901b *1 ff.*, Antibiotika 10 1901b *27*, ärztliche Maßnahme 10 1901b *23 ff.*, ärztliche Sicht 10 vor §§ 1901a–1901c *3*, Ausland 10 1901b *37*, Bankvollmacht 10 167 *30*, Begriff 10 1901b *2*, Behandlungsabbruch 10 1901b *97*, Bestätigung 10 1901b *34*, Betreuerbestellung 10 167 *31*, Betreuungsverfügung 10 1901c *4*, Blut 10 1901b *28*, Bluttransfusion 10 1901b *41*, Demenz 10 1901b *21*, Echtheit 10 167 *31*, Einwilligung 10 1901b *66, 74*, Einwilligungsfähigkeit 10 1901b *13 ff.*, Entwicklung 10 vor §§ 1901a–1901c *1 ff.*, Errichtungspflicht 10 1901b *45*, Erstellung 10 1901b *30 ff.*, Erstellung durch Arzt 10 1901b *35*, Form 10 168 *26*, 1901b *16 f., 31*, Genehmigung 10 1901b *93 f.*, Gestaltung 10 1901b *30 ff.*, Indikation 10 1901b *53 ff.*, Krankheit 10 1901b *20*, Künstliche Ernährung 10 1901b *25 f.*, Magensonde 10 1901b *25*, Maßnahmesituation 10 1901b *52*, Medikamente 10 1901b *27*, Minderjährige 10 1901b *4 ff.*, Motivation 10 1901b *33*, Notarkosten 10 167 *14*, Notfallkarte 10 1901b *36*, ohne Vollmacht 10 167 *32*, Organspende 10 1901b *43 ff.*, Palliativversorgung 10 1901b *29*, Patientenwille 10 1901b *80 ff.*, privatschriftliche 10 1901b *17 f.*, Rechtsanwalt 10 1901b *103 ff.*, Rechtsentwicklung 10 vor §§ 1901a–1901c *4 f.*, Registrierung 10 1901b *36*, Reichweitenbegrenzung 10 1901b *40 f.*, Schriftform 10 1901b *16 f.*, Sterbehilfe 10 1901b *97 ff.*, Sterbeprozess 10 1901b *20*, Übermittlung an Vorsorgeregister 10 167 *14*,

Sachverzeichnis

fette Zahlen = Kennziffer

Unterschrift 10 1901b *31*, Vertretung 10 1901b *5*, Volljährigkeit 10 1901b *3*, Vollmacht 10 167 *26*, Vorausverfügung 10 1901b *17*, Vorsorgeregister 10 1901b *36*, Vorsorgevollmacht 10 164 *4*, 1901b *32*, Wachkoma 10 1901b *22*, Widerruf 10 1901b *38f.*, Wille des Kindes 10 1901b *6*, Zeugen 10 1901b *34*, Zurückweisung 10 167 *31*

Patientenwille, Angehörige 10 1901b *84*, Einwilligung 10 1901b *79ff.*, Patientenverfügung 10 1901b *80ff.*, Rechtsanwalt 10 1901b *103ff.*, Schmerzensgeld 10 1901b *106*

Pay on death account, USA 120 USA *116*

Pensionskassen, Steuerbefreiung 150 13 *23*

Personal representative, auf Lebenszeit 120 England/Wales *158ff.*, Aufgaben 120 England/Wales *27ff.*, *145ff.*, ausländisches Gericht 120 England/Wales *25*, Auswahl 120 England/Wales *133*, deutscher Erbschein 120 England/Wales *167ff.*, England/Wales 120 England/Wales *132ff.*, Erbenermittlung 120 England/Wales *156*, Erbfall 120 England/Wales *27ff.*, executor 120 England/Wales *136ff.*, Haftung 120 England/Wales *163ff.*, Nachlassverbindlichkeiten 120 England/Wales *149ff.*, Nachlassverteilung 120 England/Wales *155ff.*, Nachlassverwalter 120 England/Wales *83*, ohne Befugnis 120 England/Wales *166*, Verfahren 120 England/Wales *172*, Vergütung 120 England/Wales *162*, Widerruf 120 England/Wales *159f.*, Zuständigkeit, internationale 120 England/Wales *22*

Personenbeförderungsgesetz, Tod des Erlaubnisinhabers 22 *19*

Personengesellschaft 10 2205 *21ff.*, Abfindungsausschluss 10 2325 *29*, Abwicklungsgesellschaft 10 2032 *33*, Abwicklungsvollstreckung 10 2205 *23*, Auflösung 10 2058 *10*, Auflösungsklausel 170 *141ff.*, Ausgleichungspflicht 10 2055 *10*, Austrittsrecht 10 2032 *36*, beaufsichtigende Testamentsvollstreckung 10 2205 *20ff.*, Betriebsaufspaltung 170 *24*, Bewertung 10 2311 *71ff.*; 150 12 *10*, Dauervollstreckung 10 2205 *24*, disquotale Einlage 150 7 *29*, einfache Nachfolge 10 2058 *12*, Einkommensteuer 170 *141ff.*, Eintritt Dritter 10 2058 *14*, Eintrittsklausel 10 2032 *42*, Eintrittsrecht 10 2205 *31*, Erbe 170 *59*, Erbengemeinschaft 10 2032 *33ff.*, erbrechtliche Nachfolgeklausel 10 2032 *36*, Erbschaftsteuer 150 3 *12ff.*, Erwerb, steuerpflichtiger 150 10 *14*, Fortsetzung 10 2058 *11*, Fortsetzungsklausel 150 3 *13ff.*; 170 *144ff.*, Gesamtschuldnerische Haftung 10 2058 *9ff.*, Gewerbesteuer 170 *59*, Grunderwerbsteuer 170 *67*, Handelsregister 10 2205 *35*, Innenrecht 10 2205 *25*, Inventar 10 2001 *3*, Kernbereichstheorie 10 2205 *26*, Liquidation 170 *142*, Lohnsumme 150 13a *21*, Nachfolgeklausel 10 2205 *30*, Nachlassverbindlichkeiten 10 2058 *9ff.*, Nachlassverwaltung 10 2062 *14*, Nachversteuerungsbetrag 170 *88ff.*, Notgeschäftsführung 10 2033 *33*, qualifizierte Nachfolge 10 2058 *13*, Schenkung 10 2325 *67ff.*, schenkweise Einlage 150 7 *29*, Steuerklasse 150 7 *28*, Steuerschuldner 150 7 *28*, Surrogation 10 2111 *28*, Testamentsvollstrecker 10 2205 *21ff.*, Thesaurierungsbegünstigung 170 *87f.*, Tod eines Gesellschafters 10 2032 *33*, Umsatzsteuer 170 *63f.*, Unentgeltlichkeit 10 2113 *41*, Verfügungsbefugnis Vorerbe 10 2112 *12*, Vorerbe 10 2100 *70*, 2112 *12*, Zinsschranke 170 *85ff.*

Personengruppe, Auslegungsregel 10 2071, Begriff 10 2071 *3f.*

Personenidentität, Erloschene Rechtsverhältnisse 10 2143 *2*, Zusammenrechnung 150 14 *4*

Personenmehrheit, Nacherbe 10 2108 *18*

Personenstandsgesetz 10

Personenwahlvermächtnis 10 2152

Persönliche Habe, Ehegatte 120 England/Wales *33*

Persönlichkeitsrecht, Nachlassbewertung 10 2311 *21*, postmortale 10 1922 *70*, postmortales 10 nach § 1922 *25*, Schutzfrist 10 1922 *70*, Vererblichkeit 10 1922 *70*, vermögenswertes 10 1922 *70*, Zugangsrecht 10 nach § 1922 *17*

Pfändbarkeit, Aufwendungsersatzanspruch 10 1978 *18*, Ausschlagungsrecht 10 1942 *11*, Freigabeanspruch 10 2217 *9*

Pfandrecht, Dürftigkeitseinrede 10 1990 *10*, Konkurrenz 10 2033 *36*, Vermächtnis, belastetes 10 2165 *5*

Pfändung, Anwartschaftsrecht 10 2100 *60*, 2115 *17*, Erbteil 10 2033 *38ff.*, Miterbenanteil 10 2033 *38ff.*, Nacherbe 10 2115 *17*, Nachlassvertrag 10 2209 *6*, Pflichtteilsanspruch 10 2317 *46ff.*, Rückforderung Schenkung 10 528 *25*, Rückforderungsrecht, vertraglich 10 516 *19*, Verwaltung, Ausschluss von 10 2038 *42*, Verwertung 10 2033 *41*

Pfändungsgläubiger, Testamentsvollstrecker, Ansprüche gegen 10 2218 *6*

Pflegeentgelt, Steuerbefreiung 150 13 *18*

Pflegeleistung, Ausgleichungspflicht 10 2057a, Ehegatte 10 2057a *12*, längerer Zeitraum 10 2057a *26*, Leistungen, besondere 10 2057a *24*, *26*, Rückforderung Schenkung 10 528 *13*

Pfleger, Ausschlagung 10 1945 *5*, Nacherbe 10 2101 *10*, 2104, 2116 *13*, unzulässige Schenkung 10 516 *14*

Pflegerbestellung, Notwendigkeit 10 1909 *3ff.*, Testamentsvollstrecker 10 2218 *7ff.*

Pflegevermächtnis, österreich 120 Österreich *59*

Pflegschaft für Abwesende, Auseinandersetzungsverfahren 30 *364*

Pflichtangaben, Europäisches Nachlasszeugnis 110 65 *2*

Pflichtteilsentziehung, Montenegro 120 Montenegro *78ff.*

Pflichtschenkung 10 2330 *7ff.*, Pflichtteilsergänzungsanspruch 10 2330

Pflichtteil, Anrechnung 10 2269 *75f.*, Ausgleichungspflicht 10 2316, Beitrittsgebiet 100 235 § 1 *12*, Einheitslösung 10 2269 *71*, England/Wales 120 England/Wales *121ff.*, Erbanwärter 10 1922 *15*, Erbschaftsvertrag 10 311b *12*, family provision 120 England/Wales *121ff.*, Frankreich 120 Frankreich *90ff.*, Gläubigerbefriedigung 10 1991 *9*, Lebenspartner 15 10 *23ff.*, Serbien 120 Serbien *107ff.*, Teilzahlung 10 2317 *31*, Trennungslösung 10 2269 *70*, unentgeltliche Zuwendungen 10 2316, Verkauf 10 2371 *4*, Verschweigungseinrede 10 1974 *8*, Vorsorgevollmacht 10 vor §§ 164–181 *7ff.*, Wiederverheiratung 10 2269 *70ff.*, Zusatzpflichtteil 10 2322, Zuwendung 10 2304, Zuwendungen auf den 10 2315

Pflichtteil, dinglicher, Serbien 120 Serbien *107, 116*

Pflichtteil entfernter Abkömmling, Ausschlagung 10 2309 *7ff.*, eigene Pflichtteilsberechtigung 10 2309 *13ff.*, Erbberechtigung 10 2309 *5ff.*, Erbunwürdigkeit näherer Berechtigter 10 2309 *12*, insoweit 10 2309 *18*, näherer Berechtigter 10 2309 *5ff.*, Voraussetzungen 10 2309 *4ff.*

Pflichtteil, großer, Erbrechtliche Lösung 10 1371 *9*, Lebenspartner 15 10 *25*

Pflichtteil, kleiner, Lebenspartner 15 10 *25*

Pflichtteil, näher Berechtigter, Annahme des Hinterlassenen 10 2309 *16f.*, Ausschlagung Erbschaft 10 2309 *7*, Erbunwürdigkeit 10 2309 *13*, Erbverzicht 10 2309 *8ff.*, Pflichtteil entfernter Abkömmling 10 2309 *5ff.*, Pflichtteilsverzicht 10 2309 *11*, Zuwendung 10 2309 *16*

Pflichtteil, schuldrechtlicher, Serbien 120 Serbien *107, 115*

Pflichtteilsanrechnung, GbR 10 2315 *8*

Pflichtteilsanspruch 10 2303 *15ff.*, Anstandsschenkung 10 2113 *48*, Arrest 10 2317 *11*, Auskunftsan-

magere Zahlen = §§; kursive Zahlen = Randnummern **Sachverzeichnis**

spruch 10 2317 *24 ff.*, Ausschlagung 10 1953 *3*, 2303 *28*, Ausschlagung Vermächtnis 10 2307 *14 ff.*, Ausschluss von Erbfolge 10 2303 *21 ff.*, Ehegatte 10 1371 *12 ff.*, Ehegattenverfügungen 10 2317 *7*, einstweilige Verfügung 10 2317 *11*, Elterliches Verwaltungsrecht 10 vor §§ 2197–2228 *8*, Entstehung 10 2317, Erbfall 10 2317 *3*, Erbschaftsteuer 10 2317 *13 ff.*; 150 3 *27 f.*, Erbunwürdigkeit 10 2317 *9*, Erbunwürdigkeitserklärung 10 2303 *31*, Erbverzichtsvertrag 10 2303 *31*, Erlass 10 2317 *28 ff.*, Erschaftsteuer 10 2317 *27*, Erwerb, steuerpflichtiger 150 10 *13*, Gebühren für Stundung 96 *72 ff.*, Gerichtsstand der Erbschaft 40 27 *14*, Grunderwerbsteuer 10 2317 *26*, Güterrechtliche Lösung 10 1371 *13*, Minderjährige 10 2317 *32 f.*, Miterbenhaftung 10 2303 *73 f.*, Nacherbfolge 10 2317 *6*, Nachlassteilung 10 2303 *71 f.*, Passivlegitimation 10 2213 *10 ff.*, Pfändung 10 2317 *46 ff.*, Scheidung 10 2303 *32*, Schuldner 10 2303 *70 ff.*, Steuerentstehung 150 9 *13*, Stundung 10 2331a; 10 2331a *5*; 30 362; 96 *72 ff.*; 170 *135*, Teilzahlungen 10 2317 *31*, Testamentsvollstreckung 10 2303 *75*, Überleitung auf Sozialhilfeträger 10 2317 *38 ff.*, Übertragbarkeit 10 2317, Übertragung 10 2317 *35 ff.*, Vererblichkeit 10 1922 *30*, Vererbung 10 2317 *44*, Verjährung 10 2317 *34*, 2331a *3 ff.*, 2332, Verlust 10 2303 *30 ff.*, Verwirkung 10 2317 *10*, Verzinsung 10 2317 *18 ff.*, Voraussetzungen 10 2303 *18 ff.*, Zugewinngemeinschaft 10 2332 *11*

Pflichtteilsberechnung, Erbteilfeststellung 10 2310, Mehrempfang 10 2056 *5*, Montenegro 120 Montenegro *75*, Nachlasswert 10 2311, Serbien 120 Serbien *113*

Pflichtteilsberechtigter 10 2303, Abkömmling 10 2303 *33 ff.*, Anfechtung 10 2079, Anfechtungsrecht 10 2080 *4*, Annahme Vermächtnis 10 2307 *24 ff.*, Antrag auf Nachlassverwaltung 10 1981 *6*, Aufgebotsverfahren 10 1972 *5*, Auskunftsanspruch 10 2213 *13*, 2314; 10 2314 *80 ff.*, Ausschlagung 10 1946 *7*, Ausschlagung der Erbschaft 10 1946 *7*, Ausschlagung Vermächtnis 10 2307 *14 ff.*, belasteter Erbteil 10 2307 *43 ff.*, Beschenkter 10 2330 *27*, Beschränkter Erbe 10 1946 *7*, Beschwerer 10 2147 *9*, bevollmächtigter Erbe 10 vor §§ 164–181 *7 ff.*, Ehegatte 10 2303 *57 ff.*, Eltern 10 2303 *52 ff.*, Enterbung 10 2303 *21 ff.*, Erbe 10 2307 *38 ff.*, 2328, Erbvertrag 10 2280 *4*, Ersatzerbe 10 2303 *24*, gesetzlicher Erbe 10 2303 *19*, Haftung für Ausfall 10 2319 *11 f.*, Insolvenz 10 2317 *51 ff.*, Irrtum des Erblassers 10 2079 *10*, Lebenspartnerschaft 10 2303 *62 ff.*, Leistungsverweigerungsrecht 10 2319, Minderjährige 10 2332 *12*, Minderjähriger 10 2332 *12*, 2332 *12*, Miterbe 10 2314 *82*, 2319, Montenegro 120 Montenegro *73*, Nacherbe 10 2303 *25*, Österreich 120 Österreich *102*, Pflichtteilsberechtigter Erbe 10 2306, Pflichtteilsergänzungsanspruch 10 2325 *10 ff.*, Rangverhältnis 10 2309 *2*, Restschuldbefreiungsverfahren 10 2317 *53*, Schenkung an 10 2327, Schweiz 120 Schweiz *109*, Serbien 120 Serbien *110 f.*, Stufenklage 10 2314 *93*, unbelasteter Erbteil 10 2307 *39 ff.*, Vermächtnis 10 2307 *45*, Vermächtniszuwendung 10 2307; 10 2307 *38 ff.*, Verwirkungsklausel 10 2303 *23*, Vollmacht 10 vor §§ 164–181 *7 ff.*, Vorerbe 10 2303 *26*, Wahlrecht 10 2307 *12*, Zuziehungsrecht 10 2314 *62 ff.*

Pflichtteilsberechtigter Erbe 10 2328, Auflagen 10 2306 *24*, Ausschlagung 10 2306 *28*, Ausschlagungsfrist 10 2306 *33 ff.*, Beschränkung 10 2306, Beschwerungen 10 2306, Dürftigkeitseinrede 10 2328 *12*, Einsetzung eines Nacherben 10 2306 *10 ff.*, Einsetzung zum Nacherben 10 2306 *19 ff.*, familienrechtliche Anordnungen 10 2306 *25*, Nachfolgeklausel 10 2306 *17*, Pflichtteilsberechtigter 10 2306,

Pflichtteilsergänzungsanspruch 10 2328, Teilungsanordnung 10 2306 *15 ff.*, Testamentsvollstreckung 10 2306 *13 f.*, Verweigerung Pflichtteilsergänzungsanspruch 10 2328, Vorerbe 10 2306 *10 ff.*, Wahlrecht 10 2306 *27 ff.*, Wiederverheiratungsklausel 10 2306 *12*, Zuwendungen an Erben 10 2306 *44*

Pflichtteilsberechtigter Miterbe, Leistungsverweigerungsrecht 10 2319

Pflichtteilsberechtigter, Übergehung, Anfechtung 10 2079, 2281 *17*, *22 ff.*, Anfechtungsfrist 10 2079 *17*, Ausschließen 10 2079 *10 ff.*, Begriff 10 2079 *10 ff.*, Beweislast 10 2079 *21*, Erbvertrag 10 2281 *17*, Irrtum des Erblassers 10 2079 *6*, *7 ff.*, Kenntnis 10 2079 *7*, spätere Berechtigung 10 2079 *12*, spätere Geburt 10 2079 *11*, Testamentsanfechtung 10 2079, Wiederverheiratung 10 2079 *17*

Pflichtteilsbeschränkung 10 2338, Abkömmling 10 2338 *6*, Begründung 10 2338 *28*, Form 10 2338 *27 ff.*, Gefährdung des späteren Erwerbs 10 2338 *10*, Kausalität 10 2338 *12*, Nachbegünstigte 10 2338 *24*, Nacherbfolge 10 2338 *15*, Nachvermächtnis 10 2338 *16*, Überschuldung 10 2338 *9*, Unwirksamkeit 10 2338 *29 ff.*, Verfügung von Todes wegen 10 2338 *27*, Verschwendung 10 2338 *8*, Verwaltungsvollstreckung 10 2338 *19 f.*

Pflichtteilsschenkung, Schenkung 10 2325 *38*

Pflichtteilsentziehung 10 2333, Beleidigung 10 2333 *17 f.*, Eigentumsdelikte 10 2333 *19*, Gründe 10 2333 *4 ff.*, Lebensnachstellung 10 2333 *8*, Österreich 120 Österreich *116 ff.*, Schuldunfähigkeit 10 2333 *36*, Schweiz 120 Schweiz *118 ff.*, seelische Misshandlung 10 2333 *16*, Serbien 120 Serbien *119 ff.*, Unterhaltspflichtsverletzung 10 2333 *20*, Unzumutbarkeit 10 2333 *37 ff.*, Verbrechen 10 2333 *11*, Verfügung von Todes wegen 10 1937 *17*, Verschulden 10 2333 *6*, Verurteilung wegen Straftat 10 2333 *24 ff.*, Verzeihung 10 2337

Pflichtteilserfüllung, Anschaffungskosten 170 *122 ff.*, Einkommensteuer 170 *122 ff.*

Pflichtteilsergänzung, Abfindungsvertrag 10 2346 *33*, Erbverzicht 10 2346 *33*

Pflichtteilsergänzungsanspruch, Abfindungsausschluss 10 2325 *29*, Abschmelzungsregelung 10 2325 *123 ff.*, Anrechnung hinterlassener Mehrwert 10 2326 *8*, Anspruch gegen Beschenkten 10 2329, Anstandsschenkungen 10 2330, Auskunftsanspruch 10 2329 *6*, belohnende Schenkungen 10 2330 *17*, Doppelberechtigung 10 2325 *12a ff.*, ehebedingte Zuwendung 10 2325 *46 ff.*, Eigengeschenk 10 2327, Erbschaftsteuer 150 3 *29*, Ersetzungsbefugnis des Beschenkten 10 2329 *17*, GbR 10 2325 *67*, Haftung mehrer Beschenkter 10 2329 *21 ff.*, Hälfte gesetzlicher Erbteil 10 2326, Höhe 10 2325 *77 ff.*, Kommanditanteil 10 2325 *68*, neuer Ehegatte 10 2325 *17*, OHG 10 2325 *67*, Passivlegitimation 10 2213 *10 ff.*, Pflichtteilsschenkung 10 2330, Pflichtteilsberechtigter 10 2325 *10 ff.*, Pflichtteilsberechtigter Erbe 10 2328, Pflichtteilsquote 10 2310 *15*, Schenkung 10 2325; 10 2325 *24 ff.*, Schenkung an Berechtigten 10 2327, Schenkung von Erblasser 10 2327 *2 f.*, Überschuldung des Nachlasses 10 2329 *13 ff.*, Vererblichkeit Gesellschaftsanteil 10 2325 *69*, Verjährung 10 2325 *129*, 2329 *4*, 2331a *8 f.*, 2332 *8*, *18 ff.*, Vermächtnis 10 2326 *10*, Verpflichteter 10 2325 *24 ff.*, Verweigerung 10 2328, Wegfall der Bereicherung 10 2329 *23*, Zehn-Jahres-Frist 10 2325 *94 ff.*, Zeitpunkt der Pflichtteilsberechtigung 10 2325 *12a ff.*, Zuwendungszeitpunkt 10 2325 *29*, Zwangsvollstreckung gegen Beschenkten 10 2329 *16*

Pflichtteilshöhe 10 2303, Schweiz 120 Schweiz *110*

Pflichtteilsklausel, Änderungsvorbehalt 10 2269 *82*, 2278 *21*, Ausschlussklausel 10 2269 *83 ff.*, Gemeinschaftliches Testament 10 2269 *24*, *77 ff.*, Jastrow'-

Sachverzeichnis

fette Zahlen = Kennziffer

sche Klausel 10 2269 *87*, Verfügung von Todes wegen 10 1937 *23*
Pflichtteilslast, Anordnung des Erblassers 10 2324, Auflagen 10 2318, Ausschlagung Vermächtnis 10 2321, Erbe anstelle Pflichtteilsberechtigtem 10 2320, Erbschaftskauf 10 2376 *9*, ersatzweise berufener Erbe 10 2320, in Höhe des erlangten Vorteils 10 2320 *10*, 2321 *13 ff.*, Kürzungsrecht 10 2324 *3*, nicht belasteter Erbe 10 2323, Vermächtnis 10 2318, zustatten kommen der Ausschlagung 10 2321 *5 ff.*
Pflichtteilsquote, Ausschlagung 10 2310 *7*, Berechnung 10 2310 *3 ff.*, Ehegatte 10 2303 *76 ff.*, Enterbung 10 2310 *6*, erbrechtliche Lösung 10 2303 *78 ff.*, Erbunwürdigkeit 10 2310 *8*, Erbverzicht 10 2310 *10 ff.*, Gütergemeinschaft 10 2303 *83*, Gütertrennung 10 2303 *84*, Lebenspartnerschaft 10 2303 *85 f.*, Montenegro 120 Montenegro *74*, Österreich 120 Österreich *103 ff.*, Pflichtteilsergänzungsanspruch 10 2310 *15*, Serbien 120 Serbien *112*, Zugewinngemeinschaft 10 2303 *77 ff.*
Pflichtteilsrecht, Abkömmlinge, entfernter 10 2309, Eltern 10 2309, Erbfallschulden 10 1967 *29*, Erbverzicht 10 2346 *1*, Feststellungsklage 10 1922 *19*, Montenegro 120 Montenegro *71 f.*, ordre public 110 35 *2*, Österreich 120 Österreich *101 ff.*, Schweiz 120 Schweiz *108 ff.*, Spanien 120 Spanien *91 ff.*, Testamentsvollstreckung 10 vor §§ 2197–2228 *7 f.*, *7*, USA 120 USA *77 ff.*, Verfassungsmäßigkeit 10 2303 *4 ff.*
Pflichtteilsrestanspruch 10 2305, Ausschlagung 10 2305 *17 f.*, Beschränkungen 10 2305 *12*, Beschwerungen 10 2305 *12*, Erbschaft, beschwerte 10 2306 *42*, Höhe 10 2305 *11*, Miterbe 10 2305 *3 ff.*, Nachlassverbindlichkeiten 10 2305 *20*, Quotenvergleich 10 2305 *4 ff.*, Wertvergleich 10 2305 *8*, zugewandter Erbteil 10 2305 *4 ff.*, Zugewinngemeinschaft 10 2305 *7*, *14 ff.*, *18*
Pflichtteilsstrafklausel, s. *Pflichtteilsklausel* 10 2269
Pflichtteilsunwürdigkeit 10 2346
Pflichtteilsverlangen, Abkömmling, Wegfall 10 2069 *12*, Ersatzerbe 10 2096 *3*, 2097 *3*
Pflichtteilsvermächtnis, Vermächtnis 10 2147 *12*
Pflichtteilsverzicht 10 2346, Abfindung 150 *7 36*, Aufhebungsvertrag 10 2351, beschränkter 10 2346 *9*, Beurkundung 96 *134 ff.*, Ehevertrag 10 1371 *14*, Erbfolge, gesetzliche 10 2346 *18*, Erbfolgerelevante Urkunde 60 34a *3*, Erbschaftsteuer 150 *3 52 ff.*, Gemeinschaftliches Testament 10 2269 *73 ff.*, Geschäftswert 96 *136*, Inhaltskontrolle 10 2346 *3*, konkludenter 10 2269 *74*, Lebenspartner 15 10 *26*, Notargebühren 96 *134 ff.*, Registrierungspflicht 60 34a *3*, Schweiz 120 Schweiz *124*, Unterhaltsanspruch 10 1967 *8*, USA 120 USA *89 ff.*, Verteidigungsrechte 10 2346 *17*
Pflichtteilszuwendung, Abkömmling 10 2304 *21 ff.*, an nicht Pflichtteilsberechtigte 10 2304 *24 f.*, Auslegungsregel 10 2304, Ehegatte 10 2304 *16 ff.*, Eltern 10 2304 *21 ff.*, Enterbung 10 2304 *1*, Erbeinsetzung 10 2304 *1*, *3 ff.*, Verjährung 10 2304 *14*, Vermächtnis 10 2304 *1*, *9 ff.*, Zugewinngemeinschaft 10 2304 *16 ff.*, *21 ff.*
Pflichtverletzung, Auftragsverhältnis 10 662 *19 ff.*, Beauftragter 10 662 *19 ff.*, Nachlasspfleger 10 1960 *49 f.*, *49*, *54*, Nachlasspflegschaft, Aufhebung 10 1960 *54*, Sicherleistung 10 2128 *5*
Pflichtverletzung Beauftragter, Haftungserleichterungen 10 662 *25*, persönliche Versorgung 10 662 *22*, Vermögensrecht 10 662 *21*, Weisungen des Auftraggebers 10 662 *23*
Politische Organisation, Steuerbefreiung 150 *13 32*
Polizei-/Ordnungspflichten, Vererblichkeit 10 1922 *69*

Poolvereinbarung, Steuerbegünstigung 150 *13b 18 f.*, Vermögen, begünstigtes 150 *13b 18 ff.*
Postkontrolle, Vollmacht 10 164 *16*
Postnachsendeauftrag, Nachlasspfleger 10 1960 *35*
Potestativbedingung, Bedingung 10 2075 *11*
Power of appointment, England/Wales 120 England/Wales *81*, Verfügung, letztwillige 120 England/Wales *81*
Prägesiegel, Verschließung 60 34 *3*
Präklusion, Gehörsrüge 30 44 *6*
Präventiventerbung, Schweiz 120 Schweiz *120*
Praxistreuhänder, Bestellung 27 71, Steuerberater 27 71
Preisgespräch, Gebührenvereinbarung 95 *37 ff.*
Privatinsolvenz, Erbschaft 10 2042 *3*
Privatinventar, Inventar, vorhandenes 10 2004 *3*
Privatvermögen, Einkommensteuer 170 *12 ff.*, Erbauseinandersetzung 170 *108 ff.*, Vermögensumqualifizierung 170 *26 f.*
Pro herde gestio, Annahme der Erbschaft 10 1943 *4 ff.*
Probate, England/Wales 120 England/Wales *174*, Testamentsprüfung 120 England/Wales *174*
Provider, Herausgabe Account-Daten 10 nach § 1922 *8 f.*
Prozessdifferenzgebühr 95 *306 ff.*
Prozessführung, Verwaltungsmaßnahmen 10 2038 *10*
Prozessführungsbefugnis, Erbe 10 1958 *4 ff.*, fehlende 10 1958 *3*, Gerichtliche Geltendmachung 10 1958 *4 ff.*, gewillkürte Prozessstandschaft 10 1975 *8*, Klage gegen Erbe 10 1958 *3*, Nachlassinsolvenz 10 1975 *8*, Nachlasspfleger 10 1960 *26 ff.*, *40*, Nachlassverwalter 10 1985 *3*, Nachlassverwaltung 10 1975 *8*, 1984 *8 ff.*
Prozessgericht, Haftungsbeschränkung 10 vor §§ 1967–2017 *16 ff.*, Stundungsverfahren 10 2331a *25*
Prozesskosten, Nachlassverbindlichkeiten 10 1967 *22*, Testamentsvollstrecker 10 2218 *30*, Vorbehalt beschränkter Erbenhaftung 10 1967 *22*
Prozesskostenhilfe, Aufhebung 95 *88*, Einrede 10 2059 *7*, Erfolgshonorarvereinbarung 95 *497*, EuErbVO 110 *56*, Miterbe 10 2039 *20*, Nachlasspfleger 10 1960 *28*, Nachlassverwalter 10 1985 *3*, Vollstreckbarkeitserklärung 110 *56*
Prozesspflegschaft, Nachlasspflegschaft 10 1960 *21*
Prozessrechtsverhältnis, Vererblichkeit 10 1922 *87 ff.*
Prozessstandschaft, gesetzliche, Miterbe 10 2039 *16*
Prozessstandschaft, gewillkürte 10 1975 *8*, 1985 *3*, Erbe 10 1985 *3*, Nachlassverwalter 10 1985 *3*
Prozessvergleich, Testamentserrichtung 10 2064 *8*
Prüfungspflicht, Berichtigung 10 1979 *3*, Beurkundungsverfahren 10 2232 *23*, Schriftübergabe 60 30 *13*
Prüfungspflicht Grundbuchamt, Grundstücksverfügung 10 vor §§ 2197–2228 *12*
Prüfungsrecht, Grundbuchamt 10 2365 *16*
Prüfungsumfang, Rechtsbeschwerde 30 74 *2 ff.*, Testamentsvollstreckerzeugnis 10 2368; 30 354 *15*
Psychiatrie, Indikation 10 1901b *63*
Public policy, Testament 120 England/Wales *90*
Publizitätswirkung, Erbschein 10 2353 *11*
Putativerbe, Erbenhaftung 10 1967 *2*

Quoten, Erbschein, gemeinschaftlicher 30 352a *9*, *11*
Quotenschaden 10 1980 *11*
Quotenvergleich, Pflichtteilsrestanspruch 10 2305 *4 ff.*

Rahmengebühr, Bedeutung der Angelegenheit 95 *187 ff.*, Einkommensverhältnisse des Auftraggebers 95 *182 ff.*, Fachanwaltstitel 95 *171 ff.*, Geschäftsgebühr 95 *149*, Haftungsrisiko 95 *193 ff.*, Schwierig-

magere Zahlen = §§; kursive Zahlen = Randnummern **Sachverzeichnis**

keit der Tätigkeit 95 *169ff.*, Umfang der Tätigkeit 95 *162ff.*, Vermögensverhältnisse des Auftraggebers 95 *182ff.*
Rangfolge, Ordnungen 10 1930, Rückforderung Schenkung 10 528 *31*, Verschweigungseinrede 10 1974 *8*, Vorausvermächtnis 10 2048 *25f.*
Ratenzahlungsvereinbarung, Einigungsgebühr 95 *285ff.*
Realakt, Vollmacht 10 164 *11*
Realgläubiger, Aufgebotsverfahren 10 1972 *2*, Schonungseinrede 10 1972 *3*
Reallast, Vererblichkeit 10 1922 *71*
Rechenschaft, Vollmacht 10 666 *2, 4ff.*, Vorsorgevollmacht 10 666 *2, 4ff.*
Rechenschaftslegung, Nachlasspflegschaft 10 1960 *65*, Testamentsvollstrecker 10 2218 *20ff.*, Verlangen 10 2218 *20*, Zeitpunkt 10 2218 *22*
Rechenschaftspflicht, s. *Rechnungslegung*
Rechnungslegung 10 666 *4*, Auftragsverhältnis 10 666, Dürftigkeitseinrede 10 1990 *18*, Nacherbfolge 10 2130, Vorerbe 10 2130; 10 2130 *19f.*
Rechnungslegung, Berechtigte 10 666 *12*, Bevollmächtigte 10 666 *4ff.*, Beweislast 10 666 *21*, eidesstattliche Versicherung 10 666 *19*, Erfüllung 10 666 *10*, Form 10 666, gegenüber Betreuer 10 666 *9*, Nachlassansprüche 10 2039 *5*, Nachlasspfleger 10 1960 *52*, Negativauskunft 10 666 *7f.*, Rechtsmissbrauch 10 666 *14*, Testamentsvollstrecker 10 2218 *23*, Unmöglichkeit 10 666 *13*, unvollständige 10 666 *17f.*, Verjährung 10 666 *20*, Verwirkung 10 666 *15f.*, Verzicht 10 666 *11f.*, Vorsorgevollmacht 10 666 *16*
Rechnungslegungspflicht, Einwendungen 10 666 *9ff.*, Nachlassverwalter 10 1985 *5*
Rechnungslegungsprüfung, Nachlassgericht 10 1960 *53*
Recht, anzuwendendes, universelle Anwendung 110 *20*
Rechtliches Gehör, Erbscheinsverfahren 30 352e *92ff.*, Freiwillige Gerichtsbarkeit 30 44, Grundrecht 30 44 *11*, Inventarfrist 10 1996 *6*, Testamentsvollstreckerzeugnis 10 2368, Verletzung 30 44
Rechtliches Interesse, Einsichtsrecht 10 1953 *16*
Rechtsanwalt, Abwickler 26 55, Erfolgshonorarvereinbarung 95 *513*, Geschäftsbesorgung 10 675 *10*, Grundpflichten 26 43a, Handakten 26 50, Nachlasspflegervergütung 10 1960 *42*, Patientenverfügung 10 1901b *103ff.*, Patientenwille 10 1901b *103ff.*, Testamentsvollstrecker 10 2197 *8*, Vergütungsvereinbarung 95 *21, 487ff.*, Verschwiegenheitspflicht 26 *2*, Versterben 26 *55*, Vorsorgevollmacht 10 675 *10*, zertifizierter Testamentsvollstrecker 10 2197 *8*
Rechtsanwaltsbeiordnung, Verfahrenskostenhilfe 30 *78*
Rechtsanwaltsgebühren, Anrechnung auf nachfolgende Gebühren 95 *125*, Auskunftsschreiben 95 *134*, außergerichtliche Vertretung 95 *131ff.*, Beratungshilfe 95 *80ff.*, Berechtigungsschein 95 *109ff.*, Beschwerdeverfahren 30 58 *18*, Dienstleistungsinformationsverpflichtungsverordnung 95 *31ff.*, Einigungsgebühr, außergerichtliche 95 *274ff.*, Erbscheinsverfahren 30 352e *237ff.*, Gegenstandswert 95 *19*, Gehörsrüge 30 44 *8*, gerichtliche 95 *292ff.*, Geschäftsgebühr 95 *140ff.*, Gutachtenserstellung 95 *117ff.*, Kostenerstattung 30 85 *2f.*, mehrere Auftraggeber 95 *234ff.*, Nachlassverfahren 30 58 *18*, Notwendige Kosten 30 80 *3*, notwendige Kosten 30 85 *2f.*, Rechtsschutzversicherung 95 *63f.*, Steuersachen 95 *55*
Rechtsanwaltsvergütungsgesetz 95
Rechtsaufsicht, Nachlassverwalter 10 1985 *5*
Rechtsbedingung, Bedingung 10 1947 *6*

Rechtsbehelfe, Montenegro 120 Montenegro *109ff.*, Rechtskraftzeugnis 30 46, Serbien 120 Serbien *168ff.*
Rechtsbehelfsbelehrung, Belehrungspflicht 30 39 *1*, fehlerhafte 30 39 *4*, Freiwillige Gerichtsbarkeit 30 39, Mindestinhalt 30 39 *2f.*, unterbliebene 30 39 *4*, Wiedereinsetzung 30 39 *4*, Zulassung Rechtsmittel 30 39 *4*
Rechtsbeschwerde, Beruhen 30 72 *3*, Beschluss 30 74 *5*, Beschwerdeentscheidung 30 70 *2*, Entscheidung 30 74, Form 30 71, Freiwillige Gerichtsbarkeit 30 70, Frist 30 71, Gründe 30 72, IntErbRVG 31 44, Nachlassgericht 30 352e *232*, Nachlasssachen 30 70 *7, 74 4*, Nebenentscheidung 30 70 *2*, Prüfungsumfang 30 74 *2ff.*, Rechtsverletzung 30 72 *2*, Statthaftigkeit 30 70, tatsächliche Feststellungen 30 74 *3*, Zulassung 30 70 *4f.*, Zulassungsgründe 30 70 *6*, Zurückweisungsbeschluss 30 74a, Zwischenentscheidung 30 70 *2*
Rechtsbeschwerdeverfahren, Gerichtsgebühr 96 *33, 50, 61, 70, 75, 79*, Kostenschuldner 96 *50*
Rechtschutzversicherung, Kappungsgrenze 95 *63*, Rechtsanwaltskosten 95 *63f.*
Rechtsdienstleistung, Geschäftsbesorgung 10 675 *8f.*
Rechtsfähigkeit, Annahme der Erbschaft 10 1943 *2*, Erbengemeinschaft 10 2032 *14*, Erbfähigkeit 10 1923 *1*, Verein 10 1922 *67*
Rechtsgeschäfte, Ausschlagung 10 1953 *4*, Beschluss, rechtsgestaltender 30 47 *1*, Erbe, vorläufiger 10 1959 *9*, vor Ausschlagung 10 1959 *9*
Rechtsgeschäfte auf den Todesfall, Haager Testamentsformübereinkommen 100 26, Montenegro 120 Montenegro *68ff.*, Österreich 120 Österreich *96ff.*, Schweiz 120 Schweiz *106*, Serbien 120 Serbien *102ff.*
Rechtshängigkeit 10 2023 *2ff.*, EuErbVO 110 17, Haftungsverschärfung 10 2023 *5ff.*, Herausgabepflicht 10 2023, Scheidungsverfahren 10 2077 *4ff.*, Zugewinnausgleichsanspruch 10 1371 *15*
Rechtsirrtum, Beachtlichkeit 10 2082 *5*, Bindungswirkung 10 2082 *5*, Eheschließung 10 2082 *5*
Rechtskraft, Abänderung 30 48, Beschluss 30 40 *1, 3*, Feststellungsbeschluss 30 352e *194ff.*, Herausgabeklage 10 2018 *29*, Wiederaufnahme 30 48, Wirksamkeit Beschluss 30 40 *3*, Zustellungsgebot 30 41 *3*
Rechtskraft, formelle 30 45, anfechtbare Entscheidung 30 45 *3*, Beschluss 30 45, Durchbrechung 30 45 *5, 48*, Eintritt 30 45 *2ff.*, Hemmung 30 45 *4*, Rechtsfolge 30 45 *5*, Rechtskraftfähigkeit 30 45 *1*, Rechtsmittelfrist 30 45 *3*, Rechtsmittelverzicht 30 45 *3*, unanfechtbare Entscheidung 30 45 *2*
Rechtskrafterstreckung, Nacherbe 10 2100 *54*, Nacherbfall 10 2139 *12*, Testamentsvollstrecker 10 2212 *5ff.*, Urteil gegen Testamentsvollstrecker 10 2213 *15*, Vorerbe 10 2100 *54*
Rechtskraftfähigkeit, Rechtskraft, formelle 30 45 *1*
Rechtskraftzeugnis 30 46, Antrag 30 46, außerordentlicher Rechtsbehelf 30 46, Beschluss 30 46, Durchbrechung Rechtskraft 30 46, Zuständigkeit 30 46
Rechtsmängelhaftung, Erbschaftskauf 10 2376 *4ff.*, Gattungsvermächtnis 10 2182, Verjährung 10 2182 *7*, Vermächtnis 10 2182, Verpflichtung des Beschwerten 10 2182 *2f.*, Verschaffungsvermächtnis 10 2182, Wahlvermächtnis 10 2182 *6*
Rechtsmissbrauch, Rechnungslegung 10 666 *14*
Rechtsmittel, Abänderung der Entscheidung 30 48 *5*, Auseinandersetzungsverfahren 30 372, Berichtigender Beschluss 30 42 *4*, Beschwerdeentscheidung 30 69 *8*, einstweilige Anordnung 30 57, Erbschein 30 352e *210ff.*, Erbscheinsverfahren 10 2064 *15*; 30 352e *58*, Ergänzender Beschluss 30 43 *3*, Ergänzung

2021

Sachverzeichnis

fette Zahlen = Kennziffer

Beschluss **30** 43 *3*, Eröffnung Verfügung von Todes wegen **30** 348 *10*, Europäisches Nachlasszeugnis **110** 72, Feststellungsbeschluss **10** 1964 *5*, Freiwillige Gerichtsbarkeit **10** vor §§ 2197–2228 *27*, Fristbestimmung **30** 372, Hauptsacheverfahren **30** 52 *5*, Inventarfrist **10** 1994 *11f.*, Kostenauferlegung **30** 81 *8*, Kostenentscheidung **30** 81 *8*, 85 *4f.*, Landwirtschaftssachen **85** 21–29, Nachlassgericht **10** vor §§ 2197–2228 *27*; **30** 352e *207 ff.*, Nachlasspfleger **10** 1960 *58*, Nachlasspflegervergütung **10** 1960 *47*, Nachlasspflegschaft **10** 1960 *52*, *56f.*, Nachlasspflegschaft auf Antrag **10** 1961 *8*, Nachlasspflegschaft, Aufhebung **10** 1960 *52*, Nachlassverwaltung **10** 2062 *9*, Testamentsvollstreckerzeugnis **10** 2368, Testamentsvollstreckung, FamFG **10** vor §§ 2197–2228 *22*, Verfahrenskostenhilfe **30** 76 *2*, Vollstreckbarkeitserklärung **110** 50, Vollstreckung **30** 87 *3*, 95 *2*, Wiedereinsetzung **30** 372

Rechtsmittelfrist, Rechtskraft, formelle **30** 45 *3*

Rechtsmittelinstanz, Rücknahme Antrag **30** 84 *5*

Rechtsmittelkosten, Erfolglosigkeit **30** 84 *2*, Freiwillige Gerichtsbarkeit **30** 84, Kostentragungspflicht **30** 84, Nachlasssachen **30** 84, Regelfall **30** 84 *6*, Rücknahme **30** 84 *4*, *4f.*, teilweiser Erfolg **30** 84 *3*, teilweises Obsiegen **30** 84 *4*, Unterliegen **30** 84 *2*

Rechtsmittelverfahren, Aufgebot **96** 79, Gerichtsgebühr **96** *33*, 50, 61, 70, 75, 79, GNotKG **96** 6, Kostenschuldner **96** *33*, 50, Stundung Pflichtteilsanspruch **96** 75, Testamentsvollstreckung **96** 70, Vermittlungsverfahren **96** *170*

Rechtsmittelverzicht, Rechtskraft, formelle **30** 45 *3*

Rechtsnachfolge, Nachweis **70** 35 *24*

Rechtsnachfolge von Todes wegen, EuErbVO **110** 1 *2*, internationales Erbrecht **100** 25

Rechtsnachfolger, Ausgleichspflichtiger **10** 2055 *9*, Erbscheinsantrag **30** 352e *20 ff.*

Rechtspfleger, Ausschlagungserklärung **10** 1945 *6*, Ausschließungsbeschluss **10** 1970 *2*

Rechtsquellen, England/Wales **120** England/Wales *2*, Montenegro **120** Montenegro *17 ff.*

Rechtsschutzbedürfnis, Erbscheinsantrag **30** 352e *17*

Rechtsstellung, Testamentsvollstrecker **10** vor §§ 2197–2228 *2f.*

Rechtsverhältnisse, erloschene **10** 2377, Nachlassbestand **10** 1991 *4*

Rechtswahl 10 vor §§ 2274–2302 *11*, Anerkenntnis **110** 7 *4*, Aufenthalt, gewöhnlicher **110** 21 *6*, doppelte Staatsbürgerschaft **110** 22 *9*, England/Wales **120** England/Wales *3*, Erblasser **110** 7 *1*, Erbvertrag **10** 2278 *12*; **110** 25 *5*, EuErbVO **110** vor Art. 1, 6, 7, 8, 22, Form **110** 22 *6*, *10*, Frankreich **120** Frankreich *8*, Gleichlaufprinzip **110** 5 *4*, Heimatrecht **110** 22 *3*, Italien **120** Italien *11 ff.*, Nachlassplanung **110** 22 *1*, Schweiz **120** Schweiz *7 f.*, Staatenlose **110** 22 *9*, Umfang **110** 22 *4*, Unzuständigkeitserklärung **110** 6, Verfahrensbeendigung **110** 8, Verfügung von Todes wegen **10** 1937 *18*, Wirksamkeitsabsicht **110** 22 *11*

Rechtswahlvereinbarung, Notargebühren **96** *99 f.*

Rechtsweg, Landwirtschaftssachen **85** 2, Überleitung von Ansprüchen **10** 528 *36*

Rechtswirksamkeit, Beschluss **30** 40, Beschlussbekanntgabe **30** 40 *1*, Feststellungsbeschluss **30** 40 *2*, Genehmigungsbeschluss **30** 40 *3*, Nachlasssachen **30** 40 *2*

Regelungslücke, Auslegung **10** 2084 *15*

Registergebühren, Übermittlung Zentrales Testamentsregister **96** *105*

Registrierung, Patientenverfügung **10** 1901b *36*

Registrierungsbestätigung, Mitteilungspflicht Zentrales Testamentsregister **60** 34a *6*

Registrierungspflicht, Erbfolgerelevante Urkunde **60** 34a *3*, Erbvertrag **60** 34a *2*, Pflichtteilsverzicht **60** 34a *3*, Testament **60** 34a *2*

Regress, Sozialleistungsträger **10** vor §§ 1967–2017 *10*

Reichweitenbegrenzung, Patientenverfügung **10** 1901b *40 f.*

Renten, Erbschaftsteuer **150** 23

Rentenbesteuerung, Jahressteuer **150** 23 *4*, Kapitalwert **150** 23, Wahlrecht **150** 23

Rentenlast, Erbschaftsteuer **150** 25

Rentenschuld, Gütergemeinschaft **70** 37, Verfügungsbefugnis Vorerbe **10** 2114

Rentenversprechen, Vererblichkeit **10** 1967 *5*

Renvoi, England/Wales **120** England/Wales *10*

Repräsentation, Erbfolge **10** 1924 *16*

Residuary estate, Abkömmlinge **120** England/Wales *36*, Ehegatte **120** England/Wales *35*

Restschuldbefreiungsverfahren, Pflichtteilsberechtigter **10** 2317 *53*

Revision, Montenegro **120** Montenegro *111*, Serbien **120** Serbien *169*

Revisionsinstanz, Vorbehalt beschränkter Erbenhaftung **10** vor §§ 1967–2017

Rheinland-Pfalz, Landesgesetz über Höfeordnung **89**

Richtigkeitsvermutung, Erbrechtsstreit **10** 2365 *13 ff.*, Erbschein **10** 2365, Grundbuch **10** 2365 *15 f.*, negative **10** 2365 *5*, positive **10** 2365 *4*, Steuerverfahren **10** 2365 *17*, Testamentsvollstreckerzeugnis **10** 2368 *11 ff.*, Umfang **10** 2365 *7 f.*, Verfügungsbeschränkungen **10** 2365 *9 f.*, Voraussetzungen **10** 2365 *3*, ZivilProzess **10** 2365 *12 ff.*

Riester-Rente, Vererblichkeit **10** 1922 *82*

Rubrum, Beschluss **30** 38 *4*

Rückabwicklung, Vertrag zugunsten Dritter **10** 328 *9*

Rückforderung Schenkung 10 528, 10-Jahres-Frist **10** 529 *4*, Abtretung **10** 528 *22*, Abwendungsrecht **10** 528 *26*, *29*, Anspruchsgegner **10** 528 *47*, Ausschluss **10** 529, Bereicherungswegfall **10** 528 *12*, Beweislast **10** 528 *44 f.*, Einrede **10** 529 *1*, Ersetzungsbefugnis **10** 528 *26 ff.*, Erwerbsmöglichkeiten **10** 528 *6*, freiwillige Pflegeleistung **10** 528 *13*, Gesamtschuldner **10** 528 *33*, Herbeiführung der Bedürftigkeit **10** 529 *3*, mehrere Beschenkte **10** 528 *31 ff.*, Mutwillige Leistungsunfähigkeit **10** 529 *3*, *11*, Notbedarf **10** 528 *4*, *19*, Notbedarf des Beschenkten **10** 529 *5 ff.*, Pfändung **10** 528 *25*, Rangfolge **10** 528 *31*, Sozialhilfeträger **10** 528 *19*, *35*, Steuerrecht **10** 528 *46 f.*, Teilwertersatz **10** 528 *11*, Umfang **10** 528 *9 ff.*, Unterhalt des Schenkers **10** 528 *7*, Unterhaltsansprüche **10** 528 *7*, Verjährung **10** 528 *42 f.*, Verzicht **10** 528 *23*, Zuständiges Gericht **10** 528 *50*

Rückforderungsrecht, Anfechtung **150** 29 *3*, Ehescheidung **150** 29 *7*, Erbschaftsteuergesetz **150** 37 *3*, Erlöschen der Steuer **150** 29 *2*, gezogene Nutzungen **150** 29 *14*, Rücktrittsrecht **150** 29 *5*, Schenkung **10** 2325 *107 ff.*, Verarmung **150** 29 *3*, Wegfall der Geschäftsgrundlage **150** 29 *6 ff.*, Widerrufsvorbehalt **150** 29 *4 f.*

Rückforderungsrecht, vertraglich, freies **10** 516 *19*, Insolvenz Erwerber **10** 516 *18*, Pfändung **10** 516 *19*, Schenkung **10** 516 *16 ff.*, Veräußerung **10** 516 *17*, Vereinbarung **10** 516 *16 ff.*, Zwangsvollstreckung **10** 516 *18*

Rückgabe, Erbscheinseinziehung **10** 2361 *18 f.*, Verwahrung, amtliche **10** 2248 *6*, Verwahrung, notarielle **60** 34a *7*, Vollmachtsurkunde **10** 175

Rückgabe aus Verwahrung, Aufhebungsfiktion **60** 34a *7*

Rückgabe des Geschenks, Abwendungsrecht **150** 29 *9*, Erlöschen der Steuer **150** 29 *2*, Schenkung **150** 29 *9*

Rückgabe Erbvertrag, Notargebühren **96** *106 ff.*

magere Zahlen = §§; kursive Zahlen = Randnummern

Sachverzeichnis

Rückgabeverlangen, Rücknahme aus Verwahrung 10 2272 *5*, Widerruf 10 2256 *4*
Rückgewähr Gegenstände, Anfechtung 50 *328*, Nachlassinsolvenzverfahren 50 *328*
Rückgewährpflicht, Nachlassverwaltung 10 1984 *7*
Rücknahme, Beschwerde 30 *67*, Beschwerdekosten 30 67 *4*, Erbscheinsantrag 30 352e *37, 72*, Kostenpflicht 30 *83*, Rechtsmittelkosten 30 84 *4, 4f.*, Scheidungsantrag 10 1933 *5*, Verfahrensgebühr 96 *116*, Verwahrung, amtliche 30 347 *11*
Rücknahme Antrag, Kostenpflicht 30 83 *7*, Rechtsmittelinstanz 30 84 *5*
Rücknahme aus Verwahrung, amtliche Verwahrung 10 2256 *3*, an Ehegatten 10 2272 *6f.*, Anfechtung 10 2272 *11*, Dreizeugentestament 10 2256 *7*, Einsichtnahme 10 2272 *12*, Erbvertrag 10 *2300*, Gemeinschaftliches Testament 10 2256 *4*, *2272*, Höchstpersönlichkeit 10 2256 *5*, nach Tod Erstversterbendem 10 2272 *10*, neue Bundesländer 10 2272 *13*, Rückgabeverlangen 10 2272 *5*, Scheidung 10 2272 *9*, Testament 10 2256 *2*, Testament, eigenhändiges 10 2256 *7*, Testierfähigkeit 10 2272 *8*, Widerruf 10 2256, Widerrufsfiktion 10 2272 *2*
Rücknahme Rechtsmittel, Kostentragungspflicht 30 84 *4*
Rücktritt, Aufhebung der Verpflichtung 10 2295, Ausübung 10 2293 *11f.*, 2294 *6*, Erbvertrag 10 2293, 2294, Erbvertrag, gegenseitiger 10 2298 *14ff.*, Feststellungsklage 10 2293 *15f.*, Form 10 2295, Geschäftsfähigkeit 10 2296 *3f.*, Höchstpersönlichkeit 10 2296, Verfehlung des Bedachten 10 2294, Verfügungen, einseitige 10 2299 *7*, Vertretung 10 2296, Widerruf 10 2293 *14*, Wiederkehrende Leistungen 10 2295 *2*, Wirkung 10 2293 *13*
Rücktritt durch Testament 10 2297, Aufhebungstestament 10 2297 *5*, Beseitigung 10 2297 *6*, Tod des Vertragspartners 10 2297 *3*, Unwirksamkeit 10 2297 *8*
Rücktrittserklärung, Form 10 2296 *12*, öffentliche Zustellung 10 2296 *11*, Verfügung von Todes wegen 10 2296 *13*, Zugang 10 2296 *5ff.*
Rücktrittsrecht, Rückforderungsrecht 150 29 *5*, Verzicht 10 2294 *4*
Rücktrittsvorbehalt 10 2293 *6ff.*, Berechtigte 10 2293 *10*, Erbvertrag 10 2293, Wiederverheiratung 10 2293 *8*
Rückübertragung, Vermögen 150 15 *12*
Rückübertragungsbescheid, Vorerbe 10 2111 *5*
Rückverweisung, EuErbVO 110 *34*, Frankreich 120 Frankreich *8*
Rückwirkung, Ausschlagung 10 1953 *1, 3ff.*, Bewertungsstichtag 150 11 *3f.*
Rügelose Einlassung, EuErbVO 110 *9*, Zuständigkeit, internationale 110 *9*
Ruhen, Erbscheinsverfahren 30 352e *147*
Russland 120 Russland, Anteilsvererbung 120 Russland *90ff.*, anwendbares Recht 120 Russland *2ff.*, ausländische Entscheidungen 120 Russland *12ff.*, Ausschlagung 120 Russland *77ff.*, Belegenheitszuständigkeit 120 Russland *11*, Ehegattenerbrecht 120 Russland *23ff.*, Erbauseinandersetzung 120 Russland *84ff.*, Erbbescheinigung 120 Russland *103ff.*, Erbengemeinschaft 120 Russland *82*, Erbenhaftung 120 Russland *95*, Erbfähigkeit 120 Russland *8*, Erblasserschulden 120 Russland *95*, Erbschaftsklage 120 Russland *110*, Erbschaftsteuer 120 Russland *111ff.*, Erbstatut 120 Russland *2ff.*, Eröffnung Erbgang 120 Russland *70*, Erwerb der Erbschaft 120 Russland *72ff.*, gesetzliche Erbfolge 120 Russland *16ff.*, gewillkürte Erbfolge 120 Russland *30ff.*, Gläubigerschutz 120 Russland *98*, Heimatzuständigkeit 120 Russland *10*, internationale Zuständigkeit 120 Russland *9ff.*, Mitgliedschaft 120 Russland *90ff.*, Nachlassverfahren 120 Russland *99ff.*, Pflichtteilsrecht 120 Russland *58ff.*, Sicherungsmaßnahmen 120 Russland *106ff.*, Staat 120 Russland *29*, Testament 120 Russland *7, 31ff.*, Testamentseröffnung 120 Russland *100ff.*, Testamentsvollstreckung 120 Russland *65ff.*, Treuhänder 120 Russland *69*, unbewegliches Vermögen 120 Russland *3ff.*, Unterhaltsempfänger 120 Russland *27*, Verfügung von Todes wegen 120 Russland *7ff.*, Wohnsitzzuständigkeit 120 Russland *9*

Sachen, unbewegliche, Gutgläubiger Erwerb 10 2113 *52f.*
Sachenrecht, EuErbVO 110 1 *14*, *31*, numerus clausus 110 1 *14*, 31 *1*
Sachmängelhaftung, Arglist 10 2183 *5*, Erbschaftskauf 10 2376 *13*, Gattungsvermächtnis 10 2183, Nacherfüllung 10 2183 *4, 7*, Schadensersatzanspruch 10 2183 *5, 8*, Verjährung 10 2183 *3*, Vermächtnis 10 2183
Sachverständigenbeweis, Erbscheinsverfahren 30 352e *131f.*
Sachverständigengutachten, Auskunftsanspruch 10 2057 *8*, Testierfähigkeit 10 2229 *24*, Wertermittlung 10 2057 *8*
Sachwertverfahren, Grundstücksbewertung 10 2311 *58*
Sammelerbschein, Erbschein 10 2353 *21*
Säumnisfrist, Verschweigungseinrede 10 1974 *2*
Säumniszuschlag, Nachlassverbindlichkeiten 10 1967 *16*
Schadensersatz, Ablieferungspflicht 10 1901c *14*, Erbschaftserwerb 10 2030 *11*, Nottestament 10 2249 *9*, Testamentsvollstreckung 10 2204 *8*
Schadensersatzanspruch, Benachteiligungsabsicht 10 2138 *11*, gegen Vorerben 10 2130 *13f., 2138 9ff.*, Haftung für Vermächtnis 10 2174 *24*, Hauptvermächtnisnehmer 10 2187 *6*, Herausgabeanspruch 10 2138 *9ff.*, Nacherbe 10 2130 *13f.*, Nachlasspfleger 10 1960 *49f.*, Nachvermächtnis 10 2191 *5*, Sachmängelhaftung 10 2183 *5, 8*, Schwebezeit 10 2179 *2*, Umfang 10 2130 *16*, Vererblichkeit 10 1922 *84*, Verminderung des Nachlasses 10 2138 *11*
Schadensersatzpflicht, Anfechtung 10 1957 *4*, Anfechtungswirkung 10 1957 *4*, Berichtigung 10 1979 *7*, Erbe 10 1979 *7*, Geschäftsführung, vorläufige 10 1959 *5*, Nachlassbestand 10 1991 *3*, Nachlassverwalter 10 1985 *20*, 1986 *3*, Unzulänglichkeitseinrede 10 1980 *14*, Verwaltung durch Erbe 10 1978 *6*, 1979 *7*, verzögerter Insolvenzantrag 10 1980 *11*
Scheck, Formmangel Schenkung 10 518 *11*, Schenkung 10 518 *11*
Scheidung, Auflösung der Ehe 10 2077 *3*, Auslegung 10 2077 *4*, Beitrittsgebiet 100 235 § 2 *6*, Eheauflösung 10 2077 *3*, Ehegattenerbrecht 10 1931 *7*, 1933 *1, 10ff.*, 2077 *1*, einseitige Verfügung 10 2268 *15*, Fortgeltung gemeinschaftliches Testament 10 2268 *10f.*, Gemeinschaftliches Testament 10 2268, Letztwillige Verfügung 10 2077, partiell einseitige Wechselbezüglichkeit 10 2268 *14*, Pflichtteilsanspruch 10 2303 *32*, Rücknahme aus Verwahrung 10 2272 *9*, Schweiz 120 Schweiz *96*, Testament 120 England/Wales *94*, Unterhaltsanspruch 10 1933 *11ff.*, wechselbezügliche Verfügung 10 2268 *16*
Scheidungsantrag, Abweisung 10 1933 *7*, Gemeinschaftliches Testament 10 2268 *5f.*, Rücknahme 10 1933 *5*
Scheidungsfolgesachen, Ehegattenerbrecht 10 1933 *8*
Scheidungsverfahren, Altverfahren 10 2077 *7*, Ausschluss Ehegattenerbrecht 10 1933 *3ff.*, Ehegattenerbrecht 10 1933 *3ff.*, einverständliches 10 2077 *11f.*, Erblasser Antragsgegner 10 2077 *8f.*, Erblas-

Sachverzeichnis

fette Zahlen = Kennziffer

ser Antragsteller 10 2077 *5*, gescheiterte Ehe 10 2077 *10ff.*, Härtefallscheidung 10 2077 *16*, Letztwillige Verfügung 10 2077 *4ff.*, rechtshängiges 10 2077 *4ff.*, streitiges 10 2077 *14*, Tod einer Partei 10 1922 *88*, Trennungszeit 10 2077 *15*, Unzulässigkeit 10 2077 *6*, Verfügung von Todes wegen 10 2077 *4ff.*, Zulässigkeit 10 2077 *6*
Scheidungsvoraussetzungen, Ehegattenerbrecht 10 1933 *4*, formelle 10 1933 *4*, materielle 10 1933 *5*
Scheinerbe, Erbenhaftung 10 1967 *2*
Scheinlebenspartnerschaft, Lebenspartnererbrecht 15 10 *19*
Schenker, Anzeigepflicht 150 30 *2*, Steuerschuldner 150 20 *5*, Verarmung 10 528
Schenkung 10 516, 2287 *3*, 2325 *24ff.*, Abfindung für Erbverzicht 10 2325 *59ff.*, Abschmelzungsregelung 10 2325 *123ff.*, Aktien 10 518 *13*, Angehörige 150 7 *21ff.*, Auflagen 150 7 *16ff.*, *32*, ausgleichspflichtige 10 2325 *44*, Auskunftsanspruch 10 2314 *26*, Auslobung 10 516 *9*, Ausstattung 10 516 *15*, 1624 *1*, 2325 *32*, Bankkonto 10 518 *12*, Bedingung 150 7 *32*, Beeinträchtigungsabsicht 10 2287 *3ff.*, belohnende 10 516 *9*, Bereicherung des Beschenkten 10 516 *12*, Beteiligung an Personengesellschaft 10 2325 *67ff.*, Beteiligung durch Innengesellschaft 10 516 *7*, bewegliche Sachen 10 518 *5*, Bewertung 10 518 *5*, Bewirkung der Leistung 10 518 *4ff.*, Buchwertklausel 150 7 *41f.*, Darlehensvertrag 10 518 *10*, ehebedingte Zuwendung 10 516 *20ff.*, ehebedingte Zuwendungen 10 2325 *45*, Ehegatten 10 2325 *116ff.*, Ehegattenschenkung 10 2325 *45*, Erlassvertrag 10 518 *10*, Festsetzungsfrist 150 30 *6*, Forderung 10 516 *6*, Form 10 2301 *18*, Fruchtziehungsrecht 10 518 *9*, Geld 10 518 *5*, gemischte 10 516 *8*, *10f.*, 2287 *6*, 2325 *29*, *30*, gesamtes Vermögen 10 516 *5*, Geschäftsanteil 150 9 *18ff.*, Geschäftsleben 150 7 *26f.*, Gesellschafteraufnahme 10 516 *7*, Gesellschaftsanteil 150 7 *41ff.*, Gesellschaftsanteile 10 2325 *67ff.*, Grundbesitz 10 518 *7*, Grundstück 150 9 *24ff.*, Gütergemeinschaft 10 2287 *5*, Gütertrennung 10 2325 *56*, Heilung Formmangel 10 518 *4ff.*, Lebensversicherung 10 331 *6*, 518 *16*, 2325 *71ff.*, Minderjährige 10 1340 *3*, Nachlassverzeichnis 10 2314 *26ff.*, nachträgliche Entgeltlichkeit 10 2325 *34ff.*, Nachweis der freien Verfügbarkeit 150 9 *21ff.*, nicht vollzogen 10 2301 *5*, Oder-Konto 10 518 *15*, ohne Geldwert 150 7 *40*, Pflichtteilsberechtigter 10 2327, Pflichtteilschenkung 10 2325 *38*, Pflichtteilsergänzungsanspruch 10 2325; 10 2325 *24ff.*, 2327, Rechtsgültigkeit 10 2325 *42*, Rückfall Geschenk 10 2325 *40f.*, Rückforderungsrecht 10 2325 *107ff.*, Rückforderungsrecht, vertraglich 10 516 *16ff.*, Rückgabe des Geschenks 150 29 *9*, Scheck 10 518 *11*, Sparbuch 10 518 *14*, überhöhte Gewinnbeteiligung 150 7 *43f.*, unbenannte Zuwendung 10 2287 *4*, unentgeltliche Zuwendungen 10 2325 *28*, Unentgeltlichkeit 10 516 *6ff.*, unter Auflage 10 2325 *31*, Unterbeteiligung Geschäftsanteil 10 518 *8*, unzulässige 10 516 *14*, Valutaverhältnis 10 328 *7*, verbrauchbare Sachen 10 2325 *81*, Vermögensminderung 10 2325 *24*, Vermögensverwaltung 10 1803, Vertrag zugunsten Dritter 10 328 *7*, 2325 *71ff.*, vollzogene 10 2301 *17ff.*, Vollzug 10 2301 *20ff.*; 150 7 *19f.*, vorbehaltene Nutzungsrechte 10 2325 *86ff.*, Vorerbe 10 2325 *27*, vorweggenommene Erbfolge 10 516 *2*, Weitergabeverpflichtung 150 7 *25*, Wertpapierdepot 10 518 *12*, Widerruf 10 2301 *18*, Wohnraumüberlassung 10 2325 *76*, Zugewinngemeinschaft 10 2325 *57*, Zuwendung 10 516 *4ff.*, Zuwendungen an Stiftungen 10 2325 *63ff.*
Schenkung auf den Todesfall, Erbschaftsteuer 150 3 *30f.*, EuErbVO 110 1 *10*, Frankreich 120 Frankreich *87*, Österreich 120 Österreich *97*

Schenkung, belohnende 10 516 *9*, Pflichtteilsergänzungsanspruch 10 2330 *17*, Unentgeltlichkeit 10 516 *8*
Schenkung, gemischte, Schenkungsteuer 150 7 *11ff.*, Trennungstheorie 150 7 *15*, Vorerbe 10 2113 *56*
Schenkung unter Lebenden, Anzeigepflicht 150 34 *2*, Erbschaftsteuer 150 1 *9*, Erbvertrag 10 2289 *21ff.*, Schenkung von Todes wegen 10 2301 *2*, Schenkungsteuer 150 7, Steuerentstehung 150 9 *16f.*, Steuerschuldner 150 20 *3ff.*, Versorgungsfreibetrag 150 17 *1f.*
Schenkung, unzulässige, Betreuer 10 516 *14*, Heimgesetz 10 516 *14*, Pfleger 10 516 *14*, Testamentsvollstrecker 10 516 *14*, Vormund 10 516 *14*
Schenkung von Todes wegen, England/Wales 120 England/Wales *109f.*, Haager Tesamentsformübereinkommen 100 26, Schenkung unter Lebenden 10 2301 *2*
Schenkungsangebot, Annahme 10 331 *7*
Schenkungspflichtteil, Österreich 120 Österreich *113ff.*
Schenkungsrecht, Ausstattung 10 1624 *11f.*, Nachlassteilung 10 2059 *21*
Schenkungsteuer 150, Gütergemeinschaft 150 7 *34*, Schenkung, gemischte 150 7 *11ff.*, Schenkung unter Lebenden 150 7, verdeckte Gewinnausschüttung 150 7 *56f.*, Vermögenserwerb 150 7 *1ff.*, Zuwendung, freigiebige 150 7 *3*
Schenkungsversprechen 10 2301 *6ff.*, auf den Todesfall 10 vor §§ 2274–2302 *6*, Bedingung 10 2301 *10ff.*, betagtes 10 2301 *14*, Beurkundung 10 518, einseitiges 10 2301 *8*, Form 10 518, Gesellschaftsverträge 10 2301 *32*, Schuldanerkenntnis 10 518 *3*, Schuldversprechen 10 518 *3*, Überlebensbedingung 10 2301 *9*, von Todes wegen 10 2301
Schenkungsvertrag, Ausgleichszahlung 10 331 *16*, Heilung Formmangel 10 331 *6*, Lebensversicherung 10 331 *6*
Schenkungswiderruf, Lebensversicherung 10 331 *7*
Schiedsgericht, Erbscheinsantrag 30 352e *34ff.*, Erbscheinsverfahren 30 352e *168*
Schiedsgerichtsanordnung, Verfügung von Todes wegen 10 1937 *19*
Schiedsklausel, Verfügung von Todes wegen 10 1937 *21*
Schiedsverfahren, Auseinandersetzung 10 2042 *47*, 2048 *4*, Befreiungsverbot 10 2220 *4*, Testamentsvollstrecker 10 2220 *4*
Schiffe, Verfügungsbefugnis Vorerbe 10 2113
Schiffsbauwerke, Verfügungsbefugnis Vorerbe 10 2113
Schlusserbe, Abkömmling, Wegfall 10 2069 *6*, Ausschlagung 10 1946 *2*, Berliner Testament 10 1946 *2*, Einheitslösung 10 2269 *34*, Erbenhaftung 10 1967 *2*, Erbfall 10 1922 *22*
Schlusserbeneinsetzung, Gemeinschaftliches Testament 10 2269 *23ff.*
Schlussrechnung, Nachlasspflegschaft 10 1960 *65*
Schmerzensgeld, Patientenwille 10 1901b *106*
Schmerzensgeldanspruch, Vererblichkeit 10 1922 *84*
Schmerzmilderung, Sterbehilfe 10 1901b *100*
Schmuck, Bewertung 10 2311 *87*
Schonungseinrede 10 2014 *1ff.*, Dreißigster 10 2016 *3*, Nachlasspflegschaft 10 2017, Realgläubiger 10 1972 *3*, Unterhaltsanspruch 10 2016 *3*
Schreibhilfe, Testamentserrichtung 10 2247 *10*
Schreibunfähige, Bürgermeistertestament 10 2249 *20*
Schrift, Begriff 10 2232 *12ff.*, Eigenhändigkeit 10 2232 *13*, Erklärung des Erblassers 10 2232 *15*, Leseunfähigkeit 10 2232 *11*, offene 10 2232 *16*, Übergabe 10 2232 *14*, verschlossene 10 2232 *17*
Schriftform, Patientenverfügung 10 1901b *16f.*, Testament 120 England/Wales *60*, Vollmacht 10 167 *9*

magere Zahlen = §§; kursive Zahlen = Randnummern

Sachverzeichnis

Schriftlichkeit, Auskunftserteilung 10 2027 *5*, 2028 *7*, Gemeinschaftliches Testament 10 2267 *19*
Schriftstücke, Auseinandersetzung 10 2047 *4ff.*, Teilung 10 2047 *4*, Überschussverteilung 10 2047 *4ff.*
Schriftübergabe, Anforderungen an Schrift 60 30 *8*, Beifügungspflicht 60 30 *15*, Belehrungspflicht 60 30 *13*, Beteiligte 60 32 *3*, Beurkundung 60 30, Bürgermeistertestament 10 2249 *12*, Erbvertrag 10 2276 *3*; 60 32 *3*, Erklärung über Inhalt 60 30 *7*, Feststellung in Niederschrift 60 32 *5*, Kennzeichnung der Schrift 60 30 *9*, Niederschrift 60 30 *4*, Notar 60 30, offen 60 30 *11ff.*, Prüfungspflicht 60 30 *13*, Sprachkundigkeit des Notars 60 30 *12*, Sprachunkundige 60 32, Sprachunkundigkeit 60 32 *4*, Stumme 60 31, Testament, öffentliches 10 2232 *11ff.*, Übersetzung 60 32 *6ff.*, Vermerk 60 30 *10*, verschlossen 60 30 *14*
Schuld, Vererblichkeit 10 1967 *5*
Schuldanerkenntnis, Schenkungsversprechen 10 518 *3*, Zwangsvollstreckungsunterwerfung 10 518 *3*
Schuldbuch, Sperrvermerk 10 2118
Schuldbuchvermerk, Vorerbe 10 2118
Schuldenabzug, Erbschaftsteuer 150 13b *35*
Schuldfähigkeit, Erbunwürdigkeit 120 England/Wales *117*
Schuldunfähigkeit, Pflichtteilsentziehung 10 2333 *36*
Schuldverhältnis, gesetzliches, Testamentsvollstreckung 10 2218 *1*, Vererblichkeit 10 1922 *84*
Schuldvermächtnis, Vermächtnis 10 2173 *8*
Schuldversprechen, Schenkungsversprechen 10 518 *3*
Schuldzinsen, Abfindung 170 *117ff.*, Einkommensteuer 170; 170 *117f.*, Pflichtteilserfüllung 170
Schusswaffe, Blockierpflicht 25 20 *13ff.*, Erbe 25 20, Erlaubnispflicht 25 20 *6ff.*, Vererblichkeit 10 1922 *69*
Schutzfrist, Persönlichkeitsrecht 10 1922 *70*
Schwarzwaldhof, Badisches Gesetz 86 *2*
Schwebezeit, Anwartschaftsrecht 10 2179 *5ff.*, Nachvermächtnis 10 2191 *5*, Schadensersatzanspruch 10 2179 *2*, Surrogation 10 2179 *3*, treuwidriges Verhalten 10 2179 *4*, Vermächtnisanfall 120 2179
Schwebezustand, ipso-iure-Erwerb 10 1943 *1*
Schweden 120 Schweden, Annahme 120 Schweden *50*, Ausschlagung 120 Schweden *50*, Ehegattenerbrecht 120 Schweden *57f.*, Erbauseinandersetzung 120 Schweden *148ff.*, Erbenhaftung 120 Schweden *98ff.*, erbenloser Nachlass 120 Schweden *13*, Erbfähigkeit 120 Schweden *38ff.*, Erbschaftsteuer 120 Schweden *82*, Erbstatut 120 Schweden *6*, Erbunwürdigkeit 120 Schweden *42f.*, Erbvertrag 120 Schweden *79f.*, Erbverzicht 120 Schweden *45ff.*, EuErbVO 120 Schweden *1ff.*, *22ff.*, Europäisches Nachlasszeugnis 120 Schweden *158ff.*, gemeinsame Verwaltung 120 Schweden *103ff.*, Gemeinschaftliches Testament 120 Schweden *78*, gesetzliche Erbfolge 120 Schweden *57ff.*, Güterrecht 120 Schweden *18ff.*, Güterrechtliche Auseinandersetzung 120 Schweden *35ff.*, internationale Zuständigkeit 120 Schweden *22ff.*, internordisches Recht 120 Schweden *5ff.*, Nachlass als juristische Person 120 Schweden *100ff.*, Nachlassinsolvenz 120 Schweden *144ff.*, Nachlassverfahren 120 Schweden *100ff.*, Nachlassverfahren, internationale 120 Schweden *28ff.*, Nachlassverwalter 120 Schweden *107ff.*, Nachlassverwaltung 120 Schweden *137ff.*, Nachlassverzeichnis 120 Schweden *125ff.*, Pflichtteilsrecht 120 Schweden *86ff.*, Rechtswahl 120 Schweden *9*, Schenkung auf den Todesfall 120 Schweden *81ff.*, Testament 120 Schweden *65ff.*, Testamentsvollstrecker 120 Schweden *121ff.*, Universalsukzession 120 Schweden *48*, Verfügungen von Todes wegen 120 Schweden *16*, Verjährung 120 Schweden *51ff.*

Schweiz 120 Schweiz, Anerkennungszuständigkeit 120 Schweiz *26ff.*, Annahme der Erbschaft 120 Schweiz *139*, Anrechnung 120 Schweiz *157ff.*, Ausgleichung 120 Schweiz *157ff.*, ausländische Entscheidungen 120 Schweiz *24ff.*, Auslegung 120 Schweiz *79ff.*, Ausschlagung 120 Schweiz *140ff.*, bäuerliches Erbrecht 120 Schweiz *161*, Belegenheitszuständigkeit 120 Schweiz *20*, deutsche Grundstücke 120 Schweiz *3*, Doppelbesteuerungsabkommen 120 Schweiz *200*, Ehegatte 120 Schweiz *114ff.*, Ehegatten 120 Schweiz *38ff.*, Ehegattenerbquote 120 Schweiz *47*, Ehegattengesellschaft 120 Schweiz *46*, Einlieferungspflicht 120 Schweiz *180*, Erbauseinandersetzung 120 Schweiz *149ff.*, Erbbescheinigung 120 Schweiz *184ff.*, Erbe, gesetzlicher 120 Schweiz *33ff.*, Erbe, gewillkürter 120 Schweiz *49ff.*, Erbeinsetzung 120 Schweiz *70*, Erbengemeinschaft 120 Schweiz *147ff.*, Erbhaftung 120 Schweiz *162ff.*, Erbenschulden 120 Schweiz *164*, Erbgangsschulden 120 Schweiz *163*, Erblasserschulden 120 Schweiz *162*, Erbrecht des Gemeinwesens 120 Schweiz *48*, Erbschaftserwerb 120 Schweiz *134ff.*, Erbschaftsklage 120 Schweiz *188*, Erbschaftsteuer 120 Schweiz *189ff.*, Erbschaftsverwaltung 120 Schweiz *131ff.*, Erbstatut 120 Schweiz *2ff.*, *10*, Erbunwürdigkeit 120 Schweiz *137*, Erbvertrag 120 Schweiz *13*, *49*, *97ff.*, *183*, Erbverzichtsvertrag 120 Schweiz *103*, Errungenschaftsbeteiligung 120 Schweiz *43*, Ersatzerbschaft 120 Schweiz *74*, Ersatzvermächtnis 120 Schweiz *74*, gegenseitige Verfügungen von Todes wegen 120 Schweiz *13*, gemeinschaftliches Testament 120 Schweiz *49*, Gläubigerschutz 120 Schweiz *166ff.*, Gütergemeinschaft 120 Schweiz *44*, güterrechtliche Auseinandersetzung 120 Schweiz *42ff.*, Gütertrennung 120 Schweiz *45*, Haager Übereinkommen 120 Schweiz *11*, Haftung nach Teilung 120 Schweiz *165*, Haftungsbeschränkung 120 Schweiz *170ff.*, Heimatzuständigkeit 120 Schweiz *17*, Herabsetzungsklage 120 Schweiz *111ff.*, Höchstpersönlichkeit 120 Schweiz *51*, internationale Zuständigkeit 120 Schweiz *16ff.*, Internationales Erbrecht 120 Schweiz *1ff.*, Inventar, öffentliches 120 Schweiz *170ff.*, Konversion 120 Schweiz *82*, Lebensalter 120 Schweiz *54*, Liquidation, amtliche 120 Schweiz *175ff.*, materielles Recht 120 Schweiz *32ff.*, Miterbenhaftung 120 Schweiz *160*, Nacherbschaft 120 Schweiz *75ff.*, Nachlasseinheit 120 Schweiz *3*, Nachlassverfahren 120 Schweiz *179ff.*, Nachvermächtnis 120 Schweiz *75ff.*, Nießbrauchsrecht 120 Schweiz *114ff.*, Nottestament 120 Schweiz *66ff.*, Nutznießungsrecht 120 Schweiz *114ff.*, ordre public 120 Schweiz *14*, Parentel 120 Schweiz *35ff.*, Partnerschaft, eingetragene 120 Schweiz *40*, Pflichtteilsberechtigte 120 Schweiz *109*, Pflichtteilsentziehung 120 Schweiz *118ff.*, Pflichtteilshöhe 120 Schweiz *110*, Pflichtteilsrecht 120 Schweiz *108ff.*, Pflichtteilsverzicht 120 Schweiz *124*, Präventiventerbung 120 Schweiz *120*, Rechtsgeschäfte auf den Todesfall 120 Schweiz *106*, Rechtswahl 120 Schweiz *7f.*, Scheidung 120 Schweiz *96*, Schweizerischer Nachlass 120 Schweiz *21*, Selbstlesungsverfahren 120 Schweiz *63*, Sicherungsmaßnahmen 120 Schweiz *23*, *187*, Stiftung 120 Schweiz *78*, Strafenterbung 120 Schweiz *119*, Teilungsverfahren 120 Schweiz *150f.*, Testament 120 Schweiz *49*, *52ff.*, Testament, eigenhändiges 120 Schweiz *56ff.*, Testament, holographisches 120 Schweiz *56ff.*, Testament, mündliches 120 Schweiz *66ff.*, Testament, nichtiges 120 Schweiz *87f.*, Testament, öffentliches 120 Schweiz *61ff.*, Testament, ungültiges 120 Schweiz *89f.*, Testamentseröffnung 120 Schweiz *180ff.*, Universalsukzession 120 Schweiz *135*, Ur-

Sachverzeichnis

fette Zahlen = Kennziffer

teilsfähigkeit 120 Schweiz 53, Verfügung von Todes wegen 120 Schweiz 11, Verfügungsarten 120 Schweiz 69ff., Verfügungsfähigkeit 120 Schweiz 12, 50, 52, Vermächtnis 120 Schweiz 71ff., Verwandtenerbrecht 120 Schweiz 34ff., Vollstreckbarkeit ausländischer Titel 120 Schweiz 30, Vorerbe 120 Schweiz 76, Vorlesungsverfahren 120 Schweiz 64, Widerruf 120 Schweiz 91ff., Wiederverheiratung 120 Schweiz 115, Willensmängel 120 Schweiz 83, Willensvollstreckung 120 Schweiz 125ff., Wohnsitz 120 Schweiz 2, 4ff., Wohnsitzzuständigkeit 120 Schweiz 16

Schweizerischer Nachlass, Schweiz 120 Schweiz 21
Schwiegereltern, Ehebedingte Zuwendung 10 516 23
Schwiegerkind, Auflösung der Ehe 10 2077 2
Seefahrt, Todeserklärung 75 5
Seegefahr 75 5
Seeschiff, Geburt 24 37, Sperrvermerk 24 64, Versterben 24 37
Seetestament 10 2231 15, 2251, Fristunterbrechung 10 2252 6, Gemeinschaftliches Testament 10 2266 3, Montenegro 10 Montenegro 45, Nottestament 10 2251, Serbien 120 Serbien 55
Seeverschollenheit, auf See 75 5 2, bei einer Fahrt 75 5 3, Verschollenheit 75 5 4
Selbständigkeit, Anwachsung 10 2159, Erwerb 150 9 4
Selbstanfechtung, Wechselbezüglichkeit 10 2269 65, Wiederverheiratung 10 2269 65
Selbstberechnung, Erbschaftsteuer 150 31 9f., Steuererklärungspflicht 150 31 9f.
Selbstkontraktion, Vergütungsvereinbarung 10 675 4, Vertretung im Ausschlagung 10 1945 15
Selbstkontraktionsverbot, Aufwendungsersatz 10 181 2, Befreiung 10 181 3, Testamentsvollstrecker 10 2205 5, Überweisungen 10 181 2, Vollmacht 10 181, Vollmachtloser Vertreter 10 2205 7
Selbstkorrektur, Gehörsrüge 30 44 1
Selbstlesungsverfahren, Schweiz 120 Schweiz 63
Serbien, Adoptiveltern 120 Serbien 37ff., Adoptivkind 120 Serbien 37ff., allographes Testament 120 Serbien 51, Anerkennung als Hauptsache 120 Serbien 20, anerkennungsfähige Entscheidungen 120 Serbien 17, Anerkennungsverfahren 120 Serbien 19ff., Anerkennungsvoraussetzungen 120 Serbien 18, Anrechnung auf Erbteil 120 Serbien 124ff., Anwachsung 120 Serbien 65, anwendbares Recht 120 Serbien 1ff., Auflage 120 Serbien 81, ausländische Entscheidung 120 Serbien 16ff., Ausschlagung 120 Serbien 129f., Bedingung 120 Serbien 78, Befristung 120 Serbien 79, Beschwerde 120 Serbien 168, Beschwerter 120 Serbien 69, dinglicher Pflichtteil 120 Serbien 107, 116, Ehegattenerbrecht 120 Serbien 31ff., eigenhändiges Testament 120 Serbien 50, Erbantrittserklärung 120 Serbien 131, Erbeinsetzung 120 Serbien 134f., Erbengemeinschaft 120 Serbien 134f., Erbenhaftung 120 Serbien 139f., Erbenloser Nachlass 120 Serbien 9, Erbfolge, gesetzliche 120 Serbien 25ff., Erbfolge, gewillkürte 120 Serbien 45ff., Erblasser Ausländer 120 Serbien 13, Erblasser Serbe 120 Serbien 11f., Erblasser Staatenloser 120 Serbien 14, Erbquote 120 Serbien 64, Erbschaftsanspruch 120 Serbien 170, Erbschaftserklärung 120 Serbien 161, Erbschaftserwerb 120 Serbien 127, Erbschaftsteuer 120 Serbien 173ff., Erbteilung 120 Serbien 136ff., Erbvertrag 120 Serbien 100, Ersatzerbschaft 120 Serbien 76, Feststellung Erblassertod 120 Serbien 149, Fiskus 120 Serbien 44, Gemeinschaftliches Testament 120 Serbien 100, gerichtliches Testament 120 Serbien 52, Gleichstellungsprinzip 120 Serbien 17, internationales Testament 120 Serbien 57, Inzidentanerkennung 120 Serbien 21, Kollisionsrecht 120 Serbien 2, konsularisches Testament 120 Serbien 54, Leibrentenvertrag 120 Serbien 104ff., militärisches Testament 120 Serbien 56, mündliches Testament 120 Serbien 58, Nachlassbeschluss 120 Serbien 165ff., Nachlassspaltung 120 Serbien 15, Nachlassverfahrensrecht 120 Serbien 141ff., Nachlassverzeichnis 120 Serbien 150, nichtiges Testament 120 Serbien 90ff., notarielles Testament 120 Serbien 53, Ordnungen 120 Serbien 25ff., Parentalsystem 120 Serbien 25ff., Pflichtteil 120 Serbien 107ff., Pflichtteilsberechnung 120 Serbien 113, Pflichtteilsberechtigter 120 Serbien 110f., Pflichtteilsentziehung 120 Serbien 119ff., Pflichtteilsquote 120 Serbien 112, Pflichtteilsbehelfe 120 Serbien 168ff., Rechtsgeschäft auf den Todesfall 120 Serbien 102ff., Revision 120 Serbien 169, schuldrechtlicher Pflichtteil 120 Serbien 107, 115, Seetestament 120 Serbien 55, Steuerfreiung 120 Serbien 177, Steuerberechnung 120 Serbien 175, Steuerobjekt 120 Serbien 174, Steuersatz 120 Serbien 176, Steuerschuldner 120 Serbien 174, Substitution 120 Serbien 76, Testament 120 Serbien 46ff., Testaments 120 Serbien 51ff., Testamentsauslegung 120 Serbien 83, Testamentsform 120 Serbien 8, Testamentsformmangel 120 Serbien 61, Testamentsinhalt 120 Serbien 62ff., Testamentsvernichtung 120 Serbien 87, Testamentsvollstreckung 120 Serbien 122f., Testamentswiderruf 120 Serbien 84ff., Testamentszeugen 120 Serbien 59ff., Testamentseröffnung 120 Serbien 151ff., Testamentsform 120 Serbien 49ff., Testierfähigkeit 120 Serbien 47, Testierwille 120 Serbien 48, Todesurkunde 120 Serbien 148, Übergabevertrag 120 Serbien 103, Ungültiges Testament 120 Serbien 89ff., Verlassenschaftsabhandlung 120 Serbien 11ff., 158ff., Vermächtnis 120 Serbien 66ff., Vermächtnisbeendigung 120 Serbien 74, Vermächtnisnehmer 120 Serbien 67, Vorverfahren 120 Serbien 147ff.
SGB XII 20 102
Sicherheitsleistung, Vermächtnisanspruch 10 2174 23, Vollstreckbarkeitserklärung 110 57, Vorerbe 10 2128
Sicherheitsrechte, Besorgnis der Rechtsverletzung 10 2128, erhebliche Pflichtverletzung 10 2128 5, Höhe 10 2128 6, Nacherbe 10 2128
Sicherstellung, Erbschein 30 49 3
Sicherung, Anwartschaftsrecht 10 2179 6, Grundstücksvermächtnis 10 2059 34, Nachlass 10 1960, Vermächtnisanspruch 10 2174 17ff.
Sicherung, dingliche, Dürftigkeitseinrede 10 1990 10
Sicherungsanspruch, nach Vermächtnisanfall 10 2174 17, vor Vermächtnisanfall 10 2174 18
Sicherungsbedürfnis, Nachlasspflegschaft 10 1960 6f.
Sicherungseigentum, Vermächtnis, belastetes 10 2165 3
Sicherungsfälle, Nachlasssicherung 10 1960 4ff.
Sicherungsmaßnahmen, EuErbVO 110 19, Gebühren 96 162, Gerichtsgebühr 96 34ff., Nachlassgericht 10 1960 3f., Nachlassinsolvenzverfahren 50 Vorbemerkungen 23, Nachlasssicherung 10 1960 3f., 12ff., Schweiz 120 Schweiz 23, 187, Vollstreckbarkeitserklärung 110 54
Sicherungspflegschaft, Nachlasspflegschaft 10 1960 20
Sicherungsrechte, Nacherbe 10 2127, Wiederaufleben 10 1976 2
Siegelanlegung, Nachlasssicherung 10 1960 13
Siegelung, Gerichtsgebühr 96 36, 39, Inventar 96 155, Landesrecht 65 20 7ff., Notar 65 20 7, Notargebühren 96 161, Zuständigkeit 65 20 7
Singularsukzession, Nachlassteilung 10 2059 24ff.
Sittenwidrigkeit, Aufhebungsvertrag 10 2290 10, Ausschlagung 10 1942 12, Bedingung 10 2075 13f.,

magere Zahlen = §§; kursive Zahlen = Randnummern

Sachverzeichnis

Erbvertrag **10** vor §§ 2274–2302 *8*, Testament **120** England/Wales *90*, Verfügung von Todes wegen **10** 1937 *22*, 2075 *19*
Smrtovnica, Montenegro **120** Montenegro *95, 99 ff.*
Sonderbetriebsvermögen, Einkommensteuer **170** *28 ff.*, Entnahmegewinn **170** *29*, Erbauseinandersetzung **170** *158*, Fortsetzungsklausel **170** *29*, Nachfolgeklausel **170** *30, 156*, Teilungsanordnung **170** *158*
Sondererbe, Frankreich **120** Frankreich *51*
Sondererbfolge, BGB-Gesellschaft **10** 1922 *48*, GmbH-Geschäftsanteil **10** 1922 *41*, Höferecht **10** 1922 *23*, Kommanditanteil **10** 1922 *55*, Nachfolgeklausel **10** 2032 *36, 41;* **170** *147 f.*, Österreich **120** Österreich *26 f.*, Sozialrecht **10** 1922 *23*, Wohnraummiete **10** 1922 *29*
Sondererbrecht, Landwirtschaftliches **80** 19 *1*
Sondergebühren, Vergütung, angemessene **10** 2221 *6*
Sonderkündigungsrecht, Mietverhältnis **10** 1967 *25*
Sonderrechtsnachfolge, Erbfall **10** 1922 *23*, Hoferbe **10** 1922 *63*, Wohnraummiete **10** 1922 *83*
Sonderrechtsnachfolger, Auseinandersetzungsausschluss **10** 2044 *18*
Sondervermögen 10 2032 *5 ff.*, Nacherbfall **10** 2139 *4*, Nachlassinsolvenz **10** 1975 *7*, Nachlassverwaltung **10** 1975 *7*, Surrogation **10** 2032 *6*, Testamentsvollstreckung **10** 2214 *2*, Vollstreckungsverbot **10** 2214 *2*
Sorgeberechtigte, Minderjährige **10** 1901b *5*
Sorgerechtsvollmacht, Erblasseranordnung **10** 1638 *3*
Sorgfaltspflichten, Nachlasspfleger **10** 1960 *32*
Sorgfaltspflichtsverletzung, Vorerbe **10** 2130 *13, 2131*
Sozialhilfehaftung, Anspruchsgegner **20** 102 *6*, Erbenhaftung **20** 102 *4*, Familienheim **20** 102 *6*, Haftungsbeschränkung **20** 102 *10 ff.*, Kostensatzpflicht **20** 102, Schonvermögen **20** 102 *2*, Verjährung **20** 102 *16*, zeitlicher Umfang **20** 102 *15*
Sozialhilfeträger, Ausschlagungsrecht **10** 1942 *11 f.*, 2306 *40*, Ausstattung **10** 1624 *14*, Dürftigkeitseinrede **10** 1990 *6*, Regress **10** vor §§ 1967–2017 *10*, Rückforderung Schenkung **10** 528 *19, 35 ff.*, Überleitung von Ansprüchen **10** 528 *19, 35, 35 ff.*, 2317 *38 ff.*, Zeitpunkt **10** 528 *40*
Sozialrecht, Sondererbfolge **10** 1922 *23*, Vererblichkeit **10** 1922 *69*
Sozialversicherungsrecht, Geschäftsbesorgung **10** 675 *7*
Spanien 120 Spanien, Abwicklungsvollstreckung **120** Spanien *116*, Annahme der Erbschaft **120** Spanien *134 ff.*, Aragonien **120** Spanien *38, 82, 103, 118, 153*, Ausschlagung **120** Spanien *142 ff.*, autonome Regionen **120** Spanien *38 ff., 145 ff.*, Balearen **120** Spanien *39 ff., 83, 104, 154*, Baskenland **120** Spanien *50 ff., 90, 113, 122, 155*, Bedingung **120** Spanien *76*, Befristung **120** Spanien *76*, Dauertestamentsvollstreckung **120** Spanien *116*, Ehegatten **120** Spanien *23 ff.*, Erbauseinandersetzung **120** Spanien *125, 152 ff.*, Erbe, gesetzlicher **120** Spanien *19 ff.*, Erbe, gewillkürter **120** Spanien *51 ff.*, Erbengemeinschaft **120** Spanien *123*, Erbenhaftung **120** Spanien *127 ff., 152 ff.*, Erbschaftsteuer **120** Spanien *17*, Erbscheinsverfahren **120** Spanien *166 ff.*, Erbstatut **120** Spanien *1 ff.*, Erbteilungsverfahren **120** Spanien *170 ff.*, Erbvertrag **120** Spanien *69*, Foralrechte der Autonomien **120** Spanien *146 ff.*, Galizien **120** Spanien *45, 88, 111, 156*, internationales Erbrecht **120** Spanien *1 ff.*, Katalonien **120** Spanien *42 ff., 84 ff., 107, 119, 155*, Lebenspartner **120** Spanien *33 f.*, materielles Erbrecht **120** Spanien *19 ff.*, Nachlassverfahren **120** Spanien *160 ff.*, Navarra **120** Spanien *46 ff., 89, 112, 121, 158*, Noterbrecht **120** Spanien *91 ff.*,

Pflichtteilsrecht **120** Spanien *91 ff.*, Testament **120** Spanien *52 ff.*, Testamentseröffnung **120** Spanien *163*, Testamentsvollstreckung **120** Spanien *114 ff.*, Vermächtnis **120** Spanien *77 f.*, Widerruf **120** Spanien *79*
Sparbuch 10 1922 *78*, Formmangel Schenkung **10** 518 *14*, Schenkung **10** 518 *14*, Vertrag zugunsten Dritter **10** 331 *8*
Sparkonto, Vertrag zugunsten Dritter **10** 331 *8 f.*, Zuwendung auf den Todesfall **10** 331 *8*
Sparvertrag, Änderung des Bezugsberechtigten **10** 332 *1*, Bezugsberechtigung **10** 331 *7*, Vertrag zugunsten Dritter **10** 331 *2*
Specific gift, Vermögenszuwendung **120** England/Wales *77 f.*
Speichermedium, E-Mails **10** nach § 1922 *7 f.*
Spendenvortrag, Erbe **170** *77 f.*
Sperrvermerk, Personenstandsgesetz **24** 64, Schuldbuch **10** 2118
Sprache, Niederschrift, eigenhändige **10** 2247 *15 f.*
Sprachkundigkeit des Notars, Schriftübergabe **60** 30 *12*
Sprachunkundigkeit, Schriftübergabe **60** 32 *4*
Sprungrechtsbeschwerde 30 75, Gerichtsgebühr **96** *50, 61, 70, 75*, Kostenschuldner **96** *50*, Nachlassgericht **30** 352e *230*, Zulassungsverfahren **96** *33*
Staatenlose, Rechtswahl **110** 22 *9*
Staatsangehörigkeit, Erblasser **120** England/Wales *11*, Kollisionsrecht **110** 21 *2*, Vereinigtes Königreich **120** England/Wales *11*
Staatskasse, Nachlasspflegervergütung **10** 1960 *38*
Stämme 10 1924 *1*
Standesamt, Sterbefallmitteilung **30** 347 *6 ff.;* **60** 34a *8*
Statutenwechsel, Haager Tesamentsformübereinkommen **100** 26
Statutory legacy, Ehegatte **120** England/Wales *34*
Statutory trust, Abkömmlinge **120** England/Wales *42*
Sterbefallmitteilung, Bundesnotarordnung **30** 347 *6 ff.*, Gemeinschaftliches Testament **30** 347 *9*, Inhalt **30** 347 *6 ff.*, Mitteilungspflicht **30** 347, Standesamt **30** 347 *6 ff.;* **60** 34a *8*, Verwahrangaben **30** 347 *6 ff.*, Zentrales Testamentsregister **60** 34a *8*
Sterbehilfe 10 1901b *97 ff.*, aktive **10** 1901b *99*, Arzt **10** 1901b *101*, Behandlungsabbruch **10** 1901b *97 ff.*, Beihilfe zum Suizid **10** 1901b *101*, Patientenverfügung **10** 1901b *97 ff.*, Schmerzmilderung **10** 1901b *100*
Sterbeprozess, Einwilligung **10** 1901b *72*, Patientenverfügung **10** 1901b *20*
Steuerangelegenheiten, Vertretung **10** 164 *21*
Steuererrechnung, Vorerwerb **150** 14 *11 ff.*
Steuerbefreiung, Angemessenheit **150** 13 *34*, Ausbildungszuwendung **150** 13 *22*, Betriebsvermögen **150** 13a, Dreißigster **150** 13 *7*, England/Wales **120** England/Wales *27 ff.*, Entgelt für Pflege **150** 13 *18*, Erwerbsunfähige **150** 13 *15 f.*, Familienheim **150** 13 *8 ff.*, Gelegenheitsgeschenke **150** 13 *24*, gemeinnützige Körperschaft **150** 13 *25 ff.*, gesonderte Feststellung **150** 13a *35*, Grundbesitz für Wohlfahrt **150** 13 *6*, Hausrat **150** 13 *2 f.*, Kapitalgesellschaftsanteile **150** 13a, Kulturgüter **150** 13 *4*, Land-/forstwirtschaftliche Betriebe **150** 13a, Mitgliederbeiträge **150** 18, öffentliche Einrichtung **150** 13 *25 ff.*, Pensionskassen **150** 13 *23*, politische Organisation **150** 13 *32*, Serbien **120** Serbien *177*, Unterhaltsleistung **150** 13 *22*, vermietete Grundstücke **150** 13d, Vermögensrückfall **150** 13 *20*, Verzicht auf Pflichtteilsanspruch **150** 13 *21*, Wohnzwecke **150** 13d, Zweckbestimmung **150** 13 *29 ff.*
Steuerbegünstigung, begünstigtes Vermögen **150** 13b *1, 4*, Begünstigungsabfolge **150** 13b *2*, Betriebsaufspaltung **150** 13b *11*, Betriebsverpachtung

2027

Sachverzeichnis

fette Zahlen = Kennziffer

150 13b *12,* Einheitlichkeit der Verfügung 150 13b *19,* Erbschaftsteuer 150 13b, Kapitalgesellschaftsanteile 150 13b *18 ff.,* Konzern 150 13b *13,* Land-/forstwirtschaftliche Betriebe 150 13b *17,* Poolvereinbarung 150 13b *18 ff.,* Stimmrechtsausübung 150 13b *21,* Verschonungsabschlag 150 13b *1,* Verwaltungsvermögen 150 13b *4 ff., 7 ff.,* Verwaltungsvermögensüberprüfung 150 13b *31 f.,* Wohnungsunternehmen 150 13b *14*

Steuerberater, Abwickler 27 70, Handakten 27 70 *30 ff.,* Praxistreuhänder 27 71, Versterben 27 70

Steuerberatungsgesetz 27

Steuerberechnung, Serbien 120 Serbien *175*

Steuerbescheid, Bekanntgabe 150 32, Bekanntgabe an Erblasser 170 *45,* geänderter 150 32 *2,* Zugangsvertreter 150 32

Steuerentstehung, Bedingung 150 9 *8 ff.,* Befristung 150 9 *8 ff.,* Betagung 150 9 *9,* Erbfall 150 9 *6,* Ersatzerbschaftsteuer 150 9 *30,* Erwerb von Todes wegen 150 9 *15,* Geschäftsanteil 150 9 *18 ff.,* Grundstücksschenkung 150 9 *24 ff.,* internationales Erbrecht 150 9 *12,* Pflichtteilsanspruch 150 9 *13,* Schenkung unter Lebenden 150 9 *16 f.,* Stichtag 150 9 *2,* Vertrag zugunsten Dritter 150 9 *29*

Steuererklärung, Erbe 170 *40 ff.,* Erbschaftsteuer 150 31, Erklärungsfrist 150 31 *3,* Inhalt 150 31 *4,* Nachdeklarationspflicht 170 *40 ff.*

Steuererklärungspflicht 150 31 *1,* Einkommensteuer 170 *15 ff.,* Gütergemeinschaft, fortgesetzte 150 31 *5,* Nachlasspfleger 150 31 *6 ff.,* Nachlassverwalter 150 31 *6 ff.,* Selbstberechnung 150 31 *9 f.,* Testamentsvollstrecker 150 31 *6 ff.*

Steuererlass, Abgabenordnung 150 28 *9*

Steuerermäßigung, England/Wales 120 England/Wales *198,* Familienstiftung 150 26, Höchstbetrag 150 27 *3,* Personenkreis 150 27 *2,* Vermögenserwerb 150 27

Steuerfestsetzung, Erbengemeinschaft 150 35 *3,* kein inländische Wohnsitz 150 35 *2,* örtliche Zuständigkeit 150 35, unter Vorbehalt 150 32 *3*

Steuerfreibetrag 150 16, Ehegatten 150 16, Lebenspartner 150 16, Verbrauch 150 14 *15,* Vorerwerb 150 14 *15*

Steuerfreistellung, Auslandssachverhalte 150 19 *4*

Steuerhaftung, England/Wales 120 England/Wales *190*

Steuerhinterziehung, durch Erblasser 170 *49 ff.*

Steuerklasse 150 15, Adoption 150 15 *6,* Angehörigenprinzip 150 15 *3 ff.,* Ehegatte 150 15 *5,* Eltern 150 15 *8,* Familienstiftung 150 15 *9 ff.,* Personengesellschaft 150 7 *28,* Schenkung durch Kapitalgesellschaft 150 15 *16,* Stiefkinder 150 15 *7,* Vermögensrückübertragung 150 15 *12*

Steuerobjekt, England/Wales 120 England/Wales *182 ff.,* Serbien 120 Serbien *174*

Steuerpflicht, Abweichen vom Zivilrecht 150 3 *8 ff.,* beschränkte 150 2 *10 ff., 17 3,* Doppelbesteuerung 150 2 *14 ff.,* England/Wales 120 England/Wales *187,* internationales Erbrecht 150 2 *3, 14 ff.,* Persönliche 150 2, Rückforderung 10 528 *46 f.,* Umfang 150 2 *2,* Versorgungsansprüche 150 3 *44 ff.*

Steuerpflicht, beschränkte, Erwerb, steuerpflichtiger 150 10 *44,* Wechsel zur unbeschränkten 150 14 *18 f.*

Steuerpflicht, fiktive unbeschränkte, frühere Zuwendungen 150 2 *21,* Versorgungsfreibetrag 150 2, Zuständigkeit, örtliche 150 2 *20*

Steuerpflicht, unbeschränkte, Wechsel zur beschränkten 150 14 *18 f.*

Steuerpflichtiger, Familienstiftung 150 2 *9,* Inländer 150 2 *4 ff.,* inländische Körperschaft 150 2 *7*

Steuerrückerstattungen, Nachlassbewertung 10 2311 *17, 23*

Steuersachen, Rechtsanwaltsgebühren 95 55

Steuersatz, England/Wales 120 England/Wales *200,* Erbschaftsteuer 150 19, Härteausgleich 150 19 *5 f.,* Serbien 120 Serbien *176*

Steuerschulden, Haftungsbeschränkung 10 1967 *17,* Nachlassverbindlichkeiten 10 1967 *15,* Vererblichkeit 10 1922 *69,* Verrentung 150 24, Zwangsvollstreckung 10 1967 *17*

Steuerschuldner, Auslandsvermögen 150 20 *6,* Beschenkter 150 20 *3,* England/Wales 120 England/Wales *189,* Erbschaftsteuer 150 20, Familienstiftung 150 20 *6,* Festsetzungsfrist 150 20 *4,* Gütergemeinschaft, fortgesetzte 150 20 *7,* Haftung des Nachlasses 150 20 *8,* Schenker 150 20 *5,* Schenkung unter Lebenden 150 20 *3 ff.,* Serbien 120 Serbien *174,* Vorerbe 150 20 *9,* Weiterübertragung 150 20 *9,* Zweckzuwendungen 150 20 *6*

Steuerstundung, Abgabenordnung 150 28 *9,* Betriebserhaltung 150 28, Betriebsvermögenserwerb 150 28 *1,* Erbschaftsteuer 150 28, Ersatzerbschaftsteuer 150 28 *6,* Erwerb Land-/forstwirtschaftliche Betriebe 150 28, Familienstiftung 150 28 *6*

Steuerverfahren, Richtigkeitsvermutung 10 2365 *18*

Steuervergünstigungen, Anzeigepflicht 150 30 *7*

Steuerwert, Vorerwerb 150 14 *8*

Stichtagsprinzip, Nachlasswert 10 2311 *48 f.,* Steuerentstehung 150 9 *2*

Stiefabkömmling, Ausbildungskosten 10 1371 *17*

Stiefabkömmling, bedürftiger, Erbrechtliche Lösung 10 1371 *9*

Stiefkindadoption, Erbrecht 10 1925 *10*

Stiefkinder, Steuerklasse 150 15 *7*

Stiftung, Bewertungsstichtag 150 11 *5,* Erbe 10 1942 *6,* Erbschaftsanfall 10 1942 *6,* Erbschaftsteuer 150 3 *49 f.,* Erbvertrag 10 2278 *13,* Errichtung 150 7 *37 f.,* Ersatzerbschaftsteuer 150 1 *4,* Erwerb, steuerpflichtiger 150 10 *45,* Familienstiftung 10 2327 *4,* Freigabeanspruch 10 2217 *6,* Nacherbe 10 2101 *8,* Österreich 120 Österreich *190,* Schweiz 120 Schweiz *78,* Zuwendung an 150 29 *11 ff.*

Stiftungsvermögen, Fiskus 10 1936 *11*

Stiftungsgründung, Verfügung von Todes wegen 10 1937 *19*

Stille Gesellschaft, Testamentsvollstreckung 10 2205 *38 f.,* Tod des Geschäftsinhabers 10 1922 *60,* Tod des Gesellschafters 10 1922 *59,* Vererblichkeit 10 1922 *59*

Stimmrechte, Verwaltungsmaßnahmen 10 2038 *10*

Stimmrechtsausübung, Mehrheitsverwaltung 10 2038 *21 ff.,* Steuerbegünstigung 150 13b *21,* Vermögen, begünstigtes 150 13b *21*

Strafenterbung, Schweiz 120 Schweiz *119*

Straftat 10 2333 *27 ff.,* Pflichtteilsentziehung 10 2333 *24 ff.,* Unerlaubte Handlung 10 2025 *3*

Streitgenossen, Erbengemeinschaft 10 2032 *19,* Miterbe 10 2039 *17,* 2058 *18,* Testamentsvollstrecker, mehrere 10 2224 *5*

Stückvermächtnis 10 1939 *5,* Aufwendungsersatz 10 2185 *2,* Beeinträchtigung 10 2288 *2,* Österreich 120 Österreich *53,* Vermächtnis 10 2147 *12,* Vermächtnis fremder Gegenstände 10 2169 *2,* Verwendungsersatzanspruch 10 2185 *2*

Stufenklage 40 254, Auskunftspflicht 10 667 *2,* Bestimmtheit 40 254 *14,* Beweislast 40 254 *19,* Erledigterklärung 40 254 *17,* Herausgabepflicht 10 667 *2,* negatives Auskunftsergebnis 40 254 *19,* Pflichtteilsberechtigter 10 2314 *93,* Teilurteil 40 254 *15,* Vermächtnisanspruch 10 2174 *22*

Stundenhonorarvereinbarung 95 *520 ff.,* Abrechnung 95 *526 ff.,* Stundensatzhöhe 95 *522,* Zeittakt 95 *528 ff.*

Stundung, Abfindung 12 16 *21 f.,* Berechtigte 10 2331a *6 ff.,* doppelte Billigkeitsprüfung 10 2331a *10,* Einkommensteuer 170 *54 ff.,* Freiwillige Gerichts-

magere Zahlen = §§; kursive Zahlen = Randnummern

Sachverzeichnis

barkeit 10 362, Nachlassgericht 10 2331a *19ff.*, Pflichtteilsanspruch 30 362, unbillige Härte 10 2331a *11ff.*, Zumutbarkeit 10 2331a *17ff.*
Stundung Pflichtteilsanspruch 10 2331a; 96 *72ff.*; 170 *135*, Gerichtsgebühr 96 *72*, Geschäftswert 96 *73*, Kostenschuldner 96 *74*, Rechtsmittelverfahren 96 *75*
Stundungsverfahren, Nachlassgericht 10 2331a *22*, Prozessgericht 10 2331a *25*, Verfahrensordnung für Höfesachen 80 Anhang *17*
Subsidiarität, Ausgleichsrecht, Ausschluss 10 2057a *29*, Bruchteile, unbestimmte 10 2091 *1*, Gehörsrüge 30 44 *2*, Nachlasspflegschaft 10 1960 *7*, Vermächtnis, belastetes 10 2166 *5*
Substanzveränderung, Surrogation 10 2111 *6*
Substitution, Serbien 120 Serbien *76*
Surrogate, Erbschaftskauf 10 2374 *8*, Nachlassbewertung 10 2311 *14*, Vermögenssorge 10 1638 *11*
Surrogation 10 2041, Abfindung 10 2111 *30*, Bankkonto 10 2111 *27*, Begriff 10 2019 *2*, Beweislast 10 2019 *14*, Beziehungssurrogation 10 2041 *5*, *10ff.*, Darlehen 10 2019 *15*, Darlehenstilgung 10 2111 *25*, dingliche 10 2019 *10ff.*, 2041 *2ff.*, dingliches Ersetzungsprinzip 10 2111 *3*, Erbschaftsbesitzer 10 2019, 2041 *3*, Erbschaftserwerb 10 2030 *7*, Erbschaftsmittel 10 2019 *6ff.*, Ersatz 10 2111 *10*, Ersatzsurrogation 10 2041 *5*, *8f.*, Erwerb 10 2019 *4f.*, Erwerb aufgrund Rechts 10 2111 *7f.*, Erwerb durch Miterben 10 2041 *3*, Erwerb mit Erbschaftsmitteln 10 2111 *11ff.*, Forderungen 10 2019 *16*, Forderungsvermächtnis 10 2173 *3*, Früchte 10 2184 *6*, gesetzliche 10 2019 *3*, Girokonto 10 2019 *17*, Grundpfandrecht 10 2111 *26*, Grundschuld 10 2019 *24*, Grundstückserwerb 10 2019 *18*, Gutglaubensschutz 10 2019 *21ff.*, Gutgläubiger Erwerb 10 2019 *21ff.*, Haftung für Vermächtnis 10 2174 *25*, Herausgabeanspruch 10 2130 *9*, höchstpersönliche Rechte 10 2019 *5*, Immobilien 10 2111 *22ff.*, Kapitalgesellschaft 10 2111 *31*, Kauf 10 2019 *19*, Kommanditanteil 10 2019 *19*, Kreditaufnahme 10 2019 *20*, *11f.*, Leistungsgeschäfte 10 2019 *16*, nach Bruchteilen 10 2111 *16*, Nachlassinsolvenz 10 1976 *6*, Nachlassverwaltung 10 1976 *6*, 2041 *4*, Nutzungen 10 2111 *34*, Personengesellschaft 10 2111 *28*, Rechtsgeschäft 10 2019 *2ff.*, Rechtsgeschäft des Vorerben 10 2111 *15f.*, rechtsgeschäftlicher Erwerb 10 2111 *14*, Rechtssurrogation 10 2041 *5f.*, Schwebezeit 10 2179 *3*, Sondervermögen 10 2032 *4*, Substanzveränderung 10 2111 *6*, Teilungsversteigerung 10 2111 *32*, Testamentsvollstrecker 10 2041 *3*, Umfang 10 2019 *13*, Umwidmung 10 2111 *33*, unmittelbarer Zusammenhang 10 2019 *9*, Verfügungsbeschränkung 10 2211 *4*, Vermächtnis fremder Gegenstände 10 2169 *13*, Verwaltung durch Erbe 10 1978 *8*, Verwendung, eigennützige 10 2134 *2*, Vorerbe 10 2041 *3*, Vorerbschaft 10 2111, wirksame Verfügung 10 2019 *8*, Wirkung 10 2111 *4f.*, Zustimmungserklärung 10 2114 *8*, Zwangsversteigerung 10 2111 *32*

Tarifbegrenzung, Begünstigte 150 19a *4*, begünstigtes Vermögen 150 19a *7f.*, Behaltensfrist 150 19a *10*, Berechnung 150 19a *9*, Betriebsvermögen 150 19a, Erwerbsfälle 150 19a *5*, Kapitalgesellschaftsanteile 150 19a, Land-/forstwirtschaftliche Betriebe 150 19a, Nachbesteuerung 150 19a *10*, Umfang 150 19a *7f.*, Weiterübertragung 150 19a *6*
Täuschung, arglistige, Anfechtung 10 1956 *7*, 2281 *15*, Ausschlagungsfrist 10 1956 *7*, Erbunwürdigkeit 10 2339 *27*, Erbvertrag 10 2281 *15*
Teilannahme 10 1950, Annahme der Erbschaft 10 1950, Erbteile, mehrere 10 1951, Gestaltungsmöglichkeiten des Erblassers 10 1950 *4*, Gestattung 10 1951 *9*, Gestattung durch Erblasser 10 1951 *8*, Hoferbe 10 1950 *3*, Nachlassspaltung 10 1950 *3*, Unwirksamkeit 10 1950 *3*, Vorausvermächtnis 10 1950 *3*
Teilanwachsung, Anwachsung 10 2094 *3*
Teilauseinandersetzung, Auseinandersetzung 10 2042 *31ff.*, Erbauseinandersetzung 170 *103*
Teilausschlagung 10 1950, Ausschlagung 10 1950, Erbenmehrheit 10 1952 *9*, Erbteile, mehrere 10 1951, Gestaltungsmöglichkeiten des Erblassers 10 1950 *4*, Gestattung 10 1951 *9*, Gestattung durch Erblasser 10 1951 *8*, HöfeO 10 1950 *4*, Unwirksamkeit 10 1950 *3*, unzulässige 10 1951 *10*
Teilbarkeit, Ausschlagungserklärung 10 1948 *1*
Teilerbschein, Erbschein 10 2353 *17*, Geschäftswert 96 *20*
Teilnachlass, Nachlasssicherung 10 1960 *7*
Teilnachlasspflegschaft 10 1960 *7*, Nachlasspflegschaft 10 1960 *22*
Teilschuldnerische Haftung, Aufgebot 10 2061, Beweislast 10 2060 *16*, 2061 *12*, Erbteilserwerber 10 2060 *11*, fehlende Forderungsanmeldung 10 2061 *5*, fehlende Kenntnis der Forderung 10 2061 *6f.*, Geltendmachung 10 2060 *14f.*, Haftung nach Teilung 10 2060 *9ff.*, Miterbe 10 2060 *9ff.*, Nachlassinsolvenzverfahren 10 2060 *30ff.*, Nachlassverwaltung 10 2060 *34*, öffentliche Aufforderung 10 2061 *2*, Umfang 10 2060 *9*, unteilbare Leistung 10 2060 *13*, Verschweigungseinrede 10 2060 *27ff.*
Teil-Testamentsvollstreckerzeugnis, Testamentsvollstreckerzeugnis 10 2368 *6*
Teilung, Auseinandersetzung 10 2042 *18ff.*, *21*, Erbschaftskauf 10 2371 *11*, Familienbilder 10 2047 *4ff.*, Gerichtsstand der Erbschaft 40 27 *15*, Schriftstücke 10 2047 *4*, Tilgung von Nachlassverbindlichkeiten 10 2046 *2ff.*
Teilungsanordnung, Aufhebung wechselbezüglicher Verfügungen 10 2271 *39*, Auflage 10 2048 *19f.*, Auseinandersetzung 10 2042 *16*, Auseinandersetzungsanordnung 10 2048, Auslegung 10 2048 *22*, Bindung 10 2048 *12ff.*, Bindungswirkung 10 2150 *8*, Einkommensteuer 170 *136ff.*, Erbeinsetzung 10 2048 *17f.*, Erblasser 10 2048, Erbschaftskauf 10 2376 *10*, Erbvertrag 10 2278 *14*, Form 10 2048 *6*, Frankreich 120 Frankreich *124*, Italien 120 Italien *106*, Luxemburg 120 Luxemburg *102f.*, Miterbenvereinbarung 10 2048 *12*, nachträgliche Anordnung 10 2271 *39*, Pflichtteilsberechtigter Erbe 10 2306 *15ff.*, Sonderbetriebsvermögen 170 *158*, Testamentsvollstrecker 10 2048 *13*, Übernahmepflicht 10 2048 *10*, Übernahmerecht 10 2048 *11*, Verfügung von Todes wegen 10 1937 *16*, Verfügungsbefugnis Vorerbe 10 2113 *17*, Vorausvermächtnis 10 2048 *21ff.*, 2150 *6*, Widerruf 10 2048 *7*, Wirkung 10 2048 *9ff.*, Zustimmungspflicht 10 2048 *14*
Teilungsplan, Nachlass 10 2042 *56*, offenbare Unbilligkeit 10 2048 *30ff.*, Testamentsvollstrecker 10 2042 *46*, Testamentsvollstreckung 10 2204 *4f.*
Teilungsquote, Ausgleichungspflicht 10 2050 *3*
Teilungsreife, Nachlass 10 2042 *54*
Teilungssachen, Antrag 30 363 *3f.*, Bestätigungsbeschluss 30 40 *3*, Freiwillige Gerichtsbarkeit 30 363, Notargebühren 96 *163ff.*, Verfahren 30 363 *6f.*, Vermittlungsverfahren 96 *162*, Verteilung durch Los 30 369, Vollstreckung 30 95 *1*, Voraussetzungen 30 363 *2ff.*, Zuständigkeit, funktionelle 30 342 *20*
Teilungsverbot 10 2044, Auflage 10 2044 *2*, *4*, Aus 10 2044, Testament 10 2044 *2*, Vermächtnis 10 2044 *2*, *3*, Vor-/Nacherbschaft 10 2044 *5*, Wirksamkeit 10 2044 *13ff.*
Teilungsverfahren, Schweiz 120 Schweiz *150f.f.*
Teilungsverhältnis, Überschussverteilung 10 2047 *3*

2029

Sachverzeichnis

fette Zahlen = Kennziffer

Teilungsversteigerung, Drittwiderspruchsklage 10 2042 6, Grundstück 10 2044 9, Miterbengemeinschaft 10 2034 7, Surrogation 10 2111 32, Testamentsvollstrecker 10 2211 3, Umschichtung des Nachlasses 10 2042 6, Vorkaufsrecht 10 2034 7, Zuweisungsverfahren 12 13 *33 ff.*, Zwangsverfügung 10 2115 6

Teilurteil, Stufenklage 40 254 *15*

Teilverzicht, Zuwendungsverzicht 10 2352 *3*

Teilvollstreckbarkeit, EuErbVO 110 55

Teilvollstreckung 10 2204 *2*

Teilwertersatz, Rückforderung Schenkung 10 528 *11*

Teilzahlung, Pflichtteil 10 2317 *31*

Telefonkontrolle, Vollmacht 10 164 *16*

Telekommunikationsgesetz, E-Mails 10 nach § 1922 *19*, Fernmeldegeheimnis 10 nach § 1922 *19*

Terminsgebühr 95 *320 ff.*, Berufungsverfahren 95 *361 ff.*

Terminsvertretergebühr, Verkehrsanwaltsgebühr 95 *390 ff.*

Testament 10 1937 *5*, vor §§ 2229–2264, Ablieferungspflicht 10 2259; 30 348 *3*, 358, absolute Nichtigkeit 120 Serbien *90 ff.*, amtliche Verwahrung 30 344, Änderung 120 England/Wales *102*, Anfechtbarkeit 120 Serbien *96 ff.*, Aufhebung durch Erbvertrag 10 2289 *6*, Aufhebung wechselbezüglicher Verfügungen 10 2271 *24 ff.*, Auslegung 120 England/Wales *16*, außerordentliches 10 2231 *14 ff.*, begünstigte Zeugen 120 England/Wales *66*, Bezugung 120 England/Wales *68 ff.*, Bezugnahme andere Dokumente 120 England/Wales *72*, Echtheit 10 2064 *10*, Erbfolgerelevante Urkunde 60 34a *2*, Erbscheinsverfahren 10 2064 *12*, Ergänzungsvorbehalt 10 2086, Eröffnungsverbot 10 2263, Errichtung 10 2064, Ersatzerbe 10 2097 *1*, Form 120 Serbien *8*, Formverbindungen 10 2232 *18*, Frankreich 120 Frankreich *55 ff.*, Geschäftswert 96 *84 ff.*, Kostenschuldner 96 *86*, Lapse 120 England/Wales *92*, Leseunfähigkeit 10 2233, Luxemburg 120 Luxemburg *73*, Montenegro 120 Montenegro *36*, Niederschrift 10 2232 *25 ff.*, Notargebühren 96 *84 ff.*, notarielle Beurkundung 10 2064 *7*, Österreich 120 Österreich *28 ff.*, public policy 120 England/Wales *90*, Registrierungspflicht 60 34a *2*, relative Nichtigkeit 120 Serbien *96 ff.*, Rücknahme aus Verwahrung 10 2256 *2*, Scheidung 120 England/Wales *94*, Schriftform 120 England/Wales *60*, Schweiz 120 Schweiz *49*, *52 ff.*, Serbien 120 Serbien *6 ff.*, *46 ff.*, Sittenwidrigkeit 120 England/Wales *90*, Spanien 120 Spanien *52 ff.*, Teilungsverbot 10 2044 *2*, teilweise Nichtigkeit 120 Serbien *94 f.*, Testierfreiheit 10 2064 *1*, Umwandlungsanordnung 10 2205 *46*, Unbestimmtheit 120 England/Wales *91*, Ungültigkeit 120 England/Wales *89 ff.*, Unterschrift 120 England/Wales *61 f.*, USA 120 USA 27, 61, Verfügung von Todes wegen 10 2064 *3*, Vorversterben des Begünstigten 120 England/Wales *92 f.*, Widerruf 10 1937 *5*, 2253, 2255 *2 f.*; 120 England/Wales *17*, *95 ff.*, Zeugen 120 England/Wales *64 ff.*

Testament, allographes, Montenegro 120 Montenegro *42*, Österreich 120 Österreich *36 f.*, Serbien 120 Serbien *51*

Testament, drei Zeugen 10 2231 *15*

Testament, eigenhändiges 10 2231 *11 ff.*, 2247, amtliche Verwahrung 30 344 *5*, Analphabet 10 2247 *17*, Änderungen 10 2247 *20*, Bezugnahme auf Dokumente 10 2247 *23 f.*, eigenhändige Niederschrift 10 2247 *6 ff.*, Errichtungszeitraum 10 2247 *19*, Formverstoß 10 2247 *42 f.*, Hinterlegung 10 2248 *5*, Lesbarkeit 10 2247 *18*, Leseunfähigkeit 10 2247 *41*, Lücken 10 2247 *22*, Minderjährige 10 2247 *40*, Nachträge 10 2247 *38 f.*, neue Bundesländer 10 2247 *46*, Nichtigkeit 10 2247 *42 f.*, Ortsangabe 10 2247 *30*, Österreich 120 Österreich *35*, Rücknahme aus Verwahrung 10 2256 *7*, Schweiz 120 Schweiz *56 ff.*, Serbien 120 Serbien *50*, Unterschrift 10 2247 *31 f.*, Verwahrung, amtliche 10 2248, Zeitangabe 10 2247 *27 ff.*

Testament, fremdhändiges, Österreich 120 Österreich *36 f.*

Testament, gerichtliches, Montenegro 120 Montenegro *43*, Serbien 120 Serbien *52*

Testament, holographes, Österreich 120 Österreich *35*, Schweiz 120 Schweiz *56 ff.*

Testament, konsularisches, Montenegro 120 Montenegro *44*, Serbien 120 Serbien *54*

Testament, militärisches 10 2231 *15*, Montenegro 120 Montenegro *46*, Serbien 120 Serbien *56*

Testament, mündliches, Montenegro 120 Montenegro *48*, Schweiz 120 Schweiz *66 ff.*, Serbien 120 Serbien *58*

Testament, nichtiges, Schweiz 120 Schweiz *87 f.*, Serbien 120 Serbien *90 ff.*

Testament, notarielles, amtliche Verwahrung 30 344 *3*, Serbien 120 Serbien *53*

Testament, öffentliches 10 2232, amtliche Verwahrung 60 34, Beurkundung, öffentliche 10 2232 *20 ff.*, Beweiskraft 10 2232 *34*, Erklärungsformen 10 2232 *3 ff.*, Formen 60 30 *1*, Gemeinschaftliches Testament 10 2265 *22 ff.*, Kosten 10 2232 *33*, neue Bundesländer 10 2232 *37*, Notar 10 2231 *4 ff.*, Notarhaftung 10 2231 *8*, 2232 *36*, Österreich 120 Österreich *39*, Schweiz 120 Schweiz *61 ff.*, Testierfähigkeit 10 2229 *8*, Übergabe einer Schrift 10 2232 *11 ff.*, Umschlag 60 34 *2*, Urkundensprache 10 2232 *26*, Verhandlungssprache 10 2232 *26*, Verschließung 60 34, Verwahrung 10 2231 *7*, Wahlrecht 60 30 *2*, Zuwendung an Notar 10 2232 *22*

Testament, ordentliches 10 2231, Form 10 2231 *3*

Testament, privilegiertes, England/Wales 120 England/Wales *73*

Testament, späteres, Aufhebungswirkung 10 2258 *2 ff.*, Datierung 10 2258 *4*, inhaltlicher Widerspruch 10 2258 *5*, neue Bundesländer 10 2258 *6*

Testament, ungültiges, Schweiz 120 Schweiz *89 f.*

Testamentsanfechtung 10 2078, Anfechtung, allgemeine 10 2078 *5*, Auslegung 10 2078 *3*, 2079 *5*, Gerichtsgebühr 96 *51*, Übergehung Pflichtteilsberechtigter 10 2079

Testamentsauslegung, England/Wales 120 England/Wales *84 ff.*, Grundstücksverfügung 10 vor §§ 2197–2228 *13*, Montenegro 120 Montenegro *62*, Serbien 120 Serbien *83*, Testamentsvollstreckung 10 vor §§ 2197–2228 *13*

Testamentseröffnung, Frankreich 120 Frankreich *130*, Schweiz 120 Schweiz *180 ff.*, Spanien 120 Spanien *163*, Widerrufstestament 10 2254 *6 f.*

Testamentserrichtung, Begriff 10 2064 *5*, Bürgermeistertestament 10 2249 *11 ff.*, Eigenhändigkeit 10 2247 *7 ff.*, Höchstpersönlichkeit 10 2064 *4*, Mündlichkeitserfordernis 10 2232 *3 ff.*, neue Bundesländer 10 2064 *16*, Nichtigkeit 10 2064 *6*, Niederschrift, eigenhändige 10 2231 *8*, 2232 *6 ff.*, nonverbale Erklärung 10 2232 *6 ff.*, Prozessvergleich 10 2064 *8*, Schreibhilfe 10 2247 *10*, Testierfähigkeit 10 2064 *2*

Testamentsform, England/Wales 120 England/Wales *59 ff.*, Montenegro 120 Montenegro *40 ff.*, Österreich 120 Österreich *34 ff.*, Serbien 120 Serbien *8, 61*

Testamentsinhalt, England/Wales 120 England/Wales *74 f.*, Montenegro 120 Montenegro *49 ff.*, Serbien 120 Serbien *62 ff.*

Testamentsniederschrift, Eigenhändigkeit 10 2247 *6 ff.*

Testamentsprüfung, probate 120 England/Wales *174*

Testamentsregister, Montenegro 120 Montenegro *65*

magere Zahlen = §§; kursive Zahlen = Randnummern **Sachverzeichnis**

Testamentsvernichtung, Serbien 120 Serbien 87
Testamentsverwaltung, Vollstreckungsverbot 10 2214
Testamentsvollstrecker 10 vor §§ 2197–2228, Ablehnung 10 2202, Aktivlegitimation 10 2212 *1*, Alleinerbe 10 2197 *5*, Amtsannahme 30 355 *3*, Amtsbeendigung 10 2225 *6ff.*, Amtstheorie 10 vor §§ 2197–2228 *2*, Amtsunfähigkeit 10 2225 *5*, Anerkenntnis des Erben 10 2213 *11*, Annahme 10 2202, Annahme der Erbschaft 10 1943 *5*, Annahme des Amts 10 vor §§ 164–181 *2*, Aufgabe 10 2203, Auftragsrecht 10 2218, Aufwendungsersatz 10 2218 *29f.*, Auseinandersetzung 10 2042 *45f.*, Auseinandersetzungsanordnung 10 2042 *46*, Ausführung durch Erben 10 2208, Auskunftsberechtigte 10 2057 *2*, Auskunftspflicht 10 2218 *17ff.*, 2314 *14*, Außerkraftsetzung von Anordnungen 30 355 *7*, Bank 10 2197 *8*, beaufsichtigende 10 2208 *6*, Beendigungsvereinbarung 10 2225 *2*, 2226 *5*, Befreiung durch Erblasser 10 2220, Befreiungsverbot 10 2220, Befugnisse 10 vor §§ 2197–2228 *11ff.*, Bekanntgabe Steuerbescheid 150 *32*, Beschränkung auf Erbteil 10 2208 *4*, Beschränkung des 10 2208, Bestimmung der Person 30 355 *2*, Bestimmung durch Dritte 10 2198, Bevollmächtigung 10 vor §§ 164–181 *3*, Bevollmächtigung Dritter 10 vor §§ 164–181 *4*, 2218 *15*, Bevollmächtigung durch 10 vor §§ 164–181 *5*, eidesstattliche Versicherung 10 2215 *10*, 2218 *24*, Einrede, aufschiebende 10 2017 *2f.*, einstweilige Anordnung 10 vor §§ 2197–2228 *25f.*, Einwilligung der Erben 10 2206 *3*, Entlassung 10 2227; 30 345 *10*, Erbe 10 2218, Erbschaftsbesitzer 10 2018 *23*, Erbschaftskauf 10 2376 *8*, Erbschein 10 vor §§ 2197–2228 *9*; 30 352b *4ff.*, *14*, Erbscheinsantrag 30 352e *25*, Erfüllungsgehilfe 10 2218 *13*, Erlöschen des Amtes 10 2225, Ermächtigung des Erben zur Prozessführung 10 2212 *3*, Ernennung 10 2197, Ernennung durch Nachlassgericht 10 2200, Ersatztestamentsvollstrecker 10 2197 *9*, Erweiterung der Befugnisse 10 2208 *7*, Europäisches Nachlasszeugnis 10 2368 *26*, Fortbestehensfiktion 10 2218 *34f.*, Freigabe 10 2217, Gegenstandsüberlassung an Erben 10 2217, Gerichtliche Geltendmachung 10 1958 *7*, gerichtliche Geltendmachung 10 2212, Gerichtsgebühr 96 *51*, Geschäftsfähigkeit 10 2202 *2*, Gesellschafterbeschluss 10 2205 *42f.*, gesetzliche Vertreter 10 2197 *6*, gesetzlicher Vertreter 10 2218 *7ff.*, GmbH-Satzung 10 2205 *43*, Grundbuchamt 10 2205 *1*, Grundbuchordnung 70 35 *18ff.*, Grundstücksverfügung 10 vor §§ 2197–2228 *11ff.*, Grundstücksverfügungen 10 2205 *14*, Haftung für Steuerschuld 150 20 *11f.*, Heimgesetz 92 14 *11*, Herausgabeanspruch 10 2018 *11*, Herausgabepflicht 10 2218 *25ff.*, Hilfe bei Inventaraufnahme 10 2215 *6*, Hinzuziehung Dritter 10 2218 *14*, Höchstpersönlichkeit 10 2205 *4*, 2218 *11ff.*, in der Besitzstörung 10 2205 *1*, Insichgeschäft 10 2205 *6f.*, Insolvenzverwalter 10 vor §§ 2197–2228 *3*, Inventaraufnahme, amtliche 10 2003 *7*, Italien 120 Italien 104*f.*, Kapitalerhöhung 10 2205 *42*, Kündigung 10 2215 *3*, 2226, Legitimation 10 vor §§ 2197–2228 *9ff.*, mehrere 30 355 *5f.*, mehrere Testamentsvollstrecker 10 2224, Miterbenauseinandersetzung 10 2204, Mitvollstrecker 10 2199, Nacherbe 30 352b *14*, Nachfolger 10 2199, Nachlassgefährdung 10 2216 *29*, Nachlassgericht 30 355, Nachlassinsolvenz 10 1980 *14*, Nachlasspflegschaft 10 1960 *23*, Nachlassverwalter 10 1981 *12*, Nachlassverwaltungsantrag 10 1981 *5*, Nachlassverzeichnis 10 2215, Nachweis 70 35 *18ff.*, Nebenintervenient 10 2213 *7*, Notar 60 27 *5*, Notar, beurkundender 10 2197 *8*, Passivlegitimation 10 2213 *3ff.*, Person 10 2197 *4ff.*, Personengesellschaft 10 2205 *21ff.*, persönliche Ansprüche 10 2213 *14*, Pflegerbestellung 10 2218 *7ff.*, Prozesskosten 10 2218 *30*, Rechenschaftslegung 10 2218 *20ff.*, Rechnungslegung 10 2218 *23*, Rechtsanwalt 10 2197 *8*, Rechtskrafterstreckung 10 2212 *5ff.*, Rechtsstellung 10 vor §§ 2197–2228 *2f.*, Schiedsverfahren 10 2220 *4*, Selbstkontraktionsverbot 10 2205 *5*, Steuerberater 10 2197 *8*, Steuererklärungspflicht 150 31 *6ff.*, Surrogation 10 2041 *3*, Teilungsanordnung 10 2048 *13*, Teilungsplan 10 2042 *46*, Teilungsversteigerung 10 2211 *3*, Testamentsvollstreckerzeugnis 10 vor §§ 2197–2228 *9*, Tod 10 2218 *33*, 2225, Treuhandlösung 10 2205 *17*, Übertragungsverbot 10 2218 *11ff.*, Umwandlung 10 2205 *46ff.*, unentgeltliche Verfügung 10 2205 *8ff.*; 70 35 *20*, unentgeltliche Verfügungen 10 2205 *5*, *8ff.*, Unternehmensverkauf 10 2205 *15*, unwirksame Ernennung 10 2201, unzulässige Schenkung 10 516 *14*, Verfügung über Grundstück 10 2205 *11*, Verfügungsbefugnis 10 vor §§ 2197–2228 *11*, 2205; 10 2205 *5*, 2206, Verjährung 10 2212 *4*, Vermächtnisnehmer 10 2197 *5*, vermeintlicher 10 2218 *32*, Verpflichtungsbefugnis 10 2206, Verpflichtungsbefugnis, erweiterte 10 2207, Vertretungsrecht 10 vor §§ 2197–2228 *2*, Verwaltung, Ausschluss von 10 2038 *43*, Verwaltung des Nachlasses 10 2205, 2216, Verwaltungsrecht 10 2205 *2*, Verzinsung eigenverwendete Gelder 10 2218 *28*, Vollmacht 10 2205 *17*, Vollmacht, postmortale 10 vor §§ 2197–2228 *17*, Vollmachtswiderruf 10 vor §§ 2197–2228 *20*, Vollziehungsberechtigte 10 2194 *4*, Wechsel 10 2218 *25*, Wegfall 10 2197 *9*, Wirtschaftsprüfer 10 2197 *8*, Zeugnis 10 vor §§ 164–181 *2*, Zurückbehaltungsrecht 10 2218 *26*, Zuweisung 12 14 *25*, Zuwendungsverbot 92 14 *11*

Testamentsvollstrecker, alleiniger, Testamentsvollstreckerzeugnis 10 2368 *4f.*

Testamentsvollstrecker, Ansprüche gegen, Anspruchsinhaber 10 2218 *4f.*, Erbteilserwerber 10 2218 *6*, Nacherbe 10 2218 *4*, Pfändungsgläubiger 10 2218 *6*, Vermächtnisnehmer 10 2218 *5*, Vorerbe 10 2218 *4*

Testamentsvollstrecker, mehrere, Amtsführung 10 2224 *3ff.*, Ernennung 10 2224 *2*, Meinungsverschiedenheiten 10 2224 *8ff.*, Nachlassgericht 10 2224 *8ff.*, Passivlegitimation 10 2213 *9*, Streitgenossen 10 2224 *5*, Testamentsvollstrecker 10 2224, Testamentsvollstreckerhaftung 10 2219 *8*, Testamentsvollstreckervergütung 10 2221 *15*, Wegfall 10 2224 *6*, Zustimmung 10 2224 *4*

Testamentsvollstrecker, vermeintlicher, Vergütung 10 2221 *20*

Testamentsvollstreckerentlassung, Beteiligte 30 345 *10*

Testamentsvollstreckerernennung 10 2197, Ablehnung 10 2200 *4*, Anhörung 10 2200 *6*, ausdrückliche 10 2197 *2*, Auslegung 10 2197 *2*, Beschwerde 10 2200 *2f.*, *4*, Gemeinschaftliches Testament 10 2197 *3*, Hinzuziehung 10 2200 *5*, Nachlassgericht 10 2200, unwirksame 10 2201

Testamentsvollstreckerhaftung 10 2219, Befreiungsverbot 10 2219 *2*, Entlastung 10 2219 *3*, Erbe 10 2219 *4*, Erbschaftsteuererklärung 10 2219 *14*, Geldanlage 10 2219 *13*, mehrere Testamentsvollstrecker 10 2219 *8*, ordnungsgemäße Verwaltung 10 2219 *12*, pflichtwidrige Rechtsgeschäfte 10 2219 *17*, Sorgfaltsmaßstab 10 2219 *10*, unerlaubte Handlung 10 2219 *6*, Vermächtnisnehmer 10 2219 *5*, Vorerbe 10 2219 *4*

Testamentsvollstreckerkosten, Nachlassbewertung 10 2311 *38f.*

Testamentsvollstreckerlegitimation, Grundbuchamt 10 2368 *22*

Testamentsvollstreckervergütung 10 2221, Angemessenheit 10 2221 *4ff.*, Auseinandersetzungsge-

2031

Sachverzeichnis

fette Zahlen = Kennziffer

bühr 10 2221 6, Berufsdienste 10 2221 14, Bestimmung durch Erblasser 10 2221 2, Deutscher Notarverein 10 2221 8ff., Entnahmerecht 10 2221 17, Fälligkeit 10 2221 16, Handelsunternehmen 10 2221 13, mehrere Testamentsvollstrecker 10 2221 15, Nachlassverbindlichkeiten 10 2221 3; 150 31 9f., periodische Verwaltergebühr 10 2221 6, Verjährung 10 2221 18

Testamentsvollstreckervermerk, Eintragung von Amts wegen 70 52 8, Erbeneintragung 70 52 7, Erbschein 30 352b 32ff., Gesellschafterliste 10 vor §§ 2197–2228 15, Grundbuch 10 vor §§ 2197–2228 9, 10; 70 52, Grundbuchsperre 70 52 11f., Handelsregister 10 vor §§ 2197–2228 24ff., Handelsregistereintragung 10 vor §§ 2197–2228 14, Inhalt 30 352b 32ff., Löschung 70 52 15, unentgeltliche Verfügung 70 52 13f.

Testamentsvollstreckervollmacht, Vollmachtswiderruf nach Tod 10 168 17

Testamentsvollstreckerzeugnis 10 2368, alleiniger Testamentsvollstrecker 10 2368 4f., Antrag 10 2368; 30 354 4ff., Antragszurückweisung 10 2368; 30 354 21, Auslandsbezug 10 vor §§ 2197–2228 16, 2368 7, Beendigung des Amtes 10 2368 17f., beschränkter Geltungsbereich 10 2368 7ff., Beteiligte 10 2368; 30 354 13ff., Beweisverfahren 10 2368; 30 354 14, Dauervollstreckung 10 2209 8, Einziehung 10 2368 19f., Feststellungsbeschluss 10 2368, gemeinschaftliches Testamentsvollstreckerzeugnis 10 2368 6, Gerichtsgebühr 96 32, Grundbuchamt 10 2368 22f., Handelsregister 10 2368 24f., Herausgabe 10 2368 19f., Inhalt 10 vor §§ 2197–2228 9, 2368; 30 354 23ff., Kosten 10 2368, Kraftloswerden 10 2368 17f., Nachlassgericht 10 2368; 30 354, Nachweis durch Verfügung von Todes wegen 70 35 21f., öffentlicher Glaube 10 2368 13ff., Prüfungsumfang 10 2368; 30 354 15, rechtliches Gehör 10 2368, Rechtsmittel 10 2368, Richtigkeitsvermutung 10 2368 11ff., Teil-Testamentsvollstreckerzeugnis 10 2368 6, Testamentsvollstrecker 10 vor §§ 2197–2228 9, Vorlage 70 35 19, Zuständigkeit 10 2368; 30 354 3, Zwischenverfügung 10 2368; 30 354 22

Testamentsvollstreckung, Abwicklungsvollstreckung 10 vor §§ 2197–2228 5, Akteneinsichtsrecht 10 2228, Aktien 10 2205 44, Anhörungspflicht 10 2204 6, Antrag auf Nachlassverwaltung 10 1981 9, Antragsverfahren 10 vor §§ 2197–2228 24, Aufgaben 10 vor §§ 2197–2228 5, Aufgaben Nachlassgericht 10 vor §§ 2197–2228 25ff., Aufhebung wechselbezüglicher Verfügungen 10 2271 40, auflösend bedingte Anordnung 10 2197 10, aufschiebend bedingte Anordnung 10 2197 10, Auseinandersetzungsanordnung 10 2204 3, Auseinandersetzungsausschluss 10 2044 9, Auseinandersetzungsplan 10 2204 4f., Auseinandersetzungsvertrag 10 2204 9, Auseinandersetzungsvollstreckung 10 vor §§ 2197–2228 5, beaufsichtigende 10 2205 20, Bedingung 30 352b 37, Befristung 30 352b 38, Beschränkung auf Person 30 352b 34, Beschränkung gegenständlich 30 352b 35, Beschwerdeberechtigung 30 59 5, Beschwerdekosten 30 58 17, Bestimmung durch Dritte 10 2065 2, Betriebsaufspaltung 170 177f., BGB-Gesellschaft 10 1922 48, Dauervollstreckung 10 vor §§ 2197–2228 6, 2209, Eigengläubiger 10 2214, einstweilige Anordnung 30 49 3, Einzelunternehmen 10 2205 15, 21, England/Wales 120 England/Wales 139, Erbschein 30 352b 28ff., Erbscheinsantrag 30 352e 43, Erbstatut 10 vor §§ 2197–2228 16; 110 23 8, Erbteil 10 2208 4, Ergänzungspfleger 10 1638 13, Erledigung 30 352b 40, Europäische Gesellschaft 10 2205 44, FamFG 10 vor §§ 2197–2228 17ff., Frankreich 120 Frankreich 105ff., Freigabe-anspruch 10 2217, freiwillige Gerichtsbarkeit 10 vor §§ 2197–2228 22, Freiwillige Gerichtsbarkeit 30 355, Genossenschaft 10 2205 40, Gerichtsgebühr 96 64ff., Geschäftswert 96 65, Gesellschafterliste 10 vor §§ 2197–2228 15, gesetzliches Schuldverhältnis 10 2218 1, GmbH-Anteil 10 2205 41ff., Grundbucheintragung 10 vor §§ 2197–2228 10, Grundstücksverfügungen 10 vor §§ 2197–2228 11, gutgläubiger Erwerb 10 2211 5, 6, gutgläubiger Erwerb trotz 10 vor §§ 2197–2228 10, Haftungsbeschränkung 10 1975 11, Handelsregister 10 vor §§ 2197–2228 14, Hausgeld 10 1967 26, internationale Zuständigkeit 10 vor §§ 2197–2228 23, Kapitalgesellschaft 10 2205 41ff., Kommanditanteil 10 vor §§ 2197–2228 14, 2205 32ff., Kostenschuldner 96 66, Luxemburg 120 Luxemburg 111, mehrstufige 120 England/Wales 139, Montenegro 120 Montenegro 80, Nacherbenvollstreckung 10 vor §§ 2197–2228 6, Nacherbschaft 10 2100 44, Nachlassinsolvenzverfahren 10 2213 12, Nachlasspflegschaft 10 1960 10, Nachlasssachen 10 vor §§ 2197–2228 22, nachträgliche Anordnung 10 vor §§ 2197–2228 9, Nachweis 70 52 4, Nießbrauch 10 2136 21, Notargebühren 96 97, örtliche Zuständigkeit 10 vor §§ 2197–2228 23, Österreich 120 Österreich 121ff., Partnerschaftsgesellschaft 10 2205 37, Pflichtteilsanspruch 10 2303 73f., Pflichtteilsberechtigter Erbe 10 2306 13f., Pflichtteilsrecht 10 vor §§ 2197–2228 7f., 7, Rechtsmittelverfahren 70, Schadensersatz 10 2204 8, Serbien 120 Serbien 122f., Sondervermögen 10 2214 2, Spanien 120 Spanien 114ff., stille Gesellschaft 10 2205 38f., Teilungsplan 10 2204 4f., Teilungsversteigerung 10 2044 9, Testamentsauslegung 10 vor §§ 2197–2228 13, Testamentsvollstreckerzeugnis 10 vor §§ 2197–2228 9, Unterhaltsanspruch des Erben 10 2216 11, unternehmensbezogene 10 2227 9, Unternehmensumstrukturierung 10 2205 45, USA 120 USA 92, Verfahren 10 vor §§ 2197–2228 18ff., Verfahrensbeteiligte 10 vor §§ 2197–2228 24, Verfahrensgebühr 96 64, Verfügung von Todes wegen 10 1937 16, Verfügungsbefugnis Vorerbe 10 2113 3, Verfügungsbeschränkung des Erben 10 2211, Vermächtnisvollstreckung 10 2174 28, vor §§ 2197–2228 6, Verwaltungsvollstreckung 10 vor §§ 2197–2228 6, 2209 1, Vollmacht 10 vor §§ 164–181 2ff., vor §§ 2197–2228 16, Vorerbe 10 2136 28, Vorsorgevollmacht 10 vor §§ 164–181 2ff., Vorwirkung 10 2197 10, Zuständigkeit, funktionelle 30 342 17, Zustimmung 10 2205 13, Zweck 10 vor §§ 2197–2228 1

Testamentsvollstreckung, FamFG, Aufgaben des Nachlassgerichts 10 vor §§ 2197–2228 21, Beteiligter 10 vor §§ 2197–2228 20, Nachlasssachen 10 vor §§ 2197–2228 18, örtliche Zuständigkeit 10 vor §§ 2197–2228 19, Rechtsmittel 10 vor §§ 2197–2228 22

Testamentsvollstreckungsanordnung, Grundbuch 70 52 2

Testamentswiderruf, England/Wales 120 England/Wales 96ff., Eröffnungsverbot 10 2263 7, Heirat 120 England/Wales 100, Montenegro 120 Montenegro 63ff., Serbien 120 Serbien 84ff., Vernichtung 120 England/Wales 98, Wirkung 120 England/Wales 101

Testamentszeuge, Österreich 120 Österreich 38, Serbien 120 Serbien 59ff.

Testamtenseröffnung, Serbien 120 Serbien 151ff.

Testamtensform, Serbien 120 Serbien 49ff.

Testamtent, notarielles, Grundbuch 10 2353 8

Testamtentsvollstrecker, mehrere 30 40 3, Meinungsverschiedenheiten zwischen 30 40 3

Testierfähigkeit 10 2247 2, Amtsaufklärungspflicht 30 352e 85ff., Begriff 10 2229 2ff., 2, Betreuter 10

magere Zahlen = §§; kursive Zahlen = Randnummern   **Sachverzeichnis**

2229 *19*, Beweiserleichterung 10 2229 *25*, Beweislast 10 2064 *9;* 120 England/Wales *54*, Bewusstseinsstörung 10 2229 *16*, Einsichtsfähigkeit 10 2229 *12*, England/Wales 120 England/Wales *51 ff.*, Entmündigter 10 2229 *18*, Erbscheinsverfahren 10 2064 *14*, EuErbVO 110 1 *5*, Feststellung durch Notar 10 2229 *20*, Feststellungsklage 10 2064 *13*, Geisteskrankheit 10 2229 *14 f.*, geistige Insuffizienz 10 2229 *11*, gerichtliche Feststellung 10 2229 *23*, Geschäftsfähigkeit 10 2229 *2 ff.*, Haager Tesamentsformübereinkommen 100 *26*, Lichte Momente 10 2229 *17*, mental capacity 120 England/Wales *52 ff.*, Minderjährige 10 2229; 10 2229 *9*, Montenegro 120 Montenegro *37*, neue Bundesländer 10 2229 *27*, öffentliches Testament 10 2229 *8*, Österreich 120 Österreich *30 ff.*, partielle 10 2229 *4*, relative 10 2229 *5*, Rücknahme aus Verwahrung 10 2272 *8*, Sachverständigengutachten 10 2229 *24*, Serbien 120 Serbien *47*, Tatsachenfeststellung 10 2064 *11*, Testamentserrichtung 10 2064 *2*, Verfügung von Todes wegen 120 England/Wales *15*, Widerruf 10 2253 *5*, 2255 *2*, Zeitpunkt 10 2229 *7;* 120 England/Wales *53*, Zeugnisverweigerungsrecht 10 2229 *26*, Zuwendungsverbot 92 14 *33*, Zweifel an 10 2229 *22 ff.*
Testierfreiheit 10 1937 *1*, Erbverzicht 10 2346 *19*, Frankreich 120 Frankreich *53*, Testament 10 2064 *1*, Testierunfähigkeit 10 2229, Vertrag über 10 2302
Testiermöglichkeiten, Behinderter Erblasser 10 2233 *7*, Leseunfähigkeit 10 2233 *4 ff.*, Minderjährigentestament 10 2233 *2 f.*
Testierunfähigkeit, Erbunwürdigkeit 10 2339 *18 ff.*, Herbeiführung 10 2339 *18 ff.*, Rechtsfolge 10 2229 *21*, Testierfreiheit 10 2229
Testierwille 10 2247 *3 f.*, Drohung 120 England/Wales *58*, England/Wales 120 England/Wales *56 ff.*, geheimer Vorbehalt 10 2247 *5*, Montenegro 120 Montenegro *37*, Österreich 120 Österreich *33*, Serbien 120 Serbien *48*, Vermutung 10 2247 *4*
Therapieziel, Indikation 10 1901b *55 f.*
Thesaurierungsbegünstigung, Personengesellschaft 170 87 *f.*
Tiere, Nachlasspfleger 10 1960 *20*
Tilgung, als für Rechnung des Nachlasses 10 1979, Nachlassverbindlichkeiten 10 2046 *2 f.*
Tod 10 1922 *5;* 75 1 *2*, Handakten 26 50 *3*, Nacherbe 10 2108 *3*, Testamentsvollstrecker 10 2218 *33*, 2225, Versprechensempfänger 10 331 *12*, Vorerbe 10 2107 *16*, Zugewinnausgleich 10 1371
Tod des Auftraggebers, Auftrag 10 vor §§ 662–675 *3*, Auftragsverhältnis 10 662 *26 ff.*, Beauftragter 10 662 *26 ff.*
Tod des Beauftragten, Auftragsverhältnis 10 668
Tod des Bevollmächtigten, Ersatzbevollmächtigter 10 668 *2*
Tod des Erben, Inventarfrist 10 1998, Nachlassverwaltung 10 1988 *5*
Tod des Erblassers, Erbvertrag 10 2291 *7*, Passivlegitimation 10 2213 *8*, Zustimmung 10 2291 *7*
Tod des Erstversterbenden, Trennungslösung 10 2269 *39 f.*
Tod des Geschäftsinhabers, Stille Gesellschaft 10 1922 *60*
Tod des Komplementärs, KG 10 1967 *44*, 2032 *34 f.*
Tod des Letztversterbenden, Einheitslösung 10 2269 *37*, Trennungslösung 10 2269 *41*
Tod des Nacherben, Ausschlagungsrecht 10 2142 *5*
Tod des Verpflichteten, Unterhaltspflicht 10 1568b
Tod des Vertragspartners, Erbvertrag 10 2291 *6*, Rücktritt durch Testament 10 2297 *3*, Zustimmung 10 2291 *6*
Tod des Vollmachtgebers, Bevollmächtigter 10 662 *26 ff.*, Vollmacht 10 164 *33 ff.*, vor §§ 662–675 *3*
Tod des Vorerben, Ausschlagungsrecht 10 2142 *3*

Tod einer Partei, Abstammungssachen 10 1922 *89*, Anhängige Prozesse 10 1958 *4*, 1960 *26*, Gerichtsverfahren 10 1958 *4*, 1960 *26*, Kommanditist 10 1967 *45*, Scheidungsverfahren 10 1922 *88*, ZivilProzess 10 1922 *87*
Tod eines Ehegatten, Nottestament 10 2266 *7*
Tod eines Gesellschafters, GbR 10 1967 *46*, OHG 10 2032 *34*, Personengesellschaft 10 2032 *33*, Stille Gesellschaft 10 1922 *59*
Tod Erstversterbender, Ausschlagung 10 2271 *44 ff.*, Bindungswirkung 120 England/Wales *106*
Tod im Scheidungsverfahren, Versorgungsausgleich 10 1922 *36*, Zugewinnausgleich 10 1922 *37*
Todeserklärung 75 1, *9*, Angehöriger bewaffneter Macht 75 1, Aufgebotsverfahren 75 *2*, Aufhebung 75 9 *4*, Friedensvertrag 75 4 *10*, Gefahrengebiet 75 4 *6*, Gefahrverschollenheit 75 *7*, Gegenteilsbeweis 75 9 *4*, internationale Zuständigkeit 75 *4*, Kriegsteilnehmer 75 *4*, Luftverschollenheit 75 *6*, mehrerer Verschollener 75 *11*, neue Bundesländer 75 12 *4*, Nottestament 10 2252 *7*, öffentlicher Glaube 10 2370, Rechtsfolgen 75 9 *2*, Seefahrt 75 *5*, Todeszeitpunkt 75 9 *6 f.*, Vermisstsein 75 4 *5*, Vermutung gleichzeitigen Versterbens 75 *11*, Verschollener 10 1922 *7*, Voraussetzungen 75 *3*, Zuständigkeit 75 *12*, Zweiter Weltkrieg 75 4 *ff.*
Todesurkunde, Serbien 120 Serbien *148*
Todesvermutung, Verschollener 10 1922 *7*
Todeswahrscheinlichkeit 75 4 *9*
Todeszeitpunkt 10 1922 *5*, Erbscheinsantrag 30 352 *25*, Todeserklärung 75 9 *6 f.*
Totalnießbrauch, Nutzungsrechte, vorbehaltene 10 2325 *100 f.*
Totenfürsorge 10 164 *18*, 1922 *65*, 1968 *1 f.*, Inhaber 10 1968 *2*, Vollmacht 10 164 *18*, Wille des Verstorbenen 10 1968 *2*
Tot-Erklärter, Herausgabeanspruch 10 2018 *13*, 2031
Totten trust, USA 120 USA *116*
Tötung des Erblassers, Erbunwürdigkeit 10 2339 *13 ff.*
Trennung, Gemeinschaftliches Testament 30 349
Trennungslösung 10 2269 *38 ff.*, Erbschaftslösung 10 2269 *54*, Gemeinschaftliches Testament 10 2100 *46*, 2269 *1*, Pflichtteil 10 2269 *70*, Tod des Erstversterbenden 10 2269 *39 f.*, Tod des Letztversterbenden 10 2269 *41*, Wiederverheiratungsklausel 10 2269 *54*
Trennungstheorie, Schenkung, gemischte 150 7 *15*
Trennungsunterhalt, Vererblichkeit 10 1922 *34*
Trennungszeit, Scheidungsverfahren 10 2077 *15*
Treuhandlösung, Auflage 10 2205 *18*, Bedingung 10 2205 *18*, Testamentsvollstrecker 10 2205 *17*
Treuwidrigkeit, Schwebezeit 10 2179 *4*
Trust, Ausgestaltung 120 England/Wales *112*, deutsches Recht 120 USA *100 ff.*, England/Wales 120 England/Wales *111 ff.*, Equity 120 England/Wales *113*, EuErbVO 110 1 *13*, Haager Übereinkommen 120 England/Wales *21*, Umdeutung 120 USA *102 ff.*, USA 120 USA *95 ff.*
Türkei 120 Türkei, amtliche Liquidation 120 Türkei *153 ff.*, ausländische Entscheidungen 120 Türkei *28 ff.*, Ausschlagung 120 Türkei *148 ff.*, Belegenheitszuständigkeit 120 Türkei *4*, deutsch-türkisches Nachlassabkommen 120 Türkei *6 ff.*, Ehegattenerbrecht 120 Türkei *48 ff.*, Erbauseinandersetzung 120 Türkei *135 ff.*, Erbengemeinschaft 120 Türkei *134*, Erbenhaftung 120 Türkei *140 ff.*, *147*, Erbfallschulden 120 Türkei *145 ff.*, Erblasserschulden 120 Türkei *141 ff.*, Erbschaftserwerb 120 Türkei *133 ff.*, Erbschaftsteuer 120 Türkei *171 ff.*, Erbscheinverfahren 120 Türkei *161 ff.*, Erbstatut 120 Türkei *3 ff.*, Erbvertrag 120 Türkei *98 ff.*, gesetzliche Erbfolge 120 Türkei *43 ff.*, gewillkürte Erbfolge 120 Türkei *73 ff.*, Gläubigerschutz 120 Türkei *156 ff.*, interna-

2033

Sachverzeichnis

fette Zahlen = Kennziffer

tionale Zuständigkeit 120 Türkei *21ff.*, internationales Recht 120 Türkei *1*, Nachlassspaltung 120 Türkei *12*, Nachlassverfahren 120 Türkei *160ff.*, Nachlassverzeichnis 120 Türkei *154ff.*, Pflichtteilsrecht 120 Türkei *108ff.*, Rechtswahl 120 Türkei *13*, Testament 120 Türkei *75ff.*, Testamentsvollstreckung 120 Türkei *129ff.*, Verfügungen von Todes wegen 120 Türkei *17ff.*

Überentnahme, Betriebsvermögen 150 13a *32*
Übergabe, Schrift 10 2232 *14*
Übergabe auf den Todesfall, Österreich 120 Österreich *98*
Übergabevertrag, Hof 80 17, 19 *15ff.*, Hoferbfolge 80 19 *11*, Montenegro 120 Montenegro *69*, Serbien 120 Serbien *103*, Verfahrensordnung für Höfesachen 80 Anhang *16*
Übergangsbestimmungen, EuErbVO 110 *83*
Übergeleitete Verfahren, Nachlassinsolvenzverfahren 50 Vorbemerkungen *29*
Überlebensbedingung, Schenkungsversprechen 10 2301 *9*
Überleitung von Ansprüchen, Arbeitslosengeld II 10 528 *41*, Pflichtteilsanspruch 10 2317 *38ff.*, Rechtsweg 10 528 *36*, Sozialhilfeträger 10 528 *19, 35ff.*, 2317 *38ff.*
Übermaßschenkung, Anstandsschenkung 10 2330 *19*
Übermittlung Zentrales Testamentsregister, Registergebühren 96 *105*
Übernahmepflicht, Teilungsanordnung 10 2048 *10*
Übernahmerecht, Teilungsanordnung 10 2048 *11*, Zuwendung 10 2049 *8ff.*
Übernommene Steuer, Erwerb, steuerpflichtiger 150 10 *16ff.*
Überprüfung, EuErbVO 110 *82*
Überschuldung 10 1992, Abkömmling 10 2271 *60*, Begriff 10 1980 *6*, Insolvenzverfahren 10 1980 *2*, Irrtum 10 1954 *16*, Kriterien 10 1992 *6*, Nachlassinsolvenzverfahren 50 320 *6*, Pflichtteilsbeschränkung 10 2338 *9*, Zeitpunkt 10 1992 *7*
Überschuldung des Nachlasses, Anfechtung 10 1954 *19*, Auflage 10 1992, England/Wales 120 England/Wales *154*, Erbenhaftung 10 1980 *2*, Pflichtteilsergänzungsanspruch 10 2329 *13ff.*, Unzulänglichkeitseinrede 10 1990 *4*, Vermächtnis 10 1992
Überschussverteilung, Erbengemeinschaft 10 2047, Ermittlung 10 2047 *2*, Schriftstücke 10 2047 *4ff.*, Teilungsverhältnis 10 2047 *3*
Überschwerung 10 1992, Aufrechnung 10 1992 *12*, Berichtigung 10 1992, Einreden 10 1992 *4*, Haftungsbeschränkung 10 1992 *8ff.*, Insolvenzantrag 10 1992 *2*, unbeschränkte Haftung 10 1992 *3*
Überschwerungseinrede, Haftungsbeschränkung 10 vor §§ 1967–2017 *5*
Übersetzung, Schriftübergabe 60 32 *6ff.*
Übertragbarkeit, Ausgleichungspflicht 10 2050 *13*, Ausschlagung 10 2306 *39*, Ausschlagung Vermächtnis 10 2307 *21f.*, Ausschlagungsrecht 10 1942 *14*, Pflichtteilsanspruch 10 2317
Übertragung, Anwartschaftsrecht 10 2139 *9ff.*, Erbschaft 10 2385, Gesamthandseigentum 10 2032 *13*, Miterbenanteil 10 1942 *10*, 2033 *24ff.*, Nacherbenanwartschaftsrecht 30 352b 22, *22f.*, Nachlassgegenstände 10 2032 *13*, Pflichtteilsanspruch 10 2317 *35ff.*, Vermächtnisanspruch 10 2174 *13*, Zubehör 10 2164 *4*
Übertragung Erbteil, Erbschaftsvertrag 10 311b *6*
Übertragungsverbot, Testamentsvollstrecker 10 2218 *11ff.*
Überweisungen, Selbstkontraktionsverbot 10 181 *2*, Zeugnis 96 *291*
Überweisungszeugnis, Gerichtsgebühr 96 *31*

Umdeutung, Auslegung 10 2084 *22*, Eintrittsklausel 10 1922 *53*, Erbschaftskauf 10 2371 *20*, Erbvertrag 10 vor §§ 2274–2302 *4*, 2274 *8*, Gegenseitige Verfügungen 10 2265 *49*, Gemeinschaftliches Testament 10 2265 *44ff.*, Nachfolgeklausel 10 1922 *53*, Trust 120 USA *102ff.*, Wechselbezügliche Verfügungen 10 2265 *48*, Wille der Beteiligten 10 2265 *46ff.*
Umgangsbestimmung, Vollmacht 10 164 *16*
Umgehung, Genehmigungspflicht 12 2 *2*
Umqualifizierung, nicht begünstigtes Vermögen 150 13b *36*
Umsatzsteuer 170 *61*, Einzelunternehmen 170 *62*, Kapitalgesellschaftsanteile 170 *65*, Personengesellschaft 170 *63f.*
Umschlag, Testament, öffentliches 60 34 *2*, Unterschrift 60 35 *6*
Umschlagsbeschriftung, Verschließung 60 34 *4*
Umschreibung, Inhaberpapier 10 2117, statt Hinterlegung 10 2117
Umwandlung, Inhaberpapier 10 2117, statt Hinterlegung 10 2117, Testamentsvollstrecker 10 2205 *46ff.*
Umwandlung in Bruchteilseigentum, Gesamthandseigentum 10 2032 *13*, 2042 *26*
Umwandlungsanordnung, Testament 10 2205 *46*
Umwidmung, Surrogation 10 2111 *33*, Vorteilsausgleich 12 *17 16*
Unanfechtbare Entscheidung, Gehörsrüge 30 44 *2*, Rechtskraft, formelle 30 45 *2*
Unbestimmtheit, Testament 120 England/Wales *91*
Unbillige Härte, Stundung 10 2331a *11ff.*
Unentgeltliche Leistungen, besondere 10 2057a *18*
Unentgeltliche Übertragung, Miterbenanteil 10 2034 *1*, Vermächtnisgegenstand 10 1939 *5*, Vorkaufsrecht 10 2034 *6*, Vorkaufsrecht gegenüber Verkäufer 10 2034 *1*
Unentgeltliche Verfügungen, Erbschaftskauf 10 2375 *3*, schwebende Unwirksamkeit 10 2205 *13*, Testamentsvollstrecker 10 2205 *8ff.*; 70 35 *20*, Testamentsvollstreckervermerk 70 *52 13f.*, Verfügungsbefugnis Vorerbe 10 2113 *24ff.*, Vorerbe, befreiter 10 2113 *31*
Unentgeltliche Zuwendungen, Ausgleichungspflicht 10 2316, Pflichtteil 10 2316, Schenkung 10 2325 *28*
Unentgeltlichkeit, Anstandsschenkung 10 2113 *44ff.*, Auftragsverhältnis 10 662 *18*, Begriff 10 2113 *26ff.*, belohnende Schenkung 10 516 *8*, Erblasserwille 10 2205 *9*, Gegenleistung an Vorerbe 10 2113 *31*, Gesellschaftsrecht 10 2113 *41ff.*, Grundstückskauf 10 2113 *28*, Irrtum 10 2113 *35*, Irrtum über 10 157 *9f.*, Missverhältnis zu Gegenleistung 10 2113 *30*, Nacherbfall 10 2113 *54*, ohne Gegenleistung 10 516 *6ff.*, Personengesellschaft 10 2113 *41*, Schenkung 10 516 *6ff.*, teilweise 10 2113 *27*, Verfügung 10 2205 *9f.*, Verfügungsunterlassungsvertrag 10 2286 *9*, Zeitpunkt 10 2113 *37*, Zuwendung 10 516 *6ff.*
Unerlaubte Handlung 10 2025, Ehegattenvollmacht 10 662 *13*, Erbschaftsbesitzer 10 2025, Erbschaftsgegenstand 10 2025 *2*, Nachlassverbindlichkeiten 10 1967 *21*, Straftat 10 2025 *3*, Testamentsvollstreckerhaftung 10 2219 *6*
Unfallversicherung, Erbschaftsteuer 150 3 *40ff.*, Vererblichkeit 10 1922 *80*
Ungeborene, Erbfähigkeit 10 1923 *4*
Ungleichgewicht, Auftrag 10 662 *6*
Ungültigkeit, Testament 120 England/Wales *89ff.*, Serbien *89ff.*
Universalsukzession, Erbfall 10 1942 *1*, 1960 *1*, Frankreich 120 Frankreich *16*, Luxemburg 120 Luxemburg *49*, Schweiz 120 Schweiz *135*
Universalvermächtnis, Frankreich 120 Frankreich *64*, Vermächtnis 10 2147 *12*
Unmöglichkeit, Auflage 10 2192 *6*, 2196, Bedingung 10 2075 *20*, Begriff 10 2171 *2ff.*, Bestimmungsrecht

magere Zahlen = §§; kursive Zahlen = Randnummern **Sachverzeichnis**

10 2153 *5*, Eigentum des Bedachten 10 2171 *4*, Haftung für Vermächtnis 10 2174 *24*, Herausgabepflicht 10 2021 *2f.*, Rechnungslegung 10 666 *13*, Verbindung 10 2172, Vermächtnis 10 2171, 2172, 2174 *9*, Vermengung 10 2172, Vermischung 10 2172, Verschaffungsvermächtnis 10 2170 *11ff.*, Wertersatzanspruch 10 2134 *3*, Zeitpunkt 10 2171 *3*
Unpfändbarkeit, Herausgabeanspruch 10 1990 *17*
Unrichtigkeit, Erbschein 30 352b *38*
Unrichtigkeit, nachträgliche, Erbschein 30 352b *17*, Nacherbenfolge 30 352b *17*
Unsichere Rechte, Nachlassbewertung 10 2313 *5*, Verjährung 10 2313 *5*
Unsichere Verbindlichkeiten, Nachlassbewertung 10 2313 *5*
Unterbeteiligung Geschäftsanteil, Formmangel Schenkung 10 518 *8*, Schenkung 10 518 *8*
Unterbevollmächtigter, Legitimation 10 164 *32*
Unterbrechung, Erbscheinsverfahren 30 352e *146*
Unterhalt, Mutter des Erben 10 1963, Mutter des Nacherben 10 2141, Mutter, werdende 10 1963, werdende Mutter des Nacherben 10 2141
Unterhalt des Schenkers, Ersetzungsbefugnis 10 528 *26ff.*, Rückforderung Schenkung 10 528 *7*
Unterhalt, nachehelicher, Vererblichkeit 10 1922 *35*
Unterhalt werdende Mutter, Erbe 10 1963, Höhe 10 1963 *3*, Nacherbe 10 2141, Nachlassverbindlichkeit 10 1963 *3*, Nasciturus 10 1963, Voraussetzungen 10 1963 *2*
Unterhaltsanspruch, Begrenzung 10 1967 *10*, Dreißigster 10 1969 *3*, Ehegattenerbrecht 10 1933 *11ff.*, Erbe 10 2216 *11*, Erbenhaftung 10 1933 *14*, Erbverzicht 10 1967 *8*, 2346 *15*, Geltendmachung 10 1963 *6*, geschiedener Ehegatte 10 1967 *7*, Inhalt 10 1963 *4*, Mutter des Erben 10 1967 *9*, Mutter, werdende 10 1963, nachpartnerschaftlich 10 1967 *7*, nichteheliche Mutter 10 1568b *67f.*, Pflichtteilsverzicht 10 1967 *8*, Rückforderung Schenkung 10 528 *7*, Scheidung 10 1933 *11ff.*, Schonungseinrede 10 2016 *3*, Testamentsvollstreckung 10 2216 *11*, Vererblichkeit 10 1922 *33ff.*, 1967 *6*
Unterhaltsleistung, Steuerbefreiung 150 13 *22*, Zuwendung 150 7 *5*
Unterhaltspflicht, Erbe 10 1568b, Nachlassverbindlichkeit 10 1568b, Tod des Verpflichteten 10 1568b
Unterhaltspflichtige, Beerdigungskosten 10 1968 *5*
Unterhaltspflichtsverletzung, Pflichtteilsentziehung 10 2333 *20*
Unterhaltsrecht, EuErbVO 110 1 *8*, Lebenspartnerschaft, eingetragene 100 17b *14*
Unterhaltsverpflichtung, Erblasserschulden 10 1967 *5ff.*, Vererblichkeit 10 1967 *5f.*
Unterlassen, Feststellungsbeschluss 10 1964 *6*, Zuwendung 10 516 *5*
Unterlassungsanspruch, Nacherbe 10 2112 *16*
Unterlassungspflicht, Nachlassverbindlichkeiten 10 1967 *13*
Unterliegen, Rechtsmittelkosten 30 84 *2*
Unternehmen, Auseinandersetzung 10 2042 *29*, Entlassung Testamentsvollstrecker 10 2227 *11*, Nutzungen 10 2111 *37*, Testamentsvollstreckung 10 2227 *9*
Unternehmensbewertung, Bewertungsmethoden 10 2311 *66ff.*, Verkehrswert 10 2311 *64*
Unternehmensfortführung, Nachlassverwalter 10 1986 *3*, Verfügungsbefugnis Vorerbe 10 2112 *10*, Vorerbe 10 2100 *69*, 2112 *10*
Unternehmensumstrukturierung, Testamentsvollstreckung 10 2205 *45*
Unternehmensverkauf, Testamentsvollstrecker 10 2205 *15*
Unternehmenswert, Auskunftsanspruch 10 2057a *9*
Unternehmer, Erbengemeinschaft 170 *93*

Unternehmergesellschaft, Vererblichkeit 10 1922 *41*
Unternehmeridentität, Verlustvortrag 170 *79*
Unterrichtung, Erbscheinsverfahrensbeteiligte 30 345 *15*
Unterschrift, Beurkundung 60 *35*, Beurkundungsverfahren 10 2232 *31*, Dreizeugentestament 10 2250 *15*, eigenhändige 60 *35 3*, Gemeinschaftliches Testament 10 2267 *20, 23f.*, Heilung 60 *35 8*, Notare 60 *35*, Patientenverfügung 10 1901b *31*, Testament 120 England/Wales *61f.*, Testament, eigenhändiges 10 2247 *31ff.*, Umschlag 60 *35 6*, Urkundsperson 60 *35 5*, Zeitpunkt der Unterschriftsleistung 60 *35 4*
Unterschriftsbeglaubigte Urkunde, Erbfolgerelevante Urkunde 60 34a *2*
Unterstützungsleistungen, Ausgleichungspflicht 10 2316 *17f., 25*
Unterstützungspflicht, Betreuer 10 1901b *42ff.*
Untersuchungsgrundsatz, Erbscheinsverfahren 30 352e *69*
Untervermächtnis, Anfall 10 2186 *2*, Fälligkeit 10 2186; 10 2186 *3*, Vermächtnis 10 2147 *12*
Untervollmacht 10 164 *29ff.*, 168 *23f.*, Befugnis 10 164 *30*, Gestaltung 10 164 *31*
Untreue, Erbe, bevollmächtigter 10 vor §§ 164–181 *8*, Vergütung 10 675 *3*
Unvererblichkeitsvereinbarung, AGB 10 nach § 1922 *16*, Digitaler Nachlass 10 nach § 1922 *13ff.*
Unvermögen, Vermächtnis 10 2174 *9*, Verschaffungsvermächtnis 10 2170 *8*, 2174 *9*
Unvollständigkeit, Inventarunrichtigkeit 10 2005 *2*, Rechnungslegung 10 666 *17f.*
Unwiderruflichkeit, Bezugsberechtigung 10 331 *7*, 332 *3*, Vollmacht 10 167 *8*, Vollmachtswiderruf 10 168 *2f.*, Vorsorgevollmacht 10 168 *3*, Zustimmung 10 2291 *10*
Unwirksamkeit, Annahme der Erbschaft 10 1949 *5*, Auflage 10 2195, Ausschlagung 10 1949 *5*, Erbunwürdigkeit 10 2339 *41*, Gutgläubiger Erwerb 10 2113 *54*, Irrtum 10 1949, Pflichtteilsbeschränkung 10 2338 *29ff.*, Rücktritt durch Testament 10 2297 *8*, Teilannahme 10 1950 *3*, Teilausschlagung 10 1950 *3*, Verfügung über Nachlassgegenstand 10 1959 *8*, Vermächtnis 10 vor §§ 2147–2191 *4*, Vermächtnis, gemeinschaftliches 10 2158 *4*, Vollmachtsmissbrauch 10 164 *24*, Widerruf wechselbezüglicher Verfügungen 10 2271 *23*
Unwirksamkeit ex nunc/tunc, Beschluss, rechtsgestaltender 30 *47*
Unwirksamkeit, schwebende, Erbvertrag 10 2275 *10*, Unentgeltliche Verfügungen 10 2205 *13*
Unwirksamkeit späterer letztwilliger Verfügungen, Erbvertrag 10 2289 *17*
Unwirksamkeit, teilweise, Auslegungsregel 10 2085 *1*, Begriff 10 2085 *2*, Beweislast 10 2085 *5*, neue Bundesländer 10 2085 *6*, Verfügung von Todes wegen 10 2085, wirksame Restverfügung 10 2085 *3f.*
Unwirksamkeit Verfügung von Todes wegen, Eheauflösung 10 2077, Erbscheinsverfahren 10 2077 *23*
Unwirksamwerden, Nacherbschaft 10 2109
Unzulänglichkeitseinrede, Dürftigkeitseinrede 10 1990 *2*, Schadensersatzpflicht 10 1980 *14*, Überschuldung des Nachlasses 10 1990 *4*
Unzulässigkeit, Gehörsrüge 30 44 *7*, Schenkung 10 516 *14*
Unzumutbarkeit, Entziehungsverfügung 10 2336 *15ff.*, Pflichtteilsentziehung 10 2333 *37ff.*
Unzuständiges Gericht, Ausschlagung 10 1945 *10*, Ausschlagungserklärung 10 1945 *10*
Unzuständigkeitserklärung, EuErbVO 110 *6*, Rechtswahl 110 *6*
Urgroßeltern, Erben 4. Ordnung 10 1928, Erbrecht 10 1928

2035

Sachverzeichnis

fette Zahlen = Kennziffer

Urheberrecht, Nachlassbewertung 10 2311 *21*, Übertragung 10 2040 *7*
Urkundensprache, Testament, öffentliches 10 2232 *26*
Urkundsbeweis, Erbscheinsverfahren 30 352e *140 ff.*
Urkundsdelikte, Erbunwürdigkeit 10 2339 *33 ff.*
Urkundsperson, Notare 60 vor §§ 27–35 *2*, Unterschrift 60 35 *5*
Urlaubsanspruch, Vererblichkeit 10 1922 *29*
Ursprungsmitgliedsstaat, EuErbVO 110 3 *6*
Urteilsergänzung, Haftungsbeschränkung 10 vor §§ 1967–2017
Urteilsfähigkeit, Schweiz 120 Schweiz *53*
Urteilstenor, Vorbehalt der beschränkten Erbenhaftung 10 vor §§ 1967–2017
USA 120 USA, contract to make a will 120 USA *111*, deutsch-amerikanischer Erbfall 120 USA *133 ff.*, Ehegatten 120 USA *51 ff.*, *80 ff.*, Erbauseinandersetzung 120 USA *93*, Erbe, gesetzlicher 120 USA *46 ff.*, Erbe, gewillkürter 120 USA *59 ff.*, Erbengemeinschaft 120 USA *93*, Erbenhaftung 120 USA *94*, Erbschaftsteuer 120 USA *161 ff.*, Erbstatut 120 USA *7 ff.*, EuErbVO 120 USA *36 ff.*, Form 120 USA *69 f.*, Formstatut 120 USA *25 ff.*, gemeinschaftliches Testament 120 USA *62 ff.*, internationales Erbrecht 120 USA *1 ff.*, Joint Tenancy 120 USA *112 ff.*, Lebensversicherung 120 USA *118*, materielles Erbrecht 120 USA *39 ff.*, Nachlassabwicklung 120 USA *30 ff.*, Nachlassverfahren 120 USA *121 ff.*, Partnership Agreement 120 USA *120*, pay on death account 120 USA *116*, Pflichtteilsrecht 120 USA *77 ff.*, Pflichtteilsverzicht 120 USA *89 ff.*, Testament 120 USA *27, 61*, Testamentsvollstreckung 120 USA *92*, totten trust 120 USA *116*, Trust 120 USA *95 ff.*, Verfügung von Todes wegen 120 USA *25 ff.*, *59 ff.*, Vor-/Nacherbe 120 USA *74 ff.*

Valutaverhältnis, Lebensversicherung 10 331 *6*, Schenkung 10 328 *7*, Vertrag zugunsten Dritter 10 328 *6 f.*, 2301 *28*
Vater nichteheliches Kind, Erben 2. Ordnung 10 1925 *1*, Erbrecht 10 1925 *1*
Vaterschaft, Anerkennung 10 1924 *7*, gerichtliche Feststellung 10 1924 *8*, Kind, eheliches 10 1924 *5*, Kind, nichteheliches 10 1924 *5*
Vaterschaftsanfechtung, Vererblichkeit 10 1922 *31*
Veranlagung, frühere, Bestandskraft 150 14 *3*
Verantwortlichkeit, Verwaltung durch Erbe 10 1978 *2, 9 ff.*
Verarmung, Rückforderungsrecht 150 29 *3*, Schenker 10 528
Veräußerung, Rückforderungsrecht, vertraglich 10 516 *17*
Veräußerungsgewinn, Erbauseinandersetzung 170 *99, 108*
Verbindlichkeiten, Nachlasspfleger 10 1960 *29*
Verbotene Eigenmacht, Erbschaftsbesitz 10 2025 *4*, Verschulden 10 528
Verbrauch, Erbschaftskauf 10 2375 *2*, Schenkung 10 2325 *81*, Steuerfreibetrag 150 14 *15*
Verbraucherdarlehensvertrag, Vollmacht 10 167 *10*
Verbrechen, Pflichtteilsentziehung 10 2333 *11*
Verbringen, Verwahrung, amtliche 60 34 *7 ff.*
Verbundvermögensaufstellung, Erbschaftsteuer 150 13b *39 ff.*
Verdeckte Gewinnausschüttung, Schenkungsteuer 150 7 *56 f.*
Verein, Ersatzerbschaftsteuer 150 1 *5*, nicht rechtsfähiger 10 1922 *67*, rechtsfähiger 10 1922 *67*
Vereinbarungen, Ehegattenunterhalt 10 1568b *63 ff.*, Feststellungslast 30 352e *165*

Vereinigtes Königreich 120 England/Wales, *s. a. England/Wales* 120 England/Wales, Mehrrechtsstaat 120 England/Wales *1*, Staatsangehörigkeit 120 England/Wales *11*
Vereinigung, Erlöschen 10 1976, Erwerb, steuerpflichtiger 150 10 *20*, Nachlassinsolvenz 10 1976, Nachlassverwaltung 10 1976
Vereinsmitgliedschaft, Vererblichkeit 10 1922 *67*
Vereinsvermögen, Fiskus 10 1936 *11*
Vereitelung, Auflage 10 2196
Vererblichkeit, Abfindungsanspruch 10 1922 *29*, Adoption 10 1922 *32*, AG-Anteil 10 2032 *46*, Aktienbuch 10 1922 *39*, Aktiengesellschaft 10 1922 *39 f.*, Amtsstellung 10 1922 *26*, Anderkonto 10 1922 *78*, Anfechtungsrecht 10 2080 *3*, Anfechtungsrecht Vaterschaft 10 1922 *31*, Anwartschaftsrecht 10 1922 *27*, 2108 *5 ff.*, Arbeitsrecht 10 1922 *28*, Auftrag 10 1922 *76*, Ausschlagungsrecht 10 1922 *30*, 1942 *10*, 1952, Ausschluss 10 2108 *16*, Bankkonto 10 1922 *77*, Beamtenverhältnis 10 1922 *69*, Bereicherungsanspruch 10 1922 *84*, beschränkt dingliche Rechte 10 1922 *71*, beschränkt persönliche Dienstbarkeit 10 1922 *72*, Besitz 10 1922 *73*, BGB-Gesellschaft 10 1922 *45 ff.*, Bußgeldverfahren 10 1922 *69*, Dienstleistungspflicht 10 1967 *5*, Eigentum 10 1922 *71*, elterliche Sorge 10 1922 *32*, E-Mail-Account 10 nach § 1922 *5*, E-Mails 10 nach § 1922 *4, 6 ff.*, Erbengemeinschaft 10 1922 *39*, erbrechtliche Rechtsbeziehungen 10 1922 *30*, Ersatznacherbeneinsetzung 10 2108 *12*, familienrechtliche Rechtsbeziehungen 10 1922 *31 ff.*, Gebrauchsüberlassung 10 1922 *83*, Genossenschaftsanteile 10 2032 *46*, Genossenschaftsanteile 10 1922 *66*, Geschäftsbesorgungsvertrag 10 1922 *76*, Gesellschaftsrechte 10 1922 *39 f.*, gesetzliche Vertretung 10 1922 *26*, gesetzliches Schuldverhältnis 10 1922 *84*, Gestaltungsrechte 10 1922 *74*, Gewerberecht 10 1922 *69*, GmbH-Anteil 10 2032 *45*, GmbH-Geschäftsanteil 10 1922 *41*, Grunddienstbarkeit 10 1922 *71*, Gütergemeinschaft 10 1922 *81*, Hausratsversicherung 10 1922 *81*, Hilfsansprüche 10 1922 *74*, Hof 10 1922 *63*, Immaterialgüterrecht 10 1922 *64*, Inhaberaktien 10 1922 *39*, Kapitallebensversicherung 10 1922 *79*, KG 10 1922 *55 ff.*, Kindesunterhalt 10 1922 *34*, Kommanditanteil 10 1922 *55*, 2032 *35*, Komplementär 10 1922 *56 ff.*, Landgut 10 1922 *63*, Leibrente 10 1922 *71*, Leichnam 10 1922 *44*, Limited 10 1922 *61*, Mitgliedschaftsrechte 10 1922 *66 ff.*, nachehelicher Unterhalt 10 1922 *35*, Nacherbrecht 10 2108, Nießbrauch 10 1922 *72*, OHG 10 1922 *56*, Partnerschaftsgesellschaft 10 1922 *61*, Persönlichkeitsrecht 10 1922 *70*, Pflichtteilsanspruch 10 1922 *30*, Polizei-/Ordnungspflichten 10 1922 *69*, Prozessrechtsverhältnis 10 1922 *87 ff.*, Reallast 10 1922 *71*, Rechte am geistigen Eigentum 10 1922 *64*, Rentenversprechen 10 1967 *5*, Riester-Rente 10 1922 *82*, sachenrechtliche Rechte 10 1922 *71*, Schadensersatzanspruch 10 1922 *84*, Schmerzensgeldanspruch 10 1922 *84*, Schuld 10 1922 *67*, schuldrechtliche Rechte 10 1922 *74 ff.*, Schusswaffe 10 1922 *69*, Sozialrecht 10 1922 *69*, Steuern 10 1922 *69*, Stille Gesellschaft 10 1922 *59*, subjektiv dingliche Rechte 10 1922 *71*, Trennungsunterhalt 10 1922 *35*, Unfallversicherung 10 1922 *80*, Unterhaltsanspruch 10 1922 *33 ff.*, 1967 *6*, Unterhaltsverpflichtung 10 1967 *5 f.*, Urlaubsanspruch 10 1922 *29*, Vereinsmitgliedschaft 10 1922 *67*, Verlustvortrag 10 1922 *70 ff.*, Vermächtnisanspruch 10 2174 *13*, Versicherungsverein auf Gegenseitigkeit 10 1922 *68*, Versorgungsausgleichsanspruch 10 1922 *36*, Verwandtenunterhalt 10 1922 *34*, vinkulierte Namensaktien 10 1922 *39*, Vollmacht 10 1922 *85*, Vollziehungsberechtigte 10 2194 *5*, Vorkaufsrecht 10 1922 *71, 75*, Vorkaufsrecht ge-

magere Zahlen = §§; kursive Zahlen = Randnummern   **Sachverzeichnis**

genüber Verkäufer 10 2034 *2*, Wohnraummiete 10 1922 *83*, Zugewinnausgleichsanspruch 10 1922 *37*, Zwangseinziehung 10 1922 *39*
Vererbung, Hoferbe 80 *10*, Pflichtteilsanspruch 10 2317 *44*
Verfahren, Amtliche Verwahrung 30 *346*, Anmeldeaufforderung, öffentliche 10 1965 *2*, eidesstattliche Versicherung 10 2006 *6ff.*, Einsichtnahmerecht 10 2010 *4ff.*, Einstweilige Anordnung 30 *51*, Erbschein, gegenständlich beschränkter 30 352c *10ff.*, Erbschein, gemeinschaftlicher 30 352a *10*, Erbscheinsantrag 30 352e *50ff.*, Erbscheinseinziehung 10 2361 *10ff.*, Eröffnung Verfügung von Todes wegen 30 348 *5ff.*, Luxemburg 120 Luxemburg *20f.*, Nachlassinsolvenzverfahren 50 317 *3*, Nachlassverwaltungsantrag 10 1981 *11ff.*, Öffentliche Aufforderung 30 352d *4*, personal representative 120 England/Wales *172*, Testamentsvollstreckung 10 vor §§ 2197–2228 *18ff.*, Verschonungsabschlag 150 13a *34ff.*, Verwahrung, amtliche 10 2248 *4*, Zeugenhinzuziehung 60 29 *5*
Verfahrensbeendigung, EuErbVO 110 *8*, Rechtswahl 110 *8*, Vergleich, außergerichtlicher 30 83 *4*
Verfahrensbeteiligte, Testamentsvollstreckung 10 vor §§ 2197–2228 *24*
Verfahrenseinleitung, Nachlasspflegschaft 10 1960 *24*
Verfahrenseröffnung, Verwaltung durch Erbe 10 1978 *19*
Verfahrensgebühr 95 *293ff.*, Beschwerdeverfahren 95 *316ff.*, eidesstattliche Versicherung 96 *116ff.*, Reduzierung 95 *295*, Rücknahme 96 *116*, Testamentsvollstreckung 96 *64*, unbedingter Klageauftrag 95 *299*
Verfahrensgrundrecht, Verletzung 30 44 *4*
Verfahrensgrundsätze, Erbscheinsverfahren 30 352e *67ff.*, Verfahrenskostenhilfe 30 76 *1*
Verfahrenskostenhilfe 30 *76*, Amtsverfahren 30 77 *1*, Anhörung Gegner 30 77 *1*, Antrag 30 64 *5*, Antragsverfahren 30 77 *1*, Beiordnung Rechtsanwalt 30 *78*, Beschwerde 30 64 *5*, Beschwerde, sofortige 30 76 *2*, Bewilligung 30 *77*, Freiwillige Gerichtsbarkeit 30 *76, 77, 78*, Rechtsanwaltsbeiordnung 30 *78*, Rechtsmittel 30 76 *2*, Verfahrensgrundsätze 30 76 *1*, Voraussetzungen 30 *76*
Verfahrensleitende Anordnung, Vollstreckung 30 87 *1*
Verfahrensordnung für Höfesachen 80 Anhang, Abänderung der Entscheidung 80 Anhang *12*, allgemeines Verfahrensrecht 80 Anhang *1*, Anpassungsverfahren 80 Anhang *25*, Benachrichtigung 80 Anhang *9*, Beschwerdeberechtigung 80 Anhang *14*, Beschwerdeverfahren 80 Anhang *24*, besonderes Grundbuchblatt 80 Anhang *7*, Eintragungsgrundsatz 80 Anhang *2*, Erklärungen 80 Anhang *4*, Ersuchensgrundsatz 80 Anhang *3*, Feststellungsverfahren 80 Anhang *11*, Gebühren 80 Anhang *21ff.*, Geschäftswert 80 Anhang *19, 20*, Höfeakten 80 Anhang *10*, Hofvermerk 80 Anhang *6*, Kostenfreie Geschäfte 80 Anhang *18*, Lebenspartner 80 Anhang *26*, Löschungsrecht 80 Anhang *8*, Mitteilung des Wirtschaftswertes 80 Anhang *3a*, Stundungsverfahren 80 Anhang *17*, Übergabevertrag 80 Anhang *16*, Vermutung 80 Anhang *5*, Zustimmungsverfahren 80 Anhang *13, 15*
Verfahrenspfleger, Genehmigungsvorbehalt 10 1960 *43*, Nachlasspflegschaft 10 1960 *25*
Verfahrensrecht, Erbe 10 1922 *24*, Nacherbschaft 10 2100 *51ff.*
Verfahrensvoraussetzungen, Amtsaufklärungspflicht 30 352e *78*
Verfassungsbeschwerde, Nachlassgericht 30 352e *233*

Verfassungsmäßigkeit, Erbschaftsteuer 150 Vorbemerkungen *7ff.*, Pflichtteilsrecht 10 2303 *4ff.*
Verfehlung, Begriff 10 2294 *2*, Erbvertrag 10 2294, Rücktritt 10 2294, Verzeihung 10 2294 *5*, Wechselseitige Verfügung 10 2271 *56ff.*
Verfolgtentestament 10 2231 *15*
Verfügbarkeit, Bewertungsstichtag 150 11 *2*, Nachweis der freien 150 9 *21ff.*
Verfügung 10 1937 *4*, Anfechtung 10 1979 *9*, Auseinandersetzungsguthaben 10 2033 *11*, Begriff 10 2033 *12*, 2040 *6ff.*, 2112 *2*, 2113 *5f.*, 2120 *3f.*, 2205 *5*, Beschränkungen 10 2033 *22*, Bruchteilseigentum 10 2033 *6*, dingliche 10 2040 *7*, Erbe, vorläufiger 10 1959 *4*, Erbteil 10 2033, Erbunwürdiger 10 2344 *12*, familiengerichtliche Genehmigung 10 2033 *18*, Form 10 2033 *13*, gegen Erbengemeinschaft 10 2040 *16*, gegenüber Miterben 10 2040 *17*, Gemeinschaftliches Testament 10 2267 *18*, Grundstück 10 2113 *5f.*, Gutglaubensschutz 10 2033 *23*, gutgläubiger Erwerb 10 2140 *1*, Hinterlegungspflicht 10 2116 *8ff.*, Klage auf 10 2040 *18*, Konvaleszenz 10 2063 *17f.*, minderjähriger Erbe 10 2033 *18*, Miterbe 10 2032 *6*, Miterbenanteil 10 2033 *9f.*, Nacherbenvermerk 70 51 *16f.*, Nacherbfall 2140, Nachlassgegenstände 10 2033 *43*, 2040, Nachlasspfleger 10 1960 *23ff.*, Nachlassverwaltung 10 1984 *2f.*, Notwendigkeit 10 2120 *5*, schuldrechtliche 10 2040 *8*, Verpflichtungsgeschäft 10 2033 *15ff.*, Vorerbe 10 2065 *20f.*, 2140
Verfügung, beeinträchtigende, Verjährung 10 2332 *5ff.*
Verfügung, einseitige, Aufhebung 10 2299 *6*, Erbvertrag 10 2299, Rücktritt 10 2299 *7*
Verfügung, lebzeitige, Verjährung 10 2332 *8*, Vorerbe 10 2065 *19*
Verfügung nach Tod Erstversterbender, Gemeinschaftliches Testament 10 2271 *63*
Verfügung, selbständige, Gemeinschaftliches Testament 10 2270 *21*, Wechselbezüglichkeit 10 2270 *21*
Verfügung über Miterbenanteil, Verfügungsbefugnis Vorerbe 10 2112 *6*, Vorerbe 10 2112 *6*
Verfügung über Nachlassgegenstand, Erbe, vorläufiger 10 1959 *4, 6ff.*, unaufschiebbare 10 1959 *4*, Unwirksamkeit 10 1959 *8*, vor Ausschlagung 10 1959 *4*, Wirksamkeit 10 1959 *7*
Verfügung über Rechte, Erbscheinserbe 10 2367 *5ff.*
Verfügung über Sachen, Erbscheinserbe 10 2366 *16*
Verfügung über Vermächtnisgegenstand, Gemeinschaftliches Testament 10 2269 *45*
Verfügung unter Lebenden, Erbvertrag 10 2286
Verfügung von Todes wegen 10 1937; 10 1937 *3*, Abkömmling Dritter 10 2070, Amtsaufklärungspflicht 30 352e *83, 89*, Anfechtung 10 2281, Auflage 10 2192 *2*, Auslegung 10 2065 *3*, 2066, 2067, 2075 *9*, 2084, 2087 *2*, 2092, Auslegungsregel 10 2068, 2069, 2070, 2071, 2072, 2073, Ausnahmeverbot 10 1937 *26*, Bedingung 10 2065 *4*, *25*, 2073, 2075, 2076, Befreiung des Vorerben 10 2112 *15*, Beitrittsgebiet 100 235 § 1 *9*, 235 § 2, Beschränkung des Vorerben 10 2112 *15*, Bestimmung durch Dritte 10 2065, Beurkundung 60 vor §§ 27–35, Bruchteile, teilweise Einsetzung 10 2092, Bruchteilserbeinsetzung 10 2088, Bruchteilserhöhung 10 2089, Bruchteilsminderung 10 2090, die Armen 10 2072, Eheauflösung 10 2077, eigennützige Verwendung 10 2134 *9f.*, Einsicht 96 *15*, Einsichtnahmerecht 30 *357*, Entziehungsverfügung 10 2336, Erbe 10 1942 *3*, Erbeinsetzung Betreuer 10 1937 *24*, Erbfolge, gewillkürte 10 2052 *3*, Erbfolgenachweis 70 35 *9*, Erbscheinsantrag 30 352 29 *f.*, Erbvertrag 10 2274 *3*, 2289, Eröffnungsfrist 30 *351*, Ersatzerbe 10 2096, EuErbVO 110 3 *5*, *24*, *26*, *27* *1*, familienrechtliche Anordnungen 10 1937 *20*, Form 10 1937 *22*; 100 *26*; 120 Eng-

2037

Sachverzeichnis

fette Zahlen = Kennziffer

land/Wales 14, Formgültigkeit 110 27, Geltendmachung Unwirksamkeit 10 2077 23, gesetzliche Erben 10 2066, Haager Testamentsformübereinkommen 100 26, Höchstpersönlichkeit 10 2065 1, Hoferbfolge 80 19 10ff., Höferecht 80 16, Inhalt 10 1937 7ff., interlokales Erbrecht 100 235 § 2 1ff., internationales Erbrecht 100 26, Italien 120 Italien 79ff., Kenntnis 10 1944 5ff., 2332 5, Kinder 10 2068, Landgut 10 2312 14, Lebenspartnerschaft, eingetragene 10 2077 19, Luxemburg 120 Luxemburg 17ff., 76ff., materielle Gültigkeit 120 England/Wales 15, mehrdeutige Bezeichnung 10 2073, Nacherbschaft 10 2100 27ff., Notarielle Beurkundung 10 2064 7, Österreich 120 Österreich 30ff., Pflichtteilsbeschränkung 10 2338 27, Pflichtteilsentzug 10 1937 17, Pflichtteilstrafklausel 10 1937 23, power of appointment 120 England/Wales 81, Rechtswahl 10 1937 18, Rücktrittserklärung 10 2296 13, Scheidungsverfahren 10 2077 4ff., Schiedsgerichtsanordnung 10 1937 19, Schiedsklausel 10 1937 21, Schweiz 120 Schweiz 11, Sittenwidrigkeit 10 1937 22, 2075 19, Stifungsgründung 10 1937 19, Teilungsanordnung 10 1937 16, Testament 10 2064 3, Testamentsvollstreckung 10 1937 16, Testierfähigkeit 120 England/Wales 15, unbestimmte Bruchteile 10 2091, Unwirksamkeit, teilweise 10 2085, USA 120 USA 25ff., 59ff., Verfügungsbefugnis Vorerbe 10 2112 9, Verlobungsauflösung 10 2077, Vermächtnis 10 1937 15, Vermögenszuwendung 10 2087, verschleierte 10 331 2, Vertrag zugunsten Dritter 10 331 2, Vorerbe 10 2112 9, Wiederverheiratungsklausel 10 1937 23, Wirksamkeit 10 1937 22ff.; 110 26, Zuwendung Heim 10 1937 25, Zuwendungsempfänger 10 2065 7ff., Zuwendungsverbot 10 1937 25; 92 14 10ff.

Verfügungsarten, Schweiz 120 Schweiz 69ff.

Verfügungsbefugnis, Nachlassinsolvenzverfahren 10 2100 65ff., Testamentsvollstrecker 10 vor §§ 2197–2228 11, 2205; 10 2205 5, 2206, unentgeltliche Verfügungen 10 2205 5, Vorerbe 10 2100 11ff., 2112

Verfügungsbefugnis Vorerbe, Auseinandersetzung Miterbengemeinschaft 10 2112 7, Beeinträchtigung Nacherbenrecht 10 2113 14ff., Einziehungsrecht Forderungen 10 2114 6ff., Erbengemeinschaft 10 2113 10, erbrechtliche Gestaltungsrechte 10 2112 5, Geldanlage 10 2119, Gesamthandsgrundstück 10 2113 7, Gesellschaftsanteil 10 2112 11, Grundschuld 10 2114, Grundstücke 10 2113, Grundstücksrechte 10 2113 13, gutgläubiger Erwerb 10 2113 49ff., Hypothekenforderung 10 2114, Kapitalgesellschaft 10 2112 11, Kommanditist 10 2112 13, Kündigungsrecht 10 2114 6ff., Nachlasszugehörigkeit 10 2113 12, Personengesellschaft 10 2112 12, Rentenschuld 10 2114, Schiffe 10 2113, Schiffsbauwerke 10 2113, Teilungsanordnung 10 2113 17, Testamentsvollstreckung 10 2113 3, Umfang 10 2112 4, unentgeltliche Verfügung 10 2113 24ff., Unternehmensfortführung 10 2112 10, Vereinbarung Gütergemeinschaft 10 2112 8, Verfügung über Miterbenanteil 10 2112 6, Verfügung von Todes wegen 10 2112 9, Vermächtniserfüllung 10 2113 16, Vollmacht, postmortale 10 2112 14, Vorerbentestamentsvollstreckung 10 2113 3, Zustimmung Nacherbe 10 2113 18

Verfügungsberechtigung, Alleinerbe 10 2033 3, Miterbe 10 2033; 10 2033 3, Nacherbe 10 2033 8, Nachlass 10 2033 3, Vorerbe 10 2033 8

Verfügungsbeschränkung, Erbe 10 2211, Erbschein 30 352b 15f., Grundstück 70 51 3, gutgläubiger Erwerb 10 2211 5, Richtigkeitsvermutung 10 2365 9f., Surrogation 10 2211 4, Testamentsvollstreckung 10 2211

Verfügungserklärung, Miterbe 10 2040 15

Verfügungsfähigkeit, Schweiz 120 Schweiz 12, 50, 52

Verfügungsfreiheit, Erbvertrag 10 2286

Verfügungsgeschäft, Erbengemeinschaft 10 2038 27, Erbverzicht 10 2346 3, Mehrheitsverwaltung 10 2038 26f., Verwaltung, gemeinschaftliche 10 2038 15

Verfügungsunterlassungsvertrag, Erbvertrag 10 2286 8ff., Form 10 2286 8, Unentgeltlichkeit 10 2286 9, Wiederverheiratung 10 2286 9

Verfügungsverbot, Anteil an Nachlassgegenstand 10 2033 43, Miterbe 10 2033 43

Verfügungsvertrag, Nachfolgeklausel 10 1922 51

Vergangenheitsbedingung, Bedingung 10 1947 4

Vergleich, Titulierung Geschäftsgebühr 95 438

Vergleich, außergerichtlicher, verfahrensbeendende Handlung 30 83 4

Vergleich, gerichtlicher, Ablieferungspflicht 30 347 12, Erbscheinsverfahren 30 83 5, Erbvertrag 10 2276 6, EuErbVO 110 3 9, 61, Freiwillige Gerichtsbarkeit 30 83, Kostenpflicht 30 83, Kostenregelung 30 83 2, Nachlasssachen 30 83, Vollstreckbarkeit 110 61

Vergleichswert, überschießender, Einigungsgebühr 95 310, 388ff.

Vergleichswertverfahren, Grundstücksbewertung 10 2311 58

Vergütung, Abwickler 26 55 24ff.; 27 70 20, Abwicklungsvollstreckung 10 2221 11, Dauervollstreckung 10 2221 12, Festsetzung 10 1987 3f., Festsetzungsbeschluss 10 1987 3, Geschäftsbesorgung 10 675 2ff., Höhe 10 1987 5, Nacherbenvollstreckung 10 2221 10, Nachlasspfleger 10 1960 33ff., 54ff., Nachlassverwalter 10 1987, personal representative 120 England/Wales 162, Testamentsvollstrecker, vermeintlicher 10 2221 20, Untreue 10 675 3, Vermögensentnahme 10 675 3, Verwaltung durch Erbe 10 1978 16, Vorsorgevollmacht 10 662 19, 675 2ff.

Vergütung, angemessene, Deutscher Notarverein 10 2221 8ff., Sondergebühren 10 2221 6, Vergütungstabellen 10 2221 7

Vergütung aus Nachlass, Nachlasspfleger 10 1960 55

Vergütung aus Staatskasse, Nachlasspfleger 10 1960 56

Vergütungsantrag, Nachlasspfleger 10 1960 58

Vergütungshöhe, Geschäftsbesorgung 10 675 5

Vergütungstabellen, Vergütung, angemessene 10 2221 7

Vergütungsvereinbarung, Beratungshilfe 95 88, Empfangsbekenntnis 95 494ff., Erfolgshonorarvereinbarung 95 489, Geschäftsbesorgung 10 675 5, gesonderte 95 497, Kostenerstattung 95 493, nachträgliche 10 675 4, Rechtsanwalt 95 21, 487ff., Selbstkontraktion 10 675 4, Textform 95 492, Vollmacht 95 494, Zeitaufwand 95 519ff.

Vergütungsversagung, Nachlassverwalter 10 1987 2

Verhandlungssprache, Testament, öffentliches 10 2232 26

Verheiratung, Ausstattung 10 1624 4

Verjährung 10 2313 15, Aufrechnung 10 1977 4, Auseinandersetzungsanspruch 10 2042 8, Auskunftsanspruch 10 2314 45, Auskunftspflicht 10 666 20, Ausschlagungserfordernis 10 2332 21, 21f., Ausschlagungsfrist 10 1944 9, Ausschließungsbeschluss 10 1973 3, Beeinträchtigende Schenkung 10 2287 22, Beginn 10 2026 4, Beweislast 10 2332 25, Dreimonatseinrede 10 2014 10, Dürftigkeitseinrede 10 1990 21, Einrede 10 2332 23, Erbschaftsanspruch 10 2026 4ff., Erbschaftsteuer 150 9 31ff., Erbschaftsverzeichnis 10 2121 4, Ergänzungsabfindungsansprüche 80 19 24, Früchte 10 2184 7, grobe Fahrlässigkeit 10 2332 9f., Haftung für Vermächtnis 10 2174 27, Hemmung 10 1958 2, 2018 8, 2026 5, 2212 4, 2332 15, 15f., 21, Herausgabeanspruch 10

magere Zahlen = §§; kursive Zahlen = Randnummern **Sachverzeichnis**

2018 6, Höchstfrist 10 2332 13, Kenntnis 10 2332 4, 4ff., Klage gegen Erbe 10 1958 2, Minderjährige 10 2332 12, 15, Montenegro 120 Montenegro 58, Nachabfindungsanspruch 12 17 29, Nachlassansprüche 10 2039 6, Neubeginn 10 2332 15, Pflichtteilsanspruch 10 2317 34, 2331a 3ff., 2332, Pflichtteilsergänzungsanspruch 10 2325 129, 2329 4, 2331a 8f., 2332 18ff., Pflichtteilszuwendung 10 2304 14, Rechnungslegung 10 666 20, Rechtsmängelhaftung 10 2182 7, Rückforderung Schenkung 10 528 42f., Sachmängelhaftung 10 2183 3, Testamentsvollstrecker 10 2212 4, Testamentsvollstreckervergütung 10 2221 18, unsichere Rechte 10 2313 5, Verfügung, beeinträchtigende 10 2332 5ff., Verfügungen, lebzeitige 10 2332 8, Vermächtnis 120 Serbien 74, Vermächtnisanspruch 10 2174 11, 21, Wirkung 10 2026 6, Zugewinngemeinschaft 10 2332 11, Zusatzpflichtteil 10 2305 21

Verjährungshemmung, Annahme der Erbschaft 10 1943 16

Verkauf, Erbrecht 10 2371 3, Pflichtteil 10 2371 4, Vermächtnis 10 2371 4, Vorkaufsrecht 10 2034 12ff., 15ff.

Verkäuferhaftung, Erbschaftskauf 10 2376, Käuferhaftung 10 2383 4ff.

Verkehrsanwaltsgebühr, Terminsvertretergebühr 95 390ff.

Verkehrsschutz, Hypothek 10 1976 3

Verkehrssicherungspflichten, Verwaltung des Nachlasses 10 2216 15

Verkehrswert, Unternehmensbewertung 10 2311 64, Vermächtnis, belastetes 10 2166 8

Verkehrswesentliche Eigenschaft, Eigenschaftsirrtum 10 1954 9ff., Einkommensteuer 10 1954 16

Verlassenschaftsabhandlung, Montenegro 120 Montenegro 103ff., Österreich 120 Österreich 167ff., Serbien 120 Serbien 11ff., 158ff.

Verlassenschaftskonkurs, Österreich 120 Österreich 168

Verlassenschaftskurator, Österreich 120 Österreich 177

Verlesung, Dreizeugentestament 10 2250 14f., Niederschrift 60 30 6

Verletzung, Anzeigepflicht 150 33 9, Rechtliches Gehör 30 44, Verfahrensgrundrecht 30 44 4

Verletzung rechtliches Gehör, Gehörsrüge 30 44 4

Verlobte, Gemeinschaftliches Testament 10 2265 41

Verlobung, Auflösung 10 2077

Verlust, Dreimonatseinrede 10 2014 8, Dürftigkeitseinrede 10 1990 8, Ehegattenerbrecht 120 Serbien 36, Haftungsbeschränkung 10 1977 10, 2006 11, 2013 1f., Haftungsbeschränkungsrecht 10 vor §§ 1967–2017 8, Kapitalgesellschaft 170 90, Pflichtteilsanspruch 10 2303 30ff.

Verlust, verrechenbarer, Einkommensteuer 170 82f.

Verlustausgleichsbeschränkung, Einkommensteuer 170 82

Verlustausgleichungsbeschränkung, Kommanditgesellschaft 170 82

Verlustvortrag, Einzelunternehmen 170 81, Erbe 170 70ff., gewerbesteuerlicher 170 79f., Kommanditgesellschaft 170 79, Unternehmeridentität 170 79, Vererblichkeit 170 77ff.

Vermächtnis 10 1939, vor §§ 2147–2191, Anfechtungserklärung 10 2081 3, 10, Annahme 10 2180, 2307 24ff., Annahmefrist 10 2307 34f., Anordnung durch Erblasser 10 vor §§ 2147–2191 2, Anwachsung 10 2158 6, Aufgebotsverfahren 10 1972 5, aufgeschobenes 10 2162, Aufhebung 10 2291, Auflage 10 2186, Auflösung der Ehe 10 2077 2, Aufwendungsersatz 10 2185, Ausschlagung 10 1939 8, 1944 11, 1953 6, 7, 2180, Ausschlagung Ehegatte 10 1371 11, Ausschlagungsfrist 10 2307 33ff., Bedingung 10 2075 22, 2162, 2307 28, Beeinträchtigung 10 2288 6ff., Beeinträchtigungsabsicht 10 2288 11ff., Befreiungsvermächtnis 10 2173 7, Begriff 10 1939 1, Beliebigkeit 10 2181, Beschränkung durch Erbenhaftung 10 2188, Beschwerter 10 2147, Bestandteile 10 2164 8, Bestimmung der Anteile 10 2153, Bestimmung durch Beschwerten 10 2151, Bestimmung durch Dritte 10 2065 2, 2151, 2153, Bestimmungsrecht 10 2151, Bestimmungsvermächtnis 10 2307 11, Bruchteil, ideeller 10 2169 7, DDR 10 2147 14, Dreißigjährige Frist 10 2162, 2163, Einkommensteuer 170 171f., Erbe, gesetzlicher 10 2149, Erbeinsetzung 10 2087 11, Erbfallschulden 10 1967 29, Erbrechtliche Lösung 10 1371 6, 8, Erbschaftskauf 10 2376 9, Erbschaftsteuer 10 vor §§ 2147–2191 6, 2174 29; 150 3 22ff., 37, 55, Erbschaftsvertrag 10 311b 12, Erbvertrag 10 2278 10, Erfüllungsanspruch 10 1939 7, Erfüllungsort 10 2174 10, Ersatzansprüche 10 2164; 10 2164 9ff., Ersatzvermächtnis 10 2147 12, Ersatzvermächtnisnehmer 10 2158 7, 2160 2, EuErbVO 110 13, Forderungsvermächtnis 10 2147 2, 2173, Fristbestimmung 96 57, Früchte 10 2184, Gattungsvermächtnis 10 2147 12, Gegenstand 10 1939 2ff., Gemeinschaftliches Testament 10 2269 43ff., Genehmigungsbedürftigkeit 10 2171 5, gesetzliche 10 1939 11, gesetzliches Verbot 10 2171, Gewährleistung 10 2182, 2183, Gläubigerbefriedigung 10 1991 9, Haftung des Beschwerten 10 2174 24ff., Internationales Erbrecht 10 vor §§ 2147–2191 7, 2147 15, Italien 120 Italien 102, Kommanditistenwechsel 10 2205 36, Konfusion 10 2175, Konsolidation 10 2175, Kürzung durch Erbenhaftung 10 2188, Kürzungsrecht 10 2318 10ff., 2322 3, 8ff., Luxemburg 120 Luxemburg 93ff., mehrere Bedachte 10 2151, Montenegro 120 Montenegro 52, Nachfolgeklausel 170 171f., Nachlassbewertung 10 2311 39, Nachvermächtnis 10 2147 12, 2186; 150 6 10f., Nutzungen 10 2184, Österreich 120 Österreich 43, 46ff., Pflichtteilsberechtigter 10 2307 45, Pflichtteilsergänzungsanspruch 10 2326 10, Pflichtteilslast 2318, Pflichtteilsvermächtnis 10 2147 12, Pflichtteilszuwendung 10 2304 1, 9ff., Recht 10 1939 3, Rechtsmängelhaftung 10 2182, Rechtsnatur 10 2174 4, Sache 10 1939 3, Sachgesamtheit 10 2164 6, Sachmängelhaftung 10 2183, Schuldvermächtnis 10 2173 8, Schweiz 120 Schweiz 71ff., Serbien 120 Serbien 66ff., Spanien 120 Spanien 77f., Stückvermächtnis 10 2147 12, Teilungsverbot 10 2044 2, 3, Überschuldung des Nachlasses 10 1992, Universalvermächtnis 10 2147 12, Unmöglichkeit 10 2171, 2172, 2174 9, Untervermächtnis 10 2147 12, Unvermögen 10 2174 9, Unwirksamkeit 10 vor §§ 2147–2191 4, Verfügung von Todes wegen 10 1937 15, Verjährung 120 Serbien 74, Verkauf 10 2371 4, Verschaffungsvermächtnis 10 2147 2, 2170, Verschweigungseinrede 10 1974 8, Verwendungsersatzanspruch 10 2185, Vorausvermächtnis 10 2147 12, Vorrang 10 2189, Vorversterben der Bedachten 10 2160, Wahlrecht 10 2154, Wahlvermächtnis 10 2147 12, wahlweise Bedachte 10 2152, Wegfall des Beschwerten 10 2161, Wiederaufleben erloschener Rechtsverhältnisse 10 2175, Zubehör 10 2164, Zuwendung 10 vor §§ 2147–2191 5, Zuwendungsverbot 92 14 11, Zweckvermächtnis 10 2147 12

Vermächtnis, belastetes, Belastungen 10 2165, Beseitigungsanspruch 10 2165 6, dingliche Belastungen 10 2165 4, Gesamtgrundschuld 10 2168, Gesamthypothek 10 2167, Gläubigerbefriedigung 10 2166 2ff., Grundpfandrecht 10 2165 7, Grundschuld 10 2166 6, Höchstbetragsbürgschaft 10 2166 4, Hypothek 10 2166, Pfandrecht 10 2165 5, Sicherungseigentum

2039

Sachverzeichnis

fette Zahlen = Kennziffer

10 2165 *3*, Subsidiarität 10 2166 *5*, Verkehrswert 10 2166 *8*
Vermächtnis fremder Gegenstand 10 2169, Besitzvermächtnis 10 2169 *12*, Gegenstand 10 2169 *3*, Leistungsanspruch 10 2169 *14*, Nichteigentum 10 2169 *5 ff.*, Stückvermächtnis 10 2169 *2*, Surrogation 10 2169 *13*, Verschaffungsverpflichtung 10 2169 *10*, Wahlvermächtnis 10 2169 *2*
Vermächtnis, gemeinschaftliches 10 2157, Anwachsung 10 2158, Auslegung 10 2157 *2*, Bedingung 10 2158 *3, 5*, Bruchteilserhöhung 10 2157 *4*, Gläubiger 10 2157 *5*, Selbständigkeit der Anwachsung 10 2159, Unwirksamkeit 10 2158 *4*, Wegfall des Bedachten 10 2158 *2*
Vermächtnis, gesetzliches, Erbverzicht 10 2346 *10*
Vermächtnisanfall 10 2176, Anfall 10 2176, Anwartschaftsrecht 10 2176 *4*, Ausschlagung 10 2176, Bedingung 10 2177, Befristung 10 2177, Fälligkeit 10 2176 *3*, noch nicht bestimmter Bedachter 10 2178, noch nicht gezeugter Bedachter 10 2178, Schwebezeit 10 2179
Vermächtnisanspruch 10 2174, Aktivlegitimation 10 2174 *20*, Anwartschaftsrecht 10 2174 *7*, Auskunftsanspruch 10 2174 *8*, Entreicherung 10 2174 *21*, Entstehung 10 2174 *5*, Erfüllung 10 2174 *14 ff.*, Fälligkeit 10 2174 *11*, Gerichtsstand 10 2174 *19*, Gerichtsstand der Erbschaft 40 27 *12*, Inhalt 10 2174 *6*, Passivlegitimation 10 2174 *20*, Sicherheitsleistung 10 2174 *23*, Sicherung 10 2174 *17 ff.*, Stufenklage 10 2174 *22*, Übertragung 10 2174 *13*, Umfang 10 2174 *7*, Vererblichkeit 10 2174 *13*, Verjährung 10 2174 *11, 21*, Verwendungsersatzanspruch 10 2174 *21*, Vindikationslegat 10 2174 *1*, Wegfall der Geschäftsgrundlage 10 2174 *12*, Zurückbehaltungsrecht 10 2174 *21*
Vermächtnisaufhebung, Erbvertrag 10 2291
Vermächtnisausschlagung, Anfechtung der Ausschlagung 10 2308 *14 ff.*
Vermächtnisbeendigung, Serbien 120 Serbien *74*
Vermächtniserfüllung, Anschaffungskosten 170 *122 ff.*, Beurkundung 96 *150 ff.*, Einkommensteuer 170 *122 ff.*, Geschäftswert 96 *151*, Notargebühren 96 *150 ff.*, Verfügungsbefugnis Vorerbe 10 2113 *16*, Vertragsgebühr 96 *150*
Vermächtnisgegenstand, Bestimmung 10 1939 *6*, Nachlasszugehörigkeit 10 1939 *4*, unentgeltliche Übertragung 10 1939 *5*, Vorveräußerung 10 1939 *4*
Vermächtniskürzung, Erbenhaftung 10 2188
Vermächtnislast, ersatzweise berufener Erbe 10 2320 *17 ff.*
Vermächtnislösung, Erbschaftslösung 10 2269 *61 f.*, Wiederverheiratungsklausel 10 2269 *50, 61 f.*
Vermächtnisnehmer, Antrag auf Nachlassverwaltung 10 1981 *6*, Anwartschaftsrecht 10 2269 *47*, Beeinträchtigung 10 2288, Erbanwärter 10 1922 *15*, Fiskus 10 1936 *5*, gleichmäßige Befriedigung 10 1992 *9*, Montenegro 120 Montenegro *53*, Schutz 10 2174 *3*, Serbien 120 Serbien *67*, Testamentsvollstrecker 10 2197 *5*, Testamentsvollstrecker, Ansprüche gegen 10 2218 *5*, Testamentsvollstreckerhaftung 10 2219 *5*, zustatten kommen der Ausschlagung 10 2321 *10 ff*
Vermächtnissicherung, Grundstück 10 2059 *34*
Vermächtnisunwürdigkeit 10 2345
Vermächtnisvollstreckung 10 2223, Testamentsvollstreckung 10 2174 *28*, vor §§ 2197–2228 *6*
Vermächtniszuwendung, Pflichtteilsberechtigter 10 2307; 10 2307 *38 ff.*
Vermengung, Unmöglichkeit 10 2172
Vermieter, Erbe des 10 1967 *26*
Vermietete Grundstücke, Steuerbefreiung 150 13d, Vorerbe 10 2135
Vermietung Schiff, Vorerbe 10 2135

Vermischung, Unmöglichkeit 10 2172
Vermisstsein, Todeserklärung 75 4 *5*
Vermittlungsverfahren, Auseinandersetzung 10 2042 *48*, Beurkundungsgebühr 96 *165*, Geschäftswert 96 *166*, Kostenschuldner 96 *168 f.*, Nachlassauseinandersetzung 96 *164*, Notargebühren 96 *163 f.*, Rechtsmittelverfahren 96 *170*, Teilungssache 96 *162*
Vermögen, Rückübertragung 150 15 *12*
Vermögen, begünstigtes, Betriebsaufspaltung 150 13b *11*, Betriebsverpachtung 150 13b *12*, Einheitlichkeit der Verfügung 150 13b *19*, Kapitalgesellschaftsanteile 150 13b *18 ff.*, Konzern 150 13b *13*, Land-/forstwirtschaftliche Betriebe 150 13b *17*, Poolvereinbarung 150 13b *18 ff.*, Stimmrechtsausübung 150 13b *21*, Verbundvermögensaufstellung 150 13b *39 ff.*, Verwaltungsvermögen 150 13b *7 ff.*, Verwaltungsvermögensüberprüfung 150 13b *31 f.*, Wohnungsunternehmen 150 13b *14*
Vermögen, nicht begünstigtes, Umqualifizierung 150 13b *36*
Vermögensentnahme, Vergütung 10 675 *3*
Vermögenserhalt, Leistungen, besondere 10 2057a *17*
Vermögenserwerb, mehrfacher 150 27, Schenkungsteuer 150 7 *1 ff.*, Steuermäßigung 150 27
Vermögensfürsorgepflicht, Nachlasspfleger 10 1960 *38*
Vermögensminderung, Schenkung 10 2325 *24*
Vermögensrecht, Pflichtverletzung Beauftragter 10 662 *21*
Vermögensrückfall, Steuerbefreiung 150 13 *20*
Vermögensrückübertragung, Steuerklasse 150 15 *12*
Vermögensschadenshaftpflichtversicherung, Nachlasspfleger 10 1960 *27*
Vermögenssorge, Elterliche Sorge 10 1638, Ersatzbeschaffungen 10 1638 *11*, Surrogate 10 1638 *11*, Zuständigkeit 10 1638 *14*
Vermögenstrennung, Kollisionsrecht 120 England/Wales *28*
Vermögensübergang, Italien 120 Italien *57*
Vermögensumqualifizierung, Einkommensteuer 170 *26 f.*, Privatvermögen 170 *26 f.*
Vermögensverwahrer, Anzeigepflicht 150 33
Vermögensverwaltung, Ehegattenvollmacht 10 662 *9 ff.*, Erbschaft 10 1803, Schenkung 10 1803, Vormundschaftsrecht 10 1803
Vermögensverwaltung Ehegatten, Auftragsverhältnis 10 662 *9 ff.*
Vermögensverzeichnis, Beurkundungsgebühr 96 *155*, Dürftigkeitseinrede 10 1990 *19*, Eltern 10 1340, Minderjährige 10 1340, Notargebühren 96 *154 ff.*
Vermögenswerte, Nachlass 10 2311 *9 ff*
Vermögenszuwendung, ademption 120 England/Wales *78 f.*, demonstrative gift 120 England/Wales *77 ff.*, England/Wales 120 England/Wales *77 ff.*, Erbeinsetzung 10 2087 *4*, Erblasser 10 2087, specific gift 120 England/Wales *77 ff.*, Verfügung von Todes wegen 10 2087
Vermutung, Beschwerter 10 2147 *13*, Gesamtgutszuwendungen 10 2054, Testierwille 10 2247 *4*, Verfahrensordnung für Höfesachen 80 Anhang *5*
Vermutung Formgültigkeit, England/Wales 120 England/Wales *71*
Vermutung gleichzeitigen Versterbens, Todeserklärung 75 11
Vermutungsregel, Vertrag zugunsten Dritter 10 331 *15 f.*, Zuwendung auf den Todesfall 10 331 *15 f.*
Vermutungswirkung, Erbschein 10 2353 *12*, Feststellungsbeschluss 10 1964 *4*
Vernichtung, Testamentsurkunde 10 2255, Testamentswiderruf 120 England/Wales *98*
Verpfändung, Erbteil 10 2033 *29 ff.*, relative Verfügungsbeschränkung 10 2033 *31*, Versteigerung 10 2033 *34*, Verwertung 10 2033 *34*

magere Zahlen = §§; kursive Zahlen = Randnummern

Sachverzeichnis

Verpflichteter, Ausgleichungspflicht 10 2050 *6ff.*, Auskunftspflicht 10 2027 *8ff.*, 2314 *11ff.*, Pflichtteilsergänzungsanspruch 10 2325 *18ff.*
Verpflichtungsbefugnis, Testamentsvollstrecker 10 2206
Verpflichtungsbefugnis, erweiterte, Testamentsvollstrecker 10 2207
Verpflichtungsgeschäft, Erbschaftsvertrag 10 311b *9*, Erbteilskauf 10 2033 *15*, Form 10 2033 *15*, Mehrheitsverwaltung 10 2038 *25*, Verfügung 10 2033 *15ff.*, Verwaltung, gemeinschaftliche 10 2038 *13f.*, vor Ausschlagung 10 1959 *9*, Vorerbe 10 2112 *3*
Verrentung, Familienstiftung 150 *24*, Steuerschuld 150 *24*
Verringerung, Ehegattenunterhalt 10 1568b *23ff.*
Versagung, Vollstreckbarkeitserklärung 110 *51*
Versäumnisverfahren, Auseinandersetzungsverfahren 30 366 *3*
Versäumung, Ausschlagungsfrist 10 1956
Versäumung Ausschlagungsfrist, Anfechtung 10 1956, Anfechtungsgrund 10 1956 *4*
Versäumung, unverschuldete, Inventarfrist 10 1996 *2f.*
Verschaffungsanspruch, Vollstreckung 10 2170 *14ff.*
Verschaffungspflicht, Nachlassverbindlichkeiten 10 2170 *2*, Verschaffungsvermächtnis 10 2170 *2ff.*
Verschaffungsvermächtnis, Beeinträchtigung 10 2288 *3*, *5*, Ersetzungsbefugnis 10 2170 *13*, Gegenstand 10 2170 *3*, Haftung für Vermächtnis 10 2174 *24*, Nichteigentum 10 2170 *4ff.*, Rechtsmängelhaftung 10 2182, Unmöglichkeit 10 2170 *11ff.*, Unvermögen 10 2170 *8*, 2174 *9*, Vermächtnis 10 2147 *12*, 2170, Verschaffungspflicht 10 2170 *2ff.*, Wertersatzanspruch 10 2170 *8ff.*
Verschaffungsverpflichtung, Vermächtnis fremder Gegenstände 10 2169 *10*
Verschließung, Prägesiegel 60 34 *3*, Testament, öffentliches 60 34, Umschlagsbeschriftung 60 34 *4*
Verschollener, Erbfähigkeit 10 1923 *1*, Herausgabeansprüche 10 2031, Lebensvermutung 75 10, Todeserklärung 10 1922 *7*, Todesvermutung 10 1922 *7*
Verschollenheit 75 *1*, ernstliche Zweifel am Fortleben 75 1 *8f.*, EuErbVO 110 1 *6*, Luftverschollenheit 75 6 *4*, Nachrichtenlosigkeit 75 1 *6f.*, Seeverschollenheit 75 5 *4*, unbekannter Aufenthalt 75 1 *4*, während langer Zeit 75 1 *5*
Verschollenheitsgesetz 75
Verschonung, Betriebsvermögen 150 13a *10ff.*, Neuregelung 150 13a *4ff.*, Verfassungswidrigkeit 150 13a *3*
Verschonungsabschlag, Abschmelzung 150 13b *3*, Abzugsbetrag 150 13a *13ff.*, anteiliger Wegfall 150 13a *33*, Erbschaftsteuer 150 13a *13ff.*, Großerwerbe 150 13b, Höhe 150 13a *13*, Kapitalgesellschaft 150 13a *21*, Steuerbegünstigung 150 13b *1*, Verfahren 150 13a *34ff.*
Verschonungsbedarfsprüfung, Anzeigepflicht 150 28a *11*, Erlass 150 28a *10*, Familienstiftung 150 28a *13*, Stundung 150 28a *9*, verfügbares Vermögen 150 28a *6f.*, Verwaltungsvermögen 150 28a *7*, Weitergabeverpflichtung 150 28a *5*, Zahlungsverjährungsfrist 150 28a *12*
Verschulden, Auskunftsanspruch 10 2127 *7*, Erbschaftsanspruch 10 2025 *5f.*, Nachlassverbindlichkeiten 10 1967 *24*, Pflichtteilsentziehung 10 2333 *6*, Verbotene Eigenmacht 10 2025 *6*, vermutetes 10 1967 *24*, Vorerbe 10 2130 *14*, Wertersatzanspruch 10 2134 *8f.*, Wiedereinsetzung 30 39 *4*
Verschweigungseinrede 10 1974, Anmeldung in Aufgebotsverfahren 10 1974 *5*, Auflage 10 1974 *8*, Ausschließung 10 1974 *7*, Bereicherungsrecht 10 1974 *7*, Beweislast 10 1974 *9*, fahrlässige Unkenntnis 10 1974 *3*, Haftung nach Teilung 10 2060 *25ff.*, Pflichtteil 10 1974 *8*, Rangfolge 10 1974 *8*, Säumnisfrist 10 1974 *2*, Teilschuldnerische Haftung 10 2060 *27ff.*, unbeschränkte Haftung 10 1974 *6*, Unschädlichkeit 10 1974 *4*, Vermächtnis 10 1974 *8*, vorläufiger Erbe 10 1974 *3*, Zurechnung Kenntnis Dritter 10 1974 *3*
Verschwendung, Abkömmling 10 2271 *60*, Pflichtteilsbeschränkung 10 2338 *8*
Verschwiegenheitspflicht, Abwickler 27 70 *26ff.*, BORA 26 *2*, Rechtsanwalt 26 *2*
Versicherungrecht, Lebensversicherung 10 332 *3*
Versicherungsleistungen, nach Todesfall 10 1967 *32*
Versicherungsunternehmen, Anzeigepflicht 150 33 *5ff.*, Haftung für Steuerschuld 150 20 *10*
Versicherungsverein auf Gegenseitigkeit, Vererblichkeit 10 1922 *68*
Versöhnung, Ehegatten 10 1933
Versorgungsansprüche, Ehegatte, längerlebender 10 1933 *14*, Steuerpflicht 150 3 *44ff.*
Versorgungsausgleich, Lebenspartnerschaft, eingetragene 100 17b *13*, Tod im Scheidungsverfahren 10 1922 *36*
Versorgungsausgleichsanspruch, Vererblichkeit 10 1922 *36*
Versorgungsbezüge, Versorgungsfreibetrag 150 17 *4*
Versorgungsfreibetrag, Abkömmling 150 17 *1f.*, Anrechnungspflicht 150 17 *4*, besonderer 150 17, Ehegatten 150 17, Kind 150 17 *1f.*, Kürzung 150 17 *1f.*, Schenkung unter Lebenden 150 17 *1*, Versorgungsbezüge 150 17 *4*
Versorgungsträger, Leistungen nach Todesfall 10 1967 *32*
Verspätungszuschlag, Nachlassverbindlichkeiten 10 1967 *16*
Versprechender, Vertrag zugunsten Dritter 10 328 *2*
Versprechensempfänger, Ableben 10 331 *12*, Benennungsrecht 10 331 *5*, Bezugsberechtigter 10 331 *5*, Vertrag zugunsten Dritter 10 328 *2*, Vorbehalt 10 332
Versteigerung, Miterbengemeinschaft 10 2033 *35*, Nachlassgegenstände 10 2033 *34*, Verpfändung 10 2033 *34*
Versterben, Nacherbe 30 352b *18*, Rechtsanwalt 26 *55*, Seeschiff 24 *37*, Steuerberater 27 *70*
Versterben, gleichzeitiges, Ehegatten 10 2269 *26ff.*, Gemeinschaftliches Testament 10 2269 *26ff.*
Verteilung, Insolvenzmasse 10 1989 *6*; 50 Vorbemerkungen *27*, Nachlassgegenstände 10 2042 *26*
Verteilung durch Los, Nachlassgericht 30 369, Teilungssachen 30 369
Vertrag, Auftrag 10 662 *1*, Ausschlagungsrecht 10 1942 *15*, Erbschaftserwerb 10 2030 *2*, Erbverzicht 10 2346 *3*, Nachlass noch nicht lebender Dritter 10 2033 *7*, Schutzwirkung für Dritte 10 328 *11*, Testierfreiheit 10 2302, zulasten Dritter 10 328 *1*, *12*
Vertrag zugunsten Dritter 10 328, Änderung des Begünstigten 10 331 *15*, auf den Todesfall 10 2301 *27ff.*, Auslegungsregel 10 331, Bankverträge 10 328 *3*, Bausparvertrag 10 331 *9*, Begünstigter 10 328 *2*, Bereicherungsrecht 10 328 *9*, Beschwerter 10 2147 *8*, Deckungsverhältnis 10 328 *4ff.*, echter 10 328 *3*, Ehebedingte Zuwendung 10 516 *22*, eigener Anspruch des Dritten 10 328 *5*, 331 *2*, Erwerb von Todes wegen 150 3 *38ff.*, Haager Tesamentsformübereinkommen 100 *26*, Lebensversicherung 10 328 *3*, 331 *2*, Leibrentenvertrag 10 331 *1*, Leistung nach Todesfall 10 331, Maklerklausel 10 328 *10*, Rückabwicklung 10 328 *9*, Schenkung 10 328 *7*, 2325 *71ff.*, Schenkungsausführung 150 9 *29*, Sparbuch 10 331 *8*, Sparkonto 10 331 *8f.*, Sparvertrag 10 331 *2*, Steuerentstehung 150 9 *29*, unechter 10 328 *5*, Valutaverhältnis 10 328 *6f.*, 2301 *28*, Verfügung von Todes wegen 10 331 *2*, Vermutungsregel 10 331

2041

Sachverzeichnis

fette Zahlen = Kennziffer

15f., Versprechender **10** 328 *2*, Versprechensempfänger **10** 328 *2*, Vollzugsverhältnis **10** 328 *8*, 331 *12ff.*, Vorbehalt des Versprechensempfängers **10** 332, Vorversterben des Begünstigten **10** 331 *3*, *14*, Zuwendung auf den Todesfall **10** 331

Vertragserbe, Beeinträchtigende Schenkung **10** 2287 *18*

Vertragsgebühr, Erbauseinandersetzung **96** *142*, Erbteilsveräußerung **96** *146*, Vermächtniserfüllung **96** *150*

Vertragsgestaltung, Geschäftsgebühr **95** *69f.*

Vertragsmäßige Auflagen 10 2279

Vertragsmäßige Verfügungen, Erbvertrag **10** 2278

Vertragsmäßige Zuwendungen 10 2279, zu Gunsten Dritter **10** 2279 *7*

Vertragsparteien, Erbverzicht **10** 2346 *4*, Zuwendungsverzicht **10** 2352 *5*

Vertragsschluss, Bevollmächtigung **10** 662 *15ff.*, Vollmacht **10** 662 *15ff.*

Vertragsstörungen, Abfindungsvertrag **10** 2346 *26ff.*, Erbverzicht **10** 2346 *26ff.*

Vertragswidriges Verhalten, Erbvertrag **10** 2286 *4*

Vertragszeitpunkt, Erbverzicht **10** 2346 *11*

Vertreter, Anfechtung **10** 1954 *3*, Annahme der Erbschaft **10** 1943 *2*, Ausschlagung **10** 1945 *3*, Inventarunrichtigkeit **10** 2005 *8*, Kenntnis **10** 1944 *12*

Vertreter, gesetzlicher, Nachlasspfleger **10** 1960 *21f.*, Testamentsvollstrecker **10** 2218 *7ff.*

Vertreter ohne Vertretungsmacht, Vertretung bei Ausschlagung **10** 1945 *15*

Vertreterbestellung, Einwilligung **10** 1901b *78*

Vertretung, Anfechtung **10** 2282, Annahme der Erbschaft **10** 1943 *2*, *9ff.*, Annahmeerklärung **10** 2180 *5*, Aufhebungsvertrag **10** 2290 *7*, 2351 *5*, Auskunft **10** 164 *19*, Ausschlagung **10** 1942 *9*, 1945 *7*, *15*, 2180 *5*, Ausschlagung Erbschaft **10** 164 *14*, Ausschlagungserklärung **10** 1945 *4*, eidesstattliche Versicherung **10** 164 *19*, Einwilligung **10** 1901b *70*, *74f.*, Erbengemeinschaft **10** 2038 *6*, Erbschaftskauf **10** 2371 *17*, Erbscheinsantrag **30** 352e *47*, Erbscheinverfahren **10** 164 *19*, Erbverzicht **10** 2347 *1ff.*, Hinterlegung **10** 164 *14*, höchstpersönliche Rechtsgeschäfte **10** 164 *14*, Meldepflicht **10** 164 *20*, Nachlasspfleger **10** 1960 *29f.*, Patientenverfügung **10** 1901b *5*, Rücktritt **10** 2296, Steuerangelegenheiten **10** 164 *21*, über Tod hinaus **10** 164 *13*, Verwaltung, gemeinschaftliche **10** 2038 *11*, Vollmacht **10** 164, Zivilprozess **10** 164 *22*, Zulässigkeit **10** 164 *12ff.*, Zuwendungsverzicht **10** 2352 *6*

Vertretung bei Ausschlagung, Form **10** 1945 *15*, Selbstkontraktion **10** 1945 *15*, Vertreter ohne Vertretungsmacht **10** 1945 *15*, Vollmachtsvorlage **10** 1945 *15*, Vorsorgevollmacht **10** 1945 *15*

Vertretung, gesetzliche, Vererblichkeit **10** 1922 *26*

Vertretungsrecht, Testamentsvollstrecker **10** vor §§ 2197–2228 *2*

Vertretungszwang, Freiwillige Gerichtsbarkeit **30** 78 *1*, Nachlasssachen **30** 78 *1*

Verwahrangaben, Sterbefallmitteilung **30** 347 *6ff.*, Zentrales Testamentsregister **30** 347 *2ff.*; **60** 34a

Verwahrung, Bürgermeistertestament **10** 2249 *21*, Dreizeugentestament **10** 2250 *17*, Testament, öffentliches **10** 2231 *7*

Verwahrung, amtliche, Aufhebungsvertrag **60** 34 *12ff.*, Erbvertrag **60** 34 *12ff.*, Kosten **10** 2248 *5*, neue Bundesländer **10** 2248 *7*, Rückgabe **10** 2248 *6*, Rücknahme **30** 347 *11*, Testament, eigenhändiges **10** 2248, Vorbringen **60** 34 *1ff.*, Verfahren **10** 2248 *4*, Zuständigkeit **10** 2248 *3*; **60** 34 *8*

Verwahrung, besondere, Verlangen **30** 344 *8*

Verwahrung Erbvertrag, Notargebühren **96** *105ff.*

Verwahrung, gerichtliche, Gerichtsgebühr **96** *8ff.*, Kostenschuldner **96** *10*

Verwahrung letztwilige Verfügung, Gerichtskosten **96** *8ff.*

Verwahrung, notarielle, Erbvertrag **30** 347 *10*; **60** 34a *7*, Rückgabe **60** 34a *7*

Verwahrungsgericht, Benachrichtigung Testamentsregister **30** 347 *2ff.*

Verwalterhaftung, Nachlassbestand **10** 1991 *2*

Verwalterzeugnis, ausländisches, Anerkennung **120** England/Wales *25*

Verwaltung, Früchte **10** 2038 *45f.*, Klage auf Einwilligung **10** 2038 *50*, Kosten des Nachlasses **10** 2038 *53f.*, Lasten des Nachlasses **10** 2038 *53f.*

Verwaltung, Ausschluss von, durch Miterben **10** 2038 *44*, Nachlassinsolvenzverwalter **10** 2038 *42*, Nachlassverwaltung **10** 2038 *42*, Pfändung **10** 2038 *42*, Testamentsvollstrecker **10** 2038 *43*

Verwaltung des Nachlasses, Ausführung Verfügung von Todes wegenen **10** 2216 *10*, Dauerschuldverhältnisse **10** 2216 *12*, Einwilligungspflicht Nacherbe **10** 2120, Erblasseranordnungen **10** 2216 *20ff.*, Ermessen **10** 2216 *5*, Geldanlage **10** 2216 *14*, Geltendmachung Nachlassrechte **10** 2216 *9*, gerichtliche Entziehung **10** 2129, Haftungsbeschränkung **10** 2216 *16*, Nachlasserträge **10** 2216 *13*, Ordnungsmäßigkeit **10** 2216 *4f.*, Österreich **120** Österreich *178*, Pflichtwidrigkeit **10** 2216 *17ff.*, Testamentsvollstrecker **10** 2205, 2216, Unterhaltszahlung an Erben **10** 2216 *11*, Verkehrssicherungspflichten **10** 2216 *15*

Verwaltung durch Erbe, ab Annahme **10** 1978 *4*, Ansprüche des Erben **10** 1978 *13ff.*, Auftragsrecht **10** 1978 *10*, Aufwendungsersatz **10** 1978 *13ff.*, *18*, Auskunftspflicht **10** 1978 *5*, Befriedigung von Eigengläubigern **10** 1978 *8*, dingliche Surrogation **10** 1978 *8*, eidesstattliche Versicherung **10** 1978 *5*, Ersatzansprüche **10** 1978 *11*, Fahrlässigkeitsmaßstab **10** 1978 *10*, Grundstück **10** 1978 *6*, Haftung **10** 1978, Herausgabeansprüche **10** 1978 *11*, Herausgabepflicht **10** 1978 *6*, Mietverhältnis **10** 1978 *6*, Nachlass **10** 1978, Nachlassverzeichnis **10** 1978, Schadensersatzpflicht **10** 1978 *6*, 1979 *7*, Verantwortlichkeit **10** 1978 *2*, *9ff.*, Verfahrenseröffnung **10** 1978 *19*, Vergütung **10** 1978 *16*, vertreten müssen **10** 1978 *10*, vor Annahme **10** 1978 *3*, vor Nachlassinsolvenzverwaltung **10** 1978, vor Nachlassverwaltung **10** 1978, Zurückbehaltungsrecht **10** 1978 *17*, Zwangsvollstreckung **10** 1978 *10*

Verwaltung, gemeinschaftliche, außerordentliche Maßnahme **10** 2038 *11*, Erbengemeinschaft **10** 2038 *11ff.*, Haftung **10** 2038 *13*, Innenverhältnis **10** 2038 *11*, Mitwirkungspflicht **10** 2038 *12*, Ordnungsmäßigkeit **10** 2038 *16*, Verfügungsgeschäft **10** 2038 *15*, Verpflichtungsgeschäft **10** 2038 *13f.*, Vertretung **10** 2038 *11*

Verwaltung, ordnungsgemäße, Einwilligungspflicht Nacherbe **10** 2120 *6ff.*, Entlassung Testamentsvollstrecker **10** 2227 *7*, Haftung **10** 2036, Testamentsvollstreckerhaftung **10** 2219 *12*, Vorerbe, befreiter **10** 2113 *34*

Verwaltung vor Nachlassverwaltung, Erbe **10** 1978

Verwaltungsanordnung, Erblasser **10** 2048, Vorerbe **10** 2136 *20*

Verwaltungsbefugnis, Nachlassinsolvenz **10** 1985 *12*, Nachlassverwalter **10** 1985 *12ff.*, Nachlassverwaltung **10** 1984 *2*

Verwaltungsmaßnahmen, außerordentliche **10** 2038 *11*, Begriff **10** 2038 *3ff.*, Darlehenskündigung **10** 2038 *10*, Erbengemeinschaft **10** 168 *20f.*, Forderungseinziehung **10** 2038 *10*, Grundstücksveräußerung **10** 2038 *10*, Handelsgeschäft **10** 2038 *10*, Haushaltsauflösung **10** 2038 *10*, Kontokündigung **10** 2038 *10*, Kündigung Mietvertrag **10** 2038 *27*, Mietvertrag **10** 2038 *10*, Nachlassverbindlichkeiten

magere Zahlen = §§; kursive Zahlen = Randnummern **Sachverzeichnis**

10 2038 *10*, Ordnungsmäßigkeit 10 2038 *9*, Prozessführung 10 2038 *10*, Stimmenmehrheit 10 2038 *27*, Stimmrechte 10 2038 *10*, Vollmachtswiderruf nach Tod 10 168 *20 f.*, Zugangsgewährung 10 2038 *10*
Verwaltungsrecht, Testamentsvollstrecker 10 2205 *2*
Verwaltungsstand, Auskunftspflicht 10 2218 *19*
Verwaltungsvermögen, Finanzmittel 150 13b *30*, junges 150 13b *8*, Steuerbegünstigung 150 13b *4 ff.*, *7 ff.*, unschädliches 150 13b *5*, vergleichbare Forderungen 150 13b *29*, Vermögen, begünstigtes 150 13b *7 ff.*, Wertpapiere 150 13b *27*
Verwaltungsvermögensüberprüfung, Steuerbegünstigung 150 13b *31 f.*, Vermögen, begünstigtes 150 13b *31 f.*
Verwaltungsvollstreckung, Freigabeanspruch 10 2217 *6*, Handelsregistereintragung 10 vor §§ 2197–2228 *14*, Pflichtteilsbeschränkung 10 2338 *19 f.*, Testamentsvollstreckung 10 vor §§ 2197–2228 *6*, 2209 *1*
Verwandte, Auslegungsregel 10 2067, Begriff 10 2067 *4*, Erblasser 10 2067, Erbverzicht 10 2346 *4*, Irrtum des Erblassers 10 2067 *7*, neue Bundesländer 10 2067 *8*, Österreich 120 Österreich *13 ff.*, Zeitpunkt 10 2067 *6*
Verwandtenadoption, Erbrecht 10 1925 *9*
Verwandtenerbrecht, Schweiz 120 Schweiz *34 ff.*
Verwandtenunterhalt, Vererblichkeit 10 1922 *34*
Verwandtschaft, Adoption 10 1927, Erbscheinsantrag 30 352 *27*, Irrtum des Erblassers 10 2079 *9*, mehrfache 10 1927, Wechselbezüglichkeit 10 2270 *32 ff.*
Verweigerung, eidesstattliche Versicherung 10 2006 *11 ff.*, *14*, 2008 *6*, Eidesstattliche Versicherung 30 352 *35*, Pflichtteilsergänzungsanspruch 10 2328
Verwendungen, Begriff 10 2022 *3 ff.*, Erbschaftskauf 10 2381, Ersatzanspruch des Vorerben 10 2125 *3*, Haftungsverschärfung 10 2023 *6*, notwendige 10 2023 *6*, 2185 *6*, Vorerbe 10 2125, Zeitpunkt 10 2185 *4*
Verwendungsbedingung, Vollmacht 10 167 *6*
Verwendungsersatz, Erbschaftsbesitzer 10 2022, Klage 10 2022 *11*, weitergehende Rechte 10 2022 *13*
Verwendungsersatzanspruch, Befriedigungsrecht 10 2022 *12*, Beweislast 10 2022 *14*, Herausgabeanspruch 10 2138 *7*, Stückvermächtnis 10 2185 *2*, Vermächtnis 10 2185, Vermächtnisanspruch 10 2174 *21*, Zurückbehaltungsrecht 10 2022 *9*
Verwertung, Insolvenzmasse 50 Vorbemerkungen *25*, Miterbengläubiger 10 2046 *14 ff.*, Nachlassgegenstände 10 2046 *14 ff.*, Pfändung 10 2033 *41*, Verpfändung 10 2033 *34*
Verwertungsverbot, Vollstreckungsgegenklage 10 2115 *21*, Zwangsvollstreckung 10 2115 *21*
Verwirkung, Erbscheinsantrag 30 352e *34 ff.*, *73*, Erbscheinsverfahren 30 352e *73*, Nachlasspflegervergütung 10 1960 *45*, Pflichtteilsanspruch 10 2317 *10*, Rechnungslegung 10 666 *15 f.*
Verwirkungsklausel, Bedingung 10 2075 *16 f.*, Berliner Testament 10 2075 *17*, Pflichtteilsberechtigter 10 2303 *23*
Verzeichnis der Erbschaftsgegenstände, Vorerbe 10 2121
Verzeihung, Anfechtungsausschluss 10 2343, Form 10 2337 *8 ff.*, Inhalt 10 2337 *2 ff.*, konkludente 10 2337 *7*, Pflichtteilsentziehung 10 2337, Rechtsnatur 10 2337 *6*, Verfehlung 10 2294 *5*
Verzicht, Abfindung 80 19 *25*, Beschwerde 30 67 *2*, Erbscheinsantrag 30 352e *34 ff.*, *73*, Erbscheinsverfahren 30 352e *73*, Rechnungslegung 10 666 *11 f.*, Rückforderung Schenkung 10 528 *23*, Rücktrittsrecht 10 2294 *4*

Verzicht auf Anfechtungsrecht, Anfechtung 10 2281 *19*, Erbvertrag 10 2281 *19*, 2284, Gemeinschaftliches Testament 10 2285 *7*
Verzicht auf Ausgleichsanspruch, Erbschaftsteuer 150 5 *15*, Zugewinnausgleich 150 5 *15*
Verzicht auf Pflichtteilsanspruch, Steuerbefreiung 150 13 *21*
Verzichtender, Erbverzicht 10 2347 *1*, Geschäftsfähigkeit 10 2347 *1*
Verzichtserklärung, Erbverzicht 10 2346 *6*
Verzichtsvertrag, Ausschlagung 10 2180 *9*, Erbunwürdigkeit 10 2339 *6*, Nacherbfall 10 2139 *7*, Vorerbe 10 2139 *6*
Verzinsung, Pflichtteilsanspruch 10 2317 *18 ff.*, Testamentsvollstrecker 10 2218 *28*
Verzug, Bösgläubigkeit 10 2024 *8*
Vindikationslegat 70 35 *5*, Vermächtnisanspruch 10 2174 *1*
Vinkulierte Namensaktien, Vererblichkeit 10 1922 *39*
Vollauseinandersetzung, Auseinandersetzungsvertrag 10 2042 *26 ff.*
Vollerbrecht, Ehegatte 10 1931 *1*
Volljährigkeit, Familiengerichtliche Genehmigung 10 1341 *9*, Minderjährige 10 1341 *9*, Minderjähriger 10 2032 *29*, Minderjähriger Erbe 10 vor §§ 1967–2017 *12*, Patientenverfügung 10 1901b *3*
Vollmacht, Aushändigungsbedigung 10 167 *7*, Auskunft 10 666 *1 ff.*, *5 ff.*, Bank 10 167 *27*, Bankvollmacht 10 164 *9*, 167 *22 ff.*, Bedingung 10 167 *5 ff.*, Beglaubigung 10 167 *10*, *16 f.*, *21*, Beglaubigung, Betreuungsbehörde 10 167 *12 ff.*, Beglaubigung, notarielle 10 167 *11*, Beurkundung 10 167 *14*, *18 ff.*, Beurkundungskosten 10 167 *14*, Bote 10 164 *11*, Ehegatte 10 662 *7 ff.*, Erbengemeinschaft 10 164 *40 f.*, 168 *18 ff.*, Erbschaftsvertrag 10 311b *9*, Erlöschen 10 168, Erlöschen durch Konfusion 10 164 *37*, Form 10 167 *8 ff.*, Frankreich 120 Frankreich *136*, Freiheit 10 164 *15*, Geschäftswert 10 167 *14*, Gesundheit 10 164 *15*, Grundbuchordnung 70 35 *2*, Grundgeschäft 10 164 *10*, vor §§ 662–675 *2*, Herausgabe 10 175 *1 f.*, 667 *1 ff.*, Insichgeschäft 10 181, Lebensgefährte 10 662 *14*, Lebenspartner 10 662 *14*, Missbrauch 10 164 *23 ff.*, Nachlasspflegschaft 10 vor §§ 164–181 *6*, Nachweis 10 167 *23 ff.*, Organspende 10 164 *17*, Original 10 167 *29*, Patientenverfügung 10 167 *26*, Pflichtteilsberechtigter 10 vor §§ 164–181 *7 ff.*, Postkontrolle 10 164 *16*, postmortal 10 164 *7*, *13*, privatschriftliche 10 167 *26*, Realakt 10 164 *11*, Rechenschaft 10 666 *2*, *4 ff.*, Schriftform 10 167 *9*, Selbstkontraktionsverbot 10 181, Telefonkontrolle 10 164 *16*, Testamentsvollstrecker 10 vor §§ 2197–2228 *18*, 2205 *17*, Testamentsvollstreckung 10 vor §§ 164–181 *2 ff.*, vor §§ 2197–2228 *16*, Tod des Vollmachtgebers 10 164 *33 ff.*, vor §§ 662–675 *3*, Totenfürsorge 10 164 *18*, transmortal 10 164 *7*, *13*, über den Tod hinaus 150 3 *43*, Umgangsbestimmung 10 164 *16*, unwiderrufliche 10 167 *6*, Verbraucherdarlehensvertrag 10 167 *10*, Vererblichkeit 10 1922 *85*, Vertragsschluss 10 662 *15 ff.*, Vertretung 10 164, Verwendungsbedingung 10 167 *6*, Vorerbe 10 2100 *26*, Widerruf 10 168 *2 ff.*, Wirksamkeit 10 167 *1 ff.*, Zurückweisung 10 167 *27 f.*
Vollmacht, postmortale 10 164 *7*, *13*, Nachlasspflegschaft 10 1960 *9*, Nachlassverbindlichkeiten 10 1967 *27*, Testamentsvollstrecker 10 vor §§ 2197–2228 *17*, Verfügungsbefugnis Vorerbe 10 2112 *14*, Vorerbe 10 2112 *14*, Vorsorgevollmacht 10 1960 *9*
Vollmacht, transmortal 10 164 *7*, Vollmacht 10 164 *13*
Vollmachtgeber, Tod des, Alleinerbe Bevollmächtigter 10 164 *37 ff.*, Dritter Bevollmächtigter 10 164

Sachverzeichnis

fette Zahlen = Kennziffer

35 f., Erbengemeinschaft 10 164 40 f., Miterbe Bevollmächtigter 10 164 40 f.
Vollmachtloser Vertreter, Selbstkontraktionsverbot 10 2205 7
Vollmachtserteilung, Bedingung 10 167 5 ff., Geschäftsfähigkeit 10 167 4
Vollmachtsfalle, Auftrag 10 662 6, Vorsorgevollmacht 10 164 6
Vollmachtsform, Ausschlagung 10 1945 7
Vollmachtsgeber, Geschäftsfähigkeit 10 168 7
Vollmachtsmissbrauch 10 164 23 ff., Betreuerbestellung 10 168 13, evidenter 10 164 26 ff., kollusives Zusammenwirken 10 164 25, Unwirksamkeit 10 164 24
Vollmachtsnachweis, Arzt 10 167 31, Bank 10 167 27
Vollmachtsurkunde, Herausgabe 10 168 27, Inhalt 10 169, Rückgabe 10 175
Vollmachtsvorlage, Vertretung bei Ausschlagung 10 1945 15
Vollmachtswiderruf, Ausschluss 10 168 2 ff., Ausübung 10 168 25 f., durch Betreuer 10 168 5, durch Dritte 10 168 4 ff., durch Erben 10 168 6, durch Vollmachtgeber 10 168 7, Geschäftsfähigkeit 10 168 7, Herausgabe Vollmachtsurkunde 10 168 27, Legitimation 10 168 26, Miterbe 10 vor §§ 2197–2228 17, Testamentsvollstrecker 10 vor §§ 2197–2228 20, Unwiderruflichkeit 10 168 2 f., Vorsorgevollmacht 10 168 3, Zugang 10 168 25
Vollmachtswiderruf durch Betreuer 10 168 10 ff., Beschwerdebefugnis 10 168 15
Vollmachtswiderruf nach Tod, durch Dritte 10 168 16, durch Erben 10 168 17, durch Erbengemeinschaft 10 168 18 ff., durch Nachlasspfleger 10 168 16, durch Testamentsvollstrecker 10 168 16, Testamentsvollstreckervollmacht 10 168 17, Vermerkung auf Urkunde 10 175 2, Verwaltungsmaßnahme 10 168 20 f.
Vollmachtswiderruf zu Lebzeiten, Betreuer 10 168 10 ff., Betreuungsgericht 10 168 9, durch Dritte 10 168 8 f.
Voll-/Schlusserbe, Ehegatte 150 15 13 f., Erbschaftsteuer 150 15 13 f.
Vollständigkeitsvermutung, Beweislast 10 2009 6, eidesstattliche Versicherung 10 2009 4, Inhalt 10 2009 5 ff., Inventarerrichtung 10 2009 2, Voraussetzungen 10 2009 2 ff.
Vollstreckbarkeit, EuErbVO 110 43, Öffentliche Urkunde 110 60, Vergleich, gerichtlicher 110 61
Vollstreckbarkeit ausländischer Titel, Österreich 120 Österreich 7 ff., Schweiz 120 Schweiz 30
Vollstreckbarkeit, vorläufige, Landwirtschaftssachen 85 30
Vollstreckbarkeitserklärung, Aufhebung 110 52, Aussetzung des Verfahrens 110 53, einstweilige Maßnahmen 110 54, EuErbVO 110 48, Gebühren 110 58, Hinterlegung 110 57, Prozesskostenhilfe 110 56, Rechtsmittel 110 50, Sicherheitsleistung 110 57, Sicherungsmaßnahmen 110 54, Versagung 110 51
Vollstreckung, Auseinandersetzungsverfahren 30 371, Aussetzung 30 55, Beschluss 30 86, Beschwerde 30 95 2, Drittwiderspruchsklage 30 95 2, Eigengläubiger 10 2214, Einstweilige Anordnung 30 53, Erbscheinseinziehung 30 87 2, Erinnerung 30 95 2, Freiwillige Gerichtsbarkeit 30 86, 87, Haftungsbeschränkung 10 vor §§ 1967–2017 24 ff., Kostenfestsetzungsbeschluss 30 95 1, Nachlassinsolvenz 10 vor §§ 1967–2017 15, Nachlasssachen 30 87, Nachlassverwaltung 10 vor §§ 1967–2017 15, Rechtsmittel 30 95 2, Teilungssache 30 95 1, verfahrensabschließende Entscheidung 30 87 1, verfahrensleitende Anordnung 30 87 1, Verschaffungsanspruch 10 2170 14 ff., Vollstreckungsabwehrklage

30 95 2, ZPO 30 95, Zwangsverfügung 10 2115 4
Vollstreckungsabwehrklage, Dürftigkeitseinrede 10 1990 9, Freiwillige Gerichtsbarkeit 30 95 2, Vollstreckung 30 95 2
Vollstreckungsgegenklage 10 vor §§ 1967–2017 24 f., 1984 14, Dreimonatseinrede 10 2014 12, Einrede 10 2059 12, Haftungsbeschränkung 10 vor §§ 1967–2017 14, Nachlassansprüche 10 2039 5, Verwertungsverbot 10 2115 21, Zwangsvollstreckung 10 1973 10, 1984 14
Vollstreckungsklausel, fehlerhafte 10 1984 13, Nachlassverwalter 10 1984 12, Rechtsbehelfe 10 1984 13, Zwangsvollstreckung 10 1984 12
Vollstreckungsmaßregeln, Klage auf Aufhebung 10 1984 14
Vollstreckungsmitgliedsstaat, EuErbVO 110 3 7
Vollstreckungstitel, Beschluss 30 87 3
Vollstreckungsverbot, Sondervermögen 10 2214 2, Testamentsverwaltung 10 2214
Vollstreckungsverfahren, EuErbVO 110 46
Vollziehung, Auflage 10 2194, 2196
Vollziehungsanspruch 10 2194 7 ff.
Vollziehungsberechtigte, Begünstigter 10 2194 3, Behörde 10 2194 6, Erbe 10 2194 2, Herausgabe der Zuwendung 10 2196, Testamentsvollstrecker 10 2194 4, Vererblichkeit 10 2194 5
Vollziehungsfrist, Auflage 10 2193
Vollzug, Auseinandersetzungsvertrag 10 2042 43, Erbschein 30 352e 201, Kraftloserklärung Erbschein 30 353 21, Schenkung 10 2301 20 ff.; 150 7 19 f.
Vollzugsgebühr, Beurkundungsgebühr 96 125, Notar 96 119, Notargebühren 96 112
Vollzugsverhältnis, Ableben Versprechensempfänger 10 331 12, eigener Anspruch des Dritten 10 331 13, Vertrag zugunsten Dritter 10 328 8, 331 12 ff.
Vor- und Nacherbschaft, Ausschlagungsrecht 10 1952 3, Nächstberufener Erbe 10 1953 12
Vorabschlag, Familienunternehmen 150 13a 37 ff.
Voranfall 10 2108 5, Begriff 10 2100 6
Voraus, Ehegatte 10 1932, Erbschaftsausschlagung 10 1948 7, Kürzungsrecht 10 2322 12, Lebenspartner, eingetragener 10 1932 12, Lebenspartnererbrecht 15 10 12, Nachlassbewertung 10 2311 43 ff.
Vorausteilung, Frankreich 120 Frankreich 124
Vorausverfügung, Patientenverfügung 10 1901b 17
Vorausvermächtnis 10 1939 10, 2150, Alleinerbe 10 2150 2, Ausgleichungspflicht 10 2052 6, Beschwerter 10 2150 5, Betrieb 170 36 ff., Ehegatte 120 England/Wales 39, Einkommensteuer 170 34 ff., Erbschaftskauf 10 2373, Gesamthandsklage 10 2150 10, Gut des Betriebsvermögens 170 36 ff., Klage auf Erfüllung 10 2059 32, Miterbe 10 2150 5 ff., Nacherbenrecht 10 2100 3, Nacherbschaft 10 2100 40, Österreich 120 Österreich 21, 48, 56 ff., Rangfolge 10 2048 25 f., Teilannahme 10 1950 3, Teilungsanordnung 10 2048 21 ff., 2150 6, Vermächtnis 10 2147 12, Vorerbe 10 2136 30, 2150 3 ff.
Vorauszahlungspflicht, Ersetzungsbefugnis 10 528 29
Vorbehalt, Erbvertrag 10 2293 3 ff., Versprechensempfänger 10 332
Vorbehalt beschränkter Erbenhaftung 10 1967 22, Einrede der beschränkten Erbehaftung 10 vor §§ 1967–2017 21, Haftungsbeschränkung im Prozess 10 vor §§ 1967–2017 16 ff., handelsrechtliche Haftung 10 vor §§ 1967–2017 20, Prozesskosten 10 1967 22, Revisionsinstanz 10 vor §§ 1967–2017, vorläufige Einrede 10 vor §§ 1967–2017 20
Vorbehalt des Pflichtteils, Ausschlagung 10 1950 2
Vorbehalt des Versprechensempfängers, Vertrag zugunsten Dritter 10 332

magere Zahlen = §§; kursive Zahlen = Randnummern   **Sachverzeichnis**

Vorbehalt, geheimer, Testierwille 10 2247 *5*
Vorbehaltsurteil, Dreimonatseinrede 10 2014 *11*, Dürftigkeitseinrede 10 1990 *9*, Haftung vor Teilung 10 2059 *7ff., 15ff.*, Haftungsbeschränkung 10 2059 *7ff., 15ff.*
Vorempfang, Abfindungshöhe 12 16 *20*, Mehrempfang 10 2056 *3f.*, Zuweisung 12 16 *20*
Vorerbe 10 2107 *14*, Ableben vor Erbfall 10 2107 *16*, Aktivlegitimation 10 2100 *53*, Anwartschaftsrecht 10 2139 *9f.*, Anzeigepflicht des Nacherbfalls 10 2146, Auseinandersetzung Miterbengemeinschaft 10 2112 *7*, Ausgleichsverfahren 10 2056 *9ff.*, Auslegungsregel 10 2105, Ausschlagung 10 2102 *3*, außerordentliche Lasten 10 2126, Auswahl des Nacherben 10 2065 *23*, Befreiung durch Erblasser 10 2136, Begriff 10 2100 *2*, beschränkte Herausgabepflicht 10 2138, Beschränkung des Vorerben 10 2136 *28ff.*, Beschränkung durch Erblasser 150 *6 4*, Bestimmung durch Dritte 10 2065 *17f.*, Bestimmung durch Verfügung von Todes wegen 10 2065 *18*, Bestimmung über Wegfall Nacherbe 10 2065 *18*, dingliches Ersetzungsprinzip 10 2100 *9*, Drittwiderspruchsklage 10 2100 *59*, eigennützige Verwendung 10 2134, Einrichtungen 10 2125 *7*, Empfangszuständigkeit 10 2114 *7*, Entziehung der Verwaltung 10 2129, Erbenhaftung 10 1967 *2*, Erbfall 10 1922 *22*, erbrechtliche Gestaltungsrechte 10 2112 *5*, Erbschaftsbesitzer 10 2018 *22*, Erbschein 10 2100 *72*, 2108 *23*, 2365 *6*; 30 352b *2f.*, *7ff.*, Erbscheinsantrag 30 352b *7*, Erbscheinsinhalt 30 352b *8ff.*, Erbunwürdigkeit 10 2107 *16*, Erhaltungskosten, gewöhnliche 10 2124, Ersatzanspruch Erhaltungskosten 10 2124 *16*, Ersatzerbe 10 2100 *19*, Feststellung Zustand der Erbschaft 10 2122, Fiskus 10 1936 *5*, Fruchtziehung 10 2133, Geldanlage 10 2119, Gesellschaftsanteil 10 2100 *68*, 70 2112 *11*, gesetzliche Erben 10 2101 *5*, 2105, Grundbucheintragung 70 51 *7*, Grundstück 70 51, Grundstücksinventar 10 2111 *39*, Haftung 10 2100 *13*, Haftung für gewöhnliche Abnutzung 10 2125 *7*, Haftungsbeschränkung 10 2100 *57*, Handelsregister 10 2100 *68*, Herausgabe 150 *7 36*, Herausgabepflicht 10 2130, Hinterlegung 10 2116, Inhaberpapier 10 2117, Kapitalgesellschaft 10 2112 *11*, Kommanditist 10 2100 *71*, 2112 *13*, lebzeitige Verfügung 10 2065 *19*, Minderjähriger 10 2100, Miterbe 10 2104 *10*, Nachlassinsolvenzverfahren 10 2100 *65*, Nießbrauch 10 2100 *25*, 2136 *21*, Nutzungen 10 2100 *8*, 2111 *34ff.*, Personengesellschaft 10 2100 *70*, 2112 *12*, Pflichtteilsberechtigter 10 2303 *26*, Pflichtteilsberechtigter Erbe 10 2306 *10ff.*, Rechenschaftspflicht 10 2130; 10 2130 *19f.*, Rechtskrafterstreckung 10 2100 *54*, Rückübertragungsbescheid 10 2111 *5*, Schenkung 10 2325 *27*, Schenkung, gemischte 10 2113 *56*, Schuldbuchvermerk 10 2118, Schweiz 120 Schweiz *76*, Sicherheitsleistung 10 2128, Sorgfaltspflicht 10 2131, Sorgfaltspflichtverletzung 10 2130 *13*, Steuerlast 10 2111 *34*, Steuerschuldner 150 20 *9*, Surrogation 10 2041 *3*, Testamentsvollstrecker, Ansprüche gegen 10 2218 *4*, Testamentsvollstreckerhaftung 10 2219 *4*, Testamentsvollstreckung 10 2136 *28*, Unternehmensfortführung 10 2100 *69*, 2112 *10*, Vereinbarung Gütergemeinschaft 10 2112 *8*, Verfügung nach Nacherbfall 10 2140, Verfügung über Miterbenanteil 10 2112 *6*, Verfügung über Vorerbschaft 10 2065 *20f.*, Verfügung von Todes wegen 10 2112 *9*, Verfügungsbefugnis 10 2100 *11ff.*, 2110, Verfügungsberechtigung 10 2033 *8*, Vermietung Grundstück 10 2135, Vermietung Schiff 10 2135, Verpflichtungsgeschäft 10 2112 *3*, Verschulden 10 2130 *14*, Vertrag zu Lasten des Nacherben 10 2135 *3*, Verwaltungsanordnung 10 2136 *20*, Verwendungen 10 2125, Verzeichnis der Erbschaftsgegenstände 10 2121, Verzichtsvertrag 10 2139 *6*, Vollmacht 10 2100 *26*, Vollmacht, postmortale 10 2112 *14*, Vorausvermächtnis 10 2136 *30*, 2150 *3ff.*, Vorerbentestamentsvollstreckung 10 2112 *15*, Vorkaufsrecht 10 2100 *62*, Wegfall 10 2100 *20f.*, 2102 *3*, Wegfall Miterbe 10 2110 *2*, Wegnahmerecht 10 2125 *6ff.*, Zustand der Erbschaft 10 2122, Zwangsverwaltung 10 2128 *8f.*, Zwangsvollstreckung 10 2100 *59*
Vorerbe, befreiter, Anordnung durch Erblasser 10 2136 *4ff.*, Auslegung 10 2136 *9ff.*, Auslegungsregel 10 2137, Befreiungstatbestände 10 2136 *26ff.*, Ehegatten 10 2136 *14ff.*, eigennützige Verwendung 10 2134 *10*, Eigenverbindlichkeiten 10 2113 *33*, Erbeinsetzung unter Bedingung 10 2136 *18f.*, Erblasser 10 2136, Form 10 2136 *4*, Gemeinschaftliches Testament 10 2136 *14ff.*, Grundbucheintragung 10 2113 *58*; 70 51 *13*, ordnungsgemäße Verwaltung 10 2113 *34*, Umfang 10 2136 *2*, unentgeltliche Verfügung 10 2113 *31f.*, Verfügung von Todes wegen 10 2112 *15*, Vorerbschaft 10 2100 *9*
Vorerbe, kinderloser, Abkömmling 10 2107 *9*, Adoptivkind 10 2107 *10*, Anordnung Nacherbschaft 10 2107 *8*, Anwartschaftsrecht 10 2107 *5*, Auslegungsregel 10 2107 *6ff.*, Dritte 10 2107 *11*, Erblasserwille 10 2107 *2*, Nacherbenstellung 10 2107 *3*
Vorerben, mehrere, Nacherbfall 10 2106 *6*
Vorerbenberufung, Anwartschaftsrecht 10 2108 *15*, konstitutive 10 2108 *15*
Vorerbenhaftung, Dürftigkeitseinrede 10 2145 *8*, Eigenverbindlichkeiten 10 2145 *7*, nach Nacherbfall 10 2145 *4*, vor Nacherbfall 10 2145 *3*
Vorerbentestamentsvollstreckung, Verfügungsbefugnis Vorerbe 10 2113 *3*, Vorerbe 10 2112 *15*
Vorerbschaft, Ausschlagung 10 1952 *4*, befreite 10 2100 *9*, Ersetzung, unmittelbare 10 2111, Gesamthandsanteil 70 51 *6*, konstruktive 10 2105, Surrogation 10 2111, Zwangsverfügung 10 2115 *4ff.*
Vorerwerb, Anrechnungssteuer 150 14 *16f.*, Erbschaftsteuer 150 14 *2*, nicht besteuerter 150 14 *16f.*, Steueranrechnung 150 14 *11ff.*, Steuerfreibetrag 150 14 *15*, Steuerwert 150 14 *8*, Verknüpfung mit Nacherwerb 150 14 *10*, Zusammenrechnung 150 14 *3*
Vorfragenanknüpfung, Europäisches Nachlasszeugnis 110 62 *5*
Vorkaufsrecht 10 2035, Anwachsung 10 2034 *30*, Aufwendungsersatz 10 2035 *5*, Ausschluss 10 2034 *8*, Ausübung 10 2034 *20ff.*, Benachrichtigungspflicht 10 2035 *9*, Berechtigter 10 2034 *18*, *25f.*, Drittwirkung 10 2034 *3*, Eintrittserklärung 10 2034 *24ff.*, Entstehung 10 2034 *5ff.*, Erbteilserwerber 10 2033 *29*, Erlöschen 10 2034 *32*, Frist 10 2034 *22f.*, 2035 *8*, gemeinschaftliche Ausübung 10 2034 *19*, Gestaltungsrecht 10 2034 *3*, Insolvenz des Erwerbers 10 2035 *7*, Leistungsverweigerungsrecht 10 2035 *6*, Miterbe 10 2033 *24*, 2034, Miterben 10 2100 *67*, Mitteilungspflicht 10 2034 *21*, Nachlassinsolvenzverwalter 10 2034 *6*, Rechtsfolgen 10 2034 *28ff.*, Teilungsversteigerung 10 2034 *7*, unentgeltliche Übertragung 10 2034 *6*, Vererblichkeit 10 1922 *71*, *75*, Verkauf an Dritte 10 2034 *15ff.*, Verkauf an Miterbe 10 2034 *12ff.*, Voraussetzungen 10 2034 *4ff.*, Vorerbe 10 2100 *62*, vorweggenommene Erbfolge 10 2034 *16*, Weiterveräußerung 10 2037, Zwangsvollstreckung 10 2035 *7*
Vorkaufsrecht gegenüber Verkäufer, unentgeltliche Übertragung 10 2034 *1*, Vererblichkeit 10 2034 *2*, Zwangsvollstreckung 10 2034 *1*
Vorläufige Verwaltung, Nachlassinsolvenzverfahren 50 Vorbemerkungen *23*
Vorlesen, Beurkundungsverfahren 10 2232 *29*
Vorlesungsverfahren, Schweiz 120 Schweiz *64*

2045

Sachverzeichnis

fette Zahlen = Kennziffer

Vormerkung, Aufgebotsverfahren 10 1972 *2*, Dürftigkeitseinrede 10 1990 *11*, Erbvertrag 10 2286 *6*, Nachvermächtnis 10 2191 *6*

Vormund, Ausschlagung 10 1945 *5*, unzulässige Schenkung 10 516 *14*

Vormundbenennung, Erblasseranordnung 10 1638 *3*, Notargebühren 96 *98*

Vormundschaftsgericht, Nachlasspflegschaft 10 1962

Vormundschaftsrecht, Familiengerichtliche Genehmigung 10 1341 *10ff.*, Nachlassverwalter 10 1985 *4*, Vermögensverwaltung 10 1803

Vor-/Nacherbe, Aufrechnung 10 2115 *7*, Bedingung 10 2075 *12*, *21*, Behindertentestament 10 2096 *12*, Dauervollstreckung 10 2209 *5*, Erbschaftsteuer 150 *6*, Ersatznacherbe 10 2096 *12*, Frankreich 120 Frankreich *69ff.*, gleichzeitiges Versterben 10 2108 *17*, Höfeordnung 10 2100 *31*, Hoferbfolge 80 19 *12*, Italien 120 Italien *100*, Luxemburg 120 Luxemburg *98f.*, Teilungsverbot 10 2044 *5*, USA 120 USA *74ff.*

Vornahmeklage, Beklagte 10 2059 *30*, Nachlassverbindlichkeiten 10 2059 *30*

Vornahmeort, Haager Tesamentsformübereinkommen 100 26 *7*

Vorsorgebevollmächtigte, Zuwendungsverbot 92 14 *30*

Vorsorgebevollmächtigter, Nachlasspflegschaft 10 1960 *57*

Vorsorgeregister, Gebühren 10 167 *14*, Patientenverfügung 10 1901b *36*, Übermittlung Patientenverfügung 10 167 *14*

Vorsorgeunterhalt, Ehegatten 10 2325 *48ff.*

Vorsorgevollmacht 10 164 *2ff.*, Ablieferungspflicht 10 1901c *1*, abstrakte Generalvollmacht 10 168 *21*, Auftrag 10 662 *2ff.*, Auftragsverhältnis 10 vor §§ 662–675 *2*, Auskunft 10 666 *1ff.*, *5ff.*, Bedingung 10 667 *5ff.*, *5*, Beglaubigung 10 167 *10ff.*, Begriff 10 164 *8*, Betreuung 10 164 *2*, Betreuungsverfügung 10 1901c *2*, Beurkundung 10 167 *14ff.*, Ehegatte 10 662 *2*, *12*, Einsetzung 10 2087 *11*, Erbengemeinschaft 10 164 *40f.*, 168 *18ff.*, Erlöschen 10 1922 *85*, Form 10 167 *8ff.*, Grundgeschäft 10 164 *10*, vor §§ 662–675 *2*, 662 *1ff.*, *5ff.*, Herausgabe 10 175 *1f.*, 667 *1ff.*, *5ff.*, Missbrauch 10 164 *26*, Nachlasspflegschaft 10 vor §§ 164–181 *6*, Patientenverfügung 10 164 *4*, 1901b *32*, Pflichtteil 10 vor §§ 164–181 *7ff.*, postmortale 10 1960 *9*, Rechenschaft 10 666 *2*, *4ff.*, Rechnungslegung 10 666 *16*, Rechtsanwalt 10 675 *10*, Testamentsvollstreckung 10 vor §§ 164–181 *2ff.*, Unwiderruflichkeit 10 168 *3*, Vergütung 10 662 *19*, 675 *2ff.*, Vertretung bei Ausschlagung 10 1945 *15*, Vollmachtsfalle 10 164 *6*, Vollmachtswiderruf 10 168 *3*, Widerruf 10 168 *2ff.*, *21*

Vorteilsausgleich, 15-Jahres-Frist 12 17 *19*, erhebliche Gewinne 12 17 *14*, Grundstückstausch 12 17 *15*, Inventarveräußerung 12 17 *18*, Miterbe 12 17, Umwidmung 12 17 *16*, Veräußerung zum Betriebserhalt 12 17 *21*, Zuweisung 12 17

Vorteilsgewährung, Heimgesetz 92 14 *16*

Vorveräußerung, Vermächtnisgegenstand 10 1939 *4*

Vorverfahren, Montenegro 120 Montenegro *99*, Serbien 120 Serbien *147ff.*

Vorversterben, Vermächtnis 10 2160

Vorversterben des Begünstigten, Testament 120 England/Wales *92f.*, Vertrag zugunsten Dritter 10 331 *3*, *14*

Vorverstorbene, Erbfähigkeit 120 England/Wales *115*

Vorwegnahmerecht, Luxemburg 120 Luxemburg *16*

Wachkoma, Patientenverfügung 10 1901b *22*

Waffengesetz, Schusswaffenbesitz infolge Erbfall 25 *20*

Waffengleichheit, Freiwillige Gerichtsbarkeit 30 78 *1*, Nachlasssachen 30 78 *1*

Wahlauflage, Auflage 10 2192 *5*

Wahlfreiheit, Erbe 10 1942 *11ff.*

Wahlrecht, Ausübung durch Antrag 10 1922 *58*, BGB-Gesellschaft 10 1922 *54*, Erbe 10 1967 *43*, Erbteile, mehrere 10 1951 *9*, Gerichtsstand der Erbschaft 40 27 *19*, Kommanditist 10 1967 *43*, Komplementär 10 1922 *54*, *58*, OHG 10 1922 *54*, 1967 *43*, Pflichtteilsberechtigter 10 2307 *12*, Pflichtteilsberechtigter Erbe 10 2306 *27ff.*, Rentenbesteuerung 150 *23*, Testament, öffentliches 60 30 *2*, Vermächtnis 10 2154, Wahlvermächtnis 10 2154 *3*, *4*, *5*, Zugewinngemeinschaft 10 1371 *3*

Wahlrecht Zugewinngemeinschaft, Miterbeserbe 10 1952 *5*

Wahlvermächtnis 10 2154, Rechtsmängelhaftung 10 2182 *6*, Vermächtnis 10 2147 *12*, Vermächtnis fremder Gegenstände 10 2169 *2*, Wahlrecht des Bedachten 10 2154 *4*, Wahlrecht des Beschwerten 10 2154 *3*, Wahlrecht eines Dritten 10 2154 *5*

Wahlweise Bedachte, Vermächtnis 10 2152

Wahrheitpflicht, Erbscheinsverfahren 30 352e *91*

Wald, Wirtschaftsplan 10 2123

Wartefrist, Anmeldeaufforderung, öffentliche 10 1965 *4*, Anmeldung Erbrechte 10 1965 *3*

Wechselbezügliche Erklärungen, Auslegung 10 2269 *6*

Wechselbezügliche Verfügung, Änderungsvorbehalt 10 2271 *28ff.*, *33*, Anfechtung 10 2078 *2*, 2271 *69*, Aufhebung 10 2271 *5ff.*, Beitrittsgebiet 100 235 § 2 *17*, Bindungswirkung 10 2271 *37ff.*, einvernehmliche Aufhebung 10 2271 *6*, Erbvertrag 10 vor §§ 2274–2302 *2*, Gegenstandslosigkeit 10 2270 *41*, Gemeinschaftliches Testament 10 2270, Nichtigkeit 10 2270 *39*, Scheidung 10 2268 *16*, Umdeutung 10 2265 *48*, Widerruf 10 2270 *40*, 2271; 10 2271 *7ff.*

Wechselbezüglichkeit 10 2270 *4ff.*, Abänderungsvorbehalt 10 2270 *16*, Abkömmling, Wegfall 10 2069 *6*, Anwachsung 10 2094 *8*, 2270 *33*, Auslegung 10 2270 *22ff.*, Ausschlussklausel 10 2269 *84*, Beweislast 10 2270 *43*, einseitige 10 2270 *15*, Erbvertrag, gegenseitiger 10 2298 *4*, Ersatzerbe 10 2270 *33*, gegenseitige 10 2270 *12*, gegenseitige Bedenkung 10 2270 *30*, gemeinsame Kinder 10 2270 *37*, Gemeinschaftliches Testament 10 2265 *20*, 2270 *2ff.*, nachträgliche Aufhebung 10 2270 *17*, partiell einseitige 10 2268 *14*, Scheidung 10 2268 *14*, Schlusserbeneinsetzung 10 2094 *8*, selbständige Teile 10 2270 *14*, selbständige Verfügungen 10 2270 *21*, Selbstanfechtung 10 2269 *65*, unechte 10 2270 *2ff.*, Verwandtschaft 10 2270 *32ff.*

Wechselbezugsfähigkeit 10 2270 *18ff.*

Wechselseitige Einsetzung, Ersatzerbe 10 2098

Wechselseitige Verfügung, Verfehlung des Bedachten 10 2271 *56ff.*

Wegfall, Erbe, gesetzlicher 10 1935 *2*, Lebenspartnererbrecht 15 *10 14*, Nacherbe 10 2100 *20*, *22*, Testamentsvollstrecker, mehrere 10 2224 *6*, Vorerbe 10 2100 *20f.*, 2102 *3*

Wegfall Abkömmling 10 2051 *3*, Anrechnungspflicht 10 2315 *27f.*, Ausgleichungspflicht 10 2051

Wegfall Auflage, Erbschaftskauf 10 2372

Wegfall der Bereicherung, Pflichtteilsergänzungsanspruch 10 2329 *23*

Wegfall der Eltern, Erben 2. Ordnung 10 1925 *2ff.*, Erbrecht 10 1925 *2ff.*

Wegfall der Geschäftsgrundlage, Abfindungsvertrag 10 2346 *28*, Erbverzicht 10 2346 *23*, Rückforderungsrecht 150 29 *6ff.*, Vermächtnisanspruch 10 2174 *12*

Wegfall der Großeltern, Erbrecht 10 1926 *2*

magere Zahlen = §§; kursive Zahlen = Randnummern **Sachverzeichnis**

Wegfall des Bedachten, Vermächtnis, gemeinschaftliches 10 2158 *2*
Wegfall des Beschwerten, Vermächtnis 10 2161
Wegfall des Erben, Ersatzerbe 10 2096 *2*
Wegfall des gesetzlichen Erben, Erbteilserhöhung 10 1935 *2*
Wegfall des Miterben, Anwachsung 10 2094 *4*, Vorerbe 10 2110 *2*
Wegfall des Nacherben, Ausschlagung 10 2142 *14*
Wegfall des Vermächtnisses, Erbschaftskauf 10 2372
Wegfall höferechtlicher Zweck, Hoferbe 80 *13*
Wegfallnachweis, Erbscheinsantrag 30 352 *29*
Wegnahmerecht, Einrichtungen 10 2125 *7f.*, Vorerbe 10 2125 *6ff.*
Weisungen, Auftraggeber 10 662 *23*
Weitergabeverpflichtung, Schenkung 150 *7 25*
Weiterübertragung, Betriebsvermögen 150 *13a 29*, Grundstück 150 *13d*, Steuerschuldner 150 *20 9*, Tarifbegrenzung 150 *19a 6*
Weiterveräußerung, Vorkaufsrecht 10 2037
Weiterverweisung, EuErbVO 110 34
Werdende Mutter des Nacherben, Unterhalt 10 2141
Wert, Erbscheinsverfahren 30 352e *235*
Wertangabe, Inventar 10 2001 *5*
Wertberechnung, Ausgleichung 10 2055 *15ff.*, Bewertungszeitpunkt 10 2055 *17*
Wertermittlung, Nachlass 10 2314, Nachlasswert 10 2311 *52ff.*, Sachverständigengutachten 10 2057 *8*, Zeitpunkt 150 *11 1*
Wertermittlungsanspruch, beschenkter Nichterbe 10 2314 *79*, Gutachten 10 2314 *74ff.*, Kosten 10 2314 *89ff.*, Pflichtteilsberechtigter 10 2314 *67ff.*
Wertermittlungsgutachten 10 2314 *74ff.*, Kosten 10 2314 *89*
Wertersatzanspruch, eigennützige Verwendung 10 2134 *4f.*, Eintritt Nacherbfall 10 2134 *6*, Höhe 10 2134 *7*, Inhalt 10 2170 *10*, Klage 10 2170 *9*, Unmöglichkeit der Herausgabe 10 2134 *3*, Verschaffungsvermächtnis 10 2170 *8ff.*, Verschulden 10 2134 *8f.*, Verwendung, eigennützige 10 2134 *2*
Wertpapierdepot, Formmangel Schenkung 10 518 *12*, Schenkung 10 518 *12*
Wertpapiere, Bewertung 10 2311 *63*, Hinterlegung 10 2116, Verwaltungsvermögen 150 *13b 27*
Wertpapiergeschäfte, Nachlasspfleger 10 1960 *46*
Wertsteigerung, Erhaltungskosten, außergewöhnliche 10 2124 *9*
Wertvergleich, Pflichtteilsrestanspruch 10 2305 *8*
Wettbewerbsverbot, Abwickler 27 70 *25*
Wichtiger Grund, Auseinandersetzungsausschluss 10 2044 *14ff.*, Entlassung Testamentsvollstrecker 10 2227 *5ff.*
Widerklage, Passivlegitimation 10 2213 *6*
Widerruf, amtliche Verwahrung 10 2256, Anfechtung 10 1955 *2*, Aufhebung 10 2291 *11*, Auflassungsvollmacht 10 1922 *85*, des Widerrufs 10 2257, 2271 *14*, Einwilligungsfähigkeit 10 1901b *39*, Europäisches Nachlasszeugnis 110 *71*, Form 10 2253 *2*, Frankreich 120 Frankreich *76*, Gemeinschaftliches Testamen 10 1937 *5*, Haager Testamentsformübereinkommen 100 *26*, Höchstpersönlichkeit 10 2255 *5*, Österreich 120 Österreich *77ff.*, Patientenverfügung 10 1901b *38f.*, personal representative 120 England/Wales *159f.*, Rückgabeverlangen 10 2256 *4*, Rücknahme aus Verwahrung 10 2256, Rücktritt 10 2293 *14*, Schenkung 10 2301 *18*, Schweiz 120 Schweiz *91ff.*, Spanien 120 Spanien *79*, späteres Testament 10 2258, Teilungsanordnung 10 2048 *7*, Testament 10 1937 *5*, 2253, 2255 *2f.*; 120 England/Wales *17, 95ff.*, Testierfähigkeit 10 2253 *5*, 2255 *2*, Vernichtung der Testamentsurkunde 10 2255, Vollmacht 10 168 *2ff.*, Vorsorgevollmacht 10 168 *2ff., 21*, Wechselbezügliche Verfügung 10 2270

40, 2271; 10 2271 *7ff.*, Widerrufsabsicht 10 2255 *6*
Widerruf wechselbezüglicher Verfügungen 10 2271, Aufhebung gemeinschaftliches Testament 10 2271 *2*, Empfänger 10 2271 *12ff.*, Erklärungsinhalt 10 2271 *21*, Höchstpersönlichkeit 10 2271 *8ff.*, konkludenter 10 2271 *21, 27*, notarielle Beurkundung 10 2271 *11*, teilweiser 10 2271 *22*, Unwirksamkeit 10 2271 *23*, Zugang 10 2271 *12ff.*
Widerruf wechselseitige Verfügungen, Ausschlagung 10 2271 *53ff.*
Widerruflichkeit, Bezugsberechtigung 10 332 *3*, Erbvertrag 10 vor §§ 2274–2302 *2*
Widerrufsabsicht, Widerruf 10 2255 *6*
Widerrufsfiktion, Rücknahme aus Verwahrung 10 2272 *2*
Widerrufstestament 10 2254, Gemeinschaftliches Testament 10 2254 *5*, Testamentseröffnung 10 2254 *6f.*
Widerrufsvorbehalt, Rückforderungsrecht 150 *29 4f.*
Widerrufswille 10 2255
Widersetzen, Ärztliche Maßnahme 10 1901b *73*
Wiederaufleben, Auflassungsvormerkung 10 1976 *2*, erloschene Rechtsverhältnisse 10 1976, Erloschene Rechtsverhältnisse 10 2143, Forderung 10 1976 *3*, Gesellschaftsrecht 10 1976 *4*, Hypothek 10 1976 *3*, Rechte 10 1976 *3*, Rechtsverhältnisse, erloschene 10 2377, Sicherungsrechte 10 1976 *2*
Wiederaufleben erloschener Rechte, Konfusion 10 2175, Konsolidation 10 2175
Wiederaufleben erloschener Rechtsverhältnisse, Nacherbfall 10 2143, Vermächtnis 10 2175
Wiederaufnahme, Freiwillige Gerichtsbarkeit 30 48, rechtskräftiger Entscheidungen 30 48
Wiederbelebung, Erbengemeinschaft 10 2032 *12*
Wiedereinsetzung, Auseinandersetzungsverfahren 30 367, Feststellungsbeschluss 30 352e *199*, Gehörsrüge 30 44 *5*, Rechtsbehelfsbelehrung 30 39 *4*, Rechtsmittel 30 372, Verschulden 30 39 *4*
Wiederholung, Erbscheinsantrag 30 352e *38*
Wiederkehrende Leistungen, Rücktritt 10 2295 *2*
Wiederverheiratung, Aufhebung wechselbezüglicher Verfügungen 10 2271 *41*, Ehegatten 10 2269 *48ff.*, Fortgeltung der Wechselbezüglichkeit 10 2269 *64*, Gemeinschaftliches Testament 10 2268 *9*, Pflichtteil 10 2269 *70ff.*, Pflichtteilsberechtigter, Übergehung 10 2079 *17*, Rücktrittsvorbehalt 10 2293 *8*, Schweiz 120 Schweiz *115*, Selbstanfechtung 10 2269 *65*, Verfügungsunterlassungsvertrag 10 2286 *9*
Wiederverheiratungsklausel, Auslegung 10 2269 *60*, Bedingung 10 2075 *18*, Einheitslösung 10 2269 *55ff.*, Erbschaftslösung 10 2269 *50, 53ff.*, Erbschein 10 2269 *60*, Gemeinschaftliches Testament 10 2269 *24, 49*, Herausgabeanordnung 10 2103 *6*, Pflichtteilsberechtigter Erbe 10 2306 *12*, Trennungslösung 10 2269 *54*, Verfügung von Todes wegen 10 1937 *23*, Vermächtnislösung 10 2269 *50, 61f.*
Wiederverkauf, Erbschaftskauf 10 2385
Wiesbadener Modell, Betriebsaufspaltung 170 *25*
Wille des Kindes, Patientenverfügung 10 1901b *6*
Willenserklärung, Anfechtungserklärung 10 1955 *2ff.*, Annahme der Erbschaft 10 1943 *2f.*, Auslegung 10 2084 *3, 4*, Ausschlagung 10 1942 *9*, 1945 *2*, Klage auf Abgabe 10 2112 *19*, Nachlassverbindlichkeiten 10 1967 *13*, Umdeutung 10 2265 *46ff.*, Zugang 10 168 *25*
Willensmängel, Österreich 120 Österreich *72ff.*, Schweiz 120 Schweiz *83*
Willensvollstreckung, Schweiz 120 Schweiz *125ff.*
Wirksamkeit, Verfügung über Nachlassgegenstand 10 1959 *7*, Verfügung von Todes wegen 110 *26*, Vollmacht 10 167 *1ff.*

2047

Sachverzeichnis

fette Zahlen = Kennziffer

Wirksamkeit Beschluss, Bestätigungsbeschluss 30 40 3, Rechtskraft 30 40 3
Wirksamkeitsabsicht, England/Wales 120 England/Wales 63, Rechtswahl 110 22 11
Wirtschaftliche Interessen, Ausstattung 10 1624 7
Wirtschaftsfähigkeit, Hoferbenordnung 80 6, Zuweisungserwerber 12 15 5 ff.
Wirtschaftsplan, Wald 10 2123
Wohngeld, Nachlassverbindlichkeiten 10 1967 26
Wohnimmobilienerwerb, Ersatzerbschaftsteuer 150 28 6
Wohnraummiete, Sondererbfolge 10 1922 23, Sonderrechtsnachfolge 10 1922 83, Vererblichkeit 10 1922 83
Wohnraumüberlassung, Schenkung 10 2325 76
Wohnrecht, Löschungsanspruch 10 2039 7, Nutzungsrechte, vorbehaltene 10 2325 102 ff.
Wohnsitz, EuErbVO 110 44, Haager Testamentsformübereinkommen 100 26 8, Öffentliche Armenkasse 10 2072 4, örtliche Zuständigkeit 30 343 6, Schweiz 120 Schweiz 2, 4 ff.
Wohnsitz, ausländischer, Ausschlagungsfrist 10 1944 12
Wohnsitz, inländischer, Steuerfestsetzung 150 35 2
Wohnsitzzuständigkeit, Schweiz 120 Schweiz 16
Wohnungseigentümergemeinschaft, Österreich 120 Österreich 130 ff.
Wohnungsräumung, Nachlasspfleger 10 1960 30
Wohnungsunternehmen, Steuerbegünstigung 150 13b 14, Vermögen, begünstigtes 150 13b 14
Wohnzwecke, Steuerbefreiung 150 13d
Wünsche, Betreuungsverfügung 10 1901c 11 ff.
Württembergisches Gesetz über Anerbenrecht 90

Zahlungsklage, Beklagte 10 2059 31, Nachlassverbindlichkeiten 10 2059 31
Zahlungsunfähigkeit, Begriff 10 1980 4, drohende 10 1980 5, Erbenhaftung 10 1980 2, Insolvenzantrag 10 1980 2, Nachlassinsolvenzverfahren 50 320 4 f.
Zahlungsunfähigkeit, drohende, Nachlassinsolvenzverfahren 50 320 7
Zehn-Jahres-Frist, Nutzungsrechte, vorbehaltene 10 2325 100, Pflichtteilsergänzungsanspruch 10 2325 94 ff.
Zeitangabe, Gemeinschaftliches Testament 10 2267 22, Testament, eigenhändiges 10 2247 27 ff.
Zeitbestimmung, Annahme der Erbschaft 10 1947, Ausschlagung 10 1947
Zentrales Testamentsregister, Benachrichtigung 30 347 2 ff., Bundesnotarkammer 30 347, Gemeinschaftliches Testament 30 347 9, Notar 60 34a, Sterbefallmitteilung 60 34a 8, Verwahrangaben 30 347 2 ff.; 60 34a
Zeugen, Beurkundungsverfahren 10 2232 24, Bürgermeistertestament 10 2249 13, Dreizeugentestament 10 2250 8, Nachlassverwalter 10 1985 3, Patientenverfügung 10 1901b 34, Testament 120 England/Wales 64 ff.
Zeugen, begünstigte, Testament 120 England/Wales 66
Zeugenbeweis, Eidesleistung 30 352e 130, Erbscheinsverfahren 30 352e 121 ff., Erscheinungspflicht 30 352e 123, Zeugnisfähigkeit 30 352e 122, Zeugnisverweigerung 30 352e 124 ff.
Zeugenhinzuziehung, Anzahl 60 29 3, Auswahl 60 29 4, Verfahren 60 29 5, Verlangen 60 29 2, Verstoß 60 29 7
Zeugnis, Fortsetzung Gütergemeinschaft 96 30, Testamentsvollstrecker 10 vor §§ 164–181 2, Überweisung 96 31
Zeugnis über Fortsetzung, Gütergemeinschaft 96 30
Zeugniserteilung, Freiwillige Gerichtsbarkeit 30 354, Notargebühren 96 109

Zeugnisfähigkeit, Zeugenbeweis 30 352e 122
Zeugnisverweigerungsrecht, Testierfähigkeit 10 2229 26, Zeugenbeweis 30 352e 124 ff.
Zinsschranke, Personengesellschaft 170 85 ff.
Zubehör, Begriff 10 2164 2, Eigentum des Erblassers 10 2164 3, Hof 80 3, Übertragung 10 2164 4, Vermächtnis 10 2164, Zeitpunkt 10 2164 5
Zugang, Empfangsbote 10 164 11, Rücktrittserklärung 10 2296 5 ff., Vollmachtswiderruf 10 168 25, Widerruf wechselbezüglicher Verfügungen 10 2271 12 ff., Willenserklärung 10 168 25, Zustimmung 10 2291 9
Zugangsvertreter, Haftung für Steuer 150 32 8, Steuerbescheid 150 32
Zugewinnausgleich, Anfangsvermögen 150 5 6 ff., Ausgleichsforderung bei Fortbestehen 150 5 16, Bewertung 150 5 6 ff., Endvermögen 150 5 6 ff., erbschaftsteuerlicher 150 5 2 ff., fiktive Ausgleichsforderung 150 5 9 f., fliegender 150 5 17, modifizierter 150 5 11 ff., Tod im Scheidungsverfahren 10 1922 37, Todesfall 10 1371, Verzicht auf Ausgleichsanspruch 150 5 15
Zugewinnausgleichsanspruch, Anrechnung 10 2315 31, Ehegattenunterhalt 10 1568b 55, Erblasserschuld 10 1967 11, Erbunwürdigkeit 10 1371 15, Geltendmachung 10 1371 15, güterrechtliche Lösung 10 1371 15, Leistungsverweigerungsrecht 10 1371 15, Nachlassbewertung 10 2311 37, Nachlassverbindlichkeit 10 1568b 56, Rechtshängigkeit Scheidungsverfahren 10 1371 15, Vererblichkeit 10 1922 37
Zugewinngemeinschaft, Ausbildungsunterhaltsanspruch 10 1967 10, Ausschlagung 10 2305 18, 2307 47 ff., Ehegattenerbrecht 10 1931 15, Entstehungsgeschichte 10 1371 2, erbrechtliche Lösung 10 1371 3 ff., 1931 15, Erbschaftsteuer 150 5, Frankreich 120 Frankreich 44, güterrechtliche Lösung 10 1371 3, 1931 15, Kenntnis 10 2332 11, Lebenspartner 15 10 25, Lebenspartner, eingetragener 10 1931 23, Leistungsverweigerungsrecht 10 2319 10, Österreich 120 Österreich 23 f., Pflichtteilsquote 10 2303 77 ff., Pflichtteilsrestanspruch 10 2305 7, 14 ff., 18, Pflichtteilszuwendung 10 2304 16 ff., 21 ff., Schenkung 10 2325 57, Wahlrecht 10 1371 3, zeitnahes Versterben beider 10 1952 5
Zulässigkeit, Änderungsvorbehalt 10 2278 20, Bedingung 10 2075 1, Beschwerdeverfahren 30 68 6, Erbteilungsklage 10 2042 52, Inventarfrist 10 1994 5 ff., Nachlassinsolvenzverfahren 50 316, Scheidungsverfahren 10 2077 6, Vertretung 10 164 12 ff.
Zulässigkeitsprüfung, EuErbVO 110 16
Zulassung, Rechtsbeschwerde 30 70 4 f., Rechtsmittel 30 39 4
Zulassungsbeschwerde, Freiwillige Gerichtsbarkeit 30 61
Zulassungsgründe, Rechtsbeschwerde 30 70 6
Zulassungsverfahren, Sprungrechtsbeschwerde 96 33
Zumutbarkeit, Stundung 10 2331a 17 ff.
Zurückbehaltungsrecht 10 2032 7, 2059 33, Auskunftsanspruch 10 2314 43, Gesamtschuldklage 10 2039 23, Miterbengläubiger 10 2046 11, Nachlasspfleger 10 1960 68, Nachlassverwalter 10 1986 4, 1987 7, 1988 1, Nachlassverzeichnis 10 2314 43, Testamentsvollstrecker 10 2218 26, Vermächtnisanspruch 10 2174 21, Verwaltung durch Erbe 10 1978 17, Verwendungsersatzanspruch 10 2022 9
Zurückverweisung, Beschwerdeentscheidung 30 69 3
Zurückweisungsbeschluss, Erbscheinsantrag 30 352e 204, Rechtsbeschwerde 30 74a
Zusammenhängende Verfahren, EuErbVO 110 18

magere Zahlen = §§; kursive Zahlen = Randnummern   **Sachverzeichnis**

Zusammenrechnung, frühere Erwerbe 150 *14*, Personenidentität 150 *14 4*, Vorerwerb 150 *14 3*, Zeitraum 150 *14 7*
Zusatzgebühr, Beweisaufnahme 95 *380*
Zusatzpflichtteil 10 2305, Pflichtteil 10 2322, Verjährung 10 2305 *21*
Zuslässigkeit, Gehörsrüge 30 44 *2ff.*
Zuständigkeit, Abänderung Entscheidung 30 48 *4*, Amtliche Verwahrung 30 346 *2f.*, Anfechtungsklage 10 2342 *9*, Aufgebotsverfahren 10 1970 *3*, Beschwerdegericht 30 65 *7*, Beschwerdeverfahren 30 58 *4*, Bürgermeistertestament 10 2249 *6ff.*, Ehegattenunterhalt 10 1568b *62*, eidesstattliche Versicherung 10 2006 *6*, Einstweilige Anordnung 30 *50*, Einziehung Erbschein 30 353 *3*, Erwerbsanzeige 150 30 *4*, Europäisches Nachlasszeugnis 110 *64*, Inventar 10 1340 *8*, Inventaraufnahme, amtliche 10 2003 *2f.*, Inventarerrichtung 10 1993 *8*, 2002 *3*, Landwirtschaftssachen 85 *1*, Nachabfindungsanspruch 12 *17*, Nachlassgericht 10 1962, Nachlasspflegschaft 10 1960 *24*, 1962, Nachlassverwaltung 10 1981 *11*, Notar 65 *20*, Österreich 120 Österreich *164*, Rechtskraftzeugnis 30 *46*, Siegelung 65 *20 7*, Testamentsvollstreckerzeugnis 10 2368; 30 354 *3*, Todeserklärung 75 *12*, Vermögenssorge 10 1638 *14*, Verwahrung, amtliche 10 2248 *3*; 60 34 *8*
Zuständigkeit, ausschließliche, Notar 65 20 *5*
Zuständigkeit, funktionelle, Amtliche Verwahrung 30 342 *11*, Erbenermittlung, amtliche 30 342 *14*, Erbscheinsverfahren 30 342 *16*, 352e *6*, Erklärung Entgegennahme 30 342 *15*, Eröffnung Verfügung von Todes wegen 30 342 *13*, Europäisches Nachlasszeugnis 31 34 *8*, Nachlasspflegschaft 10 1962 *4*, Nachlasssicherung 30 342 *12*, Nachlassverwaltung 30 342 *18*, Teilungssachen 30 342 *20*, Testamentsvollstreckung 30 342 *17*
Zuständigkeit, internationale, England/Wales 120 England/Wales *22*, Erbsachen 110 *2*, Erbschein, gegenständlich beschränkter 30 352e, Erbscheinsverfahren 30 105 *5*, 352e *7ff.*, EuErbV 30 105 *4*, EuErbVO 110 *2*, *4*, Europäische Erbrechtsverordnung 40 27 *18*, Freiwillige Gerichtsbarkeit 30 *105*, Gerichtsstand der Erbschaft 40 27 *18*, 30 *105*, gewöhnlicher Aufenthalt 30 105 *2ff.*, Herausgabeklage 10 2018 *33*, Italien 120 Italien *28ff.*, Lebenspartnerschaft, eingetragene 100 17b *20*, Montenegro 120 Montenegro *9ff.*, *9f.*, Nachlasssachen 30 *105*; 30 105 *2ff.*, personal representative 120 England/Wales *22*, rügelose Einlassung 110 *9*, Schweiz 120 Schweiz *16ff.*, Staatsverträge 30 105 *6*, Testamentsvollstreckung 10 vor §§ 2197–2228 *23*, Todeserklärung 75 *12*
Zuständigkeit Notar, Eidesstattliche Versicherung 10 2319 *5*, Erbscheinsantrag 10 2319 *5*, Nachlasssachen 10 2319 *2*
Zuständigkeit, örtliche, Belegenheit 30 343 *7*, Erbscheinsverfahren 30 352e *5*, Erbvertrag 30 344 *5*, EuErbVO 110 *45*, Europäisches Nachlasszeugnis 31 34 *2ff.*, Freiwillige Gerichtsbarkeit 30 343, *344*, gewöhnlicher Aufenthalt 30 343 *1*, Landwirtschaftssachen 85 *10*, Nachlassgericht 10 1945 *8f.*, Nachlasspflegschaft 10 1962 *3*, Nachlasssicherung 30 344 *10f.*, Notar 65 *20 6*, Steuerfestsetzung 150 *35*, Testamentsvollstreckung 10 vor §§ 2197–2228 *23*, Testamentsvollstreckung, FamFG 10 vor §§ 2197–2228 *19*
Zuständigkeit, sachliche, Erbscheinsverfahren 30 352e *3f.*, Europäisches Nachlasszeugnis 31 34 *6f.*, HöfeO 10 1945 *7*, Nachlassgericht 10 1945 *6f.*, Notar 65 *20*
Zuständigkeit, subsidiäre, EuErbVO 110 *10*
Zuständigkeitsprüfung, Beschwerdebegründung 30 65 *7f.*, EuErbVO 110 *15*

Zuständigkeitsverstoss, Erbscheinsverfahren 30 352e *11f.*
Zustellhandlung, Betreuungsgebühr 96 *125*
Zustellung, Bekanntgabe Beschluss 30 41 *1f.*, *3*, Inventarfrist 30 41 *3*, Kraftloserklärung Erbschein 30 353 *20*
Zustellung, öffentliche, Rücktrittserklärung 10 2296 *11*
Zustellungsgebot, anfechtbarer Beschluss 30 41 *3*, Rechtskraft 30 41 *3*
Zustimmung, Aufhebung durch Testament 10 2291 *5ff.*, Ausschlagung 10 1945 *2*, Form 10 2291 *8*, Grundstücksveräußerung 10 2039 *22*, Testamentsvollstrecker, mehrere 10 2224 *4*, Testamentsvollstreckung 10 2205 *13*, Tod des Erblassers 10 2291 *7*, Tod des Vertragspartners 10 2291 *6*, Unwiderruflichkeit 10 2291 *10*, Verfügungsbefugnis Vorerbe 10 2113 *18*, Zugang 10 2291 *9*
Zustimmungserklärung, Empfangszuständigkeit 10 2114 *8*, Nacherbe 10 2113 *20*, Nacherbe, Minderjähriger 10 2113 *21f.*, Surrogation 10 2114 *8*
Zustimmungsklage, Streitwert 10 2039 *22*
Zustimmungspflicht, Teilungsanordnung 10 2048 *14*
Zustimmungsverfahren, Verfahrensordnung für Höfesachen 80 Anhang *13*, *15*
Zuweisung, Abfindung 12 *16*, Ackernahrung 12 *14 9ff.*, Aufschub 12 14 *22*, Ausschluss 12 14 *24*, bedachter Miterbe 12 *15*, Ehegatte 12 15 *16*, Erblasseranordnung 12 14 *26f.*, Hofstelle 12 14 *2ff.*, Landwirtschaftlicher Betrieb 12 *13*, Landwirtschaftssachen 85 *32a*, *36a*, mehrerer Miterben 12 *15 17*, Miterbe 12 *15*, Nachlassverbindlichkeiten 12 16 *10ff.*, Testamentsvollstrecker 12 14 *25*, Übergangsvorschriften 12 *33*, Uneinigkeit der Miterben 12 14 *17ff.*, Veräußerung des Betriebes 12 *17*, Voraussetzungen 12 *14*, Vorempfänge 12 16 *20*, Vorteilsausgleich 12 *17*
Zuweisungsantrag, landwirtschaftlicher Betrieb 12 13 *18ff.*
Zuweisungsbeschluss 12 16 *33*
Zuweisungserwerber, Miterbe 12 15 *2*, Wirtschaftsfähigkeit 12 15 *5ff.*
Zuweisungsgegenstand, landwirtschaftlicher Betrieb 12 13 *36ff.*
Zuweisungsverfahren, Auseinandersetzung 10 2042 *64f.*, Eigentumsübergang 12 13 *51.*, Erbengemeinschaft 12 13, Erblasserwille 12 15 *8ff.*, Erbteilungsklage 12 13 *33ff.*, Ermessen 12 13 *43ff.*, Landwirtschaftlicher Betrieb 12 13 *7f.*, Teilungsversteigerung 12 13 *33ff.*
Zuweisungsverfahren, gerichtliches, Ehegatte 10 2042 *65*, landwirtschaftlicher Betrieb 10 2042 *64*
Zuwendung, absolute interest 120 England/Wales *82*, Aleatorische Geschäfte 10 2325 *29*, an Personengesellschaft 150 7 *28*, Angemessenheit 10 1624 *8*, Anordnung bei 10 1639, Anrechnungsbestimmung 10 2315 *16ff.*, ausgleichungspflichtige 10 2314 *26*, Ausstattung 10 1624 *6*, Bedingung 10 2075 *10ff.*, Begünstigungsabsicht 150 7 *6f.*, durch Genossenschaft 150 15 *15ff.*, durch Kapitalgesellschaft 150 15 *15ff.*, ehebedingte 150 7 *8*, Ehegatte 150 29 *10*, Erbschaftsteuerfinanzamt 150 15 *18*, Erbteil, gesetzlicher 10 2052 *4*, Gattungsvermächtnis 10 2155 *5*, Gebietskörperschaften 150 29 *11ff.*, Gegenstand 10 516 *4f.*, Gemeinschaftliches Testament 10 2271 *46ff.*, Gesamtgut 10 2054, Kapitalgesellschaft 150 7 *30*, Landgutübernahme 10 2049 *8ff.*, life interest 120 England/Wales *82*, Minderjährige 10 1639, Pflichtteil 10 2304, 2315, Pflichtteilsberechtigter Erbe 10 2306 *44*, Schenkung 10 516 *4ff.*, 2325 *63 ff.*, Schenkungsteuer 150 7 *3*, Steuerschuldner 150 7 *52*, Stiftung 150 29 *11ff.*, Testament, öffentliches 10 2232 *22*, Übernahmerecht 10 2049 *8ff.*, unbenannte

2049

Sachverzeichnis

fette Zahlen = Kennziffer

150 7 8, Unentgeltlichkeit 10 516 6ff., Unterhaltsleistung 150 7 5, Unterlassen 10 516 5, Verfügung von Todes wegen 10 1937 25, Vermächtnis 10 vor §§ 2147–2191 5, vor Schenkungsabrede 10 516 24, Werterhöhen für Beteiligung 150 7 29, zum Gebrauch 150 7 4, Zuwendungsempfänger 10 2065 7, Zweckbestimmung 150 13 29ff.

Zuwendung auf den Pflichtteil, Anrechnung 10 2315, Anrechnungsbestimmung 10 2315 12ff., lebzeitiger Erwerb 10 2315 10f.

Zuwendung auf den Todesfall 10 331, Sparkonto 10 331 8, Vermutungsregel 10 331 15f., Vertrag zugunsten Dritter 10 331

Zuwendung aus Gesamtgut, Ehegatten 10 2331, Gütergemeinschaft 10 2331

Zuwendung, lebzeitige, Abkömmling, entfernter 10 2053 3f., Abkömmling, gleichgestellte 10 2053 6, Ausgleichungspflicht 10 2050; 10 2050 36ff., Begriff 10 2050, Erblasseranordnung 10 2050 37ff., Ersatzerbe 10 2053 5, EuErbVO 110 1 10, Irrtum 10 2053 4

Zuwendungsempfänger, Bestimmung durch Dritte 10 2065 11ff., Erblasserbestimmung 10 2065 8ff., Individualisierbarkeit 10 2065 8ff., Verfügung von Todes wegen 10 2065 7ff., Zuwendung 10 2065 7

Zuwendungsgegenstand, Bestimmung durch Dritte 10 2065 16

Zuwendungsverbot, analog HeimG 92 14 26ff., Auflage 92 14 11, Ausnahmegenehmigung 92 14 17ff., Begünstigungsverbot 92 14 33, Betreuer 92 14 30, Erbeinsetzung 92 14 11, heimähnliche Verhältnisse 92 14 30, Heimgesetz 92 14, testamentarische Zuwendung 92 14 12, Testamentsvollstrecker 92 14 11, Testierfähigkeit 92 14 33, Umgehungsgeschäfte 92 14 27ff., Verfügung von Todes wegen 10 1937 25; 92 14 10ff., Vermächtnis 92 14 11, Vorsorgebevollmächtigte 92 14 30

Zuwendungsverzicht 10 2352, Abkömmling, Wegfall 10 2069 11, Abkömmling 10 2352 9, Aufhebungsvertrag 10 2352 10, Beurkundung 96 134ff., Erbe 10 2352, Erbvertrag 10 2352 4, Geschäftswert 96 136, Notargebühren 96 134ff., Teilverzicht 10 2352 3, Vertragsparteien 10 2352 5, Vertretung 10 2352 6, Wirkung 10 2352 7ff.

Zuziehungsrecht, Pflichtteilsberechtigter 10 2314 62ff.

Zwangseinziehung, GmbH-Geschäftsanteil 10 1922 41, Vererblichkeit 10 1922 39

Zwangserbe, Bundesland 10 1936 6, Fiskus 10 1936 1, 1942 16

Zwangsgeld, Nachlassverbindlichkeiten 10 1967 16

Zwangsverfügung, Arrestvollziehung 10 2115 8, Beeinträchtigung Nacherbenrecht 10 2115 10, Haftung 10 2115 16, Insolvenzverwalter 10 2115 9, Nachlassverbindlichkeiten 10 2115 12, Teilungsversteigerung 10 2115 6, Vollstreckung Geldforderung 10 2115 4, Vorerbschaft 10 2115 4ff., Wirksamkeit 10 2115 12ff.

Zwangsversteigerung, Aufgebotsverfahren 10 1972 4, Befriedigungsrecht aus Grundstück 10 1972 4, Duldungstitel gegen Nacherbe 10 2115 20, Grundstück 10 2115 20, Landwirtschaftlicher Betrieb 12 17 13, Nacherbenvermerk 10 2100 63, Nachlassteilung 10 2059 23, Surrogation 10 2111 32

Zwangsverwaltung, Voraussetzungen 10 2128 8, Vorerbe 10 2128 8f.

Zwangsvollstreckung, Abgesonderte Befriedigung 50 321, Auskunftsanspruch 10 2314 94, beschränkte Erbenhaftung 10 1976 2, Dürftigkeitseinrede 10 1990 9ff., Eigengläubiger 10 1984 12, Einrede 10 2059 12, Einrede der beschränkten Erbenhaftung 10 1973 10, einstweilige Einstellung 10 vor §§ 1967–2017 24, Erbe 10 1958 8, 1967 4, Erbengemeinschaft 10 2032 23, 2040 19, gegen Erben 10 1958 5, Gegenvorstellung 10 1967 17, Gerichtliche Geltendmachung 10 1958 3, Hauptvermächtnisnehmer 10 2187 5, in Nachlass 10 vor §§ 1967–2017 3, Klagepflegschaft 10 1962 6, Miterbe 10 2039 21, Miterbenanteil 10 2034 1, nach Erbfall 50 321, Nachlassansprüche 10 2039 5, 21, Nachlassgläubiger 10 vor §§ 1967–2017 15, 1984 12, Nachlasspflegschaft auf Antrag 10 1961 6, Nachlassverwaltung 10 1984 11ff., Pflichtteilsergänzungsanspruch 10 2329 16, Rückforderungsrecht, vertraglich 10 516 18, Steuerschulden 10 1967 17, Tod des Schuldners 10 vor §§ 1967–2017 3, Verwaltung durch Erbe 10 1978 10, Verwertungsverbot 10 2115 21, Vollstreckungsgegenklage 10 1973 10, 1984 14, Vollstreckungsklausel 10 1984 12, vor Annahme 10 1958 5, Vorerbe 10 2100 59, Vorkaufsrecht 10 2035 7, Vorkaufsrecht gegenüber Verkäufer 10 2034 1

Zwangsvollstreckungsgläubiger, gutgläubiger Erwerb 10 2115 15ff.

Zwangsvollstreckungsunterwerfung, Schuldanerkenntnis 10 518 3

Zwangsvollstreckungsverfügung, gegen Vorerben 10 2115

Zweckauflage, Auflage 10 2192 5

Zweckbestimmung, Auflage 10 2193 2, Steuerbefreiung 150 13 29ff., Zuwendung 150 13 29ff.

Zweckverfehlung, Ausstattungsversprechen 10 1624 10

Zweckvermächtnis 10 2156, Bestimmung der Leistung 10 2156 3, Bestimmungsrecht 10 2156 4, Vermächtnis 10 2147 12

Zweckvermögen, Begriff 150 8 1ff., Begründung 150 13 29

Zweckzuwendung, Anzeigepflicht 150 34 2, Erbschaftsteuer 150 1 3, 8, Ersatzerbschaftsteuer 150 9 30, Erwerb, steuerpflichtiger 150 10 15, Steuerschuldner 150 20 6

Zweiter Weltkrieg, Todeserklärung 75 4 12ff.

Zweitnachlass, Ausschlagung 10 1952 2f., konkludente Annahme 10 1952 3

Zwischenentscheidung, Anfechtbarkeit 30 58 13f., Beschluss 30 38 2, Beschwerde, sofortige 30 58 14, Gehörsrüge 30 44 3, Rechtsbeschwerde 30 70 2

Zwischenverfügung, Erbscheinsverfahren 30 352e 205f., Testamentsvollstreckerzeugnis 30 354 22